KNAURS
LEXIKON VON
A BIS Z

**Das Wissen unserer Zeit auf
dem neuesten Stand**

70 000 Stichwörter

5 500 Illustrationen

150 farbige Schaubilder und Statistiken

250 farbige geographische Karten

120 Übersichten

KNAURS LEXIKON VON *a* BIS Z

DAS WISSEN
UNSERER ZEIT
AUF DEM
NEUESTEN
STAND

KNAUR

Herausgeber: Franz N. Mehling
Herausgeber der ersten Auflage 1931: Dr. Richard Friedenthal (†)

Genehmigte Sonderausgabe
für Weltbild Verlag, Augsburg 1999
© Droemersche Verlagsanstalt Th. Knaur Nachf., München 1995, 1996, 1998
Das Werk einschließlich aller seiner Teile ist urheberrechtlich geschützt. Jede Verwertung außerhalb der engen Grenzen des Urheberrechtsgesetzes ist ohne Zustimmung des Verlags unzulässig und strafbar.
Das gilt insbesondere für Vervielfältigungen, Übersetzungen, Mikroverfilmungen und die Einspeicherung und Verarbeitung in elektronischen Systemen.
Umschlaggestaltung: Agentur ZERO, München
Gestaltung und Herstellung: von Delbrück, München, Josef Gall, Geretsried
Reproduktion: Fotolitho Longo, Bozen
Kartographie: Huber Kartographie, München
Diagramme und Zeichnungen: Computergraphik Mair, Eching a. A.
Flaggen und Wappen: Archiv für Flaggenkunde, Ralf Stelter, Hattingen
Texterfassung: Jung Satzcentrum, Lahnau
Gesamtherstellung: Appl, Wemdig
Printed in Germany
ISBN 3-8289-4146-X

Vorwort

Im Herbst 1931 erschien *Knaurs Konversationslexikon* in erster Auflage. „Das Buch, in dem kein einziges dummes Wort steht" – so begrüßte es ein Rezensent. Als *„Der Kleine Knaur"* oder einfach *„Der Knaur"* eroberte sich dieses neuartige Lexikon sehr schnell einen gesicherten Platz in der Reihe vielbenutzter Nachschlagebücher. Vielen Millionen von Benutzern ist *Knaurs Lexikon* in mehr als einem halben Jahrhundert zum Ratgeber und unentbehrlichen Hilfsinstrument geworden.

Das Ziel, das sich Verleger und Herausgeber im Jahre 1931 gesteckt hatten, ist das gleiche geblieben: *Knaurs Lexikon* soll zuverlässige Auskunft geben, soll das Wesentliche aussagen und das Wissenswerte festhalten in einer Zeit, die auf so vielen Gebieten immer schneller ablaufende Entwicklungen, sich überstürzende Ereignisse und eine Überfülle neuer Erkenntnisse und Erscheinungen mit sich bringt. Über das Wesentliche und Wichtige zuverlässig berichten zu wollen – das verlangt Beschränkung, und in bewußter Beschränkung ist der *Knaur* ein Kleinlexikon, das neben den umfangreichen oder für einzelne Fachgebiete bestimmten Nachschlagewerken seine ganz eigene Bedeutung hat. Es hat nämlich zwei entscheidende Vorzüge: den der Handlichkeit und – wichtiger noch – den der Aktualität. Aktuell, immer auf dem neuesten Stand sein, das kann *Knaurs Lexikon* zum einen dank seiner schnell aufeinanderfolgenden Auflagen und zum anderen dank des Einsatzes moderner EDV-Technik.

Diese Auflage beruht auf einer eingehenden Neubearbeitung durch die Lexikonredaktion unter Stefanie Schulz. Viele grundlegende Artikel und Übersichten erhielten eine neue Fassung, zahlreiche Namen und Begriffe wurden neu aufgenommen. Sämtliche geographischen Karten, Tafeln, Schaubilder und Statistiken wurden erneuert, und der Großteil der Abbildungen liegt in Farbe vor. Die statistischen Zahlen im Text wurden aufgrund der maßgeblichen Veröffentlichungen sowie der Angaben von amtlichen Stellen und Wirtschaftsorganisationen auf den neuesten Stand gebracht.

Den vielen alten und neuen Freunden unseres Lexikons verdanken wir zahlreiche Anregungen und Hinweise. Ihnen gilt unser aufrichtiger Dank für ihr reges Interesse und ihre Mitarbeit an dieser Stelle ebenso wie den Behörden und Organisationen, die uns jederzeit und in allen Fällen bereitwillig mit Rat und Auskunft unterstützt haben.

Verlag und Redaktion

Gebrauchs-erläuterung 6

Abkürzungen 8

Verzeichnis der Rahmenartikel/ Übersichten 10

Statistiken 10

Schaubilder 11

Tafeln 12

Karten 12

Gebrauchserläuterung

Alphabetische Anordnung
Die alphabetische Anordnung berücksichtigt das gesamte Stichwort in der Reihenfolge der Buchstaben. Beispiel:

Air – Airedaleterrier –
Air Force – Air France

Bei gleichnamigen Personen- und Sachartikeln steht der Personenartikel an erster Stelle (z. B. Berlin, Irving vor der Stadt Berlin).

Sind **Zahlen** Bestandteil des Stichwortes, so werden sie so behandelt, als seien sie ausgeschrieben (z. B. **E 605** hinter **Escudo**).

Die **Umlaute** ä, ö, ü werden wie die Buchstaben a, o, u behandelt (z. B. **Bläulinge** hinter **Blaukehlchen**). Die Verbindungen ae, oe, ue sind, auch wenn sie wie Umlaute gesprochen werden, entsprechend ihrem Schriftbild eingeordnet (z. B. **Goethe** hinter **Godwin**). Buchstaben mit **diakritischen Zeichen** sind dem gleichen Buchstaben ohne diakritische Zeichen nachgeordnet (z. B. **Abbé** hinter **Abbe**).

Die einfachen **Adelsprädikate** *von, de, la, du* sowie Namensbestandteile wie *van, zum, von der* sind normalerweise dem Stichwort nachgestellt und haben keinen Einfluß auf die alphabetische Anordnung. Dagegen werden die **Artikel** *la, le, les, los* vor Orts- und Personennamen mitalphabetisiert.

Bei geographischen Namen ist die Abkürzung **St.** stets ausgeschrieben (z. B. **Saint Lucia, Sankt Moritz**). Ortsnamen mit dem Zusatz **Bad** (z. B. **Bad Pyrmont**) sind unter **Bad** zu finden.

Namen
Mitglieder regierender Häuser, Fürstlichkeiten und Päpste sind in der Regel unter ihrem Vornamen aufgeführt (z. B. Rudolf von Habsburg unter **Rudolf**), falls sie nicht unter einem anderen Namen bekannt sind (z. B. Albrecht von Wallenstein, Herzog von Friedland, unter **Wallenstein**). Bedeutende Persönlichkeiten des Mittelalters, die hauptsächlich unter ihrem Vornamen bekannt geworden sind, findet man unter diesen. Beispiel: Walther von der Vogelweide unter **Walther**. Die Heiligen der katholischen Kirche aus der älteren Zeit sind unter dem Vornamen aufgeführt, die der Neuzeit stehen unter ihren Herkunfts- oder Familiennamen. Beispiel: Franz von Assisi (1182–1226) unter **Franz**,

Karl Borromäus (1538–1584) unter **Borromäus**. Bei Autoren und Künstlern, die unter einem Pseudonym bekannt geworden sind, wurde dieses als Stichwort gebracht (z. B. Henri Beyle, Pseudonym Stendhal, findet man unter dem Stichwort **Stendhal**).

Warenzeichen, Gebrauchsmuster, Patente
Geschützte Namen und Wörter sind entweder durch das Zeichen ® oder durch einen Hinweis im Text gekennzeichnet. Das Fehlen eines solchen Zeichens oder Hinweises kann nicht dahin ausgelegt werden, daß eine Ware, ein Warenname oder ein Verfahren frei ist.

Hervorhebungen im Druck
Die Stichwörter sind **fett** gedruckt.

*Kursiv*schrift findet Anwendung:
1. zur Wiedergabe der Synonyma, z. B. **Ammoniten,** *Ammonshörner* – **Amortisation,** *Tilgung*;
2. zur Angabe des Geschlechts: *m., w., s.*;

Beispiele zweier Stichwörter

Cäsar,[1] Gajus Julius[2] (13. 7. 100 bis 15. 3. 44 v. Chr.[3]), röm. Feldherr u. Staatsmann; 60 erstes Triumvirat m. Pompejus und Crassus, unterwarf 58 bis 51 Gallien, 55–54 Britannien, besiegte Pompejus 48 bei Pharsalus, hob als Alleinherrscher (seit 45 Imperator) die republikan. Verfassung Roms auf; von den Republikanern Brutus und Cassius im Senat ermordet; schrieb *Bürgerkrieg* und *Gall. Krieg*[4]); Einführung des Julianischen Kalenders. – *C.* wurde Kaiser-, später Thronfolgertitel; abgeleitet → *Kaiser* u. → *Zar*[5]).
[1] Stichwort: **Cäsar.**
[2] Vornamen: Gajus Julius.
[3] In runder Klammer: geboren am 13. 7. 100 v. Chr., gestorben am 15. 3. 44 v. Chr.; dann fortlaufender Text: Bericht über Leben und Taten.
[4] *Kursiv:* Titel der von Cäsar verfaßten Schriftwerke.
[5] *Kursiv:* Hervorhebung der wichtigen Begriffe *Kaiser* und *Zar*.

Zenit,[1] *m.*[2] [arab.],[3] *Scheitelpunkt*,[4] höchster Punkt d. Himmelsgewölbes, senkrecht über d. Beobachter; Gegenpunkt zum → [5] Nadir.
[1] Stichwort: **Zenit,** Punkt unter i: Betonung auf der 2. Silbe.
[2] Angabe des Geschlechts, *m.* = männlich.
[3] In eckiger Klammer: Wort arabischer Herkunft.
[4] *Kursiv: Scheitelpunkt* als Synonym (Wort gleicher Bedeutung).
[5] Verweisungszeichen = siehe Stichwort Nadir.

Chip[1], *m.*[2] [engl. tʃɪp „Scheibchen"][3], Siliciumplättchen m. chem. aufgetragenen →[4] integrierten Schaltungen; dient a. Informationsspeicher und Funktionselement (→[4] Mikroprozessor) in der Mikroelektronik.
[1] Stichwort: **Chip**
[2] Angabe des Geschlechts, *m.* = männlich.
[3] in eckiger Klammer: Wort englischer Herkunft, Lautschrift, Bedeutung im Deutschen.
[4] Verweisungszeichen = siehe Stichworte integrierte Schaltung und Mikroprozessor

3. zur Hervorhebung wesentlicher Begriffe, die zugleich ein eigenes Stichwort haben, bzw. zur Unterscheidung von Unterbegriffen (z. B. **Anästhesie**, *Lokal-A., Leitungs-A., Lumbal-A.*);
4. um das Auffinden des gesuchten Begriffes bei Wörtern mit verschiedener Bedeutung zu erleichtern (z. B. *phil., psych., chem.*);
5. für Werke von Komponisten, Schriftstellern, Malern, Filmregisseuren, also für Buch-, Gemäldetitel, bei Schauspielern auch für ihre Hauptrollen: **Achtélik,** *Peterchens Mondfahrt*.

In eckigen Klammern [ ] stehen bei Fremdwörtern:
1. die Bezeichnung der Herkunft, gelegentlich auch die Übersetzung: **Abakus** [gr.], **achromatisch** [gr. „farblos"];
2. die Aussprache: **Atout** [frz. aˈtu: „für alles"].

Runde Klammern ( ) werden außer zur Bezeichnung von näheren Erläuterungen und zusätzlichen Angaben für die Lebensdaten verwendet:
Bizet [biˈze], Georges (25. 10. 1838 bis 3. 6. 75).

Verweisungen
Verweisungszeichen → im Text weisen auf Stichwörter hin, die ihrerseits im Lexikon definiert werden und deren Definitionen Zusätzliches oder Ergänzendes über die Gegenstände oder Begriffe aussagen, von denen aus verwiesen wird. Bei Begriffen und Gegenständen, für die es mehrere geläufige Schreibweisen oder Bezeichnungen gibt, wird der Leser auf die Schreibweise oder Definition verwiesen, unter der er die Definition findet. Hinweise auf

Gebrauchserläuterung

Tafeln, Karten und Übersichten sind ebenfalls mit dem Verweisungszeichen versehen.

Schreibung fremdsprachiger Wörter

Bei nicht feststehender Schreibweise sind meist Einzelverweisungen vorhanden. Generell gilt:
Was unter **C** vermißt wird, siehe unter **K** und **Z**.
So steht Columbus unter **Kolumbus**, Cäsur unter **Zäsur**. Ebenso bei Ch und Sch, Ch, Cz und Tsch, J und Y, S und Z, V und W. Beispiele: Tschernowitz findet man unter **Czernowitz**; Yemen steht unter **Jemen**, Saragossa unter **Zaragoza**, Vesir unter **Wesir**.
Bei japanischen, ostindischen und arabischen Ortsnamen wurde die überwiegend deutsche Umschrift vor der englischen bevorzugt (also z. B. Dschidda, nicht Jidda). Bei den meisten chinesischen Personen- und geographischen Namen wird die von der Volksrepublik China eingeführte Pinyin-Transkription benutzt, die der tatsächlichen Aussprache näher kommt als die bisherige Schreibweise. Bei erheblichen Abweichungen gegenüber den gewohnten Namen (z. B. **Beijing** statt **Peking**) erleichtern Verweise das Auffinden.

Aussprache

Die abweichende Aussprache fremdsprachiger Wörter steht in eckiger Klammer (z. B. **Lamb** [læm]). Die verwendeten Zeichen entstammen der auch in den modernen Wörterbüchern benutzten *Internationalen Lautschrift* (IPA = International Phonetic Association). Die wichtigsten von der deutschen Aussprache abweichenden Zeichen sind:

˘ = über Vokal bezeichnet unsilbischen Vokal
a = helles *a*
ɑ = dunkles *a*
ɐ = abgeschwächtes *a*
ʌ = abgeschwächtes dunkles *a*
æ = Laut zw. *a* und *ɛ* (im Engl.)
β = nicht geschlossenes *b*
ç = ich-Laut
ɕ = stimmloses *sj*
ð = stimmhafter *th*-Laut (im Engl. u. Span.)
e = geschlossenes *e*
ɛ = offenes *e*
ӕ = Laut zw. *ɛ* und *a* (im Engl.)
ə = dunkles, unbetontes *e* (sog. „Murmellaut")
ɣ = geriebenes *g*
i = geschlossenes *i*
ɪ = offenes *i*
ɨ = zwischen *i* und *u*
ʎ = lj-Laut
ɫ = dunkles *l*
ŋ = ng-Laut
ɲ = nj-Laut
o = geschlossenes *o*
ɔ = offenes *o*
ø = geschlossenes ö
œ = offenes ö
q = hinterer *k*-Laut
s = stimmloses *s*
ʃ = stimmloses *sch*
θ = stimmloser *th*-Laut (im Engl. u. Span.)
u = geschlossenes *u*
ʊ = offenes *u*
v = *w*-Laut
w = konsonantisches u (im Engl.)
x = *ach*-Laut
y = geschlossenes ü
Y = offenes ü
ɥ = konsonantisches ü
z = stimmhaftes *s*
ʑ = stimmloses *sj*
ʒ = stimmhaftes *sch*.
b, d, f, g, h, j, k, l, m, n, p, r und *t* werden wie im Deutschen ausgesprochen.
Bei Wörtern, bei denen die Aussprache nur teilweise von der deutschen verschieden ist, wird nur der abweichend ausgesprochene Wortbestandteil in eckigen Klammern wiedergegeben: **Giordano** [dʒor-].

Betonung

Die Betonung ist bei den fettgedruckten Stichwörtern durch einen Punkt unter dem Vokal der betonten Silbe angegeben (z. B. **Aristọteles,** bei Diphthongen wie ai, au, ei, eu steht der Punkt unter dem ersten der beiden Vokale: **Lẹuktra,** aber **Alëụten**). Der gedehnte I-Laut, ie, wird bei deutschen Wörtern nicht besonders gekennzeichnet: **Fieber**. Bei der fremdsprachigen Endung -ie bezeichnet ein Punkt unter dem i die gedehnte Aussprache: **Allergie̩,** aber **Fie̩sole**.

Allgemeines zu den Abkürzungen

Hauptwörter: Die Endungen -heit und -keit sind häufig abgekürzt (z. B. Vergangenh. = Vergangenheit).

Eigenschafts- und Umstandswörter: Die folgenden Endungen -ig, -ich, -isch sind oft weggelassen (z. B. röm. = römisch|e|er|es); silberhalt. = silberhaltig|e|er|es).
Innerhalb eines Artikels wird das Stichwort meist nur mit dem Anfangsbuchstaben wiederholt.
Die übrigen im Lexikon verwendeten Abkürzungen werden auf Seite 8/9 erläutert. Allgemein geläufige Abkürzungen, wie DM = Deutsche Mark, km² = Quadratkilometer u. z. B. = zum Beispiel sind nur z. T. aufgeführt.

Illustrationen

Abbildungen, Karten, Statistiken und Tafeln stehen normalerweise bei den dazugehörigen Stichwörtern. Alle Tafeln, Schaubilder, Karten, Statistiken und Übersichtsartikel sind auf der Seite 10 bis 12 verzeichnet.

Zeichen

* . . . . geboren
† . . . . gestorben
→ . . . . siehe (Verweisung)
μ [gr. = Mü] . . $\frac{1}{1000}$ mm
% . . . . Prozent, vom Hundert
‰ . . . . Promille, vom Tausend
° . . . . Grad
′ . . . . Minute
″ . . . . Sekunde
§ (§§) . . . . . Paragraph(en)
♦ . . . . unter Naturschutz
® . . . . Warenzeichen, Patent, Gebrauchsmuster
$ . . . . Dollar
£ . . . . Pfund Sterling

Siehe auch das Stichwort mathematische Zeichen.

Der Verlag ist für Hinweise und Anregungen dankbar. Zuschriften sind an folgende Adresse zu richten: Droemersche Verlagsanstalt, Lexikonredaktion, 81664 München.

Abkürzungen

A
a . . . . aus	ahdt. . . . . althochdeutsch	assoz. . . . . assoziiert
Abb. . . . . Abbildung	Akad . . . . Akademie	at. . . . . Atmosphäre, atmosphärisch
abgek. . . . . abgekürzt	allg. . . . . allgemein	At.-Gew. . . . . . . Atomgewicht
Abk. . . . . Abkürzung	am. . . . . amerikanisch	Atm. . . . . Atmosphäre (phys.)
Abt. . . . . Abteilung	and. . . . . ander/e/er/es/s	Auß.min. . . . . . . Außenminister/in
AG . . . . Amtsgericht, Aktiengesellschaft	Art. . . . . Artikel	

B
B. . . . . Bundes...	BD. . . . . Bundesbahn-Direktion	Bev. . . . . Bevölkerung
b. . . . . bei; bis	bed. . . . . bedeutend	Bev.-Zuw. . . . . . Bevölkerungs-Zuwachs
Ba-Wü. . . . . Baden-Württemberg	Begr., begr. . . . . Begründer, begründet/e	Bez. . . . . Bezirk; Bezeichnung
Bay. . . . . Bayern	ben. . . . . benannt	Biol., biol. . . . . . Biologe, biologisch
bayr. . . . . bay(e)risch	Bes. . . . . Besitz(er)	BR . . . . Bundesrepublik
Bbg. . . . . Brandenburg	bes. . . . . besonder/s/e/er/es	br. . . . . breit

C
C . . . . Celsius	Chem., chem. . . Chemiker/in, chemisch	chin. . . . . chinesisch

D
d. . . . . der, die, das	demokr. . . . . . . demokratisch	Dtld . . . . Deutschland
DDR . . . . Deutsche Demokratische Republik	Dep. . . . . Departement	
	dt. . . . . deutsch	

E
E . . . . Einwohner	eigt. . . . . eigentlich	Eur., eur. . . . . . . Europa, europäisch
e. . . . . ein/e/r/es	Eisenb. . . . . Eisenbahn	ev. . . . . evangelisch
EG . . . . Europäische Gemeinschaft	El. . . . . Element	evtl. . . . . eventuell
ehem. . . . . ehemalig, ehemals	el. . . . . elektrisch	Ez. . . . . Einzahl

F
f. . . . . folgend; für	Fin. . . . . Finanz/en	Frh. . . . . Freiherr
Fabr. . . . . Fabrik, -ation	Fl. . . . . Fluß	Frkr. . . . . Frankreich
Feldm. . . . . Feldmarschall	Fp. . . . . Fließpunkt (= Schmelzpunkt)	frz. . . . . französisch
FHS . . . . Fachhochschule		Fürstent. . . . . . . Fürstentum

G
gegr. . . . . gegründet	Geschl. . . . . Geschlecht	Ggs. . . . . Gegensatz
Gem. . . . . Gemeinde; Gemahl	Gew. . . . . Gewicht	GO . . . . Gewerbeordnung
Gen. . . . . General	Gf., Gfn. . . . . . . Graf, Gräfin	gr. . . . . groß; griechisch in []
gen. . . . . genannt	Gft . . . . Grafschaft	Gr.hzg/n . . . . . . Großherzog/in
Ges., -ges. . . . . . Gesetz; Gesellschaft	GG . . . . Grundgesetz	Gr.hzgt. . . . . Großherzogtum
Gesch. . . . . Geschichte	gg. . . . . gegen	griech. . . . . griechisch

H
h . . . . Stunde (hora)	Hist. . . . . Historiker/in	hpts. . . . . hauptsächlich
h. . . . . hoch	hl. . . . . Hektoliter	Hptst. . . . . Hauptstadt
hebr. . . . . hebräisch	hl. . . . . heilig	HS. . . . . Hochschule
Hess. . . . . Hessen	Hlg., Hlge. . . . . . Heilige, Heilige	HWK . . . . Handwerkskammer
Hg. . . . . Herausgeber/in	holl. . . . . holländisch	Hzg/ . . . . Herzog/in
hg. . . . . herausgegeben	Hpt- . . . . Haupt-	Hzgt. . . . . Herzogtum

I
i. . . . . in, im	Ing. . . . . Ingenieur/in	isr. . . . . israel(it)isch
IHK . . . . Industrie- und Handelskammer	Inst. . . . . Institut	it. . . . . italienisch
Ind., ind. . . . . . . Industrie, industriell	intern. . . . . international	

J
J. . . . . Jahr	jidd. . . . . jiddisch	Just.min. . . . . . . Justizminister
jap. . . . . japanisch	Jtd . . . . Jahrtausend	
Jh. . . . . Jahrhundert	Jur., jur. . . . . Jurist/in, juristisch	

K
kath. . . . . katholisch	kl. . . . . klein	Krst. . . . . Kreisstadt
Kathedr. . . . . Kathedrale	km/h . . . . Kilometer pro Stunde	Kurfst/n. . . . . . . Kurfürst/in
KG . . . . Kommanditgesellschaft	Komp. . . . . Komponist	kW . . . . Kilowatt
Kg/n. . . . . König/in	Kons. . . . . Konsul/at	KWG . . . . Kreditwesengesetz
kgl. . . . . königlich	konstit. . . . . konstitutionell	KWh . . . . Kilowattstunde
Kgr. . . . . Königreich	Kr. . . . . Kreis	KZ . . . . Konzentrationslager
Kl. . . . . Klasse	KRG . . . . Kontrollratsgesetz	

L
l. . . . . link/s/e/er; lang; lateinisch in []	Ldkr. . . . . Landkreis	lt. . . . . laut (gemäß)
Landw., landw. . . Landwirtschaft, landwirtschaftlich	LG . . . . Landgericht	luth. . . . . lutherisch
	lib. . . . . liberal	

Abkürzungen

M
m. .... mit	mhdt. .... mittelhochdeutsch	MPG .... Max-Planck-Gesellschaft
m. .... männlich	Mil., mil. ..... Militär, militärisch	MPI .... Max-Planck-Institut
MA, ma ...... Mittelalter, mittelalterlich	Mill. .... Million/en	Mrd. .... Milliarde/n
Masch. .... Maschine/n	Min. .... Minister/in/ium	müM (muM) ... Meter über (unter) dem
Math., math. .. Mathematiker/in, mathematisch	min. (Min.) .... Minute	Meeresspiegel
Mckb. .... Mecklenburg	Mitgl. .... Mitglied/er	Mus., mus. .... Museum; Musik, musikalisch
MdB .... Mitglied des Bundestages	ml. .... mittellateinisch in []	m. V. .... mit Vororten
MdR .... Mitglied des Reichstages	Moh., moh. .... Mohammedaner/in,	MW .... Megawatt
Med., med. .... Medizin/er, medizinisch	mohammedanisch	Mz. .... Mehrzahl
mehrf. .... mehrfach		

N
N .... Norden, Nord-	Ndl., ndl. ..... Niederlande, niederländisch	Nobelpr. ...... Nobelpreis
n. .... nach; nördlich	Nds .... Niedersachsen	NRW .... Nordrhein-Westfalen
nat. .... national	nl. .... neulateinisch in []	NS, ns. .... Nationalsozialismus,
Nbfl. .... Nebenfluß	NO .... Nordosten	nationalsozialistisch
n. Br. .... nördlicher Breite	nö. .... nordöstlich	NW, nw. ...... Nordwesten, nordwestlich

O
O .... Osten, Ost-	öff. .... öffentlich	Östr., östr. .... Österreicher/in, österreichisch
o. .... ohne	ö. L. .... östlicher Länge	Oz. .... Ordnungszahl
ö. .... östlich	OLG .... Oberlandesgericht	
od. .... oder	OPD .... Oberpostdirektion	

P
Pfl. .... Pflanze	-pl. .... -Platz	PS .... Pferdestärke
PH .... Pädagog. Hochschule	Pol., pol. ...... Politik/er/erin, politisch	Psych., psych. .. Psychologie, Psychologe
Phil., phil. ..... Philosoph/ie, philosophisch	Präs. .... Präsident	psychologisch
Phys., phys. .... Physik/er/erin, physikalisch	Prof. .... Professor/in	
Pkt., -pkt. ..... Punkt, -punkt	Prov. .... Provinz	

R
R .... Reichs-	Reg., reg. ..... Regierun/s-, regiert/e	Rgbz. .... Regierungsbezirk
r. .... recht/s/e/er	Rel., rel. ...... Religion, religiös	RP .... Rheinland-Pfalz
RAO .... Reichsabgabenordnung	Rep. .... Republik	

S
S .... Süden, Süd-	schweiz. ...... schweizerisch	Sp. .... Siedepunkt
S. .... Seite	sec, sek, s (Sek.) . Sekunde	spez. Gew. .... spezifisches Gewicht
s. .... seit; sein/e; südlich	selbst. .... selbständig	St. .... Staat, Stadt; Sankt
s. .... sächlich	seem. .... seemännisch	Stat. .... Station
s. Br. .... südlicher Breite	SO .... Südosten	st (Std.) ...... Stunde
Schausp. ...... Schauspieler/in	sö. .... südöstlich	Stkr. .... Stadtkreis, kreisfreie Stadt
Schl-Ho. ...... Schleswig-Holstein	sog. .... sogenannt/e	(gewöhnlich mit Landkreis)
SchP. .... Schmelzpunkt	sowj. .... sowjetisch	svw. .... soviel wie
Schriftst. ...... Schriftsteller/in	soz. .... sozial	SW, sw .... Südwesten, südwestlich

T
t. .... tief	TH .... Technische Hochschule	TU .... Technische Universität
Tab. .... Tabelle	Theol., theol. ... Theolog/in/ie, theologisch	
Temp. .... Temperatur	Thür. .... Thüringen	

U
u. .... und; unter	UdSSR .... Sowjetunion	Uni. .... Universität
u. a. .... unter anderem	u. M. .... unter dem Meeresspiegel	Untern. .... Unternehme/n/r/in
Übers. .... Übersetzung; Übersicht	ugs. .... umgangssprachlich	urspr. .... ursprünglich
übers. .... übersetzt	UN .... United Nations (Vereinte Nationen)	

V
v. .... von; vor	Vers. .... Versammlung	VO .... Verordnung
Verf. .... Verfassung; Verfasser/in	Vers. Vertr. .... Versailler Vertrag	Vors. .... Vorsitzende/r
verf. .... verfaßt/e	Vertr. .... Vertrag; Vertreter/in	Vorst. .... Vorstadt
verh. .... verheiratet	Verw. .... Verwaltung	VR .... Volksrepublik
versch. .... verschieden	Vn. .... Vorname	Vwbz. .... Verwaltungsbezirk

W
W .... Westen	Weltkr. .... Weltkrieg	Wiss., -wiss. ... Wissenschaft/en, wissenschaftlich
w. .... westlich	Wirtsch.,	w. L. .... westlicher Länge
w. .... weiblich	-wirtsch. }.... Wirtschaft, wirtschaftlich	
weidm. .... weidmännisch	wirtsch.	

Z
z. .... zu/m, zur	zus. .... zusammen	
zugl. .... zugleich	zw. .... zwischen	

Inhalt

Rahmenartikel/ Übersichten

Abfall-Entsorgung 14
Aids 27
Banken 86
Bevölkerung 106
Bilanz 111
Blutgruppen 119
Bodenreform 121
Bund und Länder 142
Cholesterin 163
Demokratie 189
Deutsche Geschichte 192
Deutsche Könige und Kaiser 194
Deutsche Literatur 197
Dienstvertrag 201
Eisen- und Stahlgewinnung 230
Elektronik 236
Erste Hilfe 253
Europa, staatliche Gliederung u. wirtschaftliche Zusammenschlüsse 259
Fernsehen 278
Film 285
Flecke 298
Fleisch 299
Flughäfen 301
Fußball 321, 322, 323, 324
Genossenschaften 339
Gentechnik 338
Geographische Daten 340
Geologische Formationen 342
Geschlechtsproportionen bei Krankheiten 346
Geschwindigkeiten 346
Gewerkschaften 348
Griechisches Alphabet 367
GUS-Mitgliedsstaaten 375
Handwerk 384
Heilkräuter 392
Hochschulen 412
Immerwährender Kalender 431
Informatik 436
Intelligenzquotient 439
Kanäle in Deutschland 469
Kernkraftwerke 483
Kernphysik 485
Kohlenwasserstoffe, Siedepunkte 498
Kraftfahrzeugkennzeichen 514
Kunstgeschichte 527
Kunststoffe 528
Kunststoffverarbeitung 529
Landwirtschaft 537
Lastenausgleich 540
Luftfahrt 566
Magmatite 576
Maße und Gewichte 594
Max-Planck-Gesellschaft 599
Morsealphabet 633
Musik 641
Nahrungsmittel und Getränke 646

Nobelpreisträger 669
Olympische Spiele 688, 691, 692
Päpste 714
Parteien 719
Philosophie 738
Planeten 746
Presse 762
Primzahlen 763
Quantentheorie 776
Radar 779
Radioaktivität 781
Rasse 785
Rechtspflege 790
Reichskanzler 796
Relativitätstheorie 800
Römische Kaiser 817
Rundfunktechnik 827
Russisches Alphabet 829
Rußland 832
Säuglingspflege 850
Schulwesen 874
SI-Einheiten 595

Beispiel: Rahmenartikel

Vereinte Nationen

engl. **United Nations,** Abk. UN, auch UNO, 1945 als Nachfolgerin des gescheiterten →Völkerbundes gegründete intern. Organisation. Die Grundzüge ihrer Satzungen **(UN-Charta)** wurden 1944 in →Dumbarton Oaks von Großbritannien, USA, UdSSR u. China entworfen. Die Charta wurde am 26. 6. 1945 in San Francisco von 51 Gründernationen unterzeichnet u. trat am 24. 10. 1945 **(Tag der Vereinten Nationen)** in Kraft. Sitz der UN: **New York.** Zahl der Mitgliedstaaten: 185 (1996). **Hauptaufgaben:** Wahrung des Friedens u. der intern. Sicherheit, Beseitigung von Friedensbedrohungen durch wirksame Kollektivmaßnahmen, Entwicklung freundschaftlicher, auf den Grundsatz der Gleichberechtigung u. Selbstbestimmung beruhender Beziehungen zw. den Völkern, intern. Zusammenarbeit zur Lösung wirtschaftlicher, sozialer, kultureller u. humanitärer Probleme u. Förderung der Achtung vor den →Menschenrechten u. Grundfreiheiten ohne Rücksicht auf Rasse, Geschlecht, Sprache oder Religion. Die Mitglieder verzichten auf Anwendung von Gewalt. Ein Staat darf, bis der Sicherheitsrat eingreift, in Selbstverteidigung zu den Waffen greifen. Die Aufnahme eines Staates in d. UN bedarf d. Zustimmung d. Vollversammlung, kann jedoch durch d. Veto eines der ständigen Mitgl. d. Sicherheitsrates verhindert werden.
Gliederung: Die Organe der V. N. sind die Vollversammlung, der Sicherheitsrat, der Wirtschafts- und Sozialrat, der Treuhänderrat, der Internationale Gerichtshof u. d. Sekretariat. – Die **Vollversammlung** ist das parlamentarische Forum der UN, in ihr sind sämtliche Mitgliedstaaten mit je einer Stimme vertreten. Für Beschlüsse zu wichtigen Fragen ist eine Zweidrittelmehrheit, für die übrigen Fragen einfache Stimmenmehrheit erforderlich. Die Zuständigkeit der Vollversammlung ist umfassend. Sie tagt mindestens einmal jährlich u. kann im Bedarfsfall zu Sondersitzungen einberufen werden. Sie nimmt Berichte der anderen Organe der UN entgegen, wählt die Mitglieder der übrigen Organe, beschließt über die Aufnahme u. den Ausschluß von Mitgliedstaaten u. ernennt den UN-Generalsekretär (1946–53 T. Lie; 1953–61 D. Hammarskjöld; 1961–71 U. Thant; 1971–82 K. Waldheim; 1982–91 J. Pérez de Cuéllar; 1992–96 Butros B. Ghali; s. 1996 Kofi Annan). Zahlreiche Fachausschüsse leiten der Vollversammlung ihre Empfehlungen zu.

Silicate 899
Sowjetunion, Unionsrepubliken 912
Sozialismus 914
Sozialpolitik und Sozialversicherung 916
Sozialprodukt 918
Sprache 926
Staaten und Territorien der Welt 932
Städtebau 936
Sternbilder 944
Steuer(n) 947
Suchtkranke, Geschlechtsverhältnis 958
Tanz 974
Theater 982
Tierzucht 988
Umweltschutz 1016
Vereinigte Staaten von Amerika, Präsidenten 1030
Vereinte Nationen 1032
Vererbung 1033
Verfassung 1035
Verkehr 1036
Vitamine 1047
Vorgeschichte 1053
Währungen 1059
Weltkrieg 1914-1918 1075
Weltkrieg 1939-1945 1076
Weltraumforschung 1078
Wetter 1085
Windstärken 1090

Statistiken

Alkohol 34
Aluminium 38
Arbeitsmarkt 54
Außenhandel BR Deutschland 71
Bauxit 92
Bergbau 100
Bevölkerung 108
Blei 117
Chemische Industrie 160
Eisenbahn 229
Eisen und Stahl 229
Elektrotechnische Industrie 237
Energiewirtschaft 242
Erde, Fläche und Bevölkerung 247
Erdöl 249
Ernährung 252
Europa-Wahlen 261
Forstwirtschaft 306
Frankreich, Wirtschaft 310
Geldmarkt 335
Getreide 347
Gold 357
Großbritannien, Wirtschaft 369
Handelsflotte 383
Industrie 435
Italien, Wirtschaft 447
Japan, Wirtschaft 451
Kaffee 464
Kanada, Wirtschaft 469
Kautschuk-Erzeugung 480
Kohle 497
Kraftfahrzeuge 512
Kunststoffe 529
Kupfer 530
Lebenserwartung 543
Maschinenbau 593
Nickel 663
Öle und Fette 687
Österreich, Wirtschaft 704
Parteien, Zusammensetzung der Volksvertretungen 721
Parteien, Zusammensetzung des Deutschen Bundestags 718
Post 756
Preise 760
Reis 798
Schiffahrt, BR Deutschland 859
Schweiz, Wirtschaft 881
Silber 899
Sowjetunion (ehem.), Wirtschaft 913

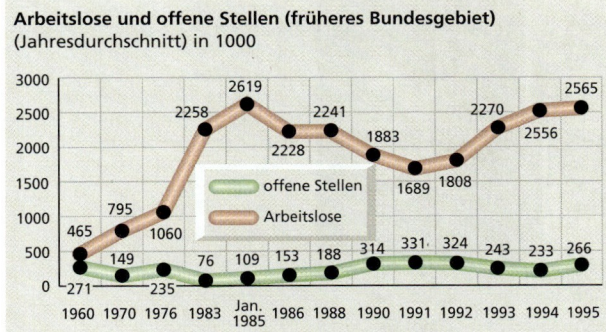

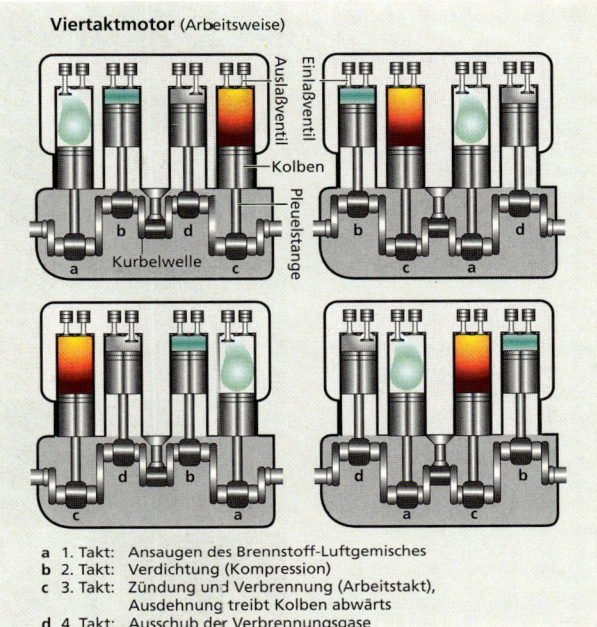

Beispiel: Statistiken

Beispiel: Schaubilder

Beispiel: Wahlen

Sozialprodukt BRD 917
Sozialversicherung 915
Stadt und Land 937
Tabak 970
Tumore 1005
Vereinigte Staaten von Amerika, Wirtschaft 1031
Wein 1072
Wohnungsbau, BR Deutschland 1093
Zement 1107
Zink 1110
Zinn 1111
Zucker 1114

Wahlen

Baden-Württemberg 78
Bayern 92
Berlin 102
Brandenburg 129
Bremen 132
Hamburg 381
Hessen 403
Mecklenburg-Vorpommern 601
Niedersachsen 665
Nordrhein-Westfalen 674
Rheinland-Pfalz 806
Saarland 833
Sachsen 834
Sachsen-Anhalt 835
Schleswig-Holstein 866
Thüringen 986

Schaubilder

Atom und Atomkernenergie 66
Auge 69
Bergbau 101
Dampfmaschine 181
Darm 183
Deich 186
Destillieranlagen 191
Eingeweide 226
Eisenbahn 228
Eisen- und Stahlgewinnung 231
Elektronik und Elektrotechnik 237
Erde, Aufbau 248
Erdöl 250
Erste Hilfe 253
Europäische Union, Organe 260
Evangelische Kirche in Deutschland 266
Farben und Farbfotografie 273
Farbfernseher, Nutzungsmöglichkeiten 278
Fernsehen 279, 280
Fernsprechvermittlung 281
Fotografie 307
Geschlechtsorgane 346
Heraldik 399
Herz 401
Herzinfarkt 402
Himmelskunde 407
Katholische Kirche in Deutschland 478
Kernkraftwerke in Deutschland 484
Kraftfahrzeug 513
Kunststoffverarbeitung 528
Luftfahrt 567

Luftraumstruktur der BR Deutschland 302
Max-Planck-Institute in Deutschland 600
Mensch, Abstammungsgeschichte 608
Mondlaufbahn 628
Mortalität 634
Natur- und Nationalparke in der BR Deutschland 653
Ohr 685
Optik 697
Orchester, Sitzordnung 698
Orthikon 700
Papierherstellung 712
Periodensystem der Elemente 728
Pollen-Kalender 751
Preßluftanlage 761
Radaranlage 780
Rundfunk 828
Schädel 853
Schiffahrt 860
Schußwaffen 876
Sonnenfinsternisse 910
Spiritusdestillation 924
Steinkohle 942
Sternhimmel 946
Stickstoffgewinnung aus der Luft 949
Takelung einer Bark 971
Theaterbau 983
Tonfilm 992
Treibstoffe 998
Trockengleichrichter 1001
Vererbung 1034
Wellenlängen 1074
Weltraumforschung 1080
Wirbelsäule 1091
Zahn 1103

Tafelteile

Bildhauerkunst 111
Bundeskanzler 142
Bundespräsidenten 143
Bundeswehr, Dienstgradabzeichen 145
Deutschland, Hoheitszeichen 199
Fische 288
Flaggen und Wappen 290

Himmelskunde 408
Holzschnitte 416
Malerei 582
Mensch 606
Olympische Sommerspiele 688
Olympische Winterspiele 692
Österreich, Hoheitszeichen 703
Pflanzen unter Naturschutz 734
Philatelie 735
Schauspielkunst 856
Schweiz, Wappen 881
Sport 928
Verkehrszeichen 1037
Waldsterben 1062
Weltraumforschung 1079
Wolken 1094

Karten

Afrika 24
Antillen 48
Asien 60
Australien und Ozeanien 72
Balkanhalbinsel 83
Deutschland 195
Europa, wirtschaftliche Zusammenschlüsse 258
Europa 262
Frankreich 311
Großbritannien und Irland 370
Irland 443
Italien 448
Mitteleuropa 620
Mond 627
Nordamerika 673
Nordpolargebiet 672
Österreich 703
Ruhrgebiet 825
Rußland und die Nachfolgestaaten der Sowjetunion 830
Schweiz 882
Skandinavien und Island 904
Spanien und Portugal 919
Staaten und Territorien der Welt 934
Südamerika 959
Südpolargebiet 961
Vereinigte Staaten von Amerika 1029
Zeitzonen 1106

(4. Reihe) von links nach rechts:
Ski alpin, Abfahrt
Skispringen
Trickski
Eisschnellauf
Eiskunstlauf
Tennis
Fechten, Florett

(5. Reihe) von links nach rechts:
Judo
Fußball
Handball
Sumo-Ringen
Eishockey
Baseball

Beispiel: Tafelteil

Beispiel: Karten

A,
1) der 1. Buchstabe des Alphabets; A u. O (Alpha u. Omega, Ω), erster u. letzter Buchstabe des griech. Alphabets): das Wesentliche.
2) *phys.* Abk. f. → Ampere.
a,
1) *mus.* d. 6. Ton d. C-Dur-Tonleiter, *Kammerton;* s. 1939 intern. 440 Doppelschwingungen, Stimmgabel-a.
2) Abk. f. *anno* [l.], i. Jahr.
à [frz.], zu, für je...
a- [gr.], verneinende Vorsilbe in Fremdwörtern (z. B. *apathisch*).
Å, *phys.* Abk. f. → Ångström.
āā [gr. „ana"], auf Arztrezepten: zu gleichen Teilen.
Aa, auch *Ach, Ache,* häufiger Flußname od. Bestandteil davon.
Aachen (D-52062–080), Stkr. im Rgbz. Köln, NRW, Grenzst., 254 383 E; Dom m. reicher Schatzkammer u. dem Königsstuhl Karls d. Gr. (s. 1978 Weltkulturerbe), Pfalzkapelle, Rathaus m. Krönungsfestsaal u. d. Karlsfresken Rethels; kath. Bistum, TH, Fach-HS, Bergschule, kath. Priesterseminar, AG, LG, IHK, HWK, Ind.: Tuch, Schokolade, *A.er Printen,* Glas, Glühlampen, Reifen, Schirme, Waggon- u. Maschinenbau; *Bad A.* (Rheuma) m. Schwefel- u. alkal.-muriat. Thermen (Anfänge 1. Jh. n. Chr.). – Röm. Ursprungs, Mittelpkt des Reiches Karls d. Gr., 936–1531 Krönungsstadt dt. Könige.
Aachener Frieden, 1668, beendete d. → Devolutionskrieg; 1748 Friede i. östr. Erbfolgekrieg.
Aachener Kongreß, 1818 (Räumung Frkr.s nach d. → Freiheitskriegen).
Aachener Revier, Steinkohlenbergbau-Gebiet.
Äakus [gr. Aiakós], Sohn der Nymphe Ägina u. d. Zeus; König auf der Insel Ägina.
Aale, *Eur. Fluß-A.,* wandern zum Laichen zum Sargassomeer (bis 6000 m tief), kehren von dort nicht mehr zurück. Junge A. sind völlig anders (blattförmig, durchsichtig) gestaltet, nehmen erst allmählich d. spätere Gestalt an, finden dann zu den eur. Küsten hin u. steigen d. Flüsse hinauf. *Fluß-A.* anderer Herkunft laichen i. Ind. u. Stillen Ozean, *Meer-A.* in wärmeren Meeren.
Aalen (D-73430–34), Krst. im Ostalbkr., Ba-Wü., 66 300 E; kulturelles, schul. u. wirtsch. Zentrum d. O-Wü.
Aalmutter, lebende Junge gebärender Fisch der N- u. O-See.
Aalraupe → Rutte.
Aalst, frz. *Alost,* St. in Flandern, Belgien, 78 100 E; Blumenhandel, Maschinenbau, Brauereien, Textilind.
Aalstrich, dunkler Rückenstreifen b. Säugetieren.
Aalto, Alvar (3. 2. 1898–11. 5. 1976), finn. Architekt; Wohnhäuser, öffentl. Bauten, Kulturzentrum Wolfsburg.
Aaltonen, Väino (8. 3. 1894–30. 5. 1966), finn. Bildhauer; hpts. Denkmäler, Porträtbüsten; *Sibelius; Gutenberg.*
AAM, Abk. f. **a**ngeborener **A**uslösemechanismus, Reiz, auf den ohne Erfahrung e. bestimmte Reaktion folgt.
a. a. O., „am angeführten Ort" (im Buch).
Aar, *m.* [ahdt.], dichterisch für Adler.
Aarau → Aargau.
Aare, schweiz. Nbfl. des Rheins, 296 km l., im **Aargletscher** (Berner Alpen) entspringend, durchfließt Brienzer, Thuner u. Bieler See, mündet bei Waldshut.
Aargau, schweiz. Kanton, 1404 km², 528 000 E; fruchtbares Terrassenland; Hptst. *Aarau* a. d. Aare, 15 900 E; div. Ind.; schöne Altstadt, Kraftwerk.
Aarö, *Årø,* dän. Insel im Kl. Belt; 6 km².
Aaron, Bruder d. → Moses.
Aasblumen, locken durch Aasgeruch Fliegen an, z. B. Stapelie (S-Afrika).
Aasen, Ivar (5. 8. 1813–23. 9. 96), norweg. Dichter u. Sprachwissenschaftler; schuf künstl. Sprache, sog. *Landsmål* (heute: *Nynorsk*), das i. Ggs. z. traditionellen *Riksmål* (auch *Boksmål*) steht; begründete d. norweg. Sprachenstreit.
Abadan, St. auf Insel im Schatt el-Arab, 310 000 E; iran. Ölhafen; eine der größten Ölraffinerien.
Abadie [-'dí], Paul (9. 11. 1812–3. 8. 84), frz. Architekt d. Historismus; hpts. Kirchenbauten; *Sacré-Cœur* in Paris.
Abaelard [-lar], Peter (1079 bis 21. 4. 1142), frz. frühscholast. Phil., Theologe u. Hymnendichter; wegen s. rationalist. Auslegung christl. Lehren z. Ketzer erklärt; entmannt; Briefwechsel m. s. Geliebten *Héloïse.*
Abakus, *m.* [gr.],
1) rechteckige Deckplatte d. → Kapitells.
2) Rechentafel der Griechen u. Römer, heute noch i. Fernen Osten viel im Gebrauch.
Abandon, *m.* [frz. abã'dõ:], Preisgabe eines Rechts zwecks Vermeidung der damit verbundenen Pflichten (z. B. Rückgabe eines GmbH-Anteils z. Befreiung v. → Nachschuß).
Abano Terme, it. Thermalbad sw. v. Padua; 12 000 E.
Abba [aramäisch „Vater"], im N. T. Anrede Gottes; i. Orient kirchl. Titel.
Abbado, Claudio (* 26. 6. 1933), it. Dirigent, 1984–86 mus. Leiter d. Mailänder Scala, 1987–91 Musikdirektor d. Staatsoper Wien, s. 1990 mus. Leiter d. Berliner Philharmoniker.
Abbas, pers. Herrscher:
1) A. I., d. Gr. 1587–1629.
2) A. II. 1641–66.
3) A. III. 1732–36.
Abbasiden, Kalifendynastie in Bagdad 749–1258.
Abbate [it.], Titel für Weltgeistliche (Italien).
Abbau,
1) Zerlegung e. komplizierten chem. Verbindung (z. B. Eiweiß) zu einfacheren Verbindungen.
2) im Bergbau Gewinnung u. Förderung nutzbarer Mineralien u. Gesteine.
Abbaubarkeit, Grad d. natürl. Zersetzung, bes. durch → Mikroorganismen.
Abbaugerechtigkeit, im Grundbuch eingetragene Befugnis, auf fremden Grundstücken Bodenschätze zu gewinnen.
Abbazia → Opatija.
Abbe, Ernst (23. 1. 1840–14. 1. 1905), dt. Phys.; Begr. der modernen wiss. opt. Technik u. (mit Schott) Leiter d. opt. Werke Carl Zeiss, Jena, kath dort seinen Sitz in Oberkochen/Württ.; verbesserte Mikroskop, Spektrometer u. a. opt. Instrumente; vorbildl. Sozialwerk (Carl-Zeiss-Stiftung mit Gewinnbeteiligung d. Arbeitnehmer, Altersversorgung, Siedlungsbau).

Aachen, *Dom*

Aal

Alvar Aalto, *Finlandia-Halle, Helsinki*

Aargau

Abbé [frz.], Abt; Titel f. Weltgeistliche (Frankreich).
Abbéma, Louise (31. 10. 1858–1927), frz. Malerin; Salonkunst; Figurenbilder, Porträts, Innendekorationen im Zeitgeschmack; *Frühstück im Wintergarten; Sarah Bernhardt.*
Abbeville [ab'vil], frz. Hafenst. a. d. Somme, 26 000 E.
Abbevillien, s. [-vɪ'ljɛ̃:], früher Abschnitt d. Altsteinzeit (Faustkeilkultur), nach Fundort *Abbeville* benannt.
Abbildtheorie, phil. Lehre (→ Demokrit), nach d. d. Erkannte e. Spiegelung dessen ist, was erkannt werden soll.
Abbildung,
1) *optische:* Erzeugung e. Bildes von e. Gegenstand mit Hilfe v. Lichtstrahlen, meist unter Benutzung von → Linsen od. → Spiegeln, die d. von jedem Gegenstandpunkt ausgeh. Lichtstrahlen im zugehörigen Lichtpunkt vereinigen.
2) *math.:* → Funktion.
3) gedrucktes Bild.
Abbildungsfehler, optische → Aberration.
Abbildungsmaßstab, Verhältniszahl, m. d. die Größe d. abgebildeten Objektes definiert wird; Maßstab 1:2: Objekt wurde in halber Größe fotografiert; Maßstab 1:1: Objekt wurde in natürl. Größe fotografiert; Maßstab 2:1: Objekt wurde in doppelter Größe fotografiert.
abbinden,
1) bei Blutungen → Erste Hilfe.
2) Holz- od. Eisenteile zusammenpassen.
3) Zement: erhärten.
Abblendtaste, an Spiegelreflexkameras; zeigt die wahre Schärfeverteilung d. Motivs im Sucher.
Abbot [ˈæbət], Charles Greeley (31. 5. 1872–17. 12. 1973), am. Phys.; Mitbegr. der modernen Sonnenforschung (erste genaue Messung der Solarkonstante [1909] m. → Pyrheliometer.
Abbreviatur, w. [l.], Abkürzung.
Abbruchblutung, abnorme Form der → Menstruation, z. B. nach Einnahme von Hormonpräparaten.
ABC [ˈeɪbiːsiː], Abk. f. d. am. Rundfunkges. **A**merican **B**roadcasting **C**ompany.
Abchasien, autonome Abchasische Rep. in Georgien, SW-Kaukasus, 8600 km², 538 000 E; Hptst. u. Hafen *Suchumi* (122 000 E). Unabhängigkeitsbestr. führen s. 1992 z. mil. Auseinandersetz. m. Georgien; s.1994 Waffenstillstand (GUS-Friedenstruppen, UNO-Beobachter).
ABC-Schutzmaske → Gasmaske.
ABC-Staaten, **A**rgentinien, **B**rasilien u. **C**hile.
ABC-Waffen, Sammelbez. f. **a**tomare, **b**iol. u. **c**hem. Kampfmittel u. Waffen.
Abd [arab. „Knecht"], oft b. Namen.
Abdampf, nach Arbeitsleistung in d. Dampfmaschine oder Turbine mit → Abwärme ausströmender Dampf.
abdampfen, gelöste Stoffe durch Verdunsten d. Lösungsmittels abscheiden.
Abdeckerei, Anlage z. Beseitigung v. Tierkadavern; Verwertung zu Leim, Knochenmehl, Viehfutter.
Abd el Asis Ibn Saud (24. 11. 1880 bis 9. 11. 1953), Kg v. → Saudi-Arabien.
Abd el Kader (1808–26. 5. 83), Araberfürst; 1832–47 i. Algerien i. Kleinkrieg m. Franzosen.
Abd el Krim (um 1880–6. 2. 1963), bis

1926 Führer der aufständischen Rifkabylen in Marokko.
Abderhalden, Emil (9. 3. 1877–5. 8. 1950), schweiz. Physiologe u. Ernährungsforscher (Eiweißchemie).
Abderiten, Bewohner der thrakischen St. *Abdera;* d. Schildbürger d. Antike; Roman v. → Wieland.
Abdomen, *s.* [l.], Bauch; Hinterleib (Insekten).
Abdrift, b. d. Anwendung v. Pflanzenschutzmitteln d. unerwünschte Verwehen d. Spritzflüssigkeit.
Abd ul Hamid II. (21. 9. 1842–10. 2. 1918), türk. Sultan s. 1876.
Abe, Kōbō (7. 3. 1924–21. 1. 93), jap. Schriftst., Auseinandersetzung m. eur. Existenzialismus u. Begr. d. Kafkarezeption in Japan; *Der Mann, der zum Stock wurde; Die Arche Sakuramura.*
Abel, Gestalt d. A.T., Sohn Adams u. Evas, v. s. Bruder Kain getötet.
Abel, Carl Friedrich (22. 12. 1723–20. 6. 87), dt. Gambist u. Komponist in London; Schüler J. S. Bachs.
Abencerragen, maur. Geschlecht in → Granada, 15. Jh.
Abendgymnasium → Abendschulen.
Abendland, *Okzident* (im Ggs. z. *Orient,* Morgenland), Bez. für den durch d. Erbe der Antike u. german. Elemente, des Christentums geprägten eur. Kulturkreis; urspr. d. westl. Teil der Alten Welt (Mittel- u. Westeuropa); seit → Karl d. Gr. Unterscheidung d. A. bes. vom → Byzantin. Reich, später als Ggs. zur Welt d. Islam.
Abendmahl, *Tisch des Herrn, Kommunion,* Sakrament der christl. Kirchen; v. Jesus eingesetzt: „Zu meinem Gedächtnis" (Luk. 22); oft Bildthema in Refektorien; berühmteste Darstellung durch Leonardo da Vinci in S. Maria delle Grazie, Mailand.

Abendmahl, *Federico Barocci*

Abendmahlselemente, Brot und Wein; nach kath. Lehre: Wandlung d. Abendmahls *(Transsubstantitation);* n. Luther: Christus ist in, mit u. unter den A.n da; Calvin lehrt geistige Gegenwart Christi.
Abendpunkt, svw. → Westpunkt.
Abendschulen, Lehranstalten f. Berufstätige zur Fortbildung (schulisch, auch beruflich) vom Hauptschulabschluß bis z. Hochschulreife.
Abendstern, der Planet → Venus (hellster Stern am Himmel); sichtbar nach Sonnenuntergang am Westhimmel. Ist die Venus vor Sonnenaufgang am Osthimmel sichtbar, heißt sie *Morgenstern.*
Abendweite, astronom. Abstand eines untergehenden Sterns v. Westpunkt; Ggs. → Morgenweite.
Aberdeen [æbə'di:n], Gft i. ö. Schottland; St. A., 190 000 E; Seehafen, Uni.; Textilind., Masch.bau, Schiffswerften.
Aberglaube, Glaube an magische Zus.hänge im Widerspruch zu geltenden rel. u. wiss. Auffassungen.
Aberration [l. „Abirrung"],
1) astronom. Winkel zw. der geometr. u. der Lichtstrahlenrichtung nach e. Gestirn; Ursache ist d. endl. Verhältnis d. Erd- z. Lichtgeschwindigkeit; nach den 3 versch. Bewegungen der Erde: *tägl., jährl.* u. *säkulare* A.
2) *optische:* Abbildungsfehler; alle Fehler, die bei d. techn. Realisierung e. opt. → Abbildung entstehen, wie chromatische A., sphärische A., Koma, Verzeichnung, → Astigmatismus.
3) *Biol.:* abweichende Form einer Art.
Aberrationskonstante, Konstante der → Aberration 1), Betrag 20" 47.
Abessinien, früherer Name von → Äthiopien.
abessinischer Brunnen, *Rammbrunnen,* dessen Rohr ohne Vorbohrung bis zur wasserführenden Schicht eingerammt wird.
Abfahrt, skisportl. Wettkampfart, Schnelligkeitsprüfung über Strecken mit einem Höhenunterschied von 800–1000 m (Herren) u. 500–700 m (Damen).
Abfall, lt. Abfallgesetz (AbfG) sind Abfälle bewegl. Sachen, deren sich jemand entledigen will bzw. die im Interesse d. Allgemeinheit behandelt u./od. beseitigt werden müssen; → Abfall-Entsorgung, Übers.

Abfall-Entsorgung

Im Abfallrecht (§ 1 I 1 AbfG) sind Abfälle definiert als bewegliche Sachen, deren sich der Besitzer entledigen will *(subjektiver Abfallbegriff)* oder deren geordnete Entsorgung zur Wahrung des Wohls der Allgemeinheit, insbes. des Schutzes der Umwelt, geboten ist *(objektiver Abfallbegriff).* Nach Art und Herkunft wird Abfall in zahlreiche Kategorien unterteilt: Haus-, Gewerbe-, Siedlungs-, Bau- und Industrie-Abfall, Reststoffe und Sondermüll, landwirtschaftlicher Abfall und Kompost. In der BR fallen ca. 600 Mill. t Abfall/Jahr an, d. h. etwa 22 kg pro Kopf und Tag. Davon sind jedoch rund 320 Mill. t landwirtschaftliche Abfälle, von denen beinahe 90 % wiederverwendet werden (weitere Mengenangaben → Übers. Umweltschutz). *Hausmüll* wird in Größenfraktionen und Materialsorten unterteilt in Feinmüll (kleiner als 8 mm), Mittelmüll (8 bis 40 mm), Grobmüll (40 bis 120 mm) und Siebrest (größer als 120 mm).
Deponierung und Müllverbrennung: Soweit Abfälle nicht als Wertstoffe wiederverwertet werden (können), werden sie entweder deponiert oder verbrannt. *Geordnete Deponien* sind solche, die mit behördl. Genehmigung und den gesetzl. vorgeschriebenen Sicherheitseinrichtungen versehen sind. *Ungeordnete Deponien* werden mit behördl. Genehmigung, aber ohne Schutzmaßnahmen betrieben. Ablagerungen ohne Genehmigung sind strafbar und werden als *wilde Deponie* bezeichnet. Da bei allen momentan bekannten Abfallentsorgungsverfahren Reststoffe zurückbleiben, wird bis auf weiteres Deponieraum benötigt. Allerdings kommt es in der BR schon zunehmend zu Kapazitätsengpässen. Da in Deponien eine Vielzahl von Stoffen relativ unkontrolliert zusammenkommt, gibt es Probleme mit → Deponiegas und → Sickerwasser, Verwehungen, Lärm, Geruch, Ungeziefer sowie Brand- und Explosionsgefahr. Weitgehend unbekannt ist das *Langzeitverhalten* der Deponie, die Zuverlässigkeit der → Basisabdichtung und die Festigkeit des Untergrunds (Deponiebasis), die sich bei zunehmender Auflast absenken kann (Riß in der Abdichtung). Kennzeichen einer modernen Deponie: Mehrere geologische und bauliche Sperren, die Emissionen verhindern *(Multibarrieren-Konzept).* Unterirdische Begehbarkeit zur Kontrolle und Reparatur. Die Abdichtsysteme sind mit Leckage-Warngeräten ausgerüstet. In *Müllverbrennungsanlagen* (MVA; → Müll) werden ca. 30 % des gesamten Aufkommens an Haus- und Gewerbeabfällen verbrannt. Die Verbrennung von Hausmüll ist wegen dessen wechselnder Zusammensetzung und geringem Heizwert feuerungstechn. ein Problem (bis zu 40 % Wassergehalt; Stützfeuerung nötig). Die Verbrennungstemperatur liegt zw. 500° und 1100°C. Der Verbrennungsprozeß wird durch Faktoren wie Feuerraumtechnik, Luft- und Brennstoffzudosierung beeinflußt. Unverbrannte Gase führen zu Korrosion der Kesselanlage und Freisetzung von Schadstoffen. Die Verbrennungseinheit der MVA besteht aus Rostsystemen, Wirbelschichtfeuerung, Drehrohr- oder Etagenöfen. Roste werden bei großen Durchsatzmengen von Haus-

Abfallkataster, Erfassung v. Abfallströmen (in Betrieb od. Kommune) z. Feststellung v. Vermeidungs- u. Verwertungspotentialen z. Senkung d. Entsorgungskosten; Einsatz spezieller EDV-Systeme.
Abfallwirtschaft, Branche, die sich m. Entsorgung u. Verwertung v. Abfällen beschäftigt; Wertstoffrückgewinnung, → Recycling (Kunststoff, Altpapier u. a.).
Abfindung, Abgeltung wiederkehrender oder unüberschaubarer Ansprüche durch einmalige Entschädigung (meist in Geld).
Abführmittel, Arzneimittel, Tees, Mineralwässer zur Anregung der Darmtätigkeit; Gewöhnungsgefahr.
Abgaben, Pflichtzahlungen aufgrund öff.-rechtl. Anspruches, bes. an Gemeinden.
Abgabenordnung, *AO,* früher

müll bevorzugt, die anderen Techniken eignen sich mehr für Problem- und Sonderabfälle. Das *Müllkraftwerk* verbindet die Verbrennung des Abfalls mit Wärmenutzung und Stromerzeugung. Dabei wird der durch die Verbrennungswärme erzeugte Dampf in einem Turbogenerator in el. Energie verwandelt. Erlöse aus Stromverkauf senken Entsorgungskosten. Bei Kraft-Wärme-Kopplung ist energetische Ausbeute noch größer. *Gefahren* der MVA: Schwermetalle, feste Abfälle (Schlacken u. Stäube), gasförmige Emissionen, bes. bei unvollständiger Verbrennung bilden sich die als krebserregend geltenden → Dioxine u. Furane, die aber bei Temperaturen von 1200°C nahezu vollständig zerstört werden. Bei der *Rauchgasreinigung* unterscheidet man zwischen feuerungstechnischen Maßnahmen, die auf die Entfernung von NOx, CO und CH gerichtet sind, und Abscheidetechniken, die auf SO_2, HF, HC$_1$ und Stäube gerichtet sind. Es gibt Filter-, Naß- und elektrostat. Abscheider. Die dabei anfallenden Schlacken werden deponiert oder wiederverwendet (z. B. Straßenbau). Die → *Pyrolyse* ist therm. Zersetzung unter Gasausschluß (insbes. Sauerstoff). Der Entgasungsvorgang läuft in drei Stufen ab: Trocknungsphase (200°C), Verschwelungsphase (500°C) u. Gasbildungsphase (>500°C). Rückstände des Pyrolysevorgangs sind Kondenswasser, Gase, Öle, Teere und feste Rückstände. Obwohl von den Emissionswerten her günstiger als MVA, wurde d. P. aus Wirtschaftlichkeitsgründen noch kaum realisiert (Günzburg seit 1987). P. ist nur bei kleinen Anlagen rentabel. Das PKA-Verfahren arbeitet ausschließlich mit nicht verwertbarem organ. Müll, der vorher zu → BRAM (Brennstoff aus Müll) gemacht wurde.

Abfallwirtschaft und Recycling. Das Abfall-Gesetz (AbfG) fordert Priorität von Vermeidung und Verminderung vor Behandlung, Verwertung und Beseitigung. Abfallvermeidung heißt Reduzierung der Stoffe, die Abfall werden könnten. Das kann dadurch geschehen, daß potentieller Müll von vornherein nicht produziert wird (geringerer Verpackungsaufwand) oder die Produkte verwertungsfreundlich produziert werden. Druck in Richtung Vermeidung durch gesetzl. Vorschriften, Verteuerung der Entsorgung und steigende Konsumentennachfrage nach recyclinggerechten Produkten. Das → *Recycling* ist Wiederverwendung und -verwertung von Stoffen und deren Rückführung in den Produktionsprozeß (Papier, Schrott usw.). Die Wertstoffe können relativ rein anfallen (*Primärrecycling*; z. B. Glas) oder müssen relativ aufwendig aus einem Gemisch zurückgewonnen werden (*Sekundärrecycling*; z. B. Kunststoff). Sammlung und Transport machen Hauptteil (bis 70 %) an Entsorgungskosten aus. Man unterscheidet versch. Sammelsysteme: Bei → *Umleersystemen* wird der Inhalt von Mülltonne bzw. Container in das Transportfahrzeug umgeladen. Bei → *Gefäßwechselsystemen* wird der volle Container zur Deponie abgeholt und zugleich ein leerer zurückgebracht. Bei Einwegverpackungen (kommunale Müllsäcke) werden andere Sammelsysteme eingespart. Die Kommunen können aufgrund von Bestimmungen des AbfG die Bürger zur Teilnahme an einer Getrenntsammlung zwingen. Neben den Konsumenten sind auch die Erzeuger für Entsorgung mitverantwortlich (→ Produkthaftung). Im Gefolge der Verpackungsverordnung, welche die Rücknahmepflicht für Verkaufsverpackungen fordert, wurde von der Privatwirtschaft das → *Duale System* gegründet (1990). Verpackungsanwender müssen beim Dualen System Deutschland GmbH (DSD) eine Lizenz zur Kennzeichnung ihrer Verpackungen mit dem → *Grünen Punkt* erwerben. Verpackungen ohne Kennzeichnung fallen unter Rücknahme- und Pfandpflicht. Nur Stoffe mit hohen Verwertungsquoten bieten einen ökonomischen Verwertungsanreiz (Papier, Eisen, NE-Metalle). Mit zunehmender Heterogenität des Mülls steigen die Aufbereitungskosten. Die *Recyclingquoten* für einzelne Wertstoffe schwanken stark. Altpapier und Altglas werden zu über 40 % wiederverwendet. Kunststoffe haben mit 7 % geringe Recyclingquote, wobei der Großteil des wiederverwerteten Kunststoffs bei der Produktion von Kunststoff anfällt. Altkunststoff besteht hpts. aus Polyethylen (PE), Polypropylen (PP), Polystyrol (PS) und Polyvinylchlorid (PVC). Hauptprobleme bei der Wiederverwertung sind Verschmutzung, Vermischung und Verbundformen des Kunststoffs. Außerdem ist die Herstellung von Neukunststoff oft billiger als Recyclingprodukte. Weitere Bereiche recyclierbarer Wertstoffe sind Bauschutt, Metalle, Elektro(nik)schrott, Batterien, Akkumulatoren, Transformatoren, Altautos, Altreifen, Textilien und Grünabfälle (→ Kompost).

Sondermüll und Altlasten. Als *Sondermüll* werden (etwas verschwommen) Abfälle bezeichnet, die nach Art und Menge nicht mit Hausmüll entsorgt werden können. Es handelt sich vornehmlich um gesundheits- und umweltgefährdende, brennbare und explosible Problemstoffe, wie sie in Krankenhäusern, Galvanisier-, Lackier- und anderen Industriebetrieben entstehen. Der Abfallerzeuger muß Entsorgungsnachweis führen. Abfallschlüsselnummern geben Auskunft über Behandlungsart und Entsorgungsweg (chem.-phys. Vorbehandlung, Sonderabfall- und Untertagedeponie, Sondermüllverbrennung). Künftiges Ziel ist die Vermeidung von Sonderabfall durch reststoffarme bzw. -freie Produktionsverfahren (z. B. Kreislaufführung). Unter dem Oberbegriff *Altlasten* versteht man Altablagerungen (wilde Deponien), Altstandorte (stillgelegte Produktionsanlagen der Industrie oder des Bergbaus), großflächige Bodenbelastungen (kontaminierte landwirtschaftl. Flächen), defekte Kanalsysteme (Verseuchung des Erdreichs) und Rüstungsaltlasten (v. a. gefährliche Kampfstoffe). Man geht in der gesamten BR heute von über 100 000 Verdachtsflächen aus. Die Erfassung und Bewertung dieser Flächen beginnt mit Probenahmen und geophys. Messungen. Alle für Sicherungs- und Sanierungsmaßnahmen nötigen Daten werden in einem Altlastenkataster niedergelegt. Die Altlasten können durch Einkapselung, Bodenaustausch oder Reinigung des Bodens saniert werden. Angewandt werden chem., phys. und biol. Methoden sowie therm. Zersetzung, mit dem Ziel die Schadstoffe zu extrahieren, neutralisieren oder zu zerstören. Das kann im Boden an Ort und Stelle passieren (In-situ-Behandlung), vor Ort, aber unter Entnahme (Auskoffern) der Erde (On-site-Behandlung), oder der Bodenaushub wird zur Reinigung an anderen Platz transportiert (Off-site-Behandlung).

Reichs-AO, Grundgesetz d. dt. Steuerrechts; regelt Organisation d. Steuerbehörden u. Verfahren in Steuersachen.

Abgase, treten beim Verbrennungsvorgang bei Motoren auf (→ Umweltschutz, Übers.), mit d. Hauptursache v. Luftverschmutzung u. möglicherweise → Waldsterben.

Abgasreinigung, Verfahren z. Reduzierung d. Schadstoffgehaltes in Abluft v. techn. Anlagen (Kraftwerke, Autos u. a.); z. B. Filter, → Katalysator.

ABGB, Abk. f. **A**llgemeines **B**ürgerliches **G**esetz**b**uch (f. Österreich).

Abgeordnetenhaus, Volksvertretung, Parlament; Gesamtheit d. Volksvertreter; Gebäude f. d. Sitzungen des A.es.

Abgeordneter, durch Wahl berufener Vertreter d. Volkes in gesetzgebender Körperschaft (z. B. Bundes-, Landtag); genießt Recht d. → Immunität.

Abguß, i. d. bild. Kunst,
1) Verfahren z. Abformung e. Objekts durch später erhärtendes Material; d. so entstand. negat. Hohlform wird z. Gewinnung d. positiv. Objektnachbildung z. B. m. Gips od. Kunstharz ausgegossen; → Bildguß.
2) Produkt d. Verfahrens.

Abhandenkommen, *jur.* unfreiwilliger Besitzverlust (z. B. durch Diebstahl od. Verlieren); bei A. v. Sachen kein gutgläubiger Eigentumserwerb möglich; Ausnahme: b. Geld u. Inhaberpapieren u. b. Erwerb in öff. Versteigerung (§ 935 BGB).

Abhidhamma-Piṭaka, *m.* [pali/mittelind. „Korb der Lehrbegriffe"], 3. „Korb" bzw. Teil d. buddhist. Lehrkanons, des T(r)ipitaka.

Abhörverbot, wer unbefugt d. nichtöffentl. Gespräch eines anderen abhört od. aufnimmt od. e. solche Aufnahme gebraucht bzw. einem Dritten zugänglich macht, wird mit Freiheits- oder Geldstrafe belegt, wenn der Betroffene Strafantrag stellt (§ 201 StGB).

Abidjan [-'dʒaːn], ehem. Hptst. u. -hafen d. Rep. Côte d'Ivoire (fr. Elfenbeinküste), 1,9 (Agglom. 2,5) Mill. E; Uni.; Flughafen.

Abildgaard [-lgɔːr], Nicolai Abraham (get. 11. 9. 1743–4. 6. 1809), führender dän. Maler d. Klassizismus, wirkte auch auf d. dt. Romantik; Historienbilder m. Motiven aus Lit. u. Geschichte; *Sappho u. das mytilenische Mädchen*.

abiotische Forstschäden → Forstschäden.

Abiturient [l.], Schüler, der die Reifeprüfung eines Gymnasiums (**Abitur**) ablegt.

abklingen, Abnahme e. physikal. Größe m. fortlaufender Zeit, z. B. e. radioaktiven Strahlung durch Kernzerfall

od. d. Stärke e. Tons durch Schalldämpfung.
Abkömmling, jeder Verwandte absteigender Linie: Kinder, Enkel usw.
Ablagerungsgesteine, svw. → Sedimentgesteine.
Ablaß, nach kath. Lehre Nachlaß v. zeitl. Sündenstrafen v. Gott, keineswegs aber Vergebung d. Sünden. **Ablaßprediger,** nutzten d. Angst d. Menschen v. d. Fegefeuer aus, indem sie f. Geld **Ablaßbriefe** verkauften (16. Jh., → Tetzel); d. Geld wurde z. T. f. d. Neubau d. Peterskirche verwendet. Der **Ablaßstreit** wurde z. äußeren Anlaß d. Reformation (95 Thesen, → Luther). Vollmacht, e. Ablaß zu gewähren, heute noch v. d. kath. Kirche anerkannt.
Ablatio,
1) operative Entfernung, z. B. der Brust (*Ablatio mammae*).
2) krankhafte Ablösung, z. B. *Ablatio retinae*, Abhebung d. Netzhaut d. → Auges.
Ablation, Ablösen („Abschmelzen") v. Oberflächenschichten e. mit hoher Geschwindigkeit in d. Erdatmosphäre eintretenden u. sie durchquerenden Körpers durch starke Erhitzung aufgrund der Reibung an d. Luftteilchen. Durch A. von speziellen A.swerkstoffen in den → Hitzeschilden werden Raumfahrzeuge gg. Überhitzung geschützt.
Ablativ, *m.*, lat. Kasus, antwortet auf die Fragen: *woher?, womit?, wo?, wann?*
Ablaufdatum, aufgedruckt auf Filmpackungen, auch f. Laborchemikalien übl.; kann bei Kühlschranklagerung d. Filme weit überschritten werden.
Ablaut, *m.*, regelmäßiger Vokalwechsel innerhalb eines Wortstammes (z. B. f*i*nde, f*a*nd, F*u*nd).
Ableger, *Absenker,* Seitentriebe von Pflanzen, die mit Erde bedeckt werden u. dann Wurzeln schlagen, worauf Abtrennung erfolgen kann.
Ablehnung, Richter (Schöffen) u. Urkundsbeamte (Gerichtsschreiber) u. Sachverständige können im Zivil- und Strafprozeß z. wegen Beteiligtseins an der Sache oder Besorgnis der Befangenheit abgelehnt werden.
Ableitung, Bilden des → Differentialquotienten.
Ablenkung,
1) *el. u. magnet.:* Strahlen bewegter el. geladener Teilchen werden durch ein el. od. magnet. Feld aus ihrer Richtung abgelenkt (Anwendung z. B. zur Bilderzeugung im Fernsehgerät, → Braunsche Röhre; zur Strahlenführung in → Beschleunigern) u. zur Ionentrennung in → Massenspektrometern);
2) *opt.:* A. von Lichtstrahlen durch → Linsen u. → Spiegel (→ Abbildung) u. → Prisma → Spektrometer.
Ablösung,
1) *entwicklungspsych.* notwendiger Vorgang des Abbaus der Abhängigkeit v. Eltern u. Erziehern in d. → Pubertät.
2) Entschädigung für Erlangung e. Rechts (z. B. Mietrechts); bei Zwangsvollstreckungen Recht eines Dritten, der Recht od. Besitz an einer Sache hat, d. Zwangsvollstreckung durch Befriedigung d. Gläubigers abzuwenden.
ABM,
1) Abk. für → **A**rbeits**b**eschaffungs**m**aßnahmen.
2) Abk. f. **A**nti **B**allistic **M**issile (Ab-

Aborigines-Malerei

Der Tod Absaloms, *Buchmalerei, 14. Jahrhundert*

wehrrakete); **ABM-System** (Raketenabwehrsystem).
abmustern, den → Heuervertrag auflösen.
ABM-Vertrag, Vertrag zur Rüstungskontrolle, der im Rahmen der → SALT-I-Abkommen zw. d. ehem. UdSSR u. den USA abgeschlossen wurde. Der ABM-V. verbietet die Entwicklung, Erprobung u. Installierung eines umfassenden Abwehrsystems gegen ballistische Raketen (Flugkörper mit elliptischer Flugbahn).
abnorm [l.], abweichend von der Norm, Regel.
Abnormität, Mißbildung.
Åbo, St. in Finnland, → Turku.
Abolitionismus [l. „Aufhebung"], urspr. am. Antisklavereibewegung, später Bewegung zur Abschaffung best. Mißstände (z. B. d. Prostitution).
A-Bombe, Abkürzung f. Atombombe (→ Kernwaffen).
Abonnement [frz. -'mã:], (zeitl. begrenztes) Anrecht auf gleichartige Leistungen nach Vorauszahlung (z. B. bei Zeitungen, Theaterkarten u. a.).
Aborigines [engl. -'rıdʒını:s], dunkelhäutige Ureinwohner Australiens, eine der Großrassen der Menschheit (Australiden).
Abort, *m.* [l.], *Abortus,* die vorzeitige Ausstoßung der unreifen, nicht lebensfähigen Frucht bis zur 28. Schwangerschaftswoche. Der *Spontan-A.* kommt ohne äußere Einwirkung zustande; die Ursachen können bei der Frucht selbst (Fehlbildungen), bei der Mutter (Mißbildungen, Tumoren, Lageveränderung d. Gebärmutter, hormonelle Störungen, Infektionskrankheiten, mechan. Erschütterungen, seel. Belastungen, chron. Vergiftungen) oder beim Vater (Anomalien der → Spermas) liegen. Unter einem künstl. (artifiziellen) oder eingeleiteten A. versteht man d. vorsätzlichen Abbruch der Schwangerschaft; hierzu ist nur der Arzt berechtigt (→ Schwangerschaftsabbruch, Interruptio) (→ Abtreibung, → Indikation. Das Auftreten von mindestens 3 aufeinanderfolgenden Spontan-A.en bezeichnet man als *habituellen A.*
abortiver Verlauf, bei Krankheiten: abgekürzter Verlauf ohne die typischen Krankheitszeichen.
Abortseuche, ansteckende Krankheit der Rinder, → Verwerfen; Ansteckungsmöglichkeit für Menschen, → Bangsche Krankheit.
ABO-System → Blutgruppe.
ab ovo [l. „vom Ei"], von Anfang an.
Abplattung,
1) *Physik:* durch Einwirken e. → Kraft bewirkte → Deformation ansonsten gleichmäßig gekrümmter Körper wie → Kugel u. → Zylinder.
2) *Astrophysik:* Abweichung d. → Planeten von d. Kugelgestalt, bewirkt durch d. Trägheitskräfte der Drehung um die eigene Achse.
3) *geophys.:* Abweichen der Gestalt eines Planeten von der Kugelform.
Abraham, im A.T. Stammvater d. Israeliten.
Abraham, Paul (2. 11. 1892–6. 5. 1960), ungar. Komp.; Operetten: *Viktoria u. ihr Husar.*
Abraham a Santa Clara, eigtl. Ulrich Megerle (2. 7. 1644–1. 12. 1709), schwäb. Augustinermönch in Wien,

volkstüml. Kanzelredner, Schriftst.; *Judas der Erzschelm.*
Abrasio, *w.* [l.], → Auskratzung.
Abrasion, *w.* [l.], abtragende Wirkung d. Meeresbrandung.
Abraum, im bergmänn. Tagebau das über d. Lagerstätte liegende, abzuräumende taube Gestein.
Abraxas, koptisch-gnostisches Geheimwort f. Zahl od. Name Gottes, ähnl. wie *Abrakadabra.*
Abraxasgemmen, Steinamulette m. myst. Schriftzeichen.
Abreißbremse, Handbremse b. Anhängern, d. bei ungewollter Trennung v. Zugfahrzeug wirksam wird.
Abri, *m.* [frz. „Schutz"], Felsüberhang; Rast- od. Siedlungsplatz des Altsteinzeitmenschen.
Abruf, der Käufer bestimmt nachträglich den Zeitpunkt f. Lieferung d. Ware („auf A.").
abrupt [l. „abgebrochen"], zusammenhanglos, jäh.
Abrüstung, Maßnahmen zur Einstellung, Beschränkung, Reduzierung und Kontrolle d. mil. Machtmittel. A.sbemühungen auf zahlreichen internationalen Konferenzen (→ Haager Friedenskonferenzen 1899, 1907, Völkerbundsakte 1919, → Genfer Abrüstungskonferenz 1932/33), namentlich im Rahmen des Völkerbundes, gescheitert. Rüstungsbegrenzungen wurden den besiegten Mächten nach dem 1. Weltkrieg auferlegt. – 1963 → Atomversuchsstopp-Abkommen, 1970 → Atomsperrvertrag, 1971 Vertrag über Verbot d. Stationierung von Kernwaffen auf intern. Meeresboden.
Seit 1968 Gespräche über die Begrenzung der konventionellen Rüstung (→ MBFR/MURFAAMCE), seit 1969 über die Begrenzung der thermonuklearen Rüstung (→ SALT), seit 1973 über d. Reduzierung v. Gefechtskörpern b. strateg. Atomwaffen (→ START).
Abruzzen, it. *Abruzzi,*
1) rauhes Gebirgsland, Mittelitalien, höchster Gebirgszug d. Apenninen (*Gran Sasso d'Italia* 2914 m);
2) it. Region, 10 794 km², 1,24 Mill. E, Hptst. *L'Aquila.*
Abs, Hermann (15. 10. 1901–5. 2. 94), dt. Bankier u. Finanzberater; Vors. d. Aufsichtsrates d. Dt. Bank 1967–76.
Absalom, *Abschalom,* bibl. Gestalt; aufrührerischer Sohn Davids.
Absam (A-6060), Wallfahrtsort in Tirol (Östr.), 5800 E.
Absatz, Mengeneinheit verkaufter Produkte pro Periode.
Absatzhelfer, → Handelsvertreter, angestellte Verkäufer (Reisende) e. Unternehmens.
Absatzmittler → Groß-, → Einzel-, → Versandhandel.
absatzpolitisches Instrumentarium → Marketing-Mix.
Absatzvolumen → Umsatzvolumen.
Abscheidegrad, Kenngröße f. die Güte e. Trennvorgangs, Verhältnis von abgeschiedenem zu zuströmendem Partikelstrom.
Abschied,
1) Entlassung aus Dienst als Beamter.
2) Schlußprotokoll des Reichstages des → Heiligen Röm. Reiches Deutscher Nation.
Abschirmung, Aufbau einer Schutz-

wand oder Schutzhülle aus geeigneten Materialien zur Verringerung od. Verhütung gegenseitiger Beeinflussung elektromagnet. Felder od. d. Durchganges elektromagnet. → Strahlung (Wärme-, Licht-, → Röntgenstrahlung, → Gammastrahlen) sowie ionisierender Teilchenstrahlung.
1) *atomare A.:* das el. Feld der Kernladung eines Atoms wirkt infolge der inneren Elektronen nicht voll auf die äußeren Elektronen;
2) *elektrische A.:* in der Elektrotechnik metall. Schutzumhüllung (z. B. von Leitungen od. Geräten) zur Verhütung gegenseitiger Beeinflussung durch elektromagnet. Felder;
3) *magnetische A.:* kann nur durch ferromagnet. Werkstoffe erfolgen;
4) *Strahlungs-A.:* Verminderung d. von e. Strahlungsquelle nach außen abgegebenen Strahlung.
Abschlagsdividende, in der BR nicht zulässige Vorauszahlung einer Kapitalges. auf Jahresdividende.
Abschlagsverteilung, Prozentsatz d. im Konkursverfahren an d. Gläubiger z. Verteilung kommenden Konkursmasse.
Abschluß,
1) rechtsverbindl. Vereinbarung zweier Parteien.
2) Nach § 39 HGB jährlich vorzunehmende Kontenabrechnung (→ Bilanz, Übers.).
Abschlußprovision, Vergütung an d. Vermittler e. Abschlusses im rechtl. Sinne.
Abschlußprüfung, gesetzl. vorgeschriebene Prüfung d. Jahresabschlusses bei Aktiengesellschaften.
Abschlußzahlung, Entrichtung der Steuerschuld unter Anrechnung d. Vorauszahlung.
Abschöpfung, zollähnl. Belastung, die EU-Staaten bei Einfuhren zum vorübergehenden Schutz einheim. Erzeugnisse erheben.
Abschreibung, *wirtsch.,*
1) Betrag der Wertminderung an Gegenständen des betriebl. Anlagevermögens u. auf Forderungen.
2) Maßnahme in der Buchhaltung zur Berechnung von 1) zwecks Bilanzierung; Arten: bilanziell, kalkulatorisch, pauschal, direkt, indirekt (→ Wertberichtigung); nach Abschreibungsmethode: *lineare* (gleichbleibender Abschreibungsbetrag je Nutzungsjahr), *degressive* (abnehmender A.betrag für jedes weitere Nutzungsjahr), *progressive A.* (ansteigender A.betrag für jedes weitere Nutzungsjahr).
Absehen von Strafe, durch d. Gericht unter best. Voraussetzungen, wenn Folgen d. Tat f. d. Täter so schwer sind, daß Strafe verfehlt wäre.
Abseite, in d. Architektur svw. Seitenschiff.
Abseits, Stellung eines angreifenden Fußballspielers, der im Augenblick der Ballabgabe näher als der Ball am gegner. Tor ist u. nicht wenigstens 2 gegner. Spieler vor sich hat; nach A. Freistoß für d. Gegner.
Absencen [frz. a'psãsn], kurzzeitige Bewußtseinstrübungen bei → Epilepsie.
absent [l.], abwesend.
absentieren, sich wegbegeben.
Absetzbecken, Vorklärbecken in Kläranlage, z. Abscheidung organ. Stoffe im Abwasser durch Absinken (→ Sedimentation) bzw. Aufschwimmen.
Absinth, *m.,* starker, grünlicher Wermutschnaps; gesundheitsschädlich.
Absolute, das, [l. ,,losgelöst''], d. gänzlich aus sich selbst bestehende u. in sich ruhende Sein selbst; Ggs.: Relatives.
absolute Größe → Größe.
absolute Kunst, ,,gegenstandslose'' *Malerei* u. *Plastik,* ohne Bindung an äußere Gegenstandsdarstellungen od. begriffl. Motive; in engerem Sinne auch → *konkrete Kunst,* in weiterem Sinne gewöhnlich → *abstrakte Kunst* gen.; Begr. d. absol. Malerei Wassily *Kandinsky* im 1910; Theoretiker A. *Hoelzel,* abstrakte A. *Herbin*.
absolute Mehrheit → Mehrheit.
absolute Musik, reine Instrumentalmusik ohne gedankl. faßb. Inhalt; Ggs.: → Programmusik.
absoluter Betrag, *math.* d. Wert einer Zahl ohne Rücksicht auf d. Vorzeichen (Schreibweise z. B. | + 3 | = 3 oder | − 3 | = 3).
absoluter Film, abstrakter F., experimentelle Filmform, meist musikalisch untermalte rhythm. Schnittfolgen v. gegenstandslosen od. gegenständl. photograph., gemalten od. aus Lichtreflexen bestehenden Bildern; bes. in den 20er Jahren: *Lithographies vivantes* v. Jean Cocteau, Man Ray, Moholy-Nagy, Hans Richter.
absoluter Nullpunkt, −273,15 °C, die natürliche, aber nur annähernd erreichbare unterste Grenze der Temperatur, → Wärmelehre; die *absolute Temperatur* beginnt beim a. N. (bei sonst gleicher Einteilung) und wird in K (nach Lord *Kelvin*) gemessen; 0 °C entspricht 273,15 K.
absolutes Gehör, Fähigkeit, die (absolute) Höhe e. Einzeltons od. Akkords sofort, ohne Hilfe e. Instruments, zu erkennen.
absolutes Maßsystem, → *CGS-System,* → Maßsystem.
absolute Temperatur, → absoluter Nullpunkt, → Kelvin-Skala.
Absolution [l.], Lossprechung v. Sünden durch d. bevollmächtigten Priester im Sakrament d. → Buße.
Absolutismus [l. ,,Alleinherrschaft''], *absolute Monarchie,* Staatsform, bei d. der Monarch unbeschränkte Herrschaftsgewalt verkörpert (Ludwig XIV.: ,,L'Etat c'est moi!''); *Aufgeklärter A.* (Friedrich d. Gr.: ,,Der Fürst ist der erste Diener seines Staates!'').
Absolutorium, östr. f. Hochschulabschluß-Bescheinigung.
absolvieren [l.], lossprechen; bestehen, vollenden.
Absonderung,
1) → Konkurs.
2) → Sekretion.
absorbieren [l.], aufzehren, aufsaugen; *allg.:* völlig in Anspruch nehmen.
Absorption [l. ,,das Aufsaugen, Insichaufnehmen''],
1) *interstellare A.* im Raum zw. d. Sternen durch fein verteilte gas- u. staubförmige Materie, → Dunkelnebel.
2) Schwächung einer Wellen- oder Korpuskularstrahlung beim Durchgang durch Materie.
3) Lösung eines Stoffes in e. anderen (Lösung v. Gasen in flüssigen u. festen Stoffen).
4) *biol.* auch im Sinne v. → Resorption.
Absorptionslinien, gasförmige Stoffe absorbieren nur Licht genau definierter → Wellenlänge aus dem kontinuierlichen → Spektrum einer Strahlungsquelle; Beispiel für A. sind die → Fraunhoferschen Linien i. Sonnenspektrum.
Absorptionsschalldämpfer, das Schallmedium (Luft) wird so am Absorptionsmaterial vorbeigeführt, daß durch Reibungsverluste Schallenergie entzogen wird.
ABS-System → Antiblockiereinrichtung.
Abstammungslehre, *Deszendenz-od. Evolutionstheorie,* die Wissenschaft v. d. Herkunft d. vielfältigen Lebensformen (z. B. des Menschen) aus Frühformen der erdgeschichtl. Entwicklung. Nach heutiger Vorstellung entstand das Leben durch stufenweise chem. Synthese aus einfachen Molekülen; bei Erreichung hoher chem. Komplikation begann der Lebensprozeß anzulaufen (Urzeugung) u. ist seither nicht wieder abgerissen. Im Laufe der → Evolution, deren geschichtl. Wege d. *Paläontologie* (Versteinerungskunde) teilweise belegt (Lücken durch verbindende Zwischenformen geschlossen), erfolgte eine schrittweise Vervielfältigung d. Lebenstypen mit komplizierterem Bauplan u. eine fortschreitende Verbesserung der Anpassung. Die Ursachen dieser Höherentwicklung hat erstmals → Darwin (1859) aufgedeckt. In den Organismen werden ständig *Erbänderungen* (→ Mutationen) erzeugt; diese werden von d. Umwelt entweder gefördert (positiv ausgelesen) od. bleiben ohne Bedeutung (negativ ausgelesen od. ausgeschaltet). Diese *Selektionstheorie d. Evolution* ist durch d. moderne Evolutionsgenetik experimentell gestützt worden. Die → Auslese der besser geeigneten Mutanten *(Überleben des Geeignetsten)* im *Kampf ums Dasein* gilt nicht f. d. Einzelindividuum, sondern statistisch f. die Gruppe od. Population. Die Selektionstheorie ist d. einzige widerspruchsfreie Ursachentheorie d. Evolution; alle anderen Theorien sind widerlegt (z. B. *Lamarckismus,* der d. Vererbung umweltbedingter Eigenschaften vertrat) od. überschreiten d. Gebiet d. Naturwissenschaften (wie d. *Vitalismus,* der d. zielstrebige Eingreifen einer übernatürlichen Lebenskraft annahm); → Mensch.
Abstammungsnachweis, v. e. anerkannten Züchtervereinigung ausgestellte Urkunde, auf d. Besitzer, Züchter, Abstammung u. Leistung d. Zuchttieres und s. Vorfahren eingetragen sind; → Herdbuch, Stammbaum.
Abstillen, Entwöhnung d. Säuglings von d. mütterl. Brust.
Abstimmung,
1) *pol.* → Volksabstimmung.
2) *parlamentarische* Methode der Beschlußfassung; geheim, durch Stimmzettel, → Ballotage, od. öffentl., durch Handaufheben, Aufstehen, Namensaufruf, Zuruf (Akklamation) od. → ,,Hammelsprung''; → Mehrheit.
3) *funktechn.* Einstellen eines Rundfunk-, Funk- od. Trägerfrequenzgerätes (Sender od. Empfänger) auf gewünschten Teil e. → Frequenzbandes *(Band-A.).*
Abstinenz, *w.* [l.],

1) *kath.:* Enthaltsamkeit vom Genuß v. Fleischspeisen an best. A.tagen.
2) *allg.* Enthaltung (z. B. v. Alkohol od. Geschlechtsverkehr).
Abstraction-Création [-strak'sjö krea'sjö], Künstlervereinigung in Paris 1931–37; als Mittelpunkt d. abstrakten Richtungen in d. eur. Malerei wegweisend f. d. Entwickl. d. mod. Kunst.
abstrahieren [l.], mittels Denkens aus d. konkreten Wirklichk. d. Verschiedenheit absondern, um das verbleibende Allgemeine festzustellen. In d. Kunst Verwandeln d. Naturform in Bildform durch Weglassen d. Zufälligen u. Unwesentlichen, Verselbständigung d. Linien u. Farben im Bildgefüge.
abstrahierende Kunst, reduziert d. Gegenstand auf s. Grundform u. benutzt ihn als Element einer nichtillusionist. Flächengestaltung (z. B. → *Kubismus,* → *Futurismus*).
abstrakt, rein begrifflich, nur gedacht; Ggs.: *konkret.*
abstrakte Kunst, umfassende Bez. für diejenigen Richtungen d. Kunst des 20. Jh., welche die dingl. Realität als Darstellungsgegenstand d. Kunst ablehnen; mit frei erfundenen Formen u. frei gewählten Farben werden Kompositionen m. versch. Zielen gestaltet (→ Kandinsky, → Mondrian, → Wols, → Pollock).
abstrakter Expressionismus, bed. Kunstrichtung d. am. u. eur. Malerei s. um 1940; ausgehend v. → Automatismus u. Grundlage f. → Tachismus, → informelle Kunst, → Action-painting; Vertr. Kooning, Motherwell, Pollock.
Abstrich, *med.* Entnahme verdächtigen Materials von Haut od. Schleimhaut zur Diagnose.
abstrus [l.], verworren.
Absud, das „Abgesottene" (Flüssigkeit), arzneiliche Abkochung, Kräutersaft, ausgekochter Saft.
absurd [l.], sinnwidrig, unsinnig.
absurdes Theater, moderne Dramenkunst, in der das Sinnlose in der scheinbar sinnvollen Existenz des Menschen dargestellt wird; Hptvertr.: *Camus, Beckett, Ionesco, Pinter.*
Abszeß, *m.* [l.], abgekapselte Eiteransammlung.
Abszisse [l.], waagerechte Achse im System der → Koordinaten.
Abt, Äbtissin, Leiter/in einer *Abtei* (Kloster).
Abteil, Fahrgastraum in Reisezugwagen.
abteufen, einen Schacht graben; eine Bohrung niederbringen.
Abtragung, svw. → Erosion.
Abtreibung, vorsätzlicher Abbruch d. Schwangerschaft; in vielen Ländern unter bestimmten Voraussetzungen legalisiert (→ Indikation).
Abtretung, *Zession,* Übertragung einer Forderung auf einen anderen, bewirkt Mitübergang der Pfandrechte, Bürgschaften usw., aber auch etwaiger Einwendungen (§§ 398 ff. BGB).
Abtrieb,
1) Stelle am Ende eines Getriebes zur Energieabgabe; Ggs.: → Antrieb.
2) Abholzen einer Waldfläche (Kahlschlag).
3) Heimkehr d. Herde v. d. Sommerweide (z. B. Almabtrieb).

Juan Gris, Stilleben
abstrahierende Kunst

Abu Markub

Abu Simbel, *Felsentempel*

Abtrift, *w.,*
1) durch Strömung od. Wind verursachte Abweichung e. Schiffes od. Flugzeugs vom Sollkurs; auch i. d. → Ballistik.
2) svw. → Abtrieb 2).
Abu Bekr [arab. „Vater des Heilers"], Schwiegervater u. treuester Gefährte Mohammeds; 1. Kalif 632–634.
Abu Dhabi → Vereinigte Arabische Emirate.
Abuja [-dʒa], s. 1992 Hptst. Nigerias, 270 000 E.
Abukir, ägypt. Seebad bei Alexandria, 13 000 E; Akad. d. Marine. – 1798 Vernichtung d. frz. Flotte durch d. engl. unter Nelson.
Abu Markub [arab.] → Schuhschnabel.
ab urbe condita [l.], „seit Gründung d. Stadt" Rom (753 v. Chr.), Beginn der röm. Zeitrechnung.
Abu Simbel, zwei v. → Ramses II. im 13. Jh. v. Chr. errichtete Felsentempel a. oberen Nil; wurden beim Bau d. neuen Staudamms bei Assuan durch Zerlegen u. Wiederaufbau auf höher gelegenem Gelände v. drohender Überflutung gerettet.
Abusus [l.], Mißbrauch (z. B. von Alkohol).
Abwärme, nicht ausgenutzte, an die Umgebung abgeführte Wärme in Wärmekraftmaschinen, bes. Kraftwerken; belastet Umwelt (Erwärmung von Flüssen), soweit nicht f. Heizung u. ä. verwendet.
Abwässer, aus Ortschaften od. Fabriken durch Kanalisation abgeleitete verschmutzte Wässer; vor Abfluß in Flüsse Reinigung in → Kläranlagen.
Abwehrmechanismen, unwillkürliche, nicht voll bewußte Verhaltensweisen zur Abwehr von → Konflikten oder Bedrohungen, z. B. → Rationalisierung, → Verdrängung (→ Psychoanalyse).
Abwehrspannung, Anspannung d. Bauchmuskeln bei entzündl. Erkrankungen d. Bauchhöhle.
Abwehrsystem, svw. → Immunsystem.
Abwertung, *Devaluation,* Herabsetzung d. Außenwertes d. Währung gegenüber Währungsgrundlage zur Anpassung d. Kaufkraft an ausländ. Währungen; b. freien Währungen d. einseitige Wechselkursänderung.
Abwesenheitsprotest, *Wand-* od. *Platzprotest,* im Wechselrecht die Feststellung, daß Bezogener nicht anzutreffen war.
abwickelbare Flächen, *math.* Flächen, die sich ohne Verbiegen in eine Ebene abwickeln lassen (z. B. Kegel).
Abwicklung → Liquidation.
Abydos,
1) bedeutendste altägypt. Nekropole in d. prä- u. frühdynast. Zeit. Kgsfriedhof, später nur kgl. Scheingräber. Hptkultort des Gottes Osiris; Totentempel v. Sethos I. u. Ramses II.
2) altgriech. St. in Kleinasien am Hellespont: Brückenbau d. Xerxes 480 v. Chr.; Sage v. Hero u. Leander.
abzählbar, eine Menge ist abzählbar, wenn ihre Elemente umkehrbar eindeutig den Zahlen 1, 2, 3 . . . zugeordnet werden können.
Abzahlungsgeschäft → Teilzahlungskauf.
Abzahlungshypothek, *Ratenhypothek,* Tilgungshypothek m. gleichbleibenden Tilgungsbeträgen u. sinkenden Zinsbeträgen; gebräuchlicher: → Annuitätenhypothek.
Abzeichen, b. Haustieren weiße Stellen auf d. Haut u. i. Haar; vererbbar u. wichtig b. d. Zuchtauswahl, bes. b. Pferden.
a. c., Abk. f. **a**nni **c**urrentis [l.], laufenden Jahrs.
Ac, *chem.* Zeichen f. → Actinium.
Académie française [akade'mi frä:sɛ:z], Akad. für frz. Sprache u. Literatur im Rahmen d. Institut de France; 1635 von Richelieu gegr., *Dictionnaire de l'Académie* (s. 1694); Verleihung von Lit.preisen; 40 Mitglieder.
a cappella [it.], nur f. Singstimmen, ohne Instrumentalbegleitung.
Acapulco de Juárez, mexikan. Naturhafen am Pazifik, 592 000 E; intern. Seebad.
accelerando [it. atʃ-], *mus.* beschleunigend.
Accent [frz. ak'sã] → Akzent.
Accessoires [frz. akse'sõa:r], mod. Beiwerk wie Handschuhe, Schals, Gürtel, Modeschmuck, Handtaschen, Schirm.
Accompagnato, *s.* [it. -'pa:to], *mus.* → Rezitativ.
Accountant [ə'kauntənt], engl. Bez. f. Buchhalter, Rechnungs- oder Wirtschaftsprüfer.
Accra, *Akkra,* Hptst. d. Rep. Ghana, 1,144 Mill. E; Handelszentr., Flughafen, Hafen.
ACE-Hemmer, Abk. f. **A**ngiotensin-**C**onverting-**E**nzym-Hemmer. Diese Mittel senken den Blutdruck und werden bei → Hypertonie und Herzinsuffizienz (→ Herz) gegeben.
AC 130, *Spectre* (Geist), wendiges US-Kampfflugzeug, rückstoßfreie 105-mm-Kanone, e. 40-mm-Geschütz, 220-mm-Kanonen, 7,6-mm-MGs; Restlichtverstärker, Feuerleitanlage, Abwehrsystem gg. infrarotgesteuerte Flugkörper etc.
Acesulfam, als Kaliumsalz synthetischer Süßstoff.
Acetaldehyd, CH_3CHO, leichtbewegl., farblose Flüssigkeit m. stechendem Geruch; Zwischenprodukt b. d. industriellen Herstellung v. Essigsäure u. a.
Acetat, *chem.* Salz d. Essigsäure. → Acetylcellulose (→ Chemiefasern).
Aceto Balsamico [it. 'atʃe-], *Balsamessig,* in Eichenfässern gelagerter Essig.
Aceton, CH_3COCH_3, flüssig, farblos, intensiv riechend, wichtig als Lösungsmittel f. Fette, in Celluloid-, Lack- u. Farbenind.; b. Zuckerkrankh. auch im Blut u. Urin (Acetonurie).
Acetylcellulose, durch Einwirkung v. Eisessig u. Essigsäureanhydrid löslich gemachte Cellulose; Lösung in Aceton-Alkohol dient als wasserfester Klebstoff (Alleskleber) u. als Spinnlösung f. Acetatfaser (→ Chemiefasern).
Acetylcholin [gr.], chem. Stoff, der Reize in verschiedenen Systemen d. → Nervensystems überträgt; → Gewebshormone.
Acetylen, C_2H_2, durch Einwirkung v. Wasser auf Calciumcarbid entstehendes Gas; einfachster Kohlenwasserstoff mit Dreifachbindung; brennt mit hellleuchtender Flamme (Karbidlampe), mit Luft explosives Gemisch, → Knallgas-Gebläse; früher Ausgangsstoff für

großtechn. organ. Synthesen (Acetylenchemie).
Acetylsalicylsäure, med. Schmerz- u. Fiebermittel (Aspirin®).
Achäer, einer der Hauptstämme des griech. Volkes, im N des Peloponnes (Landschaft **Achaia**); bei Homer Name für die Griechen.
Achämeniden, nach d. sagenhaften Herrscher Achämenes (um 700–675 v. Chr.) ben. pers. Dynastie, d. d. pers. Großreich begründete, d. erst im 4. Jh. v. Chr. v. Alexander dem Großen besiegt wurde.
Achard [aˈʃaːr],
1) Franz Carl (28. 4. 1753 bis 20. 4. 1821), dt. Chem.; begr. Zuckerrübenind.
2) Marcel (5. 7. 1899–4. 9. 1974), frz. Bühnenschriftsteller; *Die aufrichtige Lügnerin.*
Achat, Schmuckstein, gebänderte Quarzvarietät; künstl. Einfärbung möglich, weil A. Farben einlagert.
Achebe [atʃeˈbe] (* 15. 11. 1930), nigerian. Schriftst., setzte sich f. d. Unterstützung Afrikas ein; *Das Engagement u. der afrikan. Schriftst.;* Roman: *Der Pfeil Gottes.*
Acheloos, griech. Wasser- u. Flußgott sowie Personifikation d. größten griechischen Flusses.
Achenbach,
1) Andreas (29. 9. 1815–1. 4. 1910), dt. (Landschafts-)Maler; wie sein Bruder
2) Oswald (2. 2. 1827–1. 2. 1905), Vertr. d. Düsseldorfer Malerschule; *Szene in einem italienischen Park.*
Achensee, See in Nordtirol, 929 müM, 9 km l., 6,8 km², bis 133 m tief; entwässert seit Errichtung des A.wasserkraftwerks (125 Mill. kWh jährl.) südwärts z. Inn (400 m Gefälle).
Achern (D-77855), Krst. i. Ortenaukreis, Ba-Wü., 21 799 E; AG; Papier- u. Glasind., Masch.bau, Brennereien.
Achernar, hellster Stern 1. Größe im Eridanus; Sternbild südl. → Sternhimmel H.
Acheron, in der griech. Mythologie ein Fluß der Unterwelt.
Acheuléen, s. [aʃøleˈɛ], früher Abschnitt d. Altsteinzeit; ben. nach Fundort *Saint-Acheul* in Frkr.
Achilleion, Schloß auf Korfu (1890) f. Kaiserin Elisabeth v. Östr., dann im Besitz Wilhelms II., heute griech. Staatsbesitz.
Achilles, *Achilleus,* Held der → *Ilias,* Sohn des Peleus (daher: der *Pelide*) u. d. → *Thetis;* tötete Hektor; nur an der Ferse (**A.ferse**) verwundbar.
Achillessehne, Sehne d. dreiköpfigen Wadenmuskels zum Fersenbein. *A.nreflex,* normalerweise vorhanden, bei leichtem Schlag auf d. Achillessehne wird d. Fuß nach unten gebeugt.
Achillodynie, schmerzhafter Zustand d. Achillessehne.
Achim (D-28832), St. i. Kr. Verden, sö. Bremen, Nds., 29 345 E; AG; div. Ind.
Achleitner, Friedrich (* 23. 5. 1930), östr. Schriftst., Bühnenbildner u. Architekt; Dialektgedichte: *hosn rosn baa;* Schriften z. östr. Architektur, konkrete Poesie; *quadrat-roman.*
Achmatowa, Anna, eigtl. *Anna A. Gorenko* (23. 6. 1893–5. 3. 1966), russische Lyrikerin.
Achmed Zogu [-ˈsogu] (8. 10. 1895–9. 4. 1961), 1923/24 Min.-Präs., 1925

Präs.; 1928 als Zogu I. König v. Albanien; 1939 v. Italien vertrieben.
Acholie, Mangel an Galle, z. B. bei Lebererkrankungen, dabei Stuhl hellgrau bis weiß.
a. Chr. (n.), Abk. f. **a**nte **Chr**istum (**n**atum) [l.], vor Christi Geburt.
achromatisch [gr. „farblos"], sind opt. Instrumente (Linsensysteme), die bei d. opt. → Abbildung keine Farbfehler (chromat. → Aberration) verursachen; wird durch Verwendung von Glassorten mit unterschiedl. → Brechungsindex erreicht (z. B. Flint- u. Kronglas).
Achse, die gedachte Mittellinie von Figuren, Körpern od. Systemen, zu der alle Teile symmetrisch angeordnet sind (Symmetrie-A.), od. die gedachte Gerade, um die sich e. Fläche od. e. Körper dreht (Rotations-A.); → *Koordinaten.*
Achsenmächte, Dtld u. Italien i. 2. Weltkr.
Acht, im MA Ausschluß aus der Rechts- und Friedensgemeinschaft (der Geächtete wurde „vogelfrei", d. h. jedermann durfte ihn töten, niemand durfte ihn unterstützen); Reichs-A. wurde „nach Jahr und Tag" durch abermalige Ächtung zur *Aber-A. (strenge A.);* → Bann.
Achtacht, Bez. f. e. 8,8 cm Flak-Geschütz d. 2. Weltkr.; Gew. 7200 kg, Rohrlänge 4,93 m, Reichw. 15 km; diente als Flugabwehr- u. Panzerabwehrkanone.
Achtender, *Achter,* → Geweih.
Achter, Ruderboot mit 8 Ruderern u. Steuermann: 17,5 m l., 70–85 cm br., mittlere Tiefe 32 cm.
achtern, *seem.* hinten; Achterdeck.
Achternbusch, Herbert (* 23. 11. 1938), dt. Schriftst., Schausp. u. Filmregisseur; *Die Alexanderschlacht;* Theaterstücke: *Susn;* Filme: *Das Andechser Gefühl* (1974); *Das Gespenst* (1983); *Der Wanderkrebs* (1984); *Wohin?* (1987); *Ab nach Tibet!* (1993).
Achtstundentag, s. 1918 in Dtld gesetzlich eingeführt; 1919 intern. Abkommen von Washington; heute i. vielen Industriestaaten 40- u. teilweise 32-Std.-Woche (VW).
Achylie, Fehlen von Verdauungssäften, z. B. des Magens bei chron. Entzündung.
Acid Rock [ˈæsid-], rauschhaft rhythmisierte Rock-Musik, auch psychedel. Rock d. 60er Jahre.
Acidum, s. [l.], Säure.
Acireale [atʃi-], Hafen u. Badeort auf Sizilien, 47 300 E.
Ackerbohne, *Vicia saba,* Puffbohne, Pferdebohne, Saubohne, e. Körnerleguminose, botan. e. Wickenart, liefert sehr eiweißreiches Viehfutter.
Ackermann,
1) Konrad Ernst (1. 2. 1712 bis 13. 11. 71), dt. Schausp. u. Theaterdirektor; an seiner hamburg. Direktion wirkte Lessing mit.
2) Max (5. 10. 1887–14. 11. 1975), dt. abstrakter Maler.
Ackermann aus Böhmen → Johannes von Saaz.
Aconcagua, höchster Berg Amerikas, in den argentin. Anden, 6959 m; erloschener Vulkan.
à condition [frz. akõdiˈsjõ „bedingungsweise"], bedingte Warenübernahme, Rückgabevorbehalt.
Aconitum [l.], → Eisenhut.

Achatmandel, *angeschliffen*

Achilles und Ajax beim Würfelspiel

Herbert Achternbusch

a conto [it.], auf Rechnung.
Acontozahlung, Abschlagszahlung, Teilzahlung auf eine Schuld.
Acosta, Uriel (1585–1640), Religionsphil., christl. getauft, später wieder jüd.; Konflikt mit jüd. Orthodoxie: Selbstmord; Drama von Gutzkow.
Acqui Terme, it. Kurort, Schwefelquelle, nördlich der Ligur. Alpen, 21 600 E.
Acre [engl. ˈeɪkə], → Maße u. Gewichte, Übers.
Acroleïn, aus Glycerin durch Wasserabspaltung entstandener → Aldehyd; charakterist. Geruch b. Erhitzen v. Fetten u. Ausblasen v. Kerzen.
Acrylfarben, aus Poly-Acryl-Harzen; mit Wasser vermalbar u. m. ähnl. Wirkung wie Ölfarben, doch schneller trocknend.
Acrylharze, durch → Polymerisation v. Abkömmlingen d. *Acrylsäure* u. *Methacrylsäure* gewonnene Kunststoffe; dazu *Glas (Acrylglas)* wie → Plexiglas u. Resartglas.
Acrylnitril, organ.-chem. Verbindung $CH_2=CH–CN$; als Mischpolymerisat im Perbunan u. a. Kunststoffen, als Poly-A. zu → Chemiefasern wie → Dralon.
ACTH, Abk. für **a**dreno **c**ortico **t**ropes **H**ormon.
Actin, eines d. beiden an d. Muskelbewegung beteiligten Proteine (das zweite ist Myosin).
Actinium, *Ac,* chem. El. (Oz. 89), radioaktiv.
Actinoide, das → Actinium u. d. ihm im → period. System folgenden radioaktiven und chem. verwandten Elemente (Oz. 89–103).
Actinomycine, e. Gruppe v. → Antibiotika.
Actionfilm [ˈækʃən-], Sammelbegriff f. Filme mit extremen phys. Vorgängen (Kampf, Verfolgungsjagd usw.).
Action-painting [ˈækʃən ˈpeɪntɪŋ], *Aktionsmalerei,* s. 1952 Bez. v. H. Rosenberg f. d. am. Richtung des abstrakten Expressionismus; Vertr.: *Motherwell, de Kooning, Pollock, Francis, Tobey.*
Actor's Studio [ˈæktəz ˈstjuːdɪəʊ], am. Schauspielschule, gegr. 1947 v. E. Kazan, Ch. Crawford u. Lee Strasberg; Stanislawski-Methode (Schüler: *Marlon Brando, James Dean*).
Acts of Navigation [ˈækts ɒv næviˈgeɪʃən], *Navigationsakte,* engl. Schiffahrtsakte v. 1651, zwangen d. Handel mit England zu fast ausschließl. Benutzung engl. Schiffe; Kampfmaßnahme gg. Vorherrschaft d. Niederlande z. See; 1849 bzw. 1854 aufgehoben.
a. d., *a dato,* auf Wechseln: v. Ausstellungstag an.
A. D., Abk. f. **A**nno **D**omini.
Ada, i. Auftrag des US-Verteidigungsministeriums entwickelte Programmiersprache; 1980 freigegeben, Einhaltung der festgelegten Sprachnorm wird streng überwacht, um die Kompatibilität zu gewährleisten; ben. n. Augusta Ada Byron („Lady Lovelace"), Assistentin v. → Charles Babbage.
ad absurdum führen [l.], Widersprüchlichkeit e. Behauptung nachweisen.
ADAC, Allgem. **D**t. **A**utomobil-**C**lub *e.V.,* gegr. 1903. Mit 10,5 Mio. Mitgliedern (1991) größter europäischer Automobilclub, unterhält Informations-

dienst, technischen Prüfdienst u. Pannenhilfe.
ad acta [l. „zu den Akten"] **legen**, beiseite legen, als erledigt betrachten.
Adad, akkad. Wettergott. Das Blitzbündel ist sein Attribut, der Stier sein Symboltier.
Adagio, *s.* [it. -dʒo], langsamer Musiksatz.
Adalbert, [ahdt. „durch Adel glänzend"],
1) A. v. Prag, Vojtěch († 23. 4. 977 als Märtyrer), Bischof, Apostel der Preußen, Hlg.
2) A. v. Bremen (um 1000–16. 3. 1072), Erzbischof, als Vormund Heinrichs IV. Reichsregent 1063–66.
3) A. v. Mainz (1111–37), Erzbischof, Kanzler Heinrichs V. 1106.
Adam [hebr. „Mensch"], im A. T. Stammvater der Menschen.
Adam,
1) bayr. Malerfamilie in versch. Generationen zw. Ende 18. u. frühem 20. Jh. bes. als Schlachten-, Pferde- u. Genremaler tätig.
2) [a'dã], frz. Bildhauerfamilie d. Barock u. Rokoko; u. a. Nicolas Sébastien (22. 3. 1705–27. 3. 78), Hofbildhauer Friedrichs d. Gr.; Skulpturen im Park v. Potsdam.
Adam,
1) [a'dã], Adolphe Charles (24. 7. 1803 bis 3. 5. 56), frz. Opernkomp.; *Der Postillon v. Lonjumeau.*
2) [ˈædəm], Robert (3. 7. 1728–3. 3. 92), schott. Baumeister u. Designer d. Klassizismus; Begr. d. eleganten, variablen *A.-Stils* (neuröm., neugot., klassizist. El.); Wohn- u. Schloßbauten; Univers. v. Edinburgh.
Adamaoua [-ˈmaua], Hochsavanne i. N-Kamerun.
Adam de la Hal(l)e [aˈdɑdlaˈal] (um 1237–88 od. 1306), frz. Dichter u. Komp.; schrieb Liebesgedichte, die ersten weltl. frz. Dramen; Singspiel *Le jeu de Robin et Marion.*
Adamello-Presanella, stark vergletscherte Gebirgsgruppe d. Ostalpen nw. von Trient (*Monte A.* 3554 m).
Adamiten, Bez. f. versch. christl. Bewegungen. d. sich z. Zeichen ihrer paradies. Unschuld nackt zu ihren Gottesdiensten versammelten.
Adams [ˈædəmz],
1) John (30. 10. 1735–4. 7. 1826), 1797 bis 1801 2. Präs. d. USA.
2) John (* 1947), am. Komponist d. → Minimal Music; Opern: *Nixon in China* (1987); *The Death of Klinghoffer* (1991).
3) John Couch (5. 6. 1819–21. 1. 92), engl. Astronom, errechnete aus Bahnstörungen d. Uranus 1845 den Planeten Neptun.
4) John Quincy (11. 7. 1767–23. 2. 1848), Sohn v. 1); 6. Präs. der USA 1825 bis 29.
Adamsapfel, der bes. bei mageren Männern vorspringende Schildknorpel des Kehlkopfs.
Adam-Schwaetzer, Irmgard → Schwaetzer, Irmgard.
Adam's Peak [ˈædəmz piːk], heiliger Berg Sri Lankas, Wallfahrtsort f. alle Großreligionen (Fußabdruck von Adam/Buddha).
Adams-Stokes-Anfall, Schwindel od. kurzzeitige Bewußtlosigkeit bei Herzrhythmusstörung, z. B. Herzblock.
Adana, Hptst. d. türk. Prov. A., 916 000 (Agglom. 1,5 Mill.) E; Uni.; Textil-, Nahrungsmittelind.
Adaptation [l.], *Adaption*
1) *biol.* → Anpassung.
2) *physiolog.* Arbeitspunkteinstellung v. Organen (z. B. d. Auges bei unterschiedlicher Beleuchtung.
Adaptationssyndrom, Anpassungsreaktion d. Organismus auf krankmachende Reize (unterschiedl. Definitionen); → Streß.
Adapter, Anpassungs-, Verbindungsteil zweier versch. Geräte.
adäquat [l.], angemessen, entsprechend.
ADB, Abk. f. engl. **A**sian **D**evelopment **B**ank (Asiat. Entwicklungsbank).
ad calendas Graecas [l. „and. (nicht vorhandenen) griech. Kalenden"], svw. niemals.
Adcock-Antenne, nachteffektfreie → Antenne (→ Rahmenantenne) für → Funkpeiler (KW u. UKW).
Adda, l. Nbfl. des Po, 310 km l.
Addams [ˈædəmz], Jane (6. 9. 1860 bis 21. 5. 1935), am. Philanthropin; Friedensnobelpr. 1931.
Addis Abeba, Hptst. v. Äthiopien, 2420 müM, 1,739 Mill. E; Sitz der OAU, Uni.; TV-Station, Flughafen.
Addison [ˈædɪsn], Joseph (1. 5. 1672–17. 6. 1719), engl. Essayist u. Journalist; Mitarbeiter u. Hg. der aufklärer. Zeitschriften *Tatler* u. *Spectator.*
Addisonsche Krankheit, *Bronzekrankheit*, v. engl. Arzt *Th. Addison* 1855 beschriebene schwere Krankheit d. Nebennierenrinden; bes. Merkmale: bronzeartige Braunfärbung d. Haut, Abmagerung, Muskelschwäche, Stoffwechsel-, Magen-, Darm- und Keimdrüsenstörungen.
Addition [l. „Hinzufügung"],
1) *math.* Zusammenzählen, eine Grundrechnungsart; z. B.: 2 + 3 = 5; die Zahlen 2 und 3 sind die *Summanden*, 5 ist die *Summe.*
2) *chem.* Anfügen von Atomen od. Atomgruppen ohne Ersatz eines anderen Atoms bei ungesättigten Verbindungen (z. B. Addition von Wasser an Ethylen zu Alkohol).
Additive, Zusätze z. Veredelung von Kraftstoffen u. Schmierölen.
additive Farbenmischung, *optische F.*, die entstehende Mischfarbe ergibt sich durch Addition der einzelnen Farbreize; zwei od. mehrere Farbreize wirken gleichzeitig auf dieselbe Stelle der Netzhaut (z. B. Dreifarbenprojektion, aus den Grundfarben Rot, Grün, Blau); auch → Farbfotografie.
Adebar, *m.* [niederdt.], svw. → Storch.
Adel, personen-, vermögens-, steuerrechtl. bevorzugter Stand; Vorrechte in Dtld u. Östr. 1919 abgeschafft; Titel nur noch Namensbestandteil. – Ältester A. die Edelfreien im frühen MA, niederer A. durch Ritter-(Kriegs-)Dienst u. Belehnung. Seit 10. Jh. *Erbadel* (Uradel: alle vor 1350 urkundl. als adlig nachweisbaren Geschlechter), dazu später *Briefadel* (verliehen durch Adelsbrief). *Hoher A.:* Herzöge; Fürsten; (erlauchte) Grafen. *Niederer A.:* Grafen; Freiherrn (Barone); Ritter (nur Östr. und Bayern); Edle bzw. Adlige = „Herren von". Erhebung in den A.sstand als erbl. od. seltener (meist durch Ordensverleihung) als persönl. A. war Vorrecht der Landesfürsten. Manche A.stitel nur in der Erstgeburt erbl., bes. Hoher A.
Adelaide [ˈædəlɪd], Hptst. von S-Australien, am St.-Vincent-Golf, mit Hafen *Port A.,* 1,037 Mill. E; Uni.
Adelboden (CH-3715), Sommer- u. Winterkurort, Berner Alpen, 1353 müM, 3300 E; Heilquellen.
Adèle [Kurzform zu → Adelheid], w. Vn.
Adelheid,
1) (um 931–16. 12. 999), Gattin → Ottos I., Reichsregentin 991–994; Erzieherin ihres Enkels → Otto III.
2) w. Vn.
Adelsberg, slowen. *Postojna*, St. in Slowenien, 8500 E; **A.er Grotten**, Tropfsteinhöhlen, entstanden durch Karstfluß *Poik.*
Aden [ˈeɪdn], Hafenst. i. Jemen, an der S-Spitze Arabiens, 417 000 E; seit d. Altertum wichtiger Handelsplatz f. Getreide, Kaffee u. Baumwolle; Raffinerien; Uni.; war s. 1839 ein bed. brit. Stützpunkt; ab 1937 mit Umland brit. Kronkolonie; 1963 Gliedstaat der Südarab. Föd.; 1967–90 Hptst. d. Demokr. VR Jemen.
Aden, Golf v., Meeresbucht d. Arab. Meeres zw. SO-Küste Arabiens u. Afrika, durch Bab-el-Mandeb mit dem Roten Meer verbunden.
Adenauer, Konrad (5. 1. 1876–19. 4. 1967), dt. Pol.; 1917–33 Oberbürgerm. v. Köln, 1920–33 Präs. d. preuß. Staatsrats; 1945 Mitbegr., Vors. d. CDU (1946

Aden, *Al-Aidrus-Moschee*

Konrad Adenauer

Die Beziehungen zwischen den wichtigsten Steuerungsorganen des Adaptationssyndroms

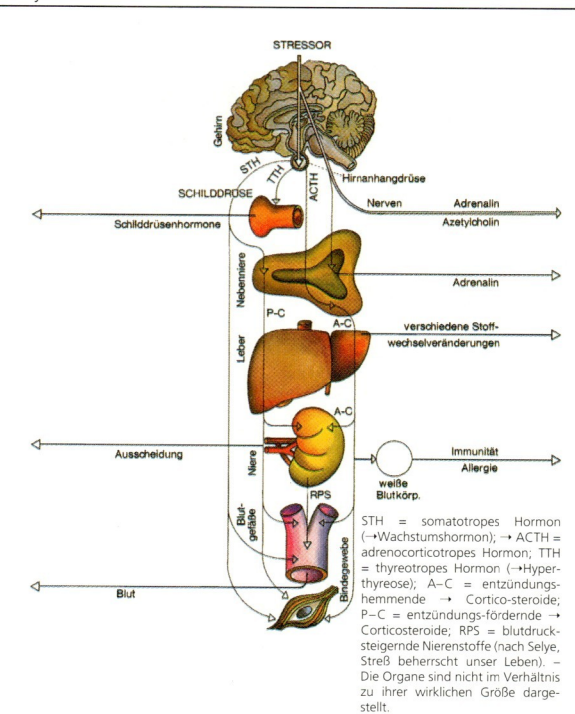

STH = somatotropes Hormon (→Wachstumshormon); → ACTH = adrenocorticotropes Hormon; TTH = thyreotropes Hormon (→Hyperthyreose); A–C = entzündungshemmende → Cortico-steroide; P–C = entzündungs-fördernde → Corticosteroide; RPS = blutdrucksteigernde Nierenstoffe (nach Selye, Streß beherrscht unser Leben). – Die Organe sind nicht im Verhältnis zu ihrer wirklichen Größe dargestellt.

Adenin 21 **Adoptivkaiser**

d. brit. Zone, 1950–66 d. BR), 1948/49 Präsident d. Parlamentar. Rats; 1949–63 Bundeskanzler d. BR (1951–55 zugleich Außenmin.).
Adenin, 6-*Aminopurin;* e. d. vier Basen, die am Aufbau v. Nucleinsäuren beteiligt sind (→ genet. Code).
Adenoid, s., *adenoide Vegetationen,* Wucherung d. Rachenmandeln bei Kindern; Beeinträchtigung d. Atmung, häufige Infektionen; chirurg. Beseitigung durch Adenotomie.
Adenokarzinom, s., Form von → Krebs.
Adenom, s. [gr.], gutartige Drüsengeschwulst.
Adenosintriphosphat,
1) *ATP,* energiereiche Verbindung, aus der d. Zelle die Energie für energieverbrauchende Prozesse gewinnt.
2) universell als Energielieferant eingesetztes Molekül aller Zellen.
Adenoviren [gr. ,,Drüse" u. ,,Virus"], Erreger akuter Erkrankungen d. Atmungsorgane u. d. Augenbindehaut.
Adept, m. [l.], (in d. Alchimie) Eingeweihter, Jünger.
Aderlaß, Blutentziehung aus Blutader (meist i. d. Ellenbeuge) durch Einführung e. Hohlnadel od. Schnitt, bes. b. → Lungenödem, → Herzasthma, Eisenspeicherkrankheit.
Adermin, Bezeichnung für Vitamin B₆ (→ Vitamine, Übers.).
Adern, anatom. (→ Tafel Mensch), die Blutgefäße d. Körpers.
1) Schlagadern od. *Arterien* führen d. Blut v. Herzen z. Gewebe.
2) Blutadern od. *Venen* führen es zum Herzen zurück, mit Klappen, die Blutrückfluß verhindern.
3) Haargefäße od. *Kapillaren* bilden d. Übergang zw. Arterien u. Venen.
ADH, *Adiuretin, Vasopressin,* antidiuretisches Hormon des Hypophysenhinterlappens; hemmt die Wasserausscheidung u. wirkt blutdrucksteigernd.
Adhäsion [l. ,,Anhaften"],
1) Moleküle versch. (od. gleicher) Stoffe, die einander nahe kommen, aber nicht chem. miteinander reagieren, haften durch Molekularkräfte aneinander (Kitten, Leimen, → sintern); diese Kräfte sind es auch, die d. Reibung sich bewegender Flüssigkeiten od. Gase bewirken.
2) med. krankhafte Verwachsung od. Verklebung.
ad hoc [l.], zu diesem Zweck; aus dem Augenblick heraus.
ADI, Abk. f. *Acceptable Daily Intake,* zumutbare tägl. Aufnahme, dient zur Bewertung d. Risikos v. Fremdstoffen (z. B. Pflanzenschutzmitteln) in Nahrungsmitteln.
Adiabate [gr.], in der Thermodynamik Bez. f. e. Linie im sog. → Zustandsdiagramm, bei der e. Zustandsänderung d. betrachteten Systems ohne Wärmeaustausch mit der Umgebung erfolgt (*adiabatische Zustandsänderung*).
adiabatisch, svw. ,,ohne Austausch".
Adiaphora [gr. ,,Gleichgültiges"], Begriff aus der stoischen Phil. für die sittl. gleichgültigen Dinge od. Handlungen wie Essen, Schlafen, Leben, Besitz.
Ädikula, w. [l. ,,kleines Gemach, Tempelchen"], i. d. Baukunst Umrahmung meist e. Nische z. B. f. Skulpturen; besteht aus seitl. Stützen, Gebälk u. Giebel.
Ädil, Leiter der Stadt- u. Marktpolizei u.

der Zirkusspiele im alten Rom (urspr. 2, später 6).
ad infinitum [l.], unaufhörlich, ohne Ende.
Adipositas [l.], → Fettsucht.
à discrétion [frz. adiskre'sjō], nach Belieben.
Aditi [sanskr. ,,unendlich, frei"], wed. Muttergöttin, Göttin d. unendl. Raums, Personifikation d. Freiheit von Schuld.
Adjektiv, s. [l.], Eigenschaftswort; im Dt. beugungs- u. steigerungsfähig (z. B. *den schöneren Hund*).
Adjunkt, m. [l.], früher Amtsgehilfe (z. B. *Forst-A.*), heute häufig niederer akademischer Beamter (z. B. in Skandinavien).
adjustieren [l.], ordnen; anpassen, eichen.
Adjutant [l.], bei mil. Truppenverbänden ab Bataillon m. [l.], Unterstützung d. Kommandeurs in dienstl.-persönl. Angelegenheit eingesetzter Offizier.
Adjutor, m. [l.], Gehilfe.
Adjutum, s. [l.], veraltet f. Hilfe, Beihilfe.
Adlatus [l.], Gehilfe.
Adler,
1) Alfred (7. 2. 1870–28. 5. 1937), östr. Tiefenpsychologe; Freud-Schüler, Begr. der → Individualpsychologie.
2) Victor (24. 6. 1852–11. 11. 1918), langjähriger Führer der östr. Sozialdemokraten, Mitbegr. d. östr. Republik; f. Anschluß an d. Dt. Reich.
Adler,
1) → Sternbilder, Übers.
2) Greifvögel mit starkem, gerade vorspringendem Hakenschnabel; in Eur. größte Arten: Stein-, See-A.; nur bussardgroß der *Zwerg-A.*
3) Wappentier; bei d. Römern Feldzeichen d. Legionen; in Frkr. unter Napoleon I. u. III.; in Dtld Reichssymbol seit Karl d. Gr. (1400–1806 Doppel-A.; dann in Östr.).
4) Symbol; Attribut göttlicher Macht,

Steinadler

Admiral

der Macht des Herrschers im Hinduismus, in altam. Kulturen.
Adlergebirge, *Böhmischer Kamm,* sw. Gebirgszug der Sudeten, stark bewaldet, 1115 m hoch.
Adlerorden, *Schwarzer:* früher höchster preuß. Orden, gestiftet 1701, m. erbl. Adel verbunden; *Roter A.:* früher preuß. Orden mit 4 Klassen.
Adlerzepter, Herrschaftszeichen Jupiters u. d. röm. Kaiser.
ad libitum [l.], nach Belieben.
Adliswil (CH-8134), Vorort v. Zürich, Schweiz, 16 500 E; div. Ind. u. Dienstleistungsbetriebe.
ad majorem Dei gloriam [l. ,,zur höheren Ehre Gottes"], Wahlspruch der Jesuiten.
Administration, w. [l.], Verwaltung.
administrativ, verwaltungsmäßig.
Administrator, m., Verwalter fremder Güter.
Admiral,
1) höchste Rangklasse der Seeoffiziere; in der dt. Marine: *Flottillen-A.* = Brigadegeneral; *Konter-A.* = Generalmajor; *Vize-A.* = Generalleutnant; *A.* = General; zusätzl. in der früheren dt. Kriegsmarine: *General-A.* = Generaloberst; *Groß-A.* = Generalfeldmarschall (Dienstgradabzeichen: → Tafel Bundeswehr).
2) einheim. Tagfalter, wandert im Frühling über die Alpen nordwärts, im Herbst südwärts.
Admiralarzt, Sanitätsoffizier der Marine im Range eines Flottilladmirals = Brigadegeneral.
Admiralitäts-Inseln, Teil des Bismarck-Archipels, zu Papua-Neuguinea, 2070 km², Urwald, Eingeborenenbev. (Melanesier), 30 500 E; 1885–1919 dt. Schutzgebiet; Hauptinsel: *Manus.*
Admont (A-8911), östr. Markt i. Ennstal, Steiermark, 2848 E; Benediktinerabtei mit barocker Stiftsbibliothek.
ADN, Abk. f. *Allg. Deutscher Nachrichtendienst,* Nachrichtenagentur d. ehem. DDR.
Adnexitis [gr.], Entzündung der Anhänge (*Adnexe*) der Gebärmutter: der Eileiter und Eierstöcke, sog. Unterleibsentzündung.
ad notam [l.], zur Kenntnis (nehmen).
Adobe, luftgetrockneter Ziegel; Baumaterial i. ländl. SW d. USA, i. Mexiko.
Adoleszenz, w., Zeit etwa zw. dem 12. u. 18. Lebensjahr, in der e. Jugendlicher die Entwicklungsaufgaben des Erwachsenwerdens bewältigen muß.
Adolf [ahdt. ,,edler Wolf"], m. Vn.
Adolf Friedrich, Herzog zu Mecklenburg-Schwerin (10. 10. 1873–5. 8. 1969), dt. Forschungsreisender; *Ins innerste Afrika.*
Adonai [,,mein Herr"], hebr. Name für Gott.
Adonis, urspr. semit. Vegetationsgott; in d. griech. Mythologie der schöne Geliebte d. → Aphrodite.
Adonisröschen, Hahnenfußgewächs, auch Zierpflanze; in Dtld ♦.
Adoptianismus [l.], Bezeichnung für die theologische Auffassung, daß Christus als außerordentl. Mensch von Gott als Sohn angenommen ,,adoptiert" worden sei (2./3. Jh.); Verurteilung d. A. im 8. Jh.
Adoption, svw. → Annahme an Kindes Statt.
Adoptivkaiser, röm. Kaiser (96–180

n. Chr.), die durch Adoption durch ihren Vorgänger zur Herrschaft gelangten.

Adoration, w. [l.], Anbetung, Verehrung.

Adorno, Theodor Wiesengrund (11. 9. 1903–6. 8. 69), dt. Phil., Soziologe u. Musikkritiker; dialekt. Kritik, an Hegel u. Marx geschult; zur gesellschaftl. Praxis kritisch gerichtetes Denken; *Philosophie d. neuen Musik; Minima Moralia; Negative Dialektik;* → Frankfurter Schule.

Adour [a'du:r], Fluß im sw. Frkr., 335 km l.

Adrenalin, *Suprarenin, Epinephrin,* Hormon des → Nebennierenmarks u. → Sympathikus; auch → Noradrenalin.

adrenocorticotropes Hormon, *ACTH,* Wirkstoff des Vorderlappens der → Hypophyse, reguliert Tätigkeit der → Nebennierenrinde.

adrenogenitales Syndrom, *AGS,* bei Überproduktion von männl. Hormonen (Androgenen) in d. Nebennierenrinde; **a)** *angeborenes AGS,* bei Knaben vorzeitige Vermännlichung, bei Mädchen Vermännlichung mit Bartwuchs usw.; **b)** *erworbenes AGS,* bei Männern Verweiblichung, bei Frauen Vermännlichung.

Adressat,
1) der Bezogene beim → Wechsel.
2) Empfänger e. Postsendung.
3) in der Kommunikationstheorie Empfänger e. Aussage (→ Rezipient).

Adresse [frz.],
1) *pol.* (Meinungs-)Kundgebung in schriftl. Form.
2) Anschrift des Empfängers b. Postsendung.

Adressiermaschine, Gerät z. Drucken v. Anschriften.

Adria,
1) *Adriatisches Meer,* Teil des Mittelländ. Meeres zw. Apennin- und Balkanhalbinsel, 132 000 km², mit steiler, reich gegliederter Ostküste, einförmiger, meist flacher Westküste, im N 50–200 m, im S bis 1260 m tief, von tiefblauer Farbe; wichtiger Verkehrsweg vom östl. Mittelmeer nach Norditalien und Mitteleuropa; Häfen: *Ancona, Brindisi, Durazzo, Fiume, Pola, Split, Triest, Venedig.*
2) it. Stadt i. Po-Delta, 21 000 E.

Adrian ['eidriən], Edgar Douglas, Baron of Cambridge (30. 11. 1889–4. 8. 1977), engl. Physiologe; Funktionen d. Neurons; Nobelpr. 1932.

Adrian, m. Vn.; nach der Stadt Adria.

Adrianopel, türk. → *Edirne;* gegr. v. Kaiser Hadrian; 1366–1453 Hptst. d. osman. Emirats mit Prachtbauten d. 14. bis 16. Jh.

Adscharien, auton. Adscharische Rep. in Georgien, am südöstl. Schwarzen Meer, 3000 km², 393 000 E, Adscharen (muslimische Georgier), Armenier, Russen u. a.; Hptst. *Batumi.* Anbau v. Tabak, Tee u. a.

Adschman → Vereinigte Arabische Emirate.

Adsorberharze, binden Substanzen reversibel durch Oberflächenkräfte (poröse Struktur); Anwendung bei Abwasserreinigung u. a.; Ionenaustauscher.

adsorbieren [l.], an d. Oberfläche aufnehmen; → Adsorption.

Adsorption, Bindung von Gasen, Dämpfen, gelösten Stoffen an der Oberfläche fester Körper, wobei gewöhnlich keine chem. Änderungen eintreten.

Adsorptionskohle → Aktivkohle.

Adstringenzien [l.], *adstringierende Mittel,* Haut und Schleimhaut zusammenziehende Mittel, gegen Entzündungen und Blutungen (z. B. Alaun).

adult, erwachsen, ausgefärbt (bes. v. Tieren).

ad valorem [l.], nach d. Wert (z. B. *Ad-v.-Zoll,* Wertzoll).

Advent, m. [l. „Ankunft"], Zeit vom 4. Vorweihnachtssonntag bis Heiligabend *(Adventszeit).*

Adventisten, ev. Religionsgemeinschaft in USA; in Dtld besonders die *A. des Siebenten Tags,* die den Sonnabend als Sabbat streng heiligen. Verbot d. Genusses v. Alkohol, Kaffee, Tee, Tabak u. Schweinefleisch, Abendmahl m. Fußwaschung.

Adverb, s. [l.], im Dt. unveränderl. Umstandswort; bestimmt Tätigkeit od. Zustand (z. B. *schnell* gelaufen).

Advocaat, holl. Likör a. Weinbrand, Zucker u. Eigelb, d. pur od. gemischt m. and. Getränken getrunken wird.

Advocatus diaboli [l. „Anwalt des Teufels"], hat bei Selig-(Heilig-)Sprechungsprozessen der kath. Kirche die Einwände vorzubringen.

Advokat [l.], svw. → Rechtsanwalt.

Adygien, auton. Adygeische (Adygische) Rep. innerhalb d. Russ. Föderation, im nö Kaukasus, 7600 km², 437 000 E; Hptst. *Maikop* (149 000 E).

Adynamie [gr.], *med.* Kraftlosigkeit.

AE, Abk. f. → **a**stronomische **E**inheit.

ÅE, früher Abk. f. → **Å**ngström-**E**inheit.

AEC, Abk. d. **A**tom-**E**nergie-**K**ommission d. USA.

AEF, Abk. f. **A**usschuß für **E**inheiten u. **F**ormelgrößen.

AEG, Abk. f. **A**llgemeine **E**lektrizitäts-**G**esellschaft, AEG-Telefunken-Gruppe, Berlin u. Frankfurt./M.; dt. Unternehmen d. Stark- u. Schwachstromtechnik; 1996 als eigenständiger Konzern aufgelöst.

Aeolisch, ältere Bez. f. a-moll; → Kirchentonarten.

Aero- [gr.], auf die Luft bezogen.

Aerobics, *Aerobic,* in d. 70er Jahren in d. USA entwickelte Tanzgymnastik z. rhythm. Musik; soll d. körperl. Gesundheit durch richtiges Atmen fördern, aber b. Ungeübten u. älteren Menschen Gefahr v. phys. Schäden; in d. 80er Jahren auch in d. BR weit verbreitet.

Aerobier, Lebewesen, die nur mit Sauerstoff leben können; Ggs.: → *Anaërobier.*

Aerodynamik, Lehre von d. phys. Gesetzmäßigkeiten, die bei strömenden Gasen u. von Gas umströmten Körpern auftreten (z. B. Luftwiderstand, Auftrieb). Anwendung z. B. in d. (Luft-)Fahrzeugtechnik.

Aerodynamische Versuchsanstalt, *AVA,* in Göttingen → DLR.

Aeroflot, Abk. *AFL,* 1932 gegr., staatl. Luftverkehrsges. d. ehem. UdSSR.

Aerologie, Wiss. von d. Erforschung d. höheren Luftschichten.

Aeromedizin → Flugmedizin.

Aeronautik [gr.], ältere Bez. f. Luftfahrt.

Aeronomie, Wissenschaft, die sich mit der obersten Schicht der Atmosphäre befaßt; MPI f. A. in Lindau.

Aerophagie [gr.], Luftschlucken beim Essen od. Reden, kann heftiges Aufstoßen, Luftnot, Magenbeschwerden hervorrufen (Roemheldscher Symptomenkomplex).

Aeroplan, veraltete Bez. f. Flugzeug.

Aerosol, feinste Verteilung flüssiger (Nebel) od. fester (Rauch) Teilchen in Luft od. Gas.

Aerosoltherapie, Behandlung durch Einatmenlassen eines vernebelten Arzneimittels.

Aerosonde, meteorolog. Meßsonde, die aus diversen Meßgeräten besteht u. mit Hilfe eines Ballons i. d. Atmosphäre gestartet wird; sendet per Funk Meßwerte (z. B. Luftdruck, -feuchtigkeit, -temperatur) zur Bodenstation.

Aerostatik, Lehre v. d. phys. Gesetzmäßigkeit in ruhenden Gasen, auch d. atmosphärischen Luft (z. B. → Luftdruck).

AESOR, Abk. f. **A**ssociation **E**uropéenne des **S**ous-**O**fficiers de **R**éserve, 1963 in Toulon gegr. eur. Reserveunteroffizier-Vereinigung; alle 2 Jahre stattfindender Kongreß, m. mil. Weiterbildung.

Aëta, Urbevölkerung i. Innern d. Philippinen; → Negritos.

Aëtius, Flavius (um 390–454), letzter Verteidiger d. weström. Reichs, besiegte 451 mit westgotischer Hilfe die Hunnen auf den Katalaunischen Feldern.

Afa, Abk. f. **A**bsetzung **f**ür **A**bnutzung, Steuerrecht, → Abschreibung.

Afar und Issa → Djibouti.

Afewerki, Isayas (* 1945), 1987–93 Gen.sekr. der Partei EPLF; s. 24. 5. 93 Staatspräs. u. Regierungschef d. unabhängig gewordenen Rep. Eritrea.

Affekt, m. [l.], *psych.* intensives Gefühlserlebnis m. körperl. Begleiterscheinungen. Folge davon: Minderung der Urteilskraft, Verlust von → Selbstkontrolle.

affektiert, gekünstelt.

Affektion, w., Ergriffensein, Wohlwollen, Zuneigung, Befallensein v. e. Krankheit.

Affen, *Herrentiere, Primaten,* höchstentwickelte Ordnung d. Säugetiere, heimisch i. Tropen u. Subtropen Afrikas, Europas (nur Gibraltar), Asiens u. S-Amerikas. Größenschwankungen zw. e. einer Maus (→ Zwergseidenäffchen) u. übermannsstarken Tieren (→ Gorilla); stets behaart, vorwiegend Baumtiere, Arme häufig stärker u. länger als Beine; einige A. zum Aufrechtgehen befähigt; Unter-Ordnungen: **a)** Halbaffen u. **b)** echte A. (durch Schädelbildung u. Augenstellung stärkere Menschenähnlichkeit), zu diesen gehören die → Breitnasen, → Schmalnasen u. → Menschenaffen.

Affenbrotbaum, *Baobab,* in d. Steppen d. trop. Afrika, Mark der Früchte eßbar; bis 9 m dicke Stämme.

afferent, zuführend; bes. bei Nervenfasern, die d. Erregung vom Sinnesorgan zum Zentralnervensystem leiten; Ggs.: → efferent.

affettuoso [it.], *mus.* gemütsbewegend, m. Affekt.

Affiche, w. [frz. a'fiʃə], Anschlag, Plakat.

Affidavit, s.,
1) Beurkundung zum Nachweis der Herkunft, des Erwerbs od. Eigentums v. Wertpapieren.
2) eidliche Tatsachenerklärung anstelle

mündl. Aussage vor Gericht; bes. im engl. Recht gebräuchlich.
3) beglaubigte Bürgschaft bei Auswandernden.
Affinität [l.],
1) *chem.* Triebkraft, d. h. Neigung eines Stoffes, mit einem anderen e. Verbindung einzugehen.
2) *math.* einfache Zuordnung, durch die z. B. d. Punkte einer Kurve in einer Ebene in eine andere Kurve einer anderen Ebene übergeren.
Affirmation, *w.,* Zustimmung, Bejahung.
Affix, *s.* [l.], angefügter Wortteil.
Affront, *m.* [frz. a′frõ], Beleidigung.

AFGHANISTAN	
Staatsname:	Islamischer Staat Afghanistan, De Afghanistan Dshamhuriat (Paschtu), Dshamhuriye e Afghanistan (Dari)
Staatsform:	Islamische Republik
Mitgliedschaft:	UNO, Colombo-Plan
Staatsoberhaupt:	Burhanuddin Rabbani
Regierungschef:	Gulbuddin Hekmatyar
Hauptstadt:	Kabul 1,4 Mill. Einwohner
Fläche:	652 090 km^2
Einwohner:	18 979 000
Bevölkerungsdichte:	29 je km^2
Bevölkerungswachstum pro Jahr:	⌀ 6,74% (1990–1995)
Amtssprache:	Paschtu und Dari
Religion:	Muslime (99%)
Währung:	Afghani (Af)
Bruttosozialprodukt:	keine Angaben
Nationalitätskennzeichen:	AFG
Zeitzone:	MEZ + 3½ Std.
Karte:	→ Asien

Afghanistan, Republik in Vorderasien; Bev.: über 50 % Afghanen (Paschtunen), 20 %Tadschiken, außerdem Turkmenen, Mongolen; 2,5 Mill. Nomaden. **a)** *Geogr.:* Im N u. O Hochland (*Hindukusch* 7750 m), im S Flachland mit Wüsten; *Flüsse:* Kabul, Hilmend. **b)** *Landw.:* Acker- und Obstbau (im N), Karakulschaf- u. Ziegenzucht. **c)** *Bodenschätze:* Wenig genutzt, Kohle, Erdgas, Erdöl, Kupfer-, Blei-, Eisenerze, Lapislazuli. **d)** *Verkehr:* Karawanenstraßen, Fluglinien, fortschreitende Motorisierung, keine Eisenbahn. **e)** *Verf.* v. 1987 (Verf.reform 1990). Revolutionsrat. **f)** *Verw.:* 31 Provinzen (Welayat). **g)** *Gesch.:* Nach Thronstreitigkeiten eingeborener Fürsten u. Kämpfen m. England u. Rußland im 19. Jh. 1919 als selbst. v. England anerkannt, Kg Aman-Ullah 1929 vertrieben; 1933–73 Mohammed Sahir Kg; 1973 Staatsstreich; 1978 Putsch u. Ausrufung d. „Demokr. Rep. A."; 1979 mil. Intervention d. Sowj.union u. Einsetzung einer kommu-

nist. Reg.; s. 1979 blutiger Bürgerkrieg zw. aufständ. Moslems (Mudschaheddin) u. kommunist. Reg., die bis 1989 v. sowj. Besatzungstruppen unterstützt wird (Truppenabzug nach Abkommen zw. A. u. Pakistan 1988); 1990 Ausrufung d. islam. Republik u. Einf. d. „Scharia" (islam. Recht) als Verfassungsgrundl.; Fortsetzung d. Machtkämpfe zw. rivalis. Bürgerkriegsparteien. Ende Sept. 1996 Einnahme Kabuls durch die radikalislam.Taliban-Milizen; Vertreibung d. Reg. aus d. Hptst.; Errichtung eines islam. Gottesstaates.
Afibrinogenämie, Mangel an Fibrinogen, dadurch Störung d. Blutgerinnung, kann angeboren od. erworben sein (z. B. bei Leberkrankheit, Leukämie).
AFL, Abk. f. **A**merican **F**ederation of **L**abor; → Gewerkschaften, Übers.
Aflatoxine, von best. Schimmelpilzen produzierte Giftstoffe, die bei Genuß verschimmelter Lebensmittel akute Erkrankungen oder Krebs hervorrufen können.
AFN, Abk. für **A**merican **F**orces **N**etwork, Rundfunksender für am. Truppen außerhalb d. USA, Sitz: Frankfurt am Main.
AF-Objektiv, AF = **a**utomatische **F**okussierung; automat. Scharfeinstellung m. Autofokus.
à fonds perdu [frz. afõpɛr′dy], einen Betrag ohne Sicherheit für Rückerstattung od. Gewinn hergeben (z. B. einem Erfinder f. Versuche).
AFP,
1) Abk. f. **A**gence **F**rance **P**resse; frz. Nachrichtenagentur.
2) Abk. f. **A**lpha-**F**eto**p**rotein, Bluttest, e. → Tumormarker f. Lebertumoren, in d. Schwangerschaft Bestimmung im Blut (u. evtl. im Fruchtwasser) zur → Pränataldiagnostik auf Mißbildungen d. Wirbelsäule u. auf → Mongolismus.
Afra († 304 in Augsburg), kath. Heilige, Märtyrerin.
Afrika, Erdteil (→ Karte), 30,3 Mill. km^2, 730 Mill. E (24 je km^2); v. Europa durch d. Mittelmeer (Straße v. Gibraltar, 14 km), v. Asien durch d. Suezkanal u. d. Rote Meer getrennt. **a)** *Aufbau u. Gliederung:* Drei Teile: 1. die *Atlasländer,* junge Faltengebirge (*Hoher Atlas* 4167 m); 2. *Niederafrika* (Wüste Sahara, Sudan, Kongobecken), Platte, meist unter 500 m, nur einzelne alte Gebirge über 2000 m; 3. *Hochafrika* (Abessinien, ostafrikanisches Seenhochland, Südafrika), durchweg über 1000 m, hohe Randgebirge um flache, z. T. abflußlose Becken; d. abflußlosen Binnenseen, außer Tschadsee, salzhaltig; Hochflächen Ostafrikas, z. T. von vulkan. Gesteinen überdeckt, durch Senken (Grabenbrüche) gegliedert. **b)** *Flüsse:* Im N der *Nil* (aus d. *Viktoriasee* in das Mittelmeer), an der O-Küste *Sambesi* u. *Limpopo* in den Ind. Ozean, an der W-Küste *Oranje, Kongo, Niger, Gambia* u. *Senegal* in d. Atlant. Ozean. **c)** *Klima:* Im Atlas- u. Kapgebiet subtropisch, im übrigen tropisch; Kongo u. Niederguinea regenreich, Sahara u. Kalahari fast regenlos; W-Atlas (bis 4167 m hoch) u. die höchsten Berge des O (*Kenia* 5199 m, *Kilimandscharo* 5895 m) tragen Gletscher. **d)** *Vegetation:* Am Kongo (auch Guinea): trop. Regenwald, nach N u. S übergehend i. d. Savanne (Parklandschaft) mit Gras u. Bäumen,

Afghanistan

Steppe u. Wüste. Mittelmeerflora im Atlas- u. Kapgebiet. **e)** *Tierwelt:* A. ist unter allen Kontinenten am reichsten an Großsäugetieren (meist Weidegänger, wie Gnus, Zebras); die Sahara im Norden ist die wichtigste tiergeographische Grenze, die eigentl. afrotropischen Arten kommen meist nur südl. dieser Barriere vor. Weitere für A. typische Tiere: Afrikanischer Elefant, Rund- und Spitzmaulnashorn, Giraffe, Flußpferd. **f)** *Bevölkerung:* Bantuneger südl., Sudanneger nördl. des Kongo, im N Semiten (Araber, Beduinen) und Hamiten (Berber), im NO Kopten, Fellachen (Reste der Altägypter); Reste d. afrikan. Urbev. noch im S: Buschmänner u. Pygmäen; eingewanderte Inder im Kapland u. an der O-Küste; auf Madagaskar Malaien. **g)** *Wirtschaft:* Ökonom. Grundlage ist d. Plantagenwirtsch.; von steigender Bedeutung ist d. Bergbau; gr. Gebiete sind jedoch noch unerschlossen; im Sudan u. v. Ost- bis Süd-A. Viehzucht; Buschmänner Jäger u. Sammler. Wichtigste Ausfuhrgüter: Baum- u. Schafwolle, Kautschuk, Kopra, Palmöl, Kokosnüsse, Kakao, Erdnüsse, Datteln, Wein, Sisalhanf, Nutzhölzer, Gold, Diamanten, Zinn, Uran, Eisen, Chrom, Phosphate, Kupfer, Manganerz, Asbest. **h)** *Entdeckungsgeschichte:* Nordafrika war d. Völkern des Altertums bekannt; Entdeckungsfahrten d. Phönizien: um 600 v. Chr. Umsegelung; um 500 Fahrt d. Hanno bis Kap Palmas; um 450 Reisen Herodots in Ägypten. Der Araber → Ibn Batuta um 1350 n. Chr. in Ägypten u. Ostafrika; im 15. Jh. Azoren u. Madeira von Portugiesen entdeckt, die Küsten erforscht u. d. Kapland umsegelt (Bartholomäus Diaz); d. Innere erst i. 19. Jh. erforscht (*Barth:* Sahara, Sudan, *Rohlfs:* Guinea, *Nachtigal:* Sudan, *Schweinfurth:* Obernilgebiet, *Wissmann:* Äquatorial, *Peters:* Ost-, *Livingstone:* Süd- u. Ostafrika, *Stanley:* Kongo). **i)** *Geschichte:* Im Altertum Eroberungszüge der Ägypter nach den Negerländern und dem heutigen Somaliland; 1100–950 v. Chr. phöniz. Kolonien an der Westküste Marokkos; Herodot, Eratosthenes, Hipparch, bes. Ptolemäus (150 n. Chr.) erweiterten Kenntnis über A. – **2** *Kolonisationsperioden:* zw. 1442 u. 1876 besetzten Portugiesen, Holländer, Engländer, Franzosen, Spanier, Dänen weite Küstengebiete. Staatsgründungen: Liberia 1847, Transvaal 1852, Oranjefreistaat 1854 (Buren). A. als Streitobjekt d. großen Mächte. 1899–1902 Burenkrieg. In Kolonisationsepoche s. 1876 Briten in Süd-, Franzosen in Nordafrika führend; Frankreich Stoßrichtung W–O; England S–N (Kap–Kairo); Zus.stoß b. → Faschoda 1899. Dt. Kolonien (1884–1919). Äthiopien (Abessinien) s. d. Altertum selbst. Reich; 1935/36 Abessinienkrieg. Nach 2. Weltkrieg Abbau d. Kolonialherrschaft u. Bildung unabhäng. Staaten im Rahmen der ehem. Kolonialgrenzen (zuletzt 1990 Namibia, 1993 Eritrea); einige unterhalten als Mitgl. d. → Commonwealth u. d. → Französischen Gemeinschaft noch lose Bindungen zu d. ehem. Mutterländern. Daneben Zusammenschluß in eigenen überstaatl. Organisationen, davon die wichtigste die → Organisation für Afrikanische Einheit (OAU).

Afrikaans, *Kapholländisch,* Sprache d. Buren u. der **Afrikaander,** Abkömmlinge weißer Einwanderer; urspr. ndl. Mundart mit Worten dt., engl., afrikan. Ursprungs angereichert; neben Englisch Staatssprache in Südafrika, von 60% der weißen Bev. gesprochen.

afrikanische Kunst, besonders in Schwarzafr. s. d. Sahara. Meist zweckbestimmt f. relig. Rituale, f. Kult d. Ahnen (Masken u. Figuren galten oft als Wohnort d. Seelen v. Verstorbenen) od. Gott-Könige (relig.-höf. Kunst), f. gesellschaftl. Statussymbole; meisterhaftes Kunsthandwerk. Hptepochen od. -zentren: Nok-Kultur (um 500 v.–um 250 n. Chr.; Terracotta-Figuren, Keramikgefäße, Eisenguß) in O-Nigeria; Simbabwe (6.–15. Jh. n. Chr.; Werke aus Kupfer, Bronze, Gold); Sao-Kultur (8.–16. Jh.; Stadtanlagen; Bronze- u. Messingguß, Tonplastiken) in d. Tschad-Region; Igbo-Ukwu (9.–10. Jh.; Kunst- u. Gebrauchsgegenstände aus Bronze u. Ton), d. Yoruba-Stadt Ife (10.–13. Jh.; Terracotta- u. Bronzeplastiken) u. Benin (12.–Ende 18. Jh.; Bronzearbeiten, Elfenbeinschnitzereien) im Geb. d. unter. Niger; d. höf. Kunst d. Ashanti (18.–19. Jh.; Terracotta-Köpfe) in Ghana. Ihre künstler. Authentizität u. Fertigkeit in jüngerer Zeit gefährdet durch d. Kommerzialisierung als → Airport Art. Hpts. die sog. Negerplastik wirkte anregend auf d. mod. westl. Kunst (Picasso, Kirchner u. d. Maler d. → Brücke).

Afrikanisch-Madagassische Union, *AMU, Union Africaine et Malgache, UAM,* 1961 geschlossenes Bündnis d. → Brazzaville-Staaten, 1965 in der → OCAM aufgegangen.

Afro-Madagassische Union für Wirtschaftliche Zusammenarbeit → OCAM.

After, Mündung des Enddarms, durch Ringmuskel verschlossen.

Afterklaue, letzte Klaue z. B. b. Ziegen.

Ag, *chem.* Zeichen f. → Silber (lat. *argentum*).

AG, Abk. f. → Aktiengesellschaft u. Amtsgericht.

Aga [türk. „Herr"], *Agha,* früher Titel f. Offiziere u. Beamte.

Agadir, marokkan. Hafenst., 291 000 E; 1960 durch Erdbeben zerstört, wieder aufgebaut.

ägäische Kunst → kykladische, → kretische, → mykenische Kunst; → Troja.

Ägäisches Meer, *Ägäis,* zw. Balkanhalbinsel und Kleinasien, 179 000 km², mit *Ägäischen Inseln* Lemnos, Lesbos, Chios, Sporaden u. Kykladen; nö. v. Kreta 2524 m tief.

Aga Khan, erbl. Titel d. Oberhaupts d. Ismailiten, e. schiit. Sekte:
1) A. K. III. (2. 11. 1877–11. 7. 1957).
2) A. K. IV. (* 13. 12. 1937), Enkel von 1).

Agalaktie, erbl. bedingter od. durch eine Allg.erkrankung hervorgerufener Milchmangel beim n. Säugetier.

Agamemnon, sagenhafter König v. Mykene, griech. Oberfeldherr im Trojan. Krieg; v. s. Gattin → Klytämnestra u. → Ägisth nach Heimkehr erschlagen.

Agamen, Echsenfamilie warmer Regionen d. Alten Welt u. Australiens.

Agammaglobulinämie, Antikörper-mangelsyndrom; angeborenes, vererbtes Fehlen der → Gammaglobuline im Blutserum; hochgradige Anfälligkeit gegenüber Infektionen als Folge.

Agape [gr. „Liebe"], Liebesmahl der Urchristen.

Agar-Agar, Polysaccharid aus Rotalgen, m. Wasser als Klebstoff für Appretur; als Nährboden für Bakterien; pflanzl. Gelatine (z. B. in Puddingpulver).

Agathe [gr. „die Gute"], w. Vn.

Agaven, Agavengewächse m. fleischigen, wasserspeichernden Blättern aus dem wärmeren Amerika; jetzt allg. in wärmeren, dürren Gegenden; bis 10 m hoher Blütenstand bildet sich erst nach ca. 10 Jahren, Pflanze stirbt danach ab; Blattfasern mancher Arten liefern → Sisalhanf.

AGB-Gesetz, v. 9. 12. 1976, regelt zwingend das Recht der allg. → Geschäftsbedingungen.

Agende, w. [l.], *ev.* (Buch für) Gottesdienstordnung.

Agens, s. [l.],
1) treibende Kraft.
2) *chem.* wirksamer Stoff.

Agent [l.],
1) Vermittler v. Geschäften, Vertreter.
2) Spion.
3) *diplomat. A.:* Beauftragter einer Reg., ohne diplomat. Rang.

Agent provocateur [frz. aʒɑ̃ provoka'tœːr], Lockspitzel.

Agenzien, Mz. von → Agens.

Agfa, Abk. f. **A**ktien**g**esellschaft **f**ür **A**nilinfabrikation, gegr. 1873; fotograf. Erzeugnisse u. a., s. 1991 Tochterges. d. BASF.

Agglomeration, w. [l.], Ballung, z. B. v. Unternehmen od. Menschen auf engem Raum (Industriebezirk, Großstadt).

Agglutination, [l.], Zusammenballung, z. B. v. Bakterien od. nach Infektion mit ihnen i. Blut entstehenden *Agglutinine* (→ Antikörper); d. Prinzip dient in versch. Varianten z. Erkennung v. Infektionserregern. – *A. v. roten Blutkörperchen* b. Bluttransfusion: tritt bei Verschiedenheit der Blutgruppen von Spender u. Empfänger ein u. kann z. Tode führen.

agglutinierende Sprachen [l. „anleimend"], bilden die grammat. Formen durch Verbindung einer selbst. Silbe mit d. Wurzelwort; z. B. → Sprachen (Übers.) des uraltaischen Sprachstammes.

Aggregat, s. [l.],
1) *math.* mehrgliedrige Größe.
2) *techn.* Maschinensatz, aus mehreren Kraftmaschinen.

Aggregation, Zusammenlagerung, z. B. von Blutplättchen (Thrombozyten), bei Entstehung e. → Thrombose. *Aggregationshemmer:* Medikamente wie Aspirin®, die d. Thrombozyten-A. entgegenwirken.

Aggregatzustand, der feste, flüssige od. gasförmige Zustand eines Stoffes; ein vierter Zustand ist das → Plasma.

Aggression [l.],
1) *psych.* Verhalten, das Verletzung od. Zerstörung zum Ziel hat; als Ursache wird ein **A.strieb,** → *Frustration* od. → *Lernen durch Nachahmung,* angenommen.
2) *n.* UN-Charta (1974) ist A. Anwendung von Gewalt mit Waffen, u. a. An-griff gg. od. Invasion i. fremdes Staatsgebiet, mil. Besetzung, Blockaden, Bombenangriffe; A. ist durch den Sicherheitsrat d. UN mit intern. Strafen zu ahnden.

aggressiv, feindselig, angriffslustig.

Ägide, w. [gr.], v. *Ägis,* Schild d. Zeus; svw. Schutz, Obhut.

agieren [l.], tätig sein, Theater spielen.

Agilolfinger, Herzogsgeschlecht bayrischer. Stammesherzöge im 6.–8. Jh.

Ägina, griech. Insel im Saronischen Meerbusen *(Golf d. Ä.),* 83 km², 11 000 E; Hptst. *Ä.* (5000 E).

Agio, s. [it. 'aːdʒo], Aufgeld i. Verkehr m. Geldsorten u. Wertpapieren; Kurswert ist höher als der → Nennwert; Ggs.: → Disagio.

Agiopapiere, gg. Aufgeld zurückzahlbare festverzinsl. Wertpapiere.

Agiotage [frz. aʒjo'taːʒə], Börsenspekulation, die aus Preis-(Kurs-)Schwankungen von Geldsorten, Wertpapieren u. Waren Nutzen zieht u. die Kurse zu beeinflussen versucht.

AGIP [it. 'aːdʒip], Abk. f. **A**zienda **G**enerale **I**taliana dei **P**etroli, it. Mineralölgesellschaft (Tochterges. d. → ENI).

Ägir, Meerriese der nordischen Mythologie.

Ägisth, *Aigisthos,* i. d. griech. Sage Geliebter der Klytämnestra, Mörder des Agamemnon; von Orest getötet.

Agitation [l.], propagandist. Bearbeitung der öffentl. Meinung.

Agitprop [russ. „agitacija-propaganda"], Filme, Theaterstücke, Dokumentationen u. andere Veranstaltungen zur pol. Propaganda (bes. sozialistischer Ausrichtung; in den 60er Jahren).

Aglaia [gr. „d. Glänzende"], e. der 3 griech. → Chariten (röm. Grazien).

Agnaten [l.], im röm. Recht alle im Mannesstamm miteinander verwandten Personen u. deren Ehefrauen (aber auch Adoptierte), die unter d. Gewalt d. gemeinsamen Stammvaters stehen.

Agnes [gr. „die Keusche"], w. Vn.

Agni [sanskr. „Feuer"], ind. Gott d. Herd- u. Opferfeuers im Wedismus (→ Weda).

Agnon, Samuel J., eigtl. *Czaczkes* (17. 7. 1888–17. 2. 1970), isr. Schriftst.; Romane u. Erzählungen; *Nur als ein Gast bei Nacht;* Nobelpr. 1966.

Agnostizismus [gr.], Denkrichtung, die insbes. die Möglichkeit der → Meta-

Goldmaske des Agamemnon, 16. Jh. v. Chr.

Agave

Ägina, *Aphaia-Tempel*

physik und damit die Erkennbarkeit Gottes u. aller Sinnzusammenhänge leugnet.
Agnus Dei [l. „Lamm Gottes"],
1) Bez. Jesu n. Johannes.
2) Messgebet vor der Kommunion.
3) symbol. Darstellung Jesu als Lamm.
Agogik, *w.* [gr.], Bez. f. feine, durch lebendigen mus. Vortrag bedingte Modifikationen d. Grundtempos.
Agon, *m.* [gr.], Wettkampf; **Agonist,** Wettkämpfer.
Agonie, *w.* [gr.], Todeskampf.
Agora, *w.* [gr.], urspr. Volksversammlung der altgriech. → Polis, dann Marktplatz.
Agoraphobie, Platzangst, e. → Neurose.
Agoult [a'gu], Marie Gräfin d', Pseudonym *Daniel Stern* (31. 12. 1805–5. 3. 76), frz. Schriftst., Lebensgefährtin v. F. Liszt.
Agra, Stadt im ind. Staate Uttar Pradesch, 899 000 E; → Tadsch Mahal.
Agraffe, *w.* [frz.], Hakenspange, Schnalle.
Agram, svw. → Zagreb.
Agranulozytose, Mangel best. weißer Blutkörperchen (Granulozyten), z. B. als Arzneimittelnebenwirkung, Gefahr schwerer Infektionen.
Agrarbericht, jährl. Bericht d. Bundes u. d. Länder über d. Lage d. Landw.; i. Landw.-Gesetz d. Bundes vorgeschrieben.
Agrarmeteorologie, beschäftigt sich m. d. Auswirkung d. Wetters auf d. Entwicklung d. Kulturpflanzen; agrarmeteorolog. Forschungs- u. Beratungsstellen d. Dt. Wetterdienstes in Bonn, Braunschweig, Geisenheim, Weihenstephan, Quickborn, Halle.
Agrarpolitik, umfaßt alle Maßnahmen, die v. Staat, öff.-rechtl. Körperschaften u. landw. Organisationen durchgeführt werden, um d. Landw. im Rahmen d. Gesamtvolkswirtschaft als wettbewerbsfähigen Wirtschaftszweig zu erhalten. Hauptaufgabengebiete: Agrarstrukturverbesserung, Ausbildung u. Beratung, Agrarkredite, -steuern, -zölle, landw. Preis- u. Marktpolitik, ländl. Sozialpolitik.
Agrarreform, urspr. Wiederherstellung e. vormals besseren Form d. Agrarverfassung, als welche v. d. Sozialisten d. Gemeineigentum am Boden, vom Liberalismus das freie bäuerliche Eigentum angesehen wurde. A. d. 19. Jh. zunächst im Zeichen d. liberalen Gedankens (→ Bauernbefreiung, Beseitigung d. feudalen Obereigentums, Aufteilung d. Allmende u. → Flurbereinigung), mit d. allmähl. Verlagerung d. Schwerpunktes auf produktionspol. Maßnahmen allg. d. Verbesserung d. agrarrechtl., agrarwirtsch. u. agrarsoz. Verhältnisse: → Bodenreform (Übers.) u. → Siedlung.
Agrarzölle, Zölle auf landw. Produkte.
Agreement, *s.* [engl. ə'gri:-], *Gentlemen's A.,* formlose, aber verbindliche Übereinkunft.
Agrément, *s.* [frz. -'mã], Einverständniserklärung eines Staates vor Ernennung eines bei ihm zu beglaubigenden diplomatischen Vertreters.
Agricola,
1) Georg, eigtl. *Bauer* (24. 3. 1494 bis 21. 11. 1555), Begr. der Gesteins- u. Bergbaukunde.
2) Gnaeus Julius (40–93), röm. Feld-

ÄGYPTEN	
Staatsname:	Arabische Republik Ägypten, Dschumhurijat Misr al-Arabija
Staatsform:	Präsidiale Republik
Mitgliedschaft:	UNO, Arabische Liga, OAU, OPEC
Staatsoberhaupt:	Mohamed Hosni Mubarak
Regierungschef:	Kamal el-Gansuri
Hauptstadt:	Kairo 6,45 (Agglom. 15) Mill. Einwohner
Fläche:	1 001 449 km²
Einwohner:	57 556 000
Bevölkerungsdichte:	62 je km²
Bevölkerungswachstum pro Jahr:	⌀ 2,22% (1990–1995)
Amtssprache:	Arabisch
Religion:	Muslime (94%), Christen (Kopten)
Währung:	Ägyptisches Pfund (ägyptisches £)
Bruttosozialprodukt (1994):	40 950 Mill. US-$ insges., 710 US-$ je Einw.
Nationalitätskennzeichen:	ET
Zeitzone:	MEZ + 1 Std.
Karte:	→ Afrika

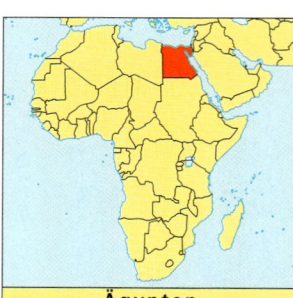

Ägypten

ägyptische Kunst, *Männerkopf*

ägyptische Kunst, *Wandmalerei aus Felsengrab des Chnumhotep in Beni Hassan, um 1900 v. Chr.*

ägyptische Kunst, *Weihrauchgefäß*

herr, Statthalter in Britannien; Titel e. Schrift des → Tacitus.
Agrigento [-'dʒento], bis 1927 *Girgenti,*
1) it. Prov. in S-Sizilien, 3042 km², 473 000 E, Bergland.
2) Hptst. v. 1), 54 600 E; Schwefelausfuhr. – Griech. Siedlung, Blüte im 6. u. 5. Jh. v. Chr. (Pindar, Äschylus), Tempelruinen.
Agrikultur, *w.* [l.], Ackerbau.
Agrippa, Marcus Vipsanius (um 64–12 v. Chr.), Feldherr u. Schwiegersohn des Kaisers Augustus, ließ die große Reichsvermessung vornehmen.
Agrippa v. Nettesheim (14. 9. 1486 bis 18. 2. 1535), dt. Vertr. d. → Neuplatonismus; *Okkulte Philosophie.*
Agrippina d. Jüngere, (15–59), Gattin des → Claudius, Mutter → Neros, durch diesen ermordet.
Agronom [gr.], wissenschaftl. gebildeter Landwirt.
Agronomie, Lehre v. Ackerbau.
Agrumen, *Mz.* [it. „Sauerfrüchte"], Sammelbez. f. → Citrusfrüchte.
AGS → adrenogenitales Syndrom.
Agulhas [a'γuλaʃ], svw. → Nadelkap.
Agutis, südam. Nagetierfamilie (z. B. d. *Goldhase*).
Ägypten, Republik im NO Afrikas; die Bev. besteht aus den Fellachen altägypt. Herkunft (80%), Kopten, Nubiern u. 100 000 Beduinen in d. Wüste. **a)** *Geogr.:* Anbaufähig sind nur das Niltal u. -delta (ca. 35 000 km²); 98% der Bevölkerung siedeln in diesem Gebiet; durch den Assuanstaudamm (1971) ist die Anbaufläche durch Bewässerung v. Wüstenland erweitert worden; westl. d. Nils die Libysche, östl. die Arab. Wüste; Sinaihalbinsel (Asien), Inseln im Golf v. Suez und Roten Meer. **b)** *Verkehr:* Eisenbahnen 4548 km; Straßennetz 32 000 km. **c)** *Wirtschaft:* Schwergewicht liegt b. d. Landw. mit Baumwolle als wichtigstem Produkt, daneben Zuckerrohr, Reis, Mais. Unter Staatspräs. Nasser (1954–70) Bodenreform u. weitgehende Verstaatlichung d. Wirtschaft; erhebl. Fortschritte i. d. Ind.entwicklung u. Erschließung d. Bodenschätze (bes. Erdöl, daneben Phosphate u. Eisenerz). **d)** *Außenhandel* (1991): Einfuhr 7,75 Mrd., Ausfuhr 3,84 Mrd. $. **e)** *Verf.* v. 1980: Präsidialsystem, Nat.vers., Schura-Rat. **f)** *Verw.:* 26 Governorate, 8 Wirtsch.regionen. **g)** *Gesch.:* Um 3000 v. Chr. Einigung von Unter- u. Oberägypten (aus 40 Gaufürstentümern entstanden) unter Kg Menes, Hptst. *Memphis,* 2600–2190 v. Chr.: *Altes Reich* (Cheops, Pyramiden von Giseh), straffer Vasallenstaat mit Kanzler und großer Beamtenschaft, die als neuer Adel allmähl. die Macht der Krone schwächte, im *Mittleren Reich* 2040–1710 wieder ein starkes Königtum mit der Residenz *Theben* entstand; 1710–1580 Einfälle asiat. Nomadenvölker (Hyksos). 1580–1085 v. Chr.: *Neues Reich:* Weltmacht, starkes Kgtum, stehendes Söldnerheer, Ausdehnung bis Vorderasien; vergebl. Kampf v. Amenhotep IV. Echnaton (1370–1352) gg. die Ammonpriester, Blütezeit unter Ramses II. (um 1250). – Seit 1085 v. Chr. Verfall d. Reiches, das v. Äthiopiern, Assyrern, Libyern, Persern u. Alexander d. Gr. (Alexandria) erobert wird. 30 v. Chr. röm. Prov.; 382–639 zu Byzanz; s. 16. Jh. osmanisch unter d. islam. Omaijaden (Türken); wirtschaftl. Verfall; 1798/99 Expedition Bonapartes; 1873 Loslösung v. d. Türkei, aber engl. u. frz. Fin.kontrolle; 1898 trennte d. engl. General Kitchener nach Sieg über die Derwische (Khartum) den Sudan von Ä. ab. 1904 engl. Protektorat; 1922 selbst., aber engl. Truppen weiterhin im Lande; 1936 Ablösung brit. Vorrechte durch Bündnisvertr.; 1947–56 v. engl. Truppen geräumt. 1952 Staatsstreich u. Abdankung Kg Faruks; nach erneutem Umsturz s. 1954 autoritäres Regime unter → Nasser, → Sadat, → Mubarak; s. 1971 präsidiale Rep.; s. 1983 „Nilparlament" aus je 60 ägypt. u. sudanes. Abgeordneten z. wirtsch. Integration innerhalb v. 10 J.;

1956 Suezkonflikt durch Verstaatlichung des Suezkanals. 1958–61 Zus.-schluß m. Syrien u. Jemen *(Vereinigte Arab. Staaten)*. Juni 1967 Krieg mit → Israel, Sinaihalbinsel v. Israel besetzt, Suezkanal gesperrt (bis 5. 6. 1975); 1973 abermals Krieg mit Israel; 1974 Abzug der isr. Truppen; 1979 Friedensvertr. mit Israel; Okt. 1981 Ermordung v. Präsident Sadat, bis 1982 schrittweise Rückgabe d. Sinaihalbinsel; nach vorübergeh. Isolierung s. 1989 Wiederannäherung a. d. arab. Nachbarn; 1991 Beteilig. am → Golfkrieg; i. Innern verstärkt Aktivitäten islam. Fundamentalisten.

ägyptische Augenkrankheit, *Trachom,* schwere, höchst ansteckende Bindehautentzündung.

ägyptische Kunst, auf Totenkult u. Fruchtbarkeitsmythen bezogen; verbindet math.-abstrahierende Regelstrenge m. organ. Einfühlung; bekannt s. 5. Jtd v. Chr. (prädynast.), Beginn d. geschichtl. Kunst ca. 2850 v. Chr. – *Altes Reich* (2635–2154 v. Chr.): Beginn d. → Pyramiden (→ Djoser), Königsstatuen a. Totentempeln (Chefren); → Sphinx b. Giseh, Stein- u. Holzplastik aus Grabkammern (Ranofer, Dorfschulze). – *Mittleres Reich* (2040–1785 v. Chr.): Granit-Obelisk des Sesostris in Heliopolis, Wandmalereien in Gräbern. – *Neues Reich* (1554/51–1080 v. Chr.): Göttertempel v. Luxor und Karnak, Felsentempel von → Abu Simbel m. Kolossen d. Ramses II., Amarna-Kunst (Echnaton, → Nofretete), Tut-anch-amon-Grab. Verfeinerte Malerei b. Reliefplastik. – *Spätzeit* (713–332 v. Chr.): Tempel d. Isis zu Philä. – *Ägypt. Plastik* u. *Malerei* ist wie jede vorgriech. Kunst ,,gradansichtig-vorstellig"; Tempelanlagen streng axial ausgerichtet, m. dichtgestellten starkstämmigen Säulensälen (Papyrusbündelsäule od. Lotos-Kapitell, auch Vorformen dorischer Säulen).

ägyptische Literatur, in alt-, mittel-, neuägypt. sowie koptischer Sprache überliefert (Schriften: hieroglyphisch, hieratisch, koptisch, griechisch). Älteste Gattung: *Ritualtexte* (s. Mitte d. 3. Jtd v. Chr.); *Göttermythen* (ab 2. Jtd v. Chr., vorher sicher mündlich tradiert); *religiöse Spruchsammlungen* (→ Pyramidentexte, Sargtexte). Die älteste bekannte *Weisheitslehre* (Ptahhotep, Ende des 3. Jtd). Ab Ende des 3. Jtd v. Chr. vermehrt Texte mit kritischer Auseinandersetzung mit den unsicheren Verhältnissen des Landes. *Erzählungen:* Geschichte vom beredten Bauern, v. Sinuhe. Seit Mitte d. 2. Jtd v. Chr. *Totenbücher* (Jenseitsführer); *Königsnovelle* (Bericht von göttlicher Eingebung u. Ausführung des Plans durch d. König); *Hymnen* (Echnatons Sonnengesang). Typisch für ä. L. sind die Weisheitslehren (meist v. Privatleuten, aber auch v. Pharao Amenemhet) u. Autobiographien. Weitere Gattungen: Arbeits- oder Liebeslieder, Berichte historischer Ereignisse (Schlachten, Siege, Expeditionen). Spätere Geschichten meist von griech. Autoren überliefert (Herodot, Diodor, Plutarch), z. B. Märchen vom *Schatz des Rhampsinit* (eine launige Gaunergeschichte), *Geschichte vom betrunkenen König Amasis*.

Ägyptologie, d. wiss. Erforschung d. ägypt. Altertums in Gesch., Kunst, Kultur, Religion u. Sprache.

Weltweite Verbreitung von AIDS (1995)

Land	Anzahl der gemeldeten AIDS-Fälle	Land	Anzahl der gemeldeten AIDS-Fälle
Europa		Burundi	7 024
Deutschland	13 665	Côte d'Ivoire	25 236
Belgien	1 930	Ghana	15 890
Bulgarien	35	Kenia	56 573
Dänemark	1 781	Kongo	7 773
Finnland	216	Ruanda	10 706
Frankreich	38 372	Sambia	32 491
Griechenland	1 236	Simbabwe	41 298
Großbritannien und Nordirland	11 494	Südafrika	8 405
Irland	491	Uganda	46 120
Island	37	Zaïre	26 131
Italien	30 447	**Amerika**	
Jugoslawien*	509	Argentinien	6 835
Luxemburg	100	Bahamas	1 876
Niederlande	3 734	Brasilien	71 111
Norwegen	482	Dominikanische Republik	2 948
Österreich	1 442	Haiti	3 086
Polen	346	Honduras	4 424
Portugal	2 726	Kanada	12 119
Rumänien	3 601	Kolumbien	5 763
Rußland	191	Mexiko	26 660
Schweden	1 276	Trinidad und Tobago	1 892
Schweiz	4 795	Venezuela	4 960
Spanien	34 618	Vereinigte Staaten	501 310
Tschechien	69	**Asien**	
Türkei	172	Indien	2 095
Ungarn	195	Japan	1 062
Zypern	47	Thailand	22 135
Afrika			
Äthiopien	19 433	**Australien**	5 883

* einschließl. Bosnien-Herzegowina und d. ehem. jugoslawischen Republik Mazedonien

Ah, Abk. f. *Amperestunde;* → Amperesekunde.

Ahaggar, *Hoggar,* Gebirgsstock i. d. mittleren Sahara m. erloschenen Vulkanen, bis 3000 m.

Ahasverus,
1) im A.T. Name für Xerxes.
2) Legendengestalt: *Ewiger Jude.*

Ahaus (D-48683), St. i. Kr. Borken, NRW, 33 000 E; Barockschloß; AG; Textil-, Holz-, Papierind.

Ahimsa, *w.* [sanskr. ,,Nichtverletzen"], ethischer Grundbegriff im → Buddhismus und Jainismus (→ Jaina), wonach kein Lebewesen verletzt od. getötet werden darf.

Ahle, *Pfriem,* spitzes Stechwerkzeug.

Ahlen (D-59227–229), St. i. Kr. Warendorf, NRW, 55 500 E; Stanz- u. Emaillierwerke, Kohlezechen u. a. Ind.; AG.

Ahlsen, Leopold (* 12. 1. 1927), dt. Dramatiker u. Hörspielautor, 1949–1960 Hörspieldirektor b. Bayr. Rundfunk; *Philemon und Baukis;* Roman: *Die Wiesingers.*

Ahmadijja, *Ahmadiyya,* islam. Bewegung, in Indien 1889 von Mirza Ghulam Ahmed gegr., der sich als messian. Erneuerer d. Islams, des Juden- u. Christentums sowie als neuer ind. Krishna bezeichnete.

Ahmedabad, St. im ind. Staat Gujarat, 2,872 Mill. E; Prachtbauten; div. Ind.

Ahnenkult, *Ahnenverehrung,* rel. Verehrung d. Seelen der Vorfahren.

Ahnenprobe, Nachweis adliger (legitimer) Herkunft über 4 Generationen.

Ahnentafel, Darstellung aller Vorfahren eines Menschen; Gegenstück: *Nachfahrentafel;* Ausschnitt daraus: *Stammtafel,* die nur Nachkommen in d. jeweiligen männl. Linie berücksichtigt.

Ähnlichkeit, in der *Geometrie:* Gleichheit der Winkel u. Seitenverhältnisse; math. Zeichen: ~.

Ahorn, Gruppe der Laubbäume mit oft gezackten Blättern; in Eur. u. a. *Berg-, Feld-, Spitz-A.;* der nordam. *Zucker-A.* liefert einen Sirup.

Ahornsirupkrankheit, angeborener Enzymdefekt, Anhäufung best. Aminosäuren; Harn u. Atem riechen nach Ahornsirup, ähnl. Lakritze; Säuglinge müssen spezielle Nahrung erhalten.

Ahr, l. Nbfl. d. Rheins aus der nördl. Eifel, 89 km lang.

Ahrensburg (D-22926), St. i. Kr. Stormarn, Schl.-Ho., 27 572 E; Schloß; *A.er Kultur* (Vorgeschichtsforschung).
Ahriman [pers.], böses Prinzip, böser Geist; → Zoroaster.
Ahrweiler → Bad Neuenahr-Ahrweiler.
Ahura Mazda, *Ahura Masda,* → Ormuzd.
Ahvas [ax-], Prov.Hptst. im W-Iran, 600 000 E; Uni., Erdölfelder.
Aï, *Dreifingerfaultier,* → Faultiere.
AICD [engl.], Abk. f. **a**utomatic **i**mplantable **c**ardioverter-**d**efibrillator, Funktion e. Defibrillators, wird wie ein → Herzschrittmacher eingepflanzt, unterbricht gefährl. Herzrasen.
Aichach (D-86551), Krst. des Kr. Aichach-Friedberg, Bay., 17 919 E; Stammsitz d. Wittelsbacher im St.teil *Oberwittelsbach;* Textil- u. Metallind.; großes Frauengefängnis.
Aichinger,
1) Gregor (1564–21. 2. 1628), dt. Organist u. Komponist; Motetten.
2) Ilse (* 1. 11. 1921), öst. Schriftstellerin; *Die größere Hoffnung; Der Gefesselte; Knöpfe; Besuch im Pfarrhaus; Meine Sprache und ich.*
Aide-mémoire [frz. ɛdmeˈmwaːr ,,Gedächtnisstütze"], Denkschrift, meist Zus.-fassung im Anschluß an mündl. Verhandlungen (Diplomatie).
AIDS [eɪdz], (Abk. f. engl. **A**cquired **I**mmune**D**eficiency **S**yndrome = erworbenes Immundefekt-Syndrom). Durch das Virus → HIV verursachte übertragbare Krankheit; Hauptübertragungswege sind Formen d. Geschlechtsverkehrs, bei denen es zu unmerklichen Schleimhautverletzungen kommt (Schutz durch Gebrauch v. Kondomen), Spritzen v. Drogensüchtigen u. früher auch durch Blutkonserven; Neugeborene infizieren sich bei der Geburt. Anzeichen: Gewichtsverlust, Leistungsabfall, Fieberschübe, Nachtschweiß, Durchfälle, Lymphknotenschwellungen, Hauterscheinungen, Lungenentzündung, Hirnentzündung. Es gibt bisher weder e. Impfung noch e. Heilung; Verlangsamung des Verlaufs z. B. durch → AZT; sehr hohe → Letalität. 1981 erstmals i. d. USA beobachtetes Krankheitsbild;→ Übersicht, S. 27.
Aigrette, *w.* [frz. ɛˈgrɛtə],
1) büschelförmiger Kopfschmuck aus Federn od. Edelsteinen.
2) Reiherfederschmuck.
Aigues-Mortes [ɛgˈmɔrt], i. d. Camargue, 3700 E, ma. Festung, Ausgangsort f. Kreuzzüge nach Ägypten; Fremdenverkehr.
Aikido [jap.], Selbstverteidigungssystem; d. gegner. Kraft wird z. eigenen Abwehr benutzt.
Aimara, *Kolla,* Indianervolk der Anden v. Peru u. Bolivien; um den Titicacasee.
Ain [ɛ̃],
1) r. Nbfl. der Rhône, 190 km l.
2) frz. Dép., 5762 km², 471 000 E; Hptst. *Bourg-en-Bresse.*
Ainu [japan.], Volk in Nordjapan mit urtüml. Riten (Bärenkult); ihre Sprache hat mit dem Japanischen nichts gemeinsam; als Unterrasse sind sie durch bes. starke Gesichts- und Körperbehaarung gekennzeichnet.
Aioli [it.], kalte Knoblauchsoße.
Air, *s.* [frz. ɛːr, engl. ɛə],
1) *mus.* Lied, Melodie, Arie.

Spitzahorn

Feldahorn

Aischylos

2) Luft; Miene, Ansehen; Aussehen.
Airbag [engl. ˈɛəbæg], Luftsack als Aufprallschutz i. Auto.
Airbus [ˈɛə-], *A. A 300,* zweistrahliges Mittelstrecken-Verkehrsflugzeug (maximal 336 bzw. 265 Passagiere); Erstflug 1972 (kleinere Version, *A. A 310,* 1982); Reichweite: 6000 (bzw. 5000) km; noch kleinere Version, *A. A 320* (Erstflug 1987); *A. A321* (gestreckte Version d. *A. A320,* Erstflug 1989), Reichweite: 4450 km, max. 186 Passagiere; *A. A340* (Erstflug 1991), Reichweite: 14 500 km, max. 262 Passagiere. Von Dtld., Frkr., Ndl. u. Spanien gemeinsam gebaut.

Airbus

Airconditioner, Airconditioning [engl. -ˈdɪʃə-], Klimaanlage, Klimatechnik.
Airedaleterrier [ˈɛədeɪl], engl. Hunderasse; als Polizeihund verwendet.
Airfoil-Fluggerät [ˈɛəfɔɪl], *Aerofoil-Fluggerät,* Flugzeug, d. ähnl. wie d. → Luftkissenfahrzeug d. erhöhten Auftrieb in extremer Bodennähe (Bodeneffekt) ausnutzt; z. Flug über ebenen Flächen (Wasser).
Air Force [-ˈfɔːs], engl. Bez. f. Luftwaffe, bes. *The Royal A. F.,* brit. Luftwaffe.
Air France [ɛr ˈfrɑ̃ːs], frz. Luftverkehrsges., gegr. 1933.
Air mail [engl. ˈɛəmeɪl], Luftpost.
Airport Art [engl. ˈɛəpɔːt aːt ,,Flughafen-Kunst"], weltweit vermarktete Erzeugnisse d. hpts. afrikan. Kunsthandwerks, oft u. Verwendung d. traditionellen Motiv- u. Formenschatzes, aber nicht authent. Materials.
Aïscha (613–678), Lieblingsfrau Mohammeds.
Aischylos, *Äschylus* (525/4–456/5 v. Chr.), griech. Dramatiker; bildete den dramat. Dialog aus u. begründete die antike Tragödie: *Orestie; Prometheus; Die Perser.*
Aisne [ɛn],
1) nordfrz. Fl., l. Nbfl. d. Oise, 280 km l.; wichtige Kanäle: *Aisne-Marne-Kanal* u. *Aisne-Seitenkanal.*
2) frz. Dép., 7369 km², 537 300 E; Hptst. *Laon.*
Aisopos, *Äsop* (6. Jh. v. Chr.), griech. Fabeldichter.
Aitel, *Döbel,* einheim. Karpfenfisch; drehrund, großschuppig.
Aitmatow, Tschingis (* 2. 12. 1928), kirgis. Schriftst.; lyr.-stimmungsvolle Romane: *Der weiße Dampfer; Ein Tag länger als ein Leben.*
Aix [ɛks],
1) *A.-en-Provence,* frz. St. nördl. von Marseille i. Dép. Bouches-du-Rhône (altröm. *Aquae Sextiae*), 123 800 E; Uni.
2) *A.-les-Bains,* St. im frz. Dép. *Savoie,* 24 700 E; Badeort.
Aja [it. u. span.], Erzieherin; im Volksbuch Mutter der Heymonskinder; *Frau A.,* Scherzname für Goethes Mutter.
Ajaccio [frz. aʒakˈsjo, it. aˈjattʃo], Hptst. → Korsikas, 58 300 E; Geburtsort *Napoleons I.*
Ajatollah, *Ayatollah,* höchster geistl. Führer der → Schiiten.
Ajax, griech. Helden vor Troja:
1) *der große (rasende) A.,* Sohn d. Telamon, daher Telamonier, Kg v. Salamis.
2) *der kleine A.,* Kg. von Lokris.
Ajmer, St. i. ind. Rajasthan, 402 000 E; Prachtbauten: Moschee, Palast Akbars.
à jour [frz. aˈʒuːr ,,bis zum Tage"],
1) auf d. laufenden; durchsichtig.
2) b. *Edelsteinen:* nur am Rande gefaßt.
3) b. *Geweben: Ajourarbeit,* durchbrochene Arbeit.
Akaba, einziger jordan. Hafen, am Golf v. A., 37 400 E.
Akademgorodok, b. Nowosibirsk, Rußld., 50 000 E; 1959 gegr., Ort d. Forschung, Uni., Institute.
Akademie,
1) urspr. von Plato gegr. Philosophenschule im Hain des Heros *Akademos;* Gelehrtenges.en im 15. u. 16. Jh. Accademia della Crusca, Florenz (1582), Vorbild f. alle Sprachges.en: berühmt d. → Académie française, 1635 gegr.; s. 1949 Dt. A. f. Sprache u. Dichtung, Darmstadt. – A.n d. Wissenschaften: Berliner (bis 1946 Preuß.) A.; 1700 gegr. (v. Leibniz), A. der Wiss., Göttingen (1751), Bayerische A., München (1759), Sächsische A., Leipzig (1846), Heidelberger A. (1909), Württemberger A. (1917), A. d. Wiss. u. d. Literatur, Mainz (1949), Wiss. A. an der TH Braunschweig (1953); *Ausland:* Accademia Nazionale, Rom (1603), Päpstl. A. d. Naturwiss., Rom (1603), Royal Society, f. Naturwiss., London (1663), Moskau (1725), American Philosophical Society, Philadelphia (1727), Académie royale de Belgique, Brüssel (1772), American Academy of Arts and Sciences (1780), Academy of Sciences, New York (1817), A. d. Wiss., Wien (1847), The British Academy, f. Geisteswiss., London (1901), Naturf. Gesellsch. Basel (1931), A. d. Wiss., Leningrad (1931) u. a. – A.n d. Künste: Bayerische A., München (1948), Dt. A. der Künste (Ost-Berlin (1950), Freie A. in Hamburg (1949).
2) in Dtld: Hochschulen (z. B. *Kunst-, Musik-, Berg-, Forst-A.n* Fachhoch-

Akademiker, (ehem.) Mitgl. einer HS, Uni., Akad.
akademisch, zu einer HS gehörig; wiss. vorgebildet; auch svw. steif, weltfremd, ledern.
Akademischer Rat, beamteter Wissenschaftler an HS d. BR (mit Lehr- od. anderen Aufgaben); Voraussetzung abgeschlossenes HS-Studium.
akademisches Viertel → c. t.
Akajew, Askar (* 10. 11. 1944), seit 1991 kirgisischer Staatspräsident.
Akanthus, m. [gr.],
1) Rachenblütler, trop. Staudengewächs.
2) mit (urspr. d. Bärenklau nachgebildeten) Blättern verziertes korinth. Säulenkapitell ab 4. Jh. v. Chr.
Akazie, echte A., Mimosengewächs warmer Erdteile, bei uns Zimmerpflanze; liefert Gummiarabicum, Gerbstoffe, Nutzholz. → Robinie.
Akbar d. Große, (1542–1605), seit 1556 bed. moh. Herrscher in Indien (*Großmogul*).
Akelei, Hahnenfußgewächs mit gespornten Blütenblättern; Wiesenpflanze; zahlr. Zierformen; in Dtld ● (→ Tafel Pflanzen unter Naturschutz).
akephale Gesellschaft, Ges. ohne pol. Zentralgewalt.
Akiba ben Josef, bed. jüd. Gelehrter, Anführer d. Aufstandes v. → Bar Kochba; 135 n. Chr. hingerichtet.
Akihito, Tsugu No Miya (* 23. 12. 1933), s. 1989 Kaiser (125. Tenno) v. Japan.
Akita, jap. Hafen auf → Honshu, 302 400 E.
Akka,
1) Zwergnegervolk im zentralafrikan. Urwald, bis 1,50 m groß.
2) **Akkon,** Acco, St. in Israel, 37 200 E; in Kreuzzügen umkämpft: „Kirchhof der Christenheit"; 1191–1291 Hptst. des Kreuzfahrerstaates.
Akkade, um 2300 v. Chr. gegr. erste Hptst. v. Nordbabylon.
akkadisch, Bez. f. semit. Sprache des alten Babylon.
Akklamation, w. [l.], Abstimmung durch Zuruf.
Akklimatisierung, Anpassung an fremde Umwelt- u. Lebensbedingungen (Klima usw.).
Akkolade, (frz. „Umhalsung"), im Buchdruck u. in d. Notenschrift größere verbindende Klammer ({}).
Akkommodation [l.], Anpassung, z. B. der Augenlinse an d. Entfernung d. zu betrachtenden Gegenstände (Abb. a: Einstellung auf Ferne, b: auf Nähe); → Auge.
Akkon → Akka.
Akkord, m. [frz. „Übereinstimmung"],
1) *wirtsch.* Vergleich d. Schuldners m. Gläubigern.
2) svw. → Akkordlohn.
3) *mus.* Zusammenklang mehrerer (mindestens 3) verschieden hoher Töne; auch → Dreiklang.
Akkordeon, chromat. Handharmonika mit Tastatur; Tonerzeugung durch schwingende Stahlzungen.
Akkordlohn, *Stücklohn,* Arbeitsentgelt n. Arbeitsleistung; Ggs.: *Zeitlohn* (→ Lohn); Arten: Einzel- u. Gruppenakkord.

akkreditieren [frz.],
1) → Akkreditiv 1).
2) Kredit einräumen, verschaffen.
Akkreditiv,
1) *lettre de créance,* Beglaubigungsschreiben eines diplomat. Vertreters, das er b. Antritt seines Postens d. Staatsoberhaupt d. Empfangsstaates übergibt; damit ist er *akkreditiert.*
2) im Auftrag d. Kunden v. dessen Bank ausgestellte Anweisung z. Leistung an d. Akkreditierten durch e. Bankinst. im Ausland; wichtiges Zahlungsinstrument im intern. Waren- u. Reiseverkehr.
Akkretion, w. [l. „accretio = Zunahme"], Einfang v. Materie durch ein astronom. Objekt, Gegensatz zum Ausschleudern v. Materie (→ Jet).
Akku-Ladegerät, zum Aufladen v. → NiCd-Akkus.
Akkumulator [l.],
1) wiederaufladbarer elektrochemischer Speicher f. el. Energie (wird daher als Sekundärelement bez.) im Ggs. zu d. nicht wiederaufladbaren Primärelementen, wie → Trockenelemente, → Batterien; besteht aus Kombination von → Elektroden u. Elektrolyt. Wichtige A.: **Blei-A.** (Autobatterie), Elektrolyt: wäßrige Schwefelsäure; im geladenen Zustand: positive Elektrode Bleidioxid (PbO_2), negative Elektrode metall. Blei (Pb); **NC-A.** (Nickel-Cadmium-A.), Elektrolyt-Lösung v. Kaliumhydroxid in carbonatfreiem Wasser; positive Elektrode Nickeloxid, negative Elektrode metall. Cadmium (oder Eisen).
2) *Datenverarbeitung:* Speicherelement i. e. Rechenwerk f. die vorübergehende Speicherung v. (Zwischen-)Ergebnissen u. Operanden.
akkurat [l.], sorgfältig, ganz genau.
Akkusativ, m. [l.], *Wenfall,* 4. Kasus; antwortet auf die Fragen *wen?* oder *was?* (z. B. er sah *ihn*).
Akme, w. [gr.], Höhepunkt (z. B. einer Krankheit).
Akne, w. [gr.], Hautausschlag, eitrige Pickel (bes. in d. Pubertät).
AKP-Staaten → Lomé-Abkommen.
akquirieren [l.], erwerben, anwerben.
Akquisiteur [-'tø:r], Anzeigen- u. Kundenwerber.
Akquisition, Kunden-, Anzeigenwerbung.
Akren [gr.], Körperspitzen, z. B. Finger, Zehen, Nase.
Akribie [gr.], äußerste Sorgfalt.
Akrobat [gr.], Turnkünstler in Zirkus u. Varieté.
Akrodermatitis chronica atrophicans, bei → Borreliose auftretende Hautverdünnung.
Akromegalie, Vergrößerung der Körperspitzen infolge Geschwulst der → Hypophyse; → Riesenwuchs.
Akron ['ækrən], St. im US-Staat Ohio, 223 000 E; Kautschukind., Uni., Bahnknotenpunkt, Flugplatz.
Akropolis, hochgelegener Burgberg in alten griech. Städten; auf der A. von *Athen* berühmte Baudenkmäler: Parthenon, Propyläen, → Erechtheion, am Fuße das Dionysostheater u. das Herodes-Atticus-Theater.
Akrostichon, s. [gr.], Text, bei dem d. Anfangsbuchstaben (-wörter) der Verse od. Zeilen e. Wort od. e. Satz ergeben.
Akroter(ion), s. [gr.], Bekrönung von Giebelfirst u. -ecken griech. u. röm.

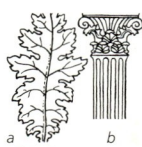

Akanthus
a Blatt, *b* griech. Ornament

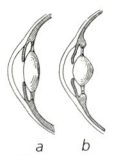

Akkommodation

Akrobat, Elfenbeinfigur aus Knossos, 16. Jh. v. Chr.

Akropolis von Athen

Tempel od. Grabstelen, oft als Pflanzenornament (Palmette).
Akrozyanose, Blausucht infolge Durchblutungsstörung an → Akren, v. a. Fingerspitzen.
Aksum, heilige Stadt i. Äthiopien; i. 1.–5. Jh. Hptst. d. aksumit. Reiches; 20 000 E.
Akt, m. [l.],
1) nackte menschl. Gestalt in künstler. Darstellung.
2) Hauptteil, Aufzug eines Dramas.
3) Handlung.
Aktäon, griech. Sagenheld, belauscht Artemis im Bade, wird in einen Hirsch verwandelt und von seinen eigenen Hunden zerfleischt.
Akte, über einen wichtigen Vorgang aufgenommene Urkunde, insbesondere Staatsurkunde (z. B. Schlußakte des Wiener Kongresses; Bundesakte des dt. Bundes im 19. Jh.).
Akteur [frz. -'tø:r], Schauspieler.
Aktie, Wertpapier, das Anteilsrecht eines Aktionärs am Grundkapital einer → Aktiengesellschaft verbrieft; Mindestnennbetrag DM 50; Arten: *Inhaber-* (formlose Übereignung) u. *Namensaktie* (Eintragung ins Aktienbuch); an d. Börse handelbar.
Aktiengesellschaft, *AG,* Handelsges., deren → Aktionäre mit Einlagen an dem in → Aktien zerlegten Grundkapital beteiligt sind; für Verbindlichkeiten haftet den Gläubigern nur d. Gesellschaftsvermögen; typische Form d. Großunternehmung → Kapitalges.; Mindestgrundkapital DM 100 000; Aktienges. v. 1937, abgeändert durch Ges. v. 1965; Organe: Vorstand, Aufsichtsrat, Hauptvers.
Aktienindex, auf durchschnittl. Kurswerten best. Aktien beruhender Index; dient i. Dtld auch als Konjunkturindikator; intern. ist der → Dow-Jones-Index von größter wirtsch. Bedeutung.
Aktinien, *Seeanemonen, Seerosen,* Ordnung der → Korallentiere, festsitzende, pflanzenähnl. Tiere mit zahlr. Fangarmen um den Mund.
Aktinometrie, astronom. und phys. Strahlungsmessung von Lichtquellen (z. B. v. Gestirnen).
Aktinomykose, w. [gr.], → Strahlenpilzkrankheit.
Aktion, w. [l.], Handlung, Tat.
Aktionäre, Eigentümer v. Aktien, Gesellschafter einer AG, mit Anspruch auf Dividende, Liquidationserlös u. Stimmrecht in d. Hauptvers., haften nur mit ihrer Einlage.
Aktionismus, ziellose Betriebsamkeit.
Aktionskunst, ab etwa 1918 im → Dadaismus; ersetzt primär statisch betrachtetes Kunstwerk durch d. künstler. Augenblicks-Aktion; Vorläufer des Happening.
Aktionsmalerei → Action-painting.
Aktionspotential, el. Potentialschwankung an d. Erregung lebender Zellen; → Ruhepotential.
Aktionsradius, m. [l.], Wirkungskreis.
Aktium, Landzunge an d. griech. Westküste; 31 v. Chr. Seesieg d. Octavian (Augustus) über Antonius.
aktiv [l.], tätig.
Aktiv, m., handelnde Form d. Zeitworts.

Aktiva und Passiva → Bilanz, Übersicht.
aktive Galaxis, e. Milchstraßen-System ähnl. unserer Galaxis mit e. Zentralbereich, in d. aber ~1000fach mehr Energie erzeugt wird. Als Ursache f. diese hohe Leuchtkraft wird → Akkretion von Masse aus interstellarem Gas ad. Sternen auf e. zentrales superschweres Objekt (z. B. schwarzes Loch) vermutet. Seyfert-Galaxien u. Quasare sind Unterklassen der a. G.
aktive Lautsprecherweichen, *elektron. L.,* führen d. einzelnen → Lautsprechern einer Kombination nur die f. deren Übertragungsbereich ausnutzbaren Frequenzen zu.
aktive Optik, eine Vorrichtung zur Verbesserung der → Abbildung bei Spiegelteleskopen. Dabei wird die auf vielen elektromechan. bewegl. Stützen gelagerte, verformbare Spiegeloberfläche computergesteuert so verformt, daß Bildstörungen herauskorrigiert werden (*adaptive Optik*). Wichtigste Anwendung: Ausschaltung d. störenden Einflusses d. Atmosphäre.
aktive Rechnungsabgrenzung → Rechnungsabgrenzung.
Aktivierung, buchhalter. Einstellung v. Vermögenswerten in d. Bilanz.
Aktivist, früher in kommunist. Ländern Bez. f. Arbeiter, deren Leistungen die geplante Arbeitsnorm erheblich überstiegen.
Aktivkohle, bes. poröse Kohle, aus Holz u. anderen organ. Stoffen hergestellt (*Holz- u. Tierkohle*); zur Entfärbung u. Reinigung v. Flüssigkeiten, z. B. med. Kohle im Magen-Darm-Trakt, zur Adsorption von Gasen u. Dämpfen, z. B. in Abgasfiltern, Gasmasken (Adsorptionskohle). → Holz u. → Holzkohle.
Aktivzinsen, *Sollzins,* für von der Bank im A.-Geschäft gegebene Kredite; Ggs.: Passiv- oder Habenzinsen für Kundeneinlagen.
Aktjubinsk, St. i. NW-Kasachstan, 260 000 E; Chromerz-Verhüttung, Maschinen-, Nahrungsmittelind.
Aktorik, Aktor, *Effektor* (→ Kybernetik); damit werden die in d. Informationsverarbeitung aufbereiteten Informationen in Aktionen umgewandelt; sehr unterschiedl. Aktoren; wesentl. Ausgangsgrößen: opt. Darstellung, akust. Signale, Drucker u. el. Schalter; Optoelektronik u. Leistungshalbleiter sind von Bedeutung. → Regelung, → Regelkreis, → Prozeßrechner.
Aktualität, *w.* [l.], Bedeutung für den Augenblick.
Aktuar [l.], Gerichtsschreiber.
aktuell, *w.* gegenwärtig wichtig.
Akupressur, der → Akupunktur ähnliche Behandlungsmethode.
Akupunktur, altchin., heute auch in Europa geübte Heilweise durch Einstiche v. Nadeln i. d. Haut z. reflektor. Einflußnahme auf Organkrankheiten.
Akureyri [ˈaːkʏrɛiri], zweitgrößte St. Islands, 14 000 E; Textilind., Fischverarbeitung.
Akustik [gr.],
1) Lehre von den phys. Gesetzmäßigkeiten der Erzeugung, Ausbreitung u. Absorption von Schallwellen.
2) Klangwirkung e. Raumes.
Akustikziegel, Bausteine mit großflächigen Hohlräumen (z. Aufnahme v. Mineralfasermatten) u. gelochter Oberfläche z. Lärmdämmung.
akut [l.], scharf, heftig, unvermittelt auftretend.
Akut, *m.* [l.], Akzentzeichen (´), meist f. Betonung.
akuter Bauch, *akutes Abdomen,* schwere Erkrankung im Bauchraum mit starken Schmerzen, → Abwehrspannung usw.
Akzeleration, *w.* [l.], → Beschleunigung.
Akzent [l.], Silbenbetonung im Wort; Kennzeichen zur Aussprache von Vokalen, z. B. ´ (*aigu*), ` (*grave*), ^ (*circonflexe*) i. Frz.; *allg.:* Aussprache, Tonfall; → diakritische Zeichen.
Akzept [l.], Annahmeerklärung auf einem → Wechsel durch den Bezogenen, *Akzeptanten* (durch Namensunterschrift); auch der Wechsel selbst.
akzident(i)ell [l.], zufällig, unwesentlich; *phil.* nur die Eigenschaften betreffend; Ggs.: *substantiell.*
Akzidenz [l.],
1) Drucksache für bes. Gelegenheiten (z. B. Hochzeitsanzeige), *A.druck.*
2) *phil.* Eigenschaft eines Seienden; nicht zur Substanz gehörend.
Akzise, svw. → Binnenzölle.
Al, *chem.* Zeichen f. → Aluminium.
à la . . . [frz.], nach Art von . . .
Alabama [æləˈbæmə], Abk. *Ala.,* Südstaat der USA, 133 915 km², 4,04 Mill. E (ca. 1 Mill. Farbige); Baumwoll-, Zuckerrohranbau; Kohlen- u. Eisenerzlager; Schwerind., Stauseen; Hptst. *Montgomery.*
Alabaster, feinkristallin durchscheinende Gipsart; Grundstoff f. wertv. Schnitzereien (Toskana).
à la bonne heure [-bɔˈnœːr], gut so!, ausgezeichnet!
à la carte [-ˈkart], nach Auswahl (essen).
ALADI, Asociación **L**atino**a**mericana **d**e **I**ntegración, lateinam. Integrationsvereinigung, gegr. 1980 in Nachfolge der → LAFTA; Mitgl.: Bolivien, Ecuador, Paraguay, Chile, Kolumbien, Peru, Uruguay, Venezuela, Argentinien, Brasilien, Mexiko; Ziele: Regulierung u. Förderung d. Handelsverkehrs, gemeinsamer Markt als Fernziel.
Alagoas, Küstenstaat Brasiliens, 29 107 km², 2,4 Mill. E; Hptst. *Maceió.*
Al Ahram [-ax-], 1875 gegr. Kairoer Zeitung, s. 1957 offiziöses Organ der Arab. Rep. Ägypten.
Alai-Gebirge, zum westl. Tian Shan gehörige Gebirgsketten in Zentralasien, 5539 m.
Alain [aˈlɛ̃],
1) eigtl. *Emile Chartier* (3. 3. 1868–2. 6. 1951), frz. Philos. u. Essayist; Pazifist.
2) *Jehan* (3. 2. 1911–20. 6. 40), frz. Komponist; Orgelwerke.
Alain-Fournier [alɛ̃fur'nje], Henri (3. 10. 1886–22. 9. 1914), frz. Dichter u. Kritiker; *Der große Kamerad.*
Alamein, *El Alamein,* ägypt. Küstenort westl. v. Alexandria; bei A. wurde 1942 d. Vorstoß Rommels von den Engländern aufgefangen; 5000 E.
Alamo [ˈæləmoʊ], Missionsstation bei San Antonio, Symbolstätte f. den Kampf der US-Texaner gegen Mexiko.
Aland, *Orfe, Nerfling,* eur. Karpfenfisch; Abart: *Goldorfe.*
Ålandinseln [ˈoː-], *Ahvenanmaa,* finn. Inselgruppe i. Bottn. Meerbusen, 1527 km², 24 200 meist schwed. E; ca. 10 000 Inseln u. Schären, *Åland,* größte Insel, 650 km²; Hptst. *Mariehamn* (9800 E).
Alanen, iran. Volk; mehrere Stämme, 409 Zug nach Spanien, 418 von Westgoten besiegt; später z. T. mit den german. Wandalen vereinigt.
Alanin, *Aminopropionsäure,* eine d. wichtigsten Aminosäuren in Proteinen.
Alarcón y Ariza, Pedro Antonio de (10. 3. 1833–10. 7. 91), span. Erzähler; *Der Dreispitz; Der Skandal.*
Alarcón y Mendoza [-θa], Juan Ruiz de (vermutl. 1581–4. 8. 1639), span. Dramatiker; Komödien: *Wände haben Ohren; Die verdächtige Wahrheit.*
Alarich, (370–410 n. Chr.), König der Westgoten; Heereszüge nach Ostrom, Griechenland, Italien; 410 Plünderung Roms, b. Cosenza im Fluß Busento bestattet.
Alaska, NW-Halbinsel N-Amerikas, größter B.staat d. USA, Abk. *Alas.,* 1 530 700 km², 606 000 E (ca. ⅙ Eskimos und Indianer); südl. vom → *Yukon* (Hptfluß) *A.-Gebirge,* vergletschertes Kordillerenland *(McKinley* 6198 m), nördl. Hügelland, arkt. Klima m. sehr tiefen Wintertemperaturen; gr. Waldungen längs der Küste; Hptst. *Juneau.* – Gold, Silber, Kohle, Erdgas, Erdöl (Alaska-Pipeline 1262 km l. nach Valdez a. d. S-Küste); an erster Stelle steht Fischerei (Lachs) mit (1989) 1309 Mill. $; ferner Holzwirtsch. u. Pelzgewinnung. *A.bahn,* von Fairbanks nach Seward, 375 km l.; *A.straße,* v. Fairbanks nach Dawson Creek (NW-Kanada), 2451 km l.; Luftverkehrsnetz; zu A. gehörig die Pribylow-Inseln; liefern 80% d. Weltbedarfs an Sealpelzen. – A. 1741 v. Bering entdeckt; 1867 v. Rußland an die USA verkauft; s. 1959 der 49. Bundesstaat, vorher Territorium d. USA.
Alassio, it. Seebad i. W-Ligurien, Riviera, 14 000 E.

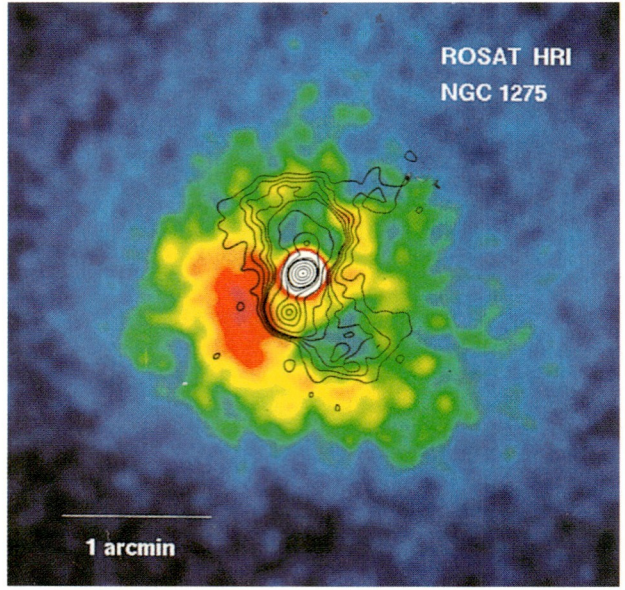

Aktive Galaxis

à la suite [-'sųit], → Suite.
Alaun, Kaliumaluminiumsulfat, zur Färberei, Gerberei, Medizin (→ Adstringenzien).
Alava, die südl. der 3 baskischen Provinzen Spaniens, 3037 km², 270 800 E; Hptst. *Vitoria-Gasteiz*.
Alb,
1) schweiz. f. Alm.
2) (Jura-)Gebirge in S.dtld (z. B. → *Schwäbische Alb*).
ALB, Abk. f. **A**rbeitsgemeinschaft für **l**andwirtschaftliches **B**auwesen, Zus.-schluß v. Architekten, Baumaterialherstellern, landw. Beratern usw. zur Förderung u. Beratung d. landw. Bauens.
Alba, Fernando Alvarez, Hzg v. Toledo (29. 10. 1507–11. 12. 82), Oberfeldherr d. Heere → Karls V., führte im Schmalkaldischen Krieg (1546/47) die kaiserl. Truppen; 1567–73 Statthalter i. d. Ndl.
Albacete [-'θete], Prov.-Hptst. in SO-Spanien, 130 000 E.
Alba Longa, Mutterstadt der latinischen Städte; vor Rom gegr., in d. röm. Königszeit zerstört.
Alba-Metall, weiße Edelmetall-Legierung aus Gold, Silber, Palladium; chem. beständiger Werkstoff f. Spinndüsen der Kunstseidenindustrie u. f. Zahnersatz.
Albanien, Republik auf der Balkanhalbinsel am Adriatischen Meer; **a)** *Geogr.:* Bergland a. d. Adria, Hptfluß *Drin.* **b)** *Wirtsch.:* Wichtige Ausfuhrgüter der Landw. sind Früchte u. Gemüse; Hptgebiet d. W.planung liegt auf d. Schwer-, Textil- u. chem. Ind. **c)** *Bodenschätze:* Vor allem Erdöl u. Chromerz. **d)** *Verkehr:* Eisenbahn 720 km. **e)** *Neue Verf.* v. 1991: Parlament aus 1 Kammer (Volksvers.). **f)** *Verw.:* 26 Bezirke. **g)** *Gesch.:* 535–1204 zu Byzanz; im 14. Jh. serb., s. 1468 türk.; nach d. 1. Balkankrieg 1912 Unabhängigkeitserklärung, 1914 neuer Staat unter Fürst Wilhelm zu Wied; nach 1918 v. Italien besetzt, in Jugoslawien besetzt, 1925 Rep., 1928–39 Königr.; 1939 von Italien besetzt; 1946–91 Volksrep., 1961–78 Anlehnung an Volksrep. China in deren ideolog. Streit m. d. UdSSR; ab 1990 pol. u. wirtsch. Reformen nach Unruhen u. Fluchtwelle. Ende März 1991 Mehrparteienwahlen m. Sieg d. Kommunisten; 1992 n. erneuten Unruhen Wahlsieg der Demokrat. Partei; Ende d. kommunist. Ära; Anfechtung der Wahlen 1996 durch Opposition u. OSZE. 1997 vorgezogene Neuwahlen nach Volksaufstand mit einem Sieg der Sozialisten.
Albany ['ɔ:lbənɪ],
1) Hptst. d. US-Staates New York, am Hudson, Holzmarkt, Leichtind., 101 100 E; Uni.; 1614 v. Holländern gegr.
2) Hafenst. an d. SW-Küste Australiens, 14 800 E.
Albatrosse, Familie d. Röhrennasen, bis schwanengroße, wettermeldende Meeresvögel d. südl. Erdhalbkugel; nur für Brutzeit auf einsamen Inseln; Flügelspannweite bis 3,5 m.
Albe [l.], liturg. Untergewand der kath. Priester.
Albedo, *w.* [l. „albus = weiß"], Verhältnisgröße (stets <1) f. d. Remissionsvermögen *(Rückstrahlvermögen)* von Körpern; gibt an, wieviel von einem Flächenelement, das von einem senkrechten Lichtstrom bestrahlt wird, reflektiert Lichtmenge; in der → Astrophysik ist

die A. nichtselbstleuchtender Himmelskörper wichtig (z. B. Erdmond = 0,07, Saturn = 0,63); weitere Beispiele: weiße Wolken = 0,65, Schnee = 0,78.
Albee [ɔ:lbɪ], Edward (* 12. 3. 1928), am. Bühnendichter; *Wer hat Angst vor Virginia Woolf?*
Albergo, *s.* [it.], Wirtshaus.
Alberich, Zwerg, Hüter des Nibelungenhorts, Besitzer der Tarnkappe; von Siegfried bezwungen.
Albers, Hans (22. 9. 1892–24. 7. 1960), dt. Filmschausp.; *Große Freiheit Nr. 7; Nachts auf d. Straßen*.
Albert [altdt.], andere Form für *Albrecht:*
1) A. III. → Albrecht 3).
2) A. Kasimir August, Hzg von Sachsen-Teschen (11. 7. 1738–10. 2. 1822), Schöpfer d. Kupferstich- u. Handzeichnungensammlung *Albertina* in Wien.
3) A. (26. 8. 1819–14. 12. 61), Prinz von Sachsen-Coburg, Prinzgemahl d. Kgn Viktoria von Großbritannien.
4) A., Kg (s. 1873) v. Sachsen (23. 4. 1828–19. 6. 1902).
5) A. I, Kg d. Belgier (8. 4. 1875–17. 2. 1934).
6) (* 6. 6. 1934), s. 1993 König d. Belgier; 2. Sohn v. König Leopold III., Bruder v. König → Baudouin I.
Albert,
1) ['bɛːr], Eugen (Eugène) d' (10. 4. 1864–3. 3. 1932), dt. Pianist u. Komp.; Opern verist. Stils: *Tiefland; Die toten Augen; Die Abreise*.
2) Hans (* 8. 2. 1921), dt. Soziologe; im Positivismusstreit gg. Vertreter d. krit. Soziologie.
Alberta [æl'bɜːtə], westkanad. Prov., 661 190 km², 2,49 Mill. E; Forst- u. Landw.; Bodenschätze: Kohle, Erdöl, Erdgas; chem. u. a. Ind.; Hptst. *Edmonton*.
Alberti, Leon Battista (14. 2. 1404 bis 19. od. 25. 4. 72), it. Humanist, Arch., Kunsttheoretiker, Schriftsteller (stilbildend f. d. it. Literatursprache der Frührenaiss.); *Fassaden* v. S. Maria Novella (Florenz) u. S. Francesco (Rimini); S. Andrea (Kuppel v. → Juvara) u. S. Sebastiano (Mantua). *Zehn Bücher über die Baukunst*.
Albertina, staatl. graph. Sammlung i. Wien; gegr. 1769 v. Herzog *Albert Kasimir v. Sachsen-Teschen*.
Albertinische Linie → Sachsen, Geschichte.
Albert-Kanal, zw. Lüttich u. Antwerpen, 122 km l.
Albertsee, in Zaïre u. Uganda, seit 1972 *Mobutusee,* im Zentralafrikan. Graben, 618 müM, ca. 150 km l., 40 km br., 5347 km², bis 48 m tief; Ausfluß *Albertnil*.
Albertus Magnus [l. „Albert der Große"], eigtl. *Gf Albert v. Bollstädt* (1193–1280), Dominikaner, 1931 heiliggesprochen, scholast. Philosoph, wegen seines Wissens *Doctor universalis* gen.; führte d. Lehre d. Aristoteles in d. abendländ. Phil. ein.
Albertville [albɛr'vil], St. im frz. Dép. *Savoie,* 17 400 E; XXVI. Olymp. Winterspiele 1992.
Albertz, Heinrich (22. 1. 1915–18. 5. 1993), dt. Theol. u. Pol. (SPD); 1966/67 Reg. Bürgerm. v. Berlin; nach Rücktritt wieder Pfarrer.
Albigenser, nach der südfrz. St. *Albi*

ALBANIEN

Staatsname:	Republik Albanien, Republika e Shqipërisë
Staatsform:	Präsidiale Republik
Mitgliedschaft:	UNO, OSZE, Europarat
Staatsoberhaupt:	Fatos Nano
Regierungschef:	Rexhep Mejdani
Hauptstadt:	Tirana 251 000 Einwohner
Fläche:	28 748 km²
Einwohner:	3 414 000
Bevölkerungsdichte:	119 je km²
Bevölkerungswachstum pro Jahr:	Ø 0,84% (1990–1995)
Amtssprache:	Albanisch (Toskisch)
Religion:	Muslime (70%), Christen (30%)
Währung:	Lek
Bruttosozialprodukt (1994):	1229 Mill. US-$ insges., 360 US-$ je Einw.
Nationalitätskennzeichen:	AL
Zeitzone:	MEZ
Karte:	→ Balkanhalbinsel

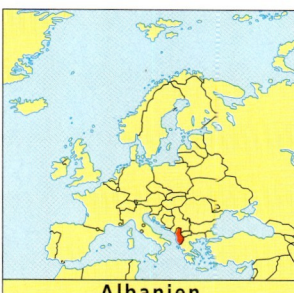

Albanien

benannte Sekte im MA; Lehre: unversöhnl. Dualismus zw. Leib u. Seele; in *A.kreuzzügen* (v. Innozenz III. veranlaßt) 1209–29 ausgerottet; → Katharer.
Albinismus, rezessiv vererbtes Fehlen des Farbstoffs in Haut, Haar u. Auge, diese daher fahlweiß, gelbweiß bzw. rötl., auch bei Negern; Mensch oder Tier mit A.: **Albino.**
Albinoni, Tommaso (8. 6. 1671–17. 1. 1750), it. Komp.
Albion, alter kelt. Name f. England.
Ålborg ['ɔlbɔr], dän. Hafenst. in Jütland am Nordsee u. Kattegat verbindenden Limfjord, 155 700 E.
Albrecht,
1) A. I. (1255–1308), Sohn Rudolfs v. Habsburg, 1298 dt. Kg, 1308 von seinem Neffen Johann Parricida ermordet.
2) A. I., *der Bär* (um 1100–18. 11. 70), Markgraf v. Brandenburg, das er aus der 1134 erhaltenen Nordmark (Altmark) begründete.
3) A. III., *der Fromme* (1401–60), Hzg v. Bayern, Gemahl der Agnes → Bernauer.
4) A. (28. 6. 1490–24. 9. 1545), Hohenzoller, Erzbischof v. Magdeburg, Kurfst v. Mainz, Förderer d. Humanismus, bestellte Tetzel zum Ablaßprediger (Anlaß zum Thesenanschlag Luthers).
5) A. v. Hohenzollern (16. 5. 1490 bis 20. 3. 1568), letzter Hochm. des dt. Ritterordens u. (1525) 1. Hzg v. Preußen, Gründer der Uni. Königsberg 1544.
6) A. III., Hzg von Sachsen (31. 7. 1443 bis 12. 9. 1500), Erbauer der *Albrechtsburg* in Meißen.
7) A. IV., *d. Weise* (15. 12. 1447–18. 3. 1508), Hzg v. Bayern, Wiedervereinigung von Ober- u. Niederbayern 1504/05.
8) A. V., *d. Großmütige* (1. 3. 1528 bis 24. 10. 79), Hzg v. Bayern, machte München z. Kunststadt.
9) A. (3. 8. 1817–18. 2. 95), östr. Erzhzg, Sieg b. Custozza 1866.
Albrecht, Ernst (* 29. 6. 1930), CDU-Pol.; 1976–90 Min.präs. v. Nds.
Albrechtsberger, Johann Georg (3. 2. 1736–7. 3. 1809), östr. Musiktheoretiker u. Komponist; Lehrer Beethovens.
Albstadt (D-72458–461), St. im Zollernalbkreis, Ba-Wü., 1974 durch Gem.zus.schluß u. a. v. Ebingen u. Tailfingen, 50 200 E; AG; Textil- u. Metallind.
Albuch, bewaldeter Höhenzug w. von Heidenheim.
Albufeira, Touristenzentrum i. Portugal, an d. Algarve, 15 000 E.
Albula, r. Nbfl. d. Rheins, entspringt in Graubünden a. *A.paß* (2315 müM); **A.bahn** m. **A.tunnel** verbindet Hinterrheintal mit Engadin.
Albumine, kleinmolekulare Eiweißstoffe im Hühnereiweiß, in Milch u. einigen Pflanzen u. im Blut; Albumin-Präparate für Infusionen (Blutersatz).
Albuminurie, *Proteinurie,* krankhafte Eiweißausscheidung i. Urin.
Albuquerque [-'kɛrkə], Alfonso de (um 1462–16. 12. 1515), begr. 1503–11 die portugies. Macht in Indien.
Albuquerque ['ælbəkɜːkɪ], St. am Rio Grande i. Neu-Mexiko, USA, 384 700 E; Uni., Zentr. d. Kern- u. Raumfahrtforschung.
Albus, *m.* [l.], *Weißgroschen,* ab 1362

geprägte Silbermünze, bis 1842 in Kurhessen in Umlauf.
Alcalde, *m.,* span. Bürgermeister.
Alcázar, *m.* [arab. -θar], *Alkazar,* Burg, Schloß (z. B. *A. v. Toledo*).
Älchen, sehr kl. → Fadenwürmer; Schmarotzer bes. in Pflanzen (z. B. *Weizen-, Rüben-, Essigälchen*).
Alchimie, *Alchemie,* Übergang vom myth. Weltbild der Antike zur heutigen Erforschung der Stoffe, d. h. der modernen → Chemie; Wesen der Erde und des Menschen (*Mikrokosmos*) als Abbild des Weltganzen (*Makrokosmos*) empfunden und in Symbolen ausgedrückt; Destillationskunst zur Läuterung der Substanzen, Heilmittelbereitung, Gewinnung von Alkohol (spiritus vini) u. Mineralsäuren; im höheren Sinne erstrebte die A. die Herausläuterung des Göttlichen aus dem natürl. Menschen; angebl. Goldmacherei.
Aldabra, Inselgruppe der Seychellenrep.; Atolle, endem. Tierarten (Riesenschildkröten).
Aldan, r. u. größter Nbfl. der Lena, in SO-Sibirien, 2242 km l., 1200 km schiffbar; Goldfelder.
Aldebaran, rötl. Stern 1. Größe α im *Stier,* umgeben von den *Hyaden;* nördl. → Sternhimmel B.
Aldegrever, eigtl. *Heinrich Trippenmeker* (um 1502–n. 55), dt. Kupferstecher, Maler u. Goldschmied d. Renaiss.; Schüler Dürers; → Kleinmeister.
Aldehyde, Name abgeleitet v. *Alcoholus dehydrogenatus,* wichtige Gruppe organ. Verbindungen m. d. Atomgruppe *CHO,* durch Oxidation d. entsprechenden Alkohols od. Reduktion d. entsprechenden Säuren, → *Formaldehyd.*
al dente [it.], bißfest (Nudeln).
Alder, Kurt (10. 7. 1902–20. 6. 58), dt. Chem.; Entwicklung d. Diensynthese; Nobelpr. 1950 (zus. m. O. P. → Diels).
Alderman [ˈɔːldəmən], Titel f. angelsächs. Herzöge, Earls, Gouverneure; jetzt ältester Ratsherr (in brit. u. nordam. Gemeinden).
Alderney [ˈɔːldəni], nördlichste der brit. → Kanalinseln, 8 km², 2100 E; Viehzucht, Kartoffelanbau.
Aldosteron, Hormon d. → Nebennierenrinde; beeinflußt Mineralstoffwechsel und Nierenfunktion.
Aldosteronismus → Conn-Syndrom.
Aldrich [ˈɔːldrɪtʃ], Robert (9. 8. 1918 bis 5. 12. 83), am. Filmregisseur; *The Dirty Dozen* (1967); *The Choirboys* (1978).
Aldrin [ˈɔːldrɪn], Edwin (* 20. 1. 1930), am. Astronaut; beteiligt an 1. Mondlandung (→ Mondsonden).
Ale, *s.* [eil], engl. Malzbier mit hohem Alkoholgehalt.
alea iacta est [l.], „der Würfel ist gefallen", die Entscheidung ist getroffen; angebl. Ausspruch Cäsars beim Überschreiten d. Rubikon 49 v. Chr.
aleatorische Musik [l. „alea = Würfel"], läßt d. Interpreten in vorgegebenem Rahmen spontan über Klangmischungen u. -formen entscheiden.
aleatorische Verträge, Wett- u. Spielverträge; rechtl. nicht durchsetzbar (§§ 762 ff. BGB).
Alechinsky [-ˈʃɛns-], Pierre (* 19. 10. 1927), belg. Maler u. Graphiker; m. Elementen d. Automatismus, Abstrakten Expressionismus u. d. ostasiat. Kalligra-

Alexander der Große

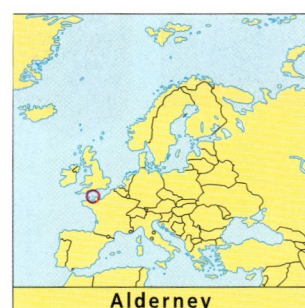

Alderney

phie in großformat. Kompositionen Verbildlichung abstrakter Begriffe u. figürl. Themen.
Aleixandre, Vicente (26. 4. 1898 bis 14. 12. 1984), span. Lyriker; romant.-visionärer Surrealismus; *D. Zerstörung d. Liebe;* Nobelpr. 1977.
Alekseijew, Fjodor Jakowlewitsch (um 1754–23. 11. 1824), russ. Maler; Begr. d. russ. → Veduten-Malerei.
Alemán, Mateo (1547–nach 1614), span. Dichter; Schelmenromane; *Vida del pícaro; Guzmán de Alfarache.*
Alemannen, westgerman. Stamm in SW-Dtld; drangen im 3.–5. Jh. über den röm. Limes u. den Rhein vor; 496 von den Franken unterworfen; bildeten seit 9. Jh. das Hzgt. *Alemannien* od. → Schwaben; Stammesbegriff A. heute auf Südbaden, Elsaß u. Schweiz eingeschränkt.
Alembert [alɑ̃ˈbɛːr], Jean le Rond d' (16. 11. 1717–29. 10. 83), frz. Phil., Freidenker, Math., Physiker; gab mit Diderot die → *Enzyklopädie* heraus.
Alençon [alɑ̃ˈsɔ̃], Hptst. des frz. Dép. *Orne,* 30 000 E; Textil- u. Lebensmittelind.; *A.-Spitzen.*
Aleotti, Giovan Battista (1546–9. 12. 1636), it. Baumeister u. Bühnenarchitekt, bes. in Ferrara u. Parma (Teatro Farnese), richtungsweisend f. d. Theaterbau d. Barock.
Aleppo, arab. *Haleb,* St. im nördl. Syrien, am Schnittpunkt der Handelsstraßen von Euphrat u. Tigris u. d. Bagdadbahn, 1,308 Mill. E; ma. Zitadelle, Nationalmus.; Handels- u. Industriezentrum, Textilind.
Alès [aˈlɛs], südfrz. St. im Dép. *Gard,* 41 000 E; Industriezentrum, Eisen- u. Kohlenlager.
Alessandria, oberit. Textil- u. Messest.; am Tanaro, 90 500 E; ehem. starke Festung.
Ålesund [ˈoːləsʉn], Hafenst. der atlant. Küste Norwegens, 35 900 E; wichtiger Fischereihafen.
Aletschgletscher, größter Alpengletscher, 24 km l. (1880: 26,8 km l.), 86 km², in d. Berner Alpen.
Aletschhorn, Berg in den Berner Alpen (4195 m).
Aleuron, Reserveeiweiß d. Pflanzen; bes. i. Samen.
Aleuten, vulkan. Inselkette, v. V. Bering 1741 entdeckt, 2500 km l., zw. Alaska u. Kamtschatka, 17 666 km², 8100 E; 1867 mit Alaska an die USA.
Alexander [gr. „schützender Mann"], a) *Päpste* (insgesamt 8):
1) A. II. 1061–73, Gegner Heinrichs IV., Beginn d. Investiturstreites.
2) A. III. 1159–81, Gegner Barbarossas, schaltete durch Papstwahlreform 1179 kaiserl. Einfluß aus.
3) A. VI. Borgia, sittenloser Papst d. Renaissancezeit 1492–1503; Vater d. Cesare → Borgia.
b) *Fürsten v. Rußland:*
4) A. Newskij (30. 5. 1220–14. 11. 63), Großfürst, russ. Heiliger u. Nationalheld, festigte d. orthodoxe Kirche.
5) A. I. Pawlowitsch, Kaiser v. Rußland (23. 12. 1777–1. 12. 1825), reg. seit 1801, versuchte erfolglos liberale Reformen; Verbündeter Preußens u. Östr.s im Freiheitskrieg, Stifter der „Heiligen Allianz" (Beginn der Restaurationszeit).
6) A. II. Nikolajewitsch (29. 4. 1818 bis

13. 3. 81), russ. Kaiser, reg. 1855–81, Aufhebung d. Leibeigenschaft, Justizreform, Selbstverwaltung; nach poln. Aufstand 1863 Gegner des Panslawismus (Allslawentums) u. Nihilismus. 1872 m. Östr. u. Dtld Dreikaiserbündnis, 1877 gg. Türkei; durch Bombenattentat umgekommen.
7) A. III. Alexandrowitsch (10. 3. 1845 bis 1. 11. 94), regierte 1881–94, gg. Verfassung u. Selbstverwaltung, f. Panslawismus, russifizierte Finnland.
c) *Jugoslawien:*
8) A. I. (1888–1934), vereinte als Regent 1918 Serben, Kroaten u. Slowenen z. Kgr. (s. 1929 Jugoslawien), 1921 Kg ermordet.
Alexander, Peter (* 30. 6. 1926), östr. Filmschausp., Sänger u. Showmaster.
Alexander d. Große, (356–13. 6. 323 v. Chr.), Sohn Kg Philipps, mazedon. Kg s. 336, drang s. 334 auf seinem Eroberungszug bis zum Indus vor; i. d. Nachfolgestaaten seines Weltreichs (→ Diadochen) entst. einheitl. Kulturraum d. → Hellenismus; wesentlich für spätere Ausbreitung des Christentums.
Alexanderschlacht,
1) siegreicher Kampf Alexanders d. Gr. 333 v. Chr. bei Issos gg. d. pers. Großkg. Dareios.
2) berühmtes Thema d. Malerei: z. B. antikes Mosaikbild (2. Hä. 2. Jh. v. Chr.) in Pompeji nach d. Kopie e. griech. Tafelgemäldes (Ende 4. Jh. v. Chr.); Gemälde A. → Altdorfers (1529).
Alexandria, arab. *Al Iskandarija,* die alte Hptst. Ägyptens am nw. Rand d. Nildeltas, 3,170 Mill. E; Hptausfuhrhafen Ägyptens (Baumwolle), Uni., Flughafen, Raffinerie. – Von Alexander d. Gr. 331 v. Chr. gegr., zweitgrößte Stadt d. Altertums (Leuchtturm auf → Pharos u. Bibliothek). 641 n. Chr. arab., 1517 türk.
Alexandriner, *m.,* der klassische frz. Vers. v. 12 od. 13 Silben; im Dt. 6heber m. Einschnitt nach d. 3. Hebung: Ich weiß nicht, was ich bin ich bin nicht, was ich weiß (Silesius).
Alexandrinische Bibliothek, größte des Altertums, ca. 900 000 Buchrollen, v. Ptolemäus II. (285–246 v. Chr.) begr., bei der Belagerung durch Cäsar 47 v. Chr. abgebrannt.
Alexandrinische Schule,
1) Philosophengruppe zu Alexandria, 1. Jh. v. u. n. Chr.; Hptvertr.: *Philo d. Jude,* Vermittler zw. Judentum u. Hellenismus.
2) älteste christl. Theologenschule unter Klemens v. Alexandria und → Origenes.
Alexej Michailowitsch, (19. 3. 1629 bis 8. 2. 76), 2. Zar a. d. Hause Romanow, eroberte Sibirien u. Ukraine.
Alexis, Willibald, eigtl. *Wilhelm Häring* (29. 6. 1798–16. 12. 1871), dt. Schriftst.; brandenburg. Geschichtsromane; *Die Hosen des Herrn von Bredow, Ruhe ist die erste Bürgerpflicht.*
Alfa Romeo, it. Autofirma i. Mailand; s. 1987 zu Fiat.
Al Fatah [-ax], mit Partisanengruppe Al Asifa („der Sturm") bedeutendste palästinens. Widerstandsorganisation; seit 1965 tätig; v. → Arafat geführt.
Alfeld (Leine) (D-31061), St. i. Kr. Hildesheim, Nds., 22 542 E; AG; PH; Fachwerkb. (15.–18. Jh.), spätgot. Pfarrkirche, Rathaus (16. Jh.), Museum (Lateinschule 1610), Faguswerke (1911–18; W. Gropius; A. Meyer).

Alfieri, Vittorio Gf (16. 1. 1749–8. 10. 1803), it. klassizist. Dramatiker u. Lyriker.
Alfol-Isolierung, mehrfache Lagen aus (zerknitterter) Aluminiumfolie zur Temperaturisolierung i. d. Wärme- u. Kältetechnik.
Alfons [westgot. „der Entschlossene"], span., it. **Alfonso,** Name vieler Fürsten, bes. Spaniens, Neapels, Siziliens, Portugals:
1) A. X., Kg v. Kastilien (1221–84), reg. 1252–82; 1257 dt. Scheinkg.
2) A. XIII. (17. 5. 1886–28. 2. 1941), span. Kg, 1931 in frz. Exil.
Alfonsín, Raúl (* 12. 3. 1927), argent. Jurist u. Pol. (Radikale Bürgerunion); 1983–89 Staatspräs.
Alfred [altengl. „Ratgeber durch Elfenkraft"], m. Vn.
Alfred der Große, (849–901), 871 Kg v. England, vertrieb die Dänen aus Wessex; Begr. der engl. Verwaltung, Rechtspflege und Seemacht.
al fresco [it.], Bezeichnung für d. Technik der Wandbemalung auf „frischem" (feuchtem) Putz; → Freskomalerei.
Alfter (D-53347), Gem. i. Rhein-Sieg-Kr., NRW, 17 950 E; Landw.
Alfvén [al've:n], Hannes (30. 5. 1908 bis 2. 4. 1995), schwed. Phys.; Arbeiten a. d. Gebiet d. magnetohydrodynam. Wellen (→ Plasma); Nobelpr. 1970.
Algardi, Alessandro (27. 11. 1595–10. 6. 1654), it. Bildhauer d. Barock, zurückhaltenderer Ausdruck als s. Konkurrent → Bernini; bes. Bildnisbüsten; Grabmal Leos XI. (Rom, St. Peter).
Algazel, al Ghasali (1058–1111), gr. Theologe, Mystiker u. Denker d. Islam.
Algebra [arab.], Theorie d. algebraischen Strukturen (z. B.: Gruppe, Ring, Körper, Vektorraum); verwendet Buchstabenrechnung.
algebraische Funktion, eine math. Funktion, die nach d. Regeln der Algebra zusammengesetzt ist.
Algeciras [alxe'θiras], Stadt in Südspanien, bei Gibraltar, Badeort, 102 079 E. 711 landeten hier d. ersten Araber auf eur. Boden. 1906 **A.konferenz:** regelte Stellung Frkr.s u. Spaniens i. Marokko.
Algen, Abteilung der niederen Pflanzen (Thallophyten) → Kryptogamen; ein- od. mehrzellig; oft fadenförmig; außer grünen auch (im Meer) bräunl. u. rötl. Formen; Fortpflanzung geschlechtl. u. ungeschlechtl. *Meeres-A.* technisch genutzt (Jod; → Agar-Agar; Alginate als Eindickmittel, Appreturen, Zellglas, Textilfasern); *Süßwasser-A.* versuchs-

weise m. hohem Ertrag v. Eiweiß u. Fett gezüchtet.
Algenib, Name zweier Sterne: Hptstern γ im → Perseus; Stern 3. Größe γ in Pegasus.
Algerien, Rep. in N-Afrika, im N Gebirgsld des Tell- u. Sahara-Atlas, im S bis weit in d. Sahara reichend; Bev.: Araber, Berber, ca. 110 000 Europäer; **a)** *Wirtsch.:* Weitgehend verstaatlicht, wichtigster Exportartikel ist d. Wein, daneben sind aus der Landw. Früchte u. Gemüse v. Bedeutung, an Bodenschätzen Eisenerz u. Phosphate; wirtschftl. Basis die Erdöl- u. Erdgasgewinnung. **b)** *Außenhandel* (1991): Einfuhr 9,10 Mrd., Ausfuhr 12,31 Mrd. $. **c)** *Verf.* v. 1989: Präsidiale sozialist. Rep. m. Einkammerparlament. **d)** *Verw.:* 48 Bezirke (Wilayat). **e)** *Gesch.:* A. umfaßt das Numidien u. Mauretanien d. Altertums, Wandalen, Araber u. Berber herrschten wechselweise; s. 1519 unter Lehnshoheit v. *Beis* („Herrschern"); 1830 Vordringen d. Franzosen, 1857 bis z. Sahara; 1881 wurden die 3 nördl. Dep. gebildet u. zum Bestandteil Frkr.s erklärt; 1954–62 blutige Aufstände gg. die frz. Herrschaft; 1962 Waffenstillstand von Evian, A. unabhängig s. 3. 7. 1962; 1965 Staatsstreich; Sturz → Ben Bellas; bis Mitte 1989 Einheitspartei (FLN); die fundament. „Islamische Heilsfront" (FIS) gewinnt Ende 1991 die ersten freien Parlamentswahlen; nach Annullierung Verbot der FIS 1992 und Auflösung des Parlaments, seitdem gewalttätige Auseinandersetzungen zwischen Islamisten und Regierungskräften und zahlreiche Massaker an der Zivilbevölkerung. Die Parlamentswahlen 1997 (unter Ausschluß radikaler islam. Parteien) gewinnt die Nationaldemokrat. Sammlungsbewegung (RND).
Algier [-ʒi:r], frz. **Alger** [al'ʒe], arab. *El-Djesair,* Hptst. v. Algerien, am Mittelmeer, 1,5 (Agglom. 2,2) Mill. E; Wirtschaftszentr., wichtigster Hafen Algeriens; Uni.
Algol, Stern β (System von 3 Sternen) im Perseus, bedeckungsveränderlicher Fixstern (→ Sternbilder, Übersicht).
ALGOL, v. engl. **alg**orithmic **l**anguage, problemorientierte → Programmiersprache, die im techn.-wiss. Bereich eingesetzt wird.
Algonkin, indian. Sprachgruppe i. O-Nordamerika; häufig Quelle f. Ethno-Wortgut wie Squaw, Mokassin, Totem.
Algonkium, veralt. f. Proterozoikum; → geologische Formationen, *Präkambrium.*
Algorithmus [arab.], *math.* Schema zur Ausf. gewisser Berechnungen.
Algren ['ɔːlgriːn], Nelson (28. 3. 1909–9. 5. 81), am. Schriftst., schilderte u. a. das Unterwelt-Milieu i. Chicago; *Der Mann mit dem goldenen Arm.*
Alhambra [arab. „die Rote"], maur. Burg b. Granada; Hptwerk d. arab. Baukunst des MA, 13./14. Jh. (Löwenhof, Myrtenhof, Abencerragen-Halle).
Alhidade [arab.], bei Winkelmeßinstrumenten drehbarer Radius zur Bestimmung eines Winkels.
Ali, *ibn Abî-Tâlib* aus Mekka, 4. Kalif, reg. 656–661, Schwiegersohn Mohammeds; ermordet; Nationalheiliger der strenggläubigen Schiiten (s. Grab in Kufa, Hauptwallfahrtsstätte).

Alhambra, *Löwenhof*

ALGERIEN

Staatsname: Demokr. Volksrep. Algerien, El-Dschumhurija el-Dschasairija ad-Dimukratja asch-Schabija
Staatsform: Präsidiale Republik
Mitgliedschaft: UNO, OAU, OPEC, Arabische Liga
Staatsoberhaupt: Liamine Zéroual
Regierungschef: Achmed Ouyahia
Hauptstadt: Algier (El-Djesair) 1,5 (Agglom. 2,2) Mill. Einwohner
Fläche: 2 381 741 km^2
Einwohner: 27 325 000
Bevölkerungsdichte: 11 je km^2
Bevölkerungswachstum pro Jahr: ⌀ 2,71% (1990–1995)
Amtssprache: Arabisch; Französisch (Handels- u. Bildungsspr.), Berberdialekte
Religion: Muslime (99%)
Währung: Alger. Dinar (DA)
Bruttosozialprodukt (1994): 46 115 Mill. US-$ insges., 1690 US-$ je Einw.
Nationalitätenkennzeichen: DZ
Zeitzone: MEZ
Karte: → Afrika

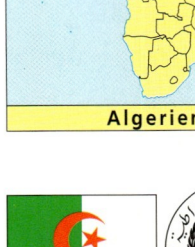

Algerien

Ali, Muhammad, ehem. *Cassius Clay* (* 17. 1. 1942), am. Boxer; 1960 Olympiasieger, 1964–67 u. 1974–79 Weltmeister im Schwergewicht.
Ali [arab. „der Erhabene"], m. Vn.
alias [l. „anders"], sonst, auch; z. B. bei Decknamen: *Mai* alias (eigtl.) *Mayer.*
Alibi, s. [l. „anderswo"], Abwesenheit v. Tatort, anderweitiger Aufenthaltsort.
Alicante [-'kante], span. Hptst. d. Prov. *A.* in SO-Spanien, 275 000 E; Ausfuhr v. Wein u. Südfrüchten; Fremdenverkehr.
Alice [engl. ælɪs, frz. a'lis], urspr. engl. Kurzform zu → Elisabeth.
Aligarh, St. in Uttar Pradesch, Indien, 320 900 E; Moslem-Uni.
Aligoté, v. a. in Burgund angebaute Weißweinrebe, die leichte, trockene Weine liefert u. m. d. Johannisbeerlikör *Crème de Cassis* zu d. Aperitif *Kir* kombiniert wird.
Alijew, Gejdar (* 10. 5. 1923), s. 1993 aserbaidschan. Staatsoberhaupt.
Alimentationsprinzip, Unterhaltsleistung (z. B. im Beamtentum d. Sicherung d. standesgemäßen Lebensunterhalts durch d. Staat zur Gewährleistung d. Unabhängigkeit d. Beamten.
Alimente, Lebensunterhalt, Pflichtzahlungen eines Unterhaltsverpflichteten, insbes. d. nichtehel. Vaters f. sein Kind, d. Ehemanns f. d. geschiedene Ehefrau; Höhe nach Gesetz u. Ermessen d. Richters, soweit nicht vertragl. vereinbart; Höhe d. Unterhalts f. d. nichtehel. Kind richtet sich nach Lebensstellung beider Elternteile.
Alinea [l. „von d. Zeile"], Absatz, neue Zeile.
aliphatische Verbindungen, organ. Verbindungen mit geraden oder verzweigten Kohlenstoffketten, *Alkane,* Paraffine: *Methan* = CH$_4$, *Ethan* = C$_2$H$_6$, *Propan* = C$_3$H$_8$ usw.; jedes Glied unterscheidet sich v. benachbarten durch eine CH$_2$-Gruppe; m. steigendem Kohlenstoffgehalt Übergang v. Gas über Flüssigkeiten zu festen Körpern.
Aliquottöne, *mus.* Obertöne, Teiltöne.
Alitalia, Abk. f. **L**inee **A**eree **Ita**liane *SpA.;* staatl. it. Luftverkehrsgesellschaft (1946 gegr.).
Alizarinfarbstoff, roter künstl. Teerfarbstoff, nicht aus Anthracen hergestellt; entspricht dem aus der Krappwurzel gewonnenen *Krapprot.*
Alkaios, *Alkäus,* griech. Lyriker, ca. 620–ca. 580 v. Chr.; **alkäische Strophe:** 2 elfsilbige Verse, 1 neun- u. 1 zehnsilbiger; → Ode.
Alkalien, Stoffe, deren Lösungen mit Wasser alkalische Reaktion zeigen.
alkalifrei, Bez. f. Seifen u. Haarwaschmittel, die keine alkalisch reagierenden Bestandteile enthalten.
Alkalimetalle, Elemente d. 1. Hauptgruppe des Periodensystems (*Lithium, Natrium, Kalium, Rubidium, Cäsium, Francium);* sehr leichte u. weiche Metalle.
alkalische Reaktion, bei Lösungen, in denen freie negativ geladene Hydroxidionen (OH$^⊖$) gegenüber den positiv geladenen Wasserstoffionen (H$^⊕$) im Überschuß vorhanden sind; → pH-Wert.
Alkalizellen, → Fotozellen.
Alkaloide, v. a. in Pflanzen auftretende Naturstoffe m. e. od. mehreren Stickstoffatomen im Molekül, die häufig pharmakolog. Wirkung haben.

Alkohol

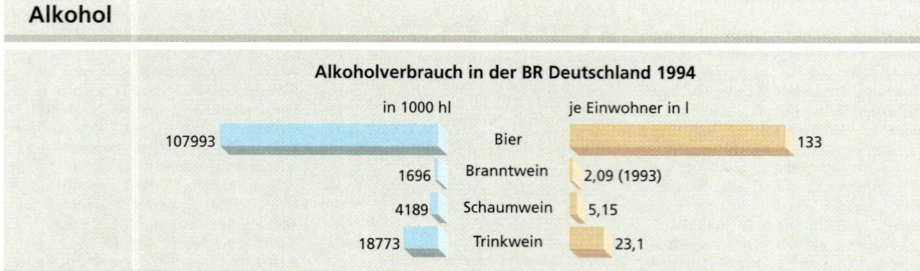

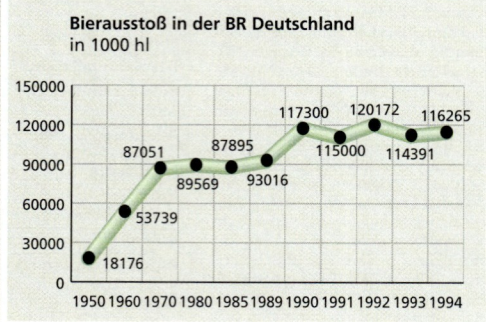

Alkalose, Basenüberschuß bzw. Säuredefizit im Blut, bei Atmungs- u. Stoffwechselstörungen.
Alkane, Kohlenwasserstoffe ohne Mehrfachbindungen zw. C-Atomen, → aliphatische Verbindungen.
Alkaptonurie, rezessiv vererbte Störung des Eiweißstoffwechsels, bei der Homogentisinsäure (Alkapton) im (dunkelbraunen) Harn ausgeschieden wird; Gelenkbeschwerden im mittleren Lebensalter.
Alken, Tauchervögel d. nord. Meere; kleine Flügel, d. unter Wasser als Ruder dienen; brüten in gr. Mengen auf Felseninseln (Vogelfelsen); *Riesen-A.* ausgerottet; auch → Lummen.
Alkene, Kohlenwasserstoffe m. einer od. mehreren Doppelbindungen zw. C-Atomen.
Alkestis, griech. Sagengestalt, stirbt f. ihren Gatten Admetos, von Herakles aus der Unterwelt zurückgeführt.
Alkibiades, athen. Staatsmann (um 450–404 v. Chr.), Schüler d. → Sokrates, erzogen v. Perikles, verleitete Athen zu d. unglückl. Expedition 415 gg. Syrakus, floh nach Sparta, stiftete dort Bündnis m. Persien gg. Athen, 408 erneut athen. Oberfeldherr, 407 verbannt, in Phrygien ermordet.
Alkine, Kohlenwasserstoffe m. einer od. mehreren Dreifachbindungen zw. C-Atomen.
Alkinoos, Kg d. Phäaken, Vater d. Nausikaa.
Alkmaar, ndl. St., 89 600 E; Käsemarkt.
Alkmäoniden, athen. Geschlecht, stürzte unter Kleisthenes die Tyrannis der Pisistratiden (510 v. Chr.).
Alkmene, griech. Sagengestalt; Gattin des → Amphitryon, v. Zeus in Gestalt des Gatten verführt, Mutter des → Herakles.

Tord-Alk

Alkohole [arab.], entstehen, wenn man bei Kohlenwasserstoffen ein od. mehrere H-Atome (an verschiedenen C-Atomen) durch OH-Gruppen ersetzt; der gewöhnl. A. ist *Ethyl-A.* (C_2H_5OH) od. Weingeist, Spiritus; Gewinnung durch Vergärung zuckerhaltiger Flüssigkeiten; techn. gewonnen durch Synthese oder Destillation vergorener Flüssigkeiten; Dichte 0,79; Sp. 78,3 °C.
Alkoholismus, *Alkoholsucht,* führt zu körperlichen u. seelischen Störungen; **a)** *akuter Alkoholismus:* vorübergehender Rauschzustand, zunächst psychische Belebung, aber verschlechterte Konzentrationsfähigkeit; Selbstbewußtsein bei verminderter Kritikfähigkeit gestärkt, narkoseähnliche Erscheinungen b. Alkoholvergiftung; „Kater" danach; **b)** *chronischer Alkoholismus, Trunksucht:* körperliche Dauerschäden häufig an Leber (Leberzirrhose), manchmal an Nieren, Herz u. Kreislauf; daneben Nervenerkrankungen (Polyneuritis), chronische Gastritis (morgendl. Erbrechen); *psychische Schäden:* Abnahme d. Konzentrations- u. Lernfähigkeit, Sinnestäuschungen, Reizbarkeit, Störungen d. Gefühlslebens u. Sozialverhaltens, Persönlichkeitsveränderungen. Bei A. in der Schwangerschaft *Alkoholembryopathie* (Herzfehler, Minderwuchs, Schwachsinn d. Kindes). *Krankheitsformen:* Dipsomanie (periodische Trunksucht – Quartalsäufer), Korsakoff-Psychose, → Delirium tremens (Orientierungsstörungen, Halluzinationen, Zittern) oft nach plötzlichem Alkoholentzug; *Heilungserfolge* durch Entziehungskuren, Medikamente, Psychotherapie, selten dauerhaft; Alkoholentzug strafbar.
Alkoholprobe, Bestimmung d. Alkoholgehaltes im Blut (normal 0,03‰), kann b. Verdacht auf Trunkenh. am Steuer polizeilich angeordnet werden, neben Untersuchung d. Atemluft des Verdächtigen auch Blutuntersuchung.
Alkor [arab. „Reiterchen"], Stern 4. Größe über Mizar im Großen → Bären 3).
Alkoven, *m.* [arab.], Bettnische.
Alkuin, (um 732–804), Angelsachse, Lehrer und Ratgeber Karls d. Gr., 796 Abt von Tours.
Alkyone, *Halkyone,*
1) Hptstern der → Plejaden 2) im Stier.
2) weibl. Gestalt der gr. Sage (von Zeus in Eisvogel verwandelt).
alla breve [it.], Allabreve-Takt; rascher $^2/_2$(Takt in Notenschrift); als Zählzeit gilt die halbe Note.
Allah [arab. „der Gott"], islam. einziger Gott.
Allahabad, Stadt in Uttar Pradesh, Indien, 806 000 E; Uni., Hindu-Wallfahrtsort.
Allais [-'lɛ:], Maurice (* 31. 5. 1911), frz. Wirtschaftswiss. u. Ing. (math. Modell f. Gleichgewicht d. Marktes); Nobelpreis 1988.
Allantois, Harnsack, embryonales Organ b. Reptilien, Vögeln, Säugetieren u. Mensch.
Allasch, *m.* [russ.], Kümmelschnaps.
Allbeteiligungsklausel, *Solidaritätsklausel,* völkerrechtl. Bestimmung, wonach ein Vertrag nur verbindl. ist, wenn ihn alle Beteiligten ratifizieren; oft durch gewohnheitsrechtl. Allgemeinverbindlichkeit des Vertragsinhaltes gegenstandslos.
Alldeutscher Verband, 1894 gegr., 1939 aufgelöst; antisemit. u. expansionist.; alldt. Bewegung im Dt. Reich u. in Östr. → Schönerer.
Alleghenygebirge [ˈæligæni-], *Alleghenies,* Teil d. → Appalachen.
Allegorie [gr.], künstler. Versinnbildlichung e. Begriffs (z. B. d. Alter als Greis) od. Vorgangs (z. B. d. Kampf zw. Tugend u. Laster um d. Seele).
allegorisch, sinnbildlich, in sinnbildl. Darstellung; → Symbol.
allegretto [it.], *mus.* mäßig schnell.
allegro [it.], *mus.* heiter, bewegt, schnell.
Allele, einander entsprechende → Gene mit unterschiedl. Ausprägung in einem Lebewesen, die in homologen → Chromosomen an d. gleichen Stelle sitzen.
Allemande [frz. alˈmã:d], vor 1600 entwickelter geradtaktiger Schreittanz; auch Satz einer mus. Suite.
Allen [ˈælɪn], Woody (* 1. 12. 1935), am. Filmkomiker u. Regisseur; satirische Komödien: *Annie Hall* (1975), *Manhattan* (1979), *Zelig* (1983), *Mighty Aphrodite* (1995).
Allende, Isabel (* 2. 8. 1942), chilen. Romanautorin, Nichte d. früheren chilen. Präsidenten; *Das Geisterhaus; Eva Luna; Paula.*
Allende Gossens [aˈʎɛndə 'xɔ-], Salvador (26. 7. 1908–11. 9. 73), chilen. marxist. Pol.; 1970–73 Präs., durch Mil.putsch (→ Pinochet) gestürzt; ermordet.
Allensbach (D-78476), Erholungsort a. Bodensee, Ba-Wü., 6539 E; Institut f. Demoskopie A.; Fremdenverkehr.
Allenstein, *Olsztyn,* poln. St. im südl. Ostpreußen, a. d. Alle, 162 900 E; Hptst. d. Woiwodschaft *Olsztyn;* Dt. Ordensschloß.

Allentown [ˈælɪntaʊn], St. im US-Staat Pennsylvania, 105 300 E; Textil-, Eisen- u. a. Ind.

Aller, größter Nbfl. d. Weser, 263 km lang; entspringt im nördl. Harzvorland, ab Celle schiffbar.

Allergie, w. [gr.], veränderte Reaktionsweise d. Organismus gegenüber einem Reizstoff, der bei anderen Personen keine Erscheinungen hervorruft. Die A. läuft in der Form einer Antigen-Antikörper-Reaktion ab; sie hat allerg. Krankheiten (*Allergosen*) zur Folge: → Asthma, → Heuschnupfen, → Serumkrankheit, → Nesselsucht, → Ekzem, Darmbeschwerden. Als Reizstoffe (**Allergene**) kommen in Betracht: *Inhalationsallergene* (Blütenstaub, Pilzsporen, Haare, Federn, Hausstaub), *Nahrungsallergene* (Fisch, Milch, Eier, Nüsse, Schokolade, Erdbeeren), *Arzneimittel*, *Kontaktallergene* (Pflanzen, Wolle, Leder, Modeschmuck, Chemikalien), *Injektionsallergene* (gruppenfremdes Blut, Impfstoffe), *Invasionsallergene* (Bakterien, Pilze, Würmer). Eine hochgradige angeborene Überempfindlichkeit wird als → *Idiosynkrasie* bezeichnet; wenn keine Reaktion auf Allergene erfolgt, liegt eine *Anergie* vor.

allergisch, überempfindlich im Sinne e. → Allergie.

allergisieren, überempfindlich machen.

Allerheiligen, kath. Fest (1. 11.) z. Gedenken an alle Heiligen; seit 9. Jh.

Allerheiligstes, bes. Raum im Tempel, der als „Wohnung Gottes" gilt; i. d. kath. Kirche d. i. Tabernakel od. d. Monstranz aufbewahrte geweihte Hostie.

Allerseelen, kath. Gedenkfest f. d. Verstorbenen (2. 11.).

Alleskleber, Lösungen od. Dispersionen von best. Polymeren in Estern und/od. Ketonen bzw. Wasser als Lösungsmittel/Dispersionsmittel. Sie kleben viele, aber keineswegs alle Materialien.

Allgäu, s., sw. Teil v. Bayrisch-Schwaben (z. T. zu Württemberg) mit den **Allgäuer Alpen** (zw. Iller u. Lech); *Hohes Licht* 2652 m, *Mädelegabel* 2645 m, *Hochvogel* 2592 m; hochentwickelte Weide- u. Viehwirtschaft: *Kempten* (Butter- und Käsebörse, Weberei), *Oberstdorf* (Sammelmarkt für Vieh u. Käse; Fremdenverkehr, Wintersport).

Allgemeinbildung, Grundbestand an Bildung, der für jeden Menschen gefordert wird; über die Inhalte bestehen in d. Gesellschaft unterschiedl. Vorstellungen.

Allgemeine, das, *phil.* für Platon ist es d. eigtl. wirkl. Sein (Idee), wohingegen d. Besondere nur durch Teilhabe am A. wirklich ist. Nach Aristoteles besitzt es keine eigene Wirklichk., sondern ist in d. Einzeldingen als deren Form anwesend. Bei N. Hartmann ist A. nur real im Individuum.

allgemeine Geschäftsbedingungen, → Geschäftsbedingungen, allgemeine.

Allgemeinmedizin, Arbeitsgebiet d. Allgemeinpraktikers, Haus- od. Familienarztes: einerseits Früherkennung v. Krankheiten u. andererseits Langzeitbehandlung chronisch Kranker.

Allia, heute: *Fosso della Bettina*, Nbfl. des Tibers oberhalb Rom; Sieg der Gallier unter Brennus über d. Römer 387 v. Chr.

Alliance, w. [frz. aˈljɑ̃ːs], Bündnis.

Allianz, Staatenbündnis, *Heilige Allianz* 1815 zw. Preußen, Rußland u. Östr., sicherte Durchführung der → Restauration (→ Metternich).

Allianzwappen, aus den zueinander geneigten Wappen der Ehepartner gebildetes Ehewappen; Wappen des Mannes immer heraldisch rechts.

Allier [aˈlje],
1) l. Nbfl. d. Loire, 375 km lang.
2) frz. Dép., 7340 km², 358 000 E; Hptst. *Moulins*.

Alligatoren, am. u. chin. Arten d. → Krokodile; bis 6 m lang.

Alliierte, (Rußland, Frankreich, England) **und Assoziierte Mächte,** die 27 im 1. Weltkrieg gg. Dtld verbündeten Staaten; im 2. Weltkrieg nannten sich die Gegner Dtlds nur Alliierte.

Alliierte Hohe Kommandantur Berlin, seit Juli 1945 gemeinsames Organ der vier Besatzungsmächte.

Alliierte Hohe Kommission, *AHK* (1949–55, Dtldvertrag), übte nach dem → *Besatzungsstatut* (revidiert am 6. 3. 1951) die höchsten Machtbefugnisse d. Alliierten i. d. BR aus.

Alliierter Kontrollrat, 1945–55 zur Ausübung d. obersten Reg.gewalt in Dtld eingesetzte Behörde der Besatzungsmächte Frkr., Gr.-Brit., UdSSR u. USA; s. 1948 untätig.

Alliteration, w., Wiederkehr desselben Anlauts b. betonten Silben: „Herr und Hund", „Mann und Maus".

Allmende → Feldgemeinschaft.

allochthon [gr.], *Geologie:* aus urspr. Verband gelöst; ortsfremd.

Allod, s., *Allodium,* freies Grundeigentum im Ggs. zum Lehnsgut (*Feudum*).

allodial, lehnsfrei, frei vererblich.

Allodialgüter, die Privatbesitzungen eines regierenden Fürstenhauses.

Allonge, w. [frz. aˈlɔ̃ːʒə „Verlängerung, Anhängsel"], einem → Wechsel angehängtes Blatt f. Indossamente.

Allongeperücke, künstl. Haartracht m. langen Locken (17. Jh.).

allons! [frz. aˈlɔ̃], vorwärts.

Allopathie, w. [gr.], übliche medizinische Behandlung m. Arzneimitteln, die d. Krankheit entgegenwirken; Ggs.: → Homöopathie.

Allosterie, reversible Änderung d. aktiven Zentrums e. Enzyms durch kurzzeitige Kopplung d. Enzyms an e. kleines Molekül (Effektor). Dient zur Regulation der Enzym-Aktivität.

Allotria, s. [gr.], Unfug.

Allotropie, w., das Auftreten desselben chem. Elements in mehreren Formen (allotrope Modifikationen), die phys. verschieden sind (z. B. Kohlenstoff als Diamant u. Graphit).

Allphasensteuer, Bez. für eine Umsatzsteuer, d. auf jeder Stufe des wirtsch. Ablaufs erhoben wird.

Allradantrieb, gleichzeitiger Antrieb aller Laufräder, v. a. bei Geländefahrzeugen.

allround [engl. ˈɔːlraʊnd], vielseitig.

Allschwil (CH-4123), Vorort v. Basel, 18 500 E; Fachwerkhäuser; Heimatmus.

All-Star... [engl. ˈɔːl-], aus lauter Stars zusammengestellt, z. B. *A.-Band*, *A.-Team*.

Allgäuer Alpen

Alligator

Almería, *Alcabaza*

Franziska van Almsick

Allston [ˈɔːlstən], Washington (5. 11. 1779–9. 7. 1843), am. Maler d. Romantik; bes. Landschaften (oft m. bibl. Themen), Genrebilder, Porträts; *Sintflut*; *Elias in d. Wüste*.

Allstromgerät, el. Gerät, sowohl zum Betrieb mit Gleich- als auch mit Wechselstrom.

Allüren, w. [frz. „Gangart"], auffallendes, exzentrisches Benehmen.

Alluvium [l.], *Holozän,* jüngste Sediment- u. Gesteinsbildungen seit der Eiszeit; → geologische Formationen, Übers.

Alm, Weideflächen im Hochgebirge, nur im Sommer bewirtschaftet.

Alma-Ata, kasach. *Almaty,* Hptst. d. Rep. Kasachstan, a. d. turkestan.-sibir. Eisenbahn, 1,151 Mill. E; Uni.; Hochgebirgseisstadion; Maschinenbau-, Textil- u. a. Ind.

Almadén, span. Bergbaustadt in der nördl. Sierra Morena, 9500 E; Quecksilbergruben.

Almagest [gr.], astronom. Lehrbuch d. → Ptolemäus.

Almagro, Diego de (1475–8. 7. 1538), span. Abenteurer; eroberte mit Pizarro 1524–34 Peru u. Chile.

Alma mater [l. „nährende Mutter"], Name für die Universität.

Almanach m. [arab.], Kalender, urspr. m. astronom. Inhalt; jetzt *literar., pol.* u. *Mode-A.*

Almandin, Edelstein, rot mit violettem Stich, gehört zur Mineraliengruppe des → Granats.

Almansor,
1) Kalif aus Abbasidengeschlecht, reg. 754–75, Erbauer Bagdads.
2) 992–1002 Reichsverweser f. d. span. Omaijadenkalifen.

Alma-Tadema,
1) Lady Laura Theresa (4. 1852–15. 8. 1909), engl. Genremalerin m. Vorliebe f. Sujets aus d. Antike; verh. m.
2) Sir Lawrence (8. 1. 1836–25. 6. 1912), holl.-engl. Maler; Darstell. frei erfundener Themen a. d. Alltag d. griech. u. röm. Antike; *Phidias u. d. Parthenon-Fries;* Bühnenbilder, Porträts.

Almería, span. Mittelmeerhafen u. Hptst. der span. Prov. *A.,* 161 600 E; Ausfuhr v. Südfrüchten, Erze.

Almrausch, *Alpenrose,* → Rhododendron. ♦

Almsick, Franziska van (* 5. 4. 1978), dt. Schwimmerin; Weltcup-Siegerin 1992 über 100 m Freistil, vierfache Medaillen-Gewinnerin bei den Olymp. Spielen 1992, sechsfache Europameisterin 1993.

Almwirtschaft, sommerliche Sennwirtschaft auf den guten Viehweiden der Hochgebirge.

Aloë, Gattung afrikan. Liliengewächse; dicke, fleischige Blätter.

Alois [ahdt. „der sehr Weise"], m. Vn.

Alopezie, Haarausfall, Haarlosigkeit.

Alpaka,
1) Haustierform d. südam. → Guanako u. Gewebe aus dessen Wolle.
2) Bez. für oberflächl. versilberte Kupfer-Nickel-Zinn-Legierung, → Neusilber.

al pari [it.], Wertpapierkurs, der gleich dem Nennwert ist.

Alpdrücken, Beklemmungs- oder Angstgefühl im (Halb-)Schlaf; körperl. u. seel. Ursachen.

Alpen,
1) Gebirge a. d. Mond.
2) höchstes Gebirge Europas, von der Riviera bis zum ungar. Tiefland, 1100 km l., 100 bis 250 km br.; gliedern sich in die schmäleren, höheren *Westalpen* (Montblanc 4807 m, Monte Rosa 4637 m, Finsteraarhorn 4274 m) u. die breiteren, niedrigeren *Ostalpen* (Piz Bernina 4049 m, Ortler 3899 m, Großglockner 3797 m); die Grenze bildet die Tiefenlinie Rheintal–Splügenpaß–Comer See. **a)** *Aufbau:* Die bogenförmigen *Westalpen:* α) äußere Kalkzone (frz.-schweiz. Kalkalpen); β) kristalline Zentralzone (Granit, Gneis, Glimmerschiefer); die fast W–O streichenden *Ostalpen:* α) nördl. Kalkalpen; β) kristalline Schiefer der Zentralalpen; γ) südl. Kalkalpen (in den Dolomiten besonders breit entwickelt). Die Auffaltung der Alpen in der Kreide- u. Tertiärzeit führte zu zahlreichen übereinandergeschobenen → allochthonen Gesteinsdecken. – Die Alpen sind eine wichtige *Klimascheide:* Nordrand mitteleur. Klima mit Regen zu allen Jahreszeiten; d. Südrand, bes. Riviera u. oberit. Seen, hat Anteil am wintermilden, sommertrockenen Mittelmeerklima; Hochwetterwarten: Sonnblick (3105 m), Zugspitze (2962 m), Hochobir (2139 m), Säntis (2502 m) u. a.; Temp.abnahme auf 170 m Anstieg 1 °C. Vegetationsgrenzen an d. feuchtkühlen Rändern tiefer als im sonnigen Innern (f. Getreide 1000–1500 m, Wald 1500–2300 m, Schnee 2500–3200 m). Vergletscherung in d. Westalpen (Berner, Walliser Alpen, Montblanc) am stärksten. **b)** *Bev.:* Mit Ausnahme der Westschweiz auf der ganzen Nordseite dt.sprachig, westl. der Linie Freiburg–Siders–Val d'Anniviers frz.sprachig; die dt. Bevölkerung reicht über die Wasserscheide im Etschgebiet (Südtirol) bis südl. des Monte Rosa u. in einzelnen Volksinseln bis südl. der Kärntner Grenze; Teile Graubündens u. Südtirols rätoromanisch; Südabdachung der Alpen von Italienern, äußerster SO v. Slowenen bewohnt. **c)** *Erwerbsquellen:* Vieh- u. Milchwirtschaft, Holzgewinnung, Acker-, Obst- u. Weinbau, Fremdenverkehr, in den Ostalpen Bergbau auf Salz (Salzkammergut), Eisenerze (Steiermark), Blei- u. Zinkerze, Magnesit (Kärnten), Quecksilber (Idria), Textilindustrie (Schweiz u. Vorarlberg), Eisen-, Papier- u. Zellstoffindustrie; Naturwerksteine; Ersatz für die Kohle bieten die Wasserkräfte (zahlreiche Großkraftwerke). **d)** *Verkehr:* Zahlr. Längs- u. Quertäler u. günstige Pässe (→ Brenner) machen d. A. zu einem der infrastrukturell besterschlossenen Gebirge d. Erde; mehrere Bahnen mit z. T. langen Tunneln.
Alpendohle, Rabenvogel d. Hochgebirge; kurzer, gelber Schnabel, rote Beine.
Alpenmolch → Bergmolch).
Alpenrebe, Kletterpflanze, d. Waldrebe nahestehend; auch Zierpflanze.
Alpenrose → Rhododendron (Abb.).
Alpensalamander, einfarbig lackschwarzer Schwanzlurch d. Hochlagen d. Alpen.
Alpenveilchen, *Zyklamen,* Primelgewächs eur. u. asiat. Gebirgswälder; bekannte Topfpflanze. Knolle giftig (→ Saponine), jedoch als Heilmittel ver-

Alpendohle

Berg- oder Alpenmolch

Altamira, *Höhlenmalerei, Großer Bison*

Alpha-Jet

wendet (→ Tafel Pflanzen unter Naturschutz).
Alpenvereine, fördern Hochtouristik *(Alpinismus),* durch Erforschung d. Hochgebirges, Herausgabe v. Karten, Wege- u. Hüttenbau, Bergsteigerlehrgänge, Ausbau d. Rettungswesens; *Östr. Alpenverein* gegr. 1862, Sitz Innsbruck; *Dt. A.,* 1869 in München (Zusammenschluß als *Dt. u. Östr. Alpenverein* 1873); 1950 wiedergegr.; in England *Alpine Club* (gegr. 1857), London; *Schweizer A.-Club* (1863); *Club Alpino Italiano* (1863), Mailand; *Club Alpin Français* (1874), Paris; s. 1932 *Union Intern. des Associations Alpines,* Genf. – 1952 intern. Alpenkommission f. Naturschutz, 1955 Intern. Kommission für Alpines Rettungswesen (IKAR).
Alpes [alp], frz. Alpendépartements i. d. Provence.
1) *Alpes-de-Haute-Provence* (früher *Basses-Alpes),* 6925 km², 131 000 E; Hptst. *Digne.*
2) *A.-Maritimes,* 4299 km², 976 000 E; Hptst. *Nizza;* in der Dauphiné:
3) *Hautes-A.,* 5599 km², 109 000 E; Hptst. *Gap.*
Alpha, *s., A,* α, erster Buchstabe des griech. Alphabets.
Alphabet, *s.,* die Buchstabenfolge, nach der griech. Buchstabe Alpha u. Beta benannt; dt. *ABC.* Auch = griechisches u. russisches Alphabet.
Alpha-Jet, leichter, wendiger Jagdbomber (740–830 km/h, Aktionsradius 260–320 km) mit 27-mm-Bordkanone, Spreng- u. Streubomben sowie ungelenkten Raketen. Einsatz gg. gepanzerte Kräfte, Artilleriestellungen, Truppenansammlungen etc.
alphanumerisch [gr.-l.], insbes. in d. → EDV: Darstellung v. → Daten in Form v. Buchstaben, Ziffern u. Sonderzeichen.
Alphard, hellster Stern 2. Größe in der Wasserschlange (→ Sternbilder, Übersicht).
Alphateilchen, α-Teilchen, Heliumkerne, d. von α-radioaktiven Atomkernen (z. B. Radium 226) ausgeschleudert werden (→ Radioaktivität, Übers.).
Alphatron [gr.], Meßgerät für niedrige Gasdrücke (1 bis 10^{-4} mbar). Arbeitsprinzip: → Alphateilchen erzeugen auf d. Flug durch d. zu messende Gas durch Zus.stoß mit den Gasteilchen → Ionen, deren Anzahl v. Gasdruck abhängt.

Durch die relativ einfache Messung d. Ionenzahl kann man auf den Druck schließen.
Alphorn, bis 4 m langes Holzblasinstrument (in der Schweiz).
alpidische Gebirgsbildung, Auffaltung der heutigen Hochgebirge der Erde, vortertiär und tertiär (→ geologische Formationen, Übers.).
alpine Kombination, im *Skisport* Gesamtwertung aus Abfahrt, Slalom u. evtl. auch Riesen- od. Superslalom.
Alpini, it. Gebirgstruppe.
Alpirsbach (D-72275), St. i. Kinzigtal, Ba-Wü., 7000 E; roman. Klosteranlage.
Alptraum, als Alp (drückende Last) empfundener Traum, Angsttraum.
Alraune, wie ein Männchen gestaltete Wurzel, bes. der → Mandragora; Gegenstand d. Aberglaubens, Zaubermittel.
Alsdorf (D-52447), St. i. Kr. Aachen, NRW, 46 894 E; Steinkohlenbergbau.
Alse, *w., Maifisch,* → Heringsfisch.
Alsen, dän. *Als,* Insel im *Kleinen Belt,* 315 km², 53 000 E; durch Brücke mit Jütland verbunden; Hptort *Sønderborg.*
Alsfeld (D-36304), St. im Vogelsbergkr., Hess., 17 592 E; bed. Fachwerkbauten (14.–19. Jh.); Textil-, Holz-, Metallind.
Als-ob-Philosophie → *Vaihinger.*
Alster, r. Nbfl. d. Elbe, 52 km l., bei Hamburg seeartig erweitert zu Außen- u. Binnen-A.
Alt,
1) Otmar (* 17. 7. 1940), dt. Maler (ornamentale Malerei; Lithographien; Plastik, Keramik).
2) Rudolf v. (28. 8. 1812–12. 3. 1905), östr. → Veduten-Maler.
3) Theodor (23. 1. 1846–8. 10. 1937), dt. Maler d. Realismus; Porträts, Genrebilder.
Alt, rumän. *Olt,* l. Nbfl. der Donau in Rumänien, i. d. O-Karpaten, 670 km l., durch Siebenbürgen.
Alt [it.], *mus.* tiefe Frauen- od. Knabenstimme; im 15./16. Jh. dagegen hohe Männerstimme.
Altai,
1) russ.-mongol. Grenzgebirge; höchste Erhebung *Bjelucha,* 4506 m; sechs Gletscher; Bodenschätze: Gold, Silber, Edelsteine, Quecksilber.
2) auton. Rep. A. innerhalb d. Russ. Föderation, 92 000 km², 196 000 E; Hptst. Gorno-Altaisk (39 000 E).
altamerikanische Kunst, in d. vor-

kolumbian. Zeit: **a)** *Altmexiko,* Reich d. Azteken (bis 1521), vor ihnen *Tolteken* u. *Maya* (s. etwa 100 v. Chr.); Prachtpaläste, Tempel auf Stufenpyramiden, expressiv stilisierte Kultplastik. Statue d. Erdgöttin aus d. aztek. Hptst. Tenochtitlán (n. 1400 n. Chr.); riesige Monolithskulpturen d. früheren *Maya*-Zeit (Quirigua in Guatemala, 4.–6. Jh. n. Chr.). Fresken, Federmosaiken, Keramik; **b)** *Altperu, Vor-Inka* u. *Inka*-Kulturen: in Baukunst u. Plastik weniger bed. als in Goldschmiedekunst, Keramik u. Weberei.
Altamira, Felshöhle in NW-Spanien mit altsteinzeitl. Deckenmalereien v. Tieren d. Eiszeit (Kopien im Dt. Museum München).
Altan, *m.* [it.], Söller, balkonartiger Vorbau auf Stützen. Dagegen → Balkon.
Altar [l.], i. d. Religionen e. erhöhte Stätte in Gestalt e. Steins, Herds od. Tischs für d. Darbringung d. Opfergaben. Heiliger Ort d. göttl. Gegenwart.
Altbier, obergäriges, dunkles stark gehopftes Bier (aus NRW).
altchristliche Kunst → frühchristliche Kunst.
Altdorf (CH-6460), Hptort des schweiz. Kantons Uri, 8200 E; Tell-Denkmal, Tell-Festspiele; div. Ind.
Altdorfer,
1) *Albrecht* (um 1480–12. 2. 1538), dt. Maler u. Kupferstecher zw. Spätgotik u. Renaiss.; Stadtbaumeister in Regensburg; Hauptmeister d. → Donauschule: erste Landschaftsbilder ohne Figuren; *Passionsaltar, Geburt Mariä,* → *Alexanderschlacht;* → Tafel Holzschnitt; s. Bruder
2) *Erhard* (um 1485–1562), Maler u. Holzschneider d. Frührenaiss.; *Lübecker Prachtbibel.*
Altena (D-58762), St. im Märk. Kr., NRW, 24 151 E; AG, Draht- u. Metallwarenind.; Burg, Schmiedemus.
Altenberg, *Peter,* eigtl. *Richard Engländer* (9. 3. 1859–8. 1. 1919), öst. impressionist. Essayist; *Wie ich es sehe.*
Altenberg, ehem. Zisterzienserabtei nö. von Köln mit got. *Bergischem Dom* (1255–1379), jetzt → Odenthal.
Altenburg, *Wolfgang* (* 24. 6. 1928), dt. General; 1983–86 → Gen.inspekteur d. Bundeswehr, 1986–89 Vors. d. Militärausschusses d. NATO.
Altenburg (D-04600), Stadt im östl. Thüringen, 47 243 E; Schloß, Fb, „Skatstadt m. Spielkartenmus., Skatbrunnen u. Skatgericht"; Spielkartenherst., Elektrogeräte.
Altenkirchen (Westerwald) (D-57610), Krst. u. Luftkurort, RP, 5380 E; AG; Holz- u. Kunststoffind.
Altenteil, *Ausgedinge, Auszug, Austrag, Altsitz,* Vereinbarung, durch die Lebensunterhalt u. Wohnung vom Erben od. Käufer eines Bauernhofes d. Vorbesitzer zu gewähren sind, → Leibgedinge.
Alteration,
1) *med.* Veränderung e. Organs, e. Funktion usw.
2) *mus.* chromat. Veränderung eines od. mehrerer Akkordtöne.
3) Aufregung.
alter ego [l. „anderes Ich"], vertrauter Freund, Seelenverwandter.
Alter Mann, im *Bergbau* verlassene u. verschüttete Räume einer Grube.

Altdorfer, *Ölbergszene*

Alternative, *w.* [frz.], Wahl, Entscheidung zw. zwei Möglichkeiten: entweder – oder.
Alternativenergien, Energien, die nicht durch Verbrennung v. Kohle, Gas, Öl u. ä. oder durch Kernkraft erzeugt werden; z. B. *Sonnenenergie* (Umwandlung v. Sonnenlicht durch → Solarzellen in el. Strom od. durch Solarkollektoren in Wärme), *Windenergie* (Stromerzeugung durch windgetriebene Rotoren), *geotherm. Energie* (Nutzung d. Erdwärme durch Wärmepumpen), *Gezeitenenergie* (Ausnutzung d. Wasserstandsunterschieds zw. Ebbe u. Flut), *Energie aus Biomasse* (Nutzung v. *Biogas,* gewonnen durch bakterielle Zersetzung organ. Abfälle, u. *Bioalkohol,* aus Pflanzen hergestellter Treibstoff); sollen teilweise die herkömmlichen Energieträger ersetzen, um die begrenzt vorhandenen Reserven länger zu erhalten und die Umwelt weniger mit Schadstoffen zu belasten.
alternieren [frz.], abwechseln, einander ablösen.
Altersbestimmung, radiometr. Ermittlung d. Alters v. Mineralien, Gesteinen u. histor. Gegenständen m. Hilfe d. Zerfallszeiten d. in ihnen enthaltenen radioaktiven Elemente (→ Radioaktivität); bei organ. Stoffen → *Radiocarbonmethode,* bei anorgan. Stoffen z. B. *Rubidium-Strontium-Methode.* Aus der Halbwertzeit u. d. Mengenverhältnis v. Mutter- u. Tochtersubstanzen läßt sich das Entstehungsalter der Muttersubstanz errechnen; dadurch auch genaue Datierung der → geologischen Formationen möglich; → Geochronologie; → Biostratigraphie.
Altersdiabetes, frühere Bez. für → Diabetes mellitus Typ II.
Altersfleck, *Lentigo senilis,* gelbbraune Flecken bei älteren Menschen (Arme, Gesicht), harmlos.
Altersheime → Fürsorge.
Altershilfe für Landwirte, der Rentenversicherung f. Arbeitnehmer angepaßte Altersversorgung d. selbst. Landwirte; Träger: die Alterskassen der landw. Berufsgenossenschaften.
Alterspräsident, ältestes Parlamentsmitgl., leitet b. z. Amtsantritt d. Präs. dessen Geschäfte.
Altersruhegeld, in Dtld f. Männer ab 63, f. Frauen ab 60 Jahre; Anspruch auf A. unter best. Voraussetzungen auch schon früher (b. Schwerbeschädigung, Berufs- od. Erwerbsunfähigkeit od. freiwillig ab 60. Lebensjahr sowie b. Arbeitslosen ab 60. Lebensjahr). Leistungsarten: Beamtenpension bzw. Rente d. gesetzl. Versicherungen (→ Sozialversicherung, Übers.); 1984–88 Möglichkeit f. Arbeitnehmer über 58 Jahre, m. e. Vorruhestandsgeld (mindestens 65% d. letzten Bruttolohns) aus dem Berufsleben auszuscheiden, um damit Arbeitslosen e. Beschäftigung zu ermöglichen. Professoren u. Geistliche werden → *emeritiert.*
Alterssichtigkeit, mit zunehmendem Alter auftretende Abnahme d. Akkommodationsfähigkeit d. Auges, e. Form d. → Weitsichtigkeit; Korrektur durch Sammellinse (Nahbrille).
Altersteilzeitgesetz, ermöglicht unter best. Voraussetzungen u. in best. Grenzen Arbeitnehmern ab 55 Jahren d. gleitenden Übergang in d. Ruhestand (b. Teilzeitbeschäftigung von mind. 18 Wochenstunden) durch Zuschüsse der Bundesanstalt für Arbeit.
Altersversicherung → Sozialversicherung, Übers.
Altertum, reicht vom Beginn der altorientalischen Kulturen bis zur Völkerwanderung; *klass. Altertum,* Zeitalter der griech., hellenist. u. römischen Kultur v. 5. Jh. v. Chr. bis 5. Jh. n. Chr. (→ ägyptische, → kretische, → mykenische, → griechische, → etruskische, → römische Kunst).
Altes Land, fruchtb. Marschlandschaft an der Unterelbe zw. Stade u. Hamburg; Obst- u. Gemüse-, Viehzucht.
Ältestenrat, aus d. ältesten Mitgliedern gewählter Parlamentsausschuß f. Geschäftsordnungsfragen.
Altes Testament, *A. T.* → Bibel.
altfränkisch, altväterisch, unmodern.
Althing [ˈalθiŋ], isländ. Volksvertretung s. 930 (ältestes Parlament d. Welt).
Althochdeutsch, *s.,* Entwicklungsstadium der dt. Sprache (Dialekte) um 750–1050 in Oberdeutschland.
Altig, *Rudi* (* 18. 3. 1937), dt. Radrennfahrer; Profi-Straßen-WM 1966 auf dem Nürburgring, 1959 Amateur-Verfolgungs-WM, 1960 u. 61 Profi-Verfolgungs-WM, 13facher dt. Meister auf Bahn u. Straße.
Altinsulin, schnellwirkendes → Insulin.
Altiplano, bolivian. Hochland zw. d. Andenketten, 3600–4000 m hoch.
Alt-Katholiken, christl. Religionsgemeinschaft, 1871 von kath. Kirche ge-

trennt; Verwerfung der Unfehlbarkeit des Papstes, des Dogmas von der Unbefleckten Empfängnis, der Aufnahme Mariens in den Himmel, des Ablasses; → Utrechter Kirche.

Altlasten, Abfall und Produktionsrückstände aus der Zeit ungeregelter Beseitigung (etwa von 1970); z. T. in wilden Mülldeponien.

Altlastenkataster, Erfassung von Verdachtsflächen u. Erstbewertung d. Rückstände u. Verunreinigungen vor e. Sanierung v. Altablagerungen u. -standorten; unter Einsatz spezieller EDV-Systeme.

Altlastensanierung, durch Reinigungsmaßnahmen erzielte Verbesserung d. Qualität v. Nutzflächen u. Böden bei Altablagerungen u. -standorten (ungeordnete Deponien, gift. Produktionsrückstände auf ehem. Betriebsflächen u. a.).

Altlünen, ehem. Gemeinde i. NRW, s. 1975 Stadtteil v. → Lünen.

Altlutheraner → lutherische Kirche.

Altman [ˈɔːltmən], Robert (* 20. 2. 1925), am. Filmregisseur; *M.A.S.H.* (1970); *Mc Cabe and Mrs Miller* (1972); *Nashville* (1975).

Altmann, Sidney (* 8. 5. 1939), am. Biochemiker, Entdeckung der RNA-Katalyse und der Ribozyme; Nobelpreis 1989 (zus. m. T. R. → Cech).

Altmark, Stammland der ehemaligen Mark Brandenburg; Hauptort Stendal.

Altmühl, l. Nbfl. d. Donau in Bayern, 222 km l.; Unterlauf Teil des Main-Donau-Kanals.

altnordische Literatur, ältere Literatur Norwegens u. Islands. 9.–12. Jh. → Sagas, Sämund d. Weise. 13. Jh. Snorri Sturluson *(Snorra-Edda, Heimskringla),* Sturlunga- u. Thidrekssaga, d. endgültige Form der → Edda; vgl. auch → Skaldendichtung.

Alto Adige [-dʒe], (Ober-Etsch), it. Bezeichnung f. Südtirol.

Altomonte, eigtl. *Hohenberg,*
1) Bartholomäus (24. 2. 1702–12. 9. 79), östr. Maler d. Spätbarock; Sohn u. Schüler v.
2) Martin A. (8. 5. 1657–14. 9. 1745), Hofmaler in Warschau, dann bed. Kirchenmaler in Östr.; *Apotheose d. Prinzen Eugen* (Wien, Unt. Belvedere).

Altona → Hamburg.

Altötting (D-84503), oberbayr. Krst., 11 447 E; bedeutendster Marien-Wallfahrtsort Bayerns; Masch.fabrik, Gießerei.

Altpreußische Union → Evangelische Union.

Altruismus, *m.* [l.], uneigennütziges Verhalten gegenüber Mitmenschen.

Altsteinzeit, *Paläolithikum,* älteste Menschheitsgeschichte (→ Vorgeschichte, Übers. u. Tafel).

Altun Shan, nördl. Gebirgskette des mittleren → Kunlun-Gebirgssystems, bis 5180 m.

Altvatergebirge, Teil d. Ostsudeten, stark bewaldet, im *Altvater* 1491 m.

Altweibersommer, im Herbst die Luft durchziehende Spinnfäden junger, kleiner Spinnen, die sich an ihnen weitertragen lassen; *meteorolog.* Wetterperiode, gekennzeichnet durch Wärmerückfall m. schönem u. beständigem Wetter in Mitteleur., 2. Septemberhälfte u. Okt., bedingt durch ein Hochdruckge-

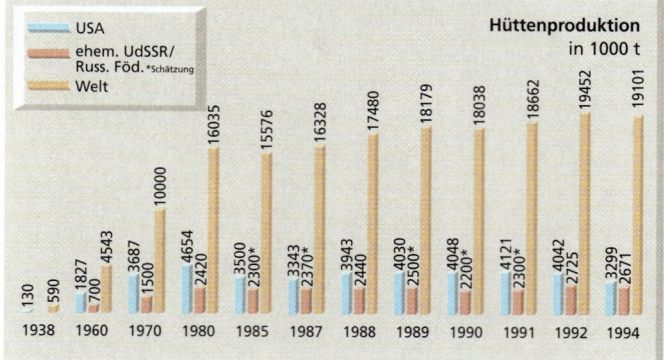

Aluminium

biet von den Azoren bis Südrußland; in d. USA „Indian Summer".

Aluminate, aus Aluminiumhydroxid mit Alkalien hergestellt; dienen als Farbbeize.

Aluminium, *Al,* chem. El., Oz. 13, At.-Gew. 26,98; Dichte 2,7, Leichtmetall; Ausgangsstoff → Bauxit; Absonderung d. Metalls durch Schmelzfluß-Elektrolyse; leichtes Konstruktionsmetall; zahlreiche, z. T. vergütbare Legierungen. 1827 von Wöhler hergestellt; 1854 erstmals v. St. Claire Deville techn. ausgewertet; Erzeugung 1994: BR 603 000 t, Welt 19,48 Mill. t.

Aluminothermit, Gemisch aus Aluminium u. Eisenoxidpulver; entzündet gibt es starke Hitze, zum Schweißen v. Schienen u. a.; v. *Goldschmidt* entwickelt.

Alumnat [l.], Lehranstalt mit Beköstigung und Beherbergung d. Zöglinge (**Alumnen**).

Alundum, künstl. → Korund, Schleifmittel.

Älv, *w.* [schwed.], *Elf* [norweg.], Fluß.

Alvarez [ˈælvərɛz] Luis Walter (13. 6. 1911–1. 9. 88), am. Kernphysiker; entdeckte 1961 Elementarteilchenresonanz; Nobelpr. 1968.

Alveole [l.],
1) Zahnhöhle im Kiefer;
2) Lungenbläschen (→ Lunge).

Alwegbahn, n. ihrem Förderer, d. schwed. Industriellen *A*xel *L*. *We*nner-*G*ren ben. → Einschienenbahn; rationelles, sicheres Massenverkehrsmittel m. hoher Geschwindigkeit; erste längere Strecke f. regulären Verkehr 1964 in Tokio in Betrieb genommen.

Alzenau in Unterfranken (D-63755), St. i. Kr. Aschaffenburg, Bay., 17 322 E; Weinbau.

Alzey (D-55232), Krst. i. Kr. Alzey-Worms, RP, 16 551 E; AG; Textil- u. Maschinenind, Weinbau.

Alzheimer-Krankheit, vorzeitige Rückbildung d. Gehirns m. Verblödung.

Am, *chem.* Zeichen f. *Americium.*

Amadis, Held mittelalterl. Ritterromane.

Amado, Jorge (* 10. 8. 1912), brasilian. sozialkrit. Romanschriftsteller; *Nächte in Bahia; Gabriela.*

Alwegbahn

Amaryllis

Amagasaki, jap. Ind.st. auf Honshu, 500 000 E.

Amalarich, (502–31), Enkel Theoderichs d. Gr., Westgotenkönig.

Amalekiter, biblisches Nomadenvolk im Norden Sinais.

Amaler, ostgot. Herrschergeschlecht, dem → Theoderich d. Gr. entstammte; 536 erloschen.

Amalfi, ital. Hafenst. u. Seebad am Golf von Salerno, 5900 E.

Amalgam, *s.,* Legierung v. Quecksilber mit anderen Metallen (z. B. mit Silber f. Zahnplomben).

amalgamieren [ml.], verschmelzen.

Amal-Miliz, pol. u. mil. Org. der Schiiten, beteiligt am libanes. Bürgerkrieg (1975–91), wird in Syrien unterstützt u. operiert im Südlibanon gg. christl. Südlibanesische Armee u. israel. Besatzungstruppen.

Amalrik, Andrej (1938–12. 11. 80), sowj. Schriftst. u. Systemkritiker; *Unfreiwillige Reise nach Sibirien; Kann die Sowjetunion das Jahr 1984 erleben?*

Amalthea, Gestalt der griech. Sage (Ziege bzw. Nymphe); Nährmutter des → Zeus.

Amarantus, *Fuchsschwanz,* meist einjährige, hohe Kräuter; einige Arten Zierpflanzen mit prächtig gefärbten Blüten und Blättern.

Amaretto, it. Bittermandellikör.

Amarillo [æməˈrɪloʊ], St. i. N-Texas, 160 000 E; Verkehrsknoten, Ölraffin.

Amarna → Tell el Amarna.

Amarnabriefe, 1886 in → Tell el Amarna entdecktes Keilschriftarchiv über d. diplomat. Korrespondenz der ägypt. Pharaonen Amenophis III. u. IV. (Echnaton) mit vorderasiat. Herrschern.

Amaryllis, *Belladonnalilie, Schönlilie,* rosa blühendes afrikan. Zwiebelgewächs, Zierpflanze; verwandte Gattung d. *Ritterstern.*

Amasis II., (569–525 v. Chr.), ägypt. Kg., suchte vergebens, die Übermacht Persiens und Babyloniens zu brechen.

Amaterasu, jap. Sonnen- u. Himmelsgöttin im → Schintoismus u. Ahnherrin des jap. Kaiserhauses.

Amateur [frz. -tœːr], übt e. Beschäftigung aus Liebhaberei aus; im *Sport* durch **A.statut** geregelt; Ggs.: → Professional.

Amateurtheater, Theater mit nichtprofessionellen Darstellern: Schultheater, → Jesuitendrama, Laienspiel.

Geigenzettel von Amati

Amati, it. Geigenbauerfamilie zu Cremona: *Andrea* (1500/05–75/79), s. Söhne *Antonio* (um 1538–um 1595) u. *Girolamo I.* (1561–1630), dessen Sohn *Nicola* (1596–1684), Lehrer v. A. → Guarneri u. A. → Stradivari; *Girolamo II.* (1649–1740).

Amaurose, Erblindung; *Amaurosis fugax,* vorübergehende Erblindung, oft harmlos, manchmal Vorbote e. → Apoplexie.

Amazonas,
1) *Amazonenstrom,* größter Strom Südamerikas, wasserreichster d. Erde (6437 km, 4300 km schiffbar), von den Anden in den Atlant. Ozean, Einzugsbereich 7,18 Mill. km² (größter Fluß der Erde); durch tropisches Regenwaldgebiet (Selvas), 250 km breites Mündungsgebiet, Wasserführung 120 000 m³/s; über 200 Zuflüsse (wichtigste: r. *Ucayali, Juruá, Purus, Madeira, Tapajós, Xingú*; l. *Putumayo, Japurá, Rio Negro, Jamundá, Trombetas, Parú, Jary*).
2) [ema'zonas], *brasil. Staat,* 1 567 954 km², 2,214 Mill. E; vorwiegend Urwald; Hptst. u. -hafen *Manaus*; Kautschuk, Nutzhölzer.

Amazonen,
1) Gattung der Papageien.
2) im *Reitsport* weibl. Springreiter.
3) sagenhaftes asiat. Frauenvolk; kämpfte unter seiner Kgn Penthesilea vor Troja.

Ambassadeur, *m.* [frz. ābasa'dœːr], svw. Botschafter.

Amberg (D-92224), Krst. u. ehem. Residenzstadt d. Oberpfalz, an d. Vils, 43 152 E; ma. Stadtbild; Elektro-, Masch.ind.

Amberger, Christoph (um 1505–1561 od. 62), dt. Maler d. Renaissance; Bildnisse: *Kaiser Karl V.* u. *Sebastian Münster* (Berlin).

Ambesser, Axel von (22. 6. 1910–6. 9. 88), dt. Schausp., Regisseur u. Schriftst.; Komödien.

Ambiente [it. „Umgebung"],
1) bes. i. d. Malerei die e. Gestalt umgebende Raum, Umgebung, Milieu, Atmosphäre.
2) *A.-Kunst* → Environment.

Ambition, *w.* [l.], Ehrgeiz, Streben.

Ambivalenz [l.], wörtl. *Doppelwertigkeit,* Gleichzeitigkeit entgegengesetzter Gefühle (z. B. Haßliebe).

Amblyopie, Schwachsichtigkeit.

Ambo, *m.,* Podium vor d. Chorschranken in frühchristl. u. ma. Kirchen (bis 13./14. Jh.), z. Absingen d. → Graduale u. (v. Entstehung d. → Kanzel) zur Predigt.

Amboise [ã'bwaːz], frz. St. an d. Loire, 12 000 E; bed. (Renaissance-)Schloß.

Ambon, *Amboina,* Molukkeninsel (Indonesien), 813 km², 220 000 E (Malaien); Hptst. *A.,* (18 900 E (mit Uni., Hafen u. Flughafen).

Ambonesen, Bewohner → Ambons (Melanesier); Exilambonesen i. d. Ndl.

Amboß,
1) *med.* mittleres der 3 → Gehörknöchelchen.
2) gehärteter Stahlblock als Unterlage zum Schmieden.

Ambra, *s.,* Ausscheidung d. Pottwals; graue, wachsähnl., aromatisch riechende Masse (Darmfett); in d. Parfümerie benutzt.

Ambrabäume, platanenähnlich; in Amerika u. Asien; balsam. Harz als Räucherwerk.

Ambrosia [gr.], Götterspeise bei Homer.

Ambrosianischer Lobgesang → *Te Deum laudamus.*

Ambrosius (um 340 bis 397), Hlg., Kirchenvater, Bischof von Mailand, „Vater des Kirchenliedes".

ambulant [l.], im Umhergehen (z. B. *a. Krankenbehandlung* = nichtstationär, nicht im Krankenhaus).

ambulantes Gewerbe, *Reisegewerbe,* Handel im Umhergehen; Reisegewerbekarte erforderl. (§§ 55–63 GO).

Ambulanz,
1) bewegl. Feldlazarett.
2) Krankentransportwagen.
3) Abteilung e. Klinik f. → ambulante Behandlung u. Notfälle.

Ameisen, Hautflüglerfamilie, leben in Staaten, die aus geflügelten Männchen u. (unbefruchteten) Weibchen, ungeflügelten Weibchen („Königinnen", befruchtet) und ungeflügelten Arbeiterinnen (oft noch verschiedene Unterformen) bestehen; teils Jäger, teils Vegetarier (z. B. Pilzzüchter, Körnersammler), teils von süßen Ausscheidungen (z. B. der Blattläuse) lebend; fast über die ganze Erde verbreitet. Lebensgewohnheiten u. Nestbauten sehr vielgestaltig; gewisse Arten halten „Sklaven", die sie aus geraubter Brut and. A.arten großziehen; d. einheim. *Rote Wald-A.* baut Haufennester u. ist als Insektenvertilger geschützt.

Amazone, Phidias

Amberg, Stadtbrücke über der Vils

Ameisenbär

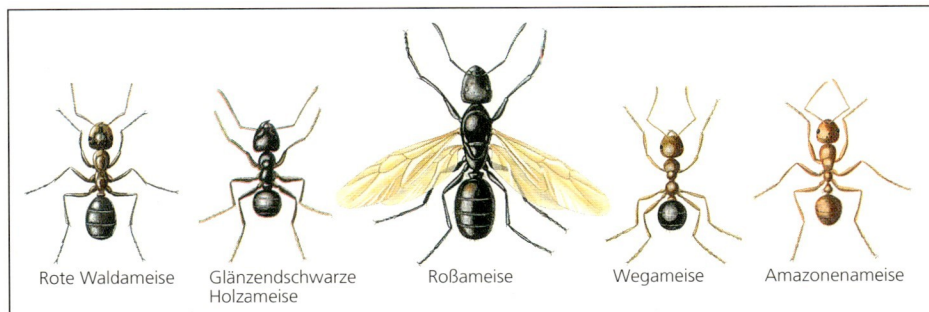

Rote Waldameise | Glänzendschwarze Holzameise | Roßameise | Wegameise | Amazonenameise

Ameisenbär, Säugetier aus der Ordnung d. Zahnarmen; Südamerika; fängt mittels klebriger, langer, dünner Zunge Ameisen u. Termiten, deren Bauten er aufgräbt.

Ameisengäste, teils gepflegte, teils geduldete Tiere (Käfer, Asseln) in Ameisennestern, wo sie z.T. die Brut fressen.

Ameisenigel, stachelntragendes Kloakentier Australiens u. benachbarter Inseln; Ameisenfresser, wurmartige Zunge.

Ameisenjungfer

Ameisenjungfer, Netzflügler, ihre Larve der *Ameisenlöwe*; dieser lauert in trichterförmigen Gruben auf Ameisen u. and. Insekten, die er mit seinen hohlen Zangen aussaugt.

Ameisenpflanzen, *indomalaiische Knollenepiphyten (Myrmecodia),* deren Hohlräume von Ameisen bewohnt werden.

Ameisensäure, einfachste Carbonsäure (z. B. im Gift einzelner Ameisenarten, Bienen, Brennesseln); als **Ameisenspiritus** zu Einreibungen gg. Rheuma.

Ameland, ndl.-westfriesische Insel, 57 km², 3000 E.

Amen [hebr. „gewiß, wahrlich"], Schlußwort von Gebeten, Predigten u. Segensformeln.

Amendement, *s.* [frz. amãdə'mã:], Abänderung v. Staatsverträgen od. Gesetzen; Abänderungs-, Verbesserungs-, Ergänzungsantrag; **amendieren,** Antrag stellen, der auf diesbezügl. Änderung zielt.

Amenophis, *Amenhotep,*
1) A. III. altägypt. Kg, 1413–1377 v. Chr., Erbauer der → Memnonssäulen in Luxor.
2) A. IV. reg. 1377–58 v. Chr., rel. Reformator, Verehrer des Sonnengottes Aton, daher *Echnaton* („dem Aton wohlgefällig").

Amenorrhoe, *w.* [gr.], Fehlen bzw. Aussetzen der → Menstruation.

American Express [ə'merikən iks'pres], *Amexco,* am. Kreditkartenorg.

American Scene [engl. ə'merikən siːn], themat. best. Sammelbegr. f. e. stark realitätsorientierte Richtung d. nordam. Malerei um 1920–um 40 m. oft regionalen Motiven, d. durch express. Ausführung m. teils surrealist. Stilmitteln aber allgem. Gültigkeit erhalten; Hptvertr. E. → Hopper.

Americium, *Am,* künstl. chem. El., Oz. 95 (→ Transurane).

Amerika, die *Neue Welt,* 42,5 Mill. km², 774 Mill. E (18 je km²); besteht aus → Nordamerika m. Grönland (Karte) u. → Südamerika (Karte); dazw. d. Einbruchsgebiet des am. Mittelmeers (Golf von Mexiko u. Karib. Meer) und Festlandbrücke → Mittelamerika m. d. Landenge von Panamá (46 km br.); vom nördlichsten Punkt (Kap Murchison auf Boothia Felix) bis zum südl. (Kap Hoorn auf Feuerland) 15 000 km. **a)** *Gestalt u. Gliederung:* N- u. S-A. zeigen viel Übereinstimmung: am W-Rand tertiäre Faltengebirge bis fast 7000 m, im N Felsengebirge (*Mount McKinley* 6198 m), im S Anden (*Aconcagua* 6959 m) in mehreren Ketten; dazw. Seen, Steppen, Hochwüsten; westl. Außenketten vulkanreich; im O die alten Rumpfgebirge der Appalachen u. der Bergländer von Guayana u. Brasilien; in der Mitte weite Tiefländer (einstige Meeresbuchten) mit Aufschüttungsböden der Riesenströme, *Mississippi* im N, *Amazonas* u. *Paraná* im S; *N-A.* durch Halbinseln gegliedert u. inselreich: arkt. Inselwelt, Insel Neufundland im O, Halbinsel Kalifornien im W, Inselreihen an der S-Küste Alaskas u. W-Küste Kanadas; *S-A.* schwach gegliedert, mit Inselschwärmen nur im S. **b)** *Klima:* A. umfaßt alle Zonen, N-A. vom polaren über das gemäßigte bis z. subtrop., S-A. überwiegend trop. Klima, in der Südspitze über subtrop. bis ins kühlgemäßigte reichend. **c)** *Pflanzen- u. Tierwelt:* A. gliedert sich in zwei tier- u. pflanzengeograph. Reiche: die *Nearktis* entspricht Nordamerika v. Ellesmere Island bis zum Rio Grande, ist in vielem Europa ähnl., ist aber insgesamt artenreicher; die *Neotropis* reicht vom Rio Grande bis zur Südspitze Feuerlands – ihre Vogelfauna ist die reichhaltigste der Welt, für die Flora sind u. a. Kakteen typisch. **d)** *Bev.:* Die zahlenmäßig stärkste Gruppe (65%) ist eur. Herkunft, im N aus NW- u. Mitteleuropa, im S aus Spanien u. Portugal; daneben im N Neger (10%); die Indianer (25% m. Mischlingen) als Urbev. im N fast ausgestorben, in Mittel- u. S-A. dagegen stark vertreten. **e)** *Wirtsch.:* In N- u. S-A. sehr unterschiedl. wirtsch. Struktur; der N hochindustrialisiert mit Kanada u. USA, der führenden Wirtschaftsmacht der Erde; im S mit dem Schwergewicht auf Landw. allmähliches Fortschreiten d. ind. Entwicklung (dabei auf ausländ. Kapital angewiesen). **f)** *Entdeckungsgesch.:* Um 1000 landeten → Normannen an der O-Küste N-A.; → Kolumbus entdeckte 1492 die Antillen, 1498–1500 N-Küste S-A., 1502–04 Mittel-A., d. Portugiese Caboto 1497 nordam. Festland; 1500 entdeckte der Portugiese Cabral Brasilien, den *Namen A.* gab dem neuen Erdteil der dt. Kosmograph Martin Waldseemüller 1507 nach dem Italiener Amerigo Vespucci; um 1520 erste Umfahrung S-A. durch Fernão Magalhães u. Unterwerfung Mexikos u. Perus durch die Spanier Cortez u. Pizarro. **g)** *Gesch.:* Fast 300 Jahre blieb A. unter Oberhoheit der Entdeckerländer; in N-A. frz. u. engl. Kolonien (Kanada), die selbständig wurden; 1776 entstanden die Vereinigten Staaten von A.; in Latein-A. südam. Rep. (Brasilien 1822–89 Kaiserreich); in eur. Besitz nur noch Grönland (dän.); Falklandinseln (brit.); Frz.-Guayana u. einige Kleine-Antillen-Inseln.

Amerikaner-Reben, Bez. f. reblausresistente Rebsorten, die als → Unterlagen f. veredelte Edelreben verwendet werden, u. f. Rebsorten, die v. in Amerika einheim. Rebarten wie z. B. *Vitis* → *Labrusca* stammen.

amerikanische Kunst, → altamerikanische Kunst, → Vereinigte Staaten von Amerika, Kunst.

amerikanische Literatur → Vereinigte Staaten von Amerika, Literatur.

Amerikanisches Mittelmeer, Golf von Mexiko und Karibisches Meer, vom Atlant. Ozean durch die Antillen getrennt.

Amerikanistik, Studienfach, Literatur u. Sprachentwicklung des Engl. in N-Amerika.

Amerling, Friedrich v. (14. 4. 1803–15. 1. 87), östr. Maler d. Biedermeier; Porträtist d. Wiener Aristokratie u. d. Bürgertums; *Kaiser Franz I.; Rudolf v. Arthaber u. seine Kinder.*

Amerongen, Otto Wolff von (* 6. 8. 1918), 1969–88 Präs. d. Dt. Ind.- u. Handelstages.

Amersfoort, ndl. St., Prov. Utrecht, 90 000 E; Baumwoll-, Maschinenind., Bahnknotenpunkt.

Amery, Jean (31. 10. 1912–17. 10. 78), östr.-belg. Essayist, setzte sich m. Fragen d. Zeitgeschehens u. d. Kulturlebens auseinander; *Geburt der Gegenwart; Jenseits von Schuld u. Sühne.*

Jean Amery

Amesha Spentas [awest. „unsterbl. Heilschaffende"], Gruppe v. 5–7 iran. Geistwesen, i. denen d. Wirken Ahura Mazdas (→ Ormuzd) personifiziert ist, z. B. Wahrheit, gute Gesinnung, Gesundh., Unsterblichk.

a metà [it.], zur Hälfte; v. 2 Partnern durchgeführtes Geschäft (*Metageschäft*); Gewinn u. Verlust zu gleichen Teilen.

Amethyst, violetter Schmuckstein, Quarz.

Amethystmandel

AMF, Abk. für **A**CE **M**obile **F**orce (ACE = Allied Command Europe). Bezeichnung für „Beweglichen multinationalen Eingreifverband der NATO, Kommandobereich Europa", im Sprachgebrauch auch NATO-Feuerwehr genannt. Diese Eingreifverbände (Soforteingreiftruppen), gegründet im Mai 1960, sollten angesichts der starken mil. Truppenpräsenz des ehem. Warschauer Paktes als multinationaler Verband schnell in die Flankenregionen Norwegen, Dänemark u. die Türkei verlegt werden können, um auszuschließen, daß das NATO-Gebiet von den Flanken her aufgerollt wird. Die A. besteht aus je e. Fallschirmjäger- u. Feldartilleriebataillon, je e. Fernmelde- u. Sanitätskomp. sowie e. Kontingent v. Heeresfliegern; → NATO-Eingreiftruppe.

Amfortas, siechender Kg des Grals, durch Parzivals Frage nach d. Grund seines Leidens erlöst.

Amhara,
1) Volksstamm in Äthiopien (ca. 3 Mill.).
2) offizielle Sprache der Äthiopier (semit.).
3) abessinisches Hochland um den Tanasee.

Amicis [-tʃis], Edmondo de (21. 10. 1846–11. 3. 1908), it. Schriftst.; Jugendbuch: *Das Herz.*

Amida, jap. Name f. Buddha → Amitabha.

Amida-Buddhismus, jap. Richtung d. Buddhismus, wonach Erlösung u. Paradies allein durch d. Gnade Buddhas erwartet werden.

Amiens [a'mjɛ̃], Hptst. d. nordfrz. Dép. *Somme,* an der Somme, 131 900 E; Bischofssitz, Kathedrale (13. Jh.), Uni.

Amiet ['amiɛt], Cuno (28. 3. 1868–6. 7. 1961), schweiz. Maler u. Graphiker; zeitweise bei d. Wiener → Sezession u. Mitglied d. → Brücke; Porträts, Landschaften u. Figurenbilder; *Bauerngarten; Die gelben Mädchen.*

Amigoni, Jacopo (um 1682–1752), it. Maler; e. Hptmeister d. venezian. Rokoko; tätig in Bayern, London u. als Hofmaler in Madrid; Fresken in d. Schlössern Nymphenburg u. Schleißheim u. d. Abtei Ottobeuren; Bildnisse.

Amin Dada, Idi (* 1. 1. 1928), ugand. Gen.; 1971 durch Staatsstreich gegen → Obote Präs.; Terrorregime; April 1979 gestürzt.

Amindiven → Lakshadweep.

Amine, Kohlenwasserstoffe, in denen e. od. mehrere Wasserstoffatome durch eine Aminogruppe, NH_2, ersetzt sind.

Aminoplaste, Carbamidharze, z. B. aus Harnstoff (Carbamid) u. Formalin hergestellte härtbare Kunstharze; dienen als Preßmassen von vorwiegend heller Farbe (z. B. Pollopas).

Aminosäuren, Carbonsäuren, bei denen e. Wasserstoff am Kohlenstoff durch die Aminogruppe NH_2 ersetzt ist; aus den A. sind d. Eiweißstoffe zus.gesetzt.

Amitabha [sanskr. „unermeßliches Licht"], e. d. 5 transzendentalen Buddhas, d. versch. Aspekte d. erleuchteten Bewußtseins repräsentieren.

Amitose, Zellkernteilung als einfache Durchschnürung des Zellkerns; Ggs.: → Mitose.

Amman, Jost (13. 6. 1539–17. 3. 91), schweiz.-dt. Zeichner, Holzschnitte: Bibelillustration; auch kulturgesch. wertvolle Trachten- u. Spielkartensammlungen; Ständebuch.

Amman, Hptst. von Jordanien, 1,2 Mill. E.

Ammanati, Bartolomeo (18. 6. 1511–22. 4. 92), it. Bildhauer u. Architekt, e. Hptmeister d. Florentiner Manierismus; Neptunsbrunnen u. Ponte della Trinità (Florenz); Jesuitenkolleg (Rom).

Ammann, schweiz. Bezirks- und Gemeindevorsteher; *Land-A.,* Reg.-Vors. einiger Kantone.

Amme, Frau, die anstelle d. Mutter ein Baby stillt.

Ammer, Fluß in Bayern, 170 km l., durchfließt den **A.see** (47 km², 83 m tief, 531 müM), verläßt diesen als *Amper* (l. Nbfl. d. Isar).

Ammern, Finkenfamilie; bei uns häufig *Gold-A.*

Goldammer

Ammian, *Ammianus Marcellinus* (ca. 330–395 n. Chr.), letzter bed. röm. Geschichtsschreiber; *Rerum gestarum libri.*

Ammon → Amun.

Ammoniak, NH_3, gasförmige chem. Verbindung, stechend riechend, aus 1 Atom Stickstoff u. 3 Atomen Wasserstoff; bei der Verkokung der Kohle als Nebenprodukt anfallend; nach Haber-Bosch durch katalyt. Hochdrucksynthese aus den Elementen gewonnen; *A.synthese* eine der Hauptgrundlagen der Kunstdüngerindustrie; auch f. Kälteerzeugung, Bleicherei, Herstellung v. Soda u. Salpetersäure; in Form von Salmiakgeist ein Reinigungsmittel.

Ammoniten, *Ammonshörner,* Kopffüßer mit z. T. gewaltigen Kalkschalen; bis Ende der Kreidezeit verbreitete Meeresbewohner.

Ammonit

Ammoniter, biblischer Nomadenstamm im Ostjordanland.

Ammonium-Ion, NH_4^+, Bestandteil wichtiger Stickstoffverbindungen; ent-

Ammonshörner 41 **Amtsgewalt**

steht durch Anlagerung v. Wasserstoffionen an Ammoniak; nur in Salzen (z. B. → Salmiak).
Ammonshörner, svw. → Ammoniten.
Amnesie [gr.], dauernder od. vorübergehender Erinnerungsverlust (z. B. bei Hypnose, Epilepsie od. nach Hirnverletzung), häufig als *retrograde A.* (zurückliegende Zeitspanne betreffend).
Amnestie [gr.], *allg.* Begnadigung, Strafnachlaß, Straflosigkeit.
amnestieren, eine → Amnestie gewähren, auch → Begnadigung.
Amnesty International [ˈæmnɪstɪ ɪntəˈnæʃənəl], 1961 gegr. intern. Organisation z. Schutz d. Menschenrechte, hilft (aus weltanschaul. od. pol. Gründen) Inhaftierten; Friedensnobelpreis 1977.
Amnion, s. [gr.], *Schafhaut,* dünne Embryonalhülle, mit Fruchtwasser gefüllt.
Amnioskopie, Betrachtung der Fruchtblase mittels eines durch d. Gebärmutterhals eingeführten Rohres mit Lichtquelle. Dabei kann e. *Amniozentese* (Entnahme von Fruchtwasser) durchgeführt werden. Die Fruchtwasseruntersuchung dient d. frühzeitigen Erkennung kindl. Gefahrenzustände am Ende d. Schwangerschaft u. während d. Geburt; → Chorionzottenbiopsie.
Amöben [gr. „wechselnd", „veränderlich"], *Wechseltierchen,* einzellige *Wurzelfüßer* in Wasser, feuchter Erde u. höheren Tieren; Schleimklümpchen, die sich durch Ausstrecken sofort wieder verschwindender Fortsätze (Scheinfüßchen) bewegen; Körpergestalt ständig wechselnd; einige A. Krankheitserreger (z. B. im Darm → Ruhr).
Amok, *m.* [malaiisch], Art Tollwut; **A. laufen,** in einem Anfall von Geistesgestörtheit mit e. Waffe umherlaufen und blindwütig jeden töten wollen.
Amor [l.], röm. Liebesgott, griech. → *Eros.*
Amoralismus, [gr.-l. „nicht der Sitte gemäß"], ablehnende od. gleichgültige Einstellung gg.über d. herrschenden Grundsätzen d. Moral.
Amorbach (D-63916), St. u. Luftkurort i. Kr. Miltenbg., Bay., 4378 E; ehem. Benediktinerabtei m. Rokokokirche; berühmte Orgel.
Amoretten, geflügelte Kinder, Begleiter Amors, griech. → Eroten.
Amoriter, vorisrael. semitisches Volk im A. T.
amorph [gr.], ungeformt; strukturlos; Ggs.: *kristallin.*
Amortisation [l.], *Tilgung,*
1) planmäßige Abzahlung einer Schuld, bes. bei Anleihen u. Hypotheken.
2) Wiedererwirtschaftung des in e. Unternehmen investierten Kapitals.
Amortisationsfonds, für Schuldtilgung angesammelter Geldvorrat.
Amos, israel. Prophet (7. Jh. v. Chr.) u. d. nach ihm benanntes Buch d. Alten Testaments.
Amour, *w.* [frz. aˈmuːr], Liebe; **Amouren,** Liebschaften.
Amper, l. Nbfl. d. Isar, → Ammer.
Ampere, Abk. *A,* nach → Ampère benannte Einheit der el. Stromstärke.
Ampère [ãˈpɛːr], André-Marie (20. 1. 1775–10. 6. 1836), frz. Phys. u. Math., untersuchte d. Einwirkung el. Ströme aufeinander u. erklärte d. Magnetismus durch atomare el. Kreisströme.

Amperemeter, Gerät zur Messung der el. Stromstärke.
Amperesekunde, *As,* u. **Amperestunde,** *Ah,* Einheiten sowohl f. Elektrizitätsmenge als auch f. el. Ladung (s. 1881 dafür Einheit Coulomb, *C*); es gilt: 1 Ah=3600 As=3600 C.
Ampex-Anlage, Studio-Gerät zur Speicherung u. Wiedergabe v. Fernsehbildern auf Magnetband, Querspurverfahren; 1957 v. d. Fa. *Ampex* in d. USA entwickelt; → MAZ; → Magnetbandgerät.
Ampfer, *Feld-A.* auf Sand; *Sauer-A.* auf Wiesen; *Garten-A.* (engl. Spinat), oxalsäurehaltige Blätter als Salat, Wildgemüse.
Amphetamine → Weckamine.
Amphibien, *Lurche,* Klasse der Wirbeltiere; wechselwarm, im Unterschied zu den Reptilien mit glatter (nicht schuppiger), feuchter Haut; Larven kiemenatmend im Wasser, erwachsen lungenatmend in Wasser u. auf am Land: **a)** *Froschlurche:* Frösche, Kröten, Unken; **b)** *Schwanzlurche:* Salamander, Molche, Olme; **c)** *Blindwühlen,* wurmartig, in d. Tropen.
Amphibienfahrzeug, Auto, das auch als Wasserfahrzeug verwendbar ist.
Amphibole, *Bandsilicate,* Mineralgruppe d. → Silicate; in → Plutoniten, → Vulkaniten u. → Metamorphiten.
Amphibolie, *w.* [gr.], Zweideutigkeit, Vieldeutigkeit.
Amphiktyonie, *w.* [„Umwohnerschaft"], griech. rel.-pol. Schutzgemeinschaft um e. großes Heiligtum (z. B. f. Apollon i. Delphi) mit Kult- u. Festveranstaltungen.
Amphitheater [gr.], ellipsenförmige → Arena mit ansteigenden Sitzreihen; z. B. → Kolosseum in Rom, Arena in Verona.
Amphitrite, griech. Meeresnymphe, → Poseidons Gattin, Tochter d. Nereus.
Amphitryon, sagenhafter Kg von Theben, Gemahl der Alkmene, die Zeus den Herakles gebiert; Lustspiele von Plautus, Molière, Kleist u. Giraudoux.
Amphora [gr.],
1) → Vasen.
2) altrömisches Flüssigkeitsmaß, ca. 26,2 l.
Amplitude [l. „Weite"], Schwingungsweite einer elektrischen od. mechanischen → Schwingung; wird von Null od. der Ruhelage aus gemessen.
Amplitudenmodulation → Modulation.
Ampulle, *w.* [l.],
1) bauchiges Gefäß für kirchl. Zwecke.
2) kl. Arzneibehälter aus Glas f. Injektionslösungen.
3) *anatomisch:* Erweiterung e. Hohlorgans, z. B. unterster Teil des Mastdarms.
Amputation [l.], operative Entfernung e. Gliedes, d. weibl. Brust usw.
Amritsar, St. im ind. Staat *Pandschab,* 709 000 E; Handel mit Kaschmirschals, Teppichind.; Zentrum der → Sikhs (Haupttheiligtum: Goldener Tempel); 1984 blutig niedergeschlagener Aufstand.
Amrum, nordfries. Insel, Schl.-Ho., 20,4 km², 2100 E; i. O Marschen, i. W Dünen; Baden.
Amsel → Drosseln.
Amselfeld, serb. *Kosovo Polje,* fruchtbare Beckenlandschaft in S-Serbien;

Umfließen eines Nahrungsteilchens (rechts) und Zellteilung (oben)
Amöben

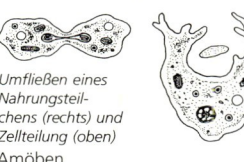
Amorbach, *Abteikirche*

Amsterdam, *Königliches Palais*

Siege der Türken 1389 über Serben und 1448 über Ungarn.
Amsterdam, Hptst. d. Ndl., z. T. auf Pfählen erbaut, 702 000 (Agglom. 1,04 Mill.) E; Altstadt mit Grachten (Kanälen), Kgspalast, Nieuwe Kerk (1408), im ehem. Judenviertel Portugies. Synagoge, Rembrandthaus, Uni., Akademien, Reichsmuseum, Diamantschleiferei, Ind.zentrum der Ndl., Intern. Börsenzentrum; See- und Rheinhafen (→ Nordseekanal u. A.-Rhein-Kanal), Flughafen *Schiphol*. – Im 14.–16. Jh. See- u. Handelsst. d. nördl. Ndl., i. 17. Jh. Welthafen; 1808 Residenz Kg Ludwig Bonapartes, 1814 ndl.
Amsterdam-Rhein-Kanal, Großschiffahrtsweg f. Binnenschiffe bis 4300 t; v. A. z. Waal (bei Tiel größte Binnenschleuse Europas); 72 km lang, 4,2 m tief.
Amsterdam, Schule von, Architektengruppe zw. d. Weltkriegen, d. dem dt. Expressionismus verwandte, stark plast. durchgeformte Backsteinbauten im Ggs. z. d. rationalist. Bauformen d. gleichzeit. → Stijl; Hptvertr. M. van der Mey, P. L.Kramer, M. de Klerk.
Amstetten (A-3300), Bez.st. u. Eisenbahn- u. Straßenknotenpunkt im w. Niederöstr., 22 000 E; Holz-, Metall-, chem. Ind.
Amt,
1) *kath. Kirche:* gesungene Messe.
2) ein mit öffentl. Autorität ausgestatteter Geschäftsbereich d. Staates od. einer sonstigen Körperschaft d. öff. Rechts.
3) techn. Zentrale i. Fernmeldedienst (Fernsprech-Ortsamt, Fernamt, Verstärkeramt).
Amt Blank, von 1950–55 bestehende Dienststelle der Bundesreg. f. d. Vorbereitungen z. Aufstellung d. Bundeswehr, benannt nach d. Bundestagsabg. Theodor B.
Amtmann, Beamter im gehobenen Dienst; weitere Stufen: *Amtsrat, O.amtsrat.*
Amtsanmaßung, „unbefugte Ausübung eines öff. Amtes" od. Vornahme einer Handlung, die nur kraft eines öff. Amts vorgenommen werden darf (StGB § 132).
Amtsanwalt, Vertreter der Staatswaltschaft in best. Strafsachen bei Amtsgerichten.
Amtsarzt, Leiter eines Gesundheitsamtes, das auf regionaler Ebene (Kreise, kreisfreie Städte) Träger des öffentl. Gesundheitsdienstes ist; die Aufgaben umfassen gesundheitspolizeil. Funktionen, Schulgesundheitsdienst, Mütter- u. Kinderberatung, Fürsorge für best. Kranke, Überwachung der Einrichtungen des Gesundheitswesens.
Amtsdelikt, Verbrechen od. Vergehen im Amt (§§ 331 ff. StGB), z. B. Körperverletzung i. Amt, Aussageerpressung.
Amtseid, promissorischer (d. h. gewissenhafte Erfüllung der Amtspflichten gelobender) Eid des Beamten.
Amtsgeheimnis, Schweigepflicht der Beamten, Angestellten, Arbeiter im öffentl. Dienst über das, was sie in der Ausübung ihres Amtes erfahren; Verletzung unter Umständen strafbar.
Amtsgericht, Gericht erster Instanz, entscheidet durch Einzelrichter (→ Rechtspflege, Übers.).
Amtsgewalt, Inbegriff der Befugnis-

se, die einem Beamten kraft seiner Dienststellung zustehen; *Mißbrauch der A.* strafbar (z. B. §§ 340 ff. StGB).

Amtshilfe, gegenseitige Unterstützung der Behörden in Ausübung ihrer Aufgaben; → Rechtshilfe.

Amtspflichtverletzung, Verstoß eines Amtsträgers gg. seine dienstl. Obliegenheiten, kann zu disziplinar-, zivil- od. strafrechtl. Haftung führen u. Erstattungspflicht begründen.

Amtsrat → Amtmann.

Amu-darja, *Amu,* Fluß i. W-Turkestan, 2539 km l., teilw. schiffbar; vom Pamir in den Aralsee.

Amulett, *s.* [arab.], Gegenstand, der Schutz gg. Unheil und Zauber geben soll.

Amun, ägypt. Schöpfer-, Luft- u. später Reichsgott, s. Haupttempel im heutigen Karnak; bildet m. seiner Gattin Mut u.d. Kind Chons d. Triade von Theben.

Amundsen [-munsən], Roald (16. 7. 1872–18. 6. 1928), norweg. Polarforscher; erzwang 1903–06 die NW-Passage an d. nordam. Küste; erreichte auf Schneeschuhen als erster am 14. 12. 1911 den Südpol; überflog am 12. 5. 1926 m. Luftschiff „Norge" d. Nordpol; verschollen b. d. Rettung Nobiles am Nordpol.

Amur, Hauptfluß Ostsibiriens, 4416 km, im Sommer schiffbar, mündet ins Ochotskische Meer; im Mittellauf Grenzfluß zw. Rußland u. Mandschurei, Quellflüsse Schilka u. Argun, mehrere große Nebenflüsse (*Bureja, Ussuri*).

Amurbahn, von Nertschinsk bis Chabarowsk mit 4 Nebenlinien.

AMVER, Abk. f. engl. *Automated Merchant Vessel Report System,* von d. USA unterhaltenes Netz v. automatisierten Meldezentralen f. intern. Seenothilfe; Schiffe u. Flugzeuge aller Nationen melden freiwillig regelmäßig Positionen, um rasch bei Rettungsaktionen beordert werden zu können.

Amygdalin, Stoff in bitteren Mandeln, anderen Steinobstkernen und Kirschlorbeerblättern; ergibt zerfallend die giftige Blausäure.

Amylasen, stärkespaltende Fermente, in → Speichel u. Sekret d. → Bauchspeicheldrüse enthalten.

Amyloidose, Ablagerung e. abnormen Eiweißstoffes (Amyloid) im Körper, bei versch. chron. Krankheiten.

Amylum [gr.], *chem.* Stärke.

an- [gr.], verneinende Vorsilbe in Fremdwörtern (z. B. anorganisch).

Anabaptisten [gr.], svw. → Wiedertäufer.

Anabasis [gr. „Hinaufzug"], Geschichtswerke des Altertums;
1) von Xenophon (*Cyrus* 2).
2) von Arrianus: *Alexanderzug.*

Anabiose [gr.], Fähigkeit vorwiegend niederer Lebewesen und pflanzl. Fortpflanzungszellen, selbst extrem widrige Bedingungen im Scheintodzustand zu überstehen (z. B. → Bärtierchen).

Anabolika [gr.], svw. anabole → Hormone.

Anabolismus [gr.], Aufbaustoffwechsel; Ggs.: → Katabolismus.

Anachoret [gr.], frühchristl. Einsiedler.

Anachronismus, *m.* [gr.], Verlegung eines Ereignisses in e. falsche histor. Zeit; unzeitgemäßes Verhalten.

Roald Amundsen

Anadyomene, „Auftauchende" (aus dem Meer), Beiname der → *Aphrodite.*

Anaerobier, Lebewesen, die zeitweise od. dauernd o. Sauerstoff leben können (darm- u. schlammbewohnende Bakterien); Ggs.: → *Aeobier.*

Anaglyphen, Verfahren z. stereoskop. Betrachtung zweier Teilbilder, bei dem diese, in 2 verschiedenen Farben (meist rot und blau, ein wenig gegeneinander verschoben) gedruckt, durch Brillen betrachtet werden, deren Gläser von der jeweiligen Komplementärfarbe für jedes Auge nur ein Teilbild erfassen lassen. Durch d. Verschiebung d. Teilbilder wird d. Eindruck e. räuml. Bildes hervorgerufen.

Anagramm, *s.* [gr.], Umstellung aller Buchstaben eines Wortes oder Namens z. Bildung eines neuen: *Mehl – Helm; Marec – Ceram* (zur Schaffung eines Pseudonyms).

Anaheim [ˈænə-], St. in US-Staat Kalifornien, 266 000 E; Konserven- u. Elektroind.

Anakoluth, *s.* [gr.], Folgewidrigkeit im Satzbau.

Anakonda, größte → Riesenschlange, bis 11 m; Wasserbewohnerin, Amazonas; gebiert lebende Junge.

Anakreon, griech. Dichter des 6. Jh. v. Chr., besang Wein und Liebe.

Anakreontiker, Nachahmer Anakreons im 18. Jh.: *Gleim, Hagedorn* u. a.

anal [l.], auf den After bezogen.

Analatresie, angeborener Verschluß der Afteröffnung.

anale Fixierung, psychische Entwicklungsstörung nach der Lehre v. Sigmund → Freud.

Analeptika [gr.], sehr starke Anregungsmittel.

Analgesie, Aufhebung des Schmerzempfindens.

Analgetika, schmerzstillende Mittel.

analog [gr.], entsprechend.

analoges Signal, ein → Signal, das e. kontinuierl. Nachricht im Signalparameter kontinuierlich darstellt (z. B. Sprachsignal am Ausgang eines Mikrofons); Ggs.: → digitales Signal.

Analogie, Übereinstimmung in kennzeichnenden Merkmalen,
1) *jur.* Anwendung eines Rechtssatzes auf e. im Gesetz nicht ausdrücklich genannten Tatbestand, der aber d. Grundgedanken e. gesetzl. geregelten Tatbestands entspricht; im Strafrecht nur zugunsten d. Angeklagten zulässig.
2) *biol.* gleiche Funktion v. Organen mit entwicklungsgeschichtl. versch. Herkunft; → Konvergenz.

Analogrechner, → EDV-Anlagen z. Verarbeitung kontinuierlich veränderlicher Daten; Ggs.: → Digitalrechner, auch → Hybridrechner; Anwendung im math.-wiss. Bereich.

Analphabet, *m.* [gr.], des Lesens u. Schreibens Unkundiger.

Analprolaps, Aftervorfall.

Analysator,
1) Vorrichtung, die den Polarisationszustand des durch einen Meßkörper hindurchgegangenen Lichtes untersucht.
2) Meßinstrument zur Bestimmung der Koëffizienten einer → Fourier-Zerlegung einer aus mehreren Grundschwingungen zusammengesetzten Gesamtschwingung (z. B. → Akkord in d. Musik).

Analyse [gr.],
1) *phil.* Zergliederung eines Sachverhaltes z. begriffl. Klärung.
2) *psych.* → Psychoanalyse.
3) *chem.* Feststellung d. chem. Zusammensetzung eines Stoffes; Ggs.: → Synthese.

Analysis [gr.], Infinitesimalrechnung, Rechnen m. Grenzwerten (z. B. Differential- u. Integralrechnung, Funktionstheorie).

analytische Geometrie, Teil d. Geometrie, in d. algebraische Methoden zur Lösung geometrischer Probleme benutzt werden, Darstellung von Kurven u. Flächen durch Gleichungen m. Hilfe v. Koordinaten.

analytisches Drama, Bühnenhandlung, d. von einem nicht dargestellten Ereignis ausgeht u. nachträglich dessen Vorgeschichte u. Auswirkungen enthüllt (z. B. Sophokles' *Ödipus*).

analytisches Urteil, sein Prädikat ist bereits im Satzsubjekt enthalten (*Erläuterungsurteil*), z. B. alle Körper sind ausgedehnt (Kant); Ggs.: → synthetisches Urteil.

Anämie [gr.], Blutarmut, zahlreiche Ursachen u. Formen, z. B. durch Blutverlust, Mangel an Baustoff (Eisen = *Eisenmangel-A.;* Vitamin B_{12} = *perniziöse A.;* Hormon), Schädigung d. blutbildenden Gewebe od. Blutbestandteile (erbl. Mängel od. durch innere bzw. äußerl. Noxen), Auflösung d. Blutkörperchen (*hämolyt. A.*), bei Infektionskrankheiten (*Infekt-A.*), Krebs (*Tumor*), Nierenkrankheiten (*renale A.*) usw.

Anamnese [gr.], Wiedererinnerung; *med.* Vorgeschichte e. Krankheit.

Anamorphot, fotograf. Linse f. → CinemaScope-Filme.

Ananas, Staude, trop. Amerika, bei uns in Gewächshäusern; fleischige Fruchtstände; Blattfasern zu A.-Batist verarbeitet; → Bromeliazeen.

Anapäst, *m.* [gr.], Versfuß; Grundform: ◡◡–́.

Anaphase, Stadium der → Mitose u. → Meiose.

Anapher, *w.* [gr.], bildlicher Ausdruck; Wortwiederholung am Anfang mehrerer Satzglieder, z. B. *Das Wasser rauscht, das Wasser schwoll* (Goethe).

Anaphylaxie [gr.], Überempfindlichkeit gg. injizierte Eiweißstoffe (e. Form d. → Allergie, Allergene u. → Antigene), die bei Reaktion m. → Antikörpern d. schweres Krankheitsbild, sogar d. Tod herbeiführen können: **anaphylaktischer Schock.**

Anarchie [gr. „Herrschaftslosigkeit"], der **Anarchismus** erstrebt Beseitigung jeder staatl. u. rechtl. Ordnung, unbeschränkte Freiheit d. einzelnen, leugnet jede Autorität (→ Bakunin, → Proudhon, → Stirner).

Anarchist, Gewalttäter, der vorgibt, aus pol. Motiven zu handeln.

Anasarka, Wassereinlagerung in d. Unterhautgewebe, bei Herz- od. Nierenkrankheiten.

anastatischer Druck, altes Verfahren f. einen Neudruck ohne Neusatz; Übertragung auf Stein od. Zink, die chem. z. Aufnahme v. Farbe geeignet gemacht werden; heute fototechn. Verfahren.

Anästhesie, *w.* [gr.], *Empfindungslosigkeit,*
1) Unempfindlichkeit gegen Schmerz-,

Ananas

Temperatur- u. Berührungsreize als Folge von Krankheiten od. Verletzungen d. Nervensystems.
2) Ausschaltung der Schmerzempfindung durch → Narkose od. Lokal-A.; lokale Schmerzausschaltung wie Oberflächen-A. (Betäubung von Schleimhäuten), Infiltrations-A. (Umspritzung d. Operationsgebietes), Leitungs-A. (Betäubung einer Gliedmaße oder eines Gewebebezirkes durch Injektion an den Nerv bzw. in die Rückenmarksflüssigkeit → Lumbal-A.).
Anästhesist, Arzt f. Anästhesiologie; Weiterbildungszeit: 4 Jahre; verantwortl. f. Narkose, Blutersatz, Schockbehandlung u. Überwachung d. Frischoperierten.
Anastigmat, Linsenkombination, bes. für fotograf. Apparate, frei von → Astigmatismus.
Anastomose [gr.], natürliche oder künstliche Verbindung zw. Nerven, Blutod. Lymphgefäßen od. v. Hohlorganen (z. B. Magen u. Darm).
Anath [,,Vorsehung, Himmelswille"], syro-phönik. Fruchtbarkeits-, Liebes- u. auch Kriegsgöttin.
Anathema, s. [gr.], Anathem, urspr. das Gottgeweihte, dann das dem Untergang Geweihte, Verfluchte; kath. Kirchenbann: ,,A. sit" (er sei gebannt).
Anatolien [gr. ,,Morgenland"], → Kleinasien.
Anatomie [gr.].
1) Lehre vom Bau der Körperteile.
2) med. Institut, in dem zum Studium Leichen geöffnet und untersucht werden.
Anaxagoras (500–428 v. Chr.), griech. Phil.; deutete alles Geschehen als Verbindung u. Trennung v. Urelementen (Homoiomerien), d. v. Weltverstand (Nus) geordnet werden.
Anaximander (610–546 v. Chr.), ionischer Naturphil. aus Milet, lehrte die Entstehung der endlich begrenzten Dinge aus d. Unbegrenzten (Apeiron).
Anaximenes (um 588–524 v. Chr.), Schüler des Anaximander, sah als Ursache der Welt die unendliche, lebendige Luft an. Fortbildung der Urstofflehre des → Anaximander.
Anazidität, Fehlen von Säure im Magensaft.
ANC [engl. eɪenˈsiː], Abk. für **A**frican **N**ational **C**ongress, s. 1912 bestehende Organisation der Apartheid-Gegner Südafrikas; bed. Vertr.: N. → Mandela.
Ancher [ˈaŋkɐ],
1) Anna (18. 8. 1859–15. 4. 1935), bedeutendste dän. Malerin; Genrebilder a. hpts. häusl. Interieurs (Sonnenschein in d. blauen Stube), Porträts; ihr Mann
2) Michail (9. 6. 1849–19. 9. 1927), dän. Maler; Szenen d. tägl. Lebens (Ausfahrt d. Rettungsboots).
Anchises, Vater des → Äneas.
Anchorage [ˈæŋkərɪdʒ], St. in Alaska, USA, 226 000 E; bed. Fischereihafen, Handelszentrum, Verkehrsknoten, Flughafen, Wintersport.
Anchovis [anˈʃoːvɪs], → Anschovis.
Ancien régime, s. [frz. ɑ̃sjɛ̃ reˈʒim], ,,die alte (feudalist.) Herrschaft" → Feudalismus, bes. das absolutist. frz. Königtum bis 1789.
Ancona, it. Handels- u. Kriegshafen a. d. Adria, 101 200 E; Kathedrale; Schiffbau, Zuckerind.

Ancyluszeit → Ostsee.
Anda [ˈɔn-], Géza (19. 11. 1921–13. 6. 76), schweiz. Pianist ungar. Herkunft.
Andalusien, Landschaft Südspaniens, 87 268 km², 6,9 Mill. E, durchflossen v. Guadalquivir; teils sehr fruchtbar (Bewässerungskultur): Wein, Südfrüchte, Getreide (O), teils Steppe (W) mit Viehzucht; Städte: Sevilla, Granada, Málaga, Cádiz, Córdoba.
Andamanen und Nikobaren, Inselgruppen im Golf v. Bengalen, Terr. d. Rep. Indien, A. 6296 km²; Ureinwohner Andamaner (Negritos) fast ausgestorben; bis 1945 Strafkolonie; N. 1953 km²; A. u. N. 279 100 E; Hptst. Port Blair (49 600 E).
Andante [it. ,,gehend"], mus. Satz mit normal ruhigem Zeitmaß; kleines A.: **Andantino**
Andechs (D-82346), Wallfahrtsort u. Benediktinerkl. (mit bekannter Braustätte) östl. d. Ammersees i. Obb., 2824 E; got. Kirche m. Rokokoausstattung.
Andechs, Grafen von, seit 1095 bayrisches u. fränk. Geschlecht.
Anden → Kordilleren.
Anderkonto, Treuhandkonto v. Anwälten f. Rechnung ihrer Mandanten.
Anderlecht, Industriestadt w. von Brüssel, 100 000 E; Fleischverarbeitung; bed. Fußballverein RSC Anderlecht.
Andermatt (CH-6990), Sommer- u. Winterkurort im schweiz. Kanton Uri, 1444 müM, 1400 E; Verkehrsknotenpkt.
Andernach (D-56620), St. l. d. Rheins, im Kr. Mayen-Koblenz, RP, 29 400 E; Eisen-, Stein-, Malz-, Masch.bau- u. Nahrungsmittelind.; Rheinhafen.
Anders,
1) Günther, eigtl. Günther Stern (12. 7. 1902–17. 12. 92), dt. Philosoph u. Journalist unter d. Einfluß Cassirers u. Heideggers; Hiroshima ist überall; Tagebücher u. Gedichte.
2) Wladyslaw (11. 8. 1892–12. 5. 1970), poln. General, kämpfte 1943/45 in Italien, Febr.–Juni 1945 Oberbefehlsh. d. poln. Exilarmee.
Andersch, Alfred (4. 2. 1914–21. 2. 80), dt. Schriftst.; Romane, Hörspiele; Sansibar od. der letzte Grund; Die Rote; Efraim; Winterspelt.
Andersen [ˈanərsən],
1) Hans Christian (2. 4. 1805–4. 8. 75), dän. Dichter; Kindermärchen (Des Kaisers neue Kleider); Romane u. Reisebeschreibungen.
2) Martin A.-Nexö (26. 6. 1869–1. 6. 1954), dän. Schriftst.; realist. Sozialromane; Pelle der Eroberer; Stine Menschenkind; Erinnerungen.
Anderson [ˈændəsn],
1) Carl David (3. 9. 1905–11. 1. 91), am. Phys.; entdeckte Positron u. Meson; Nobelpr. 1936.
2) Laurie (* 1947), am. Performance-Künstlerin u. Musikerin; Multimedia-Shows: United States Parts I–IV.
3) Lindsay (* 17. 4. 1923), engl. Regisseur; sozialkrit. Filme; If . . . (1968).
4) Maxwell (15. 12. 1888–28. 2. 1959), am. Dramatiker; verbindet Tradition m. Moderne; Johanna aus Lothringen.
5) Philip W. (* 13. 12. 1923), am. Phys.; arbeitete über die Theorie der Elektronenstruktur; Nobelpr. 1977.
6) Sherwood (13. 9. 1876–8. 3. 1941), am. Erzähler; Winesburg, Ohio.
AND-Gate [engl. ˈændgeɪt], UND-Gat-

ANDORRA

Staatsname:	Fürstentum Andorra, Principat d'Andorra (katalan.), Principauté d'Andorre (frz.)
Staatsform:	Fürstentum (de facto unabhängige Rep.)
Mitgliedschaft:	UNO
Staatsoberhaupt:	Bischof von Seo de Urgel (Spanien) u. d. Präsident der frz. Republik (Co-Princeps)
Regierungschef:	Marc Forné Molne
Hauptstadt:	Andorra la Vel a 22 400 Einwohner
Fläche:	453 km²
Einwohner:	65 000
Bevölkerungsdichte:	143 je km²
Bevölkerungswachstum pro Jahr:	Ø 5,5% (1990–1995)
Amtssprache:	Katalanisch, Spanisch, Französisch
Religion:	Katholiken (94%)
Währung:	Frz. Franc (FF), Span. Peseta (Pta)
Bruttosozialprodukt (1990):	1062 Mill. US-$ insges., 21 150 US-$ je Einw.
Nationalitätskennzeichen	AND
Zeitzone:	MEZ
Karte:	→ Spanien

Andorra

ter, → Boolesche Verknüpfungen, an deren Ausgang Spannung auftritt, wenn an allen Eingängen gleichzeitig Spannung anliegt; diese Torschaltung kann m. versch. Bauelementen realisiert werden (z. B. → Relais, → Diode, → Transistor, heute v. a. → integrierte Schaltungen).
Andhra Pradesh, Staat d. Ind. Union, 275 068 km², 66,4 Mill. E; mit eigener Sprache, dem Telugu; Hptst. Haidarabad; Anbau von Reis, Baumwolle, Zuckerrohr.
Andischan, Gebietshptst. in → Usbekistan, 297 000 E.
Andorra, Rep. in den östl. Pyrenäen. **a)** Wirtsch.: Hptgewicht a. d. Fremdenverkehr; Handels- u. Finanzplatz. **b)** Gesch.: Seit d. 13. Jh. unter d. gemeins. Schutzherrschaft von Frkr. u. dem span. Bischof v. Urgel. Nach d. Parlamentswahl 1992, Ausarbeitung einer demokr. Verfassung, s. 4. 5. 1993 souveräner Staat.
Andorra la Vella, Hptst. von Andorra, 20 400 E; Fremdenverkehr, Handel.
Andrae, Ernst Walter (18. 2. 1875–28. 7. 1956), dt. Archäologe, Ausgräber von Assur, Hpst. d. assyr. Reichs.
André [ɑ̃ˈdre], urspr. frz. Form zu → Andreas.
Andrea, w. od. m. Vn.; it. Form zu → Andreas.
Andreas [gr. ,,der Mannhafte"], Hlg., Apostel (Tag: 30. November); Bruder d. Petrus.
Andreas, Name mehrerer ungar. Könige (Andreaskrone), aus d. Stamm d. Arpaden:
1) A. I. Kg 1046–60, verfolgte die Christen, begünstigte sie später.
2) A. II. Kg 1205–35, erließ 1224 d. Privilegium Andreanum: rechtl. u. pol. Sonderstellung d. Siebenbürger Sachsen.
Andreaskreuz, Kreuz m. schrägen Querbalken (z. B. i. Straßenverkehr vor Bahnübergängen).
Andreas-Salomé, Lou (12. 2. 1861 bis 5. 2. 1937), dt. Schriftst.in; Freundin Nietzsches u. Rilkes: Ródinka.
Andrejew, Leonid N. (9. 8. 1871 bis 12. 9. 1919), russ. Dichter; Die Geschichte v. d. sieben Gehenkten; Judas.
Andreotti, Giulio (* 14. 1. 1919), it. Pol. (DC); 1972/73, 1976–79 u. 1989 bis 92 Min.präs., 1983–89 Außenmin.
Andres, Stefan (26. 6. 1906–29. 6. 70), dt. Schriftst., Erzähler, Novellen: Wir sind Utopia; Romane: Die Sintflut; Der Knabe im Brunnen.
Andrew [ˈændruː], engl. Form zu → Andreas.
Andrews [ˈændruːz], Julie (* 1. 10. 1935), engl. Schausp.in; Bühne u. Film: Mary Poppins; Victor/Victoria.
Andrić [-tɕ], Ivo (10. 10. 1892–13. 3. 1975), kroat. Lyriker u. Erzähler; Die Brücke über die Drina; Wesire u. Konsuln; Nobelpr. 1961.
Androgene [gr.], Sammelbegriff für die männl. → Keimdrüsenhormone (Sexualhormone), die v. a. im männl. Hoden, in geringeren Mengen auch i. d. Nebennierenrinde v. Mann u. Frau gebildet werden.
androgyn, biol. u. med., männl. u. weibl. Geschlechtsmerkmale vereinigend; → Zwitter.
Androhung, wird b. (best.) Straftaten, wenn dadurch d. öff. Friede gestört wer-

den kann, m. Freiheitsstrafe bis zu 3 Jahren od. m. Geldstrafe geahndet.
Andrologie, w. [gr.], Lehre von d. Zeugungsfähigkeit d. Mannes u. allen damit zus.hängenden Störungen.
Andromache, Hektors Gemahlin in der *Ilias.*
Andromeda,
1) sagenhafte äthiopische Königstochter; vielfach dargestellt: an eine Klippe geschmiedet, von Perseus befreit.
2) → Sternbild am nördl. → Sternhimmel.
Andromedanebel, große Galaxis im Sternbild → Andromeda.
Andropow, Jurij Wladimirowitsch (15. 6. 1914–9. 2. 84), sowj. Pol.; 1954 bis 57 Botschafter in Ungarn, 1967–82 KGB-Leiter, s. Nov. 1982 Gen.sekr. d. KPdSU, s. Juni 1983 auch Staatspräs.
Andropow → Rybinsk.
Andros,
1) griech. Insel, nördlichste der Kykladen, 380 km², 9000 E; Seidenraupenzucht.
2) größte der Bahama-Inseln, 5957 km², 8150 E.
Androsteron, Ausscheidungsform des männlichen Sexualhormons → Testosteron.
Andrzejewski [andʒɛˈjɛf-], Jerzy (19. 8. 1909–19. 4. 83), poln. Schriftst.; *Asche u. Diamant; Finsternis bedeckt die Erde.*
Äneas, *Aineias,* trojan. Sagenheld der *Ilias,* Sohn des Anchises u. der Venus; wurde in Italien Ahnherr d. Romulus, des Gründers v. Rom.
Aneignung, Inbesitznahme herrenlosen Gutes mit dem Willen der Eigentumsergreifung.
Äneïs, Heldengedicht des → Vergil.
Anekdote, w. [gr.], kurze, oft heitere Erzählung zur Kennzeichnung bekannter Persönlichkeiten u. Begebenheiten; v. *Kleist* z. hoher Kunst entwickelt.
Anemometer [gr.], Instrument zur Messung von Windgeschwindigkeiten.
Anemone, Gattung d. Hahnenfußgewächse (giftig); erste Frühlingsblumen (z. B. die weiß bis rosa blühenden *Buschwindröschen* der Laubwälder; *Kuh-* od. *Küchenschelle* ●.
Anemonenfische, kleine Korallenfische, die geschützt zw. den Fangarmen der Seeanemonen (→ Aktinien) leben.
Anerbenrecht, Übergang v. Landbesitz an einen einzelnen Erben; Miterben werden durch Auszahlung bzw. hypothekar. Sicherstellung ihres Anteils abgefunden, die meist nach dem Ertragswert des Hofes berechnet wird u. dem Hoferben ein gewisses Voraus beläßt; Zweck: Verhinderung der Aufteilung von landw. Betrieben.
Anergie → Allergie.
Anerkenntnis, Erklärung des Verpflichteten, daß ein Anspruch zu Recht besteht, auch → Schuldanerkenntnis.
Anerkennung, völkerrechtl. Aufnahme diplomat. Beziehungen zu neuentstandenem od. bisher in keinem Staatenverkehr gestandenem Staat, entweder stillschweigend *(de facto)* od. durch formelle Erklärung in diplomat. Note *(de jure).*
Aneroidbarometer, Relativinstrument zur flüssigkeitslosen Messung des Luftdrucks durch luftleere Metallkapseln, die sich durch die äußeren Druck-

Jurij W. Andropow

Anemone

Angora- oder Perserkatze, silbergestromt

schwankungen verformen; Stützung der Kapseln durch Federn; Druckanzeige über Zeigermechanismus.
Anet [aˈnɛ], Claude, eigtl. *Jean Schopfer* (28. 5. 1868–9. 1. 1931), frz.-schweiz. Schriftst.; *Ariane, e. russ. Mädchen.*
Aneto, Pico de, höchster Gipfel d. Pyrenäen, 3404 m.
Aneurin, Vitamin B₁ (→ Vitamine, Übers.).
Aneurysma, s. [gr.], krankhafte Erweiterung z. B. einer Schlagader, wie der Aorta, des Herzens *(Herzwand-A.),* der kleinen Arterien der Retina des → Auges *(Mikro-A.)* usw.
Anfechtung, Willenserklärung, um (eigene oder fremde) Rechtsgeschäfte ganz oder teilweise unwirksam zu machen; zulässig nur bei bestimmten Voraussetzungen (z. B. Irrtum, Drohung, arglistiger Täuschung, Gläubigerbenachteiligung im Konkurs); im Verw.-recht Einlegung e. Rechtsmittels gegen einen (zwar fehlerhaften, aber bis z. Aufhebung gültigen) Verw.akt.
Anfechtungsklage, im Verw.recht Klage vor d. Verw.gerichten auf Aufhebung eines Verwaltungsaktes, durch den d. Kläger in seinen Rechten verletzt wurde; grundsätzlich erst nach erfolglosem → Widerspruch zulässig; im Zivilrecht Klage auf Nichtigkeitserklärung eines Rechtsverhältnisses (z. B. der Ehelichkeit eines Kindes).
Anfinsen, Christian (26. 3. 1916 bis 14. 5. 1995), am. Biochemiker; 1972 Nobelpr. (Arbeiten über Ribonuklease).
Angara, r. Nbfl. d. Jenissei, entfließt dem Baikalsee, 1852 km l.; bed. Wasserkraftwerke.
Angarsk, St. in SO-Sibirien, 260 000 E; 1948 gegr.; Beton-, Elektromaschinenind., Holzverarbeitung.
Angehörige, *jur.* Verwandte u. Verschwägerte auf- u. absteigender Linie; Adoptiv- u. Pflegeeltern u. -kinder, Ehegatten u. deren Geschwister, Geschwister u. deren Ehegatten sowie Verlobte (§ 11 StGB).
Angeklagter, Bez. f. d. Straftatverdächtigen nach Eröffnung d. Hauptverfahrens (§ 157 StPO).
Angell [ˈeɪndʒəl], Sir Norman Lane, eigtl. *Ralph N. A. Lane* (26. 12. 1874 bis 7. 10. 1967), engl. pazifist. Schriftst.; Friedensnobelpr. 1933.
Angeln,
1) Fischfang mit Rute, Schnur und Haken, der bei *Grundfischerei* durch Gewicht u. Floß in best. Wassertiefe gehalten, bei *Fliegenfischerei* auf d. Oberfläche d. Wassers geworfen wird; Köder: Wurm, Insekt, Fisch, auch *künstl. Fliege* od. *Blinker* (bes. bei Lachs u. Forelle).
2) westgerman. Stamm in Schleswig (Landschaft A. südl. Flensburg), wanderten i. d. Völkerwanderung teils nach Thüringen, teils nach Britannien (→ Angelsachsen) ab.
Angelsachsen,
1) Gesamtname der westgerman. *Angeln, Sachsen* u. *Jüten,* die s. 449 d. kelt. Britannien eroberten u. hier 7 Kgr.e gründeten; s. 600 Christianisierung; 827 Vereinigung z. Kgr. England unter Egbert v. Wessex; ab 850 dän. Eroberung O-Englands; 926 Wiederherstellung der angelsächs. Einheit; im 8.–10. Jh. Blüte d. angelsächs. Kultur, reiches Schrifttum

i. d. Volkssprache; Heldenepos *Beowulf;* Geschichtsschreiber Beda; angelsächs. Mission in das Frankenreich (Bonifatius); 1066 v. d. → Normannen (Wilhelm der Eroberer) unterworfen.
2) moderne Gesamtbez. f. Engländer u. Nordamerikaner.
Angelus [l.], Bote, Engel.
Angelus Domini (d. Engel d. Herrn), kath., dreimal täglich zu wiederholendes Gebet.
Angelus-Läuten, *Ave-Läuten,* Glockengeläut zu Angelus Domini.
Angelus Silesius, eigtl. *Joh. Scheffler* (25. 12. 1624–9. 7. 77), schles. Barockdichter, Mystiker; ev., 1653 kath.; *Der Cherubinische Wandersmann.*
Angerapp, Fluß in Ostpreußen, aus dem Mauersee, 169 km lang, vereinigt sich mit der Inster zum Pregel.
Angerburg, *Węgorzewo,* poln. Krst. in Ostpr., nahe dem Mauersee, 10 500 E.
Ångerman-älv [ɔŋər-], Fluß, 450 km l., vom norweg. Hochgebirge z. Bottn. Meerbusen; Hptfl. d. mittelschwed. Wald- und Seenlandschaft Å.land.
Angermünde (D-16278), Krst. in der Uckermark, Bbg., 11 100 E; Marienkirche (13. Jh.).
Angers [ɑ̃ˈʒe], Hptst. d. frz. Dép. *Maine-et-Loire,* 141 000 E; Kathedrale (13. Jh.), Bischofssitz, Uni.; Textilind.
Angeschuldigter, Bez. f. d. Straftatverdächtigen nach der Erhebung der Anklage (§ 157 StPO).
Angestelltenverbände → Gewerkschaften, Übers.
Angestelltenversicherung → Sozialversicherung.
Angestellter, Arbeitnehmer → Arbeiter; Tätigkeit besteht überwiegend i. geistiger u. nicht körperl. Arbeit; Betriebsbeamte, Werkmeister, Techniker werden im Ges. oft als *techn. A.* bez., während d. HGB d. *kaufm. A.* als Handlungsgehilfen bez. *A. im öff. Dienst* steht im Ggs. z. Beamten i. e. privatrechtl. Arbeitsverhältnis zu s. Anstellungskörperschaft.
Angiektasie, Erweiterung von Adern.
Angina, w. [l. „Enge"], Hals-, richtiger: Mandelentzündung (*Artonsillaris*).
Angina abdominalis, Bauchkrämpfe b. Durchblutungsstörungen v. Bauchschlagadern.
Angina pectoris, anfallsweiser, in d. linken Arm strahlender heftiger Schmerz hinter dem Brustbein, mit Todesangst u. Erblassen; bei Arteriosklerose, auch bei Krämpfen der Herzkranzarterien; kann Vorstufe e. Herzinfarkts sein.
Angiographie, [gr.], röntgenolog. Abbildung der Adern nach Kontrastmitteleinspritzung; → digitale Subtraktionsangiographie.
Angioneurose, *Angioneuropathie,* Neigung zu Krämpfen (Spasmen) von Adern.
Angiopathie, Veränderung von Adern, meist durch → Arteriosklerose.
Angioplastie → PTA.
Angiospermen [gr.], *Bedecktsamige,* Blütenpflanzen, d. Samen in geschlossenen Hohlräumen (Fruchtknoten) entstehen; Ggs.: → Gymnospermen.
Angiotensin, s. [gr.-l.], blutdrucksteigerndes Gewebshormon, das an d. Entstehung d. häufigsten Form d. → Hypertonie beteiligt ist.
Angkor, im Urwald am See Tonlé Sap in Kampuchea; bis 1450 Hptst. des

ANGOLA	
Staatsname:	Republik Angola, República de Angola
Staatsform:	Präsidiale Republik
Mitgliedschaft:	UNO, OAU, AKP, SADC, CPLP
Staatsoberhaupt:	José Eduardo dos Santos
Regierungschef:	Fernando van Dunem
Hauptstadt:	Luanda 1,5 Mill. Einwohner (Agglom.)
Fläche:	1 246 700 km²
Einwohner:	10 674 000
Bevölkerungsdichte:	9 je km²
Bevölkerungswachstum pro Jahr:	⌀ 3,72% (1990–1995)
Amtssprache:	Portugiesisch
Religion:	Katholiken (65%), Protestanten, Naturreligionen
Währung:	Neuer Kwanza (NKz)
Bruttosozialprodukt (1989):	5996 Mill. US-$ insges., 620 US-$ je Einw.
Nationalitätskennzeichen:	ANG
Zeitzone:	MEZ
Karte:	→ Afrika

Angola

Khmer-Kaiserreichs (6.–15. Jh.); Ruinenstätte mit gewaltigen Tempeln: *A.-Thom, A.-Vat, Bayon.*
Anglersprache, Fachsprache d. Angler, d. Fachausdrücke u. Redensarten umfaßt, d. sich auf d. Fischfang (z. T. auf d. Berufsfischerei) beziehen; A. weist innerhalb d. dt. Sprachraums sehr starke regionale Unterschiede auf.
Anglesey [′æŋgļsɪ], brit. Insel an d. NW-Küste v. Wales, 676 km², 68 500 E.
anglikanische Kirche, Staatskirche Englands, v. Kg Heinrich VIII. gegr. (1534), d. Ritus nach kath., d. Glauben nach protestant.; → Hochkirche.

Anglistik, *w.,* Wiss. von der engl. Sprache u. Literatur; dazu **Anglist**.
Anglizismus, *m.,* engl. Ausdrucksweise in einer anderen Sprache.
Angloamerikaner, Amerikaner, der aus dem Teil Amerikas stammt, in dem Engl. gesprochen wird.
Angola, Rep. a. d. Küste v. SW-Afrika; *Bev.:* Bantus, vor der Abwanderung 400 000 Weiße. **a)** *Wirtsch.:* Hauptgewicht a. Kaffee, Eisenerz, Diamanten, Erdöl. Hpthafen: *Lobito.* **b)** *Verf.* v. 1975: Sozialist. Volksrep. auf marxist. Basis; s. 1991 präsidiale Rep., neue Verfassung in Vorb. **c)** *Verw.:* 18 Provinzen. **d)** *Gesch.:* 1520 portugies. Küstensiedlung; im 19. Jh. Vordringen ins Innere; 1955 eigene Verfassung als Überseeprov.; nach Umsturz in Portugal Unabhängigk. 1975; nach Bürgerkrieg setzte sich 1976 die von d. UdSSR u. Cuba unterstützte marxist. MPLA durch; 1983 Invasion südafrikan. Truppen, 1984 Waffenstillstand m. Südafrika, u. Abzug d. südafrikan. Einheiten; 1991 Friedensabk. zwischen UNITA u. MPLA, doch Wiederaufleben d. Kämpfe n. ersten freien Wahlen 1992; 1994 Friedensabk. v. Lusaka; 1995 Anerkennung v. Präs. Dos Santos d. UNITA-Chef Savimbi; Stationierung v. UN-Truppen. 1997 „Reg. d. Einheit u. nationalen Versöhnung", erneut Unruhen.
Angora, früherer Name v. → *Ankara.*
Angorakatze, Hauskatze mit langem, seidigem Haar; stammt aus Asien; heute als *Perserkatze* bezeichnet.
Angoraziege, urspr. bei *Angora* (Ankara) gezüchtet; langes, seidiges Fell liefert → Mohair.
Angosturabaum, südam. Rautengewächs, Rinde enthält Bitterstoffe, die als fiebersenkendens Mittel (Chininersatz) u. f. Bitterliköre verwendet werden.
Angoulême [ãgu′lɛm], Hptst. d. frz. Dép. *Charente,* an der Charente und Bahn Paris–Bordeaux, 46 900 E; roman. Kathedrale; Weinhandel, Papierfabrik.
Angra Manju, *Angra Mainyu* [awest. „böser Geist"], Verkörperung d. Bösen i. d. iran. Religion d. Zarathustra (→ Zoroaster).
Ångström, Anders Jonas (13. 8. 1814 bis 21. 6. 74), schwed. Astronom u. Phys.; Untersuchungen zum Sonnenspektrum.
Ångström-Einheit, Abk. Å, bisher in der Spektroskopie häufig verwendete Maßeinheit für die Wellenlänge des Lichtes; (seit 1960) 1 Å = 10^{-10} m (soll nicht mehr verwendet werden, da Å keine → SI-Einheit ist).
Anguilla, Insel d. Kleinen Antillen; s. 1650 brit. Kolonie; s. 1980 innere Selbstverw.; Tourismus.
Anguissola [aŋuis′ɔ:la], Sofonisba (um 1527–nach 1623), it. Malerin d. Manierismus; tätig in Italien u. als Porträtistin am Hof Philipps II. in Madrid; *Drei Kinder mit Hund.*
Angus, [engl. æ ŋgəs],
1) kleinrahmig, schwarze Rinderrasse a. Schottland (Gft Aberdeen u. Angus); hornlose, friedfertige, anspruchlose u. anpassungsfähige Mastrinder m. feinfasrigem, gut marmoriertem Fleisch; *Red A.,* rotbunter Schlag a. Südam., *Deutsche A.,* gelb b. rotes, schwarzes b. dunkelbraunes Rindvieh.
2) ehem. Gft i. Mittel-Schottland; seit 1975 bei d. Region Tayside.

ANGUILLA	
Staatsform:	brit. Kolonie mit innerer Selbstverwaltung
Staatsoberhaupt:	Königin Elizabeth II., vertreten durch Gouverneur Alan W. Shave
Regierungschef:	Hubert Hughes
Hauptstadt:	The Valley 600 Einwohner
Fläche:	96 km²
Einwohner:	9000
Bevölkerungsdichte:	93 je km²
Amtssprache:	Englisch
Religion:	Christen
Währung:	Ostkaribischer Dollar (EC$)
Zeitzone:	MEZ – 5 Std.
Karte:	→ Antillen

Anguilla

Anhalt, früher Land d. Dt. Reiches, zu beiden Seiten d. Elbe u. Saale u. am Ostrand des Harzes; Hpst. war *Dessau;* ehem. Herzogtum A., in mehrere Linien (Köthen, Zerbst, Bernburg usw.) geteilt, 1863 wieder vereint, 1918 Freistaat, 1946–52 Teil des Landes Sachsen-Anhalt; s. 1952 größtenteils zum Bezirk Halle; 1990 Teil d. Bundesld. → Sachsen-A. (20 443 km², 2,82 Mill. E, Hptst. *Magdeburg*).
Anhidrosis, Versiegen der Schweißbildung.
Anhui [anxüeĭ], Provinz im östl. Mittelchina, beiderseits des Chang Jiang, 139 900 km², 52 Mill. E; Hptst. *Hefei* (900 000 E).
Anhydride [gr.], chem. Verbindungen aus Säuren durch Wasserabspaltung; meist wieder leicht wasseraufnahmefähig unter Rückbildung der Säuren.
Anhydrit, *m.,* wasserfreies Calciumsulfat; → Gips.
Ani, Bez. f. 3 Arten südam. Kuckucksvögel; einfarbig schwarz m. hohem Schnabel; Brut in Gemeinschaftsnestern.
Anilin, *Aminobenzol* $(C_6H_5NH_2)$, aus Benzol (→ Steinkohle); Grundstoff vieler Farben u. Arzneien.
animalisch [l.], tierisch.
Animateur [-tø:r], Unterhalter, Freizeitgestalter i. Massen-Tourismus.
Animationsfilm, Puppen-, Sach- od. Zeichentrickfilm; Bewegungsabläufe werden im Einzelbildverfahren aufgenommen (Phasentrick).
animieren [frz.], anregen, aufmuntern.
Animismus [l.], Vorstellung (der Naturvölker) v. der Beseeltheit der Natur und ihrer Kräfte.
Animosität, *w.* [l.], feindl. Gesinnung.
Anio [′a:nĭo], heute: *Aniene,* auch *Teverone,* l. Nbfl. d. Tiber, 110 km l., aus Sabinerbergen; bei Tivoli 96 m hohe Wasserfälle.
Anion, negativ geladenes → Ion (z. B. Säurerest); wandert bei d. → Elektrolyse zur (positiven) Anode.
Anionenaustauscher → Ionenaustauscher.
Anis, Frucht eines aus dem Orient stammenden Doldenblütlers; Kuchen-, Brotgewürz, verarbeitet zu Tee u. Öl.
Anisokorie, ungleich weite Pupillen.
anisotrop → isotrop.
Anjou [ã′ʒu], westfrz. Landschaft an der unteren Loire, jetzt Dép. *Maine-et-Loire;* Obst- und Weinreichtum, Hptort *Angers* (Schieferindustrie); Grafschaft A. zeitweise engl., 1204 wieder frz., 1246–1480 wechselnd neapolitan. und frz., seitdem frz. – Später: Titel für kgl. Prinzen. – Engl. Königsgeschlecht: *A.-Plantagenet,* → Plantagenet.
Ankara, früher *Ancyra,* ab 1073 *Angora,* s. 1923 Hptst. d. Türkei u. des Wilajets A., 2,6 (Agglom. 3,0) Mill. E; modernste St. d. Türkei, repräsentativ Bauten (Parlament, Ministerien, Uni., TU); Handelszentrum. Vorgeschichtl. Gründung, blühende phryg. Siedlung; 1073 durch Seldschuken erobert.
Anker, Albert (1. 4. 1831–16. 7. 1910), schweiz. Maler; Genre- u. Landschaftsbilder d. heimatl. Bauernlebens *(Schlafender Bauernjunge);* Bildnisse, Illustr. z. Werken → Gotthelfs.
Anker,
1) bewegl. Teile e. elektromagnet. Gerä-

Ankara, *Statue v. Atatürk*

tes, z. B. → Relais, oder einer el. Maschine, z. B. → Elektromotor.
2) Teil d. mechan. → Hemmung in der Uhr.
3) der drahtgewickelte drehbare Teil bei → Dynamomaschine u. Elektromotor.
4) Gerät zum Festhalten der Schiffe.
Anklage, *jur.* Antrag d. Staatsanwaltschaft auf Eröffnung des → Hauptverfahrens.
Anklam (D-17389), Krst. in M-V, an der Peene, 18 650 E; Marienkirche (13.–15. Jh.); Maschinenbau.
Ankogel, 3246 m, höchster Gipfel der A.-Gruppe in den östlichen Hohen Tauern (Ostalpen).
Ankylose [gr.], Gelenkversteifung.
Anlageberater, kaufmänn. ausgebildete Person, die bei Geld-, Vermögensanlage berät.
Anlagevermögen, stehendes Vermögen e. Unternehmung (Grundstücke, Gebäude, Maschinen u. a., Einrichtungen usw.); wird im Ggs. zum Umlaufvermögen nicht unmittelbar umgesetzt.
Anlagewerte, Wertpapiere, die zur Kapitalanlage u. nicht zu Spekulationen gekauft werden.
anlassen, → Vergüten v. Metallen (Stahl) durch Wärmebehandlung.
Anlaufbremse, selbsttätig wirkende Anhängerbremse, die d. Auflaufkräfte beim Abbremsen d. Zugfahrzeuges umsetzt.
Anleihen, festverzinsl. langfristige Darlehensaufnahmen v. Staat (→ Staatsanleihen) u. größeren Unternehmungen, → Schuldverschreibungen.
anmustern, sich als Besatzungsmitglied eines Schiffes verpflichten.
Anna, kath. Heilige, nach d. Legende Mutter Mariens (Tag: 26. 7.); → Anna selbdritt.
Anna,
1) A. Amalia (24. 10. 1739–10. 4. 1807), Hzgn von Sachsen-Weimar, führte 1758–75 die Regentschaft für ihren Sohn Karl August, berief 1772 Wieland, begründete die geistige Bedeutung Weimars.
2) A. Boleyn (1507–36), 2. Frau von Heinrich VIII. von England, hingerichtet; ihre Ehe, vom Papst nicht anerkannt, gab Anlaß zur Loslösung der engl. Kirche; Mutter Elisabeths v. England.
3) A. Iwanowna (7. 2. 1693–28. 10. 1740), 1730 russ. Kaiserin, stand unter dem Einfluß von → Biron.
4) A. Stuart (6. 2. 1665–1. 8. 1714), Schwägerin Wilhelms III. v. Oranien, Kgn v. England, reg. s. 1702, vereinigte 1707 England m. Schottland.
Anna [hebr. „Gottesgnade"], w. Vn.
Annaba, früher *Bône*, alger. Hafenst., 348 000 E; Erz- u. Phosphatausfuhr; in d. Nähe Ruinen d. phöniz. St. *Hippo Regius*.
Annaberg-Buchholz (D-09456), Krst. i. Erzgeb., Sa., 24 421 E; Spitzenklöppelei, Posamentenind., Uranbergbau erloschen.
Annahme an Kindes Statt, *Adoption,* auf Antrag des Annehmenden durch Beschluß des Vormundschaftsgerichts begründetes Rechtsverhältnis zw. d. Annehmenden (Mindestalter 25 bzw. 21 Jahre) u. dem Kind, das entweder selbst (wenn es über 14 Jahre alt ist) od. durch s. gesetzl. Vertreter in die Annahme einwilligen muß; Einwilligung auch der

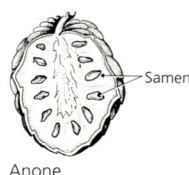
Anone

Anopheles   Gewöhnliche Stechmücke

Jean Anouilh

leiblichen Eltern bzw. der nichtehelichen Mutter erforderlich; das angenommene Kind erhält die rechtl. Stellung eines ehel. Kindes (§§ 1741 ff. BGB); Vermittlung d. A. ist nur d. Jugendämtern od. anerkannten Wohlfahrtsverbänden gestattet.
Annalen [l.], geschichtl. Jahrbücher; → Tacitus.
Annam, der mittlere Landesteil von → Vietnam, Hptst. *Hué.* – Bis 1428 von China abhängig; 1511 Eindringen der Portugiesen; 1787 Bündnis mit Frkr.; infolge Christenverfolgungen 1833–67 Eingreifen Frkr.s, 1884 frz. Protektorat, Angliederung an Frz.-Indochina, 1945 zu Vietnam.
Annapurna, Berg im Himalaja, 8091 m (1950 als erster Achttausender v. Maurice Herzog bestiegen).
Anna selbdritt, i. d. christl. Kunst Darstell. v. Anna (Mutter der Maria) u. Maria m. d. Jesuskind als Dreiergruppe; z. B. v. Leonardo da Vinci.
Annaud [a'no], Jean-Jacques (* 1943), frz. Filmregisseur; *La guerre du feu* (1981); *Der Name der Rose* (1986).
annektieren [l.], sich (gewaltsam) aneignen, einverleiben (z. B. von Gebietsteilen).
Annex, *m.* [l.], Anhang, Zubehör.
Annexion, *w.* [l.], gewaltsame Einverleibung fremder Gebiete.
Anno, *Hanno* (um 1010–75, Hlg., Erzbischof von Köln; Vormund u. Erzieher Kaiser Heinrichs IV.
anno [l.], im Jahre; *A.* Domini, A. D., im Jahre des Herrn (n. Chr. Geb.).
Annolied, Legendendichtung um A. v. Köln (um 1085).
Annonce [frz. a'nõːsə], Anzeige in Druckwerken.
Annuitäten [l.], Jahreszahlungen f. Verzinsung *und* Tilgungsrate (Amortisation) einer Schuld, bes. bei öffentl. Anleihen, Hypotheken u. ä.
annullieren [l.], f. ungültig erklären.
Annunziaten, Nonnenorden v. d. Verkündigung Mariä.
Annunziatenorden, früher höchster it. Orden; seit 1362.
Annunzio, Gabriele d' (12. 3. 1863–1. 3. 1938), it. Novellist, Lyriker u. Dramatiker; Duse-Roman: *Feuer.*
Anoa, *Gemsbüffel,* kleinstes Wildrind; auf Celebes.
Anode [gr. „Eingang"], die positive → Elektrode, in welche der als von Plus nach Minus fließend gedachte Strom eintritt.
Anökumene [gr.], d. unbewohnte Teil der Erde (z. B. Wüsten u. Polargebiete).
Anolis, Gattung d. → Leguane.
anomal, regelwidrig.
Anomalie, *w.* [gr.],
1) *astronom.* Winkel zw. Perihel (→ Perigäum) u. dem Ort e. Planeten in seiner Bahn.
2) *allg.* Ausnahme, Abweichung v. d. Regel.
anomalistisches Jahr → Jahr.
Anone, *Annone,* Zimtapfel, Rahmapfel; Obstbaum aus Westindien u. Zentralamerika, auch i. Indien, China, Philippinen angebaut; Sammelfrüchte als *Cherimoya* im Handel.
anonym [gr.], ohne Namensnennung.
anonymes Werk, Schrift ohne Angabe des Verfassers.
Anopheles, *Fiebermücken,* Stech-

mückengattung, Überträger des Malariaerregers.
Anorak [Eskimowort], wind- u. wasserdichte Bluse mit Kapuze.
Anorexie [gr.], Appetitlosigkeit. – **Anorexia nervosa,** *Magersucht,* psychisch bedingte Nahrungsverweigerung, v. a. junger Frauen, → Bulimie.
anorganisch, zur unbelebten Natur gehörend; Ggs.: → organisch.
Anouilh [a'nuj], Jean (23. 6. 1910–3. 10. 87), frz. Dramatiker v. existentialist. Grundhaltung; *Eurydike; Antigone; Romeo und Jeannette; Colombe; Die Lerche; Becket od. die Ehre Gottes.*
Anoxämie, Sauerstoffmangel im Blut.
Anoxie, Sauerstoffmangel im Gewebe.
Anpassung,
1) Einstellung eines Lebewesens auf d. bestehende Umweltbedingungen durch Umbildung morpholog. Strukturen (Organe, Körpergestalt) u. Erwerb neuer Eigenschaften.
2) *psych.* Angleichung der individuellen Ansprüche an die Normen der Ges. u. Subkulturen.
3) zur Erreichung d. besten Wirkungsgrades soll der innere Widerstand zus.geschalteter el. Bauteile möglichst gleichwertig sein (z. B. Mikrofon u. Tonbandgerät).
Anquetil, Jacques (* 8. 1. 1934), frz. Radrennfahrer; 5mal Sieger der Tour de France (1957 u. 1961–64), Giro d'Italia-Sieger 1960 u. 64, Std.-Weltrekord 1956 mit 46,159 km/h.
Anrainer [östr.], Anlieger, Nachbar.
Anregung, beim → Atom Überführung eines od. mehrerer Elektronen der Hülle aus d. Grundzustand (Zustand niedrigster Energie) in Zustände höherer Energie (→ Quantentheorie, Übers.); zur Anregung Energiezufuhr notwendig (z. B. in Form v. Lichtquanten, Wärme, Elektronenstoß).
Anreicherung, in Dtld erlaubte Form d. Erhöhung d. potentiellen Alkoholgehalts, wenn d. Trauben nicht d. zur Weinherstellung notwend. Mostgewicht besitzen: bei → Tafelweinen mittels Zusatz v. Zucker od. (rektifiziertem) Traubenmostkonzentrat (od. durch Tiefkonzentrierung, bei → Landweinen und Qualitätsweinen (→ QbA) nur mit Zucker; bei Prädikatsweinen (→ QmP) ist lediglich Hinzugabe v. → Süßreserve erlaubt.
ANSA, Abk. f. **A**genzia **N**azionale **S**tampa **A**ssociata, it. Nachrichtenagentur.
Ansbach (D-91522), kreisfr. St., Hptst. d. bayr. Rgbz. Mittelfranken, 38 378 E; a. d. Rezat a. Osthang d. Frankenhöhe; LG, AG; Nahrungsmittel-, Textil-, Kunststoff-, Elektroind., Brauereien; Rokokoschloß; „Bachwoche A." – 1456–1791 Residenz d. Markgrafen v. Brandenburg-A.; 1791 an Preußen; ab 1805 bayr.
Anschaffungswert, *Anschaffungskosten,* betriebswirtschaftl. Grundlage f. d. bilanzierten Wert d. Anlagevermögens; Basis für d. → Abschreibung.
Anschlußbewegung, nat. pol. Strömung in Östr. (s. 1918) mit dem Ziel der staatl. Verschmelzung mit Dtld; 1918 einstimmiger Beschluß der provisor. Nationalversammlung in Wien über Anschluß an Dtld (auch in d. → Weimarer Verfassung vorgesehen); in den Friedensverträgen v. → Versailles u. St-Ger-

Anschlußpfändung main sowie im Östr. Staatsvertrag (1955) verboten.

Anschlußpfändung, svw. → Nachpfändung.

Anschovis, *Anchovis,* kl. Heringsfisch, Mittelmeer, Schwarzes Meer, Atlant. Ozean; gesalzen als *Sardelle.*

Anselm von Canterbury [-kæntəbəri] (1033–1109), Erzbischof, Phil., Begriffsrealist, stellte d. *ontologischen* → *Gottesbeweis* auf.

Ansermet [ãsɛr'mɛ], Ernest (11. 11. 1883–20. 2. 1969), schweiz. Dirigent, Komp. u. Musiktheoretiker.

Ansfelden (A-4052), Gem. i. Bez. Linz, Oberöstr., 14 636 E; Geburtsort A. Bruckners.

Ansgar († 865), Erzbischof von Hamburg-Bremen, Apostel des Nordens.

Anshan [-], chin. St. in d. Mandschurei, 1,4 Mill. E; Eisen- u. Stahlindustrie.

Ansichsein, *phil.* nach d. Erkenntnislehre d. Unabhängigkeit e. Seienden vom Erkanntwerden durch d. Subjekt. Im Existentialismus Sartres ist A. (être en soi) d. bewußtlose d. Seins selber.

Ansitz, *m.,* Jagdplatz, von dem aus das Wild sitzend erwartet wird.

Anspruch, *jur.* Recht, von einem anderen ein Tun od. Unterlassen zu fordern.

Anspruchsniveau, *psych.* Schwierigkeitsgrad des Anspruchs an die eigene Leistung.

Anstalt, im *Verw.recht: A. des öffentl. Rechts,* durch bes. öff. Zweck verbundene Personen- u. Sachgesamtheit, die der Allgemeinheit oder best. Teilen der Bevölkerung zur Benutzung zur Verfügung gestellt wird (z. B. Universitäten, Sparkassen; oft jurist. Personen).

Anstand, *m.,*
1) gutes Benehmen.
2) Jagdplatz, von dem aus das Wild stehend erwartet wird.

Anstiftung, Verleitung zu einer Straftat; strafbar, wenn diese begangen wurde, nach d. Gesetz, das auf Straftat selbst Anwendung findet (§ 26 StGB); → Aufforderung zum Verbrechen.

Antagonismus, *m.* [gr.], Widerstreit.

Antagonisten,
1) entgegengesetzt wirkende Nerven od. Muskeln (z. B. Beuger u. Strecker).
2) biochem. Stoffe od. Medikamente, die einer anderen Stoffgruppe entgegenwirken, z. B. → Calciumantagonisten.
3) Widersacher, Gegenspieler.

Antakya, *Antakie,* St. im S d. Türkei, Hptst. der Prov. Hatay, 124 400 E; früher → *Antiochia.*

Antall [ˈɔntɔl], József (8. 4. 1932 bis 12.12.93), ungar. Pol.; Sept. 1987 Mitbegr. d. „Demokratischen Forum"/UDF, Okt. 1989 Vors. d. UDF, 1990–93 ungar. Min.präs.

Antananarivo, früher *Tananarive,* Hptstadt d. Rep. Madagaskar, 1,25 Mill. E.

Antapex [l.], *Antiapex,* Punkt am Himmel gegenüber d. → Apex.

Antares [„Gegenmars"], hellster Stern 1. Größe i. Skorpion, rötl. Licht, Doppelstern; südl. → Sternhimmel C.

Antarktis, *w.* [gr.], → Südpolargebiet.

Antarktische Halbinsel, früher *Grahamland,* Halbinsel im W des → Südpolargebietes.

Antarktis-Vertrag, 1958 geschlossen zw. Argentinien, Australien, Belgien, Chile, Frkr., Großbrit., Japan, Neuseeland, Norwegen, Südafrika, UdSSR, USA, Polen (1977), BR (1981) über d. friedl. Nutzung d. Antarktis.

Antäus, *Antaios,* Riese der gr. Sage, empfing durch Berührung mit der Erde stets neue Kraft, von Herakles in der Luft erdrückt.

Antazida, Medikamente gegen überschüssige Magensäure.

ante [l.], vor (auch als Vorsilbe).

Anteilswirtschaft, *Teilbau, Teilpacht, Halbscheidwirtschaft,* landw. Verpachtungsart; Pachtzins wird durch Anteil am Ertrag abgegolten.

Antelami, Benedetto (bezeugt 1178–nach 1200), größter it. Bildhauer d. Romanik; übertrug erstm. d. Bildprogramm d. Statuenzyklen v. frz. auf it. Kirchenfassaden (Baptisterium, Parma; Dom, Fidenza); erstrang. Einzelwerke (Reliefs, Statuen).

Antenne,
1) *Fühler,* vorderstes Gliedmaßenpaar der Gliederfüßer, reich mit Sinnesorganen besetzt.
2) *Radiotechnik,* Wellentypwandler, der elektromagnet. Energie abstrahlt od. aufnimmt; Bestimmungsgrößen: Antennengewinn, → Richtcharakteristik, Eingangswiderstand u. relative → Bandbreite.

Antennengalaxien, etwa 48 Mill. Lichtjahre entferntes Paar wechselwirkender → Galaxien, aus denen Gas u. Sterne bis zu 100000 Lichtjahre weit ausgeschleudert wurden und antennenähnl. Schweife bilden.

Antependium [l.], meist reich verzierte Verkleidung d. Altartisches.

Antes, Horst (* 28. 10. 1936), dt. Maler Graphiker u. Bildhauer; „Kopffüßler".

Anthere, *w.* [gr.], Staubbeutel der Blütenpflanzen.

Antheridium, männl. Organ von → Kryptogamen.

Anthocyane, blaue u. rote Blütenfarbstoffe.

Anthologie, *w.* [gr. „Blütenlese"], Auswahl v. Dichtungen, bes. Gedichten.

Anthracen, *s.,* Kohlenwasserstoff i. Teer; verarbeitet zu → Alizarin.

Anthrakose, svw. Kohlen- u. Staublunge.

Anthrax, svw. → Milzbrand.

Anthrazit, *m., Kohlenblende,* Steinkohle des höchsten Kohlenstoffgehalts, hart u. glänzend, wenig flüchtige Bestandteile, gibt wenig Flamme, aber viel Hitze (35,5 kJ/g Heizwert).

anthropisches Prinzip, besagt, daß d. Eigenschaften u. d. Entwicklung des Universums vereinbar mit d. notwendigen Bedingungen f. d. Existenz des Menschen sein müssen.

Anthropoiden → Menschenaffen.

Anthropologie,
1) *phil. A.:* d. denkende Selbstbeschreibung des Menschen.
2) wiss. Beschreibung des Menschen im biol. Sinne; Hauptgebiete: menschl. Abstammungslehre, Typenkunde (einschließl. Rassenkunde), Bevölkerungsbiol.
3) angewandte A. svw. → Eugenik.

Anthropometrie, wiss. Vermessung des menschlichen Körpers.

Anthropomorphismus, Vorstellung über- od. untermenschl. Wesen (Götter, Naturwesen) nach dem Bilde des Menschen.

ANTIGUA UND BARBUDA	
Staatsform:	Konstitutionelle Monarchie im Commonwealth
Mitgliedschaft:	UNO, Commonwealth, OAS, CARICOM, AKP
Staatsoberhaupt:	Königin Elizabeth II., vertreten durch Gouverneur J. B. Carlisle
Regierungschef:	Lester B. Bird
Hauptstadt:	St. John's 36 000 Einwohner
Fläche:	440 km²
Einwohner:	65 000
Bevölkerungsdichte:	148 je km²
Bevölkerungswachstum pro Jahr:	⌀ 0,71% (1990–1995)
Amtssprache:	Englisch
Religion:	Christen (Protestanten 86%)
Währung:	Ostkaribischer Dollar (EC$)
Bruttosozialprodukt (1994):	453 Mill. US-$ insges., 6970 US-$ je Einw.
Nationalitätskennzeichen:	AG
Zeitzone:	MEZ – 5 Std.
Karte:	→ Antillen

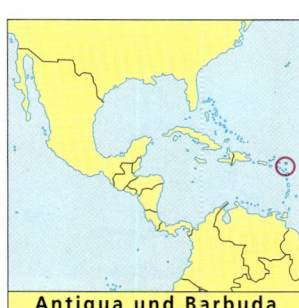

Antigua und Barbuda

Anthropos, *m.* [gr.], Mensch.

Anthroposophie, Begr. R. → Steiner: Der Mensch soll Anschluß an das geistige Prinzip des Alls gewinnen.

anthropozentrisch, den Menschen als Mittelpunkt der Welt betrachtend.

Anthropozoonose, vom Tier auf den Menschen übertragbare Infektionskrankheit.

anti- [gr.], „gegen", „wider".

antiautoritär, autoritäre Macht, Normen, Behandlung ablehnend; **antiautoritäre Erziehung** geht davon aus, daß sich Konflikte ohne Normvorgaben friedlich lösen lassen; **antiautoritärer Kindergarten; antiautoritäre Schulen** (z. B. Summerhill).

Anti-Baby-Pillen → Kontrazeption.

Antibes [ã'tib], frz. Stadt und Mittelmeerhafen am *Golf v. A.,* 70 000 E; Badeorte *Juan-les-Pins* u. *Cap d'Antibes.*

Antibiotika [gr.], von Lebewesen (Schimmel- u. Strahlenpilzen, Bakterien, Algen, Flechten) gebildete Stoffwechselprodukte, die das Wachstum anderer Kleinlebewesen (v. a. Bakterien) hemmen u. vernichten; das Hauptanwendungsgebiet bilden Infektionskrankheiten. Die wichtigsten A. sind: → *Penicilline, Cephalosporine, Streptomycin, Tetracyclin, Chloramphenicol, Erythromycin, Gentamicin, Rifampicin* u. a. Heute werden unter A. meist auch synthet. antibakterielle Substanzen verstanden, z. B. → *Sulfonamide, Gyrasehemmer* u. a.

Antiblockiereinrichtung, *ABS-System,* verhindert (z. B. bei Autobremsen) d. gefährl. Blockieren der Räder, wenn d. Pedaldruck zu hoch u. d. Reibung zw. Rad u. Straße zu gering ist.

antichambrieren [frz. -ʃã-], im Vorzimmer warten (oft im Sinne von Kriecherei, katzbuckeln).

Antichlore, Chemikalien, die Chlor binden und Bleichschäden verhüten (z. B. Natriumthiosulfat).

Antichrist, Endzeitmythos: Feind des Messias, teufl. Verführer der Christen.

Antidepressiva, svw. → Thymoleptika.

Antidiabetika [gr.-l.], → Diabetes mellitus.

Antidot, *s.* [gr.], Gegenmittel (z. B. bei Vergiftung).

Anti-D-Prophylaxe → Rhesusfaktor.

Antigene [gr.], belebte (Bakterien, Schimmelpilze) od. unbelebte (Nahrungs-, Arzneimittel) Stoffe, die nach Eindringen i. d. Körper eine Reaktion d. Organismus hervorrufen, wobei körpereigene Abwehrstoffe (→ *Antikörper*) gebildet werden; bei gr. Menge v. A. u. wiederholtem Eindringen: → Immunisierung od. → Allergie.

Antigone, Tochter d. Ödipus, auf Befehl Kreons getötet; Tragödien von Sophokles u. Anouilh.

Antigua und Barbuda, Inselstaat in der Karibik, 1632 bzw. 1661 von Engländern kolonialisiert, ehem. Teil d. brit. Kolonie Leeward-Inseln, s. 1981 unabhängig; Haupteinnahmen durch den Tourismus; Landwirtsch.

Antihistaminika, Arzneimittel gegen → Histaminwirkung; b. → Allergien.

antik [l.], aus dem Altertum; alt, altertümlich.

Antikathode → Röntgenstrahlen.

Antike, *w.,* griech. u. röm. Altertum

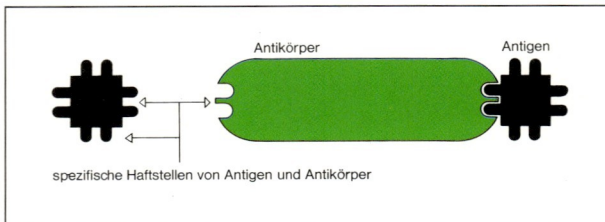

Antikörper, *Funktionsweise*

(→ griechische, → etruskische u. → römische Kunst).

Antiklopfmittel, Bez. f. die den Ottomotor-Kraftstoffen in kleinsten Mengen zugesetzten Substanzen, um ihre → Octanzahl zu erhöhen u. das Klopfen des Motors zu verringern (z. B. → Bleitetraethyl).

Antikoagulanzien [gr.-l.], die → Blutgerinnung hemmende Substanzen (z. B. → Heparin, → Kumarin); z. Vorbeugung u. Behandung v. → Thrombose, → Embolie, → Infarkt.

antikonzeptionell → Kontrazeption.

Antikörper, körpereigene *Abwehrstoffe,* die körperfremde Stoffe (→ Antigene) bei Eindringen in den Organismus unschädlich zu machen versuchen (*Agglutinine, Alexine, Antitoxine, Bakteriolysine, Präzipitine, Hämolysine*).

Antikörpermangelsyndrom, svw. → Agammaglobulinämie.

Antilibanon, Parallelgebirge zum → Libanon; höchste Erhebung: *Talaat Musa,* 2629 m.

Antillen, *Westindien,* Inselwelt d. Am. Mittelmeeres (Golf v. Mexiko u. Karibisches Meer) mit Ausnahme d. Bahama-Inseln: *Große A.:* Cuba, Haïti, Jamaica, Puerto Rico (letzterer zu USA); *Kleine A.* (teilweise zu GB, F, NL u. USA assoziiert): *Inseln über dem Winde,* v. d. Jungferninseln bis nördl. Trinidad, u. *Inseln unter dem Winde,* v. d. Venezuela-Küste v. Trinidad bis Aruba; auf Haïti bis 3140 m hoch, trop. Klima, Wirbelstürme; Zuckerrohr, Tabak, Kaffee, Baumwolle; Bauxit.

Antilopen, meist in Herden lebende

Antilope

gehörnte Huftiere bes. Afrikas, auch Indiens (*Hirschziegen-A.*); Wiederkäuer; kleine A. werden als Gazellen bezeichnet.

Antilymphozytenserum, Serum gegen Abstoßungsreaktionen nach → Transplantation fremden Gewebes (durch Immunisierung v. Tieren hergestellt).

Antimaterie, nach phys. Theorie denkbare u. auch experimentell nachgewiesene → Elementarteilchen (→ Antiprotonen, Antineutronen, → Positronen=Antielektronen), die z. T. gleiche (z. B. Masse, → Spin), z. T. entgegengesetzte Eigenschaften (z. B el. → Ladung, magnet. → Moment) haben wie ihre „normalen Verwandten" Protonen, Neutronen u. Elektronen. Aus ihnen aufgebaute Atome u. Moleküle sollten für sich beständig sein und im phys. Verhalten (z. B. opt. → Spektrum) von gewöhnl. Materie nicht unterscheidbar sein. Bei Kontakt von Teilchen u. → Antiteilchen dagegen werden beide in Strahlung umgewandelt.

Antimetaboliten [gr.-l.], Hemmstoffe versch. Schritte d. Stoffwechsels d. Zellen, u. a. Mittel gg. → Leukämie u. andere Krebsformen.

Antimon, *Sb,* chem. El., Oz. 51; At.-Gew. 121,75, Dichte 6,69; weißes, sprödes Metall, bildet m. Blei u. Zinn *Letter-* und *Britanniametall.*

Antimonsalze, dienen als Beize in der Färberei.

Antimykotika [gr.], Mittel gg. Pilzkrankheiten.

Antineuralgika, Mittel gg. Nervenschmerzen, Untergruppe d. → Analgetika.

Anti-Newton-Glas, in d. Bildbühne e. Vergrößerers, obere Scheibe d. Bildbühne, d. aufgerauhte Seite d. AN-Scheibe ist z. Film gerichtet; verhindert d. Auftreten v. Newtonschen Ringen u. Schlieren im Papierbild.

Antinomie [gr.],
1) Widerstreit zweier scheinbar gleich stichhaltiger Sätze (Kant).
2) *jur.* Gesetzwiderspruch; bei gleicher Frage geht jüngeres Gesetz dem älteren in der Regel vor.

Büste des Antinoos, *nach 130 n. Chr.*

Antinoos [-noɔs], Liebling des röm. Kaisers Hadrian; Ideal der Jünglingsschönheit in d. spätrömischen Kunst.

Antiochia, antike Stadt, 300 v. Chr. von Seleukos erbaut, Blüte zur röm. Kaiserzeit; hier 1. große Christengemeinde außerh. Palästinas; i. MA arabisch, dann türkisch; heute → Antakya.

Antiochus, *Antiochos,* Name von syrischen Kgen (Nachkommen des Seleukos):
1) A. III., der Große (reg. 223–187 v. Chr.), 190 bei Magnesia von den Römern besiegt; sein Sohn
2) A. IV., Epiphanes, Kg 175–164, trieb d. Makkabäer zum Aufstand (166).

ANTIOPE, Abk. für L'*A*cquisition *N*umérique et *T*élévisualisation d'*I*mages *O*rganisées en *P*ages d'*E*criture; vom staatl. frz. Rundfunk TDF entwickeltes Textübertragungssystem, ähnlich dem dt. → Videotext.

Antioxidanzien,
1) organ. Verbindungen v. sehr verschiedenartigem Bau, die unerwünschte, durch Sauerstoffeinwirkung bedingte Veränderungen in den zu schützenden Stoffen hemmen od. verhindern; in Kunststoffen, Fetten, Ölen, Benzin, Anstrichstoffen, Kosmetika, Lebensmitteln usw. benötigt.
2) Stoffe wie Vitamin E, die d. Schädigung körpereigener Moleküle durch Oxidation verhindern; durch ihre Zufuhr sollen degenerative Prozesse aufgehalten werden.

Antiparteienaffekt, feindselige, ablehnende Haltung gegenüber pol. Parteien, bes. i. d. Weimarer Republik.

Antipassate, polwärts gerichtete Luftströmungen über d. → Passaten.

Antipasti, it. Vorspeisen.

Antipathie [gr.], Widerwillen, Abneigung.

Antiphlogistika [gr.], entzündungshemmende Mittel (oft zugleich → Analgetika).

Antiphon [gr.],
1) Wechselgesang zwischen Priester u. Chor (od. Gemeinde).
2) Gesang aus dem Stundengebet d. röm.-kath. Kirche, bei dem sich d. ganze Chor u. 2 Chorhälften abwechseln.

Antiphonale, liturgisches Buch mit d. Gesängen d. Stundengebets der röm. Kirche.

Antipoden, w. [gr. „Gegenfüßler"], leben auf entgegengesetzten Orten d. Erdkugel; im übertragenen Sinn: gegensätzl. Menschen.

Antiproton [gr.], 1955 experimentell nachgewiesenes → Elementarteilchen hoher Energie m. Masse d. → Protons, aber negativer Ladung.

Antipyretika [gr.], fiebersenkende Mittel (oft zugleich → Analgetika).

Antiqua, lat. Druckschrift (→ Schriftarten).

Antiquar [l.], Verkäufer alter Bücher.

antiquiert, veraltet.

Antiquitäten, alte Kunst- u. Gebrauchsgegenstände.

Antirheumatika [gr.], Mittel gg. → Rheuma (oft zugleich → Analgetika).

Antisana, erloschener Vulkan in Ecuador, 5704 m.

Antisemitismus, Bez. für Judenfeindlichkeit; als pol. Bewegung auf die Zurückdrängung, häufig sogar Aus-

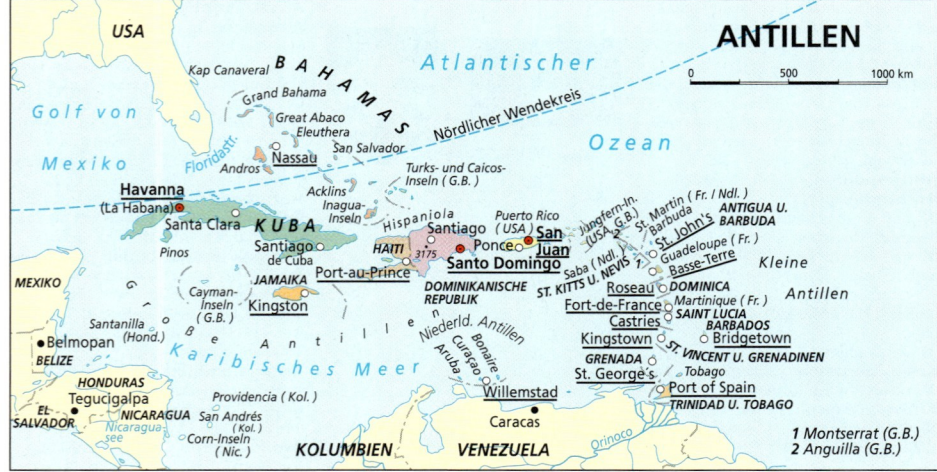

scheidung der Juden aus dem Leben der „Wirtsvölker" gerichtet. Das Wort wurde in Dtld geprägt für die pol. judenfeindl. Bewegung nach 1870, d. sich auf d. Begriff → Arier (ihn verfälschend) stützte. Der A. fand später weitere Nahrung durch d. Verherrlichung der „arischen" Rasse bei H. S. → Chamberlain. Extreme Auswüchse erlebte er im zarist. Rußland (Pogrom) u. in der Vernichtung der → Juden durch den → Nationalsozialismus. Antisemit. Tendenzen auch heute noch vielerorts spürbar.
Antisepsis, *w.* [gr.], antiseptische Wundbehandlung durch bakterientötende Mittel *(Antiseptika)* wie Karbol-, Iodlösungen; → Asepsis.
Antiserum, svw. Heil- → Serum.
Antisthenes von Athen, (ca. 444–368 v. Chr.), gr. Phil. in Athen, Schüler d. Sokrates u. Stifter d. kyn. Phil.schule. Er lehrte Bedürfnislosigkeit (Autarkie) u. forderte Rückkehr zum Naturzustand.
Antiteilchen, → Elementarteilchen, → Antimaterie.
Antithese [gr.], Gegenbehauptung; rednerische Gegenüberstellung zweier Gegensätze.
Antitoxine [gr.], Gegengifte, im Blut entstehend od. als Abwehrstoffe *(passive Impfung)* zugeführt, die die Wirkung tier., pflanzl. oder bakterieller Gifte *(Toxine;* z. B. d. Diphtheriebakterien) aufheben; → Antikörper.
Antitrinitarier, Gegner d. christl. Lehre v. d. → Trinität, d. Dreifaltigkeit Gottes.
Antivitamine, chem. Stoffe, die sich anstelle eines Vitamins setzen u. dieses unwirksam machen, e. Form d. → Antimetaboliten.
Antizipation, *w.* [l.].
1) *mus.* Vorausnahme e. od. mehrerer Töne d. folgenden Zusammenklangs od. Taktes.
2) Vorwegnahme.
antizipative Rechnungsabgrenzung → Rechnungsabgrenzung.
antizyklische Finanzpolitik, Abschwächung bzw. Vermeidung v. konjunkturellen Störungen im Wirtschaftsgeschehen mit Mitteln der Einnahmen-Ausgaben-Dosierung durch die öffentl. Hand; dabei werden die Einnahmen/ Ausgaben entgegenwirkend der jeweiligen Konjunkturphase eingesetzt. → Konjunktur.
Antofagasta,
1) chilen. Prov., 125 253 km², 407 000 E; Salpeterfelder, Silber, Kupfer, Guano.
2) *A.,* 204 600 E; wicht. chilen. Ausfuhrhafen (Salpeter, Kupfer); Uni., Erzbischofssitz.
Anton, m. Vn.; nach d. röm. Sippennamen Antonius.
Antonello da Messina, (um 1430–79), it. Maler am Beginn d. Frührenaiss.; leuchtende Farben in d. v. ihm wesentl. verbreiteten neuen Technik d. → Ölmalerei, plast. Formung d. Körper, klar komponierter Bildaufbau; *hl. Sebastian;* Bildnisse.
Antonescu, Jon (14. 6. 1882–1. 6. 1946), rumän. Marschall, Min.präsident (1940–46).
Antoninus Pius, (86–161), röm. Kaiser 138–161, baute neuen, vorgeschobenen Limes.
Antoninuswall, röm. Grenzwall in Britannien, 145 n. Chr. unter Kaiser Antoninus Pius angelegt. Verbindet auf e. Länge von ca. 60 km mit 19 Kastellen d. Firth of Forth (Osten) mit d. Firth of Clyde (Westen). In der 2. Hälfte des 2. Jhs n. Chr. aufgegeben.
Antonioni, Michelangelo (* 29. 9. 1912), it. Filmregisseur: *La notte* (1961); *Blow-up* (1967); *Zabriskie Point* (1970).
Antonius,
1) Marcus A. (82–30 v. Chr.), Anhänger Cäsars, schloß mit Octavianus u. Lepidus 43 das 2. → Triumvirat (Dreimännerbündnis) gg. die Mörder Cäsars; Sieg bei Philippi 42 über Brutus u. Cassius; verfiel der ägypt. Kgn Kleopatra; von Octavian, s. Schwager, 31 bei Aktium besiegt; Selbstmord.
2) A. d. Gr. (um 251–356), „Vater d. Mönchtums", gründete Einsiedlergemeinden in Ägypten.
3) A. v. Padua (1195 bis 1231), kath. Hlg., Franziskaner, n. ihm: **Sankt-A.-Brot,** Armengabe.
Antonow An-124, sowj. Transportflugzeug (NATO-Name Condor); zus. m. d. Ant 225 Mechte (Traum) größtes mil. Frachtflugzeug der Welt; → Galaxy.
Antragsdelikte → Strafantrag.
Antrieb,
1) *psych.:* Maß für d. seel. Dynamik (z. B. Gefühl, Wille), die best. Verhaltensweisen bewirkt.
2) *phys.:* der einem Körper zugeführte → Impuls.
3) *techn.:* die den A. liefernde Maschine (→ Triebwerk).
Antrum, unterer Teil d. Magens.
Antwerpen, frz. *Anvers,*
1) nordbelg. Prov. an d. unteren Schelde, 2868 km², 1,6 Mill. E.
2) nordbelg. St., Hpst. d. Region Flandern, einer der größten Häfen Europas, an der Schelde, 88 km von der Nordsee entfernt, 468 000 (Agglom. 926 000) E; kath. Bischofssitz; Uni.-Zentrum; bed. Umschlaghafen und Handelszentrum; Diamantenind., Werften, Schiffsreparaturwerkstätten, Erdölraffinerien, Eisenind., Großchemie etc.; zahlr. histor. Bauten. – Schon im 7. Jh. genannt; drei Blütezeiten (13., 16. u. 19. Jh.), 1809 u. 1814 v. Engländern erfolgreich belagert; nach Erringung der Unabhängigk. Belgiens (1830) u. Aufhebung des Scheldezolls (1863) bed. Aufschwung der Stadt u. des Hafens.
Anu, akkad. Himmelsgott, Hauptkultort Uruk.
Anubis, altägypt. Totengott mit Schakalskopf.
Anuradhapura, Ruinen auf Sri Lanka (450 v. Chr.–9. Jh. n. Chr.); e. religiöses Zentrum d. Buddhismus.
Anurie [gr.], Aufhören der Harnabsonderung.
Anus, svw. → After.
Anzeigepflicht,
1) bei Kenntnis des Vorhabens gewisser schwerer Straftaten (Mord u. a.). Unterlassung strafbar; Absehen von Strafe möglich, wenn Straftat nicht versucht wurde (§§ 138, 139 StGB).
2) für Geburts- u. Sterbefälle, → Seuchen, → Infektionskrankheiten, → Tierseuchen.
Anzengruber, Ludwig (29. 11. 1839–10. 12. 89), östr. Dramatiker u. Schriftst.; *D. G'wissenswurm.*
ANZUS-Pakt, ein 1951 geschlossenes Bündnis zw. **A**ustralien, **N**ew**z**ealand

Antwerpen, *Kathedrale*

Anuradhapura

(Neuseeland) u. d. **US**A z. Verteidigung des Pazifik; durch Ausschluß v. Neuseeland 1986 faktisch aufgelöst bzw. durch bilaterale Abkommen ersetzt.
a. o., **a**ußer**o**rdentlicher (→ Professor).
AO, Abk. f. → **A**bgaben**o**rdnung.
A(O)C, Abk. f. **A**ppellation (d'**O**rigine) **C**ontrôlée (kontrollierte Herkunftsbez.), oberste Stufe des Klassifizierungssystems f. d. frz. Qualitätsweine; legt f. d. als AOC eingestuften Weine e. best. Region, e. Teilgebiets, e. Gemeinde od. e. bes. Einzellage u. a. Art u. Zus.stellung der zugelassenen Rebsorten, Rebschnitt, Vinifizierung u. Ausbau sowie Höchstertrag u. Mindestalkoholgehalt fest. Etwa 40% der frz. Anbaufläche sind als AOC eingestuft; die dort erzeugte Menge entspricht knapp 30% der frz. Weinproduktion.
AOK, Abk. f. **A**llgemeine **O**rtskrankenkasse; → Sozialversicherung.
Äolier, einer der 4 Hauptstämme der Griechen.
Äolsharfe, Windharfe, b. Lufthauch tönend.
Äolus, *Aiolos,* der griech. Windgott.
Äon, *s.* [gr.], Zeitalter, Weltalter.
Aorist, *m.* [gr. „unbegrenzt"], *gramm.* indoeur. erzählerische Zeitform f. Vergangenh., bes. i. Griech.
Aorta, *w.* [gr.], Hauptschlagader d. Körpers, versorgt alle übrigen Schlagadern außer den Lungenschlagadern (Abb. → Herz).
Aortenherz, *Aortenkonfiguration, Schuhform des Herzens,* starke Vergrößerung d. linken Herzkammer bei Herzklappenfehler.
Aortenisthmusstenose, angeborene Verengung d. Aorta am Aortenbogen.
Aosta, Amadeo (21. 10. 1898–3. 3. 1942), it. Gen. d. Luftwaffe, Vizekg. v. Ital.-Ostafrika; 1941 Kapitulation vor d. Briten.
Aosta,
1) auton. Region in Nordwestital., umfaßt d. A.-Tal mit Nebentälern; 3264 km², 115 400 E.
2) Hptst. d. Region *Valle d'A.,* an der Dora Baltea, 35 895 E, am Ausgangspunkt d. Straßen über den Großen u. Kleinen St. Bernhard z. Montblanc-Tunnel.
3) Tal der Dora Baltea in d. Region A.
AOX, absorbierbare organ. Halogenverbindungen, Kenngröße f. Abwasserqualität.
AP ['eɪpi], Abk. f. → **A**ssociated **P**ress.
APA, Abk. f. **A**ustria **P**resse-**A**gentur, östr. Nachrichtenagentur.
Apachen, *Apatschen,*
1) (Pariser) Unterweltler.
2) Indianerstamm im S des Plains-Areals von Nordamerika.
apagogischer Beweis, Beweisführung a. d. Unrichtigkeit des Gegenteils.
apallisches Syndrom, Funktionsausfall d. Hirnrinde, keine Reaktion auf äußere Reize.
Apanage, *w.* [frz. -ʒə „Leibgedinge"], v. Staat bezahlte Rente an Prinzen regierender Häuser.
apart [frz.], eigenartig, reizvoll.
Apartheid, *w.* [afrikaans „Trennung"], die von der burischen Nationalpartei in Südafrika betriebene Pol. d. Rassentrennung.
Apathie [gr.], Teilnahmslosigkeit.

Apatit, Mineral, *Calciumphosphat;* Düngemittel; Bestandteil v. Knochen u. Zähnen.
APEC, **A**sia-**P**acific **E**conomic **C**ooperation, Asiat.-Pazif. wirtsch. Zus.arbeit, gegr. 1989 in Canberra/Australien; Mitgl.: die 6 → ASEAN-Mitgl.staaten Thailand, Malaysia, Singapur, Indonesien, Philippinen, Brunei sowie Australien, Japan, Kanada, Republik Korea, Neuseeland, USA, (s. 1991) VR China, Taiwan u. Hongkong, (s. 1993) Mexiko u. Papua-Neuguinea u. (s. 1994) Chile; Ziele: Liberalis. d. Welthandels in d. Region; ungebundene Wirtsch.beziehungen incl. Technologieaustausch; gemeins. Auftreten in intern. Foren (u. a. → GATT/ → UNCTAD).
Apeiron, *s.* [gr.], das Unbegrenzte, Ungeformte.
Apel, Hans (* 25. 2. 1932), SPD-Pol.; 1972–74 Staatsmin. im AA, 1974–78 B.finanzmin., 1978–82 B.verteidigungsmin.
Apeldoorn, St. in der ndl. Prov. Geldern, 148 700 E; Nähe *Het Loo,* kgl. Sommerresidenz.
Apelles, griech. Maler, (4. Jh. v. Chr.); obwohl kein Werk erhalten ist, stand er bis zur Renaiss. im Ruf des größten Malers d. Antike; die Beschreibung (2. Jh. n. Chr.) s. Gemäldes *Die Verleumdung* inspirierte den it. Renaissmaler Botticelli zu einer Nachschöpfung.
Apenninen, junges Faltengebirge Italiens (**A.**halbinsel); vom *Col d'Altare* westl. Genua bis zur Straße von Messina, 1200 km l.; *Gran Sasso d'Italia* (Abruzzen) 2914 m; stark entwaldet.
Apenrade, dän. *Åbenrå,* Amtshptst. a. d. *A.r Förde* in Südjütland, 21 200 E; Fischräuchereien.
aper [l. „*apertus* = offen"], schneefrei.
Aperçu, *s.* [frz. -'sy:], geistreicher Einfall.
Apéritif, *m.* [frz.], appetitreizendes alkohol. Getränk (z. B. Bitterlikör).
Apertur, *w.* [l.], Öffnung; blendefreier Teil opt. Linsen, mit dessen Größe die Helligkeit u. feinste Wiedergabe von Einzelheiten wächst; numerische **A.,** Maß f. d. Auflösbarkeit feinster Einzelheiten, steigt b. Anwendung v. → Immersionsflüssigkeiten.
Apertursynthese, elektronisches Zus.schalten einer Anordnung von (kleineren) Einzelteleskopen zur Erhöhung d. Empfindlichkeit u. des Auflösungsvermögens. In d. → Radioastronomie: *Radiointerferometer, Arrays* (Gruppen von Radioteleskopen).
Apex, *m.* [l.],
1) scheinbarer Richtungspkt. der Bewegung der Sonne relativ zu den sie umgebenden Sternen, im Sternbild Herkules.
2) *med.* Spitze (z. B. der Zahnwurzel, des Herzens).
Apfel, Kernobst; Europa; *Wild-A.* *(Holz-A.)* bedornt, wohl nicht Stammform der über 600 Kultursorten (wahrscheinlich asiat. Arten); best. ausländ. Arten Zierbäume. In Dtld 1994: Ernte 0,95 Mill. t.
Apfelblütenstecher, graubrauner Rüsselkäfer, 4 mm, legt Eier in Blütenknospen; Larven fressen diese aus.
Apfelkraut, Brotaufstrich a. eingedicktem Apfelsaft o. Zuckerzusatz; bes. beliebt ist d. rhein. Apfelkraut a. frischen ungeschälten Äpfeln.

Aphrodite von Knidos, Kopf

Apokalypse, Miniatur, Anfang 15. Jh.

Apollo von Belvedere

Apfelsine, norddt. f. → Orange.
Apgar-Schema, Klassifizierung des Zustandes d. Neugeborenen.
Aphasie [gr.], Sprechstörung aufgrund e. Hirnschädigung.
Aphel, *s.* [gr.], → Apsiden, bei Planetenbahnen.
Aphonie, wie Sprechen mit Flüsterstimme, z. B. bei Erkrankungen d. Kehlkopfs.
Aphorismus [gr.], kurzer, einprägsamer (Sinn-)Spruch, Gedankensplitter.
aphoristisch, knapp, prägnant, pointiert.
Aphrasie, Unfähigkeit, Sätze zu bilden.
Aphrodisiaka, nach *Aphrodite,* Mittel zur Steigerung des Geschlechtstriebes.
Aphrodite [griech. „dem Meerschaum entstiegen"], Göttin der Schönheit u. d. Liebe, die römische → *Venus;* Beiname: *Anadyomene.* – *A. von Knidos,* Statue des Praxiteles.
Aphthen [gr.], einzeln oder zu mehreren auftretende Defekte der Mundschleimhaut mit einem gelbl. Belag, die etwa linsengroß werden; sie können immer wieder auftreten, sind nicht infektiös; manchmal in Begleitung v. Verdauungsstörungen u. während der → Menstruation.
API, Abk. f. **A**ssociation **P**honétique **I**nternationale.
Apia, Hptst. u. Hafen der Rep. Westsamoa, 36 000 E.
Apis, ägypt. Fruchtbarkeitsgott in Stiergestalt.
Aplanat, Handelsname f. Kameraobjektiv; veraltet, weil nicht auf → Astigmatismus korrigiert.
Aplasie, Fehlen von Organen (angeboren), ausbleibende Entwicklung von Zellen (erworben, z. B. *aplast.* → Anämie).
Aplomb, *m.* [frz. a'plõ:], dreistes Auftreten.
APN → Presse, Übers. (Nachrichtenagentur).
Apnoe, Fehlen der Atmung.
APO, Abk. f. **A**ußer**p**arlamentari**sche O**pposition.
apochromatische Objektive, besitzen ein od. zwei apochromat. korrigierte Linsen, bieten extreme Schärfe u. beste Farbwiedergabe, bes. f. Rot u. f. Fotografie m. Teleobjektiven über gr. Distanzen hinweg; benötigen keinen Infrarotindex.
apodiktisch [gr.], unwiderleglich, beweiskräftig.
Apogäum [gr.], → Apsiden bei Mond- u. Erdsatellitenbahnen.
Apokalypse [gr. „Enthüllung"], im N.T. *A. des Johannes,* die in großen, oft dem A.T. und außerjüd. Religionen entnommenen, mit neuem Inhalt erfüllten Bildern u. Visionen Gottes Herrschaft über die menschl. Geschichte darstellt.
Apokalyptik, Vorstellung v. Lehre v. d. endzeitl. Ereignissen (Eschatologie).
Apokalyptische Reiter, Pest, Hungersnot, Krieg, Tod.
apokalyptische Zahl, Offb. 13,18: 666, bezeichnet den → Antichrist.
Apokryphen [gr. „verborgen, unsicher"], rel. jüd. u. christl. Bücher, die vom gottesdienstl. Gebrauch ausgeschlossen blieben; für die Protestanten sind manche Bücher des A.T. *apokryph,* die es nach kath. Lehre nicht sind (z. B. u. a. 2 Bücher Makkabäer, Tobias, Judith, Weisheit, Jesus Sirach).

Apolda (D-99510), Krst. in Thür., 26 600 E; Textilind., Glockengießerei.
Apollinaire [-'nɛ:r], Guillaume, eigtl. *Wilhelm Apollinaris v. Kostrowitzki* (26. 8. 1880–9. 11. 1918), poln.-frz. Schriftst. zw. Symbolismus u. Surrealismus, Kunstkritiker; Gedichtsammlungen: *Alcools; Calligrammes.*
apollinisch, nach Nietzsche: das Maßvolle, heiter Ausgeglichene; Ggs.: → *dionysisch.*
Apollo, Programm der → NASA, das 1961 speziell mit d. Ziel eingeleitet wurde, Menschen auf d. Mond zu bringen; 1. Mondlandung durch Apollo 11 (→ Weltraumforschung).
Apollofalter, ♦, Schmetterling eurasiat. Hoch- u. Mittelgebirge; weiß mit schwarzen und roten Flecken.
Apollon [gr.], griech.-röm. Gott des Lichts u. der Künste *(Phöbus),* Sohn des Zeus und der Leto; – Statuen: *A. v. Tenea* (archaisch, 6. Jh.); *A. v. Olympia* (frühklass., 5. Jh.); *A. v. Belvedere* (erste röm. Kaiserzeit).

Apollo von Piräus, ca. 525 v. Chr.

Apollonios,
1) *A. v. Rhodos* (3. Jh. v. Chr.), griech. Dichter (Alexandria), *Argonautensage.*
2) *A. v. Perge* (ca. 262–190 v. Chr.), griech. Math., n. ihm *Apollonischer Kreis.*
3) *A. v. Tyana,* Neupythagoreer, Prophet und Wundertäter des 1. Jh. n. Chr.
Apollo-Raumschiffe → Mondsonden.
Apologetik, *w.* [gr.],
1) Verteidigung des Glaubens gg. feindliche Anschauungen.
2) die Wissenschaft davon (Fundamentaltheologie; → Grundlagenforschung, um den christl. Offenbarungsglauben rational u. historisch zu begründen); Anfänge im 2. Jh. bei den **Apologeten:** Justin, Origenes, Tertullian u. a.
Apologie [gr.], Verteidigung, Rechtfertigung.
Apomixis, bei Pflanzen Samenbildung ohne vorhergehende → Befruchtung; → Parthenogenesis.
Apophis, ägypt. Schlangendämon aus d. Finsternis, Gegner d. lichten Sonnengottes.
apoplektisch, mit Schlaganfall (→ Apoplexie) zusammenhängend.
Apoplexie [gr.], *Schlaganfall, Hirnschlag,* Blutung, Gefäßverstopfung od. -verschluß im Gehirn; häufig mit Halb-

seitenlähmung, meist m. Sprachverlust u. Bewußtlosigkeit verbunden.
Aporie, w. [gr. „weglos, ratlos"], Ausweglosigkeit u. Unmöglichkeit, e. Frage od. e. Problem zu lösen, da in d. Sache selbst od. in d. Begriffen Widersprüche enthalten sind.
Apostasie [gr.], Abfall vom Glauben.
Apostel [gr. „Bote"], im N.T. die 12 A. Sendboten Jesu: *Petrus, Johannes, Jakobus Zebedäi, Andreas, Philippus, Thomas, Bartholomäus, Matthäus, Jakobus Alphäi, Simon, Thaddäus* od. *Judas Jakobi (Lebbäus);* statt *Judas Ischarioth* wurde *Matthias* gewählt; später zusätzlich *Paulus.* – A. auch Ehrenname großer Missionare.
Apostelgeschichte, Schrift im N.T. von Lukas.
Apostellehre, d. älteste christl. Kirchenordnung (um 100).
a posteriori [l. „vom Späteren"], nach *Kant:* Erkenntnis aus der Erfahrung; Ggs.: → a priori.
apostolisch, bes. was auf die Apostel zurückgeht; auch päpstlich.
apostolische Gemeinden, wurden von Aposteln gegründet.
Apostolische Konstitution, Kirchenordnung aus dem 4. Jh.
Apostolischer Delegat, Geistlicher mit päpstl. Vollmacht.
Apostolischer Segen, der päpstl. Segen.
Apostolischer Stuhl, Bez. f. d. Papst u. die päpstl. Gewalt.
Apostolischer Vikar, Vorsteher eines Missionsbezirks.
Apostolisches Glaubensbekenntnis, *Apostolikum, Symbolum Apostolicum,* auf d. Apostel zurückgeführtes ältestes christl. Glaubensbekenntnis (2. Jh.).
Apostroph, *m.* [gr.], Auslassungszeichen (') für Wegfall eines Vokals *(sei's).*
Apostrophe, *w.* [gr.], Rede an Abwesende oder Dinge; jemanden *apostrophieren,* anreden.
Apotheke [gr.], staatl. zugelassene und amtlich kontrollierte Zubereitungs- und Verkaufsstelle für Heilmittel, besonders der stark wirkenden Arzneien, die ärztl. Verordnungszwang unterliegen.
Apotheker, staatl. approbierter Heilmittelbereiter und -händler.
Apothekerkammer, öff.-rechtl. Berufsvertretung der Apotheker.
Apotheose [gr.], Vergöttlichung, Verherrlichung; auch: ein prunkvolles Schlußbild e. Bühnenwerks.
Appalachen, altes Gebirgssystem im O Nordamerikas, 2600 km l., 200–300 km br., stark bewaldet, Süd-A., durch breites Längstal *(Great Valley)* geteilt in nördl. *Alleghenygebirge (Alleghenies: Mount Mitchell 2039 m)* und sw. *Cumberlandplateau;* Nord-A., aufgelöst i. einzelne Gebirgsstöcke; reich an Bodenschätzen, bes. Steinkohle.
Appaloosa [æpə'lu:zə], US-Pferderasse; bes. buntgefleckte Fellvariationen.
Apparat, *m.* [l.],
1) techn. Werkzeug, Gerät.
2) bei wiss. Werken Erläuterungen i. Anhängen, Fußnoten, Lit., die während der Arbeit bereitgehalten wird.
Apparatschik, *m.* [russ.], abwertende Bez. f. Funktionär i. d. kommunist. Bürokratie.

Appartement, *s.* [frz. -'mã:], *Apartment* [engl. ə'pa:tmənt], Einzimmerwohnung, kleine Wohnung m. modernem Komfort; i. Hotels Zimmergruppe.
appassionato [it.], *mus.* leidenschaftlich, m. Hingabe.
Appeal, *m.* [engl. ə'pi:l], Anziehung, Zugkraft.
Appeasement, *s.* [engl. ə'pi:zmənt], Beschwichtigungspolitik; pol. Nachgiebigkeit.
Appel, Karel (* 25. 4. 1921), niederländischer Maler, Mitglied der Gruppe Cobra; bed. Vertreter d. informellen Malerei.
Appell [frz. „Zusammenruf"], mil. Truppenversammlung z. Dienst.
Appellation [l.], Anrufen eines höheren Gerichts.
appellieren, sich wenden an.
Appendektomie *w.* [l.], → Blinddarmoperation.
Appendix, *m.,* (Umgangssprache) bzw. *w.* (Fachsprache) [l.], Anhängsel; *med.* Wurmfortsatz des → Blinddarms im rechten Unterbauch.
Appendizitis, Wurmfortsatzentzündung.
Appenzell, 2 Halbkantone in der nordöstl. Schweiz: d. bergumschlossene, vorwiegend kath. *Innerrhoden,* 173 km², 14 800 E und das meist prot. *Außerrhoden,* 243 km², 53 300 E; Hptorte *Appenzell* (5200 E) und *Herisau* (15 500 E) im Gebirgsland d. Hohen Säntis; Textilind. u. Viehzucht.
Appenzeller, halbfester schweiz. Schnittkäse, mind. 45% i. Tr. Fettgehalt; volles, würziges Aroma; wird i. d. Kantonen Appenzell, Thurgau u. St. Gallen hergestellt.
Apperzeption, apperzipieren [l.], bewußte Verarbeitung v. neu aufgenommenen Wahrnehmungs- u. Vorstellungsinhalten.
Appian, (um 100 n. Chr.), griechischer Geschichtsschreiber; *Römische Geschichte.*
Appiani, Andrea (23. 5. 1754–8. 11. 1817), it. Maler d. Klassizismus, auch wiss. u. polit. tätig; Hofmaler Napoleons I.; mytholog., histor., relig. Themen, Bildnisse; *Amor u. Psyche; Napoleon auf d. Donau; Antonio Canova.*
Appius Claudius Caecus, röm. Zensor 312 v. Chr., baute Via Appia u. erste Wasserleitung in Rom.
applanieren [frz.], ausgleichen, einebnen.
Appleton ['æplətən], Sir Edward Victor (6. 9. 1892–21. 4. 1965), engl. Phys.; Phys. d. Ionosphäre; Nobelpr. 1947.
Applikation [l.],
1) Anwendung (z. B. von Medikamenten).
2) Aufnäharbeit.
Applikatur, *w.,*
1) *mus.* Fingersatz bzw. Pedalsatz f. Orgel.
2) zweckmäßiger Gebrauch.
apportieren [frz.], herbeibringen (vom Hund).
Apposition, *w.* [l.], Beifügung, erklärender Zusatz (z. B. Wilhelm, *ein mutiger Mann).*
Appretur, Schlußbehandlung v. Geweben (z. B. m. Stärke, Eiweiß, Leim od. Spezialpräparaten), um diesen Glanz, Wasser- od. Knitterfestigkeit z. verleihen.

Die Apostel Johannes und Petrus, *Albrecht Dürer*

Apotheose des Antoninus Pius

Appenzell-Innerrhoden

Appenzell-Außerrhoden

Approbation [l.],
1) bischöfl. Genehmigung zum Druck religiöser Schriften.
2) → Bestallung, z. B. als Arzt.
approbiert, behördl. zugelassen.
Approximation [l.], (An-)Näherung.
Apraxie, Ausfall der Gebrauchsfähigkeit, z. B. von Nerven *(Neurapraxie).*
Après-Ski [frz. aprɛ'ʃi], Ausdruck f. gesellschaftl. Zusammensein nach d. Skilaufen in mod. Sportkleidung; auch entsprechende Kleidung.
Aprikose, östr. *Marille,* Steinfruchtbaum aus Innerasien; Frucht mit glattem Kern.
April [l.], 4. Monat (30 Tage); altdt. *Ostermond.*
a priori [l. „vom Früheren"], von vornherein; nach *Kant:* Erkenntnis unabhängig von der Erfahrung, darum allgemeingültig; Ggs.: → a posteriori.
apropos! [frz. -'po:], übrigens.
Apscheron, erdölreiche Halbinsel am *Kaspischen Meer.* Hptort: *Baku;* Schlammvulkane.
Apsiden [gr.], Punkte d. größten bzw. kleinsten Abstandes eines Körpers, d. sich i. einer → Ellipse um einen Zentralkörper bewegt; bei Erde–Sonne *Perihel,*

Apsis, S. Apollinare in Classe in Ravenna, 6. Jh.

Aphel; bei Erde–Mond *Perigäum, Apogäum;* bei Doppelsternen *Periastron, Apastron.*
Apsis, *w.* [gr.], runder od. polygonaler nischenartiger, gewölbter Abschlußraum in e. Kirche.

Aquädukt, Tarragona

Apulejus, (um 125–um 180), röm. Schriftst., satir. Roman: *Der goldene Esel;* Märchen: *Amor u. Psyche.*
Apulien, it. *Puglia,* Landsch. in SO-Italien, it. Region, 19 357 km², 3,98 Mill. E; i. Innern trockene Kalkhochfläche (Weiden), an der Küste fruchtbar (Wein, Oliven) und dicht bevölkert; Hafenstädte: *Bari* (Hptst.), *Brindisi, Tarent.*
Aqua, *s.* [l.], Wasser.
Aqua destillata, *s.,* destilliertes (chem. reines) Wasser.
Aquädukt, *m.* [l.], altröm. Wasserleitung, kunstvoll über Rundbogen geführt.
Aquamanile, *s.* [l.], (liturg.) Gießgefäß od. Becken z. Handwaschung d.

Priesters i. d. Messe; im MA meist in Form e. Tieres aus Metall.
Aquamarin, Edelstein, hellblau-grün, *Beryll.*
Aquametrie, Lehre v. den chem. u. phys. Methoden zur quantitativen Bestimmung d. Wassergehalts.
Aquanaut [l. „aqua = Wasser" u. „Astronaut"], Unterwasserforscher.
Aquaplaning [l.-engl.], bei Kfz Verlust der Bodenhaftung bei hoher Geschwindigkeit auf nasser Straße; Kfz verhält sich ähnlich wie bei Glatteis („schwimmt auf").
Aquarell, *s.* [it.], Wasserfarben-Malerei; zartes Tusch-Verfahren ohne Untermalung; **A.farben.**
Aquarium [l.], Glasbehälter zur Haltung u. Züchtung von Wassertieren u. -pflanzen.
Aquascalientes [aɣuas-], Hptst. des gleichnam. mexikan. Gliedstaates, 400 000 E; warme Heilquellen; Erzbergbau, Textilind.
Aquatinta, w. [it.], s. 18. Jh. Verfahren d. Kupferstichtechnik, um durch säurebedingte Aufrauhung d. Radierungsplatte im Abdruck tuschähnliche Wirkung d. Farbe zu erreichen; z. B. *Goya, Picasso.*
Äquator, *m.* [l. „Gleicher"], der zur Rotationsachse senkrechte Großkreis der Kugel.
1) *Ä. des Himmels,* entsteht d. Schnitt der verlängerten Ebene des Erdäquators mit der scheinbaren Himmelskugel.
2) *Ä. der Erde,* Umfang 40 076 km, teilt die Erde in nördl. u. südl. Halbkugel.
Äquatorialguinea, 1968 gebildet aus den ehemaligen span. Prov. → Fernando Póo u. → Río Muni in W-Afrika, am Golf v. Guinea; Bev.: Bantuneger, Bubi, Fernandinos; Anbau: Kaffee, Kakao, Erdnüsse, Sisal, Edelhölzer. 1979 Oberst Obiang kommt d. Putsch an d. Macht; Bestät. seiner Partei bei Mehrparteienwahl 1993.
Aquavit, *m.* [l. „aqua vitae = Lebenswasser"], m. Kümmel, Nelken, Koriander, Zimt u. and. Gewürzdestillaten aromatisiertes alkohol. Getränk v. mind. 38% Vol.
Äquidensiten, Zonen mit gleichem Grauwert, Schwärzungsgrad auf meßtechn. auszuwertenden Fotokopien (z. B. v. Luftaufnahmen).
Aquileja, it. *Aquileia,* St. am Isonzo, 3400 E; alte röm. Festung, 452 n. Chr. von Attila zerstört.
Äquilibrist [l.], Jongleur, Seiltänzer im Zirkus.
Aquino, Corazón („Cory") Cojuangco (* 25. 1. 1933), philippin. Pol.in; 1986 bis 92 Staatspräs.in.
Äquinoktialgegenden, Tropenländer.
Äquinoktialstürme, im → Äquinoktium bes. häufige Stürme im Bereich d. subtrop. Meere.
Äquinoktium [l. „Nachtgleiche", *Tagundnachtgleiche,* die Tage, an welchen die Sonne i. Schnittpunkt von → Äquator u. Ekliptik steht (21. 3. Frühlings-, 23. 9. Herbstpkt); an diesen Tagen sind a. d. ganzen Erde mit Ausnahme d. Pole Tag u. Nacht gleich lang.
Aquitanien, Landschaft in SW-Frankreich.
äquivalent [l.], gleichwertig.
Äquivalenzklasse, Menge der Dinge, zw. denen e. Äquivalenzrelation besteht.

ÄQUATORIALGUINEA

Staatsname: Republik Äquatorialguinea, República de Guinea Ecuatorial
Staatsform: Präsidiale Republik
Mitgliedschaft: UNO, OAU, AKP
Staatsoberhaupt: Teodoro Obiang Nguema Mbasogo
Regierungschef: Angel Serafin Seviche Dougan
Hauptstadt: Malabo 33 000 Einwohner
Fläche: 28 051 km²
Einwohner: 389 000 Einw.
Bevölkerungsdichte: 14 je km²
Bevölkerungswachstum pro Jahr: ⌀ 2,55% (1990–1995)
Amtssprache: Spanisch
Religion: Christen (89%)
Währung: CFA-Franc
Bruttosozialprodukt (1994): 167 Mill. US-$ inges., 430 US-$ je Einw.
Nationalitätskennzeichen: GQ
Zeitzone: MEZ
Karte: → Afrika

Äquatorialguinea

Arabische Liga

Äquivalenzrelation, verallgemeinerte Gleichheitsbeziehung.
äquivok [l.], zweideutig.
Ar,
1) Flächenmaß, → Maße u. Gewichte, Übers.
2) *chem.* Zeichen f. → Argon.
AR, Abk. für **A**scensio **R**ecta [l.], → Rektaszension.
Ara, *Arara,* sehr gr. Keilschwanzsittiche, Mittel- u. S-Amerika; leuchtend bunte Papageien; Käfigvögel.
Ära, *w.* [l.], Zeitalter, → Zeitrechnung.
Araber, edle Pferderasse, maßgebl. f. d. Vollblutzucht.
arabesk, phantast. verschlungen.
Arabeske, islam. Blatt- u. Rankenornament, ursprüngl. aus d. hellenist. Kunst; s. d. Renaissance in allen eur. Ländern. Ggs.: → Mareske.
Arabidopsis thaliana, *Schmalwand,* Kreuzblütler, Standardversuchsobj. f. gentechn. Veränd. an Nutzpflanzen.
Arabien, Halbinsel zw. Rotem Meer u. Pers. Golf, etwa 3,3 Mill. km², ca. 50 Mill. E; Bev. meist mosl., viele Nomaden. **a)** *Geogr.:* Wüstenhaftes Tafelland mit vulkan. Decken, nach W steil, nach O flacher abfallend; einzelne Oasen mit Dattelpalmenkulturen; wachsende weltwirtsch. Bedeutung durch gewaltige Erdöllager, bes. am Pers. Golf. **b)** *Pol.:* Saudi-Arabien, Jemen, Oman, Kuwait, Vereinigte Arabische Emirate (7 Fürstentümer), Katar, Bahrein u. Teile v. Jordanien u. Irak. **c)** *Gesch.:* Die durch d. Islam erweckten Stämme A.s eroberten um 700 n. Chr. in raschem Siegeszug Vorderasien, Afrika, Spanien u. Unteritalien; *Leo III.* v. Byzanz (717) u. *Karl Martell* (732) wehrten ihr weiteres Vordringen n. Eur. ab. Das Kalifat d. Araber zerfiel i. Teilreiche; Jemen u. Hedschas v. 16. Jh. bis 1918 i. wechselnder Abhängigk. v. osman. Sultan. Im 18. Jh. kam in Inner-A. d. Sekte d. *Wahhabiten* z. Herrschaft, 1819 v. Mehmed Ali (Vizekg v. Ägypten) unterworfen. Seit 1840 in mehrere selbst. Teile zerfallen; Rivalität zw. arab. Herrscherhäusern u. auswärtigen Mächten (Türkei, Großbritann., Italien u. a.). Mit d. Zerfall d. türk. Reiches nach d. 1. Weltkrieg entstanden, zunächst meist als brit. Protektorate, d. inzwischen selbst. Staaten Arabiens; der größte, Saudi-Arabien, wurde 1926 v. Ibn Saud nach Eroberung des → Hedschas geschaffen.
Arabische Emirate, am Pers. Golf, → Vereinigte Arabische Emirate.
arabische Kunst → islam. Kunst.
Arabische Liga, s. 1945 Zus.schluß v. Ägypten (Mitgliedschaft 1979–89, wegen d. ägypt.-israel. Friedensvertrages suspendiert); Syrien, Libanon, Jordanien, Irak, Saudi-Arabien, Südjemen, Libyen (1953), Sudan (1956), Marokko (1958), Tunesien (1958), Kuwait (1961), Algerien (1962), Nordjemen (1967), Bahrein, Oman, Katar, Föderation der arab. Emirate (1971), Mauretanien (1973), Somalia (1974), Djibouti (1977), Komoren, Palästina (1976). Gemeinsame außenpol. Vertretung; wirtsch. u. mil. Zus.arbeit; ständiger Rat (je ein Vertr. d. Länder) in Kairo (1979–90 in Tunis) 1950 Sicherheitspakt; seit 1991 Unterstütz. der Nahost-Friedensbemühungen und Aufnahme v. Gesprächen m. Israel.

arabische Literatur, *vorislamisch:* Moallakat (*Preisgedichte*); Mohammed (*Koran,* nach des Proph. Aussage ein Diktat d. Erzengels Gabriel). –11. Jh.: Hariri (*Makamen,* novellist. Reimprosa, v. Rückert übersetzt). *Tausendundeine Nacht:* Sammelwerk morgenländ. Erzählkunst (1000 n. Chr. bis etwa 1500; in

Arabeske

Europa durch Galland auszugsweise bekannt geworden; vollständige dt. Übersetzung v. Enno Littmann).

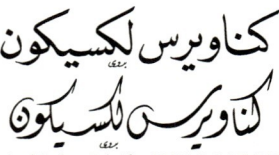
Arabische Schrift: KNAURS LEXIKON in zwei verschiedenen Schriftarten

arabische Schrift, eine Schriftform; nur die Konsonanten werden bezeichnet, sie verläuft v. rechts nach links; die a. S. dient u. a. zur Aufzeichnung des Arabischen und Persischen, früher auch der türk. Sprache.
Arabisches Meer, der NW-Teil d. Ind. Ozeans, zw. Vorderindien u. Arabien.
Arabische Sozialistische Union, *ASU,* 1962 gegr. Einheitspartei in Ägypten.
arabische Sprache, gehört zu d. semit. Sprachen.
Arabische Wüste, Gebirgswüste in Ägypten zw. Nil u. Rotem Meer.
arabische Ziffern, v. d. Arabern übernommenen (urspr. ind.) zehn Zahlenzeichen von 0–9.
Aracajú [-'ʒu], Hptst. d. brasilian. Bundesstaates Sergipe; 401 000 E; Erzbistum; bed. Hafen, Flugplatz.
Arad, rumän. St. a. d. Mureş, 184 500 E.
Arafat, Yasir (* 27. 8. 1929), s. 1967 Führer d. → Al Fatah, s. 1969 Vors. d. Zentralkomitees d. palästinens. Volksbefreiungsfront (→ PLO); s. 1989 nominell erster Präs. v. → Palästina; s. 1994 Leiter d. „Palästinensischen Nationalbehörde" f. d. Verwaltung in Gaza u. Jericho; s. 1996 Präs. d. Palästinens. Rates.
Aragon [-'gõ], Louis (3. 10. 1897–24. 12. 1982), frz. surrealist. Schriftst.: *Elsa; Die Kommunisten.*
Aragonien, span. *Aragón,* histor. Provinz u. Landschaft in NO-Spanien am mittleren Ebro, 47 669 km², 1,2 Mill. E; trockenes Hügel- u. Steppenland, in Flußnähe Berieselungsoasen (Huertas); Hptst. Zaragoza (Saragossa).
Aragonit, *m.,* Mineral, *Calciumkarbonat,* Abart d. → Kalzits.

Aralie, Doldengewächs, aus d. gemäßigten Zonen Asiens u. Nordamerikas; häufige Zimmerpflanze.

Aralsee, viertgrößter See der Erde, 40 750 km², i. Tiefld. v. Turan; abflußlos, salzhaltig; seit 1960 ständiger Rückgang der Wasserfläche durch Ableitung der Zuflüsse Amu-darja u. Syr-darja.

Aramäisch, *Chaldäisch,* Umgangssprache z. Z. Chr. in Palästina.

Arancini, *w.* [it. -'tʃi:ni], kandierte Schalen süßer od. bitterer Orangen; Süßspeise od. z. Backen.

Araninseln ['ærən-], Inselgruppe der W-Küste Irlands, 47 km²; Fremdenverkehr.

Aranjuez [araŋ'xŭεθ], span. St. am Tajo, südl. von Madrid, 36 000 E; kgl. Schloß (16. u. 18. Jh.) m. großen Gärten.

Aräometer, Senkwaage, gibt durch Einsinktiefe in Flüssigkeit deren spez. Gewicht an (z. B. Messung d. Alkoholgehalts).

Arapaima, größter Süßwasserfisch; bis 4,5 m l., wiegt 200 kg; trop. Amerika.

Ärar, *s.* [l.], Schatzkammer, Staatsschatz; im alten Östr. svw. Fiskus.

Ararat, erloschener Vulkan im Armen. Hochland, mit 5137 m höchster Berg d. Türkei.

ärarisch, zum Staatsvermögen gehörend.

Aras, *Araks,* Hptfluß d. Armen. Hochlandes, 1072 km l.; im Mittellauf Grenze zw. Armenien u. Türkei bzw. Aserbaidschan u. Iran; mündet in die Kura.

Araukaner, *Araucos,* krieger. Indianerstamm in S-Chile u. Argentinien; aussterbend.

Araukarie, *Schuppentanne, Zimmertanne,* Nadelhölzer aus Australien, Südamerika u. Inseln d. Pazifiks; in milden Gebieten Gartenpflanze, sonst Zimmerpflanze.

Arbeit,
1) *volkswirtsch.* jede auf ein wirtsch. Ziel gerichtete menschl. Tätigkeit; neben Boden u. Kapital wichtigster elementarer Produktionsfaktor; nach den Merkmalen der A. unterscheidet man *freie* u. *unfreie, gelernte* u. *ungelernte, körperliche* u. *geistige, dispositive* (leitende) u. *exekutive* (ausführende) A.; die spezif. A. des Individuums bildet den Inhalt seines Berufes.
2) *phys.* Produkt aus der Kraft u. dem in Richtung der Krafteinwirkung von einem Körper zurückgelegten Weg; Einheit: Newtonmeter (Nm), → Joule, → Elektronvolt.

Arbeiter, jeder Werte schaffende Mensch,
1) *soziolog.* d. unselbständ. Erwerbstätige *(Arbeitnehmer),* der v. dem Besitzer der sachl. Produktionsmittel (Kapital, Boden) abhängig ist; im engeren Sinne der *Lohn-A.;* Ggs.: *Gehaltsempfänger* (Angestellte, Beamte).
2) Arbeitnehmer, deren Tätigkeit überwiegend körperl. Natur ist; *statistisch* alle Lohnempfänger.

Arbeiterbewegung, Inbegriff aller Bestrebungen d. Lohnarbeiter seit d. 19. Jh., ihre Arbeits- u. Lebensbedingungen a. d. Wege d. Selbsthilfe durch freiwilligen Zusammenschluß zu verbessern. Wichtigste Erscheinungsformen: **a)** Arbeiterparteien, meist sozialist. Charakters; **b)** Gewerkschaften als Kampforganisationen u. monopolist. Vertragsparteien auf d. → Arbeitsmarkt; **c)** Arbeitergenossenschaften.

Arbeiterdichtung, *w.,* Dichtung, in der d. Leben des Lohnarbeiters dargestellt wird; *Arbeiterdichter* i. engeren Sinn: alle aus dem Arbeiterstand hervorgegangenen Autoren, die sich auf diese Thematik beschränken (in Dtld z. B. H. Lersch, K. Bröger, M. Barthel, G. Engelke, M. von der Grün); Impulse durch d. Naturalismus (Gerhart Hauptmann, Arno Holz).

Arbeiter- und Soldatenräte, in Dtld nach russ. Muster 1918 anstelle der kaiserl. Reg. getretene Gesamtheit der A.- u. S.; vorübergehend Träger der Staatsgewalt; → Räterepublik, → Rätesystem.

Arbeiterwohlfahrt, anerkannter Spitzenverband der freien Wohlfahrtspflege, 1919 in Berlin gegr.; 1933 aufgelöst, 1945 Neuaufbau, Zentrale (Hauptausschuß) in Bonn; gliedert sich in Landes-, Bezirks-, Kreis- u. Ortsausschüsse; erstrebt die Mitwirkung breiter Bevölkerungsschichten in der Wohlfahrtspflege, unter Notleidenden aller Schichten; Schwerpunkt der Arbeit liegt in der offenen Fürsorge, im sozialpädagog. Wirken u. in d. Mitgestaltung eines neuen Systems soz. Sicherung; unterhält Heime, Kindergärten u. Beratungsstellen; Wohlfahrtsschulen z. Ausbildung v. Fürsorgern u. Fürsorgerinnen, ferner Schwesternschulen u. a.

Arbeitgeberanteil, gesetzl. festgelegte Leistung d. Arbeitgebers zum Sozialversicherungsbeitrag d. (pflichtversicherten) Arbeitnehmer; in Östr. *Dienstgeberanteil.*

Arbeitgeberverbände, freie Vereinigung der Unternehmer z. Vertretung gemeinsamer Interessen, hpts. auf dem Gebiet der Lohn- u. Tarifpolitik; urspr. entstanden als Abwehr- u. Kampforganisation gegenüber d. Gewerkschaften; Kampfmittel gg. Streiks: *Aussperrung (outlock);* gegenwärtig hat sich der Gedanke d. Zusammenarbeit mit d. Gewerkschaften u. die Anerkennung ihres Anspruchs auf Mitbestimmung i. Wirtschaftsprozeß durchgesetzt.

Arbeitnehmerverbände, → Gewerkschaften, Übers.

Arbeitsamt → Arbeitsverwaltung.

Arbeitsbeschaffungsmaßnahmen, allg., i. Sinne d. AFG, Gewährung von Zuschüssen u. Darlehen als Mittel d. Bundesanst. f. Arbeit, in bes. Fällen auch aus Bundes- u. Landesmitteln, an öffentl. u. private Träger v. Arbeiten, die im öffentl. Interesse liegen u. sonst nicht, nicht in demselben Umfang od. erst zu e. späteren Zeitpunkt durchgeführt würden, zur Beschäftigung arbeitsloser Arbeitnehmer, bes. in Zeiten wirtschaftl. Abschwächung.

Arbeitsdienst, freiwillige oder auf Grund von Gesetzen im Dienste d. Gemeinwohls zu leistende Arbeit; 1932 in Dtld als Maßnahme gg. Verwahrlosung der arbeitslosen Jugend; NS führte 1935 sechsmonat. A.pflicht ein: *Reichsarbeitsdienst* (RAD); 1945 v. Alliierten aufgehoben.

Arbeitsdirektor, für Sozial- u. Personalangelegenheiten zuständig. Vorstandsmitglied bei jur. Personen.

Arbeitsförderungsgesetz, *AFG,* Ges. v. 25. 6. 1969, löst Ges. über Arbeitsvermittlung u. Arbeitslosenversicherung (1927) ab; trifft Maßnahmen z. Verhütung v. Arbeitslosigkeit, regelt d. → Arbeitslosenversicherung u. → Arbeitsverwaltung.

Arbeitsgerichte, → Rechtspflege, Übers.

Arbeitshaus, früher Anstalt zur gerichtl. angeordneten Unterbringung wegen asozialen Lebenswandels (z. B. Landstreicherei) verurteilter Personen.

Arbeitslehre, Unterrichtsfach d. Hauptschule, soll den Jugendlichen a. d. Wirtschafts- u. Arbeitswelt heranführen, zu positiven Arbeitshaltungen erziehen u. zu einer rationalen Berufswahl befähigen.

Arbeitslosengeld, Lohnersatzleistung a. d. A.versicherung; A.geld erhält auf Antrag, wer arbeitslos ist, der Arbeitsvermittlung zur Verfügung steht, sich beim Arbeitsamt persönlich arbeitslos gemeldet und die Anwartschaftszeit (mindestens 360 Kalendertage beitragspflichtige Beschäftigung innerhalb v. 3 Jahren) erfüllt hat; d. Dauer beträgt mindestens 156 u. höchstens 832 Tage, die Höhe d. Leistung 63% (f. Verheiratete m. mind. 1 Kind 68%) des um die gesetzl. Abzüge, die bei Arbeitnehmern gewöhnl. anfallen, verminderten Arbeitsentgelts.

Arbeitslosenhilfe, aus Mitteln des Bundes finanzierte Lohnersatzleistung für bedürftige Arbeitslose, d. keinen Anspruch auf Arbeitslosengeld haben, aber 12 Monate Arbeitslosengeld bezogen haben od. mindestens 150 Kalendertage beitragspflichtig waren; d. Höhe d. A. beträgt 56% (f. Verheiratete m. mind. 1 Kind 58%) des um d. gesetzl. Abzüge, d. bei Arbeitnehmern gewöhnlich anfallen, verminderten Arbeitsentgelts.

Arbeitslosenversicherung, besonderer Zweig d. Sozialversicherung, deren Träger d. B.anstalt für Arbeit in Nürnberg ist; f. d. Durchführung ihrer Aufgaben erhebt sie Beiträge v. Arbeitnehmern u. Arbeitgebern zu gleichen Teilen; → Sozialpolitik, Übers.

Arbeitsmarkt, *statist.* Zus.fassung d. Verhältnisses von A.angebot u. -nachfrage; Anbieter *(Arbeitnehmer)* u. Nachfrager *(Arbeitgeber)* stehen sich heute meist als organisierte Marktparteien gegenüber: Gewerkschaften u. Arbeitgeberverbände (Kollektiver A.vertrag).

Arbeitsmedizin, *Arbeitshygiene,* Erforschung d. berufl. Schädlichkeiten, gewerbl. Gifte; auch med. Unfallschutz, Lärmbekämpfung u. a.

Arbeitspapiere, Nachweis über geleistete Sozialversicherungsbeiträge u. Lohnsteuerkarte; vom Arbeitgeber nach Beendigung des A.verhältnisses auszuhändigen.

Arbeitsphysiologie, wiss. Erforschung d. Beanspruchung d. körperlichen Organe, bes. d. Muskeln, durch d. tägl. Arbeit.

Arbeitsplatzwahl, Freiheit d. Arbeit, als Grundrecht in Art. 12 GG aufgenommen.

Arbeitspsychologie, Zweig d. angewandten u. theoret. Psychologie, der sich mit der Beziehung zwischen Mensch und Arbeit beschäftigt.

Arbeitsrecht, Sonderrecht zur Regelung d. Arbeitsverhältnisse zw. Arbeitgeber u. Arbeitnehmer.

Arbeitsmarkt

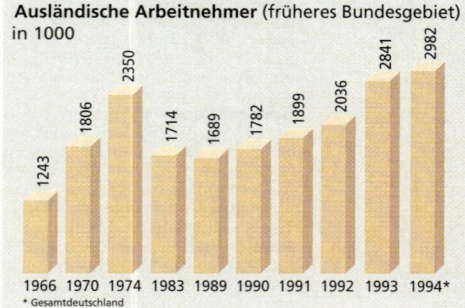

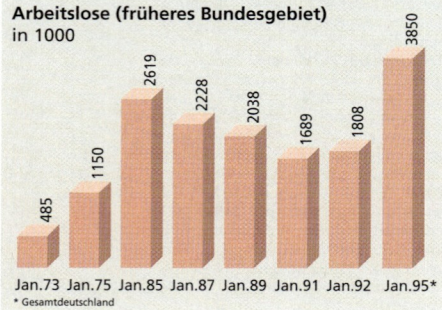

Arbeitsschutz, Rechtsbestimmungen z. Schutz d. Beschäftigten, insbes. als Unfall-, Vertrags-, Lohn-, Beschäftigungsschutz, u. erhöht bei Frauen, Müttern, Jugendlichen, Schwerbeschädigten; staatl. Behörde: Gewerbeaufsicht.

Arbeitssicherstellungsgesetz, regelt Dienstverpflichtung im Fall des → Notstands.

Arbeitsspeicher, *Hauptspeicher,* Teil der → Zentraleinheit einer → Datenverarbeitungsanlage, speichert temporär → Programme, (Zwischen-)Ergebnisse u. → Daten für die gerade ablaufenden Rechnerfunktionen.

Arbeitsstättenverordnung, vom 20. 3. 75, enthält u. a. Vorschriften über Beschaffenheit v. Arbeitsräumen u. sonst. Arbeitsstellen hinsichtl. Belüftung, Temperatur, Beleuchtung, Abmessungen, Sicherheit, Ausstattung, sanitärer Anlagen usw.

Arbeitsunterricht, pädagog. Grundprinzip, d. auf d. Lehren v. *Fröbel* u. a. aufbaut; Hauptvertr.: G. *Kerschensteiner,* teils auch *Montessori* u. die freien Schulgemeinden G. *Wyneken.* A. läßt d. Schüler durch selbständige Erfahrungen unter Anleitung eines Lehrers Einsichten erarbeiten.

Arbeitsvermittlung, Tätigkeit d. A.amtes, die darauf gerichtet ist, Arbeitsuchende mit Arbeitgebern zur Begründung von A.verhältnissen zus.zuführen.

Arbeitsverpflichtung, zwangsweise Einweisung von Arbeitskräften in ein best. A.verhältnis, entsprechendes Verbot d. Arbeitsplatzwechsels; in d. BR nur unter best. Voraussetzungen im Verteidigungsfall möglich.

Arbeitsvertrag, die vereinbarten Bedingungen, zu denen ein Arbeitnehmer einem Arbeitgeber seine Arbeitskraft überläßt; BGB kennt nur den → Dienstvertrag; heute meist kollektiver A.; → Tarifabkommen.

Arbeitsverwaltung, s. 1922 Reichsamt f. Arbeitsvermittlung u. (s. 1927) Arbeitslosenversicherung, Berlin; 1946 durch Kontrollratsbefehl neues Recht, Durchführung durch d. Länder, 1957 Bundesgesetz über Arbeitsvermittlung u. Arbeitslosenversicherung (AVAVG), 1969 Arbeitsförderungsgesetz (AFG), Bundesanstalt f. Arbeit (BA), Sitz Nürnberg, Selbstverwaltungskörperschaft. Der Hauptstelle unterstehen 11 Landes-Arbeitsämter u. 184 Arbeitsämter. Hptaufgaben: Arbeitsvermittlung, Berufsberatung, Förderung der beruflichen Bildung; Arbeitslosenversicherung (Zahlung von → Arbeitslosengeld, Kurzarbeitergeld, → Schlechtwettergeld). 1970 3,9, 1974 über 10, 1979 fast 20, 1988 39,8, 1992 93,5, 1995 97,1 Milliarden DM Ausgaben.

Arbeitszeit, seit 1918 → Achtstundentag; heutige Bestrebung der Gewerkschaften zur 35-Stunden-Woche.

Arbeitszeugnis, Zeugnis über Art u. Dauer der Beschäftigung, auf Verlangen a. über Führung u. Leistungen, falls vom Arbeitnehmer bei Austritt gefordert.

Arbeitszwang, besteht für Strafgefangene im Rahmen d. Vollzugs v. Freiheitsstrafen u. b. Sicherungsverwahrung.

Arber, Werner (* 3. 6. 1929), schweiz. Mikrobiol.; (zus. m. D. → Nathans u. H. O. → Smith) Nobelpr. 1978 (Entdeckung d. Restriktionsenzyme).

Arber, Großer, höchster Berg (1456 m) im Bayer. Wald.

Arbiter [l.], „Schiedsrichter",
1) Zeuge.
2) der Schiedsrichter im röm. Zivilprozeß.

Arbiter elegantiarum, „Schiedsrichter in Geschmacksfragen".

Arbitrage, w. [frz. -'traːʒə], Ausnutzung gleichzeitl. Kursunterschiede v. Devisen, Wertpapieren u. Edelmetallen an versch. Börsenplätzen z. Gewinnerzielung.

Arbitration [frz.], Schiedswesen an Börsen zum Ausgleich geschäftl. Streitigkeiten.

Arbon (CH-9320), Bez.hauptort im Kanton Thurgau am Bodensee, 12 500 E; Maschinenind.

Arboretum, s. [l.], Lehrgarten der Baumarten zu Studienzwecken (Baumschule).

Arboviren [engl. „arthropod borne viruses = von Gliederfüßlern übertragene → Viren"], Gruppe von über 100 Viren, d. durch Mücken, Milben od. Zecken v. Tieren auf Menschen übertragen werden u. → Meningitis u. → Enzephalitis hervorrufen.

Arcadius, Sohn v. → Theodosius d. Gr., nach der Teilung d. Röm. Reiches Kaiser v. Ostrom bis 408.

Archaebakterien, Gruppe v. Bakterien, d. unter extremen Umweltbedingungen leben können, u. a. in Methangas, Erdöllagerstätten.

archaisch [gr.], aus früher Stilepoche einer Kunstentwicklung: *archaische Kunst* (z. B. ägypt.-assyr. Kunst, griech. Kunst d. 6. u. Anfang 5. Jh. v. Chr., frühma. Kunst bis Anfang 12. Jh.). Stilmerkmale: strenge Bindung an Material u. kulturellen, architekton., dekorativen Zus.hang; nicht sehbildmäßige, sondern „geradaufsichtige" Darstellung.

Archaismus, *m.,* Benutzen v. altertüml. *(archaischen)* Kunst- od. Sprachformen.

Archangelsk, Hptst. des russ. Gebiets A., an der Mündung der *Dwina* in das *Weiße Meer*, ca. 6 Monate durch Eis blockiert, 416 000 E; größter Holzexporthafen Rußlands, Fischerei, Werften, Leder- u. Pelzverarbeitung.
Archäoastronomie, Astronomie der Vergangenheit, Astronomie vorgeschichtl., schriftloser Kulturen.
Archäologie [gr.], Altertumskunde, Ausgrabungen, Erforschung v. Kunstdenkmälern u. Funden; *klassische A.* umfaßt die griech. u. röm., *prähistorische A.* die vorgeschichtliche christl. u. die frühchristl. Zeit.
Archäopteryx, *w., m.* [gr.], *Urvogel,* eigtl. Bindeglied zw. Reptilien u. Vögeln, m. bezahntem Kiefer, Wirbelschwanz u. Federn, taubengroß, vermutl. Gleitflieger; 5 fossile Exemplare i. Solnhofener Plattenkalken gefunden.
Arche, d. Schiff, in dem Noah aus d. Sintflut gerettet wurde (1. Mos. 6, 14 ff.).
Archegonium [gr.], weibl. Geschlechtsorgan d. Moose u. Farne.
Archetypen, Terminus C. G. → Jungs für die Inhalte d. „kollektiven Unbewußten", das sich z. B. in Mythen u. Märchen manifestiert.
Archetypus, *m.* [gr.], Urform, -bild, Idee.
Archidiakon [gr.], Ehrentitel f. kath. Geistliche.
Archilochos, griech. Dichter im 7. Jh. v. Chr., Vater d. altgriech. Lyrik.
Archimandrit, Erzabt eines orthodoxen Klosters.
Archimedes, (um 285–212 v. Chr.), bedeutender griechischer Mathematiker der Antike; lebte in Syrakus; stellte über d. *Hebelgesetz* ein math. Axiomensystem auf u. bestimmte damit die → Schwerpunkte v. Flächen u. Körpern; leitete Flächeninhalte u. Volumen vieler Körper her mit streng bewiesenen Formeln (Vorläufer der modernen *Integralrechnung*).
archimedische Schraube, Schneckenrad z. Wasserheben (i. antiken Bergwerken).
Archimedisches Prinzip → Auftrieb.
Archipel [gr.], urspr. Name für Inselgruppe im Ägäischen Meer (*Archipelagos*); heute allg. für Inselgruppe (z. B. *Malaiischer A.*).
Archipenko, Alexander (30. 5. 1887 bis 25. 2. 1964), ukrain.-am. Maler u. bes. Bildhauer d. Kubismus u. d. abstrakten Moderne.
Archipoeta [l. „Erzpoet"], dt. Dichter d. 12. Jh., Anhänger d. Staufer; *Vagantenbeichte (Estuaris intrinsecus)*.
Architekt [gr.], Baukünstler.
Architektur, Baukunst (→ Kunstgeschichte, Übers.).
Architekturmalerei, e. sich im 17. Jh. in den Ndl. entwickelnde Bildgattung, die Innen- oder Außenansichten von Bauwerken darstellt (Saenredam, Houckgeest, E. de Witte).
Architekturmodell, dreidimensionale plast. Darstell. e. Bauwerks f. d. Entwurf od. z. Erläuterung e. bereits bestehenden Objekts.
Architekturzeichnung, Entwurf f. e. Bauwerk (Grundriß, Aufriß, Detailformen), auch Idealentwurf od. Aufnahme e. Gebäudes f. Studienzwecke.
Architrav, *m.* [gr.-l.], in der Baukunst Querbalken über Säulen od. Pfeilern; dagegen → Bogen.
Archiv, *s.* [l.], Urkundensammlung (*Staats-A.*); Titel wiss. Fachblätter u. Institute (*Buch-A.*).
Archivar, *m.*, der Archivbeamte.
Archivolte [it.], meist verzierter Rundod. Spitzbogenlauf bei Tor- od. Fenstereinfassungen.
Archivsicherheit, nur wenn Filme jegl. Art typgerecht entwickelt werden, bleiben die Aufnahmen bei richtiger Lagerung haltbar. Das gilt auch f. d. Anfertigung von Papierbildern. Zwei Komponenten bestimmen d. Haltbarkeit: die richtige Filmentwicklung (od. d. richtige Vergrößern) u. die spätere richtige Lagerung d. entwickelten Filme, Dias od. Papierbilder.
Archon, Mz. *Archonten,* einer der neun höchsten Beamten im alten Athen.
Arcimboldo [-tʃm-], Giuseppe (um 1527.–11. 7. 93), it. Maler d. Manierismus, lange am Kaiserhof in Prag; typenbildend f. (z. T. karikierende) aus gemalten Gegenständen zus.gesetzte Bildnisse u. Allegorien; *Der Bibliothekar; Die vier Jahreszeiten*.
Arcus, der zu einem Winkel gehörige Kreisbogen.
ARD, Abk. f. **A**rbeitsgemeinschaft der öffentlich-rechtlichen **R**undfunkanstalten der B**R**D; seit 1984 auch *Erstes Deutsches Fernsehen*.
Ardèche [-'dɛ:ʃ],
1) r. Nbfl. d. Rhône.
2) südfrz. Dép., 5529 km², 277 600 E; Hptst. *Privas*.
Ardenne, Manfred v. (20. 1. 1907–26. 5. 97), dt. Phys. u. Erfinder; Arbeiten auf d. Gebieten Elektronenoptik, Funktechnik, Mehrschrittkrebstherapie.
Ardennen, frz. *Les Ardennes,* der nordwestl. Teil des Rheinischen Schiefergebirges in Belgien, Luxemburg u. NO-Frkr.; *Hohes Venn* 692 m; dicht bewaldet, rauhes, feuchtes Klima, dünn bevölkert, reich an Steinkohle.
Ardennes [-'dɛn], nordostfrz. Dép., 5229 km², 296 000 E; Hptst. *Charleville-Mézières*.
Areal, *s.* [l.], Fläche, Flächeninhalt.
Arellano [-'ʎa:no], Juan de (1614–12. 10. 76), führender span. Blumenmaler d. Barock; *Weidenkorb mit verschiedenen Blumen*.
Arena, *w.* [l.], sandbestreuter Kampfplatz im röm. Theater; Sportplatz; Zirkus; auch → Amphitheater.
Arendt, Hannah (14. 10. 1906–4. 12. 75), dt.-am. pol. Publizistin; *Elemente u. Ursprünge totaler Herrschaft; Eichmann in Jerusalem*.
Areopag, *m.,* Areshügel, urspr. Sitz d. athen. Blutgerichts; unabhängig entscheidendes, aus ehem. → Archonten zusammengesetztes Gericht; seit 462 v. Chr. ohne Einfluß.
Arequipa [-'ki-], St. in Peru, 634 500 E; Hptst. d. Dep. *A.*, 2363 müM; Handelszentrum, Textilind.; Uni.
Ares, griech. Kriegsgott, röm. → *Mars*.
Aretino, Pietro (20. 4. 1492–21. 10. 1556), it. Dichter d. Renaissance; Lustspiele, erot. Dialoge; *L'Orazia*.
Arezzo, *Arretium,* Hptst. d. it. Prov. *A.,* alte Etruskerstadt am Arno, südöstl. v. Florenz, 90 600 E; Geburtsort *Petrarcas*.
Argelander, Friedrich Wilhelm August (22. 3. 1799–17. 2. 1875), dt. Astronom; schuf die „Bonner Durchmusterung", Himmelskarte m. 324 198 Sternen.
Argenteuil [arʒɑ̃'tœj], St. an der Seine, nw. v. Paris, 96 000 E; Maschinen- u. Flugzeugind.
Argentinien, südam. Rep. zw. Anden u. Atlant. Ozean. Bev.: 90% europ. (meist span. und ital.) Herkunft, ca. 230 000 Dt.stämmige; 35 000 Indios. **a)** *Geogr.:* Im O Flachland mit Getreidefeldern (Pampa), im N trop. Urwälder u. Parklandschaft (Gran Chaco), im W Felswüste der Anden; im S (Patagonien) Geröllebene; fast zwei Drittel der Bev. leben in Großstädten. **b)** *Landw.:* Weizen, Mais, Gerste, Roggen, Sonnenblumen, Baumwolle; wichtigster Zweig d. Wirtschaft ist die Viehzucht (1991: 50,5 Mill. Rinder, 27,6 Mill. Schafe). **c)** *Bodenschätze:* Vor allem Eisenerz sowie Erdöl u. -gas. **d)** *Ind.:* Fleischverarbeitung, chem. Erzeugung, Textil- u. Stahlind., Metall- u. Erdölverarbeitung. **e)** *Außenhandel* (1992): Einfuhr 14,84 Mrd., Ausfuhr 11,96 Mrd. $. **f)** *Verkehr:* Eisenbahn 34 500 km; Handelsflotte 1,89 Mill. BRT (1990). **g)** *Verf.* v. 1994: Bundesrep., Kongreß aus 2 Kammern, Min. v. Staatspräs. ernannt. **h)** *Verw.:* 5 Regionen mit 23 Prov., 1 Bundesdistrikt.
i) *Gesch.:* La-Plata-Fluß 1512 entdeckt, s. 1525 v. Spanien kolonisiert, 1776 span. Vize-Kgr. zus. m. Bolivien, Uruguay, Paraguay; 1810–16 Unabhängigkeitskampf; lange Bürgerkriege; 1946–55 Diktatur unter → Perón; 1966–73 Militärregime; 1973 Rückkehr von Perón; nach s. Tod am 1. 7. 1974 Isabel Perón Staatspräs., 24. 3., 1976 Sturz durch eine Militärjunta, 1983 freie Wahlen nach der gescheiterten Invasion der → Falklandinseln und dem verlorenen Krieg gg. Großbrit.; Rückkehr zur Demokratie (zwischen 1976–1983 rund 30 000 Opfer des Militärreg.); 1994 neue Verfassung mit Lockerung des Präsidialregimes; anhaltender Protest d. Bev. gg. die rigorose Wirtschaftspolitik v. Präs. Carlos Menem.
Argiver, die Bewohner v. Argos; bei Homer die Griechen überhaupt.
Arglist, *jur.* unlautere Beeinflussung des rechtsgeschäftl. Willens; arglistiges Geltendmachen e. Anspruches ist unzulässig, Gegner hat Einrede d. A.
arglistige Täuschung, das Hervorrufen oder Aufrechterhalten eines Irrtums durch Vorspiegelung falscher oder Unterdrückung wahrer Tatsachen, um auf d. rechtl. Erklärungswillen eines anderen

ARGENTINIEN	
Staatsname:	Republik Argentinien, República Argentina
Staatsform:	Bundesrepublik
Mitgliedschaft:	UNO, ALADI, MERCOSUR, OAS, SELA
Staatsoberhaupt:	Carlos Saúl Menem
Regierungschef:	Jorge Rodriguez
Hauptstadt:	Buenos Aires 2,96 (Agglom. 12,58) Mill. Einwohner
Fläche:	2 780 400 km²
Einwohner:	34 182 000
Bevölkerungsdichte:	12 je km²
Bevölkerungswachstum pro Jahr:	⌀ 1,17% (1990–1995)
Amtssprache:	Spanisch
Religion:	Katholiken (94,6%)
Währung:	Argentinischer Peso (arg$)
Bruttosozialprodukt (1994):	275 657 Mill. US-$ insges., 8060 US-$ je Einw.
Nationalitätskennzeichen:	RA
Zeitzone:	MEZ – 4 Std.
Karte:	→ Südamerika

Argentinien

Arena von Arles

einzuwirken; gibt Recht zur → Anfechtung.
Argo,
1) → Sternbild Schiff.
2) Schiff d. → Argonauten.
Argon, *Ar,* chem. El., Oz. 18, At.-Gew. 39,948, Edelgas, Dichte 1,66 g/l bei 1013 hPa; farb- und geruchlos, zur Füllung v. Glühlampen und als Schutzgas; 0,94% der atmosphär. Luft.
Argonauten, i. d. griech. Sage Iason u. seine Gefährten, die m. d. *Argo* das → Goldene Vlies suchen.
Argonnen, Sandsteinrücken zw. Aisne und Maas (NO-Frkr.), 300–400 m hoch, dicht bewaldet.
Argos, St. im griech. Nomos *Argolis-Korinth,* 20 700 E; im Altertum Kultus der Göttin Hera.
Argot, *s.* [frz. -'go:], Gaunersprache, Gassenjargon; auch Sprache eines Berufs *(Maler-A.).*
Argument, *s.* [l.],
1) *allg.* Beweis, Beweisgrund.
2) *math.* unabhängige Veränderliche einer Funktion.
Argumentation, Beweisführung, Begründung, Schlußfolgerung.
Argus, in der griech. Sage riesenhafter Wächter der Io.
Argusaugen, wachsame Augen.
Argusfasan, Hühnervogel SO-Asiens; Hahn m. übergr. Schwanzfedern (1,4 m l., jede 10 cm br.).
Argus-Schmidt-Rohr, → Schmidt-Rohr.
Arhat [sanskr. „Würdiger"], Ehrentitel f. e. buddhist. Heiligen, der schon i. ird. Leben d. → Nirwana erlangt hat.
Århus ['ɔrhus], zweitgrößte St. Dänemarks, 267 900 E; Hafen a. Kattegat, Amtshptst. Ostjütlands; Ind.; Bischofssitz, Uni.
Ariadne, in der griech. Sage Tochter des Minos, rettet Theseus durch den **A.faden** aus dem Labyrinth, später Gemahlin des Dionysos.
Ariane, dreistufige Flüssigkeitsrakete z. Transport v. Satelliten u. Raumsonden; westeur. Entwicklung unter d. Leitung d. → ESA; Erststart: 24. 12. 1979.
Arianismus, christl. Lehre d. Presbyters Arius (gest. 336), nach d. Jesus Christus nicht m. d. Vater wesensgleich sei, sondern nur e. von Gott bes. ausgezeichnetes Geschöpf. Auf d. Konzil v. Nizäa (325) Verurteilung dieser Lehre.
Arica, Hafenst. in Nordchile, 185 800 E; Erzausfuhr.
Arie [it.], Sologesang in meist dreiteil. Form m. Instrumentalbegleitung bes. in Opern, Kantaten u. Oratorien; als Einzelkomposition: *Konzert-A.; Bravour-A.* (Glanzstück f. Sänger).
Ariège [aˈrjɛːʒ],
1) r. Nbfl. d. Garonne, 163 km l.
2) südfrz. Dép., 4890 km², 133 500 E; Hptst. *Foix.*
Ariel [-'iɛl]
1) *astronom.* Name des 1. Uranusmondes.
2) Luftgeist in Shakespeares *Sturm.*
Arier, *m.,*
1) *pol.* (→ Antisemitismus): wiss. unhaltb. Begriff in Rassentheorien, bes. auch der d. NS, der die „nordischen" Europäer (→ Rasse) als A. bezeichnete.
2) *wiss.* sprachl., nicht rassischer oder völk. Begriff f. die Urschicht der iran. u.

Schlafende Ariadne, *2. Jh. v. Chr.*

Arkebusier

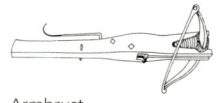
Armbrust

ind. Mundarten, deren Träger sich selbst als A. bezeichneten u. die zur indogermanischen od. indoeur. Sprachfamilie (→ Sprachen, Übers.) gehören.
Aries [l.], → Sternbilder, Übers.
Arion, (7./6. Jh. v. Chr.), griechischer Lyriker.
Arioso, *s.* [it.], *mus.* kurzer, meist lyrischer Sologesangsteil, oft Bindeglied zw. Rezitativ u. Arie.
Ariosto, Ludovico (8. 9. 1474–6. 7. 1533), it. Dichter; romant. Epos: *Der rasende Roland.*
Ariovist, german. Suebenfürst, von Cäsar 58 v. Chr. bei Belfort geschlagen.
Aristarch von Samos, (3. Jh. vor Chr.), griech. Astronom; vertrat d. heliozentr. Lehre.
Aristide [-'tid], Jean-Bertrand (* 15. 7. 1953), 1991 und 1993–96 Staatspräs. v. Haiti.
Aristides der Gerechte, (ca. 540 bis 467 v. Chr.), athen. Staatsmann, 477 Begr. des → Attisch-Delischen Seebundes.
Aristipp|os, (ca. 435–360 v. Chr.), griech. Phil., Schüler d. → Sokrates, Begründer der → *Kyrenaiker;* → Hedonismus.
Aristokratie, *w.* [gr. „Herrschaft der Besten"],
1) svw. Adel.
2) Herrschaft einer durch Geburt und Reichtum bevorzugten Minderheit.
Aristolochia, svw. → Osterluzei.
Aristophanes, (um 445–um 385 v. Chr.), athen. Komödiendichter; Satiriker; *Lysistrata; Friede; Vögel; Frösche.*
Aristoteles, (384–322 v. Chr.), (systemat.) Phil. u. Naturforscher aus Stagira, Schüler des Platon, Begr. der Denklehre (Logik); Lehrer Alexanders d. Gr.; maßgebl. Nachwirkung auf arab. Phil. (→ Averroes, → Avicenna) u. Scholastik; Schriften: *Logik (Organon); Metaphysik („erste Philosophie"); Physik; Über die Seele; Nikomachische Ethik; Politik; Rhetorik; Poetik.*
Arithmetik, *w.* [gr.], Zahlenlehre; Teil der Mathematik, behandelt die Gesetze des Rechnens.
arithmetische Reihe → Reihe.
arithmetisches Mittel → Mittel.
Arius → Arianer.
Arizona [ærɪˈzoʊnə], Abk. *Ariz.,* Staat im SW d. USA, bis zum Rio Colorado, 295 260 km², 3,75 Mill. E; wüstenh. Klima; Hptst. *Phoenix;* wichtigstes Kupfererzgebiet der USA; Gold-, Silber- und Bleibergwerke, Uranvorkommen. → Grand Cañon.
Arjasamadsch, *Aryasamaj* [sanskr. „Versammlung d. Edlen"], hinduist. Reform- u. nat. Einigungsbewegung in Nordindien, begr. v. Dayanand Sarasvati (1824–1883).
Arkade, *w.* [gr.], auf Stützen ruhende Bogenreihe (dagegen → Kolonnade), auch der auf e. Seite offene u. v. A.n begrenzte Gang.
Arkadien, griech. Bergland im Peloponnes, Hptort *Tripolis;* im Altertum Hirtenland, von der Dichtung zum Land d. friedl., glücklichen Lebens gemacht; daher **arkadisch,** idyllisch, einfach.
Arkansas,
1) [ɑːˈkænsəs], r. Nbfl. d. Mississippi, 2348 km l., entspringt im Felsengebirge, durchfließt d. Felsenschlucht Royal Gorge bei Cañon City und den US-Staat

2) ['ɑːkənsɔː], Abk. *Ark.,* 137 755 km², 2,37 Mill. E; Landwirtschaft u. Bergbau, im N Mais, Kartoffeln, Weizen, im S Baumwolle, Tabak, Viehzucht; Bodenschätze: Kohle, Manganerze, Bauxit, Erdöl; Hptst. *Little Rock.*
Arkanum, *s.* [l.], Geheimnis, Geheimlehre.
Arkebuse, Hakenbüchse, 15. u. 16. Jh., mit langem Rohr, Luntenschloß und Stützhaken; damit ausgerüstet: *Arkebusiere.*
Arkona, N-Kap der Insel Rügen.
Arktis, *w.* [gr.], Nordpolargebiet.
Arktur [gr. „Bärenhüter"], hellster Stern 0. Größe α im Sternbild des Bootes; nördl. → Sternhimmel E.
Arlberg, Alpenpaß, 1793 m, zw. Tirol u. Vorarlberg, auf der Wasserscheide zw. Donau u. Rhein; berühmtes Wintersportgebiet (St. Anton a. A.).
Arlberg-Straße, von Landeck (Inntal) nach Bludenz (Illtal); **A.-Straßen-Tunnel,** von St. Anton nach Langen (14 km); **A.-Bahn** (s. 1884) unterfährt d. Paß in 1300 m Höhe mit 10,3 km l. Tunnel.
Arlecchino [it. -ˈkiːno], → Harlekin.
Arles [arl], St. i. SO-Frkr., am Rhônedelta, 52 000 E; Kathedrale St-Trophime (11. u. 12. Jh.); v. d. antiken *Arelate* ein Amphitheater erhalten.
Arlon [-'lõ], fläm. *Aarlen,* dt. *Arel,* Stadt in SO-Belgien, 23 300 E; Hptst. d. Prov. Luxemburg.
Armada, „bewaffnete Macht"; *span.* A., Kriegsflotte Philipps II., die 1588, v. d. Engländ. Howard u. Drake zerstreut, im Nordseesturm unterging.
Armagnac [frz. arma'ɲak],
1) Weltklasse-Weinbrand a. d. Region A.
2) ehem. frz. Gft i. d. Gascogne.
Arman, [-'mã], eigtl. Armand Fernandez (* 17. 11. 1928), frz. Künstler, friert mit Materialkombinationen Bewegungen ein; Ansammlungen *(Accumulations)* gleicher Gegenstände in Plexiglasblöcken; geziehlt zerstörte u. zerlegte Gegenstände in Acrylglas gegossen *(Destructions);* → Neuer Realismus.
Armatur, *w.* [l. „Rüstung"], Ausrüstung von Maschinen mit Zubehör.
Armaturenbrett, Anordnung von Kontrollinstrumenten auf einer Tafel od. Leiste (z. B. im Kfz).
Armawir, russ. St. am Kuban-Fluß, 161 000 E; Eisenbahnknotenpunkt, Getreideplatz, Erdöl.
Armbrust [l. „arcuballista"], alte Schußwaffe; bestehend aus Bogen m. Sehne, Spann- u. Abzugsvorrichtung, Pfeilrinne u. Schaft.
Armee [frz. „Heer"], Landstreitmacht; großer Truppenkörper, bestehend aus mehreren **A.korps** (i. Frieden b. d. meisten Staaten größter Truppenverband: mehrere Divisionen u. Korpstruppen).
Ärmelkanal, engl. *English Channel,* frz. *La Manche,* verbindet d. Nordsee mit d. Atlantik; 550 km l., bis 200 km br., 172 m tief; Straße v. Dover, schmalste Stelle, 32 km br., 55 m tief; erst in geolog. junger Zeit (Quartär) entstanden; Untertunnelung mehrfach geplant. Frankr. u. Großbrit. vereinbaren 1986 den Bau eines Eisenbahntunnels (Eurotunnel) zw. dem frz. Fréthun b. Calais u. dem brit. Folkestone, 50 km l., davon 35 km unt. d. Meeresboden; Eröffnung i. Frühjahr 1994.

Armenanwalt, der den Armen aufgrund des → Armenrechtes beigeordnete Anwalt, erhält seine Gebühren vom Staat.

Armenien, a) *Geogr.:* Rauhes Gebirgsland zw. Kasp. u. Schwarzem Meer (im Grenzgebiet von Türkei, Iran, Aserbaidschan u. Georgien); 800–2000 m (*Ararat* 5137 m), Quellgebiet von *Aras* u. *Kura, Euphrat* u. *Tigris,* große Seen (*Urmia-, Wan-, Goktschasee*); Bev.: Armenier (93%), Aseri (3%), nomad. Kurden (2%) u. Russen. Kupferlager; Obst-, Wein- und Ackerbau, Seidenraupen-, Viehzucht; Baumwolle. **b)** *Gesch.:* Urbevölkerung Chalder (Uratäer) m. eigenartiger Kultur, mit den s. d. 8./7. Jh. v. Chr. einwandernden Kimmeriern u. Armeniern z. T. verschmolzen. Nach der Herrschaft d. Meder u. Perser entstanden 189 v. Chr. zwei selbst. Reiche: im O des Euphrat *Groß-,* im W davon *Klein-A.* (Adana-Trapezunt); Groß-A. in röm., byzantin. u. pers. Abhängigkeit; 1514 fiel A. zum Hauptteil an die Türkei (Rest: pers.); Eroberung von *Eriwan* (1828), *Kars* u. *Batum* (1878) durch Rußland; grausame Armenierverfolgungen durch die Türken (1895/96 und 1914/15). Das im Frieden v. Sèvres (1920) festgelegte freie A. kam nicht zustande; der größte Teil (SO) blieb b. d. Türkei *(Erzurum, Kars, Trapezunt),* aber darin kaum noch Armenier; der SW als *Aserbeidschan* b. Iran; der N kam z. UdSSR als Armenische SSR, 1991 unabh. **Rep. Armenien.** 1992–94 Krieg mit Aserbeidschan um die von Armeniern bewohnte aserbaidschan. Enklave Berg-Karabach.

armenische Kirche, gegr. um 300; s. 5. Jh. Sonderkirche (→ Monophysiten), geleitet von einem *Katholikos*; kleinere Teile d. a. K. mit Rom vereinigt: *Unierte a. K.*

Armenrecht, Recht auf einstweilige Befreiung v. Gerichtskosten u. auf kostenlose Beistellung eines Anwalts; wird vom Gericht für Kläger oder Beklagten gewährt b. Unbemitteltheit und aussichtsreicher Sache; s. 1981 durch → Prozeßkostenhilfe ersetzt.

Armentières [armã'tjɛːr], Textilindustriestadt in N-Frankreich, an der Lys, 25 200 E.

Armer Heinrich, Held eines Epos von *Hartmann v. Aue* (um 1200); Drama v. Gerhart Hauptmann; Oper v. Pfitzner.

Armer Konrad, *Armer Konz,* Bauernbund, der sich 1514 gegen Herzog Ulrich von Württemberg erhob.

Armfüßer, *Brachiopoden,* äußerlich muschelähnl., auf der Unterlage festhaftende Meerestiere.

armieren [l.], „bewaffnen", ausrüsten, befestigen.

Armierung,
1) Ausrüstung v. Kriegsschiffen u. Flugzeugen mit Waffen.
2) äußerste bewehrte Umhüllung bei Starkstrom- od. Fernmeldekabeln.
3) Stahleinlagen b. → Beton.

Arminianer, Anhänger d. v. → Arminius begr. christl. Lehre v. d. menschl. Willensfreiheit gg. d. Prädestinationslehre des → Calvin.

Arminius,
1) (irrig: Hermann) (19 v. Chr.–19 n. Chr.), Cheruskerfürst, besiegte die Römer unter Varus 9 n. Chr. i. Teutoburger Wald; ermordet.

ARMENIEN
Staatsname: Republik Armenien, Hajastani Hanrapetuth jun
Staatsform: Präsidiale Republik
Mitgliedschaft: UNO, GUS, OSZE
Staatsoberhaupt: Lewon Ter-Petrosjan
Regierungschef: Armen Sarkisyan
Hauptstadt: Jerewan 1,3 Mill. Einwohner
Fläche: 29 800 km²
Einwohner: 3 773 000
Bevölkerungsdichte: 127 je km²
Bevölkerungswachstum pro Jahr: ⌀ 2,27% (1990–1995)
Amtssprache: Armenisch
Religion: armen. Christen
Währung: Dram (ARD)
Bruttosozialprodukt (1994): 2 532 Mill. US-$ insges., 670 US-$ je Einw.
Nationalitätskennzeichen: ARM
Zeitzone: MEZ + 3 Std.
Karte: → Rußland

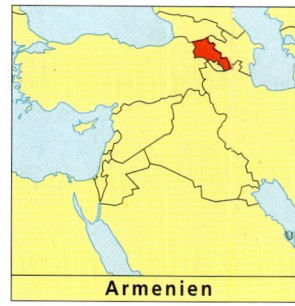

Armenien

2) Jacobus (10. 10. 1560–19. 10. 1609), ndl. Theologe u. Professor in Leiden; → Arminianer.

Armleuchteralgen, wie ein Kandelaber verzweigte Süßwasseralgen, bilden „Unterwasser-Wiesen".

Armory Show [engl. 'ɑːməri ʃoʊ], 1913 in e. ehem. Zeughaus (armory) in New York beg. Wanderausstellung, erste umfass. Präsentation d. mod. eur. Kunst (ab etwa Mitte 19. Jh.) i. d. USA; teils als skandalös empfundene, aber nachhaltig erfolgreiche Vermittlung d. neuen u. zeitgenöss. Entwicklungen.

Armstrong ['ɑːmstrɒŋ],
1) Louis (4. 7. 1900–6. 7. 71), am. Jazzmusiker (Trompeter u. Sänger); typ. f. Hot-Jazz.
2) Neil (* 5. 8. 1930), amerikanischer Astronaut; betrat als erster Mensch den → Mond.

Arndt, Ernst Moritz (26. 12. 1769 bis 29. 1. 1860), deutscher Dichter (patriotische Gedichte, Kirchenlieder) und politischer Schriftsteller (gg. Napoleon, f. Einheit Dtlds); *Geist der Zeit; Lieder für Teutsche.*

Arnheim, ndl. *Arnhem,* Hptstadt der ndl. Provinz Gelderland, am Niederrhein, 131 700 E (Agglom. 299 000 E); Speditionsverkehr, Chemiefaser-, Metallind.

Arnika, *Bergwohlverleih,* Korbblütler, auf Bergwiesen; Heilmittel, bes. für Wunden. .

Arnim,
1) Achim v. (26. 1. 1781–21. 1. 1831), dt. Dichter der Romantik; Roman: *Die Kronenwächter;* (m. Brentano) Volksliedersammlung: *Des Knaben Wunderhorn;* verheiratet m.
2) Bettina v. (4. 4. 1785–20. 1. 1859), Schwester Brentanos; *Goethes Briefwechsel m. einem Kinde.*
3) Hans-Jürgen (4. 4. 1889–1. 9. 1962),

Arnika

Achim von Arnim

dt. Gen.; 1942 Gen.oberst u. Oberbefehlsh. d. 5. Panzerarmee.

Arno, Fluß der mittelit. Landschaft Toskana, 241 km lang, von Florenz ab (106 km) schiffbar.

Arnold, Karl (21. 3. 1901–29. 6. 58), dt. Pol.; führend in d. christl. Arbeiterbewegung, 1945 Mitbegr. d. CDU; 1947–56 Min.präs. v. NRW.

Arnold [ahdt. „der mit Adlerkraft Waltende"], m. Vn.

Arnold v. Brescia [-'brɛʃa] (um 1100 bis um 1155), it. Mönch; Volksprediger, gegen weltl. Besitz d. Geistlichkeit; als Ketzer hingerichtet.

Arnsberg (D-59755–823), St. im Hochsauerlandkreis, an d. Ruhr, Verw.-Sitz d. RegBez. A., NRW, 76 296 E; AG, IHK; Heimatmus., div. Ind.

Arnsberger Wald, Höhenzug nördl. A., im nördl. Sauerland, bis 550 m, s. 1961 Naturpark.

Arnstadt (D-99310), Krst. in Thür., a. d. Gera, 28 371 E; Liebfrauenkirche, Puppenmuseum; Elektrotechnik, Bekleidungs-, Holz-, Glasveredlungs-, Maschinenind.; nordwestl. d. Drei Gleichen (Burgruinen).

Arnulf,
1) A. von Metz (um 582–641), Bischof, Stammvater der **Arnulfinger,** später → Karolinger gen.
2) A. (um 850–899), Hzg v. Kärnten, 887 dt. Kg, 896 Kaiser; Kämpfe mit Swatopluk v. Mähren u. d. Normannen.

Arolsen (D-34454), St. im Ldkr. Waldeck-Frankenberg, Hess., 15 626 E; Heilbad, barockes St.bild u. Schloß; Masch.-, Elektro- u. Kunststoffind.

Aroma, s. [gr.], würziger Geruch oder Geschmack.

aromatische Verbindungen, ursprünglich im weitesten Sinn alle chem. Verbind., die sich v. → Benzol ableiten.

Aronco, Raimondo d' (1857–1932), it. Architekt; m. E. Basile u. G. Sommaruga Hptvertr. d. it. Jugendstils; stilbildend s. Eingangspavillons u. d. Hptgebäude d. Kunstgewerbe-Ausstell. in Turin 1902; später klassizist. Tendenz *(Rathaus in Udine).*

Aronstab, *Arum,* staudige Waldpflanze mit pfeilförmigen Blättern u. Blütenkolben; giftig; Pflanze m. Eigenwärme.

Arosa (CH-7050), klimat. Kurort u. Wintersportplatz in Graubünden, 1750–1850 müM, 3800 E.

Arp, Hans, auch *Jean* (16. 9. 1887–7. 6. 1966), frz.-elsäss. Maler, Bildhauer, Dichter, dadaist.-surrealist.-abstrahierend; wollte in frei erfundenen Gebilden seel. Gehalte „konkretisieren" (→ konkrete Kunst); war verheiratet m. S. → Taeuber-Arp.

Arpád, erster Herzog der Magyaren (907), Ahnherr der **Arpaden,** ungar. Großfürsten, später Kge.

Arpeggio, s. [it. -'pɛdʒo], harfenartiges, gebrochenes Anschlagen od. Streichen v. Akkordtönen.

Arrabal, Fernando (* 11. 8. 1932), span. Schriftst.; s. 1955 in Paris, schreibt span. (Gedichte) u. frz. (Romane u. Stücke); *Die Henker; Picknick i. Felde; Der Architekt u. d. Kaiser von Assyrien.*

Arrak, m. [arab.], ostindischer Reisbranntwein.

Arrangement, s. [frz. arãʒəˈmã],
1) außergerichtl. Vergleich durch Vermittler.

2) *mus.* Einrichtung einer Komposition f. e. andere als die urspr. Besetzung.
3) Anordnung; Aufbau (Blumen-A.).
arrangieren, (an)ordnen.
Arras [aˈrɑ:s], Hptst. d. Dép. *Pas-de-Calais* in N-Frkr., 45 400 E; Textilind.
Arrau, Claudio (6. 2. 1903–9. 6. 91), chilen. Pianist.
Arrest, Haft, Gewahrsam. Jugendarrest, Strafe f. Jugendl. bei leichten Vergehen; *dingl. A.,* aufgrund eines A.befehls vorläufig schnell bewirkte Pfändung, über deren Rechtmäßigkeit erst später entschieden wird; kann erfolgen, wenn Gefahr besteht, daß Schuldner (z. B. durch Entfernen v. Vermögensstücken) d. Befriedigung d. Anspruches d. Gläubigers vereitelt od. erschwert; *persönl. A.,* Inhaftierung od. sonstige Freiheitsbeschränkung d. Schuldners wird v. Gericht angeordnet, wenn dingl. A. z. Sicherung d. Zwangsvollstreckung nicht ausreicht (§§ 916 ff. ZPO).
Arrestbruch → Verstrickungsbruch.
Arresthypothek, eine aufgrund eines Arrestbefehls eingetragene Sicherungshypothek (§ 932 ZPO).
arretieren [frz.],
1) feststellen an techn. Geräten.
2) anhalten, verhaften.
Arretium → Arezzo.
Arrhenius [aˈre:-], Svante August (19. 2. 1859–2. 10. 1927), schwed. Chem. u. Phys.; Elektrochemie; Reaktionskinetik; erkannte Gesetze d. elektrolyt. Dissoziation; Nobelpreis 1903.
Arrhythmie [gr.], Rhythmusstörung (des Herzschlags).
Arrian|us, (2. Jh. n. Chr.), griech. Schriftst., *Anabasis* (Beschreibung des Alexanderzugs).
arriviert [frz. „angelangt"], svw. beruflich, gesellschaftlich vorangekommen, anerkannt.
Arroganz, w. [l.], Anmaßung, Dünkel.
arrondieren [frz.], abrunden, zusammenlegen; → Flurbereinigung.
Arrondissement, s. [aʀɔ̃disˈmã], frz. unterster Selbstverwaltungsbezirk, svw. Kreis.
Arrosion [l. „arrodere = benagen"], *med.* Schädigung od. Zerstörung v. Geweben, Knochen.
Arrow [ˈærou], Kenneth J. (* 23. 8. 1921), am. Volkswirtschaftler u. Statistiker; (zus. m. J. R. Hicks) Nobelpr. 1972.
Arrowroot [engl. ˈærəru:t], Pfeilwurzmehl, Stärke aus Wurzeln trop. Pflanzen: Maranta, Kurkuma, Maniok (Tapioka).
Arrupe, Pedro (14. 11. 1907–5. 2. 91), span. Theologe, 1965–83 Ordensgeneral d. → Jesuiten.
Ars [l.], Kunst (auch Technik).
Ars amandi, Liebeskunst, Titel e. erot. Lehrgedichts von Ovid.
Arsen, *As,* chem. El., Oz. 33, At.-Gew. 74,9216, Dichte 5,72; stahlgrau, spröde, Halbmetall; gediegen: *Scherbenkobalt.*
Arsenal, s. [it.], „Zeughaus", Waffenlager; auch Produktionsstätte.
Arsenik, s., Arsentrioxid (As_2O_3), sehr giftige Arsen-Verb., gewonnen durch Rösten arsenhaltiger Erze, weißes *A.mehl;* natürl. vorkommend als *A.blüte* (giftig); *med.* früher i. kleinsten Dosen z. Kräftigung; ferner als Rattengift u. z. Konservieren v. Tierbälgen.
Arsine, organ. Arsenverbindungen.
Arsis, w. [gr. „Hebung"], Versbetonung.

Aronstab

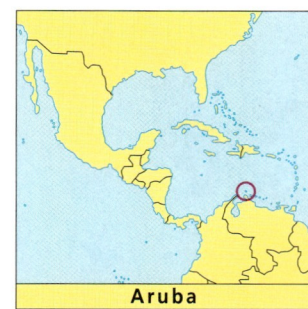

ARUBA	
Regierungsform:	Autonomes Territorium der Niederlande
Gouverneur:	Felipe Tromp
Regierungschef:	J. H. Eman
Hauptstadt:	Oranjestad 20 000 Einwohner
Fläche:	193 km²
Einwohner:	69 000
Bevölkerungsdichte:	357 je km²
Bevölkerungswachstum pro Jahr:	⌀ 0,91% (1990–1995)
Amtssprache:	Holländisch
Religion:	Katholiken (89%), Protestanten
Währung:	Aruba-Florin
Bruttosozialprodukt (1991):	6 000 US-$ je Einw.
Zeitzone:	MEZ – 5 Std.
Karte:	→ Antillen

Aruba

Ars nova, neue Tendenz in d. frz. u. it. Musik des 14. Jh.; Gegenbegriff: *Ars antiqua* für die Musik des 13. Jh.
Ars poetica, Dichtkunst, Titel eines Gedichts von Horaz.
Art,
1) *allg.* Begriff f. das best. Einzeldingen Gemeinsame.
2) *Biologie:* systemat. Einheit oder Gruppe, *Spezies,* v. Lebewesen, d. sich ähnlich u. untereinander uneingeschränkt fruchtbar sind; die Gattung, *Genus,* faßt mehrere Arten zusammen; Aufgliederung in Unterarten, → Rassen.
Artaud [-'to], Antonin (4. 9. 1896–4. 3. 1948), frz. Schriftst., Regisseur u. Schausp.; erhebl. Einfluß seiner Schriften *(Das Theater u. sein Double)* auf das moderne Theater.
Artaxerxes, Name pers. Kge:
1) A. I. reg. 465–424 v. Chr., beendigte 448 d. Kriege m. Athen.
2) A. II. reg. 404–359 v. Chr., gewann 386 Kleinasien zurück.
3) A. *(Ardaschir),* Stifter d. neupers. Reiches, 224–241 n. Chr., Stammvater d. → Sassaniden.
Art brut [frz. arˈbryt], v. J. *Dubuffet* 1945 formulierte Bez. f. d. realist.-verfremdende Tendenz d. modernen Kunst, die Stilelemente d. Wandkritzeleien, Kindermalerei u. Malerei v. Geisteskranken verwendet; and. Vertr.: *J. Dine.*
Art concret → konkrete Kunst.
Art Déco [frz. ardeˈko], Stilrichtung bes. 1920–30 in bildender u. angewandter Kunst u. Architektur; erstrebt betont ästhet. Dekoration im Sinne d. techn. Fortschrittes durch klare Formen; nutzt auch industriell hergestellte Werkstoffe.
Art Director [engl. ˈɑ:t daɪrektə], gestalterischer Leiter einer Werbeagentur, e. Ateliers oder e. Layout-Arbeitsgruppe.
Arte Cifra [it. -ˈtʃif-], Stilrichtung d. it. Kunst s. etwa 1975; subjektiv-persönl. Aussagen in „chiffre"-artig verschlüsselten Formulierungen; Vertr. M. Paladino, N. de Maria.
Artefakt, s. [l. „Kunsterzeugnis"],
1) von vorgeschichtlichen Menschen bearbeitetes Werkzeug.
2) *med.* absichtliche Verletzung zwecks Täuschung od. zufällige irreführende Veränderung z. B. in mikroskop. Präparaten.
Artemis [gr.], röm. → *Diana,* Göttin der Jagd, der Keuschheit u. Fruchtbarkeit, Schwester → Apollons.
Artemisia, svw. → Beifuß.
Arte povera [it. „arme Kunst"], Kunstrichtung der Gegenwart, insbes. s. Mitte der 60er Jahre; gedankl. u. künstler. Prozesse werden m. einfachsten Mitteln materialisiert.
Arterien [gr.], Schlagadern, → Adern.
Arterienbank, Stelle zur Aufbewahrung konservierter, f. chirurg. Operationen verwendbarer Schlagadern.
Arteriographie [gr.], → Angiographie der Arterien.
Arteriosklerose [gr.], „Verkalkung" d. → Arterien, durch Verfettung, Bindegewebswucherung, Gewebstod u. Kalkablagerung erfolgende Verhärtung und Verengung der Arterien führenden Blutgefäße, Folgen können Herzinfarkt, → Apoplexie usw. sein.
artesischer Brunnen, Brunnen, dessen Wasser selbsttätig ausfließt, da es

Artesischer Brunnen

unter dem Druck höherer Wasserschichten im Boden steht; Prinzip d. → kommunizierenden Röhren.
Artes liberales [l.], → freie Künste.
Arthritis, w. [gr.], Gelenkentzündung (z. B. rheumatische A., tuberkulöse A.).
Arthrodese, chirurg. Gelenkversteifung zur Stabilisierung bei zerstörten Gelenken.
Arthropoden, svw. → Gliederfüßer.
Arthrose, w. [gr.], Gelenkleiden, meist „Verschleiß" mit Verformungen (z. B. *Arthrosis deformans*); am Knie: *Gonarthrose,* an der Hüfte: *Koxarthrose.*
Arthroskopie, Untersuchung d. Gelenkinneren mit → Endoskop.
Arthur [engl. ˈɑ:θə, urspr. kelt. „Bär"], m. Vn.
Artikel, *m.* [l.],
1) Zeitungsaufsatz.
2) Warenart.
3) Abschnitt eines Gesetzes oder Vertrags.
4) das bestimmte *(der, die, das)* od. unbestimmte *(ein, eine, ein)* Geschlechtswort.
Artikulation, w., „gegliederte" Art der Aussprache.
Artillerie, Geschütztruppen bzw. Bestückung d. Kriegsschiffe; Feld- u. Panzer-A., ausgerüstet mit Haubitzen, Kanonen und Raketen.
Artischocke, Distelgewächs Südeuropas; geschlossene Blütenköpfe als Gemüse, ebenso die Blattstiele einer anderen Art *(Kardy).*
Artist, Zirkus- u. Varietékünstler.
Artmann, Hans Carl (* 12. 6. 1921), östr. Schriftst.; *„Ein lilienweißer Brief aus Lincolnshire"; How much, Schatzi?; Med ana schwoazzn dintn; Im Schatten der Burenwurst; wer dichten kann ist dichtersmann.*
Art nouveau [frz. arnuˈvo], „Neue Kunst", bes. in Frkr., Belgien u. USA Bez. f. → Jugendstil. Auch → Modern Style; → Stile Liberty; → Sezessionsstil. Vertr. in Frankreich u. Belgien: Guimard, Horta *(Architektur),* Charpentier *(Plastik);* → Gallé, Daum *(Glas);* Lalique *(Schmuck).*
Artois [arˈtwa], ehem. Grafschaft N-Frkr.s, Grenzgebiet gegen Flandern; Hptst. *Arras;* Getreide, Rüben.
Artothek, Vermittlungsstelle (z. B. in Berlin), die zeitgenöss. Kunstwerke an Interessierte f. best. Zeit ausleiht.
Arts and Crafts Society, nach den Ideen v. W. Morris u. J. Ruskin 1888 v. C. R. Ashbee gegr. engl. Vereinigung zur Erneuerung d. Kunstgewerbes gegen d. ind. Produktion allg. Gebrauchsgegenstände. Auswirkungen auf → Jugendstil u. → Dt. Werkbund.
Artus, *Art(h)ur,* brit. Kg (6. Jh.); galt in der Sage als Gründer eines brit. Weltreichs, Fürstenideal des MA; an seiner Tafelrunde *(A.runde)* die Ritter Erek, Gawan, Iwein, Lancelot, Merlin, Parzival, Tristan.
Artushöfe, Versammlungshallen von

Rittern, auch bürgerl. A.brüderschaften, *A.hof* in Danzig (1480).
Aruba, *Aroeba,* ndl. → Antilleninsel vor d. Küste Venezuelas; Ölraffinerien, Phosphatlager; Tourismus (Haupteinnahmequelle); s. 1845 Teil d. Ndl. Antillen, s. 1986 auton. Territorium d. Ndl.; s. 1990 keine Unabhängigkeit mehr angestrebt.
Arunachal Pradesch, ind. B.staat (bis 1987 Unionsterritorium) in NO-Indien; 83 743 km², 865 000 E.; Hptst. *Itanagar.*
Arve,
1) schweiz. für → Zirbelkiefer.
2) [arv], l. Nbfl. der Rhône aus dem Tal von Chamonix (Montblanc), 100 km l.; Kraftwerke; mündet bei Genf.
Arvida [ɑːˈvɪdɑ], St. in d. kanad. Prov. Quebec, 18 500 E; Aluminium-Ind.
Arzneimittel, Stoffe u. Zubereitungen, d. am oder im menschl. bzw. tierischen Körper angewandt, Krankheiten u. Leiden heilen, lindern od. verhüten können.
Arzneimittelgesetz, v. 1. 1. 1978 (nebst zahlreichen Ergänzungen), regelt Zulassung, Herstellung, Verkauf u. Verschreibungspflicht v. Arzneimitteln.
Arzneipflanzen → Heilpflanzen.
Arzt, Aufgabenbereich: Feststellen u. Behandeln v. körperl. u. seel. Schäden des menschl. Organismus, ärztl. Geburtshilfe sowie Überwachen u. Schützen des Gesundheitszustandes v. Menschen durch vorbeugende u. behandelnde Maßnahmen. A. ist, wer n. d. vorgeschriebenen → Medizinstudium die entsprechende Hochschulabschlußprüfung bestanden hat u. durch → Approbation od. Bestallung berechtigt ist, die Bezeichnung A. zu führen und unter dieser Bezeichnung einen Heilberuf auszuüben (Dtld. 1995: 273 880 Ärzte).
Ärztekammer, öff.-rechtl. Berufsvertretung d. Ärzte.
As, *s.* [l.],
1) Abk. f. → **A**mperesekunde.
2) *chem.* Zeichen f. → Arsen.
3) *mus.* erniedrigtes a.
4) höchste Spielkarte.
5) Eins auf Würfeln.
6) röm. Gewicht (1 A. = 12 Unzen = 327,45 g) u. Kupfermünze (Wert zw. 40 u. 4 Pf).
Asahikawa, jap. St. auf Hokkaido, 363 600 E; div. Ind., Sternwarte, Eisenbahnknotenpunkt, Flughafen.
Asam, Künstlerfamilie d. bayer. Spätbarock;
1) **Cosmas Damian** (28. 9. 1686–10. 5. 1739), Baumeister u. Maler, u.
2) **Egid Quirin** (1. 9. 1692–29. 4. 1750), Baumeister, Bildhauer u. Stukkateur, schufen gemeinsam in d. Einheit v. Raum u. Ausstattung großartige Kirchenbauten als Gesamtkunstwerk (u. a. St. Johann Nepomuk, München; Benediktinerk. Weltenburg); ihr Vater
3) **Hans Georg** (12. 10. 1649–7. 3. 1711), bes. Freskomaler (u. a. in Tegernsee).
Asbest, *m.,* faseriges, glänzendes, biegs. Mineral, Magnesiumsilicat der → Amphibolgruppe, f. unverbrennbare Gewebe; Asbestzement; wegen Gefahr durch Einatmen v. A.staub vielfach ersetzt.
Asbestzement, zugfester u. hitzebeständ. Baustoff aus m. Asbestfasern vermengtem Zement z. Fertigung v. Platten,

Asam, Weltenburg, Benediktinerkirche

Wellplatten, Rohren etc.; wird wegen d. Gesundheitsschädlichkeit d. z. B. beim Schneiden freigesetzten Fasern nur noch selten benutzt.
Ascension [əˈsɛnʃən], („Himmelfahrtsinsel", weil an Himmelfahrt 1502 v. Portugiesen entdeckt), Insel im Atlant. Ozean (zu St. Helena), s. 1815 brit.; 88 km², 1000 E; vulkan.; intern. Kabelstation; Hptsiedlung *Georgetown.*
Asch, Schalom (1. 1. 1880–10. 7. 1957), jüd. Schriftst.; histor. Romane: *Der Apostel; East River.*

Aschaffenburg, *Renaissanceschloß*

Asch, tschech. *Aš,* St. a. Fuß des Elstergebirges, Nordwestböhmen, 13 400 E.
Aschaffenburg (D-63739–43), kreisfreie St. am Main, im Rgbz. Unterfranken, Bay., 65 000 E; Renaissanceschloß, Stiftskirche; LG, AG, IHK, HWK; Umschlaghafen, div. Ind.
Aschanti, Sudannneger i. südl. Ghana, ca. 700 000; sprechen die Tschi-Sprache.
Aschchabad, turkmen. *Aschgabat,* Hptst. der Rep. Turkmenistan, 517 000 E; Uni., Textilind., Maschinenbau; Flughafen.
Asche, Rückstand verbrannter Stoffe.
Äsche, eur. Lachsfisch; zur Laichzeit ist die hohe Rückenflosse violett und grün gebändert.
Aschenbahn, svw. → Laufbahn.
Aschendorf, s. 1973 zu → Papenburg.
Aschermittwoch, d. Mittwoch nach Fastnacht.
Aschersleben (D-06449), Krst. i. S-A., 30 800 E; Maschinenindustrie, Kaliwerke, Braunkohle.

ASERBAIDSCHAN

Staatsname:	Aserbaidschanische Republik
Staatsform:	Präsidiale Republik
Mitgliedschaft:	UNO, GUS OSZE
Staatsoberhaupt:	Gejdar A. Alijew
Regierungschef:	Artur Rasisade
Hauptstadt:	Baku 1,15 (Agglom. 1,8) Mill. Einwohner
Fläche:	86 600 km²
Einwohner:	7 472 000
Bevölkerungsdichte:	85 je km²
Bevölkerungswachstum pro Jahr:	⌀ 0,85% (1990–1995)
Amtssprache:	Türkisch
Religion:	Moslems (75% Schiiten, 25% Sunniten)
Währung:	Manat (A.M.)
Bruttosozialprodukt (1994):	3 730 Mill. US-$ insges., 500 US-$ je Einw.
Nationalitätskennzeichen:	AZ
Zeitzone:	MEZ + 3 Std.
Karte:	→ Rußland

Aserbaidschan

Artischocke

aschgraues Mondlicht → Erdlicht.
Aschkenasim, Bez. f. d. mittel- u. osteur. (,,deutschen") Juden, im Ggs. zu den west- u. südeur. (,,span.") *Sephardim.*
Aschoka, (ca. 268 bis ca. 233 v. Chr.), ind. König, förderte Ausbreitung d. → Buddhismus üb. ganz Indien; wertv. geschichtl. Quellen d. s. Säuleninschriften.
ASCII [engl. ˈæski:], Abk. f. **A**merican **S**tandard **C**ode for **I**nformation **I**nterchange, aus 7 bzw. 8 (erweiterter ASCII) Bits bestehende Codierung v. 128 bzw. 256 alphanumer. Sonder- u. Steuerzeichen f. d. Datenübertragung, v. a. zw. und in Computern.
Ascona (CH-6612), schweiz. Luftkurort a. n. *Lago Maggiore* i. Kanton Tessin, 205 müM, 4800 E.
Ascorbinsäure, Vitamin C.
Ascot [ˈæskət], Ort w. von London; jährl. im Juni berühmte Pferderennen.
ASEAN, **A**ssociation of **S**outh **E**ast **A**sian **N**ations, Vereinigung südostasiat. Staaten, gegr. 1967 in Bangkok/Thailand; Mitgl.: Indonesien, Malaysia, Philippinen, Singapur, Thailand, Brunei (s. 1984), Vietnam (s. 1995) und Myanmar (s. 1996); Ziele: Wirtsch., soziale u. kultur. Zus.arbeit zur Festigung d. Friedens in Südostasien; 1994 beschlossen die ASEAN-Länder die Einrichtung einer asiat. Freihandelszone (AFTA).
Asen, Göttergeschlecht der nord. Sage.
Asepsis, beugt der Wundinfektion und -eiterung *(Sepsis)* durch Fernhalten v. Keimen vor (→ Desinfektion); z. B. bei Operationen; → Antisepsis.
Äser, Maul d. Schalenwildes.
Aserbaidschan,
1) Republik, Steppen- u. Gebirgsland am Kasp. Meer; Bodenschätze: Erdöl, Erdgas, Eisen, Kobalt, Bauxit; Landw.: Viehzucht, Baumwoll-, Tabak-, Obst-, Wein-, Gemüsebau, Seidenraupenzucht (künstl. Bewässerungsanlagen); Hptst. *Baku;* s. 1936 Unionsrep. d. UdSSR, 1991 unabh. Rep.; 1992–94 Krieg mit Armenien um das auton. Gebiet Berg-Karabach (mehrheitl. v. Armeniern bewohnt) u. die auton. Rep. Nachitschewan (Enklave in Armenien); beide Territ. gehörten zu A. 1996 neue Verfassung und erste Parlamentswahlen.
2) iran. Prov., *O-A.* 67 102 km², 4,11 Mill. E, Hptst. *Täbris; W-A.* 38 850 km², 1,97 Mill. E, Hptst. *Orumiyeh;* Teppiche, Früchte; Gesch. → Armenien.
Ásgeirsson [ˈaʊsgjɛɪrsɔn], Ásgeir (13. 5. 1894–15. 9. 1972), isländ. Minister, Staatspräsident (1952–68).
Ashram, i. neuen hinduist.-esoter. Bewegungen Wohnstätte f. d. Anhängerschaft.
asiatische Grippe, frühere Bez. für ,,echte" → Grippe (Influenza).
asiatische Kunst, **Vorderasien:** **a)** Ausdruck e. kosm. Gesetzes-Religion (ohne ausgeprägten Totenkult) mit herrschaftl. Grundlage; astronom. orientierte Terrassentempel, Rampentürme, wuchtige Stand- u. Sitzbilder v. Gestirngöttern u. Priesterkönigen; Tierdarstellungen. – **b)** *Sumerisch-altbabylon. Kunst* am Unterlauf des Euphrat (4.–2. Jtd v. Chr.): Reliefstelen d. Könige: Eannatum (4. Jtd v. Chr.), Naramsin (2550 v. Chr.), Hammurapi (um 2000 v. Chr.); Weihfiguren, Gefäße aus Ton u. Metall, Rollsiegel, Einlegearbeiten. – **c)** *Assyr. Kunst,* urspr. entlang dem Tigris (2. Jtd–7. Jh. v. Chr.):

Tempelruinen in Assur (um 1900 v. Chr.), Statue u. Reliefsäule Assurnasirpals II. (9. Jh. v. Chr.), Alabasterreliefs Sanheribs u. Sardanapals aus Ninive (7. Jh. v. Chr.), Jagd- u. Kriegsszenen v. kraftvoller Wirklichkeitsnähe. – **d)** *Neubabylon. Kunst* (7. u. 6. Jh. v. Chr.): Prozessionsstraße u. Thronsaal Nebukadnezars II. aus Babylon (6. Jh. v. Chr.) im Pergamon-Museum, Berlin; emaillierte Ziegelreliefs. – **e)** *Mitann.-subaräische Kunst* im Quellgebiet des Euphrat schon s. dem 3. Jtd v. Chr.: z. B. Tell-Halaf, Karkemisch; monumentale Kultplastik babylon. Stils. – **f)** *Hethit. Kunst* im 2. Jh. v. Chr. zw. Syrien u. Kleinasien: Boğazköy, Löwentor. – **g)** *Persische Kunst:* Achämeniden (7.–4. Jh. v. Chr.): Paläste in Persepolis u. Pasagardä, Cyrus-Grabmal; 3. Jh. hellenist. Einfluß; Sassaniden (bis 7. Jh. n. Chr.): Palast Sapors I. in Ktesiphon, Großreliefs (Tak-i-Bostan); Spätzeit → islamische Kunst. – Auch → ind., → chin. u. → jap. Kunst.

Asien, größter Erdteil (→ Karte); Grenze gg. Europa: Ostfuß d. Urals u. Uralfluß, Kasp. Meer, Manytsch-Niederung; gg. Afrika: Suezkanal; gg. Amerika: Beringstraße; gg. Australien: die Molukkenstraße; äußerste Punkte: N-Kap Tscheljuskin, S-Kap Buru, O-Kap Deschnew, W-Kap Baba; 31,730 Mill. km^2, 3297 Mill. E (104 je km^2); mit Westiran, d. Gaza-Streifen u. d. asiat. Teil d. Türkei; ohne d. asiat. Teil d. Russischen Föderation (ca. 80% d. Fläche u. 36% d. Bevölkerung Rußlands) u. ohne Zypern, die unter Europa ausgewiesen sind; $\frac{1}{12}$ d. Erd- u. $\frac{1}{3}$ d. Landoberfläche; 58% d. Erdbev. **a)** *Gestaltung und Gliederung:* $\frac{2}{3}$ Hoch-, $\frac{1}{3}$ Flachland; mittlere Höhe 960 m. Tiefebene von Turan bis z. Eismeer, sö. davon das d. übrigen Erdteil ausfüllende Hochland m. den höchsten Gebirgen der Erde: Himalaja, Karakorum u. Pamir, deren Ketten mit dem Altai- u. Sajanischen u. dem Gr. Chingan-Gebirge der Wüsten Inner-A.s (z. B. Gobi) einschließen. Der Kunlun begrenzt Tibet im N gg. das Tarimbecken. Der Hindukusch verbindet das zentralasiat. Gebirgssystem mit den westl. Gebirgszügen (Iran, Armenien, Kaukasus) bis zu dem eur. Faltengebirgszug. Im S die Tafelländer Dekhan, Syrien u. Arabien. Flachländer: Nordchina, Hindostan, Mesopotamien, Turan u. Sibirien. **b)** *Flüsse:* Ob, von der *Irtysch*-Quelle gerechnet, wohl der längste (4016 km), ebenfalls nach N *Jenissei* u. *Lena*, nach S *Mekong, Irawadi, Ganges-Brahmaputra, Indus, Euphrat-Tigris,* nach O *Amur, Huang He, Chang Jiang,* nach W *Amudarja, Syr-darja,* Kontinental- u. Zwillingsflüsse. **c)** *Seen:* Aral, Baikal, Balchasch, Kuku-nor; Kasp. u. Totes Meer. **d)** *Klima:* Größte Kälte (bis zu –78 °C) in Sibirien (Werchojansk → Kältepole) u. d. Mongolei; feuchtheißes Äquatorialklima auf d. asiat. Inselwelt; heiße Sommer u. kalte Winter in Inner-A.; Indien u. Ostchina sind Monsungebiete; Mittel-A. ist regenarm; Klima u. Landschaft in drei Zonen geteilt. **e)** *Tier- und pflanzengeograph.* bildet der W und N v. A. mit Europa eine Einheit *(Paläarktis).* Die tropischen Gebiete *(Orientalis)* haben demgegenüber ein eigenes Gepräge; Grenze zum N hin ist der Himalaya. **f)** *Bev.:* $\frac{3}{5}$ z. d. Mongoliden gehörend, d. SW z. d. Europiden (orientalid, armenid, indid) u. Melaniden (→ Drawida); primitive Jäger- u. Fischer- u. nomad. Hirtenvölker in Nord- u. Zentral-A., hochentwickelte Kulturvölker im S u. O. **g)** *Wirtschaft:* Die wirtschaftl. Grundlage bilden neben der Landw. mit den in Monokulturen angebauten wichtigen Ausfuhrgütern (z. B. Tabak, Jute, Kautschuk, Reis u. Gewürze) die Rohstoffe, z. B. Erdöl (Vorderer Orient), Kohle u. Eisenerz (China, Indien, Sibirien); abgesehen vom hochindustrialisierten Japan liegt d. Schwergewicht trotz fortschreitender Industrialisierung auf d. Landw.; wichtige Ind.- u. Bergbaugebiete in Nordchina, Korea, Sibirien u. Indien. **h)** *Entdeckungsgesch.:* Gelegentl. Besuche v. eur. Reisenden (Niccolò, Maffeo und Marco Polo) 1254–95. Die eigtl. Erschließung A.s beginnt mit Vasco da Gama (1497/98 Seeweg nach Ostindien), Magalhães (1520 Pazifik durchquert: Philippinen), Barents (1594–97), C. Niebuhr (1761–67), Huc u. Gabet (1844–46 Tibetdurchquerung), Semenow (1857 zuerst im Tien Shan), v. Richthofen (1868–72 in China u. Turkestan), v. Nordenskjöld (1878/79 Polarfahrt), Nansen (1893–96 Polarfahrt), Sven Hedin (1894–97, 1899–1902, 1905–08, 1927/28 u 1931/32 in Tibet u. Zentral-A.), Koslow (1899–1901), W. Filchner (1900 Pamir, 1904/05, 1926–28 und 1936/37 Zentral-A.), Amundsen (1926 Nordpolflug), Trinkler (1927/28 Zentral-A.). **i)** *Gesch.:* A. besitzt die ältesten Hochkulturen u. Staatenbildungen; in O- u. S-A.: China (s. 2200 v. Chr.), Japan u. Indien; in W-A., wo im 4. Jtd die Sumerer saßen, lösten vom 3. Jtd v. Chr. an die Großreiche der Sumerer, Babylonier, Assyrer, Perser u. Meder einander ab; in N- u. Inner-A. Hirtennomaden mit urspr. Wirtschaftsform. Von hier große Völkerbewegungen nach O (als Abwehr Bau der Großen Chin. Mauer, 3. Jh. v. Chr.) u. W: um 300 v. Chr. → Hunnen u. im 4. u. 5. Jh. n. Chr. Tataren, im 6. Jh. n. Chr. von den → Türken unterworfen; neue Periode großer Nomadenreiche u. Eroberungszüge im 12. Jh. unter → Dschingis-Khan u. 1347–1405 unter → Timur. A. u. Europa sind geograph. u. geschichtl. vielfach verbunden, daher Begriff: *Eurasien.* Wechselseitige kulturelle Einflüsse seit der Antike (z. B. → Hellenismus, → Kreuzzüge), Abwehr u. Angriffe (Perserkriege, Zug Alexanders, Roms Kampf um Vorder-A., Araber, Hunnen, Mongolen; Kreuzzüge, Türkenkriege). Seit dem Zeitalter der Entdeckungen eur. Koloniegründungen in den Randgebieten u. auf Inseln S-A.s; auf dem Landweg dringt Rußland in N-A. bis an den Pazifik u. in Mittel-A. vor. Im 19. Jh. eur. imperialist. Politik. Türkei, China, Japan müssen sich der eur. Wirtschaft öffnen; Japan wird durch seine Reformen Großmacht. Zunehmende Unabhängigkeitsbestrebungen nach dem 1. Weltkrieg; Aufbau eigener Wirtschaft. Nach dem 2. Weltkrieg wurden Indien, Pakistan (und Bangladesch, 1971), Birma (heute Myanmar), Ceylon (heute Sri Lanka), Indonesien, Vietnam, Laos, Kambodscha u. Malaysia unabhängig; 1946–54 Indochinakrieg, 1975 Viet-

namkrieg; 1976 Wiedervereinigung v. N- u. S-Vietnam (→ Vietnam); 1949 Sieg d. Kommunismus in China; 1950-53 Krieg in Korea; 1955 Asienkonferenz → Bandung; 1948 und 1973 4 Nahostkriege zw. → Israel u. arab. Nachbarstaaten; 1982/83 Krieg im → Libanon; 1979–89 militär. Intervention d. UdSSR in Afghanistan; 1980–88 Krieg zw. → Irak u. → Iran; 1990 Vereinigung von Nord- u. Südjemen; 1990 Irak besetzt Kuwait; 1991 Befreiung Kuwaits; 1991 Zerfall d. UdSSR in unabhängige Staaten, Bildung der → GUS; Nationalitätenkonflikte in Armenien, Aserbaidschan u. Georgien.

Asimov [ˈæzɪmɔf], Isaac (2. 1. 1920 bis 6. 4. 92), am. Biochem. u. Schriftst. russ. Herkunft; populärwiss. Werke u. Science-fiction.

Asiut, *Assiut, Asjut,* Prov.hptst. in Oberägypten, am Nil (Stauschleusenwerk), 273 000 E; Töpferwaren.

Askanier, norddt. Fürstengeschlecht; aus ihm im 12. Jh. *Albrecht der Bär;* reg. in Anhalt bis 1918.

Askari, eingeborene Soldaten Ostafrikas.

Askariden [gr.], Spulwürmer, Darmparasiten.

Askese, religiöse Übung zu körperlicher und geistiger Selbstüberwindung (*Asketik*).

Asket, enthaltsam lebender Mensch.

Asklepios, *Äskulap,* griech. Gott d. Heilkraft u. d. Medizin. Sein Attribut ist d. v. e. Schlange umwundene Äskulap-Stab; Haupttheiligtum in Epidaurus.

Äskulap, lat. *Aesculapius*, griech. Asklepios, Gott der Heilkunst.

Äskulapnatter, bis 2 m l. werdende, baumbewohnende Schlange Mittel- u. S-Europas.

Äskulapstab, Stab m. Schlange, Sinnbild der Medizin.

Askus, schlauchförmiger Sporenbehälter der → Schlauchpilze m. meist 4 od. 8 *Askosporen.*

Asmara, Hptst. d. Rep. Eritrea, 350 000 E; äthiop. Erzbischof, Uni., Rundfunkstation, Eisenbahnknotenpunkt, Flughafen.

Asmera → Asmara.

Asowsches Meer, nördl. Becken d. Schwarzen Meeres, 37 600 km²; 15 m tief; durch die Straße v. Kertsch Verbindung zum Schwarzen Meer; fischreich.

asozial, abwertender Begriff für Menschen, die sich nicht in die Gemeinschaft einfügen können oder wollen.

Asparagus, svw. → Spargel, auch Bez. f. oberirdische grüne Teile des Spargels (Blätter, Stengel) als Beigabe in Blumensträußen.

Aspartam, synthet. Süßstoff.

Aspasia, geistvolle Gemahlin des → Perikles.

Aspekt, *m.* [l.], Ansicht, Gesichtspunkt.

Aspekte, in d. *Astronomie* u. *Astrologie* best. Stellungen von Sonne, Mond u. Planeten zueinander (von der Erde aus gesehen).

Aspermie, *Azoospermie,* Fehlen von Samenzellen im Sperma.

Aspern, Vorort von Wien; 1809 erste Niederlage Napoleons I. durch Erzherzog Karl.

Asphalt [gr.], *Erdpech,* künstl. Gemisch aus Bitumen u. Gestein, *natürl.*

Rollasseln

Wasserassel

Mauerassel

aus Bitumen und Mineralien; Vorkommen bes. am Toten Meer, in Albanien, auf Trinidad; zu Straßenbelag.

Asphyxie [gr.], drohende Erstickung mit Aufhören der Atmung; Scheintod Neugeborener.

Aspidistra, *Schildblume,* Liliengewächs aus O-Asien; schattenliebende Zimmerpflanze m. gr. Blättern.

Aspik, *m.* [frz.], Fleisch- oder Fischgelee u. damit bereitete Speisen.

Aspin [ˈæspin], Les (21.7.1938–21.5. 1995), 1993/94 am. Verteidigungsmin.

Aspirant, *m.* [l.], Bewerber, Anwärter.

Aspirata, *w.* [l.], Hauchlaut (z. B. *h*).

Aspiration [l.], Ansaugen v. Flüssigkeiten od. festen Stoffen (z. B. von Schleim in die Lungen, Gefahr d. Lungenentzündung).

Aspirationspneumonie, Lungenentzündung durch „Verschlucken", d. h. Fremdkörperansaugung durch die Luftröhre in die Lunge.

Aspirator, Luft-, Gasansauger (z. B. Wasserstrahlpumpe); auch zur Luftverbesserung.

Aspirin, Handels-Bez. f. Acetylsalicylsäure, schmerzlinderndes, fiebersenkendes Heilmittel.

Aspisviper, nördl. bis in den Südschwarzwald vorkommende Otter.

Asplund, Erik Gunnar (22. 9. 1885–20. 10. 1940), schwed. Architekt; intern. Wirkung durch Leichtigkeit u. Eleganz s. Bauten (u. a. freie Dachformen; Glas- u. Metallbauteile); Stadtbibliothek u. Krematorium (Stockholm).

ASR, Abk. f. engl. *Airport Surveillance Radar*, Radaranlage bei Flughäfen, die alle Flugzeuge in etwa 100 km Umkreis erfaßt.

Assad, Hafis (* 6. 10. 1930), syr. Gen. u. Pol.; nach Militärputsch 1970/71 Min.präs., s. 1971 Staatspräs. u. Führer d. → Baath-Partei.

Assad-See → Euphrat-Staudamm.

assaï [it.], *mus.* sehr (das Zeitmaß verstärkend).

Assam, Staat im NO Indiens, 78 438 km², 22,4 Mill. E; Hptst. *Dispur;* Heimat d. Teestrauches (⅘ der ind. Tee-Ernte); Reis; Kohlenbergbau, Erdöl- u. Erdgasgewinnung.

Assassinen [arab. „Haschischgenießer"], ismaelit. Geheimbund (9. Jh.– Mitte 13. Jh.), dessen Anhänger durch Haschisch gefügig gemacht wurden zu pol. Morden.

Assekuranz, *w.* [l.], Versicherung.

Asseln, Krebstiere; landbewohnend (*Mauer-, Keller-A.*) oder im Süß- und Salzwasser (*Roll-, Bohr-A.*).

Assemblage [frz. asɑ̃ˈblaːʒ „Zusammenfügung"], *Kunst:* s. etwa 1960, Anordnung vorfabrizierter Objekte (z. B. Nägel, Tuben, Brillengestelle od. Pappbecher) auf e. Bildträger, die ursprüngl. nichts miteinander verbindet; Integration v. Wirklichkeitselementen im Kunstwerk; Vorläufer Dadaisten, populär durch → Arman u. Spoerri. → Nouveau Réalisme.

Assemblée, *w.* [frz. asɑ̃ˈble:], Versammlung.

Assemblée nationale [nasjɔˈnal], frz. → Nationalversammlung.

Assembler [əˈsɛmblə], in d. → *EDV*
1) → Übersetzungsprogramm z. Übertragung von Anwenderbefehlen i. d. Maschinensprache;

2) maschinenorientierte → Programmiersprache.

Asser, Tobias Michael Carel (28. 4. 1838–29. 7. 1913), ndl. Völkerrechtler; Friedensnobelpr. 1911.

Assessor, *l.,* unterste Stufe d. höheren Beamtenlaufbahn (*Gerichts-, Regierungs-, Forst-A.* usw.).

Assignaten [frz.], Papiergeld in Frkr. Ende 18. Jh.; Ursache der Inflation während d. Frz. Revolution.

assignierte Streitkräfte, *assigned forces,* Bez. f. mil. Verbände, d. v. d. Mitgliedstaaten d. → NATO unterstellt werden; sofort einsatzbereite Truppen; → Krisenreaktionskräfte.

Assimilation [l.],
1) *pol.* Einschmelzung fremder Volksteile; Ggs.: → Integration.
2) *biol.* Umwandlung der Nahrungsstoffe in körpereigene Substanz, bei *grünen* Pflanzen (z. B. Bildung v. Zucker u. Stärke aus Kohlendioxid u. Wasser unter Beihilfe d. Blattgrüns u. der Sonne als Energiespender).
3) *sprachl.* Angleichung zweier benachbarter Mitlaute (z. B. A*d*sessor: A*s*sessor).

Assise, Sitzung; öffentl. (Schwur-)Gerichtssitzung.

Assisi, it. Stadt in d. Prov. Perugia, 24 800 E; Geburtsort u. Grabstätte (Klosterkirche, 1228) v. *Franz v. A.;* Wallfahrtsort.

Assistent, *m.* [l.], Gehilfe, Amtsgehilfe, Hilfsarzt.

Assistenz, *w.,* Beistand, Unterstützung, Dabeisein.

Assmannshausen → Rüdesheim am Rhein.

Associated Press [engl. əˈsoʊsieɪtɪd-], größte Nachrichtenagentur der USA, Hptsitz New York, 1848 gegr.

Association Phonétique Internationale [frz. asɔsjaˈsjɔ̃ fɔnɛˈtik ɛ̃tɛrnasjɔˈnal], internat. Ges., die d. Vereinheitlichung d. Lautschrift anstrebt, 1886 gegr.

Associé, *m.* [frz. asoˈsje:], Gesellschafter, Teilhaber.

Assonanz, *w.* [l.], Reimart, bei der nur die Vokale, nicht die Konsonanten beim Endreim übereinstimmen.

assortiert, nach Warengattungen geordnet.

Assoziation [l.], Vergesellschaftung, *psych.* Verknüpfung v. Gedanken, Vorstellungen u. Gefühlen; *freie* A., ohne Absicht gelenkter Ablauf v. A.en (Technik i. d. → Psychoanalyse); *gerichtete A.,* im Alltag als „Nachdenken" bezeichneter Suchvorgang beim Auffinden v. Lösungen.

Assoziationspsychologie, e. Richtung d. Psych., die alle psych. Vorgänge auf den Mechanismus d. Assoziation zurückführt.

Assuan, *Aswân,* oberägypt. Prov.hptst. am r. Nilufer bei d. Insel Philä, 196 000 E; Luftkurort; fast 2 km l. Staudamm durch d. Nil s. 1902; 1971 Einweihung d. 1960 begonnenen, 7 km südl. liegenden A.-Hochdamms *Sadd al-Ali* (111 m h., 5 km l., 165 Mrd. m³ Speicherraum, Stausee (Nassersee): 500 km lang, 10 km breit).

Assumptio, *w.* [l.], Himmelfahrt Mariä.

Assunta, *w.* [it. „d. Aufgenommene"], i. d. bildenden Kunst Darstellung der Himmelfahrt Mariä.

Assur, um 1400–884 v. Chr. Hptst. Assyriens.
Assurbanipal, assyr. Kg, 668–631 v. Chr., eroberte 648 Babylon, legte große Bibliothek (von Tontafeln) in Hptst. Ninive an.

Assurbanipal auf assyrischem Flachrelief

Assyrien, vorderasiat. Reich, auf sumerisch-babylon. Kultur um 2000 v. Chr. entstanden nach Vermischung mit Semiten; ben. nach Hptst. Assur; spätere Hptst. *Ninive;* 612 von Chaldäern und Medern unterworfen; letzter bedeutender Kg Assurbanipal.
Assyriologie, Erforschung des assyrisch-babylon. Altertums (Keilschriften).
assyrische Kunst → asiatische Kunst.
assyrische Literatur → babylonische Literatur.
ASta, Abk. f. **A**llgemeiner **St**udenten**a**usschuß, vertritt Studenteninteressen.
Astaire [ə'stɛə], Fred, eigtl. *Frederick Austerlitz* (10. 5. 1899–22. 6. 1987), am. Tänzer, Sänger u. Schausp.; *The Band Wagon.*
Astarte, assyr. *Ischtar,* hebr. *Aschtoreth,* syro-phönik. Fruchtbarkeits- und Muttergöttin.
Astat, *Astatin, Astatium, At,* chem. El. d. Halogengruppe, OZ. 85, radioaktiv.
Aster, staudiger Korbblütler; Gartenpflanze; blüht meist im Herbst.
Asteroiden, sv. → Planetoiden.
Asthenie [gr.], allgemeine Körperschwäche; *Neurasthenie:* ,,schwache Nerven"; → Legasthenie.
asthenisch, zart gebaut, schwächlich, → Körperbau.
Asthenosphäre, w. [gr.], im oberen Erdmantel gelegene Zone unterhalb der → Lithosphäre (in ca. 100–300 km Tiefe).
Ästhet, Schöngeist.
Ästhetik [gr.], urspr. Lehre v. d. Sinneswahrnehmung; seit Baumgarten (1750) selbständige *Wissenschaft vom Schönen* in Kunst und Natur.
ästhetisch, nach Schönheitsgesetzen, (stilvoll) schön.
Ästhetizismus, *m.,* der absoluten u. zweckfreien Schönheit verpflichteter Literatur- u. Lebensstil des späten 19. Jh.; Vertr.: *Oscar Wilde, Stefan George.*
Asthma, *s.* [gr.], Luftmangel, Atemnot; *kardiales A.* b. Herzschwäche, *bronchia-*

les A., anfallsweiser Krampf der kleinen Bronchien sowie Schleimhautanschwellung mit starker Schleimabsonderung u. quälendem Husten; Ursache u. a. allerg. Faktoren; → Allergie.
Astigmatismus [gr.], Unvermögen eines opt. Instruments, scharf punktuell abzubilden; beim Auge infolge zylindr. Verkrümmung d. sonst kugelig gewölbten Hornhaut. Ausgleich d. Fehlers bei Linsen u. Augen durch vorgeschaltete Zylinderlinsen.
ästimieren [l.], schätzen, würdigen.
Asti Spumante, bekannter Schaumwein aus Asti, der mittels → Tankgärverfahren aus *Moscato*- od. → Muskatellertrauben erzeugt wird u. süß u. traubig schmeckt.
Aston ['æstən], Francis William (1. 9. 1877–20. 11. 1945), engl. Chem.; Isotopie-Forschung; Nobelpr. 1922.
Astrachan, russ. Gebietshptst. im Wolgadelta; Kanal, Fluß-, See- u. Flughafen, 509 000 E; Fischind. u. -handel (Kaviar).
Astrachan, Fell der Lämmer des *A.-Schafes.*
astral [l.], auf die Sterne bezogen.
Astralgeist, in der Astrologie Sterngeist oder Seele eines Verstorbenen.
Astralleib, übersinnl. Kraftorganismus, Seelenglied der Empfindungen und Triebe (Paracelsus, R. Steiner).
astrallicht, Himmelslicht.
Astralon, durchsichtiger Polyvinylchlorid- od. Polyvinylacetat-Kunststoff.
Astralreligion, Verehrung von Gestirnen (altmexikan., altarab., babylon.).
Astreinigung, Absterben u. Abfallen *(natürl. A.)* od. Entfernen *(künstl. A.)* v. toten od. lebenden unteren Ästen e. Baumes; gezielte Entfernung d. Äste *(Wertastung)* dient d. Erziehung astreinen Holzes.
Astrid [altschwed. ,,den Asen vertraut"], w. Vn.
Astrobiologie [gr.], Lehre v. Leben auf anderen Himmelskörpern.
Astrograph, Fernrohr für Himmelsphotographie.
Astrolabium, histor. Gerät zur Zeit- u. Längenbestimmung.
Astrologie, Sterndeutung; Lehre v. geistig-seelischen Zusammenwirken zw. Gestirnsstellungen u. Erde, versucht Charakterprägung u. Schicksalsgestaltung durch d. Horoskop zu erklären.
Astrometeorologie, im MA Vorhersage d. Wetters aus Gestirnsstellungen; kein ursächl. Zusammenhang; neuerdings Lehre v. d. Beschaffenheit der Planetenatmosphären.
Astrometrie, Messung der Örter u. Bewegungen d. Gestirne.
Astronaut, am. Bez. f. → Weltraumfahrer, vorwiegend auf westl. Raumfahrer angewendet.
Astronomie [gr.], Sammelbegriff für alle Wissensgebiete über d. Himmelskörper; → Himmelskunde.
astronomische Einheit, Abk. *AE,* mittlere Entfernung Erde–Sonne = 149,6 Mill. km.
astronomischer Ort, die durch → Rektaszension u. → Deklination bestimmte Lage e. Gestirns am Himmel.
Astrophotometrie [gr.], Helligkeitsmessung d. Gestirne.
Astrophysik, Lehre v. d. chem. u. phys. Beschaffenheit d. Sterne; MPI f. A. in München.

Assyrien, *Jehu beim Assyrerkönig, 9. Jh. v. Chr.*

Astrologische Tierkreiszeichen

Kemal Atatürk

Asturias, Miguel Angel (19. 10. 1899 bis 9. 6. 1974), guatemaltek. Romanschriftst.; *Sturm; Legenden aus Guatemala; Die Maismänner;* Nobelpr. 1967.
Asturien, Landsch. i. NW-Spanien, am Nordhang des Kantabrischen Gebirges, heute d. Prov. Oviedo; Hptst. *Oviedo;* Steinkohle, Eisen, Kupfer.
Astyages, letzter medischer Kg, 550 v. Chr.; durch den Perser Cyrus gestürzt.
ASU, Abk. f. **A**bgas-**S**onder**u**ntersuchung, gesetzl. vorgeschriebene jährl. Abgasprüfung v. Kfz.
Asunción [-'θjɔn], Hptst. v. Paraguay, am linken Ufer d. Paraguay, 729 300 E; Uni., Flughafen.
Asura [sanskr. ,,Lebenskraft"], ved. Gruppe von Gottheiten (z. B. Mitra, Ushas, Varuna); i. brahman. Hinduismus zu götterfeindl. Dämonen deklassiert.
Asyl, *s.* [gr. ,,Freistätte"], Zufluchtsort; Freistätte; Anstalt f. Notleidende od. Schutzbedürftige; auch Alters- oder Siechenheim.
Asylrecht, pol. verfolgten Ausländern gewährtes Aufenthaltsrecht (→ Auslieferung), Art. 16 GG. Näheres regelt das A.-Verfahrensges.
Asymmetrie [gr.], Ungleichh. v. Körperhälften; Ggs.: → Symmetrie.
asymmetrisch, unebenmäßig.
asymptomatisch, ohne Krankheitszeichen verlaufend.
Asymptote, *w.* [gr. ,,nicht zusammenfallend"], in d. Geometrie eine Gerade, auf die eine Kurve zuläuft (wobei die Abstände zw. beiden immer kleiner werden), aber sie im Endlichen nie erreicht.
asynchron [gr.], nicht gleichzeitig, in unregelmäßigem Takt.
Asynchronmotor, Wechselstrommotor, dessen Anker (Kurzschluß-A.) sich nicht gleichzeitig mit dem magnet. Feld dreht; Drehzahl d. Ankers tiefer als die des magnet. Feldes.
Asystolie, Herzstillstand.
Aszendent, *m.* [l.],
1) im horoskop. Gebrauch Schnittpunkt v. Ekliptik u. Horizont i. Ostpunkt; gilt als einflußreichste Stelle des → Horoskops.
2) Verwandter aufsteigender Linie.
Aszidien → Seescheiden.
Aszites, *m.* [gr.], Bauchwassersucht.
at, Abk. f. techn. Atmosphäre, veraltete, nicht mehr zulässige Druckeinheit (→ Druck).
At, *chem.* Zeichen f. → Astat.
A. T., Abk. f. → Altes Testament.
Atacama, Salzwüste in Nordchile, größte Salpeterlager der Erde.
Ataïr, *Altair,* hellster Stern 1. Größe α im Sternbild d. Adlers; nördl. → Sternhimmel G.
Ataman, *Otaman,* früher Titel eines höheren Kosakenoffiziers oder ukrain. Gem.-Vorstehers.
Ataraxie, *w.* [gr. ,,nicht-erregen"], Gleichmut, Seelenruhe, als Vorbedingung d. Eudämonie, von Epikur u. Demokrit gepriesen.
Atargatis, syr. Fruchtbarkeits- u. Muttergöttin.
Atatürk (,,Vater der Türken"), *Kemâl A.,* bis 1934 *Mustafa Kemâl Pascha* (1881–1938), türkisch. Heerführer im 1. Weltkrieg, 1923 erster Staatspräs.
Atatürk-Staudamm, am Euphrat i. d. Türkei, 184 m h., Stausee 1065 km², Stauraum 48,7 Mrd. m³; zur Bewässe-

rung u. Energiegewinnung; 1992 fertiggestellt.
Atavismus [l. „atavus = Urvater"],
1) Rückschlag z. Ahnentypus; bes. d. gelegentl. Auftreten stammesgeschichtl. älterer Einzelmerkmale, z. B. ungewöhnlich dichte Rückenbehaarung (Ggs.: die regelmäßig auftretenden Rudimente wie d. Wurmfortsatz beim Menschen).
2) urtüml. Fähigkeiten od. Anschauungen.
Ataxie [gr.], Störung im geordneten Ablauf der Bewegungen bei gewissen Krankheiten des Rückenmarks oder Gehirns.
Atbara, r. Nbfl. d. Nils aus Äthiopien, 1120 km l.; mündet bei der Stadt *A.* (73 000 E).
Ate [gr. „Unheil", „Verblendung"], griech. Göttin u. Personifikation d. Unheilstiftung.
Atelektase, verminderter Luftgehalt in Teilen d. Lunge.
Atelier [frz. -'lie:], (Künstler-)Werkstatt; *Film-A.,* für Innenaufnahmen.
Atemgymnastik, *Atemtherapie,* Atemübungen zur Erhaltung u. Wiederherstellung der Gesundheit; als → *Heilatmung* zu empfehlen: bei chron. Schleimhautveränderungen von Nase und Nasennebenhöhlen, Stimmbandschäden, Herz-Kreislauf-Krankheiten, Atemwegserkrankungen, vor u. nach Operationen, Vorbeugung d. Lungenentzündung, bei Bettlägerigen.
a tempo [it.], mus. im urspr. Zeitmaß; *allg.* sofort, schnell.
Atemspende, Wiederbelebung durch Mund-zu-Mund- bzw. Mund-zu-Nase-Beatmung, → *Erste Hilfe.*
Atemwurzeln, aus dem Boden senkrecht in die Luft ragende Wurzelteile der → *Mangrove-Bäume.*
Atemzentrum, im Hirnstamm u. i. oberen Rückenmark gelegenes Steuerungsorgan der Atmung; seine Störung durch **Atemgifte** od. Krankheiten führt zur **Atemlähmung.**
Äthan → Ethan.
Athanasianum, *Athanasian. Glaubensbekenntnis,* n. d. gr. Kirchenlehrer → *Athanasius* fälschl. so benanntes christl. Glaubensbekenntnis.
Athanasie, w. [gr.], Unsterblichkeit.
Athanasius (295–373), Heiliger, Kirchenvater; Bischof von Alexandrien; vertrat gg. Arius (→ *Arianismus*) Wesensgleichheit des Gottessohnes mit Gottvater; Konzil zu Nicäa 325.
Athaulf, Nachfolger Alarichs; 410–15 Kg der Westgoten, die er nach Südgallien führte.
Atheismus [gr. „Gottlosigkeit"], Leugnung Gottes bzw. seiner Wirksamkeit.
Athen, griech. *Athēnai,* Hptst. d. Rep. Griechenland i. Nomos *Attika u. Böotien,* 3,03 Mill. E (m. Vororten); → *Akropolis* u. a. Denkmäler d. griech. Kunst, Uni., Museen, Festsp.; Flughafen, Ind.; Handel (Hafen → *Piräus*). – Urspr. v. Königen, dann v. d. Aristokratie regiert; 594 v. Chr. Verf. Solons; nach der Tyrannis d. Peisistratos 561–527 wurde 508 d. Demokratie gefestigt (Souveränität d. Volksversammlung). Blütezeit nach d. Perserkriegen (500–449 v. Chr.), ab 477 Haupt d. Attischen Seebundes; i. d. → *Peloponnesischen Kriegen* von Sparta besiegt; 86 v. Chr. v. Rom (Sulla)

Athen, *Hephästaion*

ÄTHIOPIEN

Staatsname: Demokr. Bundesrep. Äthiopien, Ye Ethiopia Hizebawi Democraciyawi Republic
Staatsform: Föderale Republik
Mitgliedschaft: UNO, OAU, AKP
Staatsoberhaupt: Negaso Gidada
Regierungschef: Meles Zenawi
Hauptstadt: Addis Abeba 1,7 Mill. Einwohner
Fläche: 1 133 400 km²
Einwohner: 53 435 000
Bevölkerungsdichte: 47 je km²
Bevölkerungswachstum pro Jahr: ⌀ 3,05% (1990–1995)
Amtssprache: Amharisch
Religion: Christen (55%), Moslems (35%), Naturreligionen
Währung: Birr (Br)
Bruttosozialprodukt (1994): 6 947 Mill. US-$ insges., 130 US-$ je Einw.
Nationalitätskennzeichen: ETH
Zeitzone: MEZ + 2 Std.
Karte: → Afrika

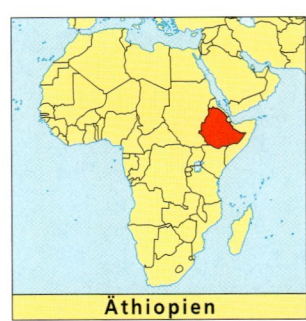

Äthiopien

erobert; im MA bedeutungslos; s. 1834 Hptst. d. Kgr. Griechenland.
Athenagoras I., *Aristoklis Spiru* (25. 3. 1886–7. 7. 1972), orthodoxer Theologe, ökumen. Patriarch v. Konstantinopel.
Athenäum, Tempel der → Athene.

Athene, *Varvakion, 2./3. Jh.*

Athene, *Pallas Athene,* griechische jungfräul. Göttin u. Schutzherrin d. n. ihr benannten Stadt Athen, entsprang gerüstet dem Haupt des Zeus; Göttin d. Friedens u. d. Kampfes, d. Weisheit u. d. Künste; ihre Tiere: Eule und Schlange.
Äther,
1) *Lichtäther,* ein angeblich den Weltraum erfüllender Stoff.
2) *chem.* → Ether.
ätherisch, leicht verdunstend, auch zart, vergeistigt.
ätherische Öle, Duftstoffe der Pflanzen (z. B. Pfefferminzöl, Fichtennadelöl), durch Wasserdampfdestillation oder → *Enfleurage* gewonnen.
Ätherleib, okkultist. Bezeichnung für angebl. feinstoffliche Lebensträger.
Atherom, *s.* [gr.],
1) Balggeschwulst, breiiger Grützbeutel, meist unter der Kopfhaut; gutartig.
2) Blutfetteinlagerung in Arterien bei → Atherosklerose.
Atheromatose, svw. → Arteriosklerose.
Atherosklerose, svw. → Arteriosklerose.
äthiopider Rassentypus, irrtümlich *hamitische Rasse,* mit europiden Proportionen u. negrider Hautfarbe, Haar in lockerkrauser Zwischenbildung; verbreitet bei Abessomaliern u. Sahariern (Abessinier, Somali, Galla, Massai, Tebu, Haussa, Fuli); Sprache meist Hamitisch (→ Hamiten).
Äthiopien, Rep. in NO-Afrika; Bev.: Amharen, Tigre, Galla (Oromo) u. a. **a)** *Geogr.:* Landschaft vulkan. Hochland, ca. 2000 m hoch, überragt v. gewaltigen Vulkanen (*Ras Daschan* 4620 m); Hptfluß *Blauer Nil;* 3 Höhengürtel, nur mittlerer (1800–2500 m) gut besiedelt. **b)** *Wirtsch.:* Hptbeschäftigung in d. Landw.; Hptgüter: Kaffee, Getreide, Zuckerrohr, Baumwolle; s. Kriegsende rasche Ind.entwicklung. **c)** *Außenhandel* (1991): Einfuhr 1,1 Mrd. $, Ausfuhr (Hptprodukt Kaffee) 307 Mill. $. **d)** *Verkehr:* Eisenbahn 1084 km, Straßennetz 44 000 km. **e)** Verf. v. 1995: Föderale Rep., Einkammerparlament, Staatsoberhaupt nur repräsentative Funktion. **f)** *Verw.:* 13 Regionen (ohne Eritrea). **g)** *Gesch.:* Urspr. Tributstaat, später Beherrscher Ägyptens (840–650 v. Chr.), umfaßte das Gebiet des heutigen Äthiopien u. Nubiens; v. 4. Jh. an christl. u. einheitl. Reich unter einem Kaiser (Negus Negesti); s. 640 n. Chr. mit Eindringen des Islams neue Kulturblüte im heutigen Dongola. 1868 im Krieg gg. England Verlust von Magdala; 1896 Sieg Kaiser Meneliks über die Italiener bei Adua; 1917–30 Kaiserin Zauditu, 1930–74 Haile Selassie I. (Ras Tafari). 1935/36 v. Italien erobert, bis 1941 als Kaiserreich Äthiopien d. it. „Röm. Imperium" einverleibt. 1952 wurde Eritrea als autonomer Bundesstaat m. Äthiopien vereinigt. 1974 Absetzung v. Kaiser Haile Selassie; anschl. sozialist. Volksrep. m. Militärreg. (s. 1987 formelle Zivilreg.). 1975 Bodenreform. 1977 Unabhängigkeitsbestrebungen in N-Provinzen; 1978 Grenzkrieg mit Somalia um die Prov. Ogaden; s. 1983 durch Dürre verursachte Hungerkatastrophe in N-Provinzen; Ende Mai 1991 Sieg d. äthiop. Rebellen (EPRDF) über Reg.truppen; Übergangsregierung. 1993 friedl. Abspaltung → Eritreas. 1995 neue Verfassung und Parlamentswahlen.
Äthiopier, im Altertum alle dunklen Afrikaner, später auf die dunklen Nordostafrikaner verengt, heute besonders die Bewohner von Nubien, Abessinien u. Somaliland.
Äthiopis → Tiergeographie.
Athlet [gr.], muskelstarker Mann, Wettkämpfer.
athletisch → Körperbau.
Athos, griech. *Hagion Oros,* Halbinsel i. Ägäischen Meer m. dem *Berg A.,* 2033 m; Sitz d. auton. Mönchsrep. A. (336 km², 1500 E) m. 20 Großklöstern; Mittelpkt d. Orthodoxie, Handschriften- u. Ikonensammlung, A.-Schule der Malerei.
Äthyl → Ethyl.
Äthylen → Ethylen.
Ätiologie [gr.], Lehre v. d. Ursachen, bes. den Krankheitsursachen.
Atlant [gr.], männl. Figur als stützendes Bauelement. Dagegen → Karyatide.
Atlanta [ət'læntə], Hptst. d. US-Staats Georgia, 394 000 (Agglom. 2,8 Mill.) E; mehrere Uni., Ind., Handels- u. Verkehrsmittelpunkt.
Atlantic City [ət'læntik 'siti], Seebad in den USA, an der Küste von New Jersey, 38 000 E.
Atlantik, svw. → Atlantischer Ozean.
Atlantikcharta, *Atlantic Charter,*
1) Erklärung über die atlant. Beziehungen der NATO-Staaten (26. 6. 1974), die u. a. d. gemeins. Verteidigung d. Bündnismitgl. als unteilbar bezeichnet.
2) 1941 v. Roosevelt u. Churchill beschlossenes Grundsatzprogramm f. d. Nachkriegspolitik.
Atlantikpakt → Nordatlantikpakt.
Atlantikwall, zw. 1942–44 entlang der frz., belg. und ndl. Küste errichtete dt. Befestigungsanlagen; Durchbruch der angloam. Truppen am 6. 6. 1944.
Atlantis, von Plato beschriebene sagenhafte versunkene Insel im Atlant. Ozean.
Atlantischer Ozean, *Atlantik,* Teil d. Weltmeeres zw. Europa u. Afrika im O u.

Atlanta, *Fulton Country Stadion und Skyline*

Amerika im W, von S-förm. Gestalt mit nahezu parallelen Küsten, 15 000 km l., 3000–7000 km br.; Fläche 84,11, mit Nebenmeeren 106,57 Mill. km²; mittlere Tiefe 3293 m (m. Nebenm.) od. 3844 m (o. Nebenm.), größte 9219 m im Puerto-Rico-Graben; wird d. Länge nach v. Mittelatlant. Rücken (1000–3000 m) durchzogen, beiderseits 5000–6000 m tiefe Becken; geringe Inselbildung. *Nebenmeere:* Eur., Am. u. Arkt. Mittelmeer; Nordsee, Ostsee, Engl. Kanal, Irische See, St.-Lorenz-Golf. *Strömungen:* 2 geschlossene Kreise: im Nordatlantik rechtsdrehend Nordäquatorialstrom, → Golfstrom, Kanarenstrom; i. Südatlantik linksdrehend Südäquatorialstrom, Brasilienstrom, Westwinddrift, Benguelastrom, Nordatlantik wärmer und salzreicher als Südatlantik.

Atlas,
1) oberster (l.) Halswirbel.
2) hochglänzende, schmalliegende Seide.
3) Riese der griech. Sage, trägt das Himmelsgewölbe.
4) geograph. Kartenwerk.

Atlasgebirge, Faltengebirgssystem in NW-Afrika, bis 4167 m (Dschebel Toubkal), in mehrere Ketten gegliedert: Tell-, Mittlerer, Sahara-, Hoher u. Anti-A.; zwischen Tell- u. Sahara-A. Hochland der Schotts (Salzsümpfe).

Atlasspinner, einer der größten Schmetterlinge, 25 cm Flügelspannweite; SO-Asien.

atm, Abk. f. *phys. Atmosphäre,* veraltete, nicht mehr zulässige Druckeinheit (→ Druck).

Atman [ind.], All- od. Einzelseele.

Atmosphäre [gr.], die Gashülle d. Erde (→ Tafel). Gemisch aus 21% Sauerstoff, 78% Stickstoff, 0,94% Argon u. a. Edelgasen u. 0,03% Kohlendioxid (seit der Industrialisierung ständig zunehmend, siehe → Treibhauseffekt). Nach Dichte, Zusammensetzung u. phys. Vorgängen gegliedert in: **a)** *Troposphäre:* an den Polen 10, am Äquator 17 km h.; Bereich fast aller meteorolog. Erscheinungen (Wind, Wolken u. a.); Temperaturabnahme v. 0,6° je 100 m Aufstieg; **b)** darüber d. *Stratosphäre,* etwa 50 km h., eine Übergangsschicht mit konstanter od. zunehmender Temperatur; ruhig, meist wolkenlos, ideale Flugbedingungen, im oberen Teil d. → Ozonschicht; **c)** anschließend, bis ca. 80 km h., die *Mesosphäre* mit starker Temperaturabnahme; **d)** darüber d. *Thermosphäre,* Obergrenze unscharf von 500–1000 km, im unteren Teil beginnt d. als *Ionosphäre* bekannte el. Schicht; charakteristisch f. I.sphäre verschieden geladene Schichten, von denen d. *Heaviside-Schicht* (E-Schicht) d. wichtigste ist; an ihr werden d. Radiowellen reflektiert; **e)** oberhalb 500–1000 km schließt sich d. *Exosphäre* an, mit Temperaturen bis über +2000 °C; **f)** in etwa 6000 km Höhe geht d. Erdatmosphäre kontinuierlich in den Weltenraum über; es gibt keine (scharfe) Grenze d. Atmosphäre. Der Luftdruck a. d. Erdoberfläche beträgt im Mittel 1013 Hektopascal (hPa), in 50 km Höhe nur noch 1 hPa, und in 100 km Höhe etwa ein tausendstel hPa; in der Troposphäre sind ¾ d. gesamten Masse d. Erdatmosphäre enthalten.

Atmung,
1) Pflanzen atmen m. ihrer Gesamtoberfläche.
2) bei Insekten geschieht die A. durch Tracheen, bei Fischen durch Kiemen, bei höheren Tieren u. beim Menschen durch Lungen; bei jedem Atemzug erweitert u. verengt sich abwechselnd der Brustraum mittels *A.smuskulatur,* bes. d. Zwerchfells.
3) Vorgang der Sauerstoffaufnahme aus der Luft u. Kohlensäureabgabe aus d. Blut: *äußere A.;* Energiestoffwechsel d. Zellen unter Sauerstoffverbrauch: *innere A.* (Zell-A.).

Ätna, it. *Etna,* größter tätiger Vulkan Europas, auf Sizilien; Aufschüttungskegel 145 km Umfang; 3323 m hoch; steil nach innen abstürzender Krater v. 527 m Durchmesser; Lava bricht an den Flanken aus; am Fuße fruchtbare Landschaft m. Wein- u. Olivenpflanzungen.

Atoll, *s.,* niedrige, ringförmige Koralleninsel mit eingeschlossener Lagune; Kokospalmen u. andere trop. Vegetation; Südsee und Indischer Ozean.

Atom, *s.* [gr.], seit Demokrit Bez. f. d. kleinsten, unteilbaren Baustein d. Materie, heute ,,unteilbar" nur mit d. Methoden d. klass. Chemie, teilbar aber mit den Methoden der → Kernphysik (Kernchemie). Nach dem Bild d. Rutherford-Bohr-Sommerfeldschen Atommodells (ältere → Quantentheorie) ist d. Atom ähnl. e. Miniatursonnensystem aufgebaut: Um einen winzigen Atomkern

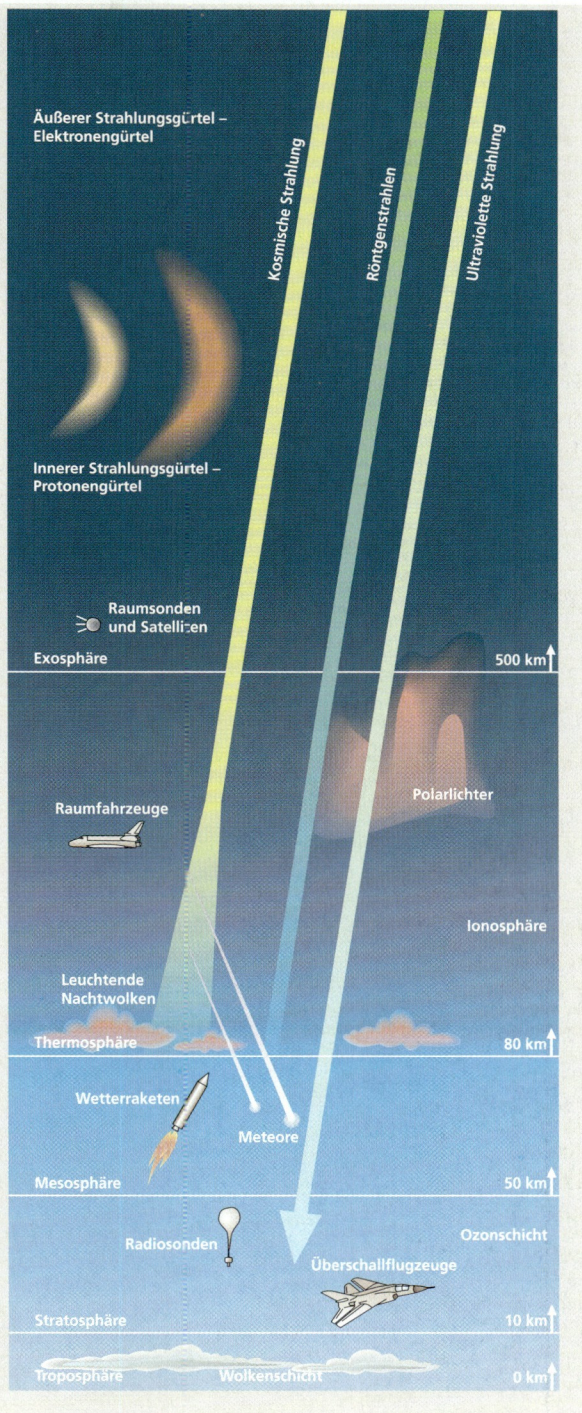

Die Gliederung der Erdatmosphäre

Atom und Atomkernenergie

Atommodell von Rutherford und Bohr

1

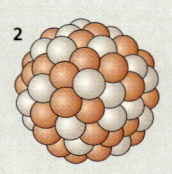
2

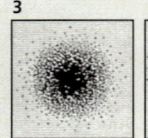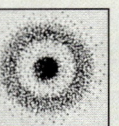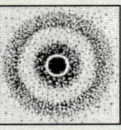
3

Wie Planeten um die Sonne, rotieren die Elektronen auf Ellipsen- und Kreisbahnen um den Atomkern (Abb. 1). Der aus Protonen und Neutronen aufgebaute Atomkern (Abb. 2) enthält (fast) die ganze Masse des Atoms, ist aber winzig klein. Durchmesser des Atoms $\sim 10^{-8}$ cm, Durchmesser des Atomkerns $\sim 10^{-13}$ cm.
Nach der Quantentheorie darf man sich die Elektronen im Atom nicht als punktförmig vorstellen, sondern in einer Art Dichteverteilung um das Atom verschmiert (Abb. 3).

Atomium, *Brüssel*

Spaltung eines schweren Atomkerns wie Uran 235 oder Plutonium 239

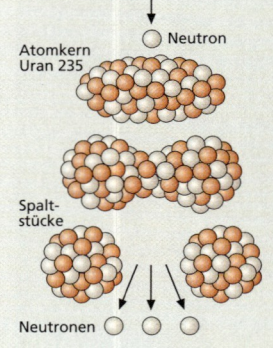

Atomkern Uran 235

Neutron

Spaltstücke

Neutronen

Das Neutron dringt in den Atomkern ein und bildet einen „Zwischenkern", der in zwei größere Spaltstücke und einige Neutronen auseinanderbricht. Die Spaltstücke wandeln sich weiter durch Atomzerfall um (radioaktive Verseuchung bei einer Atomexplosion).

Kettenreaktion in Uran 235 oder Plutonium 239

Bei der (durch ein Neutron bewirkten) Spaltung des Atomkerns werden 2–3 Neutronen (und die beträchtliche Energie von 200 MeV) frei. Diese neuentstandenen Neutronen können ihrerseits weitere Spaltungen hervorrufen, lawinenartig setzt sich der Vorgang fort (Kernexplosion).

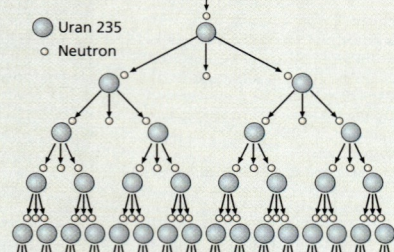

○ Uran 235
○ Neutron

(Sonne) aus el. positiven Protonen u. el. neutralen Neutronen bewegen sich auf festen Bahnen d. el. negativen Elektronen (als Planeten); durch Energiezufuhr (z. B. Lichteinstrahlung) werden d. Elektronen auf e. Bahn höherer Energie gehoben; v. dort Rückkehr (10^{-8}s) i. Grundzustand (*Quantensprung*); dabei wird Röntgen- od. Lichtstrahlung ausgesandt (*Linienspektrum*). Das anschauliche Planetenmodell des Atoms brachte wesentl. Fortschritte im Verständnis d. Atoms; aber erst die weniger anschauliche moderne Quantenmechanik (→ *Quantentheorie*), wesentl. basierend auf d. → Unschärferelation, brachte d. volle Aufklärung d. atomaren Eigenschaften. Im Atomkern ist (fast) die ganze Masse konzentriert, → Tafel Atom und Atomkernenergie. Die Anzahl der Protonen (=Ordnungszahl=OZ=Kernladungszahl) im Kern ist im (neutralen) Atom gleich der Zahl d. Hüllenelektronen und bestimmt d. chem. Eigenschaften d. Atoms. Atome mit gleicher OZ, aber verschiedener Neutronenzahl heißen *Isotope*. Da demnach sämtl. Isotope e. Atoms sich chem. gleich verhalten, faßt man sie unter d. Begriff d. chem. Elementes zusammen: z. B. OZ=1 ist das Element Wasserstoff mit d. drei Isotopen H=gewöhnl. Wasserstoff (1 Proton), D=Deuterium=schwerer Wasserstoff (1 Proton + 1 Neutron), T=Triti-

Schematische Darstellung eines Atomreaktors

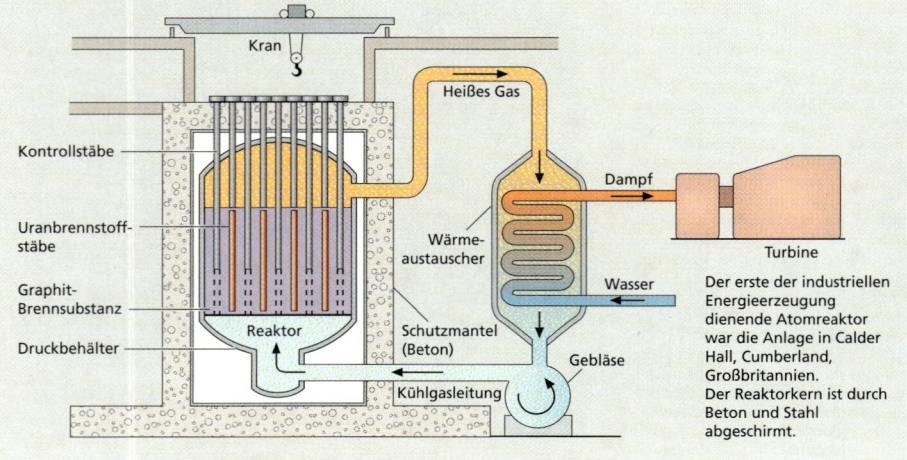

Kran – Heißes Gas – Dampf – Turbine – Wärmeaustauscher – Wasser – Schutzmantel (Beton) – Gebläse – Kühlgasleitung – Reaktor – Druckbehälter – Graphit-Brennsubstanz – Uranbrennstoffstäbe – Kontrollstäbe

Der erste der industriellen Energieerzeugung dienende Atomreaktor war die Anlage in Calder Hall, Cumberland, Großbritannien. Der Reaktorkern ist durch Beton und Stahl abgeschirmt.

Explosion einer Atombombe

um=überschwerer Wasserstoff (1 Proton + 2 Neutronen). Atome lagern sich zu chem. Verbindungen zusammen, z. B. 2 Atome Wasserstoff (H) u. 1 Atom Sauerstoff (O) in 1 *Molekül* Wasser (H_2O).
Atombombe → Kernwaffen.
Atomenergie, → Kernenergie, auch → Kernphysik.
Atomgewicht, Verhältnis d. Masse eines Atoms z. Masse des Kohlenstoffisotops 12 (diese wurde 1962 m. $^{12}_{6}C = 12$ festgesetzt; vor 1962 galt das natürliche Isotopengemisch Sauerstoff O = 16,000 als Bezugsbasis).
Atomkern, b. allen Elementen aus → *Protonen* (deren Zahl = Ordnungszahl) u. → *Neutronen* zus.gesetzt (Zahl beider = Massenzahl); → Elementarteilchen.
Atomkraftwerk, → Elektrizitätswerk, → Kernreaktor.
Atommüll, radioaktive Abfälle bei Gewinnung von Kernenergie.
Atomsperrvertrag, intern. Vertrag, d. eine Zunahme d. Atomwaffen bes. Staaten verhindern soll; v. d. meisten Staaten unterzeichnet (nicht v. Frkr. u. China), s. 1970 in Kraft.
Atomuhr, *Moleküluhr,* dient der genauesten Zeitmessung, Hochfrequenzgerät, dessen Frequenz durch Resonanz mit Atom- oder Molekülschwingungen gesteuert wird (u. z. B. mit der magnetischen Kernresonanzfrequenz des Cäsiumatoms = ca. 9,2 GHz); A. ist unabhängig von äußeren Einflüssen u. hat keine Alterserscheinungen; dient auch zur Kontrolle oder Steuerung von → Quarzuhren; → Zeit.
Atomumwandlung, Verwandlung e. Atoms in e. anderes:
1) *natürliche Umwandlung* sog. instabiler „radioaktiver Atome" durch Aussendung von Heliumkernen (α-Strahlen) od. Elektronen (β-Strahlen).
2) *künstl. Umwandlung* (Rutherford) durch Beschießen mit energiereichen Teilchen; bes. günstig mit Neutronen, die wegen fehlender el. Ladung leicht in den Atomkern eindringen können.
Atomversuchsstopp-Abkommen, Vertrag zw. d. USA, Großbritannien u. d. ehem. UdSSR über d. Einstellung v. Kernwaffenversuchen i. d. Atmosphäre, unter Wasser u. auf d. Erde, 1963 i. Moskau unterzeichnet.
Atomvolumen, der Rauminhalt eines → *Grammatoms* eines Elements in festem Aggregatzustand in cm^3.
Atomwaffen → Kernwaffen.
Atomwärme, Bez. soll ersetzt werden durch *atomare Wärmekapazität,* die spezif. Wärme auf → Grammatom bezogen; bei Metallen gilt das Dulong-Petitsche Gesetz: Atomwärme ~25 J/Grammatom·Grad.
Atomzeit → Atomuhr.
Atomzerfall, svw. radioaktiver Zerfall (→ Radioaktivität, Übers.).
Atomzertrümmerung, veraltete Bezeichnung f. → Atomumwandlung.
Aton [„Sonnenscheibe"], ägypt. Sonnengott, i. Neuen Reich um 1350 v. Chr. monotheist. verehrt; Hauptkultort Amarna.
atonale Musik, verzichtet melod. u. harmon. auf jede Beziehung zu einem tonalen Zentrum, damit auf Grunddreiklang u. Akkordverhältnisse im Sinne d. traditionellen Harmonik; entstand im 20. Jh. als Reaktion gg. d. Romantik; Hptvertr.: *Hauer, Schönberg, Webern, Berg, Hába* (→ Musik, Übers.).
Atonie [gr.], anlagemäßig od. durch Krankheit u. Bewegungsmangel erworbene Erschlaffung d. Muskulatur, der Bänder u. d. Bindegewebes, auch mangelhafte Zusammenziehung d. Gebärmutter nach d. Geburt.
Atopie, angeborene Überempfindlichkeit gg. Umweltsubstanzen, die zu → Allergien führt.
atopisches Ekzem, svw. → Neurodermitis.
Atout, *s.* [frz. a'tu: „für alles"], Trumpf (im Kartenspiel).
à tout prix [frz. atu'pri], um jeden Preis.
ATP, svw. → Adenosintriphosphat.
atramentieren [l.], Stahl mit einer Oxid- oder Phosphorschicht überziehen (gg. Rost u. Korrosion).
Atrato, *Río A.,* Fluß in NW-Kolumbien; aus den W-Kordilleren, mündet in den Golf v. Urabá; 750 km l. sumpfiges Delta.
Atresie, angeborenes Fehlen e. Körperöffnung.
Atreus, sagenhafter griech. Kg. Enkel des Tantalos, Vater d. **Atriden** → Agamemnon u. → Menelaos.
Atrium [l.].
1) Binnenhof e. Gebäudes; im Kirchenbau: große Vorhalle.
2) Herzvorkammer.
3) offener Hauptraum d. altröm. Hauses (Abb.).
Atrophie [gr.], Gewebsschwund, bes. d. Muskeln; meist durch Nichtgebrauch od. Nervenerkrankung.
Atropin, aus der Tollkirsche *(Atropa belladonna)* gewonnenes Alkaloid; Gift, d. den → Parasympathikus lähmt (z. B. Pupillenerweiterung) u. Wahnideen hervorruft; Arzneimittel.
Atropos, eine der 3 griech. → Moiren, röm. → Parzen.
ATS, Abk. f. **A**gence **T**élégraphique **S**uisse; schweiz. Depeschenagentur.
attacca [it.], *mus.* rasch anschließend, unmittelbar weiterspielen.
Attaché [frz. -'ʃe: „Beigegebener"].
1) Beamte d. diplomat. Dienstes, die d. Auslandsvertretungen f. Sonderaufgaben beigeordnet sind (z. B. *Militär-A., Handels-A.).*
2) Anwärter des auswärtigen Dienstes.
Attacke [frz.], Angriff, Reiterangriff.
Attalus, Name von Königen in *Pergamon:*
1) A. I., Soter (269–197 v. Chr.), reg. s. 241, von Antiochus III. bedrängt, Bündnis mit Rom.
2) A. III. hinterließ s. Reich d. Römern; s. 133 v. Chr. Prov. Asia.
Attenborough ['ætnbərə], Sir Richard (* 29. 8. 1923), brit. Regisseur u. Schauspieler. Filme: *Die Brücke von Arnheim, Gandhi, Schrei nach Freiheit.*
Attendorn (D-57439), St. im Kr. Olpe, NRW, 22 922 E; AG; Metallind.
Attentat, *s.* [l.], Mordanschlag, Überfall, bes. auf pol. Persönlichkeit.
Atterberg [-bærj], Kurt (12. 12. 1887–15. 2. 1974), schwed. Komp.; Opern, Orchesterwerke.
Attersee,
1) See im Salzkammergut, 171 m t., 45,9 km^2 Fläche, 467 müM.
2) (A-4864), Badeort am A., 1481 E.

Atrium

Attest, *s.* [l.], Zeugnis, Bescheinigung; *ärztliches A.,* Bescheinigung einer Krankheit, Arbeitsunfähigkeit usw.
attestieren, bestätigen.
Attich, *m.,* Zwergholunder, giftige Art d. → Holunders.
Attika [gr.],
1) oft verzierter Aufbau über d. Hauptgesims e. Bauwerks als Sichtschutz vor d. Dach.
2) die mittelgriech. Halbinsel A., Region u. Bezirk A. in Griechenland; 3808 km^2, 3,52 Mill. E; Hptst. *Athen.*
Attila, *w.*
1) [ungar.], mit Schnüren besetzter kurzer Husarenrock.
2) im Nibelungenlied: *Etzel,* „Gottesgeißel", Kg d. n. Europa eingebrochenen mongolischen → Hunnen (434–53), herrschte vom Rhein bis zum Kasp. Meer; 451 v. → Aëtius auf d. Katalaun. Feldern besiegt; 453 auf seinem Zug nach Italien gestorben.
Attisch-Delischer Seebund, 477 bis 404 v. Chr., Bündnis griech. Staaten unter Leitung Athens gg. persische Invasion.
Attitüde, *w.* [frz.], Haltung, Gebärde.
Attlee ['ætli], Clement Earl (3. 1. 1883 bis 8. 10. 1967), engl. Pol.; 1935–55 Vors. d. Labour-Partei, 1945–51 Prem.-min.
Attraktion, *w.* [l.],
1) Anziehung (→ Kraft).
2) Zugstück, -nummer.
Attrappe, *w.* [frz.], Nachbildung e. Gegenstandes (hohl).
Attribut, *s.* [l.],
1) *allg.* beigegebenes Kennzeichen e. Person (z. B. Merkurstab).
2) *phil.* Grundeigenschaft der Substanz.
3) *grammatikal.* nähere Bestimmung eines Hauptworts.
atü, Abk. f. **At**mosphären-**Ü**berdruck, veraltete, nicht mehr zulässige Druckeinheit; → Druck.
Atum [„der Nichtseiende"], ägypt. Personifikation d. urzeitl. Chaos u. Weltschöpfergott, aus dem alles Sein hervorging.
ätzen, durch chem. Mittel auf Metall, Glas Vertiefungen herstellen; → Klischee.
Au, *chem.* Zeichen f. → Gold (lat. *aurum).*
AUA, Abk. f. **Au**strian **A**irlines.
Aube [o:b],
1) r. Nbfl. der Seine vom Plateau v. Langres, 248 km l.
2) Dép. in NO-Frkr., 6004 km^2, 289 200 E; Hptst. *Troyes.*
Auber [o'bɛːr], Daniel François Esprit (29. 1. 1782–12. 5. 1871), frz. Opernkomp.: *Die Stumme v. Portici; Fra Diavolo.*
Aubergine, *w.* [frz. obɛr'ʒinə], *Eierpflanze,* in warmen Ländern als Gemüsefrucht angebautes Nachtschattengewächs; rundlich-langgestreckt (gurkenähnlich) mit braunvioletter Schale.
Aubusson [oby'sɔ̃], frz. St. im Dép. *Creuse,* 5097 E; Herstellung d. **A.teppiche,** gobelinart. Ripsteppiche.
a. u. c., Abk. f. **a**b **u**rbe **c**ondita.
Auckland ['ɔːklənd], Prov.hptst. u. Hafen auf N-Neuseeland, 855 600 E (m. Vororten); Industrie, Handelszentrum, Ausfuhr v. landwirtsch. Erzeugnissen; Uni.; Flughafen.
Auctoritas [l.], bei den Römern das

Auckland, *Hafen*

Ansehen einzelner Personen sowie ihre Führungsberechtigung.
Aude [o:d],
1) frz. Fluß von den Pyrenäen ins Mittelmeer, 223 km l.
2) südfrz. Dép., 6139 km², 298 700 E; Hptst. Carcassonne.
Auden [ɔ:dn], Wystan Hugh (21. 2. 1907–28. 9. 73), engl. Lyriker; *Das Zeitalter der Angst; Hier und jetzt; The Rake's Progress* (Libretto z. Strawinski-Oper).
audiatur et altera pars [l.], „Man höre auch den anderen Teil" (Kläger *und* Beklagten)!
Audiberti [odibɛr'ti], Jacques (25. 3. 1899–10. 7. 1965), frz. Schriftst.; absurde Dramatik; *Quoat-Quoat*.
Audienz, *w.* [l.], Empfang bei hochgestellten Personen (*A. gewähren*).
Audio, Sammelbegriff f. den gesamten hörbaren Tonbereich (ca. 30–20 000 Hz); dient d. Kennzeichnung d. f. den Hörbereich bestimmten Geräte u. Anlagen.
Audiogramm, stellt Zusammenhang zw. Schallfrequenzen u. individueller Hörfähigkeit her; über Bezugslinie lassen sich Hörverluste ablesen.
Audiometer, *s.* [gr.], Instrument z. Gehörprüfung.
Audion, *s.*, Empfangsschaltungen mit → Elektronenröhren od. → Transistoren zur → Demodulation sehr kleiner Hochfrequenzspannung; durch → Rückkopplung große Verstärkung u. hohe Empfindlichkeit, daher früher b. Kleinempfängern verwendet, heute in der KW-Amateurtechnik verbreitet, in kommerziellen Rundfunkempfängern nicht mehr benutzt (Nachteil: übersteuert leicht, damit Verzerrungen); → Rundfunk-Technik.
Audio-Video-System, versch. audiovisuelle Informationsträger (z. B. Film, Videocassette, Bildplatte u. a.) werden zu einem System gekoppelt.
Audiovision, in d. Fotografie e. Vortrag m. Diapositiven, kombiniert mit Sprache u. Musik.
Audit [engl.], Bez. für Rechnungsprüfung u. Revision; *Management-Audit* befaßt sich mit der wiss. Analyse u. Bewertung der Leistung des Middle- u. Top-Managements nach folgenden Beurteilungskriterien: Wirkung der gesamtwirtsch. Tätigkeit des Unternehmens auf seine Umwelt (öffentl.

Auerhahn

Auerochse, *nach dem „Augsburger Urbild" eines unbekannten Malers, Ende 16. Jh.*

Auferstehung Christi, *Riemenschneideraltar in Greglingen*

Wertschätzung), Kapitalverwendung, Wachstum, Effektivität des betriebl. Forschungs- u. Entwicklungsbereichs, Finanzierungsmaßnahmen, Kapitalstruktur, Kostenentwicklung, Absatzstrategien, Mitarbeiterführung, Aufbau u. Funktion der Organisationsstruktur; → Öko-Audit.
Auditorium, *s.* [l.], Hochschule,
1) Hörsaal (größter: *A. maximum*).
2) Zuhörerschaft.
Audubon [ɔ:dəbɔn], John James (26. 4. 1785–27. 1. 1851), am. Tiermaler; wissenschaftl. dilettantisch, erhob aber d. zoolog. Illustr. z. künstler. Aussage; *Birds of America*.
Aue (D-08280), sächs. Krst. im Erzgebirge, 23 443 E; Textil- u. Metallind., bis 1990 Uranbergbau.
Auer,
1) Carl → Auer von Welsbach.
2) Ignaz (19. 4. 1846–10. 4. 1907), neben Bebel und Liebknecht Führer der dt. Sozialdemokratie.
Auerbach, Berthold, eigtl. *Moses Baruch* (28. 2. 1812–8. 2. 82), dt. Schriftst.; Begründer d. Dorfgeschichten; Schilderungen d. Bauernlebens: *Barfüßele*.
Auerbachs Keller, Gaststätte in Leipzig; bekannt durch Trinkszene in Goethes Faust I.
Auerhuhn, größtes Rauhfußhuhn; Männchen (*Auerhahn*) dunkel metallisch gefärbt; Weibchen (*Auerhenne*) kleiner, tarnfarbig braun; Balz: März, April.
Auermetall, Mischmetall aus Eisen u. Cer-Legierung (z. B. f. Zündsteine im Feuerzeug).
Auerochse, *Ur*, ausgestorbenes eur. Wildrind (letzter A. 1627 erlegt); Stammform d. Hausrinds; 1932 versuchte Rückzüchtung (im Münchner Tierpark Hellabrunn).
Auerstedt (D-99518), Gem. in Thüringen, 534 E, 1806 preuß. Niederlage durch die Franzosen bei Jena u. A.
Auer von Welsbach (1. 9. 1858–4. 8. 1929), östr. Chem.; entdeckte → Lu, Nd und Pr; → Gasglühlicht.
Aufbauschulen, höhere Schulen, führen nach 6 Volksschuljahren zur mittleren Reife u. zur Hochschulreife.
Aufbereitung, Zubereiten der Rohprodukte des Bergbaus (insbes. Erze) zur Verwertung; auch allg. zur Wiederverwendung bearbeiten (z. B. alte Reaktor-Brennstäbe → Wiederaufbereitung).
Auferstehung, nach N. T. Inbegriff christl. Hoffnung nach d. Tod; Kernstelle: 1. Kor. 15 (Paulus).
Auferstehungspflanze → Jerichorose.
Aufforderung zum Verbrechen, *mißlungene Anstiftung*, wird nach den f. d. Versuch des Verbrechens geltenden Vorschriften bestraft; straffrei, wenn Täter rechtzeitig d. Verbrechen verhindert.
Aufgebot,
1) behördl. Bekanntmachung eines Sachverhalts, Antrags usw. mit befristeter Aufforderung, etwaige Einwendungen od. Ansprüche geltend zu machen: standesamtl. A. vor Eheschließung; gerichtl. A. vor Todeserklärung Verschollener sowie bei zahlreichen, bes. vermögensrechtl. Tatbeständen.
2) *mil.* svw. Einberufung.
Aufgeld → Agio.
Aufgußtierchen, svw. → Infusorien.

Aufhellblitz, hellt e. im Schatten befindl. Hauptmotiv (z. B. Gesicht) bildwirksam auf.
Aufkadung, Erhöhen eines Deiches durch Aufbringen von Erde, Sandsäcken oder dergleichen.
Aufklärung,
1) Abkehr v. Tradition u. Autorität, Hinwendung zum Subjekt und zu eigener vernünftiger Erkenntnis. Griech. A. (Sophistik); engl. A.: Locke, Hume, Newton, Adam Smith u. a.; frz. A.: Enzyklopädisten (d'Alembert, Diderot), Montesquieu, Voltaire, Saint-Simon; in Dtld: Leibniz, Wolff, Mendelssohn, Lichtenberg, Lessing, Nicolai, Kant; in der Politik: Friedrich d. Gr. u. Joseph II. („aufgeklärter Absolutismus").
2) *sexuelle A.*, planmäß. Belehrung der Jugend über biol. Zusammenhänge, bes. geschlechtl. Vorgänge.
Auflage,
1) privatrechtl. Vorschrift, meistens einer Schenkung hinzugefügte Verwendungsbestimmung; Erbrecht: Verpflichtung d. testamentar. Erben zu e. Leistung ohne Anspruch des Dritten auf d. Leistung; öff. Recht: Nebenbestimmung bei begünstigenden Verw.-Akten.
2) alle Abzüge, die in einem Verlag v. einem Werk herzustellen berechtigt und verpflichtet ist; mangels Vereinbarung 1000 Exempl. (Verlags-Ges. 1901).
Auflassung, die zur Grundstücksübereignung erforderliche formelle Einigung v. Veräußerer u. Erwerber vor Grundbuchamt, Amtsgericht od. Notar b. gleichzeit. Anwesenheit beider Teile; Vertragsurkunde soll hierbei vorliegen (§§ 925, 925a BGB).
Auflauf,
1) Menschenansammlung.
2) in einer Form gebackenes Gericht.
Auflösungsvermögen, *phys.* A. eines Mikroskops, kleinster Abstand zweier Punkte, die bei stärkster Vergrößerung noch getrennt sichtbar sind; Maß für d. Güte eines opt. Systems; bei gewöhnl. Mikroskopen bis 500 nm, bei Elektronen- u. Tunnelmikroskopen bis ca. 0,7 nm, bei Fernrohren auf der Erde bis 1 Bogensekunde möglich.
Auflösungszeichen, *mus.* → Versetzungszeichen.
au fond [frz. o'fõ], im Grunde.
Aufrechnung, Tilgung einer Schuld durch die Erklärung, sie mit einer *fälligen* eigenen Gegenforderung zu verrechnen (§§ 387 ff. BGB).
Aufriß, zeichner. Darstellung d. Außen- od. Innenwand e. (Bau-)Körpers durch senkrechte Parallelprojektion auf e. Ebene.
Aufschlag, Ins-Spiel-Bringen des Balls bei Badminton, Tennis, Tischtennis, Faustball, Volleyball.
aufschließen,
1) *chem.* schwerlösl. Stoffe in lösl. Form bringen.
2) *Bergbau*: eine Lagerstätte im Tief- od. Tagebau abbaufähig machen.
Aufschluß, *Geologie*: Steinbruch, Grube, Felswand, Steilufer, wo anstehendes Gestein unmittelbar zu beobachten ist.
Aufsichtspflicht, Teil d. elterl. Sorge über Minderjährige; bei Nichtgenügen d. A. Schadenersatzpflicht des A.igen (§ 832 BGB).
Aufsichtsrat, von Aktiengesetz vorge-

Aufsichtsratvergütungen 69 **Aulis**

schriebenes Organ einer AG mit mindestens drei Mitgliedern; überwacht Geschäftsführung, prüft Jahresabschluß und Geschäftsbericht; wird in d. Hauptversammlung von d. Gesellschaftern gewählt.

Aufsichtsratvergütungen, Entgelte an die A.mitglieder; unterliegen d. Einkommensteuer.

Aufsteigung, gerade A., → Rektaszension.

Auftakt, unbetonter, leichter Taktteil vor dem ersten vollständigen Takt einer mus. Phrase.

Auftrag, Vertrag, d. Beauftragte verpflichtet sich, ein ihm vom Auftraggeber übertragenes Geschäft unentgeltlich zu besorgen (§§ 662 ff. BGB).

Auftrieb,
1) *statisch:* der Schwerkraft entgegengesetzter Druck eines Mediums (Flüssigkeit od. Gas) auf eingetauchte, freischwimmende Körper; scheinbarer Gewichtsverlust der Körper um das Gewicht der verdrängten Mediumsmenge (*Archimedisches Prinzip*).
2) *dynamisch:* an durch Gas oder Flüssigkeit bewegten Körpern entsteht senkrecht zur Bewegungsrichtung durch Erzeugung von Druckdifferenzen auf Ober- u. Unterseite Auftriebskraft (z. B. bei Flugzeugen; → Tragflügel; → Tragflächenboot.

Aufwand, betriebswirtsch. der zwecks Ertragserzielung entstehende Wertverzehr einer Periode; in Aufwands- u. Ertragskonten (Gewinn- u. Verlust-K.) zahlenmäßige Erfassung; kann (*kostengleicher A.*) mit → Kosten identisch sein, muß aber nicht (*neutraler A.*) mit → Kosten identisch sein.

Aufwertung,
1) finanzieller Teilausgleich für d. nach einer Währungsreform abgewerteten Forderungen.
2) Heraufsetzung d. Außenwerts d. Währungseinheit gegenüber d. Währungsgrundlage z. Anpassung d. Kaufkraft an ausländ. Währungen.

Aufzug,
1) svw. → Fahrstuhl.
2) Einteilung eines Bühnenwerkes, meist svw. *Akt.*

Auge, paarig angelegtes Sehorgan: mehrhäutige Hohlkugel. Die uhrglasartig vorgewölbte *Hornhaut* schließt die mit Kammerwasser gefüllte vordere *A.nkammer* ab, deren Hinterwand von der farbigen *Regenbogenhaut (Iris)* ge-

Augsburg, *Rathaus*

bildet wird. Diese wird in der Mitte von dem kreisförmigen *Sehloch (Pupille)* durchbrochen, das wegen d. Lichtundurchlässigkeit der Augenhüllen schwarz erscheint. Unmittelbar hinter der Iris befindet sich d. elast. *Augenlinse,* die d. einfallenden Lichtstrahlen so bricht, daß sie auf d. Hinterwand d. Augapfels ein scharfes Bild vereinigen. Die hintere Auskleidung d. Augenwandung heißt *Netzhaut (Retina),* weil sie d. netzart. Ausbreitung des *Sehnervs* aufnimmt, der, vom Gehirn kommend, hinten in den Augapfel eintritt (,,Blinder Fleck"). Netzhautgrube (Stelle schärfsten Sehens) ,,Gelber Fleck". Hinter d. Netzhaut *Aderhaut (Chorioidea)* f. Blutversorgung. Die Krümmungsfähigkeit der elastischen *Linse* gewährleistet mit Hilfe des *Ziliarmuskels* Einstellung auf nah u. fern (Akkomodation), die Verengungs- u. Erweiterungsfähigkeit d. Pupille (durch Irismuskulatur) gleicht die Lichtunterschiede (bei versch. Helligkeit) aus. Räumliches Sehen nur durch d. Zusammenspiel beider Augen. Die Innenfläche d. Lider u. d. Seitenfläche d. A. wird v. d. gemeinsamen *Bindehaut (Konjunktiva)* überzogen.

äugeln, okulieren → Veredlung.

Augendiagnose, wissenschaftlich umstritten, will Krankheiten an den ihnen angeblich entsprechenden Stellen der → Iris feststellen.

Augenmuschel, Sucherzubehör am Okular f. streulichtfreien Einblick in d. Sucher.

Augenscheinseinnahme, svw. → Lokaltermin.

Augenspiegel, *Ophthalmoskop,* urspr. ein in d. Mitte durchbohrter Hohlspiegel, durch den man bei entsprechender Beleuchtung d. Augenhintergrund sichtbar macht (v. Helmholtz 1851); heute ein el. beleuchtetes opt. Instrument.

Augentripper, auf d. Auge übertragene → Tripper-Infektion; Schutz Neugeborener → Geburt.

Augentrost, kleiner Rachenblütler, Halbschmarotzer m. weißen, gelb u. blau gefleckten Blüten; Augenheilmittel.

Augias, sagenhafter Kg in Elis; der verwahrloste *A.stall* wurde (als eine der zwölf Arbeiten) von Herkules ausgemistet.

Augit, *m.,* Silicatmineral (→ Silicate) aus d. Gruppe d. → Pyroxene; in → Magmatiten u. → Metamorphiten.

Augmentation [l. ,,Vergrößerung"], *mus.* Verlängerung eines Tons od. Themas um das Doppelte, Drei- od. Vierfache; Ggs.: → Diminution.

Augsburg (D-86150–99), kreisfreie St. zw. Lech u. Wertach, Hptst. des Rgbz. Schwaben, Bay., 262 110 E; Rathaus (1615–20 v. E. Holl erb.) u. Fuggerei (16. Jh.), rom.-got. Dom; Bischofssitz s. d. 6. Jh., St. Ulrich u. Afra, Deutsche Barockgalerie; Uni.; FHS, AG, LG, IHK, HWK; Masch.-, Textil- u. Elektroind. – Im MA bed. Handelsstadt; Reichstage 1530, 1548, 1555.

Augsburger Allianz, 1686 zw. dt. Kaiser, Schweden, Spanien u. Reichsständen gg. Frankreich.

Augsburger Religionsfriede (1555), Anerkennung der Protestanten

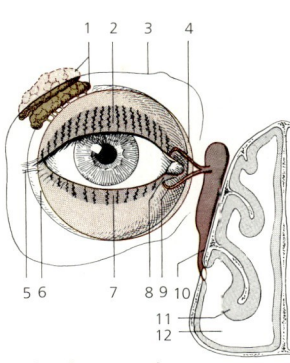

Berieselungs- und Schutzapparat des Auges
1 Tränendrüse
2 Oberlid mit Meibomschen Talgdrüsen
3 Umriß der Augenhöhle (Orbita)
4 Bindehautsack
5 Äußeres Lidband
6 Lederhaut (Sclera) des Augapfels
7 Unterlid
8 Tränenpunkt mit Öffnung des Tränenröhrchens
9 Tränenröhrchen
10 Tränensack mit Tränen-Nasen-Gang, der unterhalb der unteren Nasenmuschel in die Nasenhöhle mündet
11 Untere Nasenmuschel
12 Unterer Nasengang

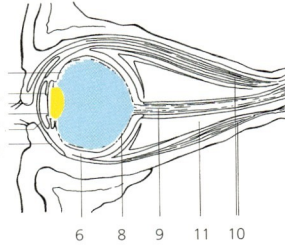

Augapfel mit Sehnen
Seitliche Augenmuskeln auf diesem Längsschnitt nicht sichtbar.)
1 Oberes Augenlid
2 Bindehaut
3 Hornhaut
4 Regenbogenhaut
5 Linse
6 Lederhaut
7 Glaskörperraum
8 Netzhaut
9 Augapfel mit Sehnerv
10 Augenmuskel
11 Fettpolster

(nicht Calvinisten u. Zwinglianer) durch d. Reich: Konfession der Untertanen hat die des Landesherrn zu sein (,,cuius regio, eius religio").

Augsburgisches Bekenntnis, *Confessio Augustana,* erstes amtl. Bekenntnis der ev. Kirche; Verf. von Melanchthon, auf dem *Augsburger Reichstag* 25. 6. 1530 Kaiser Karl V. überreicht.

Augstein, Rudolf (* 5. 11. 1923), dt. Journalist; Hg. d. Nachrichtenmagazins *Der Spiegel.*

Auguren, römische Priester, deuteten Zukunft a. d. Vogelflug.

Augurenlächeln, Lächeln d. Eingeweihten.

August [l.].
1) A. d. Jüngere (10. 4. 1579–17. 9. 1666), Hzg v. Braunschw.-Wolfenbüttel; Begr. d. Wolfenbütteler Bibliothek.
2) A. I. (31. 7. 1526–12. 2. 86), Kurfst v. Sachsen, hob Kultur u. Wirtschaft s. Landes (,,Vater A.").
3) A. II. Friedrich, *der Starke* (12. 5. 1670–1. 2. 1733), als *Friedrich August I.* 1694 Kurfst v. Sachsen, körperstark u. pol. gewandt, 1697 kath., darauf Kg v. Polen, schloß sich 1700 d. Nord. Allianz gg. Schweden an; machte Dresden u. Warschau z. Kulturmittelpunkten.
4) A. III. (17. 10. 1696–5. 10. 1763), Kurfst v. Sachsen, s. 1733 Kg von Polen.

August,
1) m. Vn.
2) nach dem röm. Kaiser Augustus benannter 8. Monat; altdt.: *Ernting.*

Augusta, Name von Städten und Kolonien d. röm. Kaiserzeit (z. B. *A. Treverorum,* d. heutige Trier).

Auguste Viktoria, (22. 10. 1858 bis 11. 4. 1921), letzte dt. Kaiserin u. Königin, Gemahlin Wilhelms II.

Augustiner, kath. Mönchsorden (mit schwarzer Kutte u. Kapuze); nach der *A.regel A.eremiten,* it. Mönchsorden 13. Jh. (aus ihm Luther).

Augustinismus, auf d. christl. Kirchenlehrer → Augustinus zurückgeführte theol. Gnadenlehre u. phil. Lehrrichtung i. 13. Jh., wonach jede Erkenntnis auf göttl. Erleuchtung beruht.

Augustin|us, Aurelius (13. 11. 354 bis 28. 8. 430), Hlg. u. Kirchenlehrer; Bischof von Hippo (Nordafrika), bahnbrechend für kath. und protest. Theologie, Ethik u. Gesellschaftslehre; *Vom Gottesstaat; Bekenntnisse* (um 400).

Augustus, Gaius Julius Cäsar *Octavianus* (23. 9. 63 v. Chr.–19. 8. 14 n. Chr.), Adoptivsohn Cäsars, verband sich 43 mit Antonius u. Lepidus z. 2. → Triumvirat; seit der Schlacht bei → Aktium (31) Alleinherrscher, erster röm. Kaiser: Titel ,,Caesar Augustus" (27); Begründer des Prinzipats; Förderer von Kunst, bes. Dichtung und Wissenschaft: *Augustëisches (Goldenes) Zeitalter.*

Aujeszkysche Krankheit, *Pseudowut,* anzeigepflichtige Tierseuche, hervorgerufen durch e. Virus d. Herpes-Gruppe; an A. K. können u. a. Schweine, Rinder, Ratten, Schafe, Ziegen, Katzen u. Hunde erkranken.

Auktion, svw. → Versteigerung.

Aula [l.], Kaiserpalast i. d. röm. Antike; später Bez. f. Fest- u. Versammlungssaal in Universitäten, Schulen.

Aulis, böotischer Hafen; Sammelpunkt des griech. Heeres zum Kampf gegen Troja.

Aulos [gr.], altgriech. Blasinstrument ähnl. der Oboe, aber mit doppeltem Rohrblatt.
Aunjetitz, tschech. *Uněticě*, b. Prag m. Bestattungsplatz der frühesten Bronzezeit; danach ben. **A.kultur**, im östl. Mitteleuropa; reiche „Fürstengräber".
au pair [frz. oˈpɛːr], Leistung gegen Leistung (z. B. Hausarbeit gegen Wohnung und Kost).
au porteur [frz. opɔrˈtœr], „auf den Inhaber" (bei Ausstellung von → Inhaberpapieren).
Aura, w. [gr.], Schein, Hauch,
1) die den menschlichen Körper umhüllende Ausstrahlung, die v. Sensitiven wahrgenommen u. gedeutet werden kann (→ Okkultismus).
2) med. mögl. Vorbote d. Krampfanfalls bei → Epilepsie oder d. Kopfschmerzanfalls bei → Migräne.
Aurea mediocritas, w. [l.], goldenes Mittelmaß.
Aurelianus, Lucius Domitius (214 bis 275), röm. Kaiser s. 270, kämpfte gegen → Goten und → Wandalen.
Aureole, w. [l.],
1) Heiligenschein.
2) Leuchterscheinung um Sonne und Mond (*Hof*).
3) Leuchterscheinung um einen Lichtbogen od. Glimmstrom.
Aurich (D-26603–7), Krst. im Rgbz. Weser-Ems, am Ems-Jade-Kanal, Nds., 37 187 E; AG, LG; Elektro-, Baustoffind.
Aurignac [ɔriˈɲak], Gem. in S-Frkr., Dép. *Haute-Garonne*, Fundort von menschl. Skeletten (60 000–30 000 v. Chr.) aus der Altsteinzeit; danach benannt **Aurignacien** [ɔriɲaˈsjɛ̃], Abschnitt d. Altsteinzeit.
Aurikel, Gebirgsprimel; zahlreiche Gartenspielarten (→ Tafel Pflanzen unter Naturschutz). ●
Auriol [ɔˈrjɔl], Vincent (27. 8. 1884 bis 1. 1. 1966), frz. Pol.; 1946 Präs. d. Nat.-Vers., 1947–54 Staatspräs.
Auripigment, goldfarb. Arsensulfid.
Aurora, röm. Göttin d. Morgenröte, griech. → Eos.
Aurorafalter, einheim. Weißling; Vorderflügel b. Männchen orange.
ausbaldowern, auskundschaften.
Ausbau, Behandlung u. Lagerung des Jungweins nach d. Gärung, zumeist als *reduktiver* A. (Vermeidung des Luftkontakts), um aromareiche, frische Weine zu erzeugen u. Weinfehler zu verhindern; zum Ausbau gehören auch *Auffüllen, Schwefelung, Abstich, Klärung, Schönung* u. *Filtrierung*. Ein biol. Säureabbau (→ *malolakt. Gärung*) führt bei Weißweinen zu größerer Milde, die Reifung in Holzfässern (bes. in → Barriques) verleiht v. a. Rotweinen e. bes. Geschmack u. e. bessere Alterungsfähigkeit.
Ausbruch, in Östr. Prädikatswein (→ QmP), der ausschließl. aus edelfaulen od. überreifen Trauben erzeugt wird u. e. best. Mostgewicht aufweisen muß.
Auschwitz, poln. Oświęcim, St. südl. von Kattowitz, 46 000 E; Bahnknotenpunkt. Auch → Konzentrations- u. Vernichtungslager.
Ausdauer, Konditionskriterium, Ermüdungswiderstandsfähigkeit des Körpers.

Augustus

ausdauernde Pflanzen, *perennierende Pflanzen*, leben mehrere Jahre; bei den *Stauden* sterben die oberird. Teile jährlich ab.
Ausdehnung,
1) phys. Längen- od. Rauminhaltsvergrößerung der Gase, Flüssigkeiten u. Körper bei Erwärmung; Längen- od. lineare A. wird berechnet durch den für jeden Stoff genau bestimmten **A.skoëffizienten**; kubische A., vor allem von Gasen: bei Temperaturzunahme um 1 °C; Rauminhaltszunahme um $1/273$ des Raumes bei 0 °C u. 1 bar (10^5 Pa) Druck, also Raumverdoppelung bei Temperaturzunahme v. 0 auf 273 °C; entsprechend Rauminhaltsabnahme bei Abkühlung.
2) geometr. Grundbegriff → Dimension.
Ausdehnungsrohr, U-förmig gebogenes Stück einer Dampfleitung, gibt nach, wenn sich die Leitung bei Erhitzung ausdehnt; → Kompensator.
ausfällen, Abscheiden gelöster Stoffe durch Überführung in unlösl. Niederschlag; bei amorphem Niederschlag spricht man vom Ausflocken.
ausflocken → ausfällen.
Ausfluß, krankhafte Absonderung aus dem *Ohr* bei Mittelohreiterung; aus der *Nase* bei Schnupfen; aus der *Harnröhre*, meist eitrig (z. B. b. Tripper); aus der *Scheide* (Fluor vaginalis), meist weißlich, daher *Weißfluß* (Fluor albus), zeigt oft Scheiden- od. Gebärmutterkatarrh an, kann verschieden, sogar rein seelisch bedingt sein.
Ausfuhr, *Export*, Absatz v. Waren u. Dienstleistungen in das Ausland.
Ausfuhrprämien, Vergütungen zum Zweck der Förderung der A. durch Steuer-, Zoll-, Transportbegünstigung; wirken kostenmindernd u. stärken Konkurrenzfähigkeit (Export-→ Bonus).
Ausführungsbestimmungen, zur Durchführung v. Gesetzen erlassene Anweisungen: *Ausführungsgesetz* od. *Ausführungs-VO*.
Ausfuhrwert, der Preis der Ware bei freier Lieferung bis zur Grenze, ausschließl. des ausländ. Einfuhrzolls.
Ausfuhrzölle → Zölle.
Ausgabekurs → Emissionskurs.
Ausgaben, betriebl. Rechnungswesen: Auszahlung liquider Mittel plus Forderungsabgang u. Schuldenzugang.
Ausgewiesene → Flüchtlinge.
Ausgleichsamt, Behörde zur Durchführung → Lastenausgleichsgesetzes.
Ausgleichsentwickler, f. Entwicklung v. Schwarzweiß-Filmen, gute Qualität u. bes. schöne Darstellung d. Tonwerte.
Ausgleichsforderungen, Schuldbuchforderungen d. Banken gegenüber Bund u. Ländern; dienen d. Deckung f. die anläßl. d. → Währungsreform ausgegebenen Geldmittel.
Ausgleichsgetriebe, *Differential*, z. B. im Kraftwagen (→ Schaubild Kraftfahrzeug); beim Geradeausfahren kuppeln d. kleinen Räder *c* durch das Gehäuse b. d. Hinterachsenwellenräder *d* mit d. Antriebsrad *a*; in Kurven erhält außerdem d. äußere Rad *d* durch *c* eine größere Geschwindigkeit als d. innere.
Ausgleichungspflicht, Verpflichtung der Abkömmlinge des Erblassers, sich bei d. Auseinandersetzung untereinander die Ausstattung u. best. andere Zuwendungen des Erblassers zu dessen Lebzeiten anrechnen zu lassen (§§ 2050 ff. BGB).
Ausglühen, Erhitzen von Metallen und langsames Erkalten, um Sprödigkeit zu beseitigen.
Ausguck, *seem.* Wache zur Beobachtung d. Seeraums.
Auskragung, Vorspringen e. Bauteils (Stockwerk, Erker).
Auskratzung, erfolgt b. eiternden Knochen mit „scharfem Löffel"; b. d. Gebärmutter (bei Fehlgeburt, Blutung) mit → Kürette.
Auskultation [l.], Abhorchen von Herztönen, Atmungs- und Darmgeräuschen mit Ohr, Hörrohr, *Stethoskop:* **auskultieren**.
Auskunftspflicht, Verpflichtung zur Auskunftserteilung; besteht z. B. in gewissem Umfang den Steuerbehörden gegenüber.
Ausländer, Rose (11. 5. 1901–3. 1. 88), dt. jüd. Lyrikerin, d. persönl. Erleben d. NS-Verfolgungen u. sprachl. Genauigkeit prägen ihre Gedichte; *Mutterland; Der Traum hat offene Augen*.
Auslandsbonds, dt. festverzinsl. Wertpapiere, die auf ausländ. Währung lauten.
Auslandshilfe, zuerst aufgrund d. → Leih- und Pachtgesetze der USA 1941 insbes. Großbrit. u. Frkr. gewährt; spätere Ausdehnungen u. a. durch GARIOA-Programm v. 1943 (*Government and Relief in Occupied Areas*; f. lebenswichtige Einfuhren in besetzte Gebiete), → ERP 1948, gegenseitiges Verteidigungshilfsprogramm (Punkt IV) 1950 als **a)** mil. Hilfe, **b)** Nothilfe (z. B. bei Naturkatastrophen), **c)** Aufbau- u. Wirtschaftshilfe, **d)** techn. Unterstützung hpts. in Form v. Krediten, Darlehen, Waren- u. Waffenlieferungen. Ziel: Förderung bedürftiger u. unterentwickelter Gebiete, Anregung zur Selbsthilfe u. Stärkung d. gegenseitigen Sicherheit. → Entwicklungshilfe.
Auslandsvermögen des Dt. Reiches, ca. 20 Mrd. DM (ohne Patente, ideelle Werte, Vermögen i. Vertriebenengebieten), 1945 durch KRG Nr. 5 beschlagnahmt. BR verzichtet in → Pariser Verträgen auf Einwände gg. vollzogene Beschlagnahme. UdSSR übertrug durch Verträge mit Bulgarien, Finnland, Ungarn, Polen u. Rumänien dort befindl. A.; dt. A. ganz od. teilweise freigegeben u. a. in d. Schweiz, Schweden, Östr., Portugal, Spanien u. einigen süd- u. mittelam. Staaten.
Auslandswechsel, in ausländ. Währung oder im Ausland zahlbare Wechsel.
Ausläufer, auf d. Erde kriechende Seitenzweige, bewurzeln sich an d. Knoten u. treiben neue Sprosse.
auslaugen, die lösl. Teile e. Stoffes herauslösen.
Auslegerboot, verbreitet in der Südsee; ein- od. beiderseits. Schwimmkasten verhindert d. Umschlagen; auch → Katamaran.
Auslese,
1) *kulturelle A.,* das bevorzugte Wirken zeitgeeigneter Ideen, Werke od. Erfindungen.
2) *soziale A.,* nach bestimmten Kriterien, z. B. durch → Tests, körperl. od. geist. Geeigneter.

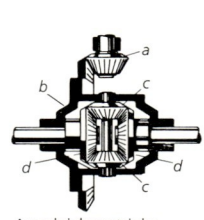
Ausgleichsgetriebe

Auslieferung 71 **Aussteuerung**

3) *künstl. A., Zuchtwahl,* Auswählen wertvoller Tiere, Pflanzen od. solcher mit Eigenschaften für die Fortpflanzung durch Tier- u. Pflanzenzüchter.
4) *natürl. A., Selektion* (Darwin), das Überleben d. gut u. Aussterben d. schlecht angepaßten Lebewesen im Daseinskampf.
5) nach d. Art der Lese ben. Weintyp (in Dtld u. Östr.), ein *Qualitätswein mit Prädikat* (→ QmP), der nur aus vollreifen (od. von → Edelfäule befallenen), gesunden Trauben erzeugt werden darf u. e. best. → Mostgewicht besitzen muß.
Auslieferung, zwischenstaatliche Rechtshilfe in Strafsachen: Ein Staat kann nach Maßgabe konkreter A.sverträge od. völkerrechtl. Grundsätze v. Zufluchtsstaat eines Verbrechers dessen A. z. Strafverfolgung verlangen; dt. Staatsangehörige dürfen (Art. 16 GG) v. d. BR nicht ausgeliefert werden; ersuchender Staat muß Delikt bezeichnen u. darf nur hierüber aburteilen *(Spezialitätsprinzip);* ferner muß Delikt nach den Strafges.en beider Länder strafbar sein *(Gegenseitigkeitsklausel);* keine A. wegen pol. Delikte (→ Asylrecht).
Auslobung, öffentl. Aussetzung einer Belohnung für Vornahme einer Handlung, insbes. f. Herbeiführung e. Erfolges (§§ 656 ff. BGB).
Auslöser, *Schlüsselreiz,* durch den b. Lebewesen vermutl. aufgrund angeborener Auslösemechanismen ein best. Reaktionsmuster ausgelöst wird, z. B. das → Kindchenschema als A. für Pflegetrieb.
Auslosung, Feststellung der aufgrund der Wertpapier-Emissionsbedingungen zu tilgenden Stücke von Schuldverschreibungen.
Ausnahmegericht, für besonderen Fall geschaffenes Gericht; durch Art. 101 GG verboten.
Ausnahmezustand, außerordentl. Maßnahmen d. Staates bei erhebl. Gefährdung d. öffentl. Sicherheit u. Ordnung.
Ausonius, (4. Jh. n. Chr.), röm. Dichter; *Moselgedicht.*
Auspizien [l. „Vogelschau"], Aussichten für ein Vorhaben, nach dem Brauch der alten Römer, aus dem Vogelflug zu weissagen, → Auguren.
Auspuff, d. A.rohr leitet die Abgase eines Verbrennungsmotors zur Entspannung i. d. Schalldämpfer *(A.topf).*
Aussatz, *Lepra,* chron. Infektionskrankh. d. Haut, Nerven u. Knochen m. Knötchen- od. Fleckenbildung a. d. Haut u. Verdickungen, Verstümmelungen d. Glieder, schwer heilbar; deshalb im MA die Kranken abgesondert, „ausgesetzt".
Ausschlag, Erkrankung der Haut *(Exanthem)* oder der Schleimhäute *(Enanthem);* bei Haut-, Infektions- u. Allgemeinkrankheiten.
Ausschließung,
1) der Öffentlichkeit b. e. Gerichtsverhandlung, u. a. mögl. bei Gefährdung d. Staatssicherheit, Sittlichkeit od. wegen e. wichtigen Geschäfts- od. Betriebsgeheimnisses, stets bei Verhandlungen in Ehesachen (§§ 169 ff. GVG).
2) e. Richters od. Urkundsbeamten in best. Fällen (z. B. falls verwandt mit Parteien oder an der Sache beteiligt).
Außenborder, auf d. Außenseite des Hecks kleinerer Boote befestigter Motor.

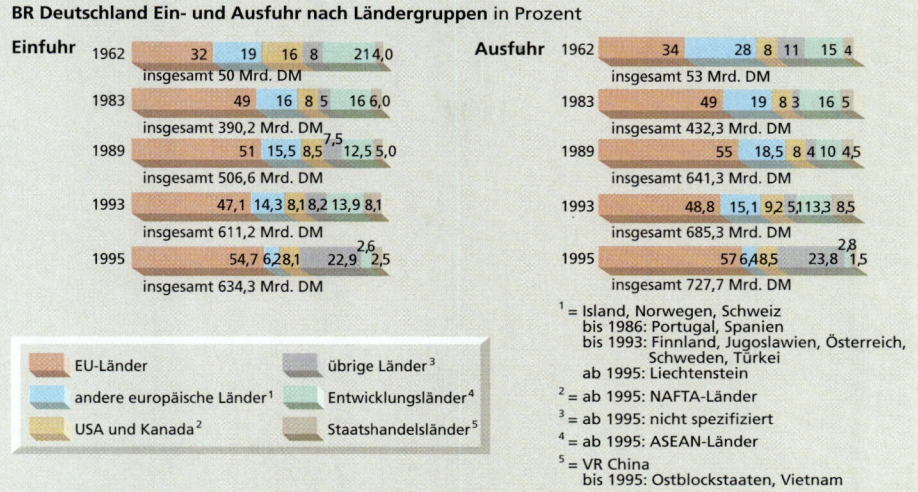

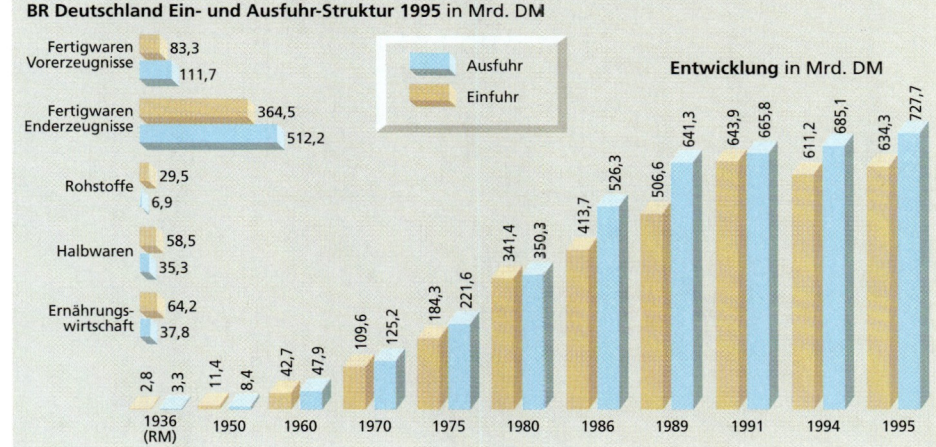

Außenhandel, Güteraustausch mit d. Ausland: Einfuhr, *Import,* Ausfuhr, *Export* (→ Schaubild Außenhandel); auch → Welthandel; Ggs.: Binnenhandel.
Außenhandelsmonopol, das ausschließliche Recht des Staates od. einzelner, die gesamte Ein- u. Ausfuhr zu organisieren bzw. selbst zu tätigen; Staatsmonopol u. a. in der ehem. Sowjetunion, Iran, Grönland.
Außenseitermethoden, Behandlungsmethoden, die v. d. sog. Schulmedizin nicht anerkannt sind, z. B. Homöopathie, Akupunktur, Akupressur, Zellulartherapie, Augendiagnose usw.
Außenstände, im Geschäftsverkehr: Forderungen, die man Kunden (Debitoren) gegenüber hat.
Außerparlamentarische Opposition, *APO,* Sammelbez. f. alle Gruppen, die ohne Mitwirkung v. Regierungs- u. Oppositionsparteien d. → Establishment in Staat u. Gesellschaft beseitigen wollen.

Aussig, tschech. *Ústí nad Labem,* a. d. Elbe, Nordböhmen, 106 000 E; Braunkohle, Binnenhafen.
Aussonderung → Konkurs.
Aussperrung, in d. BR s. 1945 seltene Gegenmaßnahme d. Arbeitgeber gg. Streik, bedarf keiner Kündigung der Verträge.
Ausstand, svw. → Streik.
Ausstattung,
1) *rechtl.* d. elterliche Zuwendung v. Vermögen an ein Kind anläßl. dessen eigener Existenzgründung (§ 1624 BGB); Ausgleichspflicht im Erbfall.
2) *wirtschaftl.* prägnante werbewirksame äußere Gestaltung e. Ware od. ihrer Verpackung, die auf Herkunft aus best. Betrieb hinweist u. bei Verkehrsgeltung ähnl. einem → Warenzeichen Schutz genießt (§ 25 Warenzeichen-Ges.).
Ausstattungsfilm, Film mit Massenszenen u. gr. Aufwand f. Kostüme u. Dekorationen; auch *Monumentalfilm.*
Aussteuerung, Erlöschen des An-

AUSTRALIEN UND OZEANIEN

spruchs auf die Leistungen der Arbeitslosenversicherung, Krankenkasse u. a.
Austauschharze → Ionenaustauscher.
Austen [ˈɔstɪn], Jane (16. 12. 1775 bis 18. 7. 1817), englische Romanautorin; *Emma*.
Austerity [engl. ɔsˈtɛrɪtɪ „Härte"], Politik der Einschränkungen z. Stabilisierung d. Währung.
Austerlitz, tschech. *Slávkov u Brna*, St. i. Südmähren sö. v. Brünn, 7000 E; Sieg Napoleons I. am 2. 12. 1805 über Österreicher u. Russen („Dreikaiserschlacht").

Eßbare Auster

Austern, Meermuscheln, gesellig am Boden steiniger Küsten *(A.bänke);* eßbar, schmackhaft.
Austernfischer, ein taubengroßer Schnepfenvogel, schwarz-weiß gefärbt; stochert an Stränden nach Weichtieren, Würmern u. a.
Austernpilz, *Austernseitling*, grauer b. bräunl. Speisepilz, i. Treibhaus u. Freiland kultiviert.
Austin [ˈɔstɪn], Hptst. d. US-Staates Texas, am Colorado, 465 600 (Agglom. 782 000) E; Kapitol, Universität.
Australien,
1) kleinster Erdteil (→ Karte), wenig gegliedert u. gering besiedelt; dazu d. Inselwelt *Ozeanien* (Melanesien mit Neuguinea, Mikronesien, Neuseeland u. Polynesien); insges. 8,536 Mill. km², 32 Mill. E (4 je km²). **a)** *Aufbau:* Küstengebirge, bes. Ost-Kordillere, gegl. in Austral. Alpen *(Mt. Kosciusko* 2230 m), Blaue Berge, Neu-England-Kette; flaches Binnenland, Steppen u. Wüsten.

Canberra, *Parlaments-Areal*

„Busch" (Akazien- u. Eukalyptusgestrüpp). **b)** *Flüsse* u. *Seen:* Größere Flüsse nur i. SO, *Murray* m. *Darling,* auch größere Seen, davon d. größte d. stark salzige *Eyre*-See (16 muM), viele Salzsümpfe (Amadeus-See); im S die Insel Tasmanien. **c)** *Klima:* Im N trop., m. feuchter (Okt. bis April) u. trockener Jahreszeit; Inner-A. sehr regenarm, m. ausgedehnten Dürrezeiten. **d)** *Pflanzenwelt:* → Savanne, nur in Queensland trop. Wälder; Charakterbaum ganz A.s: → Eukalyptus; Frucht- u. Ölbäume, Zuckerrohr u. Baumwolle erst durch eur. Ansiedler gepflanzt. **e)** *Tierwelt:* Gekennzeichnet durch Beuteltiere, unter den höheren Säugetieren kommen urspr. nur der Dingo (ein Wildhund) und Fledermäuse vor; reiche Vogelwelt (Emu, Schwarzschwan, Wellensittich u. a.).
2) *Australischer Bund;* Bev.: über 90% brit./irischen Ursprungs, auch heute noch viele Einwanderer; etwa 1,3% Aborigines (Ureinwohner). **a)** *Landw.:* Weizen-, Hafer-, Gerstenbau; Viehzucht: bes. Schafe (1990: 170 Mill.), Wolle 25% d. Weltproduktion. **b)** *Bodenschätze* (1991/92): Kohle (Steinkohle 216 Mill. t), Eisenerze (114 Mill. t), Blei (560 000 t), Bauxit (39,9 Mill. t), Zink, Zinn, Kupfer, Gold, Silber, Diamanten, Erdöl, Erdgas, Uranerz (in N-A.). **c)** *Außenhandel* (1991): Einfuhr 37,91 Mrd., Ausfuhr 37,45 Mrd. $. **d)** *Verkehr:* Eisenbahnen ca. 35 500 km. **e)** *Verf.:* Generalgouv., v. engl. Kg ernannt (s. 1986 alle verf.mäßigen Bindungen an Großbrit. prakt. aufgehoben), Parlament (Senat u. Repräsentantenhaus). **f)** *Verw.:* 6 B.staaten (Neusüdwales, Victoria, Queensland, S-A., W-A. u. Tasmanien), 2 Territorien: N-Territorium u. Bundeshptst.; ferner v. A. verwaltet mehrere Inseln u. Inselgruppen. **g)** *Gesch.:* Ndl. Entdeckungsfahrten 1606 („Neu-Holland") u. 1642 v. Abel Tasman *(Tasmanien,* anfangs Name f. A.); Umriß durch Cook 1770 bekannt; „Neusüdwales" v. Cook in brit. Besitz genommen; ab 1788 brit. Strafkolonie, 1851 freie Kolonisierung, Bildung mehrerer Kolonien mit Selbstverw., 1901 Zusammenschluß zum Commonwealth of Australia, 1907 A. erhält den Dominionstatus; Umwandlung in eine Republik bis 2001 vorgesehen; 1966 Einführung d. Dezimalwährung; 1989 Vertrag m. Aborigines über eigenen Landbesitz.
Australis → Tiergeographie.
Australopithecinae [gr.], *Prähominiden,* wichtiges Stadium d. Menschwerdung; Funde in O- und S-Afrika, → Primaten d. Tertiärs m. menschl. (aufrechter Gang) u. Menschenaffen-Merkmalen (Schädelbau); erste Werkzeuge.
Austrasien, *Ostreich,* östl. Teil des Franken-(Merowinger-)Reiches, zwischen Maas–Ardennen–Vogesen.
Austria, neulat. Name f. Österreich.
Austrian Airlines [ˈɔstrɪən ˈɛəlaɪnz], *AUA,* östr. Luftverkehrsges.
austroasiatisch, altertüml. Sprachast d. austrischen Sprachstamms (→ Sprachen, Übers.) in Indien, Australien, Indonesien.
Ausverkauf, Verkaufsveranstaltung m. herabgesetzten Preisen zwecks Räumung d. Warenlagers.
Auswanderung, freiwilliges Verlassen d. Heimatlandes zu dauernder Niederlassung in einem anderen, meist aus wirtsch. Gründen; dt. u. eur. A. hauptsächl. nach Übersee, bes. zw. 1815 u. 1914 im Zeitalter d. Industrialisierung u. starken Bevölkerungszunahme Europas. Die A. aus Dtld 1871–1937: 3,5 Mill., aus BR 1946–69: ca. 2,92 Mill. (1,26 Mill. Deutsche und 1,36 Mill. Ausländer); 1988: 421 950 (62 850 Deutsche, 359 100 Ausländer). – A. wird von den Einwanderungsländern aus wirtsch.,

AUSTRALIEN

Staatsname: Australischer Bund, Commonwealth of Australia
Staatsform: Konstitutionelle Monarchie im Commonwealth, Ausrufung d. Rep. vorgesehen
Mitgliedschaft: UNO, Commonwealth, ANZUS, OECD, Colombo-Plan, APEC
Staatsoberhaupt: Königin Elizabeth II., vertreten durch Generalgouverneur W. Deane
Regierungschef: John Howard
Hauptstadt: Canberra 310 000 Einwohner
Fläche: 7 713 364 km²
Einwohner: 17 853 000
Bevölkerungsdichte: 2 je km²
Bevölkerungswachstum pro Jahr: Ø 1,41% (1990–1995)
Amtssprache: Englisch
Religion: Christen (73%)
Währung: Austr. Dollar ($A)
Bruttosozialprodukt (1994): 320 705 Mill. US-$ insges., 17 980 US-$ je Einw.
Nationalitätskennzeichen: AUS
Zeitzone: MEZ +7, 8½ u. 9 Std.
Karte: → Australien und Ozeanien

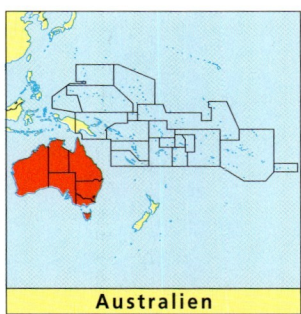

Australien

z. T. pol. Gründen beschränkt; z. Lösung d. DP-Problems nach d. 2. Weltkrieg großzüg. Organisation d. A.: → IRO. – Schutz d. Auswanderer durch A.sgesetze, A.sberatungsstellen, A.sbehörden und A.sorganisationen, z. B. Bundesverwaltungsamt – Amt f. A. (Vorbereitung d. A. u. Fürsorge f. Auswanderer. – Ges. v. 8. 5. 1952).
Auswärtiges Amt, *A. A.,* Bez. f. das Außenministerium im Deutschen Reich und in der BR.
Ausweisung, Entzug der Aufenthaltsgenehmigung m. dem Zwang zum Verlassen eines best. (dem Staats-)Gebiets; A. einzelner (z. B. pol. unerwünschter Personen), großer Volksteile (z. B. v. Polen während der dt. Besetzung im 2. Weltkr. aus d. W- nach d. O-Gebieten) u. geschlossen siedelnder Bevölkerung (z. B. v. Deutschen; nach 1945 aufgrund des Potsdamer Abkommens, → Volksdeutsche, → Flüchtlinge); dt. Staatsangehörige können aus d. BR nicht ausgewiesen werden (Art. 11 GG).
Auswurf → Sputum.
Auszehrung, Abmagerung mit allg. Körperverfall (z. B. bei Lungentuberkulose, Krebs).
Auszubildende|r, i. d. BR s. 1969 offizielle Bez. f. ehem. Lehrling.
Autarkie [gr.],
1) *phil.* Selbstgenügsamkeit.
2) *wirtsch.* Unabhängigk. eines Staates vom Austausch v. Gütern u. Leistungen.
authentisch,
1) *mus.* Bez. v. Kirchentonarten; Ggs.: → plagal.
2) echt, glaubwürdig.
Autismus, krankhafter Kontaktverlust zur Umwelt.
Auto (amtssprachl. Kraftwagen, früher: *Automobil),* Straßenfahrzeug mit Motorantrieb; nach Zweck u. Bauart in *Personen-* (Pkw) u. *Last-K.* (Lkw) unterschieden. Das *Fahrgestell (Chassis)* besteht aus Rahmen mit Kühler, Motor, Getriebe, Federung, Vorder- u. Hinterachse mit Rädern (Rahmen heute nur noch bei Lkw vorhanden, Pkw besitzen selbsttragende Karosserie). – Pkw haben schnellaufende 2-, 3-, 4-, 5-, 6- und 8-Zylinder-Motoren (bei größerer Zylinderzahl wird Drehmomentabgabe gleichmäßiger, d. Lauf des Motors ruhiger); üblicherweise Ottomotor mit Vergaser, heute auch vermehrt Kraftstoffeinspritzung und Dieselmotor. Zur Verminderung d. Schadstoffe in d. Abgasen Ersetzung d. verbleiten Benzins durch → bleifreies Benzin (→ Katalysatoren). Bei Lkw mit mehr als 2 t Nutzlast fast ausschließl. Dieselmotor. Zweitakt- od. Viertaktmotor (→ Verbrennungskraftmaschinen); Motor wasser- oder luftgekühlt. Kraftübertragung v. Motor über Kupplung, Wechselgetriebe (bei Pkw meist 4 bis 5 Vorwärtsgänge u. 1 Rückwärtsgang), Kardanwelle, Differential (→ Ausgleichsgetriebe), Räder. Front- od. Heckantrieb, f. Einsatz im Gelände auch Allradantrieb. Zwei voneinander unabhängig zu bedienende Bremsen durch Fuß- u. Handbetätigung gesetzl. vorgeschrieben; Pkw mit hydraul. Bremse, größere Lkw Druckluftbremse. El. Anlage 12 Volt, bei Lkw teilweise 24 Volt; bestehend aus Batterie, Lichtmaschine, Anlasser, Beleuchtungseinrichtungen, Fahrtrichtungsanzeiger, Schei-

benwischer. Hauptkarosserieformen für Pkw: → Limousine, → Kabriolett, → Coupé, Roadster; Lkw: Pritschenaufbau evtl. mit Plane oder m. Kippvorrichtung, Kastenaufbau, Kofferaufbau, Spezialaufbauten f. Müllabfuhr, Straßenreinigung, Feuerwehr usw. Lastkraftwagen: Bestimmungen BR (1965): Höchstlänge 12 m; Achslast 10 t bzw. 16 t bei Doppelachse, Lastzüge höchstens 32 t, 18 m Länge, Sattelschlepper 15 m, Omnibus 12 m Länge, Gelenkomnibus 18 m Länge. – Für Stadtverkehr auch el. Antrieb mit Akkumulatoren od. Oberleitung wie bei Straßenbahn. (→ Tafel Kraftfahrzeug.)

Autoaggressionskrankheit [gr.], durch → Antikörper, d. gg. körpereigene → Antigene gerichtet sind, verursachte Erkrankung (best. Blut-, Haut- und Gelenkkrankheiten).

Autobahnen, Schnellverkehrsstraßen bzw. Hochleistungsstraßen f. Kraftfahrzeuge; zwei- u. mehrstreifige Richtungsfahrbahnen (BR: Fahrstreifen 3,75 m, Grünstreifen 4 m, Standstreifen 2,5 m); keine niveaugleichen Kreuzungen mit anderen Verkehrswegen; Wende-, Halte- u. Rückwärtsfahrverbot. Erste eur. A. 1932 von Köln nach Bonn; u. a. in USA (Highway), Italien (Autostrada). Autobahnnetz BR 11 143 km, davon 1877 km in den neuen Bundesländern (1995).

Autobiographie, w. [gr.], Beschreibung des eigenen Lebens.

Autochromfotografie, für kombiniertes Buntdruckverfahren, bei d. die Farben einzeln im Steindruck gedruckt werden.

autochthon, *Geologie:* an Ort u. Stelle entstanden.

Autochthone, *m.* [gr.], echter Sproß eines Landes, kein Zugewanderter.

autochthone Kultur, hat keine Vorläufer; sie hat sich aus der urspr. Bevölkerung entwickelt.

Autocross, Querfeldein-Autorennen.

Autodafé, *s.* [portugies. ,,Handlung des Glaubens"], Urteilsverkündung und -vollstreckung (durch Verbrennung usw.) der span. u. portugies. Ketzergerichte (auch übertragen gebraucht).

Autodidakt [gr.], durch Selbst-, nicht durch Schulunterricht Gebildeter.

Autofokus-Meßblitz, d. eingebaute Blitzgerät e. Autofokus-Kamera entsendet bei Dunkelheit e. eigenen Lichtstrahl z. Motiv hin, um d. Entfernung exakt zu messen, dadurch auch bei Dunkelheit Scharfeinstellung.

Autofokus-Meßfeld, im Kamerasucher in d. Mitte e. kleiner Kreis, oft auch e. Viereck; nur innerhalb dieser begrenzten Fläche wird automat. scharf eingestellt.

Autofokus-Speicherung, d. automat. ermittelte Entfernungswert kann durch Tastendruck gespeichert werden, Motivausschnitt kann nachträglich noch verändert werden, ohne d. eingestellte Entfernung verstellen zu müssen, wichtig f. Porträts.

autogen → schweißen.

autogenes Training, von → J. H. Schultz entwickelte Methode der ,,konzentrativen Selbstentspannung" mit dem Ziel, unwillkürlich ablaufende Körperfunktionen u. -empfindungen (Herzschlag, Körperwärme) zu verändern. Es können Spannungen u. Verkrampfungen

[signature: J. S. Bach]
Autogramm, *Joh. Seb. Bach*

gelöst, Schmerzen u. Schlafstörungen gelindert werden.

Autogiro [span. -'ʒi:ro], Drehflügelflugzeug ohne Tragflächen, dessen Rotor durch d. Vorwärtsbewegung (Fahrtwind) in Umdrehung versetzt wird u. d. Auftrieb bewirkt.

Autogramm, *s.* [gr.], eigenhändige Unterschrift.

Autograph, *s.,* Handschrift (berühmter Persönlichkeiten).

Autographie [gr.], Vervielfältigung von m. fetthaltiger Tinte (Tusche) hergestellten Zeichnungen u. Schriftsätzen durch Umdruck auf Stein-, Zink-, Aluminiumplatten, → Steindruck.

Autoimmunkrankheit, svw. → Autoaggressionskrankheit.

Autokephalie [gr. ,,Selbständigkeit"], morgenländ. Kirchen mit e. eigenen Oberhaupt (z. B. armen., bulgar., griech., serb., ukrain., russ. Kirche).

Autoklav, *m.* [gr.-l.], verschließbarer Kessel zur Sterilisation v. Stoffen unter Dampfdruck; → Desinfektion.

Autokrat [gr.], Alleinherrscher.

Autokratie, Staatsform, in der das Staatsoberhaupt die pol. Macht unumschränkt ausübt.

Automat [gr. ,,automatos = selbsttätig, aus eigenem Antrieb"], Maschine, Vorrichtung usw., die aufgrund ihrer Konstruktion u. best. Ereignisse od. Informationen m. best. Funktionen reagiert, ohne unmittelbares Eingreifen e. Menschen; Anwendung z. B. → Roboter in techn. Prozessen (Fertigung), → Mikroprozessoren übernehmen die → Steuerung; → Automation.

Automation [engl.], *Automatisation* [frz.], *Automatisierung,* Bez. f. e. Prozeß, in dessen Verlauf fortschreitend menschl. Arbeitskraft durch Einsatz v. Maschinen (→ Automaten) ersetzt wird; gewaltige Produktivitätssteigerung, bei Rationalisierung Arbeitslosigkeit; Anwendung z. B. in ind. Prozessen (Prozeßautomatisierung), Datenverarbeitung, Büro; wiss. Grundlage: → Kybernetik.

Automationstechnik, Konstruktion u. Produktion v. Bauelementen, Geräten, Anlagen u. Systemen f. die → Automation; gekennzeichnet durch Standardisierung, Anwendung d. Baukastenprinzips, Miniaturisierung (Mikroelektronik).

Automatismus, absolut spontaner, v. Unterbewußtsein gelenkter Malvorgang; Grundlage d. → abstrakten Expressionismus u. d. → informellen Kunst; 1924 thereot. definiert v. A. → Breton.

autonomes Nervensystem → Nervensystem.

autonome Zölle, werden vom Staat nach eigenem Ermessen festgesetzt; Ggs.: *Vertragszölle* (Vereinbarungen mit anderen Ländern).

Autonomie [griech. ,,Selbstgesetzgebung"],

1) *phil.* sittliche Selbstgesetzgebung (Kant: kategor. → Imperativ).

2) A. d. Hochschulen, heute teilweise stark beschränkt; früher i. d. Verf. lediglich bestätigt, da oft älter als A. des Staates, als nicht v. Staat verliehen.

3) A. d. Religionsgesellschaften, Selbständigkeit der Kirchen u. der Religionsgesellschaften gegenüber d. Staat.

4) Forderung v. → Minderheiten nach völliger od. beschränkter Selbstverw. (z. B. Kultur-A.).

5) Fähigkeit z. Selbstrechtsetzung u. Selbstverw.; Voraussetzung u. Kennzeichen selbst. Staaten, auch von Staatsteilen eines Staatsverbandes, v. Kommunalverbänden u. Kommunen.

Autopsie [gr.], Leichenuntersuchung.

Autor [l.], Urheber, bes. schriftsteller. Arbeit.

Autoradiographie [gr.], Nachweis radioaktiver Objekte durch Auflegen auf photograph. Schicht, da radioaktive Strahlung die photograph. Schicht ähnl. schwärzt wie Licht.

autorisieren, bevollmächtigen.

autoritär, auf *Autorität* fußend, aber auch svw. diktatorisch. In der *Erziehung* e. Verhalten des Erziehers, das weder Widerspruch noch Problemdiskussion duldet u. einzig durch d. Erzieher bestimmt wird.

autoritäres Regime, System, in dem die Regierenden nur aufgrund ihrer Macht d. Staatsgewalt ausüben; Gesetzgebung u. Rechtsprechung stark in Abhängigkeit; parlamentarische Kontrolle der Exekutive weitgehend ausgeschaltet; Grenzen z. → totalitärem Staat fließend.

Autorität, *w.* [l.],

1) Ansehen, Geltung, Einfluß.

2) Obrigkeit od. maßgebende Persönlichkeit eines Fachgebietes.

Autosomen, alle → Chromosomen mit Ausnahme d. → Geschlechtschromosomen (*Heterochromosomen*).

Autostrada [it.], it. Bez. f. → Autobahn.

Autosuggestion [gr.], Selbstbeeinflussung (z. B. → autogenes Training, → Meditation) körperlicher Erscheinungen über das → vegetative Nervensystem.

Autotomie → Selbstverstümmelung.

Autotypie [gr.], fotomechan. Reproduktionsverfahren; → Klischee.

Autovakzine → Vakzine.

Autun [oˈtœ̃], St. im frz. Dép. *Saône-et-Loire,* 17 900 E; Kathedrale (12. Jh.), Reste röm. Bauten.

Auvergne [oˈvɛrɲ], waldarmes Hochland in S-Frkr. mit ca. 600 domförmigen erloschenen Vulkanbergen (*Mont Doré* 1886 m, *Puy-de-Dôme* 1465 m); fruchtb. Täler: Getreide, Wein, Obst; Erz u. Steinkohle.

Auwald, Pflanzengesellschaft der Überschwemmungsgebiete v. Flüssen; Laubwald (Weiden, Erlen) mit reichem Unterwuchs.

Auxerre, Hptst. d. frz. Dép. Yonne, 38 800 E; got. Kathedrale.

Auxin, *s.,* pflanzl. → Wuchsstoff.

AV, z. B. *AV-System,* Abk. f. → **A**udio-**V**ideosystem.

Aval, *m.* [frz.], → Bürgschaft, meist für Wechselverpflichtung.

Avalokiteshvara → Awalokiteschwara.

Avancement, *s.* [frz. avãsəˈmaː], Beförderung.

avancieren, vorrücken, befördert werden.

Avancini, Nikolaus (1. 12. 1611 bis 6. 12. 86), östr. Dramatiker d. Jesuitentheaters.

Avantgarde [frz. avãˈgard],

1) Sammelbegriff für Vorkämpfer einer

AWACS

Ayers Rock, Australien

Idee; im übertragenen Sinn: extrem fortschrittl. Kunstrichtungen.
2) früher mil. Bez. für Vorhut.
avanti [it.], Vorwärts! Herein!
Avaren → Awaren.
Avatara → Awatara.
Aved [aˈve], Jacques André Joseph (12. 1. 1702–4. 3. 66), frz. Bildnismaler d. Rokoko; Meister des psycholog. (Ges.-)Porträts; *Louis XV.; Madame Crozat.*
Ave Maria [l. „sei gegrüßt, Maria"], im Neuen Testament Botschaft des Engels an Maria.
Avenarius, Richard (19. 11. 1843 bis 18. 8. 96), dt. Phil.; schuf, v. d. reinen Sinneserfahrung ausgehend, den Empiriokritizismus; → Positivismus.
Avenida, span., portugies. Bez. f. Prachtstraße.
Aventinus → Turmair, Johannes.
Aventin|us, einer der 7 Hügel Roms.
Aventure, w. [frz. avã'ty:r], Abenteuer.
Aventurier, m. [frz. -ty'rje:], Abenteurer.
Avenue, w. [frz. avə'ny:; engl. ævinju:], breite Straße, Prachtstraße.
Averroes, *Ibn Roschd* (1126–98), arab. Philosoph u. Arzt aus Córdoba, kommentierte die Werke des Aristoteles; gr. Einfluß i. MA; lehrte d. „doppelte Wahrheit" v. Wissen u. Glauben.
Avers, m. [l.], Münzvorderseite; Ggs.: → Revers.
Aversion, w. [l.], Abneigung.

Avesta → Awesta.
Aveyron [avɛˈrõ],
1) r. Nbfl. d. Tarn, 250 km.
2) südfrz. Dép., 8735 km², 270 100 E; Hptst. *Rodez.*
Aviatik, w. [l. „avis = Vogel"], veraltet f. Luftfahrt.
Avicenna, *Ibn Sina,* arab. Phil. u. Arzt aus Buchara (980–1037 n. Chr.); seine Werke i. abendländ. MA viel benutzt: *Kanon der Medizin.*
Avignon [aviˈɲõ], Hptst. d. frz. Dép. *Vaucluse,* an Rhône u. Durance, 86 900 E; Haupthandelsplatz für Obst, Gemüse u. Wein des südöstl. Frkr., Verw.-zentrum. – 48 v. Chr. röm. Kolonie; got. Kathedrale, Papstpalast (1309–77 Sitz d. Päpste, „Babylon. Exil"); Brücke (Pont d'A., 12. Jh.).
Avila, Hptst. der gleichnamigen span. Provinz in Altkastilien, n des Kastil. Scheidegebirges, 43 800 E; Wallfahrtsort, Kathedrale.
Avionik, w., abgek. aus **Avi**atik u. *Elektr***onik**, Anwendung der Elektronik i. d. Luftfahrt.
Avis, m. [frz.],
1) b. Wechsel Mitteilung d. Ausstellers an Bezogenen über Grund der Wechselziehung.
2) Nachricht, Anzeige; Mitteilung an den Empfänger über Ankunft einer Sendung.
Aviso, m., kleines, schnelles (Melde-)Kriegsschiff.

Avignon, *Papstpalast*

Avitaminose → Mangelkrankheiten; → Vitamine.
Avocado [span.], trop. Steinobstbaum mit birnenähnl. Früchten, deren cremiges, hellgrünes Inneres sehr nahrhaft ist.
Avogadrosche Regel, durch den it. Phys. *Avogadro* (1776–1856) aufgestelltes Gesetz, nach dem alle Gase bei gleicher Temperatur und gleichem Druck im gleichen Raum gleiche Zahl von Molekülen haben; → Loschmidtsche Zahl.
Avon [ˈeɪvn], Nbfl. des Severn in England; 155 km l., schiffbar; an ihm *Stratford-on-Avon,* der Geburtsort Shakespeares, des „Schwanes vom A.".
Avus, Abk. f. **A**utomobil-**V**erkehrs- u. **U**ebungs-**S**traße, Funkturm Berlin bis Wannsee; 9,8 km, früher Rennstrecke, heute Teil der Stadtautobahn.
AWACS, Airborne Early **W**arning **A**nd Control **S**ystem, fliegendes Frühwarn- u. Kontrollsystem der → NATO. 18 Maschinen des Typs Boing 707 m. je 17 Mann Besatzung, stationiert in Geilenkirchen b. Aachen. Erfassungsreichweite mit Frisbeeradar (9 m Durchmesser auf d. Rumpf d. Maschinen) ca. 400 km. Als Besatzung stehen dzt. 620 Mann aus 11 NATO-Staaten z. Verfügung. A. dient auch d. Land- u. Seestreitkräften als Aufklärungsmittel.
Awalokiteschwara, *Avalokiteshvara,* [sanskr. „Herr, d. mitleidvoll herabgesehen hat"], bedeutendster d. buddh. Bodhisattvas.
Awami-Liga → Rahman.
Awaren, turktatar. Volksstamm; drang im 6. Jh. bis zur mittleren Donau vor, um 800 von Karl d. Gr. besiegt.
Awatara, *Avatara,* [sanskr. „Herabstieg"], hinduistische Inkarnation e. Gottes in Menschen- od. Tiergestalt, um d. göttl. u. menschl. Ordnung wiederherzustellen.
Awesta [awest., altiran. „Grundtext"], hl. Schrift d. iran. → Parsismus, 226 kodifiziert. Die ältesten Teile, d. Gathas („Gesänge"), gehen unmittelbar auf → Zoroaster zurück.
Axel, Sprungform im → Eiskunstlauf, benannt nach dem Norweger Axel Paulsen.
Axelrod [ˈæksləd], Julius (* 30. 5. 1912), am. Neurochem.; (zus. m. v. Euler-Chelpin u. B. Katz) Nobelpr. 1970.
Axen, Bergvorsprung mit Tellsplatte u. Tellskapelle am Vierwaldstätter See, am Seeufer die **Axenstraße** (von Brunnen nach Flüelen).
axial [l.], auf d. → Achse bezogen; in ihrer Richtung.
Axiom, s. [gr.], nach klass. Auffassung: unmittelbar einleuchtender Grundsatz, der keiner Begründung bedarf; modern: Aussage, d eine math. Struktur festlegt.
Axiomatik, axiomatische Methode, Darstellung einer Theorie in Form von Axiomen u. daraus abgeleiteten Lehrsätzen.
Axishirsch, weißgetüpfelter Hirsch aus Indien.
Axmann, Artur (18. 2. 1913–24. 10. 1996), NSDAP-Mitglied, ab August 1940 Reichsjugendführer (HJ-Führer) u. Nachfolger B. v. → Schirachs.
Axolotl, Wassermolch, wird kiementragend im Larvenzustand geschlechtsreif, verwandelt sich normal nicht i. d. lungenatmende Landform; Mexiko (meist Albino).

Axon, erregungsleitender Fortsatz d. Nervenzelle.
Axonometrie, w. [gr.], bes. im techn. Zeichnen Verfahren z. Darstellung e. räuml. Objekts (z. B. Bauwerks) durch Parallelprojektion s. Koordinaten auf e. Ebene, so daß alle horizontalen u. vertikalen Linien maßgetreu sind; Ggs. → Isometrie.
Ayacucho [aja'kutʃo], Hptst. des peruan. Dep. *A.*, 101 600 E, 2745 müM, nahe d. Quellen d. Río Mantaro; Quecksilbergruben; Uni.
Aye-Aye, svw. → Fingertier.
Ayers Rock ['ɛəz-], riesiger Stein, der 334 m über d. Wüstenebene Inneraustraliens ragt; m. 9 km Umfang größter Monolith, Kultstätte d. Aborigines.
Aylwin Azócar [-'aθo-], Patricio (* 26. 11. 1918), 1990–96 Staatspräs. von Chile.
Aymé [ɛ'me], Marcel (28. 3. 1902 bis 15. 10. 67), frz. Schriftst.; Romane, Bühnenstücke; *Die grüne Stute.*
Ayub Khan, Mohammed (14. 5. 1907 bis 20. 4. 74), pakistan. Pol.; 1958–69 Staatspräs.
Azaleen, Ziersträucher aus Asien; zu den Rhododendren gehörend.

Azetylcholin, svw. → Acetylcholin.
Azide, Derivate d. Stickstoff-Wasserstoffsäure N_3H (z. B. d. Zündsprengstoff *Bleiazid* z. Initialzündung).
Azidose, Anhäufung v. sauren Stoffwechselprodukten im Körper.
Azilien [azi'fiɛ̃], Stufe der Mittelsteinzeit, nach Fundort *Mas d'Azil* in Frankreich.
Azimut, *s., m.* [arab.], der Winkel auf d. Horizontalkreis zw. Meridian u. Höhenkreis
1) eines Gestirns in der Astronomie;
2) eines Erdoberflächenpunktes in der Landvermessung (auch bei der Navigation).
Azofarbstoffe, wichtige Gruppe v. Teerfarbstoffen der allgemeinen Formel Q–N=N–R; typisch ist d. Stickstoffgruppe –N=N– (*Azogruppe*).
Azoren [portugies. ,,Açores = Habichtsinseln"], zu Portugal gehörende Inselgruppe im Atlant. Ozean, s. 1976 Autonome Region; 9 größere Inseln, insges. 2247 km², vulkan. Ursprungs, bis 2345 m hoch, fruchtb., mit mildem, ozean. Klima, 237 100 E; Telegraphen- u. Wetterstation; starker Durchgangsverkehr; Bananen, Apfelsinen, Frühgemüse; Hptst. *Ponta Delgada* (22 000 E); Hafen: *Horta.*
Azotämie, Anhäufung stickstoffhaltiger Stoffwechselprodukte im Blut bei Nierenversagen; → Urämie.
AZT, A*zido*t*hymidin, Zidovudin,* Retrovir®, Medikament d. Gruppe der Nukleosid-Analoga, gegen → AIDS.
Azteken, Ureinwohner Mexikos; A.reich 1519–21 v. Spanier *Cortez* zerstört; hohe Kultur u. Kunst, Prachtbauten; straffe staatl. Ordnung; rel. Kult: Menschenopfer.
Azulejos [span. aθu'lɛxɔs], bemalte, urspr. blaue Fayencefliesen auf d. Iber. Halbinsel.
Azulen, *s.* [span. ,,blau"], aromat. → Kohlenwasserstoff ($C_{10}H_8$), violettblaue Kristalle; wird med. verwendet.
Azur, *m.* [pers.],
1) erster i. d. BR entwickelter u. gebauter Meßsatellit; Start am 8. 11. 1969 i. d. USA mit einer ,,Scout"-Rakete.
2) Himmelsblau.
Azurjungfern, Gruppe hellblauer Kleinlibellen; Artunterscheidung nach Hinterleibszeichnung.

B,
1) *Börsensprache:* Abk. f. Briefkurs.
2) *chem.* Zeichen f. → *Bor.*
b, *mus.* erniedrigte 7. Stufe der C-Dur-Tonleiter; auch Zeichen für Erniedrigung: ♭.
Ba,
1) *m.,* ägypt. Erscheinungsform d. menschl. Seele, dargestellt als Vogel m. Menschenkopf.
2) *chem.* Zeichen f. → *Barium.*
B. A., Abk. f. **B**achelor of **A**rts, → Bakkalaureus.
Baade, Walter (24. 3. 1893–25. 6. 1960), dt. Astronom; Erforschung d. → Galaxien.
Baader, Franz Xaver v. (27. 3. 1765 bis 23. 5. 1841), dt. kath. Phil., führend i. d. Münchner Romantik, romant.-konservative Gesellschaftslehre.
Baader-Meinhof-Gruppe → RAF.
Baal [semit. „Herr"], syro-phönik. Fruchtbarkeitsgott.
Baalbek, griech. *Heliopolis,* Ruinenst. am → Antilibanon; Sonnentempel u. a. klass. Ruinen.
Baar,
1) Landschaft zw. Schwäb. Alb u. Schwarzwald, 700 m mittlere Höhe, rauhes Klima, Getreidebau; Hptort *Donaueschingen;* im SO die **B.-Alb,** Teil der Schwäb. Alb, 976 m.
2) (CH-6340), schweiz. Gem. i. Kanton Zug, 15 200 E; Apparatebau, Textil- u. Maschinenind.
Baas [niederdt.], Meister, Vorgesetzter (vgl.: Boß).
Baath-Partei [arab. „Wiedergeburt"], 1943 gegr. sozialist. arab. Partei in Irak, Syrien, Libanon; tritt für arab. Einheit ein.
BAB, Betriebsa**b**rechnungsbogen, Kostenübersicht e. Unternehmens m. Ausweis d. → Betriebsergebnisses.
Babbage [ˈbæbidʒ], Charles (26. 12. 1792–18. 10. 1871), Erfinder d. programmierbaren Rechenautomaten, der jedoch aufgrund seiner mechan. Komplexität nur teilw. realisiert werden konnte.
Babcock-Operation [ˈbæb-], Methode z. Entfernung *(Stripping)* von Krampfadern.
Babel → Babylonien.
Bab el-Mandeb [arab. „Tor der Tränen"], Meerenge zw. Rotem Meer u. Golf v. Aden.
Babelsberg, Stadtteil von Potsdam; Schloß mit berühmtem Park; Sternwarte; HS für Film- und Fernsehen; Filmstadt.
Babenberger, altes fränk. Grafengeschlecht, nach Stammsitz Bamberg gen., Kolonisatoren d. Ostmark; bis 1156 Markgrafen, b. 1246 Hzge v. Östr.
Babenhausen (D-64832), St. in Hess., 15 309 E; Tachometerbau u. a. Ind.
Babeuf [-ˈbœf], François Noël (23. 11. 1760–28. 5. 1797), frz. Revolutionär, Wegbereiter d. eur. Kommunismus.
Babington [ˈbæbɪŋtən], Anthony (1561–86), versuchte durch Attentat a. Elisabeth v. England Maria Stuart zu befreien; hingerichtet.
Babinski-Reflex, → Reflex, der an d. Fußsohle ausgelöst wird, Hinweis auf Erkrankung des Nervensystems, beim Säugling „positiver B." normal.
Babismus [arab. „bab = das Tor"], islam. Bewegung, gegr. v. Mirza Ali Muhammad (1820–1850); daraus hervorgegangen d. → Bahaismus.
BABS-Verfahren, Abk. f. **B**eam **A**pproach **B**eacon **S**ystem, engl. Verfahren der Blindlandung (→ Leitstrahl-Funkfeuer).
Baby-Bonds [ˈbeɪbɪ-],
1) in d. BR 1951 ausgegebene Lotterieanleihe über 50 Mill. DM, Stückelung zu 10 DM ohne Verzinsung; Rückzahlung zum Nennwert.
2) in d. USA langfrist. Staatsanleihe m. kleiner Stückelung u. hoher Rendite.
Babylon, Hptst. d. oriental. babyl. Reichs, schon um 2650 v. Chr., v. Nebukadnezar II. neu aufgebaut im 6. Jh. v. Chr.; Mittelpunkt oriental. Kultur; das bibl. *Babel* war zu Christi Zeit fast verödet.
Babylonien, das bibl. *Babel* zw. unterem Euphrat u. Tigris, im S v. *Sumerern* bewohnt; Blütezeiten um 2000 u. 600 v. Chr.; ältester Kulturmittelpkt d. Vorderen Orients; hochentwickelte Naturwiss. u. Mathematik.
Babylonische Gefangenschaft, Zwangsexil d. jüd. Volkes 597–538 v. Chr. in Babylon nach der Niederlage gegen Nebukadnezar II.
Babylonische Gefangenschaft der Kirche, der erzwungene Aufenthalt der Päpste in Avignon (1309–77).
babylonische Keilschrift → Keilschrift.
babylonische Kunst → asiatische Kunst.
babylonische Literatur, um *3000 v. Chr.* (Einwanderung der Babylonier in Assyrien): Gilgamesch-Epos (darin Sintflutsage parallel zur Bibel; v. den Griechen übernommen); um *2000 v. Chr.*: Gesetze des Hammurabi (z. T. von Moses übernommen); Hymnen an den Sonnengott Schamasch; Götterlieder um Marduk. Paradiessage (Adagea u. Ea); Astartes Höllenfahrt. Klage um den Frühlingsgott Tamuz (Adonis b. d. Griechen); um *1000 v. Chr.*: Sargon-Lied (Heldenepos); Roman v. Weisen Achikar (später jüd. Tobias-Legende).
Babylonischer Turm, 90 m hohes Heiligtum, Bau angebl. durch *babylonische Sprachverwirrung* gestört.
BAC, Abk. f. **B**ritish **A**ircraft **C**orporation, brit. Flugzeugkonzern, 1960 gegr.
Baccarat [frz. -ˈra], Kartenglücksspiel.
Bacchanalien, ausschweifende Gelage, urspr. Bacchusfeier im alten Rom.
Bacchant(in), Begleiter(in) des Bacchus; im MA: fahrender Schüler.
Bacchelli [bakˈkɛ-], Riccardo (19. 4. 1891–8. 10. 1985), it. Romancier: *Die Mühle am Po.*
Bacchus, lat. Name d. griech. Weingottes → *Dionysos.*
Bacciarelli [batʃa-], Marcello (16. 2. 1731–5. 1. 1818), it. Maler d. Spätbarock bes. am poln. Hof; typ. Vertr. d. Hofkunst, Porträtist; *König Stanislaus im Krönungsornat; Geschichten Salomons.*
Bach,
1) Johann Sebastian (21. 3. 1685–28. 7. 1750), aus thür. Musikerfamilie stammend, b. bedeutendste Komp. d. dt. Barock u. d. protestant. Kirchenmusik; wurzelte in tiefer Religiosität; wirkte in Mühlhausen, Arnstadt, Weimar und Köthen; Kantor der Thomaskirche Leipzig; ev. Kirchenmus. *(Kantaten),* Mes-

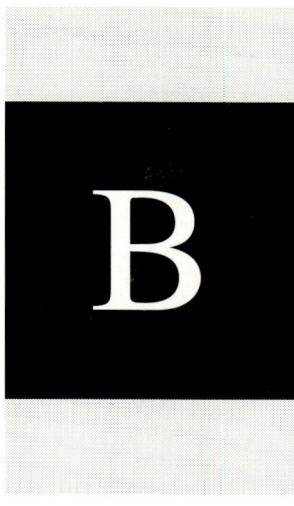

Johann Sebastian Bach

Ingeborg Bachmann

Bachstelze, Männchen, Brutkleid

sen, Fugen; *Das wohltemperierte Klavier; Matthäus-, Johannespassion; Brandenburg. Konzerte;* Kammermusik; von weitreichendem Einfluß auch auf die moderne Musik (linearer Stil). – Söhne:
2) Wilhelm Friedemann (22. 11. 1710–1. 7. 84), berühmt als Orgelspieler.
3) Carl Philipp Emanuel (8. 3. 1714–14. 12. 88), Kapellmeister Friedrichs d. Gr., später in Hamburg; *Klavierschule; Sonaten;*
4) Johann Christoph Friedrich (21. 6. 1732–26. 1. 95), in Bückeburg;
5) Johann Christian (5. 9. 1735–1. 1. 82), lebte in Mailand und London; *Sonaten.*
Bacharach (D-55422), Weinst. am Rhein, RP, 2351 E; Weinbau u. -handel.
Bacharachskala, bei Abgasmessung: 10stufige Filterpapierschwärzung (Rußzahl).
Bache, weibl. Wildschwein v. 3. Lebensjahr an.
Bachem, Bele, eigtl. *Renate Böhmer* (* 17. 5. 1916), dt. Malerin u. Bildhauerin; Buchillustrationen.
Bachmann, Ingeborg (25. 6. 1926 bis 16. 10. 73), östr. Dichterin; *Anrufung d. großen Bären; Der gute Gott von Manhattan; Das dreißigste Jahr; Malina.*
Bachofen, Johann Jakob (22. 12. 1815–25. 11. 87), schweiz. Rel.historiker; Begr. d. vergleichenden Rechtswiss., Mythen- u. Symbolforscher; *Über d. Gräbersymbolik d. Alten; Das Mutterrecht.*
Bachstelzen, zierliche, gern am Wasser sich aufhaltende Singvögel mit langem Wippschwanz.
Back, *w.,*
1) Aufbau auf dem Vordeck des Schiffes.
2) Eßtisch auf Schiffen.
Backbord, in Fahrtrichtung linke Schiffsseite; rotes Farb- bzw. Lichtzeichen; Ggs.: → Steuerbord.
Backer, Harriet (21. 1. 1845–25. 3. 1932), bed. norweg. Malerin; impressionist. bestimmter Farbsinn, suggestive Lichtführung; *Solitude; Inneres d. Stabkirche zu Uvdal.*
Backgammon [engl. bækˈgæmən], Würfel-Brettspiel auf e. Feld m. zwei versch.farbigen Zackenreihen.
Backhand, *w.* od. *m.* [engl. ˈbækhænd], Tennis, svw. → Rückhandschlag.
Backhaus, Wilhelm (26. 3. 1884–5. 7. 1969), dt. Pianist (Beethoven-Interpret).
Backnang (D-71522), St. in Ba-Wü., 32 325 E; AG; Leder-, Masch.-, Fernmeldetechnik-, Textilind.
Backspin [engl. ˈbæk-], Rückwärtsdrall (z. B. eines Tischtennisballs).
Backstein, durch Brennen v. Ton oder Lehm hergestellter Baustein: *Klinker, Hartbrandziegel, Mauersteine;* → Ziegel.
Backsteinbau, von alters her angewendet; im MA in N-Dtld **B.gotik** m. großformatigen, ungeputzten Steinen: Kirchen, Ordensburgen, Rathäuser; auch im 20. Jh. (z. B. Högers Chilehaus in Hamburg).
Bacon [ˈbeɪkən]
1) Francis, *B. v. Verulam* (22. 1. 1561 bis 9. 4. 1626), engl. Staatsmann; Phil., Gegner d. Aristotelismus, Begr. d. → Empirismus; *Novum organum scientiarum;* gelegentl. als wirkl. Autor d. Werke Shakespeares angesehen.

2) Francis (28. 10. 1909–28. 4. 92), engl. realist. Maler; Hptthema: Mensch mit gespaltenem Bewußtsein.
3) Roger (1214–94), engl. Phil. u. Naturforscher, „doctor mirabilis" (bewundernswerter Lehrer), wandte als erster d. *Experiment* an; Franziskanermönch, Gegner d. Scholastik, Kritiker d. theol. Methoden seiner Zeit.
Bacon ['beɪkən], engl. Frühstücksspeck.
Bad,
1) zu Reinigungs- oder Heilzwecken, in Wasser, Luft, Dampf (*russ. Bad* heiß und feucht, *irisch-röm. B.* heiß und trocken), in Moor u. Sand.
2) mit natürl. Heilmitteln ausgestattete Badeorte; man unterscheidet: *See-* u. *Thermal-B.,* die Kochsalz enthalten; *Kohlensäure-B., Eisen-* u. *Arsen-B., Stahl-B., Schwefel-B., Iod-, Moor-* oder *Schlamm-B., Radium-B.*
3) galvanisches *B.,* zum elektrolyt. Abscheiden v. Metallen.
4) *Härte-B.,* geschmolzene Salze zum Härten von Stahl.
Bad Aibling (D-83043), St., ältestes Moorbad Bayerns, 482 müM, 14 445 E; AG.
Badajoz [baða'xoθ], Hptst. d. span. Provinz *B.,* 126 800 E; theol. HS; Fayencen u. Textilind.
Badalona, span. Hafen- u. Industriestadt b. Barcelona; 225 200 E.
Bad Aussee (A-8990), Soleheilbad u. Kurort i. steier. Salzkammergut, 659 müM; 5058 E.
Bad Bentheim (D-48455), St. i. Nds. a. d. ndl. Grenze, 13 951 E; Schloß (11./12. u. 15./16. Jh.); Thermalsole- und Schwefelbad (seit 1711); Freilichtbühne; Erdöl- u. Erdgasind.
Bad Bergzabern (D-76887), St. i. RP, 7709 E; Kneippheilbad, heilklimat. Kurort u. Thermalbad 200–300 müM.
Bad Berka (D-99438), St. u. klimat. Kurort a. d. Ilm, Kr. Weimar, Thür., 277 müM, 5440 E; Schwefel- u. Eisenquellen.
Bad Berleburg (D-57319), St., Kneippheilbad, Kr. Siegen-Wittgenstein, NRW, 20 911 E; AG.
Bad Bertrich (D-56864), Heilbad in d. Eifel, RP, 1117 E; warme Glaubersalzquelle (gg. Stoffwechselkrankheiten).
Bad Birnbach (D-84363), Mkt. i. Kr. Rottal-Inn, Niederbay., 5537 E; Thermalheilbad.
Bad Blankenburg (Thüringer Wald) (D-07422), St. im Schwarzatal, Thür., 7890 E; Luftkurort; div. Ind.
Bad Brambach (D-08648), Kurort im Vogtland, Kr. Oelsnitz, Sa., 1986 E; Radonquellen.
Bad Bramstedt (D-24576), St. in Schl.-Ho., 10 052 E; Sol- u. Moorbad, Rheumaheilbad.
Bad Brückenau (D-97769), St. i. d. Rhön, Bay., 6823 E; 5 Heilquellen, 2 Heilbäder. (städt. Heilbad, Staatsbad).
Bad Cannstatt, St.teil v. → Stuttgart; Eisenquellen; Volksfest Cannst. Wasen.
Bad Doberan (D-18209), Krst. u. Mineralbad, M-V., 12 000 E; Stahlquelle, Eisenmoorbäder; got. Backsteinkirche; ehem. Zisterzienserkloster.
Bad Driburg (D-33014), Heilbad im Naturpark Eggegebirge, südl. Teutoburger Wald, NRW, 17 747 E; glas- u. holzverarbeitende Ind.

Bad Dürkheim (D-67098), Krst. a. d. Weinstraße, RP, 17 566 E; Kurzentrum u. Kurkliniken; Spielbank.
Bad Dürrenberg (D-06231), St. an der Saale, S.-A., 12 745 E; Solbad, Gradierwerk.
Bad Dürrheim (D-78073), St. bei Villingen im Schwarzwald, Ba-Wü., 700–940 müM, 11 170 E; Heilbad u. heilklimat. Kurort (27%ige Solquelle); dt. Fasnacht-Mus.
Bad Eilsen (D-31707), Gem. im Kr. Schaumburg, Nds., Schlamm- u. Schwefelbad, 2079 E.
Bad Elster (D-08645), St. u. Staatsbad a. d. Weißen Elster, Vogtland, Sa., 3681 E; Mineralquellen, Moorbäder.
Bad Ems (D-56130), Krst. d. Rhein-Lahn-Kr., 10 265 E; Staatsbad v. RP; natürl. Kohlensäure-Thermen; *Emser Salz.*
Baden,
1) (CH-5400), schweiz. St., Kanton Aargau, 13 700 E; intern. Thermalkurort, mineralreichste Thermalquellen der Schweiz (47 °C).
2) *B. bei Wien* (A-2500), am Wienerwald, 231 müM, Österreichs größtes Rheumaheilbad; 23 488 E; Thermalstrandbad; Theater, Museen, Spielbank.
Baden, bis 1945 Land d. Deutschen Reiches (15 069 km²), reicht v. Bodensee im S bis z. Taubermündung i. N und umfaßt die Oberrheinische Tiefebene, Teile des Schwarz- u. Odenwaldes; Hptst.: *Karlsruhe.* – *Gesch.:* Bis 1803 v. Zähringern als Markgrafen, später als Herzögen, beherrscht, durch Napoleon I. v. 33 auf 800 Quadratmeilen vergrößert,

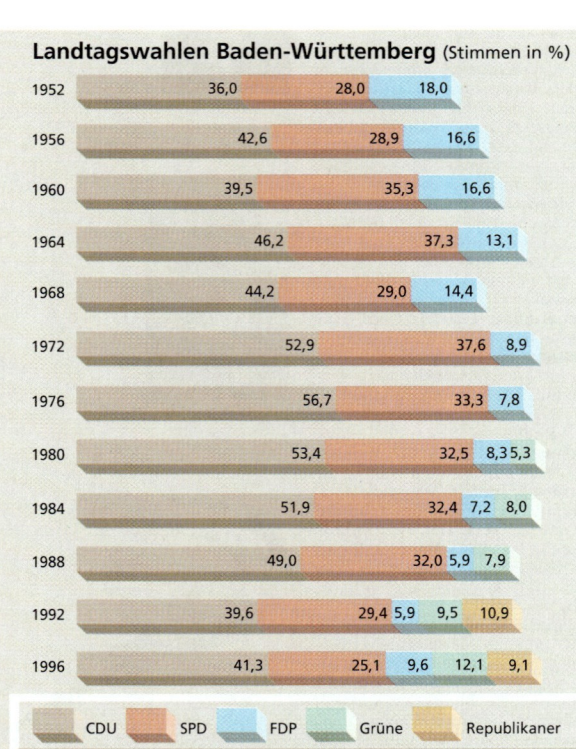

Landtagswahlen Baden-Württemberg (Stimmen in %)

Jahr	CDU	SPD	FDP	Grüne	Republikaner
1952	36,0	28,0	18,0		
1956	42,6	28,9	16,6		
1960	39,5	35,3	16,6		
1964	46,2	37,3	13,1		
1968	44,2	29,0	14,4		
1972	52,9	37,6	8,9		
1976	56,7	33,3	7,8		
1980	53,4	32,5	8,3	5,3	
1984	51,9	32,4	7,2	8,0	
1988	49,0	32,0	5,9	7,9	
1992	39,6	29,4	5,9	9,5	10,9
1996	41,3	25,1	9,6	12,1	9,1

Baden-Württemberg

Großhzgt. 1806, Rheinbundmitgl., 1815 Dt. Bund, 1818–48 Verfassungskämpfe, 1849 Revolution; 1870 dt. Bundesstaat; 1918 Freistaat; 1945 auf Anordnung der Mil.-Reg. geteilt, N-Teil wurde mit Nordwürttemberg neues Land *Württemberg-B.,* S-Teil neues Land *B.* m. Hptst. *Freiburg;* nach Volksabstimmung 1951 s. 1952 Zus.schluß z. Land → Baden-Württemberg.
Baden-Baden (D-76530–34), Stkr., Mineralbad (Kochsalzquellen 69 °C) im Schwarzwaldtal der Oos, Ba-Wü., 52 524 E; LG, AG, IHK; Spielkasino, Kongreßzentrum, Südwestfunk, Staatl. Kunsthalle; Weinbau; Pferderennen (Iffezheim).
Baden-Powell ['beɪdn'poʊəl], Robert Stephenson Smyth Lord (22. 2. 1857 bis 8. 1. 1941), engl. General; gründete 1907 Boy Scouts (→ Pfadfinder).
Badenweiler (D-79410), Heilbad in Ba-Wü., am Rande d. Südschwarzwaldes, 450 müM, 3651 E; Thermalbad; ehemal. Römerbad.
Baden-Württemberg, südwestdt. Bundesland, am 25. 4. 1952 gebildet, umfaßt das Gebiet von → Württemberg, → Baden und → Hohenzollern, 35 751,4 km², 10,0 Mill. E (280 je km²); Rel.: 39,8% ev., 44,9% kath.; Hptst. *Stuttgart;* Landesfarben: Schwarz-Gold; Bev. im S alemannisch-schwäb., im N fränkisch. **a)** *Geogr.:* Mit Schwarzwald, Schwäbischer Alb, Neckarbecken, Teilen des Odenwaldes, im S an den Bodensee, im N bis zum Main (Taubermündung) reichend; mit dem Rhein im S u. W als Grenze. **b)** *Wirtsch.:* Im S Land-u. Forstwirtsch. vorherrschend, Wein- u. Obstbau am Kaiserstuhl, i. Markgräfler Land, am Bodensee u. i. Neckar- u. Remstal, Tabakanbau u. -verarbeitung i. d. Rheinebene; starke Industrialisierung, vorwiegend i. N; Fertigwarenind.: Textil-, Masch.bau-, elektrotechn. Ind., Fahrzeugbau, Eisen- u. Metallwarenind. (feinmechan., bes. Uhrenind. im Schwarzwald), Schmuckwaren-, Holz-, Bekleidungs-, chem. Ind. u. a. **c)** 9 Universitäten, 2 Kunstakademien, Hochschulen. **d)** *Verw.:* Rgbz. Stuttgart, Karlsruhe, Freiburg, Tübingen. **e)** *Regierung:* Ministerpräs., Minister, Landtag.
Bad Essen (D-49152), Gem. a. Wiehengebirge, Nds., 13 345 E; AG; Solebad.
Bad Frankenhausen (D-06567), St. u. Solbad in Thür. a. S-Hang d. Kyffhäuser, 9372 E; div. Ind.; 1525 Niederlage Th. Münzers i. Bauernkrieg.
Bad Friedrichshall (D-74177), St. in Ba.-Wü., a. Neckar, 13 125 E; Solefreibad.
Bad Gandersheim (D-37581), St. in Nds., 11 300 E; Mineral-Sole-Heilbad; frühroman. Stiftskirche; AG. – 852–1802 reichsfreies Kanonissenstift (→ Hrotsvitha); Domfestspiele.
Badgastein → Gastein.
Badge [engl. bædʒ], Abzeichen (i. d. Heraldik; bei Tagungsteilnehmern).
Bad Gleichenberg (A-8344), bed. österr. Bade- u. Kurort d. Steiermark, 2161 E; Alkali-Säuerlinge, Mineralwasser.
Bad Godesberg, s. 1969 Stadtteil v. → Bonn.
Bad Goisern (A-4822), österr. Luftkurort u. Iodschwefelbad i. Salzkammergut, 6949 E.

Bad Griesbach i. Rottal (D-94086), Ortsteil der St. Griesbach i. R., Kr. Passau, Niederbay., 7974 E; Thermalbad u. Luftkurort; s. 1986 Bad.

Bad Grund (Harz), Bergstadt (D-37539), Moorheilbad im Oberharz, Nds., 3130 E; Silber- u. Bleierzbergbau.

Bad Hall (A-4540), Marktgemeinde in Oberöstr., 4250 E; stärkste Iod-Sole-Quellen Mitteleuropas.

Bad Harzburg (D-38667), St. u. Heilbad im Nordharz, Nds., 246–600 müM, 23 975 E; Thermalsolebad; Wintersport; Spielkasino.

Bad Herrenalb (D-76332), St. i. Kr. Calw, Heilbad u. heilklimat. Kurort i. Schwarzwald, Ba-Wü., 400–700 müM, 7196 E; ev. Akad.; Wintersport.

Bad Hersfeld (D-36251), Krst. an d. Fulda, Hess., 30 404 E; Glaubersalz- u. Bittersalzquellen; AG; Kunstfaser- u. Masch.ind.; Kalibergbau; Festspiele. – Um 769 als Benediktinerabtei gegr.; roman. Stiftskirche (seit 1761 Ruine, Festspielort).

Bad Hofgastein → Gastein.

Bad Homburg von der Höhe (D-61348–52), Heilbad u. Krst. am Taunus, Hess., 51 663 E; AG; Schloß; → Saalburg; 14 Heilquellen (u. a. Magen, Darm, Galle, Leber, Stoffwechsel); Spielkasino.

Bad Honnef (D-53604), St. am Rhein im Rgbz. Köln, NRW, 22 867 E; Heilbad f. Magen, Darm, Kreislauf, Herz u. Stoffwechsel; Sitz zahlr. Institutionen.

Badische Anilin- & Sodafabrik, *BASF*, 1865 in Ludwigshafen gegr., großtechn. Synthese v. Düngemitteln, Chemikalien, Tonbänder.

Bad Ischl (A-4820), Heilbad u. Kurort in Oberöstr., Salzkammergut, 13 887 E; Sole- u. Schwefelquellen.

Bad Kissingen (D-97688), Krst. an d. Fränk. Saale, Bay., 21 425 E; Mineral- u. Moorheilbad; AG.

Bad Kleinen (D-23996), Ort in Mckb. s. von Wismar, 3500 E; 1993 bekannt durch e. Schußwechsel d. Polizei m. zwei mutmaßl. RAF-Terroristen, v. denen Wolfgang Grams getötet wurde.

Bad Königshofen i. Grabfeld (D-97631), St. an der Fränk. Saale, Bay., 6540 E.

Bad Kösen (D-06628), St. b. Naumburg a. d. Saale, S-A., 5110 E; Sol- u. Kochsalzquellen.

Bad Köstritz (D-07586), Solbad a. d. Weißen Elster in Thür., 3348 E; Gartenbau; Brauerei.

Bad Kreuznach (D-55543–45), an d. Nahe, Krst. i. Rgbz. Koblenz, 41 458 E; Radon-Solbad; LG, AG; Lehr- u. Forschungsanstalt f. Wein-, Gartenbau, opt., Leder-, Masch.ind.

Bad Kudowa, *K. Zdrój*, poln. Stahl- u. Moorbad i. Glatzer Bergland, 400 müM, 11 000 E.

Bad Landeck, *Ladek Zdrój*, poln. St. südl. Glatz, Schlesien, 7000 E; Radium; Schwefel- u. Moorbad.

Badlands [engl. 'bædlændz], kahle Erosionsgebiete (bes. im W der USA).

Bad Langensalza (D-99947), Krst. an d. Salza in Thür., 16 103 E; Schwefelheilbad; Textil- u. Möbelind.

Bad Lauchstädt (D-06246), St. südw. v. Halle, S-A., 3981 E; Modebad d. 18. Jh.; Goethe-Theater; Eisenquelle.

Bad Lauterberg i. Harz (D-37431),

St. im Rgbz. Braunschweig, Nds., 300–450 müM, 13 221 E; Kneipp-Heilbad u. Schrothkurort.

Bad Liebenstein (D-36448), St. u. Heilbad im SW-Hang des Thüringer Waldes, 3795 E; Eisen-, Arsen-, Mangan-, Kochsalzquellen; *Ruine L.* (13. Jh.).

Bad Liebenwerda (D-04924), Krst. an d. Schwarzen Elster, Bbg., 5843 E; Eisenmoorbad; Industrie.

Bad Lippspringe (D-33175), St. an d. Lippequelle am Teutoburger Wald, NRW, 13 216 E; Heilbad u. heilklimat. Kurort (Allergie, Atemwege, Magen, Darm, Asthma- u. Allergie-Forschungs-Inst., Balneolog. Inst. – 766 Sachsentaufe, 780/81 Reichstage m. Karl d. Gr.

Bad Meinberg → Horn-Bad Meinberg.

Bad Mergentheim (D-97980), Gr. Krst. an d. Tauber, 210 müM, Ba-Wü., 21 677 E; AG; 4 Heilquellen (Magen, Darm, Galle, Leber, chron. Verstopfung, Diabetes, Übergewicht); Deutschordensschloß. – 1527–1809 Sitz d. Hochmeisters d. Dt. Ordens.

Badminton, *s.* ['bædmɪntən], dem Tennis ähnliches Spiel; Korkball mit Flugfedern wird m. leichtem Schläger über ein Netz ins gegner. Spielfeld geschlagen.

Bad Münder am Deister (D-31848), St. im Kr. Hameln-Pyrmont, Nds., 19 293 E; Schwefel-, Sole-, Bitterwasser-, Eisenquelle; Möbel- u. Glasind.

Bad Münster am Stein-Ebernburg (D-55583), St., Thermal-Sol-Radonbad an d. Nahe, RP, 117 müM, 3642 E; Mineral-Thermal-Freibad; Weinbau.

Bad Münstereifel (D-53902), St., Kneippheilbad in NRW, 16 557 E; ma. St.bild m. Stiftskirche (10. Jh.); eisenverarbeitende Ind.; im Stadtteil *Effelsberg* größtes schwenkbares Radioteleskop (100 m Parabolspiegel) d. Welt.

Bad Muskau (D-02953), St. a. d. Lausitzer Neiße, Sa., 4171 E; Eisen- u. Moorbad (stärkste vitriolhaltige Heilquelle v. Eur.); Schloß (Renaissance-Bau) m. Park d. Fürsten Pückler-M.

Bad Nauheim (D-61231), St., Heilbad für Herz u. Kreislauf, am O-Rand d. Taunus, Hess., 28 730 E; kohlensäurereiche Solquellen; Kerckhoff-Inst. f. Herzforschung, Balneolog. Inst. d. Uni. Gießen.

Bad Nenndorf (D-31542), am Deister, Rgbz. Hannover, Nds., 9503 E; Schwefel-, Schlamm-, Solebad.

Bad Neuenahr-Ahrweiler (D-53474), Krst. in RP, 25 343 E; Heilbad (Rotwein); Spielbank.

Bad Neustadt a. d. Saale (D-97616), Krst. in Unterfranken, Bay., 15 073 E; AG; Sol- u. Moorbad (Verdauungsorgane, Stoffwechsel, Herz, Rheuma).

Bad Oeynhausen (D-32545–49), St. i. Rgbz. Detmold, NRW, 47 385 E; Heilbad (kohlensäurereiche Thermal- u. Solquellen, Kalziumquelle); Herzzentrum NRW; Spielkasino.

Badoglio [-'dɔʎʎo], Pietro (28. 9. 1871–1. 11. 1956), s. 1925 Marschall v. Italien, 1940 Entlassung durch Mussolini. Am 25. 7. 43 it. Reg.chef, 13. 10. 43 Kriegserklärung an Dtld. am 9. 6. 44 Rücktritt.

Bad Oldesloe [lo:] (D-23843), Krst. d. Kreises Stormarn, Schl-Ho., an d. Trave,

21 385 E; Sol-, Moor-, Schwefelbad; AG.

Bad Orb (D-63619), St. u. Badeort am NW-Hang des Spessart, Hess., 181–540 müM, 9442 E; Kohlensäurequellen, Saline, Moorbäder.

Bad Polzin, *Połczyn Zdrój*, poln. St. in O-Pommern, 8000 E; Moor- u. Stahlbad.

Bad Pyrmont (D-31812), St., Staatsbad in Nds., Rgbz. Hannover, 22 432 E; AG; 8 Mineralquellen (Eisen- u. Kochsalzsäuerlinge), Moorbäder. – Modebad d. 18. Jh. → Pyrmont.

Bad Ragaz (CH-7310), schweiz. Badeort i. Kanton St. Gallen, 521 müM, 4400 E; ertragreichste Akratotherme Europas (7500 l/min), Thermalbäder. Ausgangspunkt d. Pizolbahn.

Bad Rappenau (D-74906), St. in Ba-Wü., 16 536 E; Solbad, Saline, Wasserschloß.

Bad Reichenhall (D-83435), Gr. Krst. u. Staatsbad in Oberbay., an der Saalach, 476 müM, 16 891 E; 16 Solequellen (bis 24,5% Salzgehalt); Predigtstuhlbergbahn.

Bad Mergentheim, *Marktplatz*

Bad Reinerz, *Duszniki Zdrój*, poln. St. u. Kurort sw v. Glatz, Schlesien, 508 müM, 15 000 E; Chopin-Festspiele.

Bad Rippoldsau-Schapbach (D-77776), höchstgelegenes Mineral- u. Moorbad im Schwarzwald, Ba-Wü., Ldkr. Freudenstadt, 400–900 müM, 2473 E.

Bad Rothenfelde (D-49214), Solbad i. Teutoburger Wald, Nds., 6345 E.

Bad Sachsa (D-37441), St. u. heilklimat. Kurort am S-Rand des Harzes, Nds., 360–600 müM, 8778 E; Wintersport.

Bad Säckingen (D-79713), St. u. Heilbad am Hochrhein, Ba-Wü., 291–500 müM, 15 598 E; Stiftskirche, Schloß Schönau (Scheffels *Trompeter von S.*), längste überdachte Holzbrücke Europas.

Bad Salzbrunn, *Szczawno Zdrój*, poln. Kurort nördl. Waldenburg, in Niederschlesien, 7900 E; Mineralquellen; Geburtsort v. G. Hauptmann.

Bad Salzdetfurth (D-31162), St., Sol- u. Moorbad b. Hildesheim, Nds., 156 müM, 14 034 E; elektrotechn. Ind., Kaliwerke.

Bad Salzschlirf (D-36364), Gem. zw. Rhön u. Vogelsberg, Hess., 250–500 müM, 3130 E; Moor- u. Solbad (gg. Rheuma, Herz/Kreislauf, Frauenleiden u. Schuppenflechte).

Bad Salzuflen (D-32105–8), St. u. Staatsbad im Rgbz. Detmold, 53 998 E; Thermalsolbad (Herz, Luftwege, Rheuma, Nerven).

Bad Salzungen (D-36433), St. an der Werra, Thür., 20 791 E; Solbad; Kaliwerk.

Bad Schandau (D-01814), Luft- u. Kneippkurort i. d. Sächs. Schweiz, an der Elbe, 125 müM, 3272 E; Touristenzentrum; Elbhafen; nahebei die Schrammsteine.

Bad Schussenried (D-88427), St. in Ba-Wü., a. d. *Schussen* (50 km l., in den Bodensee), 7823 E; Moorbad; Kloster m. berühmtem Bibliothekssaal. Rokokokirche v. D. Zimmermann in B. Sch.-Steinhausen. – Fund eines eiszeitl. Rentierjägerlagers (Schussenquelle 1866, → Magdalénien). Jungsteinzeitliche Dörfer im nahen → Federseemoor.

Bad Schwalbach (D-65307), Krst. d.

Bad Säckingen, *Münster St. Fridolin*

Rheingau-Taunus-Kr., Hess., 10 512 E; AG; Staatsbad (Herz, Frauenleiden, Rheuma).
Bad Schwartau (D-23611), Iodsol- u. Moorheilbad nahe Lübeck, Schl.-Ho., 20 100 E.
Bad Segeberg (D-23795), Krst. in Schl.-Ho., am *Segeberger Kalkberg* (91 m) u. *S.er See* (1,8 km²), 14 916 E; AG; Sol- u. Moorbad; Freilichtbühne (seit 1952 Karl-May-Spiele).
Bad Soden am Taunus (D-65812), St. im Rgbz. Darmstadt, Hess., 135–340 müM, 19 247 E; Heilbad f. Katarrhe.
Bad Soden-Salmünster (D-63628), St. im Rgbz. Darmstadt, Hess., 157–450 müM, 12 202 E; Herz- u. Rheumaheilbad (Thermal-, Sole-, Stahl- u. Sprudelbäder).
Bad Sooden-Allendorf (D-37242), St. im Rgbz. Kassel, Hess., 9554 E; Sole-Hallen-Bewegungszentrum m. Wellenbad (Rheuma, Asthma, Katarrhe).
Bad Steben (D-95138), Markt, bayr. Staatsbad Frankenwald, 562 müM, 3788 E; Stahl-, Moor- u. Radiumbäder.
Bad Tölz (D-83646), St. an der Isar, Oberbayern, heilklimat. Kurort, 670 müM, 15 039 E; Iod- u. Moorbad.
Bad Urach (D-72574), St. in d. Schwäb. Alb, Ba-Wü., Luftkurort u. Heilbad, 463 müM, 12 546 E; AG; Fachwerkstadtkern, Residenzschloß; nahebei Ruine *Hohenurach;* Kurzentrum m. Thermal-Mineralbad.
Bad Vilbel (D-61118), St. i. Wetterauk., Hess., 25 800 E; Heilbad (Herz, Kreislauf, Rheuma), AG.
Bad Waldsee (D-88339), St. b. Ravensburg, Ba-Wü., 600 müM, 16 960 E; AG; Moorheilbad u. Kneippkurort.
Bad Warmbrunn, *Cieplice Śląskie Zdrój,* Stadtteil v. Hirschberg i. Rsgb. (Jelenia Góra), poln. Schwefelbad i. Niederschlesien, am Fuß d. Riesengebirges, 346 müM, 15 600 E.
Bad Wiessee (D-83707), Iod- u. Schwefelheilbad, am Tegernsee, Bay., 735 müM, 4627 E; Winter- u. Sommersport; Spielkasino.
Bad Wildungen (D-34537), St. im Rgbz. Kassel, Hess., 280 müM, 17 235 E; AG; Heilbad (gg. Nieren- u. Blasenleiden, Herz- u. Kreislaufstörungen, Stoffwechselerkrankungen); Spielcasino.
Bad Wimpfen (D-74206), St. in Ba-Wü., am Neckar, 6375 E; Solbad; Fachwerkbauten, ehem. Hohenstaufenpfalz (13. Jh.); Benediktinerabtei.
Bad Wörishofen (D-86825), St. im bayr. Rgbz. Schwaben, 13 115 E; Kneippkurort, → *Kneipp.*
Bad Zwischenahn (D-26160), Gem. im Rgbz. Weser-Ems, Nds., Moorheilbad am *Z.er Meer,* 24 200 E; Fleischwaren-, Textilind.; Kurbetrieb, Fremdenverkehr.
Baedeker, Karl, Verlag, Ostfildern; gegr. 1827 in Koblenz; Reiseführer.
Baer, Karl E. v. (29. 2. 1792–28. 11. 1876), entdeckte d. Säugetierei; Begründer d. modernen Embryologie.
Baesweiler [ˈbaːs-], (D-52499), St. b. Aachen, NRW, 25 100 E; div. Ind.
Baeyer, Adolf v. (31. 10. 1835–20. 8. 1917), dt. Chem.; stellte synthet. Indigo her, entdeckte viele andere Farbstoffe (Eosin); Nobelpr. 1905.
Baffin [ˈbæfɪn], William (1584–1622), engl. Entdecker des arktischen Amerika; nach ihm **B.bai,** Teil des nördl. Eismeeres, westl. von Grönland, mit der zu Kanada gehörigen Insel **B.land,** 688 808 km², etwa 4000 Eskimos.
BAföG, **B**undes**a**usbildungs**fö**rderungs**g**esetz, staatliche finanzielle Schüler- u. Studentenförderung.
Bagatelle, w. [l.], geringfügige Sache.
Bagdad, *Baghdad,* Hptst. v. Irak, am Tigris, 3,84 Mill. E (m. Vororten); Verw.-, Wirtsch.- u. Kulturzentrum; 3 Uni.; intern. Flughafen; im MA Kalifenhptst. (Harun ar Raschid).
Bagdadbahn, unter Führung der Dt. Bank (Konzession 1899) gebaut, 2500 km, fertiggestellt 1940; Verbindung zw. Istanbul u. Pers. Golf.
Bagdadpakt, 1955 geschlossener Verteidigungspakt zw. Türkei, Irak (b. 1959), Großbrit., Pakistan, Iran, s. 1957 USA; → CENTO.
Bagger, *B.-Maschine,* hebt m. Schaufeln od. Eimern an laufender Kette Erdreich aus, z. B. *Löffelbagger* zum Abbau von Braunkohle usw., *Naßbagger* zum Vertiefen d. Fahrrinne (bei seichten Küsten, Häfen u. Flüssen); *Schaufelradbagger* (Abb. → Bergbau, Übers.).
Bagni [it. ˈbaɲɲi] (Mz. von *Bagno,* „Bad"), Bäder in Italien.
Bagni di Lucca, it. Badeort, 7400 E; Schwefeltherme.
Baguette [baˈgɛt], frz. Stangenweißbrot, gebacken nach Spezialrezept.
Bahaismus, *Baha'i-Rel.,* nach Bahá ulláh (Glanz Gottes), dem Beinamen des Begründers *Mirza Hussam Ali Nura* (1817–92), pantheistische Bewegung, erstrebt rel.-soz. Weltbürgertum, ca. 5,5 Mill. Anhänger.
Bahamas, Inselgruppe im Atlantik nördl. der Großen Antillen, ca. 700 flache Koralleninseln, davon 22 bewohnt (die größte Andros); wichtigster Wirtschaftszweig Fremdenverkehr; Außenhandel (1991): Einfuhr 2,52 Mrd., Ausfuhr 0,87 Mrd. $; 1492 durch Kolumbus entdeckt; ab 1648 brit. Siedlung; 1964 innere Autonomie; 1973 Unabhängigkeit im Rahmen des Commonwealth.
Bahasa Indonesia, s. 1947 Staatssprache Indonesiens, Basis Malaiisch.
Bahia [baˈia], Staat Brasiliens, 566 979 km², 11,8 Mill. E; Zuckerrohr, Kaffee, Kakao, Tabak; Erdöl; Hptst. *Salvador* (fr. Bahia) (2,1 Mill. E, Agglom. 2,5 Mill. E); bed. Ausfuhrhafen am Atlant. Ozean.
Bahía Blanca [baˈia ˈblaŋka], Hafenst. in d. argentin. Prov. Buenos Aires, 264 000 E; Uni.; Raffinerie; Ausfuhr landwirtsch. Produkte.
Bahiaholz, brasilian. Rotholz.
Bahnelemente, bei e. Himmelskörper 6 Daten, die Größe, Gestalt u. Lage seiner Bahn im Raum völlig bestimmen.
Bahnhofsmission, Organisation z. Betreuung hilfsbedürftiger Reisender; kath. B. 1895, ev. B. 1898.
Bahnpolizei, Bahnbeamte, die polizeil. Befugnisse zur Aufrechterhaltung von Ordnung und Sicherheit d. Bahnverkehrs haben *(Bahnschutz).* Wenn kriminelle Handlungen zu verfolgen sind, ist der → Bundesgrenzschutz zuständig.
Bahr,
1) Egon (* 18. 3. 1922), SPD-Pol.; 1969 Staatssekr. im B.kanzleramt (Ostpol.); 1972–74 B.min. f. bes. Aufgaben, 1974– 76 B.min. f. wirtsch. Zus.arbeit, 1976– 81 SPD-B.geschäftsführer.
2) Hermann (19. 7. 1863–15. 1. 1934), östr. Schriftst.; Lustspiele: *D. Konzert;* Roman: *D. Rotte Korahs.*
Bahr [arab. baxr], Meer, Fluß.
Bähr, Georg (15. 3. 1666–16. 3. 1738), sächs. Barockbaumeister; *Frauenkirche* in Dresden.

BAHAMAS	
Staatsname:	Commonwealth of the Bahamas
Staatsform:	Konstitutionelle Monarchie im Commonwealth
Mitgliedschaft:	UNO, Commonwealth, OAS, CARICOM, AKP
Staatsoberhaupt:	Königin Elizabeth II., vertreten durch Generalgouverneur C. Darling
Regierungschef:	Hubert A. Ingraham
Hauptstadt:	Nassau 172 000 Einwohner
Fläche:	13 878 km²
Einwohner:	272 000
Bevölkerungsdichte:	20 je km²
Bevölkerungswachstum pro Jahr:	⌀ 1,6% (1990–1995)
Amtssprache:	Englisch
Religion:	Christen (94%)
Währung:	Bahama-Dollar (B$)
Bruttosozialprodukt (1994):	3207 Mill. US-$ insges., 11 790 US-$ je Einw.
Nationalitätskennzeichen:	BS
Zeitzone:	MEZ − 6 Std.
Karte:	→ Antillen

Bahamas

BAHRAIN	
Staatsname:	Staat Bahrain, Daulat al-Bahrain
Staatsform:	Emirat, Absolute Monarchie
Mitgliedschaft:	UNO, Arab. Liga, OPEC
Staatsoberhaupt:	Scheich Isa bin Sulman Al-Khalifa
Regierungschef:	Scheich Khalifa bin Sulman Al-Khalifa
Hauptstadt:	Manama 151 000 Einwohner
Fläche:	678 km²
Einwohner:	549 000
Bevölkerungsdichte:	810 je km²
Bevölkerungswachstum pro Jahr:	⌀ 2,8% (1990–1995)
Amtssprache:	Arabisch; Englisch (Handelssprache)
Religion:	Muslime (85%), Christen (7%)
Währung:	Bahrain Dinar (BD)
Bruttosozialprodukt (1994):	4114 Mill. US-$ insges., 7500 US-$ je Einw.
Nationalitätskennzeichen:	BRN
Zeitzone:	MEZ + 2
Karte:	→ Asien

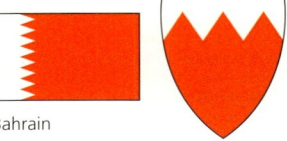
Bahrain

Bahrain [bax-], Gruppe von 33 Inseln im Pers. Golf, Emirat; s. 1971 unabhän-

gig (davor unter brit. Schutz), s. 1975 absolute Monarchie; Wirtsch.: Erdölförd. (1992): 1,98 Mill. t; Erdgas; Aluminiumprodukte; Außenhandel (1991): Einfuhr 3,99 Mrd. $, Ausfuhr 3,54 Mrd. $.
Bahr el Abiad, Weißer → Nil.
Bahr el Akaba, Meerbusen i. nordöstl. Roten Meer.
Bahr el Asrak, Blauer → Nil.

Baikonur, *Start der Sojus-Trägerrakete*

Bahr el Ghasal, Gazellenfluß, linker Nbfl. des Nils im Sudan.
Bahrija, ägypt. Oase i. d. libyschen Wüste, sw. des → Fayum, diente i. d. Antike als Verbannungsort.
Baht, thailänd. Währungseinheit.
Bai [ndl.], Meerbusen, Bucht.
Baia Mare, rumän. St. in N-Siebenbürgen, 152 000 E; Gold-, Silber-, Kupferbergbau.
Baiersbronn (D-72270), Luftkurort i. Schwarzwald, Ba-Wü., 16 313 E; Fremdenverkehr.
Baikal-See, sibir. Binnensee, 31 500 km², mit 1637 m tiefster See d. Erde, i. e. Grabenbruch liegend; 455 müM; 4 Monate zugefroren; Fischfang; NW-Umrandung: **B.gebirge.**
Baikonur, Raumfahrtzentrum in Kasachstan.
Baile Átha Cliath → Dublin.
Bainville [bɛ̃'vil], Jacques (9. 2. 1879 bis 9. 2. 1936), frz. royalist. Historiker; *Gesch. zweier Völker.*
Bairam, zwei islam. Feste: *kleiner B.,* Ende der Fastenzeit → Ramadan; *großer B.,* Opferfest.
Baiser, *s.* [bɛ'ze: „Kuß"], süßes Schaumgebäck aus Eiweißschnee.
Baisse, *w.* [frz. 'bɛs „Sinken"], Bezeichnung f. d. Abschwungphase d. → Konjunktur am Effektenmarkt; Ggs.: → Hausse.
Bajä, antiker Badeort bei Neapel; Ausgrabungen.
Bajadere, ind. Tempeltänzerin.
Bajazet I., *Bajezit, Bajasid* (1360 bis 1403), türkischer Sultan, 4. Emir d. Osmanen, eroberte Bulgarien, Mazedonien, Thessalien; von Timur 1402 geschlagen.
Bajazzo [it.], Possenreißer; Oper v. Leoncavallo.
Bajer, Fredrik (21. 4. 1837–22. 1.1922), dän. Pol.; Gründer d. intern. Friedensbüros in Bern; Nobelpr. 1918.
Bajonett [v. „Bayonne" (St. in S-Frkr.)], auf Gewehre aufpflanzbare Stichwaffe.
Bajonettverschluß, rasch lösbare Verbindung zweier Geräteteile: Zapfen des einen wird bis zum Widerstand in eine Nut des anderen eingedreht oder eingeschoben; z. B. bei Teleobjektiven.
Bajuwaren, Völkergruppe d. Markomannen, urspr. in Böhmen, seit d. 6. Jh. im heutigen Bayern.
Bake, *w.,*
1) Meßpfahl bei Vermessungen.
2) *seem.* festes Seezeichen (rundstrahlendes Funkfeuer) am Ufer od. im Flachwasser zur Kennzeichnung von Schiffahrtswegen, auch Rettungsbaken.
Bakelit, *s.,* nach d. Erfinder L. H. *Baekeland* (1915) benanntes Kunstharz; → Duroplaste.
Baker ['beɪkə], James A. (* 28. 4. 1930), am. Pol. (Republikaner); 1981–85 Stabschef d. Weißen Hauses, 1985–88 Finanzmin., 1989–92 Außenmin.
Baker-Eddy ['beɪkə-], Mary, → Christian Science.
Baker-Nunn-Kamera [engl. -'nʌn-], um drei Achsen bewegl. Kamera mit Spezialoptik u. Zeitangabe d. Aufnahmen (z. Beobachten v. Raumflugkörpern).
Baker-Zyste, Anschwellung im Kniegelenk bei chron. Entzündungen.
Bakkalaureus [l. -'laureʊs], engl. *bachelor* ['bætʃələ], frz. *bachelier* [baʃə'lje], im MA niederster akad. Grad; heute noch in England, Frkr., USA.
Baklava, türk. Blätterteiggebäck, sehr süß u. ölig.
Bakonywald ['bɔkonj-], ungar. Mittelgebirge nördl. vom Plattensee; Eichenwälder, Weinbau.
Bakschisch, *m.* [pers.], „Gabe", Trinkgeld, Bestechungsgeld.
Bakteriämie, svw. → Sepsis.
Bakterien [gr.], Spaltpilze, einzellige, mikroskop. kleine Lebewesen, überall in Luft, Erde, Wasser; einige rufen übertragbare Infektionskrankh. hervor; nach Form unterschieden: **a)** Kugel-B. = *Kokken,* **b)** Stäbchen-B. = *Bazillen,* **c)** Spiral-B. = *Spirillen, Vibrionen* u. *Spirochäten;* ferner die *Faden-B.;* Vermehrung durch Teilung, Dauerform Endosporen; viele auch nützl. z. Abbau toter organ. Stoffe u. Aufbau assimilierbarer Verbindungen;

James Baker

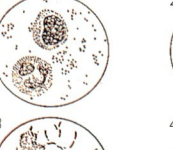
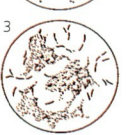

Bakterien unter dem Mikroskop.
1 Staphylokokken;
2 Streptokokken (in Bild 1 und 2 zugleich „Eiterkörperchen" = weiße Blutkörperchen);
3 Tuberkulosebakterien (im Auswurf);
4 Diphtheriebakterien

in Mensch (*Darm-, Scheiden-B.*), Tier, Pflanze u. Boden Harmonie der Bakterienflora z. Gesundheit erforderlich.
Bakterienträger, gesunde Menschen, die krankheitserregende Bakterien im Körper (Darm, Rachen) beherbergen und ausscheiden (*Bakteriendauerausscheider*).
Bakterienwelke, durch Bakterien hervorgerufene Tomatenkrankheit, in deren Verlauf d. Blätter, von unten her beginnend, welken u. später absterben.
Bakteriologie, Wiss. von den Bakterien.
bakteriologische Waffen → toxische Waffen.
Bakteriophagen [gr.], → Viren, d. Bakterien zerstören.
bakteriostatisch [gr.], Wachstum u. Vermehrung von Bakterien hemmend (z. B. → Antibiotika).
Bakteriurie, Auftreten von Bakterien im Urin, bei Überschreiten e. Grenzwertes *signifikante B.,* dann behandlungsbedürftig.
bakterizid, bakterientötend.
Baktrien, altpers. Landschaft am oberen Oxus; 545 v. Chr. pers. Prov., um 642 n. Chr. arab., seit 7. Jh. türk., 1223 mongol., s. 1841 afghanisch.
Baku, Hptst. der Republik → *Aserbaidschan* a. d. Apscheron-Halbinsel, 1,15 (Agglom. 1,8) Mill. E; Ind.zentrum u. Mittelpkt. d. Erdölförderung; Erdölleitung bis Batumi a. Schwarzen Meer; Raffinerien; größter Hafen d. Kasp. Meer; Uni.; intern. Flughafen.
Bakunin, Michael Alexandrowitsch (30. 5. 1814–1. 7. 76), russ. Revolutionär u. → Anarchist, Mitbegr. d. I. Internationale, 1872 ausgeschlossen.
BAL, Abk. f. *British Anti-Lewisit, Dimerkaprol,* urspr. Gegenmittel für d. Kampfstoff Lewisit im 1. Weltkrieg; heute → Antidot bei Arsen-, Quecksilber- u. anderen Schwermetallvergiftungen.
Balaguer y Ricardo [bala'gɛr-], Joaquin Videla (* 1. 9. 1907), 1961/62, 1966–78 und s. 1986 Staatspräs. d. Dominik. Rep.
Balakirew, Milij Alexejewitsch (2. 1. 1837–29. 5. 1910), russ. Komp.; Sinfonien, Konzerte, Klavierfantasie.
Balalaika, russ. Laute mit dreieckigem Schallkasten.
Balance, *w.* [frz. -'lã:s], Gleichgewicht.
Balanchine [bælənt'ʃiːn], George (9. 1. 1904–30. 4. 83), am. Choreograph, Tänzer u. Tanzpädagoge russ. Herkunft.
Balancier [-lã'sje:], Ausgleichshebel (z. B. bei Lokomotiven).
balancieren, im Gleichgewicht halten.
Balanitis, Entzündung der Eichel.
Balata, *w.,* Guttapercha-Ersatz aus Milchsaft tropischer Gewächse.
Balaton, svw. → Plattensee.
Balbianiring → Puffs.
Balboa, Vasco (1475–1517), span. Eroberer; entdeckte d. Pazifik a. d. S-Küste Panamas, nannte ihn „Südsee".
Balboa,
1) → Währungen, Übers.
2) Hafenst. am Panamakanal, ben. nach V. → Balboa; Hptort d. → Panamakanalzone.
Balch [bɔːltʃ], Emily Greene (8. 1. 1867 bis 9. 1. 1961), am. Sozialwiss.in; Friedensnobelpr. 1946.
Balchaschsee, flacher Steppensee in

Kasachstan, 18 428 km² (Flächengröße stark schwankend), ca. 605 km l., ohne Abfluß.
Balck, Hermann (7. 12. 1893–29. 11. 1982), dt. Gen.; 1. 11. 1943 Gen. d. Panzertruppe. 1942–43 Kommandeur d. 11. Panzerdivision, zuletzt Oberbefehlsh. d. 6. Armee.
Baldachin, *m.* [it.], Traghimmel, Schirmdach (Altar, Thron, Bett).
Baldeneysee, Ruhr-Stausee s. von Essen, 1926–33 gebaut, 2,4 km²; Naherholungsziel.
Balder, *Baldur, Baldr,* german. Lichtgott; von → Hödr getötet.
Baldower [hebr.], in der *Gaunersprache:* Auskundschafter von Diebstahls-, Einbruchsmöglichkeiten; (aus)**baldowern,** auskundschaften.
Baldrian, *Katzenkraut, Valeriana,* rosa blühende Staude auf feuchten Wiesen; Wurzelstock f. Tee u. Öl (beruhigend f. Herz u. Nerven).
Balduin,
1) B. I. (1058–1118), Kreuzfahrer, s. 1100 Kg v. Jerusalem.
2) B. I. (1171–1205), Gf von Flandern, begr. 1204 Lat. Kaisertum in Byzanz.
Baldung, Hans, gen. *Grien* (1484 od. 85–1545), Maler, Kupferstecher u. Entwerfer f. Holzschnitte an d. Wende zur Renaissance; besonders in Straßburg; *Hochaltar* (Münster in Freiburg); *Adam u. Eva.*
Baldur → Balder.
Baldwin [ˈbɔːldwɪn],
1) James (2. 8. 1924 bis 30. 11. 87), am. Schriftst.; Romane u. Essays zum Negerproblem in d. USA; *Schwarz und Weiß; Eine andere Welt; Giovannis Zimmer.*
2) Stanley (3. 8. 1867–14. 12. 1947), engl. konserv. Pol., Premier 1923/24, 1928/29 u. 1935–37.
Balearen, span. Provinz und Inselgruppe im Mittelmeer v. d. O-Küste Spaniens, 5014 km², 709 000 E; Hptinsel *Mallorca,* Insel *Menorca* m. Flottenstützpunkt Mahon, d. *Pityusen* m. Hptinseln *Ibiza* u. *Formentera;* Ausfuhr: Wein, Oliven, Südfrüchte; Fremdenverkehr; Teil-Autonomie.
Balfour [ˈbælfuə], Arthur (25. 7. 1848 bis 19. 3. 1930), 1902–05 engl. Prem.min.
Balfour-Deklaration, versprach 1917 Einrichtung „einer nat. Heimstätte für das jüd. Volk in Palästina".
Balg, *m.,* Fell vom Haarraubwild (außer Bär u. Dachs), Hasen, Kaninchen u. Murmeltier sowie d. samt Federn abgezogene Haut d. Vögel.
Balggeschwulst → Atherom.
Bali, westlichste der Kl. Sunda-In. (Indonesien), 5501 km², 2,1 Mill. E; Hptst. *Denpasar,* Prov. *B.* mit *Penida* u. and. kl. Inseln (5561 km², 2,8 Mill. E); alte brahman. Kultur; letzter Rest d. altindones. Hinduismus.
Balingen (D-72336), Gr.Krst. des Zollernalbkr. in Ba-Wü., 33 100 E; AG; Waagenfabrikation, Metall-, Textil- u. Möbelind.
Balk, Hermann († 1239), erster Landmeister des Dt. Ordens, 1230 im Kulmer Land, gründete Thorn, Kulm, Marienwerder, Elbing.
Balkan, von W nach O streichendes Faltengebirge in Bulgarien, Fortsetzung der Karpaten, gipfelt i. *Botev* (2376 m), 600 km l., 20–60 km breit; zahlreiche Pässe (*Schipka-Paß* 1333 m); Klimascheide.
Balkanhalbinsel, v. d. unteren Donau u. Save begrenzt: Kroatien, Bosnien-Herzegowina, Montenegro, Serbien, Makedonien, Albanien, Bulgarien, Griechenland u. eur. Türkei. **a)** *Gebirge:* Velebit, Dinarische Alpen, Pindus, Rila (Musala mit 2925 m höchste Erhebung), Rhodope, Balkan; **b)** *Hptfl.:* Donau mit Save samt Drina, Drin, Morava, Vardar, Maritza; **c)** *Geschichte:* staatspol. Gestaltung auf d. Römerzeit zurückgehend: Vereinigung d. Illyrer u. Thraker in der Prov. *Illyricum.* Im MA Kämpfe zw. Byzanz, Venedig, Bulgaren u. Serben, bis 1389 die Türken eindrangen. Seit 1768 Vordringen Rußlands; 1821–29 Freiheitskampf der Griechen gg. die Türkei; im Frieden von S. Stefano 1878 Errichtung des russ. Vasallenstaates Bulgarien, das 1908 wie Montenegro selbständiges Kgr. wird; Österreich annektiert Bosnien u. Herzegowina. 1912 besiegen d. christl. *B.staaten (B.bund)* die Türkei im ersten **B.krieg;** der zweite (1913) geht um die Beute: Bulgarien vernichtend geschlagen. Nach d. 1. Weltkrieg entsteht Jugoslawien; weitgehende Grenzveränderungen auf dem B. Im 2. Weltkrieg, mit Ausnahme der Türkei, von Dtld besetzt; nach 1945 wurden Rumänien, Bulgarien, Albanien (Volksdemokratien) Satellitenstaaten der UdSSR, während das kommunist. Jugoslawien unter Tito seine pol. Unabhängigkeit behauptet; Albanien schloß sich 1961 bis 1978 Rotchina an. 1991/92 Zerfall d. Vielvölkerstaates Jugoslawiens in unabhängige Teilrepubliken. Serbien u. Montenegro gründen 1992 die BR Jugoslawien. Mit den Parlamentswahlen 1992 endet der kommunist. Herrschaft in Albanien.
Balkankonflikt, gewaltsame Auseinandersetzung im ehem. Vielvölkerstaat (6 Teilrepubliken) Jugoslawien. Im Juni 1991 erklärten Kroatien u. Slowenien ihre Unabhängigkeit; d. zu Serbien gehörende Teilrepublik Kosovo (mit über 80% Albaner) setzte die 1989 begonnenen Unabhängigkeitsbestrebungen fort. Am 27. 4. 1992 gründeten d. Rep. Serbien u. Montenegro die Bundesrepublik Jugoslawien (SRJ); angestrebt wurde e. Großserbien m. eroberten serb. u. kroat. Gebieten. Seit April 1992 Kämpfe in d. ehem. Teilrep. Bosnien-Herzegowina zw. Serben u. Moslems, s. April 1993 auch zw. d. bisher verbündeten Kroaten u. Moslems in Zentralbosnien; aggressiver Eroberungsfeldzug d. bosn. Serben (Führer: Radovan Karadzic), Vertreibung u. Tötung d. moslem. Bev.mehrheiten u. a. Nationalitäten (ethnische Säuberungen v. a. bisher gemischter Gebiete); dabei v. allen Kriegsparteien Greueltaten, Menschenrechtsverletzungen u. Zerstörung v. Kulturgütern; gelten d. Serben als Haupttäter. Die Dreiteilung Bosnien-Herzegowinas wurde von d. Moslems abgelehnt. UNO-Aktionen, z. B. Erklärung der überwiegend von Moslems bewohnten Städte (Sarajevo, Gorazde, Tuzla, Bihac u. Srebrenica) zu Schutzgebieten, der Verhängung eines Wirtsch.embargos (Juli 92) und eines Flugverbotes (Okt. 92) und dessen Überwachung durch NATO-Flugzeuge (→ AWACS) und -Schiffe blieben wirkungslos. Humanitäre Einsätze, wie Hilfskonvois der UNO, → Hilfsgüterabwürfe (a. mit dt. Beteiligung), wurden oft behindert; d. Schutz u. d. Überwachung durch UNO-Friedenstruppen (9000 Soldaten) war nicht ausreichend. Am 28. 2. 94 kam es zum ersten Kampfeinsatz i. d. Geschichte d. NATO-Bündnisses; vier Kampfflugzeuge der Serben wurden abgeschossen. Nov. 1995 Friedensabkommen von Dayton/Ohio zw. Bosnien, Kroatien und Serbien. Mit dem unabhäng. Mazedonien (Hauptstadt Skopje) haben d. BR Deutschland, Großbrit. u. Dänemark im Nov. 1993 diplomat. Beziehungen aufgenommen.
Balkanpakt, 1953 Freundschafts- u. s. 1954 mil. Pakt zw. Griechenland, ehem. Jugoslawien u. Türkei (für 20 Jahre); heute bedeutungslos.
Balkon, offener, stützenloser Vorbau an Gebäuden. Dagegen → Altan.
Ball, Hugo (22. 2. 1886–14. 9. 1927), dt. Dichter; experimentierte als erster m. phonet. Lautgedichten, eröffnete 1916 in Zürich das *Cabaret Voltaire* (Ausgangspunkt des → Dadaismus).
Balla, Giacomo (18. 7. 1871–1. 3. 1958), it. Maler; Mitbegr. d. Futurismus m. Tendenz z. Abstraktion; Verbildlichung d. Bewegungsprinzips, Schilderung v. psych. Zuständen, später Zerlegung d. Bildgegenstands in Bewegungslinien; *Hund an der Leine; Merkurdurchgang vor der Sonne.*
Ballade [it. „ballata"],
1) *mus.* im 14. u. 15. Jh. in Frkr. weltl. Gesangstück mit instrumentaler Begleitung; im 19. Jh. B. mit Klavierbegleitung (Loewe); Orchesterballade (H. Wolf: *Feuerreiter*).
2) dramat. Gedicht erzählend. Inhalts.
Balladur [-ˈdyr], Edouard (* 2. 5. 1929), 1993–95 frz. Premierm.
Ballast [auch last], tote Last (Sand, Steine u. a.) bei Schiffen u. bei gasgefüllten Luftfahrzeugen.
Ballaststoffe,
1) weitgehend unverdauliche Nahrungsbestandteile (Cellulose u. a.), die d. Darmtätigkeit anregen.
2) beim → Recycling od. Kompost, wertmindernde Zusätze im Abfall.
Ballei [l.], Bezirk (Provinz) des Dt. u. Johanniterordens.
Ballempfang, Prinzip: Rundfunksender empfängt Programm eines anderen Senders und strahlt es, verstärkt, auf anderer Frequenz wieder ab; beim Fernsehen → Fernsehumsetzer.
Ballen,
1) Warenstück, in Sackleinwand, Bast usw. verpackt.
2) Zählmaß: *Papier* = 10 Neuries zu 100 Heften zu je 10 Bogen; *Leder* = 20 Rollen = 220 Juchten; *Tuch* = 10 oder 12 Stück.
3) Baumwollgewicht, USA: 216,8 kg (netto), 226,8 kg (brutto); Indien: 181,437 kg.
4) Teil d. Fußsohle unter d. Zehen.
Ballenstedt (D-06493), St. am Ostharz, S-A., 7854 E; Luftkurort u. Ind.st.; Schloß (1765–1863 Residenz d. Herzöge v. Anhalt-Bernburg).
Ballerina [it.], Tänzerin; *Prima-B.,* erste Tänzerin.
Ballett, *s.* [it.], Bühnentanz; Theatertanzgr., bes. in Opern; Erneuerung im *Russ. B.* (Begr. Diaghilew 1909). – *B.-Pantomime* → Pantomime.

Baldrian

Hugo Ball beim Vorlesen seiner Verse

Klassisches Ballett

Ballhaus 83 Ballon

BALKANHALBINSEL

Ballhaus, Halle für Ballspiele, im 15. bis 16. Jh., bes. in Frkr; im B. v. Versailles Tagung der Nat.vers. 1789.
Ballhausplatz, Sitz d. östr. B.kanzleramts in Wien.
Ballistik, w. [gr. „ballein = werfen"], Lehre v. d. Bewegung geworfener od. geschossener Körper.

ballistische Kurve, von der Parabelform infolge Luftwiderstandes abweichende Flugbahn (z. B. v. Geschossen).
Ballistokardiographie [gr.], Aufzeichnung der durch Herzaktion und Blutströmung bedingten Körpererschütterungen zur Diagnostik; nur noch selten eingesetzt.

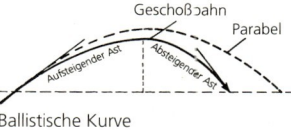

Ballistische Kurve

Ballon, m. [frz.],
1) kugelförmiges Gefäß für Flüssigkeiten.
2) Luftfahrzeug nach dem Prinzip „leichter als Luft"; entweder mit Gasfüllung (Wasserstoff) oder *Heißluft-Ballon* (Luft durch Brenneranlage in der Ballonhülle erwärmt); für meteorologi-

sche Zwecke unbemannt, als Sportgerät bemannt.
Ballonkatheter → PTA.
Ballotage, w. [frz. -aːʒə], geheimes Abstimmungsverfahren durch Abgabe weißer (= Zustimmung) u. schwarzer (= Ablehnung) Kugeln **(ballotieren).**
Ballspiele, uralte Spiele m. Bällen, auch im sportl. Wettkampf. B. d. mexikan. Azteken u. Maya mag.-kult. Spiele m. d. Ball als Symbol f. d. Sonne, deren Lauf beeinflußt werden sollte.
Balmer-Serie, Linien im → Spektrum d. Wasserstoffs, d. versch. Energiezuständen d. Wasserstoffelektrons entsprechen; → Atom; → Quantentheorie.
Balmoral Castle [bæl'mɒrəl kaːsl], Sommerresidenz des brit. Königshauses i. d. Region Grampian, NO-Schottland.
Balmung, in der dt. Sage Siegfrieds Schwert.
Balneologie [gr.], Bäder(heil)kunde.
Bal paré, m. [frz.], Tanzabend in festl. Kleidung.
Balsa, s. [span. „Floß"], Boot d. Indianer an d. südam. Westküste, aus Binsenbündeln od. Holz.
Balsaholz, leichtestes Nutzholz; Raumgewicht (trocken): 0,12–0,25 (Kork 0,20–0,35); zu Schwimmern, Modellflugzeugen, Isolierungen verarb.
Balsam, m. [arab.], Mischung aus Harzen u. äther. Ölen; f. Parfüm u. als Heilmittel (Peru-B.).
Balsaminengewächse, in Dtld. → Springkraut; zahlr. Arten i. warmen Erdteilen, z. T. b. uns Zierpflanzen.
Balser, Ewald (15. 10. 1898–17. 4. 1978), dt. Bühnen- u. Filmschausp.; Sauerbruch.
Balten, Balthen, urspr. westgot. Königsschlecht 395–531; aus fass. Bez. f. d. Bewohner d. → Baltikums; bes. f. d. **B.deutschen,** die als Adel u. Bürgertum d. Kultur d. Baltikums s. d. 13. Jh. bestimmten, n. d. 1. Weltkr. i. Estland u. Lettland enteignet, 1939 ca. 142 000 B., 1939 u. 1941 umgesiedelt (→ Volksdeutsche).
Balthasar, einer d. Hl. → Drei Könige.
Balthus [-'tys], eigtl. Graf Balthazar Klossowski de Rola (* 29. 2. 1908), frz. Maler; in geometr. streng komponierten Bildern hpts. Darstell. heranwachsender Mädchen; Das Wohnzimmer.
Baltikum, ehem. russ. Ostseeprovinzen, aus denen 1918 → Litauen, → Lettland u. → Estland entstanden; 1940 von sowj. Truppen besetzt, Eingliederung als Bundesrepubliken in die UdSSR, 1941, 1945 u. 1949 Massendeportation (über 500 000); ca. 250 000 Balten i. Exil, dav. 20 000 i. d. BR; seit Aug./Sept. 1991 Unabhängigkeit der drei balt. Staaten weltweit anerkannt.

Baltimore [ˈbɔːltɪmɔː], David (* 7. 3. 1938), am. Mikrobiologe; Entdeckung d. Tumorvirus; Nobelpr. f. Med. 1975.
Baltimore [ˈbɔːltɪmɔː], größte St. u. Hafen d. US-Staates Maryland, 736 000 (m. Vororten 2,38 Mill.) E; Johns-Hopkins-Uni.; Konservenind.
Baltisches Meer, Bez. für → Ostsee.
baltische Sprache, indogerman. Sprachfamilie; Litauisch, Lettisch u. das ausgestorbene Altpreußisch (→ Pruzzen).
Baltrum (D-26579), Nordseebad B., kleinste der Ostfries. Inseln, Rbgz. Weser-Ems, Nds., 6,5 km², 531 E.
Baluba, → Bantustamm im Gebiet des Kongo.
Balustrade, Brüstungsgeländer m. gedrehten, kleinen Säulen (Balustern).
Balz, Paarungsspiel d. Vögel u. einiger Fische.
Balzac [-'zak], Honoré de (20. 5. 1799 bis 18. 8. 1850), frz. Schriftst.; Schilderer der nachnapoleon. frz. Gesellschaft; Menschliche Komödie (Romanzyklus); Tolldreiste Geschichten.
Balzan-Preise, verliehen v. d. Fondation Internationale Balzan, s. 1962 Stiftung aus Mitteln u. z. Erinnerung an d. Publizisten Eugenio Balzan (1874 bis 1953); jährlich 3, höchstens 5 Preise für Verdienste um d. Humanität, Literatur, Philosophie, Kunst u. Wiss.; dotiert wie Nobelpreis oder höher.
Bamako, Hptst. v. Mali, 740 000 E; Handelszentrum am Niger; internat. Flughafen.
Bamberg (D-96047–52), krfreie St. a. d. Regnitz, Rbgz. Oberfranken, Bay., 70 900 E; Dom von Heinrich II. 1004 begonnen, mit seinem Grabmal (v. → Riemenschneider) u. Bildwerken des 13. Jh. (Bamberger Reiter); „Alte Hofhaltung" (histor. Museum), Neue Residenz, barocke Altstadt (s. 1993 Weltkulturerbe); s. 1007 Bistum, s. 1817 Erzbistum, Ges.-HS, AG, OLG, LG; B.er Symphoniker; Binnenhafen am Rhein-Main-Donau-Kanal (Europakanal); Bekleid.-, Lederwaren-, elektrotechn. Ind., Brauereien, Gärtnereien.
Bambi,
1) Tiergeschichte v. F. Salten u. daran angelehnter Trickfilm v. W. Disney
2) goldenes Rehkitz als Filmpreis der Burda GmbH.
Bambino, m. [it. „kl. Kind"], in d. it. Kunst meist d. Jesuskind.
Bambocciate w., Mz. [-bottˈʃaːte], in d. Malerei it. Bez. f. themat. auf Darstellungen aus d. Bauern- od. Volksleben spezialisierte Genrebilder, ben. n. d. verwachsenen ndl. Maler P. van Laer m. Spitznamen bamboccio („Tolpatsch").
Bambus, baumförmiges, hohes Gras warmer Länder (ind. Dschungel bildend); verwendet zu Häuserbau, Geräten, Flechtwerk, Papier (China); junge Triebe (Bambussprossen) als Gemüse.
Bambusbär → Kleinbär.
Bambuszucker, Tabaschir, Kieselsäureausscheidung a. d. Stammhöhlung d. Bambus; im Orient Volksarznei.

Bamm, Peter, eigtl. Curt Emmrich (20. 10. 1897–30. 3. 1975), dt. Schriftst. u. Chirurg; Feuilletons; D. unsichtbare Flagge; Alexander od. D. Verwandlung d. Welt; Eines Menschen Zeit; Frühe Stätten der Christenheit.
banal [frz.], gewöhnlich, flach.
Banane, hohe, breitblättrige Staude der altweltl. Tropen, eingeführt in Mittelamerika u. auf d. Antillen; Früchte wichtiges Nahrungsmittel; Blattfasern u. Arten mit ungenießbaren Früchten liefern den Manilahanf.
Banat, urspr. Bez. für südungar. Grenzmark unter einem Banus (Kroatien, Slowenien, Dalmatien), später nur gebraucht für das Temeser B., die fruchtbare Kulturlandschaft zw. unterer Theiß, Donau und Südkarpaten, 1920 aufgeteilt zw. Rumänien u. Jugoslawien; Hptst. Timişoara (Temesvár), kam zu Rumänien. – Seit 1722 (unter Karl VI.) mit dt. Kolonisten (**Banater Schwaben**) besiedelt; vor d. 2. Weltkrieg ca. 350 000 Dte im B., → Volksdeutsche. – Im O des B. das **Banater Gebirge,** 1447 m, waldreich, mit Erz- u. Kohlenlagern, → Rumänien.
Banause, m. [gr.], amusischer, ungehobelter, engstirniger Mensch.
Band [engl. bænd], Gruppe v. Musikern (bes. i. d. Jazz- u. Rockmusik).
Band-Abstimmung → Abstimmung.
Bandage, w. [frz. -ʒə], Binde z. Schutz u. Festlegung gefährdeter Körperteile, Boxen u. Fechten.
Banda-Inseln, kleine Inselgruppe im S der Molukken, 180 km², 60 000 E; Muskatnußbaumplantagen, Kokosnüsse, Sago u. Fischerei; 1599–1946 ndl., s. 1946 z. Rep. Indonesien.
Bandaranaike, Sirimavo (* 17. 4. 1916), ceylones. Pol.in; 1960–64 u. 1970–77 Min.präs. v. Sri Lanka.
Bandasee, Teil d. Pazifiks zw. Molukken, Celebes u. Timor, 742 000 km², im Kaigraben 7440 m tief (Webertiefe).
Bandbreite,
1) Bereich, i. d. sich d. Wechselkurse um d. festgelegte → Parität frei bewegen dürfen; werden durch → Interventionspunkte begrenzt.
2) i. d. Fernmeldetechnik der v. einer best. Schaltanordnung übertragene bzw. durchgelassene Frequenzbereich.
Bandenspektrum, Emissions- → Spektrum mehratomiger Moleküle.
Bänder,
1) feste, bindegewebige Faserzüge um Gelenke u. an Muskeln, auch als Befestigung v. Eingeweiden.
2) techn. Einrichtungen für stetige Förderung, auch bei Fließbandarbeit (Transferstraßen).
Banderilla, w. [span. -ˈrilja], bewimpelter Pfeil mit Widerhaken; v. **Banderillero** beim Stierkampf geworfen.
Banderole, w. [span.], papiererner Siegelstreifen f. gewisse steuerpfl. Gegenstände; B.nsteuer (z. B. → Tabaksteuer).
Bändertone, geolog. Ablagerungen aus Gletscherabflüssen; Wechsel von hellen Sommer- u. dunklen Winterschichten (Bändern); 2 Schichten = 1 Warve; daraus Datierung des Rückzugs der Gletscher.
Bandfilter, meist aus 2 gekoppelten → Schwingkreisen bestehendes Netzwerk, durch d. hohe Trennschärfe erreichbar ist; Anwendung in Rundfunk- u. Fernsehtechnik.

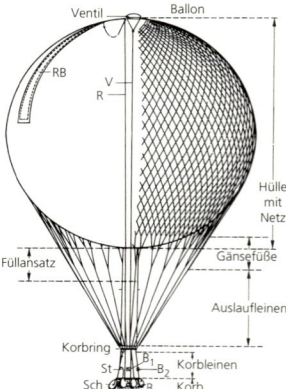

Ballon

Honoré de Balzac

Bamberger Reiter

Bamberg, Dom

Bandgenerator, → Hochspannungsgenerator.
Bandkeramik, Tonware d. Jungsteinzeit, m. Band- u. Linienverzierung, Verbreitung v. Südrußland bis Westeuropa (ab 4500 v. Chr.).
Bandola, kl. span. lautenartiges Zupfinstrument, m. biegsamem Hornplättchen zu spielen.
Bandoneon, *s., Bandonion,* Musikinstrument, e. Art Ziehharmonika; ben. nach dem Erfinder H. *Band.*
Bandscheibenschaden, *Bandscheibenvorfall* u. andere krankh. Veränderungen d. knorpeligen Zwischenwirbelscheiben durch dauernde Be- bzw. Überlastungen, m. neuralgischen Schmerzen in Kopf, Armen, Beinen, Ischias usw.
Bandung, St. a. Java, Indonesien, 1,6 Mill. E; Uni.; Mittelpkt d. javan. Teebaus. 1955 erste Konferenz d. afroasiat. Staaten gg. Kolonialismus (*B.-Konferenz*).
Bandurria, *w.,* span. gitarreähnl. Saiteninstrument.
Bandwürmer, im Darm von Tieren und Menschen schmarotzende Plattwürmer; Kopf mit Saugnapf u. bisweilen Haken; bis zu mehrere tausend Glieder (bis 15 m lang); Bandwurmeier in der Nahrung von Tieren lassen *Finnen, Blasenwürmer* entstehen, die, mit rohem (Schweine- oder Rind-)Fleisch, auch Fischen verzehrt, sich im Darm zum Bandwurm entwickeln. *Hunde-Bandwurm* führt zur Finnenbildung (Echinokokkusblase) im Menschen.
Bandy, *s.* [engl. ′bændɪ], mit einem Ball gespieltes → Eishockey auf größeren Eisflächen; in Skandinavien u. UdSSR noch gebräuchlich.
Banff-Nationalpark [′bæmf-], i. den Rocky Mountains v. Alberta; ältester Nationalpark Kanadas (1886); Skitourismus.
Bang, Herman (20. 4. 1857–29. 1. 1912), dän. Schriftst.; *Hoffnungslose Geschlechter; Am Wege.*
Bangalore, *Bangalur,* Hptst. d. ind. Staates *Karnataka,* 2,65 Mill. E; Uni.; Flugzeugwerke.
Bangemann, Martin (* 5. 11. 1934), FDP-Pol.; 1984–88 B.wirtschaftsmin.; 1985–88 Parteivors. d. FDP, seit 1988 EG-Kommissar in Brüssel (Gewerbl. Wirtsch., Info-Technologien).
Bangkok, thai *Krung Thep,* Hptst. v. Thailand, 5,9 Mill. E; am Menam, nahe der Mündung; Königspaläste, Tempel; Uni.; wichtigster Hafen d. Landes, bes. für Reis- u. Teakholzausfuhr, intern. Flughafen.

Bangkok, *Marmor-Tempel*

BANGLADESCH
Staatsname: Volksrepublik Bangladesch, Gana Prajatantri Bangladesh
Staatsform: Republik im Commonwealth
Mitgliedschaft: UNO, SAPTA Commonwealth, Colombo-Plan
Staatsoberhaupt: Shahabuddin Ahmad
Regierungschefin: Scheikh Hasina Wajed
Hauptstadt: Dhaka 5,7 Mill. Einwohner
Fläche: 143 998 km²
Einwohner: 117 787 000
Bevölkerungsdichte: 818 je km²
Bevölkerungswachstum pro Jahr: ⌀ 2,41% (1990–1995)
Amtssprache: Bengali (Bangla); Englisch
Religion: Muslime (85%), Hindus (12%)
Währung: Taka (Tk.)
Bruttosozialprodukt (1994): 26 636 Mill. US-$ insges., 230 US-$ je Einw.
Nationalitätskennzeichen: BD
Zeitzone: MEZ + 5 Std.
Karte: → Asien

Bangladesch, Volksrep. im Tiefland des Brahmaputra- u. Gangesdelta; Bev.: überwiegend islam. Bengalen, daneb. Biharis, ca. 80% Analphabeten. **a)** *Wirtsch.:* Agrarland, Hptanbauprodukte Jute, Reis, Tee. **b)** *Außenhandel* (1991): Einfuhr 3,40 Mrd., Ausfuhr 1,69 Mrd. $. **c)** *Verf.* v. 1972: Präsidiale Volksrep., 1991 Verfassungsänderung u. Rückkehr zur parlament. Demokratie. **d)** *Verw.:* 4 Regionen m. 21 Distrikten. **e)** *Gesch.:* Bis 1947 Teil von Britisch-Indien, 1947 als Prov. Ostpakistan Teil der unabh. Rep. Pakistan, 1971 Ausrufung der unabhängigen Volksrep. *Bangladesch* führt z. Bürgerkrieg, ca. 5 Mill. Flüchtlinge aus B. nach Indien, Krieg zw. Indien u. Pakistan; 1974 gg.seitige Anerkennung m. Pakistan; 1975 Mil.putsch, Ermordung v. Präs. Mujibur → Rahman; 1982 unblutiger Mil.putsch; im Mai 1985 Sturmflutkatastrophe m. ca. 40 000 Toten; 1991 Rückkehr zur Demokratie; 1996 gewinnt die 1975 gestürzte Awami-League die Parlamentswahlen; Rahmans Tochter wird Premierministerin.
Bangsche Krankheit, *Brucellose,* Fieberkrankheit, erworben durch Melken od. Milchgenuß von einer Abortseuche erkrankten Kühen; von Mensch zu Mensch nicht übertragbar.
Bangui, Hptst. d. Zentralafrikan. Republik am Ubangi, 597 000 E; Uni.; internat. Flughfn.
Banja Luka, St. i. Bosnien, 120 000 E; regionales Zentrum.
Banjarmasin [bandʒ-], indones. Prov.-Hptst. im S Borneos, nahe d. Java-See, 381 000 E.
Banjo, *s.* [-dʒo], Gitarre m. langem Hals u. trommelartigem Resonanzkörper, urspr. Instrument d. afrik., später d.

Bangladesch

Martin Bangemann

Bänkelsänger des 18. Jh.

nordam. Schwarzen; versch. Abarten; 5–9 Saiten.
Banjul [′bændʒuːl], früher *Bathurst,* Hptst. v. Gambia a. d. Gambia-Mündung, 150 000 E; Flughafen.
Bank,
1) → Banken.
2) Sand- oder Kiesablagerung durch Strömungen in Gewässern.
3) *med.* z. B. → Blut-, Arterien-, Knochenbank.
Banka, *Bangka,* Insel östl. von Sumatra, Gebietsteil der Rep. Indonesien, 11 942 km², 400 000 E; Reisbau, Zinngruben; Hptort *Pangkalpinang.*
Bankakte, engl. Bankges., unter Robert Peel 1844 geschaffen; regelt *Banknotendeckung* (→ Currency-Theorie) u. Organisation d. → Bank von England.
Bankakzepte, von Banken akzeptierte Wechsel; werden, sofern von ersten Häusern, als → Privatdiskonten auf dem Geldmarkt gehandelt.
Bankausweis, period. z. veröffentlichende Übersicht d. Notenbanken zur Beurteilung der Währungs- und Geldmarktlage.
Bankautomat, Barzahlungsautomat, d. nach Eingabe v. Geheimnummer (Pin Code) u. Magnetkarte Bargeld auszahlt; automat. Kontoausdruck.
Bank deutscher Länder, *BdL,* → Deutsche Bundesbank.
Bänkelsänger, urspr. auf einer Bank stehender Sänger von Schauerballaden.
Banken → Übersicht.
Banker [engl. bɛŋkə], ugs. für führenden Bankangestellten.
Bankett, *s.,*
1) Fußweg a. Rande e. Fahrbahn.
2) Raum z. Aufstellen von Leiteinrichtungen u. Verkehrsschildern.
3) unterster Teil eines Fundaments.
4) Festmahl.
Bankfeiertage, engl. *bank holidays,* s. 1871 in Großbritannien Werktage, an denen die Banken geschlossen haben u. d. Geschäftsleben ruht.
Bank für Internationalen Zahlungsausgleich, *BIZ,* Aktienbank, 1930 in Basel gegr., diente d. Abrechnung in der → *Europäischen Zahlungsunion;* jetzt Verrechnungsstelle für → Europäisches Währungsabkommen.
Bankgeheimnis, Beschränkung der Auskunftspflicht eines Kreditinstituts über Kundenverhältnisse gegenüber Dritten.
Bankier [-jeː], Einzelkaufmann, der ein Bankgeschäft betreibt.
Banking-Theorie [engl. ′bæŋ-], im 19. Jh. in England ausgebildete Anschauung, die eine feste Begrenzung der Banknotenmenge mit Hilfe einer 100%igen Golddeckung verwirft; Umfang d. Banknotenausgabe habe sich nach d. Bedarf d. Verkehrs zu richten; Ggs.: → Currency-Theorie.
Bankivahuhn, Wildhuhn S-Asiens, Stammform des Haushuhns.
Banknoten, Papiergeld, in bes. Verfahren im Kupfer- oder Stahldruck auf Spezialpapieren (m. Wasserzeichen, Rillungen, eingearbeitetem Sicherheitsfaden u. → Guilloches usw.) gedruckt u. v. Notenbanken ausgegeben; f. beschädigt vorgelegte B. leistet i. Dtld. d. DBB Ersatz.
Banknotenmonopol, *Banknotenausgaberecht, -privileg,* ist d. aus-

Banken

Private o. öffentlich-rechtliche Kreditinstitute, die das Geldkredit- und Zahlungsverkehrsgeschäft betreiben.
Leistungen: 1) *Aktivgeschäfte*, b. denen sie Geld ausleihen (Kontokorrentkredit, Diskont-, Akzept-, Lombard-, Hypothekenkredit) od. Risiken übernehmen (Avalkredit); **2)** *Passivgeschäfte*, b. denen sie Geld aufnehmen (Einlage od. Depositengeschäft, Kreditaufnahme-Rediskontierung, Aufnahme von Akzept- und Nostroverpflichtungen, Emission von Noten [Notenbanken], Schuldverschreibungen, Pfandbriefen); **3)** *Dienstleistungsgeschäfte* (Kommissionsgeschäfte im Effekten- u. Devisenverkehr, Inkasso-, Depot- und Verwaltungsgeschäfte).
b) Entwicklung: Im MA zuerst in Italien (Genua, Florenz), daher viele Fachausdrücke it. Herkunft: in Dtld d. 15. Jh. (Fugger u. Welser), 1. Notenbank → B. v. England; in Dtld Großbanken erst seit der zweiten Hälfte des 19. Jh.; seit Anfang des 20. Jh. starke Konzentration durch Erwerbung kleinerer B. u. an deren Stelle Einrichtung v. Filialen (Depositenkassen), bes. durch „D-Banken" (Deutsche Bank, Disconto-Ges., Darmstädter u. Nationalbank, Dresdner Bank); Großbanken mit Filialen nach der Bankenkrise von 1931: Deutsche Bank u. Disconto-Ges., Dresdner Bank, Commerz- u. Privatbank; Großbanken ohne Filialen: Berliner Handelsgesellschaft, Reichskredit-Gesellschaft. Anstelle der Reichsbank entstanden nach 1945 in den Westzonen u. Berlin Landeszentralbanken m. → Bank deutscher Länder, BdL, die später in der → Deutschen Bundesbank aufgingen; in der sowj. Zone 1948–67 Deutsche Notenbank (die 1947 gebildeten Emissions- u. Girobanken seit 1950 dieser eingegliedert), 1967–90 Staatsbank der DDR. In Dtld heute wieder drei überregionale Filial-Großbanken: Deutsche Bank AG, Dresdner Bank AG, Commerzbank AG. **Arten der Banken: 1)** Nach ihrer Stellung im Bankensystem: α) Zentralbanken (Land, Bund); β) Geschäftsbanken; **2)** Nach dem Geschäftsbereich: α) Notenbanken; heute in der Regel zugleich Zentralbanken; β) Kreditbanken (Depositenbanken), in Dtld meist als Universalbanken ausgebildet; γ) Spezialbanken, die sich auf best. Geschäfte (z. B. Landwirtsch., Grundstücksmarkt, Gewerbe usw.) beschränken, private Hypothekenbanken.
Die Geschäftsführung d. Banken unterliegt d. Bankaufsicht, die s. 1962 vom Bundesaufsichtsamt f. das Kreditwesen wahrgenommen wird; → Sparkassen.

schließl. Recht d. → Notenbanken; in den meisten Ländern der Zentralnotenbank (Bank v. Engl., Frkr. usw.); in d. USA: → Federal Reserve System; in Dtld 1935–45 die → Reichsbank, früher auch Privatnotenbanken, s. 1948 i. d. W-Zonen → Bank deutscher Länder, s. 1957 → DBB.
Bank of England [ˈbæŋk əf ˈɪŋglənd], *Bank von England*, gegr. 1694, in London; durch *Peelsche Bankakte* (1844) zwei Abteilungen: 1) *Bank-Abt. (Banking Department)*, für Bankgeschäfte; 2) *Emissions-Abt. (Issue Department)*, für Notenausgabe.
Bankplatz, Ort mit Niederlassung e. → Landeszentralbank.
Bankrate, der Zinssatz, zu dem d. Notenbanken Wechsel diskontieren, → Diskontsatz.
Bankrott, *m.* [it. „banca rotta = zerbrochene Bank"], Zahlungsunfähigkeit eines Schuldners, → Konkurs.
Bann, im MA Gebot od. Verbot, Geldbuße, insbes. Kirchenbann (Exkommunikation); Reichsacht (→ Acht) u. Kirchenbann folgten in der Regel einander.
Banner, *s.*, Fahne an einem Querholz.
Bannforst, im MA e. Wald- u. Jagdgebiet, das d. König zu seinem Sondereigentum erklärte (Königs-Wildbann).
Bannmeile, Umgebung e. Ortes i. Meilenentfernung; i. MA durfte innerhalb d. B. kein Fremder Handel treiben; heute Schutzbereich um Parlamentsgebäude (Bannkreis).
Bannwald, in Hochgebirgen geschonter Schutzwald gg. Lawinen, Steinschlag u. Erdrutsch.
Bannware, f. Kriegszwecke bestimmtes, daher a. d. Transport beschlagnahmefähiges Gut *(Konterbande)*.
Banque de France, *Bank von Frankreich*, gegr. 1800, in Paris.
Bantamgewicht, Gewichtsklasse, beim *Boxen* bis 54 kg, *Gewichtheben* bis 56 kg u. *Ringen* bis 57 kg.
Banteng, Wildrind SO-Asiens; braunweiß gezeichn.; auch Haustier.
Banting, Fredrick G. (14. 11. 1891 bis 22. 2. 1941), kanad. Arzt; entdeckte zus. m. → Macleod *Insulin;* Nobelpr. 1923.
Bantu [„Menschen"], Name für die im afrikan. Dreieck südl. des Sudans lebenden Negervölker (z. B. *Wanjamwesi, Herero, Zulus*), die die **Bantusprachen** sprechen; bilden die Wörter durch Vorsatzsilben aus den Stammwurzeln.
Banus → Banat.
Banz, ehem. Benediktinerabtei in Oberfranken am Main; schloßart. barocker Klosterkomplex, Kirche (1710–19) v. J. Dientzenhofer.
Baobab, *m.*, svw. → Affenbrotbaum.
Baoding, chin. St., Prov. Hebei, 550 000 E; Nahrungsmittel-, Textilind.
Baotou, St. i. d. chin. Auton. Rep. Innere Mongolei am Huang He, 1,2 Mill. E; Handelszentrum, Atomreaktoren, Stahlwerke, Flughafen.
Baptisten [„Täufer"], Freikirche, entstanden in Engl. um 1650; in Dtld s. 1834 (Johann Gerhard Oncken) *Ev. Freikirchl. Gemeinde;* hpts. in Amerika; „Gläubigentaufe" (Jugendl. u. Erwachsene).
Baptisterium [gr.], Taufkapelle, meist selbstständ. Zentralbau in eine Kirchenanlage.
Bar,
1) *s.,* Maßeinheit des Drucks im absoluten Maßsystem, 1 bar = 10^5 N/m² = 10^5 Pa (→ Druck).
2) *w.,* Ausschank für alkohol. Getränke.
Bär,
1) *Großer* u. *Kleiner B.,* zwei → Sternbilder (Übers.) am nördl. Sternhimmel.
2) Raubtier aus d. Familie d. Bären: *Braunbär,* Europa (Pyrenäen, Alpen, Karpaten), Asien bis Kamtschatka, Nordamerika, zahlr. Unterarten, darunter d. kleine *Alpen-B.,* d. riesige *Kamtschatka-* u. *Kodiak-B.,* der graue nordam. *Grisly; Baribal* od. *Schwarzbär,* N- und Mittelamerika; *Lippen-B., Kragen-B., Malaien-B.,* Südasien; *Brillen-B.,* Anden; *Eisbär,* nördl. Eismeer. – *Höhlen-B.,* ausgestorben, Zeitgenosse d. Eiszeitmenschen in Eur., sehr groß. Außerdem → Kleinbären.
3) Schmetterling → *Bärenspinner.*
4) *techn.* d. schwere Fallblock bei d. Ramme.
Barabás [ˈbɔrɔbaːʃ], Miklós (22. 2. 1810–12. 2. 98), bed. ung. Maler; Porträts u. Genrebilder im Stil des Biedermeier; *Franz Liszt; Die Ankunft der Braut.*
Baracke, *w.* [span.], niedriger Holz- od. Wellblechbau.
Bárány, Robert (22. 4. 1876–8. 4. 1936), östr. Mediziner, Arbeiten über Ohrenheilkunde; Nobelpr. 1914.

Braunbär

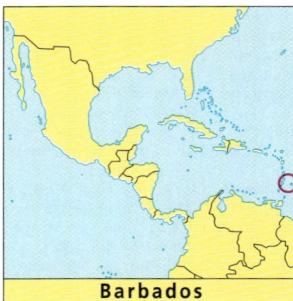
Schloß Banz

Baranya [ˈbɔrɔɲɔ], südungar. Komitat zw. Drau und Donau, 4487 km², 418 000 E; Hptst. *Pécs* (Fünfkirchen); fruchtbar, Steinkohle, Bauxit; Südteil 1920 zu Kroatien.
Baratterie [it.], *seem.* Betrug, Unterschleif, bes. d. Schiffer zum Nachteil d. Befrachter.

BARBADOS	
Staatsform: Konstitutionelle Monarchie im Commonwealth	
Mitgliedschaft: UNO, Commonwealth, OAS, CARICOM, AKP, SELA	
Staatsoberhaupt: Königin Elizabeth II., vertreten durch Generalgouverneur	
Regierungschef: Owen Arthur	
Hauptstadt: Bridgetown 7000 Einwohner	
Fläche: 430 km²	
Einwohner: 261 000 Einw.	
Bevölkerungsdichte: 607 je km²	
Bevölkerungswachstum pro Jahr: ⌀ 0,3% (1990–1995)	
Amtssprache: Englisch; Bajan (Umgangssprache)	
Religion: Christen (70%, davon 40% Anglikaner)	
Währung: Barbados-Dollar (BDS$)	
Bruttosozialprodukt (1994): 1704 Mill. US-$ insges., 6530 US-$ je Einw.	
Nationalitätskennzeichen: BDS	
Zeitzone: MEZ – 5 Std.	
Karte: → Antillen	

Barbados

Barbados [bɑːˈbeɪdoʊz], östlichste Insel der Kl. Antillen u. unabhängiger Staat; Bev.: 95% Farbige. **a)** *Wirtsch.:* Hptausfuhr: Elektronikteile, Erdöl, Zucker u. Rum; Erdölraffinerie; bedeu-

tender Tourismus. **b)** *Gesch.:* Seit 1627 brit., s. 1966 im Rahmen des Commonwealth unabhängig (Zweikammerparlament).
Barbar, *m.* [gr.], bei den alten Griechen urspr. svw. Nichtgrieche; ungebildeter, roher Mensch.
Barbara [gr. „die Ausländerin"],
1) w. Vn.
2) († 306), Märtyrerin, Schutzheilige der Bergleute und der Artillerie (Tag: 4. 12.).
Barbaresco, it. → DOCG-Wein aus d. Piemont, aus d. Rebsorte → Nebbiolo erzeugt.
Barbarossa [it. „Rotbart"], Beiname Kaiser → Friedrichs I. – *Barbarossahöhle,* Gipshöhle im Kyffhäuser.
Barbecue [engl. 'ba:bıkju:],
1) nach 2) bereitetes Fleisch, meist mit scharfer Soße (B.-Sauce).
2) Picknick, bei dem auf dem Rost Fleischstücke od. auch ganze Tiere gebraten werden.
Barben, Karpfenfische mit 4 Bartfäden; i. Dtld *Fluß-B.;* grätenreiches Fleisch, Rogen giftig.
Barber [ba:bǝ], Samuel (9. 3. 1910 bis 23. 1. 81), am. Komp.; Kammer- u. Orchestermusik.
Barbera, v. a. in Italien angebaute ertragreiche Rotweinrebe, die herbe, kräft. Weine liefert u. häufig m. säurearmen Rebsorten verschnitten wird.
Barberina Campanini, (1721–99), Tänzerin zur Zeit Friedrichs d. Gr. an der Berliner Oper (Abb. → Tafel Tanz).
Barberini, Palazzo, Barock-Palast (1625–33) des Adelsgeschlechts B. in Rom; m. Gemäldegalerie *Galleria Nazionale d'Arte Antica.*
Barbey d'Aurevilly [barbɛ dɔrvi'ji], Jules (2. 11. 1808–23. 4. 89), frz. Novellist; *Die Teuflischen.*
Barbiturate, Abkömmlinge d. *Barbitursäure* (Malonylharnstoff), die als → Sedativum, → Schlafmittel u. Narkosemittel sowie z. Behandlung d. → Epilepsie verwendet werden.
Barbizon [-'zõ], frz. Dorf bei Fontainebleau in frz. Dép. Seine-et-Marne; *Schule von,* Gruppe frz. Maler um 1850: naturalist.-emotionale Landschaftsschilderungen *(paysage intime);* Vertr.: Rousseau, Millet, Daubigny u. a.
Barbu, Eugen (* 20. 2. 1924), rumän. Schriftst., beschreibt d. Leben i. d. unteren Sozialschichten; *Principele; Teufelsgrube.*
Barbusse [-'bys], Henri (17. 5. 1873 bis 30. 8. 1935), frz. Schriftst.; begründete m. → Rolland d. Bund für völkerverb. Gesinnung; pazifist. Roman: *Das Feuer.*
Barcelona [-ɵe-], größte span. Hafen-, Handels- u. Industriest., Hptst. d. Prov. B. (7773 km², 4,65 Mill. E) u. v. Katalonien; 1,7 Mill. E; got. Kathedrale, Uni. (1450 gegr.).
Barchent, *m.,* einseitig gerauhter baumwollener Stoff.
Barches, *m.,* Sabbatbrot der Juden.
Bardeen [ba:'di:n], John (23. 5. 1908 bis 30. 1. 91), am. Phys.; Arbeiten zur Entwicklung des → Transistors (Nobelpr. 1956) u. Theorie d. Supraleitung (Nobelpr. 1972).
Barden, Sänger u. Dichter b. d. Kelten.
Bardenpho-Verfahren, zur biol. → Phosphat-Elimination bei d. Abwasserreinigung.

Bardepot, Zwangseinlage, ähnlich d. → Mindestreserve eines Teils der im Ausland aufgenommenen Kredite b. d. Dt. B.bank (soll Kreditaufnahme i. Ausland verteuern).
Bardiet, auf Klopstock zurückgehende Bez. seiner vaterländ.-pathetischen Gesänge in Odenform; gebildet in Anlehnung an d. lat. Bez. *barditus* v. Tacitus f. d. german. Schlachtgesang.
Bardot [-'do], Brigitte (* 28. 9. 1934), frz. Filmschauspielerin; *Et Dieu créa la femme; Viva Maria!*
Bardowick (D-21357), Flecken i. Kr. Lüneburg, Nds., 4712 E; Dom (13. Jh.); Landw. – Im MA Handelszentrum Norddtlds, 1189 v. Heinrich d. Löwen zerstört.
Bareli, *Bareilly,* St. i. ind. B.St. Uttar Pradesh, 583 000 E; Uni; Holzind.
Barelli, Agostino (1627–79), it. Architekt d. Barock; führte d. Baustil durch Entwurf d. Theatinerkirche *St. Kajetan* (München) in Bayern ein.
Barenboim, Daniel (*15. 11. 1942), isr. Pianist u. Dirigent, s. 1992 Leiter der Dt. Staatsoper Berlin.
Bärenfluß, Zufluß d. Großen Salzsees in Utah.
Bärenhöhle, Tropfsteinhöhle der Schwäbischen Alb b. Undingen; Ausflugsziel.
Bärenhüter, *Ochsentreiber,* → Bootes, nördl. → Sternhimmel.
Bäreninsel, norweg., im N-Polarmeer südl. Spitzbergen, 178 km²; Kohlen- und Phosphatlager; meteorologische Station.
Bärenklau, hochstaudige Doldenblütler, auf Wiesen.
Bärenkult, schon i. prähistor. Zeit nachgewiesen. Beim hl. Bärenfest d. → Ainu wird e. göttl. Bär unter Gebeten getötet.
Bärenschote → Tragant.
Bärensee, *Großer B.,* Binnensee in N-Kanada, 31 326 km², 446 m tief.
Bärenspinner, Schmetterlingsfamilie; mittelgr. bis groß; Raupen mit sehr dichten, langen Haaren.
Bärentraube, Heidekrautgewächs, preiselbeerartig.
Barents, Willem (1550–97), ndl. Seefahrer; erste Überwinterung in der Arktis; nach ihm benannt **B.insel,** südöstl. v. Spitzbergen, 1331 km², unbewohnt, u. **B.see,** Teil des Nordpolarmeers, 1,4 Mill. km².
Barett, *s.* [frz.], ma. Kopfbedeckung; Käppchen d. Geistl., Richter, s. 1970 b. d. Bundeswehr u. UN-Friedenstruppe (blau).
Barfüßer, Mitgl. v. einigen Orden, die wie Franz v. Assisi barfuß (oder in Sandalen) gehen.
Bargeld, in Umlauf befindl., auch kursfähiges (gültiges) Geld.
bargeldloser Zahlungsverkehr, Zahlungsausgleich o. Verwendung v. Bargeld.
Bargello [-'dʒɛl-], Palast des Volkshptmanns in Florenz (13. Jh.), s. 1859 Sitz d. ersten it. Nationalmuseums.
Bari, Hafenst. der it. Prov. B., am Adriat. Meer, 341 000 E; Erzbischofssitz, Uni.; Werft, Raffinerie.
Baribal, nordam. schwarzer Bär.
Bariton, *m.* [gr.], männl. Singstimme in d. Mittellage zw. Tenor u. Baß; Tonlagenbez. auch b. Blasinstrumenten.

Barcelona, *La Sagrada Familia*

Wiesenbärenklau mit Frucht

Bärenspinner: Russischer Bär

Bärlapp

Barium, *Ba,* chem. El., Oz. 56, At.-Gew. 137,34, Dichte 3,65, Erdalkalimetall, natürl. Vorkommen nur in Verbindungen, *B.carbonat,* Witherit (Rattengift) u. *B.sulfat, Baryt,* Schwerspat (Malerfarbe u. → Kontrastmittel beim Röntgen). – *Bariumverbindungen,* färben die Bunsenflamme fahlgrün; lösl. stark giftig; *Bariumchlorid,* Reagens auf Schwefelsäure u. Sulfate: *Bariumtetracyanoplatinat* fluoresziert beim Auftreffen v. Röntgenstrahlen grünlich (Röntgenschirme); *Bariumoxid:* Kathoden-Material für Elektronenröhren, emittiert bei Glühtemperatur Elektronen.
Bark, *w.,* Segelschiff, meist Dreimaster (Abb. → Takelung); letzter Mast m. Gaffelsegel, d. vorderen m. Rahsegeln.
Barkarole, *w.* [it.], Barkenlied (d. venezian. Schiffer).
Barkasse, meist durch Motor getriebenes gr. Boot; auf Kriegsschiffen das größte Beiboot.
Barkauf, sofortige Zahlung bei Lieferung der Ware.
Barke, Boot ohne Mast.
Barkhausen, Heinrich (2. 12. 1881 bis 20. 2. 1956), dt. Phys.; bekannt durch Herstellung ultrakurzer elektromagnet. Schwingungen (→ Dezimeterwellen): *B.-Kurz-Methode.*
Barkhorn, Gerhard (20. 3. 1919–12. 1. 83), dt. Gen.; e. d. erfolgreichsten Jagdflieger d. 2. Weltkr.; v. 1956–75 in d. Bundeswehr.
Barkla ['ba:klǝ], Charles Glover (7. 6. 1877 bis 23. 10. 1944), engl. Phys.; entdeckte die → Polarisation der → Röntgenstrahlen u. d. charakterist. Röntgenstrahlung der → Elemente; Nobelpr. 1917.
Bar Kochba, Simon, führte 132–135 n. Chr. d. letzten jüd. Aufstand gegen d. Römer; als Messias gefeiert; hingerichtet.
Barlaam u. Josaphat, christl.-romanhafte Darstell. e. ind. Buddha-Legende z. Propagierung d. mönch. Lebens.

Ernst Barlach, *Selbstbildnis*

Barlach, Ernst (2. 1. 1870–24. 10. 1938), dt. expressionist. Bildhauer, Graphiker und Dichter; Holz- u. Bronzebildwerke, Gefallenendenkmäler (Kiel, Magdeburg, Güstrow), rel. Plastik (Lübeck, Katharinenkirche); illustrierte Bücher: *Lied an die Freude; Der arme Vetter* (→ Tafel Holzschnitt).
Bärlappe, *Lycopodium,* sporentragende, mit Farnen verwandte Gewächse, am Boden kriechend, m. langen, dichtnadlig beblätterten Trieben, v. denen sich aufrechte Sporenähren erheben (z. B. *Schlangenmoos),* sehr feiner gelber Sporenstaub (Hexenmehl). ♦ .

Bärlauch → Lauch.
Bar-le-Duc [-lə'dyk], Hptst. d. frz. Dép. *Meuse,* am Rhein-Marne-Kanal, 17 500 E.
Barlow ['bɑːloʊ], Francis (um 1626–1702), engl. Tiermaler u. Kupferstecher; Begr. d. engl. Jagdmalerei.
Bärme, *w.* [niederdt.], Bierhefe.
Barmen → Wuppertal.
Barmer Synode, wichtige Auseinandersetzung der in Barmen tagenden → „Bekennenden Kirche" mit d. NS-Staat.
Barmherzige Brüder, versch. männl. rel. Genossenschaften für Krankenpflege: *B. Br. d. Johann v. Gott* (1540); v. Montabaur; v. Trier.
Barmherzige Schwestern, kathol. Kongregationen, bes. zur Krankenpflege: *Vinzentinerinnen, Borromäerinnen, Elisabethinerinnen, Graue Schwestern.*
Bar-Mizwa [aramäisch „Sohn der Pflicht"], Feier d. rel. Mündigkeit des (13jährig.) Juden.
Barnard ['bɑːnəd], Christiaan N. (* 8. 11. 1922), südafrikan. Chirurg; 1967 erste Herztransplantation beim Menschen (Patient *Philip Blaiberg* überlebte die Operation 594 Tage).
Barnards Stern, Doppelstern mit kleinstem bisher bekanntem Begleiter u. d. größten → Eigenbewegung.
Barnaul [-na'uːl], sibir. Bez.st. im Altai, am *Ob,* 603 000 E; Uni.; Masch.bau, Kohlenbergbau, Textilind.
Barnet, Miguel (* 28. 1. 1940), kuban. Dichter u. Erforscher afrikan. Rel.; *Der Cimarrón.*
Barnim, märk. Landschaft, im NO von Berlin.
Barnsley ['bɑːnzlɪ], engl. Fabrikst. in York, 74 000 E; Kohlengruben, Glas-, Masch.-, Papier- u. a. Ind.
Barocci [-tʃi], Federigo (um 1535–1612), it. Maler zw. Manierismus u. Barock; Altarbilder *(Madonna del Popolo)* u. Porträts *(Francesco Maria della Rovere).*
Barock, *m.* od. *s.* [portugies. „barocco = unregelmäßig(e Perle)"], zunächst nur Spottname (m. d. Bedeutung „absonderlich"), Kunst- u. Kulturepoche d. 17. u. 18. Jh. (Zeitalter d. Absolutismus) i. Eur.: Erneuerung d. rel. Lebens (Gegenreformation), d. Staatsidee (Absolutismus) u. d. Wissenschaft (exakte Naturforschung, pantheist. Philosophie); in d. Kunst auf allen Gebieten Streben nach stark bewegter Teilverschmelzung sowie Einbeziehung d. einzelnen Werkes in seine Umgebung u. Ineinandergreifen der versch. Künste zum Gesamtkunstwerk; „malerischer" Stil; Kunst dient d. Kirche (Sakralbauten aller Art) u. Dtld; dem Staat (bes. in Frkr.: Versailles) und dem Naturerlebnis (Malerei). – **a)** *Baukunst:* α) *Dtld:* Schlüter (Zeughaus, Berlin), Knobelsdorff (→ Sanssouci), Fischer v. Erlach (Karlskirche, Wien), Neumann (Vierzehnheiligen, Abb. → Würzburg), Dientzenhofer, Bähr (Sächs. Barock); β) *Italien:* Vignola (Il Gesù, Rom), Bernini (S. Andrea al Quirinale u. Peterskolonnaden, Rom), Longhena (S. Maria della Salute, Venedig), Borromini (San Carlino, Rom); γ) *Frankreich:* Levau, Hardouin-Mansard (→ Versailles, Schloß), de Cotte; δ) *Spanien:* Herrera (→ Escorial), Churriguerra (Rathaus in Salamanca, seine Art wird

Barock, Residenz in Würzburg

für Mexiko vorbildlich, churriguerresker Stil); **b)** *Plastik:* α) *Dtld:* Günther, Schlüter, Permoser, Feuchtmayer; β) *Italien:* Vittoria, Bernini, Algardi; γ) *Frankreich:* Puget; **c)** *Malerei:* α) *Dtld:* Elsheimer; Deckengemälde v. Asam, Günther, Zimmermann, Maulpertsch; β) *Italien:* Caravaggio, Guercino, Pietro da Cortona, Reni, → Tiepolo; γ) *Spanien:* El Greco, Ribera, → Velázquez, Murillo, Zurbarán; δ) *Niederlande: Flämische Schule:* → Rubens, van Dyck, Jordaens, Teniers; *Holländ. Schule:* → Rembrandt, Hals, Brouwer, Vermeer van Delft, Ruisdael; Spezialisierung in Architektur-, Landschafts-, Genre-, Gruppen-, Stilleben-Maler, diese noch in sich gegliedert in Blumen-M., Früchte-M. usw.; ε) *Frankreich:* Claude Lorrain, Poussin. – **d)** *Musik:* α) *Dtld:* Bach, Händel, Telemann; β) *Italien:* Vivaldi, Scarlatti; γ) *Frankreich:* Couperin, Rameau; δ) *England:* Purcell.
Barock-Klassizismus → Classicisme.
Barograph [gr.], Barometer, das d. jeweiligen Luftdruck auf Papierband aufzeichnet: *Barogramm.*
Baroja y Nessi, [-'rɔxa-], Pío (28. 12. 1872–30. 10. 1956), span. Romancier; *D. Baum d. Erkenntnis.*
Barolo, it. → DOCG-Wein, der in d. Langhe-Hügeln im Piemont aus d. Rebsorte → Nebbiolo erzeugt wird.
Barometer, *s.* [gr. „Schweremesser"], Instrument z. Messen des Luftdrucks: *Quecksilber-B:* **a)** → *Torricellische* Röhre, oben geschlossene, quecksilbergefüllte Glasröhre, die in ein Quecksilberbecken taucht; Gewicht der Säule gleich dem äußeren Luftdruck auf dem Quecksilber in der Schale; die Säule steigt u. fällt mit dem Luftdruck; Normaldruck = 760 mm; **b)** *Heber-B.* für meteorolog. Beobachtung. → Aneroidbarometer.
Baron, Adelstitel (England, Japan, früher Baltikum), in Dtld Anrede f. → Freiherr.
Baronesse, Freiin.
Baronet ['bærənɪt], engl. niederer Adelstitel.
Baronin, Freifrau.
Barquisimeto [-ki-], St. in NW-Venezuela, 703 000 E; Bischofssitz; Handels- u. Industriezentrum.
Barracuda [span.], Pfeilhechte.
Barranquilla [-'kiʎa], Haupthafenst. Kolumbiens, a. d. Mündung des Magdalenenstroms, 1,58 Mill. E; Ind., intern. Flughafen.
Barras, Paul Jean Gf (30. 6. 1755 bis 29. 1. 1829), frz. Revolutionsführer; stürzte 1794 Robespierre, Mitglied d. Direktoriums, 1799 v. Napoleon gestürzt.
Barras, *m.,* i. d. Soldatensprache f. Militär.
Barrault [-'ro], Jean-Louis (8. 9. 1910 bis 22. 1. 94), frz. Schauspieler u. Regisseur; *Les enfants du paradis.*
Barre [ba:r], Raymond (* 12. 4. 1924), frz. Pol.; 1967–73 Vizepräs. d. EG-Kommission, 1976–81 Min.präs.
barré [frz.], Gitarrengriff, m. quergelegtem Zeigefinger gespielt.
Barrel ['bærəl], → Maße und Gewichte, Übers.
Barren,

1) (gestempelte) Gold- od. Silberstangen.

Flußbarsch

2) Turngerät; 2 in d. Höhe verstellbare, parallel laufende Holme auf 4 Stützen.
Barren Grounds ['bærən ˌgraʊndz], unwirtl., zumeist vereiste Landstriche in N-Kanada.
Barrès [-'rɛs], Maurice (22. 9. 1862 bis 4. 12. 1923), frz. Schriftst.; nach Dekadenzperiode Rückkehr zu Tradition u. Katholizismus; *Der Ich-Kult; D. Garten der Bérénice.*
Barrett-Browning ['bærɪt'braʊnɪŋ], Elizabeth (6. 3. 1806–29.6. 61), engl. Dichterin; Gattin v. R. → Browning; *Portugies. Sonette* (übertragen v. Rilke).
Barrie ['bæri], Sir James Matthew (9. 5. 1860–19. 6. 1937), schott. Schriftst., schuf u. a. die Figur des Peter Pan.
Barrière, *w.* [frz. -εː-], „Schranke", Sperre.
Barriereriff ['bæri̯ə-], *Großes B.,* Korallenriff vor der NO-Küste Australiens, ca. 1800 km lang.
Barrikade, *w.* [frz.], Sperrbau auf Straßen u. Brücken.
Barrios de Chamorro [-tʃa-], Violeta (* 18. 10. 1929), 1990–96 Staatspräs. v. Nicaragua.
Barrique [baˈrik], urspr. im Weinbaugebiet v. → Bordeaux f. d. → Ausbau von Weinen verwendetes kleines Eichenholzfaß (225 l Fassungsvermögen), das heute in vielen Weinbauregionen f. d. Gewinnung von bemerkenswerten Rot- u. Weißweinen eingesetzt wird.
Barr-Körper, in → Interphase-Kernen von Gewebe- u. weißen Blutzellen der Frau häufig nachweisbares *Geschlechtschromatin;* kaum beim Mann; → Geschlechtsbestimmung.
Barrow ['bæroʊ]
1) *Kap B.,* nördlichster Pkt Alaskas.
2) zweitgrößter Fluß Irlands, 191 km l.
Barrowstraße, Sund im am.-arkt. Archipel, 500 km l.
Barry ['bæri],
1) Sir Charles (23. 5. 1795–12. 5. 1860), engl. Architekt d. Historismus; Hptwerk: Parlamentsgebäude in London (zus. m. A. W. N. → Pugin).
2) James (11. 10. 1741–22. 2. 1806), engl. Maler d. Klassizismus, Vorkämpfer d. Historienmalerei.
3) Robert (* 9. 3. 1936), am. Künstler; Vertr. d. → Concept Art.
Barsche, Fluß- u. Meerfische. In Dtld: *Fluß-B., Kaul-B., Hecht-B. (Zander).*
Barscheck, Scheck, d. bei Vorlage am Bankschalter bar ausgezahlt wird; Ggs.: → Verrechnungsscheck.
Barschel, Uwe (13. 5. 1944–11. 10. 87), CDU-Pol.; 1982–87 Min.präs. v. Schl-Ho.
Barsinghausen (D-30890), St. bei Hannover, Nds., 33 660 E; Textil-, Metallind.
Barsoi, der russische Windhund.
Barsortiment, Zwischenbuchhandel(sbetrieb) mit Lager d. gängigsten Verlagserzeugnisse, liefert an d. Sortimentsbuchhandel.
Barteln, im Maulbereich vieler Fische angewachsene *Bartfäden* mit Sinnesorganen.
Barten, lange Hornplatten anstelle von Zähnen bei *B.walen* (→ Wale); dienen zum Fang kleiner und kleinster Meerestiere (Seihapparat).
Bartergeschäft [engl. „barter": Tausch"], Geschäft, bei dem Waren gegen Waren ausgetauscht werden.

Barsoi, Windhund

Bartflechte,
1) *Bartmoos,* → Flechten, als Fadenbüschel v. Zweigen hängend.
2) Erkrankung d. behaarten Gesichtshaut durch Pilze od. Eitererreger (Bakterien).
Bartgeier, früher *Lämmergeier,* großer Greifvogel der Hochgebirge des Mittelmeerraums u. Asiens bis zum Himalaja; schwarzer Federbart, keilförmiger Schwanz.
Barth,
1) Emil (6. 7. 1900–14. 7. 58), dt. Lyriker: *Xantener Hymnen;* autobiograph. Romane; Essays.
2) Heinrich (16. 2. 1821–25. 11. 65), dt. Afrikaforscher; 1849–55 Sudanexpedition.
3) John S. (* 27. 5. 1930), am. Schriftst.; Parodierung traditioneller Erzählformen; Romane: *Der Tabakhändler.*
4) Karl (10. 5. 1886–10. 12. 1968), schweiz. protestant. Theologe; begr. m. s. Hauptwerk *Der Römerbrief* die → dialektische Theologie.
Bartholdi, Frédéric-Auguste (2. 4. 1834–4. 10. 1904), frz. Bildhauer u. a. *Freiheitsstatue,* New York; *Löwe,* Belfort.
Bartholinitis, Entzündung d. Bartholinischen Drüsen an d. Schamlippen.
Bartholomäus, einer der 12 christl. Apostel.
Bartholomäusnacht, Niedermetzelung d. → Hugenotten in Paris in der Nacht zum 24. 8. 1572 bei der Hochzeit Heinrichs v. Navarra mit Margarete v. Valois (Pariser Bluthochzeit).
Bärtierchen, bis 1 mm lange Gliedertiere in Süßwasser, feuchter Erde, Moos; bekrallte Beinstummel; überdauern Austrocknung, leben im Wasser wieder auf.
Bartning, Otto (12. 4. 1883–20. 2. 1959), dt. Architekt bes. i. Kirchenbau; 1947 neuer Bautyp mit in Serien angefertigten Konstruktionsteilen („Notkirchen"); *Sternkirche* (1922 Köln), *Auferstehungskirche* (1929 Essen), *Gustav-Adolf-Kirche* (1933 Berlin).
Bartók [ˈbɔrtoːk], Béla (25. 3. 1881 bis 26. 9. 1945), ungar. Komp. und Volksliedforscher; Opern, Kammermusik, Klavier- u. Orchesterwerke; Neue Musik.
Barton [bɑːtn], Derek Harold Richard (* 8. 9. 1918), am. Chem.; (zus. m. → Hassel) Nobelpr. 1969 (Konformationsanalyse).
Baruch [hebr.], Gesegneter, Gefährte d. Propheten Jeremias; *Buch B.,* apokryphe biblische Schrift.
Barye [baˈri], Antoine-Louis (24. 9. 1795–25. 6. 1875), frz. Bildhauer u. Maler; gg. d. akad. Kunstauffassung durch ungestüme Ausdruckskraft d. realist. Darstell.; bes. Tierplastiken; *Tiger, der ein Krokodil zerreißt; Löwe.*
Baryonen, Bez. f. → Elementarteilchen mit relativ großer Masse (→ Nukleonen, → Hyperonen) u. ihre → Antiteilchen.
Baryonenzahl, eine allen → Elementarteilchen zugeordnete Größe (f. Baryonen + 1, f. Antibaryonen – 1, f. alle übrigen Teilchen 0); die Erhaltung der B. bei allen Wechselwirkungen wird als Grund für die Stabilität d. Materie angesehen.
Baryt → Barium.

Baryton, Gambe mit 6–7 Spiel- und 7–24 Resonanzsaiten; J. Haydn komponierte mehr als 100 B.-Werke.
Barytpapier, schwarzweißes Vergrößerungspapier, dessen Emulsion auf herkömml. Barytpapier aufgetragen ist.
Baryzentrum [gr.], gemeins. Schwerpunkt eines Systems v. mehreren Körpern (z. B. bei Erde–Mond od. beim Planetensystem).
Barzahlung, Zahlung unmittelbar v. Hand zu Hand, bei Empfang d. Ware od. Leistung.
Barzel, Rainer (* 20. 6. 1924), CDU-Pol.; 1962/63 B.min. für gesamtdt. Fragen, 1964–73 Fraktionsvors. d. CDU/CSU, 1971–73 CDU-Parteivors., 1982/83 B.min. f. innerdt. Beziehungen, 1983/84 Präs. d. B.tages; *Es ist noch nicht zu spät; Auf dem Drahtseil.*
Basaliom, *Ulcus rodens,* Hautgeschwulst, wächst örtl. zerstörend.
Basalkorn, Blepharoplast, Körperchen, in dem der Achsenfaden der Geißeln u. Wimpern der Einzeller seinen Ursprung nimmt.
Basalt, weitverbreitetes Gestein der → Vulkanite, baut den Ozeanboden auf (→ Erdkruste); Landschaftsformen: Kuppen, Vulkanschilde und riesige Decken; in Dtld: Vogelsberg; Bau- und Straßenbaumaterial; → Magmatite, Übers.
Basaltemperatur, Aufwachtemperatur, steigt 14 Tage v. d. → Menstruation um ca. ½ °C an und fällt kurz v. d. Menstruation wieder ab; bei Schwangerschaft bleibt d. Temperatur erhöht.
Basar, m. [pers.], *Bazar,*
1) Wohltätigkeitsverkauf.
2) Warenmarkt, Geschäftsviertel (im Orient), Kaufhaus.
Baschenis [basˈkenis], Evaristo (1607/17–77), it. Stilleben-Maler d. Barock; Musikinstrumente (oft nach Modellen aus der → Amati-Werkstatt).
Baschkiren, turktatar. Stamm im Ural; sunnit. Mohammedaner (ca. 1,2 Mill.); z. T. Nomaden.
Baschkirien, *Baschkortostan,* auton. Rep. i. d. Russ. Föd., S-Ural, 143 600 km², 3,98 Mill. E., Baschkiren, Russen, Tataren u. a.; O gebirgig, W Flachland m. Steppengebieten; Erdöl, Erdgas, Kohle u. Kupfer, Hüttenind., Maschinenbau, Ackerbau (Weizen), Vieh- u. Bienenzucht. Hptst. *Ufa.*
Base,
1) svw. Kusine.
2) svw. → Basis.
Baseball, m. [ˈbeɪsbɔːl], am. Nationalspiel, ähnlich dem dt. Schlagball; 2 Mannschaften mit je 9 Spielern; der v. der Gegenpartei zugeworfene Lederball wird möglichst weit mit einer Keule abgeschlagen, um während seiner Flugzeit einen anhaltenden Lauf um drei Male *(bases)* zu machen.
Basedowsche Krankheit, von dem Arzt Karl von *Basedow* (1799–1854) zuerst beschriebene Krankheit der Schilddrüse (Überfunktion) mit Kropf, Herzklopfen, „Glotzaugen", Grundumsatzsteigerung, Gewichtsabnahme und Übererregbarkeit.
Basel (CH-4000), Hptst. d. schweiz. Halbkantons *B.-Stadt* (37 km², 195 400 E, beiders. d. Rheins; Münster, Uni. (s. 1460); → Bank f. Intern. Zahlungsausgleich; Kunst- u. Musikst., Finanz- u. Handelsplatz, Rheinhafen; Sitz bed. chem.-pharmazeut. Unternehmen, Metallind. – B. 374 n. Chr. bezeugt, im 7. Jh. Bischofssitz, 1501 zur Eidgenossenschaft, 1529 reformiert, Mittelpunkt des oberrhein. Humanismus. 1833 Trennung in zwei Halbkantone; *B.-Stadt* u. *-Land* (518 km², 252 100 E; Hptst.: *Liestal*).
Baselitz, Georg, eigtl. *Hans-G. Kern* (* 23. 1. 1938), dt. Maler u. Graphiker bes. d. Neoexpressionismus; dreht s. 1969 d. Motive auf d. Kopf z. Betonung d. Autonomie d. Bildfläche; *Nachtessen in Dresden; Siebenmal Paula.*
Basen, chem. Verbindungen, die in wäßriger Lösung Hydroxid-Ionen bilden u. infolgedessen → alkalisch reagieren.
Basenpaarung, durch Wasserstoffbrücken bedingte *spezifische* Bindung der organ. Basen in Nukleinsäuren zw. *Adenin* u. *Thymin* (od. *Uracil*) bzw. zw. *Guanin* u. *Cytosin.*
Basensequenz → genetischer Code.
BASF, Abk. f. → **B**adische **A**nilin- & **S**oda-**F**abrik.
Bashir [baˈʃir], Omar Hassan Ahmad al (* 1942), s. 1989 Staatsoberh. v. Sudan.
BASIC [engl. ˈbeɪsɪk], Abk. f. **B**eginners **a**ll **P**urpose **S**ymbolic **I**nstruction **C**ode, 1964 entwickelte, einfache Programmiersprache, bes. im Bereich d. Personalcomputer.
Basic English [engl. ˈbeɪsɪk ˈɪŋlɪʃ], Kurzwort aus **B**ritish **A**merican **S**cientific **I**nternational **C**ommercial, Versuch d. Vereinfachung d. Engl. (nur 850 Worte; vereinfachte Grammatik).
Basidie, Sporenträger der Ständerpilze *(Basidiomyzeten);* je 4 B.n bilden d. Sporen.
basieren [gr.], auf etwas gründen.
Basile, Giovanni Battista (1575–23. 2. 1632), it. Dichter; literar. Märchensammlung *Pentamerone* (gr. Einfluß auf d. Gebrüder → Grimm u. C. → Brentano).
Basileus [gr. -ˈlyːs], König; auch Titel eines der 9 → Archonten in Athen.
Basilicata, it. Region zw. Apulien u. Kampanien, 9992 km², 605 900 E.
Basilika [gr. „Königshalle"],
1) v. Papst verliehener Ehrentitel mancher Kirchen (z. B. Lateran-B., St. Peter in Rom, in Dtld u. a. Altötting u. Kevelaer, Mönchengladbach).
2) im Altertum öff. Gebäude für Rechtspflege u. Handel, durch Säulenreihen ab-

Béla Bartók

Basel-Landschaft

Basel-Stadt

Basilika, Trier

geteilt; dem frühchristl. Kirchenbau zugrunde gelegt: in d. antiken Säulenhalle sind d. Längsschiffe, im Richtersitz ist die Altarnische vorgebildet; christl. Normalbasilika drei- u. mehrschiffiger Längsbau m. überhöhtem Mittelschiff.
Basilikum, wärmeliebender Lippenblütler, Blätter als Gewürz (z. B. zu Tomaten).
Basilisk, m.,
1) im Altertum Schlangenfabeltier mit tötendem *Basiliskenblick.*
2) trop.-am. (harmlose) Echse m. Kamm auf Kopf u. Rücken.
Basilius,
1) B. I. (ca. 812–886), Begründer der mazedon. Dynastie.
2) B. II. (ca. 956–1023), unterwarf d. Bulgarenreich.
Basilius d. Große (330–79), Heiliger u. bed. Kirchenlehrer in Kappadokien.
Basis [gr.],
1) Grundlage, Ausgangspunkt; *arithmet.* Grundzahl v. Potenz od. Logarithmus; *geometr.* Grundfläche od. -linie eines Körpers od. e. Figur; *Kunst:* Säulenfuß.
2) Elektrode b. → Transistor.
Basisabdichtung, Sicherheitsschicht (Kunststoff u. a.), die d. Austreten v. Schadstoffen (Sickerwasser) aus e. Deponie in d. Erdreich verhindern soll.
Basken, eigene Bez. *Euscaldunac,* Volk beiderseits der westl. Pyrenäen; mit eigener Sprache, die keiner anderen Sprache der Welt verwandt zu sein scheint. Separatist. B.: → ETA.
Basketballspiel, am. Korbballspiel; Spielfeld 13–15 m breit u. 24–28 m lang, je 5 Feld- u. 5 Auswechselspieler; Hohlball 650 g schwer, Körbe in 3,05 m Höhe an Brett a. d. Schmalseite d. Feldes angebracht; nach Punkten (je 2 f. gelungenen Korbwurf) gespielt.
baskische Provinzen, in Spanien: Biscaya (Vizcaya), Hptst. *Bilbao;* Guipúzcoa, *Donostia-San Sebastián;* Alava, *Vitoria-Gasteiz;* 7261 km², 2,1 Mill. E; Viehzucht, Landwirtsch., Bergbau; Stahlind.; seit 1979 autonome Region Baskenland, Hptst. *Vitoria-G.*
Baskül(e)verschluß [frz.], ein Drehschloß, treibt zwei Riegel in entgegengesetzte Richtungen, schließt Fenster u. Türen von der Mitte aus oben und unten.
Basler Frieden, 1795, zw. Frkr. und Preußen: Pr. gibt Kampf gg. Frz. Revolution und linkes Rheinufer auf.
Basler Konzil, 1431–49, erstrebte Kirchenreformen.
Basra, ehem. Hpthafen (seit 1967 in Umm Kasr) d. Rep. Irak am → Schatt el-Arab; 616 000 E (1985); Raffinerie, Dattelanbauzentrum; Blütezeit unter d. Abbasiden; Hptst. d. irak. Provinz *B.* (19 070 km², 872 000 E; Erdöl).
Baß [it.], tiefste männl. Stimmlage; auch tiefster Teil e. Musikwerks u. d. Instrumente, die ihn ausführen: *Kontra-B.,* tiefstes Streichinstrument; *Baßtuba,* tiefe → Tuba (Abb. → Tafel Orchester); auch Bez. f. bes. (meist 4saitige) E-Gitarre: elektrisch verstärkte *Baßgitarre.*
Bassano, it. Malerfamilie d. Renaiss., bes. in Venedig:
1) Francesco (1549–92);
2) Jacopo da Ponte, gen. *Il B.* (um 1515–92);
3) Leandro (1557–1623), bes. Bildnisse.
Basselisse [frz. bas′lis], Webart (f. Go-

Basketballspiel, *Seoul 1988, Brasilien – Ägypten*

Sturm auf die Bastille

belins) am Webstuhl m. waagerecht gelagerter Kette.
Bassermann, Albert (7. 9. 1867–15. 5. 1952), dt. Bühnenschauspieler.
Basset [′bæsət], engl. Hunderasse; kurzbeinig m. langen Hängeohren u. Kehlwamme.
Bassetthorn, Altklarinette in F; mehrfach von W. A. Mozart eingesetzt.
Bassist, Baßsänger od. Baßspieler.
Basso continuo [it.], → Generalbaß.
Basso ostinato, kurze Melodiefolge, oft absteigende Quart, als immer wiederkehrender Baß.
Bassow, Nikolai (* 14. 12. 1922), russ. Phys.; Arbeiten z. Entwicklung d. Quantenelektronik, → Maser- u. → Lasertechnik; Nobelpr. 1964.
Baßschlüssel → F-Schlüssel.
Bassum (D-27211), St. südl. v. Bremen, Nds., 14 125 E.
Bast,
1) innere Rindenschicht v. Stämmen od. Stengeln; *B.fasern,* zum Binden, Flechten u. Spinnen.
2) Haut am wachsenden → Geweih, trocknet später aus u. wird abgerieben.
Bastard,
1) *biol.* svw. *Hybride,* ein → heterozygoter Nachkomme, der aus einer Kreuzung genetisch unterschiedl. Elternformen der gleichen od. versch. Arten hervorgegangen ist.
2) veraltet für → Mischling.
3) veraltet f.: natürl. Nachkomme aus nicht ebenbürt. Ehe; *Bankert;* heute abwertend f. unehel. Kind.
Bastarner, ostgerman. Stamm; seit 2. Jh. v. Chr. im östl. Balkan.
Bastei, m. [it.],
1) *Bastion,* Festungswerk, vorspringender Teil eines Befestigungsbaues.
2) Felsengruppe des Elbsandsteingebirges.
Bastet, ägypt. Ortsgöttin v. Bubastis („Haus d. Bastet") u. Personifikation v. Freude u. Liebe; katzenköpfig dargestellt.
Bastia, Hafenst. im nördl. Korsika, 38 000 E.
Bastian,
1) Adolf (26. 6. 1826–2. 2. 1905), dt. Forschungsreisender; Begr. d. älteren Völkerkunde (Völker-, Elementargedanke).
2) Gert (26. 3. 1923–1. 10. 92), dt. Gen. u. Pol.; 1980 vorzeitig pensioniert, in d. Friedensbewegung aktiv, 1983–87 MdB (f. d. Grünen, s. 1984 fraktionslos); *Frieden schaffen.*
Bastille, w. [frz. -′tij], svw. Schloß m. Wehrtürmen; Name einer ehem. Burg in Paris; als Staatsgefängnis unter Ludwig XVI. Symbol der Tyrannei; 14. 7. 1789 vom Volke gestürmt (frz. Nat.feiertag).
Bastion, w., → Bastei.
Bastonnade, w. [frz.], Stockschläge auf Fußsohlen.
Bastseide, nicht entbastete Seide des *wilden* Seidenspinners; meist gelblich.
Basuto, Restvolk der Betschuanen (Bantuneger) im östl. Südafrika; Viehzüchter u. Ackerbauer.
Basutoland, svw. → Lesotho.
Bataille, w. [frz. -′ta:j(ə)], Schlacht.
Bataillon, s. [-tal′jo:n], kleinster mil. Truppenverband, aus mehreren Kompanien bestehend.
Batak, *Batta, Battak,* altmalaiische Bevölkerung Nordsumatras.

Batate, *Ipomoea, Knollenwinde, Süßkartoffel,* in Tropen angebaut, da Wurzelknollen wie Kartoffeln genießbar; auch → Yamswurzel u. → Topinambur.
Bataver, german. Stämme i. 1. Jh. a. d. Rheinmündung; gingen in d. Franken auf; ihr Gebiet: *Batavia.*
Batavia, s. 1949 → Jakarta.
Bath [ba:θ], St. u. Kurort in S-England am Avon, 84 000 E; warme Quellen.
Batholith, m., größer, in der Tiefe erstarrter Gesteinskomplex (→ Pluton) v. stockartiger Ausprägung.
Báthory, altes ungar. Adelsgeschlecht: Stephan IV. (1533–86), Fürst von Siebenbürgen 1571, Kg von Polen 1575.
Bathurst [′bæθə:st],
1) jetzt → Banjul.
2) austral. St. in Neu-Südwales, 25 600 E; Viehzuchtzentrum.
Bathyscaph, m., **Bathysphäre,** w. [gr.], frei schwimmende Tiefsee-Tauchkugeln (Beebe; Barton; Piccard, Houot und Willm); Tauchtiefe ca. 11 000 m.
Batik, indones. (malaiisches) Verfahren z. Mustern v. Stoffen; Zeichnung wird teilweise durch aufgegossenes (nach Beendigung entferntes) Wachs abgedeckt u. d. Stoff in Farbe gelegt, die nur die wachsfreien Teile annehmen.
Batist, m., zartes Leinen-(Baumwoll-) Gewebe.
Batoni, Pompeo (25. 1. 1708–4. 2. 87), it. Maler d. röm. Spätbarock; s. Betonung d. Gefühls u. e. elegischen Grundstimmung beeinflußten dt. röm. Porträtmalerei bis Mitte 19. Jh.; *Alexandra u. Isabelle Potocka.*
Baton Rouge [′bætən ′ru:ʒ], Hptst. des US-Staates Louisiana, am Mississippi, 220 000 E; Uni; petrochem. Ind., Raffinerie.
Batschka, ehem. ungar., 1920 der größte Teil jugoslaw. Gebiet zw. unterer Theiß u. Donau, sehr fruchtb. Teil d. Woiwodina (Serbien); Städte: *Maria-Theresiopel (Subotica), Neusatz (Novi Sad).* – Bis 1945 überwiegend dt. besiedelt.
Battelle Memorial Institute [bə′tel mi′mɔ:riəl ′institju:t], 1929 in USA f. ind. Zweckforschung gg. Erstattung der Selbstkosten gegr.; 1952 Battelle-Institut e. V. in Frankfurt a. M.
Batterie [frz.],
1) *mil.* Gefechtseinheit d. Artillerie; entspricht der → Kompanie anderer Waffengattungen, → Einheit.
2) Zus.schaltung mehrerer galvan. Elemente (→ galvanischer Strom) oder → Akkumulatoren zur Erhöhung der Spannung.
3) *mus.* Bez. f. d. Schlagzeug.
Batterierecycling, Sammlung und Aufbereitung v. Altbatterien u. -akkumulatoren, d. wegen ihrer gift. Schwermetallanteile (Zink, Quecksilber u. a.) umweltgefährdend sind.
Batteux [-′tø], Charles (6. 5. 1713 bis 14. 7. 80), frz. Literaturkritiker; Begr. der frz. Ästhetik.
Batthyány [′bɔtjɔ:ni], altes ungar. Adelsgeschlecht: B., Ludwig, Gf (1806 bis 49, hingerichtet), 1848 Min.-Präs., f. Union zw. Östr. u. Ungarn.
Batumi, Hpt- u. Hafenst. d. auton. Rep. Adscharien (in Georgien), a. Schwarzen Meer, 136 000 E; Erdölleitung v. Baku; Exporthafen f. Erdöl u. Manganerz.

Batuti, negroides Zwergvolk (Männer 144, Frauen 137 cm) a. Ituri im afrikan. Urwald; überwiegend Jäger.
Batzen, im 15.–19. Jh. Silbermünze in Süddtld und Schweiz (= 4 Kreuzer).
Bau, unterird. Behausung versch. Säugetierarten (Fuchs, Dachs, Kaninchen).
Bauaufsichtsbehörde, s. 1945 Bez. f. *Baupolizei;* Verw.instanz für Baugenehmigungen, Überwachung des Bauens, Bausicherheit.
Bauch, die gg. den Brustraum durch das Zwerchfell abgeschlossene große Körperhöhle, durch die **B.decken** (Haut u. Muskeln) nach außen abgedeckt, allseitig m. d. feinen u. empfindlichen **B.fell** (b. Geschwürsdurchbruch: *B.fellentzündung*) ausgekleidet.
Bauchdeckenreflex, Zus.ziehen d. Bauchdecke bei Reizung der Bauchhaut; → Reflex.
Bauchhöhlenschwangerschaft, Entwicklung d. Leibesfrucht außerhalb der Gebärmutter in Eierstock, Eileiter od. Bauchhöhle.
Bauchmark, Strickleiternervensystem; unter d. Darm verlaufendes Nervensystem bei → Ringelwürmern und → Gliederfüßern.
Bauchpilze, Pilzordnung, bei der sich Sporenbildung im Innern v. bauchigen Fruchtkörpern vollzieht (z. B. Bofiste).
Bauchredner, erzeugt ohne Mundbewegung Töne, die scheinbar aus dem Bauch kommen.
Bauchspeicheldrüse, *s., Pankreas,* hinter dem Magen, sondert → Fermente enthaltende Verdauungssäfte *(Bauchspeichel)* in den Zwölffingerdarm und aus d. Inselzellen (→ Inselorgan) das für d. Zuckerstoffwechsel unentbehrliche → Insulin u. d. entgegengesetzt wirkende → Glukagon ins Blut ab: → innere Sekretion.
Bauchtanz, oriental. Schautanz, rhythm. Hüft- u. Bauchbewegungen v. Frauen, in Eur. auch Bewegungstherapie.
Bauchwassersucht, *m., Aszites,* Wasseransammlung im Bauch, bes. bei Leber- und Herzkrankheiten.
Baucis, i. d. griech. Sage Gattin d. → Philemon; sprichwörtl. gute Ehefrau.
Baude, w. [ndh. *boude* „Bude"], bewirtschaftete Berghütte, bes. im Riesengebirge.
Baudelaire [boˈdlɛːr], Charles (9. 4. 1821–31. 8. 67), frz. Lyriker u. Kritiker; Mitbegr. d. Symbolismus; Gedichte: *Blumen des Bösen* (übertragen v. St. George); *Künstliche Paradiese.*
Baudissin,
1) Wolf Gf v. (30. 1. 1789 bis 4. 4. 1878), dt. Shakespeare-Übersetzer mit Schlegel und Tieck.
2) Wolf Stefan Traugott Gf v. (8. 5. 1907–5. 6. 93), Gen.leutnant a. D. d. B.wehr, hat Konzept d. „Inneren Führung" maßgeblich mitentwickelt.
Baudot [boˈdo], Anatole (14. 10. 1834 bis 28. 2. 1915), frz. Architekt; erstm. Verwend. v. unverkleidetem Stahlbeton f. alle tragenden Elemente; Kirche *St-Jean-de-Montmartre* (Paris).
Baudouin I. [boˈdwɛ̃] (7. 9. 1930 bis 31. 7. 93), s. 1951–93 als *B. I.* König der Belgier; s. 1960 m. d. span. Gräfin *Fabiola* de Mora y Aragón verheiratet.
Bauer,
1) Gustav (6. 1. 1870–16. 9. 1944), dt. sozialdemokr. Pol.; 1919/20 Reichskanzler.
2) Josef Martin (11. 3. 1901–16. 3. 70), dt. Erzähler; Romane: *So weit die Füße tragen; D. Kranich mit dem Stein;* Hörspiele.
3) Wilhelm Sebastian Valentin (23. 3. 1822–18. 6. 75), dt. Ingenieur; Erfinder d. 1. Unterseebootes („Brandtaucher", 1851 im Kieler Hafen gesunken, 1877 gehoben); konstruierte auch Schiffshebevorrichtungen.
4) Wolfgang (* 18. 3. 1941), östr. Bühnenautor; *Magic Afternoon; Silvester od. D. Massaker im Hotel Sacher; Gespenster.*
Bauern, Landwirte, die Eigen- oder Pachtland kleinen od. mittleren Umfanges selbst. unter persönl. Mitarbeit bewirtschaften.
Bauernbefreiung, Aufhebung der Leibeigenschaft u. Erbuntertänigkeit d. Bauern, Regulierung d. Eigentumsverhältnisse, Ablösung d. Lasten u. Beschränkungen im Zuge d. → Agrarreform des 19. Jh. (Stein-Hardenbergsche Reformen v. 1807 u. 1810 in Preußen, v. Montgelas in Bayern, Reitzenstein u. Nebenius in Baden); Entschädigung d. Grund- od. Gutsherren durch feste Renten in Geld od. Naturalien od. durch Landabgabe, letztere vor allem in Ostdtld; B. hier führte zu Massierung des Großgrundbesitzes u. Auflösung von Bauernstellen.
Bauerngericht, bes. Gericht z. Entscheidung in bäuerl. u. landw. Angelegenheiten, zuständig insbes. auch f. Genehmigung v. Pacht- u. Kaufverträgen über land- u. forstwirtschaftl. Grundbesitz.
Bauernhaus, allg. Unterscheidung a) n. Wandbau, entspr. de regional verfügbaren Material: Naturstein (Mittelmeer u. Westeur.), Blockbau aus liegenden Stämmen (Nordosteur., Karpaten bis ch. Alpen), Fachwerk (übriges Dtld), Lehmbau, heute hpts. Ziegelbau; b) nach Grundriß u. Beheizung Hpttypen: altes *Rauchstubenhaus* (einräumig m. Rauchofen), *niedersächs.* Hallenhaus (großer Einraum m. Mitteldiele, Wohnraum, seitl. Ställen, Erntebergung im Dachraum); dt. *Zweifeuerhäuser* (Herd in Küche, Kachelofen in Stube); darunter sehr mannigfache *oberdt.* Hausformen (Schwarzwälder, Schweizer, bayr. Einheitshaus, oberöstr. Vierkanter u. a.); *mitteldt. (fränk.)* Haus (Wohnung u. Stall unter e. Dach) m. Scheune u. Nebenbauten zu regelmäßigem „Gehöft" geordnet.
Bauernkrieg, Aufstand der mittel- u. süddt. Bauern (1524/25); schon 1476, 1492, 1502 Aufstände am Rhein „Bundschuh", in Württemberg „Der arme Konrad" (1514), rel. u. pol. Forderungen in den *12 Artikeln;* Anführer: *Götz von Berlichingen, Florian Geyer, Georg Metzler, Thomas Münzer.*
Bauernlegen, Einziehung eines Bauerngutes durch Gutsherrschaft; seit 17. Jh. oft verboten.
Bauernregeln, Wetterregeln d. Bauern aufgrund generationenlanger Beobachtung (→ Schafkälte); oft nur lokale Bedeutung.
Bauernspiele, 2 versch. Arten:
1) dörfl. Laienspiel;
2) *Bauerntheater,* d. i. Bühnenspiel v.

Charles Baudelaire

König Baudouin I.

Bayer. Bauernhaus, *Feuerstelle*

Bayer. Bauernhof *mit Zehentstadel*

Berufsschauspielern vorw. dörfl. Herkunft, aber f. städt. Publikum (Exl-Bühne in Innsbruck, Thoma-Bühne in Tegernsee, d. Schlierseer, Konrad Dreher).
Bauernverband → landwirtschaftliche Organisationen.
Bauersfeld, Walter (23. 1. 1879 bis 28. 10. 1959), dt. Phys.; Konstrukteur d. ersten Planetariums; 1946 Neugründung d. → Zeisswerke in Oberkochen.
Baugenehmigung, v. Bauaufsichtsbehörde einzuholen.
Bauhaus, 1919 v. W. → Gropius in Weimar gegr. staatl. Kunstschule f. Bau u. Gestaltung, 1925–32 in Dessau, bis 3. Auflös. 1933 in Berlin. Ziel d. Zus.arbeit v. Künstlern, Handwerkern u. dann auch Architekten war d. Ausbildung e. theoret. fundierten Form- u. Farbsinns als Voraussetzung d. künstler. Schaffens; daher auch Beginn d. Industrie-Designs. Lehrer: Feininger, Itten, Moholy-Nagy, Kandinsky, Klee, Schlemmer, Mies van der Rohe u. a. Der *B.stil* erstrebte d. Schönheit d. Zweckmäßigkeit, z. B. durch Stahlmöbel, „Wohnkiste" m. Flachdach, malerische Abstraktion.
Bauherr, derjenige, in dessen (wirtsch. u. rechtl.) Verantwortung ein Bauvorhaben unternommen wird.
Bauherrenmodell, stellt Kapitalanlegergemeinschaft e. Bauherren gleich (Steuervorteil).
Bauhütte, Werkgemeinschaft d. Maurer u. Steinmetzen am Bauplatz e. Kirche bes. des hohen u. späten MA (z. B. Dom-B.), auch z. Ausbildung und z. Bewahrung geheimzuhaltender handwerklicher u. technischer Eigenleistungen. 1731 i. Dtld aufgelöst.
Baukunst, auch *Architektur,* gestaltet Bauwerke in best., sinnvoll gegliederten Formen; ihre Arten, durch Veranlagung, Kultur u. Klima, Bauzweck u. -stoff bedingt, heißen *Baustile* (→ Kunstgeschichte).
Bauland, Muschelkalklandschaft i. n. Baden.
Baum,
1) Gerhart (* 28. 10. 1932), FDP-Pol.; 1978–82 B.innenmin.
2) Vicki (24. 1. 1888–29. 8. 1960), östr. Schriftst.in; Romane: *Menschen im Hotel; Es war alles anders; Hotel Shanghai.*
Baum,
1) holzige Pflanze m. einer starken Hauptachse, im Unterschied zum Gehölz, Busch m. deutlichem Stamm, der mehr als 1 m über den Boden ragt.
2) *seem.* Rundholz, kurz für Ladebaum.
Baumbach, Rudolf (29. 9. 1840–21. 9. 1905), dt. Lyriker; Vertr. d. sog. „Butzenscheibenlyrik".
Baumé-Grad, Skalierung auf → Aräometern zur Messung der → Dichte von Flüssigkeiten.
Baumeister, Willi (22. 1. 1889–31. 8. 1955), dt. abstrakter Maler u. Kunsttheoretiker; geometr. od. biol. „Urformen", kontrapunkt. Bildbau, dekorative Materialreize.
Bäumer, Gertrud (12. 9. 1873–25. 3. 1954), dt. Schriftst.in; führend in d. Frauenbewegung; Monographien zur Gesch. d. MA; sozialpol. Schriften.
Baumfalke, einheim. Greifvogel; oberseits schwärzl., rote „Federhosen".
Baumfarne, trop. Farne m. holzigem, baumartigem Stamm.

Baumgarten, Alexander Gottlieb (17. 7. 1714–26. 5. 62), dt. Phil., begr. d. Lehre v. Schönen; *Aesthetica*.
Baumläufer, rindenfarbiger Singvogel mit Bogenschnabel; in Dtld *Garten-B., Wald-B.*
Baumsarg, Sarg aus längsgespaltenem u. ausgehöhltem Baum; vorgeschichtlich in Grabhügeln vorwiegend der Bronzezeit N-Europas.
Baumstachler, Familie, den → Stachelschweinen ähnl. Baumbewohner N-Amerikas; Stacheln im Borstenpelz; z. B. *Urson.*
Baumwolle, Samenhaare einer Gattung krautiger bis strauchartiger Malvengewächse; Samen liefern Öl *(Cottonseed Oil),* die Rückstände Futtermittel; als Textilrohstoff wichtiges Welthandelsgut; Weltproduktion 1994: 53,3 Mill. t; Einfuhr v. Roh-B. in d. BR 216 700 t (1995).
Baumwoll-Pflückmaschine, seit 1948, ,,Picker" zupft d. Faser samt anhängendem Samenkorn aus den Kapseln, ,,Stripper" erntet ganze Kapseln; neuerdings nach vorausgegangener Entlaubung d. Pflanzen durch Verstäuben von Kalkstickstoff.
Baumwollspinnerei, die 20–50 mm langen Samenhaare d. B.staude werden gereinigt, durch Kämmen u. ,,Krempeln" oder ,,Kratzen" zu Faserbändern m. parallel liegenden Fasern verarbeitet u. durch Drehen u. Strecken zu dünnen Fäden versponnen.
Baunatal (D-34225), St. i. Kr. Kassel, Hess., 25 900 E; Autoind.
Baunscheidtismus, nach *K. Baunscheidt* (1809–74) ausgeübtes Heilverfahren: örtliche Hautreizung durch Nadelinstrument u. anschließendes Einreiben mit hautreizendem Öl.
Bauplan, *biol.* Anordnungsart von Organen, aus denen sich d. Körper v. Lebewesen aufbaut.
Bauplastik, f. e. Bauwerk hergest. u. darin fest integrierte plast. Elemente z. Dekoration od. Versinnbildlichung; z. B. im got. Kirchenbau (Portal, Fassade, Ziergewölbe), in d. barocken Innengestaltung (Stukkatur).
Baur, Erwin (16. 4. 1875–2. 12. 1933), dt. Botaniker u. Erbforscher; *Grundriß d. menschl. Rassenhygiene u. Erblichkeitslehre* (mit Fischer u. Lenz); Züchtung d. Süßlupine (m. Correns).
Bausch, Pina (* 27. 7. 1940), Tänzerin u. Choreographin; Vertreterin des *Modern Dance;* entwickelte zus. m. ihrem Ensemble (Tanztheater Wuppertal) eigenständige Darstellungsform zw. modernem Ballettanz u. Sprechtheater; *Kontakthof.*
Bauschule, höhere techn. Lehranstalt f. die Ausbildung v. ausgelernten Bauhandwerkern zu Bauingenieuren.
Bauschuttrecycling, Verwertung von Baurestemassen (Bodenaushub, Straßenaufbruch, Baustellenabfall) f. Herstellung v. Baustoffen (z. B. Bitumen).
Bausoldaten, Bez. f. Kriegsdienstverweigerer in d. ehem. DDR, d. in den Baueinheiten d. → Nationalen Volksarmee (ab 1964) waffenlosen Dienst leisten mußten.
Bausparkassen, Zwecksparkassen z. Finanzierung v. Eigenheimen; gewähren d. Bausparer zusätzl. zu dem in Raten angesparten Eigenkapital Hypothekendarlehen. Bausparverträge sind steuerl. begünstigt; Entwicklung d. B. in England u. USA schon i. 18./19. Jh.; in Dtld seit d. zwanziger Jahren v. größerer Bedeutung; B. unterliegen d. Ges. über B. v. 16. 11. 1972, d. Kreditwesenges., private B. außerdem d. Versicherungs-Aufsichts-Ges. (1931); öffentl.-rechtl. B. sind d. Sparkassen angeschlossen.

Gartenbaumläufer

Bautasteine, frühgeschichtl. unbearbeitete Denk- od. Grabsteine, hpts. in Skandinavien; → Menhir.
Bautzen, sorb. *Budyšin* (D-02625), Krst. i. d. Oberlausitz, Sa., a. d. Spree, 45 900 E; kath. Bischofssitz; kultur. Zentrum d. sorb. Minderheit i. d. Lausitz.
Bauxit, *m.,* bei Les Baux (frz. St. bei Arles) zuerst gefundenes Mineralgemenge aus Aluminium-, Eisen- und Siliziumhydroxiden (→ Hydroxide); Weltproduktion 1994: 113,5 Mill. t; bed. Rohstoff z. Produktion von → Aluminium; → Statistik.
Bavaria [l. ,,Bayern"], weibl. Personifizierung von Bayern, z. B. in Gestalt des monumentalen Bronzestandbildes von Schwanthaler auf der Münchener Theresienwiese.
Bavink, Bernhard (30. 6. 1879–27. 6. 1947), dt. Naturphil.; *Ergebnisse u. Probleme d. Naturwiss.*
Bayar, Mahmut Celâl (15. 5. 1883 bis 24. 8. 1986), türk. Pol.; 1937–39 Minpräs.; 1950–60 Staatspräs.

Bayard [ba'ja:r], Pierre du Terrail (1476–1524), frz. Feldherr (,,Ritter ohne Furcht und Tadel").
Bayer AG, dt. Chemiekonzern i. Leverkusen.
Bayerischer Erbfolgekrieg → Bayern.
Bayerischer Rundfunk, *BR,* Sitz München, Rundfunkges. mit Sendern in München, Nürnberg, Hof u. a.
Bayerischer Wald, bewaldetes Mittelgebirge nördl. d. Donau zw. Regensburg u. Passau; *Einödriegel* 1121 m; auch Name für den bayr. Teil d. → Böhmerwaldes.
Bayerische Volkspartei, *BVP,* 1918 gegr. als Nachfolgepartei des bayr. Zentrums, 1933 zwangsweise Selbstauflösung.
Bayern, größtes Bundesland i. S. d. BR Dtld, Freistaat, 70 554 km^2, 11,8 Mill. E (168 je km^2); Rel.: 62,7% röm.-kath., 26,1% ev.; Hpst. *München;* 7 Rgbz. (Oberbay., Niederbay., Oberpfalz, Ober-, Mittel-, Unterfranken, Schwaben); Landesfarben: Weiß-Blau. a) *Wirtschaft:* In Niederbayern fruchtbare Ackerböden, das Alpenvorland ein Hauptgebiet d. Milchwirtschaft, im Maintal Weinbau; bedeutendstes d. Agrarland; nach 1945 schnelle ind. Entwicklung; Verarbeitungs- u. Veredelungsind. herrscht vor; in NO-B. bed. Produktionszentrum der Porzellan-, Textil-, Stein-, Glas- u. Holzind.; SO-B.

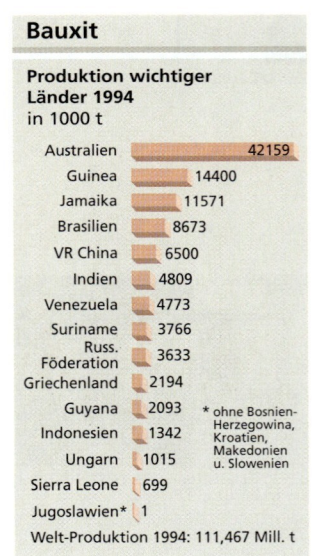

Bauxit

Produktion wichtiger Länder 1994 in 1000 t

Land	Produktion
Australien	42159
Guinea	14400
Jamaika	11571
Brasilien	8673
VR China	6500
Indien	4809
Venezuela	4773
Suriname	3766
Russ. Föderation	3633
Griechenland	2194
Guyana	2093
Indonesien	1342
Ungarn	1015
Sierra Leone	699
Jugoslawien*	1

* ohne Bosnien-Herzegowina, Kroatien, Makedonien u. Slowenien

Welt-Produktion 1994: 111,467 Mill. t

Landtagswahlen Bayern (Stimmen in %)

Jahr	CSU	SPD	FDP	Grüne	Republikaner
1946	52,3	28,6	5,6		
1950	27,4	28,0	7,1		
1954	38,0	28,1	7,2		
1958	45,6	30,8	5,6		
1962	47,5	35,3	5,9		
1966	48,1	35,8	5,1		
1970	56,4	33,3	5,5		
1974	62,1	30,2	5,2		
1978	59,1	31,4	6,2		
1982	58,3	31,9			
1986	55,8	27,5	7,5		
1990	54,9	26,0	5,2	6,4	4,9
1994	52,8	30,1	2,8	6,1	3,9

chem. u. Aluminiumind.; außerdem Luft- u. Raumfahrtind., Fahrzeugbau, Raffinerien, Elektrotechn., Textil-, Papierind., Maschinenbau, Brauereien; Mineralvorkommen: Pech- u. Braunkohle, Eisenerz, Graphit, Salz, Kaolin, Erdöl und -gas. Fremdenverkehr, Heilbäder. *Internat. Flughäfen:* München, Nürnberg. *Wasserstraßen:* Main, Donau, Rhein-Main-Donau-Kanal (Europa-K.). *Wasserkraftwerke:* Speicher Walchensee, Roßhaupten, Leitzachwerk; Pumpspeicher Langenprozelten, Happburg, Reisach-Rabenleite, Tanzmühle u. Laufwasserwerke a. d. Donau, Isar, Iller, am Main, Inn, Lech

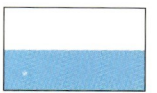
Bayern

und an anderen Nebenflüssen; *Kernkraftwerke:* Isar 1 und 2 (Ohu), Grafenrheinfeld, Gundremmingen. **b)** →*Hochschulen.* **c)** *Regierung:* Ministerpräsident, Minister, Staatssekr.; Landtag, Senat. **d)** *Geschichte:* Um 500 n. Chr. Einwanderung d. westgerman. Bajuwaren in d. Alpenvorland, anschließend Besiedlung d. Ostalpentäler; s. 6. Jh. unter fränk. Oberhoheit; 788 d. letzte Hzg Tassilo III. v. Karl d. Großen abgesetzt; im Dt. Reich Hzgt. B. 976 durch Abtrennung d. Ostmark u. Kärntens (mit Steiermark) verkleinert; ab 1180 unter Wittelsbachern (Kaiser Ludwig d. Bayer 1302–47); diese erwarben 1214 d. Rheinpfalz, im 30jährg. Krieg 1623 Oberpfalz u. Kurwürde; Maximilian I. (1597–1651) Führer der Gegenreformation; Karl Albrecht (1726–45) 1742 dt. Kaiser als Karl VII.; ab 1777 pfälz. Linie; 1778/79 Bayer. Erbfolgekrieg: Östr. erhält das o. Viertel; für 1801 abgetretenen linksrhein. Besitz bekommt B. 1803–09 Ansbach u. Bayreuth, 6 Bistümer u. Reichsstädte Augsburg, Nürnberg, Ulm. 1806 Königreich u. Mitglied des Rheinbundes; 1813 auf seiten der Alliierten, erhält auf Wiener Kongreß linksrhein. Pfalz zurück; 1818 Konstitution; Mitglied d. Dt. Bundes (1815–66) und des Dt. Zollvereins (1834) unter d. Kunstförderer Ludwig I.; Maximilian II.: Bündnis mit Hannover, Sachsen, Württemberg 1850, Ludwig II. mit Österreich. 1866 Krieg geg. Preußen, 1867 Schutz-und-Trutz-Bündnis mit Preußen; Nov. 1870 Beitritt zum Dt. Reich: Sonderrechte (Heer, Post, Eisenb. usw.); 1886 Prinzregent Luitpold, 1913 s. Sohn Kg Ludwig III. 7. 11. 1918 Revolution, Regierung Eisner; 7. 4. 1919 Räterep.; 12. 8. 1919 Freistaat; 1920 Einverleibung von Sachsen-Coburg; linksrheinische Pfalz 1945 Teil v. Rheinland-Pfalz.
Bayernpartei, *BP,* bayrische polit. Partei, gegründet 1947, extrem föderalistisch.
Bayeux [-'jø], Krst. i. d. westl. Normandie, Dép. *Calvados,* 14 700 E; got. Kathedrale; Museum mit **B.teppich,** *Tapisserie de B.,* mit gestickten Darstellungen der Eroberung Englands 1066.
Bayle [bɛl], Pierre (18. 11. 1647–28. 12. 1706), frz.. Philosoph, Erkenntnisskeptiker.
Bayonne [ba'jɔn], südfrz. St. am Adour u. Golf von Biscaya, Dép. *Pyrénées-Atlantiques,* 40 000 E; Handelshafen; Flugzeugbau.
Bayreuth (D-95444–48), krfreie St., Hptst. d. Rgbz. Oberfranken, Bay., 72 777 E; IHK, HWK, LG, AG, Uni.; Textil-, Eisen-, Metall-, Porzellan- u. Zigarettenind.; Richard-Wagner-Festspielhaus u. Villa ,,Wahnfried" (mit Grab R. Wagners u. Museum). – 1603–1791 Residenz d. Markgrafen v. B., Markgräfl. Opernhaus, größte Barockbühne Europas, Schloß, Eremitage.
Bazaine [-'zɛn], Jean (* 21. 12. 1904), frz. abstrakter Maler; u. a. Wandbilder, Mosaiken, Glasfenster (in Kirchen; im UNESCO-Gebäude, Paris).
Bazar → Basar.
Bazillen, stäbchenförmige → Bakterien.
BBC ['bi:bi'si:], Abk. für *British Broadcasting Corporation,* halbstaatl. brit. Rundfunk- u. Fernsehges.
BBesG, Abk. f. *Bundesbesoldungsgesetz.*
BBG, Abk. f. *Bundesbeamtengesetz.*
BCG-Impfung, Tuberkuloseschutzimpfung mit Bacillus-Calmette-Guérin-Impfstoff.
BDI, Abk. f. *Bundesverband d. Deutschen Industrie.*
BDLI, Abk. f. *Bundesverband d. Deutschen Luft- u. Raumfahrt-Industrie;* Sitz: Bad Godesberg.
BDM, Abk. f. *Bund Deutscher Mädel,* NS-Jugendorganisation für 14- bis 18jährige Mädchen.
BdV, *Bund der Vertriebenen,* 1959 erfolgter Zus.schluß regionaler Vertriebenenverbände der BR u. der → Landsmannschaften, Sitz Bonn.
BDZV, Abk. f. *Bundesverband Dt. Zeitungsverleger.*
Be, chem. Zeichen f. → Beryllium.
Bea, Augustinus (28. 5. 1881–16. 11. 1968), kath. Kurienkardinal, Vors. d. Sekretariats f. d. Wiedervereinigung der Christen.
Beaconsfield ['bi:kənzfi:ld], Earl of, → Disraeli.
Beadle [bi:dl], George Wells (22. 10. 1903–9. 6. 89), am. Genetiker; biochem. Genetik; Nobelpr. 1958.
Beagle [bi:gl], kl. engl. Laufhund; dreifarbig: rot-weiß-schwarz.
Beamte, *Berufsbeamte* im staatsrechtl. Sinn stehen zum Dienstherrn (Bund, Land od. Gemeinde) in e. öff.-rechtl. Dienst- u. Treueverhältnis, dessen Inhalt d. Dienstled ist, der sie zu dienstl. Gehorsam, Überparteilichkeit u. Amtsverschwiegenheit verpflichtet; sie bekleiden ihr Amt aufgrund einer Ernennung (Berufung in d. B.nverhältnis), d. nicht willkürlich zurückgenommen werden kann; der Dienstherr verleiht ihnen dafür Rang u. Amtsbez., festes Gehalt u. Pension (zurückgehaltener Teil der Arbeitsvergütung), Versorgung der Hinterbliebenen. Nach der Gesetzgebung in der BR dürfen B. Nebenämter u. -beschäftigungen, Aufsichtsratsposten, Belohnungen od. Geschenke in bezug auf ihr Amt nur mit Genehmigung vorgesetzter Behörden annehmen; sie sind f. die Gesetzmäßigkeit ihrer dienstl. Handlungen verantwortlich u. haften zivilrechtlich f. pflichtwidrige Handlungen. *Arten:* Berufs- u. Ehren-B., B. auf Lebenszeit, auf Zeit, auf Probe und auf Widerruf, aktive B. und B. im Wartestand. Vereinheitlichung d. B.nrechts durch B.nrechtsrahmengesetz d. Bundes. – In BR Dtld *Dt. Beamtenbund* als gewerkschaftl. Spitzenvereinigung der Landesverbände (→ Gewerkschaften, Übers.).
Beamtenhaftung, Haftung einer Körperschaft des öff. Rechts (z. B. Land) f. schadenverursachende Amtshandlung ihrer Beamten; bei einfacher Fahrlässigkeit Haftung nur, wenn Geschädigter nicht anderweitig Ersatz (z. B. v. einer Versicherung) erlangen kann; Rückgriffsrecht d. Körperschaft gg. den Beamten bei Vorsatz od. grober Fahrlässigkeit.
Beardsley ['bɪədzlɪ], Aubrey Vincent (24. 8. 1872–16. 3. 98), engl. Zeichner u. Buchillustrator; als Meister d. dekorativen Linienstils Wegbereiter d. Jugendstils.
Beat, *m.* [engl. bi:t ,,Schlag"], harter, durchlaufender Rhythmus beim Jazz u. bei der danach benannten rhythmisch orientierten *Beat(musik).*
Beate [l. ,,die Glückliche"], w. Vn.
Beat generation [engl. 'bi:t dʒɛnə'reɪʃn ,,geschlagene Generation"], literar. Bewegung i. Amerika, die bürgerl. Bindungen ablehnt; Hauptvertr.: *Ginsberg, Ferlinghetti, Kerouac;* abgeleitet davon die abfällige Bez. *Beatnik.*
Beatles [bi:tlz], engl. Rockgruppe (1961–70); maßgebl. f. d. Beatmus.; John Lennon (1940–80), Paul McCartney (* 1942), George Harrison (* 1942) u. Ringo Starr (* 1940).
Beatrice [-tʃe], die himml. Geliebte in Dantes Dichtungen.
Beatrix, (* 31. 1. 1938), s. 1980 Kgn d. Ndl., vermählt m. Prinz Claus (v. Amsberg).
Beauce [bo:s], Ebene um Chartres, Getreideanbau.
Beaufortskala ['boufət-], → Windstärke.
Beauharnais [boar'nɛ], **1)** Josephine (23. 6. 1763–29. 5. 1814), verh. mit Alexandre Vicomte de B., später 1. Gattin Napoleons I. **2)** Eugène (3. 9. 1781–21. 2. 1824), ihr Sohn aus 1. Ehe, 1805 Vizekg v. Italien, 1807 von Napoleon adoptiert; s. 1817 Hzg von Leuchtenberg. **3)** Hortense (10. 4. 1783–5. 10. 1837), Tochter von 1), Gemahlin Louis Napoleons, Mutter Napoleons III.
Beaujolais [boʒɔ'lɛ], frz. Landschaft zw. Loire u. Saône, Weinbau.
Beaumarchais [bomar'ʃɛ], Caron de (24. 1. 1732–18. 5. 99), frz. Schriftst.; Lustspiele: *Der tolle Tag oder Die Hochzeit des Figaro; Der Barbier von Sevilla.*
Beaumont ['boumənt], St. i. SO-Texas, 125 000 E; Hafen, Ölind.
Beauvais [bo'vɛ], Hptst. d. frz. Dép. Oise; Chor u. Querschiff d. Kathedrale, einzig erhaltene Teile d. als größte Kirche geplanten Baus, erreichten d. kühnste Innenhöhe d. Gotik (48 m); enthält weltgrößte astronom. Uhr (1866).
Beauvoir [bo'vwa:r], Simone de (9. 1. 1908–14. 4. 86), frz. existentialist.

Teppich von Bayeux

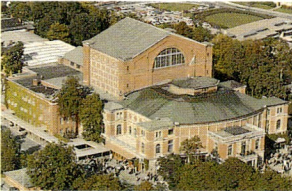
Bayreuth, *Festspielhaus*

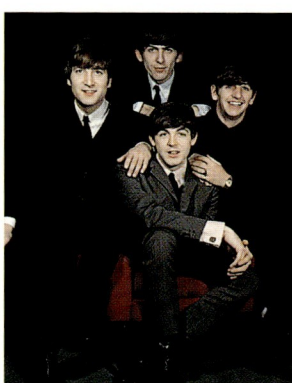
Beatles, *1965*

Beatrix

Schriftst.in; Lebensgefährtin von → Sartre; *Das andere Geschlecht; Die Mandarins;* Autobiographie.
Beaverbrook ['bi:vəbrʊk], William, Lord (25. 5. 1879–9. 6. 1964), engl. Pol. u. Zeitungsverleger.
Bebel, August (22. 2. 1840–13. 8. 1913), dt. Pol.; gründete (m. Wilhelm → Liebknecht) 1869 die soz.demokr. Arbeiterpartei (seit 1890 SPD).
Bebop, *m.* ['bi:bɔp], um 1940 entstandener Jazzstil.
Bebra (D-36179), St. i. Rgbz. Kassel, Hess., an d. Fulda, 15 755 E; Eisenbahnknotenpunkt.
Béchamelsoße [beʃa'mel-], Milch-Mehl-Soße m. Butter u. Gewürzen.
Becher, Johannes R. (22. 5. 1891 bis 11. 10. 1958), dt. Schriftst.; expressionist. Jugendwerke, Lyrik, Bühnenwerke; nach 1945 i. d. DDR, dort Min. f. Kultur; *Verfall u. Triumph.*
Bechstein,
1) Carl (1. 6. 1826–6. 3. 1900), Gründer d. weltbekannten Klavierfabrik in Berlin (1853).
2) Ludwig (24. 11. 1801 bis 14. 5. 60), dt. Schriftst.; Märchen u. Sagen.
Bechterewsche Krankheit, chron. Entzündungsprozeß d. Wirbelsäule, die sich versteifen kann; → Rheuma.
Beck, Ludwig (26. 6. 1880–20. 7. 1944), dt. Gen.oberst; 1935–38 Chef d. dt. Gen.stabs; hauptbeteiligt am Staatsstreich vom 20. 7. 1944; Selbstmord.
Becken,
1) gegenüber seiner Umgebung abgesenkter Teil der → Erdkruste, oft m. dicken Sedimentserien angefüllt; z. B. *Mainzer B.*
2) der knöcherne Ring, der den Rumpf abschließt (→ Tafel Mensch).
3) *Cinellen,* Schlaginstrument, 2 tellerförmige Metallscheiben, die aneinandergeschlagen werden (Abb. → Tafel Orchester).
Beckenbauer, Franz (* 11. 9. 1945), dt. Fußballspieler; 1972 Europameister, 1974 Weltmeister; 1984–90 Teamchef d. dt. Nat.mannschaft (1986 Vizeweltmeister, 1990 Weltmeister); 103 Länderspiele.
Becker,
1) Boris (* 22. 11. 1967), dt. Tennisspieler; 1985, 1986 und 1989 Wimbledon-Sieger, 1991 Weltranglisten-Erster, 1988, 92 und 95 ATP-Weltmeister, 1992 Olympiasieger im Doppel m. M. Stich. 1991 u. 96 Australian-Open-Sieger.
2) Carl Heinrich (12. 4. 1876 bis 10. 2. 1933), dt. Orientalist; 1925–30 preuß. Kultusminister.
3) Gary S. (* 2. 12. 1930), am. Ökonom; Ausdehnung d. mikroökonom. Theorie auf e. weiteren Bereich menschl. Verhaltens u. menschl. Zus.arbeit, auch außerhalb v. Märkten; Nobelpr. Wirtschaftswiss. 1992.
4) Jürgen (* 10. 7. 1932), dt. Schriftst. u. Kritiker; offene Prosatexte: *Ränder; Umgebungen.*
5) Jurek (30. 9. 1937–14. 3. 1997), poln.-dt. Schriftst.; *Jakob der Lügner;* Drehbuchautor *Liebling-Kreuzberg.*
Beckett, Samuel (13. 4. 1906–22. 12. 89), irischer Schriftst.; schrieb engl. u. frz.; Dramen: *Warten auf Godot; Endspiel;* Romane: *Molloy; Watt;* Nobelpr. 1969.
Beckmann, Max (12. 2. 1884–27. 12. 1950), dt. Maler u. Graphiker; Vertreter

August Bebel

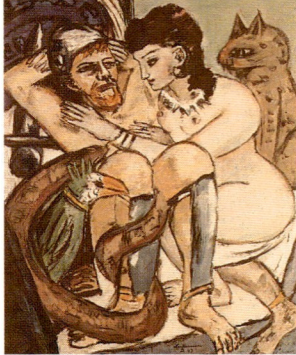

Max Beckmann, *Odysseus und Kalypso*

Boris Becker

Samuel Beckett

des späten *Expressionismus* (→ Tafel Radierung u. Kupferstich).
Beckmesser, Sixtus, Nürnberger Meistersinger i. 16. Jh.; kom. Gestalt i. R. → Wagners „Meistersinger"; übertragen: kleinl. Kritiker.
Beckum (D-59269), St. a. d. Werse, NRW, 37 800 E; AG; got. St.-Stephanus-Kirche mit spätroman. Prudentia-Schrein; Möbel-, Zement- und Masch.industrie.
Becquerel [bɛ'krɛl],
1) Edmond (24. 3. 1820–11. 5. 91), frz. Physiker; Entdecker photoel. Erscheinungen in Elektrolyten (*B.-Effekt);* s. Sohn
2) Henri (15. 12. 1852–25. 8. 1908), frz. Phys.; Entdecker d. → Radioaktivität; Nobelpr. 1903.
Becquerel, Abk. *Bq,* nach Henri → Becquerel ben. Einheit d. Aktivität einer radioaktiven Substanz, gibt d. Anzahl der radioaktiven Zerfälle pro Sekunde an; 1 Bq = 1/s; → Curie.
Beda, *B. Venerabilis* [„der Ehrwürdige"] (663–735), engl. Kirchenlehrer; *Angelsächs. Kirchengeschichte.*
Bedburg-Hau (D-47551), St. i. Kr. Kleve, NRW, 12 419 E; Nervenheilanstalt.
Bedecktsamige, svw. → Angiospermen.
Bedeckung, *astronom.* Unsichtbarwerden eines Gestirns, weil ein anderes zw. dieses u. d. Erde tritt (Finsternis); das Licht **bedeckungsveränderlicher Fixsterne** wird durch d. umlaufenden Begleiter z. T. abgeblendet (Abb. → Tafel Himmelskunde II).
Bedford [-fəd], Hptst. d. mittelengl. Gft Bedfordshire, 74 000 E; Metallind.
bedingte Entlassung → Strafaussetzung zur Bewährung.
bedingte Reaktion, bedingter Reflex, *psych.* gelernte Antwort auf einen Reiz, der vorher keinen Reflex auslöste; → Konditionierung.
Bedlington Terrier [-tən-], brit. Hunderasse, erinnert an e. Lamm.
Bednorz, Georg (* 16. 5. 1950), dt. Phys., Mineraloge, Forschungen auf d. Gebiet d. Hochtemp.-Supraleiter; No-

Georg Bednorz

belpr. 1987 zus. mit K. A. Müller (Schweiz).
Bedrohung mit Verbrechen, wird mit Freiheitsstrafe bis zu 1 Jahr od. m. Geldstrafe geahndet.
Beduinen, freie arab. Nomadenvölker.
Beebe ['bi:bi], William (29. 7. 1877 bis 4. 6. 1962), am. Zoologe u. Tiefseeforscher; erreichte 1934 mit selbstkonstruierter Tauchkugel fast 1000 m Tiefe.
Beecham ['bi:tʃəm], Sir Thomas (29. 4. 1879–8. 3. 1961), engl. Dirigent; Gründer d. „Royal Philharmonic Orchestra".
Beecher-Stowe ['bi:tʃə'stoʊ], Harriet (14. 6. 1811–1. 7. 96), am. Schriftst.in; Roman gegen Negersklaverei: *Onkel Toms Hütte.*
Beefsteak [engl. 'bi:fsteɪk], gebratene Rinderlendenscheibe.
Bee Gees [bi: dʒi:z], f. **B**rothers **G**ibb, austral. Popgruppe; m. sentimentalen Titeln in Falsett-Stimmlage Ende der 60er Jahre ungemein beliebt; *Massachusetts.*
Beelzebub [aramäisch „Fliegengott"], Philistergott; im N.T.: oberster Teufel.
Beer, Architektenfamilie d. Barock; tätig im östr., süddt. u. schweiz Kirchen- u. Klosterbau (u. a. Obermarchtal, Weingarten, St. Gallen); wichtigster Vertr. Michael B. (um 1605–30. 5. 66), Mitbegr. d. → Vorarlberger Bauschule.
Beerbohm ['biəboʊm], Sir Max (24. 8. 1872–20. 5. 1956), engl. humoristischer Schriftst. u. Karikaturist.
Beere, saftige, kleine Frucht, in deren Innern Samen eingebettet (z. B. Wein- u. Stachelbeere, aber auch Tomate, Kürbis, Apfelsine, Banane u. a.); *Schein-B.,* Vereinigung mehrerer Früchte zur Sammelfrucht (Brom-, Erd-, Himbeere).
Beerenauslese, Prädikatswein (→ QmP) in Dtld u. Östr., der nur aus edelfaulen (→ Edelfäule) od. überreifen Trauben erzeugt werden darf u. e. best. Mostgewicht besitzen muß.
Beer-Hofmann, Richard (11. 7. 1866 bis 26. 9. 1945), östr. Schriftst.; *Der Tod Georgs; Jaákobs Traum.*
Beernaert [-'na:rt], Auguste M. (26. 7. 1829–6. 10. 1912), belg. Pol.; Mitglied der Haager Friedenskonferenzen; Friedensnobelpr. 1909.
Beer Sheva, St. i. Israel, Zentrum des Negeb, 120 000 E.
Beethoven, Ludwig van (17. 12. 1770–26. 3. 1827), dt. Komponist v. weltweiter Bedeutung, 1783 Mitglied d. Kurfürstl. Orch. in Bonn, 1787 Begegnung m. Mozart, 1792 Übersiedlung nach Wien, Unterricht bei Haydn, Salieri; der Wiener Hochadel (Fürst Lichnowsky, Graf Waldstein) förderte das junge Genie; ein schweres Gehörleiden s. 1800 u. völlige Taubheit s. 1819 machten ihn z. Sonderling (Heiligenstädter Testament, 1802); seine Jugendwerke begannen unter d. Einfluß des Rokoko, durchbrachen frühzeitig d. überlieferte Form, um zum vollendeten Ausdruck f. starken Freiheitsdrang u. düstere Leidenschaft sowie, gelegentlich, tiefsinnige Heiterkeit zu werden; Erweiterung d. Sonatenform; zu höchster Vollendung steigerte er bes. d. Sinfonie; Hauptwerke: 9 Sinfonien (*Eroica; Pastorale);* IX. Sinfonie m. d. Schlußchor „An die Freude" n. Schiller); Ouvertüren, Musik z. *Egmont* (Goethe), Märsche, Tänze, 1 Violin-, 5 Klavierkonzerte; 32 Klavier-, 10 Violin-, 5 Cellosonaten, 6 Klavier-, 4 Streichtrios, 16 Streichquartette, 2 Quintette, Sextett, Septett, Bläseroktett; Oper: *Fidelio;* C-Dur-Messe, *Missa solemnis;* Lieder u. a. – *B.-Archiv* in Bonn.
Befähigungsnachweis, Voraussetzung für selbst. Berufsausübung und -ausbildung gemäß → Handwerksordnung vom 17. 9. 1953.
Befeuerung, erleichtert Schiffen u. Luftfahrzeugen d. Orientierung bei Nacht, Unterscheidung in → Bake, Boje, → Funkfeuer; feste Feuer leuchten ständig, Blinkfeuer in best. Zeitabständen.

Beffchen, weißer Laschenkragen, den Geistliche, Richter usw. über d. Amtskleid tragen.

beflocken, elektrostat. Auftragen v. kurzen Fäserchen auf beleimte Trägermaterialien z. Erzeugung v. samt- und wildlederart. Effekten.

Beförderungssteuer → Steuern.

Befrachter, Person od. Firma, für deren Rechnung der *Verfrachter* Waren auf das Schiff verlädt.

Befreiungskriege, *Freiheitskriege,* 1813–15, Erhebung fast ganz Europas gg. Napoleon I. nach dessen mißglücktem russ. Winterfeldzug; 30. 12. 1812 Konvention v. Tauroggen zw. Preußen u. Russen (Yorck u. Diebitsch), Volkserhebung in Ostpreußen, 10. 3. 1813 Aufruf d. Königs „An Mein Volk" und Stiftung des Eisernen Kreuzes; nach Siege Napoleons bei Groß-Görschen u. Bautzen Anschluß v. Östr. u. Schweden gg. Napoleon, Preuß. Siege an d. Katzbach (Blücher) u. b. Kulm und Nollendorf; 16. bis 19. 10. Entscheidungsschlacht b. Leipzig; 1. 1. 1814 Blüchers Rheinüberquerung; 30. 3. 1814 Kapitulation v. Paris; erster Pariser Friede; → Wiener Kongreß; 1. 3. 1815 Napoleons Flucht v. Elba; 18. 6. Sieg Wellingtons u. Blüchers bei Waterloo (Belle-Alliance); 20. 11. zweiter Pariser Friede; Napoleon verbannt nach St. Helena.

Befreiungstheologie, wegen d. bes. pastoralen Engagements ihrer Priester in Lateinamerika umstrittene Richtung innerhalb d. kath. Kirche; versteht sich als Seelsorge, die d. soz. Wirklichkeit aus d. Sicht d. Armen analysiert u. „Seite an Seite mit den Armen kämpft", weil sie in d. geduldeten Armut eine „strukturelle Sünde" sieht; v. Vatikan als politisierte Seelsorge u. wegen angebl. oder wirkl. marxist. Einflüsse abgelehnt; Hptvertr.: *Leonardo Boff, Gustavo Gutierrez.*

Befruchtung,
1) *b. einer Pflanze* sind auf d. Blütennarbe Pollenkörner (Blütenstaub) ausgekeimt; ein Pollenschlauch ist im Griffel abwärts gewachsen u. dringt in d. Höhlung des Fruchtknotens ein, wo er auf die Eizelle trifft.
2) Vereinigung einer männlichen u. e. weiblichen Geschlechtszelle mit Verschmelzung der Zellkerne (→ Zelle); die entstehende → Zygote enthält neu gemischtes Erbmaterial aus väterlichen u. mütterl. → Chromosomen (→ Meiose). Bei Mensch u. Säugetieren dringt der Samenfaden bei der Begattung in die weibl. Geschlechtswege ein, wo die B. des vom Eierstock gelösten u. durch den Eileiter zur Gebärmutter wandernden Eies erfolgt. Durch e. Furchung d. → Zygote entsteht der → Embryo. Künstliche B. (eigtl. künstl. → Besamung), → *Insemination,* → In-vitro-Fertilisation.

Befruchtungsmembran, Eihaut, die sich sofort nach → Besamung bildet u. weiteres Eindringen von Spermien verhindert.

Befund, Ergebnis einer Untersuchung, Feststellung.

Begattung, *Paarung,* Vereinigung von geschlechtsreifen Wesen zur → Besamung u. → Befruchtung.

Beghinen u. Begharden,, *Beginen,* ndl., später auch dt. kath. asket. Frauen- u. Männervereine ohne Gelübde; 12. bis 14. Jahrhundert z. T. v. Inquisition verfolgt.

Begin, Menachem (16. 8. 1913 bis 9. 3. 92), isr. Pol. (Likud); 1943–48 Führer d. Untergrundbewegung „Irgun", 1967–70 Min. o. Portefeuille, 1977–83 Min.präs.; 1978 Friedensnobelpreis (zus. m. → Sadat).

Beglaubigung,
1) öff. B. von Unterschriften (§ 129 BGB), Bestätigung der Echtheit, nötig z. B. im Verkehr mit Registergericht; zuständig: Notar.
2) v. Urkunden für Verwaltungsgebrauch Bescheinigung d. Übereinstimmung mit Original; zuständig: Polizei, Notar u. a.

Beglaubigungsschreiben, svw. → Akkreditiv.

Begnadigung, gänzl. od. teilweise Nachsicht gerichtl. Strafen i. Einzelfall durch Staatsoberhaupt aufgrund des ihm verfassungsmäßig zustehenden B.srechtes; in d. BR steht B.recht dem Bundespräs. bzw. den Min.präsidenten der Länder z. T. für andere Personen (z. B. Justizmin.) od. Behörden übertragbar. Auch → Amnestie, bedingte Entlassung, Bewährungsfrist, Strafaufschub.

Begonie, *Schiefblatt,* krautige bis strauchartige Pflanze d. Tropen; Zierpflanze.

Begriff, durch Denktätigkeit (Vernunft) gewonnene Allgemeinheit, in welcher Einzelnes mit d. Sinnen Wahrgenommenes übereinkommt, um d. Wesen d. Sache; *Stamm-B.e, Erfahrungs-B.e, Individual-B.e;* um d. → Universalien (Stammbegriffe) d. Scholastik Streit zw. Realisten u. Nominalisten.

Begum [türk.], *Begam,* ind. Titel f. Fürstinnen u. fürstl. Witwen.

Begünstigung, nach einer Straftat dem Täter gewährte Hilfeleistung, um ihm d. Vorteile d. Tat zu sichern *(sachliche B.);* strafbar nach § 257 StGB m. Freiheitsstrafe bis zu 5 Jahren od. Geldstrafe; *persönl. B.* svw. → Strafvereitelung.

Behaim, Martin (1459–1507), dt. Seefahrer u. Geograph; ältester erhaltener Erdglobus.

Beham, Brüder,
1) Barthel (1502–40) u.
2) Hans Sebald (1500–50), Nürnberger Kupferstecher u. Maler d. Frühenaiss.; → Kleinmeister.

Behan [ˈbiːən], Brendan (9. 12. 1923–20. 3. 64), ir. Schriftst., als Mitgl. der IRA inhaftiert; Schauspiele, Romane i. Protesthaltung.

Beharrungsvermögen → Trägheit.

Behaviorismus [engl. biheviə- „behaviour = Verhalten"], weitverbreitete psych. Forschungsrichtung, die sich auf meßbares u. beobachtbares Verhalten beschränkt u. insbes. Verhaltensweisen allein durch erlernte Reiz-Reaktions-Verbindungen erklären will (Begr. James B. *Watson*); → Konditionierung.

Behaviour Art [engl. bɪˈheɪvjə ˈɑːt], Kunstrichtung der Gegenwart, entwickelte sich aus der → Concept Art; macht den zeitlichen Ablauf direkt durch das Verhalten des menschl. Körpers sichtbar.

Behm, Alexander (11. 11. 1880–22. 1. 1952), dt. Techniker u. Physiker; erfand d. → Echolot.

Behnisch, Günter (* 12. 6. 1922), dt.

Ludwig van Beethoven

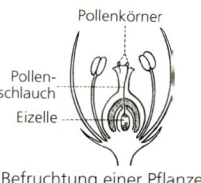
Befruchtung einer Pflanze

Gewöhnlicher Beifuß

Beijing, *Verbotene Stadt, Tai-ho-Thien-Tor*

Architekt; verhalf d. Vorfertigungsmethode v. Bauteilen u. ihrer Anwendung z. Durchbruch; olymp. Sportbauten in München, Projekte f. d. Reg.sviertel Bonn.

Behörde, öff.-rechtl. Einrichtung zur Führung öff. Geschäfte (z. B. *Bundes-, Landes-, Gemeinde-B.),* nach ihrem Tätigkeitsgebiet unterscheidet man: Zentral-, Mittel- u. Unter-Behörden.

Behrens, Peter (14. 4. 1868–27. 2. 1940), dt. Architekt, wuchs aus d. Jugendstil heraus zu konstruktiver Einfachheit; *AEG-Bauten,* Berlin; *Verwaltungsgebäude d. Farbw. Hoechst.*

Behring, Emil v. (15. 3. 1854–31. 3. 1917), dt. Bakteriologe; Entdecker des Diphtherie-Heilserums u. des Tetanus-Antitoxins, Begr. d. B.-Werke Marburg; Nobelpr. 1901.

Bei, *Beg, Bej, Bey* [türk. „Herr"], im Orient verbreiteter Titel für sozial höhergestellte Männer.

Beichte, reumütiges Bekenntnis der Sünden zur Wiederversöhnung mit Gott u. d. kirchl. Gemeinschaft, → *Absolution.* In der kath. und orthodox. Kirche Form des Bußsakraments, wird vom Beichtkind im Beichtstuhl vor dem bevollmächtigten Beichtvater abgelegt; bleibt als *Privat-(Ohren-)Beichte Beichtgeheimnis* auch vor Gericht; B. über größere Lebensabschnitte: *Generalbeichte; Beichtspiegel:* ausführl. Anleitung zur Selbstprüfung f. d. Gläubigen b. d. Gewissenserforschung. In der ev. Kirche *Allg.B.:* das v. Geistlichen gesprochene Sündenbekenntnis wird von der Gemeinde bejaht; die freiwillige *Privat-B.* vor dem Seelsorger.

Beiderwand, nach der ind. St. *Bidar* benannter grober Stoff aus Leinen und Wolle.

Beifuß, *Artemisia; gemeiner B.* bei uns häufig an Wegen; andere Arten Heilmittel, Gewürz. (f. Gänsebraten).

beige [frz. bɛːʒ], gelbgrau, sandfarben.

Beignet, *m.* [frz. bɛnˈjeː], der *Krapfen,* in Backteig eingetauchtes, in heißem Fett ausgebackenes Obst od. Gemüse.

Beihilfe, wissentl. Hilfeleistung durch Rat oder Tat bei Verbrechen od. Vergehen (§ 27 StGB).

Beijing [beɪˈtʃɪŋ], *Peking,* Hptst. der chin. Volksrep. u. d. nordchin. Prov. Hebei, aber d. Zentralreg. direkt unterstellt, 7 Mill. E; als Verwaltungsgebiet 17 800 km^2, 10,9 Mill. E; am N-Rand der Tiefebene, unfern der Großen Mauer; in der *Chinesenstadt* d. Lamatempel (höchstes Heiligtum des chin. Buddhismus, ein Teil jetzt Museum), Tempel d. Himmels u. d. Ackerbaus, Theater; *Mandschu-Stadt* mit d. früheren kaiserl. Palastviertel („Verbotene Stadt"), Uni., Ind. u. Handel; internat. Flughafen, Eisenbahnknotenpkt. – Im 6. Jh. n. Chr. Tatarenhptst.; 1215 v. Dschingis-Khan erobert, bis 1912 Residenz des chin. Kaisers, bis 1928 Hptst. d. Rep. China, 1937–45 von Japan besetzt u. Sitz d. v. d. Japanern eingesetzten provis. Regierung v. N-China, s. 1949 Hptst. der VR China.

Beilngries (D-92339), St. i. Ldkr. Eichstätt, Oberbay., 7645 E; Metallind., Fremdenverkehr.

Beinglas, durch Zusatz v. Knochenasche getrübtes Glas, Milchglas.

Beinhorn, Elly (* 30. 5. 1907), dt. Fliegerin; 1931/32 Weltflug.

Beinwell

Beinwell, *Beinheil, Schwarzwurz,* borretschähnl. Pflanze, an feuchten Stellen; Volksheilmittel.
Beira ['bɐɪrɐ],
1) Landschaft in Portugal.
2) Hafenst. in Moçambique, 299 000 E.
Beirut, Hptst. u. bedeutende Hafenst. d. Rep. *Libanon;* 1,5 Mill. E; Uni.; intern. Flughafen in *Kaldé* nahe B.; im libanes. Bürgerkrieg (1975/76) schwer beschädigt.
Beischlaf zwischen Verwandten, *Blutschande, Inzest,* Geschlechtsverkehr zw. Verwandten auf- u. absteigender Linie od. Geschwistern; strafbar nach § 173 StGB.
Beisitzer, Mitglied eines Gerichts, eines Vorstandes; Assessor, Schöffe.
Beistrich, svw. → Komma.
Beitragsbemessungsgrenze, Betrag des monatl. Einkommens, bis zu dem in d. Renten-, Arbeitslosen- u. Krankenversicherung Beiträge erhoben werden.
Beiwort, svw. → Eigenschaftswort, Adjektiv.
Beize, Beizjagd, Jagd, bes. auf Vögel, aber auch auf Kaninchen, Hasen u. Füchse, mit abgerichteten Greifvögeln (Adlern, Habichten, Sperbern, Falken usw.). → Falkenbeize.
Beizen,
1) Befestigen der Farbe in der Faser durch vorheriges Tränken d. Gewebes m. Alaun u. anderen Mitteln.
2) Schützen des Saatgutes vor Schmarotzerpilzen durch Besprengung m. Chemikalien.
3) Färben v. Holz durch gelöste Teerfarbstoffe, wobei Maserung sichtbar bleibt; danach Polieren od. Wachsen.
Béjart [beˈʒaːr], Maurice (* 1. 1. 1927), frz. Tänzer u. Choreograph.
Bekassine, *Sumpfschnepfe,* nordeurasiat. u. nordam. Schnepfenart, macht im Balzflug mit einer Schallfeder e. Fluggeräusch („Wummern").
Bekennende Kirche, entstand 1933 im Kampf der ev. Kirche gg. den NS unter Führung von → Niemöller, Asmussen, Koch, Meiser, Wurm und unter Einfluß d. Theologie v. Karl u. Barth; d. B. K. berief sich auf d. ev. Bekenntnisschriften: Barmer Erklärung 1934; stützte sich bes. auf Laienkreise, Bruderräte; 1949 als Reformbewegung in der Ev. Kirche in Dtld neu organisiert; Sitz Darmstadt, in d. Kirche wirksam.

BELGIEN

Staatsname: Königreich Belgien, Royaume de Belgique (franz.), Koninkrijk België (ndl.)
Staatsform: Parlamentarische Monarchie, Bundesstaat
Mitgliedschaft: UNO, EU, Europarat, NATO, OECD, WEU, EWR, OSZE, Benelux-Land
Staatsoberhaupt: König Albert II.
Regierungschef: Jean-Luc Dehaene
Hauptstadt: Brüssel (Brussel, Bruxelles) 960 000 Einwohner
Fläche: 30 519 km²
Einwohner: 10 101 000
Bevölkerungsdichte: 331 je km²
Bevölkerungswachstum pro Jahr: ⌀ 0,13% (1990–1995)
Amtssprache: Niederländisch, Französisch, Deutsch
Religion: Katholiken (89%)
Währung: Belgischer Franc (bfr)
Bruttosozialprodukt (1994): 231 051 Mill. US-$ insges., 22 920 US-$ je Einw.
Nationalitätskennzeichen: B
Zeitzone: MEZ
Karte: → Mitteleuropa

Belgien

Bekenntnis, lat. *confessio,*
1) Bezeugung des Glaubens vor Gott u. Menschen.
2) Religionszugehörigkeit.
Bekenntnisfreiheit → Religionsfreiheit.
Bekenntnisschriften, *allg.-christl.:* Apostolisches, Athanasianisches, Nicänisches Symbol; *protestant.:* Augsburger Konfession, Luthers Katechismen, Konkordienbuch, Schmalkaldische Artikel u. a.
Bekenntnisschule, Schule, in welcher d. Unterricht v. d. Anschauungen e. Konfession geprägt ist; Ggs.: → Gemeinschaftsschule.
Békés [-kɛʃ], ungar. Komitat in d. fruchtbaren mittleren Theiß-Tiefebene, 5632 km², 407 000 E, mit Hptst. **Békéscsaba,** 71 000 E.
Bekesy [-ʃi], Georg von (3. 6. 1899 bis 13. 6. 1972), am. Phys. u. Med. ungar. Herkunft; Forschungen über Selektionsvermögen des Ohrs; Nobelpr. 1961.
Bel,
1) → Baal.
2) nach A. → Bell benannte dimensionslose Maßeinh., dekad.-logarithm. Dämpfungs- bzw. Verstärkungsmaß in Fernmeldetechnik und Akustik; 1 Bel (abgek. B) = 10 Dezibel (dB) = Leistungsverhältnis v. 10; 2 Bel = Leistungsverhältnis v. 100.
Béla, Taufname ungar. Könige von 1060–1270, aus Dynastie der Arpaden.
Belafonte, Harry (* 1. 3. 1927), US-Sänger, i. d. 50er Jahren „König des Calypso"; *Island in the Sun.*
Belag,
1) *med.* krankhafte Auflagerung, z. B. auf der Schleimhaut von Zunge od. Gaumen.
2) *techn.* z. B. auf einer Autokupplungsscheibe, auch Bremsbelag.
Belagerung, Kriegshandlung mit dem Ziel, den belagerten Platz von jed. Verkehr abzuschneiden und schnellstens zur Übergabe zu zwingen.
Belagerungszustand, Übertragung der vollziehenden Gewalt auf die Militärbehörde zur Aufrechterhaltung der Ordnung, bei Aufruhr usw.
belasten, *debitieren,* eintragen in die Schuldseite (Sollspalte) eines Kontos; → Buchführung und → Buchhaltung; bei Grundstücken durch Hypotheken, Nießbrauch, Erbbaurechte u. a. Dienstbarkeiten.
Belästigung der Allgemeinheit, *grober Unfug,* ungehörige Handlungen, die geeignet sind, das Publikum zu belästigen, zu gefährden od. die öff. Ordnung zu beeinträchtigen; wird als Ordnungswidrigkeit mit Geldbuße geahndet (§ 118 OWiG).
Belastungs-EKG → Ergometrie.
Belastungsgebiet, von Umweltbehörden festgelegtes Untersuchungsgeb., in d. Luftverunreinigungen registriert werden; z. Aufbau v. Immissionskataster (→ Immission).
Belau → Palau.
Belcanto, *m.* [it.], der klangschöne Gesang (gebunden); Ggs.: deklamatorischer Gesang.
Belchen, Berggipfel d. Schwarzwalds (1414 m) u. d. Vogesen (*Großer B.* 1424 m, *Elsässer B.* 1247 m).
Belchen, süddt. f. Bläßhuhn.
Belebtschlammverfahren, Abwas-

Belfast, *Parlamentsgebäude*

serreinigung durch Zugabe v. Bakterien etc., die Schmutzstoffe aufnehmen u. abbauen.
Beleg, Nachweisunterlage (z. B. f. → Buchhaltung).
belegen,
1) *seem.* ein Tau an einem → Poller od. einer Klampe befestigen.
2) sich als Student für Vorlesungen, Seminare eintragen.
Belegschaft, Arbeitnehmer eines Betriebs.
Belegschaftsaktien, Aktien, die d. Belegschaft e. AG angeboten werden.
Beleidigung, strafbare Kundgebung v. Mißachtung durch Worte, Taten od. Gesten (§§ 185 ff. StGB); Strafverfolgung durch → Privatklage.
Beleihungssatz, Grenze für Beleihung eines Grundstücks od. Gebäudes m. hypothekarisch. Darlehen, richtet sich nach d. Verwertbarkeit d. Grundstücks.
Belém [bəˈlɐ̃ĩ], Vorstadt v. Lissabon.
Belém do Pará, Hptst. des brasilian. Staates Pará, Atlantikhafen am Rio Pará, 1,25 Mill. E; Hauptausfuhrhafen f. Amazonastiefland (Gummi, Kakao, Paranüsse).
Belemniten, ausgestorbene, tintenfischähnl. Kopffüßer, v. ihnen fossil erhalten sog. Donnerkeile (versteinerte kegelförmige Kalkschale).
Beletage [frz. -taːʒə], it. *piano nobile,* der „schöne" 1. Stock e. Wohnbaus.
Belet Uen → Somaliaeinsatz.
Beleuchter, techn. Mitarbeiter bei Theater, Film u. Fernsehen.
Belfast, Hptst. Nordirlands, 281 000 E; Textilind., Flugzeug- u. Schiffbau, Raffinerie, Hafen; Bischofssitz, Uni.
Belfort [-ˈfɔːr], frz. St. zw. Vogesen u. Jura (Burgund. Pforte), 50 100 E; Textilind.; Festung; Verw.Sitz des ostfrz. Dép. Territoire de B., 609 km², 134 000 E.
Belfried, *m., Beffroi,* spätma. Glockenturm e. Stadt, bes. in Flandern (Brügge, Ypern, Gent); ggs.: → Bergfried.
Belgard, *Białogard,* poln. St. i. d. Woiwodsch. Köslin (Koszalin), Pommern, 24 000 E.
Belgien, Kgr. W-Europas, an d. Nordsee; Bev.: Wallonen, Flamen (→ flämische Bewegung) u. dt.sprachige Minderheit. a) *Geogr.: Hoch-B.* im SO, waldreich (Ardennen) mit Kohlen- u. Eisenlagern im Sambre u. Maastal, Hauptindustriegebiet v. Charleroi bis Lüttich; dicht besiedeltes *Mittel-B.,* fruchtbares Hügelland an der Schelde; *Nieder-B.,* im O sandige Geest, im W fruchtbares Marschland (intensive Landw., z. T.

Gartenkultur), bis zur Dünenküste; Hpthafen *Antwerpen.* **b)** *Wirtschaft:* Ind.staat; wichtige Zweige: chem. u. vor allem Eisen- u. Stahlind. (1991): Roheisen 9,4 Mill. t, Rohstahl 11,3 Mill. t; Bedeutung d. Kohle zurückgehend. **c)** *Außenhandel* (1991): Einfuhr 121,04 Mrd., Ausfuhr 118,22 Mill. $ (jeweils einschließl. Luxemburg). **d)** *Verf.* v. 1831: Parlamentarische Monarchie; 1993 Verfassungsreform u. Umwandlung des Königreichs in einen Bundesstaat; Parlament (Senat u. Abgeordnetenkammer). **e)** *Verw.:* 3 auton. Regionen m. Parlament u. Exekutive: Flandern (13 511 km²), Wallonien (16 848 km²) u. Brüssel (162 km²). **f)** *Gesch.:* Urspr. keltisch, 57 v. Chr. v. Cäsar erobert (Gallia belgica); Einströmen v. Niederfranken; später Teil d. Frankenreichs. 843 u. endgültig 879 zw. Ost- u. Westfranken geteilt. Zerfall in Territorien, die s. 1369 im burgund. Staate vereinigt wurden; 1477 habsburg., 1556 span. Der Unabhängigkeitskampf der nördl. Niederlande 1568–1648 beließ hier die südl. belg. Prov.en bei Spanien; 1659–78 Gebietsabtretung an Frkr., 1713 d. span. Niederlande an Östr.; 1797 frz., 1815 mit Holland: „Königreich der Vereinigten Niederlande"; 7. 10. 1830 unabhängig, Kgr. unter Leopold v. Sachsen-Coburg; Kongostaat Leopolds II. wird 1908 staatl. Kolonie. Im 1. Weltkrieg dt. Einmarsch 1914; 1920–36 Bündnis mit Frkr., 1940 Einmarsch dt. Truppen. 1945 wurde statt → Leopold III. sein Sohn → Baudouin I. Regent, 1951–93 König; s. 1993 sein Bruder Albert II. König. 1948 Zoll- u. Währungsunion mit Luxemburg u. den Niederlanden *(Benelux)* u. seit 1960 Wirtschaftsunion. 1980 bis 84 Regionalisierung (Autonomie der Sprachgemeinschaften und Regionen); 1989 Gleichstellung der Hauptstadt gegenüber fläm. und wallon. Region als eigene Region; 1993 Bundesstaat; 1996/97 schwere Krise d. pol. Systems nach Aufdeckung versch. Skandale.

Belgrad, serb. *Beograd,* Hptst. Jugoslawiens u. Serbiens (s. 1867), auf d. Landzunge zw. Donau u. Save um Kalkfelsen m. alter Burg Kalemegdan, 1,6 Mill. E.; Schloß (Konak), Sitz d. serb.-orthodoxen Patriarchen u. eines röm.-kath. Erzbischofs; Uni., Musik- u. Kunstakad., Theater, Bibliothek und Museen. – Im 9./10. Jh. bulgar., dann i. wechselndem Besitz v. Ungarn, d. Türkei (1740–89, 1791 u. 1813–67) u. Serbien.

Belial [hebr.], ökumen.: *Beliar,* „Verderber"; Teufel, Satan im N. T.

Belichtungsspeicherung, v. d. Kamera gemessene Belichtung wird gespeichert; f. Aufnahmen m. Gegenlicht od. b. extremen Licht- u. Kontrastverhältnissen f. Porträts u. Nahaufnahmen.

Belichtungsspielraum, Eigenschaft v. Filmen, um Unter- od. Überbelichtung zu kompensieren; gr. Belichtungsspielraum macht d. Fotografieren einfacher u. sicherer.

Belisar, (um 500–65), oström. Feldherr; besiegte 533/34 die Wandalen in Afrika (Karthago), eroberte 536 Unteritalien u. Rom, kämpfte 544–48 erfolglos gg. d. Ostgoten i. Italien.

Belize [bəˈliːz], bis 1973 *Britisch-Honduras,* im SO-Teil der Halbinsel Yucatán, Mittelamerika; 1862 brit. Kolonie, s. 1981 unabhängig; Ausfuhr: Zucker, Citrusfrüchte, Edelhölzer, Bananen.

Bell,
1) Alexander Graham (3. 3. 1847 bis 1. 8. 1922), schott. Phys.; konstruierte 1876 das erste praktisch brauchb. Telefon.
2) Currer → *Brontë,* Charlotte.

Belladonna [it.], svw. → Tollkirsche.
Bellarmin, Robert (4. 10. 1542–17. 9. 1621), it. Jesuit, Kardinal u. Kirchenlehrer; führend i. d. Gegenreformation.
Belle-Alliance [bɛlaˈljɑ̃s], Wirtshaus bei → Waterloo.
Belle Epoque [bɛl eˈpɔk], an Kunst u. modischem Zeitvertreib orientiertes Bürgertum in Frkr. v. 1885–1914.
Bellerophontes, griech. Sagenheld, erlegte mit Hilfe des → Pegasus die Chimäre.
Belletristik, w. [frz. „belles lettres = schöne Wissenschaften"], schöngeistige dichter. od. unterhaltende (fiktionale) Literatur; Ggs.: Sach- u. Fachliteratur.
Bellevue [frz. bɛlˈvy], auch it. → *Belvedere,* „schöne Aussicht", vielfach Name v. Orten und Bauten.
Belling, Rudolf (26. 8. 1886–9. 6. 1972), dt. Bildhauer, Vertr. d. abstrakten Kunst; Porträts, Kompositionen in Metall; *Dreiklang.*
Bellingshausen, Fabian Gottlieb v. (20. 9. 1778–25. 1. 1852), russ. Admiral; Südpolarexpedition 1819–21.
Bellini, it. Malerfamilie in Venedig:
1) Jacopo (um 1400–um 71); s. Söhne
2) Gentile (1429–23. 2. 1507), *Prozession auf d. Markusplatz;*
3) Giovanni (um 1430–29. 11. 1516), prägte in Farbharmonie u. Komposition die venezian. Frührenaiss., vervollkommnete d. Bildtypus d. → Sacra Conversazione; *Altarbilder* z. B. in den venezian. Kirchen SS. Giovanni e Paolo, S. Maria Gloriosa dei Frari, S. Zaccaria; *Bildnisse.*
Bellini, Vincenzo (3. 11. 1801–24. 9. 35), it. Opernkomp.; *Norma; I Puritani.*
Bellinzona (CH-6500), dt. *Bellenz,* Hptst. des schweiz. Kantons Tessin, 16 900 E.
Bellman, Carl Mikael (4. 2. 1740 bis 11. 2. 95), bedeutendster schwed. Lyriker, Hofdichter bei Gustav III.; feiert anakreont. Lebensgenuß.

BELIZE	
Staatsform:	Konstitutionelle Monarchie im Commonwealth
Mitgliedschaft:	UNO, Commonwealth, OAS, CARICOM, AKP, SELA
Staatsoberhaupt:	Königin Elizabeth II., vertreten durch Generalgouverneurin C. N. Young
Regierungschef:	Manuel Esquivel
Hauptstadt:	Belmopan 5300 Einwohner
Fläche:	22 965 km²
Einwohner:	210 000
Bevölkerungsdichte:	9 je km²
Bevölkerungswachstum pro Jahr:	⌀ 2,03% (1990–1995)
Amtssprache:	Englisch
Religion:	Katholiken (62%), Protestanten (29%)
Währung:	Belize-Dollar (BZ$)
Bruttosozialprodukt (1994):	535 Mill. US-$ insges., 2550 US-$ je Einw.
Nationalitätskennzeichen:	BH
Zeitzone:	MEZ – 7 Std.
Karte:	→ Nordamerika

Giovanni Bellini, *Grablegung*

Bellona, röm. Kriegsgöttin.
Bellotto, Bernardo → Canaletto 2).
Bellow [ˈbeloʊ], Saul (* 10. 7. 1915), am. Romancier; *Das Geschäft d. Lebens; Der Regenkönig; Herzog; Humboldts Vermächtnis; Mr. Sammlers Planet; Damit du dich an mich erinnerst,* Nobelpr. 1976.
Bellum iustum [l. „gerechter Krieg"], von der Naturrechtslehre entwickelte Vorstellung e. sittl. gerechtfertigten Krieges.
Belluno, oberit. Prov.-Hptst. a. d. Piave, 35 400 E.
Belmondo, Jean-Paul (* 9. 4. 1933), frz. Filmschausp.; *À bout de souffle; Borsalino; Le Magnifique.*
Belo Horizonte [ˈbæloriˈzonti], Hptst. d. brasilian. Staates Minas Gerais, 2,1 (Agglom. 3,5) Mill. E.; Uni.; Schwerindustrie.
Below the Line [engl. bɪˈloʊ ðə laɪn „unter dem Strich"], Abgrenzung von → Verkaufsförderung zur → Mediawerbung.
Bel Paese, it. Butterkäse.
Belsazar, († um 539 v. Chr.), letzter Herrscher von Babylon; Gedicht von Heine.
Belt, Meerengen der westl. Ostsee: *Gr. B.* zw. Seeland u. Fünen, 15–30 km breit, 25 m tief, Hptfahrtsstraße für große Schiffe vom Kattegat in die Ostsee;

Belize

Belsazars Gastmahl, *Buchmal., 14. Jh.*

Belgrad, *Parlament*

Schloß Belvedere, *Wien*

Brücken- u. Tunnelverbindung f. Auto- u. Schienenverkehr zw. Halsskov (Seeland) u. Knudshoved (Fünen) seit 1991 in Bau. *Kl. B.* zw. Fünen u. Jütland, verengt sich auf 700 m. *Fehmarn-B.* zw. Fehmarn u. Lolland, 18 km breit; → Vogelfluglinie.
Beluga,
1) Störart, Kaviarsorte → Hausen.
2) Weißwal, Zahnwalart des nördl. Eismeeres.
Belutschistan, engl. *Baluchistan,* Landschaft westl. des Indus, am Arab. Meer; der südöstl. Teil des Hochlandes von Iran; im O gebirgig, z. T. Wüste (Gedrosien); Teil (Prov.) von Pakistan (einschließl. der Belutsch-Staaten Kelat, Las Bela, Kharan, Mekran), 347 190 km², 4,9 Mill. E, moh. Sunniten, großenteils Nomaden; vorwiegend Viehzucht; Hptst. *Quetta.* – 1876 brit. Schutzgebiet, z. T. Prov. von Brit.-Indien; 1947 zu Pakistan.
Belvedere [it. „schöne Aussicht"], Name von Lustschlössern (in Wien, bei Weimar u. a.).
Belzoni, Giovanni Battista (5. 11. 1778–3. 12. 1823), umstrittener it. Abenteurer u. Antiquitätenjäger. Reiste im Auftrag des Brit. Museums, entdeckte d. Grab von Sethos I. im → Tal d. Könige, betrat als erster d. Felstempel von → Abu Simbel u. entdeckte d. Eingang d. Chefren-Pyramide. Seine umfangreiche Privatsammlung verkaufte er d. Louvre.
Benacerraf [bena'sera:f], Baruj (* 19. 10. 1920), am. Med.; (zus. m. G. → Snell u. J. → Dausset) Nobelpr. 1980 (Forschungen z. immunbiol. Reaktionen zellulärer Oberflächenstrukturen).
Ben Ali, Zine el Abidine (* 3. 9. 1936), seit 1987 zunächst Reg.chef, dann Staatspräs. v. Tunesien.
Benares, früherer Name v. *Varanasi,* St. am Ganges i. ind. Staat Uttar Pradesh, heilige St. u. Wallfahrtsort d. Hindus, 926 000 E; 1450 Tempel, 570 Moscheen, Sanskrit-Uni., Hindu-Uni.; Handelsplatz, Textilind., Maschinenbau.
Benatzky, Ralph (5. 6. 1884–17. 10. 1957), östr. Operettenkomp.; *Im weißen Rößl.*
Benavente, Jacinto (12. 8. 1866–14. 7. 1954), span. Komödiendichter; 171 Bühnenwerke; Nobelpr. 1922.
Ben Bella, Mohammed (* 25. 12. 1916), alger. Pol.; Chef d. Nat. Befrei-ungsarmee, 1956–62 in frz. Gefangenschaft; 1962 Min.präs., 1963 Staatspräs., 1965 gestürzt u. bis 1980 u. Hausarrest.
Benda,
1) Ernst (* 15. 1. 1925), CDU-Pol.; 1968/69 B.innenmin., 1971–83 Präs. d. B.verf.gerichts.
2) Franz (25. 11. 1709–7. 3. 86), Geiger u. Komponist, Bruder von Georg Anton B.
3) Georg Anton (30. 6. 1722–6. 11. 95), dt.-böhm. Komp.; 1750–78 Hofkapellmeister in Gotha; 1. dt. Melodrama: *Ariadne auf Naxos;* Singspiele.
Bender, Hans (* 1. 7. 1919), dt. Erzähler u. Lyriker; *Wölfe und Tauben; Wunschkost; Die Überfahrt.*
Bendery, rumän. *Tighina,* St. i. Moldawien, 110 000 E; Nahrungsmittelind.
Bendorf (D-56179), St. b. Koblenz, RP, 15 905 E; histor. St.teil *Sayn* m. Burganlage, Prämonstratenserabtei; Mittelrheinhafen.
Benedicamus Domino [l. „Laßt uns den Herrn preisen"], kath. Schluß- u. Entlassungsformel nach d. Meßfeier.
Bénédictine [frz. -'tin], → Benediktiner 2).
Benedictus [l. „gepriesen"], Teil der katholischen Messe und der lutherischen Abendmahlsordnung.
Benedikt, [l. „der Gesegnete"], Name von 15 *Päpsten:*
1) B. II., 684–685, Heiliger.
2) B. XIV., 1740–58, Gelehrter, Kunstförderer.
3) B. XV. della Chiesa, 1914–22, vergebliche Friedensversuche im 1. Weltkrieg.

Benares, *Kuppel des Vishwanatha-Tempels*

BENIN	
Staatsname:	Republik Benin, République du Bénin
Staatsform:	Präsidiale Republik
Mitgliedschaft:	UNO, OAU, AKP, ECOWAS
Staatsoberhaupt:	Mathieu Kérékou
Regierungschef:	Adrien Houngbédji
Hauptstadt:	Porto Novo 208 000 Einwohner
Regierungssitz:	Cotonou 487 000 Einw.
Fläche:	112 622 km²
Einwohner:	5 246 000
Bevölkerungsdichte:	47 je km²
Bevölkerungswachstum pro Jahr:	Ø 3,72% (1990–1995)
Amtssprache:	Französisch
Religion:	Naturreligionen (60%), Katholiken (19%), Muslime (16%)
Währung:	CFA-Franc (FCFA)
Bruttosozialprodukt (1994):	1954 Mill. US-$ insges., 370 US-$ je Einw.
Nationalitätskennzeichen:	DY
Zeitzone:	MEZ
Karte:	→ Afrika

Benin

Benedikt,
1) B. v. Nursia (um 500), Hlg.; durch seine *Regula St. Benedicti* Mitbegründer d. abendländischen Mönchstums, gründete Monte Cassino.
2) B. von Aniane († 821), Hlg., Ratgeber Ludwigs des Frommen.
Benediktenkraut,
1) distelähnl.; stammt a. Mittelmeerländ., Volksheilmittel.
2) svw. → Nelkenwurz.
Benediktiner,
1) Mönchsorden nach der Regel d. → Benedikt v. Nursia (Seßhaftigk., Armut/Keuschh., Gehorsam); Stammkloster: *Monte Cassino,* gegr. um 529; viele Reformkongregationen (z. B. *Kluniazenser, Zisterzienser, Trappisten, Mauriner* u. a.); auch weibl. Zweig des Ordens: *Benediktinerinnen,* entsprechend *Zisterzienserinnen* usw.
2) frz. Kräuterlikör (anfangs v. B.mönchen hergestellt).
Benefit [engl. „Vorteil"], → Unique Selling Proposition.
Benefizium, s. [l.], Rechtsvergünstigung, Lehen, Pfründe.
Benefiziumvorstellung, s. [l.], Vorstellung, Veranstaltung, deren Ertrag einem Mitwirkenden zugute kommt.
Benelux-Union, Zus.schluß v. **Bel**gien, **Ni**ederlande (**Ne**derland) u. **Lux**emburg zur Zollunion 1947, s. 1948 wirksam; s. 1960 Wirtschaftsunion.
Beneš [-ɛʃ], Eduard (28. 5. 1884–3. 9. 1948), tschech. Staatsmann; Mitbegr. u. 1935–38, 1945–48 Präs. der ČSR (1942 bis 45 d. Exilreg. in London).
Benevent, it. *Benevento,* it. Prov.-Hptst., nördl. Neapel, 63 000 E; Erzbischofssitz, Uni. – 275 v. Chr. Römersieg über Pyrrhus; Trajansbogen.
Bengalen, das fruchtbare, dichtbevölkerte Ganges-Tiefland.
1) *Ost-B.,* pol. s. 1971 → Bangladesch.
2) *West-B.,* indischer Bundesstaat, 88 752 km², 67,98 Mill. E.; Hptst. *Kalkutta;* Hauptreisgebiet Vorderindiens, Jute-Monopol.
Bengalen, Golf v., Teil d. Ind. Ozeans zw. Vorder- u. Hinterindien.
bengalisches Feuer, Salpeter-Schwefel-Antimon-Gemisch; ruhig brennend, durch Metallzusätze bunt.
bengalische Sprache, *Bengali,* neuere Sprache, aus d. Sanskrit hervorgegangen, in Bengalen, a. Ganges u. Brahmaputra gesprochen; bengal. Literatur seit dem 15. Jh., Tagore dichtete in bengal. Sprache.
Bengasi, *Benghazi,* Hptst. d. libyschen Prov. Cyrenaica, Hafenst. an der Gr. Syrte, 446 000 E; Uni.
Bengel, Johann Albrecht (24. 6. 1687 bis 2. 11. 1752), dt. ev. Theol.; Hptvertr. d. schwäb. Pietismus.
Bengsch, Alfred (10. 9. 1921–13. 12. 79), kath. Theologe, s. 1961 Bischof v. Berlin, s. 1967 Kardinal; s. 1976 Vors. d. Berliner Bischofskonferenz (Zus.schluß der Diözesen d. DDR u. Ost-Berlins).
Benguela, Prov.-Hptst. u. Fischereihafen in Angola, a. Atlantik, 155 000 E; Handelszentrum, Werften.
Ben Gurion, David (16. 10. 1886 bis 1. 12. 1973), isr. Pol. (Arbeiterpartei); Zionist u. Gewerkschaftler; 1948–53 u. 1955–63 Min.präs.
Benidorm, span. Touristenzentrum a. d. Costa Blanca, 25 000 E.
benigne, gutartig (Ggs. *maligne*).
Beni Israel, jüd. Stamm in Vorderindien, v. brauner Hautfarbe; ca. 15 000, Zentrum Bombay.
Benin,
1) Fluß u. Landschaft in Nigeria.
2) ehem. Königreich der Edo im Nigerdelta mit hoher Kultur, 1897 von Briten unterworfen; im 18. u. 19. Jh. Zentrum des Sklavenhandels.
3) Rep. in W-Afrika (bis 1975 Daho-

mey); Bev.: Sudan-Gruppen (50%), u. a. Ewe, Adja u. Fon, Joruba (13%). **a)** *Wirtsch.:* Agrarland; Hptanbauprodukte: Palmkerne, Mais, Hirse, Maniok, Kakao, Baumwolle, Kaffee. **b)** *Außenhandel* (1991): Einfuhr 637 Mill., Ausfuhr 121 Mill. $. **c)** Neue *Verf.* v. 1990; 6 Provinzen. **d)** *Gesch.:* Nach 1625 Entstehung des Königreichs Dahomey; 1899–1958 Teil von Französisch-Westafrika; 1960 als Dahomey unabhängig; 1965, 1967, 1968, 1969, 1972 Staatsstreich; 1975–90 Volksrep. Benin m. Einheitspartei (Marxismus-Leninismus Staatsdoktrin); s. 1991 präsidiale Rep. m. Mehrparteiensystem.

Beni Suef, oberägypt. Prov.-Hptst., 152 000 E; Zigarettenindustrie; Baumwollhandel.

Benjamin, Walter (15. 7. 1892–27. 9. 1940), dt. Schriftst.: literatur-, gesellschaftskrit. Prosa; *Das Kunstwerk im Zeitalter seiner techn. Reproduzierbarkeit.*

Benjamin [hebr. „Sohn der rechten, glücklichen Hand"], m. Vn.

Benn, Gottfried (2. 5. 1886–7. 7. 1956), dt. Arzt u. Dichter; Lyrik: *Morgue; Statische Gedichte*; Prosa: *Rönne; Der Ptolemäer*; Essays: *Ausdruckswelt.*

Bennett ['bɛnɪt],
1) Arnold (27. 5. 1867 bis 27. 3. 1931), engl. Erzähler; *Eine tolle Nummer; How to make the best of life.*
2) James Gordon (10. 5. 1841–14. 5. 1918), am. Zeitungsverleger; sandte Stanley auf die Suche nach Livingstone u. stiftete den *Gordon-Bennett-Preis* (intern. Preis f. Automobilrennen, Freiballon- u. Flugzeugwettbewerbe).

Ben Nevis, höchster Berg Großbritanniens, 1343 m, im westl. Schottland.

Bennigsen, Rudolf v. (10. 7. 1824 bis 7. 8. 1902), dt. Pol.; begr. 1866 (m. Lasker) d. Nationalliberale Partei.

Benno (1010–1106), Bischof v. Meißen, Heiliger.

Benoist [bən'wa], Marie Guilhelmine (1768–7. 10. 1826), frz. Malerin d. Klassizismus; *Porträt einer Negerin.*

Benoni, südafrikan. Stadt am Witwatersrand (Transvaal), 206 000 E (56 000 Weiße); Goldminen.

Benrath, sö. Stadtteil v. Düsseldorf, Rheinhafen.

Benrather Linie, Haupt-Mundartgrenze i. Dtld., trennt Niederdt. von Mittel-/Oberdt.; (früher) s. v. Düsseldorf-Benrath.

Bensberg, NRW, s. 1975 Stadtteil von → *Bergisch Gladbach.*

Bense, Max (7. 2. 1910–29. 4. 90), dt. Phil. u. Math.; Essays: *Plakatwelt; Literaturmetaphysik.*

Bensheim (D-64625), St. i. Rgbz. Darmstadt, Hess., a. d. Bergstr., 35 535 E; AG; Obst- u. Weinbau, Papierind.

Bentham [-θəm], Jeremias (15. 2. 1748–6. 6. 1832), engl. Philosoph, Begründer des → *Utilitarismus.*

Bentheim → *Bad Bentheim.*

Benthosfauna, Fauna, Tierwelt (höhere u. niedere Wassertiere) d. Gewässergrundes, bes. d. tiefen Meeresgrundes.

Bentonit, quellfähiges → *Tonmineral,* meist Verwitterungsprodukt vulkan. Aschen; thixotrope Eigenschaften; Verwendung als Spülung b. → *Tiefbohrungen,* Füllstoff.

Benuë, größter Nebenfluß des Niger in Westafrika, rd. 1400 km lang, 900 km schiffbar.

Benutzungszwang, Verpflichtung zum Gebrauch einer öff. Einrichtung (z. B. Wasserleitung, Kanalisation, Schlachthof); Zwang gg. jedermann od. gg. best. Personenkreise (Hauseigentümer), je nach Erfordernissen des öff. Interesses.

Benxi, *Penki,* chin. St. östl. v. Shenyang in d. Prov. Liaoning, 826 000 E; chem. Ind., Hüttenwerke.

Benz, Carl Friedrich (25. 11. 1844–4. 4. 1929), dt. Ing.; baute unabhängig von → *Daimler* 1885 den ersten Benzinkraftwagen.

Benzaldehyd, Zersetzungsprodukt von → *Bittermandelöl.*

Benzin, Leichtöl, durch Destillation von Erdöl od. aus Kohle durch „Verflüssigung" (→ *Bergius-Verfahren,* → *Fischer-Tropsch-Synthese*) hergestelltes Gemisch v. niederen → Kohlenwasserstoffen (Übers.), vorwiegend Hexan bis Oktan; Sp. 60–120 °C; Treibmittel (vergast od. eingespritzt) f. Motoren, auch zum Fettlösen u. Reinigen (feuergefährlich).

Benzoëharz, Harz eines ostasiat. Baumes; med., kosmet. u. als Parfüm benutzt.

Benzoësäure, farblose Kristalle, einfachste aromat. Carbonsäure; dient zur Anilinfarbenfabrikation u. als Konservierungsmittel.

Benzol, C_6H_6, aromat. Kohlenwasserstoff, früher durch Steinkohledestillation gewonnen, heute aus Erdöl; schmilzt bei +5,5 °C u. wird durch Ausfrieren rein erhalten; Sp. 80,2 °C; *B.dampf* giftig; Grundstoff vieler Verbindungen (z. B. der Teerfarben), wichtiger Treibstoff.

Benzolring, 1865 v. A. *Kekulé v. Stradonitz* aufgestellte Sechseck-Strukturformel des Benzols (→ Kohlenwasserstoffe, Übers.).

Benzpyren, krebserregende Substanz in Steinkohlenteer; entsteht in kl. Mengen aus verbrennendem Zigarettenpapier.

Beo, sprechbegabter asiat. Starenvogel.
Beograd → Belgrad.
Beowulf, altengl. Heldenepos (8. Jh. n. Chr.).
Beppu, jap. Badeort (Schwefelquellen) auf Kyushu, 135 000 E.
Beraka, *Beracha,* w. [hebr. „Lobpreisung"], jüd. Preis- u. Dankgebet.
Béranger [berɑ̃'ʒe], Pierre Jean de (19. 8. 1780–16. 7. 1857), frz. Liederdichter; Napoleonmythos.
Beraun,
1) l. Nbfl. der Moldau, 247 km lang.
2) tschech. *Beroun,* St. sw. v. Prag, 18 000 E; Bergbau, Textilind.
Berber, Träger westhamitischer Sprachreste i. heute arabischsprechenden Nordafrika; (Rif-)Kabylen, Tuareg; → Hamiten.
Berbera, Hafen in Somalia, am Golf von Aden, 65 000 E.
Berberei, *Barbareskenstaaten,* im MA: Marokko, Algerien, Tunis, Tripolis.
Berberitze, w. *Sauerdorn,* Dornstrauch m. gelben Traubenblüten; versch. Arten; Zwischenwirt des Getreiderostes.
Berceuse, w. [frz. -'sø:zə], Wiegenlied.
Berchem, Nicolaes Pietersz (get. 1. 10.

Gottfried Benn

Alban Berg

Berberitze

1620–18. 2. 83), holl. Maler u. Radierer d. Spätbarock; ein Hptvertr. d. Landschaftsmalerei nach it. Motiven.

Berchta, svw. Frau Holle.
Berchtesgaden (D-83471), Mkt., heilklimat. Kurort i. SO v. Oberbay., 568 müM, 7865 E; Stiftskirche (roman. Kreuzgang), Schloß; Salzbergwerk.

Berckheyde [-hɛidə],
1) Gerrit Adriaensz (get. 6. 6. 1638–14. 6. 98), holl. Maler d. Barock; Verbindung v. sachl.-nüchterner Darstell. d. Gegenstands u. farbl. sensibler Gestaltung d. Lichts beeinflußte d. Entwickl. d. it. → Veduten-Malerei d. 18. Jh.; sein Bruder.
2) Job Adriaensz (get. 27. 1. 1630–begr. 23. 11. 93), Kircheninterieurs, Stadtansichten, Genrebilder.

Berdjajew, Nicolai (6. 3. 1874–23. 3. 1948), russ. Religions- u. Kulturphilosoph, Emigrant.
Bereitschaftspolizei → Polizei.
Berend-Corinth, Charlotte (25. 5. 1880–10. 1. 1967), dt. Malerin u. Lithographin; verm. L. → *Corinth;* Buchillustr., Stilleben, Porträts; Autobiographie *Mein Leben mit Lovis Corinth.*

Berengar,
1) B. I. 888–924 n. Chr. Kg v. Italien, seit 915 röm. Kaiser; ermordet.
2) *B. von Tours* (1000–1088), scholast. Theologe.
Berenike [gr.],
1) *Haar d. B.;* nördl. → Sternhimmel E.
2) Gemahlin d. Ptolemäus III., um 250 v. Chr.
Berenson, Bernard (26. 6. 1865–6. 10. 1959), bed. Kunstwissenschaftler u. Sammler, grundlegende Studien über d. it. Malerei bes. d. Renaiss.

Beresina,
1) r. Nbfl. d. Dnjepr (613 km), Holzflößerei; Nov. 1812 bei Borissow (Studjanka) verlustreicher Übergang Napoleons.
2) r. Nbfl. d. Njemen.
Beresniki, russ. Industriest. a. d. Kama im Gebiet Perm, 201 000 E; Stein- u. Kalisalzlager.

Berg,
1) Alban (9. 2. 1885–24. 12. 1935), östr. Komp.; Vertr. d. → Zwölftontechnik, Schüler Schönbergs; Opern: *Wozzeck* (nach Büchner); *Lulu* (nach Wedekind); Violinkonzert.
2) Paul (* 30. 6. 1926), am. Biochem.; entwickelte d. Technologie d. Genchirurgie; Nobelpr. f. Chemie 1980.
Berg, Teil von N-Westf., 1380–1806 Hzgtum, bis 1815 Großhzgtum.
Bergama, St. im türk. Wilajet Aydin, n. v. Izmir, 29 000 E; an d. Stelle von → *Pergamon.*
Bergamo, oberit. Prov.-Hptst., am Fuße der *Bergamasker Alpen* (östl. v. Comer See u. d. Lago d'Iseo), 116 000 E; Kunst- und Handelszentrum, Bischofssitz.
Bergamotte,
1) apfelsinenartige Südfrucht.
2) Sorten der → Birnen.
Bergbahnen, im Gebirge verwendete Verkehrsmittel; v. a. als → Zahnrad- u. Seilbahnen.
Bergbau, Förderung von Bodenschätzen, bes. Kohle, Erze, Salze; seit vorgeschichtl. Zeit betrieben. Lagerstätten durch Schürfen od. Tiefbohrung ermittelt. *Abbau* im „Tagebau" bei frei od.

Bergbau, BR Deutschland

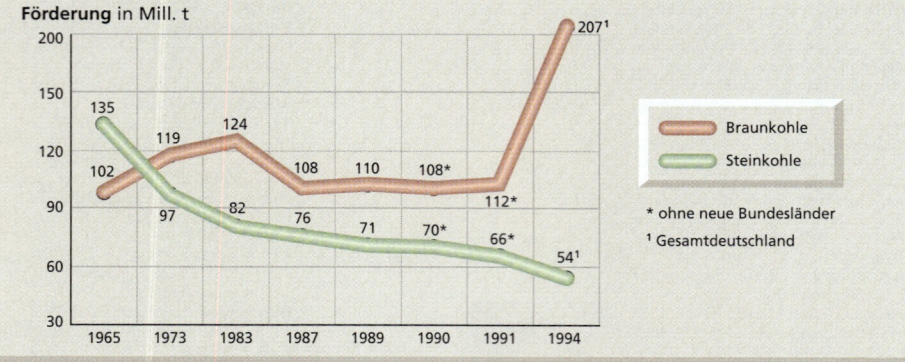

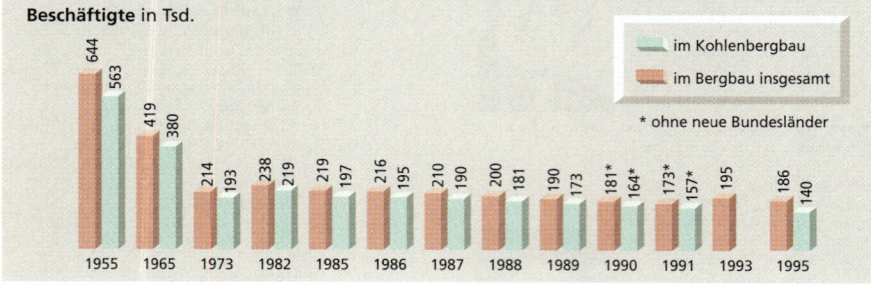

nicht zu tief liegenden Lagern (Braunkohle) oder „unter Tage" (Schachtbau). Man treibt Schächte senkrecht od. mit den Schichten laufend hinunter, teilt das Abbaugebiet in Stockwerke *(Sohlen)* ein (Ausrichtung) und dringt von hier aus seitlich durch Richtstrecken bzw. Querschläge in die Lager *(Flöze)* vor (Vorrichtung). An der Abbaustelle („vor Ort") wird durch Werkzeuge, Preßlufthämmer und Schrämmaschinen, durch Sprengungen (Schießarbeit) das „*Gut*" gewonnen. Das gehauene Gut wird in kl. Wagen *(Hunde)* verladen, die von Hand oder durch Grubenlokomotiven zum Förderschacht gebracht und dort in Fördergestellen am Drahtseil durch die Fördermaschine ans Tageslicht gehoben werden. Durch den Wetterschacht wird frische Luft zugeführt (Bewetterung). Der ausgehauene Raum wird durch Mauerung od. Zimmerung gesichert; große Hohlräume werden nach dem Abbau mit taubem Gestein usw. ausgefüllt (Bergeversatz, Blasversatz, Spülverfahren). Zur Beleuchtung dienen ortsfeste el. Lampen (im Erz-B. Acetylenlampen) oder tragbare Sicherheitslampen. Grundwasser wird durch Pumpen abgesaugt. *Hauptgefahren:* Schlagwetter; Kohlensäureeinbrüche, Kohlenstaubexplosionen (ausgelöst durch schlagende Wetter, bekämpft durch Berieselungs- oder Gesteinstaubverfahren); Zu-Bruch-Gehen v. Strecken durch Bergdruck; Wassereinbrüche (→ Tafel Bergbau).

Bergbehörden, Behörden z. Ausübung d. Berghoheit; *Oberbergämter, Bergämter,* überwachen Einhaltung der Grubensicherungsbestimmungen, der Sprengstoffvorschriften u. a.

Bergelohn, Vergütung f. Hilfe in Seenot u. Bergung v. besitzlos gewordenem Schiffsgut.

bergen, *seem.* Segel einholen, ein gestrandetes Schiff abschleppen od. dessen Ladung sicherstellen; → Bergelohn.

Bergen,
1) westnorweg. St. am *Byfjord,* 212 000 E; wichtige Hafenst.; Fisch- (Hering, Stockfisch) u. Holzhandel, Schiffbau; seit 1948 Uni.; luth. Bischof. – Hptkontor d. Hanse: „Deutsche Brücke" bis 1630.
2) *B. (Rügen)* (D-18528), Krst. auf Rügen, M-V., 18 829 E.
3) (D-29303), St. i. Ldkr. Celle, Nds., 12 803 E; NATO-Truppenübungsplatz; Gedenkstätte Lager Bergen-Belsen.

Bergengruen, Werner (16. 9. 1892 bis 4. 9. 1964), dt. Schriftst.; Gedichte: *Die Rose von Jericho; Dies irae;* Romane: *Der Großtyrann und das Gericht; Am Himmel wie auf Erden; Der letzte Rittmeister.*

Bergen op Zoom [ˈbɛrxə ɔp ˈsoːm], ndl. St. in d. Prov. N-Brabant, 47 300 E; Austernzucht, Metallind.

Berger,
1) Erna (19. 10. 1900–14. 6. 90), dt. Koloratursopranistin.
2) Hans (21. 5. 1873–1. 6. 1941), dt. Psychiater; erste Messungen v. Gehirnströmen (→ EEG).

Bergerhoff-Gerät, im Umweltschutz Sammelgefäß f. Regen- u. Staubniederschlag.

Bergersches Massegesetz, gibt im Schallschutz Maß f. d. Schalldämmung an: die Dämmung einer Wand ist von der Größe ihrer Masse abhängig.

Bergfink, nord. Finkenart; scharenweise Wintergast in Dtld.

Bergfried, *m.,* Hauptturm e. ma. Burganlage, bei Belagerung letzte Zuflucht; in Dtld meist Wehrturm an d. Ringmauer o. eigtl. Wohnzweck; in Frkr. meist Wohnturm *(donjon)* im Burghof. Ggs.: → Belfried.

Bergheim (D-50126–29), St. im Erftkreis, NRW, 58 959 E; AG; Braunkohlenbergbau.

Berghe von Trips, Wolfgang Graf (4. 5. 1928–10. 9. 61), dt. Automobil-Rennfahrer; WM-Zweiter 1961, Berg-EM 1958, verunglückte tödl. in Monza.

Bergisches Land, Landsch. zw. Ruhr, Rhein u. Sieg in NRW.

Bergisch Gladbach (D-51427–69), Ind.- u. Krst. d. Rhein.-Berg. Kreises, NRW, 104 470 E (nach Zus.schluß mit Bensberg); Neues Schloß; Papierind., Maschinenbau, Kernenergie-Forschungszentr., Erdbebenwarte.

Bergius, Friedrich (11. 10. 1884–31. 3. 1949), dt. Chem.; erfand **B.verfahren** z. Gewinnung flüssiger Kohlenwasserstoffe (z. B. Benzin u. anderer Motortreibmittel) durch Bindung v. Wasserstoff an Kohle b. Anwendung v. 150 at Druck, 450 °C u. → Katalysatoren (Kohleverflüssigung), → Steinkohle (Abb.); Nobelpr. 1931.

Bergkamen (D-59192), St. im Kr. Unna, NRW, 49 894 E; Bergbau, chem. u. a. Ind.; Heimatmus.; Kunstgalerie.

Berg-Karabach → Nagorno-Karabach.

Bergkäse, dt. Hartkäse (Vollfettstufe) nach Emmentaler Art m. nur geringer Lochbildung.

Bergkrankheit, *Höhenkrankheit,* tritt auf in Höhen über 3500 m infolge geringen Luftdrucks und Sauerstoffmangels; Symptome: starke Ermüdung, Schwindel, Herzklopfen, Kopfschmerzen, Erbrechen, zuweilen Bewußtlosigkeit; Behandlung: Sauerstoffzufuhr.

Bergkristall, reinste *Quarz*-Art, Halbedelstein.

Bergman,
1) Ingmar (* 14. 7. 1918), schwed. Theater- u. Filmregisseur; *Das siebente Siegel* (1957); *D. Schweigen* (1963); *Szenen einer Ehe* (1974); *Von Angesicht zu Angesicht* (1975); *Das Schlangenei* (1977); *Fanny u. Alexander* (1983).

Werner Bergengruen

Bergen (1), *Speicherhäuser*

2) Ingrid (29. 8. 1915–29. 8. 82), schwed. Filmschauspielerin; *Casablanca; For Whom the Bell Tolls; Cactus Flower.*

Bergmann, Ernst v. (16. 12. 1836 bis 25. 3. 1907), dt. Chirurg; Einführung d. → Asepsis.

Bergmann-Pohl, Sabine (* 20. 4. 1946), dt. Ärztin u. CDU-Pol.in, 1990 Präs. d. Volkskammer d. DDR, 1990 B.min. f. bes. Aufgaben, s. 1991 Parlamentar. Staatssekretärin im B.gesundheitsmin.

Bergmolch, einheim. Schwanzlurch; Bauch orangerot, angedeuteter schwarzgelber Rückenkamm (zur Laichzeit); in Gewässern von der Ebene bis ins Hochgebirge.

Bergner, Elisabeth (22. 8. 1897–12. 5. 1986), östr. Bühnen- u. Filmschauspielerin.

Bergneustadt (D-51702), St. i. NRW, Oberbergischer Kreis, 20 396 E.

Bergpredigt, Kern der Lehre Jesu: die neue Moral; in den Grundzügen authentisch (Matth. 5–7).

Bergrecht, Gesamtheit d. den Bergbau betreffenden rechtl. Sondervorschriften; Einzelheiten durch Landesgesetze geregelt.

Bergregal, früher d. Landesherren, dann den Ländern vorbehaltenes Recht zum Abbau best. Bodenschätze (Bergmonopol).

Bergschulen, zur Ausbildung von unteren u. mittleren Grubenbeamten: 2jähr. Kursus nach 3–4jähr. Grubenarbeit (z. B. in Clausthal 1775 gegr., Bochum 1816, Eisleben 1817, Siegen 1818).

Bergson, Henri (18. 10. 1859–4. 1. 1941), frz. Phil., lehrt d. „Schöpferische Entwicklung" alles Lebens durch den ihm innewohnenden Lebensdrang *(élan vital)* während der subjektiv erfahrb. Zeit *(durée);* Intuition gegen Verstandeserkenntnis; *Materie u. Gedächtnis;* Nobelpr. 1927.

Bergstraße, Landschaft am westl. Abhang des Odenwaldes zw. Darmstadt u. Heidelberg; mildes Klima, Obstanbau.

Bergsträsser, Arnold (14. 7. 1896 bis 24. 2. 1964), dt. Soziologe u. Kulturhistoriker.

Bergström [‚bærj-], Sune K. (* 10. 1. 1916), schwed. Biochem.; (zus. m. B. → Samuelsson u. J. R. → Vane) Nobelpr. f. Med. 1982 (Prostaglandin-Forschung).

Berg- und Talwind, die zweimal täglich die Richtung wechselnde Luftströmung an Gebirgsabhängen infolge des Temperaturwechsels: bis Sonnenuntergang relativ warmer *Talwind* aufwärts, nachts kühler *Bergwind* talabwärts.

Bergwacht, Vereinigung von Bergsteigern u. Naturfreunden (gegr. 1919, München); Zweck: Hilfe bei Unglücksfällen im Gebirge, Naturschutz.

Beriberi, w., Avitaminose mit Lähmungen und Kräfteverfall oder als Herzkrankheit, durch Fehlen von Vitamin B_1 (→ Vitamine, Übers.).

Berija, Lawrentij P. (29. 3. 1899–23. 12. 1953), 1938–53 Chef d. sowj. Geheimpolizei; hingerichtet.

Bering, Vitus (1680–19. 12. 1741), dän. Seefahrer; gestorben auf d. **B.insel,** i. **B.meer,** nördl. Teil des Pazifiks zw. NO-Sibirien, Alaska u. Kommandeur- u. Aleüten-Inseln; 2,26 Mill. km².

Bergbau

Steinkohlenbergwerk

1 Kohlenflöze;
2 Sohlen, wie Stockwerke angeordnete Streckennetze;
3 Füllörter, Übergänge von der Strecken- zur Schachtförderung;
4 Hauptquerschläge;
5 Blindschächte;
6 Ortsquerschläge zu den Abbaubetrieben;
7 Bergeversatz zum Ausfüllen der beim Abbau entstehenden Hohlräume;
8 Wasserhaltung mit Pumpen zum Heben des zulaufenden Wassers;
9 Förderkörbe, mit Förderwagen beladene Gestelle;
10 Förderturm mit Fördermaschine;
11 Fördergerüst und Fördermaschinenhaus;
12 Grubenventilator

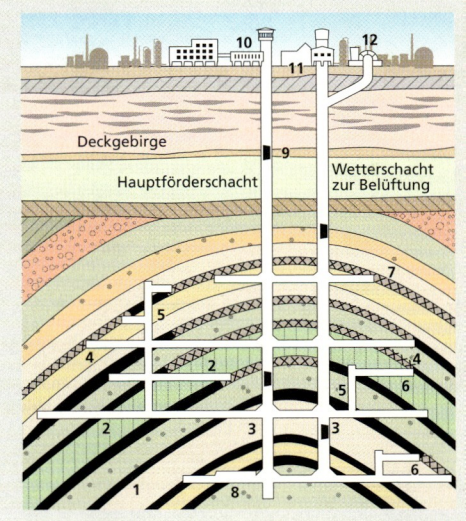

Erzbergbau

1 Bohrlöcher zur Erzgewinnung durch Schießarbeit;
2 Erzrollen zur Förderung;
3 Überbrüche zur Belüftung und Versatzzufuhr;
4 Fahrrolle für die Belegschaft

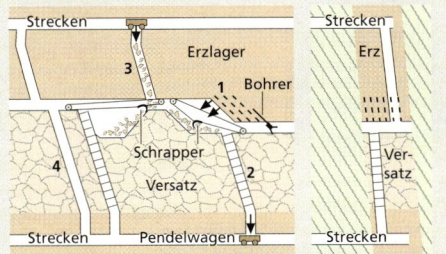

Kalibergbau

Vorbereitung des Abbaus durch horizontale Strecken und vertikale Bohrungen, Salzgewinnung durch Bohren und Schießen, Abziehen des Salzes durch Trichter in Fahrzeuge

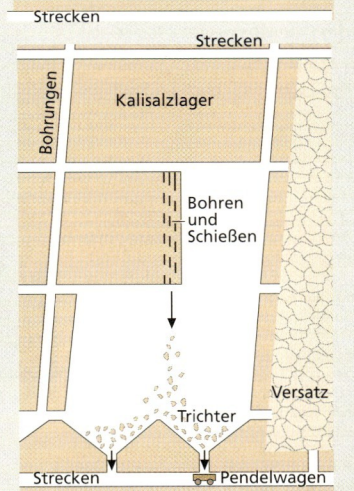

Braunkohlentagebau – Großschaufelradbagger

Dienstgewicht 7400 t,
Schaufelraddurchmesser 17,5 m,
Tagesförderleistung 112 000 cbm
(Abbauhöhe 107 m)

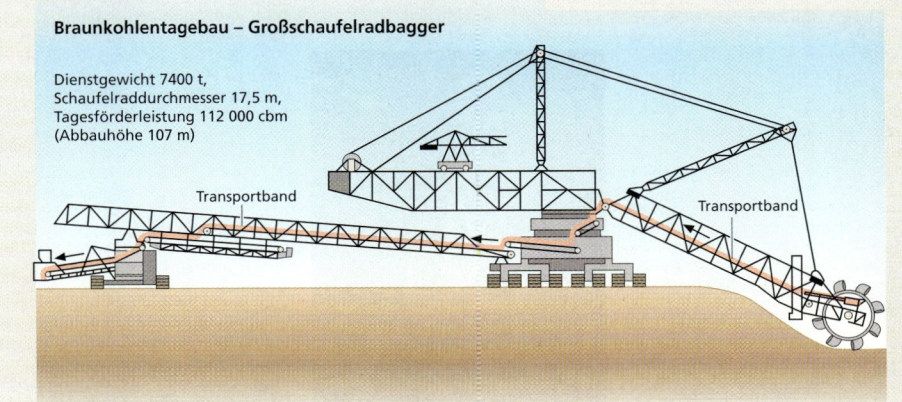

Beringstraße, 85 km breit, Grenze zw. Asien u. Nordamerika.
Berio, Luciano (* 24. 10. 1925), it. Komponist serieller u. elektron. Werke.
Berisha [bɛˈriʃa], Sali (* 11. 7. 1944), s. 1992 Staatspräs. v. Albanien.
Berkeley [ˈbaːkli], George (12. 3. 1685 bis 14. 1. 1753), engl. Phil. u. Bischof, leugnet Dasein der Körperwelt außerhalb unserer Vorstellungen, Spiritualist.

Götz von Berlichingen

Berkeley [ˈbəːkli], St. an der San-Francisco-Bai, Kalifornien (USA), 103 000 E; Uni., Ind.
Berkelium, *Bk,* künstl. chem. El., Oz. 97 (→ Transurane).
Berkshire [ˈbaːkʃiə], Kurzform *Berks,* südengl. Gft, 1256 km², 716 500 E; Hptst. *Reading;* Atomenergiezentrum *Harwell.*
Berlage [bɛrlaːxə], Hendrik Petrus (21. 2. 1856–12. 8. 1934), ndl. Architekt u. Schriftst.; stilbildend f. d. holl. Rationalismus (De Stijl) u. Expressionismus (Schule v. Amsterdam); Börse in Amsterdam.
Berlichingen, württemberg. Adelsgeschlecht; Sitz Burg B. bei Jagsthausen; *Götz v. B.* 1525 Anführer im Bauernkrieg; Drama v. Goethe.
Berlin [ˈbəːrlɪn], Irving (11. 5. 1888 bis 22. 9. 1989), am. Komp.; Musicals u. Filmmusik; *Annie get your gun.*
Berlin (D-10115–14199), Stadt an Spree und Havel, bis 1945 Hptst. Preußens u. d. Dt. Reiches, s. Okt. 1990 Hptst. d. BR Deutschland, 889 km², 3,47 Mill E; damit größte dt. Stadt. Seit Ende 1990 ist das vereinte Berlin Bundesland (die 23 Bezirke bilden das Land B.). Nach Kriegsende v. den Besatzungsmächten in 4 Sektoren geteilt; 1948 Spaltung in *West-B.* (frz., brit., am. Sektor), 480 km², 2,07 Mill. E, u. *Ost-B.* (sowj. Sektor), 403 km², 1,28 Mill. E; beide Teile wurden völlig getrennt regiert. West-B. war nach dt. Recht ein Land d. BR, nach dem Viermächteabkommen (1972) aber kein konstitutiver Teil d. BR. (Sonderstellung aufgrund alliierter Abkommen; seine 22 Abgeordneten im Bundestag waren nicht stimmberechtigt; Bundesgesetze galten nach Auffassung der BR als unmittelbares Bundesrecht, nach Auffassung der Alliierten Kommandantur als Berliner Landesrecht.) Regierung: Senat (an d. Spitze d. Regierende Bürgermeister), Abgeordnetenhaus. Ost-B. war Regierungssitz der DDR (Berlin, 1949–89 Hptst. d. DDR); es wurde 1955 in d. DDR eingegliedert. **a)** *Wirtschaft:* B. war vor dem Kriege eine der bedeutendsten Industriestädte Europas u. ein wichtiges Großhandels- u. Finanzzentrum. Große Zerstörungen an Industrie- u. Versorgungsbetrieben und Wohnraum (32% des Wohnraums waren zerstört od. schwer beschädigt), Demontagen, erhebl. Bevölkerungsverlust, die Spaltung d. Stadt in zwei Teile mit versch. Währungen und d. Abschnürung vom Hinterland erschwerten d. wirtsch. Situation v. West-B. nach d. Kriege erheblich. Daher wurden W.-B. umfangr. → ERP-Hilfe u. Bundeszuschüsse sowie Steuer- u. Kreditvergünstigungen f. d. Wiederaufbau u. z. Sicherung seiner Wettbewerbsfähigkeit gewährt. Wichtigste Ind.zweige: Metall-, Elektro-, Textil-, Maschinen-

Berlin

Berlin, *Brandenburger Tor*

Berlin, *Gedächtniskirche*

Senatswahlen Berlin (Stimmen in %)

Jahr	CDU	SPD	FDP	Grüne/AL	B90/Grüne	REP	PDS
1948	19,4	64,5	16,1				
1950	24,6	44,7	23,0				
1954	30,4	44,6	12,8				
1958	37,7	52,6	3,8				
1963	28,8	61,9	7,9				
1967	32,9	56,9	7,1				
1971	38,2	50,4	8,5				
1975	43,9	42,6	7,1				
1979	44,4	42,6	8,1				
1981	47,9	38,4	5,6	7,2			
1985	46,4	32,4	8,4	10,6			
1989	37,8	37,3	3,9	11,8			
1990	41,3	30,5	7,1	5,0	4,4	3,1	9,2
1995	37,4	23,6	2,5		13,2		14,6

bau-, chem., opt. u. Nahrungsmittelindustrie. Die gleichen Ind.zweige im Ostteil vorherrschend, meist staatl. Betriebe, voll i. d. Wirtsch. d. ehem. DDR integriert. **b)** *Verkehr:* Seine einstige Rolle als größter Knotenpunkt des Bahn-, Straßen- u. Luftverkehrs in Dtld hatte Berlin infolge der Spaltung eingebüßt. Straßen-, Bahn- u. Luftverkehr zw. W.-B. u. d. BR war auf best. Strecken beschränkt (Visumzwang bis Ende 1989). Zivilflughafen im Westteil: *Tegel* („Otto Lilienthal"); im Ostteil: *Schönefeld.* Bis Ende 1989 war auch d. städt. Verkehrsnetz v. West- u. Ost-B. getrennt (Verkehr d. Bewohner v. B. zw. beiden Teilen d. Stadt nur m. „Berechtigungsschein" möglich, nur wenige Übergangsstellen). **c)** *Kultur:* ev. Bischofssitz u. kath. Erzbischofssitz. HS im Westteil: Freie Uni. (1948 gegr.), TH (1879 gegr.), Ev. Kirchl. HS, HS der Künste, Akad. d. Künste, PH, Verwaltungsakad., Dt. Forschungs-HS; → Max-Planck-Institute. HS im Ostteil: Humboldt-Uni. (ehem. Friedr.-Wilh.-Uni., gegr. 1810), Akad. d. Wiss., der Künste, Musik-HS, Ing.-HS, Bauakademie, HS für Ökonomie. Museen u. Theater im Westteil sind die Gemäldegalerie u. d. Völkerkunde-M. in Dahlem, Neue Nationalgalerie, Kunstgewerbemuseum, Musikinstrumentenmuseum, Ägypt. Museum (Nofretete), Berlin-Museum, Dt. Oper, Schiller-, Schloßpark-Theater, Schaubühne, Theater des Westens. Alljährl. Festwochen u. intern. Filmfestspiele. Mus. u. Theat. im Ostteil sind d. Staatl. Mus. auf der Museumsinsel (Pergamon-Mus., Altes u. Neues Mus., Nationalgalerie, Bodemuseum), Märk. Museum, Mus. f. Naturkunde, Mus. f. Dt. Gesch. (Zeughaus), Staatsoper, Dt. Theater, Kom. Oper, Maxim-Gorki-Th., Th. am Schiffbauerdamm, Friedrichstadtpalast. Bauten i. Westteil: Schloß Charlottenburg, Schloß Bellevue, Kaiser-Wilh.-Gedächtnis-Kirche, Reichstagsgebäude, Hansaviertel, Kongreßhalle, Philharmonie, Staatsbibliothek, Corbusier-Haus, Europa-Center, Internat. Congress-Centrum (ICC). Bauten i. Ostteil: → Brandenburger Tor, St.-Hedwigs-Kathedrale, Frz. Dom, Dt. Dom, Berliner Dom, Dt. Staatsbibliothek, Neue Wache, Fernsehturm, Marienkirche, Rotes Rathaus. Das i. Kriege stark zerstörte Schloß wurde 1950 gesprengt, um d. Lustgarten für Massen-

Berlin, *Reichstag*

kundgebungen z. erweitern, unweit davon das ehem. Staatsratsgebäude. **d)** *Gesch.:* Die Gemeinde Cölln zuerst 1237, Berlin 1244 urkundlich erwähnt. 1307 beide Städte vereint, 1359 Mitglied der Hanse. 1488 Residenz der Markgrafen v. Brandenburg. 1539 Reformation eingeführt. Nach 30jährigem Krieg Wiederaufbau durch d. Gr. Kurfürsten. Um 1800 mit 172 000 E führende Ind.-St. Preußens. 1806 Einzug Napoleons, 1810 Gründung der Uni. 1848 Märzrevolution. 1861 über 500 000 E, 1880: 1,25 Mill., 1905: 2 Mill. 1902 Bau d. Hoch- u. Untergrundbahn. 1920 Schaffung v. Groß-Berlin. 2. 5. 1945 Eroberung durch d. Rote Armee; Aufteilung d. St. in vier Besatzungssektoren, Verwaltung durch Alliierte Kommandantur; 1948 Einführung d. West-Mark in d. West-Sektoren u. d. Ost-Mark im sowj. Sektor, Ausscheiden des sowj. Vertreters aus d. Kommandantur, Spaltung d. dt. Stadtverwaltung i. Ost- u. Westmagistrat u. damit Trennung i. West- u. Ost-Berlin. 24. 6. 1948–12. 5. 49 *Berliner Blockade,* Absperrung d. Zufahrtswege nach West-B. durch die Sowjets; wegen der Luftbrücke (Gegenmaßnahme der Westmächte) aufgegeben. 1949 gesondertes Besatzungsstatut f. West-B. 1952 Einbeziehung West-B.s in d. Rechts- u. Finanzstruktur d. BR. Am 17. 6. 1953 Arbeiteraufstand in Ost-B., mit sowj. Hilfe niedergeschlagen. 1958 kündigte UdSSR Berlin-Status u. forderte Schaffung einer „Freien Stadt West-B.". 1961 Bau der Mauer zw. W- u. Ost-B. durch die DDR zur Unterbindung d. Flucht aus d. DDR (→ Republikflucht). Seit 1963 zeitweise Passierscheinabkommen f. Verwandtenbesuche von Bewohnern West-B.s in Ost-B., s. 1968 für Besucher aus d. BR Visumzwang. 1971 alliiertes Berlin-Rahmenabkommen über Transitverkehr BR–B. (Bestätigung d. Bindung von West-B. an die BR, Einreisegenehmigung f. Bewohner v. West-B. nach Ost-B. u. i. DDR). 1972 Viermächte-Berlinabkommen in Kraft; Grundvertrag zw. BR u. DDR paraphiert; Gebietsaustausch zw. W.-B. u. DDR. 1973 Generalkonsulat d. UdSSR i. W.-B. 1974 Umweltbundesamt m. Sitz in W.-B, 9. 11. 1989 Öffnung der Grenzen und Abbau der Berliner Mauer, 2. 10. 1990 Aufhebung der alliierten Hoheitsrechte, 3. 10. 1990 Wiederherstellung der Einheit Berlins. 2. 12. 1990 erste Gesamtberliner Wahl zum Abgeordnetenhaus. 24. 1. 1991 Wahl v. E. Diepgen (CDU) zum ersten Regierenden Bürgermeister von Gesamtberlin. 20. 6. 1991 der Bundestag erklärt Berlin zum Parlaments- u. Regierungssitz. Ein Zusammenschluß der Länder Berlin u. Brandenburg wurde 1996 in e. Volksabstimmung abgelehnt.

Berliner Blau, ältester künstl. Farbstoff (1704), aus gelbem Blutlaugensalz u. Eisen(III)-Salzen.

Berliner Blockade, Blockierung d. W-Sektoren Berlins durch sowj. Besatzungsmacht, Sperrung d. Zufahrtswege (24. 6. 1948–12. 5. 49).

Berliner Kongreß, Konferenz der meisten eur. Staaten u. d. Türkei unter Bismarcks Vorsitz (1878; „Ehrlicher Makler") mit dem Versuch, die Balkanfragen zu ordnen; Minderung des russischen und Stärkung des österreichischen Einflusses.

Berliner Mauer, von d. DDR-Regierung am 13. 8. 1961 veranlaßte Sperrmaßnahmen an Sektorengrenze zw. Berlin (Ost) und Berlin (West); 1989 Beginn der Beseitigung.

Berlinguer, Enrico (25. 5. 1922–11. 6. 84), it. Pol.; s. 1972 Gen.sekr. d. KPI, entschiedenster Vertreter e. → Eurokommunismus.

Berlioz [-'ljo:z], Hector (11. 12. 1803 bis 8. 3. 69), französischer Komp., Mitschöpfer der sinfon. Dichtung; Sinfonien: *Symphonie fantastique; Romeo und Julia;* Oratorien: *Fausts Verdammnis;* Opern: *Benvenuto Cellini; Die Trojaner;* Requiem.

Berlitzschulen, 1878 v. d. Amerikaner M. D. *Berlitz* (1852–1921) gegr. Schulen zur Erlernung fremder Sprachen in einsprachigem Unterricht.

Berlusconi, Silvio (*29. 9. 1936), it. Unternehmer u. Fernsehmanager, Gründer der Forza Italia, 1994 it. Min.präs.

BERMUDA	
Staatsform:	brit. Kronkolonie
Gouverneur:	Lord Waddington
Regierungschef:	David Saul
Hauptstadt:	Hamilton 6000 Einwohner
Fläche:	53 km²
Einwohner:	63 000
Bevölkerungsdichte:	1189 je km²
Bevölkerungswachstum pro Jahr:	Ø 0,71% (1990–1995)
Amtssprache:	Englisch
Religion:	Protestanten (86%), Katholiken
Währung:	Bermuda-Dollar (BD$)
Bruttosozialprodukt (1993):	27 720 US-$ je Einw.
Zeitzone:	MEZ – 5 Std.
Karte:	→ Nordamerika

Bern

Berlin, *Charlottenburg*

Bermuda, 1684 brit. Kolonie, seit 1968 mit innerer Autonomie; Fremdenverkehr; Flotten- u. Luftstützpunkt Großbritanniens u. d. USA.

Bermudainseln, *Bermudas,* Inselgruppe (etwa 150 Inseln, davon 20 bewohnt) im westl. Atlantik.

Bern,
1) Kanton der West-Schweiz, 5961 km², 941 200 E (85% dt.sprachig); Viehzucht (Emmen-, Simmental); Uhren- u. Textilind., Maschinenbau, Fremdenverkehr.
2) (CH-3000), Hptst. a. der Aare, zugleich schweiz. B.hptst. (seit 1848), 134 600 E (Agglom. 298 700 E); Sitz d. Bundesbeh. u. d. Weltpostvereins; Uni. – 1191 gegr., 1220 Freie Reichsstadt, 1353 eidgenössisch, 1528 Einf. d. Reformation; Altstadt s. 1983 Weltkulturerbe.

Bernadette [-'dɛt], eigtl. *Maria Bernarda Soubirous* (7. 1. 1844–16. 4. 79), begr. Bedeutung → Lourdes; 1933 heiliggesprochen. – Roman von → Werfel.

Bernadotte [-'dɔt],
1) Folke Gf (2. 1. 1895–17. 9. 1948), Präs. des Schwed. Roten Kreuzes; als UN-Sonderbeauftragter für Palästina in Jerusalem ermordet.

Berlin, *Gendarmenmarkt*

Bern, *Bundeshaus*

Bernstein-Schmuck

2) Jean Baptiste (26. 1. 1763–8. 3. 1844), frz. Marschall Napoleons I., seit 1818 Kg von Schweden und Norwegen als Karl XIV. Johann; Begr. der schwed. Dynastie B.
Bernanos, Georges (20. 2. 1888–5. 7. 1948), frz. Schriftst.; Verfechter rel. Erneuerung; *Tagebuch eines Landpfarrers.*
Bernardino, *San B., St. Bernhardin,* schweiz. Alpenpaß (Graubünden), 2065 müM, Übergang vom Hinterrhein zum Val Mesolcina u. nach Bellinzona; s. 1968 6,6 km l. Autotunnel; Tunnelscheitel 1644 m.
Bernau b. Berlin (D-16321), Krst. in Bbg., 19 076 E.
Bernauer, Agnes, der „Engel von Augsburg", Bürgermädchen; Hzg Albrecht III. v. Bayern heimlich angetraut, 1435 v. dessen Vater ertränkt.
Bernburg (D-06406), Krst. i. S-A., 39 006 E; HS f. Landw.; Renaissanceschloß; Kaliberwerke, Soda-, Zementind., Serumwerk.
Bernd, m. Vn., Kurzform zu → Bernhard.
Berner Alpen, mit Berner Oberland, Teil der Schweizer Alpen zw. ob. Aareu. Rhônetal (bis zum Genfer See) mit → Finsteraarhorn 4274 m, *Jungfrau* 4158 m, *Aletschgletscher* u. a.
Berner Klause, Engpaß im Etschtal nw. von Verona, stark befestigt.
Berner Konvention,
1) Postfragen, → Weltpostverein.
2) intern. Abkommen über → Urheberrecht an literarischen Werken.
Berneuchener Kreis, 1923 erfolgter Zus.schluß protestant. Geistl. und Laien für Erneuerung der gottesdienstl. Formen (Liturgie).
Bernhard [ahdt. „der Bärenstarke"],
1) B. v. Clairvaux (1090–1153), einer der ersten Äbte u. wichtigsten Erneuerer d. Zisterzienser, großer Kreuzzugsprediger, theol. d. Gegner → Abaelards, bed. Mystiker.
2) B. v. Sachsen-Weimar (16. 8. 1604 bis 18. 7. 39), protestant. Heerführer im 30jähr. Krieg.
3) Prinz der Niederlande (* 29. 6. 1911), seit 1937 verheiratet m. Kgn Juliana.
Bernhard, Thomas (10. 2. 1931–12. 2. 89), östr. Schriftst.; Sprachvirtuose in der Tradition d. Philosophie Wittgensteins; kritisierte östr. Kultur u. Ges.; Romane: *Frost; Verstörung; D. Italie-*ner; *Holzfällen – Eine Erregung;* Dramen: *D. Präsident; Jagdgesellschaft; Heldenplatz.*
Bernhardiner,
1) Name der → Zisterzienser (nach Bernhard v. Clairvaux).
2) bis 70 kg schwere, kräftige Hunderasse; braun-weiß m. Hängeohren.
Bernhardt [-'naːr], Sarah, eigtl. *Rosalie Bernard* (25. 9. 1844–26. 3. 1923), frz. Schauspielerin Theaterkünstlerin, Malerin u. Bildhauerin; *Memoiren.*
Bernina, *Piz B.,* 4049 m, höchster Gipfel der O-Alpen, an der it.-schweiz. Grenze in den **B.-Alpen** zw. Inn u. Adda.
Bernina-Paß, 2328 m, mit B.-Bahn St. Moritz–Tirano.
Bernini, Gian Lorenzo (7. 12. 1598 bis 28. 11. 1680), it. Bildhauer, Architekt u. Maler d. Barock; *Bauwerke* u. a. in Rom: Säulenhallen vor d. Peterskirche, S. Andrea al Quirinale; Brunnen; *Plastiken:* Grabmäler (St. Peter, Rom), Porträtbüsten, *Ekstase d. hl. Theresa.*
Bernkastel-Kues [-'kuːs], (D-54470), St. a. d. Mosel, RP, 7026 E; AG; histor. Marktpl., Geburtsort v. → Nikolaus von Kues; Weinbau („B.er Doktor"); Fremdenverkehr.
Bernoulli [-'nʊli], Gelehrtenfamilie in Basel,
1) Jakob (27. 12. 1654–16. 8. 1705), unendl. Reihen.
2) Johann (27. 7. 1667–1. 1. 1748), Differential- u. Integralrechnung.
3) Daniel (29. 1. 1700–17. 3. 82), Begr. d. Gasgesetze durch d. Atomistik u. bedeutende Arbeiten über Hydrodynamik.
Bernstein,
1) Eduard (6. 1. 1850–18. 12. 1932), dt. sozialist. Theoretiker, Begr. d. Revisionismus.
2) [-'bəːnstaɪn], Leonard (25. 8. 1918 bis 14. 10. 90), amerikanischer Dirigent u. Komponist; Sinfonien, Musical: *West Side Story.*
Bernstein, *gelbe Ambra* [gr. *elektron*], fossiles Harz von Nadelbäumen d. Tertiärs; oft undurchsichtig.
Bernsteinküste, Küste d. → Samlandes, nach Pillau bis Cranz.
Berolina [nl.], „Berlin".
Beromünster (CH-6215), histor. Marktflecken im Kanton Luzern, 1900 E; 1000 J. altes Chorherrenstift; Landessender B.
Berow, Ljuben (* 1925), 1992–94 bulgar. Min.präs.
Berry, Chuck (* 18. 10. 1926), am. Rockmusiker, entwickelte den Rhythm and Blues.
Bersaglieri [-zaʎ'jeː-], it. Jägertruppe.
Berserker [„Bärenhautträger"], in d. nord. Sage Männer, die sich in Bären verwandeln konnten; v. ungewöhnl. Stärke, bes. in Raserei: **B.wut.**
Bertelsmann AG, dt. Medienkonzern i. Gütersloh, größtes Unternehmen seiner Art.
Berthier [-'tje], Alexandre (20. 2. 1753 bis 1. 6. 1815), frz. Marschall; Freund Napoleons I., verriet ihn.
Berthold [ahdt. „glänzender Wolf"], m. Vn.
Berthollet [-'lɛ], Claude-Louis Graf von (9. 12. 1748–6. 11. 1822), frz. Chem.; entdeckte u. a. Knallsilber.
Bertillon [-ti'jõ], Alphonse (23. 4. 1853–13. 2. 1914), frz. Anthropologe; v. ihm ein Körpermeßverfahren system

Bernini, *Daniel und der Löwe*

(**Bertillonage**), d. früher zur Identifizierung v. Verbrechern benutzt wurde.
Bertolucci [-'lutʃi], Bernardo (* 16. 3. 1941), it. Filmreg. u. Schriftst.; *L'Ultimo Tango a Parigi* (1972); *1900* (1974–76); *La Luna* (1979); *The Last Emperor* (1988).
Bertram → Meister Bertram v. Minden.
Bertram,
1) Adolf (14. 3. 1859–6. 7. 1945), Kardinal, Fürstbischof von Breslau.
2) Ernst (27. 7. 1884–2. 5. 1957), dt. Dichter (Georgekreis) u. Literaturhistoriker.
Berufsaufbauschulen, *BAS,* Schulen zur Erlangung d. Fach(ober)schulreife (= mittlere Reife + Berufsausbildung) nach Hauptschulabschluß und Lehre; Teilzeit- u./od. Vollzeitform.
Berufsberatung, Erteilung v. Rat u. Auskunft in Fragen d. Berufswahl einschließl. d. Berufswechsels; wird v. Bundesanstalt f. Arbeit (Arbeitsämtern) in folgenden Funktionsbereichen durchgeführt: Berufsorientierung, Berufl. Einzelberatung, Vermittlung berufl. Ausbildungsstellen u. Förderung betriebl. Berufsausbildung.
Berufsfachschulen, *BFS,* berufl. Schulen, die eine Berufsgrundbildung vermitteln bzw. eine betriebl. Lehre teilweise od. ganz ersetzen; Fachrichtungen: gewerbl.-techn. (z. B. Schriftsetzer, Chemotechniker), kaufmänn. (z. B. 3- bis 4jähr. Wirtschaftsschulen), landwirtsch.-hauswirtsch.-pflegerisch (z. B. staatl. geprüfte Hauswirtschaftsleiterin).
Berufsgeheimnis, Schweigepflicht v. Geistlichen, Ärzten, Rechtsanwälten, Hebammen, Apothekern usw. über ihnen aufgrund ihres B. anvertraute Tatsachen.
Berufsgenossenschaften, Verbände v. Unternehmern einer Berufsart als Träger der berufl. Unfallversicherung (→ Genossenschaften, Übers.).
Berufsgerichtsbarkeit, *Ehrengerichtsbarkeit* eines B.standes, der eine soz. Machtstellung einnimmt (Rechtsanwälte, Ärzte); zur Reinhaltung des Berufsethos.
Berufsgrundschuljahr, für Hauptschulabgänger, die noch keine Berufsausbildung begonnen haben; bereitet auf die Entscheidung für e. Berufsgruppe vor; Vollzeitschule.
Berufskrankheiten, Gesundheitsschädigung durch den Beruf, z. B. Staublunge (→ Silikose), Blei-, Quecksilber- u. a. Vergiftungen, Schädigungen durch radioaktive Röntgenstrahlen, Infektionskrankheiten (Krankenhäuser), Taubheit (Lärmbetriebe); insgesamt 55 meldepflichtige, v. d. Berufsgenossenschaften anerkannte u. versorgte Berufskrankheiten.
Berufsoberschulen, *BOS,* Schultyp f. Kandidaten m. abgeschlossener Berufsausbildung u. mittlerer Reife; führt nach 2 Jahren zur fachgebundenen HS-Reife.
Berufsschulen, pflichtmäß. Fortbildungsschulen nach der Hauptschule, neben der Berufsarbeit, die e. Verbindung allgemeiner und fachlich-theoretischer Bildung vermitteln sollen.
Berufung,
1) Rechtsmittel gg. Urteil 1. Instanz; innerhalb **B.sfrist** (Zivilprozeß 1 Monat, Strafprozeß 1 Woche) einzulegen durch

B.sschrift (eines Rechtsanwalts), im Zivilprozeß beim **B.gericht** (nächsthöheres Gericht), i. Strafprozeß b. d. Gericht, das Urteil erließ; im Strafprozeß kann die B. auch mündl. zu Protokoll erklärt werden; d. B.gericht prüft d. Urteil in tatsächl. und rechtl. Hinsicht (→ Rechtspflege, Übers.).
2) Ernennung d. Hochschulprofessoren zum Inhaber eines Lehrstuhls.
Beryll, grünes → Silicatmineral, Rohstoff f. → Beryllium; Edelsteinvarietäten: Smaragd, Aquamarin.
Beryllium, *Be*, chem. El., Oz. 4, At.-Gew. 9,0122, Dichte 1,85; Erdalkalimetall.
Berylliumbronze, Legierung von 2,5% Be m. Kupfer; korrosionsbest.
Berzelius, Jöns Jacob Frh. v. (20. 8. 1779–7. 8. 1848), schwed. Chem.; entdeckte d. Elemente Se, Si, Th und Zr, bestimmte Atomgewicht; Begr. d. modernen chem. Analyse.
Bes, ägypt. Orakelgott in zwergenhafter u. tiermenschl. Gestalt, auch Schutzgott, bes. v. Wöchnerinnen u. Säuglingen.
Besamung,
1) Eintritt des Spermiums in das Ei zum Zwecke der → Befruchtung.
2) künstl. Insemination; in d. Tierzucht (meist m. tiefgefrorenem Samen) weit verbreitet, ähnlich b. Menschen durch Einspritzen v. Sperma in d. Gebärmutter z. Zeitpunkt d. → Ovulation.
Besançon [bəzã'sõ], Hptst. und Festung des frz. Dép. *Doubs*, 113 800 E; Erzbischofssitz, internat. Musikfestspiele, Uni., Observatorium, Uhrenind.; das alte *Vesontio*; 1307–1648 dt. Freie Reichsst. (dt. Bisanz); 1679 frz.
Besanmast, hinterster Schiffsmast, bei Vollschiffen Kreuzmast (Abb. → Takelung).
Besatzungsstatut, 1949 von Frkr., Großbrit., d. USA erlassen, grenzte d. gesetzgebenden, exekutiven u. richterl. Vollmachten zw. d. drei westl. Besatzungsmächten u. BR ab; *kleines B.* für Berlin regelte Beziehungen d. drei westl. Stadtkommandanten mit der Reg. West-Berlins; beide 1951 revidiert, 1955 d. → Deutschlandvertrag aufgehoben.
Besatzungszonen, Besetzung und Verwaltung e. Gebiets durch neue Gebietshoheit, z. B. nach dem 2. Weltkr. in Dtld u. Östr.
Beschäftigungsgrad, in Prozent ausgedrücktes Verhältnis d. tatsächl. Beschäftigung e. Betriebes zu seiner vorhandenen Kapazität.
beschälen, bei Pferden: begatten, decken.
Beschickung, Zuführung des Materials in Maschinen, Brennöfen usw.
Beschlagnahme, Entziehung od. Beschränkung des Verfügungsrechtes; **a)** i. d. *Zwangsvollstreckung* durch Pfändung; **b)** im *Strafverfahren* z. Sicherstellung v. Beweismitteln od. Gegenständen, die d. Einziehung unterliegen, ferner im Verfahren gg. abwesende Angeschuldigte; **c)** im *Völkerrecht*: B. von Kriegs-, Nachrichten- u. Transportmitteln durch Besatzungsmacht gemäß Art. 53 Haager Landkriegsordnung (auch Privateigentum); Rückgabe bzw. Entschädigung bei Friedensschluß; B. sonstigen Privatvermögens nur gg. Entschädigung; diese Grundsätze v. d. Kriegführenden häufig nicht beachtet.

Beschleuniger, *Teilchenbeschleuniger*, Anlage zur Beschleunigung geladener → Atomkerne u. → Elementarteilchen auf hohe Energien. In Speicherringen werden 2 Teilchenstrahlen auf hohe Energien beschleunigt u. gezielt z. Kollision gebracht. Die dabei auftretenden Prozesse u. erzeugten Teilchen geben Aufschluß über Aufbau und Struktur der Materie. B. sind wichtige Forschungsmittel in d. → Elementarteilchen-Physik. Es gibt: **a)** *Linearbeschleuniger*, in denen d. Teilchen in einer geradlinigen Vakuumröhre el. Felder durchlaufen; **b)** *Zirkularbeschleuniger*, in denen d. Teilchen durch ein starkes Magnetfeld auf Kreisbahnen gehalten werden, auf denen sie zur weiteren Beschleunigung mehrmals d. gleichen el. Felder durchlaufen. Anlagen versch. Bauart und Leistung wie *Zyklotron, Synchrozyklotron, Synchrotron, Betatron, Bevatron*. – Größter Linear-B.: Stanford (USA), 50 GeV; große Zirkular-B.: Chicago (USA), 1,6 TeV; Genf (→ CERN): 100 GeV; Hamburg (→ DESY): 314 GeV; Texas (USA): 20 TeV (im Bau).
Beschleunigung, *Akzeleration*,
1) B. der Entwicklung (z. B. der Jugend).
2) Geschwindigkeitszuwachs bewegter Körper in der Zeiteinheit.
Beschmet [türk.], kaftanart. Leibrock d. Tataren.
Beschneidung, Entfernung (*Zirkumzision*) oder Einritzung (*Inzision*) d. Vorhaut an Neugeborenen oder mannbar gewordenen Knaben; rel. Brauch in großen Teilen Vorder-, S-Asiens u. Afrikas (bei den Juden Zirkumzision 8 Tage nach der Geburt).
Beschwerde,
1) Rechtsmittel gg. gerichtl. Beschlüsse u. Verfügungen im *Zivil- u. Strafprozeß* u. in d. *freiwilligen Gerichtsbarkeit;* einfache u. sofortige B.; Überprüfung durch B.gericht (nächsthöheres Gericht).
2) im *Verw.-Recht* Rechtsbehelf i. Aufsichtsweg gg. Maßnahme e. Behörde.
3) → Dienstaufsichtsbeschwerde.
Besenginster, gelbblüh. Strauch.
Besitz, rechtl. die Innehabung der tatsächl. Gewalt über eine Sache (§§ 854 ff. BGB); Ggs. au. → Eigentum. Arten: **a)** *unmittelbarer B.*, wird kraft eigenen B.rechts tatsächl. ausgeübt; Gs.: **b)** *mittelbarer B.*, ausgeübt von demjenigen, der den Besitz einem anderen vermittelt (Eigentümer einer Sache ist mittelbarer, der Mieter unmittelbarer Besitzer); **c)** *Mitbesitz*, wird von mehreren Personen gemeinschaftlich ausgeübt; **d)** B.diener hat keinen B. (z. B. Arbeiter an den Arbeitsgerätschaften d. Unternehmers).
Besitztitel, der zum Erwerb d. Besitzes führende Erwerbsgrund.
Beskiden, waldreicher Gebirgszug d. → Karpaten.
Besoldung, Vergütung des Beamten.
Besonnenheit, e. d. vier → Kardinaltugenden nach Platon.
Besprechen, altes Volksheilverfahren, bes. gg. Warzen; beruht wohl auf → Suggestion.
Bessarabien, histor. Landschaft zw. Pruth, Dnjestr und unterer Donau, Bev. meist Rumänen, Ukrainer (rd. 100 000 B.-Deutsche 1940 umgesiedelt, → Volksdeutsche); Flachlandschaft mit Hügeln; fruchtbares Agrarland. – Bis 1812 türk., dann russ., Ansiedlung dt. Kolonisten; 1918–1940 rumänisch, 1940 an die UdSSR abgetreten, 1941–44 rumänisch, ab 1944 Hauptteil der Moldauischen SSR (s. 1991 Rep. Moldau).
Bessel, Friedrich Wilhelm (22. 7. 1784–17. 3. 1846), dt. Astronom; bestimmte Größe d. Erdellipsoides u. zuverlässig d. Entfernung e. Fixsterns (Stern 61 im Schwan).
Bessemer, Sir Henry (19. 1. 1813 bis 15. 3. 98), engl. Chem.; erfand 1855 die **B.birne** (→ Tafel Eisen- und Stahlgewinnung).
Besserungsschein, Versprechen im Vergleichsverfahren, erlassene Schulden bei verbesserter Vermögenslage über die Vergleichsquote hinaus zurückzuzahlen.
Bessmertnych, Alexander (* 10. 11. 1933), sowj. Diplomat; 1990 Botschafter in den USA; Jan.–Aug. 1991 (Putsch) Außenmin.
Bestallung,
1) Urkunde über Bestellung z. Vormund od. Pfleger.
2) Anstellungsurkunde f. e. Beamten.
3) *Approbation*, staatl. Zulassung (Arzt, Apotheker).
Bestäubung, erfolgt b. Blütenpflanzen durch Übertragung des männl. Blütenstaubes auf die weibl. Narbe, meist zw. versch. Blüten durch Wind, Wasser od. Tiere (vor allem Insekten): *Fremd-B.*; selten innerhalb derselben Blüte: *Selbst-Bestäubung*.
Bestechung, *aktive B.*: Anbieten, Versprechen od. Gewähren v. Geschenken o. a. Vorteilen an Beamte, Soldaten, Richter (auch Laien-R.), fremde Angestellte od. Beauftragte zwecks Verleitung zu einer Handlung, die e. Verletzung d. Amts- bzw. Dienstpflicht enthält; *passive B.*: Annahme, Fordern od. Sichversprechenlassen v. Geschenken o. a. Vorteilen seitens d. bez. Personenkreises für Pflichtverletzung; bei Beamten u. Offizieren, auch wenn keine eigtl. Dienstpflicht verletzt wird; aktive u. passive B. strafbar mit Geldstrafe od. Freiheitsstrafe; bei Soldaten Geldstrafe unzulässig, in leichteren Fällen Strafarrest möglich (§§ 331–335 StGB, § 48 WStG, § 12 Ges. gegen unlauteren Wettbewerb, VO gegen B. nichtbeamteter Personen v. 3. 5. 1917).

Beschleuniger, *Ringtunnel HERA*

Beryll, *Smaragd-Kristalle in Glimmerschiefer*

Gemeiner Besenginster

Beuron, *Benediktinerabtei*

Bevölkerung

Gesamtheit der in einem best. Gebiet wohnenden Menschen (Erde, Kontinent, Staat, Provinz, Stadt). Die Einwohnerzahl wird durch Volkszählungen erhoben (in Dtld regelmäßig seit 1816). Wegen der Bedeutung für Steuerertrag u. militärische Stärke zählten bereits die alten Kulturstaaten (Ägypten, China, Rom) ihre Bevölkerung. Seit der Industrialisierung kam zusätzlich die Berufszählung hinzu (in Dtld 1882, 1895 u. 1907). Seit 1925 in Dtld immer kombinierte Volks- und Berufszählung: 1925, 1933, 1939, 1946; 1950, 1961, 1970 u. 1987 im Rahmen der Weltzählung (Programm der Vereinten Nationen).
Volkszählung stellt Alter, Geschlecht, Familienstand, Religion, Staatsangehörigkeit u. a. fest. **Berufszählung** unterscheidet Erwerbspersonen, Rentner bzw. Pensionäre und abhängige Familienangehörige (Ehefrauen, Kinder) und innerhalb der Erwerbstätigen Selbständige, Arbeitnehmer u. mithelfende Familienangehörige, gegliedert nach Wirtschaftszweigen. Der **Mikrozensus** ist eine repräsentative Zählung von 1% der Bevölkerung, in der BR erstmalig 1957. Die Ergebnisse werden auf 100% „hochgerechnet".
Durch **Fortschreibung** wird das Volkszählungsergebnis bis zur nächsten Zählung ergänzt aufgrund der Standesamtsstatistik (Geburten, Sterbefälle u. a.) u. ferner aufgrund der polizeil. Anmeldungen (Wanderungsgewinn bzw. -verlust); kombiniert errechnet sich daraus eine Bevölkerungszu- oder -abnahme. In der Bevölkerungsstatistik nennt man Geburten, Todesfälle, Eheschließungen und -scheidungen **Bevölkerungsbewegung**, während die **Wanderungsstatistik** räumliche Veränderungen registriert (Zu-, Fortzug; Ein-, Auswanderung). **Bevölkerungsdichte** wird in Einw. je km² ausgedrückt. Hohe Bevölkerungsdichte kann bei Vollbeschäftigung Wohlstand bedeuten; bei Unterbeschäftigung (zu geringer Ertrag der Arbeit) u. Strukturarbeitslosigkeit spricht man von **Übervölkerung**, selbst wenn die Bevölkerungsdichte relativ gering ist. **Altersaufbau** nennt man die Verteilung der Bevölkerung auf Jahrgänge u. Geschlecht. Der Altersaufbau der BR ist gekennzeichnet durch **Überalterung**, d. h. ein ungünstiges Verhältnis zwischen Erwerbspersonen, Kindern u. Alten.
Bevölkerungsexplosion nennt man die progressiv ansteigende Zunahme der Erdbevölkerung (z. B. von 2,9 Mrd. im Jahre 1960 auf voraussichtlich 6,1 Mrd. im Jahr 2000). Die starke Bevölkerungszunahme in allen Industriestaaten während des 19. Jh., auch in Dtld, beruhte auf Verminderung der Kindersterblichkeit u. auf Erhöhung der Lebenserwartung. **Geburtenkontrolle** forderte als erster → Malthus. Geburtenbeschränkung gilt als einzige Möglichkeit, den unabsehbaren Folgen der Bevölkerungsexplosion, besonders in Asien, vorzubeugen.
Die **Bevölkerungssoziologie** beschäftigt sich m. d. Zusammensetzung d. Bevölkerung nach biologischen u. sozialen Merkmalen u. versucht d. Strukturen u. Veränderungen d. Bevölkerung aus gesellschaftlichen Bedingungen zu erklären. Zu ihren Aufgabenbereichen zählen deshalb d. Untersuchung von Familienstand, Geschlecht, Ausbildungsverhältnis, Erwerbsstruktur, Lebensstandard, Konfession, Größe d. Wohnorts d. Bevölkerung.

Besteck,
1) Eßbesteck.
2) tragb. Sammlung ärztl. Instrumente (z. B. für Geburtshilfe).
3) durch Länge u. Breite bestimmter Ort eines Schiffes auf hoher See; das B. aufnehmen, den Standort bestimmen.
bestens, *Bestensauftrag,* bei Börsenaufträgen Klausel f. Handlungsfreiheit z. günstigsten Ein- u. Verkauf; keine genaue Preisbindung; Ggs.: limitiert.
bestialisch [nl. „bestia = wildes Tier"], tierisch, viehisch.
Bestialität, *w.,* Roheit; auch svw. → Sodomie.
Bestiarium, *s.* [l.], ma. Samml. v. Tierbeschreibungen nach Vorbild d. spätantiken *Physiologus*-Texts; Bestandsaufnahme d. naturkundl. Wissens d. Zeit samt Tiersymbolik u. Fabelwesen, Quelle f. d. christl. Bildwelt d. MA.
Bestrahlung → Strahlenbehandlung.
Bestseller, *m.* [engl.], Bez. für das nach **B.**listen „am besten verkaufte Buch".
Beta, *B,* β, zweiter Buchstabe d. → griechischen Alphabets.
Betablocker → Betarezeptorenblocker.
Beta-Cepheï-Sterne, veränderl. Sterne vom Typ Beta im Cepheus, Lichtwechsel wird durch → Pulsation erzeugt.
Beta-HCG, Schwangerschaftshormon, Nachweis bei Schwangerschaftstest.
Beta-Lyrae-Sterne, veränderl. Sterne v. Typ Beta i. d. Leier; Lichtwechsel wird durch Bedeckung eines Begleiters erzeugt; → bedeckungsveränderliche Fixsterne.
Betarezeptorenblocker, Arzneimittel, die die Betarezeptoren des → Sympathikus blockieren, so daß ihre normalen Wirkungen ausbleiben; finden Verwendung bei → Hypertonie, → Angina pectoris, Streß.
Betastrahlung, Strahlen v. Elektronen (aus radioaktivem Zerfall). → Radioaktivität, Übers.
Betatron, *s.,* → Elektronenschleuder, → Beschleuniger.
Betäubung,
1) allg. B. → Narkose.
2) örtl. B. → Anästhesie (Lokal-A.).
Betäubungsmittel, Drogen u. Arzneimittel mit betäubender oder berauschender Wirkung. Handel und Abgabe durch Gesetz streng geregelt; → Rauschgift, → Rauschgifthandel.
Beteigeuze [arab.], *Betelgeuse,* zweithellster rötl. Stern 0. Größe an d. linken Schulter d. Orion; nördl. → Sternhimmel B.
Beteiligung, Anteilnahme am Risiko einer wirtsch. ausgerichteten Unternehmung (meist Gesellschaft) od. an e. einmaligen Geschäft, i. d. Regel durch Einsatz v. Kapital, seltener durch sonst. Leistungen. Mit d. Beteiligung ist in der Regel die Anteilnahme am Gewinn u. Verlust verbunden, letzterer kann auf d. Höhe der B. beschränkt sein (z. B. bei AG).
Betelnuß, Frucht der *Betelpalme,* Genußmittel in Asien u. Afrika, wird zerkleinert, mit Kalk in Blätter des Betelpfeffers gewickelt u. gekaut.
Bethe, Hans Albrecht (* 2. 7. 1906), am. Phys. dt. Herkunft; Nobelpr. 1967 (Arbeiten z. Theorie d. Kernreaktionen und Entdeckungen über d. Energieerzeugung i. d. Sternen).
Bethel, Anstalt → Bodelschwinghs mit theolog. HS.
Bethlehem, [hebr. „Haus des Brotes"] ökumen. *Betlehem.*
1) St. i. Westjordanland, s. 1967 unter isr. Verw., 30 000 E; Geburtsort Jesu mit ältester christl. Kirche.
2) St. i. US-Staat Pennsylvania, 71 400 E; Uni.; Stahlind.; 1741 v. Herrnhutern gegr.
Bethmann Hollweg, Theobald von (29. 11. 1856–2. 1. 1921), dt. Staatsmann u. Jurist; Reichskanzler 1909–17.
Béthouart [bet'wa:r], Antoine Marie Emile (17. 12. 1889–1982), frz. General; 1944–45 Kommand. General d. I. Armeekorps, 1945–50 Hochkommissar in Österreich.
Beton [frz.], Baustoff aus Bindemittel, z. B. → Zement, mit Sand, Kies und Wasser weich in Verschalungen eingebracht, wo er erhärtet; auch *Eisen-* bzw. *Stahlbeton* m. Stahleinlagen, zu Trägern geformt, als *Stahlsaitenbeton;* durch Zuschlagstoffe auch *Leichtbeton* mit höherer Wärmedämmung und geringerer Festigkeit (Bimsbeton) od. (beim Reaktorbau) *Schwerbeton;* mit Preßluft aufgespritzt als *Spritzbeton;* durch Stampfen verdichtet als *Stampfbeton.* Als Stilmittel des → Brutalismus d. unbearbeitet u. m. d. Spuren der Verschalung belassene *Sichtbeton* u. d. ebenfalls z. Flächengestaltung schon nach dem ersten Erhärten m. scharfem Wasserstrahl abgespritzte *Waschbeton.*
Betreuung, früher: *Vormundschaft, Pflegschaft;* ein psych. Kranker od. e. körperl., geistig od. seel. Behinderter, der nicht in d. Lage ist, seine Angelegenheiten ganz od. teilweise selbst zu besorgen, kann auf Antrag od. von Amts wegen vom Vormundschaftsgericht unter Aufsicht eines Betreuers gestellt werden.
Betreuungsgesetz, vom 12. 9. 1990 brachte e. Neuregelung d. Rechts d. Vormundschaft u. Pflegschaft für Volljährige. Die Begriffe Vormundschaft u. Pflegschaft wurden durch den Begriff → Betreuung ersetzt.
Betrieb, örtliche od. technische Leistungseinheit; erstellt jene Sach- oder Dienstleistungen, auf deren Erwerbszweck der Betrieb ausgerichtet ist; ein Betrieb muß kein → Unternehmen sein.
betriebliche Altersversorgung, freiwill. Leistungen d. Arbeitgebers zur Verbesserung d. Versorgung im Rentenalter; gemäß Ges. v. 19. 12. 1974 bleibt Anwartschaft unter best. Voraussetzungen auch nach Ausscheiden aus dem Betrieb erhalten.
Betriebsbeauftragte → Umweltschutzbeauftragte.
Betriebsergebnis, Umsatzergebnis plus Gemeinkosten-Überdeckung od. minus Gemeinkosten-Unterdeckung.
Betriebsgeheimnis, Tatsache, deren Geheimhaltung im Interesse des B. liegt; Verletzung durch Arbeitnehmer strafbar.
Betriebskapital, Teile des Betriebsvermögens, die umgesetzt werden (Umlaufvermögen); flüssige Mittel (Kasse, Bank, Postscheck usw.) u. Lagerbestände (Rohstoffe, Halb- u. Fertigfabrikate); Ggs.: Anlagekapital.

Betriebsmittel, mehrmals nutzbare Produktionsfaktoren wie Gebäude, Maschinen, Werkstoffe usw.
Betriebsordnung, *Fabrikordnung,* gesetzl. vorgeschriebene Regelung d. Arbeitsverhältnisse i. Fabrik durch d. Unternehmer im Einvernehmen m. dem Betriebsrat.
Betriebsprüfung, Prüfung d. Geschäftsbücher durch Beauftragten d. Finanzamtes zwecks Steuerkontrolle.
Betriebsrat → Betriebsverfassung.
Betriebssystem, Computerprogramm, d. d. Standardfunktionen beim Rechnerbetrieb erfüllt und so zw. Anwenderprogramm und Hardware vermittelt; übernimmt die Ansteuerung od. Verwaltung v. Tastatur, Bildschirm, → Dateien, → Arbeitsspeicher, Drucker, Diskettenlaufwerken u. sonstigen angeschlossenen Geräten; ermöglicht quasi-gleichzeitiges Bearbeiten unterschiedl. Aufgaben (Mehrprogrammbetrieb, Multitasking) auf einer → Zentraleinheit durch d. abwechselnde Vergabe v. kurzen Zeitintervallen (Zeitscheibentechnik, Time-sharing) an konkurrierende Programme; erlaubt gleichzeitig Benutzung eines Computers durch mehrere Personen; überwacht Zugriffsbeschränkungen (Schreib-, Lese-, Ausführungsrechte) einzelner Benutzer zur Aufrechterhaltung der → Computersicherheit.
Betriebsunfall → Sozialversicherung, Übers.
Betriebsunterbrechungsversicherung, gewährt Entschädigung f. weiterlaufende Betriebskosten u. Gewinnverlust infolge e. eingetretenen Sachschadens (z. B. Feuerschaden).
Betriebsverfassung, gesetzl. (15. 1. 1972) geregeltes Verhältnis zw. Arbeitgeber u. Arbeitnehmer; gibt u. a. Arbeitnehmern das Recht, bei Betrieben ab 5 ständig beschäftigten Arbeitnehmern einen *Betriebsrat,* bei mehr als 100 einen *Wirtschaftsausschuß,* bei AG u. KGaA *Vertreter der Arbeitnehmer* zu wählen. Deren allg. Aufgaben u. a.: im *Betriebsrat* Mitbestimmungs- u. Mitwirkungsrecht in soz. und personellen Angelegenheiten; im *Wirtschaftsausschuß:* Auskunftsrecht üb. Fabrikations-, Arbeitsmethoden u. Produktionsprogramm; als *Vertreter d. Arbeitnehmer:* Wahrung der Arbeitnehmerinteressen in den Aufsichtsräten. – Sonderbestimmungen für Tendenzbetriebe (mit z. B. pol. od. konfessioneller Bestimmung), öffentl. Betriebe u. Verwaltungen, Seeschiffahrt- u. Luftfahrtbetriebe.
Betriebswirt, qualifizierte Person, d. professionell a. d. betriebswirtsch. Führung von Unternehmen beschäftigt ist; akadem. u. kaufmänn. Ausbildungsberuf.
betriebswirtschaftliche Kennzahlen, Maßeinheiten f. inner- u. zwischenbetriebl. Vergleiche.
Betriebswirtschaftslehre, Lehre v. d. wirtsch. Entscheidungen u. Strukturen e. Unternehmens; *Funktionen:* Rechnungswesen, Absatz, Finanzierung usw.; *Institutionen:* Land- u. Forstwirtschaft, Handel, Industrie usw.
Betriebswohlfahrtspflege, soz. Maßnahmen d. Werksleitungen f. Betriebsangehörige u. deren Familien.
Betrug, Vermögensschädigung, verübt durch Vorspiegelung falscher od. Entstellung od. Unterdrückung wahrer Tatsachen zwecks Verschaffung e. Vermögensvorteils für sich oder einen anderen (§§ 263 ff. StGB).
Betschuanaland, svw. → Botswana.
Betschuanen, → Bantuneger zw. Sambesi und Oranje in Afrika.
Bettelheim, Bruno (25. 8. 1903–13. 3. 90), östr.-am. Psychoanalytiker, Kinder- u. Sozialpsych.; *Liebe allein genügt nicht.*
Bettelorden, *Mendikanten,* kath. Mönchsorden d. MA (13. Jh.) m. Betonung d. Armutsgelübdes durch Betteln u. d. Empfang v. Almosen (→ Franziskaner, → Dominikaner, → Augustiner).
Bettnässen, *Enuresis,* Einnässen nur nachts od. auch b. Tage v. Kindern über 3 Jahre; zumeist seelisch bedingt.
Bettwanze, bräunl., bis 5 mm langes, ungeflügeltes Insekt; nächtl. Blutsauger am Menschen; tagsüber in Ritzen u. hinter Tapeten, dort auch d. Eier.
Beuel, s. 1969 Stadtteil von → Bonn.
Beugehaft → Haft.
Beugung, *w.,*
1) *phys. Diffraktion,* Änderung d. geradlinigen Ausbreitung von Wellen beim Auftreten v. Hindernissen im Strahlengang: Es entstehen krümmte Bahnen. Die Stärke d. Krümmung hängt dabei wesentl. vom Größenverhältnis zw. Hindernis u. Wellenlänge ab. Nur wenn beide etwa gleich groß sind, wird die Krümmung merklich.
2) *grammat.* Flexion → flektieren.
Beugungsgitter, Vorrichtung zur Erzeugung v. → Spektren; besteht aus einem feinen Muster v. parallelen Spalten od. Ritzen.
Beulenpest → Pest.
Beurkundung, Niederschrift e. Verhandlung oder Willenserklärung durch Notar od. zuständigen Beamten; *notarielle* B. v. wichtigen Rechtsgeschäften häufig vorgeschrieben.
Beuron (D-88631), Wallfahrtsort b. Sigmaringen, 903 E; Benediktinerabtei.
Beuroner Kunstschule, u. a. v. Peter Lenz *(Pater Desiderius)* 1868 gegr. im Benediktiner-Kloster Beuron für Wiederbelebung d. kath. rel. Malerei; bes. letztes Drittel 19. Jh.
Beute, die zu Kriegszwecken geeignete bewegl. Eigentum eines besetzten Staates, das sich Besatzungsmacht entschädigungslos aneignen darf (Art. 53 Haager Landkriegsordnung). Auch → Prise.
Beuteltiere, altertümliche Säugetierordnung; in Australien, Neuguinea, Tasmanien u. Amerika (dort nur *Beutelratten* → Opossum;* z. B. *Känguruh, Wombat, Beutelmarder* und *Beutelwolf;* Weibchen meist Hauttasche (Beutel) am Bauch, in der d. Jungen, a. d. Zitzen festgesaugt, sich entwickeln.
Beuthen, *Bytom,* poln. St. in Oberschlesien, Zentrum d. Steinkohlen-, Zink- u. Bleierzbergbaus, 228 000 E.
Beuys, Joseph (12. 5. 1921–24. 1. 86), dt. pol. engagierter Aktionskünstler, 1961–72 Prof. für Bildhauerei a. der Kunstakad. Düsseldorf.
Bevatron, *s.,* → Beschleuniger f. Energien bis zu 1 Mrd. (angelsächs. **B**illion) **E**lektronen**v**olt.
Beveridge [-idʒ], William Henry, s. 1946 Lord (5. 3. 1879–16. 3. 1963), engl. Sozialpol.

Joseph Beuys

Beveridgeplan, 1942 veröffentlichter Plan z. Beseitigung d. Arbeitslosigk. u. f. umfassende Sozialversicherung m. freiem Gesundheitsdienst u. staatl. Altersversorgung; Grundlage d. engl. Sozialreformen nach dem Ende d. 2. Weltkr.
Beverungen (D-37688), St. i. Weserbergland, NRW, 15 302 E; Fremdverk.; Kernkraftwerk i. St.teil → Würgassen (1995 stillgelegt).
Bevin [ˈbevən], Ernest (9. 3. 1881–14. 4. 1951), engl. Pol. u. Gewerksch., 1940 bis 45 Arbeitsmin., 1945–51 Außenmin.
Bevölkerung, alle Personen, die zu einem best. Zeitpunkt in e. Gebiet leben und/oder arbeiten, die gleiche Staatsbürgerschaft haben oder durch andere Kriterien zu einer Gruppe gehören. **B.sbewegung, B.sbiologie, B.spolitik, B.sstatistik** → Bevölkerung, Übers.
bevorrechtigte Forderungen → Konkurs.
Bewährungsfrist, Erlaß einer Freiheitsstrafe (b. zu 1 Jahr, in bes. Fällen b. zu 2 Jahren) unter der Bedingung, daß sich Verurteilter während einer festgesetzten Probezeit (höchstens 5, mindestens 2 Jahre) gut führt.
Bewährungshilfe, Betreuung straffälliger Jugendlicher durch einen Bewährungshelfer.
Bewegungsenergie → Energie 2).
Bewegungskrankheiten, *Kinetosen,* je nach Umständen *See-, Auto-, Eisenbahn-, Luftkrankh.,* durch Überregung d. Labyrinths (→ Ohr) u. dadurch Reizung vegetativer Nervenzentren.
Bewegungslehre, Lehre v. d. Bewegungsgesetzen: über d. Bahnen d. bewegten Körper *(→ Kinematik);* über die wirkenden Kräfte *(→ Dynamik).*
Bewegungssternhaufen, Sternstrom, Gruppe von Fixsternen m. fast gleicher → Eigenbewegung, die über d. ganzen Himmel verstreut stehen können.
Bewehrung, Stahleinlagen b. → Beton und Putzmörtel.
Beweis, math. od. log. Begründung e. Behauptung od. e. Urteils.
1) *jur.* Tatsachen, die im Prozeß d. Richtigkeit d. vorgetragenen Behauptungen ergeben.
2) *math.* B. eines math. Lehrsatzes stützt sich direkt auf Grundsätze od. schon bewiesene Lehrsätze.
Beweiseinrede, im Zivilprozeß Angaben, die d. Glaubwürdigk., Zulässigk. od. Rechtswirksamk. d. Beweise d. Gegners in Zweifel ziehen.
Beweismittel, richterl. Augenschein, Zeugen, Sachverständige, Urkunden, Parteien.
Beweissicherung, Sicherung von Beweismitteln, in Strafsachen durch Sicherstellung u. Beschlagnahme; im Zivilprozeß (nur möglich, falls Gefahr d. Verlustes d. Beweismittel besteht, d. Gegner zustimmt od. gegenwärtiger Zustand e. Sache festgestellt werden soll) durch Antrag auf *sofortige* Beweiserhebung.
Bewertung, *betriebswirtsch.* Zuordnung e. Geldeinheit auf materielle u. immaterielle Wirtschaftsgüter.
Bewetterung, Frischluftzufuhr im → Bergbau.
Bewußtlosigkeit, Verlust des Wachzustands und der Fähigkeit, auf Reize zu reagieren, durch Blutleere im Gehirn, Vergiftung, Gehirnkrankheit, Gehirn-

Bevölkerung

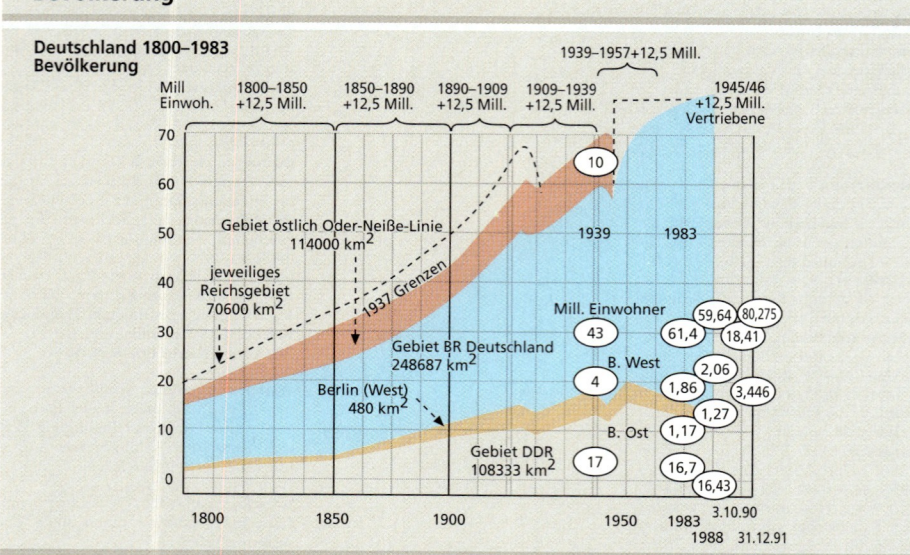

Deutschland 1800–1983 Bevölkerung

BR Deutschland, Altersaufbau Bevölkerung am 31. 12. 1994

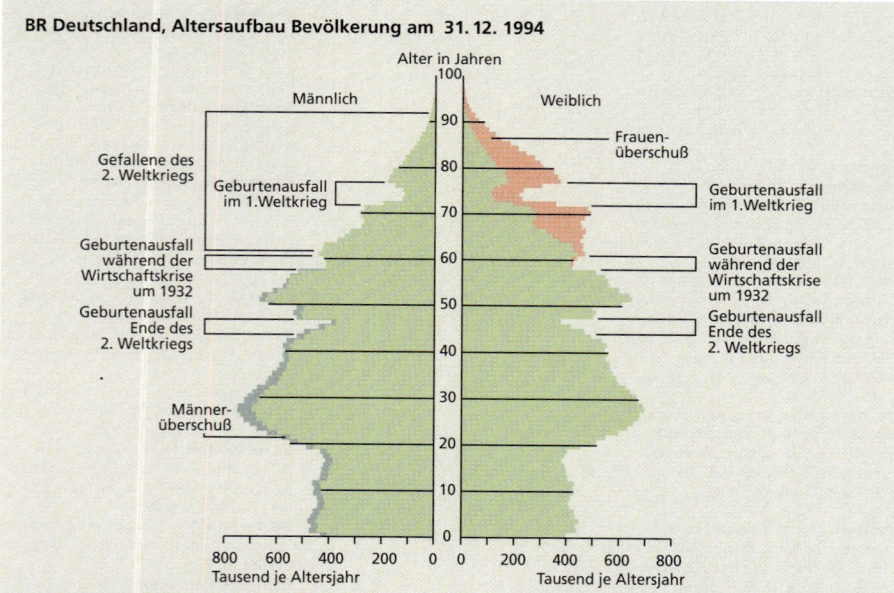

Bevölkerungsentwicklung der Erdteile in Mill.

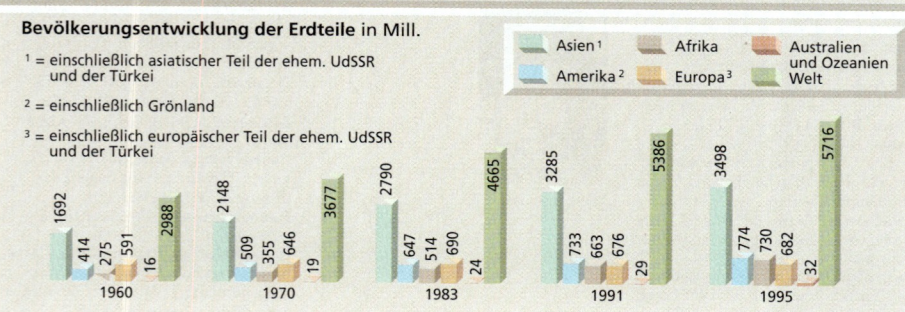

1 = einschließlich asiatischer Teil der ehem. UdSSR und der Türkei
2 = einschließlich Grönland
3 = einschließlich europäischer Teil der ehem. UdSSR und der Türkei

erschütterung, Schlaganfall u. ä.: → Koma.
Bewußtsein, Wissen eines Lebewesens um sich selbst, Erleben v. Gefühlen, Trieben u. Handlungen; befähigt dazu, den eigenen Zustand u. das Erlebte zu kontrollieren.
Bey, *Bei, Beg,* türk. Ehrentitel; heute als Anrede svw. Herr; auch Titel d. früheren Herrscher v. Tunis.
bezahlt, abgek. *bez., Börse:* Angabe auf Kurszetteln, besagt, daß Umsätze zu angegebenem Preis registriert wurden; *bez. G*(eld): Angebote kleiner als Nachfrage; *bez. B*(rief): Angebot größer als Nachfrage.
Bezirk,
1) *allg.* Umkreis, Verwaltungsbereich e. Behörde.
2) BR → Regierungsbezirk.
3) ehem. DDR, s. 1952 bis 1990 Verwaltungseinheit: 15 Bezirke (einschließl. Ost-Berlin).
Bezoar, Pflanzenhaarballen i. Säugetiermagen, entstanden durch abgeschluckte Haare b. Belecken d. Felles.
Bezoarziege, vorderasiat. Wildziege; Restbestände auf Kreta (→ Ziegen).
Bezogener, *Trassat,* → Wechsel.
Bezugsrecht, einem Aktionär zustehendes Anrecht, neue Aktien bei Kapitalerhöhung einer AG zum in der Hauptversammlung festgelegten Preis zu beziehen.
BFBS, Abkürzung f. **B**ritish **F**orces **B**roadcasting **S**ervice, Rundfunkanstalt f. engl. Streitkräfte; Sitz Köln.
bfn, Abk. f. **b**rutto **f**ür **n**etto.
BGB, Abk. f. → **B**ürgerliches **G**esetz**b**uch.
BGH, Abk. f. **B**undes**g**erichts**h**of.
Bhagavadgita [sanskr. „Gesang des Erhabenen"], *Bhagawagita,* religionsphil. Gesang d. Hinduismus; 5. Jh. v. Chr. bis 2. Jh. n. Chr., Teil des Epos *Mahabharata.*
Bhagwan [sanskr. „der Erleuchtete"], *Bhagawan,* Rajneesh Chandra Mohan (11. 12. 1931–19. 1. 90), Gründer der B.bewegung, heute „Osho-B." (Jugendsekte), früher in Poona (Indien), danach in Oregon (USA), zuletzt wieder in Poona; die Jünger, *Sannyasin,* erkennbar an orangefarbener Kleidung.
Bhakradamm → Satledsch.
Bharat, Hindi-Name für Indien.
Bhavnagar (fr. Bhaunagar), Hafenst. im NW Indiens, 401 000 E.
Bhikschu, *Bhikshu,* [sanskr. „Bettler"], buddh. Bettelmönche.
Bhopal, Hptst. d. ind. Staates *Madhja Pradesch,* 1,6 Mill. E; 1984 schweres Giftgasunglück m. über 2800 Toten u. 200 000 Verletzten.
Bhumibol, Abdul Jadeh (* 5. 12. 1927), s. 1946 Kg v. Thailand.

Bhutan

Bhutan, Gebirgsstaat im östl. Himalaja; Sprache: d. tibet. Dsongha u. Dialekte; konstitutionelle Monarchie m. König u. Thronrat, Ständeparlament; 18 Distrikte; s. 1949 Wahrung außenpol. Interessen durch Indien; s. 1971 souverän.

BHUTAN	
Staatsname:	Königreich Bhutan, Druk Gaykhab (Dsongha),
Staatsform:	Konstitutionelle Monarchie
Mitgliedschaft:	UNO, Colombo-Plan, SAPTA
Staatsoberhaupt und Regierungschef:	König Jigme Singye Wangchuk
Hauptstadt:	Thimbu (Thimphu) 27 000 Einwohner
Fläche:	47 000 km²
Einwohner:	1 614 000
Bevölkerungsdichte:	34 je km²
Bevölkerungswachstum pro Jahr:	⌀ 2,33% (1990–1995)
Amtssprache:	Dsongha
Religion:	Buddhisten (75%), Hindus (25%)
Währung:	Ngultrum (NU)
Bruttosozialprodukt (1994):	272 Mill. US-$ insges., 400 US-$ je Einw.
Nationalitätskennzeichen:	BHT
Zeitzone:	MEZ + 4½ Std.
Karte:	→ Asien

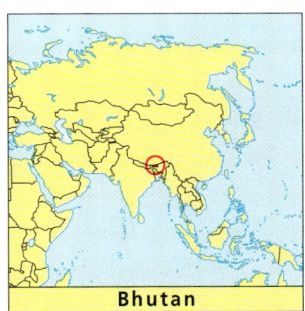

Bhutto,
1) Zulfikar Ali Khan (5. 1. 1928–4. 4. 79), westpakistan. Pol.; 1971–73 Staatspräs., 1973–77 Min.präs.; hingerichtet; s. Tochter
2) Benazir (* 21. 6. 1953), pakistan. Pol.in, Min.präs.in 1988–90 und 1993 bis 96.
Bi, chem. Zeichen f. → *Bismut* (lat. *bismutum*).
bi- [l.], als Vorsilbe: zwei..., doppel(t)...
Biafra, ehem. O-Region v. → Nigeria.
Białystok, Hptst. d. Woiwodschaft B. i. NO-Polen, 264 000 E; Textilind.
Bianca [it. „die Weiße"], w. Vn.
Biarritz, frz. St. u. Seebad i. Dép. *Pyrénées-Atlantiques,* am Golf v. Biscaya, 28 700 E.

Biathlon, s., kombinierter Wintersportwettbewerb m. Skilanglauf und Schießen.
Bibel [gr. „Buch"], nach christl. Lehre *Wort Gottes, Hl. Schrift,* in der Gott seinen Willen den Menschen offenbart; gilt darum als *kanonisch* (anders die → Apokryphen), d. h. als Richtschnur für das rel. Leben. Zwei Teile: *Altes Testament* mit Gesetz (→ Pentateuch), geschichtl. Schriften, 4 großen Propheten, 12 kleinen Propheten, Psalmen u. Lehrbüchern; *Neues Testament:* vier Evangelien (Matthäus, Markus, Lukas, Johannes), Apostelgesch., 13 Briefe Pauli, Hebräerbrief, sog. kath. Briefe u. Offenbarung d. Johannes.
Bibelforscher → Zeugen Jehovas.
Bibelgesellschaften, Vereinigungen zur Verbreitung der Bibel in allen Sprachen.
Bibelkritik, Untersuchg. u. Bearbeitung bibl. Texte n. wiss. Methoden zur Erschließung d. Urtexte u. ihrer Entstehungsgeschichte.
Bibelübersetzungen, das hebr. A.T. ins Griech.: *Septuaginta;* das griech. geschriebene N.T. ins Syrische: *Peschita,* ins Lat.: *Vulgata,* von Hieronymus um 400, maßgebend für die kath. Kirche; 1521 und 1534 *Lutherübersetzung;* auch → Buber. Die Bibel ist ganz oder in Teilen in über 1400 Sprachen u. Dialekte übersetzt.
Biber, Heinrich Ignaz Franz (12. 8. 1644–3. 5. 1704), östr. Violinvirtuose u. Komp.; *Mysteriensonaten.*
Biber, Nagetiergattung, gesellig an Gewässern; fällt Bäume durch Nagen, errichtet Bauten aus Holz und Schlamm, Pelz wertv.; in Dtld urspr. nur im Mulde-Elbe-Gebiet, neuerdings Einbürgerung und Neuansiedlung (●); zahlreicher in N-Europa, N-Asien, N-Amerika.
Biberach an der Riß (D-88400), Gr.Krst. in Ba-Wü., 30 600 E; ma. Stadtbild, Braith-Mali-Mus., Wieland-Archiv; Maschinenbau, feinmechan. u. Pharmaind.; Jordanbad; AG. – 13. Jh.– 1802 Freie Reichsst.; 1802–06 bad., dann württ.
Bibergeil, stark nach Phenol riechendes Sekret der zwei Geilsäcke (Präputialdrüsen) des Bibers, früher als Medizin verwendet.
Bibernelle, *Pimpinelle,* aromat. Doldenpflanze auf trockenen Wiesen; Wurzel harntreibend.
Biberratte, svw. → Nutria.
Bibiena, *Galli da B.,* it. Baumeister- u. Bühnenmalerfamilie im 17. u. 18. Jh.; bes. Theaterbauten, z. B. Innenausbau d. Markgräflichen Theaters Bayreuth.
Bibliographie, w. [gr.], Bücherkunde, Aufzählung von Druckwerken u. Verfassern zu bestimmten Zwecken.
Bibliomane, m., → Büchernarr.
Bibliophile, m., Sammler von seltenen und schön ausgestatteten Büchern.
Bibliophilie, w., Bücherliebhaberei.
Bibliothek, w., Bücherei.
Bibliothekar, m., Verwalter einer Bibliothek.
Bibliotheksabgabe, *Bibliotheksgroschen,* → Urheberrecht.
Biblis (D-68647), Gem. im Ldkr. Bergstraße, Hess., 8206 E; Kernkraftwerk (2500 MW); Gemüseanbau.
Biblizismus, abwertender Begriff f. e. Umgang m. d. Bibel, b. d. alle Texte

Biber

Bibliothek *in St. Gallen, Barocksaal*

Wenzelsbibel

wörtl. verstanden werden, o. Berücksichtigung d. geschichtl. Hintergrunds.
Bichsel, Peter (* 24. 3. 1935), schweiz. Schriftst.; *Eigentlich möchte Frau Blum den Milchmann kennenlernen; D. Jahreszeiten.*
Bidault [-'do], Georges (5. 10. 1899 bis 27. 1. 1983), frz. Pol.; 1949/50 Min.-präs.; Mitgl. d. → OAS 2), 1962–68 im Exil.
Bidermann, Jacob (1578–20. 8. 1639), neulat. Jesuitendramen beeinflußten Weiterentwicklung des Barockdramas; Tragödie: *Cenodoxus* (1602).
Bidet, s. [frz. -'de], Waschgefäß für Sitzbäder u. Scheidenspülungen.
Biedenkopf, Kurt H. (* 28. 1. 1930), dt. Wirtsch.jurist u. CDU-Pol.; 1973–77 Gen.sekr. der CDU; s. 1987 MdB; s. 1990 Min.präs. v. Sachsen.
Biedenkopf (D-35216), St. an d. Lahn, Hess., 14 478 E; AG; Fachwerkbauten; div. Ind.; Luftkurort.
Biedermeier, s., Bez. f. d. Epoche 1815–48 in Dtld, abgeleitet v. Scheffels f. d. „Fliegenden Blätter" erfundenen Figuren Biedermann u. Bummelmaier. *B.stil,* Lebens- u. Kunststil d. B.-Zeit; Schilderung s. gemütvollen Behaglichk. in d. → Genre-Malerei; in Kunsthandwerk u. Möbelform zweckvolle Eleganz.
Biegemaschine, metallbearbeitende Maschine z. Formgebung f. Bleche u. Drähte durch entsprechend eingestellte Walzen.

Biegewellen, Körperschallwellen, bei denen d. Teilchenbewegung quer z. Ausbreitungsrichtung u. dabei senkrecht aus d. Ebene d. Körpers heraus erfolgt; → longitudinale, → transversale Wellen.

Biehle, Alfred (* 15. 11. 1926), CSU-Politiker; 1990–95 → Wehrbeauftragter d. Deutschen Bundestages.

Biel (CH-2500), frz. *Bienne,* schweiz. St. a. Osthang d. Jura, Kanton Bern, 52 000 E; Uhrenind., südwestl. der *B.er See* (42 km²) m. St.-Peters-Insel, Pfahlbauten.

Bielecki, Jan Krzysztof (* 3. 5. 1951), poln. Wirtschaftswiss., Unternehmer u. Pol.; Feb.–Dez. 1991 Ministerpräs. Polens.

Bielefeld (D-33602–99), krfreie St. i. Rgbz. Detmold, am Teutoburger Wald, NRW, 324 079 E; Kunsthalle, Bauernhausmus.; Uni., PH, Fachschulen, IHK, LG, AG; Ind.: Leinen, Wäsche, Nähmasch., Fahrrad, Nährmittel.

Bieler, Manfred (* 3. 7. 1934), dt. Schriftst., nahm tschech. Staatsbürgerschaft an; Parodien, Kinderbücher u. Romane; *Der Mädchenkrieg, Der Kanal.*

Bielitz → Bielsko-Biała.

Bielsko-Biała [ˈbjɛlskɔˈbjaŭa], früher *Bielitz,* Doppelstadt i. poln. Schlesien, am Fuß d. Karpaten, 179 600 E; bis 1918 zu Österreich; Textilind.

Bielstein, 392 m hohe Erhebung i. Teutoburger Wald m. 102 m hohem Rundfunk- u. Fernseh-Sendeturm.

Bienek, Horst (7. 5. 1930–7. 12. 90), dt. Schriftst.; Lyrik u. Prosa aus dem Erlebnis d. Gefangenschaft: *Traumbuch eines Gefangenen; D. Zelle; Bakunin; D. erste Polka.*

Bienen, Hautflügler, einzeln oder in Gesellschaften *(Staaten)* lebend; Staaten unserer *Honigbiene* (mehrere Rassen) bestehen aus einer *Königin* (Weibchen, Weisel), d. nur Eier legt, mehreren zehntausend *Arbeiterinnen* (unausgebildete, sich nicht fortpflanzende Weibchen), die alle Arbeiten verrichten, u. einigen hundert *Drohnen* (Männchen, nur i. Sommer), d. nur d. jungen Königinnen begatten u. bald vertrieben od. getötet werden; die Königinnen entstehen bei bes. Ernährung in großen Zellen (Weiselzellen), die Arbeiterinnen in gewöhnl. Zellen, die Drohnen aus unbefruchteten Eiern. Vor dem Ausschlüpfen der jungen Königin verläßt die alte mit einem Teil des *Volkes* den Stock, um einen neuen zu gründen (Schwarmbildung); oft folgen in einem Sommer mehrere Schwärme. Die Arbeiterinnen tragen Honig u. Blütenstaub als Vorrat ein; vermitteln dadurch die Bestäubung vieler Blüten; Giftstachel gg. Feinde; Richtung u. Entfernung einer neuen *Trachtquelle* werden im Stock durch *B.tänze* angezeigt, Orientierung nach Landmarken, Sonnenstand od. polarisiertem Himmelslicht.

Bienenameisen, Hautflügler, Weibchen ähneln großen, bunten Ameisen; Larven leben als Schmarotzer in Hummelnestern.

Bienenblume, dt. Orchidee, an trockenen Berghängen. ●

Bienenfresser, mediterraner Rackenvogel mit langem, gebogenem Schnabel und sehr buntem Gefieder; Koloniebrüter, frißt bes. Bienen.

Bienengift, naturheilkundliches Heilmittel gg. Rheuma.

Bienenlaus, flügellose Fliege, schmarotzt auf d. Körper der Bienen.

Bienensaug, svw. → Taubnessel.

Bienenwolf, *Grabwespe,* erbeutet Honigbienen als Larvenfutter.

Bienenzucht, *Imkerei,* früher *Zeidlerei,* dient der Gewinnung von Honig u. Wachs und zur Blütenbestäubung; versch. Zuchtmethoden: früher ausgehöhlte Baumstämme *(Waldbienenzucht),* heute Strohkörbe (Stülper) mit festgebauten Waben *(Stabilbauzucht)* od. Holzkästen (Beuten) m. Waben i. herausnehmbaren Rähmchen *(Mobilbauzucht),* Wanderbienenzucht z. Ausnutzung entfernt liegender guter B.weide; Königinnenzucht z. Reinhaltung wertvoller Rassen bzw. Stämme.

Biennale, w. [it.], alle zwei J. stattfindende (festl.) Veranstaltung (z. B. *B.* in *Venedig* für bildende u. Filmkunst).

Biennium, s. [l.], Zeitr. v. zwei Jahren.

Bier, August (24. 11. 1861–12. 3. 1949), dt. Chirurg; Erfinder d. *Lumbal-* u. anderer Formen d. → Anästhesie, d. **B.schen Stauung** (→ Hyperämie) u. d. Reizkörperbehandlung.

Bier, aus Gerste, Hopfen, Hefe u. Wasser gebrautes alkohol. Getränk; → Brauerei. → Alkohole.

Bierbaum, Otto Julius (28. 6. 1865 bis 1. 2. 1910), dt. Schriftst.; *Irrgarten d. Liebe; Stilpe; Prinz Kuckuck.*

Biermann, Wolf (* 15. 11. 1936), dt. Dichter u. Sänger; zeit- u. gesellschaftskrit. Lieder u. Balladen: *Die Drahtharfe.*

Biese, w., bunter Streifen an Uniformen; schmales Fältchen an Kleidern.

Biesfliegen → Dasselfliegen.

Biestmilch, svw. → Kolostralmilch.

Bietigheim-Bissingen (D-74321), Gr.Krst. in Ba-Wü., 39 900 E; ma. Stadtbild; div. Ind.

Bifidus-Bakterien, kommen in Muttermilch und im Darm vor.

bifilar [l.], zweifädig, zweidrähtig.

bifilare Aufhängung, A. an 2 parallelen Fäden.

bifilare Wicklung, induktionsfreie W. in d. Elektrotechnik. Der Draht wird vor d. Wickeln in d. Mitte geknickt und als Doppeldraht auf d. Spulenkern gewickelt. Durch seine beiden Drähte fließt d. Strom jeweils in umgekehrter Richtung, so daß sich die entgegengesetzten Magnetfelder aufheben.

Bifokalgläser, dienen im oberen Teil z. Sehen i. d. Ferne, im unteren z. Sehen i. d. Nähe.

biform, doppelgestaltig.

Biformität, w., Doppelgestalt.

Bifurkation, w. [l.], Flußgabelung, bei der sich d. beiden Arme zwei versch. Stromsystemen zuwenden (in Dtld z. B. d. der *Hase: Hase* fließt z. *Ems,* die Abzweigung *Else* z. Weser.

Bigamie, w. [l.-gr.], Eingehen einer zweiten Ehe *(Doppelehe)* trotz Bestehens der ersten; zweite Ehe ist nichtig; strafbar nach § 171 StGB.

Big Band, w. [-ˈbænd], großes Jazz- oder Tanzorchester (Abb. → Jazz).

Big Ben, Uhrturm (96 m hoch) d. Londoner Parlamentsgebäudes, benannt nach d. 13 t schweren Glocke.

BIGFON, Abk. f. **B**reitbandiges **I**ntegriertes **G**lasfaser-**F**ernmelde**o**rts**n**etz; über eine einzige Anschlußleitung (→ Lichtwellenleiter) sind Fernmeldedienste (Telefon-, Daten- u. Textverkehr, auch Bildfernsprechen) sowie Fernseh- u. Stereo-Hörfunkprogramm zu empfangen; s. 1984 Aufbau dieser Netze in zahlr. Großstädten der BR.

Big Game Fishing, [engl. bɪg geɪm fɪʃɪŋ], Meeressportfischerei; Angeln großer, kämpfer., meist über 100 kg schwerer Fische (Hai, Thunfisch, Schwertfisch etc.); → IGFA.

Biggetalsperre, zweitgrößte Talsp. i. NRW, Kr. Olpe (52 m Stauhöhe, 171,8 Mill. m² Stauraum).

Big Hole [-hoʊl], ehem. Diamantmine, Kimberley, Südafrika; m. 460 m Durchmesser u. 1100 m Tiefe größtes ausgehobenes Erdloch.

bigott [frz.], frömmelnd.

Biguanide [gr.-span.], Mittel z. Tablettenbehandlung d. → Diabetes mellitus.

Bihać [ˈbihatsj], St. i. NW-Bosnien, 30 000 E.

Bihar, Staat im NO d. Indischen Union, 173 877 km², 86 Mill. E; Hptst. *Patna;* Kohlenbergbau, Eisen- und Stahlind., Reisanbau. B. war Ausgangspunkt des Buddhismus.

Bihar-Gebirge, erzreiches Randgebirge in W Siebenbürgens, *Kurkubeta* 1848 m; Gold, Bauxitfunde.

Bijou, s. [frz. -ˈʒu], Kleinod.

Bijouterie, w. [frz. biʒuˈtri], Schmucksachen, Geschmeide.

Bijouterieindustrie, Herstellung v. Schmucksachen a. Metall, oft m. Edelod. Halbedelsteinen, Korallen u. Email (Pforzheim u. Hanau).

Bikaner, St. im NW Indiens; 415 000 E.

Bikini,
1) Atoll in Mikronesien (Marshall-In.), 1946–58 Atombombenversuche der USA.
2) zweiteil. Badeanzug.

Holzbiene

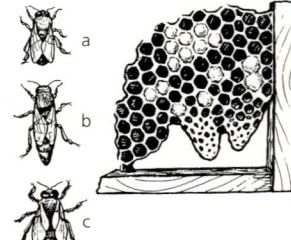
Bienen, *a* Arbeiterin, *b* Königin, *c* Drohne

Rosen-Blattschneiderbiene

Big Ben, London

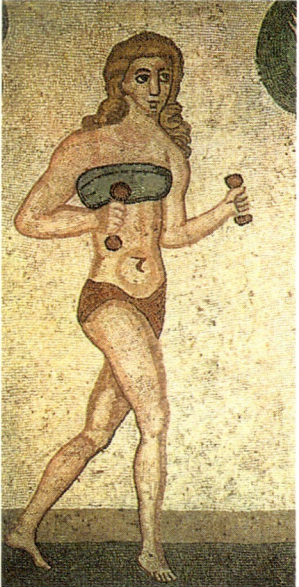
Bikini, *Mosaik im Piazza Armerina,* 4. Jh. n. Chr.

Bilanz

[it. „bilancia = Waage"], Abschluß des Geschäftsjahres eines Unternehmens durch Gegenüberstellung von Kapital und Vermögen zu einem bestimmten Stichtag.
Inhalt: Aktiva, *Anlagevermögen* (Gebäude, Grundstücke, Maschinen usw.), *Umlaufvermögen* (Kasse, Bank, Forderungen, Materiallager usw.), aktive Rechnungsabgrenzung und Verlust stehen auf der linken Seite der B.; **Passiva,** Herkunft der Geldmittel: das ist das Eigen- u. Fremdkapital wie Darlehen, Verbindlichkeiten, passive Rechnungsabgrenzung, Gewinn, Akzepte usw., stehen auf der rechten Seite der B. Die B. wird aus dem B.konto entwickelt, das die Abschlußsalden aller Konten (Buchbilanz) u. die Inventur (Inventurbilanz) am gleichen Stichtag zeigt.
Arten: 1) Nach dem *Anlaß* werden unterschieden: **a)** *Eröffnungs-B.* od. *Gründungs-B.*, wird erstellt bei der Gründung eines Unternehmens; nach §§ 39–41 HGB sind dazu eine Bestandsaufnahme (Inventur) u. nach dieser ein Bestandsverzeichnis (Inventar) vorgeschrieben; **b)** *Jahres-B.* od. *Abschluß*, gibt regelmäßige Rechenschaft über die Veränderung der Kapitalverhältnisse des Unternehmens unter Ausweis d. Gewinns; *Monats- oder Tages-B.en*, mit Aufwand- u. Ertragsrechnung, dienen der Unternehmung zur *kurzfristigen Erfolgsrechnung*; **c)** *Liquidations-B.* bei der Auflösung (→ Liquidation) eines Unternehmens, stellt die Umkehrung z. Eröffnungs-B. dar. Weitere B.en f. bes. Anlässe: *Auseinandersetzungs-B., Konkurs-B., Umwandlungs-B., Fusions-B., Sanierungs-B.* **2)** Nach der *Rechtsgrundlage*: **a)** *Handels-B.*, die aufgrund des Handelsrechts (HGB, Aktien-Ges., Genossenschafts-Ges. usw.) erstellte B.; für best. Unternehmensformen u. Wirtschaftszweige (Banken, AGen, Genossenschaften, Versicherungen) gelten besondere *Bilanzierungsvorschriften*, vor allem bezüglich der B.gliederung, B.schema; **b)** *Steuer-B.*, die nach den steuerrechtlichen Vorschriften (Ansatz des Betriebsvermögens) erstellte B., dient als Grundlage für die Besteuerung; **c)** *Einheits-B.*, will Handels- u. Steuer-B. in einer B. vereinigen. Für die Bewertung der B.posten bestehen versch. Prinzipien: Bewertung zum Anschaffungs- od. Herstellungs-, Niederstwertprinzip, Tages- od. Teilwert; für gewisse Vermögensarten, besonders das Anlagevermögen, werden die B.werte durch Ansatz der → Abschreibungen ermittelt; dabei gelten für die Steuer-Bilanz bestimmte Sätze.

Säulenfigur, *Eingangsportal, Kathedrale Chartres,* 12. Jh.

Säulenfiguren, *Nordportal der Kathedrale von Chartres,* 13. Jh.

Säulenfigur, *Kathedrale von Reims,* 13. Jh.

Stifterfigur Graf Dietrich von Brehna, Naumburger Dom, 13. Jh.

Stifterfigur Gräfin von Gepa, Westchor des Naumburger Doms, 13. Jh.

bikonkav [l.], beiderseits hohlgeschliffene Linsen (Zerstreuungs-, Verkleinerungslinsen); → Optik.
bikonvex, beiderseits gewölbt (Sammel-, Vergrößerungslinsen); → Optik.
Bilanz → Übersicht.
Bilanzanalyse, Verfahren zur Informationsgewinnung über die Finanz- u. Ertragslage e. Unternehmens.
Bilanzänderung, Substitution eines zulässigen B.wertes (in Handels- oder Steuer-B.) durch einen anderen zulässigen Wert, z. Unterschied v. d. *Bilanzberichtigung*, Substitution e. unzulässigen durch e. zulässigen Wert.
Bilanzpolitik, interessenausgerichtete Gestaltung d. B., insbes. d. Bewertung d. Abschreibungen, Rücklagen, Dividenden, Steuern.
Bilanztheorie, die wiss. Betrachtung über d. B., bekannteste Auffassungen: *statische, dynamische, organische B.theorie.*
bilateral [l.], zweiseitig; *wirtschaftspol.* Beziehungen (z. B. bei Verrechnung) zw. zwei Partnern; Ggs.: → multilateral.
Bilbao, Hptst. der bask. Prov. Vizcaya, 368 700 E; Ind.-, Handels- u. Hafenst. a. d. N-Küste Spaniens.

Bilche, nachtaktive, mäuseähnliche Nager m. buschigem Schwanz; bei uns Sieben-, Garten-, Baumschläfer u. Haselmaus; alle ♦; halten langen Winterschlaf, auch Trockenstarre.
Bildbühne, Zubehör eines Vergrößerungsapparates, nimmt d. Negativ od. Diapositiv auf.
bildende Künste, Sammelbez. für Baukunst, Bildhauerei, Malerei u. graphische Künste.
Bilderdienst, Verehrung der Gottheit im Bild; in der kath. Kirche gilt die Verehrung n. d. Bild, sondern d. Dargestellten; die ev. Kirche erl. Bilder als Schmuck, die reformierte Kirche verbietet sie.
Bilderschrift, *w.*,
1) Mitteilung in Bildern ohne genaue Festlegung der Worte.
2) Bildsymbole für best. Worte; → chinesische Schrift.
Bildersturm, gewaltsame Entfernung, Verstümmelung od. Vernichtung v. Bildwerken der
1) kirchl. Kunst; bes. im 8.–9. Jh. (byzantin. Reich, → Ikonoklasmus) u. 16. Jh. (Zeit d. Reformation u. Glaubenskriege in Dtld, Engl. u. Frkr.);
2) sog. → entarteten Kunst nach 1933 durch d. NS-Reg. in Dtld.

Bildfunk, svw. → Bildtelegrafie.
Bildguß, Guß v. Bildwerken in Metall nach untersch. Verfahren; z. B. Wachsausschmelzverf. *in verlorener Form:* d. Modell (Formkern) wird m. e. Wachsschicht in d. Stärke d. gewünschten Metallwandung u. darüber e. Lehmmantel umgeben; nach Ausschmelzen d. Wachsform wird d. gewonnene Raum zw. Kern u. Mantel m. flüss. Metall ausgegossen. → Bronzeguß; → Abguß.
Bildhauerkunst, *Skulptur, Plastik* (→ Tafel); die Bildnerei in Stein (Marmor, Granit, Kalkstein u. a.), zuerst in Ägypten u. Mesopotamien s. 3. Jtd v. Chr.; schlägt mit Meißel u. Hammer volle Figuren heraus *(Rundplastik)* od. arbeitet halberhabene Figuren als *Relief;* für Unterschneidungen u. tiefere Stellen Anwendung des Bohrers; Glätten durch Raspeln u. Bearbeiten m. Bimsstein; als Vorlage dient meist Modell in Ton od. Gips; Übertragung d. Maße auf den Stein durch Messen mit Zirkel usw. *(Punktieren;* auch *Punktiermaschinen).* – *Bildschnitzerei* arbeitet in Holz oder Elfenbein; *Bildgießerei* formt nach Wachs- od. Tonmodell in Bronze, Eisen, Zink, Messing usw., auch Terrakotta, Porzellan usw.

Bildnisschutz, *Recht am eigenen Bild,* Veröffentlichung v. Bild einer Person grundsätzl. nur mit ihrer Zustimmung, bis 10 J. nach Tod nur mit Zustimmung der Angehörigen; Ausnahme bei Personen der Zeitgeschichte, wozu insbes. auch Schauspieler, Sportler usw. gehören, ferner wenn Bild nur Teil größerer Szene, Bilder, die nicht auf Bestellung angefertigt sind u. höheren Interessen d. Kunst dienen; Bildnisse, die im öff. Interesse (z. B. Steckbrief) verbreitet werden; Ausnahme versagt, wenn Abb. Interesse verletzt od. der Reklame dient.
Bildröhre, eigtl. *Bildwiedergaberöhre,* Signal/Bild-Wandler; d. Signal wird in ein sichtbares Bild umgesetzt; wichtigste Bestandteile einer B. sind ein od. mehrere Elektronenstrahlsysteme (Farb-B.), ein Fokussier- u. Ablenksystem, ein Leuchtschirm u. bei Farbbildröhren d. Farbselektionssystem; nach d. Länge d. Bilddiagonalen eingeteilt (etwa 15–117 cm). → Fernsehen, Übers.; → Braunsche Röhre.
Bildschirmtext, *Btx,* auch *Viewdata,* Textkommunikationssystem d. DBP; Informationen (Texte, Graphiken) werden aus e. B.-Zentrale u. e. angeschlossenen privaten Computer über d. öffentl. Fernsprechnetz abgerufen, auch Dialog möglich; erfordert. Einrichtungen beim Teilnehmer: Farbfernsehgerät m. integriertem od. zusätzl. → Decoder; Fernsprechanschluß, → Modem f. Datenübertragung, Eingabetastatur; erste Versuche 1978, ab 1980 sogen. Feldversuche in Berlin u. Düsseldorf; seit Mitte 1984 bundesweiter Btx-Dienst.
Bildschirmzeitung, von Vertretern d. Druckmedien benutzte Bez. f. → Videotext.
Bildspeicherröhren, svw. *Bildaufnahmeröhre;* → Fernsehen, Übers.; → Ikonoskop, → Orthikon.
Bildstock, *m.,*
1) in d. Typographie Druckstock, Klischee.
2) in d. (hpts. Volks-)Kunst meist tabernakelart. Gehäuse m. Kruzifix, Madonna od. Heiligenfigur auf e. Ständer am Wegrand als Andachts- u. Gedenkstätte (alpenländ. auch *Marterl*).
Bildt, Carl (* 15. 7. 1949), 1991–94 schwed. Min.präs.
Bildtelefon, Gesprächspartner können sich gegenseitig hören u. *sehen;* Versuchsnetze (BR: München u. Darmstadt; USA) 1971; Voraussetzung f. allg. Einführung → Breitbandkabel u. -netz.
Bildtelegrafie, Übermittlung v. Bildern (Fotografien u. Zeichnungen) usw. über Drahtleitung od. Funkweg an entferntem Ort; Grundgedanke: Lichtstrahl tastet zu übermittelndes Bild zeilenförmig ab. Der von den einzelnen Bildpunkten verschieden stark reflektierte Strahl wird auf eine → Fotozelle geleitet, wobei die einzelnen Helligkeitswerte der Bildpunkte in Strom- bzw. Spannungswerte umgewandelt werden. Beim Empfänger werden die übertragenen Signale wieder in Helligkeitswerte umgewandelt und zeilenförmig niedergeschrieben; 2 Möglichk.: **a)** Schreibstift färbt durch verschieden starken Strom ein m. chem. Substanz gefärbtes Papier; **b)** Lampe erzeugt verschieden starken Lichtstrahl, der Fotopapier entsprechend schwärzt. Praxis: Beim Sender (Abb.:

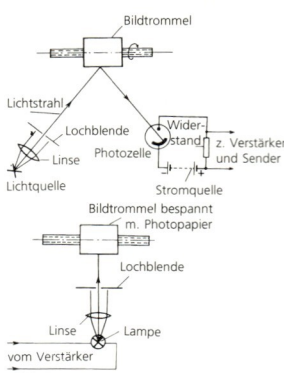
Bildtelegraphie

oben) und Empfänger (Abb.: unten) je eine Trommel, beide drehen sich synchron u. führen schraubenförm. Bewegung aus; vom Sender zusätzl. Synchronisierimpuls. Breite einer Bildzeile = Steigung der Trommel bei 1 Umdrehung $\frac{3}{16}$ mm. Anwendung: Wetterdienst, Polizei u. a.; auch → Fernkopieren.
Bildung, Entfaltung d. geistig-seel. Werte u. Anlagen eines Menschen durch Entwicklung u. Erziehung u. ihr Ergebnis; auch Gesamtheit d. (erworbenen) Bildungsgüter.
Bildungsforschung, interdisziplinäre Wiss. z. Erforschung d. Struktur d. Bildungswesens u. d. Bildungsgehalte im Unterschied z. → Pädagogik.
Bildungsgesamtplan, v. d. Ländern d. BR diskutierter Reformplan, der d. gesamte Bildungswesen den steigenden quantitativen u. qualitativen Erfordernissen d. voraussehbaren Zukunft anpassen soll.
Bildungsgewebe, zur Zellteilung fähiges Pflanzengewebe; Ggs.: → Dauergewebe.
Bildungspolitik, Gestaltung des Bildungswesens durch pol. Entscheidungen. In Dtld entscheiden die Bundesländer über die B.
Bildungsrat, 1965 in d. BR vom Bund u. den Ländern geschaffene Institution, die i. Zusammenarbeit mit d. → Wissenschaftsrat langfrist. Planungen f. d. Kultur- u. Bildungswesen in d. BR erarbeiten sollte, 1975 aufgelöst.
Bildungsroman, *m.,* Sondergattung d. → Romans; schildert seel. Entwicklung e. Menschen.
Bildwandler, elektronenopt. Einrichtung; wandelt ein Bild aus dem einen Spektralbereich (z. B. Infrarot) in einen anderen um (sichtbares Licht); d. Vorgang kann mit e. Verstärkung verbunden sein; arbeitet mit d. äußeren → fotoelektrischen Effekt.
Bildwerfer, *veralt.* für Projektor zur Betrachtung v. Diapositiven.
Bildwirkerei, Herstellung gewirkter Zierstoffe aus Seide od. Wolle m. ornamentalem od. bildhaftem Dekor nach künstler. Entwurf; bes. 14.–18. Jh. m. Zentren in Flandern u. Frkr.; → Gobelin.
Bildzerlegung → Fernsehen, Übers.
Bilge, *w.,* Raum unten im Schiff (über dem Schiffskiel), in dem sich Schwitz- u. Leckwasser sammelt, durch Pumpen (Lenzen) entleert.
Bilharziose, Krankheit, bei der d. trop. Saugwurm *Schistosoma haematobium* durch d. Haut eindringt u. verschiedene Organe befällt.
Bilirubin [l.], gelbbraunrötl. Gallenfarbstoff, Abbauprodukt des → Hämoglobins.
Bill, Max (22. 12. 1908–9. 12. 1994), schweiz. Architekt, Maler, Bildhauer, Publizist, Produktgestalter, Vertreter der → konkreten Kunst; Hochschule f. Gestaltung, Ulm.
Bill, [engl.],
1) m.Vn., Kurzform zu William.
2) Gesetz, Gesetzesentwurf.
Billard, *s.* [-lj-, frz. biˈjaːr], m. Tuch bezogener Tisch (aus Schiefer) mit elast. Rand *(Bande)* zum **B.spiel,** bei dem 3 Kugeln m. einem Stab *(Queue)* aufeinandergestoßen *(Karambolage-B.)* od. 15 farbige Kugeln mittels einer weißen Spielkugel in 6 Löcher versenkt werden *(Pool-B.).*
Billbergia, eine → Bromeliazee.
Billetdoux, *s.* [bijeˈdu], Liebesbrief(chen).
Billett, *s.* [frz. -ljɛt], Fahr-, Eintrittsk.
Billiarde, 1000 Billionen (1 mit 15 Nullen = 10^{15}).
Billinger, Richard (20. 7. 1890–7. 6. 1965), östr. Schriftst.; Gedichte; Bauerndramen: *Rauhnacht.*
Billion [l.], 1000 Milliarden (1 mit 12 Nullen = 10^{12}).
Billiton, *Belitung,* indones. Insel zw. Borneo und Sumatra, 4833 km², 163 000 E; Zinngewinnung.
Bill of Lading [-ˈleɪdɪŋ], Ladeschein oder Konnossement für Seefrachtgeschäfte.
Bill of Rights, engl. Staatsgrundgesetz v. 1689, das Rechte d. Parlaments u. die Bürgerrechte festlegte.
Billroth, Theodor (26. 4. 1829–6. 2. 94), östr. Chirurg, Begr. der modernen Magenoperationstechniken.
Billunger, sächs. Herzogsgeschlecht, 950–1106.
Bilsenkraut, giftiges Nachtschattengewächs, gelbviolette Blüten; Blätter a. Heilmittel.
Bilux-Lampe, Glühlampe m. zwei getrennt schaltbaren Glühfäden, bes. in Autoscheinwerfern (Fern- und Abblendlicht).

Bilsenkraut

Bindegewebe (aus der Unterhaut)
Elastische Fasern (rot), zugfeste Kollagenfasern, die aus mehreren Fibrillen gebildet werden (blau), Bindegewebszellen (Fibrolasten, links oben, und Fibrozyten; beide grün mit violettem Zellkern).

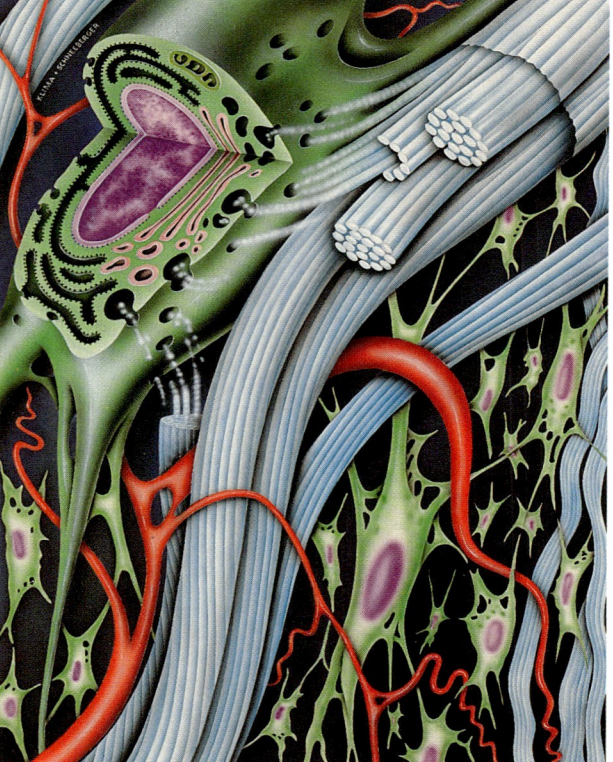

Bimetall, Kombination zweier Metallbleche von unterschiedl. Wärmeausdehnung, biegt sich b. Erwärmen; als Thermometer u. Wärmeregler in Autokühlern, Bügeleisen usw.
Bimsstein, poröses Gestein vulkan. Ursprungs, natürl. Glas; schwimmfähig.
binär [l.], zweiwertig; oft synonym zu → *dual* verwendet; → *Bit.*
binäres Zahlensystem, Zahlensystem auf der Basis 2.
Binärzeichen, *B.code,* Zeichen aus einem Zeichenvorrat von nur zwei Zeichen, → *Bit.*
Bindegewebe, zu den Stützgeweben zählendes Zellgewebe d. Körpers, füllt Gewebslücken aus u. verbindet u. umhüllt d. Organe.
Bindegewebsmassage, Form der → physikal. Therapie.
Bindehaut, Schleimhaut d. → Auges.
Binder,
1) Mähbinder → Mähmaschine.
2) tragende Konstruktion bei Dachfachwerk.
Binding,
1) Karl (4. 6. 1841–7. 4. 1920), dt. Strafrechtslehrer; s. Sohn
2) Rudolf G. (13. 8. 1867–4. 8. 1938), dt. Dichter; Novellen, Legenden u. Erinnerungen; *Erlebtes Leben; D. Opfergang.*
Bindung,
1) in der Psychologie emotional enger Kontakt zw. Menschen.
2) in d. *Chemie:* Zusammenhalt d. Atome im Molekül od. Kristall.
3) in der *Weberei; Struktur;* Verflechtung von sich rechtwinklig kreuzenden Kett- und Schußfäden oder von Fäden durch Maschenbildung, verhindert das Flottieren (geringere Haltbarkeit durch mangelhafte Verschlingung).
4) beim → Ski.
Binet [binɛ], Alfred (11. 7. 1857 bis 18. 10. 1911), frz. Psych.; entwickelte zus. m. T. Simon Intelligenzskalen f. normalbegabte u. schwachsinnige Kinder.
Bing, Sir Rudolf (* 9. 1. 1902), engl. Intendant (österreichischer Herkunft), 1950–72 Gen.-Dir. d. Metropolitan Opera, New York; *Die Sir Rudolf Bing Memoiren.*
Bingel, Horst (* 6. 10. 1933), dt. Autor u. engagierter Vertr. d. Schriftst. in Berufsorganisationen; *Kleiner Napoleon; Herr Sylvester wohnt unter dem Dach.*
Bingelkraut, einheim. Wolfsmilchgewächs i. Laubwäldern, zweihäusig; typ. Frühjahrsblüher.
Bingen a. Rhein (D-55411), altes röm. Kastell; St. im Rgbz. Rheinhessen-Pfalz, RP, an Rhein u. Nahe (Drususbrücke), 24 272 E; Weinbau; Weinhandel, Weinbrennereien; St.teil *Bingerbrück* m. Weinbau; **Binger Loch,** 1832 durch Sprengung vertiefte Rheinstromenge; **Binger Mäuseturm,** alter Zollturm im Rhein.
Bingo, brit. Glücksspiel, e. Art Zahlenlotto in öff. Hallen.
Binnenmarkt, Wirtschaftsraum, i. d. überall gleiche Bedingungen f. d. Kapital-, Dienstleistungs- u. Warenverkehr herrschen u. jeder Bürger Wohn- u. Arbeitsort frei wählen kann. Die Errichtung eines B. war Ziel d. EWG. Verwirklichung gem. d. → Einheitlichen Europäischen Akte zum 1. 1. 1993; → Europäischer Wirtschaftsraum.

Binnenreim, Reim innerhalb einer Verszeile: Eine *starke,* schwarze *Barke /* Segelt trauervoll dahin. / Die *vermummten* und *verstummten* / Leichenhüter sitzen drin (Heine).
Binnenschiffahrt, → Schiffahrt, Übers., auf *Binnenwasserstraßen* (Flüssen, Kanälen), bes. für Güter.
Binnenzeichnung, in d. künstler. Zeichnung d. Ausfüllen d. v. → Konturen umrissenen Form z. B. durch Strichlagen in versch. Stärken u. Richtungen z. Wiedergabe v. Licht u. Schatten, Räumlichk. od. plast. Körperlichk.
Binnenzölle, von Städten u. Territorien bis ins 19. Jh. hinein erhobene Zölle, *Akzisen.*
Binnig, Gerd (* 20. 7. 1947), dt. Physiker; entwickelte zus. mit H. → Rohrer das Raster-Tunnel-Mikroskop, beide Nobelpreis 1986.
Binom, s. [l.-gr.], aus zwei Teilen gebildete math. Größe, z. B. $(a + b)$.
Binomialkoeffizienten, die Koeffizienten der einzelnen Glieder der binomischen Reihe.
binomischer Lehrsatz, math. Satz über die Darstellung der Potenz eines Binoms durch e. Reihe.
Binsen, grasähnl. Pflanzen m. stielrunden Halmen o. Knoten; in Feuchtgebieten.
Binz (D-18609), Ostseebad auf Rügen, M-V., 6653 E.
Bioakustik, Lehre von Erzeugung u. Wahrnehmung von Schallsignalen durch Lebewesen.
Biochemie [gr.],
1) wiss. Lehre v. d. chem. Grundlagen d. Lebensvorgänge; MPI in München, Göttingen, Tübingen.
2) Heilverfahren, begr. von Wilhelm Heinrich *Schüßler* (1821–98).
Bioelektrizität, el. Erscheinungen in lebenden Substanzen.
Bioenergetik, Ansatz d. → Psychotherapie, die blockierte Gefühle durch Körperarbeit zu befreien sucht.
Biofeedback [-fi:dbæk], Rückmeldung körperlicher Vorgänge, z. B. der Herzfrequenz in Form von z. B. akustischen Signalen. → Rückkopplung in biolog. System; → Feedback.
Biofilter, bestehen aus belebtem organ. od. anorgan. Material, durch d. zu reinigende Abluft geführt wird u. Schadstoffe auf aerobem Wege (→ Aerobier) zersetzt werden.
Biogas, entsteht durch Vergärung v. → Biomasse (z. B. auch *Abfälle*); als alternative Energie z. B. f. Heizung.
biogenetisches Grundgesetz, von → Haeckel aufgestelltes Gesetz, demzufolge die individuelle Entwicklung eines Lebewesens weitgehend mit seiner Stammesentwicklung übereinstimmt.
Bioghurt, wie → Joghurt, m. speziellen Bakterienkulturen hergestelltes, mild-säuerl. Milchprodukt; bes. geeignet z. Wiederherstellung d. Bakterienflora nach Antibiotika- u. Sulfonamid-Behandlung.
Biographie, w. [gr.], Lebensbeschreibung.
Bioindikatoren, best. empfindl. Organismen (→ Flechten u. a.), die Hinweise auf Umweltschädigungen (Luftbelastung) geben.
Bioingenieur, neuer Beruf auf dem Fachgebiet d. biomed. Technik, der

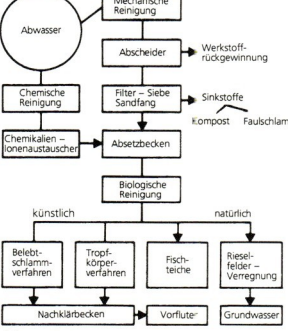

Abwasser und seine Reinigungsverfahren

Kenntnisse aus Technik, Med. u. Biologie voraussetzt.
bio-katalytische Abluftreinigung, techn. Waschverfahren, bei dem Aktivkohle als Trägermaterial f. reinigende Mikroorganismen dient (z. B. Oxidation absorbierter Geruchsstoffe).
Bioko, (1973–79 *Macías Nguema),* vorher *Fernando Póo,* vulkan. Insel im Golf v. Guinea; bildete mit der Insel *Annobón* (1973–79 *Pagalu)* die ehem. span. Überseeprov. *Fernando Póo,* s. 1968 Region d. Rep. → Äquatorialguinea.
Biologie [gr.], Lehre v. den Lebewesen u. Lebensvorgängen bei Pflanze (→ Botanik), Tier (→ Zoologie), Mensch (→ Anthropologie); *allg. B.:* Grundelemente d. lebenden Substanz, Statik u. Dynamik, Stoffwechsel, Formwechsel u. Reizerscheinungen; → Molekularbiologie, → Mikrobiologie, → Genetik, → Physiologie; MPI in Tübingen, MPI f. molekulare B. in Göttingen.
biologisch-dynamische Wirtschaftsweise, pestizidfreier Landbau mit Naturdüngung (Kompost u. a.), nach Regeln von R. → Steiner.
biologische Abwasserreinigung, Abbau v. gelösten organischen Stoffen durch → Mikroorganismen, folgt der mechan. u. evtl. notwendigen chem. Reinigung. Nach Einblasen von Sauerstoff in Abwasser werden die organ. Verunreinigungen durch einen Belebtschlamm (→ Bakterien, → Hefen, → Pilze, → Protozoen u. a.) abgebaut; b. A. ist eine techn. Nutzung d. Selbstreinigung v. Gewässern auf kleinstem Raum.
Biologische Bundesanstalt für Land- u. Forstwirtschaft, *BBA,* 1905 als Biol. Zentralanstalt a. d. Biol. Abt. am Kaiserl. Gesundheitsamt hervorgegangen, seit 1950 BBA, Dienststelle d. B.-Ministeriums f. Ernährung, Landwirtschaft u. Forsten; erforscht Pfl.-Schädlinge, ihre Bekämpfungsmöglichkeiten u. Schädlingsbekämpfungsmittel etc.
biologische Gewässergüte, der Belastungszustand v. Fließgewässern wird in 4 Güteklassen (I–IV) eingeteilt. Als Maßstab dienen → Saprobien, d. sich v. faulenden Stoffen ernähren.
biologische Schädlingsbekämpfung, Einsatz v. einheim. oder fremden Nützlingen gg. Schadorganismen, z. B. Raubmilben gg. Spinnmilben, pathogene Pilze gegen Kartoffelkäfer, Marienkäfer gegen Citrus-Schildlaus (Kalifornien), Insektenfallen mit Sexuallockstoffen (→ Pheromone).
biologisches Gleichgewicht, Gleichgewicht d. Tier- u. Pflanzenarten in Artbestand und Zahl; Störung durch Wasser- u. Luftverunreinigung, Einsatz v. Chemie i. d. Landwirtschaft; als Folgen: „Umkippen" v. Gewässern, Aussterben v. Tier- u. Pflanzenarten, Umweltkatastrophen.
biologische Waffen → toxische Waffen.
Biom, regionaler Ausschnitt d. → Biosphäre.
Biomasse, Gesamtheit organischer Substanz in Form lebender Organismen in einem festgelegten Gebiet.
Biometeorologie [gr.], Lehre v. d. Einflüssen d. Klimas u. Wettergeschehens auf die Lebensvorgänge v. Pflanze,

Tier u. Mensch; medizinmeteorolog. Forschungsstelle d. Dt. Wetterdienstes i. Freiburg; Beratungsstellen an d. Wetterämtern Essen, Frankfurt u. München.
Biometrie, *biol. Statistik,* erfaßt Erscheinungsbild eines biol. Phänomens math. exakt durch Messung.
Biomüll, organ. Teil d. Hausmülls, Grünabfälle; getrennte Sammlung angestrebt, Aufbereitung durch Rotte u. → Kompostierung.
Bionik [engl.], *bionics* (aus *Biologie* u. *Technik,* *Biology* and *Technics*), *Biotechnik,* Prinzip der Entwicklung techn., bes. elektron. Anlagen, die biol. Arbeitsprinzipien, Systeme für ihre Zwecke nutzen.
Bionomie, erforscht Gesetzmäßigkeiten der Organismen d. Lebens.
Biophysik [gr.], Wiss. im Grenzgebiet v. Biologie u. Physik; arbeitet vorwiegend mit molekular-, quanten- u. strahlenphysikal. Methoden; MPI in Frankfurt/M.
Biopsie [gr.], Entnahme kleiner Gewebs- od. Organstücke v. lebenden Organismus, meist z. mikroskop. Untersuchung; auch *Saug-B., Stanz-B.* usw.
Biorhythmus, gleichmäß. Schwankungen in best. Lebensäußerungen (z. B. persönl. Aktivitätsphasen des Menschen).
Biosphäre, Gesamtheit d. irdischen Lebensräume.
Biostratigraphie, → Altersbestimmung v. Gesteinen m. Hilfe v. Leitfossilien, z. B. des Jura (→ geologische Formationen) mit → Ammoniten.
Biosynthese, Aufbau einer chem. Verbindung durch die lebende Zelle.
Biot [bjo], Jean-Baptiste (21. 4. 1774 bis 3. 2. 1862), frz. Phys.; Elektromagnetismus (*Biot-Savartsches Gesetz* ermöglicht die Beschreibung des Magnetfeldes eines stromdurchflossenen Leiters), Optik.
Biotechnik → Bionik.
Biotechnologie, erforscht Beeinflussung und Nutzung biolog. Reaktionen in techn. Systemen und industriellen Anlagen. Ziel: Herstellung neuer Produkte wie Arzneimittel, Biochemikalien, Nahrungs- u. Futtermittel in Bioreaktoren (Fermenter).
Biotelemetrie, Fernübertragung biol. u. med. Fakten; zur Überwachung d. Menschen am Arbeitsplatz, v. Patienten, bei sportl. Höchstleistung (Raumfahrt, Verhaltensforschung, Sport-, Arbeitsmed.).
Biotin, Bez. f. Vitamin H (→ Vitamine, Übers.).
biotische Forstschäden → Forstschäden.
Biotit, → Silicatmineral, → Glimmer.
Biotop [gr.], Lebensraum (z. B. einer Pflanzenart).
Bioverfügbarkeit, Anteil e. Medikamentes, der am Zielorgan wirksam wird.
Biowäscher, Reinigung von Abluft durch biol. Verfahren; → Biofilter, → bio-katalyt. Abluftreinigung.
Biozönose, Lebensgemeinschaft e. Biotops.
Biquadrat [l.], 4. Potenz einer Zahl.
Bircher-Benner, Maximilian Oskar (22. 8. 1867–24. 1. 1939), schweiz. Arzt u. Ernährungsforscher; *Bircher-Müsli.*
Birdie [engl. 'bə:di], *Golf:* m. einem Schlag unter → Par gespieltes Loch.

Birken-Röhrling, r. Rotkappe

Gemeine oder Sandbirke
a reife Frucht
b Deckschuppe des Einzelsamens
c Samen
d unreifer, männl. Blütenstand

Birett, s., ältere Bezeichnung für Barett.
Birgit, w. Vn., urspr. schwed. Form zu → Brigitte.
Birkavs, Vaudis (* 1942), 1993/94 Min.präs. v. Lettland.
Birken, Bäume mit Blütenkätzchen; *Weiß-B.* und *Moor-B.,* im N *Zwerg-B.;* der im Frühjahr aus Bohrlöchern ausfließende zuckerhaltige *B.saft* liefert Haarwasser; *B.harz:* kosmet. Mittel.
Birkenfeld (Nahe) (D-55765), Krst. in RP, 5985 E; Erholungsort; Lederwaren-, Masch.- u. Holzind.; Garnison. 1817–1937 zu Oldenburg.
Birkenhead ['bə:kənhɛd], engl. Hafenst. am Mersey, 124 000 E; Schiffbau, Maschinenbau; m. Liverpool durch Tunnel verbunden.
Birkenpilz, *Kapuzinerpilz,* Röhrling m. hellbrauner Kappe u. weißlichem Stiel, Speisepilz unter Birken.
Birkhuhn, Rauhfußhuhn, Hahn mit leierförmigem Schwanz („Spielhahn"); v. a. in Mooren, auch im Hochgebirge; Bodenbalz (März bis Mai).
Birma → Myanmar.
Birmingham,
1) ['bə:miŋəm], St. u. Distr. der engl. Metropolitan Gft West Midlands, 994 000 E (m. Vororten 2,6 Mill. E); bedeut. Industriest., Uni., anglik. u. kath. Bischofssitz.
2) ['bə:miŋhæm], St. i. US-Staat Alabama, 266 000 E; Eisen- u. Stahlindustrie, Flugzeugbau.
Birnau, Wallfahrtsort a. Bodensee zw. Meersburg u. Überlingen; Barockkirche.
Birnen, Kernobst; wild die *Holz-B.;* die Kultur-B. stammen aus Asien; versch. Arten.
Birobidschan,
1) ehem. jüd. auton. Gebiet, 1991 selbst zur auton. Jüd. Rep. erklärt, am Amur in d. Russ. Föderation, 36 000 km²,

Birkhuhn

220 000 E (davon 5,4% Juden); Textil-, Holz-, Papierind.
2) Hptst. der auton. Jüd. Rep. i. d. Russ. Föderation, 82 000 E.
Biron, Ernst Johann Reichsgraf von (23. 11. 1690–29. 12. 1772), Hzg von Kurland; beherrschte als Günstling d. Zarin Anna Iwanowna zeitweise Rußland (1740 gestürzt).
Birsfelden (CH-4127), Vorort von Basel, 12 500 E; Rheinhafen.
Bisamratte, nordam. Wühlmaus (s. 1905 in Europa), Lebensweise am Wasser, ähnlich dem Biber (Unterwühlen

Bisamratte

von Deichen), Moschusdrüse am Bauch; Pelz glänzend braun (Rücken) u. grau (Bauch).
Bischkek, bis 1926 *Pischpek,* von 1926–91 *Frunse;* Hptst. der Rep. Kirgistan; 632 000 E; Uni.; Textil-, Nahrungsmittelind., Maschinenbau.
Bischof [gr. „episkopos = Aufseher"], Inhaber d. höchsten kirchl. Amtes in einem Bistum; kath. Bischöfe gelten als Nachf. d. Apostel; vielfach auch in protest. Kirchen u. in der anglikan. Kirche.
Bischofskonferenz, *Fuldaer B.,* Tagungen der dt. kath. Bischöfe in Fulda.
Bischofsmütze → Mitra.
Bischofsstab, Krummstab, Würdezeichen d. kath. Bischofs (in Anlehnung an Moses' Stab, 2. Mose 4).
Bischofssynode, 1965 v. Papst Paul VI. gegr. weltumfassende beratende Vertretung d. kath. Episkopats bei d. röm. Kurie, jeweils v. Papst einberufen (7. Synode 1983).
Bischofswerda (D-01877), St. im Kr. Bautzen in Sa., a. d. Wesenitz, 12 387 E; Glas-, Bekleidungs- u. keram. Ind.
Bise, schweiz. f. Nordostwind.
Biserta, Hafenstadt in Tunesien, 95 000 E; Ausfuhr von Eisenerz, Blei, landw. Produkten; Raffinerie.
Bisexualität [l.], *Doppelgeschlechtigkeit,* Auftreten zweier getrennter Geschlechtsformen, des weibl. u. des männl. Geschlechts; auch: Neigung zu beiden Geschlechtern.
Biskaya, *Biscaya,* span. *Vizcaya,* eine der 3 baskischen Prov. Spaniens, Hptst. *Bilbao.*
Biskaya, Golf v., gr. Bucht d. Atlant. Ozeans zw. N-Spanien u. W-Frkr., größte Tiefe 5872 m, stürmisch.
Biskra, Oasenstadt u. Luftkurort i. Algerien am Nordrand d. Sahara, 130 000 Einwohner.
Biskuit, s. [frz.], eireiches leichtes Gebäck, Zwieback.
Biskuitporzellan, zweimal gebranntes, unglasiertes Porzellan.

Bismarck, altmärk. Uradelsgeschlecht aus Nds. (1270 in Stendal), 1562 in Schönhausen:
1) Otto Fürst v., Hzg v. Lauenburg (1. 4. 1815–30. 7. 98), Gründer des Dt. Reichs 1871; 1847 konservatives Mitglied des Vereinigten Landtages; vermählt mit Johanna v. Puttkamer; 1850 im Erfurter Unionsparlament; 1851–59 preußischer Bundestagsgesandter, als Gegenspieler Österreichs überwindet er d. preuß.-östr. Dualismus u. begründet d. preuß. Vorherrschaft in Dtld; Botschafter 1859 i. Petersburg; 1862 in Paris; 1862 preuß. Min.-Präs. u. Min. d. Auswärtigen; setzte Heeresform durch (Verfassungskonflikt); 1865 Gasteiner Vertr.; schloß 1866 n. d. Sieg über Östr. d. Prager Versöhnungsfrieden; 1867 Bundeskanzler des Norddeutschen Bundes; 1871 Kanzler des von ihm geschaffenen Dt. Reiches; 1872–79 → Kulturkampf gg. d. Zentrumspartei; 1878 Schutzzollpol. gg. Nationalliberale Partei; Errichtung d. preuß. Staatseisenbahnnetzes, Sozialpolitik, Sozialistengesetz; auf → Berliner Kongreß Vermittler zw. Rußland u. Östr.; 1879 Bund m. Östr., 1882 mit Italien (Dreibund); 1887 Rückversicherungsvertrag m. Rußland; 18. 3. 1890 Entlassung durch Wilhelm II.; *Gedanken und Erinnerungen;* s. Sohn
2) Herbert Fürst v. (28. 12. 1849–18. 9. 1904), Staatssekr. des Auswärtigen (1886–90).
Bismarck-Archipel, 160 km langer Inselbogen nö. v. Neuguinea, umfaßt über 200 Inseln (→ *Neubritannien,* → *Neuirland,* → *Lavongai,* → *Admiralitätsinseln*), 53 000 km², 320 000 E; Hptst. *Rabaul* (17 000 E); 1884–1918 dt. Schutzgebiet, 1919 austral. Mandat; 1973 zum unabhängigen Staat Papua-Neuguinea; Ausfuhr: Kopra, Kakao, Perlmutter.
Bismarckhütte, poln. *Hajduki Wielkie,* St.teil von *Königshütte,* poln. *Chorzów* in Oberschlesien.
Bismut, *Bi* (früher: *Wismut*), chem. El., Oz. 83, At.-Gew. 208,980, Dichte 9,80; sprödes, silberweißes Metall m. rötl. Stich, Vorkommen gediegen u. gebunden als *B.ocker, B.glanz,* verwendet in leichtschmelzenden Legierungen (Rose-u. → Woods-Metall) u. als *B.bronze.*
Bison, nordam. „*Präriebüffel*", einst in riesigen Herden, heute einige tausend in Naturschutzgebieten; nahe verwandt der → Wisent.
Bissagosinseln, port. *Ilhas dos Bijagós,* vor d. Küste v. Guinea-Bissau.
Bissau [-'saũ], Hptst. u. -hafen v. Guinea-Bissau, 125 000 E.
Bister, *m.* od. *s.,* braune Baumwoll-Manganfarbe; in d. Maltechnik bräunl. Wasserfarbe aus Holzruß, s. 18. Jh. durch d. → Sepia ersetzt.
Bistritz,
1) rumän. *Bistriţa,* r. Nbfl. d. Sereth (290 km).
2) *Bystrica,* r. Nbfl. d. Dnjestr.
3) rumän. *Bistriţa,* St. in Siebenbürgen, 87 000 E; Obst- u. Weinbau, Lebensmittelind.
Bistro, frz. Kombination a. Restaurant, Café u. Kneipe, modische Kleingaststätte.
Bistum, Amtsbezirk eines Bischofs.
Biswas, Abdur Rahman (* Sept. 1926), s. 1991 Staatspräs. v. Bangladesch.

Bit [engl.], s. Abk. f. **b**inary dig**it**, Kurzbez. f. → Binärzeichen, dem man d. Zeichen 0 u. 1 zuschreiben kann; Einheit d. Nachrichtenmenge in der → Informationstheorie; auch Einheit für die Anzahl der Binärzeichen, die übertragen oder gespeichert werden („bit"). → Byte; → Dual-Zahlensystem; → Informatik.
Bitburg (D-54634), Krst. i. d. Eifel, RP, 11 384 E; AG; Bierbrauerei; Militärflugpl.
Bithynien, im Altertum Landschaft in NW-Kleinasien, wichtigste St. war Nicäa.
Bitola, serb. *Bitolj,* türk. *Monastir,* Handelsst. in der Rep. Makedonien, 82 000 E, Griechen, Serben, Bulgaren; Uni.
Bitonalität, *w., mus.* gleichzeitiges Erklingen zweier Tonarten.
Bitterfeld (D-06749), Krst. in S-A., 17 470 E; Ind.: bed. Braunkohlewerk, Rohrleitungsbau.
Bitterling, kleiner, bis 10 cm langer Süßwasserfisch; Weibchen legt Eier mit Legeröhre in Muscheln; Männchen zur Laichzeit bunt.
Bittermandelöl, enthält etwa 90% *Benzaldehyd,* farblose, angenehm riechende Flüssigkeit; zur Kunstmarzipanherstellung.
Bittersalz, *Epsomit,* Magnesiumsulfat; mediz. als Abführmittel; i. d. Textilind. als Beizmittel; als Magnesiumzusatz zu Düngemitteln.
Bittersüß, Nachtschattengewächs, an feuchten Stellen schlingend, violett-gelbe Blüten, rote Beeren; giftig.
Bitterwässer, abführende u. gallentreibende Mineralwässer mit mehr als 1 g gelöster festerer Bestandteile pro Liter; enthalten als wesentl. Bestandteil → Bittersalz.
Bittner, Julius (9. 4. 1874–9. 1. 1939), östr. Komponist; Opern, Symphonien.
Bitumen, *s.,* [l.], Rückstand der schonenden Erdölaufbereitung; zum Straßenbau u. in d. Industrie.
Bitumenbahn, mit Bitumen oder Steinkohleteer beschichtete Jute-, Glasvlies- oder Polyester-Gewebebahn; z. Dach- u. Fugenabdichtung (→ Dachpappe).
Biwak, *s.,* [frz. „bivouac"], Truppenlager im Freien.
Biwasee, größter Binnensee Japans auf Hondo, 672 km².
BIZ, Abk. f. **B**ank für **I**nternationalen **Z**ahlungsausgleich.
bizarr [bask.], seltsam, verzerrt, verschroben.
Bizeps [l.], d. Beugemuskel d. Oberarms → Tafel Mensch.
Bizerte [bi'zert], frz. f. → Biserta.
Bizet [bi'ze], Georges (25. 10. 1838 bis 3. 6. 75), frz. Komp.; Opern: *Carmen; Die Perlenfischer;* Suite: *L'Arlésienne.*
Bjelaja, l. Nbfl. d. Kama aus dem südl. Ural, 1430 km l.
Bjelorußland, svw. → Weißrußland.
Björkö, finn. *Koivisto,* Insel vor der NW-Küste Finnlands, 46 km².
Björn [schwed. „Bär"], m. Vn.
Björnson, Björnstjerne (8. 12. 1832–26. 4. 1910), norweg. Dichter; Bauernnovellen; Dramen; *Über die Kraft; Wenn d. junge Wein blüht;* Nobelpr. 1903.
Bk, *chem.* Zeichen f. → Berkelium.
BKA, Abk. f. → **B**undes**k**riminala**m**t.

Bison

Otto v. Bismarck

Bittersüß, *Bittersüßer Nachtschatten*

Georges Bizet

Blacher, Boris (6. 1. 1903–30. 1. 75), dt. Komp.; Kammeropern: *Die Flut; Die Nachtschwalbe;* Opernoratorium: *Der Großinquisitor.*
Black box [engl. 'blæk-],
1) Bez. für e. Prozeßablauf, der hinsichtlich seiner Bestimmbarkeit nach Wesen u. Form unbekannt ist; Beschreibung: anhand eines Black-box-Modells werden mehrere bekannte variable Größen untereinander verbunden, ohne daß zunächst der Mechanismus dieser Verbindungen bekannt ist; nur die Eingangs- u. Ausgangsgrößen sind bestimmbar, während der Prozeßablauf, der für diese Verbindung notwendig ist, innerhalb der „Black box" analysiert werden muß.
2) Flugdatenaufzeichnungs-Gerät.
Blackburn ['blækbə:n], St. in d. engl. Gft Lancashire, 88 000 E; Maschinen-, Textilind.
Black Muslims [engl. „schwarze Muslime"], rel. u. rassist. Bürgerrechtsbewegung v. nordam. Farbigen, begr. 1932 v. Elijah → Poole.
Blackout [engl. 'blækaʊt „Verdunkelung"],
1) Funkausfall, Fading (→ Schwund).
2) beim Fliegen Sehstörung (Schwarzsehen) infolge von Beschleunigung.
3) im Theater plötzl. Auslöschen des Lichts als Effekt.
Black Panther ['blæk 'pænθə], radikale Organisation v. Schwarzen i. d. USA, Gruppe der **Black-Power-Bewegung.**
Blackpool ['blækpu:l], St. in d. engl. Gft Lancashire, 146 000 E; Seebad.
Blagoweschtschensk, Hptst. d. russ. Amurgebiets, 210 000 E; Ind.zentrum.
Blair, Tony (6. 5. 1953), engl. Jurist u. Pol., s. 1994 Vors. d. Labour-Partei, s. 1997 brit. Premierminister.
Blake [bleɪk],
1) Robert (1599–1657), engl. Seeheld unter Cromwell; schlug Holländer u. Spanier.
2) William (28. 11. 1757–12. 8. 1827), engl. Dichter, Maler u. Kupferstecher; myst. visionärer Lyriker; Einfluß auf Romantik u. Symbolismus.
Blamage, *w.* [frz. -a:ʒə], Schande, Bloßstellung.
Blanc de Blancs [frz. 'blã də 'blã], Weißwein, v. a. weißer Schaumwein, der nur aus hellen Trauben erzeugt worden ist, d. h. beim → Champagner e. reinsort. → Chardonnay.

Blanc de Noirs [frz. 'blɑ̃ də 'nwar], Weißwein, v. a. weißer Schaumwein, der nur aus dunklen, d. h. Rotweintrauben erzeugt worden ist, bei dem aber keine od. kaum Farbstoffe extrahiert werden; beim → Champagner aus → Pinot Noir u./od. → Pinot Meunier erzeugt.

Blanchard [blɑ̃'ʃaːr], Jean-Pierre (4. 7. 1750–7. 3. 1809), frz. Ballonfahrer; überflog 1785 (m. Jeffries) als erster d. Ärmelkanal..

blanchieren [blɑ̃ʃ-], kurz in heißes Wasser tauchen (z. B. Kohlblätter).

blande, harmlos, mild verlaufend.

Blank, Theodor (19. 9. 1905–14. 5. 72), CDU-Pol.; 1951 Sicherheitsbeauftragter der BR, 1955/56 Verteidigungsmin., 1957–65 Arbeitsmin.

Blankenberghe, belg. Seebad nahe Brügge, 16 500 E.

Blankenburg (D-38889), St. am Harz i. S.-A., 18 231 E; Luftkurort.

blanko [it.], weiß, unausgefüllt.

Blankoakzept, Akzept auf nicht ausgefüllten Wechsel; es entsteht Haftung in Höhe der Ausstellung durch Inhaber, auch wenn unberechtigt zu hoch ausgefüllt.

Blankogiro [-'ʒi-], ein ohne Text, nur durch einfache Namensunterschrift vollzogenes → Indossament: *B.indossament.*

Blankokredit, offener, nicht speziell gedeckter, lediglich aufgrund des Vertrauens gewährter Kredit.

Blankoverkauf, *Leerverkauf,* Verkauf von Werten (Termingeschäft), die man nicht besitzt u. erst später zu niedrigem Kurs erwerben will; → Baisse-Spekulation, Fixgeschäft.

Blankowechsel → Wechsel.

Blankvers, fünffüßiger, reimloser 5heber (jambisch); Normalvers d. klass. Dramas seit Shakespeare; *Gefährlich ist die Freiheit, die ich gebe* (Goethe, *Iphigenie*).

Blantyre [blæn'taɪə], größte St. von Malawi, 402 000 E; Verkehrsknotenpunkt, Handels- u. Industriezentrum.

Blase, *med.,*
1) sackförmiges Hohlorgan zur Aufnahme v. Flüssigkeit *(Harn-B., Samen-B.* → Geschlechtsorgane, Abb., *Gallen-B.)* oder Luft (Schwimmblase).
2) krankh. m. Flüssigkeit gefülltes Gebilde; *Brand-B.;* B. als Neubildung → Zyste.

Blasenfüße, bis 5 mm große, geflügelte Insekten; Füße m. Haftblasen.

Blasenkäfer → Kanthariden.

Blasenkammer, mit überhitzter Flüssigkeit (oft Wasserstoff) gefüllte Kammer, in der aus Kern- u. Elementarteilchen-Reaktionen stammende (geladene) Teilchen entlang ihrer Bahn Dampfbläschen auslösen, so daß ihre Bahn ähnl. wie in d. → Nebelkammer fotografiert werden kann. Vorteile gegenüber der Nebelkammer v. a. bei Teilchen sehr hoher Energie.

Blasenkirsche, svw. → Judenkirsche.

Blasenmole, *Windei,* Schwangerschaftsstörung; Zotten d. → Chorion wandeln sich in flüssigkeitsgefüllte Blasen um, d. Embryo löst sich auf.

Blasensprengung, Geburtseinleitung d. künstl. Eröffnung d. Fruchtblase.

Blasensprung, Zerreißung d. Eihaut u. Entleerung d. Fruchtwassers am Anfang d. Geburtsvorganges.

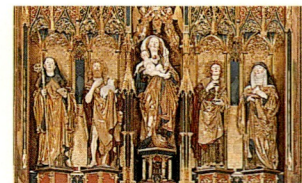

Blaubeuren, *Klosterkirche, Hochaltar*

Blauburger

Blauer Portugieser

Blauer Wildbacher

Blasensteine → Nierensteine.

Blasenstrauch, Schmetterlingsblütler, gelb blühender Zierstrauch mit blasenart. Fruchthülsen.

Blasentang, braune Meeresalgen mit lufthaltigen Schwimmblasen.

blasiert [frz.], überheblich, eingebildet.

Blaskowitz, Johannes (1883–1948), Wehrmachtsgeneral, der den Angriffsplan gg. Polen ausarbeitete. 1939 Oberbefehlshaber Ost, ab Mai 1945 Führung der Heeresgruppe H; Selbstmord.

Blasphemie [gr.], Gotteslästerung.

Blasrohr, Jagdgerät v. Tropenvölkern, e. über 1 Meter langes Rohr f. Giftpfeile, Kugeln (z. Vogeljagd).

Bläßhuhn, einfarbig grauschwarze → Ralle mit weißem Stirnschild.

Blastem, Verband embryonaler, undifferenzierter Zellen.

Blastom, *s.* [gr.], echte Geschwulst.

Blastomeren, durch → Furchung des Eis entstehende Zellen.

Blastula, *Keimbläschen,* Stadium der Entwicklung d. tier. u. menschl. → Embryos vor d. → Gastrula.

Blatt, seitl. Sproßorgan der Pflanzen (m. Ausnahme der Algen u. Pilze): eigtl. *Laubblätter,* meist grün, mit → Chlorophyll; *Hochblätter,* um d. Blüte gelagert; *Blüten-* u. *Kelchblätter; Niederblätter,* unterirdisch (Zwiebel) od. als Schuppen an jungen Trieben. Keimblätter bereits im Embryo angelegt; entwickeln sich oberirdisch als erste Blätter od. bleiben von d. Samenschale umschlossen. Das der → Assimilation dienende Laubblatt ist v. Gefäßbündeln („Adern", „Nerven") durchzogen (streifen- oder netznervig).
Die Blätter sind einfach od. aus einzelnen Blattlappen zusammengesetzt (gefingert od. gefiedert = zweizeilig an verlängertem Stiel) u. verschieden geformt (z. B. lineal lanzettlich, eiförmig), der Blattrand ist gesägt, gezähnt, kerbig usw.; an der Pflanze sind sie wechsel-, gegen-, kreuzständig od. quirlig (B.wirtel) angeordnet.

Blatter, Silvio (* 25. 1. 1946), schweiz. Autor; gestaltet d. Heimat als literar. Utopie; *Schaltfehler; Zunehmendes Heimweh; Kein schöner Land; Mit jedem Schlag der Uhr.*

Blättermagen, bei Wiederkäuern: 3. Magenteil, blattähnl. längsgefaltet.

Blattern → Pocken.

Blätterpilze, *Blätterschwämme,* große Pilzgruppe, hutförmiger, gestielter Fruchtkörper, der a. d. Unterseite sporenerzeugende, blattartige Leisten (Lamellen) trägt; eßbar z. B.: *Champignon, Pfifferling, Moucheron, Reizker, Brätling;* giftig: *Fliegen-, Knollenblätterpilz* u. a.

Blattgold, bis 0,1 µm dünn geschlagenes Gold, zum Vergolden; *unechtes B.* svw. → Rauschgold.

Blattgrün, svw. → Chlorophyll.

Blatthornkäfer, Gruppe der Käfer; blattähnl. Fühlerspitzen (z. B. Mai-, Hirsch-, Rosenkäfer, Mistkäfer).

Blatthühnchen, *Jassanas,* trop. Vogelordnung; sehr langzehige Bewohner der Schwimmblattzone, Männchen brüten.

Blattläuse, sehr artenreiche Insektengruppe, saugen an Pflanzen, z. T. schädl. an Nutzpflanzen.

Blattnasen, Fledermausfamilie; in d. warmen Gebieten Amerikas.

Blattpflanzen, Zierpflanzen, die wegen ihrer eigenartig geformten od. gefärbten Blätter gezogen werden.

Blattwespen, artenreiche Insektengruppe, Hautflügler, Larven („Afterraupen") raupenähnl.; schädl. z. B. die Kirsch-Blattwespe.

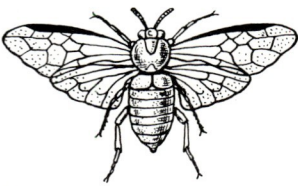

Blattwespe

Blaualgen, Spaltpflanzen, keine echten Algen (→ botanisches System).

Blaubart, Ritter, in der frz. Sage Mörder seiner Frauen; Märchen von → *Perrault.*

Blaubeere, svw. → Heidelbeere.

Blaubeuren (D-89143), St. in Ba-Wü., am Blautopf, 11 584 E; ehem. Benediktinerkloster (11. Jh.); alte Fachwerkhäuser.

Blauburger, in Östr. angebaute Rotweinrebe, die milde, vollmund. Weine liefert; → Neuzüchtung (als Kreuzung zw. → *Blauem Portugieser* u. → *Blaufränkischem*).

Blaue Berge, engl. *Blue Mountains,*
1) höchster Gebirgszug auf Jamaika, im *Blue Mountain Peak* 2256 m.
2) Gebirgszug im Columbia Plateau (Oregon, USA), bis 2775 m.
3) Gebirgsplateau in SO-Australien westl. Sydney, b. 1200 m; Eukalyptuswälder.

blaue Blume, Sinnbild der Romantik; gestaltet im ersten Kapitel von Novalis' Roman *Heinrich von Ofterdingen.*

Blaue Grotte, Uferhöhle auf Capri, die Licht fast nur durch das (blaue) Wasser eindringt.

Blauer Frühburgunder, in Dtld angebaute Rotweinrebe, die fruchtig-körperreiche Weine liefert; in Württemberg als *Klevner* bezeichnet.

Blauer Portugieser, in Mittel- u. Südosteur. angebaute Rotweinrebe (in Dtld v. a. in d. Rheinpfalz u. Rheinhessen); liefert leichte, harmon. Weine, die rasch altern.

Blauer Reiter, 1911 v. → Kandinsky, → Münter, → Kubin und → Marc begr. Künstlergemeinschaft d. Expressionismus in München (dann auch mit Macke, Klee, Campendonck u. a.); bestand bis 1914; wichtig f. d. moderne, auch abstrakte Malerei (Farbwerte u. Abstraktion).

Blauer Wildbacher, v. a. in d. Steiermark angebaute Rotweinrebe, die d. herbfrischen Roséwein *Schilcher* liefert.

Blaues Band,
1) früher: *B. B. des Ozeans* f. d. schnellste Dampferfahrt über den Atlantik (1952 „United States", 3 Tage, 10 Std., 40 Min.).
2) Bez. beim Pferdesport für Sieg im Derby.

blaues Blut, scherzhaft für adlige Abstammung.

Blaues Kreuz, ev. Abstinenzlervereinigung, gegr. 1877 gg. Trunksucht.
Blaufelchen → Renken.
Blaufränkisch(er), *Lemberger,* in Mittel- (v. a. Württemberg u. Östr.) u. Südosteur. angebaute Rotweinrebe, die gehaltvolle, rassige Weine liefert.
Blauhelme → UNO-Friedenstruppen.
Blaukehlchen, eurasiat. Singvogel, u. a. in Schilfgebieten; der Nachtigall verwandt.
Bläulinge, Tagfalterfamilie; klein, oberseits oft blau, Weibchen braun, unterseits kennzeichnend gefleckt; Raupen leben z. T. in Ameisennestern. Bei uns am häufigsten: *Hauhechel-Bläuling.*

Schwarzgefleckter Bläuling

Blaumerle, mediterrane Drosselverwandte; Männchen schieferblau.
Blausäure, *HCN,* Cyanwasserstoff; sehr giftig, in geringen Mengen in gebund. Form in bitteren Mandeln u. Obstkernen enthalten; → Cyanid.
Blaustrumpf, früher abschätzig f. intellektuelle Frau ohne weibl. Charme (nach engl. *bluestocking*).
Blausucht, *Zyanose,* Blaufärbung des ganzen Körpers, bes. bei angeborenen Herzfehlern.
Blauwal → Wale.
Blazer, *s.* [engl. ′bleɪzə], Klubjacke, meist zweireihig, marineblau, mit Metallknöpfen u. eingesticktem Klubabzeichen.

Blech, durch Walzen aus Metall hergestellte Platten; auch Panzerplatten bis 150 mm Dicke.
Blechen, Karl (29. 7. 1798–23. 7. 1840), dt. Maler d. Romantik u. Vorläufer d. impressionist. Freilichtmalerei; *Grotte m. zwei Mönchen am Golf v. Neapel; Im Park v. Terni.*
Blei, Franz (18. 1. 1871–10. 7. 1942), östr. Schriftst. u. Kritiker; *Die galante Zeit; D. große Bestiarium d. mod. Literatur.*
Blei,
1) *Pb,* chem. El., Oz. 82, At.-Gew. 207,19, Dichte 11,34; weiches, bläulichgraues Schwermetall, verarbeitet zu Leitungsröhren, Kabelmänteln, Schrot, Kugeln, Akkumulatoren; lösl. Verbindungen sind giftig, tägl. Aufnahme durch Trinkwasser aus Bleirohren, bes. schädlich f. Kinder (Hyperaktivität od. geistiges Zurückbleiben); *Bleierz-Vorkommen:* USA, Mexiko, Australien, Kanada, Birma, Dtld (Harz, Aachener Revier), Polen, ehemaliges Jugoslawien, UdSSR → Schaubild).
2) Fisch → Brachsen.
Bleibtreu,
1) Hedwig (23. 12. 1868 bis 24. 1. 1958), östr. Schausp.in; Ehrenmitglied d. Wiener Burgtheaters.
2) Karl (13. 1. 1859–30. 1. 1928), dt. Schriftst. d. Naturalismus; *Revolution der Literatur; Größenwahn; Weltbrand.*
bleichen, Entfernen der Farbe aus Stoffen durch Oxidation; z. B. Chlorbleiche f. Baumwolle u. Papier, schweflige Säure f. Seide u. Wolle, Wasserstoffperoxid f. Federn u. Haare.
Bleicherde, feinkörn., tönähnl. Erdart mit hohem Adsorptionsvermögen, Entfärbungs- und Reinigungsmittel für Öle; → Podsol.
bleifreies Benzin, notwendig f. Otto-Motoren m. Dreiweg- → Katalysatoren, weil das (im Benzin als → Antiklopfmittel verwendete) Blei d. platinbeschichte-

Blaufränkisch

ten Waben d. Katalysators überdeckt u. d. Lambda-Sonde angreift; in d. USA u. Japan schon überwiegend verwendet, in d. BR s. 1984/85 flächendeckend angeboten; heute m. schwindender Anteil an verbleitem Benzin.
Bleiglanz, Bleisulfid, Galenit, wichtigstes Bleierz; in Dtld 30–60% Blei, 0,1% Silber.
Bleiglas, aus Kali-Bleisilikat, mit hohem Brechungsindex, hält energiereiche Strahlen ab.
Bleiglätte, *Bleioxid* für Kristallglas.
Bleikammern,
1) berüchtigte Staatsgefängnisse im Dogenpalast zu Venedig; 1797 zerstört; Weg dorthin führte über d. *Seufzerbrücke (Ponte dei Sospiri).*
2) mit Blei ausgesleidete Hohlräume, früher zur Herstellung v. Schwefelsäure.
Bleilochtalsperre, a. Oberlauf der Saale, Thür.; s. 1932; 9,2 km².
Bleisatz, herkömml. Art d. Schriftsatzes m. aus Bleilegierung gegossenen Lettern od. Zeilen; s. Gutenberg bis etwa 1960 üblich, heute in d. Regel → Fotosatz u. → Lichtsatz.
Bleistift, Schreibstift m. Graphitmine u. Holzhülse; s. 1350 bekannt.
Bleitetraëthyl, *s.,* farblose, leicht bewegl., giftige Flüssigkeit; wird als → Antiklopfmittel dem Benzin zugesetzt, wo es unerwünschte Radikalkettenreaktionen abfängt; in bleifreiem Benzin nicht verwendet.
Bleivergiftung, *Saturnismus,* fast immer chronisch, allg. Beschwerden, Blutarmut usw.
Bleiweiß, *Bleicarbonat,* giftige, gut deckende Malerfarbe; an Luft durch Schwefelwasserstoff-Einwirkung braun werdend.
Blekinge, Prov. in S-Schweden, Hptst. Karlskrona.
Blende,
1) in der Baukunst ein der Mauer als Schmuck vorgesetzter Teil (z. B. als *Blendarkade* od. *Blendbogen*).
2) Vorrichtung an opt. Geräten zur Begrenzung der wirksamen Öffnung des Objektivs.
3) Schwefelverbindungen mit Metallen u. Halbmetallen (Sulfiderze).
Blendenautomatik, die Verschlußzeit wird vorgewählt, d. Blende paßt sich dazu stufenlos an; ideal f. Sport, Reportage etc.
Blenderwald, svw. → Plenterwald.
Blendsteine, Baustoffe (Marmor, Granit, Klinker usw.) zur Verkleidung rohen Mauerwerks.
Blennorrhoe, *w.* [gr.], eitrige Entzündung der Augenbindehaut.
Blériot [-′rjo], Louis (1. 7. 1872–2. 8. 1936), frz. Ing.; überflog 1909 als erster den Ärmelkanal mit selbstgebautem Eindecker (Typ „Blériot XI").
Blesse, weißer Fleck (z. B. auf d. Pferdestirn).
blessieren [frz.], verwunden.
Blessing, Karl (5. 2. 1900–25. 4. 71), dt. Ind.- u. Bankfachmann; 1958–69 Präs. d. Dt. Bundesbank.
Blessur, *w.,* Verwundung, Wunde.
Blimp,
1) im Bau befindl. Überwachungs-Luftschiff d. US-Marine; Länge ca. 130 m, Durchmesser 32 m, soll d. Frühwarnung u. d. U-Boot-Ortung dienen; kann rd. 5 Tage in der Luft bleiben.

Bleiglanz

2) wie e. wattierter Anzug, welcher e. Kamera gänzl. umgibt, nur d. Objektiv sieht vorne heraus; durch d. B. wird jedes Aufnahmegeräusch unterbunden, wichtig f. Tierfotografie.

Blinddarm, lat. *Coecum,* der sackartig blind endende Anfangsteil d. Dickdarms i. d. rechten Unterbauchgegend; am untersten Ende d. Wurmfortsatz *(Appendix);* auch → Eingeweide.

Blinddarmentzündung, *Appendizitis,* eigtl. Entzündung d. Wurmfortsatzes; *akute B.* mit heftigen Leibschmerzen, Übelkeit, oft Erbrechen, Fieber u. Gefahr einer Bauchfellentzündung.

Blinddarmoperation, *Appendektomie,* chirurg. Entfernung d. entzündeten Wurmfortsatzes.

Blindenabzeichen, Armbinde mit 3 schwarzen Punkten auf gelbem Grund u. weißer Gehstock.

Blindenfürsorge, durch staatl. und städt. Blindenanstalten, -werkstätten, Heime und Asyle.

Blindenschrift, w., erhabene, tastbare Schriftzeichen f. Blinde, Punktsystem von L. Braille; neuerdings macht Polyethylen-Papier die Verwendung normaler Schriftzeichen möglich.

blinder Fleck, Austrittsstelle des Sehnervs in der Netzhaut, lichtunempfindlich; → Auge.

Blindflug, Flug bei fehlender Sicht (Nebel) nach Bordinstrumenten (Kreiselgeräte) u. durch Funkpeilung.

Blindgänger, abgeschossenes od. abgeworfenes, nicht explodierendes Geschoß.

Blindheit, *Amaurose,* völliger Verlust d. Augenlichts: **a)** angeboren, oft vererblich; **b)** erworben durch Krankheit des Auges; **c)** *Seelen-B.,* bei gesunden Augen durch Krankheit des Sehzentrums im Gehirn.

Blindmaus, in Lebensweise ähnlich dem Maulwurf, wühlt aber mit dem Kopf, SO-Europa, Asien.

Blindschleiche, beinlose, schlangenähnl. Eidechse; harmloses Reptil.

Blindwühlen, beinlose, wurmartige Lurche der Tropen; → Amphibien.

Blinkfeuer, für Schiffahrt, → Befeuerung.

Blinkkomparator, Gerät zum Vergleichen v. Himmelsaufnahmen d. gleichen Sternfeldes, um Helligkeits- od. Ortsveränderungen zu entdecken.

Blitz, Lichterscheinung bei Entladung von Luft- od. Erdelektrizität; Entladestrom ca. 10 000–20 000 A, Spannung einige 10^6 V, Geschwindigkeit des Entladungskopfes bei Linien- oder Funkenblitzen ca. 10^7 cm/s; beförderte Elektrizitätsmenge ca. 10–20 C; daneben gibt es Kugel-, Flächen-, Perlschnurblitze.

Blitzableiter, 1752 von B. → Franklin erfundene Anlage z. Ableitung v. Blitzen an Gebäuden: Metallstange bzw. -bänder mit Anschluß an alle größeren Metallteile (Dachrinnen, Schneegitter etc.) und Leitung bis ins Grundwasser.

Blitzkrieg, propagandist. Bez. f. d. raschen Wehrmachtssiege 1939–41; engl. *Blitz* auch f. die dt. Luftangriffe.

Blitzlicht, urspr. ein Pulver aus Magnesium-Aluminium-Kaliumchlorat, das in offenen Behältern (!) gezündet wurde. Später in Form v. Blitzbirnchen; heute nur noch als Elektronenblitzgerät; entweder in Kameras eingebaut, als Zube-

Blindenschrift

Ernst Bloch

hör aufsteckbar od. mit Schiene anschließbar. Fast durchwegs v. Elektronik der Kamera gesteuert, mit Blitzbelichtungsmessung in der Filmebene (=TTL-Blitzlichtmessung), extrem universell für Nah- u. Makro-Blitzaufnahmen, für indirektes Blitzen gg. die Zimmerdecke od. zur Zündung beliebig vieler Blitzgeräte. B. hat Farbtemp. d. Tageslichtes und ist daher mit Farbfilmen v. Tageslichtemulsion zu kombinieren.

Blitzlichtbelichtungsmesser, ermittelt d. richt. Belichtung bei Verwendung e. od. mehrerer Blitzgeräte.

Blitz-Schiene, z. seitl. Anbringung e. Blitzgerätes an d. Kamera; ergibt bessere Ausleuchtung b. Porträts; vermeidet d. Entstehen v. roten Augen, weil Modell nicht direkt in Achse d. Objektivs angeleuchtet wird.

Blixen, Tania, eigtl. *Karen Baronin Blixen-Finecke* (17. 4. 1885–7. 9. 1962), dän. Schriftst.in: *Afrika, dunkel lockende Welt; Briefe aus Afrika; Phantast. Erzählungen.*

Blizzard ['blɪzəd], eisiger Schneesturm i. N-Amerika.

Bloch,
1) Ernst (24. 7. 1880–15. 7. 1959), am.-schweiz. Komp. moderner nat.-jüd. Musik; *Psalmen, Schelomo.*
2) Ernst (8. 7. 1885–4. 8. 1977), dt. marxist. Phil.; *Das Prinzip Hoffnung;* 1967 Friedenspr. d. Dt. Buchhandels.
3) Felix (23. 10. 1905–10. 9. 83), schweiz.-am. Atomphys.; Arbeiten zu Kernresonanz und Ferromagnetismus; Nobelpreis 1952.
4) Konrad (* 21. 1. 1912), am. Biochemiker; Nobelpr. 1964 (Forschung über Cholesterin- u. Fettstoffwechsel).

Block,
1) im *parlamentar. System* Vereinigung von Parteien u. Gruppen zu gemeins. takt. Vorgehen.
2) *seem.* svw. Flaschenzug.

Blockade,
1) Absperrung der Ein- u. Ausfuhr von Waren u. Personen in best. Gebieten; meist durch Seestreitkräfte; Friedens-B., wirtsch. Zwangsmittel.
2) im Schriftsatz Drucktypen, die fehlende Zeichen deutlich markieren (■).

Blockadebrecher, zur Überwindung e. gegnerischen Seesperre eingesetztes Kriegs- o. Handelsschiff.

Blockbuch, mit ganzseitigen Holzschnitttafeln (Bild u. Schrift) einseitig bedrucktes Buch (15. Jh., d. h. vor dem typograph. Textdruck); → Gutenberg.

Blockflöte, wichtigste, im 16. u. 17. Jh. in Kirchen- u. Kammermusik allein gebräuchl. Längsflöte; im 18. Jh. von Querflöte verdrängt.

blockfreie Staaten, Bez. f. neutrale Staaten, d. sich gg. Zugehörigkeit zu Militärblöcken wenden (1996: 115 Mitgl.).

blockieren [frz.], sperren, Verhindern einer Bewegung.

Blockierschutz, → Antiblockiereinrichtung (z. B. bei Autos).

Blocksatz, Text, bei dem alle Zeilen gleich lang sind; Ggs.: → Flattersatz.

Blocksignalsystem, Signalsystem für Eisenbahnlinien; in einen best. Streckenabschnitt *(Block)* erst einfahren, wenn vorhergehender Zug ihn verlassen hat.

Bloemaert ['blu:ma:rt], Abraham (25. 12. 1564–27. 1. 1651), holl. (Landschafts-)Maler; Stilelemente d. Manierismus u. it. geprägten Barock; durch elegante Linienführung u. hellton. Farben wirkte s. Spätwerk auf d. Entwickl. d. frz. Malerei des Rokoko.

Bloembergen ['blu:mbə:gən], Nicolass (* 11. 3. 1920), am. Phys.; (zus. m. A. L. → Schawlow u. K. M. → Siegbahn) Nobelpr. 1981 (Laserspektroskopie).

Bloemfontein ['blu:m-], Hptst. der Prov. Oranjefreistaat der Rep. Südafrika, 233 000 E (davon 95 000 Weiße); Sitz d. südafrikan. Obersten Gerichtshofes, Uni., Sternwarten.

Blohm & Voss, Werft in Hamburg, gegr. 1877.

Blok, Alexander (16. 11. 1880–7. 8. 1921), russ. Revolutionsdichter; *Die Zwölf; Rose u. Kreuz.*

Blomberg, Werner von (2. 9. 1878 bis 14. 3. 1946), 1927–29 Chef des Truppenamtes, 1935–38 Reichskriegsminister u. Oberbefehlshaber der Wehrmacht, Gen.feldm. ab 1936.

Blomberg (D-26487), St. im Lippischen Bergland, NRW, 15 527 E; AG; holzverarbeitende u. Elektroind.; ma. Burg.

Blomdahl [,blum-], Karl-Birger (19. 10. 1916–14. 6. 68), schwed. Komp., Weltraum-Oper *Aniara.*

Blondel [blõ'dɛl],
1) François (1618–21. 1. 86), frz. Architekt u. Theoretiker, Begr. d. barocken Klassizismus.
2) Jacques-François (8. 1. 1705–9. 1. 74), frz. Architekt, Stadtplaner u. Theoretiker; formulierte d. frz., an d. Klassik orient. Ausprägung d. Rokoko-Baustils.
3) Maurice (2. 11. 1861 bis 4. 6. 1949), frz. kath. Phil., lehrte e. Philosophie der Tat.

Bloodhound → Bluthund.

Bloy [blwa], Léon (11. 7. 1846–3. 11. 1917), frz. kath. Schriftst.; Tagebücher, Romane.

Blücher,
1) Franz (24. 3. 1896–26. 3. 1959), dt. Pol. (FDP, FVP, DP); 1949–57 Vizekanzler u. Min. f. wirtsch. Zus.arbeit, 1949–54 Vors. der FDP.
2) Gebhard Leberecht Fürst B. v. Wahlstatt (16. 12. 1742–12. 9. 1819), preuß. Feldmarschall *(Marschall Vorwärts);* → Befreiungskriege, → Waterloo.

Blücher-Orden, f. d. Kriegsfall vorgefertigter Orden d. ehem. NVA in 3 Abstufungen; Existenz bis z. Wiedervereinigung geheimgehalten.

Bludenz (A-6700), Bez.hptst. in Vorarlberg, 13 369 E; Textil- u. Schokoladenind., Fremdenverk., Seilbahn.

Blue jeans ['blu: 'dʒi:nz], enganliegende, strapazierfähige indigoblaue Baumwollhose (urspr. Arbeitshose mit Nieten).

Blues [engl. blu:z], Form des Jazz, urspr. traurige Gesänge nordam. Negersklaven, später instrumental; meist 12taktig; melodische Neuheit d. *blue notes:* tonartlich zweigeschlechtige Zwischentöne; auch starker Einfluß auf → Rockmusik.

Bluff, *m.* [engl.], Irreführung, Täuschung.

Blum,
1) Léon (9. 4. 1872–30. 3. 1950), frz. sozialist. Pol.; mehrfach Min.präs.

2) Robert (10. 11. 1807–9. 11. 48), pol. Schriftst.; Führer der demokr. Linken in der → Paulskirche; wegen Teilnahme an der Wiener Revolution erschossen.

Blüm, Norbert (* 21. 7. 1935), CDU-Pol.; B.vors. d. Sozialausschüsse d. Christl.-Demokr. Arbeitnehmerschaft, s. 1982 B.min. f. Arbeit u. Sozialordnung.

Blumberg [′blʌmbəːg], Baruch Samuel (* 28. 7. 1925), am. Virusforscher; Entdeckungen a. d. Gebiet d. Infektionskrankheiten; Nobelpr. 1976.

Blume,
1) Pflanze mit → Blüte.
2) Duft des Weins → Bukett.
3) Schaum auf dem Bier.
4) bei Bierherstellung die Oberhefe.
5) Schwanz d. Hasen u. Kaninchens; Rutenspitze d. Wolfes u. Fuchses.

Blumenau, St. i. S-Brasilien, 100 000 E; 1852 v. *H. Blumenau* gegr., Zentrum e. Agrargebiets m. dt.-stämmiger Bev.

Blumenbach, Johann Friedrich (11. 5. 1752–22. 1. 1840), dt. Naturforscher; Mitbegr. d. → Anthropologie.

Blumenfliegen, auf Blüten, Larven in faulenden Pflanzenteilen.

Blumenkäfer, leben von Blütenstaub, auch von faulenden Stoffen; metallglänzend.

Blumenrohr → Canna.

Blumenthal, Oskar (13. 3. 1852–24. 4. 1917), dt. Schriftst.; *Im weißen Rößl.*

Blumentiere → Korallentiere.

Blumentritt, Günther (10. 2. 1892–12. 10. 1967), dt. Gen.; u. a. 1944 Kommandierender Gen. des XII. SS-Korps, April 45 Oberbefehlsh. der Armee B.

blümerant [frz. ,,blaßblau''], schwindlig, elend.

Blumhardt, Johann Christoph (16. 7. 1805–25. 2. 80), ev. Theol.; Führer einer rel. Bewegung i. Bad Boll.

Blümlisalp, Massiv der Berner Alpen, m. Blümlisalphorn, 3664 m

Bluntschli, Johann Kaspar (7. 3. 1808–21. 10. 81), schweiz. Jurist; maßgebl. f. Staats- u. Zivilrecht.

Blut, die den ganzen Körper durchströmende Ernährungsflüssigkeit, ca. 80% Wasser, enthält im *Blutplasma* Eiweißstoffe (Albumine, Globuline, Fibrinogen), Nahrungsstoffe, Salze, Hormone, Fermente, Abwehrstoffe u. a. gelöst; darin schwimmen ferner d. roten u. weißen *B.körperchen* sowie die Blutplättchen *(Thrombozyten).* – Diese *Blutzellen* betragen 45% der *Gesamtblutmenge,* d. beim Menschen ca. $1/12$ d. Körpergewichts (5–6 Liter bei 70 kg) ausmacht. Blutplasma ohne Fibrinogen (gewonnen durch Zentrifugieren u. Gerinnung) heißt *Blutserum.* Anzahl der roten Blutkörperchen *(Erythrozyten)* in 1 mm^3 4–5 Mill., der weißen *(Leukozyten)* ca. 4000–10 000, der Thrombozyten 300 000–400 000. Die rote Farbe der Erythrozyten ist verursacht durch Blutfarbstoff (→ Hämoglobin), hell im sauerstoffreichen B. der Arterien, dunkel im kohlensäurereichen B. der Venen. Die Erythrozyten besorgen die Sauerstoffversorgung (→ Atmung), die Leukozyten haben Transport- u. Abwehrfunktion (Schutz gg. Infektionen usw.).

Blutadern, *Venen,* → Adern.

Blutarmut → Anämie.

Blutbank, Sammelst. f. → Blutkons.

Blutbild In einem gefärbten Blutausstrich werden unter dem Mikroskop die versch. Arten v. Blutkörperchen gezählt (Differentialblutbild), außerdem → Hämoglobin u. a. gemessen.

Blutbrechen, *Hämatemesis,* bei Magenblutungen infolge Magengeschwürs oder -krebses.

Blutdruck, ergibt sich aus Strömungskraft (Herztätigkeit) u. Gefäßwandspannung; meßbar durch den Druck, der erforderlich ist, um den Blutstrom in einer Schlagader (z. B. des Oberarms) zu unterdrücken (B.manschette); Maßeinheit Millimeter Quecksilbersäule (mmHg); dabei werden *systolischer B.* u. *diastolischer B.* unterschieden u. zus. angegeben, z. B. 140/85 mmHg; weitgehend abhängig v. Alter, Kondition, Körperl. u. seel. Ruhe, Tageszeit, Geschlecht usw.; krankhaft gesteigert bei Adernverkalkung, chron. Nierenleiden, nervösen Störungen usw.; → Hypertonie, → Hypotonie.

Blüte,
1) Falschgeld.
2) Kurztrieb, an d. umgebildete Blätter sitzen. Man unterscheidet zunächst eine Hülle, die aus *Kelch-* u. *Blütenblättern* besteht; sie umschließt d. *Staubgefäße* u. *Fruchtblätter,* Organe der geschlechtl. Fortpflanzung. Die typ. B. ist strahlig u. zweigeschlechtig; im Laufe d. Evolution entstanden Blütenformen wie d. Schmetterlings-, Lippen-, Orchideenblüte. Durch Ausbildung nur d. Staub- bzw. Fruchtblätter ferner eingeschlechtige B.n entstanden. Oft sind die B.n z. *B.nständen* vereinigt (z. B. zu Ähren, Kätzchen, Kolben, Trauben, Köpfchen, Dolden usw.); männl. u. weibl. B.n auf versch. Individuen: *zweihäusig.*

Blutegel, im Wasser lebende Würmer mit Saugnäpfen; *Med. B.,* jetzt selten, für med. Zwecke; ähnl. *Pferdeegel;* andere in warmen Zonen.

Bluterguß, durch Zerreißung v. Blutgefäßen Blutaustritt in das umgebende Körpergewebe.

Bluterkrankheit, *Hämophilie* (zwei Formen, A u. B), schwer stillbare Blutungen ohne oder nach kleinsten Verletzungen infolge Störung d. Blutgerinnung; rezessiv geschlechtsgebunden vererbt.

Blutersatz, Ergänzung verlorenen Blutes durch Blutplasma, Vollblut, Salzlösungen (z. B. → Ringerlösung), auch mit Zusatz organ. kolloidaler Substanzen.

Blutfette → Cholesterin, → Fettstoffwechselstörungen, → Triglyceride.

Blutfleckenkrankheit, lat. *Purpura,* verschieden verursachte fleckförmige Haut- u. Schleimhautblutungen (z. B. bei → Skorbut).

Blutgefäße → Adern.

Blutgeld, ,,Mann-", Sühnegeld, → Wergeld.

Blutgerinnung, gallertiges Festwerden des Blutes (Blutkuchen) durch Ausfällung des im Blutplasma gelösten Eiweißstoffes *Fibrinogen,* wobei dieses i. d. unlösl. Faserstoff *Fibrin* übergeht; erfolgt (vereinfacht dargestellt) durch ein Gerinnungsenzym *(Thrombin),* das in Gegenwart von Kalzium durch die Zus.treffen von *Thrombokinase* (aus Blutplättchenfaktor + 3 Plasmafaktoren gebildet) u. *Prothrombin* (aus dem Plasma) entsteht; zuletzt schrumpft d. Fibrin zum festen Blutpfropf; *Blutgerinnung nach Austritt des Blutes* aus den Gefäßen mit Beteiligung von Blutplättchen

Blutgruppen

Blutgruppe	Häufigkeit in Mitteleuropa	Antigen	Antikörper
A	<4%	A	Anti-B
B	12%	B	Anti-A
AB	6%	A und B	–
0 (Null)	38%	–	Anti-A und Anti-B

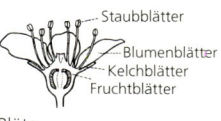

Staubblätter
Blumenblätter
Kelchblätter
Fruchtblätter

Blüte

(Thrombozyten): verhindert durch Gefäß- u. Wundverschluß das Verbluten (Blutstillung). *B. in den Blutadern,* svw. → Thrombose, durch krankhafte Veränderung an den Gefäßinnenwänden (z. B. bei Venenentzündung); → Antikoagulanzien.

Blutgruppe, die von K. *Landsteiner* 1901 entdeckte Tatsache, daß Blut versch. Menschen nicht beliebig mischbar ist, sondern das Serum eines Menschen die roten Blutkörperchen anderer zur Verklumpung *(Agglutination)* bringen kann. Man unterscheidet neun B.n im Systeme, vor denen d. AB0-System mit Untergruppen u. d. → Rhesusfaktor bes. wichtig sind. Außerdem gibt es M,N-, P,p-Systeme, S,s-Faktoren u. andere Gruppen. Unverträglichkeit der B. führt zu ernsten Zwischenfällen bei → Blutübertragungen. → Blutprobe; → Vaterschaft.

Bluthochzeit, *Pariser,* → Bartholomäusnacht.

Bluthund, *Bloodhound,* englischer Jagdhund mit ausgeprägten Gesichtsfalten und Hängeohren, Polizeihund.

Bluthusten, *Haemoptoe,* Aushusten v. Blut a. d. Luftwegen, bes. b. Lungentuberkulose u. -krebs.

Blutkonserve, m. konservierenden u. gerinnungshemmenden Mitteln versetztes, i. Kühlschrank aufbewahrtes Blut v. → Blutspendern z. → Bluttransfusion.

Blutkreislauf, der ununterbrochene Strom des Blutes innerhalb des geschlossenen Röhrensystems der Adern, von dem engl. Arzt William *Harvey* 1628 entdeckt: Die aus der linken Herzkammer entspringende Aorta (Körperschlagader) pumpt das Blut in die Hauptarterien, die sich in immer kleinere Äste bis in feinste Kapillaren (Haargefäße) gabeln; diese gehen in die feinsten Venenzweige über, die sich zu immer größeren Venenstämmen u. schließlich zu den beiden großen Hohlvenen vereinen. Von hier wird das Blut dem rechten Vorhof des Herzens zugeführt, der es durch die dreizipflige Herzklappe in d. rechten Herzkammer weitertreibt, von wo es durch d. Lungenarterie in die Lungen u. weiter durch Lungenkapillaren u. -venen in d. linken Vorhof transportiert wird; von dort fließt es durch die zweizipflige Herzklappe in die linke Herzkammer zurück (→ Tafel Mensch, → Herz).

Blutkultur, Anzüchtung v. Bakterien aus d. Blut.

Blutlaugensalz, *Kaliumeisencyanid,* zur Herstellung v. Cyankali u. Berliner Blau.

Blutlaus, Blattlaus mit weißen Wachsausscheidungen; an der Rinde von Apfelbäumen; schädlich.

Blutlaus

Blutplasma → Blut, → Blutersatz.
Blutplättchen → Blut.
Blutprobe, Blutentnahme zu Untersuchungszwecken, erzwingbar bei Verdacht von Alkoholeinfluß bei Straftaten oder von Geschlechtskrankheiten; zur Feststellung der Vaterschaft Vergleich des Bluts von Mutter und fraglichem Vater mit dem des Kindes (nur Nicht-Vaterschaft gewiß).
Blutrache, *Vendetta,* Sitte, den Mord von Verwandten durch Tötung des Mörders od. s. Angehörigen zu rächen (noch bei Albanern u. auf Korsika).
Blutregen, massenhafte u. rasche Entwicklung von rotgefärbten, mikroskopisch kleinen Algen in Tümpeln.
Blutsbrüderschaft, keine echte Verwandtschaftsbeziehung, sondern enge Freundschaft, durch Vermischung v. Blut symbolisiert.
Blutschande, svw. → Beischlaf zwischen Verwandten.
Blutschnee, durch kleine Algen od. verwehten Feinsand aus d. Sahara bewirkte Rotfärbung des Schnees im Hochgebirge.
Blutschwamm, griech. *Hämangiom,* angeborene Erweiterung u. Neubildung von Blutgefäßen, die blaurot durch die Haut schimmern.
Blutsenkung, *Blutkörperchensenkungsreaktion,* Abk. *BKS,* BSG oder *BSR,* Bestimmung der Geschwindigkeit, mit der die roten Blutkörperchen im B.sröhrchen zu Boden sinken (z. B. bei Infektionskrankh. rasche B.), angegeben in Millimeter nach 1 u. 2 Std., z. B. 5/10 mm.
Blutserum, die bei d. → Blutgerinnung frei werdende Blutflüssigkeit, → Blut, → Serum.
Blutspeien, Blut im Auswurf bei Blutung im Mund-Rachen-Raum od. bei → Bluthusten, → Blutbrechen.
Blutspender, Person, die ihr Blut (100–600 ml) für → Blutkonserven zur Verfügung stellt.
Blutspiegel, d. Konzentration der im Blut nachweisbaren Substanzen (z. B. Medikamente).
Blutstauung, Behinderung des Blutrückflusses zum Herzen;
1) natürliche B. bei mangelhafter Saugkraft des Herzens oder bei Abflußhindernis in den Venen.
2) künstl. B., *Biersche Stauung,* → Hyperämie.
Blutstein, *Hämatit,* schwarzroter glänzender Halbedelstein aus Eisenoxid.
Blutstillung → Erste Hilfe.
Blutstuhl, *Meläna,* sichtbare Verfärbung d. Stuhls durch Blut, rot od. schwarz, bei versch. Darmkrankheiten.
Blutsturz, starke Blutung (z. B. als Bluthusten).
Bluttransfusion, *Blutübertragung* bes. bei schweren Blutverlusten u. Blutarmut, nur bei gleicher → Blutgruppe v. Blutspender und -empfänger, fast ausschließlich *indirekt:* Übertragung von → Blutkonserven.
Blut und Boden, NS-Schlagwort f. bodenständig-verklärende Kunst im 3. Reich, z. B. *B.-Dichtung, B.-Malerei.*
Blutungszeit, Feststellung d. Blutstillung nach Fingerstich.
Blutverdünnung,
1) umgangssprachl. für Behandlung mit → Antikoagulanzien.

Zweierbob, *Rudi Lochner und Markus Zimmermann (D)*

Bockkäfer: *Zimmermannsbock*

Schwärzlicher Bofist

2) *Hämodilution,* Infusion von → Plasmaexpandern z. Behandlung v. Durchblutungsstörungen.
Blutvergiftung, Überschwemmung des Blutes mit Bakterien, → Sepsis.
Blutwäsche → extrakorporale Dialyse.
Blutzeugen → Märtyrer.
Blutzucker, der im Blut gelöste Traubenzucker (Glukose); nach kohlenhydratreicher Mahlzeit vermehrt, krankhaft vermehrt bei → Diabetes mellitus.
Blyton [ˈblaɪtən], Enid (11. 8. 1896–28. 11. 1968), engl. Kinderbuchautorin, umfangreiches Werk; *Hanni und Nanni.*
BMP 1, Bez. für sowj. Schützenpanzer, von d. Bundeswehr aus ehem. NVA-Beständen übernommen.
BMZ, Abk. f. **B**undes**m**inisterium f. Wirtschaftl. **Z**us.arbeit, gegr. 1961.
B'nai B'rith [hebr. „Söhne d. Bundes"], 1843 gegr. unabhängige jüd. Orden; ethischer u. karitativer Zielsetzung; ca. 350 000 Mitglieder.
Boa → Riesenschlangen.
Boardinghouse [engl. ˈbɔːdɪŋhaʊs], Logierhaus, (Familien-)Pension, Appartementhotel.
Board of Trade [ˈbɔːd ov ˈtreɪd], engl. Außenhandelsministerium.
Boat People [engl. boʊt ˈpiːpl], Flüchtlinge aus S-Vietnam, d. sich etwa ab 1975 auf oft unzulängl. Booten i. Chin. Meer aufhielten.
Bob,
1) engl. m. Vn., Kurzform zu Robert.
2) auch *Bobsleigh* [engl. -sleɪ], Sportschlitten m. Steuer u. Bremse; Wettbewerbe im Zweier- u. Viererbob.
Bobby, engl. Abk. f. *Robert;* Spitzname f. engl. Polizisten.
Bober, l. Nbfl. d. Oder, aus d. Riesengebirge, 272 km, mündet bei Crossen; *B.talsperre* b. Mauer.
Bobingen (D-86399), St. i. Lkr. Augsburg, Bay., 14 855 E; chem., Textil-, Elektroind.
Böblingen (D-71032–34), Kr.- und Ind.st. sw. v. Stuttgart, Ba-Wü., 45 884 E; AG; Textil-, Möbel-, Spielwaren-, Metall-, Masch.-, chem. Ind., Datenverarbeitung.
Bobo-Dioulasso [-diu-], St. in Burkina Faso, 240 000 E; 2. Zentrum d. Republik.
Bobsleigh, *m.,* svw. → Bob.
Bobtail [ˈbɔbteɪl], altengl. Schäferhund; Kopf, Vorderbeine weiß, sonst grau, zottig; Stummelschwanz.
Boccaccio [-ˈkatʃo], Giovanni (1313–21. 12. 75), it. Dichter u. Humanist; Biograph Dantes; → *Dekameron.*
Boccherini [bok(k)e-], Luigi (19. 2. 1743–28. 5. 1805), it. Komp. u. Violoncellist; Kirchen-, Orchester- u. bes. Kammermusik.
Boccia, *w.* [ˈbɔtʃa], it. Kugelspiel; Kugel muß mögl. nahe an Zielkugel (pallino) geworfen werden.
Boccioni [bɔtʃ-], Umberto (19. 10. 1882–16. 8. 1916), it. Maler u. Bildhauer; Mitbegr. u. Theoretiker d. → Futurismus.
Bocholt (D-46395–99), St. im Kr. Borken, Rgbz. Münster, NRW, 69 595 E; Rathaus (ndl. Backsteinrenaissance), got. Pfarrkirche, Schloß; Textil-, Eisen-, Fernmeldeindustrie.
Bochum (D-44787–894), krfreie St. im Ruhrgebiet, Rgbz. Arnsberg, NRW, 406 676 E; IHK, 2 Bergämter, Bergbauberufsgenossenschaft; Sitz d. IG Bergbau, d. Bundesknappschaft, d. Dt. Shakespeare-Gesellschaft; Schauspielhaus, Kunstgalerie, Bergbaums.-, Eisenhms.-; Ruhr-Uni., Verwaltungs- u. Wirtschaftsakad., FHS (f. Bergbau), Sternwarte m. Inst. f. Satelliten- u. Weltraumforschung; Dt. Inst. f. Puppenspiele; Schwerind. (Eisen, Stahl), Auto-, Elektro-, Masch.-, Brau- u. chem. Ind.; LG, AG.
Bock, Fedor von (3. 12. 1880–3. 5. 1945), dt. General; im Polenfeldzug befehligte B. die Heeresgruppe Nord, dann d. Heeresgruppe B. 1940 Gen.feldm., 1942 v. seinem Kommando abgelöst.
Bock,
1) Männchen von Wiederkäuern (z. B. Reh, Ziege).
2) Turngerät, bes. f. Sprungübungen; 25–30 cm breit, 40–55 cm lang; gepolsterter Lederkasten auf vier verstellbaren Beinen.
Bockbier, urspr. *Einbecker* Bier, stark gebrautes und hopfenarmes (Märzen-) Bier.
Bockkäfer, Käferfamilie; kennzeichnend langfühlerig (z. B. *Eichenbock, Zimmermannsbock*). Larven nagen im Holz.
Böcklin, Arnold (16. 10. 1827–16. 1. 1901), schweiz. Maler; e. Meister d. dynamischen Ausdrucks u. intensiven Kolorits; Vertr. d. Symbolismus; *Toteninsel; Im Spiel d. Wellen;* Bildnisse.
Bocksbart, gelb blühende Wiesenpflanze m. milchigem Saft (Korbblütler).
Bocksbeutel, bauchige Weinflasche, i. Dtld nur f. Frankenwein.
Bockshornklee, Schmetterlingsblütler; blaßgelbe Blüten; Same Tierarznei.
Bockum-Hövel, s. 1975 zu → Hamm.
Bocuse [boˈkyːz], Paul (* 11. 2. 1926), frz. Meisterkoch; begr. d. Nouvelle cuisine.
Bodden, *m.,* flache, tief ins Land eingreifende Buchten der Ostseeküste um Rügen (z. B. *Greifswalder B.*).
Bode,
1) Johann Elert (19. 1. 1747–23. 11. 1826), dt. Astronom; Direktor d. Berliner Sternwarte; verfaßte → Sternkarten u. populäre astronom. Schriften.
2) Wilhelm v. (10. 12. 1845–1. 3. 1929), dt. Kunsthistoriker; Gründer des Kaiser Friedrich-Museums (jetzt *B.-Mus.*), Berlin; richtungweisende Forschungen z. dt., ndl., it. Malerei u. Plastik.
Bode, l. Nbfl. der Saale, vom Brocken; durchfließt das *Bodetal* im Harz; 169 km lang.
Bodega, *w.,* span. Weinstube, Schenke.
Bodelschwingh,
1) Friedrich v. (6. 3. 1831–2. 4. 1910), ev. Pastor, Begr. d. Heilstätten für Epileptiker u. Geisteskranke in *Bethel* bei Bielefeld, von Arbeiterkolonien u. Wanderarbeitsstätten u. der Theol. Schule Bethel; sein jüngster Sohn u. Nachfolger
2) Friedrich (14. 8. 1877–4. 1. 1946) erweiterte das Werk des Vaters; 1933 Reichsbischof, aber verdrängt; verteidigte s. Schutzbefohlenen gg. die ns. „Euthanasie".
Boden,
1) nordschwed. St. am Luleälv, 27 200 E; Eisenbahnknotenpunkt.
2) Raum unter dem Dach, oberstes Stockwerk.

3) die oberste, landw. genutzte Schicht der Erdkruste; versch. *B.arten:* Lehm-, Sand-, Ton-B.

Bodenanalyse → Bodenuntersuchung.

Bodenatmung, Gasaustausch zw. Bodenluft u. freier Atmosphäre.

Bodenbearbeitung, in der Land- u. Forstwirtschaft Bearbeitung (Wenden, Lockern, Formen u. dgl.) des Bodens mit Bodenbearbeitungsgeräten, um für Pflanzen optimale Lebensbedingungen zu schaffen.

Bodenbonitierung, *B.schätzung, B.klassifizierung,* Einteilung des B.s in Güteklassen, *B.klassen,* nach B.art (Lehm, Sand, Sumpf), Entstehung (Alluvial-, Diluvial-, Lößböden), Feuchtigkeitsgrad u. a.; wichtig für die Ermittlung des Einheitswertes von land- u. forstwirtsch. Vermögen (Steuer- u. Wertbemessung).

Bodeneffekt-Fahrzeug → Airfoil-Flugzeug; → Luftkissenfahrzeug.

Bodenentwässerung → Dränierung.

Bodenerosion → Erosion.

Bodenertrag, d. Rohertrag v. landwirtschaftlichem Boden ist v. d. Bodenart, dem Klima, der Arbeit u. der Düngung abhängig.

Bodenertragsgesetz, *Ges. vom abnehmenden Bodenertragszuwachs,* Erfahrungsregel, wonach von einer best. Grenze an bei weiterer Vermehrung d. Aufwandes an Arbeit, Düngung usw. d. Ertragszuwachs je Aufwandseinheit immer kleiner wird.

Bodenfräse, motorisch betrieben, arbeitet den Boden mit schnell rotierenden Messern od. federnden Stahldrähten gründlich bis in d. Krümel *(Bodenkrümler)* durch.

Bodengare, durch Bearbeitung hergestellter, auch durch Fruchtfolge, Art der angebauten Pflanzen, Düngung u. Klima beeinflußter Zustand d. B.s; hohe B.gare fördert Wachstum u. Ertrag d. Pflanzen infolge lockerer B.struktur (Krümelstruktur) bei regem Bakterienleben.

Bodenhorizont, d. überwiegend parallel zur Oberfläche verlaufenden Bodenschichten.

Bodenklassen → Bodenbonitierung.

Bodenkultur, Intensitätsgrad der Nutzung u. Zustand d. B.s.

Bodenkunde, *Pedologie,* Lehre v. d. Entstehung, d. Zustand, d. Veränderung u. d. Verbesserung d. B.s.

Bodenluftabsaugung, mit Hilfe v. Lanzen u. Pumpen wird kontaminierter Boden v. leichtflüchtigen Stoffen (→ CKW u. a.) gereinigt (→ Altlastensanierung).

Bodenmüdigkeit, Unergiebigkeit e. Ackerbodens wg. Mangel an best. Nährstoffen u./od. durch Anreicherung m. wachstumsbeeinträchtigenden Stoffen; oft e. Folge v. Monokulturen.

Bodennutzung, *B.benutzung,* der Gebrauch sämtl. Grund u. B.s innerhalb eines Landes; in d. BR 1993 landwirtsch. 17 440 900 ha (11 853 800 ha alte, 5 587 100 ha neue Bundesl.) genutzt.

Bodenprofil, Schnitt durch d. B. zur Unterscheidung der Bodenhorizonte (Krume u. Oberboden, Unterboden, Untergrund).

Bodenreform → Übersicht.

Bodenrente → Grundrente.

Bodenschätzung, dient zur Ermittlung d. Einheitswertes, → Bodenbonitierung.

Bodenschutz, Schutz der Bodenfunktionen im Naturhaushalt vor Schadstoffen, Erosion u. dgl., z. B. durch Bodenschutzwälder.

Bodensee, *Schwäbisches Meer,* vom Rhein durchflossener See am N-Rand der Alpen, 538,5 km², 395 müM, zerfällt in den 252 m tiefen Obersee m. Überlinger See (475,5 km²) u. den flacheren Untersee (63 km²); Inseln: *Mainau, Reichenau, Lindau;* ehem. Zungenbecken d. eiszeitl. Rheingletschers; mildes Klima, üppige Vegetation. Wein- u. Obstbau; Fischfang; Fernwasserleitung bis Stuttgart; Häfen: *Konstanz, Friedrichshafen, Lindau* (Dtld) *Romanshorn, Rorschach* (Schweiz); *Bregenz* (Östr.).

Bodenspekulation, Grunderwerb zum Zweck der späteren, gewinnbringenden Veräußerung, besonders i. d. Nähe v. Großstädten.

Bodentyp, spezif. Stufe, auf der ein Boden im Laufe s. Entwicklung steht, → Podsol, → Gleyboden, → Sol lessivé.

Bodenuntersuchung.
1) Feststellung d. Gehaltes an Pflanzennährstoffen, vor allem Säuregrad, Phosphor u. Kali, auch Spurenelemente.
2) Feststellung der → Bodengare mittels Spatendiagnose.

Bodenwäsche, Reinigung v. mit Schadstoffen kontaminierten Böden durch mechan.-phys., chem. und therm. Verfahren (→ Altlastensanierung).

Bodh Gaya, ind. Ort, e. d. 4 hl. buddh. Stätten, hier d. Buddha d. vollkommene Erleuchtung erreichte.

Bodhi-Baum [sanskr. ,,Bodhi = Erwachen, Erkenntnis"], Feigenbaum, unter d. Buddha n. 49 Tagen d. Meditation z. vollkommenen Erkenntnis gelangte.

Bodhisattwa, *Bodhisattva* [sanskr. ,,Erleuchtungswesen"], buddh. Gestalt, d. durch vollkommene Tugend z. Buddha geworden ist, aber aus Erbarmen m. d. Menschen so lange auf s. Eingang i. → Nirwana verzichtet, bis alle erlöst sind.

Bodin [-'dɛ̃], Jean (1530–96), frz. Publizist u. Staatsrechtslehrer; Vorkämpfer der Toleranz.

Bodmer, Johann Jacob (19. 7. 1698 bis 2. 1. 1783), schweiz. Schriftst. u. Literaturtheoretiker; Gegner Gottscheds; Hg. v. Minnesang u. Nibelungenlied; *Crit. Abhandlung v. dem Wunderbaren i. d. Poesie.*

Bodmerei, *w.,* Darlehen durch Verpfändung von Schiff u. Fracht, vom Schiffer unterwegs aufgenommen, um Weiterreise zu ermöglichen.

Bodoni, Giambattista (16. 2. 1740–29. 11. 1813), Buchdrucker in Parma, Klassikerausgaben; schuf berühmte lat. Lettern: **B.schrift.**

Bodybuilding [engl. 'bɔdıbıldıŋ ,,Körperbildung"], Kraftübungen m. Geräten nach dem Prinzip der planmäßigen Belastungssteigerung.

Bodycheck, *s.* [engl. -tʃ-], im *Eishockey* erlaubtes Rempeln des Gegners.

Böe, *Bö,* plötzl. heftiger Windstoß, tritt bes. i. Zus.hang m. Gewittern, Kaltfronten u. → Föhn auf.

Boecksche Krankheit, *Sarkoidose,* gutartige Krankheit d. Lymphgewebes.

Bodenreform

Urspr. Bestrebungen zur Einführung eines Bodenrechts, das der Unvermehrbarkeit des Bodens Rechnung trägt u. die aus dieser Eigenschaft entstehenden Bodenwertsteigerungen bzw. die damit verbundenen steigenden → Grundrenten als müheloses Einkommen den privaten Grundeigentümern entzieht (H. Spencer, H. George). Entsprechend fordern die einen Nationalisierung des Bodens, die anderen Wegsteuerung der Grundrente. *Bund Dt. Bodenreformer,* gegr. 1898 von Adolf → Damaschke, strebte ein Bodenrecht an, das den Gebrauch des Bodens als Werk- u. Wohnstätte fördert, jeder Mißbrauch mit ihm ausschließt u. die Wertsteigerungen, die er ohne die Arbeit des einzelnen erhält, möglichst dem Volksganzen nutzbar macht; bes. sollte die neu zuwachsende, städtische Grundrente durch Besteuerung gedämmt, gleichzeitig durch die für die Landwirtschaft geforderte gestaffelte Einheitssteuer die Bewegung des Bodens zum besseren Wert erreicht werden; deshalb forderte der Bund neben der Schaffung von Eigenheimen auch Förderung der bäuerlichen Siedlung.

Zugleich verstärkten sich aus staats- u. sozialpol. Überlegungen die Bestrebungen zur Förderung des bäuerlichen *Siedlungswesens* in Gebieten massierten Großgrundbesitzes (→ Siedlung). Der Begriff B. gewann damit allmählich die Bedeutung einer Veränderung der landwirtschaftlichen Besitzgrößenstruktur. – Außerhalb Dtlds nach dem 1. Weltkrieg B. in den osteur. Staaten mit oft fast vollkommener Zerschlagung des Großgrundbesitzes, in der UdSSR entschädigungslose Enteignung u. Aufteilung mit nachfolgendem Zusammenschluß der entstandenen kleinbäuerlichen Betriebe zu → Kolchosen.

Nach dem 2. Weltkrieg in Deutschland Bodenreform aufgrund des Potsdamer Abkommens. In d. Sowjetzone entschädigungslose Enteignung des privaten Grundbesitzes über 100 ha u. Aufteilung des Landes (fast 3 Mill. ha) auf etwa 200 000 bäuerliche Siedlerstellen von 5–10 ha, auf landarme Kleinbauern, Kleinstsiedlungen u. Staatsgüter. In der BR Deutschland unterschiedliche Bodenreform- und Siedlungsgesetze der einzelnen Länder auf Grundlage eines Entschädigungsprinzips, in der Regel nach dem Ertragswert; progressive Landabgabe für Siedlungszwecke mit zunehmender Besitzgröße.

Wiesenbocksbart

Boeing ['boʊɪŋ], William Edward (1. 10. 1881–29. 9. 1956), am. Flugzeugkonstrukteur; gründete 1916 die ,,Pacific Aero Products Company", die spätere Boeing Company, das größte Luftfahrtunternehmen in d. USA (→ Luftfahrt, Übers.).

Boenisch, Peter (* 4. 5. 1927), dt. Journalist; 1983–85 Reg.sprecher.

Boëthius (480–524), röm. Philosoph u. Staatsmann, übers. griech. Phil.; hingerichtet; verf. im Kerker die Trostschrift: *De consolatione philosophiae.*

Boffrand [bɔ'frã], Germain (7. 5. 1667–18. 3. 1754), französischer Architekt des Rokoko; internationale Wirkung (z. B. Residenz in Würzburg); klare Einfachh. im Außenbau m. raffiniert zwanglos wirkender Eleganz d. Innenraumgestaltung.

Bofill, Ricardo (* 5. 12. 1939), spanischer Architekt; gründete 1963 mit seiner Schwester Anna Bofill die künstlerisch interdisziplinäre Planungsgruppe Taller de Arquitectura; Ausstellungs- und Olympiabauten in Sevilla und Barcelona.

Bofist, *m., Bovist, Stäubling,* versch. → Bauchpilze, deren reife Sporen bei Berührung als Staubwolke ausgeschleu-

dert werden; jung eßbar; *Kartoffel-B.* gefährlich.
Bogart [ˈbougɑːt], Humphrey (25. 12. 1899–14. 1. 1957), am. Filmschausp.; *The Maltese Falcon; Casablanca; The Big Sleep.*
Boğazkale, türk. Dorf 180 km östl. Ankara; Ausgrabungen der → Hethiter-Hptst. *Hattusa.*
Bogdanovich [-vɪtʃ], Peter (* 30. 7. 1939), am. Regisseur; *Targets* (1967); *The Last Picture Show* (1971); *Paper Moon* (1972); *Mask* (1984).
Bogdo Ula, *Bogdo-ola,* „Heiliger Berg", *Merzbachergebirge,* Gebirgszug im zentralasiat. Tian Shan, bis 5445 m.
Bogen,
1) ungefalztes Papierblatt; svw. Druckbogen, meist 16 Seiten.
2) in d. Baukunst ein gewölbtes Tragwerk; *Rund-B.* bei Halbkreisform (röm. u. romanisch), *Spitz-B.* bei winkelig zusammenstoßenden Kreislinien (gotisch); Ggs.: → Architrav. *B.fries,* Reihung mehrerer gleichförmiger Einzel- oder sich kreuzender Bogen.
3) bei Streichinstrumenten: elast. Hartholz-B., über den durch Schraubenmechanik (Frosch) Roßhaare gespannt sind, z. Streichen d. Saiten.
4) uralte Pfeilschußwaffe; *B.schießen,* schon früher als Sport.
Bogen (D-94327), St. an d. Donau, Bay., 8922 E; AG; darüber, auf dem *B.berg,* spätgot. Wallfahrtskirche.
Bogengänge, Gleichgewichtsorgan im inneren → Ohr.
Bogenlampe, elektrische Lichtquelle, Stromübergang zw. 2 sich nicht berührenden Kohlestiften *(Elektroden),* durch Ionisation der Luftmoleküle entsteht Lichtbogen.
Bogenmaß, statt durch Winkelgrade mißt man Winkel a. d. Länge d. zugehörigen Bogens auf d. Einheitskreis (*r* = 1).
Bogenminute, *math.* 60. Teil (nach neuer Einteilung d. 100. Teil) eines → Grades; Bez.: ' (z. B. 10').
Bogensekunde, *math.* 60. Teil einer → Bogenminute; Bez.: " (z. B. 10").
Bogey [engl. ˈbougi], *Golf:* m. einem Schlag über → Par gespieltes Loch.
Bogomilen, manichäisch-asket. Sekte; im MA auf dem Balkan verbreitet.
Bogomoletz, Alexander (2. 8. 1881–19. 7. 1946), russ. Biologe; Serum zur Anregung bei allg. Leistungsausfall u. Funktionsschwäche einzelner Organe; Wirkung umstritten.
Bogor, früher *Buitenzorg,* indones. St. auf Java, 247 000 E; botan. Garten.
Bogotá, Hptst. v. Kolumbien, 2645 müM, 4,8 Mill. E; Kultur- u. Handelszentrum; 1538 v. Spaniern gegr.; Uni., Mus., Kathedrale. – *Akte v. B.,* 1960 v. → OAS 1) i. B. beschlossenes Entwicklungsprogramm f. lateinam. Staaten.
Boheme, *w.* [frz. bɔˈɛːm], Zigeunertum (urspr. bezogen auf Zigeuner aus Böhmen), ungebundenes Leben, gemeinschaftslose, verantwortungslose Lebenshaltung; bes. Künstler d. ausgehenden 19. Jh.: **Bohemiens** [-ˈjɛ], nach Roman *La vie de Bohème* v. Murger; danach Oper von Puccini.
Bohl, Friedrich (* 5. 3. 1945), CDU-Pol., s. 1991 Bundesmin. f. bes. Aufgaben u. Chef d. Bundeskanzleramtes.
Bohle, Schnittholz v. 35–100 mm Dicke, Breite mehr als doppelte Dicke;

Kartoffelbofist †

Jakob Böhme

Niels Bohr

Gemeine Bohrmuschel

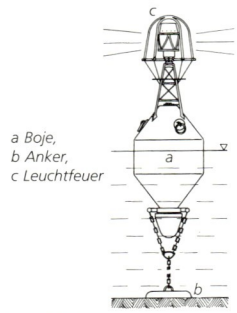

a Boje,
b Anker,
c Leuchtfeuer

Leucht-Boje

Verwendung im Kanal-, Straßen- u. Brückenbau.
Böhm
1) Dominikus (23.10.1880–6.8.1955), dt. Kirchenbaumeister; Betonkirchen Neu-Ulm, Bischofsheim/Main; Zentralbau Engelbertkirche, Köln; sein Sohn
2) Gottfried (*23.1.1920), dt. Baumeister, u. a. Bergisch-Gladbach: Bürgerhaus Bergischer Löwe, Rathaus (B.-G.-Bensberg), Herz-Jesu-Kirche (B.-G.-Schildgen), Mittelrisalit Schloß Saarbrücken.
3) Karl (28.8.1894–14.8.1981), östr. Dirigent.
Böhme, Jakob (1575–1624), protestant. Mystiker, Schuster in Görlitz; bed. Einfluß auf d. dt. Romantik; *Mysterium magnum; Aurora.*
Böhmen, tschech. *Čechy.* histor. Landschaft u. Kernland d. Tschechischen Rep. **a)** *Geogr.:* Begrenzt von Erz-, Lausitzer Gebirge, Sudeten, Böhm.-Mähr. Höhen u. Böhmerwald; hügeliges Becken, entwässert von Elbe u. Moldau. **b)** *Wirtschaft:* Anbau von Getreide, Zuckerrüben, Obst, Hopfen; Milchwirtschaft; reich durch seine Bodenschätze: Stein- und Braunkohle, Eisenerze (Brdywald), hierher Zinn, Blei, Silber, Graphit, Schwefel, Alaun, Vitriol, Porzellanerde, Halbedelsteine; hochentwickelte Maschinen-, Metall-, Textil- (Náchod), Holz-, Brauerei- (Pilsen) Ind.; Auto- u. Rüstungsind.: Škodawerke i. Pilsen; dichtes Eisenbahnnetz. **c)** *Geschichte:* Der Name B. nach d. kelt. Bojern; 8 v. Chr. Besiedlung durch Markomannen; Einwanderung von Slawen im 6. Jh. n. Chr. Im 13. Jh. unter d. Przemysliden (bis 1306) Förderung dt. Kultur, Einwanderung dt. Siedler; 1310–1437 Luxemburger: (Kaiser) Karl IV. (1346–78) gründete 1348 Uni. Prag; 1419–36 Hussitenkriege; Ggs. zu Tschechen u. Deutschen, rel. Parteibildungen; 1526 Habsburger: Erzhzg (König) Ferdinand I. vereinigte B., Östr. u. Ungarn; der böhm. Aufstand (1618–20) eröffnete den 30jähr. Krieg. Erstarken des tschech. Nationalbewußtseins im 19. Jh. führte neuen Ggs. zum Deutschtum herbei (Aufstand 1848); 1918 Teil der Tschechoslowakei; 1945 Vertreibung der Deutschen; 1993 Bildung d. Tschech. Rep.
Böhmerwald, bayr.-böhm. Grenzgebirge, bewaldet, zw. Fichtelgebirge u. Linz; im N Oberpfälzer Wald, im SW zw. Regen u. Donau Bayer. Wald, im S Mühlviertel, im NO *B.* im engeren Sinn mit *Gr. Arber,* 1456 m.
Böhmisches Mittelgebirge, in N-Böhmen, beiderseits d. Elbe, jungvulkanisch; *Milleschauer* 837 m; im Nordteil das *Nordböhmische Braunkohlengebiet.*
Böhmisch-Mährische Brüder, *Böhmische Brüder,* christl. Gemeinschaft, stammen von den Hussiten ab, durch den 30jähr. Krieg vernichtet; Reste in der → *Brüdergemeine.*
Bohne, Sammelname für versch. Schmetterlingsblütler m. Hülsenfrüchten; bei uns: **1)** *Acker-B. (Pferde-, Sau-, Puff-B.),* Wickenart, Gemüse u. Futterpflanze; **2)** *Garten-B.,* zahlreiche Kulturrassen, die entweder buschförmig wachsen od. an Stangen klettern; **3)** *Feuer-B.,* Zierpflanze m. roten Blüten; als Prunk-B. geschätztes Gemüse.

Bohnenkraut, ein Lippenblütler, getrocknet als Gewürz (z. B. in Bohnensuppe).
Bohr [boˈɐ],
1) Åge (* 19. 6. 1922), dän. Phys. u. Atomforscher; Nobelpr. 1975 (Weiterentwicklung d. Theorie d. Struktur d. Atomkerns); s. Vater
2) Niels (7. 10. 1885–18. 11. 1962), dän. Phys.; schuf auf d. Grundlage d. Atommodells v. Rutherford erstes quantentheoret. Atommodell (1913); wirkte entscheidend am Aufbau d. modernen → Quantentheorie mit; Nobelpr. 1922; nach ihm **Nielsbohrium** (→ Hahnium).
Bohrer, Werkzeug z. Herstellen v. Löchern, durch d. **Bohrkurbel** *(Brustleier, Bohrwinde),* Handbohrer mit Kurbel, wird die Drehwirkung verstärkt.
Bohrinsel, im Meer verankerte Stahlplattform für Erdgas- und Erdölbohrungen.
Bohrmuscheln, Muscheln, die sich in Meeresgestein *(Dattelmuschel)* oder Holzpfähle u. Schiffe *(Schiffswurm)* bohren (dadurch sehr schädlich).
Bohrscher Radius, im Bohr-Sommerfeldschen Atommodell Radius der innersten Elektronenbahn.
Bohr-Sommerfeldsches Atommodell → Tafel Atom u. Atomkernenergie.
Bohuslän [ˈbuːhyːslɛːn], westschwed. Fjordlandschaft.
Boie, Heinrich Christian (19. 7. 1744 bis 3. 3. 1806), dt. Dichter; Hg. d. „Musenalmanach".
Boieldieu [bwalˈdjø], François Adrien (16. 12. 1775–8. 10. 1834), frz. Opernkomp.; *Der Kalif v. Bagdad; Die weiße Dame.*
Boileau-Despréaux [bwalodɛpreˈo], Nicolas (1. 11. 1636–13. 3. 1711), frz. Schriftst. u. Kritiker; Theoretiker des Klassizismus.
Boiler [engl.], Behälter z. Bereitung u. Speicherung v. Warmwasser u. Niederdruckdampf b. Heizanlagen.
Boilly [bwaˈji], Louis Léopold (5. 7. 1761–4./5. 1. 1845), frz. Maler; detailgetreue Genrebilder d. Alltagslebens; auch Porträts *(Robespierre, Danton).*
Bois, Curt (5. 4. 1901–25. 12. 91), dt. Schauspieler und Regisseur.
Bois de Boulogne [bwadəbuˈlɔnjə], großer Park b. Boulogne-Billancourt.
Boise [ˈbɔisi], Hptst. v. Idaho, 100 000 E; Agrarzentrum, Nahrungsmittelind.
Boisserée [bwasəˈreː], Brüder,
1) Sulpiz (2. 8. 1783–2. 5. 1854) und
2) Melchior (23. 4. 1786–14. 5. 1851) aus Köln, Wiederentdecker u. Sammler altdt. u. altndl. Kunst.
Boito, Arrigo (24. 2. 1842–10. 6. 1918), it. Opernkomponist *(Mefistofele)* u. Dichter; Libretti zu Verdis *Otello* u. *Falstaff.*
Boizenburg (Elbe) (D-19258), St. in M-V., 11 447 E; Elbhafen.
Bojar, früher russ. hoher Würdenträger im Verw.rat der Fürsten; auch rumän. Adeliger (Großgrundbesitzer).
Boje [nieddt., fränk. bokan. „Zeichen"], auf Grund verankerter Schwimmkörper als Seezeichen od. zur Bootsbefestigung.
Bojer, kelt. Volk, um 400 v. Chr. in Böhmen.
Bokassa, Jean Bedel (22. 2. 1921 bis 3. 11. 96), zentralafrikan. Offizier u. Pol.; nach Mil.putsch s. 1966 Präs. (er-

nannte sich 1976 selbst zum Kaiser), 1979 gestürzt, 1988–93 inhaftiert.
Bola [span. „Kugel"], südam. Wurf- u. Fanggerät: miteinander verknüpfte Riemen mit Metall- od. Steinkugeln an den Enden werden nach den Beinen eines Tieres oder Menschen geworfen und bringen das Opfer zu Fall.
Boldin, Iwan (3. 8. 1892–26. 3. 1965), sowj. Gen., 1945 Oberbefehlsh. d. 50. Armee.
Boldini, Giovanni (30. 12. 1842–12. 1. 1931), it. Maler, meist in Paris; gesuchter Porträtist d. Ges.; *Giuseppe Verdi; Adolf v. Menzel.*
Bolero, *m.,*
1) kurze Jacke.
2) span. Tanz.
3) Name einer Ballettkomposition von → Ravel.
Boleslaw, Name mehrerer Fürsten v. Polen, Böhmen u. Schlesien: **B. I.** Chrobry (966–1025), erster Kg von Polen, Gegner Heinrichs II.
Bolger, James (* 31. 5. 1935), s. 1990 Prem.min. v. Neuseeland.
Bolid, *m.* [gr.], helle Feuerkugel; → Meteore.
Boliden ['bu:-], Bergbauort in N-Schwed. (Gr.-Gmd. Skellefteå), 4000 E; Schwefel, Kupfer, Arsen, Silber, Gold.
Bolingbroke [-brok], Henry Viscount (10. 10. 1678–12. 12. 1751), engl. Staatsmann; trat f. d. vertr. Stuarts ein.
Bolívar, Simon (24. 7. 1783–17. 12. 1830), befreite Südamerika v. Spanien (1821); Schöpfer d. Staaten *Kolumbien* (1819) u. *Bolivien* (1825).
Boliviano, → Währungen.
Bolivien, südam. Republik; Bev.: 42% Indianer, 31% Mestizen, 15% Weiße u. a. **a)** *Geogr.:* Binnenstaat, im W zw. d. Ketten d. Anden das *Hochland* v. B., 4000 m hoch, mit Salzseen (Titicacasee) u. Mineralreichtum, im O Tiefland (Gran Chaco). **b)** *Landw.:* Für die Hälfte der Bev. Lebensgrundlage, Viehzucht u. Anbau vor allem von Kaffee, Zuckerrohr, Kartoffeln, Getreide, Reis, Baumwolle; illegaler Anbau v. Kokasträuchern. **c)** *Bergbau:* Bes. von Zinn (1991: 16 800 t) u. Zink (1991:130 000 t), daneben Silber, Gold, Blei, Antimon, Wolfram, Wismut, Eisenerz u. Kupfer; Erdöl- u. Erdgasförderung. **d)** *Außenhandel* (1991): Einfuhr 848 Mill., Ausfuhr 858 Mill. $. **e)** *Verkehr:* Eisenbahn 3650 km. **f)** *Verf.* v. 1967: Präsidiale Rep., gr. Macht d. Mil. **g)** *Verw.:* 9 Departementos u. 108 Provinzen. **h)** *Gesch.:* Bis 1539 Land der Inka, von Spanien erobert; 6. 8. 1825 unabhängige Rep. (→ Bolívar); 1879–84 Krieg mit Peru gg. Chile, Verlust der Prov. Antofagasta an Chile (Zugang zum Meer); 1932–35 Krieg mit Paraguay um den Gran → Chaco: Verlust von 153 000 km², 1952 Verstaatlichung d. Zinnindustrie; 1953 Agrarreform. Zahlreiche Mil.putsche; 1982 Ablösung d. Mil.herrschaft durch e. 1980 gewählte demokr. Reg.; 1984 gescheiterter Mil.putsch; 1992 Vertr. m. Peru über Zugang z. Pazifik; Regierungsprogramm zur Umstellung des Koka-Anbaus u. zur Privatisierung v. Staatsunternehmen; Bekämpfung des Drogenhandels; mehrfach Regierungskrisen u. Generalstreiks.
Böll, Heinrich (21. 12. 1917–16. 7. 1985), dt. Schriftst.; 1970–72 Präs. d. PEN-Zentrums d. BR, 1971–74 d. Intern. PEN-Clubs; Zeitromane, Satiren, Hörspiele, Kurzgeschichten; *Und sagte kein einziges Wort; Billard um halb zehn; Ansichten e. Clowns; Ende e. Dienstfahrt; Gruppenbild m. Dame; D. verlorene Ehre d. Katharina Blum; Fürsorgliche Belagerung;* Nobelpr. 1972. – **Heinrich-Böll-Stiftung,** 1987 in Köln gegr. für ökologische u. soziale Umgestaltung der Gesellschaft.
Bollandisten, Jesuiten, Hg. d. *Acta sanctorum,* einer wiss. Sammlung von Heiligenleben, ben. nach Jean *Bolland* (1596–1665).
Böller, kleine Kanone für Freudenschüsse od. Signale.
Bölling, Klaus (* 29. 8. 1928), SPD-Pol.; 1974–80 u. 1982 Reg.sprecher, 1981/82 Leiter d. Ständ. Vertretung d. BRD i. d. DDR.
Bollwerk,
1) steile Uferbefestigung, auch Kai, Kaje, Pier genannt, ermöglicht Schiffen unmittelb. Anlegen an Land.
2) Befestigungswerk.
Bologna [-'lɔɲa], Hptst. d. oberit. Prov. *B.* u. d. Region Emilia-Romagna, 404 300 E; Kulturzentr. m. d. ältesten Uni. Europas (1119 gegr.); Wirtschaftsmittelpunkt. – Etrusk. St., 191 v. Chr. röm.; 13.–16. Jh. Hauptsitz des jur. u. humanist. Studiums.
Bologneser Flasche, kleines dickwandiges Glasgefäß, wenig empfindlich gegen Schläge, zerspringt in kleinste Splitter beim Anritzen, → Sicherheitsglas.

Simon Bolívar

Heinrich Böll

BOLIVIEN	
Staatsname:	Republik Bolivien, República de Bolivia
Staatsform:	Präsidiale Republik
Mitgliedschaft:	UNO, OAS, ALADI, SELA, Andenpakt
Staatspräsident:	Hugo Bánzer Suárez
Hauptstadt:	Sucre (verfassungsmäß. Hptst.) 101 000 Einwohner, La Paz (fakt. Hptst.) 1,13 (Agglom. 2,3) Mill. Einw.
Fläche:	1 098 581 km²
Einwohner:	7 237 000
Bevölkerungsdichte:	7 je km²
Bevölkerungswachstum pro Jahr:	∅ 2,37% (1990–1995)
Amtssprache:	Spanisch, Ketschua, Aimará
Religion:	Katholiken (93%)
Währung:	Boliviano (Bs)
Bruttosozialprodukt (1994):	5601 Mill. US-$ insges., 770 US-$ je Einw.
Nationalitätskennzeichen:	BOL
Zeitzone:	MEZ – 5 Std.
Karte:	→ Südamerika

Bolometer, phys. Instrument, Widerstandsthermometer zur Messung der Wärmestrahlung durch el. Strom, auch zur Messung von Sonnen- und Sternstrahlung.
Bölsche, Wilhelm (2. 1. 1861–31. 8. 1939), dt. naturwiss. Schriftst.; *Liebesleben in der Natur.*
Bolschewismus [russ. „bolsche = mehr"], Theorie des radikalen Mehrheitsflügels der sozialdemokr. Partei Rußlands, der sich 1903 als selbst. Partei abspaltete. Die Bolschewiken *(Maximalisten),* von da an im Kampfe gg. die gemäßigte Minderheit („mensche = weniger") der Menschewiken *(Minimalisten),* forderten die gewaltsame Beseitigung des Zarentums, Diktatur des Proletariats als Vorstufe zur Weltrevolution, die die klassenlose Gesellschaft verwirklichen soll. 1917 an die Macht gelangt, nannten sie sich Kommunisten. Seit dem Parteitag 1952 ist der Zusatz „bolschewistisch" aus dem Namen der KPdSU getilgt. → Leninismus, → Sowjetunion.
Bolschoiballett, bed. russ. Ballettensemble d. Moskauer *Bolschoitheaters.*
Bolton ['boultən], St. in der engl. Metropolitan Gft Greater Manchester, 147 000 E; Textilindustrie, Maschinenbau-, chem. Ind.
Boltzmann, Ludwig (20. 2. 1844–5. 9. 1906), östr. theoret. Phys.; mechan.-statist. Begründung d. Gesetze d. → Thermodynamik.
Bolzano, Bernhard (5. 10. 1781 bis 18. 12. 1848), dt. Phil., Math. u. kath. Theologe; *Wissenschaftslehre.*
Bolzano, it. Name für → Bozen.

Bombay, *Gate of India*

Bombardement, Beschuß oder Bombenwurf; B. auf unverteidigte Städte durch Haager Landkriegsordnung (Art. 25) untersagt.
Bombardierkäfer, Laufkäfer, sondern bei Verfolgung aus Analdrüsen Flüssigkeit ab, die bei Berührung mit Luft hörbar explodiert.
Bombardon, *s.* [frz.], → Tuba.
Bombast, *m.* [engl. „wattiert"], abwertend: Schwulst, Wortschwall.
bombastisch, hochtrabend, prahlerisch.
Bombay [-'beɪ], Hauptstadt des indischen Staates Maharaschtra, an d. W-Küste Indiens, 9,99 Mill. Einwohner; bed. Hafen, internat. Flughafen, wichtiges Handelszentrum; Zentrum d. ind. Baumwollind.; Uni., TH, Kernreaktor; Hauptsitz d. parsischen Feuerانbeter; im Vorort *Malabar Hill* „Türme des Schweigens".

Bombe,
1) Metallkörper, mit Sprengstoff gefüllt; auch Brand- u. Atom-B. (→ Kernwaffen).
2) Stahlflasche zum Transport von verflüssigten Gasen.
Bomben-Kalorimeter, zur Bestimmung des Heizwertes v. festen od. flüssigen Brennstoffen.
bombieren, *Bombage,*
1) Aufbeulen von Konservendosen durch Gase d. zersetzten Inhalts.
2) Glas im Ofen biegen.
Bombois [bõbˈwa], Camille (3. 2. 1883–11. 6. 1970), frz. Maler; als Autodidakt (zuvor u. a. Ringkämpfer) bed. Vertr. d. → naiven Malerei; bes. Themen aus der eig. Erlebniswelt; *Jahrmarktsathlet; Vor Betreten d. Rings.*
Bon, *m.* [frz. bõ], Gutschein.
bona fides, *guter Glaube,* → Glaube.
Bonaire [boˈnɛr], ndl. Insel d. → Antillen, 288 km², 10 000 E.
Bonaparte, *Buonaparte,* korsische Familie; seit 1529 in Ajaccio auf Korsika:
1) → Napoleon I.;
a) *seine Mutter („Madame Mère"):*
2) Letizia, geb. Ramolino (24. 8. 1750 bis 2. 2. 1836);
b) *einziger Sohn:*
3) Napoleon II., Hzg v. → Reichstadt.
c) *Brüder:*
4) Joseph (7. 1. 1768–28. 7. 1844), 1806 Kg von Neapel, 1808 von Spanien.
5) Lucien (21. 5. 1775–29. 6. 1840), 1799 Min. d. Innern, unterstützte Napoleon im Aufstieg zur Macht.
6) Ludwig (2. 9. 1778–25. 7. 1846), Kg von Holland 1806–10, dankte freiwillig ab, da er die für Holland verderbliche Kontinentalsperre ablehnte (dessen Sohn → *Napoleon III.*).
7) Jérôme (15. 11. 1784–24. 6. 1860), Kg v. Westfalen 1807–13, „Kg Lustig";
d) *Schwestern:*
8) Elisa (3. 1. 1777–6. 8. 1820); Großhzgn von Toskana 1809.
9) Pauline (20. 10. 1780–9. 6. 1825), Gattin des Gen.s Leclerc, 1803 des Fürsten Camillo Borghese.
10) Karoline (25. 3. 1782–18. 5. 1839), 1800 Gattin v. Murat.
Bonapartismus, vom Regierungsstil Napoleons I. abgeleitete autoritäre Herrschaftstechnik.
Bonatz, Paul (6. 12. 1877–20. 12. 1956), dt. Baumeister d. Rationalismus; *Stuttgarter Bahnhof;* Bauten in Ankara *(Opernhaus).*
Bonaventura (1221–74), franziskan. Kirchenlehrer u. Mystiker; *Nachtwachen des B.,* 1805 anonym erschienene romant. Erzählung, früher F. G. *Wetzel* (1789–1840), heute meist E. A. F. *Klingemann* (1777–1831) zugeschrieben.
Bond,
1) Edward (* 18. 7. 1934), engl. Dramatiker; gesellschaftskrit. Stücke und Filmdrehbücher: *Gerettet; Die See.*
2) James, Romanfigur *(Geheimagent 007)* v. I. → Fleming.
Bonds [engl.], auf jeweiligen *Inhaber* des Papiers lautende Schuldverschreibung (Obligation).
Bône [boːn], bis 1963 Name d. alger. St. → Annaba.
Bongos, m. Fingern/Händen paarweise geschlagene kl. Trommeln.
Bönhase, im MA Handwerker außerhalb d. Zunft.

Bonn, *Poppelsdorfer Allee*

Bonhoeffer, Dietrich (4. 2. 1906–9. 4. 45), ev. Theologe; nach 1933 Vorkämpfer in der Bekennenden Kirche, schloß sich d. Widerstand gg. Hitler an; im KZ hingerichtet.
Bonhomie, *w.* [frz. -noˈmi:], Gutmütigkeit, Biederkeit.
Bonifatius, eigtl. *Winfried* (672–754), angelsächs. Bischof; Organisator d. ostfriesischen u. bayr. Kirche; „Apostel Dtlds"; von den Friesen bei Dokkum erschlagen; in Fulda beigesetzt.
Bonifatius, Name von 9 *Päpsten:* **B. VIII.,** 1294–1303, erließ die Bulle → *Unam Sanctam.*
Bonifikation [l.],
1) Vergütung an d. im Wertpapiergeschäft mit d. Verkauf von Neuemissionen betrauten Banken.
2) Treurabatte f. Agenten im Großhandel u. Versicherungsgeschäft.
Bonität [l.],
1) Güte von Waren, Wechseln u. a. Wertpapieren.
2) Ruf von Personen und Firmen hinsichtl. ihrer Zahlungsfähigkeit.
3) Güte des landw. Bodens, *B.sklassen* → Bodenbonitierung.
Bonito [span.], Thunfischart; wichtige Fanggründe in jap. Gewässern.
Bonmot, *s.* [frz. bõˈmo:], treffendes Witzwort.
Bonn (D-53111–229), krfreie St. am Rhein, NRW, Hptst. d. BR von 1949–90; seit 1990 nur noch Regierungssitz; 309 686 E.; Großstadt durch Zus.schluß mit Bad Godesberg, Beuel u. a. Gem.; Uni. (gegr. 1818); Sitz des dt. altkath. Bischofs; PH, IHK, MPI für Radioastronomie; LG, AG; Beethoven-Geburtshaus, Beethovenfest, Rhein. Landesmuseum, Zool. Mus. Koenig; Städt. Kunstmuseum, Kunst- u. Ausstellungshalle d. BRD, roman. Münster; Rheinhafen, Metall-, Papier-, Büromöbel-, keram. Ind., Orgelbau. – Keltensiedlung; römisch. Lager, 1600 Landeshptst. d. Churcölnischen Staates, 1794 frz., 1815 preuß.; 1948/49 Tagungsort d. → Parlamentar. Rates; 1991 Beschluß d. Bundestags, Parlament u. Regierung v. B. nach Berlin zu verlegen.
Bonnard [-ˈnaːr], Pierre (13. 10. 1867–23. 1. 1947), frz. Maler u. Illustrator, „der letzte Impressionist".
Bonner Konvention → Deutschlandvertrag.
Bonobo, Zwergschimpanse d. afrikan. Regenwalds; menschenähnlichste Affenart.
Bon-Religion, vorbuddh. einheim. Volksrel. i. Tibet.
Bonsai [jap.], verzwergt, aber in natürl. Proportionen gezüchteter Baum.
Bonsels, Waldemar (21. 2. 1880–31. 7. 1952), dt. Schriftst.; *Die Biene Maja; Indienfahrt; Dositos.*
Bonus,
1) *allg.:* Sondervergütung, z. B. → Rabatt.
2) bei Aktienges.en u. im Versicherungsgewerbe: einmalige Sonderausschüttung, z. B. auf außerordentliche Gewinne.
3) Treueprämie f. Arbeitnehmer.
4) *Schulwesen:* i. Bundesländern m. Abiturnoten unter d. Bundesdurchschnitt werden Pluspunkte z. Wahrung der Chancengleichheit vergeben; → Numerus clausus; → Malus.

Bonvivant, *m.* [frz. bõviˈvã:], Lebemann.
Bonze, *m.* [jap.], buddhist. Priester; abschätzig f. Mächtige (z. B. *Parteibonze*).
Boogie-Woogie, *m.* [ˈbuːgɪˈwuːgɪ], urspr. pianist. Begleittechnik des → -Blues, gekennzeichnet durch ostinate Baßfiguren der linken Hand; infolge stark rhythm. Wirkung später als Tanz übernommen.
Boolesche Algebra [ˈbuːl-], auch *Schaltalgebra,* Rechenvorschrift für → binäre Systeme (→ Dual-Zahlensystem), Rechnen m. nur zwei Variablen bzw. Zuständen, üblicherweise mit 0 und 1 [oder L] bezeichnet), z. B. Strom *ein-* od. Strom *ausgeschaltet;* math. Grundlage für die elektron. Datenverarbeitung, benannt nach dem engl. Mathematiker George Boole (1815–64).
Boolesche Verknüpfungen, funktionelle Verknüpfungen (u. a. → UND, ODER, NICHT) der → Booleschen Algebra zur Darstellung logischer Aussagen, die sich jeweils in entsprechenden el. od. elektron. Schaltungen realisieren lassen; miteinander kombiniert Grundelemente jeder → EDV-Anlage.
Boom, *m.* [engl. buːm], wirtschaftl. Aufschwung, Hochkonjunktur, Vollbeschäftigung, erhöhte Umsätze u. meist Preissteigerung; a. d. Börse starke → Hausse; Ggs. → Slump.
Boone [buːn], Daniel (2. 11. 1734 bis 26. 9. 1820), am. Pionier; Vorbild v. Coopers „Lederstrumpf".
booten [engl. ˈbuː-], (ur)laden beim Computer; → Bootstrapping.
Bootes, Sternbild am nördl. → Sternhimmel E.
Booth [buːð], William (10. 4. 1829 bis 20. 8. 1912), Begründer u. 1. General d. Heilsarmee.
Boothia [ˈbuːθɪə], früher *B. Felix,* Halbinsel, nördlichste Spitze Amerikas, 50 000 km². Nordwestl. von B. der magnet. Südpol (→ Erdmagnetismus).
Böotien, alte Landschaft Mittelgriechenlands zw. Kanal von Euböa u. Straße von Korinth.
Bootleg(ger) [engl. ˈbuːt-], Raubpressung (z. B. eines Live-Auftritts).
Bootsklassen, Einteilung der Segelboote in versch. Klassen, um einheitl. Vorauss. f. Regatten zu schaffen.
Bootsmann, Marineunteroffizier mit Portepee; svw. Feldwebel.
Bootstrapping, *s.* [ˈbuːt- „Anziehen der Stiefel; oft kurz: Booten"], Laden u. Starten des → Betriebssystems eines Computers.
Bophuthatswana, ehem. Homeland d. Tswana i. Südafrika, aus 7 isolierten Teilen bestehend, rd. 44 000 km², 2,42 Mill. E; Bev.: Bantu, überwiegend Tswana d. Sotho-Gruppe; Sprache: Tswana, Engl. u. Afrikaans; Rel.: überwiegend Protestanten; Hptst.: *Mmabatho* (9100 E); Viehzucht, Bergbau (u. a. Platin, Chrom, Vanadium, Diamanten); 1972 Selbstverw., 1977 unabhängig, aber intern. nicht anerkannt; 1994 Auflösung d. Homelands.
Boppard (D-56154), St. u. Heilbad a. l. Rheinufer im Rhein-Hunsrück-Kr., RP, 15 947 E; Weinbau, Fremdenverkehr.
Bor, *s., B,* chem. El., Oz. 5, At.-Gew. 10,811, Dichte 2,35 (α-B); Nichtmetall, in Verbindungen wie → Borax, Borsäure, Borcarbid (hartes Schleifmittel).

Bór, Tadeusz (1. 6. 1895–24. 8. 1966), poln. General, Oberbefehlsh. d. poln. Heimatarmee, bis 1949 Ministerpräs. d. poln. Exilreg.
Bora, Katharina v. (29. 1. 1499–20. 12. 1552), Zisterzienserin; 1525 Gemahlin Luthers.
Bora, w., Bez. für stürmischen kalten Fallwind an der dalmatinischen Küste.
Borås ['buːrɔs], südschwed. St. am Viska-Fluß, 102 400 Einwohner. Eisenbahnknotenpunkt, Zentrum d. schwed. Textilind.
Borax, m., aus Borsäure u. Soda hergestellt; Wasch- und Desinfektionsmittel (*Dinatriumtetraborat*).
Borchardt, Rudolf (9. 6. 1877–10. 1. 1945), dt. Lyriker, Essayist u. Übersetzer; *Homeros; D. leidenschaftl. Gärtner.*
Borchers, Elisabeth (* 27. 2. 1926), dt. Autorin u. Lektorin, Mitgl. d. Akademie in Mainz. Erzählungen: *Eine glückliche Familie;* Gedichte: *Der Tisch, an dem wir sitzen.*
Borchert,
1) Jochen (* 25. 4. 1940), CDU-Pol., s. Jan. 1993 Bundesmin. f. Ernährung, Landwirtsch. u. Forsten.
2) Wolfgang (20. 5. 1921–20. 11. 47), dt. Dichter; Gedichte, Erzählungen; Drama: *Draußen vor d. Tür.*
Bord, m., Schiffsrand; *an B.,* auf Schiff.
Börde, Bez. für fruchtbare Ebene in Norddtld (z. B. *Magdeburger B.*).
Bordeaux ['doː], Hpst. des frz. Dép. *Gironde,* an der Garonne, in der Weinbauldsch. Bordelais, 213 000 E (Agglom. 685 000 E); Erzbischofssitz, Uni.; bedeutendste Handels- u. Hafenst. in SW-Frankreich, Erdölraffinerien, Schiff-, Flugzeugbau, chem. Ind., bed. Weinhandel. – 1154–1451 engl.; in der Frz. Revolution Sitz d. Girondisten.
Bordelaiser Brühe [-'lɛː-], Kupfervitriol in Kalkmilch; gg. Pflanzenkrankheiten (Rebläuse).
Bordell, Haus für käufl. Geschlechtsverkehr.
bördeln, Umbiegen der Ränder von Werkstücken aus Blech, um diese zu versteifen u. d. Schnittkanten zu glätten.
Bordighera, it. Kurort u. Seebad an der Riviera, 13 000 E; Kakteen-, exot. Pflanzen-, Blumenzucht.
Bordone, Paris (get. 5. 7. 1500–19. 1. 71), it. Maler d. venezian. Renaiss. u. d. Manierismus; tätig auch am frz. Hof in d. Lombardei u. Augsburg; mytholog. u. bibl. Themen, Porträts; *Venezianerin bei der Toilette; Bathseba im Bade.*
Bordüre, w. [frz.], Borte, Band, Besatz.
Bordwaffe, auf Schiffen, in Fahr- o. Flugzeugen lafettierte Waffe.
Bordzeit, auf Schiffen die der geograph. Länge entsprechend berechnete mittlere Ortszeit.
Bore, w. [ind.], Flutwelle, bes. in indisch. u. ostasiat. Flußmündungen.
Boreas, m. [gr.],
1) griech. Gottheit (d. Nordwindes).
2) Nordwind im Gebiet d. Ägäischen Meeres.
Borg, Björn (* 6. 6. 1956), schwed. Tennisspieler; fünfmal. Wimbledon-Sieger 1976–80, WCT-Profi-Weltmeister 1976, Masters-Sieger 1979 u. 80, sechsmal. intern. Meister i. Frkr 1974, 75 u. 78–81, Davis-Pokal-Sieger m. schwed. Team 1975; trat 1983 v. Turniersport zurück.

Borges [-xes], Jorge Luis (24. 8. 1899 bis 14. 6. 1986), argentin. Schriftst.; Lyrik, Erzählungen, Essays; *Labyrinthe; Der schwarze Spiegel; Borges und ich.*

Jorge Luis Borges   Ludwig Börne

Borghese, römisches Adelsgeschlecht; nach ihm Villa B. in Rom (17. Jh.) mit berühmten Kunstschätzen.
Borghesischer Fechter, griech. Skulptur d. Hellenismus v. *Agasias* (1. Jh. v. Chr.); jetzt im Louvre.
Borghorst, s. 1975 zu → Steinfurt.
Borgia, [it. -dʒa], span., nach Italien übergesiedeltes Adelsgeschlecht:
1) Cesare (1475–1507), Sohn v. 4), Typ des hochbegabten Gewaltmenschen d. Renaissance.
2) Franz (1501–72), Enkel v. 4), Gen. des Jesuitenordens, 1611 heiliggespr.
3) Lucrezia (18. 4. 1480–24. 6. 1519), Schwester v. 1), wiederholt verheiratet.
4) Rodrigo (1. 1. 1431–18. 8. 1503), als Alexander VI. Papst.
Borgis → Schriftgrade.
Borinage [-aːʒ], südbelg. Landschaft in der Provinz Hennegau; Bergbau- u. Industriegebiet.
Boris,
1) B. I. (852–889), bulgar. Fürst, bekehrte 864 sein Volk zum Christentum.
2) B. III. (30. 1. 1894–28. 8. 1943), s. 1918 Kg v. Bulgarien (Zar d. Bulgaren).
Borislaw, St. i. d. Ukraine am N-Rand d. Karpaten, 36 000 E; Erdöl- u. Erdgasförderung.
Borke, abgestorbene Baumrinde (→ Rinde).
Borken (D-46325), Krst. in NRW, 36 798 E; AG; Textil-, Glas-, chem.-metallurg., Pharma-Ind.
Borkenkäfer, Familie sehr kleiner, gedrungener Käfer; Weibchen nagen unter d. Rinde, im Holz; characterist. Larvengänge; bes. in Fichten-Monokulturen schädl. (*B.-Kalamitäten*).
Borkum, größte ostfries. Nordseeinsel (30,6 km²); a. d. W-Küste St. u. Seebad B. (D-26757), 5832 E.
Borlaug ['bɔːlɔːg], Norman Ernest (* 25. 3. 1914), am. Agrarwiss.; 1970 Friedensnobelpr. (f. Entwicklung d. „mexikanischen Wunderweizens"); gilt als Mitbegründer der „grünen Revolution".
Bormann, Martin (17. 6. 1900, verschollen s. 1. 5. 45), nat.-soz. Pol., s. 1933 Reichsleiter der NSDAP, Hitlers pers. Sekretär u. Leiter der Parteikanzlei.
Born,
1) Max (11. 12. 1882–5. 1. 1970), dt. Phys.; arbeitete über Relativitätstheorie und hatte wesentlichen Anteil an d. Entwicklung d. modernen Quantentheorie; Nobelpreis 1954.
2) Nicolas (31. 12. 1937–7. 12. 79), dt. Schriftst.; realist. Erzählungen u. Gedichte; Romane: *D. erdabgewandte Seite d. Geschichte; D. Fälschung.*

Björn Borg

Cesare Borgia

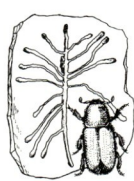

Zerfressene Borke mit Borkenkäfer

Max Born

Borna (D-04552), Krst. im nordwestsächs. Braunkohlengeb., Sa., 22 725 E.
Börne, Ludwig, eigtl. *Löb Baruch* (6. 5. 1786–12. 2. 1837), dt. pol. Schriftst. u. Kritiker; einer d. Hptvertr. des Jungen Deutschland; *Briefe aus Paris.*
Borneo, indones. *Kalimantan,* größte d. Großen Sundainseln, 754 770 km², 12 Mill. E, Dajak im Innern, Malaien an der Küste; sumpfiger Urwald u. Gebirge (*Kinabalu* 4101 m); trop. Monsunklima, das Innere kaum erschlossen, a. der W-Küste zunehmend Erdölförderung; größter (südl.) Teil zu Indonesien, 539 460 km², 8,7 Mill. E; NW bis auf → Brunei Teil v. → Malaysia.
Börner, Holger (* 7. 2. 1931), SPD-Pol.; 1972–76 B.geschäftsführer der SPD, 1976–87 Min.präs. v. Hessen.
Bornheim (D-53332), St. i. Rhein-Sieg-Kr., NRW, 36 585 E; Luftkurort.
Bornholm, dän. Ostseeinsel u. Amt, 588 km², 45 500 E; ertragr. Landw. u. Fischerei, Granitbrüche, Terrakottaind.; befestigte Rundkirchen aus d. MA; Hptort *Rønne.*
Bornholmer Krankheit, fieberhafte → Coxsackie-Virus-Infektionskrankheit m. heftigen Muskelschmerzen.
borniert [frz.], geistig beschränkt, engstirnig.
Boro-Budur, Buddha-Heiligtum auf Java, riesige Tempelbauten (8./9. Jh. n. Chr.).
Borodin, Alexander Porfirjewitsch (12. 11. 1833–27. 2. 87), russ. Komp.; Sinfonien; Kammermusik; Oper: *Fürst Igor.*
Borodino, Dorf westl. Moskau, bei dem Napoleon 1812 die Armee d. russ. Generals Kutusow schlug.
Borreliose, *Lyme-Krankheit,* durch Zecken übertragene, von Bakterien (Borrelia burgdorferi) hervorgerufene Krankheit, verläuft stadienhaft, befällt Gelenke, Haut, Nervensystem usw., Behandlung mit Antibiotika, noch keine Impfung.
Borretsch, m., blau blühendes Rauchblattgewächs, als *Gurkenkraut* in Essiggurken.
Borromäische Inseln, 4 felsige Inseln im Lago Maggiore mit berühmten Villen u. Parkanlagen auf Isola Bella u. Isola Madre.
Borromäus, Karl (2. 10. 1538–3. 11. 84), Hlg., Erzbischof von Mailand, Kardinal; Gegenreformator, hervorragende Gestalt d. Tridentiner Konzils.
Borromäus-Enzyklika, 1910 (Papst Pius X.), verurteilte Modernismus u. Reformation.
Borromäus-Verein, größter kath. Bücherverein, von A. *Reichensperger* 1844 gegr.
Borromini, Francesco (25. 9. 1599 bis 2. 8. 1667), it. Baumeister d. Hochbarock; *S. Carlo alle quattro Fontane* u. *S. Ivo* in Rom.
Borschtsch, m., russ. saurer Suppeneintopf aus Rindfleisch u. Gemüsen, bes. Kohl u. Rote Rüben.
Börse [l. „bursa"], Markt mit regelmäßigen, organisierten Zusammenkünften zum Abschluß von Handelsgeschäften in vertretbaren (fungiblen) Waren u. Wertpapieren; auch Ort u. Gebäude d. Veranstaltung. Arten: **a)** *Effekten-B.* (Fonds-B.) f. Aktien, Obligationen (Kapitalmarkt), Wechsel, Leihgeld (Geld-

markt) u. Devisen; **b)** *Waren-B.* (allg. od. Spezial-B., Produkten-B.); in d. BR B.n in Berlin, Bremen, Düsseldorf, Frankfurt, Hamburg, Hannover, München, Stuttgart *(B.nplätze).*

Börsenbericht, Veröffentl. i. d. Medien über d. Börsenverlauf.

Börsengeschäfte, an Effekten-Börsen *Kassageschäfte,* an Waren-Börsen *Lokogeschäfte,* Lieferung und Zahlung sofort (im allg. binnen 3 Tagen); *Termingeschäft:* Einigung auf Kurs heute, Erfüllung (Lieferung und Zahlung) erst später, nach 1931 in Dtld verboten; *Arten:* **a)** *Fixgeschäft:* unbedingte Bindung an Abschluß; **b)** *Prämiengeschäfte:* Käufer (Vorprämiengeschäft) bzw. Verkäufer (Rückprämiengeschäft) hat Recht, gg. Prämienzahlung zurückzutreten (abandonieren); **c)** *Stellagegeschäft:* beiderseitige Sicherung, Recht, zu liefern oder zu beziehen; **d)** *Nochgeschäft:* Recht auf Wiederholung des Geschäfts.

Börsenorganisation, in Dtld durch Börsengesetz geregelt; in England od. USA dagegen Börse autonome Körperschaft; *Börsenordnungen* regeln den *Börsenverkehr:* Festsetzung der Börsenpreise, Art d. Kursnotierungen, Zulassung d. Effekten, Maklerwesen, Durchführung der Börsengeschäfte, Regelung von Streitigkeiten durch Einrichtung v. *Börsenschiedsgerichten; Börsengeschäfte* werden durch *Börsenmakler* vermittelt.

Börsenumsatzsteuer, Kapitalverkehrssteuer, → Steuern, Übers.

Börsenusancen [-ˈyˈsãs-], rechtsverbindl. Handelsgebräuche an d. Börse; vereidigte *Kursmakler* stellen d. amtl. *Börsenkurs,* d. jeweils d. Angebot (Brief) u. d. Nachfrage (Geld) entsprechenden Preis v. Wertpapieren, Waren usw., fest: *Kursnotierung* (→ *Kurszettel*).

Borsig, August (23. 6. 1804–6. 7. 54), dt. Industrieller; gründete 1837 Maschinenfabrik (Lokomotiven, Apparate) in Berlin.

Borsten, die steifen Haare der Schweine.

Borstenwürmer, Ringelwürmer d. Meeres, Süßwassers u. Landes; z.B. Regenwürmer.

Borussia [nl.], „Preußen", abgeleitet v. → Pruzzen.

Bosch,
1) Carl (27. 8. 1874–26. 4. 1940), dt. Chem.; schuf Verfahren der Luftstickstoffgewinnung *(Haber-Bosch-Verfahren);* Nobelpr. 1931.
2) Hieronymus (um 1450–1516), ndl. Maler; phantast. Allegorien pol. u. rel. Inhalts: *D. Versuchung d. hl. Antonius; Garten d. Lüste; D. Weltgericht.*
3) Robert (23. 9. 1861–12. 3. 1942), dt. Techniker u. Industrieller; erfand Hochspannungsmagnet f. Benzinmotoren.

Bosco, Don Giovanni (15. 8. 1815 bis 31. 1. 88), it. kath. Geistl. u. Pädagoge; widmete sich ganz der Erziehung verwahrloster Jungen; Stifter d. Salesianer u. d. Mariahilfsschwestern; 1934 heiliggesprochen.

Bösendorfer, Ignaz (28. 7. 1796 bis 14. 4. 1859), Gründer d. Wiener Pianofortefabrik (1828).

Bosnien, Landschaft u. nördl. Landesteil d. Rep. B.-Herzegowina; sehr gebirgig (Dinarisches Gebirge im W scheidet B. v. Dalmatien), Ebenen an d. Bosna,

BOSNIEN-HERZEGOWINA

Staatsname:	Republik Bosnien-Herzegowina, Republika Bosna i Hercegovina
Staatsform:	Republik
Mitgliedschaft:	UNO, OSZE
Staatsoberhaupt:	Alija Izetbegović
Regierungschef:	Haris Silajdžić Boris Bobić
Hauptstadt:	Sarajevo 380 000 Einwohner
Fläche:	51 129 km^2
Einwohner:	3 527 000
Bevölkerungsdichte:	69 je km^2
Bevölkerungswachstum pro Jahr:	∅ −4,39% (1990−1995)
Amtssprache:	Serbokroatisch
Religion:	Muslime, Serb.-Orthodoxe, Katholiken
Währung:	Bosnisch-herzegowinischer Dinar (BHD)
Nationalitätskennzeichen:	BIH
Zeitzone:	MEZ
Karte:	→ Balkanhalbinsel

Bosnien-Herzegowina

Drina u. Save, fruchtb. Täler; 50% Wald. Erz- u. Kohlenlager; Obst- (Pflaumen), Tabak- u. Ackerbau (Mais, Weizen, Zuckerrüben); bed. Schafzucht; Hptst. *Sarajevo.* – Im Altertum Teil Illyriens, im MA kroat.-serb., s. 12. Jh. vorwiegend ungar.; 1376 Königr.; nach 1463 türk.; 1878 infolge v. Aufständen östr. Besetzung (m. Herzegowina), 1908 Annexion; 1918 zu Jugoslawien; 1946 Bosnien und Herzegowina.

Bosnien-Herzegowina, Rep. in SO-Europa mit den Landesteilen → Bosnien im N u. → Herzegowina im S; 1946–91 Teilrep. Jugoslawiens, 1991 Unabhängigkeitserklärung. – Seit März 1992 Bürgerkrieg zw. Serben (Bev.Anteil 31%), Kroaten (17%) u. Moslems (44%). Einseitige Proklamation unabh. Gebiete („Serb. Rep. B.-H.", kroat. „Herceg-Bosna"). Stationierung v. UN-Schutztruppen, Luftbrücke n. Sarajevo. Vertreibung d. muslimischen u. kroat. Bevölkerung aus v. Serben besetzten Gebieten; aber auch Vertreibung v. Serben aus rückeroberten Gebieten (Krajina); insges. ca. 3 Mill. Flüchtlinge; 1995 nach NATO-Luftangriffen auf serb. Stellungen Zustandekommen d. Friedensabk. v. Dayton (Bosn.-Herzeg. als ungeteilt. Staat m. zentr. Org., aber gegl. i. eine moslemisch-kroat. Föd. u. eine serb. Gebietseinheit); Überwachung der Umsetzung durch UN-Truppen; 1995 neue Verf.; aufgr. d. tiefgreif. Konflikts zw. d. drei ethn. Gruppen bleibt die Umsetzung d. Plans schwierig, v. a. nach dem Sieg der nationalist. Parteien bei den Parlamentswahlen vom Sept. 1996.

Bosporus, Meerenge zw. Europa u. Kleinasien, verbindet das Marmara- mit dem Schwarzen Meer, 30 km l., 660–3350 m breit; am S-Ausgang Istanbul m. d. Goldenen Horn auf d. europ., Üsküdar auf d. kleinasiat. Seite.

Bosse, w., roh bearbeiteter Werkstein m. buckl. Vorderseite; Rohform e. Plastik.

bossieren, in d. Bildnerei Gewinnung d. Rohform e. Skulptur aus d. Steinblock; → modellieren.

Boston, *State House*

Bossuet [-ˈsɥɛ], Jacques-Bénigne (27. 9. 1627–12. 4. 1704), Bischof von Meaux; gr. Kanzelredner gg. d. → Jansenismus; Verf. d. *4 Artikel der Gallikan. Kirche.*

Boston [ˈbɔstən], Hptst. von Massachusetts (USA), 574 000 (Agglom. 4,2 Mill.) E; 3 Uni., Museen, bed. Bibliothek; Hafen-, Handels- u. Industriest. (Baumwolle, Leder, Feinmechanik, Schiffbau), landw. u. ind. Ausfuhr; benachbart *Cambridge.* – 1630 gegr., 1773 „Teesturm" Anf. d. am. Freiheitskriege.

Boston, *m.* [ˈbɔstən],
1) langsamer Walzer.
2) Kartenspiel; zu viert mit frz. Whistkarte.

Boström, Christoffer (1. 1. 1797–22. 3. 1866), schwed. Phil., Vertreter des „rationellen Idealismus".

Botanik [gr.], *Pflanzenkunde;* Untergebiete: **a)** Systematik (Verwandtschaftsverhältnisse d. Pflanzen) → botanisches System; **b)** Morphologie (äußere Gestalt d. Pflanzen); **c)** Anatomie (innerer Bau); **d)** Physiologie (Stoffwechsel, Reizerscheinungen); **e)** Ökologie (Anpassungen, Zusammenleben); **f)** Vererbungslehre (Genetik); **g)** Pflanzengeographie (Verbreitung); **h)** Pflanzenpathologie (Krankh.); **i)** Paläo-B. (vorweltl. Pflanzen); **k)** angewandte Botanik (praxisgebundene Fragen, Züchtung, Übergang zur Landwirtschaft u. → Phytotherapie).

botanisches System,
1) natürl. System (nach Engler u. a.): 3 Hptstämme: I. Spaltpfl.: Blaualgen u. Bakterien; II. Thalluspfl.: Flagellaten, Schleimpilze, Kiesel-, Joch-, Grün-, Schlauch-, Armleuchter-, Braun-, Rotalgen, Algenpilze und echte Pilze; III. Embryopfl.: A) Sporenpfl. (Moose, Farne, Schachtelhalme, Bärlapp-, Brachsenkrautgewächse); B) Blüten- (Samen-) Pfl.: a) Gymnospermen (Nacktsamige): Farnpalmen, Ginkgo, Nadelhölzer u. Gnetazeen, b) Angiospermen (Bedecktsamige) mit Monokotyledonen (Einblattkeimer) und Dikotyledonen (Zweiblattkeimer) u. der eigtl. Blütenpfl.
2) künstl. (veraltetes) *System* v. Linné, der die Pfl. nicht nach natürlicher Verwandtschaft., sondern nach prakt. Merkmalen ordnete.

Boten-Ribonukleinsäure, svw. → Messenger-Ribonukleinsäure.

Botero, Fernando (* 19. 4. 1932), kolumb. Maler; Aufbläähung d. Formen (bes. d. menschl. Gestalten) in betont figürl. Dastellung, z. T. m. ironisierenden Stilparaphrasen; *Rubens und seine Frau; El Cazador.*

Botha, Pieter Willem (* 12. 1. 1916), südafrikan. Pol.; 1978–84 Min.präs., 1984–89 Staatspräs. m. Exekutivgewalt.

Bothe, Walther (8. 1. 1891–8. 2. 1957), dt. Phys.; Arbeiten über kosmische Strahlung u. Elektronenstreuung; Nobelpr. 1954.

Bothwell [ˈbɔθəwəl], James Gf v. (1536 bis 78), dritter Gatte → Maria Stuarts, Mörder ihres zweiten Gatten Darnley.

Botokuden, ostbrasilian. Indianer m. Zierknöpfen in Lippe u. Ohren.

Botrytis cinerea, Grauschimmelpilz, der Weintrauben befällt u. für d. → *Edelfäule* verantwortl. ist, wenn er bei vollreifen Weißweintrauben auftritt; bei unreifen Trauben ruft er d. *Rohfäule* hervor, die zu e. sauren Most führt *(Sauerfäule).*

Bötsch, Wolfgang (* 8. 9. 1938), CSU-Pol., s. 1993 Bundesmin. f. Post u. Telekommunikation.
Botschaft, diplomat. Vertretung eines Staates i. Ausland; außer d. Botschafter dienen i. d. B. (je nach Größe): *Gesandter, Botschaftsrat, Militärattaché, Kulturattaché, Wirtschaftsattaché, Erster, Zweiter* u. *Dritter Botschaftssekretär.*
Botschafter, höchster Rang diplomat. Vertreter im Ausland, hat d. Recht d. unmittelbaren Vortrags bei dem Staatsoberhaupt.

BOTSWANA	
Staatsname:	Republik Botswana, Republic of Botswana
Staatsform:	Präsidiale Republik
Mitgliedschaft:	UNO, Commonwealth, OAU, AKP, SADC
Staatsoberhaupt und Regierungschef:	Ketumile Masire
Hauptstadt:	Gaborone 139 000 Einwohner
Fläche:	581 730 km²
Einwohner:	1 443 000
Bevölkerungsdichte:	2 je km²
Bevölkerungswachstum pro Jahr:	∅ 2,92% (1990–1995)
Amtssprache:	Setswana, Englisch
Religion:	Christen (50%), Naturreligionen
Währung:	Pula (P)
Bruttosozialprodukt (1994):	4037 Mill. US-$ insges., 2800 US-$ je Einw.
Nationalitätskennzeichen:	RB
Zeitzone:	MEZ + 1 Std.
Karte:	→ Afrika

Botswana, *Botsuana,* Rep. im südl. Afrika; Bev.: vorwiegend aus dem Bantuvolk der Tswana. **a)** *Geogr.:* Hochebene, Savannen, geht im W in die Kalahariwüste über. **b)** *Wirtsch.:* Viehzucht; Ausbeutung der Bodenschätze: Diamanten, Nickel, Kupfer, Kohle. **c)** *Verf.:* Präsidialrep. im Commonwealth, Verf. v. 1966, Parlament m. 2 Kammern. **d)** *Gesch.:* 1885–1966 brit. Protektorat Betschuanaland, s. 1966 unabhängig.
Botta, Mario (* 1. 4. 1943), schweiz. Architekt u. Designer; Leitlinien f. s. Bauten: Beachtung topograph. u. regional. Gegebenheiten, geometr. Ordnung, sorgfält. Detailausarbeitung; Haus der Medien (Villeurbanne); Zelt (Bellinzona).
Böttcher, Maximilian (20. 6. 1872 bis 16. 5. 1950), dt. volkstüml. Schriftst.; Romane; Posse: *Krach im Hinterhaus.*
Böttcherei, Herstellung von Fässern, Eimern, Bottichen aus Holz.
Böttger (Böttiger), Johann Friedrich (4. 2. 1682–13. 3. 1719), dt. Apotheker; zus. m. d. Phys. E. v. *Tschirnhaus* Erfinder u. Mitbegr. d. eur. Verfahrens zur Herstellung des braunroten *Böttger-*

steinzeugs u. später d. weißen Hartporzellans; Leiter d. Meißener Porzellanmanufaktur.
Botticelli [-'tʃɛlli], Sandro (1445–17. 5. 1510), florentin. Maler d. Renaissance; *Frühling; Geburt der Venus; Pietà.*
Bottnischer Meerbusen, nördl. Teil der Ostsee zw. Schweden u. Finnland, 650 km l., bis 250 km br., unzähl. Inseln u. Schären; fast ohne Salzgehalt.
Bottrop (D-46236–44), krfreie St. im Rgbz. Münster, NRW, Ind.- u. Bergbaust. i. Ruhrgebiet, 118 758 E; Stein-

Botswana

Botswana

kohlengruben, Metallind.; Hafen am Rhein-Herne-Kanal; AG.
Botulismus, Fleisch-, Wurst- u. Konservenvergiftung durch → Toxin d. Botulinum-Bazillen; anzeigepflichtig.
Bouaké [bu-], zweitgrößte St. d. Elfenbeinküste, 350 000 E; Handels-, Verkehrszentrum.
Boucher [bu'ʃe], François (29. 9. 1703–30. 5. 70), frz. Rokokomaler; galante Liebesszenen; *Triumph d. Venus; Ruhen des Mädchen.*
Bouches-du-Rhône [buʃdy'roːn „Rhônemündungen"], frz. Dép. i. SW der Provence, 5087 km², 1,76 Mill. E; Hptst. *Marseille.*
Bouclé, *s.* [frz. bu'kle:].
1) mit Schlingen durchsetztes, gekräuseltes u. gezwirntes Garn.
2) Kleiderstoff aus 1).
3) Teppich a. grobem Garn ohne Flor.
Boudoir, *s.* [frz. bu'dwaːr], Damenzimmer.
Bougainville [bugɛ̃'vil], größte der → Salomoninseln (n. frz. Entdecker A. de B., 1729–1811), 8800 km²; Hptort *Arawa,* Hpthafen *Kieta;* bildet mit Buka u. a. Inseln d. Prov. North Salomons (155 600 Einwohner) v. Papua-Neuguinea.
Bougainvillea [frz. bugɛ̃-], subtrop. Wunderblumengewächs, beliebte Kletterpflanze im Mittelmeerraum; violette Hochblätter.
Bougie, *w.* [frz. bu'ʒi:], biegsamer Stab zur Erweiterung krankh. Verengungen (z. B. der Harnröhre).

Pierre Boulez

Bouhler, Philipp (1899–1945), 1933 Reichsleiter der NSDAP, 1934 Hitlers Kanzleichef. B. Dienststelle war unter anderem zuständig f. d. Euthanasie-Anstalten.
Bouillabaisse, *w.* [frz. buja'bɛːs], provenzal. suppenartiges Gericht m. versch. Fischen, Gemüsen, Gewürzen, Knoblauch u. Croûtons.
Bouillon [bu'jõ], Gottfried v., Hzg v. Niederlothringen († 1100 in Jerusalem), Anführer d. 1. → Kreuzzuges.
Bouillon, *w.* [frz. bu'jõ], Fleischbrühe.

Botticelli, *Geburt der Venus*

Boulanger [bulɑ̃'ʒe], Georges (29. 4. 1837–30. 9. 91), frz. Gen., Kriegsmin. 1886/87, für Revanchekrieg gg. Dtld.
Boule, *w.* [frz. buːl], dem → Boccia verwandtes Kugelspiel.
Boulevard, *m.* [frz. bul'vaːr], breite (Ring-)Straße.
Boulez [bu'lɛːz], Pierre (* 26. 3. 1925), frz. Komp. (serieller u. elektron. Musik) u. Dirigent.
Boulle-Arbeiten ['bul-], n. d. frz. Kunsttischler André Charles *Boulle* (1642–1732) ben. Schildpatt-, Elfenbein-, Messing-, Holzeinlagen (*Intarsien*): Möbel im Stil Ludwigs XIV.
Boullée [bu'le:], Etienne-Louis (12. 2. 1728–6. 2. 99), frz. Architekt d. romant. beeinflußten Frühklassizismus, ein Hptvertr. d. Revolutionsarchitektur; expressive Gestaltung bei scheinbar abstrakter, geometr. Einfachh.; *Hôtel Neuville Alexandre* in Paris; auch utop. Entwürfe (*Newton-Denkmal*).
Boulogne-Billancourt [bu'lɔɲ bijã'kuːr], früher *B.-sur-Seine,* westl. Vorst. v. Paris, 101 700 E; Autoind. (Renault-Werke); nördl. berühmter Park *Bois de Boulogne.*
Boulogne-sur-Mer [-syr'mɛːr], frz. Seebad und Hafen im Dép. *Pas-de-Calais,* 47 300 E.
Boumedienne [bumɛ'djɛn], Houari (23. 8. 1927–27. 12. 78), alger. Oberst u. Pol.; s. 1962 Verteidigungsmin., s. 1965 Min.präs., s. 1976 Staatspräs.
Bouquet [frz. bu'kɛ], → Bukett.
Bouquinist [buki-], Büchertrödler (i. Paris).
Bourbaki [bur-], Name e. Gruppe avantgardist. frz. Mathematiker, benannt nach *Nicolas Bourbaki.*
Bourbon, Karl Hzg v. (1490–1527), Connétable v. Frkr., Feldherr v. Franz I.; schlug Schweizer 1515 bei Marignano, ging 1523 zu Karl V. über.
Bourbon [bur'bõ], altes frz. Herrschergeschlecht, seit 1327 Hzge, seit 1589 Kge in Frkr.; ältere Linie 1527 erloschen,

jüngere (Vendôme, Condé, Orléans) 1792 gestürzt, Rückkehr 1814, 1815; 1830 vertrieben; andere Linien in Spanien (bis 1931), Sizilien (bis 1860), Parma (bis 1859).
Bourdelle [bur'dɛl], Emile Antoine (30. 10. 1861–1. 10. 1929), frz. Bildhauer; *Beethoven-Folge; Herakles.*
Bourgeois [bur'ʒwa], Léon (29. 5. 1851–29. 9. 1925), 1919 frz. Vors. des Völkerbundrats; Friedensnobelpr. 1920.
Bourgeois, *m.* [frz. bur'ʒwa], Bürger; Groß-(Besitz-)Bürger (oft im Sinne des Protzertums u. mangelnder Bildung); *Bourgeoisie,* Bürgertum.
Bourges [burʒ], Hptst. des frz. Dép. *Cher,* 75 600 E; Kathedrale (12./13. Jh.); Metallind.
Bourget [bur'ʒɛ], Paul (2. 9. 1852 bis 25. 12. 1935), frz. Schriftst.; *E. Liebestragödie; Des Todes Sinn.*
Bourgogne [bur'gɔɲ], svw. → Burgund.
Bournemouth ['bɔːnməθ], engl. Seebad in d. Gft Dorset, 151 000 E.
Bourrée [bu're:], altfrz. Tanz (⁴/₄-Takt).
Bourtanger Moor, z. T. trockengelegtes Hochmoor im Emsgebiet, 2300 km²; Erdölförderung.
Bouteille, *w.* [frz. bu'tɛj], Flasche.
Boutique, *w.* [frz. bu'tiːk], kl. Laden für (exklusive) modische Neuheiten.
Boutros-Ghali ['bʊtrɔs-], Boutros (* 14. 11. 1922), 1992–96 UN-Gen.sekr.

Boutros Boutros-Ghali

Bouvier

Dirk Bouts, *Johannes von Brabant*

Bouts [bɔŭts], Dirk (1410/20–17. 4. 75), ndl. Maler d. ausklingenden Spätgotik.
Bouvier [frz. bu'vje], v. a. in Östr. u. Slowenien angeb. Weißreinrebe, die milde, aromat., zumeist süße Weine liefert.
Bouvines [bu'vin], frz. Ort in Flandern (sö. Lille); 1214 frz. Sieg (Philipp II. August, mit Kaiser Friedrich II. verbündet) über England (von Kaiser Otto IV. unterstützt).

Bovet [-'vɛ], Daniel (23. 3. 1907 bis 8. 4. 92), schweiz. Med.; erforschte chem. Wirkung v. Stoffen auf d. vegetative Nervensystem; Nobelpr. 1957.
Boviden, svw. → Hornträger.
bovine spongiforme Enzephalopathie, *w.,* BSE, zuerst in Großbritannien bei Rindern aufgetretene Seuche („Rinderwahnsinn"), d. durch e. sog. unkonventionellen Erreger (wahrsch. kein Virus) verursacht wird; die in d. Gehirn eingedrungenen Erreger zerstören d. Nervenzellen; d. erkrankten Tiere nehmen stark ab, taumeln u. schwanken wie beim → Veitstanz. Die Erkrankung ging von Tiermehl aus, das von Schafen gewonnen worden war; sie kann im Labor auf versch. Versuchstiere übertragen werden; ob auch Menschen gefährdet sind, ist noch unklar.
Bovist, svw. → Bofist.
Bowensche Krankheit → Präkanzerose d. Haut.
Bowie ['boŭi], David (* 26. 5. 1948), englischer Rockmusiker u. Schauspieler; in d. 70er Jahren Leitfigur d. *Glamour Rock* (m. extravaganten Kostümen) u. d. *Electronic Rock* (→ Rockmusik); in d. 80er Jahren einfallsreiche Videoproduktionen seiner Schallplatten; Filme: *The Man Who Fell to Earth; Furyo.*
Bowiemesser ['boːvi-], am. dolchähnl. Jagdmesser.

Deutscher Boxer

Brachsen, Brassen, Bressen, Breitling

Großer Brachvogel

Bowling, *s.* [engl. 'boŭ-], am. Kegelspiel, ähnlich dem → Kegelsport.
Box, *w.* [engl.], Stallabteil, Kasten, Schachtel.
Boxcalf, *s.* [engl. -kɑːf], chromgegerbtes Kalbsleder.
Boxen, sportl. Faustkampf nach festen Regeln mit gepolsterten Lederhandschuhen in einem mindestens 4,90 u. höchstens 6,10 m gr. oben, mit Seilen umgrenzten, quadrat. Kampfplatz (*Ring*), in *Runden* von 3 Minuten (1 Min. Pause); nach Punkten entscheiden, sofern kein Niederschlag (→ *Knockout*) erfolgt; erlaubt sind Schläge vom Scheitel bis zur Gürtellinie (verboten u. a. gegen Hinterkopf, Nieren); Schläge: *Gerade, Haken, Schwinger;* Abwehr: seitl. Ausweichen (*Sidestep*), *Blocken* (Schlag abfangen), *Clinchen* (Umklammern); Einteilung nach → Gewichtsklassen.
Boxer,
1) mittelgroße Hunderasse mit kurzem, meist hellbraunen Fell, kurze Schnauze wirkt wie eingedrückt.

2) chines. Geheimorganisation; 1900 *B.aufstand* gg. d. Fremden in China.
Boxermotor, Verbrennungsmotor mit einander gegenüberliegenden Zylindern.
Boyd-Orr ['bɔɪd'ɔː], John Lord (23. 9. 1880–25. 6. 1971), engl. Arzt u. Ernährungswiss.; 1945/46 Gen.direktor d. FAO; Welternährungsplan; Friedensnobelpr. 1949.
Boyen, Hermann von (23. 7. 1771 bis 15. 2. 1848), preuß. General; reorganisierte m. → Scharnhorst d. preuß. Heer.
Boykott, *m.* ['bɔɪ-], (nach dem 1880 von der irischen Landliga durch wirtsch. u. gesellschaftl. Isolierung z. Verlassen Irlands gezwungenen engl. Gutsverwalter Charles *Boycott*), Verrufserklärung bes. bei Arbeitskämpfen; Aufforderung, Waren v. best. Unternehmungen oder aus gewissen Ländern nicht zu kaufen oder bei ihnen nicht zu arbeiten.
Boyle [bɔɪl], Robert (25. 1. 1627–30. 12. 91), engl. Phys. u. Chem.; schuf den Begriff d. chem. Elements, fand mit → Mariotte das *B.-Mariottesche Gesetz* (d. Produkt aus Gasdruck u. -volumen ist b. konstanter Temperatur konstant).
Boy Scouts [engl. 'bɔɪ skaŭts], → Pfadfinder.
Bozen, it. Bolzano, Hptst. der it. Prov. *B.* (Region Trentino-Südtirol), an der Eisack, 100 400 E; Obst- u. Weinhandel, Fremdenverkehrszentrum, Ind.; Bischofssitz. – Röm. *Bauzanum,* 680 langobard., Sitz bayr. Grafen; 1363 habsburg., 1919 italienisch.
Bozzetto, *m.* [it.], skizzenhafter künstlerischer Entwurf für Plastiken aus Ton, Stuck, Wachs o. ä.
BP, Bayern-**P**artei, → Parteien, Übers.
Br, *chem.* Zeichen f. → Brom.
Brabant, fruchtb. Landschaft im ndl.-belg. Grenzgebiet; Prov. *N-B.,* s. 1648 ndl., 5083 km², 2,2 Mill. E; Hptst. *'s-Hertogenbosch;* S-*B.* s. 1830 belg. Prov., 3358 km², 2,25 Mill. E; Hptst. *Brüssel.* – 1180 selbst. Hzgt., kam 1430 zu Burgund, 1477 an Habsburg; im 15. Jh. Mittelpunkt d. ndl. Kultur.
Brabham ['bræbəm], Jack (* 2. 4. 1926), austral. Rennfahrer, Autokonstrukteur.
Brač [braːtʃ], it. *Brazza,* größte dalmat. Insel (zu Kroatien), 395 km², 15 000 E; Obst-, Weinbau.
Brache, *Brachfeld,* „umbrochenes", gepflügtes, aber nicht bestelltes Feld, das **brachliegt.**
Brachet, alter dt. Name f. Juni.
brachial [l.], zum Arm gehörend.
Brachialgewalt, rohe Gewalt.
Brachiopoden, svw. → Armfüßer.
Brachschwalbe, südeur. Regenpfeifervogel m. schwalbenähnl. Flug.
Brachsen, *Brassen, Bressen, Breitling, Blei,* sehr hochrückiger Karpfenfisch; etwas grätenreicher Speisefisch.
Brachvogel, Albert Emil (29. 4. 1824 bis 27. 11. 78), dt. Schriftst.; *Friedemann Bach.*
Brachvogel, hochbeinige Schnepfe mit dünnem Bogenschnabel; im Wiesen- und Ackerland und an Küsten.
Bracke, Jagdhundrasse mittelgr., laut jagender Hunde mit Hängeohren, Stammform d. hängeohrigen Jagdhunde.
Brackwasser, schwach salzig, entsteht durch Mischung von Salz- und Süßwasser, bes. an Flußmündungen.

Brackwede, s. 1973 zu → Bielefeld.
Bradford ['brædfəd], St. in der engl. Metropolitan Gft West Yorkshire, 281 000 E; Uni., Bischofssitz, Zentrum der Textilindustrie.
Bradley ['brædlɪ],
1) *James* (1692–1762), engl. Astronom; entdeckte → Aberration und → Nutation.
2) *Omar Nelson* (12. 2. 1893–8. 4. 1981), am. General; 1943 Befehlsh. d. 1. US-Armee bei d. Landung i. d. Normandie; 1949–53 Chef d. vereinten Generalstäbe d. US-Streitkräfte.
Bradykardie [gr.], verlangsamte Herztätigkeit.
bradytrophes Gewebe, langsam ernährtes Organgewebe ohne → Kapillaren (z. B. Augenlinse).
Braga ['braɣɒ], Hptst. des nordportugies. Distrikts *B.*, 63 000 E; Uni., Kathedrale.
Bragança, *Bragança*, portugies. Geschlecht, regierte in Portugal bis 1910, in Brasilien bis 1889.
Bragg [bræg],
1) *Sir William Henry* (2. 7. 1862–12. 3. 1942), engl. Physiker; Nobelpr. 1915 zus. mit s. Sohn
2) *Sir William Lawrence* (31. 3. 1890 bis 1. 7. 1971), f. Erforschung d. Kristallstruktur mittels Röntgenspektroskopie.
Brahe, *Tycho* (14. 12. 1546–24. 2. 1601), dän. Astronom; seine exakten Beobachtungen führten zur Entdeckung der Transhimalaja v. Himalaja, umfließt östl. den Himalaja, tritt in die Tiefebene von Assam, bildet mit dem Ganges, in den er mündet, das größte Delta der Erde.
Brahmasamadsch, *Brahmasamaj* [sanskr. „Gemeinde der Brahmagläubigen"], rel. u. soz. Reformbewegung i. Indien, gegr. 1828 v. Raja Rammohan Roy (1772–1833).
Brahms, *Johannes* (7. 5. 1833–3. 4. 97), dt. Komp.; 1857 Dirigent d. Hofchores Detmold, 1862 Übersiedelung nach Wien, Auseinandersetzung mit älterer Musik, rückwärts musikal. Antipode von F. Liszt, R. Wagner u. A. Bruckner; 4 Sinfonien; Violin- u. 2 Klavierkonzerte; Kammer- u. Klaviermusik; Chorwerke u. a. *Ein Dt. Requiem*; 200 Lieder; *Ungar. Tänze.*
Brahul, ind. Volk d. → Drawida.
Brăila, rumän. St. und Donauhafen, 248 000 E; Dom; Masch.ind., Getreideausfuhr, Zellstoffindustrie, Werften.
Braille [braj], *Louis* (4. 1. 1809–6. 1. 52), frz. Blindenlehrer; entwickelte → Blindenschrift.
Brainstorming [engl. 'breɪn-], Methode z. Auffindung v. Problemlösungen d. Festhalten v. spontanen Einfällen ohne vorherige Zensur in einer Arbeitsgruppe.
Braintrust [engl. -trʌst], Team, das aufgrund besonderer Kenntnisse und Erfahrungen in Wirtschaft, Politik und Verwaltung zu Beratungen herangezogen wird.

Johannes Brahms

Brandenburg

Bramsche (D-49565), St. im Ldkr. Osnabrück, Rgbz. Weser-Ems, Nds., 28 774 E; Weberei, Tapeten-, Papierind.
Branche, *w.* [frz. 'brɑ̃:ʃə], Geschäfts-, Wirtsch.zweig.
Brancusi [brɪŋ'kuʃɪ], *Constantin* (21. 2. 1876–16. 3. 1957), rumän. Bildhauer bes. in Paris, Vertr. d. → absoluten Kunst; *Endlose Säule; Der Kuß; Die schlafende Muse.*
Brand,
1) → Brandpilze.
2) med. Vertrocknung od. Zersetzung abgestorbenen Gewebes.
3) chem. Umwandlung v. Tonerzeugnissen z. keram. Erzeugnissen in Brennöfen.
4) [engl. brænd „Marke"], Markenzeichen.
Brandbinde, Mullbinde m. schmerzstillenden u. bakteriziden Zusätzen f. Brandwunden.
Brandenburg,
1) dt. Bundesland seit 1990, 29 053 km², 2,54 Mill. E, Rel.: 86% ev., 7% kath., Hptst.: *Potsdam.* **a)** *Geogr.:* Uckermark, Prignitz, Mittelmark, Niederlausitz; 1/3 Sandboden (Kiefernwälder), sonst Ackerboden u. Wiesen in den Urstromtälern; seenreich. **b)** *Wirtsch.:* Land- u. Forstwirtschaft, Obst- u. Gemüsebau, Braunkohlen-, Glas- u. Textilind. (bes. Niederlausitz). **c)** *Verw.:* 6 Stadtkreise u. 38 Landkreise. **d)** *Gesch.:*

Deutsche Bracke

Keplerschen Gesetze durch seinen Schüler → Kepler.
Brahman, *s.* [sanskr. „hl. Wort"], wed. Zauberformel b. Opfer; als rel.-phil. Begriff d. → Brahmanismus: ewiges Absolutes, Urgrund allen Seins.
Brahmanas, rel.-ind. Anschlußwerke a. d. 4 Veden m. Erläuterungen z. d. hl. Opferhandlungen.
Brahmanen, *Brahminen*, Angehörige d. obersten Kaste d. Hindus, früher Kaste d. Priester; galten als heilig.
Brahmanismus, ind. Rel., a. d. vedischen Rel. entstanden, mit im wesentl. gleichen Gottheiten; oberste → Brahma, Lehre v. Seelenwanderung u. Erlösung von ihr durch Befreiung von Unwissenheit und Begierden; ausgebildeter Opferdienst u. Kastenwesen.
Brahmaputra, Strom in Südasien, 2896 km l., Quelle im Transhimalaja, Oberlauf *Yarlung Zangbo* in Tibet; trennt **Bräker**, *Ulrich* (22. 12. 1735–11. 9. 98), schweiz. Schriftst.; Biographie m. Erfahrungen im preuß. Heeresdienst; ... *Ebentheuer des Armen Mannes im Tockenburg.*
Brake (Unterweser) (D-26919), Krst. d. Ldkr. Wesermarsch, Nds., 16 252 E; AG; Übersee- und Binnenhafen; Schiffahrtsmus.
Brakteaten [l.], dt. dünne Silberblechmünzen, 12.–14. Jh.; einseitig geprägt *(Hohlpfennige).*
BRAM, Brennstoff aus Müll, als Zusatzbrennstoff in d. Abfallverbrennung.
Bramante, *Donato* (1444 bis 11. 3. 1514), it. Baumeister u. Maler; Begr. d. klass. Architektur d. Hochrenaiss.; Bauten in Mailand (S. Maria presso S. Satiro: Sakristei) u. Rom (S. Pietro in Montorio: Rundtempel; Entwürfe f. Peterskirche).
Bramarbas, *m.* [span.], Großmaul, Prahlhans.

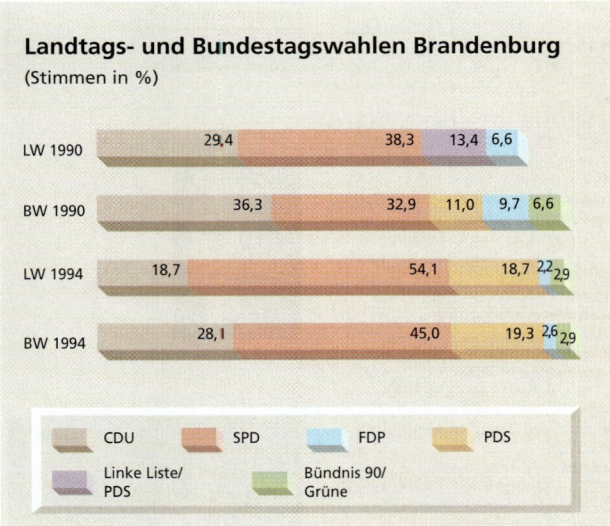

Urspr. von german. Semnonen bewohnt, dann von Slawen besiedelt; Heinrich I. u. Otto I. gründeten Bistümer Havelberg u. B.; Altmark 1134 an den Askanier Albrecht d. Bären, dessen Linie d. Mittelmark (bis zur Oder) u. d. Neumark (östl. d. Oder) erwarb u. mit dt. Bauern u. Bürgern (Niederländer, Niedersachsen) besiedelte; 1323 an die Wittelsbacher (1356 Kurwürde); 1373–1411 Luxemburger; 1417 Burggraf Friedrich VI. v. Nürnberg aus dem Hause Zollern mit B. belehnt; der Gr. Kurfürst schuf den brandenburg.-preuß. Staat → Preußen.

1815–1945 *Mark B.*, preuß. Prov.; daraus entstand 1945 das Land B. der DDR, 1952 durch Aufteilung in 3 Bezirke Potsdam, Frankfurt/O. u. Cottbus wieder aufgelöst; Zusammenschl. mit Berlin 1996 von der Bevölkerung abgelehnt.
2) B. (Havel) (D-14770–76), Krst. a. d. Havel, Bbg., 89 800 E; mittelalt. Bauten, Theater; Stahl-, Metall- u. Textilind.; Hafen a. Elbe-Havel-Kan. – Bis 928 Hptfeste der slaw. *Heveller;* 948 Bistum.
Brandenburger Tor, ehem. Stadttor von Berlin (Abb. → Berlin), 1788–91 v. C. G. *Langhans* erbaut, erstes Werk d. dt. Klassizismus; → Quadriga v. G. *Schadow* (1789–94).
Brandgans, rot-weiß-schwarzer Entenvogel; Erdhöhlenbrüter; riesige Mauserscharen auf dem → Knechtsand.
Brando [ˈbrændoʊ], Marlon (* 3. 4. 1924), am. Filmschausp.; *A Street Named Desire; The Wild One; The Godfather; L'Ultimo Tango a Parigi; Apocalypse Now.*
Brandpilze, Erreger von Getreidekrankheiten, bei denen die Körner in schwarze, staubige Massen (Sporen) verwandelt werden *(Brand).*
Brandschatzung, Erpressen durch Androhen von Brandlegung.
Brandstiftung, strafbar nach §§ 306 ff. StGB, auch bei Fahrlässigkeit u. bei Allgemeingefährdung auch an eigenen Sachen.
Brändström, Elsa (26. 3. 1888–4. 3. 1948), schwed. Rote-Kreuz-Schwester; sorgte im 1. Weltkrieg für dt. u. östr.-ungar. Kriegsgefangene („Engel v. Sibirien").
Brandt,
1) Jürgen (* 19. 10. 1922), dt. General; v. 1978–83 → Gen.inspekteur d. Bundeswehr.
2) Willy (18. 12. 1913–8. 10. 92), SPD-Pol.; 1957–66 Reg. Bürgermeister v. West-Berlin; 1964–87 Parteivors. d. SPD, 1966–69 B.außenmin. u. Vizekanzler, 1969–74 B.kanzler (nach Spionage-Affäre Guillaume zurückgetreten); s. 1976 Präs. d. Sozialist. Internationale; s. 1977 Vors. d. Nord-Süd-Kommission zur Vermittlung zw. armen u. reichen Staaten; Friedensnobelpr. 1971.
Brandung, Überschlagen d. Wellen i. flachem Wasser.
Brandungsangeln, Fischfang mit Rute, Schnur u. Haken (→ Angeln) i. Meer (i. d. Brandung) v. d. Küste aus.
Branntwein, aus gegorenen Flüssigkeiten durch Destillation erhalten; ca. 30% Alkohol.
Branntweinmonopol, in Dtld s. 1922 → Monopol auf Übernahme des erzeugten B. in Lohn, Verwertung.
Brant, Sebastian (1458–10. 5. 1521), Straßburger Stadtschreiber u. Dichter; *Das Narrenschiff.*
Branting, Hjalmar (23. 11. 1860–24. 2. 1925), schwed. sozialist. Pol.; Friedensnobelpr. 1921.
Braque [brak], Georges (13. 5. 1882–31. 8. 1963), frz. Maler, Mitbegr. d. → Kubismus; Stilleben, Figurenbilder; auch Bildfenster, Deckengemälde (im Louvre v. Paris).
Brasch, Thomas (* 19. 2. 1945), dt. Schriftst.; *Vor den Vätern sterben die Söhne.*
Brasília,
1) s. 1960 Hptst. v. Brasilien, 1,8 Mill. E; Uni.; B. wurde innerhalb weniger Jahre auf e. Hochplateau 950 km nordwestl. v. Rio de Janeiro errichtet; Regierungsviertel v. Oscar → *Niemeyer* entworfen.
2) Bundesdistrikt um *B.,* 5794 km².

BRASILIEN	
Staatsname:	Föderative Rep. Brasilien, República Federativa do Brasil
Staatsform:	Präsidiale Bundesrepublik
Mitgliedschaft:	UNO, OAS, SELA, MERCOSUR, ALADI, CPLP
Staatsoberhaupt und Regierungschef:	Fernando Henrique Cardoso
Hauptstadt:	Brasília 1,8 Mill. Einwohner
Fläche:	8 511 965 km²
Einwohner:	159 143 000
Bevölkerungsdichte:	19 je km²
Bevölkerungswachstum pro Jahr:	Ø 1,59% (1990–1995)
Amtssprache:	Portugiesisch
Religion:	Katholiken (89%), Protestanten (6%)
Währung:	Real (R$)
Bruttosozialprodukt (1994):	536 309 Mill. US-$ insges., 3370 US-$ je Einw.
Nationalitätskennzeichen:	BR
Zeitzone:	MEZ – 4 bis – 6 Std.
Karte:	→ Südamerika

Willy Brandt

Brasília, *Regierungsgebäude*

Brasilien

Brasilien, südam. Bundesrep.; Bev.: 54% Weiße, 22% Mulatten, 12% Mestizen, 11% Schwarze u. ca. 180 000 Indianer; ca. 2 Mill. Deutschstämmige leben vorwiegend i. S d. Landes. **a)** *Geogr.:* Im N Amazonastiefland (trop. Urwälder), im O- u. Mittelteil *Brasilian. Bergland* (dichtbewaldete Tafelberge), im NO u. äußersten S *Campos* (trockene Steppen). **b)** *Landw.:* Vorwiegend Plantagen, wichtigster Erwerbszweig: Kaffee (1. Stelle d. Weltprod.), 1991 1,497 Mill. t; Soja, Kakao, Baumwolle, Zuckerrohr, Kautschuk, Zitrusfrüchte, Tabak, Reis; Viehzucht; Holzwirtschaft. **c)** *Bodenschätze:* Eisen, Mangan, Zinn, Bauxit, Kohle, Erdöl, Erdgas, Edelsteine. **d)** *Ind.:* im Ausbau, bes. Nahrungsmittel- u. Textilind., Metall- u. Maschinenind., chem. Ind., Fahrzeug- u. Schiffbau, Papier- u. Zementind. **e)** *Außenhandel* (1992): Einfuhr 20,5, Ausfuhr 36,2 Mrd. $. **f)** *Verkehr:* Eisenbahn 30 000 km. g) *Verf.* v. 1988: Präsid. Bundesrep., Parl. m. 2 Kammern. **h)** *Verw.:* 26 Bundesstaaten, 1 Bundesdistrikt. **i)** *Gesch.:* 1500 entdeckt von Cabral, portugies. Kolonie bis 1822, unabh. Kaiserreich unter Pedro I. und II., Rep. 1889; danach demokrat. Verfassungen wiederholt durch Militärdiktaturen außer Kraft gesetzt; Mißwirtschaft u. Inflation führten 1964 zum Sturz des Präsidenten; Militärregime und Zwangs-Zweiparteiensystem; 1979 Wiederzulassung anderer Parteien; 1990 erste direkte Präsidentschaftswahlen; 1994 gewaltsame Auseinandersetzungen zw. Großgrundbesitzern bzw. Polizei und Landarbeiterbewegung (MST).
Braşov [braˈʃov], → Kronstadt.
Brassen, *seem.* Taue zum Drehen einer → Rahe.
Brătianu, Jonel (20. 8. 1864–26. 11. 1927), rumän. Pol.; 1909–11, 1914–18, 1922–26 Min.präs., erzwang 1916 Eintritt Rumäniens i. d. Krieg gg. Dtld

Bratislava → Preßburg.
Brätling, Speisepilz, → Milchlinge.
Bratsche, [it. „viola da braccio = Armgeige"], größere Geige, vertritt Alt-Lage im → Orchester (Abb.).
Bratsk, sibir. Ind.st. an d. Mündung d. Oka in d. → Angara, Rußld., 255 000 E; bed. Eisenerzlager; Aluminiumhütte; 5470 km² großer *Bratsker Stausee* u. Großkraftwerk.
Brattain [brætn], Walter (10. 2. 1902–14. 10. 1987), am. Physiker; Arbeiten über Halbleiter u. Mitentwicklung d. Transistoreffektes; Nobelpreis 1956.
Brauchitsch, Walter v. (4. 10. 1881 bis 18. 10. 1948), dt. Feldm., Oberbefehlshaber d. Heeres 1938–41.
Brauer, Arik, eigtl. *Erich B.* (* 4. 1. 1929), östr. Maler u. Liedermacher, gehört z. Wiener Schule des → Phantastischen Realismus.
Brauerei, Betrieb z. gewerbsmäß. Bierherstellung; Bier ist alkohol., aus Gersten- oder Weizenmalz, Hopfen, Hefe und Wasser (gem. dem in Bayern nach wie vor eingehaltenen Reinheitsgebot von 1516) gebrautes Getränk. *Bierherstellung* (Abb. Brauerei) beginnt mit d. Malzbereitung *(Mälzen);* ausgesuchte Sommergerste wird durch Feuchtigkeit zum Keimen gebracht, auf der Darre bei 80 °C für helles und 110 °C für dunkles Bier getrocknet (Malz), in d. *Schrotmühle* zerquetscht u. mit Wasser im *Maischbottich* eingerührt, wobei hier u. in der geheizten *Maischpfanne* beim Keimen gebildeten Enzyme wirken (z. B. die Stärke in Zucker verwandeln). Im *Läuterbottich* werden die *Biertreber* (unlösliche Kornteile, zu Viehfutter) abgeschieden; in der *Braupfanne* wird unter Zusatz von *Hopfen* die Würze gekocht; nach Abschöpfung der Rückstände (Hopfentreber und Trub) wird die Würze abgekühlt und im Gärkeller mit Hefe versetzt. Nach der Hauptgärung (9–12 Tage) Nachgärung im Lagerfaß (4–20 Wochen). *Obergärig* (Biertreber setzt sich nach oben ab) sind bei 10 °– 18 °C vergorene Malzbiere und Weißbiere, *untergärig* (Bierhefe setzt sich nach unten ab: kalte Gärung) die bei 5 °C–10 °C vergorenen Lagerbiere, Export- und Spezialbiere (Schaubild → Alkohol).

Braun,
1) Eva (6. 12. 1912–30. 4. 45), Lebensgefährtin Hitlers, Heirat einen Tag vor gemeinsamem Selbstmord.
2) Felix (4. 11. 1885–29. 11. 1973), östr. Schriftst.; *Der Schatten des Todes; Kaiser Karl V.*
3) Karl Ferdinand (6. 6. 1850 bis 20. 4. 1918), dt. Phys.; Pionier d. Funktechnik, erfand → *Braunsche Röhre;* Nobelpr. 1909.
4) Matthias (* 4. 1. 1933), dt. Dramatiker: *Die Perser.*
5) Otto (28. 1. 1872–14. 12. 1955), SPD-Pol.; 1920–33 preuß. Min.präs.
6) Volker (* 7. 5. 1939), dt. Theaterautor, arbeitete b. „Berliner Ensemble" u. b. Dt. Theater in Berlin. Systemkonformes Drama i. d. DDR: *Kipper Paul Bauch;* Gedichte u. Roman. Nach 1990 neuer Ansatz: *Bodenloser Satz.*
7) Wernher Frh. v. (23. 3. 1912 bis 16. 6. 77), dt. Raketen-Konstrukteur (→ V 2); s. 1945 i. USA; Trägerraketen f. Weltraumforschung.

Braunau,
1) tschech. *Broumov,* St. bei Trautenau, Nordostböhmen, 7000 E; Benediktinerabtei, Leinenweberei und Wollspinnerei.
2) B. am Inn (A-5280), St. in Oberöstr., 16 300 E; Aluminiumhütte (Ranshofen); Heimatmus.; 1779 v. Bay. an Östr.
Bräune, volkstüml. f. *Angina* u. *Diphtherie.*
Brauneisenerz, svw. → Limonit.
Braunelle,
1) kleiner, violetter Lippenblütler; häufig auf Rasen.
2) Singvogel, *Hecken-Braunelle:* ähnlich Haussperling, *Alpen-Braunelle:* in den Alpen oberhalb der Baumgrenze.
Braune Zwerge, Sterne mit e. Masse von weniger als 0,08 Sonnenmassen, in deren Innern keine Kernverschmelzungsreaktionen stattfinden u. die deshalb nur schwach leuchten.
Braunfels, Walter (19. 12. 1882–19. 3. 1954), dt. Komp.; Opern: *Die Vögel; Don Gil v. d. grünen Hosen.*
Braunfisch, *Schweinswal* (kein Fisch), vor der dt. Nordseeküste nahezu ausgestorben.
Braunkohl, svw. → Grünkohl.
Braunkohle, durch langsame Vermoderung von Waldungen d. Tertiärzeit unter Luftabschluß entstanden, erdgeschichtl. jünger, weniger heizkräftig, weicher und wasserhaltiger als Steinkohle, daher meist Pressung zu → *Briketts;* Vorkommen in mächtigen Flözen in geringer Tiefe: billige Förderung, meist im Tagebau (→ *Tafel Bergbau).* – *Roh-B.* Grundlage d. chem. Ind. Verschwelung ergibt neben Grudekoks **B.nteer;** daraus werden durch Destillieren Benzin, Heizöle und Paraffin erzeugt.
Braunlage (D-38700), heilklimat. Kurort im Oberharz, Ldkr. Goslar, Nds., 6127 E; Wintersport.
Braunsberg, *Braniewo,* poln. Stadt a. d. Passarge, Ostpreußen, 17 000 E; 1241 Dt.-Ordensburg, Mitgl. d. Hanse.
Braunsche Röhre, *Bildröhre,* evakuiertes längl. Glasgefäß mit mehreren Elektroden; v. der glühenden Kathode erzeugter Elektronenstrahl wird durch d. versch. Elektroden auf den schwach konkav gekrümmten gegenüberliegenden Bildschirm (Anode) geleitet, der durch → Fluoreszenz aufleuchtet; Elektronenstrahl wird durch elektromagnet. od. elektrostat. Felder trägheitslos abgelenkt u. durch e. Elektrode i. d. Stärke verändert, was verschieden starke Fluoreszenz z. Folge hat (Anwendung: → Fernsehen, → Oszillograph, → Radar).
Braunschweig,
1) Reg.-Bez. des Landes Nds., 8096 km², 1,66 Mill. E; bes. im Harz u. an seinen nördl. u. westl. Ausläufern Ackerbau, Salz-, Kali- u. Braunkohlebergbau; Eisen- u. Hüttenwerke. – *Gesch.:* Unter Heinrich d. Löwen zum Hzgt. B. gehörend; unter dessen Nachkommen geteilt; südl. Teil Hzgt. B.-Wolfenbüttel, nördl. Teil (Residenz Celle) mit anderen niedersächs. Teilen später zum Kurfürstentum u. Kgr. Hannover erhoben, Hzg Julius (†1589) führte die Reformation ein, begr. Uni. Helmstedt; letzter Herzog (1913–18) Ernst August.
2) (D-38100–26), krfreie St., Hptst. d. Rgbz. *B.,* Nds., a. d. Oker, 250 088 E; Fachwerkhäuser 15. bis 18. Jh.; Dom 12. Jh.; Staatstheater, TU, HS f. Bildende Künste, Fachakad., Biolog. Bundesanst. f. Land- u. Forstwirtsch., Dt. Forschungsanst. f. Luft- u. Raumfahrt, Bundesluftfahrtamt, Physikal.-Techn. Bundesanstalt, modernste Hochmagnetfeldanlage Europas; OPD, OLG, IHK, HWK; Metall-, opt. u. Elektronikind., Fahrzeug- u. Maschinenbau, Nahrungsmittelind. – Seit 1031 als *Brunesguik* urkundl. erwähnt, um 1066 Stadt, erweitert v. Heinrich d. Löwen (Grab i. Dom), Mitgl. d. Hanse.
Braunstein, *Pyrolusit,* Manganoxid, häufiges Manganerz, reich an Sauerstoff, für galvanische Elemente, gibt mit Salzsäure Chlor.
Brau und Brunnen AG, größter dt. Getränkekonzern i. Dortmund.
Brauweiler, s. 1975 zu → Pulheim.
bravo [it.], gut; *bravissimo,* sehr gut.
Bravo, *m.* [it.], gedungener, berufsmäßig. Mörder.
Bravour, *w.* [frz. -'vu:r], Schneid, Tapferkeit, Eleganz.
Brazauskas, Algirdas (* 22. 9. 1932), s. 1993 Staatspräs. v. Litauen.
Brazza [bra'za], Pierre, Gf Savorgnan de (26. 1. 1852–14. 9. 1905), frz. Erforscher u. Organisator v. Frz.-Äquatorialafrika.

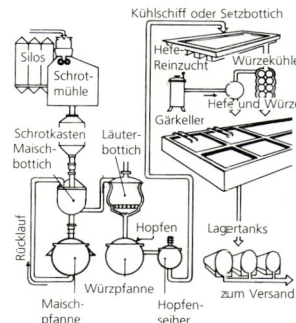
Brauerei

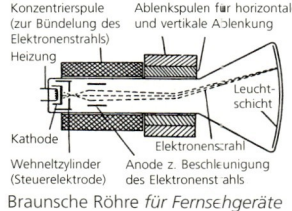
Braunsche Röhre *für Fernsehgeräte*

Braunelle

Braunschweig, *Löwendenkmal*

Bertolt Brecht

Lichtstrahlen-Brechung

Brazzaville [braza'vil], Hptst. d. Rep. Kongo, Flußhafen am Kongo, 760 000 E; Uni., Bischofssitz, internat. Flughafen; Textil-, Metall- u. Nahrungsmittelind.; ben. nach → Brazza.
Brazzaville-Staaten, 1960 in Brazzaville gebildete Interessengemeinschaft mehrerer ehemaliger frz. Kolonialgebiete i. Afrika, betreiben Pol. d. Zus.arbeit m. d. ehem. Kolonialmacht; Vorläufer d. → OCAM.
Brčko ['brtʃko], St. i. Bosnien, nö. v. Sarajevo, 25 000 E; Agrarzentrum.
BRD, Abkürzung f. **B**undes**r**epublik **D**eutschland.
Break, *m.* [engl. breɪk],
1) offener, vierrädriger Jagd- u. Gesellschaftswagen.
2) Kombiwagen.
Break-Dance [engl. 'breɪkdæns „Unterbrechungs-, Wechsel-Tanz"], in d. Slums v. New York Anfang d. 80er Jahre entwickelter Tanzstil, der einerseits mechanisch-abgehackte Bewegungen *(Robot-Dance)* u. andererseits akrobat. Sprünge u. Drehungen verwendet; in kommerzialisierter Form meist zu → Rap-Musik getanzt.
Break-even-Analyse [engl. breɪk 'iːvən-], betriebswirtsch. Verfahren zur Ermittlung d. *Gesamtkostendeckung* durch d. Umsatzerlöse e. Unternehmens.
Break-even-Point [engl. 'breɪk-'iːvən 'pɔɪnt], Bez. für Gewinn- bzw. Nutzenschwelle; *Toter Punkt;* Punkt in der Beschäftigungszone, bei dem der Umsatz gerade die Gesamtkosten deckt; Gewinn entsteht erst b. Überschreiten d. Nutzenschwelle.
Brechdurchfall,
1) Durchfall m. Erbrechen.
2) svw. → Cholera.
3) ernste Säuglingskrankheit, meist nach Genuß schlechter Milch (Arzt notwendig).
Brechmittel, *Emetika,* bes. bei Vergiftung angewendet: lauwarmes Wasser mit 3–4% Kochsalz, gegebenenfalls Kitzeln des Rachens; auf ärztliche Verschreibung, z. B. Apomorphin.
Brechnuß, sehr giftige Samen versch. trop. Holzgewächse; aus ihnen auch → Strychnin.
Brecht, Bert(olt) (10. 2. 1898–14. 8. 1956), dt. sozialist. Dramatiker u. Lyriker, Vertr. einer ged. engagierten Dichtung; *Dreigroschenoper;* Dramen: *Mutter Courage; Der gute Mensch von Sezuan; Galileo Galilei; Der kaukasische Kreidekreis;* Gedichte: *Hauspostille.*
Brechung, *Refraktion,*
1) astronom. Refraktion hebt alle Gestirne im Horizont um 36' 6.
2) Richtungsänderung von Schall- u. elektromagnet. Wellen beim Übergang von e. → Medium in ein anderes; z. B. Knick eines Lichtstrahles beim Übergang von Luft in Wasser. Die Größe d. Richtungsänderung wird bestimmt vom → Brechungsindex.
Brechungsindex, Brechungsverhältnis eines Stoffes gegenüber Vakuum; bestimmt d. Größe d. Richtungsänderung e. Wellenstrahles beim Übergang von e. Medium in ein anderes.
Brechweinstein, *Kaliumantimonyltartrat,* als Brechmittel (veraltet) u. z. → Beizen f. Färberei.
Breda, ndl. St. in Nordbrabant, 126 700 E; kath. Bischof; Mil.akad.; Flußhafen.

Bredouille, w. [frz. -'dʊljə], Bedrängnis.
Bredow, Hans (26. 11. 1879–9. 1. 1959), dt. Elektroing.; Pionier d. Rundfunks u. Fernsehens in Dtld.
Breeches [engl. 'brɪtʃɪz], sportl. Kniehosen, oben weit, unten eng anschließend.
Bregenz (A-6900), Hptst. v. Vorarlberg, a. Bodensee, 27 100 E, a. Fuß d. *Pfänder* (1064 m); Festspiele; Textil-, Maschinen- u. Nahrungsmittelind.
Bregenzer Wald, Gebirgslandschaft d. Nördl. Kalkalpen zw. Alpenrhein u. Allgäuer Alpen (*Braunarlspitze* 2649 m, *Hoher Ifen* 2230 m) m. d. Tal d. *Bregenzer Ache.*
Bréguet Atlantic, ein U-Jagdflugzeug u. Seefernaufklärer der Marine mit 12 Mann Besatzung; U-Jagdtorpedos, Wasserbomben, Minen.
Brehm, Alfred Edmund (2. 2. 1829 bis 11. 11. 84), dt. Zoologe; *Tierleben.*
Breiapfelbaum, obstliefernder → Guttapercha-Baum.
Breisach a. Rhein (D-79206), St. a. Rhein, Ba-Wü., 10 891 E; Stephansmünster m. Fresken v. → *Schongauer.*
Breisgau, südbad. Landschaft; Obstbau.
Breit, Ernst (* 20. 8. 1924), dt. Gewerkschaftsfunktionär; 1971–82 Vors. d. Dt. Postgewerkschaft; 1982–90 Vors. des DGB.
Breitbach, Joseph (20. 9. 1903–9. 5. 80), dt.-frz. Schriftst.; *Bericht über Bruno.*
Breitbandkabel, → Koaxialkabel od. → Lichtwellenleiter-Kabel f. Übertra-

Alfred Brehm

Breisach, *Stephansmünster*

Bremen, *Rathaus*

gung sehr breiter → Frequenzbänder; Anwendung: Breitbandnetz f. versch. Nachrichtenarten (Fernsprechen, Fernschreiben, Hörfunk- u. Fernsehprogramme, Kabelfernsehen, Datenübertragung u. ä.).
Breitband-Kommunikation, Kommunikationsdienste, deren Nutzsignale mit mehr als 1 MHz od. 1 MBit/s „breitbandige" Übertragungseinrichtungen erfordern (z. B. Fernsehen, Bildfernsprechen, → BIGFON).
Breitbandstraße, Walzenpaare zur Herstellung v. Blechen versch. Dicke in Hüttenwerken.
Breite,
1) heliozentr. B., Winkelabstand e. Planeten od. Kometen v. d. Ebene der → Ekliptik, bezogen auf d. Sonnenmittelpkt.
2) astronom. od. *ekliptikale B.,* Winkelabstand e. Gestirns v. d. → Ekliptik.
3) galakt. B., Winkelabstand v. d. mittleren Milchstraßenebene.
4) geographische B. eines Ortes ist sein i. Bogengraden gemessener Abstand v. → Äquator, gemessen längs s. Meridians.
Breitinger, Johann Jakob (1. 3. 1701 bis 13. 12. 76), schweiz. Schriftst. u. Literaturtheoretiker; Gegner Gottscheds, Vorrang d. Phantasie; *Abhandlung v. Wunderbaren; Critische Dichtkunst.*
Breitkopf & Härtel, dt. Musikverlag in Leipzig (s. 1947 auch in Wiesbaden); gegr. im 16. Jh.
Breitnasen *Neuweltaffen,* → Affen d. Tropen u. Subtropen S-Amerikas, breite Nasenscheidewand, langer, muskulöser Greifschwanz, vorwiegend tier. Ernährung.
Breitscheid, Rudolph (2. 11. 1874 bis 24. 8. 1944), dt. Pol., Fraktionsvors. der SPD-Reichstagsfraktion, 1933 emigriert, 1940 in Frkr. verhaftet; im KZ Buchenwald umgekommen.
Breitseite, Seite des Schiffes, auch die Bestückung mit Geschützen und die Salve aus ihnen.
Breitspektrum-Antibiotika, *Breitband-A.,* → Antibiotika m. breitem Wirkungsspektrum, wirksam gg. grampositive und → gramnegative → Bakterien, → Rickettsien, → Mykoplasmen, z. T. auch → Protozoën.
Breitwandfilm, Verfahren z. Erzielung eines möglichst plast. Bild- und Toneffekts mit stark verbreiteter, gewölbter Bildwand (→ CinemaScope, → Cinerama, → Vistavision).
Breiumschlag, Kataplasma.
Breker, Arno (19. 7. 1900–13. 2. 91), dt. Bildhauer, Monumentalskulpturen im 3. Reich.
Bremen (D-28195–779), *Freie Hansestadt B.,* St. u. Bundesland an d. Wesermündung in Nordwestdtld; Land B. umfaßt St. Bremen (549 039 E) u. St. Bremerhaven (130 847 E), zus. 404 km², 679 886 E (1691 je km²); Rel.: 82% ev.,

10% röm.-kath.; Landesfarben: Rot-Weiß; **a)** *Wirtschaft:* zweitgrößter dt. Seehafen u. führender Containerhafen, Importpl. bes. für Kaffee, Tee, Baumwolle, Wolle, Rohkupfer, Papier u. Pappe, Südfrüchte, Rohtabak u. a.; Seeschiffsankünfte 1991: B. 4632, Bhvn. 4403 Schiffe; Seegüterumschlag 1991: B. 14,1, Bhvn. 13,98 Mill. t; drittgrößter dt. Binnenschiffahrtshafen; Umschlag 1991: B. 4,7, Bhvn. 1,0 Mill. t; **b)** *Ind.:* Schiffs-, Maschinenbau-, Luft- u. Raumfahrtind., Eisen-, Blech-, Metallind., Elektroind., Nahrungs- u. Genußmittelverarbeitung; **c)** *Institutionen:* OPD, HWK, OLG, IHK, Tabak- u. Baumwollbörse, Wasser- u. Schiffahrtsind., Landeszentralbank, Ausschuß für Wirtschaftsforschung, Institut für Seeverkehrswirtschaft, div. HS, Uni.; Dom (11. Jh.), got. Raths. m. Renaissancefassade, Roland; Kunsthalle, Überseemus.; **d)** *Verf.:* Landtag (Bürgerschaft) mit 100 Mitgl. (davon 80 St. B.) wählt Senat mit 12 Senatoren, davon 2 Bürgermeister, von denen einer Präsident des Senats ist; **e)** *Geschichte:* 787 Bischofssitz; 848 Erzbistum, 965 Marktrecht; 1358 Mitglied der Hanse; 1646 Freie Reichsstadt; s. 1806 Freie Hansest.
Bremerhaven (D-27568–80), Seehafen u. Ind.st. an d. Wesermündung, i. Bundesld. Freie Hansest. Bremen, 130 938 E; Seeamt, Inst. f. Meeresforschung, Schiffahrtsmus., Alfred-Wegener-Inst. f. Polarforschung, Verband d. Dt. Hochseefischereien; AG; IHK; Seehafen: Umschlag 1991: 13,98 Mill. t; größter Fischerei- u. Passagierhafen der BR; Fischind., Werften.
Bremervörde (D-27432), St. an d. Oste, Nds., 18 205 E; AG; IHK; Holzind.
Bremse, Vorrichtung z. Verzögern od. Anhalten v. Fahrzeug., Winden, Triebwerken (z. B. *Backenbremse*) durch Andrücken v. Klötzen an Räder usw.; *Scheiben-, Trommel-, Druckluft-*(→ Knorr-, → Westinghouse-)*Bremse.*
Bremsen, Familie d. Fliegen; Weibchen blutsaugend, Larven i. d. Erde.

Regenbremse

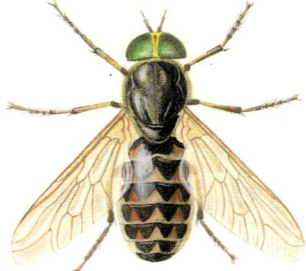
Rinderbremse

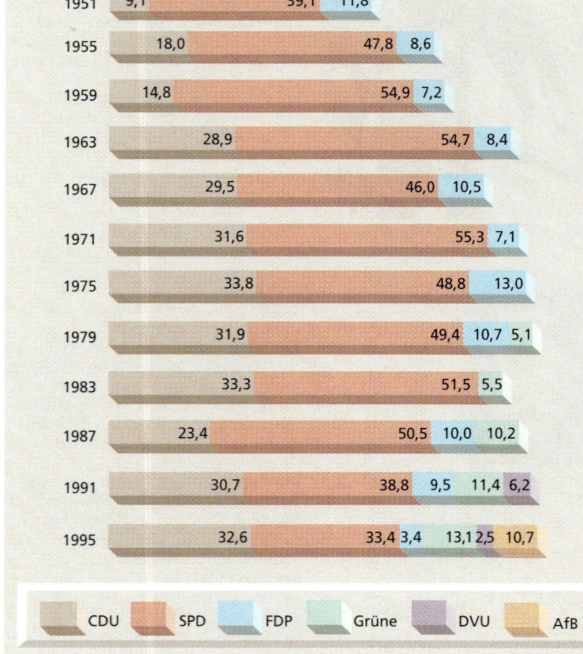

Bremen

Bremsgitter, Elektrode bei → Elektronenröhren mit mehr als 4 Elektroden, zw. → Schirmgitter u. → Anode; verhindert Zurückfließen der → Sekundärelektronen zum Schirmgitter.

Bremsschuh, *Hemmschuh,* auf d. Schienen gelegt, bremst durch gleitende Reibung; beim Rangieren benutzt.

Bremsstrahlung, elektromagnetische Strahlung, die durch plötzliches, starkes Abbremsen sehr energiereicher, d. h. schnell bewegter → Elektronen entsteht, wenn diese beim Durchlaufen von Materie den Kernen der Atome sehr nahe kommen; die bei d. Abbremsung verlorene kinetische Energie wird vollständig in Strahlungsenergie (→ Röntgenstrahlen) umgewandelt.

Bremsweg, Weg, der v. Anziehen d. Bremsen bis zum Stillstand e. Fahrzeugs zurückgelegt wird; als Faustformel: Hälfte der Geschwindigkeit in km/h, also bei 100 km/h – 50 m.

Brennelement, Brennstoff-Einheit f. → Kernreaktoren, enthält gasdicht abgeschlossene Brennstäbe, in denen d. spaltbare Material in Tablettenform abgefüllt ist.

Brenner, Otto (8. 11. 1907–15. 4. 72), Gewerkschaftsführer und SPD-Pol.; 1952–72 Vors. der IG Metall.

Brenner, it. *Brennero,* Paß d. Tiroler Zentralalpen, 1375 m, verbindet Sill- bzw. Inn- u. Eisacktal, niedrigster u. wichtigster Ostalpen-Übergang u. s. 1919 Grenze zw. Österreich u. Italien; *B.bahn* s. 1867; *B.-Autobahn* (m. Europabrücke), verbindet Innsbruck m. Bozen.

Brenner, Gerät z. Verbrennen von mit Luft vermischtem Gas od. Kohlestaub bzw. u. verdampftem Öl.

Brennerei, Anlage z. Herstellung v. Branntwein; Arbeitsgang: die Stärke v. Kartoffeln od. Getreide wird durch Malz (Enzyme) in Zucker umgewandelt, der durch Hefe in Kohlensäure u. Alkohol zerlegt wird; Konzentration d. Alkohols durch Destillation.

Brenner-Eisenbahn-Tunnel, zw. Steinach u. Sterzing.

Brennessel → Nessel.

Brennkammer, Druckbehälter zur Verbrennung d. Treibstoffs bei Strahl- od. Raketentriebwerken.

Brennpalme, in Ostindien, Früchte m. brennendem Geschmack; liefert Zucker, Sago, Fasern.

Brennpunkt, bei opt. Vorrichtungen (Linsen und Hohlspiegeln) d. Punkt, in dem sich parallel zur Achse einfallende Lichtstrahlen nach Brechung (Spiegelung) wirklich oder bei Rückwärtsverlängerung der Strahlenkegel-Begrenzungslinien schneiden (→ Tafel Optik). → Kegelschnitte.

Brennspiritus, nur zu techn. Zwecken (Heizen, Leuchten); 92% Äthylalkohol, durch Vergällungsmittel z. Trinken ungenießbar gemacht *(denaturiert)* u. damit steuervergünstigt.

Brennstoffkreislauf, Verfahrensablauf z. Gewinnung, Wiederaufbereitung u. Entsorgung d. f. die Kernenergiegewinnung benötigten spaltbaren Materials; umfaßt Gewinnung von Uranerz, Anreicherung des U235, Herstellung d. Brennelemente, Wiederaufbereitung z. Rückgewinnung v. unverbrauchtem U235 und durch Kernreaktion entstan- denem Plutonium, Zwischen- und Endlagerung.

Brennweite, Entfernung v. → Brennpunkt u. Linsenmittelpunkt.

Brenta, oberit. Fluß, 160 km lang, zum Golf von Venedig.

Brenta-Gruppe, Gebirgszug der it. Dolomiten; *Cima Tosa* 3176 m.

Brentano,
1) Bernhard v. (15. 10. 1901–29. 12. 64), dt. Schriftst., Publizist u. Essayist; *Theodor Chindler.*
2) Clemens (8. 9. 1778–28. 7. 1842), dt. romant. Dichter; Roman: *Godwi;* Dramen; Gedichte; Märchen, Erzählungen *(Geschichte vom braven Kasperl und dem schönen Annerl),* Romanzen; *Des Knaben Wunderhorn* (Volksliedersammlung, zus. mit → Arnim).
3) Franz (16. 1. 1838–17. 3. 1917), dt. Phil.; *Psychologie vom empir. Standpunkt.*
4) Heinrich v. (20. 6. 1904 bis 14. 11. 64), CDU-Pol.; 1955–61 Außenmin., 1961–64 Fraktionsvors. d. CDU/CSU.
5) Lujo (18. 12. 1844–9. 9. 1931), dt. Volkswirt u. Sozialpol.; Verfechter d. Arbeiterrechte u. Gewerkschaftsbewegung.

Breschnew, Leonid Iljitsch (19. 12. 1906–10. 11. 82), sowj. Pol.; 1952 Mitglied des ZK d. KPdSU, 1960–64 Staatspräs., s. 1964 Erster Sekr. des ZK d. KPdSU, s. 1966 Gen.sekr. d. KPdSU, s. 1977 gleichzeitig Staatspräs.

Brescia ['breʃʃa], Hptst. der nordit. Provinz *B.,* 200 700 E; Dom, Museen; Textil-, Metall- u. Fahrzeugind.

Bresgen, Cesar (16. 10. 1913–7. 4. 88), östr. Komponist.

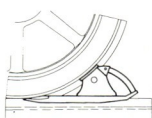

Bressanone → Brixen.

Bresson [-'sõ], Robert (* 25. 9. 1907), frz. Filmregisseur; *Le journal d'un curé de campagne* (1950); *Pickpocket* (1959); *Quatre nuits d'un rêveur* (1971); *L'argent* (1983).

Brest,
1) gr. frz. Kriegs- u. Handelshafen a. d. breton. W-Küste, 156 000 E; Marineschule, Werften, Ind.

Leonid Breschnew

Brest, *Tour Tanguy und Kastell*

Breslau, *Rathaus*

Breslau, *Wrocław,* Hptst. d. poln. Woiwodschaft *W.,* frühere Hptst. v. N-Schlesien, a. d. Mündung d. Ohle i. d. Oder, 642 000 E; im 2. Weltkrieg zu 68% zerstört; spätgot. Rathaus, got. Kirchen, Uni., TH, Theater; Flughafen; bed. Ind.: Maschinen, Textilien, Chemie. – 1163–1335 Residenz d. Piastenherzöge, 1261 dt. Stadtgründung, 1294 Mitgl. d. Hanse, 1335 böhm., 1527 habsburg., 1742 preuß., s. 1945 poln.

Bretagne, *Calvaire von Guéhenno*

Aristide Briand

2) früher *Brest-Litowsk,* Stadt in Weißrußland, a. d. poln. Grenze, 258 000 E; Verkehrs- u. Handelszentrum; 1795 an Rußland, 1921 poln., 1939 an UdSSR; 1918 *Friede von B.-Litowsk* zw. Mittelmächten u. Rußland; Bestimmungen durch → Versailler Vertrag wieder aufgehoben.

Brest-Litowsk → Brest 2).

Bretagne [brə'taɲ], westfrz. Halbinsel mit hafenreicher Küste, im Innern Hochfläche (Heide, Moor, Wald); Obst-, Gemüseanbau an der klimabegünstigten Nordküste; vorwiegend kelt. Bev.: Bretonen; bes. Fischerei („Islandfischer"); Hpthafen *Brest,* Hptst. *Rennes.*

Breton [brə'tõ], André (18. 2. 1896 bis 28. 9. 1966), frz. surrealist. Schriftst.; *Surrealist. Manifest* (1924).

Bretonen, seit 5. Jh. n. Chr. in der frz. Bretagne siedelnde Volksgruppe kelt. Abstammung.

Bretonisch, kelt. Sprache; wird in der Bretagne noch von ca. 1 Mill. Menschen gesprochen.

Brett, Schnittholz von 8–40 mm Dicke u. mind. 8 cm Breite.

Bretten (D-75015), St. in Ba-Wü., 25 800 E; Geburtsort → Melanchthons; AG; div. Ind.

Bretton Woods ['brɛtən 'wʊdz], Ort in New Hampshire (USA); *Konferenz v. B. W.* 1944: Gründung der → Weltbank u. d. → Internationalen Währungsfonds.

Breuel, Birgit (* 7. 9. 1937), dt. Wirtsch.pol.in (CDU); 1978–90 Landesmin.in in Nds. (f. Wirtschaft bzw. Finanzen), s. Mitte 1990 Vorstandsmitglied, 1991–94 Präs.in d. Berliner → Treuhandanstalt.

Breuer, Marcel (22. 5. 1902–1. 7. 81), ungar.-am. Architekt u. Designer; zuerst am → Bauhaus tätig; UNESCO-Gebäude (zus. m. Nervi u. Zehrfuß) u. Austral. Botschaft in Paris; serienmäßig herstellbare Stahlrohrmöbel.

Breughel → Bruegel.

Breve, s. (l. „kurz"), päpstl. Erlaß.

Brevier [l. „Auszug"], Buch d. kirchl. Stundengebete d. kath. Priester (7 Tageszeiten: Mette, Laudes, Terz, Sext, Non, Vesper, Komplet); s. 1970 *Neues Brevier.*

Brewster ['bruːstə], Sir David (11. 12. 1781–10. 2. 1868), engl. Physiker; *B.sches Gesetz* → Polarisation des Lichts.

Breytenbach, Breyten (* 16. 9. 1939), südafrikan. Schriftst., emigrierte nach Paris; Roman: *Augenblicke im Paradies;* Gedichte: *Blues auf dem sinkenden Schiff; In Afrika sind sogar die Fliegen glücklich.*

Brian ['braɪən, kelt. „der auf dem Hügel, der Hohe"], engl. m. Vn.

Briand [bri'ã], Aristide (28. 3. 1862 bis 7. 3. 1932), franz. Pol.; mehrfach Min.präs.; 1925–32 Außenmin.; strebte eine Verständigung mit Dtld (Locarnopolitik) u. die Schaffung der Vereinigten Staaten v. Europa an; (zus. mit Stresemann) Friedensnobelpr. 1926.

Briand-Kellogg-Pakt [frz. briã, engl. 'kɛlɔg], am 27. 8. 1928 in Paris unterzeichneter Vertrag zur Ächtung des Krieges.

Bridge, s. [engl. brɪdʒ], Kartenspiel; 52 Karten.

Bridgeport ['brɪdʒpɔːt], Hafenst. im US-Staat Connecticut, 142 500 E; Maschinen-, Elektro-, Textilind., Verlage.

Bridgetown ['brɪdʒtaʊn], Hptst. v. Barbados, 6700 E, Hafen.
Bridgman ['brɪdʒmən], Percy Williams (21. 4. 1882–20. 8. 1961), am. Phys. (Hochdruckphysik) u. Phil.; Nobelpr. 1946.
Brie [bri], frz. Landschaft zw. Seine u. Marne; berühmter *Rahmkäse (B.käse).*
Briefadel → Adel.
Briefgeheimnis, das durch Art. 10 GG u. § 202 StGB geschützte Recht der Unverletzlichkeit einer verschlossenen Nachricht (Schreiben, Tonträger, Abbildung); strafbar macht sich, wer als Unbefugter sich durch Öffnen des Verschlusses od. durch Anwendung techn. Mittel Kenntnis v. Inhalt einer solchen Nachricht verschafft.
Briefhypothek, Form der → Hypothek; nach Eintragung im Grundbuch erwirbt der Gläubiger erst mit der Übergabe des Hypothekenbriefes der Briefhypothek.
Briefkurs → Kurszettel.
Briefmarken → Postwertzeichen, → Philatelie, Tafel.
Briefsteller, Anleitung z. Briefschreiben.
Brieftauben, Haustaubenrassen mit bes. hochentwickeltem Orientierungssinn u. Heimfindevermögen; daher z. Nachrichtenübermittlung verwendet.
Brieftelegramm, mit Briefpost zugestelltes Telegramm z. ermäßigter Gebühr.

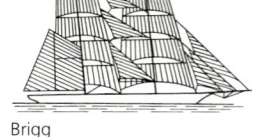
Brigg

Brillenschlange

Brighton, *Königlicher Pavillon*

Brisbane, *Skyline*

Briefverteilanlage, maschinelle Einrichtung zum sortieren von Briefsendungen in mechanischen Fördereinrichtungen; Briefe werden automat. vereinzelt und codiert; die Codierung ist Grundlage für das anschließende automat. Sortieren; das Lesen und Auswerten der Anschrift erfolgt entweder automat. durch einen Prozeßrechner (bei maschinenlesbarer Anschrift) oder an einem Bildschirm durch eine Codierkraft, die dann auf einer Tastatur das Zielkennzeichen (in der Regel die Postleitzahl) eintastet (Videocodierung); auf Grund des Lesens der Anschrift ordnet der Rechner der Sendung das Zielkennzeichen zu; entsprechend dem Zielkennzeichen werden durch einen Tintenstrahldrucker fluoreszierende Balken auf die Sendung aufgesprüht (Aufbringen des Codes); durch optoelektr. Abtastung werden Steuerimpulse für das Sortieren in der Sortiermaschine erzeugt.
Brieg, *Brzeg,* St. i. d. poln. Woiwodschaft Opole (Schlesien), 38 000 E; Schloß, ehem. Residenz d. Hzgt. B. (u. Liegnitz), 1741 zu Preußen; s. 1945 poln.
Brienz (CH-3855), Luftkurort im schweiz. Kanton Bern, 2800 E, am **Brienzer See** (30 km²), 567 müM; südl. *B.* Grat mit *B. Rothorn* (2350 m), Zahnradbahn.
Bries, *s.,* svw. → Thymus, → Kalbsmilch.
Briey [bri'ɛ], frz. St. im Dép. *Meurthe-et-Moselle,* 4500 E; Eisenerzlager (Minette).
Brig (CH-3900), frz. *Brique,* Bez.-Hptort i. Kanton Wallis, 10 400 E; Verkehrsknotenpkt a. Eingang d. Simplontunnels, Ausflugszentrum.
Brigach, nördl. Donauquellfluß.
Brigade, *w.* [frz.],
1) in der ehem. DDR leistungsorientierte Arbeitsgruppe.
2) früher mehrere Regimenter umfassender mil. Truppenverband; heute mehrere Bataillone u. Brigadetruppen versch. Waffengattungen.
Brigadegeneral → General.
Brigant, *m.* [it.], (Straßen-)Räuber.
Brigantine, *w.,* kleines zweimastiges Segelschiff.
Brigg, *w.,* zweimastiges Segelschiff m. Rahsegeln a. beiden Masten.
Briggs, Henry (1561–1630), engl. Mathematiker; von ihm **B.sche Logarithmen** mit der Basis 10.
Brighton ['braɪtn], engl. St. u. Seebad a. Kanal; 143 600 E.
Brigitte [kelt. „die Hohe"], w. Vn.
Brikett, *s.* [frz.], Preßkohle, zur Erzielung fester Stücke aus getrockneter Braunkohle, auch aus Steinkohlengrus und Grudekoks, unter Beigabe v. Bindemitteln (Steinkohleteer) gepreßt.
Bril, Paul (1554–7. 10. 1626), fläm. Maler d. Frühbarock, bes. in Rom tätig (u. a. Freskenzyklus in S. Maria Maggiore); e. Hptvertr. d. klass. röm. Landschaftsmalerei d. 17. Jh.; *Flußlandschaft mit Turmruine.*
Brillant, *m.* [frz.], Schliffform durchsichtiger Edelsteine, bes. der Diamanten, Schliffflächen (Facetten) meist Vielfaches von 8.
Brillanz, klass. Eigenschaft v. Filmen, Objektiven od. Papierbildern; hohe B. verleiht d. Bild Licht und Strahlkraft.

Brillat-Savarin [bri'ja sava'rɛ̃], Anthelme (1. 4. 1755–2. 2. 1826), frz. gastronom. Schriftsteller.
Brille, Augenlinsen aus Glas oder Kunststoff zum Ausgleich von Kurzsichtigk. (Konkavlinse), Weitsichtigk. u. Alterssichtigk. (Konvexlinse) u. Abbildungsfehlern wie Astigmatismus (zylindr. Linsen); Schutz-B. gg. Zug, Staub, grelles Licht; Auto-B., Schnee-B. u. a.; auch → Haftgläser.
Brillenschlange, gefährliche Giftschlange Asiens; kl. Kopf, Hals scheibenförmig ausbreitbar durch Auseinanderspreizen d. Rippen, m. brillenähnlicher Zeichnung.
brillieren [frz. brɪlj-], glänzen, Aufsehen erregen.
Brilon (D-59929), Luftkurort i. Hochsauerlandkr., NRW, 25 660 E; AG; Elektro-, Holz-, Stein- u. chem. Ind.
Brimborium, *s.* [nl.], Schwulst, wichtigtuerisches Gehabe.
Brindisi, südit. Hafenst. am Adriat. Meer, 92 000 E; chem. Ind., Ölraffinerie.
Brinellhärte, Bestimmung der Härte von Werkstoffen durch Kugeldruckversuch nach dem schwed. Ing. J. A. *Brinell* (1849–1925), Zeichen *HB.*
Bringsysteme, in d. → Abfallwirtschaft öff. Müllsammelcontainer u. Annahmestellen (Sondermüll), zu denen Bürger ihren Abfall selbst bringen; Ggs. → Holsysteme.
Brioches, *w.* [frz. bri'ɔʃ], frz. Frühstücksgebäck aus fett- u. eireichem Hefeteig.
Brion, Friederike (19. 4. 1752–3. 4. 1813), Pfarrerstochter aus Sesenheim; Goethes Jugendliebe.
Brioni, kroatische Insel bei Pula (Istrien), Seebad.
Brisanz, *w.* [frz.], Explosionsenergie e. Sprengstoffs.
Brisanzgranate, Sprenggranate.
Brisbane [-beɪn], Hpt- u. Hafenst. v. Queensland, an der O-Küste Australiens, 1,33 Mill. E; Uni.; internat. Flughfn.; Überseehandel (landwirtsch. Erzeugnisse), Raffinerie, Maschinen- u. Fahrzeugbau, Textilind.
Brise, *w.* [frz.], guter Segelwind.
Brisolett, *s.,* gebratenes Kalbfleischklößchen.
Bristol [brɪstl], südengl. Hafen- u. Hptst. d. Gft Avon a. unt. Avon, 376 000 E; Uni.; Handels- und Industriezentrum (Luft- u. Raumfahrtind.).
Bristolkanal, Mündungstrichter d. Severn.
Bristow ['brɪstoʊ], Gwen (16. 9. 1903 bis 10. 10. 80), am. Schriftst.in; *Tiefer Süden; Die noble Straße; Bis ans Ende der Welt.*
Britanniametall, Zinn-Antimon-Legierung.
Britannicus, Tiberius (41–55 n. Chr.), letzter Claudier, auf Befehl Neros vergiftet.
Britannien, alter Name für England und Schottland (urspr. *Kassiteriden,* „Zinninseln", gen.); keltische Urbevölkerung; Feldzüge Cäsars 55 u. 54 v. Chr.; 43 n. Chr. röm. Prov.; s. 450 Eindringen d. Angelsachsen.
Britische Inseln, Inselgruppe umfaßt Großbrit., Irland, Shetland- u. Orkneyin., Hebriden, Man, Wight, Anglesey u. a., rd 315 000 km², 60 Mill. E.
Britisches Antarktis-Gebiet, 1962

gebildet, umfaßt d. Antarktis-Sektor südl. 60° s. Br. u. zw. 20° u. 80° w. L. m. d. antarkt. Halbinsel (Palmer- Grahamld), d. S-Shetland-Inseln, d. S-Orkneys, Filchner- u. Ronneschelfeis u. Coatsld.
Britisches Museum, Bibliothek u. Museum in London, 1753 gegr.; griech., röm., orient. Altertümer, völker-, erd- u. naturkundl. Sammlungen; größtes Museum d. Welt.
Britisches Reich, *British Empire,* staatsrechtlich überholte Bez. f. → *Commonwealth of Nations.*
Britisch-Guayana, ehem. brit. Kolonie → *Guyana.*
Britisch-Honduras, ehem. brit. Kolonie im SO-Teil der Halbinsel Yucatán, → *Belize.*
Britisch-Kolumbien, kanad. Prov., → *Columbia.*
Britisch-Westindien, die ehem. brit. verw. Inseln Jamaica, Trinidad, Tobago u. Barbados sowie die Assoziierten Staaten, → *Westindien.*
Britisch-Zentralafrika → Zentralafrikanische Föderation.
Britten, Benjamin (22. 11. 1913–4. 12. 76), engl. Opernkomp.: *Peter Grimes; The Rape of Lucretia; Billy Budd; The Turn of the Screw;* Orchester- u. Chorwerke; *War Requiem;* Oratorien.
Britting, Georg (17. 2. 1891–27. 4. 1964), dt. Lyriker; Roman: *Lebenslauf e. dicken Mannes, der Hamlet hieß.*
Brixen, it. *Bressanone,* St. in der it. Prov. Bozen, am Eisack, 17 000 E; Bischofssitz; Dom; Fremdenverk.
Brjansk, Hptst. d. Gebiets B. an d. Desna im Westen Rußlands, 452 000 E; Masch.-, Textil- u. Fahrzeugbauind.
broadcast [engl. 'brɔːdkɑːst, „breitwerfen"], engl. u. am. Bez. f. „senden" (Rundfunk).
Broadway ['brɔːdweɪ „breiter Weg"], eine der Hauptgeschäftsstraßen v. New York, über 30 km l.; am B. das Theaterviertel v. N. Y.
Brocasches Zentrum, motorisches Sprachzentrum (Abb. → Gehirn).
Broch, Hermann (1. 11. 1886–30. 5. 1951), östr. Dichter; *Die Schlafwandler* (Romantriologie); *D. Versucher; Der Tod des Vergil;* Essays u. Studien.
Brock, Bazon (* 2. 6. 1936), dt. Schriftst. u. Kulturkritiker, Begr. d. sog. Wegwerfpoesie; *Der künstler. Avantgardist als gesellschaftl. Revolutionär;* Gedichte u. Hörspiele.
Brockdorff-Rantzau, Ulrich Gf v. (29. 5. 1869–8. 9. 1928), 1919 dt. Außenmin.; Leiter der Friedensdelegation in Versailles; 1922–28 Botschafter in Moskau.
Brocken, höchster Berg im Harz, 1142 m, kahler Gipfel, Granitblöcke; Wetterwarte.
Brockes, Barthold Heinrich (22. 9. 1680–16. 1. 1747), dt. Dichter zw. Barock u. Aufklärung; *Irdisches Vergnügen in Gott.*
Brockhaus, F. A., Verlag, gegr. 1805 in Amsterdam, s. 1817 in Leipzig, s. 1945 auch in Wiesbaden: Nachschlagewerke, Reiseführer, Naturwissensch.
Brod, Max (27. 5. 1884–20. 12. 1968), jüd. neuromant.-expressionist. Dichter; Gedichte, Essays, Romane: *Tycho Brahes Weg zu Gott; Der Meister;* Kafka-Biograph.

Brodsky, Joseph (24. 5. 1940–28. 1. 96), russ.-jüd. Lyriker u. Essayist; *Erinnerung an Leningrad;* Nobelpr. 1987.
Bröger, Karl (10. 3. 1886–4. 5. 1944), dt. Arbeiterdichter.
Broglie [brɔj],
1) Louis Victor, Prinz de (15. 8. 1892 bis 19. 3. 1987), frz. Phys.; Begr. d. Wellentheorie d. Materie als Ausgangspunkt f. d. Entwicklung d. Wellenmechanik (→ Materiewellen, → Quantentheorie, Übers.); Nobelpr. 1929.
2) Maurice, Hzg von (27. 4. 1875–14. 7. 1960), frz. Phys.; Arbeiten zur Röntgenphysik.
Broiler [engl.], Masthühner, d. b. einem Lebendgewicht v. 1,3–1,6 kg geschlachtet werden.
Brokat, *m.* [it.],
1) bes. kostbare gemusterte Seide, früher vielfach mit Metallfäden.
2) Pulver für Bronzefarben aus einer Legierung von Kupfer u. Zinn od. Zink.
Brokdorf (D-25576), Gem. in Schl-Ho., an d. Unterelbe, 941 E; Kernkraftwerk.
Broken Hill → Kabwe.
Broker [engl., am.], Wertpapierhändler od. -berater a. d. Börse; → Makler.
Brokkoli, Spargelkohl m. grünen, weißen, gelben od. violetten Blütenknospen.
Brom, *s., Br,* chem. El., Oz. 35, At.-Gew. 79,904, Dichte 3,14; Halogen, braunrote, stechend riechende Flüssigkeit, erstarrt bei −7,3 °C; natürl. Vorkommen nur in Verbindungen, im Meerwasser; Gewinnung aus *Abraumsalzen;* Verwendung als **B.präparate** (Beruhigungsmittel) u. *Silberbromid* (lichtempfindlich, in d. Fotografie).
Bromatologie u. Bromatik [gr. „broma = Speise"], Lehre v. d. in wiss. Hinsicht zweckmäßigen Zubereitungsmethoden d. Nahrungs- u. Genußmittel.
Brombeere, stachl. Waldstrauch aus d. Familie d. Rosengewächse mit schwarzen Beeren; sehr arten- u. formenreich.
Bromberg, poln. *Bydgoszcz,* St. an der Brahe (Nbfl. der Weichsel) u. dem *B.er Kanal* (zw. Brahe u. Netze, 25 km l.), Hptst. d. Woiwodschaft B., 382 000 E; Maschinenind., Eisenbahn-Werkstätten u. Schiffahrt. – 1346 St. mit dt. Recht; 1772 preuß.; 1920 an Polen.
Bromeliazeen, Pflanzen des trop. Amerika, meist auf Bäumen wachsende Zierpflanzen; Bastfasern spinnbar; der → Ananas verwandt.
Bromfield, Louis (27. 12. 1896–18. 3. 1956), am. Schriftst.; *Früher Herbst; Der große Regen.*
Bronchialkarzinom, svw. Lungenkrebs.
Bronchialkatarrh, *Bronchitis,* Schleimhautentzündung d. feinen Luftröhrenäste, **Bronchien;** deren krankhafte Erweiterung: **Bronchiëktasien.**
Bronchographie, röntgenolog. Darstellung d. Bronchien mit Hilfe von Kontrastmittel.
Bronchoskopie, direkte Betrachtung der Bronchien mit eingeführtem Instrument *(Bronchoskop).*
Bronchospasmus, Verkrampfung der Bronchien, z. B. bei → Asthma.
Bronnen, Arnolt (19. 8. 1895–12. 10. 1959), östr. Dramatiker; *Vatermord.*
Bronson ['brɔnsn], Charles (* 3. 11. 1922), am. Filmschauspieler; *Die glor-*

Benjamin Britten

Schwert mit Bronzeknauf

Bronzeringe mit Anhänger, um 800 v. Chr.

Brotfruchtbaum

reichen Sieben; Spiel mir das Lied vom Tod.
Brontë, drei Schwestern, engl. Schriftst.innen.
1) Charlotte (21. 4. 1816–31. 3. 55), Roman: *Jane Eyre.*
2) Emily (20. 8. 1818–19. 12. 48), Roman: *Sturmhöhe.*
3) Anne (17. 1. 1820–28. 5. 49), *Wildfell Hall.*
Brontosaurus, fossile Riesenechse aus d. Jura N-Amerikas; größtes Landtier, über 20 m lang.
Bronx, Stadtteil New Yorks, 1,2 Mill. E.
Bronze, rotgelbe Kupfer-Zinn-Legierung, i. vorgeschichtl. Zeit u. im Altertum zu Gerät u. Waffen verarbeitet, heute als Lagermetall wichtig.
Bronzediabetes, Form des → Diabetes mellitus mit Verfärbung d. Haut bei → Hämochromatose.
Bronzeguß, v. d. künstler. Plastik wird ein Gipsabguß hergestellt, der dann aus Formsand angeformt wird; beim *Sandformverfahren* bleibt d. aus einzelnen zusammenpassenden Stücken bestehende Formmantel bestehen und kann mehrfach verwendet werden; bei d. *verlorenen Form* wird d. Formmantel n. dem Guß zerschlagen. → Bildguß; → Abguß.
Bronzekrankheit, svw. → Addisonsche Krankheit.
Bronzezeit → Vorgeschichte, Übers.
Bronzino, Agnolo (17. 11. 1503–28. 11. 72), it. Maler d. Florentiner Manierismus, Hofmaler d. Medici; *Cosimo I. de' Medici.*
Brook [bruk], Peter (* 21. 3. 1925), engl. Theaterregisseur u. -theoretiker; bekannte Inszenierungen: *Marat u. L'homme qui.*
Brooklyn ['bruklin], Stadtteil New Yorks auf Long Island, 2,2 Mill. E.
Brooks [bru:ks],
1) Mel (* 28. 6. 1926), am. Regisseur aggressiv-humorvoller Filme; *Silent Movie.*
2) Richard (18. 6. 1912-11. 3. 92), am. Filmregisseur; *Die Brüder Karamasow* (1958), *Die Katze auf d. heißen Blechdach* (1958), *In Cold Blood* (1968).
broschieren [frz.], Druckwerke in Umschlag heften.
Broschüre, geheftetes Buch; Flugschrift.
Brosio, Manlio (10. 7. 1897–14. 3. 1980), it. Diplomat; 1964–71 Gen.sekr. der NATO.
Brot, Nahrungsmittel, aus Mehl u. Wasser meist unter Verwendung von Treibmitteln (Hefe, Sauerteig, Backpulver) gebacken.
Broteinheit, *BE,* zur Berechnung d. Diät bei → Diabetes mellitus.
Brotfruchtbaum, Tropenbaum mit sehr großen, stärkereichen Fruchtständen; wichtiges Nahrungsmittel im tropischen Asien, bes. in der Südsee.
Brot für die Welt, jährl. Spendensammlung der ev. Kirchen i. Dtld.
Brotgetreide, Roggen, Weizen → Dinkel.
Brouillon, *s.* [frz. bru'jõː], erster schriftl. Entwurf, Kladde.
Brouwer ['brɔuwər],
1) Adriaen (1605/06–Jan. 38), ndl. Maler d. Barock; Bauernszenen, Landschaften.

2) Luitzen Egbert (27. 2. 1881–2. 12. 1966), ndl. Math.; Begr. d. math. Intuitionismus: Ablehnung der aktualen Unendlichkeit in d. Mathematik.
Brown [braʊn],
1) Ford Medox (16. 4. 1821–11. 10. 93), engl. Maler; zeitweise Annäherung an → Nazarener 2) u. → Präraffaëliten; histor. Themen (z. T. mit romantischer Hinwendung zum MA), dann auch Darstellungen d. Zeitgeschichte *(Arbeit; Die Letzten v. England).*
2) Harold (* 19. 9. 1927), am. Nuklearphysiker u. Pol.; 1965 bis 69 Luftwaffenmin., 1977–81 Verteidigungsmin.
3) Herbert C. (* 22. 5. 1912), am. Chem.; Nobelpr. 1979 (Entwicklung v. Bor- u. Phosphorverbindungen).
Browning [braʊn-], Robert (7. 5. 1812–12. 12. 89), engl. Dichter, verheiratet mit E. → Barrett-Browning; *Pippa geht vorüber.*
Browning, *m.* [braʊn-], am. Selbstladepistole.
Brownisten, engl. kalvinist.-puritan. Kongregationalisten-Sekte; gegr. v. Robert *Browne* (1555–1636).
Brownsche Bewegung → Molekularbewegung.
BRT, Brutto- → Registertonne, Schiffsraummaß; umfaßt sämtl. Schiffsräume.
Brubeck, Dave (* 6. 12. 1920), am. Jazzpianist.
Bruce [bruːs], James (14. 12. 1730 bis 27. 4. 94), schott. Afrikareisender; entdeckte d. Quellen d. Blauen Nils wieder.
Brucellosen, durch Brucella-Bakterien (nach Entdecker *Bruce,* 1855–1931) bedingte Infektionskrankh. bei Tieren (Abortseuchen) und Menschen (Maltafieber, Bangsche Krankheit).
Bruch,
1) Max (6. 1. 1838–2. 10. 1920), dt. Komp.; *Violinkonzert in g-Moll;* Chorwerke.
2) Walter (2. 3. 1908–5. 5. 90), dt. Ingenieur u. Fernsehpionier; entwickelte d. → PAL-Farbfernseh-System.
Bruch,
1) med. eines Knochens, *Fraktur;* oder Weichteilbruch, *Hernie,* vor allem Hervortreten v. Darmschlingen durch eine *Bruchpforte:* Unterleibsbruch; Leisten-B., Nabel-B.; Narben-B. nach Operationen.

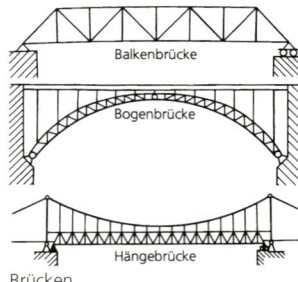
Brücken

Brücke-Ausstellungsplakat, *Ernst Ludwig Kirchner*

Anton Bruckner

Pieter Brueghel d. Ä., *Kinderspiele*

2) math. Verhältnis zw. zwei ganzen Zahlen; die Zahl über dem Bruchstrich heißt *Zähler,* die untere *Nenner.*
3) techn. Unbrauchbarwerden v. Maschinenteilen.
4) jagdlich: bei jagdl. Handlungen u. Zeremoniell verwendeter grüner Zweig.
5) niederdeutsch *Brook,* mit Buschwerk, Erlen, Birken bestandenes Niedermoor.
Bruchband, *med.* elast. Gürtel, schließt durch Druck mit federndem Kissen, der sog. *Pelotte,* d. Bruchpforte bei Unterleibsbrüchen ab.
Bruchfestigkeit, *techn.* Widerstandsfähigkeit von Maschinenteilen usw. gegen Schäden.
Bruchsal (D-76646), St. i. Ldkr. Karlsruhe, Ba-Wü., 39 700 E; Barockschloß (Treppenhaus v. Balth. Neumann); AG; Elektro-, Holz-, Farben- u. Maschinenbauind.
Bruck,
1) B. an d. Mur (A-8600), Bezirksst. in d. Steiermark, 14 050 E; Stahlwerke, Papierind.
2) B. an d. Leitha (A-2460), Bez.st. i. Niederöstr., am Leithagebirge, 7600 E.
Brücke,
1) seem. Kommandobrücke (Platz der Schiffsführung).
2) Hauptformen: a) Balken-, b) Bogen-, c) Hängebrücke; unterscheiden sich in d. Druckrichtung auf d. Unterlage: a) senkrecht n. unten, b) schräg n. außen u. unten drückend, c) schräg n. innen ziehend. Baustoffe: Holz, Steine, Stahl (genietet u. geschweißt) u. Eisenbeton; Teile oft beweglich, um Schiffen freien Raum zu geben: Zug-, Klapp-, Hub- (gleichmäß. Heben u. Senken d. Verkehrsbahn) u. Drehbrücke; größte B.n der Welt (Spannweite), *USA:* Verrazano-Narrows-B., New York (1300 m), Golden-Gate-B., San Francisco (1280 m), Mackinac-B. (1158 m); *Australien:* Hafen-B. Sydney (503 m); *Europa:* B. über d. Gr. Belt (6,6 km), Tejo-B., Lissabon (1013 m), B. über den Firth of Forth, Schottland (1006 m); *BR:* Fehmarnsundbrücke (963 m), Rheinbrücke in Emmerich (500 m).
Brücke, Die, Vereinigung expressionist. Maler, gegr. 1905 in Dresden durch Kirchner, Bleyl, Heckel, Schmidt-Rottluff; später schlossen sich u. a. Pechstein, Mueller, eine Zeitlang auch Nolde, an; 1918 endgültig aufgelöst; bedeutend für d. Entwickl. d. mod. Kunst: Formvereinfachung, spontan-subjektiver Ausdruck.
Brückenberg, *Bierutowice,* St.teil v. *Krummhübel,* poln. *Karpacz,* poln. Luftkurort im Riesengebirge; Holzkirche Wang.
Brückenbildung, Zündstörung an Kfz-Motoren durch Bleirückstände d. Antiklopfmittel (→ Klopffestigkeit); Verhinderung durch → Additive.
Brückenechse, altertümliches, eidechsenähnliches Reptil; heute nur mehr eine Art auf Neuseeland.
Brückenkopf, früher im feindwärts gelegenen Vorgelände einer Brücke angelegte Befestigung (Stellung), heute allg. auf feindbesetztem Gebiet (Flußufer, Meeresstrand) erkämpfter Geländestreifen; dient d. Sicherung bei d. Übersetzung weiterer Truppen u. Material.

Bruckner,
1) Anton (4. 9. 1824–11. 10. 96), östr. Komp.; verbindet klassische Tradition m. volksliedh. Melodik, wurzelt in tiefer Religiosität; 1867 Hofkapell-Organist in Wien u. Lehrer am Konservatorium; 9 Sinfonien, 3 Messen, Tedeum, Chorwerke a cappella, Streichquintett.
2) Ferdinand (26. 8. 1891 bis 5. 12. 1958), östr. Dramatiker; psychoanalyt. u. histor. Themen; *Elisabeth von England.*
Brüden, bei techn. Prozessen, mit Wasserdampf gesättigte, oft verunreinigte Luft.
Brüdergemeine, ev. *Brüder-Unität;* aus Resten der Böhm.-Mähr. Brüder, 1722 auf den Gütern von Gf Zinzendorf angesiedelt; gründeten Ort Herrnhut (daher *Herrnhuter*); seit 1946 Leitung der B.n in Bad Boll.
Brüderhäuser, bilden ev. Diakone aus (z. B. *Rauhes Haus* in Hamburg).
Bruderschaften, meist rel. Vereinigungen v. Laien.
Brüder vom gemeinsamen Leben, christl. Bruderschaft im 14. Jh. i. d. Ndl. gegr.; Haupttätigkeit: schul. Erziehung.
Bruegel ['brøːɣəl], *Brueghel, Breughel,* ndl. Malerfamilie;
1) Pieter B. d. Ä., *Bauern-B.* (zw. 1525 u. 30–5. 9. 69), → Tafel Radierung, → Schlaraffenland (Abb.); Söhne:
2) P. B. d. J., *Höllen-B.* (um 1564–1638) u.
3) Jan B. *d. Ä., Samt-B., Blumen-B.* (1568–13. 1. 1625); dessen Sohn
4) J. B. d. J. (1601–78).
Brügge, fläm. *Brugge,* frz. *Bruges,* Hptst. der belg. Prov. Westflandern, am B.-Seekanal (verbindet B. m. d. Vorhfn. Zeebrügge, 12 km l.), 116 700 E; ma. Alt-St. m. vielen Kanälen; Europa-Univ.; Textilind., Stahl- und Maschinenbau, Schiffbau, Blumenzucht. – Im 17. Jh. eur. Wollhandelszentrum.
Brühl,
1) Heidi (30. 1. 1942–8. 6. 91), dt. Schauspielerin und Sängerin; *Immenhof*-Filme; Musical *Annie, Get Your Gun.*
2) Heinrich Gf v. (13. 8. 1700 bis 28. 10. 63), seit 1746 Premiermin. Augusts III. von Sachsen; nach ihm die **Brühlsche Terrasse** in Dresden.
Brühl,
1) (D-50321), St. bei Köln, 42 900 E; Barockschloß Augustusburg (Rokoko-Treppenhaus v. B. *Neumann*), Jagdschloß Falkenlust v. Cuvilliés (s. 1984 Weltkulturerbe); Geburtsort v. Max → *Ernst;* metallverarb. Ind.
2) (D-68782), Gem. b. Mannheim, im Rhein-Neckar-Kr., Ba-Wü., 13 835 E; elektrotechn. Ind.
Brukterer, german. Stamm westl. der Ems.
Brüllaffen, gesellig auf Bäumen lebende südam. Affen mit Greifschwanz; Stimme durch röhrenförmiges Zungenbein u. großen Kehlkopf verstärkt.
Brumaire [bryˈmɛːr „Nebelmonat"], 2. Monat d. frz. Revolutionskalenders; am 18. B. des Jahres VIII (1799) Napoleon Erster Konsul.
Brunch [engl. brʌntʃ], aus engl. **br**eak**f**ast (Frühstück) u. **l**unch (Mittagessen), spätes, als Mittage. gedachtes Frühstück.
Brundtland ['brʏnlan], Gro Harlem (* 20. 4. 1939), 1981, 1986–89 und 1990 bis 1996 norweg. Ministerpräsidentin.

BRUNEI	
Staatsname:	Brunei Darussalam, Negara Brunei Darussalam (Malaiisch)
Staatsform:	Islamische Monarchie
Mitgliedschaft:	UNO, Commonwealth, ASEAN, APEC
Staatsoberhaupt und Regierungschef:	Sultan Muda Hassanal Bolkhia
Hauptstadt:	Bandar Seri Begawan 46 000 Einwohner
Fläche:	5 765 km²
Einwohner:	280 000
Bevölkerungsdichte:	49 je km²
Bevölkerungswachstum pro Jahr:	Ø 2,24% (1990–1995)
Amtssprache:	Malaiisch
Religion:	Muslime (66%), Buddhisten (12%), Christen (9%)
Währung:	Brunei-Dollar (BR$)
Bruttosozialprodukt (1994):	3975 Mill. US-$ insges., 14 240 US-$ je Einw.
Nationalitätskennzeichen:	BRU
Zeitzone:	MEZ + 7 Std.
Karte:	→ Asien

Brunei

Brüllaffe

Brunei, Sultanat in NW-Borneo, s. 1888 brit. Protektorat, s. 1984 unabhängiges Sultanat im Commonwealth, eines d. reichsten Länder d. Erde; Haupteinnahmequellen: Erdöl- u. Erdgasvorkommen (Hauptabnehmer Japan).
Brunel [bro'nɛl], Isambard (9. 4. 1806 bis 15. 9. 59), engl. Ing.; erbaute 1838 den ersten Ozeandampfer, 1845 (ganz aus Eisen) den ersten Schraubendampfer, 1858 den ersten Riesendampfer „Great Eastern".
Brunelleschi [-ski], Filippo (1377 bis 15. 4. 1446), richtungweisender it. Baumeister u. Bildhauer d. → Renaissance; entdeckte d. Verfahren d. zentralperspektiv. Projektion; Florenz: Zweischalenkuppel des Doms; S. Lorenzo: Sakristei.
Brunello, *B. di Montalcino,* it. → DOCG-Wein, der i. d. Umgebung des toskan. Städtchens Montalcino aus d. Rebsorte → Sangiovese erzeugt wird u. 4 Jahre lagern muß; e. Spielart davon ist der weniger lang ausgebaute *Rosso di Montalcino.*
Brunft → Brunst.
Brunhilde,
1) im *Nibelungenlied* Kgn, Gattin Gunters, bewirkt Siegfrieds Tod; in d. nord. Sage u. b. Wagner Walküre: *Brynhild, Brünhilde.*
2) geschichtl. Kgn Ostfrankens 595 bis 613 (hingerichtet).
brünieren, Metallgegenstände mit dünnem, braunem oder schwarzem Überzug (meist aus dem Oxid des Metalls) gegen Rost schützen.
Brünig-Paß, 1007 m, verbindet Brienz mit Sarnen.
Brüning, Heinrich (26. 11. 1885–30. 3. 1970), dt. Pol. (Zentrum); 1930–32 Reichskanzler (s. 1931 auch Außenmin.); 1934–51 u. s. 1955 in USA, 1951 bis 55 Prof. in Köln.
Brünn, tschech. *Brno,* Hptst. d. Südmähr. Bez., an der Schwarzawa, 391 000 E; kath. Bistum, Uni., TH; Masch.-, Textil- u. Lederind.; s. 1959 Intern. Messe. – 1243 St. mit dt. Recht, 1350 Residenz der mährischen Markgrafen; Zitadelle (Spielberg) 1621–1885 östr. Staatsgefängnis.
Brünne, hemdartiger Ringpanzer mit *Halsschutz.*
Brunnen (CH-6440), Luftkurort a. Vierwaldstätter See, 6200 E.
Brunnen,
1) gemauerter Schacht bzw. in die Erde getriebenes Rohr zur Gewinnung von Trinkwasser, das durch Schöpfeimer bzw. Saugpumpe nach oben befördert wird; → *abessinischer Brunnen,* → *artesischer Brunnen.*
2) natürliche Mineralwässer.
Brunnenkresse, Kreuzblütler, Kraut in Bächen; Blätter zu Salat.
Brunner,
1) Emil (23. 12. 1889–6. 4. 1966), schweiz. ev. Theologe; führend in der ökumen. Bewegung; *Der Mittler.*
2) Heinrich (21. 6. 1840–11. 8. 1915), dt. Rechtshistoriker; *Dt. Rechtsgeschichte.*
3) Heinrich (21. 6. 1840–11. 8. 1915), dt. Rechtshistoriker; *Dt. Rechtsgeschichte.*
Bruno,
1) B. I., der Große (925–965), Hlg., Erzbischof von Köln, Bruder u. Ratgeber Ottos d. Gr.

Heinrich Brüning

2) B. v. Querfurt († 1009), Hlg., Apostel der Preußen.
3) B. (1032–1101), Hlg., Stifter d. Kartäuserordens.
4) Giordano B. (1548–1600), it. Philosoph; in Rom als Ketzer verbrannt; erweiterte Lehre d. Kopernikus z. Weltbild; negative Theologie und Pantheismus.
Brunsbüttel (D-25541), St. a. Elbmündung und → Nord-Ostsee-Kanal, 1970 durch Gem.zus.schluß, u. a. v. *B.koog,* 13 543 E; Elbe-Tiefwasserhafen, Kernkraftwerk, chem. u. petrochem. Ind.
Brunst, bei Hirschen *Brunft,* der periodisch sich einstellende Begattungstrieb u. Paarungszeit b. Säugetieren, bes. beim → Wild, oft gekennzeichnet durch spezielle Lautäußerung, Kampflust, Prachtkleider usw.
brüsk [frz.], barsch, schroff, rücksichtslos; *brüskieren,* schroff behandeln, herausfordern.
Brussa → Bursa.
Brüssel, fläm. *Brussel,* frz. *Bruxelles,* Hpt- u. Residenzstadt v. Belgien, an d. Senne, durch den *Brüsseler Seekanal* (28 km) mit der Schelde verbunden, 960 000 E (mit Vororten); mittelalterliche, flämische Unterstadt (Oper, Börse, Grand'Place m. Raths. u. Zunfthäusern, Kathedrale St. Michael) u. moderne, wallonische Oberstadt; Sitz d. EG-Kommission, des NATO-Hauptquartiers u. d. Generalsekretariats der Benelux-Länder; Königliches Schloß, Palast d. Nationen, Justizpalast; Uni., Akad., Hochschule, Museen, Bibliotheken; Masch.-, Metall-, Elektro- u. Textilindustrie.
Brüsseler Spitzen. Internat. Flughafen. – Im 12. Jh. Residenz d. Brabanter Herzöge, Mittelpunkt d. Tuchindustrie i. MA; 1897, 1910 u. 1958 (Atomium) Weltausstellung.
Brüsseler Pakt → Westeuropäische Union.
Brust, vorderer oberer Teil des menschlischen Rumpfes; weibliche Brustdrüse.
Brustbein, schwertf. Knochen i. d. Mitte d. Brust (→ Tafel Mensch).
Brustdrüse → Milchdrüse.
Brustdrüsenentzündung → Mastitis.
Brustfell, *Rippenfell, Pleura,* zarte Schleimhaut an der Innenfläche der Brusthöhle.
Brustfelleiterung, mit Eiterbildung verbundene Brustfellentzündung, → Empyem.
Brustfellentzündung, *Pleuritis,* mit oder ohne *Brustwassersucht,* oft bei Lungentuberkulose.

Brüssel, *Rathaus*

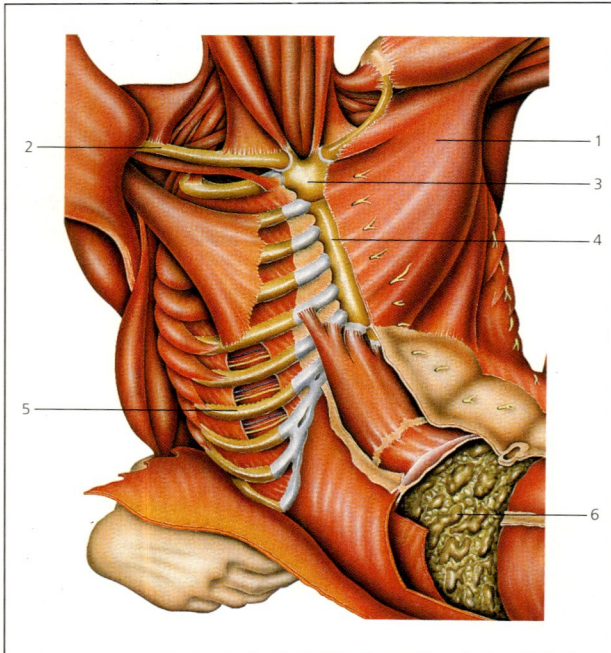

Brustkorb, gebildet aus 12 Paar mit der Wirbelsäule verbundenen Rippen, von denen 10 vorn mit d. Brustbein zusammenhängen.
Brustkrampf → Angina pectoris.
Brustschwimmen, in Mitteleur. herkömml. Schwimmstil; auch als Wettkampfart betrieben.
Bruststativ, ideal f. d. bewegl. Reportagefotografie m. Teleobjektiven langer Brennweite; wird an Brust u. Schulter eingehängt bzw. abgestützt; verwacklungssichere, dennoch dynam. Aufnahmetechnik.
Bruststimme, tiefes Stimmregister i. Ggs. zur → Kopfstimme.
Brusttee, schleimlösendes Drogengemisch, gg. Husten, Bronchialkatarrh.
Brustwarze, b. d. Frau mit Ausführungsgängen der Milch-(Brust-)Drüse, durch Muskel aufrichtbar; bei Säugetieren *Zitze*.
Brutalismus, engl. *New Brutalism*, in d. Architektur (1954 in Engl. geprägte) Bez. f. e. Strömung bis um 1980, die Baustoffe (z. B. unbearbeiteten Sichtbeton; → Beton) u. Strukturen (z. B. Träger, Installationen) e. Gebäudes z. Betonung d. Ursprünglichk. bewußt sichtbar beläßt; z. T. Elemente der informellen Kunst u. art-brut-Malerei; Hptvertr. Le Corbusier (Frkr.), L. Kahn (USA), Viganò (Italien), Stirling (Engl.), Tange (Japan).
Brutapparat, *Couveuse*, heizbarer Kasten m. regulierbarer Innentemperatur z. Ausbrüten v. Geflügeleiern od. z. Pflege v. menschl. Frühgeburten.
brüten,
1) Umwandeln von Material, das nur durch schnelle Neutronen spaltbar ist (z. B. U 238), durch Kernumwandlung mittels Neutroneneinfang in e. Brutreaktor (→ Brüter) in Material, das durch langsame (therm.) Neutronen gespalten werden kann (z. B. Pu 239).
2) Warmhalten der abgelegten Eier (bes. bei Vögeln) durch das Weibchen, seltener d. Männchen, bis z. Ausschlüpfen d. Jungen.
Brüter, *Brutreaktor,* Atomreaktor, der neben der Energiegewinnung zur Produktion neuer Spaltstoffe dient; auch als *Schneller Brüter*.
Brutknospen, Knospen bei Farnen,

Brustkorb
1 Muskulatur
2 Schlüsselbein
3 Handgriff des Brustbeins
4 Körper des Brustbeins
5 Rippen (gelb: knöcherner Teil, blau: knorpeliger Teil)
6 Großes Netz im aufgeschnittenen Bauchraum

a Rotbuche mit Frucht
b ♂ *Fagus sylvatica*

Martin Buber

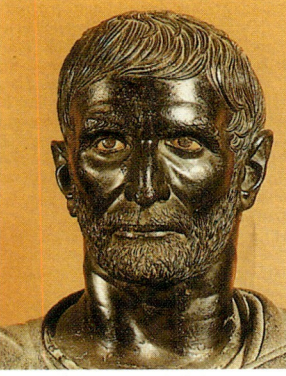

Brutus 2), *Musei Capitolini*

Liliengewächsen u. a., die sich ablösen u. zu selbständigen Pflanzen werden.
Brutschrank, z. Züchtung v. Bakterien u. Gewebekulturen u. Ausbrüten v. Eiern; luftdicht abschließb. Schrank, durch Heizung gleichmäßig erwärmt.
brutto [it.], roh, ohne Abzug; Ggs.: → *netto*.
Bruttobilanz, eine Bilanz mit Posten, die noch nicht gegeneinander aufgerechnet (saldiert) worden sind.
Bruttoeinnahmen, Gesamteinnahmen ohne Berücksichtigung d. Kosten u. Abzüge.
Bruttoformel, *Summenformel,* chem. gibt Aufschluß über Art u. Anzahl, nicht aber über die Bindungsweise der Atome, aus denen eine → Verbindung zusammengesetzt ist; → Strukturformel.
brutto für netto, *bfn,* der für die Gewichtseinheit e. Ware vereinbarte Preis bezieht sich auf d. Bruttogewicht; Preis für Verpackung ist also mitberechnet.
Bruttogewicht, Gewicht e. Ware einschließl. Verpackung; Ggs.: → Nettogewicht.
Bruttopreis, Preis inklusive MwSt.
Bruttoregistertonne, abgek. *BRT,* → Registertonne.
Bruttosozialprodukt → Sozialprodukt.
Brutus,
1) Lucius Junius (um 500 v. Chr.), angebl. Befreier Roms v. d. Herrschaft d. Tarquinier.
2) Marcus Junius (85–42 v. Chr.), Führer der Verschwörung gg. Cäsar; Selbstmord.
Brüx, tschech. *Most,* nordwestböhm. St. a. d. Biela, am Erzgebirge, 70 000 E; Braunkohlenbergbau u. Hüttenind.
Bruyèreholz, [frz. bry'jɛːr-], Wurzelholz eines baumartigen Heidekrautge-

wächses der Mittelmeerländer; bes. zu Pfeifen.
Bruyn, Günter de (* 1. 11. 1926), dt. Schriftst.; *Wiedersehen an der Spree; Märkische Forschungen; Zwischenbilanz;* intensive Auseinandersetzung m. d. Romantik, bes. Jean Paul.
Bryophyten, svw. → Moose.
Bryozoën, svw. → Moostierchen.
Brzezinski [bʒɛ'zinski], Zbigniew (* 28. 3. 1928), am. Politikwiss.; 1976 bis 81 Leiter d. Nat. Sicherheitsrates.
Brzeziny [bʒɛz-], poln. Krst. i. Ind.gebiet v. Lodz, 22 000 E.
BSB, *Biochem. Sauerstoff-Bedarf,* eigtl. BSB$_5$, Maß f. d. biol. abbaubaren Stoffe im Abwasser.
BSE → bovine spongiforme Enzephalopathie.
BSG, BSR → Blutsenkung.
BSP, Abk. f. **B**rutto**s**ozial**p**rodukt, → Sozialprodukt.
Bto., Btto., Abk. für Brutto.
BTU [engl.], Abk. f. **B**ritish **T**hermal **U**nit, Maßeinheit d. Wärmemenge im angelsächs. Maßsystem: d. Wärmemenge, d. 1 lb. Wasser um 1 °F erwärmt; 1 BTU = 1055 J.
Btx, Abk. f. → **B**ildschirm**t**e**x**t.
Buback, Siegfried (3. 1. 1920–7. 4. 77), dt. Jur.; 1974–77 Gen.bundesanwalt; v. Terroristen ermordet.
Bubblegum [engl. 'bʌblɡʌm], aufblasbarer Kaugummi.
Bubenreuth (D-91088), Gem. in Bay., 4170 E; Streich- u. Zupfinstrumente.
Buber, Martin (8. 2. 1878–13. 6. 1965), jüd. Rel.phil. u. Schriftst., Zionist; übersetzte A.T. u. vermittelte Kenntnis des → Chassidismus; *Königtum Gottes; Vom Geist des Judentums; Moses.*
Buber-Neumann, Margarethe (21. 10. 1902–6. 11. 39), dt. Publizistin u. Schriftst.in; *Als Gefangene bei Stalin und Hitler.*
Bubikopf, beliebte Kurzhaarfrisur der 20er Jahre, Ausdruck e. neuen, selbstbewußten, sportl. Frauenbildes.
Bubis, Ignatz (* 12. 1. 1927), dt. Unternehmer u. s. 1983 Vors. d. Frankfurter Jüd. Gemeinde; s. Sept. 1992 Vors. des Zentralrats der Juden in Dtld.
Bubo, *m.* [gr.], Leistendrüsenentzündung.
Bucaramanga, Hptst. d. Prov. Santander, Kolumbien, 364 000 E; Mittelpkt f. Kaffee- u. Tabakanbau.
Bucchero, *m.* [gr.-it. 'bukkero],
1) wohlriechende Tonerde.
2) aus B. hergest., stets durchgängig schwarz gebranntes Gefäß m. oft metallartig glänzender Oberfläche; bes. in S-Etrurien, 7./6. Jh. v. Chr.
Bucentaur [it. bucintoro], Prunkbarke d. Dogen v. Venedig.
Bucer, *Butzer,* Martin (11. 11. 1491 bis 28. 2. 1551), elsäss. Dominikaner, Humanist; Reformator.
Buch, Form d. bildl. u. schriftl. Mitteilung, im MA aufgekommen (in Ostasien Blockbücher); zuerst geschrieben, seit Erfindung d. Buchdruckerkunst gedruckt; in d. Antike anstelle d. B.es Papyrusstreifen, die aufgerollt wurden, und Wachstäfelchen; → Buchherstellung.
Buchanan [bjʊ'kænən],
1) James (23. 4. 1791–1. 6. 1868), 15. Präs. d. USA 1857–61; errang 1846 Kalifornien v. Mexiko.

2) James (* 2. 10. 1919), am. Wissenschaftler; entwickelte Synthese d. Theorien ökonomischer u. pol. Entscheidungsbildung; Begründer der Schule d. „Neuen Pol. Ökonomie"; Nobelpr. 1986.
Buchara, Gebietshptst. in Usbekistan, im Wüstengebiet östl. d. mittleren Amudarja, 224 000 E; Zentrum d. Baumwollanbaus u. d. Karakulzucht; Teppichherst.; Erdgasgewinnung; i. MA islam. Kulturzentrum u. Handelsmittelpkt; Hptst. d. ehem. Emirats (bis 1918) B., 1924 in Usbekistan aufgegangen.
Bucharin, Nikolai (9. 10. 1888–15. 3. 1938), kommunist. Theoretiker, Mitarbeiter Lenins; hingerichtet.
Buchbinderei → Buchherstellung.
Buchdruck → Buchherstellung.
Buchdrucker, Art d. → Borkenkäfer; an Fichten.
Buche, *Rot-B.*, eur. Waldbaum, bes. Mitteleur.; aus Samen *(Buchecker)* Speiseöl; rotblättrig: *Blut-B.*; die *Hain-* od. *Weiß-*B. ist e. Haselnußgewächs, die Edelkastanie ebenfalls e. Buchengewächs; → Kastanie.
Buchenland, svw. → Bukowina.
Buchen (Odenwald) (D-74722), St. im Neckar-Odenwald-Kreis, Ba-Wü., 16 369 E; Erholungsort, hist. Altstadt; Holz- u. Metallind.; Eberstadter Tropfsteinhöhle.
Buchenwald, NS-Konzentrationslager bei Weimar.
Bucher, Ewald (19. 7. 1914–31. 10. 91), deutscher Jurist u. Politiker (früher FDP, dann CDU); Bundesjustizmin. (1962–65), Bundeswohnungsbaumin. (1965–66).
Bücherlaus, flügelloses, winziges Insekt; lebt in verstaubten Büchern, wurmstichigen Möbeln usw.
Bücherskorpion, Spinnentier, lebt zw. Büchern, Papierresten usw.; vertilgt kleine Tiere; unschädlich.

Bücherskorpion

Bücherverbrennung, infolge eines Verbots od. als Zeichen eines Protests, z. B. am 10. 5. 1933 Bücherverbrennung durch die Nationalsozialisten.
Buchfink → Finken.
Buchführung, die schriftl. Festlegung u. Dokumentation aller Geschäftsvorfälle einer Unternehmung nach Wert u. Art (Vermögens- od. Kapitalveränderungen, Aufwendungen od. Erträge) zu dem Zweck, d. Erfolg u. d. Vermögenslage e. Unternehmens zu erfassen. Belegprinzip: keine *Buchung* ohne Beleg; ordnungsmäßige Buchführung ist handels- u. steuerrechtlich vorgeschrieben. – Die *Buchhaltung* umfaßt die Buchhaltungsorganisation, die Buchführung im eigtl. Sinne u. den Abschluß (→ Bilanz, Übers.); d. urspr. Bereich der *Buchhaltung* war d. Aufzeichnung v. Kreditgeschäften; mit zunehmender Entwicklung d. Rechnungswesens Ausdehnung z. Betriebsbuchhaltung. Arten: nach Wirtschaftszweigen: *Fabrik-Buchhaltung, Bank-Buchhaltung* usw.; nach Betriebsabteilungen: *Lohn-Buchhaltung, Lager-Buchhaltung* usw. – Systeme d. Buchhaltung: *einfache, doppelte, kameralistische* (öff. Institutionen). – *Buchführung.* Die *einfache B.* ist eine Einnahme- u. Ausgaberechnung, die Ermittlung des Geschäftsergebnisses erfolgt durch Vergleich der Eröffnungs- mit der Schlußbilanz. Bei der *doppelten B.* wird jeder Geschäftsvorfall auf zwei Konten, einmal im Soll (linke Spalte) u. einmal im Haben (rechte Spalte), o. umgekehrt, verbucht; Entwicklung der Bilanz u. der Aufwand- u. Ertragsrechnung (Gewinn- u. Verlustrechnung) aus dem Kontensystem; dieses stellt den *Kontenplan* dar; Richtlinie für die Gestaltung des Kontenplanes ist der Kontenrahmen. Die *kameralistische B.* ist eine Soll-Ist-Rechnung, ein Vergleich mit den vorgegebenen (Etat) u. tatsächl. Werten. Nach der Methode der neben dem *Hauptbuch* geführten *Grundbücher* wird zw. *italienisch, deutsch, französich* u. *am.* B. unterschieden; Buchungsverfahren: manuelle (Hand) u. maschinelle, Durchschreibe-, EDV-Verfahren.
Buchgemeinschaften, auch *Buchklubs, Büchergilde, Lesering* u. ä., Unternehmen, d. e. begrenzte Auswahl v. Büchern zu wesentlich erniedrigten Preisen an e. Personenkreis (Mitglieder) abgeben, der sich zu fester Abnahme f. eine gewisse Anzahl Bücher jährlich oder zu laufendem Monatsbeitrag verpflichtet hat; infolge einer insgesamt mehrere Millionen betragenden Mitgliederzahl erhebl. Bedeutung f. den Buchabsatz.
Buchhaltung → Buchführung.
Buchheim, Lothar-Günther (* 6. 2. 1918), dt. Schriftst., Maler, Kunstverleger u. Sammler (Expressionismus); *Der Blaue Reiter; Das Boot; Staatsgala.*
Buchherstellung, vollzieht sich in folgenden Arbeitsgängen:
1) Manuskriptvorbereitung u. Umfangberechnung;
2) *Setzen,* Herstellung e. Satzform im Blei-, Fotosatz; → Linotype, → Monotype;
3) *Korrektur* d. Satzes;
4) *Drucken,* → Druck, → Druckmaschine, → Farbdruck;
5) *Falzen, Schneiden* u. *Zusammentragen* zum Buchblock;
6) *Heften* mit Faden od. *Kleben*;
7) *Beschneiden* des Buchblocks an 3 Seiten;
8) Einhängen i. d. vorbereitete Einbanddecke m. anschließendem Pressen.
Buchholz i. d. Nordheide (D-21244), St. i. Ldkr. Harburg, Nds., 32 177 E; div. Ind.
Buchhypothek, → Hypothek, d. nur im Grundbuch ohne Erstellung eines Hypothekenbriefs eingetragen wird.

Buchdrucker, *Holzschnitt 16. Jh.*

Georg Büchner

Buchweizen

Pearl S. Buck

Buchmacher, Personen, die gewerbsmäßig Rennwetten vermitteln oder abschließen *(buchmachen).*
Buchmalerei, handgemalte od. kolorierte Ausschmückung v. Texten; s. Mitte 2. Jtd v. Chr. in Ägypten, Blüte in d. abendländ. kirchl. u. weltl. Lit. d. MA m. Zentren (in Dtld) u. a. in Aachen, Hildesheim, auf d. Insel Reichenau; ab 1. Hälfte 15. Jh. allmähl. abgelöst durch Holzschnitt im Buchdruck. → Miniaturmalerei.
Buchman [ˈbʌkmən], Frank (4. 6. 1878–7. 8. 1961), Begr. d. Oxfordgruppe; → Moralische Aufrüstung.
Büchmann, Georg (4. 1. 1822–24. 2. 84), dt. Philologe; Zitatensammlung: *Geflügelte Worte* (1864).
Buch mit sieben Siegeln, sprichwörtlich f. Unverständliches *(Offb. 5,1).*
Buchner, Eduard (20. 5. 1860–13. 8. 1917), dt. Chem.; Gärungschemie; Nobelpr. 1907.
Büchner.
1) Georg (17. 10. 1813–19. 2. 37), dt. Dichter; Flugblätter: *Der hessische Landbote;* Erzählung: *Lenz;* Dramen: *Dantons Tod; Leonce und Lena; Woyzeck;* s. Bruder
2) Ludwig (28. 3. 1824–1. 5. 99), dt. materialist. Phil.; *Kraft u. Stoff.*
Buchsbaum, immergrüner Strauch od. Baum aus d. Mittelmeergebiet; häufig z. Einfassung v. Gartenwegen gepflanzt; hartes Holz für Drechslerwaren, Holzblasinstrumente.
Büchse, Gewehr mit gezogenem Lauf f. d. Kugelschuß.
Buchstabenrechnung, i. d. Arithmetik u. Algebra: Rechnen mit Symbolen (Buchstaben u. a.), die beliebige Größen bedeuten können.
Buchung, Eintragung zahlenmäßig ausdrückbarer Geschäftsvorgänge nach Beleg in den Geschäftsbüchern.
Buchungsmaschine, kombinierte Schreib- u. Rechenmaschine f. sämtl. Buchhaltungsarbeiten; *Buchungsautomat* mit Symbolen für Buchungskurztexte, Saldier- u. Speicherwerken, verstellbarer Wagensteuerung u. a.; zwischenzeitlich durch EDV-Buchführung größtenteils ersetzt.
Buchweizen, Knöterichgewächs mit dreikantigen Früchten, aus denen Mehl u. Grütze bereitet werden; gute Bienenpflanze; angebaut bes. i. sandigen Gegenden *(Heidekorn)* u. im hohen Norden.
Buck [bʌk], Pearl S. (26. 6. 1892 bis 6. 3.1973), am. Schriftst.in; Chinaromane: *Die gute Erde;* Indienroman: *Und fänden die Liebe nicht;* Nobelpr. 1938.
Bückeberge, nördl. Kette des Weserberglandes, 367 m, Steinkohle.
Bückeburg (D-31675), St. i. Ldkr. Schaumburg, Nds., 20 342 E; ehem. Hptst. von Schaumburg-Lippe; Renaissance-Schloß; metallverarb., chem., Glas-, Textilind.; LG, AG.
Buckel, *Kyphase,* Wirbelsäulenverkrümmung od. -abknickung, bes. bei Tuberkulose od. rheumat. Entzündung d. Wirbelsäule.
Buckelwal, Bartenwal mit gr. Brustflossen; Kosmopolit; spektakuläres Paarungsspiel.
Buckingham [ˈbʌkɪŋəm],
1) Palast, seit 1837 Residenz d. engl. Kgs, am St.-James-Park in London,

Buckinghampalast, *London*

Budapest, *Burgberg*

1705 erbaut, mehrmals erweitert; Gemäldegalerie.
2) engl. Herzogsgeschlecht: B., George Villiers (1592 bis 1628), Günstling Jakobs I., Gegner d. Parlaments.
Bückling,
1) Verbeugung.
2) leicht gesalzener Räucherhering.
Buckram, *m.* [engl. 'bʌkrəm], kräftiger Einbandstoff aus geglättetem Leinen.
Buckskin, *m.*, tuchartiger Streichgarnstoff.
Bucureşti → Bukarest.
Budapest, Hptst. Ungarns; r. d. Donau d. hochgelegene *Buda*, l. im Flachland *Pest*; 2,12 Mill. E; im 2. Weltkrieg teilw. zerstört; *Buda (Ofen):* Burg m. Schloß, Nationalgalerie, Fischerbastei u. St.-Matthias-Kirche, i. Alt-B. Mineral- u. Thermalquellen; *Pest:* Parlament, St.-Stephans-K., Akad. d. Wiss., Ung. Nationalmus., Mus. d. Bild. Künste, Uni. (s. 1784), HS, Oper; Metall-, chem., Textilu. Elektroind.; Donauhafen, intern. Flughafen. – Anfang d. 15. Jh. St., Residenz v. Matthias Corvinus; 1541–1686 türk.; 1872 Vereinigung d. beiden Städte B. u. P.

Buddhafigur, *Peking*

Buddhismus

Buddha, der *Erwachte,* urspr. Ehrenname des *Gautama Siddhârtha* [„der sein Ziel erreicht hat"] (um 560 bis um 480 v. Chr.), aus indischem Adelsgeschlecht, wurde mit 29 J. Asket, begr. später als Prediger seine Lehre; Lieblingsjünger *Ananda.*
Buddhismus, ind., über den größten Teil Asiens ausgebreitete Weltrel. nach Buddha, Lehre von der Wiedergeburt, vom achtteiligen Weg zur Aufhebung des Leidens und vom Aufgehen im *Nirwana;* gespalten in den nördl., zur Volksrel. gewordenen *Mahajana-B.* (Himalajaländer) u. den südl. orthodoxen *Hinajana-B.* (Ceylon, Hinterindien); etwa 315 Mill. Anhänger. – *Zen-B.,* buddhistische Sekte in China u. Japan, mit strenger Lebensführung, pflegt die mystische Versenkung; beeinflußte die bildende Kunst *(Zen-Stil).*
Buddleja, aus O-Asien stammender Zierstrauch; duftende violette Blütenrispen, die zahlr. Schmetterlinge anziehen.
Budge [bʌdʒ], Sir E. A. W. (27. 7. 1857–13. 11. 1934), bereiste im Auftrag d. Brit. Mus. Ägypten, um Altertümer zu erwerben, er kaufte die ersten 82 → Amarnabriefe.
Budget [frz. by'dʒe:], svw. Haushaltsplan, → öffentlicher Haushalt.
Büdingen (D-63654), Luftkurort u. St. i. Wetteraukr., Hess., südl. vom *Vogelsberg,* 18 736 E; ma. Stadtbild, Schloß, Holzind.
Budo [jap.], Sammel-Bez. f. klass. Kampfsportarten.
Budweis, *Böhmisch-B.,* tschech. *České Budějovice,* St. in Südböhmen, an der Moldau, 99 000 E; Bischofssitz; Papieru. Holzind., Metallwaren, Brauereien.
Buenaventura, wichtigster Pazifikhafen Kolumbiens, 193 000 E; Kaffeeausfuhr.
Buenos Aires,
1) Hptst. Argentiniens (s. 1880), an d. Mündung des *Río de la Plata,* 2,9 (Agglom. 12,6) Mill. E; Uni., kath. Erzbischof; bed. Industriest. u. Handelshafen S-Amerikas; Ausfuhr: Weizen, Mais, Wolle, Gefrierfleisch. – 1536 v. Spaniern gegr., von Indianern zerstört, 1580 neu erbaut.
2) Prov. Argentiniens, 307 571 km², 12,6 Mill. E, Hptst.: *La Plata.*
Büfett [frz. by'fe:], Fläche zum Anrichten v. Speisen, Geschirrschrank; *kaltes B.* Tisch mit kalten Speisen (bei Festempfängen).
Buff, Charlotte, verehel. Kestner (17. 1. 1753–16. 1. 1828), Goethes Wetzlarer Freundin; Vorbild f. die *Lotte* im *Werther.*
Buffalo ['bʌfəlou], nordam. Hafenst. i. US-Staat New York, am Eriesee (St.-Lorenz-Seeweg), 328 000 E (Agglom. 1,19 Mill.) E; Uni.; Umschlagpl. u. Industriezentrum. – 1805 als Neu-Amsterdam gegr.
Buffalo Bill, eigtl. *William Frederick Cody* (26. 2. 1846–10. 1. 1917), am. Pionier (Büffeljäger) in Eur. mit Wildwestnummern auf Tournee.
Büffel, Gruppe der Rinder, meist mit langen, gebogenen Hörnern; in Südasien der nahezu haarlose Wasser-B., der bis in die Türkei und S-Europa als Haustier gehalten wird; in Afrika u. a. der Kaffern-B.; in Nordamerika → Bison.
Buffet [by'fɛ], Bernard (* 10. 7. 1928), frz. neorealist. Maler u. Graphiker.

Buffo [it.], komische Figur in der Oper: *Tenor-, Baßbuffo.*
Buffon [by'fõ], Georges Louis Leclerc Comte de (7. 9. 1707–16. 4. 88), frz. Naturforscher; *Histoire Naturelle.*
Bug,
1) ukrain. Fluß m. *Ingul* 857 km lang, mündet ins Schwarze Meer.
2) r. Nbfl. der *Weichsel,* 772 km l., vereinigt mit dem *Narew.*
Bug, *m.*,
1) Schiffsvorderteil; Ggs.: Heck.
2) Schultergelenk (bei Schlachttieren).
Bugatti, Ettore (15. 9. 1881–22. 8. 1947), frz.-it. Auto-, Rennwagenkonstrukteur.
Bügelfalte, eingebügelter Kniff in d. Männerhose; s. d. Jh.wende im Ggs. z. bis dahin üblichen Röhrenhose.
Bugenhagen, Johannes (24. 6. 1485 bis 20. 4. 1558), niederdt. Reformator, Mitarbeiter Luthers.
Buggy, *m.* ['bʌgɪ],
1) am. u. engl. hochrädriger Einspänner.
2) geländegeeignetes Freizeitauto, offen, Kunststoffkarosserie.
3) zusammenlegbarer Kinderwagen.
bugsieren, Schiff durch Schlepperhilfe manövrieren.
Bugspriet, *m.* od. *s.*, über den Bug schräg aufragender Mast.
Bugstrahlruder, querschiffs wirkende Schraube im Bug v. Schiffen z. Verbesserung d. Manövrierfähigkeit.
Buhl, Hermann (21. 9. 1924–27. 6. 57), östr. Alpinist; erstieg 1953 *Nanga Parbat,* 1957 *Broad Peak.*
Bühl,
1) (D-77815), Gr.Krst. i. Ldkr. Rastatt, Ba-Wü., am W-Rand d. Schwarzwalds, 24 996 E; AG; Wein- u. Obstbau.
2) *B.erhöhe,* 754 m, Kurhaus u. Sanatorium.
Bühler,
1) Charlotte (20. 12. 1893–3. 2. 1974), dt. Psych. u. Psychotherapeutin; Entwicklungspsychologie; *Psychologie i. Leben unserer Zeit.*
2) Karl (27. 5. 1879–24. 10. 1963), dt. Sprachtheoretiker u. Psych.; Organonmodell: Darstellungs-, Ausdrucks- u. Appellfunktion des sprachl. Zeichens; *Die Krise d. Psychologie.*
Buhne, ins Flußbett oder Meer vorgetriebener Damm; verhindert Sandverdriftung durch küstenparallele Strömungen.
Buhurt, *m.*, ritterl. Massenkampfspiel zu Pferde.
Buisson [bɥi'sõ], Ferdinand (20. 12. 1841–16. 2. 1932), frz. Pädagoge in der Friedensbewegung; Nobelpr. 1927.
Buitenzorg ['bœitənzɔrx], → Bogor.
Bujumbura [buʒ-], Hptst. von Burundi, 272 000 E; Hafen a. Tanganjikasee; Uni., Ind.zentrum, Flughafen.
Bukanier, svw. → Flibustier.
Bukarest, rumän. *Bucureşti,* Hptst. v. Rumänien (s. 1861), 2,3 Mill. E; Sitz d. Patriarchen d. rumän.-orth. Kirche u. d. kath. Erzbischofs, Uni., TH, Akad., Athenäum; Lebensmittel-, Metall-, Textil- u. chem. Industrie; intern. Flughafen. – Seit 1659 Hptst. d. Walachei.
Bukett, *s.* [frz.], Blumenstrauß; Weinduft; Mischung von Parfümessenzen.
Bukolik, *w.* [gr.], Poesie über das Hirten- und Schäferleben.
Bukoliker, Dichter ländlicher Idyllen: Theokrit, Vergil, Voß.

Bukowina, *Buchenland,* Landschaft am O-Hang der Waldkarpaten, Bevölkerung im N hauptsächlich Ukrainer, im S vorwiegend Rumänen; Land- und Holzwirtschaft. *Politisch:* N-B. zur Ukraine, S-B. rumänisch. – 1514–1775 türk., dann an Östr., s. 1849 selbst. Kronld, 1918 an Rumänien; N-B. (einschl. Czernowitz) 1940–41 und wieder 1944 zur Sowjetunion; 1940 ca. 96 000 B.-Deutsche (→ Volksdeutsche) n. Dtld umgesiedelt.
Bukowski, Charles (16. 8. 1920 bis 9. 3. 1994), am. Schriftst.; drast.-obszöne Erzählungen u. Gedichte aus d. am. Underground.
Bülach (CH-8180), Bez.hauptort, Kanton Zürich, Schweiz, 13 000 E; Glas- u. Maschinenbauind.
Bulawayo, St. in Simbabwe; 429 000 E; Goldfelder, Asbestabbau; Industriezentrum.
Bülbüls, *m.,* drosselähnl. Vogelfamilie; Orient, Afrika; Schnabelborsten.
Bule [gr.], Ratsversammlung in d. gr. Stadtstaaten.
Bulette, *w.* [frz.], flache gebratene Fleischklößchen (aus feingehacktem Fleisch, Semmeln u. Eiern).
Bulgakow, Michail (14. 5. 1891–10. 3. 1940), russ. Schriftst.; Dramen; Romane: *D. weiße Garde; Der Meister u. Margarita.*
Bulganin, Nikolai (11. 6. 1895–24. 2. 1975), sowjet. Marschall; 1947–49 u. 1953–55 Verteidigungsmin., 1955–58 Min.präs.
Bulgarien, Rep. auf der östl. Balkanhalbinsel. **a)** *Geogr.:* Durchzogen v. Balkangebirge; als N-Grenze d. Donau, als S-Grenze d. Rhodopegebirge; Zugang z. Schwarzen Meer (Hafen *Warna*); Hptfl.: *Maritza.* **b)** *Landw.:* Anbau von Weizen, Mais, Tabak, Reis, Wein, Obst, Ölfrüchten, bes. Sonnenblumen; Geflügel- u. Seidenraupenzucht, Rosenölerzeugung. **c)** *Wirtsch.:* Bodenschätze: Braunkohle, Kupfer, Zink, Eisen, Mangan u. Blei; Nahrungsmittel-, Textil-, Maschinenbau-, Stahl- u. chem. Ind.; Hausgewerbe (Teppiche, Stickerei). **d)** *Außenhandel* (1991): Einfuhr 3,0 Mrd., Ausfuhr 3,8 Mrd. $. **e)** *Verkehr:* Eisenbahn 6600 km. **f)** *Verf.* v. 1991: Parlamentarische Rep., Mehrparteiensystem, Gr. Volksvers. **g)** *Verw.:* 9 Regionen. **h)** *Gesch.:* Das turkotatar. Volk d. Bulgaren eroberte im 7. Jh. Balkan, verschmolz mit eingewordenen Slawen; Staatsgründung 681; Boris I. (852–90) nahm d. orthodoxe Christentum an. 1018–1187 unter Byzanz, 1396 zur Türkei. 1878 Fürstentum (Battenberg); 1885 Sieg über Serbien, Ostrumelien zu B.; 1887 B. unter Prinz Ferdinand v. Coburg. 1908 Kgr.; 1915–18 auf seiten der Mittelmächte; im 2. Weltkr. auf seiten der Achsenmächte, doch neutral zur Sowjetunion; 1944 Kapitulation bei Kriegserklärung durch Sowjetunion. 1946 Volksrepublik unter → Dimitrow, Ende 1989 gibt kommunist. Partei Führungsanspruch auf; Mehrparteiensystem u. staatl. kontrollierte Marktwirtsch.; 1990 erste freie Wahlen; stärkste Partei wird, wie auch 1995, d. soz. BSP (Nachfolgeorgan. d. KP); anhaltende Wirtschaftskrise; Nov. 1996 P. Stojanow erster nichtkommunist. Staatspräsident. Sieg der rechtsliberalen Koalition (ODS) bei den Parlamentswahlen 1997.

BULGARIEN	
Staatsname:	Republik Bulgarien, Republika Bălgarija
Staatsform:	Parlamentarische Republik
Mitgliedschaft:	UNO, Europarat, OSZE
Staatsoberhaupt:	Petar Stojanow
Regierungschef:	Iwan Kostow
Hauptstadt:	Sofia 1,2 Mill. Einwohner
Fläche:	110 912 km²
Einwohner:	8 818 000
Bevölkerungsdichte:	80 je km²
Bevölkerungswachstum pro Jahr:	Ø –0,23% (1990–1995)
Amtssprache:	Bulgarisch
Religion:	Orthodoxe Christen (73%), Muslime
Währung:	Lew (Lw)
Bruttosozialprodukt (1994):	10 255 Mill. US-$ insges.; 1160 US-$ je Einw.
Nationalitätenkennzeichen:	BG
Zeitzone:	MEZ + 1 Std.
Karte:	→ Balkanhalbinsel

Bulgarien

bulgarische Literatur, Altbulgar. sww. Altkirchenslaw.: Kyrillos u. Methodios: Bibelübersetzung. 10. Jh. (Goldenes Zeitalter): Kliment v. Ochrid, Joan Exarch, Literatur d. Bogomilensekte. 14. Jh.: Schule d. Patriarchen Ewtimi v. Tyrnowo; unter d. Türkenherrschaft Volksdichtung u. erbaul. Literatur (*Damaskinen);* P. v. Chilandar, S. v. Wratza. 19. Jh.: Petko Slawejkow (Schöpfer der neubulgar. Schriftsprache), Klimint v. Ochrid; Otec Paissi (nat. Erwecker), Sawwa Rakowskij (Epos *Bergwanderer),* Pentscho Slaweikow (Dichterphilosoph, Epos), Jaworow (Lyriker), Todorow Wojnikow (Begr. d. neubulgar. Theaters); Wasow, Welitschko. 20. Jh.: Pentscho Slawejkow (Dichterphil.); Lyriker: Debeljanow, Liliew, Daltschew, Jaworow; Erzähler: Elin Pelin, Todorow, Talew, Jowkow, Straschimirow, Dimow.
Bulgur, graupenähnlich zubereiteter Weizen (i. d. Küche d. Nahen Ostens).
Bulimie, krankhafte Eßgier besonders junger Mädchen als Folge e. seelischen Fehlhaltung; tritt häufig im Verlauf e. nervösen Magersucht auf; → Anorexie.
Bullauge, *seem.* dickverglastes rundes Schiffsfenster.
Bulldoggen, kurz- u. O-beinige Hunderassen mit Gesichtstyp d. Deutschen Boxers.

Bukowina, *Kloster Sucevita*

Buhne

Buenos Aires, *Kongreßgebäude*

Bulldozer, *m.* [engl. 'buldouza], Raupenfahrzeug zum Wegschieben v. Erdmassen.
Bulle
1) *w.* [l.], feierl. Form päpstl. oder kaiserl. Erlasse, gen. nach d. Kapsel (*bulla*), d. deren Siegel umschließt.
2) männl. Zuchtrind, Stier.
Bulletin, *s.* [frz. byl'tɛ̃], Bericht, Bekanntmachung, amtl. Veröffentlichung.
Bullinger, Heinrich (18. 7. 1504–17. 9. 75), Nachfolger Zwinglis; gliederte deutschschweiz. reformierte Kirche dem Calvinismus an.
Bullterrier [-tɛriər], sehr massig gebauter Terrier; kurzhaarig m. eigentüml. kleinen Augen.
Bully, *s.* [engl. 'buli], b. (Eis-)Hockey Anspiel, v. zwei Spielern ausgeführt.
Bülow, mecklenburg. Adelsgeschlecht:
1) Friedrich Wilhelm Graf B. v. Dennewitz (16. 2. 1755–25. 2. 1816), preuß. General i. d. Kriegen gg. Napoleon.
2) Hans v. (8. 1. 1830–12. 2. 94), dt. Komp., Pianist u. Dirigent, erster Gatte v. Liszts Tochter Cosima (C. → Wagner), förderte R. Wagner u. Brahms.
3) Bernhard Fürst v. (3. 5. 1849–28. 10. 1929), konservativ-liberaler Reichskanzler 1900–09; *Denkwürdigkeiten.*
Bülow, Andreas v. (* 17. 7. 1937), SPD-Pol.; 1980–82 B.min. f. Forschung u. Technologie.
Bultmann, Rudolf (20. 8. 1884–30. 7. 1976), ev. Theologe; trat f. → *Entmythologisierung* d. N.T. ein.
Bulwer-Lytton ['bʌlwə 'lɪtn], Edward George (25. 5. 1803–18. 1. 73), engl. Schriftst.; *Die letzten Tage von Pompeji.*
Bumbry ['bʌmbri], Grace (* 4. 1. 1937), am. Sopranistin; erste schwarze Sängerin i. Bayreuth.
Bumerang, *m.* [engl.], *Kehrwiederkeule,* sichelförm. austral. Wurfkeule; kehrt bei Fehlwurf i. schraubenförm. Flug z. Werfer zurück; heute Sportgerät.
Buna, abgeleitet v. B*utadiën* u. *Natrium,* Sammelbez. f. synthet. Kautschuk auf Basis v. → Butadiën.
Bunche ['bʌntʃ], Ralph Johns (7. 8. 1904–9. 12. 71), am. Diplomat; 1949

Bund und Länder

Bundespräsident:	Roman Herzog

Bundesregierung:

Bundeskanzler:	Helmut Kohl (CDU)
Bundesminister des Auswärtigen: (zugleich Vizekanzler)	Klaus Kinkel (FDP)
des Innern:	Manfred Kanther (CDU)
der Justiz:	Edzard Schmidt-Jortzig (FDP)
der Finanzen:	Theo Waigel (CSU)
für Wirtschaft:	Günter Rexrodt (FDP)
für Ernährung, Landwirtschaft und Forsten:	Jochen Borchert (CDU)
für Arbeit und Sozialordnung:	Norbert Blüm (CDU)
für Verteidigung:	Volker Rühe (CDU)
für Gesundheit:	Horst Seehofer (CSU)
für Familie, Senioren, Frauen und Jugend:	Claudia Nolte (CDU)
für Verkehr:	Matthias Wissmann (CDU)
für Umwelt, Naturschutz und Reaktorsicherheit:	Angela Merkel (CDU)
für Post und Telekommunikation:	Wolfgang Bötsch (CSU)
für Raumordnung, Bauwesen und Städtebau:	Klaus Töpfer (CDU)
für Bildung, Wissenschaft, Forschung und Technologie:	Jürgen Rüttgers (CDU)
für wirtschaftliche Zusammen- arbeit und Entwicklung:	Carl-Dieter Spranger (CSU)
für besondere Aufgaben und Chef des Bundeskanzleramtes:	Friedrich Bohl (CDU)
Chef des Presse- und Informationsamtes der Bundesregierung:	Peter Hausmann (CSU)

Bundestag:

Präsidentin:	Rita Süssmuth (CDU)
Vizepräsidenten:	Hans-Ulrich Klose (SPD), Antje Vollmer (B90/Grüne), Burkhard Hirsch (FDP)

Landesregierungen:
Ministerpräsidenten bzw. Erste oder Regierende Bürgermeister* der Bundesländer:

Baden-Württemberg:	Erwin Teufel (CDU)
Bayern:	Edmund Stoiber (CSU)
Berlin*:	Eberhard Diepgen (CDU)
Brandenburg:	Manfred Stolpe (SPD)
Bremen*:	Henning Scherf (SPD)
Hamburg*:	Henning Voscherau (SPD)
Hessen:	Hans Eichel (SPD)
Mecklenburg-Vorpommern:	Berndt Seite (CDU)
Niedersachsen:	Gerhard Schröder (SPD)
Nordrhein-Westfalen:	Johannes Rau (SPD)
Rheinland-Pfalz:	Kurt Beck (SPD)
Saarland:	Oskar Lafontaine (SPD)
Sachsen:	Kurt Biedenkopf (CDU)
Sachsen-Anhalt:	Reinhard Höppner (SPD)
Schleswig-Holstein:	Heide Simonis (SPD)
Thüringen:	Bernhard Vogel (CDU)

Konrad Adenauer (1949–63)

Ludwig Erhard (1963–66)

Befriedung Palästinas, 1955 Untersekr. d. UN f. pol. Angelegenh.; Friedensnobelpr. 1950.
Bund → Bund und Länder, Übers.
B. U. N. D., Abk. f. **B**und für **U**mwelt u. **N**aturschutz **D**tld e.V.
Bund Deutscher Architekten e. V., *BDA,* 1903 gegr., 1948 neugegr. Berufsvereinig. m. Sitz in Bonn.
Bund Deutscher Innenarchitekten e. V., *BDIA,* Berufsvereinig. m. Sitz in Bonn.
Bund Deutscher Landschaftsarchitekten e. V., *BDLA,* Berufsvereinig. m. Sitz in Bonn.
Bünde (D-32257), St. i. Kr. Herford, NRW, 42 100 E; AG; Dt. Tabak- u. Zigarrenmuseum; Zigarrenind.
Bündelpfeiler, in d. Baukunst bes. d. Spätromanik u. Gotik d. v. → Diensten umgebene Pfeiler.
Bundesakademie für Sicherheitspolitik, gegr. 3. 7. 1990 durch Kabinettsbeschluß der dt. Reg. Amtssitz: Rosenburg in Bonn-Kessenich. Die BfS dient d. Fortbildung d. zukünft. Elite von Staatsbeamten (höhere Beamte u. höhere Stabsoffiziere). 1. Präs. d. Akademie: Admiral v. Wellershoff. Im Kuratorium der B. hat d. Bundeskanzler d. Vorsitz, Mitgl. sind 6 Bundesmin., die auch dem Bundessicherheitsrat angehören.
Bundesämter, *Obere Bundesbehörden,* unterstehen jeweils einem Bundesministerium; zum Beispiel *Bundesausgleichsamt* (→ Lastenausgleich, Übersicht), *Bundesgesundheitsamt, Bundeskartellamt* (→ Kartell), *Bundeskriminalamt* (→ Polizei), *Statistisches Bundesamt* (→ Volkszählungen) und *Bundesversicherungsamt* (→ Sozialpolitik, Übers.).
Bundesamt für Verfassungsschutz, *BfV,* gegr. 1950, Sitz Köln; Aufgaben: Bekämpfung d. Terrorismus, Radikalismus, Geheimnisschutz, Spionageabwehr; → Bundesnachrichtendienst, → MAD, → BKA.
Bundesamt für Wehrtechnik und Beschaffung, *BWB,* entwickelt, erprobt u. beschafft das von d. Bundeswehr-Dienststellen benötigte Wehrmaterial; → Bundeswehrverwaltung.
Bundesanstalt für Arbeit → Arbeitsverwaltung.
Bundesanzeiger, amtl. Publikationsorgan der Reg. d. BR f. deren Anordnungen u. Entschließungen.
Bundesarbeitsgericht → Rechtspflege, Übers.
Bundesarchiv, in Koblenz, s. 1950, verwaltet geschichtl. wertvolle Akten und Urkunden d. BR, einschl. d. nach W-Dtld verlagerten Bestände des früheren Reichsarchivs.
Bundesausbildungsförderungsgesetz (BAföG) → Studentenförderung.
Bundesbahn → Eisenbahn.
Bundesbank → Deutsche Bundesbank.
Bundesfinanzhof → Rechtspflege, Übers.
Bundesfürsten, die Herrscher der dt. Bundesstaaten 1871–1918.

Bau der Bundeslade, *Buchmalerei, 14. Jh.*

Bundesgenossenkriege, 3 Kriege d. Altertums: 357–355 v. Chr. zw. Athen u. d. Inseln d. Attischen Seebunds; 220 bis 217 v. Chr. zw. Philipp V. v. Makedonien u. Ätolien; 91–89 v. Chr. zw. Rom u. den it. Bundesgenossen u. d. Bürgerrecht.
Bundesgerichtshof in Straf- und Zivilsachen → Rechtspflege, Übers.
Bundesgesetzblatt, amtl. Publikationsorgan f. die Bundesgesetzgebung der BR.
Bundesgesundheitsamt, *BGA,* selbst. Bundesbehörde i. Berlin; ihm obliegen u. a. Forschung auf d. Gebiet der öff. Gesundheitspflege, Aufgaben d. Medizinstatistik, d. Suchtbekämpfung u. bes. auch die Zulassung von Arzneimitteln; soll aufgelöst werden.
Bundesgrenzschutz → Polizei.
Bundesheer, Bez. f. d. Streitkräfte d.

Bundesimmissionsschutzgesetz 143 Bundessicherheitsrat

Kurt Georg Kiesinger (1966–69)

Willy Brandt (1969–74)

Helmut Schmidt (1974–82)

Helmut Kohl (seit 1982)

Rep. Österreich u. d. Schweizerischen Eidgenossenschaft.
Bundesimmissionsschutzgesetz, BImSchG, benennt rechtl. Grundlagen f. d. Begrenzung von umweltrelevanten → Emissionen u. → Immissionen (seit 1974); konkrete Vorgaben durch → TA Luft.
Bundesinstitut für Sportwissenschaft, 1970 in Köln errichtet.
Bundesjugendring, Spitzenorganisation d. Jugendverbände in d. BR, Sitz Köln-Deutz.

untersteht d. Bundeskanzleramt, Nachrichtenbeschaffung u. Abwehr gegnerischer Geheimdienste.
Bundespräsident, Staatsoberhaupt, in der BR Dtld v. d. *Bundesversammlung* für 5 Jahre (→ Verfassung, Übers.), in Östr. v. Volk für 6 Jahre, in der Schweiz von der *Bundesversammlung* jährlich gewählt. Die B.en der BR: 1949–59 Th. Heuss (FDP), 1959–69 H. Lübke (CDU), 1969–74 G. Heinemann (SPD), 1974–79 W. Scheel (FDP), 1979–84 K. Carstens (CDU), 1984–94 R. v. Weiz-

säcker (CDU), s. 1994 Roman Herzog (CDU).
Bundesrat, Versammlung der 61 Vertreter der Bundesstaaten des Dt. Reichs 1871–1918, die der Vertreter der Länderregierungen der BR Dtld s. 1949 (→ Verfassung, Übers.).
Bundesrechnungshof → Rechnungshof.
Bundesrepublik → Deutschland.
Bundes-Reserve-Banken → Federal Reserve System.
Bundesseuchengesetz, i. d. Fassung

v. 18. 12. 1979, in Kraft s. 1. 1. 1980 m. weiteren Änderungen; gesetzl. Regelung der Maßnahmen zur Verhütung u. Bekämpfung übertragbarer Krankheiten; Meldepflicht f. Ärzte u. Krankenhäuser b. Feststellung einer Reihe schwerer Infektionskrankheiten an d. Gesundheitsamt; regelt Schutzimpfungen, Tätigkeits- und Beschäftigungsverbote, Hygienebestimmungen, Wasserreinhaltung usw.
Bundessicherheitsrat, *BSR,* Kabinettsausschuß der Bundesregierung für

Theodor Heuss (1949–59)

Heinrich Lübke (1959–69)

Gustav Heinemann (1969–74)

Walter Scheel (1974–79)

Bundeskanzler, Min.präsident des Norddt. Bundes 1867–71, der BR Dtld s. 1949 (→ Verfassung, Übers.), v. Östr. 1919–38 und wieder s. 1945; Regierungschef, bestimmt die Richtlinien d. Politik. Die B. d. BR: 1949–63 K. Adenauer (CDU), 1963–66 L. Erhard (CDU), 1966–69 K. G. Kiesinger (CDU), 1969–74 W. Brandt (SPD), 1974–82 H. Schmidt (SPD), s. 1982 H. Kohl (CDU).
Bundeskriminalamt, *BKA,* → Polizei.
Bundeslade, jüd. Heiligtum, goldene Truhe zum Aufbewahren der zwei Gesetzestafeln.
Bundesliga, höchste Leistungsklasse einer Sportart i. d. BR Dtld.
Bundesluftschutzverband → Luftschutz.
Bundesnachrichtendienst, *BND,*

Karl Carstens (1979–84)

Richard von Weizsäcker (1984–94)

Roman Herzog (seit 1994)

Bundessozialgericht 144 Bundeswehr

Bundestag, *Provisorischer Sitzungssaal*

Angelegenheiten der Sicherheitspolitik; ihm gehören unter Vors. d. Bundeskanzlers an: die Bundesminister d. Auswärtigen, d. Innern, d. Verteidigung, d. Finanzen, für Wirtschaft.
Bundessozialgericht → Rechtspflege, Übers.
Bundesstaat, Zus.schluß mehrerer Staaten zu einem Staatsgebilde mit gemeinsamen Bundesorganen, denen bedeutsame Teile der Souveränitätsrechte (z. B. Außenpolitik, Verkehrs-, Wehrhoheit u. a.) übertragen werden; in Europa: seit 1848 die Schweiz, 1871 Dt. Reich, 1949 BR Dtld, 1918 Östr., 1923 UdSSR. → Staatenbund, → Einheitsstaat.
Bundesstraßen, in der BR bevorzugte, mit Nummernschildern (gelb) gekennzeichnete Straßen für alle Verkehrsarten (1995: 41 770 km), insbes. für d. Fernverkehr; bilden mit B.autobahn u. d. B.fernstraßennetz (1995: 52 913 km).
Bundestag, d. Volksvertretung d. BR Dtld (→ Verfassung, Übers.).
Bundestreue, Treuepflicht d. Bundesländer gegenüber d. Bund u. untereinander auf Einhaltung d. verfassungsmäß. festgelegten Kompetenzen u. Beachtung der sich aus dem Nebeneinanderbestehen v. Bund u. Ländern ergebenden rechtl. und u. U. pol. Pflichten.
Bundesverfassungsgericht
→ Rechtspflege, Übers.
Bundesverkehrswacht, Spitzenorg. der Landesverkehrswachten i. d. BR, 1950 in Bonn gegr.; Aufgabe: Verkehrserziehung d. Bevölkerung.
Bundesversammlung, in d. BR Dtld z. Wahl d. Bundespräsidenten, besteht aus den Mitgliedern d. Bundestages u. einer gleichen Zahl v. durch d. Volksvertretungen d. Länder gewählten Mitgliedern.
Bundesversicherungsanstalt für Angestellte, *BfA,* Berlin → Sozialpolitik, Übers.
Bundesverteidigungsrat, Koordinierungsorgan d. dt. Bundesregierung f. d. Verteidigung; gebildet aus d. Bundeskanzler, dem Generalinspekteur d. Bundeswehr u. d. Ministern f. Verteidigung, Äußeres, Inneres, Wirtsch. u. Finanzen.
Bundesverwaltungsgericht
→ Rechtspflege, Übers.
Bundeswehr, Streitkräfte der BR, ab 1. 1. 1956 m. zunächst 6000 Freiwilligen, teilweise i. Lehreinheiten zus.ge-

**BUNDESWEHR,
DIENSTGRADABZEICHEN**

Heer/Luftwaffe
Mannschaft:
1 Panzergrenadier/Flieger
2 Gefreiter
3 Gefreiter (Unteroffiziersanwärter)
4 Gefreiter (Offiziersanwärter)
5 Obergefreiter
6 Hauptgefreiter
7 Stabsgefreiter

Unteroffiziere:
8 Unteroffizier
9 Fahnenjunker
10 Stabsunteroffizier
11 Feldwebel
12 Fähnrich
13 Oberfeldwebel
14 Oberfähnrich
15 Hauptfeldwebel
16 Stabsfeldwebel
17 Oberstabsfeldwebel

Offiziere:
18 Leutnant
19 Oberleutnant
20 Hauptmann
21 Stabshauptmann
22 Major
23 Oberstleutnant
24 Oberst
25 Brigadegeneral
26 Generalmajor
27 Generalleutnant
28 General

Sonderdienstgrade:
29 Arzt
    i. Range eines Oberstabsarztes
30 Zahnarzt
    i. Range eines Oberstabsarztes
31 Apotheker
    i. Range eines Oberstabsapothekers
32 Veterinär
    i. Range eines Oberstabsveterinärs/

Arzt
    i. Range eines Generaloberstabsarztes

Marine
Mannschaft:
1 Matrose
2 Gefreiter
3 Gefreiter (Unteroffiziersanwärter)
4 Gefreiter (Offiziersanwärter)
5 Obergefreiter
6 Hauptgefreiter
7 Stabsgefreiter

Unteroffiziere:
8 Maat
9 Seekadett
10 Obermaat
11 Bootsmann
12 Fähnrich zur See
13 Oberbootsmann
14 Oberfähnrich zur See
15 Hauptbootsmann
16 Stabsbootsmann
17 Oberstabsbootsmann

Offiziere:
18 Leutnant zur See
19 Oberleutnant zur See
20 Kapitänleutnant
21 Stabskapitänleutnant
22 Korvettenkapitän
23 Fregattenkapitän
24 Kapitän zur See
25 Flottenadmiral
26 Konteradmiral
27 Vizeadmiral
28 Admiral

Sonderdienstgrade:
29 Arzt
    i. Range eines Oberstabsarztes
30 Zahnarzt
    i. Range eines Oberstabsarztes
31 Apotheker
    i. Range eines Oberstabsapothekers
32 Kapitänleutnant
    i. Militärmusik-dienst
33 Korvettenkapitän
    i. Militärgeographischen Dienst

faßt, aufgestellt. *Allgemeine Wehrpflicht,* Gesetz vom 21. 7. 1956, ergänzt durch 1. bis 9. Novelle zum Wehrpflichtgesetz: wehrpflichtig alle Männer v. vollendeten 18. bis 45. Lebensjahr, b. Offizieren u. Unteroff. u. im → Verteidigungsfall allg. bis z. 60. Lebensj.; Dauer d. Grundwehrdienstes 10, 1972 bis Okt. 1990 15 Monate; außerdem *Berufssoldaten* u. *Soldaten auf Zeit* (bis 15 Jahre); Frauen können nach Art. 12a Abs. 4 GG vom vollendeten 18. bis 55. Lebensjahr durch Gesetz zu Dienstleistungen in d. ortsfesten mil. Lazarettorganisation herangezogen werden, wenn Bedarf nicht auf freiwilliger Grundlage zu decken ist; sie dürfen auf keinen Fall Dienst mit d. Waffe leisten. – Der Bundespräs. hat das Recht zu Ernennungen, Entlassungen, Festsetzung d. Dienstgradbezeichnungen u. Bestimmungen über die Uniform. – *Befehls- und Kommandogewalt* hat im Frieden der Bundesverteidigungsmin., im Verteidigungsfall der Bundeskanzler. Verteidigungshaushalt 1996: 48,2 Mrd. DM. – Gliederung d. *B.ministeriums d. Verteidigung* (Min. → Rühe): Der Leitung (Min., parlamentar. Staatssekr., 2 beamtete Staatssekretäre) unterstehen: der → Gen.inspekteur m. d. Führungsstab der Streitkräfte u. die diesem ministeriell unterstellten → Inspekteure des Heeres, der Luftwaffe, der Marine sowie des Sanitäts- u. Gesundheitswesens m. ihren Führungsstäben; die Leiter der Abteilungen Personal u. Haushalt; d. Abteilungsleiter Rüstung; d. Leiter der administrativen Abteilungen Verwaltung u. Recht, Unterbringung, Liegenschaften u. Bauwesen sowie d. Leiter der Sozialabteilung; der Planungsstab, der Organisationsstab, der Informations- u. Pressestab, die Büros des Min. u. d. Staatssekr. sowie das Parlament- u. Kabinettreferat u. das Protokollreferat. Beim Bundestag *Ausschuß f. Verteidigung* mit Recht eines

Untersuchungsausschusses (Art. 45a, 2 GG); zum Schutz d. Grundrechte u. als Hilfsorgan d. Bundestages bei d. parlamentar. Kontrolle *Wehrbeauftragter* (Art. 45b GG). – Berufssoldaten u. Soldaten auf Zeit *Fahneneid*, Wehrpflichtige *feierl. Treuegelöbnis*.

Die Stärke der Bundeswehr betrug bei der Wiedervereinigung (3. 10. 1990) 495 000, die der → Nationalen Volksarmee 90 000 Soldaten. Im Zwei-plus-Vier-Vertrag v. Sept. 1990 wurde vereinbart, die Stärke d. gesamtdeutschen Armee bis 1994 auf insges. 370 000 Sold. zu reduzieren (255 000 Heer, 82 000 Luftwaffe, 32 000 Marine). Mitte 1994 beschloß die B.regierung eine weitere Reduzierung auf 350 000 Sold. Von den ehem. 32 000 NVA-Offz. wurden 20 000 entlassen, 6000 Offz. u. 11 200 Uffz. erhielten 1991 Zweijahresverträge; 3027 Offz. u. 7639 Uffz. wurden für e. Dienstverhältnis als Berufssold. od. längerdienende Sold. auf Zeit ausgewählt. Das Wehrmaterial der ehem. NVA wird, soweit nicht zivil nutzbar, entweder vernichtet od. von d. Bundesreg. od. in ihrem Auftrag verkauft od. unentgeltlich abgegeben.

Die Struktur der B. wird z. Z. verändert; dabei werden 3 Streitkräftekategorien unterschieden – a) mobilmachungsabhängige → Hauptverteidigungskräfte, b) präsente Krisenreaktionskräfte (→ NATO Eingreiftruppe), c) mil. Grundorganisation der Streitkräfte. Geplant bzw. teilweise vollzogen ist d. neue Führungsstruktur der B.: An der Spitze der Führungsstäbe der B. (Heer, Luftwaffe, Marine), die d. Bundesministerium d. Verteidigung unmittelbar unterstehen, steht jeweils e. → Inspekteur. **1)** *Heer:* Führungsstab des Heeres (Inspekteur des Heeres) mit: a) → Heeresführungskommando (Koblenz), b) → Heeresunterstützungskommando (Köln), c) → Heeresamt (Köln) mit 17 Schulen u. d. Stammdienststelle des Heeres. Dem → Heeresunterstützungskommando unterstehen d. Zentrale Militärkraftfahrstelle u. d. Materialamt der B. Dem → Heeresführungskommando unmittelbar unterstehen d. I. Multinationale Korps in Münster, das Kommando Luftbewegl. Kräfte (KLK) in Regensburg, das II. Korps in Ulm u. d. IV. Korps in Potsdam. Die jeweils 8 Divisions- u. Wehrbereichskommandos (WBK) wurden im Frieden jeweils zu einem Kommando zus.gefaßt u. wie folgt den 3 Korps unterstellt: I. Multinationales Korps (WBK I / 6. Panzergrenadierdiv. Kiel; WBK II / 1. Panzerdiv. Hannover; WBK III / 7. Panzerdiv. Düsseldorf); II. Korps (WBK IV / 5. Panzerdiv. Mainz; WBK V / 10. Panzerdiv. Sigmaringen; WBK VI / 1. Gebirgsdiv. München); IV. Korps (WBK VII / 13. Panzergrenadierdiv. Leipzig; WBK VIII / 14. Panzergrenadierdiv. Neubrandenburg. Jede Div. erhält 2–3 Brigaden unterschiedl. Gliederung. 46 personell verstärkte Verteidigungsbezirkskommandos (VBKs; zuständig auch f. d. Reservistenarbeit) dienen der zivil-mil. Zus.arbeit. **2)** *Luftwaffe:* Dem Führungsstab der Luftwaffe (Inspekteur der L.) unterstehen unmittelbar: a) d.→ Luftwaffenamt, b) d. → Luftwaffenführungskommando, c) → Luftwaffenunterstützungskommando (alle in Köln-Wahn). Dem Luftwaffenführungskommando unterstehen die Luftwaffenführungsdienstkommando (Köln-Wahn) u. d. Lufttransportkommando (Münster) sowie d. Luftwaffenkommando Süd in Meßstetten mit 2 Luftwaffendiv. in Karlsruhe u. Birkenfeld u. das Luftwaffenkommando Nord (Kalkar) mit 2 Luftwaffendiv. in Gatow und Aurich. Dem Luftwaffenamt unterstellt sind die Schulen, das Amt f. Flugsicherung, das Amt f. Wehrgeophysik, der Gen.arzt der Lw u. d. Stammdienststelle der Lw. Dem → Luftwaffenunterstützungskommando der Lw untersteht das Materialamt Lw, d. Programmierzentren Lw u. d. Zentrale log. Bereiche. **3)** *Marine:* Dem Führungsstab der Marine (Inspekteur d. M.) unterstehen unmittelbar: a) d.→ Marineamt in Wilhelmshaven (zukünftig Rostock), b) d. Flottenkommando in Flensburg, diesem unterstellt sind d. Flottille der Marineflieger in Kiel, die Schnellbootflottille in Flensburg (zukünftig Warnemünde), die U-Bootflottille in Kiel (zukünftig Eckernförde), d. Zerstörerflottille in Wilhelmshaven, die Flottille der Minenstreitkräfte in Wilhelmshaven (zukünftig Olpenitz), d. Marineführungsdienstkommando in Kiel, c) das → Marineunterstützungskommando in Wilhelmshaven. Angestrebt wird eine GG-Änderung, die zukünftig Kampfeinsätze der B. auch außerhalb des NATO-Gebietes erlauben. – Bei → *Kriegsdienstverweigerung* aus Gewissensgründen Pflicht z. *zivilen Ersatzdienst* (→ Zivildienst).

Bundeswehrfachschulen, an den B. erhalten Unteroffiziere u. Mannschaften auf Zeit auf Kosten d. Bundeswehr eine Aus-, Weiterbildung f. d. spätere Berufsleben.

Bundeswehrhochschulen, am 1. 10. 1973 in Hamburg u. München f. Studium in geistes- u. sozialwiss. sowie techn. Fächern gegr.; s. 1985 Universitäten der BW f. Offiziere d. Bundeswehr mit mind. 12jähr. Dienstverpflichtung.

Bundeswehrverwaltung, dient d. Aufgaben des Personalwesens u. d. unmittelbaren Deckung d. Sachbedarfs d. Streitkräfte; gliedert sich in Territoriale B. (Bundesamt f. Wehrverwaltung, Bundeswehrverwaltungsstellen im Ausland, Kleiderkasse, Wehrbereichsverwaltungen, Kreiswehrersatzämter, Standortverwaltungen, Wehrbereichsbekleidungs- u. Verpflegungsämter, Rechenzentren u. die Bw.-Fachschulen) und Rüstungsbereich (Bundesamt f. Wehrtechnik u. Beschaffung).

Bündische Jugend → Jugendbewegung.

Bund-Länder-Kommission → Bildungspolitik.

Bündner Fleisch, i. schweiz. Kanton Graubünden hergestelltes, leicht gepökeltes, an d. Luft getrocknetes Dauerfleisch (Rindfleisch v. d. Keule).

Bündnisfall, Pflicht der Mitgliedsländer der → NATO, bei einem. bewaffneten Überfall auf Vertragspartner Beistand (auch mit Waffengewalt) zu leisten.

Bundschuh, mit Riemen gebundener Bauernschuh im MA; Wahrzeichen im → Bauernkrieg.

Bungalow, *m.* [Hindi-engl.], einstöck. Wohn- od. Sommerhaus.

Bauer mit Bundschuhflagge

Jacob Burckhardt

Burgos, *Kathedrale*

Bungee-Jumping [engl. ˈbʌndʒɪ ˈdʒʌmpɪŋ], Sichfallenlassen aus großer Höhe an elast. Seil.

Bunin, Iwan A. (22. 10. 1870–8. 11. 1953), russ. Dichter; Roman: *Das Dorf*; Nobelpr. 1933.

Bunker,
1) bomben- u. beschußsicherer Unterstand, meist aus Beton.
2) Kohlen- u. Treibstoffraum bei Schiffen, in Fabriken, Kohlenlager f. Lokomotiven.
3) Golf: Sandgrube.

Bunsen, Robert Wilhelm (31. 3. 1811 bis 16. 8. 99), dt. Phys. u. Chem.; mit → *Kirchhoff* Entdeckung der *Spektralanalyse*; durch **B.**brenner (Gasbrenner m. regulierbarer Luftzufuhr f. hohe Temperaturen) fand er spektralanalyt. Strontium, Cäsium, Rubidium; **B.element** (galvan. Element aus Zink u. Kohle in Schwefel- u. Salpetersäure).

Buntbücher → *Farbbücher*.

Buntkupferkies, *Bornit,* Schwefelkupfereisenerz; Rohstoff f. Kupfergewinnung.

Buntmetalle → Metalle.

Buntsandstein → Sandstein; → geologische Formationen.

Buñuel [buˈɲu̯el], Luis (22. 2. 1900 bis 29. 7. 83), span. Filmregisseur; surrealist.-zeitkrit. Filme: *Un chien andalou* (1928), *L'âge d'or* (1930; beide zus. m. → *Dalí*); *Los Olvidados* (1950); *Viridiana* (1961); *Belle de Jour* (1966).

Bunzlau, *Bolesławiec,* poln. St. i. d. Woiwodschaft Jelenia Góra am Bober, 43 000 E; *B.er Tongeschirr.*

Buran [russ. „Schneesturm"], russ. Raumfähre ähnl. dem am. → Space Shuttle, Erststart 15. 11. 1988.

Burbach (D-57299), Gem. i. Kr. Siegen-Wittgenstein, NRW, 14 299 E; Masch.bauind.

Burckhardt,
1) Carl Jakob (10. 9. 1891 bis 3. 3. 1974), schweiz. Historiker u. Diplomat; 1937–39 Völkerbundskommissar in Danzig; *Gestalten u. Mächte, Richelieu;* Friedenspreis d. dt. Buchhandels 1954.
2) Jacob (25. 5. 1818–8. 8. 97), schweiz. Kultur- u. Kunsthistoriker; *Cicerone; D. Kultur d. Renaissance in Italien; Weltgeschichtl. Betrachtungen; Griech. Kulturgeschichte.*

Burda GmbH, dt. Druck-, Verlagskonzern i. Offenburg.

Buren, 1652–1806 in S-Afrika eingewanderte holländ.-, dt. u. hugenott. Kolonisten, gründeten *Oranje-Freistaat* u. *S-Afrikan. Rep.*, kämpften erfolglos gg. die Engländer im *Burenkrieg* (1899–1902); seit 1910 zur S-Afrikan. Union. Sprache: *Afrikaans.*

Büren (D-33142), St. im Kr. Paderborn, NRW, 20 300 E; AG; holzverarbeitende u. Masch.ind.; Fremdenverkehr.

Büretten [frz.], geeichte Glasröhren f. d. chem. Analyse.

Burg, befestigter Siedlungsplatz (meist Adelssitz) im MA; Vorb. u. Hptb. m. → Bergfried u. → Palas. Der Burgenbau endete ab 2. Hälfte 14. Jh. mit d. Verbreitung d. Feuerwaffen, die neue Verteidigungstechniken erforderten.

Burgas, bulgar. Schwarzmeerhafen, 198 000 E; Erdölraffinerie.

Burg b. Magdeburg (D-39288), Krst. i. S-A., 26 200 E; roman. u. got. Kirche; Ind.

Burgdorf,
1) (D-31303), St. in Nds., 29 500 E; Ind. u. Landwirtsch.; alte Fachwerkhäuser.
2) (CH-3400), frz. *Berthoud*, Bez.st. im schweiz. Kanton Bern, 15 400 E; Ind.- u. Dienstleistungszentrum d. Emmentals; im Schloß 1799–1804 Erziehungsanstalt → *Pestalozzis.*

Burgenland

Burgenland, östl. Bundesland Östr.s, 3965 km², 274 334 E; Hptst. *Eisenstadt*; im S gebirgig, im NO (*Neusiedler See*) Flachland (Obst, Wein, Zuckerrüben); Fremdenverkehr. – Bis 1921 ungar., 1922 bis auf Ödenburg (Sopron) an Östr.; 1938–45 zw. Niederöstr. u. Steiermark aufgeteilt.
Bürgenstock, Aussichtsberg am Vierwaldstätter See, 1128 m; Luftkurort.
Bürger, Gottfried August (31. 12. 1747–8. 6. 94), dt. Dichter; Balladen: *Lenore*; Leben und Erz.: *Münchhausens Abenteuer.*
Bürger, Mitglied eines Gemeinwesens (Staat, Land, Gemeinde) im Besitz der *B.rechte*, d. i. pol. das aktive u. passive Wahlrecht, d. verfassungsrechtl. Schutz best. Freiheiten durch Grundrechte.
Bürgerinitiativen, lockere, meist spontane Organisationen von Bürgern, die durch (spektakuläre) Aktionen u. Demonstrationen die pol., wirtsch., kulturellen und ökologischen Zielsetzungen des Staates beeinflussen und gegebenenfalls verhindern wollen (z. B. Kernkraftgegner).
Bürgerliches Gesetzbuch, *BGB*, trat in Dtld am 1. 1. 1900 in Kraft; zerfällt in 5 Bücher (Teile) u. regelt in 2385 Paragraphen auf Aufstellung u. Rechtsgrundsätze d. Recht der Schuldverhältnisse, das Sachen-, Familien- u. Erbrecht; ergänzt durch Einführungsgesetz u. durch Ausführungsges. d. Länder, Bestimmungen über Eingehung u. Auflösung d. Ehe jetzt im → Eherecht. Einführungsges. (v. 18. 8. 1896) regelt hpts. Verhältnis d. Vorschriften des BGB zu den Reichsges.en und zu den Landesges.en, ferner das intern. Privatrecht.
Bürgerliches Recht, *Privatrecht, Zivilrecht,* die d. Privatrechtsverhältnisse regelnden Vorschriften; umfaßt außer d. Gebieten des BGB Handelsrecht, Teile d. Gewerbe- u. Arbeitsrechts u. a.; Ggs.: → öffentliches Recht; das B. R. war früher in Dtld, soweit nicht durch Reichsrod. Landesges. abgeändert, sog. „gemeines Recht" (→ römisches Recht).
bürgerliches Trauerspiel, im 18. Jh. entstehende dramat. Gattung, die im Ggs. zur klass. hohen Tragödie private, „bürgerliche" Konflikte darstellt; Vertr.: Lessing *(Miss Sara Sampson),* Schiller *(Kabale und Liebe).*
Bürgermeister, *Schulze, Schultheiß, Gemeindevorsteher,* Vors. d. Gemeindevertretung, z. T. direkt gewählt, gleichzeitig Leiter d. Gemeindeverw.; bei meh-

reren B.n größerer Städte Titel d. Ersten B.s *Oberbürgermeister.*
Bürgerschaft, Volksvertretung der Stadtstaaten Hamburg und Bremen (Stadtlandtag).
Bürgertum, mit Entwicklung des Städtewesens seit Einsetzen der Geldwirtschaft schon im Hoch-MA (Italien, Flandern) u. weiterhin b. z. Reformation von entscheidender wirtsch., kultureller u. pol. Bedeutung; eigener Stand neben Adel, Geistlichkeit u. Bauerntum; in Dtld Niedergang nach der 30jähr. Krieg. „Dritter Stand" in d. Frz. Revolution. Neuer Aufschwung im 19. Jh., dessen kapitalist., aber auch kulturelle u. pol. Entwicklung v. B. bestimmt trotz Verfallserscheinungen; neben traditionsgebundenem B. entstehen d. Bourgeoisie (Groß-B.) u. d. Massen des Klein-B.s. In der grundlegenden Umschichtung d. Gesellschaft nach den Weltkriegen vollzieht sich auch eine weitere Auffaserung d. B.s.
Burgess [ˈbəːdʒɪs], Anthony, eigtl. John Wilson (25. 2. 1917–25. 11. 93), engl. Schriftst. u. Sprachwiss.; Romane: *Uhrwerk Orange; Napoleon-Symphonie; D. Fürst der Phantome; Enderby;* Essays; Drehbücher.
Burgfriede, Freiheit u. Sicherheit in einer Burg; heute das Einstellen parteipol. Kämpfe.
Burggraf, im MA richterl. und militär. Vertreter des Königs in Städten, später als Titel.
Burghausen (D-84489), bayr. St. a. d. Salzach, ma. Stadt, 17 347 E; längste dt. Burg (Mus.); 1255–1504 Sitz d. Herzöge v. Niederbay.; AG; chem. Ind.
Burgiba, Habib (* 3. 8. 1903), tunes. Pol.; 1956 Min.präs., 1957–87 Staatspräs.
Burgkmair, d. Ä., Hans (1473–1531), Maler und Holzschneider der Spätgotik u. Frührenaiss. in Augsburg; *Johannesaltar,* Reiterbild *Maximilian I.*
Bürglen (CH-6463), schweiz. Gem. bei Altdorf, Kanton Uri, 3500 E; Tellskapelle, Tellmuseum.
Burglengenfeld (D-93133), St. a. d. Naab, Bay., 10 593 E; Burgruine (10. Jh.); AG; Zement- u. Textilind.
Burgos, Hptst. der span. Prov. *B.,* 159 000 E; berühmte got. Kathedrale (im 13.–16. Jh. erbaut).
Bürgschaft,
1) jur. Vertrag zw. *Bürge(n)* u. dem Gläubiger einer anderen Person (des Hauptschuldners); Bürge verpflichtet sich, für die Erfüllung d. Verbindlichkeit d. Hauptschuldners einzustehen (§§ 765 ff. BGB); bedarf der Schriftform (Ausnahme: Bürgschaft eines Vollkaufmanns formlos gültig § 350 HGB).
2) Die B., Ballade von Schiller.
Burgstädt (D-09217), St. im Ldkr. Chemnitz, Sa., 12 143 E; Textilind., Maschinenbau.
Burgtheater, staatl., früher kaiserl. Schauspielhaus in Wien, s. 1776.
Burgund, *Bourgogne,* hist. Landschaft u. Region in O-Frkr., im Gebiet der Saône, fruchtbar, Weinbau (Côte d'Or); im W Eisen u. Kohle. Kanal v. B., verbindet Saône mit Yonne, 242 km l. – Der ostgerman. Stamm der Burgunder schuf 413 ein Reich am Mittelrhein um Worms; wanderte nach dessen Zerstö-

BURKINA FASO
Staatsname: Republik Burkina Faso, République de Bourkina Faso
Staatsform: Präsidiale Republik
Mitgliedschaft: UNO, OAU, ECOWAS, AKP
Staatsoberhaupt: Blaise Compaoré
Regierungschef: Kadré Désiré Ouédraogo
Hauptstadt: Ouagadougou 442 000 Einwohner
Fläche: 274 200 km²
Einwohner: 10 046 000
Bevölkerungsdichte: 37 je km²
Bevölkerungswachstum pro Jahr: Ø 2,81% (1990–1995)
Amtssprache: Französisch
Religion: Muslime (40%), Naturreligionen (40%), Christen (12%)
Währung: CFA-Franc (FCFA)
Bruttosozialprodukt (1994): 2982 Mill. US-$ insges., 300 US-$ je Einw.
Nationalitätskennzeichen: BF
Zeitzone: MEZ – 1 Std.
Karte: → Afrika

Burkina Faso

rung durch die Hunnen (Nibelungensage) 443 nach Savoyen u. dehnte sein Reich über d. Rhônegebiet aus; 553 v. d. Franken unterworfen. 843 geteilt: **a)** Ostteil 888 selbständig (*Kgr. B.,* später auch *Arelate*), nach vielen Teilungen 1034 zum Dt. Reich; in Territorien aufgelöst, die teils die heutige Westschweiz bilden, teils seit 1250 an Frkr. fielen, 1678 endgültig auch die *Freigrafschaft B.* (Hptst. *Besançon*); **b)** Westteil, *Hzgt. B.* um Dijon (Bourgogne), fiel 843 an das Westfrankenreich; 1363 als frz. Lehen an Philipp den Kühnen von Valois; Ausgangsgebiet des neuburgund. Großterritoriums, das sich im 14. u. 15. Jh. zw. Frkr. u. Dtld bis zur Nordsee ausdehnte; fiel 1477 an Frkr. zurück, der Großteil d. burgund. Staates an d. Habsburger: *Burgundischer Kreis* d. Dt. Reiches, v. Karl V. 1512 gebildet; 1556 an Spanien; Grundlage d. heutigen Ndl., Belgiens, Luxemburgs.
Burgunder, Weine aus der frz. Landschaft Bourgogne.
Buridan, Johannes (um 1300–58), frz. Scholastiker und Aristotelesinterpret; → Buridans Esel.
Buridans Esel, Esel, der nach d. Scholastiker Buridan zwischen zwei Heuballen verhungert, da er sich nicht entscheiden kann.
Burjatien, Burjatische Autonome Rep., Teilrep. d. Russ. Föd., i. S-Sibirien, 351 300 km², 1,06 Mill. E, davon 23% **Burjaten** (mongol. Volk), 72% Russen; überwiegend Buddhisten; Gold-, Kohlen-, Wolfram-, Molybdän-, Eisenerzlager; Hptst. *Ulan-Ude.*
Burka,
1) Lodenmantel aus d. Kaukasus m. halbkreisförm. Zuschnitt.
2) maskenähnl. Gesichtsschleier der arab. Welt, der nur d. Augen ausspart, im Ggs. z. nur d. untere Gesichtshälfte verdeckenden Gewand- od. Kopftuchzipfel.
Burke [bəːk], Edmund (12. 1. 1729 bis 9. 7. 1797), engl. Publizist u. Politiker, Theoretiker d. eur. Konservatismus.
Burkhard [ahdt. „der bergende Starke"], m. N.
Burkina Faso, bis 1984 *Obervolta,* Republik in W-Afrika, nördl. v. Ghana, im Quellgebiet des Weißen u. Schwarzen Volta; Bev.: Mossi (48%), Fulbe u. Tuareg. **a)** *Wirtsch.:* Hpts. Landw.; Ausfuhr von Vieh, Erdnüsse, Baumwolle. **b)** *Außenhandel* (1991): Einfuhr 552 Mill. $, Ausfuhr 197 Mill. $. **c)** *Verf.* v. 1991: Präsidiale Rep. m. Einkammerparlament; 30 Provinzen. **d)** *Gesch.:* Bis 1958 frz. Kolonie, dann autonome Rep., 1960 unabhängig; 1966 Militärputsch; Zollunion mit Ghana; 1978 Wiedereinführung demokr. Verhältnisse; 1980, 1982 u. 1983 erneuter Mil.putsch, 1992 erste freie Parl.-Wahlen.
burlesk [it.], spaßig.
Burleske, *w.,* Posse.
Burljuk, David (21. 7. 1882–10. 2. 1967), russisch-amerikanischer Maler u. Schriftst.; Initiator d. russ. Kubo-Futurismus, Vorkämpfer und Förderer der Avantgarde.
Burma, engl. Schreibung f. Birma (→ *Myanmar*).
Burnacini [-ˈtʃiːni], Ludovico (1636–12. 12. 1707), it. Architekt u. intern. richtungweisender Bühnenbildner d. Barock; hpts. in Wien tätig.

Burne-Jones [bəːn dʒoʊnz], Sir Edward (28. 8. 1833–17. 6. 98), engl. Maler d. Symbolismus; Wirkung auf d. Jugendstil; *Gemälde (Das Schreckenshaupt)*, Buchillustr. (Chaucer), Entwürfe f. Kunstgewerbe, Mosaiken, Fenster.
Burnet [ˈbəːnɪt], Sir Frank Macfarlane (3. 9. 1899–31. 8. 1985), austral. Med.; Nobelpr. 1960 (Arbeiten über Immunisierungsvorgänge b. d. Transplantation).
Burns [bəːnz], Robert (25. 1. 1759 bis 21. 7. 96), schott. Lyriker; Vorläufer der engl. Romantik.
Burnus, *m.,* arab. Mantel mit Kapuze.
Bürocomputer, → Mikrocomputer f. vorwiegend dezentrale, kommerzielle Datenverarbeitung im Betrieb (z. B. Fakturierung, Lagerhaltung); früher als *mittlere Datentechnik* (MDT) bez.
Bürofernschreiben, *Teletex,* Textkommunikation; schnelle Textübertragung m. Schreibmaschinensatz in Korrespondenzqualität; Kommunikation m. Telex-Teilnehmern möglich.
Bürokratie, Verwaltungsapparat; abwertend: Ämterherrschaft, ungesunde Aufblähung des Staatsapparates.
Burrough [ˈbʌroʊ], Sir Harold (1888–1977), brit. Admiral; 1945 Oberbefehlsh. des alliierten Marineexpeditionskorps, 1945–46 Oberbefehlsh. d. brit. Marine i. Dtld.
Burroughs [ˈbʌroʊz], William (5. 2. 1914–2. 8. 1997), am. Schriftst., Kultgestalt der Drogenszene mit dem Roman *Junkie.*
Bursa, türk. Provinzhpst. in Kleinasien, am Fuß des Uludağ (2493 m), 835 000 (Agglom. 1,15 Mill.) E; Schwefelthermen, Kur- u. Wintersportort; Textil- u. Tabakind.
Bursa,
1) *Burse,* im MA Unterkunftshaus für Studenten.
2) med. Beutel, Schleimbeutel im Gelenkbereich; *Bursitis,* svw. Schleimbeutelentzündung.
Burscheid (D-51399), St. im Rhein.-Berg. Kr., NRW, 17 401 E; Metall-, Textil-, Feinleder-, Druckindustrie.
Burschenschaften, Studentenvereinigungen in Jena 1815 zur Hebung der nat. Gesinnung u. zu wiss. Zwecken gegr.; 1817 Wartburgfest, nach Ermordung Kotzebues (1819) bis 1848 verboten; im ns. Dtld. aufgelöst, 1950 als *Dt. Burschenschaft* wiedererrichtet.
Bürstadt (D-68642), St. im Kr. Bergstraße, Hess., 15 332 E; div. Ind.
Bürstenabzug, früher durch Abklopfen m. einer Bürste, heute m. Handpresse hergestellter Abzug eines Drucksatzes zum Korrekturlesen.
Burton [bəːtn], Richard, eigtl. *R. Jenkins* (10. 11. 1925–5. 8. 84), engl. Schausp.; *Look Back in Anger; Cleopatra; The Spy Who Came in From the Cold; 1984.*
Burundi, Rep. in Zentralafrika, am Tanganjikasee (südl. Teil d. früheren → Ruanda-Urundi); Bev.: 83% → Bantu (Hutu), 15% Tutsi als herrschende Schicht. **a)** *Wirtschaft:* Hochland m. Viehzucht u. Anbau v. Kaffee, Tabak, Tee u. Baumwolle. **b)** *Außenhandel* (1991): Einfuhr 247 Mill., Ausfuhr 91 Mill. $. **c)** *Verf.* v. 1992: Präsidialrepublik, Nationalvers.; 15 Provinzen. **d)** *Gesch.:* Vor 1. Weltkr. unter dt. Kontrolle; s. 1916 unter belg. Herrschaft; 1962

BURUNDI	
Staatsname:	Republik Burundi, Republika y'Uburundi, République du Burundi
Staatsform:	Präsidiale Republik
Mitgliedschaft:	UNO, OAU, AKP
Staatsoberhaupt:	Pierre Buyoya
Regierungschef:	Pascal F. Ndimara
Hauptstadt:	Bujumbura 227 000 Einwohner
Fläche:	27 834 km²
Einwohner:	6 209 000
Bevölkerungsdichte:	223 je km²
Bevölkerungswachstum pro Jahr:	⌀ 2,88% (1990–1995)
Amtssprache:	Ki-Rundi, Französisch
Religion:	Christen (83%), Naturreligionen
Währung:	Burundi-Franc (F.Bu.)
Bruttosozialprodukt (1994):	904 Mill. US-$ insges., 150 US-$ je Einw.
Nationalitätskennzeichen:	BU
Zeitzone:	MEZ + 1 Std.
Karte:	→ Afrika

Mäusebussard

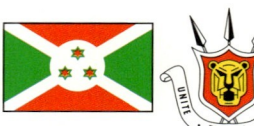
Burundi

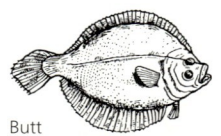
Butt

Wilhelm Busch

George Bush

unabhängig; 1976 Staatsstreich; 1987 Mil.putsch, Auflösung d. Nat.vers.; ethnischer Konflikt zw. herrschender Tutsi u. Hutu; 1993 erste Mehrparteienwahlen u. Einleitung d. Demokratisierung B.; 1993 Mil.putsch u. Ermordung d. Hutu-Präs. Ndadaye löst Massenflucht aus. Erneuter Militärputsch 1996; Bürgerkrieg zw. Hutu-Rebellen und der von Tutsi dominierten Armee.
Bürzel, Teil d. Vogelkörpers, d. die Schwanzfedern trägt; auf d. Oberseite die *B.drüse* mit Sekret zum Einfetten der Federn, bes. bei Wasservögeln.
Burzenland, SO-Teil Siebenbürgens, fruchtbar, Hptst. *Kronstadt* (rumän. *Braşov*) – 1919 zu Rumänien.
Bus
1) → Omnibus.
2) Daten- od. Steuerleitungen zw. Komponenten eines Computers.
Busch,
1) *Adolf* (8. 8. 1891–9. 6. 1952), dt. Geiger, emigr. i. d. USA; Bruder von 3).
2) *Ernst* (6. 7. 1885–17. 7. 1945), dt. Gen.feldm., zuletzt Oberbefehlsh. der Heeresgruppe Nordwest.
3) *Fritz* (13. 3. 1890–14. 9. 1951), dt. Dirigent der Staatsoper Dresden, in Glyndebourne und USA.
4) *Wilhelm* (15. 4. 1832–9. 1. 1908), dt. Maler *(Regenlandschaft),* Zeichner u. Dichter; humorist. Bildgeschichten: *Max und Moritz.*
Buschbaby → Galagos.
Buschehr, *Abuschir,* iran. Hafenst. am Pers. Golf, 120 000 E.
Büschelkiemer, Fische m. Knochenplatten statt Schuppen; → Seepferdchen, → Seenadeln.
Buschido [„Ritterweg"], jap. Ehren- u. Anstandsregel.
Buschmänner, kleinwüchsiger u. hellfarb., urspr. Jägerstamm v. kindhafter Körperbildung (→ Hottentottenschürze); heute i. d. südafrikan. Kalahari-steppe abgedrängt, einst bis N-Afrika.

Buschor, *Ernst* (2. 6. 1886–11. 12. 1961), dt. Archäologe; Ausgrabungen auf Samos (etrusk., 8.–4. Jh.).
Buschwindröschen → Anemone.
Busento, it. Fluß der Prov. Cosenza; angebliche Grabstätte des Westgotenkönigs → Alarich.
Bush [bʊʃ], *George* (* 16. 6. 1924), am. republikan. Diplomat; 1970–72 Botschafter b. d. UN, 1974–76 Botschafter in Peking, 1976/77 CIA-Leiter, 1981–89 Vizepräs. d. USA, 1989–93 41. Präs. d. USA.
Bushel [ˈbʊʃl], → Maße u. Gew., Übers.
Busoni, *Ferruccio* (1. 4. 1866–27. 7. 1924), dt.-it. Komp. u. Pianist; Opern: *Turandot; Doktor Faust; Arlecchino.*
Bussarde, gedrungene, rundflügige Greifvögel; einheim. *Mäuse-B.,* im Winter *Rauhfuß-B.* aus dem N.
Buße [ahd. „buoza = Besserung"]
1) in der kath. Kirche Sakrament d. B., → Beichte.
2) → Geldbuße.
Büßerschnee, *Zackenfirn,* spitze Schneefigur, bes. in S-Amerika u. im innerasiat. Hochgebirge, bei starker Sonnenstrahlung u. gr. Trockenheit, bis 2,5 m hoch.
Bußgeld → Ordnungswidrigkeit.
Bussole, *w.,* Kompaß mit Zielvorrichtung (Visier, Diopter), → Tangentenbussole.
Buß- u. Bettag, ev. Feiertag (Mittwoch vor Totensonntag). 1995 als staatl. Feiertag zugunsten der Pflegeversicherung abgeschafft.
Büste, in der Kunst: Plastik des menschl. Kopfes bis zur Brust.
Bustelli, *Franz Anton* (12. 4. 1723–18. 4. 63), dt. Porzellanmodelleur (it.-schweiz. Herkunft). d. Rokoko; s. 1754 in Nymphenburg (Abb. → Porzellan).
Büstenhalter, *BH,* Kleidungsstück. Seit d. 30er Jahren nahezu unverzichtbarer Bestandteil der Damenunterbekleidung; in den 60ern als Symbol des weibl. Rollenzwangs verpönt.
Busuki, griech. Nationalinstrument, ähnl. e. langhalsigen Mandoline.
Büsum (D-25761), Nordseeheilbad i. Ldkr. Dithmarschen, Schl-Ho., 4757 E; Fischerei.
Butadiën, Ausgangsmaterial f. synthet. Kautschuk; → Buna; → Diëne.
Butan, *s,* C_4H_{10}, gasförmiger Kohlenwasserstoff; Nebenprodukt der Treibstoffgewinnung, verflüssigt in Stahlflaschen als Heiz- u. Treibgas.
Butenandt, *Adolf Friedrich Johann* (24. 3. 1903–18. 1. 1995), dt. Chem.; Hormonforscher; 1960–72 Präs. d. → Max-Planck-Gesellschaft; Nobelpr. 1939.
Butjadingen, Marschlandschaft zwischen Jade u. Weser; Viehzucht.
Butler [ˈbʌtlə],
1) *Richard Austen Viscount* (9. 12. 1902–9. 3. 82), engl. konservativer Pol.; 1951–55 Schatzkanzler, 1957–62 Innenmin., 1963/64 Außenmin.
2) *Samuel* (3. 2. 1612 bis 25. 9. 80), engl. Satiriker; Heldensatire *Hudibras.*
3) *Walter* (1600–34), irischer Oberst; an Wallensteins Ermordung beteiligt.
Butler, *m.* [engl. ˈbʌtlə], aus frz. butuiller, engl. bottle; eigentl. Kellermeister, heute: Diener, Vorstand des Hauspersonals.
Butor [by-], *Michel* (* 14. 9. 1926), frz.

Schriftst. d. → Nouveau roman; *Paris–Rom od. d. Modifikation;* Essays.
Butte, Gruppe d. → Plattfische.
Büttel, Gerichtsdiener, Häscher.
Butter, aus Fettkügelchen der Milch gewonnenes Speisefett; der durch Abschöpfen oder Ausschleudern (in der Zentrifuge) gewonnene Rahm wird im **B.faß** (oder **B.maschine**) durchgearbeitet, bis sich das Milchfett *(Butter)* abscheidet; → Milchwirtschaft.
Butterblume, volkstüml. Name für versch. gelb blühende Pflanzen, bes. *Löwenzahn, Hahnenfuß* u. *Sumpfdotterbl.*
Butterfly [engl. ˈbʌtəflaɪ], i. Schwimmsport Schmetterlingsstil.

Butterpilz – Körnchen-Röhrling

Butter-Röhrling

Butterpilz, Röhrling, schmackhafter Speisepilz m. braunem, schleimigem Hut u. gelber Hutunterseite.
Buttersäure, bildet sich i. Butter (ranziger Geruch und Geschmack); organ. Säure, auch im Schweiß.
Butterschmalz, ausgeschmolzenes Butterfett, dem u. a. Wasser entzogen wurde, ausschließl. Bratfett.
Buttlarsche Rotte, christl.-pietist. Bewegung, gegr. 1702 v. Eva v. Buttlar (1670–1721), d. als „Sophia" zusammen m. 2 Männern eine Verkörperung d. göttl. Dreifaltigkeit darstellte.
Buttons [engl. ˈbʌtənz], *Meinungsknöpfe, Sticker,* Abzeichen od. Ansteckplaketten als Sympathiekundgebung f. etwas (z. B. f. Parteien).
Butylkautschuk → Polyisobutylen.
Butzbach (D-35510), St. i. Wetterauk., Hess., 22 772 E; AG; ma. St.bild; div. Ind.
Butzenscheiben, kleine runde Glasscheiben mit Buckel in der Mitte, in Blei gefaßt; bes. im 15.–16. Jh.
Buxtehude, Dietrich (1637–9. 5. 1707), dt. Komp., wirkte an d. Marienkirche in Lübeck; Kantaten u. Orgelwerke.
Buxtehude (D-21614), St. i. Nds., a. d. Este, 32 609 E; Nahrungsmittel-, chem.-, Baustoff- u. Kunststoffind.
Buys-Ballot [ˈbœĭzaˈloˑ], Christoph Heinrich (10. 10. 1817–3. 2. 90), ndl. Meteorologe.
Buys-Ballotsche Regel [ˈbœĭzaˈloˑ-], Luft strömt von Orten höheren nach solchen niederen Drucks, unter Ablenkung durch Erdrotation nach rechts (links) auf der N-(S-)Halbkugel der Erde.
Buzzati, Dino (16. 10. 1906–28. 1. 72), it. Schriftst.; *D. Festung; Des Schicksals roter Faden.*
BWL, Abk. für → **B**etriebs**w**irtschafts**l**ehre.
Bypass, *m.* [engl. ˈbaɪpɑːs].
1) med. operative Überbrückung v. verengten Blutgefäßen.
2) techn. Nebenleitung, Überbrückung.
3) allg. Umleitung, Umführung.
Byrd [bəːd],
1) Richard Evelyn (25. 10. 1888–12. 3. 1957), am. Admiral u. Polarforscher; Forschungsflüge zum Nordpol (mit Floyd *Bennett*) 1926 und Südpol (s. 1928 5 Expeditionen).
2) William (1543–4. 7. 1623), engl. Komp. u. Virginalist; Madrigale, Messen, Motetten, Klaviermusik.
Byrnes [bəːnz], James Francis (2. 5. 1879–9. 4. 1972), am. Pol. (Demokrat), US-Außenmin. 1945–47, für Verständigungspolitik mit Dtld.
Byron [ˈbaɪərən], Lord George Noël Gordon (22. 1. 1788–19. 4. 1824), engl. Dichter; starb in Missolunghi im griech. Freiheitskampf. Epen: *Ritter Haralds Pilgerfahrt; Don Juan;* Dramen: *Manfred; Kain.*
Byssus, *m.,* klebriges, schnell erhärtendes Drüsensekret v. Muscheln, mit d. sie am Boden anhaften *(B.fäden);* im Altertum für feines Gewebe.
Byte [engl. baɪt], i. d. Datenverarbeitung Bez. f. d. kleinste adressierbare, d. h. über einen Speicher im Computer abrufbare Informationseinheit; besteht aus jeweils 8 zus.gehörigen Ä bits, die f. 1 Zeichen stehen; 1 Kilobyte = 1024 Byte (= 8192 Bit), 1 Megabyte = 1 048 576 Byte.
byzantinische Kunst, Verbindung frühchristl. Ausdrucksstils m. Resten antiker Tradition u. vorderasiat. Einflüssen auf strom. Boden; wirkte auf den Stil des Abendlandes etwa 500–1200, in Rußland *(Ikonenmalerei)* bis ins 19. Jh. – *Baukunst:* Vielkuppelkirchen auf mehreck. od. kreuzförm. Grundriß (Zen-

Adolf Butenandt

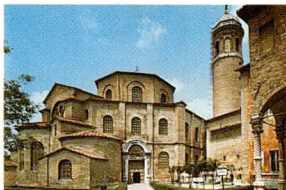

Ravenna, *San Vitale*

Ravenna, *San Apollinare in Classe*

Byzantinische Grabstele *4. Jh.*

Mosaiken aus dem Mausoleum der Galla Placidia

tralbau) m. großart. Mosaikenschmuck: Hagia Sophia, Konstantinopel (6. Jh.); S. Vitale, Ravenna (6. Jh.); Sophienkirche, Saloniki (8. Jh.); S. Marco, Venedig (9.–11. Jh.); Hosios Lukas (Klosterkirchen, 11. Jh.) in Phokis; Querschiff; Basiliken (Ravenna, S. Apollinare). – *Plastik:* Sarkophage, Kanzeln, Gedenkstelen, Elfenbeinschnitzerei. – *Malerei:* Mosaiken (Ravenna, SS. Cosma e Damiano in Rom, Saloniki, Hosios Lukas, Venedig, Torcello) u. Fresken (Kloster Nérez bei Skopje, 1164; Erlöserkirche bei Nowgorod, 1199); dekorativer Flächencharakter, hierat. Vertikalenrhythmus, streng stilisierte, schmale Figuren, lichte Farben (Gold, Blau); Bilderkult des Volkes u. d. Klöster bes. im 8. Jh. im Kampf m. kirchl. u. staatl. Bilderverboten, → Bildersturm; Buchmalerei (Wiener Genesis um 500, Menologium Basils II. um 1000).
byzantinische Literatur, Synesios v. Kyrene 4./5. Jh.: rel. Hymnen; unter Justinian 6. Jh.: Romanos Melodios (Hymniker), *Corpus iuris* (zusammengestellt v. Tribonian u. a.), Prokopios (Geschichtsschreibung), Geheimchronik), Legenden, Novellen u. Märchen. Geschichtsschreibung: Anna Komnena 11./12. Jh., Alexias.
Byzantinisches Reich, *Byzanz, Ostrom. Reich, Ostrom,* entstanden 395 n. Chr. bei Teilung d. Röm. Reichs durch Theodosius; Kaiserreich mit zentralisierter Bürokratie u. griech. Oberschicht; bis 1261 n. Chr. versuchten mehrere Dynastien eine Wiederherstellung der altröm. Weltherrschaft; Justinian (527–65) setzte staatl. Macht über Kirche durch; s. Feldherren Belisar u. Narses besiegten die Wandalen in N-Afrika u. Ostgoten in Italien; i. 6. u. 7. Jh. Eindringen slaw. Stämme in Thrazien, Mazedonien u. Thessalien; 565 Verlust von Ober- u. Mittelitalien an die Langobarden; 641 bis 942 Kämpfe mit Arabern, 679 selbständiges Bulgarenreich, das erst 1014 ganz unterworfen wird; größte Ausdehnung d. B.r bis Euphrat u. Tigris, Tripolis; 1040 Vertreibung d. arab. Seeräuber, Herrschaft über d. Levantehandel; im 11. Jh. Einbrüche d. Normannen im byzant. Unteritalien u. Thessalien u. d. → Seldschuken in Kleinasien; 1186 Abfall u. neues Reich d. Bulgaren; Handelskriege m. Venedig; 1204 Gründung d. *Lateinischen Kaisertums* in Konstantinopel unter Venedigs Vormacht; Parteikämpfe; im 13. u. 14. Jh. Eindringen v. Osmanen im O u. Serben im W; 1453 Einnahme v. Konstantinopel.
Byzantinismus, kriechendes Benehmen nach byzantin. Hofsitte, Unterwürfigkeit.
Byzanz, griech. Kolonie um 660 v. Chr. gegr., 196 n. Chr. zerstört, allmählich wieder aufgebaut, 330 durch Konstantin d. Gr. als *Konstantinopel* Hpst. des Römischen, 395 des Oström. → Byzantinischen Reichs.
B-2-Bomber → Stealth-Bomber.
B-52-Bomber, größter amerikan. Fernbomber älterer Bauart, „Himmelsfestung" gen. Kampfradius ohne Nachtanken: 8000 km, Geschwindigkeit: 0,9 Mach, trägt schwere Bombenlast u. dient hpts. für Flächenbombardements.

C,
1) *Physik:* Abk. f. Einheit d. el. Ladung → *Coulomb* oder mit vorangestelltem ° Einheit d. Temperatur Grad Celsius.
2) *chem.* Zeichen f. → *Kohlenstoff* (lat. *carboneum*).
3) röm. Zahlzeichen = 100.
c, Abk. f. *Cent, Centime* u. *Zenti . . .*
ca., Abk. f. *circa* [l.], ungefähr, rund, etwa.
Ca, *chem.* Zeichen f. → *Calcium.*
CAAC, Abk. f. **C**ivil **A**viation **A**dministration of **C**hina, Bez. d. 1955 gegr. Zivilluftfahrtges. d. VR China.
Caballero, *m.* [kaβa'λero], span. Ritter.
Cabernet Franc [frz. kaber'ne 'frã], in vielen Ländern angebaute Rotweinrebe, die milde, weiche Weine liefert u. im Bordeaux-Gebiet mit → *Cabernet Sauvignon* u. → *Merlot* verschnitten wird.
Cabernet Sauvignon [frz. kaber'ne sɔvin'jõ], fast in der ganzen Welt angebaute, hochwert. Rotweinrebe, die (meist kombiniert m. → *Cabernet Franc* u. → *Merlot*) die berühmten Bordeaux-Weine liefert; die Weine sind tanninreich, trocken, fruchtig u. aromat. u. reifen langsam.
Cabet [ka'bɛ], Etienne (2. 1. 1788–8. 11. 1856), frz. Advokat; versuchte zwei kommunist. Gemeinwesen in Amerika zu gründen; Roman: *Reise nach Ikarien.*
Cabimas, St. in N-Venezuela a. Maracaibosee, 200 000 E; Bischofssitz; Erdölind.
Cabinda, Distrikt u. Exklave Angolas, n. der Kongomündung, 7270 km², 152 000 E; Hptst. *C.*, Hafen am Atlantik; Erdölförderung, Edelhölzer.
Cabochon [frz. -'ʃõ:], rund geschliffener Edelstein.
Cabora-Bassa-Staudamm, 1968–77 erbaut, 160 m h., staut den oberen Sambesi in Mosambik zu ca. 2700 km² großem See, Stauraum 63 Mrd. m³, größtes Wasserkraftwerk Afrikas.
Caboto, engl. *Cabot,*
1) Giovanni (1450 bis 98/99), Genuese, entdeckte 1497 in engl. Diensten Labrador; s. Sohn
2) Sebastiano (zw. 1474 u. 83 bis 1557), erforschte 1526–30 in span. Diensten die O-Küste S-Amerikas; 1544 Entwurf einer bed. Weltkarte.
Cabral, Pedro Alvarez (1467/68–1526), portugies. Seefahrer; entdeckte Brasilien 1500.
Cabral de Melo Neto [-'nɛtu], João (* 9. 1. 1920), brasilian. Lyriker u. Kunstkritiker, Vertreter d. sog. Modernismus. Gedichte: *Der Hund ohne Federn;* Prosa: *Joan Miró; Tod u. Leben des Severino.*
Cabrini, Francisca Xaveria (15. 7. 1850–22. 12. 1917), it. Missionsschwester in New York; erste Hlge d. USA (1946).
Caccini, [kat'tʃi:ni], Giulio (um 1550–10. 12. 1618), it. Komp.; Anfänge d. Oper.
Cáceres ['kaθeres], Prov.hptst. in W-Spanien (Estremadura), 80 000 E; ma. Altstadt.
Cachenez, *s.* [frz. kaʃ'ne:], Halstuch.
Cachette [ka'ʃɛt], Versteck in e. Grab bei Deir el Bahri, in das bereits im Altertum wegen d. zunehmenden Grabräuberei über 40 kgl. Mumien (u. a. Sethos I., Amenophis I., Thutmosis III., Ramses II.) zus.getragen wurden. 1881 v. → Maspero entdeckt.
Cachucha, *w.* [ka'tʃʊtʃa], span. Volkstanz.
Cäcilia, Schutzheilige der Musik (Tag: 22. 11.).
Caciocavallo [katʃoka'valo], it. Hartkäse, leicht geräuchert.
CAD, *Computer-Aided Design,* Unterstützung des Konstruktionsprozesses im Maschinenbau mit Hilfe von → EDV.
Cadaques [-'kɛs], Fischerstädtchen a. d. Costa Brava, 1500 E; bed. als Künstlerzentrum (Terrassenhaus Dalís).
Caddie [engl. 'kædi],
1) Golfjunge.
2) zweirädriger Golfwagen.
3) Einkaufswagen.
Cadenabbia, it. Kurort a. Comer See, 300 E; bekannt als Sommerurlaubssitz Adenauers.
Cadillac ['kædilæk], am. Automarke; i. d. 50er Jahren m. extravagantem Chromzierat u. „Haifisch"-Heckflossen.

CA-Anwendung, *Rekonstruktion der Dresdner Frauenkirche*

John Cage

Cabernet Franc

Cabernet Sauvignon

Cádiz, *Panorama mit Kathedrale*

Cádiz ['kaðiθ],
1) span. Prov., 7385 km², 1,08 Mill. E.
2) Prov.-Hptst. a. *Golf v. C.*, 154 000 E; Seehafen u. Festung; Kathedrale, med. Fakultät d. Uni. Sevilla; Maschinen-, Schiff- u. Flugzeugbau. – 1100 v. Chr. v. Phöniziern gegr.
Cadmium, *Cd,* chem. El., Oz. 48, At.-Gew. 112,4, Dichte 8,64; zinkähnl. Metall; umweltgefährlich, kommt durch Stäube u. Nahrung in d. Körper u. reichert sich dort an; Schäden an inneren Organen u. dem Skelett (*Itai-Itai-Krankheit*); Vorkommen in Zinkerzen, dient zu Elektroden in Batterien, als Zinnersatz in Loten u. bes. f. leicht schmelzbare **C.**-**legierungen** → Woods-Metall.
Cadmiumsulfid, gelbe Malerfarbe.
Caen [kã], Hptst. d. nordfrz. Dép. *Calvados* u. d. Region *Basse-Normandie,* mit d. Meer durch d. *Kanal v. C.* (14 km l.) verbunden, 116 000 E (m. Vororten 189 000 E); Uni. (s. 1432); Eisenhüttung, Maschinenind.
Caetano, Marcello José (17. 8. 1906 bis 26. 10. 80), portugies. Jurist u. Pol.; 1968–74 Min.präs.
Cafeteria [it.], Café u. (Selbstbedienungs-)Restaurant, Imbißraum.
Caffieri, aus Italien stammende Bildhauerfamilie bes. d. Barock u. Rokoko am frz. Königshof; prägte in 3 Generationen (*Philippe, Jacques, Jean-Jacques*) durch Innendekoration u. Gesamtausstatt. v. Schlössern d. frz. beeinflußten höf. Wohn- u. Repräsentationsstil d. 18. Jh. in Eur.
Cage [keɪdʒ], John (5. 9. 1912 bis 13. 8. 92), am. Komp. u. Schriftst.; experimentelle Musik.
Cagliari ['kaλλari], Hptst. d. it. Insel Sardinien u. d. Prov. *C.* am *Golf v. C.* a. d. S-Küste, 212 000 E; Hafen, Uni.
Cagliostro [ka-], Alexander (8. 6. 1743–26. 8. 95), sizilian. Bauernsohn u. Abenteurer; Hochstapler, in Rom z. lebenslängl. Haft verurteilt.
Caillebotte [kaj'bɔt], Gustave (19. 8. 1848–2. 3. 94), frz. Maler, Kunstsammler u. hpts. Förderer d. Impressionismus; *Junger Mann am Klavier.*
Caisson, *m.* [frz. kɛ'sõ:], svw. → Senkkasten.
Caissonkrankheit → Taucherkrankheit.
Cajetanus, *Thomas de Vio* (20. 2. 1469–9. 8. 1534), it Kardinal; verhandelte in Augsburg mit Luther.
Cajun-Music ['keɪdʒn 'mju:zɪk], von frz.sprach. Bewohnern Louisianas gespielter Folk-Rock m. dominanter Ziehharmonika.
Cakewalk, *m.* [engl. 'keɪkwɔ:k], ursprünglich Negertanz, seit 1900 Gesellschaftstanz.
cal, Abk. f. → *Kalorie.*
Caladium, ein trop. → Aronstab mit eßb. Knollen, Zierpflanze.
Calais [ka'lɛ], frz. Hafenst. u. ehem. Festung an d. schmalsten Stelle des Kanals; wichtigster Fährhafen nach England (Dover); bei C. Beginn des Eisenbahntunnels nach Folkestone (Engl.), Eröffnung 1994; 75 000 E – 1347–1558 engl.; 1639 versenkten d. Ndl. d. span. Silberflotte vor C.
Calame [-'lam], Alexandre (28. 5. 1810–17. 3. 64), schweiz. Landschaftsmaler, Radierer u. Lithograph; romant. gesteigerter Realismus m. themat. Vor-

liebe f. d. unwirtl. Regionen d. Hochgebirges; *Der Urirotstock.*
Calamus, *m.,*
1) svw. → Rotangpalme.
2) im Altertum z. Beschreiben d. Papyrus benutztes Schreibrohr.
Calau (D-03205), Krst. in Brandenburg (Niederlausitz), 7000 E; Elektroind.
Calbe a. d. Saale (D-39240), St. i. Kr. Schönebeck, S-A., 13 357 E; Landw., Metallind.
Calcium, *Ca,* chem. El., Oz. 20, At.-Gew. 40,08, Dichte 1,54; silberweißes Erdalkalimetall, an Luft unbeständig, zersetzt Wasser; häufig, doch nur in Verbindungen (Kalk, Marmor, Gips) vorkommend.
Calciumantagonisten, Medikamente, die durch e. Abnahme d. Konzentration v. Calciumionen i. d. Zellen wirken. Anwendungsgebiete: Herzrhythmusstörungen, → Hypertonie, → Angina pectoris.
Calciumcarbid → Carbid.
Calcutta → Kalkutta.
Caldarium, Warmbad in römischen Thermen.
Calder ['kɔːldə], Alexander (22. 7. 1898–11. 11. 1976), am. Ing., Maler u. Bildhauer; Erfinder d. *Mobiles* (bewegte Drahtkonstruktionen).
Caldera, *w.* [span.], durch Einsturz od. Explosion kesselförmig erweiterter Vulkantrichter.
Calderón de la Barca, Pedro (17. 1. 1600–25. 5. 81), span. Dramatiker; über 120 Dramen; *Das Leben ein Traum; Richter von Zalamea.*
Calderón Fournier [-furˈnje], Rafael Angel (* 14. 3. 1949), 1990–94 Staatspräs. v. Costa Rica.
Caldwell ['kɔːld-],
1) (Janet) Taylor, eigtl. *J. Miriam Reback* (7. 9. 1900–30. 8. 85), am. Schriftst.in; *Einst wird kommen der Tag; Melissa.*
2) Erskine (17. 12. 1903–11. 4. 87), am. Schriftst., sozialkrit. Romane a. d. Leben der Südstaaten: *Tobacco Road.*
Calefactorium, Wärmeraum im ma. Kloster.
Calembour|g, *m.* [frz. kalãˈbuːr], Witz durch verschiedene Bedeutung gleichlautender Wörter.
Calendae, 1. Monatstag bei den Römern (davon → *Kalender*).
Calgary ['kælɡəri], Haupthandelsplatz d. kanad. Prov. Alberta, 710 000 E; Uni.; Raffinerien, petrochem. u. Nahrungsmittelind.
Cali, Hptst. d. Dep. Valle del Cauca (22 140 km², 3,34 Mill. E) in Kolumbien, 1,6 Mill. E; Uni., Handelsplatz, intern. Flughfn.
Calicut → Kozhikode.
California, am. für → Kalifornien.
Californium, *Cf,* künstl. chem. El., Oz. 98 (→ Transurane).
Caligula [l. „Stiefelchen"], 3. röm. Kaiser 37–41 n. Chr., wegen s. Schreckensherrschaft ermordet.
Callaghan ['kæləhæn], James (* 27. 3. 1912), engl. Labour-Pol.; v. 1964–67 Schatzkanzler, 1967–70 Innen- u. 1974 bis 76 Außenmin., 1976–79 Prem.min.
Callao [-ˈʎao], wichtige Hafenst. Perus, a. d. Pazifikküste, 12 km w. Lima, 588 000 E; Werften, Fischereihfn.
Callas, Maria (3. 12. 1923–16. 9. 77), griech. Sopranistin.

Calvaire, von Plougastel-Daoulas

Johann Calvin

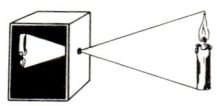

Camera obscura

Campanile

Callejas Romero [kaˈʎexas-], Rafael (* 14. 11. 1943), 1990–94 Staatspräs. v. Honduras.
Callgirl, *s.* [engl. ˈkɔːlɡəːl], Prostituierte, die Kunden auf Telefonanruf hin besucht od. empfängt.
Callot [-ˈlo], Jacques (1592–24. 3. 1635), frz. Zeichner u. Kupferstecher; realist. bzw. phantast. Stil; *Schrecken d. Krieges.*
Calmette [-ˈmɛt], Albert Léon (12. 7. 1863–29. 10. 1933), frz. Bakteriologe.
Calmette-Verfahren [kalˈmɛt-], Tuberkulose-Schutzimpfung bei Kindern in den ersten 9 Tagen mit einem unschädl. Tuberkulosebakterienstamm (BCG).
Calumet, *s.* [frz. kaly'mɛ], indian. *Friedenspfeife;* bei Friedensschluß v. Häuptling angeraucht u. an die Beteiligten weitergegeben.
Calvados, nordfrz. Dép., 5548 km², 611 800 E; Hptst. *Caen.*
Calvados, Apfelbranntwein aus Calvados.
Calvaire [frz. kalˈvɛːr], Kreuzigungsmonument (i. d. Bretagne).
Calvin,
1) Johann (10. 7. 1509–27. 5. 64), Reformator in Genf, schuf in seinem Hauptwerk *Institutio* (→ Prädestination, strenge Kirchenzucht, von Luther abweichende Abendmahlslehre) d. Grundlagen f. d. → reformierten Kirchen; der *Calvinismus* prägte den Protestantismus i. d. Schweiz, Frankreich, in Nederlanden u. angelsächsischen Ländern.
2) Melvin (* 7. 4. 1911), am. Chemiker; Forschungen über d. → Photosynthese; Nobelpr. 1961.
Calvino, Italo (15. 10. 1923–19. 9. 85), it. Schriftst., war zunächst als Neorealist sozialist. orientiert, dann phantast. u. märchenhafte Erzählungen; *Der Baron auf d. Bäumen; Wenn ein Reisender in einer Winternacht.*
Calw (D-75365), Krst. a. d. Nagold, Ba-Wü., 23 379 E; ma. St.bild, Klosteranlage *Hirsau;* Geburtsort v. Hermann → *Hesse;* Regenbau; Textil- u. Holzind., Haushaltsgeräteind.
Calypso, *m.,* westind. Volksliedart; Modetanz d. 60er Jahre.
Camagüey [-guˈei], Prov.hptst. in Kuba, 280000 E; Uni.; Flughafen, versch. Ind.
Camaïeu [frz. kamaˈjœ], in d. Porzellanmalerei bes. d. 18. Jh. einfarbige, nur aus unterschiedl. Tonwerten gestaltete Darstellung.
Camara, Helder Pessôa, genannt *Dom C.* (* 7. 2. 1909), brasilian. kath. Theol.; 1964–85 Erzbischof v. Olinda u. Recife; soz. Engagement; v. Papst z. Rücktritt gedrängt.
Camargue [-ˈmarɡ], südfrz. Landschaft um das Rhônedelta; Naturpark; berühmt für ihre halbwilden weißen Pferde; Stierzucht; vielfältige Tierwelt, z. B. Flamingos.
Cambrai [kãˈbrɛ], St. im frz. Dép. *Nord,* an der Schelde, 33 000 E; Zentr. d. Textilind. (Batist, Leinen). – 1508 *Liga von C.* zw. Maximilian I. und Ludwig XII. von Frkr.; 1529 → *Damenfriede;* 1678 an Frkr.
Cambridge ['keɪmbrɪdʒ],
1) Hptst. der engl. Gft *C.,* 90 000 E; Universitätsst.; neben Oxford älteste u. bed. engl. Uni. (1209 gegr.).

2) St. im US-Staat Massachusetts, Vorort v. Boston, 96 000 E; Industrie; Sitz d. → Harvard-Universität.
Camcorder ['kæm-], Videokamera u. -recorder i. einem Gerät.
Camden ['kæmdən], St. im US-Staat New Jersey, 87 000 E; Schiffbau, Industrie u. Handel.
Camembert [kamãˈbɛːr], Vollfett-Weichkäse m. Schimmelkruste, benannt nach *C.,* Ort in der Normandie (Frkr.).
Camera [l.], Kammer; *Kamera,* → Fotografie.
Camera obscura [l. „dunkle Kamera"], *Lochkamera,* ein v. a. im 16. u. 17. Jh. verwendetes Hilfsmittel z. → Abbildung; lichtdichter Raum, z. B. Kasten, auf dessen Rückwand das durch eine Öffnung oder Sammellinse in der Gegenwand einfallende Bild eines außen befindl. Gegenstandes in natürl. Farben verkehrt u. verkleinert erscheint; in d. Fotografie Projektion auf Mattscheibe.
Camerlengo, päpstl. Finanzverwalter.
Camillus, Marcus Furius († 365 v. Chr.), röm. Staatsmann und Feldherr, mehrfach Diktator; legendärer Retter Roms v. d. Galliern.
Camões [kɔˈmõiʃ], Luis de (um 1525–10. 6. 80), portugies. Dichter; *Die Lusiaden* (Nationalepos).
Camorra, pol. Geheimbund in Neapel; ähnlich der → Mafia auf Sizilien.
Camouflage, *w.* [frz. -muˈflaːʒə], svw. Tarnung.
Campagna di Roma [-ˈpaɲɲa-], Landschaft um Rom; zur Römerzeit fruchtbar, dann verödet; in jüngster Vergangenheit wieder kultiviert.
Campanella, Thomas (5. 9. 1568 bis 21. 5. 1639), it. Renaissancephil.; *Sonnenstaat (Civitas solis);* Utopie einer kath. Universalmonarchie.
Campanile [it.], freistehender Glockenturm e. Kirche.
Campari [it.], alkohol. Getränk, hergestellt a. i. Alkohol eingelegten Kräutern, Chinarinde u. bitteren Orangenschalen; wird meist verdünnt getrunken.
Campbell ['kæmbl], Kim (* 10. 3. 1947), 1993 kanad. Premierministerin.
Camp David [kæmp ˈdeɪvɪd], Landsitz des US-Präs. i. Maryland.
Campe, Joachim Heinrich (29. 6. 1746–22. 10. 1818), dt. Pädagoge; *Wörterbuch der dt. Sprache; Robinson.*
Campendonk, Heinrich (3. 11. 1889–9. 5. 1957), dt. abstrahierender Maler; Mitgl. d. → „Blauen Reiter"; u. a. (Hinter-)Glasmalerei; *Hl. Michael.*
Campigli [-ʎi], Massimo (4. 7. 1895–1. 6. 1971), it. Maler; archaisierende wandbildhafte Figurenkomposition.
Campin [kãˈpɛ̃], Robert, → Flémalle.
Campinas, brasilian. St. im Staat São Paulo, 846 000 E; Textil- u. Metallind., Handelspl. f. Kaffee u. Zucker.
Camping, *s.* ['kæmp-], Übernachten u. Lagern in Zelt od. Wohnwagen; meist auf *C.plätzen.*
Campoformio, amtl. Campoformido, ital. Ort i. d. Prov. Udine; Friede v. C. a. 17. 10. 1797 zw. Frkr. u. Östr.
Campos, brasilian. St. i. Staat Rio de Janeiro, 388 000 E; Aluminiumerzeugung, Textil- u. Nahrungsmittelind.
Campo santo [it. „heiliges Feld"], Friedhofsanl. im MA; regelmäßig, v. hohen Mauern umgeben, an deren Innen-

seite kreuzgangähnl. Arkadenreihen umlaufen; z. B. in Pisa.
Campus, *m.* [engl. 'kæmpəs], in angelsächs. Ländern Bez. für d. gesamte Anlage einer Hochschule, einschließl. d. Studentenwohngebäude.
Campylobacter, Bakteriengattung, u. a. Erreger von Durchfallserkrankungen.
Camus [-'my],
1) Albert (7. 11. 1913–4. 1. 60), frz. existentialist. Schriftst.; Romane: *Die Fremde; Die Pest;* Dramen: *Caligula;* Essays: *D. Mythos v. Sisyphos;* Nobelpr. 1957.
2) Marcel (21. 4. 1912–13. 1. 82), frz. Filmregisseur; *Orfeu Negro* (1958).
Canadier, Sportkanu; kniend m. Stechpaddel gefahren.
Canal de l'Est [-də'lɛst], französ. Schiffahrtsweg, verbindet Maas mit Mosel u. Saône: Nordarm zw. Givet u. Troussey (270 km), Südarm zw. Toul u. Corre; beide Arme verbunden durch Rhein-Marne-Kanal.
Canal du Midi [-dy-], südfranzös. Schiffahrtsweg v. d. Garonne z. Mittelmeer, 241 km l.; i. Verfall begriffen.
Canaletto, Beiname der venezian. Landschafts- u. → Vedutenmaler:
1) Antonio *Canale* (18. 10. 1697–20. 4. 1768), zeitweise auch in Rom u. London tätig; sowie seines Neffen
2) Bernardo *Bellotto* (30. 1. 1720 bis 17. 10. 80), u. a. in Dresden, Wien u. Warschau tätig.
Canaris, Wilhelm (1. 1. 1887–9. 4. 1945), Admiral u. Chef d. Abwehr im Oberkommando d. Wehrmacht. Hingerichtet im KZ Flossenbürg.
Canasta, *s.* dem Rommé ähnl. Kartenspiel; beliebige Spielerzahl, 104 Karten, 4–6 Joker.
Canaveral → Cape Canaveral.
Canberra ['kænbərə], Hptst. d. Austral. Bundes im Bundesterr., 310 000 E; 1913 gegr., Parlament s. 1927; Nationaluni.
Cancan [kã'kã], frz. aufreizender Tanz.
Candela, *cd,* SI-Basiseinheit für Lichtstärke.
Candidiasis, durch Hefepilze der Gattung *Candida* hervorgerufene Erkrankung d. Haut, Schleimhäute u. auch innerer Organe; bes. b. sehr geschwächten Patienten od. nach Behandlung mit → Antibiotika.
Canetti, Elias (25. 7. 1905–14. 8. 94), Schriftst. bulgar. Herkunft; schreibt dt.; Roman: *Die Blendung;* Autobiographie: *Masse u. Macht;* Autobiographie: *Die gerettete Zunge;* Nobelpr. 1981.
Canisius, Peter (8. 5. 1521–21. 12. 97), erster dt. Jesuit; → Gegenreformation in Dtld, heiliggesprochen 1925.
Canna, *Blumenrohr,* Zierstaude aus d. trop. Amerika.
Cannabich, Christian (1731 bis 22. 2. 98), dt. Komp.; Mannheimer Schule; ca. 100 Sinfonien.
Cannabis → Hanf.
Cannae, it. Ort in Apulien; Sieg Hannibals über die Römer, 216 v. Chr.
Cannelloni, m. Hackfleisch gefüllte u. m. Käse überbackene Röhrennudeln.
Cannes [kan], frz. St. an der Mittelmeerküste (Riviera), 69 000 E; Kurort, Seebad, Filmfestspiele.
Cano, Alonso (19. 3. 1601–5. 10. 67), span. Hofmaler, Bildhauer u. Architekt (Hptwerk: Fassade d. Kathedrale v. Gra-

nada) d. Barock; *Idealbildnisse (Gotenkönige); Die Freuden Mariä.*
Cañon [span. 'kanjɔn „Röhre"], schluchtart. Engtal, durch fließendes Wasser ausgefurcht (z. B. „*Grand C.*" d. Colorado i. Arizona, 2000 m t.).
Canopus [gr.], hellster Stern 0. Größe im Sternbild Carina, südl. → Sternhimmel F; Peilstern f. → Satelliten.
Canossa, Burgruine auf steilem Felsen in der it. Prov. Reggio nell'Emilia; Bußgang Kaiser → Heinrichs IV. zu Papst Gregor VII. (1077).

Canaletto, *Piazzetta in Venedig*

Canova, *Paolina Borghese*

Canova, Antonio (1. 11. 1757–13. 10. 1822), bahnbrechender it. Bildhauer d. Klassizismus; *Amor u. Psyche; Napoleon; Paolina Borghese.*
Canstein, Carl Hildebrand Frh. v. (4. 8. 1667–19. 8. 1719), dt. Pietist; begr. 1710 d. *C.sche Bibelanstalt* in Halle.
Cant, *m.* [engl. kænt], gesellschaftliche Heuchelei.
cantabile [it.], *mus.* sangbar, innig singend.
Cantal [kã'tal], Dép. in Mittelfrkr. (Auvergne), 5726 km², 159 000 E; Hptst. *Aurillac.*
Cantal [frz.], pikant schmeckender Hartkäse (45% Fett i. Tr.) m. natürl. Rinde.
Canterbury ['kæntəbəri], engl. St. in der Gft Kent, 34 000 E; Sitz d. anglikan. Erzbischofs u. Primas v. Engld, Kathedrale (11.–15. Jh.); Uni.
Canton,
1) chin. St. → Guangzhou.
2) ['kæntən], Insel im Pazifik (zu Kiribati).
3) ['kæntən], St. im US-Staat Ohio, 84 000 E; Eisen- u. Stahlind.
Cantor, Georg (3. 3. 1845–6. 1. 1918), dt. Math.; begr. d. Mengenlehre.
Cantus, *m.* [l.], Gesang, Oberstimme; melodieführende Stimme; auch: *C. firmus.*
Caodaismus [vietnames. „cao-dai = Großer Palast"], neue Rel.; begr. 1926 v. Le-Van-Trung (1876–1934); 2 Mill. Anhänger m. buddh., taoist., konfuzian. u. christl. Gedankengut; Name d. Gottes ist *Cao-Dai.*
Cape, *s.* [engl. keɪp], ärmelloser Umhang.

Albert Camus

Cape Canaveral ['keɪp kə'nævərəl], 1963–73 *Cape Kennedy,* am. Raketenversuchsgelände in Florida am Atlantik.
Cape Cod [keɪp kɔd], 105 km i. Atlantik ragende Halbinsel i. Massachusetts.
Čapek ['tʃa-], Karel (9. 1. 1890–25. 12. 1938), tschech. Dichter; phil. Erzählungen; Dramen: *R.U.R.;* utop. Romane: *D. Krieg m. d. Molchen,* Erzählugen: *Gottesmarter.*
Capella, hellster Stern 1. Größe im Sternbild Fuhrmann, nördl. → Sternhimmel B.
Capet [ka'pɛ], Hugo frz. Kg 987–96, begr. Dynastie d. Kapetinger.
Capital Flow [engl. 'kæpitəl floʊ], Ausdruck für eine Kapitalwanderung von einem Industriezweig od. Wirtschaftsgebiet zum anderen.
Capone [ka'poʊn], Al, eigtl. *Alphonse* (17. 1. 1899–15. 1. 1947), berüchtigter US-Gangster; organisierte i. d. 20er Jahren d. Verbrechertum i. Chicago.
Capote [kə'poʊti], Truman (30. 9. 1924–25. 8. 84), am. Schriftst.; Kurzgeschichten u. Romane: *Grasharfe; Frühstück bei Tiffany; Kaltblütig; Musik für Chamäleons.*
Cappelen, Herman August (1. 5. 1827–8. 7. 52), norweg. Landschaftsmaler d. Romantik.
Cappelle, Jan van de (1624/5–begr. 22. 12. 79), holl. Maler; bed. Marinebilder u. Winterlandschaften.
Cappuccino [it. kapu'tsi:no „Kapuziner"], heißer Milch-Espresso m. Sahnehäubchen u. e. Prise Kakao.
Capra, Fritjof (* 1. 2. 1939), östr. Kernphysiker, Theoretiker des New Age.
Caprera, kahle it. Insel vor Sardinien, 15,8 km², Aufenthaltsort u. Grabstätte Garibaldis; Nationaldenkmal.
Capri, ital. Insel i. Golf v. Neapel, 10,4 km², 12 700 E, m. d. → *Blauen Grotte;* Monte Solaro, 589 m hoch, mit Sonnenobservatorium; Hptst. *C.* 7470 E.
Capriccio [it. -itʃo],
1) → Vedute.
2) scherzhaftes, spritziges Tonstück.
Caprivi, Leo Gf v. (24. 2. 1831–6. 2. 99), preuß. Gen.; 1890–94 Reichskanzler; Nachfolger Bismarcks; → Rückversicherungsvertrag.
Capsicum, *s.* [l.], Familie d. Nachtschattengewächse, kl. Halbsträucher od. einjährige Kräuter, i. warmen Ländern angebaut, liefern Paprika, roten, span. od. Cayennepfeffer u. a. Gewürz- u. Arzneimittel; in d. Samenanlage d. scharfe *Capsaïcin.*
Capsien [ka'psjɛ:], nach d. Fundort Gafsa, S-Tunesien, ben. Kultur d. Mittelsteinzeit i. N-Afrika.
Captatio benevolentiae [l.], „Bewerbung um die Gunst" (des Hörers od. Lesers); rhetor. Figur (urspr. röm. Gerichtssprache).
Capua, it. St. nördl. Neapel, a. Volturno, 19 500 E; südöstl. davon *Santa Maria C. Vetere* auf den Ruinen des alten *C.,* der Hptst. Kampaniens.
Caput mortuum [l. „Totenkopf"], aus d. MA stammende Bez. f. Eisenoxid; Glührückstand v. Eisenvitriol, rote Malerfarbe u. Poliermittel.

Canterbury, *Kathedrale*

Caracas, *Centro Simon Bolívar*

Carabinieri, it. (Militär-)Polizeitruppe.
Caracalla, Marcus Aurelius Antonius, röm. Kaiser 211–217 n. Chr.; baute → *Thermen.*

Caracas, Hptst. v. Venezuela (v. Seehafen *La Guaira* 9,3 km n.), 1,29 (Agglom. 3,37) Mill. E; Uni. (s. 1722), Ausfuhr von Erdöl, Kaffee, Kakao; chem. Ind.; 1567 gegründet, Erdbeben 1812 u. 1900.
Carambola [span.], gelbe trop. Beerenfrucht m. sternförm. Querschnitt (zur Dekoration).
Caravaggio [-ˈvaddʒo],
1) Michelangelo da (28. 9. 1573–18. 7. 1610), it. Maler d. Barock; s. realist.-direkte Vergegenwärtigung d. Bildthemas, plastische Durchbildung d. Figuren u. dynamische Helldunkel-Malerei waren stilprägend für d. europ. Malerei d. 17. Jh.; *Ruhe auf der Flucht; Medusa; Bekehrung des Saulus*.
2) Polidoro da, eigtl. *P. Caldara* (um 1500–43), it. Maler d. Renaiss. bes. in Rom; s. Wandgemälde in S. Silvestro al Quirinale enthalten die ersten Landschaftsbilder in e. Kirchenraum.
Carbamidharze, svw. → Aminoplaste.
Carbid, *s.,* chem. Verbindung von Kohlenstoff mit Metallen (z. B. Eisencarbid); *Calciumcarbid* (CaC_2) im el. Ofen aus gebranntem Kalk u. Koks hergestellt, ergibt mit Wasser d. → Acetylengas (Beleuchtung, Schweißen); *Siliciumcarbid* (SiC, Carborund), hartes Schleifmittel, aus Koks, Sand u. Kochsalz, im el. Ofen gewonnen, feuerfestes Ofenausmauerungsmaterial.
Carbolineum, *s.* [-ˈneʊm], schweres braunes Öl aus Steinkohlenteer zum Imprägnieren von Holz.
Carbonara, Spaghetti m. Speck od. Schinken (u. Rahmsoße).
Carbonate, Salze der Kohlensäure (z. B. Soda, Pottasche, Kalk, Dolomit, Marmor, Kreide).
carbonisieren, Beseitigung v. Pflanzenfasern aus der Wolle mittels Schwefelsäure.
Carbonsäuren → Carboxyl.
Carborund, *s., Siliciumcarbid,* → Carbid.
Carboxyl, *s.,* COOH, funktionelle Gruppe in organischen Carbonsäuren (*Benzoë-, Ameisen-, Essigsäure* u. a.).
Carcassonne [-ˈsɔn], Hptst. d. frz. Dép. *Aude,* am → Canal du Midi, 43 500 E; Festungsanlage (5.–13. Jh.).
Carcinoma in situ, Oberflächenkarzinom, e. Präkanzerose.
Cardano, Geronimo (24. 9. 1501–21. 9. 76), it. Phil., Arzt u. Math.; kardanische Aufhängung; *Selbstbiographie*.
Cardenal, Ernesto (* 20. 1. 1925), nicaraguan. Schriftst., trat in d. Kloster ein u. gründete Solentiname als Kloster d. Begegnung; Gedichte: *Für die Indianer Amerikas;* Prosa: *In Kuba. Ein Reisebericht*.
Cardiff, Hptst. v. Wales, 279 000 E; Kohleausfuhrhafen; Werften, Schwerind.
Cardin [-ˈdɛ̃], Pierre (* 7. 7. 1922), frz. Modeschöpfer.
Carducci [-ˈduttʃi], Giosuè (27. 7. 1835–16. 2. 1907), it. Lyriker *(Odi barbare)* u. Lit.historiker; Nobelpr. 1906.
CARE [kæə], Abk. f. *Cooperative for American Remittances to Everywhere,* Vereinigung v. 26 am. Organisationen (nach 1945) z. Versand von Hilfspaketen in ausländ. Notstandsgebiete.
CARF, Abk. für *Civil Reserve Air Fleet,* die zivile Luftflotte d. USA; Flugzeuge kommerzieller Fluggesellschaften, d. b. Verlegung v. US-Streitkräften in Krisengebiete Transportaufträge ausführen; zum 1. Mal i. Golfkrieg 1991.
Cargo, Schiffsladung od. Luftfracht, auch Ladungsverzeichnis.
Carissimi, Giacomo (1605–12. 1. 74), it. Komponist; Oratorien u. Kantaten.
Caritas, *w.* [l.], Liebe, Nächstenliebe.
Caritasverband, Dt., kath. Spitzenverband d. Freien Wohlfahrtspflege, gegr. 1897 von Prälat L. *Werthmann* (1858–1921), Zentrale Freiburg i. Br., gegliedert n. Diözesan-, Kreis-, Bezirks-Caritasverbänden. Gesundheits-, Jugend-, Familien-, Alten-, Behinderten-, Flüchtlings- und Aussiedlerhilfe, Hilfe für ausländ. Arbeitnehmer, Hilfe bei sozialen Notlagen, Not- und Katastrophenhilfe sowie Sozialstrukturhilfe im Ausland. Über 28.000 kath.caritative Einrichtungen mit 1,2 Mio. Plätzen, 463.000 Voll- und Teilzeitbeschäftigte, darunter 14.000 Ordensangehörige.

König Carl XVI. Gustaf und Königin Silvia

Carnac, Megalithen

Carlevaris, *Carlevarijs,* Luca (20. 1. 1663–12. 2. 1729), it. Maler u. Radierer; Begr. d. venezian. → Veduten-Malerei; Radierungsfolge *Le fabbriche e vedute di Venezia*.
Carlisle [kaːˈlaɪl], Hptst. d. engl. Gft Cumbria, 72 000 E; Textil- u. Metallind.
Carlos, *Don Carlos,*
1) Infant von Spanien (8. 6. 1545–24. 7. 68), mit seinem Vater Philipp II. im Streit, starb wahnsinnig im Gefängnis (Drama v. Schiller).
2) C., *Maria J.* (29. 3. 1788–10. 3. 1855), Bourbone, Bruder Ferdinands VII. v. Spanien; erklärte sich 1833 als Karl V. z. Kg (Anhänger: Karlisten); Bürgerkrieg; Thronentsagung 1845.
Carlsbad [ˈkɑːlzbæd], St. i. New Mexico, 26 000 E; i. d. Nähe bed. Tropfsteinhöhlen *C. Caverns* (Nationalpark).
Carl XVI. Gustaf (* 30. 4. 1946), König v. Schweden; s. 1973 verheiratet m. Kgn Silvia (geb. *Sommerlath*).
Carlyle [-kaːˈlaɪl], Thomas (4. 12. 1795 bis 5. 2. 1881), engl. Kulturphil. u. Historiker (dt. Idealismus).
Carmen, *s.* [l.],
1) span. weibl. Vorname (urspr. Virgen del Carme „Jungfrau von Berg Karmel"); Oper (nach Mérimée) von Bizet.
2) Gedicht.
Carmen Sylva, Königin Elisabeth von Rumänien (29. 12. 1843–2. 3. 1916), Gattin Carols I.; auch Schriftstellerin.
Carmina Burana [l. „Lieder aus Benediktbeuern"], Lieder fahrender Schüler (13. Jh.); Bühnenwerk v. Orff.
Carnac, Ort i. d. S-Bretagne, 4000 E; kilometerlange Reihen v. → Menhiren.
Carnallit, *m.,* $KCl \cdot MgCl_2$, ein Abraumsalz (Kalium-Magnesiumchlorid), als Dünger u. zur Kaligewinnung.
Carnap, Rudolf (18. 5. 1891–14. 9. 1970), dt. Phil. d. → Wiener Kreises; seit 1936 in Chicago, begr. d. logist.-positivist. „Konstitutionstheorie", entwickelte e. log. Syntax u. Semantik d. Sprache; *Der log. Aufbau der Welt.*
Carné, Marcel (18. 8. 1909–31. 10. 1996), frz. Filmregisseur; *Les enfants du paradis* (1945).
Carnegie [ˈkɑːnɛgɪ], Andrew (25. 11. 1835–11. 8. 1919), am. „Stahlkönig"; C.-Stiftungen: *Friedenspalast* (Den Haag), *Wilson-Observatorium, C. Hall* (New York) u. a.

Caravaggio, Grablegung

Carnet, *s.* [-ˈnɛ], intern. Grenzpassierschein für Kraftfahrzeuge.
Carnot [-ˈno],
1) Lazare, Gf (13. 5. 1753–2. 8. 1823), Organisator d. frz. Revolutionsheere; s. Sohn
2) Nicolas L. Sadi (1. 6. 1796–24. 8. 1832), frz. Phys. u. Ing., Arbeiten zur Thermodynamik, nach ihm → Carnotscher Kreisprozeß.
3) M. François Sadi, Enkel v. 1) (11. 8. 1837–24. 6. 94), 1887 Präs. d. frz. Rep.
Carnotscher Kreisprozeß, nach N. L. → Carnot ben. Theorie, in der d. Arbeitsablauf e. (idealen) → Wärmekraftmaschine in e. Folge von 4 (→ reversibel) Zustandsänderungen zerlegt wird, nach deren Durchlauf wieder d. Ausgangspunkt erreicht wird. Mit Hilfe d. C. K. kann d. maximale → Wirkungsgrad v. Wärmekraftmaschinen (auch → Wärmepumpen) best. werden.
Carnuntum, Ausgrabungsstätte sö. Wien b. Deutsch-Altenburg; bed. Reste e. röm. Donau-Festung.
Caro [ˈkaːrou], Anthony (* 8. 3. 1924), engl. Bildhauer u. Ingenieur; bemalte, oft raumgreifende Stahlkonstruktionen; *Twenty-four-hours; Pompadour.*
Carol [rumän. „Karl"], Kge v. Rumänien;
1) C. I. v. Hohenzollern-Sigmaringen

(20. 4. 1839–10. 10. 1914), s. 1881 Kg.
2) C. II. (15. 10. 1893–4. 4. 1953), Kg 1930–40, dankte ab.
Carolina, *Constitutio Criminalis Carolina* (C.C.C.), peinliche Gerichtsordnung Karls V. (1532).
Caron [ka'rõ], Antoine (1521–99), frz. Maler, Hptvertr. d. frz. Manierismus; gehörte z. Schule v. → Fontainebleau; *Augustus u. d. Sibylle v. Tibur; Geschichte d. Artemisia.*
Carossa, Hans (15. 12. 1878–12. 9. 1956), dt. Dichter u. Arzt; Lyrik u. Romane; *Der Arzt Gion; Das Jahr der schönen Täuschungen.*
Carotin → Karotinoide.
C. A. R. P. → Vereinigungskirche.
Carpaccio [-'pattʃo], Vittore (um 1460–1525), venezian. Maler noch der ausklingenden Spätgotik; bes. die detailreichen Bildfolgen dokumentieren auch das Leben s. Zeit; *Ursula-Legende.*
Carpaccio [it. kar'pattʃo], hauchdünne Rinderfiletscheiben, die roh gegessen werden.
Carpeaux [-'po], Jean-Baptiste (11. 5. 1827–11. 10. 75), frz. Maler u. bes. Bildhauer d. Neubarock; *Der Tanz; Der Architekt Charles Garnier.*
carpe diem! [l.], „genieße den Tag!" (Horaz).
Carrà, Carlo (12. 2. 1881–13. 4. 1966), it. Maler, Entwicklung vom → Futurismus (Mitbegr.) über d. → Pittura metafisica zur → Neuklassik.
Carracci [-'rattʃi], it. Malerfamilie an der Wende zum Barock, Begr. d. Akad. in Bologna;
1) Agostino (15. 8. 1557–23. 2. 1602) u.
2) Annibale (get. 3. 11. 1560–15. 7. 1609); Fresken in d. Galerie d. Palazzo → Farnese (Rom); ihr Onkel
3) Lodovico (get. 21. 4. 1555–13. 11. 1619).
Carrara, St. i. d. it. Prov. Massa-Carrara (Toskana), 68 500 E; Marmorbrüche; Kunstakademie.
Carrasco, in Brasilien dichter Zwergwald zw. Regenwald u. Savanne.
Carré de l'Est [frz. ka're də l'est], viereckig geformter frz. Weichkäse (45/50% Fett i. Tr.) m. Schimmelkruste; wird i. Lothringen u. d. Champagne a. pasteurisierter Milch hergestellt.
Carrel, Alexis (28. 6. 1873–5. 11. 1944), frz. Arzt u. Biol.; Blutgefäßnaht, Organverpflanzungen; Nobelpr. 1912.
Carreras, José (* 5. 12. 1946), span. Tenor.
Carriera, Rosalba (7. 10. 1675–15. 4. 1757), it. Malerin d. venezian. Rokoko, zeitweise auch in Paris u. Wien tätig; Meisterin des Pastellbildnisses.
Carrillo [-'rriʎo], Santiago (* 18. 1. 1915), span. Pol.; 1960–82 Gen.sekr. d. KP Spaniens; Vertr. e. → Eurokommunismus.
Carrington [ˈkærɪŋtən], Peter Alexander Lord (* 6. 6. 1919), engl. Pol.; 1970–74 Verteidigungsmin., 1974 Energiemin., 1979 bis 82 Außenmin., 1984–88 Gen.sekr. d. NATO.
Carroll [ˈkærəl], Lewis, eigtl. *Charles Lutwidge Dodgson* (27. 1. 1832–14. 1. 98), engl. Dichter; *Alice im Wunderland; Alice hinter d. Spiegel.*
Carson City [ˈkɑːsn ˈsɪti], Hptst. des US-Staates Nevada, 35 000 E.
Carstens,
1) Asmus Jakob (10. 5. 1754–25. 5. 98),

dt. klassizist. Maler; bes. allegor. u. mythol. Themen.
2) Karl (14. 12. 1914–30. 5. 92), CDU-Pol.; 1973–76 Vors. d. CDU/CSU-Fraktion, 1976–79 Präs. d. B.tages, 1979–84 Bundespräs.
3) Peter Heinrich (* 18. 12. 1937), dt. General; ab 1. 10. 1992 1. dt. Stabschef d. → NATO im Kommandobereich Europa.
Cartagena [-'xena],
1) span. Hafenst. am Mittelmeer, 167 000 E.
2) Hafenst. in Kolumbien, 688 000 E; Erdölhafen, Raffinerien, chem Ind.
Carte blanche, w. [frz. kart(ə) 'blɑ̃ːʃ], Blanko-, d. h. unbeschränkte Vollmacht.
Carter [ˈkɑːtə],
1) Howard (9. 5. 1873–2. 3. 1939), bereits mit 17 Jahren Mitgl. d. brit. Egyptian Exploration Fund. Ab 1906 grub er im Auftrag des Sammlers Lord Carnavon in → Theben-West u. entdeckte mehrere pharaon. Gräber (z. B. Amenophis I., → Hatschepsut). 1922 machte er den spektakulärsten Fund d. ägypt. Grabungsgeschichte, das weitgehend ungestörte Grab des Pharao → Tut-ench-amon.
2) James („Jimmy") Earl (* 1. 10. 1924), am. Pol. (Demokrat); 1970–74 Gouverneur v. Georgia, 1977 bis 81 39. Präs. der USA.
Cartesische Koordinaten → Koordinaten.
Cartesius, latinisierter Name von → Descartes.
Cartoon, *m.* [engl. kaːˈtuːn „Karton"], in d. bild. Kunst s. 1843 gebr. Begriff f. e. parodist. Zeichnung (auch Zeichnungsfolge, → Comics), die Zeitgenossen, Ereignisse u. Zustände humorvoll beleuchtet.
Cartwright [ˈkɑːtraɪt], Edmund (24. 4. 1743–30. 10. 1823), engl. Prediger u. Techniker; erfand 1786 d. mechan. Webstuhl.
Carus, Carl Gustav (3. 1. 1789–28. 7. 1869), dt. Arzt und Phil.; Maler, Romantiker; Freund Goethes; nahm Psychologie (d. Unbewußten) vorweg; *Psyche.*
Caruso, Enrico (27. 2. 1873–2. 8. 1921), it. Tenor.
Carver [ˈkɑːvə], George Washington (1864–5. 1. 1943), am. Biol.; Verwertung d. Erdnuß, Sojabohne, Süßkartoffel.
Casablanca, arab. *Dar-el-Beida,* Hpthandelsplatz u. Hafen v. Marokko, a. Atlant. Ozean, 3,2 Mill. E (Agglom.).
Casals, Pablo (29. 12. 1876–22. 10. 1973), span. Cellist u. Komponist.
Casanova, Giovanni Jacopo Chevalier de Seingalt (2. 4. 1725–4. 6. 98), it. Dichter; floh aus Venedigs Bleikammern, besuchte Friedrich II., Voltaire u. a., starb in Dux (Böhmen); *Memoiren;* utop. Roman: *Eduard u. Elisabeth od. D. Reise i. d. Innere d. Erdballs.*
Cäsar, Gajus Julius (13. 7. 100–15. 3. 44 v. Chr.), röm. Feldherr u. Staatsmann, 60 erstes Triumvirat m. Pompejus und Crassus, unterwarf 58–51 Gallien, 55/54 Britannien, besiegte Pompejus 48 bei Pharsalus, hob als Alleinherrscher (seit 45 Imperator) die republikan. Verfassung Roms auf; v. d. Republikanern Brutus u. Cassius im Senat ermordet; schrieb *Bürgerkrieg* u. *Gall. Krieg;* Einführung des Julianischen → Kalenders. – Name

Annibale Carracci, *Himmelfahrt Mariens*

Karl Carstens

Jimmy Carter

Julius Cäsar

C. wurde Kaiser-, später Thronfolgertitel; abgeleitet: → Kaiser u. → Zar.
Cäsarea, Name mehrerer Städte d. Altertums.
Cäsarismus, von Julius Cäsar abgeleitete Herrschaftstechnik, gestützt auf Plebiszite, Militär u. Beamtenapparat.
Cäsaropapismus, Staatsrechtsform, bei der d. höchste Staats- u. Kirchengewalt beim Herrscher liegt (z. B. in Byzanz).
Caseïn, *s.,* Hauptweißstoff d. Säugetiermilch, gerinnt beim Sauerwerden u. durch das → Labferment der Magenschleimhaut; verwendet z. Herstellung von Käsen, Kunststoffen, Klebstoffen.
Casella, Alfredo (25. 7. 1883–5. 3. 1947), it. Komp.; Sinfonien, Opern, Kammermusik, Lieder.
Caserta, Hptst. d. it. Prov. C. in Kampanien, 68 800 E; Barockschloß, das „ital. Versailles".
Cash [engl. kæʃ], Bargeld, Barzahlung.
Cash and carry [engl. ˈkæʃ ənd ˈkæri], Einzel- und Großhandelsgeschäfte bei dem d. Käufer bar bezahlen u. die Ware auf eigene Kosten befördern muß; Bez. für → Discounthandel.
Cashew-Nuß, *w.* [engl. ˈkæʃuː], Steinfrucht d. Cashewbaumes; d. ölhalt. Samen (Cashew-Kern) findet f. Gebäck, Süßspeisen u. z. Knabbern Verwendung.
Cash-flow [engl. ˈkæʃfloʊ], Indikator über d. freigesetzten Netto-Zugang an *liquiden Mitteln* eines Unternehmens; errechnet sich grundsätzlich aus d. Jahresnettogewinn, Abschreibungen u. langfristigen Rückstellungen; Modifikationen im Berechnungsmodus sind möglich; hoher C. F. bewirkt: wenig Bedarf an Fremdkapital, Erhöhung d. Eigenkapitals.
Cäsium, *Cs,* chem. El., Oz. 55, At.-Gew. 132,905, Dichte 1,9; seltenes Alkalimetall, benutzt als Kathode in fotoel. Zellen (weil C. bei Belichtung leicht Elektronen abspaltet).
Cassa, *w.* [it.], Bargeld.
Cassat [ˈkæsət], Mary (22. 5. 1845–14. 6. 1926), bed. am. Malerin u. Graphikerin d. 19. Jh.; Wegbereiterin d. frz. Impressionismus in d. USA; *Mutter und Kind; Die Bootsfahrt.*
Cassavetes [kæsəˈvɛtiz], John (9. 12. 1929–3. 2. 89), am. Schausp. u. Filmregisseur; *Husbands* (1970); *A Woman Under the Influence* (1973); *Gloria* (1980); *Love Streams* (1984).
Cassettenrecorder, *m.* [engl.], best. Bauform e. → Magnetbandgerätes, gekennzeichnet durch Verwendung v. genormten Compact-Cassetten (CC), die Tonband mit Auf- u. Abwickelvorrichtungen enthalten; breites Marktangebot: von aufwendigen → Hi-Fi-Geräten bis zu einfachen, tragbaren C.n (→ Walkman).
Cassin [-'sɛ̃], René (5. 10. 1887–20. 2. 1976), frz. Jurist; Friedensnobelpr. 1968 (f. maßgebl. Mitarbeit an Menschenrechtserklärung d. UNO).
Cassiodorus, Magnus Aurelius (ca. 490–583), röm. Staatsbeamter unter → Theoderich d. Großen u. Gelehrter.
Cassiopeia [gr.],
1) Mutter der Andromeda.
2) Sternbild, 5 hellste Sterne bilden ein „W", nördl. → Sternhimmel N.
Cassirer, Ernst (28. 7. 1874–13. 5. 1945), dt. → Neukantianer.

Cassius, Gaius Longinus, einer der Verschwörer gg. Cäsar; † 42 v. Chr. bei Philippi.
Castagno [-'taɲo], Andrea del (um 1421/3–19. 8. 57), it. Maler, Wegbereiter d. Frührenaiss. hpts. in Florenz; Fresken (z. B. *Reiterbild des Tolentino*); Altargemälde.
Castel del Monte, Jagdschloß des Stauferkaisers Friedrichs II. in Apulien (S-Italien), Mitte 13. Jh., auf achteckigem Grundriß.
Castel Gandolfo, it. St. am Albaner See, 7100 E; päpstl. Sommerresidenz (exterritorial); Sternwarte.
Castellammare di Stabia, it. Hafenst. am Golf von Neapel, 68 500 E; Werften; Kurort (Mineralquellen).
Castellón de la Plana, Hptst. der span. Prov. C., 133 000 E; Raffinerie, Eisen- u. Stahlind.
Castiglione [-iʎʎoː-], Baldassare (6. 12. 1478–7. 2. 1529), it. Schriftst. u. Diplomat; *Il cortegiano* (Dialog über d. höf. Formideal d. Renaissance).
Casting [engl.],
1) Rollenverteilung (beim Film).
2) Ziel-, Weitwerfen m. d. Angel.
Castize → Mischlinge.
Castle, *s.* [engl. kaːsl], Schloß, Burg.
Castlereagh [ˈkaːslreɪ], Robert (18. 6. 1769–12. 8. 1822), engl. Außenmin. (Wiener Kongreß).
Castor [l.], griech. *Kastor,*
1) Doppelstern im Bild der → Zwillinge, bildet mit schwächeren Begleitern 6faches Sternsystem; nördl. → Sternhimmel C.
2) einer der → Dioskuren, Bruder des Pollux; Rossebändiger.
Castro, Fidel (* 13. 8. 1927), kuban. Pol.; s. 1959 Min.präs., s. 1976 auch Vors. d. Staatsrates.
Castrop-Rauxel (D-44575-81), St. im Kr. Recklinghausen, NRW, 79 065 E; chem. Industrie; AG; Hafen a. Rhein-Herne-Kan.
Casus belli, *m.* [l.], „Kriegsfall", Grund z. Kriegserklärung.
Çatal Hüyük [tʃ-], jungsteinzeitl. Fundstätte in Anatolien; 8500 Jahre alte Siedlung.
Catania, it. Prov.-Hptst. auf Sizilien, am Fuß des → Ätna, 330 000 E; Uni.; Ausfuhrhafen.
Catanzaro, it. Prov.hptst. i. Kalabrien, 110 000 E; Erzbischofssitz; Weinhandel, Seidenind.
Catboat [engl. ˈkætbout], Gattungsbegriff f. Segelboote m. nur 1 Segel.
Catch-as-catch-can, *s.* [engl. ˈkætʃəz ˈkætʃˌkæn „Greife, wie du greifen kannst"], Freistilringen; m. wenigen Ausnahmen alle Griffe erlaubt.
Catcher [engl. ˈkætʃə],
1) Fänger beim Baseball.
2) berufsmäßiger Freistilringer.
Catchup, *m.* od. *s.* [engl. ˈkætʃəp], *Ketchup,* gewürzte Tomatensoße.
Catel, Franz Ludwig (22. 2. 1778–19. 12. 1856), dt. Maler, hpts. in Rom, stiftete d. noch bestehende Istituto C. f. junge dt. u. it. Künstler; bes. it. Veduten u. Genrebilder; *Kronprinz Ludwig i. Bayern i. d. span. Weinschänke zu Rom.*
Cather [ˈkæðə], Willa S. (7. 12. 1873 bis 24. 4. 1947), am. Schriftst.in; *Der Tod kommt nur zum Erzbischof.*
Catilina, Lucius Sergius (108–62 v. Chr.), verschuldeter röm. Adliger; An-

stifter einer Verschwörung gg. die Republik, 63 v. → Cicero angeklagt (→ quousque tandem?).
Cato,
1) Marcus Porcius (234–149 v. Chr.), Vorbild altröm. Sittenstrenge, hartnäckiger Feind Karthagos (→ ceterum censeo . . .); Lehrbuch: *Über den Ackerbau;* s. Urenkel.
2) C. der Jüngere (95–46 v. Chr.), Gegner Cäsars, tötet sich aus Treue zur Republik in *Utika.*
catonisch, sittenstreng.
Cattaro → Kotor.
Cattenom, Gem. i. frz. Dép. *Moselle,* Lothringen; Kernkraftwerk m. 5200 MW.
Cattleya, *w.,* trop. auf Bäumen wachsende Orchideengattung.
Cattolica, ital. Seebad a. d. Adria, sö. v. Rimini, 15 600 E.
Catullus, Gaius Valerius (um 84–um 54 v. Chr.), röm. Lyriker (Liebesgedichte).
Caudillo, *m.* [span. kau̯ˈðiʎo], „Anführer", pol. Machthaber; Bez. f. Gen. → Franco-Bahamonde.
Causeur, *m.* [frz. koˈzœːr], Plauderer, Schwätzer.
Caux [ko], (CH-1824), Kurort b. Montreux, Kanton Waadt; Tagungsort d. *Weltkonferenz f.* → Moralische Aufrüstung.
Cavaco Silva [-ku-], Anibal (* 15. 7. 1939), 1985–95 portugies. Min.präs.
Cavalieri, Emilio (um 1550–10. 3. 1602), it. Komp. in Rom u. Florenz; Anfänge d. Generalbasses; *Rappresentatio di anima e di corpo.*
Cavalleria, *w.* [it.], Ritterlichkeit.
Cavalleria rusticana, Bauernehre; Oper v. Mascagni.
Cavalli, Francesco (14. 2. 1602–14. 1. 76), it. Komp. in Venedig; 42 Opern.
cave canem! [l.], „Hüte dich vor dem Hund!"
Cavendish [ˈkævəndɪʃ], Henry (10. 10. 1731–24. 2. 1810), engl. Chem.; entdeckte Wasserstoff, die Kohlendioxid.
Cavour [kaˈvur], Camillo Gf v. (10. 8. 1810–6. 6. 61), it. Staatsmann; verband sich 1858 mit → Napoleon III. gg. Östr., schuf 1861 den it. Nat.staat.
Cawnpore → Kanpur.
Cayatte [kaˈjat], André (3. 2. 1909–6. 2. 89), frz. Rechtsanwalt u. Filmregisseur; *Nous sommes tous des assassins* (1952); *La vie conjugale* (1963).
Cayenne [kaˈjɛn], Hptst. v. Frz.-Guayana, auf der Insel *C.,* 41 600 E; ehem. Strafkolonie.
Cayennepfeffer, gemahlene Chilischoten als Würzpulver; in Tabasco; in Südamerika, Afrika und Indien angebaut.
Caymaninseln, *Kaimaninseln,* drei karib. In. südl. Kuba; Tourismus; s. 1670 brit., s. 1959 brit. Kronkolonie.
CB, Abk. f. *Citizen Band,* engl. Bez. f. den sog. Jedermann-Funk; ohne Lizenz mit CB-Funkgeräten im Kurzwellen-Bereich auf 27 MHz.
CBD, Abk. f. *cash before delivery,* Kasse (Zahlung) *vor* Lieferung.
cbm, ccm, früher Abk. f. *Kubikmeter, Kubikzentimeter,* heute m^3, cm^3.
CC, *Corps consulaire,* Kfz-Erkennungszeichen f. konsular. Vertretungen.
cd, Abk. f. → Candela.
Cd, chem. Zeichen f. → Cadmium.

CD,
1) → Compact Disc.
2) *Corps diplomatique,* Kfz-Erkennungszeichen f. diplomat. Vertretungen.
CD-ROM, Abk. f. *Compact Disc-Read only Memories,* nur lesbarer Datenspeicher in Form e. → Compact Disc f. Mikrocomputer; Abtastung durch Laserstrahlen, hohe Speicherkapazität (etwa 100 Megabyte).
CdS-Zelle, lichtempfindl. Zelle, wandelt Licht in el. Strom um, benötigt Batterieversorgung, großer Meßbereich u. genaue Anzeige z. Belichtungsmessung.
CDU, Christlich-Demokratische Union, → Parteien, Übers.
Ce, chem. Zeichen f. → Cer (lat. *cerium*).
CEA, carcinoembryonales Antigen, ein → Tumormarker u. a. für Magenkrebs.
Ceará [sɪaˈra], Küstenstaat in NO-Brasilien, 145 694 km^2, 6,35 Mill. E; Hptst. *Fortaleza;* Baumwolle, Tabak, Zuckerrohr, Viehzucht.
Ceauşescu [tʃau̯ˈʃesku], Nicolae (26. 1. 1918–25. 12. 89), rumän. Pol.; s. 1965 Gen.sekr. d. rumän. KP, s. 1967 Staatsratsvors., 1974–89 Staatspräs.; hingerichtet.
Cebu, Philippinen-Insel, 4422 km^2, 2 Mill. E; Hptst. *C.,* 610 000 E, Seehafen.
Čech [sɛtʃ], Thomas R. (* 8. 12. 1947), am. Biochemiker, Entdeckung der RNA-Katalyse und der Ribozyme; Nobelpr. 1989 (zus. m. S. → Altmann).
Cedille, *w.* [seˈdiːjə], im Französ. Fußhäkchen am c (ç), wenn man es vor a, o, u wie *s* sprechen soll.
Ceefax [engl. „see facts"], Textübertragungsdienst d. BBC.
Cela [ˈθela], Camilo José (* 11. 5. 1916), span. Schriftst.; Erzählungen, Gedichte; Nobelpr. d. Lit. 1989.
Celan, Paul, eigtl. *Paul Anczel* (23. 11. 1920–26. 4. 70), dt. Lyriker u. Übers.; *Todesfuge, Sprachgitter; Atemwende.*
Celebes [ˈseː-], indon. *Sulawesi,* eine d. Großen Sunda-Inseln, Teil Indonesiens, 1819–1949 ndl., 189 216 km^2, 12,5 Mill. E, hpts. Malaien; gliedert sich in 4 gr. Halbinseln; gebirgig (*Rantemario* 3440 m), im NO auch vulkanisch (Minahasa), trop. Klima; Ausfuhr: Kaffee, Kokosnüsse, Reis, Tabak, Zuckerrohr, Holz, Nickelerz; bed. Hafenst. Ujung Pandang (fr. Makassar), Palu u. Manado.
Celebes-See, zw. Sulu-Inseln, Mindanao, Borneo u. N-Celebes; 6220 m tiefes Einbruchsbecken.
Celesta [it. tʃe- „himmlisch"], 1886 v. A. Mustel zuerst gebautes Stahlplattenklavier (Klaviaturglockenspiel) f. → Orchester.
Celibidache [tʃelibiˈdakə], Sergiu (28. 6. 1912–14. 8. 1996), rumän. Dirigent, s. 1979 Generalmusikdirektor i. München.
Céline [seˈlin], Louis-Ferdinand, eigtl. *Louis Destouches* (27. 5. 1894–2. 7. 1961), frz. Dichter u. Arzt; lyr.-satir. Romane: *Reise ans Ende der Nacht.*
Cella, *w.* [l.], fensterloser Hauptraum d. antiken Tempels f. d. Kultbild.
Celle (D-29221–29), Krst. in Rgbz. Lüneburg, Nds., am Rande der Lüneburger Heide, 72 609 E; OLG; Schloß, Renaissance-Rath., alte Fachwerkbauten; Tagungsort; Nahrungsmittel-, elektrotechn. u. chem. Ind.; Landesgestüt.
Cellini [tʃel-], Benvenuto (3. 11. 1500–

Fidel Castro

CAYMANINSELN (Kaimaninseln)	
Name des Territoriums:	Cayman Islands
Regierungsform:	Brit. Kronkolonie
Gouverneur:	John W. Owen
Hauptstadt:	George Town 13 000 Einwohner
Fläche:	259 km^2
Einwohner:	30 000
Bevölkerungsdichte:	116 je km^2
Bevölkerungswachstum pro Jahr:	∅ 3,50% (1990–1995)
Amtssprache:	Englisch
Religion:	Christen
Währung:	Cayman-Dollar (CJ$)
Bruttosozialprodukt (1992):	763 Mill. US-$ insges., 27 480 US-$ je Einw.
Zeitzone:	MEZ – 6 Std.
Karte:	→ Antillen

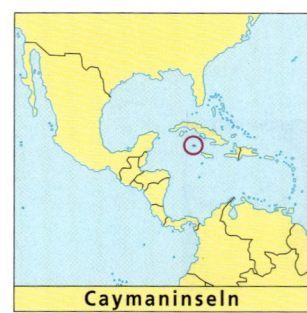

Caymaninseln

13. 2. 71), it. Goldschmied u. Bildhauer d. Renaissance; *Perseus; Selbstbiographie* (übers. v. Goethe).
Cello → *Violoncello.*
Cellophan → *Zellglas.*
Celluloid, Nitrocellulose-Kunststoff; v. J. W. *Hyatt* 1880; hochplastisch, feuergefährlich, hpts. zur Herstellung v. Kämmen, Tischtennisbällen u. Druck-Klischees; → *Collodium.*
Cellulose, *w., Zellstoff,* chem. ein Kohlenhydrat; Baumwolle ist reine C., Holz enthält 40–60%; für Papier, Kunststoffe, Sprengstoffe u. Kunstspinnfasern.
Celluloseacetat, zur Herstellung von thermoplastischen Produkten, bes. Sicherheitsfilmen, Acetatfasern, Spritzgußmassen.
Celluloseether, durch Umsetzung v. Cellulose m. Alkoholen gewonnene hochmolekulare Produkte (z. B. *Ethylcellulose*).
Celsius [ˈsɛl-], Anders (27. 11. 1701 bis 25. 4. 44), schwed. Physiker und Astronom; → *Thermometerskalen.*
Celtis, Konrad, eigtl. *Pichel* (1. 2. 1459–4. 2. 1508), dt. Humanist u. Dichter; in lat. Sprache: *Amores.*
Cembalo, *s.* [it. ˈtʃem-], *Klavizimbel, Kielflügel,* Klavierinstrument v. harfenart. Klang: Saiten nicht durch Hämmer angeschlagen, sondern m. Federkielen angerissen.
Cent, Centavo, Centesimo, Centime, Centimo → *Währungen, Übers.*
cental → *Maße u. Gewichte Übers.*
Centaurea → *Flockenblume* und → *Kornblume.*
Centaurus → *Kentaur;* südl. → *Sternhimmel D, E.*
CENTO, **Ce**ntral **T**reaty **O**rganization, seit 1959 Name für → *Bagdadpakt;* 1979 aufgelöst.
Centovalli [it. tʃen- ,,100 Täler"], schweiz. Teil (i. Tessin) d. Melezzatals.
Centre Court [engl. ˈsɛntə ˈkɔːt], Hauptplatz (e. wichtigen Tennisanlage).
Centre Pompidou [ˈsɑ̃tʀ pɔ̃piˈdu], s. 1977 Kulturzentrum i. Paris (erbaut v. R. Piano u. R. Rogers); u. a. moderne Kunst, Bibliothek.
Centro Sinistra [ˈtʃen], Mitte-Links-Koalitionsregierungen i. Italien nach 1960.
Centum [l.], Abk. C = 100.
Centurie, *w.* [l.], Hundertschaft,
1) Abt. im röm. Heer, geführt v. *Centurio,* Hptmann.
2) Stimmeinheit bei Volksversammlungen im alten Rom.
Cephalopoden [gr.], Kopffüßer; → *Tintenfische.*
Cepheiden, Sterne veränderl. Helligkeit, nach d. Stern δ (Delta) im Cepheus benannt; hervorgerufen durch → *Pulsation,* hohe Leuchtkraft (Riesenstern), v. größter Bedeutung f. d. Entfernungsbestimmung d. Fixsterne u. → *Galaxien.*
Cepheus [gr.],
1) Vater der Andromeda.
2) Sternbild, nördl. → *Sternhimmel H.*
CEPT, Abk. f. *Conférence Européenne des Administrations des Postes et des Télécommunications;* 1959 Zus.schluß von 19 eur. Ländern zur Konferenz der Verw. f. Post u. Fernmeldewesen, heute: 26 Mitgliedsländer.
Cer, *s., Ce,* chem. El., Oz. 58, At.-Gew. 140,12, Dichte 6,77; seltenes Erdmetall,

in Monazit vorkommend; als funkengebendes Metall *(Cereisen)* z. B. für Feuerzeug verwendet.
Ceram, C. W., eigtl. *Kurt Wilhelm Marek* (20. 1. 1915–12. 4. 72), dt. Schriftst.; *Götter, Gräber und Gelehrte; Der erste Amerikaner.*
Cerclage, Naht des Gebärmutterhalses, gegen Frühgeburt.
Cercle, *m.* [frz. sɛrkl], gesellschaftlicher Kreis.
Cerealien [l.]
1) eingedeutschte Bez. f. d. altröm. Fest *Cerealia* zu Ehren d. Göttin Ceres am 19. April.
2) veraltete Bez. f. Getreide bzw. Feldfrüchte.
3) Produktgruppenbez. f. tischfertige Getreideerzeugnisse wie Cornflakes, meist aus Mais, Weizen, Reis od. Hafer.
Ceres,
1) röm. Fruchtbarkeitsgöttin, griech. *Demeter.*
2) Name d. 1801 als erster entdeckten → *Planetoiden.*
CERN [sɛrn], Abk. f. *Conseil Européen pour la Recherche Nucléaire* = Europäische Organisation für Kernforschung.
Černík [ˈtʃɛ-], Oldřich (* 27. 10. 1921 bis 19.10.1994), tschech. Pol.; 1968–70 Min.präs., 1970 Ausschluß aus d. KP.
Cerro de Pasco [ˈθɛ-], eine d. höchsten Städte d. Erde, Mittelperu, 4338 müM, 77 000 E; Bergbauzentrum (Silber, Kupfer, Gold).
Certosa, *w.* [it. tʃer-], Kartause, Kartäuserkloster; *C. di Pavia.*
Cerumen, Ohrenschmalz.
Cervantes Saavedra [θerˈβ-], Miguel de (29. 9. 1547–23. 4. 1616), span. Dichter; *Don Quijote de la Mancha* (Satire auf d. Ritterverherrlichung im ausgehenden MA; erster moderner Roman, 1605 u. 1612); Dramen u. dramat. Zwischenspiele.
Cervelatwurst,
1) Hartwurst aus Rind- und Schweinefleisch.
2) schweiz. Brühwurst.
Cervixkarzinom, Krebs des Gebärmutterhalses.
Cervix uteri, Hals der Gebärmutter.
Césaire [seˈzɛːʀ], Aimé (* 25. 6. 1913), afrokarib.-frz. Lyriker u. Dramatiker; zus. mit → *Senghor* Begr. d. *négritude.*
César [se-], eigtl. *C. Baldaccini* (* 1. 1. 1921), frz. Bildhauer, Vertr. d. *Nouveau Réalisme,* → *Pop Art.*
Cessna Aircraft Company [ˈsɛsnə-], 1911 (1927 als Ges.) v. Clyde *Cessna* gegr.; Hersteller v. Schul- u. Reiseflugzeugen i. d. USA (Sitz: Wichita).
Cestius-Pyramide, Grabdenkmal i. Rom (um 15 v. Chr.); auf nahem Friedhof u. a. Goethes Sohn August, Shelley, H. v. Marées u. Keats.
Cetanzahl, Abk. *CaZ,* Maß für Zündwilligkeit v. Dieselkraftstoff.
ceterum censeo [l.], ,,Übrigens meine ich (daß Karthago zerstört werden muß)"; angebl. Ausspruch d. älteren → *Cato;* sprichwörtl. f. ständig wiederholte wichtige Forderungen.
Cetinje, St. i. Montenegro, 15 000 E; v. 1878–1918 Hptst. d. Kgr. Montenegro.
Četnici [serbokroat. ˈtʃɛtniːtsi], nationalist. serbische Freischärler.
CETS, Abk. f. *Conférence Européenne pour Télécommunication par Satellites;*

Cervantes

Paul Cézanne, *Selbstbildnis*

Marc Chagall, *Das Brautpaar vor dem Eiffelturm*

Marc Chagall

Eur. Reg.konferenz f. (Nachrichten-)Satellitenfragen.
Ceuta [ˈθeuta], span. Hafenst. in Marokko, gegenüber Gibraltar, 68 000 E.
Čevapčići [serbokroat. tʃeˈvaptʃitʃi], gegrillte Hackfleischröllchen.
Cevennen [seˈv-], SO-Rand d. frz. Zentralmassivs, 1000–1700 m hoch; Steilabfall zur Rhône.
Ceylon, → *Sri Lanka.*
Cézanne [seˈzan], Paul (19. 1. 1839 bis 22. 10. 1906), frz. Maler; führte d. Malerei über den Impressionismus hinaus zur (abstrahierenden) Moderne, Vorläufer des Kubismus; Landschaft d. Provence (Aix, Estaque) u. Isle de France (Paris, Auvers); Stilleben; Figurenkompositionen: *Die großen Badenden.*
cf., Abk. f. *confer!* [l.], ,,vergleiche!"
Cf, chem. Zeichen f. → *Californium.*
CGS-System, das absolute *phys.* Maßsystem m. 3 Grundeinheiten: **C**entimeter, **G**ramm, **S**ekunde.
Chaban-Delmas [ʃabɑ̃dɛlˈmaːs], Jacques (* 7. 3. 1915), frz. Pol. (Gaullist); 1969–72 Min.präs., 1958–69, 1978–81 und s. 1987 Präs. d. Nationalversammlung.
Chabarowsk, Hptst. d. Region C. im russ. Fernen Osten am Amur u. a. d. Transsib. Eisenbahn; Verkehrs-, Verwalt.- u. Wirtschaftszentrum; 608 000 E; bed. Erdöl- u. Schwerind., Werft.
Chablis, *m.* [frz. ʃaˈbli], weißer Burgunderwein.
Chabrol [ʃaˈbrɔl], Claude (* 24. 6. 1930), französ. Filmregisseur; *Der Schlachter.*
Chac [ʃak ,,Donner"], Gewitter- u. Regengott d. indian. Maya.
Cha-Cha-Cha, *m.* [ˈtʃaˈtʃaˈtʃa], urspr. lateinam. Gesellschaftstanz.
Chaco [ˈtʃako],
1) Teil d. → *Gran Chaco.*
2) nordargent. Provinz zw. Paraná u. Kordilleren (*Ch. Austral* u. *Ch. Central*), 99 633 km², 838 000 E; Wald- u. Grasebene; Viehzucht, Anbau v. Zuckerrohr, Baumwolle, Quebrachobaum (Gerbstoffgewinnung); Hptst. *Resistencia,* 298 000 E.
Chaconne, *w.* [frz. ʃaˈkɔn], alter Tanz in langsamem ³⁄₄- od. ³⁄₂-Takt (Baßmotive).
Chadwick, [ˈtʃædwɪk], Sir James (20. 10. 1891–24. 7. 1974), engl. Phys. u. Chem.; entdeckte d. → *Neutron;* Nobelpr. 1935.
Chagall [ʃa-], Marc (7. 7. 1887–28. 3. 1985), russ.-frz. Maler u. Graphiker; häufig jüd. bzw. allg. religiöse Themen od. Einzelmotive; hauptsächl. inspiriert durch Stimmungen u. Phantasie; zunächst mit kubist. u. surrealist. Elementen; kräftiges Kolorit; auch Buchillustrationen, Bühnendekorationen, Bildfenster; Mosaiken.
Chagas-Krankheit [ˈʃaːgas-], nach Carlos *Chagas* (1879–1934), brasilianischer Bakteriologe; durch Trypanosomen hervorgerufene Krankheit in Mittel- und Südamerika mit Lymphknotenschwellungen, Fieber, Milz- und Lebervergrößerung, Schilddrüsenstörung, Herzmuskelschädigung.
Chagrin, *s.* [frz. ʃaˈgrɛ̃:], genarbtes Leder.
Chaise, *w.* [frz. ˈʃɛːz(ə)], Wagen m. Halbverdeck.
Chaiselongue, *w.* [-ˈlõːg], Liege-, Ruhesofa.

Chakassien, autonome Rep. i. d. Russ. Föd., am Jenissei, 61 900 km², 577 000 E; reiche Bodenschätze (Kohle, Eisenerz, Gold); Hptst. *Abakan* (154 000 E).
Chalazion, Hagelkorn, Entzündung am Auge.
Chaldäa, d. bibl. Babylonien.
Chaldäer, um 1000 v. Chr. in → Chaldäa eingewanderte Semiten; Sterngläubige.
Chaldäisch → Aramäisch.
Chalet, *s.* [frz. ʃaˈlɛ], Schweizerhaus, Landhaus.
Chalkedon, Konzil v. 4. ökumen. Konzil (451); d. Glaubensbekenntnis enthält d. Lehre v. d. 2 in Christus vollkommen enthalt. Naturen: d. göttl. u. d. menschl.
Chalkidike, griech.-makedon. (dreifingrige) Halbinsel und Prov. am Ägäischen Meer (Berg *Athos*), 2918 km², 91 650 E; Hptst. *Polygyros,* 5200 E.
Chalkis, Hptst. d. griech. Insel Euböa, 45 000 E, antike Handelsst.
Chalkogene, Sammelbegriff f. die chem. verwandten Elemente der 6. Hauptgruppe d. → Periodensystems (*Sauerstoff, Schwefel, Selen, Tellur, Polonium*).
Chalkolithikum, Phase zw. Stein- u. Bronzezeit.
Challenger [ˈtʃælindʒə], (4. 4. 1983 bis 28. 1. 86), am. Raumtransporter; → Space Shuttle.
Challenger-Tief [engl. ˈtʃælindʒə], Meerestiefe im Marianengraben, 10 863 m.
Châlons-sur-Marne [ʃalõsyrˈmarn], Hptst. des frz. Dép. *Marne,* 48 000 E; Champagnerhandel, Textilind.
Chalon-sur-Saône [ʃalõsyrˈsoːn], frz. St. im Dép. *Saône-et-Loire,* 55 000 E; Ind.- u. Handelsst., Weinhandel, Binnenhafen.
Chalzedon, Mineral (feinfaserig kristallisierte Kieselsäure) verschiedenster Färbung, oft gestreift; Hauptbestandteil vieler Halbedelsteine (z. B. *Achat, Onyx, Karneol*).
Cham (D-93413), Krst. im Bayr. Wald, Oberpfalz, 17 241 E; AG; Holzverarbeitung, Textilind., Fremdenverkehr.
Chamäleon [gr.],
1) → Sternbilder, Übers.
2) baumbewohnende Echse mit Greifschwanz u. zangenartigen Füßen; herausschnellbare Fangzunge; Hautfarbe der Umgebung angepaßt, zeigt bei Erregung plötzl. Farbwechsel; zahlr. Arten in d. Tropen u. Subtropen d. Alten Welt.
Chamberlain [ˈtʃeɪmbəlɪn],
1) Houston Stewart (9. 9. 1855–9. 1. 1927), engl.-dt. Kulturphil.; *Die Grundlagen d. 19. Jh.* (arische Rassenschichtsauffassung).
2) John Angus (* 14. 4. 1927), am. Bildhauer; Konstruktionen aus gepreßten Autoteilen, → Nouveau Réalisme, → Décollage.
3) Joseph (8. 7. 1836–2. 7. 1914), engl. Pol.; bestimmte als Kolonialmin. die engl. Pol. im imperialist. Sinne.
4) Sir Joseph Austen (16. 10. 1863 bis 16. 3. 1937), engl. Außenmin. (Locarnopakt 1925, Kelloggpakt 1928); (zus. m. Dawes) Friedensnobelpr. 1925.
5) Neville (18. 3. 1869–9. 11. 1940), engl. Min.präs. 1937–40; schloß 1938 → Münchner Abkommen.
6) Owen (* 10. 7. 1920), am. Phys.; gelang (mit E. Segré) Nachweis d. → An-

Chamäleon

l. Wiesen-Egerling, r. Wald-Egerling

Charlie Chaplin

tiprotons (→ Antimaterie); Nobelpr. 1959.
Chambertin, *m.* [ʃãbɛrˈtɛ̃], roter Burgunderwein.
Chambord [ʃaˈbɔːr], frz. Renaissanceschloß an d. Loire.
Chambre, *w.* [frz. ʃãːbr(ə)], Zimmer,
1) *Ch. garnie,* möbliertes Zimmer.
2) *Ch. séparée,* abgesondertes Zimmer.
3) *Ch. des Députés,* Abgeordnetenkammer in Frkr.
Chamisso [ʃa-], Adelbert v., eigtl. *Louis Charles Adélaïde Ch. de Boncourt* (30. 1. 1781–21. 8. 1838), dt. Dichter; Erzählungen u. Lyrik; *Peter Schlemihls wundersame Geschichte; Riesenspielzeug.*
Chamois [frz. ʃaˈmwa], Gemsleder; **chamois,** rehfarbig.
Chamonix-Mont-Blanc [ʃamɔniˈmõˈblã], frz. Fremdenverkehrsort im Dép *Haute-Savoie,* 1037 m, am Fuß des Montblanc, 9700 E.
Champagne [ʃãˈpaɲ], frz. Landschaft zw. Aisne u. mittl. Yonne; im W trocken, im O feucht und fruchtbar; Weinbau u. a. um Epernay u. Reims. – s. 814 Gfschaft; 1361 frz. Kroneigentum.
Champagner [ʃãˈpaɲər], französ. Schaumwein aus dem W der Champagne.
Champagner-Verfahren, in der → Champagne entwickelte Methode z. Herstellung v. ausgezeichneten Schaumweinen, bei der d. 2. Gärung (die f. d. Kohlensäureentwicklung verantwortl. ist) in d. Flasche stattfindet. Dieses oft auch als *Flaschengärung* bezeichnete Verfahren wird heute weltweit f. d. besten Schaumweine verwendet.
Champaigne [ʃãˈpaɲ], Philippe de (geb. 26. 5. 1602–12. 8. 74), fläm.-frz. (Hof-)Maler u. Künstler d. geistl. u. bürgerl. Ges.; Portraits d. Kunstakad. v. Paris; (Gruppen-)Porträts, bibl. Themen; *Richelieu; Exvoto v. 1662.*
Champignon [ˈʃampinjɔn, frz.- ãpiˈɲõ], weißer Blätterpilz mit rosafarbenen Lamellen, z. B. *Schaf-Ch.;* ungenießbar der *Karbol-Ch.;* die braunhütigen Sorten werden im Handel oft *Egerlinge* genannt; Ch.s lassen sich auf Pferdemist züchten.
Champion, *m.* [engl. tʃæmpjən], Träger eines Meistertitels i. Sport.
Champlain, Lake [ˈʃæmˌpleɪn], 180 km l. u. 1270 km² gr. See im NO d. USA mit Abfluß zum St.-Lorenz-Strom u. *Ch.-Kanal* (104 km) zum Hudson.
Champollion [ʃãpɔˈljõ], Jean François (23. 12. 1790–4. 3. 1832), frz. Ägyptologe; entzifferte 1822 Hieroglyphen.
Champs-Élysées [ʃãzeliˈze], Prachtstraße in Paris zw. *Place de la Concorde* u. *Place de l'Étoile (Charles-de-Gaulle).*
Chamsin, *m.* [arab.], heißer Wüstenwind.
Chan, *m.* [pers. „Haus"],
1) im Orient Gasthof.
2) asiatischer Fürstentitel.
Chance, *w.* [frz. ˈʃãːs(ə)], günstige Gelegenheit.
Chancellor [engl. ˈtʃɑːnsələ], Kanzler.
Chanchan [tʃanˈtʃan], größte vorkolumbian. Ruinenstätte Amerikas, i. N-Peru.
Chandigarh, Hptst. d. ind. Bundesstaaten Pandschab (Punjab) u. Haryana sowie ind. Unionsterritorium, am Fuß

des Himalaja, 503 000 E; nach Plänen v. *Le Corbusier* erbaut; Uni., Theater.
Chandler [ˈtʃɑːndlə], Raymond (23. 7. 1888–26. 3. 1959), am. Kriminalschriftst.; Schöpfer d. Detektivfigur Phil Marlowe; Drehbücher z. seinen Romanen; *D. tiefe Schlaf.*
Chandrasekhar [tʃændrəˈsekə], Subrahmanyan (19. 10. 1910–21. 8. 1995), am. Physiker ind. Herkunft; Arbeiten zu Sternstruktur, Sternentwicklung, Strahlungstransport, Hydrodynamik; Nobelpreis 1983.
Chanel [ʃaˈnɛl], Coco, eigtl. *Gabrielle Chanel* (19. 8. 1883–10. 1. 1971), frz. Modeschöpferin.
Changai-Gebirge, Gebirgszug in der nördl. Mongolei (*Otchon Tengri* 4031 m); Ruinenst. *Karakorum.*
Changchun [tʃaŋtʃuen], Hptst. d. chin. Prov. Jilin, 2 Mill. E; 1932–45 als *Hsinking (Sinking)* Hptst. des ehem. Kaiserreichs Mandschukuo; Uni.; Verkehrs- und Ind.zentrum, Kfz-Ind.
Change, *w.* [frz. ʃãːʒ] bzw. *m.* [engl. tʃeɪndʒ], Wechsel, Tausch.
Changeant [frz. ʃãˈʒã:], schillerndes Gewebe.
Chang Jiang [chin. tʃaŋdʒjaŋ „Langer Strom"], *Jang-tse-kiang,* längster Strom Asiens, durchbricht die bis 6000 m hohen Gebirgsketten SW-Chinas, fließt durch Tiefebene zum Ostchin. Meer; gewaltige Sommerhochwasser, (die f. d. Einzugsgebiet 1,8 Mill. km²; Länge 5526 km; 2800 km schiffbar; sehr reger Handelsverkehr; größter Staudamm d. Welt (Sanxia-Projekt, 180 m hoher u. 2000 m langer Damm, 500 km großer Stausee) geplant.
Changsha [tʃaŋʃa], Hptst. d. südchin. Prov. Hunan, am Xiang Jiang, 1,3 Mill. E; Universität.
Chanoyu, *Tschanoju, w.* [jap. „das Teewasser"], Teezeremonie, feierliche Teegesellschaft d. Japaner.
Chanson, *s.* [frz. ʃãˈsõː], einstimmige Gesangsmelodie, meist mit Kehrreim; im 14.–16. Jh. mehrst. weltl. frz. Vokalgattung.
Chansonette, Kabarettsängerin.
Chantilly [ʃãtiˈji], St. i. frz. Dép. *Oise,* nördl. v. Paris, 11 300 E; Renaissanceschloß m. Museum Condé u. Park; Pferderennbahn.
Chanukka [hebr. „Weihe"], Lichterfest, 8tägiges jüd. Tempelfest (Mitte Dezember) zur Erinnerung a. d. Makkabäerkämpfe u. die Wiedereinweihung des Tempels in Jerusalem (165 v. Chr.).
Chaos, *s.* [gr.], wüstes Durcheinander (aus dem sich d. griech. Mythologie die Welt zum Kosmos ordnet).
Chaoten, allg. abfällig f. Anarchisten.
Chapalasee [tʃa-], größter See Mexikos, 1685 km².
Chapeau claque, *m.* [frz. ʃapoˈklak], zusammenklappbarer Zylinderhut.
Chaplin [ˈtʃæp-], Sir Charles *(Charlie)* Spencer (16. 4. 1889–25. 12. 1977), engl. Filmschausp. u. Regisseur; *The Kid* (1920); *The Gold Rush* (1925); *City Lights* (1931); *Modern Times* (1936); *The Great Dictator* (1940).
Chaptalisieren [ʃap-], frz. Bez. f. d. gesetzl. geregelte Anreicherung d. Traubenmost vor d. Gärung m. Zucker *(Trockenzuckerung),* um. d. Alkoholgehalt zu erhöhen.
Character Merchandising [engl.

'kærəktə 'mə:tʃəndaɪzɪŋ „Figuren-Handel"], Lizenzvergabe v. Nutzungsrechten urheberrechtlich geschützter Figuren (z. B. v. Walt Disney) an geeignete → Lizenznehmer.

Charakter, *m.* [von gr. „Prägen"],
1) *psych.* gesamte seelisch-geistige Eigenart eines Menschen; zwar dem Wandel unterworfen, insgesamt aber beständig; schwierige Differenzierung gegenüber → Persönlichkeit.
2) Gepräge, Eigenart, Merkmal.
charakterisieren, die kennzeichnenden Merkmale von etwas in einer *Charakteristik* (umfassenden Schilderung) angeben.
Charakterkunde, *Charakterologie* (veralteter Begriff), beschäftigt sich mit der Erforschung des Charakters u. seiner Entwicklung in Abhängigkeit v. → Anlage u. → Umwelt. Heute: Persönlichkeitspsychologie.
Charakterstück, *mus.* Sammelbez. f. lyr. od. genrehafte Instrumentalkompositionen.
Charybdis, in Homers *Odyssee* ein Meerungeheuer; evtl. Meeresstrudel in der Straße von Messina; gegenüber das Ungeheuer → *Skylla*.
Chardin [ʃarˈdɛ̃], Jean-Baptiste Siméon (2. 11. 1699–6. 12. 1779), frz. Genremaler u. Meister d. Stillebens; Porträts.
Chardonnay [frz. ʃardɔˈne], hervorragende, in vielen Ländern angebaute Weißweinrebe, die trockene, fruchtige Weine liefert, u. a. für d. weißen Spitzenburgunder; wird reinsortig (→ *Blanc de Blancs*) od. kombiniert m. → Pinot Noir u./od. → Pinot Meunier f. d. Herstellung v. → Champagner verwendet.
Chardonnet [ʃardɔˈnɛ], Hilaire Comte (Gf) de (1. 5. 1839–12. 3. 1924), frz. Chemiker; erfand eine Kunstseide aus Nitrocellulose (1885): **Ch.seide.**
Charente [ʃaˈrɑ̃t],
1) Fluß in W-Frankr., mündet b. Rochefort i. d. Atlant. Ozean; 360 km l.
2) westfrz. Dép., 5956 km², 341 900 E; Hptst. *Angoulême.*
Charente-Maritime, westfrz. Dép., 6864 km², 527 100 E; Hptst. *La Rochelle.*
Charge, *w.* [frz. ˈʃarʒ(ə)], Dienstgrad; *Bühne:* kl. Charakterrolle: *Chargenspieler.*
chargé [frz. ʃarˈʒe:], beauftragt.
Chargé d'affaires, *m.* [-daˈfɛr], Geschäftsträger.
Charisma, *s.* [gr.], bes. Gnadengabe, Ausstrahlungskraft.
Chariten, Charitinnen [gr.], lat. *Grazien,* die Göttinnen der Anmut (griech. Charis); meist in der Dreizahl: *Aglaia, Euphrosyne, Thalia.*
Charivari [ʃa-],
1) bizarre Katzenmusik.
2) bayr. Trachtenschmuck, Bauchgehänge m. Amuletten, Tierzähnen u. a.
Charkow, Gebietshpst. in d. Ukraine, 1,62 Mill. E; Zentrum d. Donez-Ind.reviers; Uni., HS, Museen.
Charlemagne [frz. ʃarlˈmaɲ], → Karl d. Große.
Charleroi [ʃarlˈrwa], belg. Ind.st. im Hennegau, 206 800 E; Kohlengruben, Eisen-, Stahl-, Elektro- u. Glasind.
Charles,
1) [ʃarl], Jacques César (12. 11. 1746 bis 7. 4. 1823), frz. Phys.; Erfinder des Wasserstoff-Freiballons **Charlière** (1783).

2) [tʃa:lz], Philipp Arthur George (* 14. 11. 1948), ältester Sohn v. Kgn Elisabeth II.; Prinz v. Wales (1958; 1969 gekrönt), Hzg v. Cornwall, brit. Thronfolger, bis 1996 vermählt m. Lady *Diana Frances Spencer* (1. 7. 1961–31. 8. 1997).
Charles [tʃa:lz, ʃarl], engl. u. frz. Form zu → Karl.
Charleston [ˈtʃa:lstən],
1) Hafenstadt in South Carolina (USA), 80 000 E; Holz-, Zellstoff-, Papierindustrie.
2) Hptst. v. West Virginia (USA), 57 000 E; Steinkohle, Glashütten, chem. Ind.
Charleston [ˈtʃa:lstən], nach dem 1. Weltkrieg i. d. USA aufgekommener Modetanz (synkopierter 4/4-Takt).
Charlotte [ˈʃa:lət], St. im US-Staat North Carolina, 396 000 E; Nahrungsmittel- und Textilind.
Charlottenburg, Stadtbez. Berlins; Schloß d. preuß. Kgn Sophie Charlotte (1695–99 erbaut), Sammlungen.
Charmat-Verfahren [frz. ʃarˈma-], → Tankgärverfahren.
Charme, *m.* [frz. ʃarm], bezaubernde Anmut.
Charon, in der griech. Mythologie Fährmann, der die Toten in der Unterwelt gegen Entgelt (*Obolus*) über den Fluß Acheron setzt.
Chäronea, alte griech. St.; 338 v. Chr. Sieg der Mazedonier über die Griechen.
Charpak [ʃarˈpak], Georges (* 1. 8. 1924), frz. Physiker, Erfindung u. Entwicklung v. Teilchen-Detektoren, Nobelpr. Physik 1991.
Charpentier [ʃarpɑ̃ˈtje],
1) Gustave (25. 6. 1860–18. 2. 1956), frz. Komp.; Oper: *Louise;* Orchesterwerke.
2) Marc-Antoine (um 1634–24. 2. 1704), frz. Komp.; Oratorien, Messen, *Tedeum* (Eurovisionsmelodie) u. Opern; *Acis et Galathée; Médée.*
Charta, *w.* [l.], engl. **Charter** [ˈtʃa:tə], frz. **Charte** [ʃart], Urkunde, Verfassung, Grundgesetz, Satzung (z. B. die engl. → *Magna Charta,* die → *Atlantic Charta* u. d. *Charta d.* → Vereinten Nationen).
Charta 77 [ˈkarta], am 1. 1. 1977 in d. Tschechoslowakei gegr. Bürgerrechtsbewegung zur Realisierung d. Bürger- u. Menschenrechte.
chartern, ein Schiff oder Flugzeug mieten od. pachten; durch *Chartervertrag.*
Chartismus → Sozialismus, Geschichte (England).
Chartres [ʃartr], Hptst. d. frz. Dép. Eure-et-Loire, a. d. Eure, 39 600 E; berühmteste got. Kathedrale v. Frkr. (12. u. 13. Jh.).
Chartreuse [ʃarˈtrø:z],
1) Kräuterlikör der Kartäusermönche.
2) erstes, 1084 gestiftetes Kartäuserkloster, nö. v. Grenoble; *La Ch. de Parme (Die Kartause v. Parma),* Titel e. Romans (1839) v. → Stendhal.
Charts [engl. tʃa:ts], Hitparade, Verkaufsliste (f. populäre Musiktitel).
Charybdis, in Homers *Odyssee* ein Meerungeheuer; evtl. Meeresstrudel in der Straße von Messina; gegenüber das Ungeheuer → *Skylla*.
Chasaren, türk. Volk zw. Kasp. Meer u. Kaukasus; im 10. Jh. von den Russen unterworfen.
Chase [tʃeɪz], William Merrit (1. 11. 1849–25. 10. 1916), am. Maler, e.

Jean-Baptiste Siméon Chardin, *Selbstbildnis*

Chardonnay

Prinz Charles

Chartres, *Kathedrale*

Hptvertr. d. am. Zeitgeschmacks; Tonmalerei m. stark pointierten Farbakzenten u. modisch-elegante Malweise; prägte auch als Lehrer mehrere Künstlergenerationen; *James A. McNeill Whistler.*
Chassé [frz. ʃaˈse], Tanzschritt, → schassieren.
Chasselas [frz. ʃasəˈla], u. a. in Frkr. u. Mitteleur. (in Dtld unter d. Namen *Gutedel* u. in d. Schweiz als *Fendant* od. *Dorin*) angebaute Weißreinrebe, die leichte, trocken-fruchtige Weine liefert.
Chassériau [ʃaserˈjo], Théodore (20. 9. 1819–8. 10. 56), frz. Maler; verband d. klassizist. Strenge s. Lehrers Ingres m. d. dynam. Farbgestaltung v. Delacroix zu express. Kraft; *Gefesselte Andromeda; Araberführer im Kampf.*
Chassidismus, aus hebr. Chassidim, „die Frommen", im 18. Jh. in Osteuropa entstandene jüdische, Gefühl u. Gottesoffenbarung i. d. Natur betonende Religionsbewegung, → Buber.
Chassis, *s.* [frz. ʃaˈsi:],
1) Gestell, das bei Rundfunk- u. Fernsehgeräten el. Schaltanordnung trägt.
2) Untergestell von Fahrzeugen (einschließlich Motor).
Château [frz. ʃaˈto „Schloß"],
1) v. a. im Bordeaux-Gebiet verwendeter Begriff, der e. Weingut u. s. Wein bezeichnet (z. B. *Ch.* Lafite-Rothschild), gleichgültig, ob auf dem Gut e. „schloßähnl." Gebäude vorhanden ist od. nicht.
2) Landhaus.
Chateaubriand [ʃatobriˈɑ̃], François René de (4. 9. 1768–4. 7. 1848), frz. Schriftst. d. Romantik u. Staatsmann; *Genius des Christentums; Atala; René.*
Château-Lafitte [-ˈfit], **Ch.-Latour** [-ˈtu:r], roter, **Ch.-Yquem** [-iˈkɛm], weißer Bordeauxwein.
Châteauneuf-du-Pape [ʃatonœfdyˈpap], frz. Anbaugebiet u. Wein im südl. Rhônetal; alkoholreicher, lange lagerfähiger Rotwein aus bis zu 13 versch. Traubensorten, seltener ein gehaltvoller Weißwein.
Chatham [ˈtʃætəm], St. in d. engl. Gft Kent, 62 000 E; Flottenstation, Werften, Maschinenbau.
Chatschaturian, *Khatchaturian,* Aram (6. 6. 1903–1. 5. 78), sowj. Komponist; Sinfonien, Kammermusik, Ballette.
Chattanooga [tʃætəˈnu:gə], St. im US-Staat Tennessee, 152 000 E; Metall- u. Textilind., Uni.
Chatten, german. Volk, Hessen.
Chatterton [ˈtʃætətn], Thomas (20. 11. 1752–24. 8. 70), engl. Dichter, Vorläufer d. Romantik; *Rowley Poems* (Fälschung altengl. Dichtung).
Chaucer [ˈtʃɔ:sə], Geoffrey (um 1340 bis 25. 10. 1400), engl. Dichter; *Canterbury Tales.*
Chauken, german. Volk zw. Ems u. Elbe, Seefahrer.
Chaussee, *w.* [frz. ʃoˈse:], Landstraße.
Chauvinismus, *m.* [frz. ʃovi-], überspannter Nationalismus.
Cheb → Eger.
checken [ˈtʃɛk-], kontrollieren, prüfen.
Checkpoint Charlie [ˈtʃɛkpɔɪnt-], bis zum Fall der Mauer 1989 Übergangspunkt f. Ausländer zw. W- u. Ostberlin.
Check-up [engl. ˈtʃɛkap], Vorsorgeuntersuchung, von den gesetzl. Krankenkassen erstattet.

Cheddar [ˈtʃɛdə], orangegelber engl. Hartkäse.
Chef, *m.* [frz.], Oberhaupt, Leiter.
Chef des Protokolls, höh. Beamter e. Außenministeriums; regelt Umgang u. Zeremoniell i. diplomat. Verkehr.
Chef d'œuvre [ʃɛˈdœːvr], Haupt-, Meisterwerk.
Cheilitis, Lippenentzündung.
Chełmoński [xɛlˈmɔ̃ʃki], Jozef (7. 11. 1849–6. 4. 1914), poln. Maler; realist.-elementare Schilderung d. poln. Landschaft u. ihrer Menschen; robuste Farben u. z. T. ungestüme Dynamik; *Das Viergespann.*
Chelsea, Londoner Stadtteil Kensington u. Ch.; Porzellanmanufaktur i. 18.Jh.
Cheltenham [ˈtʃɛltnəm], Badeort der engl. Gft Gloucester, 73 000 E; Stahlquellen.
Chemie, derjenige Teil d. Naturwiss., d. Vorkommen, Gewinnung u. Umwandlung der Stoffe untersucht; *organische Ch.* behandelt d. Verbindungen d. Kohlenstoffs, *anorganische Ch.* alle übrigen chem. → Elemente u. deren Verbindungen (→ Biochemie, → Elektrochemie).
Chemiefasern, auf chem. Wege hergestellte Fasern:
1) auf der Grundlage von *Cellulose:* **a)** *Chemiefäden* (seidenartig endlos): *Reyon;* Herstellung: Auflösen von Cellulose z. Spinnlösung (Viskose), Pressen durch Spinndüsen in Fällbäder, Zus.drehen der erstarrten Fäden, Nachbehandlung u. Trocknung; *Cupra:* Lösen von Cellulose nach dem Kupferoxid-Ammoniak-Verfahren und Verspinnen in Fällbädern (Chemie-Kupfer-Seide); *Acetat* aus → Acetylcellulose im Trockenspinnverfahren gewonnen; **b)** *Chemiefasern* in woll- u. baumwollartigen Längen: *Zellwolle,* Herstellung wie Reyon, jedoch Vereinigung der erstarrten Fäden zu einem Gesamtkabel, Schneiden auf best. Länge *(Stapel),* Nachbehandlung, Trocknung; Cuprofaser u. Acetatfaser ähnl. zu Fasern (Flocken) zerteilt.
2) auf *Synthese*-Basis: **a)** Polyvinylgruppe: *Rhovyl*-Faser auf d. Grundlage v. → PVC; **b)** Polyamidgruppe → *Perlon*-, → *Grilon*- u. → *Nylon*-Seide u. -Faser; **c)** Polyacrylgruppe: Faserstoffe auf der Grundlage von Polyacrylnitril als Seide u. Faser *(PAN, Dralon, Redon, Dolan);* **d)** Polyestergruppe: Faserstoffe auf d. Grundlage v. Therephthalsäureglykolester *(Trevira, Terylen, Diolen).* – BR Produktion 1994: zellulosische Fa-

Chicago

Chenin Blanc

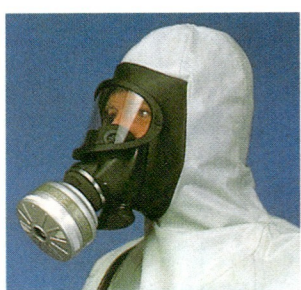
Chemieschutz-Kopfhaube mit Atemschutzmaske und Atemfilter

sern u. Fäden 197 000 t, synthet. Fasern u. Fäden 880 000 t; Welt 1994: 2,33 u. 17,72 Mill. t.
Chemigraphie, photochem. Ätzverfahren zur Herstellung v. metallenen Druckstöcken (Klischees) und Leiterplatten f. gedruckte Schaltungen.
Chemikalien, Bezeichnung für durch chem. Verfahren hergestellte Stoffe.
Chemin-des-Dames [frz. ʃ(ə)mɛ̃deˈdam „Damenweg"], Weg auf Höhenzug nw. v. Reims; v. Ludwig XV. f. seine Töchter angelegt.
chemische Industrie, Gütererzeugung m. d. Mitteln der Chemie u. chem. Technik („Verfahrenstechnik"); Hauptgruppen: anorg. Chemikalien u. Schwerchemikalien, künstl. Düngemittel, Teerfarben u. Zwischenprodukte, Mineralfarben u. Farbwaren, Sprengstoffe u. Zündwaren, Kunststoffe, Ferrolegierungen, Seifen u. Waschmittel, pharmazeut. Erzeugnisse, äther. Öle u. künstl. Riechstoffe, Körperpflegemittel, Leim u. Gelatine, Firnisse nebst Lacken, Kitten, photochem., Wachs-, Stearin- u. Fetterzeugnisse, Teerprodukte.
Chemischer Ofen, *Fornax,* → Sternbilder, Übers.
chemisches Element → Elemente.
chemisches Gleichgewicht, Zustand bei e. reversiblen chem. Reaktion, bei dem d. Geschwindigkeit der Hinreaktion gleich der Geschwindigkeit der Rückreaktion ist, so daß d. Konzentrationen v. Ausgangssubstanzen u. Endprodukten konstant bleiben.
chemische Triebkraft, svw. → Affinität.
chemische Waffen, *C-Waffen,* Waffen m. chemischen Substanzen (Haut-, Blut-, Lungen-, Nerven-, Reiz- u. Psychogase), die bei Lebewesen Krankheit od. Tod hervorrufen u. für mil. Zwecke verwendet werden. 1990 wurde zw. der UdSSR u. den USA ein Produktionsstopp vereinbart: bis 1999 Halbierung d. Bestände, bis 2002 Reduzierung auf jeweils 5000 t. 1991 Abzug aller in d. BR Dtld gelagerten amerikanischen C-Waffen. 1993 unterzeichneten 137 Staaten eine Konvention, die Entwicklung, Herstellung u. Lagerung v. ch. W. verbietet.
Chemnitz (D-09111–31), 1953–90 *Karl-Marx-Stadt,* Krst. in Sa., 265 583 E, Ing.schulen, TH, HS f. Maschinenbau; Textil-, Maschinen- und chemische Industrie.
Chemoplaste, svw. → Duroplaste.

Chemoresistenz, Widerstandsfähigkeit v. Bakterien, Schadinsekten u. a. gg. chem. Mittel.
Chemosynthese, bakterielle → Assimilation v. Kohlendioxid mit Hilfe von Energie aus Oxidationsvorgängen im Ggs. zu pflanzl. → Photosynthese, bei die Strahlungsenergie des Sonnenlichtes ausgenutzt wird.
Chemotherapie, Krankheitsbehandlung mit chem. Mitteln; meist wird darunter die medikamentöse Behandlung von Krebs verstanden.
Chengdu, früher *Tschengtu,* Hptst. der westchin. Prov. Sichuan, am Min-ho, 2,8 Mill. E; Uni.; Ind.
Chénier [ʃeˈnje],
1) André de (30. 10. 1762–25. 7. 94), frz. Lyriker, während der Revolution hingerichtet (Oper von Giordano); *Jamben;* s. Bruder
2) Marie Joseph Blaise de (28. 4. 1764–10. 1. 1811), frz. Dichter; Revolutionsdramen.
Chenille [frz. ʃəˈnij], raupenartige Seidenschnur zu Stickereien.
Chenin Blanc [frz. ʃəˈnɛ̃ ˈblɑ̃], in vielen Ländern angebaute Weißweinrebe, die frische u. rassige, oft auch vollmund. u. süße Weine liefert; als *Pineau de la Loire* ist sie f. zahlreiche Spitzenweine aus d. Loiretal verantwortl.
Cheops, ägypt. Kg der 4. Dynastie, ca. 2500 v. Chr.; Grabmal: *Ch.pyramide* bei Gizeh, 146,6 m hoch.
Chephren, ägypt. Kg um 2500 v. Chr.; Grabmal zweitgrößte → Pyramide.
Chequers [ˈtʃɛkəz], Landsitz des jeweiligen engl. Premiermin. in der engl. Gft Buckingham.
Cher [ʃɛːr],
1) l. Nbfl. der Loire, 320 km l.
2) frz. Dép., 7235 km², 323 600 E; Hptst. *Bourges.*
Cherbourg [ʃɛrˈbuːr], frz. Kriegs-, Fischerei- u. Handelshafen an d. Kanalküste i. Dép. *Manche,* 27 000 (m. Vororten 92 000) E; Werften; Seebad.
Chéreau [ʃeˈro], Patrice (* 2. 11. 1944), frz. Regisseur; 1976 Inszenierung d. *Ring des Nibelungen* (mus. Leitung: P. → Boulez).
Cherimoya [tʃeri-], herzförmige od. kon., wohlschmeckende Frucht (Südfrucht) d. Flaschenbaumes.
Cherokee [ˈtʃɛrəki], nordam. Indianerstamm i. North Carolina.
Cherrapunji [tʃɛrəˈpʌndʒi], Ort in der ind. Provinz Assam, 1314 müM, regenreichster Platz der Erde (Jahresmittel 10 870 mm Niederschlag).
Cherry Brandy, *m.* [engl. ˈtʃɛrɪ ˈbrændɪ], Kirschlikör.
Cherson, ukrain. Gebietshptst. am Dnjepr, 355 000 E; Getreide- u. Wollhandel, Schiffbau.
Chersones, im Altertum Name verschiedener Halbinseln:
1) *Thrazischer Ch.,* → Gallipoli;
2) *Skythischer* od. *Taurischer Ch.,* die → Krim-Halbinsel;
3) *Kimbrischer Ch.,* → Jütland.
Cherub [hebr.], Mz. *Cherubim,* Erzengel.
Cherubini [ke-], Luigi (14. 9. 1760 bis 13. 3. 1842), it. Komp.; Opern: *Medea; Der Wasserträger;* Messen; Streichquartette.
Cherusker, german. Volk zw. Weser u. Elbe.

Chemische Industrie

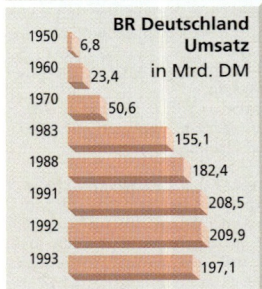

	BR Deutschland Umsatz in Mrd. DM
1950	6,8
1960	23,4
1970	50,6
1983	155,1
1988	182,4
1991	208,5
1992	209,9
1993	197,1

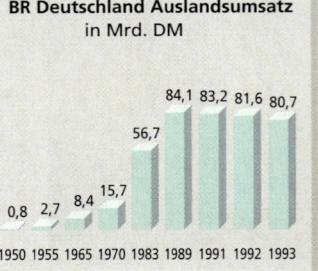

BR Deutschland Auslandsumsatz in Mrd. DM

1950	1955	1965	1970	1983	1989	1991	1992	1993
0,8	2,7	8,4	15,7	56,7	84,1	83,2	81,6	80,7

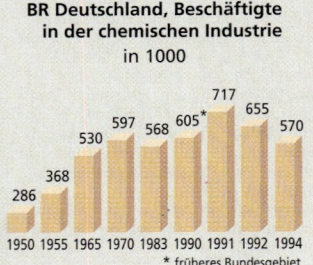

BR Deutschland, Beschäftigte in der chemischen Industrie in 1000

1950	1955	1965	1970	1983	1990	1991	1992	1994
286	368	530	597	568	605*	717	655	570

* früheres Bundesgebiet

Chesapeake Bay ['tʃɛsəpi:k-], Meeresbucht a. d. Atlantikküste der USA, über 300 km l.; Austernfischerei, Hafen *Baltimore*; über d. Mündung der Bucht führt eine über Brücken und künstl. Inseln verlaufende 30 km l. Autostraße.

Cheshire ['tʃɛʃə], Gft im W Mittelenglands.

Chester ['tʃɛstə],
1) Hptst. v. Cheshire, 61 000 E; Kathedrale, ma. Stadtbild; Viehzucht; *Ch.käse* (vollfetter Hartkäse).
2) älteste St. Pennsylvanias, 42 000 E; Industrie-Vorort v. Philadelphia.

Chesterfield, Stadt in Mittelengland, 70 000 Einwohner; Metall- und Textilindustrie.

Chesterton ['tʃɛstətən], Gilbert Keith (29. 5. 1874–14. 6. 1936), englischer Schriftst.; hintergründige Kriminalgeschichten: *Pater Brown;* Romane; Gedichte.

Chevalier [ʃəva'lje], Maurice (12. 9. 1888–1. 1. 1972), frz. Sänger, Tänzer u. Filmschausp.; *Gigi.*

Chevalier, *m.* [frz. ʃə'va'lje], Ritter.

Chevaulegers [frz. ʃavəle'ʒe:], Bez. f. leichte Kavallerie, vergleichb. mit Dragoner, in Bay. bis 1918 vorhanden.

Cheviot, *m.* [engl. 'tʃ-], glatter Wollstoff.

Chevreau [frz. ʃə'vro:], feines Ziegenleder.

Cheyenne Mountain [ʃai'æn 'maʊntin], Berg b. Colorado Springs, USA; unterird. Anlage d. größten Luftverteidigungszentrums der westl. Welt.

Cheyne-Stokes-Atmung, Atmung mit langen Pausen bei Hirnschädigung.

Chiang Mai [tʃjaŋ-], Prov.hptst. i. N-Thailand, 18 000 E; Erdölind., Teak-Handel.

Chianti ['kĭ-], it. Landschaft in Toskana; Weinbau.

Chiaroscuro [it. kjarosku'ro] → Helldunkel.

Chiasmus, *m.* [gr.], Stilfigur, spiegelbildl. Gegenüberstellung oft antithetischer Wortpaare; a + b : b + a (z. B. Kunst der Fälscher, Fälscher der Kunst).

Chiasso ['kĭ-], (CH-6830), schweiz. St. (Tessin) an der Gotthardbahn, schweiz.-it. Grenzstation, 9000 E.

Chiavenna [kĭ-], it. St. im Ch.tal, an d. Splügen- u. Malojastraße, 7500 E.

Chibcha ['tʃiβtʃa], indianisches Kulturvolk Kolumbiens.

chic [frz. ʃik], modisch, kleidsam.

Chicago [ʃi'ka:gou], drittgrößte St. d. USA i. Staat Illinois, a. Michigansee, 2,78 (m. Vororten 8,07) Mill. E; bed. Handelszentrum u. Binnenhafen; div. Industrie, Eisen- u. Stahlprod., erster Getreidemarkt, größter Verkehrsknotenpunkt der USA; mehrere Uni., Kernforschungszentrum, TH. – 1803 als Fort Dearborn gegr.; 1893 u. 1933 Weltausstellungen.

Chicago School [ʃi'ka:gou sku:l], Bez. f. e. Gruppe v. Architekten um 1875–1910 in Chicago; bahnbrechend f. d. Entwickl. d. Wolkenkratzers (Stahlskelett, klare Formulierung d. stat. u. funktional. Gebäudestrukturen; Hptvertr. W. Le Baron Jenney, L. Sullivan.

Chicha ['tʃitʃa], südam. berauschendes Getränk aus gegorenen Pflanzensäften (Mais).

Chichén Itzá ['tʃitʃen-], bed. Ruinenstätte d. Maya auf d. Halbinsel Yucatán (Mexiko), im 6. Jh. n. Chr. gegr., Blütezeit im 11. u. 12 Jh.

Chicorée, *w.* [frz. ʃiko'reː], Zichorienart, Gemüse.

Chiemsee, größter See Bayerns, 518 müM, 82 km², 73 m t.; 3 Inseln: *Herren-Ch.* (mit Schloß), *Frauen-Ch.* (Benediktinerinnenabtei) u. *Krautinsel.*

Chiffon, *m.* [frz. ʃi'fõ:], schleierähnl. Seiden- oder Baumwollgewebe.

Chiffre, *w.* [frz. 'ʃifr(ə)],
1) Zahlencode (zur Kennzeichnung einer Annonce), Geheimschrift.
2) Ziffer, Geheimzeichen.

chiffrieren, Buchstaben od. Zahlen n. einem *Schlüssel* (Regel) anordnen, wonach sie wieder entziffert *(dechiffriert)* werden können.

Chiffriermaschine, verwandelt Klartext in **chiffrierten.**

Chigi ['ki:dʒi], röm. Adelsfamilie; *Palazzo Ch.* (1594–1630) in Rom, Sitz des it. Ministerpräsidenten. *Villa Farnesina* in Rom 1508–11 erbaut f. Agostino Ch. (Fresken v. Raffael u. a.).

Chignon, *m.* [frz. ʃi'ɲõ:], im Nacken od. am Hinterkopf getragener Haarwulst.

Chihuahua [tʃi'uaʊa],
1) mexikan. Nackthund, kleinste Hunderasse.
2) Hptst. d. mex. Staates Ch. (244 938 km², 2,44 Mill. E; z. T. wüstenh. Gebirgsland), 530 000 E; Uni.; Handelszentrum, Hüttenind., Silber- u. Bleiminen.

Childerichgrab → Tournai.

Children of God [engl. 'tʃildrən ʌv 'gɔd ,,Kinder Gottes"], *COG*, am. Erweckungsbewegung, begr. 1969 v. David Berg m. d. Ehrentitel ,,Mose", abgek. MO; sog. ,,Jesus-Revolution" gg. d. starre christl. Kirchensystem.

Chile, Rep. a. d. SW-Küste Südamerikas; Bev.: Mestizen, Weiße, Indianer (6,8%). **a)** *Geogr.:* Ganz v. den bis 6800 m ansteigenden Anden eingenommen, erstreckt sich über 39 Breitengrade, 4230 km l., bei durchschnittl. Breite von 177 km, von der Atacamawüste im N bis zu d. Gletscherbergen von Feuerland v. subtrop. bis zum polarnahen Klima. **b)** *Landw.:* Im mittleren Teil (mittelchilen. Längstal) auf Haziendan Anbau bes. v. Weizen, Mais, Kartoffeln, Hülsenfrüchten, Obst, Wein. **c)** *Bergbau:* Bes. Salpeter, Iod, Borax, Kupfer (1991: 1,81 Mill. t, größter Kupferproduzent d. Welt), ferner Schwefel, Blei-, Mangan-, Eisenerze, Silber, Gold, Kohle, s. 1949 auch Erdöl u. Erdgas. **d)** *Ind.:* Eine der fortgeschrittensten v. Lateinam., bes. Nahrungs- und Genußmittel, Metall-, Zement-, Textilind. **e)** *Außenhandel* (1992): Einfuhr 9,17 Mrd., Ausfuhr 9,97 Mrd. $. **f)** *Verkehr:* Eisenbahn ca. 8200 km, Hpthandelshafen *Valparaíso.* **g)** *Verf.* v. 1981: Präsidiale Republik; Parlament m. 2 Kammern (durch Verf.reform 1989 gestärkt). **h)** *Verw.:* 13 Regionen. **i)** *Gesch.:* Teil d. Inkareiches; 1534–41 v. den Spaniern erobert; Loslösung von Spanien 1810–18; Verf. 1833; 1879–83 ,,Salpeterkrieg" gegen Bolivien u. Peru; 1891 Bürgerkrieg; 1970 Allende erster freigewählter sozialist. Präs. eines südam. Staates; 1973 Militärputsch unter → Pinochet (bis 1990 Staatspräs.), Ermordung Allendes u. Errichtung einer Militärdiktatur. Ende 1989 erste demokr. Präs.wahlen, Sieg d. Oppositionsbünd-

CHILE

Staatsname:	Republik Chile, República de Chile
Staatsform:	Präsidiale Republik
Mitgliedschaft:	UNO, OAS, ALADI, SELA, APEC
Staatsoberhaupt und Regierungschef:	Eduardo Frei Ruiz-Tagle
Hauptstadt:	Santiago de Chile 4,5 (Agglom. 5,5) Mill. Einwohner
Fläche:	756 945 km²
Einwohner:	14 044 000
Bevölkerungsdichte:	19 je km²
Bevölkerungswachstum pro Jahr:	⌀ 1,55% (1990–1995)
Amtssprache:	Spanisch
Religion:	Katholiken (89%), Protestanten (6%)
Währung:	Chilen. Peso (chil$)
Bruttosozialprodukt (1994):	50 051 Mill. US-$ insges., 3560 US-$ je Einw.
Nationalitätskennzeichen:	RCH
Zeitzone:	MEZ – 5 Std.
Karte:	→ Südamerika

Chile

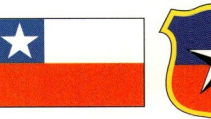

Chichén-Itzá, *Pyramide El Castillo*

nisses, doch behält das Militär starke Machtposition; forcierte Modernisierung d. Wirtschaft.

Chiliasmus [gr.], Glaube an 1000jähr. paradiesisches Reich auf Erden nach Christi Wiederkunft.

Chilipfeffer, svw. → Cayennepfeffer.

Chillons, Schloß am Schweizer Ostufer d. Genfer Sees.

Chiluba, Frederick (* 30. 4. 1943), s. 1991 Staatspräs. v. Sambia.

Chimäre,
1) Lebewesen, das a. d. genet. Kombination versch. Arten entstanden ist; z. B. Tomoffel, e. Bildung aus Tomate u. Kartoffel (Übers. → Gentechnik).
2) Ungeheuer der griech. Sage (Löwe, Ziege u. Schlange); svw. *Hirngespinst.*

Chimborazo [tʃ-], erloschener Vulkan in den Anden von Ecuador, 6310 m, mit Gletschern.

Chimbote, Ind.- u. Hafenst. in Peru, 287 000 E; Eisen- u. Stahlind.; 1970 St. durch Erdbeben zerstört (üb. 60 000 Tote).

China, ostasiat. Volksrep., bestehend aus dem eigtl. Ch. (südl. der Großen Mauer), der Mandschurei, der Inneren Mongolei, Sinkiang, Tibet sowie Inseln vor d. Küste; erstreckt sich v. Innerasien bis zur Küste des Gelben, Ost- und Südchin. Meeres; Bev.: volkreichstes Land d. Erde; 94% Chinesen (Han), 55 weitere Nationalitäten, darunter eine geringe Zahl v. Ureinwohnern: Man u. Miao, 1,7 Mill. Auslandschinesen (in Indonesien, Malaysia, Thailand). **a)** *Geogr.:* Sehr gebirgig mit Ausnahme d. Nordchin. Tieflandes am unteren Huang He (fruchtb. Löß) u. Chang Jiang; Klima im N kontinental, im S subtrop. mit regenbringenden Monsunwinden, an der O-Küste manchmal Taifune. **b)** *Landw.:* Lebensgrundlage für ca. 70% der Bev., die Landbevölkerung ist in Produktionsgenossenschaften organisiert; das radikale Experiment der sog. ,,Volkskommunen" wurde jedoch als Fehlschlag aufgegeben; angebaut werden vor allem: Weizen, Hirse, Mais, Gerste, Hafer, Sojabohnen im N; Reis, Tee, Baumwolle, Maulbeerbaum, Zuckerrohr, Mohn, Bambus im S. **c)** *Ind.:* Im Aufbau seit etwa 1950, anfangs mit sowj. Hilfe rasche Fortschritte, Fehlschlag beim Aufbau d. Schwerind.; wichtigste Industriezweige: Eisen- u. Stahlind., Maschinen- u. Fahrzeugbau, elektrotechn. u. petrochem. Ind.; wichtige Hafen- u. Ind.städte: *Nanjing* (Nanking), *Shanghai, Tianjin, Guangzhou* (Kanton), *Fushun, Fuzhou, Hangzhou, Lüda. Bergbau:* gr. Kohlevorkommen, Eisenerzförderung (1991: 175,3 Mill. t), Erdöl (1992: 141,6 Mill. t), Erdgas, Zinn, Gold, Uran, Wolfram, Antimon; Rohstahlerzeug. (1991: 70,4 Mill. t). **d)** *Außenhandel* (1992): Einfuhr 80,6 Mrd., Ausfuhr 85 Mrd. $. **e)** *Verkehr:* Gutes Verkehrsnetz, Eisenbahn 53 400 km u. ca. 1,03 Mill. km Fernverkehrsstraßen. Lkw-Bestand: 3,68 Mill. (1990); Handelsflotte 13,95 Mill. BRT (1992). Internat. Flughäfen in Beijing (Peking), Shanghai, Guangzhou (Kanton). **f)** *Verw.:* 22 Provinzen, 5 autonome Gebiete, 3 regierungsunmittelbare Städte (Beijing, Shanghai, Tianjin), 111 autonome Kreise. **g)** *Verf.:* Seit 1982 neue Verf. (4 Grundprinzipien: Sozialismus, demokr. Diktatur d. Volkes, Marxismus-Leninismus-Maoismus), Einkammerparlament. **h)** *Gesch.:* Von 2200 v. Chr. an erkennbarer Mittelpunkt der ostasiat. Kultur, → chinesische Schrift; Ausdehnung unter den Dynastien Xia, Shang u. Zhou; s. 400 v. Chr. kulturelle Beziehungen zu Indien u. Westasien. Einigung aller Teilstaaten 221 v. Chr.; Beginn des Baues der *Großen Mauer* 214 v. Chr. Dynastie Han 206 v. Chr. – 220 n. Chr., gewaltige Ausdehnung des Reiches. Verfall durch Einfälle von Hunnen, Awaren, Tataren u. die Mißwirtschaft versch. Dynastien. 1279 Wiedervereinigung unter Mongolenkhan Khublai. 1368–1644 Dynastie Ming: erster Verkehr m. Europa; Eindringen des Christentums (Jesuiten) 1582. Eroberung von Formosa u. Tibet unter Mandschu-Dynastie im 17. Jh.; Verbot d. Opiumeinfuhr führte 1840–42 zum Krieg m. England, das im Frieden von Nanking Hongkong erhielt; 5 Häfen mußten f. d. eur. Handel geöffnet werden. 1851–64 Aufstand der kommunist.-christl. Taipingsekte. 1858–60 besetzte Rußland d. Amurland, gewann Einfluß i. d. Mandschurei. Seit 1875 Verwicklungen mit Japan, 1882–85 m. Frankreich (Verlust v. Annam u. Tongking). 1886 Birma an England. 1894/95 Chin.-Jap. Krieg, endete mit Abtretung Formosas u. Unabhängigkeit Koreas. 1900 Aufstand der Boxer (nationaler Geheimbund, mil. Eingreifen d. eur. Mächte, erzwungen Handelskonzessionen; innenpol. Reformen folgten. 1911 Südchina unabhängige Rep. unter Präs. Sun Yat-sen, Revolution, Abdankung der Mandschudynastie; 1912 China Rep. Nat. Erneuerungsbestrebungen der → Guomindang. Kämpfe zw. Nord- u. Südchina. Tibet, Sinkiang, Mongolei lösten sich weitgehend von China, → Tschiang Kai-schek (Jang Jieshi) stellte 1928 die Einheit wieder her. 1932 Kämpfe m. Japan (Shanghai u. an der Chin. Mauer), Verlust der Mandschurei u. der Provinz Jehol. 1937 Krieg m. Japan; Besetzung großer Teile des Landes und Bildung einer unter jap. Einfluß stehenden Gegenregierung in Nanjing. Verlegung der Reg. (Tschiang Kai-schek) nach Chongqing. 1941 Kriegseintritt auf seiten d. Alliierten. 1945 durch Kapitulation der Japaner Mandschurei u. Jehol sowie Formosa wieder zu China. Bürgerkrieg, 1949/50 eroberten d. Kommunisten ganz Festlandchina: Volksrep., → Mao Zedong. → Zhou Enlai, → Liu Shaogi, Dong Biwu. Agrarreform u. Plan z. Umwandlung in soz. Ind.staat. Unterstützung N-Koreas im Koreakrieg; 1959 Einverleibung v. Tibet, 1962 Grenzkrieg mit Indien i. Himalaja. Zunächst enge Zusammenarbeit d. Volksrep. China m. der UdSSR, s. 1962 scharfe ideolog. u. pol. Auseinandersetzungen. 1966–68 *proletar. Kulturrevolution* gg. bürgerl. Traditionen, getragen v. d. revolutionären Kampforganisation d. *Roten Garden.* 1969/70 Grenzstreitigkeiten m. der UdSSR am Ussuri. 1975 neue Verfassung. 1976 Tod Mao Zedongs, innenpol. Krise. 1982 12. Parteitag m. neuem Parteistatut u. kollektiver Führung; einflußreichster chin. Pol. u. Chefideologe d. KPC: → Deng Xiaoping; Reformkurs vor allem in d. Wirtsch., Liberalisierung unter Zhao Ziyang (1987–89 Gen.sekr. d. KPCh); Mitte 1989 blutige Nieder-

CHINA	
Staatsname:	Volksrep. China, Zhonghua Renmin Gongheguo
Staatsform:	Sozialistische Volksrepublik
Mitgliedschaft:	UNO, APEC
Staatsoberhaupt:	Jiang Zemin
Regierungschef:	Li Peng
Hauptstadt:	Peking (Beijing) 7 (Agglom. 10,8) Mill. Einwohner
Fläche:	9 560 961 km²
Einwohner:	1 187 891 000
Bevölkerungsdichte:	124 je km²
Bevölkerungswachstum pro Jahr:	⌀ 1,42% (1990–1995)
Amtssprache:	Chinesisch
Religion:	Konfessionslose (70%), Buddhisten (20%), Muslime, Christen (0,2%)
Währung:	Renminbi Yuan (RMB.Y)
Bruttosozialprodukt (1994):	630 202 Mill. US-$ insges., 530 US-$ je Einw.
Nationalitätskennzeichen:	VRC
Zeitzone:	MEZ + 5 bis + 8 Std.
Karte:	→ Asien

China (Volksrepublik)

Chinarinde

Chinesische Mauer

schlagung von Protestdemonstrationen chin. Studenten f. mehr demokr. Freiheiten, seit 1992 Weiterführung der 1978 begonnenen Wirtschaftsreform; Übergang von der Plan- zu einer sozialistischen Marktwirtschaft; 1. 7. 1997 Eingliederung Hongkongs als Region mit Sonderstatus.
Chinagras, svw. → Ramie.
Chinakohl, Kohlsorte m. hellgrünen, am Rand etwas krausen Blättern.
Chinarestaurant-Syndrom, Beschwerden durch d. als Geschmacksverstärker verwendete Natriumglutamat.
Chinarinde, *Fieberrinde,* Rinde mehrerer südam. Bäume, jetzt bes. in Indonesien angepflanzt; liefert → *Chinin.*
Chinaschilf, *Elefantengras (Miscanthus sinensis),* Anbau z. Erzeugung v. Biomasse f. therm. u. stoffl. Verwertung (Zellulose).
Chinchilla [tʃin'tʃ-], südamerikanisches Nagetier; Gebirgsbewohner mit dichtem graublauen Fell.
Chinesische Eier, chin. Delikatesse; Hühnereier, eingelegt i. Salzlake, Reisschalen, rote Erde, Asche, Kalk od. Zucker, anschließend fermentiert u. gelagert, d. dadurch schwarz werden.
chinesische Kunst, **a)** *Frühzeit* (2000 v. Chr.–220 n. Chr.): Zusammenhang m. Ahnenkult: Tierplastik v. Grabanlagen (Shang-Zeit), Porträt- u. Historienmalerei (Han-Zeit); **b)** *Mittelalter* (bis 1368 n. Chr.): buddhist. *Plastik* (Felsentempel) unter ind. Einfluß. – *Malerei* entwickelt sich technisch aus d. → chinesischen Schrift, geistig aus Verbindung buddhist. Innerlichkeit m. taoist. All-Einheits-Lehre; andeutende Zartheit „Kunst des Verschweigens" in Landschaftsaquarellen auf Seide u. Papier, schließlich schwarz-graue Tuschen unter Ausschluß d. Farbe (Tang-Zeit, 7.–10. Jh., Song-Zeit; 10.–13. Jh.). – *Baukunst:* Ziegelpagoden d. Tang- u. Song-Zeit; **c)** *Spätzeit:* barockvirtuoser Stil d. → Ming-Zeit: Kaiserpaläste (Peking), Tierplastik, literar. Malerei; seit 17. Jh. Farbdruck; **d)** *Moderne:* offizielle Kunstrichtung i. d. VR China ist d. Sozialist. Realismus intern. Prägung o. eigtl. Rückbezug auf d. eigene Kulturtradition. – *Angewandte Kunst:* hochentwickelte Bronzegefäße (Shang- u. Han-Zeit), Keramik (Song-Zeit), Jadeschnitzerei, Lackarbeit, Textilkunst; Anregungen f. eur. Wohnkultur d. Rokoko → Chinoiserie.

chinesische Literatur, klass. Literatur (seit Zhou-Dynastie, 11. Jh. v. Chr.) geprägt durch konfuzian. Schriften belehrenden Charakters, daneben taoist. u. buddhist. Schriften; i. d. Periode d. Streitenden Reiche (5.–3. Jh. v. Chr.) Entwicklung d. *Chu*-Ballade (Qu Yuan: *Li Sao*); i. d. Han-Dynastie (2. Jh. v. Chr.–2. Jh. n. Chr.) Prosa (Sima Qian: *Histor. Aufzeichnungen*) und *Yuefu*-Balladen; idyll. Gedichte u. Volkslieder während Wei- u. Jin-Dynastie (3.–5. Jh. n. Chr.); Blütezeit d. Lyrik i. d. Tang-Dynastie (7. bis Anfang 10. Jh.), Entwicklung des *ci* (Poesie in Versen versch. Länge, beeinflußt v. exot. Musik: Liu Yong, Zhou Bangyan; Xin Qiji); i. d. Song-Dynastie (12.–13. Jh.) Entstehung d. *Huaben* (kurze Erzählungen i. Umgangssprache), aus denen heraus sich d. Roman entwickelt; während d. Yuan-Dynastie (12./13. Jh.) Entwicklung d. *Zaju*-Dramen (Guan Hanqing: *Schnee im Hochsommer*); in d. Ming-Dynastie (14.–17. Jh.) langer Roman (Shi Nai'an: *D. Helden v. Liangshan-Moor,* Wu Cheng'en: *D. Pilgerfahrt nach d. Westen*); i. d. Qing-Dynastie satir. Roman *D. Gelehrten* v. Wu Jingzi u. realist. Roman *Traum d. Roten Kammer* v. Cao Xueqin; moderne chin. Literatur seit d. Opiumkrieg v. 1840 (bes. Romane u. Gedichte), s. 1921 zunehmend marxistisch geprägt u. m. pol.-kulturrevolutionären Tendenzen (bes. Stellenwert u. Einfluß d. Gedichte u. Schriften v. → Mao Zedong).
Chinesische Mauer, auch *Große Mauer,* 3450 (m. Verzweigungen rd 6250) km lang, 4–16 m hoch, 6–8 m dick, m. Toren u. Türmen i. N-China, i. 3. Jh. v. Chr. – 17. Jh. n. Chr. erbautes größtes Festungswerk der Erde.
chinesische Musik, fünftoniges System (pentatonisch); Tonleiter f-g-a-c-d.
chinesische Schrift, bed. f. d. Verständnis d. ostasiat. Kultur, schöne u. geistreiche, aber komplizierte Sinnbildschrift: Anfänge im 2. Jtd v. Chr., etwa 50 000 Symbole, v. denen ca. 4000 f. d. Alltagsgebrauch genügen; die meisten Symbole sind sinngebende Schriftzeichen (Begriffe), daneben auch lautgebende Schriftzeichen, werden v. oben n. unten geschrieben; d. chin. Schrift wurde v. Japanern übernommen; in d. chin. Volksrep. wurden 600 d. gebräuchlichsten Symbole s. 1956 vereinfacht.
Chinesisches Meer, aus 2 Randmee-

ren des westl. Pazifik bestehend: *Ostchin. Meer* mit → Gelbem Meer zw. chin. Festland, Kyushu, Ryukyu-Inseln und Taiwan; *Südchin. Meer* zw. S-China, Hinterindien, Borneo und Philippinen.
chinesische Sprache → Sprachen, Übers.
Chingan, *Gr. Ch.,* Geb.zug am O-Rand d. Wüste Gobi (bis 1958 m), fällt steil nach O zur Mandschurei ab; *Kl. Ch.,* Gebirge östlich des Gr. Ch., längs des S-Ufers d. mittl. Amur (1200 m).
Chinin, Alkaloid der Chinarinde, Arzneimittel, bes. gegen Malaria, Fieber versch. Ursachen u. a.
Chinoiserie, *w.* [frz. ʃinwaˈsri], Nachahmung chin. Zierformen u. Darstellungen aus d. Leben d. Chinesen im eur. Rokoko (18. Jh.); z. B. → Pagode.
Chintz, *m.* [engl. tʃints], bunt bedrucktes Baumwollgewebe, glatte glänzende Oberfläche d. wachsgriffige Appretur.
Chioggia [ˈkɔddʒa], it. St. südl. v. Venedig, 53 600 E; Fischereihafen.
Chios, griech. Insel im Ägäischen Meer, 842 km², 50 000 E; Hptst. u. Seehafen *Ch.,* 24 000 E.
Chip, *m.* [engl. tʃip, „Scheibchen"], Siliciumplättchen m. chem. aufgetragenen → integrierten Schaltungen; dient als Informationsspeicher und Funktionselement (→ Mikroprozessor) i. d. Mikroelektronik.
Chipmunk [ˈtʃɪpmʌŋk], nordamerik. Backenhörnchen; br. Seitenstreifen.
Chippendale [ˈtʃɪpəndeɪl], Thomas (5. 6. 1718–13. 11. 79), englischer Kunsttischler.
Chippendalestil, engl. Möbelstil v. eleganter Zweckmäßigkeit; Motive d. frz. Rokoko u. d. ostasiat. Kunst.
Chippewa [ˈtʃɪpəwə], nordam. Indianerstamm im Gebiet d. Oberen Seen.
Chi-Quadrat-Test, *Statistik,* Verfahren, m. dem eine beobachtete m. einer hypothet. Verteilung geprüft wird.
Chirac [ʃiˈrak], Jacques René (* 29. 11. 1932) frz. Pol.; 1974–76 u. 1986–88 Min.präs., 1976–86 Vors. d. RPR, 1977 bis 1980 Bürgerm. v. Paris, s. 1995 Staatspräsident.
Chirico [ˈkiːriko], Giorgio de (10. 7. 1888–19. 11. 1978), it. Maler; als Vorläufer d. → Surrealismus u. Mitbegr. d. → Pittura metafisica einflußreich f. die Entwicklung d. modernen Kunst; später Vertr. d. → Neuklassik; *Melancholie.*
Chirologie [gr.], Handlesekunst.
Chiromantie, Wahrsagerei aus Handdeutung.
Chiron, *Cheiron,* in der griech. Sage heilkundiger Kentaur, Lehrer des Asklepios und Achill.
Chiropraktik, urspr. laienärztl., neuerdings auch med. anerkanntes Verfahren, bestimmte Krankheiten durch Zurechtrücken von Wirbeln zu heilen.
Chirotherium, *Handtier,* fossiler Vierfüßler, nur Fährten i. d. jüngeren Ablagerungen des Buntsandsteins erhalten.
Chirurg, *m.* [gr.], *Wundarzt,* Arzt für **Chirurgie,** Weiterbildungszeit 6 Jahre; die Chirurgie umfaßt d. Erkennung, die operative Behandlung v. chirurg. Erkrankungen, Verletzungen und Fehlbildungen ebenso d. entsprechenden Voruntersuchungen, konservative Behandlungsverfahren und ihre Nachsorge; Teilgebiete: *Gefäßchirurgie, Kinderchirurgie, plastische Chirurgie, Thorax*

u. *kardiovaskuläre Chirurgie, Unfallchirurgie.*
Chișinău, *Kischinau,* russ. *Kischinjow,* Hptst. d. Rep. Moldau, 676 000 E; Uni.
Chissano [tʃiˈsanu], Joaquim Alberto (* 22. 10. 1939), s. 1986 Staatspräs. v. Mosambik.
Chitarrone [ki-], mannshohe Baßlaute d. 17. u. 18. Jh.s.
Chitin, *s.,* stickstoffhaltiger Hptbestandteil d. Körperhülle d. Gliedertiere (Krebstiere, Insekten).
Chiton, *m.,* altgriech. ärmelloses Gewand.
Chittagong [ˈtʃi-], Hptexporthafen v. Bangladesch, 1,84 Mill. E; Uni.; Ind.- u. Handelszentrum, Raffinerie, Stahlwerk, Werft.
Chladni, Ernst (30. 11. 1756–4. 4. 1827), dt. Phys.; *Chladnische* → Klangfiguren.
Chlamydien, Gruppe von Bakterien, die Gemeinsamkeiten mit Viren aufweisen (z. B., daß sie sich nicht auf zellfreien Nährböden vermehren lassen); Erreger v. *Trachom* (→ ägypt. Augenkrankheit), → *Lymphogranuloma inguinale,* → Papageienkrankheit und v. Harn- und Geschlechtsorgan-Erkrankungen bei Mann u. Frau (mögl. Ursache v. Unfruchtbarkeit).
Chlamys, *w.,* griech. weiter Mantel.
Chloasma, Hautverfärbungen, u. a. in der Schwangerschaft.
Chlodwig [später: *Ludwig*], Name fränk. Kge. (*Ch. I.* (466–511), begr. 486 das fränk. Reich; wurde um 496 Christ.
Chloë [gr. „die Grünende"], Beiname der Göttin Demeter; i. 18. Jh. Name in d. Schäferlyrik.
Chlor [gr. „chloros = gelbgrün"], *Cl,* chem. El., Oz. 17, At.-Gew. 35,457; schweres, gelbgrünes, giftiges Gas, Dichte 2,95 g/l bei 1013 hPa, greift die Atmungsorgane an; natürl. nur in Verbindungen vorkommend; Verwendung als Bleichmittel und zur Desinfektion.
Chloralhydrat, farblose Kristalle, früher als Schlaf- u. Beruhigungsmittel verwendet.
Chloramphenicol, *Chloromycetin,* aus *Streptomyces venezuelae* isoliertes → Antibiotikum, gegen grampositive und → gramnegative → Bakterien, → Rickettsien u. → Spirochäten.
Chlorat, Bez. für Salze der Chlorsäure $HClO_3$.
Chlorfluorkohlenstoffe → Fluorchlorkohlenwasserstoffe.
Chloride, Salze d. Salzsäure.
Chlorit,
1) *chem.* Bez. f. Salze der chlorigen Säure $HClO_2$.
2) grünes → Silicatmineral, sekundäre Ch.e durch Verwitterung als → Tonmineral.
Chlorkalk, *Calciumhypochlorit,* aus Chlor mit gelöschtem Kalk gebildet; dient zum Desinfizieren und zum Bleichen v. → Hypochlorite.
Chloroform, *s., Trichlormethan,* Lösungsmittel, veraltetes Mittel z. Inhalations- → Narkose.
Chlorophyll, *s.* [gr. „Blattgrün"], grüner Farbstoff in den grünen Chromatophoren (*Chloroplasten*) d. Pflanzen, mit deren Hilfe sie bei Licht die → Assimilation der Kohlensäure ausführen (→ Photosynthese); zum Grünfärben v. Seifen, desodorierende Wirkung.

16-Megabit-Chip

Normalwerte für Cholesterin (mg/dl)			
	kein Risiko	Verdachtsbereich	behandlungsbedürftig
Triglyzeride	unter 150	150–200	über 200
Gesamtcholesterin	unter 220	220–260	über 260
LDL-Cholesterin	unter 150	150–190	über 190
	günstige Prognose	Standardrisiko	hohes Risiko
HDL-Cholesterin Männer Frauen	über 55 über 65	35–55 45–65	unter 35 unter 45
(Diese Angaben gelten für Erwachsene von 20–50 Jahren)			

Chinchilla

Kao – ungefähre phonetische Wiedergabe des Namens „Knaur"
No
Tzʻu – Wort
Tien – Buch
„KNAURS LEXIKON" in chinesischer Schrift

Chlorose, Bleichsucht, svw. → Anämie.
Chnum [„Widder"], ägypt. Fruchtbarkeits- u. Geburtsgott. Modelliert d. Leib d. Kindes a. e. Töpferscheibe.
Choanen, die beidseitigen Nasenöffnungen zum Rachen hin.
Chodowiecki [kodoˈvɪetski], Daniel (16. 10. 1726–7. 2. 1801), dt.-poln. Maler u. bes. Radierer; Hauptvertr. d. → Zopfstils; s. Gesamtwerk dokumentiert d. zeitgenöss. Lebensstil, bes. im bürgerl. Alltag Berlins.
Choke [engl. tʃouk „würgen"], Luftklappe insbes. bei Kfz-Motoren; wird bei kaltem Motor durch **Choker** (Knopf) geschlossen; dadurch wird kraftstoffreicheres Gemisch erzielt.
Cholagoga, *s.* → Choleretika.
Cholangiographie, Röntgenaufnahme des Gallesystems.
Cholangitis [gr.], Entzündung der Gallengänge.
Choledochus, *Ductus choledochus,* Haupt-Gallengang.
Cholelithiasis [gr.], Gallensteinkrankheit.
Cholera [gr.], schwere Infektionskrankh. durch Kommabakterien, durch heftige Durchfälle u. dauerndes Erbrechen lebensgefährl. Austrocknung d. Körpers.

Choleretika, Gallesekretion fördernde Mittel.
Choleriker, cholerisch [gr.], Mensch v. reizbarem, heftigem → Temperament.
Cholestase, Gallestau.
Cholesteatom, gutartige Wucherung der Hirnhäute. *Falsches Cholesteatom (Pseudocholesteatom),* im Mittelohr.
Cholesterin, *s.,* ein lebensnotwendiger Fettkörper, der zus. mit den Triglyzeriden u. and. Fetten die Fette (→ Lipide) bildet; wird teils i. d. Leber gebildet, teils m. tier. Fetten der Nahrung aufgenommen. Muttersubstanz der Gallensäuren u. vieler Hormone; beim Transport im Blut an Eiweißkörper gebunden (Lipoproteine) man unterscheidet v. a. zwei für die Gesundheit wichtige Dichteklassen: **a)** die Lipoproteine niedriger Dichte (low density proteins = LDL), die zur Entwicklung d. → Arteriosklerose beitragen; **b)** die Lipoproteine hoher Dichte (high density lipoproteins = HDL), d. als Schutzfaktor gg. Arteriosklerose angesehen werden.
Cholezystektomie, Entfernung der Gallenblase.
Cholezystitis [gr.], Gallenblasenentzündung.
Cholin, *s.,* ein → Gewebshormon, organ. Base, Spaltprodukt d. Lezithins, in Pflanzen u. Tieren weit verbreitet, Vorstufe von → Acetylcholin.
Cholo [ˈtʃ-], Nachfahre von Weißen und Indios.
Cholon → Ho-Tschi-Minh-Stadt.
Choltitz, Dietrich v. (1894–1966), Generalleutnant u. ab 7. 8. 1944 Wehrmachtsbefehlshaber v. Groß-Paris.
Chômageversicherung [frz. ʃoˈmaːʒ-], Betriebsunterbrechungsversicherung.
Chomeini, Ruhollah, auch *Khomeini* (17. 5. 1900 od. 24. 9. 1902–3. 6. 89), geistl. Führer d. Schiiten (Ayatollah) im Iran; 1963–79 im Exil, 1979 Rückkehr in den Iran nach von ihm erzwungener Ausreise des Schahs; Gründung einer „Islam. Republik Iran"; bestimmte seitdem die Politik als Revolutionsführer u. geistl. Oberhaupt.
Chomsky [ˈtʃɔmski], Noam (* 7. 12. 1928), am. Sprachwiss.; Vertr. d. Generativen Transformationsgrammatik; *Syntactic Structures;* pol. Schriften.
Chondrodystrophie, erblicher → Zwergwuchs.
Chongqing [tʃʊŋtɕɪŋ], früher *Chungking,* St. i. d. chin. Prov. Sichuan und Endpkt der Schiffahrt auf dem Chang Jiang, 2,98 Mill. E; Textil- u. Eisenind. – 1938–45 Sitz d. chin. National-(Kuomintang-)Regierung.
Chons, ägypt. Mondgott u. Herr d. Zeit.
Chopin [ʃɔˈpɛ̃], Frédéric (1. 3. 1810 bis 17. 10. 49), poln. Komp. u. Pianist; fortschrittl. Harmoniker u. kühner Modulator; überwiegend Klavierwerke: Nocturnes, Préludes, Scherzi, Walzer, Mazurken, Balladen, Polonaisen, Etüden, Sonaten; *Klavierkonzerte e-Moll, f-Moll.*
Chor, *m.* [gr.].
1) in d. *Kirche:* Platz f. d. Geistlichen im Altarraum, m. *Ch.gestühl,* gg. d. Laienraum abgeschlossen durch *Ch.schranke* bzw. → Lettner od. ab 17. Jh. meist *Ch.gitter;* bes. in Romanik u. Gotik oft umgeben von *Ch.umgang;* → Doppelchoranlage; → eingezogener Chor.

Frédéric Chopin

Chow-Chow

Christophorus, *Tizian*

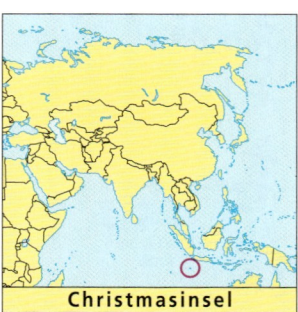

Christmasinseln

2) urspr. Tanzchor (Antike).
3) *mus.* Vereinigung v. Singstimmen, seit dem 18. Jh. mit Frauen in d. Oberstimmen.
4) in d. griech. Tragödie Sprecher (Sänger), die in d. Handlung meist die Stimme d. Volks vertreten, geführt vom Chorführer *(Chorege).*
Choral, Gemeindegesang, meist mehrstimmig; gregorian. Ch. (lat.) einstimmig, ältester erhaltener Kunstgesang. Aufzeichnung in Ch.notation, gibt, im Ggs. zu den → Neumen, zwar die Tonhöhen, nicht aber d. Rhythmus an.
Choralvorspiel, Orgelkomposition über Melodien von Kirchenliedern, bes. von → Bach.
Chorassan, *Chorasan, Khorasan,* Landsch. u. Prov. im NO Irans, 313 337 km², 5,3 Mill. E; Randgebirge, im Innern Wüsten mit Oasen; Teppichind.; Hptst. *Meschhed.*
Chorda, *w.* [gr.], knorplige Wirbelsäulenanlage d. Embryos d. Wirbeltiere; wird später v. Knochen umwachsen; lebenslänglich bei → Lanzettfischen u. → Rundmäulern.
Chordaten, *Chordatiere,* Stamm d. Tierreichs; umfaßt alle Tiere m. e. Chorda, bes. d. Wirbeltiere.
Chorea [gr.], svw. → Veitstanz.
Choreograph [gr.], Schöpfer künstler. Tänze.
Choreographie, *Tanzschrift,* s. d. 18. Jh. z. Aufzeichnung eines Ballettanzes, seiner Figuren u. Schritte; notenähnl. Zeichen.
Chorhemd, liturg. Gewand kath. Priester.
Chorherren, svw. → Kanoniker.
Chorin, 1272–1543 Zisterzienserabtei nahe Eberswalde; obwohl jetzt Ruine, ist d. Kirche (1273–1344) e. ausgezeichnetes Beispiel d. Backsteingotik.
Chorion [gr.], *Zottenhaut,* mittlere Eihaut d. Säugetierkeims; aus ihr entwickelt sich → Mutterkuchen.
Chorionepitheliom, Krebs der Chorionhaut.
Chorionzottenbiopsie, Untersuchung v. fetalem Gewebe in d. Frühschwangerschaft u. a. auf Chromosomenfehler (Erbkrankheiten).
Chorzów [ˈxɔʒuf], → Königshütte.
Chotjewitz, Peter O. (* 14. 6. 1934), dt. Schriftst.; Erzählungen u. Romane; *D. Insel. Erzählungen auf dem Bärenauge; D. dreißigjähr. Friede.*
Chow-Chow [tʃauˈtʃau], chin. Großspitz; beißt kaum, bläul. Zunge.
Chrestomathie [gr. krɛ-], Sammlung v. Prosatexten (f. den Unterricht).
Chrétien de Troyes [kreˈtjɛ̃dəˈtrwa] (vor 1150–vor 1190), altfrz. Dichter; Artus-Romane: *Erec, Iwein, Cliges, Lancelot, Perceval.*
Chrisam, *s.* [gr.], *Chrisma,* geweihtes Salböl in d. kath. u. orthodoxen Kirche.
Christ, Lena (30. 10. 1881–30. 6. 1920), bayr. Volksschriftst.in; *Mathias Bichler; Die Rumplhanni; Madame Bäurin.*
Christchurch [ˈkraɪstʃəːtʃ], St. m. Hafenvorort *Lyttelton* auf d. S-Insel Neuseelands, 307 000 E; anglikan. u. röm.-kath. Bistum; Uni.; Ind.- u. Handelszentrum.
Christen, Anhänger christlicher Bekenntnisse, auf der Erde ca. 1,8 Mrd.
Christengemeinschaft, eine 1922 von R. → *Steiner* u. F. *Rittelmeyer* gegr., das Christentum anthroposoph. verstehende Gemeinschaft; Mittelpunkt in Stuttgart; der kath. Formen nachgebildete Kult heißt *Menschenweihehandlung.*
Christentum, nach *Jesus Christus* benannte Offenbarungsrel. (→ Bibel); fordert *Glauben* an d. gekreuzigten u. auferstandenen Herrn, *Liebe* zu Gott u. d. Menschen (Nachfolge Christi) u. *Hoffnung* auf Vollendung der Welt in der Wiederkunft Christi (Eschatologie); älteste Form im → Urchristentum (Quellen: Apostelgeschichte u. NT-briefe); seit Pfingsterlebnis → Kirche; Ausbreitung durch → *Mission.*
Christenverfolgungen, im Altertum bes. unter Nero, Diokletian u. (letzte) Julian Apostata.
Christian [l. Christianus „der Christ"].
1) C. I. (1426–81), Kg von Dänemark u. Schweden, 1460 Hzg von Schleswig, Gf von Holstein (Personalunion Schl.-Ho.s mit Dänemark).
2) C. II. (1481–1559), verlor Schweden (Stockholmer Blutbad 1520).
3) C. III. (1503–59), führte 1536 d. Reformation ein.
4) C. VIII. (18. 9. 1786–20. 1. 1848), erstrebte dän. Erbfolge in Schl.-Ho. (Offener Brief 1846).
5) C. IX. (8. 4. 1818–29. 1. 1906), trat n. Dt.-Dän. Krieg 1864 Schl.-Ho., Lauenburg ab.
6) C. II. von *Braunschweig* (1599 bis 1626), Heerführer d. protestant. → Union.
7) C. von *Buch,* Erzbischof von Mainz 1165–83, Kanzler Friedrich Barbarossas; Mitkämpfer → Rainalds von Dassel.
Christian Science [ˈkrɪstjən ˈsaɪəns], *Christliche Wissenschaft,* christl. Religionsgemeinschaft, lehrt das urchristl. Heilen; Bewegung 1866 von *Mary Baker-Eddy* (1821–1910) in Amerika, Mutterkirche 1892 in Boston gegr.; ca. 3300 offizielle Gemeinden in der Welt, in Dtld seit etwa 1900.
Christie, Agatha (15. 9. 1890–12. 1. 1976), engl. Kriminalschriftstellerin; schuf Gestalten Miss Marple u. Hercule Poirot. *Zeugin der Anklage, Alibi, Der Mord im Pfarrhaus.*
Christine, schwed. *Kristina* (18. 12. 1626–19. 4. 89), Tochter Gustavs II. Adolf, 1644 Kgn von Schweden, dankte 1654 ab, 1655 kath., in Rom begraben.
Christine, w. Vn., Weiterbildung zu Christian.
Christlicher Verein junger Männer, CVJM → YMCA.
Christmas-Insel [ˈkrɪsməs-], Weihnachts-Insel
1) austral. Insel südl. v. Java im Ind. Ozean, 135 km², 1275 E; Kalkphosphatlager.
2) Atoll im Pazif. Ozean, jetzt *Kiritimati,* zu Kiribati gehörend, 360 km², 700 E; 1956–62 brit.-amerik. Atombombenversuche.
Christmond, alter dt. Name f. Dezember.
Christo, eigtl. *Ch. Javacheff* (* 13. 6. 1935), am. Künstler bulgar. Herkunft; überdimensionale Verpackungsaktionen von Gebäuden (Pont Neuf, Paris; Berliner Reichstagsgeb., Juni 1995), Großraumprojekte (*Running Fence,* Kalifornien).

Christologie, theol. Lehre v. d. Person u. vom Wesen Jesu.
Christoph [gr. „Christusträger"], m. Vn.
Christopher, Warren (* 27. 10. 1925), am. Pol. (Demokraten); 1977–81 stellv. Außenmin. unter Präs. Jimmy Carter, 1993–96 Außenmin. unter Präs. Bill Clinton.
Christoph|orus [gr.], „Christusträger", trug nach der Legende Christuskind durch einen Fluß (Tag: 25. Juli).

Christrose

Christrose, *Schneerose, Schwarze Nieswurz,* Hahnenfußgewächs mit weißen Blüten oft schon um Weihnachten. ♦ .
Christus [gr. „der Gesalbte"], *Messias,* nach hebr. *Maschiach;* Ehrenname für → Jesus.
Christus, Petrus (um 1410–72/3), altndl. Maler m. neuartigem Sinn f. Körper- bzw. Raumvol.; s. Bilder zeigen Modell erstm. in e. klar definierten (Innen-)Raum; *Beweinung Christi; Junges Mädchen.*
Christusmonogramm, aus d. großen griech. Anfangsbuchstaben des Namens Christus *(XP);* → griechisches Alphabet.
Chrom, *s.* [gr. „chroma = Farbe"], *Cr,* chem. El., Oz. 24, At.-Gew. 51,996, Dichte 7,14; sehr hartes Metall, stark farbige Verbindungen, Chromlegierungen *(Chromstahl* u. *-nickel)* sehr hart, beständig u. rostfrei; Verwendung auch f. haltbare, hochglänzende galvan. Überzüge.
Chromatin, anfärbbare Gerüstsubstanz des Zellkerns, am Aufbau der → Chromosomen beteiligt.
chromatisch,
1) in der Malerei: farbig, abgestufte Farbtöne.
2) *mus.* in Halbtonschritten.
Chromatographie [gr.], Verfahren zur Stofftrennung und -reinigung. Eine mobile Phase (flüssige Lösung oder Gasgemisch) wird an einer stationären festen Phase vorbeigeleitet. Durch unterschiedliche → Adsorption oder Verteilung in den beiden Phasen kommt es zu unterschiedlichen Wanderungsgeschwindigkeiten der einzelnen Stoffe. → Papierchromatographie.
Chromatophoren [gr.], Farbstoffträger, bei Tieren besondere Zellen, bei Pflanzen teilungsfähige Zellorgane (→ Plastiden), die grüne, rote und gelbrote Farben hervorrufen.
Chromgelatine, mit Chromsalzen getränkte Gelatine, wird nach Belichtung unlöslich in Wasser; verwendet für fotograf. Pigmentdruck u. Lichtdruckplatten.
Chromgelb, Malerfarbe aus Bleichromat.

Chromit, Mineral, Chromeisenoxid; wichtigstes Chromerz.
Chromleder, mit Chromsalzen gegerbtes Leder; geschmeidig, haltbar, blasse Färbung; f. Maschinen-, Näh- u. Schuhoberleder.
Chromosomen, Kernschleifen, (stark färbbare) Bestandteile d. Zellkerns (beim Menschen in den Körperzellen 46; → Meiose), bestehen u. a. aus → Desoxyribonukleinsäure; Träger der Erblagen; bei Kernteilung (Zellverdopplung): Längsspaltung (→ Vererbung, Übers.).
Chromosomenaberration [gr.-l.],
1) → Chromosomenmutation.
2) Abweichungen v. d. normalen Chromosomenzahl, durch Störung d. → Meiose bedingt; → Mongolismus, Klinefelter-Syndrom, Ullrich-Turner-Syndrom; → Vererbung.
Chromosomenmutation, Strukturumbauten innerhalb eines od. zw. mehreren Chromosomen eines Zellkerns durch Verlust oder Austausch v. Chromosomenstücken.
Chromosphäre, Teil der Sonnenatmosphäre.
Chromrot, Malerfarbe aus basischem Bleichromat.
Chronik, *w.* [gr. „Zeitbuch"], Geschichtswerk, stellt Ereignisse nur nach ihrer zeitl. Folge dar, ohne Stellungnahme des Verfassers: **Chronist.**
Chronikbücher, 2 geschichtliche Bücher d. AT (um 300 v. Chr.).
chronisch [gr.], über längere Zeit hin; Ggs.: akut.
chronische Krankheiten, langwierige Krankheiten.
Chronograph, *m.* [gr.], registrierende Uhr.
Chronologie [gr.], Wiss. von der Zeitrechnung u. Zeiteinteilung.
chronologisch, zeitlich geordnet.
Chronometer [gr.], Präzisionsuhr f. Schiffahrt, Astronomie.
Chronos, *m.* [gr.], Zeit.
Chruschtschow, Nikita (17. 4. 1894

Warren Christopher

Nikita Chruschtschow

Christusmonogramm

Chrysantheme

bis 11. 9. 1971), sowj. Pol.; 1953–64 Erster Sekretär d. ZK der KPdSU, 1958 bis 64 gleichzeitig Min.präs. (1964 aller Ämter enthoben).
Chrysantheme, Korbblütler mit großem, dicht gefülltem Blütenkopf, ostasiat. Arten in zahllosen Formen als Zierpflanze.
Chrysanthemumorden, d. höchste jap. Orden *(Goldblumenorden).*
Chrysippos, (280–207 v. Chr.), griech. Phil., Systematiker d. stoischen Phil.
Chrysler [ˈkraɪzlə], Walther Percy (2. 4. 1875–18. 8. 1940), am. Autoindustrieller; Gründer d. *Chrysler Corporation* in Detroit (1925).
Chrysopras, grüner Halbedelstein.
Chrysostomos (um 350 bis 407), griech. Kirchenvater, Patriarch von Konstantinopel; berühmter Prediger.
Chrysostomosliturgie, bedeutendste Gottesdienstordnung d. orthodoxen Kirche (4. Jh.), benannt n. d. griech. Kirchenlehrer → Chrysostomos.
chthonisch [gr.], irdisch, mit der Erde zusammenhängend.
Chuan [tʃwan], Leekpai (* 28. 7. 1936), 1992–95 Prem.min. v. Thailand.
Chubilghanische Sukzession, *w.* [mongol.], im tibetan. Lamaismus v. a. geistl. Erbfolge; d. buddh. Groß-Lama bzw. Chubilghan gilt als Tulku(„Verwandelter")-Reinkarnation e. verstorbenen geistl. od. pol. Oberhaupts bzw. Buddhas od. e. Bodhisattvas.
Chuquicamata [tʃuki-], St. i. N-Chile, 30 000 E; riesige Kupfermine.
Chur (CH-7000), rätorom. *Cuera,* Hptst. des schweiz. Kantons Graubünden, an Rhein u. Plessur, 30 000 E; seit 452 Bistum; Handelszentrum.
Churchill [ˈtʃəːtʃil], (aus dem Haus der Hzge von Marlborough),
1) Randolph, Lord (13. 2. 1849–24. 1. 95), britischer konservativer Staatsmann; s. Sohn
2) Sir Winston S. (30. 11. 1874–24. 1. 1965), liberaler, s. 1924 konservativer Pol.; 1940–45 u. 1951–55 Premiermin.;

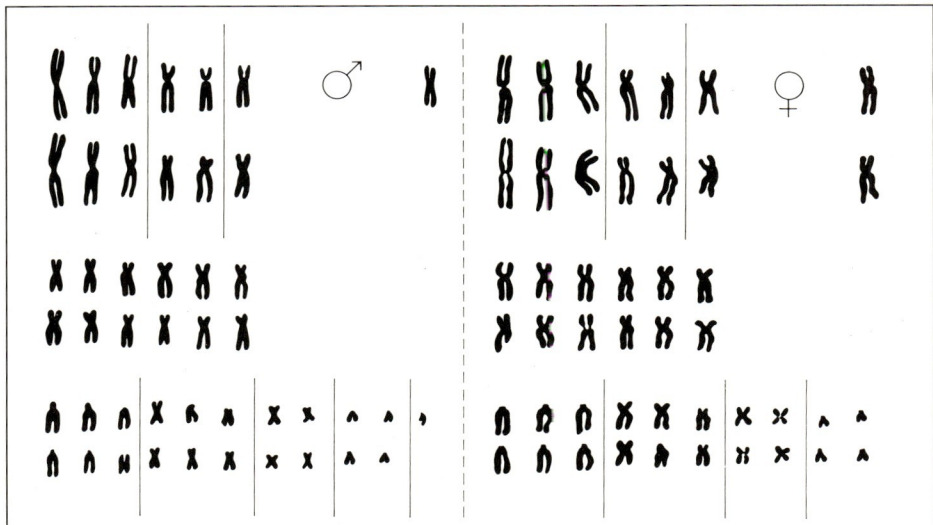
Chromosomensatz des Menschen, *links: männlich, rechts: weiblich*

Gegner der Politik des Nachgebens gegenüber Hitlerdtld, führte England trotz seiner gefährlichen Lage und Isolierung (1940/41) zum Sieg; *Die Weltkrise 1911 bis 1918; Memoiren* (2. Weltkr.); 1953 Nobelpr. f. Lit.

Churfirsten, 2306 m, schroffe Bergkette nördlich des Walensees i. schweiz. Kanton St. Gallen.

Churriguerra [tʃurri'ɣera], span. Bildhauerfamilie; bes. José Benito (21. 3. 1665–2. 3. 1725), span. Architekt d. Spätbarock; schuf d. **Ch.stil** m. üppig wuchernder Flächenornamentik a. Elementen d. → Platereskenstils u. d. Eingeborenenkunst Mittel- u. S-Amerikas.

Chutney [engl. tʃʌtni], süßsaure ind. Würzpaste; u. a. *Mango-Ch.*

Chuzpe, *w.* [jidd.], Frechheit.

Chylus [gr.], Darmlymphe, Saft aus im Darm verdauten Nahrungsbestandteilen, v. *Ch.gefäßen* d. Darmschleimhaut aufgesogen.

Chymotrypsin, eiweißspaltendes Ferment d. Bauchspeicheldrüse, bei deren Schwäche *(Pankreasinsuffizienz)* Verminderung von C. im Stuhl.

Chymus [gr.], durch Magenverdauung entstehender Brei aus Nahrungsbestandteilen.

CIA, *w.* ['siːaˌeɪ], Abk. f. *Central Intelligence Agency*, Geheimdienst der USA, 1947 gegründet.

C.I.A.M., Abk. f. frz. *Congrès Internationaux d'Architecture Moderne*, 1928 gegr. intern. Vereinigung v. Architekten (bis 1959) z. Verbreitung u. Anwendung d. modernen Architektur u. d. modernen Städtebaus; Initiatoren H. de Mandrot, S. Giedion, Le Corbusier.

Ciampi ['tʃampi], Carlo Azeglio (* 9. 12. 1920), 1993/94 Min.präs. v. Italien.

Ciano ['tʃaːno], di Cortellazzo, Gf Galeazzo (18. 3. 1903–11. 1. 44), Schwiegersohn Mussolinis, seit 1936 Außenmin.; von Mussolini hingerichtet.

Ciardi ['tʃar-], it. Malerfamilie aus Venetien; Landschaftsbilder in versch. Stilstufen d. Impressionismus als Höhepunkte d. it. Freilichtmalerei
1) Beppo C. (18. 3. 1875–14. 6. 1932); s. Schwester
2) Emma C. (13. 1. 1879–1933); ihr Vater
3) Guglielmo C. (13. 12. 1842–6. 10. 1917).

Ciba-Geigy AG, schweiz. Chemiekonzern i. Basel; 1996 Fusion m. Sandoz zur Novartis AG.

Ciborium [l.], Kelch zur Aufbewahrung der konsekrierten Hostien; auch → Baldachin.

CIC ['siːaɪˈsiː],
1) Abk. f. *Counter Intelligence Corps*, Nachrichten- und Abwehrdienst der US-Armee.
2) Abk. f. *Conseil International de la Chasse* (Intern. Jagdrat), gegr. 1930.

Cicero, Marcus Tullius (3. 1. 106–7. 12. 43 v. Chr.), römischer Pol. (63 Konsul gg. Catilina; nach Cäsars Tod Führer im Senat; dann v. Antonius u. ermordet), Redner u. Schriftst.; Hauptvertr. der goldenen *Latinität*; Vermittler d. griech. Phil. in Rom; Reden *(In Catilinam)*, phil. Schriften *(De re publica)*, Briefe *(Ad Atticum)*.

Cicero → Schriftgrade.

Cicerone, *m.* [it. tʃitʃ-], Fremdenführer.

Winston Churchill

Waldemar Cierpinski

Cineraria

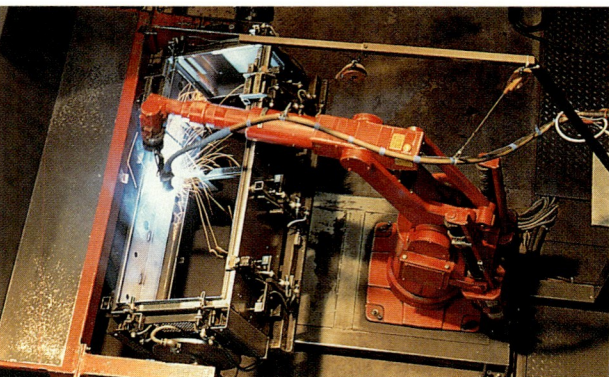
CIM-Fertigung

Cichliden, südam. u. afrikan. Buntbarsche; Maulbrüter; Aquarienfische.

Cicisbeo, *m.* [it. tʃitʃ-], vom Ehemann tolerierter Hausfreund, Galan der Ehefrau.

Cid Campeador [θið-] († 1099), span. Nationalheld in den Cid-Romanzen im 12.–16. Jh.; dt. von Herder, Schauspiel von Corneille.

Cidre, *m.* [frz. sidrə], frz. Apfelwein (Normandie, Bretagne) a. fermentiertem Apfelsaft.

Cie., *Co., Comp.*, intern. versch. Abk. für *Compagnie* = Gesellschaft.

Cienfuegos [θi̯-], Hafenst. a. d. S-Küste v. Cuba, 123 600 E; Zucker- u. Tabakausfuhr.

Cierpinski, Waldemar (* 3. 8. 1950), dt. Leichtathlet; zweifacher Olympiasieger im Marathon 1976 u. 1980, WM-Dritter 1983.

Cierva ['θi̯erβa], Juan de la (21. 9. 1895–9. 12. 1936), span. Erfinder d. Autogiro- → Drehflügelflugzeugs.

cif, Abk. f. engl. *cost insurance freight*, Vertragsklausel im Überseehandel, daß der Verkäufer d. Transportkosten einschließl. d. (See-)Versicherung bis zum Bestimmungsort (bzw. -hafen) zu tragen hat: z. B. cif Bremen; Ggs.: → fob.

Ciller [dʒiˈlɛr], Tansu (* 1946), 1993 bis 1995 türk. Ministerpräs., s. 1996 Außenmin.

CIM, *Computer Integrated Manufacturing*, Unterstützung u. Verbindung des Entwurfs- u. Herstellungsprozesses in Fabriken m. Hilfe v. → EDV.

Cimabue [tʃi-], eigtl. *Cenni di Pepo* (um 1240–1302?), florentin. Maler a d. Wende z. Gotik; noch mit byzantin. Elementen; Hauptwerk: Freskenzyklen in S. Francesco zu Assisi.

Cimarosa [tʃi-], Domenico (17. 12. 1749–11. 1. 1801), it. Opernkomp.; *Die heimliche Ehe.*

Cimino, Michael (* 1943), am. Filmregisseur; *Deer Hunter* (1978); *Heaven's Gate* (1980); *Year of the Dragon* (1985); *The Sicilian* (1987).

Cimino-Shunt [-ʃant], künstl. Verbindung zw. e. Vene u. e. Arterie, zum Anschluß für Blutwäsche (→ extrakorporale Dialyse).

Cincinnati [sɪnsɪˈnæti], St. im US-Staat Ohio, am Ohio, 364 000 (Agglom. 1,74 Mill.) E; Uni.; Handelszentrum, Hafenst., Kohlenumschlagplatz, Masch.-, Textil-, Seifen-, chem. Ind.

Cincinnatus, L. Quinctius, röm. Staatsmann, besiegte als Diktator 458 v. Chr. d. Äquer.

Cinecittà [tʃinetʃitˈta], Filmgelände, -ateliers b. Rom.

CinemaScope [sinema'skoːp], 1953 in der Filmtechnik eingeführtes Verfahren z. Erzielung eines möglichst räuml. Effektes auf gekrümmter Panoramabildwand gleicher Höhe, aber mehr als doppelter Breite d. normalen Filmbildes mit Hilfe v. anamorphot. Objektiven, unterstützt durch stereophon. Tonwiedergabe.

Cinematismus, Verfahren d. futurist. Malerei, bei dem mehrere Phasen einer Bewegung übereinanderliegend dargestellt werden; → Futurismus.

Cinéma vérité [frz. si-ˌ „Film-Wahrheit"], Stilrichtung i. Dokumentarfilm; *Chronique d'un été* (1961) v. *Rouch* u. E. *Morin.*

Cinerama [si-], Film-Panorama-Verfahren, das mit 3 Kameras, 6 Tonaufzeichnungen u. stark gewölbter u. verbreiteter Bildwand arbeitet; Blickwinkel fast so groß wie der beider Augen (140°), dadurch räuml. Eindruck.

Cineraria, Aschenkraut, südafrikan. Korbblütler; beliebte Topfpflanze.

Cinna, L. Cornelius, röm. Patrizier, Gegner Sullas, Populare, 84 v. Chr. ermordet.

Cinquecento [it. 'tʃiŋkve], *m.* fünfhundert (näml. 1000 + 500) beginnende (= 16. Jh.) Blütezeit der it. *Renaissance.*

Cinsault [sɛ̃'so], *Cinsaut*, u. a. im Rhônetal angebaute Rotweinrebe, die vollmundige, frucht. Weine liefert.

CIO, *Congress of Industrial Organizations*, → Gewerkschaften, Übers.

CIOMR, Abk. f. *Confédération interalliée des Officiers médicaux de Réserve*, Zusammenschluß der Sanitätsoffiz. d. Reserve.

CIOR, Abk. f. *Confédération interalliée des Officiers de Réserve*, Reserveoffiziervereinigung mit rd 800 000 Reserveoffizieren.

CIOS, Abk. f. *Conseil International pour l' Organisation Scientifique*, Intern. Rat f. wiss. Unternehmensführung.

CIPRA, Abk. f. frz. *Commission Internationale pour la Protection des Régions Alpines*, Internationale Alpenschutzkommission, Zus.schluß v. Natur- u. Umweltschutzverbänden a. d. BR, Frkr., Italien, Östr., Schweiz u. Liechtenstein.

Circe, Zauberin in Homers *Odyssee,* verwandelte ihre Gäste in Tiere; verführerisches Weib.
Circuittraining [engl. 'sə:kɪt], Trainingsmethode zur Verbesserung der Muskel- u. Organkraft; Folge v. Stationen m. verschiedenen Übungen.
Circulus vitiosus [l. „fehlerhafter Kreis"],
1) Beweis, bei dem die Beweisgründe bereits voraussetzen, was erst zu beweisen ist; im übertragenen Sinne svw. „Teufelskreis".
2) *med.* gleichzeitiges Vorhandensein zweier od. mehrerer krankhafter Zustände, die sich gegenseitig ungünstig beeinflussen.
circumlunar [l. „um den Mond herum"], Bahnen, in denen Satelliten u. Raumsonden um d. Mond kreisen.
Cirrus [l.], Federwolke, → Wolken.
Ciskei, ehem. Homeland in Südafrika, 9421 km², 847 000 E; Bev.: Xhosa; Sprache: isiXhosa, Engl.; Hptort: *Bisho;* s. 1972 Selbstreg., 1981 nominell unabhängig, aber intern. nicht anerkannt; 1994 Wiedereingliederung i. d. Rep. Südafrika.
Cistron, Abschnitt der DNS im *Genom,* der aufgrund der *Basensequenz* für die → Biosynthese eines best. Produkts verantwortlich ist.
CIT [tʃɪt], Abk. f. *Compagnia Italiana del Turismo,* it. Reisebüro, 1927 gegr.
Cîteaux [frz. si'to], frz. Kloster in Burgund, gegr. 1098, Mutterkloster des Ordens d. → Zisterzienser.
CITES, Abk. f. *Convention on International Trade in Endangered Species of Wild Fauna and Flora,* Konvention zum Internationalen Handel gefährdeter Arten der freilebenden Fauna u. Flora, auch Washingtoner Artenschutzübereinkommen genannt.
citius, altius, fortius [l.], „schneller, höher, stärker", Wahlspruch der modernen Olymp. Spiele.
Citoyen, *m.* [frz. sɪtwa'jɛ̃], (Staats-)Bürger; übliche Anrede z. Z. der Französischen Revolution.
Citroën [sɪtro'ɛn], André (1878–1935), frz. Ing. u. Industrieller; begr. 1919 d. Citroënwerke, bed. frz. Unternehmen d. Automobilind.
Citrus [gr.-l.], immergrüne Strauch- u. Baumgattung (z. B. Apfelsine, Mandarine, Pomeranze, Bergamotte, Zitrone, Pampelmuse).
Città del Vaticano [tʃit'ta-], → Vatikanstadt.
City, *w.* ['sɪtɪ], Altstadt, bes. in London; *allg.* Geschäftsviertel einer Großstadt, Innenstadt.
Citybike [engl. 'sɪtɪbaɪk], Mountainbike m. zusätzl. Ausstattung f. den Straßenverkehr.
Ciudad Juárez [sĭu̯ðaðx-], mexikan. Grenzst. a. Rio Grande del Norte, 798 000 E; Uni.
Ciudad Trujillo [sĭu'ða(ð) tru'xiλo], → Santo Domingo.
Civitas, *w.* [l. „Bürgerschaft"], Staatswesen.
Civitas Dei [-'de-i], „Gottesstaat", geschichtsphil. Werk v. *Augustinus.*
Civitavecchia [tʃivita'vɛkkĭa], Hafenst. am Tyrrhen. Meer, nw. v. Rom, 51 000 E; Seebad mit Thermal- u. Mineralquellen; Raffinerie. – Von Trajan gegr.; s. 15. Jh. Hafenst. Roms u. d. Vatikanstaates.

CKW, Chlorierte **K**ohlen**w**asserstoffe, chem. Verbindungen, d. ein od. mehrere Chloratome enthalten; einige CKW gelten als gefährl. Umweltschadstoffe.
cl, Abk. f. *Zentiliter* = ¹/₁₀₀ Liter.
Cl, chem. Zeichen f. → *Chlor.*
Claim, *s.* [engl. kleɪm], Rechtsanspruch, Besitztitel; auch Anteil an e. Goldgräberunternehmung.
Clair [klɛ:r], René (11. 11. 1898–14. 3. 1981), frz. Filmregisseur; *Sous les toits de Paris* (1930); *Le silence est d'or* (1947); *Les grandes manœuvres* (1955).
Clairet, *m.* [klɛ'rɛ], frz. blaßroter Wein.
Clair-obscur [frz. klɛrɔps'ky:r], → Helldunkel.
Clairvaux [klɛr'vo], ehem. Zisterzienserkloster im Dép. Aube i. Frkr., 1115 gegr. v. *Bernhard v. C.*
Clairvoyance, *w.* [frz. klɛrvwa'jã:s], Hellsehen.
Clan, *m.* [klæn],
1) in d. *soziolog. Völkerkunde:* Sippenverband m. Rechtshoheit und oft eigenem → Totem.
2) schott. Stammverband; Sippe; eigene Stammesfarben (Schottenmuster); die Stammesstrukturen sind z. T. n. erhalten.
Clapton ['klæptn], Eric (* 30. 3. 1945), engl. Rockgitarrist, u. a. 1967–69 b. → Cream.
Claque, *w.* [frz. klak], Gruppe bezahlter Beifallsklatscher: **Claqueurs** [-'kœ:r].
Claß, Helmut (* 1. 7. 1913), dt. ev. Theol.; 1969–79 Landesbischof d. EK Württ., 1973–79 Ratsvors. d. EKD.
Classicisme, *m.* [frz. klasi'sism], barocker Klassizismus, Bez. f. e. frz. Kunststil zw. 2. Hälfte 16. u. um Mitte 18. Jh.; z. Zt. Ludwigs XIV. (1643–1715) dominierender „Staats-Stil". Hptvertr.: *Architektur:* A. C. Mansart, C. Perrault, J. Hardouin-Mansart; *Malerei:* N. Poussin, C. Lorrain, C. Lebrun; *Plastik:* A. Coysevox, F. Girardon, J. A. Houdon; Ggs. → Klassizismus (frz. *Néoclassicisme*).
Claude [klo:d], Albert (23. 8. 1899 bis 23. 5. 1983), belg. Biochem.; Nobelpr. f. Med. 1974 (Struktur u. Funktion der Zelle).
Claude [frz. klo:d, zu l. *Claudius* „der Lahme"], *m.* Vn.
Claudel [klo'dɛl], Paul (6. 8. 1868 bis 23. 2. 1955), frz. kath. Dichter; Gedichte u. Dramen: *Mittagswende; Verkündigung; Der seidene Schuh.*
Claude Lorrain [frz. klod lɔ'rɛ̃], eigtl. *C. Gellée* (1600–23. 11. 82), frz. Maler u. Radierer; stimmungsvolle klassische Ideallandschaften, oft auch m. Hafenanlagen, antiken Ruinen u. Figurenszenen.
Claudia [l. „die Lahme"], *w.* Vn.
Claudicatio intermittens, *Schaufensterkrankheit,* Hinken bei → Raucherbein (periphere arterielle Verschlußkrankheit, pAVK).
Claudius, röm. Kaiser (41–54 n. Chr.) u. Gelehrter; von seiner Gattin Agrippina vergiftet.
Claudius, Matthias (15. 8. 1740–21. 1. 1815), dt. Dichter; Hg. der Wochenschrift *Wandsbeker Bote;* Gedichte: *Der Mond ist aufgegangen.*
Clausewitz, Karl v. (1. 6. 1780–16. 11. 1831), preuß. General, Theoretiker d. Kriegführung; Buch: *Vom Kriege.*
Clausewitz-Gesellschaft, gegr. 18. 11. 1961 in Heidelberg; ursprüngl. Zusammenschluß v. Generalstabsoffi-

zieren d. ehem. Wehrmacht u. d. Bundeswehr, heute auch wehrpolitische Gesellschaft.
Clausius, Rudolf Julius Emanuel (2. 1. 1822–24. 8. 88), dt. Phys.; bed. Arbeiten zur Thermodynamik u. kinet. Gastheorie; entdeckte d. 2. Hauptsatz d. Wärmetheorie u. führte d. Begriff d. → Entropie ein.
Claus-Prozeß, chem. Verfahren zur Gewinnung reinen Schwefels; Anwendung z. B. bei d. Entschwefelung v. → Erdgas, → Rauchgas u. a.
Clausthal-Zellerfeld, Bergstadt (D-38678), heilklimat. Kurort u. Wintersportpl. im Oberharz, Rgbz. Braunschweig, Nds., 17 200 E; größte Holzkirche Dtlds (17. Jh.), TU, AG, Oberbergamt; Bergbau (s. d. 12. Jh.) eingestellt.
clausula rebus sic stantibus, stillschweigend bei langfristigen Verträgen geltende Klausel, gemäß welcher d. Vertrag nicht einzuhalten ist, wenn die v. den Parteien vorgesehenen Umstände eine außergewöhnl. Änderung (z. B. Inflation) erfahren.
Clavell, James (10. 10. 1924–7. 9. 94), am. Schriftst.; Romane: *Rattenkönig; Tai-Pan; Shogun; Noble House Hongkong; Wirbelsturm.*
Claves [span. „Schlüssel"], Rumbahölzer.
Clavichord, Tasteninstrument, bei dem d. Saiten mit Metallstegen angeschlagen werden.
Clavicula, Schlüsselbein.
Clavigo, richtig: *Clavijo y Fajardo, José* (1730–1806), span. Schriftst. – Drama v. Goethe.
Clavus, svw. → Hühnerauge.
Clay [kleɪ],
1) Cassius → Ali, Muhammad.
2) Lucius D. (24. 7. 1897–16. 4. 1978), am. General; 1947–49 Militärgouverneur in Dtld; Organisator der Luftbrücke bei d. Blockade Berlins.
clear air turbulence [engl. 'klɪə 'ɛə 'tɜ:bjuləns], intern. gebrauchte Bez. f. heftige Auf- u. Abwinde in wolkenfreier Luft, bes. i. d. oberen → Troposphäre i. Zus.hang m. d. → Jet stream.
Clearance [engl. 'klɪərəns „Klärung"], bei Nierenfunktionsprüfungen d. Blutplasmamenge, d. beim Durchfluß durch die Niere in einer Minute vollständig v. einer best. Substanz befreit wird; am wichtigsten die *Kreatinin-C.,* häufig durchgeführter Nierentest.
Clearing [engl. 'klɪərɪŋ], Abrechnungsverfahren zw. Banken, bei dem nach Aufrechnung gegenseitiger Forderungen die Salden zum Ausgleich verbleiben; im intern. Zahlungsverkehr *(C.-Abkommen),* Abrechnung meist über Zentralbanken.
Cleaver ['kli:və], Eldrige (* 31. 8. 1935), Führer d. Black-Power-Bewegung; Mitglied d. Black Panther; *Soul on Fire.*
Clematis [gr.], svw. → Waldrebe.
Clemenceau [klɛmã'so], Georges (28. 9. 1841–24. 11. 1929), frz. Staatsmann; 1906–09 u. 1917–20 Min.präs. (zugleich Kriegsmin.); Vorsitz bei Versailler Friedenskonferenz.
Clementi, Muzio (23. od. 24. 1. 1752 bis 10. 3. 1832), it. Komp., Klaviervirtuose; Sonaten, Etüden.
Clementine, Kreuzung v. Mandarine m. Orange.

Paul Claudel

Matthias Claudius

Clerc, *m.* [frz. klɛr], Geistlicher; in Frkr. Advokatengehilfe.
Clerk, *m.* [engl. klɑːk], Schreiber, Handlungsgehilfe; geistl. Beamter.
Clermont-Ferrand [klɛrmõfɛ'rã], Hptst. des südfrz. Dép. *Puy-de-Dôme* u. d. Region *Auvergne,* 136 000 E; Bischofssitz; Uni.; Mineralquellen, Gummi-Ind.
Cleveland ['kliːvlənd], Grover (18. 3. 1837–24. 6. 1908), 22. u. 24. Präs. d. USA 1885–89 u. 1893–97.
Cleveland ['kliːvlənd], St. i. US-Staat Ohio, am Eriesee, 505 600 (Agglom. 2,76 Mill.) E; Hafen, bed. Ind.- u. Handelsst., Holzmarkt, Stahlind., Erdölraffinerie; Uni.
clever [engl.], geschickt, klug, listig.
Clinch, *m.* [engl. klɪntʃ], Umklammerung des Gegners beim Boxen, um ihn am Schlagen zu hindern; wird vom Ringrichter getrennt.
Clinton ['klɪntən], Bill eigtl. *William Jefferson Blythe* (* 19. 8. 1946), am. demokr. Pol.; s. 1993 42. US-Präs. (als Nachf. v. George Bush).
Clique, *w.* [frz. klik], Sippschaft, Bande.
Clive [klaɪv], Robert Lord (29. 9. 1725 bis 22. 11. 74), Begr. d. brit. Macht in Ostindien.
Clivia, *Riemenblatt,* Zwiebelpflanze aus dem Kapland m. roten Blüten.
Clochard, *m.* [frz. klɔ'ʃaːr], Landstreicher, „Penner"; bes. Stadtstreicher in Paris.
Cloisonné [frz. klwazɔ'ne], Art → Emailmalerei.
Cloning → Klonierung.
Cloppenburg (D-49661), Krst. d. Ldkrs. C., südl. v. Oldenburg, Nds., 23 989 E; AG; bed. Viehmarkt, Fleischind.; Freilichtmuseum.
Clos, *s.* [klo], eigtl. von e. Mauer umgebener Weinberg, der in Frkr. häufig als Namensbestandteil von Weinen u. Lagen (z. B. *C. de Vougeot*) verwendet wird.
Closed (Union) Shop [engl.], Begriff d. *am. Arbeitsrechts,* nach dem nur Gewerkschaftsmitgl. eingestellt werden.
Clostridium, Gattung v. Bazillen i. e. S., darunter Krankheitserreger (→ Botulismus, → Gasbrand, → Wundstarrkrampf).
Clou, *m.* [frz. klu: „Nagel"], Glanzpunkt.
Clouet [klu'ɛ], fläm.-frz. Maler d. Renaiss.,
1) Jean (um 1480–um 1540), Hofmaler Franz' I.; bes. Bildnisse, wie auch s. Sohn
2) François (um 1510–22. 9. 72), Hofmaler Franz' I., Heinrichs II., Franz' II., Karls IX.
Clouzot [klu'zo], Henri-Georges (20. 11. 1907–12. 1. 77), frz. Filmregisseur; *Le salaire de la peur* (1953); *Les diaboliques* (1954); *La vérité* (1960).
Clown [engl. klaʊn, zirkussprachl. kloːn], Spaßmacher im Zirkus.
Club of Rome ['klʌb ov 'roʊm], Zus.-schluß (1968 i. Rom) von 85 Wissenschaftlern, Industriellen, Politikern u. Wirtschaftlern a. aller Welt, d. sich m. Problemen d. Industrieges., d. Friedenssicherung u. d. Umwelt befassen; 1972: *D. Grenzen d. Wachstums,* Friedenspreis d. Dt. Buchhandels 1973; 1974: *Menschheit am Wendepunkt;* 1976: *RIO-Bericht.*

Bill Clinton

Cloppenburg, *Museumsdorf*

Cluj-Napoca [kluʒ-], rumän. Name von → Klausenburg.
Cluny [kly'ni], Clugny, frz. St. im Dép. *Saône-et-Loire,* 4400 E; ehem. berühmte Benediktinerabtei (910), Ruine d. Abteikirche. → Kluniazenser.
Clusius, Klaus (19. 3. 1903–23. 5. 63), dt. Phys. u. Chem.; Erfinder d. Clusius-Trennrohrs z. Isotopentrennung, zus. mit G. Dickel.
Cluster [engl. 'klʌstə],
1) *mus.* Tontraube aus gleichzeitig gespielten gr. u. kl. Sekunden od. noch engeren Intervallen.
2) *phys.* eine Menge v. Einzelteilchen (z. B. Atome), die funktionell als Einheit betrachtet werden können.
3) *chem.* aus vielen gleichart. Atomen aufgebaute Großmoleküle; z. B.: Fullerene bilden e. gr. Klasse v. reinen Kohlenstoffmolekülen, z. Zt. wichtigster Vertreter: d. „Fußball-Molekül" C_{60} m. 60 C-Atomen.
Clustermodell [klʌstə-], von Wildermuth begr. Modell z. Beschreibung d. Atomkernaufbaus, in dem jeweils mehrere → Nukleonen zu → Clustern zusammengefaßt werden.
Clyde [klaɪd], Fluß in Schottland, mündet in den Firth of Clyde, 170 km l., ab Glasgow schiffbar.
Clyde-Kanal [klaɪd], verbindet Glasgow mit d. Nordsee.
cm, cm², cm³, Abk. f. *Zentimeter, Quadratzentimeter, Kubikzentimeter.*
Cm, *chem.* Zeichen f. → Curium.
CMA, Abk. f. **C**entrale **M**arketinggesellschaft d. dt. **A**grarwirtschaft GmbH, Sitz: Bonn-Bad Godesberg, getragen v. d. Spitzenverbänden d. Land- u. Forstwirtsch., d. Handels u. d. be- u. verarbeitenden Betriebe; Aufgabe: Marktforschung, Messen, Ausstellungen, Werbung f. Agrarprodukte etc.
CN, *chem.* Formel für → Cyanid.
CNC, Abk. f. engl. **C**omputerized **N**umerical **C**ontrol, → numerische Steuerung.
CNES, Abk. f. **C**entre **N**ational d'**É**tudes **S**patiales, frz. Raumfahrtagentur; erste Satellitenstarts 1965, ab 1975 Mitwirkung am → Ariane-Projekt.
CNN ['sɪənɛn], **C**able **N**ews **N**etwork, am. Fernsehgesellschaft mit Satellitentechnologie, gegr. 1980. Versorgt über 100 Länder m. Informationen.
c/o, **c**are **o**f, auf engl. Briefen: per Adresse.
Co,
1) *chem.* Zeichen f. → Cobalt.
2) → Cie.
Coach [engl. 'koʊtʃ], Trainer, Sportbetreuer.
Coase [koʊz], Ronald (* 29. 12. 1910), brit.-am. Wirtschaftswissenschaftler, Konzept d. Transaktionskosten u. d. C.-Theorem, das davon ausgeht, daß volkswirtsch. Kosten immer v. mind. 2 Beteiligten verursacht werden; Nobelpr. Wirtschaftswiss. 1991.
Cobalamin, der cobalthaltige Vitamin-B_{12}-Stoff (→ Vitamine, Übers.).
Cobalt, *Kobalt, s., Co, chem.* El., Oz. 27, At.-Gew. 58,9332, Dichte 8,89; nickelähnl., rötlichweißes, magnet., sehr festes Metall; gediegen nur im Meteoreisen; mit Nickel u. Eisen zus. an Schwefel od. Arsen gebunden in vielen Mineralien: **C.blüte, C.glanz, C.kies;** Gewinnung aus den Erzen, Hauptverwendung als Stahlzusatz zur Festigkeitserhöhung;

künstl. in Kernreaktoren gewonnenes radioakt. Isotop **Co 60** z. Strahlentherapie bei Krebs.
Cobaltbombe → Kernwaffen.
Cobaltkanone, Gerät f. d. Tiefentherapie von → Krebs m. d. Gammastrahlung d. Isotops Cobalt 60.
Cobaltverbindungen, lebhaft farbig; Cobaltsilicat m. Kaliumsilicat → Smalte; m. Tonerde: *Ultramarin-* u. *Kobaltblau;* in d. Keramik u. Glasindustrie **Cobaltoxid** zum Blaufärben.
Cobbler, *m.,* Bargetränk: Wein, Früchte, Eis u. a.
Cobden, Richard (3. 6. 1804–2. 4. 65), englischer Vertreter der → Manchesterschule.
COBOL, Abk. f. engl. **co**mmon **b**usiness **o**riented **l**anguage, seit 1964 i. d. Datenverarbeitung verwendete → Programmiersprache; insbes. f. Handel u. Geschäftsleben.
Cobra, Zus.schluß belg., dän., holländ. Maler (1948–51); benannt n. d. Anfangsbuchstaben d. Städte Copenhagen, Brüssel, Amsterdam; Figurationen aus d. informellen Malerei (→ *Tachismus*); Vertr.: *Appel, Corneille, Jorn.*
Coburg (D-96450), krfreie St. in Bay., am Thüringer Wald, 44 693 E; IHK, LG, AG; Landesbibliothek, Landestheater, Schloß Ehrenburg; oberhalb die *Veste C.* (eine d. größten dt. Burgen, im 16. u. 17. Jh. zur Landesfestung ausgebaut, m. Kunstsammlungen), Naturwiss. Museum; Metall-, Holz-, Textil- u. Spielwarenrenind.
Coburger Convent, *CC,* Vereinigung fahnentragender u. Mensuren schlagender Studentenverbindungen; gegr. 1951; urspr. Landsmannschaften u. Turner als Nachfolger der Freiheitskämpfer gg. Napoleon.
Cochabamba [kotʃa'β-], Hptst. d. bolivian. Prov. *C.,* 413 000 E, 2558 müM; Bischofssitz, Uni.; Raffinerie.
Cochem (D-56812), Krst. d. Kr. C.-Zell, an d. Mosel, RP; 5640 E; AG; Weinbau, Fremdenverkehr.
Cochin [kɔ'ʃɛ̃], Charles-Nicolas d. J. (22. 2. 1715–29. 4. 90), frz. Kupferstecher, Zeichner u. Kunsttheoretiker zw. Rokoko und Klassizismus; Darstell. d. höf. Zeremoniells, Bildnisse v. Künstlern u. Gelehrten als wichtige Zeitzeugnisse.
Cockcroft [koʊkrɔft], Sir John Douglas (27. 5. 1897–18. 9. 1967), bed. Kernphys.; erste künstl. Atomkernumwandlung (mit E. Th. S. Walton); Nobelpr. 1951.
Cockerspaniel, größerer → Spaniel.
Cockney ['kɔkni], Bewohner der City von London; auch Sprache der unteren Schichten in London.
Cockpit [engl.], Pilotenkanzel bei Flugzeugen, vertiefter Sitzraum auf Booten, Fahrerplatz i. Rennwagen.
Cocktail, *m.* [engl. -teɪl], Mischgetränk aus Spirituosen, Südweinen, Fruchtsäften u. a.
Cocktailkleid, festl. kurzes Nachmittagskleid m. modischem Höhepunkt i. d. 50er Jahren.
Coco, längster mittelam. Fluß, 750 km; zw. Nicaragua u. Honduras.
Coco de mer [frz.], → Lodoicea.
CoCom, Coordination **Com**mittee for East-West Trade Policy, Koordinationskomitee; O-W-Handel, 1949 gegr.; als

Cockpit des *Airbus A 340*

Mitgl.: NATO-Staaten (ohne Island) u. Japan; Ziele: Koordination, Kontrolle u. Steuerung d. Lieferung strateg. relevanter Spezialgüter i. d. ehem. Ostblockstaaten.
Cocteau [kɔk'to], Jean (5. 7. 1889 bis 11. 10. 1963), frz. surrealist. Dichter, Schriftst., Regisseur u. Maler; *Le sang d'un poète* (1930); *Orphée* (1950); *Le testament d'Orphée* (1960). Mitgl. d. Académie française.
Cocytus, *Kokytos*, Fluß der griech. Unterwelt.
Cod., Abk. f. *Codex*.
Coda → Coda.
Code, *m.* [koʊd, kɔd],
1) frz. ,,Gesetzbuch"; Schlüssel zum Entziffern chiffrierter Schriften (→ Chiffre).
2) → genetischer Code.
3) in der Informationstheorie (→ Informatik) e. eindeutige Zuordnungsvorschrift, durch die Informationen in geeigneter Form f. den Übertragungskanal umgewandelt werden, z. B. → Binär-Code (mit den Zeichen 0 u. 1) bei → EDV; Morsealphabet; → Semaphor.
4) in der Linguistik d. gemeinsamen Zeichen der Kommunikation.
CODEC, Abk. f. **Co**dierer/**Dec**odierer, Anlage z. Umwandlung v. analogen Signalen (z. B. Sprache) in digitale bzw. deren Rückübersetzung; bei Übertragung in digitalen Nachrichtennetzen.
Code civil [frz. kɔd si'vil], *C. Napoléon* [-le'ō] ab 1804 unter Napoleon I. erlassenen 5 Gesetzbücher; enthält bürgerl. Recht, gilt in Frkr., Belgien und Luxemburg; Grundlage d. Zivilgesetze zahlreicher Länder.
Codeïn, Hustenmittel, chem. m. Morphium verwandt, nimmt Hustenreiz.
Codon → Kodon.
Codex, *m.* [l.], ab 2. Jh. n. Chr. statt Buchrolle zunehmend gebräuchliche rechteckige Buchform aus Lagen gefalzter Schreibblätter zw. 2 (Holz-)Deckeln; jetzt allg. Bez. f. ma. Handschriften.
Codex argentĕus [l. ,,silbernes Buch"], Handschrift des 6. Jh. mit der got. Bibelübersetzung Wulfilas (in silbernen Lettern) in Uppsala (Bruchstücke davon 1970 i. St. Alva a. Speyerer Dom gefunden).
Codex aurĕus [l. ,,goldenes Buch"], Name v. Prachthandschriften m. goldenen Buchstaben od. Einbanddeckeln, insbes. der aus dem Kloster St. Emmeram in Regensburg (870).
Codex iuris canonici, s. 1918 gültiges Gesetzbuch d. kath. Kirche, s. 27. 11. 1983 Neufassung.
Coelestin, *m., Zölestin*, Strontiumsulfat (SrSO₄), Mineral.
Coesfeld ['kɔːs-], (D-48653), Krst. in W-Münsterland, NRW, 33 800 E; Textil- u. Maschinenind.
Cœur, *s.* [frz. kœːr], Herz (i. Kartenspiel).
cogito, ergo sum [l.], ,,Ich denke, also bin ich", Grundaxiom der Philosophie v. → Descartes.
Cognac [kɔ'ɲak], Stadt im südwestfrz. Dép. *Charente*, an der Charente, 19 500 E; Sitz der frz. Cognacerzeugung.
Cohen,
1) Herman (4. 7. 1842–4. 4. 1918), dt. Phil., Begr. der ,,Marburger Schule" der → Neukantianer.
2) Stanley (* 17. 11. 1922), am. Biochemiker; Entdeckung d. Substanzen d. Nervenwachstumsfaktors; Nobelpr. für Medizin 1986.
Cohn, Jonas (2. 12. 1869–12. 1. 1947), dt. Phil. u. Prof. i. Freiburg (1901–33), vertrat e. Ethik d. Werte.
Coiffeur, *m.* [frz. kwa'fœːr], Friseur.
Coimbra ['kũĩbrɐ], Hptst. d. portugies. Prov. Beira, 75 000 E; Uni. (1307 gegr.).
Coincidentia oppositorum [l.], *das Zusammenfallen der Gegensätze* in der göttl. Einheit (Nikolaus v. Kues, dt. Mystik, Hegel).
Cointreau [frz. kwɛ̃'tro:], frz. Likör auf Zitrusfruchtbasis.
Coitus interruptus → Kontrazeption.
Colani, Luigi (* 1929), dt. Designer, richtungsweisend für ,,Bio-Design".
Colbert [kɔl'bɛːr], Jean Baptiste (29. 8. 1619–6. 9. 83), frz. Finanzmin. Ludwigs XIV., Vertr. d. → Merkantilismus; begünstigte Ind. u. Handel, baute d. Zollsystem aus; Gründer d. frz. Akad. d. Wiss. (1666).
Colchicin, Gift d. Herbstzeitlose, Medikament gg. Gichtanfall.
Colchicum, svw. → Herbstzeitlose.
Cole [koʊl], Thomas (1. 2. 1801–11. 2. 48), Hptvertr. d. am. Malerei d. Romantik; *Der Traum d. Architekten; Der letzte Mohikaner; Die Aquädukte d. Campagna*.
Coleopteren, svw. → Käfer.
Coleridge ['koʊlrɪdʒ], Samuel Taylor (21. 10. 1772–25. 7. 1834), engl. Lyriker d. Romantik; *Der alte Seemann*.
Colette [-'lɛt], Sidonie Gabrielle (28. 1. 1873–3. 8. 1954), frz. Schriftst.in; *Mitsou; Chéri; Gigi*.
Coleus, bunte Blattpflanze wärmerer Länder.
Coligny [-li'ɲi], Gaspard v. Châtillon, Gf v. (16. 2. 1519–24. 8. 72), Hugenottenführer; ermordet i. der → Bartholomäusnacht.
Colitis ulcerosa, nichtinfektiöse Dickdarmentzündung.
Collage, *w.* [frz. -'la:ʒə], d. durch Aufkleben versch. Materialien u. Übermalen hergestellte Bild (zuerst v. Picasso u. Braque).
Colle di Tenda, Paß (1873 m) in den Meeralpen; Durchgangsverkehr Riviera–Piemont durch den Tenda-Tunnel (1316 müM).

Jean Cocteau

Colleoni, *Verrocchio*

College, *s.* ['kɔlɪdʒ], in England
1) höhere Schule mit Internat, bereitet junge Leute für Uni. vor (z. B. *Eton-C.*);
2) Uni.institut, in dem Studenten u. Dozenten zus. wohnen u. Unterricht erteilt wird (z. B. in Oxford u. Cambridge); auch in d. USA: → Schulwesen.
Collegium musicum, *s.* [l.], ehem. Studenten-, heute meist Liebhaberorchester.
Colleoni, (1400–75), it. Söldnerführer, Standbild v. Verrocchio in Venedig.
Collie, *m.*, → Schäferhunde.
Collodium, dicke, klare Lösung von Cellulosenitrat in Ether-Alkohol-Gemisch; techn. 2–3 Teile C. m. 1 Teil Kampfer ergeben *Celluloid*.
Collum [l. ,,Hals"], z. B. *Collum uteri*, Gebärmutterhals.
Colmar, *Kolmar*, St. im Oberelsaß, Hptst. des frz. Dép. *Haut-Rhin*, an der Lauch, 63 500 E; Textilind.; Martinsmünster mit *Maria im Rosenhag* von → Schongauer; *Isenheimer Altar* (Unterlinden-Museum, → Grünewald).
Colocasia, aronstabähnliche Pflanze Ostindiens; → Taro.
Colombina → Kolombine.
Colombo, Emilio (* 11. 4. 1920), it. Pol. (DC); 1970/71 Min.präs., 1977–79 Präs. d. Eur. Parlaments.
Colombo, Hptst. von Sri Lanka a. d. W-Küste d. Insel Ceylon, 615 000 E; Welthandelshafen, internat. Flughafen; Uni.; Industriezentrum.
Colombo-Plan, 1950 geschlossenes Abkommen für wirtsch. u. techn. Hilfe für S- und SO-Asien, vor allem durch das British Commonwealth und die USA.
Colón,
1) Währungseinheit in Costa Rica u. El Salvador; → Währungen, Übers.
2) Hafenst. in Panamá, am atlant. Ausgang d. Panamakanals, 141 000 E.
Colonel [frz. kɔlɔ'nɛl od. engl. 'kɜːnəl], → Oberst.
Colorado [kɔlə'rɑːdoʊ],
1) Fluß in Texas, 1387 km l., mündet in den Golf von Mexiko; ⅓ schiffbar.
2) Fluß im SW der USA, durchbricht in gewaltigen Cañons das wüstenhafte *C.plateau*, mündet i. d. Kaliforn. Golf, 2333 km l., Unterlauf schiffb.; nach ihm ben.
3) *C.*, Abk. *Col.*, Staat d. USA; Hochland m. Felsengebirgsketten u. Prärie, 269 998 km², 3,47 Mill. E; Bergbau: Molybdän, Gold, Zinn, Erdöl, Erdgas, Kohle; Getreide-, Obstanbau, künstl. Bewässerung; Viehzucht; Fremdenverkehr; Wintersport; Hptst. *Denver*.
4) [kolo'raðo], Fluß i. Argentinien, a. d. Grenze Patagoniens, 1953 km l., i. d. Atlantik.
Color-field painting [engl. 'kʌlə fiːld 'peɪntɪŋ], *Farbfeldmalerei*, zeitgenöss. Kunstrichtung, in den 50er Jahren in USA begr. abstrakte Malerei; chromat. Farbbahnen führen n. den Gesetzen des Farbensehens zu opt. Überlagerungen; Vertr.: *Newman, Noland, Reinhardt, Stella*.
Colt → Revolver.
Columban († 615), irischer Missionar Burgunds.
Columbia [kə'lʌmbɪə],
1) Fluß im westl. N-Amerika, a. d. Felsengebirge i. d. Pazifik, 1953 km.
2) Hptst. des US-Staates South Caroli-

na, 98 000 (Agglom. 453 000) E; Uni., Baumwollind. u. -handel.
3) *British C., Britisch-Kolumbien,* kanad. Prov., 947 800 km², 3,28 Mill. E; waldreich; Bergbau: Kupfer, Kohle, Erdöl, Erdgas, Gold, Silber; bei Kitimat gr. Aluminiumwerk; Metallind., Forstwirtschaft, Fischerei; Hptst. *Victoria* (Hafen, 71 000 E).
4) *District of C.,* Abk. *D. C.,* Bundesdistrikt d. USA, 163 km², 598 790 E, mit der Bundeshauptst. → Washington.
Columbia [kəˈlmbɪə], Raumtransporter; → Space Shuttle.
Columbus [kəˈlʌmbəs], Hptst. des US-Staates Ohio, 633 000 (Agglom. 1,3 Mill.) E; Uni.; Maschinen- u. Fahrzeugbau.
Comanche [kɔmdntʃe], → Komantschen.
Combine-painting [engl. kɔmˈbaɪn-], Verbundmalerei, Objekte werden ähnl. wie in e. → Collage in d. gemalte Bild montiert; Vertr.: z. B. *Rauschenberg, Schwitters.*
Combo, *w.* [v. engl. „combination"], kleine Gruppe v. Jazzmusikern, die hpts. improvisierte Musik spielen; Besetzung: 3–6 Instrumente; Ggs.: → Big Band.
Comeback, *s.* [engl. ˈkʌmbæk], Wiedererlangung d. öffentl. Interesses nach vorübergehendem Schwinden aus dem Gesichtskreis d. Öffentlichkeit.
COMECON → Rat für gegenseitige Wirtschaftshilfe.
Comédie Française [kɔmeˈdi frãˈsɛːz], das klassische frz. Staatstheater in Paris; gegr. 1680.
Comenius, Johann Amos (28. 3. 1592 bis 15. 11. 1670), Pädagoge, letzter Bischof d. Böhm.-Mähr. Brüder.
Comer See, it. *Lago di Como,* Oberitalien, v. d. Adda durchflossen; 199 müM, 146 km², 410 m tief, 51 km l.
Comics, *Comic strips,* seit ca. 1900 in den USA; waagerecht aneinandergefügte Zeichnungen, die in ihrer Abfolge eine Geschichte darstellen; Texte aller Art in Sprechblasen od. an den Rändern, aber den Bildern untergeordnet; als Massenmedium in Zeitungen, Heften und Büchern.
COMISCO → Internationale.
Commedia, i. Italien früher jedes Gedicht mit günstigem Ausgang (→ Dante Alighieri: *Divina C.*), heute Drama, bes. Lustspiel.
Commedia dell'arte, s. d. 16. Jh. Stegreifkomödie m. feststehenden Figuren: *Arlecchino, Pantalone, Pulcinello, Colombina* (→ Tafel Schauspielkunst).
comme il faut [frz. kɔmilˈfo], wie es sich gehört.
Commis [frz. -ˈmi], Handlungsgehilfe.
Commis voyageur [-vwajaˈʒœːr], Handlungsreisender.
Common Law [engl. ˈkɔmən lɔː], das im engl. Königreich urspr. entwickelte, dann in vielen angelsächsischen Ländern für alle Personen geltende gemeine Recht.
Common Prayer Book [engl. ˈkɔmən ˈprɛə bʊk], liturg. Buch d. anglikan. Kirche.
Commons [ˈkɔmənz], Mitgl. d. brit. → Unterhauses.
Common sense, *m.* [engl. ˈkɔmən ˈsɛns], der gesunde Menschenverstand.
Commonwealth, *s.* [engl. ˈkɔmənwɛlθ], „Gemeinwesen" (Staat im Sinne

Commonwealth

Computer-Tomogramm eines Beckens

der lat. Bedeutung von „res publica"); im **C. of Australia** [-ɔsˈtreɪljə] (1900 gegründet) bundesstaatl. Charakter, → Australien; **C. of Nations** [-ˈneɪʃənz], Staatengemeinschaft, trat an die Stelle d. ehem. *British Empire;* dem C. o. N. gehören 50 Staaten (sowie 24 abhängige Territorien) an: Großbritannien, Nordirland, Antigua, Australien, Bahamas, Bangladesch, Barbados, Belize, Botswana, Brunei, Dominica, Gambia, Ghana, Grenada, Guyana, Indien, Jamaica, Kanada, Kenia, Kiribati, Lesotho, Malawi, Malaysia, Malediven, Malta, Mauritius, Namibia, Nauru, Neuseeland, Nigeria (1995 vorläufig ausgeschlossen), Pakistan, Papua-Neuguinea, St. Kitts-Nevis, St. Lucia, St. Vincent, Salomonen, Swasiland, Sri Lanka, Sambia, Samoa, Seychellen, Sierra Leone, Simbabwe, Singapur, Tansania, Tonga, Trinidad und Tobago, Tuvalu, Uganda, Vanuatu, Zypern. Oberhaupt ist d. brit. Kg bzw. Kgn.
Commotio cerebri, Gehirnerschütterung.
Communauté [kɔmynoˈte], *Gemeinschaft,* Staatengemeinschaft. → Französische Union.
Communio Sanctorum, *w.* [l. „Gemeinschaft d. Heiligen"], im Apostol. Glaubensbekenntnis d. Gemeinschaft aller Christen.
Communiqué, *s.* [frz. kɔmyniˈke:], amtl. Mitteilung an die Öffentlichkeit.
Community Relations [engl. kəˈmjuːnɪti rɪ-ˈleɪʃnz], Darstellung der Beziehungen von Unternehmen u. anderen Institutionen zu ihrer engeren Umwelt (z. B. innerhalb einer Stadt); wiss. Teilbereich der Public Relations.
Como, it. Prov.-Hptst., am Comer See, 88 800 E; Seidenind., Fremdenverkehr, Dom; Drahtseilbahn nach Brunate (Villenkolonie, 750 müM).
Compact Disc [engl.], *CD,* → Schallplatte (Metallfolie: Ø 12 cm), deren (als mikroskopisch kleine Vertiefungen gespeicherte) → digitale Signale m. einem Laserstrahl abgetastet u. mittels → Decoder in → analoge Signale umgewandelt werden; Vorteile gegenüber d. herkömml. Rillenplatte aus Kunststoff: bessere Klangqualität bei gleichzeitig größerer Spieldauer (bis 60 Min. pro Seite), kein Verschleiß, da berührungsfreie Abtastung, größerer Schutz gegen mechan. Beschädigungen u. Verschmutzung.
Compaoré, Blaise (* 1951), s. 1987 Staatspräs. v. Burkina Faso.
Compiègne [kõˈpjɛn], frz. St. an d. Oise, 42 000 E – 1430 Gefangennahme der Jungfrau v. Orléans; im *Wald v. C.* Waffenstillstandsvertr.: 11. 11. 1918 zw. Dtld u. Entente, 22. 6. 1940 zw. Frkr. (Pétain) und Dtld.
Compiler [engl. kɔmˈpaɪlə „Sammler"], → Übersetzungsprogramm i. e. → Datenverarbeitungsanlage, das e. in einer anwendungsorientierten → Programmiersprache geschriebenes Programm als Ganzes i. e. best. → Maschinensprache od. → Assemblersprache übersetzt u. auf syntaktische Fehler überprüft.
Composer, Schreibsatzmaschine m. 7 Buchstabenbreiten u. Randausgleich, möglich f. Direktsatz.
Compoundmaschine [engl. ˈkɔmpaʊnd-],
1) Verbund- → Dampfmaschine.
2) Gleichstrommotor od. Generator m. Haupt- u. Nebenschlußfeldwicklung.
Compressio cerebri, Hirndrucksteigerung.
Compton [ˈkʌmptən], Arthur Holly C. (10. 9. 1892–15. 3. 1962), am. Phys.; entdeckte 1923 den C.-Effekt d. Röntgenstrahlen; Nobelpr. 1927.
Compton-Effekt, bei d. Streuung v. kurzwelliger elektromagnet. Strahlung (Röntgen-, Gammastrahlung) an Elektronen verhält sich die Strahlung wie

Teilchen (Lichtquanten od. Plutonen), die entsprechend d. klass Stoßgesetzen Energie auf d. Elektronen übertragen u. dabei ihre Wellenlänge ändern. Der C.-E. war historisch e. d. wichtigsten Stützen für d. Lichtquantenhypothese (→ Quantentheorie).

Compur-Verschluß, einst weit verbreitet; Zentralverschluß; heute nur noch selten; kürzeste Verschlußzeit $^{1}/_{500}$ s.; Vorteil: Jede Verschlußzeit vollsynchronisiert mit Elektronen- u. Studioblitzgeräten.

Computer, m. [engl. kəm'pju:tə], Rechenanlage, → Datenverarbeitungsanlage (→ Informatik, Übers.).

Computerkunst, zeitgenöss. Kunstrichtung, m. Hilfe von → elektronischen Datenverarbeitungsanlagen entstehen aus gegebenen Daten durch log. u. math. Programm-Umsetzungen ästhet. Strukturen (z. B. Graphiken, Filme, Skulpturen, Gedichte, Musik).

Computermaus, auf e. waagerechten Unterlage bewegtes, m. einem → Computer elektron. verbundenes Zeigeinstrument, m. dem d. Position auf einem Computerbildschirm angegeben wird.

Computernetz, durch Datenaustausch über Kabel od. Funkstrecken hergest. Computerverbund; → elektronische Nachrichten, → elektronische Post.

Computersicherheit, Funktionsfähigkeit u. Integrität v. → Software, → Hardware u. Daten in → DVA durch verschiedene Vorbeugungs- u. Abwehrmaßnahmen (Zugangskontrollen, Verschlüsselung etc.) aufrechtzuerhalten versucht.

Computerspiele, auf Bildschirm ausgegebene u. v. Benutzer durch Tastenbefehle oder Joystick beeinflußbare Spiele; regelbezogen (Schach, Dame usw.) oder durch Zufallsgeneratoren gesteuert.

Computertomographie, klin. Diagnosemethode, bei der ein Computer nach der Absorptionsmessung von Röntgenstrahlen ein Querschnittsbild des untersuchten Körperteils ausgibt → Tomographie.

Computervirus, s., Computerprogramm, d. e. Kopie v. sich in and. Programme einkopiert u. sich so vermehrt. Zusätzl. kann es e. beliebige (oft schädliche od. zumindest störende) Aufgabe ausführen. Verbreitung durch die Weitergabe v. → Software. Schutz (Nachweis und Beseitigung) vor bekannten C. durch spez. Antivirenprogramme. → Computersicherheit.

Computerwurm, Programm, d. (evtl. miteinander kommunizierende) Kopien seiner selbst auf verschied. Rechnern e. Computernetzes startet.

Comsat, Abk. f. Com*munications Satellite Corporation,* intern. Organisation zum Betrieb v. Nachrichtensatelliten, 63 Mitgl.staaten.

Comte [kõ:t], Auguste (19. 1. 1798 bis 5. 9. 1857), frz. Phil., Begr. d. Positivismus u. d. Soziologie; Lehre v. d. 3 Stadien der Menschheitsentwicklung: dem theolog., metaphys. u. positivist.-wiss. Stadium.

Comte, m. [frz. kõ:t], Graf.

Conakry, Hptst. der Rep. Guinea, 800 000 E, Wirtschaftszentrum, Hafen, Flughafen.

con brio [it.], *mus.* mit Feuer, Schwung.

Concepción [kɔnθep'θi:n], St. in Chile, 315 000 E; Uni., Handels- u. Ind.stadt; Flughafen.

Concept Art [engl. 'kɔnsept ɑ:t], *Project Art, Denk-Kunst, Ideen-Kunst, Prozeß-Kunst,* zeitgenöss. Kunstrichtung; Pläne, Konzepte u. Dokumentationen v. Aktionen, Prozessen u. Objekten stehen im Mittelpunkt, um das Denken des Künstlers zu artikulieren („imaginäre Kunstobjekte"), nur d. Entwurf eines Kunstwerkes od. e. Aktion ist wichtig, nicht die Ausführung; Vertr.: *Atkinson, Gilbert & George, Kosuth, LeWitt.*

Conceptio immaculata [l.], Mariä Empfängnis durch ihre Mutter Anna ohne Erbsünde; seit 1854 kath. Dogma.

Concertgebouw [kɔn'sɛrtxəbɔu], Konzertsaal, s. 1888 i. Amsterdam; bed. C.-*Orkest.*

Concerto grosso [it. kɔn'tʃerto-], barockes Orchesterkonzert, Ges.orchester (*Tutti*) wird mehreren Soloinstrumenten (*Concertino*) gegenübergestellt.

Concierge [kõ'sjɛrʒ], frz. Bez. für Pförtner(in).

Concorde [kõ'kɔrd], brit.-frz. Überschall-Verkehrsflugzeug; Erstflug 2. 3. 1969; ca. 130 Passagiere; maximale Reisegeschwindigkeit 2300 km/h i. 16 600 m Höhe; 1979 Produktion eingestellt.

Concordia [l.], röm. Göttin d. Eintracht.

Condé [kõ'de], Zweig des Hauses Bourbon.
1) Ludwig I., Prinz v. C. (1530–69), als Führer der Hugenotten erschossen.
2) Ludwig II., „der große C." (1621 bis 86), Feldherr, Gegner d. *Mazarins.*

Condillac [kõdi'jak], Étienne de (30. 9. 1715–3. 8. 80), frz. Phil.; Begr. eines radikalen Sensualismus.

Conditio sine qua non [l.], „Bedingung, ohne die nicht"; unerläßliche Voraussetzung.

Condorcet [kõdɔr'sɛ], Antoine (17. 9. 1743–29. 3. 94), frz. Mathematiker u. Geschichtsphilosoph.

Condottiere, m. [it. -dɔ'tjeːrə], Söldnerführer.

Conductus [l.], Strophenlied d. Mittelalters; „Geleitgesang" in der Liturgie.

Coney Island ['kouni 'ailənd], Düneninsel vor Long Island; Bade-, Vergnügungsort f. New York City.

Conférencier [frz. kõferã'sje:], Ansager im Kabarett.

Confessio, w. [l.],
1) rel. Bekenntnis.
2) im frühchristl. und frühma. Kirchenbau Vorraum d. Grabstätte e. Märtyrers od. (Titel-)Heiligen unter d. Hptaltar (z. B. in St. Peter, Rom); bis etwa 8. Jh. Vorform d. → Krypta.

Confessio Helvetica, w., 2 Bekenntnisschriften (1536 u. 1562/66) d. reformierten Kirche i. d. Schweiz.

Confessio Tetrapolitana, w., reformator. Bekenntnisschrift d. 4 dt. Städte Straßburg, Konstanz, Lindau u. Memmingen (Augsburger Reichstag 1530).

Confiserie [frz.], Feinbackwaren, Konfekt.

Confrater [l.], Mit-, Amtsbruder.

Confrérie [kõfre'ri], frz. Bez. f. Weinbruderschaft (am berühmtesten die *C. des Chevaliers du Tastevin* in → Burgund), e. Vereinigung Gleichgesinnter, die m. folklorist. Veranstaltungen f. d. Wein ihrer Region wirbt u. oft speziell

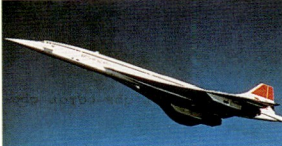
Concorde

Jimmy Connors

ausgewählte Weine m. e. eigenen Gütesiegel versieht; heute vielfach auch von Weinclubs als Teil des Namens gebraucht.

Conga, lateinam. Kegelstumpf-Trommel, meist umgehängt gespielt.

Coninxloo ['ko:niŋksloː], Gillis van (24. 1. 1544–begr. 4. 1. 1607), ndl. Maler; s. stimmungsvollen Landschaften wirkten nachhaltig auch auf d. fläm., dt. u. röm. Landschaftskunst; *Landschaft mit dem Urteil des Midas.*

Connaught [engl. -nɔːt], irisch *Connacht,* Provinz im NW d. Rep. Irland, 17 122 km², 428 000 E; Hptort *Galway (An Ghaillimh).*

Connecticut [kə'netɪkət],
1) Fluß i. NO-USA, 650 km l.
2) Abk. *Conn.,* US-Staat, 12 973 km², 3,28 Mill. E; waldreich; Obst- u. Gemüseanbau, Tabak; Flugzeugmotorenbau, Maschinen- u. elektron. Ind., U-Bootbau; Hpst. *Hartford.*

Connery ['kɔnəri], Sean (* 25. 8. 1930), engl. Schausp.; *Goldfinger; The Hill; Never Say Never Again; Der Name der Rose; The Untouchables.*

Connors ['kɔnəz], Jimmy (* 2. 9. 1952), am. Tennisspieler; 1974 u. 82 Wimbledon-Sieger, fünfmal US-Open-Sieger (1974, 76, 78, 82 u. 83), 1974–78 Weltranglisten-Erster, gewann 109 Einzel-Titel, beendete 1992 s. Karriere.

Conn-Syndrom, *Aldosteronismus,* Form d. Überfunktion d. Nebennierenrinde mit Bluthochdruck u. a.

Conrad [-ræd], Joseph, eigtl. *Józef Konrad Korzeniowski* (3. 12. 1857–3. 8. 1924), poln.-engl. Schriftst.; *Lord Jim; D. Geheimagent.*

Consensus, m. [l.], Einverständnis, Übereinstimmung.

Consilium, s. [l.], Rat, Versammlung.

Consilium abeundi [„der Rat, abzugehen"], svw. Ausschluß vom (Hoch-)Schulunterricht.

Consommé [frz. kõsɔ'me:], Rindfleisch-, Kraftbrühe.

Constable ['kʌnstəbl], John (11. 6. 1776–31. 3. 1837), engl. Landschaftsmaler, Wegbereiter d. Freilichtmalerei.

Constable ['kʌnstəbl], britischer Polizist.

Constant [kõs'tã], eigtl. *Constant A. Nieuwenhuys* (*21. 7. 1920), ndl. Maler, Bildhauer u. Architekt; Mitbegr. d. Gruppe → Cobra; Wendung v. d. Abstraktion z. Architektur- u. Raumproblemen d. Stadtplanung.

Constanța [-tsa], rumän. Name v. → Konstanza.

Constantine [kõstã'tin], Eddi (29. 10. 1917–25. 2. 93), am. Filmschausp. i. Frkr.; Kriminalfilme (als *Lemmy Caution*); *Alphaville.*

Constantine [kõstã'tin], *Ksantina,* Hptst. des Wilayats *C.* in Algerien, 449 000 E; Textilgewerbe, Lederwaren; Flughafen.

Contadora-Gruppe, Gruppe d. 4 mittelam. Staaten Kolumbien, Mexiko, Panama, Venezuela, gegr. 1983; Ziel: Bemühungen um Beilegung d. Spannungen in Zentralam.; s. Mai 1983 unter UN-Mandat.

Container [engl. kən'teɪnə], genormte, wiederverwendbare Großbehälter f. Frachtverkehr; f. Transport bes. *C.-Terminals* (Bahnhofsanlagen), C.-Fahrzeuge u. C.-Schiffe; beschleunigen u. verbil-

ligen d. Transport durch direkte Umladefähigkeit auf Bahn, Lkw u. Schiff.
Conte,
1) [it.], Graf.
2) [frz. kõːt], Erzählung.
Contergan®, svw. → Thalidomid.
Conti, Fürsten von, Zweig d. Hauses → Condé.
contra [l.], gegen.
Contradictio, w. [l.], Widerspruch.
Contradictio in adiecto, „Widerspruch i. d. Beifügung"; komplexer Ausdruck, d. einen Widerspruch in sich birgt, z. B. *eckiger Kreis.*
Contrat social, *m.* [frz. kõtra sɔˈsjal], Gesellschaftsvertrag, nach → Rousseau staatsbegründender Vertrag, bei dem der Staat seine Rechte aus der Summe des von den Individuen ihm übertragenen Willens herleitet.
Controlling [engl. kənˈtroʊlɪŋ „kontrollieren", „steuern"], kostenorientierten Führungsstil, d. die Entwicklung, Planung u. Anwendung e. Planungs- u. Steuerungsinstrumentariums zuständig ist u. sämtliche Unternehmensbereiche tangiert; das C. wirkt auf den Gebieten der Planung, Wirtschaftlichkeits- u. Investitionsrechnung, Budgetierung, Beratung aller Instanzen u. Finanzierung mit.
Contusio cerebri, Hirnprellung, ähnl. → Commotio cerebri.
Convertible Bonds [engl. kənˈvəːtɪbl-], → Wandelschuldverschreibungen, bes. priv. Unternehmungen, die in Aktien umgetauscht *(konvertiert)* werden können.
Convoi, *m.* [engl.], Schutzgeleit von Handelsschiffen im Seekrieg; auch Geleitzug v. Autos.
Cook [kʊk],
1) James (27. 10. 1728–14. 2. 79), engl. Weltumsegler, auf Hawaii erschlagen, förderte auf 3 Fahrten d. Erforschung d. Pazifik.
2) Thomas (1808–92), Begr. d. 1. Reisebüros (in Leicester).
Cook-Inseln, neuseeld. Inselgruppe in Polynesien; Zitrusfrüchte; Fremdenverkehr; s. 1888 brit. Protektorat, 1911 zu Neuseeld, 1965 innere Autonomie.
Cook-Straße, Meerenge zw. N- u. S-Neuseeland.
Cool Jazz [ˈkuːl ˈdʒæz], → Jazz.
Cooper [ˈkuːpə],
1) Gary (7. 5. 1901 bis 13. 5. 61), am. Filmschausp.; *Sergeant York; For Whom the Bell Tolls; High Noon.*
2) James Fenimore (15. 9. 1789–14. 9. 1851), am. Schriftst.; *Lederstrumpf; Der letzte Mohikaner.*
3) Leon N. (* 28. 2. 1930), am. Phys.; Nobelpr. 1972 (Supraleitfähigkeit).
Cop, abschätzig f. US-Polizist.
Copán, Ruinenstadt d. Maya in W-Honduras, bis 600 n. Chr. bewohnt: Tempelpyramiden.
Copernicus, *Kopernikus, Koppernigk,* Nikolaus (19. 2. 1473–24. 5. 1543), dt.sprachiger Astronom in Polen; seine Lehre, daß sich die Planeten um die Sonne bewegen (kopernikan. od. heliozentr. Weltsystem), ersetzte → ptolemäisches System.
Copland [koʊplənd], Aaron (14. 11. 1900–2. 12. 90), nordam. Komponist; *Rodeo.*
Copley [ˈkɒpli], John Singleton (3. 7. 1738–9. 9. 1815), am. Maler; größter

COOKINSELN

Name des Territoriums:	The Cook Islands
Regierungsform:	Innere Selbstverwaltung bei freier Assoziierung mit Neuseeland
Hochkommissar:	Darryl Dunn
Regierungschef:	Geoffrey A. Henry
Hauptstadt:	Avarua
Fläche:	240 km²
Einwohner:	19 000
Bevölkerungsdichte:	79 je km²
Amtssprache:	Englisch
Religion:	Protestanten (69%), Katholiken (15%)
Währung:	Cookinsel-Dollar (Ci$)
Zeitzone:	MEZ – 11 Std.
Karte:	→ Australien und Ozeanien

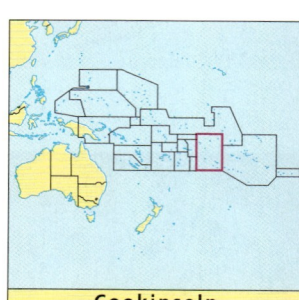

Cookinseln

James Cook

Copernicus

Pierre Corneille

Lovis Corinth

am. Porträtist d. 18. Jh. (auch in England tätig); außerdem Darstellungen histor. u. relig. Themen.
Coppola, Francis Ford (* 7. 4. 1939), am. Filmregisseur; *The Godfather* (1971); *Apocalypse Now* (1976–79); *Cotton Club* (1984).
Copyright, *s.* [engl. ˈkɒpɪraɪt], Schutz des → Urheberrechts in USA durch Anmeldung und Eintragung der Neuerscheinung in das **C.-Register** der *C.-Abt.* bei d. Kongreßbibliothek in Washington u. durch Eindruck „Copyright (od. ©) by . . . 19 . ." i. Titel od. Impressum d. Veröffentlichung.
Copy Strategy [engl. -ˈstrætɪdʒi], Festlegung d. Werbekonzeption f. e. Produkt.
Coquille, *w.* [frz. kɔˈkij], Muschelschale, darin angerichtetes Ragout.
Cor, *s.* [l.], Herz.

Córdoba, ehem. Mesquita-Moschee

coram publico [l.], vor aller Welt; öffentlich.
Cor bovinum [„Ochsenherz"], starke Herzvergrößerung.
Cord, *m.,*
1) längsgerippter Stoff aus Kammgarn, Halbwolle od. Baumwolle.
2) Textileinlage f. Autoreifen (Mehrfachzwirn).
Corday [kɔrˈdɛ], Charlotte (1768–93), frz. Republikanerin; ermordete Marat, guillotiniert.
Córdoba [-ðoβa],
1) Hptst. der span. Prov. C. (13 718 km², 754 000 E), am Guadalquivir, 305 000 E; ehem. Moschee „La Mezquita" (Kathedrale); Sitz der maurischen Emire u. Kalifen (Kalifat 756–1031); Zentrum d. maurischen Kultur in Spanien; 1236 kastilisch.
2) Hptst. der argentin. Provinz C. (168 766 km², 2,7 Mill. E), 969 000 E; Uni, Ind.- u. Handelszentrum.
Cordon bleu [frz. kɔrˈdõ ˈblø], schweiz. Gericht; zwei Kalbsschnitzel, dazwischen gekochter Schinken u. Emmentaler Käse, umhüllt m. Panade u. i. Fett gebraten.
Corelli, Arcangelo (17. 2. 1653–8. 1. 1713), it. Geiger u. Komp. d. Hochbarock, Hptmeister des → Concerto grosso.
Corey [ˈkɔrɪ], E. J. (* 12. 7. 1928), am. Chemiker, Totalsynthese von äußerst komplizierten Naturstoffen; Nobelpr. 1990.

Corfam®, *s.,* lederähnl. Kunststoffmaterial.
Cori,
1) Carl F. (* 5. 12. 1896), u. s. Frau.
2) Gerty (15. 8. 1896–26. 10. 1957), am. Mediziner (Pharmakologen und Biochemiker); Forschungen auf dem Gebiet d. Glykogen-Stoffwechsels; beide Nobelpreis 1947 (zus. mit Houssay).
Corinth, Lovis (21. 7. 1858–17. 7. 1925), Maler u. Graphiker d. dt. Impressionismus, m. expressionist. Zügen; Landschaften, Porträts, Akte, Buchillustrationen; war verheiratet m. Ch. → Berend-C.
Coriolanus, Gnaeus Marcius, sagenhafter röm. Patrizier im 5. Jh. v. Chr.; Drama von Shakespeare.
Coriolis [-ɔˈlis], Gaspard Gustave (1792–1843), frz. Phys.; entdeckte *C.-Beschleunigung,* wichtig bes. bei d. Bewegung der Luftteilchen in der mit der Erde rotierenden Atmosphäre (*C.-Effekt);* führt dazu, daß der Luftaustausch zwischen Hoch- u. Tiefdruckgebieten nicht auf geradem Wege, sondern spiralenförmig vor sich geht.
Cork [kɔːk], irisch *Corcaigh,* Hptst. der ir. Gft. C. (410 000 E), a. Lee, m.V. 173 000 E; Uni., Hafen: *C.-Harbour.*
Corned beef, *s.* [ˈkɔːnd ˈbiːf], vorgekochtes, gepökeltes Rindfleisch (Konserve).
Corneille [kɔrˈnɛj], Pierre (6. 6. 1606 bis 1. 10. 84), frz. Dramatiker; begr. d. klass. frz. Tragödie; *Querelle du Cid; Horace; Polyeucte; Cinna.*
Corneille de Lyon [kɔrˈnɛj də ljõ], *Corneille de la Haye* (bezeugt 1535–74), frz. (Hof-)Maler d. Renaiss.; erfaßte in kleinformat. Bildnissen den größten Teil d. Hofs z. Zt. Heinrichs II. u. Karls IX.
Cornelisz van Haarlem (1562 bis 11. 11. 1638), ndl. Maler; e. Hptvertr. d. holl. Manierismus, wandte s. später d. Barock zu; bibl. u. mythol. Themen, (Gruppen-)Porträts, Genreszenen.

Peter v. Cornelius, *Gleichnis von den zehn Jungfrauen*

Cornelius,
1) Peter v. (23. 9. 1783–6. 3. 1867), dt. Maler; schloß sich d. → Nazarenern an, entwickelte dann e. zunehmend klassizist. Stil; bes. Fresken (z. B. in München: in d. Glyptothek, Alten Pinakothek, Ludwigskirche); s. Neffe
2) Peter (24. 12. 1824–26. 10. 74), dt. Komp.; *Weihnachtslieder;* Oper: *Barbier von Bagdad.*
Cornelius Nepos (1. Jh. v. Chr.), röm. Historiker; *Berühmte Männer.*
Corner, *m.* [engl. ˈkɔːnə „Ecke"],

Schwänze, Kauf-Vereinigung v. Großhändlern an der Effekten- od. Warenbörse im → Termingeschäft, deren spekulative Aufkäufe am Erfüllungstag Materialmangel verursachen, so daß die Fixer (→ fixen) alle Preisforderungen bewilligen müssen.

Cornflakes [engl. -fleıks], Flocken a. Maiskörnern, Zucker, Salz u. Malz.

Cornforth [ˈkɔːnfɔːθ], John Warcup (* 7. 9. 1917), austral. Chem.; Nobelpr. 1975 (Forschungen auf d. Gebiet d. Stereochemie).

Cornichon, s. [frz. -ʃõ-], kl. Pfeffergurke.

Cornwall [ˈkɔːnwəl], gebirgige Halbinsel u. Gft in SW-England, mit Scilly-In. 3530 km², 468 000 E; Heidehochflächen u. i. d. Tälern üppige Vegetation; Kupfer-, Blei-, Kaolinbergbau; Hptst. *Truro.*

Coronelli, Vincenzo Maria (16. 8. 1650–9. 12. 1718), e. Hptvertr. d. Globuskunst des Barock; Erd- u. Himmelsgloben, u. a. 2 Ex. f. Ludwig XIV. (Dm 4,87 m).

Camille Corot, *Flußfurt am Abend*

Corot [kɔˈro], Camille (16. 7. 1796 bis 22. 2. 1875), frz. Maler u. Graphiker zw. Romantik u. Realismus; erfaßte in Landschaftsbildern die atmosphärische Nuance; *Röm. Campagna.*

Corporate Culture [engl. ˈkɔːpərət ˈkʌltʃə], Unternehmenskultur.

Corporate Identity [engl. ˈkɔːpərət aiˈdentiti], „ganzheitliches Erscheinungsbild" e. Unternehmens nach innen u. außen; einheitl. Verwend. unternehmenstyp. Gestaltungsmerkmale (z. B. Markenzeichen, Geschäftsfarben) auf Gebäuden, Geschäftsausstattung.

Corporate Image [engl. ˈkɔːpərət ˈimidʒ], „ganzheitliches Image"], Ansehen e. Unternehmens i. d. Öffentlichkeit; Identifikationsgrad der Mitarbeiter mit ihrem Unternehmen.

Cor pulmonale, Vergrößerung der rechten Herzkammer bei Lungenkrankheiten.

Corpus s. [l. Körper].
1) *allg.* Sammlung.
2) *Botanik* zentraler Strang des Vegetationskegels einer Pflanze.
3) *Med.* Hauptteil e. Organs oder Körperteils.

Corpus Christi St. im US-Staat Texas, a. d. *C.-Ch.-Bai* (Golf v. Mexiko), 257 000 E; Erdöl-, Metall-, Baumwollind., Hafen.

Corpus Christi → Fronleichnam.

Corpus delicti, Beweisgegenstand einer strafb. Handlung.

Corpus iuris canonici, mittelalterl. Sammlung kirchl. Rechtsquellen, bis 1918 in Kraft, jetzt: → Codex iuris canonici.

Corpus iuris civilis, umfassendes Gesetzwerk d. → Justinian I.; enthält Institutionen, Pandekten (Digesten), Codex Iustinianeus u. *Novellen.* → römisches Recht.

Corpus luteum, svw. → Gelbkörper.

Correggio [-ˈreddʒo], Antonio, eigtl. *A. Allegri da C.* (um 1489–5. 3. 1534), it. Maler d. Renaissance; Meister d. Helldunkels und d. Gestaltverkürzung durch starke Untersicht; Kuppelfresken in Parma (S. Giovanni Ev. und Dom); *Danaë; Leda.*

Corrèze [kɔˈrɛːz], frz. Dép., 5857 km², 238 000 E; Hptst. *Tulle.*

Antonio Correggio, *Die Heilige Nacht*

Corrida, span. f. Stierkampf; *C. de toros.*

Corrigan [-gən], Mairead (* 27. 1. 1944), irische Friedenskämpferin, Mitbegr. der nordir. Friedensbewegung „Frauen f. d. Frieden"; Friedensnobelpr. 1976.

corriger la fortune [frz. kɔriˈʒe la fɔrˈtyn], das Glück verbessern; Euphemismus für falschspielen.

Cortaillod [-taˈjo], Dorf am Neuenburger See (W-Schweiz), Jungsteinzeitsiedlung; danach *C.kultur.*

Cortázar, Julio (26. 8. 1914–12. 2. 84), argentin.-frz. Schriftst.; Romane: *Rayuela Himmel u. Hölle; Album f. Manuel.*

Cortes, Volksvertretung i. Spanien, früher auch in Portugal.

Cortex, *m.* [l.].
1) *C. cerebri,* Großhirnrinde.
2) Rinde, Schale.

Cortez [kɔrˈtɛs], Hernando (1485 bis 1547), span. Konquistador; eroberte → Mexiko 1519–21.

Corticosteroide [l.], svw. → Kortikoide.

Cortina d'Ampezzo, it. Höhenkurort (1224 müM) in *Ampezzotal;* → Dolomiten, 7100 E; VII. Winterolympiade 1956.

Cortisol, *s.,* Hormon d. Nebennierenrinde; davon abgeleitet *Cortison,* Mittel u. a. gg. Gelenkrheumatismus, Allergien, Hautentzündungen → Kortikoide.

Cortot [kɔrˈto], Alfred (26. 9. 1877 bis 15. 6. 1962), frz. Pianist.

Coruña, La [-ɲa], Hptst. d. nordwestspan. Prov. *C.,* 245 500 E; Hafen, Tabakverarbeitung.

Corvey, ehem. Benediktinerabtei b. Höxter, 815–1803, im MA Reichsabtei;

COSTA RICA	
Staatsname:	Republik Costa Rica, República de Costa Rica
Staatsform:	Präsidiale Republik
Mitgliedschaft:	UNO, CAS, SELA
Staatsoberhaupt und Regierungschef:	José María Figueres Olsen
Hauptstadt:	San José 297 000 Einwohner
Fläche:	51 100 km²
Einwohner:	3 304 000
Bevölkerungsdichte:	65 je km²
Bevölkerungswachstum pro Jahr:	⌀ 2,41% (1990–1995)
Amtssprache:	Spanisch
Religion:	Katholiken (89%), Protestanten
Währung:	Costa-Rica-Colón (₡)
Bruttosozialprodukt (1994):	7856 Mill. US-$ insges., 2380 US-$ je Einw.
Nationalitätskennzeichen:	CR
Zeitzone:	MEZ – 7 Std.
Karte:	→ Nordamerika

Costa Rica

Hernando Cortez

heute Schloß; Kirche m. karoling. Westwerk (873–85) u. Resten d. Originalausmalung.

Corynebacterium, Gattung von Bakterien, u. a. Erreger d. → Diphtherie.

cos, Abk. f. → *Cosinus.*

Cosa nostra [it.], mafiaähnliche Organisation i. d. USA.

Cosenza, Hptstadt der italienischen Prov. *C.,* am Busento, 105 000 E; Uni.; Dom (13. Jh.).

Così fan tutte [it. „so machen's alle (Frauen)"], Oper v. Mozart (1790), Text von Lorenzo Da Ponte.

Cosinus [nl.], Abk. *cos,* Winkelfunktion, im rechtwinkligen Dreieck Verhältnis der anliegenden Kathete zur Hypotenuse (→ Trigonometrie).

Cosmaten, Sammelname verschiedener it. Künstlerfamilien, tätig um 1150 bis 1320 bes. in Rom u. S-Italien; typenbildende Mosaik- u. Einlegearbeiten aus Marmor u. Glasfluß f. kirchl. Ausstattungsstücke, Wand- u. Fußbodendekorationen.

Cossiga, Francesco (* 26. 7. 1928), it. Pol. (DC); 1978–80 Min.präs., 1985–92 Staatspräs.

Costa, Lúcio (* 27. 2. 1902), brasilian. Architekt; Generalplan f. d. Hptst. Brasilia.

Costa Brava [span. „wilde Küste"], span. Felsküste am Mittelmeer nördl. von Barcelona.

Costa del Sol [span. „Sonnenküste"], Südküste Spaniens östl. u. westl. v. Málaga.

Costa Rica, Rep. in Mittelamerika. **a)** *Geogr.:* Hochplateau, im N Urwälder, im W Savannen. **b)** *Landw.:* Einziger bed. Wirtschaftszweig; Erzeugnisse: Kaffee (1991: 158000 t), Bananen, Kakao, Zucker, Reis; Gold- u. Silberbergwerke; Tourismus. **c)** *Verkehr:* Häfen: Limón, Puntarenas; Eisenbahn 829 km. **d)** *Außenhandel* (1991): Einfuhr 1,85 Mrd., Ausfuhr 1,54 Mrd. $. **e)** *Verf.* v. 1949: Präs. u. Minister bilden Min.rat, Gesetzgebende Vers.; 7 Provinzen. **f)** *Gesch.:* 1502 v. Kolumbus entdeckt; 1561 von Spanien besetzt; 1838 unabhängig; 1948 Bürgerkrieg; s. 1952 Demokratie.

Coster, Charles de (20. 8. 1827–7. 5. 79), frz. schreibender Dichter der Flamen; *Die Geschichte vom Till Ulenspiegel; Vlämische Legenden; Brabanter Geschichten.*

Coswig,
1) (D-01640), St. im Kr. Meißen, Sa., 24 900 E; div. Ind.
2) *C. Anhalt* (D-06869), Ind.st. a. d. Elbe, westl. v. Wittenberg, S-A., 9600 E; Kirche (12. Jh.), Schloß, Rathaus (15. Jh.); Elbhafen.

Cotangens, Abk.: *cot* od. auch *cotg,* Winkelfunktion, im rechtwinkligen Dreieck das Verhältnis der anliegenden Kathete zur gegenüberliegenden Kathete (→ Trigonometrie).

Côte d'Azur [kot daˈzyːr], die frz. → Riviera.

Côte d'Ivoire, Rep. am Golf v. Guinea; im S Urwald, im N Grasland. **a)** *Wirtsch.:* Kaffee, Ananas, Kakao; Förderung v. Gold, Diamanten u. Erdöl. **b)** *Außenhandel* (1991): Einfuhr 2,24 Mrd., Ausfuhr 3,51 Mrd. $. **c)** *Verf.:* Präsidialrep. m. Einkammerparlament, s. 1990 Mehrparteiensystem. **d)** *Verw.:* 49 Départements. **e)** *Gesch.:* Bis 1958 frz.

Kolonie, dann Rep. in der Frz. Gemeinschaft, 1960 unabhängig; 1960–93 Präs. Houphouët-Boigny; 1990 Einführung d. Mehrparteien Systems.

Côte d'Or [kot'dɔːr],
1) nördl. Fortsetzung d. Cevennen.
2) ostfrz. Dép., 8763 km², 493 900 E; Hptst. *Dijon*.

Cotentin [kotã'tɛ̃], Halbinsel d. Normandie, ragt i. den Ärmelkanal.

Côtes-d'Armor [kot-], westfrz. Dép., 6877 km², 538 400 E; Hptst. *Saint-Brieuc*.

Cotonou, Reg.-Sitz d. Rep. Benin, W-Afrika, 487 000 E; Wirtsch.-zentrum.

Cotopaxi,
1) tätiger Vulkan in der Zentralkordillere v. Ecuador, 5897 m.
2) Andenprovinz im nördl. Ecuador.

CÔTE D'IVOIRE (fr. Elfenbeinküste)	
Staatsname:	Republik Côte d'Ivoire, République de Côte d'Ivoire
Staatsform:	Präsidiale Republik
Mitgliedschaft:	UNO, OAU, ECOWAS, AKP
Staatsoberhaupt:	Henri Konan Bédié
Regierungschef:	Daniel Kablan Duncan
Hauptstadt:	Yamoussoukro 130 000 Einwohner
Fläche:	322 463 km²
Einwohner:	1 378 000
Bevölkerungsdichte:	43 je km²
Bevölkerungswachstum pro Jahr:	⌀ 3,68% (1990–1995)
Amtssprache:	Französisch
Religion:	Naturreligionen (37%), Muslime (34%), Katholiken (22%), Protestanten
Währung:	CFA-Franc (FCFA)
Bruttosozialprodukt (1994):	7070 Mill. US-$ insges., 510 US-$ je Einw.
Nationalitätskennzeichen:	CI
Zeitzone:	MEZ – 1
Karte:	→ Afrika

Johann Friedrich Cotta

Cotta, Johann Friedrich (1764–1832), Verleger; Freund Goethes u. Schillers; Verlag *J. G. Cottasche Buchhandlung Nachf.*, Stuttgart; Klassiker, Wiss., Musikgeschichte; *Allgemeine Zeitung* (1798–1912).

Cottage [-ɪdʒ], engl. Landhaus.

Cottbus (D-03042–55), Krst. in Bbg., 129 100 E; TU; Textilind., Maschinenbau.

Cotte [kɔt], Robert de (1656–15. 7. 1735), frz. Architekt d. frühen Rokoko; wegweisend f. d. zeitgenöss. frz. Bau- u. Dekorationsstil; auch im dt. Schloßbau tätig (Mitwirkung u. a. in Brühl, Bonn, Schleißheim, Würzburg).

Cottische Alpen, Teil d. Westalpen, i. *Monte Viso*, 3841 m hoch.

Cotton [engl. 'kɔtn], Bez. f. Baumwolle.

Cottonmaschine, mechan. Flachwirkmaschine für Damenstrümpfe, ben. n. d. engl. Erfinder W. *Cotton*.

Coubertin [kubɛr'tɛ̃], Pierre Baron de (1. 1. 1863–2. 9. 1937), frz. Historiker u. Pädagoge; Begr. der neuen → Olympischen Spiele.

Couch [engl. kautʃ], Polsterliege mit Rückenlehne und niedrigen Seitenlehnen.

Coudenhove-Kalergi [ku-], Richard Nikolaus Graf v. (16. 11. 1894–27. 7. 1972), Begr. der paneuropäischen Bewegung; → Europäische Parlamentarierunion; *Eine Idee erobert Europa*.

Coué [kwe], Emile (26. 2. 1857–2. 7. 1926), frz. Apotheker, wendete d. Autosuggestion als Heilverfahren an.

Couleur, w. [frz. ku'lœːr], Farbe.

Côte d'Ivoire

Couleurstudent, Mitglied einer farbentragenden Verbindung.

Couloir, m. [frz. ku'lwaːr], Verbindungsgang; steile Rinne im Gebirge.

Coulomb [ku'lõ], Charles Augustin de (14. 6. 1736–23. 8. 1806), frz. Phys. u. Ing.; fand das *C.sche Gesetz* (gleiche elektr. Ladungen stoßen sich ab, ungleiche ziehen sich an, wobei die Kraft proportional den Ladungen u. umgekehrt proportional dem Quadrat der Entfernung ist).

Coulomb, Abk. C, Maß der Elektrizitätsmenge, $1 C = 6{,}2423 \cdot 10^{18}$ Elektronen oder ein Strom von 1 Ampere in 1 Sekunde (1 As).

Coulommiers [kulɔ'mje], frz. Weichkäse (45/50% Fett i. Tr.), frisch od. m. Schimmelkruste.

Council [engl. 'kaunsl], Beratung, Ratsversammlung, Rat.

Count [kaunt], Titel d. nichtengl. Grafen in Engld.

Countdown [engl. 'kaunt'daun], der nach einem Plan festgelegte zeitl. Ablauf der Vorbereitungen f. d. Start einer Rakete (Rückwärtszählen).

Countertenor [engl. 'kauntə-], mus. Bez. f. falsettierende Männeraltisten.

Country Music [engl. kʌntri 'mjuːzik], neuinterpretierte od. kommerziell nachgeahmte am. Volksmusik d. weißen Landbev.

County, w. [kaunti], engl. Grafschaft, Verw.-Bezirk.

Coup, m. [frz. ku:], Schlag, überraschende Tat.

Coup d'état [-de'ta:], Staatsstreich, → Putsch.

Coupé, s. [frz. ku'pe:],
1) früher: Eisenbahn-Wagenanteil.
2) geschlossener zweisitziger (Kraft-) Wagen.

Couperin [ku'prɛ̃], François (10. 11. 1668–11. 9. 1733), frz. Komp., u. a. 240 Cembalostücke, Orgelmusik.

Couplet, s. [frz. ku'ple:], witziges Bühnenlied m. in allen Strophen sich wiederholendem Kehrreim.

Cour, w. [frz. kuːr], veraltet: Hof; *jmdm. die C. schneiden*, den Hof machen.

Courante, w. [frz. ku'rãːt], Tanz aus d. 16. Jh., ¾-Takt; oft 2. Satz der → Suite.

Courbet [kur'bɛ], Gustave (10. 6. 1819–31. 12. 77), frz. Maler d. Realismus; *Begräbnis zu Ornans; Die Steinklopfer*.

Cour d'honneur [frz. kuːr dɔ'nœːr], → Ehrenhof.

Cournand [kur'nã], André Frédéric (24. 9. 1895–19. 2. 1988), frz. Mediziner; Physiol. u. Physiopathologie der Atmung; Herzkreislauf; Nobelpr. 1956.

Cournotscher Punkt, bestimmt d. Maximalgewinn d. Angebotsmonopolisten durch mathemat. Berechnung d. gewinnmaximalen Mengen-Preis-Kombination.

Courtage, w. [frz. kʊr'taːʒ(ə)], Vermittlerprovision d. Makler bei Börsengeschäften.

Courths-Mahler ['kuːr-], Hedwig (18. 2. 1867–26. 11. 1950), dt. Unterhaltungsschriftst.in; über 200 Romane.

Courtoisie, w. [kurtwa'zi], Höflichkeit.

Cousin [frz. ku'zɛ̃], Vetter; **Cousine** [-'ziːnə], *Kusine*, Base.

Cousteau [kus'to], Jacques-Yves (11. 6. 1910–25. 6. 1997), frz. Tiefseeforscher u. Schriftst.; *Die schweigende Welt; Das lebende Meer; Geheimnisse u. Rätsel d. Meeres*; Fernsehfilme.

Couture [ku'tyːr], Thomas (21. 12. 1815–29. 3. 79), frz. Maler u. einflußreicher Lehrer (z. B. v. Manet, Feuerbach); monumentale Historienbilder, Porträts, Darstell. romant. Themen; *Die Römer der Verfallszeit; Jules Michelet*.

Couvade, w. [frz. ku'va:d(ə)], → Männerkindbett.

Couve de Murville [kuv də myr'vil], Maurice (* 24. 1. 1907), frz. Diplomat u. Pol.; 1958–68 Auß.min., 1968 Finanzminister, 1968/69 Min.präs.

Couveuse, w. [frz. ku'vøːz], → Brutapparat.

Covent Garden ['kɔvənt 'gɑːdn], Marktplatz in London W, dort Oper: **C.-G.-Theater**.

Coventry [-tri], engl. Industriest. östl. v. Birmingham, 306 000 E; Auto- u. Flugzeugind.; im 2. Weltkrieg stark zerstört.

Covercoat, m. [engl. 'kʌvəkoʊt], Mantel-, Jackenstoff, meist modefarben.

Cover Version [engl. 'kʌvə 'vəːʃən], nachproduzierter Musiktitel (o. neue Interpretation).

Coward ['kauəd], Sir Noel (16. 12. 1899–26. 3. 1973), engl. Schriftst.; Dramen: *Geisterkomödie; Cavalcade; Private Lives*.

Cowboy, m. ['kaubɔɪ], berittener nordam. Rinderhirt.

Cowper ['kaupə],
1) Edward Alfred (10. 12. 1819–9. 5. 93), engl. Ingenieur; Erfinder des *C.schen Winderhitzers*.
2) William (26. 11. 1731–25. 4. 1800), engl. Dichter der Vorromantik.
3) William (1666 bis 1709), engl. Anatom; nach ihm benannt *C.-Drüsen* (Anhangdrüsen des männl. Geschlechtsapparats).

Coxa [l.], Hüfte.

Coxarthrose, Verschleiß des Hüftgelenks (→ Rheuma).

Coxsackie-Viren, Erreger u. a. d. → Bornholmer Krankheit, mit Kinderlähmungs-Virus verwandt.

Coypel [kwa'pɛl], frz. Malerfamilie d. Barock u. Rokoko; als erfolgreiche Künstler (Gemälde, Graphiken, Gobelin-Entwürfe, Wand- u. Deckenbilder) in wicht. Positionen (z. B. Akad.-Direktor, Hofmaler), bed. Vertr. d. Zeitgeschmacks;
1) Antoine C. (11. 4. 1661–7. 1. 1722), und
2) Charles-Antoine (11. 7. 1694–14. 6. 1752); ihr Vater
3) Noël C. (25. 12. 1628–24. 12. 1707).

Coysevox [kwaz'vɔks], Antoine (29. 9. 1640–10. 10. 1720), frz. Bildhauer d. Barock, stilprägend f. d. Plastik d. 18. Jh.; schuf am Hof Ludwigs XIV. virtuose Porträts, mytholog. u. allegor. Figuren, Grabmäler.

CPU, Abk. f. *C*entral *P*rocessing *U*nit [engl. 'sentral prəu'sesiŋ 'juːnit], zentrale Recheneinheit e. Computers z. Ablaufsteuerung d. Systems u. z. Datenverarbeitung.

Cr, chem. Zeichen f. → *Chrom*.

Crabnebel [engl. 'kræb- „Krebsnebel"], Gasansammlung als Reste e. Supernova im Sternbild Stier.

Crack, m. [engl. kræk], Sportgröße; best. Rennpferd.

cracken, Umwandlung von Schwer-

ölen in Leichtöle durch Aufspaltung langkettiger Kohlenwasserstoffmoleküle in kurze Bruchstücke mittels starker Erhitzung (450 °C) u. Destillation.
Cracker [ˈkrækə], Person, die s. unberechtigt über Datenleitungen Zugang zu Computern verschafft, um dort Daten od. Programme zu verändern od. zu zerstören; vgl. → Hacker.
Crack-Verfahren → cracken.
Crailsheim (D-74564), St. im Kr. Schwäb. Hall, Ba-Wü., 29 900 E.
Craiova, rumän. Bezirkshptst. i. d. Walachai, 304 000 E; Uni., Maschinenbau, chem. u. Nahrungsmittelind.
Cram, Donald J. (* 22. 4. 1919), am. Chemiker, große Ringmoleküle zur Einlagerung von kleineren Molekülen; Nobelpr. 1987.
Cramm, Gottfried Freiherr von (* 7. 7. 1909–9. 11. 76), dt. Tennisspieler; dreimal. Wimbledon-Finalist im Einzel (1935–37), Wimbledon-Sieger 1933 im Mixed m. Hilde Sperling-Krahwinkel.
Cranach
1) Lucas, d. Ältere (1472–16. 10. 1553), dt. Maler u. Holzschnitzer; Meister d. → Donauschule u. „Maler d. Reformation"; in d. Reife Entwicklung e. anmutig-zierlichen u. erzählsamen Stils am Hofmaler des sächs. Kurfürsten: Altäre, weltl. Themen, Allegorien (weibl. Akte), zahlr. Bildnisse, z. B. v. → Luther (Abb.); auch → Tafel Holzschnitte; s. Sohn.
2) Lucas, d. Jüngere (4. 10. 1515–25. 1. 86), dt. Maler d. Renaissance; beide Bürgermeister von Wittenberg; bedeutend bes. als Porträtist.
Crane [kreɪn],
1) Hart (21. 7. 1899–27. 4. 1932), am. Lyriker; *The Bridge.*
2) Stephen (1. 11. 1871–5. 6. 1900), am. naturalist. Schriftst.; Novellen, Romane: *D. Blutmal.*
Cranko [ˈkræŋkou], John (15. 8. 1927 bis 26. 6. 73), engl. Choreograph, 1961 bis 73 Leiter des Stuttgarter Balletts.
Cranmer [ˈkræn-], Thomas (2. 7. 1489 bis 21. 3. 1556), Erzbischof v. Canterbury, Berater Heinrichs VIII. bei seinem Abfall von Rom; hingerichtet.
Craquelée [frz. kraˈkle:], zufällige od. beabsichtigte feine Risse an Glas u. in d. Porzellanglasur.
Crassus, M. Licinius „der Reiche" (um 114–53 v. Chr.), besiegte 72 → Spartacus, schloß mit Pompejus und Cäsar 60 v. Chr. das 1. Triumvirat.
Craurosis vulvae, Schrumpfung d. Schamlippen, Juckreiz, Brennen.
Craxi, Bettino (* 24. 2. 1934), it. Pol. (PSI); 1976–93 Gen.sekretär d. Sozialist. Partei, 1983–87 Min.präs.
Cream [kri:m], engl. Band; Eric Clapton, Jack Bruce u. Ginger Baker, 1967–69 maßgebl. f. virtuosen Bluesrock; *I'm so glad.*
Creatio ex nihilo, w. [l.], theol. Bez. f. d. „Schöpfung aus dem Nichts" allein durch d. Kraft d. göttl. Worts.
Crébillon [krebiˈjõ],
1) Prosper Jolyot, *C. d. Ä.* (13. 2. 1674 bis 17. 6. 1762), frz. Dramatiker; sein Sohn.
2) Claude Prosper, *C. d. J.* (fils) (14. 2. 1707–12. 4. 77), frz. Schriftst.; exot. u. galante Romane: *Das Sofa.*
Credé, Karl (1819–92), dt. Frauenarzt.
Credésche Prophylaxe → Geburt.

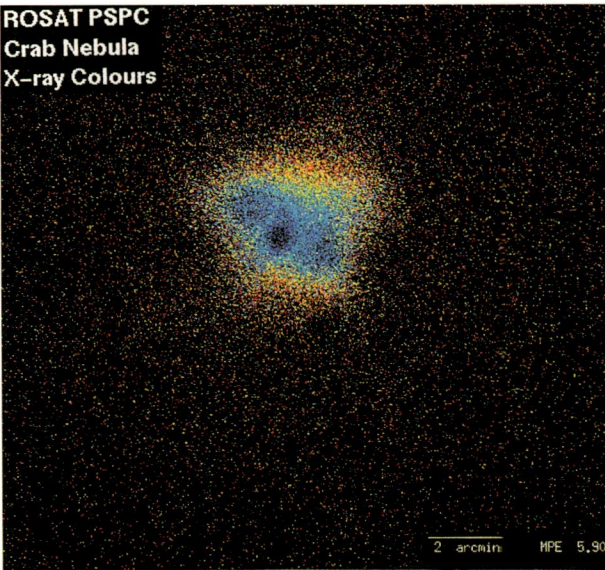

Crabnebel, ROSAT-Aufnahme

Credo, s. [l. „Ich glaube"], christl. Glaubensbekenntnis n. d. Anfangsworten „Credo in unum deum..."
credo, ut intelligam [l. „ich glaube, damit ich erkenne"], Grundsatz d. Scholastikers Anselm v. Canterbury, wonach wahre Erkenntnis nur i. christl. Glauben möglich ist.
Creek, m. [engl. kri:k], Bach; in Australien: nur in der Regenzeit Wasser führender Fluß. → Wadi.
Creglingen (D-97993), St. i. Ba-Wü., Main-Tauber-Kreis, 5000 E; got. Herrgottskirche m. Riemenschneider-Altar.
Crémant [frz. kreˈmã], = Vin Mousseux od. → Champagner m. geringerem Kohlensäuredruck als bei e. normalen → Schaumwein; in vielen Anbaugebieten v. Frkr. eigene → AOC (z. B. *C. d'Alsace*).
Crème, w. [frz. krɛ:m],
1) Rahm.
2) schaumige Süßspeise, dicker Likör.
3) Hautsalbe.
4) sog. feinste Gesellschaft.
cremefarben, mattgelb, weißlich-, rahmgelb.
Crème fraîche [krɛm ˈfrɛʃ], n. frz. Rezept a. Sahne m. bes. Bakterienkulturen hergestellte Creme v. mind. 30% Fett; dient d. Verfeinerung v. Saucen, Suppen u. Marinaden.
Cremer, Fritz (22. 10. 1909–1. 9. 93), dt. Bildhauer, s. 1950 Prof. in Ost-Berlin; Monumentaldenkmäler im Stil d. → sozialist. Realismus für die Opfer des NS in Auschwitz u. a.
Cremona, it. Prov.-Hptst. a. Po, 76 000 E; Seidenindustrie, Raffinerie, Erdgasgewinnung; *Cremoneser Geigenbau* im 17. u. 18. Jh. (Amati, Stradivari, Guarneri u. a.).
Crêpe [frz. krɛp], → Krepp.
Crêpe de chine [-ˈʃin], weichfließende Seide od. Kunstseide; gg. Licht gehalten: krepppartige Musterbilder.
Crêpe georgette [-ʒɔrˈʒɛt], mit körnigem Griff (starke Kreppung beider Fäden).
Crêpe marocain [-kɛ̃], Kreppseide m. leicht welligem → Schuß.
Crepitatio [l.], Knistern, bei Knochenbrüchen, Brustfellentzündung, Sehnenscheidenentzündung.
crescendo [it. -ˈʃɛn-], *mus.* stärker, lauter werdend.
Crespi
1) Giovanni Battista, gen. *Cerano* (um 1575–1633), it. Baumeister, Bildhauer u. Maler d. Manierismus, bes. in Mailand; s. Gemälde kennzeichnen spannungsvoller Ausdruck u. kräftige Farben; *Die Taufe d. hl. Augustinus;* s. Schüler
2) Daniele (um 1600–30).
3) Giuseppe Maria, gen. *Lo Spagnuolo* (16. 3. 1665–16. 7. 1747), it. Maler u. Radierer d. Spätbarock, bes. in Bologna; volkstüml. gehaltene Darstellungen relig. (Altarbilder) u. mytholog. Themen sowie Genreszenen in effektvollem Helldunkel und ausdrucksstarken Bildkompositionen; *Der Jahrmarkt v. Poggio a Caiano; Die Sieben Sakramente; Die Beichte.*
Cresson, Edith (* 27. 1. 1934), frz. Pol. (Sozialist. Partei), 1991/92 Min.präs., s. 1995 EU-Kommissarin.
Cretonne, w. [frz. krəˈtɔn], (bedrucktes) Baumwollgewebe.
Creuse [krø:z],
1) r. Nbfl. der Vienne, 255 km l.
2) mittelfrz. Dép., 5565 km², 131 000 E; Hptst. *Guéret.*
Creusot, Le [krøˈzo], frz. Industriest. im Dép. Saône-et-Loire, 29 000 E; bed. Schwerind. (Rüstungsind.), Kohlengruben, Erzlager.
Creutzfeldt-Jakob-Krankheit, svw. → Jakob-Creutzfeldt-Krankheit.
Crew [engl. kru:], Bez. f. Schiffs- u. Flugzeugbesatzungen.
Crick, Francis H. C. (* 8. 6. 1916), engl. Biochem.; Nobelpr. 1962 (f. d. sog. *Watson-C.-Modell* d. → Desoxyribonukleinsäure).
Crimmitschau (D-08451), Industriestadt in Sa., a. d. Pleiße, 21 800 E; Theater; Textilind.
Crinoiden, *Seelilien, Haarsterne,* Stachelhäuter, meist am Meeresboden verwurzelt.
Crispi, Francesco (4. 10. 1818–11. 8. 1901), it. Pol.; mehrfach Min.präs., förderte → Dreibund.
Cristóbal, Hafen am atlant. Eingang d. Panamakanals; Flottenstützpunkt.
Croce [ˈkro:tʃe], Benedetto (25. 2. 1866 bis 20. 11. 1952), it. Kultur- u. Geschichtsphil., von Hegel beeinflußt; *Ästhetik; Phil. d. Praxis.*
Crohnsche Krankheit, nichtinfektiöse Dünndarmentzündung.

Cranach d. Ä., *Kreuzigung*

Croissants, s. [frz. krwaˈsã], frz. Frühstücksgebäck aus Plunderteig in Hörnchenform.
Cro-Magnon [-maˈɲõ], Fundstelle im frz. Dép. Dordogne; vorgeschichtliche Artefakte u. Gebeine (altsteinzeitlich, 30 000–25 000 v. Chr.); auch Bez. für einen grobknochigen Rassetyp der Frühmenschen.
Cromwell, Oliver (25. 4. 1599–3. 9. 1658), drängte s. 1640 z. Fron. Bruch zw. Königtum u. Parlament, besiegte Karl I. mehrmals, ließ ihn 1649 hinrichten; 1653 Lordprotektor von England, Schottland, Irland, Wegbereiter d. engl.

Creglingen, *Johannes aus dem Marienaltar von Riemenschneider*

Seemacht; Puritaner, Haupt der → Independenten.
Cronin [ˈkroʊnɪn],
1) Archibald Joseph (19. 7. 1896–6. 1. 1981), engl. sozialkrit. Schriftst.; *Die Zitadelle; Die grünen Jahre; D. Sterne blicken herab.*
2) James W. (* 29. 9. 1931), am. Phys.; (zus. m. V. L. → Fitch) Nobelpr. 1980 (Symmetrie zw. Materie u. Antimaterie.
Crookes [kruːks], Sir William (17. 6. 1832–4. 4. 1919), engl. Phys. u. Chem.; erfand d. **C.sche Röhre,** eine Gas (Luft) von sehr niedrigem Druck enthaltende Glasröhre, in der el. Entladungen (Kathodenstrahlen, Kanalstrahlen) betrieben werden; moderne Anwendung: Leuchtstoffröhren.
Croquet [engl. ˈkrɔkɪt], → Krocketspiel.
Croquettes [frz. -ˈkɛt], gebackene Klößchen.
Crosby, Bing (2. 5. 1904–14. 10. 77), am. Sänger u. Filmschauspieler.
Crosland [-lənd], Anthony (29. 8. 1918–19. 2. 77), engl. Pol. (Labour); 1976/77 Außenmin.
Cross-Country [-ˈkʌntrɪ],
1) Pferdehindernisrennen, teilweise außerhalb der Rennbahn.
2) Bez. für Querfeldeinwettbewerbe, z. B. Geländelauf, Radsport, Motorsport.
Crossing-over → Faktorenaustausch.
Crossopterygier, svw. → Quastenflosser.
Croupier [frz. kruˈpje:], Gehilfe des Spielbankhalters.
Croustade, w. [frz. krusˈtad], warme Teigpastete m. e. Füllung a. Fleisch o. ä.
Croûtons [frz. kruˈtõ], geröstete (Weiß-) Brotwürfel.
Crowfoot-Hodgkin [ˈkroʊfʊt ˈhɔdʒkɪn], Dorothy (* 2. 5. 1910), engl. Biochemikerin; Nobelpr. 1964.
Croydon [ˈkrɔɪdn], Stadtbez. i. S Londons; Flughafen.
Cru [frz. kry „Gewächs"], in Frkr. vielfältig gebrauchte Bez., die e. klassifizierte Lage u. d. dort erzeugten Wein od. auch s. Weingut meint; v. a. im Bordeaux-Gebiet (z. B. *C. Bourgeois, Premier Grand C. Classé*), in Burgund (→ *Premier C., → Grand C.*); im Elsaß auch f. d. hierarch. Reihenfolge der einzelnen Klassifizierungsstufen bzw. f. Spitzenlagen verwendet.
Cruikshank [ˈkrʊkʃæŋk], George (27. 9. 1792–1. 2. 1878), englischer Radierer und Holzschneider; bissige Karikaturen; Buchillustrationen (bes. d. Werke v. Dickens).
Cruise-Missile [ˈkruːz ˈmɪsaɪl], *CM,* unbemannter, atomarer Marschflugkörper, fliegt m. Schallgeschwindigkeit i. Bodenhöhe, automat. Korrektur d. Flugwegs, Reichweite ca. 2500 km. → NATO-Nachrüstung.
Crush-Syndrom [engl. krʌʃ], akutes Nierenversagen nach ausgedehnter Zerstörung v. Muskelgewebe.
Crux, *w.* [l.], Kreuz (Christi); svw. Qual, Schwierigkeit.
Cruyff [krɔyf], Johan (25. 4. 1947), ndl. Fußballspieler u. -trainer; WM-Zweiter 1974, mit Ajax Amsterdam dreimal Eur.pokalsieger der Landesmeister (1971–73), spielte u. a. für Ajax Amsterdam (1964–73) u. FC Barcelona (1973–77); Trainer beim FC Barcelona.

Oliver Cromwell

Sopran- Alt- Tenor-Schlüssel

Johan Cruyff *(rechts)*

Marie Curie

Cruzeiro [-ˈzeɪru], Währungseinheit in Brasilien, → Währungen, Übers.
Cs, *chem. Zeichen f.* → *Cäsium.*
Csárdás [ˈtʃɑːrdɑːʃ], ung. Nationaltanz, $^2/_4$-, $^4/_4$-Takt.
CSB, *C*hemischer *S*auerstoff-*B*edarf, Maß f. d. chem. abbaubaren Stoffe im Abwasser.
C-Schlüssel, gibt d. Lage d. C-Tons in einem Notenliniensystem an.
Csokor [ˈtʃɔ-], Franz Theodor (6. 9. 1885–5. 1. 1969), östr. expressionist. Schriftst.; Balladen, Dramen, Novellen; *3. November 1918.*
ČSR, 1948–90 *ČSSR,* 1990–93 *ČSFR,* → Tschechische Republik; → Slowakei.
CSU, Abk. f. *C*hristlich- *S*oziale *U*nion, → Parteien, Übers.
c. t., Abk. f. *cum tempore* [l. „mit Zeit"], $^1/_4$ Std. später; m. dem sog. *akadem. Viertel.*
Cu, *chem. Zeichen f.* → *Kupfer* (lat. *cuprum*).
Cuba → Kuba.
Cubango, Fluß i. Angola, 1800 km; endet i. Botsuana im intern. bed. Feuchtgebiet *Okavango.*
Cúcuta, Hptst. der Prov. Norte de Santander in Kolumbien, 450 000 E; Mittelpunkt d. Kaffeebaus, Handelszentrum.
Çudra [ˈʃu-], vierte (unterste) dunkelhäutige Kaste in Ostindien.
Cuenca,
1) span. Prov.hptst. (Neukastilien), 42 000 E; got. Kathedrale; Nahrungsmittel-, Textilind.
2) Prov.hptst. i. Ecuador, 320 000 E, 2700 m ü. M.; Erzbischofssitz; Uni.; Handels-, Ind.zentrum.
Cuernavaca, mexikan. Prov.hptst., 520 000 E; Bischofssitz, Uni.; Tabak-, Zucker-, Papierind.
Cuiabá, Prov.hptst. i. Brasilien (Mato Grosso), 250 000 E; Kathedrale, Uni.; landw. Ind.
cuius regio, eius religio [l.], „Wes Land, des Glaube", d. h. Landesherr bestimmt d. Konfession i. s. Land; Grundsatz d. Augsburger Religionsfriedens 1555.
Cul de Paris, *m.* [frz. kyldpaˈri], im 18./19. Jh. unter dem Frauenrock getragenes Hinterpolster.
Culiacán, mexikan. Prov.hptst., 450 000 E; Bischofssitz, Uni.; Agrarind.
Cullinan [ˈkʌl-], größter bisher gefundener Diamant (3106 Karat), Fundort *C.* in Südafrika.
Culmer Recht, der Stadt Culm 1233 verliehenes Recht, verbreitet im Deutschordensland.
culpa [l. „Schuld"], zivil- und strafrechtl. schuldhafte Fahrlässigkeit; Ggs. → Dolus (Vorsatz).
culpa in contrahendo, Verschulden bei Vertragsschluß (z. B. wegen mangelhafter Aufklärung).
Cultivar [engl. ˈkʌltɪvɑː], Kurzwort aus *culti*vated *var*iety, agrarwiss. Bez. der Sorten v. Kulturpflanzen.
Cumae, alte griech. Kolonie in Italien, nördl. v. Neapel; 334 v. Chr. röm.; Sitz der *Sibylle v. C.*
Cumberland [ˈkʌmbələnd], Herzöge v.,
1) Ernst August (1771–1851), 1837 Kg von Hannover, hob Verfassung auf; → Göttinger Sieben.
2) Ernst August (21. 9. 1845–14. 11. 1923), wegen Ablehnung des Verzichts auf Hannover 1885 von Thronfolge in Braunschweig ausgeschlossen.
Cumberland [ˈkʌmbələnd], ehem. Gft i. NW-England; gebirgig, seenreich; Eisenbergbau, Kohlengruben; s. 1974 Teil d. Gft Cumbria.
Cumberlandplateau → Appalachen.
Cumberlandsoße [ˈkʌmbələnd-], kalte Soße a. Johannisbeergelee, Senf, Portwein, Zitrone (zu Wild).
cum grano salis [l. „mit einem Körnchen Salz"], mit sachgemäßer kritischer Einschränkung.
cum laude [l.], „mit Lob", gut; *magna c. l.,* „mit großem Lob", sehr gut; *summa c. l.,* „mit höchstem Lob", vortrefflich (Prädikate bei akademischer Prüfung).
Cunard [ˈkjuːnɑːd], Sir Samuel (21. 11. 1787–28. 4. 1865), Begr. des engl. transatlant. Dampfschiffahrtsunternehmens (1840), s. 1878 *C. Steam Ship Co.*
Cunnilingus, *m.* [l.], Lecken d. weibl. Geschlechtsteile.
Cunningham [ˈkʌnɪŋəm],
1) Andrew Brown, Viscount C. of Hyndhope (7. 1. 1883–12. 6. 1963), brit. Großadmiral, 1939–43 Oberbefehlsh. d. Mittelmeerflotte.
2) Sir John Henry Dacres (13. 4. 1885–12. 12. 1962), brit. Großadmiral, 1946–48 Erster Seelord u. Chef des Admiralstabes.
Cuno, Wilhelm (2. 7. 1876–3. 1. 1933), Generaldirektor der Hapag; 1922/23 Reichskanzler, betrieb Pol. d. „passiven Widerstandes" nach d. frz. Ruhrbesetzung.
Cup, *m.* [engl. kʌp], Pokal als Sportpreis.
Cupido [l.], Liebesgott, → Eros.
Cupro → Chemiefasern.
Curaçao [kyraˈsɔu], ndl. Antilleninsel vor der Venezuelaküste, trocken-heißes Klima, 444 km², 143 800 E; Hptst. *Willemstad,* 44 000 E; Erdölraffinerien.
Curé [frz. kyˈre:], frz. Titel für Pfarrer.
Curie [kyˈri],
1) Pierre (15. 5. 1859–19. 4. 1906), frz. Physiker, u. s. Frau
2) Marie, geb. Skłodowska (7. 11. 1867 bis 4. 7. 1934), entdeckten d. Radium (1898) u. Polonium; Nobelpr. 1903 f. Physik (M. C. allein auch 1911 f. Chemie); die älteste Tochter
3) Irène → *Joliot-Curie.*
Curie, Abk. Ci, veraltete, nicht mehr zulässige Maßeinheit f. d. Aktivität einer radioaktiven Substanz; ersetzt durch → Becquerel (Bq); 1 Ci = $3{,}7 \cdot 10^{10}$ Bq.
Curitiba, Hptst. des brasilian. Staates Paraná, 1,29 Mill. E.
Curium, *Cm,* künstl. chem. El., Oz. 96 (→ Transurane).
Curling [engl. ˈkəːlɪŋ], schott. *Eisschießen* zw. 2 Parteien zu je 4 Mann; Stoßen von Steinscheiben auf der Eisfläche nach einem Ziel.
Currency-Theorie [engl. ˈkʌrənsɪ-], Geldtheorie, nach der Banknoten nur aufgrund voller Golddeckung ausgegeben werden dürfen; Ggs.: → Banking-Theorie.
Curriculum, *Pädagogik:* Gesamtsystem von Unterrichtsinhalten, -zielen u. -methoden, die Unterrichtsmaterialien zu deren Aneignung u. Einübung sowie Kontrolltests.

Curry ['kœri], Mischung mehrerer scharfer Gewürze, urspr. aus Indien; bes. für Reisgerichte.

Cursor [engl. 'kə:sə „Zeiger"], elektron. Leuchtpunkt z. Markierung v. Positionen auf d. Bildschirm eines Datensichtgeräts (b. Neueingabe v. Informationen od. b. Korrekturen) od. z. Darstellung kontinuierl. Bewegungen (m. einem → Joystick gesteuert).

Curtiss ['kə:tɪs], Glenn Hammond (21.5.1878–23.7.1930), am. Flugpionier.

Curtius,
1) Ernst (2. 9. 1814 bis 11. 7. 96), dt. Archäologe; leitete die erste Ausgrabung von Olympia; *Griech. Geschichte.*
2) Ernst Robert (14. 4. 1886 bis 19. 4. 1956), dt. Romanist; *Eur. Literatur u. lat. Mittelalter.*
3) Ludwig (13. 12. 1874–10. 4. 1954), dt. Archäologe u. Historiker; *Dt. u. antike Welt.*

Curzon [kə:zn], George Nathaniel Marquess (11. 1. 1859–20. 3. 1925), engl. Staatsmann, 1898–1905 Vizekönig von Indien; schlug 1919 poln.-sowjetruss. Grenze vor: **Curzon-Linie** (1945 Grundlage der poln.-sowj. Grenze).

Cusanus → Nikolaus von Kues.

Cushing ['kʊʃ-], Harvey (8. 4. 1869 bis 7. 10. 1939), am. Chirurg, begr. moderne Hirnchirurgie.

Cushingsche Krankheit, Stammfettsucht, Vollblütigk., Hautblutungen, Knochenschwund, Blutdrucksteigerung infolge Krankh. d. → Hypophyse oder Geschwulst der Nebennierenrinde, ähnl. auch bei langdauernder Einnahme von Cortison.

Custoza, it. Dorf südwestl. v. Verona; östr. Siege über die Italiener 1848/1866.

Cutaway, *m.* [engl. 'kʌtəweɪ], *Cut,* Gehrock mit abgerundeten Vorderschößen.

Cutter [engl. 'kʌtə], Schnittmeister b. Film, Rundfunk u. Fernsehen; schneidet Filmstreifen bzw. Tonbänder zur endgültigen Fassung zusammen.

Cuve close [kyv 'klos], frz. Bez. f. d. Tankgärverfahren.

Cuvée [ky've:], im Frz. eigtl. Bez. f. d. Weinmenge aus d. gleichen Faß *(cuve);* im weiteren Sinn e. Verschnitt versch. Trauben bzw. Weine, v. a. bei Schaumweinen e. bes., für e. Firma typ. Zus.-stellung.

Cuvier [ky'vje], Georges Baron v. (23. 8. 1769–13. 5. 1832), frz. Zoologe u. Paläontologe; Begründer d. → Katastrophentheorie.

Cuvilliés [kyvi'lje:], François de, *d. Ä.* (23. 10. 1695–14. 4. 1768), frz.-dt. Baumeister, Stukkator u. Ornamentstecher in München, *Amalienburg, C.theater* (→ Theaterbau).

Cuxhaven (D-27472–78), Krst. i. Rgbz. Lüneburg, Nds., 56 300 E; Hafen m. Überseekai an der Elbmündung, bed. Hochsee- und Küstenfischerei; Nordseeheilbad (s. 1816).

Cuypers ['kœjpərs], Peter (16. 5. 1827 bis 3. 3. 1921), bed.ster nld. Architekt d. 19. Jh.; Backsteinbauten im neugot. (versch. Kirchen) bzw. nord. Neurenaiss.-Stil (Rijksmuseum u. Hptbahnhof in Amsterdam).

Cuzco ['kuθko], Hptst. d. Dep. C., im SO v. Peru, 3416 müM, 275 000 E; alte Hptst. (bis 1533) des Inkareiches; Ruinen aus d. Inkazeit; Uni.

CV, Cartellverband d. kath., farbentragenden (nicht Mensuren schlagenden) student. Verbindungen an dt. u. östr. Hochschulen.

C 14-Datierung → Radiocarbonmethode.

CVJM → YMCA.

Cyan-, im dt. Sprachgebrauch anstelle des systemat. *Cyano-* weithin noch benutzte Vorsilbe f. d. Atomgruppierung –*CN.* → Cyanid.

Cyanid, *s.,* Salz d. Blausäure *HCN;* enthält das giftige Anion *CN⁻; Kaliumcyanid (KCN)* u. *Natriumcyanid (NaCN)* für Goldgewinnung, Galvanostegie (Elektroplattierung); *Kaliumeisencyanid* (Blutlaugensalz), *Cyanwasserstoff* u. die Cyanide sind äußerst giftig.

Cyanose → Blausucht.

Cybersex, *m.* [engl. 'saɪbə-], bes. Form d. interaktiven Kommunikation mit e. Computersystem, die auf die sexuelle Erregung des Benutzers abzielt. Die Bandbreite reicht dabei v. einfachen Computerspielen bis z. (noch nicht technisch realisierbaren) „Geschlechtsverkehr" mit virtuellen Traumpartnern, wobei Stimulatoren in e. → Datenanzug den Träger v. a. an den Genitalien reizen und so erregen.

Cyberspace, *m.* [engl. 'saɪbə'speɪs] „künstlicher Raum", aus d. *Cyberpunk-*Trilogie d. Science-fiction-Autors William Gibson entlehnte Bez. f. → Virtuelle Realität.

Cycas, *Palmfarne,* „Palmenwedel"; ostasiat. Arten liefern → Sago.

Cyklamat, synthet. Süßstoff f. d. menschl. Verzehr, der 30–35mal süßer als natürl. Zucker ist; bei → Fettsucht u. → Zuckerkrankheit angezeigt.

Cyligon → Anamorphot.

Cymbalum [gr.], Musikinstrument, i. Altertum aus kl. Metallbecken (it. Cinelli), heute *Klavicymbal* d. Zigeunerkapelle (Hackbrett); in d. Orgel Register mit kleinen hohen Pfeifen (Zimbel).

Cypern → Zypern.

Cyprianus († 258), Kirchenvater, als Märtyrer gestorben.

Cyrankiewicz [tsɪran'kjɛvitʃ], Josef (23. 4. 1911–20. 1. 89), poln. Pol.; 1947 bis 52 und 1954–70 Min.präs., 70–72 Staatspräs.

Cyrano de Bergerac [si- -ʒə-] (6. 3. 1619–28. 7. 55), frz. Satiriker. – Dramenheld v. → Rostand.

Cyrenaika → Kyrenaika.

Cyrillus → Kyrillos.

Cyrus, *Kyros:*
1) C. d. Große (559–529 v. Chr.), begr. das Perserreich, eroberte Medien, Lydien, Kleinasien, Babylon (Befreiung der Juden 537).
2) C. d. Jüngere, empörte sich gg. älteren Bruder Artaxerxes, fiel 401 v. Chr. bei Kunaxa (Xenophons *Anabasis*).

Cystein, schwefelhaltige, lebensnotwendige (essentielle) → Aminosäure.

Cytidin, in Ribonucleinsäuren enthaltenes Nucleosid.

Cytisin, *s.,* giftiges Alkaloid; Vorkommen in Schmetterlingsblütlern, bes. in Goldregen.

Cytochrome, Gruppe von Hämoproteinen, die an lebenswichtigen Funktionen wie Atmungskette u. Photosynthese beteiligt sind.

Cytosin, *4-Amino-2-pyrimidinol;* eine d. vier Basen, die am Aufbau v. Nucleinsäuren beteiligt sind.

Czaja ['tʃ-], Herbert (5. 11. 1914–18. 4. 97), CDU-Pol., 1970–94 Präs. d. BdV.

Czernowitz ['tʃ-], ukrain. *Tschernowzy,* Gebietshptst. i. d. Ukraine, Hauptort d. Bukowina, am Pruth, 257 000 E; Uni. – 1775 östr.; 1918 rumän.; 1940/41 u. s. 1944 zur Sowjetunion (Ukraine).

Czerny ['tʃ-],
1) Adalbert (25. 3. 1863 bis 3. 10. 1941), dt. Kinderarzt; Mitbegr. d. modernen Kinderheilkunde.
2) Carl (20. 2. 1791 bis 15. 7. 1857), östr. Pianist u. Komponist; Schüler Beethovens, Lehrer Liszts.

Czibulka ['tʃ-], Alfons von (28. 6. 1888–22. 10. 1969), östr. Schriftsteller; *Der Kerzlmacher v. St. Stephan.*

Czyzewski [tʃi'ʃɛfski], Tytus (28. 12. 1880–6. 5. 1945), poln. Maler, Literat u. Kunsttheoretiker; Verbindung einheim. Traditionen m. d. zeitgenöss. Hptströmungen d. westl. Kunst; *Maria; Hispanien.*

François de Cuvilliés, *Amalienburg*

Cuvilliés-Theater, *München*

D,
1) als Titel: theol. Doktor (verliehen).
2) *chem.* Zeichen f. → *Deuterium.*
3) röm. Zahlzeichen = 500.
4) auf Telegrammen: *dringend.*
5) an Zügen: Durchgangszug.

d,
1) (denarius) = Penny.
2) *mus.* 2. Stufe d. C-Dur-Tonleiter.

d/a, Abk. f. engl. **d**ocuments **a**gainst **a**cceptance, Dokumente gegen Akzept, → Wechsel.

DAB, Dt. **A**rznei-**B**uch → Pharmakopöe.

Dabrowa Górnicza [dɔm'brɔva 'gurnitʃa], poln. St. n. v. Kattowitz, 140 000 E; Kohlebergbau, Hütten-, Maschinenind.

Dabrowska [dɔm'brɔfska], Maria (6. 10. 1889–19. 5. 1965), poln. Schriftst.; *Nächte und Tage.*

da capo [it.], *mus.* noch einmal von vorne; *d. c. al fine,* bis zum Schluß.

d'accord [frz. -'kɔːr], einig, einverstanden.

Dach, Simon (29. 7. 1605–15. 4. 59), deutscher Kirchenlieddichter; *Anke von Tharau.*

Dach, Überdeckung v. Gebäuden, besteht aus D.deckung, u. D.stuhl od. D.gerüst; D.formen (Abb.): *a* Sattel-, *b* Mansard-, *c* Walm-, *d* Shed-(Säge-)D.; Pultdach mit einseitiger Neigung; Flachdach, bei → Bungalows u. meist bei Hochhäusern.

Dachau (D-85221), oberbayr. Gr.Krst. a. d. Amper, 35 890 E; Schloß; AG; Papier-, Metall-, Elektroind., Brauerei; im 19. u. 20. Jh. Malerkolonie. KZ-Gedenkstätte.

Dachauer Moos, s. 1800 kultiviertes Niedermoor (1933–45 Standort d. *Konzentrationslagers Dachau*).

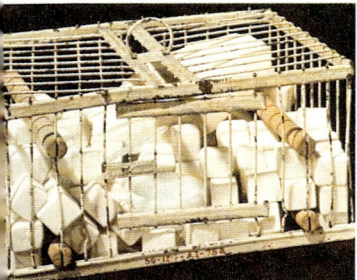
Dadaismus: M. Duchamp, *Why not Sneeze, Rose Sélavy*

Dachauer Schule, Künstlergruppe in Dachau s. 1834 um Dillis, m. Kobell, Morgenstern, Schleich, auch Leibl; naturalist. Landschaften in lichterfüllter Darstell., später z. T. Stimmungslandschaften u. versch. romant. Motive. **Neu-D.,** 1888 v. Hoelzel u. Dill gegr. Künstlerkolonie, Vertr. Uhde, Langhammer; durch organ. Bildaufbau m. flächigen Formen u. Betonung d. Farbwerte wichtig f. d. Entwickl. d. Jugendstils.

Dachgarten → Gartenkunst.

Dachgaupe, hervorstehendes Dachfenster.

Dachgesellschaft, Ges., in der Beteiligungen an anderen Unternehmen zur Kontrolle u. Beherrschung zusammengefaßt sind (→ Holdinggesellschaften, → Konzern).

Dachs

Dachla, ägypt. Oase, 70 km westl. v. Charga.

Dachpappe, m. Bitumen od. Steinkohleteer beschichtete und mit Splitt bestreute Pappe z. Abdichtung flacher Dächer.

Dachreiter, Türmchen auf dem First des Daches.

Dachs, großer, plumper Erdmarder mit maskenähnlicher Gesichtszeichnung; nachtaktiv.

Dachshund → Dackel.

Dachstein, 2995 m, vergletschertes Kalkmassiv im S des Salzkammerguts; fällt steil im N zum Hallstätter See, im S z. Ennstal ab, *Dachsteinhöhlen.*

Dachstuhl, (meist hölzernes) Gerüst z. Übertragung d. Dachlasten auf Stützwände u. -pfeiler.

Dachziegel, aus Ton gebrannte Platten z. Dachabdeckung, m. Nase in waagerechte Dachplatten einzuhängen; flaches od. gewölbtes Profil, oft m. Falzen z. seitlichen Verbindung d. D. untereinander.

Dackel, kurzbeinige Hunderasse mit Hängeohren und langem Körper; in drei Rassen gezüchtet: *Langhaar-, Kurzhaar-* und *Rauhhaar-D.* Bes. die rauhhaarige Form wird noch zur Dachs- und Fuchsjagd verwendet (*Dachshund,* norddt. *Teckel*).

Dadaismus, *m.,* künstler.-lit. Strömung 1914–um 20, dann Übergang in d. Surrealismus; zuerst in Zürich, später Ausbreitung auch i. d. USA (New York); Bezeichnung durch zufällige Wahl e. Lexikonworts (frz. *dada* „Steckenpferd"); ironisiert aus nihilistischem Kulturpessimismus (Protest gegen d. Krieg) die Tradition durch Un-Sinn; Vertr. *Tzara, Huelsenbeck, Arp, Schwitters, Ball, Ernst, Duchamp, Grosz;* → Aktionskunst.

Dädalus, *Daidalos,* in der griech. Sage Erbauer des Labyrinths zu Kreta; fertigte für sich und seinen Sohn → Ikarus Flügel aus Wachs, um aus der Gefangenschaft des Minos zu fliehen.

Daegu, früher *Taegu,* St. in S-Korea, 2,2 Mill. E; Seidenind.

Daffinger, Moritz Michael (25. 1. 1790–22. 8. 1849), östr. Miniaturporträtist d. Biedermeierzeit.

DAG, Deutsche **A**ngestellten-**G**ewerkschaft, → Gewerkschaften, Übers.

Dagerman, Stig (5. 10. 1923–4. 11. 54), schwedischer Schriftsteller; beschreibt Lebensängste; *Insel der Verdammten.*

Dagestan, autonome Rep. in d. Russ. Föd. a. Kasp. Meer, 50 300 km², 1,8 Mill. E, kaukas. Stammesvölker u. Türken; im N Bergland: Schafzucht; i. S Weizenanbau, Baumwolle, Reis (künstl. Bewässerung), Erdöl- u. Erdgasförderung; Hptst. *Machatschkala* (315 000 E).

Dagmar [dän. zu slaw. *Dragomira* „die Friedliebende"], w. Vn.

Dagö, estn. *Hiiumaa,* Ostseeinsel vor der Rigaer Bucht, 965 km², 17 000 Einwohner.

Dagobert I., fränk. König (Merowinger), einigte 628 das Frankenreich.

Daguerreotypie [dagɛ-], von d. frz. Maler L. J. M. *Daguerre* (18. 11. 1787–11. 7. 1851) 1838/39 erfundene Vorläuferin d. Fotografie; versilberte Kupferplatten, durch Ioddämpfe lichtempfindlich gemacht, i. d. → Camera obscura belichtet, mit Quecksilberdämpfen entwickelt; positives Bild auf Platte.

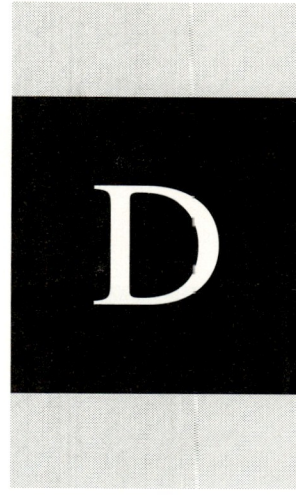

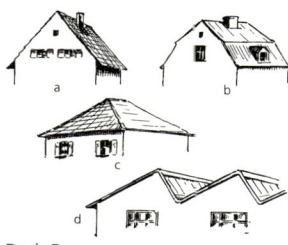
Dach-Formen

Dahl,
1) Johan Christian Claussen (24. 2. 1788–14. 10. 1857), norweg. Landschaftsmaler d. Romantik, m. realist. u. frühimpressionist. Elementen; tätig in Dresden; *Birke im Sturm; Lyshornet bei Bergen; Dresden bei Mondschein.*
2) Roald (13. 9. 1916–23. 11. 90), brit. Schriftsteller; *Küßchen, Küßchen;* Kinderbücher: *Hexen, Hexen;* zahlr. Drehbücher f. Fernsehfilme.

Dahlbusch-Rettungsbombe, rohrförmiger Behälter z. Bergung eingeschlossener Bergleute durch e. z. Rettungsstelle niedergebrachtes Rettungsbohrloch.

Dahlem, südw. Stadtteil v. Berlin.

Dahlie, *Georgine,* Korbblütler, im Sommer blühende Staude m. Wurzelknollen; zahlr. Spielarten.

Dahlmann, Friedrich Christoph (13. 5. 1785–5. 12. 1860), dt. Historiker; Wortführer d. Schlesw.-Holsteiner gg. Dänemark; 1837 einer d. → Göttinger Sieben; entwarf 1848 im Frankf. Parlament d. Reichsverfassung, Anhänger der kleindt. Lösung; *Quellenkunde der dt. Geschichte.*

Dahme,
1) l. Nbfl. d. Spree (Wendische Spree), 95 km lang; an ihr die St. *D.*
2) (D-23747), Ostseeheilbad an der Lübecker Bucht, 1190 E.

Dahn, Felix (9. 2. 1834–3. 1. 1912), dt. Historiker, Rechtsgelehrter u. Schriftst.; histor. Romane: *Ein Kampf um Rom.*

Dahomey, bis 1975 Name von → Benin.

Dahrendorf, Ralf (*1. 5. 1929), dt. Soziologe u. FDP-Pol.; 1970–74 Mitgl. d. EG-Kommission, 1974–84 Leiter der London School of Economics; *Gesellschaft u. Demokratie i. Dtld.*

Daidalos → Dädalus.

Daimler, Gottlieb (17. 3. 1834–6. 3. 1900), dt. Ing.; neben Benz Erfinder d. Automobilmotors; begr. Daimlermotoren-Ges., später aufgegangen i. *Daimler-Benz AG,* Untertürkheim; unter d. Marke *Mercedes* führende Stellung d. Kraftwagen- u. -Motorenwerke; außerdem an AEG, Dornier u. MTU beteiligt, 1989 Fusion m. MBB.

Daimonion, *s.,* nach → Platons Bericht d. „innere Stimme" d. → Sokrates als Weisung d. Götter.

Dachshund – *Langhaar-Zwergdackel*

Dahlie

Gottlieb Daimler

Daiquiri [-'ki-], Drink a. weißem Rum, Limonensaft, Zucker u. Eiswürfeln.
Dairen → Dalian.
Dajak, altmalaiische Volksstämme auf Borneo, früher Kopfjäger.
DAK, Abk. f. **D**eutsche **A**ngestellten-**K**rankenkasse.
Dakar, Hptst. d. Rep. Senegal, am Atlant. Ozean, 1,38 Mill. E; Uni.; Handels- u. Industriezentrum, Großhafen, internat. Flughafen.
Daker, indoeur. Volk in Rumänien.
Dakien, *Dazien*, 107–275 röm. Provinz.

Salvador Dalí

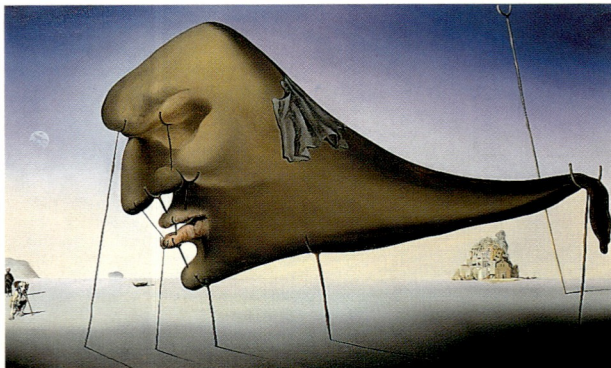
Salvador Dalí, *Der Schlaf*

Dakota, Staaten → Norddakota und → Süddakota.
Dakota, Hptstamm der → *Sioux*-Indianer.
Daktylograph(in), i. d. Schweiz Bez. f. Maschinenschreiber(in).
Daktyloskopie [gr.], Fingerabdruckverfahren, bes. des b. jedem Menschen versch. Hautmusters an d. Innenseite d. Fingerspitzen als (polizeil.) Erkennungsmerkmal.
Daktylus, *m.*, griech. Versfuß: auf eine lange (betonte) folgen zwei kurze (unbetonte) Silben: ‒∪∪ (z. B. *Wanderer*).
Daladier [-'dje], Edouard (18. 6. 1884 bis 10. 10. 1970), frz. Pol., 1933, 1934 u. 1938–40 Min.präs., Münchener Abkommen.
Dalai-Lama, geistl. Oberhaupt des → Lamaismus und früher zugl. Staatsoberhaupt v. → Tibet; der 14. D.-L., *Tändzin Gyamtsho* (* 1935), s. 1959 im ind. Exil, 1989 Friedensnobelpreis.
Dalälv, mittelschwed. Fluß, 520 km lang, vom norweg. Grenzgebirge zum Bottnischen Meerbusen.
Dalarna, mittelschwed. Landsch. am Dalälv; altes Brauchtum.
Dalberg, dt. reichsfreiherrl. Geschlecht:
1) *Karl Theodor* (8. 2. 1744–10. 2. 1817), Kurfürst v. Mainz, letzter geistl. Reichsfürst (bis 1803); später Haupt des Rheinbunds; s. Bruder
2) *Wolfgang Heribert* (13. 11. 1750 bis 27. 9. 1806), Intendant in Mannheim; ließ Schillers erste Dramen aufführen.
Dale [deil], Sir *Henry Hallet* (5. 6. 1875 bis 22. 7. 1968), engl. Physiologe; Nobelpr. 1936.
d'Alembert → Alembert.
Dalén, *Gustaf* (30. 11. 1869–9. 12. 1937), schwed. Phys.; erfand *D.-Blink-*

licht f. Leuchttürme u. -bojen; Nobelpr. 1912.
Dalí, *Salvador* (11. 5. 1904–23. 1. 89), span. Maler, Surrealist; bekannt durch seine von der Psychoanalyse beeinflußten „Traumbilder"; *Zerrinnende Zeit; Brennende Giraffe*; Buchillustrationen.
Dalian, früher *Lüda, Lüta,* St. an d. S-Spitze d. chines. Halbinsel Liaodong, aus Lüshun (fr. Port Arthur) u. Talien (Dalian, jap. Dairen) entstanden, 2,4 Mill. E; bed. Hafen, internat. Flughafen, Schiffbau, Metall-, Textil-, chem. Ind.
Dalila, *Delila*, Geliebte d. → Simson.
Dallapiccola, *Luigi* (3. 2. 1904–19. 2. 75), it. Komp. u. Humanist; Oper: *Il prigioniero*.
Dallas [dæləs], St. i. US-Staat Texas, 1 007 000 (Agglom. 3,9 Mill.) E; Uni.; Baumwollmarkt, Maschinen-, Raumfahrtind., Erdöl, Erdgas.
Dalmatien, kroat. Küstenlandschaft an d. Adria, durch d. Dinarische Gebirge v. Hinterland getrennt, hafenreich, viele Inseln; Seeschiffahrt u. -fischerei, Wein- u. Olivenbau, Fremdenverkehr, Bergbau (Bauxit), Zementind. – 33 v. Chr. röm., im 7. Jh. v. Kroaten u. Serben besetzt, s. d. 11. Jh. venezianisch u. zeitw. türkisch, 1797 östr. (unter Napoleon it.), 1920 zu Jugoslawien.
Dalmatiner, Hunderasse, mittelgroß, weiß mit dichter, (meist) schwarzer Fleckung.
Dalou [-'lu], *Aimé Jules* (31. 12. 1838 bis 15. 4. 1902), frz. Bildhauer d. bürgerl. Realismus; Denkmäler u. Statuen in zahlr. frz. Städten, Porträtist; *Triumph d. Republik; Stillende breton. Bäuerin.*
dal segno [it. -'zeɲo], *mus.* Anweisung z. Wiederholung eines Stückes vom Zeichen an.
Dalton [ˈdɔːltən], *John* (6. 9. 1766 bis 27. 7. 1844), engl. Phys. u. Chem.; begründete d. moderne Atomtheorie u. fand das **D.sche Gesetz** über den Gesamtdruck von Gasgemischen und das Gesetz der *multiplen → Proportionen.*
Dam, *Henrik* (21. 2. 1895–17. 4. 1976), dän. Biologe; Entdecker des Vitamin K; (zus. m. Doisy) Nobelpr. 1943.
Damanhur, ägypt. St. i. westl. Nildelta, 191 000 E; Baumwollumschlagplatz.
Damara → Herero.
Damaraland, von den Hereros bewohntes Gebiet im N v. Namibia.
Damaschke, *Adolf* (24. 11. 1865 bis 30. 7. 1935), dt. Sozialreformer; Gründer des Bundes Dt. Bodenreformer, → Bodenreform, Übers.
Damaskus, arab. *Dimaschk,* Hptst. u. Wirtschaftszentrum Syriens, 1,3 Mill. E; Sitz des griech.-orthodox. Patriarchen v. Antiochien, armen.-kath. Erzbistum, Omaijadenmoschee, Uni.; Zement-, Baumwoll- u. Schuhind., Kunsthandwerk. – Bereits im Altertum bedeutend; schon 15. Jh. v. Chr. erwähnt; 661–750 Sitz d. Kalifen, 1516–1918 türkisch, 1920 frz. Mandatshptst., 1946 Hptst. v. Syrien.
Damast, Leinen-, Baumwoll- od. Seidenstoff mit eingewebten Mustern f. Tisch-, Bettwäsche, Möbel.
Damaszener Stahl, Verschweißung kl. Stahlstückchen zu *D. Klingen,* Gewehrläufen usw.; sehr hart u. elast.; Oberfläche nach Ätzung m. Wellenlinien überzogen.

Damhirsch

Dame [frz.],
1) im Schach-, Kartenspiel: die Königin.
2) Brettspiel, m. 12 weißen u. 12 schwarzen *D.steinen.*
Damenfriede, Friedensschluß zw. Frkr. u. Spanien (1529 in Cambrai) durch d. Erzhgzin Margarete (Ndl.) u. Luise (Mutter d. Kgs Franz I. v. Frkr.).
Damenweg → Chemin-des-Dames.
Damhirsch, Hirschart m. Schaufelgeweih (a. Vorderasien); i. Parks; i. Dtld jagdbares Hochwild.
Damiani, *Petrus* (1007–72), it. Mönch u. Kirchenlehrer, Kardinalbischof von Ostia; bed. Verfechter einer Ordens- u. Kirchenreform.
Damiette [-'mjɛt], ägypt. Handelsst. i. östl. Nildelta, 113 000 E; Seiden- u. Wollweberei.
Damm,
1) Erdaufschüttung als Bahn für Räderfahrzeuge od. zum Stauen (Eindämmen) von Wasser; → Deich.
2) *med.* Muskulatur u. Bindegewebe zw. After u. Geschlechtsteilen; kann bei der Niederkunft einreißen: *Dammriß.*
3) befahrbarer Teil der Straße.
Dammam, St. in Saudi-Arabien, 200 000 E; Uni., Hafen a. Pers. Golf, Erdölind.
Dammarharz, Harz ostind. Bäume, hart, glänzend, f. Lacke verwendet.
Damme (D-49401), St. im Kr. Vechta, Nds., 13 860 E; AG; Luftkurort; div. Ind.
Dammertz, *Viktor Josef* OSB (* 8. 6. 1929), Bischof v. Augsburg (s. 1992).
Dämmerung, Halblicht, d. Helligkeit d. Himmels vor Sonnenaufgang u. nach Sonnenuntergang, entsteht durch Streuung d. Sonnenlichtes i. d. → Atmosphäre bis 60 km Höhe; in den Tropen am kürzesten u. wachsend mit d. geograph. Breite, etwas veränderl. mit d. Jahreszeit. *Bürgerl. D.*: Sonne 6° unter Horizont; *nautische D.*: Sonne 12° unter Horizont; *astronom. D.*: Sonne 18° unter Horizont.
Dämmerzustand, Bewußtseinstrübung, so daß es zu unbeabsichtigten, nicht erinnerbaren Handlungen kommt; bes. b. Epilepsie, (Alkohol-)Rausch, Nachtwandeln, Hypnose, Ekstase.
Dammschnitt, *Episiotomie,* Einschnitt vor Geburt zur Entlastung des Damms.
Dämmstoffe, i. Bauwesen verwendete Stoffe z. Schall- u. Temperaturisolation, wie Fasermatten, Schaumstoffe, Verbundplatten, körnige Schüttungen u. a.
Damnum, Bearbeitungsabzug b. e. ausgezahlten Hypothekendarlehen.
Damokles, Günstling des Dionysius v. Syrakus, der über ihm ein Schwert an e. Pferdehaar aufhängen ließ u. ihn dabei fürstlich bewirtete.
Damoklesschwert, Zeichen drohender Gefahr im Glück.
Dämon [gr. „Gottheit"], übermenschl. Wesen, Teufel.
dämonisch, teuflisch, vom Dämon besessen.
Dämonismus, Glaube an Dämonen.
Dämonologie, *w.,* allg. i. d. Religionen d. Lehre v. d. Dämonen als übernatürl., den Menschen meist feindl. gesinnten Wesen.
Dampf, gasförmiger Zustand, in den flüssige Stoffe durch → Sieden übergeführt werden; bei steigendem Druck oder

fallender Temperatur tritt wieder Verflüssigung ein. 1 l Wasser gibt 1675 l Dampf von 100 °C (1,033 at). Im Kessel, also bei steter Flüssigkeitszufuhr, bildet sich *gesättigter* Dampf, wird er für sich allein weiter erwärmt, *überhitzter* Dampf.

Dampfbad, Anwendung von Wasserdampf (38–56 °C) zu Heilzwecken (z. B. bei rheumat. Krankheiten).

Dämpfer, it. *sordino,* Vorrichtung od. Hilfsmittel z. Abschwächung d. Tonstärke od. Veränderung d. Klangfarbe von Musikinstrumenten.

Dampfhammer, Schmiedemaschine, b. der ein Fallblock (*Bär*) durch im Dampfzylinder auf u. ab bewegten Kolben gehoben u. heruntergeschlagen wird (1838).

Dampfkessel, besteht aus Feuerung, Wasserraum u. Dampfraum, wobei Wasser u. Dampf sich berühren; zur Feuerung dienen feste, flüssige u. gasförmige Stoffe. *Röhrenkessel* sind v. Röhren durchzogen, durch die entweder Heizgase schlagen, während das Wasser sich im Kessel befindet (*Flammrohr-/Rauchrohrkessel*); oder die Flammen schlagen von außen an die Rohre, in denen das Wasser strömt (*Wasserrohrkessel*); neuere Kesselarten mit Dampfüberhitzern u. Hochdruck; dadurch höherer Wirkungsgrad.

Dampfmaschine,
1) *Kolbendampfmaschine:* Der aus dem Kessel in den Zylinder geführte Dampf dehnt sich dort aus u. schiebt dabei den Kolben hin u. her (*Doppelwirkung*); erste Maschine nach diesem Prinzip von James Watt (1778). Später erzeugte man Dampf von höherem Druck, der nacheinander in 2 Zylindern sich ausdehnt: Zweifachexpansionsmaschine. Bei der *Verbundmaschine (Compound)* sind d. Kurbeln um 90° versetzt; der Dampf tritt vom 1. Zylinder erst in einen Zwischenbehälter (*Receiver*), bis ein 2. Zylinder für ihn geöffnet ist. Nach der Arbeitsleistung tritt Dampf entweder ins Freie (*Auspuffmaschine*) oder wird in einem Kondensator niedergeschlagen; dadurch bessere Ausnutzung.
2) *Dampfturbine* → Turbine.

Dampfnudeln, bayr. Hefeteigklöße (m. Vanillesoße).

Dampfschiff, schon 1707 von Papin vorgeschlagen, das erste brauchbare, von → Fulton konstruiert, fuhr 1807 auf dem Hudson.

Dampfschiffenten, schwere, (nahezu) flugunfähige Entenarten im S Südamerikas.

Dampfspeicher, dienen dazu, erzeugten, aber nicht verwendeten Dampf vorrätig zu halten.

Dampfüberhitzer, gebogene, gebündelte Rohre, in denen der aus d. Kessel kommende Dampf in Heißdampf bis 450 °C verwandelt wird, hohe Kohleersparnis.

Dämpfung, Schwächung v. Schwingungsvorgängen durch Energieverlust; z. B. Reibung b. mechan. Schwingungen, Ohmscher Widerstand bei el. Schwingungen.

Dan → Dan-Grad.

Danablu, dän. Edelpilzkäse.

Danaë, in der griech. Sage v. Zeus verführt, der ihr als Goldregen nahte; Mutter des Perseus.

Dampfmaschine

1. Füllung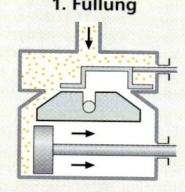
Dampf strömt links in den Zylinder, Kolben wird nach rechts gedrückt.

2. Expansion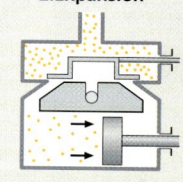
Schieber gesperrt, Dampf wirkt durch Ausdehnung.

3. Ausschub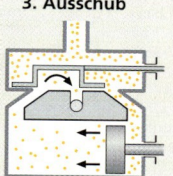
Dampf strömt rechts in den Zylinder, Kolben wird nach links gedrückt.

4. Kompression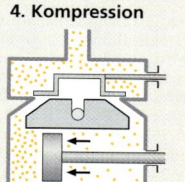
Schieber gesperrt.

Kolbendampfmaschine

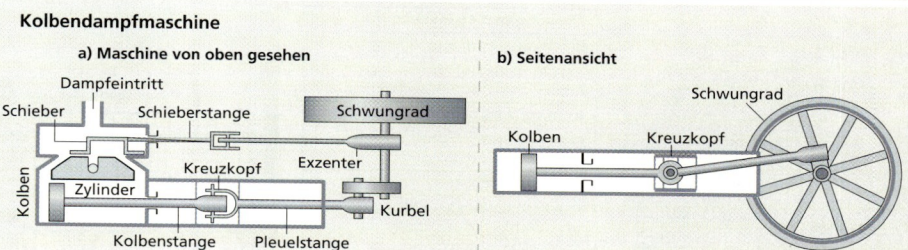

a) Maschine von oben gesehen   b) Seitenansicht

Dampfturbine

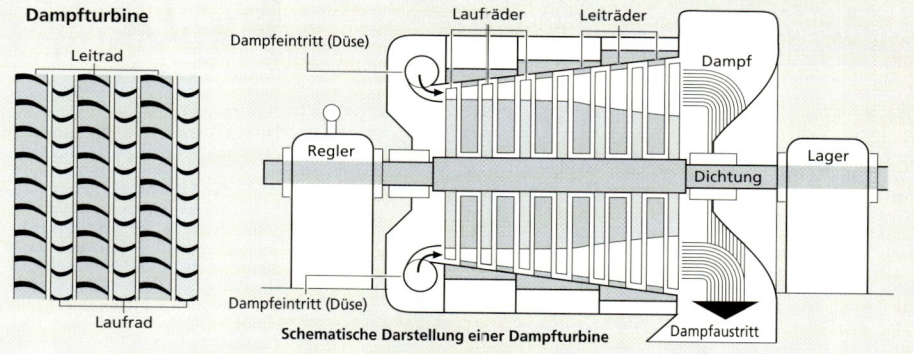

Schematische Darstellung einer Dampfturbine

Danaër, bei Homer Name für d. Griechen.

Danaërgeschenk, Unglücksgeschenk, ben. n. d. hölzernen Pferd, das die Griechen b. i. vorgetäuschten Abfahrt von Troja zurückließen und in dem die Zerstörer Trojas verborgen waren.

Danaiden, in d. griech. Sage Töchter des *Danaos,* die in der Brautnacht ihre Gatten ermordeten und zur Strafe in d. Unterwelt Wasser in ein löchriges Faß schöpfen müssen: *D.arbeit, D.faß.*

Da Nang, St. i. Vietnam, 600 000 E; Bischofssitz, Hafen; US-Stützpunkt i. Vietnamkrieg.

Danbo, mildaromat. dän. Schnittkäse.

Danby ['dænbɪ], Francis (16. 11. 1793 bis 1. 2. 1861), ir. Landschaftsmaler; e. Wegbereiter d. engl. Malerei d. Romantik, im realist., z. T. phantast. Stil; *Ljensfjord in Norwegen; Die Eröffnung d. Sechsten Siegels.*

Danckelmann, Eberhard Freiherr v. (23. 11. 1643–31. 3. 1722), Erzieher u. Min. d. Kurfürsten Friedrich III., grdt. Uni. Halle u. Akad. d. Künste Berlin.

Dandolo, venezian. Geschlecht: *Enrico D.* (um 1110–1205), Doge, begr. Venedigs Macht im Mittelmeer; eroberte 1204 Konstantinopel.

Dandong [-dʊŋ], früher *Tantung,* Hafenst. i. d. chin. Prov. Liaoning, am *Yalu,* 550 000 E.

Dandy, m. [engl. 'dændi], Stutzer, Modenarr.

Danebrog, m. [„rotes Tuch"], dän. Flagge, älteste unveränderte Flagge aller unabhängigen Staaten.

Danella, Utta (* um 1920), dt. Schriftst., Unterhaltungsroman-Bestseller; *Niemandsland, Der Unbesiegte.*

Dänemark, Kgr. zw. Nord- u. Ostsee: Halbinsel Jütland, die Hauptinseln Fünen, Møn, Langeland, Alsen, Falster,

Lolland, Seeland, Bornholm u. etwa 480 kleinere Inseln; Außenbesitzungen mit Selbstverw.: → Färöer u. → Grönland. **a)** *Geogr.:* Die dän. Inseln u. Ostjütland flachhügelige, fruchtbare Moränenlandschaft, Buchenwälder, Westjütland Heide, neuerdings z. T. angebaut. **b)** *Landw.:* Getreide, Zuckerrüben; hochentwickelte, intensive *Vieh- u. Milchwirtsch.* (Erzeugung 1991: Butter 71 000 t, Käse 287 000 t, Fleisch 1,6 Mill. t). **c)** *Ind.:* Masch.- u. Schiffbau; Nahrungsmittelind.; Erdöl- u. Erdgasförd. vor d. Nordseeküste. **d)** *Außenhandel* (1991): Einfuhr 32,39 Mrd., Ausfuhr 35,98 Mrd. $. **e)** *Verkehr:* Handelsflotte 5,78 Mill. BRT (1992); Eisenbahn 2344 km. **f)** *Verf.* v. 1953: Erbmonarchie, Einkammerparlament (Folketing). **g)** *Verw.:* 14 Amtsbe-

Dante, *Detail aus Raffaels Stanzen*

zirke, 2 Stadtgemeinden. **h)** *Gesch.:* Nach Wegzug v. Kimbern, Teutonen, Angeln u. Sachsen Eindringen d. Dänen (Wikinger). Vereinigung d. dän. Gaukönige im 10. Jh.; Knut d. Gr. († 1035) unterwarf Norwegen u. England; 1182–1214 Eroberung der östl. u. südl. Ostseeküste, 1227 wieder verloren; 1397 Kalmarer Union: Vereinigung v. Dänemark, Norwegen u. Schweden. Unter Christian II. (1513–23) Loslösung Schwedens; 1536 Einführung der Reformation; im 16. u. 17. Jh. Kriege m. Schweden u. Dtld; 1700–21 Nordischer Krieg. Christian VII. (1766–1808): aufgeklärter Absolutismus, Bauernbefreiung, 1807 Bombardement Kopenhagens durch engl. Flotte, Abtretung Helgolands an England, Norwegens an Schweden, D. erhielt Lauenburg. Versuche Friedrichs VII. u. Christians IX., Schleswig-Holstein D. einzuverleiben, führten zu dt.-dän. Kriegen 1848–50 u. 1864; im Frieden v. Wien 1864 Verzicht auf Schleswig-Holstein und Lauenburg. Im 1. Weltkr. neutral, erhielt D. durch den → Versailler Vertrag 1920 Nordschleswig. 1940–45 von dt. Truppen besetzt. 1960 Mitbegr. d. EFTA; 1973 Beitritt z. EG (1984 Austritt v. → Grönland). – Auch → Island, *Geschichte*.

Dänen-Insel, NW-Insel der Spitzbergengruppe.

Danewerk, Grenzwall in Schleswig zw. Eider und Schlei; aus dem 9. Jh.

Dan-Grad, Graduierung im Karate u. Judo nach Leistungsstufen; ausgedrückt durch Gürtelfarben.

DÄNEMARK	
Staatsname:	Königreich Dänemark, Kongeriget Danmark
Staatsform:	Konstitutionelle Monarchie
Mitgliedschaft:	UNO, EU, EWR, Europarat, NATO, Nordischer Rat, OECD, OSZE
Staatsoberhaupt:	Königin Margrethe II.
Regierungschef:	Poul Nyrup Rasmussen
Hauptstadt:	Kopenhagen (København) 464 600 (Agglom. 1,3 Mill.) Einwohner
Fläche:	43 077 km²
Einwohner:	5 173 000
Bevölkerungsdichte:	120 je km²
Bevölkerungswachstum pro Jahr:	⌀ 0,20% (1990–1995)
Amtssprache:	Dänisch
Religion:	Lutheraner (90%), Katholiken (0,5%)
Währung:	Dänische Krone (dkr)
Bruttosozialprodukt (1994):	145 384 Mill. US-$ insges., 28 110 US-$ je Einw.
Nationalitätskennzeichen:	DK
Zeitzone:	MEZ
Karte:	→ Skandinavien

Charles Darwin

Daniel, einer d. 4 großen Propheten i. A. T.; von ihm berichtet d. Buch *D. d. A. T.;* gr. Einfluß auf jüd. u. christl. Apokalyptik.

Daniel m. Vn.

Daniell [ˈdænjəl], John Frederic (12. 3. 1790–13. 3. 1845), englischer Chem.; entwickelte **D.schen Hahn** f. Knallgasgebläse (mischt Wasserstoff u. Sauerstoff erst unmittelbar vor d. Entzündung).

Daniellsches Element, galvan. Element von etwa 1,1 Volt; Zink in Zinksulfat u. Kupfer in Kupfersulfatlösung.

Däniken, Erich v. (* 14. 4. 1935), schweiz. Schriftst., vielgelesene Spekulationen über prähistor. Weltraumvisiten auf d. Erde; *Erinnerungen an die Zukunft, Auf den Spuren der Allmächtigen.*

Danzig, *Goldenes Tor*

Danilewskij, Nikolai Jakowlewitsch (10. 12. 1822–19. 11. 85), russ. Kulturphilosoph; Hauptvertr. d. → Panslawismus.

dänische Literatur, *12./13. Jh.:* Saxo Grammaticus (*Gesta Danorum* m. altnordisch. Volks- u. Heldensagen); *18. Jh.:* der gebürtige Norweger Ludwig Holberg (satir. Lustspiel), Jens Baggesen (Lyrik); *19. Jh.:* Adam Oehlenschläger (Märchenspiel *Aladdin*), Hans Christian Andersen (Märchen), Johann Ludwig Heiberg (vielseit. Realist), Søren Kierkegaard (Philosoph), Jens Peter Jacobsen (Erzählung *Mogens*, Romane: *Frau Marie Grubbe; Niels Lyhne*); *20. Jh.:* H. Bang (Roman: *Hoffnungslose Geschlechter*), H. Pontoppidan (Roman: *Hans im Glück*), G. Wied (Komödien), J. v. Jensen (Mythen), M. Andersen-Nexø (Roman: *Pelle*), K. Gjellerup, H. Drachmann u. N. Petersen (Lyrik), S. Fleuron u. A. Madelung (Tierbücher), J. Anker-Larsen (rel. Epik: *Der Stein des Weisen*), K. Abell u. K. Munk (Dramatiker), T. Blixen (*Afrika*), M. A. Hansen u. H. C. Branner (Erzähler).

Dankwarderode, Burg in Braunschweig, Ende d. 19. Jh. historisierend auf roman. Resten erbaut.

Dannecker, Johann Heinrich v. (15. 10. 1758–8. 12. 1841), dt. Bildhauer des Klassizismus; *Schillerbüste.*

Dannenberg (Elbe) (D-29451), St. in Nds., 8025 E; AG.

Dantan [dāˈtã], Jean-Pierre (28. 12. 1800–6. 9. 69), frz. Bildhauer; hpts. Porträts, dabei geistreiche Karikaturen s.

Zeitgenossen (*Liszt am Klavier*), einige Statuen (*Königin Victoria*).

Dante Alighieri, (1265–14. 9. 1321), it. Dichter; Hauptwerk: *Divina Commedia* („Göttliche Komödie"), Epos in Terzinen, in dem sich d. Weltbild seiner Zeit spiegelt; D. wandert, v. Vergil geführt, durch Hölle (Inferno) u. Fegefeuer (Purgatorio); die Jugendgeliebte Beatrice geleitet ihn ins Paradies (Paradiso); dort führt ihn St. Bernhard zur Anschauung Gottes; Liebessonette: *Vita nuova* („Das neue Leben").

Danton [dãˈtõ], Georges (28. 10. 1759 bis 5. 4. 94), frz. Advokat u. Revolutionär; stürzte das Königtum, veranlaßte 1792 als Justizminister die Septembermorde; auf Robespierres Betreiben guillotiniert.

Bernini, *Apollo und Daphne*

Danzig, *Gdańsk,* poln. St. u. Ostseehafen an der D.er Bucht, beiderseits der Mottlau u. Radaune, 467 000 E (1938 mit 260 000 fast ausschl. dt. E); mit → Gdingen zu einem Großhafen zus.gefaßt; Altstadt u. bed. Baudenkmäler wie die got. Marienkirche, Artushof, Krantor, Zeughaus in 2. Weltkr. zerstört, Wiederaufbau im alten Stil; TH, Uni.; kath. Bistum; bed. Industrie, Schiffbau. – Zuerst 997 erwähnt. 1178 Gründung des Klosters Oliva, 1308–1454 mit d. Dt. Ritterorden verbundenes Mitgl. d. dt. Hanse. Nach d. Niedergang des Ritterordens Personalunion mit dem Kg v. Polen. 1793 unter dt. (preuß.) Herrschaft. 1807 von Napoleon z. Freien Stadt erklärt (unter frz. Besatzung); 1814 wieder preuß.; 1920 durch Versailler Vertrag als „Freie Stadt D." selbst. Staat (1893 km², 408 000 E, 97% der Bev. dt. E) unter Hohen Kommissar des Völkerbundes; Polen erhielt außenpol. Vertretung u. bes. wirtsch. Vorrechte (u. a. Zölle); 1. 9. 1939 Proklamation der Wiedervereinigung mit Dt. Reich; s. 1945 poln.

Danziger Goldwasser, *Lachs,* Kümmellikör, mit Blattgoldflittern durchsetzt.

Dao, *s.* chin. „Weg", *Tao,* das All-Eine, d. Ursprung d. Alls bei → *Laodse* (Laotse).

Daoismus, *Taoismus,* daraus entstandene Phil. u. Religion, als chin. Staatsreligion anerkannt, mystisch, buddhist. Einfluß, Naturverehrung u. Geisterglauben; Hptbuch: **Dao De Jing** (Tao-te-

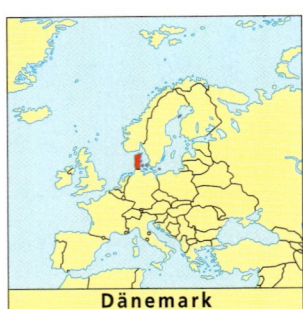

Dänemark

king), göttl. Offenbarungs- und Tugendlehre.
Daphne [gr. „Lorbeer"],
1) → Seidelbast.
2) griech. Nymphe, zum Schutz vor Apolls Liebe in Lorbeer verwandelt.
Daphnis, in der griech. Sage Hirt auf Sizilien, Sohn des Hermes, Geliebter der Nymphe Echenais.
Da Ponte, Lorenzo (10. 3. 1749–17. 8. 1838), it. Dichter; verfaßte Libretto zu Mozarts *Figaro, Don Giovanni* u. *Così fan tutte*.
DAR, Abk. f. **D**rohne **A**nti-**R**adar → Drohne 2).
DARA, Abk. f. **D**eutsche **A**gentur für **Ra**umfah**rt**angelegenheiten, gegr. 1989, private Organisation z. Planung, Koordination u. Abwicklung v. Raumfahrtprojekten, ca. 300 Beschäftigte.
Dardanellen, türk. *Çanakkale Boğazı*, Meeresstraße zw. Ägäischem u. Marmara-Meer, 65 km lang, 2–6 km breit. – Im Altertum *Hellespont;* Vertrag von 1841 verbot Durchfahrt von nichttürk. Kriegsschiffen; 1923 D.abkommen von *Lausanne:* in Krieg und Frieden für See- u. Luftverkehr frei; 1936 Wiederbefestigung durch Türkei, geregelt durch Konvention v. *Montreux*.
Dardschiling, *Darjeeling*, ind. St. in d. Himalaja-Vorbergen, nahe der Grenze von Nepal, 2184 müM, 57 000 E; Teehandel; Uni.; Luftkurort.
Daressalam, *Dar es-Salam*, faktisch noch Hptst. von Tansania, am Ind. Ozean, 1,4 Mill. E; Wirtschafts- u. Verkehrszentr., Hafen, internat. Flughafen.
Darfur, Hochebene (Steppenlandschaft) mit Gebirge (*Dschebel Marra* 3088 m) u. Prov. i. d. Rep. Sudan (3,1 Mill. E), fruchtbare Täler, reich an Mineralien (Kupfer, Eisen); Hptst. *El Fascher.*
Darius, *Dareios*, pers. Kge:
1) D. I. Hystaspes reg. 522–486 v. Chr., zog 492 u. 490 gg. Griechenland, Niederlage bei → Marathon 490.
2) D. III. Kodomannos 333 v. Chr. bei Issos, 331 bei Gaugamela von Alexander d. Gr. besiegt.
Darlan [-'lã], François (7. 8. 1881 bis 24. 12. 1942), frz. Admiral u. Pol., 1939 bis 40 Oberbefehlsh. der frz. Flotte, dann Handels- und Marineminister unter Petain, später auch Innen- u. Außenminister; am 16. 11. 42 nach Landung der Alliierten in Nordafrika aller Ämter enthoben; ermordet.
Darlehen, Hingabe v. Geld od. and. → vertretbaren Sachen gg. die Verpflichtung, das Empfangene in Sachen v. gleicher Art, Güte u. Menge (§ 607 BGB) zurückzuerstatten.
Darlehensversprechen, Versprechen einer Darlehenshingabe; ist bindend, aber b. wesentl. Vermögensverschlechterung d. Darlehennehmers widerrufl.
Darlehenszins, ist nur bei Vereinbarung zu zahlen; Höhe kann vertragl. festgelegt werden, wenn kein Wucher vorliegt.
Darling [engl. 'dɑ:lɪŋ], r. Nbfl. d. Murray in Australien, 2740 km l., teilw. schiffbar.
Darling, Liebling.
Darling-Kette, Küstengebirge in W-Australien (*Mount William* 484 m).
Darm, der an den Magen anschließende Verdauungsschlauch in der Bauchhöhle

Dasselfliegen, Pferde-Dasselfliege (links), Große Rinder-Dasselfliege (rechts)

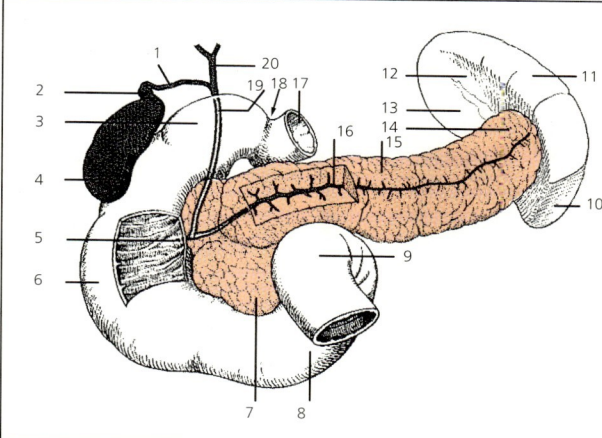

(→ Eingeweide, Abb.). Beim Menschen:
1) *Dünndarm*, 6–7 m l., Anfangsteil: Duodenum = *Zwölffingerdarm* (seine Länge 12 Finger breit);.
2) *Dickdarm* (Kolon), ½ m l.;
3) *Mastdarm*, 12 cm l., endet am After. Im D. wird die im Magen begonnene Verdauung fortgesetzt; unverdaul. Nahrungsteile werden als *Kot* durch den Stuhlgang ausgeschieden. Rhythmische Bewegungen d. Darmmuskulatur *(Peristaltik)* treiben den Darminhalt weiter.
Darmblutung, blutige Stuhlentleerung, bei Hämorrhoiden, Typhus, Ruhr, Duodenalgeschwür, Darmkrebs, Darmtuberkulose.
Darmflora, normale Bakterienbesiedlung des Darms, insbes. mit → Kolibakterien.
Darmgeschwür, Geschwür d. Darmschleimhaut, bes. am Zwölffingerdarm *(Duodenalgeschwür)*, bei Typhus und Darmtuberkulose im Dünndarm, b. Ruhr im Dickdarm.
Darmkatarrh, Entzündung d. Darmschleimhaut.
Darmkolik, schmerzhafte, krampfhafte Zusammenziehung des Darms.

Zwölffingerdarm, Bauchspeicheldrüse, Gallenwege und Milz
1 Gallenblasengang
2 Gallenblasenhals
3 Bulbus des Zwölffingerdarms (Duodenum)
4 Grund der Gallenblase
5 Große Papille des Zwölffingerdarms
6 Absteigender Teil des Zwölffingerdarms
7 Kopf der Bauchspeicheldrüse
8 Aufsteigender Teil des Zwölffingerdarms
9 Übergang zum freien Dünndarm
10 Dickdarmfläche der Milz
11 Oberer Milzrand
12 Magenfläche der Milz
13 Nierenfläche der Milz
14 Schwanzteil der Bauchspeicheldrüse
15 Körperteil der Bauchspeicheldrüse
16 Freigelegter Gang der Bauchspeicheldrüse
17 Vorraum des Magenpförtners
18 Einschnürung des Pförtnerschließmuskels
19 Galleführender Gang
20 Leberteil der Gallenwege

Darmstadt (D-64283-97), Hptst. d. hess. Rgbz. D. (7444 km², 3,59 Mill. E), 140 000 E; TH, IHK, LG, AG; Dt. Akad. für Sprache u. Dichtung, PEN-Zentr. (BR), post- u. fernmeldetechn. Zentralamt; Masch.-, chem., Elektroind., Verlage, Dt. Rechenzentrum; Eur. Operationszentrum f. Weltraumforschung; EuMet-Sat (Wetterforschung); Museen; s. 1330 Stadt.
Darmstädter Künstlerkolonie, z. umfassenden Erneuerung d. Künste 1899 gegr. durch Großhzg Ernst Ludwig; Mitgl. u. a. Behrens, Christiansen, Olbrich; bis z. ihrer Auflösung 1906 e. bed. Zentrum d. Jugendstils.
Darmverschlingung, Darmverschluß, lat. *Ileus*, völliges Aufhören d. Kottransports bei Verschlingung u. Abknickung des Dünndarmes od. bei Geschwülsten od. infektiöser bzw. toxischer **Darmlähmung**.
Darmzotten, kleine blatt- od. zäpfchenartige Vorstülpungen der Dünndarmschleimhaut.
Darnley ['dɑ:nli], Lord Henry Stewart (Stuart) (7. 12. 1545–10. 2. 1567), 2. Gemahl der schott. Königin → Maria Stuart.
Darre, Vorrichtung z. Trocknen v. Getreide, Malz, Obst, Baumsamen usw. bei mäßiger Wärme.
Darß, Halbinsel, 77 km², an d. mecklenburg. Ostseeküste; Seebäder: *Zingst, Prerow, Ahrenshoop.*
Darßer Ort, N-Spitze d. Halbinsel D.; Leuchtturm.
darstellende Geometrie, Abbildung geometrischer Körper durch → Projektion 2).
darstellende Kunst, Sammelbez. f. → bildende Künste, Schauspielkunst, Gesang u. Tanz.
Dartmoor ['dɑ:tmʊə], hügelige Moorheide i. SW-England (Devonshire); Nationalpark; Menhire, verwilderte *D.-Ponies.*
Darts, engl. Wurfpfeilspiel auf Scheibe (45,7 cm Durchmesser), die in 20 keilförmige Segmente unterteilt ist, die wiederum durch zwei Doppelringe durchzogen werden.
Darwin [dɑ:wɪn], Charles (12. 2. 1809 bis 19. 4. 82), engl. Biol.; *Entstehung der Arten; Abstammung d. Menschen.*
Darwin, Hptst. d. Northern Territory, Australien, 78 000 E, Hafen.
Darwinfinken, Singvogelgruppe, 13 Arten auf Galapagos, an d. → Darwin Grundzüge d. Evolution zeigte.
Darwinismus → Abstammungslehre.
Dasein, meint das (empir.) Vorhandensein (Daß-Sein) e. Person od. Sache; Ggs.: → Sosein (Was-Sein, Beschaffenheit) sowie (metaphys.) Sein. Es gibt kein D. ohne Sosein u. kein Sosein ohne D.
Dasselfliegen, *Biesfliegen,* Schmarotzerfliegen, die ihre Eier auf die Haut bes. v. Rindern u. Pferden (Pferdebremsen) legen; Larven dringen in d. Tier ein, erzeugen schmerzhafte *D.beulen.*
Dassin [da'sẽ], Jules (* 18. 12. 1911), am.-frz. Filmregisseur; *Rififi; Sonntag... nie!*
DAT, Digital **A**udio **T**ape, Tonträger mit digitaler Aufzeichnungstechnik.
Date [engl. deit], ugs. f. Verabredung, Rendezvous.
Datei, Sammlung v. Daten, die z.

Zweck des einfacheren Zugriffs zusammengefaßt werden.
Daten, durch Zeichen od. Funktionen dargestellte → Informationen; bestehen aus einer Folge v. Ziffern, Buchstaben od. Sonderzeichen; sind an einen Datenträger (phys. Trägersubstanzen wie Papier, Karton, magnetisierbare Schichten, Filmschichten u. a.) gebunden; lassen sich maschinell verarbeiten (→ Datenverarbeitung) u. in → analoger od. → digitaler Form übertragen. → Nachrichtentechnik, → Informatik.
Datenanzug [ˈdeɪtəˌsjuːt], *DataSuit,* mit e. Computersystem gekoppeltes Gerät i. d. Form e. Ganzkörperanzugs, das über Sensoren alle Glieder u. versch. Körperteile des Trägers abtastet u. diese Daten an d. Rechner weiterleitet, so daß der Träger interaktiv an e. → Virtuellen Realität teilhat. Über spezielle Stimulatoren können auch Reize an d. Körper d. Benutzers übertragen werden; → Cybersex.
Datenbank, *D.system,* elektron. gespeicherte u. abfragbare Daten i. gr. Mengen; besteht aus Datenbasis (Primärdaten) u. einer Gruppe v. Systemprogrammen, die d. Zugriff darauf ermöglichen; Vorteile: Mehrfachauswertung, schnelle Datenverwaltung, einf. Programmentwicklung.
Datenbus → Bus.
Datenerfassung, Umwandlung von Daten in e. f. Computer lesbare Form, hpts. über Tastatur- od. Scannereingabe.
Datenhandschuh, *DataGlove* [ˈdeɪtəˌglʌv], mit e. Computersystem gekoppeltes, handschuhförmiges Gerät, das mittels Sensoren Fingerbewegungen registriert u. an d. Rechner weiterleitet u. teilweise als Feedback-Reaktion auch (taktile) Reize an d. Hand überträgt. Interaktive Teilnahme an e. → Virtuellen Realität.
Datenrückwand, z. Einbelichtung v. Datum, Uhrzeit u. anderen Angaben in e. Aufnahme.
Datenschutz, Maßnahmen u. Bestimmungen gg. unbefugten Gebrauch od. Verwertung v. Daten (Personalien, Zahlen od. Fakten) aus Dateien (→ Datenbanken); D.-Gesetz v. 27. 1. 1977 enthält Schutzvorschriften hinsichtl. personenbezogener Daten.
Datenverarbeitung, *DV,* Erfassen, Übermitteln, Ordnen u. Umformen v. → Daten z. Gewinnung v. → Informationen; mittels Maschinen automatisiert → Datenverarbeitungsanlagen.
Datenverarbeitungsanlagen, *DVA, Computer,* elektron. Anlage, die durch gespeicherte Programme gesteuert wird u. eingegebene Daten verarbeitet; besteht aus den Grundeinheiten: Eingabe, → Rechenwerk, → Steuerwerk, → Arbeitsspeicher, Ausgabe; erst als DV-System (= DVA u. die gesamten Programme, → Software) f. d. praktischen Einsatz verwendbar.
DATEV, eingetragene Genossenschaft in Nürnberg; Zweck: Datenverarbeitung f. Angehörige steuerberatender Berufe.
Datex-Netz, Netz der DBP für Datenfernübertragung; zwei Nutzungsmöglichkeiten: Wählverbindungen (*DatexL-Dienst* = leitungsvermittelt; *DatexP-Dienst* = paketvermittelte Übertragung) u. Direktverbindungen in sog. Direktvermittlungsnetz.

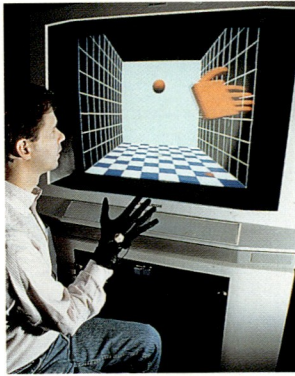
Graphische Datenverarbeitung

Datenhandschuh, *Manipulation der virtuellen Realität*

Dattelpalme

Daudets Windmühle in Fontvieille, Provence

Dativ, *m.* [l.], 3. Kasus (Gebefall) auf d. Frage *wem?* (z. B. er folgte *ihm*).
Datowechsel → Wechsel.
Datscha, *w.* [russ.], russ. Landhaus, Sommerhaus.
Datteln (D-45711), Ind.stadt am Schnittpkt v. Dortmund-Ems-, Rhein-Herne-Kanal-D- u. D.-Hamm-Kanal, NRW, 37 090 E; Ind.: Maschinenbau, Zinkverarb., chem. Ind.
Dattelpalme, *Phoenix,* Palmenart in N-Afrika bis O-Indien (Oasenbaum); angepflanzt auch in anderen subtrop. Ländern m. Trockenklima; Früchte (*Datteln*) wichtiges Nahrungsmittel.
Dattelpflaume → Kaki.
Datumsgrenze, beim Passieren d. 180. Längengrades zählen Seeleute, die nach O fahren, denselben Tag 2mal, die nach W reisen, überschlagen einen Tag (→ Zeitzonenkarte).
Dau, *w.* [arab.], kleineres Segelschiff m. Dreiecksegel (Arabien, Ostafrika).
Dauben, Wandteile der Fässer.
Daubigny [dobiˈɲi], Charles-François (15. 2. 1817–19. 2. 78), frz. Maler (auch Restaurator) u. Radierer, Wegbereiter d. Impressionismus; s. (Fluß-)Landschaften gehören z. d. ersten Werken d. frz. Freilichtmalerei; *Das Cousin-Tal bei Avallon; Boote auf der Oise.*
Däubler, Theodor (17. 8. 1876–13. 6. 1934), dt. expressionist. Lyriker; Epos: *Das Nordlicht; Attische Sonette.*
Däubler-Gmelin, Herta (* 12. 8. 1943), SPD-Pol.in, Rechtswissenschaftlerin; 1983–94 stellv. Vors. d. SPD-Bundestagsfraktion u. s. 1988 stellv. Parteivors. der SPD.
Daudet [doˈdɛ]
1) Alphonse (13. 5. 1840–16. 12. 97), frz. Dichter; *Tartarin von Tarascon; Briefe aus meiner Mühle;* s. Sohn
2) Léon (16. 11. 1867–2. 7. 1942), frz. nationalist. Schriftst.; leitete mit Maurras die „Action française"
Dauerauftrag, Weisung eines Kunden an seine Bank, f. seine Rechnung period. Zahlungen zu leisten.
Dauerausscheider, Menschen, die chron. z. B. Salmonellen mit dem Stuhl ausscheiden.
Dauerbremse → Motorbremse.
Dauergewebe, Pflanzengewebe aus *differenzierten Zellen;* Ggs.: → Bildungsgewebe.
Dauerkatheter, *Verweilkatheter,* über längere Zeit liegender → Katheter.
Dauermagnete, Werkstoffe auf metall. od. nichtmetall. Grundlage (*Oxidmagnete*) mit hoher Magnetisierung, die aufgrund des Kristallgefüges dauerhaft beibehalten wird.
Dauermodifikation, durch Umweltbedingungen induzierte Veränderung an Pflanzen u. Tieren, die mehrere Generationen erhalten bleiben kann.
Dauerwellen, künstl. Wellung des Haars durch thermoplast. Verformung („heiße Dauerwellen") od. chem. Behandlung („Kaltwelle").
Daume, Willi (24. 5. 1913–20. 5. 96), dt. Industrieller, 1950–70 Präs. d. Dt. Sportbundes, 1961–Dez. 92 Präs. d. NOK, 1972 bis 76 Vizepräs. d. IOK.
Daumier [doˈmje], Honoré (26. 2. 1808–10. 2. 79), frz. Maler u. Graphiker, bes. Karikaturist; satir. Chronist in d. Wochenblättern „La Caricature" und „Charivari".

Däumling, *Daumerling,* Märchengestalt v. daumenlanger Größe.
Daun, Leopold, Gf v. (24. 9. 1705–5. 2. 66), öst. Feldherr; siegte im 7jähr. Krieg bei Kolin u. Hochkirch.
Daun (D-54550), Krst. u. Luftkurort in der Eifel, RP, 7860 E; 450 müM; Fremdenverkehr.
Daunen, *Dunen,* Flaumfedern der Vögel.
Dauphin [doˈfɛ̃], seit 1140 Titel der Herren der Dauphiné, 1349–1830 des frz. Kronprinzen.
Dauphiné, Le [dofiˈne], frz. Landschaft im Rhône- u. Isèregebiet; O Hochgebirge, 4102 m (**D.-Alpen**), W fruchtb. Hügelland; bedeutendste St. *Grenoble.*
Daus,
1) *s.,* 2 Augen im Würfel-, As im Kartenspiel.
2) *m.,* svw. Teufel (z. B. *Ei der Daus!*).
Dausset [doˈse], Jean (* 19. 10. 1916), frz. Med.; (zus. m. B. → Benacerraf u. G. → Snell) Nobelpr. 1980 (Forschungen z. immunbiol. Reaktionen zellulärer Oberflächenstrukturen).
Dauthendey, Max (25. 7. 1867–29. 8. 1918), dt. impressionist. Lyriker u. Erzähler; *Die acht Gesichter am Biwasee; Raubmenschen.*
Davenport [ˈdævənpɔːt], St. i. Iowa, 100 000 E; 1. Mississippi-Brücke (1853).
David, Kg über Israel und Juda im 10. Jh. v. Chr.; Psalmendichter.
David,
1) Gérard (1460–1523), ndl. Maler.
2) Jacques-Louis (30. 8. 1748–29. 12. 1825), klassizist. frz. Revolutions-, dann Hofmaler Napoleons I.; Historienbilder, Porträts; *Der ermordete Marat, Madame → Récamier* (Abb.).
3) Johann Nepomuk (30. 11. 1895 bis 22. 12. 1977), östr. Komp. linear-polyphonen Stils; Sinfonien, Partiten, ev. Kirchenmusik.
David [hebr. „Liebling"], *m.* Vn.
Davidoff, Zino (11. 3. 1906 bis 14. 1. 94), schweiz. Unternehmer; Herstellung berühmter Zigarren.
Davidsbündler, Kreis v. Musikern um Robert → Schumann.
Davidshirsch, erst 1865 beschriebene Hirschart aus d. kaiserl. Wildpark in Peking; heute Zucht in Zoos.
Davidstern, Schild Davids, → Hexagramm.
Davis,
1) Angela (* 26. 1. 1944), schwarze am. Politaktivistin, 1971/72 weltweite Solidaritätskampagne nach ihrer Verhaftung wegen krimineller Verschwörung.
2) Bette (5. 4. 1908–6. 10. 89), am. Filmschausp.in; *The Little Foxes; All about Eve.*
3) Jefferson (3. 6. 1808–6. 12. 89), am. Staatsmann; Haupt der S-Staaten im Sezessionskrieg 1861 bis 64.
4) John (1550 bis 1605), engl. Seefahrer, entdeckte 1585 *D.-Straße* zwischen Grönland u. Baffinland, 1592 Falklandinseln.
5) Miles (25. 5. 1926–28. 9. 91), am. Jazztrompeter, Bandleader u. Komponist; bed. f. d. Entwicklung d. Jazz Rock.
Davis-Cup [-ˈkʌp], Wanderpokal f. Nationalmannschaften i. Tennis; 1906 v. d. Amerikaner *D. F. Davis* gestiftet.
Davis jr. [-ˈdʒuːnjər], Sammy (8. 12. 1925–16. 5. 90), am. Sänger, Entertainer

u. Filmschauspieler; Autobiographie: *Yes, I can* (1965).
Davit [engl. ˈdævɪt], Kran auf Schiffen, um Boote herabzulassen, aufzuheißen (= hochzuziehen) u. aufzuhängen.
Davos,
1) Hochtal i. schweiz. Kanton Graubünden; Zentrum:
2) *D.-Platz* (CH-7270), 1560 müM; dabei *D.-Dorf*, 1575 müM, bed. Wintersportplatz u. Luftkurort; 11 000 E.
Davy [ˈdeɪvɪ], Sir Humphry (17. 12. 1778–29. 5. 1829), engl. Chem.; entdeckte Alkalimetalle u. Elektrolyse, erfand Sicherheitslampe f. Bergleute.
Dawes [dɔːz], Charles Gates (27. 8. 1865–23. 4. 1951), am. Bankier, General, Pol.; 1924 Vorsitzender d. Sachverständigenausschusses der Reparationskommission; (zus. mit J. A. Chamberlain) Friedensnobelpr. 1925. – *D.-Abkommen* → Reparationen.
Dax, südfrz. Winterkurort, 19 000 E; Thermalbad (schwefel- u. kalkhaltig); Bischofssitz.
DAX®, Abk. f. **D**eutscher **A**ktieninde**x**.
Day [deɪ], Doris (* 3. 4. 1924), am. Filmschausp.in; *The Man Who Knew Too Much; Pillow Talk.*
Dayan, Moshe (20. 5. 1915–16. 10. 81), isr. Gen. u. Pol.; 1967–74 Verteid.min., 1977–79 Außenmin.
Dayton [deɪtn], Ind.st. in US-Staat Ohio, am Miamifluß, 182 000 E; Uni., Luftfahrtzentrum, Fahrzeug- u. Maschinenbau.
Dazien → Dakien.
DB, Abk. f. **D**eutsche **B**ahn, → Eisenbahn.
DBB → **D**eutsche **B**undes**b**ank.
DBGM, Abk. für **D**t. **B**undes-**G**e-brauchs**m**uster.
DBP, Abk. f. **D**t. **B**undes**p**atent.
D-Day [ˈdiːdeɪ], Kennwort f. d. Tag der Invasion d. Alliierten am 6. 6. 1944 i. d. Normandie.
ddd, Abk. f. **D**eutsche **D**epeschen**D**ienst GmbH, 1971 gegr. Nachrichtenagentur i. d. BR.
DDR, Abk. f. ehem. → **D**eutsche **D**emokratische **R**epublik.
DDT → Kontaktgifte.
Deadweight [engl. ˈdɛdweɪt], Gesamttragfähigkeit eines Schiffes; → tdw.
Dealer, *m.* [engl. diːlə], Rauschgifthändler.
Dean [diːn], James (8. 2. 1931–30. 9. 55), am. Filmschausp.; *East of Eden; Rebel without a Cause; Giant.*
Dearborn [ˈdɪəbɔːn], Stadt in SO-Michigan, 95 000 E; Ford Motor Company.
Death Valley [deθ ˈvælɪ, „Todestal"], Grabensenke i. Kalifornien; tiefste (bis 85 müM) u. heißeste Gegend (bis 56 °C) d. USA; Salzwüste.
Deauville [doˈvil], frz. Seebad im Dép. *Calvados*, a. d. Seinebucht, 4300 E.
Debakel, *s.* [frz.], Zusammenbruch.
Debatte, *w.* [frz.], mündl., bes. parlamentar., Meinungsaustausch.
Debattenschrift → Kurzschrift.
Debet, *s.* [l. „er schuldet"], das Soll, Verbuchung auf der linken Seite des → Kontos; D.saldo.
debil [l.], schwachsinnig.
Debilität, leichte Form v. Schwachsinn, IQ (Intelligenzquotient) zw. 50 u. 70, Hilfsschulfähigkeit.
debitieren, belasten.

Debitor, Schuldner; Ggs.: *Kreditor.*
Debitorenkonto, das Konto für den Kunden (z. B. Forderungen aus Warenlieferung).
Debora, Richterin u. Prophetin i. A. T. (*Richter 4 f.*).
Debré, Michel (15. 1. 1912–2. 8. 96), frz. Jurist u. Pol.; 1959–62 Min.präs., 1966–73 versch. Min.ressorts.
Debrecen, *Debreczin*, Hptst. des ungar. Komitats Hajdú-Bihar, 220 000 E; Uni., Handelszentrum, Thermalbad.
Debrecziner Heide, *Hortobágy*, Pußtalandschaft a. d. oberen Theiß.
Debreu, Gerard (* 4. 7. 1921), am. Ökonom; Nobelpr. 1983 (math. Modell e. Marktwirtschaft).
Débridement [frz.], Beseitigung von Verwachsungen *(Briden)* oder Wundreinigung, Beseitigung von → Detritus.
Debugging [engl. ˈdiːbʌgɪŋ], Fehlersuche in neuer Soft- u. Hardware, meist durch spezielle Programme.
Debussy [dəbyˈsi], Claude (22. 8. 1862–25. 3. 1918), frz. Komp., Begr. d. frz. Impressionismus (Klangfarbe v. großer Feinheit u. nuancenreichem Stimmungsreiz); Klavierwerke: *Préludes; Images;* Oper: *Pelléas et Mélisande;* Orchesterwerke: *La mer;* Lieder; Ballett: *Jeux.*
Debüt, *s.* [frz. -ˈbyː], erstes Auftreten, besonders v. Künstlern.
Débütant, *m.*, Anfänger.
Déby, Idriss (* um 1951), s. 1990 Staatspräs. v. Tschad.
Decameron → Dekameron.
Decca-Navigation, Funknavigationssystem für Flugzeuge (auch Schiffe); Standortbestimmung aus d. Ausstrahlungen einer Langwellensender-Kette, bestehend aus e. Hauptsender u. 3 sternförmig in je 200 km Entfernung um diesen angeordneten Nebensendern.
Dechant, svw. → Dekan.
dechiffrieren, entziffern; → Chiffre.
Decius,
1) *Publius D. Mus,* Vater, Sohn u. Enkel, die als röm. Konsuln durch Selbstopfer d. Sieg f. ihre Heere errungen haben sollen (4./3. Jh. v. Chr.).
2) *Messius Quintus Traianus D.,* röm. Kaiser 249–251 n. Chr., Christenverfolgung.
Deck, (Stockwerks-)Decke bzw. Boden aus eisernen Platten od. hölzernen Planken auf Schiffen.
decken, belegen, beschälen, Begattung b. Haustieren.
Deckentheorie, Erklärung des Gebirgsaufbaus durch Gesteinsüberschiebung; durch teilweisen Abtrag entsteht tektonisches Fenster (→ Tektonik), so daß tieferliegende Gesteinsschichten im Fensterinneren zutage treten.
Deckfarben, undurchsichtige Farben.
Deckoffizier, bis 1920 Bezeichnung für Unteroffiziere d. Marine mit Portepee, eine Rangklasse zw. Unteroffizier und Offizier.
Deckung,
1) Sicherstellung d. Darlehensgebers.
2) *Finanzwiss.:* Ausdruck dessen, daß d. Ausgaben e. ausreichende Einnahmen gegenüberstehen.
3) *Währungspol.:* Bereithaltung d. Notenbank an Gold u. Devisen, mit denen umlaufende Banknoten eingelöst werden können.
4) *Versicherungswesen:* **a)** svw. Versi-

David, *Bernini*

Claude Debussy

cherungsschutz; **b)** Betrag, bis zu d. die Versicherung d. Schaden deckt.
Deckungsbeitrag, Umsatz abzügl. variabler → Kosten.
Deckungsbeitragsrechnung, *Teilkostenrechnung*, Methode d. Planungs- u. Erfolgsrechnung e. Unternehmens mittels → Deckungsbeiträgen.
Deckungsgeschäft,
1) Börsengeschäft z. Ausgleich v. Verpflichtungen aus früheren Geschäften.
2) bei Nichterfüllung eines Handelsgeschäfts v. Gläubiger anderweitig vorgenommene D.verkauf bzw. D.ankauf durch öff. Versteigerung od. autorisierten Handelsmakler.
Deckungswechsel, Depotwechsel; → Wechsel.
Decoder, *m.*, elektron. Bauteil in Fernseh- u. Hörfunkempfängern, das aus d. Summen-Differenz-Signal best. für d. Funkübertragung durch Modulation *codierte* Informationen entschlüsseln (*decodieren*) soll (z. B. Rechts- u. Linkssignal in d. Stereophonie).
Décollage [frz. -ˈlaːʒ(ə)], in d. zeitgenöss. Kunst Verfremdung v. Materialien d. alltägl. Gebrauchs, um neue ästhet. Wirkungen zu erzielen, z. B. d. Übermalen u. Verwischen v. Bildern u. Fotografien (Rauschenberg, Vostell, Rainer), Abreißen d. Schichten v. Klebebildern (Plakate), Verbrennen, Pressen v. Metallgegenständen (César) → Dadaismus.
Décollement [frz.], flächige Abhebung der Haut.
Decorated Style [ˈdɛkəreɪtɪd staɪl], Baustil d. engl. Hochgotik zw. etwa 1270 u. 1370; Hptmerkmale: konvex-konkav geschwung. Formen z. B. bei Bogen u. Maßwerk, reiche (Flächen-)Dekoration, in d. Raumbildung Betonung überraschender (meist diagonaler) Durchblicke; Kathedral-Chöre v. Bristol u. Wells.
decrescendo [it. -ˈʃɛn-], *mus.* leiser werdend.
De Crescenzo [-kreʃˈʃen-], Luciano (* 20. 8. 1928), it. Schriftst. u. Amateurphilosoph, gestaltet in amüsanter Weise Denken u. Leben d. antiken Welt; *Also sprach Bellavista; Helena, Helena, amore mio.*
Dedikation, *w.* [l.], Zueignung; *dedizieren,* zueignen.
Deduktion [l.], logisches Erkenntnisverfahren, schließt (*deduziert*) von Allgemeingültigem auf Besonderes, das in ihm einbegriffen ist; Ggs.: → Induktion.
Deeping [ˈdiːp-], Warwick (28. 5. 1877–20. 4. 1950), engl. Schriftst.; sozialkrit. Romane: *Hauptmann Sorrell u. sein Sohn.*
DEFA, Abk. f. **D**eutsche **F**ilm **A**ktiengesellschaft, ehem. staatl. Filmproduktion der DDR.
de facto [l.], „der Tat nach"; → Anerkennung.
Defäkation [l.], Stuhlgang.
Defätismus, *m.*, mangelnder Glaube an Erfolg; Miesmacherei (meist pol.).
defekt [l.], schadhaft.
Defekt, *m.*, Schaden.
Defensive, *w.* [l.], *mil.* Verteidigung.
defensives Fahren, gefahrbewußtes, rücksichtsvolles Fahren im Straßenverkehr.
Defereggental, 40 km langes Tal i. O-Tirol (nw. v. Lienz), Sommer-, Wintertourismus.

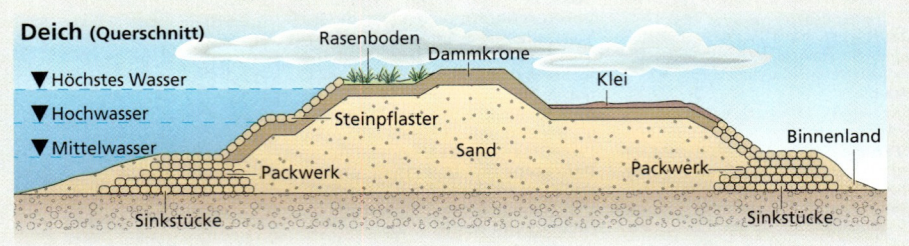

Defibrillator [l.], el. Gerät zur Beseitigung d. → Herzkammerflimmerns durch kurzen Stromstoß; → AICD.
Deficit spending, s. [engl. -fisit], Finanzierung öffentl. Ausgaben od. Subventionen d. Konsums durch ein Defizit im Staatshaushalt; konjunkturpol. Instrument z. Ankurbelung d. Wirtschaft mit d. Ziel d. → Vollbeschäftigung.
Defilee, s. [frz.], Hohlweg; Vorbeimarsch.
defilieren, an jemand vorüberziehen.
definieren [l.], begrifflich festlegen.
Definition, Begriffsbestimmung, Abgrenzung.
definitiv, endgültig.
Defizit, s. [l.], Fehlbetrag in der Finanzwirtschaft v. Staat u. Gemeinden (Haushalts-D.) od. auf einem Kassenkonto e. Unternehmens.
Deflation [l.], Ggs.: → Inflation; Ursachen: entweder **a)** durch fortschreitende Verminderung der aktiv umlaufenden Geldmenge (z. B. durch die Restriktionspolitik der Notenbank) ohne od. mit langsamerer gleichzeitiger Verringerung der Gütermenge, u./od. **b)** durch die Verlangsamung der Umlaufgeschwindigkeit des Geldes; Folge: die deflator. Erhöhung des Geldwertes führt zur Preisniveausenkung und letztlich zur Wirtschaftskrise.
Deflektor [l.], saugender Aufsatz auf Schornstein; stellt sich selbsttätig auf Windrichtung ein.
Defloration [l.], Entjungferung (**deflorieren**).
Defoe [dəˈfou], Daniel (1660–26. 4. 1731), engl. Schriftst. u. Satiriker; Robinson Crusoe; Moll Flanders.
Deformation [l.], Verunstaltung, Mißbildung.
Defraudation, w. [l.], → Unterschlagung; der **Defraudant defraudiert,** veruntreut.
Defregger, Franz v. (30. 4. 1835–2. 1. 1921), Tiroler Maler, Begr. d. Bauernmalerei; idealisierende Darstell. aus Volksleben u. Geschichte s. Heimat; Porträts; Das letzte Aufgebot.
Degagement, s. [frz. dagaʒˈmã], Zwanglosigkeit, Befreiung von einer Verbindlichkeit.
Degas [dəˈga], Edgar (19. 6. 1834 bis 26. 9. 1917), frz. Maler, Graphiker u. Plastiker d. Impressionismus; Ballett.
Degen, m.,
1) Stich-, auch Hieb- u. Stichwaffe, m. schmaler ein- od. zweischneidiger Klinge.
2) mhdt. für Gefolgsmann, Held; urspr. Knabe.
Degeneration, w. [l.], → Entartung.
Degenhardt,
1) Franz Josef (* 3. 12. 1931), dt. Protestsänger u. Schriftst.; Zündschnüre.
2) Johannes Joachim (* 31. 1. 1926), dt. kath. Theol.; s. 1974 Erzbischof v. Paderborn.
Deggendorf (D-94469), Krst. i. Niederbay., 30 445 E; AG, LG; barocke Kirche; Eisen-, Textil-, Holzind., Schiffbau; Freihafen.
Degorgieren [frz. -ˈʒiː-, „dégorger = entschlämmen"], Abtrennung des Schaumweins v. seiner Hefe. Beim → Champagner-Verfahren geschieht dies, indem d. Hefedepot, das sich durch tägl. Rütteln u. Neigen d. Flasche (im sog. Rüttelpult) auf d. Korken angesam-

Edgar Degas, *Tänzerin*

Edgar Degas

melt hat, beim Öffnen a. d. Flaschenhals herausgeschleudert wird; meist wird d. Flasche vorher in e. Gefrierlösung eingetaucht, damit alle Trubstoffe zu e. Eisklumpen gefrieren. Da bei diesem Vorgang etwas Wein verlorengeht, wird d. Flasche danach mit d. sog. → Dosage aufgefüllt.
Degout, m. [frz. -ˈguː], Ekel.
degoutant [frz.], ekelhaft.
degoutieren [frz.], anwidern.
degradieren, herabwürdigen, im Dienstgrad herabsetzen.
Degradierung [l.], strafweise Entziehung der (mil.) Rangstufe.
Degrelle [dəˈgrɛl], Léon → Rexisten.
Degression, w. [l.],
1) Steuerwesen: Staffelung d. Steuersatzes (v. oben nach unten fallend).
2) Stückkostendegression: Mit zunehmender Ausbringungsmenge sinken die Stückkosten.
degressiv, sinkend, absteigend.
Degussa AG, dt. Edelmetallverarbeitungs- u. Chemiekonzern i. Frankfurt/M.
Degustation [frz.], Verkostung, Weinprobe; gehört zur gesetzl. vorgeschriebenen Beurteilung von Weinen. Bei dieser „Sinnenprüfung" werden d. Weine entsprechend den EG-Richtlinien nach ihrer Qualität, ihrem Aussehen, Geruch, Geschmack u. ihrer Harmonie beurteilt u. klassifiziert. Von d. Weinprüfern wird dabei e. spezielle Weinterminologie verwendet.
de gustibus non est disputandum [l.], „Über den Geschmack ist nicht zu streiten".
Dehaene [dəˈɛn], Jean-Luc (* 7. 8. 1940), 1971–78 Mitarb. in versch. Min.kabinetten; 1979 Kabinettschef; s. 1981 Min. f. Soz.pol. u. instit. Reformen, zuletzt Verkehrsmin.; s. 1992 Prem.min. v. Belgien.
Dehio,
1) Georg (22. 11. 1850–19. 3. 1932), dt. Kunsthistoriker; Geschichte d. dt. Kunst; Handbuch d. dt. Kunstdenkmäler.
2) Ludwig (25. 8. 1888–24. 11. 1963), dt. Historiker u. Archivar.
Dehiszenz, Auseinanderklaffen, z. B. Wunddehiszenz.
Dehler, Thomas (14. 12. 1897–21. 7. 1967), FDP-Pol.; 1949–53 B.justizmin., 1954–57 Parteivors. d. FDP.
Dehmel, Richard (18. 11. 1863–8. 2. 1920), dt. impressionist. Lyriker; Aber die Liebe; Roman: Zwei Menschen.
Dehmelt, Hans-Georg (* 9. 9. 1922), dt.-am. Physiker; Nobelpreis 1989; „Radiofrequency Spectroscopy of Stored Ions".
Dehnbarkeit, Eigenschaft eines Körpers, auf Zug od. Druck mit Verformung zu reagieren, ohne dabei zu brechen od. zu reißen.
Dehydratation, Wasserverlust des Körpers, z. B. bei schwerem Durchfall, u. U. lebensbedrohlich.
Deianeira, i. d. griech. Sage die Gattin des → Herakles.
Deich, Damm zum Schutz gg. Überschwemmung, meist flache Außen-, steile Innenböschung.
Deidesheim (D-67146), St. im Rgbz. Rheinhessen-Pfalz, RP, an der Weinstraße, 3602 E; Weinbau.
Deimos [gr.], Name des 2. Marsmondes.
Deisenhofer, Johann (* 30. 9. 1943), am. Biophysiker, Strukturanalyse von Photosynthese-Rezeptoren; Nobelpreis 1988.
Deismus [l. „deus = Gott"], „natürliche", d. h. bereits in der Schöpfung u. i. Menschen selbst gründende Religionsauffassung; Ende des 17., Anfang des 18. Jh. insbes. i. England durch H. v. Cherbury populär geworden. Vertr.: Toland, Tindal, Voltaire, Reimarus.
Deist, Anhänger des → Deismus.
Deister, stark bewaldeter Bergrücken des Weserberglands bei Hannover, 405 m hoch, Salzwerke.
Déjà-vu-Erlebnis [frz. deʒa ˈvy-], scheinbares Wiedererkennen e. bekannten Situation, Erlebnistäuschung.
Déjeuner, s. [frz. deʒœˈneː], Frühstück.
de jure [l.], dem Rechte nach, → Anerkennung.
deka [gr.], zehn; oft als Vorsilbe: Deka.
Dekabristen, „Dezemberleute", Revolutionäre d. russ. Aufstandes im Dezember 1825.
Dekade, w., Zahl- od. Zeiteinheit aus 10 Gliedern.
Dekadenz, w. [frz. „décadence"], (kultureller bzw. moralischer) Verfall; Überfeinerung; künstlerische Richtung 2. Hälfte 19. Jh. (Baudelaire, Verlaine, Beardsley, Wilde, Barrès).
Dekalin, Lösungsmittel anstelle von Terpentin; aus Naphthalin durch Hydrierung gewonnen.
Dekalog, m. [gr.], die 10 Gebote i. A.T., → Moses.
Dekameron, s. [gr. „10 Tage"], Decamerone, Boccaccios Liebesnovellenbuch, an 10 Tagen erzählt.
Dekan [l.],
1) in der kath. Kirche Leiter eines Kirchensprengels.
2) in süddt. ev. Kirchen svw. Superintendent.
3) Vorsitzender einer Uni. oder TH → Fakultät.
dekantieren, e. Flüssigkeit klar v. Bodensatz abgießen.

dekatieren [frz.], Dämpfen v. appretierter Seide u. Wolle; verhütet Einlaufen u. Wasserflecken.
Dekhan, *Dekkan, Deccan,* das Hochland v. Vorderindien, eine schräge Scholle, nach W steil abfallend *(W-Ghats)*, nach O allmählich sich abdachend *(O-Ghats)*.
Deklamation, w. [l.], kunstvoller Vortrag.
Deklaration [l.], (Steuer-, Zoll-)Erklärung.
deklarieren, Angaben über Steuer- u. Zollpflichtiges machen.
Deklination [l.], *Abweichung,* Abbeugung,
1) *astronom.* Winkelabstand e. Gestirns v. Himmelsäquator.
2) *phys.* Mißweisung, → Erdmagnetismus.
3) *grammat.* Beugung der Haupt-, Für- u. Eigenschaftswörter und des Artikels.
Dekokt, s. [l.], Abkochung von Pflanzenteilen zu Arzneizwecken.
Dekolleté, s. [frz. -kɔl'te:], großer Kleidausschnitt.
dekolletiert, tief ausgeschnitten.
Dekompensation [l.], schwere Verschlechterung e. Funktion (z.B. b. Herzkrankheiten); Ggs.: → Kompensation.
Dekomposition, w. [l.], Auflösung, Zersetzung.
Dekompression, Druckentlastung.

Delacroix,
Die Freiheit führt das Volk an

Dekontamination, Verminderung radioaktiver Verseuchung auf phys. u. chem. Wege.
De Kooning, Willem (24. 4. 1904–19. 3. 1997), am. Maler ndl. Herkunft, wichtiger Vertr. d. Abstrakten Expressionismus.
Dekor, m. od. s. [frz.], Verzierung.
Dekorateur [-'tø:r], berufsmäßiger Ausschmücker von Innenräumen und Schaufenstern.
Dekoration, Ausschmückung, (Bühnen-)Ausstattung; Orden.
Dekort, m. [frz. „décourt"], Abzug v. Rechnungsbetrag bei sofortiger Zahlung oder wegen mangelhafter Beschaffenheit d. gelieferten Waren.
Dekorum, s. [l.], Schicklichkeit; äußerer Rahmen.
Dekra, Abk. f. **D**eutscher **Kra**ftfahrzeug-Überwachungsverein, 1925 gegr. Verein z. Prüfung techn. Vorschriften bei Kfz.

Dekret, s. [l.], obrigkeitl. Verfügung, Anordnung.
Dekretalen, päpstl. Rechtsentscheidungen.
dekretieren, bestimmen, verordnen.
Dekubitus, m. [l.], svw. → Wundliegen; führt oft zu Hautgeschwüren.
del. [l.], Abk. f.,
1) *deleatur,* man streiche (i. Buchdruck), Zeichen: ⸱.
2) *delineavit,* hat gezeichnet (Zusatz zur Signatur auf Kunstblättern).
Delacroix [dəla'krwa], Eugène (26. 4. 1798–13. 8. 1863), Hptvertr. d. romant. Malerei in Frankreich; u. a. histor. u. relig. Themen, Bildnisse, Landschaften; *Die Freiheit führt das Volk an; Die Frauen v. Algier;* Deckengemälde (z. B. in d. Kirche St-Sulpice, Paris); Lithographien zu *Faust u. Hamlet.*
Delagoabai [-'goabaɪ], Meeresbucht an d. Küste v. S-Moçambique m. Hptst. u. Hafen Maputo.
Delaunay [dəlo'nɛ],
1) Robert (12. 4. 1885–25. 10. 1941), frz. Maler d. Kubismus, dann abstrakter Kolorist; wirkte auf dt. Malerei (B. Marc, Feininger); Begr. d. → Orphismus, zus. m. s. Frau.
2) Sonja D.-Terk (14. 11. 1885–6. 12. 1979), die Abstraktionsgrad u. Farbmodulation noch steigerte; auch Entwürfe f. Theaterdekorationen u. Stoffe.
Delaware [ˈdeləwɛə],
1) Fluß N-Amerikas, 451 km lang, mündet in die **D. Bay** d. Atlant. Ozeans.
2) Staat d. USA, Abk. *Del.,* zw. D.- u. Chesapeakebai, 5295 km², 666 000 E; Hptst. Dover, 27 600 E.
Delbrück,
1) Hans (11. 11. 1848–14. 7. 1929), deutscher Historiker; *Geschichte der Kriegskunst.*
2) Max (4. 9. 1906–9. 3. 81), dt.-am. Biologe; (zus. mit A. Hershey u. S. E. Luria) Nobelpr. f. Med. 1969 (f. Forschungen an Virenkrankheiten).
Deledda, Grazia (28. 9. 1871–15. 8. 1936), it. Romanschrifst.in d. Verismus; *Flucht nach Ägypten;* Nobelpr. 1926.
Delegation [l.], Abordnung; Ermächtigung an eine Behörde, anstelle des Gesetzgebers Rechtssätze aufzustellen.
Delegatur, päpstl. Gesandtschaft f. geistl. Aufseher.
delegieren, in leitender Position (Aushilfs-)Arbeiten verteilen.
Delegierter, Abgeordneter.
delektieren [l.], ergötzen, belustigen.
Delémont [dəle'mõ], s. 1978 Hptst. des Kantons Jura (NW-Schweiz), 11 000 E; Schloß; Uhrenind.
Delestraint [dəlɛ'strɛ:], Charles Antoine (1879–1945), frz. General u. Panzerspezialist, 1942–43 Führer d. Untergrundarmee, starb im KZ Dachau.
Delft, St. in S-Holland, m. vielen Kanälen u. alten Bauten, 88 000 E; TH, Penicillinfabrik, Fayencen-Manufaktur, blau bemalte Steingutgefäße m. weißer Lasur (Blütezeit: 17./18. Jh.).
Delhi,
1) ind. Unionsterritorium an der Jumna, 1483 km², 9,4 Mill. E; mit
2) Stadt: Delhi (Alt-D.), 7,1 Mill. E; südl.: Neu-Delhi, Regierungssitz u. s. 1947 Hptst. Indiens, 294 000 E; Uni., bed. Kultur-, Handels- und Industriezentrum; Prachtbauten: Jama-Moschee, Rotes Fort, ehem. Residenz des Großmo-

Robert Delaunay, *L'Equipe de Cardiff*

Delhi, *Empfangshalle im Roten Fort*

guls m. d. Pfauenthron. – 1857 Mittelpunkt d. Sepoyaufstandes.
Delibes [dəˈlib], Léo (21. 2. 1836 bis 16. 1. 91), frz. Komp.; Operetten; Ballette: *Coppélia;* Oper *Lakmé.*
Delibes, Miguel (* 17. 10. 1920), span. Schriftst. u. Nationalökonom; Hg. lit. Zeitschriften; Romane: *Der Schatten der Zypresse; Tagebuch eines Jägers; Die heiligen Narren.*
delikat [l.], lecker; zartfühlend; heikel.
Delikatesse, w., Leckerbissen; (veraltend) Behutsamkeit im Vorgehen.
Delikt, s. [l.],
1) *zivilrechtlich:* unerlaubte, z. Schadenersatz verpflichtende Handlung (§§ 823 ff. BGB).
2) svw. Straftat.
Deliktsfähigkeit, Fähigkeit, sich der Begehung eines Delikts verantwortlich zu machen; Mindestalter: im allg. 18 J.; D. v. Jugendlichen (als Jugendl. gelten *strafrechtlich* 14–18jähr., *zivilrechtlich* 7–18jähr.) beschränkt; sie sind nur verantwortl. b. entsprechender sittl. u. geistiger Entwicklung (Jugendgerichtsgesetz u. § 828 BGB).
Delila → *Dalila.*
Delinquent, m. [l.], Missetäter, Verbrecher.
Delirium [l.], Bewußtseinstrübung mit Verwirrtheit, Halluzinationen, ängstl. Erregung.
Delirium tremens, Säuferwahn.
Delitzsch (D-04509), Krst. in Sa., 26 000 E; Zucker-, Zigarren-, Schokolade- u. Metallind.; Braunkohlenbergbau.
Delius ['di:ljəz], Frederick (29. 1. 1862 bis 10. 6. 1934), engl. Komponist; Oper: *Romeo und Julia auf dem Dorfe.*
deliziös [frz.], köstlich.
Delkredere, s. [it.],
1) *Handelsverkehr:* a) Haftung des Kommissionärs f. d. Erfüllung der Verbindlichk. d. Dritten, mit dem er d. Geschäft für Rechnung des Kommittenten abschließt; b) Haftung d. Handelsvertreters f. d. Erfüllung d. Verbindlichk. aus e. Geschäft.
2) *Rechnungswesen:* Wertberichtigung f. vorhersehbare o. geschätzte Ausfälle an Außenständen.
Delkrederefonds, *Buchhaltung:* die diesem Risiko entsprechende Rücklage *(Delkrederekonto).*
Delkredereprovision, Vergütung d. Kommissionärs od. Handelsvertreters dafür, daß er d. Haftung übernimmt.
Delkredereversicherung, *Buchhaltung:* Warenkreditversicherung.
Dellwarze, *Molluscum contagiosum,* Warzenart, durch Viren übertragen.
Delmenhorst (D-27749-55), krfreie St. an d. Delme, Rgbz. Weser-Ems, Nds., 77 000 E; kunststoffverarb. Ind., chem., Bekleidungs- u. Maschinenind.
Delon [dəˈlõ], Alain (* 8. 11. 1935), frz. Filmschausp.; *Rocco e i suoi fratelli; Le samourai; L'assassinat de Trotsky.*
Delorme [dəˈlɔrm], Philibert (um 1510–8. 1. 70), frz. Architekt d. Manierismus; zus. m. Lescot Wegbereiter d. barocken Klassik in Frkr.; bes. einflußreich durch s. Bücher m. theoret. Grundlagen u. prakt. Bauanleitungen.
Delors [dəˈlɔːr], Jacques (* 20. 7. 1925), frz. Pol. (P. S.), 1981–84 Wirtschafts- u. Finanzmin.; 1985–1994 Präs. d. EU-Kommission.
Delos, heute: *Mikra D.,* griech. Kykla-

Delos, Löwenterrasse

deninsel, 4 km²; Apollo- u. Artemistempel, Orakel; i. Altertum Hptsitz d. Sklavenhandels.

Delp, Alfred (15. 9. 1907–2. 2. 45), dt. Jesuit; stand dem → Kreisauer Kreis nahe; hingerichtet.

Delphi, altgriech. Tempelstadt in Phokis, am Parnaß, als Sitz e. Apollo-Heiligtums (Priesterin dort: die *Pythia; Delphisches Orakel*) u. der Pythischen Spiele, rel.-pol. Mittelpunkt.

Delphin,
1) → Sternbilder, Übers.
2) Schwimmstil in Brustlage mit Schmetterlingszug u. Auf- u. Abwärtsbewegung d. geschlossenen Beine.

Delphine, Gruppe kleiner Zahnwale mit schnabelähnlich ausgezogener Schnauze; intelligent, vielfältiges Lautinventar, interessantes Verhalten (Vorführung in *Delphinarien*). Arten: Tümmler, Grind-, Schwertwal u. a.; auch *Fluß-D.*

Delta, *s.*,
1) Flußmündung in der Form des griech. Großbuchstabens Δ, mit fächerartiger Gabelung des Flusses durch Ablagerung v. mitgeführtem Material.
2) Δ, δ, im griechischen Alphabet Buchstabe D.

Delta-Cepheï-Sterne → Cepheiden.

Deltaflugzeug, Flugzeug m. Tragflügel v. d. Form d. griech. Buchstabens Delta (Δ); ohne selbst. Höhenleitwerk.

Deltametall, aus 60% Kupfer, 38% Zink, 2% Eisen; goldfarben, schmied- u. gießbar, wird v. Seewasser nicht angegriffen.

Deltamuskel, dreieckiger Muskel am Schultergürtel, hebt den Arm (→ Tafel Mensch).

Deltaplan, 1957 begonnenes ndl. Dammbauprojekt zum Schutz gg. Sturmfluten; Absperrung der Mündungsarme im südl. Teil des Rhein-Maas-Deltas u. deren Umwandlung in Süßwasserseen; 1986 Delta-Werke in Betrieb genommen.

Delvaux [dɛl'vo], Paul (23. 9. 1897–20. 7. 1994), belg. Maler d. Surrealismus; traumhaft-assoziative Kompositionen, hpts. m. weibl. Aktdarstell. vor streng aufgebautem, reichen Architekturhintergrund v. kulissenart. Tiefe.

Demagoge [gr.], Volks(ver)führer, Aufwiegler.

Demagogenverfolgung, Unterdrückung nat. u. freiheitl. Regungen in der Restaurationszeit (→ Karlsbader Beschlüsse).

Demarche, w. [frz. də'marʃ(ə)], diplomat. Schritt zur Wahrung bedrohter Interessen.

Demarkation, w. [frz.],
1) *med.* Abgrenzung kranken Gewebes gg. das gesunde.
2) (vorläuf.) Abgrenzung (eines Gebietes).

Demawend → Elburs.

Dementi, *s.* [frz.], Widerruf.

Dementia, *w.* [l.], *Demenz*, Geistesschwäche, erworbene dauernde Intelligenzminderung.

Dementia paralytica, bei syphilit. → Gehirnerweichung.

Dementia praecox ['prɛ-], → Jugendirresein.

Dementia senilis, Altersblödsinn.

Demestica, herb-trockener griech. Wein.

Demeter [gr. „Mutter Erde"], → Ceres.

Demetrios, Königsname d. mazedon. u. syr. Diadochen: **D.,** *Poliorketes,* „der Städteeroberer" (337–283 v. Chr.), 306 Kg von Mazedonien.

Demetrios I., eigtl. *Dimitrio Papadopulos* (* 8. 9. 1914), orthodoxer Theol.; s. 1972 ökumen. Patriarch von Konstantinopel.

Demetrius,
1) russ. Großfürst (1350– 89), Erbauer d. Moskauer Kremls, gab durch Siege über Tataren 1378 u. 1380 Anstoß z. Einigung Rußlands.
2) jüngster Sohn Iwans d. Schrecklichen (* 1582); nach s. Ermordung 1591 mehrere falsche D., 1603–13 alle ermordet. – Unvollendete Dramen Schillers u. Hebbels.

demi [frz. d(ə)mi], halb (bes. als Vorsilbe).

DeMille [-mɪl], Cecil B. (12. 8. 1881 bis 21. 1. 1959), am. Regisseur v. Monumentalfilmen; *The Ten Commandments* (1923 u. 1956); *Samson and Delilah* (1949).

Demimonde, *s.* [frz. dəmi'mõːd], weibl. Halbwelt, d. h. Welt der gesellschaftlich Entwurzelten.

Demirel, Süleyman (* 6. 10. 1924), türk. Pol.; 1965–71, 1975–77 , 1979/80 u. 1991–93 Min.präs., s. 1993 Staatspräs.

Delphi, *Tholos (Rundtempel)*

Süleyman Demirel

Deng Xiaoping

Demission, *w.* [frz.], Amtsniederlegung.

Demiurg [gr. „Handwerker"], der göttl. Weltbaumeister (bei Plato).

Demmin (D-17109), Krst. a. d. Peene, M-V., 15 824 E; got. Backsteinkirche; Zuckerfabrik.

Demobilisierung, Demobilmachung, Rückführung des Kriegsheeres auf Friedensstand bzw. Auflösung e. wehrübenden Reserviteneinheit.

Democrazia Cristiana, Abk. *DC,* im 2. Weltkrieg gegr. it. kath. Volkspartei, jetzt Partito Populare Ital. (PPI).

Demodulation [l.], Trennung der Modulationsschwingungen v. den Trägerschwingungen (z. B. Rundfunkempfänger, Fernsprechkabel, Richtfunk).

Demographie [gr. „Volksbeschreibung"], Volks- bzw. Bevölkerungswissenschaft.

Demokraten, *Democratic Party,* eine der beiden großen Parteien in den USA.

Demokratie → Übersicht.

Demokratische Partei, 1941 gegr. linksstehende schweizer. Mittelstandspartei.

Demokritos, (etwa 460–370 v. Chr.), griech. Philosoph aus Abdera, Atomismus, Eudämonismus; früher Systematiker u. Forscher.

demolieren [l.], einreißen, zerstören.

Demonstration, *w.* [l.],
1) öffentl. Massenkundgebung.
2) anschaul. Darstellung, Vorführung.

Demonstrationsrecht, d. Recht z. friedl. Demonstrationen; in freiheitl.-demokr. Staaten durch Grundrechte gesichert.

Demontage → Reparationen.

Demoralisation, *w.* [frz.], Lockerung, Verderbnis der Sitten.

demoralisieren, sittlich verderben.

de mortuis nil nisi bene [l.], röm. Sprichwort: „Über Tote rede nur gut."

Demos, *m.,* [gr. Volk], in Griechenland kleinster Verwaltungs-Bez.

Demoskopie, [gr. „Beobachtung des Volkes"], d. h. Erforschung d. → öffentlichen Meinung u. des Marktes.

Demosthenes, (384–322 vor Chr.), griech. Redner; verteidigte vergebl. die athen. Freiheit gg. Philipp v. Mazedonien (*Philippika*).

den, Abk. f. → *Denier.*

Denar, *m.,* altröm. und ma. Münze.

denaturieren, *vergällen,* durch Zusatz für Genuß unbrauchbar machen (z. B. den Alkohol durch Holzgeist und Pyridin, da er als Branntwein hoher Steuer unterliegt, als Brennstoff nicht).

Denaturierung, Zerstörung d. biol. Wirksamkeit v. → Enzymen durch Behandlung mit Säuren, Basen, Salzen, Hitze u. a.

Dendrit,
1) zartverästelte Eisen- u. Manganoxide auf Kluftflächen v. Gesteinen, aus dem → Grundwasser ausgefällt.
2) feinverzweigter Fortsatz der Nervenzelle.

Dendrochronologie, Altersbestimmung der Hölzer m. Hilfe d. → Jahresringe.

Dendrologie [gr.], Gehölzkunde.

Deneb, Stern α 1. Größe im Schwan am nördl. → Sternhimmel G.

Denguefieber, durch Stechmücken übertragene Viruskrankheit der Tropen u. Subtropen.

Deng Xiaoping, [dəŋçɑuˈpɪŋ], *Teng Hsiao-ping* (22.8.1904–19.2.97), chin. Pol.; 1954–67 Gen.sekr. d. KP Chinas, 1966 bis 73 während d. Zeit der Kulturrevolution ausgeschaltet, 1952–67, 1973–76 u. 1977–80 stellvertr. Min.präs., 1981–89 Vors. d. Mil.kommission.

Den Haag → Haag, Den.

Den Helder → Helder, Den.

Denier [də'nje:], abgek. *den,* Maßeinheit f. Seide, Reyon, Zellwolle u. a. Chemiefasern: 9000 m Fadengewicht in Gramm.

Denim, urspr. Bez. f. d. in Nîmes (*de Nîmes*) hergestellten indigoblauen, sehr strapazierfähigen Baumwollstoff, aus dem d. Arbeitskleidung der Seeleute hergestellt wurde.

De Niro, Robert (* 17. 8. 1943), am. Filmschausp.; *Taxi Driver; Raging Bull; The King of Comedy; Once Upon a Time in America.*

Denis [də'ni], Maurice (25. 11. 1870 bis 3. 11. 1943), frz. Maler u. Kunsttheoreti-

Denis [urspr. frz. Kurzform zu → Dionysius], m. Vn.

Denitrifikation, bakterieller Abbau v. Nitraten zu elementarem Stickstoff, im Erdboden od. Abwasser.

Denizli, westtürkische Provinzhauptstadt (SW-Anatolien), 180 000 E; Agrarzentrum.

Denktasch, Rauf (* 27. 1. 1924), zypriot. Pol.; s. 1973 Vizepräs., s. 1976 Präs. des türk. Teils v. Zypern.

DENOX/DESOX-Verfahren, im Umweltschutz: b. der Rauchgasreinigung (Kraftwerke, Müllverbrennung) Verfahren z. simultanen → Entstickung u. Entschwefelung v. Rauchgasen.

Denpasar, St. im S v. Bali, 280 000 E; Bischofssitz, Uni., Hafen, Flugplatz.

Dens [l.], Zahn.

dental, *Phonetik:* m. Zungenspitze u. oberen Schneidezähnen gebildeter Laut (d, t).

Dentin, *Zahnbein,* Hauptmasse des Zahnes, wird ernährt durch Blutplasma, → Zähne, Abb.

Dentist, Zahnheilkundiger m. staatlicher Prüfung (ohne akad. Studium); kann n. Teilnahme an d. Kursus Bestallung als Zahnarzt erhalten; heute keine D.enausbildung mehr (Ges. vom 31. 3. 1952).

Dentition, *w.,* Zahndurchbruch.

Dentologie, Zahnheilkunde.

Dentz, Fernand (1871–1945), frz. Gen.; übergab 1940 Paris an d. Deutschen, 1945 z. Tode verurteilt, starb i. Gefängnis.

denunzieren [l.], anzeigen (*Denunziation* durch *Denunziant*) aus niederen Beweggründen.

Denver [ˈdɛnvə], Hptst. des US-Staates Colorado, 467 600 (Agglom. 1,8 Mill.) E; Uni, Ind.-, Handels- u. Verkehrszentrum.

Deodorant, *Deo,* Parfümstift, -spray gg. Körpergeruch.

Depardieu [dəparˈdjø], Gérard (* 13. 7. 1942), frz. Schauspieler; *Le retour de Martin Guerre; Danton; Sous le soleil de satan; Cyrano de Bergerac.*

Departement, *s.* [frz. -partˈmɑ̃], Abteilung.
1) frz. Verwaltungsbezirk unter einem Präfekten.
2) Geschäftskreis d. schweiz. Bundesratsmitglieder.

Department [engl. dɪpɑːtmənt], in d. USA svw. Ministerium.

Dependance, *w.* [frz. -pãˈdãːs], Nebengebäude; Niederlassung.

Depigmentierung, Verlust der Hautfarbe; → Vitiligo.

Depilation, Enthaarung durch Rasieren, chem. Mittel, Ggs.: → Epilation.

Deplacement, *s.* [frz. -plasˈmã], b. einem Schiff svw. → Wasserverdrängung.

deplaciert, unangebracht.

Deponie, *w.* [l.], Ablagerplatz, geordnete Lagerung von Abfallstoffen (Schlamm, Müll u. a.); unkontroll. D.n führen zu hygien. Mißständen (Grundwasserseuchung u. ä.).

Deponiegas, v. a. bei Großdeponien kommt es durch bakteriellen Abbau v. organ. Substanzen in anaerobem Milieu (Luftabschluß) zu Bildung v. gefährl. Gasen (Methan u. a.).

Deport → Report.

Deportation, *w.* [l.], Verschickung, Verbannung.

Depositen [l. „deposita"], urspr. die b. einer Bank od. amtl. Stelle hinterlegten Wertgegenstände; heute die b. Banken angelegten Gelder.

Depositenbanken, betreiben hpts. d. kurzfrist. Kreditgeschäft u. d. Zahlungsverkehr (unbar; Scheck, Überweisung, Clearing); am reinsten u. zuerst in England; Ggs.: *Hypotheken-Banken* (→ Banken, Übers.).

Depositenkassen, Filialen der Großbanken.

Depositum fidei [l. „verwahrtes Glaubensgut"], nach kath. Verständnis d. v. d. Kirche verwahrten u. nach ihrer auszulegenden Glaubenswahrheiten d. Bibel u. d. bibl. Tradition.

Depot, *s.* [frz. -'poː],
1) Aufbewahrung v. Wertpapieren, seltener auch von Sachen, meist bei einer Bank aufgrund eines D.vertrages gg. eine D.gebühr; Arten: *offenes D.,* die Bank hat Zutritt; *geschlossenes D.,* die Bank hat keinen Zutritt zum *Einzel-D.* und *Sammel-D.* (vor allem b. Effektengiro); bei regelmäßigen D.geschäften bleibt das Stück im Eigentum des Deponenten, bei unregelmäßigen geht es in das d. Bank über.
2) beim *Wein* Niederschlag von Trubstoffen i. d. Flasche, beim Rotwein v. a. aus Farb- u. Gerbstoffen, beim Weißwein aus Weinstein u. and. Weinkristallen bestehend; wird bei alten Rotweinen durch → Dekantieren entfernt.

Depotbehandlung, *med.* Behandlung mit langfristig wirkenden Medikamenten.

Depotstimmrecht, der Bank übertragenes Recht, das Stimmrecht für die bei ihr im Depot befindlichen Aktien in d. Hauptversammlung auszuüben; führt z. Stimmenkonzentration, möglicherweise z. Aktienmehrheit.

Depotwechsel, *Kautionswechsel,* einem Gläubiger zur Sicherstellung einer Forderung übergeben; Wechsel mit Berechtigung z. Gebrauch, falls Forderung nicht erfüllt wird.

Depravation, Persönlichkeitsverfall als Suchtfolge.

Depression, *w.* [l.].
1) *psych.* Störung mit pessimist. trauriger Stimmungslage, negativer Selbstbewertung, Antriebsverlust sowie körperl. und soz. Störungen: a) *endogene D.,* psych. nicht erklärbares Krankheitsbild, Ursache unklar; b) *organische D.,* Hirnschädigung (z. B. bei Tumoren od. Zerebralsklerose); c) *reaktive D.,* Reaktion auf belastende Erlebnisse b. unverhältnismäßig starker Auswirkung; d) *neurotische D.,* auf verdrängte Konflikte zurückzuführen.
2) *wirtsch.* Phase im → Konjunkturverlauf.
3) *meteorolog.* Stelle niedrigen Luftdrucks (Tiefdruckgebiet, Zyklone).
4) *geogr.* Gebiet d. Erdoberfl., d. tiefer liegt als d. Meeresspiegel (z. B. *Totes Meer* −394 m, *Death Valley* in Kalifornien −85 m).

Deprivation, Bez. f. Mangel, Verlust od. Entzug von etwas Erwünschtem. D. bei Kindern kann (z. B. bei Bewegungsmangel od. Liebesentzug) zu Entwicklungsstörungen führen.

Deprivations-Syndrom, Form des psych. → Hospitalismus.

de profundis [l. „aus der Tiefe"], Beginn des 129. (130.) Psalms.

Deputat, *s.* [l. „das Zustehende"], bes. i. d. Landwirtschaft erhalten die Arbeiter neben od. anstatt Geldlohn Naturalien (Sachbezüge) als **D.lohn** (Getreide, Holz, Wohnung usw.), auch **D.land** zur Nutzung.

Deputation, *w.* [l.], Abordnung mehrerer Personen im Auftrage einer größeren Körperschaft.

Demokratie

D. ist eine pol. Ordnung, die, von unten nach oben hin aufgebaut, von allen Stufen (Gemeinde, Land, Staat) durch das Volk selbst in Funktion gesetzt wird: unmittelbar durch Volksversammlungen, Volksabstimmungen oder mittelbar durch gewählte, im Auftrage des Volkes handelnde, ihm zur Rechenschaft verpflichtete Organe. Grundsatz der Volkssouveränität („Alle Staatsgewalt geht vom Volke aus") wird durch allgemeines, gleiches und geheimes, direktes oder indirektes Wahlrecht verwirklicht werden. Voraussetzung der D. ist das Bestehen mindestens zweier Parteien, von denen die stärkere als Regierungspartei die Richtung der Politik bestimmt, dabei jedoch stets von der → Opposition kontrolliert und kritisiert wird. Ein Einparteisystem bedeutet Scheindemokratie. D. ist nicht nur demokratische Regierungsform, sie ist zugleich Lebensform, die vom einzelnen und von der Gesamtheit die Anerkennung der Gleichberechtigung und Freiheit der Einzelpersönlichkeit (→ Menschenrechte) fordert und in Verbindung damit der Verantwortung des einzelnen der Gesamtheit gegenüber. Daraus wird die Notwendigkeit einer sozialen Ordnung der Gesellschaft (gleiches Recht auf Arbeit, Unterricht und Ausbildung) und der Wirtschaft (Betriebs- und Wirtschaftsdemokratie) abgeleitet. In der modernen Massendemokratie ist die praktische Mitentscheidung des Volkes vielfach durch Zentralismus, Bürokratie, Parteienherrschaft gefährdet; Abhilfe bieten Dezentralisation, Persönlichkeitswahl (→ Wahlsysteme), staatsbürgerliche Erziehung, unabhängige Presse und anderes. Moderne Staatsdenker (Thoma, Schumpeter, Grewe) verstehen unter D. nicht mehr Herrschaft des Volkswillens (Volonté générale), sondern ein pol. System, das die staatliche Entscheidungsgewalt demjenigen zuspricht, der im Wettbewerb um die Zustimmung und das Vertrauen des Volkes den Sieg davonträgt.

Geschichte: Die griech. Stadtstaaten des Altertums und die römische Republik (seit 336 v. Chr.) waren D.n. Im MA können die Verfassungen mancher Orden, vieler Städte und Zünfte demokratisch genannt werden. In England hatten sich seit dem MA demokratische Formen und Erhaltung des Königtums nach eigenem Gesetz herausgebildet. In der Neuzeit setzten die Aufklärung und die Revolution den Menschen in ein freies Verhältnis zum Staate („Freiheit, Gleichheit und Brüderlichkeit"). Erster staatsrechtlicher Niederschlag: Unabhängigkeitserklärung und Verfassung der USA, 1776 und 1789. Im Zeichen der Parolen der Aufklärung kämpften dann im 19. Jh. die Völker Europas um die Beschränkung der Herrschaft der Monarchen durch demokratische Verfassungen, Revolutionen 1830 und 1848. Nach dem Ersten Weltkrieg mit der Beseitigung oder Machtbeschränkung der Monarchien starke Demokratisierung Europas, vor allem auch als Auswirkung der sozialen Umwälzung im 19. Jh., jedoch bald von totalitären Regimen (Italien, Deutschland) abgelöst, nachdem in Rußland auf das Zarentum 1917 sich eine kommunistische Diktatur gefolgt war. – Im Zweiten Weltkrieg standen sich ursprünglich Gegner u. Verteidiger der Demokratie gegenüber. Das durch d. Frontwechsel Hitlers herbeigeführte Bündnis der Demokratien mit der UdSSR verschob die Front, die jedoch nach dem Zweiten Weltkrieg in den pol. Spannungen zw. dem demokrat. Westen u. ehemals kommunist. Osten (→ Volksdemokratie) wieder deutlich wurde.

Deputierter, Abgeordneter, bes. in Frkr. bis 1940 der *Deputiertenkammer,* der Zweiten Kammer.
Derain [dɑ'rɛ̃], André (10. 6. 1880–8. 9. 1954), frz. Maler, Mitbegr. d. Fauvismus, dann Entwickl. z. Neuklassik.
derangieren [frz. -rã'ʒi-], stören, verwirren, in Unordnung bringen.
Derbent, Hafenst. in d. auton. russ. Rep. → Dagestan am Kasp. Meer, 85 000 E; jahrhundertelang das „Eiserne Tor", durch das die Völker Asiens nach Europa zogen.
Derby, Edward Geoffrey Earl of (29. 3. 1799–23. 10. 1869), engl. Pol.; Gegner d. Iren, schaffte 1833 Negersklaverei ab, setzte als Premiermin. 1867 Parlamentsreform durch.
Derby, *s.,*
1) ['dɑ:bɪ] klassisches Zuchtrennen für 3jähr. Pferde, 2400 m, v. Gf *Derby* 1780 (in Epsom) begr., später auch in anderen Ländern; s. 1869 in Dtld in Hamburg-Horn.
2) ['dɛrbi] aufsehenerregendes (Fußball-)Spiel, bes. zwischen zwei Mannschaften aus der gleichen Stadt.
3) ['dɑ:bɪ] Hptst. der engl. Gft *D.,* am Fluß Derwent, 215 000 E; Porzellan-, Textilind.; Maschinen- u. Flugzeugmotorenbau.
Dereliktion, *w.* [l.], rechtl. Preisgabe des → Eigentums (z. B. durch Wegwerfen); § 959 BGB.
Derfflinger, Frh. v. (10. 3. 1606–4. 2. 95), Feldherr d. Großen Kurfürsten; Sieg von Fehrbellin 1675.
Derivat, *s.* [l. „Abkömmling"], chem. Verbindung, aus einer einfacheren durch Substitution (Ersetzung) oder Addition (Hinzufügung) von Atomen abgeleitet.
Derivation, Seitenabweichung e. Geschosses infolge v. → Drall.
Dermatitis, *w.* [gr. „derma = Haut"], Hautentzündung.
Dermatologe, Arzt f. Hautkrankheiten.
Dermatosen, svw. Hautkrankheiten.
Dermatozoenwahn, neurot. Angst vor Ungeziefer.
Dermographismus [l.-gr. „Hautschrift"], Farbveränderung nach Druck auf die Haut; *D. albus* (weiß), *D. ruber* (rot).
Dermoid, *Dermoidzyste,* abgekapselte Verlagerung von Hautgebilden.
Dermoplastik, *w.* [gr.], Ersatz verletzter Haut.
Dernier cri, *m.* [frz. dɛr'nje 'kri], „letzter Schrei", bes. in d. *Mode:* svw. das Allerneueste.
Derry ['dɛrɪ], früher *Londonderry,* Hptst. d. nordirischen Distrikts *D.* (387 km², 94 700 E), Hafen, am Mündungstrichter des Foyle, 51 000 E; kath. und anglikan. Bischofssitz; Textilindustrie.
Derwall, Jupp, eigtl. *Josef* (* 10. 3. 1927), dt. Fußballtrainer, 1980–84 Bundestrainer, D. wurde m. d. DFB-Team 1980 EM, 1982 WM-Zweiter in Spanien, trat im Juni 1984 zurück.
Derwisch [pers.], moh. Bettelmönch, trotz Verbot bed. rel. Einfluß; ekstat. Tänze.
Dery, Tibor (18. 10. 1894–18. 8. 1977), ungar. Schriftst.; Roman: *Der unvollendete Satz.*
De|s- [l.], in Zus.setzungen: Nicht . . ., Ent . . .

Jupp Derwall

René Descartes

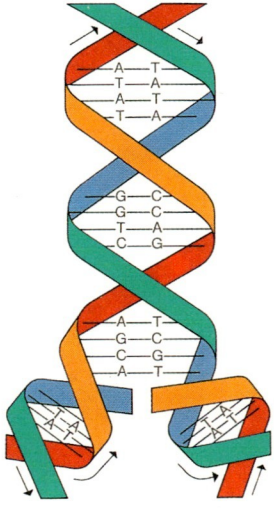

Doppelschraube der DNS. Unten: Verdoppelung der DNS bei der Zellteilung

Desaster, *s.* [frz.], Unstern, Mißgeschick.
desavouieren [frz. -vu-], verleugnen, jemanden bloßstellen, etw. in Abrede stellen.
Descartes [de'kart], René, lat. *Cartesius* (31. 3. 1596–11. 2. 1650), frz. Phil. u. Math.; erster rationaler Versuch über die *Grundlagen der Philosophie* (1641) mit d. Selbstbegründung des Denkens im absoluten Zweifel, der selbst nicht bezweifelt werden kann (→ cogito, ergo sum); entwarf ein dualistisches (Geist vs. Körper) Weltbild mit dem Ziel einer streng mechanist. Naturdeutung. Begr. der → analytischen Geometrie.
Deschner, Karlheinz (* 23. 5. 1924), dt. Publizist, erregte m. seinen lit.krit. Schriften: *Kitsch, Konvention und Kunst; Talente, Dichter, Dilettanten* ebenso Anstoß wie m. s. Kritik an kath. Kirche: *Abermals krähte der Hahn; Kriminalgeschichte des Christentums.*
desensibilisieren [l.],
1) *psych.* systemat. Desensibilisierung, Behandlung v. Ängsten *(Phobien)* durch langsame Gewöhnung im Entspannungszustand.
2) *med.* unempfindlich machen, z. B. Behandlung einer → Allergie durch steigende Gaben d. verantwortlichen Allergens (richtiger: hyposensibilisieren).
Deserteur [frz. -'tø:r], fahnenflüchtiger Soldat.
Desertion, Fahnenflucht, unberechtigte, vorsätzl. Entfernung v. der Truppe.
De Sica, Vittorio (7. 7. 1901–13. 11. 74), it. Schausp. u. Filmregisseur; Vertr. d. → Neorealismus; *Ladri di biciclette* (1948); *Miracolo a Milano* (1951), *Il giardino dei Finzi Contini* (1970).
Desiderat, *s.* [l.], Erwünschtes, Vermißtes.
Desiderio da Settignano [setti-ɲ'nɑ:no], (um 1400–16. 1. 64), it. Bildhauer d. Florentiner Renaiss.; verfeinerte d. v. Donatello erfund. Technik d. Flachreliefs durch Unterscheidung längs d. Ränder bis z. scheinbaren Loslösung d. Figuren v. Hintergrund.
Desiderius (757–774), letzter Langobardenkönig.
Design, *m.* [engl. dɪ'zaɪn], Entwurf z. zweckmäßigen und ansprechenden Gestaltung eines Industrieproduktes; auch in d. Modeschöpfung. – **Designer** [dɪ'zaɪnɐ], Gestalter eines Designs.
Designation, *w.* [l.], Bezeichnung, vorläufige Ernennung.
Designer-Enzyme [dɪ'zaɪnɐ-], gentechnolog. veränderte Aminosäure in einem Protein, z. B. um Bakterien biochemisch nutzbar zu machen.
designieren, für ein Amt bestimmen.
Desinfektion [frz.], *Entseuchung* mit Krankheitserregern behafteten Materials durch:
1) *Sterilisation, Sterilisierung,* Entkeimung durch Abtöten aller Krankheitserreger meist mit siedendem Wasser, ungespanntem (100 °C) u. gespanntem (144 °C, 4 atm Überdruck) Dampf, gasförmigen Chemikalien, UV- od. radioaktiven Strahlen, auch Entfernung der Erreger durch Sterilfiltration b. Arzneien, Verbandstoffen, Wäsche, Instrumenten;
2) → Pasteurisieren;
3) *Desinfektionsmittel:* chem. Stoffe, die Krankheitserreger unschädlich machen (Alkohol, Formalin, Sublimat, Iodtinktur, Kalkmilch, Karbolsäure, Wasserstoffperoxid u. a.);
4) intensives Waschen u. Säubern, Lüftung, Besonnung u. Austrocknung; nur beschränkte Herabsetzung d. Infektionsgefahr. – D.verfahren nach übertragb. Infektionskrankheiten gesetzlich geregelt: **D.szwang;** *Raum-D.* mit Formalindämpfen und durch Scheuerentseuchung (Schlußentseuchung). – Trinkwasser-D. durch Chlorierung z. Seuchenbekämpfung bes. bei Typhus.
Desinfektor, svw. → Kammerjäger.
Desinfiziens, Mz. *Desinfizienzien,* Desinfektionsmittel.
desinfizieren, entseuchen.
Desinsektion, Vernichtung v. Schadinsekten.
Desinteressement, *s.* [frz. dezɛ̃tərɛs(ə)mã:], Uninteressiertsein; Nichteinmischung.
Desjatine, russ. Feldmaß, → Maße u. Gewichte, Übers.
Deskription, *w.* [l.], Beschreibung.
Desktop-Publishing, *s.,* computergestützte Form der Herstellung v. Druckerzeugnissen, wobei die im herkömmlichen Verfahren externen Arbeiten (Manuskript, Satz, Umbruch, Belichtung) m. Hilfe eines einzelnen → Personalcomputers erledigt werden können.
Desman, Bisamrüßler d. Fließgewässer S-Rußlands und der Pyrenäen; mausähnl., aber mit Rüssel u. Ruderschwanz.
Des Moines [dɪ 'mɔɪn(z)], Hptst. d. US-Staates Iowa, 193 000 E; Uni., Bischofssitz; Industriezentrum; am **D. M. River,** r. Nbfl. des Mississippi, 845 km.
Desmoulins [demu'lɛ̃], Camille (2. 3. 1760–5. 4. 94), frz. Revolutionär, 1789 Anführer des Bastillesturms, m. Danton von Robespierre hingerichtet.
Desna, l. Nbfl. d. Dnjepr, 1130 km l., schiffbar.
Desodorierung, Beseitigung v. Gerüchen durch *Desodoranzien.*
desolat [l.], trostlos, ungeordnet.
desorientiert, verwirrt.
Desorption, d. Wiederablösen e. adsorbierten Stoffes, → Adsorption.
Desoxyribonukleinsäuren, *DNS,* engl. *Desoxyribonucleic Acid,* Abk. *DNA,* eine Nukleinsäure mit d. Fähigkeit, sich durch Aufnahme sie umgebender Stoffe zu vermehren *(ident. Reduplikation);* in ihrer jeweiligen Molekularstruktur liegen alle genet. Informationen; sie besteht aus 2 spiralig verwundenen Ketten *(Doppelhelix)* von 4 Basen, deren Aufeinanderfolge im genetischen Code bestimmt; beim Eiweißaufbau wirkt die DNA als *Matrize.*
despektierlich [l.], verächtlich.
Desperado, *m.* [span. „Verzweifelter"], pol. Heißsporn, Radikaler.
desperat, verzweifelt.
Despiau [dɛs'pjo], Charles (4. 11. 1874–28. 10. 1946), frz. Bildhauer; feinfühlige Physiognomien.
Desportes [de'pɔrt], François (24. 2. 1661–20. 4. 1743), frz. Maler d. Barock; Hofmaler Ludwigs XIV.; bes. Tier- u. Jagdbilder, Stilleben; Selbstbildnis *Der Maler als Jäger.*
Despot, *m.* [gr.], unumschränkter Gewaltherrscher.
Despotie, *w., Despotismus,* Gewaltherrschaft.
Desquamation, Abschuppung der

Haut, in normalem Ausmaß (unmerklich) *Desquamatio insensibilis;* Abstoßung d. Gebärmutterschleimhaut bei d. Menstruation.

Dessau (D-06842–49), St. an Elbe u. Mulde, S-A., 95 097 E; Masch.bau-, Waggonbau-, Wärmegeräte-, Nahrungsmittel- u. chem. Ind. – 1603–1918 Residenz d. Hzge v. Anhalt-D. – 1925–32 Staatliches Bauhaus *(W. Gropius)*, Hochschule für Bildende Kunst und Industriedesign.

Dessau, *Schloß und Park Georgium*

Dessauer, *der Alte D.,* → Leopold von Dessau.
Dessauer, Friedrich (19. 7. 1881 bis 16. 2. 1963), dt. Phys. u. Phil.; arbeitete über d. Einfluß v. Röntgenstrahlung auf Organismen; *Leben, Natur, Religion; Seele im Bannkreis d. Technik.*
Dessert, *s.* [-ˈsɛːr], Nachtisch.
Dessertwein, Bez. f. e. süßen Wein, der zumeist z. Nachspeise serviert wurde; heute nach d. EG-Bestimmungen als → *Likörwein* bezeichnet. Oft werden auch süße → Auslesen, → Beeren- u. → Trockenbeerenauslesen u. → Eisweine als D.e angesehen.
Dessin, *s.* [frz. dɛˈsɛ̃ː], Plan, Entwurf; im Textil- u. Dekorationsbereich: Muster.
Deßloch, Otto (11. 6. 1889–13. 5. 1977), dt. Gen.oberst d. Flieger; 1943 bis 44 Oberbefehlsh. d. Luftflotte 4 im Osten.
Dessoir [dəˈswaːr], Max (8. 2. 1867 bis 19. 7. 1947), dt. Psychologe, prägte den Begriff Parapsychologie.
Dessous, *s.* [frz. dɛˈsu:], Mz., hübsche, reizvolle Damen(unter)wäsche.
De Stijl → Stijl.
Destillation [l.], aus d. alchimist. „Kunst der herabfallenden Tropfen" hervorgegangenes Verfahren z. Trennung leichter flüchtiger von schweren flüchtigen Stoffen durch Verdampfen u. Wiederabkühlen des Dampfes. Bei *fraktionierter D.* trennt man mehrere *Fraktionen* od. *Schnitte* v. versch. Siedebereichen aus einem Gemisch ab (z. B. leichte u. schwere Fraktionen wie Benzin u. Heizöl aus Erdöl). Hilfsmittel d. Laboratoriums meist einfache Glasapparate mit Verdampfungsgefäß, Kühler u. Sammelgefäß für d. Destillat; in d. Technik metallene Geräte f. einfache, period. Destillation. Die Trennwirkung wird durch mehrfache Destillation i. einem Arbeitsgang *(Rektifikation)* verstärkt; hierzu dienen Rückflußkühler und turmhohe Verstärkungssäulen, die m. Füllkörpern od. Siebböden versehen sind u. die schwerer siedenden Anteile aus d. Dampf d. Destillats ausscheiden. Ununterbrochen arbeitende Destillier-Rektifizier-Anlagen zerlegen zuströmendes Vielstoffgemisch in mehrere Fraktionen, unter Nachregulierung der Gemisch-, Dampf- u. Kühlwasseranlagen.

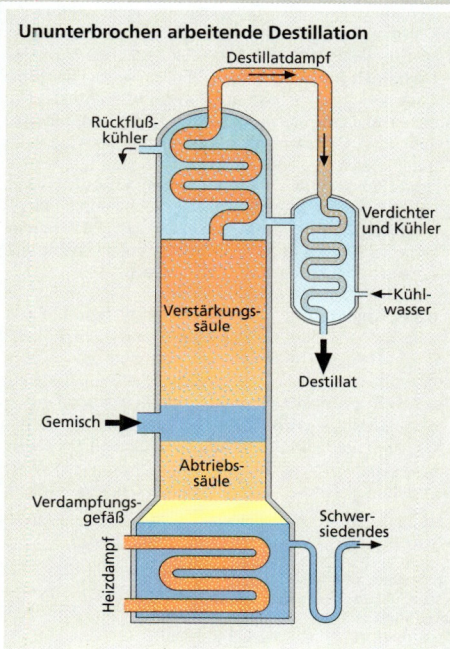

Destillieranlagen
Einfache periodische Destillation
Periodische Destillation mit Rückflußkühler
Periodische Destillation mit Verstärkungssäule
Ununterbrochen arbeitende Destillation

Destruenten, Kleinstlebewesen, die organ. Stoffe abbauen (Bakterien, Pilze).
destruktiv [l.], zerstörend, zersetzend.
DESY, Abk. f. → **D**eutsches **E**lektronen-**S**ynchrotron.
Deszendent, *m.* [l.], Verwandter absteigender Linie, Abkömmling (Kind, Enkel, Urenkel usw.); Ggs.: Aszendent.
Deszendenz, *w.,* Nachkommenschaft.
→ **Deszendenztheorie,** Abstammungslehre.
Deszensus, Senkung, z. B. der Gebärmutter *(Descensus uteri).*
Detail, *s.* [frz. -ˈtaj], Einzelheit.
Detailhandel, svw. Einzelhandel.
Detaillist [detaˈjist], ältere Bezeichnung f. Einzelhandelskaufmann.
Detektiv, *m.* [l.-engl.], spürt Vergehen u. Verbrechen auf, stellt Ermittlungen an, amtl. oder privat.
Detektor, *m.* [l.], *Funktechnik,* Bauelement z. → Demodulation in einfachsten Rundfunkgeräten *(Kristall-D.,* elektro-

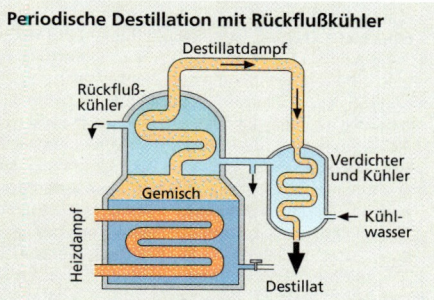

lyt. *D.);* heute werden meist Halbleiter-Dioden od. → Röhren verwendet.
Detergenzien, Wasch- u. Reinigungsmittel einschl. der Seifen; wirken durch Herabsetzen der Oberflächenspannung des Wassers.
Determinante, *math.* bestimmte Verbindung von → Koeffizienten, die z. B. bei der Auflösung von Gleichungen auftreten.
Determination [l.], Bestimmung; *biol.* Realisierung best. genet. Möglichkeiten einer Zelle; → Differenzierung.
Determinismus [l.], Lehre v. d. Unfreiheit des Willens u. (naturphil.) von der streng kausalen Gebundenheit aller Vorgänge; Ggs.: → Indeterminismus.
Detmold (D-32756–60), Hptst. d. Rgbz. *D.* (6517 km², 1,22 Mill. E), NRW, am Osthang d. Teutoburger Waldes (→ Hermannsdenkmal); 70 970 E; Schloß, Landestheater, LG, Musikakad., Freilichtmuseum; IHK; Landesbibl.,

Detroit, *Renaissance-Center*

Deutsche Geschichte

Germanische Frühzeit (seit etwa 800 v. Chr.). 9 n. Chr. Abwehr d. röm. Kolonisation (→ Limes) durch → Arminius. Germanische Reichsgründungen in der Völkerwanderungszeit. Verstärkter Zusammenhalt im Frankenreich (486 durch Chlodwig gegr.), Christianisierung. Erneuerer des Kaisertums Karl d. Gr. (768–814). Durch die Reichsteilungen unter s. Nachfolgern (843 Vertr. v. Verdun; 870 Vertr. v. Mersen) östl. Hälfte des Karolingerreiches unter Ludwig d. Deutschen, 843–876, selbständig. Nach Aussterben der Karolinger Konrad I. erster Wahlkönig. **Sächsische Herrscher,** 919–1024, Heinrich I.: Festigung d. Reiches durch Unterwerfung der Stammesherzöge. Unter Otto I., d. Gr., strafferer innerer Aufbau des Reiches, Romzüge, 962 Otto I. Kaiser des (Hl.) Röm. Reiches Deutscher Nation. **Salische Kaiser,** 1024–1125. Höhepunkt unter Konrad II. u. Heinrich III.: Oberhoheit über Polen 1031, Burgund zum Reich 1033, Beherrschung des Papsttums (Synode von → Sutri 1046), geistl. u. weltl. Gewalt in Abhängigkeit vom Königtum. → Investiturstreit unter Heinrich IV. u. Heinrich V. erschüttert die Machtstellung des Kaisers (→ Canossa, → Gregor VII.). Unter den **staufischen Herrschern,** 1138–1254, universale Reichspolitik. Friedr. Barbarossa u. Heinrich VI. drängen Papsttum in Verteidigung u. behaupten sich gg. Heinrich d. Löwen; Kulturblüte (Rittertum, Minnesang, höfische Epik, Baukunst); Ostkolonisation. Höhepunkt des Kampfes mit dem Papsttum unter Friedrich II., endet mit Untergang der Staufer (→ Konradin) u. Ohnmacht des Reiches im **Interregnum** (1254–73). Landesfürsten erringen nahezu völlige Unabhängigkeit. Wahl Rudolfs von Habsburg durch 7 Kurfürsten. Von nun an Hausmachtpolitik der Herrscher. Zunehmender Einfluß der → Kurfürsten, die im Kurverein von Rense 1338 päpstl. Einmischung in der Königswahl zurückweisen.

Haus Luxemburg, 1346–1437, Karl IV. bestätigt den Kurfürsten in der → Goldenen Bulle 1356 das Recht der Kgswahl. Aufblühen der Städtebünde (→ Hanse), Entfaltung u. Machthöhe des → Dt. Ordens. Im 15. Jh. fortschreitende Auflösung des Reichsgefüges, Zunahme des → Fehdewesens, Kämpfe der Ritterbünde gg. die aufstrebenden Städte, kirchl. Reformbewegungen (→ Hus; Konzile von Konstanz 1414–18 u. Basel 1431–49). Das Reich zerfällt in rund 400 unabhängige Territorien, von denen Östr., Bayern mit Kurpfalz, Sachsen, Braunschweig-Hannover, Brandenburg u. d. Erzbistümer Mainz, Köln u. Trier die bedeutendsten sind. Entfremdung großer Gebiete: Rhônetal, Schweiz, Niederlande (mit Luxemburg u. Belgien), Holstein, Gebiet des Dt. Ordens.

Haus Habsburg, 1438–1806. Vergebliche Reichsreformversuche unter Maximilian I., Ewiger Landfriede 1495. Aufstieg des Bürgertums, bed. wirtsch. u. kulturelle Leistungen (Handelshäuser der Welser und Fugger – Malerei u. Plastik, got. Baukunst). Unter Karl V., 1519–56, Dtld als Teil des habsburg.-span. Weltreiches in d. Machtkampf zw. Habsburg u. Frkr. verwickelt.

Reformation Martin → Luthers; → Bauernkriege; Versuche pol. Reformen scheitern (→ Hutten, → Sickingen). Ausgleich u. Gleichberechtigung des Protestantismus im → Augsburger Religionsfrieden 1555; Landesfürsten bestimmen die Konfession in ihren Territorien. Einsetzen der → Gegenreformation nach dem → Tridentiner Konzil. **Dreißigjähriger Krieg** (1618–48). Dtld Schauplatz eur. Machtkämpfe. Westfälischer Friede besiegelt Ohnmacht Dtlds, pol. Zersplitterung unter Garantie d. eur. Mächte. Habsburg verlagert Schwerpunkt seiner Macht nach Östr., Emporkommen **Brandenburg-Preußens.** Großer Kurfürst Friedrich Wilhelm I. (1640–88) bereitet des Ggs. zu Östr. (Dualismus) vor, die im Kampf mit Frkr u. in den Türkenkriegen zur Großmacht wird. Aufbau des preuß. Staates unter → Friedrich Wilhelm I. (1713–40) u. Friedrich II., d. Gr. (1740–86). Erwerb Schlesiens in den → Schlesischen Kriegen gg. Maria Theresia. → Fürstenbund vereitelt Versuch Östr.s, Bayern zu erwerben. – In den Koalitionskriegen gg. die Frz. Revolution u. Napoleon Auflösung des Reiches. Reichsdeputationshauptschluß 1803 leitet Säkularisation u. Mediatisierung ein; dt. Fürsten gründen → Rheinbund, Franz II. legt 1806 Kaiserkrone des „Röm. Reiches Dt. Nation" nieder. Aufschwung dt. Geisteslebens in Philosophie, Dichtung u. Musik. Zeitalter der Klassik u. Romantik. Dtld nach Zusammenbruch Preußens (Schlacht bei Jena u. Auerstedt, Friede v. Tilsit 1807) v. Napoleon beherrscht. In Preußen Reformen von → Stein, → Hardenberg, → Scharnhorst u. → Humboldt: Bauernbefreiung, Städteordnung, Reorganisation des Heeres, allg. Wehrpflicht, Bildungswesen, → **Befreiungskriege** 1813–15. Wiener Kongreß stellt → Dt. Bund unter Preußens u. Östr.s Führung (→ Metternich); 1834 Dt. Zollverein unter preuß. Führung. Liberale u. nationale Strömungen („Vormärz"). Bürgertum sucht gg. Restauration in der Revolution von 1848 Reichseinheit und Verfassung durchzusetzen. Nationalversammlung der Paulskirche Frankfurt/M.; kleindt. Richtung siegt, Friedrich Wilhelm IV. lehnt Kaiserkrone ab. 1862 Bismarck

---

Landesmus.; Möbelind. – 1501–1918 Residenzstadt, 1918–45 Hptst. des Freistaats Lippe.

Detonation [l.], plötzliche, mit Knall auftretende chem. Zersetzung, Explosion bes. von Granaten, Bomben.

Detonationszeit, Zeit über Ziel (Time over Target = TOT), zu der ein Atomsprengkörper detoniert.

Detritus [l.], zerfallende organ. Gewebeteile, vor allem verwesende u. Pflanzen- u. Tierreste im Wasser.

Detroit [dɪˈtrɔɪt], Hafen- u. Industriest. am *D. River* in Michigan (USA), 1,0 (Agglom. 4,7) Mill. E; Mittelpkt d. am. Automobilind. *(Ford, General Motors, Chrysler)*, Maschinenbau, Flugzeugind.

Deukalion, in der griech. Sage Sohn des Prometheus, der sich vor Zeus' Sintflut rettet.

Deus [l.], Gott.

Deus ex machina [l. „Gott aus der Maschine"], von oben kommend, streitschlichtende Göttererscheinung im griech. u. Barocktheater; Zufallslösung.

Deut, kleine niederl. Kupfermünze geringen Werts, daher: *keinen D. wert* = wertlos.

Deuterium, schwerer Wasserstoff, Isotop d. Wasserstoffs ^2_1H, Bez. auch *D*; sein Kern, das **Deuteron,** hat ein → Proton und ein → Neutron.

Deuterokanonische Schriften [gr.], i. d. kath. Kirche d. 7 griech. Bücher d. AT, von d. ev. Kirche *Apokryphen* genannt.

Deuteronomium [gr.], das 5. Buch Mose.

Deutsch,
1) Ernst (16. 9. 1890–22. 3. 1969), dt. Schausp.; Mitgl. der Reinhardt-Bühnen.
2) Julius (2. 2. 1884–17. 1. 1968), östr. sozialist. Pol.; leitete 1934 Aufstand gg. Dollfuß.
3) → *Manuel,* Nikolaus.

Deutsche Akademie für Sprache und Dichtung, 1949 gegr. Vereinigung v. Gelehrten u. Schriftstellern z. Pflege d. dt. Sprache, Sitz Darmstadt; verleiht den *Georg-Büchner-Preis*.

Deutsche Arbeitsfront, *DAF,* 1933 bis 45 NSDAP-Pflichtorganisation f. Arbeitnehmer u. Arbeitgeber.

Deutsche Bahn → Eisenbahn.

Deutsche Bank → Banken, Übers.

Deutsche Bibliothek, 1947 i. Frankfurt/M. gegr.; gleiche Aufgaben in d. BR wie die → Deutsche Bücherei; sammelt u. erfaßt bibliographisch sämtl. Druckerzeugnisse dt. Sprache s. 1945.

Deutsche Bücherei, in Leipzig, als *Dt. Nationalbibliothek* v. Börsenverein Dt. Buchhändler 1912 gegr.; sammelt s. 1. 1. 1913 die gesamte in Dtld. erscheinende Schrifttum einschließl. Hochschulschriften, Musikalien, Kunstblätter, kartograph. Erzeugnisse, Patentschriften u. literar. Schallplatten sowie auf Dtld. bezügl. Druckschriften d. Auslands.

Deutsche Bucht, der südöstl. Teil der Nordsee zw. Esbjerg u. Emsmündung.

Deutsche Bundesbank, *DBB,* jur. Person des öffentl. Rechts, Sitz Frankfurt/M., zentrale Notenbank in Dtld., errichtet n. Art. 88 GG am 1. 8. 1957 durch Verschmelzung d. Landeszentralbanken mit Bank dt. Länder; *Organe* der DBB: Zentralbankrat, Direktorium u. Vorstände der Landeszentralbanken; *Aufgabe:* Regelung des Geldumlaufs u. d. Kreditversorgung d. Wirtsch. zur Sicherung d. Währung, Überwachung d. Zahlungsverkehrs mit d. Ausland; vorzügl. Recht: Notenausgabemonopol; währungspol. Instrumente: Diskont-, Offenmarkt- u. Mindestreservenpolitik; DBB ist in ihren Entschlüssen unabhängig (→ Banken, Übers.).

Deutsche Bundespost → Post.

preuß. Min.präs.; 1864 Dt.-Dän. Krieg; Krieg 1866 zw. Östr. u. Preußen schaltet Östr. aus. Norddt. Bund 1866–70.
Im Dt.-Frz. Krieg 1870/71 **Gründung des Dt. Reiches.** Bundesstaat mit preuß. Kg. als dt. Kaiser, Bundesrat u. Reichstag. Industrialisierung, Gründerzeit. Pol. Erstarkung der Arbeiterbewegung, Kampf Bismarcks gg. Sozialismus (Sozialistenges. 1878, Sozialversicherungsgesetzgebung 1881). → Kulturkampf. Bündnissystem zur Sicherung des Reiches; Dreibund mit Östr. u. Italien 1879 u. 1882. Rückversicherungsvertrag mit Rußland 1887. Koloniale Erwerbungen seit 1884. 1890 Entlassung Bismarcks; selbst. Pol. Wilhelms II. (1888–1918). Eingreifen in die Weltpolitik (Flottenpolitik, Rüstungen) führt zur Isolierung Dtlds. 1. → Weltkrieg (Übers.) 1914–18 endet m. Zusammenbruch Dtlds, Abdankung d. Kaisers u. Revolution. 9. 11. 1918 Proklamation d. Rep. in Berlin. Regierung des „Rates der Volksbeauftragten".

Nationalversammlung in Weimar schafft demokr. Verf. (11. 8. 1919), Ebert Reichspräs. Kommunist. „Spartakus"-Aufstand in Berlin, Räterepublik in München Jan. bis April 1919. 28. 6. 1919 → Versailler Vertrag. Regierungen der Weimarer Koalition (SPD, Demokraten, Zentrum) u. (mit Dt. Volkspartei 1923–32) d. Großen Koalition. Inflation, Ruhrbesetzung, kommunist. Aufstände in Mitteldtld, Hitlerputsch in München, 1923. Währungsstabilisierung u. Dawesplan 1924. 1925 Hindenburg Reichspräs. Stresemanns → Locarnopolitik (-pakt); Aufnahme Dtlds in den Völkerbund 1926. Endgültige Festsetzung der Reparationen im Youngplan 1929. Räumung des Rheinlandes 1930. Weltwirtschaftskrise, Arbeitslosigkeit u. Anwachsen radikaler pol. Bewegungen; → Brüning Reichskanzler. 1932 Lösung d. Reparationsfrage in Lausanne. Nach dem Sturz Brünings u. den folgenden Kabinetten von Papen u. General von Schleicher wird am 30. 1. 1933 **Hitler Reichskanzler.** Auflösung aller Parteien, Diktatur des NSDAP. 2. 8. 1934 Tod Hindenburgs. Hitler „Führer u. Reichskanzler". 1933 Austritt aus dem Völkerbund; Konkordat mit d. Vatikan. Abschluß zweiseitiger Verträge mit Polen (1934) u. England (Flottenabkommen 1935). 1935 Erlaß d. → Nürnberger Gesetze, mit denen die Politik eingeleitet wurde, die schließlich zur planmäß. Ausrottung d. → Juden in Dtld u. großen Teilen Europas führte. 1935 Saargebiet nach Abstimmung wieder an Dtld angegliedert; allg. Wehrpflicht eingeführt, 1936 Wiederbesetzung der entmilitarisierten Zone (Rheinland); Antikominternpakt mit Japan u. (1937) Italien. 1938 Anschluß Österreichs u. durch → Münchener Abkommen Anschluß d. sudetendt. Gebiete an Dtld. 1939 Bruch dieses Abkommens u. Einmarsch in d. Tschechoslowakei, dann Eingliederung v. Böhmen u. Mähren als Protektorat in das Reich; Kündigung d. Nichtangriffspaktes mit Polen u. des Flottenabkommens m. England; Militärbündnis m. Italien. Nichtangriffs- u. Konsultativpakt m. UdSSR. 1. 9. 1939 Einmarsch i. Polen, 3. 9. Kriegserklärung Englands u. Frankreichs. Beginn d. 2. → Weltkriegs (Übers.), der mit d. völligen Niederlage u. d. bedingungslosen **Kapitulation Dtlds** am 8. 5. 1945 endete. – Nach der Kapitulation Besetzung Dtlds durch d. Siegermächte; Aufteilung in vier Besatzungszonen (am., brit., frz., sowj.); Regierungsgewalt v. Alliierten Kontrollrat i. Berlin übernommen; → Berlin v. d. vier Alliierten gemeinsam besetzt u. in vier Sektoren geteilt, Saarland in frz. Verwaltung übernommen. Die Gebiete östl. d. Oder u. d. Görlitzer Neiße wurden bis zur endgült. Regelung i. einem Friedensvertrag polnischer, der N-Teil Ostpreußens einschl. Königsberg sowj. Verwaltung unterstellt. Die dt. Bevölkerung dieser Gebiete wurde nach Mittel- u. Westdtld vertrieben (→ Potsdamer Abkommen; auch → Volksdeutsche). Die Alliierten beschlossen d. Dezentralisierung d. dt. Wirtsch., Reparationen, Demontagen u. → Entnazifizierung. Es folgten d. Neubildung v. dt. → Parteien (Übers.), die Einsetzung v. Länderregierungen u. d. → Nürnberger Prozesse. Meinungsunterschiede zw. d. westl. Alliierten u. d. Sowjetunion üb. d. Ausführung d. Beschlüsse d. Potsdamer Abkommens führten s. 1947 zunehmend zu getrennten Entwicklungen in d. 3 Westzonen u. d. Sowjetzone. Im Zeichen dieser Entwicklung wurden 1947 i. Westen d. → Vereinigte Wirtschaftsgebiet gebildet u. ein Wirtschaftsrat u. ein parlamentarischer Rat eingesetzt; die USA gewährten Wirtschaftshilfe i. Rahmen d. Marshallplans (→ ERP). Gesonderte → Währungsreformen 1948 i. d. Westzonen u. i. d. Sowjetzone führten d. wirtsch. Trennung herbei, auf die d. pol. Spaltung folgte: In den Westzonen nahm der Parlamentarische Rat am 23. 5. 1949 das GG als Verfassung für die Bundesrepublik → Deutschland an, die dann am 7. 9. 1949 gegründet wurde. Am 1. 1. 1957 wurde das Saar als 10. Bundesland in die Bundesrepublik eingegliedert. In der sowjetischen Besatzungszone arbeitete der 1948 gebildete Volksrat eine Verfassung für die → Deutsche Demokratische Republik aus, die 1967 durch die Sozialistische Verfassung ersetzt wurde. Am 7. 10. 1949 wurde die Deutsche Demokratische Republik mit W. Pieck als Staatspräsident und O. Grotewohl als Ministerpräsident ausgerufen. In der Bundesrepublik Deutschland wurde Th. Heuss 1. Bundespräsident und K. Adenauer 1. Bundeskanzler. Am 3. 10. 1990 wurde die deutsche Wiedervereinigung durch den Beitritt der → FNL (Fünf Neue Länder auf dem Boden der ehemaligen DDR) zur Bundesrepublik vollzogen.

Deutsche Christen, DC, Teil d. ev. Kirche, der m. Hitler sympathisierte; Ggs.: → Bekennende Kirche.

Deutsche Demokratische Republik, DDR, s. 3. 10. 1990 Teil der Bundesrepublik → Deutschland (ehem. Gebiet d. DDR 108 333 km², 16,4 Mill. E; Hptst.: Ost-Berlin). Geogr. u. Klima → Deutschland. Am 7. 10. 1949 auf dem Gebiet d. sowj. Besatzungszone (SBZ) durch Beschluß d. provisor. Volkskammer gegründet; s. 26. 3. 1954 offiziell souverän. Enge Bindung an die Sowjetunion und die übrigen kommunistischen Staaten (1955 Beitritt zum → Warschauer Pakt, Mitgliedschaft i. → COMECON). 1952 Umwandlung der fünf Länder (→ FNL) in Bezirke (bis 1990). Ausschaltung jeglicher Opposition und Unterdrückung von freier Meinungsäußerung; am 17. 6. 1953 Aufstand in zahlreichen Städten (blutig niedergeschlagen). 1956 Gründung der Nationalen Volksarmee. Zunehmende Abschirmung gegenüber der Bundesrepublik und West-Berlin durch Errichtung verminter Grenzsperren und einer Mauer in Berlin (s. 13. 8. 1961). 1967 Einführung einer eigenen Staatsbürgerschaft; 1971 Rahmenabkommen mit der Bundesrepublik über Berlin, Transitverkehr und Grundvertrag, 1974 Einrichtung gegenseitiger ständiger Vertretungen, 1976 Post- und Fernmeldeabkommen. Die pol. Macht lag 40 Jahre lang bei der kommunist. SED, der die übrigen zugelassenen Parteien (CDU, LDPD, NDPD, DBD) als Blockparteien gleichgeschaltet waren. Höchstes Organ der Staatsgewalt war offiziell die Volkskammer (Abgeordnete auf Einheitsliste nach festem Schlüssel der Sitzverteilung gewählt); oberstes Regierungsgremium war s. 1960 der Staatsrat. Kultur und Bildung waren weitgehend staatlich gelenkt. In der Wirtschaft war die sozialist. Planwirtschaft bestimmend; Industrie u. Handel waren größtenteils verstaatlicht: Volkseigene Betriebe (VEB), Handelsorganisationen (HO), Zusammenfassung in Kombinaten. Die Landwirtschaft wurde bis 1961 kollektiviert: Bildung von Landwirtsch. Produktionsgemeinschaften (LPG). 1989 nach Verschlechterung d. wirtsch. Lage und Verweigerung v. pol. Reformen durch die SED u. d. Regierung Fluchtwelle von DDR-Bürgern in den Westen (über Ungarn und Tschechoslowakei). Ab Herbst 1989 Massendemonstrationen. 18. 10. Rücktritt v. → Honecker als Staatsratsvors. und Gen.sekretär der SED. Liberalisierung unter → Krenz; Aufnahme von Reformpolitikern in d. Politbüro u. die Regierung: → Modrow Min.Präsident. 9. 11. 1989 Öffnung d. Grenzübergänge nach West-Berlin u. zur Bundesrepublik. Am 1. 12. wird der Führungsanspruch der SED aus der Verf. gestrichen. 3. 12. Rücktritt d. Politbüros u. d. ZK der SED, 6. 12. Rücktritt v. Krenz als Staatsratsvors. (Nachfolger wird der LDPD-Vors. Gerlach). Ab Dez. 1989 Gespräche m. Oppositionsgruppen am „Runden Tisch", Gründung v. neuen Parteien; im Febr. 1990 Beteiligung v. Oppositionsparteien und -gruppen an der Regierung. 18. 3. 1990 Volkskammerwahlen m. Sieg des konservativen Bündnisses Allianz f. Deutschland (CDU, DSU, DA); 12. 4. Bildung einer Koalitionsregierung zusammen mit Liberalen und SPD unter Min.präsident de → Maizière. Als Staatsoberhaupt amtiert s. 10. 4. die Präsidentin d. Volkskammer Bergmann-Pohl. 18. 5. 1990 Staatsvertrag m. der Bundesrepublik über gemeinsame Währungs-, Wirtschafts- und Sozialunion (ab 1. 7. 1990). Juli 1990 Einführung der DM als Währung in der DDR. 24. 7.

Kaiserkrone, Heiliges Römisches Reich Deutscher Nation

Übersicht der deutschen Könige und Kaiser 843–1806

Karolinger

Ludwig der Deutsche	843– 876
Karl der Dicke	876– 887
Arnulf von Kärnten	887– 899
Ludwig das Kind	900– 911
Konrad I. von Franken	911– 918

Sächsisches Haus

Heinrich I.	919– 936
Otto der Große (I.)	936– 973
Otto II.	973– 983
Otto III.	983–1002
Heinrich II.	1002–1024

Fränkisches (salisches) Haus

Konrad II.	1024–1039
Heinrich III.	1039–1056
Heinrich IV.	1056–1106
Heinrich V.	1106–1125
Lothar von Supplinburg (Sachsen)	1125–1137

Staufer

Konrad III.	1138–1152
Friedrich I. Barbarossa	1152–1190
Heinrich VI.	1190–1197
Philipp von Schwaben	1198–1208
Otto IV. von Braunschweig (Gegenkg)	1198–1218
Friedrich II.	1212–1250
Konrad IV.	1250–1254
sein Gegenkg	
Wilhelm v. Holland	1247–1256
Richard v. Cornwallis (Interregnum)	1257–1272
Alfons von Kastilien (Interregnum)	1257–1273

Könige aus verschiedenen Häusern

Rudolf I. von Habsburg	1273–1291
Adolf von Nassau	1292–1298
Albrecht I. von Habsburg	1298–1308
Heinrich VII. von Luxemburg	1308–1313
Ludwig der Bayer (Wittelsbach)	1314–1347
Friedrich d. Schöne v. Habsburg (Gegenkg)	1314–1330
Karl IV. (Luxemburg)	1346–1378
Wenzel (Luxemburg)	1378–1400
Ruprecht von der Pfalz	1400–1410
Siegmund (Luxemburg)	1410–1437

Habsburger

Albrecht II.	1438–1439
Friedrich III.	1440–1493
Maximilian I.	1493–1519
Karl V.	1519–1556
Ferdinand I.	1556–1564
Maximilian II.	1564–1576
Rudolf II.	1576–1612
Matthias	1612–1619
Ferdinand II.	1619–1637
Ferdinand III.	1637–1657
Leopold I.	1657–1705
Joseph I.	1705–1711
Karl VI.	1711–1740
Karl VII. von Bayern	1742–1745
Franz I. (Gemahl Maria Theresias)	1745–1765
Joseph II.	1765–1790
Leopold II.	1790–1792
Franz II.	1792–1806

Austritt der Liberalen u. 19. 8. der SPD aus Koalitionsregierung. 3. 10. 1990 Beitritt der DDR zur Bundesrepublik. 14. 10. erste Landtagswahlen in den fünf neuen Bundesländern.

deutsche Farben, Schwarz-Rot-Gold der dt. Burschenschaft, in heutiger Form erstmals auf d. Hambacher Fest 1832 als Symbol Großdt. Gedankens u. d. freiheitl. Gesinnung 1848 zu Farben des Dt. Bundes erhoben; 1919–33 Farben der Weimarer Republik; s. 1949 der BR u. der DDR– Schwarz-Weiß-Rot, 1867 Norddt. Bund, 1871–1919 Dt. Reich, 1933 erneut eingeführt, 1935–45 in der Hakenkreuzflagge.

Deutsche Forschungsgemeinschaft, DFG, Selbstverwaltungskörperschaft als Repräsentant der dt. Wissenschaft; 1951 gegründet durch den Zus.schluß von → Notgemeinschaft der deutschen Wissenschaft u. Deutschem Forschungsrat. Sitz: Bonn-Bad Godesberg; zur Förderung der wissenschaftlichen Nachwuchses, von Forschungsprojekten und der Zus.arbeit unter den Forschern.

Deutsche Geschichte → Übers.

Deutsche Gesellschaft zur Rettung Schiffbrüchiger, private, 1865 i. Bremen gegr. Organisation m. Seenotrettungsfahrzeugen u. Seenotfunkmeldesystem.

Deutsche Glaubensbewegung, s. 1934 neuer Name f. versch. in d. ADG (Arbeitsgemeinschaft d. Dt. Glaubensbewegung) zus.geschlossene dt.-rel. Organisationen; rassist. u. nat.sozialist. Religions- u. Weltanschauung.

Reichskreuz, um 1024/25

Deutsche Kolonialgesellschaft, DKG, 1887 gegr. Organisation im Dt. Reich z. Propagierung e. dt. Kolonialpolitik.

Deutsche Lebensrettungs-Gesellschaft, DLRG, zur Bekämpfung des Ertrinkungstodes, gegr. 1913, Sitz Köln-Klettenberg; Ausbildung von Rettungsschwimmern; Einrichtung v. Rettungswachstationen.

deutsche Literatur → Übers.

Deutsche Mark, DM, → Mark.

deutsche Mundarten, Umgangssprachen der dt. Stämme und Stammesgruppen; gegenüber der einheitl. festgelegten Hochsprache (allg.verbindl. ist die Aussprache des → "Siebs") v. hoher räuml. u. zeitl. Variabilität, Grundeinteilung nach dem Durchführung der 2. → Lautverschiebung: niederdt. (plattdt.): niederfränk., niedersächs., märkisch, pommersch, ostpreuß.; mitteldt.: mittelfränk. (ripuarisch, moselfränk., rheinfränk.-hessisch), thüring., obersächs., lausitzisch-schlesisch und siebenbürg.-sächsisch; oberdt.: oberfränkisch (mainfränk.), schwäb.-alemann. (schweizerdt., elsäss., badisch, schwäb.) u. bayr.-östr.

Deutsche Notenbank → Banken, Übers.

Deutscher Aëro-Club, DAeC, Dachorganisation des dt. Luftsports in der BR und Berlin, 1950 gegr.

Deutscher Bund, der auf dem Wiener Kongreß 8. 6. 1815 (Dt. Bundesakte) gegründete Bund der deutschen Einzelstaaten (35 Staaten u. 4 freie Städte); Bundestag in Frankfurt a. M. (Gesandtenkongreß u. Vorsitz v. Östr.); bestand bis 1866.

Deutscher Bundeswehrverband, DBwV, am 14. Juli 1956 gegr. berufsständige Vertretung d. Soldaten u. ihrer Angehörigen.

Deutsche Reichsbahn → Eisenbahn.

Deutsche Reichspartei, DRP, nationalkonservativ, 1946 gegr., 1964 in NPD aufgegangen.

Deutscher Entwicklungsdienst, DED, 1963 v. B.min. f. wirtsch. Zusammenarbeit und von nichtstaatl. Organisationen gegr. gemeinnützige Ges.; Helfer in ca. 25 asiat., afrikan. u. lateinam. Entwicklungsländern.

Deutscher Fischereiverband, DFV, Zus.schluß d. Sportangler (→ Verband Deutscher Sportfischer), d. Kutter-, Küsten- u. Binnenfischer, d. Arbeitsgemeinschaft d. dt. Fischereiverwaltungsbeamten u. Fischereiwissenschaftler.

Deutscher Fußball-Bund, DFB, 1900 gegr., Spitzenorganisation d. dt. Fußballsports, Sitz Frankfurt/M.

Deutscher Gewerkschaftsbund, DGB, → Gewerkschaften, Übers.

Deutscher Kaiser, 1871–1918 Titel d. Kgs v. Preußen; besaß i. Dt. Reich Rechte eines Bundespräs.

Deutscher König, Herrscher d. → Dt. Reiches bis 1806.

Deutscher Künstlerbund e.V., 1903 gegr. Interessenverband m. Sitz in Berlin; jährl. Ausstellungen.

Deutscher Landkreistag → Kommunale Spitzenverbände.

Deutscher Orden, Deutschritter, Deutschherren, christlicher Ritterorden (weißer Mantel mit schwarzem Kreuz), 1190 vor Akkon (Palästina) gegr.; 1211 bis 25 im Burzenland; 1226 (Hermann von Salza) v. Konrad von Masowien nach Preußen berufen; 1230–83 Kämpfe gg. → Pruzzen, dann gg. Litauer; 1237 mit dem Schwertbrüderorden in Livland vereinigt; 1309 Ordenssitz → Marienburg; Errichtung d. geistl. u. weltl. Ordensstaates; Blüte 1351–82 (Winrich v. Kniprode). 1410 Niederlage bei Tannenberg; durch 2. Thorner Frieden 1466 unter poln. Lehnshoheit; Residenz n. Königsberg verlegt; 1525 Umwandlung in ev. weltl. Hzgt.; ein Teil des Ordens blieb kath. (Sitz Mergentheim); 1805 im Gebiet d. Rheinbundes säkularisiert; seit 1929 wieder rel. Orden; nach 1933 in Dtld u. Östr. verboten; nach 1945 Sitz in Wien u. Frankfurt/M.

Deutscher Sportbund, DSB, Dachorganisation des dt. Sports, 1950 in Hannover gegr., Sitz Frankfurt/M.

Deutscher Städtetag → Kommunale Spitzenverbände.

Deutscher Turnerbund, DTB, in der BR 1950 neu gegr. Spitzenorganisation der Turnvereine.

Deutscher Werkbund, 1907–34; neu gegr. 1947; Vereinigung v. Architekten, Handwerkern, Industriellen u. a. zur ideellen Verbesserung d. gewerblichen Arbeit. Vertr.: Behrens, Poelzig, Gropius, Muthesius, Mies v. d. Rohe, Eiermann u. a. Auch → Arts and Crafts Society.

Deutscher Zollverein, urspr. Deutscher Handelsverein, 1834–71, als Vorstufe dt. Einheit unter preuß. Führung zw. den meisten nord- u. mitteldt. Staaten u. dem süddt. Zollverein.

deutsche Schrift → Sütterlinschrift.
Deutsches Eck, Landspitze zw. Moselmündung und Rhein in Koblenz.
Deutsches Elektronen-Synchrotron, *DESY,* → Beschleuniger f. Elektronen i. Hamburg, 1964 fertiggestellt; Endenergie 7 GeV (Abkürzung für Gigaelektronenvolt, → Elektronenvolt); Zentrum d. experimentellen Elementarteilchenforschung in Dtld.
Deutsches Museum, *München,* 1903 v. *O. v. Miller* gegr., Neubau 1925; Darstellung d. Geschichte von Naturwiss. u. Technik in Originalen, Nachbildungen, Versuchsanordnungen u. Modellen; Fachbibliothek f. Naturwiss. u. Technik (700 000 Bde).

Deutsches Museum, *München*

deutsche Sprache, → Sprachen, Übers., germanische → Lautverschiebung; 750–1050 althochdt. Periode *(Hildebrandslied, Heliand, Muspilli),* 1050–1350 mittelhochdt. *(Nibelungenlied, D. arme Heinrich, Iwein, Parzival, Tristan u. Isolde,* Minnesang, Walther v. d. Vogelweide). Heutige Schriftsprache beruht auf Sprache der Meißner Kanzlei (um 1500) und den Druckersprachen; setzte sich durch Luthers Bibelübersetzung (1522–34) durch: frühneuhochdt. Periode bis 17. Jh.; gegenwärtig ist die dt. Sp. Muttersprache von ca. 90 Mill. Menschen. → deutsche Mundarten.
Deutsche Sprachgesellschaft, *Ges. für die dt. Sprache,* Sitz Lüneburg, 1947 gegr. anstelle des *Dt. Sprachvereins* (1887 gegr.), zur Pflege des Verständnisses für d. dt. Muttersprache u. die Erhaltung ihrer Reinheit.
Deutsches Rechenzentrum, 1962 von d. *Dt. Forschungsgem.* u. Land Hessen in Darmstadt eingerichtete Großrechenanlage f. HS u. wiss. Institute.
Deutsches Reich → Deutschland.
Deutsches Rotes Kreuz, *DRK,* nach Bildung von RK-Organisation in Dtld auf Länderbasis s. 1864, 1921 Zus.fassung der versch. RK-Gesellschaften Dtlds; s. 1945 auf Länderbasis lizenziert, 1950 in der BR erneuter Zus.schluß der Landesverbände als DRK (Generalsekretariat in Bonn); föderative Organisation der DRK-Landesverbände u. d. Verbandes Dt. Schwesternschaften v. Roten Kreuz. Territoriale Gliederung in Landes-, Bezirks- u. Kreisverbände; die aktiven Mitglieder zusammengefaßt in RK-Gemeinschaft.: männl. u. weibl. Bereitschaften, Wasserwacht, Bergwacht, Jugend-RK. Durchführung d. d. → Roten Kreuz obliegenden Aufgaben (auch → Suchdienst), bes. Aktivität im freiwilligen Sanitätsdienst, in der Seuchenbekämpfung, Flüchtlingsbetreuung; hierfür Unterhalt zahlreicher Krankenhäuser, Versehrten-, Kinder-, Altersheime, Gemeindepflegestationen aus freiwilligen Spendenmitteln; allg. Wohlfahrtsarbeit als Spitzenverband der freien Wohlfahrtspflege. Grundsätze: freiwillige Mitarbeit, unbedingte Hilfe für notleidende Mitmenschen, Wahrung der Neutralität u. pol. Unabhängigkeit.

Deutsche Turnerschaft, gegr. 1860, überparteilicher Verband; veranstaltete die Dt. Turnerfeste; 1936 aufgelöst; → Deutscher Turnerbund.

Deutsche Volkspartei, *DVP,* → Parteien, Übers.

Deutsche Welle, Kurzwellen-Funksendedienst der ARD für deutschsprachige Hörer im Ausland u. in Übersee, gegr. 1953.

Deutsch-Eylau, *Iława,* St. i. d. poln. Woiwodschaft Olsztyn (Allenstein) im ehem. Ostpreußen, am *Geserichsee* (32 km²), 30 000 E.

Deutsch-Französischer Krieg, 1870/71, Anlaß: frz. Protest gg. span. Thronkandidatur des Erbprinzen v. Hohenzollern u. Bismarcks Emser Depesche; 2. 9. 1870: Napoleon III. kapituliert bei Sedan, Frkr. wird Republik; Belagerung v. Paris (bis 28. 1. 1871); 18. 1. 1871 Gründung des Dt. Reiches, Kaiserproklamation in Versailles, 26. 2. Vorfriede in Versailles, 10. 5. Friede zu Frankfurt a. M.: Frkr. tritt Elsaß-Lothringen ohne Belfort ab, zahlt 5 Mrd. Francs Kriegsentschädigung.

Deutsch-Französischer Vertrag, *Élysée-Vertrag,* 1963 von Adenauer und de Gaulle unterzeichneter Freundschaftsvertrag mit dem Ziel der Kooperation.

Deutschherren → Deutscher Orden.

Deutschkatholiken, kirchenreformerische Bewegung um 1845; Ziele wie → Altkatholizismus.

Deutschland, Kernland Mitteleuropas, zw. d. Alpen im S u. d. Nord- u. Ostsee im N, im W u. O vor allem Begrenzung; *Dt. Reich* (Gebietsstand 1937) 470 543 km², 1939: 69,4 Mill. E (147 je km²), heute: *Westdeutschland,* → Bundesrepublik Deutschland, *Mitteldeutschland* (bis Okt. 1990 → Deutsche Demokratische Republik), *Ostdeutschland,* ehem. dt. → Ostgebiete östl. der Oder-Neiße-Linie, die 1945 an Polen oder Sowjetunion kamen, 114 300 km² (1939: 9,6 Mill. E); Grenzverlauf im Gewaltverzichtsabkommen der BR mit Polen u. d. Sowjetunion bestätigt; endgültig 1990/91 geregelt. **a)** *Geographie:* Oberflächenformen zeigen Abdachung von den Alpen (*Zugspitze* 2962 m) bis zu den Mittelgebirgen (*Schneekoppe* 1603 m) u. weiter bis zum norddt. Tiefland mit angrenzender Nord- u. Ostsee; Mittelgebirge stellt die stark abgetragenen u. wieder gehobenen Überreste des variskischen Faltengebirges aus d. Ende des Erdaltertums dar; d. junge Faltengebirge der Alpen, ebenso der Einbruch des Oberrheingrabens u. die vulkanischen Erhebungen in Vogelsberg, Rhön entstanden im Tertiär, d. norddt. Flachland u. der S des Alpenvorlandes wurden während des Pleistozäns (Eiszeit) geformt. **b)** *Flüsse:* Wichtige Wasserstraßen der BR: *Rhein* m. d. verkehrsreichste Strom mit dem größten Binnenhafen Europas Duisburg-Ruhrort, *Main, Weser, Elbe* u. *Oder.* **c)** *Klima:* Entscheidend ist 1) Lage in der gemäßigten Zone; 2) dadurch bedingte Lage innerhalb d. W-Wind-Zone d. Erde (feuchte Meereswinde); 3) Lage zw. dem Atlant. Ozean im W u. den großen Landmassen O-Europas u. Asiens im O; 4) Lage des norddt. Tieflandes in Meereshöhe u. S-Dtlds in absolut größeren Höhen; durch Ozean- u. Golfstromeinfluß wird das norddt. Klima gemildert; am wärmsten ist die Oberrhein. Ebene; S-Dtld ist durch seine Höhenlage vielfach kühl, feucht; mittlere Jahrestemperatur 8–9 °C, mittlere jährl. Niederschlagshöhe 650–700 mm; W-Seite der Mittelgebirge u. N-Seite der Alpen größte Niederschlagsmenge (Allgäu bis 125 cm). Schaubilder → Industrie, Sozialprodukt Bundesrep. → Übersichten → Bevölkerung, → deutsche Literatur, → deutsche Geschichte, → Landwirtschaft, → Parteien.

Deutschland, Bundesrepublik Deutschland, am 7. 9. 1949 nach Wahl d. 1. Bundestages (14. 8. 1949) aus d. drei westl. Besatzungszonen Dtlds konstituierter demokr. u. soz. → Bundesstaat. Gründung erfolgte auf Grundlage des v. → Parlamentarischen Rat f. d. Zeit bis zur Wiedervereinigung Dtlds beschlossenen und von den westlichen Besatzungsmächten genehmigten Grundgesetzes (→ Verfassung); ursprüngl. 10 Bundesländer: Baden-Württemberg, Bayern, Bremen, Hamburg, Hessen, Niedersachsen, Nordrhein-Westfalen, Rheinland-Pfalz, Saarland, Schleswig-Holstein sowie das selbständig regierte West-Berlin (Rahmenabkommen d. Alliierten, → Berlin d), das m. d. BR eng verbunden u. von ihr außenpol. vertreten wurde; seit d. Beitritt d. DDR 16 Bundesländer: zusätzlich zu den alten Ländern die → FNL (Fünf Neuen Bundesländer Brandenburg, Mecklenburg-Vorpommern, Sachsen, Sachsen-Anhalt, Thüringen) sowie Berlin (Ost- u. West-Berlin). **a)** *Pol. Entwicklung:* Souveränität d. BR zunächst noch eingeschränkt durch d. Besatzungsstatut, das d. Hoheitsrechte zw. d. Besatzungsmächten (vertreten durch d. Alliierten Hohen Kommission) u. d. BR abgrenzte. Unter d. Regierung v. → Adenauer Orientierung d. BR zum Westen; Einstellung d. Reparationen u. allmähl. Lockerung d. Besatzungsbestimmungen: 1951 Revision d. Bestimmungen über Industrieverbote, -beschränkungen u. Wirtschaftskontrollen u. Ermächtigung d. BR zur Einrichtung diplomat. Vertretungen i. Ausland bei gleichzeitiger Anerkennung d. dt. Vorkriegsschulden (→ Londoner Schuldenabkommen). Am 9. 7. 1951 Beendigung d. Kriegszustandes m. d. Westmächten, 1955 m. der UdSSR. 1952 Unterzeichnung des → Deutschlandvertrages, der urspr. zus. m. d. Vertrag über die Europäische Verteidigungsgemeinschaft (EVG) das Besatzungsstatut ablösen sollte. Da d. EVG scheiterte, trat d. Deutschlandvertrag erst am 5. 5. 1955

DEUTSCHLAND

Staatsname:	Bundesrepublik Deutschland
Staatsform:	Parlamentarischer Bundesstaat
Mitgliedschaft:	UNO, EU, EWR, WEU, Europarat, OSZE, NATO, OECD
Staatsoberhaupt:	Roman Herzog
Regierungschef:	Helmut Kohl
Hauptstadt:	Berlin 3,47 Mill. Einwohner
Regierungssitz:	Bonn 297 900 Einwohner
Fläche:	356 974 km²
Einwohner:	81 338 000
Bevölkerungsdichte:	228 je km²
Bevölkerungswachstum pro Jahr:	⌀ – 0,74% (1990–1995)
Amtssprache:	Deutsch
Religion:	Protestanten 29,2 Mill., Katholiken 28,2 Mill., Moslems 1,7 Mill.
Währung:	Deutsche Mark (DM)
Bruttosozialprodukt (1994):	2 075 452 Mill. US-$ insges., 25 580 US-$ je Einw.
Nationalitätskennzeichen:	D
Zeitzone:	MEZ
Karte:	→ Deutschland

Deutschland

Deutsche Literatur

Älteste germanische Dichtung verloren. Nachklänge und Reste in der altnord. Literatur (*Edda*). Übers. d. Bibel ins Gotische durch Bischof Ulfilas (4. Jh.). German. Heldenlieder unter Karl d. Gr. gesammelt; von Ludwig dem Frommen als Heidenwerk möglicherweise vernichtet.

8. Jh.: *Hildebrandslied,* einziges schriftlich erhaltenes Bruchstück der umfangreichen Überlieferung an Heldenliedern; Sprache althochdeutsch; Form Stabreim.

9. Jh., geistliche Dichtung: *Heliand,* niederdeutsch (Christus als german. Heerkönig). Evangelienbuch des Elsässers Otfried v. Weißenburg gereimt. Letzte heidnische Reste im Weltuntergangsgedicht *Muspilli; Wessobrunner Gebet; Merseburger Zaubersprüche;* doch auch starke christl. Einflüsse in alten schriftlichen Überlieferungen. Anfänge dt. Geschichtsschreibung (*Einhart,* Leben Karls d. Gr. in latein. Sprache).

10. u. 11. Jh., Geistliche Dichtung und Spielmannsdichtung: *Waltharilied* des Ekkehart, Buchdramen d. *Hrotswith v. Gandersheim,* Roman *Ruodlieb;* Anfänge d. Tierepos; Vagantenpoesie d. fahrenden Kleriker: *Carmina burana.* Sämtlich in lat. Sprache; gehen vereinzelt vielleicht auf german. Überlieferung zurück; Spielmannsdichtung: *König Rother, Orendel, Salman u. Morolf.*

12. Jh., höfische Dichtung: die Ritter *Der von Kürenberg, Reinmar der Alte* (Minnesänger); Epen: *Hartmann v. Aue* (Der arme Heinrich), *Heinrich v. Veldeke* (Eneide).

13. Jh., Blüte des Minnesangs: *Walther v. d. Vogelweide.* Epen: *Wolfram v. Eschenbachs* Parzifal, *Gottfried v. Straßburgs* Tristan; endgültige Formung der großen Heldendichtung *Nibelungen* durch unbekannte Verfasser. *Neidhart v. Reuenthal; Wernher d. Gärtner,* zeitkrit. Bauernnovelle Meier Helmbrecht. Ausklang des Minnesangs (bis Mitte 15. Jh.): *Oswald v. Wolkenstein.*

14. Jh., deutsche Mystik: schon im 13. Jh. *Mechthild v. Magdeburg; Meister Eckehart, Seuse, Tauler.*
Gelehrtendichtung, Theologie und Parodie: *Johannes v. Tepl:* Streitgespräch zw. dem Ackermann u. dem Tod (enthält ma. und neuzeitl. Elemente; verwendet Kanzleisprache, die wichtig für das Neuhochdeutsche wird); *Theologia deutsch* des Frankforder.

15. Jh., bürgerliche Kunst: die *Meistersinger* Folz (Barbier) u. Rosenplüt (Büchsenmeister); *Sebastian Brant* verfaßt das Narrenschiff. Erste Übersetzungen (*Niklas v. Wyle:* Translatzen). – Ausgestaltung der *Passionsspiele.* Weltliche Spiele.

16. Jh., Reformationszeit: *Reuchlin, Hutten,* Literatur der Humanisten (meist lat.). Sprachlich einflußreiche Anregung für das dt. Schrifttum durch *Luthers* Bibelübersetzung (1522). Volkslied, Volksbücher (*Faust, Eulenspiegel, Schildbürger, Genovefa*). Fastnachtsspiele des *Hans Sachs.* Drama: biblische Stoffe (*Susanna, Verlorener Sohn*); allegorische Themen (*Jedermann*), Frischlin, Herzog Heinrich Julius von Braunschweig (erste Wirkung Shakespeares, durch engl. Komödianten). *Fischarts* sprachgewaltige Umdichtung des Gargantua.

17. Jh., Barockzeitalter: Aufblühen der dt. Lyrik (Kirchenlied u. Liebesgedicht): *Paul Fleming, Simon Dach, Gryphius, Friedrich Spee, Angelus Silesius, Paul Gerhardt, Hofmannswaldau.* Vorangehend Grundlegung d. dichterischen Formen durch *M. Opitz* (Buch v. d. teutschen Poeterey, 1624). *Logaus* Epigramme. Erste Zeitschrift (*Harsdörffers Gesprächsspiele*). Barockdramen (*Gryphius, Lohenstein*), sog. schles. Dichterschulen. Prosa: *Grimmelshausens* Simplizissimus (Buch des 30jähr. Krieges); bibl. Romane *Phil. v. Zesen;* Staatsromane (*Anton Ulrich v. Braunschweig*); *Abraham a Santa Claras* volkstüml. Romane (Judas d. Erzschelm) und Reden. *Moscheroschs* Zeitsatiren. *Christian Reuters* Schelmuffsky, Studentendichtung.

18. Jh., letzte Barocklyrik: *Günther;* **Aufklärung:** Gelehrtenschrifttum; Gottsched (1737 Austreibung des Hanswurst), die Schweizer *Bodmer* u. *Breitinger,* Anakreontische Lyrik: *Hagedorn, Ewald v. Kleist, Gleim;* Naturpoesie: *Brockes'* Irdisches Vergnügen in Gott, *Hallers* Alpen, *Geßners* Idyllen. Neubegründung der dt. Dichtung. **Empfindsamkeit:** *Klopstocks* Messias (1748) und seine Oden geben ihr den ersten großen Gehalt. Nachfolge i. Göttinger Hainbund (*Hölty, Voß, Stolberg*); Wendung ins Bürgerl. bei *Bürger* (Balladen) u. *Claudius* (Wandsbeker Bote). Schmiegsamkeit u. Anmut d. Prosa durch *Wielands* Romane. *Lessings* ästhetische Streitschriften (Hamburg. Dramaturgie, Laokoon) schaffen die Grundlagen der neuen Kunstanschauung, s. Dramen (Miss Sara Sampson, Emilia Galotti, Minna v. Barnhelm, Nathan der Weise) sind richtungweisend f. d. neue Auffassung v. Komödie u. Tragödie. *Herders* Schriften vermitteln d. Begriff e. Weltliteratur. Im **Sturm und Drang** (*Klinger, Lenz, Wagner, Leisewitz, Heinse, Maler Müller, Schubart*) äußert sich leidenschaftlich d.

G. E. Lessing   J. W. v. Goethe

Friedrich v. Schiller   Friedrich Hölderlin

Heinrich v. Kleist   Heinrich Heine

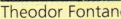

Theodor Fontane   Thomas Mann

Kraftgefühl einer neuen Jugend. *Goethe* (Götz, Werther, Urfaust) und *Schiller* (Die Räuber, 1781) bringen die Erfüllung u. Vollendung in der **Weimarer Klassik.** Einfluß *Winckelmanns* (Gesch. d. Kunst). Der Musenhof in Weimar. *Goethes* Lyrik, Iphigenie, Tasso, Wilhelm Meister, Wahlverwandtschaften, Faust; *Schillers* Gedankenlyrik, Wallenstein, Jungfrau v. Orleans, Braut v. Messina. – Entstehung d. modernen literar. Lebens: Zeitschriften (Wielands *Teutscher Merkur,* Schillers *Horen,* Goethes *Propyläen*); Übersetzungen: *Voß* (Homer), *Schlegel* (Shakespeare), *Wieland* (Horaz). *Aufblühen des Theaters:* Goethes Versuch, in Weimar e. Nationaltheater zu bilden; Unterhaltungsstücke (Kotzebue, Iffland) u. -romane (*Vulpius,* Ritter- u. Räubergeschichten); Einfluß großer Verlage (Cotta, Göschen).

19. Jh., *Jean Paul,* idyllisch-humoristisch, visionär; lyrischer Barock in Prosa, *Hölderlin:* Lyrik, Dichtungen von mythisch-abendländischer Schau, rhythmische Prosa (Hyperion). Empedokles (Dramenfragment). – **Romantik:** *Fr. Schlegel* u. *A. W. Schlegel, Wackenroder, Tieck, Novalis* (christl.-mystische Lyrik u. Prosa, Fragmente). *E. T. A. Hoffmann* (Erzählungen, starke eur. Wirkung). *Kleist* (Dramen, Novellen). *Brentano, Arnim, Chamisso, Eichendorff.* – Rezeption der ma. Literatur, Begründung der Volkskunde, des Volksliedes (*Des Knaben Wunderhorn,* gesammelt von Arnim u. Brentano; Märchen u. Sagen der *Brüder Grimm*). Politische Tendenzen: *Arndt, Görres.* Übersetzungen der Weltliteratur, bes. der romanischen (Dante, Boccaccio, Cervantes u. a.). Wirkung auf die Wissenschaften: Philosophie (*Fichte, Schelling, Hegel*), Theologie (*Schleiermacher*), Germanistik (*Gervinus, J. u. W. Grimm*), Kunstgeschichte (*Brüder Boisserée*), Orientalistik (*A. W. Schlegel, Rückert*), Naturwissenschaften (*A. v. Humboldt, Carus*), Idee der Bildung (*W. v. Humboldt*). Formkunst: *Rückert, Platen, Lenau* (Beziehung zur eur. Romantik, Byronismus). Der Beitrag Österreichs: *Raimund* (volkstüml. Zauberdrama), *Nestroy* (Wiener Possen); *Grillparzer* (Dramen, klassizist. und span. Einflüsse). Schwäbische Spätromantik: *Kerner, Uhland, Hauff; Mörike* (Lyrik u. Erzählungen). Früher Realismus: *Immermann* (Zeitromane), *Droste-Hülshoff, Sealsfield* (Amerika-Deutscher, eigtl. K. Postl), *Gotthelf, Alexis, Grabbe* (Dramen). **Vormärz u. Junges Deutschland:** Neue zeitpolitische Tendenzen: *Heine* (Lyrik,

feuilletonistische Prosa); *Laube, Gutzkow, Freiligrath, Herwegh, Büchner, Hebbel,* ideenhafte Dramatik, realistische Formen, Lyrik, *Richard Wagners* Musikdramen. *Stifter:* Romane und Erzählungen suchen Wirklichkeit und Wirkungen der verschiedenen Naturkräfte zu zeigen. – Poetischer **Realismus:** *Otto Ludwig, Freytag* (Bilder aus der dt. Vergangenheit), *Storm* (Lyrik, Novellen), *Gottfried Keller* (Erzählungen, Der Grüne Heinrich), *C. F. Meyer* (kunsthafte Novellistik, Lyrik), *Fontane, Heyse, Ebner-Eschenbach, W. Raabe, Ferd. v. Saar; Wilhelm Busch* (Doppelbegabung). Mundartliche Dichtung: *J. P. Hebel, Klaus Groth, Fritz Reuter, K. Stieler, L. Anzengruber.* Wiss. Prosa: *Ranke, Bachofen, Mommsen, J. Burckhardt, Gregorovius.* Philosophie eines neuen Lebensgefühls: *Schopenhauer,* weitergeführt und z. T. gewaltsam umgedeutet durch *Nietzsche.* Anregungen durch die naturalistischen Strömungen in Frkr., Skandinavien und Rußland. – Um 1890 **Naturalismus:** *Arno Holz, Johannes Schlaf; Gerhart Hauptmann* (Vor Sonnenaufgang, Die Weber); *Max Halbe* (Jugend); *Hermann Sudermann.*
20. Jh. Jahrhundertwende: *Eduard v. Keyserling* (impressionistische Romane), *Carl Hauptmann* (Suche neuer Formen), *Hermann Stehr* (mystischer Realismus), *Emil Strauß* (Novellistik), *Ludwig Thoma* (Magdalena). Neue Lyrik: *Detlev v. Liliencron, Richard Dehmel, Max Dauthendey, Rudolf G. Binding, Christian Morgenstern.* Neuromantische u. neuklassische Strömungen: *Arthur Schnitzler* (Erzählungen, Dramen), *Frank Wedekind* (Dramen), *Beer-Hofmann, Paul Ernst* (Dramen, Novellen, theoretische Schriften), *Herbert Eulenberg* (ausdrucksstarke frühe Dramen), *R. A. Schröder* (Lyrik, Übertragungen; Mitbegründer der „Insel"). – Moderne Klassik: *Gerhart Hauptmann* (Vertiefung des Naturalismus ins Elementar-Mythische; spätere Dramen, Erzählungen). *Stefan George* (Erneuerung der Lyrik, Formzucht, Bildung eines exklusiven „Kreises" von starken geisteswiss. Anregungen: *Gundolf*). *Hugo v. Hofmannsthal* (Lyrik, Dramen, Essays). *Rainer Maria Rilke* (Lyrik, Duineser Elegien, Briefe). *Thomas Mann* (Epik v. Weltwirkung: Buddenbrooks, Zauberberg, Joseph-Roman, Lotte in Weimar, Dr. Faustus, Tod in Venedig). *Hermann Hesse* (Ausweitung d. romant. Erzählung zu eur.-psychologischer Bedeutung: Steppenwolf, Narziß und Goldmund, Das Glasperlenspiel). – Realistische Epik: *Isolde Kurz, Ricarda Huch* (Erzählungen, Geschichtliches), *Jakob Wassermann* (Zeitromane: Fall Maurizius), *Ina Seidel, Wilhelm v. Scholz* (Romane, Novellen), *Hans Carossa.* Industrie-Arbeit: *Gerrit Engelke, Heinrich Lersch, Karl Bröger.* Vom Expressionismus zu ideenhaften Formen: vorwiegend lyrisch bei *Theodor Däubler, Alfred Mombert, Gottfried Benn* (einflußreich), *Loerke, Trakl, Heym, Miegel, Weinheber, Britting, Wilhelm Lehmann* (Naturlyrik), *Usinger, E. Barth;* vorwiegend episch bei *Döblin* (Berlin, Alexanderplatz), *Musil* (Der Mann ohne Eigenschaften), *Broch* (Die Schlafwandler, Trilogie; Der Tod des Vergil), *Franz Kafka* (neue epische Formen v. weltliterarischem Einfluß), *H. H. Jahnn* (Perrudja, Fluß ohne Ufer), *Stefan Zweig* (Novellen), *Schaeffer* (Helianth), *Ernst Wiechert* (Romane, Erzählungen), *Werfel* (Verdi, Abiturientenag, Jakobowski und der Oberst u. a.), *Bergengruen* (Der Großtyrann und das Gericht), *Kluge* (Herr Kortüm), *Lernet-Holenia, Thieß* (liter. Unterhaltungsroman), *A. Neumann* (Teufel). 1. Weltkrieg: *Remarque, Renn, A. Zweig, Fritz v. Unruh, Ernst* u. *Friedrich G. Jünger, Arp* und *Huelsenbeck* (Dada). 20er Jahre: neue Dramatik: *Brecht* (Lehrstücke u. episches Theater), *Zuckmayer* (Der fröhliche Weinberg), *Kaiser, Hasenclever.* Lyrik: *J. R. Becher,* Epik: *A. Seghers, Reinh. Schneider.* 2. Weltkrieg: *Plivier* (Stalingrad), *Goes, Hagelstange* (Lyrik). Einflüsse der modernen Lebensphilosophie (*Spengler, Frobenius, Meinecke*), Deutung u. Erlebnis (*Dilthey, Kassner, Pannwitz, Picard*), Soziologie (*M. Weber, W. Eucken*), Literaturkunde (*Walzel, Bertram, Lukács, Curtius, Muschg*), Theaterwissenschaft (*A. Kutscher, Knudsen*), Literaturkritik (*Rychner, Süskind, Blöcker, Holthusen, Hohoff*), religiöse Strömungen (*Th. Haecker, K. Barth, M. Buber*). Neue Dichtungsformen, vorwiegend episch: *Kasack, H. v. Doderer, Nossack, Kreuder, Aichinger, Böll, Grass, Johnson, A. Schmidt, Andersch, M. Walser, S. Lenz, Wellershoff, Christa Wolf, Th. Bernhard;* vorwiegend lyrisch: *Huchel, Kaschnitz, Nelly Sachs, Eich* (auch Hörspiel), *Krolow, Celan, Bachmann, Piontek, Enzensberger, Heißenbüttel, Jandl, G. Kunert, Sarah Kirsch, Fried, Ulla Hahn;* vorwiegend dramatisch: *Dürrenmatt, Frisch* (auch Romane), *Hochwälder, Hildesheimer, P. Weiss, P. Handke, Hochhuth, Kipphardt, H. Müller, B. Strauß, Kroetz, Achternbusch.*

als Bestandteil d. → Pariser Verträge in Kraft. Die BR erhielt damit die nur durch wenige Vorbehalte eingeschränkte Souveränität u. wurde gleichzeitig Mitgl. d. → NATO u. d. → WEU. Im Rahmen d. NATO 1956 Aufstellung eigener Truppen u. Einführung d. allg. Wehrpflicht (einschließende Einbeziehung d. → Bundeswehr). Fortschreitende Einbeziehung d. BR in d. Integration W-Europas: 1949 Mitgl. d. OEEC, 1951 d. Europarates, 1952 Mitbegr. d. Montanunion, 1957 z. EWG (s. 1973 EG) u. Euratom. 1957 Rückgliederung d. → Saarlandes; 1961 Errichtung e. Sperranlage in Berlin zw. W- u. O-Berlin durch d. DDR z. Verhinderung d. Republikflucht. 1963 pol.-mil.-kulturelles Abkommen mit Frkr.; 1965 Aufnahme diplomat. Beziehungen m. Israel; danach Abbruch d. Beziehungen zu 9 arab. Staaten. 1967 diplomat. Beziehungen zu Rumänien. Ende 1966 Rücktritt d. Reg. → Erhard nach Ausscheiden d. FDP aus d. Koalition. Neue Regierung aus CDU/CSU u. SPD (*große Koalition*) unter → Kiesinger leitet Maßnahmen z. Neubelebung d. Wirtschaft u. z. Normalisierung d. Beziehungen mit den kommunist. Staaten ein; 1969 SPD-FDP-Regierung unter W. → Brandt, 1974 unter H. → Schmidt. Gewaltverzichtabkommen u. a. mit d. DDR (→ Grundvertrag), der UdSSR (1972), Polen (1972) u. Tschechoslowakei (1973). 1974 Austausch ständiger Vertretungen m. DDR. Eskalation des → Terrorismus. Seit Okt. 1982 nach Ausscheiden d. FDP aus d. sozial-liberalen Koalition CDU/CSU-FDP-Regierung unter H. → Kohl. Seit Ende 1989 Vertragsgemeinschaft m. → DDR beschlossen; 1990 2+4-Gespräche m. USA, Sowjetunion, Großbrit. u. Frkr. über Wiederherstellung d. dt. Einheit; ab 1. 7. 1990 Wirtsch.-, Währungs- u. Sozialunion m. DDR; 12. Sept. 1990 Deutschland-Vertrag (zw. vier Siegermächten u. d. beiden dt. Staaten) über Wiedervereinigung; 1. Okt. 1990 offizielle Rückgabe d. Souveränität an vereinigtes Deutschland; 3. 10. 1990 Beitritt d. DDR zur BR; 2. 12. 1990 erste gesamtdt. Wahlen mit Sieg der amtierenden Reg.koalition unter Kohl, die bei den Bundestagswahlen 1994 bestätigt wurde. Starke Zunahme der Staatsverschuldung infolge d. dt. Einheit. **b)** *Wirtschaft u. Verkehr:* Die BR entwickelte sich nach d. Währungsreform u. nach Wiederaufbau d. kriegszerstörten Industrien in einer integrierten eur. Wirtschaft zu einem der führenden Industriestaaten; Ind.gebiete: Ruhrgebiet u. Saarland.
Schaubilder → Außenhandel, → Chemische Industrie, → Eisenbahn, → Eisen u. Stahl, → Elektroindustrie, → Industrie, → Energie-, → Forstwirtschaft, → Kohle, → Kraftfahrzeuge, → Maschinenbau, → Schiffahrt, → Sozialprodukt; ferner Übersichten → deutsche Geschichte, → deutsche Literatur.
Deutschlandlied, *Deutschland, Deutschland über alles,* 1841 von Hoffmann v. Fallersleben verfaßt; Melodie von Haydn *(Kaiserquartett);* Nationalhymne von 1922–45; 3. Strophe s. 1952 Nationalhymne d. BR Deutschland.
Deutschlandvertrag, auch *Bonner Konvention* od. *Generalvertrag,* v. d. BR, Frkr., Großbrit. u. USA am 26. 5. 1952 unterzeichnet, am 5. 5. 1955 (in revidierter Fassung → Pariser Verträge) in Kraft getreten, hob das → Besatzungsstatut auf und gab der BR d. durch einige Vorbehalte eingeschränkte Souveränität; zu Vorbehalten zählten Rechte und Pflichten d. Westmächte, wie Stationierung v. Truppen, Schutz Dtlds, Sorge f. Wiedervereinigung.
Deutschrömer, Bez. f. dt. Maler, d. sich zw. Ende 18. Jh. u. um 1870 in Rom als ihrer Wahlheimat aufhielten; z. B. Carstens, Koch, Böcklin, Feuerbach, auch → Nazarener.
Deutz, rechtsrhein. Stadtteil v. Köln; Römerkastell; Messehallen; Industrie.
Deux-Sèvres [døˈsɛːvr], frz. Dép., Westfrkr., 5999 km², 346 000 E; Hptst. *Niort.*
Devaluation [l.], → Abwertung.
Devas, Götter d. vedischen Religion (→ Veda).
Deventer, ndl. St. an d. Ijssel, 68 000 E; Textil- u. Maschinenind., Hansestadt.
Deviation [frz.], *seem.* Abweichung der Kompaßnadel infolge der Eisenmassen des Schiffes.
Devise, w. [frz.], Wahl-, Wappenspruch, Losung.
Devisen [l.],
1) *allg.* auch gesetzl., alle ausländ. Zahlungsmittel, z. B. Münz- u. Papiergeld (Banknoten), Schecks, Wechsel u. Forderungen in ausländ. Währung.
2) im engeren Sinne Wechsel, Schecks, Auszahlungen in ausländ. Währung u. auf einen ausländ. Platz ausgestellt (im Ggs. zu → Sorten = ausländ. Bargeld).
Devisenbewirtschaftung, *Devisenzwangswirtschaft,* den freien D.verkehr einschränkende oder ausschließende gesetzl. Vorschriften; erfolgt in sonst freier Wirtsch. bei D.knappheit in bes. Schwierigkeiten im intern. Zahlungsausgleich; ist bei Planwirtsch. im Prinzip einbezogen; führte zur Bildung v. Verfahren (z. B. bilateraler Zahlungsverkehr, Clearing- u. Verrechnungsabkommen).
Devisenkurse, *Devisenwechselkurse,* der Wert einer Währung im Verhältnis zu einer anderen ausländ.; bei intern. Goldwährung (Goldautomatismus) schwanken die D.kurse zw. engen Grenzen, dem oberen Goldausfuhr- u. unteren Goldeinfuhrpkt; können sich frei nach Angebot u. Nachfrage bilden od. amtl. festgesetzt sein (z. B. Verrechnungskurse bei D.bewirtschaftung).
Devolution [l.], Abwälzung; kraft des Gesetzes eintretende Übertragung eines Rechtes auf andere.
Devolutionskrieg, 1667/68 zw. Frkr. (Ludwig XIV.) u. Spanien sowie der Tripelallianz v. England, Schweden, Niederlande; → Aachener Frieden.
Devon → geologische Formationen.
Devonport, Stadtteil von Plymouth.
Devonshire [ˈdɛvnʃə], *Devon,* Gft in Südwestengl., hafenreiche Küsten, 6703 km², 1,01 Mill. E; Hptst. *Exeter.*
devot [l.], ehrfurchtsvoll, frömmelnd, unterwürfig.
Devotio moderna, w. [l. „neue Frömmigkeit"], christl. Erneuerungsbewegung d. Spätmittelalters i. westl. Eur. unter Betonung e. sehr persönl., verinnerlichten Gläubigkeit u. Streben nach myst. Versenkung.
Devotionalien, Andachtsgegenstände.
Devrient [-ˈfriːnt], Ludwig (15. 12.

1784–30. 12. 1832), dt. Schausp. am Berliner Hoftheater; Freund E. T. A. → Hoffmanns.
Dewar ['djuːə], Sir James (20. 9. 1842 bis 27. 3. 1923), engl. Phys. u. Chem.; Verflüssigung d. Wasserstoffs, Erfinder d. → Dewar-Gefäßes.
Dewar-Gefäß, Behälter, dessen spezieller Wandaufbau für bes. gute Wärmeleistung sorgt; die doppelten Wände sind versiegelt (verhindert Durchgang v. Wärmestrahlung) und nahezu luftleer gepumpt (dadurch wird Wärmeleitung unterbunden); Urform d. Thermosflasche.
Dewey ['djuːɪ],
1) **John** (20. 10. 1859–1. 6. 1952), am. Phil. m. stark soz.-prakt. Tendenz („Instrumentalismus").
2) **Melvil** (10. 12. 1851–26. 12. 1931), am. Bibliothekar; 1876 Schöpfer d. → Dezimalklassifikation u. 1887 Begründer der ersten Büchereischule.
Dextran, Art von → Plasmaexpander.
Dextrin, *s.*, Kohlenhydrat, Abbauprod. der Stärke; als Klebstoff u. zur Appretur verwendet.
Dextrokardie, angeborene Anomalie, bei der d. Herz rechts liegt.
Dextrose, svw. → Traubenzucker.
Dezem, *m.* [l. „decem = zehn"], der (Pacht-)→ Zehnt.
Dezember [l. „decem = zehn"], im altröm. Kalender 10., heute 12. Monat (31 Tage); altdt. *Christ-, Julmond.*
Dezennium, *s.* [l.], Jahrzehnt.
dezent [l.], sittsam, anständig, zurückhaltend.
Dezentralisation [nl.], Auseinanderlegung; in der Staatsverwaltung Verlegung des Schwergewichts in die örtlichen und provinziellen Behörden.
Dezerebration, Enthirnung, schwere Unfallfolge.
Dezernat, *s.* [l.], behördl. Unterabteilung für ein Arbeitsgebiet.
Dezernent, Leiter eines organisator. abgegrenzten Teils e. Behörde mit besonderer Sachzuständigkeit oder der Behörde selbst. In manchen Großstädten ist der (pol.) Stadtrat der Dezernent.
Dezi- [l. „decem = 10"], ein Zehntel einer Maß- oder Gewichtseinheit (z. B. *Dezigramm* = $\frac{1}{10}$ g).
Dezibel [l.], *s.*, Abk. *dB*, logarithm. Verhältnis zweier Leistungen (z. B. bei Schalldrücken, Spannungen); 10 dB = 1 Bel (→ Bel 2).
dezidiert [l.], entschieden, bestimmt.
Dezidua, Gebärmutterschleimhaut nach Einnistung des befruchteten Eies.
Dezimalbruch, *math.* Bruch, dessen Nenner Potenz von 10 ist.
Dezimalklassifikation, im Bibliothekswesen intern. einheitl., auf d. Grundlage d. Zehnerung aufgebautes System für Ordnung d. Sachkatalogs; 1876 v. M. → Dewey ausgearbeitet, teilt gesamtes Wissen in 10 Hauptgebiete; diese wieder in 10 Gruppen usw. (z. B. 5 Mathematik u. Naturwiss., 53 Physik, 531 Allg. Mechanik usw.).
Dezimalsystem, auf d. Grundzahl 10 aufgebautes Zahlensystem, bes. f. Währung, Maß, Gewicht.
Dezimalwaage → Waage.
Dezime [l.], Intervall d. 10. Stufe über Grundton, Oktave d. Terz (z. B. c¹–e²).
Dezimeterwellen, elektromagnet. Wellen (→ Wellenlängen, Übers.), Bez.

Die Hoheitszeichen der Bundesländer

  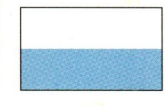 
Baden-Württemberg — Bayern

Berlin — Brandenburg

Bremen — Hamburg

Hessen — Mecklenburg-Vorp.

Niedersachsen — Nordrhein-Westfalen

Rheinland-Pfalz — Saarland

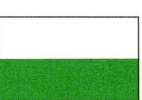  
Sachsen — Sachsen-Anhalt

 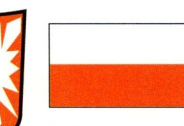 
Schleswig-Holstein — Thüringen

UHF (*ultra high frequencies*), Wellenlängenbereich 0,1 m – 1 m, Frequenzbereich $3 \cdot 10^8$–$3 \cdot 10^9$ Hz.
dezimieren [l.], jeden 10. Mann töten; stark vermindern.
DFB → *D*eutscher *F*ußball*b*und.
DFG, Abk. f. *D*eutsche *F*orschungs*ge*meinschaft.
DFP, *D*emokr. *F*ortschrittl. *P*artei, → Parteien, Übers.
DFV, Abk. f. → *D*eutscher *F*ischerei*v*erband.
DGB, Abk. f. *Dt. G*ewerkschafts*b*und, → Gewerkschaften, Übers.
DGLR, Abk. f. *Dt. G*esellschaft f. *L*uft- u. *R*aumfahrt, 1967 gegr. Fachvereinigung f. Flugtechnik u. Weltraumforschung.
Dhahran, Erdölzentrum im östl. Saudi-Arabien am Pers. Golf, 45 000 E; im 2. → Golfkrieg wichtiger Stützpunkt der alliierten Truppen.
Dhaka, *Dacca, Dakka,* Hptst. von Bangladesch, im Gangesdelta, 5,7 Mill. E; Uni.; Industriezentrum, Hafen, internat. Flughafen.
Dharma, *Dhamma, m.* [sanskr./pali „tragen, halten"], ind. Begriff f. d. kosm. Gesetz u. d. karm. gelenkte Wiedergeburt; im Buddhismus: Lehre d. Buddha, d. dieses kosm. Gesetz erkannt hat.
Dhaulagiri, Himalajagipfel, in Nepal, 8167 m; 1960 Erstbesteigung.
d'Hondtsches System, e. Verfahren zur Sitzverteilung im Verhältniswahlsystem, → Wahlsysteme. Es besteht darin, d. Stimmenzahl d. einzelnen an d. Wahl beteiligten Parteien jeweils durch 1, 2, 3, 4 usw. zu teilen u. die Sitze nach Höhe d. anfallenden Teilzahlen d. Reihe nach zu vergeben, wobei nur solche Parteien in d. BR nicht zum Zug kommen, die weniger als 5% der abgegebenen Stimmen erhalten haben (auch Höchstzahlverfahren genannt). Bsp.: Partei A hat 600 Stimmen, geteilt durch 1 = 600; Partei B hat 330 Stimmen, geteilt durch 1 = 330; Partei C hat 270 Stimmen, geteilt durch 1 = 270; Partei D hat 120 Stimmen, geteilt durch 1 = 120; die gleichen Zahlen geteilt durch 2 = 300 bzw. 165, 135, 60; geteilt durch 3 = 200, 110, 90, 40. – Da die jeweils höchsten Zahlen die Reihenfolge der Sitze bestimmen, erhält nach der Reihe 600, 330, 300, 270, 200, 165, 150, 135 usw. – also Partei A d. Sitze 1, 3, 5, 7; Partei B Sitze 2, 6, 10; Partei C Sitze 4, 8, 11; Partei D Sitze 9, usw.
di- [gr.], Vorsilbe: zwei-, doppel-.
dia- [gr.], Vorsilbe: zer-, durch-, ent-, über-.
Dia [span., portugies.],
1) Tag.
2) Abk. f. → Diapositiv.
Dia-Archiv, Sammlung v. Diapositiven in herkömml. Magazinen od. Archivierungsschränken; inzwischen durch → Foto-CD ergänzt.
Diabas, *m.* [gr.], vulkan. Gestein; → Magmatite, Übers.
Diabelli, Anton (6. 9. 1781–7. 4. 1858), östr. Musikverleger u. Komponist.
Diabetes [gr.], *Harnruhr: D. insipidus, Durstkrankheit,* Harnruhr ohne Zuckerausscheidung durch Störung d. Zwischenhirns bzw. d. → Hypophyse od. d. Nieren; *D. mellitus, Zuckerkrankheit, Zuckerharnruhr,* Stoffwechsel-Re-

gulationskrankheit, beim *primären D.m.* Folge v. Funktionsstörungen des → Inselorgans (Typ I) od. Unwirksamkeit des körpereigenen → Insulins (Typ II), beim *sekundären D.m.* v. → Hypophyse, d. Nebennierenrinde. Folge stets Störung d. Zucker- u. Fettverbrennung; Behandlung durch → Insulin u. (od.) Tabletten (orale Antidiabetika), bes. Sulfonylharnstoff- u. Biguanidverbindungen sowie Acarbose, außerdem Diät.

Diabetiker, Zuckerkranker.

Diabetrachter, kleines Gerät, um Diapositive rasch betrachten zu können; auch ohne Stromversorgung erhältlich.

diabolisch [gr.], teuflisch.

Diabolus, *m.,* Teufel.

Diadem, *s.* [gr.], Stirnband, -reif, Krone.

Dia-Direkt-System, d. direkte Vergrößern farb. Diapositive auf farb. Vergrößerungspapier; modernste u. einfachste Vergrößerungstechnik.

Diadochen [gr. „Nachfolger"], Feldherren Alexanders d. Gr.; teilten nach dessen Tod 323 v. Chr. sein Reich: *Antipater* (Mazedonien u. Griechenland), *Lysimachos* (Thrakien), *Antigonos* (Lykien, Pamphylien, Phrygien), *Ptolemaios* (Ägypten), *Seleukos* (Babylonien).

Diaduplikat, Kopie v. e. Diapositiv; wird im Fachlabor auf speziellem Duplikatfilm aufbelichtet, auch mit Amateurgeräten möglich.

Diagenese [gr.], Umwandlung lockerer Ablagerungen in feste Gesteine durch Druck, Verkittung, → Sedimentgesteine (z. B. *Sand* zu → *Sandstein*).

Diagnose, *w.* [gr.], Feststellung v. Krankheiten durch **Diagnostik,** *w.,* Wissenschaft, sie zu erkennen.

Diagonale, *w.* [gr.], *geometr.* Verbindungslinie zweier nicht benachbarter Ecken eines Vielecks.

Diagonalreifen → Gürtelreifen.

Diagramm [gr.],
1) zeichner. Darstellung von Zahlenwerten u. ihrer zahlenmäß. Beziehungen; bes. i. d. Statistik benutzt.
2) *botan.* Grundriß v. Blüten.

Diakon [gr. „Diener"],
1) Armenpfleger in der urchristl. Kirche.
2) *kath. Kirche:* letzte Weihestufe v. d. Priestertum.
3) *ev. Kirche:* geistl. Amt eigener Prägung; seminarist. Ausbildung in D.enhäusern u. a. Fach-HS.

Diakonat, *s.,* in d. kath. Kirche: Amt d. geweihten Diakons; i. d. ev. Kirche: d. tätige Dienst als notwendige Entsprechung d. Predigt u. Verkündigung.

Diakonin, i. d. ev. Kirche s. 1983 neues Amt f. Frauen, die heiraten dürfen, im Ggs. zu **Diakonissen,** ev. Kranken- u. Gemeindeschwestern, mehrjähr. Ausbildung in **Diakonissen-Mutterhäusern** (z. B. Kaiserswerth, Bethel).

Diakonisches Werk der EKD, Zus.-fassung der Sozial- und Jugendhilfe, der Kranken- u. Behindertenpflege, der Vorschul- u. der Heimerziehung sowie der Entwicklungshilfe, von der ev. Kirche, Kirchengemeinden sowie freien Anstalten, Vereinigungen u. Aktionen durchgeführt wird. Bez. f. inländ. Arbeit *Diakonie,* für ausländ. *Ökumenische Diakonie.* Gegr. 1848 v. J. H. Wichern als Central-Ausschuß f. d. Innere Mission, 1957 vereinigt mit dem Hilfswerk der EKD, sind ihm (1984) 17 Landes- u. 100 Fachverbände mit 3250 Krankenhäusern u. Heimen (281 000 Betten), über 7000 Tagesstätten für Kinder (400 000 Plätze) sowie rund 6000 weitere Krankenpflege-, Fürsorge- u. Beratungsstellen angeschlossen. Entwicklungshilfe leistet die Aktion „Brot für die Welt"; Katastrophenhilfe. 246 000 hptberufl. Mitarb., darunter Diakonissen u. Diakone; 515 Ausbildungsstätten für soziale Berufe. Hauptgeschäftsstelle in Stuttgart. Der „Inneren Mission u. Hilfswerk der Ev. Kirchen in den neuen Bundesländern" sind 546 Krankenhäuser u. Heime, 425 Gemeindepflegestationen sowie 279 Tagesstätten f. Kinder angeschlossen.

Diakonisse [gr.], i. d. Frühkirche e. über 60jähr. karitativ tätige Witwe; in d. ev. Kirche Schwester im Dienst soz. Aufgaben. Dt. Hauptverband i. Kaiserswerth.

diakritisch [gr.], unterscheidend; *d.e (Schrift-)Zeichen,* z. B. ā, é, ę, ǎ, ḥ, ş, ö etc.

Dialekt, *m.* [gr.], svw. → Mundart.

Dialektik, *w.* [gr.], Kunst d. wiss. Unterredung. – Denken in (gegensätzl.) Begriffen von Thesis u. Antithesis zur aus beiden entwickelten höheren Stufe Synthesis. In Hegels Idealismus ist die D. nicht bloß Methode, sondern der Struktur d. sich entwickelnden Wirklichkeit; wurde von Marx und Engels in der materialist. Auffassung von Natur und Geschichte übernommen.

dialektisch, sich in gegensätzl. Begriffen oder Entwicklungsformen bewegend.

dialektischer Materialismus → Philosophie, Übers.

dialektische Theologie, eine v. Karl Barth, Fr. Gogarten u. a. vertretene Richtung der protestant. Theologie.

Dialog, *m.* [gr.], Zwiegespräch.

Dialyse, *w.* [gr.], → Diffusion; → extrakorporale Dialyse.

Diamagnetismus, Eigenschaft v. Stoffen, von e. äußeren Magnetfeld abgestoßen zu werden; D. tritt bei allen Stoffen u. in allen → Aggregatzuständen auf, ist aber so schwach, daß er bei d. meisten Stoffen v. anderen, stärkeren magnet. Eigenschaften (→ Permeabilität) überdeckt wird.

Diamant, *m.* [v. gr. „adamas = unbezwingbar"], härtestes, wertvollstes Mineral; reiner kristalliner Kohlenstoff; Hauptvorkommen S- u. SW-Afrika, Sibirien.

DIAMAT, dialektischer Materialismus, Karl → Marx u. → Sozialismus.

Diameter, *m.* [gr.], → Durchmesser.

diametral, liegen Endpunkte des Kreisdurchmessers; *d. entgegengesetzt,* von größtmögl. Ggs.

Diamine, organ. Verbindungen, enthalten zweimal die Aminogruppe NH_2.

Diana [daɪˈænə], ugs. *Lady Di* (1. 7. 1961–31. 8. 1997), Prinzessin v. Wales, Frau d. brit. Thronfolgers Prinz Charles (ab 1996 geschieden).

Diana [l.], röm. Jagdgöttin, griech. → *Artemis.*

Diapause, Ruhezustand in der Entwicklung bei wirbellosen Tieren.

diaphan [gr.], durchscheinend.

Diaphanbilder, durchscheinende Bilder auf Glas (Fensterverzierung).

Diaphanoskopie, Durchleuchtung e. Körperteils mit Licht.

Diaphragma, *s.* [gr.],
1) *astronom.* in Fernrohren geschwärzte Scheibe m. zentraler Öffnung z. Abblendung d. Randstrahlen.
2) Scheidewand (Tonzelle, Pergament, Schweinsblase) zur Trennung v. Gasen u. Flüssigkeiten; → Diffusion.
3) *med.* Zwerchfell.

Diapositiv, *s.* [gr.], Abk. *Dia,* durchsichtiges transparentes fotograf. Bild, meist in Farbe (Farbdia, Colordia), seltener in SW.

Diaprojektor, zur Betrachtung von Diapositiven. Projektion auf eine Leinwand bei Tageslicht und Raumdunkelheit od. Betrachtung auf Monitor am Projektor selbst.

Diarahmung, entweder zw. Glasplatten od. glaslos; unerläßlich, um e. Diapositiv projizieren zu können; zw. Glas gerahmte Dias werden v. Mikroorganismen u. U. zerstört.

Diarium, *s.* [l.], Tagebuch.

Diarrhoe, *w.* [gr.], → Durchfall.

Diaspora, *w.* [gr.], „Zerstreuung", Minderheit v. Religionsgenossen unter Andersgläubigen.

Diastase, *w.* [gr.], Amylase, Enzym in keimenden Samen (bes. Getreidekörnern) u. i. d. Bauchspeicheldrüse, bewirkt die Umwandlung v. Stärke in gärungsfähigen Zucker.

Diastole, *w.* [gr.], rhythmische Erweiterung des Herzens; Ggs.: Systole (→ Herz).

Diät, *w.* [gr.], Krankenkost od. Ernährung z. Korrektur v. → Risikofaktoren; u. a. → Rohkost.

Diäten, Tagegelder, Aufwandsentschädigungen, Bezüge, bes. der Abgeordneten.

Diätetik, *w.* [gr.], Lehre v. d. vernünftigen Lebensweise.

Diathermie, *w.* [gr.], → Elektrotherapie.

Diathese, *w.* [gr.], Veranlagung, gesteigerte Empfänglichkeit für bestimmte Organ- und Allgemeinkrankheiten (z. B. *hämorrhagische D.* = Bluterkrankheit, *allergische D.*).

Diatomeen, svw. → Kieselalgen.

Diatomit*, *m.,* aus → Kieselgur hergestellte hochporöse Masse, als Filterstein u. zur Wärmedämmung.

Diatonik, *w.* [gr.], stufige Tonfortschreitung, die Oktavraum in 5 Ganz- und 2 Halbtöne gliedert; Ggs.: Chromatik.

Diaüberblendung, beim Wechsel v. e. Diapositiv z. anderen während d. Projektion gibt es keine Dunkelpause; Übergang ist weich u. fließend, moderner Standard d. Diaprojektion.

Diavision, anspruchsvoller Diavortrag m. Großbildprojektion, m. Überblendung ohne Dunkelpause, oft mit Ton synchronisiert; inzwischen f. viele Fotografen e. zusätzl. Erwerbszweig.

Diaz [ˈdiəʃ],
1) Bartholomëu (um 1450–1500), portugies. Seefahrer; umsegelte 1487 Kap der Guten Hoffnung.
2) Porfirio [ˈdiaθ] (15. 9. 1830–2. 7. 1915), mexikan. Gen.; Gegner Kaiser → Maximilians, 1877–80 u. 1884–1911 Präs. d. Rep.; gestürzt u. verbannt.

Diazoverbindungen, organ.-chem. Verbindung mit Diazo-Gruppe N_2; bil-

den mit aromat. Aminen → Azofarbstoffe.
Dib, Mohammed (* 21. 7. 1920), alger. Schriftst., Romantrilogie: *Das große Haus, Der Brand, Der Webstuhl.* Als Lyriker dem Symbolismus u. Surrealismus verpflichtet.
Dibelius, Otto (15. 5. 1880–31. 1. 1967), dt. ev. Theol.; 1925 Gen.superintendent d. Kurmark, v. NS-Regime entlassen, 1945–66 Bischof v. Berlin u. Brandenburg; s. 1945 Mitgl., 1949–61 Vors. d. Rates der ev. Kirchen in Dtld, 1954–61 einer d. 6 Präs. d. Weltkirchenrates.
Dichotomie, *w.* [gr.], Zweiteilung, Gabelung; einem Begriff sind zwei andere untergeordnet.
Dichroismus [gr.], Erscheinung bei doppelbrechenden Kristallen, daß sie nach 2 versch. Richtungen mit versch. Farbe durchsichtig sind; Licht wird polarisiert; → Polarisationsfilter.
Dichroitische Filter → Farbmischkopf.
Dichte, gibt allg. an, welcher Anteil e. phys. Größe in e. Raumeinheit (z. B. cm³) enthalten ist (seltener wird d. Bezug auf Flächen- od. Längeneinheiten angewendet); z. B. gibt d. *Massendichte* (auch spezif. Masse genannt) e. Körpers die in d. Raumeinheit enthaltene Masse an, meist in der Einheit g/cm³. In der Elektrizitätslehre: *Raumladungsdichte* (Ladungsmenge pro Raumeinheit), *Stromdichte* (Strom, der durch e. Flächeneinheit fließt); in der Optik: von zwei Stoffen ist der mit d. größeren Brechungszahl opt. dichter.
Dichtung, Sprachkunstwerk (Dramatik, Epik, Lyrik, Vers, Prosa).
Dick, Uwe (* 21. 12. 1942), dt. Schriftst., setzt sich sprachkrit. m. d. Fertigteilsprache bayr. Dichtung auseinander: *Sauwaldprosa; Das niemals vertagte Leben.*
Dickblatt, kapländ. Fettkräuter; Zierpflanzen.
Dickens, Charles (7. 2. 1812–9. 6. 70), engl. humorist.-satir. Dichter, auch Sozialkritiker; *Die Pickwickier; Oliver Twist; David Copperfield.*
Dickhäuter, veraltete Zus.fassung v. Elefanten, Nashörnern, Tapire, Flußpferde. u. Schweine.
Dickmilch, saure Milch, i. Handel als fettarme D. (1,8% Fett), Sahne-D. (10% Fett) u. m. Fruchtzusatz als Frucht-D.
Dickung, forstwirtsch. Begr. f. heranwachsenden Hochwaldbestand, v. Bestandsschluß b. z. Beginn d. natürl. → Astreinigung; → Jungwuchs.
Didaktik, *w.* [gr.], Unterrichtslehre, in der d. Inhalte u. deren Gewichtung bei d. einzelnen Unterrichtsfächern untersucht und wechselseitig analysiert werden; Ggs.: → Methodik.
didaktisch, lehrhaft; die → Didaktik betreffend.
Diderot [-'dro], Denis (5. 10. 1713 bis 31. 7. 84), frz. Schriftst. d. Aufklärung; *Rameaus Neffe;* Hg. d. → Enzyklopädie.
Dido, der Sage nach Gründerin v. Karthago, tötet sich, als Aeneas sie verläßt.
Didot [-'do], frz. Buchdruckerfamilie, seit 1713; aus ihren Klassikerausgaben die **D.-Antiqua.**
Diebstahl, rechtswidrige Fortnahme einer fremden bewegl. Sache zwecks *Aneignung* (§§ 242 f. StGB); bes. schwere Fälle v. D. (z. B. Einbruch-D., Kirchen-D., Banden-D.) werden nach § 243 StGB m. Freiheitsstrafe bis zu 10 J. bedroht.
Dieburg (D-64807), St. östl. v. Darmstadt, Hess., 13 970 E; AG; Wallfahrtskirche.
Dieckmann, Johannes (19. 1. 1893 bis 22. 2. 1969), dt. Pol.; Mitarbeiter Stresemanns, 1949–69 Präs. d. Volkskammer, 1960–69 stellv. Vors. d. Staatsrats d. DDR.
Diedenhofen, frz. *Thionville,* lothring. St. an der Mosel, 40 000 E; div. Industrie, Bergbau, Eisenverhüttung. – Ab 1683 frz., 1871–1918 dt.
Diederichs, Eugen (22. 6. 1867–10. 9. 1930), dt. Verleger in Jena; 1896 Verlag f. Buchkultur, Jugendbewegung, rel. Verinnerlichung, Ausdruckskultur; s. 1948 in Düsseldorf.
Diego Garcia ['djeigou 'gɑ:θiɑ:], brit. Insel im Ind. Ozean (Tschagosinseln); US-Flottenbasis.
Dielektrikum, el. nichtleitender Stoff; im Ggs. z. el. → Leiter sind d. Elektronen des D. im el. → Feld nur geringfügig verschiebbar. Im el. Feld e. → Kondensators führt diese Verschiebung zur Erhöhung d. → Kapazität.
Diels, Otto Paul Hermann (23. 1. 1876 bis 7. 3. 1954), dt. Chem.; Entwicklung der *Diënsynthese (Diels-Alder-Reaktion);* Nobelpr. 1950 (zus. m. K. → Alders).
Diels-Alder-Reaktionen, Reaktionen e. konjugierten Diens mit e. Alken (Dienophil) unter Bildung e. Cyclohexen-Derivats.
Dieme, svw. → Miete 2).
Diemel, l. Nbfl. der Weser, 105 km lang; Talsperre-Kraftwerk im Oberlauf bei Helminghausen; Naturpark Diemelsee.
Dien Bien Phu [djɛn bjɛn fuː], Ort i. N-Vietnam, 1954 v. Vietminh erobert, als Folge Rückzug Frkr.s aus Indochina.
Diëne, chem. Kohlenstoffverbindungen m. 2 Doppelbindungen (z. B. Butadiën H₂C=CH–CH=CH₂); ermöglichen Anlagerung weiterer Verbindungen durch *Diënsynthese (Diels-Alder-Reaktion).*
Dienstadel, Gruppe d. Adels, die ihre bevorzugte Stellung e. Dienstverhältnis zu e. höhergestellten Dienstherrn (z. B. König) verdankt.
Dienstag, 2. Tag d. Woche, *Dingesdag,* nach dem Beinamen *Thingsus* des german. Kriegsgottes Tyr.
Dienstaufsichtsbeschwerde, formloser Rechtsbehelf z. übergeordneten Behörde mit d. Ziel, daß diese Maßnahmen oder Verhalten der untergeordneten Behörde überprüft.
Dienstbarkeit, lat. *servitus,* Belastung e. Grundstücks mit Benutzungsrecht od. anderen Vorteilen entweder zugunsten des Eigentümers eines anderen Grundstückes *(Grunddienstbarkeit)* od. e. best. Person *(beschränkte persönliche D.* u. Nießbrauch); Grundbucheintragung erforderlich.
Dienste, *w.,* in der spätromanischen und gotischen Baukunst dünne, e. Wand od. e. Pfeiler vorgelegte Viertel- bis Dreiviertelsäulen z. optischen bzw. statischen Unterstützung eines Gewölbes. Stärkere *(alte)* D. stützen → Gurte,

Otto Dibelius

Charles Dickens

schwächere *(junge)* D. f. Gewölberippen, → Bündelpfeiler.
Diensteid, eidl. Verpflichtung des Beamten zur gewissenh. Erfüllung d. Dienstpflichten.
Diensteinkommen, gesetzl. festgelegte Einkünfte d. Beamten; svw. Besoldung.
Dienststrafen, gg. Beamte zur Ahndung v. *Dienstvergehen* in förml. *Disziplinarverfahren* (z. B. Aberkennung des Ruhegehalts, Entfernung aus dem Dienst, Versetzung, Gehaltskürzung) od. durch *Disziplinarverfügung* (Geldbuße, Verweis, Warnung).
Dienstvertrag → Übers.
Dientzenhofer, oberbayr. Baumeisterfamilie d. Barockzeit,
1) Christoph (7. 7. 1655–20. 6. 1722), Langhaus u. Fassade v. *St. Nikolaus,* Prag; Vater von 5); seine Brüder 2)–4)
2) Georg (1643–2. 2. 89), *Abteikirche Waldsassen;*
3) Johann (25. 5. 1663–20. 7. 1726), *Dom* in → Fulda (Abb.);
4) Johann Leonhard (20. 2. 1660–26. 11. 1707), Bauten in Bamberg: *Residenz, St. Martin, St. Michael;*
5) Kilian Ignaz (1. 9. 1689–18. 12. 1751), e. Hptmeister d. böhm. Spätbarock; *St. Johann am Felsen.*
Diepgen, Eberhard (* 13. 11. 1941), CDU-Pol.; 1984–89 Reg. Bürgerm. v. W-Berlin; s. 1991 Reg. Bürgerm. v. Berlin.
Diepholz (D-49356), Krst. in Nds., 15 240 E; Schloß.
Dieppe [djɛp], frz. Hafen und Seebad am Kanal, Dép. *Seine-Maritime,* 36 000

Dienstvertrag (Arbeitsvertrag)

Allgemeines: D. ist gerichtet auf Leistung von Diensten gg. Entgelt; regelt sich – soweit nicht Sondervorschriften gelten – nach §§ 611 ff. BGB. D. ist gegenseitiger Vertrag im Sinne des § 320 BGB; der Arbeits-, Gehorsams- u. Treuepflicht des Arbeitnehmers steht die Pflicht des Arbeitgebers zur Lohnzahlung, Fürsorge u. Urlaubsgewährung gegenüber. – Im allg. bestehen für den Abschluß eines Dienstvertrages keine Formvorschriften.
Kündigung, soweit nicht bes. Vereinbarungen bestehen, bei einer Dauer des Arbeitsverhältnisses von 2 Jahren: 1 Monat, von 5 Jahren: 2 Monate, von 8 Jahren: 3 Monate, von 10 Jahren: 4 Monate, von 12 Jahren: 5 Monate, von 15 Jahren: 6 Monate, von 20 Jahren: 7 Monate, jeweils zum Ende eines Kalendermonats. Bei Bemessung des Entgelts nach längeren Zeitabschnitten (weil im höheren Dienst): sechswöchige Kündigungsfrist zum Quartalsende. Abweichende Vereinbarungen zulässig, soweit nicht gesetzliche Bestimmungen bzw. solche der Tarifordnung oder Betriebsordnung entgegenstehen. Trotz oft ins einzelne gehender tarifvertragl. Bestimmungen ist der Einzelvertrag noch unentbehrlich; er begründet das Arbeitsverhältnis. Bei Vorliegen eines triftigen Grundes fristlose Kündigung jederzeit möglich. **Kündigungsschutz,** bes. für Schwerbeschädigte, für werdende u. stillende Mütter (→ Mutterschutz), allg. aufgrund v. Tarifabkommen sowie durch Gesetz v. 10. 8. 1951: Kündigung ist als *sozial ungerechtfertigt* unwirksam, wenn sie nicht durch Gründe in der Person od. dem Verhalten d. Arbeitnehmers od. durch dringende betriebl. Erfordernisse bedingt ist; Einleitung d. Kündigungsschutzes durch *Einspruch beim Betriebsrat,* der mit Arbeitgeber Verständigung herbeiführen soll, oder (und) durch *Klage beim Arbeitsgericht* auf Feststellung, daß Arbeitsverhältnis durch Kündigung nicht aufgelöst ist; Frist auf Einreichung der Klage: 3 Wochen ab Kündigung; f. Massenentlassungen Sonderbestimmungen.

E; Schloß (14. Jh.); Werften, Austernzucht.

Diercke, Carl (15. 9. 1842–7. 3. 1913), dt. Geograph, erster Hg. e. bis heute fortgeführten Schulatlasses.

Dies, *m.* [l.], Tag.

Dies academicus, vorlesungsfreier Tag a. d. Universität.

Dies ater, Unglückstag.

Diesel, Rudolf (18. 3. 1858–29. 9. 1913), dt. Ing.; schuf **D.motor** (Patent 1892): Schwerölmotor, in dessen Zylinder der flüssige Brennstoff (*D.öl*) fein zerstäubt eingespritzt wird u. sich infolge hohen Drucks u. hoher Temperatur selbst entzündet; Einspritzdruck wird entweder durch Preßluft erzeugt, im *Kompressor,* od. kompressorlos, durch *Brennstoffpumpe,* die das Öl durch enge Düsen preßt; häufig Verbrennung e. Teiles d. Brennstoffs in einer *Vorkammer;* arbeitet im Zwei- od. Viertaktverfahren; Vorzüge: hoher Wirkungsgrad (über 35%), Brennstoff billig u. nicht explosibel; Abgase mit weniger Schadstoffen als b. Ottomotoren, aber höherem Rußanteil (krebsverdächtig); Nachteile: geringere Leistung u. größerer Lärm als bei Ottomotoren; angewendet f. standfeste Kraftanlagen, Schiffahrt, Kraftfahrzeuge, Lokomotiven, Flugzeuge usw.

Rudolf Diesel

Dies irae, Tag des Zornes, Jüngstes Gericht.

Dies irae, dies illa [„Tag d. Zorns ist jener Tag"], Anfangszeile e. latein. Hymne über d. Schrecken d. Weltgerichts (13. Jh.); früher Teil d. Totenmesse.

Diesterweg, Adolf (29. 10. 1790–7. 7. 1866), dt. Pädagoge; trat für konfessionslosen Religionsunterricht u. liberale Erziehung ein.

Dieter [Kurzform zu Dietrich „der im Volk Mächtige"], *m.* Vn.

Diethylenglykol, HO–C₂H₄–O–C₂H₄–OH, Lösungsmittel, als Frostschutzmittel im Autokühler gebraucht; wurde 1985 trotz seiner Giftigkeit östr. Exportweinen zugesetzt, um durch Erhöhung der Süße bessere Qualität vorzutäuschen.

Dietikon (CH-8953), Vorort v. Zürich (Schweiz), 21 800 E; Maschinenbau, Holzind.

Dietl, Eduard (21. 7. 1890–23. 6. 1944), Gen.oberst u. Oberbefehlshaber d. deutschen Truppen in Lappland; einer der populärsten deutschen Generale; starb durch Flugzeugabsturz.

Dietmar v. Aist, (um 1140–70), östr. Minnesänger.

Dietrich,
1) Josef „Sepp" (25. 5. 1892–21. 4. 1966), SS-Oberstgruppenführer; 1933–43 Kommandeur d. „Leibstandarte Adolf Hitler"; leitete d. Erschießung v. → Röhm.
2) Marlene, eigtl. *Maria Magdalene v. Losch* (27. 12. 1901–6. 5. 92), dt. Filmschausp.in u. Sängerin; *Der blaue Engel; Shanghai Express; Witness for the Prosecution.*

Dietrich, hakenförmiger Draht zum provisorischen Öffnen von Schlössern.

Dietrich von Bern, eigentl. v. *Verona,* in der deutschen Heldensage Ostgotenkönig = *Theoderich d. Große.*

Dietterlin, Wendel (um 1550–99), dt. Baumeister, Maler u. Radierer d. Spätrenaiss.; durch s. Musterbuch *Architectura* m. bizarr-phantast. Ornamenten vorbildl. f. d. Dekor d. → Horror vacui in Manierismus u. Frühbarock.

Dietz, Ferdinand, → Tietz, Ferdinand.

Dietzenbach (D-63128), hess. St. b. Offenbach, 30 240 E; Elektroind.

Dietzfelbinger, Hermann (14. 7. 1908–15. 11. 84), dt. ev. Theologe; 1955–73 Landesbischof von Bayern, 1967–73 Ratsvors. d. EKD.

Dievenow, rechter Mündungsarm der Oder.

Diez, Friedrich (15. 3. 1794–29. 5. 1876), Begr. d. roman. Philologie; *Altroman. Sprachdenkmale.*

Diez (D-65582), St. i. Rhein-Lahn-Kr., RP, 9530 E; Felke- u. Luftkurort; Schlösser.

Diffamierung [l.], Verleumdung, Herabsetzung des Ansehens, der Ehre einer Person; strafbar.

Differential, svw. → Ausgleichsgetriebe.

Differentialdiagnose, Alternativen e. → Diagnose.

Differentialgeometrie, Anwendung der → Differentialrechnung auf d. Geometrie.

Differentialgleichung, math. Beziehung zw. unbekannter Funktion u. ihren → Differentialquotienten in Form einer Gleichung.

Differentialquotient, Grenzwert des Quotienten

$$\frac{f(x+\Delta x)-f(x)}{\Delta x},$$

wenn Δx beliebig klein wird.

Differentialrechnung, Rechnung mit d. Differentialquotienten, Umkehrung: → Integralrechnung. Von Leibniz (1675; 1684) u. Newton (1666; 1687) unabhängig voneinander erfunden (→ Infinitesimalrechnung).

Differentialrente → Grundrente.

Differenz, *w.* [l.],
1) *allg.* Unterschied, Zwist.
2) *math.* Unterschied zw. zwei Zahlen.

Differenzgeschäft, Börsentermingeschäft, bei dem nur die Zahlung der D. zw. d. Vertragskurs u. d. Börsenkurs d. Erfüllungsvertrags vereinbart wird, ohne daß d. effektive Lieferung d. Wertpapiere erfolgt; seit Einstellung d. Terminhandels an d. dt. Börse (1931) nicht mehr möglich.

differenzieren [nl.], unterscheiden; *math.* Bildung des → Differentialquotienten.

Differenzierung, *w.,*
1) *allg.* Herausbildung von Verschiedenheiten aus e. gleichartigen Ganzen.
2) *Pädagogik:* a) *innere D.* innerhalb e. Lerngruppe zur individuellen Förderung; b) *äußere D.* durch Bildung homogener Lerngruppen: Streaming-Lerngruppen, die in ihren Lernfächern zus.bleiben (Hptschule, Realschule u. Gymnasium; Setting-Lerngruppen werden f. jedes Unterrichtsfach nach individueller Fähigk. der Schüler gebildet (Integrierte Gesamtschule).
3) *biol.* Entwicklung von Zellen od. Zellgruppen in unterschiedlicher Richtung nach vorausgegangener → Determination.

differieren [l.], abweichen, verschieden sein.

diffizil [l.], schwierig, heikel.

Diffraktion → Beugung.

diffus [l.], zerstreut, verschwommen.

Diffusion [l. „Ausbreitung"], in der Chemie die selbsttätige gegenseitige Durchdringung zweier oder mehrerer Gase, Flüssigkeiten oder Lösungen, auch gegen die Schwerkraft; durch Membranen svw. → Osmose; Verfahren zur Trennung von gelösten Stoffen u. Kolloiden mittels D. durch Membranen (z. B. Pergament, Schweinsblasen, die nur Ionen und kleine Moleküle durchlassen, nicht dagegen Kolloide) = *Dialyse.*

Diffusionsluftpumpe → Luftpumpe.

Digambara [sanskr. „Luftgekleidete"], rel. Richtung d. Jainismus, n. der d. Mönche unbekleidet leben z. Zeichen ihrer überwundenen Geschlechtlichkeit.

Digest, *m.* [engl. ˈdaɪdʒɛst], Sammlung v. Auszügen aus Veröffentlichungen (*Reader's Digest* u. a.).

Digesten → Pandekten.

Digestion, *w.* [l.], Verdauung.

digital [engl. „digit = Ziffer, Stelle"],
1) *med.* mit dem Finger, z. B. Mastdarmuntersuchung.
2) meist mit → binär gleichgesetzt; numerische Darstellung stetig veränderlicher Größen.

Digitalanzeige, svw. Ziffernanzeige.

digitales Signal, in → Signal, dessen Signalparameter eine Nachricht darstellt, die nur aus Zeichen eines Zeichenvorrats (z. B. Ziffern) besteht; es ist wert- u. zeitdiskret; → analoges Signal.

digitale Subtraktionsangiographie, *DSA,* Röntgenuntersuchung v. Gefäßen mit elektron. Bildverarbeitung, dadurch weniger Kontrastmittel nötig bzw. intravenöse Injektion bei Arteriendarstellung ausreichend.

Digitalis, *w.* [l.], → Fingerhut.

Digitalrechner, → EDV-Anlagen mit → digitaler, interner Zeichendarstellung (z. B. → binäres Zahlensystem); Ggs.: → Analogrechner. Auch → Hybridrechner. → Informatik.

Digression, *w.* [l.], Abschweifung; *astronom.* Abweichung vom Meridian.

DIHT, Abk. f. *Dt. Industrie- u. Handelstag.*

Dijon [diˈʒõ], Hptst. d. frz. Dép. *Côte-d'Or,* 146 000 E; Uni., Weinhandel. – Im 11. Jh. Residenzstadt d. Hzge v. Burgund, s. 1477 frz.

Dike, in der griech. Sage eine der drei Horen, Göttin der Jahreszeiten und der Gerechtigkeit.

Dikotyledonen, *Dikotyle* [gr.], Blütenpflanzen m. 2 Keimblättern.

Diktat, *s.* [l.], Ansage f. wörtl. Mitschrift; aufgezwungene Verpflichtung.

Diktator, unumschränkt regierender Gewalthaber.

Diktatur, verfassungsmäßig befristete (6 Monate im alten Rom) Übertragung der alleinigen Staatsgewalt auf eine Person, bes. in Krisenzeiten; Willkürherrschaft eines einzelnen (in totalitären Staaten); theor. auch d. Forderung d. Alleinherrschaft einer soz. Gruppe: *D. des Proletariats.* → Sozialismus (Übers.).

diktieren, z. Aufschreiben vorsagen; befehlen, auferlegen.

Diktiergerät, z. Aufnahme u. Wiedergabe von Gesprochenem; früher magnetisierbare Platten, heute → Magnetbandgeräte m. Mikrokassetten.

Diktion, *w.* [l.], Ausdrucksweise.

Dilatation, *phys.* u. *med.* Ausdehnung, Ausweitung.

dilatorisch [l.], aufschiebend, hinhaltend.

Dilemma, *s.* [gr.], Wahl zwischen zwei (gleich unangenehmen) Möglichkeiten; logischer Rückschluß.

Dilettant, *m.* [it.], befaßt sich mit etwas aus Liebhaberei; daher auch verächtlich: Halbwisser, Pfuscher.

dilettantisch, unzulänglich.

Dilettantismus, *m.*, Halbwissen; Unzulänglichkeit.

Dill, Ludwig (2. 2. 1848–31. 3. 1940), dt. Maler; Mitbegr. d. Münchner → Sezession u. d. Gruppe Neu-Dachau (→ Dachauer Schule); Entwickl. z. flächigem Stil m. abstrahier. Zügen u. differenz. Farbstufungen; (Wasser-)Landschaften.

Dill, Doldengewächs aus dem Mittelmeergebiet, getrocknete Blattspitze als Gewürz (z. B. für Gurkensalat).

Dillenburg (D-35683–90), hess. St. im Lahn-Dill-Kr., Rgbz. Gießen, 24 580 E; AG, IHK; metall- u. holzverarbeitende Ind.; Stammschloß v. Wilhelm v. Oranien.

Dillingen,
1) *D. a. d. Donau* (D-89407), Krst. in Bay., 16 820 E; AG; Schloß (13. Jh.); Akad. f. Lehrerfortbildung; diverse Industrien.
2) *D./Saar* (D-66763), St. im Kr. Saarlouis, Saarld., 22 060 E; Eisenhüttenwerk; Altes Schloß.

Dillis, Maximilian Johann Georg von (26. 12. 1759–28. 9. 1841), dt. Maler u. f. d. Mus.arbeit d. 19. Jh. wegweisender Galeriedir.; m. Morgenstern Begr. d. Münchner Landschaftsschule; *Blick auf den Quirinal*; *Tegernsee*.

Dilmun, heute *Bahrain*, Insel im Pers. Golf, wichtiger Handelsknotenpunkt i. f. d. Seehandel im 3.–1. Jh. v. Chr.; eigene Kultur m. Verbindungen n. Mesopotamien u. dem Industal.

Dilthey, Wilhelm (19. 11. 1833–1. 10. 1910), dt. Gesch.- u. Kulturphil., Systematiker d. Geisteswiss.; *Einleitung in die Geisteswiss.*

Diluvium, *s.* [l.], *Pleistozän*, *Eiszeit*, → Mensch; → geologische Formationen; → Mensch.

Dime, *m.* [daɪm], 10-Cent-Stück i. d. USA u. Kanada.

Dimension [l.],
1) svw. Größenordnung.
2) Ausdehnung(srichtung); geometrisch haben: Punkt 0, Gerade 1, Fläche 2, Raum 3 Dimensionen (Länge, Breite, Höhe).

diminuendo [it.], *mus.* an Tonstärke abnehmend.

Diminution, *w.* [l.],
1) *mus.* Verkürzung eines Themas od. Motivs, meist auf d. Hälfte d. urspr. Notenwerte; Ggs.: → Augmentation.
2) Verzierung einer Melodie.

Diminutiv, *s.* [l.], Verkleinerungswort (z. B. Student, *Studentlein*; Kind, *Kindchen*).

Dimitrow, Georgi (18. 6. 1882–2. 7. 1949), bulgar. Kommunist; 1933 im Berliner Reichstagsbrandprozeß freigesprochen; 1946–49 bulgar. Min.präs.

Dimitrowo → Pernik.

Dimmer [engl.], stufenloser Lichtdämpfer.

Dimorphismus [gr.], Zweigestaltigkeit bei derselben Tierart; *Geschlechts-D.*, Unterschied zw. Männchen und Weibchen; *Saison-D.*, verschiedene Färbung usw. in den verschiedenen Jahreszeiten; ähnlich auch bei Pflanzen.

DIN, Abk. f. **D**eutsches **I**nstitut für **N**ormung e. V. (Verbandszeichen: DIN); DIN ist die nat. Normenorganisation, vertritt Dtld in der intern. Normenorganisation ISO; DIN-Normen (zur Zeit rund 17 000) erscheinen unter dem Verbandszeichen DIN u. gelten als Regeln der Technik.

Dinant [ˈ-nã], belg. St. an d. Maas, 12 000 E; Zitadelle auf hohem Kalkfels.

Dinar → Währungen, Übers.

Dinarische Alpen, im weiteren Sinn die Gebirgszüge im W der Balkanhalbinsel südlich der Alpen bis Griechenland; im engeren Sinn: *Dinarisches Gebirge*, verkarstetes Kalkgebirge zwischen Bosnien und Dalmatien, im *Durmitor* 2522 m.

dinarische Rasse → Rasse, Übers.

Dine [daɪn], Jim (* 16. 6. 1935), am. Maler; → Art brut.

Diner, *s.* [frz. diˈne:], Hauptmahlzeit, Festmahl.

Diners Club [engl. ˈdaɪnəz ˈklʌb], intern. Kreditkartenorganisation (New York; Sitz i. Dtld i. Frankfurt/M.).

Dinggeld, *Dingpfennig*, Handgeld bei Abschluß eines Dienstvertrages, bes. in der Landwirtschaft.

Dingi, *s.*, kleinstes, von einem Mann bedienbares Beiboot eines Schiffes; auch kleines Freizeitboot.

dingliches Recht, Recht an einer Sache im Ggs. zum *persönl.* od. *Forderungsrecht*; d. Gesamtheit der Rechte (Besitz, Eigentum, Erbbaurecht, Dienstbarkeiten, Reallasten, Hypotheken, Grundschuld, Rentenschuld, Pfandrecht an beweglich. Sachen u. an Rechten) bildet das *Sachenrecht* (3. Buch des BGB).

Dinglinger, Johann Melchior (26. 12. 1664–6. 3. 1731), dt. Goldschmied des Barock; wirkte am Hof Augusts des Starken i. Dresden.

Dingo, verwilderter austral. Haushund.

Dingolfing (D-84130), Krst. a. d. Isar, Bay., 15 970 E; Autoind.

dinieren, svw. speisen.

Dinkel, *Spelz*, alte, dem Weizen verwandte Getreideart mit fester Spelzenumhüllung; liefert *Grünkern*.

Dinkelsbühl (D-91550), St. an d. Wörnitz, Mittelfranken, 11 270 E; ma. Stadtbild, -mauern, 15. Jh.; St.-Georgs-Kirche; Volksfest; div. Ind.

Dinner, in angelsächs. Ländern: Hauptmahlzeit am Abend.

Dinosaurier [gr.], Riesenreptilien der Trias bis Kreidezeit; größte Wirbeltiere des Festlandes.

Dinslaken (D-46535–39), Kr. Wesel, NRW, 66 090 E; Burgtheater, Steinkohlebergbau, Stahl-, Eisen-, Lederind.; AG.

Dio Cassius, *Cassius Dio* (um 155 bis 229 n. Chr.), griech. Historiker; *Geschichte Roms* (b. 229 n. Chr.).

Diode, *w.*, el. Ventil zur Gleichrichtung v. Wechselströmen, Bauelement m. 2 Elektroden (2polig): **a)** → Elektronenröhre mit Anode u. Kathode, **b)** Halbleiter-D., besteht im wesentl. aus zwei Halbleiter-Kristallschichten mit e. p-n-Übergang; nach Grundwerkstoff unterscheidet man *Silicium-*, *Germanium-*, *GaAs-Dioden*, nach Aufbau *Flächen-* u. *Spitzen-D.*, nach Eigenschaften *Kapazi-*

Dill

Dinosaurier

täts-, Zener-, → Foto-D. u. a. → Halbleiter.

Diodorus (1. Jh. v. Chr.), griech.-sizilian. Geschichtsschreiber in Rom; „*Historische Bibliothek*".

Diogenes *v. Sinope* (412–323 v. Chr.), griech. Philosoph, Zyniker und Sonderling; Bedürfnislosigkeit als höchstes Gut (lebte angebl. i. einer Tonne).

Diokletianus, Gaius Aurelius Valerius (um 240–316 n. Chr.), 284–305 röm. Kaiser, 286 Reichsteilung; O-Rom–W-Rom; absolutist. Monarchie n. oriental. Vorbild.

Diomedes, griech. Held vor Troja; Kg v. Argos.

Dionysius,
1) D. Areopagita, erster Bischof Athens, Märtyrer.
2) D. d. Ältere (430–367 v. Chr.), s. 405 Tyrann v. Syrakus, Gegner d. Karthager.

dionysisch, → Dionysos, das rauschhaft Schöpferische, nach Nietzsches *Geburt der Tragödie*; Ggs.: – *apollinisch*.

Dionysos, griech. Gott d. Weins (lat. *Bacchus*), Theaters u. d. Fruchtbarkeit, Sohn v. Zeus u. Semele.

Diophantos (250 n. Chr.), griech. Mathematiker; nach ihm benannt: *diophantische Gleichungen* mit mehreren Unbekannten u. unendl. vielen Lösungen.

Diopter, *s.* [gr.], Vorrichtung mit 2 Marken zum Visieren (*Visierlinie*) auf einen Punkt.

Dioptrie [gr.], Abk. *dpt.*, Brechkraft einer Linse von 1 m Brennweite; Maß zur Bestimmung von Augengläsern und Augen-(Brechungs-)Fehlern.

Dior, Christian (21. 1. 1905–24. 10. 57), frz. Modeschöpfer.

Diorama, *s.* [gr.], durchsichtiges Bild f. Schaustellungen mit Farbwirkungen durch Lichtwechsel; auch plastisches Schaubild in Museen.

Diorit, *m.*, schwarzgrüner → Plutonit; → Magmatite, Übers.

Dioskuren [„Söhne des Zeus"], i. d. griech. Sage d. unzertrennl. Zwillinge d. Leda: *Castor* u. *Pollux*.

Diotima, in Platons „Gastmahl" und Hölderlins „Hyperion" die erlösende Herrin d. Liebe; „Briefe der D." (Susette → Gontard).

Dioxine, systemat. Bez. f. e. zweifach ungesättigtes sechsgliedriges Ringsystem m. 2 Sauerstoffatomen im Ring (z. B. das bei der sog. Sevesokatastrophe 1976 freigesetzte *TCDD*, äußerst giftige, karzinogene, Chlorakne verursachende Verbindung, die auch bei Müll- u. a. Verbrennungsprozessen gebildet wird).

Diözese, *w.* [gr.], Sprengel eines Bischofs oder Superintendenten.

Diphenylamin, Ausgangsstoff f. viele Farbstoffe.

Diphtherie [gr.], *Rachenbräune*, durch das von *Löffler* 1884 entdeckte **D.bakterium** hervorgerufene u. übertragbare Halsentzündung mit flächenhaften Belägen auf Mandeln u. Gaumenbögen bzw. Kehlkopf *(Krupp)* und Luftröhre; Schluckbeschwerden u. Erstickungszustände, d. eine operative Öffnung der Luftröhre (→ Tracheotomie) erfordern können; bei Säuglingen oft *Nasen-D.* m. blutigem Schnupfen; häufig Nervenlähmungen infolge D.-→ Toxin. Vorbeugung durch Schutzimpfung → Immunisierung.

Diphtherieheilserum, v. Behring 1893 entdecktes → Serum.
Diphthong, m. [gr.], Doppellaut (z. B. au, ei, eu).
Dipl.- → Diplom-Prüfungen.
diploid, Zellen od. Organismen m. zwei vollständigen Sätzen homologer → Chromosomen, die vom mütterl. u. einem väterl.; Ggs.: → haploid.
Diplom, s. [gr.], Ehren-, Prüfungsurkunde, die in Verbindung m. der jeweiligen Wissenschaft zur Führung des erworbenen Titels berechtigt.
Diplomaten, mit best. Privilegien (→ Exterritorialität) ausgestattete Vertreter souveräner Staaten:
1) *Botschafter* (päpstl. Legaten u. Nuntien);
2) *Gesandte* oder bevollmächtigte Min. (päpstl. Internuntien);
3) *Min.residenten;*
4) *Geschäftsträger;* ferner *diplomat. Agenten* u. mit diplomat. Charakter ausgestattete *Konsuln* im Orient.
Diplomatie, amtl. Verkehr zw. d. Staaten nach best. Regeln d. Völkerrechts u. d. → Courtoisie; staatsmännische Verhandlungstechnik.
Diplomatik, svw. Urkundenlehre.
diplomatisch,
1) geschickt u. vorsicht. im Unterhandeln.
2) die Diplomatie betr.
3) urkundlich.
diplomatisches Korps, Gesamtheit der b. e. Regierung beglaubigten fremd. Vertretungen; Wortführer: → Doyen.
Diplombetriebswirt (FH) → Betriebswirt.
Diplomkaufmann → Betriebswirt.
Diplom-Prüfungen, akademische Abschlußprüfungen, mit deren Bestehen d. Grad „Diplom" erworben wird, z. B. *D.-Biologe* (Dipl.-Biol.), *D.-Handelslehrer* (Dipl.-Hdl.), *D.-Ingenieur* (Dipl.-Ing.), *D.-Kaufmann* (D.-Betriebswirt; Dipl.-Kfm.), *D.-Landwirt* (Dipl. agr.), *D.-Meteorologe* (Dipl.-Met.), *D.-Volkswirt* (Dipl. rer. pol.).
Diplopie, Doppeltsehen.
Dipol, m. [gr.], allg. Anordnung zweier el. Ladungen od. magnet. → Pole in geringem Abstand, schwingen d. → Ladungen schnell (hohe → Frequenz) hin und her, so führt das zur Abstrahlung von elektromagnet. Wellen: *D.antenne* f. KW-, UKW- u. Dezimeterwellen, allg. halbe Länge d. abzustrahlenden oder zu empfangenden Wellenlänge; Speisepunkt in d. Mitte d. Antenne.
dippen,
1) mehrmal. Senken d. Schiffsflagge z. Gruß.
2) etw. (z. B. Lauchstangen) in Würzsoße (den Dip) tauchen.
Dippoldiswalde, (D-01744), sächs. Kurst. i. O-Erzgebirge, 6500 E; Hydraulikanlagen, Verpackungsind.
Dipsomanie, period. Trunksucht.
Diptam, *Brennender Busch,* Rautengewächs, reich an äther. Ölen. ♦
Diptychon, s. [gr.], zusammenklappb. zweiteilige (antike) Schreib-, Altar- und Gedenktafel, → Polyptychon; → Triptychon.
Dirac, [-'ræk], Paul Adrien Maurice (8. 8. 1902–21. 10. 84), engl. Phys.; entwickelte → Quantentheorie d. Elektrons mit Vorhersage d. → Positrons (→ Antimaterie) u. d. Quantenfeldtheorie d.

Diskus von Phaistos, *17. Jh. v. Chr.*

Wechselwirkung v. Strahlung u. Materie; Nobelpr. 1933.
Direct Costing [engl.], aus den USA stammender Begriff f. e. Rechenverfahren, das nur d. *proportionalen Kosten* einem Produkt bzw. einer Dienstleistung zuordnet; Grenzplankostenrechnung.
Directoire, s. [frz. -'twa:r], klassizist. Kunst- und Modestil z. Z. des → Direktoriums (1795–99).
direkt [l.], geradezu, unmittelbar.
Direkteinleiter, leiten Abwasser direkt, d. h. ohne Umweg über öff. Kanalisation in Gewässer ein; nach Wasserhaushaltsgesetz (WHG) genehmigungspflichtig u. m. Auflagen verbunden; → Indirekteinleiter.
direkte Steuern → Steuern, Übers.
Direktion, w., Leitung; Richtung.
Direktive, w., Richtlinie.
Direktor, m., weisungsberechtigter Leiter einer Behörde, höchste Stufe d. Laufbahnbeamten.
Direktorium [l.], Leitung einer Ges. oder Organisation; in der Frz. Revolution höchste (5 Mitgl.) Regierungsbehörde (1795–99).
Direktrice, w. [frz. -i:s(ə)], leitende Handelsangestellte.
Direktvermarktung, direkte Abgabe eigener Produkte, bes. landw. Produkte, v. Erzeuger an d. Verbraucher, wobei d. Zwischenhandel u. Großhandel ausgeschlossen wird; Abgabe erfolgt ab Hof, i. eigenen Läden, an d. Tür od. auf d. Markt.
Direktvertrieb, Direktverkauf über → Absatzhelfer, → Versandhandel, Telefonverkauf, ohne Einbezug von → Absatzmittlern.
Direttissima [it.], direkter Gipfelanstieg.
Dirham, Währungseinheit u. a. in Marokko, Kuwait u. den Vereinigten Arab. Emiraten.
Dirigent [l.], mus. Leiter e. Ensembles (Orchester, Chor, Oper).
Dirigismus, Bez. f. starke Eingriffe d. Staates i. d. Marktwirtschaft.
Dirndl, bayr.-öster. Miederkleid (m. Schürze).
Dirschau, *Tczew,* poln. St. a. d. Weichsel, 58 000 E; Bahnknotenpunkt, Hafen, Zuckerind. – 1772–1920 zu Westpreußen.
Dirt Track [engl. 'də:t træk], alte Bez. f. Sandbahnrennen f. Krafträder.
Disaccharide → Zucker.
Disagio, s. [it. -a:dʒo], Abschlag, Spanne, um die ein Kurs hinter d. Nominalwert od. d. Parität eines Wertpapiers bzw. v. Devisen zurückbleibt.
Discounthandel [engl. -'kaunt-], Einzelhandelsgeschäfte, d. unter Verzicht auf Komfort u. Kundendienst Waren mit erhebl. Rabatten verkaufen.
Discoverer [engl. -'kʌvərə ,,Entdecker"], am. Satellitentypenreihe (1959: D. 1 bis 1962: D. 2); → Satellit, → Weltraumforschung.
Discovery [-'kʌvəri], am. Raumtransporter; → Space Shuttle.
Disengagement, s. [engl. -ɪn'geɪdʒmənt], das Auseinanderrücken gegnerischer Machtblöcke.
Disentis, Gem. im Kanton Graubünden, 2500 E; barocke Klosterkirche; radioaktive Heilquelle, Wintersport.
Diseuse [frz. -'zœ:zə], Vortragskünstlerin, bes. i. Kabarett.

Disjunktion [l.], begriffl. Verhältnis von einander ausschließlichem Verhalten, ausgedrückt durch ein ausschließendes Oder.
disjunktiv [l.], trennend, gegensätzl. ausschließend.
Diskant, m. [l.], hohe Frauen- oder Knabenstimme, oberste Stimme, *Sopran;* früher oberste Stimme e. mehrstimm. Vokalsatzes.
Diskette, scheibenförmiger, magnetisierbarer Datenspeicher vorzugsweise f. → Mikrocomputer; Ausführungen m. starrer od. biegsamer (Floppy Disc) Schutzhülle; Informationsspeicherung durch Magnetisierung m. kombiniertem Schreib- u. Lesekopf im *Diskettenlaufwerk;* standardisierte Größen: 8, 5¼ u. 3½ inches; Speicherkapazität z. Z. ca. 2 Megabytes (→ Byte).
Diskjockey [-dʒɔki], *Discjockey,* Ansager in Diskothek; Moderator einer Schallplattensendung (i. Rundfunk).
Diskmuide [-'mœidə], St. i W-Flandern, 15 000 E; im 1. Weltkr. zerstört.
Diskographie [gr.], Verzeichnis v. Schallplatten nach best. Gesichtspunkten (z. B. D. des Jazz).
Diskont, m. [it.], Abzug v. Zinsen bei noch nicht fälligen Zahlungen, insbes. b. Ankauf *(Diskontierung)* v. Wechseln *(Diskontgeschäft);* Rediskontierung erfolgt durch Ankauf der v. Geschäftsbanken bereits diskontierten Papiere bei d. Zentralbank; für d. *D.rechnung* (die Ermittlung des Zinsfußes) gilt der v. der Zentralbank festgesetzte *Diskontsatz (Bankrate),* an dem sich in Dtld auch d. Bankvollzinssätze orientieren.
diskontinuierlich [l.], mit Unterbrechung.
Diskordanz, w. [l.], Uneinigkeit,
1) *geologisch:* Richtungsverschiedenheit v. Gesteinsschichten, z. B. obere (jüngere) Schicht waagrecht, untere gefaltet.
2) *biol.* unterschiedl. Verhalten von Zwillingen bei Prüfung best. Eigenschaften; schließt Eineiigkeit aus; Ggs.: → Konkordanz.
Diskothek,
1) Schallplattensammlung, -archiv.
2) Tanzlokal, i. d. Diskjockey mit Schallplattenmusik unterhält.
diskreditieren [frz.], in Mißkredit bringen.
Diskrepanz, w. [l.], Auseinanderklaffen, Zwist.
diskret [l.], verschwiegen, taktvoll.
Diskretion, w., Takt, Verschwiegenheit.
Diskriminator [l. ,,Unterscheider, Trenner"],
1) elektron. Schaltung, die zw. mehreren ihr zugeleiteten el. Impulsen bzw. Signalen eine Auswahl trifft.
2) Einrichtung z. → Demodulation von frequenzmodulierten Trägerschwingungen (z. B. bei UKW-Rundfunkempfängern).
diskriminieren [l.], aussondern, herabsetzen, unterschiedlich behandeln.
Diskurs, m., Gespräch, Erörterung.
diskursiv, d. begriffl., schlußfolgernde Erkenntnisart; Ggs.: intuitiv.
Diskus [gr.],
1) *med. (Discus intervertebralis),* Zwischenwirbelscheibe, Bandscheibe.
2) scheibenförm. Wurfgerät, schon in der Antike; 1880 wiedereingeführt; für

Männer 2, für Frauen 1, männl. Jugendliche 1,5 bzw. 1,75 kg.
Diskusprolaps, Bandscheibenvorfall.
Diskussion, w. [l.], Erörterung.
diskutabel, erörternswert.
diskutieren, besprechen.
Dislokation,
1) jegliche Art der Veränderung der normalen Lagerung von Gestein durch Faltung, Überschiebung.
2) Versetzung v. Atomen in Kristallen.
3) Verschiebung, z. B. bei Knochenbruch.
Disney [-ni], Walt (5. 12. 1901–15. 12. 66), am. Filmproduzent u. Regisseur; Zeichentrickfilme; Schöpfer d. komischgrotesken Figuren *Micky-Maus* u. *Donald Duck; Fantasia* (1940) *; Cinderella* (1950) *; Peter Pan* (1953).
Dispache, w. [frz. -'paʃ(ə)], Schadensverteilung bei Fällen der großen → Havarie (§§ 727 ff. HGB).
Dispatcher, m. [engl. -'pætʃə], überwacht den reibungslosen Produktionsablauf in Industriebetrieben.
Dispens, m. [l.], Entbindung, Befreiung von einer Verpflichtung, Urlaub.
Dispensation, Aufhebung d. Wirksamkeit eines Gesetzes für d. Einzelfall (Härteparagraphen).
Dispensehe, die aufgrund behördl. Befreiung v. Eheverboten *(Ehedispens)* geschlossene Ehe; Befreiung mögl. bei Schwägerschaft, Wartezeit d. Frau nach früherer Ehe, fehlendem Ehefähigkeitszeugnis f. Ausländer.
Dispersion [l. „Streuung"], *optisch:* die unterschiedl. Brechung von Licht verschiedener Farbe durch einen Körper; erzeugt z. B. → Spektrum.
Dispersionsfarbe, wasserfeste Farbe, deren Farbstoffe m. Bindemitteln (meist Polymerisationsharze) e. äußerst gleichmäßige Mischung (Dispersion) eingehen.
Displaced Persons [-'pleɪst 'pə:sənz], *DPs,* verschleppte Personen. 1945 i. Dtld über 9 Mill. DPs („Fremdarbeiter", darunter 1,9 Mill. Kriegsgefangene).
Display, *s.* [engl. -'pleɪ],
1) dekorativ aufgemachtes, in d. Blick fallendes Schaustück i. d. Schaufensterwerbung, das f. ein Produkt wirbt.
2) Sichtgerät in d. Datenverarbeitung.
Disponent, m. [l.], mit bes. Vollmachten ausgestattete Person, die für best. Geschäftsbereiche eigenverantwortlich handeln kann (z. B. Leiter e. Geschäftsabteilung).
disponibel [frz.], verfügbar.
disponieren, verfügen, (an)ordnen.
disponiert, gestimmt; aufgelegt.
Disposition, w. [l.],
1) wirtsch. rechtsgeschäftl. Verfügung.
2) med. (Krankheits-)Veranlagung.
3) sportl. gute D. = gute Form.
4) Anordnung, Plan.
Disput, m. [l.], Wortwechsel.
Disputation, gelehrtes Streitgespräch; *Doktor-D.*
Disqualifizierung [frz.], Ausschluß eines Sportlers v. Wettkämpfen od. Aberkennung eines Sieges wegen Regelverstoßes.
Disraeli, Benjamin, Earl of *Beaconsfield* (21. 12. 1804–19. 4. 81), engl. konservativer Schriftst. u. Pol.; Premiermin. 1868 u. 1874–80; Vertr. des engl. Imperialismus; Romane: *Coningsby; Sybil; Tancred.*

Dissemination, Streuung im Körper, z. B. von Bakterien od. Krebszellen.
Dissens, m. [l.], jur. (bei Abschluß eines Vertrages), voneinander abweichende Meinung der Vertragspartner über den Inhalt d. Vertrages od. einzelner Punkte; wenn erkennbar: *offener D.,* wenn auf falscher Vorstellung oder Auslegung beruhend: *versteckter D.*
Dissenters, engl. Protestanten außerhalb d. anglikan. Staatskirche; z. B. Quäker, Methodisten.
Dissertation [l.], schriftl. wissenschaftliche Arbeit zur Erlangung der Doktorwürde; *Inaugural-D.*
Dissidenten [l.], Bez. f. kirchl. Andersdenkende; i. pol. Bereich Name f. Oppositionelle.
Dissimilation [l.], Abbau v. Nahrungsstoffen beim Stoffwechsel, veraltete Bez. f. → Katabolismus.
Dissimulation [l.], Verhehlen eines Leidens.
Dissonanz, w. [l. „Spaltklang"], *mus.* im Ggs. zur → Konsonanz, nach Auflösung strebender Spannungsklang.
Dissoziation [l.], Zerfall chem. Verbindungen in → *Ionen,* d. h. positiv u. negativ geladene Atome od. Atomgruppen in Lösung *(elektrolyt. D.)* od. Zerfall in ungeladene Atome od. Atomgruppen bei hoher Temperatur *(therm. D.);* → Elektrolyse.
distal, von der Körpermitte entfernt.
distance, par [frz. -ā:s], aus der Ferne.
Distanz, w. [l.], Entfernung, Abstand, Strecke.
Distel, mehrere stachl. Korbblütergattungen; z. T. Unkräuter.
Distelfink, svw. → Stieglitz.
Distichon, *s.,* griech. Verspaar aus → Hexameter u. → Pentameter.
distinguieren [l.], unterscheiden.
distinguiert, vornehm.
Distinktion, w., Ansehen, Auszeichnung.
Distorsion [l.], Gelenkverstauchung.
Distribution, *Verteilung,*
1) *volkswirtsch.* Einkommensverteilung; die unterschiedl. Verteilung d. Volkseinkommens innerhalb der Bevölkerung; Untersuchungsgesichtspunkte der Verteilung: funktional, personell, sektoral, primär, sekundär.
2) *absatzwirtsch.* Instrumentarium d. → Marketing.
Distributionspolitik, absatzpolit. Instrument e. Unternehmens, → Marketing-Mix; Wahl d. geeigneten Absatzweges, um Waren u. Dienstleistungen an d. Verbraucher zu bringen.
distributiv [l.], v. Begriffen: sich auf einzelnes beziehend.
District of Columbia [-kə'lʌmbɪə], → Columbia.
Distrikt, *m.* [l.], Bezirk, Abteilung.
Disziplin, w. [l.],
1) (Selbst-)Beherrschung in Verhalten, Denken u. Empfinden.
2) wiss. Einzelgebiet, Fach.
Disziplinargewalt, Zwangs- u. Strafgewalt d. Staates oder eines ihm nachgeordneten öffentl.-rechtl. Verbandes (Rgbz.e, Kreise, Gemeinden) über seine Beamten; D. üben ferner die Leiter öffentl. Unterrichtsanstalten gegenüber den Schülern u. Studenten, Kammern gegenüber deren Angehörigen sowie mil. Vorgesetzte gegenüber Untergebenen.

Stengellose Kratzdistel

Nickende Distel

Lanzettkratzdistel

Sumpfkratzdistel

Benjamin Disraeli

Disziplinarstrafen, Disziplinarverfahren → Dienststrafen.
Ditfurth, Hoimar v. (15. 10. 1921 bis 1. 11. 89), dt. Psych. u. Journalist; Fernsehserien; *Kinder d. Weltalls; D. Geist fiel nicht v. Himmel.*
Dithmarschen, Landschaft W-Holsteins, zw. Elbe u. Eider, fruchtbare Marschen im W (Viehzucht), Geest i. O; Hptorte: *Meldorf* u. *Heide* (bis 1559 selbständige Bauernrepublik).
Dithyrambos, *m.,* urspr. griech. Festlied f. Dionysos, begeistertes lyr. Gedicht.
dito [it.], abgek.: *do.,* dasselbe, desgleichen.
Ditters v. Dittersdorf, Carl (2. 11. 1739–24. 10. 99), östr. Opernkomp.; *Doktor u. Apotheker,* Orchesterwerke.
Diu, ind. Insel (38 km^2, 239 000 E) u. St., 1534–1961 portug., ind. Unionsterritorium Daman u. Diu.

Diurese, w. [gr.], Harnausscheidung.
Diuretika, die Diurese fördernde Medikamente.
Diva, w. [l. „Göttliche"], urspr. Bezeichnung röm. Kaiserinnen n. d. Tode; gefeierte Sängerin oder Schauspielerin.
Divergenz, w. [l.], Auseinanderlaufen; Meinungsverschiedenheit.
divergieren, abweichen, eine andere Meinung vertreten.
Diverses [l.], Verschiedenes, Allerlei.
Diversifikation, Vergrößerung des Leistungsprogramms eines Unternehmens; *horizontale D.:* Erweiterung des bisherigen Leistungsprogramms auf d. angestammten Produktions- oder Handelsstufen; *vertikale D.:* Eingliederung von Produktions- oder Handelsstufen, die den derzeitigen entweder vor- od. nachgelagert sind; *laterale D.:* Beteiligungen u. Engagements in unterschiedlichen Branchen.

Otto Dix, *Selbstbildnis*

Divertikel, s. [l.], Ausbuchtung (z. B. des Darms).
Divertikulitis, Entzündung e. → Divertikels.
Divertikulose, gehäufte → Divertikel.
Divertimento, s. [it.], **Divertissement** [frz. -tis(ə)'mã:], Bez. f. mehrsätziges Instrumentalwerk unterhaltenden Charakters.
divide et impera [l.], „teile und herrsche", d. h. säe Zwietracht, um zu herrschen.
Dividende [l. „das zu Verteilende"], der auf eine Aktie ausgeschüttete Gewinn, zumeist in Prozenten auf d. Nominalwert ausgedrückt; muß von d. Hptversammlung genehmigt werden.
Dividendenpapiere, Wertpapiere mit Anrecht auf Gewinnbeteiligung in Form von → Dividenden, meist Aktien.
Dividendenscheine → Kupons.
Divina Commedia [it.], „Göttliche Komödie", Hauptwerk → Dantes.
Divination, w. [l.], Ahnung, Voraussage.
divinatorisch, erratend, seherisch.
Divine Light Mission [engl. divain lait miʃn „Göttl.-Licht-Mission"], neuhinduist. Jugendrel., 1960 gegr. v. Shri Hans Ji (gest. 1966); ca: 8 Mill. Anhänger, sog. „Premies" (Wahrheits-Liebende).
Divis, s. [frz.], Trennungs- oder Bindestrich.
Division [l.],
1) mil. Großverband m. mehreren → Brigaden u. Divisions-Truppen.
2) math. Teilung, 4. Grundrechenart: Ermittlung, wie oft eine Zahl *(Divisor)* in einer anderen *(Dividend)* enthalten ist; gefundene Zahl: *Quotient.*
Divisionalisierung, Form der dezentralen Lenkung einer Unternehmung bzw. eines Konzerns; eine *Division* beinhaltet jeweils einen Aufgabenbereich, der *Divisionsmanager* legt seine Ziele, z. T. auch in Abstimmung mit der Zentrale, selbständig fest.
Divisionismus, *Pointillismus,* in d. Malerei des Neo-Impressionismus Stilprinzip aufgrund wissenschaftl. Lichttheorien; Zerlegung d. Farbtöne in e. Flächenhäufung v. Punkten aus d. Grundfarben od. deren Komplementärkontrasten, d. erst im Auge d. Betrachters optisch gemischt werden; Hptvertr. Seurat, Signac.

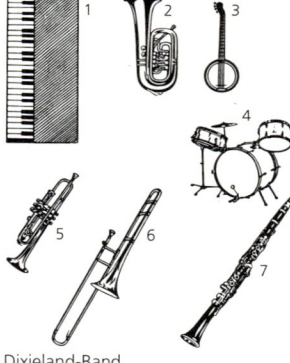

Dixieland-Band
1 Klavier
2 Tuba
3 Banjo
4 Schlagzeug
5 Trompete
6 Posaune
7 Klarinette

Divisionsgebiet → Gefechtsfeld.
Diwan, m. [pers.],
1) türk. Staatsrat.
2) Bettsofa.
3) Gedichtsammlung (z. B. Goethe: *Westöstl. D.*).
Dix, Otto (2. 12. 1891–25. 7. 1969), dt. Maler, Entwicklung vom Expressionismus z. Neuen Sachlichkeit u. Neuromantik; *Saul u. David; Mohnblumen.*
Dixieland [-lænd],
1) die „weiße" Spielart des → New-Orleans-Jazz, v. fröhlichem, vitalem Charakter; kollektive Improvisation dreier Blasinstrumente v. gleichbleibender rhythm. Begleitung.
2) die nähere Umgebung von New Orleans, auch allg. die Südstaaten der USA *(Dixiestaaten).*
Diyarbakır, Hauptstadt. der osttürk. Prov. D., am Tigris, 371 000 E; Handelszentrum.
Djibouti → Dschibuti.
Djilas ['dʒ`i-], Milovan (* 12. 6. 1911 bis 20. 4. 1995), jugoslaw. Schriftst. u. Pol.; 1945–54 Gen.sekr. d. KP; *Die neue Klasse; Gespräche mit Stalin; Die unvollkommene Gesellschaft.*
Djoser, ägypt. König (um 2609–2590 v. Chr.); Initiator d. ersten Pyramiden-Anlage u. d. ägypt. Monumentalarchitektur (→ Imhotep); s. Sitzfigur ist d. älteste lebensgr. Steinplastik e. Herrschers.
DJV,
1) Abk. f. **D**eutscher **J**ournalisten**v**erband.
2) Abk. f. **D**eutscher **J**agdschutz**v**erband e.V.
DKP, Abk. f. **D**t. **K**ommunist. **P**artei (→ Parteien, Übers.).
DKW, u. a. gedeutet als **D**as **k**leine **W**under, dt. Automarke (bis 1966).
DLG, Abk. f. **D**eutsche → **L**andwirtschafts-**G**esellschaft; → landwirtsch. Organisationen.
DLR, Abk. f. **D**eutsche Forschungsanstalt f. **L**uft- u. **R**aumfahrt, bis 1989 DFVLR, 1969 gegr. durch Zus.schluß v. *Aerodynam. Versuchsanstalt Göttingen (AVA), Dt. Forschungsanstalt f. Luft- u. Raumfahrt (DFL)* u. *Dt. Versuchsanstalt f. Luft- u. Raumfahrt (DVL);* Sitz: Köln.
DLRG, Abk. f. **D**eutsche **L**ebens**r**ettungs-**G**esellschaft.
dm, dm², dm³, Abk. f. *Dezimeter, Quadratdezimeter, Kubikdezimeter.*
DM, Abk. für **D**eutsche → **M**ark.

DLR, *Spacelab-Simulator*

DNA,
1) engl. Abk. f. → Desoxyribonukleinsäure.
2) Abk. f. **D**eutscher **N**ormen**a**usschuß.
Dnjepr, zweitgrößter Strom des eur. Rußland, 2201 km l., von den Waldaihöhen ins Schwarze Meer bei Cherson; Kanal- oder Flußverbindung mit Düna, Memel, Weichsel u. Ostsee. Nbfl.: l. *Sosch, Desna;* r. *Beresina, Pripet;* zahlr. Stauseen u. Kraftwerke; auf 1990 km schiffbar.
Dnjeprodserschinsk, früher *Kamenskoje,* ukrain. St. am Dnjepr, 282 000 E; Aluminium-, Eisenind.
Dnjepropetrowsk, früher *Jekaterinoslaw,* ukrain. Gebietshptst. am Dnjepr, 1,18 Mill. E; Stahl- u. Aluminiumerzeugung, Maschinenbau.
Dnjestr, Strom in d. Ukraine u. in Moldawien, aus d. Waldkarpaten ins Schwarze Meer, 1352 km l., auf 500 km schiffbar.
DNR, Abk. f. **D**eutscher **N**aturschutz**r**ing e.V., Bundesverband f. Umweltschutz, gegr. 1951.
DNS, veraltete Abk. f. → **D**esoxyribo**n**uklein**s**äure.
Döbel, norddt. für → Aitel.
Döbeln (D-04720), Krst. in Sa., an der Freiberger Mulde, 25 900 E; div. Ind.
Dobermann, mittelgroßer Schutzhund m. der Gestalt eines Pinschers.
Döblin, Alfred (10. 8. 1878–26. 6. 1957), dt. expressionist. Schriftst. u. Arzt; *D. drei Sprünge d. Wang-lun; Berlin Alexanderplatz; Hamlet od. D. lange Nacht nimmt ein Ende; November 1918* (Tetralogie).
Dobrudscha, rumänisch *Dobrogea,* Landschaft zw. unterer Donau u. Schwarzem Meer, Landesteil von NO-Bulgarien u. SO-Rumänien. – Bis 1878 türk., dann Nord-D. bulgar.; letzter 1913 rumän., 1940 wieder bulgar.; ca. 20 000 Deutsche der D. 1940–42 nach Dtld umgesiedelt (→ Volksdeutsche).
Dobson ['dɔbsn], William (get. 4. 3. 1611–begr. 28. 10. 46), engl. Porträtmaler; meist Halbfiguren-Bildnisse in Nahsicht, m. kräftigen Farben u. „sprechendem" Ausdruck.
DOC, it. Abk. f. **D**enominazione di **o**rigine **c**ontrollata (kontrollierte Herkunftsbez.), Klassifizierungssystem f. d. it. Qualitätsweine, das u. a. Anbaugebiet, zugelassene Rebsorten, Hektarertrag, Vinifizierungs- u. Ausbaumetho-

den festlegt. Um d. teilweise einschränkenden Bestimmungen zu entgehen, bringen viele Erzeuger von Spitzenweinen ihre Produkte oft als ,,Tafelwein" (→ *Vino da Tavola*) auf d. Markt.

DOCG, it. Abk. f. **D**enominazione di **o**rigine **c**ontrollata e **g**arantita (kontrollierte u. garantierte Herkunftsbez.), 1980 eingeführte höchste Qualitätsstufe der it. Weine, die gg. über den → DOC-Bestimmungen verschärfte Vorschriften für die Erzeugung und Lagerung best. Weine festlegt u. nominell d. Spitzenweine (u. a. → Barbaresco, → Barolo, → Brunello di Montalcino, → Chianti) bezeichnet.

Dock, Anlage zum Trockenstellen von Schiffen, meist zwecks Ausbesserung; *Schwimmdocks* haben doppelten Boden u. Seitenwände, durch Auspumpen schwimmfähig (→ Tafel *Schiffahrt*); *Trockendocks* sind gemauerte Becken, die ganz leer gepumpt werden.

Docke, *w.*, Getreidebündel; Garnsträhne; gedrehte Säule an Geländern.

Doctorow, E. L. (* 6. 1. 1931), am. Schriftst., Lektor u. Lit.wissenschaftler, macht in s. Romanen d. Wirkung der Pol. auf d. Bürger deutlich: *Ragtime; Die Sterntaucher.*

documenta [l.], Ausstellung intern. moderner Kunst in Kassel, s. 1955 alle 4–5 Jahre unter d. Schirmherrschaft d. Bundespräs.

Dodekaeder, *s.* (gr. ,,Zwölfflächner"), Polyeder, regelmäßiger v. 12 Flächen; regelmäß. *D.*, begrenzt von 12 regelmäß. Fünfecken.

Dodekanes, 12 größere u. 40 kleinere Inseln im südöstl. Ägäischen Meer (Rhodos, Patmos usw.), 2714 km², 162 000 E; Hptst. *Rhodos* (84 000 E); Ölbäume, Wein, Tabak. – Früher türk., 1912 bzw. 1923 it., 1946 griech.

Dodekaphonie → Zwölftontechnik.

Doderer, Heimito v. (5. 9. 1896–23. 12. 1966), östr. Schriftst.: *Ein Mord, d. jeder begeht; D. Dämonen; D. Strudlhofstiege; D. Merowinger.*

Döderleinsche Stäbchen, Milchsäurebakterien in der Scheide, unterstützen die Abwehr von Krankheitserregern.

Dodoma, s. 1973 offiz. Hptst. v. Tansania, 203 000 E.

Dodona, altgriech. Orakelstätte des Zeus in der Landschaft Epirus.

Doepfner, Julius (26. 8. 1913–24. 7. 1976), dt. Kardinal (s. 1958); 1948 Bischof v. Würzburg, 1957–61 Bischof von Berlin, s. 1961 Erzbischof v. München-Freising, 1965–1976 Vors. der Fuldaer Bischofs-Konferenz.

Doesburg [du:sbyrx], Theo van, eigtl. *Christian Emil Marie Küpper* (30. 8. 1883–7. 3. 1931), ndl. Maler, Architekt, Schriftst. u. Theoretiker d. v. ihm mitbegr. Bewegung De → Stijl; Gedichte u. e. Roman unter d. Namen *I. K. Bonset* bzw. *A. Camini.*

Dogcart, *m.* [engl.], offener zweirädrig. Einspänner, Jagdwagen.

Doge [ˈdoːdʒe], b. 1797 Titel f. d. Staatsoberhaupt in d. Rep. Genua (s. 1339) u. Venedig (s. 697).

Dogge, *Deutsche D.*, sehr große Hunderasse; kurzhaarig, Stehohren, mittellanger Schwanz.

Dogger, brauner *Jura,* → geologische Formationen.

Doggerbank, Sandbank (13–35 m tief) i. d. mittleren Nordsee; Kabeljaufang; 24. 1. 1915 Seeschlacht.

Dogma, *s.* [gr.], nicht bewiesener, autoritativ begründeter (rel.) Lehrsatz; *kath.:* von Gott geoffenbarte, unfehlbare Wahrheit; *ev.:* Lehr-, nicht Glaubensverpflichtung.

Dogmatik, systemat. Durchdringung u. Darstellung v. Dogmen.

Dogmatiker,
1) nach *Kant:* Denker, d. s. System ohne Prüfung d. Erkenntnisgrundlagen errichtet.
2) Lehrer d. Dogmatik.

Dogmatismus,
1) Bestehen auf e. vorgegebenen System ohne kritische Prüfung, ohne Rücksicht auf die Umstände.
2) abwertende Bez. in Phil., Theol. u. Pol. f. d. Festhalten an Lehrmeinungen, o. wirklichkeitsbezogene Begründungen f. d. Behauptete zuzulassen.

Dogon, Volk i. Mali; bed. Kunsthandwerk (Masken, Bronzeguß).

Doha, Hptst. v. Katar am Persischen Golf, 218 000 E; Uni., Flughafen.

Dohle, kleiner Rabenvogel, Höhlenbrüter (in Wäldern, Stadtmauern).

Dohnányi,
1) Ernö v. (27. 7. 1877–9. 2. 1960), ungar. Komponist; Bühnen-, Kammermusik- u. Konzertwerke.
2) Klaus v. (* 23. 6. 1928), SPD-Pol.; 1972–74 Min. f. Bildung u. Wiss., 1976 bis 81 Staatsmin. i. AA, 1981 bis 88 Erster Bürgerm. v. Hamburg.

Dohne, *w.*, Zweig m. Schlingen z. Vogelfang.

Dohrn, Anton (29. 12. 1840–26. 9. 1909), dt. Zoologe; gründete 1870 d. *Zoolog. Station* in Neapel.

Doisy, Edward (13. 11. 1893–25. 10. 1986), am. Biochem.; entdeckte chem. Natur v. Vitamin K; Nobelpr. 1943.

Dokkum [ˈdɔkəm], ndl. St. i. d. Prov. Friesland, 12 000 E; Wallfahrtsort (→ Bonifatius).

Doktor [l. ,,Lehrer"], akad. Titel, durch *Promotion* an Uni. od. TH erworben od. ehrenhalber (h. c.) verliehen; abgekürzt: → Dr.

Doktrin, *w.* [l.], Lehre, Standpunkt.

doktrinär, theoriebesessen, ohne Rücksicht auf Erfahrung.

Dokument, *s.* [l.], Urkunde, Unterlage f. Studium u. Beweisführung (Bücher, Zeitschriften, Zeitungen, Akten, Briefe, Bilder, Filme, Schallplatten, Tonbänder, Modelle, Muster).

Dokumentation, Sammlung, Ordnung u. Bereitstellung v. → Dokumenten.

Dokumententratte → Wechsel.

Dölauer Heide, nordwestl. v. Stadtgebiet Halle gelegenes, 765 ha gr. Landschaftsschutzgebiet mit zwei Naturschutzgebieten, d. z. ö. Harzvorland überleitet.

Dolby-System, entwickelt von R. M. Dolby (USA); Unterdrückung von Rauschgeräuschen (bei Hi-Fi-Anlagen).

dolce [it. ˈdoltʃe], *mus.* süß, zart, lieblich.

dolce far niente [it. -niˈɛnte], süßes Nichtstun.

Dolchstoßlegende, nach d. 1. Weltkr. von d. pol. Rechten aufgebrachte: Niederlage nicht mil., sondern durch pazifist. u. sozialist. Aktionen verursacht.

Dolci [ˈdoltʃi], Carlo (25. 5. 1616 bis 17. 1. 86), it. Maler, Hptvertr. d. Florentiner Barock; Porträts, Heiligenfiguren; *Claudia Felicita als Galla Placidia; Hl. Cäcilie.*

Deutsche Dogge

Dolde, schirm- od. büschelartige Blütenstandsform am Stengelende.

Doldengewächse, zweikeimblättrige Pflanzen mit → Dolden als Blütenstand; sehr viele Heil- u. Gewürzpflanzen wegen des Gehalts an → ätherischen Ölen (z. B. Sellerie, Pastinak, Petersilie, Fenchel, Kümmel, aber auch der giftige gefleckte Schierling).

Doldinger, Klaus (* 12. 5. 1936), dt. Jazzmusiker, u. a. in d. Band ,,Passport", Fernsehmusik.

Doline, Eintiefung im Kalk- u. Salzgestein, entstanden durch Auslaugung u. Einsturz von Höhlen (Einsturzdoline, besser Einsturzkessel) bzw. durch Sickerwässer (Trichterdolinen).

Dollar, Zeichen: $, → Währungen, Übers.

Dollart, Bucht in der Emsmündung, im 13. u. 14. Jh. entstanden.

Dohle

Dolle, Lager f. Riemen (Ruder) eines Ruderbootes.

Dollfuß, Engelbert (4. 10. 1892–25. 7. 1934), östr. christl.-soz. Pol.; 1932–34 Bundeskanzler; errichtete christl. Ständestaat (1934) auf autoritärer Grundlage gg. Sozialdemokratie u. Nat.-Sozialisten; v. diesen erschossen.

Dollinger, Werner (* 10. 10. 1918), CSU-Pol.; 1962–66 Bundesschatzmin., 1966–69 B.postmin.; 1982–87 B.min. f. Verkehr.

Döllinger, Ignaz v. (28. 2. 1799–10. 1. 1890), dt. Theologe; lehnte Dogma d. päpstl. Unfehlbarkeit ab, Mitbegr. d. → Altkatholizismus.

Dollmann, Georg von (21. 10. 1830–31. 3. 95), dt. Architekt, baute im historisierenden Stil; Schlösser *Linderhof* u. *Herrenchiemsee* (gemäß d. frz. Rokoko bzw. Barock), Burg *Neuschwanstein* im roman. Stil.

Dolman, *m.* [türk..], verschnürte Husarenjacke.

Dolmen, vorgeschichtliche Grabbauten m. (meist einem) Deckstein auf senkrechten Seitensteinen.

Dolmen *von Locmariaquer*

Dolmetscher, *m.* [türk.-ungar.], berufsmäß. Übersetzer mit *D.examen*; Ausbildung in *D.schulen.*

Dolomit, *m.*, Mineral u. Gestein, → Carbonate, *Calcium-Magnesiumcarbonat,* $CaMg(CO_3)_2$; Vorkommen in Gebirgen (Dolomiten), wird als Futter in der Thomasbirne verwendet; → Eisen- und Stahlgewinnung.

Dolomiten, Bergmassive i. S-Tirol, i. d. Marmoladagruppe 3343 m.

Dolomitenstraße, v. Bozen über Karerpaß, Pordoijoch, Cortina d'Ampezzo nach Toblach.

Dolor [l.], Schmerz.

Dolus [l.], im Strafrecht der *jur.* Vorsatz zu widerrechtl. Handlungen.

Dolus eventualis, vorhanden, wenn Täter den widerrechtl. Erfolg zwar nicht direkt beabsichtigt, aber in Kauf nimmt.

Dom [l. ,,Haus"], bischöfl. Hptkirche; auch andere große Kirchen, Kathedralen, Münster.

Domagk, Gerhard (30. 10. 1895–24. 4. 1964), dt. Med., entdeckte d. med. Bedeutung der Sulfonamide sowie die Wirkung neuer Tuberkulosemittel; Nobelpr. 1939.

Domänen, Verwaltungseinheiten staatl. Grundbesitzes.
Dombrowa, Dąbrowa Górnicza, poln. Ind.st. im poln.-oberschles. Kohlegebiet, 137 000 E.
Domela Nieuwenhuis [-niːwənhœis], César (* 15. 1. 1900), ndl. Maler; zunächst Konstruktivist, dann Mitgl. d. Gruppe De → Stijl, deren maler. Gestaltungsmittel er in Form v. Reliefs ins Räumliche übersetzt.

Dominica

Domenichino [-'kiːno], eigtl. *Domenico Zampieri* (21./28. 10. 1581–6. 4. 1641), it. Maler d. Spätrenaiss. u. d. Frühbarock; exakte Naturstudien u. typenbildende Heiligenfiguren.
Domenico Veneziano, (um 1410 bis Mai 61), it. Maler; Meister d. florentin. Frührenaiss.; Fresken (u. a. in S. Croce, Florenz), Altarbilder, Porträts.
Domestikation [l.], Haustierwerdung, Umwandlung v. Wildtieren in Haustiere; Stammformen der meisten Haustiere bereits in vorgeschichtlicher Zeit **domestiziert**.
Domestike, m. [frz.], Dienstbote.
Domin, Hilde (* 27. 7. 1912), dt. Schriftst.in; Lyrik, Essays; autobiograph. Roman: *D. zweite Paradies.*
Domina [l. „Herrin"], Stiftsvorsteherin.
dominant, vorherrschend; *dominierende Anlagen* → Vererbung.
Dominante [it.], mus. 5. Ton (Quinte) einer Tonart; **Dominant-Akkord,** Akkord auf dieser Tonstufe, bes. der Dreiklang u. Septakkord.
Domingo, Placido (* 21. 1. 1941), span. Opernsänger; Verdi- u. Puccini-Tenor.
Dominica, Insel d. Kleinen Antillen. Bev.: 98% Schwarze und Mischlinge; Landw.: Bananenanbau; s. 1805 brit., 1967 Mitgl. d. Westind. Assoz. Staaten, s. 1978 unabhängig.
dominieren [l.], beherrschen, überragen.
Dominik, Hans (15. 11. 1872–9. 12. 1945), dt. Ing. u. Schriftst.; techn. Zukunftsromane; *Atlantis; Atomgewicht 500.*

DOMINICA
Staatsname: Commonwealth of Dominica
Staatsform: Parlamentarische Republik im Commonwealth
Mitgliedschaft: UNO, Commonwealth, OAS, CARICOM, AKP
Staatsoberhaupt: Crispin Sorhaindo
Regierungschef: Edison James
Hauptstadt: Roseau 21 000 Einw.
Fläche: 751 km²
Einwohner: 71 000
Bevölkerungsdichte: 95 je km²
Bevölkerungswachstum pro Jahr: ⌀ – 0,19% (1990–1995)
Amtssprache: Englisch
Religion: Katholiken (77%), Protestanten (16 %)
Währung: Ostkaribischer Dollar (EC$)
Bruttosozialprodukt (1994): 201 Mill. US-$ insges., 2830 US-$ je Einw.
Nationalitätskennzeichen: WD
Zeitzone: MEZ – 5 Std.
Karte: → Antillen

DOMINIKANISCHE REPUBLIK
Staatsname: República Dominicana
Staatsform: Präsidiale Republik
Mitgliedschaft: UNO, CARICOM, OAS, SELA, AKP
Staatsoberhaupt und Regierungschef: Leonel Fernández
Hauptstadt: Santo Domingo 1,6 Mill. Einwohner
Fläche: 48 734 km²
Einwohner: 7 684 000
Bevölkerungsdichte: 158 je km²
Bevölkerungswachstum pro Jahr: ⌀ 1,98% (1990–1995)
Amtssprache: Spanisch
Religion: Katholiken (94%)
Währung: Dominikan. Peso (dom$)
Bruttosozialprodukt (1994): 10109 Mill. US-$ insges., 1320 US-$ je Einw.
Nationalitätskennzeichen: DOM
Zeitzone: MEZ – 6 Std.
Karte: → Antillen

Dominik [l. „der zum Herrn Gehörige"], m. Vn.
Dominikaner, Ordo fratrum praedicatorum, abgek. O. P., Bettelmönchsorden zur Verbreitung d. kath. Lehre durch Predigt; über 7000 Mitgl.; Tracht: weißer Rock mit schwarzem Mantel u. Kapuze; von → Dominikus 1216 gestiftet, später Hauptträger d. Inquisition; aus ihren Reihen bed. Scholastiker (Albertus Magnus, Thomas v. Aquin), Kreuzzugsprediger, Wissenschaftler.
Dominikanische Republik, der größere, östl. Teil d. Insel Haïti (Hispaniola); Bev.: 73% Mulatten, 10% Schwarze, 16% Weiße. a) *Landw.:* Anbau bes. von Zucker, Kaffee, Tabak, Kakao. b) *Außenhandel* (1991): Einfuhr 1,99 Mrd., Ausfuhr 925 Mill. $. c) *Verf.* v. 1966: Staatspräs., Kongreß (2 Kammern). d) *Verw.:* 29 Prov. u. 1 Hptstadtdistrikt. e) *Gesch.:* Bis 1795 span., 1844 Loslösung von Haïti als Rep.; 1961 Diktator Trujillo ermordet, 1965–66 Revolution, Eingreifen d. USA, Schlichtung durch OAS; danach weitgehende Rückkehr zu verf.mäßigen Zuständen.
Dominikus (1170–1221), span. Theol. u. Hlg.; Stifter des Dominikanerordens.
Dominions [-jənz], bis 1947 Bez. für Länder des brit. Staatsverbandes mit eigenem Parlament, eigener Regierung u. Treuepflicht gegenüber d. engl. Krone (Generalgouverneure als Vertr. d. Krone), Gliedstaaten d. → Commonwealth of Nations.
Dominique [-'nik], w. Vn., urspr. frz. Form zu → Dominik.
Domino, m. [it.],
1) weiter Maskenmantel.
2) Spiel, 28 Steine mit 0–6 Punkten in je 2 Feldern.
Dominus, m. [l.], Herr; *D. vobiscum:* Der Herr sei mit euch!
Domitianus, Titus Flavius, röm. (tyrannischer) Kaiser 81–96 n. Chr.
Domizil, s. [l.],
1) Wohnsitz.
2) Zahlungsort b. Wechseln.
Domizlaff, Hans (9. 5. 1892–5. 9. 1971), dt. Werbepsychologe, Begr. d. *Markentechnik; Gewinnung des öffentl. Vertrauens.*

Dominikanische Rep.

Domkapitel, *Domstift,* Kollegium v. Geistlichen (*Kanonikern, Domherren*) an bischöfl. Kirchen.
Domleschg, unteres Hinterrheintal, Schweiz, Kanton Graubünden.
Domodossola, it. St. am südl. Endpunkt d. Simplonstraße u. der Bern-Lötschberg-Simplon-Bahn, 20 000 E.
Dompfaff, svw. → Gimpel.
Dompteur [frz. dõ'tœr], **Dompteuse** [-'tøːz(ə)], Tierbändiger(in).
Domrémy-la-Pucelle [dõremilapy'sɛl], frz. Ort an der Maas, Geburtsort der → *Jeanne d'Arc.*
Do Muoi, (* 2. 2. 1917), 1988–91 vietnames. Min.präs., s. 1991 Gen.sekr. d. ZK d. KPV.

Donatello, *Reiterstandbild des Gattamelata in Padua*

Don,
1) fischreicher Strom, v. Mittelruss. Plateau ins Asowsche Meer, 1870 km l., 1355 km schiffbar, e. Drittel des Jahres eisbedeckt; Nbfl.: l. Woronesch, Choper; r. Donez; im Unterlauf seit 1952 durch Wolga-Don-Kanal mit Wolga verbunden; Zimljanskajer Stausee (einer der größten Europas).
2) Fluß in W-Schottland.
Don [it., span.], Herr (mit Vornamen).
Doña [span. 'doɲa], **Donna** [it.], Frau.
Donald Duck ['dɔnəld dʌk], s. 1934 v. Walt Disney, ab 1942 v. Carl Barks entwickelter Comic-Erpel.
Donar, Thor, german. Gott des Donners.
Donatello, eigtl. *Donato di Niccolò di Betto Bardi* (um 1386–13. 12. 1466), bahnbrechender florentin. Bildhauer d. Frührenaissance, auch in Padua; schuf d. erste umschreibare Freifigur (*David*) s. d. Antike u. entwickelte räuml. gestaltete Flachreliefs; Reiterstandbild des *Gattamelata* (Padua), *Judith, Johannes d. T.* (Florenz).
Donatisten, christl. Sekte in Afrika, 4.–7. Jh.; benannt nach dem Bischof *Donatus* von Karthago.
Donatus, Aelius, röm. Grammatiker des 4. Jh. n. Chr.; seine *Ars grammatica* war im MA ein wichtiges Schulbuch (erster Holzdruck).
Donau, Europas zweitgrößter Strom, 2858 km l., a. d. Schwarzwaldbächen *Brigach* u. *Breg* bei Donaueschingen, versickert bei Immendingen durchschnittl. 77 Tage im Jahr vollständig (12 km unterird. Abfluß in Radolfzeller

Aach u. Rhein); durchbricht d. Schwäb. Alb, fließt v. Regensburg a. Rande d. Bayr.-Böhm. Waldes, durch d. Wachau, d. ungar. Tiefland, durchbricht d. Banater Gebirge im *Eisernen Tor*, durchfließt d. rumän.-bulg. Niederung u. mündet m. 3 Hptarmen ins Schwarze Meer; von Kelheim an schiffbar. Wichtigste Nbfl.: l. *Altmühl, Naab, Regen, March, Waag, Neutra, Gran, Eipel, Theiß, Temes, Jiu, Alt, Jalomitza, Sereth, Pruth;* r. *Iller, Lech, Isar, Inn, Traun, Enns, Traisen, Raab, Drau, Save, Morawa, Isker.* — Zur Überwachung d. D.schiffahrt 1856–1914 *Eur. D.kommission,* s. 1919 *Intern. D.kommission;* 1948 i. *Vertrag von Belgrad* v. Anliegerstaaten durch neue *D.kommission* ersetzt. Verbindung zur Nordsee durch Rhein-Main-Donau-Großschiffahrtsstr. (Europakanal); der Donau-Schwarzmeer-Kanal verbindet d. D. mit Konstanza a. Schwarzen Meer.
Donaueschingen (D-78166), südbad. St. im Schwarzwald, an Zus.fluß d. Donauquellflüsse Brigach und Breg, Ba.-Wü., 680–900 müM, 19 800 E; Fürstenbergsches Schloß mit Gemälde- u. Handschriftensammlung; s. 1921 *D.er Musiktage* (f. zeitgenöss. Musik).
Donaumonarchie, Bez. f. d. Kaisertum → Österreich u. Österreich-Ungarn.
Donaumoos, trockengelegtes Niedermoor r. d. Donau zw. Lech u. Paar.
Donauried, ehem. Niedermoor an d. Donau zw. Mindel u. Lech.
Donau-Schule, *D.-Stil,* Kunstrichtung 1. Drittel 16. Jh. im Donau- u. bayr.-östr.-schweiz. Alpenraum, Hinwendung z. Frühreinaiss.; neuartiges Naturgefühl (Landschaft wird selbständiges Bildthema), Abkehr v. der ma. Werkstatt-Tradition; Hptvertr.: Altdorfer, Cranach d. Ä., Huber, Manuel, Leu.
Donauschwaben, Bez. f. d. Deutschen beiderseits d. mittleren Donau im (ehem.) ung. Staatsgebiet.
Donau-Schwarzmeer-Kanal, zweigt bei Cernavodă z. Schwarzen Meer ab; 64 km; eröffnet 1984.
Donauwörth (D-88609), Krst. im bayr. Rgbz. Schwaben, 17 840 E; Metall-, Textil- u. Lebensmittelind.; Puppenherst. (K. Kruse). – 1301–1607 Freie Reichsst.
Doncaster [ˈdɔŋkəstə], St. in der engl. Metropole Gft South Yorkshire, 82 000 E; Textil- u. Eisenind., Kohlenbergbau; Pferderennen.
Döner [„dönmek = schneiden"], türk. f. → Gyros, auch Weißbrötchen m. Gyrosfleisch.
Donez, r. Nbfl. d. Don, 1055 km l.; am Unterlauf d. **Donezbecken,** *Donbass,* ukrain.-russ. Ind.zentrum mit Steinkohlen-, Quecksilber-, Eisen-, Manganerz- u. Salzvorkommen; Gruben-, Hütten- u. Metallind.
Donezk, 1924 bis 1961 *Stalino,* früher *Jusowka,* ukrain. Gebietshptst. im Donezbecken, 1,11 Mill. E; Stahl-, Gußeisen- u. Walzeisenind., Steinkohlenbergbau.
Dongen, [ˈdɔŋə], Kees van (26. 1. 1877–28. 5. 1968), ndl. Maler; graph. virtuoser u. kolorist. brillanter Modemaler, treffsicherer Kritiker d. mondänen Ges.; *Die Sopranistin Modjesko.*
Dönhoff, Marion H. J. Gräfin (* 2. 12. 1909), dt. Journalistin; 1968–72 Chefredakteurin, s. 1973 Hg. von „Die Zeit"; 1971 Friedenspreis d. Dt. Buchhandels.
Dönitz, Karl (16. 9. 1891–24. 12. 1980), dt. Großadmiral; 1943 Oberbefehlshaber d. Kriegsmarine; kapitulierte 1945 als Nachfolger Hitlers.
Donizetti, Gaëtano (29. 11. 1797–8. 4. 1848), it. Opernkomponist: *Der Liebestrank; Die Regimentstochter; Don Pasquale; Lucia di Lammermoor.*
Don Juan [dɔŋˈxuan], roman. Sagengestalt; Verführer (Mozart: *Don Giovanni*).
Donndorf, Adolf von (16. 2. 1835 bis 20. 12. 1916), dt. Bildhauer; verband in s. zahlr. modellfreuen Denkmälern u. Porträtbüsten Stilmittel d. Klassizismus u. d. Realismus; z. B. Schumann-Grabdenkmal (Bonn), Bach- u. Luther-Denkmal (Eisenach).
Donne [dʌn], John (22. 1. 1572–31. 3. 1631), engl. Lyriker; rel.-metaphys. Lehrgedichte, Predigten.
Donner, Georg Raphaël (24. 5. 1693 bis 15. 2. 1741), östr. Bildhauer d. Barock; *Pietà* (Gurk).
Donner, durch starke Erhitzung im Blitzkanal dehnt sich die Luft explosionsartig aus und erzeugt Schallwellen.
Donnerbüchsen, erste Pulvergeschütze (14./15. Jh.).
Donnergrollen, durch Reflexion d. Schallwellen an d. Erdoberfläche, an Wolken od. an → Inversionen.
Donnerkeil → Belemniten.
Donnersberg,
1) Berggruppe des Pfälzer Berglandes, im Königsstuhl 686 m; Rundfunksender.
2) *Milleschauer,* höchster Berg d. Böhm. Mittelgebirges, 835 m.
Donnerstag, 5. Tag d. Woche, n. d. Gott → Donar.
Donovan [-vən], eigtl. *D. Philip Leitch* (* 10. 5. 1946), brit. Folksänger, lyr. Gitarrensongs; *Atlantis.*
Don Quijote, [span. *dɔŋ kiˈxote*], *Don Quichotte* [frz. *dõ kiˈʃɔt*], „Ritter von der traurigen Gestalt", Romanheld d. Cervantes, der durch Lesen von Ritterromanen den Bezug zur Wirklichkeit verloren hat, „kämpft gg. Windmühlen". *Donquichotterie:* Phantasterei.
Doorn, ndl. Gem., 11 000 E; m. Schloß, 1920–41 Aufenthaltsort Wilhelms II., heute Mus.
Doping, *s.* [engl.], Zuführung v. körperfremden Stoffen zur Erhöhung der (sportl.) Leistungsfähigkeit; verboten.
Doppelbesteuerungsabkommen, zwischenstaatl. Vereinbarung, durch die eine doppelte Besteuerung des gleichen Einkommens od. Vermögens (einmal im Inland u. einmal im Ausland) vermieden wird.
Doppelbrechung des Lichts, Brechung d. Lichtstrahlen in zwei Strahlen verschiedener Richtung beim Durchgang durch Kristalle (mit Ausnahme des kubischen Systems), bes. deutlich beim → Kalkspat.
Doppelchor-Anlage, in d. Architektur bes. d. Romanik in Stifts- od. Bischofskirchen; an d. dem (meist östl.) Hptchor gg.überlieg. Stirnseite d. Langhauses, u. a. als Ausdruck d. Dualismus v. Reich u. Kirche; z. B. in d. Domen v. Mainz, Trier, Naumburg.
Doppelendball, Trainingsgerät f. Boxer, hängt an 2 Gummiseilen.
Doppelfuge, Fuge m. zwei Themen.
Doppelkloster, einheitl. Bau f. e. Nonnen- u. Mönchsgemeinschaft m.

Gaëtano Donizetti

c-Doppelschlag

gleicher Rechtsordnung; v. a. i. MA verbreitet.
Doppelkopf, *Doppelschafkopf,* dt. Kartenspiel mit 2 Spielen (4 Spieler).
Doppelpulsar, Doppelsternsystem aus 2 → Pulsaren. Für d. Entdeckung des D. PSR 1913+16 ging der Physiknobelpreis 1993 an J. H. Taylor u. R. A. Hulse. D.e erlauben extrem genaue Messungen von Effekten d. allg. → Relativitätstheorie, z. B. geben sie indirekten Hinweis auf Abstrahlung von → Gravitationswellen.
Doppelschlag, mus. Verzierung; Umkreisung einer Melodienote mit Ober- u. Untersekunde.
Doppelsterne, eng benachbarte Sterne, 4 Arten:
1) *optische D.,* stehen nur scheinbar dicht beieinander, liegen aber räumlich weit hintereinander;
2) *visuelle D.,* im Fernrohr getrennt sichtbar, ihre Bahnbewegung umeinander kann direkt beobachtet werden (z. B. → Castor);
3) *spektroskop. D.,* im Fernrohr nicht trennbar, aber an der periodischer Linienverschiebung (→ Doppler-Effekt) im Spektrum erkennbar (z. B. → Capella);
4) *photometr. D.,* durch Bedeckung erfolgt periodischer Lichtwechsel, → bedeckungsveränderl. Fixsterne (→ Tafel Himmelskunde II).
doppelte Buchführung → Buchführung.
doppelte Wahrheit, Lehre vom gleichzeitigen Wahr- u. Falschsein-Können e. Erkenntnis, je nach d. Grundlage dieser Erkenntnis. Im MA: Auffassung, daß Glaubenswahrheit u. phil. Erkenntnis voneinander unabhängig, sogar widersprüchlich sein können; 1513 von d. kath. Kirche verurteilt. In der Renaiss.-phil. von Petrus Pomponatius vertreten.
doppeltkohlensaures Natron, älter für → Natriumhydrogencarbonat (Natriumbicarbonat).
Doppler, Christian (29. 11. 1803–17. 3. 53), östr. Phys. u. Math.; **D.-Effekt,** *D.sches Prinzip,* in d. Wellenlehre Gesetz über d. Erhöhung (Erniedrigung) d. beobachteten Schwingungszahl v. Licht- od. Schallwellen b. Annäherung (Entfernung) d. Licht-(Schall-)Quelle.
Dor, Milo (* 7. 3. 1923), östr.-serb. Schriftst.; Dramen, Hörspiele; *Tote auf Urlaub.*
Dora Baltea, l. Nbfl. des Po, vom Montblanc, 160 km.
Dorado, *s.* [span. „el dorado = das Goldene"], sagenhaftes Goldland im nördl. Südamerika; übertragen: üppiges Land, glückliche Gegend.
Dora Riparia, l. Nbfl. d. Po, aus den Kottischen Alpen, mündet bei Turin, 125 km l.
Dorchester [ˈdɔːtʃɪstə], → Dorset.
Dordogne [-ˈdɔn],
1) r. Nbfl. d. Garonne; 490 km l.
2) Dép. in S-Frkr., 9060 km², 386 000 E; Hptst. *Périgueux;* altsteinzeitl. Wohnhöhlen m. Wandmalereien.
Dordrecht, St. d. ndl. Prov. Südholland, im Rheindelta, 111 800 E; Holz-, Nahrungsmittel-, Eisenind., Motorenbau, Schiffswerften.
Doré, Gustave (6. 1. 1832–23. 1. 83), frz. Maler u. Zeichner; Illustrationen: z. Bibel u. zu Werken Dantes, Cervantes', Lafontaines u. a.

Dorf → Siedlung.
Dorfen (D-84405), St. i. Kr. Erding, 11 000 E; Wallfahrtskirche; Maschinenbau.
Dörfler, Peter (29. 4. 1878–10. 11. 1955), dt. kath. Volksschriftst.; histor., heimatgebundene Romane: *Die Wessobrunner.*
Doria, Andrea (30. 11. 1468–25. 11. 1560), genues. Seeheld, gg. Spanier, Franzosen, Türken, eroberte 1535 Tunis; 1547 Verschwörung d. → Fiesco.
Dorier, *Dorer,* einer d. altgriech. Hptstämme, s. 1104 v. Chr. im Peloponnes *(dorische Wanderung).*
Doris, w. Vn., Kurzform zu → Dorothea.
dorisch → Kirchentonarten.
dorische Säule → Säule.
Dormagen (D-41539–42), St. am Niederrhein, Kr. Neuss, NRW, 59 700 E; Zucker- u. chem. Ind.
Dormitorium, *s.* [l.], Bez. (ab etw. 800) f. d. Schlafsaal e. → Klosters; meist am O-Flügel d. → Kreuzgangs über d. Kapitelsaal; ab 14. Jh. allgem. in Einzelzellen geteilt.
Dornach (CH-4143), Ort im Kanton Solothurn, 5300 E, → Goetheanum.
Dornbirn (A-6850), östr. St. im vorarlberg. Rheintal, 40 880 E; Textil-, Maschinenind.; Bundestextilschule u. jährl. Textilmesse.
Dornfelder, in Dtld angebaute Rotweinrebe, die in Weinsberg als erfolgreichste rote → Neuzüchtung *(Helfensteiner x Heroldrebe)* entwickelt wurde.
Dornhai, einheim. Küstenfisch; liefert → Schillerlocken.
Dornier [-ˈnĭeː], Claude (14. 5. 1884 bis 5. 12. 1969), dt. Flugzeugkonstrukteur; baute 1922 ersten Dornier-Wal, 1929 d. Do X (Großflugboot), schuf Do 31, ersten Senkrechtstart-Transporter (Erstflug 16. 12. 1967).
Dornseiff, Franz (20. 3. 1888–22. 5. 1906), dt. Philologe, Standardwerk: *Der deutsche Wortschatz nach Sachgruppen.*
Dorothea, *Dorothee,* [gr. „Gottesgeschenk"], w. Vn.
Dorpat, estn. *Tartu,* St. am Embach, Estland, 114 000 E; Uni. (v. Gustav Adolf 1632 gegr.). – 1030 gegr., 1215 v. d. Schwertbrüdern erobert, 1224 Bischofssitz, Mitglied der Hanse, zu Livland. 1558 russ., 1582 litauisch-poln., 1625 schwed., 1721–1918 russ.; s. 1918 estnisch.
Dörpfeld,
1) Friedrich Wilhelm (8. 3. 1824 bis 27. 10. 1893), dt. Pädagoge; *Die freie Schulgemeinde.*
2) Wilhelm (26. 12. 1853–25. 4. 1940), dt. Archäologe; Ausgrabungen in Olympia, Ithaka, Troja, Pergamon, Korfu.
dorsal [l.], rückwärts gelegen.
Dorsch, Speisefisch, Bez. f. d. jungen → Kabeljau.
Dorset [ˈdɔːsɪt], engl. Gft am Kanal, 2653 km², 645 200 E; Hptst. *Dorchester* (14 000 E).
Dorst, Tankred (* 19. 12. 1925), dt. Dramatiker; *Toller; Auf dem Chimborasso; Dorothea Merz; Klaras Mutter; Merlin.*
Dorsten (D-46282–86), St. an d. Lippe, NRW, 79 800 E; Steinkohlenbergbau, div. Industrie.
Dortmund (D-44135–388), krfreie St. in NRW, am *D.-Ems-Kanal,* 601 537 E;

Dostojewskij

Polardorsch

Oberbergamt, OPD, IHK, MPI f. Ernährungsphysiologie, B.anstalt f. Arbeitsschutz u. Unfallforschung, PH, Uni., Sozialakad., Inst. f. Spektrochemie u. angewandte Spektroskopie, Westfalenhalle; Ind.zentrum: Kohle, Eisen, Stahl.
Dortmund-Ems-Kanal, 272 km lang, f. 1350-t-Schiffe; zweigt v. Mittellandkanal ab, verbindet rhein.-westfälisches Industriegebiet mit Nordsee.
DOS, *Disk Operating System,* auf → Personalcomputern weitverbreitetes → Betriebssystem.
Dosage [frz. -ˈzaːʒ], bei → Schaumweinen (v. a. nach dem Champagner-Verfahren) wird d. Wein zum Schluß m. d. sog. *Versand-D.* aufgefüllt, um d. beim → Degorgieren verursachten Weinverlust auszugleichen und die Geschmacksrichtung zu bestimmen; die D. besteht aus (konzentriertem) Most od. aus e. Mischung von Wein u. Zucker.
Dosimeter, *s.,* Gerät zur Messung d. Strahlenbelastung v. Personen.
Dosis, w. [gr.], Gabe; nach Vorschrift abgemessene Menge eines Arzneimittels.
Dos Passos [dousˈpæsous], John (14. 1. 1896–28. 9. 1970), am. sozialkrit. Schriftst.; *Manhattan Transfer; USA* (Trilogie).
Dosse, rechter Havel-Nbfl., 120 km.
Dossier, *m.* od. *s.* [frz. doˈsje], Aktendeckel; Aktenbündel; alle Akten für einen Vorgang.
Dostal, Nico (27. 11. 1895–27. 10. 1981), östr. Operettenkomp.; *Clivia; Manina; Monika.*
Dostojewskij, Fjodor Michailowitsch (11. 11. 1821–9. 2. 81), russ. Dichter; Grundthema seiner psych. Romane: christl. Erlösung des Menschen durch Leiden u. Glaube; *Schuld u. Sühne; Die Dämonen; Die Brüder Karamasow; Der Idiot.*
Dotation, w. [l.], Schenkung; Zuwendung von Geldmitteln.
dotieren, ausstatten.
Dotierung, Einbauen v. Fremdatomen in reine → Halbleiterkristalle; dadurch wird die v. Natur aus geringe Leitfähigkeit bzw. Lumineszenz in Halbleitern gezielt verändert.
Dotter, Reservestoff der tier. Eizelle zur Bildung u. Ernährung d. → Embryos.
Dotterblume, svw. → Sumpfdotterblume.
Dottersack, ein mit Dottermasse gefülltes embryonales Organ zur Ernährung des Embryos.
Dou [dɔŭ], Gerard (7. 4. 1613–19. 2. 75), ndl. Maler; Schüler Rembrandts, Begr. d. Leydener Feinmalerei; detailreich erzählende Genrebilder; *Geflügelhändlerin; Rembrandts Mutter.*
Douai [dwɛ], frz. Ind.st. i. Dép. *Nord,* 42 200 E.
Douane, w. [frz. dwan], Zoll, Zollamt, Lagerhaus.
Double [frz. dubl „doppelt"],
1) *mus.* Bez. f. verzierte Wiederholung e. Suitensatzes.
2) Ersatzdarsteller für gefährliche Szenen einer Filmrolle.
Doublé [frz. duˈbleː], → plattieren.
Double Feature [engl. ˈdʌbl ˈfiːtʃər], zwei Kinofilme zum Preis v. einem.
Doubs [du],
1) l. Nbfl. d. Saône, aus d. Schweizer Jura, speist den Rhein-Rhône-Kanal, 430 km l.
2) ostfrz. Dép., 5234 km², 484 770 E; Hptst. *Besançon.*
Douglas [ˈdʌɡləs], schott. Adelsgeschlecht:
1) Archibald († 1514), nahm an Verschwörung gg. Jakob III. teil; *A. D.,* Ballade v. Fontane, komp. v. Loewe.
2) James, Gf v. Morton, 1581 beteiligt an der Ermordung Darnleys durch → Bothwell; enthauptet.
Douglas [ˈdʌɡləs], Kirk (9. 12. 1916), am. Filmschausp.; *Ace in the Hole; Paths of Glory; Spartacus.*
Douglas [ˈdʌɡləs], Hptst. u. Hafen der brit. Insel Man, 20 400 E; Seebad.
Douglas Aircraft Company Inc. [ˈdʌɡləs-], gegr. 1920, Flugzeugbaufirma in USA, baute u. a. die DC-3 „Dacota" (1936); 1967 Fusion m. der McDonnell Co. zur → McDonnell-Douglas Corporation.
Douglas-Home [ˈdʌɡləsˈhjuːm], Alexander Frederick Lord (* 2. 7. 1903 bis 9. 10. 1995), engl. konservativer Pol.; 1960–63 u. 1970–74 Außenmin.; 1963/64 Premiermin.
Douglasie [duː-], *Douglastanne,* hochwüchs. Nadelholz d. Rocky Mountains, gelegentl. in Eur. angepflanzt.
Douglasscher Abszeß, Entzündung zw. Gebärmutter u. Mastdarm.
do ut des [l.], ich gebe, damit du gibst; d. h. erwartete Gegenleistungen, Zugeständnisse.
Dover [ˈdouvə], engl. Hafenstadt, Seebad am Kanal *(Straße von D.),* 33 000 E; Hptüberfahrtshafen nach dem Festland (Calais u. Ostende; *Straße von D.* 33 km breit).
Dovifat, Emil (27. 12. 1890–8. 10. 1969), dt. Zeitungswissenschaftler; Mitbegr. d. CDU u. FU in Berlin.
Dow-Jones Index [ˈdauˈdʒounz-], seit 1885 New Yorker Börsenindex; errechnet aus 30 Industrie-, 20 Eisenbahn-, 15 Versorgungswerten u. 65 Aktien.
Dowlas, *s.* [ˈdauləs], *Daulas,* engl. Baumwollstoff für Bettleinen, leicht glänzend u. steif appretiert.
down [engl. daun], nieder, unten; bedrückt sein.
Downing [ˈdauniŋ], Andrew Jackson (1815–52), am. Architekt; führender Theoretiker d. am. Landschaftsgärtnerei u. d. Villen- u. Landhausbaus.
Downing Street [ˈdauniŋ ˈstriːt], Straße in London m. Sitz d. Außenmin. u. d. Prem.min.; auch Bez. für d. engl. Außenministerium.
Down-Syndrom [ˈdaun-], → Mongolismus.
Doxographen [gr.], antike Schriftst., die die Lehren d. Philosophen sammelten.
Doxologie [gr.], Lobpreisung Gottes (Gloria, Tedeum, Schluß d. Vaterunsers: „Denn Dein ist das Reich . . .").
Doyen [frz. dwaˈjɛ̃], Dienstältester, Wortführer d. diplomat. Korps; im Westen meist der päpstl. Nuntius.
Doyle [dɔɪl], Sir Arthur Conan (22. 5. 1859–7. 7. 1930), schott. Schriftst.; Schöpfer v. *Sherlock Holmes.*
Dozent [l.], Lehrer (an Hochschulen).
dozieren, unterrichten, vortragen.
DP,
1) *D*eutsche *P*artei, → Parteien, Übers.

2) Abk. für → **D**isplaced **P**ersons.
D/P [engl.], Abk. f. **d**ocuments against **p**ayment (Dokumente gegen Zahlung), Käufer erhält Verfügung über Ware durch Überreichung der Frachtbriefe gegen Zahlung.
dpa, Abk. f. **D**eutsche **P**resse**a**gentur, → Presse, Übersicht (Nachrichtenagenturen).
d. R., „**d**er **R**eserve", früher Offiziere, Beamte d. Beurlaubtenstandes; Reservisten d. Bundeswehr.
Dr., Abk. f. → Doktor. – **Dr. h. c.,** *honoris causa,* ehrenhalber, auch **Dr. E. h.** – **Dr.** (**rer.**) **agr.,** *rerum agrarium,* d. Landwirtschaft. – **Dr. arch.,** Dr. d. Architektur (nur in ehem. DDR). – **Dr.-Ing.,** Dr.-Ingenieur. – **Dr. jur.,** *juris,* d. Rechtswiss. – **Dr. med.,** *medicinae,* d. Medizin. – **Dr. med. dent.,** *medicinae dentariae,* d. Zahnheilkunde. – **Dr. med. vet.,** *veterinariae,* der Tierheilkunde. – **Dr.** (**rer.**) **merc.,** *rerum mercatoriarum,* d. Handelswiss. – **Dr. oec. publ.,** *oeconomiae publicae,* d. Staatswiss. – **Dr. phil.,** *philosophiae,* d. Philosophie. – **Dr. rer. nat.,** *rerum naturalium,* d. Naturwiss. – **Dr. rer. oecon.,** *rerum oeconomicarum,* d. Wirtschaftswiss. – **Dr. rer. pol.,** *rerum politicorum,* d. Staatswiss. – **Dr. rer. techn.,** *rerum technicarum,* der techn. Wiss. – **Dr. sc. nat.,** *scientiae naturalis,* der Naturwiss. – **Dr. theol.,** *theologiae,* der Theologie (**D.,** Doktor d. Theol., der v. protestant. Fakultäten ehrenhalber verliehen wird). – **Dr. habil.,** Doktor, der *habilitiert* ist (Dtld 1936–45).
Drache,
1) sagenhaftes geflügeltes Untier; der chin. D. ist Symbol d. Fruchtbarkeit (in Ostasien allg. Symbol d. Kraft u. Güte) u. früher Wappentier.
2) → Sternbilder, Übers.
Drachen,
1) Dreimann-Kielboot im Segelsport; olymp. Bootsklasse.
2) einfacher, leichter Flugapparat, als Kinderspielzeug und Sportgerät (Drachenfliegen).
Drachenbaum, *Dracaena,* baumartiges Agavengewächs auf Teneriffa; erreicht gr. Umfang, hohes Alter; sein rotes Harz, das sog. **Drachenblut,** als Farbstoff benutzt.
Drachenfels, Vulkangipfel des Siebengebirges am Rhein bei Königswinter (Zahnradbahn), 324 m; mit Schloß *Drachenburg.*
Drachenpunkte, *astronom.* d. auf- u. absteigenden ⟂ Knoten d. Bahnen von Mond, Planeten, Erdsatelliten u. Doppelsternen.
Drachensaat, Saat der Zwietracht nach griech. Kadmos-Sage, wo aus gesäten Drachenzähnen Männer wachsen, die sich gegenseitig töten.
Drachme, *w,* altgriechisches Gewicht (= 4,36 g) und Geldstück (→ Währungen, Übers.).
Dracula, Romanfigur v. B. Stoker, zahlreiche Adaptionen i. Horror-Genre.
Dragées, *s,* Mz. [frz. -'ʒeːs], zuckerüberzogene Pillen, Früchte, Gewürze.
Dragoman [arab.], Dolmetsch im Orient; Gesandtschaftsdolmetsch bei eur. Vertretungen.
Dragonaden, Zwangsbekehrung d. frz. Protestanten durch Dragoner Ludwigs XIV.

Dragoner, leichte Reitertruppe, eigtl. berittene Infanterie.
Dragster [engl. 'dræg-], hochfrisierter, chassisloser Rennwagen f. Geschwindigkeiten bis zu 400 km/h auf e. Asphaltgeraden.
Draht, aus versch. Metallen durch Walzen (→ Walzwerk) od. auf der Ziehbank hergestellter Strang unter 12 mm Durchmesser; durch Nachziehen gehärtet, durch Glühen weich gemacht; als el. Leiter, zur Belastung auf Zug u. zur Herstellung von Flechtwerk.
Drahtfunk, trägerfrequente Übertragung von Rundfunkprogrammen über gleichzeitig z. Fernsprechen benutzte Leitungen (ohne gegenseit. Beeinflussung), ob. über bes. D.leitungen; Wiedergabe durch jeden Rundfunkempfänger m. Langwellenbereich.
Drahtglas, dickes Tafelglas m. eingelegtem Draht, fest u. feuersicher.
drahtlose Telegrafie, Telefonie → Funkwesen.
Drahtseil, aus Stahldrähten zusammengedrehtes Seil.
Drahtseilbahn, Schwebebahn, Fahrzeuge laufen auf Tragseil od. hängen an gemeinsamem Trag- u. Zugseil; Antrieb durch Zugseil.
Drahtwurm, Larve der Schnellkäfer; Wurzelschädling.
Drain [engl. dreın „Abfluß"], einer von drei Anschlüssen beim → Feldeffekttransistor.
Drainage, *w.* [frz. drɛˈnaːʒə],
1) Entwässerungssystem i. d. Landwirtschaft.
2) *med.* Ableitung von Flüssigkeitsansammlungen aus Körperhöhlen od. v. Wundsekret aus Operationswunden m. einem *Drain,* Abflußröhrchen aus Gummi od. Glas.
Draisine, *Dräsine,* v. Karl v. Drais (1785–1851) 1817 erfundenes Laufrad; im Eisenbahnbetr. kl. Schienenwagen.
Drake,
1) Johann Friedrich (23. 6. 1805–6. 4. 82), dt. Bildhauer d. Klassizismus; zahlr. Denkmäler u. Statuen in ganz Dtld; *Victoria* (auf der Siegessäule in Berlin).
2) Sir Francis (um 1540 bis 28. 1. 96), engl. Seeheld; 1577–80 Weltumsegelung.
Drakensberge, *Kathlambaberge,* d. östl. Randgebirge Südafrikas (bis 3482 m).
Drakon, athen. Gesetzgeber um 620 v. Chr.
drakonische Gesetze, wegen ihrer Strenge sprichwörtliche Gesetze.
Drall,
1) bei Schußwaffen: Schrägführung der eingeschnittenen Züge gg. die Achse des Laufes (Rohres), verursacht Drehung des Geschosses in der Luft (zur Verhinderung des Überschlagens).
2) *phys.* Drehimpuls eines rotierenden Körpers (innewohnender Schwung). Rotiert e. Körper der Masse m mit der Geschwindigkeit v im Abstand r von d.
3) Drehung v. Fäden um ihre Längsachse, durch Zwirnmaschine erzeugt.
Dralon®, Handelsbezeichnung f. eine vollsynthet. → Chemiefaser d. Polyacrylgruppe.
Drama, *s.* [gr. „Geschehen"], Bühnenstück, entstand aus Mimus u. Tanz; in Griechenland aus Dionysos-Kult, im MA aus Passions- u. Mysterienspielen;

Darstellung v. Gegensätzlichkeiten des menschl. Wesens im Gespräch (Dialog) od. Selbstgespräch (Monolog) u. in Handlungen; traditionelle Gattungen: *Tragödie* (Trauerspiel), Schauspiel, *Komödie* (Lustspiel, mit den besond. Abarten Schwank u. Posse), Tragikomödie; nach der Art der Handlung unterscheidet man *Charakter-, Milieu-* u. *Schicksals-D.;* Einteilung in *Akte* (Aufzüge) u. *Szenen* (Auftritte).
Dramaturg, urspr. Verf. von Dramen *(Dramatiker),* jetzt künstler. Beirat eines Theaterdirektors.
Dramaturgie, *w.,* Lehre vom Drama; Lessings *Hamburgische D.*
Drambuie [poln.], Likör auf Whiskeybasis m. Kräutern u. Gewürzen.
Drammen, südnorweg. Hafenstadt am Oslofjord, 52 000 E; Ind.; Papier-, Cellulose-, Holzausfuhr.
Dränasphalt, hohlraumreicher Strassenbelag z. Oberflächenentwässerung u. Verhinderung v. Aquaplaning.
Dränierung, *Dränage, Dränung,* planmäßige Entwässerung staunasser Böden durch unterird. Abflußrohre; Tonröhren mit Fugen, durch die das Wasser eintritt, oder → Faschinen, auch mit dem *Dränpflug* gezogene Hohlfurchen, Ableitung d. überschüssigen Wassers, Durchlüftung u. Lockerung des Bodens; heute der *Rohrpflug,* d. vorgefertigte PVC-Rohre unterirdisch verlegt.
Draperie, *w.* [frz.],
1) Gehänge v. *drapierten* (d. h. gerafften, kunstvoll angeordneten) Stoffen z. Ausgestaltung v. Innenräumen u. f. Theater- und Festdekorationen.
2) allg. Bez. f. d. Anordnung d. Gewänder in Malerei u. Plastik.
Draper-Katalog ['dreɪpə-], ein v. dem am. Astronomen Henry *Draper* hergestellter Katalog d. Spektren von mehreren hunderttausend Fixsternen, gewonnen nach d. Objektivprismenmethode; → Objektivprisma.
Drau, slowen. u. serbokroat. *Drava,* r. Nbfl. der Donau, im oberen Pustertal durch Kärnten, Steiermark u. Slowenien, Unterlauf ist kroatisch-ungar. Grenze; 749 km l., größtenteils (ab Villach) schiffbar.
Drawida, die nichtarischen Sprachen u. Völker d. S-Dekkan u. Südens von Indien.
Drawidarasse, irreführender Name, meist für den dunkelfarbigen drawidischsprechenden S-Inder (tamilmelanide → Rasse) gebraucht; aber D. wird auch von zahlr. hellfarbigen Völkern (Kanaresen, Malajali, Telugu von indoarier Rasse) u. v. d. zentralind. hellbraunen Dschungelstämmen (Gond u. Kondh von weddider Rasse) gesprochen; abgelegener Rest bei den *Brahui* in Belutschistan.
Drawing-room, *m.* [engl. 'drɔːɪŋrʊm], Salon.
Dreadnought [engl. 'drɛdnɔːt „Fürchtenichts"], früher ein (zuerst brit. 1906) Großkampfschifftyp; Name d. ersten Atom-U-Bootes d. brit. Marine.
Drechsler, Heike (* 16. 12. 1964), dt. Leichtathletin; Olympiasiegerin 1992 im Weitsprung, Weltmeisterin 1983 und 1993, WM-Zweite 1991 und WM-Dritte 1987, Europameisterin 1986, 1990 und 1994.
Dregger, Alfred (* 10. 12. 1920),

Draisine, älteres Fahrrad von v. Drais

Drachenfliegen

Drachenbaum

Heike Drechsler

Drehflügelflugzeug, *Hubschrauber*

CDU-Pol.; 1967–82 Vors. d. hess. CDU, 1982–91 Fraktionsvors. d. CDU/CSU.
Drehbank, Metallbearbeitungsmaschine, bei der das Werkstück in schnelle Umdrehung versetzt u. das bearbeitende Werkzeug, Bohrer, Fräser, Gewindeschneider usw., dagegen vorbewegt wird.
Drehbuch, Textvorlage, nach der ein Film gestaltet wird.
Drehbühne, drehbare Bühne u. Untermaschine f. schnellen Szenenwechsel.
Drehflügelflugzeuge, anstelle d. Tragflächen um senkrechte Achse rotierende Flügel (Hubschrauber); 3 Arten:
1) *Hubschrauber* (Helikopter), durch Motor angetriebene Rotoren (Drehflügel) erzeugen Auf- u. Vortrieb, kann in d. Luft stillstehen, senkrecht starten u. landen;
2) *Tragschrauber* (Autogiro), nur v. Fahrtwind bewegte Hubschraube u. bes. motorisch angetriebener Zugpropeller, kurze Start- u. Landestrecke;
3) *Flugschrauber,* ähnlich dem Tragschrauber, doch auch Hubschraube durch Motor angetrieben.
Drehimpuls, phys. Größe z. Beschreibung v. Drehbewegungen, entspricht Impuls b. geradlinigen Bewegungen; Produkt aus Impuls u. Abstand v. Drehpunkt.
Drehkolbenmotor → Wankelmotor.
Drehkondensator, in d. → Rundfunktechnik ein → Kondensator m. e. festen u. e. drehb. Plattensatz; Kapazitätswert kann zw. größtem u. kleinstem Wert durch Drehen verändert werden.
Drehmoment → Moment.
Drehrohrofen, techn. System f. d. Abfallverbrennung, bes. f. ind. Problemabfälle u. Schlämme geeignet.
Drehspulmeßwerk, zur Messung v. Gleichstrom, in Verbindung mit Gleichrichter auch für Wechselstrom; *Arbeitsweise:* Stromdurchflossene Drahtspule im Kraftfeld e. starken Magneten dreht sich gegen die Rückstellkraft einer Feder; Drehwinkel ist proportional zur Stromstärke u. wird auf Meßwerk übertragen.
Drehstrom, Bez. für 3 miteinander verkettete, zeitl. gegeneinander verschobene → Wechselströme; Phasenverschiebung jeweils um 120° ($\frac{1}{3}$ Periode).
Drehwaage, *Torsionswaage,* an langem Faden drehbar aufgehängter Körper zur Messung kleinster Anziehungs- bzw. abstoßender Kräfte, z. B. zweier el. geladener Körper (nach Coulomb), zweier Massen (Gravitationsmessung nach Cavendish, Eötvös).
Drehwurmkrankheit, Bewegungsstörung b. Lämmern u. Kälbern durch im Gehirn lebende Bandwurmfinne.
Drehzahl, Anzahl der Umdrehungen einer Maschinenwelle pro Minute; Maßeinheit U/min (1 min^{-1}).
Dreibund, Verteidigungsbündnis v. 1882 zw. Dtld, Italien, Östr.-Ungarn, mehrfach erneuert, 1915 von Italien gekündigt.
3 D, Abk. f. *drei*dimensional, räumlich; auch → Stereofilm.
Dreieck,
1) *süd.* u. *nördl. D.,* → Sternbilder, Übers.
2) von drei Geraden begrenzte geomet. Figur. *Spitzwinkl. D.:* jeder Winkel kleiner als 90° (Abb. 2); *stumpfwinkl. D.:* ein Winkel größer als 90° (Abb. 4); *rechtwinkl. D.:* ein Winkel = 90°, die anliegenden Seiten Katheten, die gegenüberliegende Hypotenuse (Abb. 3); *gleichseit. D.:* mit 3 gleichen Seiten und Winkeln (Abb. 1); *gleichschenkl. D.:* mit 2 gleichen Seiten und anliegenden Winkeln (Abb. 2). *Inhalt des D.* gleich Höhe mal Grundseite, geteilt durch 2, *Winkelsumme des D.* = 180°. *Sphärisches D.,* D. auf einer Kugeloberfläche, das von „größten Kugelkreisen" begrenzt wird. – Berechnung durch → Trigonometrie.
Dreieich (D-63303), St. i. Kr. Offenbach, Hess., 39 430 E; histor. St.kern; div. Ind.
Dreieinigkeit, Dreifaltigkeit → Trinität.
Dreifarbendruck → Farbdruck.
Dreifarbenphotometrie, i. d. Astronomie Messung d. scheinb. Helligkeit v. Gestirnen i. drei engen Bereichen d. → Spektrums, meist ultraviolett, blau u. gelb, woraus → Spektralklasse und → Leuchtkraftklasse ableitbar sind.
Dreifelderwirtschaft, alte Form des Fruchtwechsels: *Winter-, Sommergetreide,* → Brache.
Dreifuß, dreifüßiges Gestell, in der Antike viel verwendet als Untersatz für Gefäße; berühmt d. dreifüß. Sitz d. Wahrsagerin Pythia in → Delphi.
Dreiherrnspitze, Gipfel der Hohen Tauern, 3499 m.
Dreikaiserbund, von Bismarck 1872 geschaffener Bündnisvertrag zw. dem Dt. Reich, Österreich-Ungarn u. Rußland.
Dreikaiserschlacht → Austerlitz.
Dreiklang, Akkord aus Grundton, Terz u. Quinte:
1) Dur-D.: große, kleine Terz;
2) Moll-D.: kleine, große Terz;
3) verminderter D.: 2 kleine Terzen;
4) übermäßiger D.: 2 große Terzen.
Dreiklassenwahlrecht, 1849–1918 indirektes Wahlsystem in Preußen: Drittelung der Wähler jedes Wahlbezirkes nach Steueraufkommen; jedes Drittel (= Klasse) wählte d. gleiche Anzahl Wahlmänner, u. diese wiederum wählten d. Abgeordneten; Bevorzugung d. Hochbesteuerten.
Dreikonchen-Anlage, im roman. Kirchenbau u. byzantin. Vorbild entwickelter Typ d. östl. Gebäudeteile; Querschiff-Arme u. Chor endigen jew. in e. Apsis, so daß i. d. Grundrißform e. regelmäß. Kleeblatt entsteht; St. Maria im Kapitol (Köln).
Drei Könige, *Hl. Drei Könige,* die drei Magier od. „Weisen aus dem Morgenlande" (N.T.); die Legende nennt sie seit 5. Jh. Könige: *Kaspar, Melchior* u. *Balthasar.*
Dreikörperproblem, Problem d. Bewegung dreier Körper bekannter Massen unter dem Einfluß der Gravitation; in math. Strenge nicht lösbar, im Falle des Sonnensystems mit einer stark überwiegenden Masse (Sonne) genähert lösbar (Clairaut, Euler, Lagrange, Laplace).
Dreileiterkabel, 3 voneinander getrennte Leitungen; durch Stahlband, Bleimantel u. isolierende Umhüllungen aus Jute, Hanf, Papier od. Kunststoff geschützt.
Dreimächtepakt, 1940 zw. Dtld, Italien u. Japan geschlossenes Bündnis.
Dreimaster,
1) svw. → Dreispitz.
2) svw. → Bark.
Dreimeilenzone, Hoheitsgebiet auf See, erstreckt sich 3 Seemeilen v. d. Küste seewärts, durch intern. Verträge geregelt; häufig 12, 50, 70 bzw. 200 Seemeilen beansprucht. → Festlandsockel, → Fischereischutzzone.
Dreipaß,
1) gotische → Maßwerkfigur, aus 3 Kreissegmenten zusammengesetzt.
2) kleeblattförmige Grundrißform.
Dreiperiodensystem, in d. *Vorgeschichte:* Stein-, Bronze-, Eisenzeit, aufgestellt um 1835 durch d. dän. Archäologen Christian *Juergensen-Thomsen.*
Dreiphasenstrom, el. Wechselstrom mit 3 Phasen, → Drehstrom.
Dreischenkel, myst. Zierfigur, s. vorgeschichtlicher Zeit: 3 verschlungene Kreissegmente in einem Kreis.
Dreiseitprisma, Prisma mit Spiegelflächen zum Messen echter Winkel.
Dreiser, Theodore (27. 8. 1871–28. 12. 1945), am. gesellschaftskrit. Schriftst.; *Eine am. Tragödie.*
Dreispitz, dreiseitig hochgekrempelter Hut, urspr. 18. Jh., auch *Dreimaster.*
Dreisprung, leichtathlet. Übung, bei der d. Springer vom Absprung ab zwei Schreitsprünge vor dem letzten großen Sprung macht.
Dreißigjähriger Krieg, 1618–48, Ursache: religiös-pol. Ggs. zw. Katholiken u. Protestanten u. Streben d. Landesfürsten nach Ausbau ihrer Gebiete. – Anlaß: Wiedererstarken d. Utraquisten in Böhmen u. Widerstand der Stände gegen den Absolutismus Ferdinands v. Östr. – Verlauf: *Böhmisch-Pfälzischer Krieg* (1618–23): Prager Fenstersturz 1618; Friedrich V. von d. Pfalz „Winterkönig" v. Böhmen, 1620 am Weißen Berg bei Prag besiegt. – *Niedersächs.-Dän. Krieg* (1625–30): Christian IV. v. Dänemark greift zugunsten d. Protestanten ein, von → Tilly bei Lutter am Barenberge (1626) geschlagen; Wallenstein u. Tilly erobern f. Habsburg N-Dtld; Restitutionsedikt 1629 bestimmt Rückgabe v. Protestanten eingezogenen Kirchengüter. – *Schwed. Krieg* (1630–35): Zerstörung Magdeburgs durch Tilly 1631; Eingreifen → Gustav Adolfs von Schweden; Niederlage Tillys bei Breitenfeld 1631, schwedisch-protestant. Siegeszug durch Dtld, Gustav Adolf † 1632 bei Lützen; Wallensteins pol. Plä-

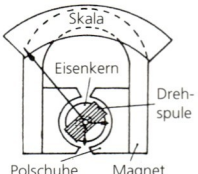

Drehspulmeßwerk

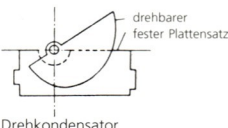

Drehkondensator

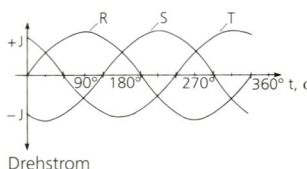

Drehstrom

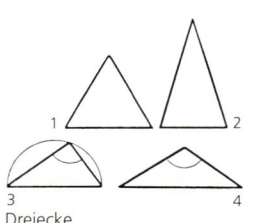

Dreiecke

Dreiklang

ne u. seine Ermordung 1634; Prager Sonderfriede 1635 zw. Sachsen, Brandenburg u. Habsburg. – *Schwed.-Frz. Krieg* (1635–48): Schweden u. Franzosen gg. Habsburg u. Maximilian v. Bayern; Frkr.s Streben nach dem Elsaß. – Friedensschluß 1648 → *Westfälischer Friede*. – Unter den Folgen des D. K.s hatte das verwüstete u. um e. Drittel seiner Bevölkerung dezimierte Dtld Jahrzehnte zu leiden.
Dreißigster → Erbrecht.
Dreitagefieber,
1) als Sommergrippe e. Form d. → Bornholmer Krankheit.
2) svw. → Pappatacifieber.
Dreizack, antike dreizinkige Harpune, Attribut Neptuns u. Poseidons.
Dreizehngemeinden, it. *Tredici Comuni*, 13 dt. oberit. Gemeinden (Prov. Verona), zus. 30 000 E; bis 1797 Freistaat; bis Anfang 20. Jh. in Sprache und Sitte dt.; seitdem italienisiert.
Drei Zinnen, Dolomitengruppe, Südtirol, 3003 m.
Drell, *Drillich*, appretiert. Baumwollstoff f. Inlett u. Matratzen: starkfäd. steifes Leinen f. Kleider.
Drente, *Drenthe*, ndl. Prov. an der dt. Grenze, 2680 km², 445 600 E; Heide u. Moor; Hptst. *Assen*.
Dreschmaschine, landw. Maschine (rotierende Trommel m. Stiften od. axialen Schlagleisten), durch die d. Korn aus den Ähren geschlagen wird; heute → Mähdrescher.
Dresden (D-01067–326), Hptst. d. Landes Sachsen (18 337 km², 4,57 Mill. E), Elbe trennt Altstadt u. Neustadt; führende Kunst- und Theaterstadt m. bed. Baudenkmälern (Zwinger, Schloß, Semperoper, Sempergalerie, Frauenkirche, die bis zum Jahr 2000 wiederaufgebaut werden soll, u. a.), 464 688 E; TU, HS f. Verkehrsw., f. Pädagogik, bild. Künste u. f. Mus.; Med. Akad., Fachschule f. künstler. Tanz (Palucca); Mikroelektronik, Feinmech.-Optik, Trafo- u. Röntgenbau, Nahrungs- u. Genußmittel. – 1206 Ur., 1485–1918 Residenz d. Wettiner, durch August den Starken barocke Kunststadt; 1813 Sieg Napoleons in d. Schlacht bei D. (Freiheitskriege). – Innenstadt im Febr. 1945 durch alliierte Luftangriffe weitgehend zerstört.
Dresdner Bank, gegr. 1872, → Banken, Übers
Dreß, m. [engl.], Anzug; *Sport-D.*; *Full-D.* Gesellschaftsanzug.
dressieren [frz.], durch *Dressur* abrichten.
Dressing [engl.], (vorgefertigte) Salatsauce.
Dressman [engl.], dem → Mannequin entsprechende männl. Person.
Dressur, Abrichtung von Tieren zu bestimmten Verhaltensweisen.
Drewenz, r. Nbfl. d. Weichsel, 207 km lang.
Drewermann, Eugen (* 20. 6. 1940), dt. kath. Theologe u. Psychotherapeut. Entzug d. kirchl. Lehrbefugnis (1991) u. d. Predigtbefugnis (1992); Kritiker d. Amtskirche.
Dreyer, Carl Theodor (3. 2. 1889–20. 3. 1968), dän. Filmregisseur; *Johanna v. Orleans* (1927); *Vampir* (1932); *Gertrud* (1964).
Dreyfus, Alfred (9. 10. 1859–11. 7. 1935), jüd. Offizier im frz. Gen.stab;

1894 wegen angeblichen Landesverrats unschuldig verurteilt, erst 1906 rehabilitiert aufgrund des Einspruchs freisinniger Kreise.
Dreyse, Johann Nikolaus v. (20. 11. 1787–9. 1. 1867), dt. Waffentechniker, erfand 1829 d. Zündnadelsystem, 1836 den Hinterlader.
DRGM, Abk. f. *Deutsches Reichs-Gebrauchs-Muster*; heute → DBGM.
Dribbeln, den Regeln gemäße Ballführung i. Basketball u. Handball; auch b. Fußball.
Driesch, Hans (28. 10. 1867–16. 4. 1941), dt. Zoologe u. Philosoph; Vertr. d. Neovitalismus, *Phil. des Organischen*.
Drift [engl. „treiben"], durch ständig wehende Winde (Passate) verursachte Meeresströmung.
Drillbohrer, Bohrer mit Spindel, wird durch Hinundherschieben einer „Mutter" in schnelle Umdrehung versetzt.
Drillich, Stoffart, → Drell.
Drilling, Jagdgewehr mit 3 Läufen: *a* glatte Schrotläufe, *b* gezogener Kugellauf.
Drillmaschine, sät das Korn in Reihen aus, spart Saatgut; zum Eindrücken der Saat dienen Druckrollen.
Drin, Fluß in Albanien zum Adriat. Meer, aus *Weißem* u. *Schwarzem D.*, 300 km l.
Drina, r. Nbfl. der Save, von den montenegrinischen Bergen durch Bosnien, 346 km lang.
Drink [engl.], Glas m. e. alkohol. Getränk.
Drittelparität, *Mitbestimmung* an HS: 3 Gruppen (Professoren; Mittelbau, insbes. Dozenten u. Assistenten; Studenten); sollen gleichberechtigt abstimmen.
Dritter Orden, *Terziaren*,
1) Vereinigung v. Katholiken, die einem ersten (männlichen) oder zweiten (weiblichen) Orden angeschlossen sind und unter Leitung des betreffenden Ordens in d. Welt ein Leben christl. Vollkommenheit erstreben.
2) auch ordensähnl., meist weibl. Gemeinschaften.
Dritter Stand, Bez. des zu Adel u. Geistlichkeit in die frz. Nationalversamml. kurz vor d. Frz. Revolution aufgenommenen Bürgerstandes; → Sieyès.
Drittes Reich, 1923 von *Moeller van den Bruck* als pol. Begriff geprägt, von den Nat.-Sozialisten für die Herrschaft Hitlers übernommen.
Drittes Rom, Bez. für Moskau (2. Rom: Byzanz), zur Rechtfertigung seiner theolog.-ideolog. Autokratie.
Dritte Welt, Bez. f. d. wirtschaftlich unterentwickelten Staaten Asiens, Afrikas und Lateinamerikas; gehören meist keinem Block an.
Drittschuldner, im Zwangsvollstreckungsverfahren kann Gläubiger die Forderung seines Schuldners gegen einen anderen („Drittschuldner") pfänden lassen (§§ 828 ff. ZPO) u. dann vom D. unmittelbar Leistung verlangen.
Drive-in [engl. draɪv-], Einrichtungen (Burger-Imbisse, Ladengeschäfte, Banken, Kinos usw.), die man benutzen kann, ohne das Auto zu verlassen.
Driving Range [engl. 'draɪvɪŋ 'reɪndʒ], *Golf*: Übungsplatz f. Abschläge.
DRK, Abk. f. → *Deutsches Rotes Kreuz*.
Drnovšek [-ʒɛk], Janez (* 17. 5. 1950), s. 1992 Min.präs. v. Slowenien.

Drei Zinnen

Dresden, *Zwinger-Pavillon*

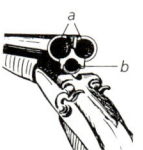

Drilling

Drossel
1 Rotdrossel
2 Wacholderdrossel
3 Singdrossel
4 Steinschmätzer
5 Weißsterniges Blaukehlchen

Drobeta-Turnu Severin, rumän. Donauhafen am Eisernen Tor, 100 000 E.
Droemersche Verlagsanstalt Th. Knaur Nachf., München–Zürich, früher *Th. Knaur Nachf. Verlag*, Berlin, gegr. 1901; Nachschlagewerke (insbes. *Knaurs Lexikon, Knaurs Jugendlexikon* u. *Knaurs Kulturführer i. Farbe*), Sachbücher, Kunstbände, Klassiker, moderne Weltliteratur, Knaur-Taschenbücher.
Drogen, Produkte aus Tier- und Pflanzenreich, für techn. und therapeut. Zwecke, auch als Rauschmittel mißbraucht (*Drogensucht*), sog. harte D. gefährl., → Rauschgift.
Drogerie, (behördlich überwachte) Verkaufsstelle f. nicht apothekenpflichtige Heilmittel, Chemikalien u. Kosmetikartikel.
Drohne,
1) unbemannter mil. Flugkörper, z. B. Aufklärungs-D., Kampf-D. f. d. elektron. Kampf gg. gepanzerte Ziele od. feindl. Radaranlagen, z. B. die v. Dornier entwickelte „D. Anti-Radar" (DAR), einziges eur. Kampfdrohnensystem.
2) männl. Biene.
Drohung, zivilrechtlich Anfechtungsgrund; strafrechtl. strafbar, wenn best. Tatbestände (z. B. Nötigung, Erpressung) erfüllt sind.
Drolerie, w. [frz. drɔləˈri], in d. angewandten Künsten Darstell. v. Menschen, Fabelwesen, Tieren m. Betonung d. Drollig-Scherzhaften; z. B. in ma. Handschriften od. im Schnitzwerk e. Chorgestühls.
Drôme [droːm], südostfrz. Dép., 6530 km², 414 000 E; Hptst. *Valence*.
Dromedar, das einhöckrige → Kamel.
Dronte, putengr., flugunfähige Taube der Insel Mauritius; im 17. Jh. ausgestorben.
Drops [engl. „Tropfen"], Fruchtbonbon.
Droschke, Bez. f. Mietkutsche, veraltet auch f. Taxi (Kraftdroschke).
Drosophila, Gattung der → Taufliegen.
Drosselklappe, verstellbare Scheibe, in Rohrleitungen eingebaut, verstellbar

von außen; zur Regulierung des Zustroms v. Gasen od. Dampf (Verbrennungskraft-, Dampfmaschinen): *abdrosseln.*
Drosseln, weltweit verbreitete Singvogelfamilie; große Erdhüpfer; Wipfelsänger; in Dtld *Amsel, Sing-, Wacholder-, Ring-, Mistel-* und *Rotdrossel.*
Drosselspule, Drahtspule mit od. ohne Eisenkern; besitzt f. Gleichstrom geringen, f. Wechselstrom abhängig von der → Frequenz großen bis sehr großen Widerstand; Anwendung: Begrenzung (Drosselung) v. Wechselströmen (insbesondere Kurzschlußströmen), Siebung v. Gleichstrom m. Wechselstromanteilen u. a.
Droste-Hülshoff, Annette Freiin v. (10. 1. 1797–24. 5. 1848), dt. Dichterin; Balladen, Novellen: *Judenbuche;* Naturlyrik, rel. Lyrik: *Das Geistl. Jahr.*
Droste zu Vischering, Klemens August Frh. v. (21. 1. 1773–19. 10. 1845), Erzbischof v. Köln; Kölner Kirchenstreit (kath. Kindererziehung in gemischten Ehen).
Drottningholm, Sommersitz des schwed. Königshauses, Inselschloß i. Mälarsee.
Drouais [druˈɛ], frz. Malerfamilie; u. a.
1) François-Hubert (14. 12. 1727 bis 21. 10. 75), beliebter Rokoko-Porträtist d. Aristokratie; bes. Kinder- u. Gruppenbildnisse; s. Sohn
2) Germain-Jean (25. 11. 1763–13. 2. 88), Maler d. Klassizismus; Schüler Davids, hpts. Historienbilder.
Droysen, Johann Gustav (6. 7. 1808 bis 19. 6. 84), dt. Historiker; 1848 leitend. Mitgl. der Frankfurter Nat.vers.; *Geschichte d. preuß. Politik.*
DRP, Abk. f. **D**eutsche **R**eichs**p**artei, → Parteien, Übers.
Druck,
1) *D.verfahren:* **a)** *Hochdruck* (Buchdruck): d. nichtdruckenden Teile d. Druckform sind vertieft, d. druckenden, höher liegenden, werden eingefärbt und geben Farbe an das Papier ab; das Setzen erfolgt v. Hand od. maschinell; Bildformen fotomechan. als Autotypie od. Strichätzung oder als Holzschnitt; **b)** b. *Tiefdruck* sind druckende Teile vertieft, die nichtdruckenden erhaben; beim Einfärben füllen sich d. Vertiefungen m. Farbe, v. der Plattenoberfläche wird d. Farbe m. e. → Rakel entfernt; Herstellung fotomechan. durch Heliogravüre (→ Heliographie) oder von Hand als Kupferod. Stahlstich, Radierung; **c)** der *Flachdruck* beruht auf Abstoßung von Fett u. Wasser; druckende u. nichtdruckende Teile bilden eine Ebene: erstere nehmen die Fettfarbe an, letztere stoßen sie ab; Verfahren: Stein-, Offset-, Lichtdruck; → Buchherstellung, → Druckmaschine, → Farbdruck.
2) *phys.* auf eine Fläche wirkende Kraft; zulässige Einheiten bezogen auf Krafteinheit N (→ Newton): → *Pascal* (Pa) u. → *Bar* (*bar*), 1 bar = 10⁵ N/m² = 10⁵ Pa; Umrechnung auf veraltete, aber z. T. noch verwendete Einheiten: techn. Atmosphäre (at), 1 at = 98 066,5 Pa, *physikal. Atmosphäre* (atm), 1 atm = 101 325 Pa, *Meter Wassersäule* (mWS), 1 mWS = 9806,65 Pa, *Millimeter Quecksilbersäule* (mmHg) = *Torr,* 1 mmHg = 1 Torr = 133,3224 Pa.
Druckguß, → Spritzguß.

Annette v. Droste-Hülshoff

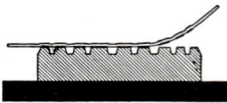
Hochdruck

Tiefdruck

Flachdruck

Druck

Druse

Dudelsackpfeifer

Druckkabine, Raum f. Flugzeugbesatzung u. -passagiere, in der Temperatur u. Luftdruck unabhängig v. d. Flughöhe in normalen Grenzen gehalten werden.
Druckluft, verdichtet in → Kompressoren Antriebsmittel für Werkzeuge, Bremsen, Lokomotiven (Grubenlokomotiven) usw.
Druckmaschine, von Friedrich *Koenig* um 1810 erfunden, bei der das Auftragen der Farben auf d. Druckform durch Farbwalzen u. der Druck vom Satz auf das Papier maschinell erfolgt; Druck auf einzelne Bogen oder von der Rolle (endlose Bahn); Hochdruck, Tiefdruck oder Flachdruck (Offset) → Druckverfahren; einseit. od. Schön- u. Widerdruck, mehrfarbige Drucke in einem od. mehreren Arbeitsgängen; → Farbdruck; Druck vom flachen Satz, *Tiegel-, Stoppzylinder-* u. *Zweitouren-Schnellpresse* oder bei hohen Auflagen von halbrunden, auf Formzylinder aufgespannten Stereotypieplatten (→ Stereotypie), *Rotationsmaschinen* (Rotationsdruck auf „endlose", schnell hindurchlaufende Papierrolle); bei letzterem Schneiden u. Falzen mit Maschine vereinigt.
Druckmessung, ihre Einheiten → Druck.
Druckmessungsinstrumente, *Manometer,* besitzen entweder Quecksilbersäule, die durch Druck gehoben wird (→ Barometer), oder Röhrenfeder, die sich durch Druck biegt u. einen Zeiger betätigt.
Druckwasserreaktor, *(DWR),* → Kernreaktor m. unter hohem Druck (160 bar) stehendem Wasser als Kühlmittel.
Druden, in der dt. Volkssage urspr. gute, später böse (Plage-)Geister.
Drudenfuß, → Pentagramm.
Drugstore, *m.* [engl. ˈdrʌgstɔː], in den USA urspr. Drogerie, heute Verkaufsgeschäft f. Bedarfsartikel, häufig mit Imbißecke.
Druiden, keltische Priesterkaste Galliens und Britanniens.
Druidensteine, Opfersteine der → Druiden.
Drumlins [kelt. ˈdrʌm-], Schildberge, Rückenberge, durch die Gletscherarbeit entstandene längliche Hügel mit deutl. Asymmetrie; in größerer Zahl: Drumlinlandschaften in ehemals vergletscherten Gebieten (z. B. *Ammersee*).
Drumsticks [engl. ˈdrʌm-], b. Frauen (geschlechtsspezif.) in best. Prozentsatz an d. Kernen d. Granulozyten (→ Leukozyten) u. an Zellen vorhandene trommelschlegelförmige Anhänge z. → Geschlechtsbestimmung; → Barr-Körper.
Druse,
1) *geolog.* Gesteinshohlraum mit kristallbedeckten Wänden.
2) *med.* Anhäufung v. Pilzfäden, umgeben v. Entzündungszellen, bei → Strahlenpilzkrankheit, Aktinomykose.
3) bei Pferden gefürchtete ansteckende Krankheit (fieberhafte Entzündung d. Nasenschleimhaut u. der Kehlgangslymphknoten).
Drusen, islam. Sekte (Mischung aus christl., jüd., moh. Lehren), u. a. in Syrien u. Südlibanon.
Drüsen, Organe, die einen Saft *(Sekret)* bilden u. absondern: D. mit *äußerer Sekretion* Absonderung nach außen (z. B. Tränen-D., Talg-D. d. Haut) oder im

Aufbauschema einer Drüsenzelle (Bauchspeicheldrüse)
In der Mitte ist der Zellkern (violett) angeschnitten; die verschiedenen Teile des Zelleibes sondern das Drüsensekret ab, das am oberen Zellpol durch die Zellmembran ausgeschleust wird.

Verdauungskanal (z. B. Speichel-D., Bauchspeichel-D., Leber) usw.; D. mit → *innerer Sekretion, inkretorische, endokrine* oder *Blut-D.,* Absonderung des Sekrets *(Hormon)* ohne Ausführungsgang direkt ins Blut (z. B. Schild-D.).
Drüsenfieber, *Pfeifferches D.,* → Mononukleose.
Drusus,
1) Marcus Livius, 91 v. Chr. als röm. Volkstribun ermordet; Anlaß zum → Bundesgenossenkrieg 91 v. Chr.
2) Nero Claudius (38–9 v. Chr.), Stiefsohn des Augustus, drang bis zur Elbe vor.

dry [engl. draɪ], trocken, herb (z. B. Sekt).
Dryaden, Baumnymphen der griech. Sage.
Dryden [draɪdn], John (9. 8. 1631–1. 5. 1700), engl. Dramatiker; Tragödien, Komödien, Essays.
Drygalski, Erich v. (9. 2. 1865–10. 1. 1949), dt. Geograph; Leiter der dt. Südpolarexpedition 1901–03.
Dsaudschikau → Ordschonikidse.
Dschabalpur → Jabalpur.
Dschaina, svw. → Jaina.
Dschaipur → Jaipur.
Dschakarta → Jakarta.
Dschalandar → Jullundur.
Dschambi → Jambi.
Dschambul, St. i. Kasachstan, 320000 E; Ind.-Zentrum.
Dschamna → Jumna.
Dschamnagar → Jamnagar.
Dschamschedpur → Jamshedpur.
Dschansi → Jhansi.
Dschebel, *m.* [arab. „Berg"], *Djebel,* häufig vor arab. Namen von Bergen.
Dschebel-Drus → Drusen.
Dschelal ed-din Rumi, (1207–73), pers. Dichter u. Mystiker; Ordensstifter

Dschemal ed-din al-Afghani (1838–9. 3. 97), Vorkämpfer des → Panislamismus.

Dscherba, tunes. Insel, 514 km²; Touristenzentrum.

Dschibuti, *Djibouti,* Rep. am Golf von Aden, an der Bab-el-Mandeb-Straße gelegen; Bev.: 47% Issa, 37% Afar, 8% Europäer; s. 1896 Kolonie Französisch-Somaliland, als frz. Überseeterritorium d. Afar u. d. Issa innere Autonomie, s. 1977 als D. unabhängig; Stadt D. wichtiger Transithafen f. äthiop. Ausfuhrgüter.

Dschidda, *Jidda, Djidda,* wichtigste Hafenst. Saudi-Arabiens am Roten Meer, 1,5 Mill. E; Raffinerie; Flughafen.

Dschihad, *m.* [arab. „heiliger Krieg"], Kampf der Moslems gg. Ungläubige. Wer im D. getötet wird, gilt als Märtyrer u. kommt nach islamischer Lehre direkt ins Paradies.

Dschingis-Khan, *Temudschin* (1155 bis 18. 8. 1227), eroberte als Herrscher der nomad. Mongolen 1215–23 ein asiat. Riesenreich (Zentral- u. Vorderasien, Teile Chinas u. d. eur. Rußland), das nach s. Tod zerfiel.

Dschinn, islam. Dämon.

Dschodpur → Jodhpur.

Dschohor → Johor.

Dschuangdse, *Zhuangzi* (4. Jh. v. Chr.), chin. Phil., Daoist; → Daoismus.

Dschuba → Juba.

Dschungel, engl. *Jungle,* trop. Regenwald (bes. in Südasien).

Dschunke, chin. Segelschiff, Segel durch Latten versteift.

Dserschinsk, russ. St. an d. Oka, 280 000 E; chem. Ind.

Dsungarei, *Junggar Pendi,* zentralasiat. Flach- u. Wüstenlandschaft zw. Tian Shan u. Altay; Bewohner Chinesen u. Dsungaren; zu Xinjiang; in der Völkerwanderung Durchgangsland d. Mongolen.

Dsungaren, westmongolischer Volksstamm.

Duala, frz. *Douala.*
1) Bantunegerstamm.
2) Hpthafen v. *Kamerun* a. Wuri, 1,2 Mill. E; Ausgangspunkt d. Mittelland- u. d. Nordbahn; Flughafen.

Duales System, privatwirtsch. organisiertes Wertstoffsammelsystem. Für Verwendung u. → Grünen Punkt auf Verpackungen muß bei d. Dualen System Deutschland GmbH (DSD) eine Lizenz erworben werden.

Dualis, *m.* [l. „duo = zwei"], grammat. Form zahlr. Sprachen; drückt *Zweizahl* bei Personen od. Dingen aus.

Dualismus,
1) phil. Lehre von einer gegensätzlichen, nicht aufeinander zurückführbaren Zweiheit d. Welt- od. Erkenntnisprinzipien (gutes u. böses, geistiges u. körperl. Prinzip); Ggs.: → Monismus.
2) Nebeneinander (Konkurrenz) zweier (pol.) Mächte (z. B. Kaisertum–Papsttum im MA, Preußen–Östr. im 19. Jh.).

Dualität, *math.* wechselseitige Zuordnung.

Dual-Zahlensystem, beruht auf d. Potenzen v. 2, wobei die Ziffern 0 u. 1 benötigt; von G. W. → *Leibniz* 1703 veröffentlicht; in Rechenautomaten; z. B. die Zahl 23

im Dezimal-
$2 \cdot 10^1 = 20$
$+ 3 \cdot 10^0 = 3$
23

im Dualsystem
$1 \cdot 2^4 = 10000\ (16)$
$+ 0 \cdot 2^3 = 0000\ (0)$
$+ 1 \cdot 2^2 = 100\ (4)$
$+ 1 \cdot 2^1 = 10\ (2)$
$+ 1 \cdot 2^0 = 1\ (1)$
$10111\ (23)$

Dubai,
1) → Vereinigte Arabische Emirate.
2) Hptst. des Emirats D. u. Hafenst. am Pers. Golf, 266 000 E.

Dubarry [dybaˈri], Marie Jeanne Gfn (19. 8. 1743–8. 12. 93), Geliebte Ludwigs XV.; hingerichtet.

Dubček [ˈduptʃɛk], Alexander (27. 11. 1921–7. 11. 92), tschech. Pol.; 1968/69 Erster Sekr. d. ZK d. KPČ („Prager Frühling"), s. Ende 1990 Parlamentspräsident.

Dübel, Werkstück z. zugfesten Verankerung v. Anbauteilen, hpts. Kunststoff- od. Metallteile, d. sich b. Eindrehen von Schrauben aufwölben od. spreizen; auch plast. Massen, d. im Bohrloch aufgehen u. erhärten.

Du Bellay [dybɛˈlɛ], Joachim (1522 bis 1. 1. 60), frz. Lyriker: Sonette; → Plejade.

Dübendorf (CH-8600), schweiz. St. b. Zürich, 20 500 E; chem. Ind.

dubios [l.], *dubiös,* zweifelhaft.

dubiose Forderung, eine kaum eintreibbare Forderung.

Dublette, *w.* [frz.], Doppelstück.

dublieren, svw. verdoppeln, b. Weben Einzelfäden nebeneinanderlegen und durch Drehung verzwirnen.

Dublin [ˈdʌblɪn], irisch *Baile Átha Cliath,* Hptst. der Rep. Irland, an d. O-Küste der Insel Irland, 528 000 E; Schloß, 2 Uni., kath. u. anglikan. Erzbisch. Kultur-, Handels- u. Industriezentrum; Seehafen *Dun Laoghaire.*

Dublone, ehem. span. Geldstück; → Pistole.

Dubna, Kernforschungszentrum bei Moskau.

Dubnium, andere Bez. f. → *Kurtschatovium.*

Du Bois-Reymond [dybwaɛˈmõ], Emil (7. 11. 1818–26. 12. 96), dt. Physiologe; *Über die Grenzen des Naturerkennens.*

Dubrovnik, it. *Ragusa,* kroatische Hafenst. in Süddalmatien, 44 000 E; bed. mittelalt. Altstadt (15. Jh.); Fremdenverkehr, Seebad.

Dubuffet [dybyˈfɛ], Jean (31. 7. 1901 bis 12. 5. 85), frz. Maler; Vertr. d. → Art brut.

Duc [frz. dyk], **Duca** [it.], Herzog.

Duccio di Buoninsegna [ˈduttʃo-ˈsɛɲɲa] (um 1255–1319), it. Maler d. Gotik, zunächst noch m. byzantin. Elementen; durch s. farbl. Ausdruckskraft bahnbrechender Meister d. Malerei v. Siena; *Maestà.*

Duce, *m.* [it. ˈduːtʃe], v. lat. dux = „Führer"; Mussolini führte diese Bezeichnung s. 1922.

du Cerceau [dysɛrˈso], eigtl. *Androuet,* frz. Baumeister- u. Dekorateurfamilie d. 16.–17. Jh.; u. a.
1) Jacques (um 1510–um 85), durch s. Musterbücher wichtig f. d. Entwickl. u. d. Nachweis d. (spät)manierist. Formenschatzes; s. Sohn
2) Jean-Baptiste (um 1545–90), Hofarchitekt, *Pont-Neuf,* s. Enkel

DSCHIBUTI

Staatsname:	Republik Dschibuti (Djibouti), République de Djibouti, Dschumhurija Djibouti
Staatsform:	Präsidiale Republik
Mitgliedschaft:	UNO, OAU, Arab. Liga, AKP
Staatsoberhaupt:	Hassan Gouled Aptidon
Regierungschef:	Barkat Gourad Hamadou
Hauptstadt:	Dschibuti (Djibouti) 317 000 Einw.
Fläche:	23 200 km²
Einwohner:	566 000
Bevölkerungsdichte:	24 je km²
Bevölkerungswachstum pro Jahr:	⌀ 3,01% (1990–1995)
Amtssprache:	Französisch, Arabisch
Religion:	Sunnit. Muslime (94%), Christen
Währung:	Dschibuti-Franc (FD)
Bruttosozialprodukt (1993):	448 Mill. US-$ insges., 780 US-$ je Einw.
Nationalitätskennzeichen:	DJI
Zeitzone:	MEZ + 2 Std.
Karte:	→ Afrika

Dschibuti

Dschingis-Khan

Marcel Duchamp, *Akt, eine Treppe hinabsteigend*

3) Jean (um 1590–um 1650), Hofarchitekt.

Ducháč, Josef (* 19. 2. 1938), dt. Chemieing. u. CDU-Pol., 1990–92 Min.präs. v. Thüringen.

Duchamp [dyˈʃã], Marcel (28. 7. 1887 bis 2. 10. 1968), vielseitiger frz. Künstler; zuerst Maler (bis um 1914): Vorläufer d. → Dadaismus, dann Surrealist; Erfinder der → ready-mades; wirkte anregend auf d. mod. Kunstbewegung durch s. Programm d. ironischen „Gegenkunst".

Duchenne-Muskeldystrophie [dy-ˈʃɛn-], bekannteste Form e. Gruppe v. Erbkrankheiten, bei denen es zu Muskelschwund unterschiedlicher Lokalisation kommt.

Duchesse [frz. dyˈʃɛs],
1) reinseidenes Atlasgewebe mit starkem Hochglanz.
2) Herzogin.

Duchoborzen, russ. Sekten-Mitgl., wanderten teils n. Kanada aus.

Ducht, *w.,* Querbank bei Booten; Strangenden e. Taus.

Duckdalben, Pfahlgruppen in Häfen zum Festmachen der Schiffe.

Ducker, afrikan. Kleinantilopen.

Ductus, *med.* Ausführungs- oder Verbindungsgang.

Dudelange [frz. dyˈdlãːʒ], dt. *Düdelingen,* St. i. S-Luxemburg, 15 000 E; Hüttenind.

Dudelsack, schott. Nationalinstrument; Sackpfeife m. 6 Grifflöchern; bes. auch im Mittelmeerraum verbreitet.

Duden, Konrad (3. 1. 1829–1. 8. 1911), dt. Philologe; *Orthograph. Wörterbuch (Rechtschreibung) d. dt. Sprache* (s. 1880).

Duderstadt (D-37115), St. i. Kr. Göttingen, am N-Rand des Eichsfeldes, Nds., 23 160 E; ma. St.bild (Rathaus 13. Jh., Fachwerkhäuser); div. Ind.

Dudley [ˈdʌdlɪ], westengl. St. am *D.-Kanal,* 187 000 E; Masch.-, Textil-, Eisenind.

Dudok [ˈdy-], Willem Marinus (6. 7. 1884–6. 4. 1974), ndl. Architekt; bevorzugte unverputzten Backstein in asymm. Kompositionen aus Rechteckblöcken, oft m. Turm; viele öff. Gebäude; Rathaus v. Hilversum.

Dudweiler, s. 1974 zu → Saarbrücken.
Duell, s., svw. → Zweikampf.
Dueña [span. 'dųeɲa], Anstandsdame.
Duero, portugies. *Douro,* Fluß d. Pyrenäenhalbinsel, z. T. Grenze zw. Spanien u. Portugal, 895 km l.
Duett, s. [it.], Musikstück für 2 Stimmen.
Dufay [dy'faj], Guillaume (um 1400 bis 74), ndl. Komp.; führender Tonsetzer des 15. Jh., wirkte in Rom und Cambrai; Messen, mehrstimm. weltl. Gesangstücke.
Dufflecoat, m. ['dʌflkoʊt], kurzer Mantel aus rauher Wolle; urspr. Winterkleidung d. brit. Marine.
Dufourspitze [frz. dy'fu:r-], höchster schweiz. Gipfel, i. Monte Rosa.
Dufresne [dy'frɛ:n], Charles (23. 11. 1876–8. 8. 1938), frz. Maler; Entwickl. v. Kubismus z. dem v. ihm mitbegr. Neorealismus; *Innenhof in Algier; Kreuzigung.*
Duftorgane, best. kl. Körperregionen, die e. Geruch ausströmen, der eine innerartl. Funktion hat, z. B. Drüsen, die Sexual-Lockstoffe absondern (→ Pheromone).
Du Fu, *Tu Fu* (712–770 n. Chr.), chin. Lyriker.
Dufy [dy'fi], Raoul (3. 6. 1877–23. 3. 1953), frz. nachimpressionist. Maler, Mitbegr. d. Fauvismus, auch Bühnenbilder u. Entwürfe f. Stoffe u. Gobelins.
Dughuet [dy'gɛ], Gaspard (7. 6. 1615 bis 25. 5. 75), röm. Landschaftsmaler frz. Abstamm., Schwager v. → Poussin; Vertr. d. barocken Romantizismus, einflußr. f. d. engl. Landschaftskunst d. 19. Jh.; *Das Gewitter.*
Dugong → Seekühe.
Duhamel [dya'mɛl], Georges (30. 6. 1884–13. 4. 1966), frz. Romanschriftst. u. Kulturphil.; *Civilisation, Salavatin*-Romane; *D. Chronik d. Pasquier* (10 Bde).
Duiker ['dœikər], Johannes (1. 3. 1890 bis 23. 2. 1935), ndl. Architekt d. Rationalismus; d. v. ihm erreichte Transparenz prägte d. holl. Baukunst d. Moderne.
Duisberg, Carl (29. 9. 1861–19. 3. 1935), dt. Chem.; Mitbegr. d. → IG Farbenindustrie AG.
Duisburg (D-47051–279), krfreie St. an Rhein u. Ruhr, Ind.- u. Verkehrszentrum d. Ruhrgebiets, 535 361 E; Schwerpunkt d. eur. Montanindustrie; höchste eur. Roheisen- u. Stahlproduktion; IHK, LG; Lehmbruck-Museum, Dt. Oper am Rhein, Uni., Zoo. *D.-Ruhrort,* größter Binnenhafen der Welt, Freihafen.
Dukas [dy'ka], Paul (1. 10. 1865–17. 5. 1935), frz. Komp.; Orchesterwerke: *Der Zauberlehrling;* Oper: *Ariane u. Blaubart.*
Dukaten, m. [it.], frühere Goldmünze (13.–19. Jh.), galt bis 1857 im Bereich des Dt. Zollvereins (9,6 Mk.). → Zechine. – *D.gold,* Gold v. mindestens 23,5 Karat.
Dukduk, Geheimbund m. Maskentänzen u. Femerecht bei den Eingeborenen im Bismarckarchipel.
Duke [dju:k], engl. Adelstitel; → Peer.
Düker [ndl.], Rohrleitung zur Unterführung einer Wasserleitung oder eines Wasserlaufs unter einer Straße, einem Kanal oder ähnl.
Duklapaß, in den O-Beskiden, verbindet Slowakei und Westgalizien, 502 müM.
Duktus, m. [l.], charakteristische Form einer Schrift, Linienführung.
Dulbecco [dʌl'bekoʊ], Renato (* 22. 2. 1914), am. Virusforscher; Nobelpr. f. Medizin 1975 (Arbeiten über d. Interaktion des Tumorvirus m. d. Erbmasse der Zelle).
Dulcinea, bei Cervantes: Geliebte des span. Ritters → Don Quijote; scherzhaft f. Geliebte.
Dülken, s. 1970 zu → Viersen.
Dulles [dʌlɪs], John Foster (25. 2. 1888 bis 24. 5. 1959), am. republikan. Pol.; 1953–59 Außenmin.
Dülmen (D-48249), St. im Rgbz. Münster, NRW, 42 700 E; Textil-, Maschinen-, Möbelind., Wildpferdegehege.
Dulong [dy'lõ], Pierre Louis (12. 2. 1785–19. 7. 1838), frz. Phys. u. Chemiker; zus. m. Alexis Petit (1791–1820) *D.-Petitsches Gesetz* (→ Atomwärme).
Dult, Münchner Jahrmarkt.
Duluth [dju:'lu:θ], Hafenst. am Oberen See i. US-Staat Minnesota, 93 000 E; Eisenbahnknotenpunkt, e. der ersten Binnenhäfen d. Welt St.-Lorenz-Seeweg (Getreide-, Mehl-, Holz-, Erdöl-, Eisenerzausfuhr, Kohleneinfuhr.
Dulzian, Doppelrohrblattinstrument d. 16. u. 17. Jh.s; Vorläufer d. Fagotts; Register d. Orgel.
Dulzin, ein künstl. → Süßstoff.
Duma, russ. Unterhaus; *Reichs-D.* 1905–17 russ. Parlament.
Dumas [dy'ma],
1) Alexandre *D.* père (Vater) (24. 7. 1802–5. 12. 70), frz. Schriftst.; *Die drei Musketiere; Graf von Monte Christo.*
2) Alexandre *D.* fils (Sohn) (27. 7. 1824–27. 11. 95), frz. Theaterschriftst.; *Kameliendame; Demimonde.*
du Maurier [dju:'mɔrɪə], Daphne, eigtl. *Lady Browning* (13. 5. 1907–19. 4. 89), engl. Schriftst.in; *Karriere; Rebecca; Meine Cousine Rachel.*
Dumbarton Oaks [dʌm'ba:tn 'oʊks], Landhaus bei Washington, i. d. 1944 der Entwurf e. Weltsicherheitsorganisation durch USA, Großbrit., Sowjetunion u. China ausgearbeitet wurde; war Grundlage f. d. Bildung d. UN.
Dumbier, höchste Erhebung in der Niederen Tatra (slowak. Karpaten), 2043 m.
Dumdumgeschoß, Gewehrgeschoß mit vorn freigelegtem Bleikern, beim Aufschlagen platzend; verursacht schwere Wunden; nach Haager Abkommen f. Kriegszwecke verboten.
Dümmer, flacher See i. Nds., 16 km²; Naturpark.
Dummy, s. [engl. 'dʌmɪ], Attrappe, Puppe; Strohmann; Versuchsperson.
Dumonstier [dymõs'tje], frz. Familie v. Porträtzeichnern d. 16.–18. Jh., z. T. Hof- u. Bildnismaler d. Pariser Ges.; u. a. Etienne D. (um 1520–23. 10. 1603), perfektionierte d. Technik d. Farbzeichnung.
Dumping, s. [engl. 'dʌmpɪŋ „wegwerfen", „verschleudern"], Export einer Ware unter ihrem normalen Wert, um einen ausländ. Markt zu erobern.
Dumping-Syndrom ['dampɪŋ-], Beschwerden nach Magenoperation.
Düna, russ. *Sapadnaja Dwina,* lett. *Daugava,* Strom von d. Waldaihöhen durch Rußland u. Lettland in d. Rigaer Meerbusen, 1020 km l., bis Riga schiffbar.
Dünaburg, lett. *Daugavpils,* an der Düna, St. in der lett. Landschaft Lettgallen, 127 000 E.
Dunajec, r. Nbfl. der Weichsel, 247 km l., aus der Hohen Tatra durch Galizien.
Dünamünde, lett. *Daugavgriva,* Vorhafen v. Riga.
Dunant [dy'nã], Henri (8. 5. 1828 bis 30. 10. 1910), schweiz. Philanthrop u. Schriftst., Urheber der → *Genfer Konvention* (1864) u. des → *Roten Kreuzes;* (zus. mit Passy) Friedensnobelpr. 1901.
Dunaújváros, früher *Sztálinváros,* ung. Ind.stadt an der Donau, 62 000 E; Schwerind.kombinat.
Dunbar [dʌn'ba:], Nordseehafenst. in Schottland, 5800 E – 1296 Sieg Eduards I. über die Schotten, 1650 Cromwells über die presbyterian. Schotten.
Duncan [dʌŋkən], Kg von Schottland 1034–40; von seinem Vetter → Macbeth ermordet.
Duncan ['dʌŋkən], Isadora (27. 5. 1878–13. 9. 1927), am. Tänzerin; Begründerin der **D.schulen,** für Tanz u. Körperkultur, in Europa (z. B. München, Stuttgart) u. USA.
Duncker,
1) Franz (4. 6. 1822–18. 6. 88), Mitbegr. der Hirsch-Dunckerschen Gewerkvereine (→ Gewerkschaften, Übers.).
2) Max (15. 10. 1811–21. 7. 86), dt. Historiker, Mitgl. des Frankfurter Parlaments 1848.
Dundee [dʌn'di:], schott. Hafen- u. Fabrikst., a. Firth of Tay, 178 000 E; Uni.
Düne, vom Wind angehäufte Sandhügel am Meer und in Wüsten, bis 180 m hoch.
Dunedin [dʌ'ni:dɪn], Hafenst. S-Neuseelands, 109 500 E; Uni.; Ind.
Düngemittel, Dünger, Ersatz f. Nährstoffe, die durch das Pflanzenwachstum verzehrt werden u. durch Ausschwemmung verlorengehen; organischer D. heißt *Wirtschaftsdünger,* anorganischer D. (Mineral-D.) *Handelsdünger;* früher nur Stalldung, Kompost, Jauche, seit der Wende d. 19. Jh. in steigendem Maß Mineraldünger; Hptnährstoffe: Stickstoff, Phosphorsäure, Kali, Kalk u. Magnesium. Durch seine Anwendung größere Erträge, aber auch Wasserbelastung, steigender Nitratgehalt v. Pflanzen, negative Veränderung d. Bodenlebens.
Dunikowski, Xawery (24. 11. 1875 bis 26. 1. 1964), poln. Bildhauer, e. Hptvertr. d. poln. Skulptur d. 20. Jh.; dynam.-ausdrucksvolle Figuren, Denkmäler, Porträts; *Denkmal des Aufstands auf dem St.-Annaberg.*
Dunkeladaption → Sehpurpur.
Dunkelfeldmikroskopie, Verfahren zur Sichtbarmachung feiner Strukturen in durchsichtigen Objekten, wobei d. Objekt nicht direkt durchstrahlt (Überstrahlung d. Strukturen), sondern indirekt v. d. Seite beleuchtet wird. Dadurch werden nur d. an den Objektstrukturen gebeugten (→ Beugung) Strahlen zur Abbildung verwendet, wodurch helles Objektbild vor dunklem Hintergrund erscheint.
Dunkelkammer, Labor zum Entwickeln u. Vergrößern v. Filmen aller Art. Je nach Filmtyp u. Vergrößerungsverfahren für Farbe od. SW muß Dunkel-

Dumas père

Dunkelnebel *(Pferdekopf im Orion)*

heit herrschen, bzw. Licht bestimmter Wellenlängen darf d. Raum nur notdürftig beleuchten (z. B. Rot, Grün, Gelbgrün etc.).

Dunkelmännerbriefe → Epistolae obscurorum virorum.

Dunkelnebel, *Dunkelwolken,* Wolken im Milchstraßensystem, versperren den Blick i. d. Tiefe, täuschen so sternarme od. sternlose Gebiete vor (z. B. sog. „Kohlensack" beim Kreuz des Südens; Pferdekopf im Orion; Abb.).

Dunking [engl. 'dʌnkɪŋ], *Basketball:* den Ball springend i. den Korb „eintunken".

Dünkirchen, frz. *Dunkerque,* frz. Hafen- u. Industriest. im Dép. *Nord,* am Kanal, 73 000 E; Seebad, Hochseefischerei. – 1658 engl., s. 1662 frz.; Mai 1940 Schlacht bei D. u. Rückzug der brit. u. der Reste der belg. Armee vom Festland nach England.

Dünkirchen-Vertrag, 1947 zw. England u. Frkr. für 50 Jahre geschlossenes Bündnis gg. dt. Angriff.

dunkle Materie, Materie im Weltraum, die nicht durch Emission v. elektromagn. Strahlung direkt beobachtbar ist, aber gravitative Einflüsse ausübt, z. B. elektr. ungeladene Elementarteilchen, Planeten, „braune Zwerge" (Gasbälle, deren Massen nicht ausreichen, um Kernverschmelzungsprozesse im Innern zu zünden u. als Sterne sichtbar zu werden), → Schwarzes Loch. D.M. spielt in Modellen d. → Kosmologie u. Galaxienentstehung e. wichtige Rolle. Objekte von etwa e. $^1/_{10}$ der Masse der Sonne als mögl. Kandidaten 1993 in unserer → Milchstraße durch d. → Gravitationslinseneffekt entdeckt.

Dunlop ['dʌn-], John Boyd (5. 2. 1840 bis 23. 10. 1921), schott. Erfinder; entwickelte Luftreifen (1888).

Dünnsäure, Produktionsrückstand d. Großindustrie, s. 1990 kein → Verklappen mehr i. d. Nordsee.

Duns Scotus, Johannes (um 1266 bis 1308), schott. Franziskanermönch, Scholastiker; lehrte im Ggs. zu Thomas v. Aquin den Vorrang des Willens vor dem Verstand; seine Anhänger: *Skotisten.*

Dünung, lange, gleichmäßige Meereswellen, mit abgerundetem Kamm, nach Aufhören eines Sturmes.

Duo [it.], allg. ein Musikstück f. 2 Instrumente, im Ggs. zum → Duett.

Duodenalgeschwür, Geschwür am **Duodenum,** [l.], Zwölffinger-→ Darm, oft fälschlich als → Magengeschwür bezeichnet.

Duodez [l. „duodecim = zwölf"], Buchformat, bei dem der Bogen in 12 Blätter geteilt ist.

Duodezfürst [l. „duodecim = zwölf"], iron. Bez. für Herrscher eines sehr kleinen Landes (**D.staat**).

Duopol, Marktform, bei der nur 2 Wettbewerber, die in Konkurrenz zueinander stehen, auf der Nachfrage- od. Angebotsseite das Marktgeschehen bestimmen.

düpieren [frz.], foppen, betrügen, nasführen.

Duplessis [dyplɛ'si], Joseph-Siffred (22. 9. 1725–1. 4. 1802), frz. Maler; s. als außergewöhnl. wahrheitsgetreu gerühmten Porträts bestimmten auch d. Nachwelt d. Bild s. Epoche; *Ludwig XVI.; Chr. W. Gluck am Spinett.*

Duplik, *w.* [l.], Gegenerklärung d. Beklagten auf Entgegnung *(Replik)* des Klägers.

Duplikat, *s.,* Abschrift, zweite Ausfertigung e. Urkunde.

Duplizität, *w.,* Zweiheit; *D. der Ereignisse,* auffälliges zeitl. Zusammentreffen gleichart. Vorgänge.

Du Pont de Nemours & Co. ['dju:pɔnt dənə'mʊə], größter Chemiekonzern der USA.

Düppel, dän. Dorf nahe dem Alsensund; 1864 Erstürmung der **Düppeler Schanzen** im dt.-dän. Krieg durch preuß. Truppen.

Dupuytren-Kontraktur [dypyi'trɛ̃], Versteifung von Fingern, Bindegewebskrankheit, chirurg. Behandlung notwendig.

Duquesnoy [dykɛn'wa], François (12. 1. 1597–12. 7. 1643), ndl. Bildhauer, bes. in Rom; Vertr. d. klassizist. Strömung d. röm. Barock n. d. Vorbild d. Bildwerke d. Antike u. d. Malerei Raffaels; Schöpfer e. mustergült. Putten-Typs; *Hl. Susanna.*

Dur, *s.* [l. „durus = hart"], Tonart m. großer Terz; Haupttongeschlecht des jetzigen Tonsystems neben Moll.

Durakkord, Dreiklang aus Grundton, großer Terz u. Quinte; → Dreiklang (Abb.).

Dural, *Duraluminium,* harte Legierung aus Aluminium, Kupfer u. geringsten Mengen anderer Metalle; Dichte 2,7; dient zum Leichtbau.

Durán Ballén [-baˈʎɛn], Sixto (* 14. 7. 1921), 1992–96 Staatspräs. v. Ecuador.

Durance [dy'rɑ̃s], l. Nbfl. der Rhône, Mündung bei Avignon, vom Mont Genèvre, 304 km lang.

Durango, mex. Staat, 123 181 km², 1,35 Mill. E; reiche Bodenschätze; Hptst. *Victoria de D.* (414 000 E).

Duras [dy'rɑs], Marguerite (4. 4. 1914 bis 3. 3. 1996), frz. Schriftst.in; Romane; Drehbuch zu *Hiroshima mon amour.*

Durazzo, alban. *Durrës,* bedeutendster Ausfuhrhafen Albaniens, 85 000 E; das alte *Epidamnos,* 625 v. Chr. gegründet.

Durban ['dɜ:bən], *Port Natal,* St. u. Hafen d. Rep. Südafrika (Prov. Kwazulu-Natal) am Ind. Ozean, 982 000 E (308 000 Weiße); Seebad; Werften, Raffinerie; intern. Flughafen.

Durbridge ['dɜ:brɪdʒ], Francis (* 25. 11. 1912), engl. Kriminalautor; *Das Halstuch; Kommt Zeit, kommt Mord.*

Durchbruchsblutung, irreguläre Scheidenblutung bei hormoneller Störung, in geringerem Ausmaß *Spotting.*

Durchdringungsfaktor, Durchschnittsumsatz e. definierten → Zielgruppe.

Durchfall, *Diarrhoe,* beschleunigte u. vermehrte Entleerung dünnflüssigen Stuhls bei Darmkrankheit, Infektion, Vergiftungen usw.; oft seelisch bedingt. Heilung durch Wärme, Diät, Tierkohle, evtl. Klistiere, Abführmittel, manchmal → Antibiotika.

Durchführung, *mus.* in der → Fuge: Übertragung des Themas auf andere Stimmen; freie Verarbeitung des Hauptthemas; motivische Durcharbeitung i. d. → Sonatenform.

Durchgang, b. einem Stern Weg durch Gesichtsfeld des Fernrohrs; D. durch Meridian auch → Kulmination; auch Bezeichnung für gelegentliche Vorübergänge der Planeten Merkur und Venus vor der Sonne.

Durchgangsarzt, Beratungsarzt der Unfallversicherungsträger b. Arbeitsunfällen; ein speziell zugelassener Unfallchirurg od. Orthopäde, bei dem Verletzte n. Arbeitsunfällen vorgestellt werden müssen.

Durchgangsinstrument → Meridiankreis.

Durchgangssyndrom, geistige Störungen, bis zu einige Tage dauernd, nach Schädelverletzungen.

Durchlaucht, Titel des Chefs fürstl. Häuser.

Durchleuchtung, Röntgenuntersuchung mit Beobachtung auf dem Bildschirm; → Diaphanoskopie.

Durchmesser, *Diameter,* bei Körpern und Flächen jede durch den Mittelpunkt gehende Gerade (Sehne).

Durchschnitt, bei zwei Mengen die Menge der Elemente, die in beiden Mengen enthalten sind.

Durchschnittsbeschaffenheit, die (im Börsenhandel) festgelegte Güte v. gewissen, ohne Muster od. Probe verkäufl. Waren.

Durchschuß, im *Buchdruck:* Abstand (Leerraum) zw. d. Druckzeilen.

Durchsuchung, v. Personen u. Sachen, wird auf Anordnung des Richters z. Aufklärung v. Straftaten oder z. Ergreifung von Tätern angeordnet; Anordnung bei Gefahr i. Verzug auch

Staatsanwalt od. Polizei möglich; Haussuchung bei Nacht nur bei Verfolgung auf frischer Tat, bei Gefahr i. Verzug od. Wiederergreifung v. Gefangenen.
Düren (D-52349–55), Krst. i. NRW, 86 888 E; Papier-, Glas-, Metall- u. Autobauind.
Dürer,
1) Albrecht (21. 5. 1471–6. 4. 1528), dt. Maler u. Graphiker an d. Wende zur Renaiss. aus Nürnberg (D.haus); bereiste Elsaß, Schweiz, Tirol, Italien u. Ndl.; Lehrbücher über Perspektive u. Proportionen; Gemälde: *Madonnen, Selbstbildnisse, Apostel;* Zeichnungen z. *Gebetbuch Kaiser Maximilians;* Holzschnitte: *Apokalypse, Marienleben;* Kupferstiche: *Kleine Passion; Ritter, Tod und Teufel; Melancolia I; Hieronymus im Gehäus;* Aquarelle, → Maximilian I.; s. Bruder.
2) Hans (21. 2. 1490–um 1538), Hofmaler in Polen.
Durga [sanskr. ,,d. Unergründliche''], hinduist. Muttergöttin m. gütigem u. furchtbarem Charakter.
Durgapur, ind. St. (W-Bengalen), 350 000 E; Stahlind.
Durham [′dʌrəm],
1) Hptst. der nordengl. Gft *D.*, 38 000 E; anglikan. Bischofssitz, normann.-roman. Kathedrale, Burg, Uni.; Eisen- u. Textilind.
2) St. im US-Staat N-Carolina, 136 000 E; Tabakind.
Durian, indones. Frucht (Wollbaumgewächs); eigentüml. riechend, aber wohlschmeckend.
Durieux [dy′rjø], Tilla eigtl. *Ottilie Godeffroy* (18. 8. 1880–21. 2. 1971), dt. Schauspielerin.
Durlach, s. 1938 St.teil von Karlsruhe; 1565–1715 Residenz der Markgrafen von Baden-D.
Dürnstein, östr. Gem. i. d. Wachau, 1000 E; maler. Lage, Burgruine Haftort v. → Richard Löwenherz.
Duroplaste, Kunststoffe, d. in einen harten, nicht mehr formbaren Zustand übergehen (wie Bakelite), also chem. ,,härtbar'' sind; Ggs.: → Thermoplaste.
Durrell [′dʌrəl], Lawrence (27. 2. 1912 bis 7. 11. 90), irischer Lyriker und Schriftst.; *Alexandria Quartett* (Tetralogie).
Dürrenmatt, Friedrich (5. 1. 1921 bis 14. 12. 90), schweiz. zeitkrit. Dramatiker u. Erzähler; *Die Ehe des Herrn Mississippi; Der Besuch der alten Dame; Die Physiker; D. Panne; D. Richter u. sein Henker.*
Durrës [-rəs], wichtigste Hafenst. Albaniens, 70 000 E; Tourismus.
Duschanbe, 1929–61 *Stalinabad,* Hptst. v. Tadschikistan, 595 000 E; Flughafen, Industrie, Uni.
Duse, Eleonora (3. 10. 1859–21. 4. 1924), it. Schauspielerin.
Düse, Ansatzstück an Flüssigkeits- od. Gasleitungen; zum Umsetzen von Druck in Geschwindigkeit und umgekehrt; → Vergaser.
Düsenflugzeug, intern. *Jet,* hat in Militärfliegerei, Luftverkehr u. allg. Luftfahrt das Propellerflugzeug durch Verwendung des Strahltriebwerks (→ Tafel Luftfahrt) weitgehend abgelöst; während Mil.-Flugzeuge bereits Geschwindigkeiten über Mach 3 (M 1 = ca. 1200 km/h) erreichen, stieg die Reisegeschwindigkeit im Luftverkehr von 550 auf 900 km/h (1959 Boeing 707); d. seit 1970 verwendeten Jumbo-Jets (Boeing 747) befördern im Atlantikverkehr ca. 500 Fluggäste; d. für ca. 130 Passagiere ausgelegte brit.-frz. ,,Concorde'', 1973 in Dienst gestellt, ist neben d. sowj. TU 144 mit einer Reisegeschwindigkeit v. ca. 2 Mach das erste Überschallverkehrsflugzeug.

Düsseldorf (D-40210–629), Hptst. d. Landes NRW, 571 064 E; wirtsch. Mittelpunkt rhein.-westfäl. Industriegeb.; intern. Handelszentrum; Uni., Staatl. Kunstakademie, FS, Konservatorium; Landeszentralbank, Rheinwestfäl. Börse; OPD; OLG, LG, AG, Landesarbeits- u. Finanzgericht, IHK, MPI f. Eisenforschung; Maschinenbau, chem. Ind., Stahl- und Walzwerke, Fahrzeugbau, Elektro-, Glas-, Textil- u. Papierind.; Flughafen; Rheinhafen. – Seit 1288 Stadt; 1511 Residenz d. Herzöge v. Jülich-Kleve-Berg; 1806–13 Hptst. d. Großhzgt. Berg; 1815 (20 000 E) an Preußen.

Düsseldorfer Malerschule, etwa zw. 1820 u. 75 mitbestimmend f. d. Entwickl. d. dt. Malerei; zunächst naturalist. Auffassung in Farbgebung u. Technik, dann hpts. gefällig-effektvolle Darstellungsweise; Vertr. Lessing, Hasenclever, Schirmer, Knaus.

Dutschke, Rudi (7. 3. 1940–24. 12. 79), dt. APO-Studentenführer; 1968 durch Attentat schwer verletzt.

Duttweiler, Gottlieb (15. 8. 1888–8. 6. 1962), schweiz. Unternehmer u. Sozialpol.; Begr. des *Migros*-Vertriebssystems z. Verbilligung d. Lebenshaltung; *Klubschulen* f. Erwachsenenbildung.

Duty-free-Shop, *m.* [engl. ′djuːtɪ′friː ′ʃɔp], (auf Flughäfen u. ä.) Laden, der zollfreie Waren anbietet.

Duvalier [dyva′lje],
1) François (14. 4. 1907–21. 4. 71), haitian. Diktator, s. Sohn
2) Jean-Claude ,,Baby-Doc'' (* 3. 7. 51), führte d. Regime bis zu s. Sturz 1986 weiter.

Duve [dy:v], Christian de (* 2. 10. 1917), belg. Biochem.; Nobelpr. f. Med. 1974 (Arbeiten über Struktur u. Funktion d. Zelle).

Duveneck, Frank (9. 10. 1848–3. 1. 1919), am. Maler, lang in Dtld u. Italien tätig; virtuose Technik m. Stilmitteln d. fläm. Barock, Realismus, Naturalismus, frz. Freilichtmalerei; *Pfeifender Junge; Am Fluß in Polling.*

Dux, tschech. *Duchcov,* St. im nordböhm. Erzgebirge, 11 000 E; Braunkohletagebau.

DVA, Abk. f. elektron. → Datenverarbeitungsanlage; → EDV.

Dvořák [′dvɔrʒa:k],
1) Antonín (8. 9. 1841–1. 5. 1904), tschech. Komp.; wirkte in Prag und 1892–95 in New York; Tänze (böhmische Volksmusik); Lieder; Sinfonien: *Aus der Neuen Welt;* Violinkonzert, Cellokonzert; Opern: *Rusalka.*
2) Max (24. 6. 1874–8. 2. 1921), östr. Kunsthistoriker; *Kunstgeschichte als Geisteswissenschaft.*

DVP, **D**eutsche **V**olks**p**artei, → Parteien, Übers.

dwars, *seem.* quer.

Dwarslinie, Schiffsformation (Nebeneinanderfahren v. Kriegsschiffen).

Dwina, *Nördl. D.,* Strom i. N v. europ. Rußld., aus Jug u. Suchona, 1302 km l. (m. Suchona), mündet ins Weiße Meer.

DX-Codierung, d. Empfindlichkeit d. Films ist elektron. codiert, eine dazu passende Kamera übernimmt automat. d. Filmempfindlichk. d. Films u. speichert diese; dadurch ist einer d. häufigsten Bedienungsfehler ausgeschlossen worden.

Dy, chem. Zeichen f. → Dysprosium.

Dyba, Johannes (* 15. 9. 1929), Erzbischof, Militärbischof, Bischof v. Fulda (s. 1983).

Dyce [daɪs], William (19. 9. 1806–14. 2. 1864), schott. Maler, Kunsttheoretiker, Musiker; trat f. e. Erneuerung d. Freskomalerei u. Reform d. Kunsterziehung in Engl. ein; *Taufe Ethelberts; Tizian bei d. Vorbereitung s. ersten Gemäldes.*

Albrecht Dürer, *Selbstbildnis*

Friedrich Dürrenmatt

Düsenflugzeug, *Phantom*

Antonín Dvořák

Anthonis van Dyck, *Selbstbildnis*

Dyck [deɪk], Sir Anthonis van (22. 3. 1599–9. 12. 1641), fläm. Maler d. Barock; Rubensschüler; tätig auch in Italien, ab 1632 meist in England (Hofporträtist); relig. u. weltl. Themen; bes. Bildnisse.

Dylan [′dɪlən], Bob, eigtl. *Robert Zimmermann* (* 24. 5. 1941), am. Protestsänger, Rockmusiker.

Dyn, phys. Einheit der Kraft, erteilt der Masse von 1 g die Beschleunigung von 1 cm/s².

Dynamik, *w.* [gr.],
1) auf Fortentwicklung gerichtete Kraft, Schwung (bes. in d. Wirtsch.), → Konjunktur.
2) Teil d. *Mechanik,* handelt v. der Änderung des Bewegungszustandes v. Körpern durch einwirkende Kräfte; Ggs.: Statik, → Kinematik; D. flüssiger Körper: *Hydrodynamik,* D. gasförmiger Körper: *Aerodynamik.*
3) in d. Musik: Lehre v. d. Lautstärkegraden.

dynamische Renten, z. B. Altersrenten, deren Leistungen dem wechselnden Sozialprodukt periodisch angeglichen werden.

Dynamit, *s.* [gr.], Sprengstoff nach → Nobel; Nitroglyzerin in Kieselgur, unempfindl. gg. Stoß; Detonation durch → Initialzündung.

Dynamomaschine, veraltete Bez. f. Generator, mechan. in el. Energie umwandelnde Maschine, 1866 von W. Siemens; besteht aus feststehendem Teil, dem *Stator* mit Feldmagneten, in dessen

Kraftfeld d. *Rotor* od. Anker, durch Dampfturbine, Dieselmotor od. Wasserturbine angetrieben, umläuft. Dadurch wird in den Drahtwicklungen d. Ankers durch elektromagnet. → Induktion eine el. → Spannung erzeugt, die el. → Strom durch angeschlossene el. Geräte fließen läßt.

Dynamometer, Kraftmesser zur Ermittlung von Kräften u. Leistungen; *Brems-D.* od. Pronyscher Zaum z. Leistungsmessung, z. B. an Motoren durch Ermittlung d. Dreh-→ Moments.

Dynastie, *w.* [gr.], erbl. Herrschergeschlecht, -haus.

Dyotheletismus [gr.], christl.-theol. Bez. f. d. Lehre, daß in Jesus 2 Willenskräfte, e. menschl. u. e. göttl., wirksam sind. Ggs.: Monotheletismus.

dys- [gr.], als Vorsilbe: miß-, übel-.

Dysbakterie, abnorme Lokalisation u. Zus.setzung d. Darmbakterien, bes. bei Darmstörungen.

Dysenterie, svw. → Ruhr.

Dyskrasie [gr.], fehlerhafte Zus.setzung d. Körpersäfte nach e. altertüml.

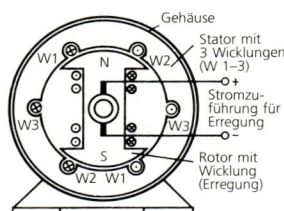

Dynamo, *Prinzip eines Drehstromgenerators*

Lehre v. d. Krankheitsentstehung *(Humoralpathologie)*.

Dysmelie [gr.], angeborene Fehlentwicklung v. → Extremitäten; → Thalidomid.

Dysmenorrhoe, Monatsblutung mit krampfartigen Schmerzen.

Dyspareunie, Beschwerden bzw. Schmerzen der Frau beim Geschlechtsverkehr.

Dyspepsie, Verdauungsstörungen.

Dysphagie, Schlingbeschwerden.

Dysplasie, *med.* Fehlentwicklung.

Dyspnoë, *w.,* Atemstörung, bes. Kurzatmigkeit.

Dysprosium, *Dy,* chem. El., Oz. 66, At.-Gew. 162,50; Dichte 8,56; Seltenerdmetall.

Dysproteinämie [gr.], krankhaft veränderte Zus.setzung d. Blutplasma-Eiweißkörper.

Dystonie [gr.], krankhafter Spannungszustand, z. B. der Muskeln. – **Vegetative D.,** Regulationsstörung i. autonomen → Nervensystem m. vielfältigen Beschwerden, oft „Verlegenheitsdiagnose" b. unklaren Befunden.

Dystopie, fehlerhafte Lage eines Organs.

Dystrophie, Ernährungsstörung (Unterernährung), Mangelentwicklung, Rückbildung, auch einzelner Organe, vgl. → Duchenne-Muskeldystrophie.

Dysurie, Beschwerden beim Wasserlassen.

D-Zug, Abk. für **D***urchgangszug,* schnellerer Zug m. wenigen Zwischenhalten; s. 1988 → InterRegio.

E,
1) *phys.* Elektrizität (+ E positive, – E negative), insbes.: Spannung (Volt).
2) in d. *Wetterkunde:* intern. Abk. f. Osten [engl. „East", frz. „Est"].
e,
1) *phys.* Zeichen f. → *Elektron.*
2) *math.* Grundzahl (Basis) des natürl. → Logarithmus = 2,71828 . . .
3) *mus.* d. 3. Ton d. C-Dur-Tonleiter.
Eagle [engl. i:gl „Adler"], frühere Goldmünze in USA.
Eakins ['eikinz], Thomas (25. 7. 1844 bis 25. 6. 1916), am. Maler; Landschaftsschilderungen u. Porträts v. größtmögl. Objektivität; *Der Denker.*
EAM, Abk. für **e**rworbener **A**uslösemechanismus, Verhaltensforschung: Reiz, auf den nach individueller Erfahrung eine best. Reaktion erfolgt, z. B. aufgrund v. Dressur; Ggs.: → AAM.
Eames ['i:mz],
1) Charles (17. 6. 1907–21. 8. 78), am. Architekt u. Designer; Entwürfe f. Möbel u. Spielzeug; teils zus. m. s. Frau
2) Ray Gestaltung v. Ausstellungen, Filmproduktionen.
EAN, Abk. f. **E**uropäische **A**rtikel**n**ummer; aufgedruckte Codierung auf Warenverpackungen; wird mittels *Scanner* gelesen; enthält Informationen zu Preis, Lieferant, Warenrestbestand etc.
Eanes ['ɐɐniʃ], Antonio dos Santos Ramalho (* 25. 1. 1935), portugies. Gen.; 1976–85 Staatspräs.
Earl [ə:l], engl. Adelstitel = Graf, → *Peer.*
Early English ['ə:li iŋgliʃ], Bez. f. d. frühgot. Stil d. engl. Architektur (Ende 12.–2. Hälfte 13. Jh.); Kathedrale v. Exeter.
East [engl. i:st], Ost(en).
Eastbourne ['i:stbɔ:n], engl. Seebad am Kanal, 87 000 E.
East London [i:st 'lʌndən], Hafenst. an d. südostafrikan. Küste der Rep. Südafrika, 194 000 E.
Eastman ['i:stmən], George (12. 7. 1854–14. 3. 1932), am. Industrieller; erfand 1884 den Rollfilm, die Box-Kamera, den Kinofilm u. viele andere fotograf. Verfahren u. Geräte. Bedeutender Demokrat, Schöngeist, Mäzen; lebte immer soziale Verpflichtungen vor. Erst durch E. war es möglich, beliebig viele Aufnahmen in einer einzigen Kamera zur Verfügung zu haben.
East River ['i:st-], Wasserstraße zw. den New Yorker Stadtteilen Manhattan/Bronx u. Brooklyn/Queens auf Long Island.
Eastwood ['i:stwʊd], Clint (* 31. 5. 1930), am. Filmschauspieler u. -regisseur; *Dirty Harry.*
Eau, *s.* [frz. o:], Wasser.
Eau de Cologne [frz. odkɔ'lɔɲ], Kölnisch Wasser.
Eau de Javelle [odʒa'vɛl], wäßrige Lösung von Kaliumhypochlorit *(KOCl).* → Hypochlorite.
Eau de vie [od'vi], Branntwein.
Eban, Abba Salomon (* 2. 2. 1915), isr. Pol.; 1966–74 stellvertr. Min.präs. u. Außenmin.; *Dies ist mein Volk; Mein Land.*
Ebbe, Höhenzug im westlichen Sauerland, 663 m; Naturpark.
Ebbe → Gezeiten.
Ebbinghaus, Hermann (24. 1. 1850 bis 26. 2. 1909), dt. Psych.; Pionier der Gedächtnisforschung, Ermittlung der Vergessenskurve.
Ebenholz, dauerhafte Hölzer von trop. Bäumen m. dunklem Kernholz, z. B. *schwarzes* E. aus Ostindien u. Afrika, *rotes* E. *(Grenadill)* aus Westindien u. Afrika, *schwarzbraunes* E. aus Ostindien, *deutsches* E. von der Eibe; zahlr. Nachahmungen.
Ebenist, auf Ebenholzverarbeitung (z. B. f. Intarsien) spezialisierter Kunstschreiner; bes. in Barock u. Rokoko.
Ebensee (A-4802), oberöstr. Marktgem. i. Salzkammergut, 9400 E; Kraftwerke, Saline, Holz-, chem., Textilind.; Feuerkogelseilbahn.
Eber, männl. Schwein.
Eberbach,
1) (D-69412), St. u. Kurort im Neckartal, Ba-Wü., 15 650 E; AG.
2) ehem. Zisterzienserkloster im Rheingau (b. Eltville); gegr. 1135.
Eberesche, schlanker Laubbaum mit gelblichroten Beeren *(Vogelbeeren).*
Eberhard [ahdt. „der Eberstarke"],
Eberhard, württemberg. Fürsten:
1) E. II., *der Greiner* (Zänker) (1315 bis 92), besiegte den Schwäb. Städtebund.
2) E. V. *im Bart* (1445–96), Begr. der Uni. Tübingen; 1495 Hzg (E. I.).
Eberlin, Johann Ernst (27. 3. 1702 bis 21. 6. 62), dt. Komponist in Salzburg; Lehrer W. A. Mozarts; Kirchenmusik; Schuldramen.
Eberraute, gelb blühender Beifuß aus SO-Europa mit zitronenartigem Geruch, vielfach in Gärten.
Ebersbach,
1) (D-02730), sächs. Ind.st. im Kr. Löbau, in der Lausitz, 12 400 E; Textil- u. Holzind., Kristalleuchterherst.
2) *E. a. d. Fils* (D-73061), St. i. Kr. Göppingen, Ba-Wü., 15 857 E; Textil-, Metallind.
Eberswalde-Finow (D-16225), Krst. nordöstl. v. Berlin, Bbg., am Finowkanal, 51 513 E; wiss. Institute f. Forstwirtsch. und Bodenkunde; Eisenind., Schwermasch.bau.
Ebert,
1) Friedrich (4. 2. 1871–28. 2. 1925), dt. Pol.; s. 1913 Vors. d. SPD, 1918 Reichskanzler; 1919 durch Weimarer Nationalversammlung Reichspräsident.
2) Friedrich (12. 9. 1894–4. 12. 1979), 1948–67 Oberbürgerm. v. Ost-Berlin, 1960 Mitgl., 1971 stellvertr. Vors. d. Staatsrats d. DDR.
Eberwurz, distelähnliche Korbblütler; langstengelig die *Golddistel;* stengellos die *Silberdistel* od. Gemeine E. bzw. *Wetterwurz.*
Ebhardt, Bodo (5. 1. 1865–13. 2. 1945), dt. Baumeister; historisierende Restaurierungen v. Burgen; *Hohkönigsburg* (Elsaß), *Marksburg* (Rhein), *Veste Coburg.*
Ebingen, s. 1975 z. → Albstadt.
Ebioniten, Judenchristen, Nachfolger der Urgemeinde von Jerusalem bis 5. Jh.; v. Christen u. Juden verfolgt.
Ebn [arab.], *Ibn,* Sohn.
Ebner-Eschenbach, Marie von (13. 6. 1830–12. 3. 1916), östr. Schriftst.in; *Das Gemeindekind; Božena; Aphorismen.*
Ebonit, svw. → Hartgummi.
Ebrach (D-96157), Markt im Steigerwald, Bay., 2030 E; ehem. Zisterzienserkloster (Barock); seit 1851 Justizvollzugsanstalt.

Eberesche

Ebrach, Rosette der Klosterkirche

Friedrich Ebert (1)

Eberwurz, *Silberdistel*

Ebro, span. Fluß a. d. Kantabr. Gebirge ins Mittelmeer, 910 km l.
Ebstorf (D-29574), Ort i. Nds., 4500 E; *E.er Weltkarte:* größte ma. Radkarte (Original i. 2. Weltkr. zerstört).
Eburonen, keltischer Stamm der Belger, an Rhein und Maas ansässig. 53 v. Chr. unter Ambiorix von Cäsar vernichtend geschlagen.
EC, Abk. f. engl. **E**urocheque **C**ard, (Euroscheckkarte).
Eça de Queiroz [ˈɛsɐ ðɐ keiˈrɔʃ], José Maria (25. 11. 1846–16. 8. 1900), portugies. Romanschriftst.; *Der Mandarin; Das Verbrechen des Paters Amaro.*
Eccard, Johannes (1553–1611), dt. Komponist; Motetten.
Ecce homo [l. 'ɛktse -],
1) „Seht, welch (ein) Mensch"; i. d. bibl. Gesch. (Joh. 19,5) überlieferter Ausruf, m. dem Pilatus d. gegeißelten Christus m. Dornenkrone u. Spottmantel d. Volk zeigt.
2) in d. bild. Kunst Bez. f. d. Darstell. dieser Szene.
Eccles [ɛklz], Sir John Carew (27. 1. 1903–2. 5. 1997), austral. Nervenphysiologe; Nobelpr. 1963.
Ecclesia [l.], Volksversammlung, Kirche.
Ecclesia und Synagoge, sinnbildl. Bez. f. N.T. u. A.T.; als Figurenpaar (Frauengestalten) an Kirchenportalen dargestellt (z. B. Straßburg, Bamberg, Reims).
Ecevit [ˈɛtʃ-], Bülent (* 28. 5. 1925), türk. Pol.; 1961–65 Arbeitsmin., 1974 u. 1978/79 Min.präs.
echappieren [frz. eʃaˈp-], entwischen.
echauffieren [frz. eʃoˈf-], erhitzen, ereifern.
Echegaray y Eizaguirre [ˈetʃe- eiˈθaˈgi], José (19. 4. 1832–14. 9. 1916), span. Dramatiker; *Der Kuppler Galeotto;* Nobelpr. 1904.
Echeveria [ɛtʃe-], südam. Dickblattgewächs, Zimmerpflanze.
Echinokokkose, Befall mit → Echinokokken, → Bandwürmer.
Echinokokkus, Jugendform (Finne) des Hundes.→ Bandwurms.
Echinus, *m.* [gr. „Igel"],
1) Wulst unter der Deckplatte der dorischen → Säule.
2) *zoolog.* Seeigel.
Echnaton → Amenophis IV.

Echo,
1) Ballonsatellit d. USA (Start 12. 8. 1960).
2) griech. Nymphe, in sprechenden Fels verwandelt; daher allgemein: Widerhall.
Echoenzephalogramm, Darstellung v. best. Hirnstrukturen mittels → Ultraschall durch d. Schädel hindurch; dient v. a. zur Diagnostik von Schädel-Hirn-Verletzungen.
Echokardiographie, Darstellung d. Herzens mittels → Ultraschall.
Echolot, nach *Behm,* Gerät der Schiffahrt z. Tiefenmessung durch Beobachtung der Zeit für Hin- u. Rückweg von am Meeres- bzw. Erdboden reflektierten Schallsignalen.
Echsen, Eidechsen u. ihre Verwandten; Unterordnung d. Reptilien.
Echternach, luxemburg. St. a. d. Sauer, 4200 E; Benediktinerabtei (7. Jh.), Rathaus; Wallfahrtsort (Springprozession).
Echter von Mespelbrunn, Julius (18. 3. 1545–13. 9. 1617), Fürstbischof v. Würzburg; Gegenreformator; begr. Uni. Würzburg (1582).
Eck, Johann (13. 11. 1486–10. 2. 1543), kath. Theologe; Gegner Luthers auf der *Leipziger Disputation* 1519.
Eckart, in der dt. Heldensage *getreuer E.,* der treue Warner.
Eckball, bei Ballspielen Auswurf, -schuß, -schlag eines Balles über d. Außenlinie beim eigenen Tor, bewirkt Anspielen aus der Ecke durch den Gegner.
Eckblatt, Schmuck a. d. Basis byzantin., roman. u. frühgot. Säulen.
Eckener, Hugo (10. 8. 1868–14. 8. 1954), dt. Luftschiffer; 1924 Vors. d. Luftschiffbaus Zeppelin; 1. Zeppelinfahrt nach den USA 1924; Weltfahrt 1929, Arktisfahrt 1931.
Eckermann, Johann Peter (21. 9. 1792–3. 12. 1854), Privatsekr. d. späten Goethe; *Gespräche mit Goethe.*
Eckernförde (D-24340), St. in Schl.-Ho., Ostseebad, 22 536 E; AG; Fischind.
Eckersberg,
1) Christoffer Wilhelm (2. 1. 1783 bis 22. 7. 1853), dän. Maler d. Klassizismus; einflußr. Lehrtätigkeit.
2) Johan Fredrik (16. 7. 1822–13. 7. 70), norweg. Maler d. Realismus.
Eckhart, *Eckart, Meister E.* (um 1260 bis 1327), Dominikaner in Köln; dt. Mystiker; schrieb z. T. in dt. Sprache; *Religiosität d. Innerlichkeit.*
Ecklohn, der durch Tarifvertrag zw. Gewerkschaften u. Arbeitgebern vereinbarte Richtlohn je Tarifbereich bzw. Lohngruppe f. Arbeitnehmer.
Eckmann, Otto (19. 11. 1865–11. 6. 1902), dt. Maler u. Kunstgewerbler, entwarf d. buchkünstler. richtungweisende Modeschrift d. Jugendstils (**E.-Schrift**).
Eco, Umberto (* 5. 1. 1932), it. Philosoph, bed. Semiotiker; schrieb z. Verdeutlichung seiner Theorien den Roman *Der Name der Rose;* zahlreiche fachwiss. u. essayist. Schriften sowie d. weniger erfolgreiche Roman *Das Foucaultsche Pendel.*
École de Paris [ekɔl də paˈri „Schule v. Paris"], in d. modernen Kunst Sammelbez. f. in Paris lebende Maler intern. Herkunft, die o. organisierten Zus.-schluß e. lyr.-expressives Kunstwollen verband; zuerst zw. d. Weltkriegen (u. a.

Echolot

Umberto Eco

ECUADOR	
Staatsname:	Republik Ecuador, República del Ecuador
Staatsform:	Präsidiale Republik
Mitgliedschaft:	UNO, OAS, ALADI, SELA, Andenpakt
Staatsoberhaupt und Regierungschef:	Fabián Alarcón Rivera
Hauptstadt:	Quito 1,1 Mill. Einw.
Fläche:	283 561 km²
Einwohner:	11 220 000
Bevölkerungsdichte:	40 je km²
Bevölkerungswachstum pro Jahr:	∅ 2,28 % (1990–1995)
Amtssprache:	Spanisch
Religion:	Katholiken (90%), Protestanten, Naturreligionen
Währung:	Sucre (S/.)
Bruttosozialprodukt (1994):	14 703 Mill. US-$ insges., 1310 US-$ je Einw.
Nationalitätskennzeichen:	EC
Zeitzone:	MEZ – 6 Std.
Karte:	→ Südamerika

Picasso, Chagall, Ernst); dann bis Ende d. 50er Jahre (u. a. Bazaine, Poliakoff, Hartung), Grundlage f. Informelle Kunst u. Tachismus.
Economiser [engl. ɪˈkɔnəmaɪzə], → Vorwärmer.
ECOSOC, Wirtschafts- und Sozialrat der → Vereinten Nationen.
Ecstasy [ˈɛkstəsɪ], künstl. Rauschgift.
ECU [eˈky], Abk. f. **E**uropean **C**urrency **U**nit, 1981 geschaffene eur. Währungseinheit i. Rahmen d. → EWS; sein Wert bestimmt sich mittels e. eur. Währungskorbes (deren d. Gewichte d. einzelnen Währungen alle 5 Jahre od. auf Antrag überprüft und gegebenenfalls neu festgesetzt werden (→ Währungen, Übers.).
Ecuador, Rep. im NW Südamerikas; Bev.: 35% Mestizen, 15% Mulatten, 20% Indianer, 5% Schwarze, 25% Weiße. **a)** *Geogr.:* Hinter einer Küstensteppe regenreiches Hügelland, im Innern die Doppelkette der Anden (*Chimborazo* 6310 m) mit Hochflächen, im O das trop. Amazonastiefland. **b)** *Landw.:* Bananen, Kaffee, Kakao, Zuckerrohr. **c)** *Bodenschätze:* Erdöl, Eisen- u. Kupfererz, Gold. **d)** *Außenhandel* (1991): Einfuhr 2,39 Mrd., Ausfuhr 2,85 Mrd. $. **e)** *Verkehr:* Eisenbahn 971 km; 36 000 km Straßen. **f)** *Verf.* v. 1978: Einkammerlament m. vom Volk gewähltem Präs. **g)** *Verw.:* 21 Prov. m. Galápagos-In. **h)** *Gesch.:* 1533 span. Kolonie; 1822 Befreiung durch Bolívar, z. Kolumbien gehörig; s. 1830 selbst.; 1878 Revolution. 1963 Staatsstreich; 1972–79 Mil.reg.; s. 1979 Zivilreg.; 1995 mil. Grenzkonflikt mit Peru.

Ecuador

ed., Abk. f. *edidit* [l.], hat herausgegeben, Herausgeber . . .
e. D., *ex Dividende,* Notiz im Kursblatt: der Dividendenschein für das laufende Geschäftsjahr ist bereits abgetrennt.
Ed., Abk. f. *editio* [l.], Ausgabe eines Buches.
Edam-Volendam, nordndl. St., 25 000 E; Käsehandel; **Edamer Käse**.
Edaphon [gr.], Kleinstlebewelt i. Erdboden.

Edda, *w.,* benannt nach dem Hof „Odi" auf Island, Hauptwerk der german. Literatur: *Edda-Lieder* gehören zur *älteren E.* (z. T. aus d. 9. Jh.); sie enthält Götterlieder, Heldengesänge (Schmied Wieland, Sigurd und Brunhild) u. Sprüche, 8- od. 6zeilige Strophen im Stabreim. Die sog. *jüngere E.* (13. Jh.) in Prosa, von dem Isländer Snorri Sturluson gesammelte literar. Lehrweisungen u. Gedichtproben a. d. nord. Göttersage.
Eddington, Sir Arthur (18. 12. 1882 bis 22. 11. 1944), engl. Astronom; *Philosophie d. Naturwiss.*
Edeka, **E**inkaufsgenossenschaften **d**t. **K**olonialwaren- und Lebensmittel-Einzelhändler, gegr. 1907, Hauptgeschäftsstelle Hamburg.
Edelfäule, durch den Schimmelpilz → *Botrytis cinerea* hervorgerufene Form der Graufäule, die b. feuchtwarmem Wetter reife Weißweintrauben befällt; d. Pilz durchwächst die Beerenhaut u. fördert d. Verdunstung des Wassers u. die Konzentrierung des Traubensaftes. Aus d. zusammengeschrumpften Trauben wird e. Most m. hohem Zuckergehalt gewonnen, aus dem man hochwert., zumeist süße Weine gewinnt. In Dtld für Prädikatsweine (→ QmP) von → Auslesen bis Trockenbeerenauslesen, in Frkr. z. B. *Sauternes*), in *Vins liquoreux* (z. B. → Sauternes) verwendet.
Edelfelt, Albert (21. 7. 1854–18. 8. 1905), Hptvertr. d. finn. Malerei im 19. Jh. u. Vermittler d. mod. eur. Kunstströmungen; Historienmalerei, realist. Porträts, Modebildnisse, Illustrationen.
Edelfolie, Blattgold oder Blattsilber in Dicke bis zu $^1/_{10000}$ mm.
Edelgase, die chem. Elemente *Helium, Neon, Argon, Krypton, Xenon, Radon;* Luft enthält etwa 1% *Argon;* bilden in der Regel keine chem. Verbindungen; Anwendung: Füllung f. Glühlampen u. Leuchtröhren (Krypton); Ballonfüllung (Helium).
Edelhirsch → Hirsche.
Edelman [ˈeɪdlmən], Gerald Maurice (* 1. 7. 1929), am. Biochem.; Nobelpr. 1972 (Struktur d. Antikörper).
Edelmetalle, z. B. *Gold, Silber, Platin, Osmium, Iridium;* schwer oxidierbar, bleiben blank u. glänzend, → Periodensystem.
Edelraute, weißfilzige Alpenpflanze.
Edelsteine, Mineralien, die durch Glanz, Farbe, Lichtbrechung, Härte hervorragen; *Ganz-E.:* Aquamarin, Diamant, Rubin, Saphir, Smaragd, Türkis usw.; *Halb-E.* (fachspr.: *Schmucksteine*): Achat, Amethyst, Bergkrist., Jaspis, Rauchtopas u. a.; *künstl. E.:* aus Tonerde in Knallgasflamme zusammengeschmolzen, als *synthetische E.* (z. B. Rubin, Saphir, Korund). *Edelsteinimitationen,* wertlose Glasflüsse.
Edeltanne → Tanne.
Edelweiß, Korbblütler, seltene Alpenpflanze in 1700–2300 m Höhe, weißwollig.
Edelzwicker, elsäss. Weinverschnitt; trocken, herb.
Eden [iːdn], Sir Anthony Earl of Avon (12. 6. 1897–14. 1. 1977), engl. konservativer Pol.; 1935–38, 1940–45, 1951 bis 55 Außenmin., 1940 Kriegsmin., 1955–57 Premiermin.
Eden, *Garten E.,* nach d. A. T. das Paradies.

Edenkoben (D-67480), St. i. RP, 6000 E; Kloster Heilsbruck (13. Jh.); Weinbau.
Eder, l. Nbfl. d. Fulda, aus dem Rothaargebirge (**E.kopf** 676 m), 177 km l.
Edertalsperre, bei Hemfurth (Waldeck), faßt 202 Mill. m³; Wasserkraftwerk.
Edessa, seit 3. Jh. Mittelpunkt d. christl. Kirche i. Osten; 1108–44 Fürstentum der Kreuzfahrer (im 1. Kreuzzug v. Gf Balduin gegr.); → Urfa.
Edewecht (D-26188), Gem. im Kr. Ammerland, Nds., 15 562 E; Nahrungsmittel- u. Baustoffind.
edieren → Edition.
Edinburgh, Prinz Philip Hzg v. (Duke of) (* 10. 6. 1921), Prinz v. Griechenland (s. Mutter Alice v. Battenberg, Schwester v. Louis → Mountbatten); 1947 unter d. Namen *Mountbatten* in England naturalisiert. Gemahl d. engl. Kgn → Elisabeth II.
Edinburgh [ˈɛdɪnbərə], Hptst. von Schottland, nahe des Firth of Forth, 438 800 E; überragt v. d. ma. Burg d. ehem. schott. Kge, Kathedrale St. Giles, Holyrood Palace; Uni., Museen, Galerien, Nationalbibliothek, Banken, Verlage; Intern. Musik- u. Theaterfestspiele; Hafen: *Leith*.
Edirne, ehemals → *Adrianopel,* Hptst. d. Prov. E. i. d. eur. Türkei, Thrazien, 87 000 E.
Edison [ˈɛdɪsn], Thomas Alva (11. 2. 1847–18. 10. 1931), am. Erfinder; über 2000 angemeldete Patente (Kohlemikrofon, Phonograph, Kohlefadenlampe, Film, Projektionsapparat); erbaute erstes Elektrizitätswerk (1882).
Edition, w. [l.], (Her-)Ausgabe (eines Buches).
Editio princeps, w. [l.], Erstausgabe eines Buches.
Edmonton [-məntən], Hptst. d. kanad. Prov. Alberta, 574 000 E; Uni.; Getreide-, Pelzhandel, petrochem. Ind., Kohlengruben; Erdöl- u. Erdgasfelder.
Edom [hebr. „rötlich"], Beiname d. → Esau; Hochland im O u. SO d. Toten Meeres, Siedlungsgebiet d. *Edomiter,* 126 v. Chr. dem jüd. Staat eingegliedert.
Edschmid, Kasimir, eigtl. *Eduard Schmid* (5. 10. 1890–31. 8. 1966), dt. expressionist. Schriftst.; Erzählungen: *Lord Byron;* Reisebücher: *Italien.*
Eduard, *Edward* [altengl. „Schützer des Besitzes"],
1) E. der Bekenner (nach 1002–66), letzter angelsächs. Kg; 1161 heiliggesprochen.
2) E. I. (1239–1307), engl. Kg s. 1272, förderte die Vereinigung des Inselgebiets; s. Enkel
3) E. III. (1312–77), Kg s. 1327, unterwarf Schottland, beanspruchte 1340 frz. Thron, eroberte Teile NW-Frankreichs (→ *Hundertjähriger Krieg*).
4) E. IV. (1442–83), Sohn des Hzgs v. York, Kg s. 1461, rottete Haus Lancaster 1483 aus (→ *Rosenkriege*).
5) E. VI. (1537–53), unter ihm Förderung des Protestantismus.
6) E. VII. (9. 9. 1841–6. 5. 1910), s. 1901 König von Großbritannien; schuf die Entente cordiale; s. Enkel
7) E. VIII. (23. 6. 1894–28. 5. 1972), 1936 Kg, s. 1936 Hzg von Windsor; dankte wegen seiner Heirat mit Mrs. Wallis Simpson ab.

EDV, Abk. f. **e**lektronische → **D**atenverarbeitung.
Edward-See, See i. Zentralafrikan. Graben n. d. → Kivusees, 2200 km².
EEG → Elektroenzephalographie.
Efendi [türk. „Herr"], früher Ehrentitel.
Efeu, eur.-asiat. kriechender od. kletternder Strauch m. Haftwurzeln.
Effekt, *m.* [l.],
1) allg. Wirkung, Erfolg.
2) *phys.* Leistung.
Effekten [frz.],
1) bewegliche Habe.
2) an der *Börse:* Wertpapiere.
Effektenbörse → Börse.
Effektenemission, Neuausgabe von Wertpapieren, meist doch Banken, die für Unterbringung (Verkauf) sorgen.
effektiv, wirklich.
Effektivgeschäft, Börsengeschäft m. Waren (od. Wertpapierstücken), über die d. Käufer tatsächlich verfügt; Ggs.: → Termingeschäft.
Effektivwert,
1) *wirtsch.* d. tatsächl. zu erzielende Wert; Ggs.: Nennwert.
2) *techn.* bei Wechselstrom d. konstant angenommene Strom- bzw. Spannungswert, dessen Produkt d. gleiche Leistung vollbringt wie d. Produkt d. entsprechenden Größen bei Gleichstrom. Nützlich f. Leistungsvergleiche; bei sinusförmigem zeitlichem Verlauf ist E. gleich Maximalwert geteilt durch → Quadratwurzel aus 2.
efferent, herausführend; bes. bei Nervenfasern aus dem Zentralnervensystem; Ggs.: → afferent.
Effet [frz. ɛˈfe:], durch seitl. Anstoß bewirkte Drehbewegung (Ball, Billardkugel).
Effizienz, *w.,* Wirksamkeit.
Effloreszenz [l. „Blüte"], krankhafte Hautveränderung.
Effner, Joseph (4. 2. 1687–23. 2. 1745), dt. Baumeister des Spätbarock; s. als Gesamtkunstwerke konzipierten Bauten u. Entwürfe f. d. bayr. Hof bestimmten d. Dekorationsstil d. Rokoko in Dtld; Ausbau v. Schloß u. Park Nymphenburg.
EFP, Abk. f. → **E**uropäische **F**öderalistische **P**artei, → Parteien, Übers.
EFSA, Abk. f. **E**uropean **F**ederation of **S**ea **A**nglers, Dachverband d. Meeresangler, gegr. 1963 i. England, m. Sektionen i. d. eur. Ländern.

Edelweiß

Edinburgh

Frucht   Blüte
nichtblühender Trieb
Blatt von blühendem Trieb
Efeu

Thomas Alva Edison   Werner Egk

Egelschnecke

EFTA → Europäische Freihandelszone.
e. G., Abk. f. **e**ingetragene **G**enossenschaft.
EG, Abk. f. *Europäische Gemeinschaft;* → Europäische Union.
Egalité, *w.* [frz.], Gleichheit, eines d. drei Losungsworte der Frz. Revolution, Beiname des Herzogs Louis Philippe von → Orléans.
Egede, Hans (31. 1. 1686–5. 11. 1758), dän. Missionsleiter; sog. *Apostel d. Eskimos.*
Egel → Blutegel und → Leberegel.
Egelschnecken → Nacktschnecken.
Eger,
1) l. Nbfl. der Elbe in NW-Böhmen, 316 km lang, vom Fichtelgebirge, bei Leitmeritz in die Elbe.
2) St. i. Bez. Westböhmen, Tschech. Rep., tschech. Cheb, 31 000 E; Kaiserburg Barbarossas; Verkehrsknotenpunkt, Masch.- u. Textilind. – Im 12. Jh. Reichsst.; 1634 Ermordung Wallensteins.
3) St. in Ungarn, → Erlau.
Egge, *E.gebirge,* südl. Fortsetzung d. Teutoburger Waldes, 468 m.
Eggeling, Viking (12. 10. 1880–19. 5. 1925), schwed. Maler u. experimenteller Filmregisseur; Mitbegr. der Züricher *Dada*-Gruppe (→ Dadaismus).
Egger-Lienz, Albin (29. 1. 1868–4. 11. 1926), Tiroler Maler; *D. Totentanz von Anno Neun; Auferstehung.*
Eggheads [engl. -hɛdz „Eierköpfe"], am. spött. Bez. f. Intellektuelle.
Egk, Werner (17. 5. 1901–10. 7. 83), dt. Komp.; Opern: *Die Zaubergeige; Peer Gynt; Columbus; Circe; Der Revisor; Irische Legende,* Ballett: *Abraxas;* Chor- u. Orchesterwerke.
EG-Kommission → Europäische Kommission.
EGKS, Abk. f. → **E**uropäische **G**emeinschaft für **K**ohle und **S**tahl.
EG-Ministerrat → Rat der Europäischen Union.
Egmont, Lamoral Gf v. (18. 11. 1522 bis 5. 6. 68), Statthalter v. Flandern u. Artois u. Flandern, als Führer d. niederländischen Aufstands gg. Spanien enthauptet; Drama Goethes.
Ego [l. „ich"], in → Freuds Theorie zwischen → Es und → Über-Ich, die zwischen libidinösem Trieb u. sittlichgesellschaftlichen Normen vermittelnde Instanz.
Egoismus [l.], Selbstsucht; Ggs.: → Altruismus.

Egoutteur [frz. egu'tœr], Auspreßvorrichtung e. Papiermaschine.
egozentrisch, ichbezogene Lebenseinstellung, die eigene Person als Mittelpunkt betrachtet.
EH, Abk. f. → Einzelhandel.
Ehard, Hans (10. 11. 1887–18. 10. 1980), bayr. Politiker (CSU) u. Min.präs. (1946–54, 1960–62).
Ehe, gesetzl. anerkannte, vollständige Lebensgemeinschaft zweier Personen versch. Geschlechts z. Familiengründung.
Eheberatung, in *Eheberatungsstellen* zur Klärung biol., psych. u. jurist. Fragen d. Ehe; heute v. a. Partnerberatung bei Ehe- u. Partnerschaftskrisen.
Ehebruch, außerehel. Beischlaf eines Ehegatten.
Ehefähigkeit → Eherecht.
Eheformen, aus ähnl. wirtsch.-psych. Konstellationen entstanden, bei versch. Stämmen der Vorgeschichte ähnliche Grundtypen der E.:
1) *Monogamie,* Dauerverbindung zweier verschiedengeschlechter Menschen, vorwiegend auf niedrigen u. höchsten Kulturstufen (aber vielfach brauchtumsmäßig gelockert).
2) *Polygamie,* Dauerverbindung mehrerer verschiedengeschlecht. Menschen, zerfällt in: a) *Polygynie,* Vielweiberei (z. B. gelegentl. bei reichen Mohammedanern u. Primitivvölkern; → Harem) u.
b) *Polyandrie,* Vielmännerei (Tibet, Toda, Sakal).
3) *Gruppenehe,* geregelte Geschlechtsbeziehungen zw. mehreren Personen (sog. Levirat, Sororat, Panulua, Endogamie); zahlr. Übergänge; mutterrechtl. Gesellschaften neigen zu 2b) u. 3), vaterrechtl. zu 1) u. 2a); daneben seltener Neben-, Zeit- u. Probeehen sowie geregelter Frauenaustausch, Gästefrauen u. Mädchenkauf, der zur Prostitution überleitet; Raubehe u. Kaufehe sind seltene, nicht urtüml. Sonderformen. In Urkulturen zumeist Monogamie; *Promiskuität,* regellose Vermischung innerhalb ganzer Gruppen, findet sich nie b. sehr primitiven Stämmen (ausgenommen vorehel. Jugend vorwiegend i. Mutterrecht).
Ehehindernisse, eheliches Güterrecht → Eherecht.
Ehename, der von d. Ehegatten durch Erklärung gegenüber dem Standesamt bestimmte gemeinsame Familienname. Erfolgt keine Erklärung, behalten sie den bis zur Eheschließung geführten Namen. Kinder erhalten d. Ehenamen od. e. von d. Eltern zu bestimmenden Namen (des Vaters od. der Mutter).
Eherecht, Gesamtheit d. Rechtsnormen bezügl. d. Ehe:
1) *Ehegesetz* (KRG Nr. 16 v. 20. 2. 1946): a) Ehemündigkeit: m. Beginn d. → Volljährigkeit; Befreiung durch Vormundschaftsgericht möglich, wenn Antragsteller 16 Jahre alt u. künftiger Ehegatte bereits volljährig ist; b) Ehehindernisse (nahe Verwandt- od. Schwägerschaft, noch bestehende Ehe, Adoptivverhältnis) dürfen nicht bestehen; c) Eheschließung erfolgt nach Aufgebot vor d. → Standesbeamten, d. in Anwesenheit von 2 Zeugen u. der Verlobten diese nach Befragung über den von ihnen erwählten → Ehenamen u. d. Feststellung ihres Willens z. Eheschließung

Ehrenpreis

Eibe

Eiche (Stiel- oder Sommereiche)

Joseph Frh. v. Eichendorff

Manfred Eigen

für Eheleute erklärt; kirchl. Trauung hat keine Rechtswirkungen u. darf grundsätzl. nicht der standesamtl. vorausgehen. Aufgrund Klage kann d. Ehe durch Gerichtsurteil f. nichtig erklärt od. aufgehoben werden; Nichtigkeitsgründe: Formmangel der Eheschließung, Geschäftsfähigkeit zur Zeit der Eheschließung, Doppelehe, Ehe zw. nahen Verwandten od. Verschwägerten; Aufhebungsgründe: Mangel d. Einwilligung d. gesetzl. Vertreters z. Eheschließung, Irrtum über d. Eheschließung od. über d. Person d. anderen Ehegatten od. über dessen persönl. Eigenschaften, arglist. Täuschung, Drohung;
2) *Familienrecht* d. BGB i. d. ab 1. 7. 1977 geltenden Fassung (§§ 1353 ff. BGB): a) allg. Wirkungen d. Ehe: d. Ehegatten sind einander z. ehel. Lebensgemeinschaft verpflichtet; sie führen einen gemeinsamen Familiennamen (→ Ehenamen); sie regeln d. Haushaltsführung im gegenseit. Einvernehmen; jeder ist berechtigt, einer Erwerbstätigk. nachzugehen, soweit d. Rücksichtnahme auf d. Belange d. anderen bzw. d. Familie dies zuläßt; d. Ehegatten sind einander z. Unterhalt verpflichtet; jeder kann Geschäfte zur Deckung d. ehel. Lebensbedarfs auch m. Wirkung f. d. anderen Ehegatten abschließen; b) ehel. Güterrecht: die Ehegatten leben im gesetzl. Güterstand d. Zugewinngemeinschaft, wenn sie nicht durch Ehevertrag einen and. Güterstand vereinbaren. Vermögen d. Mannes u. d. Frau werden nicht gemeinschaftl. Verm.; dies gilt auch f. Vermögen, d. ein Ehegatte nach Eheschließung erwirbt. Jeder Ehegatte verwaltet grundsätzl. sein Vermögen selbständig. Verfügungen eines Ehegatten über sein Vermögen im ganzen u. über ihm gehörende Haushaltsgegenstände bedürfen d. Einwilligung d. anderen. Bei Ausschluß od. Aufhebung d. gesetzl. Güterstandes tritt Gütertrennung (jeder kann frei über sein Vermögen verfügen) ein, sofern nicht anderer Güterstand vereinbart wird. Bei vereinbarter Gütergemeinschaft wird d. Vermögen d. Ehegatten gemeinschaftl. Vermögen (Gesamtgut); vom Gesamtgut ausgeschlossen sind das Sondergut u. d. Vorbehaltsgut; c) Scheidung der Ehe: Auflösung einer gültigen Ehe durch Urteil des → Familiengerichts aufgrund Scheidungsklage; Scheidungsgrund: Zerrüttung der Ehe; Zerrüttung wird vermutet, wenn Ehegatten seit 1 Jahr getrennt leben u. beide Scheidung begehren od. wenn d. Getrenntleben 3 Jahre dauert u. einer d. Ehegatten Scheidung beantragt. Eine Ehe soll in bes. Härtefällen nicht geschieden werden. Ein Härtefall ist kein Hinderungsgrund, wenn Ehegatten länger als 5 Jahre getrennt leben. Ein geschiedener Ehegatte kann vom anderen Unterhalt beanspruchen, soweit er aus Gründen (z. B. Alter, Krankheit) selbst keine angemessene Erwerbstätigkeit ausüben kann; d. Unterhalt bestimmt sich nach d. ehel. Lebensverhältnissen u. umfaßt auch d. Vorsorge f. Krankheit u. Alter; d. Unterhaltsanspruch besteht nicht, soweit d. Inanspruchnahme d. Verpflichteten grob unbillig wäre (z. B. bei kurzer Dauer d. Ehe). Zwischen den geschiedenen Ehegatten findet ein Ausgleich ihrer erwor-

benen Pensions-, Renten- u. sonstigen d. Altersversorgung dienenden Ansprüche statt (Versorgungsausgleich); d) rechtl. Stellung d. ehel. Kinder: Kind erhält Ehenamen d. Eltern; bis zu seiner Volljährigkeit untersteht es d. elterl. Sorge beider Elternteile. Können sich d. Eltern bezügl. d. Ausübung d. elterl. Sorge nicht einigen, muß erforderlichenfalls Entscheidung des Vormundschaftsgerichts herbeigeführt werden. Die gesetzl. Vertretung d. Kindes obliegt beiden Eltern gemeinsam. Nutznießung an d. Kindsvermögen durch d. Eltern ist nur unter best. Voraussetzungen möglich. Nach Ehescheidung bestimmt Familiengericht, wem d. elterl. Sorge über d. Kind zusteht.
ehernes Lohngesetz → Lohn.
Ehescheidung → Eherecht.
Eheschließung → Eherecht.
Ehevertrag → Eherecht.
Ehingen (Donau) (D-89584), St. am Südrand d. Schwäb. Alb, Ba-Wü., 24 046 E; AG; Zellstoffind.
Ehmke, Horst (* 4. 2. 1927), SPD-Pol.; 1969 B.justizmin., 1969–72 Min. im B.kanzleramt, 1972–74 B.min. f. Technologie u. Kommunikation.
Ehrenamt, öffentliches Amt in Staat, Gemeindeverwaltung usw., für das kein Gehalt gezahlt wird.
ehrenamtliche Richter, die → Laienrichter in d. Zivil-, Arbeits-, Soz.- u. Verw.gerichtsbarkeit, s. a. Schöffen, Handelsrichter.
Ehrenberg, Herbert (* 21. 12. 1926), SPD-Pol.; 1976–82 B.min. f. Arbeit u. Sozialordnung.
Ehrenberger Klause, Paß in den Lechtaler Alpen, bei Reutte in Tirol, 946 m.
Ehrenbreitstein, rechtsrhein. Stadtteil v. Koblenz mit der ehem. *Festung E.*
Ehrenburg, Ilja (27. 1. 1891–31. 8. 1967), sowj. Schriftst.; *Tauwetter; Menschen, Jahre, Leben.*
Ehrenbürger, von Gemeinden verliehener Titel, ohne bes. Rechte.
Ehrendoktor, *Dr. h. c.,* v. e. Uni. verliehener Titel f. Verdienste i. Pol., Kultur, auch Wiss., ohne entsprechenden Studienabschluß.
Ehrenfels, Christian (20. 6. 1859–8. 9. 1932), östr. Begr. d. Gestaltpsychologie.
Ehrengerichtsbarkeit → Berufsgerichtsbarkeit.
Ehrenhof, der an d. Frontseite e. Barockschlosses zwischen vorspringenden Flügelbauten gelegene Empfangshof.
Ehrenlegion, *Légion d'honneur,* höchster frz. Orden; 1802 von Napoleon gestiftet; 5 Klassen.
Ehrenpreis, *Veronika,* Rachenblütler m. kleinen, blauen Blüten, z. B. *Gamander-E.* an Wegrändern.
Ehrenrechte, *bürgerliche,* staatsbürgerl. Befugnisse u. Rechtseigenschaften (z. B. aktives u. passives Wahlrecht, Bekleidung öffentl. Ämter usw.); können unter best. Voraussetzungen im Strafurteil f. d. Dauer v. 2–5 Jahren aberkannt werden.
Ehrenschutz, durch die Bestimmungen d. StGB über Beleidigung (§§ 185 ff.).
Ehrenstrafe, Nebenstrafe; Verlust sämtl. od. einzeln. bürgerl. Ehrenrechte.
Ehrlich, Paul (14. 3. 1854–20. 8. 1915), dt. Med., durch Entdeckung d. → Sal-

varsans Begr. d. antibakteriellen *Chemotherapie;* bahnbrechend i. d. Serumforschung; Nobelpr. 1908.

Ei, weibl. Fortpflanzungszelle; besteht aus Eikern (Keimbläschen), Nahrungsdotter (Eiweißstoffe) u. Schutzhüllen (z. B. Vogelei m. Kalkhülle); b. Menschen 0,12–0,2 mm groß..

Eibe, *Taxus,* Nadelholz mit roten Scheinbeeren, m. Ausnahme d. Samenmantels alle Teile giftig. ♦ |

Eibisch, Zierpflanze; wegen ihres Schleimgehalts Heilmittel gegen Husten.

Eibl-Eibesfeldt, Irenäus (*15. 6. 1928), östr. Verhaltensforscher, Schüler v. K. → Lorenz.

Eibsee, abflußloser Alpensee, am N-Fuß der Zugspitze, 973 müM, 1,8 km², 32 m tief.

Eich, Günter (1. 2. 1907–20. 12. 72), dt. Schriftst.; Kurzprosa: *Maulwürfe;* Lyrik: *Abgelegene Gehöfte;* Hörspiele: *Träume.*

Eichamt, staatl. Behörde, wacht über Einhaltung des gesetzl. Maß- u. Gewichtssystems im Handel.

Eiche, Laubholz; in Dtld die *Winter-E. (Trauben-E.)* mit langgestielten und *Sommer-E. (Stiel-E.)* mit sitzenden Fruchtständen *(Eicheln);* wertvolles Nutzholz.

Eichel, Hans (* 24. 12. 1941), SPD-Pol., 1975–91 Oberbürgerm. v. Kassel, s. 1991 Min.präs. v. Hessen.

Eichel,
1) Frucht der Eiche.
2) *Glans penis,* vorderer Teil des männl. Gliedes; *E.tripper,* Entzündung der Eichel; *E.entzündung,* meist zus. mit Eileiter: *Adhexitis.*
3) Spielkarte, svw. Treff.

Eichelhäher → Häher.

eichen → Eichamt.

Eichendorff, Joseph Frh. v. (10. 3. 1788–26. 11. 1857), dt. Dichter d. Romantik; Romane u. Erz.: *Aus d. Leben eines Taugenichts;* volkstüml. Lieder (Zyklus v. Hugo Wolf).

Eichhörnchen, baumbewohnende Nagetiere; Europa, Asien, Amerika; Nahrung: Eicheln, Nüsse, Samen, Vogeleier; einheim. E. baut Kugelnester, hält keinen eigtl. Winterschlaf, sammelt Wintervorrat; Pelz (sibir. „Feh") geschätzt.

Eichmann, Adolf (19. 3. 1906–1. 6. 62), dt. SS-Obersturmbannführer; organisierte ab 1941 Deportation u. Ermordung der Juden i. dt. Machtbereich; in Israel hingerichtet.

Eichsfeld, Muschelkalkhochfläche im oberen Leine- u. Wippertal, mit Kalilagern; N-Teil (mit Hptort *Duderstadt*) zu Nds., S-Teil (mit *Heiligenstadt*) zu Thüringen.

Eichstätt (D-85072), Gr.Krst. an d. Altmühl, Bay., 12 362 E; kath. Bistum, kath. Uni.; AG; got. Dom, ehem. fürstbischöfl. Residenz Willibaldsburg, Jura-Museum, barockes Stadtbild.

Eichung, Kontrolle an Meßgeräten auf ihre Übereinstimmung mit den sog. Eich-Normalen gemäß dem Maß- u. Gewichtsgesetz; Prüfzeichen: *Eichstempel, Eichstrich.*

Eid, feierl. Beteuerung e. Aussage od. Erklärung v. Gericht m. od. ohne Anrufung Gottes; wissentl. falscher E. *(Meineid)* strafbar m. Freiheitsstrafe nicht u. 1 Jahr, fahrlässiger *Falscheid* m. Freiheitsstrafe b. z. 1 Jahr (§§ 153, 154, 163 StGB).

Eidam, früher für Schwiegersohn.

Eidechse → Sternbilder, Übers.

Eidechsen, Reptilien; vorwiegend Insektenfresser; in Dtld *Zaun-E.* und die (lebendig gebärende) *Wald-E.,* in Bergwäldern u. Mooren; in wärmeren Gegenden ferner: *Smaragd-E.* u. *Mauer-E.;* alle heimischen E. ♦ |

Eider, einstiger Grenzfluß zw. Schleswig u. Holstein, entspringt südl. v. Kiel, vereinigt sich im Mittellauf bei Rendsburg mit d. → Nord-Ostsee-Kanal; mündet b. Tönning in d. Nordsee; 188 km l.

Eiderdamm, 4,8 km l., als Küstenschutzwerk 1967–73 zw. E.stedt u. Dithmarschen erbaut.

Eiderdänen, dän. nationalist. Partei im 19. Jh., forderte E.grenze.

Eiderente, Meeres-Tauchente des hohen Nordens; Flaumfedern *(Eiderdaunen)* Polstermaterial.

Eiderstedt, Halbinsel an der W-Küste v. Schl-Ho.; Hptort *Tönning* (4984 E).

Eideshelfer, im alten dt. Recht zur Unterstützung d. Glaubwürdigkeit eines vor Gericht Schwörenden beigezogene Personen, mußten ebenfalls Eid leisten.

Ei des Kolumbus, überraschend einfache Lösung einer schwierigen Aufgabe (angeblich stellte Kolumbus durch Eindrücken d. Spitze ein Ei aufrecht).

Eidesmündigkeit, die Fähigkeit, einen Eid vor Gericht abzulegen; tritt in Dtld m. vollendetem 16. Lebensj. ein.

eidesstattliche Versicherung, Mittel z. Glaubhaftmachung e. Behauptung i. Zivilprozeß u. Verfahren d. freiwill. Gerichtsbarkeit; falsche e. V. strafbar, wenn einer *zuständigen* Behörde gegenüber abgegeben wird (§§ 156, 163 StGB).

Eidetik, *w.* [gr.],
1) *phil.* Wiss. v. d. Wesensanschauung (Ggs.: Tatsachenwiss.); → Phänomenologie.
2) *psych.* Fähigkeit, früher Wahrgenommenes anschaulich zu vergegenwärtigen.

Eidetiker, Menschen mit ausgeprägt bildhafter Erinnerung.

Eidgenossenschaft, histor. Bez. der → Schweiz.

Eidos [gr., „Urbild"], phil. Idee, Gestalt bei Platon u. d. Art (Species) im Unterschied z. Gattung in Husserls Phänomenologie.

Eiermann, Egon (29. 9. 1904–19. 7. 70), dt. Architekt; neue Kaiser-Wilhelm-Gedächtniskirche (Berlin), Dt. Botschaft in Washington, Abgeordnetenhochhaus (Bonn).

Eierpflanze → Aubergine.

Eierschecke, sächs. Hefeblechkuchen m. Quarkauflage.

Eierschwamm, österr. f. → Pfifferling.

Eierstab, leistenförmig angeordnete Eiornamente an Baugliedern (z. B. am → Architrav u. → Kapitell).

Eierstock, lat. *Ovarium,* Teil der weibl. Geschlechtsorgane, rechts u. links der Gebärmutter i. Unterleib, bildet die Eizellen; nach d. → Menarche alle 4 Wochen eine z. Befruchtung reife Eizelle (→ Ovulation), d. bei Nichtbefruchtung unter Blutverlust ausgestoßen wird, → Menstruation; zugleich Drüse mit → innerer Sekretion; → Keimdrüsen (→ Geschlechtsorgane, Abb.).

Eichhörnchen

Mauereidechse

Eiderente

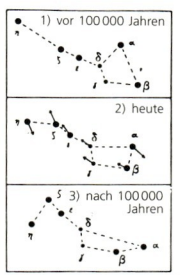

Eigenbewegung (Großer Wagen)

Eifel, Teil d. Rhein. Schiefergebirges, nördl. d. Mosel; rauhe, wenig fruchtb. Hochfläche m. tiefen Tälern, erloschenen Vulkanen u. Kraterseen (sog. *Maare,* „Laacher See" b. Andernach); *Hohe Acht,* 747 m (Basaltkuppe). → Nürburgring.

Eiffel [ɛ'fɛl], Alexandre Gustave (15. 12. 1832–28. 12. 1923), frz. Ing.; erbaute für Pariser Weltausstellung 1889 d. eisernen

Paris, *Eiffelturm*

Eiffelturm, 300,5 (mit Antenne 320,8) m hoch, heute Aussichts-, Funk- u. Fernsehturm; *Douro-Brücke* in Porto u. a.

Eigen, Manfred (* 9. 5. 1927), dt. Physikochem.; Modell d. Lebensentstehung; Nobelpr. 1967 (Untersuchungen extrem schneller chem. Umwandlungen); Buch: *Das Spiel.*

Eigenbedarf, Aufhebung des Kündigungsschutzes, wenn d. Vermieter Räume f. sich benötigt.

Eigenbetriebe, gemeindeeigene Betriebe, geregelt in Eigenbetriebsgesetzen d. Länder.

Eigenbewegung, *EB,* geringe scheinbare Bewegung der Fixsterne an d. Sphäre als Folge ihrer räuml. Bewegung u. d. Bewegung d. Sonnensystems im Raum.

Eigenblutbehandlung, Einspritzung eigenen Blutes in die Muskulatur zur Anregung d. Heilkräfte des Organismus, höchst umstrittene Methode.

Eigenhandel, Handel f. eigene Rechnung im Wertpapiergeschäft; Ggs.: = Kommissionshandel.

Eigenkirche, Kirchenverfassung, nach der die Kirche ihrem weltlichen Stifter u. Grundherrn u. seinen Nachkommen als Lehen unterstand; im Machtkampf zw. Kaiser u. Papst Aufhebung des dt. Eigenkirchenrechts mit Hilfe des Verbots der Simonie (→ Simon 2) u. Unterstellung der dt. Kirche unter päpstl. Hierarchie.

Eigenschaftswort, svw. = Adjektiv.

Eigentum, Recht der ausschließl. u. vollständigen Herrschaft über eine bewegl. od. unbewegl. Sache (kein E. ist daher möglich an Rechten od. anderen unkörperl. Gegenständen; über Erzeugnisse geistiger Arbeit → Urheberrecht); als Grundrecht im Artikel 14 Bonner GG geschützt.

Eigentumsvorbehalt, eine dem Kauf bewegl. Sachen hinzugefügte Ab-

Einbeere

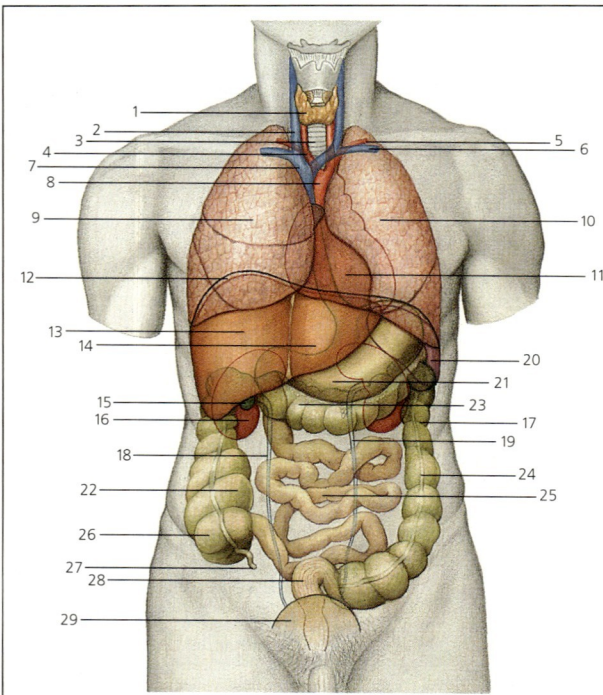

Eingeweide
1 Schilddrüse
2 Drosselvene
3 Luftröhre
4 Kopfschlagader
5 Unterschlüsselbeinarterie
6 Schlüsselbeinvene
7 obere Hohlvene
8 Bogen der Hauptkörperschlagader (Aorta)
9 rechte Lunge
10 linke Lunge
11 Herz im Herzbeutel
12 Zwerchfell
13 rechter Leberlappen
14 linker Leberlappen
15 Gallenblase
16 rechte Niere
17 linke Niere
18 rechter Harnleiter
19 linker Harnleiter
20 Milz
21 Magen
22 Dickdarm (aufsteigender Teil)
23 Dickdarm (querverlaufender Teil)
24 Dickdarm (absteigender Teil)
25 Dünndarm
26 Blinddarm
27 Wurmfortsatz des Blinddarms
28 Mastdarm
29 Harnblase

rede, daß Verkäufer bis z. Kaufpreiszahlung Eigentümer bleibt u. b. Verzug Rücktrittsrecht hat (§ 455 BGB); vielfach bei → Teilzahlungskauf.
Eigentumswohnung, → Wohnungseigentum.
Eigenwechsel, → Wechsel.
Eiger, Kalkgipfel d. Berner Alpen, Finsteraarhorngruppe, 3970 m hoch.
Eignungsprüfung, testpsych. Feststellung v. spezif. Fähigkeiten (z. B. Berufseignung, Fahrtauglichkeit, Schulreife).
Eihäute, *Embryonalhüllen,* die d. Embryo u. das Fruchtwasser umgeben, → Fruchtblase.
Eijkman ['εik-], Christiaan (11. 8. 1858 bis 5. 11. 1930), ndl. Physiologe u. Vitaminforscher; Nobelpr. 1929.
Eike v. Repgow → *Sachsenspiegel.*
Eilath, *Elat, Eylath,* Hafen am Golf v. Akaba, 24 700 E; israel. Zugang z. Roten Meer.
Eileiter, lat. *Tuba uterina, Muttertrompete, Tube,* rechts und links d. Gebärmutter anhängende Röhrchen, leiten d. gereifte Ei v. Eierstock z. Gebärmutter.
Eileiterdurchblasung, *Perturbation,* zur Prüfung bzw. Wiederherstellung d. Durchgängigkeit der Eileiter.
Eileiterentzündung, *Salpingitis,* oft zus. m. Eierstockentzündung; nach E. droht Verschluß und (falls beidseitig) Sterilität.
Eileiterschwangerschaft, *Tubargravidität,* Form d. → Bauchhöhlenschwangerschaft.
Eileithyia [gr. ,,die zu Hilfe Kommende"], griech. Geburtsgöttin; best. u. überwacht d. Wehen d. Frauen.
Eilenburg (D-04838), Ind.st. a. d. Mulde, Sa., 20 272 E.
Eilhart v. Oberge, mittelhochdeutscher Dichter; übertrug um 1170 d. Geschichte *Tristrant und Isalde* aus dem Frz. ins Dt.
Eilsen → Bad Eilsen.
Einaudi, Luigi (24. 3. 1874–31. 10. 1961), it. Finanzwiss. u. Pol.; 1947 Fin.min., 1948–55 Staatspräs.
einäugige Spiegelreflexkamera, d. universellste Kameraprinzip; d. aufgenommene Bild u. d. Sucherbild sind identisch; zeigt im Sucher auch d. realen perspektiv. Verhältnisse e. Motivs.
einbalsamieren, Haltbarmachen v. Leichen, gegen Verwesen; schon bei den Ägyptern, Indianern, Assyrern, Persern; → *Mumie;* heute durch Füllen d. Blutgefäße m. chem. Mitteln.
Einbaum, Boot aus ausgehöhltem Baumstamm.
Einbeck (D-37574), früher *Eimbeck,* St. in Nds., a. d. Ilme, 29 239 E; AG; ma. Kirchen, Fachwerkbauten; Teppichind., Brauereien.
Einbeere, kl. giftiges Kraut d. Laubwälder m. schwarzer Beere; vierblättrig.
Einbeinstativ, teleskopartig zusammenschiebbares Stativ; ermöglicht Aufnahmen in stehender Körperhaltung u. v. noch beachtet. dynam. Aufnahmetechnik; ideal f. Reisen.
Einbruchdiebstahl, Diebstahl aus einem Gebäude od. umschlossenen Raum od. mittels Erbrechen v. Behältnissen; gilt als bes. schwerer Fall des → Diebstahls.
Einbürgerung, svw. → Naturalisation.
Eindhoven, ndl. St. i. d. Prov. N-Bra-

bant, 191 000 E; elektrotechn. Industrie (Philips), Fahrzeugbau; TH; intern. Flughafen.
Einem, Gottfried von (24. 1. 1918 – 12. 7. 1996), östr. Komp.; Opern: *Dantons Tod; D. Prozeß;* Ballett: *Turandot.*
Einer, Sportruderboot (Skiff), von einem Mann gerudert u. gesteuert.
einfache Buchführung → Buchführung.
einfache Mehrheit → Mehrheit.
Einfallswinkel, i. d. Optik b. Reflexion u. Brechung d. Winkel zw. einfallendem Strahl u. Einfallslot.
Einflußstauung, Behinderung des Blutrückflusses zum Herzen.
Einfuhr, *Import,* Eingang v. Gütern aus dem Ausland zwecks Weiterverarbeitung, Verkauf od. Verbrauch.
Einfuhrbeschränkung, *Importrestriktion,* meist durch Kontingentierung erzwungene Drosselung d. E.
Einfuhrmonopol, alleiniges Recht zur Einfuhr allg. od. auf best. Waren beschränkt; Ggs.: → Freihandel.
Einfuhrprämien, Begünstigungen f. d. Einfuhr best. Waren.
Einführungsgesetz, *EG,* bei größeren Gesetzen, enthält Übergangsrecht, Organisations- u. Anpassungsbestimmungen an andere Gesetze.
Einfuhrzölle, Zölle auf d. Einfuhr v. Waren ins inländ. Zollgebiet.
eingebautes Blitzgerät, weit verbreitet, computergesteuert, m. Aufhellfunktion u. Funktion gg. ,,rote Augen", m. Makro-Funktion.
eingestrichen, *mus.* Oktave von c' bis h', die den Kammerton a' umschließt.
eingetragener Verein, *e.V.,* → Vereinsrecht.
Eingeweide, die in den Körperhöhlen eingeschlossenen inneren Organe.
Eingeweidewürmer, in Menschen u. Tieren schmarotzend: Band-, Spul-, Madenwürmer, Leberegel.
eingezogener Chor, im Kirchenbau → Chor m. schmalerem Querschnitt als d. Hauptschiff.
Einhandboot, Boot, das nur von einer Person gesegelt wird.
Einhard, (770–14. 3. 840), Baumeister u. Biograph → Karls des Großen; *Vita Caroli Magni.*
einhäusig, *monözisch,* sind Pflanzen, deren männl. u. weibl. Blüten getrennt auf derselben Pflanze stehen.
Einheit,
1) *Phys.* der Messung e. phys. Größe dienende Vergleichsgröße, die durch intern. Vereinbarung reproduzierbar festgelegt wird; z. B. Meter *m,* Volt *V,* Sekunde *s;* auch → Maßsystem.
2) *mil.* kleinster Truppenteil, dessen Führer Disziplinargewalt hat u. d. e. eigene → STAN besitzt. Grundform i. d. Kompanie (→ Batterie).
Einheitliche Europäische Akte, *EEA,* erstes umfassendes Änderungspaket d. → Römischen Verträge, mit d. Ziel, die Errichtung d. → Binnenmarktes abzuschließen. Die EEA wurde v. d. Mitgliedstaaten d. EG 1986 unterzeichnet und trat am 1. 7. 1987 in Kraft.
Einheitsbewertung → Einheitswert.
Einheitskurs → Kassakurs.
Einheitskurzschrift → Kurzschrift.
Einheitsschule, weitgehende Vereinheitlichung u. Sozialisierung d. Bildungswesens vom Kindergarten bis zur

Hochschule: möglichst lange schul. Vereinigung d. Kinder aller Schichten, in BR bisher nur pol. gefordert (weitgehend realisiert in der ehem. DDR); Ziel: gemeinsamer Unterbau u. differenzierter Oberbau; Schaffung v. sog. Stufenlehrern, die für d. Unter- (Jg. 1–4), Mittel- (Jg. 5–10) und Oberstufe (Jg. 11–13) ausgebildet sind.

Einheitsstaat, zentralistische polit. Staatsorganisation mehrerer Länder oder Landesteile, in der diesen zwar selbstverwaltende, aber keine staatsleitende Funktionen zustehen; Ggs.: → Bundesstaat.

Einheitswert, steuerl. Wert z. B. von Grund- und Betriebsvermögen, der nach dem Bewertungsgesetz ermittelt wird: bei land- u. forstwirtsch. Vermögen → Bodenbonitierung.

Einherier [-ˈheːriɐr], in der nord. Göttersage die unsterblich gewordenen Helden in Walhalla.

Einhorn,
1) Fabeltier mit langem Stirnhorn, Sinnbild d. Keuschheit.
2) → Sternbilder, Übers.

Einhufer, Huftiere, Zehen bis auf eine verkümmert (z. B. Pferde).

Einigung, rechtl. Abgabe einander entsprechender Willenserklärungen durch zwei oder mehrere Parteien; erforderl. z. Zustandekommen e. Vertrags.

Einigungs-Ges. v. 23. 9. 1990.

Einigungsvertrag v. 31. 8. 1990 zwischen d. BR u. d. DDR über Anpassungsmaßnahmen, d. sich aus dem Anschluß d. DDR an d. BR ergeben.

Einkammersystem, konstitutionelle Staatsform mit gesetzgebender Volksvertretung aus nur *einer* Kammer; Ggs.: → Zweikammersystem.

Einkeimblättrige → Monokotyledonen.

Einkommen, Gesamtheit d. in Geld ausdrückbaren Werte der *Einkünfte,* die einer Person od. einem Unternehmen in best. Zeitabschnitten zufließen; *Volkseinkommen* → Sozialprodukt; *frei verfügbares E.,* der nach Abzug der Kosten d. normalen Lebensunterhaltes übrigbleibende Teil des Einkommens.

Einkommensteuer → Steuern, Übers.

Einlassung, Erklärung d. Beklagten i. Zivilprozeß od. d. Angeklagten im Strafprozeß auf die gegen ihn erhobene Klage bzw. Anklage.

Einlauf → Klistier, → Infusion.

Einliegerwohnung, abgeschlossene Nebenwohnung i. Einfamilienhaus.

Einnahmen, *betriebliches Rechnungswesen:* Einzahlung liquider Mittel plus Forderungszugang u. Schuldenabgang.

Einpeitscher, engl. *whipper-in* od. *whip,* in Parlamenten angelsächs. Länder, sorgt f. d. Anwesenheit der Fraktionsmitgl. b. Abstimmungen.

Einrede, Verteidigungsmittel i. Zivilprozeß, stützt sich auf Gründe außerhalb d. → Anspruchs (z. B. Verjährung).

Einschienenbahn, Bahn m. nur einer Fahrschiene; entweder unter d. Schiene hängend (→ Schwebebahn) od. darauf reitend (→ Alwegbahn).

Einschreiben, *eingeschriebene* Postsendungen; Aushändigung gg. Unterschrift des Empfängers, b. *E. mit Rückschein* Empfangsbestätigung f. Absen-

der, b. Verlust im Inland Haftung bis z. e. Höchstsumme.

Einsegnung, svw. → Konfirmation.

einseitige Rechtsgeschäfte, erfordern zur Herbeiführung ihrer rechtl. Wirkung die Willenserklärung nur einer Person (z. B. Kündigung).

Einsiedeln (CH-8840), Wallfahrts- u. Ferienort i. schweiz. Kanton Schwyz, 9600 E; Bez.hauptort, Benediktinerabtei Maria E. (934 gegr.) m. berühmter Stiftsbibliothek.

Einsiedler, svw. → Eremit.

Einsiedlerkrebse, Meereskrebse, die ihren weichen Hinterleib in leeren Schneckengehäusen verbergen; auf den Gehäusen oft eine Seeanemone, d. bei Gehäusewechsel mitgenommen wird.

Einspritzung → Injektion.

Einspruch, *Protest,*
1) *völkerrechtl.:* gewohnheitsrechl. Erklärung eines Staates zur Wahrung seiner Rechte; oft geboten, da im Staatenverkehr Schweigen stets als Zustimmung ausgelegt wird;
2) *verfassungsrechtl.* Einspruchsrecht des Bundesrates gegen ein vom Bundestag beschlossenes Gesetz (Art. 77 GG).
3) förml. Rechtsbehelf gegen a) Versäumnisurteile d. Zivilgerichte, b) Vollstreckungsbescheide im Mahnverfahren, c) Strafbefehle d. Amtsrichters, d) Bescheide der Finanzbehörden; stets einzulegen bei d. Stelle, die Entscheidung erließ.

Einstein, Albert (14. 3. 1879–18. 4. 1955), dt.-am. Physiker; begründete d. *Spezielle* (1905) u. d. *Allgemeine → Relativitätstheorie* (1916); verhalf mit seiner Lichtquantenhypothese (1905) u. mit d. Theorie d. spezif. Wärme beim absoluten Nullpunkt (1907) der von → Plank wenige Jahre vorher aufgestellten Quantenhypothese (→ Quantentheorie) zum Durchbruch; Nobelpr. 1921.

Einsteinium, *Es,* künstl. chem. El., Oz. 99; durch Kernumwandlung aus Plutonium gewonnen (1953); radioaktiv (→ Transurane).

Einstelltuch, d. schwarze Tuch, das d. Fotograf über s. Kopf u. Studiokamera hängt, um d. Mattscheibenbild ungestört beurteilen zu können.

einstweilige Verfügung, vorläufige Anordnung d. Gerichts z. einstweiligen Sicherung eines Anspruches od. Regelung eines Zustandes, wenn d. zu sichernden Rechte durch d. Verhalten d. Gegners als gefährdet erscheinen; Erlaß aufgrund einseitigen Antrages möglich; Rechtsbehelf dagegen: *Widerspruch.*

Eintagsfliegen, *Ephemeriden,* kurzlebige Insekten; Larven im Wasser.

Einthoven [ˈɛɪnt-], Willem (21. 5. 1860–29. 9. 1927), ndl. Physiologe; Erfinder d. Elektrokardiographie; Nobelpr. 1924.

Einverleibung, svw. → Annexion.

Einwanderung, durch Fremdengesetzgebung u. intern. Vereinbarungen geregelte Aufnahme v. Ausländern zum Zweck d. Ansiedlung u. Einbürgerung.

Einwegflasche, Glas o. Kunststoffflasche f. Getränke u. a.; wird nach Entleerung weggeworfen; Glas-E. f.Recycling getrennt gesammelt in bes. Altglascontainern.

Einwegkamera, preiswerte Einfachkamera m. bereits eingelegtem Film,

Einsiedlerkrebs

Albert Einstein

Dänische Eintagsfliege

kein weiterer Film einlegbar; E. wird nach Belichtung u. Entwicklung d. Films weggeworfen.

Einwegverpackungen, werden nach Gebrauch weggeworfen, vergrößern d. Müllanfall; → Mehrwegverpackungen.

Einwendung, Verteidigungsmittel im Zivilprozeß, das s. gg. d. Anspruch selbst richtet, z. B. Nichtigkeit d. Rechtsgeschäfts.

Einwohnergleichwert, *EGW,* zur Charakterisierung v. Abwasser; gibt an, welche biol. abbaubare Schmutzfracht (→ BSB) tägl. pro Einwohner anfällt.

Einzelhandel, Absatzhelfer in d. Verteilung v. Gütern zw. Produzent u. Konsument, meist als Ladenhandel, auch als → ambulantes Gewerbe u. als Versandgeschäft.

Einzeller, aus einer Zelle bestehende Lebewesen (z. B. → Bakterien, Protisten, Algen).

Einziehung, *jur.* Wegnahme v. Gegenständen, die z. Begehung einer vorsätzl. Straftat benutzt od. dabei hervorgebracht wurden.

Eipper, Paul (10. 7. 1891–22. 7. 1964), dt. Tierschriftst.; *Tiere sehen dich an.*

Eire [ˈɛərə], irischer Name für Irland.

Eirene, lat. *Irene,* i. d. griech. Sage eine d. drei Horen, Friedensgöttin, Tochter d. Zeus u. d. Themis.

Eis, am Gefrierpunkt (0 °C bei 760 mm Luftdruck) erstarrtes Wasser; leichter als Wasser → Dichte; *künstl. E.* → Kühlapparate.

Eisack, it. *Isarco,* l. Nbfl. der Etsch, vom Brenner, 96 km lang; in seinem Tal die Brennerstraße mit Autobahn u. Bahn.

Eisbär, Großbär des Nordpolargebiets; weißes Fell; bis 400 kg schwer; guter Schwimmer.

Eisbein, gepökeltes und gekochtes Beinstück v. Schwein; bayr. *Surhaxl,* östr. *Schweinsstelze.*

Eisberg, im Meer schwimmende, weitgehend untergetauchte Eismassen, entstanden durch Auftürmung v. → Packeis od. durch Abbrechen von Endstücken („Kalben") von Polargletschern.

Finn. Eisbrecher „Otso"

Eisbrecher,
1) Gerüst vor Brückenpfeilern z. Schutz gg. Eisgang.
2) Schiff mit starkem vorgewölbtem Bug, schiebt sich auf das Eis und bricht es durch sein Gewicht, hält Fahrrinne offen.

Eisenbahn

ICE-Triebzug der DB, Baureihe BR 401.
Länge 20,56 m, Dienstgewicht 80,3 t, Leistung 6528 PS, Höchstgeschwindigkeit 280 km/h.

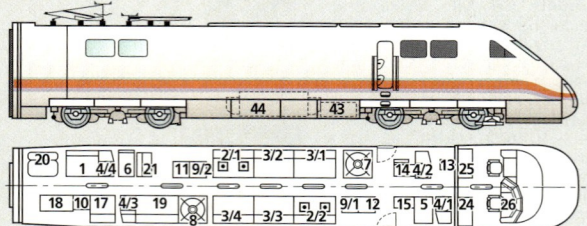

1 Hochspannungseinspeisung
2/.. Saugkreiskondensatoren
3/.. Hauptstromrichter
4/.. Fahrmotorlüfter, Motordrossel
5,6 Überbrückungsschütze, Koppeldrosseln, Elektronikaufsatz
7,8 Ölkühler mit Lüfter
9/..,10 Hilfsbetriebeumrichter
11/12 Antriebssteuerung
13 Lichtwellenleiter, Zugsteuerung
14 Schutzrelais, Sifa, Klimaregelung, ZWG, AFB, Diagnose mit Aufrüstautomatik
15 LZB, Indusi
17 Steuerstrom 110 V-Ebene
18 Zugsammelschiene, FIS
19 Steuerung Hilfsbetriebe Batterieladegerät, Sicherungen
20 Druckluftausrüstung
21 Bremsgerätetafel
24 Leuchtmelder, Thermofach
25 KS-Tafel, Fahrpläne, Feuerlöscher
26 Führertisch
43 Batterie
44 Haupttransformator

Dieselhydraulische B'B'-Lokomotive V 200¹ der DB. Achsfolge B'B', Länge 18,44 m, Dienstgewicht 78 t, Leistung 2700 PS, Höchstgeschwindigkeit 140 km/h, Dieselkraftstoff 3 cbm, Heizöl 1 cbm, Kesselspeisewasser 4 cbm

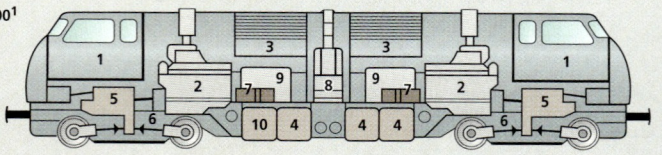

1 Führerstände
2 Dieselmotoren
3 Kühlergruppen
4 Dieselkraftstoffbehälter
5 Hydromechanisches Getriebe
6 Achstriebe
7 Bremsluftkompressoren
8 Heizdampfkessel
9 Speisewassertanks
10 Heizöl für Kessel

Elektrische Bo'Bo'-Lokomotive der DB, Baureihe E10. Länge 16,44 m, Dienstgewicht 85 t, Einphasen-Wechselstrom 15000 Volt, 16 2/3 Hz, Leistung rund 5000 PS, Höchstgeschwindigkeit 150 km/h

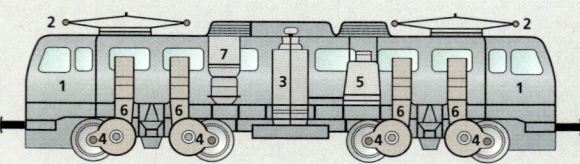

1 Führerstände
2 Stromabnehmer
3 Transformator
4 Fahrmotoren
5 Ölkühler mit Lüfter
6 Fahrmotor-Lüfter
7 Bremswiderstand mit Lüfter

Schnellzugdampflokomotive der DB, Baureihe 01, Achsfolge 2'C1', Länge 24,13 m, Dienstgewicht 111 t, Leistung 2100 PS, Kesseldruck 16 at, Höchstgeschwindigkeit 140 km/h, Wasservorrat 34 cbm, Kohlenvorrat 10 t.

1 Führerstand
2 Feuerung
3 Rauchrohrkessel
4 Dampfdom
5 Schieberkasten
6 Zylinder mit Kolben
7 Treibstange
8 Treibräder
9 Laufräder
10 Rauchkammer
11 Schornstein

Schema eines Rangierbahnhofs.
Die Wagen der in den Bahnhof (Einfahrgruppe) eingelaufenen Güterzüge werden in der Richtungsgruppe nach den verschiedenen Zielbahnhöfen geordnet und in der Ausfahrgruppe zu Zügen neu zusammengestellt.

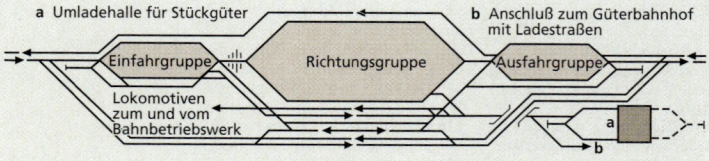

a Umladehalle für Stückgüter
b Anschluß zum Güterbahnhof mit Ladestraßen

Gleisoberbau im Querschnitt

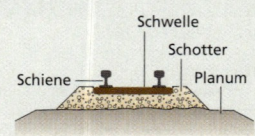

Elektronisches Stellwerk.
Gearbeitet wird mit Bedientabletts, Bildschirmausschnitten („Lupenbildern") und Bereichsübersichten; der Datenaustausch erfolgt im Punkt-zu-Punkt-Verkehr oder per Telegramm. Für den Notfall steht ein eigener Stromkreislauf zur Verfügung. Beim elektronischen Stellwerk bestehen keine technischen Beschränkungen mehr für Stellentfernungen der äußeren Signaleinrichtungen (Weichen, Signale etc.), und bestimmte Gleise und Weichen können mit Befahrbarkeitssperren versehen werden.

Eisen, *Fe,* chem. El., Oz. 26, At.-Gew. 55,847, Dichte 7,87; in reinem Zustand ein silberweißes, relativ weiches u. dehnbares Metall, oxidiert (rostet) in feuchter Luft u. in Wasser; bis zu einer Temperatur von 768 °C magnetisierbar; seit vorgeschichtl. Zeiten einer der wichtigsten Werkstoffe; Vorkommen selten i. reiner Form, vorwiegend als Magnet-, Rot- u. Spateisenstein u. Eisenkies; techn. Verwendung als Gußeisen, als Stahl u. in Legierungen als Edelstahl (→ Eisen- u. Stahlgewinnung); v. lebenswichtiger Bedeutung für menschl. u. tier. Organismus..

Eisenach (D-99817), Krst. a. NW-Hang d. Thüringer Waldes, Thür., 44 266 E; Auto-, Maschinen- u. Textilind.; Luther-, Bach- u. Reuterhaus; Museen; im SW die → *Wartburg.*

Eisenbahn, Schienenbahn m. Dampf-, Diesel- oder Elektroantrieb (→ Tafel); Vollbahn mit Normalspur (1435 mm); hervorgegangen aus Holzspurbahnen d. Bergwerke. Erste E. f. Personenverkehr baute → *Stephenson* 1825 in England, es folgten u. a. Nürnberg–Fürth 1835, Paris 1836, Berlin u. Wien 1838. – Die E. machte durch die Förderung des Güteraustausches versch. Gebiete u. Länder Herstellungsort u. Verbrauch voneinander unabhängig u. war von umwälzender Bedeutung für die wirtsch. (u. kulturelle) Entwicklung des 19. Jh. – In Dtld bis 1949 *Dt. Reichsbahn* (s. 1937 anstelle der 1924 gegr. Dt. Reichsbahngesellschaft), nach 1945 mit getrennten zonalen Verwaltungen; s. 1949 i. d. BR *Dt. Bundesbahn*, Zentrale Hptverw. in Frankfurt/Main, mit Bundesbahndirektionen (BD). 1989 insges. 1) 8081 Triebfahrzeuge, 2) davon 2530 el. Lokomotiven, 11 830 Personen-, 209 353 Güterwagen, 20 451 Bahnübergänge, darunter 10 199 m. techn. Sicherung, 27 045 km Streckenlänge. Tendenz zur Stillegung unrentabler Nebenstrecken; 1977 wurde der Dampfbetrieb bei d. DB endgültig eingestellt. Im Gefolge der Wiedervereinigung Dtlds Zusammenschluß von Bundesbahn und Reichsbahn zur *Deutschen Bahn AG* (Dezember 1993). Daneben einzelne Privatbahnen.

Eisenbahnbetrieb, umfaßt Zugzusammenstellung, Zugbeförderung mit Meldedienst, Signalwesen, Rangier- u. Stellwerksdienst; die Linien sind zur Sicherung in Blockstrecken eingeteilt.

Eisenbahnfahrordnung, bestimmt f. jede Strecke Fahrstraße u. Gleis; Abweichungen müssen Zugführer schriftlich mitgeteilt werden.

Eisenbahnfrachtrecht, *Intern. Eisenbahnfrachtrecht,* hervorgegangen aus d. 1890 abgeschlossenen Berner Übereinkommen; regelt Inhalt des Frachtvertrages, die daraus entspringende Haftung der Eisenbahn, Feststellung der Beförderungspflicht, Beförderungsgemeinschaft der Bahnen u. prozessuale Vorschriften; sieht bes. auch für Streitigkeiten aus dem Frachtgeschäft schiedsrichterl. Tätigkeit des Zentralamtes in Bern vor; 1928, 1933 u. 1952 *Intern. Übereinkommen über den Eisenbahnfrachtverkehr.*

Eisenbahnhaftung, besteht f. Personen- u. Sachschäden, die beim Betrieb d. Bahn entstehen; Höchsthaftung f. Personenschäden bis zu einer Jahresrente von 30 000 DM, für Sachschäden bis zu 100 000 DM (Haftpflichtges.); weitergehende Haftung nicht ausgeschlossen; keine Haftung bei höherer Gewalt, verminderte Haftung bei Mitverschulden d. Geschädigten.

Eisenbahnrecht, Gesamtheit der für das Eisenbahnwesen erlassenen Rechtsbestimmungen. Neuregelung in BR durch Allg. Eisenbahngesetz vom 29. 3. 1951; f. d. intern. *Eisenbahnrecht* durch versch. Übereinkommen einheitliche Grundlage geschaffen, sowohl für Regelung des Personen- als auch des Frachtverkehrs.

Eisenbahnstraßenroller, Straßenfahrzeug f. den Transport v. Güterwagen vom Bahnanschluß zum Empfänger.

Eisenbahnverkehrsordnung, regelt mit Gesetzeskraft die Beförderung v. Personen u. Sachen mit d. Eisenbahn (rechtl. Beziehungen zu den Fahrgästen, Haftung für Verlust od. Beschädigung

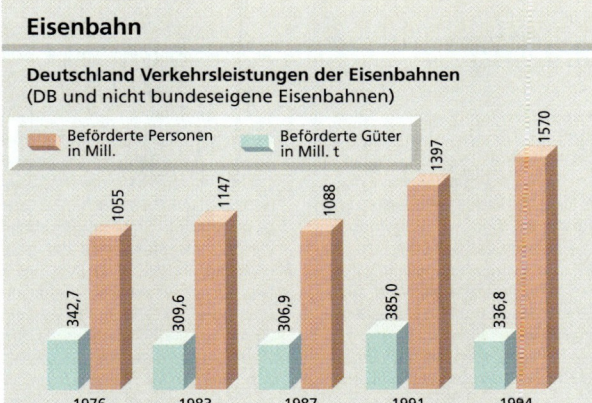

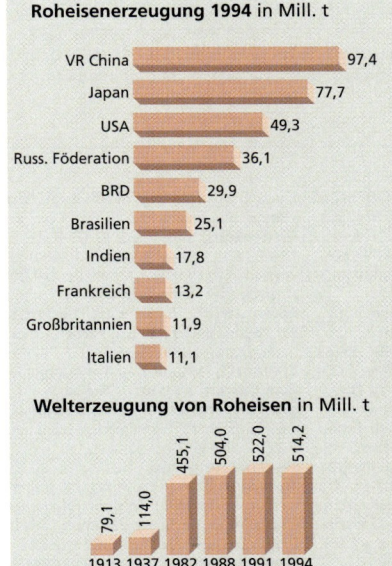

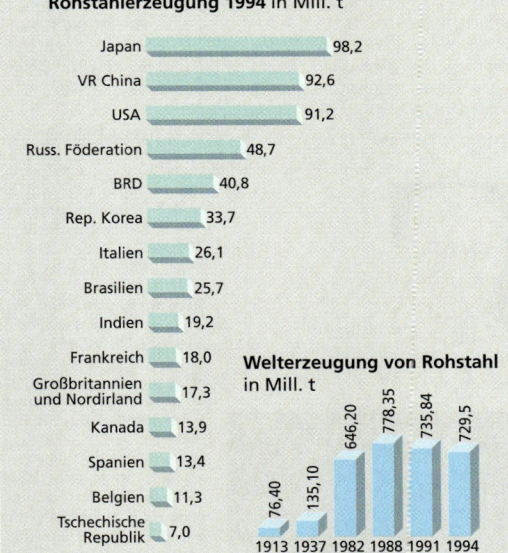

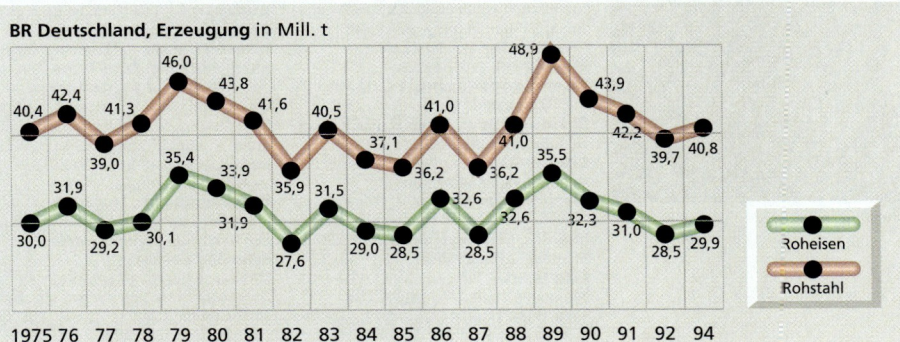

Eisen- und Stahlgewinnung

Eisengewinnung: Die Erzeugung von Roheisen erfolgt durch Reduktion von Eisenerzen m. Kohlenstoff (Verhüttung) im *Hochofen*, einem etwa 30 m hohen Schachtofen aus feuerfesten Steinen m. gekühltem Stahlblechmantel. Der Hochofen wird mit abwechselnden Schichten von Koks, Eisenerz u. Zuschlägen gefüllt (beschickt). Die Zuschläge (meist Kalkstein) dienen der Umwandlung der in dem Erz enthaltenen Quarz- u. Tonerdebestandteile in schmelzbare Schlacke. Durch Einblasen von auf 500–900 °C erhitzter Luft verbrennt der Koks zu Kohlenoxid. Dieses verbindet sich mit dem Sauerstoff des Erzes, aus dem dabei das Eisenmetall frei wird u. sich in der auf etwa 2000 °C erhitzten Schmelzzone sammelt. Nach dem Abstich läßt man das flüssige Roheisen entweder in Sandformen zu Masseln für späteres Umschmelzen in *Gußeisen* (→ Gießen) erstarren oder befördert es in flüssigem Zustand zum Stahlwerk. Roheisen enthält mehr als 1,7 % Kohlenstoff, es ist spröde u. nicht schmiedbar u. läßt sich nur für Gußeisen oder durch → Puddeln zur Erzeugung von Schweißeisen verwenden. Stahl dagegen ist elastisch u. wesentlich belastungsfähiger. Man kann ihn zu Glühhitze *(Warmverformung)* schmieden, pressen und walzen und auch kalt *(Kaltverformung)* walzen und ziehen.

Stahlgewinnung: Stahl wird aus Roheisen gewonnen, indem dessen hoher Kohlenstoffgehalt auf das für die jeweilige Stahlsorte erforderliche Maß herabgesetzt wird. Dies geschieht in folgenden Verfahren: **1)** im *Bessemerverfahren* (→ Bessemer) wird phosphorarmes flüssiges Roheisen in eine mit tonhaltigem Quarzsand ausgefütterte (saurer Zuschlag) 4–5 m hohe Retorte aus dickem Eisenblech (Bessemerbirne) gefüllt u. mit Preßluft durchblasen (Windfrischen). Dabei verbrennen die unerwünschten Beimengungen an Kohlenstoff, Silicium, Schwefel u. Mangan zu Oxiden. Ähnlich, aber abgewandelt für Roheisen mit hohem Phosphorgehalt ist das **2)** *Thomasverfahren* (nach d. Erfinder Sidney G. Thomas), das sich vom Bessemer-Verfahren dadurch unterscheidet, daß die Retorte *(Thomasbirne)* nicht sauer, sondern basisch mit Dolomit ausgefüttert ist. Die hierbei anfallenden Rückstände (Kalk-Silicium-Phosphat) bilden ein wertvolles Düngemittel (Thomasmehl). **3)** Im *Siemens-Martin-Verfahren* werden Roheisen u. Schrott in einem entweder basisch od. sauer ausgefütterten flachen Herdofen *(Siemens-Martin-Ofen)* mit Gasregenerativfeuerung eingeschmolzen *(Herdfrischen)* u. durch langsame Verbrennung der Nebenbestandteile in Stahl umgewandelt. Dieses Verfahren ermöglicht die Herstellung von Stahlsorten mit genau bemessenen Kohlenstoff- u. Legierungsbestandteilen. **4)** Das *Elektrostahlverfahren* dient zur Herstellung besonders hochwertiger Stahlsorten; dafür werden entweder *Induktionsöfen* oder *Lichtbogenöfen* verwendet. Im Induktionsofen werden in dem zu schmelzenden Metall starke Ströme induziert. Im Lichtbogenverfahren wird über dem Metall ein starker elektr. Lichtbogen entzündet. Durch Legieren, d. h. Beimischen von anderen Metallen wie Chrom, Nickel, Wolfram, Molybdän, gewinnt man veredelte Stahlsorten wie → Schnellstahl, rostfreien Stahl u. a. **5)** Das *LD-Verfahren* arbeitet mit Aufblasen von technisch reinem Sauerstoff, der so hergestellte Stahl wird daher auch *Blasstahl* genannt (LD nach den öster. Orten Linz u. Donawitz, in deren Hüttenwerken das Verfahren 1945–52 entwickelt wurde). Der Sauerstoff wird mit hohem Überdruck bis zu 15 bar durch eine im Abstand verstellbare Düse auf das flüssige, mit etwa 10 % Kalkzuschlag versehene Roheisen (davon 20 % Schrott) aufgeblasen, das sich in einem birnenförmigen, kippbaren Tiegel (Konverter) befindet. Dabei findet sehr schnell (20 Min. für 100t Füllung) in dem Schaum von Gas, der sich bildenden eisenoxydulreichen Kalkschlacke u. dem Metall eine wirksame Entphosphorung u. Entkohlung des Eisens statt. Es lassen sich bei diesem Verfahren hohe Stahlqualitäten erzielen.

---

beförderter Güter; daneben gelten §§ 453 ff. HGB).
Eisenbakterien, decken durch → Chemosynthese ihren Energiebedarf, oxidieren Eisen u. Mangan; können d. Bildung langer Zellfäden und Schleimhüllen Leitungsrohre verstopfen.
Eisenbart, *Doktor E.,* nach Johann Andreas E. (1663–1727), marktschreierischer dt. Wanderarzt.
Eisenberg (D-07607), Krst. in Thür., 12 043 E; Schloß mit Kirche (17. Jh.), Raths.; Porzellanind., Klavierbau.
Eisenbeton → Beton.
Eisenburg, ungar. *Vas,* 3337 km², 276 000 E; Grenzkomitat in W-Ungarn, Hptst. *Steinamanger* (Szombathely).
Eisenchlorid, FeCl$_3$, gelbe Kristalle; blutstillend, auch zum Ätzen.
Eisenerz (A-8790), östr. St. in der Steiermark, 750 müM; 7759 E; Wehrkirche, Erzbergbau (Erzberg sö. v. E.).
Eisenerze, eisenhaltige Mineralien: *Magnetit, Hämatit, Limonit* (Eisen in Verbindung mit Sauerstoff), *Eisenspat* mit → Carbonat, *Eisenkies* mit Schwefel.
Eisengarn, Bez. für geglättetes, bes. festes Baumwollgarn.
Eisengewinnung → Übers. u. Schaubild, Eisen- u. Stahlgewinnung.
Eisengießerei, in Tiegeln od. Kupolöfen (→ gießen).
Eisenglanz, svw. → Hämatit.
Eisenholz, sehr harte Hölzer versch. afrikan., südam. und austral. Bäume. (→ Kasuarine).
Eisenhower [-haυə], Dwight D. (14. 10. 1890–28. 3. 1969), am. Gen. u. Pol.; Befehlshaber der alliierten Lan-

Dwight D. Eisenhower

Eisenhut

dungstruppen 1942–45, 1945 Befehlsh. d. US-Besatzungstruppen in Dtld; 1947 Generalstabschef des Heeres, 1950–52 Oberbefehlsh. der NATO-Streitkräfte; 1953–61 34. (republikan.) Präs. d. USA.
Eisenhut, *Sturmhut, Aconitum,* Giftpflanzen mit helmartigen Blüten.
Eisenhüttenstadt, (D-15890), 1961 durch Zus.legung v. *Stalinstadt* u. *Fürstenberg/Oder* gebildet, Krst. in Bbg., 49 063 E; Eisenhüttenkombinat.
Eisenkernspule, i. d. Elektro- u. Fernmeldetechnik, besitzt bei gleicher Abmessung wesentl. höhere Induktivität als eine Spule ohne Eisenkern (z. B. → Drosselspule); Kernmaterial: magnet. weiches Eisen in isolierten Lamellen od. Drähten, b. Hochfrequenz in Körnern od. gesinterten Eisenoxiden.
Eisenkies, *Schwefelkies, Pyrit,* mineralisches Schwefeleisen, metallisch glänzende, goldgelbe Kristalle; zur → Schwefelsäure-Herstellung.
Eisenkraut, → Verbenen.
Eisenmenger-Komplex, Herzfehler mit Blausucht b. Säuglinge.
Eisenoxalat, s., gelbes Kristallpulver; als fotograf. Entwickler.
Eisenoxid, s., → *Caput mortuum,* Bestandteil vieler Mineralien.
Eisenoxidfarben, i. d. Malerei ab 18. Jh. gebräuchl. Farben aus künstl. hergest. Mineralpigmenten in Rot-, Schwarz- u. Gelbtönen.
Eisenspat, *Siderit,* braunschwarzes Mineral, *Eisenkarbonat* (FeCO$_3$).
Eisenstadt (A-7000), Hptst. d. östr. B.landes Burgenland, 10 349 E; Esterházyschloß, Wirkungsstätte v. Haydn;

Dom, Bergkirche (Haydn-Mausoleum); kath. Bischofssitz.
Eisenstein, Sergej (23. 1. 1898–11. 2. 1948), russ. Filmregisseur u. -theoretiker; *Panzerkreuzer Potemkin* (1925); *Iwan der Schreckliche* (1940–46).
Eisenvitriol, *Eisensulfat,* blaßgrüne Kristalle, wasserlöslich, f. Färberei, Gerberei, Desinfektion, Tinte.
Eisenzeit, Periode d. → Vorgeschichte.
Eiserfeld, s. 1975 zu → Siegen.
eiserne Hochzeit, Hochzeitsjubiläum; landschaftl. verschieden nach 65- oder 70jähriger Ehe gefeiert.
eiserne Jungfrau, Schandmaske in Form einer Frauenfigur (angebl. Folterwerkzeug d. MA; einziges erhaltenes Exemplar in Nürnberg Fälschung aus d. 19. Jh.).
Eiserne Krone, Langobardenkrone, in Monza (Oberitalien) aufbewahrt; mit ihr wurden → Karl der Gr., die dt. Kge u. → Napoleon I. gekrönt.
eiserne Lunge, historisches medikophysikalisches el. betriebenes Gerät, das bei Lähmung der Atem-(Zwerchfell-, Zwischenrippen- u. Atemhilfs-)Muskulatur durch d. Wechsel v. Über- u. Unterdruck z. Durchführung künstl. Atmung über längere Zeit diente; bes. b. spinaler → Kinderlähmung.
Eiserne Maske, Mann mit d. e. M. († 1703), unbekannter Staatsgefangener; s. 1698 in Pariser Bastille.
Eiserner Vorhang,
1) Feuerschutzwand aus Eisen, schließt Zuschauerraum feuersicher gg. Bühne ab; erstmals 1782 in Lyon, seit 1889 vorgeschrieben in Dtld.
2) pol. Bez. f. d. frühere weitgehende

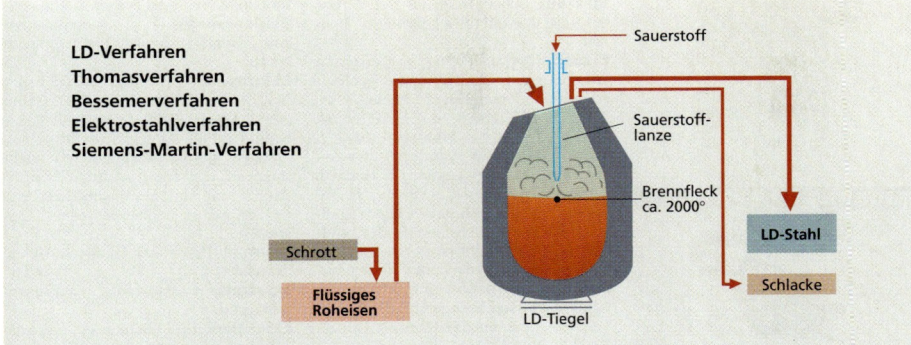

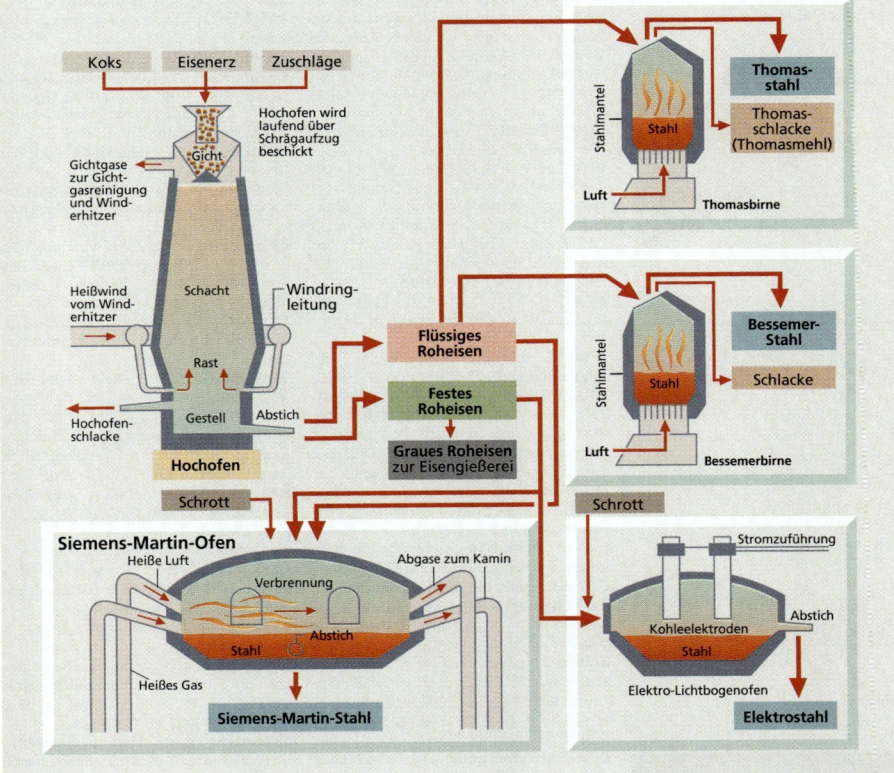

Eiskunstlauf, *Calgary 1988, Katarina Witt* (D)

Eiskunstlauf, *Norbert Schramm* (D)

Eisschnellauf, *Albertville, 1992, Gunda Niemann* (D)

Abschließung d. Sowjetunion u. d. Ostblockstaaten, insbes. f. d. einschneidende pol. Trennungslinie zw. BR u. DDR.
Eisernes Kreuz, versch. Klassen, als preuß. Orden gestiftet 1813, erneuert 1870, 1914, als deutscher Orden 1939, f. Auszeichnungen im Krieg; in der Bundeswehr nationales Erkennungszeichen für gepanzerte Fahrzeuge u. Flugzeuge.
Eisernes Tor, Donaudurchbruch durch d. Banater Gebirge zw. Orşova u. Turnu-Severin, letzte (östl.) Enge; 1972 in jugoslaw.-rumän. Zus.arbeit 58 m hoher Staudamm m. Kraftwerk auf beiden Seite (je 1068 MW) u. Schleuse; 150 km langer Stausee.

Eisessig → Essigsäure.
Eisfjord, tiefe u. zerklüftete Bucht der W-Küste Spitzbergens; bed. Kohlenlager im Süden.
Eisglätte, a. Boden bzw. a. Straßen d. Gefrieren v. Schmelzwasser, Pfützen; in d. Straßenwetterberichten auch ,,gefrierende" o. ,,überfrierende Nässe" genannt.
Eisheilige, *Eismänner, Gestrenge Herren,* volkstüml. für die vier Tage vom 11. bis 14. Mai: *Mamertus, Pankratius, Servatius, Bonifatius* (am 15. Mai die ,,kalte *Sophie*"); oft Nachtfröste.
Eishockey, Eisspiel von 2 Parteien zu je 6 Eisläufern u. 13 Auswechselspielern auf einer 56–61×26–30 m gr. Eisfläche; Ziel: den *Puck* (Hartgummischeibe, 7,62 cm Durchmesser) mit e. geknickten Stock in das 1,83 m breite und 1,22 m hohe Tor des Gegners zu befördern.
Eislauf, Gleiten mit Schlittschuhen auf einer Eisfläche; **Eiskunstlauf** u. **Eisschnellauf** als sportl. Formen.

Eisleben, Lutherstadt E., (D-06295), Krst. in S-A., 25 228 E; Kupfererzverhüttung, Stahlbau; Samenzucht; Geburts- u. Sterbehaus *Luthers.*

Eisler, Hanns (6. 7. 1898–6. 9. 1962), dt. Komp. u. Musiktheoretiker; über 80 Film- u. Bühnenmusiken.

Eislingen/Fils (D-73054), St. im Kr. Göppingen, Ba-Wü., 18 707 E; chem., Maschinen-, Papier- u. Kunststoffind.

Eismeer, Teile des Weltmeeres i. d. Polargebieten; das v. Eurasien u. N-Amerika umschlossene *Nördl. E.* (Nordpolarmeer; bis 5449 m t., ca. 12,26 Mill. km²), nur durch Beringstraße mit Pazifik verbunden, steht mit dem Atlantik in breiter, tiefer Verbindung u. kräftigem Wasseraustausch (Golfstromdrift, Ostgrönlandstrom); das *Südl. E.,* Bez. f. die Randmeere d. antarkt. Kontinents.

Eismeerstraße,
1) wichtige Autostraße in Finnisch-Lappland; v. Rovaniemi zum Inarisee, 531 km l.
2) Seeweg durch die Nord-Ost-Passage (→ Nordöstliche Durchfahrt).

Eisnadeln, kleine Eiskristalle, fallen bei strenger Kälte und heiterem ruhigem Wetter; glitzern in d. Sonne, daher *Diamantenstaub* genannt.

Eisner, Kurt (14. 5. 1867–21. 2. 1919), dt. sozialist. Pol.; Führer der Revolution in München 1918, dann bayr. Min.präs.; ermordet.

Eispflanze → Mittagsblume.

Eispickel, Spitzhaue zum Stufenschlagen u. Sichern im Gletschereis.

Eisprung, svw. → Ovulation.

Eisschießen, *Eisstockschießen,* Eisspiel, ähnlich → Curling.

Eissegeln, Eissport mit → Segelschlitten.

Eisspeedway, Motorradrennen auf d. Eis; meist 400 m Länge (Eisschnellaufbahn), Vorderreifen mit rd. 100 Spikes, Hinterreifen mit rd. 150 Spikes von max. 28 mm Länge; s. 1965 WM.

Eistage, meteorolog. Bez. f. Tage, an denen die Temp. auch i. d. Mittagsstunden unter 0 °C bleibt.

Eistanz, Wettbewerb auf d. Eis, bestehend aus 3 Pflichttänzen, 1 Spurenbildtanz, 1 Kürtanz.

Eisvogel,
1) grünblau schillernder Rackenvogel; an Bächen; Fischfresser, Erdlochbrüter.
2) Tagfalter, braunschwarz, weiß gefleckt.

Eisspeedway, *WM 1979, Max Wiedermayer*

Eisvogel

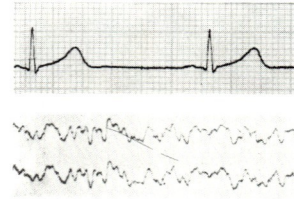
EKG (oben) und EEG

Ekliptik

Eiweiß, *visualisierte Molekülstruktur*
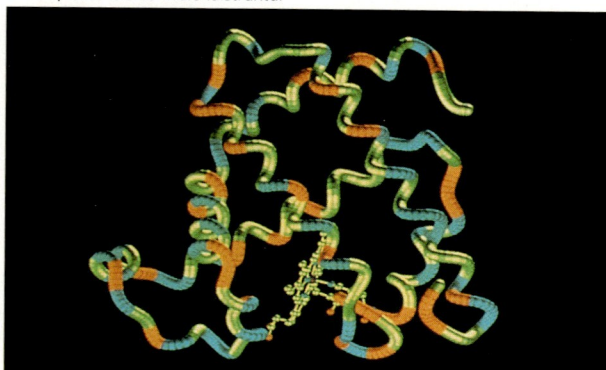

Eiswein, süßer Wein aus hochreifen, bei Lese u. Kelterung gefrorenen Trauben.

Eiszeitalter, *Diluvium, Pleistozän,* Abschnitt der Quartärzeit (→ geologische Formationen, Übers.), begann v. ca. 1,8–1,5 Mill. Jahren, in 4 *Eiszeiten* od. *Glaziale* (Günz-, Mindel-, Riß- u. Würmeiszeit) u. 3 Wärmezwischenzeiten *(Interglaziale)* gegliedert. Ende d. letzten Eiszeit in Dtld vor ca. 10 000 Jahren (gegenwärtig → Interglazialzeit); starke Vergletscherung des nordöstl. N-Amerika u. Europas, hier ausgehend v. Skandinavien u. den Hochgebirgen; Vorrücken der bis zu 1000 m mächtigen Eismassen über ganz N-Dtld; im S von den Alpen bis halbwegs zur Donau. Norddt. Flachland u. Alpenvorland dadurch grundlegend gestaltet (Gletscherschutt (bis 300 m mächtig): Geschiebelehm, Findlinge, Grundmoränenfelder, Endmoränenzüge, Zungenbecken der Gletscher (= Seen in S-Dtld), Schotterfelder, Drumlins, Urstromtäler durch abströmendes Schmelzwasser der Gletscher gebildet.

Eiszeitkunst, Kunst der Altsteinzeit (→ Vorgeschichte, Übers.).

Eiter, gelb, grün oder blau gefärbte Absonderung; bildet sich aus Serum, verflüssigtem Gewebe, E.erregern, → Bakterien (z. B. Strepto- u. Staphylokokken) und weißen Blutkörperchen, die in Massen z. Vernichtung d. E.erreger zur entzündeten Stelle hinströmen.

Eitorf (D-53783), Gem. i. Rhein-Sieg-Kr., NRW, 16 688 E; Textil- u. chem. Ind.

Eiweiß, wichtige Gruppe organ. Verbindungen (Proteine) mit hohem Molekulargewicht; aus ca. 50% Kohlenstoff, 22% Sauerstoff, 16–17% Stickstoff, 7% Wasserstoff, oft Schwefel u. Phosphor; jeder E.körper ist aus → *Aminosäuren* zusammengesetzt; Entstehung d. E. nur durch die lebende Zelle; → Desoxyribonukleinsäure (DNA) d. Zellkerns als Information, die die Aufeinanderfolge der etwa 20 *Aminosäuren* enthält; Übertragung d. Information v. d. DNA durch *Boten-Ribonukleinsäure* u. Aufbau d. Eiweißkörper i. d. → Ribosomen unter Mitwirkung v. *Transfer-Ribonukleinsäuren.*

Eizahn, hornart. Gebilde a. dem Zwischenkiefer b. Kriechtieren u. auf d. Spitze d. Oberschnabels b. Vögeln, m. dessen Hilfe d. Jungtier d. Eischale durchfeilt, um zu schlüpfen.

Ejaculatio praecox [l.], vorzeitiger → Samenerguß.

Ejakulation [l.], → Samenerguß.

Ekarté, *s.,* frz. Kartenspiel (32 Bl.).

Ekbatana, Hptst. des alten Medien, → Hamadan.

EKD, Abk. f. → **E**vangelische **K**irche in **D**eutschland.

Ekdyson, Häutungshormon aus der Prothoraxdrüse der Insekten.

EKG, Abk. für **E**lektro**k**ardio**g**ramm.

Ekhof, Conrad (12. 8. 1720–16. 6. 78), dt. Schauspieler, wandte sich v. d. gezierten frz. Spielart ab.

Ekistik [gr.], Wissenschaft v. menschlichen Siedlungen (Stadtplanung, Siedlungswesen).

Ekkehard I., (909–14. I. 73), Mönch v. St. Gallen, geistl. Dichter; ihm zugeschrieben d. *Waltharius.*

Ekklesia [gr.], → Ecclesia.

Ekklesiologie, *w.* [l. „ecclesia = Kirche"], Bez. f. die theol. Lehre v. d. christl. Kirche.

Eklampsie [gr.], infolge innerer Vergiftung während Schwangerschaft, Geburt oder Wochenbett lebensbedrohliche Krampfanfälle mit Bewußtlosigkeit, Zyanose (→ Blausucht) u. Atemstillstand, erfordert meist sofortige operative Beendigung d. Schwangerschaft, → Gestose; in leichterer Form *Präeklampsie.*

Eklat, *m.* [frz. e'kla], Glanz; Aufsehen, Skandal.

eklatant, offenkundig, auffallend, schlagend.

Eklektiker [gr.], Denker od. Künstler, der nicht aus Eigenem schafft, sondern nur Überliefertes u. verbindet; seine Haltung ist *Eklektizismus.*

eklektisch, zusammengelesen, unoriginell.

Eklektizismus → Historismus.

Ekliptik, *w.* [gr.], scheinbare Bahn d. Sonne am Himmelsgewölbe (→ *Tierkreis*) in einem Jahr; entsprechend auch Ebene der Erdbahn.

Ekloge, *w.* [gr. „ausgewählt"], kl. Hirtengedicht.

Ekofisk, norweg. Erdöl- Erdgasfeld i. d. Nordsee, Förderung s. 1971, Pipelines n. England u. Dtld.

Ekpyrosis, *w.* [gr. „Verbrennung"], n. d. griech.-stoischen Phil. Vorstellung vom Weltenbrand a. Ende e. Weltperiode, aus d. e. neue Welt entsteht.

Ekrasit, *m.,* Sprengstoff (Pikrinsäure).

ekrü [frz.], roh, ungebleicht; naturfarben.

Ekstase, *w.,* [gr. „Außer-sich-sein"], Verzückungszustand, in dem d. Mensch entweder aus d. von Raum u. Zeit definierten Realität aussteigt od. in dem e. Gott od. Geist von ihm Besitz ergreift. E. wird erreicht durch Meditation, Tanz, Rausch od. Fasten u. soll e. Kommunikation m. and. Wirklichkeitsebenen ermöglichen.

ekstatisch, begeistert, verzückt.

Ektag Altai, *Gobi-A.,* asiat. Gebirgszug, 1700 km lang, östl. Ausläufer des S-Altai, üb. 4000 m hoch.

Ektasie [gr.], *med.* Erweiterung v. Hohlorganen.

Ekthyma [gr.], geschwürige Hauterkrankung durch Bakterien (Streptokokken).

Ektoderm [gr.], → Gastrula.

Ektomie [l.], *med.* Herausschneiden.

Ektoparasit, Außenschmarotzer (an d. Körperoberfläche).

Ektopie, falsche Lage von Organ od. Gewebe, auch falsche Erregungsbildung (Herzrhythmusstörung).

Ektropium, Auswärtsstülpung e. Augenlides mit Bindehautentzündung.

Ekzem, *s.* [gr.], juckende Hautentzündung, oft nässend, häufig durch → Allergie.

El (stammverwandt Allah), Gottesbez. bei vielen semit. Völkern; im A.T. oft Mz. *Elohim* für → Jahwe.

Elaborat, *s.* [l.], Ausarbeitung; Machwerk.

Elagabal, syr. Sonnengott, auch → Heliogabalus.

El Al, isr. Luftverkehrsgesellschaft.

Elam, das Reich der **Elamiten** in Mesopotamien, 3. Jtd bis 7. Jh. v. Chr.; Kämp-

fe mit d. benachbarten Babylonien; Hptst. *Susa;* später persisch.
Elan, *m.* [frz. e'lã:], Schwung(kraft).
Elan vital, Lebensdrang (→ Bergson).
El Asnam, früher *Orléansville,* Hptst. d. alger. Bez. Chéliff, 119 000 E; Getreide, Baumwolle; 1954 durch Erdbeben stark zerstört.
Elaste, eigtl. *Elastomere,* aus Kautschuk gewonnene od. synthet. hergestellte stark dehnbare Werkstoffe; hohe Zugfestigkeit, b. niedr. Temp. Verhärtung.
Elastizität, das Bestreben, bei durch Druck, Zug, Biegung, Verdrehung u. anderweitig bewirkter Formänderung die urspr. Form wieder anzunehmen, sobald d. verformende Einwirkung aufhört.
Elat → Eilath.
Elâzığ [-zij], türk. Prov.hptst. im ö. Taurus, 190 000 E; Verkehrs-, Ind.zentrum.
Elba, it. Insel im Mittelmeer, 223 km², 29 000 E; gebirgig, eisenerzreich; Hauptort *Portoferraio.* – Verbannungsort Napoleons I. 1814/15.
Elbe, einer der dt. Hptströme, vom S-Hang des Riesengebirges, durchfließt N-Böhmen bis z. Elbsandsteingebirge, die norddt. Tiefebene u. mündet, 15 km breit, bei Cuxhaven in d. Nordsee; 1165 km lang, davon 793 km in Dtld; Seeschiffe bis Hamburg, 940 km schiffbar; Nbfl.: l. *Moldau, Eger, Mulde, Saale, Ohre, Jeetze, Ilmenau;* r. *Iser, Schwarze Elster, Havel, Elde.* Mit Weser, Ruhr, Rhein oder Mittellandkanal, mit d. Oder u. a. durch Oder-Havel-Kanal verbunden, mit d. Ostsee durch *Nord-Ostsee-* u. **Elbe-Lübeck-Kanal,** zw. Lauenburg u. Lübeck (62 km l.).
Elben, *Alben, Elfen,* german. halbgöttl., halbdämon. Mittler zw. Gott u. Menschen, Nebel- u. Traumgeister; z. d. Elben gehören u. a. auch Zwerge, Nixen, Hausgeister.
Elberfeld → Wuppertal.
Elbing, *Elbląg,* poln. Seehafen i. ehem. Westpreußen, am Fluß *E.* (zum Frischen Haff); Verbindung zu den ostpreuß. Seen durch *Oberländischen Kanal,* 126 000 E; Masch.ind., Werft. – 1237 Deutschordensburg, Hansestadt, seit Niedergang d. Dt. Ordens, 1466 autonomer Stadtstaat, 1772 preuß., 1945 poln.
Elbingerode (D-38875), St. im Unterharz, S-A., 4183 E; Schwefelkies, Erzbergbau.
Elbling, alte, ertragreiche Weißweinrebe, die leichte, neutrale Weine liefert; in Dtld zumeist f. d. Herstellung v. → Sekt verwendet.
Elbrus, höchster Gipfel des Kaukasus, 5642 m; erloschener Vulkan, vergletschert; Erstbesteigung 1868.
Elbsandsteingebirge, Tafelland zw. Lausitzer Gebirge u. Erzgebirge, von d. Elbe in tiefem Engtal durchschnitten, durch Schluchten u. zahlr. Tafelberge u. Felsgruppen aufgelöst: *Lilienstein* (412 m), Schrammsteine, *Großer Zschirnstein* (560 m), *Hoher Schneeberg* (721 m); schönster Teil d. E.: *Sächsische Schweiz.*
Elbtunnel,
1) Untertunnelung der Elbe in Hamburg zw. St. Pauli u. Steinwerder (1911), 448 m lang.
2) 1967–74 gebauter Autobahntunnel (N–S) unter d. Elbe i. Hamburg zw. Othmarschen u. Waltershof.

Elburs, Gebirgszug am Kasp. Meer im Iran: höchster Berg: Vulkan *Demawend,* 5604 m.
Elch, *Elen,* großer Hirsch mit Schaufelgeweih; feuchte Wälder N-Europas, N-Asiens, N-Amerikas; Ostpreußen.
Elche [ˈɛltʃe], St. i. d. span. Prov. Alicante, 188 000 E; *Dattelpalmenwald v. E.:* nördlichste Oase; *Dame v. E.:* Frauenbüste (iberisch, 3. od. 4. Jh. v. Chr.).
El Dorado → Dorado.
Elea, altgriech. St. in Unteritalien, z. T. ausgegraben; nach ihr d. **eleatische Schule** d. griech. Philosophen Xenophanes, Parmenides, Zenon u. a. im 6. und 5. Jh. v. Chr., lehrte d. unveränderliche Einheit d. Seins u. verwarf d. (nichtbegriffl.) Sinneserkenntnis.
Elefanten, letzte lebende Vertreter d. einst artenreichen Rüsseltiere; leben in Herden; *Afrikan. E.,* großohrig, bis 3½ m hoch; *Indische E.,* kleinere Ohren, bis 3 m hoch. Ausgestorbene E.: *Mammut, Mastodon.*
Elefantengras → Chinaschilf.
Elegie, *w.,* im griech. u. röm. Altertum Gedicht in Distichen, Verspaaren aus → Hexameter u. → Pentameter: *elegisches Versmaß;* heute allg. f. wehmütiges *(elegisches)* lyr. Gedicht, bes. seit Goethes *Marienbader E.*
elegisch, wehmutsvoll, klagend.
elektiv, *med.* auswählend; *elektive Operation,* längerfristig geplanter Eingriff.
Elektorat [l. „Wahlrecht"], → Kurfürstenwürde.
Elektra, in d. griech. Sage Tochter d. Agamemnon und der Klytämnestra; Schwester des Orest, Mittäterin d. Vatermordes; Tragödien v. Sophokles u. H. v. Hofmannsthal (danach Oper v. R. Strauss).
elektrifizieren, mit el. Antriebsanlagen versehen.
elektrische Bahnen, urspr. Straßenbahn, dann auch im Bergbahn- u. Eisenbahnbetrieb (→ Tafel Eisenbahn); Stromerzeugung in Zentralen durch Dynamos, Übertragung durch Hochspannungsleitung z. den auf der Strecke verteilten Umformerstationen (Speisepunkte), Umformung auf Betriebsspannung und Stromart; b. Straßenbahn meist Gleichstrom, bei Eisenbahn i. allg. Wechselstrom; Zuführung durch Oberleitung oder Stromschiene.
elektrische Beleuchtung, Umwandlung von el. Energie in Licht-Energie u. Ausnutzung in → Glüh-, → Bogen-, → Gasentladungs-Lampen.
elektrische Entladung, Ausgleich d. Spannungsunterschiedes zweier Körper über Leiter (Metalle etc., z. B. Kondensator, Batterie) oder über Nichtleiter (Isolierstoffe, Gase etc.; hier Umwandlung der frei gewordenen Energie in Licht: Blitz, Lichtbogen, Funken usw.).
elektrische Feldstärke, Abk. *E,* Maß f. d. Anziehungskraft von el. Ladungen, abhängig v. Spannung u. d. Abstand zweier durch einen dïelektrischen Stoff (→ Dielektrikum) getrennten Leiter; Einheit: Volt pro cm.
elektrische Fische, Fischgruppe mit el. Organen, die Stromstöße zur Verteidigung, zum Beutefang od. zur Orientierung erzeugen; → Zitteraal u. a.
elektrische Heizung, Strom durchfließt und erhitzt Widerstände, z. B.

Elba

Elbsandsteingebirge

Elch

Elefant

Chromnickeldraht als Schraubenfeder gewickelt u. spiral- od. schraubenförmig auf Widerstandsträger (Säule od. Platten) aufgelegt; Wärmestrahlung bei Öfen, Wärmeleitung bei Herden u. Kochplatten, Gebläse bei Speicheröfen.
elektrische Maßeinheiten,
1) *Ampere,* Abk. *A,* Einheit der Stromstärke: 1 A = 1 Coulomb pro Sek. (C/s).
2) *Ohm,* Abk. Ω, Einheit des el. Widerstandes.
3) *Volt,* Abk. *V,* Einheit der → elektromotorischen Kraft u. der Spannung, 1 V = Spannung, die benötigt wird, um Strom v. 1 A durch Widerstand von 1 Ω zu „drücken".
4) *Watt,* Abk. *W,* Einheit der el. Leistung, Produkt aus Strom mal Spannung, 1 W = 1 V·A.
elektrische Öfen,
1) → elektrische Heizung.
2) el. Schmelzöfen für d. Herstellung hochwertiger Metalle; Temperaturen bis über 3000 °C, **a)** *Induktionsöfen* im schmelzenden Metall werden starke Ströme induziert; **b)** *Lichtbogenöfen,* über d. Material wird ein starker el. Lichtbogen entzündet (→ Eisen- u. Stahlgewinnung, Tafel u. Übersicht).
elektrische Raumflugtriebwerke, Schub wird statt durch Verbrennung relativ energiearmer Treibstoffe (wie z. B. chemothermische Triebwerke) durch Energiezufuhr an das Arbeitsgas auf el. Wege erzeugt.
elektrischer Stuhl, z. T. in d. USA zur Hinrichtung von Verbrechern durch regelbare Ströme zw. 0,1 u. 1 Ampere; Tod durch → Herzkammerflimmern.
elektrischer Widerstand, Kräfte, die dem Fließen des el. Stromes entgegenwirken: **a)** *reelle Widerstände,* bei ihnen tritt echter Leistungsverlust auf, meist in Wärme umgesetzt, z. B. Metalldraht, Kohlenstoff, Graphit; z. Regeln v. Strömen *veränderl. W.;* **b)** *Blind-W.: induktiver* (Drosselspule) u. *kapazitiver* (Kondensator) *W.,* setzen dem Wechselstrom Gegenspannung entgegen, aber kein Leistungsverlust; Maßeinheit: → Ohm.
elektrische Sicherung, Vorrichtung zur selbsttätigen Unterbrechung des el. Stroms bei Überlastung der el. Leitungen; → Schmelzsicherung.
elektrisches Lichtbad, Apparat zur Bestrahlung des Körpers mit el. Licht, meist kastenförmig.

elektrische Ströme, bewegte Elektronen in einem Leiter od. frei im Raum (z. B. in Elektronenröhre); Stromarten: → Gleich-, → Wechsel-, → Dreh-, → Mischstrom.
elektrische Stromstärke, die in e. Stromkreis in der Zeiteinheit fließende Elektrizitätsmenge, gemessen in Ampere = → Coulomb C pro Sekunde.
elektrische Zündung, durch elektr. Strom bewirkte Entzündung explosiver Stoffe (z. B. Sprengladung); → Zündkerze.
elektrisieren → Elektrotherapie.
Elektrisiermaschine, Apparat zur Erzeugung v. Reibungselektrizität.
Elektrizität, Sammelbegriff f. alle Erscheinungen, die mit ruhenden od. bewegten el. Ladungen verbunden sind. Grundbausteine d. E. sind d. → Elektronen u. → Protonen, die e. negative bzw. positive → Elementarladung tragen. Jede Ladung od. Ansammlung von Ladungen ist Quelle eines sie umgebenden el. Feldes (→ Kraftfeld); el. Felder wirken aufeinander, was zu Kräften auf d. Ladungen führt: gleichartige Ladungen stoßen sich ab, ungleichartige (pos. u. neg.) ziehen sich an. Sind d. Ladungsträger frei beweg. (z. B. im el. → Leiter od. → Vakuum), entsteht dadurch Bewegung d. Ladungsträger, ein el. → Strom. Wenn gleich viele pos. u. neg. Ladungsträger eng benachbart sind wie im → Atom, so hebt sich die Wirkung ihrer el. Felder auf, das Atom erscheint nach außen ungeladen (el. neutral); Materie als Ansammlung v. Atomen ist ebenfalls neutral. Erst wenn durch Methoden d. Elektrizitätserzeugung eine Trennung der Ladungen zu örtl. Ladungsüberschüssen einer Art führt, verbunden mit d. Entstehung v. el. Kraftfeldern, werden el. Erscheinungen beobachtbar. Elektrizitätserzeugung u. Auftreten el. Ladungen: **a)** als *Reibungs-E.* beim Aneinanderreiben v. → Isolatoren; schon i. Altertum von d. Griechen beim Reiben v. Bernstein [gr. „elektron"] beobachtet; Anwendung z. B. in d. → Influenzmaschine; **b)** als *atmosphärische E.* bei Gewittern; Spannungen bis zu mehreren Mill. Volt, Entladung als Blitz; **c)** als *galvanische E.* (→ galvanischer Strom) durch Umwandlung v. chem. in el. Energie; Anwendung als Stromquelle f. kleine Geräte, Taschenlampen u. a.; **d)** als → *Thermoelektrizität;* **e)** als → *Piezo-Elektrizität;* **f)** als *dynamische E.* zur Erzeugung großer Energiemengen i. **E.swerk** *(Kraftwerk)* durch Umwandlung von mechan. i. el. Energie in → Dynamomaschinen (Generatoren). Diese werden je nach Kraftquelle v. Wasserturbinen (Speicher-, Fluß-, Gezeiten-Kraftwerke) oder v. Dampfturbinen (Kohle, Erdgas, Erdöl, Atomenergie) angetrieben. Je nach Leistung und Art d. Generatoren wird meist → Drehstrom mit Nieder- od. Mittelspannung (Frequenz 50 Hz) erzeugt, in → Umspannwerken auf höhere Spannung transformiert (dadurch werden Leistungsverluste beim Transport kleingehalten) u. über Fernleitungen d. Verbrauchergebieten zugeführt. Je nach Länge u. Leistung d. zu übertragenden Energie wird Niederspannung 220/380 Vo, Mittelspannung 10, 20, 30 kV (Kilovolt), Hoch- od. Höchstspannung 60, 110, 220, 380 kV gewählt (→ Hochspannung). Großkraftwerke sind über Hoch- od. Höchstspannungsnetze miteinander verbunden (sog. Verbundnetz); dadurch werden d. jahreszeitl. Schwankungen d. Energieangebotes sowie örtl. u. zeitl. veränderter Lastbedarf ausgeglichen. → Gleichstrom od. Stromarten anderer Frequenzen als 50 Hz werden heute meist durch Umformung mit → Gleichrichtern bzw. umlaufenden Maschinen (Frequenzumformer) erzeugt (→ Tafel Elektrizität). **E.szähler** mißt selbsttätig den el. Energieverbrauch, d. h. das Produkt aus Spannung (Volt), Stromstärke (Ampere) u. Zeit (Sek.); im Gebrauch Motor-, Induktions- u. Stia-(Quecksilber-Elektrolyt-)Zähler.

Elektroakustik, *Ela,* el. Aufnahme, Verstärkung, Speicherung u. Wiedergabe v. Schall (→ Akustik); Anwendung: Tontechnik bei Hörfunk u. Fernsehen, zu Hause (→ Schallplatten, → Magnetbandgerät, → Hi-Fi), in Diskotheken etc.

elektroakustische Wandler, Vorrichtungen, die akust. Schwingungen in el. od. umgekehrt el. in akust. Schwin-

Elektrizität

Stromerzeugung

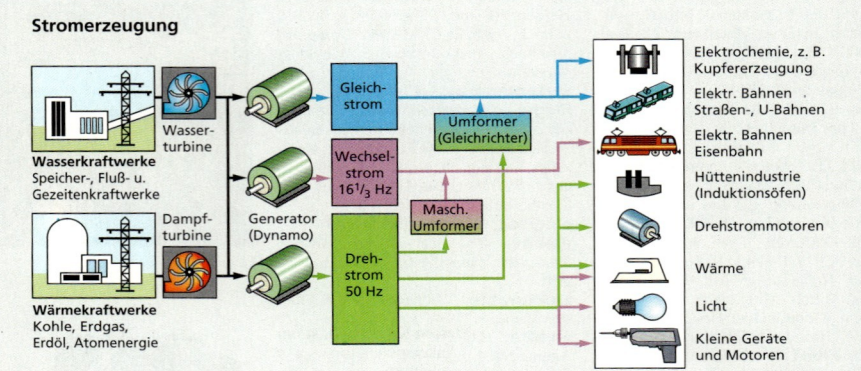

Energieverteilung

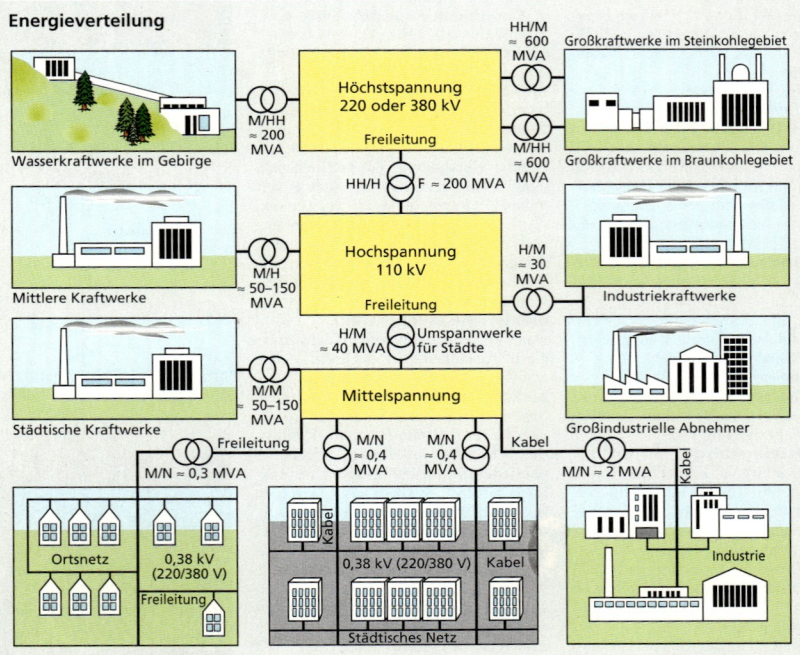

gungen umwandeln (z. B. → Mikrofon, → Kopfhörer, → Lautsprecher, Tonabnehmer u. ä.).

Elektroauto, batteriegetriebenes Fahrzeug, das bereits um 1900 verbreitet war, wurde v. Benzinmotor-Auto verdrängt, heute (wegen → Luftverunreinigung) als abgasfreies Stadtfahrzeug wieder neu entwickelt; Nachteile: hohes Gewicht, geringe Reichweite; Einsatz vor allem in Lagerhallen (Gabelstapler).

Elektrochemie, Lehre v. Zusammenhang chem. u. el. Vorgänge.

Elektrochirurgie, chirurg. Operationen mittels el. Geräte (z. B. Kauterisieren, Koagulieren).

Elektroden,
1) die i. d. Elektrolyten eintauchenden, oft plattförm. Leitungsstücke, → Elektrolyse.
2) Leiter, zw. denen Elektronenströme, Lichtbogen od. Funken übergehen od. gesteuert werden.

Elektrodynamik, Theorie d. Elektrizität u. d. Magnetismus, Lehre v. d. zeitl. veränderlichen u. ihren Wechselwirkungen mit ruhenden u. beweglichen el. Ladungen.

Elektrodynamometer, *Dynamometer,* eine leicht drehbare Spule ist innerhalb einer festen Spule aufgehängt; wenn beide vom Strom derselben Verbraucherleitung durchflossen werden, ist d. Drehwinkel d. (drehbaren) Spule ein Maß f. d. verbrauchte el. Leistung (Wattmeter).

Elektroenzephalographie, Elektroenzephalogramm, Messung von Hirnströmen in Mikrovolt zur neurolog. Diagnostik: Epilepsieherde, Hirntumoren, Funktionszustände des Gehirns (wie z. B. Wachheit, Schlafstadien, Narkosetiefe).

Elektroindustrie, dient der Herstellung von Maschinen u. Geräten der → Elektrotechnik (→ Elektronik, Übers.).

Elektrokardiographie, *EKG* (Abb.), durch **Elektrokardiographen,** registriertes Herzstrombild, erzeugt durch die bei den Herzbewegungen entstehenden el. Spannungen der *Herzaktionsströme* (um 1,2 Millivolt); dient zum Erkennen v. Herzkrankheiten.

Elektrolytkupfer, durch Elektrolyse abgeschieden; sehr rein.

Elektrolyse, die Zerlegung gelöster oder geschmolzener chem. Verbindungen (**Elektrolyten**) durch den Strom. Erklärung durch die Theorie d. elektrolyt. → Dissoziation: Die positiv geladenen → Ionen wandern z. negativen Elektrode (*Kathode*), die negativen Ionen zur positiven Elektrode (*Anode*) u. ihre Ladungen neutralisiert u. die die Ionen bildenden Atome od. Atomgruppen abgeschieden werden. – Die Abb. zeigt Elektrolyse v. angesäuertem Wasser, wobei an der Kathode (K) Wasserstoff (H_2), an der Anode (A) Sauerstoff (O_2) abgeschieden wird.

Elektrolytkondensator, dünne Metallfolie in flüss. od. breiförm. Elektrolyt als Anode, Metallgehäuse od. 2. Folie als Kathode; bei Anlegen v. Spannung auf der Anode Bildung e. Oxidschicht als → Dielektrikum; Kapazität b. kleinen Abmessungen sehr groß.

Elektromagnet, eine Drahtspule, um die sich bei Durchfluß von el. → Strom

e. → magnet. Feld ausbildet; Feld wird durch Eisenkern in d. Spule verstärkt; Verwendung in el. Maschinen u. Geräten.

elektromagnetische Lichttheorie, v. → *Maxwell,* erklärt Licht für transversale elektromagnet. → Wellen.

elektromagnetisches Feld, nach d. Maxwellschen Gleichungen (→ Maxwell) sind el. u. magnet. Felder derart wechselseitig verknüpft, daß ein zeitl. veränderliches el. Feld e. Magnetfeld hervorruft u. umgekehrt. Dieses so verkoppelte F. breitet sich als elektromagnet. Wolke (Ä elektromagnet. Wellenstrahlung) mit → Lichtgeschwindigkeit im Raum aus; el.

elektromagnetische Wellenstrahlung, Gesamtheit aller Wellenstrahlungen, die als Energieträger periodische elektromagnet. Felder sind u. die sich im Vakuum mit → Lichtgeschwindigkeit ausbreiten. Dazu gehören d. ,,Radiowellen'' (→ Lang-, → Kurz- u. → Ultrakurzwellen), Radarwellen (→ Radar, Übers.), → Mikrowellen, Infrarotstrahlung (→ ultraviolette Strahlung, → Licht, (→ ultraviolette Strahlung, → Röntgen- u. → Gammastrahlen).

Elektromagnetismus, → Strom ist stets von einem ihn umgebenden → magnet. Feld begleitet (→ Elektromagnet).

Elektromotor, Maschine, die el. Energie in mechan. Energie umwandelt. Gegenstück zur → Dynamomaschine und wie diese aufgebaut aus Stator mit Feldmagneten, in dessen Kraftfeld d. stromdurchflossene Ankerspule (→ Anker) e. Drehbewegung ausführt.

elektromotorische Kraft, Abk. *EMK,* Kraft, die im Innern einer Stromquelle die Trennung d. el. Ladungen u. damit d. Aufbau einer el. → Spannung bewirkt.

Elektromyogramm, *EMG,* kurvenmäßige Aufzeichnung d. Aktionsströme, d. b. jeder Muskeltätigkeit entstehen; z. Diagnostik v. Muskelerkrankungen.

Elektron, s. [gr. ,,Bernstein''];
1) el. negativ geladenes Elementarteilchen mit der kleinsten elektrostat. Ladungseinheit ($1{,}602 \cdot 10^{-19}$ As); in Atomen durch Anziehungskräfte gebunden, freie Elektronen (Emission aus einer Kathode oder β–Zerfall eines Atomkerns) lassen sich durch el. u. magnet. Felder ablenken.
2) sehr leichte Magnesiumlegierung (90% Magnesium; Rest Aluminium u. Spuren von Mangan, Kupfer, Zink), Dichte 1,8, für Flugzeug- u. Motorenbau.

Elektronegativität, *chem.* Bez. für die Fähigkeit von Atomen, die Elektronen einer chem. Bindung an sich zu ziehen. Metalle haben kleine, Wasserstoff und Kohlenstoff eine mittlere, Sauerstoff und Fluor eine große E.; E. bestimmt die Polarität v. Bindungen; E. nimmt im → Periodensystem nach rechts und nach oben zu.

Elektronen-Beugung, bei d. Durchstrahlung v. Kristallen werden Elektronen an d. regelmäß. Gitterstruktur wie Wellen gebeugt (→ Beugung), so daß auf fotograf. Platte Beugungsringe wie b. Lichtbeugung entstehen. Von L. de → Broglie 1924 theoret. vorausgesagt, von Davisson u. Germer 1927 nachge-

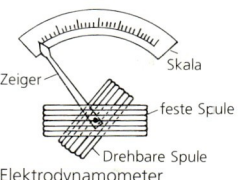
Elektrodynamometer

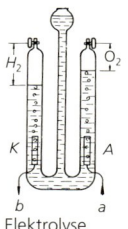
Elektrolyse

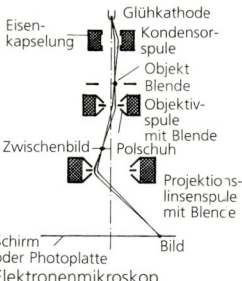
Elektronenmikroskop

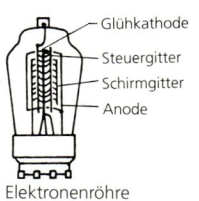
Elektronenröhre

wiesen. Wichtige Bestätigung f. duale Natur d. Materie; grundlegend für → Quantentheorie.

Elektronenblitzgerät, *Elektronenblitz,* im Ggs. zu früherem Blitzlicht völlig betriebssicher, extrem hell u. hochpräzise Dosierung des Blitzlichts, in Kameras eingebaut od. extern anschließbar. Heute fast nur noch gemeinsame elektron. Steuerung, Berechnung, Dosierung des abzugebenden Blitzlichts durch das elektron. System der Kamera plus dem elektron. System des Blitzgerätes. Standard inzw.: Blitzlichtmessung vollautomatisch in der Filmebene der Kamera.

Elektronenlinse, analog einer Linse für Lichtstrahlen wirkt ein rotationssymmetr. el. oder magnet. Feld auf Elektronenstrahlen (Verwendung z. B. im → Elektronenmikroskop).

Elektronenmikroskop, el. Mikroskop, d. Elektronen statt Lichtstrahlen verwendet (→ Tafel Elektronik); Sichtbarmachung durch Fluoreszenzschirm od. photographische Platte; Auflösung bis ~ 0,2 nm (gg. 500 nm bei optischem Mikroskop), daher mit E. wesentl. kleinere Objekte darstellbar; Übermikroskop → Feldelektronenmikroskop, → Elektronenrastermikroskop; MPI f. E.ie in Berlin-Dahlem.

Elektronenoptik,
1) Teilgebiet der Physik, das sich mit d. Möglichkeiten d. → Abbildung durch Elektronen u. Ionen (statt Licht) mit Hilfe rotationssymmetr. u. el. u. magnet. Felder befaßt; → Elektronenlinse.
2) Bez. f. → Elektronenlinsensystem.

Elektronenrastermikroskop, spezielle Form des → Elektronenmikroskops, bei dem d. Oberfläche des Objekts m. e. sehr feinen Elektronenstrahl rasterförmig abgetastet wird u. d. dabei ausgelösten → Sekundärelektronen zur Helligkeitssteuerung e. synchron erzeugten Fernsehröhrenbildes benutzt werden. Großes Auflösungsvermögen (von 10 nm bis max. 0,3 nm), wesentl. bestimmt durch Breite d. Elektronenstrahles. Zeichnet sich durch hohe → Schärfentiefe u. sehr plastisch wirkende Bilder aus.

Elektronenrechenmaschinen → Informatik.

Elektronenröhre, *Röhre,* hochevakuiertes Glas-, Stahl- od. Keramikgefäß mit 2 od. mehr Elektroden (Polen). *Arbeitsweise:* Glühkathode sendet (emit-

Elektronenrastermikroskop-Bild, *Bruchfläche eines keramischen Kristalls*

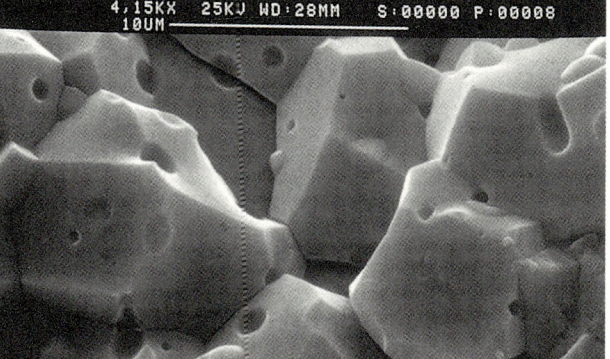

Elektronik

Wissenschaft vom Verhalten u. der phys. Beeinflußbarkeit von geladenen Teilchen (Elektronen, Ionen, „Löcher") im Vakuum, in Gasen u. in → Halbleitern sowie deren technische Anwendung. Die Elektronik war urspr. ein Teilgebiet d. Elektrotechnik, entwickelte sich aber selbständig weiter; der wesentliche Unterschied der Elektronik zur *reinen Elektrotechnik* besteht darin, daß letztere sich mit Elektronen in festen Leitern u. Flüssigkeiten beschäftigt. Der Begriff der Elektronik umfaßte urspr. im engeren Sinne nur das Gebiet der freien Elektronen u. in der Anwendung die Bauelemente, deren Wirkung auf der Bewegung freier Elektronen als Ladungsträger im Vakuum u. in Gasen beruht. Die wichtigsten dieser Bauelemente sind heute v. a. → Senderöhren u. Spezialröhren wie → Bildröhre, → Bildspeicherröhren u. ä. Mit der Entwicklung der Halbleitertechnik wurde auch dieses Gebiet in den Begriff der Elektronik mit einbezogen. Es umfaßt Bauelemente, deren el. Leitfähigkeit durch Störungen (Verunreinigungen) im Gitteraufbau des Materials bestimmt wird. Wichtige Halbleiter-Bauelemente sind diskrete Bauelemente wie → Transistor, → Feldeffekt-Transistor, → Dioden, optoelektron. Elemente (Laserdiode, LED) u. ä. sowie als wichtigste Bauelemente d. Elektronik integrierte Schaltkreise (IC, Chips) in monolithischer od. Hybrid-Technik m. analoger od. digitaler Signalverarbeitung.

Elektronische Bauteile übernehmen in d. modernen Technik immer mehr Aufgaben, die früher von mechan. od. elektromechan. Bauelementen ausgeführt wurden oder aus technischen oder wirtsch. Gründen überhaupt nicht gelöst werden konnten. Die wesentlichen Vorteile elektronischer Bauelemente u. Einrichtungen bestehen in relativ niedrigen Kosten, geringem Raumbedarf, großer Operationsgeschwindigkeit, geringem Leistungsbedarf, langer Lebensdauer, Anpassungsfähigkeit an unterschiedl. Aufgaben, Realisierbarkeit sehr komplexer Systeme u. einfacher Informations-Fernübertragung. Ihre Hauptanwendungsgebiete sind: Militärtechnik, Konsumgüter-Elektronik (Unterhaltungs- und Haushalts-Elektronik), Nachrichtentechnik (Übertragungs- u. Vermittlungstechnik), Daten- u. Informationsverarbeitung (Informationselektronik), industrielle Elektronik (Meß-, Prüf- u. Automatisierungstechnik), Leistungs-Elektronik, Raumfahrttechnik, Medizintechnik.

Entwicklung: *1. Phase* (ab etwa 1906): Entwicklung d. → *Elektronenröhren,* dreidimensionaler Verbindungsaufbau (Verdrahtung) diskreter Bauelemente, Chassisbauweise, noch geringe Packungsdichte; *2. Phase* (ab etwa 1948): d. Erfindung d. → Transistors leitet Zeitalter d. Halbleiter-Bauelemente ein; zweidimensionaler Verbindungsaufbau (Leiterkartentechnik, gedruckte Schaltungen) diskreter Bauelemente, Modul- u. Mikromodultechnik, bessere Packungsdichte. Innerhalb von ein bis zwei Jahrzehnten Elektronenröhre durch Transistor fast völlig verdrängt (bis auf einige Spezialröhren); Entwicklung einer Vielzahl von neuen, speziellen Bauelementen. *3. Phase* (ab etwa 1960): Entwicklung der → *integrierten Schaltungen* (Mikroelektronik), Monolith-, Schicht- und Hybrid-Technik; kleiner bis mittlerer Integrationsgrad auf einem Chip; enorme Steigerung d. Zuverlässigkeit elektron. Schaltungen (insbes. wegen Wegfalls vieler Lötstellen). *4. Phase* (ab etwa 1970): *Groß- und Größtintegration,* hochintegrierte system- u. funktionsorientierte Geräteteilsysteme, v. a. in Monolith-Technik, große bis sehr große Packungsdichte (dadurch Problem der Verlustwärme).

Zur Zeit ist ein Integrationsgrad von mehr als 10 Millionen (die vierfache Dichte davon in Aussicht) Elementen pro Chip erreicht (z. B. Halbleiterspeicher). Diskrete Bauelemente haben als Ergänzung zu den integrierten Schaltkreisen weiter Bedeutung. Durch die Entwicklung der IC nahm die Bedeutung digitaler Schaltungen stark zu, jedoch werden analoge Schaltungen auch in Zukunft nicht völlig verdrängt. Charakteristisch für d. Elektronik ist eine ungewöhnlich schnelle Entwicklung, deren Dynamik noch anhalten wird: weiter steigende Integration (physikalische Grenzen sind noch nicht erreicht), verstärkter Einsatz von Mikroprozessoren, Erschließen von Grenzgebieten (optische, akustische u. magnetische Effekte), Datenspeicherung und -zugriff mittels Laserstrahlen, neue Halbleiter-Werkstoffe u. a.

---

tiert) Elektronen aus, d. v. gegenüberliegender od. d. Kathode umschließender Anode durch deren positive Spannung angezogen werden (Elektronenstrom); Gitterelektroden steuern den Elektronenstrom; darauf beruht die Funktion der E. als → Verstärker, → Oszillator, Modulator (→ Modulation 2) usw. *Kathode:* direkt auf Heizfaden oder auf Nickelröhrchen (mit isoliertem Heizfaden innen) aufgetragene Oxidschicht eines Alkalimetalls (z. B. Barium) = direkt bzw. indirekt geheizte Kathode. Oxidschicht wird durch Heizfaden z. Glühen gebracht. *Anode:* Blech oder engmaschiges Drahtgeflecht aus Eisen-Nickel-Legierung. Beeinflussung des Anodenstroms ohne Änderung der Anodenspannung (u. Heizung) durch ein oder mehrere *Gitter* (z. B. schraubenförmig gewickelter Molybdändraht) zw. Anode u. Kathode, die Anodenstrom je nach ihrer positiven od. negativen Ladung verstärken bzw. schwächen. Nach *Elektrodenzahl* unterscheidet man Zwei-, Drei- usw. b. Neunpolröhren; oft mehrere Systeme in e. Glaskolben (Verbund- u. Mehrfachröhren). Nach *Anwendung* unterscheidet man Empfängerröhren, → Senderöhren, Mikrowellenröhren, Elektronenstrahlröhren (z. B. → Bildröhre), Abstimmzeigeröhre → magisches Auge, Endröhre, Gleichrichterröhre, Oszillatorröhre u. ä. Heute sind nur noch Senderöhren (= auch Mikrowellenröhren) u. Spezialröhren (Bildaufnahmeröhren, Wanderfeldwandler u. ä.) im Einsatz; aus d. anderen Anwendungsbereichen wurde die E. fast völlig v. den Halbleiterbauelementen verdrängt. Gasgefüllte E.n sind Gasentladungsröhren (z. B. → Glimmlampe).

Elektronenschleuder → Beschleuniger.

Elektronenstoß, Stoß e. schnellbewegten u. daher energiereichen → Elektrons auf Atome od. Moleküle, die durch d. beim Stoß übertragene Energie angeregt (→ Anregung) od. ionisiert (→ Ionisation) werden können.

Elektronenvervielfacher, in der Elektronik u. Fernmeldetechnik Einrichtung, die sehr kleine Elektronenströme verstärkt, nutzt d. Effekt, daß auf Elektrode (aus geeignetem Material) auffallendes Elektron mehrere → Sekundärelektronen herausschlagen kann; durch mehrfaches Aufprallen auf entsprechend angeordnete u. geladene Elektroden kann hohe Verstärkung erzielt werden.

Elektronenvolt, Abk. *eV,* Einheit der Energie i. d. Physik d. elementaren Gebilde: Energiezuwachs, die ein Elektron beim Durchlaufen d. Spannung 1 Volt erhält; $1\,\text{eV} = 1{,}60219 \cdot 10^{-19}\,\text{J}$; $1\,\text{keV} = 1000\,\text{eV}$; $1\,\text{MeV} = 1\,\text{Mill. eV}$; $1\,\text{GeV} = 1\,\text{Mrd. eV}$.

Elektronik → Übers.

elektronische Bildbearbeitung, mit PC u. Multimedia lassen sich Fotos jegl. Art auf Datenträger mittels Scanner übertragen u. beliebig umgestalten.

elektronische Datenverarbeitung, *EDV,* → Informatik.

elektronische Musik, Klangerzeugung mit Hilfe von el. Schwingungsschaltungen (→ Oszillatoren); elektr. Schwingungen werden durch Lautsprecher i. akust. umgewandelt; ermöglicht größeren Bereich v. Klangfarben gegenüber herkömml. Musikinstrumenten;

heute hauptsächlich v. → Synthesizern erzeugt.

elektronische Nachrichten, auch: elektronisches schwarzes Brett; Verbreitung v. Daten über e. → Computernetz; in themat. Gruppen unterteilt; zugängl. für alle Teilnehmer im Computernetz.

elektronische Post, Austausch v. Daten über e. → Computernetz zw. Sender u. Empfänger.

elektronische Retusche → elektron. Bildbearbeitung.

elektronisches Auge, *Fernauge,* Fernsehkamera zur Überwachung (i. d. Industrie, Straßenverkehr). → Videosignal wird über Kabel zur Überwachungsstelle geleitet und auf einem → Monitor wiedergegeben.

Elektrooptik, Begriff f. d. Wechselwirkung zw. elektrischen und optischen Erscheinungen, z. B. → fotoelektrischer Effekt, → Kerr- u. → Stark-Effekt.

Elektrophor, *m.* [gr.], Elektrizitätsträger, Vorrichtung zur Erzeugung v. Reibungselektrizität durch → Influenz.

Elektrophorese → Kataphorese.

Elektrophysiologie, Wissenschaft der el. Vorgänge i. Lebewesen.

Elektroschock → Schockbehandlung, → Defibrillator.

Elektroskop, *s.* [gr.], *Blättchenelektroskop,* Gerät z. Nachweis geringer el. Ladungen; Arbeitsweise beruht darauf, daß sich gleichnamige Ladungen abstoßen; → Elektrizität.

Elektrostal, russ. St. ö. von Moskau, 150 000 E; Erzeugung v. Stahl i. Elektroöfen.

Elektrostatik, Lehre v. d. ruhenden Elektrizität u. ihren Kräften; Ggs.: *Elektrodynamik.*

Elektrotechnik, die prakt. Verwertung d. Elektrizität bei Erzeuger u. Verbraucher sowie Herstellung el. Geräte u. Maschinen durch die Industrie (→ Elektrotechnische Industrie, Schaubild). Als *reine E.* die Wiss., die sich mit d. Verhalten v. Elektronen in festen → Leitern u. Flüssigkeiten befaßt (→ Tafel Elektrotechnik).

Elektrotherapie, Heilbehandlung m. versch. Arten u. Anwendungsformen des el. Stroms, wie *Faradisation, Galvanisation, Galvanokaustik, Lichtbehandlung, Kurzwellen-, Reizstrom-, Mikrowellen-, el. Überwärmungsbehandlung, Iontophorese, Diathermie* u. a.

Element, Ding, das in einer Menge (→ Mengenlehre) enthalten ist.

elementar [l.], urstofflich; grundlegend.

Elementaranalyse, Verfahren zur Ermittlung d. → Bruttoformel v. organ. chem. Verbindungen.

Elementargeister, bewohnen in d. Sage d. 4 Elemente: Feuer *(Salamander),* Wasser *(Undinen),* Luft *(Sylphen),* Erde *(Gnomen).*

Elementarladung, *el. E.* (Abk. *e*) = $1{,}602 \cdot 10^{-19}$ Coulomb (elektrostat. Ladungseinheiten), ist d. kleinste Einheit der elektrischen Ladung von freien Teilchen (z. B. → Elektron, → Positron, → Proton). Die → Quarks tragen $\frac{1}{3}$ oder $\frac{2}{3}$ von einer Elementarladung, sind aber nur im gebundenen Zustand von je 2 od. 3 Quarks mit ganzzahliger Ladung zu beobachten.

Elementarteilchen, urspr. Bez. f. d. für Aufbau d. Materie wichtigsten E.:

Elektronik und Elektrotechnik

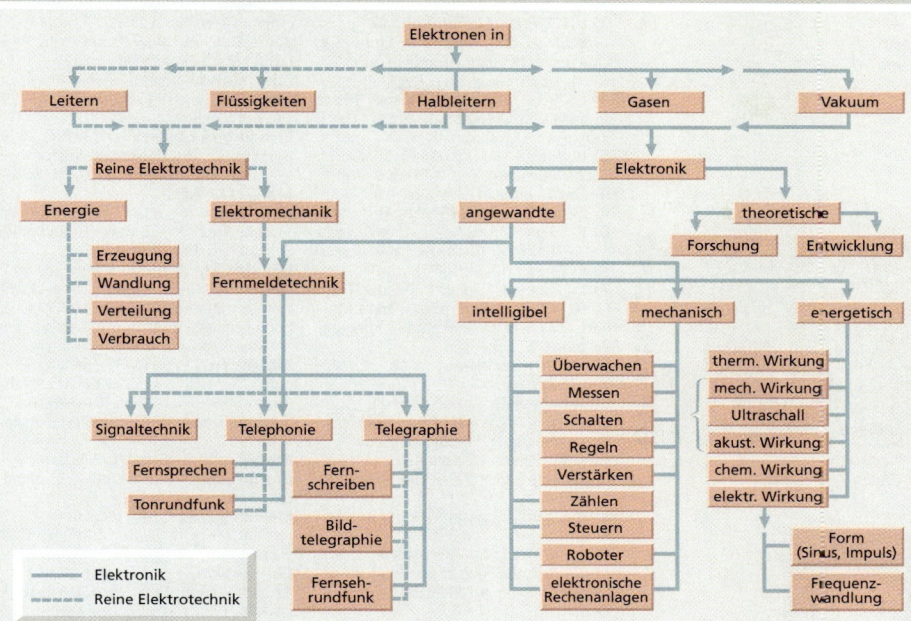

Elektrotechnische Industrie

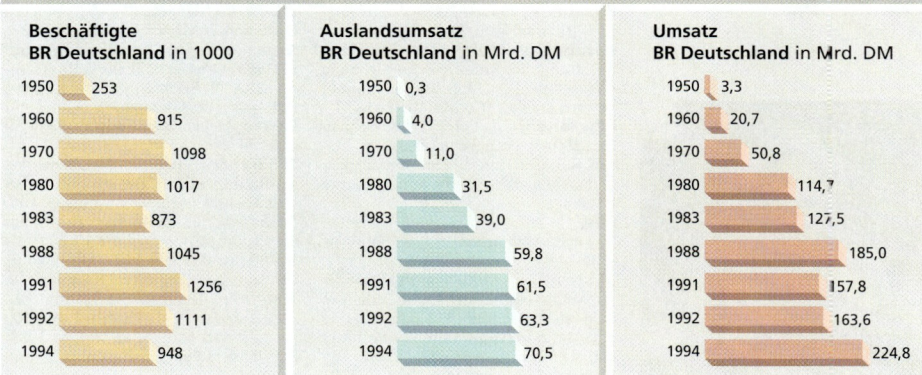

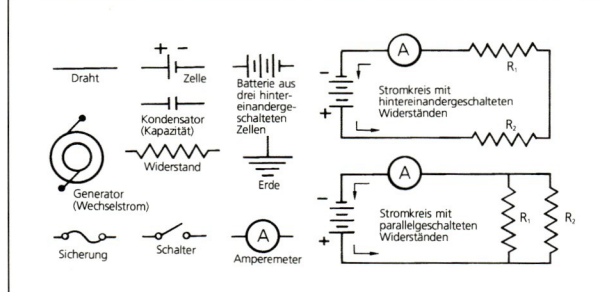
Verwendung el. Symbole in der E.technik

Elenantilope

→ Elektron, → Proton, → Neutron. Heute Gesamtheit aller Teilchen, die zwar noch e. innere Struktur (→ Quarks) besitzen, aber nicht mehr in noch kleinere Teilchen zerlegt werden können. E. können aus Energie erzeugt werden u. wieder in Energie verwandelt werden. Die meisten E. sind instabil u. wandeln sich in andere E. um. Wichtige Kerngrößen d. E. sind d. el. → Ladung (neutral od. neg./pos. → Elementarladung), der → Spin u. d. → Masse; nach letzterer

Eleusis, *Votivgabe*, 430 v. Chr.

Einteilung in 3 Gruppen: *masselose E.*, z. B. Lichtquanten, (→ Photon, → Quantentheorie, Übers.), → *Leptonen* mit kleiner Masse, z. B. → Elektronen, → *Hadronen* mit großer Masse, z. B. → Proton, Neutron.
Elemente [l.],
1) Grundbausteine d. Stofflichen wie (b. Empedokles) d. Seelischen; 4 Elemente d. Griechen: *Erde, Wasser, Luft, Feuer;* diesen entsprechen die 4 → Temperamente u. die 4 „Säfte" der Alten.
2) *astronom.* 6 Bestimmungsstücke z. Bestimmung der Bahn u. des jeweiligen Orts eines Himmelskörpers in der Bahn.
3) Bezeichnung für galvan. Stromquelle (→ galvanischer Strom).
4) chem. nicht weiter zerlegbare Grundstoffe, aus denen alle übrigen Stoffe (→ Verbindung) zus.gesetzt sind; bekannt sind 109 Elemente, geordnet im → Periodensystem.
Elenantilope, rinderähnliche Antilope S- und O-Afrikas.
Elend (D-38875), Luftkurort u. Wintersportpl. im Oberharz, am Fuß des Brockens, 520 müM, 504 E.
Eleonore [arab. „Gotteslicht"], w. Vn.
Elephantiasis [gr.], (elefantenartige) Anschwellung der Füße und Beine, seltener der Arme, infolge Lymphstauung (Lymphödem). – *Tropische E.* durch Eindringen v. Rundwürmern in die Lymphwege.
Eleusinische Mysterien, altgriech. Geheimkult d. Demeter u. Proserpina in **Eleusis,** einer Stadt bei Athen.
Elevation [l.], Emporhebung,
1) *kath.* Erhebung von Hostie u. Kelch in der Messe.
2) *astronom.* Winkelhöhe d. Gestirne.

Elevator, *m.* [l.], Aufzug f. Getreide: Becherwerk; Saug- u. Druckluft, Förderspirale u. a.

Eleve, *m.* [frz.], Zögling; i. prakt. Ausbildung Begriffener: Forst-, Landwirtschafts-E.

Elfen → Elben.

Elfenbein, Stoßzähne der Elefanten u. Walrosse.

Elfenbeinküste → Côte d'Ivoire.

Elfenbeinnüsse, Nüsse der Steinnußpalme.

Elfenbeinporzellan, durch gelbl. Färbung in d. Masse od. Glasur d. Charakter d. Elfenbein imitierendes Porzellan; bes. im 18. Jh.

Elfriede [ahdt. „Friede durch Elfenschutz"], w. VN.

Elgar [-gə], Sir Edward (2. 6. 1857 bis 23. 2. 1934), engl. spätromantischer Komponist; Oratorien: *The Dream of Gerontius;* sinfon. Werke u. Kammermusik.

Elgin, Lord Thomas Bruce (20. 7. 1766–14. 11. 1841), 1799–1803 Botschafter in Konstantinopel. Er nutzte s. Stellung, um antike Kunstwerke zu kopieren und zu erwerben; setzte sich damit d. Vorwurf der Plünderei aus. Durch s. selbstfinanzierten Aktionen bankrott, mußte er s. umfangreiche Sammlung d. Mus. verkaufen, u. a. die umstrittenen „Elgin marbles" (Bauteile des Parthenonfrieses) u. e. → Kore des Erechtheions.

El Greco → Greco, El.

Eliade, Mircea (9. 3. 1907–23. 4. 86), rumän. Schriftst., Indologe u. Rel.phil.; Verf. zahlr. Werke üb. myth. u. sakrale Zeit, über archaische u. oriental. Religionen.

Elias, *Elia,* Prophet im A.T.

Elias, Norbert (22. 6. 1897–1. 8. 1990), dt.-brit. Soziologe u. Kulturphilosoph; *Über den Prozeß der Zivilisation* (1939), *Die höfische Gesellschaft* (1969), *Über die Zeit* (1984).

Elimination [l. „Tilgung"], *math.* Entfernen (*eliminieren*) einer Größe aus Gleichungen.

Eliot [ˈɛljət],
1) George, eigtl. *Mary-Ann Evans* (22. 1. 1819–22. 12. 80), engl. Schriftst.in; *Adam Bede; Die Mühle am Floß.*
2) Thomas Stearns (26. 9. 1888–4. 1. 1965), engl. Dichter u. Essayist; vereinigt Traditionelles u. Modernes; anfangs Nihilist: Versdichtung *Das wüste Land,* später christl. Weltdeuter: *Aschermittwoch;* Mysterienspiele: *Mord im Dom;* Lyrik: *Vier Quartette;* Essay: *Dichter u. Dichtung;* Nobelpr. 1948.

Elis, Küstenhügelland i. NW-Peloponnes; Zentrum: Pyrgos; antike Wettkampfstätte Olympia.

Elisa, *Elisäus,* Prophet im A.T., Nachfolger d. Elias.

ELISA, **e**nzyme-**l**inked **i**mmuno**s**orbent **a**ssay, svw. *EIA,* Labortestmethode.

Elisabeth [hebr. „Gottesschwur"], Mutter des Johannes des Täufers.

Elisabeth,
1) E. I. (7. 9. 1533–24. 3. 1603), Kgn v. England 1558–1603, Tochter Heinrichs VIII. u. Anna Boleyns; Gegnerin → Maria Stuarts; führte anglikanische Staatskirche ein, beendete d. Englands Großmachtstellung (Vernichtung der span. Armada); Blüte d. Geisteslebens (*Elisabethanisches Zeitalter*).

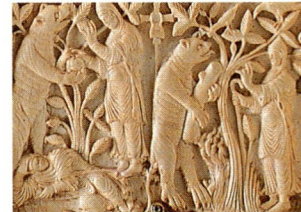
Elfenbeinschnitzerei auf Buchdeckel, St. Gallen

T. S. Eliot

Elisabeth II. (2)

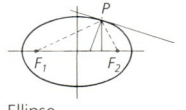
Ellipse

2) E. II. (* 21. 4. 1926), Kgn von Gr.-britannien u. Haupt des Commonwealth seit 1952, verheiratet m. Philip Hzg v. → Edinburgh.
3) E. Charlotte, *Liselotte,* pfälz. Prinzessin (1652–1722), Gattin Hzg Philipps v. Orléans, d. Bruders v. Ludwig XIV.; urwüchsige Briefe.
4) E., gen. *Sissy,* Gattin Kaiser Franz Josephs von Östr. (24. 12. 1837–10. 9. 98), in Genf ermordet.
5) Petrowna (29. 12. 1709–5. 1. 62), Tochter Peters d. Gr.; 1741 Kaiserin v. Rußland, im östr. Erbfolge- u. 7jähr. Krieg auf Seite Maria Theresias.
6) E., Kgn v. Spanien 1545–68, 1559 Gattin Philipps II. (vorher mit dessen Sohn Don Carlos verlobt).
7) E., Gattin d. Landgf Ludwig v. Thür. (1207–31); lebte nach dessen Tod i. Marburg ganz d. Nächstenliebe; 1235 heiliggesprochen.

Elisabethinerinnen, kath. Orden; Krankenpflege.

Elisabethville → Lubumbashi.

Elision, *w.* [l.], Auslassung e. (unbetonten) Vokals; z. B. Wand[e]ring.

Elista, Hptst. der autonomen Kalmückenrep., 85 000 E; Uni., Nahrungsmittelind.

elitär, auserlesen, einer Elite angehörend.

Elite, *w.* [frz.], das Auserlesene, Beste; Minderheit, die höchste Leistungen vollbringt; *soziolog.* pol. oder geistig führende Schicht.

Elixier, *s.* [arab.], Stein der Weisen; Lebenssaft.

Elizabeth [ɪˈlɪzəbəθ], St. im US-Staat New Jersey, nahe bei New York, 110 000 E.

Elizabeth [ɪˈlɪzəbəθ], engl. Schreibung v. → Elisabeth (1 u. 2).

Elizabethan Style [ɪlɪzəˈbiːθn staɪl], Stil d. engl. Baukunst in d. Zeit Königin Elisabeths I. (1558–1603); mischt Formelemente d. Gotik u. d. Renaiss.

Elkesaiten, jüd.-christl. Bewegung (um 200), d. Bräuche u. Lehren aus beiden Rel. u. d. gnost. Phil. miteinander verbindet u. nach ihrem Stifter Elkesai benannt ist.

Elle,
1) Unterarmknochen an d. Kleinfingerseite.
2) von d. Länge d. Unterarms abgeleitetes Naturmaß; bis ins 19. Jh. allein in Dtld über 100 versch. Ellenmaße, so z. B. die *Hamburger* (kurze) Elle 57,31 cm, die *Bayerische* Elle 58,372 cm.

Ellenrieder, Anna Maria (20. 3. 1791 bis 5. 6. 1853), dt. Malerin; bevorzugte Darstell. relig. Themen im Stil d. → Nazarener bar zunehmendem Verzicht auf ihre erfolgreiche Porträtkunst; *Kindersegnung.*

Ellesmereland [ˈɛlzmɪə-], kanad. Insel i. NW v. Grönland, 212 687 km²; Gletscher und Grasflächen.

Ellington, Duke (29. 4. 1899–24. 5. 1974), am. Jazzmusiker.

Ellipse, *w.* [gr.],
1) *astronom.* Bahn eines Himmelskörpers, d. sich im Anziehungsbereich eines anderen befindet.
2) *geometr.* eine geschlossene Kurve, bei der d. Summe d. Abstände jedes ihrer Punkte (z. B. *P*) von 2 gegebenen Brennpunkten (F_1, F_2) gleich ist; die E. ist ein → Kegelschnitt.
3) *grammat.* Weglassen eines leicht zu ergänzenden Hauptes (z. B. „[ich] komme gleich!").

Ellipsoid, *s.,* Körper, der an jeder Stelle ellipt. Querschnitt ist; *Rotations-E.* durch Rotation einer Ellipse um eine ihrer Achsen entstehend.

Ellis Island [-ˈaɪlənd], kleine Insel vor New York; bis 1943 Kontrollstelle der eur. Einwanderer.

Ellwangen (Jagst) (D-73479), St. i. Ba-Wü., 22 961 E; Schloß, Stiftskirche (13. Jh.), Wallfahrtskirche auf d. Schönenbg.; LG, AG.

Elm, Höhenzug sö. v. Braunschweig; Muschelkalk, b. 322 m h.; Braunkohle, Salzquellen, Buchenwälder.

Elmsfeuer, Leuchterscheinung (el. → Glimmlicht) an Mastspitzen u. Dachkanten während Gewittern als Folge d. Ladungsausgleichs der el. geladenen → Atmosphäre.

Elmshorn (D-25335–37), St. i. Kr. Pinnebg., Schl-Ho., 44 320 E; AG; Nahrungsmittel-, Masch.- u. Kunststoffind.; Sendefunkstelle d. BP für den Überseeverkehr.

Eloge, *w.* [frz. -oːʒ(ə)], Lob(rede).

Elohim, semit. Bez. f. Gott, hebr. Name f. d. Gott Israels.

Elohist [hebr.], Quellenschrift (8. Jh.) d. → Pentateuch, die d. Bez. Elohim f. Gott verwendet.

Elongation,
1) *astronom.* größter Winkelabstand d. inneren Planeten von der Sonne; bei Merkur bis 28½°, bei Venus bis 48°.
2) *phys.* bei einer Schwingung Entfernung von der Ruhelage.

eloquent [l.], beredt.

Eloquenz, *w.,* Beredsamkeit.

eloxieren, durch *Eloxal-Verfahren* (el. Oxidation v. Aluminium) Oberfläche v. Aluminiumgegenst. veredeln u. färben.

El Paso, Grenzst. i. Texas z. Rio Grande, USA, 515 000 E; Textil-, Kupfer-, Erdölind., Handelszentrum.

Elritze, kleiner Weißfisch des Süßwassers.

El Salvador, Rep. in Mittelamerika, am Pazifik; vulkan. Gebirgsland (Santa Ana 2381 m); Bev.: 90% Mestizen, 10% Indios u. Weiße. **a)** *Wirtsch.:* Basiert auf der Landw.; Hpt.produkt: Kaffee (1991: 149 000 t), daneben Mais, Baumwolle; von zunehmender Bed. Nahrungs- u. Textilind.; Bergbau rückläufig. **b)** *Außenhandel* (1991): Einfuhr 1,49 Mrd., Ausfuhr 588 Mill. $. **c)** *Verf.* v. 1983: Präsidiale Rep. m. Einkammerparlament. **d)** *Verw.:* 14 Departamentos. **e)** *Gesch.:* 1524 span. Kolonie, 1821 unabhängig; bis 1931 Herrschaft einheim. Familienclans u. v. Kaffeebourgeoisie; 1931 Bauernrebellion, Mil.putsch; 1969 Krieg m. Honduras; s. 1970 bewaffneter Kampf d. Opposition, 1979 Bürgerkrieg, Putsch einer zivil-mil. Reformjunta; Verschärfung d. innenpol. Konflikte; 1982 Wahlen (unter Boykott d. Opposition), Sieg rechtsextremer Gruppen; s. 1983 Verschärfung d. Bürgerkriegs; 1989 Wahlsieg d. rechtsextremen ARENA-Partei; 1990 Aufnahme v. Verhandlungen zw. Reg. u. Guerillaorg. FMLN; 1992 offizielle Beendigung des Bürgerkriegs (FMLN als Partei zugelassen), u. des Grenzstreits mit Honduras.

Elsaß, frz. *Alsace,* frz. Grenzland, linksrhein. Teil d. Oberrhein. Tiefebene

u. Ostabfall d. Vogesen, umfaßt die Dép. *Haut-Rhin* (Ober-) u. *Bas-Rhin* (Unterelsaß), 8280 km², 1,62 Mill. (meist dt.sprechende) E; fruchtb. Gartenland (Lößboden), Getreide, Wein, Tabak, Hopfen, Gemüse, Zuckerrüben; Kalisalzbergbau, Textilind. (Mülhausen, Colmar), Maschinenind., Erdölraffinerien, Nahrungs- u. Genußmittelind. – Bev. urspr. keltisch; um 400–496 alemann., dann unter fränk. Herrschaft; 843 Teil Lotharingiens, 870 d. Dt. Reichs (Hzgt. Schwaben); im MA zahlr. Klöster u. Herrschaften, bed. Kunstwerke. Anfang 16. Jh. Reformation, hohe Geistesblüte; 1648 im Westfäl. Frieden die östr. Besitzungen (Ober- u. Unter-E.) u. Reichsvogtei über 10 Reichsstädte a. Frkr.; 1680 → Réunionskammern; 1681 Straßburg an Frkr.; in Frz. Revolution völlig m. Frkr. vereint, 1871 m. Lothringen als Reichsland an Deutschland, 1918 französisch.; 1940–44 v. dt. Truppen besetzt.

Elsevier, ndl. Verlagskonzern i. Amsterdam; → Elzevier.

Elsheimer, Adam (18. 3. 1578–11. 12. 1610), dt. Maler d. Frühbarock, tätig bes. in Rom; Landschaften m. Bibelszenen in kl. Formaten.

Elysium, *Elysion, s.,* das Paradies der griech. Sage.

Elster,
1) *Schwarze E.,* Fluß v. Lausitzer Bergland, 188 km l., mündet östl. Wittenberg in die Elbe.
2) *Weiße E.,* r. Nbfl. d. Saale, 247 km l., vom **E.gebirge,** zw. Erz- u. Fichtelgebirge (758 m ü.).

Elster, Rabenvogel, schwarz-weiß, langer Schwanz; sammelt glänzende Gegenstände (,,diebische Elster'').

Elsterwerda (D-04910), Ind.st. im Bbg., 10 207 E.

EL SALVADOR

Staatsname:	Republik El Salvador, República de El Salvador
Staatsform:	Präsidiale Republik
Mitgliedschaft:	UNO, OAS, SELA, SICA
Staatsoberhaupt und Regierungschef:	Armando Calderón Sol
Hauptstadt:	San Salvador 423 000 (Agglom. 1,5 Mill.) Einwohner
Fläche:	21 041 km²
Einwohner:	5 641 000
Bevölkerungsdichte:	268 je km²
Bevölkerungswachstum pro Jahr:	Ø 2,18% (1990–1995)
Amtssprache:	Spanisch
Religion:	Katholiken (92%), Protestanten
Währung:	El-Salvador-Colón (₡)
Bruttosozialprodukt (1994):	8365 Mill. US-$ inges., 1480 US-$ je Einw.
Nationalitätskennzeichen:	ES
Zeitzone:	MEZ – 7 Std.
Karte:	→ Nordamerika

El Salvador

elterliche Gewalt, früher Bez. f. → elterliche Sorge.

elterliche Sorge, Eltern haben das Recht u. die Pflicht, gemeinsam f. das minderjährige Kind zu sorgen; e. S. umfaßt die Sorge f. die Person *(Personensorge)* u. das Vermögen *(Vermögenssorge)* des Kindes; bei Ehescheidung od. dauerndem Getrenntleben der Eltern bestimmt das Familiengericht den Inhaber des Sorgerechts; e. S. beinhaltet auch die gesetzl. Vertretung des Kindes.

Elternbeirat, *Elternvertretung, Schulpflegschaft,* Vertretung der Erziehungsberechtigten bei Schulen.

Elternrecht, Recht d. Eltern, Erziehung ihrer Kinder selbst zu bestimmen (Art. 6, Abs. 2 GG); gilt nicht, wo die Gesetze selbst d. Erziehung *aller* Kinder regeln (z. B. allg. Schulpflicht).

Eltville a. Rhein (D-65343–47), St. im Rheingau-Taunus-Kr., Hess., 16 047 E; AG; Weinbau, Sektkellereien, Elektroind.

Éluard [e'lyɑːr], Paul eigtl. *Eugène Grindel* (14. 12. 1895–18. 11. 1952), frz. Lyriker; Mitbegr. d. Surrealismus, Widerstandskämpfer; *Liberté; Le Phénix.*

Ely, St. i. d. engl. Gft. Cambridgeshire, 10 000 E; normann.-got. Kathedrale; Bischofssitz.

Elysée, Palast in Paris, 1718 erb., seit 1873 Amtssitz d. frz. Staatspräsidenten; daneben → *Champs-Elysées.*

Elysée-Vertrag, Bez. f. d. 1963 zw. d. BR und Frkr. geschlossene pol., mil. u. kulturelle Abkommen.

Elysium, *Elysion, s.,* das Paradies der griech. Sage.

Elytis, Odysseas, eigtl. *O. Alepoudelis* (2. 11. 1911–18. 3. 96), griech. Dichter; Vertr. d. Surrealismus; Lyrik u. Übersetzungen; *Gepriesen sei;* Nobelpr. 1979.

Elytren, Deckflügel d. Insekten.

Elster

Elz,
1) *Elzbach,* l. Nbfl. der Mosel, 50 km l., an ihm *Burg Eltz.*
2) r. Nbfl. d. Rheins aus dem Schwarzwald; 90 km l.

Elzevier [ˈɛlzəviːr], ndl. Buchhändler-, Druckerfamilie; bed. Ausgaben im 17. Jh.; → Elsevier.

em., Abk. f. *emeritus;* → emeritiert.

Emaille [frz. eˈmaːjə], Schmelz, leichtflüssige Glasmasse,
1) in der aus dem Orient überlieferten **E.malerei** wird zur Erzielung malerischer Wirkung gefärbtes pulverisiertes Glas mit Bindemitteln (Harz, Honig u. a.) auf Metall aufgetragen u. zu einer glasigen Fläche verschmolzen: *E. cloisonné,* Zellenschmelz, Glasmasse zw. aufgelöteten Metallstreifen; *E. champlevé,* Grubenschmelz, in vertiefte Gruben d. Metalloberfläche eingetragen; im 12.–17. Jh. in Europa (z. B. Limoges), heute viel i. Japan ausgeübt.
2) zum Überzug von Metallgeräten, aufgebrannt; für Eß-, Koch- u. Trinkgeschirre aus Eisen bleifreier Glasfluß vorgeschrieben.

Emanation [l. ,,Ausfluß''],
1) nach der Lehre des → Neuplatonismus und der Gnostiker (→ Gnosis) das (stufenweise) Hervorgehen des Unvollkommenen (Welt) aus dem Vollkommenen (Gott).
2) *Radium-E.,* frühere Bez. für das chem. Element → Radon.

Emanuel, Kge v. Portugal, → *Manuel.*

Emanuelinischer Stil, Dekorationsstil d. portugies. Baukunst, in d. Epoche Emanuels I. (1. Hälfte 16. Jh.); verschmilzt Formen d. Spätgot. u. Frührenaiss. m. Motiven aus d. eroberten Überseegeb. (bes. Indien) zu üppigem Bauschmuck.

Emanzipation [l.], Freigabe, Gleichstellung; auch Gleichberechtigung sozial, politisch, rechtlich Benachteiligter (z. B. *Frauen-E.*).

Emba, Fluß a. d. südl. Ural, ins Kasp. Meer, 647 km l., nur periodisch fließend; am Unterlauf Erdölgebiet.

Emballage, w. [frz. ãbaˈlaːʒ(ə)], Verpackung.

Embargo, s. [span.],
1) Beschlagnahme eines Schiffes nebst Ladung, um Ausfahrt zu verhindern.
2) Verbot der Aus- bzw. Einfuhr best. Waren sowie Sperre der Aufnahme ausländ. Anleihen.

Emblem, s. [gr.], Sinnbild, Abzeichen.

Embolie [gr.], Verstopfung einer Schlagader, durch verschlepptes Gerinnsel von einer → Thrombose, durch Luft, Fett u. a.; → Lungenembolie, → Apoplexie, → Infarkt, → Antikoagulantien.

Embonpoint, s. [frz. ãbõˈpwɛ̃], Wohlbeleibtheit.

Embryo, m. [gr.], Keim, beim Menschen: Leibesfrucht bis zum 3. Monat, dann → *Fetus* gen., braucht 40 Wochen zur Entwicklung *(Ontogenese).* Von den Eihäuten *(Embryonalhüllen)* umgeben, schwimmt i. Fruchtwasser, durch Nabelschnur mittels Mutterkuchen mit Blutkreislauf des mütterl. Körpers verbunden.

Embryologie [gr.], Lehre von der Entwicklung d. Embryos.

Embryonenschutzgesetz, vom 13. 12. 1990 stellt d. mißbräuchliche Anwendung von Fortpflanzungstechniken unter Strafe.

Embryopathie, in d. Embryoentwicklung entstandene Mißbildungen, z. T. durch Virusinfektionen od. Medikamenteneinnahme während der Schwangerschaft.

Embryotransfer, wenn b. d. künstlichen Befruchtung (→ In-vitro-Fertilisation) d. frühe Embryo in die Gebärmutter eingebracht wird. In Einzelfällen wurde der Embryo in eine andere Frau transferiert: *Leihmutterschaft,* höchst umstritten.

Emden (D-26721–25), krfreie St. in Nds., Seehafen an d. Emsmündung (Dollart), 51 100 E; FHS, Ostfries. Landesmus., Kunsthalle; Autoverladehafen, Autoind.; Schiffbau, Erdölraffinerie, Erdgasanlandestation.

Emendation, w. [l.], Berichtigung eines falsch oder lückenhaft überlieferten Textes.

emendieren, verbessern, bereinigen.

emeritiert, *emeritus* [l.], in den Ruhestand versetzt (fast ausschließlich mit Bezug zur Hochschule).

Emerson,
1) Ralph Waldo (25. 5. 1803 bis 27. 4. 82), am. Denker, Dichter, Essayist; Persönlichkeitsidealismus, z. B. *Gesellschaft und Einsamkeit.*
2) Roy (* 3. 11. 1936), austral. Tennisspieler; 1964 u. 65 Wimbledon-Sieger, errang m. d. austral. Mannschaft achtmal d. Davis-Pokal.

Emesis, svw. Erbrechen.

Emetika [gr.-l.], svw. → Brechmittel.

Emigrant [l.], Auswanderer; im engeren Sinn einer, der aus rel., pol. oder rassischen Gründen die Heimat verläßt; z. B. während d. Frz. Revolution 1789, nach Ausbruch d. Revolution v. 1917, während des Hitlerregimes.

Emigration, Auswanderung (aus pol., soz. od. rel. Gründen).

Emil [zu l. Aemilius, einem Sippennamen], m. Vn.

Emilia Romagna [-'manɲa], Region u. Landsch. in Oberitalien zw. Adria, Po u. Apennin, 22 125 km², 3,9 Mill. E, Hptst. *Bologna.*

eminent [l.], hervorragend; bedeutend.

Eminenz, Erhabenheit: Titel für Kardinäle.

Eminescu, Mihail (15. 1. 1850–15. 6. 89), bedeutendster rumän. Nationaldichter; *Der Abendstern.*

Emin Pascha, eigtl. *Eduard Schnitzer* (28. 3. 1840–23. 10. 92), dt. Forschungsreisender im oberen Nilgebiet; kämpfte gg. den Sklavenhandel; in Kanena (Zaïre) ermordet.

Emir, arab. Titel, svw. Fürst.

Emission, *emittieren,*
1) *wirtsch.* Ausgabe von Wertpapieren u. Unterbringung im Publikum, in der Regel durch Banken zu festgesetztem *Emissionskurs.*
2) *phys.* allg. die Aussendung einer Strahlung oder eines Teilchens.
3) *techn.* Abgabe luftverunreinigender Stoffe an d. Umwelt; *E.s-Grenzwerte* setzen gesetzl. erlaubte Höchstmengen (z. B. f. Autoabgase) fest.

Emissionskataster, nach → Bundesimmissionsschutzgesetz (BImSchG) haben d. zuständ. Landesbehörden Messungen v. Luftverunreinigen durchzuführen u. E. anzulegen.

Emissionslinien → Spektrum.

Emissionsnebel *astronom.* leuchtender Gasnebel od. reflektierende Staubwolke zw. d. Sternen d. Milchstraßensystems; Ggs.: → Dunkelnebel.

Emissionsschutz → Umweltschutz.

Emitter, m., Elektrode bei → Transistor.

Emmaus, bibl. Ort bei Jerusalem; in E. zeigt sich d. auferstandene Jesus zwei Jüngern.

Emmen (CH-6032), Vorort von Luzern, Schweiz, 23 200 E; Stahl- u. Textilind.

Emmendingen (D-79312), Gr.Krst. bei Freiburg, 24 400 E; AG; div. Industrie.

Emmental, schweiz. Landschaft im Kanton Bern; Almenwirtschaft, **Emmentaler Käse.**

Emmer, Weizenart, verwandt dem → Dinkel.

Emmeram, fränk. Missionsbischof; um 715 ermordet, in Regensburg bestattet; Hlg. (22. 9.).

Emmerich (D-46446), St. a. Rhein a. d. ndl. Grenze, 29 000 E; AG; Ind.hafen, größte dt. Hängebrücke; historische Kirchen.

Emminger, Otmar (2. 3. 1911–3. 8. 86), dt. Wirtschaftspol.; 1958–76 Vizepräs. d. Währungsausschusses d. EWG, 1977– 79 Präs. der Bundesbank.

Emnid, Institut f. Markt- u. Meinungsforschung, Sitz Bielefeld; → öffentliche Meinung.

Emotion [l.], Gefühl, Gemütsbewegung; **emotional,** gefühlsmäßig.

EMP, Abk. f. *elektromagnet. Im-Puls,* starker elektr. Stoß durch bei Kernwaffenexplosion freiwerdende Gammastrahlung, legt techn. Geräte durch Induktionswärme in über 1000 km Umkreis lahm.

Empathie, w. [engl.], Einfühlung in Gefühle d. Gegenübers, auch wenn sie fremdartig sind.

Empedokles (490–430 v. Chr.), griech. Philosoph, Arzt und Dichter aus Agrigent; Liebe u. Haß (Mischung u. Trennung) als Urkräfte des Kosmos; Seelenwanderung.

Empfängnis, die der Begattung folgende → Befruchtung, die zur Entwicklung der Leibesfrucht führt.

Empfängnisverhütung → Kontrazeption.

Empfängniszeit, nach BGB (§ 1717 u. § 1592) vom 302. bis 181. Tag vor der Geburt des Kindes.

Empfindlichkeitssteigerung, Entwicklungsverfahren, um bei Schwarzweiß- oder Farbfilmen die Filmempfindlichkeit bedeutend steigern zu können.

Empfindsamkeit, gefühlsbetonte literar. Strömung im 18. Jh. m. piëtist. Zügen; Reaktion auf Aufklärung; Vertr.: *Klopstock, Hölty, Jacobi, Matthisson, Miller,* d. junge *Goethe* (→ Werther).

Emphase, w. [gr.], nachdrückl. Betonung in d. Rede.

Emphysem, s. [gr.],
1) → *Lungen-E.:* Erweiterung der Lungenbläschen, Atembeschwerden.
2) *Haut-E.:* Luft- od. Gasansammlung unter der Haut, z. B. bei → Gasbrand.

Empire, s.,
1) [engl. 'ɛmpaɪə], *British E.* → britisches Reich; *E. day,* engl. Nationalfeiertag, 24. Mai, der Geburtstag der Kgn Viktoria.
2) [frz. ãpiːr], Kaiserreich unter Napoleon I. und Napoleon III.

Empire State Building ['ɛmpaɪə 'steɪt 'bɪldɪŋ], s. 1931 Hochhaus i. New York, bis 1973 höchstes Gebäude d. Welt (380 m).

Empirestil, klassizist. Kunst- und Moderichtung im Frkr. d. Zeit Napoleons I. u. d. folgenden Jahre (1800–30) n. griech.-röm. Vorbildern.

Empirie [gr.], Erfahrung; der **Empiriker** gewinnt sein Wissen nicht aus der Theorie, sondern ausschließlich aus Erfahrungstatsachen (Experiment).

Empiriokritizismus, v. R. → Avenarius (1843–96) begr. positivist. Philosophie.

empirische Wissenschaften, bauen auf d. Experiment auf.

Empirismus, *phil.* Lehre von der ausschließl. Erkenntnis über die Sinneserfahrung; *psych.* Lehre, daß Raum- u. Zeitvorstellung Produkt der Erfahrung ist. → Rationalismus.

Empore, w., seitl. Galerie, bes. in Kirchen; ein- od. mehrgeschossig.

Empyem, s. [gr.], Vereiterung e. Körperhöhle, z. B. *Pleuraempyem,* Eiterung im Brustfellspalt.

Ems,
1) Fluß NW-Dtlds, aus d. Senne bei Paderborn, 371 km l., 238 km schiffbar, Mittellauf, 120 km, vom *Dortmund-E.-Kanal* begleitet; mündet in den Dollart (Nordsee); r. Nbfl.: *Hase, Leda;* westl. des Mittellaufes Erdölgebiet *Emsland* (Bentheimer Revier).
2) → Bad Ems.

Emscher, r. Nbfl. des Rheins, 98 km lang, durchfließt, größtenteils kanalisiert, d. Ruhrgebiet.

Emscherbecken, Vorklärbecken (→ Kläranlage) z. Schlammsedimentation.

Emsdetten (D-48282), St. i. NRW, a. d. Ems, 32 900 E; Juteind., Plastik-, Masch.-, Textilind.

Emser Depesche, das von Bismarck verkürzt veröffentlichte Telegramm Wilhelms I. von Preußen aus Bad Ems vom 13. 7. 1870 über die Ablehnung der frz. Forderung zur span. Thronkandidatur; Frkr. erklärte daraufhin den Krieg.

Emser Salz, Salzgemisch aus d. eingedampften Therme v. Bad Ems, als Lutschpastillen gg. rauhen Hals.

Emsland, Landschaft i. Nds., entwässerte Moore, Weideland, Erdöl- u. Erdgasfelder beiderseits der mittleren Ems.

Emu, straußenähnl., flugunfähiger Vogel Australiens.

Emulsion [l.], → kolloidale Verteilung eines unlösl. Stoffes (Öl, Fett usw.) in Wasser, oft stabilisiert mit Hilfe eines Schutzkolloids (z. B. Gummi, Gelatine); Herstellen einer E.: *emulgieren.*

Emulsionsspaltung, i. d. Umwelttechnik Verfahren z. Trennung v. Öl-Wasser-Emulsionen nach chem./phys. Wege; → Koaleszenzabscheider.

E-Musik, sog. ,,ernste", d. h. klassische Musik.

Enakssöhne, *Enakiter,* kanaanitische Riesen i. A. T.

Enanthem, s. [gr.], Ausschlag an Schleimhäuten.

en bloc [frz. ã'blɔk], ,,im ganzen", ,,in Bausch u. Bogen".

Encke, Johann Franz (23. 9. 1791 bis 26. 8. 1865), dt. Astronom; berechnete d. Bahn d. **E.schen Kometen.**

Endablagerung → Kernreaktor.

Endangiitis obliterans, *Thrombangiitis obliterans,* arterielle Durchblutungsstörung, Form d. → Arteriosklerose.

Endara, Guillermo (* 12. 5. 1936), 1989–94 Staatspräs. v. Panama.

Ende, Michael (12. 11. 1929–28. 8. 1995), dt. Schriftst.; Kinderbücher: *Jim Knopf u. Lukas der Lokomotivführer;* märchenhafte Romane u. Erzählungen: *Momo; D. unendl. Geschichte; Der Spiegel im Spiegel;* Libretto z. Oper *Der Goggolori* (Musik v. W. Hiller).

Endell, August (12. 4. 1871–13. 4. 1925), dt. Architekt d. Jugendstils; *Haus Elvira* (München).
Endemie [gr.], im Ggs. zur Epidemie: auf umgrenztem Gebiet ständig vorkommende Krankheit (z. B. Malaria in Sumpfgegenden).
Enden, in d. Jägersprache die Verzweigungen am → Geweih.
Ender, Kornelia, geb. *Grummt* (* 25. 10. 1958), dt. Schwimmerin; vierfache Olympiasiegerin 1976 über 100 u. 200 m Freistil, 100 m Schmetterling u. 4 x 100 m Lagen, achtfache Weltmeisterin u. vierfache Europameisterin.
Enders, John F. (10. 2. 1897–8. 9. 1985), am. Bakteriologe; Virus der → spinalen Kinderlähmung; Nobelpr. 1954.
en détail [frz. ãdeˈtaj], in kleinen Mengen, im einzelnen.
Endivie, Salatpflanze, verwandt d. → Zichorie; krause, leicht bitter schmeckende Blätter.
Endymion, Geliebter der Selene, dem Zeus ewigen Schlummer in Jugendschönheit verlieh.
Endogamie [gr.] Heirat innerhalb einer soz. Gruppe; Ggs.: → Exogamie; auch → Inzucht.
endogen [gr. „von innen her stammend"],
1) *biol.* aus ererbter Anlage entstanden; Ggs.: → exogen.
2) *allg.* aus inneren Ursachen entstehend.
Endokard [gr.], Herzinnenhaut, bildet Herzklappensegel.
Endokarditis, Entzündung des Endokards z. B. durch bakterielle Infektion, führt zu Herzklappenfehlern.
endokrine Drüsen, Drüsen m. → innerer Sekretion.
endokrine Ophthalmopathie, „Glotzaugen" bei → Basedowscher Krankheit.
Endometriose, Verlagerung von Gebärmutterschleimhaut i. d. Bauchraum, zykl. auftretende Schmerzen, manchmal Sterilität.
Endometritis, Entzündung d. → Endometriums.
Endometrium, Schleimhaut d. Gebärmutter.
endoplasmatisches Retikulum [gr.], schlauchförmige, z. T. verzweigte Membranstrukturen i. Zellplasma, die Kern- u. Zellmembran verbinden; bedeutsam f. Austauschvorgänge zw. Kern u. Zellplasma.
Endoprothese, eingepflanzte künstl. Ersatzteile, z. B. Hüftkopf.
Endorphine, körpereigene Stoffe m. opiatähnl. Wirkung, u. a. euphorisierend.
Endoskop, s. [gr.], Instrument zur Besichtigung einer Körperhöhle (z. B. Zystoskop = „Blasenspiegel", *Gastroskop* = Magen-E.), überwiegend als flexibles Glasfiber-E.; die Beleuchtung erfolgt nicht mehr über Spiegel, sondern über Lichtleiter, oft mit eingebauten Instrumenten z. B. für → Biopsie od. kleine Operationen (*endoskop. Chirurgie*).
Endosmose → Osmose.
Endothel, s. [gr.], feines, die Innenflächen d. Körperhöhlen, Blut- u. Lymphgefäße auskleidendes u. die Wand der Kapillaren u. Lymphspalten bildendes Häutchen; Ggs.: → Epithel.

endotherm [gr.], chem. Vorgang, der unter Aufnahme von Wärme aus der Umgebung abläuft. Ggs.: → exotherm.
Endotrachealnarkose, Intubationsnarkose, durch in d. Luftröhre (Trachea) eingeführten Tubus (biegsame Röhre) wird Narkosegemisch zugeführt u. d. Patient künstl. beatmet.
Endymion, Geliebter der Selene, dem Zeus ewigen Schlummer in Jugendschönheit verlieh.
Energetik, *w.* [gr.], Lehre von der *Energie* als Grundlage allen Seins u. Werdens (R. Mayer, W. Ostwald).
Energie, *w.* [gr.].
1) *phys.* Fähigkeit, Arbeit zu leisten; 2 Arten: a) *potentielle E.* (Lagen-E., mögliche E.), z. B. gestautes Wasser, b) *kinetische E.* (Bewegungs-E.), z. B. stürzendes Wasser; Maßeinheit: *Joule* (J); weitere zugelassene Einheiten: *Kilowattstunde* (kWh) u. → Elektronenvolt (eV); 1 J = 1 Nm = 1 Ws, 1 kWh = 3,6·10⁶ J, 1 eV = 1,60219·10⁻¹⁹ J — Gesetz von der *Erhaltung der E.* (R. Mayer, 1842): E. kann weder aus nichts geschaffen (Unmöglichkeit eines *Perpetuum mobile*) noch vernichtet, sondern nur in andere Form (Licht, Wärme usw.) umgewandelt werden. Nach der → Relativitätstheorie ist Masse eine bes. Form der Energie; bestätigt durch Experimente an → Elementarteilchen u. in → Kernphysik (E.-Erzeugung in → Kernkraftwerken beruht auf Umwandlung v. geringem Teil d. Masse des spaltbaren Materials in E.).
2) Willensstärke, Kraft.
Energiesicherungsgesetz, v. 9. 11. 1973, soll durch Ermächtigung z. Erlaß v. Vorschriften über Produktion, Transport, Lagerung, Verteilung, Abgabe, Bezug, Verwendung u. Höchstpreise der Energieversorgung bei Gefährdung od. Störung der Einfuhr v. Mineralöl oder Erdgas sicherstellen.
Energiewirtschaft alle Unternehmen, die zur Erzeugung, Fortleitung oder Abgabe von Energie dienen (z. B. Elektrizität, Kohle, Gas, Öl, Atomenergie); → Schaubild Energiewirtschaft.
Energija, größte russ. Trägerrakete, 60 m Höhe, 2000 t Gewicht, Nutzlast ca. 100 t, Erststart 17. 5. 1987.
enervieren [frz.], entnerven, entkräften.
Enescu, George (19. 8. 1881–4. 5. 1955), rumän. Komp. u. Geiger; Oper: *Oedipus*.
en face [frz. ãˈfas], von vorn.
en famille [frz. ãfaˈmij], im Familienkreis.
Enfant terrible [frz. ãfã -'ribl], „schreckliches Kind", stellt durch ahnungslose Offenheit andere bloß od. schockiert sie durch sein Verhalten.
Enfilade, *w.* [frz. ãfiˈlad], i. d. frz. Architektur d. Barock-Schloßbaus; legt alle Türen e. Raumfolge in e. einzige Achse, um b. ihrer Öffnung d. Blick durch d. gesamte Etage in e. einzigen Zug, im 19. Jh. auch im bürgerl. Wohnbau, → Suite.
Enfleurage, *w.* [frz. ãfløˈraːʒ(ə)], Vorgang bei der Parfümherstellung, bei dem man die Duftstoffe der Blüten in Fett einziehen läßt, aus dem er dann herausdestilliert wird.

Kornelia Ender

Friedrich Engels

Engelsburg in Rom

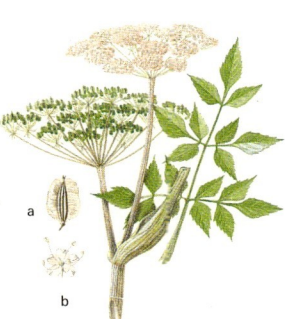
Wilde Engelwurz
a Frucht
b Blüte

Engadin, vom Inn durchflossen, 90 km l., Hochtal im schweiz. Kanton Graubünden, 1000–1800 m hoch; trockenes Höhenklima, Heilquellen u. Kurorte: *St. Moritz, Silvaplana, Pontresina, Sils, Samedan;* b) *Unter-E.*, von Zernez bis Finstermünz; waldreich; Kurorte: *Scuol, Tarasp-Vulpera;* Bevölkerung zu 75% rätoromanisch.
Engagement, *s.* [frz. ãgaʒˈmã],
1) innere Anteilnahme.
2) *Börse:* Verbindlichkeit, die zu einem best. Termin erfüllt werden muß.
3) Anstellung bes. bei Künstlern (immer zeitl. befristet).
engagieren, anstellen; *sich e.,* sich (pol., soz. etc.) einsetzen.
Engel.
1) Carl Ludwig (3. 7. 1778–14. 5. 1840), dt. Architekt d. Klassizismus, tätig in Finnland; Plan d. Hptstadt Helsinki u. Ausführung d. öff. Bauten ihres Zentrums.
2) Erich (14. 2. 1891–10. 5. 1966), dt. Theater- u. Filmregisseur; antifaschist. Filme: *Der Maulkorb* (1938); *Die Affaire Blum* (1948).
Engel [gr. angelos = „Bote"], nach der Bibel zunächst Bote Gottes, später unkörperl. Geistwesen.
Engelberg (CH-6390), schweiz. Luftkurort u. Wintersportpl. i. Obwalden, 1020 müM, 3500 E; Benediktinerabtei.
Engelhard, Hans Arnold (* 16. 9. 1934), dt. Jurist u. FDP-Pol.; 1982–91 B.justizmin.
Engelhardt, Klaus (* 11. 5. 1932), ev. Theologe, Vorsitzender d. Rates d. EKD (s. 1991).
Engelke, Gerrit (21. 10. 1890–13. 10. 1918), dt. expressionist. Arbeiterdichter; Lyrik: *Rhythmus d. neuen Europa.*
Engelmacherin, (Pflege-)Frau, die (Pflege-)Kinder verbrecherisch beseitigt; Abtreiberin.
Engels, Friedrich (28. 11. 1820–5. 8. 95), dt. Sozialist u. Schriftst.; mit Marx Schöpfer des dialektischen Materialismus u. Verfasser d. *Kommunistischen Manifests,* Mitbegr. u. 1. Sekretär d. 1. Internationale; *Die Lage der arbeitenden Klasse in England* (1845); *Ursprung der Familie, des Privateigentums u. des Staates* (1884).
Engels, bis 1932 *Pokrowsk*, russ. St. l. d. Wolga, 182 000 E; Textil- u. Maschinenind., Fahrzeugbau; bis 1941 Hptst. d. Wolgadeutschen Rep.
Engelsburg in Rom, 135–139 n. Chr. als Mausoleum für Hadrian errichtet (*Moles Hadriani*), seit dem 3. Jh. Festung; s. 1406 päpstl. Besitz; jetzt Museum.
Engelwurz, *Angelika,* Heilpflanze, auch z. Likörfabrikation.
Enger (D-32130), St. i. Kr. Herford, NRW, 17 387 E; roman. Stiftskirche mit Grab d. Sachsenherzogs Widukind.
Engerling, unterirdisch lebende Larve des Maikäfers; Wurzelschädling; lebt 4 Jahre.
Engführung, *mus.* Kunstmittel der polyphonen Satzweise: jede folgende Stimme bringt ihren Einsatz, ehe d. vorhergehende d. Thema beendet hat.
Enghien [ã'gɛ̃], Ludwig, Hzg von Bourbon (2. 8. 1772–21. 3. 1804), v. Napoleon I. im Frieden aus dt. Exil entführt; in Vincennes erschossen.

Energiewirtschaft

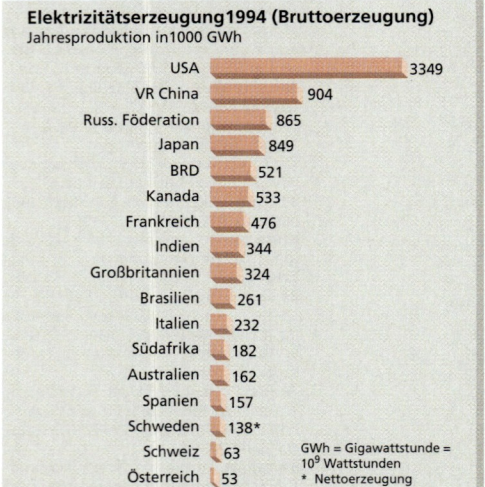

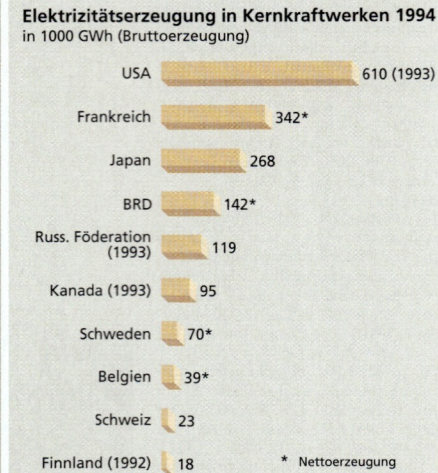

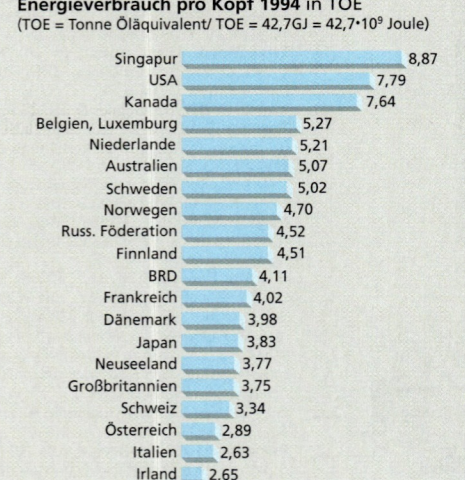

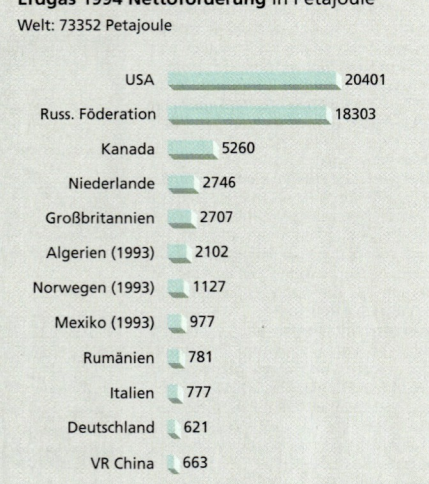

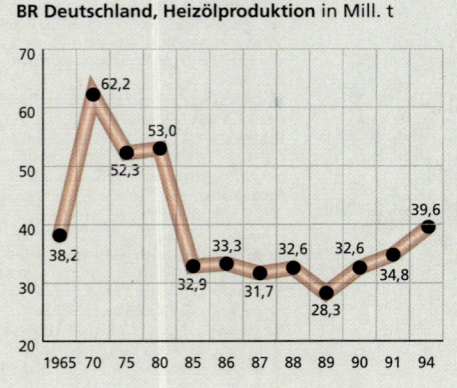

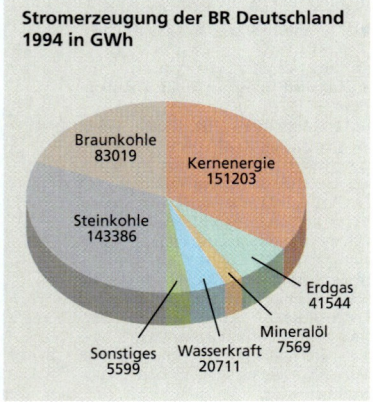

Enghien-les-Bains [ãgiɛ̃lɛ'bɛ̃], frz. Kurort n. v. Paris, 10 000 E; Schwefelquellen; Spielcasino; intern. Pferderennen.

Engholm, Björn (* 9. 11. 1939), SPD-Pol.; 1981/82 Bundesmin. f. Bildung u. Wiss., 1988–92 Min.präs. v. Schl.-Ho., 1991–92 Parteivors. d. SPD.

England, der S-Teil der Insel → Großbritannien, von Schottland getrennt durch den Solway Firth u. die Cheviot Hills; im W gebirgig, im O fruchtbares Tiefland; feuchtes, ozean. Klima; reiche Bodenschätze; Eisen u. Steinkohlen im Penninischen Gebirge, Zinn u. Blei in Cornwall; Baumwollind. (Liverpool ist Weltmarkt, Manchester bedeutendste Ind.stadt f. Baumwolle) u. Eisen (Birmingham); geringe Landw., nur 4,9% Wald, dafür Parklandschaften; 130 357 km², 46,2 Mill. E, überwiegend protestant.; 4 Mill. Katholiken; Hptst. London. Auch → Wales.

Englische Fräulein, 1609 von Mary Ward in St. Omer gegr. kath. Frauenkongregation für Jugenderziehung, v. a. i. Bay., Östr., Italien selbständige Häuser.

englische Krankheit, svw. → Rachitis.

englische Literatur, 8. Jh.: Beowulf (german. Heldenepos); 14. Jh.: Geoffrey Chaucer (satir. *Canterbury Tales*). Dramen (Mysterien, Moralitäten); 15. Jh.: Malory (Artus-Romane in Prosa); 16. Jh.: Thomas Moore (Staatsroman: *Utopia*), Philip Sidney (Schäferroman: *Arcadia*), Edmund Spenser (*Die Feenkönigin*), John Lily (Roman: *Euphues*). Dramatiker: Christopher Marlowe (*Faust*), Shakespeare, Ben Jonson (satir. Sittenkomödie); 17. Jh.: John Milton (Epos: *Das verlorene Paradies*), Samuel Butler (antipuritanisch-satir. Gedicht *Hudibras*), „metaphysische" Lyriker: John Donne; 18. Jh.: Alexander Pope (Satire), Addison/Steele (Wochenschrift *Spectator*), John Gay (satir. Bettleroper), Jonathan Swift (satir. Roman *Gullivers Reisen*), Daniel Defoe (*Robinson Crusoe*), Samuel Richardson (empfindsame Familienromane: *Pamela; Clarissa*), Lawrence Sterne (humorvolle Romane: *Tristram Shandy*), Henry Fielding (*Joseph Andrews, The History of Tom Jones, A Foundling*), Tobias Smollet (Abenteuer- u. Schelmenromane), Oliver Goldsmith (empfindsame Romane: *Der Landprediger von Wakefield*), William Blake (myst. Lyrik, Prosa u. Graphik), James Thomson (Naturdichtung), Edward Young (eleg. Lyrik: *Nachtgedanken*), Robert Burns (Lyrik), Richard Brinsley Sheridan (Lustspiele: *Die Lästerschule*), Schotte James Macpherson veröffentlicht seine schwärmerische Naturlyrik unter dem Namen Ossian und gibt sie fälschlich für altgäisch aus; 19. Jh.: Walter Scott (histor. Romane: *Ivanhoe*), Lord Byron (Versepen), Percy Bysshe Shelley, John Keats (Lyrik), William Wordsworth (idyll. Naturdichtung), Samuel Taylor Coleridge (Balladen), Thomas de Quincey (*Opiumesser*), Charles Dickens (bürgerl. Romane: *David Copperfield*), George Eliot (Romane), William Thackeray (satir. Romane), Jane Austen, die Schwestern Brontë, Thomas Carlyle (Geschichtsschreibung). L y r i k : Alfred Tennyson, Robert Browning, Elizabeth Barrett-

Browning, Dante Gabriel Rossetti, Charles Algernon Swinburne; George Meredith (Romane), John Ruskin (Ästhetik), Oscar Wilde, Robert Louis Stevenson (Südsee- u. Abenteuerromane); *20. Jh.:* Rudyard Kipling *(Das Dschungelbuch),* Joseph Conrad (Seeromane), John Galsworthy, H. G. Wells (utop. Zukunftsromane), Thomas Hardy (westengl. Romane), G. K. Chesterton, D. H. Lawrence; irische Dichter: William Butler Yeats, G. B. Shaw, James Joyce, Sean O'Casey, Liam O'Flaherty. Lyriker: J. Masefield, F. Thompson, W. de la Mare; Edith, Osbert u. Sacheverell Sitwell, T. S. Eliot (auch Dramen: *Mord im Dom;* Essays), S. Spender, W. H. Auden *(Das Zeitalter der Angst),* Dylan Thomas, K. Mansfield *(Short Stories),* T. E. Lawrence *(Aufstand in d. Wüste),* S. Maugham, E. M. Forster, V. Woolf, Ch. Morgan, Sachville-West, A. Huxley, J. B. Priestley, R. Graves, G. Orwell, G. Greene, E. Waugh, Chr. Fry (Versdramen), A. Koestler, T. Rattigan (Dramen), A. Wilson, S. Beckett, J. Osborne, H. Pinter. — Außerdem engl. Lit. eigener Prägung in Kanada, Australien (H. Handel Richardson), Neuseeland, Südafrika.

Englischer Garten, Landschaftspark i. München (→ Sckell).

Englischer Gruß, → Ave Maria; Bildschnitzerei (z. B. v. Veit Stoß i. d. Nürnberger Lorenzkirche).

Englischhorn, Holzblasinstrument, eine Quinte tiefer als die → Oboe.

Engobe, *w.* [ā'gɔb], farb. Beguß aus Ton, d. auf Ziegel u. Töpferware aufgebracht u. gebrannt wird.

Engramm, *s.* [gr.], Gedächtnisspur, Informationsspeicherung i. Nervenzellen.

en gros [frz. ā'gro], in großen Mengen.

enharmonisch [gr.], *mus.* Töne gleicher Stufe m. verschiedener Tonbez. (z. B. *cis* u. *des*).

ENI, Abk. f. *Ente Nazionale Idrocarburi,* 1953 gegr. it. Staatskonzern d. Erdöl- u. petrochem. Ind.

ENIAC, *Electronic Numerical Intergrator and Computer,* erster Großrechner aus elektron. Bauteilen, 1946 gebaut.

Eniwetok, Atollgruppe der Marshall-Inseln, 1947–58 US-Atombombenversuchsgelände; Zündung d. ersten Wasserstoffbombe durch die USA am 1. 11. 1952.

Enjambement, *s.* [frz. āʒāb'mā], Übergreifen eines Satzes in d. folgende Vers bzw. Strophe: Gar freundliche Gesellschaft leistet uns / Ein ferner Freund, wenn wir ihn glücklich wissen (Goethe).

Enkaustik, *w.* [gr.], Maltechnik, durch Hitze Wachsfarben auf Holz oder Marmor anbringen.

Enki [sumer. „Herr d. Unten, d. Erde"], sumer. Gott d. unterird. Süßwasserozeans, d. Fruchtbarkeit spendenden Quellen, Ordner d. Erde u. Schöpfergott.

Enkidu, Held des akkad. Gilgamesch-Epos; Freund u. Waffengefährte des Gilgamesch.

Enklave, *w.* [nl.], v. eigenem Staatsgebiet umschlossenes Gebietsteil e. fremden Staates; Ggs.: → Exklave.

Enlil [sumer. „Herr Wind"], sumer. Gott d. Naturgewalten u. d. Sturms.

en masse [frz. ā'mas], in Masse, gehäuft.

en miniature [frz. āminja'ty:r], in kleinem Maßstab.

Enna, italien. Provinzhpt in Sizilien, 28 300 E; Dom (14. Jh.), normann.-stauf. Burg.

Ennepe, l. Nbfl. d. Volme (Nbfl. d. Ruhr) im Sauerland, *E.*talsperre am Oberlauf.

Ennepetal (D-58256), St. an der E., NRW, 34 101 E; Kluterthöhle (größte Naturhöhle Dtlds, Asthma- u. Naturheilstätte); Kleineisenind.

Ennigerloh (D-59320), St. i. Rgbz. Münster, NRW, 19 789 E; Erholungsort; div. Ind.

Ennius, Quintus (239–169 v. Chr.), röm. Dichter; Hexameter-Epos: *Annales.* Tragödien.

Enns,
1) r. Nbfl. d. Donau, 254 km l., Grenzfluß zw. Nieder- u. Oberöstr.; Großkraftwerk Rosenau.
2) (A-4470), oberöstr. St. a. d. E., 10 190 E; älteste St. von Östr. (1212 St.recht), ma. Stadtanlage, Basilika (13. Jh.).

ennuyant, ennuyieren [frz. āny'j-], langweilig, langweilen.

Enosh [hebr. „Mensch"], jüd. Urvater, Enkelsohn Adams.

en passant [frz. āpa'sā], beiläufig.

Enquete, *w.* [frz. ā'kɛ:t(ə)], Untersuchung zur Gewinnung tatsächl. Unterlagen (z. B. zur Beurteilung pol. od. wirtsch. Verhältnisse); Umfrage.

enragiert [frz. āra'ʒ-], wütend, leidenschaftlich.

Ens [l.], Seiendes.

Enschede ['ɛnsx-], St. i. d. ndl. Prov. Overijssel, 147 000 E; Rijksmuseum Twente; Textilind.

Ensemble, *s.* [frz. ā'sābl],
1) gemeinsamer Gesang d. Solo- u. Chorsänger m. Orchester; früher allg. e. Gruppe zusammenspielender Musiker; in d. Oper (Finale) gleichzeitiges Agieren mehrerer Personen (z. Unterschied v. Solonummern); höchste Entfaltung d. Ensemblekunst bei Mozart u. Verdi.
2) fest engagierte Schauspielertruppe.

Ensinger, auch *v. Ensingen,* süddt. Baumeisterfam. d. Gotik; u. a.
1) Ulrich (um 1359–10. 2. 1419), wesentl. beteiligt an den Münsterbauten in Ulm u. Straßburg; s. Sohn
2) Matthäus (vermutl. 1395–1463), Münster in Bern.

Ensor, James, Baron (13. 4. 1860 bis 19. 11. 1949), belg. Maler u. Graphiker; wirkte anregend auf Surrealismus u. Expressionismus; phantast. Visionen, satir. u. makabre Themen.

Entartete Kunst,
1) Bez. f. d. nicht d. Vorstellungen d. NS-Reg. in Dtld entspr. „moderne" Kunst; Beschlagnahme d. Werke, Verkauf od. öff. Vernichtung; f. d. Künstler Ausstell.-, z. T. Arbeitsverbot, Ausschluß aus d. Zwangsorganisation (Reichskunstkammer).
2) Titel e. 1937 in München eröffn., die unerwünschten Künstler u. ihre Werke diffamierenden Wanderausstellung.

Entartung, *Degeneration,*
1) *biol.* anormale Rückbildung.
2) *Eugenik:* Auftreten u. Häufung v. krankh. od. Minderwertigkeit bedingenden Erbanlagen.
3) *Pathologie:* schädl. Gewebeveränderung, oft gebraucht für Entstehung von Krebs (maligne Degeneration).

Entbindung → Geburt.

Björn Engholm

Enns, *Kerner*

Entdeckungsreisen, zur Erweiterung von Handelsbeziehungen, aus Abenteuer- u. Forschungstrieb schon im Altertum (Phönizier) und MA (→ Wikinger, → Marco Polo, Araber → Ibn Batuta); E. des 16. Jahrhunderts leiteten eine neue Epoche der Geschichte der Menschheit ein.

Ente, Falschmeldung, Zeitungslüge.

Entebbe, St. i. Uganda am Victoriasee, 42 000 E; bis 1962 Hptst. des ehem. brit. Protektorats Uganda.

Enteignung, *Expropriation,* Entziehung od. Beschränkung des Eigentumsrechts durch die Staatsgewalt; nach Art. 14 GG, nur z. Wohl d. Allgemeinheit u. nur durch Gesetz oder aufgrund eines Gesetzes, das Art u. Ausmaß der Entschädigung regelt, zulässig.

Entelechie [gr.], bei Aristoteles d. zielstrebige Kraft in den Dingen; bei → Driesch das d. Zielgerichtetheit d. Lebewesen bewirkende Prinzip.

Enten, Unterfamilie der Entenvögel; *Gründel-E.:* Stock-E. (Stammform der Haus-E.), Knäk-, Krick-E.; *Tauch-E.:* Tafel-, Reiher-, Eider-E.

Entenflott, svw. → Wasserlinse.

Entenmuscheln, schalentragende, festsitzende Meereskrebse.

Entente, *w.* [frz. ā'tāt „Einverständnis"], bündnisähnliche Politik zw. Staaten.

Entente cordiale, „herzliches Einverständnis", erstmals 1840 zw. England u. Frkr., dann 1904 als Frontstellung gg. Dtld, s. 1906 mit Rußland *Tripel-E.* Im 1. Weltkr. E. Bez. der Gegner Dtlds. *Kleine E.* (1921–38) zw. ČSR, Rumänien u. Jugoslawien zwecks Aufrechterhaltung d. Status quo.

Enterbung → Erbrecht.

Enteritis, Entzündung des Dünndarms.

entern,
1) Erstürmung e. Schiffes m. *Enterhaken.*
2) Erklettern d. Schiffsmasten m. Hilfe d. → Wanten.

Enterokolitis, Entzündung von Dünn- u. Dickdarm.

Entertainer, *m.* [engl. -teɪnə], (Allein-)Unterhalter.

Entfernungsbestimmung, in der Astronomie E. der Himmelskörper durch Radar- u. Lasertechnik bei nahen Objekten im Planetensystem, durch → Parallaxe, photometr. und trigonometr. Methoden bei Sternen, durch bekannte Eigenschaften bes. Sterne (→ Veränderliche) u. → Rotverschiebung bei Galaxien.

Kolbenenten

Entfernungsmesser, Doppelfernrohr, mißt Entfernungen ähnlich wie das Augenpaar beim räuml. Sehen, d. h. durch Verwertung der Unterschiede zweier v. versch. Standpunkt (Augen-, Objektivabstand) gesehener Bilder; Entfernungsmessung auch mittels → Schallmeßverfahren u. → Radar.

Entflechtung, Wiederherstellung d. Selbständigkeit v. Unternehmen (nach d. alliierten Besatzungsrecht v. 1945), die einem → Konzern angehören.

Entführung, rechtswidrige Wegführung 1) einer weibl. Person wider ihren Willen zum Zwecke sexueller Handlungen; 2) einer Minderjährigen mit ihrem Willen, aber gg. den der Aufsichtspersonen (Eltern, Vormund usw.); ist nur auf Antrag strafbar (Freiheitsstrafe bis zu 5 Jahren od. Geldstrafe).

Enthärtung, von hartem (kalkhalt.) Wasser mit Hilfe v. → Ionenaustauschern od. chem. Fällmitteln (→ Fällung).

Enthusiasmus, *m.* [gr.], Begeisterung.

Entität, *w., phil.* Seiendheit, Dasein; (gegebene) Größe.

Entladungsröhren, mit verdünnten Gasen gefüllte Glasröhren mit Elektroden, zw. denen b. Anlegen e. el. → Spannung ein Strom fließt, wobei Leuchterscheinungen (Glimmlicht) auftreten; → Leuchtstofflampen.

entlasten, 1) vor *Gericht:* der Anklage zugunsten des Angeklagten widersprechende Aussagen od. Umstände vorbringen. 2) in der *Buchführung:* auf einem Konto einen Betrag gutschreiben. Ggs.: → belasten.

Entmannung → Kastration.

Entmündigung, durch das → Betreuungsges. v. 12. 9. 1990 weggefallen.

Entmythologisierung, in der ev. Kirche vieldiskutierter, von → *Bultmann* 1941 vorgeschlagener Weg, den modernen Menschen zum Neuverständnis des Heilserlebnisses durch Befreiung v. d. Bindung an das mytholog. Weltbild d. biblischen Zeit zu führen.

Entnazifizierung, 1945 durch Kontrollrat eingeleitete „Befreiung d. dt. Volkes v. Nationalsozialismus u. Militarismus" durch Bestrafung d. Betroffenen (5 Kategorien: Hauptschuldige, Belastete, Minderbelastete, Mitläufer, Entlastete) u. Entfernung aus verantwortl. Stellungen; Aburteilung durch *Spruchkammern;* s. 1949 *E.sschlußgesetze.*

Entoderm → Gastrula.

Entomologie [gr.], Insektenkunde.

Entoparasit, Schmarotzer im Körperinneren.

Entr'acte [frz. ãˈtrakt], Zwischenaktmusik in Oper u. Schauspiel.

Entrecôte, *s.* [frz. ãtrəˈkoːt], Rippenstück (Hochrippe) b. Rind.

Entree, *s.* [frz. ãˈtreː], Eintritt(sgeld); Eingang; Vorzimmer, Vorspeise; Vorspiel.

Entre Ríos, argentin. Prov. zw. Paraná u. Río Uruguay, 78 781 km², 1 Mill. E.

Entropie, in der Physik wichtiger Begriff z. Beschreibung d. Zustandes e. Systems u. dessen Änderungen (Zustandsgröße); nach dem 2. Hauptsatz d. → Wärmelehre nimmt d. E. bei real von selbst ablaufenden Zustandsänderungen (d. h. Übergänge von weniger wahrscheinlichen in wahrscheinlicheren Zustand) stets zu, nie ab. Wirft man z. B. einen heißen Stein in kaltes Wasser, so wird d. System „Wasser mit Stein" nicht in diesem (auf Dauer unwahrscheinlichen) Zustand „Wasser kalt / Stein heiß" bleiben, sondern durch Temp.ausgleich in den (wahrscheinlichsten) Endzustand gleicher (Mischungs-)Temp. übergehen, gekennzeichnet durch Zunahme d. E.

Entropium, Einwärtsstülpung e. Augenlides, Schädigung d. Hornhaut.

Entrückung, i. Rel. u. Sage bekannter Vorgang, b. dem Menschen o. Tod an e. anderen, oft jenseitigen Ort versetzt werden.

Entsorgung → Kernreaktor; auch E. von Batterien, Hausmüll, Industrieabfällen, Sondermüll usw.

Entspannungspolitik, langfristig angelegte Politik zur Verminderung u. Beherrschung d. Konfliktmöglichkeiten zw. O u. W, b. Respektierung d. → Status quo; Nutzung v. Formen nichtmil. Konfliktregelung.

Entstalinisierung, Schlagwort für d. nach 1953 v. d. Sowjetunion begonnene Abkehr v. d. polit. Zielen u. Methoden d. → Stalinismus.

Entstickung, Reduz. der Stickoxide (NO_x), d. bei Verbrennungsprozessen, insbes. in Kraftwerken, auftreten.

Entwässerung, → Kanalisation u. → Dränierung.

Entweichgeschwindigkeit → Fluchtgeschwindigkeit.

Entwesung → Desinsektion.

Entwickler, alkalische Lösungen v. Pyrogallol, Hydrochinon, Metol usw., die das Bild auf einer belichteten fotograf. Platte durch Reduktion des belichteten Silberbromids zu Silber sichtbar machen.

Entwicklung, (zielbestimmtes) Hervorgehen eines Zustands aus einem anderen.

Entwicklungsdose, zum Einspulen e. Films bei völliger Dunkelheit, nachfolgend werden Entwickler, Unterbrecherbad, Fixierbad eingefüllt; in erster Linie z. Entwickeln v. schwarzweißen Filmen.

Entwicklungsfarben → Färberei.

Entwicklungshelfer, in Entwicklungsländern als Helfer in eingesetzte Fachleute. → Friedenskorps, → Deutscher Entwicklungsdienst.

Entwicklungshilfe, finanz. u. materielle Hilfeleistung d. hochentwickelten Ind.länder für unterentwickelte Länder. B.haushalt 1996: 8,24 Mrd. DM f. E.

Entwicklungsjahre → Pubertät.

Entwicklungsphysiologie, Erforschung der Keimesentwicklung der Lebewesen im Wechselspiel v. Anlage u. Umwelt.

Entwicklungspsychologie, erforscht und beschreibt die seelische Entwicklung d. Menschen.

Entwicklungsroman, *m.,* schildert d. inneren u. äußeren Werdegang e. Menschen v. d. Anfängen bis z. Reifung d. Persönlichkeit (Goethe: *Wilhelm Meister;* Keller: *Der grüne Heinrich;* Hesse: *Peter Camenzind*).

Entziehungskur für sog. Rauschgifte: Opium, Morphium, Kokain, Alkohol, nur unter ärztl. Aufsicht in geschlossenen Heilanstalten; meist unter Mithilfe v. → Psychotherapie.

Enzian

Enugu, Hptst. des Bundesst. Enugu, Nigeria, 259 000 E; Steinkohlenbergbau.

Enukleation, Ausschälung, z. B. e. Geschwulst od. d. Augapfels.

Enuresis, svw. → Bettnässen.

Enver Pascha, (22. 11. 1881–4. 8. 1922, gefallen), türk. Staatsmann und Gen., Führer der Jungtürken; im 1. Weltkr. türk. Oberbefehlshaber.

Environment [engl. ɪnˈvaɪrən-„Umgebung"], zeitgenöss. Kunstrichtung, die Bild od. Skulptur so zusammenstellt, daß d. umgebende Raum als Ausdrucksmittel m. anderen Medien einbezogen wird; der Betrachter soll assoziieren und/oder mithandeln; Vertr.: *Segal, Kienholz, Vostell.*

Environtologie, Teilgebiet d. Futurologie, stellt Veränderungen fest, die wissenschaftlichen und technischen Fortschritt bewirkt, u. Rückwirkung (z. B. Luftverschmutzung, Abwasser, Nahrungsgifte) auf den Menschen.

en vogue [frz. ã'voːg], in Mode, beliebt.

Enz, l. Nbfl. des Neckars, in Ba-Wü., entspringt im nördl. Schwarzwald, 103 km lang.

Enzensberger, Hans Magnus (* 11. 11. 1929), dt. Schriftst.; Essays, Lyrik, Stücke; *Verteidigung der Wölfe; D. Verhör v. Habana; D. kurze Sommer d. Anarchie; D. Untergang d. Titanic; D. Menschenfreund.*

Enzephalomalazie, Gehirnerweichung, meist bei Durchblutungsstörung.

Enzephalomyelitis, Entzündungen von Gehirn u. Rückenmark.

Enzephalopathie, Funktionsstörung des Gehirns, z. B. bei Leberzirrhose (*hepatische E.*).

Enzian, 300 Arten, meist Blüten blau, violett, selten gelb u. weiß; *Gefranster E., Stengelloser E., Frühlings-Feld-E.;* aus dem Wurzelstock des bis 1 m hohen *Gelben E.* wird *E.-Schnaps* gebrannt. ●

Enzio [it. „Heinz"], um 1220–72, Kg von Sardinien, Sohn Kaiser → Friedrichs II., von 1249 an in Bologna gefangen.

Enziklika, *w.* [gr.], päpstl. Rundschreiben an alle od. mehrere Bischöfe.

Enzootie, zeitl. u. örtl. begrenztes Auftreten e. Infektionskrankheit (Tierseuche); Ggs.: → Epizootie.

Enzyklopädie, *w.* [gr.], übersichtl. Darstellung des gesamten prakt. u. theoretischen Wissens, meist nach Gebieten geordnet, jetzt alphabetisch (Konversations-→ Lexikon); aus d. Altertum nur die *Naturalis historia* des Plinius erhalten; im MA das *Speculum maius* von Vincenz v. Beauvais; Neuzeit das *Novum organum* (1620) v. F. Bacon; 1751–80 gaben die **Enzyklopädisten** (Diderot und d'Alembert) die große frz. *Encyclopédie* [ãsi-] in 35 Bänden heraus; seit 1768 *Encyclopaedia Britannica;* seit 1926 *Große Sowjetenzyklopädie* (65 Bde) und (1929/49) d. *Enciclopedia Italiana* (36 Bde).

Enzyklopädisten, Hgg. u. Mitarbeiter d. frz. Enzyklopädie; gemeinsam ist ihnen d. Denken d. frz. Aufklärung: d'Alembert, Diderot, Rousseau, Montesquieu, Holbach u. a.

Enzym-Diagnostik, Krankheitserkennung durch Messung v. E.aktivitäten in Geweben oder Körperflüssigkeiten, bes. Blut.

Enzyme [gr.], svw. → Fermente; in lebenden Zellen gebildete Stoffe, die den Ablauf zahlreicher biochem. Reaktionen i. Organismus katalysieren u. im Darm die Aufspaltung der Nährstoffe bewirken; bestehen aus einem niedermolekularen → Koenzym u. einem hochmolekularen Apoenzym; Kennzeichnung durch Endsilbe -ase (Lipase: Fettspaltung, Amylase: Stärkespaltung u. a.); Bildung in Zellinneren, werden z. T. als Exo-E. ausgeschieden (z. B. Celluloseabbau durch Cellulasen holzzerstörender Pilze).

Enzymopathien, durch Mangel od. Nichtfunktionieren e. Enzyms od. Enzymsystems bedingte, meist erbliche Krankheiten.

eo ipso [l.], von selbst, selbstverständlich.

Eolithen, Feuersteine, die durch ihre Form altsteinzeitl. Geräte vortäuschen.

Eos [gr.], lat. *Aurora,* die personifizierte (Göttin d.) Morgenröte.

Eosander, Johann Friedrich v., gen. *E. von Göthe* (1669–22. 5. 1728), dt. Hofbaumeister Friedrichs I. v. Preußen.

Eosin, roter Teerfarbstoff; f. Wolle, Seide, rote Tinte.

Eozän, s. [gr.], zweitältester Abschnitt d. Tertiärzeit, vor ca. 55–40 Mill. Jahren; → geologische Formationen, Übers.

Epakte, w. [gr.], astronom. Zahl; gibt das Alter d. Mondes am 1. Jan., d. h. die Zahl der Tage seit dem letzten Neumond, an.

Epaminondas, theban. Feldherr; 371 v. Chr. Sieg über Spartaner bei Leuktra, fiel 362 bei Mantinea.

Epaulette [frz. epo'l–], Schulterstück auf Uniformen.

Épernay [-'nɛ], frz. St. i. Dép. *Marne,* 29 000 E; Zentrum d. frz. Champagner-Erzeugung, Weinmuseum.

Epheben [gr. „die Mannbaren"], i. alten Griechenland d. Jünglinge von 18 bis 20 Jahren.

Ephedrin, aus dem Meerträubel-Strauch gewonnenes Alkaloid; Heilmittel u. a. gegen Kreislaufschwäche.

Ephemeriden,
1) Tabelle vorausberechneter Zeiten und Örter von Himmelskörpern.
2) svw. → Eintagsfliegen.
3) Tagebücher.

Ephemeridenzeit, astronom. Zeitmaß (sehr nahe gleich der Weltzeit), bei dem die Unregelmäßigkeiten der Rotationsdauer d. Erde eliminiert sind.

ephemer(isch) [gr.], eintägig, vergänglich.

Epheserbrief, i. N. T.; v. Paulus, Echtheit bezweifelt.

Ephesos [gr.], lat. *Ephesus,* griech. Staatsgründung an der W-Küste Kleinasiens; im Altertum bed. Handelsst. mit Artemis-Tempel, eines der Sieben Weltwunder, 356 v. Chr. von → Herostratos in Brand gesteckt; Ruinenstätte.

EPH-Gestose, mit Wassersucht (Ödem; engl. edema), Eiweißausscheidung im Urin (Proteinurie) und Bluthochdruck (Hypertonie) einhergehende G., kann zu → Eklampsie führen.

EPH-Gestose → Gestosen.

Ephialtes,
1) Verräter, vereitelte 480 v. Chr. die Verteidigung der → Thermopylen.
2) athen. Parteiführer, bricht mit Perikles die Macht des → Areopags; 457 v. Chr. ermordet.

Ephoros, Mitglied des 5köpfigen Obermagistrats im alten Sparta.

Ephraim,
1) *Altes Testament:* 2. Sohn Josephs.
2) e. der 12 Stämme Israels.

epi-, griech. Vorsilbe: bei-, auf-, über-.

Epidauros, antike Hafenst. an der O-Küste von Argolis; Blütezeit 600 v. Chr.; Tempel d. Asklepios; Theater.

Epidemie [gr.], zeitlich und gebietsmäßig begrenztes, plötzliches Auftreten einer Infektionskrankheit in einer großen Zahl von Fällen.

Epidermis, w. [gr.], Oberhaut (oberste Hautschicht).

Epidermolysis acuta toxica → Lyell-Syndrom.

Epidermolysis bullosa hereditaria, erbl. Blasensucht, bei Stößen usw. Blasenbildung der Haut.

Epidiaskop [gr.], Projektionsapparat, umschaltbar auf 2 unterschiedl. Betriebsarten, als *Episkop* für undurchsichtige Bildvorlagen (z. B. aus Büchern) durch Spiegelung, als *Diaskop* für durchsichtige (Diapositive).

Epididymis, Nebenhoden.

Epididymitis, Nebenhodenentzündung.

epidural, außerhalb der harten Hirnhaut *(Dura mater),* → Nervensystem.

Epiduralanästhesie, svw. *Periduralanästhesie* → Anästhesie.

Epigastrium, Oberbauch.

Epiglottis [gr.], → Kehlkopf.

Epigonen [gr. „die Nachgeborenen"], Söhne der Sieben gegen Theben; geistige Erben schöpferischer Epochen, die nur noch nachahmend wirken; benannt nach dem gleichnamigen Roman von → Immermann.

Epigramm, s. [gr.], urspr. Aufschrift, meist a. Gräbern u. Distichen (→ Distichon) verfaßt; kurzes Sinn- od. Spottgedicht.

Epigraph, s. [gr.], Auf-, Inschrift.

Epigraphik, *Altertumswiss.* Inschriftenkunde an antiken Denkmälern.

Epik, w. [gr.], *epische* oder *erzählende Dichtung;* neben der Grundform → *Epos* kleinere Versformen: *Idylle, Legende, Romanze;* in Prosa: *Roman, Kunstmärchen, Skizze, Erzählung.*

Epiktetos (1. Jh. n. Chr.), griech. Philosoph, Stoiker; sein Leitsatz: „Ertrage und entsage!"

Epikureer, Genußmensch.

Epikuros (341–270 v. Chr.), griech. Philosoph; Glückseligkeitslehre: weises Abwägen zwischen Lust u. sittl. Werten, keine Furcht v. Göttern u. Tod.

Epilation [l.], Entfernung v. Haaren m. Haarwurzeln.

Epilepsie [gr.], Fallsucht, mit plötzlichen *(epileptischen)* Anfällen, Bewußtlosigkeit, Zuckungen u. Krämpfen (der Kranke: **Epileptiker**); erbliche Faktoren *(idiopathische E.)* u. äußere Auslöser *(symptomatische E.)* können nicht streng getrennt werden. Vielfältige Varianten; z. B. Grand-mal-E., fokale E., Petit-mal-E., Abscenses usw. Medikamentöse Behandlung mit *Antiepileptika.*

Epilog, m. [gr.], abschließendes Nachwort, bes. bei Theaterstücken; Ggs.: → Prolog.

Epimenides, sagenhafter Seher i. 7. Jh. v. Chr. aus Kreta; angebl. 57jähr. Schlaf; *Des E. Erwachen,* Festsp. v. Goethe.

Ephebe von Antikythera

Epimetheus [gr. „Nachherdenker"], griech. Sagengestalt, öffnet trotz Warnung seines Bruders Prometheus die Büchse der → Pandora.

Épinal, Hptst. d. frz. Dép. *Vosges,* an der Mosel, 41 000 E; Festung; Museum; Eisen- und Textilind.

Epiphanie [gr.], „Erscheinung", Schau; (Selbst-)Offenbarung (bes. Christi); auch svw. **Epiphanias,** kirchl. Fest, *Hl. Drei Könige* (6. 1.).

Epiphyse [gr.],
1) *Zirbeldrüse,* etwa erbsengroß, zapfenförmig, an der hinteren Gehirnbasis, Drüse mit → innerer Sekretion, hemmt Wirkung der gonadotropen Hormone d. → Hypophyse; Überfunktion i. Frühreife, steuert rhythmische Lebensvorgänge („innere Uhr").
2) Gelenkende eines Röhrenknochens.

Epiphyten [gr.], Pflanzen, („Lichtschmarotzer"), die auf anderen Pflanzen leben, meist mit selbständiger Ernährung (z. B. viele Orchideen).

Epirogenese [gr.], *geolog.* d. langsame Heben u. Senken größerer Erdkrustenteile.

Epirus [l.], griech. *Epiros,* griech. Region am Ionischen Meer, 9203 km², 339 000 E; Hptst. *Janina,* 45 000 E.

episch, (ausführlich) erzählend; → Epik.

episches Theater, v. B. → Brecht entwickelte dramat. Darbietungsform, die dem Zuschauer den Inhalt des Stückes im voraus erzählt. Damit richtet sich d. Interesse nicht auf das Was, sondern auf das Wie. Der Zuschauer wird so intellektuell aktiviert; gg. aristotel. Theater gerichtet.

Episiotomie → Dammschnitt.

Episkop → Epidiaskop.

episkopal [l.], bischöflich.

Episkopalkirche → anglikanische Kirche.

Episkopalsystem, i. d. kath. Kirche Rechtsansprüche d. Bischöfe gg. über d. Papst, d. als Gleicher unter gleich gilt u. nur über d. Ehrenprimat verfügt. In d. ev. Kirche Auseinandersetzungen i. 16./17. Jh. über d. rechtl. Stellung d. ev. Landesherren.

Episkopalverfassung, Kirchenregiment liegt in den Händen des Bischofs, Leitung d. Gesamtkirche in d. Händen d. Bischofskonferenz; in verhältnismäßig reiner Form in d. anglikan. Kirche (Lambeth-Konferenzen), gemischte Formen vor allem in luther. Kirchen, die im allg. stärker vom Amt als v. d. Gemeinde her bestimmt sind.

Episkopat, m. oder s., Bischofsamt; Gesamtheit d. Bischöfe.

Episkopus [„Aufseher"], Bischof.

Episode, w. [gr.], Einschiebsel, kurze Nebenhandlung in Theaterstück od. Erzählung; vorübergehendes Ereignis.

episodisch, gelegentlich.

Episomen, aus → DNS bestehende, nicht lebensnotwendige *genet. Elemente d. Bakterien.*

Epispadie, obere Harnröhrenspalte, Mißbildung.

Epistaxis, svw. → Nasenbluten.

Epistel, w. [gr.], Brief; Bez. der Apostelbriefe im N.T.; auch literarische Form (Horaz).

Epistelseite, im Innern e. kath. Kirche bei Blickrichtung z. Altar Bez. (bis z. Liturgiereform d. 2. Vatikan. Konzils

1965) f. d. rechte Seite, da hier d. Epistellesung; Ggs.: → Evangelienseite.
Epistemologie [gr. „Wissenschaftslehre"], Lehre v. d. Grundlagen der Erkenntnis u. d. Wissens.
Epistolae obscurorum virorum, *Dunkelmännerbriefe,* Sammlung satir. Briefe gg. d. Anhänger → Pfefferkorns, in dessen Streit m. Reuchlin; Verf.: Ulrich v. → Hutten, Crotus Rubianus u. a. Humanisten (1515).
Epitaph, s. [gr.], Grabschrift, -mal.
Epithel, s. [gr.], ein- od. mehrschichtige Zellenlage d. Oberfläche tierischer od. menschl. Körper sowie d. Hohlorgane (z. B. Verdauungs-, Atemwege) mit Ausnahme d. Blut- u. Lymphbahnen; Ggs.: → Endothel.
Epithelkörperchen s. [gr.], → Nebenschilddrüsen.
Epitheton, s. [gr.] **(ornans)** [l.], (schmückendes) Beiwort.
Epitome, w. [gr.], Auszug aus einem Werk.
Epizentrum [gr.-l.], das senkrecht über dem Erdbebenherd liegende Gebiet an der Erdoberfläche.
Epizootie, Infektionskrankheit (Tierseuche), d. i. größerer Ausbreitung u. gehäuft auftritt; Ggs.: → Enzootie.
Epizykel, m. [gr. „Nebenkreis"], Kurvenart, die entsteht, wenn ein Punkt sich auf einem kleinen Kreis bewegt, dessen Mittelpunkt gleichzeitig auf einem anderen großen Kreis abrollt; bes. in der Planetentheorie des Ptolemäus u. Kopernikus verwendet, um d. Abweichungen d. Planetenbahnen (→ Ellipse) von d. Kreisform beschreiben zu können.
epochal, bedeutend, denkwürdig.
Epoche, w. [gr. „epoche = das Anhalten"],
1) geschichtl. Abschnitt, z. B. i. Geschichte od. Literatur.
2) astronomisch bestimmter Zeitpunkt.
3) [-'xe] Terminus i. d. griech. Philosophie (Skepsis: Zweifel, Zurückhaltung) u. i. d. Philos. E. → Husserls.
Epos, s. [gr. „Wort"], *Epopöe,* aus Totenklagen, Heldenliedern entstandene Dichtungen, die myth. Gestalten u. Helden im Bewußtsein d. Volkes festhielten; in Versform; aus mehreren Heroenliedern od. Auschmückung von Einzelgesängen: *Heldenepos* gestaltet alte Überlieferungen durch anonyme Autoren (Ilias, Odyssee, Nibelungen); später Schöpfung einzelner Dichter: *Kunstepen* (z. B. *Äneis,* höf. Epen, *Parzival, Tristan und Isolde, Göttl. Komödie, Messias;* bürgerl. Epos: Goethes *Hermann u. Dorothea);* abgelöst durch → Roman.
Epoxidharze, durch → Polyaddition erhaltene → Duroplaste; bes. als Gießharze (Elektrotechnik) u. z. Verklebeben v. Metallen.
Epp, Franz Ritter von (16. 10. 1868 bis 31. 12. 1946), dt. Gen. u. Politiker (NSDAP), 1933–45 Reichsstatthalter in Bayern.
Eppan, Gem. sw. von Bozen, 10 000 E; Burg Hocheppan; Weinbau.
Eppelheim (D-69214), Gem. im Rhein-Neckar-Kr., Ba-Wü., 13 605 E.
Eppelsheimer, Hanns Wilhelm (17. 10. 1890–24. 8. 1972), dt. Lit.historiker u. Bibliothekar, 1963–72 Präs. d. → Deutschen Akademie für Sprache und Dichtung; *Handbuch d. Weltliteratur; Bibliographie d. dt. Literaturwiss.*

Erbse

Walderdbeere

Eppingen (D-75031), St. im Kr. Heilbronn, Ba-Wü., 17 140 E; Fachwerkhäuser, Heimatmus. „Alte Universität".
Eppler, Erhard (* 9. 12. 1926), SPD-Pol.; 1968–74 B.min. f. wirtsch. Zusarbeit, 1974–80 Landesvors. der SPD v. Ba-Wü.
EPROM, Abk. f. **E**rasable **P**rogrammable **R**ead **O**nly **M**emory, lösch- u. wiederprogrammierbarer Festwertspeicher in Computern.
Epsom and Ewell [ˈɛpsəm ænd ˈjuːəl], engl. St. in d. Gft Surrey, 66 000 E; Bittersalzquellen (*E.er Salz,* Englisches Salz); Pferderennen, → Derby.
Epstein [-staɪn], Sir Jacob (10. 11. 1880–19. 8. 1959), engl. Bildhauer; Porträtbüsten (einst z. T. umstrittene) großformat. Figuren(gruppen); *Einstein; Grabmal f. O. Wilde; Ecce Homo.*
EPU, Abk. f.*European **P**ayment **U**nion;* → Europäische Zahlungsunion.
Epulis, gutartige Zahnfleischgeschwulst.
Equalizer [engl. ˈiːkwəlaɪzə], regelbarer Klangfilter.
Equilibrist, svw. → Äquilibrist.
Equipage, w. [frz. ekiˈpaːʒ(ə)], elegante Kutsche.
Equipe, w. [frz. eˈkip], Reitermannschaft.
equipieren, ausstatten.
Equisetum, svw. → Schachtelhalm.
Er, chem. Zeichen f. → Erbium.
Erasmus [gr. „der Erwünschte"], m. Vn.
Erasmus v. Rotterdam, Desiderius (28. 10. 1466–12. 7. 1536), Humanist, bed. Philologe; 1. Hg. d. griech. N.T.; *Encomium moriae (Lob der Narrheit);* für innerkirchl. Reform, gg. Luthers Kirchengründung.
Erato, griech. Muse der Liebespoesie.
Eratosthenes, griech. Mathematiker; erste Bestimmung d. Erdumfanges (um 240 v. Chr.).
Erbach,
1) (D-64711), Krst. im Odenwaldkr., Hess., 11 702 E; Luftkurort, Schloß, Natur- und Wildpark; Dt. Elfenbeinmus.
2) St.teil v. → Eltville a. Rhein.
Erbanlagen → Vererbung, Übers.
Erbbaurecht, veräußerl. u. vererbl. Recht, auf od. unter d. Oberfläche e. fremden Grundstücks ein Bauwerk zu haben. Grundbucheintragung erforderl.
Erbhaftung → Erbrecht.
Erbersatzanspruch, Anspruch nichtehel. Kinder beim Tod des Vaters od. d. väterl. Verwandten sowie des Vaters u. seiner Abkömmlinge beim Tod des nichtehel. Kindes; Höhe des E. entspricht dem gesetzl. Erbteil (§ 1934 a BGB).
Erbeskopf → Hunsrück.
Erbfolge,
1) *privatrechtl. E.* → Erbrecht, auch → Anerbenrecht.
2) *dynast. E.,* nach salischem Recht, in Dtld nur im Mannesstamm.
3) *kognatische E.,* bei Fehlen männl. Nachkommen d. Hauptlinie fällt Thronrecht an nächsten männl. Verwandten.
4) *gemischte* (kastilische) *E.,* Erbberechtigung f. männl. wie f. weibl. Nachkommen unt. Vorrang d. männl.
Erbfolgekrieg,
1) Span. E. 1701–14.
2) Östr. E. 1741–48.
3) Bayr. E. 1778/79.

Erbgerichte → Patrimonialgerichtsbarkeit.
Erbgrind, *Favus,* durch Pilze hervorgerufene Hauterkrankung.
Erbium, *Er,* chem. El., Oz. 68, At.-Gew. 167,27; Dichte 9,05; Seltenerdmetall.
Erblasser, Bez. d. Verstorbenen im → Erbrecht.
Erbmasse,
1) *jur.* svw. Nachlaß.
2) *biol.* die Summe der Erbanlagen; → Vererbung, Übers.
Erbpacht, früher erbliches veräußerl. Nutzungsrecht an Grundstück, bes. Bauerngut, mit jährl. Abgaben an Grundeigentümer.
Erbrecht, nach den §§ 1922 ff. BGB geht Vermögen *(Erbschaft, Nachlaß)* eines Verstorbenen *(Erblassers)* auf einen *(Allein-)* od. mehrere *(Mit-)Erben* über, die durch Testament, Erbvertrag oder durch Gesetz bestimmt sind:
1) *gesetzl. Erben:* Abkömmlinge (Erben 1. Ordnung), Eltern und deren Abkömmlinge (2. Ordnung), Großeltern und deren Abkömmlinge (3. Ordnung) usw. Außerdem erbt Ehegatte neben Erben 1. Ordnung ein Viertel, neben Erben 2. Ordnung od. Großeltern d. Hälfte, sonst das Ganze; zudem erhält er neben Erben 2. Ordnung od. neben Großeltern als *Voraus* die z. ehel. Haushalt gehörenden Gegenstände u. d. Hochzeitsgeschenke; neben Erben 1. Ordnung jedoch nur die Gegenstände, die er z. Führung e. angemessenen Haushalts benötigt. Bei Fehlen v. Erben erbt d. Fiskus. Erbe kann Erbschaft ausschlagen. Erbe haftet für Nachlaßschulden, trägt Beerdigungskosten, hat häusl. Familienangehörigen des Erblassers 30 Tage Unterhalt (den *Dreißigsten*) zu gewähren. Er kann Haftung durch Nachlaßpflegschaft (-verw.), -konkurs auf den Nachlaß beschränken. Bei Auseinandersetzung mehrerer Erben → Ausgleichungspflicht;
2) *Testamentserrichtung:* a) zu Protokoll vor Notar oder b) eigenhändig geund unterschriebene Erklärung. Ehegatten können ein gemeinschaftl. Testament errichten; c) in Notfällen vor Bürgermeister des Aufenthaltsorts unter Zuziehung v. 2 Zeugen od. bei Absperrung v. d. Umwelt (z. B. b. Hochwasser), b. naher Todesgefahr oder bei Seereise auf dt. Schiff mündl. vor 3 Zeugen; dieses *Nottestament* wird 3 Monate nach Beendigung d. Notfalles ungültig, wenn Erblasser noch lebt;
3) *Erbvertrag:* vor Notar bei gleichzeit. Anwesenheit d. Parteien u. v. Erblasser persönl. zu schließen;
4) *Pflichtteil* steht Abkömmlingen, Ehegatten u. Eltern b. *Enterbung* durch d. Erblasser zu, kann nur wegen schwerer Verfehlung gg. den Erblasser entzogen werden, besteht in d. Hälfte des Wertes d. gesetzl. Anteils. Erbschaftserwerb kann angefochten werden, wenn Erbe wegen schwerer Verfehlung gg. Erblasser *erbunwürdig* ist. – *Vorerbe* muß Erbschaft nach Ablauf best. Zeit od. nach seinem Tode an *Nacherben* abgeben.
Erbschaftskauf, Vertrag, durch den d. Erbe (Miterbe) die ihm angefallene Erbschaft verkauft; bedarf d. notariellen Beurkundung.
Erbschaftssteuer, → Steuern, Übers.
Erbschein, auf Antrag d. Erben v.

Nachlaßgericht ausgestelltes Zeugnis über d. Erbrecht.
Erbschleicherei, sitten- oder rechtswidrige Beeinflussung eines Erblassers.
Erbse, rankender Schmetterlingsblütler; runde, grüne Schotenfrucht als *Pal-Erbse* (mehlig) oder *Zucker-Erbse* (süßlich).
Erbsenstrauch, dorniger gelb blühender Schmetterlingsblütler; Zierstrauch aus Asien.
Erbsünde, nach christl. Lehre Sündhaftigkeit bzw. Verderbtheit d. menschl. Natur, infolge Adams Sündenfall; Tilgung durch die Taufe.
Erbunwürdigkeit, Erbvertrag → Erbrecht.
Erciyas Dagi [ˈɛrd ijas daːə], erloschener Vulkan i. Inneranatolien, 3916 m.
ERCP, **e**ndoskopische **r**etrograde **C**holangio**p**ankreatikographie, Kombination von Endoskopie und Röntgentechnik zur Untersuchung von Gallensystem u. Bauchspeicheldrüse.
Erdachse → Erde, → Präzession.
Erdalkalimetalle, die chem. Elemente *Magnesium, Beryllium, Calcium, Barium, Strontium, Radium.*
Erdaltertum, *Paläozoikum,* → geologische Formationen.
Erdapfel, svw. → Kartoffel.
Erdbeben, Erdkrustenerschütterungen von Sekunden- bis Minutendauer durch Verschiebungen der → Erdkruste (*tektonische* E., 90% aller E.) oder Einsturz unterird. Hohlräume (*Einsturz-*E.) od. Vulkanausbruch (*vulkanische* E.). Ausgangspunkt: **E.herd** *(Hypozentrum);* Ausbreitung v. E.herd in Form wellenförmiger Stöße mit maximal 15 cm Bodenbewegung (5 cm wirken bereits zerstörend); falls Herd unter dem Meeresboden: *Seebeben,* meist mit verheerender Flutwelle (→ Tsunami). – E.forschung in *E.warten,* dt. Hptwarte Jena; Messung der Erschütterungen durch **E.messer,** → *Seismometer,* bzw. durch *Seismograph,* der noch 0,016 mm Bodenbewegung als Beben registriert. Die E.messer registrieren jährlich ca. 10 000 E., von denen nur etwa die Hälfte bemerkt wird und nur 100 zerstörend wirken. Große E.: Lissabon 1755, San Francisco 1906, Messina 1908, Japan 1923, 1933, 1948, Formosa 1935, Türkei 1939, 1971; Assam 1950; Griechenld 1953; Chile 1960; Peru 1970; Nicaragua 1972. – 1974: Südchina, Pakistan; 1976: Guatemala, Friaul, Nordostchina, Philippinen, Osttürkei; 1978: Iran; 1980: Algerien, Süditalien; 1981: Iran; 1982: Nordjemen; 1988: Armenien; 1990: Nordwestiran; 1995: Japan.
Erdbeerbaum, dem Heidekraut verwandte Bäume u. Sträucher Südeuropas.
Erdbeere, Rosengewächs; *Wald-*E.; *Kultur-*E., viele Sorten.
Erdbeerzunge, gerötete Zunge, z. B. bei Scharlach.

Die Erde von Sonnenaufgang bis Sonnenuntergang, ATS-3-Aufnahme
1 7.30 Uhr
2 10.30 Uhr
3 12.30 Uhr
4 15.30 Uhr
5 19.30 Uhr

Erde, dritter Planet der Sonne, Zeichen ⊕; an den Polen abgeplattet, angenähert ein Rotationsellipsoid (→ Geoid). Äquatordurchmesser 12 756,776 km, Poldurchmesser 12 713,824 km. Abplattung 1:297,0. Äquatorumfang 40 076,6 km, Meridianumfang 40 009,1 km. Erdvolumen 1083 Mrd. km³; mittlere Dichte 5,517 g/cm³. Tiefstes Bohrloch z. Z. auf d. Halbinsel Kola (Rußland) m. über 13 000 m. Temperaturzunahme in der Nähe der Oberfläche rund 30 °C pro km Tiefe, in größeren Tiefen geringere Zunahme. Temperatur im Zentrum ca. 4500° C. Druck im Zentrum der Erde ca. 3000 kbar od. 300 MPa. Aufbau des Erdinnern: *Erdkruste,* baut sich aus → Kontinenten und → Ozeanböden auf.

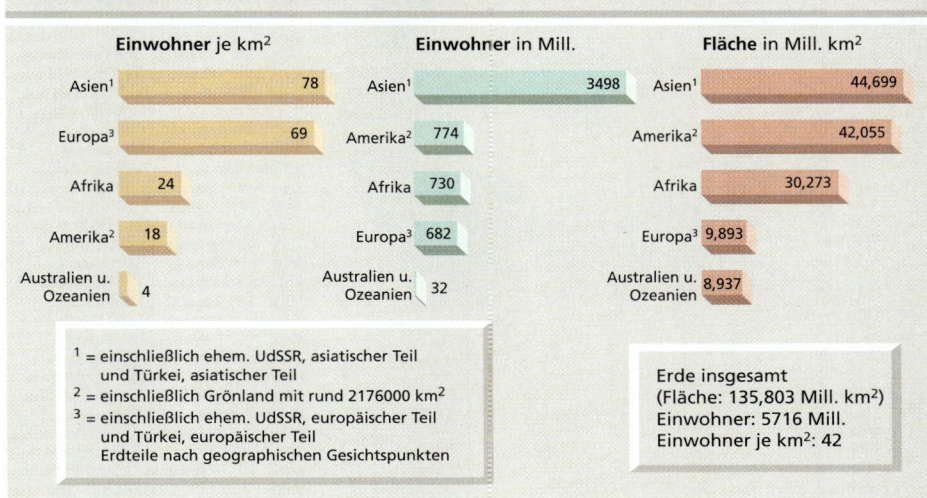

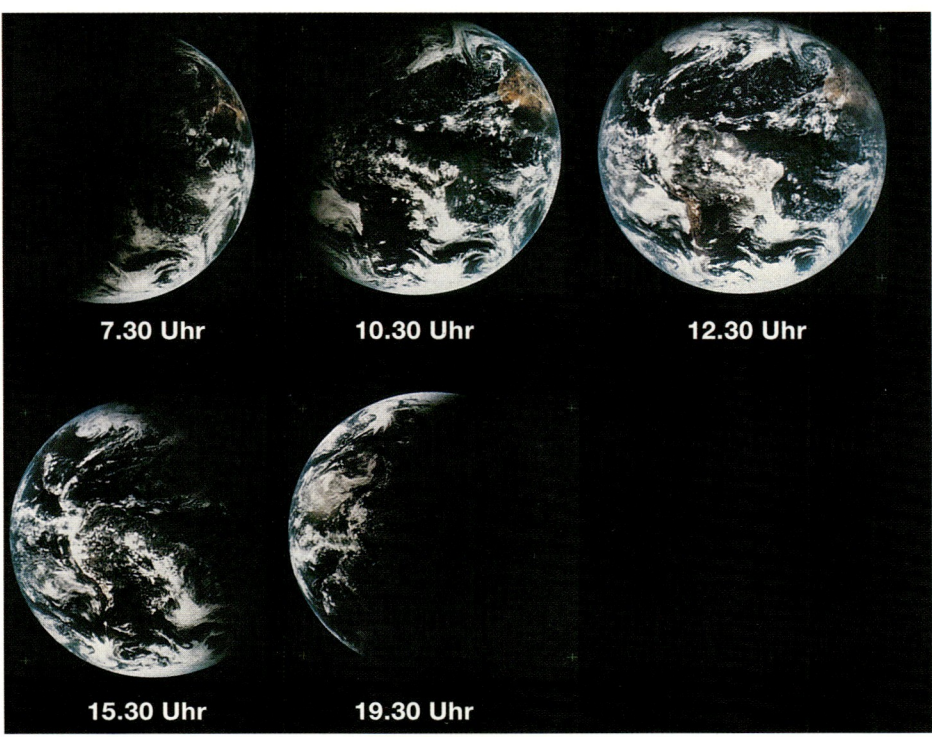

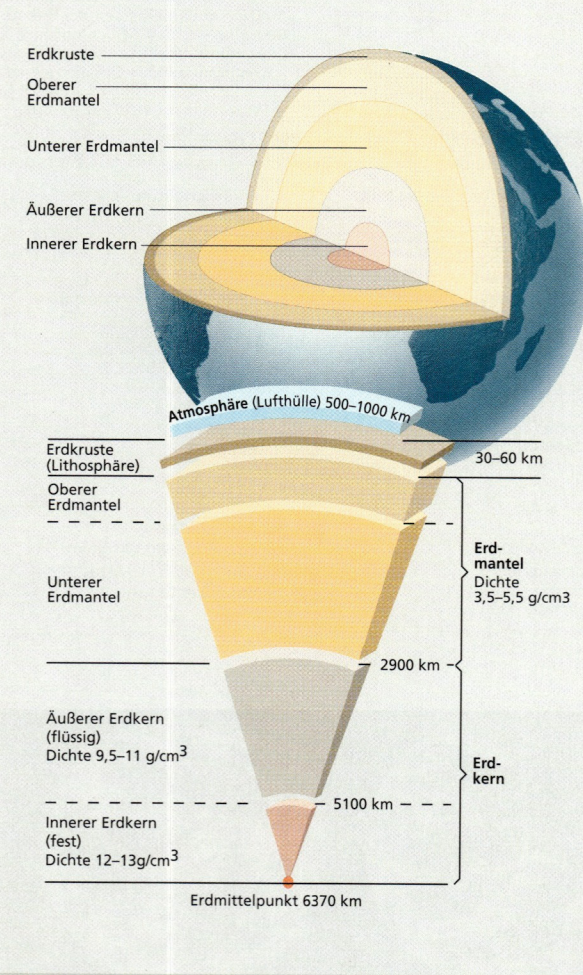

Aufbau der Erde

- Erdkruste
- Oberer Erdmantel
- Unterer Erdmantel
- Äußerer Erdkern
- Innerer Erdkern

Atmosphäre (Lufthülle) 500–1000 km

- Erdkruste (Lithosphäre) — 30–60 km
- Oberer Erdmantel
- Unterer Erdmantel — Erdmantel Dichte 3,5–5,5 g/cm³
- 2900 km
- Äußerer Erdkern (flüssig) Dichte 9,5–11 g/cm³ — Erdkern
- 5100 km
- Innerer Erdkern (fest) Dichte 12–13 g/cm³
- Erdmittelpunkt 6370 km

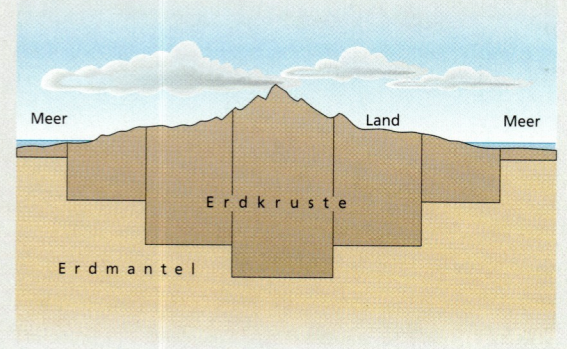

Schematische Darstellung des isostatischen Gleichgewichts der Erdkruste

Meer — Land — Meer
Erdkruste
Erdmantel

Kontinente aus → Magmatiten, → Metamorphiten u. → Sedimentgesteinen, Ozeanböden zumeist aus → Basalten; Erdkruste unter den Ozeanen nur 2–10 km, unter den Kontinenten zw. 20 u. 80 km dick. Die Grenze Kruste/Mantel heißt Mohorovičić-Diskontinuität. *Erdmantel* aus ultrabasischen Silicaten bis ca. 2900 km, zumeist fest; oberer Mantel durch → Konvektion in plastischer Strömungsbewegung. *Erdkern* aus Nickeleisen, bis 5100 km flüssig, darunter fest. Kenntnisse über den Aufbau aus seismischen Beobachtungen (Erdbebenwellen, Aggregatzustand) und durch Vergleich mit Eisen- und Steinmeteoriten, die als Bruchstücke der Urplaneten angesehen werden. Der Energieverlust d. Erde durch Abstrahlung v. Wärme in den Weltraum beträgt jährlich $8 \cdot 10^{20}$ J. Dieser Wärmestrom stammt zum größten Teil aus dem Zerfall radioaktiver Atomkerne der Erdkruste und des oberen Erdmantels. Mittlerer Abstand d. Erde von d. Sonne 149,6 Mill. km. Rotation d. Erde um die Polarachse in 23 Std. 56 Min. 4,09 Sek. (= 1 Sterntag); Umlauf um die Sonne (Tafel → Himmelskunde II) in 365 Tagen 5 Std. 48 Min. 46,42 Sek. (= tropisches Jahr). Oberfläche d. Erde 510,1 Mill. km², davon 29,2% Land und 70,8% Wasser. Von d. gesamten Landfläche sind 18,1% kultiviert, 29,3% Wald, 20,8% Steppe und 31,8% Ödland. Alter d. Erde etwa 4,6 Mrd. Jahre. Gesamtbevölkerung (Schätzung 1982) 4,581 Mrd. Menschen (34 pro km²), jährl. Zuwachs ca. 1,7%. Schätzung f. das Jahr 2000: ca. 6,1 Mrd., für 2025: 8,3 Mrd. Ellipt. Bahn um die Sonne mit max. Abstand v. 152,1 Mill. km, min. Abstand v. 147,1 Mill. km; mittl. Sonnenabstand 149,6 Mill. km (entspr. 1 → astron. Einheit); Umlauf um die Sonne in 1 → Jahr; mittl. Bahngeschwindigkeit 29,79 km/s; Neigung des Äquators gg. die Ebene der Erdbahn 23,44°, Folge: → Jahreszeiten; siderische Rotationsdauer 23,934 Std.; Rotationsachse der Erde ändert periodisch ihre Lage (*Präzession, Nutation*), Schwankungen durch Massenverlagerungen in u. auf der Erde); Gezeitenreibung durch den Einfluß des Mondes bewirkt Vergrößerung der Tageslänge im Laufe der Zeit; Aufbau aus innerem festem Kern (bis 5150 km Tiefe), äußerem flüssigem Kern (bis 2800 km), Mantel (bis 33 km) u. Erdkruste; Erdoberfläche zu 71% von Wasser bedeckt („blauer Planet"); Kruste u. oberer Mantel bestehen aus Mosaik v. festen Platten versch. Größe, die sich gegeneinander bewegen (*Kontinentaldrift*); → Plattentektonik, entlang der Plattengrenzen sind Zonen seismischer Aktivität (Vulkanismus, Erdbeben); Erdatmosphäre gliedert sich in Troposphäre (bis 10 km Höhe), Stratosphäre (bis 80 km), Ionosphäre (bis 350 km), Suprasphäre (bis 1000 km) u. Exosphäre; niedere Atmosphäre besteht aus Stickstoff (75,53 Gewichtsprozent), Sauerstoff (23,14%) u. 1,33% Spurengasen, v. denen Kohlendioxid (ca. 0,045%) bedeutsam für die Erwärmung unter Sonneneinstrahlung (→ *Treibhauseffekt*) u. Ozon für die Abschirmung solarer Ultraviolettstrahlung sind; Schutz vor letzterer ist unverzichtbar für die Existenz v. Leben auf der Erdoberfläche; Wasserdampfgehalt um 1%, Energieeinstrahlung v. der Sonne treibt Wetterabläufe; Erdmagnetfeld hat Stärke v. etwa 0,5 Gauß; magn. u. geogr. (Rotations)-Pole sind nicht ident.; das Magnetfeld ist langfristigen Änderungen unterworfen u. umgibt die Erde mit der sog. *Magnetosphäre;* in ihr werden geladene Teilchen des → Sonnenwindes eingefangen u. bilden die *Van-Allen-Gürtel;* an den magn. Polen in die Erdatmosphäre eindringende Teilchen verursachen Nord- u. Südlichter.

Erdferkel, einzige Art d. Säugetier-Ordnung *Röhrenzähner;* Afrika, grabender Termiten- und Ameisenfresser.

Erdferne → *Apogäum.*

Erdflöhe, hüpfende kleine Blattkäfer, fressen keimende Nutzpflanzen.

Erdgas, *Naturgas,* jährl. über 500 Mrd. m³, meist i. Erdöl- u. Kohlegebieten, Methan (CH_4) u. a. Kohlenwasserstoffe, Verwendung als Heiz- und Leuchtgas sowie für Synthese i. d. chem. Industrie. – BR: Erzeugung 1994: 621 Petajoule, größte Produzenten USA (1994: 20 401 Petajoule) und Russ. Föderation (1994: 18 303 Petajoule).

Erdgeschichte → Geologie, → geologische Formationen.

Erding (D-85435), Krst. n. v. München, Bay., 26 700 E; got. Hallenkirche, alte Bürgerhäuser; AG; Brauereien.

Erdkruste → Erde.

Erdkunde, svw. → Geographie.

Erdleitung, Drahtleitung zw. Erdanschluß eines el. Gerätes und der Erde.

Erdlicht, vom Mond refl. Licht d. Erde.

Erdmagnetismus, magnetische Kräfte d. Erde, wirken richtend auf die Magnetnadel des Kompasses; Erzeugung vermutl. im Erdkern (→ Erde) durch Reibung der Kernschalen. Stärke u. Richtung d. magnet. Kräfte an e. Ort wird angegeben durch: *Totalintensität, Deklination* (Mißweisung, östl. od. westl. Abweichung d. Magnetnadel von der Erdachse) u. *Inklination* (Neigung der frei beweglichen Magnetnadel gg. die Waagerechte). Die Erde, als Magnet aufgefaßt, besitzt magnetische Pole, die i. d. Nähe d. geograph. Pole liegen, und zwar d. magnet. Nordpol i. S und d. magnet. Südpol i. N. Die magnet. Pole sind ständigen langsamen Veränderungen (Säkularvariationen) unterworfen. Der magnet. S-Pol liegt gegenwärtig etwa auf 76° nördl. Breite und 101° westl. Länge i. d. Arktis, und d. magnet. N-Pol etwa auf 66° südl. Breite u. 139° östl. Länge i. d. Antarktis. Neben den Säkularvariationen treten auch kurzperiodische Schwankungen d. E. (für Sekunden, Minuten, Stunden u. Tage) auf, die von → Sonnenflecken u. d. Gezeiten d. Atmosphäre hervorgerufen werden. Starke kurzperiod. Schwankungen d. E. werden **erdmagnetische Stürme** genannt.

Erdmannsdorff, Friedrich Wilhelm v. (18. 5. 1736–9. 3. 1800), dt. klassizist. Architekt; *Schloß Wörlitz.*

Erdmittelalter, *Mesozoikum,* → geologische Formationen, Übers.

Erdnähe → *Perigäum.*

Erdneuzeit, *Känozoikum,* → geologische Formationen, Übers.

Erdnuß, trop. Kulturpflanze, Hülsenfrüchte bohren sich z. Reife i. d. Boden; Samen: Öl u. Kraftfutter; Weltproduktion 1994: 28,5 Mill. t.

Erdöl, *Petroleum,* entstanden aus von Luft abgeschlossenen pflanzlichen u. tierischen Resten; aus versch. geologischen Schichten durch Bohrung gewonnen; jede Bohrung liefert im Weltdurchschnitt tägl. 3 t (in Persien u. Saudi-Arabien jede ca. 1000 t). Tiefste Bohrung der Welt in Oklahoma: 9600 m, BR: 7000 m. Die größten Ölfelder der Erde liegen im Nahen Osten. Transport zur Verladestelle häufig durch Rohrleitung *(Pipeline).* Reinigung in Raffinerien. Chem. ein Gemisch von Kohlenwasserstoffen. Durch stufenweise Destillation u. Raffinierung werden gewonnen: bis 150 °C Benzin, bis 250 °C Leuchtöle (als Rückstände Vaseline), bis 380 °C Gas- u. Solar-Öle (Treibstoffe f. Dieselmotoren), bis 500 °C Heiz-, Schmieröle u. Paraffine (als Rückstände Erdteer u. Asphalt). Heizwert des E.s über 40 000 J. (Anthrazitkohle bis 37 000 J.), → Kohlenwasserstoffe, Übersicht; Schaubild u. Tafel → Erdöl.
Erdpech → Asphalt.
Erdrauch, Ackerunkraut mit purpurfarbigen Blüten.
Erdsterne, → Bauchpilze, deren Fruchtkörperhaut sternförmig zerreißt.
Erdstrahlen, im Sprachgebrauch d. → *Rutengänger* Sammelbegriff f. ortsgebundene phys. oder chem. Einflüsse, die d. Rutengänger zu Ausschlägen mit d. → Wünschelrute reizen; teils umstrittene, teils meßbare Faktoren d. ortsgebundenen Mikroklimas als Reizursachen: Änderungen bzw. Unterschiede der el. Boden- u. Luftleitfähigkeit des el. Luftpotentials, des Ionenspektrums, der Intensität der Gammastrahlung, ultrakurzer u. ultralanger elektromagnet.

Wellen, der Konzentration radioaktiver Emanationen flüchtiger Metallwasserstoffverbindungen u. Kohlenwasserstoffe sowie Phosphorwasserstoffe, d. magnet. Deklination bzw. Inklination, Feldstärke u. d. mikroseism. Bodenunruhe.
Erdströme, im Erdboden fließende natürliche el. Ströme; Spannung pro km etwa ¼ Volt.
Erdteile → Kontinent.
Erdwachs, *Ozokerit,* braunes mineralisches Wachs, Vorkommen hpts. in Galizien, Baku und Utah; verarbeitet zu → Zeresin.
Erdwärme, Temperatur d. Erdkruste, nur bis zu geringer Tiefe v. Außentemperatur abhängig, dann für durchschnittl. 30–35 m um 1 °C steigend: Tiefenzunahme, *geothermische Tiefenstufe.*
Erebus,
1) griech. Gott d. Totenreichs.
2) tätiger antarkt. Vulkan auf d. **Ross-Insel,** 3794 m hoch; 1908 von Shackleton erstiegen.
Erechtheion, ionisches Heiligtum (5. Jh. v. Chr.) a. d. Akropolis in Athen; berühmte Korenhalle mit Gebälkträgerinnen.
Erechtheus [gr. ,,chthon = Erde''], mytholog. König v. Athen, Erfinder d. Ackerbaus.
Erek, Ritter der Artusrunde; Epos v. Hartmann von Aue.
Erektion [l.], Versteifung von Geschlechtsorganen durch → Schwellkörper.
Eremit [gr.], Einsiedler.
Eremitage [frz. -'taːʒ(ə)] ,,Einsiedelei''], Name von Schlössern; in *St. Petersburg* Gemäldegalerie u. Kunstmuseum.

Erdferkel

Erechtheion, *Korenhalle*

Eremitenorden, Einsiedlerorden (z. B. Kartäuser, Augustiner-Eremiten).
Erewan → Jerewan.
Eresburg, sächs. Grenzfeste gegen die Franken, an der Diemel, 772 von Karl d. Gr. erobert.
Erfahrung, durch Wahrnehmung u. Lernen erworbene Kenntnisse u. Verhaltensweisen; Grundbegriff d. → Empirismus.
Erfinderrecht, svw. → Patentrecht.
Erfrierung,
1) örtl. Erfrierungen bes. an Zehen, Fingern, Nase, Ohren u. Kinn durch d. Wärmeentzug; d. Haut wird zuerst weiß u. kalt, später blaurot u. gefühllos. Erste Hilfe: örtliche Erfrierungen, d. weniger als 3 Std. zurückliegen, können rasch aufgewärmt werden; länger zurückliegende Erfrierungen müssen durch kalte Umschläge kalt gehalten werden; sie dürfen erst nach Erwärmung d. übrigen Körpers langsam wiedererwärmt werden; verboten sind: Reiben m. Schnee, Rauchen, Laufen m. erfrorenen Füßen.
2) Unterkühlung des ganzen Körpers; Erste Hilfe: rasche Wiedererwärmung (Vollbad von 42 °C).
Erft, linker Nbfl. d. Rheins, 115 km.
Erftstadt (D-50347), St. w. v. Köln, 1969 durch kommunale Neugliederung entstanden, 46 034 E; AG.
Erfüllungsort, *Leistungsort,* Ort, wo ein Schuldner seine Verpflichtung zu erfüllen hat; maßgebend (in nachstehender Reihenfolge): Vertrag, Umstände, Wohnsitz (evtl. Geschäftslokal) d. Schuldners z. Z. der Schuldentstehung (§ 269 BGB).
Erfüllungspolitik, urspr. Bez. f. d. mit d. Versailler Vertrag konforme Politik d.

Erfurt, *Dom und Severinskirche*

Reichsreg., dann demagog. Schlagwort der Gegner d. Weimarer Rep.
Erfurt (D-99084–99), Hptst. d. Landes Thüringen (16 251 km², 2,52 Mill. E), 210 468 E; Bischofssitz, PH, Med. Akad., Ing.schulen, Fachschule f. Gartenbau; Gärtnereien, Schuhfabr., Textil-, Elektro-, Metallind. – 742–55 Bischofssitz; 1392–1816 Uni. (Lutherstätten), 1802 preuß. (Prov. Sachsen); 1945 z. Thüringen, von 1952 bis 1990 Hptst. des gleichnamigen DDR-Bez.
Erfurter Programm, 1891 aufgestelltes Parteiprogramm der SPD (→ Sozialismus, Übers.).
erg, ungebräuchliche Maßeinheit der → Energie im physikalischen Maßsystem: 1 erg = 1 dyn · 1 cm, d. h. die

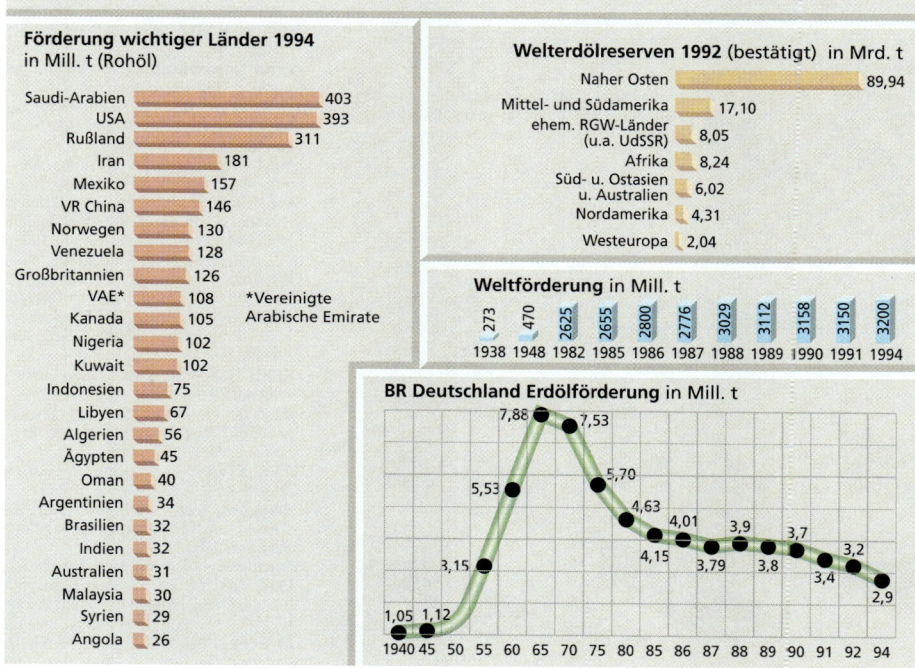

Erdöl

Förderung wichtiger Länder 1994 in Mill. t (Rohöl)

Land	Mill. t
Saudi-Arabien	403
USA	393
Rußland	311
Iran	181
Mexiko	157
VR China	146
Norwegen	130
Venezuela	128
Großbritannien	126
VAE*	108
Kanada	105
Nigeria	102
Kuwait	102
Indonesien	75
Libyen	67
Algerien	56
Ägypten	45
Oman	40
Argentinien	34
Brasilien	32
Indien	32
Australien	31
Malaysia	30
Syrien	29
Angola	26

*Vereinigte Arabische Emirate

Welterdölreserven 1992 (bestätigt) in Mrd. t

Region	Mrd. t
Naher Osten	89,94
Mittel- und Südamerika	17,10
ehem. RGW-Länder (u.a. UdSSR)	8,05
Afrika	8,24
Süd- u. Ostasien u. Australien	6,02
Nordamerika	4,31
Westeuropa	2,04

Weltförderung in Mill. t

Jahr	Mill. t
1938	273
1948	470
1982	2625
1985	2655
1986	2800
1987	2776
1988	3029
1989	3112
1990	3158
1991	3150
1994	3200

BR Deutschland Erdölförderung in Mill. t

Jahr	Mill. t
1940	1,05
45	1,12
50	3,15
55	5,53
60	7,88
65	7,53
70	5,70
75	4,63
80	4,15
85	4,01
86	3,79
87	3,9
88	3,8
89	3,7
90	3,4
91	3,2
92	
94	2,9

Erdöl

Seismisches Reflexionsverfahren zur Strukturermittlung

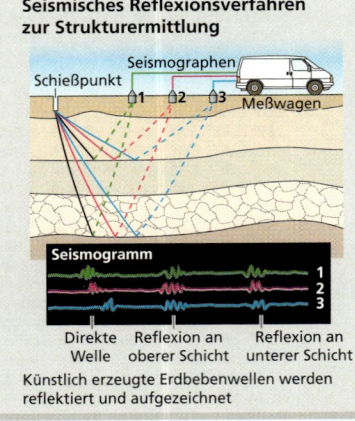

Künstlich erzeugte Erdbebenwellen werden reflektiert und aufgezeichnet

Lagerstätten

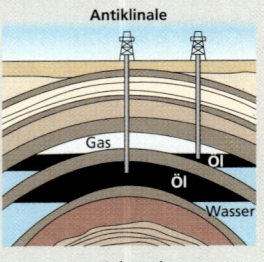

Fahrbare Bohranlage

mit Bohrgestänge zur Übertragung des Antriebs

Dreirollenmeißel

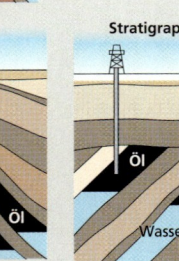

Bohrturbine

vom Strom der Bohrlochspülung getrieben, sitzt über dem Bohrmeißel, das Gestänge steht still

Durch Bakterien gebildete Kohlenwasserstoffgemische wandern und sammeln sich in bestimmten Schichtanordnungen, Strukturen, an. Sie bestehen aus pflanzlichen und tierischen Stoffen und befinden sich in Meeres- und Süßwasserbecken unter Gesteinsablagerungen.

Förderarten

Eruption bei hohem Gasdruck in der Lagerstätte

Tiefpumpe bei niedrigem Lagerstättendruck

Gaslift: Zufuhr von Gas oder Luft erleichtert die Ölsäule, die frei ausfließt

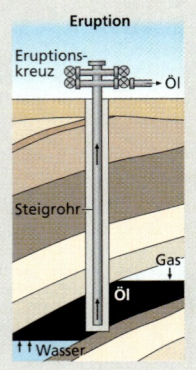
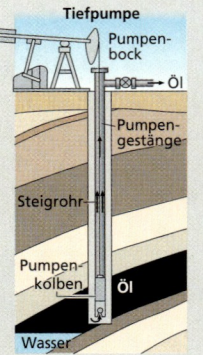
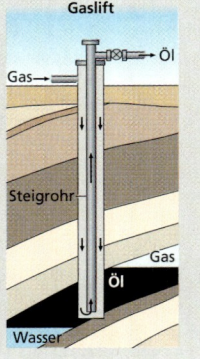

Energie, die die Kraft von 1 dyn längs des Weges von 1 cm aufbringt.

Erg, alger. Sandwüste.

Ergastoplasma [gr.], i. Zellplasma eingeschlossener Komplex membranöser Schläuche, an deren Außenfläche → Ribosomen angelagert sind; bedeutsam als Zentrum von Eiweißsynthesen, ferner als Ort f. d. Bindung u. Speicherung von Adenosintriphosphorsäure, Phosphaten u. Aminosäuren.

ergo [l.], folglich, also daher.

Ergograph, m. [gr.], Vorrichtung z. Aufzeichnung d. Muskelleistung.

Ergometrie, w. [gr.], Messung d. Arbeitsleistung unter standardisierter Belastung mittels Fahrradergometer od. Laufband; besonders Prüfung d. Herz- und Kreislauffunktion im Belastungs- → EKG.

Ergonomie, w., Wissenschaft von d. Anpassung d. Arbeit a. d. Menschen.

Ergosterin, in einfachen Pflanzen (Pilzen, Hefe) vorkommende chem. Verbindung, bildet bei Ultraviolettbestrahlung Vitamin D_2 (→ Vitamine, Übers.).

Ergotamin, Gift (Alkaloid) d. → Mutterkorns.

Ergotismus, Vergiftung m. → Mutterkorn.

Ergotropica, *ergotrope Stoffe,* nicht natürlich vorkommende, entbehrliche Stoffe, d. v. außen zugeführt werden u. e. best. Wirkung b. Tier haben; z. B. Wachstumsförderer (Fütterungsantibiotika).

Ergotropie [gr.], Förderung d. Leistungsbereitschaft, Leistungssteigerung.

Erguß, krankh. Flüssigkeitsansammlung, bes. in Körperhöhlen; häufig bei Entzündung (Rippenfell-E.), Verletzung (Gelenk-E.) od. Herzkrankheit (Herzbeutel-E.).

Erhac, kleiner türk. Ort (Ostanatolien), ca. 300 km von der türkisch-irakischen Grenze. NATO-Basis (Luftwaffenstützpunkt).

Erhaltungssätze, grundlegende Aussagen d. Physik, daß gewisse Größen wie → Energie, → Materie, → Impuls, → Drehimpuls, el. → Ladungen in abgeschlossenen Systemen (d. h. bei Wechselwirkungen d. Systembestandteile ohne Einwirkung von außen) zeitl. konstant bleiben. Nach d. → Relativitätstheorie gilt für Energie u. Materie gemeinsamer E., da Materie nur andere Erscheinungsform d. Energie ist.

Erhard, Ludwig (4. 2. 1897–5. 5. 1977), CDU-Politiker; 1949–63 B.wirtsch.min., 1957–63 Vizekanzler; 1963–66 B.kanzler, 1966/67 Parteivors. d. CDU.

Erich [altnord. „der Ehrenreiche"], schwed. Könige:
1) E. der Heilige († um 1160), christianisierte SW-Finnland; Schutzheiliger Schwedens.
2) E. XIV. (1533–77), Begr. der Ostseeherrschaft.

Ericsson, John (31. 7. 1803–8. 3. 89), schwed.-am. Ingenieur; erfand Heißluftmaschine (1833).

Eridanus → Sternbilder, Übers.

Erie [ˈɪərɪ], St. im US-Staat Pennsylvania, am *E.see*, 119 000 E; Hafen, Fischerei.

Eriesee, 170 müM, 25 667 km², 64 m t., der südl. der fünf „Großen Seen", mit

dem Ontariosee z. Umgehung der Niagara-Fälle durch die *Welland-Kanal* verbunden, durch **E.kanal** (*Barge-K.,* 548 km l.) mit d. Hudson.
Erika → Heidekraut.
Erinnyen [gr.], lat. *Furien,* Rachegöttinnen mit Flügeln, Schlangenhaar und Fackeln.
Eris, griech. Göttin der Zwietracht, warf unter d. Gäste bei der Hochzeit des Peleus goldenen **E.-Apfel** (Streitapfel) mit der Inschrift „Der Schönsten"; den darüber ausbrechenden Streit entschied → Paris.
Eritrea, Rep. an der SW-Küste des Roten Meeres, Hpthäfen *Massaua* u. *Assab.* 1890–1941 it. Kolonie, 1945–1952 brit. Treuhandgebiet der UN, 1952 als auton. Gebiet mit → Äthiopien vereinigt, 1962 Provinz; Kampf der „Eritr. Volksbefreiungsfront" (EPLF) f. ein unabh. Eritrea; 24. 5. 1993 Ausrufung der Republik Eritrea.

ERITREA	
Staatsname:	Republik Eritrea, Ertra
Staatsform:	Republik
Mitgliedschaft:	UNO, OAU
Staatsoberhaupt und Regierungschef:	Isayas Afewerki
Hauptstadt:	Asmara (Asmera) 350 000 Einwohner
Fläche:	124 000 km²
Einwohner:	3 437 000
Bevölkerungswachstum pro Jahr:	∅ 2,72% (1990–1995)
Bevölkerungsdichte:	28 je km²
Amtssprache:	Tigrinja, Arabisch
Religion:	Muslime (50%), Christen (35%), Animisten
Währung:	Birr (Br)
Nationalitätskennzeichen:	ER
Zeitzone:	MEZ + 2 Std.
Karte:	→ Afrika

Eriwan → Jerewan.
Erkältung, volkstüml. Bez. f. harmlose, aber lästige „grippale Infekte" d. Atemwege, Erreger: Common-cold-Virus (ohne Kontakt mit Menschen = Infektion gibt es keine „Erkältung"), Vorbeugemaßnahmen von fragl. Nutzen.
Erkelenz (D-41812), St. in NRW, 38 453 E; AG; div. Ind.
Erkenntnis,
1) *w., phil.* Einsicht, geistige Erfassung bestehender Sachverhalte (Zusammenwirken v. Wahrnehmung u. Begriff) durch unmittelbare Anschauung (Intuition) oder begriffl. durch Schluß.
2) *s., jur.* veraltet f. richterl. Entscheidung.
Erkenntnistheorie, Lehre von Gültigkeit u. Bedingungen der Erkenntnis.
Erkennungsmarke, an einer Halskette zu tragende Metallmarke. Beide Hälften d. i. d. Mitte perforierten E. sind gleichlautend beschriftet (Personenkennziffer, Blutgruppe u. a); dient der schnellen u. sicheren Identifizierung der gefallenen Soldaten.
Erker, geschlossener Vorbau an d. Fassade od. Ecke e. Gebäudes.

Erkrath (D-40699), St. im Kr. Mettmann, 48 163 E; div. Ind.
Erlander, Tage (13. 6. 1901–21. 6. 85), schwed. Politiker (Sozialist); 1946–69 Min.präs.
Erlang, Abk. *Erl,* Einheit f. Verkehrswert auf Fernsprechleitungen; intern. eingeführt 1946 zu Ehren des dän. Mathematikers A. K. *Erlang* (1878–1929); Verkehrsdichte ist Quotient aus der Summe aller Zeitabschnitte, während einer Leitung oder ein Bündel v. Leitungen benutzt (belegt) ist, u. der Zeit, während deren dieser Benutzungen (Belegungen) festgestellt wurden: 1 Erl = 1 Benutzungsstunde / 1 Beobachtungsstunde.
Erlangen (D-91052–58), krfreie St. a. d. Regnitz, Bay., 102 433 E; barocke Stadtanlage, Schloß, Barocktheater, AG, Uni. (gegr. 1743); elektron., chem. u. a. Ind., Hafen am Europakanal.
Erlau, ungar. *Eger,* Hptst. des Komitats Heves, 67 000 E; Erzbischofssitz; Weinbau, Thermalquellen.
Erlaucht, Titel des Chefs ehem. regierender gräfl. Häuser.
Erle, Laubbaum m. holzigen weibl. Zapfen. In Dtld: Schwarz- u. Grau-E. im Auwald; *Grün-E.* im Gebirge.
Erler, Fritz (14. 7. 1913–22. 2. 67), SPD-Pol.; 1964–67 Fraktionsvors.
Erleuchtung, *Eingebung,* v. d. Mystik intensive rel. Erfahrung d. Göttl.; i. → Buddhismus d. v. Kreislauf d. Wiedergeburten befreiende vollkommene Erkenntnis.
Erlkönig [dän.], Elfenkönig; Ballade v. *Goethe* (Vertonungen v. *Schubert* u. *Loewe*).
Erlösung, Befreiung von Sünde und Schuld (Christentum), Befreiung von Leid (Buddhismus).
Ermächtigungsgesetz, übertrug das Ges.gebungsrecht d. verfassungsmäßigen Organe (i. früheren Deutschen Reich der Reichstag) in best. zeitlicher oder sachlicher Beschränkung auf die Regierung; aufgrund des E.es v. 23. 3. 1933 erhielt Hitler Vollmachten, durch deren Mißbrauch er seine Ziele durchsetzen konnte.
Ermanrich, *Hermanarich,* Ostgotenkg, 375 von d. Hunnen besiegt; i. d. Sage: Gegner → Dietrichs von Bern.
Ermessen,
1) *freies E.,* Zweckmäßigkeitserwägungen d. Verw.behörden b. d. Gesetzesanwendung dort, wo d. Gesetze E.sspielraum lassen; best. E.sfehler (z. B. E.süberschreitung, E.smißbrauch) geben Grund z. Anfechtungsklage.
2) *gebundenes E.,* svw. Gesetzesauslegung.
Ermittlungsverfahren, Erforschung d. Sachverhalts durch Staatsanwaltschaft bei Verdacht einer strafb. Handlung; durch Finanzbehörden z. Feststellung v. Steueransprüchen od. im Steuerverfahren.
Ermland, poln. *Warmia,* ehem. ostpreuß. Landschaft, östl. d. Passarge u. d. Frischen Haffs, Bistum, s. 1466 poln., 1772 preuß., s. 1945 poln.
Ermüdung, Abnahme d. Leistungsfähigkeit einzelner Organe od. d. Gesamtorganismus als Folge v. Überbeanspruchung; wahrscheinl. Ursache: Anhäufung v. Zerfallsprodukten aus dem Stoffwechsel.

Erle

Ludwig Erhard

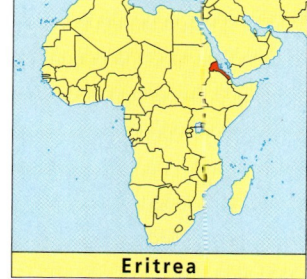
Eritrea

Eritrea

Max Ernst, *Le Facteur Cheval*

Ernährung, die Zufuhr d. z. Lebensunterhalt notwendigen Stoffe in fester u. flüssiger Form. Die pflanzl. od. tier. Nahrungsmittel enthalten: Wasser, Eiweiß, Fett, Kohlenhydrate, Mineralsalze, Ergänzungsstoffe (Vitamine) u. unverdaul. Bestandteile (Cellulose, Knorpel usw.). Ihr Nährwert (seit 1978 in → Joule gemessen) richtet sich nach d. bei Verbrennung d. i. Stoffwechsel umsetzbaren Eiweiß-, Fett- u. Kohlenhydratmengen frei werdenden → Kalorien. Kalorienmindestmenge z. B. für junge Männer bei leichter körperl. Arbeit ca. 2400 Kalorien od. kcal (= 10 000 J) tägl. Kalorisch (quantitativ) ausreichende E. ist oft wegen qualitativ falscher Zusammensetzung ungenügend. – *Künstl. E.* durch Sonde (Schlundrohr), Magenfistel od. Nährklistier mit Traubenzucker, Milch, Eigelb, Alkohol; MPI f. E.sphysiologie in Dortmund (→ Schaubild).
Ernestinische Linie → Sachsen, Geschichte.
Erni, Hans (* 21. 1. 1909), schweiz. Maler u. (Gebrauchs- u. Werbe-)Graphiker; auf schwungvoll-körperhafter Zeichnung beruhender Malstil v. Elementen aus versch. Stilrichtungen; trat f. d. öff. Wirkung d. Kunst ein.
Ernst.
a) *Hannover:*
1) E. August II. (5. 6. 1771–18. 11. 1851), Kg des von England losgelösten Landes, beseitigte 1837 d. Verfassungs-(Staatsgrund-)Gesetz: der 7 Göttinger Professoren.
2) E. von Mansfeld, Gf (1580–1626), Feldherr, 1626 v. Wallenstein bei Dessau geschlagen.
b) *Sachsen:*
3) E. (1441–86), Kurfst s. 1464, Stifter d. Ernestin. Linie.
c) *Schwaben:*
4) E. II. (um 1010–30), Hzg s. 1015, empörte sich 1025 u. 1027 gg. Stiefvater Konrad II. u. fiel.
Ernst,
1) Max (2. 4. 1891–1. 4. 1976), dt. surrealist. Maler u. Plastiker; nach 1921 i. Frkr. u. USA lebend, Darstellung d. Unbewußten; Collage-Romane.
2) Paul (7. 3. 1866–13. 5. 1933), dt. neuklassizist. Dichter; Dramen, Romane: *Der Schatz im Morgenbrotstal; Das Kaiserbuch* (Versepos).
3) Richard (* 14. 8. 1933), Schweizer Chemiker, Weiterentwicklung der Methode hochauflösender kernmagnet. Resonanz-Spektroskopie; Nobelpr. Chemie 1991.
Erntedankfest, kirchl. Feiertag, an e. Sonntag Ende Sept. od. Anfang Okt.
Erntemonat, Ernting, alte Bezeichnung f. Monat August.
Eröffnungsbeschluß, Gericht verfügt im Strafprozeß die Eröffnung des → Hauptverfahrens gg. einen hinreichend Verdächtigen (§ 203 StPO).
Eröffnungsbilanz → Bilanz, Übers.
erogene Zone, Hautgebiet, dessen Berührung sexuelle Erregung auslöst bzw. verstärkt.
Eroica [it. „die Heldische"], Beethovens 3. Sinfonie in Es-Dur; die urspr. an Napoleon I. gerichtete Widmung nahm B. zurück, als N. Kaiser wurde.
Eros,
1) d. griech. Liebesgott, lat. *Amor* (auch *Cupido*); Sohn der Aphrodite u. des Ares,

Ernährung

Welterzeugung ausgewählter landwirtschaftlicher Produkte 1975, 1982, 1988 und 1994 in 1000 t

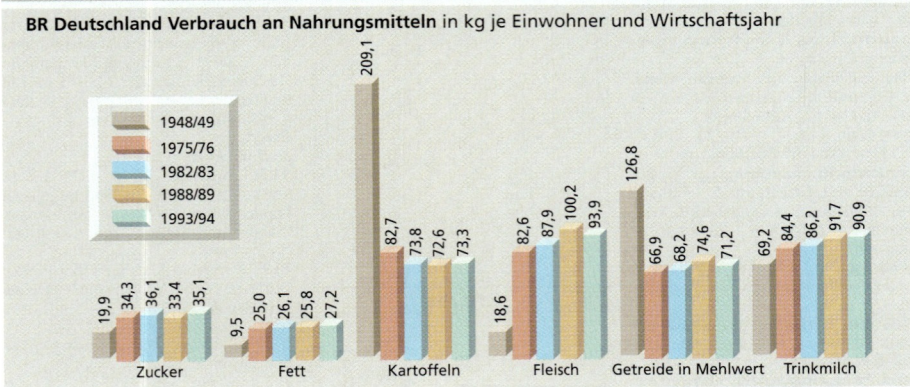

BR Deutschland Verbrauch an Nahrungsmitteln in kg je Einwohner und Wirtschaftsjahr

---

liebt → Psyche; als nackter Knabe, mit Pfeil u. Bogen, oft beflügelt, dargestellt.
2) Planetoid, entdeckt 1898 von *Witt*.
Erosion [l.],
1) *geolog.* Auswaschung u. Abtragung der Erdoberflächenformen durch Wasser, Wind, Eis; führt durch strömendes Wasser bes. z. Talbildung. *Boden-E.:* E.serscheinungen bes. stark i. versch. Gebieten d. USA u. Asiens, hervorgerufen durch rücksichtslose Abholzung d. Waldungen, damit Fehlen d. Windschutzes u. Störung des Wasserhaushaltes d. Bodens; *E.sschutz:* Anlegen v. Gehölzu. Waldstreifen, Konturpflügen, Terrassierung.
2) *med.* umschriebener oberflächlicher Gewebsdefekt.
Eroten [gr.], in d. *Kunst:* Darstellung nackter Kinder als Begleitung des Liebesgottes Eros. Auch → Putten.
Erotik, w. [gr.], umfassender Begriff für geistige, sinnliche und geschlechtliche Erscheinungsformen der Liebe.
ERP, Abk. für **E**uropean **R**ecovery **P**rogram [engl. jʋəraˈpiːən rɪˈkʌvərɪ ˈprəʋgræm], *Eur. Wiederaufbauprogramm,* auch *Marshallplan* genannt; 1947 von US-Außenmin. Marshall angeregtes, 1948 verabschiedetes 4jähr. Hilfsprogramm d. USA z. Überwindung wirtsch. Nachkriegsschwierigkeiten in urspr. 16 eur. Ländern u. den 3 westl. Besatzungszonen Dtlds. Bis 30. 6. 1952

erhielten die eur. Länder insges. 16,3 Mrd. $ (BR davon 4,2 Mrd. $) an Zuwendungen. Auch → OECD.
Erpel, männl. Ente.
Erpressung, rechtswidrige Nötigung durch Gewalt od. Drohung m. e. empfindl. Übel zu einer Handlung, Duldung oder Unterlassung, verbunden m. Vermögensschädigung d. Genötigten od. e. anderen, um sich od. e. Dritten zu Unrecht zu bereichern; auch Versuch strafbar (§§ 253 ff. StGB).
errare humanum est [l.], ,,irren ist menschlich" (nach Seneca).
erratische Blöcke, *Findlinge,* ortsfremde Felsblöcke; während d. Eiszeit durch Gletscher transportiert u. geformt, in N-Dtld meist aus Skandinavien.
Er-Riad → Riad.
Ersatzdienst, ziviler → Zivildienst.
Ersatzkasse, → Sozialpolitik und Sozialversicherung, Übers.
Ersitzung, Eigentumserwerb an bewegl. Sachen aufgrund gutgläub. Besitzes während der Dauer von 10 Jahren (§§ 937 ff. BGB).
Erskine [ˈəːskɪn], John (5. 10. 1879 bis 2. 6. 1951), am. Schriftst., Literaturhistoriker u. Kritiker.
Erstattungsanspruch,
1) Forderung d. Steuerpflichtigen gg. öff. Hand auf Rückgewähr zuviel gezahlter Steuern.
2) des Dienstherrn gg. Beamte, Ange-

stellte od. Arbeiter im öff. Dienst b. Fehlbestand am öff. Vermögen infolge schuldh. Verhaltens d. Bediensteten.
Erste Hilfe → Übersicht.
Erster Mai, seit 1890 Demonstrationsu. Feiertag d. sozialist. Arbeiterbewegung, wurde in vielen Ländern gesetzl. Feiertag.
Erstschlagsfähigkeit, engl. *First Strike Capability,* Fähigkeit, i. e. Konflikt zuerst mil. Gewalt anwenden zu können u. damit das Kräfteverhältnis entscheidend z. seinen eigenen Gunsten zu verändern. → Zweitschlagsfähigkeit.
ersuchter Richter → Rechtshilfe.
Erté, eigtl. *Romain de Tirtoff* (23. 11. 1892–21. 4. 1990), frz. bild. Künstler, Modeschöpfer u. Designer russ. Herkunft, s. 1912 in Paris; schuf im Stil d. Art Déco Kostümentwürfe, Bühnen-, Revue- u. Filmausstattungen, Skulpturen.
Ertebølle, Ort bei Ålborg (Dänemark), mittelsteinzeitl. Fundplatz mit Kjøkkenmöddinger (→ Muschelhaufen); erste Keramik.
Ertl, Josef (* 7. 3. 1925), FDP-Pol.; 1969–83 B.landw.min., 1971–83 Landesvors. d. FDP i. Bay., 1984–90 Präs. d. DLG.
Ertragshoheit, Befugnis d. Staates, Erträge einer Steuer zu vereinnahmen, wichtig in Bundesstaaten wegen Verteilung der Steuern auf Länder od. Bund.
Ertragsklasse, *Bonität,* i. d. Forstwirtsch. e. relativer Maßstab f. d. sich a. Alter u. Höhe ergebende, standortsgebundene Leistung e. Baumbestandes; E. wird i. röm. Ziffern von I (sehr gut) b. VI (schlecht) angegeben.
Ertragsrechnung, Ermittlung d. Ertrags e. Unternehmens.
Ertragssteuern, Besteuerung einzelner Einkommensteile (Grund-, Gebäude-, Gewerbesteuer).
eruieren [l.], ergründen, ermitteln.
Eruption [l.],
1) *astronom.* E. in der → Chromosphäre der Sonne, Ausbruch v. Strahlung u. Materie.
2) *geolog.* Ausbruch eines → Vulkans.
Eruptivgesteine → Magmatite.
Erwachsenenbildung, Weiterbildung Erwachsener, meist berufsbegleitend; Bereiche: Kultur, Politik, Kreativität, Gesundheit, Sprachen, Naturwiss.: Schule u. Beruf u. ä. Der E. dienen bes. die → Volkshochschulen.
Erweckungsbewegungen, christl. Reformbewegungen; i. d. ev. Kirche Erneuerung d. persönl. Lebensführung aus d. bibl. Glauben, gg. d. Rationalismus d. Aufklärung. E. auch in England u. d. USA, Fortwirkungen b. Methodisten, Quäkern u. Baptisten.
Erwin [ahdt., Kurzform zu Eberwin ,,Freund des Ebers"], m. Vn.
Erwin v. Steinbach, *Meister E.* (um 1244–17. 1. 1318), dt. Baumeister am Münster in → Straßburg.
Erxleben, Dorothea Christiane (13. 11. 1715–13. 6. 62), erste dt. Ärztin.
Erysipel, s. [gr.], → Rose (Wundrose).
Erysipeloid s. [gr.], → Rotlauf.
Erythem, s. [gr.], Hautrötung; → Hyperämie.
Erythema infectiosum, svw. → Ringelröteln.
Erythema nodosum, hartnäckige Hauterscheinungen (gerötete Knötchen,

Erste Hilfe

Atemspende: beginnt immer m. Überstrecken d. Halses (Abb. 1); ist keine Atmung feststellbar, eigenen Mund weit öffnen, einatmen u. weit geöffnet um Nase herum fest a. d. Gesicht d. Verletzten aufsetzen (Abb. 2), beatmen, Kopf abheben u. zur Seite drehen, dabei Brustkorb/Oberbauch (Atembewegungen) des Verletzten beobachten, evtl. auf entweichende Luft horchen u. wieder einatmen; weiter beatmen nach eigenem Rhythmus. – **Bewußtlosigkeit** (versch. Ursachen): Feststellen **der Atmung** (Abb. 3) u. **des Pulsschlags** (Abb. 4); bei Atemstillstand Atemspende (s. o.); bei vorhandener Atmung stabile Seitenlage (Abb. 5); ständig Bewußtsein, Atmung, Kreislauf kontrollieren, Notruf/Meldung. – **Bedrohliche Blutungen:** Jede Blutung aus einer Wunde läßt sich durch genügend starken Druck v. außen a. d. Blutungsstelle stillen. Am *Arm:* Hochhalten, Abdrücken, Druckverband (Abb. 6), am *Bein:* Druckverband. An *Kopf od. Rumpf:* Erstbestes, möglichst keimfreies Material a. d. Blutungsstelle aufpressen bis zur ärztl. Versorgung od. Anlegen eines Druckverbandes. – *In Körperhöhlen,* z. B. Bauchraum: Knierolle zur Bauchmuskelentspannung; z. B. Brustraum: halb sitzen wegen Atemnot. – Bei allen Blutungen Schockbekämpfung, Notruf/Meldung. – **Elektrische Verletzungen:** Bei Haushalts- u. Gewerbestrom *(bis 1000 Volt):* Selbstschutz, Strom ausschalten o. ä. – sonst Verunglückten m. nichtleitendem Gegenstand v. unter Spannung stehenden Teilen trennen od. wegziehen, Notruf. Bei höher gespannten Strömen *(über 1000 Volt):* Notruf: Elektrounfall, nach Betätigung der Stromabschaltung den Verunglückten retten, sofortige Ruhelage, ständige Kontrolle von Bewußtsein, Atmung, Kreislauf, ggf. Brandwunden keimfrei bedecken. – **Knochenbrüche:** Arm od. Bein i. vorgefundener Lage z. B. durch vorsichtiges Umlagern m. Decken, Kissen, Steinen od. m. Dreiecktüchern od. Jacke ruhigstellen. Bei allen Brüchen Bewegung vermeiden, Meldung. – Bei Gelenkverletzungen wie bei Knochenbrüchen verfahren. – Bei Schädelbruch ständig Bewußtsein, Atmung, Kreislauf kontrollieren. – Bei Beckenbrüchen und Wirbelbrüchen Lage des Verletzten *nicht verändern,* bis der Arzt eintrifft (Notruf). – **Meldung/Notruf:** Nur schnelle, vollständige Meldung hat erwünschten Erfolg. Bestandteile einer Meldung: Wo geschah es? Möglichst genaue Angabe des Unfallortes; Was geschah? Kurze Beschreibung der Situation; Wieviel Verletzte? Welche Verletzungen? Lebensbedrohliche Verletzungen bes. schildern; Warten auf Rückfragen! Das Gespräch wird immer von der Leitstelle beendet. – **Verbrennungen:** Lokale Kaltwasseranwendung zur Schmerzlinderung (mindestens 10–15 Min.), Brandwunden m. Verbandtuch bedecken (b. Gesichtsverbrennung keine Bedeckung), Blasen *nicht* öffnen, Notruf, Schockbekämpfung. – **Vergiftungen:** Über *Magen-Darm-Kanal:* Notruf. – *Über die Atemwege* durch Einatmen v. *Kohlenmonoxid:* Selbstschutzverhalten, kein offenes Licht, zur Rettung Zweithelfer zur Sicherung erforderlich, Vergifteten in Nebenraum an frische Luft retten, bei Bewußtlosigkeit wie oben, sonst ebenfalls Seitenlagerung (Brechneigung), Notruf. Erstickung durch *Kohlendioxid:* Lebensgefahr f. ungeschützten Helfer (Atemschutz), Notruf, Rettung nur durch Fachpersonal, Erste Hilfe nach der Rettung je nach Zustand. Durch Einatmen v. *Reizstoffen:* Aus d. Gefahrenbereich retten, absolute Ruhe, benetzte Oberbekleidung entfernen, Notruf.

Die Beherrschung d. Erste-Hilfe-Maßnahmen ist nur nach Besuch eines Erste-Hilfe-Lehrganges mit prakt. Ausbildung in 8 Doppelstunden möglich. Auskünfte erteilt z. B. d. Kreisverband d. Deutschen Roten Kreuzes (Abb. u. Text m. Genehmigung d. DRK).

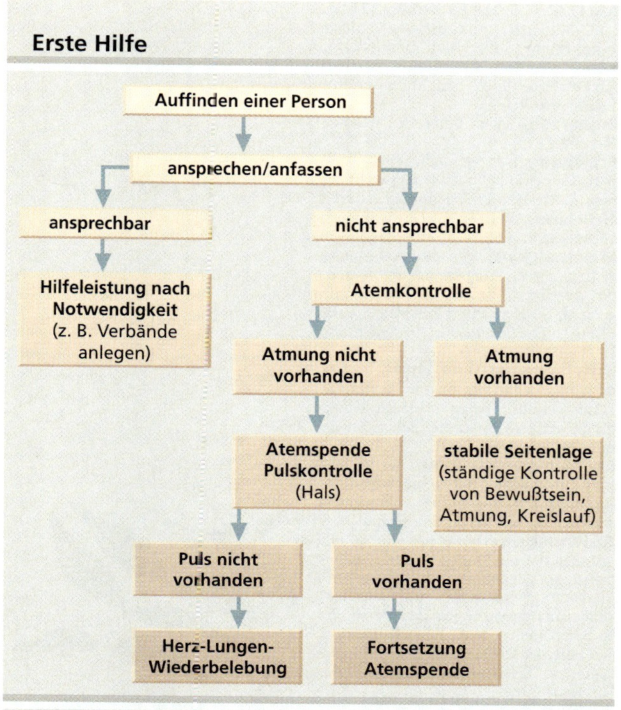

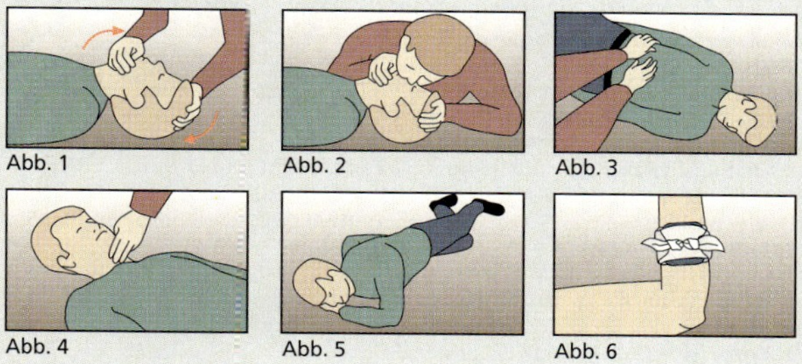

Erste Hilfe

```
Auffinden einer Person
        ↓
ansprechen/anfassen
    ↓           ↓
ansprechbar   nicht ansprechbar
    ↓               ↓
Hilfeleistung   Atemkontrolle
nach Notwen-    ↓           ↓
digkeit       Atmung      Atmung
(z. B. Verbände nicht      vorhanden
anlegen)     vorhanden
                ↓               ↓
            Atemspende    stabile Seitenlage
            Pulskontrolle (ständige Kontrolle
            (Hals)        von Bewußtsein,
                          Atmung, Kreislauf)
            ↓        ↓
        Puls nicht  Puls
        vorhanden   vorhanden
            ↓           ↓
        Herz-Lungen-  Fortsetzung
        Wiederbelebung Atemspende
```

Abb. 1 Abb. 2 Abb. 3
Abb. 4 Abb. 5 Abb. 6

---

druckschmerzhaft) bei versch. Infektionskrankheiten.
Erythematodes → Lupus erythematodes.
Erythrasma, bakterielle Hautkrankheit mit rötlichbraunen Flecken.
Erythroblastose, w. [gr.], → Rhesusfaktor.
Erythrodermie, großflächige Entzündung u. Rötung d. Haut.
Erythromycin, s. [gr.], aus Streptomyces erythreus isoliertes Breitband-→ Antibiotikum.
Erythropoese, Blutbildung (→ Blut).
Erythropoetin, die Blutbildung anregendes Hormon, als Medikament bei → Anämie.
Erythrozyten [gr.], rote Blutkörperchen (→ Blut).
Erz, Mineral, das Metall(e) in nutzbarer Menge enthält; auch Bezeichnung für Bronze.
Erzämter, im Dt. Reich des MA Staats- und Zeremonialämter der → Kurfürsten.
Erzberger, Matthias (20. 9. 1875 bis 26. 8. 1921), dt. Zentrumspol.; unterzeichnete am 11. 11. 1918 Waffenstillstand, 1919/20 Finanzmin.; ermordet.
Erzbischof [l.], kath. Bischof über mehrere bischöfl. Sprengel (**Erzbistum**); als Titel auch i. d. Ostkirche, anglikan. Kirche und nord. Luthertum.
Erzengel, 4, später 7 Engel hoher Stufe: *Michael, Gabriel, Raphael, Uriel*.
Erzeugergemeinschaft, freiwill. Zus.schluß v. land- u. forstwirtsch. Betrieben z. e. vertikalen Verbund, um ihre Erzeugnisse zusammenzufassen u. Erfordernissen d. Marktes anzupassen; E. müssen e. Rechtsform (Genossenschaft, Aktiengesellschaft, GmbH, Verein) haben, u. d. Tätigkeit muß auf e. best. Erzeugnis ausgerichtet sein.
Erzgebirge, sächs.-böhm. Grenzgebirge m. sanfter N-Abdachung (Sachsen) u. steilem S-Abfall (Böhmen), bewaldet, 150 km l., 40 km br.; *Keilberg* 1244 m

(auf tschech. Seite), *Fichtelberg* 1214 m (auf dt. Seite); früher Erzreichtum (Silber, Blei, Zinn, Nickel, Kobalt, Kupfer-, Eisenerze); div. Ind. (Stickereien, Holz- und Metallwaren); Fremdenverkehr.

Erzherzog, Prinzentitel des Hauses Habsburg.

Erziehung, jede planmäß. geist. u. körperl. Einwirkung auf d. Entwicklung bes. d. Kindes u. Jugendlichen durch Gewöhnung, Vorbild u. Lehre v. Eltern, Gesellsch. u. Erziehern; → Pädagogik.

Erziehungsart, gezielte Anordnung u. Lenkung d. Wuchses der Rebe, d. h. der oberird. Teile des Rebstocks, die auch d. → Rebschnitt bestimmt, z. B. *Pfahl-, Drahtrahmen-, Hochkultur-, Weitraumerziehung.*

Erziehungsbeistandschaft, f. Minderjährige angeordnet vom Vormundschaftsgericht, wenn Verwahrlosung droht, aber → Fürsorgeerziehung noch nicht erforderl. erscheint.

Erziehungsmaßnahme, bei Verfehlung Jugendlicher durch Jugendgericht: Erteilung v. Weisungen, Erziehungsbeistandschaft od. Fürsorgeerziehung.

Erziehungsmethoden, *autoritäre* E. gründen sich auf Macht u. Überlegenheit d. Älteren gegenüber d. Jüngeren; *antiautoritäre* E. verzichten auf Beeinflussungen u. Begrenzungen; *demokratische* E. beinhalten gegenseitigen Respekt u. Achtung der Rechte d. anderen, Kooperation zw. Eltern u. Kind, gemeinsame Konfliktlösung.

Erziehungsstil, bezeichnet die vorherrschende Form d. Erzieherverhaltens: *autoritärer, antiautoritärer* od. *demokr.* E.

Erziehungsziele, Eigenschaften e. Persönlichkeit od. Gruppe, z. B. Verantwortungsbewußtsein, Selbständigkeit, Kooperationsfähigkeit, d. mit Hilfe v. best. → Erziehungsmethoden ausgebildet werden sollen.

Erzpriester, *Archipresbyter,* urspr. Stellvertr. d. Bischofs, dann Priester e. Gruppe v. Pfarreien i. e. Bistum, heute nur Ehrentitel.

Erzurum, Hptst. d. Provinz *E.* in der östl. Türkei, 2038 müM, 298 000 E; Teppichweberei, Lederind.; in der Umgebung Erdöl.

Erzväter → Patriarchen.

Es,
1) *chem.* Zeichen f. → *Einsteinium.*
2) Inbegriff d. Unbewußten n. G. Groddeck u. S. Freud, das Reich d. „Tiefenperson, des Menschseins in mir" (Rothacker).

ESA, Abk. f. *European Space Agency,* Eur. Weltraumorganisation, gegr. 1975, Sitz: Paris, 14 Mitgl.staaten; → Ariane.

Esaki, Leo (* 12. 3. 1925), jap. Phys. i. USA; Nobelpr. 1973 (→ Tunneleffekte i. Festkörpern).

Esau [hebr. „der Behaarte"], Sohn Isaaks, verlor an seinen Zwillingsbruder → Jakob d. Erstgeburtsrecht (1. Mos. 25 ff.); Stammvater d. → Edomiter.

Esbjerg, dän. Nordseehafenst. in SW-Jütland, 81 500 E; Export: Butter, Fleisch, Fische.

Esch, *E.-sur-Alzette,* St. in Luxemburg, 24 000 E.

Eschatologie [gr. ɛsχa-], Lehre v. d. Letzten Dingen (Tod, Jüngstes Gericht), svw. Apokalyptik.

Esche
Reife Frucht und sich öffnende Blüte in etwa doppelter Größe

Der Escorial bei Madrid

Esel

Eschborn (D-65760), hess. St. im Main-Taunus-Kreis, n. Frankfurt, 18 401 E; div. Ind.

Esche, Ölbaumgewächs Mitteleuropas; Holz zäh, hart; f. Möbel u. Sportgeräte.

Escher, Maurits Cornelis (17. 6. 1898 bis 27. 3. 1972), ndl. Graphiker; e. Meister d. geometr.-figurativen Darstellung b. virtuoser Anwendung illusionist. Mittel in hpts. altmeisterl. Stilrichtungen.

Eschwege (D-37269), Krst. i. Rgbz. Kassel, 22 590 E; AG; Maschinenbau, Nahrungsmittel-, chem. Ind.

Eschweiler (D-52249), St. nö. v. Aachen, 55 129 E; Braunkohlenbergbau; AG.

Escoffier [-'fje;], Georges Auguste (28. 10. 1846–12. 2. 1935), frz. Meisterkoch; bekannt als kulinar. Künstler, erfand d. Pfirsich Melba.

Escorial, El, Schloß u. Kloster bei Madrid, 1563–86 erbaut v. J. Bautista de Toledo u. J. de Herrera für Philipp II., Begräbnisstätte d. span. Kge; Gemäldegalerie.

Escudo [ɪʃ'kuðu], → Währungen, Übers.

E 605, *Diethylnitrophenylthiosphat,* organ. Phosphorverbindung; hochwirksames, sehr giftiges Mittel zur Schädlingsbekämpfung.

Esel, Untergattung d. Pferde; *Haus-E.* stammt v. *Wild-E.* (Asien, Afrika) ab.

Eselsbrücke, Gedächtnisstütze (Merkvers usw.).

Eselsrücken, auch *Kielbogen,* i. d. Baukunst bes. d. Spätgot. u. d. Islam kielförm. geschweifter Spitzbogen.

Eselsturm, in roman. Architektur Bez. f. d. Seitentürme gr. Kirchen, auf deren Rampen hpts. Esel das Baumaterial beförderten; meist d. ältesten Gebäudeteile; z. B. an d. Domen v. Regensburg u. Speyer.

Esenshamm, eingemeindet in → Nordenham.

Eskadron, w. [frz.], → Schwadron.

Eskalation, w. [l.], Steigerung: *mil.* stufenweise Steigerung pol. u. mil. Konfrontation u. Konflikte.

Eskapade, w. [frz.], Seitensprung; seitl. Ausbrechen e. Schulpferdes; Abenteuer.

Eskişehir, *Eskischehir,* Hptst. d. türk. Prov. *E.* in W-Anatolien, 431 000 E; Knotenpkt der Anatol. Eisenbahn; Meerschaumgruben, Meerschaumpfeifen-Ind.

Eskilstuna, schwed. Stadt im Län Södermanland, 89 600 E; Stahlind., das „schwedische Solingen".

Eskimo, *Yuk, Yupik, Inupiak, Inuk, Inuit etc.,* arkt. Volk v. halbmongoloidem Typus i. nördlichst. Ostsibirien, N-Amerika u. Grönl. (ca. 100 000); Seehund-, Walroß-, Robben-, Karibujäger u. Fischer.

eskomptieren, veralteter Ausdruck f. „diskontieren".

Eskorte, w. [frz.], Geleit, Ehrengeleit.

ESLAB, Abk. f. *Europäisches Laboratorium f. Weltraumforschung,* Sitz: Niederlande.

Esmarch, Friedrich v. (1823–1908), dt. Chirurg.

Esmarchsche Blutleere, durch Abbinden der Schlagader, ermöglicht blutloses Operieren an Gliedmaßen.

ESO, Abk. f. *European Southern Observatory* [engl. „Eur. Südsternwarte"], 1962 gegr. Organisation von 8 Mitgliedsländern (Belgien, Dänemark, Dtld, Frkr., Italien, Ndl., Schweden, Schweiz) z. Erforschung des Sternhimmels d. südl. Hemisphäre. Großes Observatorium in La Silla in Chile, Hauptquartier in Garching bei München.

ESOC, Abk. f. *European Space Operations Center,* Eur. Operationszentrum f. Weltraumforschung d. → ESA.

Esoterik [v. gr. „nach innen"], nur Eingeweihten verständl. rel. Geheimlehre m. bes. Riten, wie z. B. d. antiken Mysterienkulte. Heute Sammelbez. f. versch. weltanschaul. Richtungen, z. B. Okkultismus, New Age.

Observatorium der ESO *in La Silla, Chile*

esoterisch [gr.], nur für Eingeweihte bestimmt u. verständlich; Ggs.: → exoterisch.

Espada, m. [span.], Degen; Stierkämpfer m. Degen; Schwertfisch.

Esparsette [frz.], Schmetterlingsblütler, Futterpflanze.

Espe, *Zitterpappel,* Art der → Pappeln.

Espelkamp (D-32339), St. im Rgbz. Detmold, NRW, 26 300 E; elektron., holz- u. kunststoffverarbeitende St.

Esperanto, „Welthilfssprache", aus den gebräuchlichsten Kultursprachen gebildet; benannt nach dem Pseudonym des Erfinders → *Zamenhof* (1887).

Espírito Santo [portugies. ɪsˈpiritu ˈsontu, „Heiliger Geist"], brasilian. Küstenstaat, 45 733 km², 2,5 Mill. E; Kaffee, Zuckerrohr, Baumwolle, Hptst. *Vitória* (258 000 E).

Esplanade, w. [frz.], freier Platz vor Gebäuden.

Espoo, schwed. *Esbo,* St. i. S-Finnland, 176 000 E, Vorort v. Helsinki.

espressivo [it.], *mus.* ausdrucksvoll.

Espresso,
1) entsprechend zubereiteter Kaffee.
2) it. Art der Kaffeezubereitung durch Dampf od. Wasserdruck.
3) Kaffee-Bar.

Esprit, m. [frz. ɛsˈpri], Geist, „Witz".

Esquilin, einer der 7 Hügel Roms.

Esquire [engl. ɪsˈkwaɪə], *Esq.,* engl. Höflichkeitstitel auf Briefen (hinter Männernamen), statt des dem Namen vorgesetzten „Mister".

Esquivel [-ˈβel],
1) Adolfo Pérez (geb. 26. 11. 1931), argentin. Bürgerrechtler; Mitbegr. v. *Servicio Paz y Justicia;* Friedensnobelpr. 1980.
2) Antonio (8. 3. 1806–9. 4. 57), span. Maler u. Kunstschriftst.; führender Porträtist d. span. Romantik; auch relig. Themen u. Volksszenen; *Zorilla liest aus s. Werken.*

Esra, ab 458 v. Chr. in Jerusalem Priester u. Schriftgelehrter; zus. m. Nehemia Organisator d. jüd. Lebens n. d. babylon. Exil; Begründer des heutigen Judentums.

Esrom, aromat. dän. Schnittkäse.

Essay, m. [frz. ɛˈse], „Versuch", kürzere Abhandlung über einen wiss. Gegenstand aus subjektiver Sicht in leicht zugängl. literar. Darstellungsweise; seit dem späten 16. Jh. (Montaigne) als literar. Kunstform.

esse est percipi [l. „Sein ist Wahrgenommenwerden"], Grundsatz d. idealist. Phil. v. G. Berkeley.

Esseg, kroat. *Osijek,* kroat. Hafenst. a. d. Drau, 105 000 E; Handels- u. Industriest.

Essen,
1) (D-45127–359), krfreie St. in NRW, 616 176 E; Abteikirche Werden (um 800), Münster (852) m. Münsterschatz; Villa Hügel m. Hügelpark; Museum Folkwang; Folkwang-HS für Musik, Theater u. Tanz, Uni.; Bischofssitz; Grugapark m. Botan. Garten; LG, AG, SG, IHK, BD, Sitz gr. Ind.organisationen u. Wirtsch.unternehmen; Kommunalverband Ruhrgebiet, Stifterverband der Wiss., RWE, Ruhr-Kohle AG, Krupp, Ruhrgas, Karstadt, Raab Karcher u. a.
2) *Bad E.* (D-49152), Gem. a. Wiehengebirge, Nds., 13 345 E; AG; Solebad, div. Ind.; Fremdenverkehr.

Essener, *Essäer,* jüdische Religionsgruppe z. Z. Christi, verzichteten auf Besitz u. Ehe (Radikalisierung d. Pharisäerprinzipien); Zentrum → Qumrân.

essentia, w. [l.], *Essenz,* Wesen, Wesenheit.

essentiell,
1) wesentlich.
2) *biol.* e. sind lebensnotwendige Stoffe, die der Organismus aufbauen kann (z. B. e.e → Aminosäuren, → Spurenelemente, → Vitamine).
3) *med.* Krankheitserscheinungen mit unbekannter od. noch unbestimmter Ursache.

Essenz, w. [l.], konzentrierter Auszug der wirksamen Bestandteile v. Naturprodukten, um Nahrungs- und Genußmitteln bes. Eigenschaften (Geruch, Geschmack, Farbe) zu geben; künstl. E. aus chem. hergestellten Stoffen.

Essex, Robert Devereux, Gf v. E. (1567–1601), Günstling der Kgn Elisabeth v. England, als Hochverräter hingerichtet.

Essex,
1) engl. Gft, bis um 800 Kgr., Hptst. *Chelmsford.*
2) alter engl. Grafentitel.

Essig, *Gärungsessig,* gewonnen durch d. biol. Verfahren der Vergärung alkohol. Flüssigkeiten (Trauben-, Obst-, verdünnte Branntweine) mit Hilfe von *Essigbakterien (Weinessig);* moderne Verfahren: submerse → Gärung, Großraumgeneratoren; in BR auch auf 5 bis 15% verdünnte → E.säure als *Speise-E.*

Essigälchen, Art der → Fadenwürmer.

Essigessenz → Essigsäure.

Essigester, aus Essigsäure m. Alkohol; Fruchtester v. obstartigem Geruch, f. Parfüms, Bonbons.

Essigfliege → Taufliegen.

Essigsäure, *Eisessig* (CH_3COOH), organ. Säure; früher durch trockene Destillation. v. Holz *(Holzessig),* jetzt aus Kalk u. Kohle über Carbid, Acetylen, Acetaldehyd oder aus Erdöl gewonnen; Verwendung als chem. Lösungsmittel; verdünnt als Speisesäure verwendet: → Essig.

Esslingen am Neckar (D-73728–34), Gr.Krst., Ba-Wü., 92 100 E; ma. Kirchen u. Profanbauten; FHS, BPH, FHT; IHK; Masch.-, Metall-, Automobilind. – Ehem. Freie Reichsst.

Essonne [ɛˈsɔn], nordfrz. Département, 1811 km², 1 Mill. E.

Establishment, s. [engl. ɪsˈtæblɪʃmənt „Einrichtung"], die gesamte bestehende festgefügte Ordnung, pol. Bez. f. pol., wirtsch. u. gesellschaftl. einflußreichste Bevölkerungsgruppe od. f. etablierte bürgerl. Gesellschaft, die sich gegenüber Neuerungen wenig aufgeschlossen zeigt.

Estancia [span. -θia], südam. Viehzuchtfarm.

Este, altes dt.blütiges Fürstengeschlecht in Italien, 1097 geteilt in dt. (Welf IV., Stammvater des Hauses Braunschweig-Lüneburg) u. it. Linie:
1) Alfons I. (1476–1534), Hzg v. Ferrara, Gatte der Lucrezia Borgia, Freund Ariosts.
2) Alfons II. (1533–97), Freund des Dichters Tasso.
3) Franz Ferdinand von Östr.-Este, → Franz 7).

Esten, *Esthen,* finnisch-ugrisches Volk, ca. 1 Mill.

Esther von Ahasverus, *Buchmalerei, 14. Jh*

ESTLAND	
Staatsname:	Estnische Republik, Eesti, Eesti Vabariik
Staatsform:	Parlamentarische Republik
Mitgliedschaft:	UNO, OSZE
Staatsoberhaupt:	Lennart Meri
Regierungschef:	Mart Siiman
Hauptstadt:	Tallinn (Reval) 499 000 Einwohner
Fläche:	45 100 km²
Einwohner:	1 541 000
Bevölkerungsdichte:	34 je km²
Bevölkerungswachstum pro Jahr:	∅ –0,15% (1990–1995)
Amtssprache:	Estnisch
Religion:	Protestanten (75%), Russisch Orthodoxe (20%)
Währung:	Estnische Krone (ekr)
Bruttosozialprodukt (1994):	4351 Mill. US-$ insges. 2820 US-$ je Einw.
Nationalitätskennzeichen:	EST
Zeitzone:	MEZ + 1 Std.
Karte:	→ Rußland

Estland

Ester, aus Säuren u. Alkoholen; oft obstart. Geruch; Fruchtaromen.

Esterházy *v. Galántha,* ungar. Adelsgeschlecht.

Esther [hebr. „junge Frau"], nach A.T. („Buch E.") jüd. Frau des pers. Kgs Ahasverus (Xerxes); rettete ihr Volk.

Estland, Rep. an d. Finn. Meerbusen im nördl. → Baltikum; umfaßt d. früh. russ. Gouv.s E., N-Livland und die Inseln Worms, Moon, Dagö und Ösel; Bev.: 61,5% Esten, 30,3% Russen, 3,1% Ukrainer; 30% d. Gesamtfläche Wälder, 20% Moorland, 6% Seen; Wirtschaft: Ackerbau, Viehzucht, Fischerei; Ölschiefer-, Papier-, Celluloseind.; Verw.: 15 Regionen, 6 republiksunmittelbare Städte. – Im 13. Jh. v. Dt. u. Dänen unterworfen; 1346 vom Dt. Orden erworben, 1561 an Schweden; 1721 an Rußland; 1918 Rep.; nach d. Hitler-Stalin-Pakt 1940 in d. UdSSR eingegliedert; bis 1991 sowj. Unionsrep. (Estnische SSR); s. Aug. 1991 unabhängiger Staat; erste freie Wahlen im Sept. 1992; 1995 Assoziierungsabk. m. d. EU.

Estomihi [l.], 7. Sonntag vor Ostern.

Estoril, portugies. Seebad w. von Lissabon, 16 000 E.; Kasino.

Estournelles [ɛstur'nɛl], Paul Baron d' (22. 11. 1852–15. 5. 1924), frz. Pol.; Mitgl. d. Haager Friedenskonferenzen; Friedensnobelpr. 1909.

Estrade, w. [frz.], Fußbodenerhöhung.

Estragon, m., Würzpflanze d. Gattung Beifuß; z. B. z. Herstellung v. **E.essig.**

Estremadura,
1) span. Landschaft zw. Portugal, Kastil. Scheidegebirge u. Sierra Morena; Steppenland; Schafzucht.
2) Landschaft i. SW-Portugal.

Estrich, m., fugenloser Fußboden, weich aufgebracht, dann erhärtend: Terrazzo, Zement, Asphalt o. ä.

Blick auf die Hauptstadt Reval

Esus, kelt. Himmels- u. Feuergott sowie gall. Handelsgott.

Esztergom [ˈɛst-], ungar. Name v. → Gran.

ETA,
1) Abk. f. *Euskadi ta askatasuna* („D. Baskenland u. s. Freiheit"), militante Untergrundorganisation, die d. Selbständigkeit d. 4 span. u. 3 südfrz. Baskenprovinzen anstrebt.
2) Abk. f. *Estimated Time of Arrival,* voraussichtl. Ankunftszeit eines Flugzeuges od. Schiffes.

etablieren [frz.], begründen, niederlassen.

Etablissement, *s.* [-blisˈmã], Anlage, Einrichtung; auch Bez. f. kleineres Restaurant u. f. Bordell.

Etage, *w.* [frz. eˈtaːʒə], Stockwerk.

Etalon, *m.* [frz. -ˈlõ], Eichmaß, Mustergewicht.

Etana, sumer. myth. König v. Kish b. Babylon.

Etappe, *w.* [frz.], Stufe, Abschnitt; veraltete Bez. f. Versorgungsgebiet hinter der Front.

Etat, *m.* [frz. eˈta:], → Staatshaushalt, → öffentlicher Haushalt.

États généraux [frz. etaʒeˈro] → Generalstände.

etc., et cetera [l.], und so weiter.

ETD, Abk. f. *Estimated Time of Departure,* voraussichtl. Startzeit eines Flugzeuges.

Eternit®, *s.,* Asbestzement-Erzeugnisse in Form von ebenen und gewellten Platten, Rohren und Formstücken für Hoch- u. Tiefbau.

Etesien [gr.-l.], kühle NW-Winde im ö. Mittelmeer von Mai bis Okt.

Etesienklima, dem Mittelmeerklima entsprechende Klimazone, etwa i. Teilen Südafrikas.

Ethan, *s.,* C_2H_6, gasförmiger aliphat. Kohlenwasserstoff.

Ether, *m.* [gr.], Gruppe organ. Verbindungen mit der Gruppierung C-O-C, → Ethylether.

Ethik, *w.* [gr.], Lehre von den sittlichen Werten (Wertlehre) und Forderungen (Morallehre, prakt. Philosophie).

ethisch, sittlich.

ethnisch [gr.], volksmäßig.

Ethnographie, beschreibende Völkerkunde.

Ethnohistorie, die Erforschung der Geschichte e. traditionell schriftlosen Ges. Als Quellen werden mündl. Überlieferungen u. Erkenntnisse der → Feldforschung od. interdisziplinären Forschung (z. B. Archäologie, Sprachwiss.) verwendet.

Ethnologie, deutende Kulturforschung der → Völkerkunde.

Ethologie, svw. (vergleichende) → Verhaltensforschung.

Ethos, *s.* [gr.], „Sitte", sittlich-geistiges Wollen, innerer Wertmaßstab.

Ethoxylinharze → Epoxidharze.

Ethyl, *s.,* funktionelle Gruppe $-C_2H_5$ im Ether, Alkohol usw.

Ethylen, *s.,* C_2H_4, ungesättigter Kohlenwasserstoff; leuchtende Flamme.

Ethylether, $C_2H_5-O-C_2H_5$, (genau: Diëthylether, umgangssprachl.: Ether), Herstellung aus Alkohol durch Wasserentziehung m. Schwefelsäure; farblos, leicht entzündlich, Dämpfe betäubend; Sp. 35 °C; Lösungsmittel für Öle, Fette, Harze, Iod, Schwefel, Schießbaumwolle; *med.* zur Narkose u. in Hoffmannstropfen.

Etikette, *w.* [frz.], Hof-, gesellschaftl. Sitte (Umgangsform).

Etmal, *s.,* seem. die Zeit von Mittag zu Mittag; auch d. Schiffsweg in dieser Zeit.

Eton [iːtn], engl. St. in der w. Umgebung von London, gegenüber Windsor, 3500 E; hier das **E. college** [-ˈcɔlɪdʒ], 1440 v. Heinrich VI. gegr., berühmte → Public School (Gymnasium); → College.

Etrich, Igo (25. 12. 1879–4. 2. 1967), östr. Flugzeugkonstrukteur, schuf 1907 die E.-Taube, einen verspannten Schulterdecker; → Rumpler u. a. bauten d. → Taube 1910 in Dtld nach.

Etrurien, altit. Landsch. zw. Tiber, Arno u. Apennin; später *Tuscia,* heute etwa *Toscana;* Bewohner: **Etrusker;** nach langen Kämpfen 280 v. Chr. v. d. Römern unterworfen; eigene Sprache u. (griech. beeinflußte) Kunst, die auf vorderasiat. Ursprung hindeuten; Blüte 8. bis 6. Jh. v. Chr.

Etrusker, kulturgeschichtlich bedeutendes Volk d. Altertums noch ungeklärter Herkunft s. d. 8. Jh. v. Chr. bis z. Unterwerfung durch die Römer i. 3. Jh. v. Chr. i. w. Mittelitalien (etwa jetziges Toscana). *Sprache* i. Gegensatz z. *Schrift* erst unvollständig erforscht; noch stärker als Lebensform u. Religion wirkte die etrusk. *Kunst* auf d. röm. Kultur: Architektur, Kunsthandwerk, Wandmalerei.

etruskische Kunst, 8.–1. Jh. v. Chr. in Italien: selbständig, wenn auch griech. beeinflußt, archaisch bis hellenistisch; Tempel, Grabbauten, Sarkophage, Malereien in Grabkammern (Corneto); *Apoll v. Veji.*

ETS, Abk. f. *Estimated Time of Sailing,* voraussichtl. Abgangszeit eines Schiffes.

Etsch, it. *Adige,* Fluß in Norditalien, vom Reschenscheideck durch den Vintschgau, die Veroneser Klause und die Poebene in die Adria bei Porto Fossone; 415 km lang; l. Nebenfluß: *Eisack.*

Etschmiadsin, St. in Armenien, 40 000 E; Patriarchat d. Armen. Kirche.

Ettal (D-82488), obbay. Luftkurort u. Benediktinerabt. (1330 gegr.), nördl. v. Garmisch, 981 E.

Ettal, *Benediktinerabtei*

Etrusker

etruskische Kunst, *Gefäß mit Reiterstatuette*

etruskische Amphore, 6. Jh. v. Chr.

etruskische Grabmalerei, *Flötenspieler*

Ettlingen (D-76275), St. im Kr. Karlsruhe, Ba-Wü., 38 600 E; AG; Textil-, Papier- u. Metallind.
Etüde [frz.],
1) techn. Studie.
2) *mus.* Übungsstück.
Etymologie, *w.* [gr.], Lehre von der Herkunft der Wörter und Wortfamilien.
Etzel, im Nibelungenlied der Hunnenkönig → Attila.
eu- [gr.], als Vorsilbe: gut-, wohl-.
Eu, chem. Zeichen f. → *Europium*.
EU, Abk. f. → *E*uropäische *U*nion.
Euböa, gr. *Euboia*, zweitgrößte Insel Griechenlands, i. Ägäischen Meer, durch Brücke m. d. Festland verbunden, 3654 km², 186 000 E; Gebirge u. Wälder, fruchtb. Ebenen; Hptst. *Chalkis*, 45 000 E; Seehafen.
Eucharistie [gr. „Danksagung"], Altarsakrament (Leib u. Blut Christi in den Gestalten von Brot u. Wein). *Eucharistische Weltkongresse* (alle 2 Jahre) durch d. kath. Kirche.
Eucharistische Kongresse, kath. nat. u. intern. Zus.künfte (s. 1871) zur Pflege u. Feier d. Eucharistie, d. Abendmahls.
Eucken,
1) Rudolf (5. 1. 1846–14. 9. 1926), dt. neuidealist. Phil.; *D. Lebensanschauungen der großen Denker;* Nobelpr. 1908; s. Sohn
2) Walter (17. 1. 1891–20. 3. 1950), dt. Nationalökonom u. Neoliberalist, Vertreter der → Freiburger Schule; *Die Grundlagen der Nationalökonomie*, → Marktformenlehre.
Eudämonie [gr.], Glückseligkeit, wird vom *Eudämoni smus* als das Gute u. Ziel allen Strebens betrachtet.
Eudoxos, (408–355 v. Chr.), griech. Philosoph u. Astronom (Krümmung u. Kugelgestalt d. Erde).
Eugen [gr. „der Wohlgeborene"],
Eugen,
a) *Fürsten:*
1) Franz E., *Prinz v. Savoyen*, der „edle Ritter" (18. 10. 1663–21. 4. 1736), eigtl. Begr. d. östr.-ungar. Doppelmonarchie, kämpfte 1683–99 gg. die Türken (Sieg b. Zenta 1697); im Span. Erbfolgekrieg Siege b. Höchstädt, Oudenaarde, Malplaquet; besiegte die Türken 1716 bei Peterwardein, 1717 bei Belgrad; Förderer v. Kunst u. Wiss. (Schloß Belvedere in Wien).
2) E. Beauharnais (3. 9. 1781–21. 2. 1824), Sohn v. Josephine B. (1. Gattin Napoleons), 1805 Vizekg v. Italien.
b) *Päpste:*
3) E. III. (1145–53), verließ 1143 Rom während des Aufstandes Arnolds von Brescia.
4) E. IV. (1431–47), löste Baseler Konzil auf, das ihn 1439 absetzte.
Eugénie de Montijo [øʒe'ni, -'tixo], (5. 5. 1826–11. 7. 1920), 1853 Gattin Napoleons III.
Eugenik, *w.* [gr.], Erbgesundheitslehre, Teil der Bevölkerungsbiologie, dient d. Förderung leistungsfähiger u. Zurückdrängung minderwertiger Erblinien (Eheberatung u. Verhütung v. Geburtenrückgang, Geburtenregulierung, Keimschädigungen, in manchen Ländern auch Sterilisation); wegen früheren Mißbrauchs ist d. E. in Verruf geraten; Sozial- od. angewandte → Anthropologie.
Eukalyptus, Myrtengewächse, hohe Bäume Australiens; äther. Öle; schnell wachsend, Anbau in s. Ländern
Eukalyptusöl, ätherisches Öl, gg. Schleimhautentzündung der Luftwege eingeatmet.
Euklid|es, (um 300 v. Chr.), griech. Math.; *„Stoicheia"* (Elemente), Lehrbuch der ges. Mathematik.
euklidische Geometrie → Raum.
Eulan®, *s.*, Sulfonamid-Verbindung, überzieht die Wollfaser u. schützt sie gegen Mottenfraß.
Eulen,
1) Ordnung der Vögel; meist nachtaktiv; tagsüber versteckt; gr. Augen, Hakenschnabel; in Dtld u. a.: *Schleier-E.*, mit herzförmigem Gesichts-„Schleier", häufigste Art *Waldkauz*, am kleinsten der nur starengroße *Sperlingskauz*, am größten der → Uhu.
2) Fam. d. Nachtschmetterlinge; sehr artenreich.
Eulenberg, Herbert (25. 1. 1876–4. 9. 1949), dt. neuromant. Schriftst.; *Ritter Blaubart; Münchhausen.*
Eulenburg, Philipp Fürst, s. 1900 zu E. u. Hertefeld (12. 2. 1847–17. 9. 1921), deutscher Diplomat, Vertrauter Wilhelms II.
Eulengebirge, nördl. Teil d. mittleren Sudeten; *Hohe Eule*, 1015 m; Bergbau.
Eulenspiegel, Till (um 1300–50), niederdt. „Erzschelm"; urspr. Satire der kath. Kirche auf vorreform. Wortgläubigkeit, wurde in Volksbüchern (s. 1515) u. in vielen Schelmenstückchen Träger zahlreicher Schalkstreiche (**Eulenspiegeleien**.) *Coster;* sinfon. Dichtung v. R. Strauss. Grabstein in → Mölln.
Euler, Leonhard (15. 4. 1707–18. 9. 83); schweiz. Math., Phys. u. Phil.; Begr. d. → Variationsrechnung.
Euler-Chelpin [-'kɛlpi:n],
1) Hans Karl August Simon v. (15. 2. 1873– 7. 11. 1964), dt. Chem.; Forschungen über Enzyme; Nobelpr. 1929; s. Sohn
2) Ulf Swante (7. 2. 1905–10. 3. 83), schwed. Physiologe; Nobelpr. 1970.
Eumenes II., 197–159 v. Chr. Kg von → Pergamon, erbaute Altar v. Pergamon (Museum i. Berlin).
Eumeniden [gr. „d. Wohlwollenden"], besänftigender Name f. d. Rachegöttinnen, die → Erinnyen.
EU-Ministerrat, → Rat der Europäischen Union.
Eunomia, eine d. drei Horen, Göttin d. Gesetzlichkeit.
Eunuch, *m.* [gr. „Betthüter"], Kastrat, Entmannter, früher im Orient Haremswächter.
Eunuchoidismus, Hochwuchs mit Langgliedrigkeit, geschlechtl. Inaktivität, unvollkommener Geschlechtsentwicklung u. hoher „Kastratenstimme" als Folge von Kastration od. Keimdrüsen-Unterfunktion.
Eupatoria, *Jewpatorija*, Hafenst. und Seebad a. d. W-Küste d. Krim, Ukraine, 108 000 E; Kunstdenkmäler aus tatar. Zeit.
Eupatriden [gr.], Adel im alten Athen.
Eupen, belg. St. am Hohen Venn; 17 000 E; Textil- u. Kabelind. → Malmédy.
Euphemismus, *m.* [gr.], beschönigendes Wort f. etwas Unangenehmes, z. B. „heimgehen" für sterben.
euphemistisch, beschönigend.

Eukalyptus

Waldkauz

Schleiereule

Till Eulenspiegel,
Titelseite der Erstausgabe

Euphonie [gr.], Wohlklang. Ggs.: → *Kakophonie.*
Euphorbia, svw. → Wolfsmilch.
Euphorie [gr.], heitere Stimmung, charakteristisch auch bei Rauschzuständen und manischen Gemütskrankheiten (→ Psychose).
Euphorion, in der griech. Sage Sohn v. Helena u. Achill, erwidert nicht d. Liebe v. Zeus u. wird von diesem durch Blitz getötet; bei Goethe Sohn von Helena und Faust.
Euphrat, arab. *Al Furat*, türk. *Firat*, größter Strom Vorderasiens, 2736 km lang; kommt mit den Quellflüssen Karasu u. Murat aus d. Hochland v. O-Anatolien (Türkei), durchfließt Syrien u. d. Irak, vereinigt sich mit Tigris zum Schatt el-Arab, mündet unterhalb Abadan i. d. Pers. Golf; umschließt mit Tigris Mesopotamien; Staudämme zur Bewässerung u. Energiegewinnung i. d. Türkei b. Keban, Karakaya, Urfa (Atatürkstaudamm), in Syrien u. im Irak b. Haditha.
Euphrat-Staudamm, 150 km östl. v. Aleppo b. Tabqa; Syrien, 4,5 km l., 60 m h., 512 m (Basis), 19 m (Krone) br.; 1968–76 erbaut; Assadstausee 810 km², 11,9 Mrd. m³ Stauraum; 640 000 ha Steppen- u. Wüstenland werden urbar gemacht; Kraftwerk.
Euphrosyne [gr. „Frohsinn"], eine der drei Chariten oder Grazien.
Eurasien, der Festlandsblock (rd 54,5 Mill. km²) von → *Europa* und → *Asien*; Europa ist geographische die Halbinsel Asiens.
Eurasier → Mischlinge.
Euratom, Abk. für → *Eur*opäische *Atom*gemeinschaft.
Eure [œːr],
1) Nbfl. der Seine, 225 km l.
2) nordfrz. Dép., 6039 km², 513 800 E; Hptst. *Évreux*, 49 000 E.
Eure-et-Loir, nordfrz. Dép., 5880 km², 396 000 E; Hptst. *Chartres*, 39 600 E.
Eureka, Abk. f. *Eu*ropean *Re*search *Co*ordination *A*gency (Europäische Behörde zur Koordinierung der Forschung), eur. Alternative zum am. SDI-Programm f. eine eur. Zus.arbeit auf dem Gebiet der Spitzentechnologie.
Eurhythmie [gr. „guter Rhythmus"],
1) *Eurythmie*, von der Anthroposophen R. → Steiner 1912 begründet; Bewegungskunst, die Sprachlaute u. Töne in Gebärden ausdrückt.
2) *med.* Pulsregelmäßigkeit.
Eurich, 466–84 Westgotenkg; eroberte Südgallien und Spanien; Gesetzgeber.
Euripides (484–406 v. Chr.), griech. Tragödiendichter, stellte d. Ideen d. griech. Aufklärung i. Drama dar; *Medea; Iphigenie: Bacchantinnen; Troerinnen.*
Euro, geplante gemeinsame eur. Währung.
Eurocard, eur. Kreditkartenorganis.
Eurocontrol, Eur. Organisation z. Sicherung d. Luftfahrt, 1960 gegr.; Mitgl.: Belgien, BR, Frkr., Großbrit., Irland, Luxemburg, Ndl.; Zus.arbeit m. Dänemark, Italien, Norwegen, Portugal, Schweden, Schweiz, USA. Zentrale i. Maastricht f. Benelux-Staaten u. N-Dtld.
Euro Disney, Vergnügungspark ähnl. Disneyland, s. 1992 ö. von Paris.
Eurodollar, auf US-Dollar lautende Bankguthaben, die v. (eur.) Kreditinstit. f. unterschiedl. Laufzeiten gehandelt werden.

Eurofighter [engl. 'juərə'faitər „Europajäger"], ursprüngl. gemeinsames Rüstungsobj. d. BR Deutschland, Großbrit., Italiens u. Spaniens zum Bau e. Kampfflugzeuges f. d. 90er Jahre *(Jäger 90).* Wegen hoher Kosten wurde 1993 eine leistungsschwächere Version beschlossen; der dt. Anteil an d. Entwicklungskosten wird etwa 10 Mrd. DM betragen; der E. wird v. d. Deutschen Aerospace (Dasa) gebaut.

Euro-Group, eur. informelles Gremium innerhalb der NATO (ohne Frkr. u. Island), gegründet 1965, betreibt die Stärkung der Sicherheit der Allianz durch einen größeren eur. Beitrag zur Verteidigung.

Eurokommunismus, tatsächliche bzw. demonstrierte unabhängige Haltung der KPen Westeuropas gegenüber d. KPdSU, wobei das Bekenntnis zu Demokratie, Parteipluralismus u. Grundfreiheiten unterstrichen wurde; bes. hervor traten die KP Frankreichs (→ Marchais), Italiens (A. Natta) u. Spaniens (G. Iglesas).

Eurokorps, *Euro-Corps,* im Aufbau befindl. multinat. Großverband (dzt. Truppen aus Frkr., Dtld u. Belgien) mit trinationalem Stab in Straßburg (Straßburger Korps). Geplante Endstärke 50 000 Soldaten a. d. Standorten Müllheim, Donaueschingen u. Immendingen. Erster Kommandierender General wurde am 1. 10. 1993 der dt. Gen. Helmut Willmann. E. entwickelte sich aus d. Deutsch-Französischen Brigade, ist offengehalten f. eine Beteiligung d. Mitglieder d. Eur. Union u. kann im Verteidigungsfall u. bei Friedensmissionen dem Kommando der → NATO unterstellt werden.

EUROP, Kennzeichnung an Güterwagen der 1953 gegr. Eur. Güterwagengemeinschaft.

Europa, in d. griech. Sage Kgstochter, von Zeus in Stiergestalt von Phönizien nach Kreta entführt.

Europa, der zweitkleinste Erdteil, eigtl. eine Halbinsel Asiens, aber wegen seiner reichen Gliederung u. bes. aus kulturgeschichtl. Gründen als bes. Erdteil angesehen (→ Karte); Gesamtfläche 9839 Mill. km², (1995) 682 Mill. E. (69 je km²; mit europ. Teile d. ehem. Sowjetunion u. d. Türkei); als Grenze zw. E. u. Asien werden Ural, Kasp. u. Schwarzes Meer angesehen. **a)** *Aufbau u. Gliederung:* O-Europa größtenteils Flachland; N-, W- u. Mitteleuropa Schollengebirgsland mit reichen Bodenschätzen; S-Europa Faltengebirgsland mit großen Höhenunterschieden; die Meere in N vorwiegend Flachsee, als Laichgebiete der Fische von gr. wirtsch. Bedeutung; im S zw. den Halbinseln Tiefsee. **b)** *Klima:* Größtenteils gemäßigt; das westl. E. hat Seeklima, der O Landklima; im Mittelmeerklima der südeur. Halbinseln heiße, dürre Sommer, milde Regenwinter; mittlere Jahrestemperatur: 9 °C (höchstes Jahresmittel Málaga m. 19,4 °C, niedrigste Temperatur NO-Rußland, an Petschoramündung, im Winter bis −50 °C). **c)** *Pflanzenwelt:* Gruppierung von N nach S am deutlichsten in O-E.: Tundra, Nadel- u. Birkenwälder (hier sind durch Rodungen die reichen Ackerbaugebiete, „Kultursteppen", entstanden), Steppen-

Europa

Europa

Staatliche Gliederung
Wirtschaftliche Zusammenschlüsse

Land	km²	Einw. in 1000	Einw./km²	Mitglied
Albanien	28 748	3 414	119	
Andorra	453	65	143	
Belgien	30 519	10 080	330	EU, EWR, OECD
Bosnien-Herzegowina	51 129	3 527	69	
Bulgarien	110 912	8 818	80	
Dänemark (ohne Färöer u. Grönland)	43 077	5 173	120	EU, EWR, OECD
Färöer	1 399	47	34	
Grönland	2 175 600	58	0	
Deutschland	356 974	81 338	228	EU, EWR, OECD
Estland	45 100	1 541	34	
Finnland	338 127	5 083	15	EU, EWR, OECD
Frankreich	543 965	57 747	106	EU, EWR, OECD
Griechenland	131 990	10 416	79	EU, EWR, OECD
Großbritannien u. Nordirland	244 100	57 998	238	EU, EWR, OECD
Kanalinseln	195	147	754	
Insel Man	572	70	128	
Gibraltar	6	28	4 667	
Irland	70 284	3 539	50	EU, EWR, OECD
Island	103 000	266	3	EFTA, EWR, OECD
Italien	301 268	57 157	190	EU, EWR, OECD
Jugoslawien	102 173	10 763	105	
Montenegro	13 812	615	44	
Serbien	88 361	9 792	110	
Kroatien	56 538	4 504	80	
Lettland	64 600	2 583	40	
Liechtenstein	160	30	188	EFTA, EWR, OECD
Litauen	65 200	3 706	57	
Luxemburg	2 586	401	155	EU, EWR, OECD
Makedonien	25 713	2 142	83	
Malta	316	364	1 152	
Moldau	33 700	4 420	131	
Monaco	1,95	31	5 897	
Niederlande	40 844	15 397	377	EU, EWR, OECD
Norwegen (ohne arktische Gebiete)	323 895	4 318	13	EFTA, EWR, OECD
Arktische Gebiete (Svålbard u. Jan Mayen)	63 080	–	–	
Österreich	83 853	7 918	94	EU, EWR, OECD
Polen	323 250	38 341	119	OECD
Portugal (mit Azoren u. Madeira)	92 389	9 830	106	EU, EWR, OECD
Rumänien	237 500	22 922	97	
Russ. Föderation	17 075 400	147 370	9	
San Marino	61	25	410	
Schweden	449 964	8 738	19	EU, EWR, OECD
Schweiz	41 293	7 131	173	EFTA, OECD
Slowakei	49 036	5 333	109	
Slowenien	20 251	1 942	96	
Spanien (mit Balearen, Kanar. Inseln, Ceuta u. Melilla)	504 782	39 568	78	EU, EWR, OECD
Tschechische Rep.	78 864	10 295	131	OECD
Ukraine	603 700	51 465	85	
Ungarn	93 032	10 161	109	OECD
Vatikanstadt	0,44	1	2 273	

Land	km²	Einw. in 1000	Einw./km²	Mitglied
Weißrußland	207 600	10 163	49	
Zypern	9 251	734	79	
Türkei	774 815	60 771	78	EU (assoz. Mitgl.), OECD
davon in Europa	23 623	4 325	183	
EU	Europäische Union (bis 1. 11. 1993 EG); EU-Mitgliedschaft beantragt: Bulgarien, Estland, Lettland, Litauen, Malta, Polen, Rumänien, Slowakei, Tschechische Republik, Türkei, Ungarn, Zypern			
EFTA	Europäische Freihandels-Assoziation			
EWR	Europäischer Wirtschaftsraum			
OECD	Organisation für wirtschaftliche Zusammenarbeit und Entwicklung (Mitglieder der EU und EFTA, außerdem Australien, Japan, Kanada, Mexiko, Neuseeland, Polen, Tschechische Republik, Türkei, Ungarn, USA)			

Die Europäische Union (EU)

Die wichtigsten Organe (Stand November 1996)

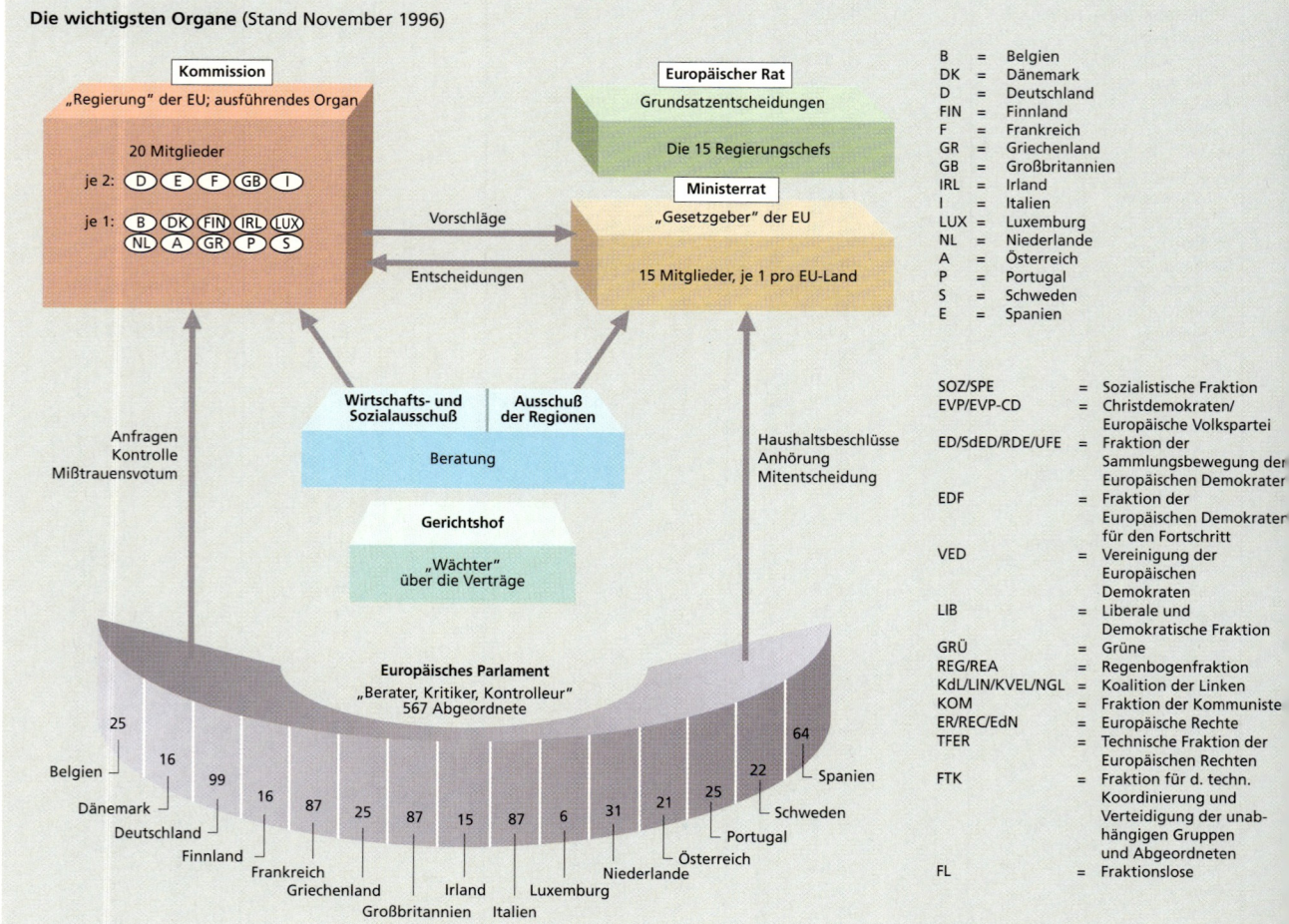

Europabrücke — Europäische Gemeinschaft(en)

gürtel, im Mittelmeerraum Hartlaubvegetation. **d)** *Tierwelt:* Artenarm, d. Kulturlandschaft angepaßt, z. T. ausgerottet od. zurückgedrängt. **e)** *Bevölkerung:* 12,5% der Erdbev., die hpts. zur indogerman. Sprachfamilie zählen (Germanen, Romanen und Slawen).

Europabrücke, 1963 fertiggestellte höchste Brücke Europas (190 m hoch, 785 m l.), Teil d. Brennerautobahn; führt südl. v. Innsbruck über das Silltal.

Europadiplom, vom → Europarat verliehene Auszeichnung f. bed. Naturschutzgeb., National- u. Naturparke. BR: Lüneburger Heide, Siebengebirge, Weltenburger Enge, Nationalparke Bayer. Wald u. Berchtesgaden.

Europa-Hymne, s. 1972 *Ode an die Freude* v. Beethoven.

Europäische Atomgemeinschaft, *Euratom,* 1957 z. gemeinsamen Kernforschung u. friedl. Nutzung v. Atomenergie gebildete Organisation; Mitgl. sind die EG-Staaten. Sitz Brüssel; gemeinsame Organe f. Euratom, EWG und EGKS sind d. Kommission, d. Ministerrat, das Eur. Parlament u. d. Gerichtshof.

Europäische Bank für Wiederaufbau und Entwicklung, *Osteuropa-Bank,* 1990 gegr., Sitz: London; Darlehen ausschließl. f. private u. unternehmer. Initiativen u. Infrastrukturen, die d. Übergang z. offenen Marktwirtschaft begünstigen. Stammkapital 10 Mrd. ECU; EU besitzt m. 51% d. Kapitalmehrheit.

Europäische Bewegung, 1948 gegr. Dachorganisation der 6 führenden Europaverbände. Organe: *Intern. Rat, Intern. Exekutivkomitee,* in 15 Ländern Europas *Nationale Räte.* BR: Europaverbände i. Dt. Rat zusammengefaßt. Ziel: Schaffung der → Europäischen Union. → *Paneuropäische Bewegung.*

Europäische Föderalistische Partei, *EFP,* → Parteien, Übers.

Europäische Freihandelszone, *European Free Trade Association, EFTA,* 1960 Gründung durch engl. Initiative zum Schutz d. Handelsinter. westeur. Staaten, d. nicht in die EWG eingebunden waren; Mitgl.: Dänemark (1960–72), Irland (1960–72), Norwegen (s. 1960), Schweiz (s. 1960), Finnland (1965–94), Island (s. 1960), Östr. (1960–94), Schweden (1960–94), Großbrit. (1960–72), Liechtenstein (s. 1991); Sitz Genf; Ziele: Ausbau d. gegenseitigen Handels u. stufenweiser Zollabbau (ausgenommen Agrarprodukte), 1975 Erweiterung auf Rohstoffe, Währungspol. etc. → EWG. Seit 1994 bestehen zw. EU u. d. EFTA-Staaten binnenmarktähnl. Beziehungen; → Eur. Wirtschaftsraum.

Europäische Gemeinschaft(en) → Europäische Union.

Zusammensetzung des Europäischen Parlaments

1979

1979	B	DK	D	F	GB	IRL	I	LUX	NL	gesamt
SOZ	7	4	35	21	18	4	13	1	9	112
EVP	10	–	42	9	–	4	30	3	10	108
ED	–	3	–	–	60	–	–	–	–	63
KOM	–	1	–	19	–	–	24	–	–	44
LIB	4	3	4	17	–	1	5	2	4	40
EDF	–	–	–	15	1	5	–	–	–	22
FTK	1	4	–	–	–	–	–	–	1	11
FL	2	–	–	–	1	–	4	–	–	9
gesamt	24	16	81	81	80	15	81	6	25	409

1989

1989	B	DK	D	F	GR	GB	IRL	I	LUX	NL	P	E	gesamt
SOZ	8	3	31	22	9	46	1	34	2	8	8	27	199
EVP-CD	7	4	32	13	10	33	4	27	3	10	3	17	163
LIB	4	3	5	8	–	–	2	3	1	4	9	5	44
GRÜNE	3	1	6	8	–	–	–	7	–	2	–	1	28
SdED	–	–	–	11	1	–	6	–	–	–	–	2	20
REG	1	4	1	1	–	–	1	3	–	1	–	3	16
TFER	1	–	3	10	–	–	–	–	–	–	–	–	14
KdL	–	–	–	7	3	–	–	–	–	–	–	3	13
FL	–	1	3	1	1	1	–	9	–	–	–	5	21
gesamt	24	16	81	81	24	81	15	81	6	25	24	60	518

1984

1984	B	DK	D	F	GR	GB	IRL	I	LUX	NL	gesamt
SOZ	7	4	33	20	10	33	–	12	2	9	130
EVP-CD	6	1	41	9	9	–	6	27	3	8	110
ED	–	4	–	–	–	46	–	–	–	–	50
KOM	–	1	–	10	4	–	–	26	–	–	41
LIB	5	2	–	12	–	–	1	5	1	5	31
VED	–	–	–	20	–	1	8	–	–	–	29
REG	4	4	7	–	–	–	3	–	–	2	20
ER	–	–	–	10	1	–	–	5	–	–	16
gesamt	24	16	81	81	24	81	15	81	6	25	434

1994  (Stand Juni 1996)

1994	B	DK	D	FIN	F	GR	GB	IRL	I	LUX	NL	A	P	S	E	gesamt
SPE	6	3	40	4	15	10	63	1	18	2	8	8	10	7	22	221
EVP-CD	7	3	47	4	12	9	19	4	14	2	10	6	1	5	30	172
UFE	–	–	–	–	15	2	–	7	27	–	–	–	–	–	5	56
LIB	6	5	–	6	1	–	2	1	6	1	10	1	8	3	2	52
KVEL/NGL	–	1	–	1	7	4	–	–	5	–	–	–	3	10	–	31
GRÜ	2	1	12	1	–	–	–	2	–	1	1	1	–	4	–	25
REA	–	–	–	–	13	–	2	–	2	–	–	–	–	–	2	19
EdN	–	2	–	–	13	–	–	–	–	–	2	–	–	–	2	19
FL	3	1	–	–	11	–	1	1	11	–	2	–	–	–	1	31
gesamt	25	16	99	16	87	25	87	15	87	6	31	21	25	22	64	626

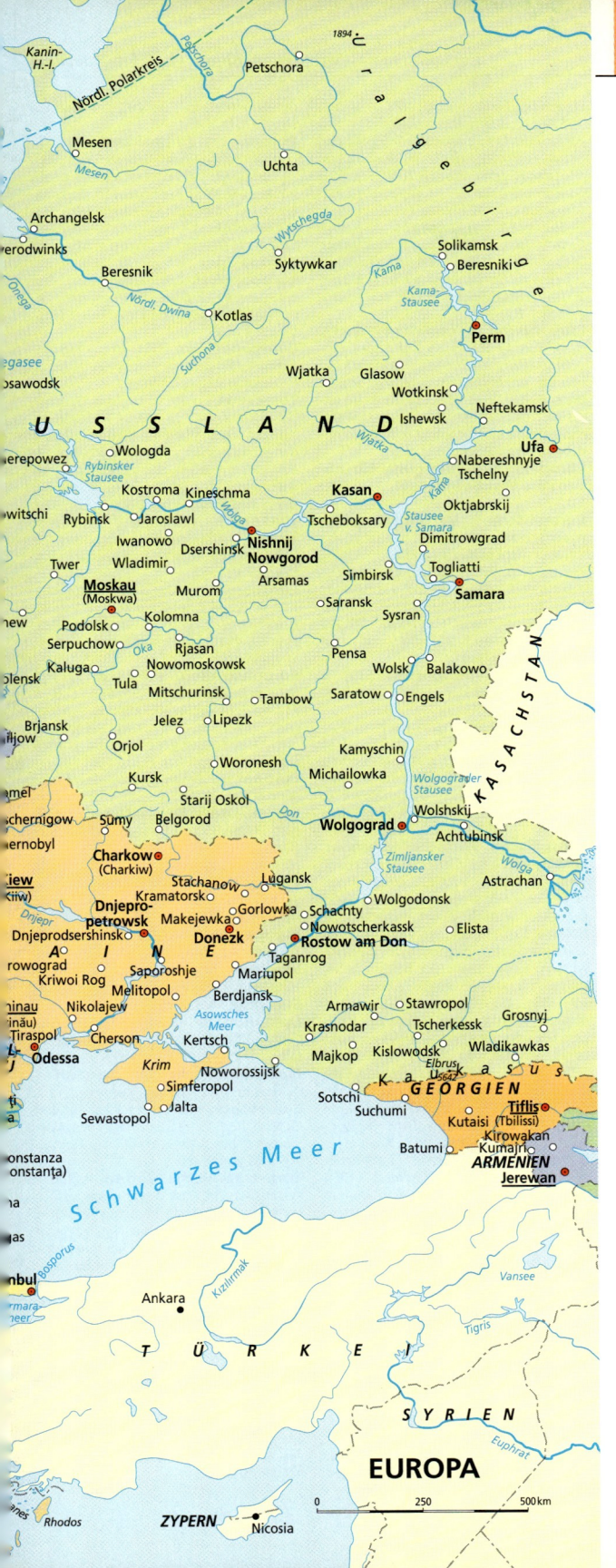

Europäische Gemeinschaft für Kohle u. Stahl, *EGKS, Montanunion,* 1951 von Belgien, Frkr., Italien, Luxemburg, d. Ndl. u. d. BR gebildete übernat. Organisation (seit 1952 in Kraft) zur Schaffung e. gemeins. Marktes f. Kohle, Stahl, Eisenerz u. Schrott ohne Zölle u. Subventionen. Gründung 1950 v. R. → Schuman vorgeschlagen *(Schuman-Plan).* Sitz Luxemburg; gemeins. Organe von EGKS, EWG u. Euratom sind d. Rat d. Eur. Union, die Eur. Kommission, d. Eur. Parlament, Gerichtshof u. Beratender Ausschuß.

Europäische Informationszentrale f. Naturschutz, 1967 gegr. Einrichtung d. → Europarates zur Förderung des Naturschutzes in den Mitgliedsstaaten.

Europäische Investitionsbank, *EIB,* gegr. 1958, Sitz i. Brüssel, gemeinsames Kreditinstitut der EWG zur Förderung unterentwickelter Gebiete d. Gemeinschaft, Finanzierung von Modernisierungsprojekten u. Großvorhaben; Kapital: 57,6 → ECU.

Europäische Kommission, bis 1993: *EG-Kommission,* ausführendes Organ der EU; zu d. Hauptaufg. d. E.K. zählt d. Überwachung d. Einhaltung d. Vertragsverpflichtungen; sie hat Initiativfunktion für Gesetzesvorlagen f. d. → Rat der Eur. Union. 1985–95 war Jacques Delors Präs. d. E.K., 1995 wurde Jacques Santer zu seinem Nachfolger gewählt. Sie setzt sich zusammen aus 20 EU-Kommissaren, gewählt auf 5 Jahre.

Europäische Naturschutzkonvention, 1979 v. → Europarat aufgestelltes Programm z. Erhaltung gefährdeter Tier- u. Pfl.-Arten u. natürl. Lebensräume.

Europäische Organisation für Kernforschung, *Conseil Européen pour la Recherche Nucléaire, CERN,* von 19 eur. Staaten, darunter d. BR, gebildete Organisation für d. Zus.arbeit auf d. Gebiet d. Kern- u. Elementarteilchenforschung f. friedliche Zwecke; intern. Forschungslabor in Genf.

Europäische Parlamentarierunion, 1947 gegr., Zus.schluß von eur. Parlamentariern; tritt für eur. Staatenbund ein, deutsche Gruppe s. 1950.

Europäische Politische Zusammenarbeit, *EPZ,* s. 1970 bestehende Zusammenarbeit der Außenmin. d. EU-St.en in Fragen d. Außen-, Sicherheits- und Entwicklungspol.; Präs. wechselt halbjährlich; Gen.sekretariat in Brüssel. Rechtl. Grundlage ist d. → Einheitliche Eur. Akte.

Europäischer Ausrichtungs- und Garantiefonds für die Landwirtschaft, *EAGFL,* dient z. Finanzierung d. gemeinsamen Agrarpol. d. → Eur. Union; Aufgaben: Marktstützung und Förderung d. landw. Umstrukturierung.

Europäischer Binnenmarkt → Binnenmarkt.

Europäischer Gerichtshof, *EuGH,* Gerichtshof der Eur. Union; überwacht die Rechtmäßigkeit von Entscheidungen des Rats u. der Kommission der EU, wird von nat. Gerichten in Fragen d. Gemeinschaftsrechts angerufen; Sitz: Luxemburg.

Europäischer Gerichtshof für Menschenrechte, s. 1959 Organ des Europarats.

Europäischer Gewerkschaftsbund, *EGB,* 1973 i. Brüssel gegr. Organ eur. Gewerkschaften aus 21 Staaten; Vertr. d. EGB sind in Ausschüssen von EU u. EFTA vertreten; d. 1969 gegr. *Eur. Bund Freier Gewerkschaften* ist darin aufgegangen.

Europäischer Kommunalwaldbesitzerverband, *Fédération européenne des communes forestières, FECOF,* gegr. am 16. 11. 1990 i. Straßburg; d. Beirat d. FECOF – Dt. Sektion wurde am 24. 5. 91 i. Bingen gegr.

Europäischer Rat, besteht aus d. Staats- u. Regierungschefs d. EU-Mitgliedstaaten u. d. Präs. d. Eur. Kommission; geht auf d. Beschluß d. Pariser Gipfelkonferenz v. 1974 zurück, s. 1987 m. Weisungsrecht ausgestattet, einflußreichstes Gremium d. EU; zwei- bis dreimal jährl. Konsultationen zu Problemen der eur. Einigung auf höchster Ebene.

Europäischer Rechnungshof, prüft s. 1977 die Rechtmäßigkeit d. Ausgaben u. Einnahmen d. Gemeinschaft auf ihre Wirtschaftlichkeit; Sitz in Luxemburg.

Europäischer Wirtschaftsraum, *EWR,* 1993 Zus.schluß d. EU u. d. Länder der Freihandelszone (EFTA) über d. EU-Binnenmarkt hinaus. Mit Island, Norwegen, Liechtenstein größter Wirtschaftsraum d. Welt.

Europäisches Haus, vom ehem. sowj. Präs. Gorbatschow geprägter Begriff; meint d. dauerhafte eur. Friedenslösung u. enge Kooperation aller eur. Staaten.

Europäisches Jugendforum der EU, 1978 gegr. Zus.schluß d. Jugendorganisationen in d. EG.

Europäisches Parlament, *EP,* 1958 gegr. gemeins. parlamentarische Versammlung der → Europäischen Wirtschaftsgemeinschaft, der → Europäischen Gemeinschaft für Kohle u. Stahl u. d. → Europäischen Atomgemeinschaft; Sitz: Straßburg. EP wirkt bei d. Verabschiedung d. Haushalts u. Gesetzen z. Verwirklichung d. Binnenmarkts mit u. hat Mitspracherecht b. Abschluß v. Verträgen m. Drittstaaten; direkte Wahl d. Abgeordneten alle 5 Jahre s. 1979.

Europäisches Patentamt, gegr. 1975, Sitz: München; trägt zur Vereinheitlichung d. Patentschutzes in Eur. bei (z. Zt. 16 Mitgl.staaten); keine EU-Einrichtung.

Europäisches Währungsabkommen, *EWA,* seit 1958 anstelle der → Europäischen Zahlungsunion; Hauptaufgaben: Koordinierung der Währungspolitik u. Gewährung von Krediten. 1973 durch → Komitee für Währungs- und Devisenangelegenheiten ersetzt.

Europäisches Währungsinstitut, *EWI,* bereitet die → Europäische Zentralbank vor. Seine Aufgabe ist es, d. Zusammenarbeit d. nat. Zentralbanken abzustimmen u. d. Arbeit d. künft. Eur. Zentralbank pol. u. organisat. vorzubereiten. Das EWI hat seine Arbeit am 1. 1. 1994 (Frankfurt a. M.) aufgenommen; wird m. Errichtung d. Eur. Zentralbank aufgelöst.

Europäische Umweltagentur, 1990 v. EG-Min.rat beschlossene Einrichtung; Ziel: Verbesserung d. umweltrelevanten Datenlage f. effektivere Umweltpol.

Europäische Union, *EU,* früher Europäische Gemeinschaft (EG), wurde 1967 gegr. durch Zus.schluß der → Europäischen Gemeinschaft für Kohle und Stahl (EGKS), der → Europäischen Wirtschaftsgemeinschaft (EWG) u. der → Europäischen Atomgemeinschaft (Euratom); die EU besteht u. a. aus dem → Europäischen Parlament, dem Eur. Gerichtshof, d. → Eur. Kommission, dem → Rat. d. Eur. Union, dem Wirtschafts- u. Sozialausschuß u. seit Dez. 1974 als sechstes Gremium dem Europäischen Rat.

Europäische Unionsbürgerschaft, m. d. Vertrag über d. → Eur. Union eingeführt. Bürger aller Mitgl.staaten können u.a. unabhängig v. ihrer eur. Staatsbürgerschaft in d. Mitgl.ld, in d. sie ansässig sind, das aktive u. passive Wahlrecht z. → Eur. Parlament u. b. Kommunalwahlen ausüben.

Europäische Vereinigung für naturnahe Waldwirtschaft → PRO SILVA.

Europäische Verteidigungsgemeinschaft, *EVG,* 1952 unterzeichneter, aber nicht in Kraft getretener Vertrag zw. Belgien, Frkr., Italien, Luxemburg, den Niederlanden u. der BR zur Bildung einer gemeins., „integrierten" Streitmacht; abgelöst durch Beitritt der BR zur → Westeuropäischen Union und zum → Nordatlantikpakt.

Europäische Volkspartei, *EVP,* s. 1976 Zus.schluß der christl.-demokrat. Parteien in der EU.

Europäische Weltraumbehörde, *European Space Agency (ESA),* 1975 gegr. intern. Behörde z. Koordinierung d. Zus.arbeit eur. Staaten im Bereich Weltraumforschung u. -technologie u. Zus.arbeit mit d. NASA. 14 Mitgl.staaten.

Europäische Wirtschaftsgemeinschaft, *EWG,* frz. *Communauté Economique Européenne, CEE,* engl. *European Economic Community, EEC,* 1957 gebildeter wirtsch. Zusammenschluß v. Belgien, Luxemburg, Ndl., d. BR, Frkr. u. Italien; Ziel: Schaffung eines einheitl. wirtsch. Großraumes der Mitgliedstaaten durch stufenweisen Abbau und schließlich Beseitigung der Zölle untereinander u. Bildung einer gemeins. Zollgrenze nach außen (s. 1. 7. 1968 verwirklicht), Angleichung der Agrarpolitik (s. 1970 gemeins. Finanzierungsordnung), der Konjunktur-, Sozialpolitik, Ausbau zur Wirtschafts- und Währungsunion (→ EWS), Herstellung voller Freizügigkeit im Personen- (seit 1968), Kapital- u. Dienstleistungsverkehr. 1973 Vollmitgliedschaft v. Irland, Dänemark (1984 Austritt v. Grönland); 1981 v. Griechenland; 1986 v. Spanien u. Portugal. Mit d. EWG assoziiert sind Türkei, Malta, Zypern sowie 66 AKP-Staaten; Freihandelsabkommen m. Östr., Schweiz, Finnland, Norwegen und Island. Sitz der EWG ist Brüssel; gemeinsame Organe für EWG, EGKS u. Euratom: d. Rat d. Eur. Kommission, d. Eur. Kommission (in Brüssel), d. Eur. Parlament (in Straßburg) u. der Gerichtshof (in Luxemburg). 1993 m. d. Maastrichter Verträgen weitergeführt zur EU.

Europäische Zahlungsunion, *EZU,* engl. *European Payment Union, EPU,* ehem. Clearingstelle der OEEC für d. Zahlungsverkehr d. Mitgliedstaaten; durch → Europ. Währungsabkommen abgelöst.

Europäische Zentralbank, *EZB,* soll lt. den → Maastrichter Verträgen spätestens ab 1999 eur. Geldpol. unabhängig v. d. Weisungen der Mitgliedstaaten d. EG gestalten. Sie wurde 1991 von d. Finanzmin. d. Gemeinschaft gebilligt. Sitz der EZB wird Frankfurt a. M.

Europajäger → Jäger 90.

Europapokal, *Europacup,* jährl. drei europaweite Fußball-Wettbewerbe; E. der Landesmeister, E. der Pokalsieger u. UEFA-Pokal.

Europapaß, in d. BR Dtld s. 1988 eingeführter fälschungssicherer Paß, der d. bisherigen Reisepaß ersetzt.

Europarat, 1949 v. 10 Staaten gegr. (BR Dtld s. 1951), 1996: 40 Mitgliedstaaten; Ziel: Wahrung und Förderung der gemeinsamen Ideale und Prinzipien, des gemeinsamen eur. Erbes und des wirtschaftl. u. sozialen Fortschritts; hat nur beratende Funktion. Organe: *Min.komitee* (Außenmin. d. beteiligten Staaten) u. *Parlamentar. Versammlung* (Abgeordnete d. nat. Parlamente). Sitz *Straßburg.*

Europareservat, v. d. Eur. Sektion d. Intern. Rates f. Vogelschutz verliehene Auszeichnung f. Naturreservate, bes. Feuchtgebiete, m. bes. Bed. f. Wat- u. Wasservögel.

Europastraßen, 1949 von 19 eur. Staaten festgelegte Fernstraßen (z. B. *E 45:* von Norwegen über Hamburg, München, Rom bis Sizilien), insgesamt 50 000 km Länge, gekennzeichnet durch weißes E auf grünem Feld.

Europatag, Gründungstag des Europarats (5. 5. 1949).

Europa-Union Deutschland, 1948 gegr.; Organe: 11 Landesverbände; Sitz Bonn; Mitgl. des Dt. Rates d. → Europäischen Bewegung.

Europa-Universität, s. 1976 ein von der EG getragenes Bildungsinstitut; baut auf dem Uni.studium auf.

Europawahl, s. 1979 durchgeführte Wahl der Abgeordneten f. d. → Eur. Parlament durch d. Bev. des jeweiligen Mitgl.ldes.

Europide → Rasse, Übers.

Europium, *Eu,* chem. El., Oz. 63, At.-Gew. 152,0; Dichte 5,25; Seltenerdmetall.

Europoort, Seehafen v. Rotterdam a. d. Mündung des *Nieuwe Waterweg.*

Euroscheck, bes. Barschecks, gg. den Geldinstitute i. 37 Ländern (nach Vorweisen e. bes. Euroscheckkarte) Betr. b. 400 DM auszahlen.

Eurostrategische Waffen, Waffensysteme, d. in ihrer Reichweite so begrenzt sind, daß sie nicht gg. Ziele in USA und Kanada, jedoch gg. Ziele in Europa und angrenzenden Regionen eingesetzt werden können u. in ihrer Wirkung für die bedrohten Nationen strategische Bedeutung haben können (z. B. Mittelstreckenwaffen).

Eurotunnel → Tunnel.

Eurovision, eur. Organisation z. Kettenübertragung von Fernsehsendungen (Sitz Genf u. Brüssel).

Eurydike, in der griech. Sage Gattin des Orpheus, der sie nach ihrem Tod aus der Unterwelt zurückholte und wieder verlor, als er sich entgegen dem Verbot nach ihr umsah.

Fra Angelico, *Die vier Evangelisten* Deckengemälde

Eurythmie, v. R. → Steiner gebrauchte Schreibung für → Eurhythmie 1).
Eusebio [eu̯'zɛβi̯u], eigtl. E. da Silva Ferreira (* 5. 1. 1942), portugies. Fußballspieler; 58 Länderspiele (1961 bis 72), 1961 u. 62 Eur.pokalsieger m. Landesmeister mit Benfica Lissabon, spielte 1963 in d. Welt-Auswahl; WM-Teilnehmer 1966 (mit 9 Toren erfolgreichster Torschütze).
Eusebius († um 340), Bischof v. Cäsarea; erster christl. Kirchenhistoriker.
Euskirchen (D-53879–81), Krst. i. Rgbz. Köln, 50 084 E; AG; Ind.
Eustachische Röhre, Ohrtrompete, offene Verbindung v. Rachen zur Paukenhöhle des Mittelohres, dient dem Luftdruckausgleich (Abb. → Ohr).
Eustachius, ehem. röm. Feldherr, Schutzpatron d. Jäger; im german. Raum v. → Hubertus verdrängt.
Eutektikum, best. konstantes Mischungs- od. Legierungsverhältnis zweier reiner Stoffe. Der Schmelzpunkt eines E. liegt tiefer als der beider Komponenten.
Euter → Milchdrüse.
Euterpe [gr. ,,die Ergötzende''], Muse d. Gesangs.
Euthanasie [gr. ,,schöner Tod''], Herbeiführen eines raschen u. leichten Todes b. unheilbaren, qualvollen Leiden (theol. abgelehnt, jur. umstritten); gesetzl. verboten (§ 216 StGB); v. Getöteten nicht begehrte E. ist Totschlag od. Mord (§§ 211 ff. StGB). Die Massentötung Geisteskranker und sonstiger Unerwünschter während des NS-Regimes wurde mißbräuchlich E. genannt.
Euthyreose, normale Funktion d. → Schilddrüse.
Eutin (D-23701), Kreisstadt in der Holstein. Schweiz, Schl-Ho., zw. gr. u. kl.
Eutiner See, b. 1804 Residenz d. Fürstbischöfe v. Lübeck; 16 845 E; Schloß; AG; Elektro- u. Metallwarenind.; Geburtsst. Carl Maria v. Webers.
eutroph [gr.], nährstoffreich (z. B. Seen).
Eutrophierung, mit Abwässern eingeschwemmte Nährstoffe führen i. Gewässern zu Sauerstoffverzehrung durch übermäßiges Pflanzenwachstum; Folgen: Bildung v. Faulschlamm.
ev., Abk. f. *evangelisch.*
eV, Abk. f. *Elektronenvolt.*
e. V., Abk. f. **e**ingetragener **V**erein; → Vereinsrecht.
Ev., Abk. f. → Evangelium.
Eva [hebr. ,,Leben''], w. Vn.
Eva, 1. Frau u. Stamm-Mutter d. Menschengeschlechts im AT.
evakuieren [l.],
1) *phys.* ein → Vakuum herstellen.
2) räumen.
Evakuierte, Personen, die b. Räumung v. Kampfgebieten (durch behördliche Maßnahmen od. freiwillig) Wohnsitz aufgeben müssen. In Dtld 1945 einschließlich Luftkriegsflüchtlingen 4–5 Mill.; i. BR 1953 *E.ngesetz* zur Förderung der ,,rückkehrwilligen'' E.n.
Evaluation, soziol. Auswertung.
Evangeliar, *s.,* Buch m. d. vollständ. Texten d. 4 Evangelien (→ Evangelium); Ggs.: → Evangelistar.
Evangelienharmonie, aus den vier Evangelien zus.gefaßte Geschichte Jesu, älteste 170 n. Chr. von Tatian: *Diatessaron;* dt. E.n v. d. elsäss. Mönch *Otfried* v. Weißenburg im 9. Jh. u. niederdt. *Heliand.*
Evangelienseite, im Innern e. kath. Kirche bei Blickrichtung z. Altar Bez. (bis z. Liturgiereform d. 2. Vatikan. Konzils 1965) f. d. linke Seite, da hier d. Evangelienlesung; Ggs.: → Epistelseite.
Evangelisation, christliche Verkündigung außerhalb der üblichen Gottesdienste.
Evangelische Akademien, n. 1945 gegr. Tagungsstätten der ev. Kirchen z. Besinnung über d. rel., berufl. u. soz. Probleme d. Menschen: *Berlin, Bad Boll, Iserlohn, Loccum, Tutzing, Meißen* u. a. – Studiengemeinschaft d. E. A. zur wiss. Vertiefung der Probleme.
Evangelische Brüder-Unität, Direktion Bad Boll, ca. 8000 Personen, → Brüdergemeine.
evangelische Kirche, in d. Tradition v. Luther, Zwingli oder Calvin stehend, rückt d. rechte Predigt des Evangeliums u. d. rechte Verwaltung d. Sakramente (Taufe u. Abendmahl) in d. Mittelpunkt; trotz Mannigfaltigkeit im gottesdienstl. Leben ist zentral die Berufung auf die Hl. Schrift allein und auf die der reformatorischen → Bekenntnisschriften; allg. Priestertum der Gläubigen. In der Welt ca. 374 Mill. Anhänger.
Evangelische Kirche in Deutschland, *EKD,* Zus.schluß der seit d. Reformation entstandenen Landeskirchen, bis 1918 enge Bindung an den Staat; 1922 Dt. E. Kirchenbund; 1933–45 Dt. E. K. (Kirchenkampf); 1948 Gründung der EKD (→ Übersicht, S. 266) auf d. Eisenacher Kirchenkonferenz. EKD ist ein Bund bekenntnisbestimmter Kirchen: *lutherische, reformierte, unierte;* s. 1969 Verselbständigung d. Gliedkirchen d. DDR als ,,Bund d. ev. Kirchen i. d. DDR'' v. d. EKD; s. 1969 Wirkungsbereich der EKD auf BR u. W-Berlin beschränkt. Gesamtmitgl.zahl d. EKD: 29,1 Mill., davon luther. Kirchen 13,6, unierte 15,1 Mill., reformierte 460 000. Seit 1945 enger Anschluß an d. ökumen. Bewegung (→ Ökumene). → Kirche, → lutherische Kirche, → reformierte Kirchen, → Evangelische Union, auch → Freikirchen.
Evangelische Räte, i. d. kath. Kirche d. 3 Ordensgelübde: Armut, Keuschheit u. Gehorsam als Empfehlungen f. e. vollkommene christl. Lebensführung.
Evangelisches Hilfswerk → Diakonisches Werk.
Evangelische Union, Altpreuß. Union, Vereinigung der Lutheraner u. Reformierten in Preußen 1817; seit 1954 Ev. Kirche d. Union (EKU).
Evangelistar, *s.,* Buch, das d. Texte d. 4 Evangelien (→ Evangeliar) nur in Auszügen enthält; Ggs.: → Evangeliar.
Evangelium [gr.], ,,die frohe Botschaft'' von Jesus Christus; die ersten 4 Bücher im N.T. (über Leben u. Lehre Christi); *drei synoptische Evangelien* (Matthäus, Markus, Lukas) und Johannes-E.; ihre Verfasser: **Evangelisten.**
Evans [ɛvənz], Sir Arthur John (8. 7. 1851–11. 7. 1941), engl. Archäologe; Erforscher d. kret.-minoischen Kultur (Knossos).
Evansville [ɛvənzvɪl], St. im US-Staat Indiana, Binnenhafen am Ohio, 130 000 E; Uni., Industriezentrum.
evaporieren [l.], verdampfen.

Cutbrecht-Evangeliar, um 780

Evangel. Kirche

Miniatur aus dem Krönungsevangeliar von Speyer, 1043–1046

Evaporimeter, Verdunstungsmesser für Zwecke der Wetterkunde.
Evektion, größte period. Störung in der Mondbewegung, verursacht durch Einwirkung der Sonne.
Event Marketing [engl. i'vɛnt-], modische Bez. für z. B. *PR-Veranstaltungen.*
Eventualantrag, *jur.* Antrag, der nur für den Fall gestellt ist, daß einem anderen Antrag (Prinzipalantrag) nicht stattgegeben wird.
Eventualhaushalt, zusätzl. Staatsausgaben, sollen nur bei Bedarf konjunkturgerecht eingesetzt werden.
Eventualverbindlichkeit, Bilanzposition unter dem Strich, meist Bürgschaften.
Everdingen [-ŋə], Allaert van (get. 18. 6. 1621–begr. 8. 11. 75), ndl. Maler d. Barock; entdeckte d. nord. Gebirgsnatur f. d. Malerei.
Everest → Mount Everest.
Everglades ['ɛvəgleɪdz], Sumpflandschaft i. S-Florida, teils Nationalpark.
Evergreen [engl. 'ɛvəɡriːn], für längere Zeit beliebtes (,,immergrünes'') Musikstück.
Evert-Lloyd, Chris (* 21. 12. 1954), am. Tennisspielerin; gewann dreimal Wimbledon (1974, 76, 81), siebenmal French Open, sechsmal US Open, zweimal Australian Open u. viermal das Masters.
evident [l.], einleuchtend, als wahr zu erkennen.
Evidenz, Gewißheit der Gültigkeit e. Aussage.
Evolute [l.], → geometrischer Ort der Krümmungsmittelpunkte einer ebenen Kurve.
Evolution [l.], Entwicklung; *naturwiss.* und *biol.* E.theorie; → Abstammungslehre.
Évora [ɛvura], portugies. Prov.hptst., 35 000 E; ehem. Königsresidenz.
Évreux, Hptst. d. frz. Dép. *Eure,* 49 000 E; Kathedrale (12./13. Jh.).
Evzonen, ehem. königl.-griech. Leibgarde (mit Fez und Fustanella).
Ew., *Euer,* bei Titeln.
EWA, Abk. f. → **E**uropäisches **W**ährungs**a**bkommen.
Ewe, Sudannegerstamm in Togo und Benin; auch Sprache.
Ewenken, Eigen-Bez. der → Tungusen.
Ewer, *m.,* Fluß- u. Küstenfischerfahrzeug.
Ewers, Hanns Heinz (3. 11. 1871–12. 6. 1943), dt. Schriftsteller; groteske u. grausige Erzählungen; *Alraune.*
EWG, Abk. f. → **E**uropäische **W**irtschafts**g**emeinschaft.
EWI → Europäisches Währungsinstitut.
Ewiger Jude → Ahasverus.
Ewiger Landfriede, die Abschaffung des Fehderechts durch Reichsges. Maximilians I. (1495).
Ewigkeit, Zeitlosigkeit, gesteigerte u. erweiterte Zeit, d. ohne Anfang u. ohne Ende ist, u. a. verwirklicht im Kreislauf u. i. d. Wiederkehr.
EWR, Abk. für → **E**uropäischer **W**irtschafts**r**aum.
EWS, Abk. f. **E**uropäisches **W**ährungs**s**ystem, 1979 von d. EG eingeführt (bis Okt. 1990 ohne Großbrit.), Recheneinheit ist d. → ECU, dient als Leitkurs, Rechengröße u. Investitionsinstrument,

Die Gliedkirchen der Evangelischen Kirche in Deutschland (EKD)

Unierte Kirchen:	Anhalt, Berlin-Brandenburg, Pommern, Rheinland, Sachsen (Kirchenprovinz), Schlesische Oberlausitz und Westfalen – zusammengeschlossen in der Evangelischen Kirche der Union (EKU); übrige unierte Kirchen: Baden, Bremen, Hessen und Nassau, Kurhessen-Waldeck und Pfalz.
Lutherische Kirchen:	Bayern, Braunschweig, Hannover, Mecklenburg, Nordelbien, Sachsen, Schaumburg-Lippe und Thüringen – zusammengeschlossen in der Vereinigten Evangelisch-Lutherischen Kirche Deutschlands (VELKD); übrige lutherische Kirchen: Oldenburg und Württemberg.
Reformierte Kirchen:	Lippe und Reformierte Kirche (Bayern und Nordwestdeutschland, Sitz Leer).*)

*) Nicht in allen Gebieten des farblich gekennzeichneten Gebietes verbreitet.

© EKD Evangelische Kirche in Deutschland – Statistik –

---

begrenzt d. Kursschwankungen der eur. Währungen untereinander.
ex [l.], aus; ehemalig (zum Beispiel Ex-minister).
exakt [l.], genau.
exakte Wissenschaften, formulieren ihre Aussagen in math. Begriffen u. überprüfen ihre Theorien anhand der Erfahrung (z. B. Mathematik, Physik, Chemie).
Exaltation, w. [l.], Überspannung des Gefühls, Willens.
exaltiert, überspannt.
Examen [l.], Prüfung.
examinieren, prüfen.
Exanthem, s. [gr.], Haut-E., → Ausschlag.
Exarch [gr.],
1) in der griech.-orthodoxen Kirche Vertreter des Patriarchen.
2) byzantin. Statthalter, sein Gebiet: **Exarchat** (z. B. 568–751 E. v. Ravenna in Italien).
Exaudi [l. „höre"], der 6. Sonntag nach Ostern.
Exazerbation, Verschlimmerung (e. Krankheit).
exc., excud., Abk. f. **exc**ud*it* [l. „hat verfertigt"], steht auf Kupferstichen vor Namen des Stechers.
ex cathedra (Petri) [l. „vom Lehrstuhl Petri"], Bez. für endgültige Entscheidungen des Papstes in Glaubens- und Sittenlehren; nach kath. Dogma unfehlbar.
Exceptio, w. [l.], im röm. Recht „Einrede" (z. B. *E. doli*: Arglist-Einrede).
Exceptio plurium, Rechtssatz, wonach trotz Beiwohnung innerhalb der → Empfängniszeit eine Unterhaltsverpflichtung des außerehel. Beischläfers nicht entsteht, falls in dieser Zeit auch Dritte mit dieser Frau geschlechtlich verkehrt haben.
Exchange, w. [engl. ɪksˈtʃeɪndʒ], Tausch, Einwechseln von Geld in eine andere Währung; Börse.
Exchequer, s. [ɪksˈtʃɛkə], engl. Schatzkammergericht, *Chancellor of the E.* [tʃɑːnsələ], engl. Finanzmin.
Exegese, w. [gr.], Text-, insbes. Bibelauslegung.
exekutieren [l.], vollstrecken, ausführen.
Exekution, w. [l.],
1) an d. Börse svw. *Zwangsregulierung*: kann ein Leerverkäufer (→ fixen) nicht liefern, so werden d. Stücke zu seinen Lasten gekauft; nimmt Käufer nicht ab, so werden die Stücke für seine Rechnung verkauft.
2) im Zivilprozeß bes. d. Zwangsvollstreckung eines Urteils, im Strafprozeß d. Vollzug d. erkannten Strafe (auch Hinrichtung).
3) allg. Ausführung, Vollstreckung.
Exekutive, w. [l.], staatliche Vollziehungsgewalt (i. Unterschied z. Gesetzgebung u. Rechtsprechung), etwa: Regierung; → Gewaltenteilung.
Exekutor, m., Ausführer, Vollstrecker (z. B. eines Urteils, Testaments).
Exempel, s. [l.], Beispiel; Rechenaufgabe; veraltet: *ein E. statuieren:* ein warnendes Beispiel geben.
Exemplar, s. [l.], Einzelstück; Muster.
exemplarisch, vorbildlich; abschreckend (Strafe).
exemplifizieren [l.], mit Beispielen erklären.

Exemtion, w. [l.], Ausnahme, Befreiung von einer sonst allg. Last; *kirchenrechtl.* Befreiung eines Untergebenen von der Jurisdiktionsgewalt des nächsten kirchl. Vorgesetzten und unmittelbare Unterordnung unter einen höheren Vorgesetzten.

Exequatur, s. [l. „Er vollziehe!"], *Placet,* Zulassung e. Konsuls durch Empfangsstaat z. Ausübung s. Amtes.

Exequien [l.], *Exsequien,* liturgische Gebete in der kath. Kirche bei Beerdigungen.

exerzieren [l.], mil. üben.

Exerzitien [l.], mehrtäg. geistl. Übungen z. Verinnerlichung u. Vertiefung d. rel. Lebens; bes. ausgebildet v. → Loyola.

Exeter, Hptst. der engl. Gft Devon, 96 000 E; Bischofssitz, Uni.

Exhalation, vulkan. Aushauchung (Dampf, Gas).

Exhaustor, m. [l.],
1) Gebläse zum Absaugen v. Luft, Staub usw. f. Bergwerke, Mühlen, Trockenanlagen, Schiffe; → Strahlapparat.
2) kleines Ansauggerät (z. B. beim Insektensammeln).

Exhibition, w. [l.],
1) *jur.* d. Vorlegen, Vorzeigen u. Zugänglichmachen e. Sache.
2) *allg.* öff. Ausstellung; Darlegung.

Exhibitionismus, krankhafter Trieb zur Selbstentblößung.

Exhumierung [l.], Leichenausgrabung, d. zuweilen zur Aufklärung von Verbrechen erforderlich ist.

Exil, s. [l.], Verbannung(sort).

Existentialismus [l.], phil. Richtung, die den menschliche Existenz in den Mittelpunkt stellt u. alle Fragen nach Sein u. Sinn der Welt hierauf bezieht; Vorläufer: *Kierkegaard;* Hauptvertreter in Dtld.: *Jaspers, Heidegger;* in Frkr.: Gabriel *Marcel* (christl. E.), Jean-Paul *Sartre* (atheist. E.).

existentiell, in Beziehung zum Dasein stehend, das persönl. Dasein erhellend; → Existentialismus.

Existenz, *phil.* d. Dasein, meist i. Unterschied z. → Essentia.

Existenzminimum, Einkommen, das zum bloßen *Existieren* (= Vorhandensein, Leben) gerade ausreicht; → Lebenshaltungskosten; → Lohnpfändung.

Exitus [l.], Ausgang; Abgang; Tod (E. letalis).

ex jure, von Rechts wegen.

Exklamation, w. [l.], Ausruf.

Exklave, w. v. fremdem Staatsgebiet umschlossener Teil des eigenen Staates.

exklusiv, ausschließend (vornehm); f. sich abgeschlossen.

Exkommunikation, w. [l. „Ausschluß aus d. Gemeinschaft"], christl. Strafmaßnahme; i. d. kath. Kirche m. Ausschluß e. als schwer sündig geltenden Gläubigen von den kirchl. Sakramenten.

Exkoriation, tiefe Hautabschürfung.

Exkremente, Ausscheidungen, Kot.

Exkrete, Ausscheidungen des tierischen, auch pflanzl. Organismus.

Exkurs, m. [l.], Abschweifung; gelehrte Abhandlung.

Exkursion, w. [l.], Ausflug; Streifzug; Lehrwanderung.

Exlibris, s. [l. „aus den Büchern"], Bücherzeichen, meist künstler. gestaltet; s. d. 15. Jh. dem Buch eingefügter Zettel m. Namen (Wappen) d. Eigentümers.

Exmatrikulation [l.], Streichung aus dem Studentenverzeichnis (Matrikel) e. Uni. bei Abgang, Wechsel der Hochschule u. Abschluß des Studiums.

Exmission [l.], Verurteilung zur Räumung einer Wohnung oder eines Grundstücks.

Exodos, m. [gr.],
1) 2. Buch Mose im A. T. (Auszug aus Ägypten).
2) Schlußgesang im griech. Drama.

ex officio [l.], von Amts wegen.

Exogamie, brauchtumsmäßige Heirat außerhalb e. soz. Gruppe; Ggs.: → Endogamie.

exogen [gr.], „von außen her stammend"; *biol.* u. *med.:* durch äußere Umstände bedingt; Ggs.: → endogen.

Exophthalmus, Hervortreten der Augen, „Glotzaugen", u. a. bei → Basedowscher Krankheit.

exorbitant [l.], außergewöhnlich.

Exorzismus [l.], die Austreibung böser Geister.

Exosmose → Osmose.

Exosphäre [gr.], äußerste Begrenzung d. → Atmosphäre.

Exostose, Knochenwucherung.

Exoten [gr.], Pflanzen, Tiere, Menschen aus fernen Ländern.

exoterisch, für Nichteingeweihte allgemeinverständlich; Ggs.: esoterisch.

exotherm, chem. Vorgang, bei dem Wärme frei wird; Ggs.: → endotherm.

exotisch, fremdländisch, fremdartig, insbes. tropisch.

Expander, m. [l.], Trainingsgerät (Zugapparat) z. Stärkung d. Muskeln.

Expansion [l.],
1) E. d. Universums → Weltall.
2) Ausdehnung (z. B. v. Gasen).
3) *med.* verdrängendes Wachstum von gutartigen Tumoren.

expatriieren [nl.], die Staatsbürgerschaft entziehen; verbannen.

Expedient [l.], Abfertigungsbeamter, -angestellter.

expedieren, abfertigen; befördern.

Expedition, w. [l.], Beförderung; Versandabteilung; Forschungsreise.

Expektoranzien, Medikamente, die d. Abhusten fördern.

Expektoration [l.], med. Auswurf (d. Atemwege).

Experiment, planmäßig ausgeführter u. kontrollierter Versuch zur Beantwortung von Fragen, zur Entscheidung einer Hypothese, z. Bestätigung e. Theorie.

experimentell, auf Experimenten beruhend: MPI f. *e.e Medizin* in Göttingen, f. *e.e Pathologie* in Köln.

Experte, m., Sachverständiger.

Expertensystem, *Wissensbasiertes System,* Computerprogramm, d. in einem eng begrenzten Spezialgebiet (z. B. medizinische od. techn. Diagnose, Konfigurierung v. Maschinen) Aufgaben ähnl. korrekt wie ein menschl. Experte löst u. fähig ist, seinen Schlußfolgerungsprozeß anzuzeigen („Erklärungskomponente"). Die Probleme müssen allerdings zunächst in e. computernahen Weise formuliert werden.

Expertensystem Shell [engl. „Schale"], Schlußfolgerungsmechanismus eines → Expertensystems; kann m. problemabhängigen Daten u. Regeln z. Expertensystem ergänzt werden.

Expertise, *allg.* sachverständige Begutachtung; *bei Kunstwerken:* Gutachten eines Experten über Echtheit; Zuschreibung, Datierung u. a.

explizieren, erklären.

explizite, ausdrücklich, Ggs.: implizite.

explodieren, (mit einem Knall) platzen.

exploitieren [frz.], ausbeuten.

Exploration, w. [l.],
1) *allg.* Erforschung, Prüfung, Untersuchung.
2) *geolog.* Suche nach Rohstoffen.

Explorer [engl. ɪksˈplɔːrə „Forscher"], umfangreiche am. Satellitenreihe, *E. 1* (1958) bis *E. 41* (1969); → Satellit, → Weltraumforschung.

Explosion, plötzl. Umsetzung chem. Verbindungen od. Gemenge d. **Explosivstoffe;** Zündung durch Schlag od. Erwärmung; starke Ausdehnung durch plötzliche Erwärmung (z. B. Nitroglyzerin, -cellulose, Trinitrotoluol).

Exponent, m. [l.],
1) *allg.* hervorstechender Vertreter einer Partei oder Richtung.
2) *math.* der erhöht geschriebene Grad einer → *Potenz* oder → *Wurzel.*

Exponentialfunktion, math. Funktion von der Form $y = e^x$.

Exponentialgleichung, Gleichung, deren Unbekannte i. Exponenten steht (z. B. $a^x = b$).

Exponential Smoothing [engl. -nɛnʃəlˈsmuːðɪŋ], stochast. Verfahren zur Bedarfsvorhersage; dabei wird als neuer Vorhersagewert der zuletzt errechnete genommen u. ergänzt mit dem Glättungsfaktor α, der die Abweichung des zuletzt errechneten Vorhersagewerts vom tatsächl. Bedarfswert mit zum Ansatz bringt.

exponieren [l.], *allg.* aussetzen; hervorheben.

exponiert, gefährdet; freiliegend; hervorgehoben.

Export, m. [l.], die → Ausfuhr.

Exporttratten, Finanzierungsmittel im Ausfuhrgeschäft.

Exposé, s. [frz.], Denkschrift; Entwurf.

Exposition, w. [l.],
1) *biol., med.:* natürl. (Umwelt-) oder künstl. (Versuchs-)Bedingung.
2) im Drama d. in Handlung u. Charaktere einführend. Szenen.

Expreß- [l.], in Zus.setzungen: Eil… (E.zug, -bote).

Expreßgut [l.], wird mit der schnellsten Transportgelegenheit befördert.

Expressionismus, m. [frz. „expression = Ausdruck"], vorwiegend dt. Richtung in Kunst u. Literatur seit Anfang des 20. Jh., sucht statt äußerlich getreuer Wirklichkeitswiedergabe d. gesteigerten Ausdruck inneren, vom Zeitschicksal aufgewühlten Erlebens; Naturformen bzw. Satzgefüge werden „deformiert" (vereinfacht, abgekürzt, verzerrt), um ihre Erregungswerte zu betonen. *Malerei* (starke Farben, harte, meist eckige Umrisse, Zweidimensionalität): Kirchner, Schmidt-Rottluff, Heckel, Nolde (1905 Künstlergem. „Die Brücke"), Kokoschka, → Beckmann, → Hofer; auch → Action-painting; *Plastik:* Barlach, Lehmbruck; *Architektur:* Poelzig, Behrens, Höger, Mendelsohn; *Literatur:* Heym, Stramm, Kaiser, Sorge; *Musik:* Schönberg, Berg, Webern, Bartók, Strawinski, Hindemith.

expressis verbis [l.], ausdrücklich.

Exlibris

Expropriation [l.], svw. → Enteignung.
exquisit, auserlesen; vorzüglich.
Exsikkator, *m.,* Laboratoriumsgerät zum Trocknen chem. Substanzen, enthält als Trockenmittel Calciumchlorid, konzentrierte Schwefelsäure, Silicagel.
Exsikkose, Austrocknung; → Dehydratation.
Exspiration [l.], Ausatmung; Ggs.: Inspiration.
Exstirpation, radikale operative Entfernung v. Geschwülsten u. erkrankten Organen.
Exsudat, *s.,* entzündl. Ausschwitzung, eiweißreich im Ggs. zum *Transsudat.*
Extemporale, *s.* [l.], kurze, unangesagte schriftliche Prüfung in der Schule.
extemporieren, aus dem Stegreif *(ex tempore)* reden.
Extender → Konverter.
Extension, *w.* [l.], Ausdehnung.
Extensionsverband, Streckverband, bei Knochenbrüchen.
Extensität, *w.* [l.], Umfang.
extensiv, ausgedehnt.
extensive Wirtschaft, landw. Betriebsweise mit geringem Einsatz v. Kapital u. Arbeitskräften; Kosten u. Erträge sind niedrig; hpts. in kapitalarmen Staaten; Ggs.: *intensive Wirtschaft.*
Extensoren [l.], Streckmuskeln (→ Tafel Mensch).
Exter, Alexandra (6. 1. 1882–17. 3. 1949), russ. Malerin u. Designerin d. russ. Futurismus u. Konstruktivismus; auch Kostümentwürfe, Bühnenbilder, Experimentalfilme.
Exterieur, *s.* [frz.], das Äußere.
extern [l.], auswärtig, äußerlich.
externe Prüfung, Abschlußprüfung als Privatschüler an einer öffentlichen Schule.

Externer, Schüler einer Heimschule, der nur den Unterricht besucht, aber außerhalb wohnt.
Externsteine, Sandsteinfelsen i. Teutoburger Wald, vor Karl dem Gr. angebl. Heiligtum der Sachsen; um 1115 christlich umgestaltet (Reliefs).
Exterritorialität [l.], nach dem Völkerrecht die Unabhängigkeit von der (Gerichts- und Steuer-)Hoheit des Aufenthaltsstaates. *Exterritorial* sind ausländ. Diplomaten m. Gefolge (auch deren Amts- u. Privaträume sowie Autos), Staatsoberhäupter, Truppen bei Durchmarscherlaubnis, Kriegsschiffe in fremden Gewässern, Mitgl. der intern. Gerichtshöfe in Den Haag, beschränkt Konsuln.
Extertal (D-32699), Gem. i. Kr. Lippe, NRW, 12 790 E; div. Ind., Fremdenverkehr.
Extinktion [l.],
1) Auslöschung (Schwächung) des Lichts durch Absorption in der Atmosphäre.
2) Ausrottung bzw. Aussterben v. Lebewesen.
3) *psych.* Schwächung, Hemmung od. Löschung eines Gedächtnisinhalts bei mangelnder Verstärkung (z. B. Wiederholung, Belohnung, Belobigung).
extra [l.], außer; außergewöhnlich.
extragalaktisch, Bez. f. Himmelskörper außerhalb der Milchstraße.
extrahieren [l.], entfernen, ausziehen, -laugen.
extrakorporale Dialyse [l.-gr.], künstliche Niere, Blutentschlackung in Cellophankammer- od. Schlauchsystem b. → Urämie u. a. Koma-Zuständen sowie Vergiftungen.
extrakorporale Stoßwellenlithotripsie → Lithotripsie.
Extrakte [l.], erhält man durch Behandlung *(Extrahieren)* v. pflanzl. u. tier. Rohstoffen m. Lösungsmitteln.
Extraordinarius [l.], außerordentl. Professor.
Extrasystole, *w.* [l.-gr.], außerhalb d. normalen Herzrhythmus erfolgende Herzkontraktion (→ Herz), leichte Form d. → Arrhythmie.
extraterrestrische Forschung, phys. u. astronom. Beobachtungen aus Raketen od. Ballons in gr. Höhen, Vermeidung störender Einflüsse der Erdatmosphäre; MPI f. extraterrestrische Physik in München.
Extrauteringravidität, svw. → Bauchhöhlenschwangerschaft.
Extravaganz, *w.,* Übertreibung; aus dem Rahmen fallendes Verhalten.
Extravasat, aus e. Blutgefäß ausgetretene Flüssigkeit.
extravertiert, *extrovertiert,* weltoffen, der Umwelt zugewandt; Persönlichkeitstyp bei C. G. → Jung u. H. J. → Eysenck; Ggs.: → introvertiert.
extrem [l.], äußerst, übertrieben.
Extremitäten, Gliedmaßen: Arme, Beine (Flügel, Flossen).
Extruder, *m.* [l.], Vorrichtung, die Kunststoffmasse zu Strängen od. Schläuchen preßt.
Exulanten, i. 17./18. Jh. aus habsburg. Gebieten vertriebene Protestanten.
Exulzeration, Geschwürsbildung.

Exxon Valdez, am. Riesentanker, löste im März 1989 e. Ölpest aus (600 km Küste i. Alaska durch 40 Mill. l Rohöl verschmutzt).
exzellent [l.], hervorragend, vorzüglich.
Exzellenz, Exz., Titel für hohe Beamte, Generale (Verleihung in Dtld 1919), kath. Bischöfe; Anrede im diplomat. Verkehr.
Exzenter, *m.,* Scheibe, d. sich um e. nicht in ihrem Mittelpunkt befindl. Achse dreht; verwandelt Drehbewegung in Hinundherbewegung.
Exzentrik, *s.* [l.], komische Varietédarbietung.
exzentrisch,
1) *math.* mit verschobenem Mittelpkt.
2) absonderlich, verstiegen.
Exzentrizität einer Ellipse od. Hyperbel, Maß für die Abweichung v. d. Kreisform.
exzeptionell [frz.], außergewöhnl., ausnahmsweise.
exzerpieren [l.], einen Auszug, ein *Exzerpt,* machen.
Exzeß, *m.* [l.], Ausschreitung.
exzessiv, übermäßig.
Exzision [l.], Ausschneidung.
Exzitation [l.], Erregung, i. d. Physiologie d. bioel. E. im Nervensystem u. im Reizleitungssystem d. Herzens.
Eyck, die Brüder
1) Hubert (um 1370–18. 9. 1426) u.
2) Jan (um 1390–1441) *van E.,* Begr. d. altndl. (Öl-)Malerei: *Genter Altar; Jan auch Bildnismaler; Doppelporträt Arnolfini-Hochzeit.*
Eylau → Deutsch-Eylau, → Preußisch-Eylau.
Eyre-See, größter Salzsee in S-Australien, sehr flach, von Salzwüsten u. Dünen umgeben, 16 muM; 9323 km² (trocknet zeitweise stark aus); 1840 entdeckt von *Edward John* **Eyre** (1815 bis 1901), engl. Forschungsreisender.
Eysenck, Hans Jürgen (* 4. 3. 1916), brit. Psych. dt. Herkunft; Kritiker d. Psychoanalyse, Mitbegr. d. Verhaltenstherapie, Betonung d. Vererbung v. Fähigkeiten (z. B. Intelligenz), Erforschung d. Persönlichkeitstypologie (Extraversion-Neurotizismus); *Wege und Abwege der Psychologie.*
Eyskens [ˈɛiˑ-], Gaston (1. 4. 1905–3. 1. 1988), belg. Wirtsch.wiss. u. Pol.; 1949, 1958–61 u. 1968–72 Min.präs.
Eyth, Max v. (6. 5. 1836–25. 8. 1906), dt. Ing. u. Schriftst.; Vorkämpfer der Landwirtschaftstechnik; entwickelte m. John *Fowler* den Dampfpflug; Begr. d. Dt. Landwirtschafts-Gesellschaft.
Eyzies, Les [lez'si], Höhle in der Dordogne mit altsteinzeitl. Wandmalereien.
Ezechiel → Hesekiel.
Ezinge [ˈeːzɪŋə], ndl. Grabungsstätte i. d. Prov. Groningen, zeigt Entwicklung e. → Wurte über Jh.e.
EZU, Abk. f. → **E**uropäische **Z**ahlungs**u**nion.
Ezzelino da Romano, (1194–1259), Schwiegersohn Friedrichs II., Haupt d. → Ghibellinen in N-Italien.
Ezzolied, *Gesang von den Wundern Christi;* frühmhd. Dichtung. In späterer Fassung von dem Bamberger Scholasten Ezzo (1063).

Externsteine

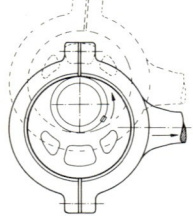
Exzenter

Jan van Eyck, *Arnolfini-Hochzeit*

F,
1) *phys.* Abk. f. → *Farad* od. → *Fahrenheit.*
2) *chem.* Zeichen f. → *Fluor.*
f,
1) *mus.* d. 4. Ton d. C-Dur-Tonleiter.
2) Abk. für → *forte.*
3) *grammat.* hinter Hptwort = femininum [l.], weiblich.
Fabbri, Diego (2. 7. 1911–14. 8. 80), it. Dramatiker; *Prozeß Jesu.*
Fabel, *w.* [l.], kurze, gleichnishaft belehrende Erzählung, oft in Gedichtform *(Tierfabel);* auch svw. der in einer Dichtung behandelte Stoff.
Fabeltiere, phantast. Gestalten aus d. Körperteilen mehrerer Tierarten bestehend od. Mischwesen aus Mensch u. Tier, z. B. Drache, Einhorn, Kentaur, Nixe, Nymphe.
Fabelwesen, Phantasiewesen aus Rel. u. Mythos. In ihnen spiegeln sich Ängste od. Wünsche der Menschen. In Literatur u. Kunst wird Bedrohung durch sie (Magie), ihre Bannung (Märchen) u. ihre Schutzfunktion (Rel.) dargestellt, z. B. Greif, Drache, Einhorn.
Fabergé [-bɛrˈʒe], russ. Goldschmiedefamilie; u. a. Carl F. (18. 5. 1846 bis 24. 9. 1920), techn. virtuos in untersch. Stilrichtungen u. m. untersch. Materialien; Ostereier, Schmuckstücke.
Fabian [l., zum Sippennamen Fabianus], m. Vn.
Fabian Society [engl. ˈfeɪbjən səˈsaɪətɪ], „Fabier", 1883 gegr. engl. Vereinigung mit sozialreformerischem Programm; Führer: Sidney u. Beatrice *Webb, Shaw,* H. G. *Wells.*
Fabier, altröm. Patrizierfamilie: *Quintus Fabius Maximus Cunctator (der Zauderer),* 217 v. Chr. Diktator, wich jeder Schlacht gegen Hannibal aus.
Fabiola, (* 11. 6. 1928), Königin der Belgier, Witwe von König → Baudouin I.
Fabius [faˈbiːys], Laurent (* 20. 8. 1946), frz. sozialist. Pol.; 1984–86 Min.präs.
Fabre [faːbr], Jean Henri (23. 12. 1823 bis 11. 10. 1915), frz. Entomologe.
Fabrik [l.], Produktionsstätte, in der Rohstoffe zu Halb- od. Fertigprodukten weiterverarbeitet werden. Hauptmerkmale: kapital- u. maschinenintensive Ausstattung, größerer Anzahl von Arbeitnehmern, fortgeschrittene innerbetriebl. Arbeitsteilung; überwiegende Fertigungsverfahren sind Werkstatt- u. Fließfertigung; der Massen- u. Serienfertigung von Produkten.
Fabrikmarke, *F.zeichen,* → *Warenzeichen.*
Fabritius, Carel (27. 2. 1622–2. 10. 54), ndl. Maler, Meisterschüler Rembrandts.
fabulieren [l.], Geschichten erfinden; lügen; erzählen.
FACE, Abk. f. *Fédération des Associations des Chasseurs de la EEC* (Zusammenschluß der Jagdschutzverbände in der EG).
Face lifting [engl. ˈfeɪs-], operative Beseitigung v. Hautfalten im Gesicht; → *liften.*
Facette [frz.],
1) der schräge Halterand f. Buchdruckplatten.
2) geschliffene Schräge an Diamanten, Spiegelflächen usw., erzeugt durch Brechung des Lichts ein Farbenspiel.

Facettenaugen, *Komplexaugen,* die zusammengesetzten Augen d. Insekten.
Fachakademie, Vollzeitunterricht n. abgeschlossener Berufsausbildung u. mittlerem Schulabschluß; m. Ergänzungsprüfung Fachhochschulreife.
Fächerflügler, Insektenordnung; Weibchen als Parasiten in Stechimmen, Männchen mit fächerartig vergrößerten Hinterflügeln.
Fächerpalme, Bez. für Palmen mit gefächerten, handförmig geteilten Blättern.
Fachhochschule, auf Fachoberschulen, Gymnasien aufbauend, praxisorientiertes Studium. Abschluß i.d. Regel: Dipl. (FH).
Fachingen, Dorf an der Lahn mit Mineralquelle: *Fachinger Wasser,* gg. Blasen- u. Harnleiden.
Fachlabor, normalerweise f. Amateure nicht zugängl.; hpts. v. Profis frequentiert; bietet für alle Bereiche d. Fotografie individuelle und erstklass. Ausarbeitung; oft rund um d. Uhr geöffnet.
Fachoberschule, Voraussetzung mittlerer Schulabschluß, Ziel: Fachhochschulreife.
Fachschulen, Ausbildungsschulen f. best. Beruf mit mindestens einjähriger Dauer bei tägl. Unterricht.
Fachwerkbau, Skelettbau in Holz; die Flächen zw. d. Gefachen d. (farb. od. m. Schnitzereien verzierten) Rahmenwerks werden gefüllt durch verputztes Flechtwerk unter Lehm od. (meist Ziegel-)Mauerung.
Facies [l.], Gesicht.
Fackel, Leuchtkörper aus Holz, mit Werg umwickelt und zur Erhöhung d. Leuchtkraft mit Pech, Harz (Kien) getränkt; auch m. Magnesiumband umwickelt.
Fact-finding-Gespräche [ˈfækt,faɪndɪŋ-], Sachfragen klärende Informationsgespräche zur Einleitung von Verhandlungen.
Faction [engl. ˈfækʃn], dokumentar. Darstellung (i. d. neuen Literatur); z. B. „Weltausstellung" v. → *Doctorow.*
Factoring [engl. ˈfæktərɪŋ], Ankauf von Forderungen durch *Factor* (Bank od. Factoring-Gesellschaft); eine Unternehmung z. B. verkauft ihre Außenstände unter Abzug der jeweiligen Factorgebühren an den Factor, um die finanziellen Mittel, die in diesen Außenständen gebunden sind, kurzfristig zur Verfügung zu haben. *Offenes F.:* F.-Nehmer teilt seinen Kunden die Abtretung der Forderungen an den Factor mit; *stilles F.:* keine Abtretungsbekanntgabe an die Kunden.
Facultas docendi [l.], Befähigung, Berechtigung zum Unterrichten in einem Schulfach.
Fadejew, Alexander (24. 12. 1901 bis 13. 5. 56), sowj. Schriftst.; *Die Neunzehn; Die junge Garde.*
Faden,
1) früheres dt. Raummaß für Holz.
2) *seem.* Längen-(Tiefen-)Maß: 1,852 m.
Fadenkreuz, zwei sich kreuzende „Spinnfäden" z. genauen Visieren in Zielfernrohren, astronom. u. mikroskop. Instrumenten.
Fadenwürmer, *Nematoden,* meist kleine, ungegliederte Rundwürmer; zahlr. schmarotzende Arten; → *Älchen;*

Antikes Fabelwesen

Fachwerkhaus, *Eifel*

→ *Grubenwurm,* → *Madenwürmer,* → *Spulwürmer* u. → *Trichinen.*
Fadingausgleich, bes. Schaltanordnung, gleicht → *Schwund (Fading)* automatisch durch Ändern d. Verstärkung (regelbare Elektronenröhre od. Transistor) aus.

Fahlerz

Fado [faðu], portugies. Volksliedart, schwermütiger Sologesang.
Faënza, oberit. St., Prov. Ravenna, 54 500 E; Majolika- u. Steingutfabriken, → *Fayence.*
Fafnir, *Fafner,* in der nord. Sage Riese in Drachengestalt, der den Nibelungenhort bewacht; von Sigurd (Siegfried) erschlagen.
Fagott, *s.* [it.], tiefes Holzblasinstrument v. näselndem, oft eigenwilligem Klang (Abb. → *Orchester).*
Fahd [faxd], Ibn Abdul-Aziz (* 1920), Kg. v. Saudi-Arabien s. 1982 (als Kronprinz Reg.chef s. 1975).
Fähe, *Fehe,* das Weibchen des Haarraubwildes (Fuchs u. alle Marderarten).
Fahlcrantz, Carl Johan (29. 1. 1774 bis 9. 1. 1861), schwed. Landschaftsmaler.
Fahlerz, grauschwarzes Erz, Antimon, Kupfer, Silber, Zink, Quecksilber, Arsen, Schwefel, Eisen enthaltend.
Fahndung, amtl. Maßnahmen zur Ergreifung eines unbekannten oder flüchtigen Täters.
Fahne,
1) aus Tuch gefertigtes Erkennungs- u. Unterscheidungszeichen (v. Truppen, Truppenteilen), fest m. d. Fahnenstange verbunden; farbig aufgeteilt, mit Wappen od. Emblemen versehen. Im Ggs. z. → *Flagge* nicht ersetzbar, Verlust ist mit Entehrung gleichzusetzen. *Weiße F.:* Parlamentär- od. Kapitulationszeichen. *F. des Propheten:* grüne F. Mohammeds, in Istanbul aufbewahrte Reliquie. Truppen-F. der Bundeswehr, gestiftet 1964 vom Bundespräsidenten für alle Bataillone.
2) Druckabzug von (un)korrigiertem Buchdrucksatz.
Fahneneid, von Soldaten auf die Fahne geleisteter Treueid.
Fahnenflucht → *Desertion.*
Fahnenjunker, Bez. f. Offiziersanwärter in der Laufbahn e. Unteroffiziers; nächster Rang → *Fähnrich.*
Fähnlein, ältere Bez. für Truppenteil von 300–1000 Mann im 16. u. 17. Jh.
Fähnrich, im MA der Fahnenträger, heute Bez. f. Offiziersanwärter i. Range

e. → Feldwebels; *Ober-F.* = Oberfeldwebel.
Fähre, Schiffsfahrzeug z. Übersetzen, freifahrend od. an Ketten u. Seilen (Rollfähre an Flüssen), die v. Ufer zu Ufer laufen, bewegl., wobei die F., schräg gg. die Strömung stehend, von ihr geschoben wird (→ Trajekt).
fahrendes Volk, im MA rechtlos umherziehende Gaukler u. Spielleute; auch „fahrende Schüler".
Fahrenheit, Gabriel Daniel (24. 5. 1686–16. 9. 1736), dt. Phys.; erfand → *Thermometer* mit der nach ihm benannten, noch teilweise in angelsächs. Ländern gebräuchl. F-Skala von 180°; Gefrierpunkt +32°, Siedepunkt 212 °F.
Fahrerflucht, svw. → Unfallflucht.
Fahrerlaubnis, svw. → Führerschein.
Fahrlässigkeit, *jur.* liegt vor, wenn Täter ungewollt, aber durch pflichtwidrige Unaufmerksamkeit eine Rechtsverletzung begeht (→ Verschulden); verpflichtet zum Schadenersatz, strafbar nur, wenn im Gesetz ausdrücklich bestimmt, u. bei Übertretungen.
Fahrrad, zweirädriges Straßenfahrzeug, über Pedale angetrieben; Vorläufer: → Draisine; wichtigste Teile: *Rahmen* aus nahtlos gezogenen od. gegossenen Stahlrohren, bewegl. *Vorderradgabel* mit *Lenkstange,* luftbereifte *Laufräder, Tretkurbel* mit *Kettenrad* u. *Pedalen* (Kraftübertragung auf das Hinterrad).
Fahrstuhl,
1) Krankentransportmittel.
2) *Aufzug, Lift,* Vorrichtung z. senkrechten Beförderung v. Lasten od. Personen; *Fahrkorb (Kabine)* wird, an einem Drahtseil hängend, v. einem Elektromotor entlang einer Gleitschiene auf- u. abwärts bewegt; Eigengewicht des Fahrkorbs wird durch gegenläufig bewegtes Gewicht am anderen Seilende annähernd ausgeglichen; → Paternosteraufzug.
Fahrte, *w.,* Leiter (Bergmannssprache).
Fährte, Abdrücke d. Tritte d. Schalenwildes u. d. Auerhahns i. Boden; auch → Spur.
Fahrtenschreiber, in Kfz eingebauter kombinierter Apparat zum Registrieren der Fahrtgeschwindigkeit, der gefahrenen Kilometer u. der Haltezeiten unter genauer Angabe der Uhrzeit; in der BR für best. Kfz-Typen (Lkw ab 7,5 t, Omnibusse u. a.) gesetzl. vorgeschrieben; Beweismittel bei Unfällen; *F.-Kontrollen,* um zu verhindern, daß LKWs zu lange Strecken zurücklegen.
Fahrverbot, gerichtl. Maßregel, die bei Delikten im Zus.hang mit d. Führen e. Kfz für 1–3 Monate neben der Strafe verhängt werden kann; Führerschein bleibt f. d. Dauer des F.s in amtl. Verwahrung (§ 44 StGB); → Führerscheinentzug.
FAI, Abk. f. *Fédération Aéronautique Internationale,* Intern. Organisation f. Luftfahrt u. Flugwesen, 1905 gegr., Sitz: Paris.
Faible, *s.* [frz. fɛːbl], Vorliebe für etwas.
Faijum, El, *El Faiyum,* Oase u. Prov. in Oberägypten, fruchtb. Beckenlandschaft am Rand d. Libyschen Wüste; 1827 km², 1,71 Mill. E; Hptst. *Medinet el-F.,* 212 500 E.
Fail-safe [engl. feil seif], techn. Ausfallsicherung.
fair [engl. fɛə], fein, schön, redlich.

Radfahren, Seoul 1988
30 km Punktefahren im Velodrom

Fairbanks ['fɛəbæŋks], Douglas (28. 5. 1883–12. 12. 1939), am. Filmschauspieler; *Der Dieb von Bagdad.*
Fairbanks ['fɛəbæŋks], St. in Alaska, Endpunkt d. Alaskabahn und -straße, 31 000 E; Uni., Gold- u. Kohleabbau.
Fair Deal ['fɛə 'diːl], Versuch → Trumans, 1949, in den USA das → New Deal zu erneuern. – Auch Bez. für das von Truman (als *Punkt-Vier-Programm*) 1949 aufgestellte Programm zur Hebung des Lebensstandards in rückständigen (kolonialen) Gebieten der Welt, von den Vereinten Nationen als UN-Programm *(World Fair Deal)* angenommen.
Fairneß, *w., Fair play, s.* [-'pleɪ], ehrliches Spiel, ehrenhaftes Verhalten.
Fairway [engl. 'fɛəweɪ], *Golf:* gemähte Bahn aufs Loch zu; Ggs.: → Rough.
Faisal *(Feisal),*
1) F. I. Ibn Hussein (20. 5. 1883–8. 9. 1933), Sohn d. späteren Kgs Hussein v. Hedschas (1916–25), seit 1921 Kg von Irak; s. Enkel
2) F. II. (2. 5. 1935–14. 7. 58), Sohn v. Ghasi I., seit 1939 Kg v. Irak; ermordet.
Faisal, Ibn Abdul Asis (1906–25. 3. 75), Bruder v. → Saud, 1964 dessen Nachfolger als Kg von Saudi-Arabien.
Faisalabād s. 1979 Name v. → Lyallpur.
Faistauer, Anton (14. 2. 1887–13. 2. 1930), östr. Maler, Mitbegr. d. „Neukunst-Gruppe"; Wandbilder im Festspielhaus Salzburg.
Faistenberger, östr. Künstlerfamilie d. Barock; u. a. Simon Benedikt (get. 27. 10. 1695–22. 4. 1759), N-Tiroler Kirchenmaler.
Fait accompli [frz. fɛtakɔ'pli], vollendete Tatsache; i. diplomat. Sprachgebrauch ein Tatbestand, der d. außenpol. Lage verändert u. von anderen Staaten (widerwillig) anerkannt wird.
Faith and Order [engl. 'feiθ ənd 'ɔːdə] „Glaube und Kirchenverfassung"], christl. ökumen. Bewegung m. bed. Weltkonferenzen, s. 1954 i. Ökumen. Rat i. Genf.
Fajans, Kasimir (* 27. 5. 1887), am. Physikochem. poln. Herkunft; *Soddy-Fajanssche Verschiebungsregel* i. d. Radioaktivität.
Fäkalien [l.], Kot.

Erstes hölzernes Tretkurbel-Fahrrad von Fischer (1851)

Original-Drais-Laufrad (1817)

Hochrad (1880)

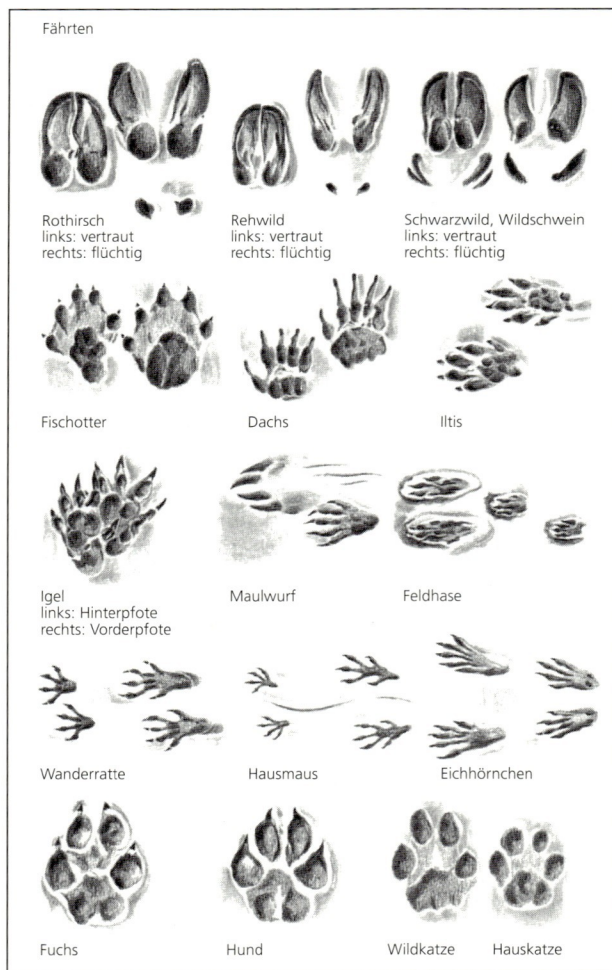

Fährten

Rothirsch
links: vertraut
rechts: flüchtig

Rehwild
links: vertraut
rechts: flüchtig

Schwarzwild, Wildschwein
links: vertraut
rechts: flüchtig

Fischotter Dachs Iltis

Igel
links: Hinterpfote
rechts: Vorderpfote

Maulwurf Feldhase

Wanderratte Hausmaus Eichhörnchen

Fuchs Hund Wildkatze Hauskatze

Fakir [arab. ,,arm"], in Indien urspr. asketische Ordensbrüder (→ Jogi); heute meist vagabundierende religiöse Bettler u. Gaukler, etwa 3 Mill.
Faksimile, s. [l. ,,mache ähnlich"], genaue Nachbildung einer Zeichnung, Unterschrift usw. im Druck.
faktisch [l.], tatsächlich.
Faktor, m. [l.].
1) *beruflich*: a) technischer Leiter in Druckereien; b) *Zwischenmeister*, in d. → Heimarbeit Vermittler zw. Arbeiter und Unternehmer (*Feinsystem*).
2) *Wirtsch.theorie*: Bez. v. mitwirkenden Größen b. d. Erzeugung v. Gütern, → Produktionsfaktoren, → Elementarfaktoren.
3) *math.* Zahl, die mit einer anderen multipliziert wird.
4) *allg.* svw. Umstand, ,,das, was mitspricht".
Faktorenanalyse, statist. Verfahren zur Ermittlung v. grundlegenden Faktoren, die einer Vielzahl von psych. od. soziolog. Meßwerten zugrunde liegen (z. B. Intelligenzfaktoren).
Faktorenaustausch, *Crossing-over*, wechselseitiger Austausch v. *Chromosomensegmenten* i. d. *Prophase* der 1. Teilung der → Meiose; durch F. können gekoppelte *Gene* getrennt werden.
Faktotum, s. [l. ,,mache alles"], für alles brauchbarer Mensch.
Faktum, s. [l.], Tatsache.
Faktur, w., Aufbau eines Tonstücks.
Faktur|a, Rechnung.
fakturieren, Ausstellung e. Rechnung i. d. Buchführung.
Fakultät [l.].
1) kirchenrechtl. Vollmacht.
2) Einteilung d. Hauptwissenschaften an einer Uni. (z. B. Theol., Phil., Jura, Medizin, Naturwiss.) u. ihr Lehrkörper; die Geschäfte e. F. führt d. → Dekan; gleiche Einrichtung an TH bzw. TU (z. B. Bau-, Maschinenwesen, Elektrotechnik).
3) *math.* n Fakultät (Schreibweise): $n! = 1 \cdot 2 \cdot 3 \cdot 4 \cdot \ldots \cdot n$.
fakultativ [nl.], nach freiem Ermessen, Belieben; Ggs.: obligatorisch.
Falabella, kleinste Ponyrasse; erstm. in Argentinien gezüchtet.
Falange [-'laŋxe], *Española Tradicionalista*, 1933 gegr., s. 1937 von → Franco geleitete faschist., national-syndikalist. Staatspartei in Spanien.
Falaschas, jüd. Volksstamm in Abessinien, ca. 80 000; stammen wahrscheinl. v. Juden aus der Zeit der ägypt. Gefangenschaft ab; 1984/85 nach Israel evakuiert.
falb, graugelb.
Falbe, falbes Pferd.
Falbel, w. [frz.], gekrauster od. gefältelter Besatz.
Falckenberg, Otto (5. 10. 1873 bis 25. 12. 1947), dt. Regisseur, u. a. Theaterleiter und Schauspiellehrer i. München.
Falconet [-kɔ'nɛ], Étienne-Maurice (1. 12. 1716–24. 1. 91), frz. Bildhauer d. → Louis-XVI-Stils; Reiterstatue *Peters des Großen*.
Faldbakken, Knut (* 31. 8. 1941), norweg. Schriftst., verbindet die Analyse zeitgeschichtl. Fragen mit psychoanalyt. Ideen; *Unjahre; Der Schneeprinz; Pan in Oslo*.
Falerner, altröm. Wein aus → Kampanien.

Falguière [-'gjɛːr], Alexandre (7. 9. 1831–20. 4. 1900), frz. Maler u. Bildhauer, Vertr. d. frz. Realismus.
Falin, Valentin Michailowitsch (* 3. 4. 1926), sowj. Diplomat, 1971–78 Botschafter in Bonn.
Falk,
1) Adalbert (10. 8. 1827–7. 7. 1900), preuß. Kult.min.; führte für Bismarck den → Kulturkampf.
2) Johannes (28. 10. 1768–14. 2. 1826), dt. Schriftst.; Goethe-Anekdoten; Lied: *O du fröhliche*.
3) Peter (* 16. 9. 1927), am. Filmschauspieler; TV-Kommissar *Columbo*.
Falken,
1) Name d. Sozialist. Jugend, BR.
2) Greifvögel mit zahnförmigem Haken am Oberschnabel; heimisch: *Turm-F., Baum-F., Wander-F.*, fangen ihre Beute entweder im Flug od. stoßen nach ,,Rütteln" auf sie herab.
Falkenau, tschech. *Sokolov*, St. in NW-Böhmen, an der Eger, 29 000 E; Textil- u. Glasind., Braunkohle.
Falkenbeize, Jagd m. Falken (auch Habichten u. Sperbern) auf Federwild, bes. im MA beliebter Sport; der gezähmte Jagdfalke wird auf d. Faust getragen, v. d. aufgestülpten Lederkappe befreit u. an das aufgestöberte Wild geworfen; → Beize.
Falkenhausen, Alexander von (29. 10. 1878–31. 7. 1966), dt. General; 1934–39 Militärinstruktur bei Tschiang Kai-schek, 1940–44 Militärbefehlsh. in Belgien u. Nordfrkr.; 20. Juli 1944 KZ Dachau, nach Kriegsende Verurteilt u. Begnadigung.
Falkenhayn, Erich von (11. 4. 1861 bis 8. 4. 1922), dt. Gen., Führung der dt. Landstreitkräfte 1914–16.
Falkenhorst, Nikolaus von (1885 bis 1968), Gen.oberst, 1940–44 Oberbefehlsh. der dt. Wehrmacht in Norwegen.
Falkenstein (D-08223), St. im Vogtland, Sa., 9688 E; Textilind.
Falklandinseln [fɔ:kland], *Malwinen*, brit. Kronkolonie; Inselgruppe im S-Atlantik mit den Hauptin. Ost- u. Westfalkland; Schafzucht, Fischerei; Ausfuhr von Wolle, Häuten, Fellen. – Seit 1833 brit., von Argentinien beansprucht; 1982 v. Argentinien besetzt, im sog. ,,Falklandkrieg" (Juni 1982) von Großbritannien zurückerobert. – Am 8. 12. 1914 bei den Falklandin. engl. Sieg über dt. Kreuzerverband unter Graf Spee.
Falkner, *Falkenier*, *Falkonier*, e. die → Falkenbeize Ausübender.
Falkonett, s., leichtes Geschütz des 15. u. 16. Jh.
Fall, Leo (2. 2. 1873–16. 9. 1925), östr. Operettenkomp.; *D. fidele Bauer; D. Dollarprinzessin; D. Rose v. Stambul*.
Fall, *freier Fall*, phys. nach dem Erdmittelpkt gerichteten, gleichmäßig beschleunigte Bewegung fallender Körper; Folge der *Schwerkraft*. *F.gesetze*, 1609 v. → Galilei aufgestellt: Die Fallstrecke s ist in t Sekunden: $\frac{1}{2}g \cdot t^2$. Die *Beschleunigung g* beträgt etwa 9,81 m/s². F.geschwindigkeit v nach t Sekunden ist g·t. Im luftleeren Raum fallen alle Körper gleich schnell.
Falla [ˈfaʎa], Manuel de (23. 11. 1876 bis 14. 11. 1946), span. Komp., vereinigt impressionist. Einflüsse u. span. Volksmusik; Ballett: *Der Dreispitz*; Opern.

Turmfalke

FALKLANDINSELN	
Name des Territoriums:	Falkland Islands; Malwinen, span. Is as Malvinas
Regierungsform:	Brit. Kronkolonie, von Argentinien beansprucht
Gouverneur:	David E. Tatham
Hauptstadt:	Stanley 1560 Einwohner
Fläche:	12 173 km²
Einwohner:	2120
Bevölkerungsdichte:	0,2 je km²
Bevölkerungswachstum pro Jahr:	0,58% (1990–1995)
Amtssprache:	Englisch
Religion:	überwiegend Protestanten
Währung:	Falkland Islands Pound (FL£)
Zeitzone:	MEZ – 5 Std.
Karte:	→ Südamerika

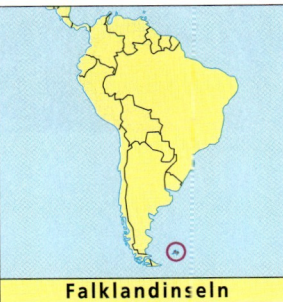

Falklandinseln

Fallada, Hans, eigentl. *Rudolf Ditzen* (21. 7. 1893–5. 2. 1947), dt. Schriftst.; sozialkrit. Romane d. Neuen Sachlichkeit; *Kleiner Mann, was nun?*; *D. eiserne Gustav*; *Bauern, Bonzen u. Bomben*; *D. Trinker*.
Fälldin, Thorbjörn (* 24. 4. 1926), schwed. Pol.; 1971 Vors. d. Zentrumspartei, 1976–78 u. 1979–82 Min.präsident.
Fallersleben, s. 1972 Stadtteil von → Wolfsburg.
fallieren [it.], zahlungsunfähig werden.
Falliment, *Fallissement*, → Konkurs.
Fallingbostel (D-29683), Krst. i. Rgbz. Lüneburg, Nds., 11 045 E; Kneippkurort, Leb.mittelind.
Fallotsche Trilogie, Tetralogie, Pentalogie, angeborene Herzfehler mit 3 bis 5 Defekten.
Fallout, m. [engl. ˈfɔːlaut],
1) radioaktiver Niederschlag aus d. Explosionswolken v. Atombomben.
2) Ausdruck für ein Nebenprodukt, das durch d. Herstellung d. urspr. Hauptproduktes zufällig entsteht.
Fallreep, s., mittels Auslegerkrans bewegl. Schiffstreppe zum An- u. Von-Bord-Gehen.
Fall River [ˈfɔːl ˈrɪvə], St. im US-Staat Massachusetts, Hafen an der Mündung des Taunton, 92 700 E; Zentrum der Baumwollindustrie.
Fallschirm, aus Stoffbahnen z. verlangsamten Sinkflug von Personen od. Gegenständen aus Luftfahrzeugen; entfaltet sich selbsttätig od. durch Handbedienung; vermindert Fall auf 5 m/s; auch als *Bremsschirm* bei d. Landung schneller Flugzeuge od. Raumschiffe, automat. aus dem Heck entfaltet.
Fallschirmjäger, zu Luftlandeoperationen mit Luftlandungen u. zum Sprungeinsatz ausgerüstete u. ausgebildete Soldaten.
Fallstreifen, dünne faserige Wolkenfetzen, bes. häufig unter Kumulonimbus-→ Wolken; aus d. Wolke fallender, die Erde nicht erreichender Niederschlag.
Fallsucht, svw. → Epilepsie.
Fallturm, über 100 m hohe Stahlröhre f. wiss. Experimente z. freien Fall.
Fällung, in Flüssigkeiten (Lösungsmittel) gelöste Stoffe in ungelöste Form bringen.
Fallwild, auf natürlichem Wege verendetes Wild.
Fallscheid → Eid.
falsches Gewölbe → Gewölbe.
Falschfahrer, Autofahrer in der Gegenrichtung e. Autobahn, ugs. *Geisterfahrer*.
Falschfarbenfotografie, fotograf. Aufnahmen mit farbverändernden Filmmaterial, u. a. z. B. künstl. von natürl. Farben zu unterscheiden; für farb. Darstell. v. Infrarot-, Röntgen- u. a. Bildern; zur Ermittlung v. Umweltschäden d. Vegetation, f. Luftbildarchäologie und f. mil. Erkundung u. Spionage.
Falschmünzerei, svw. → Münzverbrechen.
Falsett, s. [it.], durch bes. Kehlkopfstellung und Atemführung von der Brustresonanz isolierte → Kopfstimme, v. a. von Countertenören verwendet.
Falsifikat, s. [l.], gefälschtes Stück; Fälschung.

falsifizieren,
1) eine Hypothese widerlegen; dazu: *Falsifikation;* Ggs.: verifizieren, Verifikation.
2) (ver)fälschen; in wiss. Theorie „als falsch erweisen", *Falsifikat.*
Falstaff, Sir John, lebenslustiger Ritter (Säufer u. Prahler) in Shakespeares *Heinrich IV.* u. d. Opern *Die lustigen Weiber v. Windsor* (Nicolai) u. *Falstaff* (Verdi).
Falster, dänische Ostseeinsel, 514 km², 46 000 E; „Obstgarten Dänemarks"; Hptst. *Nykøbing.*
Faltboot, Paddelboot mit faltbarer Haut über zerlegb. Bootsrippen; z. B. Klepperboot.
Faltengebirge → Gebirge.
Falter, svw. → Schmetterlinge.
Faltung, *geolog.* die durch seitl. Druck entstehende Zus.stauchung von Gesteinen, bes. in → Sedimentgesteinen u. → kristallinen Schiefern.
Faltwerk, *s.,*
1) in d. Architektur konstrukt. Bauweise aus gefalteten, abwechselnd n. oben bzw. unten gerichteten Elementen, als **a)** Tragwerk im Spannbetonbau z. Überspannung gr. Flächen, **b)** Deckenstrukturierung z. akust. Verbesserung v. Innenräumen.
2) Ornament z. Flächenfüllung z. B. im Möbel- od. Wanddekor.
Falun, Hptst. d. schwed. Läns Kopparberg, 54 400 E; Waggon- u. Maschinenbau; ehem. bed. Kupferbergbau (s. 13. Jh.).
Falz, ausgeschnittener Rand an Ziegeln, Steinen u. Brettern; umgebogener Rand b. Metallstücken, damit sie übereinandergreifen u. dicht zus.schließen.
falzen, *Buchwesen:* Zusammenlegen und Brechen der Druckbogen.S
Fama, *w.* [l.], Gerücht, Ruf, Gerede.
Famagusta, türk. *Gazi Magusa,* Hafenst. im türk. Nordzypern, 50 000 E; Fremdenverkehr; got. St.-Nikolaus-Kathedrale (Moschee), Zitadelle.
Familie,
1) Gemeinschaft aufgrund gemeinsamer Abstammung (Verwandtschaft, Sippschaft), Ehe, Adoption. Man unterscheidet Kern- od. Kleinfamilie, unvollständ. Familie, erweiterte Familie, Großfamilie. Aufgaben der F.: früher: Kult-, Gerichts-, Schutzfunktionen; heute u. a.: primäre → Sozialisation der Kinder (→ Erziehung).
2) *Biol.:* Zus.fassung einer natürlichen Gruppe nächstverwandter Gattungen, z. B. die F. der *Echten Eulen* od. der *Lippenblütler.*
Familienbuch, nach Eheschließung v. Standesamt angelegtes Buch, i. d. alle bedeutenden Angaben u. Änderungen d. Personenstandes d. Familienmitglieder eingetragen werden.
Familiendiebstahl, Diebstahl gegenüber Angehörigen, dem Vormund od. Personen, die m. d. Dieb in häusl. Gemeinschaft leben; wird nur auf Antrag verfolgt (§ 247 StGB).
Familiengericht, Abteilung des Amtsgerichts, zuständig für Ehe- u. Familiensachen; die Parteien müssen bei best. Streitigkeiten (z. B. bei d. Ehescheidung u. d. damit verbundenen Auseinandersetzungen) durch Anwälte vertreten sein.
Familienministerium, 1953 i. d. BR errich. Min. z. Förderung d. Familie; s. 1991 B.ministerium für Familie u. Senioren; s. 1994 B.ministerium f. Familie, Senioren, Frauen und Jugend.
Familiennamen, in Dtld im 12. Jh. zuerst beim Adel durch Wohnsitzbezeichnung mit *von* entstanden; auch gebildet durch Berufsbez. *(Müller),* körperl. u. geist. Eigensch. *(Kurz, Fröhlich),* lokale Gegebenheiten *(Bach);* in Skandinavien u. Friesland Vornamen des Vaters mit Zusatz -son, -sen *(Hansson, Jenssen);* auch Latinisierung *(Oehlschläger – Olearius).*
Familienrecht, umfaßt Eherecht, Rechte d. ehel. u. nichtehel. Kind., Annahme an Kindes Statt, Vormundschaft und Pflegschaft (§§ 1297 ff. BGB).
Familientherapie, Form d. → Psychotherapie, bei der seel. Probleme als Folge v. gestörten Beziehungen der Familienmitglieder behandelt werden, wobei möglichst d. ganze Familie an den therapeut. Sitzungen teilnimmt.
FAM-System, Abk. f. **F**lugkörper-**A**bwehrsyste**m** (engl. Rolling Airframe System). Gemeinschaftsproj. d. USA u. d. BRD; dient dem Selbstschutz v. Kriegsschiffen gg. Seeziel-Flugkörper im Nahbereich.
Famulus, *m.* [l.], Gehilfe eines Gelehrten; auch → Medizinstudium.
Fan, *m.* [fæn], v. engl. *fanatic,* begeisterter Anhänger (z. B. Pop-F.).
Fanal, *s.* [it.], Feuer-, Leuchtzeichen.
Fanatiker [frz., v. l. „fanum = Heiligtum"], Schwärmer, intoleranter Eiferer.
fanatisch, blindwütig.
Fanck, Arnold (6. 3. 1889–28. 9. 1974), dt. Regisseur; Bergfilme; *Die weiße Hölle von Piz Palü* (1929); *Der weiße Rausch* (1931).
Fandango, *m.,* span. Tanzlied mit Gitarren- u. Kastagnettenbegleitung im 3/4-od. 3/8-Takt.
Fanfani, Amintore (* 6. 2. 1908), it. Pol. (DC); 1958/59, 1960–63, 1982/83 u. 1987 Min.präs.; 1968–73 u. 1976–82 Senatspräs.
Fanfare [it.],
1) Trompetentusch (z. B. b. → Zapfenstreich), auch Hornsignal (bei der Jagd).
2) irrtüml. für ventillose Trompete.
Fang, Fänge, *Jägersprache:* Krallen d. Greifvögel; Rachen, Eckzähne v. Hunden u. Raubtieren.
Fangheuschrecken, meist tropische Geradflügler; Vorderbeine sind Beutegreifarme; → Gottesanbeterin.

Juan Manuel Fangio

Fangio ['fandʒo], Juan Manuel (24. 6. 1911 bis 17. 7. 1995), argentin. Autorennfahrer; WM 1951 u. 1954–77.
Fango [it.], Heilschlamm z. Bädern u. F.packungen, bes. bei Rheuma u. Entzündungen.
Fangschnur, Abzeichen (Uniformkordel) f. Attachés, Protokollziere, Fahnenbegleiter u. für alle Offiziere zum Gesellschaftsanzug.
Fangschuß, aus der Nähe abgegebener Schuß, der angeschossenes Wild tötet.
Fangvorrichtung am Fahrstuhl, Schutzeinrichtung bei Seilbruch; auf Flugzeugträgern quer über das Flugdeck gespannte Bremskabel für d. Fanghaken des Flugzeugs.
Fanø, dän. Insel (56 km², 3100 E) an der W-Küste Jütlands; Seebäder.
Fantasia, nordafrikan. Reiterkampfspiel.
Fantasie, Tonstück in freier Form.
Fantasy [engl. 'fæntəsi], fiktive Darstellung v. phantast. Welten, Zauberreichen (Comics, F.-Graphik; Literatur, z. B. → Tolkien; Filme, z. B. *Excalibur*).
Fantin-Latour [fã'tɛ̃la'tuːr], Henri (14. 1. 1836–25. 8. 1904), frz. Maler d. Realismus; Porträts; allegor. Darstellungen bes. nach Motiven aus den Opern Wagners; Genrezenen; *Atelier des Batignolles; Am Klavier.*
FAO, Food and **A**griculture **O**rganization, Sonderorganisation d. → Vereinten Nationen (Übers.) f. Ernährung u. Landwirtsch.; Sitz Rom, gegr. 1945, 1996: 171 Mitgliedstaaten.
Farad, *s.,* Einheit der el. Kapazität, abgek. F, Kapazität eines Kondensators, der bei Ladung mit 1 Coulomb seine Spannung um 1 V ändert; ben. nach → Faraday.
Faraday ['færədi], Michael (22. 9. 1791–25. 8. 1867), engl. Phys. u. Chem.; entdeckte die elektromagnet. → *Induktion,* die → Elektrolyse, den → *Diamagnetismus* u. den Zus.hang v. Licht u. Elektrizität; *Faradayscher Käfig,* käfigförm. Metalldrahtgitter, schirmt das Innere des F. K.s gg. Eindringen v. stat. el. Feld u. elektromagnet. Schwingungen ab.
Faradisation, Behandlung mit **fara**dischem Strom, einem schwachen unterbrochenen Gleich- od. niederfrequenten Wechselstrom, besonders bei Lähmungen.
Farafra, ägypt. Oase i. d. libyschen Wüste.
Farah Diba (* 14. 10. 1938), Witwe v. Schah Mohammed Reza → Pahlewi, 1967 z. Kaiserin von Iran *(Schahbanu)* gekrönt.
Farbbücher, Buntbücher (urspr. engl. Brauch), d. Veröffentlichung diplomat. Akten in farbigem Umschlag (z. B. *Weißbuch* i. Dtld s. 1879, *Blaubuch* i. England, *Rotbuch* i. Östr. u. den USA, *Gelbbuch* i. Frkr., *Grünbuch* i. Italien).
Farbchemikalien, e. chem. Prozeß, meistens a. vielen Bädern bestehend, z. Entwicklung v. Farbfilmen u. z. Vergrößern v. Farbbildern. Die gängige Praxis, die F. im Heimlabor nachfolgend in den Ausguß zu schütten, ist stark umweltschädigend. Gewerbl. Labors dagegen liefern verbrauchte F. z. umweltgerechten Entsorgung ab.
Farbdiafilm, erzeugt e. seitenricht. u. farbtreues Bild d. Wirklichkeit; d. Bild ist transparent u. zeigt seine Wirkung erst bei Projektion.
Farbdruck, *Buntdruck,* Herstellung farbiger Bilder durch Zus.druck v. Farbplatten; die dazu nötigen Druckvorlagen (Lithos) werden durch Scanner hergestellt, die nur Komplementärfarben durchlassen; Druckplatten für rot, blau, gelb eingefärbt: *Dreifarben-,* kommt Schwarz hinzu: *Vierfarbendruck.*
Farbe, Empfindung, die durch Lichtreize spezif. *Frequenz* bzw. *Wellenlänge* bestimmt ist; „weißes" Licht (z. B. Sonnenlicht) ist e. Mischung aus e. breiten Wellenlängenbereich bzw. Frequenzband u. läßt sich mit einem Prisma in Licht versch. Wellenlänge bzw. Frequenz zerlegen (Farbspektrum). Lichtempfindung beim Menschen von etwa 390–690 millionstel mm Wellenlänge; v. violetten Ende über Indigo, Blaugrün,

Grün, Gelb, Orange bis z. roten Ende des Spektrums (→ Tafel Farben).
Farbenblindheit, meist angeborene (rezessiv vererbt) Unfähigkeit, gewisse Farbunterschiede wahrzunehmen; meist *Rot-Grün*-Blindheit, selten Blau-Gelb- und totale F.
Farben-Helligkeits-Diagramm → Russell-Diagramm.
Farbenindex, *astronom.* Bez. f. d. Differenz der i. zwei Farben gemessenen Helligkeit e. Sterns (z. B. Blau-Gelb-Helligkeitsdifferenz); → Dreifarbenphotometrie.
Farbenlehre, Wiss. v. d. Farben als opt. Erscheinung u. ihrer physikal., künstler., psych., ästhet. u. symbol. Wirkung; Goethes (z. T. widerlegte) Abhandlung *Zur Farbenlehre* (1810).
Farbenpsychologie, Erforschung v. Farbwirkungen auf d. Menschen (Anwendung z. B. bei der Raumgestaltung u. bei Persönlichkeitstests).
Färberei, Färbung v. Stoffen, Garnen u. Geweben durch Farbbäder, wobei die Farbstoffe entweder in die Faser einziehen (→ *Beizen*) od. erst durch Oxidation an d. Luft auf der Faser entwickelt u. fixiert werden *(Küpen-F.).*
Färberröte, Farbpflanze (Färberwurzeln, Krapp); früher zur Gewinnung von → Alizarin angebaut.
Farbfeldmalerei → Color-field painting.
Farbfernsehen → Schaubild Farbfernsehen, → Fernsehen (Übers.).
Farbfilm, lichtempfindl. fotograf. Film z. Aufnahme und Wiedergabe in natürl. Farben; farbige Projektionsbilder u. Schmalfilme, für Kino (Spielfilm) u. Papierbilder; Negativ-Positiv-Verfahren. → Farbfotografie; erste F.e waren handkolorierte Schwarzweißfilme. Auch → Film.
Farbfilter, zur sachl. notwendigen od. z. geschmackl. erwünschten Korrektur d. Farben e. Motivs in d. Farbfotografie.
Farbfotografie (→ Tafel Farbfotografie), Fotografie m. Farbfilmen zur Herstellung v. *Diapositiven* u. *Negativen* (für Papierabzüge). Praktisch alle Farben sind durch *additive Mischung* der Grundfarben Blau, Grün u. Rot od. besser *subtraktiv* durch die Farben Gelb, Purpur u. Blaugrün reproduzierbar; die f. jede Einzelfarbe benötigten Emulsionsschichten wurden früher getrennt auf 3 Filmen belichtet (Herstellung von Farbauszügen durch 3 Aufnahmen mit Filtern nacheinander oder in Strahlenteilungs-Kamera). Heute fast ausschließlich *Dreischichtenfarbfilme,* die in jeder Kamera nur 1 Belichtung erfordern u. bei der Entwicklung in den 3 Schichten die 3 Farbteilbilder ergeben. Bei Umkehrentwicklung entsteht ein Farbpositiv mit richtigen Tonwerten u. Farben *(Farbdia),* b. Negativentwicklung ein Farbnegativ mit umgekehrten Tonwerten u. komplementären Farben. Vom Farbdia können farbige Duplikate u. Papierbilder, vom Farbnegativ farbige Durchsichts- und Papierbilder, auch vergrößert od. verkleinert, hergestellt werden. Verfahren: additive Spreizverfahren, Kornraster- u. Linienrasterverfahren (veraltet); subtraktive Verfahren mit Farbstoffaufbau *(Kodachrome, Ektachrome, Agfacolor* usw.), mit Farbstoffabbau *(Gaspacolor, Cibacolor)* od.

Farben und Farbfotografie

Additive Farbmischung
Projektion von farbigem Licht auf eine Leinwand. Die Farben ergeben zusammen weiß.

Subtraktive Farbmischung
Gemalte oder gedruckte Farben. Die Farben ergeben zusammen schwarz.

Schichtaufbau eines Farbnegativfilms
(Kodak Ektar 100 Film)

Alt	Neu
Schutzschicht	Schutzschicht
UV-Filterschicht	UV-Filterschicht
hochempfindliche Schicht für Gelb	hochempfindliche Schicht für Gelb
geringempfindliche Schicht für Gelb	geringempfindliche Schicht für Gelb
Gelbfilterschicht	Gelbfilterschicht
keine Schicht	Zwischenschicht
hochempfindliche Schicht für Magenta	hochempfindliche Schicht für Magenta
keine Schicht	mittelempfindliche Schicht für Magenta
geringempfindliche Schicht für Magenta	geringempfindliche Schicht für Magenta
Zwischenschicht	Zwischenschicht
hochempfindliche Schicht für Cyan	hochempfindliche Schicht für Cyan
geringempfindliche Schicht für Cyan	geringempfindliche Schicht für Cyan
Lichthofschutzschicht	Lichthofschutzschicht
Filmträger	Filmträger

negatives Farbbild

positives Farbbild

Die Abbildung zeigt links den Schichtaufbau des bisherigen Farbnegativfilms, rechts den des neuesten Farbnegativfilms. Moderne Emulsionstechniken ermöglichen das Anbringen von wesentlich mehr, dennoch dünneren Filmschichten. Dadurch sind die Aufnahmen ungleich schärfer, feinkörniger und farbtreuer als bisher. Bei der Entwicklung des Farbnegativfilms entsteht ein negatives, seitenverkehrtes Farbbild, dessen tatsächliche Farben nur schlecht beurteilt werden können. Man muß zur Beurteilung zuerst ein farbiges Papierbild, ein Positiv anfertigen (lassen). Die Abbildungsqualität heutiger Farbnegativfilme zeigt hervorragend abgestufte, feine weiche Farben mit sehr vielen Nuancen von insgesamt ausgewogener Kontrastdarstellung (Gradation). Die langjährige Archiv- und Lagerfähigkeit von Farbnegativen ist allerdings im Vergleich zu jener von Diafilmen deutlich unterlegen. Der Farbnegativfilm ist der am häufigsten verwendete Amateurfilm.

Schichtaufbau eines Farbdiafilms

Die Abbildung zeigt den Schichtaufbau eines Ektachrome-Professional-Farbdiafilms vor (links) und nach (rechts) der Entwicklung. Dabei handelt es sich um den derzeit leistungsstärksten Schichtaufbau mit T-Kristalltechnologie. Es ergibt sich trotz extrem hoher Filmempfindlichkeiten äußerste Kantenschärfe, Feinstkörnigkeit und Tonwerttrennung. Zudem sind Filme mit T-Kristalltechnologie in Herstellung und Verarbeitung vergleichsweise umweltschonend. Nach der Entwicklung des belichteten Bildes entsteht ein seitenrichtiges, transparentes, farbgetreues Abbild der Wirklichkeit. Ein Dia bietet bei der Projektion mittels Durchstrahlung den besten fotografischen Eindruck. Farbdias haben im Normalfall eine erstklassige langjährige Archivsicherheit und lassen sich – im Gegensatz zum Farbnegativ – beliebig oft reproduzieren.

mit Einfärbung durch fertige Farbstoffe (*Technicolor*).
Farbkorrekturfilter, zur Beseitigung v. Farbstichen b. Farbaufnahmen.
Farbmischkopf, an Farbvergrößerungsgeräten, 3 dichroit. Filter stufenlos einstellbarer Dichte (Yellow, Magenta, Cyan), einschwenkbar in d. Strahlengang; z. Korrektur v. Farbstichen beim Vergrößern farb. Dias od. Negative.
Farbnegativfilm, erzeugt ein scheinbar falschfarb. Bild; erst durch Farbvergrößerungstechnik wird daraus e. farbtreues Papierbild.
Farbsättigung, Kriterium zur Beschreibung d. Eigenschaften v. modernen Farbfilmen.

Brauner Streifenfarn

Rippenfarn

Farbscanner, Gerät z. Herstellung v. Farbauszügen nach mehrfarbigen Vorlagen; Abtasten d. Bildvorlage u. Umsetzen d. Bildinformation erfolgt mit Hilfe digitalisierter Daten.
Farbsteuerung, durch Über- od. Unterbelichtung u. m. Filtern lassen sich bei d. Aufnahme u. im Labor Farben im Foto beeinflussen.
Farbstich, *Farbenkupferstich,* Abdruck von Druckplatten versch. Einfärbung übereinander; dagg. *kolorierter Kupferstich,* nachträgl. m. Aquarellfarben ausgemalter einfarbiger Druck.
Farbstoffe, lösliche Farbmittel, geben anderen Körpern Farbe durch Beimischung (pflanzl., tier., mineral. u. künstl. F.); aus Steinkohlenteer gewonnene F.: *Teerfarben;* unlösliche Farbmittel → *Pigmente.*
Farbtemperatur, Charakterisierung der Lichtzus.setzung einer Lichtquelle in → *Kelvin* (K); je höher die F., desto größer der Anteil blauer und violetter bzw. ultravioletter Strahlung; je niedriger die F., desto mehr Gelb und Rot. Tageslicht u. Elektronenblitz 5500 bis 6000 K, Glühlampen 2000–2500 K; dementsprechend Tages- u. Kunstlichtfilme und -blitze.
Farbwechsel, Änderung der Körperfärbung bei manchen Tieren, die **a)** durch Veränderung des *Pigmentstoffwechsels* langsam, **b)** durch *Verteilungs*veränderung vorhandenen *Pigments* sehr schnell erfolgen kann; beim Paarungsspiel, als Schreckmittel u. zur Anpassung an Untergrund.
Farce, *w.* [frz. fars(ə)],
1) gehackte (Fleisch-)Füllung.

Echter Buchenfarn

2) burleskes Zwischenspiel in Tragödie, Posse, Schwank, Scheinhandlung (seit ca. 1420).
Farinzucker, feinkristalliner, gelb- b. dunkelbrauner Zucker.
Farm, landw. Betrieb, Landgut.
Farmer, Landwirt, bes. in Amerika.
Farmerlunge, allergische Bronchitis durch verschimmeltes Heu o. ä.
Farne, *Farnkräuter,* Hauptgruppe d. Gefäßkryptogamen, staudig, seltener baumartig; ungeschlechtl. Vermehrung durch „Sporen", die sich an Blattunterseiten oder an besonderen Blättern bilden; aus ihnen entstehen unscheinbare Pflänzchen (Vorkeim), die Geschlechtsorgane tragen; aus befruchteter Eizelle wieder eigtl. Farnpflanze (→ Generationswechsel).
Farnese, it. Adelsgeschlecht:
1) Alessandro, als Papst Paul III. 1534 bis 49, leitete d. Ausbau d. Peterskirche; s. Enkel
2) Alessandro (27. 8. 1545–3. 12. 92) 1578 span. Statthalter der Niederlande.
Farnese-Sammlungen, jetzt i. Neapel, m. bed. Skulpturen aus d. Antike.
Farnessina, Villa F. → Chigi.
Faro [-ru], Prov.hptst. i. S-Portugal, 30 000 E; Agrarzentrum.
Färöer, dän. Inselgruppe im Atlant. Ozean zw. Island u. Schottland, Hauptinsel Streymoy (Strømø) m. d. Hptst. Tórshavn (Thórshavn); Hochsee- u. Küstenfischerei, Schafzucht. – Seit 1380 dän., 1948 innere Selbstverw. m. eigenem Parlament (nicht Mitgl. d. EU).
Farre, *Farren,* zuchtreifer Stier.
Fars, *Farsistan,* iran. Prov. am Pers. Golf, 133 298 km², 3,2 Mill. E; heißer Küstenstrich, dahinter Hochebene mit Kontinentalklima; Hptst. *Schiras.*
Färse, junge Kuh, die noch nicht gekalbt hat.
Farthing [ˈfɑːðɪŋ], (jetzt ungültige) kleinste engl. Münze, ¼ Penny.
Faruk I., (11. 2. 1920 bis 18. 3. 65), 1936 bis 52 Kg v. Ägypten.
Fas, *s.* [l.], altrömisches Sakralrecht.
Fasanen, asiat. Hühnervögel mit langem Schwanz, Hahn bunt; seit langem in Europa; *Edel-* od. *Jagd-F.,* urspr. vom Schwarzen Meer bis Japan, in Fasanerien für Jagdzwecke gezüchtet; China: *Gold-, Silber-* u. *Diamant-, Königs-F.; Glanz-F.* im Himalaja.
Fasanerie, *w.,*
1) Fasanen-Gehege.
2) Barockschloß bei Fulda, Sommerresidenz d. Fürstäbte.
Fasces [l. „Ruten"], den → Konsuln u. Kaisern in alten Rom von d. Liktoren vorangetragene Rutenbündel mit e. Beil in d. Mitte als Zeichen d. Macht über Leben u. Tod; Hoheitsabz. d. it. Faschismus.
Fasch, Johann Friedrich (15. 4. 1688 bis 5. 12. 1758), dt. Komponist; Instrumentalmusik.
Fasche, *w.,* in d. Baukunst dekorativ gestaltete Einfassung v. Wandöffnungen (Fenster, Türen) durch d. Wand vor- bzw. eingelegte Rahmenelemente.
Faschinen [it.], aus Reisigbündeln (Weidenruten) hergestellt, zur Uferbefestigung und Dränierung.
Fasching, *Karneval,* Zeit der Ausgelassenheit v. Dreikönigstag bis Aschermittwoch; Maskentreiben; wird erstmals 1823 in Köln gefeiert, dann ab 1838 in

Farbkorrekturfilter 274 Faschismus

FÄRÖER

Name des Territoriums:
färöisch Føroyar, dän. Færøerne (Schafsinseln)

Regierungsform:
Autonomes Land unter der dänischen Krone

Hauptstadt:
Tórshavn (Thórshavn)
16 220 Einwohner

Fläche: 1399 km²

Einwohner: 47 900

Bevölkerungsdichte: 34 je km²

Bevölkerungswachstum pro Jahr: ⌀ 0,25% (1990–1995)

Amtssprache: Färöisch, Dänisch

Religion: Protestanten

Währung: Färöische Krona

Bruttosozialprodukt (1993):
682 Mill. US-$ insges., 14 800 US-$ je Einw.

Nationalitätskennzeichen: FR

Zeitzone: MEZ – 1 Std.

Karte: → Europa

Färöer

Mainz, später noch in Düsseldorf, München u. anderen Städten.
Faschismus,
1) it. pol. Bewegung, aus 1919 v. → Mussolini gegr. „Fascio di Combattimento" hervorgegangen, urspr. Kampfbund gg. linksradikale Parteien; nach Marsch auf Rom Mussolini 1922 Min.präs.; 1925 nach Staatsstreich Diktator mit d. Bez. *Duce;* anstelle d. Parlaments d. v. ihm ernannte „Große Faschistenrat"; rücksichtslose Unterdrückung d. Opposition; nationalist.-imperialistische Politik („Achse Berlin–Rom", Abessinienkrieg, 2. Weltkrieg), Ende d. F. durch Staatsstreich v. Marschall Badoglio 1943 nach Landung d. Alliierten in Italien.
2) allg. Bez. f. totalitäre nationalist. Be-

faschistoid 275 **FBI**

wegungen u. Reg.systeme; → Neofaschismus.
faschistoid, dem Faschismus ähnlich.
Faschoda, seit 1905 *Kodok,* Ort im Sudan am Weißen Nil; *F.-Konflikt* u. *F.-Vertrag* (1899) zw. Frkr., das auf d. ganze obere Niltal verzichtet.
Fase, *w.,* in d. Baukunst durch Abschrägen *(Abfasen)* meist im Winkel v. 45° d. rechtwinkel. Kante e. Werkstücks gewonnene Fläche.
Fasern, *Textilfasern,* textile Rohstoffe, entweder v. begrenzter Länge (F., Haare) od. prakt. endlos lang (Seiden). *Natur-F.* sind pflanzl. (Baumwolle, Hanf u. a.), tier. (Wollen, Seiden) od. mineral. (Asbest, Glas) Herkunft. → Chemiefasern.
Faseroptik, Verwendung v. Glasfasersträngen zur Leitung v. Lichtstrahlen; weites Anwendungsgebiet in Medizin u. Technik, da Glasfaserstränge Lichtstrahlen ohne Spiegel- od. Umlenkprismen durch beliebige Kurven und um Ecken leiten.
Faserpflanzen, Pfl., die wertvolle Spinnfasern (nachwachsende Rohstoffe) liefern, wie z. B. → Flachs, → Hanf u. → Sisalhanf.
Faserstofftechnik, Verfahren z. Gewinnung natürl. künstlicher → Fasern od. z. Verarbeitung zu Flächengebilden (→ Papier, → Weberei).
fashionable [engl. ′fæʃnəbl], vornehm.
Fasold, Riese der dt. Heldensage, von Dietrich von Bern bezwungen.
Fassade [frz.], die (geschmückte) Schauseite von Gebäuden; daher auch svw. das Äußere.
Fassbaender, Brigitte (* 3. 7. 1939), dt. Altistin.
Faßbinder, Rainer Werner (31. 5. 1945–10. 6. 82), dt. Regisseur u. Schriftst.; *Katzelmacher* (1969); *Der Händler d. vier Jahreszeiten* (1971); *Angst essen Seele auf* (1973); *E. Jahr m. 13 Monden* (1978); *D. Ehe d. Maria Braun* (1979); *Berlin Alexanderplatz* (1979/80, Fernsehserie); *Querelle* (1982).
Fasson, *w.* [frz. -′sõ], Form; Art u. Weise; Muster; Schnitt und Ausführung eines Kleidungsstückes.
Faßthorax, Brustkorb mit fast waagerecht stehenden Rippen, z. B. bei → Asthma bronchiale, → Lungenemphysem.
Fassung,
1) Befestigung; z. B. von Linsen im Fernrohr, Glühlampen im Sockel, Edelsteinen im Schmuckstück.
2) *psych.* (gefaßtes) Verhalten.
3) in d. Bildnerei die v. *Faßmaler* ausgeführte Bemalung e. Plastik.
4) in d. Künsten mehrfache, doch abgeänderte Ausführung desselben Themas durch s. Schöpfer; Ggs. z. → Kopie, → Replik.
5) Textformulierung, bes. bei Gesetzen, Dichtungen.
Fasten, freiwill. Nahrungsentzug als rel. Mittel in fast allen Religionen: bei Juden (Versöhnungstag), Mohammedanern (Ramadan), Christen (ursprünglich 40 Tage Fastenzeit, heute 2 Tage vor Ostern).
Fastenkuren, Nahrungsentzug f. best. Zeit; zum Abbau von Übergewicht, selten bleibender Erfolg; sonstige heilsame Wirkungen zweifelhaft.
Fast food [englisch ′fa:st fʊd], abwer-

tend für schnelles Essen (aus Imbißketten).
Fastnacht, südwestdt. Bez. für → Fasching.
Fastnachtsspiele, kleine Schwänke, bes. von *Hans Sachs.*
Faszie, *w.* [l.], bindegewebige Hülle der Muskeln und deren sehnenartige Fortsetzung.
Faszikel, *m.* [l.], (Akten-)Bündel.
faszinieren [l.], bezaubern, fesseln.
Fatalismus, Glaube, der Wille sei ohnmächtig, da das Schicksal *(Fatum)* vorherbestimmt sei.
Fata Morgana [it.], → Luftspiegelung.
Fathom [′fæðəm], engl. und am. (Schiffahrts-)Längenmaß, 1,83 m.
Fatiha, 1. Koransure, islam. „Vaterunser".
Fatima, jüngste Tochter Mohammeds (um 610–632), Gemahlin des Kalifen Ali; deren Nachkommen die **Fatimiden,** arab. Dynastie 909–1171 in Ägypten (Kairo), Nordafrika und Syrien.
Fatima, Wallfahrtsort in Portugal, 7200 E, Marienerscheinungen dreier Hirtenkinder im Jahre 1917.
Fattori, Giovanni (6. 9. 1825–30. 8. 1908), it. Maler; Hptmeister d. → Macchiaioli; Historienbilder *(Gestürzter Reiter),* Landschaften, Porträts.
Fatum, *s.* [l.], (unabänderlich bestimmtes) Schicksal.
Faubourg, *m.* [frz. fo′bu:r], Vorstadt, -ort.
Faulbaum → Rhamnaceae.
Faulbrut, anzeigepflichtige Seuche d. Bienen.
Faulecke, *Perlèche,* Entzündungen in d. Mundwinkeln.
Faulhaber, Michael v. (5. 3. 1869 bis 12. 6. 1952), 1917 Erzbischof v. München, 1921 Kardinal.
Faulkner [′fɔ:knə],
1) Arthur Brian Deane Lord (18. 2. 1921–3. 3. 77), nordir. Pol.; 1971/72 Premiermin., 1973/74 Chef d. Exekutive N-Irlands.
2) William (25. 9. 1897–6. 7. 1962), am. Prosadichter; behandelt soz. (bes. Rassen-)Probleme der S-Staaten; *Schall u. Wahn; Licht im August; Absalom; Eine Legende; Requiem für eine Nonne;* Nobelpr. 1949.
Fäulnis, Zersetzung organ. stickstoffhaltiger Stoffe durch Bakterien ohne Sauerstoffzutritt.
Faulschlamm, *Sapropel,* unter Sauerstoffmangel sich zersetzende Pflanzenreste am Grunde nährstoffreicher Gewässer (→ Eutrophierung); fauliger Geruch durch Schwefelwasserstoff.
Faultiere, Säuger; → Zahnarme; hängen mittels Krallen an Baumästen; Pflanzenfresser; sehr langsam; Süd- und Mittelamerika. *Dreifinger-F. (Aï)* u. *Zweifinger-F. (Unau); Riesen-F.* ausgestorben.
Faulturm, dient z. Behandlung v. vorgeklärtem Schlamm aus Abwässern.
Fauna [l.], die Tierwelt.
Fauré [fo′re], Gabriel (12. 5. 1845 bis 4. 11. 1924), frz. Komp.; Musikdrama *Pénélope;* Chorwerke (u. a. *Requiem),* Orchester- u. Kammermusik, Lieder.
Faust, Dr. Johannes, sagenhafter Zauberer des 16. Jh.; verschrieb d. Teufel seine Seele; Held der dt. Volksbuchs (1587), ins Englische übersetzt, danach

Marlowes Drama; im 17. u. 18. Jh. Puppenspiel, Quelle für Lessing u. Goethe, bei dem Faust zum Sinnbild menschl. Erkenntnis- u. Unendlichkeitsdranges wird; neuere Bearbeitungen v. Lenau, Valéry u. Th. Mann.
Faustball, heute kaum noch übliche Variante des → Volleyball.
Fäustel, Hammer d. Bergleute.
Faustkeil, meist aus Feuerstein od. Quarzit, altsteinzeitl. Gerät.
Faustpfand → Pfandrecht.
Faustrecht, im MA Recht der Selbsthilfe bei Versagen der gültigen Rechtshilfe.
Fauteuil, *m.* [frz. fo′tœj], Arm- u. Lehnsessel.
Fautrier [fotr′je], Jean (16. 5. 1898 bis 21. 7. 1964), frz. Maler; zuerst expressionist. Akt- u. Tiermaler, dann e. Pionier d. → informellen Kunst; *Geiseln; Grünes.*
Fauvismus [frz. fo′v-], Richtung der nachimpressionist. frz. Malerei, ähnlich dem dt. Expressionismus; Gruppe „Les Fauves" (die Wilden), bes. 1905–07, setzt anstelle d. Tupfengewebes der Impressionisten ungebrochene Farbflächen u. kräftige dunkle Konturen; Vertr. u. a. *Matisse, Derain, Vlaminck.*
Fauxpas, *m.* [frz. fo′pa], Verstoß gegen die Sitten.
Favelas, brasilian. Slums.
Favismus, *Bohnenkrankheit,* angeborener Enzymdefekt, gefährl. Blutabbau nach Verzehr best. Bohnen, im Mittelmeerraum verbreitet.
Favoris [frz.], Backenbart.
favorisieren [frz.], begünstigen.
Favorit, *m.* [it.], Günstling; voraussichtl. Sieger eines Wettkampfes.
Favoritin, Geliebte eines Fürsten.
Favre [fa:vr],
1) Jules (21. 3. 1809–19. 1. 80), frz. Staatsmann; stürzte → Napoleon III., unterzeichnete 1871 Frieden mit Dtld.
2) Louis (26. 1. 1826–19. 7. 79), schweiz. Ingenieur; Erbauer des St.-Gotthard-Tunnels.
Favus, *Erbgrind,* Hautpilzerkrankung, meist am Kopf.
Fawkes [fɔ:ks], Guy, Haupt d. → Pulververschwörung; 1606 hingerichtet.
Fayence, *w.* [frz. fa′jãs], s. 15. Jh. nach d. it. St. *Faënza* benannte Töpferwaren, undurchsichtig, naturfarben, mit bemalter Blei- od. Zinnglasur. Auch → Majolika.
Fayum, ägypt. Halboase, ca. 75 km sw. von Kairo, durch den Kanal m. d. Nil verbunden. Bed. Kultort des Krokodilgotts Sobek.
Fazenda, *s.* [portugies.], Landgut im port.-sprechenden Südamerika.
Fäzes [l.], Stuhl, Kot.
Fazetien [l. „Scherze"], Schwänke, Schnurren.
fazial [l.], zum Gesicht gehörig.
Fazialis, Gesichtsnerv, versorgt d. Bewegung d. mimischen Muskulatur.
Fazialislähmung, Gesichtslähmung.
Fazies [-ĭɛs], *geolog.* Gesamtheit d. verschiedenen Faktoren (phys., chem. u. biol.) bei d. Gesteinsbildung.
Fazit, *s.* [l.], Ergebnis; Endsumme.
Fazzini, Pericle (* 4. 5. 1913), it. Plastiker; lyr. Realismus; *Der Dichter Giuseppe Ungaretti; Akrobaten.*
FBI [εfbi:′ai], Abk. f. **F**ederal **B**ureau of **I**nvestigation, Bundeskriminalamt der USA, 1908 gegr.

Jagdfasan

William Faulkner

Fayence, *Orangenkübel*

FCKW → Fluorchlorkohlenwasserstoffe.
FDGB → Gewerkschaften, Übers.
FDJ → Jugendverbände.
F.D.P., **F**reie **D**emokratische **P**artei, → Parteien, Übers.
Fe, chem. Zeichen f. → Eisen (lat. ferrum).
Fearnley ['fə:nlɪ], Thomas (27. 12. 1802–16. 1. 42), (Landschafts-)Maler; Hptvertr. d. norweg. Romantik; *Mondschein bei Sorrento; Labrofossen.*
Feature, s. [engl. 'fi:tʃə], i. Funk u. Fernsehen: Gestaltung eines an sich undramatischen Stoffes durch akustische u. filmische Mittel (mehrere Sprecher, Musik, Geräusche).
Feber, östr. für Februar.
febril [l.], fieberhaft.
Febronianismus, m., sog. n. J. Febronius (J. = Hontheim), d. → Episkopalismus u. → Gallikanismus nahestehende, kirchenpol. Richtung: f. e. Stärkung d. dt. Nat.kirche, gg. d. päpstl. Vormachtstellung.
Februar, östr. *Feber,* nach dem röm. Reinigungsfest *Februa* ben.; 2. Monat (28, im Schaltjahr 29 Tage); altdt. *Hornung.*
Februaraufstand, 1934 durch d. östr. Sozialisten u. d. Regierung → Dollfuß.
Februarrevolution,
1) 24. 2. 1848, Sturz Ludwig Philipps und Errichtung der 2. frz. Republik.
2) 23. 2. (8. 3.) 1917 in Petrograd; Rußland wurde de facto Republik.
fec., Abk. f. *fecit* [l. „hat (es) gemacht"], auf Kunstwerken, hinter d. Namen des Künstlers.
Fechner, Gustav Theodor (19. 4. 1801 bis 18. 11. 87), dt. Phil., Vertr. d. induktiven Metaphysik; lehrt, daß jedem körperl. Vorgang ein geistiger parallel geht (psychophys. Parallelismus, → *Weber-Fechnersches Gesetz*).
fechten, mit Fechtwaffen *(Florett, Säbel, Degen)* im Zweikampf einander (sportlich) bekämpfen; Ziel im Fechtsport: durch Hieb od. Stoß den Gegner zu treffen bzw. Angriffe m. eigener Waffe abzuwehren; Fechter ist geschützt durch Maske, wattierte Fechtjacke, Polsterhandschuh, Ellbogenschutz; Treffer werden gewertet v. oberen Kragenrand bis z. Leistenfurche (f. Florett), oberhalb d. Hüfte einschließl. Kopf u. Armen (für Säbel), ganzer Körper (für Degen). Auch → *Mensur.*
Fechter, Paul (14. 9. 1880–9. 1. 1958), dt. Schriftst. u. Kritiker; *D. Zauberer Gottes.*
Fedaijin [arab. „die Opferbereiten"], s. 1965 arab. Sammelbez. f. die antiisrael. Guerillaorganisation d. → PLO.
Feder,
1) hornartiges Oberhautgebilde der Vögel, besteht aus Kiel, Schaft u. Fahne; man unterscheidet: *Deck-, Daunen-, Schwung-* u. *Steuerfedern.*
2) *Technik:* elast. Metallstreifen od. Draht; gebogen, spiralig od. schraubenförmig aufgewickelt, um Zug od. Druck auszuüben od. aufzufangen; meist a. Stahl.
Federal Reserve System ['fɛdərəl rɪ'zɜ:v 'sɪstɪm], 1913 gebildete Bankenorganisation d. USA, gegliedert in 12 Gebiete mit je einer Bundes-Reserve-Bank *(Federal Reserve Bank)* als bankmäßiger Spitze d. dezentralisierten Banksy-

Federation-Cup-Gewinnerinnen '92, Steffi Graf, Anke Huber, Barbara Rittner und Sabine Hack (v.l.n.r.)

stems d. USA; d. Bundes-Reserve-Banken sind zugleich die Notenbanken d. USA.
Federation Cup, *Tennis:* s. 1963 inoffizielle Mannschafts-WM der Damen; i. Ggs. zu: Davis-Cup (Herren).
Federgewicht, Gewichtsklasse, beim Boxen bis 57 kg, Ringen bis 63 kg, Gewichtheben bis 60 kg, Judo bis 57,5 kg, Rasenkraftsport bis 65 kg.
Federgras, in Trockengebieten Europas, Asiens u. Afrikas. ♦.
Federlinge, lausähnliche Insekten, schmarotzen auf Vögeln u. Säugetieren.
Federmotten, Kleinschmetterling, Puppen meist im Gespinst am Baum.
Federnelke, *Pfingstnelke,* rosa Blüte, auch Zierpflanze. ♦.
Federsee, i. F.moor b. Bad Buchau, SW-Wü. (Oberschwaben), mit vorgeschichtl. Siedlungsresten; Vogel- u. Naturschutzgebiet.

Florett, Seoul 1988, Mathias Gey (D, re) – Anwar Ibragimow (UdSSR)

Federspiel, Flugwildattrappe (Lockvogel) zum Zurückholen des jagenden Beizvogels (Falken).
Federstahl, Stahl mit besonders hoher Elastizität (z. B. Silizium-, Chromstahl usw.).
Federvieh, landw. Nutztiere, zahmes Geflügel (Hühner, Enten, Gänse usw.).
Federwaage, d. Last drückt eine Feder zusammen od. spannt sie und bringt so e. an ihr befestigten Zeiger zum Ausschlag, d. e. Maß f. d. Gewicht d. Last ist.
Federweißer, gärender Weinmost (in Östr. Sturm).
Federzüge, schriftartige Druckornamente.
Fedotow, Pawel Andrejewitsch (4. 7. 1815–26. 11. 52), russ. Maler, Vorkämpfer d. Realismus; Genreszenen, bürgerl. Satiren, später wg. Zensur gefälligere Schilderungen.
Fee, guter od. böser weibl. Geist in oriental., roman. u. kelt. Sagen; vom dt. Märchen übernommen.
Feedback, s. [engl. 'fi:dbæk „Rückfütterung"],
1) *psych.* Rückmeldung eigener Gefühlsreaktionen auf d. Verhalten eines anderen; → Gruppentherapie.
2) Regelung techn. u. biol. Vorgänge; Prinzip: steuerndes Organ durch Rückmeldung über den tatsächl. Zustand des zu regelnden Vorgangs zu informieren. → Rückkopplung, → Regelkreis, → Kybernetik.
Feerie [feə'ri], prächtiges Ausstattungs-

Schrauben-Feder

Kegel-Feder

Blatt-Feder

stück m. märchenhafter Handlung (bes. b. → Raimund).
Fegefeuer, lat. *purgatorium,* nach d. kath. Lehre Zustand, in dem sich d. Seelen zw. Tod u. Auferstehung zum Zweck d. Läuterung befinden.
fegen, b. *Hirschen, Rehböcken:* den Bast an Bäumen abstreifen.
Feh, Winterpelz des sibir. Eichhörnchens.
Fehde [mhdt.], im MA kriegerische Selbsthilfe, durch F.brief entweder schriftlich, sonst durch symbol. Hinwerfen des F.handschuhs eröffnet; d. allmählich entstandene F.recht regelte Kriegsverfahren; unter Maximilian I. durch Verkündung des allg. Landfriedens abgeschafft.
Fehldruck, fehlerhafter Druck von Wertpapieren u. Briefmarken; bedeutend für Sammler.
Fehlerstromschutzschalter, *FI-Schalter,* Berührschalter, unterbricht Netzstrom, sobald Fehlerstrom durch Erdschluß auftritt.
Fehlgeburt → Abort.
Fehling, Hermann Ch. von (9. 6. 1811 bis 1. 7. 85), dt. Chem.; nach ihm F.sche Lösung (z. Nachweis v. Traubenzucker).
Fehmarn, kornreiche Ostseeinsel, Schl.-Ho., waldlos und flach, 185 km², 12 000 E; Hptort *Burg* (5676 E).
Fehmarn-Belt → Belt.
Fehmarnsund-Brücke, s. Mai 1963 Verbindungsstrecke (Straße, Schiene) zw. Fehmarn u. dem dt. Festland. → Vogelfluglinie.
Fehn [holl.], *Fenn, Venn, Feen,* Sumpf, Moor, bes. in Ostfriesland u. Ndl.; → Hohes Venn.
Fehnkultur → Moorkultur.
Fehrbellin (D-16833), St. im Kr. Neuruppin, Bbg., 3199 E. – Sieg d. Großen Kurfürsten über d. Schweden 1675.
Fehrenbach, Konstantin (11. 1. 1852 bis 26. 3. 1926), dt. Zentrumspol.; 1919 Präs. d. Nat.vers.; 1920/21 Reichskanzler.
Feichtmayr, *Feuchtmayer,* südd. Künstlerfamilie d. Spätbarock u. Rokoko: Bildhauer u. Stukkateure; u. a. Johann Michael (um 1709–4. 6. 72), Stukkaturen z. B. der Kirchen in *Zwiefalten, Ottobeuren, Vierzehnheiligen.*
Feiertage,
a) *religiöse F.:*
1) gesetzliche F. in Dtld: Neujahr, Karfreitag, Ostern, Christi Himmelfahrt, Pfingsten, Weihnachten; außerdem länderweise verschieden u. z. T. jeweils nur f. überwiegend kath. bzw. ev. Gemeinden: Epiphanias, Fronleichnam, Mariä Himmelfahrt (15. 8.), Allerheiligen (1. 11.), Reformationsfest, Buß- u. Bettag u. a.;
2) isr. F.: Passah (Ostern), Wochen-, Laubhüttenfest, Neujahr, Versöhnungstag;
3) moh. F.: großer u. kleiner Bairam;
b) *Gedenktage* für berühmte Personen und geschichtl. bedeutsame Ereignisse; → Nationalfeiertage.
Feigenbaum, Baum m. süßen Früchten aus d. Mittelmeerländern; weitere Arten d. Tropen; verwandt dem → Gummibaum.
Feigenkaktus, svw. → Opuntie.
Feigwarzen, *Kondylome,* warzenähnl. Erhebungen der Haut in der Umgebung der Geschlechtsteile.

Feile, Werkzeug aus Stahl mit eingehauenen schräggestellten Schneidkanten („Hieb") z. Metall-, Holzbearbeitung usw. durch Abhebung von Spänen.
Feim, m., **Feime,** w., **Feimen,** m., → Miete.
Feindstaatenklausel, aus Art. 53 u. 107 d. UN-Charta v. d. UdSSR nach Ende des 2. Weltkr. abgeleitetes Recht z. Intervention i. d. BR, auf d. sie erst im dt.-sowj. Vertr. v. 1970 verzichtete.
Feingehalt, Verhältnis des Edelmetalls zum Gesamt-Metallgewicht in Legierungen; bei Gold in Tausendteilen oder Karat ($^{1000}/_{1000}$ = 24 Karat), bei Silber auch in Lot ($^{1000}/_{1000}$ = 16 Lot); dt. Goldmünzen hatten $^{900}/_{1000}$ F.
Feininger, Lyonel (17. 7. 1871–13. 1. 1956), dt.-am. Maler, 1919–33 am Bauhaus in Weimar u. Dessau, s. 1937 wieder in New York, Hptvertr. d. dt. Kubismus: verbindet geometr. Formen m. Licht- u. Raumwirkungen; Landschaften u. Städtebilder.
Feinkeramik, Herstellung von Irdengut (Töpferwaren, Steingut), Sinterzeug (Steinzeug, Porzellan), sanitärer u. techn. Keramik, Isolatoren u. Isolierteile. Umsatz d. feinkeram. Ind. in der BR 1992: 1,820 Mrd. DM.
Feinkornentwickler, für Schwarzweiß-Filme, v. a. f. Selbstentwicklung u. hohe Qualität der Negative; sehr gute Schärfe.
Feinstrukturkonstante, v. → Sommerfeld eingeführte dimensionslose → Konstante d. theoret. Physik, gebildet aus Elementarladung, Planckschem Wirkungsquantum (→ Quantentheorie) u. → Lichtgeschwindigkeit; sie bestimmt d. Stärke d. Wechselwirkung von el. → Ladung u. → elektromagnet. Feldern.
Feinzink, meist elektrolytisch hergestelltes Zink mit über 99% Gehalt reinen Zinks.
Feisal → Faisal.
Feist, s., das Fett bei Schalenwild (außer Schwarzwild).
Feiung, svw. → Immunität.
Felbel, m. [it.], langhaar. pelzähnl. Samt f. Hüte.
Felber Tauern, östr. Paß in den Hohen Tauern, 2545 m; – **Felber-Tauern-Straße** mit 5,6 km l. Straßentunnel.
Felchen, m., Lachsfisch, → Renken.
Feld, phys. Zustand des Raumes, wird als (reelle oder komplexe) → Funktion der Raumkoordinaten (→ Koordinaten) beschrieben; die math. Funktion kann ein → Skalar, → Tensor, → Vektor od. dgl. sein; z. B. Gravitations-, el., magnet. Feld.
Feldambulanz → Hauptverbandsplatz.
Feldbahn, Schmalspurbahn (f. Gütertransport).
Feldbefestigungen, mil. Geländeverstärkungen in u. auf d. Erde zum Schutz v. Menschen u. Material gg. feindl. Waffenwirkung.
Feldberg,
1) höchster Schwarzwaldgipfel, 1493 m.
2) Gr. F., höchster Berg i. Taunus, 879 m (Fernmelde- u. Fernsehsendeturm), u. Kl. F., 827 m.
Feldeffekttransistor, FET, unipolarer → Transistor mit hohem Eingangswiderstand u. fast leistungsloser Steuerung; drei Anschlüsse: Drain (Abfluß), Gate (Tor, Steueranschluß), Source (Quelle der Ladungsträger): man unterscheidet zw. Sperrschicht- u. Isolierschicht-FET (→ MOS-Transistor). → Halbleitertechnik.
Feldelektronenmikroskop, spezielles Elektronenmikroskop; zwischen feiner Wolframspitze als Kathode u. Leuchtschirm als Anode liegende Spannung führt an d. Spitze zu sehr hoher → Feldstärke; dadurch Auslösung von → Elektronen aus d. Spitze, die z. Leuchtschirm fliegen u. dort e. bis zu millionenfach vergrößertes Abbild d. Struktur d. Spitze od. auf ihr aufgebrachter Kristalle hervorruft (Kristallforschung).
Feldfieber, Schlamm-, Erntefieber, grippeähnl. epidem. Infektion, oft m. Hirnhautreizung, durch → Leptospiren, Mäuse als Überträger.
Feldforschung, ethnolog. Forschung aufgrund direkter Begegnung m. d. untersuchten Kultur. Auswertung von Gesprächen, Filmen, Fotografien, Objekten.
Feldgehölz, Feldholzinsel, kl. Baum- od. Strauchinsel, meist a. Laubgehölzen, am Rande od. i. d. Feldmark; Lebensraum u. Zufluchtsort f. Insekten, Kleintiere u. Vögel.
Feldgeistliche, Geistliche bei mil. Verbänden.
Feldgemeinschaft, altdt.-rechtl.: Allmende; russisch-rechtl.: Mir, d. gemeinschaftl. Grundbesitz d. Dorfbewohner.
Feldgendarmerie, früher mil. Polizeitruppe zur Aufrechterhaltung der Ordnung hinter der Front.
Feldheer → Heer.
Feldhühner, Unterfamilie d. Fasanartigen (z. B. → Rebhuhn, → Wachtel, → Frankoline).
Feldjäger,
1) Soldat d. Feldjägertruppe der Bundeswehr.
2) 1740–1919 im preuß. Heer bestehendes berittenes F.-korps, meist Forstleute, v. a. f. Kurierdienste.
Feldjägertruppe, mil. Ordnungs- bzw. Verkehrsdienst der Bundeswehr.
Feldkirch (A-6800), Bez.hptst. in Vorarlberg, an der Ill, 26 730 E; Textil- u. Holzind., Verkehrsknotenpkt, Fremdenverkehr; ma. Stadtbild.
Feldlazarett, i. Kriege erstes, meist mobiles Lazarett hinter d. Front.
Feldlinien, b. e. magnet. Feld, geben an jeder Stelle d. Richtung d. Kraftwirkung auf e. magnet. Pol an.
Feldmarschall → Marschall.
Feldnephritis, akute Nierenentzündung bei Soldaten, Ursache unbekannt.
Feldpost, Sondereinrichtungen der Post f. d. Briefverkehr zw. Front (bzw. Stationierungsort) u. Heimat.
Feldsalat, svw. → Rapunzel.
Feldscher, Bez. f. Wundärzte bei d. Truppe.
Feldschlange, ma. Geschütz.
Feldspat, wichtige Mineralgruppe der → Silicate; oft Hauptminerale der → Magmatite u. → Metamorphite, daher Hptmineral d. Erdkruste (→ Erde); Hauptgruppen: Orthoklas (Kali-F.) u. Plagioklas (Kalk-Natron-F.); F. verwittert zu Kaolin, Ton und kalihaltigem, tonigem Boden.
Feldstärke, Feldvektor eines Kraftfel-

Federmotte

Fegefeuer, Miniatur um 1460

Feige

Feldeffekttransistor, Sperrschicht-FET mit N-Kanal (Aufbau vereinfacht)

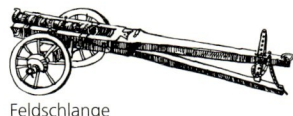
Feldschlange

Feldionenmikroskopaufnahme der Oberfläche eines Wolfram-Einkristalles. Helle Punkte: Emissionsbilder der Atome

des (Vektorfeld), zur Darstellung der Richtung u. des Betrags der Kraft, die in e. betrachteten Raumpunkt auf e. Körper wirkt.
Feldstecher, Krimstecher, Doppelfernrohr f. Handgebrauch (bis 18fache Vergrößerung).
Feldwebel, alte Form Feldweibel, erster Dienstgrad der Unteroffiziere m. P. (F., Ober-F., Haupt-F., Stabs-F., Oberstabs-F.), in einigen Waffengattungen früher Wachtmeister; Marine: Bootsmann.

Feldspat

Feldwebelleutnant, bis z. 1. Weltkr. Bez. f. e. z. Offiziersdienst i. Kriege geeigneten Unteroffizier.
Feldzeugmeister, im ehemaligen dt. Heer General, Leiter der Feldzeugmeisterei (Beschaffung der Kampfmittel usw.); im kaiserl. Östr. Generalstitel bei der Artillerie u. techn. Waffen (Rang = Gen. d. Infanterie).
Felge,
1) gebogener Radkranz (der die Bereifung trägt).
2) eine Turnübung am Reck (Felgenumschwung).
Felicitas [l. „Glück"], w. Vn.
Feliden, svw. → Katzen.
Felix [l. „der Glückliche"], m. Vn.
Felixmüller, Conrad (21. 5. 1897 bis 24. 3. 1977), dt. Maler u. bes. Graphiker d. expressiven Realismus; Porträt Max Liebermann.
Fellachen, die Ackerbau treibende moh. Bev. Ägyptens u. Arabiens.
Fellatio, w. [l.], Mundverkehr m. Einführen d. männl. Gliedes in d. Mund d.

Fernsehen

Grundgedanke: Das zu übertragende Bild wird in Punkte (Bildelemente) eingeteilt, deren Helligkeitswerte nacheinander durch opt.-el. Wandler (Bildaufnahmeröhren) zeilenförmig abgetastet u. in entsprechende Strom- bzw. Spannungsschwankungen (Bildsignal) umgewandelt werden. Über Kabel od. Funkverbindung wird das Bildsignal in seiner eigtl. Frequenzlage od. auf e. Träger moduliert einem Wiedergabegerät zugeführt. Nach entsprechender Aufbereitung wird d. el. Signal dem el.-opt. Wandler (→ Bildröhre) zugeführt u. als ein Abbild der Helligkeitsverteilung der Bildvorlage wiedergegeben (Schwarzweiß-F.). Eine Synchronisiereinrichtung (Taktzentrale) sorgt dafür, daß Abtasten beim Aufnahmegerät (Fernsehkamera) u. Niederschreiben beim Wiedergabegerät (Fernsehempfänger) gleichzeitig erfolgen. F. unterscheidet sich im Prinzip von → Bildtelegraphie nur durch die raschere Abtastung.

Praxis: Da beim F. ruhende u. bewegte Bilder übertragen werden, ist eine rasche Bildfolge erforderlich, um bei bewegten Bildern kontinuierliche Bewegungen wiederzugeben. Allg. werden 25, in Amerika 30 Bilder pro Sek. übertragen, Bildkantenverhältnis 4:3. Da Bildzahl aber pro Sek. größer als 25 sein muß, weil sonst das Auge Flimmern wahrnimmt, werden 50 halbe Bilder pro Sek. übertragen. Dabei wird zuerst die 1., 3., 5. usw. u. dann die 2., 4., 6. usw. Zeile übertragen (ähnlich wie beim Kino, wo aus gleichem Grund 24 Bilder pro Sek. je 2mal vorgeführt werden). Zeilenzahl: dt. (eur.) Norm 625, am. Norm 525. Je größer Zeilenzahl, um so schärfer ist Auflösung des Bildes und um so größer die zur Übertragung benötigte Kanalbreite. Videobandbreite (→ Video-Signal) 5 MHz. Fernsehen m. hoher Bildauflösung (Kinoqualität d. Bilder) dank neuer Fernsehnormen (HDTV = High Definition Television). Diagonale bei Rechteckbildschirm bis 82 cm; Spezialröhren mit großer Bildschirmhelligkeit ermöglichen Großprojektion wie im Kino. Außerdem gibt es 3 Verfahren f. flache Bildschirme (LCD- oder Flüssigkristall-, Plasma- u. elektrolumineszierende Bildschirme), die vor allem f. kleine Geräte (Taschenfernseher s. 1984) verwendet werden.

Bei **Farbfernsehen** wird Bildinhalt im opt. Strahlengang der Fernsehkamera durch dichroitische (→ Dichroismus) Prismen od. Spiegel in die drei Grundfarben Rot, Grün u. Blau zerlegt. 3 Bildaufnahmeröhren erzeugen je ein Bildsignal, die wiederum zu einem Signal zusammengefaßt werden. Somit besteht das zu übertragende Video-Signal aus einem amplitudenmodulierten Leuchtdichte-Signal u. einem phasenmodulierten Farbart-Signal (= Farbton u. -sättigung) mit Bezugs- impuls. Beim Empfänger wird das Video-Signal wieder zerlegt u. einer Farbbildröhre zugeführt (mehrere Verfahren: → NTSC, → PAL, → SECAM). → Kompatibilität zw. Schwarzweiß- u. Farbfernsehsystemen.

Betriebsablauf: Mit Fernsehkamera wird die v. Studio produzierte Sendung aufgenommen u. als Video-Signal (VF) unmittelbar od. nach Speicherung über Richtfunkverbindungen (dm-Wellen) od. auch über Koax-Kabel zu d. Sendern übertragen. Die Fernsehstationen bestehen aus 2 getrennten Sendern (Bildsender u. Tonsender), jedoch mit gemeinsamer Antenne. Bildsender wird mit VF, Tonsender mit NF (→ Rundfunktechnik) moduliert. Nach eur. Norm beträgt der Abstand zw. Bild- u. Tonträger 5,5 MHz; der Bildträger ist amplitudenmoduliert, d. Tonträger frequenzmoduliert. Breite eines Fernsehkanals (Bild u. Ton) 7 MHz bei Band I u. III, 8 MHz bei Band IV u. V (→ Rundfunkwellen). Wegen d. hohen Frequenzen d. Fernsehsender herrschen fast optische Ausbreitungsverhältnisse; für einwandfreien Empfang ist daher optische Sicht anzustreben. Deshalb ist auch eine relativ große Zahl von Sendern u. → Fernsehumsetzern notwendig. Die über die Sendeantenne abgestrahlte modulierte Hochfrequenz (VHF bzw. UHF) wird beim Empfänger verstärkt u. demoduliert, die VF der Braunschen Röhre u. die NF dem Lautsprecher zugeführt.

Fernsehgeräte i. d. BR (1989) 26,6 Mill. Daneben wird F. über Kabel (Koaxial- oder Glasfiberkabel) übertragen. Kabelfernsehen, ursprünglich zur Überwindung von sog. Schattenzonen entwickelt, ermöglicht bessere Bildqualität und Ausnutzung von mehr Kanälen (Einspeisen von Programmen, deren Sender sich außerhalb der Reichweite terrestr. Frequenzen befinden) sowie lokale Programme. Direktstrahlende Satelliten, die eine erheblich größere Reichweite als terrestr. Frequenzen besitzen, erlauben einen besseren Empfang von mehr Programmen mittels spezieller Parabolantennen. F. wird unter anderem auch zur Überwachung von Produktionsanlagen in der Industrie, zur Überwachung des Verkehrs in Großstädten und für Sicherungszwecke verwendet.

Geschichte: 3 Phasen d. Entwicklung (1860–1920 Fernseherfindungen; 1920–50 experimentelle Entwicklung, ab 1950 techn. Verwertung). 1924 beweist A. Karolus techn. Realisierbarkeit, 1932 demonstrieren V. Ardenne u. Loewe erstmals elektron. Fernsehen; 1935 erste Programmausstrahlung (Dt. Reich), 2. Weltkrieg verzögert die Einführung d. F., ab 1950 Schwarzweiß-F. in d. BR, s. 1967 Farbfernsehen; s. Mitte d. achtziger Jahre Kabelfernsehen, s. 1989 Satellitenfernsehen.

Moderne, hochwertige Fernsehempfänger (→ Hi-Fi u. Stereophonie, teilweise bereits digitale Schaltungstechnik, hochintegrierte Bausteine, eingebaute Decoder u. ä.) bieten heute eine Vielfalt an Nutzungsmöglichkeiten (Abb.).

Partnerin bzw. des homosexuellen Partners.

Fellbach (D-70734–36), St. i. Rems-Murr-Kr., Ba-Wü., 41 848 E; Wein- u. Gartenbau, div. Ind.

Felleisen, Ranzen (der Handwerksburschen).

Fellini, Federico (20. 1. 1920–31. 10. 93), it. Filmregisseur; *La strada* (1954); *La dolce vita* (1960); *Satyricon* (1969); *Roma* (1972); *Amarcord* (1974); *Casanova* (1974/75); *E la nave va* (1984).

Fellner, Ferdinand (19. 4. 1847–22. 3. 1916), öštr. Architekt d. Historismus; bes. Theaterbauten (z. B. in Wien, Augsburg, Zürich, Hamburg).

Fellow [engl. ˈfɛloʊ], Bursche; Mitglied einer engl. wiss. Gesellschaft oder eines → College; als letzterer oft Inhaber eines Stipendiums.

Felonie [frz.], im Lehnsrecht Treulosigkeit des Vasallen gegenüber Lehnsherrn wie auch umgekehrt; heute svw. Treubruch, Verrat.

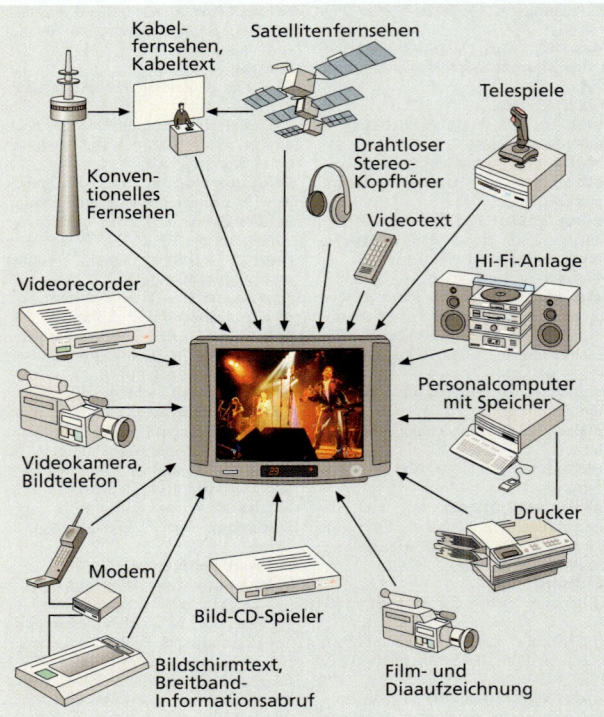

Nutzungsmöglichkeiten des Farbfernsehers

Felsendom, islam. Moschee, zw. 685 u. 705 errichtet; 8eck. Kuppelbau über e. Felsen i. Jerusalem; Juden wie Arabern heilig: Opferstätte Abrahams u. Isaaks sowie Ausgangsort v. Mohammeds Himmelfahrt.
Felsengebirge, engl. *Rocky Mountains,* östl. Ketten der nordam. Kordilleren, Wasserscheide zw. Pazifik und Atlant. Ozean, von Alaska, nördl. des Yukon-Tales, durch Kanada (*Mt. Robson* 3954 m), die USA (*Mt. Elbert* 4402 m) bis zur N-Grenze Mexikos, 4500 km l; tiefe Felsschluchten (Cañons), innerhalb der Ketten, Hochtäler (Parks) u. Hochebenen (künstl. Bewässerung); mineralreich (Gold, Silber, Kupfer, Uran, Erdöl, Blei, Zink, Wolfram).
Felsenstein, Walter (30. 5. 1901 bis 8. 10. 75), dt. Regisseur; Intendant d. Komischen Oper in Berlin.
Felsentaube, altweltl. Taubenart, Stammform d. Haustaube.
Feluke, *w.* [it.], kl. Küstensegelschiff.
Femegerichte [„veme = Strafe"], urspr. Volksgerichte, bes. in Westfalen, unter freigesessenen Bauern, später im ganzen Reich. Wer der Ladung zum F. nicht folgte, wurde *verfemt* (geächtet) u. konnte ohne weiteres hingerichtet werden.
Femelhieb, svw. → Plenterhieb.

Femelwald, svw. → Plenterwald.
feminin [l.], weiblich; weibisch.
Femininum, *s.,* Wort weiblichen Geschlechts.
Feminismus, Frauenbewegung, zielt auf Gleichstellung, Rollenbefreiung i. Politik u. Ges.
Femme fatale [frz. famfa'tal], verhängnisvoll-verführerische Frau, Vamp.
Fenchel, Doldenpflanze d. Mittelmeerländer; liefert äther. Öle u. *Fencheltee;* auch Gemüse (ital. *Finocchi*).
Fender, *m.,* Schutzkissen, schützt Schiff b. Anlegen vor Aufprall, Scheuern an der Kaimauer.
Fendi, Peter (4. 9. 1796–28. 8. 1842), östr. Maler u. Graphiker d. Biedermeier; Genreszenen, Porträts.
Fénelon [fen'lõ], François de (6. 8. 1651–7. 1. 1715), frz. Schriftst.; *D. Abenteuer Telemachs.*
Fenestrelle, Festungsanlage (5 km Länge, 600 m Höhenunterschied) in Italien (Prov. Turin), 17.–18. Jh.
Fenier, irisch-republikanischer Geheimbund, seit 1858 für Selbständigkeit Irlands.
Fenn → Fehn.
Fennek, *Fenek,* Wüstenfuchs N-Afrikas, sandgelb.
Fennoskandischer Schild, *Baltischer Schild,* Bez. für die geolog. Einheit Skandinavien, Finnland, O-Karelien, Halbinsel Kola; vereinzelt horizontale paläozoische Schichten über kristallinem, gefaltetem, präkambrischem Gestein.
Fenrir, *Fenriswolf,* nordgerman. riesiger Dämon; Wolfsgestalt, d. b. Weltuntergang (→ Ragnarök) d. Himmelsgott → Wodan verschlingt.
Fenriswolf, Ungeheuer der altnord. Sage; verschlingt in der Götterdämmerung Odin.
Fensterrose, gr. Rundfenster i. ma. Kirchenbau mit radial verlaufender Maßwerkfüllung u. (i. d. Gotik) Glasmalerei; auch *Rosette.*
Fenstertechnik, Bildschirmdarstellung v. Software, bei der die Anzeige in verschiedene unabhängige Bereiche („Fenster") unterteilt wird, die sich überlappen können; erleichtert d. abwechselnde Benutzung verschiedener Programme.
Fensterung → Otosklerose.
Feodossija, ukrain. Hafenst. u. Kurort an der SO-Küste der Krimhalbinsel, 83 000 E – Im Altertum *Theodosia,* griech., im 6. Jh. v. Chr. von Siedlern aus Milet gegr., im MA Kaffa, genues. Kolonie.
Ferdinand [westgot. „kühner Friedensschützer"],
a) *röm.-dt. Kaiser:*
1) F. I. v. Habsburg (10. 3. 1503–25. 7. 64), 1526 *Kg v. Böhmen u. Ungarn,* 1556 Nachfolger Karls V., Stifter d. Augsburger Religionsfriedens.
2) F. II. (9. 7. 1578–15. 2. 1637), reg. s. 1619, Hptgegner der Protestanten im 30jährigen Krieg u. Träger d. Gegenreformation.
3) F. III. (13. 7. 1608–2. 4. 57), schloß 1648 den Westfäl. Frieden.
b) *Aragonien:*
4) F. II. (10. 3. 1452–23. 1. 1516), Kg, vereinte durch Heirat mit Isabella von Kastilien beide Königreiche.
c) *Braunschweig:*

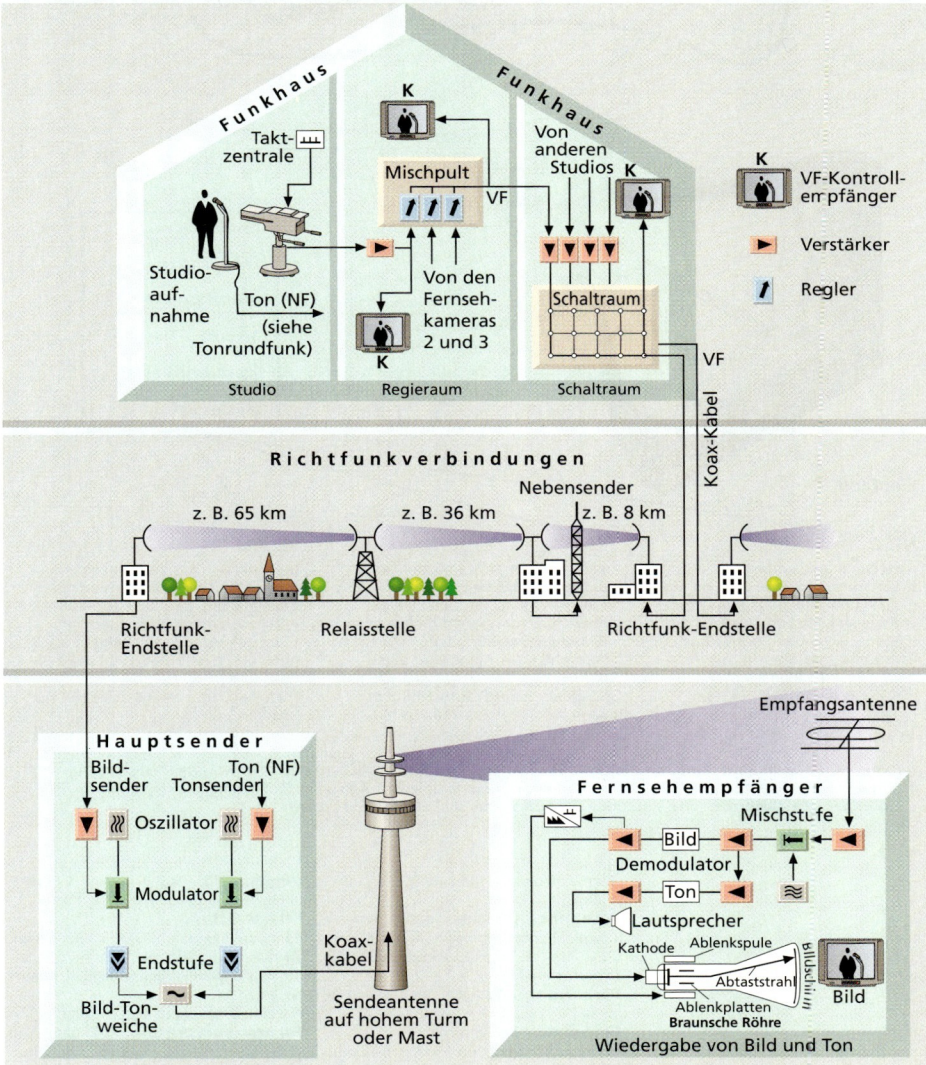

Weg einer Fernsehsendung vom Studio zum Empfänger

5) F., Hzg (12. 1. 1721–3. 7. 92), preuß. Feldmarschall im 7jähr. Krieg.
d) *Bulgarien:*
6) F. (26. 2. 1861–10. 9. 1948), 1887 Fürst, 1908 Kg, Coburger, dkte. 1918 ab.
e) *Östr.:*
7) F. I. (19. 4. 1793–29. 6. 1875), Kaiser 1835, dankte 1848 zugunsten s. Neffen Franz Joseph ab.
f) *Rumänien:*
8) F. I. v. Hohenzollern-Sigmaringen (24. 8. 1865–20. 7. 1927), Kg s. 1914.
g) *Spanien:*
9) F. VII. (14. 10. 1784–29. 9. 1833), 1808 Kg, von Napoleon I. abgesetzt, 1814 wieder eingesetzt, 1823 Kampf mit d. Karlisten, Anhängern seines Bruders Don → Carlos.

Fergana,
1) Beckenlandschaft in Usbekistan, durch Staudämme u. Kanäle in fruchtbare Kulturoase verwandelt, v. Naryn (Syrdarja) durchflossen; Erdöl, Kohle, Uranerz.
2) St. im Gebiet *F.*, 200 000 E.

Ferien [l. ,,feriae = Feiertage"], Erholungsfreizeit: Schul-F. usw.; Urlaubszeit.

Ferienkolonien, Unterbringung städt. Schulkinder in Landheimen oder Seeaufenthalt.

Feriensachen, bes. dringl. Zivilsachen u. alle Strafsachen, die trotz bestehender Gerichtsferien von d. ordentl. Gerichten behandelt werden.

Ferkel, Schwein von der Geburt bis zum Absetzen vom Muttertier (etwa 15 Wochen).

Ferkelkraut, Gattung der Korbblütler mit etwa 70 Arten in Eurasien, im Mittelmeergebiet und S-Amerika; Rosettenpflanzen mit gabelig verzweigten Stengeln, gelben Zungenblüten und langgestreckten Früchten mit federigem Haarkelch; in Mitteleuropa vier Arten.

Ferman, *m.* [türk.], Erlaß (Urkunde) d. Landesherrn in moh. Ländern.

Fermat [-'ma], Pierre de (17. 8. 1601 bis 12. 1. 65), frz. Math.; Infinitesimal- u. Wahrscheinlichkeitsrechnung.

Fermate, *w.* [it.], Halte-, Verlängerungszeichen über ^ od. unter ⌣ einer Note od. Pause.

Fermentation [l. ,,fermentum = Sauerteig"],
1) Aufbereitung pflanzl. Produkte (Tabak, Tee, Kakao u. a.) m. Entwicklung charakterist. Geruchs-, Geschmacks- u. Farbstoffe.
2) Bildung chem. Substanzen durch Mikroorganismen: u. a. Milchsäure b. d. Joghurtherstellung, Sauerkrautbereitung, Sauerteig (→ Gärung); Penicillinherstellung.

Fermente [l.], veraltet f. → Enzyme, noch gebräuchl. f. Verdauungs-F.: eiweißspaltend *Pepsin* (Magen), *Trypsin* u. *Chymotrypsin* (Darm); stärkespaltend *Ptyalin* (Mundspeichel), *Amylase* (Darm); fettspaltend *Lipase* (Darm).

Fermi, Enrico (29. 9. 1901–28. 11. 54), it. Physiker; entdeckte Kernumwandlung durch Bestrahlung mit Neutronen; stellte Theorie d. Beta-Zerfalls v. Atomkernen u. d. Verhaltens v. Teilchen mit halbzahligem → Spin auf; setzte 1942 in Chicago d. ersten Kernreaktor in Betrieb; Nobelpr. 1938.

Fermium, *Fm,* künstl. chem. El., Oz. 100, durch Kernumwandlung von Plutonium gewonnen; radioaktiv (→ Transurane).

Fernandel, [fɛrnɔ̃'dɛl], eigtl. *Fernand Joseph Désiré Contandin* (8. 5. 1903 bis 26. 2. 71), frz. Filmkomiker; *Don Camillo u. Peppone.*

Fernando, italienisch uund spanisch zu → Ferdinand.

Fernando Póo → Bioko.

Fernauslösung, an elektron. Kameras m. Infrarot-Auslösung od. mit Funkfernauslösung; z. unbemerkten Aufnahmetechnik d. Natur- u. d. Überwachungsfotografie.

Ferner Osten,
1) svw. → Ostasien; Ggs.: Naher Osten.
2) russ. *Dalnyi Wostok,* Bez. für d. ostsibir. Küstengebiete (einschließl. d. Amurbeckens).

Fernet Branca, it. Magenbitter.

Ferngasversorgung, Zuleitung d. in gr. Kokereien erzeugten Leuchtgases bzw. v. Erdgas durch Rohrleitungen in entfernte Versorgungsgebiete.

Fernsehübertragung

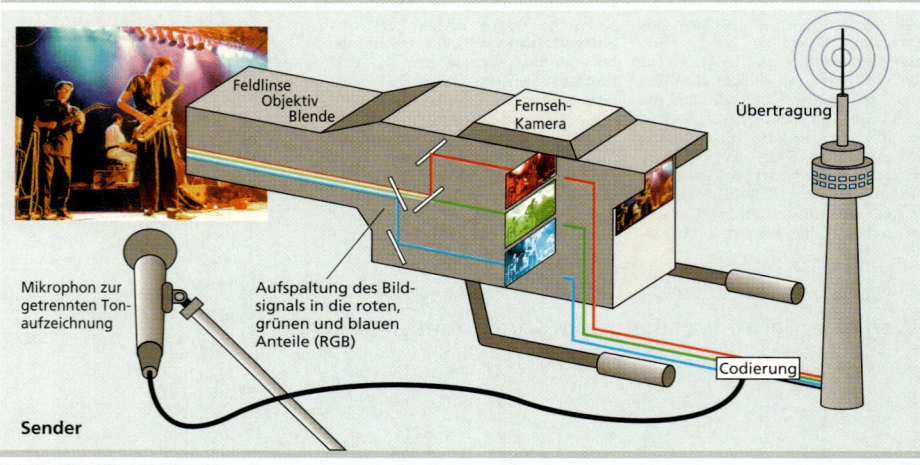

Sender

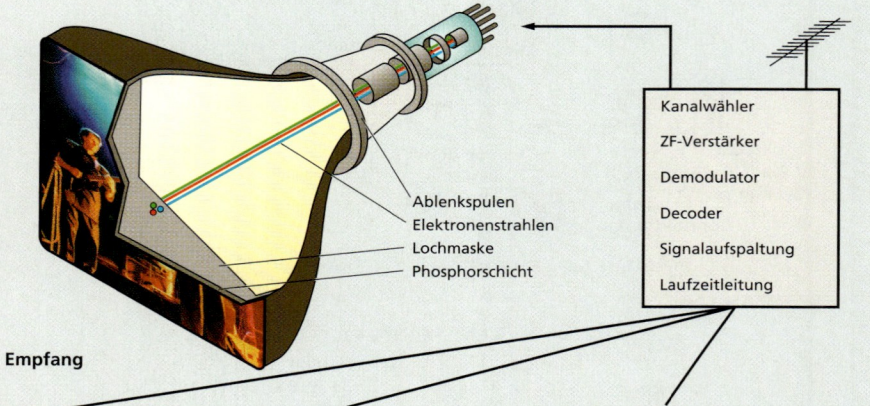

Empfang

NTSC
amerikanisches System der Farbfernsehübertragung; jede Zeile hat die gleiche Codierung; bei Störungen auf der Sendestrecke können durch Phasenverschiebung des Farbartsignals Farbfehler auftreten; in den Vereinigten Staaten, danach in Japan und in Kanada eingeführt.

PAL
von W. Bruch auf der Grundlage des amerikanischen NTSC-Verfahrens entwickelt; zeilenweiser Phasenwechsel gleicht die durch Phasenverschiebung auftretende Farbfehler aus; eingeführt in der BR und den meisten europäischen Ländern (außer Frankreich und den osteuropäischen Ländern).

SECAM
In Frankreich aus dem amerikanischen NTSC-Verfahren entwickelt (jedoch keine direkte Weiterentwicklung); durch Phasenverschiebung auftretende Farbfehler können auch in diesem System behoben werden; eingeführt in Frankreich und osteuropäischen Ländern.

Farbige SECAM-Sendungen kann man mit PAL-Empfängern nicht farbig, sondern nur in Schwarzweiß empfangen, PAL-Sendungen nicht mit einem SECAM-Empfänger. Transcoder, die PAL-Signale in SECAM- Signale umwandeln, ermöglichen den Austausch von Farbfernseh-Sendungen im PAL- und SECAM-Bereich.

Fernglas, kurzes Doppelfernrohr, → Feldstecher.

Fernkabel, aus symmetr. u./od. koaxialen Leitungen aufgebaute → Kabel f. Übertragung auf große Entfernungen; ihre Leitungen werden durch → Frequenz- und → Zeitmultiplexeinrichtungen stets mehrfach ausgenutzt; früher durch → Pupinspulen → Dämpfung d. Ströme gering gehalten, heute Verstärker u. Regeneratoren (f. digitale Signale).

Fernkopieren, *Telefax,* Textkommunikation; Senden u. Empfangen v. Text- u. Bildvorlagen (Manuskripte, techn. Zeichnungen, u. ä.) über d. öffentl. Fernsprechnetz; Geräte sind international genormt, z. B. Übertragungszeit für DIN-A4-Seite bei Gruppe 2 beträgt 3 bzw. 2 Minuten; s. 1. 1. 1979 öffentl. Dienst d. DBP.

Fernlenkung (Fahrzeug, Schiff, Flugzeug, Rakete u. ä.) über e. Funkverbindung; dabei werden Steuerungsapparate (Relais, Servomotoren usw.) durch Impulsfolgen elektron. betätigt.

Fernmelde-Satelliten, künstliche Satelliten f. interkontinentalen Fernmeldeverkehr, dienen als → Richtfunk-Relaisstelle zw. 2 Bodenstationen, f. Fernsprechen (bis 12 000 Kanäle) od./u. Fernsehen. Anstelle v. transatlantischen Kabeln geostationäre Satelliten: Bei e. Höhe v. 36 000 km hat d. Satellit d. gleiche Winkelgeschwindigk. wie d. Erde, bleibt also über einem Punkt stehen, dadurch dauernde Verbindung möglich. F.-S. s. 1962 in Betrieb, f. kommerzielle Zwecke s. 1965. Auch → Tafel Weltraumforschung, → Telstar, → Intelsat.

Fernmeldetechnik, Teilgebiet der Elektrotechnik u. Elektronik, Übertragung von Nachrichten ohne Beförderung von Materie, z. B. Fernsprechen, Fernschreiben, Datenübertragung, Signalanlagen, Ton- und Fernsehfunk usw.

Fern-Paß, *Fern,* Nordtirol, breiter, seenreicher Übergang v. Loisach- u. Lech- zum Inntal, 1209 m.

Fernrohr, *Teleskop,* opt. Instrument, durch das man entfernte Gegenstände unter größerem Gesichtswinkel sieht als mit freiem Auge, wodurch sie näher gerückt erscheinen; allg. besteht das F. aus dem *Objektiv,* einer Sammellinse, die ein verkleinertes, umgekehrtes Bild des Gegenstandes entwirft, das durch das *Okular,* eine zweite als Lupe wirkende Sammellinse, vergrößert wird (*Kepler* 1609); beim *Galileischen F.* (1610) ist d. Okular e. bikonkave Zerstreuungslinse, die das Bild vergrößert u. aufrecht stellt; b. terrestrischen, *Erd-F.,* zw. Okular u. Objektiv eine Sammel-(Umkehr-)Linse, die das Bild vor der Vergrößerung aufrecht stellt; b. *Prismen-F.* statt der Umkehrlinse Prismenflächen verwendet. Beim *Spiegelteleskop* (*Newton* 1671) wird das Bild nicht durch ein Objektiv, sondern durch einen Hohlspiegel hervorgebracht. Bei *astronom. F.en* unterscheidet man danach auch: *Refraktor,* mit Linsen, *Reflektor,* m. Spiegeln, *Medial,* Mittelding zw. diesen beiden. Derzeit größtes Teleskop in Hawaii: Spiegelteleskop, dessen Spiegel, 10 m Durchmesser, mehr als 10millionenmal lichtempfindlicher ist als das Auge; im Bau VLT **V**ery **L**arge (**T**elescope) in Chile, besteht aus 4 Spiegeln m. jeweils 8 m Durchmesser. Auch → Hubble Space Telescope, → Schmidtspiegel.

Fernschreiber,
1) jede Art von schreibenden Telegrafenapparaten.
2) Telegrafenapparat m. Schreibmaschinentastatur u. -typen (→ Springschreiber). Jeder F. gleichzeitig od. abwechselnd Sender od. Empfänger. *Fernschreibnetz* (→ Telexnetz) für privaten F.-Teilnehmerverkehr u. F.-Verkehr d. Post; BR: f. Inland Selbstwähl-, für Ausland 90% Selbstwähl-, d. Rest Handvermittlung. 1989: in BR über 134 390 Teilnehmer.

Fernsehen, engl. *Television,* drahtlose od. -gebundene Übermittlung v. Bildern, Filmen, unmittelb. Vorgängen, schwarz-weiß od. farbig (→ Übersicht u. Tafel).

Fernsehtelefon, svw. → Bildtelefon.

Fernsehumsetzer, kleine, meist unbemannte Station, arbeitet nach Prinzip des → Ballempfangs; zur Fernsehversorgung v. Gebieten, die Sender nicht direkt empfangen können (z. B. in Tälern).

Fernspähtruppe, mil. Truppe, klärt in d. Tiefe des Feindraumes auf, vermeidet aber d. Kampf.

Fernsprecher → Telefon.

Fernsprechgeheimnis → Post- und Fernmeldegeheimnis.

Fernsprechvermittlung, Einrichtung, die die Fernsprechapparate der Fernsprechteilnehmer miteinander verbindet. *Wählvermittlung:* Teilnehmer wählt mit Nummerntaste od. Wählschei-

Digitale Fernsprechvermittlung

Das 200zöllige Hale-Teleskop auf dem Mt. Palomar in Kalifornien

Richtfunk-Relaisstelle

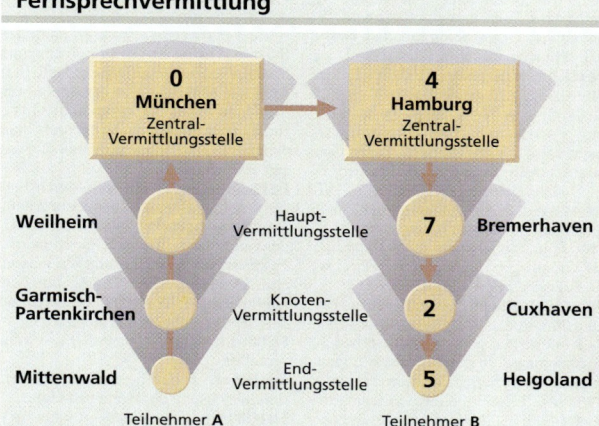

Schematische Darstellung einer Landesfernwahlverbindung. Teilnehmer **A** in Mittenwald wünscht eine Verbindung zu Teilnehmer **B** in Helgoland und wählt an seinem Fernsprecher z. B. die Nummer 0 47 25/ 8 76. Mit der ersten Ziffer (0) werden zunächst die Einrichtungen für die Leitweglenkung und Gebührenerfassung in den Fernvermittlungsstellen des eigenen Bereiches angeschaltet. Die folgenden vier Ziffern der Ortsnetzkennzahl (47 25) steuern die Wähler zum weiteren Aufbau der Verbindung über die Zentralvermittlungsstelle des gewünschten Bereiches bis zur Endvermittlungsstelle, an die der Teilnehmer **B** unter seiner Rufnummer (8 76) angeschlossen ist. Die Gebühren für dieses Ferngespräch werden dem Teilnehmer **A** berechnet. Sein Gesprächszähler erhält deshalb während der Dauer des Gesprächs in regelmäßigen Abständen Gebührenimpulse. Ihre zeitliche Folge hängt von der Entfernungszone ab.

be Nummer d. gewünschten Teilnehmers. Durch Wählscheibe werden Stromimpulse zur F. gesendet, die dort über Relais u. Magnete einen od. mehrere Wähler so steuern, daß er d. Fernsprechleitungen d. rufenden u. d. gewünschten Teilnehmers miteinander verbindet. Früher nur f. Ortsdienst, jetzt auch f. Ferndienst als *Selbstwählferndienst*; s. 1982 werden in d. BR die elektromechan. Vermittlungssysteme durch digitale ergänzt u. auch abgelöst.

Fernsteuerung, fernbetätigte Schaltung, Lenkung und Regelung (el. od. mechan.); bes. b. automat. Produktionsvorgängen, Verkehrseinrichtungen u. a.

Fernthermometer, gibt die Temperatur eines Raumes od. eines Kessels usw. durch el. od. hydraul. Übertragung selbsttätig an Zentrale; verwendet f. Feuerschutz usw.

Fernwirkanlagen, Anlagen zum Überwachen und Steuern unbemannter Stationen v. bemannten Station (z. B. Richtfunk- u. Fernsehstationen, Kraftwerke u. a.).

Ferrabosco, Alfonso (18. 1. 1543 bis 12. 8. 88), it. Komponist in England; Madrigale.

Ferrara, it. Prov. u. Prov.hptst. am Po, 138 000 E; Erzbischofssitz, Uni.; Textil-, Nahrungsmittel-, chem. Ind. – Dom (12./13. Jh.), 15. u. 16. Jh. Zentrum d. Renaissance (Ariost, Tasso).

Ferrari, Enzo (20. 2. 1898–14. 8. 1988), it. Sport-, Rennwagenkonstrukteur.

Ferrit, chem. Verbindung von Eisenoxid m. anderen Metalloxiden; *Eisen-F., Magneteisenstein.*

Ferritantenne, stabförmige Antenne zum Einbau in Rundfunkgeräten (Mittelwelle) m. starker Richtwirkung; elektromagnet. Welle erzeugt im Ferritstab hochfrequenzmagnet. Feld, das in der auf d. Stab angebrachten Drahtspule Hochfrequenzströme erzeugt.

Ferrol, El, span. St. u. befestigter Kriegshafen a. Atlantik, 92 000 E; Marinearsenal, Dock- und Werftanlagen.

Ferromagnetismus, Eigenschaft, die nur wenige Metalle (Eisen, Kobalt, Nickel, einige → seltene Erden) im kristallinen Zustand bei nicht zu hohen Temperaturen zeigen. Aufbau aus vielen kleinen ($1/100$ mm), voll magnetisierten Kristalliten. Diese sind zunächst völlig ungeordnet, so daß sich d. magnet. Wirkungen d. Kristallite gegenseitig aufheben. Bringt man aber d. Metall i. e. Magnetfeld, erfolgt Ausrichtung d. Kristallite, wodurch Metall als Ganzes magnet. wird. Je nach Kristallgefüge (→ Kristall) bleibt d. Magnetisierung auch nach dem Entfernen des Feldes voll oder teilweise erhalten (→ remanenter Magnetismus).

Ferstel, Heinrich von (7. 7. 1828 bis 14. 7. 83), östr. Architekt des Historismus; vorbildhafte Monumentalbauten in Wien; Votivkirche (neugot.), Universität (Neurenaiss.), Teile d. Ringstraße.

Fertigbauweise, Erstellung von Wohnhäusern, Fabriken, Brücken usw. unter weitgehender Verwendung normierter, industriell vorfabrizierter Bauelemente (Wände, Decken).

Fertilität [l.], Fruchtbarkeit.

Ferula, w. [l.], Kreuzstab des Papstes.

Fes, *Fez,* Prov.-Hptst. in NW-Marokko,

Fichte

am *Wad el-F.,* arab. Uni., Mittelpunkt d. rel. u. gewerbl. Lebens (Seiden- u. Lederind.), 1 Mill. E.

Fes, *Fez, m.,* nach St. F. ben. rotwollene zylindr. Mütze mit Troddel: bis 1926 türk. nat. Kopfbedeckung.

Fessan, *Fezzan,* 400–500 m h. Hochfläche in d. n. Sahara i. SW-Libyen; überwiegend Fels- u. Sandwüste, i. d. Oasen Dattelanbau, Berieselungsflächen in den Wadis; größte Siedlungen: *Murzuk, Sabha.*

Fessel, b. Huftieren Gelenkverbindung zw. Mittelfuß und Huf.

Fesselballon, an e. Seil festgehaltener Luftballon, früher f. mil. Beobachtung, dann als Luftsperren.

Fest, Joachim C. (* 8. 12. 1926), dt. Publizist; s. 1973 Mithg. d. *Frankf. Allg. Zeitung; Das Gesicht des Dritten Reiches; Hitler.*

Festa, Costanzo (um 1480–10. 4. 1545), it. Komponist; Motetten.

Festbrennweite, Objektiv definierter Brennweite (z. B. 135 mm), Ggs. → Zoom m. veränderl. Brennweite; F.n bieten maximale Abbildungsqualität, geringeres Gewicht u. Volumen, gr. Robustheit.

Festgeld, Termineinlage v. Geldbeträgen bei Kreditinstitut m. fester Laufzeit v. mindestens 1 Monat u. höherer Verzinsung als bei tägl. fälligen Geldern auf Giro- od. Kontokorrentkonten.

Festigkeit, der Widerstand, den feste Körper einer Trennung ihrer Teile (Bruch) entgegensetzen, unterschieden nach *Zug-, Druck-, Knickungs-, Biegungs-, Abscherungs-, Verdrehungs-* u. *Schwingungs-F.*

Festival, s. [frz., engl.], Festspiel, Musikfestspiele.

Festkörper, Stoffe im festen → Aggregatszustand, unterteilbar in kristalline F. mit molekularer Gitterstruktur u. amorphe F. mit unregelmäßigem Molekülaufbau; Objektbereich d. F.-Chemie u. F.-Physik.

Festkörperphysik, Teilgebiet der Physik, das sich m. Aufbau u. Verhalten d. Stoffe in festen u. flüss. Zustand befaßt. Forschungen dazu s. langem phänomenolog., Verständnis d. Ergebnisse erst n. Anwendung d. Methoden d. → Quantentheorie. Seither gr. Aufschwung d. F. mit vielen neuen, auch technolog. wicht. Erkenntnissen, z. B. Physik u. Technologie d. → Halbleiter als Grundlage d. modernen Elektronik; → Supraleitung.

Festlandsockel, *Schelf,* der dem Festland unmittelbar vorgelagerte, noch zu d. → Kontinenten gehörige Meeresboden; Ausbeutung d. in ihm lagernden Bodenschätze nach den in d. Konvention v. 1958 (s. 1964 in Kraft) vereinbarten Richtlinien f. d. Abgrenzung der Interessenzonen.

Festmeter, bei Langholz 1 m³ fester Holzmasse (Ggs.: Raummeter bei geschichtetem Holz).

Festnahme, *vorläufige,* Freiheitsentzug ohne richterl. Haftbefehl; bei Fluchtverdacht od. z. Feststellung d. Person e. auf frischer Tat betroffenen od. verfolgten Täters jedermann gestattet.

Feston, *m.* od. *s.* [frz. fɛˈstɔ̃], Dekorationsmotiv in Baukunst u. Raumgestaltung in Form e. durchhängenden (z. B. Blumen- od. Frucht-)Girlande.

Festplatte, magnet. Speichermedium v. Computern (vgl. → Diskette). Beschreib- u. löschbar, Speicherkapazität bis zu mehreren Gigabyte.

Festschrift, Buch, Broschüre mit (wiss.) Beiträgen anläßl. e. Jubiläums.

Feststellungsklage, bei rechtl. Interesse an alsbaldiger gerichtl. Feststellung des Bestehens od. Nichtbestehens eines Rechtsverhältnisses, auf Anerkennung einer Urkunde.

Festung, stark bewaffneter, zur Sperrung best. Kampfabschnitte dienender Platz. Im Altertum u. MA vielfach an Engpässen als Burg, später kunstvoll ausgebaut mit Bastionen und Gräben. Im 19. Jh. *Fort-F.:* weit vorgeschobener Befestigungsgürtel von Forts und Zwischenwerken; bis z. 2. Weltkrieg ausgebaut (Betonwerk u. Sperren).

Festungshaft, früher: nicht ehrenrührige Freiheitsstrafe f. Zweikampf u. ä.

Fetakäse, griech. Weichkäse a. Schafmilch od. e. Mischung a. Kuh-, Schaf- u. Ziegenmilch, d. i. Salzlake reift.

fetal distress [engl.], Schädigung des Fetus i. d. Spätschwangerschaft.

Fetialen [l.], altröm. Kollegium von 20 Priestern, das d. völkerrechtl. Beziehungen überwachte.

Fetisch, *m.* [portugies.], lebloser Gegenstand, der magisch verehrt wird.

Fetischismus, *m.,* Verehrung von Idolen, Geräten, Steinen in primitiven Kulturen; auch anomales sexuelles Verlangen nach Ersatzobjekten.

Fetopathie, vorgeburtl. Erkrankung d. Kindes nach 3. Schwangerschaftsmonat; es kommt nicht mehr zu Mißbildungen wie bei den → Embryopathien, sondern zu charakterist. Krankheitsbildern. Ursachen: Infektionen der Mutter, Blutgruppenunverträglichkeit, Hormon- u. Stoffwechselstörungen.

Fette, von Tieren u. Pflanzen stammende stickstofffreie, organ. Stoffe; Glycerinester der *Fettsäuren:* z. B. Palmitin-, Stearin-, Oleïnsäure, die durch enzymat. Spaltung oder Verseifung der Fette (Kochen mit Alkalien) rein gewonnen werden; wertvolles Nebenprodukt: Glycerin; Gewinnung durch Auspressen, Ausschmelzen, Auslösen mit Benzin, Aceton usw. → Öle.

Fettembolie, → Embolie durch Fetttröpfchen, z. B. nach Knochenbrüchen.

Fettgewebsnekrose, Schädigung der Unterhaut, z. B. nach Injektionen.

Fetthärtung, Anlagerung von Wasserstoff an flüssige Fette (Trane, Öle); Fettverwendung f. Nahrung, Beleuchtung, Seifen, Kerzen, Schmiermittel.

Fetthenne, fette Henne, svw. → Mauerpfeffer.

Fettherz, Fettauflagerungen u. Fettdurchwachsung der Herzmuskulatur.

Fettkraut, *Pinguicula,* insektenfressende Pflanze, klebrige Ausscheidungen der Blätter.

Fettleber, Leberverfettung bei Fettsucht, Alkoholismus usw.

Fettpflanzen → Sukkulenten.

Fettsäuren → Fette.

Fettschrift, durch Verstärkung hervorgehobener Druck (z. B. hier die Stichwörter).

Fettschwalm, *Guacharo,* höhlenbewohnender Verwandter der Nachtschwalben; S-Amerika; ortet mit Echopeilung.

Fettschwanzschafe, Schafrassen der Steppengebiete, die im Schwanz Nährstoffe als Fett speichern.
Fettstoffwechselstörungen, *Hyperlipoproteinämien,* Zunahme d. Blutfette (→ Cholesterin, → Triglyceride) führt zur → Arteriosklerose u. ihren Folgeerkrankungen.
Fettstuhl, *Steatorrhoe,* vermehrte Fettausscheidung, vor allem bei Schwäche der Bauchspeicheldrüse.
Fettsucht, durch Veranlagung u. b. mangelnh. Tätigkeit d. Drüsen mit → innerer Sekretion, häufiger infolge zu vielen Essens u. Trinkens (Bier) u. ungenügender Bewegung, auch seelische Entstehungsbedingungen; stellt einen Risikofaktor f. → Arteriosklerose u. → Hypertonie, → Diabetes mellitus u. a. dar. Zum Abbau nur langfristige Kontrolle des Eßverhaltens erfolgversprechend.
Fettweide, gräserreiche Weidelgrasweide d. norddt. Marschgebiete, günstig f. d. Weidemast v. Rindern u. Schafen.
Fetus, *m.* [l.], Embryo i. fortgeschrittener Entwicklung; beim Menschen ab 3. Monat bis Geburt.
Feucht (D-90537), Markt i. Kr. Nürnbg. Ld, Bay., 12 953 E.
Feuchtgebiet, *Feuchtbiotop,* wesentl. v. Grund- u. Oberflächenwasser geprägte → Biotope (Moore, Feucht- u. Streuwiesen, Tümpel, Flüsse, Altwasser, Seen, Quellen etc.); F. regulieren d. Wasserhaushalt, sind wichtig f. d. Bodenfruchtbarkeit u. bieten Lebensraum f. viele v. Aussterben bedrohte Pfl.- u. Tierarten; F. sind als Lebensraum f. Wasservögel v. intern. Bed.; → Ramsar-Konvention.
Feuchtigkeitsmesser → Hygrometer.
Feuchtmayer → Feichtmayr.
Feuchtwangen (D-91555), St. i. Kr. Ansbach, Bay., an d. Romant. Straße, 11 179 E; Erholungsort; diverse Ind.; ehem. Benediktinerkloster.
Feuchtwanger, Lion (7. 7. 1884 bis 21. 12. 1958), dt. Schriftst.; histor. Romane: *Jud Süß; D. Wartesaal* (Trilogie); Dramen.
feudal [l. „feudum = Lehen"], lehnbar, dann adlig, junkerlich.
Feudalherrschaft, Lehns-, Adelsherrschaft.
Feudalismus, Feudalwesen, Lehnswesen.
Feudalrecht, svw. Lehnsrecht.
Feudalsystem, Lehnsverfassung, → Lehen.
Feuer, Verbrennung unter Licht-, Wärme- u. Flammenentwicklung.
Feuerbach,
1) *Anselm* v. (14. 11. 1775–29. 5. 1833), dt. Strafrechtslehrer; s. Sohn
2) *Ludwig* (28. 7. 1804–13. 9. 72), dt. materialist. Phil.; Wirkung auf Marx; *Das Wesen d. Religion;* s. Neffe
3) *Anselm* (12. 9. 1829–4. 1. 80), dt. Maler d. Klassizismus m. realist. Elementen; *Iphigenie; D. Gastmahl des Plato.*
Feuerbestattung, s. d. Altertum Leichenverbrennung auf Scheiterhaufen, i. 19. Jh. als *Einäscherung* (→ Krematorium) wieder eingeführt.
Feuerbohne → Bohne.
Feuerdorn, mediterranes Rosengewächs, Zierstrauch m. orangefarbenen Beeren.

Feuerfalter, den Bläulingen verwandter Tagfalter, oberseits aber oft feurig rot.
feuerfeste Steine, aus feuerfestem Ton, in Weißglut gebrannt, Verwendung f. Kesselmauerungen, Hochöfen usw.
Feuerkugel, heller Meteor (→ Meteore).
Feuerkult|us, göttl. Verehrung d. Feuers bei Natur- u. Kulturvölkern (Indern, Persern), auch *Feuerdienst* der Parsen.
Feuerland, argentin.-chilen. Inselgruppe südl. der Magellanstraße (S-Amerika), endet am Kap Hoorn; subpolares Klima; im W gebirgig, stark vergletschert (*Cerro Yogan* 2469 m), 73 746 km²(Hauptinsel 47 000 km²); Erdöl- u. Erdgasförderung; W zu Chile, O (Prov. Tierra del Fuego: 21 263 km², 69 500 E) zu Argentinien.
Feuerlilie, Zwiebelgewächs; gelbrote Blüten; auf Gebirgswiesen und als Zierpflanze.
Feuerlöscher, trag- o. fahrbare Apparate, aus denen Wasser od. trockene **Feuerlöschmittel** geschleudert werden; trockene (Schaum od. Kohlensäureschnee) werden bei brennenden Flüssigkeiten, die leichter als Wasser sind (Benzin).
Feuerlöschwesen, organisiert in *Berufs-, Freiwilligen-, Pflicht-* und *Werksfeuerwehren;* Geräte: Kraftfahrspritzen, tragbare Kraftspritzen, Kraftfahrdrehleitern, Unfall- u. Katastrophenhilfsdienst-Fahrz., Löschboote; → Sprinkleranlage.
Feuermal, *Naevus flammeus,* angeborene blaurote Hautfleckung durch Erweiterung u. Neubildung von Blutgefäßen.
Feuermelder, eine Sendescheibe, durch Kurbel od. Druckknopf ausgelöst, sendet Stromstöße in Leitung zur Feuerwehrzentrale, wo sie als Morsezeichen Ort des betätigten Melders anzeigen.
Feuersalamander → Salamander.
Feuerschiff, mit Leuchtfeuer ausgerüstetes verankertes Schiff, meist vor Flußmündungen.
Feuerstein, *Flint* od. *Silex,* Mineral, Quarzvarietät, in d. Steinzeit zu Waffen u. Geräten verarbeitet.
Feuersturm, bei großen Flächenbränden durch d. Sog d. heißen Brandgase bewirkte Luftströmung in Richtung auf d. Brandzentrum, kann Orkanstärke erreichen.
Feuerversicherung, *Brandversicherung, Brandassekuranz,* Vertrag mit einer öff. Anstalt (z. B. Landesbrandvers.-Anstalt) od. Privatversicherungsges. über Ersatz v. Brandschäden. Arten: *Immobiliar-*(Gebäude-) und *Mobiliarversicherung.*
Feuerwalze → Seescheiden.
Feuerwanze, rote Wanze; am Fuß v. Bäumen.
Feuerwehr → Feuerlöschwesen.
Feuerwerk, Abbrennen leicht entzündl. Chemikalien; Licht-, Funken- u. Knalleffekte (*Raketen, Frösche* u. a.).
Feuerwerker,
1) Verfertiger von Feuerwerkskörpern.
2) Sprengmeister.
Feuilleton, *s.* [frz. 'fœjətõ „Blättchen"], literar. Unterhaltungsteil einer Zeitung u. Artikel darin.
feuilletonistisch, im Plauderstil.
Feyerabend, Paul (* 13. 1. 1924), östr.-am. Erkenntnistheoretiker, lehnt in s. Philosophie bindende Regelsysteme ab; *Against method.*

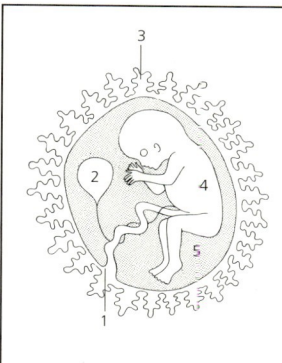

Fetus
1 Nabelschnur
2 Dotternest
3 Plazenta
4 Leibesfrucht
5 Fruchtwasser in der Fruchtblase

Anselm Feuerbach, *Selbstporträt*

Feuerlilie

Goldscheibenfibel, frühkarolingisch

Feynman ['feɪnmən], *Richard* (11. 5. 1918–15. 2. 88), am. Phys.; Arbeiten z. Quantenelektrodynamik, führte zu. Berechnung v. → Elementarteilchen-Relationen wichtige F.-Graphen ein; Nobelpr. 1965.
Fez, svw. → Fes.
ff., in *Büchern* Abk. f. folgende (Seiten).
F-F-F-Bombe → Atomwaffen.
Ffm., Abk. f. *Frankfurt a. M.*
Fiaker, bes. i. Östr. übl. Bez. f. Mietkutsche (in Dtld → Droschke).
Fiale, *w.,* i. d. Baukunst der Gotik türmchenartige Bekrönung z. B. e. Strebepfeilers.
Fiasko, *s.* [it.], (völliger) Mißerfolg.
fiat [l.], „es geschehe".
FIBA, Abk. f. *Fédération Internationale de Basketball Association,* Welt-Basketball-Verband, Sitz München.
Fibel,
1) erstes Lesebuch der Abc-Schützen.
2) [l. „fibula"], Gewandspange, seit d. Bronzezeit.
Fiber, *w.* [l.], svw. Faser, → Vulkanfiber.
Fiberglas, svw. *Glasseide,* → Glasspinnerei.
Fibiger, *Johannes* (23. 4. 1867–30. 1. 1928), dän. Krebsforscher; Nobelpr. 1926.
Fibrille, feinste Körperfaser.
Fibrin, Fibrinogen → Blutgerinnung.
Fibrinkleber, Präparat aus Gerinnungsfaktoren f. d. Chirurgie.
Fibrinolyse, Lyse, medikamentöse Auflösung v. Blutgerinnseln, insbes. bei Herzinfarkt, mit Streptokinase u. a. Medikamenten.
Fibrom, gutartige Bindegewebsgeschwulst.
Fibrose, Bindegewebsvermehrung, z. B. Lungenfibrose.
Fibrositis, *Fibromyalgie,* Sammelbegriff für die versch. Formen des → Rheuma d. Weichteile (Binde-, Muskel-, Fett- u. Nervengewebe).
Fibula, *w.* [l. „Spange"],
1) Wadenbeinknochen (→ Tafel Mensch).
2) → Fibel.
Fichte,
1) *Hubert* (21. 3. 1935–8. 3. 86), dt. Schriftst.; dokumentar.-analyt. Erzählungen über gesellschaftl. Außenseiter u. fremde Kulturen; *Die Palette; Xango.*
2) *Johann Gottlieb* (19. 5. 1762 bis 29. 1. 1814), Phil. d. dt. Idealismus, entwickelt Kant weiter; Prof. in Jena und Berlin; Mittelpunkt seiner Phil. ist d. tätige, schöpferische „Ich" (Urtathandlung). *Wissenschaftslehre* (1794); *Bestimmung des Menschen* (1800); *Reden an die dt. Nation* (1808).
Fichte, Nadelhölzer, spitze, vierkantige Nadeln, hängende Zapfen; hpts. *Gemeine F.* (Rottanne).
Fichtelberg, höchster Berg Sachsens, im Erzgebirge, 1214 m, Schwebebahn von Oberwiesenthal; Wintersport.
Fichtelgebirge, bewaldetes Mittelgebirge in NO-Bayern; *Schneeberg* 1051 m, *Ochsenkopf* 1024 m; Waldwirtschaft, Steinbrüche, Viehzucht, Textil-, Porzellan- u. Glasind., Uranvorkommen; Fremdenverkehr.
Fichteneule, *Forl-, Kieferneule,* Eulenschmetterling, Nadelwaldschädling.
Fichtenspargel, chlorophyllose, schuppenbesetzte Humuspflanze.

Fichtenspinner → Nonne.
Fichu [frz. -'ʃy:], dreizipfeliges Schultertuch.
Fiction, w. [engl. 'fɪkʃən], (erzählende) Dichtung, Roman.
Fideïkommiß, Familiengut, dessen Unveräußerlichkeit u. Vererbung (gewöhnlich nur im Mannesstamm) normiert sind; in Dtld erloschen.
fidel [l. „fidelis = treu"], lustig, vergnügt.
Fidibus, m., mehrfach gefalteter Papierstreifen zum Anzünden von Tabakspfeifen.
Fidschi, unabh. Inselstaat im SW-Pazifik östl. v. Australien, 322 meist vulkan. Inseln, 105 davon bewohnt, Hauptinsel Viti Levu m. Hptst. Suva; Bev.: 48% Melanesier, 46% Inder; **a)** *Wirtsch.*: Bes. Landw.; wichtigster Exportartikel: Zucker, Kopra, Gold. **b)** *Verf.* v. 1990: Parlamentar. Republik m. 2 Kammern; pol. Vorherrschaft f. melanes. Bev. garantiert. **c)** *Gesch.*: Seit 1874 brit., s. 1970 unabhängig; 1987 Mil.putsch zugunsten d. melanes. Bev.minderheit, Ausrufung der Republik. **a)** *Wirtsch.*: Bes. Landw.; wichtigster Exportartikel: Zucker, Kopra, Gold. **b)** *Verf.* v. 1990: Parlamentar. Republik m. 2 Kammern; pol. Vorherrschaft f. melanes. Bev. garantiert. **c)** *Gesch.*: Seit 1874 brit., s. 1970 unabhängig; 1987 Mil.putsch zugunsten d. melanes. Bev.minderheit; daraufhin Ausschluß aus d. Commonwealth; Ausrufung d. Republik.
fiduziarisch, treuhänderisch.
Fieber, Erhöhung der Körperwärme, meist bei Infektionskrankheiten; Abwehrerscheinung, bei vielen Krankheiten in charakterist. Weise verlaufend. F. wird mit dem *F.thermometer* gemessen; im After ist die Temperatur (5 Min.) 0,5 °C höher als in der Achsel (10 Min.). Die Messungen werden in eine Tabelle eingetragen u. zeigen d. *F.kurve* an. Der *F.verlauf* hat einen allmähl. od. plötzl. Anstieg, Höhepkt (*Akme*), u. fällt allmählich (lytisch) od. plötzlich (kritisch) ab. Nach dem Verlauf unterscheidet man: **a)** *kontinuierliches F.*: hält sich tagelang auf der Höhe; **b)** *remittierendes F.*: abends hoch, geht morgens weit zurück; **c)** *intermittierendes F.*: abwechselnd hochfieberhafte u. fieberfreie Tage. Früher versuchte man z. B. Hirnsyphilis od. chron. Gelenkleiden mittels *Heilfieberbehandlung* (Einspritzung von Malariaerregern oder Kolibakterien) zu kurieren.
Fieberklee, Sumpfpflanze, Enziangewächs mit kleeähnl. Blättern, med. zu Tee.
Fieberkrämpfe, Fieber u. Krämpfe bei Kleinkindern, meist harmlos.
Field [fi:ld], John (26. 7. 1782–11. 1. 1837), ir. Komp.; Schöpfer des Notturnos (für Klavier).
Fielding ['fi:l-], Henry (22. 4. 1707 bis 8. 10. 54), engl. Schriftst.; mit S. Richardson Begr. d. engl. humorist. Romans; *Tom Jones*.
Fields, W. C. eigtl. *William Claude Dunkinfield* (29. 1. 1880–25. 12. 1946), am. Filmkomiker; *Alice in Wonderland; The Bank Dick; My Little Chickadee*.
Fiesco ['fjɛsko], Giovanni Luigi de' Gf v. Lavagna (1524–47), Verschwörer gg. die Doria in Genua 1547; Verschwörung scheiterte; Drama von Schiller.

FIDSCHI

Staatsname:	Republik Fidschi, Republic of Fiji, Matanitu ko Viti
Staatsform:	Republik
Mitgliedschaft:	UNO, AKP, Colombo-Plan
Staatsoberhaupt:	Ratu Sir Kamisese Mara
Regierungschef:	Sitiveni Rabuka
Hauptstadt:	Suva 70 000 (Agglom. 120 000) Einwohner
Fläche:	18 274 km²
Einwohner:	771 000
Bevölkerungsdichte:	42 je km²
Bevölkerungswachstum pro Jahr:	⌀ 0,96% (1990–1995)
Amtssprache:	Englisch, Fidschianisch
Religion:	Christen (53%), Hindus (38%), Muslime
Währung:	Fidschi-Dollar ($F)
Bruttosozialprodukt (1994):	1785 Mill. US-$ insges., 2320 US-$ je Einw.
Nationalitätskennzeichen:	FJI
Zeitzone:	MEZ + 11 Std.
Karte:	→ Australien und Ozeanien

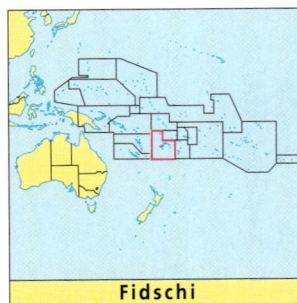

Fidschi

Fidschi

Filigranarbeit

Fieseler, Gerhard (15. 4. 1896–1. 9. 87), dt. Kunstflugmeister; begr. Fieseler-Flugzeug-GmbH., Kassel; entwickelte Kurzstartflugzeug („*Fieseler Storch*").
Fiesole, Mino da, → Mino da Fiesole.
FIFA, Abk. f. *Fédération Internationale de Football Association*, Internationaler Fußballverband, Sitz Zürich.
Figaro, Barbier, Hauptgestalt in → Beaumarchais' *Der tolle Tag*; das Theaterstück diente als Vorlage für Opern v. Mozart u. Rossini; kluger Diener u. Helfer.
Fighter, m. [engl. 'faɪt-], Draufgänger, bes. i. Boxen.
Figini [fi'dʒini], Luigi (* 27. 1. 1903), it. Architekt, meist zus. m. G. Pollini; Hptvertr. d. it. Realismus, dann Entwickl. z. → Brutalismus; *Olivetti-Gebäude* in Ivrea; Kirche *Madonna dei Poveri* in Mailand.
Figl, Leopold (2. 10. 1902–9. 5. 65), östr. Pol.; 1945–53 Bundeskanzler, 1953–59 Außenmin., 1959–62 Präs. d. Nationalrats, 1962–65 Landeshptmann v. Niederöstr.
Figur, w. [l.], Gestalt; *math.* äußerer Umriß von Flächen und Körpern.
Figuralmusik, im Ggs. z. gregorian. Choral mehrstimmiger, verzierter Satz.
Figurant [l.], stumme Person auf der Bühne, Statist; auch svw. Lückenbüßer.
figurieren, als etwas in Erscheinung treten.
Figurine, kleine gezeichnete Figur; Modell für Theaterkostüme.
Fiktion, w. [l.],
1) *jur.* die gesetzliche Vorschrift, einen nicht existierenden Sachverhalt als gegeben (od. umgekehrt) anzunehmen.
2) Erdichtetes, frei Erfundenes. Vgl. → Fiction.
fiktiv, vorgeblich, erdichtet.
Filamente [l.],
1) *astronom.* → Protuberanzen.
2) *botan.* Staubfäden (→ Staubgefäße).
Filarete, eigtl. *Antonio Averlino* (um 1400–69), it. Bildhauer, Baumeister u. Architekturtheor., Vorkämpfer der Frührenaiss.; *Trattato dell'architettura*.
Filarien [l.], lange, dünne, auch in Körpersäften schmarotzende → Fadenwürmer; → Elephantiasis.
Filatow-Gewebetherapie, nach dem russ. Augenarzt W. P. *Filatow*, der die ersten Augenhornhaut-Überpflanzungen vornahm (→ Zellulartherapie).
Filbinger, Hans (* 15. 9. 1913), CDU-Pol.; 1960–66 Innenmin., 1966–78 Min.-präs. v. Ba-Wü.
Filchner, Wilhelm (13. 9. 1877–7. 5. 1957), dt. Forschungsreisender; 1900 Pamir, 1903–05 NO-Tibet u. China, 1911/12 Antarktis, 1926–28, 1934–38 Zentralasien.
Filder, fruchtbare Landschaft b. Stuttgart; Anbau von *F.kraut*, weißem Spitzkohl (Sauerkraut).
Filderstadt (D-70794), St. i. Kr. Esslingen, Ba-Wü., 39 232 E; Maschinenbau, Nahrungsmittel.
Filet, s. [frz. fi'le:], Lendenteile, → Fleisch, Übers.; b. Geflügel: Bruststück; b. Fischen: Rückenfleisch.
Filetarbeit, Knüpfen e. Fadennetzes durch bes. Knoten, wird in Mustern mit Fäden durchstopft.
Fileten, Ornamentformen f. Bucheinbände.
Filia [l.], Tochter.

Filiale, Zweigniederlassung.
Filibuster,
1) Abgeordneter, d. durch Dauerreden e. Abstimmung zu verhindern sucht; auch d. dahin zielende Verschleppungstaktik.
2) → Flibustier.
Filigran [l. *filum* „Faden" u. *granum* „Korn"], Zierarbeit bes. i. d. Schmuckkunst; Auflöten eines z. B. aus Körnchen zus.gesetzten (→ Granulation) od. gezwirnten (Edel-)Metalldrahts auf e. Metallfläche; auch als Feingeflecht in durchbrochener Arbeit.
Filioque [l. „und vom Sohn"], theol. Zusatz z. christl. Glaubensbekenntnis, wonach d. Heilige Geist vom Vater „und vom Sohn" ausgeht; s. d. 11. Jh. i. d. röm. Liturgie.
Filip, Ota (* 9. 3. 1930), tschech. Schriftst., gesellschaftskrit., teils grotesk komische Romane; *Das Café an der Straße zum Friedhof*.
Filipinos, d. Bew. der → Philippinen.
Filius [l.], Sohn.
Film [engl. „Häutchen"],
1) dünner Überzug (z. B. → Ölfilm).
2) besteht aus dem Schichtträger (aus hochpräzisen Kunststoffsubstanzen) und der fotograf. lichtempfindl. Schicht. Auf diesem Schichtträger ist die fotografische Schicht, auch Emulsion genannt; SW-Emulsionen, Farb-Emulsionen, Infrarot-Emulsionen sowie Emulsionen für grafische Abbildungen üblich. In der Fotografie Film für diverse Aufnahmeformate (z. B. Kleinbild, Mittelformat, Großformat, Pocket, Kleinstbild, Disc) konfektioniert. Heute nur noch als aufgerolltes Filmband für x-beliebig viele Aufnahmen oder als einzelner Film für eine Aufnahme/Großformat (= Planfilm). In der SW- u. Farbnegativfotografie zeigt der nach der Belichtung entwickelte Film ein negatives Bild, das durch Vergrößerung erst zum Abbild der Wirklichkeit wird. Im Ggs. dazu zeigt entwickeltes Diapositiv sofort das Motiv wirklichkeitsgetreu.
3) Lichtspiel, → Film, Übers., → Tafel Tonfilm.
Filmbewertungsstelle, *FBW*, Institution zur wirtsch. u. kulturpol. Förderung des Films; Sitz Wiesbaden.
Filmempfindlichkeit, Angabe in DIN, u. ISO, je höher der Zahlenwert, desto empfindlicher d. Film, desto besser f. Aufnahmen bei schlechtem Licht, u. auch f. schnelle Motive, wie Sport usw.
Filmemulsion, hauchdünne Schichten, welche auf d. Filmträger bzw. Film aufgetragen sind; F. ist lichtempfindlich, in ihr entsteht d. fotograf. Bild durch Belichtung u. Entwicklung; d. Emulsion ist maßgebl. f. d. Qualität e. Films.
Filmformate, auf e. Film wird e. Bild best. Größe (Format) belichtet; *Kleinstbild:* 8 x 11 mm, *Pocket:* 132 x 17 mm, *Kleinbild:* 24 x 30 mm, *Mittelformat:* 6 x 6 cm bis 6 x 9 cm u. *Großbild:* ab 9 x 12 cm, je größer d. Filmformat, desto besser d. erzielbare Bildqualität.
Filmindustrie, stellt Filme her, kopiert sie; dazu gehört d. *F.verleih*.
Filmmagazine, bei Rollfilmkameras e. Wechselmagazin a. d. Rückseite d. Kamera; bietet schnellsten Filmwechsel, erlaubt Verwendung unterschiedl. Filmtypen.

Film

Ein durch Projektion auf Leinwand vorgeführtes, aus bewegten Fotobildern bestehendes Lichtspiel; auch Bez. für Aufnahmematerial u. das gesamte Lichtspielwesen. *Filmarten:* Spielfilme, Dokumentarfilme, Kulturfilme, Lehrfilme, Wochenschau, Werbefilme. Die Entwicklung führte vom Stumm- über den Ton- zum Farb- u. Breitwand-Film.
Geschichte: Erfinder Edison (USA), Lumière (Frankreich), Skladanowsky-Meßter (Dtld). *Patente:* Edison 1891, Gebrüder Lumière 1895, Skladanowsky 1896. Erster Kurzfilm Lumières *Arbeiter verlassen die Fabrik.* 1896 drehte Meßter in Berlin Straßenszenen. Erste Filmvorführungen als Schaubudennummern: Einzeleffekte m. starker Bewegung („heranbrausende Eisenbahn"). Wanderkinos (1899–1904). Darsteller meist Artisten. Ladenkinos meist mit Ansager u. Klavier od. Harmonium (1903–05). Anfänge d. Filmindustrie; Beschäftigung von Bühnenschauspielern. Erstes großes Kinotheater 1902 in Los Angeles, in Dtld 1910 in Berlin; kleinere Kinos in München seit 1895, in Berlin seit 1896. Seit 1907 *Starfilme:* Asta Nielsen (Dänemark), Mary Pickford (USA), Henny Porten (Dtld), Max Linder (Frkr.). **Deutschland: a)** erster künstlerischer Film: *Der Student von Prag* (1913, Paul Wegener). **b)** Erste dt. Filmkritik 1913. Beginn des eigengesetzl. Films im Ggs. zum Theater. Entwicklung zum **c)** Regie-Film: Regisseur als Filmgestalter, mit Hilfe von Kameramann u. Cutter, aufgrund des Drehbuches. **d)** Bed. Regisseure des Stummfilms: Fanck, *Der heilige Berg;* Kortner, *Karamasoff;* Lang, *Metropolis;* Lubitsch, *Mumie Ma;* Murnau, *Tabu;* Pabst, *Geheimnisse einer Seele;* Wegener, *Golem;* Wiene, *Das Kabinett des Doktor Caligari* u. a. **e)** Bed. Stummfilmstars: Albers, Bassermann, Jannings, Kortner, Krauss, Pallenberg, Veidt, Wegener, Brigitte Helm, Pola Negri, Adele Sandrock u. a. **f)** 1928 Tonfilm (dt. Erfinder: Vogl, Engl, Massolle). Bed. dt. Tonfilmregisseure (außer den bereits erwähnten): Baky, *Münchhausen;* Harald Braun, *Nachtwache;* Engel, *Affaire Blum;* Forst, *Mazurka;* Froelich, *Mädchen in Uniform;* Hochbaum, *Ewige Maske;* Jugert, *Film ohne Titel;* Käutner, *Die letzte Brücke;* Liebeneiner, *Ivette;* May, *Duell mit dem Tode;* Meisel, *Dämonische Liebe;* Oertel, *Michelangelo;* Riefenstahl, *Das Blaue Licht;* Schünzel, *Amphitryon;* Staudte, *Die Mörder sind unter uns;* Stemmle, *Berliner Ballade;* v. Sternberg, *Der blaue Engel;* Trenker, *Rebell;* Ucicky, *Postmeister;* Verhoeven, *Das kalte Herz.* **g)** Tonfilmdarsteller: fast alle bed. Bühnenschauspieler. 1933–45 „Staatsfilm" unter Diktat u. Kontrolle des Propagandaministeriums, Bildung großer „Staatsfirmen", 1938 Versuch einer Dt. Film-Akademie. Seit 1945 Wiederaufbau der Filmindustrie, zunächst unter alliierter Kontrolle, später wieder selbständig. Entstehung neuer Filmgesellschaften. Freiwillige Selbstkontrolle (FSK). Erst spät gewinnt d. Nachkriegsfilm i. d. BR an Bedeutung; der „junge dt. Film" ist zunächst beeinflußt von Frkr.s „Nouvelle Vague", entwickelt aber einen eigenen Stil u. findet seit Mitte der 70er Jahre auch intern. Anerkennung. Staatliche Filmförderung u. Kooperationsabkommen m. den Fernsehanstalten. Wichtige Regisseure: Faßbinder, Geißendörfer, Kluge, Schlöndorff, Syberg, Wenders.

USA: Filmzentrum Hollywood. Bedeutende Regisseure: Allen, Altman, Bogdanovich, Capra, Carpenter, Chaplin, Cimino, Coppola, Dieterle, Fleming, Ford, Griffith, Hathaway, Hawks, Hitchcock, Huston, Kazan, King, Koster, Kubrick, Litvak, Lucas, Lumet, Lynch, Negulesco, Scorsese, Scott, Siodmak, Spielberg, Stone, Weir, Welles, Wilder, Whyler, Wood. *Zeichentrickfilm* (Walt Disney). *Weltbekannte Stars:* Ingrid Bergman, Claudette Colbert, Marlene Dietrich, Greta Garbo, Gloria Swanson, Elizabeth Taylor, Wallace Berry, Humphrey Bogart, Marlon Brando, Gary Cooper, James Dean, Robert De Niro, Harrison Ford, Jodie Foster, Clark Gable, Dustin Hoffman, Jack Nicholson, James Stewart, Spencer Tracy, Rudolph Valentino u. a. Groteskdarsteller wie Harold Lloyd, Buster Keaton, Charlie Chaplin, Laurel & Hardy, W. C. Fields, Marx Brothers.
Frankreich: Wichtige Regisseure: Allégret, Annaud, Becker, Bresson, Carné, Cayatte, Chabrol, Christian-Jaque, Clair, Clouzot, Cocteau, Delannoy, Duvivier, Eustache. Feyder, Godard, Greville, Malle, Ophuls, Renoir, Resnais, Rivette, Rohmer, Tati, Truffaut; bekannte Dichter als Drehbuchautoren; lange Zeit künstlerische Vormachtstellung. – **Italien:** Nach 1945 filmkünstlerischer Aufstieg. Neoverismus. Antonioni, Bertolucci, Blasetti, Cavani, Fellini (*La strada*), Germi, Leone, Olmi, Pasolini, Rossellini, de Sica (*Fahrraddiebe*), de Santis, Brüder Taviani, Visconti, Wertmüller, Zampa. – **Rußland:** früher verstaatl. Filmindustrie, berühmte Stummfilme mit revolutionären Mitteln: *Panzerkreuzer Potemkin.* Eisenstein, Pudowkin, Protosanoff, Turin, Ekk, Tarkowski u. a. – **Großbritannien:** Attenborough, Frears, Greenaway, Lean, Lester, Losey, Reed (*Der dritte Mann*), Roeg, Russell. – **Polen:** Kieslowski, Polanski, Wajda, Zanussi. – **Schweden:** Bergman (*Das Schweigen*), Sjöberg, Widerberg. – **Schweiz:** Goretta, Gloor, Imhoof, Lindtberg, Lyssy, Tanner, Yersin. – **Spanien:** Almodóvar, Bardem (*Tod eines Radfahrers*), Buñuel (*Viridiana*), Saura. – **Türkei:** Gören, Güney (*Yol*), Ökten. – **Japan:** Hani, Ichikawa, Kurosawa (*Rashomon*), Mizoguchi, Oshima.
Farbfilm: erster Farbfilm 1935 USA; in Dtld 1936 (*Schönheitsfleckchen;* Kurzfilm) bzw. 1941 (*Frauen sind doch bessere Diplomaten;* Spielfilm); bed.: *Vom Winde verweht* (USA), *Die roten Schuhe* (Engl.), *Münchhausen* (Dtld), *Das Höllentor* (Japan).
An Bedeutung gewinnt d. **Fernsehfilm**, daneben (zunächst als Aufnahmeverfahren und als Verbreitungsmedium) der **Videofilm.** – **Breitwand- und dreidimensionaler (3-D-)Film:** Versch. Verfahren, u. a. Todd AO, Cinerama (Aufnahmen mittels 3 Kameras, Projektion durch 3 Projektoren auf konkav gewölbte Leinwand), CinemaScope (Aufnahmen mit Spezial-Weitwinkelobjektiv, Vorführung mit Ausgleichslinse auf überdimensionale Leinwand), ferner d. ältere Stereoskop-System (nur mit Polarisationsbrille). Erster Spielfilm nach dem Stereoskop-System: *Bwana, der Teufel.* Speziell im IMAX-Format gedrehte Filme für Großbildtheater (mit 350 m² großer Leinwand).
Wesen des künstlerischen Films: Eigengesetzl. künstlerische Form, d. h. weder dramatisch (Theater) noch episch (Roman), sondern „filmisch"; optische Kunstform des rhythmisch bewegten Bildes, Vorrang des Visuellen, Bildkomposition.

Filmothek, Filmarchiv.
Filmpreise, zur Förderung des künstler. Films, jährlich vergeben: Preis d. Berliner Filmfestspiele *(Goldener Bär),* Dt. Filmpreis *(Goldene Schale),* Bayr. Filmpreis *(Pierrot),* Intern. Filmfestsp. in Cannes *(Goldene Palme),* Intern. Filmfestsp. Locarno *(Goldener Leopard),* Eur. Filmpreis *(Felix),* Motion Picture Academy Awards *(Oscar).*
Film-Röntgenkontrolle, Sicherheitsüberprüfung auf Flughäfen mittels Röntgengeräten. an intern. Flughäfen keine Gefährdung d. Filme; → Film-Safe, → Filmschutzbeutel.
Filmsafe, kleiner Behälter, um Filme unterzubringen; schützt v. Röntgenstrahlen (Flughäfen) und klimatischen Einflüssen.

Filmschutzbeutel, nimmt sehr viele Filme auf; schützt diese wie d. → Filmsafe v. Röntgenstrahlen u. klimat. Einflüssen.
Filmselbstkontrolle, *Freiwillige Selbstkontrolle der Filmwirtschaft,* zur Verhinderung negativer Einflüsse d. Films. Parität. Gremium aus Vertretern der Filmind. u. der öffentl. Hand; 3 Instanzen; 1949 in der BR gegründet.
Filou, *m.* [frz. -'lu:], gerissener Spitzbube.
Filter, *m.* od. *s.,*
1) i. der *Elektro- u. Fernmeldetechnik:* Schaltanordnung zum Unterdrücken, Durchlassen od. Hervorheben eines best. Frequenzbandes aus einem Frequenzgemisch (z. B. Abstimmeinrichtung an Rundfunkempfängern).
2) f. Flüssigkeiten u. Gase durchlässige Stoffe z. Aussondern fester Bestandteile, die beim Durchgießen v. Flüssigkeiten od. Durchleiten von Gasen festgehalten werden (z. B. Sand, Kies, Kohle, ungeleimtes Papier).
3) fotografisch-optisches Lichtfilter; besteht aus hochwertigem optischen Glas, wird dem Objektiv vorgesetzt, um bestimmte Strahlungsanteile des Lichts zu absorbieren. Filter gibt es für SW- und/oder Farbfotografie und dienen letztlich zur besonderen Gestaltung des Bildes, schaffen z. B. mehr Kontrast, erhöhen die Fernsicht, unterdrücken Grün usw. Sehr verbreitet: Gelb-, Orange-, Grün- und Rotfilter für SW sowie Polarisationsfilter und Effektfilter für Farbaufnahmen.

Filterschublade, serienmäßiges Zubehör e. Vergrößerungsapparates; dient z. Aufnahme v. Filtern, um Farbbilder vergrößern zu können.
Filz, Woll- oder Haarmaterial, das durch Walken unter Wärme, Druck, Feuchtigkeit verfilzt.
Filzlaus → Läuse.
final [l.], zielbestimmt.
Finale, s. [it.],
1) mus. Schlußsatz v. Sinfonie, Sonate, Konzert oder Oper (Operette), meist → Ensemble.
2) im Sport letzter Ausscheidungskampf.
Finalität, w. [l. „d. Ende, Ziel, d. Zweck betreffend"], Bestimmtheit e. Geschehens od. e. Seienden v. s. Ziel o. Zweck her. Ggs.: Kausalität als ursächl. Bestimmtheit; z. B. d. v. Kausalität verursachte Wasserfall kann durch F. z. Antrieb e. Turbine genutzt werden.
Finalsatz, m., grammat. Nebensatz, der eine Absicht ausdrückt.
Finanzamt, unterste Behörde d. Finanzverwaltung.
Finanzausgleich, Ausgleich der Einnahmen (bes. an Steuern) u. Ausgaben (öff. Lasten) zw. einzelnen Gebietskörperschaften (Bund, Länder, Gemeinden); bezweckt möglichst gleichmäß. Belastung.
Finanzen, allg. d. Vermögen in Geld; im engeren Sinne d. Mittel (Einnahmen u. Ausgaben) d. Gebietskörperschaften (Staat, Gemeinde usw.).
Finanzgerichte → Rechtspflege, Übers.
Finanzhoheit, Steuerhoheit, Recht einer Gebietskörperschaft (Bund, Land usw.), über ihre Finanzen zu bestimmen.
Finanzierung, allg. die Beschaffung von fin. Mitteln (z. B. zur Gründung, Erhaltung oder Erweiterung einer Unternehmung); Arten: nach dem Kapitalgeber: Eigen-F. (Beteiligungsverhältnis) u. Fremd-F. (Gläubigerverhältnis); Selbst-F., der i. Unternehmen verbleibende Gewinn; nach d. Beziehung zum finanzierten Objekt: Vor-, Zwischen-, Rest-F.; Rest-F. ist auch d. Inanspruchnahme d. Zentralbank durch andere Banken f. deren Finanzgeschäfte.
Finanzkonsortium, Zus.schluß v. Banken zur gemeins. Durchführung v. Finanzierungen.
Finanzkontrolle, Prüfung aller mit F.wesen zus.hängenden Fragen, verwaltungsmäßig (gegenüber untergeordneten Behörden), rechnungsmäßig (durch eine bes. Behörde), pol. (durch d. Parlament).

Roter Fingerhut

Kriechendes Fingerkraut

Finanzstatistik, statist. Bearbeitungen des die Finanzierung der Unternehmungen od. die Finanzwirtsch. d. Gebietskörperschaften betreffenden Zahlenmaterials.
Finanzvermögen, Vermögen der öff. Hand, das durch seine Erträgnisse der Finanzierung d. Verw. dient (Domänen, Forsten).
Finanzverwaltung, für Dtld durch das F.-v.s-Ges. u. d. F.anpassungs-Ges. v. 30. 8. 1971 eingesetzt: Bundes-Finanzbehörden (Bundes-Fin.min., Ober-Fin.direktionen, Hauptzollämter); Landes-Fin.behörden (Länder-Fin.min., Ober-Fin.direktionen, F.ämter).
Finanzwechsel, Wechsel, die nicht dem Warenverkehr, sondern ausschließl. d. Finanzierung dienen.
Finanzwirtschaft, d. bes. Bereich der Wirtschaft. der öff. Körperschaften mit ihren Maßnahmen, die für gemeinschaftl. od. öff. Bedürfnisse erforderl. Mittel zu beschaffen (Einnahmen) u. dafür zu verwenden (Ausgaben).
Finck,
1) Heinrich (1444/45–9. 6. 1525), dt. Komponist; Lieder; Messen.
2) Werner (2. 5. 1902–31. 7. 78), dt. Kabarettist, Schausp. u. Schriftst.; Alter Narr, was nun?
Findelkinder, ausgesetzte Kinder, deren Herkunft nicht zu ermitteln ist.
Finderlohn, gesetzl. Anspruch auf Belohnung für Auffindung (→ Fund) und Ablieferung verlorener Sachen (§ 971 BGB), vom Sachwert bis 1000 DM 5%, vom Mehrwert oder bei Tieren 3%.
Fin de siècle, s. [frz. fɛ̃d'sjɛkl „Jahrhundertende"], Bez. für d. Kunst u. Literatur Ende d. 19. Jh.
Findling, svw. → erratische Blöcke.
Fine, s. [it.], mus. Ende e. Musikstücks, Schlußzeichen nach e. wiederholten Tonsatz.
Fines herbes [frz. fin'zɛrb], versch. feingehackte Küchenkräuter.
Fingal, irisch-schott. Sagenheld; Gestalt i. d. Liedern → Ossians.
Fingalshöhle, v. d. Brandung i. Säulenbasalt ausgewaschene Höhle a. d. SW-Küste d. schott. Hebrideninsel Staffa, 69 m l., 20–35 m hoch.
Fingerabdruck → Daktyloskopie.
Fingerbeerenmuster, Hautleistenmuster, an der Innenseite der Fingerspitzen auftretende Hautleisten mit charakterist. Muster; bei jedem Menschen verschieden, deshalb zur Identifizierung v. Personen benutzt; → Daktyloskopie.
Fingerentzündung, Umlauf, Panaritium, schmerzhafte eitrige Entzündung meist an Fingerkuppe oder Nagelbett.
Fingerhut, Digitalis, Waldkräuter, stark giftig, auch Herzmittel; rote od. gelbe glockig-bauchige Blüten.
Fingerkraut, Potentilla, Gattung weiß bis gelb blühender Rosengewächse; z. B. Gänse-F.: häufig auf Wegen.
Fingersatz, Applikatur, mus. Bez. d. Fingerstellung b. Instrumentalspiel.
Fingertier, Aye-Aye, Halbaffe Madagaskars, sehr selten; bes. Mittelfinger extrem verlängert zum Hervorholen d. Nahrung (Bambusmark od. Insektenlarven).
fingieren [l.], erdichten, vortäuschen.
fingierter Wechsel → Wechsel.
Finis [l.], Ende.
Finish, s. [engl. 'fɪnɪʃ], sportlicher Endkampf.
Finistère [-'tɛ:r], westfrz. Dép., 6733 km², 838 700 E; Hptst. Quimper.
Finisterre, nordwestl. Kap Spaniens.
Finken, körnerfressende Singvögel m. kegelförm. Schnabel: Buchfink, Grünling, Stieglitz, Zeisig, Hänfling.
Finkenwerder, eingedeichte Marschinsel der Niederelbe südw. v. Hamburg; im Großteil Großind. (Raffinerie, Flugzeugbau, Werften); i. S. Obst-, Gemüsebau; zu Hamburg.
Finnbogadóttir, Vigdis (* 15. 4. 1930), 1980–96 Staatspräsidentin von Island.
Finn-Dingi, s., Einmannjolle im Segelsport; olymp. Bootsklasse.
Finne, bewaldeter Höhenzug in Thüringen, zw. Unstrut und Saale; Schmücke, 378 m.
Finne → Akne, → Bandwürmer.
Finnentrop (D-57413), Gem. im Kreis Olpe, NRW, 17 589 E; Fremdenverkehr.
finnische Literatur, Kalevala-Epos (vorliterar. Ursprungs), aus Einzelliedern zus.gefügt v. Elias Lönnrot (19. Jh.); Aleksis Kivi (Sieben Brüder, 1870, erster finn. Roman), Pietari Päivärinta, Minna Canth, Juhani Aho (kulturhistor. Romane), Joh. Linnankoski (Flüchtlinge, Roman). Koskenniemi (Lyrik), Maila Talvio, Aino Kallas, Unto Seppänen, F. E. Sillanpää, Mika Waltari, Väinö Linna.
Finnischer Meerbusen, östl. Bucht der Ostsee, an ihr Finnland, Estland und Rußland; 400 km l., 50–120 km breit; 4–5 Monate zugefroren; wichtige Häfen: Helsinki, Reval (Tallinn), Petersburg.
Finnisch-Sowjetischer Winterkrieg, Verteidigungskrieg → Finnlands gg. d. Sowjetunion 1939/40, nach finn.

Buchfink   Hänfling   Grünling oder Grünfink   Stieglitz oder Distelfink

Finken

Niederlage Abtretung von u. a. der Karelischen Landenge.
finnisch-ugrisch → Sprachen, Übers.
Finnland, a) *Geogr.:* 77% Wald u. Moore, 9% Acker- u. Weideland; gliedert sich zum einen in d. Finn. Seenplatte (über 55 000 Seen) im S zw. Bottn. u. Finn. Meerbusen u. vorgelagerten Schären u. zum anderen in Finnisch-Lappland. **b)** *Wirtsch.:* Hauptrohprodukt: Holz; bed. holzverarb. u. Metallind., Maschinen- u. Schiffbau, Textilind. **c)** *Bodenschätze:* Zink-, Eisen- u. Kupfererz. **d)** *Außenhandel* (1991): Einfuhr 21,71, Ausfuhr 23,08 Mrd. $. **e)** *Verkehr:* 6300 km Binnenwasserstraße; 5850 km Eisenbahnen; Handelsflotte: 1,19 Mill. BRT (1992). **f)** *Verf.* v. 1919: Staatspräs. (s. 1988 direkt gewählt), Staatsrat u. Reichstag (Eduskunta). **g)** *Verw.:* 12 Provinzen, davon → Ålandinseln weitgehend autonom. **h)** *Gesch.:* Von Lappen, dann von osteuropiden Finnen aus d. Uralgebiet besiedelt; im 12./13. Jh. v. den Schweden erobert, christianisiert. Seit 1809 Autonomie unter russ. Herrschaft, doch mit immer stärker werdender Selbstverw.; 1917 Unabhängigkeitserklärung; 1918 Kämpfe unter Mannerheim gg. d. Bolschewisten. 1939/40 sowj.-finn. Krieg u. 1941–44 Krieg gg. die Sowjetunion auf dt. Seite. Abtretung des Bez. Porkkala als sowj. Flottenbasis (Jan. 1956 zurückgegeben), des Gebiets von Petsamo (Zugang zum Eismeer), der karel. Landenge u. des W-Ufers des Ladogasees an die Sowjetunion (durch Pariser Friedensvertrag von 1947 bestätigt). Umsiedlung v. 450 000 Kareliern. 1948 Beistandspakt m. Sowjetunion; 1992 neuer Grundlagenvertrag mit Rußland; 1995 Vollmitglied d. EU.
Finnmark, nördl. Prov. Norwegens, 48 637 km², 75 000 E (dav. 12 000 Lappen); Hptst. *Vadsö,* 6000 E.
Finocchio [it. -'nɔkjo], Gemüsefenchel.
Finsen, Niels (15. 12. 1860–24. 9. 1904), dän. Arzt, Begr. der modernen → Lichtbehandlung. Erfinder der **Finsenlampe,** el. Bogenlicht zur Behandlung der Hauttuberkulose.
Finsteraarhorn, höchster Berg der Berner Alpen, 4274 m, stark vergletschert.
Finstermünz, Engpaß des Inntals zw. Schweiz (Engadin) und Tirol, 995 müM.
Finsterwalde (D-03238), Krst. in Bbg., w. Niederlausitz, 22 800 E; Tuch- u. Maschinenfabrik.
Finte, *w.* [it.], Täuschungsversuch; Scheinhieb, -schlag im Fechten, Boxen usw., um eine Blöße des Gegners herbeizuführen und auszunutzen.
Fiorino [it. „Gulden"], → Florin.
Firdusi, *Ferdausi* (939–1020 n. Chr.), pers. Dichter; *Schâhnâme* („Königsbuch"; pers. Gesch. bis 7. Jh. n. Chr.).
Firlefanz, *m.,* ma. Tanz; Albernheit.
firm [l.], fest in etwas, sicher, beschlagen.
Firma [it.], Name, unter dem der Vollkaufmann im Handel seine Geschäfte betreibt, Unterschrift abgibt, klagt u. verklagt wird. Jeder Kaufmann ist verpflichtet, seine Firma zum *Handelsregister* des Niederlassungsortes anzumelden; *Personal-F.* auf den Namen des Inhabers, *Sach-F.* auf den Gegenstand des Geschäftsbetriebes. Das Firmenrecht fordert *Firmenwahrheit und -klarheit,*
d. h., die F. muß über die Rechtsform und die Verhältnisse Auskunft geben. Zusätze, die geeignet sind, Täuschungen herbeizuführen, sind verboten. Ausnahme → Firmenbeständigkeit.
Firmament, *s.* [l.], das Himmelsgewölbe.
Firmenausschließlichkeit, jede neue einzutragende → Firma muß sich von den am selben Ort bereits bestehenden deutlich unterscheiden (§ 30 HGB).
Firmenbeständigkeit, die bisherige → Firma darf bei Übergang eines Handelsgeschäftes vom Erwerber fortgeführt werden, falls bisheriger Inhaber oder dessen Erben zustimmen; evtl. Nachfolgerzusatz; ebenso kann Firma unverändert bleiben, wenn ein Gesellschafter ein- oder austritt (§§ 22, 24 HGB).
Firmenschutz, Firmenname wird gg. unbefugten Gebrauch oder gg. Verwechslungsgefahr geschützt (§§ 30, 37 HGB, §§ 12, 823 BGB, § 16 UWG u. § 24 WZG); Erzwingung von Ordnungsstrafen und Löschung durch → Registergericht, Unterlassungs- u. Schadenersatzklage möglich.
Firmung, kath. u. orthodoxes Sakrament, Handauflegung u. Salbung mit Chrisam durch d. (Weih-)Bischof od. einen bevollmächtigten Priester f. Jugendliche vor 7–12 Jahren; prägt d. Christen ein unauslöschl. Siegel ein.
Firn, alter körniger Hochgebirgsschnee, Übergang zw. Schnee u. Gletschereis.
Firnewein, alter abgelagerter Wein mit Dunkelfärbung.
Firnis, Leinöl, Bez. für Anstrichstoffe ohne → Pigment, die trocknende Öle enthalten und einen durchsichtigen Überzug bilden; *Lack-F.,* Lösung von Schellack oder Harz in Spiritus u. ä.
First, die waagerechte Oberkante des Daches.
Firste, d. Decke e. Strecke i. Bergwerk.
Firth, *m.* [fɜːθ], die Fjorde Schottlands; z. B. **F. of** → **Forth,** in der Nähe v. Edinburgh; berühmte Eisenbahnbrücke (1883–90 erbaut), 2466 m lang, mit Öffnungen von 521 m Stützweite; Straßenbrücke (Hängebrücke) s. 1964.
FIS, Abk. f.,
1) Flight **I**nformation **S**ervice, Fluginformationsdienst.
2) Fédération **I**nternationale de **S**ki, intern. Skiverband.
Fischadler → Adler.
FI-Schalter → Fehlerstromschutzschalter.
Fischart, Johann, eigtl. J. Fischer, gen. Mentzer (um 1546–90), elsäss. Satiriker; Prosa: *Geschichtsklitterung;* Verswerke: *Flöhhatz; Das glückhaft Schiff v. Zürich.*
Fischaugen-Objektiv, dem Auge d. Fisches nachgebaut; Bildwinkel 180° u. größer.
Fischband, Tür- u. Fensterbeschlag, enthält die Angel, um die sich Tür u. Fenster drehen.
Fischbein, Horn aus den Barten d. Bartenwale.
Fischblase,
1) → Schwimmblase.
2) Ornamentform, hpts. im got. → Maßwerk, bes. d. → Flamboyant-Stils; → Schneuß.
Fische,
1) *nördliche* u. *südliche* F. → Sternbilder, Übers.

FINNLAND
Staatsname: Republik Finnland, Suomen Tasavalta (finn.), Republiken Finland (schwed.)
Staatsform: Parlamentarische Republik
Mitgliedschaft: UNO, EWR, Europarat, OSZE, OECD, Nordischer Rat, EU
Staatsoberhaupt: Martti Ahtisaari
Regierungschef: Paavo Lipponen
Hauptstadt: Helsinki (schwed. Helsingfors) 492 000 (Agglom. 987 000) Einwohner
Fläche: 338 145 km²
Einwohner: 5 078 000 (6% Finnland-Schweden)
Bevölkerungsdichte: 15 je km²
Bevölkerungswachstum pro Jahr: ⌀ 0,26% (1990–1995)
Amtssprache: Finnisch u. Schwedisch
Religion: Protestanten (88,7%), Finn.-Orthodoxe (1,1%)
Währung: Finnmark (Fmk)
Bruttosozialprodukt (1994): 95 817 Mill. US-$ insges., 18 850 US-$ je Einw.
Nationalitätskennzeichen: FIN
Zeitzone: MEZ + 1 Std.
Karte: → Skandinavien

Finnland

Fingertier

2) *Zeichen* (12.) des → Tierkreises.
3) niederste Gruppe (Überklasse) der Wirbeltiere, durch Kiemen atmende Wasserbewohner; 3 Klassen: *Rundmäuler* (Neunaugen), *Knorpelfische* (Haie, Rochen), *Knochenfische* (d. meisten Arten).
Fischegel, egelähnl. Würmer, saugen an Fischen.
Fischer,
1) Edmond Henri (* 6. 4. 1920), am. Biochemiker, Entdeckung v. Mechanismen, die d. Zus.spiel v. best. Proteinen im Körper steuern; Nobelpr. Medizin 1992 zus. m. E. G. → Krebs.
2) Edwin (6. 10. 1886–24. 1. 1960), schweiz. Pianist u. Dirigent.
3) Emil (9. 10. 1852–15. 7. 1919), dt. Chem.; entdeckte Schlafmittel Veronal u. Synthese v. Traubenzucker u. → Polypeptiden; Nobelpr. 1902.
4) Ernst Otto (* 10. 11. 1918), dt. Chem.; Arbeiten a. d. metallorgan. Chemie; Nobelpr. 1973 (zus. mit Wilkinson).
5) Eugen (5. 6. 1874–9. 7. 1967), dt. Anthropologe; Gründer d. Kaiser-Wilhelm-Inst. f. Anthropologie.
6) Hans (27. 7. 1881–31. 3. 1945), dt. Chem.; Synthese des Blutfarbstoffs; Nobelpr. 1930.
7) Johann Bernhard Frh. v. Erlach (20. 7. 1656–5. 4. 1723), Barockbaumeister; *Kollegienkirche* in Salzburg, Hofbibliothek u. *Karl-Borromäus-Kirche* in Wien.
8) Johann Michael (18. 2. 1692–6. 5. 1766), dt. Baumeister d. Spätbarock; Benediktiner-Klosterkirchen Zwiefalten, → Ottobeuren, Rott a. Inn.
9) Joschka (* 12. 4. 1948), dt. Pol. (Grüne), 1983–85 MdB, 1985/86 hess. Umweltmin.; 1991–94 hess. Min.präs., Ressort f. Umwelt, Energie u. Bundesangelegenheiten; s. 1994 Fraktionschef v. Bündnis 90/Die Grünen.
10) Karl (21. 3. 1881–13. 6. 1941), Begr. des Wandervogels (→ Jugendbewegung).
11) Kuno (23. 7. 1824–5. 7. 1907), dt. Phil.; *Gesch. d. neueren Philosophie.*
12) O(tto) W(ilhelm) (* 1. 4. 1915), dt.-öst. Schauspieler; *Ludwig II.; Helden.*
13) Oskar (* 19. 3. 1923), dt. Pol. (SED); 1975–90 Außenmin. d. DDR.
14) Robert (* 9. 3. 1943), am. Schachspieler; Weltmeister 1972–75.
Fischer,
1) Verlag *Gustav F.,* f. Med. u. Naturwiss., gegr. Jena 1878; jetzt in Stuttgart.
2) *S. F. Verlag,* gegr. 1886 in Berlin; moderne Literatur. Sitz 1933 in Stockholm; in Dtld als Suhrkamp-Verlag; s. 1950 wieder S. F. Verlag in Frankfurt a. M., Amsterdam, Wien.
Fischer-Dieskau, Dietrich (* 28. 5. 1925), dt. Bariton.
Fischerei, Hege u. Fang nutzbarer Wassertiere, zerfällt in *Hochsee-* u. *Küsten-F.* (Hering, Sprotte, Sardine, Kabeljau, Schellfisch, Scholle, Aal, Hummer, Auster) u. *Binnen-*(Süßwasser-)*F.; Hochsee-F.* (außerhalb einer 200-Meilen-Zone) meist durch Gesellschaften mit Fangschiffen bes. Baus (Fabrikschiffen); Fahrten bis Island u. Nordafrika; *Küsten-F.* meist innerhalb einer 200-Meilen-Zone) durch Kutter, Heringslogger u. Kleinfahrzeuge; Fang mit Grund-, Schlepp- u. Treibnetzen, im Wattenmeer

auch m. Reusen (Aalfang); *Binnen-F.* (Fluß-, See- u. Teich-F.) als Sport mit der Angel (→ Angeln), sonst mit Zugnetzen *(Teichwirtschaft);* Beaufsichtigung der F. durch *F.polizei,* d. Schonzeiten u. Laichschonreviere festsetzt, für Fabrikabwässerbeseitigung sorgt usw.: 1952 BR Fischwirtsch.ges.; 1955 F.forschungsschiff *Anton Dohrn,* 999 BRT; 1970 Fischmarktordnung i. d. EG; 1983 EG-Regelung f. Gemeinsame Fischereipolitik (GFP); Dezember 1992 Verabschiedung d. neuen Fischerei-Grundverordnung. – *Fischfang* 1993: Deutschland 303 000 t, Europ. Union 7 214 000 t, Welt 101 418 000 t.

Ausgeworfenes Netz eines Fischdampfers

Fischereigerechtigkeit, Bez. f. d. Verpflichtung, b. Fischen d. geschriebenen u. ungeschriebenen Gesetze (humane Fangmeth., d. Fisch Schmerz ersparen) zu beachten; → waidgerecht.
Fischereischutzone, Meeresstreifen der Küstenstaaten, der über d. Hoheitsgewässer (3 Meilen) hinausreicht u. 12, 50, 70 u. oft 200 (EG s. 1977) Seemeilen beträgt; sie dient dem Schutz vor unkontrolliertem Fischfang durch konkurrierende Fischereiflotten.
Fischer-Inseln → Pescadores.
Fischerring, päpstlicher Siegelring mit d. Bild d. fischenden Petrus.
Fischer-Tropsch-Synthese, 1925 v. F. *Fischer* u. H. *Tropsch* geschaffene großtechn. Gewinnung v. Treibstoffen u. Paraffinen aus Kohle, die zunächst zu Kohlenoxid vergast und m. Wasserstoff über Katalysatoren hydriert wird.
Fischfrevel, gesetzwidr. Handeln d. Fischereiberechtigten b. Fang v. Fischen, z. B. Fischen m. unerlaubtem Köder od. Fanggerät, Nichtbeachtung d. Mindestmaße u. d. Schonzeit.
Fischgrat, *m.,* achsensymmetr. Ornamentform aus schräg gg.einander gesetzten Linien.
Fischhege, Maßnahmen d. Fischereiberechtigten z. Schutz, z. Erhaltung u. Verbesserung d. Fischbestände u. d. Gewässer.
Fischlupe, auf d. Prinzip des → Echolots beruhendes Ultraschall-Ortungsgerät f. Fischereifahrzeuge, gibt Tiefe u. Größe eines Schwarms an.
Fischmehl, eiweißintensives Futtermittel aus Fischen, Fischabfällen.

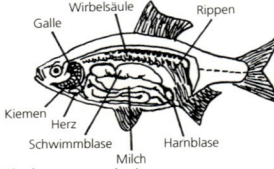

Fisch, *Längsschnitt*

Tafel Fische →

Flugfisch 23 cm
Dolphinfisch 1,2 m
bis 12 m
Platyberyx 7,5 cm
Ilfisch 2,5 cm
Lamprotoxus 20 cm
Viperfisch 30 cm
(Nach: DIE WELT IN DER WIR LEBEN)

Fischotter → Ottern.
Fischreiher → Reiher.
Fischschuppenkrankheit, *Ichthyosis,* krankhafte Schuppenbildungen der Haut, erbl. Veranlagung.
Fischsilber, vorbehandelte Weißfisch-Schuppen, die einem Lack perlmutterartigen Glanz verleihen.
Fischvergiftung → Erste Hilfe, Übers.
Fisher [ˈfiʃə],
1) Geoffrey Francis Lord (5. 5. 1887 bis 14. 9. 1972), anglik. Theol.; 1945–61 Erzbischof v. Canterbury; führend i. d. Ökumene.
2) Irving (27. 2. 1867–29. 4. 1947), am. Nationalökonom; vertrat die math. Wirtschaftstheorie; *Quantitätstheorie d. Geldes; „Fishersche Quantitätsformel".*
Fisimatenten, Flausen; unnötiges Getue.
Fiskaljahr → öffentlicher Haushalt.
Fiskus, *m.* [l. „Geldkorb"], urspr. kaiserliche Privatkasse (in Rom); heute Bez. des Staates in privatrechtl., insbes. vermögensrechtl. Funktion.
fissil [l.], spaltbar.
Fission, *w.* [engl. ˈfiʃn], Spaltung; bes. f. Atomkernspaltung; Ggs.: Fusion (→ Tafel Atom u. Atomkernenergie).
Fissur, *w.* [l.], Einriß (Haut-, Knochen-F.).
Fistel, *w.* [l. „fistula"], künstl. od. durch Krankheit entstandener Kanal, der ein tiefer liegendes Hohlorgan mit der Körperoberfläche od. anderen Organen verbindet.
Fistelstimme → Falsett.
fit [engl.], physisch, sportl. leistungsfähig; in Form.
Fitch [fitʃ], Val. L. (* 10. 3. 1923), am. Phys.; (zus. m. J. W. u. Cronin) Nobelpr. 1980 (Symmetrie zw. Materie u. → Antimaterie).
Fitis, Art er → Laubsänger.
Fitness [engl.], *Fitneß,* Körperertüchtigung, Kondition (→ fit); *F.-Center m.* Bodybuilding, Sauna u. a.
Fittings [engl.], verbindende Zwischen- u. Anschlußstücke (Muffen, Hähne) bei Rohrleitungen (z. B. zw. Gasrohrleitung u. Brenner).
Fitzgerald [-ˈdʒɛrəld],
1) Ella (25. 4. 1918–15. 6. 1996), amerikanische Jazzsängerin.
2) Francis Scott (24. 9. 1896–21. 12. 1940), am. Schrift.; *D. große Gatsby; Der letzte Taikun.*
Fitzroy, Fluß in W-Australien, aus d. Kimberley-Plateau, 520 km l., in den King-Sund; schiffbar.
Fiumare, *w.* [it.], im Sommer trockener Flußlauf.
Fiume → Rijeka.
Five o'clock tea [engl. ˈfaɪv əˈklɔk tiː], 5-Uhr-Tee, Nachmittags-, Tanztee.
fix [l.], fest(stehend); flink.
Fixativ, *s.,* Lösung v. Schellack od. Kolophonium (→ *Harze*) in Alkohol mit Firnißzusatz; macht, auf Kreide-, Kohle-, Pastellzeichnungen aufgetragen, diese unverwischbar.
fixe Idee → Wahnidee.
fixe Kosten → Kosten.
fixen [l.],
1) Rauschgift spritzen.
2) an der *Börse:* Verkauf von Waren, → Wertpapieren, ohne sie zu besitzen (*Leerverkäufe*); Erwerb erfolgt erst später u. erhofft niedrigem → Kurs (Baisse-

Geiranger-Fjord, *Norwegen*

Bogen   Winkel   Kreuzstück   T-Stück
Fittings

Blüte   Frucht
Flachs

spekulation); Lieferung erfolgt zu einem bestimmt. (fixen) Tag, meist Ultimo (*Fixgeschäft*).
Fixer,
1) svw. Börsenspekulant, der m. → Baisse rechnet.
2) Süchtiger, der Heroin spritzt.
Fixgeschäft, bürgerlich-rechtlicher Vertrag, der zu einem festgelegten Zeitpunkt erfüllt werden muß; andernfalls kann der andere Teil zurücktreten (§ 361 BGB).
fixieren,
1) jemanden anstarren.
2) festsetzen: **a)** Zeichnung mit → Fixativ vor dem Verwischen schützen; **b)** fotograf. Platten u. Papiere mit → *Fixiersalz* lichtunempfindlich machen.
Fixiersalz, *Natriumthiosulfat,* löst das nach Belichtung u. Entwicklung fotograf. Platten, Filme u. Papiere auf ihnen unverändert gebliebene Silberbromid (-chlorid); Wiederaufbereitung der in verbrauchten Fixierbädern enthaltenen Silbersalze wichtig.
Fixsterne, selbstleuchtende Himmelskörper aus heißen Gasen, die i. Ggs. zu den Wandelsternen (→ Planeten) ihre scheinbare Stellung am Himmel kurzzeitig nicht ändern, nach vielen Jahren aber geringe Ortsveränderung (→ Eigenbewegung) aufweisen. → Sterne, → Milchstraße.
Fixum [l.], fester Anteil d. Entgelts, das ein → Handelsvertreter neben → Provisionen bezieht.
Fizeau [fiˈzo], Armand (23. 9. 1819 bis 18. 9. 96), frz. Phys.; Verfahren zur Messung der Lichtgeschwindigkeit.
Fjodor, russ. Form zu → Theodor.
Fjord, *m.* [skandinav.], lange, schmale, meist stark verzweigte Meeresbuchten; durch eiszeitl. Gletscher stark übertiefte, versunkene Flußtäler.
Fjordpferd, norweg. Pferderasse; mittelgroß, Fell ockergelb, Stehmähne; beliebtes Reitpony.
FKK, Abk. für **F**rei**k**örper**k**ultur, → Nacktkultur.
Fl., *fl.,* Abk. f. *florin* [frz.], weil urspr. aus Florenz stammend, svw. → Gulden.
Flab, östr. für → Flak.
Flach, Karl-Hermann (17. 10. 1929 bis 25. 8. 73), dt. Journalist u. FDP-Pol.; 1971–73 Gen.sekr. d. FDP.
Fläche, in der *Geometrie:* räuml. Gebilde mit zwei Ausdehnungen: Länge und Breite.
Flächenmaße → Maße u. Gewichte, Übers.
Flachmoor → Moor.
Flachrennen, Pferderennen auf ebener Bahn; Ggs.: → Hindernisrennen.
Flachs, *Lein,* uralte *Faserpflanze;* Samen liefern Öl; Hptanbaugebiete: USA, Indien, Argentinien u. Rußland.
Flachsseide → Seide.
Flachsspinnerei, Herstellung v. haltbarem Garn aus d. Bast der Leinenpflanze: die Pflanze wird *gerifelt,* d. h. durch eiserne Kämme v. Blättern u. Samen gereinigt, *geröstet* u. vom Pflanzenleim befreit, gewaschen, gebrochen u. *gehechelt,* d. h. d. Bast wird durch Kämmen in Fasern zerlegt; lange Fasern versponnen, kurze zu Werg verarbeitet.
Flädle, schwäb. dünne, schmal geschnittene Pfannkuchenstreifen (Suppeneinlage).
Flagellanten [l.], *Geißelbrüder,* sich

Die Hoheitszeichen der Staaten und Territorien 1

Afghanistan

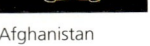 
Ägypten

Albanien

Alderney

Algerien

Amerik. Jungferninseln

Amerikanisch Samoa

Andorra

Angola

Anguilla

Antigua und Barbuda

Äquatorialguinea

Argentinien

Armenien

Aruba

Aserbaidschan

Äthiopien

Australien

Bahamas

Bahrain

Bangladesch

Barbados

Belgien

Belize

Benin

Bermuda

Bhutan

Bolivien

Bosnien-Herzegowina

Botswana

Brasilien

Britische Jungferninseln

Die Hoheitszeichen der Staaten und Territorien 2

Brunei

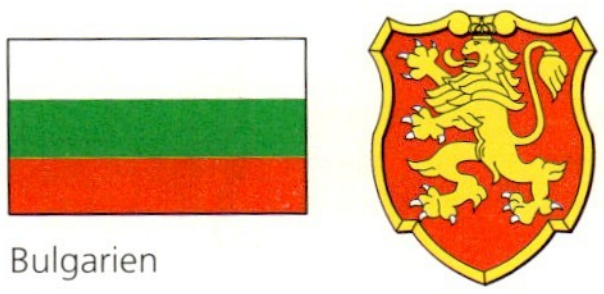
Bulgarien

Burkina Faso

Burundi

Caymaninseln

Chile

China (Volksrepublik)

Christmasinseln

DIE CHRISTMASINSELN BESITZEN KEIN WAPPEN

Cookinseln

Costa Rica

Côte d'Ivoire

Dänemark

Deutschland

Dominica

Dominikanische Rep.

Dschibuti

Ecuador

El Salvador

Eritrea

Estland

Falklandinseln

Färöer

Fidschi

Finnland

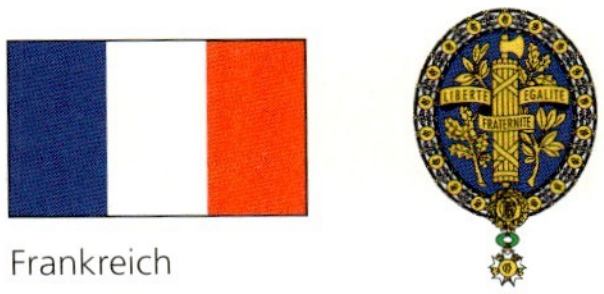
Frankreich

Französ. Polynesien

Gabun

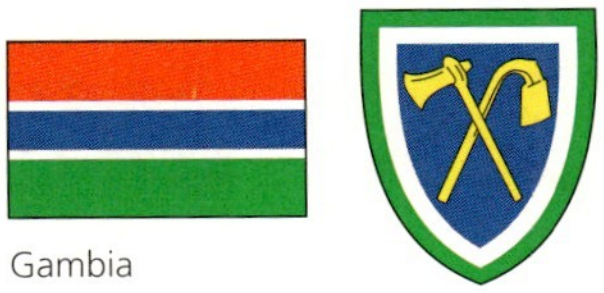
Gambia

Georgien

Ghana

Gibraltar

Grenada

Die Hoheitszeichen der Staaten und Territorien 3

Griechenland · Grönland · Großbritannien u. Nordirl. · Guam

Guatemala · Guernsey · Guinea · Guinea-Bissau

      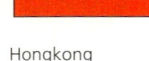 

Guyana · Haïti · Honduras · Hongkong

  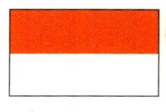     

Indien · Indonesien · Irak · Iran

Irland · Island · Isle of Man · Israel

   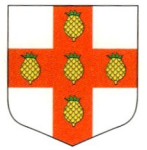    

Italien · Jamaika · Japan · Jemen

Jersey · Jordanien · Jugoslawien · Kambodscha

Kamerun · Kanada · Kap Verde · Kasachstan

Die Hoheitszeichen der Staaten und Territorien 4

Katar — Kenia — Kirgistan — Kiribati

DIE KOKOSINSELN BESITZEN KEINE FLAGGE

DAS NEUE WAPPEN IST NOCH NICHT BEKANNT

Kokosinseln — Kolumbien — Komoren — Kongo, Demokrat. Rep.

Kongo, Republik — Korea, Dem. Volksrep. — Korea, Republik — Kroatien

Kuba — Kuwait — Laos — Lesotho

Lettland — Libanon — Liberia — Libyen

Liechtenstein — Litauen — Luxemburg — Madagaskar

Makedonien — Malawi — Malaysia — Malediven

  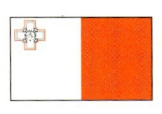     

Mali — Malta — Marokko — Marshallinseln

Die Hoheitszeichen der Staaten und Territorien 5

Mauretanien · Mauritius · Mexiko · Mikronesien

Moldau · Monaco · Mongolei · Montserrat

Mosambik · Myanmar · Namibia · Nauru

Nepal · Neuseeland · Nicaragua · Niederlande

NIUE BESITZT KEIN WAPPEN

Niederl. Antillen · Niger · Nigeria · Niue

Nördliche Marianen · Norfolkinseln · Norwegen · Oman

Österreich · Pakistan · Palästina · Palau

   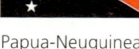     

Panamá · Papua-Neuguinea · Paraguay · Peru

Die Hoheitszeichen der Staaten und Territorien 6

 Philippinen   Pitcairninseln  Polen  Portugal

 Puerto Rico  Ruanda  Rumänien  Rußland

 Sahara (West-)   St. Helena   St. Kitts und Nevis   St. Lucia

 St. Vincent u. Grenadinen   Salomonen   Sambia 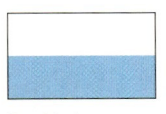  San Marino

 São Tomé u. Príncipe   Saudi-Arabien   Schweden   Schweiz

 Senegal   Seychellen   Sierra Leone   Simbabwe

   Slowakei   Slowenien   Somalia

 Singapur

 Spanien   Sri Lanka   Südafrika   Sudan

Die Hoheitszeichen der Staaten und Territorien 7

Suriname — Swasiland — Syrien — Tadschikistan

Taiwan (Rep. China) — Tansania — Thailand — Togo

      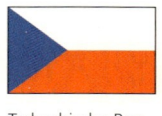 

Tonga — Trinidad u. Tobago — Tschad — Tschechische Rep.

Tunesien — Türkei — Turkmenistan — Turks- u. Caicosinseln

    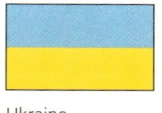   

Tuvalu — Uganda — Ukraine — Ungarn

Uruguay — Usbekistan — Vanuatu — Vatikanstadt

Venezuela — Ver. Arabische Emirate — Ver. Staaten v. Amerika — Vietnam

Weißrußland — Westsamoa — Zentralafrikan. Rep. — Zypern

Überstaatliche Flaggen

Arabische Liga

Buddhismus

Commonwealth

Europa

Islam

Evangel. Kirche

Katholische Kirche

Malteserorden

NATO

Olympia

Organisation für Afrikan. Einheit

Organisation der Zentralam. Staaten

Roter Halbmond

Rotes Kreuz

UNESCO

Vereinte Nationen

geißelnde christl. Bußscharen, bes. bei Epidemien im MA.
Flagellaten → Geißeltierchen.
Flagelle, Flagellum, svw. → Geißel.
Flageolett, *s.* [frz. -ʃo-], hohes Flötenregister d. Orgel; flötenähnl. Töne bei Saiteninstrumenten; kl. Schnabelflöte.
Flagge,
1) Schiffe müssen F. an Gaffel od. Heck als Zeichen d. Staatszugehörigkeit führen; Reedereien führen meist daneben *Hausflagge; Sonderflaggen: Post-, Zoll-, Lotsen-, Quarantäne-F.*
2) aus Tuch hergestelltes Erkennungs- od. Unterscheidungszeichen, das mittels e. Leine am Flaggstock befestigt ist u. mit dieser Leine hoch- u. niedergeholt wird (im Ggs. z. Fahne, die fest mit d. Mast verbunden ist, mit ihm e. Einheit bildet) Als *National-, Kriegs-* und/od. *Handelsflagge* Hoheitszeichen von Staaten in deren Farben, z. T. auch mit Wappen (→ Tafel Flaggen).
Flaggenalphabet, dient z. Verständigung zw. Schiffen auf See; *Winkerflagge,* Fähnchen z. Signalgeben.
Flaggengruß, tauschen Handelsschiffe m. Kriegsschiffen gegenseitig aus.
Flaggoffiziere, oberste Rangklasse d. Marineoffiziere (Admirale).
Flaggschiff (Admiralsschiff), Führerschiff e. großen Kriegsschiff-Verbandes.
flagrant [l. „brennend"], offenkundig; → in flagranti.
Flaherty [ˈflɛətɪ], Robert J. (16. 2. 1884 bis 23. 7. 1951), am. Filmregisseur, Pionier d. Dokumentarfilms; *Nanook of the North* (1922); *Louisiana Story* (1948).
Flak, Abk. f. **Fl**ug**a**bwehr**k**anone, auch **Flab** od. **Fla,** Bez. f. **Flugabwehrartillerie,** Waffengattung zur Flugabwehr, hpts. bewaffnet m. schweren u. leichten, vollautomat., optisch od. durch Radar gerichteten Kanonen u. Fernlenkraketen; Flak 20 mm, *Zwillings-F.:* 1000 Schuß je Min./Rohr; max. Schußentf.: 7000 m.
Flake, Otto (29. 10. 1880–10. 11. 1963), dt. zeitkrit. Schriftst.; Entwicklungs- u. Liebesromane; *Fortunat.*
Flakon, *s.* od. *m.* [frz. -ˈkõ:], (Riechfläschchen).
Flambeau, *m.* [frz. flãˈbo:], Fackel, hoher Kerzenständer.
Flamberg, zweihändig geführtes Schwert d. Landsknechte.
flambieren [frz.], Speisen zur Geschmacksverfeinerung mit Alkohol übergießen und abflammen.
Flamboyant-Stil [frz. flãbwaˈjã:], Dekorationsstil d. frz. u. engl. Spätgotik (15. u. 16. Jh.), flammenart. Zierornamente.
Flamen, *m.* [l.],
1) altröm. Opferpriester f. e. best. Gott, z. B. Jupiter od. Mars u. a.
2) *Vlamen,* german. Volksteil Belgiens; etwa die Hälfte d. belg. Bev.
Flamenco, Bez. f. span. (andalus.) Volkstänze und -gesänge mit od. ohne Gitarrenbegleitung.
Fläming, sandiger, wasserarmer, kiefernbewald. Höhenzug (*Hagelsburg*, 201 m), nö. d. mittleren Elbe bei Wittenberg.
Flamingo, *m.,* Wasservogel m. hohen Beinen, geknicktem Schnabel u. rosen- bis karminrotem Gefieder. Europa: Rhône- u. Guadalquivirdelta; Afrika, Asien, Amerika (Abb.).

Flamencotänzerin

Flamingo

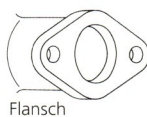
Flansch

Flaminius, Gaius, röm. Staatsmann; fiel 217 v. Chr. gegen Hannibal; erbaute *Via Flaminia* v. Rom n. Ariminum (Rimini).
flämische Bewegung, in Belgien, forderte zuerst Gleichberechtigung der fläm. mit der frz. Sprache, später pol. Gleichberechtigung; s. 1873 fläm. Gerichtssprache, 1930 Uni. Gent flämisch, völlige Gleichberechtigung der fläm. Sprache 1932.
flämische Literatur, 19. Jh.: Jan Frans Willems, Hendrik Conscience *(Der Löwe von Flandern);* Guido Gezelle u. Albrecht Rodenbach (Lyrik), August Vermeylen (Lyrik u. Kulturpolitik). Charles de Coster (*Ulenspiegel u. Lamme Goedzak,* in frz. Sprache); René de Clerq (pol. Lyrik); *20. Jh.:* C. Verschaeve, S. Streuvels, F. Timmermans, H. Tierlinck, E. Claes, A. Coolen, G. Walschap, K. v. d. Woestijne, M. Roelants, F. de Pillecijn, A. Demedts, J. Daisne, M. Gilliams.
Flamme, Verbrennungserscheinung b. Dämpfen u. Gasen (Entstehung auch durch Hitzezersetzung fester Stoffe); *Oxidations-F.* m. viel, *Reduktions-F.* m. wenig Sauerstoff, F.nfärbung durch Metallsalze: Natrium gelb, Kalium violett, Kupfer blaugrün, Barium grün, Lithium und Strontium rot.
Flammendes Herz, Zierpflanze aus O-Asien mit herzförmigen rosa Blüten; dem Mohn verwandt.
Flammenspritzen, Verfahren zur Herstellung von Oberflächenschutzschichten aus thermopl. → Kunststoffen.
Flammenwerfer, Kampfgerät, trag- od. fahrb. Behälter, aus dem durch Preßluft Flammenöl bis zu 70 m weit geschleudert wird.
Flammeri, Süßspeise aus erkaltetem Brei mit Fruchtsaft u. ä.
Flammpunkt, bei einem Stoff die Temperatur, bei der er an der Oberfläche entflammbare Gase entwickelt. Der F. bestimmt die Einteilung in Gefahrenklassen. Feststellung mit dem **F.prüfer.**
Flandern, fläm. *Vlanderen,* ndl. *Vlaanderen,* Nordseelandschaft; ndl. Prov. *Seeland* (359 000 E), belg. Prov. *Ostflandern* (1,33 Mill. E) u. W-F. (1,10 Mill. E) u. frz. Dép. *Nord* u. *Pas-de-Calais;* im N dünenreiche Flachküste, fruchtbares Marschland, im S flachwelliges Hügelland. – Im 3. Jh. n. Chr. Besiedlung durch Niederfranken und Friesen; im 11./12. Jh. Aufblühen städt. Kultur; 1814/15 niederländisch, 1830 belg.; im 1. Weltkrieg Hauptkampfgebiet.
Flandin [flãˈdɛ̃], Pierre-Etienne (12. 4. 1889–13. 6. 1958), französ. Min.präs. 1934/35, schloß frz.-sowj. Militärbündnis; 1936 u. 1940/41 Außenmin. unter Pétain.
Flanell, *m.* [engl.], Woll- oder Baumwoll-, auch Mischgewebe, ein-, auch doppelseitig gerauht.
Flaneur, *m.* [frz. -øːr], Müßiggänger, Bummler.
flanieren [frz..], umherschlendern.
Flansch, *m.,* verbreiterter scheibenförmiger Rand an Rohrenden f. luftdichten Verschluß; auch als *Blindflansch* f. Rohrverschluß.
Flare, *m.* od. *s.* [engl. flɛə], → Eruption auf der Sonne.
Flaschen, Hohlgefäße zum Aufbewah-

Flecke

Flecke sollten so früh wie möglich entfernt werden; ganz frische Flecke sind häufig mit Mineralwasser zu entfernen. Saubere, jeweils geeignete, richtig temperierte Lösungsmittel sollen an unsichtbarer Stelle des Stoffes ausprobiert, dann in Fadenrichtung verrieben werden unter sorgsamster Beobachtung etwaiger Feuergefährlichkeit. – **Bierflecke** werden m. lauwarmem Wasser u. Spiritus, zu gleichen Teilen gemischt, herausgerieben u. von links feucht geplättet. – **Blutflecke**, frische, mit kaltem bis lauwarmem Wasser auswaschen (bei Wäsche vor dem Kochen); bei alten Blutflecken Soda, beim Waschen Salz, bei Seide etwas Seife zusetzen; in Matratzen: Reisstärke mit Wasser angerührt auftragen, nach Trocknen ausbürsten; in dunklen Wollstoffen: ohne Wasser trocknen u. ausbürsten. – **Brandflecke**: Mischung aus 8 g Walkerde, 2 g aufgeweichte Seife und 60 g Essig. Einreiben und ausspülen. **Broschen** geben oft Stichflecke, die durch Abreiben d. Nadel mit Eau de Cologne vermieden od. durch Abtupfen damit beseitigt werden. – **Druckflecke** in haarigen Stoffen dämpfen od. m. angefeuchteter Rückseite über heißes Bügeleisen ziehen. – **Eierflecke** beseitigt warmes Wasser. – **Essigflecke** auf Bestecken mit Spiritus, Putzsand od. Petroleum abreiben. – **Farbflecke** mit Benzin, in Seide m. Mischung aus Terpentin u. Ether behandeln, auf Fensterscheiben m. Salmiakgeist. – **Fettflecke**: Benzin (nie bei offenem Feuer od. heißem Ofen), ähnl. Fleckwässer; Quillajarinde; Salmiaklösung (bei Anzugstoffen); Stoff zw. Löschpapier heiß bügeln (bei Seide u. zarten Stoffen vorher Salz od. Mehl aufstreuen); Leder: m. geschlagenem Eiweiß abreiben; Parkett: m. Schmierseife einreiben, am folgenden Tag m. heißem Wasser wischen. – **Filzstiftflecke**: Mit Spiritus od. Essig-Spiritus-Gemisch ausreiben, dann mit Krepp abtupfen. – **Fliegenflecke**: Stoffe m. lauwarmem Essigwasser, Möbel m. Zwiebelscheiben abreiben. – **Grasflecke**: Zitronensaft; Spiritus; kochendes Wasser u. Seife. – **Harzflecke**: Terpentinöl; Terpentinspiritus; Spiritus; Seide u. farbenempfindl. Stoffe: Ether, m. Seifenwasser nachreiben. – **Jodflecke**: Spiritus, Salmiaklösung, Chlorkalkwasser, Natriumbicarbonat aufstreuen. – **Kaffeeflecke**: Glycerin einreiben, m. lauwarmem Wasser auswaschen. Mit Kern- oder Gallseife vorbehandeln und mit kaltem Wasser auswaschen. – **Kakaoflecke**: Wasser ohne Seife; auch Glycerin u. dann Spiritus anwenden. – **Kopierstiftflecke**: Spiritus, Eau de Cologne. – **Kugelschreiberflecke**: vor d. Waschen m. Essig od. Alkohol entfernen. – **Likörflecke**: Spiritus, dann evtl. noch Mischung von 9 Teilen Wasser, 1 Teil Wasserstoffsuperoxid, wenige Tropfen Salmiakgeist. – **Milchflecke**: stark verdünnter Salmiakgeist, m. etwas Kochsalz gemischt, m. klarem Wasser nachgespült. – **Nagellackflecke**: mit Aceton. – **Obstflecke**: in Wäsche: frisch m. lauwarmem Wasser u. Seife waschen, über Nacht in Milch liegenlassen od. mit Kochwasser von Kartoffeln behan- deln; in Seide: Lösung v. lauwarmem Wasser u. etwas Borax. – **Ölflecke**: warmes Wasser u. Seife; Schmierölflecke vorher mit Margarine einreiben; Benzin. – **Ölfarbenflecke**: Terpentin, auch m. Spiritus u. Benzin gemischt. – **Parfümflecke** mit Abkochung v. Quillajarinde (lauwarm) ausreiben. – **Rostflecke**: Roststift, gut nachspülen. – **Rotweinflecke**: tagsüber in warme Milch legen. – **Schmutzflecke**: Quillajarindeabkochung. – **Schweißflecke**: Salmiakgeist; Essig; lösung von Marseiller Seife in Regenwasser; Quillajalauge. – **Stockflecke**: 1 Teelöffel pulverisierter Salmiak, 1 Eßlöffel feines Kochsalz, 2 Eßlöffel Wasser mischen, aufstreichen, trocknen, auswaschen. – **Teeflecke**: in kochendem Wasser ausziehen lassen. – **Teerflecke**: mit unverdünntem Seifenspiritus, dann mit Benzin ausreiben. – **Tintenflecke**: in Milch od. Zitronensaft ausziehen lassen; m. Fleckstift betupfen u. über heißen Wasserkessel ziehen; Wolle: reines Glycerin, m. warmem Seifenwasser nachspülen; Marmor: Salmiakgeist. – **Zuckerflecke**: lauwarmes Wasser.

---

ren u. Versenden v. Flüssigkeiten u. komprimierten Gasen, meist aus Glas, Kunststoff (Polyäthylen) u. Steingut; aus Eisen für Quecksilber, aus Stahl („Bomben") für Gase, aus Blei, Guttapercha u. Wachs für Flußsäure; Hauptabnehmer von F. ist d. Gärungsgewerbe u. d. Mineralwasserind.; Reinigung, Füllung, Verschluß u. Etikettierung m. automat. Maschinen; Herstellung von Glas-F. früher durch Handarbeit, heute maschinell.
Flaschenpost, Nachrichtenbeförderung b. Unglücksfällen zur See; versiegelte Flasche mit inliegendem Zettel.
Flaschenzug, Gerät zum Heben von größeren Lasten mit kleinen Kräften unter Benutzung von *Flaschen*, d. h. v. Rollen, die durch e. Seil miteinander verbunden sind; je größer d. Anzahl d. Rollen, um so kleiner d. benötigte Kraft, aber ohne Arbeitsersparnis, da die kl. Kraft einen entsprechend großen Weg zurücklegen muß.

Flaschenzug

Flaschner, südwestdt. Bezeichnung für Klempner.
Flash [engl. flæʃ „Blitz"], im *Film:* kurze Einblendung in eine Bildfolge; Rückblende.
Flatterie, w. [frz.], Schmeichelei.
Flattersatz, Text mit unterschiedl. langen Zeilen, Ggs. → Blocksatz.
Flatulenz, w. [l.], Blähsucht, übermäß. Gasbildung im Darm.
Flatus, *Flatulenz, Meteorismus,* Blähung, Winde.
Flaubert [floˈbɛːr], Gustave (12. 12. 1821–8. 5. 80), frz. Schriftst.; erstmals innerer Monolog in: *Madame Bovary; Salammbô; Lehrjahre d. Herzens; D. Versuchung d. hl. Antonius.*

Gustave Flaubert

Wandflechte

Flausch, zottiges, grobes, weiches Woll- oder Baumwollgewebe; wollener Männerrock.
Flaute,
1) *wirtsch.* (vorübergehende) schlechte Konjunktur i. Geschäftsleben.
2) Windstille.
Flauto, *m.* [it.], svw. → Flöte.
Flavier [-viɐ], röm. Geschlecht; aus ihm 69–96 n. Chr. die Kaiser Vespasian, Titus u. Domitian.
Flavin [ˈflævɪn], Dan (1. 4. 1933–29. 11. 1996), am. Künstler, e. Hptvertr. d. → Minimal Art; Lichtkunst.
Flavine [l. „flavus = gelb"], Sammelbez. f. gelbe Naturfarbstoffe, biol. bedeutsam *Laktoflavin* u. a. Vertreter der Vitamin-B_2-Gruppe.
Flaxman [ˈflæksmən], John (6. 7. 1755 bis 7. 12. 1826), engl. Zeichner u. Bildhauer des Klassizismus; Illustrationen u. a. zu Werken Dantes u. Homers; Plastiken: Grabmäler (in St Paul's Cathedral, London).
Flechse, (b. Tier) svw. → Sehne.
Flechte, Hautausschlag, → Bartflechte, → Schuppenflechte.
Flechten, niedere Pflanzen, an Bäumen, Steinen usw. Überzüge, Krusten bildend, andere moosähnl. (*Rentierflechte*); wichtig als Indikatoren f. Luftverschmutzung; → Symbiose v. Pilzen u. Algen.
Fleckenreinigung → Flecke, Übers.
Fleckfieber, *Flecktyphus,* durch Kleiderläuse übertragene, sehr gefährliche Infektionskrankheit mit Fleckenbildung der Haut, anzeigepflichtig; Erreger *Rickettsia prowazeki* (→ Rickettsien); Schutzimpfung.

Fledermäuse, *Fleder-, Flattertiere,* Säugetiere mit Flughäuten, Nachttiere; orientieren sich b. Flug im Dunkeln nach reflektiertem Schall (aus dem Kehlkopf ausgesandt), Ultraschallwellen; Fruchtfresser: *Fliegende Hunde,* Ostindien bis Australien; einheim. Arten nützliche Insektenfresser; auch → Vampyr.

Fledermaus

Fleet, schiffbarer Kanal in Hamburg, auch Entwässerungsgraben innerhalb der Deiche.
Fleet Street [fliːt striːt], Londoner Straße, Sitz großer Zeitungsverlage u. Nachrichtenagenturen.
Flegel, Georg (1566–März 1638), dt. Maler d. Barock; Mahlzeitenbilder u. Stilleben.
Flehmen, b. m. Säugetieren, bes. Huftieren (Hengst, Schaf- u. Ziegenbock), d. typ. Anheben d. Oberlippe, wenn sie nach brünst. Tieren suchen.
Fleisch → Übers.
Fleischbeschau, staatl. tierärztl. Untersuchung d. Fleisches b. Schlachtungen, bes. des Schweinefleisches auf *Trichinen.*
Fleischextrakt, von dem Chemiker Justus v. *Liebig* zuerst angegebene

Fleisch

allg. die tierischen Weichteile, eigtl. nur das Muskelgewebe. Nährwert beruht auf Eiweiß- u. Mineralsalzgehalt und schwankt zwischen 892 (100 g mageres Rindfleisch) u. 1654 (100 g mageres Schweinefleisch) kJ (→ Nahrungsmittel, Tabelle). F. enthält durchschnittlich $3/4$ Wasser u. $1/4$ Trockensubstanz, hiervon etwa 80% Eiweiß und 3–7$1/2$% Mineralsalze (Natriumchlorid, Kalium-, Calcium- u. Magnesiumphosphat). Nährwert auch abhängig von der Zubereitung; bei kaltem Aufsetzen von F. Auslaugung der Salze und eines Teils des Eiweißes; beim Einlegen in heißes Wasser oder Braten und Schmoren gerinnt die äußere Eiweißschicht und verhindert Austreten der Nährstoffe.

Fleischteile: a) Rind: 1 Kopf und Hals. 2 Schulterblatt (Gulasch- u. Suppen-F.). 3 Fehlrippen (außen: Roastbeef; innen: Lendenbraten; Filet, auch 4 u. 5). 4 Mittelrippe (Beefsteak). 5–8 Schlegel mit Schwanzstück: oberes Hüftstück (Braten, Rumpsteak), 6 langes Hüftstück (Braten, Rouladen), 7 Tafelspitz (Suppen-, Bratenfleisch), 8 Mittelschwanzstück (Braten-F.). 9 Ober- u. Unterweiche (Suppen-F.). 10 Brust (Suppen-F.). 11 Blatt oder Bug (Suppen-, auch Braten-F.). 12 Spitzbrust oder Wamme (Suppen-F.). 13 Beine mit Hachse oder Wade (Gulasch- und Suppen-F.). – **b) Kalb:** 1 Kopf mit Brägen (Hirn), Zunge und Hals, 1a Kalbsmilch. 2 Kamm. 3 Rippenstück (Kotelett). 4 Nierenstück, innen Nieren u. Filet. 5 Keule (Schlegel), mit Schnitzel: Innenseite Frikadeau (Nuß). 6 Beine. 7 Füße mit Hachse (Sprunggelenk). 8–9 Bruststück mit (innen) Geschlinge (Lunge, Herz, Leber usw.). 9 Schulter und Brustspitze. 10 Brust. – **c) Schwein:** 1 Kopf mit Ohren und Schnauze. 2 Kamm. 3 Rippenstück (Karbonaden, Karree, Kotelett). 4 Hinteres Rippenstück mit Lende. 5 Schinken (Keule). 6 Bauch (magerer Speck). Oberhalb der punktierten Linie außen fetter Speck. 7 Vorderschinken (Bug, Schulterblatt). 8 Dickbein (Eisbein). 9 Spitzbein (Füße). – **d) Hammel:** 1 Kopf und Hals. 2 Bug. 3 Dicke Rippe. 4 Nierenstück. 5 Rippenstück (Kotelett). 6 Keule. 7 Bauchstück. 8 Schulter (Blatt). 9 Beine.

Speisewürze, eingedickte Fleischbrühe; Rückstand wird als Futtermittel verwendet.

fleischfressende Pflanzen → insektenfressende Pflanzen.

Fleischmehl, gemahlenes Dörrfleisch; Viehfutter, Düngemittel, Abfallprod. d. Fleischextrakterzeugung u. d. Abdeckereien.

Fleischvergiftung → Erste Hilfe, Übers.

Fleißer, Marieluise (23. 11. 1901–2. 2. 74), dt. Schriftstellerin, gesellschaftskrit. Romane; Schauspiele i. bayr. Milieu; *Pioniere in Ingolstadt*.

Fleißiges Lieschen, großblütiges Balsaminengewächs, Zierpflanze.

flektieren [l.], *grammat.* beugen, abwandeln; *Flexion,* die Abwandlung d. Haupt- (Eigenschafts-, Für-, Geschlechts-) u. Zeitwörter; Deklination, Konjugation (Haus, Haus|es; reit|e, reit|est).

Flémalle [-'mal], *Meister v. F.,* ndl. Maler d. ausklingenden Gotik u. Mitbegr. d. ndl. Tafelmalerei; wahrscheinl. identisch mit Robert *Campin* (um 1379–26. 4. 1444), dem Lehrer v. → Rogier van der Weyden.

Fleming,
1) Sir *Alexander* (6. 8. 1881 bis 11. 3. 1955), brit. Mikrobiol.; entdeckte d. Penicillin; Nobelpr. 1945.
2) *Ian* (28. 5. 1908–12. 8. 64), engl. Kriminalschriftst.; Erfinder d. Geheimagenten 007: James Bond; *Casino Royale; Goldfinger.*
3) *Paul* (5. 10. 1609–2. 4. 40), dt. Lyriker d. Opitzschule; Liebesgedichte, Kirchenlieder.

Flensburg (D-24937–44), kreisfreie St. in Schl.-Ho., an der **F.er Förde** (Ostsee); 87 241 E; IHK, Kraftfahrtbundesamt (m. Verkehrszentralregister), LG, AG; PH, FHS f. Technik; Werften, Elektronik, Spirituosenind.

Alexander Fleming

Paul Fleming

l. Fliegenpilz ††
r. Perlpilz †

Flett, im niedersächs. Bauernhaus Teil d. Diele m. Feuerstelle.

Flettner, *Anton* (1. 11. 1885–29. 12. 1961), dt. Ing.; erfand Rotorschiff (→ Magnus-Effekt).

Fleuron [flø'rɔŋ], *Svend* (4. 1. 1874 bis 5. 4. 1966), dän. Schriftst.; Tierromane; *Die rote Koppel.*

Flevoland, ndl. Prov., 1420 km², 180 000 E; trockengelegter Polder.

Flex, *Walter* (6. 7. 1887–16. 10. 1917), dt. Schriftst.; *Der Wanderer zw. beiden Welten.*

Flexenpaß, im Arlberggebiet (1773 m), verbindet O-Vorarlberg m. Tiroler Lechtal.

flexibel [l.], biegsam.

Flexible response [engl. flɛksɪbl rɪ'spɒns], NATO-Militärstrategie der flexiblen Antwort (Androhung d. Ersteinsatzes v. Atomwaffen) seit Ende der 50er Jahre. Aufgrund des demokratischen Umbruchs in d. osteurop. Ländern u. Auflösung des Warschauer Paktes i. J. 1190 aufgegeben. Einsatz v. Atomwaffen nur noch als letztes Mittel im Verteidigungsfall.

Flexion → flektieren.

Flexoren [l.], Beugemuskeln, Gg.spieler d. → Extensoren.

Flibustier, *Bukanier,* westind. Seeräuber im 17. Jh.

Flic-Flac, Handstandüberschlag rückwärts i. Turnen.

Flick, *Friedrich* (10. 7. 1883–20. 7. 1972), dt. Großindustrieller; *F. Flick KG,* Konzern insbes. im Stahl- u. Chemiebereich.

Flickenschildt, *Elisabeth* (16. 3. 1905–26. 10. 77), dt. Bühnen- und Filmschausp.in; *Faust;* Autobiographie: *Kind m. roten Haaren.*

Flieder, Ölbaumgewächs m. duftenden lila Blütenrispen; Eierstrauch, Heimat SO-Europa.

Fliedertee, aus den Blüten des Schwarzen Holunders, wirkt schweißtreibend.

Fliedner, *Theodor* (21. 1. 1800–4. 10. 64), dt. ev. Pfarrer; begr. Kaiserswerther Diakonissenwerk.

Fliege,
1) kleine, zum Anzug od. Sakko getragene Halsschleife, Alternative z. → Krawatte.
2) b. Angeln: das über, auf od. im Wasser befindliche natürl. od. künstl. Köderinsekt (Fliege, Larve, Käfer), gefertigt aus Federn m. glänzenden Blechstückchen, zum Fang v. Salmoniden wie Lachs u. Forellen sowie Hechten.
3) → Sternbilder, Übers.

Fliegen, Insekten (Zweiflügler); viele Gruppen mit versch. Lebensweise, z. T. Räuber u. Blutsauger; Larven in Kot, Aas, Abfällen u. als Schmarotzer; können Krankheiten übertragen.

Fliegende Fische, Meeresfische, deren große Brustflossen den aus dem Wasser aufschnellenden Fisch zum Gleitflug befähigen → Tafel Fische.

Fliegende Hunde → Fledermäuse.

Fliegender Fisch → Sternbilder, Übers.

Fliegender Holländer, nach d. Sage holländ. Seefahrer, der ruhelos auf d. Meer umherirrt; Oper v. R. Wagner.

fliegende Untertassen, *Ufos,* angeblich beobachtete scheibenförmige Flugkörper unbekannter Herkunft (bes.

s. 1947), wahrscheinlich opt. Täuschungen (Wetterballone, Kugelblitze, Lichtreflexe in Wolken).
Fliegenfischerei → Angeln.
Fliegengewicht, Gewichtsklasse, beim Boxen bis 51 kg, Ringen 52 kg.
Fliegenkopf, *im Buchdruck:* verkehrt, auf dem Kopf stehender Buchstabe.
Fliegenpilz, giftiger Blätterpilz m. rotem Hut, enthält u. a. d. Rauschgift → Muscarin.
Fliegenschnäpper, kleine Singvögel; fangen fliegende Insekten; in Mitteleuropa: Grau-, Trauer- u. *Halsbandschnäpper* (die beiden letzten schwarzweiß gezeichnet); *Zwergschnäpper* (selten, Männchen rotkehlig).
Flieger,
1) Flugzeugführer, Pilot.
2) Kurzstrecken-Rennfahrer (z. B. Radfahrer), auch Rennpferd für kurze Strecken; Ggs.: → Steher.
Fliegerhorst, Bez. für militärischen Flugplatz.
Fliegerkrankheit, Höhenkrankheit, bei Höhen über 5000 m, svw. → Bergkrankheit.
Fliehburg, in Notzeiten von d. umliegenden Bev. aufgesuchte Fluchtburg.
Fliehkraft → Zentrifugalkraft.
Fliesen, Marmor-, Zement-, Glas-, Kunststoff- oder gebrannte Tonplatten als abriebfester Wand- oder Bodenbelag.
Fließbandfabrikation, örtlich fortschreitende, zeitlich bestimmte, lückenlose Folge v. möglichst vielen Arbeitsvorgängen, hpts. bei Massenherstellung von Werkstücken; das Arbeitsgut wandert (auf *laufendem Band*) in ununterbrochenem Fluß v. Arbeitsplatz zu Arbeitsplatz, wobei jeder Arbeiter in festgelegter Zeit e. best. gleichbleibende Verrichtung auszuführen hat; durch H. → Ford eingeführt.
Flimmerzellen, an Schleimhäuten v. Luftwegen, Uterus u. Eileiter, tragen Flimmerhärchen zur Fortbewegung von Schleim, Eizellen.
Flims (CH-7017), schweiz. Luftkurort u. Wintersportplatz in Graubünden, 1050 müM, 2400 E.
Flinders, Fluß in Queensland (N-Australien); 832 km l.
Flinders-Bucht, an der SW-Spitze Australiens.
Flinders-Gebirge, Gebirgskette in S-Australien, b. 1127 m.
Flinders-Insel, nordöstl. von Tasmanien; 2089 km². Alle benannt nach d. engl. Forschungsreisenden Matthew *Flinders* (1774–1814).
Flint, St. im US-Staat Michigan, am *F. River,* 141 000 E; Automobilfabriken.
Flint → Feuerstein.
Flinte, Jagdgewehr m. glattem Lauf, Schrotschuß.
Flintglas, aus Bleioxid, Kali u. Kieselsäure hergestellt, stark lichtbrechend, → achromatisch.
Flip, *m.* [engl.], alkohol. Mischgetränk mit Ei u. Fruchtsirup.
Flip-Flop-Schaltung, [engl. „hin u. her"], in der Elektronik: Schaltung zweier rückgekoppelter Verstärkerelemente zu einem bistabilen → Multivibrator.
Flipper, Spielautomat; e. rollende Kugel passiert Kontaktzähler, m. Querhebeln steuerbar.
Flirt, *m.* [engl. flə:t], Andeutung der Bereitschaft zu einer Liebelei.

Skabiosenflockenblume

Menschenfloh

Florenz, *Domkuppel*

flirten, den Hof machen, um Liebelei werben.
Flittergold → Rauschgold.
Flitterwochen [von mitteldt. *flittern,* „kosen", „flüstern"], die Zeit nach der Hochzeit.
Fylke, *s.* (Mz. *Fylker*), norweg. Bez. für Provinz, Verwaltungsbezirk.
FLN, Abk. f. *F*ront de la *L*ibération *N*ationale,
1) alger. nat. Unabhängigkeitsbewegung, s. 1962 alger. Staatspartei;
2) bis 1975 auch Nat. Befreiungsfront Südvietnams; → Vietkong.
Floating [ˈfloʊ-], Bez. f. das Auf u. Ab beim Preisbildungsvorgang aufgrund d. Freigabe des Wechselkurses.
Floating Elements, ein oder zwei verschiebbare Linsenelemente bei meist sieben- u. mehrlinsigen Weitwinkelobjektiven hoher Leistung; sorgen f. beste Abbildungsleistung v. Weitwinkelobjektiven auch im Nah- und Makrobereich.
Flobertgewehr, Flobertpistole, Kleinkaliberhandfeuerwaffe, benannt nach *Flobert,* Erfinder (1845) der Randfeuerpatrone.
F-Löcher, wegen ihrer *f*-Form so genannte Schallöcher der Streichinstrumente.
Flockenblume, *Centaurea,* Korbblütler.
Flockung, Zusammenlagerung von Feststoffteilchen in flüss. Medien (z. B. Wasser), die sich dann am Boden absetzen (→ Sedimentation).
Flöhe, blutsaugende, flügellose Insekten; mit Sprungbeinen; an Säugern und Vögeln (u. a. *Menschen-, Hunde-, Taubenfloh*).
Flohkrebse, Krebstierchen in Süßwasser und Meeren, wichtige Fischnahrung.
Flomen, Bauchfett d. Schweines.
Floppy-Disc [engl. „biegsame Platte"], *Floppy,* = Diskette.
Flor, *m.* [l. „flos = Blüte"],
1) der Zustand des Blühens.
2) schleierartiges Gewebe.
3) aufrechtstehende Fäden in Teppichen, Plüsch u. Samt.
Flora, altit. Frühlingsgöttin; Pflanzenwelt.
Florenreich, pflanzengeograph. Großraum, z. B. *Kapensis* (Südafrika).
Florentiner, honigsüßes Flachgebäck m. Mandeln, einseit. Schokoladenüberzug.
Florentiner Hut, it. feingeflochtener Strohhut mit flachem Kopf und breiter, biegsamer Krempe.
Florenz, it. *Firenze,* mittelit. Hptst. der Prov. *F.,* am Arno, 402 000 E; zahlr. Baudenkmäler der Gotik u. Renaissance: Paläste, Dom, Baptisterium, Santa Croce, San Lorenzo, Palazzo Vecchio, Bargello (Nat.mus.), Uffizien u. Palazzo Pitti (Gemäldegalerie), Nationalbibliothek, Uni., Kunstakad.; Eur. Uni. in Fiesole; Ind.: Marmor, Porzellan. – Das alte röm. *Florentia,* 1293 selbst. Republik, im 15. Jh. kulturelle u. wirtsch. Blüte unter d. Mediceern; 1531 Herzogtum; 1865–71 it. Hauptstadt.
Flores, kleine Sunda-Insel, im O von Indonesien, 14 273 km², 1,2 Mill. E.; Hptst. *Endeh.*
Florett, *s.,* Fechtsportgerät mit dünner Klinge von viereckigem Querschnitt.
Florettseide, Abfallseide.

Florey [-ri], Sir Howard Walter (24. 9. 1898–21. 2. 1968), englischer Pathologe und Antibiotikaforscher; Nobelpreis 1945.
Florfliege, Netzflügler mit feinen, grünen Flügeln u. goldenen Augen; Larven sind Blattlausjäger.
Florian [l. „der Blühende"],
1) Schutzhlg. gg. Feuersnot (Tag: 4. 5.).
2) m. Vorname.
Florianópolis, früher *Desterro,* Hptst. des brasilian. Staates Santa Catarina auf der Insel *S. C.* (Brücke zum Festland), 255 000 E.
Florida, Abk. *Fla.,* südöstl. Staat der USA, vorwiegend auf der *Halbinsel F.,* 151 670 km², 13,5 Mill. E (ca. 14% Farbige); Flachland m. subtrop. Vegetation; Anbau von Baumwolle, Zuckerrohr, Reis, Orangen, Tabak, Gemüse; Phosphatgewinnung; Hptst. *Tallahassee* (125 000 E); vielbesuchte Seebäder (Miami u. a.), → Cape Canaveral.
floride [l. „blühend"], frischer Krankheitsprozeß.
Florido-Stil, in d. Baukunst die span. Ausformung d. spätgot. → Flamboyant-Stils; → Isabellin. Stil.
florieren [l.], in Blüte stehen; gedeihen.
Florin, *m.* [frz. -ˈrɛ̃, engl. ˈflɔrɪn], Bez. f. engl. Silbermünze (2 Shilling); auch älteste engl. Goldmünze; frz. Name des → Guldens.
Floris, Künstlerfamilie, Hptvertr. d. fläm. Manierismus, u. a.
1) Cornelis (1514–20. 10. 75), Bildhauer u. Architekt, entwickelte e. zur Formensprache d. Barock leitenden, üppigen Dekorationsstil (**F.-stil**); Rathaus v. Antwerpen; s. Bruder
2) Frans (1516–1. 10. 70), Maler; Vertr. d. → Romanismus.
Flörsheim a. Main (D-65439), St. i. Main-Taunus-Kr., Hess., 17 235 E.
Flory [flɔ:ri], Paul John (19. 6. 1910 bis 9. 9. 85), am. Chem.; Forschung z. synthet.-polymer. Chemie; Nobelpr. 1974.
Floskel, *w.* [l.], Redeblüte, leere Redensart.
Flossen, häutige, von Knochenstrahlen durchzogene Bewegungsorgane der Fische: paarige Brust- u. Bauch-F., unpaare Rücken-, Schwanz- u. After-F. sowie bei Lachsartigen (Forellen, Saiblinge) Fett-F.; flossenartige Gebilde auch bei anderen Wassertieren.
Flößerei, Beförderung von Holz, meist der (zu einem Floß) zusammengekoppelten Baumstämme, stromabwärts; Ggs.: *Triften* einzelner Stämme; → Trift.
Flotation, Schwimmaufbereitung, Verfahren zur Aufbereitung von Erzen usw. aufgrund der versch. Benetzbarkeit der beteiligten Mineralien.
Flöte, hohes Holzblasinstrument m. innigem, weichem Ton; e. d. ältesten Musikinstrumente, ältere Flöten m. Blasloch am oberen Ende: Block-F.; Quer-F. m. seitl. am oberen Kopfende eingeschnittenem Blasloch; Grifflöcher durch Klappenmechanik verschließbar b. d. *Böhm-F.; Piccolo-F.,* kleine F., e. Oktave höher (Abb. → Orchester).
Flötner, Peter (um 1490–23. 10. 1546), Baumeister, Bildschnitzer u. Zeichner schweiz. Herkunft in Nürnberg; wirkte auf d. Entwickl. d. Renaissance in Dtld; Entwürfe f. (Kunst-)Handwerk u. Inneneinrichtung.

Flotow [-to], Friedrich v. (27. 4. 1812 bis 24. 1. 83), dt. Opernkomp.; *Martha; Alessandro Stradella.*
Flotte, Gesamtheit der Kriegs- oder Handelsschiffe eines Staates (Schaubild → Handelsflotte). – *Flottille,* Verband kleinerer Kriegsfahrzeuge.
flottierende Schuld, svw. → schwebende Schuld.
Flöz, abbauwürdige Gesteinsschicht mit nutzbaren Mineralien (z. B. Kohlen-, Kupfer-, Kaliflöze).
Fluate, Fluorosilikate, farblose Anstrichmittel, machen verwitternde Steine u. schädlingbefallenes Holz fest und widerstandsfähig.
Fluchtbewegung, astronom. svw. Ausdehnung d. Weltalls; das Anwachsen der → Rotverschiebung in d. Spektren d. → Galaxien mit zunehmender Entfernung legt d. Deutung nahe, daß sich das → Weltall ausdehnt.
Fluchtgeschwindigkeit, Entweichgeschwindigkeit, in der Raketentechnik und Weltraumfahrt die Geschwindigkeit, d. notwendig ist, um die Schwerkraft zu überwinden; für die Erde ca. 11,2 km/s.
Flüchtlinge, alle, die aufgrund kriegerischer Auseinandersetzungen od. pol., rass., rel. Zwangsmaßnahmen ihre Heimat verlassen mußten. Die Behörde des Hochkommissars f. F. d. UN (UNHCR), mit Sitz i. Genf (→ Asylrecht, → IRO, → Nansenpaß), betreut alle F., die infolge v. Kriegen od. anderen Konflikten heimatlos geworden sind, u. überwacht d. Einhaltung d. intern. Flüchtlingskonvention 1951, die d. Rechte der F. garantiert. Flüchtlinge (Vertriebene) in Dtld.: ca. 12 Mill. Deutsche flüchteten gg. Ende d. 2. Weltkrieges aus den dt. Ostgebieten u. südosteur. Ländern in die BR und ehem. DDR (dort offiziell Umsiedler genannt). Zur Stellung d. Flüchtlinge in d. BR s. GG Art. 74, 6, 116–119. Außerdem verließen bis 1989 etwa 3,3 Mill. Menschen die DDR aus pol. od. wirtsch. Gründen, um in d. BR zu leben. → Displaced Persons.
Fluchtlinie, die zu e. Punkt (**Fluchtpunkt**) hinstrebende Linie e. perspektivischen Konstruktion.
Flüelapaß, Schweizer Paß in Graubünden, 2383 m, verbindet Davos mit dem Unterengadin.
Flugbahn → ballistische Kurve.
Flugbeutler, baumbewohnende Beuteltiere Australiens m. Fallschirmhäuten; Gleitflieger.
Flugblatt, Einblattdruck zur Verbreitung von Nachrichten, bes. Propagandamaterial.
Flugboot → Luftfahrt, Übers.
Flugdrachen, asiat. Echsen m. flügelähnl. Hautlappen, Gleitflüge v. Baum z. Baum.
Flügel,
1) botan. die zwei seitl. Blumenblätter der Schmetterlingsblüte; auch Anhänge v. Frucht u. Samen.
2) architekton. Seitenteil eines Gebäudes.
3) mus. Tasteninstrument mit liegenden Saiten; → Piano, → Cembalo.
Flügeladjutant, Offizier, d. e. regierenden Monarchen persönl. z. Verfügung stand (nach d. früh. Aufgabe, Befehle an d. Flügel d. Heeres weiterzuleiten).
Flügelaltar, *Flügelretabel,* Altaraufsatz m. seitl. Flügeln, Schrein m. bemalten Tafeln od. geschnitzten Figuren (in d. → Gotik).
Flügelfell,
1) *Pterygium conjunctivae* im Alter auftretende Bindehautfalte am Auge.
2) *Pterygium colli* Hautfalte am Hals, Mißbildung bei Erbkrankheiten.
Flügelhaube, Kopfbedeckung älterer od. verheirateter Frauen im Hochmittelalter.
Flügelrad, Spindel mit Flügeln, die eine zu schnelle Umdrehung durch den entstehenden Luftwiderstand bremsen (Lufthemmung); an Schlagwerk von Uhren.
Flugfrosch, mit Schwimmhäuten als „Fallschirm"; Indonesien.
Flughafen, Anlage f. Luftverkehr m. betonierten Start-, Lande- u. Rollbahnen, Abfertigungsgebäuden f. Passagiere u. Fracht, Hallen, Werkstätten, Tankanlagen u. Flugsicherungseinrichtungen; → Übers.
Flughörnchen, Nagetiere mit fallschirmartiger Flughaut; N-Asien, N-Amerika.
Flughunde → Fliegende Hunde.
Flugmedizin, *Luftfahrtmedizin, Aeromedizin,* befaßt sich mit d. Wirkungen des Fliegens auf den gesunden und kranken Menschen.
Flugmodell,
1) kl., aus Holz, Draht u. Stoff gebastelte, frei, an Führungsschnur (*Fessel*) fliegende od. motorgetriebene u. funkgesteuerte Segel- u. Motorflugzeuge f. Spiel u. Sport (F.wettbewerbe).
2) maßstäbl. verkleinerte Ausführung v. Versuchstypen f. wiss.-techn. Untersuchungen od. v. Mil.flugzeugen f. d. Lufterkennungsdienst.
Flugmotoren → Tafel Luftfahrt.
Flugsaurier, *Pterosaurier,* Echsen des Mesozoikums m. fledermausähnl. Hautsegel, b. 10 m Spannweite.
Flugsicherung, Maßnahmen u. Einrichtungen, um bei jedem Wetter größtmögl. Sicherheit des Flugbetriebs zu erreichen (z. B. → Flugwetterdienst, Sprechfunk zw. Flugzeug u. Kontrollturm, → Funknavigation, Pisten- u. Flughafenbefeuerung, Blindflugeinrichtungen); *Bundesanstalt für Flugsicherung (BFS),* Zentralstelle in Frankfurt am Main, sechs Regionalkontrollstellen, Außenstellen an allen dt. Verkehrsflughäfen.
Flugsimulator, Übungsbodengerät m. Flugzeugsteuerung, Instrumenten u. Funkgeräten u. opt. Simulierung d. Wetters, der Strecke u. d. Anflugs auf Verkehrsflughäfen zur Flugzeugführerausbildung (am bekanntesten *Link-Trainer*).
Flugtechnik → Tafel Luftfahrt.
Flugtriebwerke,
1) Verbrennungs-(Otto-)Motoren, Zwei-

Wichtige Flughäfen

Passagiere in Mill.		Passagiere in Mill.	
Chicago (O'Hare)	65,1	Rom (Fiumicino)	19,3
Dallas-Fort Worth	49,7	Bangkok	19,1
London (Heathrow)	47,9	Seattle	18,8
Atlanta	47,8	Pittsburgh	18,4
Los Angeles	47,8		
Tokio (Haneda)	41,6	**Deutschland (1995), Österreich, Schweiz (1992)**	
San Francisco	32,8		
Denver	32,6	Frankfurt (Rhein-Main)	38,2
Miami	28,7	Düsseldorf (Lohausen)	15,1
New York (Kennedy)	26,8	München (Erding)	14,9
New York (Newark)	26,8	Zürich (Kloten)	13,1
Paris (Charles de Gaulle)	26,1	Wien (Schwechat)	6,8
Paris (Orly)	25,4	Berlin (Tegel)	6,3
Hongkong	25,1	Hamburg (Fuhlsbüttel)	6,2
Detroit	24,2	Genf (Cointrin)	5,7
Boston	24,0	Stuttgart (Echterdingen)	5,2
Phoenix	23,5	Köln/Bonn (Wahn)	4,7
Minneapolis	23,4	Hannover (Langenhagen)	4,3
Osaka	23,4	Nürnberg	2,3
Seoul	22,9	Leipzig/Halle	2,1
Las Vegas	22,5	Berlin (Schönefeld)	2,0
Honolulu	22,1	Dresden	1,7
Tokio (Narita)	22,1	Bremen	1,5
Orlando	21,5	Basel	0,976
Amsterdam (Schiphol)	21,3	Münster/Osnabrück	0,925
Toronto	20,5	Saarbrücken (Ensheim)	0,376
Houston	20,3	Salzburg	0,290
Singapur	20,0	Linz	0,146
St. Louis	19,9	Graz	0,128
New York (La Guardia)	19,8	Innsbruck	0,126

od. Viertakter, Zylinder in Reihen od. Sternanordnung.
2) Triebwerke m. → Propellerturbine.
3) → Strahltriebwerke; → Tafel Luftfahrt.

Flugwetterdienst, Teil d. angewandten Meteorologie; übt Beratungs- u. Auskunftstätigkeit für zivilen Luftverkehr u. Flugsport aus (Streckenvorhersage und Flughafenvorhersage); *Flugwetterwarten* d. Dt. Wetterdienstes in Berlin, Bremen, Düsseldorf, Frankfurt/Rhein-Main, Hamburg-Fuhlsbüttel, Köln-Bonn, Hannover, Nürnberg, München, Stuttgart.

Flugzeugschlepp, Schleppen v. an Motorflugzeuge angehängten Segelflugzeugen, um sie auf Höhe zu bringen, od. v. Lastenseglern; nach dem Starten wird Verbindung zw. beiden Flugzeugen durch Lösen d. Seils (Ausklinken) unterbrochen.

Flugzeugträger, Kriegsschiffe, führen unter Deck Flugzeuge mit sich; Eigenstart oder Katapultstart der Flugzeuge; Landung über das Heck, evtl. mit Bremsung durch elast. Querseile.

Fluh, *w.,* jäh abstürzende Felswand.
fluid [l.], flüssig, fließend.
Fluid, Einreibeflüssigkeit, bes. in der Tierheilkunde.
Fluidics [engl.], → Strömungsregler.
Fluidum, *s.,* die unwägbare, von einer Person od. Sache ausströmende Wirkung.
Fluktuation [l.], svw. Wogen, Schwanken, Wechsel.
fluktuieren, schwanken.
Flunder → Schollen.
Fluor, *F,* chem. El., Oz. 9, At.-Gew. 19, Dichte 1,58 g/l bei 1013 hPa; ein Halogen, schwach gelbgrünes, stechend riechendes, sehr ätzendes, sehr giftiges Gas; bildet m. Wasserstoff *F.wasserstoff HF,* dieser heißt in Wasser gelöst *Flußsäure,* die Glas angreift, z. Glasätzen benutzt; F. kommt in d. Natur nur gebunden vor, z. B. als Calciumfluorid (*Flußspat*) u. als Natrium-Aluminium-Fluorid (*Kryolith*), das z. Aluminiumgewinnung dient.

Fluorchlorkohlenwasserstoffe, FCKW, Sammelbez. f. Kohlenwasserstoffe, in denen Wasserstoff- durch Fluor- u. Chloratome ersetzt sind; verwendet als Treibgase f. Aerosole, Schmier-, Feuerlösch-, Imprägniermittel; gefährden die Ozonschicht, daher Verbrauch zunehmend eingeschränkt.

Fluorescein, Teerfarbstoff, in Alkalien m. rotbrauner Farbe löslich; Lösung zeigt grüne → Fluoreszenz, F. gibt mit Brom → *Eosin.*

Fluoreszenz [nl.], Mitleuchten (→ Lumineszenz) v. Stoffen bei Bestrahlung mit Licht, → Röntgenstrahlen od. → Korpuskularstrahlung; Wellenlänge d. ausgesandten Lichtes gleich od. kleiner als Bestrahlung; verschwindet unmittelbar nach Ende d. Bestrahlung.

Fluoreszenzmikroskop, zur Beobachtung am toten u. lebenden Zellgewebe od. v. Mikroben durch Erregung der natürl. primären (Eigen-)F. od. der sekundären F. (nach Färbung mit *Fluorochrom*) mittels ultravioletter Strahlen.

Fluoreszenzschirme, mit → Leuchtstoffen bestrichene Auffangschirme, d. beim Auftreffen v. unsichtbaren Röntgen-, Kathoden-, ultravioletten Strahlen

diese umwandeln u. als langwelliges, sichtbares Licht wiederausstrahlen.

Fluorierung, Vorbeugung der → Zahnfäule (Karies) durch Zusatz v. Fluorpräparaten z. Trinkwasser. Fluoride auch bei → Osteoporose.

Fluorkunststoffe, fluorierte Olefine lassen sich zu F. polymerisieren (→ *Teflon, Hostaflon,* → Polytetrafluorethylen).

Fluorokieselsäure, verwendet in Färberei, Zeugdruck als Fixiermittel.

Fluor vaginalis albus [l.], Scheiden-Ausfluß, Weißfluß, → Ausfluß.

Flurbereinigung, umfassende Neuordnung von Gemarkungsteilen durch wirtsch. Zus.legung zersplitterten Grundbesitzes, verbunden mit der Anlage eines neuen, wirtsch. zweckmäßigen Wege- u. Grabennetzes, Durchführung aller erforderl. Bodenverbesserungen u. Auflockerung zu enger Ortsanlagen durch Herauslegung eingeengter Betriebe in die freie Feldflur; bezweckt Vereinfachung der Bewirtschaftung landw. Betriebe, Ermöglichung rationellen Einsatzes landw. Maschinen, Gewinnung landw. Nutzfläche durch Roden von Waldflächen, Kultivierung v. Ödland u. Durchführung kulturtechn. Maßnahmen, Erhöhung der landw. Produktion; F.sgesetz von 1953 i. d. Fassung v. 1976 bildet die gesetzl. Grundlage für die Durchführung d. F.; 1985 Bodenschutz-Gesetz; von 1987–91 wurden in d. BR 600 870 ha flurbereinigt.

Flurschaden, Schaden auf landw. genutzten Flächen durch Wild (→ Wildschaden), mil. Übungen, Naturereignisse.

Flurschutz, Schutz der Land- u. Forstwirtschaft gg. Beschädigungen usw.; landesrechtl. geregelt.

Flurumgang, i. d. Religionen feierl. Gang v. Gläubigen um d. Ackerfelder als mag. Beschwörung d. Fruchtbarkeit v. Saat u. Boden u. zur rechtl. Feststellung d. Grenzen. I. d. kath. Kirche Bittprozession.

Flurzwang, (meist bei → Gemeng(e)lage) Bindung des einzelnen an die Notwendigkeit gleichzeitiger Bestellung u. Ernte e. größeren landwirtsch. Fläche (Sommer-, Winterfeld, Hack-

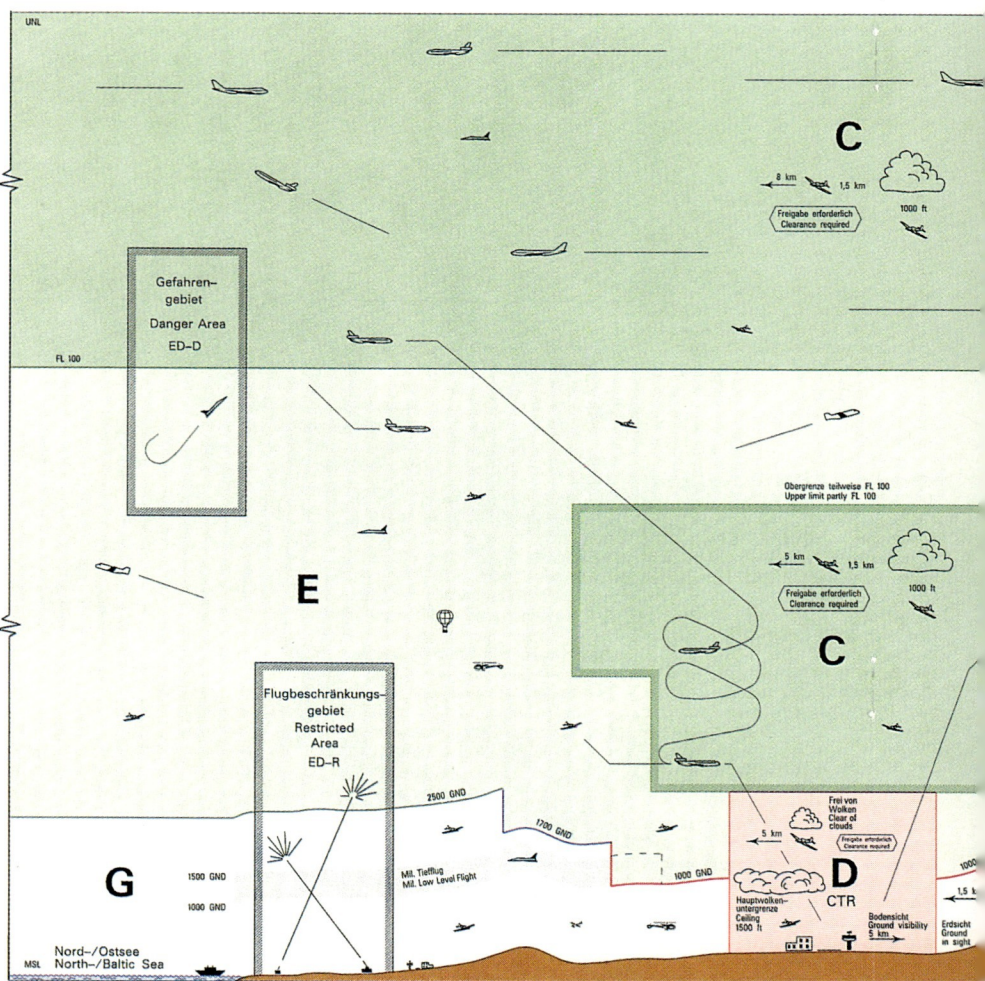

Flugsicherheit, Luftraumstruktur nach Sichtflugregeln in Deutschland

frucht), innerhalb derer seine Streuparzelle liegt (Fehlen v. Zufahrtswegen); früher in Markgenossenschaft gebräuchlich.
Flush → Karzinoid.
Flushing Meadow ['flʌʃɪŋ 'mɛdoʊ], Tennisstadion i. New Yorker Stadtteil Queens.
Flußgottheiten, i. vielen Religionen Leben u. Fruchtbarkeit spendende weibl. od. männl. Gottheiten, z. B. d. ind. *Ganga* als Göttin d. Ganges od. d. ägypt. *Hapi* als Gott d. Nils.
flüssige Luft, Luft verflüssigt sich bei krit. Temperatur von −140 °C u. krit. Druck von 39 atm; Herstellung (nach Linde → Abb.): Luft wird im Kompressor auf 200 atm zusammengedrückt, die dabei entstandene Wärme im Vorkühler wird abgeführt u. wiederholt im Gegenstrom auf wenige atm entspannt, wodurch sie sich abkühlt u. verflüssigt. Aufbewahrung nur in offenen Gefäßen mit luftleeren Doppelwandungen, → Dewar-Gefäße. Siedepkt. −194,4 °C, wobei sich Stickstoff verflüchtigt, Sauerstoff zurückbleibt; flüssiger Sauerstoff als Sprengmittel u. f. Groß- → Raketenantriebe.
Flüssiggas, Butan-Propan-Gemisch, bei normaler Temperatur u. 6–20 atü flüssig; Verwendung als gasf. Brennstoff und als Treibgas in Spraydosen.
Flüssigkeitsgetriebe, stufenloses Getriebe, in dem Flüssigk. d. mechan. Arbeit durch Druck überträgt.
Flüssigkristalle, haben neben der Beweglichkeit von Flüssigkeiten auch teilweise die regelmäßige Molekül-Ordnung von Kristallen; je nach Lage verändern die F. durchfallendes Licht; Verwendung in F.-Anzeigen. Da die F.-Eigenschaft von der Temperatur abhängig ist, können auch kleine Temperaturänderungen sichtbar gemacht werden (Medizin).
Flußkrebs, *Edelkrebs*, durch Krebspest z. T. ausgerottet, Zehnfüßer; als Speisekrebs geschätzt.
Flußmittel, Stoffe, die d. Schmelzen anderer Stoffe fördern od. leichtflüssige Schlacke bilden (z. B. *Borax*, *Kalk*, *Soda*); angewendet beim Erschmelzen v. Metallen aus Eisen, b. Löten u. a.

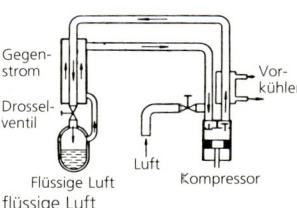
flüssige Luft

Flußpferd, *Nilpferd*, Paarzeher d. afrikan. Fluß- u. Seengebiete; bis 2500 kg schwer; *Zwerg-F.* im westafrikan. Regenwald.
Flußsäure → Fluor.
Flußspat, *Fluorit*, mineral. Calciumfluorid (→ Fluor).
Flußstahl, in flüssigem Zustand im Thomasprozeß oder Siemens-Martin-Verfahren, in der Bessemer-Birne, im elektrischen Ofen od. durch Umschmelzen i. Tiegel (Gußstahl) erzeugter Stahl; Ggs.: in teigigem Zustand durchgearbeiteter Schweißeisen (→ Schweißeisen); → Eisen- u. Stahlgewinnung, Tafel u. Übers.
Flut → Gezeiten.
Flutkraftwerk → Gezeitenkraftwerk.
fluviatil [l.], zu e. Fluß gehörig, v. ihm abgelagert.
Fluxus, Kunstrichtung um 1960, die aus versch. Kunstgattungen gemischte Aktionsformen ohne jede planende Absicht einsetzt (auch → Happening); Vertr.: *Maciunas*, *Beuys*, *Moorman*, *Vostell*, *Paik*, *Cage*.
Flying Dutchman ['flaɪɪŋ 'dʌtʃmən], Zweimannjolle i. Segelsport; olymp. Bootsklasse.
Flynn [flɪn], *Errol* (20. 6. 1909–14. 10. 59), am. Filmschauspieler; Liebhaber-, Heldenrollen; *D. Herr der sieben Meere*.
Fly River [flaɪ-], längster Fluß Papua-Neuguineas, 1120 km.
Flysch, *m.*, fossilarme Tiefseeablagerungen in Alpen und Karpaten, verfestigt zu Mergel- und Tonschiefer mit Sandsteineinlagerungen.
fm, Abk. für → *Festmeter*.
Fm, chem. Zeichen f. → *Fermium*.
FNL, Abk. f. *Fünf Neue Länder*, Bez. f. die 5 Bundesländer, die auf dem Gebiet d. ehem. → DDR (wieder)entstanden sind: Brandenburg, Mecklenburg-Vorpommern, Sachsen, Sachsen-Anhalt u. Thüringen.
Fo, *Dario* (* 24. 3. 1926), it. Dramatiker, schrieb f. Laienbühnen, gründete in Mailand d. Theater *La commune*. Typ. Vertr. d. Postmoderne; bekannte Theaterstücke u. a.: *Nur Kinder, Küche, Kirche*; *Der Nackte und der Mann im Frack*.
fob [engl.], Abk. f. „*free on board*" ['friː ɔn 'bɔːd], Verkäufer trägt Transport- und Verladungskosten bis zum Schiff; üblich im Überseehandel; Ggs.: → cif.

Flußspat *(violett)*

Flugzeugträger, *USA*

FOBS, Abk. f. *Fractional Orbital Bomb System,* Atomwaffe, die nach teilweisem Durchlaufen einer Erdumlaufbahn ins Ziel gelenkt wird.
Foch [fɔʃ], Ferdinand (2. 10. 1851 bis 20. 3. 1929), frz. Marschall u. Stratege im 1. Weltkr.
Fock,
1) Gorch, eigtl. *Hans Kinau* (22. 8. 1880–31. 5. 1916), dt. Dichter; *Seefahrt ist not.*
2) Jenö (* 17. 5. 1916), ungar. Pol.; 1962–75 Min.präs.
Fock, Vorsegel; *F.mast* svw. Vor- → Mast (Abb. → Takelung).
Focke,
1) Heinrich (8. 10. 1890–25. 2. 1979), dt. Flugzeugkonstrukteur; baute 1937 den ersten Tragschrauber Fw 61.
2) Katharina (* 8. 10. 1922), SPD-Pol.in; 1972–76 B.min. f. Jugend, Familie u. Gesundheit.

Fokker

Focusing [engl.], Form d. → Psychotherapie, bei der durch Konzentration auf d. körperl. Befindlichkeit versucht wird, best. Vorstellungen, Gedanken u. Empfindungen miteinander in Einklang zu bringen.
Föderalismus [l. ,,foedus = Bund"], Staatsauffassung, d. Einzelstaaten z. e. Staatenbund od. Bundesstaat verbinden möchte b. größtmögl. Selbständigkeit der Einzelstaaten; Ggs.: → Unitarismus, → Zentralismus.
Föderation, svw. Staatenbund.
Föderation der arabischen Emirate → Vereinigte Arabische Emirate.
Foerster, Friedrich Wilhelm (2. 6. 1869–9. 1. 1966), deutscher Phil., Sozialpädagoge u. -ethiker, Pazifist; lebte i. USA u. d. Schweiz; *Erlebte Weltgeschichte.*
Foerster-Nietzsche, Elisabeth (10. 7. 1846–8. 11. 1935), Schwester von F. W. → Nietzsche; begr. *Nietzsche-Archiv.*
Foertsch, Friedrich (* 19. 5. 1900), dt. Gen.; 1945 Chef des Gen.stabes d. Heeresgruppe Kurland; 1961–64 → Gen.inspekteur d. Bundeswehr.
Fogel, Robert William (*1. 7. 1926), am. Wirtschaftswissenschaftler, Anwendung von Wirtschaftstheorie u. quantitativer Methoden z. Erklärung wirtsch. u. institutioneller Veränderungen; Nobelpr. 1993 zus. m. D. C. → North.
Foggia [-dʒa], Hptst. d. ital. Prov. *F.,* in Apulien, 156 000 E; Kathedrale (12. Jh.); im 13. Jh. Residenz d. Staufer.
Fohlen, junges Pferd.
Föhn, warmer, trockener Fallwind in Gebirgen, bes. i. N-Alpen u. d. Vorland *(Südföhn),* u. am Alpensüdrand *(Nordföhn).*
Föhnkrankheit, durch Föhn verursachte körperl. u. psych. Beschwerden bei Labilität des vegetativen → Nervensystems.
Fohnsdorf (A-8753), Gem. in d. Steiermark, Östr., 9502 E; Bergbau-Mus.
Föhr, nordfries. Nordseeinsel, zu Schl.-Ho., 82,8 km², 9800 E; Seebäder, Fischerei; Hptort *Wyk.*
Fohr, Carl Philipp (26. 11. 1795–29. 6. 1818), dt. Maler u. Zeichner d. Romantik; → Nazarener 2).
Fokalinfektion, angeblich von Eiterherden in Zähnen od. Mandeln ausgehende Krankheit anderer Organe (z. B. Rheumatismus, Nierenentzündung), umstrittene Theorie.
Fokker, Antony (6. 4. 1890–23. 12. 1939), ndl. Flugzeugkonstrukteur; gründete 1913 die ,,F. Aeroplanbau", die Jagdflugzeuge f. Dtld herstellte; 1919 d. ,,Koninklijke Nederlandse Vliegtuigenfabriek F." in Amsterdam.
Fokus [l.],
1) Brennpunkt bei Linsen u. Spiegeln.
2) *med.* meist chron. Entzündungs- od. Eiterherd.
Fokussiermotor, entweder in d. Kamera od. im Objektiv eingebauter Mikromotor, welcher z. automat. Entfernungseinstellung dient; führt d. Befehle e. Autofokus-Systems aus.
fol., Abk. für → *Folio.*
Folge, ist i. d. Logik d. objektive Verknüpfung von mehreren Gedanken, auf d. d. *Folgerung* d. denkenden *Subjekts* (log. Schluß) beruht.
Foliant, *m.,* Buch in → Folio-Format.
Folie, *w.* [l. ,,folium = Blatt"], Metalle u. Kunststoffe in blattdünner Form; → Edelfolie; *Aluminiumfolie* = Silberpapier, *Viskosefolie* = Cellophan; Herstellung durch Gießen, Extrudieren (→ Kunststoff), Walzen.
Folienblasen → Kunststoffverarbeitung, Übers.
Folio, *s.* [it. ,,Bogen"], abgek. *fol.,* größtes Buchformat, Bez. 2°, dessen Höhe 35–45 cm beträgt.
Folk [engl. fouk], auf angloam. Volksmusik basierende (Rock-)Musik.
Folkestone ['foukstən], St. i. SO-England (Kent), 45 000 E; Fährhafen n. Frkr.; neuer Meerestunnel.
Folketing, *s.* ['fɔlgəsen], dän. Abgeordnetenhaus.
Folklore, *w.* [engl.], Kunde von Volksglauben, -kunst u. -bräuchen; Teil der Volkskunde.
Folkwang, der Wohnsitz der Göttin → Freyja.
Folkwang-Museum, bed. Kunstsammlung in Essen.
Follikel, *m.* [l.], *anatom.* Drüsenknötchen; in d. Haut Haar-F. u. Talgdrüsen-F. (Entzündung = *Folliculitis),* auch → Graafscher Follikel.
Follikelhormone, *Östrogene;* i. d. Follikeln d. Eierstocks gebildete Hormone; → Keimdrüsen, → innere Sekretion.
Follikelsprung, svw. → Ovulation.
Folsäuren, z. Vitamin-B-Gruppe gehörende Stoffe (→ Vitamine, Übers.); unter anderem für Blutbildung nötig. → Anämie.
Folter, Erpressung v. Geständnissen Gefangener durch körperl. od. seel. Mißhandlung; im MA verbreitet, in d. Aufklärung abgeschafft, im 20. Jh. in vielen (insbes. totalitären) Staaten geduldet.
Folz, Hans (1450–16. 9. 1515), Nürnberger Meistersinger u. Barbier; Fastnachtspiele.
Fomalhaut [arab.], hellster Stern 1. Größe im Bild des Südlichen Fisches, südl. → Sternhimmel A.
Fond, *m.* [frz. fõ],
1) Grundlage, Hintergrund.
2) hinterer (Hpt-)Sitz eines Wagens.
Fonda,
1) Henry (16. 5. 1905–12. 8. 82), am. Filmschauspieler; u. a. Westernstar; s. Tochter
2) Jane (* 21. 12. 1937), am. Filmschauspielerin; *Barbarella; Das China-Syndrom.*
Fondant, *m.* od. *s.* [frz. fõ′dã], weiches Zuckerwerk.
Fonds, *m.* [frz. fõ],
1) Vorrat (Rücklage) in Geld, Gütern oder anderen Werten.
2) fundierte (langfristige) Staatsanleihen.
Fondsbörse, svw. Effekten- od. Wertpapier-→ Börse; Ggs.: → Warenbörsen.
Fondue, *w.* [frz. fõ′dy], schweiz. Gericht aus geschmolzenem Käse, Wein u. Gewürzen; auch Fleischfondue.
Fontaine [fõ′tɛn], Pierre François Léonard (20. 9. 1762–10. 10. 1853), frz. Architekt; entwickelte zus. m. C. Percier d. → Empirestil f. Innenausstattungen.
Fontainebleau [fõtɛn′blo], frz. St. s. v. Paris, 15 700 E; Schloß (1814 Abdankung Napoleons I.), Sommersitz der Staatspräs.; gr. Wald; Pferderennen.
Fontana,
1) Carlo (1634–5. 2. 1714), it. Architekt, Begr. d. röm. Spätbarock; zahlreiche Schüler (u. a. Pöppelmann, Gibbs, Fischer v. Erlach, Joh. Hildebrandt).
2) Lavinia (get. 26. 8. 1552–11. 8. 1614), it. Malerin d. Manierismus; zuerst in Bologna, später hpts. als Modeporträtistin d. Aristokratie in Rom.
3) Lucio (19. 2. 1899–7. 9. 1968), it. Maler u. Bildhauer, in seinen Bildern verbinden sich Elemente d. konstruktivist. Abstraktion m. Verfahren des → Dadaismus; monochrome, mehrfach aufgeschlitzte Leinwände *(concetti spaziali).*
Fontane, Theodor (30. 12. 1819–20. 9. 98), dt. Schriftst. u. Kritiker; *Irrungen, Wirrungen; Effi Briest; Der Stechlin; Wanderungen durch die Mark Brandenburg; Vor d. Sturm;* Gedichte; Balladen.

Theodor Fontane

Fontanellen, Knochenlücken der Schädeldecke bei Säuglingen, verwachsen gewöhnlich im 2. Jahr; *große* viereckige. F. vorn zwischen Scheitel- und Stirnbeinen, *kleine* dreieck. F. zw. Hinterhaupts- und Scheitelbeinen; dazu *Seiten-Fontanellen.*
Fontanesi, Antonio (23. 2. 1818 bis 17. 4. 82), it. Landschaftsmaler zw. Romantik u. Realismus; *Die Mühle; Einsamkeit.*
Foot [engl. fʊt], → Maße und Gewichte, Übers.
Football ['futbɔːl], Ballspiel, bes. in den USA; 2 Mannschaften aus je 11

Foppa, Vincenzo (um 1428–um 1515), it. Maler; Hptvertr. d. lombard. Schule an d. Schwelle z. Frührenaissance; *Die drei Gekreuzigten; Anbetung der Könige.*
Foraminiferen, Gehäuse tragende → Wurzelfüßer der Meere.
Force, w. [frz. fɔrs], Stärke; starke Seite.
Force de frappe [fɔrsdə′frap], Bez. für d. frz. Atomstreitmacht.
Force majeure [-′ʒœːr], höhere Gewalt.
Forchheim (D-91301), Gr.Krst. a. d. Regnitz, Rgbz. Oberfranken, Bay., 30 343 E; Fachwerkhäuser; ehem. fürstbischöfl. Schloß.
forcieren, erzwingen; vorantreiben.
Ford [fɔːd]
1) Gerald Rudolph (* 14. 7. 1913), am. republikan. Pol.; 1973 Vizepräs. d. USA, 1974–77 38. Präs. d. USA.
2) Harrison (* 13. 7. 1942), am. Filmschauspieler; *Blade Runner; Witness; Star-Wars-* und *Indiana-Jones-*Filme.
3) Henry (30. 7. 1863–7. 4. 1947), am. Automobilfabrikant; sein „model T" war jahrzehntelang das meistgefahrene Auto; Begr. der Fließbandproduktion; *Mein Leben u. Werk*; begr. 1936 d. **F. Foundation**, d. größte private Stiftung zur Förderung v. Erziehung, Wissenschaft u. Wohlfahrt.
4) John (1. 2. 1895–31. 8. 1973), am. Filmregisseur; Westernfilme; *She Wore a Yellow Ribbon* (1949); *The Man Who Shot Liberty Valance* (1962).
Förde, tiefeingreifende Bucht (überflutetes eiszeitl. Tal); bes. an der O-Küste v. Schl.-Ho.
Förderanlagen, Einrichtungen z. Gütertransport (z. B. Förderbänder, Rutschen).
Förderkorb, durch d. **Fördermaschine** i. Schacht auf u. ab bewegt, z. Heben der Kohle usw., z. Ein- u. Ausfahren d. Bergleute (Seilfahrt); → Bergbau, Tafel.
Förderstufe, Jahrgänge 5 u. 6, die in manchen Bundesländern (z. B. Hessen) z. bes. Förderung benachteiligter Schüler dienen sollen; → Schulwesen (Übers.) u. → Gesamtschule.
Forderung,
1) Herausforderung z. Zweikampf.
2) auf Schuldverhältnis gegründeter Anspruch, von e. anderen e. Tun od. Unterlassen zu verlangen (§ 241 BGB); F.en svw. Außenstände (→ Debitorenkonto).
Forderungspfändung → Zwangsvollstreckung.
Foreign Office, s. [′fɔrɪn ′ɔfɪs], d. engl. Auswärtige Amt.
Forel, August (1. 9. 1848–27. 7. 1931), schweiz. Psychiater; *Die sexuelle Frage.*
Forellen, Raubfische aus der Familie der Lachse; bes. schmackhaft; *Bach-F.,* in klaren Gebirgsbächen; *See-F.,* größer, in Alpenseen, bis 1 m l.; Abart *Mai-F., Meer-F.,* Nord- u. Ostsee; *Regenbogen-F.,* aus Amerika, Zuchtfisch.
forensisch [v. l. „forum"], gerichtlich.
Forester, Cecil Scott (27. 8. 1899–2. 4. 1966), engl. Schriftst.; *Ein General; Kapitän Hornblower.*
Forfaitierung [fɔrfɛ-], Finanzierung v. Exportgeschäften d. e. Bank bei Übernahme des pol. u. wirtsch. Risikos.
Forggensee, Lech-Stausee n. v. Füssen, 15 km²; s. 1952.
Forint → Währungen, Übers.
Forkel, Johann Nikolaus (22. 2. 1749 bis 20. 3. 1818), dt. Musikforscher; Bach-Biographie.
Forlani, Arnaldo (* 8. 12. 1925), it. Pol. (DC); 1980/81 Min.präs.
Forleule, Fichteneule, Kieferneule, Schmetterling, Nadelwaldschädling.
Forlì, Hptst. der nordit. Prov. *F.,* 109 200 E.
Form [l. „forma"],
1) äußere Gestalt, Ggs.: Inhalt.
2) *phil.* svw. geist. Prinzip, Idee; Ggs.: Stoff.
3) beim Buchdruck der im Rahmen eingeschlossene druckfertige Satz.
4) Gußform → Formerei.
formal [l.], auf die bloße Form, nicht auf Inhalt bezogen (z. B. formale Logik); auch svw. *formell,* äußerliche Formen beachtend.
Formaldehyd, *m.,* einfachster der → Aldehyde, *HCHO*; farbloses, stechend riechendes, giftiges Gas, reduzierend, keimtötend, konservierend; reizt d. Schleimhäute u. steht unter Krebsverdacht; gibt mit → Phenolen Kunstharz (*Bakelite*).
Formalin, s., 35%ige → *Formaldehyd-*Lösung; Desinfektionsmittel, zur Raumdesinfektion und zum Konservieren v. anatomischen Präparaten.
Formalismus, einseit. Beachten von Äußerlichkeiten; *phil.* Ableitung logisch widerspruchsloser Formeln aus Grundformeln (Logistik).
Formalitäten, Förmlichkeiten, bes. i. Rechtswesen.
formaliter [l.], der Form nach.
Forman, Miloš (* 18. 2. 1932), tschech.-am. Filmregisseur; *One Flew Over the Cuckoo's Nest* (1975); *Hair* (1978); *Ragtime* (1981); *Amadeus* (1984).
Format, s. [l.], Ausmaß; Größenverhältnis.
formatieren,
1) Anordnen v. Daten in Computerdateien nach techn. Notwendigkeiten od. Benutzerbedürfnissen, etwa hinsichtl. d. Lesbarkeit durch best. Programme.
2) Einteilung magnet. Datenträger (→ Diskette, → Festplatte) in Sektoren u. Spuren durch Vermagnetisierung.
Formation, *w.* [l.],
1) *mil.* Gefüge einer Truppe (z. B. Marsch-, Gefechts-, Friedens-, Kriegs-F.).
2) *geolog.* stratigraphischer Zeitabschnitt (→ geologische Formationen).
3) *botan.* Pflanzen v. gleicher Wuchsform bilden eine F. (Wiese, Wald usw.).
4) Aufstellung, Form.
Formel [l.],
1) feststehende, in kürzeste Form gebrachte Begriffsbestimmung.
2) Folge v. Symbolen (verkürzten) Bezeichnung e. log., math. od. naturwiss. Sachverhalts.
formell → formal.
Formenlehre, *w.,* grammat. Lehre von Stammbildung und Abwandlung der Wörter.
Forment, Damian (um 1475–1541), span. Bildhauer; Wegbereiter d. it. Renaiss. in Spanien.

Gerald Ford

Regenbogenforelle

Formerei, Bronzezeitliche Form (Stein) zum Gießen von Äxten und Lanzen

Formentera, Insel d. → Pityusen, 82 km².
Formerei, Herstellung v. Formen f. den Guß zu einmaliger od. dauernder Benutzung: a) in Formsand, Lehm, Wachs (*verlorene Form*) m. Modell od. Schablone eingedrückt; b) in feuerbeständigem Material (z. B. Metall) auf Formplatten, auch zur maschinellen Herstellung von Formen; Höhlungen durch in die Form eingesetzte Kerne ausgespart.
Formgebung, zweck- u. stoffgerechte Gestaltung v. Gebrauchsgegenständen u. Maschinen; s. 1907 Ziel d. Dt. Werkbundes; 1951 *Rat f. Formgebung,* Darmstadt, → Design.
Formosa, chin. *Taiwan,* chin. Insel im Ostchin. Meer, → Taiwan.
Formschneider, Kunsthandwerker bes. im frühen Druckwesen, der d. druckfert. Zeichnung in d. Holzstock schnitt.
Formstein, im Bauhandwerk ein f. d. Einbau an bestimmter Stelle (z. B. Gesims, Bogen) in e. bes. Form gebrachter Stein.
Formular, Vordruck oder Schema für bestimmte Schriftstücke (z. B. Wechsel-F.).
Forschungsschiff, z. Erforschung d. Ozeans.
Forßmann, Werner (9. 8. 1904–1. 6. 79), dt. Med., Entdecker d. → Herzkatheterismus; Nobelpr. 1956.
Forst, Willi (7. 4. 1903–11. 8. 80), östr. Filmschausp. u. -regisseur; *Bel ami* (1939); *Die Sünderin* (1950).
Forst (Lausitz) (D-03149), Krst. a. d. Lausitzer Neiße; auf linkem Ufer, Bbg. 24 999 E; Textil-, Metallind.; poln. St.teil rechts d. Neiße *Zasieki.*
Forst, planmäßig bewirtschafteter Wald.
Forstberechtigung, *Forstservitute,* zu anderem Grundstück gehöriges Recht d. Nutzung eines Forstgrundstückes (Holz-, Laub-, Waldstreunutzung).
Forsteinrichtung, i. 10- od. 20jähr. Abstand erfolgende forstwirtsch. Wirtschaftsplanung; umfaßt Zustandserhebung (Inventur) d. Forstbetriebes, Wirtschaftsplanung (Hiebsatz, Fällungs- u. Kulturplan etc.) u. Erfolgskontrolle.
Forster,
1) Edward Morgan (1. 1. 1879–8. 6. 1970), engl. Schriftst.; Roman: *Indien,* Essay: *Ansichten des Romans.*
2) Friedrich, eigtl. *Waldfried Burggraf* (11. 8. 1895–1. 3. 1958), dt. Dramatiker; *Robinson soll nicht sterben.*
3) Georg (26. 11. 1754–12. 1. 94), dt. Naturforscher u. Schriftst.; *Ansichten vom Niederrhein;* s. Vater.
4) Johann Reinhold (22. 10. 1729–9. 12. 98), dt. Naturforscher; 1772–75 zus. m. seinem Sohn u. m. *Cook* Weltreise.
Forstfrevel, Zuwiderhandlungen gg. forstrechtl. u. forstpolizeil. Vorschriften.
Forstrecht, svw. → Forstberechtigung.
Forstregal, staatl. Hoheitsrechte über fiskal. Waldgebiet.
Forstrevier, Försterbezirk.
Forstschäden, Schäden am → Wald; *abiot. F.,* Ursache i. d. unbelebten Natur, z. B. Waldbrände, Dürrschäden, Windwurf u. -bruch, Schneedruck u. -bruch; *biot. F.,* Ursache i. Lebewesen, z. B. Wild (→ Wildschäden), Mäuse, Pilze,

Insekten (→ Borkenkäfer), Gräser, Wildkräuter u. and. Baumarten.
Forstschulen, Anstalten zur Aus- u. Fortbildung von Forstbetriebsbeamten.
Forstschutz, Schutz d. Wälder u. Forsterzeugnisse vor menschl. Übergriffen; auch Waldschutz vor Tieren, Pflanzen, witterungsbedingten Schäden, Katastrophenschäden u. → Immissionen.
Forstverwaltung, Forstabteilungen bei den Landw.sministerien der Länder; unterstellt Reg.-Forstämter (Oberforstdirektionen) in den Rgbz.en, unter diesen Forstamtsbezirke (Forstämter) m. Dienstbez.en (Forstrevieren).
Forstwirtschaft, pflegt, nutzt u. erhält den Waldbestand (→ Schaubild).
Forsythia, im Vorfrühling gelb blühende Ziersträucher; aus Ostasien, dem Flieder verwandt.
Fort, s. [frz. fo:r], Festungswerk, → Festung.
Fortaleza, F. do Ceará, Hptst. d. brasilian. Küstenstaates Ceará, 1,76 Mill. E.
Fortbildungsschule, ältere, i. d. Schweiz noch gebräuchl. Bez. für Berufsschule.
Fort de France [fɔrdə'frɑ̃s], Hptst. der frz. Antilleninsel Martinique, 100 000 E; Bischofssitz; Agrarhandel (Hafen), Flughafen.
forte [it.], *mus.* Abk. *f*, stark, laut.
Forth [fɔ:θ], schott. Fluß, mündet durch den 82 km l. Mündungstrichter d. *Firth of F.* in d. Nordsee.
Fortifikation [l.], Befestigungs-, Festungswerk.
Fortis [l.], *Phonetik:* stark artikulierter, stimmloser Laut (z. B. p, pf, ts).
fortissimo [it.], *mus.* Abk. *ff*, sehr laut.
Fort Knox ['fɔ:t 'nɔks], stark bewachtes Hauptdepot des Goldschatzes der USA im Staat Kentucky.
Fort Lauderdale [fɔ:t 'lɔ:dədeil], St. i. SO-Florida, 150 000 E; Seebad, Atlantikhafen.
Fortner, Wolfgang (12. 10. 1907–5. 9. 87), dt. Komp., Ausgangspunkt Hindemith-Schule, später Reihentechnik; Orchesterwerke, Kammermusik, geistl. Chorwerke, Opern, Ballette.
Fortpflanzung,
1) *ungeschlechtl.* F. bei niederen Lebewesen: Abschnürung, Knospung usw.
2) *geschlechtl.* F. bei höheren Lebewesen durch Befruchtung d. weibl. Eizelle durch eine männl. Samenzelle.
3) Entwicklung aus unbefruchteter Eizelle; → Parthenogenesis.
FORTRAN, Abk. aus engl. For*mula* Tran*slator,* problemorientierte Programmiersprache f. d. techn.-wiss. Bereich, erste Version 1954; → Informatik.
Fortschreibung, Lagerbuchhaltung, fortlaufende Verzeichnung v. Bestandsveränderungen; steuerrechtl. darauf *F.sveranlagung,* Neuanlagung des Steuermeßbetrages.
Fortschritt, *phil.* Entwickl. z. Besseren, Höheren, Vollkommneren; gemäß d. Dialektik Hegels ist F. nicht nur e. Prinzip d. Denkens, sondern d. Weltgeschehens überhaupt.
Fortuna [l. „Glück"], Schicksalsgöttin (griech. *Tyche*) m. Füllhorn; auf Kugel schwebend.
Fortunatus, Held eines dt. Volksbuches (16. Jh.), m. Wunschhut u. Glückssäckel.
Fortuny, Mariano (11. 6. 1838–21. 11.

Forstwirtschaft

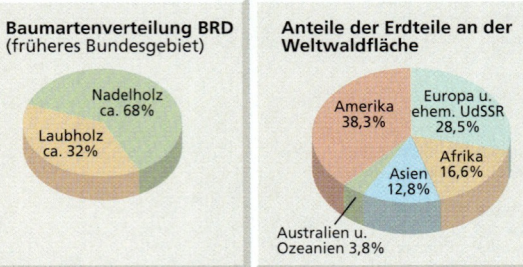

Baumartenverteilung BRD (früheres Bundesgebiet)
- Nadelholz ca. 68%
- Laubholz ca. 32%

Anteile der Erdteile an der Weltwaldfläche
- Amerika 38,3%
- Europa u. ehem. UdSSR 28,5%
- Afrika 16,6%
- Asien 12,8%
- Australien u. Ozeanien 3,8%

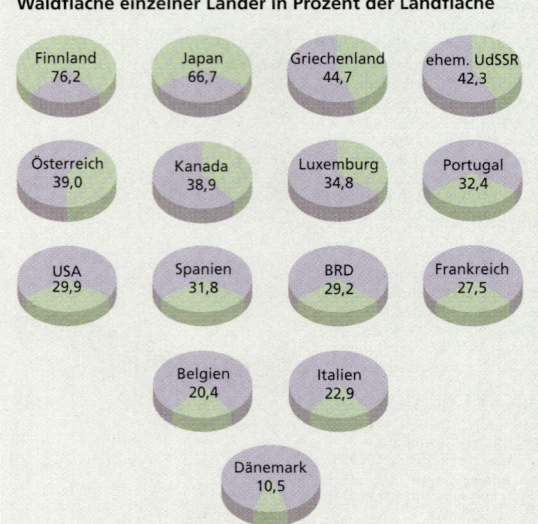

Waldfläche einzelner Länder in Prozent der Landfläche

Finnland 76,2	Japan 66,7	Griechenland 44,7	ehem. UdSSR 42,3
Österreich 39,0	Kanada 38,9	Luxemburg 34,8	Portugal 32,4
USA 29,9	Spanien 31,8	BRD 29,2	Frankreich 27,5
	Belgien 20,4	Italien 22,9	
	Dänemark 10,5		

BR Deutschland Waldfläche in Prozent der Gesamtfläche 1993

Bundesgebiet	29,2
Schleswig-Holstein	9,2
Hamburg	4,5
Niedersachsen	20,8
Bremen	1,9
Nordrhein-Westfalen	24,7
Hessen	39,8
Rheinland-Pfalz	40,5
Baden-Württemberg	37,6
Bayern	34,2
Saarland	33,4
Berlin (West)	17,5
Brandenburg	34,7
Mecklenburg-Vorpommern	21,2
Sachsen	26,4
Sachsen-Anhalt	21,2
Thüringen	31,8

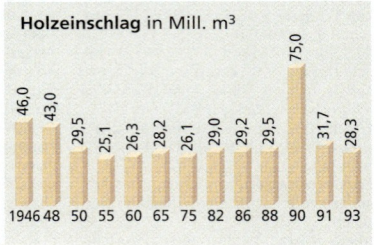

Holzeinschlag in Mill. m³

1946	48	50	55	60	65	75	82	86	88	90	91	93
46,0	43,0	29,5	25,1	26,3	28,2	26,1	29,0	29,2	29,5	75,0	31,7	28,3

Forum Romanum, *Kastor-und-Pollux-Tempel*

74), span. Maler; s. Verbindung realist. Milieuschilderung m. barocker Dynamik in brillanter Farbigkeit brachte ihm großen Ruhm; bes. exotische Themen u. (galante) Genreszenen nach Motiven d. 18. Jh.
Fort Wayne [-'wein], St. im US-Staat Indiana, am Maumee River, 173 000 E; Industrie- u. Handelszentrum.
Fort Worth [-'wə:θ], St. im US-Staat Texas, 448 000 E; Uni.; Nahrungsmittelind., Vieh-, Getreide- u. Baumwollhandel; Erdölraffinerien, Luftfahrtind.
Forum [l. „Außenplatz"], Markt; jetzt Bez. für Gerichtshof, allg. Öffentlichkeit.
Forum Romanum, Verkehrs- und pol. Zentrum des alten Rom; unterhalb des Kapitols; berühmte Bauten: *Kastor-und-Pollux-Tempel; Titus- und Severusbogen; Konstantins-Basilika.*
Fos, Golf v., Bucht zw. Marseille u. Rhônemündung; frz. Schwerindustriezentrum.
Fosbury-Flop ['fɔsbəri-], Sprungtechnik im *Hochsprung:* Absprung rückwärts, Kopf und Schulter überqueren die Latte zuerst.
Foscolo, Ugo (6. 2. 1778–10. 9. 1827), it. Romantiker u. Patriot.

Fossey ['fɔsi], Dian (1932–85), am. Zoologin; Freilandstudien über Berggorillas; wurde in ihrem Camp ermordet.
fossil [l.], erdgeschichtl., versteinert; auch Erscheinungen d. geolog. Vergangenheit (z. B. *f.es Grundwasser;* durch Tiefenbohrungen in Wüstengebieten nutzbares Wasser, d. sich in einer regenreichen Epoche in undurchlässigen Schichten gesammelt hat).
Fossilien, Versteinerungen und sonstige Tier- u. Pflanzenreste vergangener erdgeschichtl. Zeitalter; *Leit-F.* kennzeichnen best. → *geologische Formationen* (Übers.); Lehre v. den *F.:* Paläontologie.
fötid [l.], übelriechend.
Fotoakku, wiederaufladbare Foto-Batterien; sehr umweltfreundlich.
Fotobajonett, mechan. Bindeglied z. Verknüpfung e. Kamera mit e. Objektiv, Gehäuse- u. Objektivbajonett, rasten nach kurzer Drehung gegeneinander ein, schneller Objektivwechsel.
Fotobatterien, auf Quecksilber- oder Lithiumbasis, letztere umweltfreundl.; erstere hochgiftig; versorgen Kameras mit Strom.
Fotobörse, svw. → Fotoflohmarkt.
Foto-CD, CD mit 12 cm Durchmesser,

bietet Hi-Fi-Ton, Zeitlupe, Zeitraffer, Standbild u. Schnellsuchfunktion; auf e. F. lassen sich ca. 100 Kleinbilddias od. Negative speichern; d. Bilder werden im Fotofachhandel auf d. CD aufgeschrieben.
Foto-CD-ROM, elektron. opt. Speichermedium; → CD-ROM.
Fotochipkarte → Motivprogramme.
Fotocomputer, d. Aufnahme u. Speicherung erfolgt m. herkömml. Fotokamera, aber ohne Verwendung e. Films, Prinzip d. Videokamera für Stehbilder, Bilder können sofort im PC gespeichert werden.
Fotodesign, modernste Studienrichtung an fotograf. Hochschulen; meint auch d. inhaltl. Gestaltung e. fotograf. Aufnahme, meistens anspruchsvolle Auftragsfotografie, F. stammt aus d. USA.
Fotodiode, lichtel. Halbleiter-Bauelement, in → Sperrichtung betriebene → Diode, deren temperaturabhängiger → Sperrstrom (Dunkelstrom) unter Lichteinwirkung ansteigt (→ fotoelektrischer Effekt a); Anwendung: → Lichtschranken, Dämmerungsschalter, Abtastschaltungen, Meßtechnik u. a.
Fotoeffekt → fotoelektrischer Effekt.
fotoelektrischer Effekt, *Fotoeffekt,* Freisetzen v. el. Ladungsträgern in best. Körpern durch Lichteinstrahlung, **a)** *innerer f. E.:* → Halbleiter verändern beim Auftreffen v. Licht ihren el. Widerstand; Anwendung: z. B. b. → Fotodioden, → Fototransistor, → Fotowiderstand; **b)** *Sperrschicht-Fotoeffekt:* die b. Lichteinfall auf die Übergangszone e. Sperrschicht-Gleichrichters an d. Sperrschicht auftretende Spannung (→ Fotoelement); **c)** *äußerer f. E.* (Fotoemission): durch Lichteinwirkung treten aus e. Körper Elektronen aus (z. B. bei Alkalimetallen), Anwendung: z. B. → Fotozellen.
Fotoelement, lichtel. Halbleiter-Bauelement, → Sperrschichtzelle, die b. Belichtung Spannung abgibt (m. Beleuchtungsstärke zunehmend), beruht auf → fotoelektrischem Effekt b), Anwendung: in Steuer- u. Regelgeräten, Abtastung v. Lichtimpulsen, quantitative Lichtmessungen (z. B. Belichtungsmesser f. Fotografie) u. a.
Fotoflohmarkt, sehr beliebte Einrichtung f. Liebhaber d. Fotografie, Ankauf u. Verkauf, aber auch Veranstaltung f. Weitergabe v. Informationen über Ausstellungen, Workshops etc.
fotogen, in Film, Foto u. Fernsehen besonders vorteilhaft bildwirksam erscheinen.
Fotografie, die Erzeugung v. Bildern mittels Licht auf einer lichtempfindl. Schicht, dem Film, der sich in der fotograf. Kamera befindet; das Objektiv überträgt auf diesen Film das Abbild der Wirklichkeit; → Camera obscura; → Objektiv. – *Verschlüsse,* Zentralverschlüsse sitzen im Objektiv selbst, bieten keine ultrakurzen Verschlußzeiten. Bei Schlitzverschlüssen (aus Metallfolien; Tuch; kein Rollo mehr), vorwiegend in Spiegelreflexkameras, ergeben sich auch ultrakurze Verschlußzeiten, heute bis $1/8000$ s. Der Schlitzverschluß besteht aus 2 beweglichen Vorhängen, deren Schlitzbreite variierbar ist, so daß mehr oder weniger Licht zum Film gelangt. – → *Film.* Heute grundsätzlich als SW-

Fotografie

Schnitt durch eine moderne zweiäugige Spiegelreflexkamera 6 x 6 cm

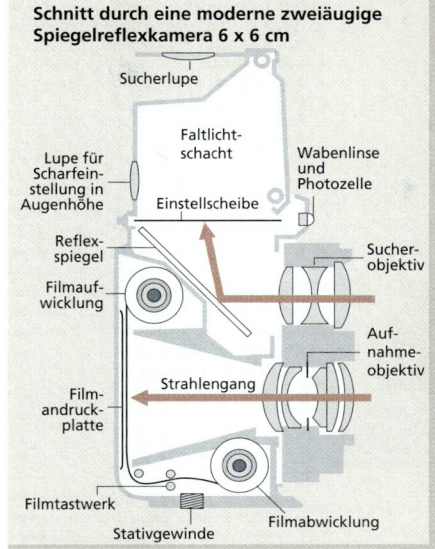

Längsschnitt durch eine moderne einäugige Spiegelreflexkamera 24 x 36 mm

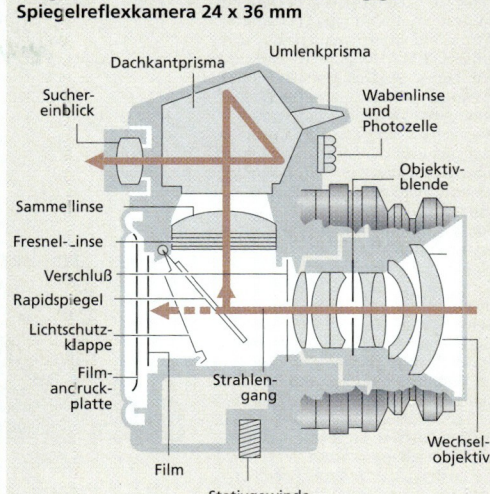

Schnitt durch drei Wechselobjektive

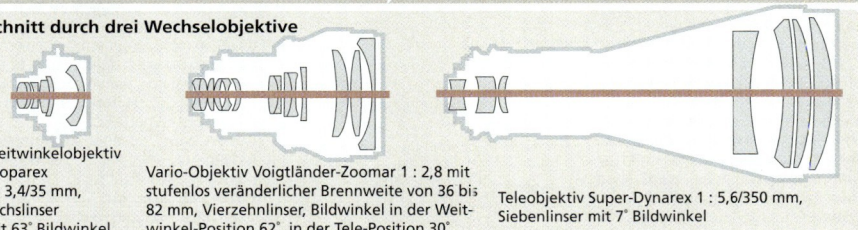

Weitwinkelobjektiv Skoparex 1 : 3,4/35 mm, Sechslinser mit 63° Bildwinkel

Vario-Objektiv Voigtländer-Zoomar 1 : 2,8 mit stufenlos veränderlicher Brennweite von 36 bis 82 mm, Vierzehnlinser, Bildwinkel in der Weitwinkel-Position 62°, in der Tele-Position 30°

Teleobjektiv Super-Dynarex 1 : 5,6/350 mm, Siebenlinser mit 7° Bildwinkel

Schärfentiefe

Bei der fotografischen Aufnahme umfaßt der Bereich der Schärfentiefe den Teil vom Bildraum, der vor und hinter dem eingestellten Entfernungspunkt mit ausreichender Abbildungsschärfe wiedergegeben wird. Der Bereich ist abhängig von der jeweiligen Blende (Objektivöffnung). Beispiel (schematisch):

Kleine Blendenzahl (z. B. 2,8 oder 4) ergibt geringere, Blende 4

große Blendenzahl (z. B. 11 oder 16) ergibt größere Schärfentiefe. Blende 16

Entstehung des fotografischen Bildes

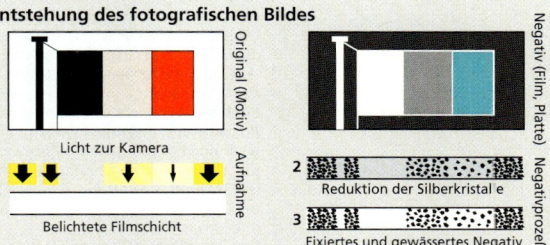

1 Belichten. Einfallendes Licht erzeugt ein unsichtbares (latentes) Bild in der Halogensilberschicht des Films.
2 Entwickeln. Durch Einwirkung geeigneter chemischer Verbindungen wird das vom Licht getroffene Halogensilber zu metallischem Silber reduziert. **3 Fixieren und Wässern.** Das Fixiersalz löst das unveränderte Halogensilber aus der Schicht. Durch Wässern werden das Salz und andere Reaktionsprodukte ausgewaschen. **4 Positivprozeß.** Das Negativbild wird auf eine Halogensilberschicht projiziert, photochem. Veränderungen werden nur in den vom Licht betroffenen Teilen der Schicht ausgelöst.

Film, als Farbnegativfilm (Colornegativfilm), als Farbdiafilm (Colordiafilm), als Infrarotfilm, als grafischer Film. Die heutigen Filme sind Wunderwerke der Chemie, erzeugen – je nach Typ – ein kornloses, silberfreies Bild in Farbe oder SW. Das negative Filmbild in Farbe oder SW muß vergrößert werden, um ein natürliches Bild zu erhalten, das außerdem groß genug ist. Demgegenüber ist das Diapositiv identisch zur Wirklichkeit, wird mittels Projektion zur Betrachtung entsprechend vergrößert. Ein lichtempfindlicher Film wird nicht nur in fotografischen Kameras eingesetzt, um einzelne Bilder („Stehbilder") zu erhalten, sondern auch in Filmkameras für Schmalfilm (8 mm und 16 mm) sowie für 35-mm-Kinofilm. Man spricht von Filmaufnahmen und meint damit die bewegten, „laufenden" Bilder des Amateur- oder Kinofilms. 8-mm-Schmalfilm spielt heute nur noch eine geringe Rolle, während 16-mm-Schmalfilm nur noch häufiger eingesetzt wird (während TV- und Video-Aufnahmen immer mehr dominieren). Die Entwicklung der Fototechnik in den letzten 20 Jahren war gekennzeichnet durch d. Siegeszug d. Elektronik. Die wichtigsten techn. Neuerungen sind im Bereich d. elektron. Belichtungsmessung u. im Bereich der automatischen (Autofokus) Scharfeinstellung gemacht worden. Moderne Spiegelreflexkameras und Kompaktkameras lassen sich heute für jeden Zweck gezielter Belichtungsmessung perfekt einsetzen. Dabei sind besonders zu erwähnen die Matrixmessung, die Spotmessung u. verschiedenste Programmautomatiken mit und ohne Steuerung des elektron. Blitzlichtes. Im Bereich d. Konstruktion von Aufnahmeobjektiven wurden in jüngster Zeit die Zoomobjektive komplett überarbeitet und auf ein hohes Niveau angehoben. Außerdem wurden die Brennweitenbereiche der Zoomobjektive sowohl in Richtung Ultra-Weitwinkel als auch in Richtung Teleobjektiv stark erweitert. Zugleich wurden alle modernen Objektive von Anfang an als Autofokus-Objektive konzipiert. Mit elektron. Belichtungsmessung, mit elektron. Belichtungsprogrammen u. bereits mit Autofokus-Objektiven der Mittelklasse lassen sich heute perfekt belichtete und gestochen scharfe Aufnahmen innerhalb von weniger als $1/10$ Sekunde von jedem Laien machen. – *Gesch.:* Erste brauchbare Verfahren von Daguerre (1839: → Daguerreotypie) u. Talbot (1839). Archer (1851) Kollodiumplatte; Maddox (1871) Trockenplatte; Vogel (1873) farbempfindliche Platten; Eastman (1884) Rollfilme.

Fotokoffer, aus Hartplastik od. Aluminium; wasserdicht, staubdicht, luftdicht, oft schwimmfähig; schützt gegen Kälte u. Hitze.

Fotokunst, einzelne Aufnahmen berühmter Fotografen, v. a. in d. USA, werden inzwischen zu hohen Preisen als Kunst gehandelt; bes. wertvoll sind derart. Fotografien dann, wenn es nur e. einzige Vergrößerung davon gibt.

Fotokurs, entweder als aktives Seminar, aber auch in Buchform, auf Videokassette od. auf CD-ROM offeriert.

Fotoleuchte, besitzt e. Farbtemp., welche f. Kunstlichtfilme optimiert ist; ergibt m. Tageslichtfilmen Farbaufnahmen m. Farbstich; d. Farbtemp. d. F. spielt b. Schwarzweißfilmen keine Rolle.

Fotolithografie [gr.], → Druck (Flachdruck), Bildübertragung auf Stein durch fotograf. Kopierprozeß.

Fotomonitor, an elektron. Kameras; zeigt alle relevanten Einstelldaten u. Funktionen.

Fotomontage, Übereinanderkopieren versch. Bilder od. Bildausschnitte; in der Kunst: → Collage aus geschnittenen u./od. gerissenen Fotos u./od. Druckerzeugnissen; Vertr.: z. B. → *Heartfield*.

Fotomotive, Landschaft, Kinder, Blumen, Urlaub, Menschen, Porträts, Geselligkeit und Familie sind die beliebtesten F.

Fotomultimedia, Verarbeitung von Text, gesprochenem Wort u. Fotos auf digitalem Datenträger mittels Personalcomputer.

Fotorealismus, auch *Hyperrealismus*, um 1970 in den USA entstandene Richtung der Malerei, der die Wirklichkeitsebene von Fotografie (Weitwinkelverzerrung, Tiefenschärfe etc.) zugrunde liegt. Vertr.: u. a. C. Close, F. Köthe, F. Gertsch.

Fotorealismus: Franz Gertsch, *Irène*

Fotorecht, d. Recht am eigenen Foto ist fundamentales Recht in d. Fotografie. Dazu kommt noch d. Recht d. auf d. Foto abgebildeten Personen, bes. bei Privatpersonen; Personen d. öff. Lebens haben dagegen nur e. eingeschränktes F.

Fotoregie, v. a. wichtig bei d. Fotografie v. Menschen, die vor d. Kamera best. Positionen u. Haltungen einnehmen; Ggs. z. Fotoreportage.

Fotoreisen, beliebte Kombination v. Urlaub u. fototechn. Weiterbildung; meist exot. Reiseziele.

Fotorucksack, mit vielen Fächern z. Aufnahme umfangreicher Fotoausrüstungen.

Fotosatz, Herstellung v. Satz a. fotograf. Wege m. Hilfe d. el.mechan. od. Elektronentechnik; Satz wird durch nacheinanderfolgendes Belichten von Buchstaben u. Zeichen v. e. Negativ auf Film od. Fotopapier hergestellt.

Fotoscanner, elektron. Gerät; dient zur Herstellung von farbigen od. schwarzweißen Druckfilmen nach e. Fotografie.

Fototasche, weiche, leichte Tasche zum Transport v. Kamera.

Fototransistor, lichtel. → Halbleiter-Bauelement, d. lichtempfindliche Teil ist d. in → Sperrichtung betriebene p-n-Übergang zw. → Basis u. → Kollektor; durch d. Verstärkungswirkung d. → Transistors größere Empfindlichkeit als → Fotodiode.

Fototypie, Strichätzung, → Klischee.

Fotoumweltschutz, derzeit immer noch nicht v. Industrie u. Verbrauchern akzeptiert; Fotobatterien, Chemikalien (Heimlabor), kaputte Geräte aus Kunststoff (Müll) verschmutzen u. gefährden d. Umwelt.

Fotowettbewerbe, meist Veranstaltung fotograf. Amateurvereine; normalerweise Ausschreibung f. e. Thema (z. B. Landschaftsfotografie), Jury entscheidet über d. Preisträger, Ergebnis muß subjektiv sein.

Fotowiderstand, lichtel. → Halbleiter-Bauelement mit innerem → fotoelektrischem Effekt, dessen Widerstand bei Lichteinwirkung kleiner wird; auch → Fotodiode, → Fototransistor.

Fotoworkshop, beliebte Form d. anspruchsvollen fotograf. Weiterbildung; meistens kombiniert m. künstler. u. musealen Veranstaltungen in entspr. Ambiente (Toskana, Südfrankreich).

Fotozellen, *lichtel. Zellen,* beruhen auf äußerem → fotoelektrischem Effekt c); auf der Innenwand eines evakuierten Glasgefäßes Alkalimetallbelag (Kathode), gegenüber eine positiv geladene Elektrode (Anode). Emissionsstrom direkt proportional der einfallenden Lichtmenge; arbeitet trägheitslos, Anwendung: Kino-, Fernseh-, Meßtechnik, Elektronik (z. B. als Dämmerungsschalter z. automat. Einschalten v. Lampen u. als → Lichtschranke).

Fötus, svw. → Fetus.

Foucault [fu'ko],
1) *Léon* (18. 9. 1819 bis 11. 2. 68), frz. Phys.; *Pendelversuch* 1851 zur Feststellung d. Achsendrehung der Erde (mit freischwingendem Pendel); *Messung der Lichtgeschwindigkeit* mit einem Drehspiegel.
2) *Michel* (15. 10. 1926–25. 6. 84), frz. Phil. u. Prof. (s. 1970) am Collège de France/Paris, analysierte Erscheinungsformen d. neuzeitl. Denkens.

Fouché [fu'ʃe], *Joseph* (21. 5. 1759 bis 25. 12. 1820), frz. Polizeiminister u. heiml. Gegner Napoleons; *Memoiren.*

foudroyant [frz. fu:drɔ'jant], *med.* extrem schnell ablaufend (Krankheit).

Foul, *s.* [engl. faʊl], regelwidriges Verhalten im Sport.

Foulard, *m.* [frz. fu'la:r], weiche, bedruckte Seide.

Fouqué [fu'ke], *Friedrich de la Motte* (12. 2. 1777–23. 1. 1843), dt. Dichter d. Romantik; *Undine* (Oper v. Lortzing); *Der Zauberring.*

Fouquet [fu'kɛ], *Jean* (um 1420–79), bahnbrechender Maler d. frz. Renaiss.; Miniaturen, Tafelbilder; Bildnisse.

Fourier [fu'rje],
1) *Charles* (7. 4. 1772 bis 10. 10. 1837), frz. utop. Sozialist.
2) *Jean Baptiste Joseph Baron* (21. 3. 1768–16. 5. 1830), frz. Math.; *Wärmetheorie; F.sche* (trigonometr.) *Reihen.*

Fourier-Zerlegung, math. Verfahren, nach dem beliebig komplizierte period. Vorgänge (z. B. mechan., akust. u. el. Schwingungsvorgänge) durch e. Summe v. einfachen Sinusfunktionen dargestellt werden können.

fow [engl.], Abk. f. „*free on waggon*" [friɔn 'wɛgən], frei bis zum Eisenbahnwagen, d. h. Verkäufer trägt die Anfahrts- und Verladungskosten.

Fowler ['faʊlə],
1) *Sir John* (15. 7. 1817 bis 20. 11. 98), engl. Ing.; erbaute Londoner Untergrundbahn (1860–63) u. die Firth-of-Forth-Eisenbahnbrücke (1883–90).
2) *William A.* (9. 8. 1911–14. 3. 1995), am. Phys.; (zus. m. S. → Chandrasekhar) Nobelpr. 1983 (Arbeiten z. Urknalltheorie).

Fox, *George* (1627 bis 13. 1. 91), engl. Schuster; begr. die → Quäker.

Foxgeschmack, *Fuchsgeschmack,* eigentüml., unangenehmer Geschmack bei Weinen aus → Amerikanerreben u. → Hybriden, die im Geruch an Füchse u. Wanzen erinnern.

Foxterrier, engl., kleinere, flinke Hunderasse, weiß mit schwarzen, auch gelben Flecken, glatt- u. rauhhaarig: ursprünglich für Fuchsjagd (→ Tafel Hunderassen).

Foxtrott, *m.,* um 1910 in d. USA entstandener Gesellschaftstanz in mäßig schnellem $^4/_4$-Takt.

Foyer, *s.* [frz. fwa'je], Wandelgang, Vorraum (mit Restaurationsbetrieb), bes. im Theater.

FPÖ, Abk. f. **F**reiheitliche **P**artei **Ö**sterreichs, → Parteien, Übers.

FPOLISARIO, Frente **Po**pular para **Li**beración de **Sa**guia el Hamra y **Rí**o de **O**ro, 1973 gegr. Befreiungsbewegung, tritt für die Unabhängigkeit der 1976 von Marokko u. Mauretanien besetzten West-Sahara (→ Sahara 2) ein; 1979 Friedensvertr. m. Mauretanien; ehem. mauretan. Besatzungsgebiet danach v. Marokko besetzt; s. 1982 Verschärfung d. Kämpfe, 1989 erste Verhandlungen m. Marokko.

Fr, chem. Zeichen f. → *Francium.*

Fra, *m.,* it. Abk. für → *Frater.*

Fra Angelico [-'dʒe-], auch *Beato Angelico,* eigtl. *Guido di Piero* (um 1395 bis 18. 2. 1455), it. Maler d. Frührenaiss., bes. in Florenz; Dominikanermönch.

Fra Bartolommeo, eigtl. *Baccio della Porta* (28. 3. 1472–6. 10. 1517), florentin. Maler d. Renaiss.; Dominikanermönch; *Savonarola; Verlobung der hl. Katharina.*

Fracht,
1) Ladung eines Transportmittels.
2) Entgelt für den Transport (aufgrund der *F.raten* od. *F.sätze*).

Frachtgeschäft, das v. *Frachtführer* zu Lande u. auf Binnengewässern betriebene Beförderungsgewerbe. Frachtführer kann v. Absender Ausstellung e. *Frachtbriefes* verlangen; er haftet diesem f. Transportschäden u. hat gesetzl. Pfandrecht am F.gut wegen seiner Forderungen aus d. *Frachtvertrag.* Frachtführer kann Absender *Ladeschein* ausstellen (i. Flußfrachtgeschäft ist er auf Verlangen des Absenders dazu verpflichtet), der diesen zum Empfang d. Gutes legitimiert (meist Orderpapiere). Übergabe d. indossierten Ladescheins verschafft Eigentum an d. beim Frachtführer befindl. Gut.

Frachtparität, Fracht wird v. Verkäufer aufgrund bes. Vereinbarung nur b. z. einer i. voraus best. *Paritätsstation* bezahlt (z. B. *F.* München).

Fra Diavolo, Bruder Teufel, eigtl. *Michele Pezza* (7. 4. 1771–11. 11. 1806), it. Räuber; Oper v. Auber.

fragil [l.], zerbrechlich.

Fragment, *s.* [l.], Bruchstück.

Fragonard [-'naːr], Jean-Honoré (5. 4. 1732–22. 8. 1806), frz. Maler u. Stecher des Rokoko; bes. galante Themen *(Die Schaukel); Bildnisse.*

fraise [frz. frɛːz „Erdbeere"], erdbeerfarbig.

Fraktal, *s.,* math. Bez. f. feinstrukturierte Mengen, d. nicht mehr m. traditionellen geometr. Mitteln zu beschreiben sind; ihre → fraktale Dimension ist meist nicht ganzzahlig; populäres Gestaltungsmittel in d. Computergraphik.

fraktale Dimension, Zuordnung e. i. allg. nicht ganzzahligen Dimensionszahl z. Erfassung d. bes. Form von Strukturen, die sich nicht m. einfachen Linien, ebenen Flächen u. Räumen beschreiben lassen; z. B. e. Küstenlinie od. der Umriß eines Farnblatts hat Eigenschaften zw. denen v. geraden Linien u. Flächen.

Fraktion [l. „Bruch"],
1) Gesamtheit d. Abgeordneten einer pol. Partei im Parlament; *F.szwang,* Pflicht der Abgeordneten, auf F.sbeschluß ihre Stimme einheitl. abzugeben.
2) *chem.* Teil des Destillates bei der Destillation von Gemischen, der bei einem definierten Siedebereich übergeht.

Fraktur [l.],
1) *F. reden,* sich deutl. (grob) m. jmd. auseinandersetzen.
2) (Knochen-)Bruch.
3) („gebrochene") dt. Druckschrift, z. B. *Knaurs Lexikon.*

Frambösie, Himbeerseuche, trop. Hautkrankheit mit himbeerähnl. Ausschlag; Erreger: → Spirochäten.

Franc [frã], → Währungen, Übers.

Française [frã'sɛːz(ə)], frz. → Kontertanz, ⁶/₈-Takt.

Françaix [frã'sɛks], Jean (* 23. 5. 1912), frz. Komp.; sinfon. Musik, Konzerte, Oratorien, Opern.

France [frãːs], Anatole (16. 4. 1844 bis 12. 10. 1924), frz. Schriftst.; *Die Götter dürsten;* Nobelpr. 1921.

Francesca → Piero della Francesca.

Francesca da Rimini [-'tʃeska], it. Adlige, betrog den ihr aufgezwungenen häßl. Gatten Malatesta mit s. Stiefbruder Paolo; 1284 ermordet.

Francesco di Giorgio Martini [fran'tʃesko di 'dʒordʒo], (23. 9. 1439–begr. 29. 11. 1502), it. Maler, Bildhauer, Baumeister, Ingenieur; e. führender Architekturtheoretiker d. Frührenaiss; *Marienkrönung* (Gemälde); *Kreuzabnahme* (Flachrelief), Kirche *Madonna del Calcinaio* b. Cortona; *Trattati di architettura, ingegneria e arte militare.*

Franche-Comté [frãʃkõ'te], frz. Landschaft u. Region an der schweiz. Grenze, ehem. Freigrafschaft Burgund (Hochburgund); 16 202 km², 1 097 Mill. E; Hptst. *Besançon.*

Franchise [frã'ʃiːz(ə)], Selbstbeteiligung des Versicherten in d. Sachversicherung.

Franchising ['fræntʃaɪz-], neues Vertriebssystem; Vergabe v. Lizenzen; der F.-Geber überträgt dem F.-Nehmer das Nutzungsrecht an einem von ihm entwickelten System oder Produkt: zum Verkauf dieser Produkte, Produzieren od. zur Anbietung solcher Dienstleistungen.

Francia [-tʃa], Francesco (1450–5. 1. 1517), it. Maler, Goldschmied u. Bildhauer d. Renaissance in Bologna.

Franciabigio [frantʃa'bidʒo], eigtl. *Francesco di Cristofano* (um 1482 bis 24. 1. 1525), it. Maler der Florentiner Renaiss.; *Junger Mann am Schreibpult.*

Francis ['frænsɪs], Sam (25. 6. 1923 bis 4. 11. 1994), am. Maler; bed. Vertr. d. informellen Kunst; abstrakt-expressionist. Kompositionen, inspiriert auch durch fernöstl. u. oriental. Gedankengut.

Francium, *Fr,* chem. El., Oz. 87; radioaktiv.

Franck,
1) César [frɑ̃ːk] (10. 12. 1822 bis 8. 11. 1890), frz. Komp. belg.-dt. Herkunft; Orchester- u. Kammermusik; Orgelwerke; Oratorium: *Les béatitudes;* d-Moll-Symphonie.

Fra Angelico, *Hl. Hieronymus*

2) James (20. 8. 1882 bis 21. 5. 1964), dt.-am. Physiker; Arbeiten über Atom- u. Quantentheorie; Nobelpr. 1925.
3) Melchior (um 1580–1. 6. 1639), dt. Komponist; Motetten.
4) Sebastian (1499–1542), dt. Geschichts- u. Kulturphil. der Reformationszeit.

Francke,
1) *Meister F.* (um 1380–n. 1430), dt. Maler d. Gotik; *Thomasaltar* (Hamburg).
2) August Hermann (12. 3. 1663–8. 6. 1727), ev. Theologe u. Pädagoge, Pietist; begr. d. *F.schen Stiftungen* i. Halle 1695; Schulen, Waisenhaus, Verlag.

Franco, Itamar (* 28. 6. 1931), 1992 bis 1994 Staatspräs. v. Brasilien.

Franco-Bahamonde, Francisco (4. 12. 1892–20. 11. 1975), span. Staatschef; Führer d. Nationalisten im span. Bürgerkrieg 1936–39; führte bis zu seinem Tod ein faschist. Regime; wandelte 1947 Spanien i. Monarchie um, behielt sich Einsetzung d. Königs, d. Zeit u. Person nach, vor (→ Juan Carlos I.).

François-Poncet [frãswapõ'sɛ], André (13. 6. 1887–8. 1. 1978), frz. Pol.; 1931 bis 38 Botschafter i. Berlin, 1949–53 frz. Hoher Kommissar f. Dtld, 1953–55 Botsch. in Bonn, s. 1955 Präs. d. Kommission des IRK.

Frank,
1) Adolph (20. 1. 1834–30. 5. 1916), dt. Chem.; → Kalkstickstoff: begr. Kalisalzind.
2) Anne (12. 6. 1929 bis März 45), jüd. Mädchen, schrieb im Versteck in Amsterdam: *Das Tagebuch d. Anne Frank;* im KZ Bergen-Belsen umgekommen.
3) Bruno (13. 6. 1887–20. 6. 1945), dt. Schriftst.; *Cervantes; Sturm i. Wasserglas.*
4) Hans (23. 5. 1900–16. 10. 1946), dt. Pol. u. Jurist; 1930 Reichstagsabgeordneter d. NSDAP, 1933 bayr. Justizmin., ab 1939 Generalgouverneur f. d. besetzten Gebiete in Polen; hingerichtet.
5) Ilja (23. 10. 1908–22. 6. 90), sowj. Phys.; theoret. Deutung d. → Tscherenkow-Effekts b. Kernprozessen; Nobelpr. 1958.
6) Leonhard (4. 9. 1882–18. 8. 1961), dt. pazifist. Schriftst.; *Die Räuberbande; Links, wo das Herz ist; D. Mensch ist gut.*

Franke,
1) Egon (11. 4. 1913–26. 4. 1995), SPD-Pol.; 1969–82 B.minister f. innerdeutsche Beziehungen.
2) Heinrich (* 26. 1. 1928), CDU-Pol.; 1984–93 Präs. d. B.anstalt f. Arbeit.

Franken → Währungen, Übers.

Franken,
1) westgerman. Volksstamm, im 3. Jh. am Nieder- u. Mittelrhein; drangen im 5. Jh. nach Gallien bis zur Loire vor u. unterwarfen Romanen und Westgoten; → Fränk. Reich.
2) seit 9. Jh. Name des Gebiets am Rhein, Main, Neckar; Stammesherzogtum bis 939; 1024–1125 fränk. Geschlecht der Salier, dt. Kge; jetzt das nördl. Bayern → Oberfranken; → Mittelfranken; → Unterfranken.

Frankenberg (Eder) (D-35066), St. i. Ederbergland, Hess., 17 576 E; AG; ma. Fachwerkbauten.

Frankenfeld, Peter (31. 5. 1913–4. 1. 79), dt. Showmaster, Unterhalter; bekannte Fernsehreihen wie *Toi, Toi, Toi.*

Francisco Franco

Frankenhöhe, in Mittelfranken, aus Gips- und Sandsteinkeuper, m. steilem bewaldetem W-Abfall gg. Rothenburg; im *Hornberg* 579 m.
Frankenstein, n. e. Romanfigur v. M. → Shelley, später Prototyp f. Gruselfilme, z. B. Horror-Wissenschaftler.
Frankenthal (Pfalz) (D-67227), krfr. St. i. Rgbz. Rheinhess.-Pfalz, RP, 47 087 E; LG, AG; Masch.-, Kunstst.- u. chem. Ind. – 1755–1800 berühmte Porzellanmanufaktur.
Frankenwald, flächiger Höhenzug zw. Fichtelgebirge u. Thüringer Wald; meist → Karbon; *Döbraberg* 795 m.
Frankfort, Henri (24. 2. 1897–16. 7. 1954), Archäologe, bekannt durch Ausgrabungen in Ägypten u. im Vorderen Orient. Vergleichende Studien zw. ägypt. u. mesopotam. Kulturen.
Frankfort ['fræŋkfət], Hauptstadt v. Kentucky, 25 000 E; Fleischind., Whisky.
Frankfurt a. M. (D-60311–65936), krfreie St. im Rgbz. Darmstadt, Hess., am unteren Main, 653 298 E; bed. Wirtschafts-, Verkehrs- u. Kulturzentrum d. BR; altes Rathaus „Römer" m. Kaisersaal (s. 1562 Krönungsstätte d. dt. Kaiser), Paulskirche, Goethehaus, Dom, Alte Oper; Städelsches Kunstinstitut; Zoo m. Exotarium; Palmengarten; Senckenberg-Naturhistor. Mus., Dt. Architekturmus., Mus. f. Kunsthandwerk, Mus. f. Moderne Kunst, Dt. Filmmus., Dt. Postmus., jüd. Mus. u. a.; Messeturm (höchstes Bürohs. Europas, 254 m); Uni., PH, HS (Phil.-Theol., Kunst, Musik); Dt. Bibliothek; B.anstalt für Flugsicherung, B.rechnungshof, Eur. Währungsinstitut (EWI), Dt. B.bank, Kreditanstalt für Wiederaufbau, Börse, Hptverw. d. Dt. B.bahn, BD, OPD, AG, LG, IHK, mehrere MPI; div. Ind., Weltflughafen (Rhein-Main); Messen u. Fachausstellungen (Buchmesse, Internat. Automobil-Ausstellung). – 794 erste Erwähnung, 1245 Freie Reichsst., 1356 Ort d. dt. Kgswahl, 1815–66 Freie St.; 1848/49 Ort der Dt. → Nationalversammlung (→ Paulskirche); 1866 preußisch, 1945 hess.
Frankfurter, Philipp, Wiener Schwankdichter des 15. Jh.; seine gereimte, iron.-satir. Schwanksammlung vom *Pfarrer vom Kalenberg* wurde um 1473 in Augsburg erstmals gedruckt.
Frankfurter Friede, Friedensvertrag vom 10. Mai 1871, beendete nach dem Versailler Vorfrieden (26. Februar 1871) den Dt.-Frz. Krieg 1870/71.
Frankfurter Nationalversammlung, das 1848 i. d. Frankfurter Paulskirche zusammengetretene Parlament, erstrebte d. dt. Nationalstaat; keine Einigung, daher 1849 aufgelöst.
Frankfurter Schule, soziolog.-phil. Schule; Vertr.: *Adorno, Horkheimer, Habermas* u. a..
Frankfurt (Oder) (D-15230–36), Krst. im östl. Brandenburg, ehem. Reg.-Hptst. d. preuß. Prov. Brandenburg, Verkehrszentrum („Tor zum Osten"); 85 357 E; poln. St.teil östl. d. Oder, *Słubice*. – 1368–1450 Mitglied der Hanse; 1506–1811 u. erneut 1991 Uni.
Fränkische Alb, *Fränkischer Jura*, Höhenzug zw. Wörnitz, Donau u. Main, im *Hesselberg* 689 m; der N-Teil d. **Fränkische Schweiz,** im Gebiet der Wiesent; malerische Felsbildungen in Jurakalk u. Frankendolomit, starke Karstquellen, Höhlen, Burgen; → Jura.
Fränkisches Reich, im 5. Jh. n. Chr. von d. Merowinger Chlodwig I. durch Sieg über Syagrius begr.; s. 751 unter Herrschaft d. Karolinger; unter → Karl d. Gr. größte Ausdehnung; 843 Teilung in W-, Mittel- u. O-Frankenreich (Ludwig d. Deutsche).
Franklin ['fræŋklɪn], **1)** Benjamin (17. 1. 1706–17. 4. 90), am. Pol.; urspr. Seifensieder, dann Buchdrucker, Schriftst.; trat 1775 f. d. Unabhängigkeit der engl. Kolonien in N-Amerika ein; 1778–85 Gesandter in Paris; erfand den Blitzableiter.
2) Sir John (16. 4. 1786–11. 6. 1847), engl. Nordpolarforscher; nach ihm ben. die *F.-Straße* im kanad.-arkt. Archipel.
Frankokanadier, frz.sprachiger E. Kanadas, bes. i. d. Prov. → Quebec.
Frankoline, rebhuhnähnl. Feldhühner in Afrika u. Asien.
Frankreich, Rep. zw. Kanal, Atlant. Ozean u. Mittelmeer, dazu die Insel Korsika. **a)** *Geogr.:* Im Süden Pyrenäen, i. SO Alpen (*Montblanc* 4807 m); *Rhône-, Saône-, Garonne-* u. *Seine-* (Pariser) Becken umgeben das frz. Zentralplateau; im NO reichen die pol. Grenzen in die Landschaft Flandern, die Ardennen u. mit Elsaß u. Lothringen in die Oberrhein. Tiefebene u. das Stufenland an der mittleren Mosel. **b)** *Landw.:* Überwiegend Klein- u. Mittelbetriebe; deckt nahezu Eigenbedarf; zweitgrößtes Weinerzeugerland d. Welt (1991: 41,4 Mill. hl); ca. 7% d. Erwerbstätigen arbeiten im Agrarbereich. **c)** *Ind.:* Überwiegt im gesamten Sozialprodukt: Berg- u. Hüttenbau, ferner (→ Schaubilder) bed. Eisen- u. Stahlindustrie, Aluminium, Bauxit, Kalisalze, Textil-, Kraftfahrzeug-,

Frankfurt, Skyline mit Paulskirche im Vordergrund

Benjamin Franklin

Arc de Triomphe de l'Étoile bei Nacht

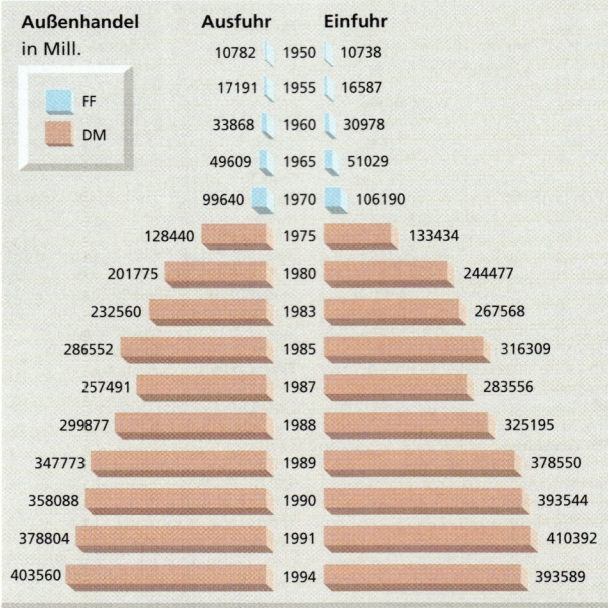

Frankreich, Wirtschaft

Außenhandel in Mill. — FF (hellblau), DM (braun)

Ausfuhr	Jahr	Einfuhr
10782	1950	10738
17191	1955	16587
33868	1960	30978
49609	1965	51029
99640	1970	106190
128440	1975	133434
201775	1980	244477
232560	1983	267568
286552	1985	316309
257491	1987	283556
299877	1988	325195
347773	1989	378550
358088	1990	393544
378804	1991	410392
403560	1994	393589

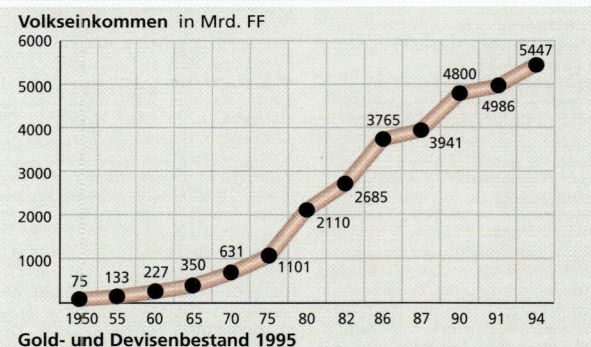

Volkseinkommen in Mrd. FF

Jahr	1950	60	65	70	75	80	82	86	87	90	91	94
	75	133	227	350	631	1101	2110	2685	3765	3941	4800	4986	5447

Gold- und Devisenbestand 1995
Gold: 81,85 Mill. troy oz (1 Troy ounce = 31,1 Gramm) Devisen: 15568 Mill. SZR (Sonderz ehungsrechte, 1 SZR am 31.12.1995 = 1,4865 US-$ bzw. 2,1309 DM)

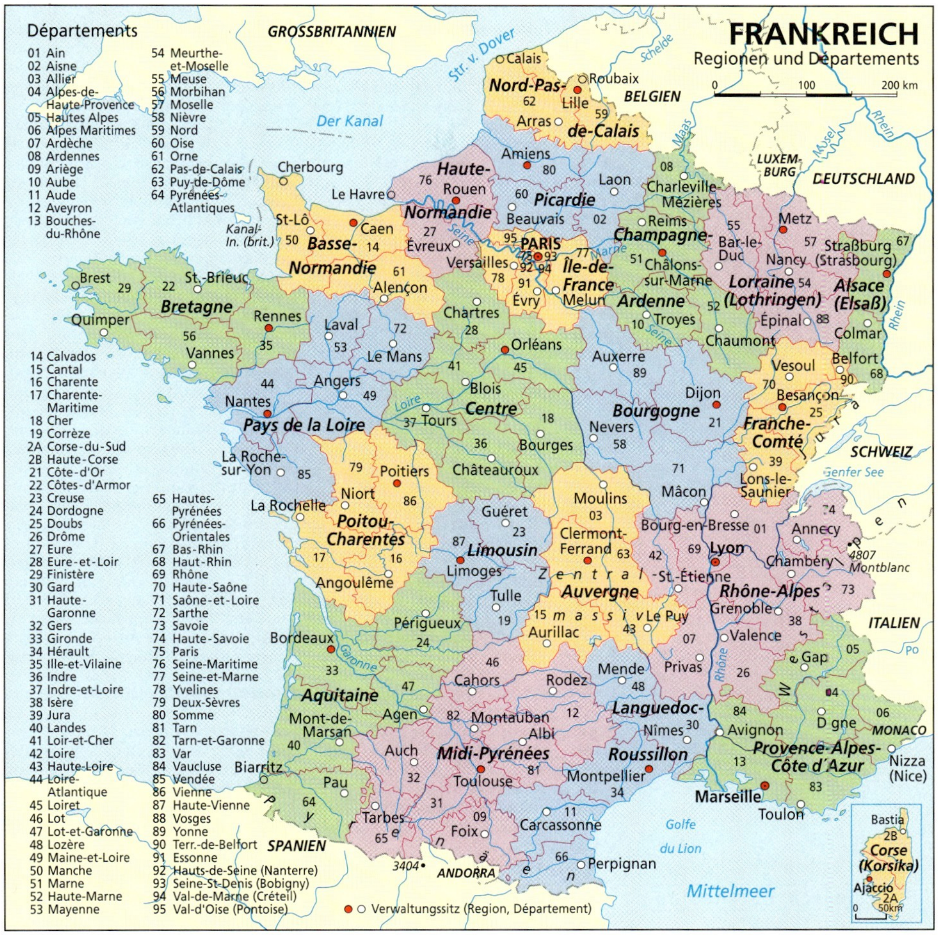

FRANKREICH
Regionen und Départements
0 100 200 km
Départements
01 Ain
02 Aisne
03 Allier
04 Alpes-de-Haute-Provence
05 Hautes Alpes
06 Alpes Maritimes
07 Ardèche
08 Ardennes
09 Ariège
10 Aube
11 Aude
12 Aveyron
13 Bouches-du-Rhône
14 Calvados
15 Cantal
16 Charente
17 Charente-Maritime
18 Cher
19 Corrèze
2A Corse-du-Sud
2B Haute-Corse
21 Côte-d'Or
22 Côtes-d'Armor
23 Creuse
24 Dordogne
25 Doubs
26 Drôme
27 Eure
28 Eure-et-Loir
29 Finistère
30 Gard
31 Haute-Garonne
32 Gers
33 Gironde
34 Hérault
35 Ille-et-Vilaine
36 Indre
37 Indre-et-Loire
38 Isère
39 Jura
40 Landes
41 Loir-et-Cher
42 Loire
43 Haute-Loire
44 Loire-Atlantique
45 Loiret
46 Lot
47 Lot-et-Garonne
48 Lozère
49 Maine-et-Loire
50 Manche
51 Marne
52 Haute-Marne
53 Mayenne
54 Meurthe-et-Moselle
55 Meuse
56 Morbihan
57 Moselle
58 Nièvre
59 Nord
60 Oise
61 Orne
62 Pas-de-Calais
63 Puy-de-Dôme
64 Pyrénées-Atlantiques
65 Hautes-Pyrénées
66 Pyrénées-Orientales
67 Bas-Rhin
68 Haut-Rhin
69 Rhône
70 Haute-Saône
71 Saône-et-Loire
72 Sarthe
73 Savoie
74 Haute-Savoie
75 Paris
76 Seine-Maritime
77 Seine-et-Marne
78 Yvelines
79 Deux-Sèvres
80 Somme
81 Tarn
82 Tarn-et-Garonne
83 Var
84 Vaucluse
85 Vendée
86 Vienne
87 Haute-Vienne
88 Vosges
89 Yonne
90 Terr.-de-Belfort
91 Essonne
92 Hauts-de-Seine (Nanterre)
93 Seine-St-Denis (Bobigny)
94 Val-de-Marne (Créteil)
95 Val-d'Oise (Pontoise)
Verwaltungssitz (Region, Département)
GROSSBRITANNIEN
BELGIEN
LUXEMBURG
DEUTSCHLAND
SCHWEIZ
ITALIEN
MONACO
SPANIEN
ANDORRA
Str. v. Dover
Der Kanal
Golfe du Lion
Mittelmeer
Nord-Pas-de-Calais
Haute-Normandie
Picardie
Basse-Normandie
Bretagne
Île-de-France
Champagne-Ardenne
Lorraine (Lothringen)
Alsace (Elsaß)
Pays de la Loire
Centre
Bourgogne
Franche-Comté
Poitou-Charentes
Limousin
Auvergne
Rhône-Alpes
Aquitaine
Midi-Pyrénées
Languedoc-Roussillon
Provence-Alpes-Côte d'Azur
Corse (Korsika)
Massif Central
PARIS
Lille
Calais
Roubaix
Arras
Amiens
Laon
Rouen
Beauvais
Le Havre
Cherbourg
Caen
St-Lô
Évreux
Versailles
Évry
Melun
Reims
Châlons-sur-Marne
Charleville-Mézières
Metz
Bar-le-Duc
Nancy
Straßburg (Strasbourg)
Épinal
Colmar
Belfort
Troyes
Chaumont
Brest
St-Brieuc
Quimper
Rennes
Vannes
Laval
Alençon
Le Mans
Chartres
Orléans
Angers
Nantes
Blois
Tours
Auxerre
Dijon
Vesoul
Besançon
Nevers
Bourges
Châteauroux
La Roche-sur-Yon
Niort
Poitiers
La Rochelle
Angoulême
Guéret
Limoges
Moulins
Mâcon
Lons-le-Saunier
Bourg-en-Bresse
Lyon
Annecy
Chambéry
Clermont-Ferrand
St-Étienne
Tulle
Le Puy
Grenoble
Valence
Privas
Aurillac
Périgueux
Bordeaux
Cahors
Mende
Rodez
Gap
Agen
Montauban
Albi
Mont-de-Marsan
Nîmes
Avignon
Digne
Nizza (Nice)
Auch
Toulouse
Montpellier
Marseille
Toulon
Biarritz
Pau
Tarbes
Foix
Carcassonne
Perpignan
Bastia
Ajaccio
4807 Montblanc
3404

FRANKREICH	
Staatsname: Französische Republik, République Française	
Staatsform: Parlamentarische Republik	
Mitgliedschaft: UNO, EU, Europarat, EWR, OSZE, NATO, OECD, WEU	
Staatsoberhaupt: Jacques Chirac	
Regierungschef: Lionel Jospin	
Hauptstadt: Paris 2 175 000 (Agglom. 9,06 Mill.) Einwohner	
Fläche: 543 965 km^2	
Einwohner: 57 800 000	
Bevölkerungsdichte: 106 je km^2	
Bevölkerungswachstum pro Jahr: Ø 0,37% (1990–1995)	
Amtssprache: Französisch	
Religion: Katholiken (76,5%), Muslime (3%), Protestanten (1,4%)	
Währung: Frz. Franc (FF)	
Bruttosozialprodukt (1994): 1 355 039 Mill. US-$ insges., 23 470 US-$ je Einw.	
Nationalitätskennzeichen: F	
Zeitzone: MEZ	
Karte: → Frankreich	

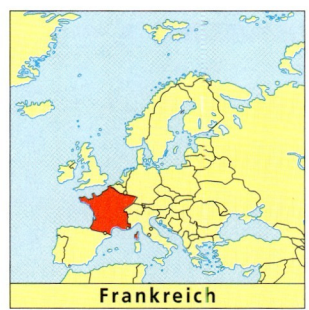

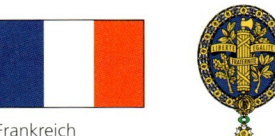

Masch.- u. chem. Ind. **d)** *Außenhandel* (1991): Einfuhr 230,26 Mrd., Ausfuhr 212,87 Mrd. $. **e)** *Verkehr:* Eisenbahn 33 450 km; weitverzweigtes Kanal- u. dichtes Straßennetz (810 000 km), Handelsflotte (1992: 277 Schiffe m. 3,9 Mill. BRT). **f)** *Verf.* von 1958 (1962 erweitert): Staatspräs. auf 7 Jahre direkt gewählt, ernennt Min. u. Premiermin.; Parlament besteht aus direkt gewählter Nat.vers. (Assemblée nationale) u. Senat; Verfassungsrat überwacht Einhaltung der Verf.; Premiermin. u. Min. sind der Nat.-Vers. verantwortlich; Staatspräs. ist Oberbefehlshaber d. Streitkräfte. **g)** *Verw.:* 96 Départements innerhalb v. 22 Regionen u. 5 Übersee-Départements; Sonderstatus f. Korsika; Unterbezirke: 322 Arrondissements. **h)** *Außereur. Gebiete:* 1. *Überseeische Départements (DOMs):* Réunion, Guadeloupe, Martinique, Frz.-Guayana; 2. *Gebietskörperschaften:* Saint-Pierre u. Miquelon, Mayotte; 3. *Überseeische Territorien (TOMs):* Frz.-Polynesien, Neukaledonien, Wallis u. Futuna; 4. *Südl. u. Antarkt. Gebiete* (Saint Paul u. Amsterdam, Crozet-Archipel, Kerguelen-Archipel, Adélie-Land, Clipperton u. die „Iles Australes"). Auch → Communauté. **i)** *Gesch.:* Seit etwa 1000 v. Chr. von Kelten bewohnt; mehrfache Einwanderungen: 58 v. Chr.–486 n. Chr. röm. Prov.; Sueben unter → Ariovist 1. Jh. v. Chr.; Westgoten, Burgunder u. Franken im 5. Jh. n. Chr. Gründung des → Fränkischen Reichs. 843 Spaltung: Vertrag von → Verdun. Bis 987 Normanneneinfälle, Lothringen dt., Teil von Burgund selbständig. *Kapetinger* (987–1328), Kämpfe m. den nach Nordfrkr. eingedrungenen Engländern u. dem Papsttum. Machthöhe unter → Philipp d. Schönen. Unter Haus *Valois* (1328–1589) Erbfolgekriege mit England (100jähr. Krieg); F. verliert Aquitanien u. Calais (1360); Siege der Jeanne d'Arc gg. Engländer. Im 15. Jh. Streben nach kirchl. Freiheit (→ gallikanische Freiheiten). Unter Franz I. erfolglose Kämpfe um Italien u. gg. Karl V. Blutige Bürgerkriege (Hugenotten: Bartholomäusnacht 1572), beendet durch das Edikt v. → Nantes (1598) unter Heinrich IV., dem ersten *Bourbonen.* Zeitalter d. Absolutismus, durch Richelieu (1624) begr. unter Ludwig XIII. Im Westfäl. Frieden erhält F. das östr. Elsaß. Glanzzeit des Absolutismus unter Ludwig XIV. (Min. Colbert); Erweiterung des frz. Kolonialreichs (Louisiana, Senegambien, Westindien). Réunionskriege (→ *Réunionskammern*) und Pfälzer Krieg (1667–97). 1685 Vertreibung der Hugenotten. Übersteigerung der auswärt. Eroberungspolitik (Krieg gegen Spanien, Holland usw.) führte im 18. Jh. zur wirtsch. Erschöpfung; Niederlage durch England; Verlust der meisten Kolonien (1763), Staatsbankrott unter Ludwig XVI. 1789 *Revolution,* 1792 Verkündung der *Republik,* 1793 Hinrichtung des Königspaares, Schreckensherrschaft. 1795 Direktorium, 1799 gestürzt, Aufstieg Napoleons zum 1. Konsul, 1804 zum *Kaiser,* Eroberungskriege gg. Preußen, Österreich, Spanien, Italien, Kontinentalsperre gg. England. Ausdehnung über Holland bis zur Elbe. Zerstückelung Dtlds (Rheinbund); 1812 Napoleons erfolgloser Feldzug gg. Rußland, Ende d. „Großen Armee"; 1813 → Befreiungskriege; 1814 Internierung Napoleons auf Elba, Rückkehr, „100 Tage"-Herrschaft; Niederlage bei Belle-Alliance (Waterloo); Verbannung nach St. Helena. – Ludwig XVIII. *(Restauration)* gab neue Verfassung, von Karl X. wieder aufgehoben. 1830 Julirevolution; der „Bürgerkönig" Ludwig Philipp 1848 durch Februarrevolution gestürzt: 24. 2. *Zweite Republik;* Ludwig Napoleon Präs. u. 1852 Kaiser (Napoleon III.); siegreicher Krimkrieg 1854–56, Sieg über Österreich 1859 in Oberitalien (Nizza u. Savoyen fallen an Frankreich). Pol. Spannungen mit dem aufstrebenden Preußen führten zum → Dt.-Frz. Krieg 1870/71. Nach Einnahme v. Sedan: 4. 9. 1870 *Dritte Republik,* 1871 Aufstand der

Frankreich

Frankreich

Kommune; Thiers Präsident; 1891 Bündnis mit Rußland, 1905 Trennung von Staat u. Kirche. 1905–11 Marokkokonflikt mit Dtld, 1912 größter Teil von Marokko unter frz. Schutzherrschaft. 1914–18 → 1. Weltkrieg (Übersicht). 1917 Clemenceau Min.präs. mit diktator. Befugnis; 1919 Versailler Vertrag, 1922 Ruhrbesetzung; 1935 Kabinett Laval, Militärbündnis mit der Sowjetunion. 1936 Volksfrontkabinett Blum, 1938 Kabinett Daladier, → Münchener Abkommen. 1939–45 → 2. Weltkrieg (Übersicht). Nach d. frz. Zusammenbruch 1940 u. Übernahme d. Reg. durch Marschall Pétain Waffenstillstand mit Dtld; Sitz der Reg. Pétain: Vichy. 1944 nach Rückzug der dt. Truppen Gen. de Gaulle Reg.chef (bis 1946), der 1945 die *Vierte Republik* ausrief; Gründungsmitgl. v. NATO u. EWG; seit 1958 *Fünfte Rep.* u. neue Verfassung mit größeren Vollmachten für d. Präsidenten; 1963 pol.-milit.-kulturelles Abkommen m. d. BR. – Der große frz. Kolonialbesitz löste sich nach d. 2. Weltkr. größtenteils auf; die meisten Kolonien wurden erst autonome Mitgl. d. → Französischen Union u. später unabhängige Republiken. So wurde Indochina nach langjähr. Krieg 1954 i. selbst. Staaten aufgeteilt, 1956 wurden Tunesien u. Marokko unabhängig, s. 1958 folgten d. meisten afrikan. Kolonien, 1962 wurde Algerien nach ca. 8jähr. Kämpfen unabhängig. 1959–69 → de Gaulle Staatspräs. 1963 dt.-frz. Vertrag. 1969–74 → Pompidou, 1974 bis 1981 → Giscard, 1981–95 → Mitterrand, s. 1995 Chirac Staatspräsident. 1995 Rückkehr in die Militärstruktur der NATO. 1997 Wahlsieg der Sozialisten.

Franktireur [frz. frãti'rœːr], Freischärler; bewaffneter, nicht zur regul. Truppe gehöriger Zivilist. Auch → Partisan.

Frantz, Constantin (12. 9. 1817–2. 5. 91), dt. Pol. u. staatsphil. Schriftst.; Gegner Bismarcks; Vorkämpfer d. Föderalismus als Lösung d. dt. Frage.

Franz [l. Franziskus „kleiner Franzose"],

a) röm.-dt. Kaiser:
1) F. I., Stephan (8. 12. 1708–18. 8. 65), Hzg v. Lothringen u. später Großhzg v. Toskana, s. 1736 Gatte Maria Theresias, 1745 dt. Kaiser.
2) F. II. (12. 2. 1768–2. 3. 1835), 1792 dt. Kaiser, legte 1806 dt. Kaiserkrone nieder u. nahm Titel „Kaiser von Östr." (F. I.) an.

b) Frkr.:
3) F. I. (12. 9. 1494–31. 3. 1547), Kg seit 1515, 4 Kriege um Italien u. eur. Vorherrschaft gg. Karl V.
4) F. II. (19. 1. 1544–5. 12. 60), 1558 Gatte Maria Stuarts.

c) Östr.:
5) F. I. → Franz 2).
6) F. Joseph I. (18. 8. 1830–21. 11. 1916), Kaiser s. 1848, verlor Lombardei i. Kriege gg. Frkr.-Sardinien (1859), Venetien im Kriege gg. Preußen-Italien (1866); Zerfall der Monarchie nach s. Tode.
7) F. Ferdinand (18. 12. 1863–28. 6. 1914), Erzhzg von Östr.-Este, Thronfolger; strebte Dreigliederung Österreichs (*Trialismus*) an; in Sarajevo ermordet.

Franz, Robert (28. 6. 1815–24. 10. 92), dt. Komp. romant. Lieder.

Franzbranntwein, *Spiritus vini gallici*, bes. in Frkr. hergestelltes Destillat aus Wein oder Weintrester; für Einreibungen mit aromat. Zusätzen.

Franzensbad, tschech. *Františkovy Lázně*, St. u. Kurort, Mineral- und Moorbad (für Herz- und Frauenleiden) in NW-Böhmen, 4800 E.

Franzensfeste, it. *Fortezza*, Festung (1833–38) nw. v. Brixen; beherrscht Brennerstraße u. Pustertal.

Franziskaner, *Minoriten*, lat. *Ordo fratrum minorum*, abgek. O. F. M., nach *Franz v. Assisi*, Barfüßer- u. Bettelmönchsorden; Kleidung: braune Kutte m. weißem Strick; später strengere Richtung der *Observanten* (Kapuziner) u. freiere d. *Konventualen*; Predigt, Volksmission, Laien-(Tertiarier-)Mitarbeit. Franziskanerinnen, Dritter Orden. Heute ca. 21 000 Mitglieder.

Franz-Joseph-Fjord, an der O-Küste Grönlands, etwa 200 km lang, 6–7 km breit, zw. bis 1500 m hohen Steilwänden mit Wasserfällen.

Franz-Joseph-Land, früher Lomonossowland, arktische Inselgruppe östl. von Spitzbergen, fast eisfrei gesichert, bis 750 m hoch, 16 575 km²; meteorol. Polarstation u. Sender. – 1928 v. d. UdSSR annektiert.

Franzosenkraut, kl. gelbweiß blühender südam. Korbblütler, sehr häufig verwildert in Städten.

Französisch-Äquatorialafrika, frühere frz. Territorien zw. d. westafrikan. Niederguineaküste u. Sudan, 2,5 Mill. km²; bis 1946 frz. Kolonie, zw. 1958 u. 1960 in die autonomen, dann unabhängigen Republiken Gabun, Kongo (Brazzaville), Tschad u. Zentralafrikan. Rep. aufgegliedert; diese verbleiben als Gliedstaaten in d. → Communauté.

Französische Gemeinschaft, *Communauté Française*, → Französische Union.

französische Literatur, **a)** *9.–13. Jh.*: Chansons de geste (Heldensagen): Rolandslied. Höfische Romane: Chrétien de Troyes (*Erec; Yvain; Perceval*); ritterl. (*Lais Aucassin* u. *Nicolette*) u. bürgerl. (*Fabliaux*) Reimerzählungen. *Rosenroman*. Troubadours: Bertran de Born. Geistl. (Oster- u. a.) Spiele; erste weltl. Singspiele v. Adam de la Halle. **b)** *14.–15. Jh.*: Meistersang: François Villon (Lyriker). Jean Froissart (Chronik). Farcen (*Maître Pierre Pathelin*). **c)** *Renaissance* (15. u. 16. Jh.): Clément Marot (Epigramme, Lieder); Margarete v. Navarra (*Heptameron*); Rabelais (*Gargantua u. Pantagruel*); Humanistenschule „Pléiade": Ronsard u. a.; Montaigne (*Essays*). **d)** *Klassik* (17. Jh.): Gesellschaftsromane (*Mlle Scudéry*); Scarron (*Le roman comique*), Pascal (*Lettres, Pensées*); Cyrano de Bergerac. – Boileau (*L'art poétique*); Tragödie: Corneille (*Cid*) und Racine; Lustspieldichter: Molière; Lafontaine (Fabeln). **e)** *Aufklärung* (18. Jh.): Sittenromane: Lesage (*Gil Blas*) u. Prévost (*Manon Lescaut*); Montesquieu (*Persische Briefe; L'esprit des lois*); Voltaire (Geschichtsschreibung u. -phil.); Enzyklopädisten: Diderot (*Jacques le fataliste*), d'Alembert; J. J. Rousseau (*Emile, La nouvelle Héloïse*), B. de Saint-Pierre (*Paul u. Virginie*); Beaumarchais (*Barbier v. Sevilla; Figaros Hochzeit*). **f)** *Romantik u. Realismus* (19. Jh.): Chateaubriand, Frau v. Staël (*Über Dtld*), Stendhal (*Rot u. Schwarz*), Béranger, Balzac (Romane d. *Comédie Humaine*), Musset, Mérimée, Lamartine, Alfred de Vigny, Victor Hugo (*Der Glöckner von Notre-Dame*), George Sand, Scribe (Bühnenstücke), Dumas, Flaubert (*Madame Bovary*); Baudelaire (Lyrik: *Les fleurs du mal*), Brüder Goncourt, Zola (naturalist. u. soziale Romane), Maupassant, Daudet, Huysmans, Renan, Taine (Geschichtsphil.); Gautier, Verlaine, Rimbaud, Mallarmé (Lyrik), France (Romane). **g)** *20. Jh.*: Belg. Dichter: Maeterlinck (*Leben d. Bienen*), Verhaeren und Michaux (Lyriker), Ghelderode (Dramen); Plisnier. Claudel (Lyrik, Dramen: *Der seidene Schuh*), Jammes (*Hasenroman*), Gide, Proust (*Auf der Suche nach der verlorenen Zeit*), Apollinaire, Valéry (Lyrik, Essays), Martin du Gard, Thyde Monnier, Giono (Romane a. d. Provence), Jules Romains, Duhamel, Ramuz, Rolland (*Johann Christoph*, Biographien), Maurois, Bernanos, Giraudoux, Mauriac, Cocteau, Colette, S.-J. Perse (Lyrik), Céline, Cendrars, J. Green, Montherlant, Char, Césaire (Negerlyrik), de Saint-Exupéry (*Wind, Sand und Sterne*), Aragon, Breton (Surrealismus), Anouilh (Bühnenstücke), Sartre (Existentialismus), Vercors, Camus. Avantgardist. Theater: Audiberti, Tardieu, Schéhadé, Adamov, Genêt, Ionesco (*Die Nashörner*), Vian, Arrabal. Nouveau Roman: Robbe-Grillet, Sarraute, Butor, Queneau, Sagan.

Französische Revolution → Frankreich, *Geschichte*.

Französische Union, *Union Française*, durch d. frz. Verf. v. 1946 geschaffene Zus.fassung d. Rep. Frkr. in überseeischen Départements u. Territorien u. d. mit Frkr. assoziierten Staaten, 1958 umgewandelt in Frz. Gemeinschaft (*Communauté française*, später *Communauté*, Staatengemeinschaft); umfaßt heute neben Frkr. u. seinen überseeischen Départements u. Territorien die Staaten Gabun, Kongo, Madagaskar, Senegal, Tschad, Zentralafrika. Seit der Unabhängigkeit der frz. Kolonien (1960) eine völkerrechtl. Gemeinschaft mit engen wirtschl. (Entwicklungshilfe) u. kulturellen Beziehungen.

Französisch-Guayana → Guayana.
Französisch-Guinea → Guinea.
Französisch-Indien, ehemaliger frz. Besitz i. Vorderindien; → Pondicherry.
Französisch-Indochina → Indochina.
Französisch-Marokko → Marokko.
Französisch-Polynesien, frz. Überseegebiet in Ozeanien mit Gesellschaftsinseln (Tahiti u. a.), Tuamotu-Gruppe, Marquesas-, Gambier- u. Tubuai (Austral)-Inseln u. a.; Ausfuhr v. Kopra, Vanille u. Perlmutt; Fremdenverkehr. *Gesch.*: Seit 1842 frz. Protektorate, nach 1880 Kolonien, s. 1958 Überseeterritorium; Atolle Mururoa u. Fangataufa Schauplätze frz. Atomtests (b. 1996).
Französisch-Somaliland → Dschibuti.
Französisch-Sudan → Mali.
Französisch-Westafrika, früher frz. Besitz i. Westafrika, 4,47 Mill. km², umfaßte 8 Teilgebiete; daraus entstanden zw. 1958 u. 1960 d. unabhängigen Rep.en Niger, Dahomey (jetzt Benin), Obervolta (jetzt Burkina Faso), Elfen-

---

FRANZÖSISCH-POLYNESIEN
Name des Territoriums: Polynésie Française
Regierungsform: Französisches Überseeterritorium mit Vertretern in der. Frz. Nationalversammlung u. im Senat
Hochkommissar: Paul Roncière
Regierungschef: Gaston Flosse
Hauptstadt: Papeete 23 560 Einwohner
Fläche: 4 167 km²
Einwohner: 212 000
Bevölkerungsdichte: 51 je km²
Bevölkerungswachstum pro Jahr: Ø 2,15% (1990–1995)
Amtssprache: Französisch, Tahitisch
Religion: Protestanten (55%), Katholiken (24%), Mormonen (5%)
Währung: CFP-Franc
Zeitzone: MEZ – 11 Std.
Karte: → Australien und Ozeanien

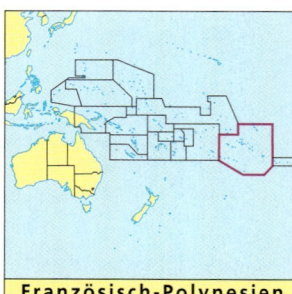
Französisch-Polynesien

Französ. Polynesien

Franz Joseph I.

beinküste, Mali, Guinea, Senegal u. Mauretanien; Senegal gehört d. → Communauté an.

Franz v. Assisi, *Franziskus* (1182 bis 1226), Hlg. (Tag: 4. 10.); Wanderprediger; zur *apostolischen Armut* bekehrt (Weltflucht u. Askese), gründete den ersten Bettelorden: → *Franziskaner* (Minoriten).

frappant [frz.], überraschend, befremdend.

frappieren, stutzig machen; in Eis kühlen.

Frascati, St. in der it. Prov. Rom, am Albaner Gebirge, 20 000 E; Weinbau; Kernforschungszentrum, Inst. f. Raumforschung.

Frascati, it. trockener Weißwein.

Frasch, Hermann (25. 12. 1851–1. 5. 1914), dt.-am. Erdölchemiker; Erfinder des *Frasch-Verfahrens* z. Fördern unterirdischer Schwefellagerstätten durch Heißdampf.

Fräse [frz.],
1) → Bodenfräse.
2) Halskrause; Wangen u. Kinn umrahmender Bart.

Fraser ['freɪzə], gr. Fluß der kanad. Prov. British Columbia aus dem Felsengebirge, 1368 km l., durch das 1000 m hohe **F.plateau** in d. Pazifik.

Fräser, umlaufende Schneidwerkzeuge m. scharfen Zähnen, eingesetzten Messern z. Abheben kommaförmiger Materialspäne; in *Fräsmaschinen* eingesetzt; bes. zur Metall- u. Holzbearbeitung.

Frater [l. ,,Bruder"], Kloster-, Ordensbruder; *fratres* (Mz.) *minores,* Minderbrüder, die Franziskaner.

fraternisieren, sich verbrüdern.

Frauenbewegung, Forderung d. Frauen nach gleicher Bildungsmöglichkeit, voller wirtsch. u. staatsbürgerl. Gleichberechtigung, um 1800 in allen Kulturländern. *Frauenstimmrecht* in Dtld 1918, USA 1920, Großbrit. 1928, Frankr. 1944. F. wurde aktuell durch d. ind. u. techn. Entwicklung im 19. Jh. Führend in Dtld u. a.: Luise Otto-Peters, Amalie Sieveking, Helene Lange, Gertrud Bäumer, Anita Augspurg u. Lida G. Heymann. Organisat.: i. Dtld 1894 *Bund Dt. Frauenvereine,* Dachorganisation m. 2 Mill. Mitgl., dem *Intern. Council of Women (ICW),* Frauenweltrat, angeschlossen 1903 a. d. engl. F. d. → *Suffragetten* d. *Women's Social and Political Union* (WSPU). Der dt. Bund 1933 (wie d. meisten Frauenverbände unter d. Nationalsozialisten) aufgelöst, wird 1949 i. d. BR als *Dt. Frauenring* neu gegr.; außerdem: *Ev. Frauenarbeit* u. *Arbeitsgem. d. kath. dt. Frauen;* ln d. DDR *Demokrat. Frauenbund Dtlds* 1947. Östr.: *Bund östr. Frauenvereine;* Schweiz: *Bund Schweiz. Frauenvereine (BSF).* Weitere intern. Organisat. (als erste *Weltmäßigkeitsbund christl. Frauen,* 1873) *Intern. Frauenliga f. Frieden u. Freiheit,* 1915 v. Jane Addams gegr., 1948, gleichfalls a. kriegsgegnerisch, *WOMAN,* **W**orld's **O**rganization of **M**others of **a**ll **N**ations, auf Anregung v. Dorothy Thompson. Für d. Gleichh. d. Geschlechter, s. 1949 gesetzl. garantiert, doch und wird eine Veränderung in d. Realität, entsteht i. d. sechziger Jahren e. neue F., die a. d. weltweite Studentenbewegung angelehnt, v. Amerika ausgehend (→ *Women's Lib; NOW, National Organization for Woman,* 1966 v. Betty Fridan gegr.) zu d. Feministinnen führt, d. 1971 nach e. gr. öffentl. Aktion – initiiert v. Alice Schwarzer – d. Streichung d. § 218 fordern. Im Zuge e. neuen Bewußtseins d. Frauen sollen d. patriarchalische System aufgehoben u. neue Formen d. Zusammenlebens entwickelt werden. Angebote u. Aktivitäten der F.: Häuser für mißhandelte Frauen, Frauenzentren, Frauenbildungseinrichtungen, Hilfe für vergewaltigte Frauen.

Frauenfeld (CH-8500), Hptst. des schweiz. Kantons Thurgau, an der Murg, 19 000 E; Maschinenind.

Frauen für den Frieden, Friedensbewegung in Nordirland, die d. Gewalt u. d. Spaltung des Landes ein Ende setzen will; 1976 v. B. → *Williams* u. M. → *Corrigan* gegr.

Frauenhaar,
1) *Adiantum,* Gattung zierl. Farne wärmerer Länder; z. Blumenbinden.
2) *Goldenes F.,* e. Moosart.
3) grasähnl. Pfl. O-Indiens; als Zimmerschmuck u. Ampeln usw.

Frauenhaus, v. d. Stadtgem. getragene Einrichtung, bes. Zufluchtsheim f. Ehefrauen.

Frauenkrankheiten, Krankheiten der weiblichen Geschlechtsorgane.

Frauenlob, eigtl. *Heinrich v. Meißen* (um 1250–1318), mhdt. Lyriker; Vorbild d. Meistersinger; Spruchgedichte.

Frauenmantel, staudiges Rosengewächs; auf Wiesen. Kraut als Tee-Ersatz; Volksmedizin.

Frauenschuh, auch in Dtld vorkommende Orchidee mit schuhähnl. Lippe; auf Kalkboden (→ Tafel Pflanzen unter Naturschutz). ●

Frauenschulen, → Berufsfachschulen, landw.-hauswirtsch.-pflegerisch; vor 1933 Pestalozzi-Fröbel-Häuser, d. Lette-Haus in Berlin, d. Reifensteiner F. auf d. Lande.

Frauenstudium, in Dtld seit 1908 an allen Hochschulen.

Frauenüberschuß, zahlenmäß. Überwiegen d. Frauen, tritt insbes. in Ländern westl. Zivilisation auf; Hauptursachen sind höhere Lebenserwartung der Frauen u. Kriegsverluste; in der BR kamen 1988 1078 Frauen auf 1000 Männer.

Frauke (fries. ,,kleine Frau"), w. Vn.

Fraunhofer, Joseph v. (6. 3. 1787–7. 6. 1826), dt. Optiker u. Phys.; entdeckte d. dunklen **F.schen** Linien im Sonnenspektrum (Abb. → Spektrum), erfand u. verbesserte opt. Instrumente; schuf Grundlage f. d. opt. Ind.

Fraunhofer-Gesellschaft, zur Förderung der angewandten Forschung e. V., führende Trägerorganisation für Einrichtungen der angewandten Forschung in Dtld. Die Fh.G. betreibt Vertragsforschung für die Industrie, für Dienstleistungsunternehmen u. die öffentl. Hand; derzeit 47 Fraunhofer-Institute in ganz Dltd. Weitere Niederlassungen einzelner Fraunhofer-Institute in den USA und Asien; beschäftigt: mehr als 8300 Mitarbeiter, überwiegend Wissenschaftler u. Ingenieure, erarbeiten das jährliche Forschungsvolumen von über 1,26 Mrd Mark; Sitz der F.G.: München

Frawaschi, *Fravashi* [awest. ,,Bekenntnis"], i. iran. Parsismus Schutzgeist e. Menschen vor Dämonen.

Goldenes Frauenhaar

Freiburg

Freiburg im Breisgau

Freak [engl. fri:k], jemand, der sich übermäßig für etwas begeistert, z. B. *Computer-F.*

Frechen (D-50226), St. i. Erftkr. westl. Köln, NRW, 44742 E; div. Ind.; Keramikmuseum.

Fredensborg ['freðənsbɔr], Sommersitz des dän. Königshauses auf Seeland.

Frederic, *Frédéric,* engl. u. frz. Form v. → Friedrich.

Fredericia, dän. Hafenst. am nördl. Kleinen Belt, 46 000 E; Erdölraffinerie; Beltbrücke nach Fünen.

Fredericton ['frɛdriktən], → Neubraunschweig.

Frederiksborg [freðərags'bɔ'], dän. Rgbz. auf Seeland; Hptst. *Hillerød,* 34 000 E; nahebei Schloß F.

Fredrikstad, norweg. Hafen- u. Ind.st. a. Oslofjord, 26 500 E.

Free Jazz [engl. fri: dʒæːz], s. 1960 gespielter atonaler Jazzstil.

Freesie, südafrikan. Schwertliliengewächs; Zierpflanze, Schnittblume.

Freetown ['fri:taʊn], Hpt.- u. Hafenst. v. Sierra Leone, 470 000 E.

Freezing [engl. 'fri:zɪŋ ,,Einfrieren"], Methode z. kooperativen Rüstungssteuerung, bei d. vorhandene Streitkräfte personell u./od. materiell festgeschrieben werden.

Fregatte, *w.* [frz.], früher schnelles Segelkriegsschiff m. drei Masten, d. heutigen Kreuzer entspr.; heute Kriegsfahrzeug f. d. Geleitdienst.

Fregattenkapitän, Offiziersdienstgrad der Marine, svw. Oberstleutnant.

Fregattvogel, tropischer Seevogel, Ruderfüßer.

Frege, Gottlob (8. 11. 1848–26. 7. 1925), dt. Math. u. Phil., begr. formale Logik (→ Logistik), Vorläufer d. modernen Semantik u. Sprachphil.

Freia, svw. → Freyja.

Freiballon → Ballon.

Freibank, Verkaufsstelle v. verbilligtem, durch → Fleischbeschau als nur bedingt taugl. bez. Fleisch (Schlachtvieh- u. Fleischbeschauges. 1900).

Freiberg (D-09599), Krst. in Sa., am Nordfuß d. Erzgebirges, unweit d. **F.er Mulde,** 47 582 E; got. Dom (,,Goldene Pforte", 13. Jh., Silbermann-Orgel); Bergakad.

Freibetrag, steuerfreier Teil v. Einkünften, Umsatz u. a.

freibleibend, handelsübl. Vermerk, bedeutet Angebot o. Bindung, Zwischenverkauf o. Preisänderung vorbehalten.

Freibord, Höhe d. Bordwand eines Schiffes über d. Wasserlinie; *F.marke,* Markierung an d. Bordwand, bis zu der d. beladene Schiff eintauchen darf.

Freiburg,
1) *F. im Breisgau* (D-79098–117), Stkr. u. Sitz d. Rgbz. F. (Ba-Wü.), am W-Hang d. Schwarzwalds, 198 342 E; kath. Erzbischof, Sitz d. Dt. Caritasverb.; Bundes-Militärarchiv; Uni. (gegr. 1457), PH, HS f. Musik, Akad. d. bild. Künste. Got. Münster (älteste Teile roman., s. 1240 got. ausgebaut, 1513 beend.) m. 116 m h. Turm; OPD, AG, LG, IHK; MPI f. Strafrecht u. f. Immunbiologie. Masch.-, Elektro-, pharm., feinmech. Ind.; Verlage. 1120 als Stadt v. d. Zähringern gegr., 1368 an Haus Östr., 1806 an Baden.
2) (CH-1700), frz. *Fribourg,* Hptst. d. schweiz. Kantons F. (1670 km², 224 900

Freiburg, *Schweiz*

E, an der Saane, im Üchtland, 34 000 E; St.-Nikolaus-Kirche (12. Jh.). Bischofssitz, Uni., Technikum. – 1157 v. Zähringern gegr., 1481 eidgenöss.
Freiburger Schule → Ordoliberalismus.
Freidank († 1233), dt. Dichter; verfaßte die mhdt. Spruchsammlung *Bescheidenheit* (= Bescheidwissen).
Freidenker, lehnen Offenbarung u. Dogmen ab u. berufen sich auf d. Vernunft (Freidenkerbünde); svw. Freigeist.
Freideutsche Jugend → Jugendbewegung.
Freie, im frühen MA Stand derjenigen, die alle polit. Rechte besaßen.
freie Berufe, Berufe, deren Angehörige selbständig sind, ohne Gewerbetreibende zu sein (z. B. Ärzte, Anwälte, Künstler, Schriftsteller u. a.).
Freie Bühne, 1889 i. Berlin gegr. Verein (Otto Brahm u. a.), der f. Mitglieder naturalist. Dramen aufführte, die von d. Zensur verboten waren; ging später i. d. Volksbühne auf.
Freie Deutsche Jugend, FDJ, → Jugendverbände.
freie Künste, *Artes liberales,* i. späten Altertum des freien Mannes würdige Beschäftigungen; im MA 7 Gebiete: Grammatik, Rhetorik u. Dialektik *(Trivium),* Arithmetik, Geometrie, Musik u. Astronomie *(Quadrivium).*
Freies Deutsches Hochstift, Ges. z. Pflege von Kunst u. Bildung, bes. d. Erforschung der Goethe-Zeit; gegr. 1859 in Frankfurt/M. (Goethehaus).
Freie Städte, im alten Dt. Reich nicht unter kgl. oder kaiserl. Herrschaft stehende Städte (Freie Reichsstädte). Nach 1815 selbständige Mitgl. des Dt. Bundes (Hamburg, Bremen, Lübeck, Frankfurt a. M.); heute nur noch Hamburg u. Bremen.
Freigeldbewegung → Währungssysteme.
Freigerichte, *Freistühle,* im MA Gra-

Freilichtbühne

Ferdinand Freiligrath

fengerichte in Westfalen; Richter: Freigrafen u. Freischöffen (Beisitzer); Ursprung der → Femegerichte.
Freihafen, Hafenbereich, in den Waren zollfrei ein- u. ausgeführt werden dürfen: Zollausland; *Freibezirke,* Gebiete mit gleichem Vorrecht auch auf Ver-

Freiheitsstatue

kehrsflughäfen; wichtig im Import, Export u. Transitverkehr; Freihäfen i. d. BR: *Bremen, Bremerhaven, Cuxhaven, Deggendorf, Duisburg, Emden, Hamburg, Kiel, Rostock.*
Freihandel,
1) Handelspolitik, lehnt Zölle, auch Schutzzölle, ab u. zwingt beteiligte Staaten für solche Produktionszweige zu spezialisieren, in denen sie die vergleichsweise günstigsten Produktionsbedingungen besitzen; i. 19. Jh. von großer Bedeutung; erneut starke Freihandelsbestrebungen nach 1945 bes. i. Rahmen d. → EWG.
2) *an der Börse:* Handel im → Freiverkehr.
3) *Wirtsch.theorie:* Außenhandelsideal o. Eingriffe u. Handelsbeschränkung.
Freiheit, phil. Offenheit z. persönl. Selbstbestimmung u. Selbstverwirklichung; Ggs.: Unfreiheit als Fremdbestimmung durch Begrenzung, Abhängigkeit, Zwang. Wahlf., Handlungsf., Willensf.
Freiheitsberaubung, widerrechtl. Einsperrung od. sonst. Entziehung d. persönl. Freiheit (§ 239 StGB); kann bei erpresserischer Absicht hohe, u. U. lebenslange Freiheitsstrafe (§ 239a StGB) → Geiselnahme.
Freiheitsglocke, Glocke im Schöneberger Rathaus (Berlin), symbol. Geschenk d. USA, 1950.
Freiheitskriege → Befreiungskriege.
Freiheitsstatue, Standbild (fackeltragende Frauengestalt) an d. Einfahrt zum New Yorker Hafen; frz. Geschenk an d. USA (1886).
Freiheitsstrafe, d. vom Gericht verhängte zeitige (mindestens 1 Monat, höchstens 15 J.) od. lebenslange Freiheitsentzug für → Verbrechen od. → Vergehen.
Freiherr, seit 12. Jh. *Reichs-F.* teils reichsunmittelbar (bis 1803); später nur Titel, → Adel.

Freihof, Hofgut e. Freibauern (Freisassen), das von grundherrl. Abgaben u. Diensten befreit war.
Freikirchen, unabhängige Gemeinschaftsbildungen innerh. d. ev. Landeskirchen (landeskirchl. Gemeinschaften) sowie solche außerhalb dieser: → Adventisten, → Baptisten, → Methodisten.
Freiklettern, engl. *Freeclimbing; Bergsteigen:* Klettertechnik, bei der ausschließl. natürl. Haltepunkte (Griffe, Risse, Tritte) benutzt werden.
Freikörperkultur → Nacktkultur.
Freikorps, aus Freiwilligen gebildete Truppen; polit. Bedeutung erhielten die F. in den Befreiungskriegen.
Freilager, stehen mit wichtigeren Seehäfen in Verbindung, gelten zollgesetzl. als Ausland u. werden zollsicher abgeschlossen; → Freihafen.
Freilassing (D-83395), St. i. Kr. Berchtesgadener Ld, Bay., 14 352 E; Bahnknotenpkt., Holzind., Masch.bau.
Freilichtbühne, *Freilichttheater, Naturtheater,* Theaterspiel im Freien; Oberammergauer Passionsspiele, Salzburg (vor dem Dom), Heidelberg (Schloßhof), Augsburg, Nymphenburg, Bad Hersfeld, Rathen u. Rheinsberg; älteste in Dtld bzw. Östr.: Steintheater Hellbrunn bei Salzburg u. Felsenbühne Luisenburg b. Wunsiedel.
Freilichtmalerei, *Pleinairmalerei,* Malen in d. freien Natur unter Berücksichtigung d. natürl. Lichts (statt der traditionellen Ausführung d. Gemäldes im Atelier nach Vorstudien im Freien); seit 1. Hälfte 19. Jh. (u. a. Constable; Schule v. → Barbizon); Voraussetzung für d. Entwicklung d. Impressionismus.
Freiligrath, Ferdinand (17. 6. 1810 bis 18. 3. 76), dt. Schriftst. d. Vormärz; pol. u. patriot. Gedichte; *D. Löwenritt; E. Glaubensbekenntnis.*
Freimaurer, engl. *Free-Masons,* frz. *Franc-Maçons,* Angehörige der F.-Bruderschaft, die vermutlich als der letzte echte Mysterienbund Europas aus d. Dombauhütten entstand, sich deren Formen bediente u. 1717 in London, 1737 in Dtld. die ersten F.logen bildete. Sie vereinigt ohne Ansehen der Religion, Rasse, des Standes u. der Staatszugehörigkeit Männer, die sich Brüder nennen u. durch ehrwürdige rituelle Handlungen geistige Vertiefung, sittl. Veredlung u. Pflege echter Menschlichkeit anstreben (f. Katholiken Mitgliedschaft verboten); Gliederung in Logen u. Großlogen, letztere innerhalb der staatl. Grenzen. Gesamtmitgliederzahl ca. 6 Mill., davon USA über 4 Mill. Die Freimaurerei ist keine geheime Verbindung; im NS-Reich verboten; BR: *Vereinigte Großlogen von Dtld,* Sitz Berlin, 370 Logen, 20 000 Mitgl.
Freireligiöse Gemeinden, Gruppierung v. Menschen, d. keiner Rel. od. Konfession angehören; heute ca. 17% d. Weltbevölkerung.
Freischärler, Angehöriger einer eigenmächtig gebildeten u. bewaffneten Freiwilligentruppe, der das völkerrechtl. Kriegsrecht Rechte einräumt u. Pflichten auferlegt; daher zu unterscheiden v. Terroristen (→ Terrorismus); → Partisanen.
Freischütz, im Volksglauben Schütze, der durch Teufelspakt unfehlbare Kugeln (Freikugeln) gewinnt (Oper v. C. M. v. *Weber*).

Freischwinger, Abart d. elektromagnet. → Lautsprechers f. Rundfunkempfänger, b. dem der Anker, der die Membran in Schwingung versetzt, so angeordnet ist, daß er bei Erregung an den Polen des Dauermagneten vorbei- (frei) schwingt; durch dynam. Lautsprecher verdrängt.
Freising (D-85354–56), Krst. in Oberbay., 38 000 E; Dom (12. Jh.); Diözesanmuseum; AG; Fakultäten f. Landwirte u. Brauerei d. TU München, Lehr- u. Forschungsanstalt f. Gartenbau in ehem. Benediktinerabtei *Weihenstephan*. – 724 Bistum.
Freisler, Roland (30. 10. 1893–3. 2. 1945), dt. Jurist, Vorsitzender d. Volksgerichtshofes; übte im Dritten Reich Justizterror aus, zahlreiche Todesurteile, v. a. gg. Widerstandskämpfer.
Freispruch, richterl., das Strafverfahren abschließendes Urteil, wenn vorliegendes Material Unschuld des Angeklagten erweist od. z. Nachweis d. Schuld nicht ausreicht (*F. mangels Beweisen*).
Freistaat, svw. → Republik.
Freistempel, Abstempelung von Postsendungen anstatt Briefmarkenverwendung; maschinell durch *Frankierungsmaschinen* (Freistempler).
Freistil, beim *Schwimmen:* freie Wahl d. Schwimmtechnik, heute meist Kraulstil benutzt; beim *Ringkampf:* Griffe auch unter d. Gürtellinie, i. Profiringen → Catch-as-catch-can.
Freitag, 6. Wochentag; ben. nach → Frigga.
Freital (D-01705), Kreisstadt im Weißeritztal b. Dresden, Sa., 38 600 E; Bergbaumuseum; Eisen-, Glas- u. Porzellanind.
Freiverkehr, Handel m. zur amtlichen Notiz nicht zugelassenen Wertpapieren; auch mit zugelassenen außerhalb d. amtl. Verkehrs.
freiwillige Gerichtsbarkeit, Teil der Zivilgerichtsbarkeit mit nicht-streitigem Verfahren (Ges. v. 17. 5. 1898), → Rechtspflege, Übers.
Freiwillige Selbstkontrolle der Filmwirtschaft, *FSK,* 1949 als Nachfolgerin d. Kontrollorgane der westl. Besatzungsmächte gegr. Institution, die Filme auf ihre Konformität mit den Gesetzen prüft, bes. im Hinblick auf d. Jugendschutz; s. 1972 nur bei freiwillig vorgelegten Filmen.
Freizeichen, infolge Allgemeingebrauchs nicht als → Warenzeichen zu schützende Bezeichnung.
Freizügigkeit, Recht freier Wahl u. fr. Wechsels des Aufenthaltsortes u. d. Niederlassung, eines der demokr. Grundrechte; → Menschenrechte; in d. BR Art. 11 GG, eingeschränkt durch Wehrpflichtgesetz; Beschränkung auch im Fall d. → Notstandes.
Fréjus [-'ʒys], St. a. d. Côte d'Azur, 30 000 E; röm. Ruinen, Bischofssitz; Kunststoffind.
Frelimo, Abk. f. portugies. **Fr**ente de **Li**bertação de **Mo**çambique, ehem. Befreiungsfront f. → Moçambique.
Fremantle ['fri:mæntl], St. i. W-Australien, 24 000 E; bed. Hafen, Ind.zentrum.
Fremdenlegion, *Légion Étrangère,* frz. Kolonialtruppe, gegr. 1831, ergänzt sich durch Anwerbung v. Ausländern; heute ca. 8000 Mann (35% Deutsche), Anwerbung Deutscher strafbar (§ 109 h StGB).
Fremdenrecht, regelt d. Rechtsstellung d. Ausländer.
Fremdenverkehr, der gesamte Reiseverkehr: Erholungs-, Urlaubs-, Geschäftsreisen, Tagungen, Pilgerfahrten, Touristik u. a.; wird durch d. F.sind. (Gaststättengewerbe, Reisebüros u. a.) sowie durch die versch. Fachverbände für F., mit d. *Dt. Zentrale f. F.* (dt. Reisewerbung im Ausland) u. d. *Bund Dt. Verkehrsverbände* (Bundesgebiet), Frankfurt/M., gefördert.
Fremdobjektive, Wechselobjektive f. Spiegelreflexkameras, die nicht vom Hersteller d. Kamera erzeugt werden; große Auswahl, günstige Preise u. hohes Leistungsvermögen.
Fremdversicherung, Versicherung, die in eigenem Namen f. fremdes Interesse (Rechnung) abgeschlossen wird (z. B. eine Hausratversicherung auch auf Sachen der Familienmitglieder umfaßt, od. eine Unfallversicherung gg. Unfall eines anderen).
Fremdwort, aus e. anderen Sprache stammendes Wort, dessen Lautung i. Ggs. zum Lehnwort noch als fremd empfunden wird.
frenetisch [gr.], rasend.
Freon, s. *Chlorfluorkohlenstoff,* nichtbrennbares, ungiftiges Kältemittel f. Kühlmaschinen.
frequentieren [l.], oft besuchen, benutzen.
Frequenz, *w.* [l.],
1) Häufigkeit, Besucherzahl; Verkehrsdichte.
2) *Physik* u. *Technik:* Zahl v. Schwingungen (elektromagnet., mechan. oder akustisch) in 1 Sek. Einheit der F.: 1 Hertz = 1 Schwingung je Sekunde, Formelzeichen der F.: f. od. ν.
Frequenzband, best. Ausschnitt aus einem Frequenzspektrum, z. B. Rundfunkfrequenzband von 500–1500 kHz (600–200 m).
Frequenzmodulation, *FM,* → Modulation, d. h. Beeinflussen bzw. Verändern der Träger-F. z. B. eines UKW-Senders im Rhythmus der zu übertragenden Tonfrequenz (Darbietung); F.änderung proportional der Lautstärke, Anzahl der F.änderungen proportional der Tonhöhe.
Frequenzmultiplextechnik, früher: *Trägerfrequenztechnik,* Verfahren zur Mehrfachnutzung eines Übertragungsweges durch die unterschiedl. Umsetzung der Frequenzen analoger Signale → Koaxialkabel gleichzeitig 10 800 Ferngespräche übertragen.
Frescobaldi, Girolamo (12. 9. 1583 bis 1. 3. 1643), it. Komp. u. Orgelspieler; Toccaten, Ricercari.
Freskomalerei, → *al fresco* ausgeführte Wand-, Decken-, Kuppelgemälde (*Fresken*).
Fresnel [frɛˈnɛl], Augustin Jean (10. 5. 1788–14. 7. 1827), frz. Phys.; *F.scher Spiegelversuch* z. experimentellen Darstellung d. Erscheinungen d. opt. *Interferenz* z. Nachweis der Wellennatur des Lichtes.
Fresno, St. in Kalifornien, USA, 354 000 E; Uni., Handelszentrum.
Freßzellen, svw. → Phagozyten.
Frettchen, Albinoform d. Iltis, z. Kaninchenjagd verwendet.

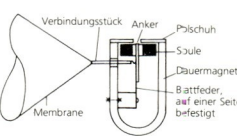
Freischwinger

Frettchen

Erich Fried

Friedberg i. Bayern, *Rathaus*

Freud, Sigmund (6. 5. 1856–23. 9. 1939), östr. Med. u. Psych.; Begr. d. → Psychoanalyse; d. Behandlung seel. Störungen durch Bewußtmachung u. Befreien v. ins Unterbewußte verdrängten Vorstellungen, Ängsten u. Wünschen; Theorie des Unbewußten.
Freudenberg (D-57258), St. u. Luftkurort i. Kr. Siegen-Wittgenstein, NRW, 17 529 E; Masch.-, Apparatebau.
Freudenstadt (D-72250), Krst. in Ba-Wü., im nördl. Schwarzwald. Heilklimat. Kurort, Wintersportplatz, 740 bis 1000 müM, 23 600 E; AG; div. Ind.
Freundlich, Otto (10. 7. 1878–9. 3. 1943), dt. Maler u. Bildhauer, wesentl. beteiligt an d. Entwickl. d. abstrakten Kunst; *Der neue Mensch* (Umschlagabb. d. Ausstellungskat. → Entartete Kunst).
Freundschaftsinseln → Tongainseln.
Frevel, leichtere Straftaten (z. B. Feld- od. Forst-F.).
Freyburg (D-06632), St. i. Sachsen-Anhalt, Kr. Nebra, 5000 E; weit n. vorgeschobenes Weinbaugebiet, beherrschende Burganlage.
Freyer, Hans (31. 7. 1887–18. 1. 1969), dt. Phil. u. Soziologe; *Theorie des gegenwärtigen Zeitalters*.
Freyja, *Freia,* „Herrin", Göttin der Schönheit u. Liebe in der german. Mythologie.
Freyr, Herr, nord. Gott d. Fruchtbarkeit u. des Lichts, Bruder d. → Freyja.
Freyssinet [frɛsiˈne], Eugène (13. 7. 1879–8. 6. 1962), frz. Architekt, Pionier d. Stahlbeton- u. Spannbetonbaus u. a. f. Hallenkonstruktionen u. Brücken.
Freytag, Gustav (13. 7. 1816–30. 4. 95), dt. Schriftst. d. Realismus; *Soll u. Haben; Die Ahnen; Die Journalisten.*
Freyung (D-94078), Krst. in Niederbayern, 7458 E; Luftkurort, Wintersport.
Friaul, it. *Friuli,* Landschaft im nordöstl. Venetien. it. Region F./ Julisch-Venetien; Bev. meist rätoroman. *Friauler;* 1947 größerer Teil zu Slowenien; Erdbebengebiet (1976 gr. Erdbeben).
Frick, Wilhelm (12. 3. 1877–16. 10. 1946), dt. Pol.; 1933–43 Reichsinnenmin., dann Reichsprotektor v. Böhmen u. Mähren; hingerichtet.
Fricsay [ˈfritʃɔi], Ferenc (9. 8. 1914 bis 20. 2. 63), ungar. Dirigent, Generalmusikdirektor in Berlin u. München.
Friderichs, Hans (* 16. 10. 1931), FDP-Pol.; 1972–77 B.wirtschaftsmin.; 1974–77 stellvertr. FDP-Vors., 1977–85 Vorstandsvors. d. Dresdner Bank.
Fried,
1) Alfred Hermann (11. 11. 1864 bis 4. 5. 1921), östr. Pazifist; gründete 1892 Dt. Friedensges.; Friedensnobelpr. 1911.
2) Erich (6. 5. 1921–22. 11. 88), östr. Schriftst., 1938 emigriert; Gedichte: *100 Gedichte ohne Vaterland;* Hörspiel: *Unter Nebenfeinden.*
Friedberg,
1) *F. (Hessen)* (D-61169), Krst. i. Wetterauk., 25 300 E; Liebfrauenkirche (13. Jh.), Judenbad (13. Jh.), ma. Burganlage m. Adolfsturm; IHK, AG, div. Ind.
2) (D-86316), St. i. Kr. Aichach-F., Bay., 28 400 E; Wallfahrtskirche, Schloß.
Friedeburg, Hans-Georg von (15. 7. 1895–23. 5. 1945), Gen.admiral; letzter Oberbefehlsh. d. dt. Kriegsmarine im 2. Weltkr., unterzeichnete am 4. 5. 1945 die

dt. Teilkapitulation an der brit. Front, in Norwegen u. Dänemark.
Friedell, Egon (21. 1. 1878–16. 3. 1938), östr. Essayist u. Kulturhistoriker; *Kulturgeschichte der Neuzeit;* Roman: *D. Reise m. d. Zeitmaschine.*
Friedensbewegung, Bestrebungen einzelner Persönlichkeiten u. Vereinigungen, für den Gedanken eines intern. Rechtssystems zu werben, das die Erhaltung des Friedens durch Verzicht auf Gewaltanwendung garantiert. In d. BR Massenbewegung, die sich m. Protestaktionen gg. Rüstung in Ost u. West wendet; gr. Resonanz in fast allen gesellschaftl. Gruppen; s. 1981 Großdemonstrationen gg. → NATO-Nachrüstung, s. 1983 auch Blockaden v. Atomwaffenlagern u. Raketenstützpunkten, Mahnwachen u. Menschenketten. *Friedensforschung:* Aufgabe: Probleme zu erforschen, die d. Frieden i. d. Welt bedrohen, Ermittlung d. Bedingungen f. d. Schaffung d. Friedens, dt. Gesellschaft f. Friedens- u. Konfliktforschung. *Friedensgesellschaften:* Peace Society (England 1806), American Peace Society (1828), Östr. Friedensges. (1891, gegr. v. Bertha v. Suttner), Dt. Friedensges. (1892, gegr. v. A. H. Fried, i. d. DDR 1949 aufgelöst), Friedensbund Dt. Katholiken (1919); Intern. Friedensbüro (1891 gegr. in Bern, s. 1919 in Genf) als Zentrale aller Friedensgesellschaften der Welt. *Internationale Friedenskongresse:* Brüssel 1843, Paris 1848, Weltfriedenskongreß Paris 1889. – Erste völkerrechtl. Abmachungen → *Haager Friedenskonferenzen.*
Friedensgerichte, in England Laiengerichte zur Bestrafung geringfügiger Straftaten; in Frkr. die untersten Zivil- u. Strafgerichte.
Friedenskorps, i. d. USA (*Peace Corps*) 1961 gegr., Techniker, Pädagogen, Landwirte usw., die in Entwicklungsstaaten eingesetzt werden. Sowjet. F. 1967 als *Intern. Solidaritäts- u. Freundschaftsdienst* gegr.
Friedenspreis,
1) → Nobelpreis.
2) von Carnegie 1910 gestifteter Preis von 10 Mill. $ f. Studien z. Verständigung der Völker.
3) *d. Dt. Buchhandels,* 1951 gestiftet, 10 000 DM; 1951 Schweitzer; 1952 Guardini; 1953 Buber, 1954 Burckhardt, 1955 Hesse; 1956 R. Schneider; 1957 Wilder; 1958 Jaspers; 1959 Heuss; 1960 Gollancz; 1961 Radhakrishnan; 1962 Tillich; 1963 C. F. v. Weizsäcker; 1964 Marcel; 1965 Sachs; 1966 Kardinal Bea u. Visser 't Hooft; 1967 Bloch; 1968 Senghor; 1969 Mitscherlich; 1970 A. u. G. Myrdal; 1971 Dönhoff; 1972 Korczak; 1973 Club of Rome; 1974 Schutz; 1975 Grosser; 1976 Frisch; 1977 Kolakowski; 1978 Lindgren; 1979 Menuhin; 1980 Cardenal; 1981 Kopelew; 1982 Kennan; 1983 Sperber; 1984 Paz; 1985 Kollek; 1986 Bartoszewski; 1987 Jonas; 1988 Lenz; 1989 Havel; 1990 Dedecius; 1991 Konrád; 1992 Oz; 1993 Schorlemmer; 1994 J. Semprun; 1995 A. Schimmel; 1996 M. Vargas Llosa.
Friedenthal, Richard (9. 6. 1896 bis 19. 10. 1979), dt. Schriftst.; Biographien: *L. da Vinci; Goethe; Luther; Jan Hus.*
Friedland, *Hzg v.,* Beiname → Wallensteins n. Stadt u. Schloß F. i. Böhmen.

Friedland (D-37133), Gem. i. Kr. Göttingen, Nds., 8821 E; Grenzdurchgangslager.
Friedländer, Max (5. 6. 1867–11. 10. 1958), dt. Kunsthistoriker; *Geschichte d. altndl. Malerei.*
Friedman [-mən], Milton (* 31. 7. 1912), am. Wirtschaftswiss.; 1976 Nobelpr. (Arbeiten z. Konsumanalyse u. Geldtheorie).
Friedrich, [ahdt. „Friedensherrscher"],
a) *dt. Kge, röm.-dt. Kaiser:*
1) F. I. Barbarossa, *Rotbart* (um 1121 10. 6. 90), 1152 König, 1155 Kaiser, auf d. 3. Kreuzzug im Saleph ertrunken (Kyffhäusersage), 5 Italienzüge gg. Papst und oberit. Städte, Wiederherstellung d. alten Reichsmacht; Heinrich d. Löwe versagte ihm beim Italienzug 1176 die Unterstützung.
2) F. II. (26. 12. 1194–13. 12. 1250), Sohn Kaiser Heinrichs VI., 1208 Kg v. Sizilien, 1212 dt. Kg, 1220 Kaiser, schuf in s. Erblanden d. erste Beispiel eines straff organisierten, modernen Staates; Kampf gg. Papsttum; trotz Bann Kreuzzug 1228, 1229 Kg von Jerusalem, 1237 Sieg ü. die Lombarden bei Cortenuova, sein Hof Mittelpunkt des Geisteslebens.
3) F. III. (21. 9. 1415–19. 8. 93), 1440 König, 1452 Kaiser; Verfall d. Reichs.
b) *Dt. Kaiser:*
4) F. (18. 10. 1831–15. 6. 88), als preuß. Kg. *F. III.;* reg. 9. 3.–15. 6. 1888, pol. liberal. Gattin → Viktoria 2).
c) *Brandenburg:*
5) F. (26. 11. 1371–20. 9. 1440), 1397 Burggraf v. Nürnberg, Kurfst seit 1417, unterwarf den märk. Adel.
6) F. Wilhelm (16. 2. 1620–9. 5. 88), reg. seit 1640, der *Gr. Kurfürst,* erlangte 1648 Hinterpommern, 1660 Loslösung Preußens v. Polen, kämpfte 1674 gg. Frkr., besiegte 1675 Schweden bei Fehrbellin, nahm d. frz. Reformierten auf; Koloniegründung.
d) *Braunschweig:*
7) F. Wilhelm (9. 10. 1771–16. 6. 1815), Hzg seit 1813, 1809 Aufstand gg. Napoleon, schlug sich nach England durch; fiel bei Quatrebras.
e) *Dänemark:*
8) F. VI. (28. 1. 1768–3. 12. 1839), Kg 1808, nach Bündnis m. Napoleon 1814 Verlust Norwegens.
9) F. IX. (11. 3. 1899–14. 1. 1972), Kg seit 1947.
f) *Hessen-Kassel:*
10) F. II. (14. 8. 1720–31. 10. 85), Landgraf 1760, vermietete 12 000 hess. Soldaten an d. engl. Heer in N-Amerika.
11) F. Wilhelm (20. 8. 1802–6. 1. 75), Kfst 1847; 1866 von Preußen abgesetzt.
g) *Hessen-Homburg:*
12) F. II. (30. 3. 1633–24. 1. 1708), „Prinz v. Homburg", brandenburg. Gen., Sieger von Fehrbellin.
h) *Pfalz:*
13) F. V. (26. 8. 1596–29. 11. 1632), Kurfst v. 1610–20, 1619/20 böhm. Kg („Winterkönig"), geächtet.
i) *Preußen:*
14) F. I. (11. 7. 1657–25. 2. 1713), 1688 Kurfst v. Brandenburg (als Kurfst F. III.), 1701 Kg in Preußen.
15) F. Wilhelm I. (14. 8. 1688–31. 5. 1740), Kg 1713; der „Soldatenkönig" („lange Kerls"), organisierte Heer u. Beamtentum; patriarchal. Leben („Tabakskollegium").

Friedrich I. Barbarossa

Georg Friedrich Kersting, *C. D. Friedrich in seinem Atelier* (Ausschnitt)

Friedrich der Große

16) F. II., *d. Große* (24. 1. 1712–17. 8. 86), schwere Jugend, Neigung zu frz. Kultur, Fluchtversuch 1730; schöngeist. Freundeskreis Rheinsberg, erste Schriften (*Antimachiavell* 1739), Kg 1740; 1. u. 2. → Schlesischer Krieg; Preußen Großmacht; Tafelrunde Sanssouci (Voltaire); behauptete seine Eroberungen im → Siebenjährigen Krieg gegen Östr., Rußland und Frkr., erwarb bei Teilung Polens 1772 Westpreußen m. Netzegebiet; wieder gg. Östr. im Bayer. Erbfolgekrieg u. Fürstenbund 1785; vertrat aufgeklärten Absolutismus; rel. Toleranz; Siedlungspolitik in s. Ostprovinzen; Kanalbau; förderte Handel, Industrie u. Kunst; schuf d. Landrecht; sein Neffe
17) F. Wilhelm II. (25. 9. 1744–16. 11. 97), Kg 1786; 1793 u. 1795 die 2. u. 3. Teilung Polens (Posen mit Warschau).
18) F. Wilhelm III. (3. 8. 1770–7. 6. 1840), Kg 1797; unter ihm 1806/07 Preußens Niederlage, Verlust der Hälfte des Landes. Stein-Hardenbergsche Reformen, Befreiungskriege 1813–15; Stifter d. Uni. Berlin; später Reaktion im Innern.
19) F. Wilhelm IV. (15. 10. 1795–2. 1. 1861), Kg seit 1840, lehnte 1848 dt. Kaiserkrone ab; oktroyierte Verfassung 1850; seit 1858 regierte für ihn sein Bruder Wilhelm (I.).
20) F. III. → F. 4).
j) *Sachsen:*
21) F. I., *der Streitbare* (11. 4. 1370 bis 4. 1. 1428), Markgraf 1381, Kurfst 1423, Gründer der Uni. Leipzig 1409.
22) F. III., *der Weise* (17. 1. 1463–5. 5. 1525), Kurfst 1486, Beschützer Luthers.
23) F. August I. (23. 12. 1750–31. 5. 1827), 1806 Rheinbundmitgl., dadurch Kg; 1813 bei Leipzig gefangen; verlor Hälfte s. Landes an Preußen.
Friedrich, Caspar David (5. 9. 1774–7. 5. 1840), dt. Maler d. Romantik; bes. Landschaften (z. B. Ostsee, Riesengebirge); *Die gescheiterte Hoffnung; Das Kreuz im Gebirge.*
Friedrich-Ebert-Stiftung, der SPD nahestehende Institution f. Sozialwiss., Forschung, pol. Bildung u. Entwicklungspolitik; 1925 u. 1947 gegr.
Friedrich-Naumann-Stiftung, 1958 v. Th. Heuss gegr. Stiftung z. Förderung d. pol. Erwachsenenbildung.
Friedrichroda (D-99894), St. u. Luftkurort i. Kr. Gotha, Thür. 450 müM, 5866 E; Wintersportplatz.
Friedrichsd'or, alte preuß. Goldmünze (= 5 Taler).
Friedrichsdorf (D-61381), St. in Hochtaunuskr., Hess., 24 300 E; Zwiebackherst.
Friedrichshafen (D-88045–48), Krst. des Bodenseekr., a. N-Ufer d. Bodensees, Ba-Wü., 55 700 E; Schloßkirche, Fremdenverkehr, diverse Industrien, Forschungsstätte f. Luft- u. Raumfahrt (Dornier), Bodensee-Mus. m. Zeppelin-Abt.
Friedrichsruh, Besitz → Bismarcks i. *Sachsenwald* b. Hamburg; Mausoleum.
Friedrichsthal (D-66299), St. in St.verband Saarbrücken, Saarland, 12 040 E; roman. Kirche; div. Ind.
Fries, Jakob Friedrich (23. 8. 1773 bis 10. 8. 1843), dt. Phil. (Naturrechtslehre), formte Kants Phil. psych. um; *Neue od. anthropolog. Kritik der Vernunft.*

Fries, *m.,*
1) in d. Baukunst hpts. waagerechter (profiliert hervortretender od. z. B. nur aufgemalter) Streifen z. Um- u. Abgrenzung, Gliederung od. Verzierung v. Gebäudeteilen u. Wandflächen.
2) flauschiges Wollgewebe.
Friesel, harmloser Bläschenhautausschlag.
Friesen, westgerman. Volksstamm an der d. u. ndl. Nordseeküste, 47 n. Chr. unter röm. Oberhoheit, 735 von Franken unterworfen, im 8. Jh. christianisiert. – Im 13. Jh. Westfriesland (westlich der Zuidersee) mit Holland vereinigt; Bund der 7 friesischen Seelande, im 16. Jh. Mittelfriesland (östlich der Zuidersee), heute vielf. Westfriesland gen., z. d. Niederlanden, → Friesland; → Ostfriesland.
Friesische Inseln, vor d. ndl. u. dt. Nordseeküste, vom Festland durch das Wattenmeer getrennt; dt. von Borkum bis Sylt; bis Emsmündung *westfries.*, bis Wesermündung *ostfries.*, nördl. der Elbmündung *nordfries. Inseln.*
friesische Sprache, dem Niederdt. u. Englischen verwandte westgerm. Sprache; Verbreitungsgeb.: ndl., dt. u. dän. Nordseeküste.
Friesland, ndl. Prov., Marschlandschaft, Wälder, Seen, 3366 km², 601 800 E; Hptst. *Leeuwarden.*
Friesoythe (D-26169), St. i. Kr. Cloppenburg, Nds., 17 318 E.
Frießner, Johannes (22. 3. 1892–26. 6. 1971), dt. Gen.oberst; 1943 Kommandeur des XXIII. Armeekorps, zuletzt Oberbefehlsh. d. Heeresgruppe Südosten.
Frigga, *Frigg, Fria,* in der nord. Sage Gattin Odins; Göttin d. Fruchtbarkeit, wacht über Gesetz u. Ehe.
frigid [l.], kühl; gefühlskalt.
Frigidität, geschlechtl. Empfindungslosigkeit (von Frauen); Gefühlskälte (meist psychisch bedingt).
Frikandeau, *s.* [frz. -'kä'do], zarter Teil der (Kalbs-)Keule, Nuß (Abb. → Fleisch).
Frikassee, *s.* [frz.], gedämpftes, kleingeschnittenes Weißfleisch in heller, säuerl. Soße.
Friktion, *w.* [l.], Reibung (z. b. bei der Massage).
Friktionsräder, Reibräder zur Kraftübertragung.
Frings, Joseph (6. 2. 1887–17. 12. 1978), 1942–69 Erzbischof v. Köln; 1946–69 Kardinal.
Frisbee [engl. ˈfrisbi], Plastik-Wurfteller (f. Freizeitsport).
Frisch,
1) Karl von (20. 11. 1886–12. 6. 1982), östr. Zoologe u. Biol.; tierpsycholog. Forschungen über d. Bienensprache; (zus. m. K. → Lorenz u. N. → Tinbergen) Nobelpr. f. Med. 1973.
2) Max (15. 5. 1911–4. 4. 91), schweiz. Dramatiker u. Prosaschriftst.; Dramen: *Graf Oederland; Andorra; Biografie;* Prosa: *Stiller; Homo faber; Tagebuch 1946–1949* u. *1966–1971; Mein Name sei Gantenbein; Montauk; D. Mensch erscheint im Holozän.*
3) Ragnar (3. 3. 1895–31. 1. 1973), norweg. Wirtschaftswiss.; Nobelpr. 1969.
frischen, Umwandlung von Roheisen in Stahl durch Oxidieren der Begleitstoffe durch Lufteinblasen (→ Windfri-

schen) oder durch Zufügung von Oxiden (→ puddeln, veraltet) oder im Martinofen; → Eisen- u. Stahlgewinnung, Übers.
Frisches Haff, flacher Strandsee zw. Nogat- u. Pregelmündung, 840 km², 3–5 m tief; von der Ostsee durch die *Frische Nehrung* getrennt u. mit ihr durch das *Pillauer Tief* verbunden, seit Schließung der Nogat 1916 brackig.
frisch, fromm, froh (fröhlich), frei, Studentenspruch, seit Jahn Turnerwahlspruch, Turnerzeichen: 4 F.
Frischling, Wildschwein im 1. Lebensjahr.
Frischmuth, Barbara (* 5. 7. 1941), östr. Autorin; Romane, Erzählungen u. Kinderbücher mit z. T. autobiogr. Zügen; *Herrin der Tiere; Einander Kind.*
Frischzellentherapie → Zellulartherapie.
Frisée [frz.], Endiviensalat m. geschlitzten Blättern.
Frist, gesetzlich, behördlich oder rechtsgeschäftlich bestimmter Zeitraum zur Vornahme einer Handlung (§§ 186 ff. BGB); → Verjährung, → Termin.
Fristenlösung, legale Abtreibung innerh. e. best. Frist (i. d. R. 12 Wochen) ohne Vorliegen besonderer Gründe; → Schwangerschaftsabbruch.
Friteuse, *w.* [frz. -'tø:zə], el. Gerät z. Backen i. Öl od. Fett **(fritieren).**
Frithjof [altnord. „heimlicher Schützer"], m. Vn.
Frithjofsage, island. Heldensage (14. Jh.), soll sich am Sognefjord in Norwegen ereignet haben.
Fritsch, Werner Frh. v. (4. 8. 1880 bis 22. 9. 1939), dt. Gen.oberst; 1935–38 Oberbefehlshaber des Heeres; wegen anti-ns. Einstellung entlassen.
fritten, Zusammenbacken pulverförm. Bestandteile beim Erhitzen.
Fritz, m. Vn., Kurzform zu → Friedrich.
Fritzlar (D-34560), St. im Schwalm-Eder-Kr., Hess., 14 079 E; Dom, Museum, alte St.mauer; AG; Nahrungsmittel-, Textilind.
frivol [l.], leichtfertig; schlüpfrig.
Frivolitäten,
1) *Schiffchenarbeit,* mit Garnschiffchen hergestellte Spitzen aus Ringen u. Bogen.
2) schlüpfrige Frechheiten.
Fröbe, Gert (25. 2. 1913–5. 9. 88), dt. Schauspieler; *Berliner Ballade; Goldfinger.*
Fröbel, Friedrich (21. 4. 1782–21. 6. 1852), dt. Pädagoge; Kleinkindererziehung durch belehrendes Spiel u. prakt. Tätigkeit; gründete ersten Kindergarten.
Frobenius, Leo (29. 6. 1873–9. 8. 1938), dt. Ethnologe; erforschte afrikan. Kulturen; *Erlebte Erdteile.*
Froberger, Johann Jacob (get. 19. 5. 1616–6./7. 5. 67), dt. Komponist; Hoforganist in Wien.
Fröding, Gustaf (22. 8. 1860–8. 2. 1911), schwed. Lyriker.
Fromentin [-mã'tɛ̃], Eugène Samuel Auguste (24. 10. 1820–27. 8. 76), frz. Maler u. (Kunst-)Schriftst. d. Spätromantik; Vertr. d. „Orientmalerei", Sujets aus d. Volksleben u. d. Berglandschaft N-Afrikas; *Rast der Maultiertreiber.*
Fromm, Friedrich (8. 10. 1888–12. 3. 1945), dt. Gen.oberst; 1939–44 Oberbefehlsh. d. Ersatzheeres; zwielichtige

Max Frisch

Froschbiß

Laubfrosch

Grasfrosch

Rolle beim Attentat gg. Hitler am 20. 7. 1944.
Fronde [frõd], frz. Adelspartei, bekämpfte 1648–53 die absolutist. Regierung Mazarins; allgem.: Oppositionsgruppe.
Fröndenberg/Ruhr (D-58730), St. i. Kr. Unna, NRW, 21 353 E; ma. Kirchen, Metallind.
Frondeur [frõˈdœːr], pol. Unzufriedener.
Frondienst [ahdt. „fro = Herr"], Spann- od. Handdienste (meist ohne Entschädigung) d. Bauern.
fronen, *frönen, fronden,* Frondienst leisten.
Fronleichnam [ahdt. „Leib d. Herrn"], kath. Feiertag, 11 Tage nach Pfingsten zur Verehrung des Altarsakraments, s. 1264 (aufgrund e. Vision d. Nonne Juliane v. Lüttich eingeführt).
Front, *w.* [l. „frons = Stirn"],
1) *mil.* vorderste Gefechtslinie, Kampfzone.
2) *meteorolog.* → Wetter: *F.gewitter* → Gewitter.
3) Stirn-, Vorderseite (eines Gebäudes).
Frontispiz [l. „Stirnansicht"],
1) Giebeldreieck über dem Mittelteil e. Gebäudes; auch über Türen u. Fenstern.
2) verziertes Buchtitelblatt.
Frosch, *mus.* Griffende d. Bogens d. Streichinstrumente.
Froschbiß, im Wasser frei schwimmende Pflanze mit weißen Blüten.
Frösche, zungentragende → Froschlurche; z. B. d. grüne *Teich-Frosch* u. d. braune *Gras-F.;* größte Art d. *Ochsen-F.* N-Amerikas, ca. 20 cm l.; auch → *Flugfrosch.*
Froschlöffelgewächse, Familie v. Sumpfpflanzen; 2 weiße bis rosafarbene Blütenblätter, z. B. *Gemeiner Froschlöffel, Pfeilkraut.*
Froschlurche, Ordnung der Amphibien (Lurche): geschwänzte Larve *(Kaulquappe)* im Wasser durch Kiemen atmend, verwandelt sich als Jung. u. fertigen Tier unter Rückbildung von Schwanz u. Kiemen u. Ausbildung v. Gliedmaßen u. Lunge.
Froschmensch → Tauchsport.
Frosinone, it. Prov.-Hptst. (Latium), 45 000 E; Agrarzentrum.
Frost, Robert (26. 3. 1874–29. 1. 1963), am. Lyriker d. einfachen Lebens i. Neuengland; Naturgedichte; *A Boy's Will.*
Frost, Temperatur unter Gefrierpunkt; auch svw. → Erfrierung.
Frostbeulen, *Perniones,* bes. an Händen u. Füßen durch Kälte- u. Feuchtigkeitseinwirkung entstehende Hautrötungen u. -schwellungen; Durchblutungsstörungen.
Frostspanner, Schmetterling, → Spanner.
Frottage [frz. -'taʒə], Abreibung e. strukturierten Unterlage (z. B. Holzmaserung) m. z. B. Bleistift auf Papier, Leinwand u. a.; v. Max → Ernst entwickelt.
Frottee, *s.* [frz.], *Kräuselstoff* aus Frotteegarn (als Kette) u. Baumwollgarn od. Kunstseide.
frottieren [frz.], die Haut mit rauhen **Frottiertüchern** od. weichen Bürsten reiben.
Froufrou, *m.* od. *s.* [frz. fruˈfru], Knistern, Rauschen (bes. seidener Unterröcke).

Frucht,
1) *jur. Früchte,* Erzeugnisse od. sonst. Ausbeute sowie Erträge (z. B. b. Vermietung) einer Sache, ferner die Erträge eines Rechts (§ 99 BGB).
2) b. Pflanzen, dient z. Aufbewahrung der reifenden Samen, entstanden aus befruchtetem → Fruchtknoten; man unterscheidet ein- u. mehrsamige Früchte; *Sammel-F.,* wenn an ihrer Bildung mehrere Einzelfrüchte beteiligt sind; *falsche F.,* auch *Schein-F.,* wenn außer Fruchtknoten andere Blütenteile zu ihrer Entstehung mitwirken.
3) Leibesfrucht → Embryo, → Fetus.
Fruchtblase, mit *Fruchtwasser* (beim Menschen vor der Geburt 200–1000 cm³) angefüllte Umhüllung d. Leibesfrucht; → Eihäute.
Fruchtbringende Gesellschaft, nach dem Palmbaum im Wappen *Palmenorden* gen., Verein für Reinheit der dt. Sprache (1616–80 in Weimar).
Fruchtknoten, das weibliche Geschlechtsorgan d. Pflanzen, Teil d. Blüte, Hülle f. Samenanlagen; → Stempel.
Fructidor [fryk-], 12. Monat des frz. Revolutionskalenders.
Fructose, w., Fruchtzucker im Honig u. im Saft süßer Früchte.
Frueauf, bayr.-östr. Maler d. Gotik bzw. Frührenaiss.
1) Rueland d. Ä. (um 1440–1507); s. Sohn
2) Rueland d. J. (bezeugt 1497–1545), bes. durch s. Landschaftsbilder Wegbereiter der → Donauschule; *Leopoldsaltar* (Stiftsmus. Klosterneuburg).
frugal [l.], mäßig; einfach (v. Speisen); ugs. fälschl. für üppig.
frühchristliche Kunst, seit etwa 3. Jh., in d. Katakombenmalerei schon früher, bis etwa 6. Jh.; in d. Architektur Übernahme d. profanen röm. → Basilika; in d. bild. Künsten urspr. in Kunstwollen, Form u. Technik gleich m. Darstell. heidn. Themen; später Abwendung v. der Natur von Kirchenvätern gefordert u. Wille z. geistigen Ausdruck in allg. vereinfachendem, aber nicht einheitl. entwickeltem Stil, der das ganze erste Jtd. beherrscht; Kunst dient ausschl. dem hl. Wort. Architektur: Rom, S. Sabina u. S. Maria Maggiore; *Malerei:* Buchmalerei, Fresken (Katakomben in Rom), Mosaiken (Grabmal d. Galla Placidia); *Plastik:* Sarkophage (Mailand, S. Ambrogio); Türflügel, *Kleinkunst* (z. B. liturg. Geräte).
Frühdruck, svw. → Wiegendrucke.
Frühgeburt, Geburt eines lebensfähigen, aber noch nicht ausgetragenen Kindes, etwa vom 7. Monat an; zu unterscheiden v. Fehlgeburt (→ Abort).
Frühjahrsmüdigkeit, Arbeitsunlust u. rasche Ermüdung; Existenz des Phänomens u. Ursache (Mangel an Vitamin C) umstritten.
Frühling, auf der nördl. Halbkugel vom F.s-Äquinoktium (Tagundnachtgleiche) am 21. März bis zur Sommersonnenwende, 21. Juni; auf der südl. Halbkugel vom 23. September bis 21. Dezember. *Meteorolog. F.* im N vom 1. März bis 31. Mai.
Frühlingspunkt → Äquinoktium.
Frühroter Veltliner, *Malvasier,* in Mitteleur., Frkr. u. Italien angebaute Weißweinrebe, die weiche, runde Weine liefert.

Katakombenmalerei, 4. Jh.

Frühroter Veltliner

F-Schlüssel

Rotfuchs

Ruth Fuchs

Ernst Fuchs, *Moses vor dem Engel des Herrn im brennenden Dornbusch*

Fruhtrunk, Günter (1. 5. 1923–12. 12. 82), dt. Architekt u. Maler; Entwickl. v. Konstruktivismus zur Farbexpression in Bildern u. Raumgestaltungen aus parallel, orthogonal od. diagonal verlaufenden Farbstreifen.
Fruktoseintoleranz, *Fruktosämie,* angeborener Enzymmangel, bei Aufnahme von Fruchtzucker Durchfälle.
Frundsberg, Georg von (24. 9. 1473 bis 20. 8. 1528), Feldhauptmann in Dtld u. Italien; ,,Vater der Landsknechte".
Frunse, Michael (2. 2. 1885–31. 10. 1925), sowj. Heerführer; 1920–24 Kommandeur d. Roten Armee.
Frunse → Bischkek.
frustran, vergeblich, z. B. ärztl. Behandlung.
Frustration, w. [l.], Versagung von Wünschen od. Unterbrechung motivierter Handlungen; kann zu → Aggression od. → Regression führen.
Frutti di mare [it.], eigtl. Meeresfrüchte; Sammelbegriff f. Meerestiere (z. B. *Austern, Garnelen, Hummer, Muscheln, Seeschnecken*).
Fry [frai], Christopher, eigtl. *C. Harris* (* 18. 12. 1907), englischer Dramatiker; Verskomödien: *Die Dame ist nicht fürs Feuer; Das Dunkel ist Licht genug; Venus i. Licht.*
F-Schlüssel, *mus.* Baßschlüssel, gibt die Lage der Note f an.
FSLN, **F**rente **S**andinista de **L**iberación **N**acional, nach d. nicaraguan. Freiheitskämpfer Augusto César *Sandino* (1895 bis 1934) benannte revolutionäre Bewegung i. → Nicaragua.
FSME → Zeckenenzephalitis.
FU, Abk. f. **F**reie **U**niversität, → Berlin.
Fuad I., (26. 3. 1868–28. 4. 1936), 1917 Sultan, 1922 Kg von Ägypten.
Fuchs,
1) Anke (* 5. 7. 1937), SPD-Pol.in; 1982 B.min. f. Jugend, Familie u. Gesundh., 1987–91 B.geschäftsführerin d. SPD; s. 1995 Vors. D. Mieterbund.
2) Ernst (* 13. 2. 1930), österreichischer. Maler und Graphiker, Vertr. d. ,,Wiener Schule des → Phantastischen Realismus".
3) Ruth (* 14. 12. 1946), dt. Leichtathletin; zweimal. Olympiasiegerin im Speerwerfen (1972 u. 76), Europameisterin 1974 u. 78, Weltcup-Siegerin 1977 u. 79.
4) Sir Vivian Ernest (* 11. 2. 1908), engl. Geologe; 1957/58 erste Landüberquerung d. Antarktis.
Fuchs,
1) *Fux,* Verbindungsstudent im 1. (*krasser F.*) u. 2. Semester (*Brander*); ihnen präsidiert bei der Kneipe der *F.major.*
2) hundeart. Raubtier; *Rot-F.,* Europa, nördl. Asien, Nordamerika; Abarten: Silber-, Schwarz-, Brand-, Kreuz-F. (Pelztiere). Auch → Polarfuchs; → Reineke Fuchs.
3) *Tagschmetterlinge,* rostrot mit schwarzen Flecken; *Großer F.* u. *Kleiner F. (Nesselfalter).*
4) braunes Pferd mit braunem Schweifhaar.
5) Rauchkanal zw. Feuerung u. Schornstein.
Fuchsschwanzgras, Wiesengras mit fuchsschwanzartigem Blütenstand.
Fuchsie, südam.-neuseeländ. Nachtkerzengewächs; zahlreiche Zierpflanzen.
Fuchsin, s., Anilinrot, Teerfarbstoff; zur Färbung mikroskop. Präparate.
Füchslein → Sternbilder, Übers.
Fuchsschwanz,
1) Gartenpflanze (→ Amarantus).
2) Handsäge mit breitem Blatt.
Fuder, s., früher benutztes Hohlmaß, jetzt noch Weinmaß, etwa 800–1800 l, auch Wagenladung, z. B. ein F. (= eine Fuhre voll) Heu.
Fudscheira → Vereinigte Arabische Emirate.
Fudschijama, *Fudschisan, Fuji,* höchster Berg Japans, 3776 m; Vulkan, letzter

Ausbruch 1707; in der Ebene v. Tokio, Nationalheiligtum.
Fuentes, Carlos (* 11. 11. 1928), mexikan. Schriftst.; Romane: *Hautwechsel; Terra Nostra.*
Fuerteventura, zweitgrößte Kanareninsel, 1731 km²; Hafen, Touristikzentrum.
Fugard, Harold Athol Lannigan (* 11. 6. 1932), südafrikanischer Schriftsteller u. Schauspieler, unter starkem burischem Einfluß aufgewachsen; gg. Rassismus u. nat. Ideologien; *Nongogo; Playland.*
fugato [it.], *mus.* fugiert, fugenmäßig.
Fuge [it.], kunstvolle kontrapunkt. Form, zwei- od. mehrstimmig; ihr Thema wird nacheinander durch alle Stimmen geführt, die 1., 3., evtl. 5. bringen es notengetreu, die 2., 4., evtl. 6. in d. → Dominante; dieser ersten folgen weitere → Durchführungen, v. freien Zwischensätzen unterbrochen, evtl. m. → Engführung.
Füger, Heinrich Friedrich (8. 12. 1751 bis 5. 11. 1818), dt. Maler; bes. Historienbilder u. (Miniatur-)Porträts m. barocken od. klassizist. Elementen; prägte als Direktor d. Wiener Akad. das Kunstleben der Stadt.
Fugger, altes Kaufherrengeschlecht in Augsburg, geadelt u. gefürstet, erlangte i. 16. Jh. großen Reichtum; Bankiers von Kaiser u. Papst; Kunstförderer. – **Fuggerei,** 1519 in Augsburg von Jakob Fugger II. angelegt, älteste dt. Reihensiedlung (noch erhalten).
Fühler, Kopfgliedmaßen (Antennen) der Gliedertiere (bes. Krebstiere u. Insekten); Sitz versch. Sinnesorgane (z. B. Geruch); F. auch bei Schnecken (Augen am F.-Ende) u. best. Würmern.
Führerschein, d. v. der Verwaltungsbehörde nach Fahrschulunterricht u. Fahrprüfung erteilte Ausweis über d. Erlaubnis z. Führen v. Kraftfahrzeugen (zunächst für e. Probezeit v. 2 Jahren)

(Erteilung v. Fahrerlaubnis i. d. BR 1992: 1,76 Mill.). Die Fahrerlaubnis wird in d. BR für folgende Klassen erteilt: I = Krafträder über 50 cm³ Hubraum oder mehr als 50 km/h; Ia = Krafträder der Kl. 1 bis 20 kW; Ib = Leichtkrafträder; II = Kraftfahrzeuge m. einem zulässigen Gesamtgewicht über 7,5 t u. f. Züge mit mehr als 3 Achsen (v. best. Ausnahmen abgesehen); III = alle Kraftfahrzeuge, die nicht unter I, II, IV oder V fallen; IV = Kleinkrafträder, Fahrräder mit Hilfsmotor; V = Krankenfahrstühle und Zug- oder Arbeitsmaschinen bis 25 km/h. Führerscheine d. Klasse I, Ia, Ib, II u. III gelten auch f. Kl. IV u. V, die Kl. I gilt auch f. Kl. Ia u. Ib, die Kl. Ia gilt auch für Kl. Ib, die Kl. II gilt auch f. Kl. III, die Kl. III gilt auch f. Kl. IV u. V. Mindestalter f. Kl. I 20 Jahre, f. Kl. II 18 Jahre, f. Kl. II 21 u. f. Kl. IV u. V 16 Jahre (Ausnahmen in bes. Fällen zulässig).
Führerscheinentzug, gerichtliche Maßregel, die bei Delikten i. Zus.hang m. Führen e. Kfz f. 6 Monate bis 5 Jahre od. für immer verhängt werden kann; u. a. bei Delikten wie Unfallflucht, Trunkenheit am Steuer u. Gefährdung des Straßenverkehrs.
Führich, Joseph von (9. 2. 1800–13. 3. 76), böhm. Maler u. Zeichner; Hauptvertr. d. → Nazarener in Östr., bes. populär durch s. Radier- u. Zeichnungsfolgen nach bibl. Themen.
Fuhrmann → Sternbilder, Übers.
Führungsakademie der Bundeswehr, *FüAkBw,* in Hamburg bereitet Hauptleute/Kapitänleutnante auf den Major/Korvettenkapitän vor u. bildet Stabsoffiziere für Verwendungen im Generalstabs-/Admiralstabsdienst sowie für andere mil. Stabsarbeit u. f. Spezialfunktionen aus.
Führungsaufsicht, kann d. Gericht neben d. Strafe als Maßregel anordnen bei Rückfallstraftaten od. best. and. Straftaten; Täter hat best. Weisungen

(z. B. hinsichtl. Aufenthalt, Meldepflicht, Berufsausübung) zu folgen; Mindestdauer 2, Höchstdauer 5 Jahre (§§ 63 ff. StGB).
Führungstruppen, Truppengattungen, die v. a. zur Führung d. Kampf- u. Kampfunterstützungstruppen benötigt werden (Fernmelde-, Feldjäger-, Topographie-, PSV-, Frontnachrichten- u. Fernspähtruppe).
Führungszeugnis, v. Polizeibehörde aufgrund d. Strafregisters erstellte Bescheinigung über Straflosigkeit od. Vorstrafen; → Leumundszeugnis.
Fujian, früher *Fukien,* Küstenprov. in Südchina, 123 100 km², 30 Mill. E; Anbau von Reis, Zuckerrohr, Baumwolle, Tabak, Tee, Orangen; Ausfuhr v. Seide, Leinwand, Holz, Eisenwaren; Hptst. *Fuzhou.*
Fujimori, [jap. fudʒi-], Alberto Kenya (*28.7.1938), s. 1990 Staatspräs. v. Peru.
Fukuda, Takeo (14. 1. 1905–5. 7. 1995), jap. Pol. (LDP); 1971/72 Außenmin., 1976–78 Min.präs.
Fukui, Kenichi (* 4. 10. 1918), jap. Chem.; (zus. m. R. → Hoffmann) Nobelpr. 1981 (Frontorbitaltheorie).
Fukuoka, Hafenst. auf der jap. Insel Kyushu, an der Korea-Straße, 1,2 Mill. E; Ind.- u. Handelsplatz.
Fulbe, hellhäut. Volk im Westsudan mit hamitischer Sprache u. von äthiop. Rassentypus; Moslems.
Fulbright-Kommission [ˈfʊlbraɪt-], am. Einrichtung f. Austausch v. Forschern u. Studenten m. anderen Ländern, v. Senator *James W. F.* (9. 4. 1905 bis 9. 2. 1995) initiiert.
Fulda,
1) Fluß des hess. Berglandes, von der Wasserkuppe, bei Münden Vereinigung mit der Werra zur Weser; 218 km l., 109 km schiffbar.
2) (D-36037–43), Krst. an der *F.* zw. Rhön u. Vogelsberg, Hess., 58 300 E; Michaelskirche (820), Barockviertel mit Dom u. Bonifatiusgrab, Schloß; dt. Bischofskonferenz, Bischofssitz, Sitz des Dt. Ev. Kirchentags; Phil.-Theol. HS, IHK, LG, AG; Textil-, Wachs-, Gummi- u. Masch.ind. – 744 als Kloster gegr., 1114 Stadtrecht; Fuldaer Fürstäbte, 1752 Fürstbischöfe.
Fulgurit, *m.,*
1) durch Blitzeinschlag im Sand gebildete Röhre aus geschmolzenem Gestein.
2) ®, witterungsbeständiger Leichtbaustoff aus Asbestzement.
Füllen,
1) *Pferdchen* → Sternbilder, Übers.
2) junges Pferd.
Fuller [ˈfʊlə],
1) Richard Buckminster (12. 7. 1895 bis 1. 7. 1983), am. Ingenieur u. Architekt; Wohnmaschine „Dymaxion House"; Kugelbauten (US-Pavillon, Weltausstell. Montreal 1967) z. Gewinnung größten Raums b. geringster Oberfläche; → geodät. Kuppeln.
2) Sam (12. 8. 1911–31. 10. 1997), am. Filmregisseur u. Schriftst.; *Forty Guns* (1957); *Merrill's Marauder* (1961); *Shock Corridor* (1963); *White Dog* (1981).
Fullerene → Cluster.
Füllkörper, in d. Trinkwasseraufbereitung verwendete (Kunststoff-)Körper z. Erhöhung d. Gasaustausches.

Kleiner Fuchs

Fudschijama

Fulda, *Dom*

Dampfschiff „Clermont" von Fulton 1807 (Modell)

Fuggerei, *Augsburg*

Fünfkirchen, Dom

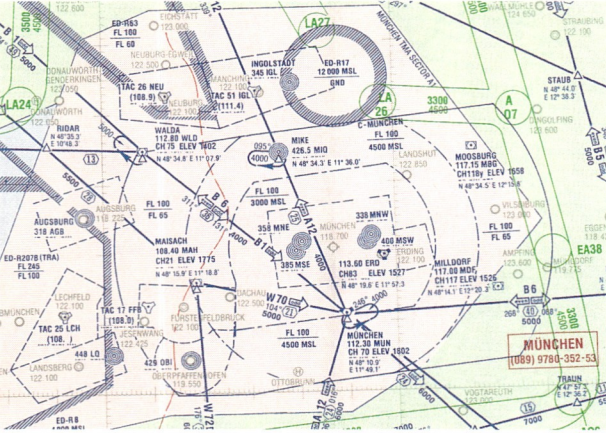
Funknavigationskarte

Füllort, Raum um e. Bergwerksschacht, von d. aus die gewonnenen Mineralien gefördert werden.
Füllschrift, Aufnahmeverfahren bei → Schallplatten; jede Rille schmiegt sich dem Verlauf d. vorangehenden (d. h. d. größeren u. kleineren Auslenkungen) an; damit Verlängerung d. Spieldauer.
fulminant [l.], blitzend; zündend.
Fulton ['foltən], Robert (14. 11. 1765 bis 24. 2. 1815), am. Ing.; Erbauer d. ersten brauchbaren Dampfschiffs (1807 f. d. Hudson).
Fumage [frz. fy'ma:ʒ(ə)], in d. modernen Kunst: m. Hilfe e. Flamme erzeugte Sengspuren, die ästhetisch z. B. auf Papier eingesetzt werden (1938 z. erstenmal v. W. Paalen verwendet).
Fumarolen [it.], Wasserdampf- u. Gasausstoßungen i. d. Umgebung e. → Vulkans; bei Schwefelwasserstoff: *Solfataren,* b. Kohlensäure: *Mofetten.*
Funchal [fu'ʃal.], befestigte Hptst. der portugies. Insel Madeira, kath. Bischofssitz; Verwaltungs- u. Handelszentrum; 44 000 E; Winterkurort.
Funcke, Liselotte (* 20. 7. 1918), dt. FDP-Pol.in; 1969–79 Vizepräs. d. B.tages, 1980–91 Beauftragte d. Bundesreg. f. Ausländerfragen.
Fund, Inbesitznahme einer verlorenen Sache, verpflichtet zur Anzeige an Ver-

lierer, Eigentümer, sonstigen Empfangsberechtigten od. Polizei (*F.büro*), sonst u. U. F.unterschlagung (Freiheitsstrafe bis 3 Jahre – § 246 StGB); → Finderlohn.
Fundament, s. [l. „Grund"], Grundlage; *techn.* der in die Erde gemauerte Grundbau für Häuser usw.
fundamental, grundlegend, schwerwiegend.
Fundamentalismus, am. protestant. Bewegung; gg. den theol. Liberalismus und Modernismus; Glaube an Verbalinspiration d. Bibel.
Fundamentalsterne, größere Anzahl v. meist helleren → Fixsternen, deren Orte am Himmel so genau wie möglich beobachtet werden; zusammengefaßt in *F.katalog.*
Fundamentaltheologie → Apologetik.
fundierte Schuld, langfrist. Schulden d. Staates od. d. Gemeinden; Ggs.: → schwebende Schuld.
Fundus [l. „Boden, Grundstück"], **1)** *Fundus oculi,* Augenhintergrund. **2)** gesamter Bestand z. B. e. Theaters an Kostümen und Dekorationen.
Fünen, dän. *Fyn,* Insel zw. dem Gr. u. Kl. Belt, 2976 km², mit Nebeninseln 3486 km², 459 000 E; fruchtbar; Hptort *Odense.*
Funeralien [l.], Leichenfeierlichkeiten.
Fünfkampf, Moderner, seit Olymp. Spielen 1912: 5-km-Geländeritt, Degenfechten, Pistolenschießen, 300-m-Freistilschwimmen, 4-km-Geländelauf.
Fünfkirchen, ungar. *Pécs,* Hptst. des ungar. Komitats Baranya, 183 000 E; Bischofssitz, Uni.
Fünfpaß, got. Maßwerkverzierung, aus 5 Kreissegmenten zusammengesetzt.
Fünfprozentklausel → Wahlsysteme.
Fünfstromland → Pandschab.
Fünftagefieber, *wolhynisches Fieber,* eine Infektionskrankheit, Erreger → Rickettsien.
Fünfte Kolonne, urspr. die 5. Armee, die Trotzki 1918 während des russ. Bürgerkrieges als „Eliteeinheit" schuf; dann die in Madrid im Untergrund tätigen Anhänger Gen. Francos während seines Vormarsches (in 4 Kolonnen) auf Madrid.
Fünfunddreißig-Stunden-Woche, s. 1977 Forderung d. IG Metall, s. 1982 d. DGB (→ Gewerkschaften) nach wöchentl. Höchstarbeitszeit v. 35 Std. (bisher 40 Std. als Regelarbeitszeit) b. vollem Lohn- u. Gehaltsausgleich; i. d. BR ansatzweise verwirklicht b. 1984.
fungibel [l.], → vertretbare Sachen (Werte).
Fungistatika [gr.-nlat.], gg. Pilzkrankheiten wirksame Mittel.
fungistatisch, das Wachstum von Pilzen hemmend.
fungizid, pilztötend.
Fungus [l.], Pilz, auch Bez. für Blutschwamm oder tuberkulöse Gelenkschwellung.
Funikulitis, Samenstrangentzündung.
Funk, Walther (18. 8. 1890–31. 5. 1960), 1938–45 Reichswirtschaftsmin., 1939 auch Reichsbankpräs., 1946 zu lebenslängl. Gefängnis verurteilt, 1957 entlassen.

Funk [engl. fʌnk], „funky", d. h. gutgelaunt, stimmungsbezogen gespielte Rockmusik.
Funk Art [engl. 'fʌŋk, a:t „Horrorkunst"], zeitgenöss. Kunstrichtung, satir. Darstellung (→ Environment) alltägl. Situationen in bizarren, schockierenden Horror-Räumen (Neo-Dadaismus); Vertr.: *Kienholz, Conner.*
Funkeninduktor, Vorläufer d. heutigen Hochspannungs-→ Transformators, besteht aus Primärspule *P* (dicker Draht mit Eisenkern) und der Sekundärspule *S* (dünner Draht mit vielen Windungen). Pulsierender Gleichstrom in *P* (Unterbrecher *U*) erzeugt durch elektromagnet. → Induktion in *S* sehr hohe Wechselspannung, die starke Funkentladung hervorruft.
Funkenkammer, Nachweisgerät f. el. geladene → Elementarteilchen. Besteht aus parallel angeordneten Metallplatten (Abstand einige mm) mit Gas im Zw.raum, an denen Hochspannung liegt; durch d. Kammer fliegendes Teilchen löst Funkenentladungsblitze aus, die Bahn sichtbar machen.
Funkfernsprecher, Verbindung des öff. Fernsprechnetzes über UKWSender mit bewegl. Fernsprechstellen (Fluß-, Landstraßenfunk), auch bei Polizei (Funkstreifenwagen), Bahn (Rangierdienst); Dienst d. DBP; z. Z. Netz B (25 Kanäle, Frequenzbereich um 150 MHz) mit automat. Verbindungsaufbau; Netz C in Vorbereitung.
Funkfeuer, automatisch drahtlos ihr Kennzeichen ausstrahlende Sender m. bekanntem Standort, zur → Peilung.
Funkmeßtechnik → Radar.
Funkmutung, geophys. Untersuchung von geolog. Strukturen u. Lagerstätten durch Messung der Fortpflanzungsgeschwindigkeit von Hochfrequenz-Impulsen.
Funknavigation, Navigation mit Funkhilfen, d. h. Führung e. Fahrzeugs m. funktechn. Mitteln auf vorbestimmtem Weg, → Funkortung, → Funkpeiler.
Funkortung, *Funknavigation,* Verfahren der Orts- u. Richtungsbestimmung in See- und Luftfahrt mit Hilfe der Funktechnik (→ Decca-Navigation, GEE, Hyperbelverfahren, Loran, Peilung, Teleran).
Funkpeiler, durch d. nicht kreisförmige → Richtcharakteristik einer → Antenne ist die Bestimmung der Einfallsrichtung elektromagnet. → Wellen möglich; für Ortung u. Navigation v. Luft-, See- u. Landfahrzeugen, zur Funküberwachung u. Flugsicherung eingesetzt.
Funktechnik → Funkwesen.
Funktelegrafie, Funktelefonie, drahtlos übertragene Fernsprech- bzw. Fernschreibströme; Anwendung: Nachrichtenübermittlung → Rundfunk, Amateurfunk, Polizeifunk u. ä.; auch mit → Fernmelde-Satelliten.
Funktion, *math.* Vorschrift, die jedem Element einer gegebenen Menge eindeutig ein Element einer Wertemenge zuordnet.
Funktionalismus, Architekturprinzip, wonach d. Funktion e. Gebäudes s. Gestalt bestimmt; Postulat s. d. antiken Bautheorie u. fundamental f. d. Entwickl. d. Architektur s. 2. Hälfte 19. Jh.; Pionierleistungen im Sinn d. F. in → Chicago School u. → Bauhaus.

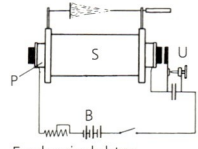
Funkeninduktor

Funktionär, Beauftragter e. Partei oder Organisation.
funktionelle Gruppen, charakterist. Atomanordnungen i. e. Molekül, die d. Verhalten b. Reaktionen bestimmen.
funktionelle Musik, in Kaufhallen, Fabriken, Büros u. a., zur Verschönerung d. (Arbeits-)Situation sowie z. Steigerung des Kaufanreizes u. d. Leistung.
Funktionentheorie, math. Lehre v. d. Eigenschaften d. → Funktionen i. Gebiet d. → komplexen Zahlen; → Differential-, → Integralrechnung.
Funkwesen, Grundgedanke: Der Sender erzeugt el. Schwingungen hoher → Frequenz, die, als elektromagnet. Wellen v. der Antenne in den Raum ausgestrahlt, in Empfangsantenne u. damit im Empfangsapparat gleichartige, aber viel schwächere Schwingungen hervorrufen. Beim Sender werden die ausgestrahlten Hochfrequenz-Schwingungen moduliert (→ Modulation), der Empfänger demoduliert (→ Demodulation) die HF-Schwingungen von den aufmodulierten Strömen u. wandelt letztere wieder in Zeichen, Töne usw. um. Elektromagnet. Wellen entdeckt v. *Hertz* 1888, erste prakt. Ausführung v. *Marconi* 1896 (= Knallfunken); weitere Entwicklung: Löschfunkensender („Tonfunken"), Maschinensender (Generatoren für LW) u. → Lichtbogensender. Erster dt. Nachrichten-Röhrensender (→ Senderöhre; → Oszillator) 1915. Entwicklung d. Demodulatorschaltungen empfangsseitig: Fritter, → Detektor, → Elektronenröhre; auch → Rundfunktechnik, → Richtfunk.
Furchung, erster Abschnitt der tierischen u. menschl. Entwicklung; gesetzmäßige Folge *mitotischer* Zellteilungen des befruchteten Eies *(Zygote)* in → Blastomeren bis zum Entwicklungsstadium der → Blastula.
Furiant, feuriger böhm. Volkstanz m. charakterist. Taktwechseln (2/4 u. 3/4).
Furien [l.], Rachegöttinnen, → Erinnyen.
furioso [it.], *mus.* wild, stürmisch.
Furka, schweiz. Alpenpaß und Straße (2436 m) von Uri (Reuß) nach dem Wallis (Rhône).
Furmint, in Osteuropa angebaute Weißweinrebe, die aromat., feurige Weine liefert; sie ist als Hauptbestandteil f. d. ungar. *Tokajer* (→ Tokaj) verantwortlich.
Furnier [frz.], dünnes Edelholzblatt als Überzug auf gewöhnl. Holz, dem *Blindholz*.
Furor, *m.,* Wut.
Furore, *w.* od. *s.* [it.], rasender Beifall, Begeisterung.
Furore machen, Aufsehen erregen.
Furor teutonicus, dt. Ungestüm.
Fürsorge, Unterhaltspflicht gegenüber armen u. hilfsbedürftigen, meist arbeitsunfähigen Personen; → Jugendfürsorge, → Sozialhilfe; → Wohlfahrtspflege.
Fürsorgeerziehung, früher auch *Zwangserziehung,* behördlich geregelte Erziehung unbeaufsichtigter od. verwahrloster Minderjähriger (bis z. Vollendung d. 17. Lebensj.) in öff. od. privater Erziehungsanstalt od. geeigneter Familie; Anordnung durch Vormundschafts- oder Jugendgericht. → Jugendfürsorge.
Fürsorgepflichtverletzung, Verletzung d. Fürsorge- od. Erziehungspflicht gegenüber einer noch nicht 16jähr. Person strafbar, wenn Schutzbefohlener der Gefahr einer Schädigung seiner Entwicklung, e. kriminellen Lebenswandels od. d. Prostitution ausgesetzt wird.
Fürstbischof, weltl. Titel best. Bischöfe; ab 18. Jh. nur noch in Östr. u. Breslau (da 1527–1740 habsburgisch), 1951 v. Vatikan abgeschafft.
Fürstenberg,
1) *F. a. d. Oder* → Eisenhüttenstadt.
2) *F. (Weser)* (D-37699), Gem. i. Kr. Holzminden, Nds., 1298 E; dort **Fürstenberger Porzellan,** s. 1747, → Porzellanmarken.
3) schwäbisches, ehemals reichsunmittelbares Fürstengeschlecht.
Fürstenbund, von Friedrich d. Gr. mit dt. Fürsten gg. Österreichs Reichspläne (Erwerb Bayerns) 1785 geschlossen.
Fürstenfeldbruck (D-82256), oberbayr. Krst. an der Amper, 31 800 E; AG; Klosterkirche; Bayr. Polizeischule; Mil.flughafen.
Fürstenspiegel, Bücher zur Erziehung v. Herrschern: v. Machiavelli, Fénelon, Friedrich II. u. a.
Fürstenwalde/Spree (D-15517), brandenburg. Krst., 34 200 E; Maschinen-, Gummiind.
Furt, seichter, durchwatbarer Flußübergang.
Fürth (D-90762–68), kreisfreie St. i. Mfrk., 107 800 E; AG; Spielwaren, feinmechan. u. elektron. Ind.; Flughafen Nürnberg-F.
Furth i. Wald (D-93437), oberpfälz. St. im Kr. Cham, 9643 E; AG; Glas-, Holz-, Textilind., Maschinenbau; Volksschauspiel „Drachenstich".
Furtwangen (D-78120), St. u. Luftkurort i. Schwarzwald-Baar-Kr., Ba-Wü., 10 623 E; FHS; Dt. Uhrenmus.; Elektronik-, Feintechnik- u. Relaisind.; Donauquelle.
Furtwängler,
1) Adolf (30. 6. 1853–11. 10. 1907), dt. Archäologe; *Griech. Plastik;* s. Sohn
2) Wilhelm (25. 1. 1886–30. 11. 1954), dt. Dirigent u. Komponist.
Furunkel, *m.* [l.], Vereiterung e. Haarbalges und seiner Talgdrüse; *Furunkulose,* Auftreten zahlreicher F.
Fusan, jap. f. → Pusan.
Fuschlsee, See im Salzkammergut, Östr.; 2,7 km²; Schloß Fuschl.
Fuselöle, Nebenprodukte d. alkohol. Gärung, Amylalkohole, schwerflüchtige Flüssigkeiten v. eigentüml. Geruch, Begleiter des Branntweins, bedingen seinen Geruch und Geschmack; ihre Ester dienen zur Herstellung v. Fruchtaromen.
Fushun [-∫uən], *Fuschun,* St. i. nordchin. Prov. Liaoning, 1,3 Mill. E; Bergbau- u. Ind.zentrum, Ölschiefer- u. Steinkohle-Tagebau.
Füsilier, in Frkr. 1640 aufgekommene Bez. für den mit Gewehr (frz. *fusil*) bewaffneten Soldaten; Infanterist.
füsilieren, standrechtlich erschießen.
Fusion [l.],
1) Zus.schluß von Unternehmen u. Aufgabe ihrer rechtlichen u. wirtschaftlichen Selbständigkeit.
2) *Kernphysik:* Verschmelzen leichter Atomkerne zu schweren; v. a. wichtig f. Aufbau v. Heliumkernen aus Kernen v. Wasserstoff, Deuterium u. Tritium. Da der entstandene schwerere Kern stets etwas leichter ist als die Summe d. Aus-

Furmint

Wilhelm Furtwängler

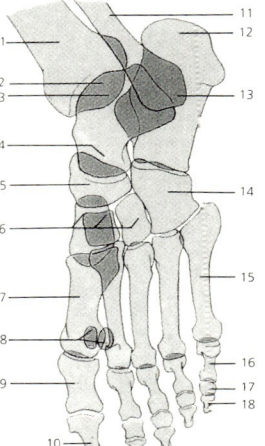

Fußskelett von oben gesehen
Vereinfachte Durchzeichnung des Röntgenbildes eines fußschlenwärts gebeugten Fußes (verkleinerte Wiedergabe)
1 Schaft des Schienbeins (Tibia)
2 Rolle des Sprungbeins
3 Innerer Knöchel
4 Kopf des Sprungbeins
5 Kahnbein
6 Die drei Keilbeine
7 Erster Mittelfußknochen
8 Sesambein
9 Grundglied der großen Zehe
10 Nagelglied der großen Zehe
11 Schaft des Wadenbeins (Fibula)
12 Fersenbein
13 Äußerer Knöchel
14 Würfelbein
15 Fünfter Mittelfußknochen
16 Grundglied der kleinen Zehe
17 Mittelglied der kleinen Zehe
18 Nagelglied der kleinen Zehe

DFB-Vereinspokal-Sieger	
1935	FC Nürnberg
1936	VfB Leipzig
1937	FC Schalke 04
1938	Rapid Wien
1939	1. FC Nürnberg
1940	Dresdner SC
1941	Dresdner SC
1942	TSV 1860 München
1943	Vienna Wien
1944–	keine Austragung des DFB-Vereinspokals
1952	
1953	Rot-Weiß Essen
1954	VfB Stuttgart
1955	Karlsruher SC
1956	Karlsruher SC
1957	**FC Bayern München**
1958	VfB Stuttgart
1959	Schwarz-Weiß Essen
1960	Borussia Mönchengladbach
1961	SV Werder Bremen
1962	1. FC Nürnberg
1963	Hamburger SV
1964	TSV 1860 München
1965	Borussia Dortmund
1966	**FC Bayern München**
1967	**FC Bayern München**
1968	1. FC Köln
1969	**FC Bayern München**
1970	Kickers Offenbach
1971	**FC Bayern München**
1972	FC Schalke 04
1973	Borussia Mönchengladbach
1974	Eintracht Frankfurt
1975	Eintracht Frankfurt
1976	Hamburger SV
1977	1. FC Köln
1978	1. FC Köln
1979	Fortuna Düsseldorf
1980	Fortuna Düsseldorf
1981	Eintracht Frankfurt
1982	**FC Bayern München**
1983	1. FC Köln
1984	**FC Bayern München**
1985	Bayer 05 Uerdingen
1986	**FC Bayern München**
1987	Hamburger SV
1988	Eintracht Frankfurt
1989	Borussia Dortmund
1990	1. FC Kaiserslautern
1991	SV Werder Bremen
1992	Hannover 96
1993	Bayer 04 Leverkusen
1994	SV Werder Bremen
1995	Borussia Mönchengladbach
1996	1. FC Kaiserslautern
1997	VfB Stuttgart

gangskerne, bleibt etwas Masse übrig, die aber gemäß d. Äquivalenz v. Masse u. Energie $E = mc^2$ (Relativitätstheorie, Übers.) als Energie freigesetzt wird; effektivster bekannter Prozeß d. Energiegewinnung (4 g Deuterium liefern etwa gleiche Energie wie 10 t Steinkohle); Energiequelle d. Sonne, Prinzip d. Wasserstoffbombe, theoret. auch z. kontinuierl. Energiegewinnung auf d. Erde denkbar, auch d. geeignete Brennstoff Deuterium liegt (als Isotop) im Wasser d. Weltmeere in prakt. unerschöpfl. Menge vor; techn. Realisierung stößt auf so große Probleme (Erzeugung v. Temp. v. einigen 10 Mill. Grad in e. Reaktor, dessen Wände diese Temp. aushalten; enorm hohe Drucke bis 1000 N/m; Strahlungsbelastungen usw.), daß heute noch nicht absehbar ist, ob d. Fusion als wirtsch. Energiequelle jemals genutzt werden kann. Ggs. → Fission.

Fusionsbilanz, *Sonderbilanz,* aus Anlaß e. Fusion.

Fuß,
1) altes dt. Längenmaß; 1 F. (′) = 12 Zoll (″); 1 Zoll = 12 Linien (‴); 1 F. preußisch = 31,385 cm. Als engl. Längenmaß: *foot* (Mz. *feet*) → Maße u. Gewichte, Übers.
2) im Tierreich nach Zweck und Leistung verschieden ausgebildet: beim Affen als Greifhand, beim Menschen ein Stützgewölbe aus 7 Fußwurzelknochen: Sprungbein (4), Fersenbein (12), Kahnbein (5), Würfelbein (14) u. Keilbeinen (6); Mittelfuß aus 5 Mittelfußknochen (19) u. d. 5 fingerartig ausgebildeten Zehen bestehend. – *Fehlformen des Fußes: Senk-* od. *Platt-F.,* Fußgewölbe durchgedrückt, meist infolge Bindegewebsschwäche; *Hohl-F.,* übermäßig hohes Längsgewölbe d. F.; *Klump-F.,* völlige Verkrümmung und Verkrüppelung des Fußgerüstes, Sohle nach innen, äußerer F.rand nach unten; *Spreiz-F.,* durchgesunkenes Quergewölbe im Bereich der vorderen Mittelfußgelenkköpfe; *Knick-F.,* Abknickung des F. im Sprunggelenk nach außen; *Spitz-(Pferde-)F.,* Auftreten mit Ballen u. Zehen; *Hacken-F.,* nur mit d. Ferse auftretend.

Fußball, volkstümlichstes Ballspiel i. Dtld; von zwei Mannschaften zu je 11 Mann auf einem 90–120×45–90 m gr. Feld gespielt; Ziel: den Ball, der nicht mit Händen u. Armen berührt werden darf, in das (7,32 m breit, 2,44 m hoch) zu spielen; nur d. Torwart darf auch m. den Händen in seinem „Strafraum" den Ball berühren; Spieldauer: je 2×45 Minuten (Halbzeit) mit 10 Minuten Pause; bei Entscheidungsspie-

Deutsche Fußball-WM-Mannschaft 1954, v. l. n. r.: F. Walter, Turek, Eckel, Rahn, O. Walter, Liebrich, Posipal, Schäfer, Kohlmeyer, Mai und Morlock

Deutsche Fußball-WM-Mannschaft 1974, v. l. n. r.: Beckenbauer, Maier, Schwarzenbeck, Bonhof, Hölzenbein, Grabowski, Müller, Overath, Vogts, Breitner und Hoeness

Deutsche Fußball-WM-Mannschaft 1990, stehend v. l. n. r.: Osieck, Bekkenbauer, Augenthaler, Reuter, Klinsmann, Mill, Buchwald, Steiner, Berthold, Köpke, Kohler, Möller, Pflügler und Vogts
sitzend v. l. n. r.: Littbarski, Thon, Maier, Brehme, Matthäus, Riedle, Illgner, Bein, Hermann, Völler, Häßler, Aumann

Fußball-Weltmeisterschaft				
Jahr	Ort	WM-Gewinner	Endspiel	
1930	Uruguay	Uruguay	4:2	gg. Argentinien
1934	Italien	Italien	2:1	gg. Tschechoslowakei
1938	Frankreich	Italien	4:2	gg. Ungarn
1950	Brasilien	Uruguay	2:1	gg. Brasilien
1954	Schweiz	BR Dtld	3:2	gg. Ungarn
1958	Schweden	Brasilien	5:2	gg. Schweden
1962	Chile	Brasilien	3:1	gg. Tschechoslowakei
1966	England	England	4:2	gg. BR Dtld
1970	Mexiko	Brasilien	4:1	gg. Italien
1974	Deutschland	BR Dtld	2:1	gg. Niederlande
1978	Argentinien	Argentinien	3:1	gg. Niederlande
1982	Spanien	Italien	3:1	gg. BR Dtld
1986	Mexiko	Argentinien	3:2	gg. BR Dtld
1990	Italien	BR Dtld	1:0	gg. Argentinien
1994	USA	Brasilien	3:2	gg. Italien

len auch 2×15 Minuten Verlängerung (bei Unentschieden) u. gegebenenfalls Elfmeterschießen; d. Zahl der erzielten Tore entscheidet das Spiel. → Dt. Fußball-Bund; → Übers.

Fußball-Toto, *m.* od. *s.,* staatl. konzessionierte Gesellschaften für allwöchentl. Wetten auf Fußballspiele; Gewinn, wenn Ausgang der ausgeschriebenen (11) Spiele i. d. überwiegenden Mehrzahl (11–9) richtig vorausgesagt wird (1.–3. „Rang").

Füssen (D-87629), St. i. Kr. Ostallgäu, Bay., Höhenluftkurort, Mineral- und Moorbad a. Lech, 803 müM, 14 050 E; AG; ehem. Benediktinerkloster, Schloß (Gemäldegalerie). – Friede von F. 1748 beendete d. östr. Erbfolgekrieg mit Bayern.

Füßli, *Füssli, Füessli,* schweiz. Malerfamilie, seit 1707; *Johann Heinrich F.* (6. 2. 1741–16. 4. 1825), Maler, Graphiker u. Dichter d. Romantik m. klassizist. Tendenz (bes. in London tätig); *Der Nachtmahr;* Buchillustrationen.

Fußwaschung, i. Orient Brauch d. Gastfreundschaft. Im christl. NT wäscht Jesus s. Jüngern d. Füße (Joh 13,14 ff.);

Deutsche Fußballmeister			
1903: VfB Leipzig–DFC Prag	7:2	1952: VfB Stuttgart–1. FC Saarbrücken	3:2
1904: keine Meisterschaft		1953: 1. FC Kaiserslautern–VfB Stuttgart	4:1
1905: Union 92 Berlin–Karlsruher FV	2:0	1954: Hannover 96–1. FC Kaiserslautern	5:1
1906: VfB Leipzig–1. FC Pforzheim	2:1	1955: Rot-Weiß Essen–1. FC Kaiserslautern	4:3
1907: Freiburger FC–Viktoria 89 Berlin	3:1	1956: Borussia Dortmund–Karlsruher SC	4:2
1908: Viktoria 89 Berlin–Stuttgarter Kickers	3:1	1957: Borussia Dortmund–Hamburger SV	4:1
1909: Phönix Karlsruhe–Viktoria 89 Berlin	4:2	1958: Schalke 04–Hamburger SV	3:0
1910: Karlsruher FV–Holstein Kiel	1:0 (n. Verl.)	1959: Eintracht Frankfurt–Kickers Offenbach	5:3 (n. Verl.)
1911: Viktoria 89 Berlin–VfB Leipzig	3:1	1960: Hamburger SV–1. FC Köln	3:2
1912: Holstein Kiel–Karlsruher FV	1:0	1961: 1. FC Nürnberg–Borussia Dortmund	3:0
1913: VfB Leipzig–Duisburger SpV	3:1	1962: 1. FC Köln–1. FC Nürnberg	4:0
1914: SpVgg. Fürth–VfB Leipzig	3:2 (n. Verl.)	1963: Borussia Dortmund–1. FC Köln	3:1
1915–19: keine Meisterschaften		Seit Einführung der Bundesliga:	
1920: 1. FC Nürnberg–SpVgg. Fürth	2:0	1964: 1. FC Köln	
1921: 1. FC Nürnberg–Vorwärts Berlin	5:0	1965: Werder Bremen	
1922: Hamburger SV–1. FC Nürnberg	2:2 (n. Verl.)	1966: TSV 1860 München	
Hamburger SV–1. FC Nürnberg	1:1 (n. Verl.)	1967: Eintracht Braunschweig	
Der DFB erklärte den Hamburger SV zum Meister, aber der Verein verzichtete auf den Titel.		1968: 1. FC Nürnberg	
		1969: Bayern München	
1923: Hamburger SV–Union Oberschöneweide	3:0	1970: Borussia Mönchengladbach	
1924: 1. FC Nürnberg–Hamburger SV	2:0	1971: Borussia Mönchengladbach	
1925: 1. FC Nürnberg–FSV Frankfurt	1:0 (n. Verl.)	1972: Bayern München	
1926: SpVgg. Fürth–Hertha BSC Berlin	4:1	1973: Bayern München	
1927: 1. FC Nürnberg–Hertha BSC Berlin	2:0	1974: Bayern München	
1928: Hamburger SV–Hertha BSC Berlin	5:2	1975: Borussia Mönchengladbach	
1929: SpVgg. Fürth–Bertha BSC Berlin	3:2	1976: Borussia Mönchengladbach	
1930: Hertha BSC Berlin–Holstein Kiel	5:4	1977: Borussia Mönchengladbach	
1931: Hertha BSC Berlin–München 1860	3:2	1978: 1. FC Köln	
1932: Bayern München–Eintracht Frankfurt	2:0	1979: Hamburger SV	
1933: Fortuna Düsseldorf–Schalke 04	3:0	1980: Bayern München	
1934: Schalke 04–1. FC Nürnberg	2:1	1981: Bayern München	
1935: Schalke 04–VfB Stuttgart	6:4	1982: Hamburger SV	
1936: 1. FC Nürnberg–Fortuna Düsseldorf	2:1 (n. Verl.)	1983: Hamburger SV	
1937: Schalke 04–1. FC Nürnberg	2:0	1984: VfB Stuttgart	
1938: Hannover 96–Schalke 04	3:3 (n. Verl.)	1985: FC Bayern München	
Hannover 96–Schalke 04	4:3 (n. Verl.)	1986: FC Bayern München	
1939: Schalke 04–Admira Wien	9:0	1987: FC Bayern München	
1940: Schalke 04–Dresdner SC	1:0	1988: SV Werder Bremen	
1941: Rapid Wien–Schalke 04	4:3	1989: FC Bayern München	
1942: Schalke 04–Vienna Wien	2:0	1990: FC Bayern München	
1943: Dresdner SC–FV Saarbrücken	3:0	1991: 1. FC Kaiserslautern	
1944: Dresdner SC–LSV Hamburg	4:0	1992: VfB Stuttgart	
1945–47: keine Meisterschaften		1993: SV Werder Bremen	
1948: 1. FC Nürnberg–1. FC Kaiserslautern	2:1	1994: FC Bayern München	
1949: VfR Mannheim–Borussia Dortmund	3:2 (n. Verl.)	1995: Borussia Dortmund	
1950: VfB Stuttgart–Kickers Offenbach	2:1	1996: Borussia Dortmund	
1951: 1. FC Kaiserslautern–Preußen Münster	2:1	1997: FC Bayern München	

i. d. kath. Liturgie Vollzug d. F. am Gründonnerstag durch Papst, Bischöfe od. Äbte an Mitgl. d. Gemeinde.

Fustanella, weißes Hemd der griech. u. alban. Nationaltracht.

Futhark, Runenreihe → Rune.

Futtermauer, Stütz- oder Verkleidungsmauer vor Erdreich od. Fels.

Futtermittel, den Haustieren gereichte Nahrungsmittel (z. B. Heu, Stroh, Spreu, Knollen, Wurzeln, Körner, Grünfutter, Sauerfutter); *Kraftfutter* (z. B. Kleie, Malz, Sojabohnenschrot, Öl- u. Palmkernkuchen); neben **Futterpflanzen** (Anbau in wiesen- u. weidearmen Gegenden) werden auch Wintergerste, Hafer, Kartoffeln u. **Futterrüben** (Runkel-, Kohlrüben usw.) verfüttert.

Futurismus, it. Kunstrichtung, teils m. pol. Engagement, etwa 1909–14; ggn. jede kulturelle u. intellektuelle Tradition, fortschrittsgläubig u. technikorientiert; strebte nach Darstellung zeitl. u. psychischer Abläufe; Mittel: Zerlegen v. Bewegung i. Einzelphasen u. deren Komposition auf d. Fläche; gegenständl. u. ungegenständl. Motive. *Malerei:* Boccioni, Severini, Carrà, Balla; *Architektur:* A. Sant'Elia; *Literatur:* Marinetti *(futurist. Manifest); Musik:* Luigi Russolo (Geräuschorchester); → Kubo-Futurismus.

Futurologie, interdisziplinäre, systematische und kritische Behandlung von Zukunftsfragen unter Berücksichtigung der Erfahrungen in Vergangenheit und Gegenwart, um alternative Entwicklungsmöglichkeiten aufzuzeigen und Entscheidungsgrundlagen zu liefern.

Futurismus: Umberto Boccioni, *Elastizität*

Futurum, s. [l. „Zukunft"], Zukunftsform des Zeitworts (z. B. Ich *werde* tun).

Futurum exactum, *Futur II,* Form der in der Zukunft vollendeten Handlung (z. B.: Ich *werde getan haben*).

Fux, Johann Joseph (1660–13. 2. 1741), östr. Komp. u. Musiktheoretiker; bedeutender Meister des süddt.-östr. Barocks; klass. Kontrapunktlehre: *Gradus ad parnassum.*

Fuzhou [fudʒoŭ], früher *Futschou,* Hauptstadt. der chinesischen Provinz Fuijan, 1,2 Millionen Einwohner; Uni.; Papier-, Textilind., Schiffbau; Hafen, Teehandel.

FVP → Parteien, Übers.

Fyt [fɛit], Jan (get. 15. 3. 1611–11. 9. 61), fläm. Stillebenmaler d. Barock; *Jagdbeute, Früchte und Musikinstrumente.*

Österreichische Fußballmeister

1912: Rapid Wien	1934: Admira Wien	1956: Rapid Wien	1978: Austria Wien
1913: Rapid Wien	1935: Rapid Wien	1957: Rapid Wien	1979: Austria Wien
1914: Wiener AF	1936: Admira Wien	1958: Wiener SK	1980: Austria Wien
1915: Wiener AC	1937: Admira Wien	1959: Wiener SK	1981: Austria Wien
1916: Rapid Wien	1938: Rapid Wien	1960: Rapid Wien	1982: Rapid Wien
1917: Rapid Wien	1939: Admira Wien	1961: Austria Wien	1983: Rapid Wien
1918: Floridsdorfer AC	1940: Rapid Wien	1962: Austria Wien	1984: Austria Wien
1919: Rapid Wien	1941: Rapid Wien	1963: Austria Wien	1985: Austria Wien
1920: Rapid Wien	1942: Vienna Wien	1964: Rapid Wien	1986: Austria Wien
1921: Rapid Wien	1943: Vienna Wien	1965: Linzer ASK	1987: Rapid Wien
1922: Wiener Sportclub	1944: Vienna Wien	1966: Admira Wien	1988: Rapid Wien
1923: Rapid Wien	1945: keine Meisterschaft	1967: Rapid Wien	1989: FC Tirol
1924: Austria Wien	1946: Rapid Wien	1968: Rapid Wien	1990: FC Tirol
1925: Hakoah Wien	1947: Wacker Wien	1969: Admira Wien	1991: Austria Wien
1926: Austria Wien	1948: Rapid Wien	1970: Admira Wien	1992: Austria Wien
1927: Admira Wien	1949: Austria Wien	1971: Wacker Innsbruck	1993: Austria Wien
1928: Admira Wien	1950: Austria Wien	1972: Wacker Innsbruck	1994: Austria Salzburg
1929: Rapid Wien	1951: Rapid Wien	1973: Wacker Innsbruck	1995: Casino Salzburg
1930: Rapid Wien	1952: Rapid Wien	1974: Vöest Linz	1996: Rapid Wien
1931: Vienna Wien	1953: Austria Wien	1975: Wacker Innsbruck	1997: Austria Casino Salzburg
1932: Admira Wien	1954: Rapid Wien	1976: Austria Wien	
1933: Vienna Wien	1955: Vienna Wien	1977: Wacker Innsbruck	

Schweizer Fußballmeister

1898: Grasshoppers Zürich	1923: Titel nicht vergeben	1948: AC Bellinzona	1973: FC Basel
1899: AAFC Zürich	1924: FC Zürich	1949: FC Lugano	1974: FC Zürich
1900: Grasshoppers Zürich	1925: Servette Genf	1950: Servette Genf	1975: FC Zürich
1901: Grasshoppers Zürich	1926: Servette Genf	1951: Lausanne Sports	1976: FC Zürich
1902: FC Zürich	1927: Grasshoppers Zürich	1952: Grasshoppers Zürich	1977: FC Basel
1903: Young Boys Bern	1928: Grasshoppers Zürich	1953: FC Basel	1978: Grasshoppers Zürich
1904: FC St. Gallen	1929: Young Boys Bern	1954: FC La-Chaux-de-Fonds	1979: Servette Genf
1905: Grasshoppers Zürich	1930: Servette Genf	1955: FC La-Chaux-de-Fonds	1980: FC Basel
1906: FC Winterthur	1931: Grasshoppers Zürich	1956: Grasshoppers Zürich	1981: FC Zürich
1907: Servette Genf	1932: Lausanne Sports	1957: Young Boys Bern	1982: Grasshoppers Zürich
1908: FC Winterthur	1933: Servette Genf	1958: Young Boys Bern	1983: Grasshoppers Zürich
1909: Young Boys Bern	1934: Servette Genf	1959: Young Boys Bern	1984: Grasshoppers Zürich
1910: Young Boys Bern	1935: Lausanne Sports	1960: Young Boys Bern	1985: Servette Genf
1911: Young Boys Bern	1936: Lausanne Sports	1961: Servette Genf	1986: Young Boys Bern
1912: FC Aarau	1937: Grasshoppers Zürich	1962: Servette Genf	1987: FC Neuchâtel Xamax
1913: Lausanne Montriond	1938: FC Lugano	1963: FC Zürich	1988: FC Neuchâtel Xamax
1914: FC Aarau	1939: Grasshoppers Zürich	1964: FC La-Chaux-de-Fonds	1989: FC Luzern
1915: Brühl-St. Gallen	1940: Servette Genf	1965: Lausanne Sports	1990: Grasshoppers Zürich
1916: FC Cantonal-Neuchâtel	1941: FC Lugano	1966: FC Zürich	1991: Grasshoppers Zürich
1917: FC Winterthur-Weltheim	1942: Grasshoppers Zürich	1967: FC Basel	1992: FC Sion
1918: Servette Genf	1943: Grasshoppers Zürich	1968: FC Zürich	1993: FC Aarau
1919: FC La Chaux-de-Fonds	1944: Lausanne Sports	1969: FC Basel	1994: Servette Genf
1920: Young Boys Bern	1945: Grasshoppers Zürich	1970: FC Basel	1995: Grasshoppers Zürich
1921: Grasshoppers Zürich	1946: Servette Genf	1971: Grasshoppers Zürich	1996: Grasshoppers Zürich
1922: Servette Genf	1947: FC Biel	1972: FC Basel	1997: FC Sion

Fußballmeister der DDR

1950: Horch Zwickau	1961/62: Vorwärts Berlin	1972/73: Dynamo Dresden	1983/84: BFC Dynamo Berlin
1951: Turbine Erfurt	1962/63: Motor Jena	1973/74: 1. FC Magdeburg	1984/85: BFC Dynamo Berlin
1952: Turbine Halle	1963/64: Chemie Leipzig	1974/75: 1. FC Magdeburg	1985/86: BFC Dynamo Berlin
1953: Dynamo Dresden	1964/65: Vorwärts Berlin	1975/76: Dynamo Dresden	1986/87: BFC Dynamo Berlin
1954: Turbine Erfurt	1965/66: Vorwärts Berlin	1976/77: Dynamo Dresden	1987/88: BFC Dynamo Berlin
1955: Turbine Erfurt	1966/67: FC Chemnitz	1977/78: Dynamo Dresden	1988/89: Dynamo Dresden
1956: Wismut Chemnitz	1967/68: Carl Zeiss Jena	1978/79: BFC Dynamo Berlin	1989/90: Dynamo Dresden
1957: Wismut Chemnitz	1968/69: Vorwärts Berlin	1979/80: BFC Dynamo Berlin	1990/91: Hansa Rostock (Oberliga Nordost)
1958: Vorwärts Berlin	1969/70: Carl Zeiss Jena	1980/81: BFC Dynamo Berlin	
1959: Wismut Chemnitz	1970/71: Dynamo Dresden	1981/82: BFC Dynamo Berlin	
1960: Vorwärts Berlin	1971/72: 1. FC Magdeburg	1982/83: BFC Dynamo Berlin	

G,
1) Abk. f. → Giga.
2) auf *Kurszettel:* Geld, svw. gefragt.
3) *mus.* d. 5. Ton d. C-Dur-Tonleiter.

g,
1) Abk. für *Gramm.*
2) *techn.-phys.* Formelzeichen f. Fallbeschleunigung (9,81 m/s²).

G, g, Aussprache in roman. Sprachen nur vor a, o, u und Konsonanten wie g bzw. γ; vor e, i, y im Frz., Portugies. wie ʒ (z. B. „Garage"), im Span., Ndl. wie *x,* im It., Rumän. u. engl. Wörtern roman. Herkunft wie dʒ (z. B. „Gentleman"); im Schwed. u. Norweg. vor e, i, y, ä, ö, æ, ö wie *j,* sonst wie *g.*

Ga, chem. Zeichen f. → *Gallium.*

Gäa [gr. „Erde"], Göttin der Erde.

Gabardine, *m.* od. *w.* [frz. -diːn], diagonalgeripptes Gewebe.

Gabbro, *m.,* grobkörniger dunkler → Plutonit.

Gabelbein, den Schlüsselbeinen entsprechender Knochen b. Vögeln, winklig verwachsen.

Gabelbock, *Pronghorn,* Horntier d. westl. N-Amerika; Bock m. gegabeltem Gehörn.

Gabelhirsch,
1) svw. → Gabler.
2) große Hirschart der Anden.

Gabelsberger, Franz Xaver (9. 2. 1789–4. 1. 1849), dt. Stenograph; Begr. e. dt. Kurzschrift.

Gabelstapler, *Hubstapler,* Transportkarren m. senkrecht geführtem, hydraulisch betriebenem Lastträger (Hubgabel) zum Stapeln v. schweren Gegenständen auf → Paletten (z. B. die sog. Ameise, mechanische → Hublader werden Hund genannt).

Gabès [-'bɛs], tunes. Hafenst., 95 000 E; Phosphatexport, Pipelines.

Gabčikovo [-tʃi-], Ort i. d. W-Slowakei auf d. Donauinsel Große Schütt, 4500 E.; umstrittenes Wasserkraftwerk-Großprojekt.

Gabin [ga'bɛ̃], Jean (17. 5. 1904–15. 11. 76), frz. Filmschauspieler; *La grande illusion; Quai des brumes.*

Gabirol, Ibn Salomon, gen. *Avicebron* (um 1020–69), jüd. Philosoph u. Dichter in Spanien; gr. Einfluß auf Scholastik.

Gable [geɪbl], Clark (11. 2. 1901 bis 17. 11. 60), am. Filmschauspieler; *Gone with the Wind; Misfits.*

Gabler, Rehbock od. Hirsch mit nur 2 Enden an jeder → Geweih-Stange.

Gablonz, tschech. *Jablonec,* böhm. St. a. d. Neiße, 46 000 E; Glas- u. Schmuckwarenind.

Gablonzer Glasindustrie, Schmuckwaren-Exportind.; v. Sudetendeutschen i. d. BR neu aufgebaut (bes. *Neu-Gablonz,* St.teil v. → Kaufbeuren).

Gabo, Naum, eigtl. *N. Nehemia Pevsner* (5. 8. 1890–23. 8. 1977), russ.-am. Künstler, e. wesentl. Initiator d. modernen abstrakten Plastik; m. s. Bruder A. Pevsner Theoretiker d. Konstruktivismus, Mitgl. d. Künstlervereinigung Abstraction-Création; Mitbegr. d. kinet. Kunst.

Gabor [ˈgeɪbɔ], Dennis (5. 6. 1900 bis 10. 2. 79), engl. Phys.; Nobelpr. 1971 f. Erfindung d. → Holographie.

Gaborone, Hptst. u. Handelszentr. v. Botswana, 138 000 E.

Gabriel, Erzengel (Tag: 29. 9.); Schutzpatron d. Postwesens.

Gabriel, Jacques-Ange (23. 10. 1698 bis 4. 1. 1782), frz. Architekt d. barocken Klassizismus; wandte sich später d. Rokoko u. Néoclassicisme zu; *Place de la Concorde* (Paris), *Petit Trianon* (Versailles).

Gabrieli,
1) Andrea (um 1510–1586), it. Komp., seit 1566 Organist an San Marco in Venedig; Messen, Motetten, Orgelwerke; s. Neffe
2) Giovanni (um 1554/57–12. 8. 1612 od. 13), it. Organist u. Komp., Kapellmeister an San Marco in Venedig, Lehrer v. H. Schütz; mehrchörige geistl. Konzerte.

Gabrowo, bulg. St. a. d. Jantra, 82 000 E; Maschinenind.

Gabun, waldreiches Gebirgsland am Golf von Guinea im westl. Zentralafrika. a) *Wirtsch.:* Holzgewinnung; Bodenschätze (Eisenerz, Mangan, Uran, Gold, Erdöl (mit 80 % Hauptexportgut), Erdgas). b) *Außenhandel* (1991): Einfuhr 962 Mill., Ausfuhr 2,57 Mrd. $. c) *Verf.* v. 1991: Präsidiale Republik mit Mehrparteiensystem, Nationalversammlung.

d) *Verw.:* 9 Provinzen. e) *Gesch.:* s. 1854 frz. Kolonie (Teil Frz.-Äquatorialafrikas); 1958 autonome Rep., s. 1960 volle Unabhängigkeit.

Gadamer, Hans-Georg (* 11. 2. 1900), dt. Phil., Prof. i. Leipzig (s. 1939), Frankfurt (s. 1947), Heidelberg (s. 1949), verf. Werke z. Hermeneutik u.Phil.historie.

Gadda, Carlo Emilio (14. 11. 1893 bis 21. 5. 1973), it. Schriftst., fülliger Sprachstil; *Die Erkenntnis des Schmerzes.*

Gaddafi, *Khadhafi,* Muammar el (* Sept. 1942), libyscher Pol.; s. 1970 faktisch Staatsoberhaupt, 1970–72 auch Min.präs.; 1979 Rückzug v. d. offiziellen pol. Ämtern.

Gaddi, it. Malerfamilie d. Florentiner Gotik;
1) *Agnolo* (um 1350–begr. 16. 10. 96); s. Vater
2) *Taddeo* (gest. 1366), Schüler Giottos; schuf durch Kontraste v. Licht u. Schatten u. äußerst nuancierte Farbgebung betonte Plastizität d. Formen u. neuart. Raumtiefe.

Gade [ˈgɛːðə], Niels Wilhelm (22. 2. 1817–21. 12. 90), dän. Nationalkomp.; Verwendung heimatl. Volksmusik.

Gadebusch (D-19205), Krst. in Mckb., 7000 E; got. Stadtkirche, Schloß; Leder-, Landmaschinenind.

Gadolinium, *Gd,* chem. El., Oz. 64,

GABUN	
Staatsname:	Republik Gabun, République Gabonaise
Staatsform:	Präsidiale Republik
Mitgliedschaft:	UNO, AKP, OAU, OPEC
Staatsoberhaupt:	Omar Bongo
Regierungschef:	Paulin Obamé-Nguéma
Hauptstadt:	Libreville 352 000 Einwohner
Fläche:	267 667 km²
Einwohner:	1 035 000
Bevölkerungsdichte:	4 je km²
Bevölkerungswachstum pro Jahr:	⌀ 3,31% (1990–1995)
Amtssprache:	Französisch
Religion:	Katholiken (65%), Protestanten (19%)
Währung:	CFA-Franc
Bruttosozialprodukt (1994):	3 669 Mill. US-$ insges., 3 550 US-$ je Einw.
Nationalitätskennzeichen:	G
Zeitzone:	MEZ
Karte:	→ Afrika

Gabun

At.-Gew. 157,25; Dichte 7,89; Seltenerdmetall.

Gaëta, it. Hafenst. i. d. Prov. Latina, am *Golf v. G.* (Tyrrhen. Meer), 24 000 E.

Gaff, eiserner Haken z. Landen schwerer Fische.

Gaffel, *w.,* schräge Segelstange; → Takelung.

Gafsa, tunes. St., 60 000 E; gr. Dattelpalmenoase, Thermalquellen.

Gag, *m.* [engl. gæg], witziger Einfall.

Gagarin, Juri (9. 3. 1934–27. 3. 68), sowj. Kosmonaut; 1961 erste Erdumkreisung (Wostok 1).

Gagat, svw. → Jett.

Gage, *w.* [frz. 'gaːʒə], Gehalt der Schauspieler.

Gagel, *m.,* aromat. duftender Strauch, u. a. in Mooren NW-Dtlds; ♦.

Gagern,
1) *Friedrich Frh. v.* (26. 6. 1882 bis 14. 11. 1947), östr. Schriftst.; *Das Grenzerbuch.*
2) *Heinrich Frh. von* (20. 8. 1799 bis 22. 5. 1880), Präs. der Nat.vers. in Frankf./M. 1848.

Gaggenau (D-76571), St. i. Kr. Rastatt, Ba-Wü., 29 600 E; Kfz- u. Metallind., Heilquelle, Fremdenverkehr.

Gail, rechter Nbfl. d. Drau, 125 km; *Gailtal* im Mittellauf i. Kärnten (Hermagor).

Gainsborough [ˈgeɪnzbərə], Thomas (14. 5. 1727–2. 8. 88), engl. Bildnis- u. Landschaftsmaler d. Rokoko.

Gaiser, Gerd (15. 9. 1908–9. 6. 76), dt. Schriftst.; *Die sterbende Jagd; Eine Stimme hebt an; Das Schiff im Berg; Schlußball.*

Gaius, röm. Jurist i. 2. Jh.; verfaßte privatrechtl. Lehrbuch *Institutiones.*

Gajdusek, Carleton (* 23. 9. 1923), am. Kinderarzt u. Virologe; Nobelpr. 1976 (Arbeiten über die Entstehung u. Verbreitung v. Infektionskrankheiten).

Gala, *w.* [span.], Hoftracht, festl. Schmuck.

Galagos, *Buschbabys,* kleine Halbaffen in Afrika.

galaktisch, auf → Galaxis bezogen.

Galaktometer, *s.* [gr.], Instrument zur Beurteilung der Güte (z. B. Fettgehalt) der Milch.

Galaktosämie [gr.], abnorm gesteigerte Konzentration v. → Galaktose im Blut als Folge e. vererbten Enzymmangels; Schädigung v. Leber, Niere, Gehirn u. Augenlinse, Behandlung durch milchfreie Diät.

Galaktose, *w.,* Zuckerart, Bestandteil v. Milchzucker.

Galalith®, *s.* [gr. „Milchstein"], Handelsname für nicht mehr gebräuchl. Kunststoff aus Milcheiweiß (Caseïn) und Formaldehyd; Kunsthorn.

Galan, *m.* [span.], Liebhaber.

galant [frz.], ritterlich.

Galanterie, *w.,*
1) Höflichkeit (gg. Damen).
2) *G.waren,* Putz- und Schmuckwaren.

Galápagosinseln, *Schildkröteninseln,* Pazifik, zu Ecuador (13 größere Inseln, davon 3 besiedelt), 7812 km², 9800 E; Hauptort: Puerto Baquerizo Moreno auf S. Cristóbal; Riesenschildkröten u. a. seltene Tier- u. Pflanzenarten; s. 1959 Nat.park.

Galata, St.teil v. → Istanbul.

Galatea, *Galateia,* Meernymphe der griech. Sage.

Galater, kelt. Stamm; seit dem 4. Jh. v. Chr. in Kleinasien.
Galaterbrief, Paulusbrief im N.T.
Galatz, rumän. *Galați*, bedeutendste (Donau-)Hafenst. Rumäniens, 326 000 E; Uni; Ind.zentrum, Eisenhüttenind., Schiffs- u. Maschinenbau.
Galaxien [gr.], extragalakt. Nebel od. Sternsysteme, früher als *Spiralnebel* bezeichnete Sternsysteme außerhalb d. Milchstraßensystem (z. B. Andromedanebel, 2,3 Mill. Lichtjahre Entfernung, mit bloßem Auge sichtbar); G. oft zu Gruppen v. Tausenden vereinigt (Abb. → Himmelskunde I).
Galaxienhaufen, *Nebelhaufen,* Ansammlungen von wenigen (ca. 10) bis über 1000 → Galaxien, die durch d. Schwerkraft zus.gehalten werden; größter bekannter G.: die *Große Mauer* aus über 2000 Galaxien; d. → Milchstraße gehört neben d. → Andromedanebel, d. → Magellanschen Wolken u. weiteren etwa 30 Galaxien zur *Lokalen Gruppe.* Systeme aus G. bilden *Superhaufen,* die d. großräumige Struktur des Weltalls bestimmen. Zw. d. Superhaufen beobachtet man weite, fast galaxienfreie Räume, die *Voids.* Das Weltall scheint e. klumpige, blasige Struktur zu haben, die sich auch in kl. Unregelmäßigkeiten der → kosm. Hintergrundstrahlung abbildet.
Galaxis, w. [gr.], → Milchstraßensyst.
Galaxy [ˈgæləksɪ], Name des dzt. größten Transportflugzeuges (Lockheed C-5 b) f. mil. Zwecke; Startgewicht rund 350 000 kp, max. Nutzlast 120 000 kp, Höhe 19,85 m, Länge 75,29 m, 6 Mann Besatzung, Geschwindigkeit 919 km/h; → Antonow.
Galba, Servius Sulpicius, röm. Kaiser 68/69 n. Chr.
Galbraith [ˈgælbreɪθ], J. Kenneth (* 15. 10. 1908), am. Nationalökonom u. Diplomat; *Gesellschaft im Überfluß; Die mod. Industriegesellschaft; Wirtsch. f. Staat und Gesellschaft.*
Galdhøpiggen → Jotunheim.
Galeere, w., langes antikes, ma. Kriegsschiff, m. 25 bis 50 Ruderbänken, auf denen je 3–5 **G.nsklaven** saßen.
Galen (129–199), bedeutendster Arzt d. röm. Zeitalters.
Galen|os, Clemens August Gf von (16. 3. 1878–22. 3. 1946), 1933 Bischof v. Münster (Gegner d. NS), 1946 Kardinal.
Galenik, Art der Zubereitung e. Medikamentes.
Galeone, w. [ml.], span. u. portugies. Segelschiff im 16.–18. Jh.; 3–5 Masten.
Galerie, w. [frz.], schmaler gedeckter Gang (*bergbaulich:* Stollen); auch erhöht um e. Saal umlaufend (oberster Theaterrang) od. f. Bildwerke, daher auch svw. Gemäldesammlung.
Galerieton, in d. Malerei urspr. unbeabsichtigtes Nachdunkeln der Farben durch Oxidieren d. enthaltenen Öls; in d. 2. Hälfte 19. Jh. für Bildnisse geschätzt u. durch entsprechende Farbgebung erzielt.
Galeriewald, Flußwald i. Savannen.
Galerius, Gaius Valerius Maximianus röm. Kaiser 305–311 n. Chr., Nachfolger u. Schwiegersohn Diokletians.
Galicien, span. *Galicia,* Landschaft in NW-Spanien; seit 1981 auton. Region (29 434 km²) mit den Prov. La Coruña, Lugo, Orense, Pontevedra; gebirgig; Bev. (2,73 Mill. E) mit eigener Sprache.

Galaxis, Andromeda-Nebel

Galeere

Galileo Galilei

Gallenröhrling †

Galicisch; Fischfang, Viehzucht, an d. Küste Ind.; Hptst. *Santiago de Compostela.*
Galiläa, nördlichste Landschaft Israels.
Galilei [-ˈleɪ], Galileo (15. 2. 1564–8. 1. 1642), it. Physiker; Grundlagen der Mechanik, Gesetze des freien Falls, d. Pendels, des Wurfs; konstruierte 1609 das „G.sche Fernrohr"; entdeckte die Zusammensetzung der Milchstraße, Jupitermonde, Sonnenflecke, Saturnring; Anhänger d. Kopernikus (Sonne Mittelpunkt der Erdbahn); 1633 erzwungener Widerruf vor Inquisitionsgericht in Rom.).
Galileo, am 18. 10. 1989 gestartete amer.-deutsche Raumsonde, s. Dez. 1995 auf Umlaufbahn um Jupiter.
Galinski, Heinz (28. 11. 1912–19. 7. 92), Vors. d. Zentralrates d. Juden i. Dtld; Leiter d. jüd. Gemeinde Berlin; seit 1987 H.-Galinski-Stiftung.
Galion, *s.* [span.], Schiffsvorbau zur Stütze des → Bugspriets, oft durch **G.sfigur** verziert.
Gälisch, kelt. Sprache in Irland, im schott. Hochland u. auf d. Insel Man.
Galizien, osteur. Landschaft am nördl. Abhang der Karpaten u. deren Vorland; Flüsse: Weichsel mit San, Dnjestr mit Sereth; westl. d. San von Polen, östl. davon u. Ukrainern besiedelt; Ackerbau, im S Forstwirtschaft; Erdöl, Salz, Kohlen. 1772–1919 östr. Kronland, dann zu Polen; Ost-G. 1939 zur Sowjetukraine (Westukraine).
Gall, Franz Joseph (9. 3. 1758–22. 8. 1828), dt. Arzt; Begr. der Schädellehre (Fähigkeiten u. Anlagen angebl. an der Vorwölbung d. Schädels kenntlich).
Galla, *Oromo,* Volk i. S-Äthiopien, hamit. Sprache (→ Hamiten); ca. 8 Mill. Moh. u. Christen, meist Ackerbauern.
Gallait [-ˈlɛ], Louis (10. 3. 1810 bis 20. 11. 87), belg. Maler d. Romantik; Begr. der monumentalen Historienmalerei, m. Tendenz z. sentimentalem Pathos; einflußt. f. d. dt. Malerei d. Spätromantik u. die Salonkunst; *Die Abdankung Karls V.*
Galland, Adolf (19. 3. 1912–9. 2. 96), dt. Gen.leutnant d. Luftwaffe, Dez. 1941 bis Jan. 45 Gen. der Jagdflieger.
Galläpfel → Gallen.
Galla Placida (um 390–27. 11. 450), weström. Kaiserin, Tochter d. röm. Kaisers Theodosius I., Gemahlin d. späteren Kaisers Constantinus III.; berühmte Grabkapelle in Ravenna.
Gallas, Matthias, Graf v. Campo (1584 bis 1647), kaiserl. General i. → Dreißigjähr. Krieg; Gegner Wallensteins.
Galle, Johann Gottfried (9. 6. 1812 bis 10. 7. 1910), dt. Astronom; Direktor der Sternwarte i. Breslau; entdeckte 1846 den Planeten → Neptun.
Galle [ga:l], St. i. SW Sri Lankas, 100 000 E; portugies. Befestigungsanlagen; Hafen.
Galle, von der Leber abgesonderter grüner Saft; fließt entweder direkt in d. Zwölffinger-→ Darm oder wird zuerst in d. *Gallenblase* gesammelt u. eingedickt, dient der Fettverdauung. *Gallenkolik,* schmerzhafter Krampfzustand der Gallenblase, oft infolge Festklemmung eines *Gallensteines,* eines krankh. kristallinen Niederschlages der Galle.
Gallé, Émile (4. 5. 1846–23. 9. 1904), frz. Designer u. Kunsthandwerker d. → Jugendstils; bes. berühmt f. seine Glaswaren.
Gallego [gaˈʎɛɣo], Fernando (bezeugt 1468–1507), span. Maler d. Spätgotik, schulbildender Hptvertr. d. ndl. Stils in Spanien; *Ildefonso-Altar* in Zamora; *Kreuztragung.*
Gallen, Wucherungen an Pflanzenteilen (Blättern, Knospen, Wurzeln usw.), hervorgerufen durch Tiere (Wespen, Mücken, Pflanzenläuse, Würmer u.a.) oder Schmarotzerpilze; bes. bekannt die *Galläpfel* an Eichen, erzeugt durch → Gallwespen; bei Tieren: Wucherungen am Sprung- oder Fesselgelenk.
Gallén-Kallela, Akseli (26. 5. 1865 bis 7. 3. 1931), finn. Maler u. Graphiker; verband bei z. T. pathet. Ausdruckskraft Stilmittel d. Freilichtmalerei, d. Realismus u. Symbolismus m. naturverbundenem Heimatgefühl; bevorzugte Themen aus d. Nat.epos *Kalevala.*
Gallenröhrling, sehr bitterer, steinpilzähnl. Pilz.
Gallert|e, *s.* bzw. *w.,* steif elast. Masse aus eingedickten pflanzl. od. tier. Säften.
Galliano, *m.,* it. Kräuterlikör; wird hpts. z. Cocktails verwendet.
Gallien, seit etwa 1000 v. Chr. Land der *Kelten* (röm. **Gallier**), heute Frkr., Belgien u. die Lombardei; *Gallia cisalpina* (zw. Alpen u. Apenninen) 222 v. Chr. v. Römern unterworfen; *Gallia transalpina* 58–51 v. Chr. v. Cäsar f. Rom gewonnen; 3.–5. Jh. v. german. Stämmen durchzogen; 451 n. Chr. Hunneneinfall Attilas; Eindringen d. Alemannen (Oberrhein) u. Franken (Niederrhein), d. 486 unter Chlodwig das Frankenreich errichteten.
Gallikanismus, frz. Richtung des → Episkopalismus s. d. 13. Jh.: Vorrang d. gesamtbischöfl. Konzilsversamml. vor d. päpstl. Machtanspruch, verbunden m. d. Einflußnahme d. frz. Staates.
Gallipoli, jetzt *Gelibolu,* Thrazischer *Chersones,* türk. Halbinsel, NW-Seite der Dardanellen, 85 km l., bis 20 km br., Hafenst. G., 14 700 E.
Gallium, Ga, chem. El., Oz. 31, At.-Gew. 69,72, Dichte 5,91; seltenes, zinkähnliches Metall, in Zinkblende vorkommend.
Gällivare [ˈjɛlivaːrə], Gem. im schwed. Lappland, 26 000 E; nördl. d. Eisenberg *Malmberget* (70% Eisengehalt d. Erzes).
Gallizismus, *m.,* aus dem Frz. entlehnter Ausdruck.
Gallmücken, kl. Mücken; Larven erzeugen → Gallen.
Gallone → Maße u. Gewichte, Übers.
Galloway [ˈgæloʊweɪ], älteste Fleischrinderrasse d. britischen Inseln; anspruchsloses, widerstandsfähiges, hornloses, friedfertiges Rind m. langem, welligem, schwarzem od. graugelbem Haar.
Gallup [ˈgæləp], George H. (18. 11. 1901–27. 7. 84), am. Begr. d. Meinungsforschung u. d. *Gallup-Instituts* (1935); → Meinungsforschung.
Gallus, ir. Missionar in Alemannien u. Schweiz; gründete Kloster St. Gallen (um 615).
Gallus (Handl), Jacobus (1550–18. 7. 91), östr. Komponist slowen. Herkunft; Messen, Motetten.
Gallussäure, *Trihydroxybenzoësäure,* in Galläpfeln, in Tee; gerbend, hautzusammenziehend; für Medizin, fotograf. Entwickler, Eisengallustinte.

GAMBIA

Staatsname:	Republik Gambia, Republic of the Gambia
Staatsform:	Präsidiale Republik
Mitgliedschaft:	UNO, AKP, Commonwealth, ECOWAS, OAU
Staatsoberhaupt und Regierungschef:	Yaya Jammeh
Hauptstadt:	Banjul 150 000 Einwohner
Fläche:	11 295 km²
Einwohner:	1 081 000
Bevölkerungsdichte:	96 je km²
Bevölkerungswachstum pro Jahr:	Ø 2,60% (1990–1995)
Amtssprache:	Englisch
Religion:	Muslime (90%), Christen (2%), Naturreligionen
Währung:	Dalasi (D)
Bruttosozialprodukt (1994):	384 Mill. US-$ insges., 360 US-$ je Einw.
Nationalitätskennzeichen:	WAG
Zeitzone:	MEZ – 1 Std.
Karte:	→ Afrika

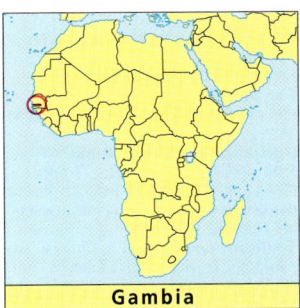

Gambia

Gallwespen, meist. kl. → Hautflügler; legen Eier in Pflanzengewebe, regen diese zu Wucherungen (*Galläpfel*) an; bes. an Eichen, Weiden, *Rosen-G.*

Galmei, *m.,* Zinkerze, Zinksilicate u. -karbonate.

Galopp, *m.* [frz.].
1) schneller Gesellschaftstanz, 2/4-Takt.
2) schnelle, springende Gangart d. Pferdes.

Galopprennen, Pferderennen, → Flach- od. Hindernisrennen, im Gegensatz zu → Trabrennen.

Galosch, sowj. Raketenabwehrsystem.

Galosche, *w.* [frz.], Über-, Gummischuh.

Galsworthy [ˈgɔːlzwəːði], John (14. 8. 1867–31. 1. 1933), engl. Schriftst.; *Jenseits; D. Forsyte Saga;* Dramen; Nobelpr. 1932.

Galt, *gelber G.,* ansteckende Eutererkrankung b. Rind, Ziege.

Galton [ˈgɔːltn], Francis (16. 2. 1822 bis 17. 1. 1911), engl. Naturforscher, Vetter Darwins; Begr. d. Eugenik u. d. menschl. Erblehre.

Galuppi, Baldassare (18. 10. 1706 bis 3. 1. 85), it. Opernkomponist; Zus.arbeit mit Goldoni; 91 Opern, 51 Cembalosonaten, Concerti.

Galvani, Luigi (9. 9. 1737–4. 12. 98), it. Anatom; entdeckte galvanische Elektrizität („tierischer Magnetismus").

Galvanisation, Anwendung des galvan. Gleichstroms zu Heilzwecken (*Galvanotherapie*).

galvanischer Strom, el. Strom überhaupt; im engeren Sinn Strom aus *galvan. Elementen:* zwei Metalle (z. B. Kupfer u. Zink), in verdünnte Säure eingetaucht, ergeben el. Spannung, die sich über Drahtleitung als el. Strom entlädt (bis Zink völlig aufgelöst ist). *Volta-Element:* Zink u. Kupfer in Schwefelsäure; *Bunsen-Element:* Zink in Schwefelsäure, Kohle in Salpetersäure (Trennung durch → Diaphragma); *Leclanché-Element:* Zink u. Kohle mit Braunstein in Salmiaklösung; → *Trockenelement, Daniellsches Element* u. *Weston-Element.*

galvanisieren, elektrolyt. Herstellung metall. Überzüge auf festen Materialien: schickt man el. Gleichstrom durch Metallsalzlösung (*Elektrolyten*), so scheidet sich d. Metall als dünner Überzug an d. negativen, leitend gemachten Elektrode (Kathode) ab u. schmiegt sich genau an ihre Formen an.

Galvano, *s.* [it. -ˈwa-], Abformung eines Druckstocks od. Schriftsatzes durch *Galvanisieren;* Original wird dazu unter Druck in Wachstafel geprägt, die durch Graphitüberzug leitend gemacht ist; statt Wachs auch an sich schon leitendes Weichblei; auf diese *Matrize* wird Kupferüberzug galvanisch niedergeschlagen, nach Abschmelzen des Wachses mit Blei hintergossen, zum Druck auf Holz befestigt (Klischee).

Galvanokaustik, Chirurgie mit durch galvan. Strom erzeugter Glühhitze (Platindrähte, Messer usw.: *G.kauter*).

Galvanometer, hochempfindliche el. Strom- oder Spannungsmesser.

Galvanoplastik, Anfertigung von Kopien von Münzen, Plastiken usw. durch Bildung *dicker* galvan. Niederschläge auf leitend gemachten Gipsabdrücken.

Galvanostegie, Elektroplattierung, Herstellen *dünner* galvan. Überzüge, bes. aus Edelmetall, auf Löffeln, Gabeln usw.; auch aus Chrom u. Nickel zum Rostschutz.

Galvanotechnik, Herstellung metall. Überzüge auf galvan. Wege (z. B. Verzinkung v. eisern. Trägern); Abb.: *A* Anode Zink, *K* Kathode Eisenteil, *B* Zinkbad (Lösung e. Zinksalzes in Wasser).

Galveston [ˈgælvɪstən], Hafenst. i. Texas am Golf v. Mexiko (USA), 62 000 E; Getreide-, Baumwoll- u. Schwefelausfuhr, Erdölraffinerie.

Galvin [ˈgælvɪn], John R. (* 13. 5. 1929), US-General, 1987–92 Oberbefehlshaber der NATO-Streitkräfte in Europa u. Oberkommandierender der in Europa (SACEUR) stationierten US-Truppen.

Galway [ˈgɔːlweɪ], Prov.hptst. i. W-Irland, 48 000 E; Kathedrale, Bischofssitz; Hafen, Touristik i. Umland.

Gama, Vasco da (1469–24. 12. 1524), portugies. Entdecker; fand 1497 den Seeweg nach Indien um das Kap der Guten Hoffnung.

Gamander, *m.,* krautförmiger Lippenblütler.

Gamay [gaˈmɛ], v. a. in Frkr. (→ Beaujolais) u. d. Schweiz angebaute Rotweinrebe, die leichte, frucht. Weine liefert; m. → Pinot Noir wird sie im Kanton → Wallis zu *Dôle,* im Kanton → Waadt zu *Salvagnin* kombiniert.

Gambe, *w.* [it.], Viola da gamba, sechs- od. siebensaitige Kniegeige; beliebtes Instrument d. 16. bis 18. Jh.

Gambetta [gã-], Léon (3. 4. 1838 bis 31. 12. 82), frz. republikan. Pol.; organisierte nach dem Sturz → Napoleons III..

Gambia,
1) schiffb. Strom W-Afrikas, mündet in d. Atlantik, 1100 km l.
2) westafrikan. Rep. am Unterlauf des G. **a)** *Wirtsch.:* Export v. Erdnüssen, Palmkernen. **b)** *Außenhandel* (1991): Einfuhr 287 Mill., Ausfuhr 166 Mill. $. **c)** *Verf.:* Präsidialrep., Einkammerparlament. **d)** *Verw.:* Hptst. u. 6 Bezirke. **e)** *Gesch.:* Seit 1843 brit. Kronkolonie, 1965 unabhäng. Mitgl. im Commonwealth, seit 1970 Rep.; 1982–89 Zus.-schluß m. → Senegal zur Konföd. Senegambia; seit 1994 nach Putsch Militärregime; 1996 neue Verfassung.

Gambit, *s.,* Eröffnungsart im Schachspiel, die zwecks Angriffs Bauern od. Figur preisgibt.

Gambo, svw. → Okra.

Gambrinus, sagenhafter König aus karolingischer Zeit; Erfinder des Biers u. Schutzherr der Brauer.

Gamelan [malaiisch], fernöstl. Instrumentalensemble, überwiegend aus Idiophonen (Gongs, Becken) bestehend.

Gamelin [gamˈlɛ̃], Maurice Gustave (1872–1958), frz. Gen.; 1939 Oberbefehl. d. all. Streitkräfte in Frankreich.

Gametangium, Organ, in dem die pflanzl. → Gameten entstehen; männl. Gameten im → Antheridium, weibl. im → Archegonium.

Gameten [gr.], Geschlechtszellen, Keimzellen, zusammenfassend f. Ei- u. Samenzellen.

Gametophyt, d. geschlechtl. haploide Generation der Pflanzen, in der die → Gameten gebildet werden; → Generationswechsel.

Gamin, *m.* [frz. -ˈmɛ̃], (Pariser) Gassenjunge.

Gamma, *s.,*
1) Maßeinheit: 1 γ = 1/1000000 g, svw. Mikrogramm (γ).
2) dritter Buchstabe d. griech. Alphabets: Γ, γ.

Gammaastronomie, Zweig der Astronomie, der die Gammastrahlung von kosm. Objekten erforscht; bes. Interesse gilt d. entdeckten kosm. Gammastrahlenausbrüchen hoher Energie (*Gamma-Burster*); → Gammastrahlen.

Gammaglobulin, im Blut enthaltenes Eiweiß mit Antikörperfunktion, deshalb z. Vorbeugung u. Behandlung bes. v. Viruskrankheiten (passive Impfung, Immunisation).

John Galsworthy

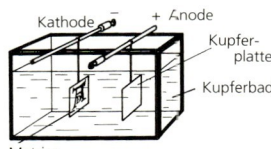

Matrize
Galvano

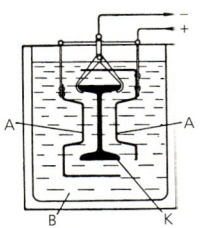

Galvanotechnik

Gamay

Gammagraphie, Werkstoff-, Materialprüfung mit Hilfe v. Gammastrahlung eines radioaktiven Präparats.
Gammastrahlen, γ-*Strahlen,* extrem kurzwellige → elektromagnet. Strahlung (→ Radioaktivität, Übers.).
gammeln, [niederdt. *gammel,* „alt werden"], i. d. Tag hinein leben, trödeln.
Gammler, bes. in den 60er Jahren, langhaariger Jugendlicher, untätiger Protestler.
GAMO → OCAM.
Gamone, von den → Gameten gebildete Wirkstoffe zur Förderung des Befruchtungsvorgangs; männl. Andro-G., weibl. Gyno-G.
Gams, svw. → Gemse.

Indira Gandhi   Mahatma Gandhi

Ganderkesee (D-27777), Gem. im Kr. Oldenburg, Nds., 27 562 E; Maschinenbau, Textilind.
Gandhi,
1) Indira (19. 11. 1917–31. 10. 84), ind. Pol.in, Tochter Nehrus; 1966–77 u. s. 1980 Min.präs.; ermordet.
2) Mohandâs Karamchand (2. 10. 1869–30. 1. 1948), Hpt d. ind. Unabhängigkeitsbewegung (*Mahatma* = Große Seele). Propagierte → Non-cooperation; wiederholt in engl. Haft, lange Fastenzeiten; strebte Einigung v. Mohammedanern u. Hindus, Milderung des Kastenwesens an; durch Attentat umgekommen; *Mein Leben.*
3) Rajiv (20. 8. 1944–21. 5. 91), ind. Pol. (Kongreß-Partei); Sohn v. 1); nach d. Attentat auf s. Mutter Min.präs. 1984 bis 89; ermordet.
Gandscha → Gjandscha.
Gaṇesha, hinduist. Gott d. Weisheit, Wiss. u. Lit.; beseitigt Hindernisse u. wird deshalb v. jedem Unternehmen angerufen.
Gangart, mineral. Beimischung bei Erzen (Kalk, Tonerde etc.).
Ganges, ind. *Ganga,* heilig gehaltener Strom in Vorderindien, vom mittleren Himalaja durch die G.-Ebene zum Golf v. Bengalen, 2511 km l.; Delta (mit Brahmaputra) 56 000 km².
Ganges-Kanal zw. Kanpar u. Hardwar, über 1000 km.
Gangfisch → Renken.

Ludwig Ganghofer

Ganghofer, Ludwig (7. 7. 1855–24. 7. 1920), bayr. Volksschriftst.; *Edelweißkönig; Der Klosterjäger; Martinsklause; Schloß Hubertus.*
Ganglienblocker, *Ganglioplegika,* Ammoniumverbindungen, die eine Weiterleitung nervöser Reize auf Muskeln u. an Schaltstellen (*Ganglien*) des vegetativen → Nervensystems hemmen od. unterbrechen; bewirken Ruhigstellung d. glatten Muskulatur u. Blutdrucksenkung, verwendet z. „künstl. Winterschlaf"; → Narkose.
Ganglion, s. [gr.]
1) Nervenknoten, Anhäufung von Nervenzellen.
2) Überbein, Ausstülpung d. Gelenkkapsel oder Sehnenscheide.
Gangrän, s. w. [gr.], → Brand 1).
Gangtok, Hptst. v. Sikkim, 40 000 E.
Gangway, w. ['gænweɪ], bewegl. Laufbrücke zw. Schiff od. Flugzeug u. Landeplatz.
Gan Jiang [-'dʒjaŋ], Kan-kiang, r. Nbfl. des Chang Jiang, 864 km l.
Ganove, m., *Ganeff* [jidd.], Dieb, Gauner.
Gänse, Entenvögel m. Grasrupfer-

Graugans (links),
Toulouser Mastgans (rechts)

Gänseblümchen

schnabel, Geschlechter gleich gefärbt, in Einehe; u. a. *Graugans,* Stammform der *Hausgans.*
Gänseblümchen, Korbblütler mit weißen Blüten; gefüllte Zierform; das *Tausendschönchen.*
Gänsedistel, milchsaftführende Ackerunkräuter; gelbe Blüten.
Gänsefuß, Familie der G.gewächse, dazu auch Melde, Runkelrübe, Spinat, meist Unkräuter.
Gänsegeier, Art d. → Geier.
Gänsesäger, Entenvogel; → Säger.
Gänsevögel, Ordnung d. Vögel, m. etwa 150 Arten weltweit verbreitet; 2 Familien: *Wehrvögel, Entenvögel.*
Gansu, Prov. in NW-China, 454 000 km², 22,37 Mill. E; teils gebirgig, teils Lößhochflächen; Erzbergbau, Ackerbau, Baumwollanbau, Seidenraupenzucht; Erdölförderung; Hptst. *Lanzhou.*
Ganymed|es,
1) (junger) Kellner.
2) Name für wichtigen → Planetoiden u. für den 3. der 4 hellen Jupitermonde.
3) in der griech. Sage Liebling und Mundschenk des Zeus, der ihn durch einen Adler in den Olymp entführen läßt.
Ganz, Bruno (* 22. 3. 1941), schweiz. Schausp., Träger d. → Ifflandrings; *D. am. Freund; D. Fälschung; In d. weißen Stadt; Der Himmel über Berlin.*
Ganzheit, das die einzelnen Teile als Ganzes Umfassende, „ein geordnetes Etwas, in dem jeder Teil seinen bestimmten Beziehungsort hat" (Driesch).
Ganzheitsmedizin, versucht Krankheiten e. Organs auf Störungen von Körper, Seele u. Umwelt zurückzuführen.
Ganzwortmethode, Form des Leseunterrichts, bei d. man nicht v. Buchstaben, sondern v. Wort(bild) ausgeht.
Garage [frz. -'raːʒə], Unterstellraum für Kfz.
Garamond, [-'mõ], Claude (um 1480 bis 1561), frz. Schriftkünstler; nach ihm ben. *G.-Antiqua.*
Garantie, w. [frz.], Verbürgung, Sicherstellung, Gewähr; *Garant,* wer sich für etwas verbürgt.
Garantiegesetz, in Italien 1871, sicherte die Unabhängigkeit des Papstes.
Garantieversicherung, *Kautionsversicherung,* Gewährung von Kautionen f. d. bei e. Lebensversicherungsges. Versicherten, auch Leistungen solcher Ges.en bei Unterschlagung durch Angestellte d. Versicherungsnehmers.
Garantievertrag, verpflichtet „Garanten" f. e. best. Erfolg einzustehen; *völkerrechtl.* Vertrag z. Sicherung völkerrechtl. Pflichten od. Rechte, notfalls m. Waffengewalt.
Garbo, Greta, eigtl. *Gustafsson* (18. 9. 1905–15. 4. 90), schwed. Filmschauspielerin; *Mata Hari; Queen Christina; Ninotchka.*
Garbsen (D-30823–27), St. i. Kr. Hannover, Nds., 61 182 E.
Garching (D-85748), Gem. n. v. München, 12 000 E; 1. Forschungsreaktor Dtlds (1957), MPI, Inst. d. TU.
García, Márquez Gabriel (* 16. 8. 1928), kolumbian. Schriftst. u. Journalist; myth.-realist. Erzählungen: *Hundert Jahre Einsamkeit; Der Herbst des Patriarchen; Die Liebe in den Zeiten der Cholera; Das Abenteuer des Miguel Littín;* Nobelpr. 1982.

García Lorca [-'θia-], Federico (5. 6. 1898–19. 8. 1936), span. Dichter; *Bluthochzeit; Yerma.*
Garçon, m. [frz. -'sõ], Junge; Kellner.
Gard [gaːr],
1) r. Nbfl. der Rhône, von den Cevennen, 133 km l.; bei Remoulins überquert von Pont du G., röm. Aquädukt (um Chr. Geburt).
2) frz. Dép., im Languedoc, 5853 km², 585 000 E; Hptst. *Nîmes.*
Gardasee, it. *Lago di Garda,* größter oberit. See am S-Fuß d. Alpen, 52 km l., 5 km br., im S. bis 17 km breit; 370 km², 65 müM; bis 346 m tief; mildes Klima; subtrop. Vegetation; Kurorte: *Salò, Gardone, Riva.*
Garde, w. [frz. „Wache"], fürstl. Leibtruppe; Elitetruppe.
Gardelegen (D-39638), Krst. i. S-A., 12 761 E; roman. Marienkirche, got. Rathaus; Baustoff-, Nahrungsmittel- u. kunststoffverarb. Ind.
Garde Républicaine [gard repybliˈkɛn], Pariser Polizei.
gardez! [frz. -'de], Achtung!
gardez la reine! [-'rɛn], (veraltete) Warnung im *Schachspiel* bei bedrohter gegner. Königin.
Gardine, leichte, hängende Textilien als Sichtschutz: Fenster-G., Bettvorhang.
Gardinenpredigt, Strafrede (hinter der Bett-Gardine) der Gattin.
Gardner [ˈgaːdnə],
1) Ava (24. 12. 1922–25. 1. 90), am. Filmschauspielerin, Hollywood-Schönheit d. 50er Jahre; *Die barfüßige Gräfin.*
2) Erle Stanley (17. 7. 1889–11. 3. 1970), am. Kriminalschriftst., schuf d. Figur *Perry Mason.*
Gardone-Riviera, italienischer Kurort am W-Ufer des Gardasees, 65 müM, 2500 E.
Gargallo [garˈgaʎo], Pablo (5. 12. 1881–28. 12. 1934), span. Bildhauer; Pionier d. modernen (Metall-)Plastik durch techn. neuart. Kontrastkombination v. Voll- u. Leerformen, geschlossener u. offener Form, Konkav u. Konvex; *Der Prophet.*
Gargantua, kelt. Sagengestalt, gewaltiger Fresser und Säufer in Rabelais' Roman *Gargantua,* 1534.
Garibaldi, Giuseppe (4. 7. 1807–2. 6. 82), it. Freischarenführer, kämpfte s. 1856 für Einigung Italiens; 1860 *Zug der Tausend,* Eroberung Siziliens u. Neapels; 1870 auf der Seite v. Frkr.
Gariboldi, Italo (1876–1970), it. General; 1942 Oberbefehlsh. d. 8. it. Armee in Rußland.
Garigue [frz. -'rig], mediterrane Pflanzenformation, offener als d. → Macchie.
Garimpeiro [portugies.], Goldsucher in Brasilien.
Garland [ˈgaːlənd], Judy (10. 6. 1922 bis 22. 6. 69), am. Filmschauspielerin; Revue-, Musicalstar; Mutter v. L. Minnelli.
Garmisch-Partenkirchen (D-82467), Markt, heilklimat. Kurort u. Wintersportplatz am Fuß d. Wettersteingebirges (Zugspitze), 720 müM, 27 094 E; AG; Spielbank; Zahnradbahn z. Zugspitze; Seilbahnen z. Wank, Eckbauer, Graseck, Kreuzeck, Hausberg, z. den Osterfeldern, v. Eibsee z. Zugspitze; IV. Olymp. Winterspiele 1936, Alpine Skiweltmeisterschaften 1978.

Garn, der durch Spinnen hergestellte Faden.
Garnelen, kl. Krebse der Meere.
Garnier [-'nje],
1) Charles (6. 11. 1825–3. 8. 98), frz. Architekt; schuf typenbildende Bauten im historisierenden Zeitgeschmack (meist Neubarock); Oper von Paris; Casino u. Theater v. Monte Carlo.
2) Tony (13. 8. 1869–19. 1. 1948), frz. Architekt; Vorläufer d. Rationalismus, m. gr. Einfluß auf Le Corbusier; richtungweisender Stadtplaner (Cité industrielle) u. formbildender Pionier bei d. Verwendung v. Stahlbeton.
Garnison, w. [frz.], Truppenstandort.
Garnnummer, Numerierung v. Garnen z. Bez. ihrer Dicke; f. Seide, Kunstseide u. Chemiefasern Angabe nach → Denier, sonst Berechnung in Metern od. Yards pro Gramm Garn (Einheit: N); je höher N, desto feiner das Garn.
Garnspinnen (Matrosenausdruck), Lügengeschichten erzählen.
Garonne [-'rɔn],
1) bedeutendster Fluß SW-Frkr., 650 km l., aus d. Pyrenäen, m. breiter Trichtermündung (Gironde, 75 km l.), in d. Atlantik; bis Bordeaux Seeschiffe; Nbfl.: r. Salat, Ariège, Tarn, Lot, Dordogne; l. Gers, Baise.
2) Haute-G., Dép. 6309 km², 925 000 E; Hptst. Toulouse.
Garonne-Kanal, Toulouse bis Castets (Forts. d. Canal du Midi), 193 km l.
Garoua [-'rua], St. i. Kamerun, 95 000 E; Flußhafen, Handelszentrum.
Garrick [ˈgærik], David (19. 2. 1717 bis 20. 1. 79), engl. Schauspieler u. Theaterleiter; bed. Shakespeare-Interpret.
Garrotte [span.], Vorrichtung zur Durchführung d. Todesstrafe durch Erdrosseln.
Gartenammer, svw. → Ortolan.
Gartenbau, Anbau von Obst, Gemüse, Blumen; → Gartenkunst.
Gartengrasmücke → Grasmücken.
Gartenkunst, künstlerische Gestaltung v. Gärten, schon im Altertum gepflegt: a) Röm. G. streng architekton. bestimmt in Anlehnung an Haus u. Palast; b) in O-Asien uralte G.kultur; jap. G. liebt miniaturartige Verkleinerung natürl. Landschaftsbilder (Bonsais: Zwergbäume); c) in Eur. s. 17. Jh. frz. G. vorherrschend; geometrisch gebundene Form, scharf beschnittene Hecken u. Baumreihen (Versailles; Architekt Le Nôtre); d) abgelöst im 18. Jh. durch engl. G., die Anlehnung an die natürl. Landschaft sucht (Engl. Garten, München; Wörlitz; Muskau); e) moderne G. bevorzugt urspr. Vegetationsbilder: Steingarten mit Alpenflora; Staudengarten, oft kombiniert m. Wasseranlagen. In Großstädten öffentliche G. unter sozialhygien. Gesichtspunkten: Volkspark m. Sportplätzen, Planschbecken; in äußerster Raumausnutzung Dachgärten.
Gartenlaube, Die, 1853 v. E. Keil gegr. Familienzeitschrift (bis 1943) m. anfängl. aufklär. Tendenz verflachte später zum sprichwörtlichen G.nstil.
Gartensänger, Gartenspötter, kleiner Singvogel.
Gartenschläfer → Bilche.
Gärtner,
1) Friedrich von (10. 12. 1792–21. 4. 1847), dt. Architekt d. Historismus im Dienst d. bayr. Königs Ludwigs I.; schuf e. Rundbogenstil aus Elementen d. dt. Romanik u. it. Frührenaiss.; Ludwigstraße in München u. ihre wichtigsten Bauten.
2) Johann Philipp Eduard (2. 6. 1801 bis 22. 2. 77), dt. Architekturmaler in Paris, St. Petersburg, Moskau u. Berlin.
Gärung, Spaltung organ. Verbindungen unter Einwirkung v. Mikroorganismen u. Ausschluß v. Sauerstoff; alkohol. G. von Zucker in Alkohol u. Kohlensäure durch Hefe; Milchsäure-G. durch Bakterien; bei der Erzeugung von Sauerkraut u. Gärfutter. G. zur Aufbereitung pflanzl. Produkte (Tabak, Tee, Kakao) → Fermentation.
Gary [ˈgæri], St. im US-Staat Indiana, am Michigansee, 152 000 E; Zentrum der Stahlind.
Gas, Stoff im 3. Aggregatzustand der Materie, in dem sich die Moleküle od. Atome frei im Raum bewegen können. Gase besitzen demnach keine Gestalt u. füllen den zur Verfügung stehenden Raum völlig aus. Das Verhalten d. (realen) Gase bei versch. Volumen V, Druck p u. Temperatur T wird (bei nicht zu hohem Druck u. nicht zu tiefer Temperatur) durch d. Zustandsgleichung für ideale Gase beschrieben: p · V = R · T, wobei R = 8,314 J/mol·K die allg. Gaskonstante bedeutet. Bei gleichen p, V und T enthalten alle Gase gleich viele Moleküle. Verflüssigung aller Gase möglich durch starken äußeren Druck u. Abkühlung unter d. → kritische Temperatur; interstellares G.: äußerst fein verteiltes G. zw. den Sternen.
Gasanstalt → Leuchtgas.
Gasautomat, Gasmesser, gibt nach Geldeinwurf abgemessene Gasmenge ab.
Gasbehälter,
1) ortsfeste G. zum Ausgleich von Gaserzeugung u. -abgabe, entweder durch Wasser abgedichtet (d. mehrteil., teleskopartig ineinanderschiebbare Gasglocke taucht in Wasserbecken) od. wasserlos durch Teerabdichtung.
2) bewegliche G.: Stahlflaschen(-bündel), → Gasflasche, Fahrzeugbehälter (Tanks).
Gasbeton, durch Gasentwicklung beim Erhärten porös gemachter Beton f. druckfeste u. bequem zu verarbeitende Leichtbausteine.
Gasbrand, Gasödem, gefährl. Infektionskrankh. durch Bakterien d. Gattung Clostridium, führt z. Gasbildung im Gewebe; sofortiger chirurg. Eingriff sowie Antibiotika u. Antiserum nötig.
Gascogne [gasˈkɔn], südwestfrz. Landschaft im südl. Garonnebecken; Bewohner Gascogner, Nachkommen der alten Basken.
Gasel, svw. → Ghasel.
Gasentladung, Durchgang eines el. Stroms durch ein Gas bei Anlegen e. el. Spannung. → Entladungsröhren
Gaserzeugung → Energiewirtschaft, Schaubild.
Gasfernzündung, Ingangsetzung der Straßenbeleuchtung v. Gasanstalt aus mittels Druck-Erhöhung, die eine Membran verschiebt u. so dem Gas den Durchgang freigibt; Zündung el. od. durch kleine Dauerflamme.
Gasflasche, starke Stahlflasche zur Aufbewahrung verdichteter Gase (z. B. Kohlensäure).

Giuseppe Garibaldi

Garmisch-Partenkirchen, St. Martin

Garnele

Gasgewinnung,
1) aus Erdgasquellen.
2) durch Entgasung von Brennstoffen mit flüchtigen Bestandteilen unter Koksanfall.
3) durch Vergasung von Brennstoffen.
4) durch Zersetzung organischer Stoffe i. Faultürmen von Kläranlagen.
Gasglühlicht, Auerlicht, Bunsenbrenner mit Glühkörper (Strumpf) aus Thor- u. Ceroxid.
Gaskochapparat, zum Erhitzen von Speisen auf der Gasflamme, techn. → Bunsenbrenner; meist 2 bis 3 Flammen zu Gasherd vereinigt.
Gaskohle, Steinkohle für die Leuchtgasherstellung.
Gaskoks, fester Rückstand bei Gewinnung des Leuchtgases aus Steinkohle, hoher Brennwert.
Gaslampen, svw. → Glimmlampen u. → Leuchtröhren.
Gasmaske, ABC-Schutzmaske, schützt durch versch. Einsätze, die die giftigen Gase binden.
Gasmesser, Gasuhr, gibt Verbrauch an; Wasser-G. u. Trocken-G.
Gasmotor → Verbrennungskraftmaschinen.
Gasnebel, galakt. → Nebel.
Gasöle, bei 300 °C aus Erdöl destilliert; Treiböle f. Dieselmotoren, zum Karburieren v. Wassergas, geben diesem leuchtende Flamme.
Gasolin, am. Bez. für Benzin.
Gasometer,
1) Behälter (aus Metall od. Glas) z. Ansammeln v. Gasen.
2) fälschlich f. → Gasbehälter.
Gasperi, Alcide de (3. 4. 1881–19. 8. 1954), it. Pol., Begr. d. christl.-demokr. Partei; 1945–53 Min.präs.
Gasquellen → Erdgas.
Gasreinigung, el. Gasreinigung: durch hochgespannten Gleichstrom werden die mitgerissenen Staubteilchen gegen Wand von Flugstaubkammern geschleudert (elektrostat. Filter); bes. f. Reinigung v. Hüttengasen u. bei Klima- bzw. Lüftungsanlagen.
Gassendi [-sã-], Pierre (22. 1. 1592 bis 24. 10. 1655), frz. mechanist. Phil. und Physiker (Atomistik).
Gassenlaufen → Spießrutenlaufen.
Gasser [ˈgæ-], Herbert Spencer (5. 7. 1888–11. 5. 1963), am. Med.; Arbeiten über Funktionen d. Nervenfaser; (zus. mit Erlanger) Nobelpr. 1944.
Gast, Mz. Gasten, Matrose mit best. Obliegenheiten (z. B. Boots-G.).
Gastarbeiter, veraltete Bez. f. ausländische Arbeitnehmer; in den alten Bundesländern 1994 insges. 2,14 Mill.; davon 605 000 Türken, 420 000 Jugoslawen, 202 000 Italiener, 140 000 Griechen, 52 000 Spanier und 49 000 Portugiesen.
Gastein, Nebental der Salzach, in den Hohen Tauern; mit Kurort Badgastein (A-5640), Bahnlinie Salzburg–Villach; Heilbad u. Wintersportplatz, 1012 müM, 5662 E; radonhalt. Thermalquellen; Bad Hofgastein (A-5630), Thermalbad, 870 m, 6085 E.
Gastoldi, Giovanni Giacomo (um 1550–1622), it. Komponist; Tanzlieder, Madrigale.
Gaston [gasˈtõ, vom lat. Heiligennamen Vedastus], in Belgien und Frkr. beliebter m. Vn.

Gastrin 330 Gay

Antoni Gaudí y Cornet, *Casa Milá*

Gastrin, Hormon, das d. Säuresekretion d. Magens fördert.
gastrisch, *Gastro-* [gr.], mit dem Magen zusammenhängend.
Gastritis, Magenkatarrh, Entzündung der Magenschleimhaut.
Gastroenteritis [gr.], Magen-Darm-Entzündung.
Gastronomie, Gaststättengewerbe.
Gastroskopie [gr.], *Magenspiegelung,* direkte Betrachtung d. Mageninneren mittels *Gastroskops,* e. Form d. Ä Endoskops.
Gastrula, w., frühe Stufe der Embryonalentwicklung bei vielzelligen Tieren; durch Einstülpung aus den Keimbläschen *(Blastula)* entstanden, daher mit zwei Zellschichten: dem äußeren Keimblatt *(Ektoderm)* u. dem inneren *(Entoderm).*
Gasturbine, Antrieb durch heiße Verbrennungsgase m. hohem Wärmeinhalt; Triebwerk m. geringem Leistungsgewicht, Raumbedarf u. Schadstoffausstoß, aber recht hohem Treibstoffbedarf (→ Turbinenmotor).
Gastwirtshaftung, Gefährdungshaftung (bis z. best. Höhe) des Gastwirts, Hoteliers usw. im Rahmen eines Beherbergungsvertrages f. eingebrachte Sachen des Gastes; dagegen grundsätzlich keine Haftung f. Garderobe v. Verzehrgästen eines Lokals.
Gasvergiftung → Erste Hilfe, Übers.
Gaswirtschaft → Energiewirtschaft, Schaubild.
Gaszentrifuge, Apparat, der durch Zentrifugalkraft d. Trennung d. unterschiedl. schweren → Isotope e. Gases herbeiführt.
Gate [engl. geit „Tor"],
1) einer v. drei Anschlüssen beim → Feldeffekttransistor.
2) Torschaltung (auch *Gatter*), elektron. Schaltanordnung, die mittels Steuerung über Eingangsimpulse e. od. mehrere Signalwege freigeben od. sperren kann;

Paul Gauguin, *Frauen von Tahiti*

Charles de Gaulle

Carl Friedrich Gauß

eine d. wichtigsten Schaltungen i. d. Computertechnik (z. B. → AND-Gate).
Gateshead ['geitshed], St. in der engl. Gft Tyne and Wear, a. Tyne, 81 000 E; Eisen- u. Stahlind.
Gatt,
1) Öffnung (Speigatt).
2) Schiffshinterteil.
3) Meerenge, enge Durchfahrt *(Kattegat).*
GATT, engl. **G**eneral **A**greement on **T**ariffs and **T**rade, *Allgem. Zoll- und Handelsabkommen,* 1947 abgeschlossenes intern. Wirtschaftsabkommen, erfüllt Teil der Aufgaben d. nicht verwirklichten → ITO; Grundsätze: Abbau d. Zolltarife, unbedingte Meistbegünstigung d. Vertragspartner, Abschaffung d. Einfuhrkontingente; Sitz Genf; 111 Vollmitgl. (BR s. 1951); Nachfolgeorganisation s. 1995: Welthandelsorganisation (WTO).
Gatti, Armand (* 26. 1. 1924), frz. Theater- u. Filmschriftst.; *Das imaginäre Leben d. Straßenkehrers Auguste G.; General Francos Leidenswege.*
Gattung, in der biol. Systematik Zus.-fassung mehrerer nahe verwandter → Arten; den G.en übergeordnet d. → Familie.
Gattungsbegriff, Warenzeichenrecht; nicht schützbare Beschaffenheitsangabe e. Ware (z. B. „Moschus", „Münchener Bier").
Gatún, Ort a. → Panamakanal mit d. atlant. Schleusentreppe.
Gau, urspr. landschaftl. geschlossener Teil einer Völkerschaft, dann auch regionales Gliederungsprinzip versch. Organisationen.
GAU, *m.,* Abk. f. **G**rößtmöglicher **a**nzunehmender **U**nfall eines Reaktors.
Gauch, *m.,* mundartl. für „armer Tropf", urspr. Kuckuck, unehel. Kind.
Gauchersche Krankheit, Stoffwechselerkrankung mit abnormer Speicherung von fettähnl. Substanzen in Leber u. Milz.
Gaucho, *m.* [span. 'gautʃo], Viehhirt in S-Amerika.
Gaudeamus igitur [l.], „Drum laßt uns fröhlich sein" (Beginn eines alten Studentenliedes).
Gaudium, *s.* [l.], *Gaudi,* Freude; Spaß.
Gaudí y Cornet, Antoni (25. 6. 1852 bis 10. 6. 1926), span. Architekt d. Jugendstils; i. → Barcelona: u. a. *La Sagrada Familia, Palacio Güell, Casa Milá, Parque Güell.*
gaufrieren [frz. go-], Einpressen v. Mustern in Papier od. Gewebe mit gravierter Stahlwalze (Wertpapiere).
Gaugamela, Ort im alten Assyrien; 331 v. Chr. Sieg → Alexanders d. Gr. über Perserkönig Darius III.
Gauge, *s.* [geidʒ], abgek. *gg.,* bezeichnet d. Maschenzahl von Strümpfen u. a. gewirkten Stoffen; z. B. 51 Gauge = 51 Wirknadeln auf $1\frac{1}{2}$ engl. Zoll (= 38,1 mm).
Gauguin [go'gɛ̃], Paul, (7. 6. 1848–8. 5. 1903), frz. Maler u. Bildhauer; Entwickl. v. Impressionismus durch Aufenthalte in d. Südsee zu e. Flächenmalerei m. intensivem Auftrag leuchtender Farben; beeinflußte stark d. Expressionismus.
Gauklerblume, am. Rachenblütler; Zierpflanze m. gelben Blüten.
Gaul, August (22. 10. 1869–18. 10. 1921), dt. Tierplastiker; bei straffer Kon-

turierung d. Figur Detailreduzierung auf d. Charakterist. in Gestalt u. Bewegung; *Bär auf einer Kugel.*
Gauleiter, höchster Regionalfunktionär i. Nationalsozialismus.
Gaulle ['go:l], Charles de (22. 11. 1890 – 9. 11. 1970), frz. General u. Pol.; organisierte 1940 aus England Widerstand gg. dt. Besatzung; bildete 1943 in Algier provisor. Regierung; 1944–46 frz. Regierungschef, 1947–53 Führer d. RPF, 1958 Min.präs., 1958–69 Staatspräs.
Gaumen, das Dach der Mundhöhle. Vorn d. knöcherne *harte G.,* geht nach hinten in den muskulösen *weichen G.* über, bildet mittels einer Schleimhautfalte die beiden G.bögen, zw. diesen beiderseits die G.mandel. Der weiche G. mit dem beweglichen G.segel schließt b. Sprechen u. Schlucken die Mundhöhle nach oben gg. den Nasen-Rachen-Raum ab. G. endet hinten mit dem G.zäpfchen.
Gaumenspalte → Wolfsrachen.
Gauner, Dieb, Betrüger.
Gaunersprache, *w., Rotwelsch, s.,* hat jiddische Worte, Ausdrücke der Zigeunersprache, humorist. wirkende Umschreibungen.
Gaunerzinken, geheime Verständigungszeichen, an Wänden u. Zäunen; auch als Fingersprache.
Gaur, *m.,* größtes Wildrind m. 2 m Schulterhöhe; Indien.
Gaurisankar, Gipfel des Himalaja, 60 km westl. vom Mount Everest, 7145 m, an d. Grenze zw. Nepal u. Tibet.
Gaus, Günter (* 23. 11. 1929), dt. Publizist u. Pol.; 1974–80 Leiter d. Ständigen Vertretung d. BR i. d. DDR.
Gauß, Carl Friedrich (30. 4. 1777 bis 23. 2. 1855), dt. Math., Astronom, Phys.; erster wirklich benutzer el. Nadeltelegraph 1831 m. W. → Weber; Zahlentheorie, Ausgleichsrechnung, Bahnbestimmung, Flächentheorie, Algebra (Fundamentalsatz), nichteuklid. Geometrie; Erdmagnetismus, Geodäsie. Nach ihm benannt: G = Einheit der → magnetischen Induktion (magnetische Feldliniendichte).
Gautier [go'tje], Théophile (31. 8. 1811–23. 10. 72), frz. Schriftst.; Begr. des L'art pour l'art; als Lyriker Einfluß auf Baudelaire.
Gauting (D-82131), Gem. i. Kr. Starnberg, Oberbay., 18 159 E.
gautschen,
1) Lehrlinge nach altem Buchdruckerbrauch unter die Gehilfen aufnehmen.
2) bei der Papierherstellung Aus- u. Zusammenpressen nasser Papierbahnen.
Gavarni, Paul, eigtl. *Sulpice Guillaume Chevalier* (13. 1. 1804–24. 11. 66), frz. Graphiker; satir. bzw. (sozial-)krit. Schilderungen d. Gesellschafts- u. Alltagslebens.
Gavial, sehr lang- und schmalschnäuzige Krokodilart Indiens, bis 7 m lang.
Gaviria Trujillo [-xi'ʎo], César (* 31. 3. 1947), 1990–94 Staatspräs. v. Kolumbien.
Gävle ['jɛ:vlə], schwed. Hafenst. am Bottn. Meerbusen, Hptst. d. Län Gävleborg, 89 000 E; Ind.
Gavotte, *w.* [-'vɔt], frz. Tanz i. geradem Takt, Suitensatz d. 18. Jh.
Gawan, *Gawein,* Neffe des Königs → Artus.
Gay [gei], John (16. 9. 1685–4. 12. 1732), engl. Dichter; Librettist v. *The*

Beggar's Opera (Vorlage f. → Brechts *Dreigroschenoper*).
Gayal, *m.,* Haustierform des → Gaur.
Gay-Lussac [gɛly'sak], Louis-Joseph (6. 12. 1778–9. 5. 1850), frz. Phys. u. Chem.; fand 1802 b. gemeins. Versuchen mit A. v. → Humboldt *G.-L.sches Gesetz:* Bei gleichbleibendem Druck ist Volumenänderung, bei gleichbleibendem Volumen Druckänderung e. Gas-

**Gebärmutter
mit geburtsreifem Kind**
(Gebärmutter und Geburtswege rot)
 1 Nabelschnur
 2 Mütterliche Bauchdecke mit Nabel
 3 Wand der Gebärmutter
 4 Kopf des Kindes
 5 Halsteil der Gebärmutter
 6 Schamfuge des Beckens
 7 Harnblase
 8 Harnröhre
 9 Kleine Schamlippe
10 Große Schamlippe
11 Damm
12 Afteröffnung
13 Scheide
14 Mastdarm
15 Halskanal der Gebärmutter
16 Hinteres Scheidengewölbe
17 Mittelschnitt durch das Kreuzbein
18 Mittelschnitt durch die Lendenwirbelsäule

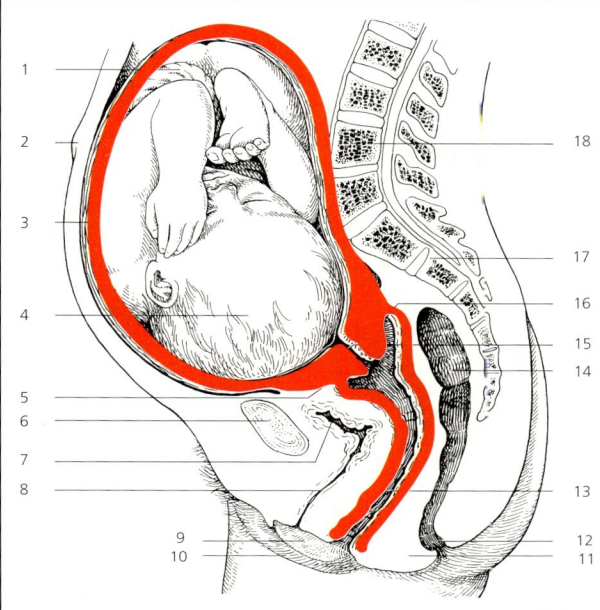

masse der Temperaturänderung proportional; Vorläufer d. Zustandsgleichung f. (ideale) → Gase.
Gaza, St. in S-Palästina, mit Flüchtlingsansiedlungen, über 200 000 E; s. 1972 Hafen; Hptort d. *G.streifens* (363 km², 800 000 E), 1949–67 v. Ägypten besetzt; 1957–67 unter UNO-Kontrolle; seit 1967 v. Israel besetzt; 1993 Abkommen über e. palästinens. Teilautonomie im Gazastreifen u. im Gebiet v. Jericho.
Gazankulu [gaːz-], ehem. *Machangana,* Bantu-Homeland i. d. Prov. Transvaal, Südafrika, 6565 km², 497 000 E; Hptst. *Giyani.*
Gaze, *w.* [frz. 'gaːzə], gitterartig gewebter Stoff, Baumwolle, Seide; feines Drahtgeflecht.
Gazellen, zierliche → Antilopen.
Gazellenfluß, *Bahr el Ghasal,* Fluß i. S d. Rep. Sudan, l. Nbfl. des Weißen Nil.
Gazette, *w.* [frz. ga'zɛt], Zeitung.
Gaziantep, Hptst. d. türk. Prov. *G.*, i. Vorland d. östl. Taurus, 627 000 E; Weizen-, Obst-, Pistazienanbau; Ind.zentr.
Gazpacho [span. gas'pat∫o], kalte Gemüsesuppe.
GCA, Abk. f. *G*round *C*ontrolled *A*pproach, im Luftverkehr Verfahren, mit dem Bodenstation trotz schlechter Sicht Landung möglich macht.
Gd, chem. Zeichen f. → Gadolinium.
Gdańsk → Danzig.
Gdingen, *Gdynia,* poln. Flottenstützpunkt u. Handelshafen a. d. Danziger Bucht, 252 000 E; Werften, Ind.
Ge, chem. Zeichen f. → Germanium.
Gebälk, in d. Architektur,
1) d. Summe d. Balken e. Decken- od. Dachkonstruktion.
2) auf e. Stütze (Pfeiler, Säule) aufliegender Teil, bestehend aus Architrav, darüber Fries u. Gesims. → Säulenordnung.
Gebärmutter, lat. *Uterus,* Hohlorgan

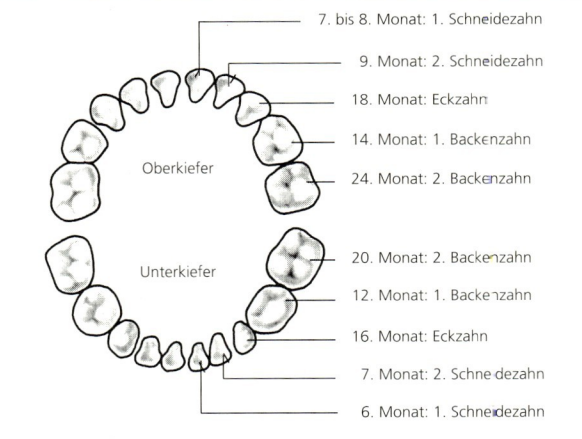
Gebiß, Milchgebiß mit Daten des Zahndurchbruches

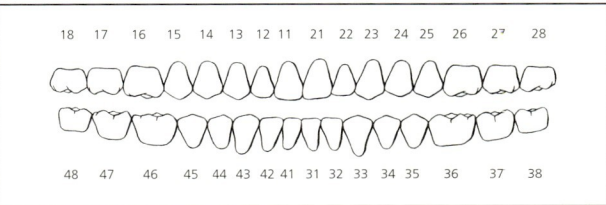
Gebiß, Bezeichnung der Zähne nach dem neuen Zahnschema

zur Entwicklung der Leibesfrucht bei weibl. Säugetieren u. der Frau; aus glatter Muskulatur, innen v. einer Schleimhaut, außen vom Bauchfell überzogen (→ Geschlechtsorgane, Abb.). – *G.hals (Cervix)* mündet mit dem Muttermund in die Scheide, der **Gebärmutterkörper** nimmt beiderseits die Eileiter auf.
Gebärmutterknickung, scharfwinkliger Rückfall des Gebärmutterkörpers, kann zu Störungen der Menstruation und der Schwangerschaft führen.

Gebärmuttersenkung, durch Schwäche, Überdehnung u. Zerreißen der die Gebärmutter haltenden Bänder u. d. Beckenbodenmuskulatur, kann zum Vorfall (Prolaps) der Gebärmutter vor die Scheide führen.
Gebet, sprachl. Form d. Hinwendung an e. übernatürl. gedachtes Wesen bzw. e. Gottheit, meist als Lobpreis, Bitte od. Danksagung vorgetragen.
Gebetsmühlen, zum Drehen v. Gebettexten, gilt als Beten; bei den nördl. Buddhisten.
Gebetsriemen, von d. männl. Juden beim Morgengebet um linken Arm u. Stirn gelegte Riemen mit Lederkapseln, in denen Pergamentröllchen m. Bibeltexten sind.
Gebirge, Einteilung nach d. Form: *Grat-, Kamm-, Ketten-* od. *Kuppengebirge;* nach d. Höhe: *Mittel- u. Hochgebirge* (über 1500 m); nach d. Entstehung: *vulkanische G.* u. *tektonische Gebirge:* **a)** *Falten-G.,* durch seitlich einengenden Druck entstanden; bei bes. starker Einengung *Decken-G.;* **b)** *Bruchfalten-G.* entsteht durch Einengungs- u. Dehnungsvorgänge (Faltung u. Bruchbildung); **c)** *Block-G.* hpts. durch Dehnungsprozesse (Bruchbildung) entstanden; → Graben; → Horst 3).
Gebiß, b. Menschen die Gesamtheit der Zähne. Beim Kinde Milchgebiß aus 20 Zähnen (→ Säuglingspflege, Übers.), mit 2½ Jahren normalerweise vollständig durchgebrochen, bei engl. Krankheit verzögert. Zwischen 6. u. 12. Lebensjahr nach Ausfall des Milchgebisses das *dauernde G.* mit 32 Zähnen. D. hintersten Backenzähne (Weisheitszähne) erst im 18.–20. J. Das G. dient außer zum Abbeißen u. Kauen z. Lautbildung beim Sprechen. → Zähne, → Prothese.
**Gebläse,
1)** *techn.* Vorrichtung, um Luft einzupressen od. anzusaugen (z. B. die Frontscheibenheizung im Auto); → Kompressoren.
2) Lüftung („Bewetterung") bei Bergwerken.
Geblütsrecht, im MA d. Recht der Blutsverwandten d. Herrscherfamilie, die Nachfolge anzutreten.
Gebot, i. d. Rel. verbindl. sittl. u. kult. Normen kraft göttl. Autorität, z. B. 10 Gebote d. AT (→ Dekalog).
Gebrauchsanmaßung, widerrechtl. Wegnahme e. fremden beweg. Sache; nicht, wie beim Diebstahl, zwecks Aneignung, sondern nur zwecks Gebrauchs; straflos, b. Kfz u. Fahrrädern strafbar.
Gebrauchsgraphik, dient kunstgewerbl. (Buch-)Ausstattung u. Reklamezwecken.
Gebrauchsmuster → Musterrecht.
Gebück → Wehrhecke.
Gebühr,
1) öff.-rechtl. Entgelt f. Benutzung e. öff. Einrichtung od. für d. Tätigkeit v. Behörden, Gerichten u. a.
2) Entgelt f. Dienstleistungen, *Honorar* (z. B. bei Rechtsanwälten).
gebundene Rede, dichter., an einen best. Vers gebundene Ausdrucksweise im Ggs. zur ungebundenen Prosarede.
Geburt, *Entbindung,* Ausstoßung der reifen Leibesfrucht am Ende der Schwangerschaft, beim Menschen etwa 40 Wochen nach Beginn der letzten

Menstruation; setzt ein mit Wehen (schmerzhafte Zusammenziehung d. Gebärmutter) u. mit d. Blasensprung, bei dem sich d. Fruchtwasser aus d. Innern d. Eihäute entleert. Nach Erweiterung der Geburtswege (Muttermund, Scheide) tritt d. Kind ans Tageslicht, meist mit d. Hinterkopf voran. Kurz danach stößt das Kind den ersten Schrei aus u. beginnt mit selbständigen Atembewegungen. Bleiben diese aus, muß künstl. Atmung vorgenommen werden. Die Nabelschnur wird unmittelbar nach der G. abgebunden u. durchtrennt. Das Kind wird gebadet u. erhält einen sterilen Nabelverband. Etwa eine halbe Stunde nach Abschluß der G. setzen erneute Wehen ein; die Nachgeburt, d. i. der Mutterkuchen (*Plazenta*), wird herausbefördert. Erschwerungen d. G. können bei Gesichts-, Steiß-, Querlage od. engem Becken eintreten, machen ärztl. Eingreifen notwendig. Nach gesetzl. Bestimmung Einträufelung v. antibakterieller Lösung (Penicillin, früher 1%iger Silbernitratlösung) in d. Bindehautsack, um etwaiger Erblindung durch Augentripper vorzubeugen (*Credésches Schutzverfahren*). Normalgewicht d. gesunden Neugeborenen 3,5–3,7 kg; Körperlänge etwa 50 cm.
Geburten, *statist.* → Bevölkerung, Übers.
Geburtenbuch, eines der standesamtl. Personenstandsregister; Auszug hieraus: *Geburtsurkunde.*
Geburtenhäufigkeit, Begriff der amtl. Bevölkerungsstatistik für den nat. Bevölkerungszuwachs.
Geburtenkontrolle, Regulierung der Kinderzahl durch Geburtenbeschränkung; auch → *Knaus-Ogino-Methode* und → Kontrazeption.
Geburtshelferkröte, Froschlurchart; Männchen trägt Eischnüre bis z. Ausschlüpfen die Larven an den Hinterbeinen.
Geburtshilfe, der Kreißenden b. der Entbindung geleisteter Beistand durch Hebamme oder Arzt.
Geburtszange, aus 2 löffelartigen Teilen bestehende Zange z. Fassen des kindl. Schädels bei d. künstlichen Entbindung: *Zangengeburt;* auch Faß- oder Krallenzange und → Vakuumextraktor.
Geckos, Echsen wärmerer Länder, klettern mittels Haftzehen an glatten Wänden empor.
Gedächtnis, an d. Nervensystem gebundene Fähigkeit zur Speicherung u. Abrufbarkeit vergangener Erfahrungen; *Kurzzeit-* (bis 30 Sek.) u. *Langzeit-G.;* Grundlage: neurochem. Veränderung an Nervenzellen.
Gedankenlesen, Gedankenübertragung, ohne Vermittlung der bekannten Sinne.
Gedankenvorbehalt, → geheimer Vorbehalt.
gediegen, *chem.* Bez. für ein Element (v. a. Metall), das in reiner Form in der Natur vorkommt; Ggs.: nur in Verbindungen vorkommend.
Gedinge, *s.,* Akkordlohn i. Bergbau, meist Gruppen-G.; Ggs.: → Schichtlohn.
gedruckte Schaltung, miniaturisierte el. Schaltanordnung; Leiterbahnen werden auf Isolierplatte aufgedruckt.
Gedser ['geːsɐ], dän. Hafen a. d. Südspitze der Insel Falster, 1200 E; Autofäh-

Geburtshelferkröte

Gänsegeier

re Travemünde, Eisenbahnfähre Rostock-Warnemünde.
GEE, Funkortungssystem nach dem → Hyperbelverfahren.
Geelong ['dʒiːlɔŋ], austral. Hafenst., 150 000 E; Ind.zentrum (Erdöl), Wollausfuhr.
Geertgen tot Sint Jans ['xeːrtxə-], eigtl. *G. van Haarlem* (um 1462–um 95), altndl. Maler d. ausklingenden Spätgotik; einflußr. f. d. Entwickl. d. holl. Malerei durch Veranschaulichung d. Räumlichen in e. neuart. Verbindung v. Figuren u. Schauplatz d. dargestellten Geschehens; schilderte ikonograph. richtungweisend als erster d. *Geburt Christi* (London, Nat. Gall.) als nächtliche Szene.
Geest, vorwiegend sandiger Boden mit eingelagerten Moor- u. Heideflächen im nwdt. Tiefland, höher gelegen u. weniger fruchtbar als d. → Marsch.
Geesthacht (D-21502), St. i. Kr. Hzgtum Lauenburg, Schl-Ho., a. d. Elbe, 26 831 E; Elbe-Staustufe, Pumpspeicherwerk, Ind., Kernkraftwerk *Krümmel,* Versuchsreaktoren d. GKSS-Forschungszentrums.
Ge'ez [gəˈəz], die äthiop. (abessin. Kirchen-)Sprache.
Gefährdungshaftung, Haftung f. Schaden ohne Verschulden (z. B. → Kraftfahrzeughaftung od. → Gastwirtshaftung).
Gefälle,
1) Höhen- od. Druckunterschied versch. Niveaupunkte (z. B. bei Temperatur, Wasser-, Luftdruck usw.); bei Straßen, Eisenbahnen durch bes. *Gefällezeichen* kenntlich gemacht.
2) el. G. → Potentialdifferenz.
Gefangenenbefreiung, strafbar mit bis zu 3 J., bei Amtsträgern bis 5 J. Freiheitsstrafe.
Gefangenenfürsorge, *Straffälligen- u. Strafentlassenenfürsorge,* im 19. Jh. sehr gefördert; befaßt sich mit d. Gesundheitswesen d. Gefängnisse, d. geist. u. seel. Beeinflussung d. Gefangenen u. kümmert sich um Angehörige der Gefangenen u. bemüht sich um Wiedereingliederung der Strafentlassenen in die Gesellschaft.
Gefängnisstrafe, früher im dt. Strafrecht mittelschwere Freiheitsstrafe f. Vergehen u. (bei mildernden Umständen) auch f. Verbrechen.
Gefäßbündel, *Leitbündel,* z. Leitung v. Wasser u. gelösten Stoffen dienende Gewebestränge i. Innern höherer Pflanzen (*Gefäßpflanzen*), z. B. b. d. Nerven (Adern) d. Blätter sichtbar.
Gefäße,
1) *Blutgefäße,* → Adern.
2) *Lymphgefäße,* die die Gewebsflüssigkeit sammeln u. als *Lymphe* über d. Milchbrustgang dem Blutstrom zuführen.
Gefäßkrampf, sehr schmerzhafte Zusammenziehungen v. → Arterien (z. B. der Kranzschlagadern d. Herzens, → Angina pectoris, → Raynaud-Krankheit).
Gefäßkryptogamen, die höheren → Kryptogamen (Farne, Schachtelhalme).
Gefäßwechselsystem, für d. Abfallsammlung v. a. von Industrie- u. Gewerbemüll verwendete Container, die nach Füllung gg. leere getauscht und zur De-

ponie transportiert werden; → Umleersystem.
Gefecht, ist d. Kampf d. verbundenen Waffen in zeitl. u. örtl. begrenzten Kampfhandlungen, d. meist in unmittelbarem Zusammenhang stehen. Divisionen u. Brigaden führen die G. in G.sarten (Angriff, Abwehr u. Verzögerung); → Kampf.
Gefechtsfeld, *Divisionsfeld,* ist das Gebiet, in dem eine kämpfende Division eingesetzt ist.
Gefechtsstand, *Befehlsstelle,* dient der Führung d. Truppe im Gefecht u. im Kampf. Im Bereich der oberen u. mittl. mil. Führung Trennung in Haupt-G. für die Führung der Gefechte u. einen rückwärtigen G. für die Führung der Versorgung. Auch vorgeschobener G. vor Haupt-G. üblich. Bewegl. G. wird von einem Fahrzeug aus geführt.
Geflügel, Nutzvögel (Hühner, Gänse, Enten, Truthühner).
Geflügelkrankheiten, bes. Geflügelcholera, -diphtherie, -pest, -pocken u. -tuberkulose.
geflügelte Worte, volkstümlich gewordene Redewendungen aus Dichtungen, Reden usw.; v. → Büchmann (1864) gesammelt.
Gefolgschaft, das durch Froneid gebundene, kriegerische Gefolge d. german. Fürsten.
Gefreiter, erster militärischer Mannschaftsdienstgrad; Stufen: Ober-G., Haupt-G., Stabs-G.
Gefrierfleisch,
1) z. Überseetransport durch Tiefkühlung haltbar gemachtes Fleisch.
2) Bevorratung in gewerblichen Lagerhäusern u. Haushalten.
Gefriergründung, Tiefbohrung in wasserhalt. Boden nach *Pötsch:* mehrere enge Rohre werden m. Chlormagnesiumlauge v. −20 °C gefüllt in d. Boden getrieben, damit er im Umkreis v. 3 m gefriert; dann erst eigtl. Bohrung.
Gefriersalz, z. Herstellung v. Kältemischungen: Ammoniumnitrat u. a.
Gefrierschnitt, Schnellschnitt, Präparat z. raschen mikroskop. Untersuchung von Gewebe, um noch während einer Operation anhand der Unterscheidung zw. gut- u. bösartig über d. weitere Vorgehen entscheiden zu können.
Gefrierschutzmittel, f. Autokühler u. Zentralheizungen; frostsichere Mischungen v. Wasser m. Alkohol; Glycerin, meist Glykol (Glysantin).
Gefriertrocknung, Trocknung von meist organ.- od. biochem. Stoffen im gefrorenen Zustand führt dazu, daß d. bei höheren Temp. leicht flüchtigen Anteile (z. B. Aromen) i. d. Stoffen erhalten bleiben.
Gefrierverfahren, Konservieren v. Nahrungsmitteln durch Tiefkühlung (z. B. G.fisch, G.fleisch, G.obst); auch → Kühlapparate.
Gefüge, kristalline Struktur bei Metallen u. Gesteinen, mikroskopisch sichtbar, bes. an Schliffstellen.
Gefühl,
1) feinabgestuftes Empfinden (bes. durch den Tastsinn).
2) Stimmungszustand als innere Reaktion auf ein Erlebnis, meist mit Lust od. Unlust verbunden.
Gegenfüßler, svw. → Antipoden.
Gegengift, *Antidot,* Stoff, der den

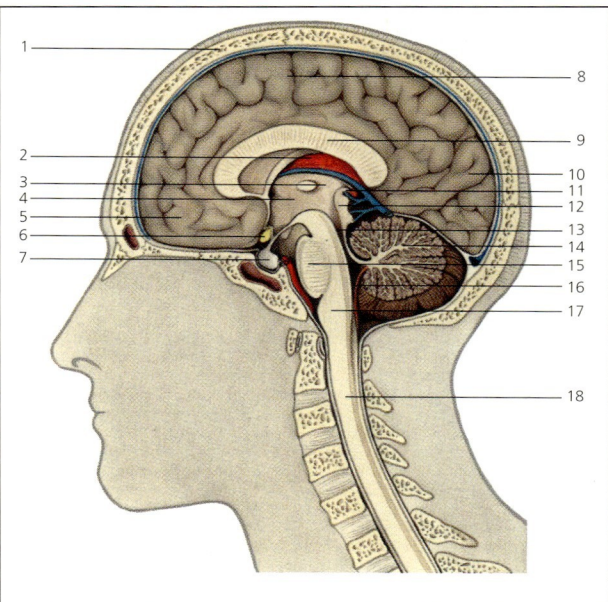

Gehirn (Längsschnitt)
1 Schädeldach
2 Geflecht der Hirnkammergefäße
3 Thalamus
4 Dritte Hirnkammer
5 Stirnlappen
6 Sehnervenkreuzung
7 Hypophyse (Hirnanhangsdrüse)
8 Zentralfurche
9 Balken
10 Hinterhauptslappen
11 Zirbeldrüse (Epiphyse)
12 Vierhügelplatte
13 Sylvischer Kanal
14 Kleinhirn
15 Brücke
16 Vierte Hirnkammer
17 Verlängertes Mark
18 Rückenmark

Körper vor Giften schützt bzw. Giftwirkungen aufhebt.
Gegenlichtblende, wird d. Objektiv vorne angesetzt; dient z. Vermeidung v. Streulicht u. Seitenlicht, keine Wirkung bei Gegenlicht.
Gegenreformation, Kampf des Katholizismus gegen d. Protestantismus im 16. u. 17. Jh.; kathol. Fürsten unterdrückten die neue Lehre; daneben auch Läuterung der überkommenen Kirchenformen: Jesuiten; → Tridentiner Konzil.
Gegensatz, phil. Entgegengesetztes, i. d. Logik d. Verhältnis v. Begriffen in Sätzen, d. einander ausschließen, sei es kontradiktorisch, d. Verschiedensein e. Begriffs v. allen and. (z. B. A – Nicht-A) od. konträr, d. Verschiedensein v. allen Begriffen innerhalb d. gleichen Gattung (z. B. schwarz–weiß).
Gegenschein, Aufhellung d. nächtl. Himmels am Gegenpunkt der Sonne; gehört zum → Zodiakallicht.
Gegenwertmittel, Counterpart Funds, bei d. DBB hinterlegte bare DM-Gegenwerte für → ERP-Gelder; wurden größtenteils f. Wiederaufbau u. Förderung d. innereur. Handels verwendet.
Gehalt,
1) m., d. wesentl. Inhalt.
2) s., Arbeitsentgelt d. Angestellten i. Sinne des Arbeits- und Sozialversicherungsrechts, gleichzusetzen d. Besoldung v. Beamten, in der Regel monatl. bezahlt; rechtlich ohne Unterschied zum Lohn.
Gehaltspfändung → Lohnpfändung.
Geheck, weidm. die Jungen d. Haarraubwildes während d. Aufzuchtzeit.
Geheeb, Paul (10. 10. 1870–1. 5. 1961), dt. Pädagoge; Gründer der „Odenwaldschule" (1910), einer Vorform d. Gesamtschule.
Geheimbünde, Gemeinschaften, d. ihre Ziele vor d. Staat geheimhalten u. unbedingten Gehorsam fordern; Teilnahme n. § 128 StGB mit Gefängnis strafbar.
Geheimdienst, geheimer staatlicher Nachrichtendienst, beschafft Information über Ausland; in der BR → Bundesnachrichtendienst, → Verfassungsschutz, → Militärischer Abschirmdienst; in der DDR früher: Stasi (Staatssicherheitsdienst); in Großbrit.: Secret Service; in USA: CIA, CIC; in Frkr.: Sûreté; in d. ehem. Sowjetunion: KGB.
geheime Offenbarung, svw. → Apokalypse.
geheimer Vorbehalt, stillschweigend gefaßte Absicht, das Erklärte nicht zu wollen; rechtl. unerheblich (§ 116 BGB).
Geheime Staatspolizei, Gestapo, politische Polizei im ns. Dtld.
Geheimnisschutz, Strafvorschriften zur Verhinderung der Preisgabe od. Verwertung v. Privat- od. Geschäftsgeheimnissen durch best. Personen (z. B. Anwälte, Ärzte, Steuerberater) od. Träger eines öffentl. Amtes (z. B. Beamte, öffentl. bestellte Sachverständige); Strafverfolgung auf Antrag (§§ 203 ff. StGB).
Geheimschrift → Chiffre-Schrift.
Geheimwissenschaften, sog. u. a. → Spiritismus, → Okkultismus.
Gehenna, w., hebr. Bez. f. Hölle; i. Hinnomtal b. Jerusalem wurden d. pun. Unterweltsgott Moloch gelegentl. Kinder geopfert.
Gehirn, Hirn, die Zentralstelle aller Nervenregulationen (→ Nerven), besteht aus dem Endhirn mit den Großhirnhalbkugeln, dem Zwischenhirn (u. a. mit → Hypothalamus), dem Mittelhirn, dem Hinterhirn mit dem Kleinhirn und dem Nachhirn. Bei den niederen Tieren noch wenig entwickelt, nimmt mit zunehmender Entwicklung der Tierreihe an Größe u. Gewicht sowie an Oberfläche zu; beim Menschen relativ am größten u. reichsten an Windungen der Rinde.

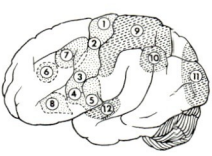
seitliche Außenansicht

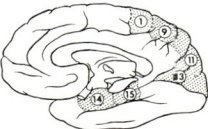
Mittelschnittansicht

Gehirn
Bewegungszentren:
1 für das Bein
2 für den Arm
3 für den Mund
4 für die Zunge
5 für den Kehlkopf, Schlund und das Kauen
6 für die Augen- und Kopfdrehung
7 Schreibzentrum
8 motorisches Sprachzentrum; Sinneszentren
9 Körperfühlsphäre
10 optisches Sprachzentrum
11 Zentrum für optische Erinnerungsbilder
12 akustisches Sprachzentrum
13 Sehzentrum
14 Riechzentrum
15 Geschmackszentrum

Gehirnblutung, Schlaganfall, → Apoplexie.
Gehirnentzündung, Enzephalitis, versch. Formen, meist durch bakterielle oder Virusinfektion (z. B. Abszeß, Gehirngrippe, Kinderlähmung, Tollwut usw.).
Gehirnerschütterung, Commotio cerebri, nach Fall auf oder Schlag gg. Kopf mit Bewußtseinsstörung, Erinnerungslücken, Erbrechen, Kopfschmerzen.
Gehirnerweichung, Enzephalomalazie,
1) durch Ernährungsstörung infolge mangelhafter Durchblutung (Arterienverkalkung, Thrombose, Embolie) bedingte Erweichungsherde im Gehirn.
2) syphilitische Erkrankung der Hirnrinde, die zu Geisteskrankheit (Paralyse) u. fortschreitendem Verfall führt.
Gehirnhäute, harte, weiche und Spinngewebshaut, umgeben das Gehirn.
Gehirnhautentzündung, Meningitis, mit sehr heftigen Kopfschmerzen und Nackensteifigkeit, darum auch Genickstarre genannt; epidemisch, tuberkulös, nach Verletzung oder anderen Infektionen; Kombination aus Meningitis und Enzephalitis: Meningoenzephalitis, z. B. FSME (→ Zeckenenzephalitis).
Gehirnrinde, graue, aus Nervenzellen bestehende Außenschicht, d. sich auf stark gefurchten Gehirnwindungen faltet.
Gehirnschlag → Apoplexie.
Gehirnwäsche, Bez. für Methoden d. Meinungsformung durch psych. Druck u. Suggestion; seelische Folterung, die Selbstbezichtigung auch ohne realen Sachverhalt z. Folge hat, oft durch Drogen unterstützt.
Gehlen,
1) Arnold (29. 1. 1904–30. 1. 76), dt. Phil. u. Soziologe; Der Mensch; Urmensch u. Spätkultur.
2) Reinhard (3. 4. 1902–8. 6. 79), dt. General; 1942–45 Chef der „Abteilung Fremde Heere Ost", s. 1948 des privaten, von den USA finanzierten „Nachrichtendienstes G." (1955 d. B.kanzler unterstellt); 1957–68 Präs. d. B.nachrichtendienstes; Der Dienst; Zeichen d. Zeit.
Gehör, Gesamtheit d. Empfindungen, wenn Schallwellen im Innenohr Reize im Gehirn auslösen.
Gehörknöchelchen, bestehend aus Hammer, Amboß u. Steigbügel, leiten d. Schall v. Trommelfell z. inneren → Ohr (Abb.).
Gehörn → Geweih.
Gehrden (D-30989), St. i. Kr. Hannover, Nds., 12 903 E; div. Ind.
Gehrung, Zusammenstoß v. Leistenenden i. versch. Winkeln bei Schreinerarbeiten, Bilderrahmen.
Geibel, Emanuel (17. 10. 1815–6. 4. 84), dt. Dichter; formal virtuose, aber inhaltlich epigonale Lyrik; Dramen, Übersetzungen.
geien, die unteren Segelenden bis unter die Rahe emporziehen und zusammenbinden.
Geier, Greifvögel; Aasvertilger, bes. Aas-G. des Orients, z. B. Gänse-G., Afrika, Asien, S-Europa. Die → Neuweltgeier sind nicht unmittelbar verwandt.
Geierhaube, Kopfputz der Königinnen im alten Ägypten.

Geige, dt. Bez. f. → Violine.
Geiger,
1) Hans (30. 9. 1882–24. 9. 1945), dt. Phys.; Forschung über Radioaktivität; von ihm G.-Müller- → Zählrohr, für Kernphysik unentbehrliches Gerät zum Nachweis energiereicher Korpuskeln (→ Elektronen, → Protonen, → Alphateilchen, → Gamma-Strahlen, → Neutronen).
2) Rupprecht (26. 1. 1908), Maler; Kompositionen geometrischer Großformen.
3) Theodor (9. 11. 1891–16. 6. 1952), dt. Soziologe; Arbeiten zur Ideologiekritik; *Demokratie ohne Dogma*.
4) Willi (27. 8. 1878–1. 2. 1971), dt. Graphiker u. Maler; Buchillustrationen (Goethe, Kleist, Dostojewski u. a.).
Geilenkirchen (D-52511), St. im Kr. Heinsberg, NRW, 23 728 E; AG; div. Ind.
Geisel, Ernesto (3. 8. 1908–12. 9. 96), brasilian. Gen.; 1974–78 Staatspräs.
Geisel, (meist besonders achtbare) Person, die mit Leib und Leben für Erfüllung von Zusagen bürgt; im Krieg als Repressalie; → Geiselnahme, → Terrorismus.
Geisel, l. Nbfl. der Saale bei Merseburg; durchfließt das G.tal, ehem. bed. mitteldt. Braunkohlenrevier, Fundstätte tertiärer Fossilien.
Geiselgasteig, Vorort v. München mit Filmproduktionsstätten.
Geiselnahme, Menschenraub, mit schwerer Bedrohung des Opfers zum Zwecke einer Nötigung od. Erpressung Dritter; wird mit hoher, u. U. lebenslanger Freiheitsstrafe bestraft (§ 239b StGB).
Geisenheim (D-65366), hess. Stadt. im Rheingau-Taunus-Kr.; 11 080 E; Fach-HS f. Wein-, Obst- u. Gartenbau; Weinbau (St.teile *Johannisberg, Stephanshausen, Marienthal*).
Geiser, svw. → Geysir.
Geiserich, *Genserich* (um 390–477), Gründer d. Vandalenreiches in N-Afrika, Eroberer Roms (455 n. Chr.).
Geisha, w. ['geːʃa], jap. Tänzerin (im Teehaus u. bei Festlichkeiten).
Geislingen a. d. Steige (D-73312), St. i. Kr. Göppingen, Ba-Wü., 27 930 E; AG; Metallwarenfabrik (WMF), Maschinenfabrik (MAG).
Geißbart, *Aruncus*, Rosengewächse, hohe Stauden m. dichten weißen Blütenrispen, im Wald u. auf Wiesen; auch südeur. u. am. Ziersträucher. ●
Geißblatt, Schlingpflanzen, Sträucher; Zierpflanzen, bes. *Heckenkirsche, Wald-G.*
Geißel, *Flagellum,*
1) fadenförmige Organelle b. Bakterien, Geißeltierchen, Spermien u. höheren Organismen.
2) der aus vielen Einzelgliedern bestehende Endteil der Gliedmaßen der → Gliedertiere.
Geißelbrüder, svw. → Flagellanten.
Geißeltierchen, *Flagellaten,* einzellige grüne od. farblose Kleinlebewesen m. Schwimmgeißeln, teils zum Tier-, teils zum Pflanzenreich gerechnet; einige sind Krankheitserreger (Schlafkrankheit), → Trypanosomen.
Geissendörfer, Hans W. (* 6. 4. 1941), dt. Filmregisseur; *Sternsteinhof*; Teile d. TV-Serie *Lindenstraße*.

Geisha

Geißfuß, hebelart. Werkzeug z. Ausziehen v. Nägeln, unten klauenartig.
Geißklee, *Geißraute, Besenginster,* Schmetterlingsblütler.
Geißler,
1) Heinrich (* 3. 3. 1930), CDU-Pol.; 1967–77 Sozialmin. v. RP, 1977–89 Gen.sekr. d. CDU; 1982–85 B.min. f. Jugend, Familie u. Gesundheit.
2) Horst Wolfram (30. 6. 1893 bis 19. 4. 1983), dt. Schriftst.; Rokoko- u. Biedermeierromane; *D. liebe Augustin.*
Geißlersche Röhren, Hochspannungsentladungsgefäße; → Entladungsröhre; bei Entladung leuchtet Röhre in Farben, die v. d. Gasfüllung abhängen, daher Benutzung z. Spektralanalyse → Spektrum; ben. n. Heinrich *Geißler* (1815–79).
Geistchen, Kleinschmetterling, Puppen im Gespinst od. nur am Hinterende befestigt.
Geisteskrankheiten, führen zu Veränderungen der Persönlichkeit (Gemüt, Wille), zu Einschränkung oder Verlust geistiger Fähigkeiten, bes. der Urteilskraft und der Möglichkeit, den Anforderungen d. Lebens gerecht zu werden; wenn sie für den Kranken bzw. seine Umgebung gefährlich sind, können → Entmündigung od. Bewachung in bes. Anstalten veranlaßt werden. G. bilden Strafausschließungsgrund und beeinflussen Geschäftsfähigkeit.
Geisteswissenschaften, erforschen nach → Dilthey das geistige Sein des Menschen, der Menschengruppen und ihrer Werke in ihrem sinnhaften Zusammenhang; Ggs.: → Naturwissenschaften.
geistiges Eigentum, jurist. ungenaue Bez. für → Urheberrecht und → gewerblichen Rechtsschutz.
geistliches Drama, Darstellung d. Heilsgeschichte, zunächst durch Geistliche aus d. liturg. Tradition, später Verweltlichung; → Passionsspiel.
Gekröse,
1) *Mesenterium,* Bauchfellfalte, Aufhängeband des Dünndarms.
2) *in der Küche:* → Kaldaunen.
Gel, *s.* [gr.], in Lösung ausgefälltes Kolloid, fest-flüssig verformbar.
Gela ['dʒɛːla], Hafenst. i. S Siziliens, 80 000 E; antike Ruinen; Erdölind.
Gelasius I. († 19. 11. 496), bedeutender Papst des 5. Jh., der d. Zweigewaltenlehre zuerst formulierte.
Gelatine [ʒe–], Eiweißstoff, reine Form des → Leims; farb- u. geschmacklos, zur Herstellung von Gelees, fotograf. Filmen, Platten usw.
Geläuf,
1) Spur v. Federwild.
2) Boden d. Pferderennbahn.
Gelbbleierz, *Wulfenit,* Bleimolybdat (Mineral).
Gelbbuch → Farbbücher.
gelber Fleck, Stelle des schärfsten Sehens der Netzhaut.
Gelber Fluß, svw. → Huang He.
Gelbes Meer, chin. *Huang Hai,* Randmeer zwischen China und Korea, durch den Huang He gelb gefärbt (Löß); Häfen: *Dalian, Tsingtau (Qingdao).*
Gelbfieber, meldepflichtig, akute fieberhafte trop. Virusinfektion mit Gelbsucht u. Erbrechen, durch *Aëdes*-Mücken übertragen, Schutzimpfung möglich.

Gelbguß, Messing mit etwa 33% Zinkgehalt, in Sandform gegossen.
Gelbkörper, lat. *Corpus luteum,* entsteht im Eierstock aus → Graafschem Follikel nach d. Ovulation, bildet *G.hormon,* Progesteron.
Gelbkreuz, im 1. Weltkr. verwendeter chem. Kampfstoff; Hautgift.
Gelblinge, Blätterpilze; z. T. genießbar (z. B. → Pfifferling).
Gelbrand → Schwimmkäfer.
Gelbrost, Streifenrost, Pilzschädling auf Weizen u. Gerste.
Gelbsucht, *Ikterus,* gelbgrünliche Verfärbung der Haut durch Gallenüberfritt ins Blut b. verschiedenen Leber- (z. B. → Hepatitis, → Leberzirrhose) u. Gallenwegskrankheiten od. durch Zerfall roter Blutkörperchen bei hämolyt. → Anämie u. → Weilscher Krankheit; harmlos bis zu einem gewissen Grade d. G. d. Neugeborenen.
Geld,
1) Metallgeld, Münzen, *Hartgeld,* im Ggs. zum stoffwertlosen Papiergeld; *wirtsch.* Recheneinheit (Wertmesser von Gütern od. Dienstleistungen) u. Tauschmittel in einer Wirtschaftseinheit; in früheren Entwicklungsstufen in Form von Naturalien (*Natural-G.*); z. B. Vieh, Felle, Salz, Perlen, Muscheln (→ Kauri), Edelmetall; mit Intensivierung d. Zahlungsverkehrs stoffwertloses G.: z. B. → Papiergeld (bar), → Giralgeld (unbar); Geldarten: Währungsgeld (Kurantgeld), uneingeschränkte Annahmepflicht; Scheidemünzen, nur begrenzter Annahmezwang.
2) *rechtl.* bestimmte Zahlungsmittel, d. kraft Gesetzes im Geldverkehr anzunehmen sind; → Währungssysteme.
Geldautomat → Bankautomat.
Geldbuße, Mittel zur Ahndung v. → Ordnungswidrigkeiten.
Geldern,
1) *Gelderland,* ndl. Prov., zw. Zuidersee u. Maas, 5013 km², 1,83 Mill. E; im N sandige Geest mit Heide (*Veluwe*), im S zw. Rhein u. Maas fruchtbare Marschlandschaft (*Betuwe*) m. Viehzucht; Hptst. *Arnheim.*
2) (D-47608), St. i. Kr. Kleve, NRW, 29 715 E; Metallindustrie.
Geldfälschung → Münzverbrechen.
Geldkapital, Geld, das zu Erwerbszwecken (Produktion) dient (Kapital in G.form), im Ggs. zu Geld, das für Verbrauchszwecke (Konsum) verwendet wird.
Geldkurs → Kurszettel.
Geldlehre, *Geldtheorie,* Teil **a)** der Nationalökonomie, die sich mit dem Wesen, den Arten, dem Wert und der Bedeutung des Geldes befaßt; **b)** des Wirtschaftsrechts, d. das *Geldrecht* (Ausgabe, Deckung, Annahmezwang usw.) darstellt.
Geldmarkt, Angebot und Nachfrage nach kurzfristigen Darlehen; wird durch Diskontpolitik beeinflußt; hpts. Bankkredit (kurzfristiger Kredit); Ggs.: → Kapitalmarkt.
Geldschöpfung, Schaffung zusätzl. Geldes durch den Staat u. d. B.bank (Ausgabe neuer Münzen, Banknoten, Schatzanweisungen); auch durch Geschäftsbanken (Kreditschöpfung, Buchgeld).
Geldstrafe, bei best. Delikten u. geringer Schuld verhängte Strafe; bei man-

chen Delikten auch neben Freiheitsstrafe; wird i. sog. → Tagessätzen verhängt.
Geldsurrogate, Geldersatzmittel, die volkswirtschaftl. Funktion des Bargelds übernehmen können (z. B. Scheck, Wechsel).
Geldwäschegesetz, vom 25. 10. 1993 soll d. Aufspüren v. Gewinnen aus schweren Straftaten (z. B. Drogenhandel) erleichtern. Einzahler od. Abheber von Werten ab 20000 DM sind von d. Kreditinstituten zu identifizieren.
Geldwertsicherungsklausel, vertragl. Abmachung (nur nach Genehmigung der DBB), daß sich die Höhe e. zurückzuzahlenden Schuldbetrags nach d. Kaufkraft des Geldes richtet.
Geldwirtschaft, theoret. Stufe d. wirtsch. Entwicklung, auf der Geld das kennzeichnende Mittel darstellt; liegt zw. den Stufen Natural- u. Kreditwirtschaft.
Gelee, s. [frz. ʒəˈle:], mit Zucker eingedickter Fruchtsaft; steifgewordener Fleischsaft.
Gelée royale [frz. ʒəˈle: rwaˈjal], *Royal Jelly,* Futtersaft d. Bienen z. Heranzucht v. Königinnen (Weiselfuttersaft); ,,Verjüngungsmittel".
Geleit, im MA schützende Begleitung von Reisenden gegen Entgelt; → *Sicheres Geleit.*
Geleitzug, *Convoi* [engl.], Transport an Land od. auf See unter mil. Schutz.
Gelenk,
1) die bewegl. Verbindung zweier od. mehrerer Knochen; das G. ist von einer durch starke Bindegewebszüge u. Bänder verstärkten Kapsel umgeben u. innen mit der Gelenkschmiere *(Synovia)* gefüllt; je nach dem Umfang der Bewegungen unterscheidet man ein- und mehrachsige Gelenke.
2) Ausdruck i. d. Technik, z. B. *G.bogen, G.träger.*
Gelenkkette, Rollkette bzw. Zahnkette zur Kraftübertragung (z. B. Fahrradkette).
Gelenkmaus, durch Verletzung od. Knorpelkrankheit abgelöste Knochen- oder Knorpelkörper i. Gelenk, können sich einklemmen, dann sehr schmerzhaft.
Gelenkrheuma, akut oder chron., sehr schmerzhafte, m. Schwellung u. Bewegungsbehinderung auftretende Krankheit d. Gelenks, → Rheuma.
Gelierzucker [ʒeˈliːr-], Zucker mit Pektinzusatz f. d. schnelle Bereitung v. Gelees u. Marmeladen; er besteht a. ca. 98% Kristallzucker, 1% Obstpektin, 1% Wein- u. Zitronensäure.
Gelimer, letzter Vandalenkg in Afrika, 534 n. Chr. durch Belisar entthront.
Gellée → Claude Lorrain.
Gellert, Christian Fürchtegott (4. 7. 1715–13. 12. 69); dt. Dichter d. Aufklärung; *Fabeln; Geistl. Lieder;* Drama: *D. Betschwester.* Erster bürgerl. Roman in Dtld *Das Leben der schwedischen Gräfin von G. . .*
Gell-Mann [-ˈmæn], Murray (* 15. 9. 1929), am. Phys.; Nobelpr. 1969 f. Arbeiten zur Klassifizierung d. Elementarpartikeln), entwickelte zus. m. G. Zweig d. sog. Quarkmodell (→ Quarks).
Gelnhausen (D-63571), Barbarossast. i. Main-Kinzig-Kr., Hess., 20 185 E; AG; Ruine einer Kaiserpfalz (12. Jh.).
Gelon, Tyrann von Syrakus, 491–478 v. Chr., vertrieb die Karthager 480 v. Chr. aus Ostsizilien.
Gelsenkirchen (D-45879–99), kreisfreie St. i. Rgbz. Münster, NRW, 292 373 E; AG; bed. Ind.: Steinkohlenbergbau, Eisen- u. Stahlverarbeitung, Glas, Textil- u. Petrochemie; Häfen am Rhein-Herne-Kanal; Rennbahnen, Zoo, Schloß Berge, Schloß Horst, Städt. Mus.
GEMA, Abk. f. **Ge**sellschaft für **m**usikalische **A**ufführungs- u. mechan. Vervielfältigungsrechte (früher Stagma), verwaltet mus. Urheberrechte, verteilt Aufführungsantiemen.
Gemara, w., Teil des → Talmud, 3.–5. Jh. n. Chr.
Gemarkung, (umgrenzter) Gemeindegrundbesitz.
Gemayel [ʒaˈmaˈjɛl], Amin (* 1942), libanes. Pol. (Falange); Sohn d. Falange-Parteichefs *Pierre G.* (1905–84); nach dem Attentat auf s. Bruder *Beschir G.* (1947–82) Staatspräs. bis 1988.

Christian Fürchtegott Gellert

Gemeinde,
1) *christl. G.* ist Lebensgemeinschaft der Gläubigen, organisatorisch (nach ev. Kirchenverfahren) die kleinste Einheit der Kirche mit Eigenrecht (Wahl der Geistlichen, Kirchenvorstand) u. Pflichten zur G.arbeit.
2) *Pol. G.,* öff. (Gebiets-)Körperschaft, d. i. ihrem Gebiet unter eigener Verantwortung (Selbstverwaltung) alle öff. Aufgaben zu erfüllen hat, d. nicht gesetzl. einer anderen Stelle übertragen sind. Die G. ist unterste kommunale Verw.einheit. G.angehörigkeit durch Wohnsitz bestimmt (Einwohner-G.).
Gemeindekirchenrat, in der ev. Kirche Vertretung (Pfarrer, gewählte Mitgl., Patrone) der Gemeindemitgl. zur Verw. des gemeindl. Kirchenvermögens.
Gemeindeverbände → Kommunalverbände.
Gemeindeverfassung, das System der Vertretung u. Verwaltung einer Gemeinde. In d. Ländern der BR nach 1945 versch. Systeme, die in *Gemeindeordnungen* festgelegt sind. *Allg.* ein von d. Gemeindebevölkerung gewähltes Beschlußorgan, das zugleich verwaltendes Organ sein kann *(Ratsverfassung)* oder neben dem als verwaltendes Organ der Bürgermeister allein *(Bürgermeisterverf.)* od. als Vorsitzender d. Magistrats (dem Mitbeschlußrecht eingeräumt sein kann) zus. mit diesem *(echte od. unechte Magistratsverfassung)* fungiert.
gemeiner Pfennig, letzter größerer Versuch direkter Reichssteuern im Dt. Reich (15. Jh.).
gemeiner Wert, steuerrechtl. festge-

Geldmarkt

Bargeldumlauf in Mrd. der Landeswährung

		1938	1950	1960	1982	1986	1991	1994
Deutschland*	RM/DM	11,80	7,70	20,80	89	112	171,8	225,9
Frankreich	FF	112,00	1590,00	40,50	177	216	258,0	255,5
Großbritannien	£	0,46	1,29	2,20	11	13	16,7	19,9
Indien	iR	1,70	12,70	18,90	157	268	591,3	948,5
Italien	Lit	19,30	1122,00	2386,00	33061	49863	76310,0	96220,0
Japan	Y	2,90	408,70	1097,00	19775	26198	37970,0	42350,0
Niederlande	hfl	1,04	2,97	5,09	26	30	37,0	38,1
Schweden	skr	1,04	3,57	6,62	38	54	64,8	68,8
Schweiz	sfr	1,98	4,99	7,35	24	29	31,3	32,6
USA	$	5,80	25,00	29,60	135	186	270,3	363,5

* Bis Mai 1990 früheres Bundesgebiet

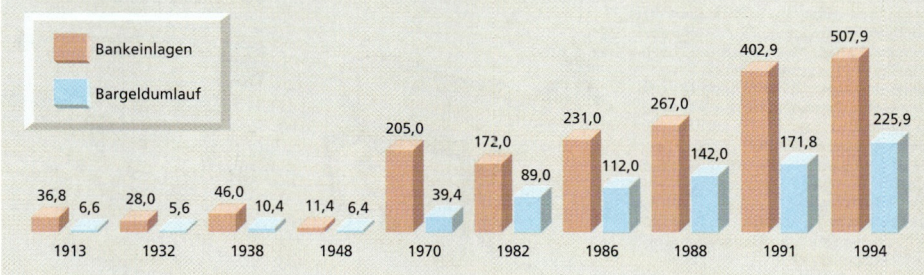
Deutschland (Deutsches Reich, BR Deutschland) in Mrd. RM, DM — Bankeinlagen und Bargeldumlauf: 1913: 36,8/6,6; 1932: 28,0/5,6; 1938: 46,0/10,4; 1948: 11,4/6,4; 1970: 39,4; 1982: 172,0/89,0; 1986: 205,0/112,0; 1988: 231,0/142,0; 1991: 267,0/171,8; 1994: 402,9/225,9; 507,9

legt in § 9 Bewertungsgesetz als der Wert, der im Geschäftsverkehr nach der Beschaffenheit des Wirtschaftsgutes bei einer Veräußerung zu erzielen wäre; → Einheitswert.

gemeines Recht, im Dt. Reich bis zum Inkrafttreten des BGB geltendes Privatrecht, das sich seit d. MA aus d. röm. u. kanon. Recht durch Gerichtspraxis entwickelt hatte u. gegenüber den Partikularrechten nur subsidiär galt.

gemeinfrei, d. Allgemeinheit zugängl., → Urheberrecht; im MA: v. → Frondienst u. Abgaben freie Bauern.

gemeingefährliche Krankheiten, Bez. f. schwere Infektions- u. Geisteskrankheiten, die d. Umgebung durch Ansteckung gefährden (→ Quarantäne) bzw. unter deren Wirkung die Kranken Gewalttätigkeiten begehen.

gemeingefährliche Verbrechen und Vergehen, Straftaten, d. sich gg. Leben, Gesundheit od. Vermögen einer unbestimmten Personenzahl richten, wie Brandstiftung, Gefährdung des Bahn-, Schiffs-, Luft- u. Straßenverkehrs, des Telegraphen- u. Fernsprechbetriebes, Trunkenheit i. Verkehr, Brunnenvergiftung u. a. (§§ 306 ff. StGB).

gemeinnützig, Zwecke, deren Erfüllung ausschließl. u. unmittelbar die Allgemeinheit fördert; von Bedeutung bei der Besteuerung kirchl., soz., kultureller Körperschaften, Anstalten, Stiftungen u. allg. bei der Einkommensteuer.

Gemeinsame Afrikanisch-Mauritianische Organisation, *GAMO*, → OCAM.

Gemeinsamer Markt
1) → Europäische Wirtschaftsgemeinschaft.
2) → Binnenmarkt.

Gemeinschaftsschule, Schule für Schüler versch. Bekenntnisse; Ggs.: → Bekenntnisschule.

Gemeinschuldner, Schuldner im Konkurs.

Gemeinwirtschaft, *allg.* Form der Wirtschaft, deren Prinzip auf die gemeinsam angestrebte Bedarfsdeckung ausgerichtet ist u. somit nicht dem privaten Gewinnstreben dient; *speziell:* der vom Kommunismus angestrebte soz. Wirtschaftsprozeß (Produktion und Konsum), wird nach einheitl., gemeinschaftl. Plänen gestaltet: *ökonom. Kommunismus. Planwirtschaft mit demokr. Zentralismus.* Ggs. z.: Individualwirtschaft, freie Wirtschaft.

Gemeng(e)lage, Ackergrundbesitz e. Besitzers, dessen Parzellen zerstreut liegen; → Flurbereinigung.

Gemini [engl. dʒemɪnaɪ „Zwillinge"], bemannte Raumflugkörper (USA), mit denen jeweils 2 Raumfahrer in e. erdnahe Umlaufbahn gebracht wurden; Vorbereitungsprogramm für das Apollo-Projekt.

Geminiani [dʒemiˈnaːni], Francesco Saverio (um 1680–17. 9. 1762), it. Violinist, Komponist u. Musikschriftst. in London; Violinsonaten, Concerti; Violinschule.

gemischte Ehe, Ehe zw. Angehörigen versch. Religionsgemeinschaften; *kanon. Ehehindernis* bei Religionsverschiedenheit (Impedimentum disparitatis cultus); in Dtld zivilrechtl. zulässig.

gemischtwirtschaftliche Unternehmungen *GwU*, private u. öff.-

Gemse

rechtliche Personen (Staat, Gemeinde usw.) sind gemeinsam beteiligt.

Gemma, hellster Stern i. Sternbild d. nördl. Krone.

Gemme [l.], Edel-, Halbedelstein mit vertieft oder erhaben geschnittenen Figuren.

Gemmi, schweiz. Paß in den westl. Berner Alpen, 2316 m; verbindet Kandertal und Wallis.

Genesis, *Handschrift*

Gemse, *Gams,* ziegenart. Huftier der eur. Hochgebirge (Alpen, auch Schwarzwald); *Gamsbart,* die Rückenhaare vom Bock; Hörner: *Krickeln.*

Gemünden am Main (D-97737), Stadt im Landkreis Main-Spessart an der Mündung v. Fränk. Saale und Sinn in d. Main, 10 784 Einwohner; AG; diverse. Industrien.

Gemüt, Basis des Gefühlslebens, be-

Genfer See, Château de Chillon

stimmt d. Ansprechbarkeit u. Qualität der Gefühlsreaktion.
Gemütskrankheiten, bei ihnen ist Gleichgewicht d. Gefühlslebens verschoben (z. B. → Depression).
Gen, Erbeinheit; Gene sind Regionen des genet. Materials, die in ihrer → DNA (bei einigen Viren auch → RNA) die Erbinformation enthalten; sie stellen spezif. Abschnitte *(Loci)* auf den → Chromosomen dar. Durch Wechselwirkung zw. Genen u. ihrer Umgebung wird die Entwicklung u. Organisation eines Organismus bestimmt; → Cistron. Erste G.synthese 1970 durch → Khorana; erste G.transduktion 1971, → Genetic engineering; 1976 künstlich geschaffenes Gen in lebende Zelle eingepflanzt (Khorana).
genant [frz. ʒe-], peinlich; gehemmt.
Genbank, Institution d. Pfl.-Züchtung, i. d. → Gene gesammelt u. Genreserven angelegt werden, um e. Genverarmung z. verhindern; Dt. G., Sitz Braunschweig, Samml. aller landw. Kulturpfl., ihrer Zuchtsorten u. ihrer Wildformen.
Gendarm, *m.* [frz. ʒã-], (berittener) Landjäger, Polizist (öster.).
Gendarmerie [ʒã], die östr. Bundespolizei.
Gêne, *w.* [frz. ʒɛːn(ə)], Befangenheit, Zwang.
Genealogie [gr.], Familienforschung, untersucht Abstammung u. Verwandtschaft von Familien.
General,
1) in versch. kath. Orden Bez. f. d. höchsten Oberen.
2) höchste Rangklasse d. Offiziere (Heer, Luftwaffe): bis 1945 G.major, G.leutnant, G. d. Infanterie (Artillerie, Flieger usw.), G.oberst, G.feldmarschall; Bundeswehr: Brigade-G., G.major, G.leutnant, General.
Generalarzt, *Generalapotheker,* höchste Rangkl. d. Sanitätsoffiziere (Heer/Luftwaffe) im Dienstgrad e. Brigadegen.; aufsteigend: Generalstabsarzt (= Generalmajor), Generaloberstabsarzt (= Generalleutnant); → Admiralarzt.
Generalbaß, it. *basso continuo,* instrumentale Baßstimme, die durch „Bezifferung" die zugehörigen Akkorde angibt; Kompositionstechnik von 1600–1750, identisch m. Barockmusik.
Generalbeichte, i. d. kath. Kirche e. umfassendes Bekenntnis aller schweren Sünden i. Leben d. Gläubigen.
Generalbundesanwalt, Leiter d. Staatsanwaltschaft b. B.gerichtshof.
Generaldirektor, oberster Leiter einer erwerbswirtsch. Körperschaft; G.-titel wird i. d. Wirtsch. jedoch nur noch selten geführt.
General Dynamics Corporation [ˈdʒɛnərəl daiˈnæmiks kɔːpəˈreɪʃn], am. Firma f. d. Produktion v. Mil.flugzeugen (z. B. Kampfflugzeug „F 16"), Flugkörpern u. Unterseebooten.
Generalić [-litɕ], Ivan (* 21. 12. 1914), kroat. Maler; Hptvertr. d. naiven Malerei s. Landes; wählte als Bauer bes. Themen aus s. Lebensbereich; meist volkskünstler. traditionelle Hinterglasbilder.
Generalinspekteur d. Bundeswehr, ranghöchster Soldat u. Vorsitzender d. Mil. Führungsrates. Der G. ist weisungsbefugt gegenüber d. Ä Inspekteuren der Teilstreitkräfte u. d. Sanitäts- u. Gesundheitswesens. Die Institution d. G.s ist dem Bundesminister der Verteidigung unmittelbar nachgeordnet; seit 1996 Hartmut Bagger.
Generalintendant, Titel für Leiter großer Bühnen oder Bühnengemeinschaften.
generalisieren [l.], verallgemeinern.
Generalissimus, Oberbefehlshaber m. besonderen Machtvollkommenheiten.
Generalität, Gesamtheit der Generale.
Generalklausel, verallgemeinernde gesetzl. Rahmenvorschrift.
Generalkommando, bis 1945 Kommandostab e. Armeekorps.
Generalkonsul, höchster Rang unter den Konsuln.
General Motors Corporation [ˈdʒɛnərəl ˈmoʊtəz kɔːpəˈreɪʃn], bedeutendster am. Automobilproduzent, Detroit 1916 (1908) gegr.
Generalmusikdirektor, Titel für Orchesterleiter.
Generalnenner, Hauptnenner mehrerer Brüche.
Generalpause, gleichzeitige Pause für alle Stimmen und Instrumente: G.P.
Generalstaaten, Versammlung der niederl. Provinzialstaaten (1579–1795); heute → Niederlande, Verfassung.
Generalstaatsanwalt, höchster Staatsanwalt im Bez. eines OLG.
Generalstab, Offizierskorps aus für die höhere Truppenführung besonders ausgebildeten Offizieren. In Dtld bis 1945 gegliedert in *Großer G.* und *Truppen-G.e;* bei der Bundeswehr: Offiziere im *G.s*dienst.
Generalstände, *Etats généraux,* bis 1789 d. gewählten Abgeordneten des Adels, d. Geistlichkeit, d. Städte in Frkr.; aus ihnen ging u. Nat.vers. hervor.
Generalstreik, gleichzeitige Arbeitseinstellung in allen Betrieben eines Gebietes; meist mit Ausnahme d. → lebenswichtigen Betriebe.
Generalsuperintendent, höchste ev. Geistlicher eines Landes (Prov.), jetzt meist *Landesbischof.*
Generalsynode → Synode.
Generalversammlung, *Hauptversammlung,* → Aktiengesellschaft.
Generalvertrag → Deutschlandvertrag.
Generalvikar, Regierungs- u. Verwaltungsstellvertreter e. kath. Bischofs.
Generation, *w.* [l.], Gesamtheit der Zeitgenossen; Menschenalter-Abschnitt (ca. 25 Jahre).
Generationswechsel, regelmäßiger Wechsel v. geschlechtl. u. ungeschlechtl. Fortpflanzung b. manchen Tieren u. vielen Pflanzen, oft verbunden mit versch. Lebensweise u. Organisation, z. B. bei Hohltieren, Farnen, → Moosen.
Generator [l.].
1) Stromerzeuger, → Dynamomaschine.
2) Ofen zur Erzeugung von brennbarem *G.gas* (als Stadtgas) durch unvollständige Verbrennung (Vergasung) von Holz, Kohlen od. Koks.
generell [frz.], allgemein; Ggs.: speziell.
generös [frz. ʒe-], großmütig, freigebig.
Genese, *w.* [gr.], Entstehung (z. B. einer Krankheit).
Genesis, *w.* [gr.], Ursprung, Schöpfung; 1. Buch Mose.

Jean Genet

Genf

Genf am Genfer See

Genf, *Völkerbundpalast*

Genesis [engl. ˈdʒɛ-], brit. Rocktrio um Phil Collins, aufwendige Bühnenshows; *We can't dance.*
Genet [ʃəˈne], Jean (19. 12. 1910–15. 4. 86), frz. Schriftst.; Dramen: *Die Zofen; Der Balkon; Unter Aufsicht;* Romane: *Notre-Dame-des-fleurs; Tagebuch eines Diebes.*
Genetic engineering [engl. dʒɪˈnɛtɪk ɛndʒɪˈnɪərɪŋ], Gen-Chirurgie, experimentelle Veränderung der Erbinformation einer Zelle mit Hilfe der → Transduktion; 1971 v. d. am. Forschern Merril, Geier u. Petricciani an menschl. Bindegewebskulturen (→ Gewebekultur) mit Galaktosämie-Defekt durchgeführt; Gefahr der Bildung neuer, bisher nicht aufgetretener Bakterien (Seuchengefahr); Versuche, durch Übertragung menschl. Gene auf Tiere Übergrößen zu erzeugen, umstritten.
Genetik, *w.* [gr.], Wissenschaft von der Vererbung.
genetische Information, Baupläne f. d. biochem. Produktion einer Zelle.
genetischer Code, das Prinzip, nach dem die genet. Information i. d. DNA der → Chromosomen (bei manchen Viren auch → RNA) verschlüsselt ist, durch die spezif. Aufeinanderfolge, die Basensequenz, der Purin- und Pyrimidinbasen Adenin, Guanin, Cytosin u. Thymin (in RNA Uracil) wird die spezif. Folge der → Aminosäuren in den Enzym- u. Struktureiweißkörpern festgelegt; dabei bestimmen je drei aufeinanderfolgende Basen (Triplett) der Nukleinsäure eine Aminosäure des Proteins.
Genetten, svw. → Ginsterkatzen.
Genever, *m.* [ndl. ʒe-], Wacholderschnaps.
Genexpression, Umsetzung genet. Informationen i. e. Genprodukt (Übers. Gentechnik).
Genezareth, See, *Galiläisches Meer,* bibl. Bez. für den *Tiberiassee,* arab. *Bahr el Tabarije,* v. Jordan durchflossen, N-Palästina, 200 km², 209 müM.
Genf (CH-1200), frz. *Genève,* Hptst. des schweiz. Kantons G. (282 km², 396000 E), am Rhôneausfluß aus d. Genfer See, 168000 E, Agglom. 402000 E; Uni., Kathedrale, Rhônebrücken, Rousseau-Insel; Sitz des Intern. Roten Kreuzes, des Intern. Arbeitsamtes, d. Weltgesundheitsorg., 1920–46 d. Völkerbundes, d. Intern. Union für das Fernmeldewesen, der → CERN; Uhrenind., Fremdenverkehr, Tagungsort. – Seit 5. Jh. Bischofssitz; 1536–64 Wirkungsstätte Calvins; 1798 frz., 1814 eidgenöss. Kanton.
Genfer Abrüstungskonferenz, tagte v. 1962 mit d. USA u. Sowjetunion als Hauptteilnehmern; auch → SALT, → START, → MBFR/MURFAAMCE. Die 1962 gegr. G. A. war ein ständiges Verhandlungsgremium der → UNO über Abrüstung u. Rüstungskontrolle. Teilnehmer waren je 7 Staaten der → NATO u. des Warschauer Paktes sowie die Atommächte USA, UdSSR, Frankreich, Großbritannien u. China. Beschlüsse mußten einstimmig gefaßt werden.
Genfer Konvention, Bez. für 4 intern. Abkommen: **1. G. K.** zur Verbesserung des Loses der Verwundeten u. Kranken der Heere im Felde, Schutzzei-

Gentechnik

Die Gentechnik baut auf den Erkenntnissen der modernen → *Molekularbiologie* auf, die den Formenreichtum der Lebewesen im wesentlichen auf die außerordentliche Mannigfaltigkeit der → *Proteine* (Eiweißstoffe) zurückführt. Die Zusammensetzung u. Struktur der Proteine ist in den → *Genen* (deren Gesamtheit man → Genom nennt) festgelegt. Die Substanz, aus der die Gene sind, ist die → *Desoxyribonukleinsäure* (Abk.: DNS, gebräuchlicher engl. DNA). Dieses Riesenmolekül besteht aus zwei parallel ineinander verwundenen Strängen (Doppelhelix-Struktur). Jeder Einzelstrang setzt sich aus einem Gerüst von alternierend angeordneten Phosphorsäure- u. Zuckermolekülen zusammen, an welches als variable Elemente die 4 #*Basen* angehängt sind: Adenin, Cytosin, Guanin und Thymin (A, C, G und T). Die „Schrift", in der die genet. Information niedergelegt ist, ist so beschaffen, daß ein *Triplett* (je 3 aufeinanderfolgende Basen) das Kodezeichen (→ genet. Kode) für eine → *Aminosäure* darstellen. Die Abfolge der Triplett-Kodons in einem Gen bestimmt somit die Aneinanderreihung der Aminosäuren, welche wiederum die Proteine definiert, aus denen die Organismen aufgebaut sind. Der Fluß der genet. Information von einem Gen (auf der Ebene der DNA) zum Protein erfolgt über die Vorgänge der → Transkription und → Translation. Mit dem Begriff Gentechnik (Gentechnologie, Genmanipulation, engl. → *Genetic engineering*) werden Verfahren bezeichnet, bei denen Gen(teil)e isoliert, analysiert, synthetisiert, verändert und von einem Organismus auf einen anderen, in dem sie unter natürl. Bedingungen normalerweise nicht vorkommen, übertragen werden. Gentechnik wird als → *Grundlagenforschung* betrieben und seit den 70er Jahren auch zu kommerziellen Zwecken (Gentechnikfirmen, chemische Industrie) angewandt. Die praktische *Nutzung* gentechn. Methoden erfolgt in der Absicht, nützliche Naturstoffe oder → Pharmaka herzustellen, genet. bedingte Defekte zu kompensieren (Gentherapie) sowie bei Nutzpflanzen oder -tieren neue Eigenschaften (z. B. → Resistenzen) zu erzeugen. Dazu werden auch Mischwesen (→ Chimären) geschaffen. *Instrumente und Methoden.* Um an best. Gen-Sequenzen heranzukommen, die man zur Übertragung auf e. anderen Organismus haben möchte, wird zunächst die DNA des Spender-Organismus mit sog. *Restriktionsendonukleasen* zerlegt. Diese aus Bakterien gewonnenen Enzyme fungieren als chem. „Scheren", mit denen DNA in einzelne Fragmente geschnitten werden kann. Jeder Typ dieser ca. 300 versch. Restriktionsenzyme erkennt eine spezifische Folge von 4 bis 7 Basen *(Erkennungssequenz)*, in deren Bereich die DNA geschnitten wird. Für die gentechn. Praxis heißt das, daß eine best. DNA mit versch. Restriktionsenzymen in unterschiedliche Sets definierter Stücke zerlegt werden kann. Da die Erkennungssequenzen statistisch über die DNA verteilt sind, läßt sich mit einer geeigneten Auswahl dieser Schneideenzyme im Prinzip jeder funktionelle DNA-Abschnitt für die Übertragung auf e. anderen Organismus gewinnen. Vor seiner Übertragung (Transfer) in den Empfängerorganismus muß das Spender-Gen in ein geeignetes Vehikel (→ *Vektor*) integriert werden, das über best., für die Vermehrung (→ Replikation) notwendige DNA-Sequenzen verfügt. Als Vektoren zur Übertragung auf Bakterien und Hefen werden → *Plasmide* (ringförmige DN-Stücke) verwendet, zum Transfer in höhere Organismen (Pflanzen, Tiere) Genome von Viren. Die Verknüpfung von isolierter Spender- und Vehikel-DNA wird von dem Enzym Ligase bewirkt. Die *Einschleusung* des mit dem Vektor verbundenen Fremdgens erfolgt über natürl. Mechanismen wie → Transformation, → Transduktion oder → Konjugation (bei Mikroorganismen). Vor allem bei Zellen höherer Organismen wird die Genübertragung auch auf mechn. *Mikroinjektion*), chem. *(Calcium-Phosphat-Behandlung)* oder physiol. Wege *(Elektroporation)* durchgeführt bzw. unterstützt. Bei einem neuen Verfahren werden mit DNA beladene Wolfram-Partikel mit hoher Geschwindigkeit auf Zellkulturen geschossen *(particle gun bombardment)*. Nach Einschleusung kann sich das übertragene Gen mit den Zellteilungen der Empfängerzelle mitvermehren. Diesen Vorgang, bei dem sich mit jeder neuen Zellgeneration die Zahl der identischen Gen-Kopien verdoppelt, nennt man → *Klonierung* (des Gens). Die vom übertragenen Gen veranlaßte Aktivität, also die Umsetzung seiner Information in ein Genprodukt (meist Protein), wird als → *Genexpression* bezeichnet.

Anwendungen. Die Gentechnik ermöglicht die Konstruktion genet. Neuheiten. Mit ihr läßt sich im Prinzip jedes beliebige Protein herstellen. In der Praxis konnte dies jedoch erst bei relativ wenigen Fällen realisiert werden, und wo es gelingt, liegt die biol. Aktivität der künstl. erzeugten Proteine oft noch erheblich unter der der Naturprodukte. Durch Klonierung entsprechender Gene in Bakterien oder Zellkulturen können als → *Pharmaka* verwendbare Proteine, wie z. B. → *Insulin*, → Interleukin, → Interferon, Erythropoetin sowie die Blutgerinnungsfaktoren VIII und IX bereits heute „gezüchtet" werden. Aber auch andere nützliche Stoffe lassen sich herstellen: Der Farbstoff → *Indigo* wird von einem Gen-veränderten Coli-Bakterienstamm produziert. In einem manipulierten Aspergillus-Schimmelpilz wird *Lipolase*, ein fettspaltendes Enzym, gebildet, das als Waschmittelzusatz angewendet werden kann. Auch bei *Nutzpflanzen* werden gentechn. Methoden eingesetzt, mit dem Ziel, Sorten zu konstruieren, die man mit herkömmlichen Kreuzungsmethoden nicht oder nur mit beträchtlichem Aufwand züchten könnte. Dabei sind Pflanzen geplant, die ertragreicher sind, eine höhere Produktqualität aufweisen, weniger anfällig für Unkraut, Schädlinge und Krankheiten sind. Beispiel für eine Pflanzen- *Chimäre* ist die „Tomoffel", ein Fusionsprodukt aus Tomate und Kartoffel (1978). Das erste *Freiland-Experiment* wurde 1987 mit sog. Frostschutz-Bakterien auf Erdbeer-Feldern in Kalifornien/USA durchgeführt. Die erste Genmanipulation bei *Tieren* gelang 1974 bei Mäusen, die erste Übertragung eines menschl. Gens erfolgte 1982. Es produziert, in Mäuseembryonen eingeführt, menschl. Wachstumshormon. Dabei sind sog. *Riesenmäuse* entstanden (50 % größer als normal). Durch Verschmelzung von Embryonalzellen gelang 1984 die Schaffung einer Chimäre aus Schaf und Ziege, als *„Schiege"* bezeichnet. Inzwischen wurden auch bei Ratten, Kaninchen, Schweinen und Rindern (BST-Wachstumshormon) transgene (d. h. gentechn. veränderte) Tiere erzeugt. Mit Hilfe von gentechn. veränderten Tieren werden auch Tiermodelle zu Forschungszwecken entwickelt. Beispiel ist die Maus, der Brustkrebsgene und ein auslösendes Virusgen eingepflanzt wurden, um daran Studien zur Krebsentstehung zu machen. Diese sog. *Krebs-Maus* wurde als erstes gentechnisch verändertes Tier in den USA (1988) u. vom Eur. Patentamt (1992) patentiert. Ende 1990 wurde die erste gelungene *Gentherapie* beim Menschen durchgeführt. Einem vierjährigen Mädchen in den USA, das an einem Defekt des Gens für das Enzym Adenosindesaminase (ADA) litt, wurden genet. veränderte Zellen gespritzt; sie enthielten das intakte ADA-Gen, das auch im Körper der Patientin aktiv wurde.

Gefahren. Die Gentechnik ist als molekularbiol. Grundlagenforschung für sich genommen wertfreie Naturerkenntnis und -beherrschung. Als solche kann sie aber zu moralisch sehr unterschiedl. bewertbaren Zwecken verwendet werden: einerseits zur Therapie schwerer Erbleiden, andererseits zur Herstellung verheerender biol. Waffen. Doch schon beim experimentellen Arbeiten und v. a. bei Freilandversuchen besteht – zumindest theoretisch – die Gefahr unkontrollierter Verbreitung u. Weiterentwicklung genmanipulierter Organismen, so die Kritiker der Gentechnik. Die Befürworter der Gentechnik versichern, die Risiken durch Sicherheitsmaßnahmen im Griff zu haben. Neben baulichen Besonderheiten der Labors und Produktionsanlagen (u. a. luftdichte Schleusen, Unterdruck, Filter, Schutzanzüge) sollen die genmanipulierten Organismen genetisch so konstruiert sein, daß sie in der natürl. Umwelt nicht (lange) überleben können. Die ersten Warnungen bezüglich der möglichen Gefahren gentechn. Experimente kamen aus den Reihen führender Molekularbiologen selbst. In Asilomar/USA kamen 1975 eine große Zahl namhafter Forscher zusammen, die sich selbst Verbote und Beschränkungen bei ihrer weiteren Arbeit auferlegten. Dabei wurden einige z. T. heute noch gültige Richtlinien über die *Sicherheitsmaßnahmen* in Gentechnik-Labors verabschiedet. Man unterscheidet nach dem Stand der Ausrüstung fünf Kategorien (L0 bis L4), vom Standard- bis zum Hochsicherheitslabor. Die Erforschung und Benutzung gentechn. Anwendungen wird heute in den meisten Ländern durch entsprechende Gentechnik-Gesetze mehr oder weniger eingeschränkt und behördlich kontrolliert. 1990 hat der Dt. Bundestag das → *Gentechnik-Gesetz* verabschiedet. Außerdem wurde für die Prüfung u. Bewertung sicherheitsrelevanter Fragen die *Zentrale Kommission für die biologische Sicherheit* (ZKBS) eingerichtet. Im November 1996 hat der Europarat die *Konvention über Menschenrechte und Biomedizin* verabschiedet.

Genossenschaften

Zusammenschlüsse natürl. u. jurist. Personen. Mindestens 7 Mitgl., nach oben keine Begrenzung.
Organe: Vorstand (mindestens 2 Mitgl.), Aufsichtsrat (mindestens 3 Mitgl.), Gen.- bzw. Vertreter-Versammlung. Eigenkapital: die Geschäftsguthaben d. Mitglieder u. Rücklagen. Bei beschränkter Haftung haftet der einzelne bis zur Haftsumme, auch unbeschränkte Haftung mögl. od. Verzicht auf Nachschußpflicht, gesetzl. Regelung durch Ges. v. 1. 5. 1889 (Novellierung ab 1. 1. 1974).
Geschichte: Ländliche Genossenschaften: Erste genossensch. Gründung durch Raiffeisen in Weyerbusch 1848, hieraus entstanden die ländl. G.; gewerbl. G. 1849 durch Schulze-Delitzsch gegr.; Konsum-G. nach d. „Pionieren" von Rochdale (England) seit 1844. – Dtld 1937: ca. 40 000 landw., 5500 gewerbl., 3200 Bau- und 120 Konsum-G.; BR 1976 ca. 5004 Kredit-G. (davon 3242 Kredit-G. mit Warenverkehr), 9340 Raiffeisen-Waren- u. Dienstleistungs-G. (davon 3242 Kredit-G. mit Warenverkehr), ca. 1050 gewerbl. Waren- u. Dienstleistungs-G., 1263 Bau- u. 136 Konsum-G.
Arten: 1) Kredit-G. für alle Bankgeschäfte (einschl. Versicherungen) u. a. Einlagen u. Kreditgewährung, Teilzahlungsfinanzierung; **2)** Absatz-G. zum gemeinschaftl. Absatz landw. od. gewerbl. Erzeugnisse; **3)** Einkaufs-, Magazin- u. Dienstleistungs-G. zur Beschaffung u. Benutzung v. Gegenständen des landw. od. gewerbl. Betriebes auf gemeinschaftl. Rechnung; **4)** Produktiv-G. zur Herstellung u. zum Verkauf v. Gegenständen auf gemeinschaftl. Rechnung; **5)** Einkaufs- u. Magazin-G. zur Beschaffung u. Benutzung von Gegenständen des landw. od. gewerbl. Betriebes auf gemeinschaftl. Rechnung; **6)** Wohnungsbau-G. bauen, finanzieren u. verwalten günstige Wohnungen f. ihre Mitglieder.
Organisation: 1) Dt. Genossenschaftsverband e. V., Bonn, 1972 aus Dt. Genossenschaftsverband (Schulze-Delitzsch) und Dt. Raiffeisenverband entstanden, ist Spitzenverband; weiterhin sind auf Bundesebene tätig die drei Bundesverbände: a) Bundesverband d. Dt. Volksbanken u. Raiffeisenbanken e. V. mit 2770 Volks- und Raiffeisenbanken (einschl. 990 Kredit-G. mit Warengeschäft) u. 3 Zentralbanken. Bilanzsumme 1000 Mrd. DM, 12,4 Mill. Mitgl. b) Dt. Raiffeisenverband e. V., Bonn, 4580 Raiffeisen-Waren- u. Dienstleistungs-G. (davon 990 Kredit-G. mit Warengeschäft), Warenumsatz 79 Mrd. DM, 4,1 Mill. Mitgl. (davon 2,9 Mill. Mitgl. b. Kredit-G. m. Warengeschäft). c) Zentralverband Gewerblicher Verbundgruppen e. V. m. 1000 G., Warenumsatz 146 Mrd. DM, 290 000 Mitgl. **2)** Gesamtverband gemeinnütziger Wohnungsunternehmen e. V., Köln, 1199 G., 1,64 Mill. Mitgl.; 997 110 (ertragbringende) Wohnungen (1982).
DDR: In den staatlich gelenkten Genossenschaften der ehem. DDR waren die charakteristischen Merkmale der Freiwilligkeit durchbrochen. Die G., u. unter diesen besonders die *Produktions-G.*, dienten dort vor allem als gesellschaftspol. Mittel zur Kollektivierung der Wirtschaft (Übertragung der Unternehmerfunktionen auf das Kollektiv).

---

chen: → *Rotes Kreuz*, in der Türkei u. den arab. Ländern *Roter Halbmond*, 1864, → *Dunant*; 1929 u. 1949 verbessert; 1925 Protokoll über Bakterien- u. Gaskrieg; **2. G. K.** zur Verbesserung des Loses der Verwundeten, Kranken u. Schiffbrüchigen der Seestreitkräfte, 1949, Verbesserung der Haager Konvention von 1907 → Haager Friedenskonferenzen; **3. G. K.** über die Behandlung der Kriegsgefangenen, 1929, verbessert 1949; **4. G. K.** über den Schutz der Zivilbevölkerung im Kriege, 1949. 1952 Konvention z. Schutz kultureller Werte i. Krieg.
Genfer See, frz. *Lac Léman*, größter See im Alpengebiet, zw. Schweiz u. Frkr., 372 müM, 581 km², 72 km lang, bis 14 km breit, bis 310 m tief, von d. Rhône durchflossen; mildes Klima, bes. am N-Ufer Weinbau; Kurorte: Montreux, Vevey, Ouchy, Thonon- u. Evian-les-Bains, Château de Chillon.
genial [l.], v. Genie zeugend, schöpferisch begabt.
Genickstarre → Gehirnhautentzündung.
Genie, s. [frz. ʒeˈniː], höchste schöpferische Begabung.
Genietruppe, technische Truppe, Pioniere.
Geniezeit, *Sturm und Drang,* → deutsche Literatur, Übers.
Génissiat [ʒeniˈsja], frz. el. Kraftwerk an der Rhône bei Bellegarde, Jahresleistung 2 Mrd. kWh; Stausee ca. 50 Mill. m³.
Genitalien [l.], → Geschlechtsorgane.
Genitiv, *m.,* 2. Beugefall, auf die Frage *wessen?* (z. B. *Vaters* Hut).
Genius, *m.* [l.], (Schutz-)Geist.
Gennes [ʒɛn], Pierre-Gilles de (* 24. 10. 1932), frz. Physiker; Übertragung der Beschreibungsmethoden einfacher physikal. Systeme auf die Beschreibung v. komplizierten Materieformen, insb. f. flüss. Kristalle u. Polymere; Nobelpr. Physik 1991.
Genom, der einfache (haploide) Chromosomensatz einer Zelle u. d. in ihm lokalisierten *Gene*; auch d. Gesamtheit der Gene eines Individuums.
Genort, festgelegte Stelle für ein → Gen auf einem Chromosom.
Genossenschaften → Übers.
Genotypus [gr.], **1)** die Gesamtheit aller in den *Chromosomen* lokalisierten → *Gene* eines Organismus. **2)** Erbbild (Gesamtheit aller Erbfaktoren) im Ggs. zum Erscheinungsbild (→ *Phänotypus*).
Genova [ˈdʒɛː-], it. Name von → Genua.
Genoveva, (um 750), legendäre Hzgn v. Brabant; zu Unrecht d. Ehebruchs bezichtigt; Drama v. Hebbel.
Genozid [gr.-l.], svw. → Völkermord.
Genre [frz. ˈʒãːr(ə)], „Art u. Weise"; das *G.bild,* die *G.malerei* beschreibt wirklichkeitsgetreu e. typischen Ausschnitt aus dem Alltagsleben; seit d. Antike, bes. aber im 17.–19. Jh. (z. B. höfisches, bäuerliches, bürgerliches G.).
Genscher, Hans-Dietrich (* 21. 3. 1927), FDP-Pol.; 1969–74 B.innenmin.; 1974–92 B.außenmin., 1974–85 Parteivors. d. FDP.
Gent, frz. *Gand,* belg. Hafen- u. Ind.st., Hptst. v. Ostflandern, zahlr. Kanäle, 230 000 E; Baumwollind., Blumenzucht; St.-Bavo-Kathedrale m. dem Altar der Brüder van Eyck, Tuchhalle, Stadthaus. – Berühmte Tuchind. im MA; s. 1830 belg.
Gent [dʒɛnt], Geck; ironisch für → Gentleman.
Gentechnik, Ges. v. 20. 6. 1990 bildet d. Rahmen f. Erforschung, Entwicklung, Nutzung u. Förderung d. G.; → Übers.
Gentechnikgesetz, vom 20. 6. 1990 regelt zwecks Abwendung von Gefahren f. d. Allgemeinheit den Rahmen f. d. Erforschung, Entwicklung u. Nutzung gentechn. Produkte.
Gentherapie, Heilung v. Erbkrankheiten, die auf definierten Fehlern v. → Genen beruhen, noch im Anfangsstadium, umstritten.

Hans-Dietrich Genscher

Genthin (D-39307), Krst. i. S-A., 16 131 E; Waschmittelind.
Gentile [dʒ-], Giovanni (30. 5. 1875 bis 15. 4. 1944), it. Phil.; it. (Neu-)Idealismus.
Gentile da Fabriano [dʒɛnˈtiːle-], (um 1370–1427), it. Maler; e. Hptvertr. d. → Intern. Gotik; *Anbetung der Könige.*
Gentileschi [dʒɛntiˈleski], **1)** Artemisia (1597–1652/3), it. Malerin d. Barock; bevorzugte Darstellungen gewaltt. Szenen in d. dramatisierenden Helldunkelmalerei d. Caravaggio-Nachfolge; *Judith und Holofernes;* ihr Vater **2)** Orazio (1563–7. 2. 1639), als Maler tätig in Italien, Frkr. u. am engl. Hof; Entwickl. v. Manierismus z. Frühbarock; *Ruhe auf der Flucht nach Ägypten.*
Gentilhomme [frz. ʒãtiˈjɔm], Edel-, Ehrenmann.
Gentleman [engl. ˈdʒɛntlmən], Ehrenmann: Mann von Lebensart.

Höhen wichtiger Berge

in Metern

8.846	Mt. Everest (Nepal/Tibet)	5.775	Christóbal Colón (Kolumbien)
8.610	K2 (*Godwin Austen;* Kaschmir)	5.642	Elbrus (Russ. Föd.)
8.586	Kangchendzönga (Nepal/Sikkim)	5.639	Citlaltépetl (Mexiko)
8.516	Lhotse (Nepal/Tibet)	5.604	Demawend (Iran)
8.463	Makalu (Nepal/Tibet)	5.452	Popocatépetl (Mexiko)
8.201	Cho Oyu (Nepal/Tibet)	5.199	Kenia (Kenia)
8.167	Dhaulagiri (Nepal)	5.140	Vinson-Massiv (Antarktis)
8.163	Manaslu (Nepal)	5.137	Ararat (Türkei)
8.126	Nanga Parbat (Kaschmir)	5.109	Margherita (Zaïre/Uganda)
8.091	Annapurna (Nepal)	5.029	Puncak Jaya (*Carstenszspitze;* Neuguinea)
8.068	Gasherbrum I (Kaschmir)	4.807	Montblanc (Frankreich/Italien)
8.047	Broad Peak (Kaschmir)	4.750	Kljutschew (Russ. Föd.)
8.035	Gasherbrum II (Kaschmir)	4.637	Monte Rosa (Italien/Schweiz)
8.012	Xixabangma Feng (*Gosainthan* Tibet)	4.565	Meru (Tansania)
7.885	Distaghil Sar (Kaschmir)	4.550	Ras Dashan (Äthiopien)
7.821	Masherbrum (Kaschmir)	4.545	Dom (Schweiz)
7.816	Nanda Devi (Indien)	4.528	Mt. Kirkpatrick (Antarktis)
7.788	Rakaposhi (Kaschmir)	4.507	Karisimbi (Ruanda/Zaïre)
7.756	Kamet (Indien/Tibet)	4.478	Matterhorn (Schweiz/Italien)
7.756	Namcha Barwa (Tibet)	4.421	Mt. Whitney (USA)
7.728	Gurla Mandhata (Tibet)	4.402	Mt. Elbert (USA)
7.723	Muztag (*Ulugh Muztagh;* Sinkiang/Tibet)	4.392	Mt. Rainier (USA)
7.719	Kongur (*Kungur,* Sinkiang)	4.310	Elgon (Kenia/Uganda)
7.699	Tirich Mir (Pakistan)	4.307	Batu (Äthiopien)
7.590	Gongga Shan (China)	4.208	Mauna Kea (Hawaii)
7.555	Muztagata (Sinkiang)	4.170	Mauna Loa (Hawaii)
7.495	Pik Kommunismus (Tadschikistan)	4.167	Dj. Toubkal (Marokko)
7.439	Pik Pobedy (Kirgistan/Sinkiang)	4.101	Kinabalu (Sabah)
7.134	Pik Lenin (Kirgistan-Tadschikistan)	4.070	Kamerunberg (Kamerun)
6.960	Aconcagua (Argentinien)	3.899	Ortler (Italien)
6.882	Illimani (Bolivien)	3.797	Großglockner (Österreich)
6.880	Ojos del Salado (Argentinien/Chile)	3.795	Mt. Erebus (Antarktis)
6.872	Bonete (Argentinien)	3.776	Fudschijama (Japan)
6.768	Huascarán (Peru)	3.764	Mt. Cook (Neuseeland)
6.520	Sajama (Bolivien)	3.718	Pico de Teide (Kanarische Inseln)
6.380	Illampu (Bolivien)	3.482	Thabana Ntlenyana (Lesotho)
6.310	Chimborazo (Ecuador)	3.478	Mulhacén (Spanien)
6.198	Mt. McKinley (USA)	3.415	Emi Koussi (Tschad)
5.951	Mt. Logan (Kanada)	3.323	Ätna (Italien)
5.897	Cotopaxi (Ecuador)	2.962	Zugspitze (Deutschland)
5.895	Kilimandscharo (*Kibo;* Tansania)	1.894	Narodnaja (Russ. Föd.)
		1.279	Vesuv (Italien)

Flußlängen

in Kilometern

6.671	Nil mit Kagera (Afrika)	4.184	Mekong (Asien)
6.437	Amazonas (Südamerika)	4.184	Niger (Afrika)
5.526	Jangtsekiang (*Chang Jiang;* Asien)	4.102	Jenissei (Asien)
5.464	Huang He (*Gelber Fluß;* Asien)	3.778	Mississippi (Nordamerika)
4.416	Amur mit Schilka u. Onon (Asien)	3.725	Missouri (Nordamerika)
4.374	Zaïre (*Kongo;* Afrika)	3.531	Wolga (Europa)
4.345	Ob mit Katun (Asien)	3.240	Madeira (Südamerika)
4.313	Lena (Asien)	3.199	São Francisco (Südamerika)
4.264	Paraná mit La Plata (Südamerika)	3.185	Yukon (Nordamerika)
4.248	Irtysch (Asien)	3.012	Syrdarja mit Naryn (Asien)
4.241	Mackenzie mit Peace River (Nordamerika)	2.897	Indus (Asien)

2.896	**Brahmaputra** (Asien)	2.092	**Oranje** (Afrika)
2.858	**Donau** (Europa)	2.000	**Columbia** (Nordamerika)
2.840	**Rio Grande** (Nordamerika)	1.899	**Tigris** (Asien)
2.740	**Darling** (Australien)	1.870	**Don** (Europa)
2.736	**Sambesi** (Afrika)	1.809	**Petschora** (Europa)
2.736	**Euphrat** (Asien)	1.609	**Uruguay** (Südamerika)
2.699	**Tocantins** (Südamerika)	1.538	**Magdalena** (Südamerika)
2.575	**Nelson-Saskatchewan** (Nordamerika)	1.352	**Dnjestr** (Europa)
2.575	**Orinoco** (Südamerika)	1.320	**Rhein** (Europa)
2.574	**Amudarja** (Asien)	1.287	**St. Lorenz** (Nordamerika)
2.570	**Murray** (Australien)	1.165	**Elbe** (Europa)
2.549	**Paraguay** (Südamerika)	1.127	**Gambia** (Afrika)
2.513	**Kolyma** (Asien)	1.053	**Donez** (Europa)
2.511	**Ganges** (Asien)	1.047	**Weichsel** (Europa)
2.428	**Ural** (Europa/Asien)	1.020	**Loire** (Europa)
2.414	**Saluën** (*Salween;* Asien)	1.007	**Tejo/Tajo** (Europa)
2.348	**Arkansas** (Nordamerika)	933	**Maas** (Europa)
2.333	**Colorado** (Nordamerika)	912	**Oder** (Europa)
2.201	**Dnjepr** (Europa)	812	**Rhône** (Europa)
2.129	**Xi Jiang** (Asien)	776	**Seine** (Europa)
2.101	**Ohio** mit Allegheny (Nordamerika)	652	**Po** (Europa)
2.092	**Irrawaddy** (Asien)	346	**Themse** (Europa)

Seen

Fläche in km²

		19.010	**Ontariosee** (USA-Kanada)
371.000	**Kaspisches Meer** (Aserbaidschan-Russ. Föd.-Kasachstan-Turkmenistan-Iran; *Salzsee*)	8.430	**Balchaschsee** (Kasachstan)
		17.700	**Ladogasee** (Russ. Föd.)
82.100	**Oberer See** (USA-Kanada)	16.320	**Tschadsee** (Nigeria-Niger-Tschad-Kamerun)
69.480	**Victoriasee** (Kenia-Uganda-Tansania)	13.510	**Maracaibosee** (Venezuela)
59.570	**Huronsee** (USA-Kanada)	9.720	**Onegasee** (Russ. Föd.)
57.760	**Michigansee** (USA)	9.320	**Eyresee** (Australien)
33.640	**Aralsee** (Kasachstan-Usbekistan; *Salzsee*)	8.290	**Titicacasee** (Peru-Bolivien)
32.890	**Tanganjikasee** (Tansania-Sambia-Zaïre-Burundi)	8.030	**Nicaraguasee** (Nicaragua)
		6.410	**Turkanasee** (*Rudolfsee,* Kenia-Äthiopien)
31.500	**Baikalsee** (Russ. Föd.)	5.780	**Torrenssee** (Australien; *Salzsee*)
31.330	**Großer Bärensee** (Kanada)	5.580	**Vänersee** (Schweden)
28.880	**Malawisee** (*Njassasee;* Malawi-Mosambik-Tansania)	4.620	**Manitobasee** (Kanada)
		539	**Bodensee** (Deutschland-Österreich-Schweiz)
28.570	**Großer Sklavensee** (Kanada)	370	**Gardasee** (Italien)
25.670	**Eriesee** (USA-Kanada)		
24.390	**Winnipegsee** (Kanada)		

Einige Seen verändern jahreszeitlich ihre Fläche.

Meerestiefen

Größte Tiefe in Metern

		6.662	Guatemalagraben
	Pazifischer Ozean		**Atlantischer Ozean**
11.034	Marianengraben	9.219	Puerto-Rico-Graben
10.882	Tongagraben	8.264	Süd-Sandwich-Graben
10.542	Kurilengraben	7.856	Romanchetiefe
10.540	Philippinengraben	7.680	Caymangraben
10.047	Kermadecgraben		**Indischer Ozean**
9.810	Izu-Bonin-Graben	7.455	Sundagraben
9.165	Neue-Hebriden-Graben	7.440	Weberbecken
9.140	Süd-Salomonen-Graben	6.857	Diamantinagraben
8.142	Japangraben		**Nordpolarmeer**
8.066	Peru-Chile-Graben	5.608	Spitzbergen-Verwerfungszone
7.822	Aleütengraben		

Geologische Formationen

Ära	System	Abteilung	Dauer in Mill. Jahren	Alter in Mill. Jahren	Lebens-entwicklung	Geol. Vorgänge, insbes. in Mitteleuropa	Nutzbare Gesteine
Känozoikum (Erdneuzeit)	Quartär	Holozän (Alluvium, Gegenwart)	in Dtld 0,0013		Pflanzen u. Tiere der Gegenwart	Dünen, Marschen, Moore	Torf, Kies, Sand, Lehm, Ton
		Pleistozän (Diluvium, Eiszeit)	< 1,8	1,8	Arkt. Flora u. Fauna. Mammut, Höhlenbär. Auftreten d. Menschen	Vereisung N-Dtlds u. d. Alpen. Urstromtäler 3 Wärmezwischenz.	Mergel, Kies, Sand, Torf
	Tertiär	Jungtertiär: Pliozän, Miozän	63		Herrschaft der Blütenpflanz.; schnelle und reiche Entfaltung der Säugetiere	Alpen- u. Karpaten-Auffaltg., Vulkanismus in S- u. Mitteldtld. Bruchfaltg. d. mitteldt. Schollengebirge. Rheintalgraben	Braunkohlen, Stein- u. Kalisalze, Bernstein, Kaolin, Erdöl, Basalt, Kies, Sand, Ton
		Alttertiär: Oligozän, Eozän, Paleozän		65			
Mesozoikum (Erdmittelalter)	Kreide	Obere Kreide	75		Ende d. Großsaurier und Ammoniten. Laubhölzer	Größte Meeres-ausdehnung Beginn d. Alpenauffaltg.	Quadersandstein, Schreibkreide, Plattenkalk, Deisterkohle, Erdöl
		Untere Kreide		140			
	Jura	Malm (weißer Jura)	70		Urvogel, Riesensaurier, Flugsaurier, Ammoniten, erste Knochenfische	Meeresbedeckung in N- u. S-Dtld, Hebung in Mitteldtld	Solnhofener Schiefer
		Dogger (brauner Jura)					Eisenerze (Minette) Erdöl (NW-Dtld) Schiefertone
		Lias (schwarzer Jura)		210			
	Trias	Keuper	40		Reiche Entfaltung der Saurier: Ichthyo- und Dinosaurier. Erste Säugetiere	Alpen: Meer, Dachsteinkalk	Salz, Gipsmergel
		Muschelkalk				Alpen: Meer, Wettersteinkalk	Kalkstein, Salz, Gips
		Buntsandstein		250		Wüstenbildungen	Feinkörniger roter Sandstein, Uran
Paläozoikum (Erdaltertum)	Perm (Dyas)	Zechstein	35		Erste Nadelhölzer. Letzte Trilobiten	N- u. Mitteldtld. überflutet	Kupferschiefer, Kalisalze, Salz
		Rotliegendes		285		Wüstenhaftes Klima	Sandstein, Erdgas
	Karbon	Oberkarbon	75		Sumpfwälder mit Farnen, Schachtelhalmen, Siegel- u. Schuppenbäumen. Erste Reptilien	Variszische Gebirgsbildung (jetzige Mittelgebirge)	Steinkohle
		Unterkarbon		360			Erze im Harz und Erzgebirge
	Devon	Ober-, Mittel-, Unterdevon	50	410	Erste Amphibien	Meeresbedeckung	Rhein. Dachschiefer, Eisenerze, Erdöl
	Silur	Ober-, Mittel-, Untersilur	30	440	Erste Landpflanzen u. -tiere	Meeresbedeckung	Schiefer, Uran
	Ordovizium	Ober-, Mittel-, Unterordovizium	65	505	Trilobiten, Wirbeltiere	Kaledonische Gebirgsbildung	Thüring. Dachschiefer
	Kambrium	Ober-, Mittel-, Unterkambrium	65	570	Alle Stämme wirbelloser Tiere	Meeresbedeckung	Alaunschiefer, Erdöl
Präkambrium (Kryptozoikum)		Proterozoikum	ca. 1930	ca. 2500	Blau-Grünalgen, Weichtiere	Algonkische Revolution, assynt. Gebirgsbildung	Granit, Erze, Schiefer
		Archaikum		ca. 4000	Bakterienartige Organismen	Laurentische Gebirgsbildung	Granit, Syenit, Erze
		Erdurzeit (vorgeol. Ära)		>4000 – 4600	Entstehung der Erde, Bildung der festen Erdkruste		

Namenerklärungen: Algonkium, nach d. indian. Stämmen d. Algonkin, Kanada; Alluvium (lat.), Anschwemmland; Archaikum (griech.), „anfänglich", d. h. ältestes Zeitalter; Devon, von der engl. Gfschft. Devonshire; Diluvium (lat.), von anderem Ort hergeschwemmtes Land; Dyas (griech.), Zweiheit; Jura, nach dem Jura-Gebirge; Kambrium, nach Cambria, keltisch für Wales; Karbon (lat.), Steinkohle; Perm, nach der russischen Stadt Perm; Silur, nach dem Volksstamm der Silurer in Wales; Trias (griech.), „Dreiheit", weil drei Hauptgesteine.

gentlemanlike [-laɪk], wie ein → *Gentleman.*
Gentlemen's agreement [-ə'griːmənt], → Agreement.
Gentry, w. ['dʒɛntrɪ], niederer engl. Landadel u. Großbürgertum.
Gentz,
1) *Friedrich von* (2. 5. 1764–9. 6. 1832), Mitarbeiter → Metternichs, s. Bruder
2) *Heinrich* (5. 2. 1766–3. 10. 1811), deutscher Architekt des Frühklassizismus; u. a. Münze i. Berlin, Schloß i. Weimar.
Genua, it. *Genova*, Prov.hptst. u. Hafen a. *Golf v. G.*, 701 000 E (Agglom. 985 000) E; wichtiger it. Handelsplatz; Uni.; Eisen-, Nahrungsmittel-, chem. Ind., Erdölraffinerien; Messen. – Urspr. ligur. Siedlung, bis 6. Jh. röm., seit 10. Jh. selbst. Rep. u. führende Handelsmacht d. Mittelmeeres; Kolonien im griech. Archipel, am Schwarzen Meer, Korsika u. Sardinien; Kriege mit Venedig; aristokrat. Verf. 1528 durch Doria (Verschwörung Fiescos); 1797–1805 Ligur. Rep.; 1815 zu Sardinien.
genuin [l.], angeboren, echt.
Genus, s. [l.], Gattung; Geschlecht.
Genußschein, bei Kapital-Ges.en, bes. AG, mit e. anderen Wertpapier verbundenes od. selbständig bestehendes Recht auf Anteil am Gewinn, am Liquidationserlös od. ähnl.; verleiht kein Stimmrecht.
Genu valgum, X-Bein.
Genu varum, O-Bein.
Genzmer, *Harald* (*9. 2. 1909), dt. Komponist; G. versteht sich als Mittler zw. Tradition u. Avantgarde, u. a. viele Jugend- und Spielmusiken.
Geo- [gr.], als Vorsilbe: Erd…
Geochemie, Teil der Geowiss., der sich mit d. chem. Zus.setzung d. Erde beschäftigt.
Geochronologie, Lehre über die → Altersbestimmung von Gesteinen.
Geodäsie, Lehre v. der Erdmessung; *höhere Geodäsie:* Figur und Größe der Erde und Vermessung von Ländern (Landesvermessung); *niedere Geodäsie:* Feldmessung.
Geodät, Feldmesser.
geodätische Kuppel, sphärisch gekrümmte Kuppeln, Flächentragwerke anstelle v. Rippen; z. B. Planetariumskuppeln aus Stahlbeton m. netzförm. Bewehrung (Dreiecksnetz) u. d. Konstruktionen d. am. Architekten *Fuller* als selbsttragendes Sechsecknetz (Abb.), meist mit lichtdurchlässiger Kunststoffolie abgedeckt.
geodätische Linie, kürzeste Verbindung zweier Punkte auf der gewölbten Erdoberfläche.
Geodynamik, Lehre v. d. Bewegungen d. Erde als Himmelskörper (Rotation) u. d. Bewegungen v. Teilen d. Erd-

Geodätische Kuppel
als Eisenbahnwaggon-Schuppen

masse (Kontinentaldrift, Gezeitenkraft, Gebirgsbildung etc.).
Geoffroy Saint-Hilaire [ʒɔ'frwa sɛ̃tiˈlɛːr], *Etienne* (15. 4. 1772–19. 6. 1844), frz. Zoologe; bezweifelte die Konstanz der Art.
Geographie [gr. „Erdbeschreibung"], *Erdkunde,* hat als Forschungsgegenstand d. wahrnehm- u. meßbare phys., organ. u. mechan. Erdoberfläche; ihr Ziel ist die länderkundl. Darstellung als Ergebnis des Zus.wirkens u. d. Wechselbeziehungen d. versch. geograph. Faktoren; Synthese aus natur- u. geisteswiss. Disziplinen, die z. T. als selbständige Wissenszweige aus ihr hervorgegangen sind u. sie jetzt als Grund- und Hilfswiss. dienen. Heutige Forschungsgebiete der G.: *Geomorphologie* (Oberflächenformen der Erde), *Hydrographie* (Gewässerkunde), *Ozeanographie* (Meereskunde), *Klimatologie* (Klimakunde), *Bio-G.* (Pflanzen- u. Tierwelt in ihrer Abhängigkeit v. Stein-, Wasser- u. Lufthülle u. v. menschl. Beeinflussung) u. *Anthropo-G.* (Siedlung, Kultur, Wirtsch., Technik u. Verkehr). Wesentlich ist dabei die vergleichende u. ganzheitliche Betrachtungsweise; über die Synthese aus Natur- u. Geisteswiss. wird d. G. zur Raum- od. Strukturwissenschaft.
geographische Breite, Länge → Breite, → Länge.
geographische Meile = 7,500 km.
geographische Ortsbestimmung, astronom. Methoden z. Bestimmung v. *geograph. Breite* u. *Länge.*
Geoid, s. [gr.], Gestalt der Erde (unregelmäßige Sphäroidform); die G.oberfläche ist überall konvex, schneidet die Richtung der Schwerkraft senkrecht u. weicht nirgends um mehr als 100 m von der Fläche des Sphäroids ab.
Geologie [gr.], Lehre von der stoffl. (bes. der mineral.) Beschaffenheit, vom Bau u. v. der Geschichte der Erde. Die *allg. G.* befaßt sich mit der Erforschung der an der Erdveränderung arbeitenden Vorgänge u. Kräfte *(dynamische G.)* sowie m. d. Aufbau d. Erdkruste *(Gesteinskunde, Petrographie).* Die *historische G.* sucht aus Zus.setzung u. Aufbau der Gesteine den Werdegang des Erdkörpers, vor allem der Erdkruste, zu erfassen u. die Gesteine nach ihrem Alter in geologische Zeitabschnitte zu gliedern *(Stratigraphie* = Formations- u. Schichtenkunde); hierzu dienen v. a. die in d. Ablagerungen enthaltenen versteinerten Organismenreste (→ Fossilien); Bestimmung des absoluten Alters der Formationen aus radioaktive Elemente enthaltenden Mineralen (→ Altersbestimmung.)
geologische Formationen → Übersicht.
Geometer [gr.], Feldmesser.
Geometrie, Teil d. Mathematik, lehrt d. Gesetzmäßigkeit d. Linien u. Flächen *(Planimetrie)* u. d. Körper *(Stereometrie).*
geometrische Reihen → Reihe.
geometrischer Ort, Menge geometr. Objekte mit einer gemeinsamen Eigenschaft.
geometrisches Mittel → Mittel.
Geophysik [gr.], Physik d. Erde u. ihrer Luft- u. Wasserhülle; befaßt sich m. → Schwerkraft, → Erdwärme, → Erdmagnetismus u. → Seismologie.

Stefan George

GEORGIEN	
Staatsname:	Republik Georgien, georg. Sakartvelos Respublika
Staatsform:	Präsidiale Republik
Mitgliedschaft:	UNO, GUS
Staatsoberhaupt:	Eduard Schewardnadse
Regierungschef:	Nikolos Lekischwili
Hauptstadt:	Tiflis (Tbilissi) 1,27 Mill. Einwohner
Fläche:	69 700 km²
Einwohner:	5 450 000
Bevölkerungsdichte:	78 je km²
Bevölkerungswachstum pro Jahr:	Ø 0,5% (1990–1995)
Amtssprache:	Georgisch
Religion:	Georgisch-Orthodoxe, Muslime
Währung:	Lari (GEL)
Bruttosozialprodukt (1993):	3071 Mill. US-$ insges., 580 US-$ je Einw.
Nationalitätskennzeichen	GEO
Zeitzone:	MEZ + 2 Std.
Karte:	→ Rußland

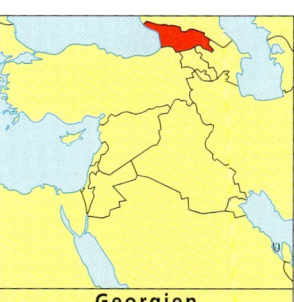

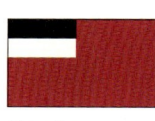
Georgien

Geophysikalisches Jahr → Internationales Geophysikalisches Jahr.
Geopolitik, Betrachtung pol. Zustände, Kräfte u. Vorgänge unter geograph. Gesichtspunkten; Begr.: R. *Kjellén;* dt. Schule unter K. *Haushofer* entwickelt.
Geopsychologie, Lehre von d. Einflüssen der natürl. Umgebung (Wetter, Klima, Boden, Landschaft usw.) auf psych. Verhalten u. Erleben.
Georg [gr. „Landmann"],
a) *Fürsten v. Bayern-Landshut:*
1) *G. der Reiche* (15. 8. 1455–1. 12. 1503), Hzg s. 1479, vererbte sein Land Rupprecht v. d. Pfalz.
b) *Kge von Griechenland:*
2) *G. I.* (24. 12. 1845–18. 3. 1913), reg. seit 1863; 1912/13 Balkankrieg.
3) *G. II.* (19. 7. 1890–1. 4. 1947), reg. 1922–24; erneut v. 1935.
c) *Kge v. Großbritannien:*
4) *G. II.* (10. 11. 1683–25. 10. 1760), Kg s. 1727, zugl. Kurfst v. Hannover; Krieg gg. Frkr., Bundesgenosse Preußens im 7jährigen Krieg.
5) *G. III.* (4. 6. 1738–29. 1. 1820), Kg s. 1760, zugleich Kurfst u. (s. 1814) Kg v. Hannover.
6) *G. V.* (3. 6. 1865–20. 1. 1936), Kg s. 1910.
7) *G. VI.* (14. 12. 1895–6. 2. 1952), Kg s. 1936.
d) *Kge v. Hannover:*
8) *G. V.* (27. 5. 1819–12. 6. 78), reg. 1851–66 (abgesetzt), Gegner Preußens.
Georg, *Ritter St. G.*, meist als Drachentöter dargestellt (Tag: 23. 4.).
George,
1) *Heinrich* (9. 10. 1893–25. 9. 1946), dt. Bühnen- u. Filmschausp., Intendant in Berlin; *D. Postmeister; Jud Süß*, 1940.
2) *Henry* [dʒɔː] (2. 9. 1839–29. 10. 97), am. Nationalökonom, Bodenreformer; *Fortschritt u. Armut.*
3) *Stefan* (12. 7. 1868–4. 12. 1933), dt. Lyriker; *Blätter für die Kunst;* Gedichte: *Algabal; Das Jahr der Seele; Der siebente Ring.*
George [dʒɔːdʒ, ʒɔrʒ], engl. u. frz. zu → Georg.
Georgekreis, Kreis v. Schriftstellern, Philosophen u. Literarhistorikern um Stefan → George; u. a. *Klages, Gundolf, Wolfskehl, Kommerell.*
George Town ['dʒɔːdʒtaʊn], Haupt- u. Hafenst. der Insel → Penang, W-Malaysia, 251 000 E; Uni.
Georgia ['dʒɔːdʒə], Abk. Ga., SO-Staat der USA am Atlant. Ozean, 152 576 km², 6,75 Mill. E (27 % Schwarze); Tiefland, nur im NW Bergland (Appalachen); Hauptausfuhr: Baumwolle und Holz; Hptst. *Atlanta.*
Georgian Style ['dʒɔːdʒən staɪl], in d. engl. Baukunst d. klassizist. Stilrichtung z. Zt. d. Könige Georg I.–III. (1714 bis 1820); erhabene Repräsentationsbauten oft nach Vorbild Palladios u. im (Ziegel-)Außenbau schlicht gehaltene Wohngebäude m. betont eleganter Gestaltung d. Innern; Vertr. Robert Adams, Nash.
Georgien, Rep. i. W-Transkaukasien, am O-Ufer d. Schwarzen Meeres, mit den Auton. Rep. Abchasien u. Adscharien u. d. Auton. Gebiet Südossetien; Bev.: Georgier (69 %), Armenier (9 %), Russen (7 %), Aseris u. a.; im Schwarzmeerküstenland Anbau v. Citrusfrüchten, Wein, Obst, Tee; Maulbeerbaumkultu-

ren f. die Seidenraupenzucht; Bergbau: Mangan, Eisen, Steinkohle, Kupfer; Erdölförderung. – 1801 russ., 1918 unabhängige Rep.; 1921 zur Sowjetunion; 1991 unabhäng. Rep.; 1992/93 Bürgerkrieg in Abchasien u. Südossetien; 1994 Freundschaftsvertrag mit Rußland; → GUS-Beitritt; NATO-Partnerschaft.

Georgier, russ. *Grusinier,* altes hellhäutiges Kulturvolk im Kaukasus; 3,2 Mill., meist Christen; eigene Sprache u. Schrift.

Georgine, svw. → Dahlie.

Georgsmarienhütte (D-49124), St. i. Kr. Osnabrück, Nds., 32 900 E; Stahl-, Maschinenbau- u. Möbelind.

Geos, am. → Satellit f. Erdvermessungen.

Geosynklinale, w. [gr.], sich langsam absenkender Bereich der Erdkruste m. mächtiger Anhäufung v. Sedimenten. Teil d. → Orogenese; oft Begleitvulkanismus.

Geotektonik [gr.], Wissenschaft vom Aufbau der Erdkruste.

geothermische Tiefenstufe → Erdwärme.

geozentrisch, auf d. Erdmittelpunkt bezogen; auf d. Erde als Mittelpunkt bezogen.

geozentrisches Weltsystem, erstes, von → Ptolemäus begründetes Weltsystem, beruhte auf d. These, daß d. Erde Mittelpunkt d. Welt sei.

Gepard, hochbeinige Raubkatze Afrikas u. (selten) Vorderasiens; Kurzstrecken-Hetzjäger.

Gepiden, Stamm der Goten, im 4. Jh. in Siebenbürgen und der Walachei; 567 Untergang des G.reichs.

Ger, german. Wurfspieß.

Gera (D-07545–52), Krst. im ö. Thür., a. d. Weißen Elster, 124 100 E; Textil- u. Metallind., elektrotechn. und Elektronikind.; Otto-Dix-Mus. – 1806–1918 Hptst. des ehem. Fürstent. Reuß jüngerer Linie.

Gerade,
1) *math.* geometr. Grundgebilde, wird durch zwei versch. Punkte eindeutig bestimmt.
2) *im Boxen:* mit gestrecktem Arm auftreffender Schlag.

gerade Aufsteigung → Rektaszension.

Geradeausempfänger, Empfangsgrundschaltung, bei d. alle selektiven Bauteile auf d. zu empfangende Frequenz abgestimmt werden; müssen b. Schwingkreise über einen größeren Frequenzbereich kontinuierlich abstimmbar sein, ist d. Gleichlauf d. Resonanzfrequenzen aller Kreise nicht mehr gewährleistet, → Überlagerungsempfänger.

Geradflügler, *Orthopteren,* Insekten mit beißenden Mundteilen, Larven m. unvollkommener Verwandlung (Heterometabolie): *Schaben, Termiten, Heuschrecken, Ohrwürmer.*

Geraniaceae, Storchschnabelgewächse, dazu → Pelargonie, Reiherschnabel, Storchschnabel.

Geranie, svw. → Pelargonie.

Gérard [ʒeˈraːr], François (4. 5. 1770 bis 11. 1. 1837), frz. Hofmaler Napoleons I. u. Ludwigs XVIII.; klassizist. Historienbilder u. Porträts.

Gérardmer [ʒerarme], frz. St. i. d. N-Vogesen, 10 000 E; (Winter-)Tourismus.

Geräteturnen, an *Geräten* wie Pferd,

Gepard

Bock, Barren, Reck, Ringen u. Schwebebalken.

Gerberei, Verfahren (seit vorgeschichtl. Zeit geübt), um Tierhäute geschmeidig u. widerstandsfähig gg. Fäulnis zu machen.

Gerbsäure, *Tannin,* in d. pflanzl. G.stoffen (Eichen-, Fichten-, Weidenrinde, Eichen- u. Quebrachoholz usw.) enthalten; *mineral. G.stoffe:* Kalialaun, Chromverbindungen, Aluminiumsulfat.

Gerbverfahren, die Häute werden geschält, nur d. mittlere Schicht, die Lederhaut, verwendet; *Mitteln* (→ Gerbsäure) i. Gruben (Sohlenleder), 2 Jahre lang wiederholt, Zeitverkürzung bis auf Wochen durch Behandlung mit Gerbstoffauszügen; *Chromgerbung* mit Chromsalzen für feineres Leder; *Weißgerberei* für Schaf- u. Ziegenhäute mit Kochsalz u. Alaunlösung; ähnlich Glacé = Lammfelder für Handschuhe, Kidleder aus Kalb- u. Ziegenfell; *Sämischgerben* mit Tranen.

Gerechtigkeit, *phil.* d. Summe aller Tugenden n. Platon, e. d. christl. Kardinaltugenden, e. Tugend d. einzelnen i. Norm d. Ges., i. d. modernen Wertethik ist G. d. Vorbedingung z. Verwirklichung weiterer Werte; ausgleichende G., austeilende G., gesetzl. G.

Gerechtsame, ältere Bez. f. Berechtigung, Privileg, Recht.

Geretsried (D-82538), St. i. Kr. Bad Tölz-Wolfratshsn, Oberbay., 22 000 E; div. Ind.

Gerhaert van Leyden, Nicolaus → Leyden, Nicolaus Gerhaert van.

Gerhard (ahdt. „starker Speer(kämpfer)"], m. Vn.

Gerhardt, Paul (12. 3. 1607–27. 5. 76), dt. protestant. Kirchenliederdichter; *Befiehl du deine Wege.*

Geriatrie [gr.], *Altersheilkunde,* Lehre v. den Krankheiten alternder u. alter Menschen.

Géricault [ʒeriˈko], Théodore (21. 9. 1791–26. 1. 1824), frz. Maler u. Lithograph m. bereits z. T. realist. Ausdrucksmitteln; *Das Floß der Medusa.*

Gericht, zur Ausübung der → Rechtspflege (Übers.) bestimmte Behörde.

gerichtliche Chemie, Anwendung chem. Analysemethoden zur Spurensicherung und Beweisführung (z. B. Vergiftungen, Blutspuren).

gerichtliche Medizin, Verwertung med. Kenntnisse zur Aufklärung von Tötungsdelikten, Vergiftungen usw., ferner zur Untersuchung des Geisteszustandes (*gerichtl. Psychiatrie*).

Gerichtsbezirk, der örtl. Bereich der Zuständigkeit eines Gerichts (→ Gerichtsstand).

Gerichtsferien, vom 15. 7. bis 15. 9. (§§ 199 ff. GVG), Tätigkeit der ordentl. Gerichte beschränkt sich auf → Feriensachen.

Gerichtsherr, frühere Bez. f. d. Inhaber d. Gerichtsbarkeit.

Gerichtskosten → Rechtspflege, Übers.

gerichtsnotorisch, svw. bei Gericht offenkundige Tatsachen, bedürfen im Prozeß keines Beweises (§ 291 ZPO).

Gerichtsstand, der Ort, an dem eine Klage gg. e. Person anhängig gemacht werden kann; beruht auf Vereinbarung od. Ges. (§§ 12 ff. ZPO).

Gerichtsverfassung, Organisation der Rechtspflege u. Zuständigkeit der Gerichte.

Gerichtsvollzieher, staatl. Beamter, bes. zur Durchführung der Zwangsvollstreckung.

Gerichtswesen → Rechtspflege, Übers.; b. d. ordentl. Gerichten geregelt durch *G.verfassungsgesetz* (GVG).

gerieren [l.], (sich) aufführen, gebärden.

Gerlach,
1) *Hellmut v.* (2. 2. 1866–1. 8. 1935), dt. Publizist u. Pol.; begr. 1896 mit Naumann den „Nationalsozialen Verein", 1908 „Demokr. Vereinigung".
2) *Leopold v.* (17. 9. 1790–10. 1. 1861), preuß. General, Haupt der Kamarilla unter Friedrich Wilhelm IV.; s. Bruder
3) *Ludwig v.* (7. 3. 1795–18. 2. 1877), Mitbegr. d. konservativen Kreuzzeitung 1848, Gegner Bismarcks.

Gerlingen (D-70839), St. im Kr. Ludwigsburg, Ba-Wü., 17 976 E; Masch.bau, Optik, Elektrotechnik.

Gerlos, Ort i. Zillertal (Tirol), 750 E; (Winter-)Tourismus; G.-Paß Verbindung n. Salzburg.

Gerlostal, ö. Seitental d. Zillertals, Tirol, Österr.

Gerlsdorfer Spitze, *Gerlachovský Štít,* höchster Gipfel d. Hohen Tatra, 2654 m; Granit.

Germ, w., östr. f. Backhefe → Hefe.

Germanen, Sammelname indoeur. Völker zw. Rhein, Donau u. Weichsel (Tacitus, *Germania*); später 3 Gruppen: *Nord-G.* (Isländer, Norweger, Dänen, Schweden), *West-G.* (Sachsen, Franken, Alemannen, Bayern, Thüringer, sowie kleinere Stämme), *Ost-G.* (Wandalen, Burgunder, Goten). – Seit 2. Jh. v. Chr. (Kimbern u. Teutonen) erst vereinzelt, dann ständig krieger. Berührung mit Röm. Reich; im 3. Jh. n. Chr. Beginn d. großen Völkerwanderung; G. in allg. Bewegung; Eindringen i. d. Röm. Reich, dort Staatsgründungen: O-Goten i. Italien; W-Goten i. Spanien u. Gallien, Wandalen i. N-Afrika, Langobarden i. N-Italien, Franken i. Gallien.

Germania [l.],
1) röm. Bez. für d. Gebiet ö. d. Rheins, urspr. Name e. Stammes.
2) Titel e. geograph.-ethnograph. Schrift (98 n. Chr.) d. → Tacitus.

Germania Judaica, 1958 in Köln gegr. Bibliothek z. Gesch. d. dt. Judentums.

Germanicus, Sohn des → Drusus, erhielt d. Beinamen G. für s. Siege über d. Germanen, 13–16 n. Chr.

Germanische Religion, polytheist. Rel. der Germanenstämme. I. d. älteren Bauernrel. Kult d. Wanen, i. d. jüngeren Kriegerrel. Kult d. → Asen.

Germanischer Lloyd, *G. L.,* gegr. 1867, Sitz Hamburg, Gesellschaft z. Klassifikation v. Schiffen u. Förderung d. Schiffssicherheit: Überwachung d. Neubaues v. Handelsschiffen u. Schiffen in Betrieb.

Germanisches Nationalmuseum, in Nürnberg, größte Sammlung für deutsche Kunst- und Kulturgeschichte, 1852 gegr.

Germanismus, *m.,* v. anderen Sprachen aus d. Dt. entlehnter Ausdruck.

Germanistik, *w.,* Wiss. v. d. dt. Sprache u. Literatur.

Germanium, *Ge,* chem. El., Oz. 32,

At.-Gew. 72,59, Dichte 5,32; → Halbmetalle.

Germering (D-82110), oberbayr. Gem. i. Kr. Fürstenfeldbruck, 35 962 E; div. Ind.

Germersheim (D-76726), Krst. i. Rgbz. Rheinhess.-Pfalz, RP, 16 084 E; AG; div. Ind.

Germinal, *m.* [ʒɛr-], „Keimmonat"; 7. Monat des frz. Revolutionskalenders. Roman von Zola.

Germiston [ˈdʒəːmɪstən], St. in Transvaal (Rep. Südafrika), 220 000 E; Goldbergbau- u. raffinerie; Ind.st.

Gernot, in der Nibelungensage Gunthers Bruder.

Gernrode (D-06507), St. u. Luftkurort i. Kr. Quedlinburg, S-A., 3887 E; Nonnenstiftskirche (10. Jh.).

Gero († 965), Markgraf d. Ostmark unt. Otto d. Gr.

Gerolstein (D-54568), St. u. Luftkurort in der Eifel; 6757 E; Mittelpunkt d. Eifeler Mineralwasserind.; Fremdenverkehr.

Gerolzhofen (D-97447), St. in Unterfranken, Bay., 6727 E; AG.

Gerona [xe-], katalan. *Girona,* nordspan. Prov., 5910 km², 493 000 E, u. Provinzhptst. in Katalonien (71 000 E).

Geronten [gr.], im alten Sparta Mitgl. des 28köpf. Ältestenrates (*Gerusia*).

Gerontologie, Lehre v. d. Erscheinungen d. Alterns u. den versch. Krankheitsverläufen in den einzelnen Lebensabschnitten.

Gers [ʒɛːr],
1) l. Nbfl. der Garonne, 178 km l.
2) südfrz. Dép., 6257 km², 175 000 E; Hptst. *Auch.*

Gersfeld i. d. Rhön (D-36129), hess. St. i. Kr. Fulda, Kneipp- u. Luftkurort, Wintersportplatz 500–950 müM, 5918 E.

Gershwin [ˈgəːʃwɪn], George (26. 9. 1898–11. 7. 1937), am. Komp.; Oper: *Porgy and Bess;* Versuch e. sinfon. Jazz: *Rhapsody in Blue.*

Gerstäcker, Friedrich (10. 5. 1816 bis 31. 5. 72), dt. Reise- u. Abenteuerschriftst.; *Die Flußpiraten des Mississippi.*

Gerste, langgrannige, aus Vorderasien stammende Getreideart, wohl älteste landw. Kulturpflanze, gedeiht in allen Klimazonen bis zum 70. Breitengrad; in Dtld hpts. *Sommer-G.;* 2-, 4- und 6zeilig, als Futter u. z. Bierbereitung angebaut; Nahrungsmittel aus G.: Graupen u. Grütze, Kaffee-Ersatz, auch G.nbrot (→ Getreide, Schaubild).

Gerstenkorn, *Hordeolum,* eitrige Entzündung einer Talgdrüse am Lidrand des Auges.

Gerstenmaier, Eugen (25. 8. 1906 bis 13. 3. 86), ev. Theologe u. CDU-Pol.; 1954–69 B.tagspräs.

Gersthofen (D-86368), St. i. Kr. Augsburg, Bay., 17 938 E; Maschinenbau, chem. Ind.

Gerundium, *s.* [l.], Beugungsfall der Nennform (z. B. die Art *des Gehens*).

Gerundivum, *s.,* als Eigenschaftswort gebrauchtes Mittelwort der Zukunft, drückt Notwendigkeit aus (z. B. ein *zu schlichtender* Fall).

Gervinus, Georg Gottfried (20. 5. 1805–18. 3. 71), dt. Historiker u. Pol.; einer der → „Göttinger Sieben".

Gesamtgut → Eherecht.

Gesamthandsgemeinschaft, jeder Beteiligte hat ideellen Anteil am Gesamthandseigentum; es besteht nur gemeinschaftl. Verfügungsrecht (z. B. Güter-, Erbengemeinschaft, Gesellschaft).

Gesamthochschule, Verbindung von Fach-HS, HS u. Uni. zur Differenzierung. Entwicklung durchlässiger Bildungsgänge (Empfehlung d. B.regierung 1970); einige G.-HS in Hess. und NRW.

Gesamthypothek → Hypothek.

Gesamtprokura → Prokura.

Gesamtschuld, liegt vor, wenn mehrere eine Leistung in der Weise schulden, daß jeder d. ganze Leistung z. bewirken verpflichtet, d. Gläubiger aber d. Leistung nur einmal zu fordern berechtigt ist; Gläubiger kann von jedem Schuldner Leistung ganz od. teilweise fordern; bis zur Bewirkung der ganzen Leistung bleiben sämtl. Schuldner verpflichtet; unter den Gesamtschuldnern besteht Ausgleichungspflicht (§§ 421 ff. BGB).

Gesamtschule, integrierte, d. Vereinigung d. herkömmlichen Schulformen (Volks-, Realschule, Gymnasium) zu neuem Bildungssystem; gekennzeichnet durch eine horizontale Gliederung nach Stufen (Grundstufe, 1.–4. Schuljahr; Förder- od. Orientierungsstufe, 5.–6. Schulj.; Sekundarstufe I, 7.–10. Schulj., u. Sekundarstufe II, 11.–13. Schulj.); ab Sekundarstufe I beginnt e. Gliederung nach Grund- u. Leistungsklassen, → Differenzierung (Setting); Ziel: Chancengleichheit u. eine individuelle Begabungsförderung.

Gesamtschule, kooperative, Zus.fassung der bisherigen Schultypen in einem Schulgebäude od. auf e. Gelände (gemeinsame Nutzung v. Fachräumen).

Gesamtverteidigung, umfaßt die NATO-Verteidigung (Mil. Verteidigung NATO u. Zivile Vert. NATO) u. die Landesverteidigung (Mil. Verteidigung national u. Zivile Verteidigung national).

Gesandte → Diplomaten.

Geschäftsaufsicht, früher v. Gericht über ein Unternehmen angeordnet, um Konkurs zu vermeiden; jetzt gerichtl. Vergleich z. Abwendung des Konkurses gemäß d. Vergleichsordnung.

Geschäftsbedingungen, allgemeine, für eine Vielzahl von Verträgen vorformulierte Vertragsbedingungen, nach Gesetz v. 9. 12. 1976 erlangen sie als Vertragsbestandteil nur Gültigkeit, wenn auf sie ausdrücklich hingewiesen u. dem Vertragspartner d. Möglichkeit gegeben wird, von ihrem Inhalt Kenntnis zu nehmen, u. wenn der Vertragspartner m. ihnen einverstanden ist; best. Klauseln z. Gestaltung des Rechtsstellung des Vertragspartners schmälern, sind unwirksam.

Geschäftsfähigkeit, rechtl. Fähigkeit z. verbindl. Abschluß v. Rechtsgeschäften; Voraussetzung: Volljährigkeit, Vollbesitz d. geistigen Kräfte (§ 104 ff. BGB). *Beschränkt Geschäftsfähige* (Minderjährige v. 7–18 Jahren) können Rechtsgeschäfte nur mit Zustimmung d. gesetzl. Vertreters vornehmen, es sei denn, daß d. Rechtsgeschäft dem beschränkt Geschäftsfähigen lediglich einen rechtl. Vorteil bringt; *Geschäftsunfähige* (Kinder bis 7 Jahre, Geistesgestörte) sind z. Abschluß von Rechtsgeschäften unfähig.

Geschäftsgeheimnis, *Betriebsge-*

Zweizeilige Gerste

heimnis, Geheimhaltung v. Bezugsquellen, Produktionsarten u. ä. geschäftlich wichtigen Vorkommnissen; Preisgabe wird bestraft.

Geschäftsordnung, Bestimmungen, nach denen bei Zus.künften von Körperschaften zu verfahren ist.

geschätzter Umsatz, angestrebte Ausschöpfung d. → Umsatzpotentials durch e. best. Unternehmen.

Gescher (D-48712), St. i. Kr. Borken, NRW, 15 471 E; Glockengießerei u. Glockenmus., Textilind.

Geschichte, das Geschehene oder seine (wiss.) Darstellung u. Erforschung. *Alte* (bis 476 nach Chr., Untergang Westroms), *Mittlere* (bis zur Entdeckung Amerikas 1492), *Neuere* (bis zur Frz. Revolution 1789) u. *Neueste G.* (b. z. Gegenwart), ferner *Zeitgeschichte* seit 1917 als Sonderbegriff.

Geschichtsklitterung, fehlerhafte, fälschende Geschichtsschreibung (n. e. Buchtitel v. Fischart).

Geschichtsphilosophie, befaßt sich mit Sinn u. Gesetzlichkeit d. geschichtl. Vorgänge u. m. allg. Grundlagen der Geschichtswissenschaft (Richtungen: Idealismus, Materialismus, Historismus, Pragmatismus).

Geschichtsvereine, zur Erforschung der Heimat- u. Landesgeschichte, zur Pflege u. Erhaltung v. Denkmälern.

Geschiebe, Gesteine, die durch Eis, bes. durch eiszeitl. Gletscher, bewegt und abgeschliffen sind: **G.mergel** der eiszeitl. Grundmoränen kalkhaltig, **G.lehm** entkalkt, verbraunt.

Geschlecht, Grunderscheinung d. Lebewesen, schon bei → Protisten; physiolog., gestaltl. u. psych. Trennung zw. männl. u. weibl. Angehörigen einer Art; im Ggs. zu G.szellen sind Körperzellen fähig, Merkmale beider G.er auszubilden (*bisexuelle Potenz*).

Geschlechtsanomalien durch Entwicklungsstörung der → Keimdrüsen (versch. Ursachen: Hermaphroditismus, Pseudo-H.) od. Störungen in der ersten Phase der embryonalen Geschlechtsdifferenzierung (chromosomale G.: Ullrich-Turner-, Klinefelter-, Triplo-X-Syndrom m. abnormen Chromosomenzahlen). Klärung durch *Kerngeschlechtsbestimmung,* bei der die Kerne v. → Leukozyten, Haut- oder Schleimhautzellen auf Chromatinverdichtungen und Anhänge (z. B. → Drumsticks) untersucht werden, u. durch *Karyogramm = Chromosomendifferenzierung* u. *-zählung* (normal: 44 Autosomen, 2 Geschlechtschromosomen); → Chromosomenaberration.

Geschlechtsbestimmung,
1) Ausprägung d. Geschlechts durch äußere (Umwelt-) Faktoren (*phänotypische G.,* z. B. bei → Protisten, Moosen, Farnen, Würmern) od. durch innere Erbfaktoren (*genotypische G.* b. höheren Pflanzen, Insekten, Wirbeltieren; → Vererbung, Übers.).
2) Feststellung d. Geschlechts vor d. Geburt, n. d. Geburt b. → Hermaphrodit; → Barr-Körper; → Drumsticks.

Geschlechtschromosomen, *Heterochromosomen,* von den übrigen (*Autosomen*) in Struktur u. Funktion abweichende Chromosomen, die in direkter Beziehung zur → Geschlechtsbestimmung stehen.

Geschlechtsproportionen verschiedener Krankheiten (in %)		
Krankheit	Männer	Frauen
Gicht	98	2
Bechterew-Krankheit	91	9
Alkoholismus	84	16
Zwölffingerdarmgeschwür	83	17
Pankreaskopfkrebs	82	18
Schwere Koronarsklerose	75	25
Chronische Nierenentzündung	67	33
Magengeschwür	57	43
Perniziöse Anämie	50	50
Keuchhusten	33	67
Gelenkrheumatismus	25	75
Gallensteine	17	83
Myxödem	14	86
Osteomalazie	10	90
Gallenblasenkrebs	9	91
Schilddrüsenüberfunktion	9	91

Geschlechtsproportionen verschiedener Krankheiten (in %)

Geschlechtsdrüsen, svw. → Keimdrüsen.
Geschlechtskrankheiten, durch Geschlechtsverkehr erworbene Krankh. d. Geschlechtsorgane: → Tripper, weicher → Schanker, → Syphilis, → Lymphogranuloma inguinale. Wegen ihrer Gemeingefährlichkeit: *Gesetz z. Bekämpfung der Geschlechtskrankheiten,* schreibt sofortige ärztl. Behandlung b. z. Heilung vor; im Unterlassungsfall kann Behandlung zwangsweise durchgeführt werden.
Geschlechtsorgane, *Genitalien, Geschlechtsteile* → Abb..
Geschlechtsumwandlung, bei Transsexuellen, das sind Frauen u. Männer m. e. starken Mißverhältnis zw. ihrem biol. Geschlecht u. ihrem Geschlechtszugehörigkeitsempfinden, kann ein opt. G. durch Hormontherapie u. kosmet. Eingriffe vorgenommen werden; G. im biol. Sinne nicht möglich.
Geschlossene Zeit, die Zeit (Advent, Fastenzeit), innerhalb der in der kath. Kirche feierliche Hochzeiten und öffentl. Lustbarkeiten verboten sind.
Geschmacksknospen, Endorgane d. Geschmacksnerven an Zungenoberfläche u. weichem Gaumen mit Sinneszellen für die 4 Qualitäten *süß, sauer, bitter, salzig.*
Geschmacksmuster → Musterrecht.
Geschoß, Körper, d. aus Schußwaffe verschossen wird (z. B. Kugel, Granate).
Geschütz, Sammelbez. f. Kanone, Haubitze, Mörser.
geschützte Betriebe, Betriebe, deren Planung u. Produktion gewissen Geheimhaltungsvorschriften des Bundeswirtsch.min. unterliegen.
Geschwader,
1) *Marine:* Gefechtseinheit aus mehreren Kampfschiffen u. -fahrzeugen.
2) *Luftwaffe:* aus mehreren Gruppen (jede Gruppe umfaßt mehrere Staffeln) bestehender fliegender Verband.
Geschwindigkeit, *phys.* Verhältnis des zurückgelegten Weges zu der dazu gebrauchten Zeit; Einheiten: m/sec, km/Std.
Geschworene, bis 1972 Bez. f. → Schöffen an Schwurgerichten.

Geschlechtsorgane, (oben) männlich, r. weiblich
1 Harnblase
2 Samenleiter
3 Harnröhre
4 Penis
5 Hoden
6 Nebenhoden
7 Vorsteherdrüse
8 Samenbläschen
9 Harnleiter
10 Niere

Geschlechtsorgane, (unten) weiblich
1 Eileiter
2 Eierstock
3 Harnblase
4 Harnröhre
5 kleine
6 große Schamlippen
7 Scheide
8 Damm
9 Mastdarm
10 hinteres Scheidengewölbe
11 Gebärmutter
12 Portio mit Gebärmuttermund

Geschwindigkeiten	
Fußgänger	1,5 m/s
Rennpferd	55 km/h
Motorboot	85 km/h
Rennwagen	1 000 km/h
Flugzeug	7 000 km/h
Rakete	40 000 km/h
Erde um Sonne	107 136 km/h
Schallgeschwindigkeit	1 192,7 km/h
Lichtgeschwindigkeit	299 792,5 km/h

Geschwulst, lat. *Tumor,* a) *gutartig:* z. B. Fett-G., *Lipom,* Muskel-G., *Myom* (an der Gebärmutter), Bindegewebs-G., *Fibrom,* Drüsen-G., *Adenom* u. a.; b) *bösartig* (Krebs): *Karzinom, Sarkom* u. a.
Geschwür, lat. *Ulcus,* Zerstörung der obersten Zellschichten d. Haut od. Schleimhaut, bei tieferem Eindringen kraterförmig. Tiefgreifende Magen- od. Darm-G.e können durch d. Wand in Nachbarorgane od. in d. Bauchhöhle durchbrechen (Lebensgefahr).
Gęseke (D-59590), St. i. Kr. Soest, NRW, 17 882 E; Zement- u. Möbelind.
Gesell,
1) Arnold (21. 6. 1880–29. 5. 1961), am. Psych.; Begr. d. Kinderpsychologie.
2) Silvio (17. 3. 1862–11. 3. 1930),

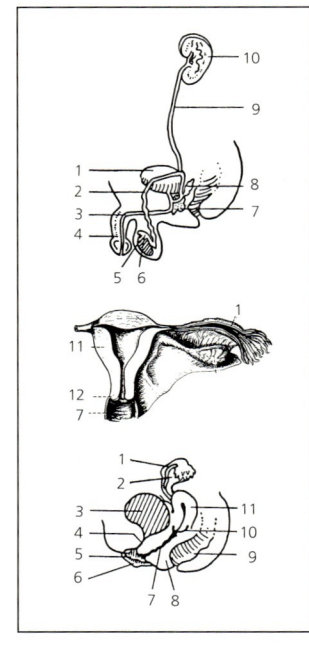

deutscher Finanztheoretiker; Begr. einer Lehre v. *Schwundgeld;* → Währungssysteme.
Gesell|e, Bez. für ausgelernten Lehrling (Auszubildenden) im Handwerk. *G.enprüfung* und *G.enbrief* am Abschluß der Lehrzeit. – Gesellenvereine → Kolping.
Gesellschaft,
1) Verbindung von Menschen, durch Rechtssätze u. Konventionen (Sitte, Brauch, Geburt usw.) geordnet.
2) auf einem Vertrag (sog. *G.svertrag,* formlos gültig) beruhend. Der Zus.schluß mehrerer Personen zur Erreichung eines gemeinsamen Zweckes; wenn wirtsch. Gewinn erstrebt: *Erwerbs-G.*
Gesellschaft, bürgerliche, Vereinigung mehrerer Personen zur Erreichung eines gemeinsamen Zwecks (§ 705 BGB); jeder G.er haftet persönl. f. G.sschulden.
Gesellschaft Jesu → Jesuiten.
Gesellschaft mit beschränkter Haftung, *GmbH,* jurist. Person, Handels-G., Sach- oder Personenfirma, Haftung nur auf G.svermögen beschränkt; Gesamtkapital mindestens 50 000 DM, Einlage e. G.ers mindestens 500 DM; zwei Organe: Geschäftsführer, Gesamtheit der G.er.
Gesellschaftsanteil der OHG, Anteil d. einzelnen Gesellschafter am G.vermögen e. offenen Handelsgesellschaft; bestimmt sich meist nach Höhe der Einlage.
Gesellschaftsinseln, frz. *Archipel de la Société,* zu → Französisch-Polynesien gehörende Inselgruppe in Ozeanien, 1647 km², 163 000 E; vulkan. Bergland, bis 2237 m hoch; Hptinsel Tahiti (1042 km², 116 000 E) m. Hptst. *Papéete* (23 560 E); Ausfuhr: Apfelsinen, Vanille, Kopra, Phosphat.
Gesellschaftsrechnung, *Repartitionsrechnung,* Teilung von Gewinn u. Verlust entsprechend d. Geschäftseinlagen von Teilhabern sowie b. d. Aufteilung v. Konkursmassen, Erbschaften.
Gesellschaftssteuer, bei Gründung von Kapitalgesellschaften bzw. Kapitalzuführung, 1% des Wertes der Leistung; Steuerschuldner: Kapitalgesellschaft.
Gesellschaftsvertrag, bes. seit der Aufklärung; Lehre zur Rechtfertigung v. staatl. Herrschaft u. Gewalt.
Gesenk, Stahldauerform, in die ein fast auf Weißglut erhitztes Rohstück aus Eisen gelegt u. durch Hämmern od. Druck gepreßt wird.
Gesetz,
1) eth. Anordnung f. d. menschl. Verhalten i. d. Gemeinschaft; Vorschrift, wie etwas sein od. geschehen soll (Sitteng.).
2) wiss. Satz als Ausdruck e. allg. Sachverhaltes (Naturg.).
Gesetzesreligion, i. Mittelpunkt d. G. stehen d. durch göttl. Autorität geheiligten Gesetze u. deren genaue Einhaltung (z. B. Judentum, Islam).
Gesetzesvorbehalt → Vorbehalt (des Gesetzes).
gesetzlicher Vertreter, Person, deren Vertretungsmacht unmittelbar auf Gesetz beruht (z. B. d. Inhaber d. → elterlichen Sorge).
Gesicht,
1) Vorderseite des menschlichen Kopfes, Antlitz.
2) Vermögen zu sehen, *G.ssinn.*
Gesichtsfeld, d. Raum, den das unbewegte Auge übersieht.
Gesichtskreis → Horizont.
Gesichtsneuralgie → Trigeminusneuralgie.
Gesichtsrose, meist v. kleiner Wunde an Nase od. Oberlippe ausgehend, fieberhafte Infektion; → Rose.
Gesichtsurnen, Tongefäße u. a. d. ostdt. Früheisenzeit m. plast. G.darstellungen.
Gesichtswinkel, svw. → Sehwinkel.
Gesims, *s.,* in d. Architektur aus e. Mauer hervortretender Horizontalstreifen z. Wandgliederung; z. B. zw. Geschossen *(Gurtg.)* od. den Bau abschließend unter d. Dach *(Haupt-* od. *Kranzg.);* in d. antiken u. → Säulenordnung oberster Teil d. → Gebälks.
Gesinde, früher Bez. für Personal zur Verrichtung häusl. Arbeiten (Dienerschaft), auch landw. Personal.
Gesira, El, *Al Gasira,* sudanes. Gebiet zw. Weißem u. Blauem Nil, durch künstl.

Bewässerung (Sennar-Damm s. 1925 u. Roseires-Damm s. 1974) kultiviert, ca. 420 000 ha; Baumwollanbau.

Gesner, Conrad (23. 3. 1516–13. 12. 65), schweiz. Polyhistor u. Naturforscher; *Historia Animalium,* erstes wissenschaftl. Tierbuch in dt. Sprache.

Gespan, ungar. *Ispán,* svw. Landrat, oberster Beamter eines Komitats.

Gespenstheuschrecken → Stabheuschrecken und → Wandelndes Blatt.

gespritete Weine, mit Alkohol versetzte Weine, so daß ihr Alkoholgehalt über den durch d. Gärung erreichten Wert liegt. Wenn man d. Alkohol (meist Branntwein od. Weingeist) während des Gärvorgangs hinzugibt, wird d. Gärung gestoppt; dadurch bleibt unvergorener Zucker übrig, was d. Wein süß macht (z. B. → *Portwein*). Dieses im Frz. *Mutage* („Stummachung") bezeichnete Verfahren ist in Dtld u. Östr. verboten. Bei and. gespriteten Weinen (z. B. → *Sherry*) wird erst d. durchgegorene Wein mit Alkohol versetzt; → Ausbau u. hinzugegebener Traubenmost bestimmen hier, ob d. Wein süß oder trocken schmeckt. Die g. W. sind EG-rechtl. → *Likörweine.*

Geßler, habsburg. Landvogt von Uri; der Sage nach um 1300 von Tell erschossen.

Geßner, Salomon (1. 4. 1730–2. 3. 88), schweiz. Idylldichter u. Maler; *Daphnis; Der Tod Abels.*

Gestagene [l.-gr.], schwangerschaftserhaltende Hormone; vor allem das → Gelbkörperhormon *Progesteron;* in Tabletten zur Empfängnisverhütung (→ Kontrazeption).

Gestaltpsychologie, e. Forschungsrichtung d. Psych., die d. Erlebnis- u. Verhaltensprozesse als Ganzheiten untersucht.

Gestalttherapie, Form d. → Psychotherapie, bei der ein Patient mit Hilfe v. Übungen lernt, seine unterdrückten sinnl. Wahrnehmungen u. Körpergefühle zu verstärken, um damit d. Ganzheit seines leibl.-seel. Erlebnisses wiederherzustellen.

Gestapo → Geheime Staatspolizei.

Gestation, svw. → Schwangerschaft.

Gestehungskosten, Herstellungswert, → Kosten.

Gesteine, Gesteinskunde → Petrographie.

Gesteinsbohrmaschinen, zum Bohren u. Brechen v. Gestein; Antrieb el. durch → Preßluft od. Wasserdruck, drehend od. geradlinig stoßend.

Gestell, svw. → Schneise.

Gestikulation, w. [l.], Gebärdensprache, Mienenspiel.

gestikulieren, Reden m. eindringl. Bewegungen begleiten.

Gestirn, Sammelbegriff f. *Fixsterne, Sonne, Planeten* u. *Monde.*

Gestosen [l.], alle d. Schwangerschaft verursachten Krankheiten (z. B. Erbrechen, Ausschläge); → EPH-Gestose.

gestrichen, *Börsenbericht:* Papiere, v. denen kein Umsatz verzeichnet wurde, werden g.; i. Kurszettel (–).

Gestüt, staatl. od. private Anstalt f. Pferdezucht; für Rennzwecke.

Gesualdo, Don Carlo, Fürst von Venosa (um 1560–8. 9. 1613), it. Komponist; Mörder seiner ersten Gemahlin; chromat. Madrigale, Kirchenmusik.

Gesundbeten, Heilung durch Gebete, v. Sekten angewandt; Erfolge beruhen auf Suggestion.

Gesundheitspflege, svw. → Hygiene.

Gesundheitswesen, Zweig der staatl. Verw. für die Durchführung öffentl. med. u. hygien. Aufgaben. Beaufsichtigung aller im Heilgewerbe tätigen Personen u. Betriebe einschl. Apotheken. *Gesundheitsämter* in Kreisinstanz, *Landes-Gesundheitsamt, Bundes-Gesundheitsamt* für Forschung auf dem Gebiet d. öffentl. Gesundheitspflege, med. Statistik u. Beaufsichtigung der Herstellung u. Verteilung von Betäubungsmitteln (Ges. vom 27. 2. 1952).

Gethsemane, Garten am Fuß des Ölbergs, Ort der Gefangennahme Jesu.

Getränkesteuer, Gemeindesteuer (mindestens 5%) auf Kleinhandelspreis d. meisten Getränke (nicht Bier).

Getreide, Körnerfrüchte (Gerste, Hafer, Mais, Roggen, Weizen u. a.); bed. landw. Erzeugnis (→ Schaubild).

Getreidekümmel, Kornbranntwein m. Kümmel.

Getreidemotte → Kornwurm.

Getreiderost, durch → Rostpilze bewirkte Krankheit.

Getreidezölle, als Schutzzölle (→ Zölle).

Getrenntsammlung, d. Müll wird in versch. Wertstofffraktionen (Altpapier, Glas, Kunststoff u. a.) v. d. Haushalten sortiert u. über Straßensammlungen (→ Holsystem), zentrale Sammelstellen (→ Bringsystem) d. Recycling zugeführt; → Abfallwirtschaft, → Duales System.

Getriebe, Vorrichtung zur Übertragung von Bewegungen mittels Zahnrädern, Wellen, Riemen u. a. Maschinenelementen; → Kraftfahrzeuge, Übers.

getriebene Arbeit, Metallgegenstände m. herausragenden Figuren od. Verzierungen; in Treibarbeit (d. h. durch Heraustreiben v. innen her) gefertigt.

Getto, *Ghetto, s.* [it.], abgeschlossene Judenquartiere vom 16. Jh. bis z. Emanzipation (→ Juden) und unter Hitler.

Gettysburg ['gεtιzbə:g], Stadt i. Pennsylvania (USA), 7000 E. – Schlacht bei G. (1863) brachte d. Wendepunkt im → Sezessionskrieg; Sieg der Nordstaaten über die Südstaaten (*Konföderierte*).

Getz, Stan (2. 2. 1927–6. 6. 91), am. Jazzsaxophonist; *The Girl from Ipanema.*

Geulincx ['xœːlɪŋks], Arnold (31. 1. 1624 bis Nov. 69), ndl. Philosoph, Begr. des → Okkasionalismus.

Geusen ['xøː- „Bettler"], Vereinigung ndl. Freiheitskämpfer gegen Unterdrückung der Niederlande durch die Spanier (1565–72).

GeV → Elektronenvolt.

Gevelsberg (D-58285), Ind.st. i. Ennepe-Ruhr-Kr., NRW, 33 591 E.

Gewächshaus, Glashaus, mittels Heizrohren erwärmt, zur Zucht trop. Pflanzen oder Frühzucht v. Gemüse, Blumen; Temperatur 20 °C u. mehr.

Gewährleistung, *Mängelhaftung,* die Pflicht des Verkäufers innerhalb einer bestimmten **Gewährfrist,** für Vorhandensein best. Eigenschaften u. Fehlen von Sachmängeln einzustehen; bes. Vorschriften b. Viehhandel (*Gewährmängel*); §§ 459 ff. BGB, 377 HGB.

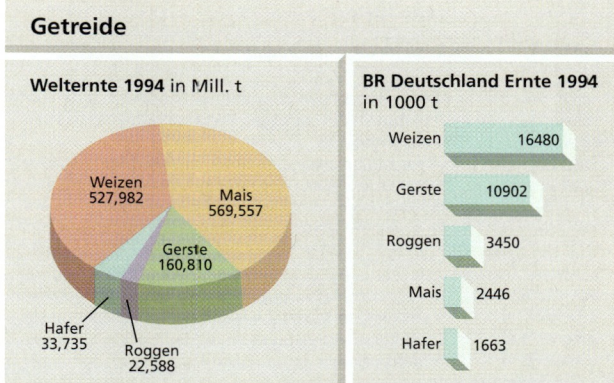

Getreide

Welternte 1994 in Mill. t
- Weizen 527,982
- Mais 569,557
- Gerste 160,810
- Hafer 33,735
- Roggen 22,588

BR Deutschland Ernte 1994 in 1000 t
- Weizen 16480
- Gerste 10902
- Roggen 3450
- Mais 2446
- Hafer 1663

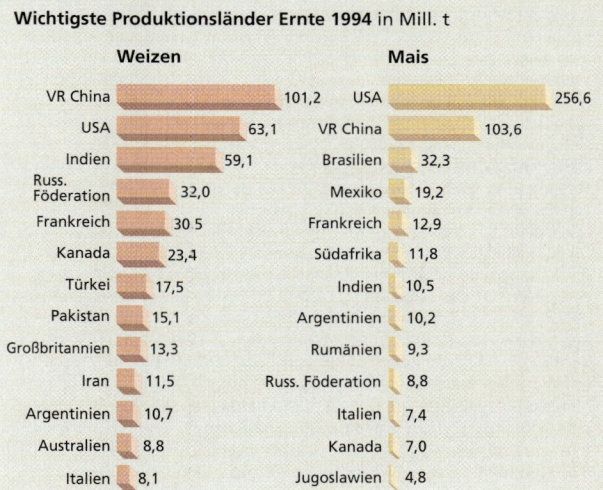

Wichtigste Produktionsländer Ernte 1994 in Mill. t

Weizen		Mais	
VR China	101,2	USA	256,6
USA	63,1	VR China	103,6
Indien	59,1	Brasilien	32,3
Russ. Föderation	32,0	Mexiko	19,2
Frankreich	30,5	Frankreich	12,9
Kanada	23,4	Südafrika	11,8
Türkei	17,5	Indien	10,5
Pakistan	15,1	Argentinien	10,2
Großbritannien	13,3	Rumänien	9,3
Iran	11,5	Russ. Föderation	8,8
Argentinien	10,7	Italien	7,4
Australien	8,8	Kanada	7,0
Italien	8,1	Jugoslawien	4,8

Königliches Gewächshaus, Brüssel

Gewahrsam, gewollte tatsächl. Sachherrschaft.

Gewaltenteilung, demokr. Staatsauffassung (von Montesquieu) d. verfassungsmäßigen Aufteilung d. Staatsgewalt in → Exekutive, → Jurisdiktion u. → Legislative.

Gewerkschaften

Nach Industrie- u. Wirtschaftsgruppen bzw. berufsständ. gegliederte Vereinigungen von Arbeitnehmern zur ständigen Verbesserung ihrer sozialen u. wirtsch. Lebensbedingungen.
DEUTSCHLAND: Die ersten G. entstanden im 19. Jh. (um 1848), wurden aber wieder unterdrückt. Erneutes Aufleben der Bestrebungen zur Gründung von G. in den 60er Jahren (sozialist. Arbeiterbewegung), denen Lassalles Agitation Anregungen gab (Gründung des Allg. Dt. Arbeitervereins 1863). Nach dessen Tod (1864) gründete J. B. v. Schweitzer „Arbeiterschaften" mit gewerkschaftl. Zweckbestimmung. 1868 rief Bebel, im Widerstreit mit Schweitzer, zur Gründung von „Intern. Gewerksgenossenschaften" auf. 1875 Vereinigung beider Zweige: *freie G.* Daneben gründete Dr. Max Hirsch die freiheitlich-nationalen *Hirsch-Dunckerschen Gewerkvereine.* 1878 Unterdrückung der G. (Sozialistengesetz), seit 1890 Neuaufbau; Spitzenorganisation d. freien G. durch die 1891 gegr. „Generalkommission". In den 90er Jahren entstanden die christl. G. als weiterer Zweig der Bewegung. Zum Erreichen der Gewerkschaftsziele teils Abreden mit den Arbeitgebern zur Verbesserung der Löhne u. sonstigen Arbeitsbedingungen, teils Einflußnahme auf die sozialpol. Gesetzgebung (Sozialversicherung, Arbeitsschutz, Arbeitsrecht). Die Arbeitsverweigerung (Streik) schärfstes Kampfmittel. Durch die G. wurde als kollektive Form der Arbeitsvertragsabrede der Tarifvertrag entwickelt, der für die Dauer s. Geltung Arbeitsfriede gewährleistet. Zur Beilegung von Arbeitskonflikten Inanspruchnahme der Einigungsämter der Gewerbegerichte u. tarifliche Vereinbarung durch Schiedsverfahren. Mitgliederzahl der freien G. 1891 ca. 280 000, 1904: 1 Mill., 1913: 2,6 Millionen.
Nach dem 1. Weltkrieg starker Aufschwung der gesamten Bewegung. Umwandlung zahlreicher Berufsverbände der Angestellten u. Beamten in G. Neuzusammenschluß von den der Generalkommission angeschlossenen freien G. der Arbeiter im *Allg. Dt. Gewerkschaftsbund (ADGB),* Zusammenschluß der freigewerkschaftlich orientierten Angestellten im *Allg. freien Angestellten-Bund (AfA-Bund)* und der Beamten-G. dieser Richtung im *Allg. Dt. Beamtenbund.* Der Gesamtverband der christl. G. vereinigte sich mit dem Gesamtverband dt. Angestelltenverbände u. einigen Beamtenvereinen zum *Dt. Gewerkschaftsbund.* Die Hirsch-Dunckersche Richtung (HD) bildete den *Gewerkschaftsring dt. Arbeiter-, Angestellten- und Beamtenverbände (GDA).* – 1933 zwangsweise Auflösung der G. und Überführung ihrer Mitglieder in die sog. „Deutsche Arbeitsfront". Nach 1945 Neuaufbau. In der sowj. Zone und Ostberlin Zusammenschluß der Industrie-G. im **Freien Deutschen Gewerkschaftsbund (FDGB).** 1989: 9,60 Mill. Mitgl., im Mai 1990 aufgelöst, weitgehend Fusionen mit den G. der alten BR; in den Westzonen- bzw. Ländergewerkschaftsbünde. Seit Okt. 1949 in BR **Deutscher Gewerkschaftsbund (DGB),** unabhängig von pol. Parteien u. Konfessionen, mit Sitz in Düsseldorf, als Dachorganisation v. 16 Gewerkschaften u. Ind.gewerkschaften. Diese erfassen 1995: 9,354 Mill. Mitglieder (5,727 Mill. Arbeiter, 2,652 Mill. Angestellte und 748 151 Beamte). Organe: Bundeskongreß, B.-Ausschuß, B.-Vorstand, Revisionskommission; B.-Vors.: Dieter Schulte. Im Verlag des DGB (Bund-Verlag GmbH, Köln-Deutz) erscheinen u. a.: *Die Quelle, Gewerkschaftliche Monatshefte, Angestelltenmagazin.* – Ziele: Vertretung d. wirtsch., soz. u. kulturellen Interessen d. Mitglieder sowie Koordination d. Aktivitäten d. Einzelgewerkschaften; in d. 80er Jahren insbes.: Abbau d. Arbeitslosigkeit u. Wiederherstellung d. Vollbeschäftigung, Sicherung d. Arbeitsplätze, v. a. durch Arbeitszeitverkürzung; schrittweise Durchsetzung der 35-Stunden-Woche bis in die 90er Jahre hinein. Aufbau der DGB-Organisation in Ostdtld u. Beginn eines Reformprozesses d. pol. Programmatik wie der organisatorischen Strukturen. Reformkongreß 1996: Bekenntnis zur sozialen Marktwirtschaft. Andere, nicht dem DGB angeschlossene G. u. Gewerkschaftsverbände in der BR sind: **Christlicher Gewerkschaftsbund Deutschlands (CGB),** gegr. Juni 1959, Sitz Bonn, Spitzenorganisation von 23 Christlichen G. in der BR, 303 840 Mitgl. (1995); **Deutsche Angestellten-Gewerkschaft (DAG),** April 1949 mit Sitz in Hamburg gegr., 507 478 Mitgl. (1995); **Deutscher Beamtenbund (DBB),** 1949 als Nachfolgeorganisation des früheren DBB (1918–33) mit 46 Mitgliedsverbänden gegr., Sitz Bonn, 1,075 Mill. Mitgl. (1995).

ÖSTERREICH: Überpartei. Spitzenverband aus versch. pol. Fraktionen, **Österreichischer Gewerkschaftsbund (ÖGB),** 1945 gegr., ca. 1,7 Mill. Mitgl., gegliedert in 15 Fachgewerkschaften, die jeweils in Berufssektionen, Fach- u. Unterfachgruppen unterteilt sind.
SCHWEIZ: Drei Spitzenorganisationen, **Schweizerischer Gewerkschaftsbund (SGB),** 1880 gegr., 429 024 Mitgl. (1994), **Vereinigung Schweizerischer Angestelltenverbände (VSA),** 1918 gegr., 132 371 Mitgl. (1994), **Christlich-Nationaler Gewerkschaftsbund (CNG),** 1907 gegr., ca. 110 000 Mitgl.
INTERNATIONALE ORGANISATIONEN: Die Ausbreitung der Gewerkschaftsbewegung ging von England aus; die Anregung für die Herstellung intern. Beziehungen kam jedoch aus Dtld. 1903 entstand die **Intern. gewerkschaftliche Zentralstelle;** sie hatte ihren Sitz in Berlin, und Carl Legien, der Vorsitzende der Generalkommission, war ihr Sekretär; 1904 waren ihr 14 gewerkschaftliche Landeszentralen mit 2,4 Mill. Mitgliedern angeschlossen; 1913 neue Bezeichnung: **Internationaler Gewerkschaftsbund (IGB),** mit 19 Landeszentralen und 7,4 Mill. Mitgliedern (Dtld 2,6 Mill., USA 2 Mill., England 874 000, Östr. 428 000, Frkr. 387 000, Italien 321 000, Belgien 116 000, Ungarn 112 000, Dänemark 107 000, Spanien 100 000; in allen übrigen Ländern weniger als 100 000 Mitgl.). Die Industrieverbände und Berufs-G. der beteiligten Länder in Intern. Berufs-Sekretariaten sind überstaatlich vereinigt. 1919 Verlegung des Sitzes des IGB nach Amsterdam; 1924: 24 Landeszentralen mit 13,1 Mill. Mitgl. und 26 Berufssekretariaten (12,9 Mill. Mitgl.). Die russ. G. gehörten dem IGB nicht an. – **Weltverband der Arbeitnehmer (WVA),** *World Confederation of Labour (WCL),* früher *Intern. Bund christl. G.,* als Zusammenschluß christl. G., 14 Mill. Mitgl. in 90 Ländern. – 1945 in Paris gegr. der **Weltgewerkschaftsbund (WGB),** *World Federation of Trade Unions (WFTU):* ca. 180 Mill. Mitgl. in 71 Ländern, dem auch (im Gegensatz zum IGB) die G. der ehem. Sowjetunion (ca. 100 Mill.) und Chinas angehörten, sowie d. frz. G. *Confédération Générale du Travail,* 1895 gegr., 2 Mill. Mitgl.
In der Sowjetunion waren praktisch alle Arbeitnehmer gewerkschaftl. organisiert. Der ideologische Gegensatz zwischen Ost und West führte seit 1949 zum Austritt zahlreicher G. westlicher Länder aus dem kommunistisch beherrschten WGB und zur Gründung bzw. laufenden Stärkung des **Intern. Bundes Freier G. (IBFG),** *International Confederation of Free Trade Unions (ICFTU):* ca. 85 Mill. Mitglieder, 136 Organisationen in 96 Ländern, darunter der DGB, die Landesvereinigung der britischen G., **Trades Union Congress, TUC,** 1868 gegr., ca. 10,5 Mill. Mitgl., u. die US-Gewerkschaftsvereinigung **American Federation of Labor and Congress of Industrial Organizations, AFL-CIO** (1881 bzw. 1935 gegr., 1955 vereinigt, 13,6 Mill. Mitgl.). – 1969 **Europäischer Bund Freier Gewerkschaften der Gemeinschaft** (der EU) gegr., s. 1973 **Europäischer Gewerkschaftsbund.**

Gewalttätigkeit geg. Menschen, ihre Verherrlichung od. Verharmlosung ist strafbar (§ 131 StGB).
Gewände, *s.,* schräger Mauereinschnitt (oft verziert) f. Türen u. Fenster; dagegen → Leibung.
Gewandhauskonzerte, Sinfoniekonzerte d. Gewandhaus-Orchesters, urspr. (s. 1781) im Innungshaus d. Leipziger Tuchmacher.
Gewannflur, Einteilung der Feldflur e. Dorfes in größere Schläge *(Gewanne);* diese unterteilt in schmale Parzellenstreifen.
Gewässergüte, *biol.* Einteilung in 4 Klassen, je nach Belastung eines Gewässers mit fäulniserregenden organischen Substanzen; v. *Güteklasse 1* (nicht od. nur sehr gering belastet) bis *4* (übermäßig verschmutzt); z. B. *Starnberger See* Gewässergüte 1–2.
Gewebe,
1) die den höheren tier. u. pflanzl. Organismus zusammensetzenden Zellverbände.
2) → Weberei.
Gewebekultur, Züchtung isolierter pflanzl., tier. oder menschl. Gewebe auf Nährmedien; der dabei entstehende Zellhaufen *(Kallus)* zeigt nicht mehr d. Strukturmerkmale des Herkunftsgewebes; durch Lösen v. Einzelzellen aus dem Kallus gelangt man zur Zellsuspensionskultur, in der einzelne, in Nährlösung schwimmende Zellen sich durch Teilung vermehren (Anwendung i. d. Pflanzenvermehrung u. -züchtung, zur Gewinnung v. Arzneimitteln u. i. d. med. Forschung).
Gewebetherapie → Zellulartherapie.
Gewebshormone, in nichtdrüsigen Organgeweben gebildete Wirkstoffe zur Feinregulation zahlreicher Körperfunktionen; Wirkung meist am Ort d. Entstehung. *Gastrin* u. *Sekretin* (Magen- u.

Darmschleimhaut); *Renin* (Niere, steigert Blutdruck); *Cholin* (Darmbewegung); *Histamin, Angiotensin, Serotonin, Prostaglandine* u. a.

Gewehr, Handfeuerwaffe mit gezogenem Lauf; auch mit Patronenmagazin (→ Tafel Schußwaffen).

Geweih, bei hirschart. männl. Tieren (auch b. weibl. Rentier) die verästelten Knochenauswüchse des Stirnbeins; wird jährlich abgeworfen und weist mit mehr Ästen *(Sprossen, Enden)* erneuert; Hirsch danach Spießer, Gabler (an jeder Geweihstange 2 Enden), Sechser (an jeder Geweihstange 3, zus. 6 Enden), Achtender, Zehnender, Zwölfender usw. genannt, Rehbock entsprechend nach s. *Gehörn:* Spießer, Gabler, Sechser, selten: Achter u. Zehner.

Gewerbe,
1) *wirtschaftstheoret.* jede nicht naturgebundene Güterproduktion (Ggs. zu Handel).
2) *rechtl.:* jede berufsmäßig mit Erwerbsabsicht auf längere Sicht ausgeübte selbständige Tätigkeit; neuerlich z. T. auch sogenannte freie Berufe, jedoch nicht persönl. Dienstleistungen höherer Art.

Gewerbeaufsicht, ausschließl. od. neben den Polizeibehörden v. bes. von den Landesregierungen ernannten Beamten ausgeführt, um Einhaltung der Bestimmungen der Gewerbeordnung u. andere gesetzl. Vorschriften bes. soz. Art (→ Arbeitsschutz, Sicherungsvorschriften usw.) zu beaufsichtigen.

Gewerbefreiheit, wurde gewährleistet durch → Gewerbeordnung 1869; Beschränkungen urspr. bei wenigen konzessionspflichtigen Betrieben; die sog. „schrankenlose" G. in den Ländern eingeschränkt (Gewerbezulassungsgesetze); schließlich Einführung des „kleinen" u. „großen" Befähigungsnachweises. 1949 nur in der US-Zone Wiedereinführung der G. (Lizenzierungspflicht nur für best. Personengruppen u. Berufsarten, z. B. Gesundheitswesen; Berufe, die ein „öffentl. Interesse" berühren). In d. BR aber neue Handwerksordnung mit Aufhebung des absoluten G. u. Wiedereinführung des *Befähigungsnachweises* s. 1953.

Gewerbehygiene, verringert u. beseitigt gesundheitliche Schäden der gewerbl. Arbeit, bes. wichtig im Nahrungsmittelgewerbe.

Gewerbeordnung, *GO,* grundlegendes Ges. für den N-Dt. Bund vom 21. 6. 1869 (1871/72 für Reich gültig), verkündet die Zuständigkeit des Reiches (Bundes) in **Gewerbesachen,** regelt alle das Gewerbe betreffenden rechtl. Verhältnisse.

Gewerbestatistik, Erfassung u. Auswertung statist. Zahlenmaterials (z. B. Umfang d. Gewerbebetriebe, Zahl der beschäftigten Personen nach ihrer Stellung im Betrieb, getätigte Umsätze usw.); Träger d. G.: Gewerbeämter, IHK, HWK, gewerbl. Organisationen, statist. Ämter.

Gewerbesteuer → Steuern.

Gewerbeunion, übernationale, freie u. unabhängige Arbeitsgemeinschaft des nat. Organisationen des Handwerks, des Einzelhandels, der Klein- u. Mittelbetriebe sowie einschlägige Forschungsinstitute in Belgien, Dtld, Frkr., Italien, den Niederlanden, Östr. u. d. Schweiz angehören.

gewerblicher Rechtsschutz, gegen Mißbrauch, Nachahmung, Ausbeutung usw. gewerbl. Güter u. Rechte; Schutz des geistig-techn. Schaffens (Unterschied zum Urheberrecht, das geistigkünstler. Schaffen schützt) u. a. des Kaufmanns; umfaßt → Patentrecht, → Musterrecht, → Warenzeichenrecht u. → Wettbewerbsrecht; 1946 durch Beschlüsse d. Alliierten alle im Ausland bestehenden dt. gewerbl. Schutzrechte enteignet, v. einzelnen Staaten z. T. den früheren Inhabern zurückgegeben; nach 1946 entstandene Rechte genießen in der Regel wieder intern. Schutz.

Gewerkschaft, bergrechtl. Unternehmungsform im Bergbau: Mitbeteiligte *(Gewerken)* e. Bergwerks bilden e. G.; *gewerkschaftl.* Anteile heißen → Kuxe; ihre Eigentümer müssen i. *Gewerkenbuch* eingetragen sein; Organe d. G.: *Gewerkenversammlung* u. *Aufsichtsrat.*

Gewerkschaften → Übers.

Gewicht, b. einem Körper d. Kraft, mit der seine Masse von der Erde angezogen wird; Maßeinheit: 1 → *Newton* (N).

Gewichte → Tabelle Maße und Gewichte, Übers.

Gewichtheben, Zweig der Schwerathletik, Zur-Hochstrecke-Bringen von Gewichten (→ Hantel) durch *Reißen, Stoßen* (m. Schwung) od. *Drücken* (Stemmen ohne Schwung).

Gewichtsklassen, b. Boxen, Ringen, Gewichtheben, Rasenkraftsport u. Judo nach dem Gewicht geordnete Klassen: Fliegen-, Bantam-, Feder-, Leicht-, Welter-(Halbwelter-), Mittel-(Halbmittel-), Halbschwer-, Schwer-(Superschwer-) Gewicht.

Gewichtsreduktion, bei → Fettsucht, nur Änderung d. Ernährungsgewohnh. langfristig aussichtsreich.

Gewichtsregler → Regler.

Gewinde, die gewundenen Rillen der Schraube; entsteht durch schraubenförmiges Umfahren eines zylindr. (auch konischen) Schaftes mit der Basis 3- od. 4seitigen Prismas; Herstellung für Außen-G. durch Aufschneiden des G.s auf dem Werkstück mittels d. G.backen einer (Schneid-) Kluppe, für Innen-G. durch G.bohrer; DNA-Normung.

Gewinn, Differenz zw. Erträgen u. Kosten e. Periode.

Gewinnbeteiligung, v. Arbeitgeber ohne Rechtsanspruch f. Arbeitnehmer allg. durch tarifl. od. einzelvertragl. Regelung (auf Tantieme od. Gratifikation) gewährt als Einzel- od. Kollektivbeteiligung am Gewinn neben Lohn od. Gehalt.

Gewinn- und Verlustkonto, Sammelkonto aller Salden d. Aufwands- u. Ertragskonten; Ausweis v. Verlust od. Gewinn e. Unternehmens pro Periode i. d. Bilanz.

Gewissen, persönl. Bewußtsein v. sittl. Wert od. Unwert d. eigenen Verhaltens; Fähigk. d. moral. Selbstbeurteilung gemäß d. eth. Werten erhobenen Ansprüchen.

Gewißheit, sicheres, unbezweifelbares Wissen über Denkinhalte; *subjektive G.* (i. Glauben), *objektive G.* (i. Wissenschaft).

Gewitter, Entladung zw. meist negati-

GHANA

Staatsname: Republik Ghana, Republic of Ghana

Staatsform: Präsidiale Republik

Mitgliedschaft: UNO, AKP, ECOWAS, OAU, Commonwealth

Staatsoberhaupt und Regierungschef: Jerry John Rawlings

Hauptstadt: Accra 949 000 (Agglom. 1,58 Mill.) Einwohner

Fläche: 238 533 km²

Einwohner: 16 944 000

Bevölkerungsdichte: 71 je km²

Bevölkerungswachstum pro Jahr: ⌀ 2,60% (1990–1995)

Amtssprache: Englisch

Religion: Christen (62,5%), Muslime (15,7%), Naturreligionen

Währung: Cedi (₡)

Bruttosozialprodukt (1994): 7311 Mill. US-$ insges., 430 US-$ je Einw.

Nationalitätskennzeichen: GH

Zeitzone: MEZ – 1 Std.

Karte: → Afrika

Ghana

Ghana

Gezeitenkraftwerk bei St. Maᴏ

ver Erd- u. positiver → Luftelektrizität unter Blitz u. Donner.

Gewohnheitsrecht, ungeschriebene, durch lange Anwendung wie Gesetze anerkannte Rechtssätze.

Gewohnheitsverbrecher, gefährlicher, → Hangtäter.

Gewöhnung,
1) an ein Medikament, Steigerung der Dosis erforderlich.
2) an ein Suchtmittel, Vorstufe der Abhängigkeit.

Gewölbe, in d. Baukunst gekrümmte Raumdecke aus Natur- od. Backstein; bis z. Erfindung d. Stahlbetons einzig mögl. Massivüberdeckung gr. Räume. Hptformen: halbkreisförm. *Tonneng.* u. aus der rechtwinkl. Durchdringung 2 gleicher Tonneng. gewonnenes *Kreuz(grat)g.* (z. B. in d. Romanik); *Kreuzrippeng.* b. Verstärkung d. Grate durch Rippen (bes. in d. Gotik), *Zierg.* (z. B. Stern-, Netz-, Fächerg.) bei rein dekorativer Vervielfältigung d. Rippen; *Spiegelg.,* entwickelt aus d. Tonneng. m. durchgehend waagerechter Deckenfläche im Scheitel (z. B. im Barock). *Falsches G.* (auch *Kragg.*) durch Schichtung v. Steinlagen, die v. beiden Seiten nach innen vorkragen, bis sie sich im G.scheitel treffen.

Gewölle, von best. Vogelarten (bes. Krähen, Greifvögeln) ausgespienes Knäuel unverdaulicher Nahrungsrückstände.

Gewürzinseln, im Pazifik, → Molukken.

Gewürznelken, Blütenknospen eines myrtenähnl. Baumes d. Tropen; als Gewürz u. Parfümerieöl.

Gewürztraminer, in Mitteleur. u. Kalifornien angebaute u. verwertet. Spielart des → Traminers, die sehr würzige, weiche Weißweine bzw. in Kalifornien sehr helle Roséweine liefert.

Geyer, Florian (um 1490–1525), fränkischer Ritter und Anführer im Bauernkrieg; trat für eine Reichsreform ein.

Geysir, *Geiser,* periodisch auftretender heißer Springquell vulkan. Ursprungs (Island, Neuseeland, Yellowstone-Nationalpark); → Quelle.

Gezähe, Bergmannsausdruck für Werkzeug.

Gezeiten, *Tiden,* durch d. Anziehungskraft v. Mond u. Sonne hervorgerufenes period. Steigen *(Flut)* u. Fallen *(Ebbe)* des Meeresspiegels, täglich zweimal; → Nippflut, → Springflut.

Gezeitenkraftwerk, Flutkraftwerk, Wasserkraftwerk, dessen Turbinen durch d. Wechsel zw. Ebbe u. Flut hervorgerufene Strömung angetrieben werden. Erstes Kraftwerk dieser Art in der Bretagne an der Mündung des Rance-Flusses bei Dinan (s. 1967 in Betrieb).

gg., Abk. f. → *Gauge.*

GG, Abk. f. **G**rundgesetz (d. BR).

Ghana, Rep. am Golf v. Guinea. **a)** *Wirtsch.:* Drittgrößter Kakaoproduzent der Welt (1991: 265 000 t); bed. Bodenschätze: Gold, Manganerz, Diamanten, Bauxit. **b)** *Außenhandel* (1991): Einfuhr 1482 Mill., Ausfuhr 1194 Mill. $. **c)** neue *Verf.* v. 1993: Präs. Rep. m. Mehrparteiensystem. **d)** *Verw.:* 10 Regionen. **e)** *Gesch.:* Seit 1957 unabhängig, gebildet aus d. ehem. brit. Goldküste u. Togo; 1966 Regime Nkrumahs durch Militärputsch gestürzt; 1969 Zivilregierung; 1972 Mil.reg.; 1979 u. 1981 Mil.putsch unter J. Rawlings (s. 1982 Staatschef); 1992 erste Parlamentswahlen s. 1979; Demokratisierung u. wirtsch. Sanierung eingeleitet; 1993 wurde formell die IV. Republik proklamiert.

Ghardaïa, Oasenst. i. Zentralalgerien a. d. Transsaharastraße, 60 000 E.

Ghasel, s. [arab. „Gespinst"], oriental. Form v. (urspr. Liebes-)Gedichten mit *einem* durchgehenden Reim des ersten Verspaars in den geraden Zeilen, die ungeraden reimlos (aa ba ca . . . xa).

Ghasi [arab. „der Siegreiche"], Titel türk. Feldherren und Herrscher.

Ghats, treppenartiges Randgebirge an den Küsten Vorderindiens, → Dekhan.

Ghetto, svw. → Getto.

Ghibellinen, im MA kaisertreue (Hohenstaufen-)Partei in Italien; Gegner: die → Guelfen.

Ghiberti, Lorenzo (1378–1. 12. 1455), florentin. Bildhauer u. Kunstschriftsteller d. Frührenaissance; *Bronzetüren* am Baptisterium in Florenz; *Denkwürdigkeiten* (bedeutendes Quellenwerk f. d. it. Kunstgesch.).

Ghirlandaio,
1) *Domenico* (1449–11. 1. 94), it. Maler d. Renaissance; *Chorfresken* v. S. Maria Novella (Florenz); s. Sohn
2) *Ridolfo* (4. 1. 1483–6. 1. 1561), hauptsächlich Porträtmaler.

Ghor, *El Ghor,* Tal zw. Libanon u. Antilibanon, bis zum Golf von Akaba, darin Totes Meer u. Jordanlauf, bis 400 m unter d. Meeresspiegel.

Ghostwriter, m. [engl. ′goustraitə], Verfasser v. Reden u. Büchern (bes. Memoiren), die unter dem Namen von Auftraggebern erscheinen.

GHS, Abk. f. → *Ge*samt*h*och*s*chule.

GI [′dʒi:′aı], Abk. f. *g*overnment *i*ssue [„Kommißausrüstung"], ugs. Bez. des US-Soldaten.

Giacometti [dʒako-], schweiz. Künstlerfamilie;
1) *Giovanni* (1868–1933), Maler;
2) *Augusto* (1877–1947), Maler;
3) *Alberto* (10. 10. 1901–11. 1. 66), Maler u. hpts. Bildhauer; e. Neffe v. → Amiet; symbol. Abstraktionen, expressiv überlängte menschl. Figuren.

Giacomo [′dʒa:komo], it. Form zu → Jakob.

Giaever [′jeːvər], Ivar (* 5. 4. 1929), am. Phys.; Nobelpr. 1973 (Entdeckungen über Tunneleffekte in Festkörpern).

Giauque [dʒɪ′oʊk], William Francis (12. 5. 1895–28. 3. 1982), am. Chemiker; Arbeiten über Sauerstoff-Isotope, adiabat. Demagnetisierung; Nobelpr. 1949.

Giaur, türk. Schimpfname, „Ungläubiger".

Gibberelline, pflanzl. Streckungswuchsstoffe m. Wirkungen auf Blüte, Samen u. Knospen.

Gibbon, *Edward* (8. 5. 1737 bis 16. 1. 94), engl. Geschichtsschreiber d. Aufklärung; *Geschichte v. Niedergang u. Fall d. Römischen Reiches.*

Gibbons, [′gɪbənz], *Orlando* (get. 25. 12. 1583–5. 6. 1625), engl. Komponist; Madrigale.

Gibbons, sehr langarmige Affen SO-Asiens.

Gibbs [gɪbz], *James* (23. 12. 1682–5. 8. 1754), engl. Architekt d. Barock; füh-

---

GIBRALTAR
Regierungsform: Britische Kronkolonie
Gouverneur: Richard Luce
Regierungschef: Peter Carnana
Fläche: 6,5 km²
Einwohner: 28 800
Bevölkerungsdichte: 4430 je km²
Amtssprache: Englisch; Spanisch
Religion: Katholiken (75%), Muslime, Anglikaner
Währung: Gibraltar-Pfund (Gib£)
Bruttosozialprodukt (1992/93): 284,5 Mill. Gib£ insges., 10461 Gib£ je Einw.
Nationalitätskennzeichen: GBZ
Zeitzone: MEZ
Karte: → Spanien

Gibraltar

André Gide

Gigantenfries, *Pergamonaltar*

---

rend im Kirchenbau Londons (*St. Martin-in-the-Fields*), wirkte durch s. Schrift *Book of architecture* nachhaltig auch auf d. Baukunst in N-Amerika.

Gibbus, med. Buckel.

Gibli, gefürchteter Sandsturm, weht mit hohen Temperaturen v. d. Sahara zur Libyschen Wüste.

Gibraltar, arab. *Dschebel at Ta'rik,* Vorgebirge u. Halbinsel an der S-Spitze Spaniens, 425 m hoch und 14,6 km breit; *Straße von G.* (60 km lang, 14–44 km breit; trennt Eur. u. Afrika), m. brit. Festung, Kriegs- u. Handelshafen *G.,* Kronkolonie, durch Verf. v. 1969 weitgehend innere Autonomie. – 711 durch → Tarik befestigt; 1704 brit., 1830 Kolonie; v. Spanien beansprucht.

Gicht,
1) Harnsäureablagerung, bes. in d. Gelenken, mit Schmerzanfällen und Gelenkentzündungen, *G.knoten.*
2) oberste Öffnung des → Hochofens.

Gichtgas, Hochofengas.

Gide [ʒid], *André* (22. 11. 1869–19. 2. 1951), frz. Schriftst.; Bekenntnisprosa: *Uns nährt die Erde;* Dialoge: *Die Rückkehr des verlorenen Sohnes; Corydon;* Romane: *Die Falschmünzer; Die Verliese des Vatikan;* Selbstbiographie: *Stirb und Werde;* Drama: *König Ödipus;* Nobelpr. 1947.

Gideon, e. der großen Richter Israels.

Giebel, Abschlußfläche des Daches in unterschiedl. Formen: z. B. spätgot. *Treppeng.; Dreiecksg.* u. *Segmentg.* auch als Zierform über Fenstern, Türen, Wandnischen. Als *G.schmuck* Plastiken u. Schnitzwerk.

Giehse, *Therese* (6. 3. 1898–3. 3. 1975), dt. Schauspiel.in in München u. Zürich; stellte die erste Mutter Courage dar.

Giengen a. d. Brenz (D-89537), St. i. Kr. Heidenheim, Ba-Wü., 19 003 E; Charlottenhöhle; Spielwaren- u. Elektroind.

Gierek, *Edward* (* 6. 1. 1913), poln. Pol.; 1970–80 Erster Sekr. des ZK der KP.

gieren, Hin- u. Herpendeln e. Schiffes od. Flugzeugs, e. Satelliten od. e. Rakete um die Hochachse senkrecht zur Bewegungsrichtung, u. a. infolge v. Wind od. Seegang.

Gierke, *Otto v.* (11. 1. 1841–10. 10. 1921), dt. Rechtsgelehrter; *Das deutsche Genossenschaftsrecht.*

Geysir, *Neuseeland*

Gierkesche Krankheit, erbl. Enzymkrankheit mit Speicherung v. → Glykogen u. a. in der Leber.

Giersch, e. Doldenblütler an schattigen Wegrändern.

Gierymski [gje′rɪms-],
1) *Aleksander* (30. 1. 1850–4. 5. 1901), poln. Maler, schuf m. realist. u. expressionist. Stilmitteln hpts. Landschafts- u. Genrebilder; s. Bruder
2) *Maksymilian* (15. 10. 1846–16. 9. 74), verhalten naturalist. Stil.

Gies, *Gerd* (* 24. 5. 1943), dt. Tierarzt u. CDU-Pol., 1990/91 Min.präs. v. Sachsen-Anhalt.

Gieseking, *Walter* (5. 11. 1895–26. 10. 1956), dt. Pianist u. Komp.; *Quintett für Bläser und Klavier.*

Gießen (D-35390–98), Uni.st. a. d. Lahn, Hess., 73 763 E; Krst. u. Sitz des Rgbz. *G.; Justus-Liebig-Uni.* (1607 gegr.), FHS, Stadttheater; Museen; IHK, AG, LG; elektrotechn., opt., Masch.-, Pharma- u. a. Ind.

gießen, Formgebung für Metalle durch Gießen des geschmolzenen Metalls in Hohlformen aus Sand, Lehm, Metall; → Formerei.

Gießharze, durch Vergießen in Formen verarbeitete Kunststoffe, insbes. auf Polyester-Basis (→ Kunststoffverarbeitung).

Gifhorn (D-38518), Kreisstadt i. Rgbz. Braunschweig, Nds., 39 853 E; Fachwerkhäuser (16./17. Jh.); Welfenschloß, Wind- u. Wassermühlen-Mus.

Gift, Stoff, der unter best. Voraussetzungen (Menge, Zeit, körperl. Zustand) d. gesunden Körper wesentl. schädigt od. Tod herbeiführt (chem., tier., pflanzl., Bakterien-G.); Gegenmittel gg. Vergiftungen (→ Erste Hilfe).

Giftmehl, Hüttenrauch, → Arsenik (As_2O_3).

Giftpflanzen, Pflanzen, die in allen od. einzelnen Teilen Gifte enthalten; in manchen Familien (Nachtschattengewächse) häufig; z. T. als Arzneipflanzen wichtig.

Giftschlangen, Schlangen mit Giftdrüsen, d. mit zwei Oberkieferzähnen in Verbindung stehen; in Dtld hpts. die *Kreuzotter;* bei Biß möglichst bald Schlangenserum-Einspritzung.

Gifu, jap. Ind.st. a Honshu, 412 000 E.

Gig, s. [engl.],
1) offener zweirädr. Einspänner m. Gabeldeichsel.

Giga- 351 **Girardelli**

2) bezahlter Auftritt einer Band.
3) Übungs- od. Fahrtenboot i. Rudersport, i. Ggs. zu Rennboot.
Giga-, Abk. *G*, Vorsilbe bei Maßeinheiten: eine Milliarde (10⁹).
Giganten, in der griech. Sage sterbl. Riesen, suchten vergebens, die Götter vom Olymp zu vertreiben; ihr Kampf *(Gigantomachie)* auf **G.fries** des → Pergamonaltars; auch in (Spät-)Renaiss. u. Barock: z. B. Fresko v. G. Romano *(Sturz der G.,* im Palazzo del Tè zu Mantua).
Gigerl, *s.* [wienerisch], Modenarr.
Gigli [ˈdʒiʎi], Beniamino (20. 3. 1890 bis 30. 11. 1957), it. Tenor.

Giorgione, *Ruhende Venus*

Gigolo, *m.* [frz. ˈʒi-], Eintänzer; (junger) Mann, der sich v. Frauen aushalten läßt.
Gigue, *w.* [ʒig], bewegter Springtanz irischer Provenienz im ⁴/₄-, später im ⁶/₈-Takt.
Gijón [xiˈxɔn], Hafen u. Ind.st. i. d. nordspanischen Prov. Asturien, 265 000 E; Eisen- u. Stahlind., Masch.- u. Schiffsbau.
Gilan, iran. Prov. am Kasp. Meer, 14 709 km², 2,08 Mill. E; Hptst. *Rascht.*
Gilbert
1) Jean [ʒilˈbɛːr] eigtl. *Max Winterfeld* (11. 2. 1879–20. 12. 1942), dt. Operettenkomp.; *Die keusche Susanne;* sein Sohn
2) Robert (29. 9. 1899–26. 3. 1978), dt. Operettenkomp.; *Das gibt's nur einmal; Gigi.*
3) Walter (* 21. 3. 1932), am. Molekularbiol.; (zus. m. P. → Berg u. F. → Sanger) Nobelpr. 1980 (Arbeiten z. Genchirurgie).
Gilbert-Inseln, 16 Koralleninseln d. südl. Mikronesiens, 295 km², 61 000 E; früher Teil d. brit. Kolonie *G.-* u. *Ellice Islands* (→ Tuvalu), s. 1979 → Kiribati.
Gilbhard, alter dt. Name f. Oktober.
Gilde → Zunft.
Gilels, Emil (19. 10. 1916–14. 10. 85), russ. Pianist; Interpret klass. u. romant. Musik.
Gilgamesch, babylon. Epos (um 2000 v. Chr.); darin Sintflutsage.
Gille, Herbert (1897–1966), Gen. d. Waffen-SS, ab 1942 Kommandeur der 5. SS-Panzerdivision „Wiking".
Gilles, Werner (29. 8. 1894–22. 6. 1961), dt. Maler; abstrakte u. surrealist. Elemente in visionär-lyr. Kompositionen.
Gillespie [gɪˈlɛspɪ], Dizzy (21. 10. 1917–6. 1. 93), am. Jazztrompeter; Begr. d. Bebop.
Gillet [ʒiˈlɛt], King Camp (5. 1. 1855 bis 10. 7. 1932), am. Industrieller; erfand d. modernen Naß-Rasierapparat; begr. d. *G.-Company* i. Boston.
Gillot [ʒiˈlo], Claude (get. 27. 4. 1673 bis 4. 5. 1722), frz. Maler, Stecher u. Radierer, Wegbereiter d. frz. Rokoko u. Lehrer Watteaus; wählte als erster Bildthemen it. Theaterszenen; Dekorationen u. Kostümentwürfe.
Gilly, Friedrich (16. 2. 1772–3. 8. 1800), dt. Baumeister d. Klassizismus; Lehrer Schinkels.
Gilman [-mən], Harold (11. 2. 1876 bis 12. 2. 1919), engl. Maler d. Neo-Realismus, beeinflußt v. van Gogh; Mitbegr. d. avantgardist. Künstlervereinigung „London Group".
Gilson [ʒilˈsõ], Etienne (13. 6. 1884 bis 19. 9. 1978), frz. Phil.; führend in der neuscholast. Bewegung.

Giotto, *Beweinung Christi*

Gimpel, *Dompfaff,* großer Finkenvogel, Männchen unterseits rosarot.
Gin, *m.* [dʒɪn], engl. Wacholderbranntwein.
Ginger Ale [engl. ˈdʒɪndʒə eɪl], intern. Bez. f. Limonade m. Ingwerauszügen.
Gingham, *m.* [malai.-engl. ˈɡɪŋəm], glänzender Baumwollstoff aus bunten Fäden m. leinenähnl. Griff.
Gingivitis, *w.,* Entzündung d. Zahnfleisches *(Gingiva).*
Ginkgo, *m.* [jap. ˈginko], ostasiat., bis 30 m hoher Baum; fächerförm. Blätter; d. Koniferen nahestehend; aus den Blättern ein Heilmittel, d. die Gehirndurchblutung anregt.
Ginsberg [-bəg], Allen (3. 6. 1926 bis 5. 4. 1997), am. Lyriker; Zentralfigur d. → Beatgeneration, beeinflußt durch fernöstl. Denken; *Planet News.*
Ginseng, *m.* [chin.], ostasiat. Kultur- u. Heilpflanze, Araliengewächs, Wurzel rübenähnlich; gilt als Allheilmittel.
Ginster, Bez. f. versch. strauchige, gelb blühende Schmetterlingsblütler.
Ginsterkatzen, *Genetten,* in Urwäldern und Steppen Afrikas heimische Schleichkatzen; gefleckte G. auch i. S-Frkr. u. Spanien; jagen Kleinwild u. Ratten.
Giono [ʒɔ-], Jean (30. 3. 1895–9. 10. 1970), frz. Schriftst.; Romane aus d. Provence; *Der Husar auf dem Dach.*
Giordano [dʒɔr-],
1) Luca (um 1633–3. 1. 1705), it. Maler d. Barock u. virtuoser Kopist, zeitw. am span. Hof; d. umfangr. Werk verbreitete s. Stil in ganz Eur.; *Selbstbildnis; Festmahl des Herodes.*
2) Umberto (27. 8. 1867–12. 11. 1948), it. Opernkomp.; *Andrea Chenier; Fedora.*
Giorgione [dʒɔrˈdʒoː-], eigtl. *Giorgio Barbarelli da Castelfranco* (1477/8–vor 25. 10. 1510), it. Maler, Lehrer Tizians; bahnbrechend für d. Entwicklung d. venezian. Renaiss.malerei; *Ruhende Venus; Ländl. Konzert.*
Giotto [ˈdʒɔtto], *G. di Bondone* (um 1266–1337), it. Maler u. Architekt d.

Gimpel

Ginkgo

Ginsengwurzel

Giraffe

Gotik; löste sich als Wegbereiter d. Malerei in Italien v. den byzantin. Traditionen; bes. Fresken in Florenz, Assisi, Padua.
Giotto [it. ˈdʒɔtto], eur. Raumsonde, kreuzte am 13. 3. 1986 d. Bahn d. Halleyschen Kometen in 1000 km Entfernung.
Giovanni [dʒo-], it. Form zu → Johannes.
Giovanni da Bologna [dʒo- -ˈloɲa] (1529–13. 8. 1608), fläm.-it. Bildhauer d. Manierismus m. intern. Wirkung; *Neptunbrunnen,* Bologna; *Raub d. Sabinerinnen,* Florenz.
Gips, *m.,* Mineral, *Calciumsulfat* ($CaSO_4$); kristallisiert: Marienglas; verliert b. Erhitzen (Brennen) Teil d. Kristallwassers, den er b. Anrühren mit Wasser unter Erwärmung wieder bindet, worauf er steinhart wird; Verwendung u. a.: *Rohgips* (Zement- und Düngemittelind.), *gebrannt* als *G.putz,* -*bauplatten,* *Formengips,* zu *G.abgüssen.*
Gipsfaserplatten, Fertigteile z. Innenausbau aus Gips m. eingebetteten Zellulosefasern f. bessere mechan. Eigenschaften.
Gipskartonplatten, aus Gips gefertigte Wand- u. Deckenplatten, z. Erhöhung d. Festigkeit m. Karton ummantelt.
Gipskraut, svw. → Schleierkraut.
Gipsverband, e. Ruhigstellung e. verletzten Körperteils, d. fest in d. anliegenden Gipshülle ruht; auch *Gips-Kunstharz-Verbände.*
Gipsy [engl. ˈdʒɪpsɪ], Zigeuner, zigeunerhaft.

Marc Girardelli

Giraffe,
1) *astronom.* → Sternbilder, Übers.
2) Paarzeher Afrikas (südl. der Sahara); Gesamthöhe b. 6 m; Hals 2–3 m lang; lebt in Herden; auch → Okapi.
Giralda [xi-], 100 m hoher Glockenturm d. Kathedrale v. Sevilla; als urspr. Minarett e. Denkmal d. arab. Kunst (12. Jh.), ab d. Glockengeschoß 1569 aufgestockt.
Giraldi [dʒi-], Giambattista (1504 bis 30. 12. 73), it. Novellist; *Gli Hekatommithi* (Quelle für Shakespeares Othello).
Giralgeld [ʒi-], *Buchgeld,* bargeldlose Form v. Geld, Guthaben auf → Girokonten.
Girant [ʒi-], Indossant.
Girardelli [ʒi-], Marc (* 18. 7. 1963), für Luxemburg startender alpiner Skirennläufer östr. Herkunft; WM 1991 im Slalom, WM 1987 u. 89 in d. Kombination; fünfmal Gewinner d. Gesamt-Weltcups (1985, 86, 89, 91 u. 93).

Girardi [ʒi-], Alexander (5. 12. 1850 bis 20. 4. 1918), östr. volkstüml. Schauspieler.

Girardon [ʒirar'dõ], François (17. 3. 1628–1. 9. 1715), frz. Bildhauer, Hptvertr. d. Barock-Klassizismus; *Richelieu-Grabmal* (in d. Kirche d. Sorbonne, Paris); Gartenplastiken in Versailles.

Giraudoux [ʒiro'du], Jean (29. 10. 1882–31. 1. 1944), frz. Schriftst.; zw. Mythos u. Gegenwart vermittelnde Bühnenstücke: *Undine; Sodom u. Gomorrha; Der trojan. Krieg findet nicht statt; Die Irre von Chaillot;* Roman: *Bella.*

Jean Giraudoux

girieren [ʒi-], mit Giro (→ Indossament) versehen.

Girl, *s.* [engl. gə:l], Mädchen.

Girlande, *w.* [it.-frz.], hängendes Gebinde aus Blumen, Laub od. Buntpapier.

Girlitz, Finkenvogel, gelbgrün, verwandt dem Kanarienvogel.

Giro, *s.* [it. 'ʒi:ro], andere Bez. f. → Indossament.

Girodet-Trioson [ʒiro'dɛ-'sõ], Anne Louis (29. 1. 1767–9. 12. 1824), frz. Maler; häufig in Diensten Napoleons I., Verbindung klassizist. Stilmittel m. d. Idealen d. Romantik; *Atalas Begräbnis.*

Giro d'Italia [dʒi:-], Straßenradrennen in Italien.

Gironde [ʒi'rõd],
1) Mündungstrichter der Garonne, frz. W.-Küste.
2) südwestfrz. Dép., 10 000 km², 1,21 Mill. E; Hptst. *Bordeaux.*

Girondisten [ʒi-], gemäßigte Republikaner der Frz. Revolution (aus dem Dép. Gironde); nach erfolglosem Machtkampf mit den → Jakobinern 1793/94 blutig verfolgt.

Gironella [xiro'neʎa], José María (* 31. 12. 1917), span. Dichter; Romane: *Der Mann Miguel Serra; Reif auf Olivenbäumen.*

Giroverkehr, bargeldloser Zahlungsverkehr über *Girokonten;* die f. diese Zwecke zus.geschlossenen Banken bilden e. *Girokreis, Gironetz, Girosystem,* darin die öff.-rechtl. Sparkassen in *Giroverbänden* organisiert. Spitze die *Girozentrale.*

Girtin ['gə:tin], Thomas (18. 2. 1775 bis 9. 11. 1802), engl. Maler; als Hptmeister d. Landschaftsaquarells wegweisend f. d. Entwickl. d. brit. Landschaftsmalerei.

Giscard d'Estaing [ʒis,kar dɛs'tɛ̃], Valéry (* 2. 2. 1926), frz. Pol.; 1962–66 Finanzmin., 1967–74 Wirtsch.- u. Finanzmin., 1974–81 Staatspräs.

Giscard d'Estaing

Gischt, Sprühwasser bei Windstärken über 6 durch Wegblasen d. Schaums der Wellenköpfe.

Gise̱h, *Gizeh, Gisa, Gize,* Prov.-Hptst. in Unterägypten, am l. Nilufer, gegenüber Kairo, 2,1 Mill. E; die *Pyramiden v. G.* (m. Sphinx).

Gisela (ahdt. "junge Adelige", später "Geisel"), w. Vn.

Gise̱vius, Hans Bernd (14. 6. 1904 bis 23. 2. 74), dt. Historiker; *Bis zum bitteren Ende; Adolf Hitler, Versuch einer Deutung; Der Anfang vom Ende.*

Gitarre, Zupfinstrument m. flachem Boden, 6 Saiten.

Gitter, *funktechn.* → Elektronenröhre.

Gittermast, Mast für Hochspannungsleitungen.

Giulio Romano ['dʒu:lio], eigtl. G. Pippi (1499–1. 11. 1546), it. Maler u. Architekt; Raffaels Lieblingsschüler wurde zu e. Hptmeister d. Manierismus; Bildnisse; *Palazzo del Tè* in Mantua.

Giurgiu ['dʒurdʒu], *Dschurdschu,* rumän. Donauhafenst. der Großen Walachei, 72 000 E.

Giuseppe [dʒu-], it. Form zu → Joseph.

Gjandscha, *Gandscha,* St. in Aserbaidschan, 278 000 E; 1804–1918 Jelisawetpol, 1935–89 Kirowabad; Textilind., Aluminiumwerk.

Gjellerup ['gɛlərob], Karl (2. 6. 1857 bis 11. 10. 1919), dän. Romanschriftst.; *Pilger Kamanita;* Nobelpr. 1917.

Glacé, *m.* [frz. -'se:], glänzender Stoff.

Glacéleder, feingegerbtes, glänzendes Lamm- od. Ziegenleder.

Glacier National Park ['glæsjə-], i. N-Montana, am.-kanad. Grenze; Rocky Mountains, ca. 80 Gletscher, 4046 km².

Glacis, *s.* [frz. gla'si:], deckungsloses Festungsvorgelände.

Gladbach → Mönchengladbach.

Gladbeck (D-45964–68), St. i. Kr. Recklinghsn., NRW, 80 127 E; AG; Metall-, Elektro-, feinmechan., Textil- u. chem. Ind.

Gladiatoren, i. alten Rom berufsmäßige Schaukämpfer (Kriegsgefangene, Verbrecher, Sklaven), die auf Leben und Tod miteinander kämpften.

Gladiole, schwertlilienartige Knollenpflanze, zahlr. Zierformen aus Afrika.

Gladstone ['glædstən], William (29. 12. 1809–19. 5. 98), engl. Pol.; 1868–94 mehrfach Premiermin.; Gegner Disraelis; trat für Freihandel u. autonomes Irland ein.

Glaeser, Ernst (29. 7. 1902–8. 2. 63), dt. Schriftst.; *Jahrgang 1902; Der letzte Zivilist.*

Glanze, metall. glänzende Minerale v. geringer Härte, meist Sulfide v. Blei, Kupfer etc.

Glanzpappe, starke, glatte Pappe, Zwischenschicht beim Pressen von Tuch oder Papier.

Glarean, eigtl. *Heinrich Loriti* (1488 bis 28. 3. 1563), schweiz. Humanist u. Musiktheoretiker; *Dodekachordon.*

Glarner Alpen, Teil d. Schweiz. Kalkalpen nördl. d. Vorderrheins; im *Tödi* 3614 m hoch.

Glarus,
1) Kanton der östl. Schweiz, im Flußgebiet der Linth, 685 km², 39 500 E; Almwirtschaft, Masch.-, Metall-, Textilind.; Hptst.
2) (CH-8750) an d. Linth, a. Fuße d. Vorderglärnisch, 6000 E; Verw.-, Schul- u. Einkaufszentrum.

Gladiolen

Glarus

Glas,
1) amorph, d. h. ohne Kristallisation, erstarrte Schmelze; Hauptrohstoff f. Gebrauchsglas ist Siliciumdioxid (Quarzsand); zus. mit Soda od. Pottasche u. Kalkstein bei Weißglut erschmolzen u. geläutert. Versch. Glassorten je nach Zusammensetzung: *Kali-Blei-Gläser* f. *Kristallglas,* Bor-Tonerde-Gläser f. *Jenaer Geräteglas.* Zusätze: blaues *Kobaltglas,* blutrotes *Goldrubinglas, Milchglas* durch eingelagerte Trübungsmittel. *Glasherstellung* schon im alten Ägypten bekannt, Glasmacher-Pfeife etwa s. Chr. Geburt; Formung in heißem, weichem Zustand nach Entnahme aus Hafenöfen; s. 1867 aus gr. Wan-

nenöfen; *Flaschenblasmaschine* (1903) erzeugt etwa 80 000 Flaschen pro Tag; Ziehmaschine (s. 1917) zieht Fensterglas als unendl. Band aus d. Schmelze. Im modernen Continu-Verfahren wird e. Glasband v. etwa 500 m Länge automat. gekühlt, geschliffen u. a. *Spiegelglas* poliert. Nachbearbeitung: Biegen u. Wölben v. *Flachglas* zu Auto- u. Schaufensterscheiben nach Wiedererwärmen. Plötzliche Auskühlung härtet zu Einscheiben-*Sicherheitsglas* (krümelförmige Scherben); Ornamente durch Gravieren, Schleifen, Polieren. Doppelscheiben, a. d. Rändern luftdicht verbunden, z. Schall- u. Wärmeschutz, durch Klebefolie verbunden z. Splitterschutz; im Bauwesen Glas auch als Baustein. → Glasfaserkunststoffe. – *Organisches G.* z. B. Plexiglas.
2) *seem.* das halbstündlich mit der Schiffsglocke (früher nach d. gläsernen Sanduhr) gegebene Zeitzeichen; bei 8 Glasen Wachwechsel.

Glasaale, junge, noch durchsichtige Aale.

Glasbausteine, hohle, lichtdurchlässige Bausteine.

Glaser ['gleɪzə], Donald A. (* 21. 9. 1926), am. Phys.; erfand die *Blasenkammer* z. Nachweis f. Elementarteilchen; Nobelpr. 1960.

Glasfaser, Glasprodukte (Wolle, Watte), die hpts. zur Wärme- u. Schallisolierung gebraucht werden; Glasgespinste u. -gewebe (*Glasseide*) f. Kunstharz-Schichtplatten, säurefeste Filtertüten, Feuerwehranzüge u. a.; seit Ende der 70er Jahre bedeutsam als → Lichtwellenleiter f. d. Nachrichtenübertragung (→ Breitband-Kommunikation).

Glasfaserkunststoffe, unter Verwendung von Glasgeweben u. -streifen als Füllstoff geformte Polyester- → Kunststoffe, insbes. für Großformteile (Boote, Autokarosserien).

Glasfaseroptik → Faseroptik.

Glasflügler, Schmetterlingsfamilie mit durchsichtigen Flügeln.

Glasfluß, *Kaliglas,* bleireich, z. Edelsteinimitation; auch → Straß.

Glasgow ['glɑ:sgou], größte schott. St., Region Strathclyde, am Clyde, 689 000 E; Hafen, Werften, Maschinenbau, Textilind., feinmechan., elektron., chem. Ind.; intern. Flughafen; TH, Uni. (1450 gegr.); kath. Erzbischof u. anglikan. Bischof.

Glasharmonika, Musikinstrument von hauchzartem Klang, betätigt durch Fingerdruck auf angefeuchteten, rotierenden Glasglocken.

Glashow ['glæʃou], Sheldon L. (* 5. 12. 1932), am. Phys.; (zus. m. S. → Weinberg u. A. → Salam) Nobelpr. 1979 (Erkenntnisse z. schwachen u. elektromagnet. Wechselwirkung).

Glashütte (D-01768), St. i. östl. Erzgebirge, Sa., 2447 E; Ing.schule f. Feinwerktechnik; Uhren- und feinmechan. Ind.

Glasknochenkrankheit → Osteogenesis imperfecta.

Glaskörper → Auge.

Glasmalerei, die Kunst, auf Glas zu malen od. aus farbigen Glasstücken (verbunden durch Bleiprossen, die zugleich Konturen des Bildes betonen) Bilder zusammenzufügen; bes. i. d. Gotik f. Kirchenfenster angewendet.

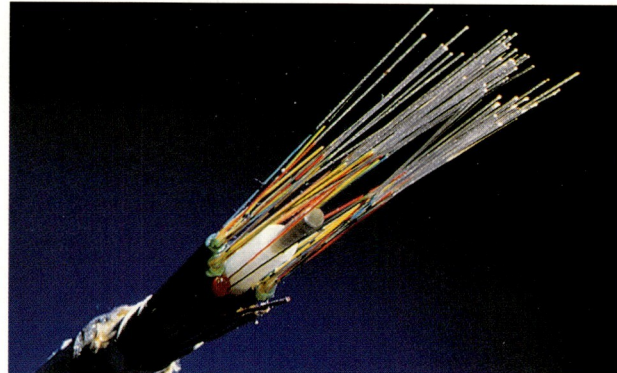
Glasfaserkabel

Glasgow, *St. Georges House*

Glasnost [russ.], Offenheit i. allen öff. Angelegenheiten u. i. allen Bereichen d. Lebens.
Glasnudeln, durchscheinende chin. Reis-, Sojamehlnudeln.
Glass [glɑ:s], Philip (* 31. 1. 1937), am. Komp. u. Musiker; Vertr. d. → Minimal Music, beeinflußt v. d. ind. → Raga-Musik; Leiter d. *P.-G.-Ensemble* (elektron. Instrumente, Blasinstrumente u. Gesang); Filmmusik zu *Koyaanisqatsi*; Opern: *Einstein on the Beach; Satyagraha; Akhnaton;* Violinkonzert.
Glaßbrenner, Adolf, eigtl. *A. Brennglas* (27. 3. 1810–25. 9. 76), Berliner Lokalhumorist u. Journalist d. „Vorwärts", *Eckensteher Nante.*
Glasspinnerei, Ziehen dünner Glasfäden, bis 0,012 mm, aus geschmolzenem Glas.
Glasstahlbeton, lichtdurchlässige Betonbauteile, bei denen zw. d. → Bewehrung Glasbausteine eingepaßt sind.
Glasunow, Alexander Konstantinowitsch (10. 8. 1865–21. 3. 1936), russ. Komp.; Sinfonien, Kammermusik, Kantaten.
Glasur, glasartig aufgebrannter Überzug über Tonwaren, dichtet Oberfläche, auch z. Schmuck, aus Kieselsäure m. Flußmitteln wie Bleioxid, Kalk, Magnesia; durch Metalloxide gefärbt.
Glatteis, ein verbreitet auftretender Eisüberzug am Boden; entsteht, wenn unterkühlter Regen beim Auftreffen sofort gefriert oder nicht unterkühlter Regen beim Auftreffen am Boden, der unter 0 °C abgekühlt ist, anfriert. → Eisglätte.
Glatz,
1) ehem. Gft *G.,* 1534 böhm., 1742 preuß.
2) *Kłodzko,* poln. St. a. d. G.er Neiße, 30 000 E; südöstl. *G.er Bergland,* Teil der Sudeten, mit *Großem Schneeberg* im *G.er Schneegebirge* (1425 m).
Glaube [l. „fides"].
1) Vertrauen u. Fürwahrhalten aufgrund innerer Erfahrung od. fremder Bezeugung *(Autoritäts-G.);* Begründung kann nur indirekt erfolgen; Ggs.: Wissen.
2) das ganze Leben bestimmende Überzeugung: Ggs.: vorübergehende Meinung.
3) *rechtl.* das Wissen um die Ordnungsmäßigkeit od. Widerrechtlichkeit eines Rechtsgeschäfts; **a)** *Guter G.* (lat. *bona fides)* an die Berechtigung d. Partners macht ein an sich mangelhaftes Rechtsgeschäft wirksam (Käufer e. Sache wird Eigentümer, obwohl Veräußerer nur Mieter od. Verwahrer ist); **b)** *Böser G.* (lat. *mala fides)* verhindert d. Zustandekommen e. solchen Rechtsgeschäfts (Käufer weiß od. muß wissen, daß Verkäufer nicht Eigentümer d. Sache ist); § 932 BGB.
Glaubensfreiheit, eines d. → Menschenrechte.
Glaubersalz, nach Johann R. *Glauber* (1604–68), dt. Arzt u. Chemiker, Natriumsulfat, Hptbestandteil vieler Heilquellen; abführend.
Glaubhaftmachung, schwächere Form d. Beweisführung b. best. Verfahrensarten d. Zivilprozeßrechts.
Gläubiger, derjenige, der von einem anderen (Schuldner) etwas (meist Geld) zu fordern hat.
Gläubigeranfechtung, Gläubiger kann auch außerhalb des Konkursverfahrens best. Rechtshandlungen d. Schuldners anfechten, wenn durch diese Schuldnervermögen benachteiligt wurde (Anfechtungsges. v. 21. 7. 1879).
Gläubigerausschuß, Gläubigerversammlung → Konkurs.
Gläubigerverzug, Nichtannahme geschuldeter, vertrags- od. gesetzgemäß angebotener Leistungen (§§ 293 ff. BGB).
Glauchau (D-08371), Krst. westl. Chemnitz, an d. Zwickauer Mulde, Sa., 25 014 E; Textilind., chem. u. metallverarbeitende Ind.
Glaukom, *s.* [gr.], *grüner Star,* in fortgeschrittenen bzw. akuten Stadien schmerzhaft; führt durch Zunahme des Druckes i. Augeninnern zur Schädigung d. Sehnervs u. d. Netzhaut; Behandlung mit Medikamenten od. chirurgisch.
glazial [l.], zum → Eiszeitalter gehörig.
Glaziologie, *Gletscherkunde,* Teilwiss. d. Geographie; Erforschung u. Rekonstruktion von Glazialstrukturen.
Gleditschie, akaziennähnl. Bäume mit starken Dornbüscheln am Stamm; bes. die nordam. *Christusakazie,* Parkbaum.
Gleichberechtigung, pol. u. rechtl. Gleichstellung von Mann u. Frau; BR: GG, Art. 3, Abs. 2 G.s-Ges. v. 18. 6. 1957 regelt G. der Frau auf dem Gebiet des bürgerl. Rechts.
Gleichen, Grafen von, thür. Adelsgeschlecht (um 1100–1631), bekannt durch Sage von d. Kreuzfahrer *Graf v. G.* mit den 2 Frauen.

Glasmalerei, *Chartres, 12. Jh.*

Glasmalerei von Chagall, *Reims*

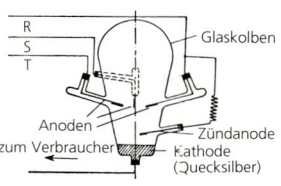
Quecksilberdampf-Gleichrichter

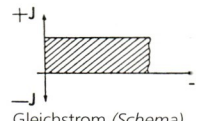
Gleichstrom *(Schema)*

Gleichflügler, Insekten, → Schnabelkerfe.
Gleichgewicht, Ruhelage eines Körpers; 3 Arten: *stabiles G.,* wenn der Schwerpunkt unter dem Dreh- oder Stützpunkt liegt; *labiles G.,* wenn er senkrecht darüber liegt; *indifferentes G.,* wenn der Schwerpunkt bei Bewegung seine Höhe nicht ändert.
Gleichgewichtsorgane, Bogengänge und Otolithenapparat im Innern des Ohres; bei deren Erkrankung Schwindel u. Gleichgewichtsstörungen, z. B. → Ménièresche Krankheit.
Gleichheit, Übereinstimmung zweier od. mehrerer Gegenstände im Hinblick auf best. Eigenschaften.
Gleichrichter, alle el. Schaltelemente, die Ströme nur in einer Richtung durchlassen (Umwandlung v. Wechsel- in Gleichstrom, Ventilwirkung). Nach Anwendung unterscheidet man *HF-G.* (→ Demodulation), *NF-G.* (Netzgleichrichter, Leistungsgleichrichter) u. *Meß-G.;* nach Schaltungsart *Einweg-G., Zweiweg-G.* u. *quadrat. G.* (Effektivwert-G.). Früher G.röhren (z. B. → Glühkathoden-G. → Quecksilberdampf-G.), heute weitgehend v. Halbleiter-G. (z. B. → Diode) abgelöst.
Gleichschaltung, Begriff f. d. während d. NS-Machtergreifung 1933 vollzogene Beseitigung des polit.-gesellschaftl. Pluralismus zugunsten des NS-Einheitsstaates.
Gleichstrom, el. Strom mit gleichbleibender Richtung; *reiner G.:* in Größe u. Richtung konstant, *pulsierender G.:* nur in Richtung konstant, nicht in Größe, kann auch durch Überlagerung v. reinem G. mit Wechselstrom kommen (→ Mischstrom). Erzeugung in galvan. Elementen od. Dynamos, Umrichtung des Wechselstroms in G. an Kollektor, → Gleichrichter; durch Umwandlung in chem. Energie in → Akkumulatoren speicherbar. Umformung v. G. nicht durch → Transformation, sondern nur durch umlaufende Maschinen. Anwendung: Galvanotechnik, el. Motoren → Elektronik.
Gleichung, math. Aussage über d. Gleichheit math. Objekte:
1) ident. Gleichung: Zahlengleichung (z. B. $2 \cdot 6 = 3 \cdot 4$) od. allg.gültige Gleichung (z. B. $a + b = b + a$);
2) Bestimmungsgleichung (z. B. $x + 7 =$

12), enthält Unbekannte, deren Wert ermittelt werden soll; nach der höchsten Potenz d. Unbekannten unterscheidet man *algebraische G.en* ersten, zweiten, dritten, . . ., n-ten Grades (auch lineare, quadrat., kub. G.en gen.), wobei e. G. n-ten Grades n Lösungen hat.

Gleim, Johann Wilhelm Ludwig (2. 4. 1719–18. 2. 1803), dt. anakreont. Dichter; *Preuß. Kriegslieder von einem Grenadier; Fabeln.*

Gleis, Schienenweg für Eisen- u. Straßenbahnen, Krane, Schiebebühnen u. a.

Gleisdreieck, Dreiecksform der Gleise zum Wenden von Fahrzeugen (statt Drehscheibe).

Gleitbombe, Präzisionswaffensystem (intelligente Bombe) für die Bekämpfung bunkergeschützter Ziele. Sie kann mit einem Fernseh- od. einem Infrarotsuchkopf ausgestattet werden. Die Ansteuerung an ein Ziel ist über eine Entfernung bis zu 80 km möglich; sog. Abstandswaffe.

gleitende Skala, Löhne, Tarife, Gebühren, Zölle, Preise werden nicht genau festgesetzt, sondern richten sich nach der Höhe anderer Preise, z. B. der Lebenshaltungskosten (besonders in der Inflation).

Gleitflug, Flug m. abgestelltem Motor od. motorlos (→ Segelflug), unter dem unveränderl. *G.winkel,* dessen Größe Maßstab für aerodynam. Güte des Flugzeugs ist.

Gleiwitz, *Gliwice,* poln. St. a. d. Klodnitz in Oberschlesien, 223 000 E; Hüttenwerke, Steinkohlenbergbau, Metallind.

Gleizes [glɛːz], Albert (8. 12. 1881 bis 24. 6. 1953), frz. Maler u. Radierer; e. Hptvertr. d. Kubismus, worüber er zus. m. J. Metzinger 1912 d. erste theoret. Studie publizierte.

Glemp, Jozef (* 18. 12. 1929), poln. kath. Theol.; s. 1981 Erzbischof v. Gnesen-Warschau u. Primas v. Polen; Kardinal.

Glencheck [-tʃɛk], (grauer) Anzug-, Kostümstoff m. unregelmäßigen, feinen Karos.

Glendale ['glɛndeɪl], St. b. Los Angeles in Kalifornien (USA), 180 000 E; Flugzeugwerke.

Jozef Glemp

Gletscher, *Großglockner*

Glimmer, *Muskovit*

Gloxinie

Himmelsglobus, 1583/84

Christoph Willibald von Gluck

Glenn, John H. (* 18. 7. 1921), am. Astronaut, umkreiste 1962 als erster US-Raumfahrer dreimal d. Erde.

Gletscher, langsam fließender Eisstrom i. Hochgebirgen oder Polargebieten, entst. aus Firnschnee. Die *Firnlinie* od. *Schneegrenze* trennt d. *Nährgebiet* mit überwiegend Schneezufuhr vom *Zehrgebiet* mit überwiegend Abschmelzung. Der G. führt am Grunde, im Innern u. an d. Oberfläche Schutt mit (*Grund-, Innen-* u. *Obermoräne*) bei Abtauen werden die Sand- und Gesteinsmassen frei (*Endmoräne*). Es gibt Tal-, Kar-, Gehänge- u. Plateau-G.; d. Tal-G. in Alpen bis 24 km lang (Aletsch-G., Pasterze); in Zentralasien bis über 70 km. Bewegung am schnellsten in der Mitte; am Rhône-G. 98 m im Jahr, 0,27 m am Tage. – Seit Mitte d. 19. Jh. bis etwa 1940 starker *G.rückgang;* z. Z. ca. 15 Mill. km² d. Erdoberfläche vergletschert, davon 12,6 Mill. i. d. Antarktis, 2,2 Mill. i. d. Arktis, 3600 km² i. d. Alpen, Tendenz weiter rückläufig.

Gletscherbrand → Sonnenbrand.

Gletscherfloh, flügelloses, 2 mm l. Urinsekt, auf Alpengletschern.

Gletschergarten, in ehem. Gletschergebieten durch die ausschürfende u. schleifende Tätigkeit der Schmelzwasser u. Gesteinsbrocken entstanden.

Gletschermühlen, Gletschertöpfe, Strudellöcher im Gestein aus der Eiszeit, z. T. auch im norddt. Flachland.

Gleyboden, *m.,* grauer, graublauer od. blauschwarzer → Bodentyp im Grundwasserbereich.

Glied, *math.* Teil einer → Summe.

Gliederfüßer, *Arthropoden,* Stamm der → Gliedertiere, umfaßt Krebstiere, Spinnentiere u. Antennaten (Tausendfüßer u. Insekten); Hautpanzer Chitin.

Gliedertiere, *Artikulaten,* Stammgruppe d. wirbellosen Tiere, umfaßt Ringelwürmer, Hakenfüßer (→ Bärtierchen u. → Gliederfüßer); Gliederung des Körpers in Segmente.

Gligorow, Kiro (* 3. 5. 1917), s. 1991 Staatspräs. v. Makedonien.

Glima, *w.,* isländ. Ringkampf, bei dem sich die Gegner am Gürtel fassen u. gegenseitig zu Fall zu bringen versuchen.

Glimmer, Mineralgruppe der → Silicate (Schichtsilicate); Bestandteil vieler Gesteinsarten; wichtige Vertreter sind → Biotit u. → Muskovit; Zwischenlager f. el. Heizwiderstände; Grundstoff f. el. Isoliermaterial.

Glimmerschiefer, häufiges schieferartiges Gestein a. Quarz u. Glimmer. → Metamorphite.

Glimmlampe, Gasentladungsröhre (meist Neon) m. zwei Elektroden; Elektronen erzeugen eine → Stoßionisation; dadurch Glimmlichterscheinung; meist geringe Leistungen, dienen zur Signalisierung od. Anzeige v. Betriebszuständen (z. B. Spannungsprüfer).

Glimmlicht, Lichterscheinung, bei el. Stromdurchgang durch verdünnte Gase (→ Gasentladung, → Entladungsröhren), infolge Ionisation d. Moleküle u. dabei erfolgendem Spannungsausgleich u. zw. den Elektroden.

Glinka, Michail Iwanowitsch (1. 6. 1804–15. 2. 57), russ. Opernkomp.; *Iwan Sussanin; Ruslan u. Ludmila.*

Gliom, *s.,* Geschwulst in Gehirn u. Rückenmark.

glissando [it.], *mus.* von einem Ton zum anderen gleitend.

Glittertind → Jotunheim.

global, auf d. Erdoberfläche bezogen; gesamt, roh geschätzt.

Globe-Theater [gloub-], Londoner Theater im 17. Jh.; spielte erstmals Shakespeare.

Globetrotter, *m.* [engl.], Weltenbummler.

Globigerinen, → Foraminiferen mit in Kammern gegliedertem Kalkgehäuse.

Globigerinenschlamm, vorwiegend aus Globigerinenkalk bestehende Meeresablagerungen.

Globule [l. „Kügelchen"], kleiner, naher, kreisförmiger → Dunkelnebel aus → interstellarer Materie.

Globuline, in der Natur weitverbreitete *Eiweißkörper,* als Serum-G. (→ Gammaglobulin) u. Fibrinogen im Blut, als Lakto-G. in der Milch, als Myosin im Muskel.

Globus [l. „Kugel"], das verkleinerte kugelförmige Abbild der Erde; gibt Flächen, Strecken u. Winkel ohne Verzerrung wieder.

Glocken, in Lehmformen aus Gußstahl oder aus *G.metall* (78% Kupfer, 22% Zinn) gegossen; i. d. *G.stube* (Raum i. Kirchturm) im Gerüst (*G.stuhl*) frei schwingend, meist maschinell bewegt.

Glockenbecherkultur, nach vorherrschender Gefäßform benannte, von NW-Afrika über Pyrenäenhalbinsel u. Mitteleuropa bis Ungarn verbreitete Kultur der ausgehenden Jungsteinzeit.

Glockenblume, *Campanula,* Wald- u. Wiesenstauden mit glockenförmigen, meist blauen Blüten; Zierpflanzen.

Glockenspiel, Orchesterinstrument aus Metallglocken, -platten od. -röhren, die m. Hämmern geschlagen werden (Abb. → Orchester).

Glockentierchen, *Vortizellen,* auf einrollbarem Stiel festsitzende einzellige Tiere.

Głogau, *Głogów,* poln. St. an der Oder in Niederschlesien, 66 000 E; Kupferhütte, Maschinenbau. – Bis 1506 Hzgt., 1741 preuß., s. 1945 poln.

Gloggnitz (A-2640), St. in Niederöstr., 5996 E; Moorbad; ehem. Benediktinerabtei (Schloß).

Glomerulonephritis, Entzündung der Nierenrinde.

Gloucester, *Kathedrale*

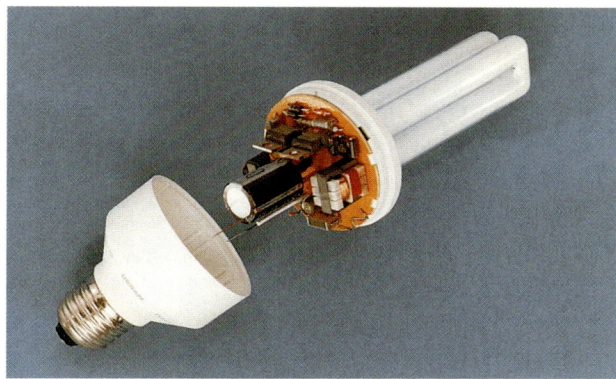
Energiesparlampe

Glomerulum [l.], *Glomerulus,* Filtrationseinheiten d. → Niere.
Glomen, *Glomma, Glåma,* größter norweg. Fluß, 598 km l., vom Aursunden-See in den Oslofjord.
Gloria, w. [l.], Ehre, Ruhm, Herrlichkeit; Lobgesang: *Gloria in excelsis Deo,* Teil der christlichen Liturgie.
glorifizieren [l.], verherrlichen.
Gloriole, w. [l.], Heiligenschein.
Glossa [gr.], Zunge.
Glossar, *s.* [l.], Wörterverzeichnis m. Erklärungen.
Glossatoren, im MA Juristenschule in Bologna.
Glosse, w. [gr.], urspr. erläuternde Randbemerkung, heute meistens spött. Kommentar.
Glossitis, Zungenentzündung.
Glossolalie, w. [gr. „glóssa = Zunge",

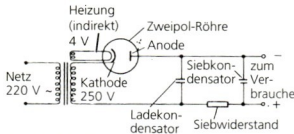
Glühkathoden-Gleichrichter (Einweg)

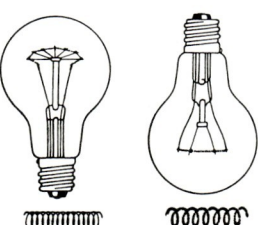
Einfachwendel   Doppelwendel

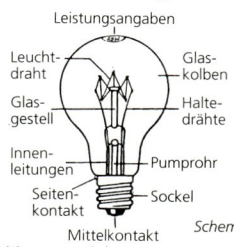
Glühlampen, *Schema*

„lalia = Reden"], Zungenreden, auch i. versch. Sprachen, aus rel. Ergriffenheit od. → Ekstase; i. christl. NT (Apg. 2,4) d. sog. *Pfingstwunder.*
Glottis, *w.* [gr.], Stimmritze, Spalt zwischen den Stimmbändern.
Glottisödem, Anschwellung der Schleimhaut des Kehlkopfs, Erstickungsgefahr, z. B. bei Insektenstich, Scharlach.
Glotz, Peter (* 6. 3. 1939), SPD-Pol.; 1981–87 B.geschäftsführer d. SPD.
Gloucester [ˈglɔstə], Hptst. der westengl. Gft *G., G.shire,* am Severn, 92 000 E; Hafen, Maschinenbau.
Gloxinie, Zierpflanze des trop. Amerika m. großen, samtigen Glockenblüten; Topfgewächse.
Gluck, Christoph Willibald Ritter von (2. 7. 1714–15. 11. 87), Hauptbegr. d. dt. Oper; Schöpfer d. musikdramat. Stils; Reformoper; *Orpheus u. Eurydike; Alceste; Iphigenie in Aulis; Iphigenie auf Tauris; Armida.*
Glück, Zustand vollkommener Befriedigung, d. aus d. Erfüllung derjenigen Wünsche resultiert, d. f. d. jeweiligen Menschen wesentl. erscheinen (→ Eudämonie).
Glucke, brütende Henne.
Glucken, dickleibige braune Nachtfalter *(Kiefern-, Ringelspinner, Wollafter).*
Glücksburg (Ostsee) (D-24960), St. u. Heilbad i. Kr. Schlesw.-Flensburg, Schl-Ho., Flensburger Förde, 6510 E; Wasserschloß (1582–87 erb.), ehem. Residenz d. Hzge von Ho.-Sonderburg-G. u. bis 1864 Sommerresidenz d. dän. Kge.
Glücksklee, Klee mit ausnahmsweise vierteiligem statt dreiteiligem Blatt, Zierpflanze.
Glücksspiel, *Hasardspiel,* Spiel, bei dem Entscheidung über Gewinn od. Verlust überwiegend vom Zufall abhängig ist; nach StGB §§ 284 ff. strafbar: öff. Veranstaltung v. G. nur m. behördl. Erlaubnis, Beteiligung an solchen.
Glückstadt (D-25348), St. i. Kr. Steinburg, a. d. Unterelbe, Schl-Ho., 11 936 E; Schiffbau, Fischerei, div. Ind.; AG; Autofähre; Hafen. – 1616–1814 dän. Festung.
Glucose, *w.* [gr.], svw. → Traubenzucker.
glühen, Leuchten d. Körper bei starker Erhitzung (z. B. Eisen: bei 500 °C Rot-, 1200 °C Gelb-, 1600 °C Weißglut).
glühfrischen, Umwandlung von Roh-

Acker-Glockenblume

Rundblättrige Glockenblume

Sandglöckchen

eisen in schmiedbares Eisen durch Glühen (→ tempern).
Glühkathoden-Gleichrichter, zur Gleichrichtung von Wechselspannung dienende Zweipolröhre m. Glühkathode; die Elektronen fließen nur v. heißer Kathode zu kalter Anode; *Gleichrichter*wirkung, insbes. früher in Rundfunkgeräten.
Glühkerze, bei Dieselmotoren durch el. Strom zum Glühen gebrachte Widerstandsdrahtschleife, ähnlich d. → Zündkerze.
Glühkopf, dient zur Entzündung des Brennstoffs in Dieselmotoren (ohne Vergaser).
Glühlampe, el. Beleuchtungskörper; durch el. Strom zum Glühen gebrachter Draht strahlt Lichtwellen ab; Glühdraht in luftleerem od. mit indifferentem Gas (z. B. Stickstoff = *D-Lampe,* Krypton = *K-Lampe*) gefülltem Glaskolben (umgangssprachl. = Glühbirne). Lichtspektrum abhängig von Gasfüllung; früher Kohlenfaden aus verkohlter Cellulose, später schraubenförm. Wolframdraht als Wendel od. Doppelwendel. Hohe Lichtausbeute: 1 Hefnerkerze aus 0,5 bis 1 W; erste G. erfunden 1854 durch H. Göbel, 25 Jahre später durch → *Edison* verbessert.
Glühlichtbad, svw. → elektrisches Lichtbad.
Glühstrumpf → Gasglühlicht.
Glühwein, heißer Rotwein mit Gewürzen.
Glühwurm, *Johanniswürmchen,* Weichkäfer mit Leuchtorganen; Männchen fliegen in warmen Juninächten, flugunfähige Weibchen u. Larven im Gras ebenfalls leuchtend; → Leuchtorganismen.
Glukagon, *s.* [gr.], im → Inselorgan gebildetes Hormon; mobilisiert → Glykogen u. steigert den Blutzucker (1967 erstmals synthet. hergestellt).
Glukokortikoide, *Glukokortikosteroide,* Hormone der → Nebennierenrinde, z. B. Cortisol, Wirkung bes. auf Kohlenhydrat- u. Eiweißstoffwechsel sowie

zur Abwehr v. Entzündungen, Anpassungssyndrom, → innere Sekretion. Die entsprechenden medikamentösen Verbindungen (oft kurz als Steroide bezeichnet) werden bei vielen Krankheiten (z. B. Rheuma) eingesetzt.

Glutaminsäure, → Aminosäure m. z. T. umstrittener fördernder Wirkung auf Nervensystem u. Konzentrationsfähigkeit u. psych. Leistung; Natriumsalz als Glutamat als Geschmacksverstärker.

Gluten, → Kleber.

Glycerin, $C_3H_5(OH)_3$, dreiwertiger Alkohol; süßl., dickl. Flüssig., Dichte 1,26, Sp. 290 °C; fast in allen Fetten, b. Seifenfabrikation durch Verseifung mit Alkalien und auch synthet. gewonnen, dient z. Herstellung v. Nitroglycerin, als Gasabsperrflüssigk., f. Druckerschwärze u. als Kosmetikgrundstoff.

Glykogen, s., aus Traubenzucker aufgebautes Kohlenhydrat im tier. Körper, Polysaccharid, Zuckerreservestoff in Leber u. Muskulatur; entspricht der pflanzl. Stärke.

Glykogenose, Glykogenspeicherkrankheit, → Gierkesche Krankheit.

Glykol → Diethylenglykol.

Glykolyse, die Verbrennung von → Glucose im Stoffwechsel d. Organismus z. Energiegewinnung.

Glykoside, chem., pflanzl. oder tier. Naturstoffe (auch synthet. Stoffe), in denen ein oder mehrere Zuckermoleküle mit einem oder mehreren anderen Molekülen (*Aglykon*) verbunden sind; → Amygdalin.

Glyptik, w. [gr.], Steinschneidekunst; bearbeitet (Halb-)Edelsteine.

Glyptothek, Sammlung antiker Skulpturen (z. B. in München, Kopenhagen).

Glyzine, svw. → Wistaria.

GmbH, Abk. f. **G**esellschaft **m**it **b**eschränkter **H**aftung.

GmbH-Gesetz, v. 20. 4. 1892 regelt Rechtsverhältnis d. GmbH; ergänzend gilt: Aktienges. v. 30. 1. 1937.

Gmeiner, Hermann (23. 6. 1919–26. 4. 86), östr. Sozialpädagoge; Gründer der → SOS-Kinderdörfer.

Gmünd,
1) → *Schwäbisch Gmünd*.
2) *G./Waldviertel* (A-3950), St. in Niederöstr., 6028 E; div. Ind.

Gmunden (A-4810), östr. Luftkurort, am Traunsee, 13 133 E; Schloß Ort.

Gnade, Grundbegriff der christl. Lehre, wird den Menschen ohne sein Verdienst, aus freiem Wohlwollen Gottes geschenkt; nach kath. Lehre verwandelt die G. den Menschen in eine neue Schöpfung (*heiligmachende G.*).

Gnadenhochzeit → Hochzeit.

Gnadenkraut, staudiger Rachenblütler, weiße Blüten; auf feuchten Wiesen, giftig, auch Heilmittel.

Gnadenreligionen, Rel., deren Mittelpunkt d. Vertrauen auf d. göttl. Gnade, nicht d. eigene Verdienst, bildet; z. B. Christentum, chin. u. jap. Amitabha-Buddhismus.

Gnadenstuhl, ma. Darstellung d. Dreieinigkeit m. Christus (meist als Gekreuzigtem), i. Schoß Gottvaters unter d. Taube d. Hl. Geistes.

Gneis, verbreiteter → Metamorphit aus Feldspat, Quarz u. Glimmer; viele Abarten: *Glimmer-G., Granat-G., Hornblende-G.*

Glyptothek, *München*

Gneisenau

Gnu

Gobelin, *Loiret/Frankreich*

J. W. v. Goethe

Gneisenau, August Gf Neithardt v. (27. 10. 1760–23. 8. 1831), preuß. Gen.feldm.; 1807 Verteidiger Kolbergs, Blüchers Generalstabschef, bed. strateg. Gegner Napoleons; Mitarbeiter an Scharnhorsts Reformen.

Gnesen, *Gniezno,* poln. St. bei Posen, 70 000 E; röm.-kath. Erzbistum (1000 n. Chr. v. Otto III. gegr.): *Gnesen-Posen* s. 1821; Dom. – Bis 1320 Krönungsst. der poln. Kge; 1793 preuß.; 1920 poln.

Gnitzen, kleine, blutsaugende Mücken.

Gnocchi [it. ˈnɔki], knopfgroße Nockerln aus rohem Kartoffelteig.

Gnom, zwerghafter Erd-, Berggeist.

Gnome, w. [gr.], Sinnspruch.

Gnomon, m. [gr.], senkrechter schattenwerfender Stab z. Bestimmung der Mittagslinie; **Gnomonik,** die Kunst, Sonnenuhren zu bauen.

Gnoseologie [gr.], svw. Erkenntnistheorie.

Gnosis, w. [gr. „Erkenntnis"], intellektueller Heilsweg durch Erkenntnis d. göttl. Weltgeheimnisse.

Gnostizismus, geistige Bewegung des 2. u. 3. Jh. mit bes. Erlösungsmysterien und Kultpraktiken, die zu einer Gefahr f. Kirche u. Synagoge wurde u. z. T. in diese eindrang; gnost. Schulhäupter: *Basilides, Valentin, Karpokrates, Marcion.*

gnōthi seautón [gr.], „Erkenne dich selbst!", Inschrift des Apollotempels in → Delphi.

Gnus, s., afrikan. Kuhantilopen.

Go, s., japanisches Brettspiel für zwei Spieler.

Goa, ehem. portugies. Besitzung (s. 1510) an der Westküste Vorderindiens, 3702 km², dazu *Daman,* 72 km², u. *Diu,* 40 km², zus. 1,17 Mill. E; Reis- u. Kokospalmenanbau; Manganerze, Eisenerze, Bauxit; Hptst. *Panaji (Panjim),* 43 000 E; 1961 von Indien besetzt u. annektiert (Unionsterritorium); Goa seit 1987 ind. Bundesstaat.

Gobat, Albert (21. 5. 1834 bis 16. 3. 1914), schweiz. Pol.; s. 1906 Leiter d. Intern. Friedensbüros in Bern; (zus. mit Ducommun) Friedensnobelpr. 1902.

Göbel, Heinrich (20. 4. 1818–16. 12. 93), dt. Optiker u. Mechaniker; erfand 1854 die erste Glühlampe.

Gobelin, m. [frz. gɔˈblɛ̃], gewirkter Wandteppich, n. künstler. Vorlagen, s. 17. Jh.; benannt n. d. Pariser Färberfamilie G.; → *Bildwirkerei,* → Basselisse.

Gobert, Boy (5. 6. 1925–30. 5. 86), dt. Schauspieler u. Regisseur; Theaterleiter i. Hamburg, Wien.

Gobi, Sand- u. Steppenwüste in der Mongolei, etwa 2 Mill. km² groß; im SW reine Wüste, im O bergige Steppen.

Gobineau [-ˈno], Joseph Arthur Gf (14. 7. 1816–13. 10. 82), frz. Schriftst.; Auffassung v. d. Rasse als Hauptfaktor d. Gesch.; *Die Renaissance; Versuch über die Ungleichheit der Menschenrassen.*

Goch (D-47574), St. i. Kr. Kleve, am linken Niederrhein, NRW, 30 152 E; AG; Ind.: Textilind., Masch.- u. Fahrzeugbau.

Godard [-ˈdaːr], Jean-Luc (* 3. 12. 1930), frz. Filmregisseur; *À bout de souffle* (1960); *Week-End* (1968); *Numéro deux* (1976); *Prénom Carmen* (1983); *Je vous salue, Marie* (1984); *Détective* (1985).

Godāvari, ind. Fluß von den nördl. Ghats zum Golf v. Bengalen, 1445 km lang, Mündungsdelta.

Goddard [-dəd], Robert (5. 10. 1882 bis 10. 8. 1945), am. Phys. u. Raketenpionier; erste Flüssigkeitsrakete.

Godefroy [gɔdˈfrwa], Maximilian (um 1760–1833), frz. Maler u. bes. Architekt; verbreitete d. Baustil d. frz. Klassizismus in d. USA; s. Hptwerke in Baltimore.

Godesberger Programm, löste 1959 bei der SPD die marxist. Programme von Erfurt 1891 u. Heidelberg 1925 ab; bejaht soziale Marktwirtsch. u. anerkennt Privateigentum an Produktionsmitteln neben dem Gemeineigentum der öffentl. Hand; fordert Überwachung der Großunternehmen als Machtzentren; auch der Staat soll wirtsch. Macht nicht im Übermaß an sich ziehen.

Godhavn [ˈgɔðhau̯n], → Qeqertarsuaq.

Godin [-ˈdɛ̃], Jean-Baptiste-André (26. 1. 1817–14. 1. 88), frz. Industrieller u. Sozialreformer; beteiligte Arbeiter am Gewinn.

Godiva [gʊˈdaivə], *Lady G.,* engl. Sagengestalt, ritt nackt durch Coventry, um d. Bürger v. Steuerdruck zu befreien.

God save the King [-ˈseiv-], bzw. **Queen** [ˈkwiːn], „Gott erhalte d. König(in)"; engl. Nationalhymne.

Godthåb [ˈgɔðhɔːb], → Nuuk.

Godunow, Boris (um 1550/51–13. 4. 1605), s. 1598 russ. Zar, ließ Demetrius (letzten Sproß des Hauses Rurik) ermorden; löste russ. Kirche durch Einsetzung e. Patriarchats Moskau von Konstantinopel. – Oper von Mussorgskij.

Godwin, William (3. 3. 1756–7. 4. 1836), engl. Schriftst.; Anreger u. Theoretiker d. engl. Romantik.

Goebbels, Paul Joseph (29. 10. 1897 bis 1. 5. 45), NS-Pol.; 1929 Reichspropagandaleiter der NSDAP, 1933 Reichspropagandamin., 1938 Präs. d. Reichskulturkammer; als engster Mitarbeiter Hitlers Organisator des totalen Krieges; Selbstmord.

Goedeke, Karl (15. 4. 1814–27. 10. 87), dt. Literarhistoriker.

Goeppert-Mayer, Maria (28. 6. 1906– 20. 2. 72), dt.-am. Kernphysikerin, Mitbegr. d. Schalenmodells f. d. Aufbau d. Atomkerne; Nobelpr. 1963.

Goerdeler, Carl Friedrich (31. 7. 1884 bis 2. 2. 1945), Oberbürgermeister in Leipzig bis 1937; einer d. Hauptträger d. dt. → Widerstandsbewegung gg. Hitler; hingerichtet.

Goering, Reinhard (23. 6. 1887–14. 11. 1936), dt. expressionist. Dramatiker; *Seeschlacht.*

Goethe, Johann Wolfgang v. (28. 8. 1749, Frankf./M.–22. 3. 1832, Weimar), dt. Dichter d. Klassik; studiert in Leipzig 1765–68 (Rokokospiel: *Die Laune des Verliebten*) u. Straßburg 1770/71; Liebe zu Friederike Brion, Freundschaft m. Herder, Sturm-und-Drang-Kreis (Lenz, Klinger), Begeisterung f. Shakespeare, Volkslieder, dt. Baukunst; 1772 am Kammergericht Wetzlar; Liebe zu Charlotte Buff; 1773: Drama *Götz von Berlichingen;* 1774: Roman *Die Leiden des jungen Werthers;* von Hzg Karl August nach Weimar eingeladen, Staatsdienst, Freundschaft mit Frau von Stein; Italienreisen 1786–88 u. 1790: Dramen *Egmont, Faust. E. Fragment, Iphigenie;*

Tasso; 1788 Liaison (1806 getraut) m. Christiane Vulpius (1765–1816); *Römische Elegien* (1788); 1789 Sohn August geboren († 1830); 1791–1817 Direktor des Weimarer Theaters; 1794–1805 Freundschaft mit Schiller; *Balladen; Wilhelm Meisters Lehrjahre* (1796); *Hermann und Dorothea* (1797); Vollendung des ersten Teils von *Faust* (vor 1790 begonnen, zweiter Teil 1831 abgeschlossen); *Wahlverwandtschaften* (1809); Selbstbiographie *Dichtung u. Wahrheit* (1811–14), 1814/15 Liebeserlebnis mit Marianne v. Willemer (1784 bis 1860): *Westöstl. Diwan* (1819); *Wilhelm Meisters Wanderjahre* (1821); 1823: Werbung um die junge Ulrike von Levetzow (1804–99); *Marienbader Elegie;* außer seinen Dichtungen: Altertumswiss. (Zeitschr. *Kunst u. Altertum* 1816 bis 32) u. Naturwiss.: *Farbenlehre, Urpflanze, Zwischenkiefer-(Intermaxillar-)Knochen.*

Goetheanum, anthroposoph. Freie HS in Dornach (Schweiz).
Goethearchiv, Sammlung von G.s Nachlaß in Weimar; s. 1896 mit *Schiller-Archiv* u. a. Dokumenten der G.zeit vereint; heute: Forschungs- u. Gedenkstätten der klass. dt. Literatur.
Goethe-Gesellschaft, Verein zur Förderung der Goethe-Forschung (1885).
Goethehaus, G.s Geburtshaus in Frankfurt a. Main, Großer Hirschgraben, 1944 zerstört, v. → Freien Deutschen Hochstift wieder aufgebaut.
Goethe-Institut, zur Pflege dt. Sprache und Kultur im Ausland; gegr. 1932, Neugründung 1952; in d. BR 18 Unterrichtsstätten; G.-Institute im Ausland: 133 (1996).
Goetz,
1) Curt (17. 11. 1888–12. 9. 1960), dt. Schausp., Autor u. Regisseur; Komödien: *Napoleon ist a. allem schuld* (1938); *D. Haus in Montevideo* (1951).
2) Wolfgang (10. 11. 1885–3. 11. 1955), dt. Schriftst.; Novellen u. Biographien; Drama: *Gneisenau.*
Gogarten, Friedrich (13. 1. 1887 bis 16. 10. 1967), ev. Theologe; mit K. Barth Begr. der → dialektischen Theologie.

Vincent van Gogh, *Sonnenblumen*

Gogh [xɔx], Vincent van (30. 3. 1853 bis 29. 7. 90), ndl. Maler; Wegbereiter des Expressionismus; *Sonnenblumen; Die Brücke in Arles.*

Gold

Gewinnung wichtiger Länder 1990 in t

Südafrika	603
ehem. UdSSR	290
Australien	240
USA	220
Kanada	135
Brasilien	85
VR China	80
Papua-Neuguinea	40
Philippinen	35
Kolumbien	32
Chile	24
Simbabwe	15

Weltgewinnung
1937: 1118 t
1941: 1265 t
1982: 1316 t
1985: 1529 t
1986: 1605 t
1987: 1632 t
1989: 1999 t
1990: 1950 t

Goldbestände der Zentralnotenbanken Ende 1992
in Mill. troy oz (1 Troy ounce = 31,1 Gramm)

USA	262
BR Deutschland	95
Schweiz	83
Frankreich	82
Italien	67
Niederlande	44
Belgien-Luxemb.	25
Japan	24
Österreich	20
Großbritannien	19
Portugal	17
Spanien	16
Kanada	10

Go-go-Girl, *s.* [engl. -,gəːl], Vortänzerin bei (Soul-)Beatveranstaltungen.
Gogol, Nikolai (1. 4. 1809–4. 3. 52), russ. Dichter; Komödie: *Der Revisor;* Roman: *Die toten Seelen;* Novellen: *Der Mantel.*
Gog und Magog, barbarisches Volk bei *Ezechiel 38* u. in *Offenbarung 20.*
Goh Chok Tong [-tʃɔk-], (* 20. 5. 1941), s. 1990 Premiermin. v. Singapur.
Goi [hebr. „Volk", Mz. *Gojim*], im A.T. u. im Neuhebr. Bez. f. Nichtjuden.
Goiás, früher *Goyaz,* brasilian. Binnenstaat, 340 166 km², 4,08 Mill. E; Hochland, n. N abgedacht; Viehzucht, Kaffee, Weizen; Nickel, Diamanten, Gold; Hptst. *Goiânia,* am Rio Vermelho, 1 Mill. E; Erzbischofssitz, Uni.; Handels- u. Ind.zentrum.
Go-in [engl. ɡoʊ-], Happening-artige demonstrative Form des passiven Widerstands; praktiziert in der student. Protestbewegung.
Go-kart, *m.* [engl.], Kleinstrennwagen ohne Karosserie und Getriebe, bis 200 Kubikzentimeter.
Gök-su nehir, Fluß in der südl. Türkei, im Altertum *Kalykadnus,* im MA *Saleph* genannt; 1190 ertrank Kaiser Friedrich Barbarossa in s. Fluten.
Golanhöhen, Plateau im SW Syriens an d. syr.-israel. Grenze mit 500–800 m hoher Steilstufe üb. d. Jordangraben; s. 1967 von Israel besetzt, Teilrückgabe vorgesehen.
Gold, Käthe (* 11. 2. 1907), östr. Schausp.in am Wiener Burgtheater; *Egmont.*
Gold, *Au,* chem. El., Oz. 79, At.-Gew. 196,967, Dichte 19,32; Edelmetall, gelbglänzend, in dünnen Blättchen (Blattgold) grün, durchscheinend, sehr dehnbar, lösbar in Cyankali, Königswasser u.

Nikolai Gogol

Goldafter

Goldburger

Quecksilber. Sehr selten, Vorkommen in Nordam., Australien, Südafrika, im Gebiet der ehem. UdSSR. Gewinnung durch Auswaschen aus goldhalt. Gestein, durch *Amalgamierung* oder Auslaugung m. Cyankali; aus Meerwasser (0,01 mg/m³ Gold enthalten) noch nicht rentabel. Verwendung als Schmuck u. Münzen, Zahnfüllungen. Legierungen mit anderen Metallen zur Erzielung größerer Härte, versch. Farbtöne u. z. Verbilligung, z. B. *Weiß-G.* mit Silber u. Kupfer. Bis 1914 Grundlage für die meisten Währungen, regelte Devisenkurs (Goldautomatismus); → Währungssysteme u. Schaubild.
Goldafter, weißer Schmetterling (Spinner); Raupen Obst-, Rosenschädlinge.
Goldamalgam, Legierung aus Gold, Silber und Quecksilber.
Goldammer → Ammern.
Goldap, poln. St. in Ostpreußen, am Abfluß d. G.er Sees, 12 000 E.
Goldburger, *Orangeriesling,* in Östr. angebaute Weißweinrebe (→ Neuzüchtung aus → *Welschriesling* u. *Orangetraube*), die frucht., körperreiche Weine liefert.
Gold Coast, St. a. d. Küste v. Queensland, Australien, 265 000 E; Ferienzentrum.
Goldene Aue, fruchtbare Ebene im Helmetal, zw. Harz u. Kyffhäuser.
Goldene Bulle, Reichsgesetz Karls IV. 1356, regelte die Königswahl durch die 7 Kurfürsten (Einführung des Mehrheitsprinzips zur Verhütung von Doppelwahlen).
Goldene CD, i. Dtld f. 250 000 verkaufte CDs.
Goldene Finanzregel, *betriebswirtschaftl.* Finanzierung langfristiger Inve-

Goldene Horde 358 Golfkrieg

Tanz um das Goldene Kalb, *Gemälde von N. Poussin*

Golden Gate Bridge

stitionen nicht mit kurzfristigen Mitteln; Grund: ausreichender Liquiditätsgrad.
Goldene Horde, Bez. für das vom 13.–15. Jh. bestehende russ.-sibir. Mongolenreich.
Goldene Pforte,
1) Stadttor d. antiken Jerusalem, laut d. Apokryphen-Schilderung Ort d. Begegnung v. Joachim u. Anna; daher
2) in d. christl. Ikonographie Symbol f. d. Unbefleckte Empfängnis d. Maria.
3) am reichsten verziertes roman. Portal in Dtld (Dom v. Freiberg i. Sachsen), benannt nach s. urspr. Teilvergoldung.
Goldene Regel, Bez. f. d. im NT (Mt 7,12) stehende Verhaltensregel: „Alles, was ihr wollt, daß euch die Menschen tun, das tut auch ihr ihnen."
Goldene Regel der Mechanik → Hebel.

Goldener Schnitt

Goldhähnchen

Goldene Rose, *Tugendrose,* e. kath. Auszeichnung.
Goldener Schnitt, bekanntestes Gliederungsprinzip d. bild. Künste s. der Antike: Bei einer in 2 ungleiche Abschnitte geteilten Strecke verhält sich d. kürzere Teil zum längeren wie d. längere zur Gesamtstrecke; bes. in d. Renaiss. weiterentwickelte Anwendung in Architektur, Proportionslehre (auch d. menschl. Körpers) u. Perspektive.
Goldenes Horn,
1) Hafenbucht von Istanbul, am S-Ende d. Bosporus, 6 km lang.
2) Bucht von Wladiwostok.
Goldenes Kalb, götzenhaftes Stierbild.
Goldene Stadt, Beiname d. Stadt Prag.
Goldenes Vlies,
1) in der griechischen Sage von einem Drachen bewachtes Widderfell, von → Iason mit Hilfe Medeas aus Kolchis nach Griechenland zurückgebracht; dramatische Trilogie von Grillparzer.

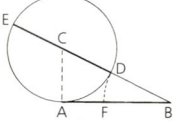
Goldhamster

2) einer der ältesten eur. Orden, 1429 v. Philipp dem Guten gestiftet; nur an kath. Standesherren u. Souveräne (s. 18. Jh. v. östr. u. span. Herrschern) verliehen.
Goldenes Zeitalter, sagenhafte paradies. Zeit des ältesten Menschengeschlechts; dann auch d. Zeitalter d. Augustus.
Goldene Zahl, gibt an, das wievielte ein best. Jahr im Mondzyklus ist; wird erhalten als Rest b. Division d. um 1 vermehrten Jahreszahl durch 19.
Golden Gate [engl. 'gouldən 'geit], „Goldenes Tor", Einfahrt in die Bucht von San Francisco, mit G.-G.-Brücke, 2,15 km lang, Spannweite 1,3 km.
Goldfisch, aus Ostasien stammende Abart der Karausche (Zuchtform); goldrot, gefleckt u. weiß; versch. Formen (Teleskopaugen, Schleierschwänze).
Goldgrund, in d. Malerei ab 4. Jh. n. Chr. als Hintergrund aus Blattgold bei d. Darstell. hl. Personen od. Szenen: Farbton u. Kostbarkeit d. Materials symbolisieren d. reine Sonnenlicht od. d. Himmel; ab 15. Jh. allmähl. abgelöst durch Landschaftselemente; in d. Ikonenmalerei bis heute gültig.
Goldhähnchen, kleinster eur. Singvogel; Sommer-G. (Zug-) u. Winter-G. (Standvogel); vertilgt Insekteneier.
Goldhamster, kl. syr. Hamsterart, beliebtes Heimtier.
Golding ['gouldɪŋ], Sir William (19. 9. 1911–19. 6. 93), engl. Schriftst.; *Herr der Fliegen; Der Felsen d. zweiten Todes;* Nobelpr. 1983.
Goldkernwährung → Währungssysteme.
Goldklausel, bestimmt in Verträgen, daß Beträge entweder in Gold od. d. *Wert des Goldes* entsprechend geleistet wer-

den sollen (Schutz d. Gläubigers vor Geldentwertung); in Dtld genehmigungspflichtig.
Goldküste, ehem. brit. Kolonie am Golf v. Guinea; seit 1957 → Ghana.
Goldlack → Lack.
Goldmann, Nahum (10. 7. 1894–28. 8. 1982), am. Schriftst. u. zionist. Pol.; 1956–68 Präs. d. Zionist. Weltorganisation, 1949–78 Präs. d. jüd. Weltkongresses.
Goldmark, durch Münzges. v. 1924 festgesetzte Rechnungseinheit = $^{1}/_{2790}$ kg Feingold.
Goldoni, Carlo (25. 2. 1707–6. 2. 93), it. Komödiendichter, *Der Diener zweier Herren; Memoiren.*
Goldorange, *Aucuba,* beliebte Dekorationspflanze; gefleckte Blätter, korallenrote Beeren; aus Japan.
Goldorfe, goldfarbene Spielart des → Aland.
Goldregen, Zierstrauch mit hängenden gelben Blütentrauben; aus S-Europa; giftig.
Goldröschen, *Kerria,* ostasiat. Rosengewächs, goldgelbe Blüten; Zierstrauch.
Goldrute, *Solidago,* im Spätsommer blühender Korbblütler; *Kanadische G.* häufig verwildert.
Goldschmidt,
1) Adolph (15. 1. 1863–5. 1. 1944), dt. Kunsthistoriker, Erforscher ma. Kunst; *Dt. Buchmalerei; Elfenbeinskulpturen.*
2) Richard (12. 4. 1878–25. 4. 1958), dt.-am. Biologe (Theorie der Vererbung u. Geschlechtsbestimmung).
3) Victor Moritz (27. 1. 1888–20. 3. 1944), dt. Mineraloge u. Geologe; Begr. d. mod. Geochemie.
Goldschmiedekunst, Verarbeitung v. Gold u. Silber zu Schmuck, Gerät, Kleinplastiken, künstler. Tafelgeschirr, oft m. Verzierungen aus Draht *(Filigran)* od. dünnem Goldblech *(getriebene Arbeit).*
Goldschnitt, mit Blattgold vergoldete Schnittfläche d. Buches.
Goldseifen, durch Erosion v. goldhalt. Gestein entstandene Goldlagerstätten in Flußablagerungen.
Goldsmith ['gouldsmiθ], Oliver (10. 11. 1728–4. 4. 74), ir. Schriftst.; satir. Roman: *Landprediger v. Wakefield.*
Goldwährung → Währungssysteme.
Goldwyn ['gouldwin], Samuel (22. 8. 1884–13. 1. 1974), am. Filmproduzent; Mitbegr. d. *Metro Goldwyn Mayer* (MGM).
Golem, *m.* [hebr.], i. d. jüd. Mystik menschl. Tonfigur; nach der Sage v. Prager Rabbi *Löw ben Bezalel* 1580 durch Zaubersprüche belebt.
Golf,
1) s., urspr. Nationalspiel der Schotten, bei dem mit einem f. jede Schlagart passend zu wählenden Schläger ein kleiner Ball auf Entfernungen von je 100–400 m in 9 od. 18 Löcher von 10 cm Durchmesser geschlagen wird; geringste Schlagzahl zur Erreichung des Zieles entscheidet.
2) *m.*, Meeresbucht.
Golfkrieg,
1) G. (1980–1988): Auseinandersetzung zw. Iran u. Irak um die pol., wirtschaftl. u. religiös-kulturelle Vormachtstellung am Persischen Golf. Der Konflikt hat nach Schätzungen zw. 800 000 und 1 000 000 Tote gefordert. Irak hielt

1989/90 weiterhin iran. Territorium entlang des Mündungsflusses Schatt-el-Arab besetzt. Am 15. 8. 1990 kündigte Saddam → Hussein überraschend die Anerkennung der Grenze zum Iran an, wie sie im Vertrag von Algier 1975 festgelegt worden war; die Grenze verläuft demnach in der Mitte der Fahrrinne des Schatt-el-Arab..
2) 2. G. (1991). Am 2. 8. 1990 überfiel der Irak Kuwait. Hintergründe sind d. Vorwurf illegaler kuwaitischer Ölförderung auf irak. Territorium u. historisch bedingte Gebietsansprüche, v. a. aber d. Sicherung eines strategisch wichtigen Zugangs z. Persischen Golf. 12 von der UNO verabschiedete Resolutionen sowie Handelsembargo u. Friedensgespräche blieben i. d. Folge wirkungslos. Der UNO-Sicherheitsrat ermächtigte d. UNO-Mitgliedsstaaten z. Einsatz mil. Mittel. Mit der Operation *Wüstensturm* (*Desert Storm;* Beginn: 17. 1. 1991) errang d. Allianz aus 31 Ländern unter Führung der USA während d. ersten 5 Wo. die Lufthoheit im Krisengebiet. Ende d. Kriegshandlungen am 28. 2. 91 Bilanz: ca. 100 000 irak. Soldaten wurden getötet, auf alliierter Seite 126 Tote. Von rd. 1000 Ölquellen setzten die Iraker 530 in Brand. 1 Mio. t Erdöl gelangten ins Wasser, rd. 770 km Küste wurden verschmutzt.

Golfstrom, relativ warme Meeresströmung, kommt aus dem Golf von Mexiko, zieht entlang der nordam. O-Küste bis S-Neuschottland; dort Abbiegen unter Einfluß westl. Winde nach O, fächerförmige Ausbreitung vor d. eur. Küsten mit Ausläufern b. z. Nördl. Eismeer; unter seinem Einfluß ist d. Klima NW-Europas ozeanisch mild, d. Küsten eisfrei bis Murmansk (,,Warmwasserheizung Europas"); hoher Salzgehalt u. tiefblaue Farbe heben das Golfstrom-Wasser scharf ab von den kalten, grünen Strömungen aus Norden.

Golgatha, Kreuzigungsstätte Jesu.

Golgi [-dʒi], Camillo (7. 7. 1844–21. 1. 1926), it. Histologe; Arbeiten über d. Zentralnervensystem; Nobelpr. 1906.

Golgi-Apparat, aus Doppelmembranen u. Vakuolen bestehender Komplex im Zellplasma; dem G.-A. werden u. a. sekretor. Funktionen bei Pflanzen u. Tieren zugeordnet.

Goliarden, fahrende Schüler im frz. MA.

Goliath, im A.T. Riese, von David getötet.

Goliathkäfer, Blumenkäfer des trop. Afrika, bis 10 cm.

Goll,
1) Claire (29. 10. 1890–30. 5. 1977), dt.-frz. Lyrikerin; schrieb zus. m. ihrem Mann
2) Yvan (29. 3. 1891–27. 2. 1950), frz. Lyriker; *Poèmes d'amour.*

Gollancz [gəˈlænts], Sir Victor (9. 4. 1893–8. 2. 1967), engl. sozialist. Verleger u. Schriftst.; trat 1945 als Jude gg. d. These d. dt. Kollektivschuld auf u. leitete Hilfswerk f. Dtld; 1962 Friedenspr. d. Dt. Buchhandels.

Goller, Frauenumhang (16. Jh.).

Gollwitzer, Helmut (29. 12. 1908 bis 17. 10. 93), dt. ev. Theologe; Kriegsgefangenenbuch: *... und führen, wohin du nicht willst.*

Golon [gɔˈlõ], Anne (* 19. 12. 1927), frz. Romanschriftst., Bestsellerreihe *Angélique* .

Goltz,
1) Colmar Frh. v. d. G.-Pascha (12. 8. 1843–19. 4. 1916), preuß. Gen.feldm.; vor u. im 1. Weltkrieg Organisator des türk. Heeres.
2) Rüdiger Gf v. d. (8. 12. 1865–4. 11. 1946), preuß. General; befreite 1918 Finnland, 1919 Baltikum von den Bolschewiken.

Goltzius, Hendrick (1558–1. 1. 1617), holl. Maler und Kupferstecher der Spätrenaiss.; Gemälde allegor. Inhalts; Stichzyklus *Szenen aus d. Marienleben.*

Goma, Paul (* 2. 10. 1935), rumän. Schriftst.; *Ostinato; Die Tür.*

Gombert [xɔm-], Nicolas (Ende 15. Jh.–um 1556), fläm. Komponist; Messen, Madrigale.

Gombrowicz [-vitʃ], Witold (4. 8. 1904–25. 7. 69), poln. Schriftst.; *Das Tagebuch d. W. G.; Die Trauung; Trailer; Berliner Notizen.*

Gomel, Gebietshptst. in Weißrußland, am Fluß Sosch, 500 000 E; Uni.; Masch.-, Holz- u. Glasind.

Gomes [-ɪʃ], Francisco da Costa (* 30. 6. 1914), portugies. Gen.; 1974 bis 76 Staatspräs.

Gomolka, Alfred (* 21. 6. 1942), dt. Geograph u. CDU-Pol., 1990 bis 92 Min.präs. v. Mecklenburg-Vorpom.

Gomorrha → Sodom und Gomorrha.

Gompers, Samuel (27. 1. 1850–13. 12. 1924), am. Arbeiterführer; Mitbegr. u. Präs. d. AFL, → Gewerkschaften.

Gomringer, Eugen (* 20. 1. 1925), dt. Schriftst., Mitbegr. d. konkreten Dichtung, die durch Wortreimungen u. Betonung graph. Elemente e. neues Sprachbewußtsein schafft: *konstellationen; das stundenbuch.*

Gomułka [-ˈmuʊka], Władysław (6. 2. 1905–1. 9. 82), poln. Pol.; 1956–70 Erster Sekretär d. ZK d. KP.

Gon [gr. ,,Winkel"], bes. i. d. Geodäsie verwendete Winkeleinheit, 100. Teil e. rechten Winkels: 1 *gon* = 0,9°; Unterteilung: 1 *gon* = 10 *dgon* (Dezigon) = 100 *cgon* (Zentigon) = 1000 *mgon* (Milligon); ersetzt seit 1975 Bez. *Neugrad* (→ Neugradeinteilung).

Gonaden [gr.], → Keimdrüsen.

gonadotrope Hormone, *Gonadotropine,* vorwiegend auf d. Keimdrüsen wirkende Hormone der → Hypophyse u. a. Gewebe; *follikelstimulierendes Hormon* (FSH) bewirkt Reifung der → Follikel u. Keimdrüsenentwicklung, *interstitielle Zellen stimulierendes Hormon* (ICSH) = *luteinisierendes Hormon* (LH), regt Bildung d. → Gelbkörpers, Ei-Ausstoßung u. Hormonbildung i. d. Zwischenzellen d. Hoden an; → Laktations-Hormon; → Kontrazeption.

Gonçalves [gɔ'salviʃ], Nunho (gest. um 1490), portugies. (Hof-)Maler d. Spätgotik; gilt wg. des um 1470 geschriebenen *Vinzenz-Altars* als bedeutendster Maler s. Landes.

Gonçalves [gõ'saviʃ], Vasco (* 3. 5. 1921), portugies. Offizier und Pol.; 1974/75 Reg.chef.

Goncourt [gõˈkuːr], Brüder
1) Edmond (26. 5. 1822–16. 7. 96) u.
2) Jules de (17. 12. 1830–20. 6. 70), frz. kulturhistor. u. naturalist. Schriftst.; schrieben meist gemeinsam; *Tagebuch* (1851–96).

Gemeine Goldrute

David und Goliath, Buchillustration, 14. Jh.

Gondel

Felipe González Marquez

Goncourt-Akademie [gõˈkuːr], 1867 gegr., verleiht jährl. **Goncourtpreis** für Literatur.

Göncz [gœnts], Árpád (* 10. 2. 1922), s. 1990 Staatspräs. v. Ungarn.

Gondel,
1) offener Korb od. geschloss. Raum für Personen an Luftballons u. Luftschiffen.
2) venezian. Boot, vom *Gondelführer* (**Gondoliere**) stehend m. nur e. Ruder fortbewegt u. gesteuert.

Gondwana,
1) zentralind. Landschaft.
2) einer der Urkontinente, der große Teile S-Amerikas, Afrikas, Vorderindiens, Australiens u. d. Antarktis umfaßte; m. Beginn des → Mesozoikums zerfallen.

Gonfaloniere, *m.*, it. Bannerträger; Schutzherr.

Gong, *m.,* urspr. indones. Schlagbecken aus Bronze.

Góngora y Argote, Luis de (11. 7. 1561–23. 5. 1627), span. Dichter; Sonette; *Polifemo;* Schwulststil **Gongorismus.**

Goniometer, *s.* [gr.], Apparat zum Messen d. Neigungswinkels ebener Flächen, bes. v. Kristallen in d. Mineralogie.

Goniometrie, Lehre v. d. Messung u. Berechnung d. Winkel u. ihrer Funktionen.

Gonitis, *w.* [gr.], Kniegelenkentzündung.

Gonokokken, von Neißer 1879 entdeckte Erreger der **Gonorrhoe,** *w.* [gr.], → Tripper.

Gontard,
1) Karl v. (13. 1. 1731–23. 9. 91), dt. Baumeister Friedrichs d. Gr.; verband Elemente d. Spätbarock u. Frühklassizismus.
2) Susette (9. 2. 1769–22. 6. 1802), Gattin des Bankiers J. Fr. G. in Frankfurt a. M., wo Hölderlin Hauslehrer war; *Briefe der Diotima.*

Gontscharow, Iwan A. (18. 6. 1812 bis 27. 9. 91), russ. Schriftst.; Roman: *Oblomow.*

Gontscharowa, Natalja (4. 6. 1881 bis 17. 10. 1962), russ. Malerin, s. 1917 in Paris; verh. m. M. Larionow; e. Hptvertr. d. Primitivismus, dann stilist. Entwickl. z. Futurismus u. Rayonismus; Entwürfe f. Bühnenbilder u. Theaterpuppen.

Gonzaga, it. Hzge in Mantua, 1328 bis 1707.

González [gɔnˈθaleθ], Julio (21. 9. 1876–27. 3. 1942), span. Bildhauer; Pionier d. Eisenplastik, einflußr. auch f. d. Entwickl. d. abstrakten Bildnerei.

González Marquez [-ˈθa- -ˈkɛθ], Felipe (* 5. 3. 1942), span. Jurist u. Pol. (PSOE); s. 1974 Gen.sekretär d. Sozialist. Partei; 1982–96 Min.präs.

Goodall [ˈgʊdəːl], Jane (*3. 4. 1934), brit. Zoologin, Langzeit-Verhaltensstudien an freilebenden Schimpansen.

good bye! [engl. ˈgʊd ˈbai], leb wohl!

Goodman [ˈgʊdmən], Benny (30. 5. 1909–13. 6. 86), am. Jazzklarinettist u. Orchesterleiter, Vertr. d. Swing.

Goodpaster [ˈgʊdpaːstə], Andrew (* 1915), am. Gen.; 1969–74 Oberbefehlshaber d. NATO-Streitkräfte u. d. am. Streitkräfte in Europa.

Goodwill, *m.* [engl. ˈgʊdˌwɪl], ideeller Wert eines Unternehmens, svw. Firmenwert; allg. Wohlwollen.

Gorch Fock

Goslar, *Kaiserpfalz*

Goodyear [ˈgʊdjə], Charles (29. 12. 1800–1. 7. 60), am. Chem.; Erfinder d. Kautschukvulkanisation (1839).
Göpel, *m.,* Roßwerk, Wellbaum, wird durch im Kreise gehende Tiere gedreht; z. Antrieb v. landw. Masch. u. im Bergbau; noch in Ländern der Dritten Welt.
Goppel, Alfons (1. 10. 1905 bis 24. 12. 91), CSU-Pol.; 1962–78 Min.-präs. v. Bayern.
Göppingen (D-73033–37), Krst. in Ba-Wü., 55 300 E; AG; Werkzeug-, Maschinen-, Spielwaren-, Textil- u. a. Ind.
Goralen, poln. Volksstamm in den Beskiden.
Goražde [-ˈraʒ-], St. i. O-Bosnien; 1993 schwere Kämpfe zw. Serben und bosn. Muslimen.
Gorbach, Alfons (3. 9. 1898–31. 7. 1972), östr. Jurist; 1961–64 Bundeskanzler.
Gorbatschow, Michail Sergejewitsch (* 2. 3. 1931), sowj. Pol.; s. 1971 Mitgl. d. ZK, s. 1980 Mitgl. d. Politbüros; März 1985–24. 8. 91 Gen.sekretär d. ZK d. KPdSU; s. 1988 Staatsoberhaupt (März 1990–25. 12. 91 erster Präs. d. SU); 1990 Friedensnobelpr.; sollte am 19. 8. 1991 durch Rechtsputsch entmachtet werden; nach Niederschlagung des Staatsstreichs nur noch beschränkte Machtbefugnisse; Ende 1991 Rücktritt (→ Sowjetunion); *Perestrojka.*
Gorch Fock, Segelschulschiff (Dreimastbark) der Bundesmarine, 1958 in

Michail Gorbatschow

Maxim Gorkij

Dienst gestellt. G. F. Pseudonym des Dichters Johann Kinau.
Gordimer, Nadine (* 20. 11. 1923), südafrikan. Schriftst.in; *Entzauberung; Julys Leute;* Nobelpr. 1991.
Gordischer Knoten, in d. griech. Sage zw. Deichsel u. Joch des Wagens d. phryg. Kgs Gordios geknüpft; wer ihn löse, würde Weltherrscher; → Alexander d. Gr. zerhieb ihn mit dem Schwert.
Gordon [gɔːdn]
1) Charles (28. 1. 1833–26. 1. 85), 1877 brit. Gouverneur d. Sudan, beim Mahdistenaufstand ermordet.
2) John 1634 Kommandant von Eger, ließ → Wallensteins Vertraute ermorden.
Gore-Tex®, Textil-Kunststoff; leitet Körperfeuchtigkeit nach außen, verhindert Eindringen v. Kälte, Nässe n. innen.
Goretta, Claude (* 23. 6. 1929), schweiz. Filmregisseur; *Le fou* (1970); *La dentellière* (1977); *La provinciale* (1980); *D. Tod d. Mario Ricci* (1983).
Görgey, Arthur v. (30. 1. 1818–21. 5. 1916), 1849 nach Kossuth Diktator der aufständ. Ungarn.
Gorgias (um 480–370 v. Chr.), griech. Philosoph, skeptischer Sophist; leugnete Möglichkeit v. Sein, Erkennen u. Mitteilen.
Gorgonen, drei weibliche Ungeheuer der griech. Sage, Schlangen als Haare; wer sie anblickte, wurde zu Stein.
Gorgonzola, it. Gem. in d. Prov. Mailand, 10 000 E; *G.-Käse,* blauschimmeldurchsetzter, fetter Weichkäse.
Gorilla, größter Menschenaffe; Äquatorialafrika; Pflanzenfresser.
Göring, Hermann (12. 1. 1893–15. 10. 1946), NS-Pol.; 1933 preuß. Min.präs.; 1935 Oberbefehlshaber d. Luftwaffe; 1940 Reichsmarschall; in Nürnberg zum Tode verurteilt; Selbstmord.
Gorkij, Maxim, eigtl. *Pjeschkow* (28. 3. 1868–18. 6. 1936), russ. Dichter d. Naturalismus; Erzählungen: *Makar Tschudra; Foma Gordejew;* Drama: *Nachtasyl;* Roman: *Die Mutter;* Lebenserinnerungen.
Gorkij → Nischnij-Nowgorod.
Gorleben (D-29475), Gem. im Kr. Lüchow-Dannenberg, Nds., 624 E; in der Nähe Atommüll-Endlager geplant.
Gorlice [-tse], poln. St. am N-Abhang d. O-Beskiden in Westgalizien, 29 000 E; Erdölraffinerien.
Görlitz (D-02826–28), Krst. i. d. Oberlausitz, Sa., 68 400 E; Renaissance-Bauten, Textil-, Masch.-, elektrotechn., opt. Ind.; St.gebiet östl. d. Görlitzer Neiße, seit 1945 poln. *Zgorzelec,* 36 000 E.
Gorłowka, Ind.st. i. d. Ukraine, im Donezbecken, 337 000 E; Steinkohle, Maschinenind.
Gorm d. Alte († um 940), erster Kg Dänemarks.
Gornergletscher, 14 km l. Gletscher am W-Abhang d. Monte Rosa, mit *G.grat,* 3131 m h.; Bergbahn von Zermatt.
Gorno-Altajsk, Hptst. d. russ. Rep. Altai, 40 000 E.
Görres, Josef v. (25. 1. 1776–29. 1. 1848), dt. Publizist d. Spätromantik (→ *Rheinischer Merkur*). u. Orientalist.
Görres-Gesellschaft, 1896 zur Förderung wiss. Forschung und wiss. Nachwuchses gegr.; ca. 2000 Mitgl., 17 Sektionen u. 4 Institute im Ausland.
Gortschakow, russ. Fürstenfamilie:

Alexander G. (15. 6. 1798–11. 3. 1883), 1856–82 Außenmin., s. 1867 Reichskanzler; Gegner Östr.s u. s. 1870 Bismarcks; für Koalition m. Frkr., Förderer des Panslawismus.
Görz, it. *Gorizia,* Hptst. d. Prov. G. in NO-Italien (Friaul/Julisch-Venetien), am Isonzo, 39 000 E; Winterkurort, Wein- u. Obsthandel, Textil- u. Papierind. – Bis 1918 z. Östr.
Gösch, *w.,* kleine Flagge am Bug von Kriegsschiffen; auch Obereck in anderen Flaggen.
Göschen, Georg Joachim (22. 4. 1752 bis 5. 4. 1828), dt. Buchhändler in Jena; verlegte u. a. Goethe.
Göschenen (CH-6487), schweiz. Gem., Kanton Uri, 1111 müM, 750 E; am N-Eingang d. Gotthardtunnels.
Gose, *w.,* kohlensäurereiches Weißbier.
Goslar (D-38640–42), Krst. am N-Rand d. O-Harzes, Nds., 46 200 E; 1972 Eingemeindung d. Kurortes *Hahnenklee-Bockswiese;* ma. Profanbauten, Kaiserpfalz (s. 1992 Weltkulturerbe); AG, IHK; Erzbergbau 1988 eingestellt, div. Ind.
Go-slow [engl. ˈgoʊslou „geh langsam"], svw. Bummelstreik.
Gospodar, *m.* [slaw.], *Hospodar,* Herr; Fürstentitel.
Gossaert [ˈxɔsaːrt], Jan, gen. *Mabuse* (um 1478–1532), ndl. Maler zw. Spätgotik u. Renaissance.
Gossau (CH-9202), Bez.st. im Kanton St. Gallen, Schweiz, 15 800 E; Gewerbe u. Ind.
Gößweinstein (D-91327), Ort i. Kr. Forchheim, 4000 E; Wallfahrtskirche v. J. B. → Neumann.
Götaälv [ˈjøːta-], Fluß in SW-Schweden, Abfluß des Vänersees in das Kattegat, 93 km l.; bildet → Trollhätta-Fälle.
Götakanal, umgeht Trollhätta-Fälle u. verbindet die mittelschwed. Seenkette m. dem Skagerrak u. der Ostsee.
Götaland, der alle südschwed. Landschaften umfassende Teil Schwedens.
Gotama, *Gautama,* Eigenname von Buddha.
Gote, *Gode,* östr. *Göd,* Pate, Patin.
Göteborg [ˈjœtəˌbɔrj], Hptst. d. Län G. u. Bohus (5141 km², 730 000 E), an der Mündung des Götaälv ins Kattegat, 434 000 E; ev. Bistum; Uni., TH; bedeutendste Handels- u. Hafenstadt Skandinaviens; Schiffbau-, Textil-, Maschinenind.
Goten, gr. ostgerman. Volk, bis um Chr. Geburt in S-Schweden, *Gauten* dann an der unteren Weichsel, wanderten im 2. Jh. ans Schwarze Meer; Teilung in *Ost-G.* (von Hunnen besiegt, siedeln im 4. Jh. im heutigen Kroatien, ziehen unter → Theoderich d. Großen nach Italien, gründen Reich, 555 von Narses vernichtet) u. *West-G.:* im 4. Jh. → Arianer (Bibelübersetzung v. Ulfilas), weichen v. d. Hunnen 375, ziehen unter Alarich nach Italien, gründen nördl. u. südl. Pyrenäen e. Reich, 507 v. Chlodwig besiegt, 711 v. Arabern unterworfen.
Gotha (D-99867), Krst. am Fuß des Thür. Waldes, Thür., 52 700 E; Schloß, Ing.schule; Kartographie, Masch.- u. Waggonbau. – Seit 1640 Residenz d. ehem. Hzgt. Sachsen-G.
Gothaer Programm, 1875, → Sozialismus, Übers.
Gotik, Mitte 12.–Anfang 16. Jh., letzte

gr. Stilepoche d. abendländ. MA, ebenso höfisch wie kirchl. bestimmt; erste Meisternamen; Bauhütten, berufsmäß. Baumeister u. Steinmetzen: **a)** *Baukunst:* Mitte 12. Jh., Entstehung des got. Stils im frz. Kronland, Übernahme in ganz Eur.; Kreuzrippengewölbe, Strebesystem, Spitzbogen, Maßwerk; Kathedralen von St-Denis, Paris, Amiens, Reims. In Dtld erste Kirchenbauten seit etwa 1235 (St. Elisabeth, Marburg; Liebfrauenkirche, Trier); z. B. Dome von Magdeburg, → Köln, → Straßburg, Freiburg, Ulm; spätgot. Hallenkirchen: Nürnberg, Schwäb.-Gmünd; niederdt. → Backsteingotik: → Lübeck, Rostock, Prenzlau, → Marienburg. **b)** *Plastik:* Portalplastik von Chartres, Reims, Bamberg. Lebensnähe d. ritterl. Stils im 13. Jh. (→ Bamberger Reiter, → Naumburger Stifterfiguren); myst. Entkörperlichung im 14. Jh.; spätgot. Holzfigur (Riemenschneider), Regionalstile; Schnitzaltar (V. → Stoß). **c)** *Malerei:* Glasmalerei (Kathedralen; größte Bildfenster: Dome v. Prag u. Mailand); Beginn des Tafelbildes (Meister Bertram, Böhmische Meister, 14. Jh.); Stefan Lochner, Konrad Witz (Dtld 15. Jh.); Giotto, Simone Martin, Lorenzo Venziano (Italien 13. u. 14. Jh.); *Graphik:* Holzschnitt; *Kunsthandwerk:* Goldschmiedekunst, Bildwirkerei; → Tafeln Bildhauerkunst, Gotik → Intern. Gotik, → Nachgotik, → Neugotik.

gotische Schrift, v. Ulfilas aus griech. Buchstaben und Runen geschaffen.

gotische Sprache, Sprache des ältesten german. Sprachdenkmals: Ulfilas' Bibel (4. Jh. n. Chr.); → Sprachen, Übers.

Gotland, schwedische Ostseeinsel, Kalkplateau mit schroffen Felswänden, 3140 km², 57 400 E; Zementind.; Fremdenverkehr; Hptst. *Visby.*

Gotovac, Jakov (* 11. 10. 1895), kroat. Komp.; Oper: *Ero der Schelm.*

Gott, höchstes Wesen, Weltschöpfer; i. d. histor. Offenbarung od. i. rel. Grunderlebnis dem Gläubigen erfaßbar.

Götterbaum, *Ailanthus,* chin. Zierbaum m. großen Fiederblättern.

Götterdämmerung, Weltuntergang der nord. Mythologie; auch Titel d. letzten Teils in Wagners *Ring des Nibelungen.*

Gottesanbeterin, Fangheuschrecke des südlichen Europa; auch am Kaiserstuhl vorkommend.

Gottesbeweis, umstrittener Versuch, Dasein Gottes zu beweisen: **a)** *ontolog. G.:* aus dem Begriff Gottes; **b)** *kosmolog. G.:* aus dem Dasein der erschaffenen Welt; **c)** *teleolog. G.:* aus der Zweckmäßigkeit der Welt; **d)** *moral. G.:* aus unserem sittl. Bewußtsein.

Gottesdienst, Zus.kunft v. Gläubigen z. Verehrung e. Gottheit m. feststehenden liturg. Formen u. Handlungen, z. B. Lesung, Predigt, Gebet, Gesang, Tanz.

Gottesfrieden, lat. *treuga dei,* Verbot d. Fehden i. MA; Dauer anfängl. v. Mittwoch abend bis Montag früh (außer im Kriegsfall).

Gottes Gnaden, von G. G., lat. *Dei Gratia,* ursprünglich Demutsformel im Titel der Bischöfe, später Bestandteil der Titel weltlicher Fürsten z. Kennzeichnung d. **Gottesgnadentums,** n. konservativer Staatslehre Grundlage d. Monarchie.

Gotteslästerung, *Blasphemie* [gr.], Beschimpfung Gottes; war früher, wenn sie i. d. Öffentlichkeit erfolgte, ein sog. → Religionsvergehen.

Gottesurteil, Mittel der Rechtsfindung im MA u. bei Primitivvölkern; Ausgang von Zufall oder Geschicklichkeit abhängig (Zweikampf, Feuerprobe).

Gottfried von Bouillon → Bouillon.

Gottfried von Straßburg, (um 1210), dt. Dichter; formte nach frz. Vorlage in formbewußter Sprache seinen Roman *Tristan u. Isolde* (unvollendet).

Gotthard → Sankt Gotthard.

Gotthelf, Jeremias, eigtl. *Albert Bitzius* (4. 10. 1797–22. 10. 1854), schweiz. Erzähler; realist.-didakt. Bauernromane u. Novellen: *Uli, der Knecht; Geld und Geist;* Erzählung: *Die schwarze Spinne.*

Göttin, weibl. Gottheit i. polytheist. Rel.

Göttingen (D-37073–85), Krst. an d. Leine, Nds., 124 331 E; Uni. (1734 gegr.), PH, mehrere MPI; Kongresse; LG, AG, IHK; Dt. Theater; graph. Gewerbe, feinmechan., opt. chem. u. a. Ind.

Göttinger Hain, Dichtervereinigung (1772), gg. frz. Richtung in der dt. Literatur (Vorbild: Klopstock): Boje, Hölty, Voß u. a.; Organ: *Göttinger Musenalmanach.*

Göttinger Sieben, 7 G. Professoren, die 1837 gg. den Verfassungsbruch des hannoverschen Kgs protestierten u. abgesetzt wurden.

Gottkönigtum, i. vielen Rel. verbreitete Auffass. v. König od. Oberhaupt e. Stammes als ird. Verkörperung e. Gottes, z. B. d. ägypt. Pharao od. d. röm. Kaiser.

Gottorp, Schloß i. → Schleswig.

Gottsched, Johann Christoph (2. 2. 1700–12. 12. 66), dt. Literaturtheoretiker; stellte literar. Regeln, bes. f. d. Drama, nach frz. Mustern auf; *Versuch einer crit. Dichtkunst vor d. Deutschen.*

Gottschee, *Gottscheer Land,* slowen. *Kočevje,* im 14. Jh. v. Bayern besiedeltes Gebiet in d. Krain (860 km²), Hptst. G. – Seit 1918 jugoslaw.; 25 000 Dt.e 1941 nach Untersteiermark umgesiedelt, 1945 vertrieben.

Gottwald, Klement (23. 11. 1896 bis 14. 3. 1953), tschechoslowak. kommunist. Politiker, seit 1946 Min.präs., 1948 kommunist. Staatsstreich.

Gottwaldov, bis 1949 *Zlín,* St. in Mähren, 84 000 E; Schuhind.

Göttweig, Benediktinerabtei (1074 gegr.) i. Niederöstr. (Bez. Krems); Barockbau v. L. v. Hildebrandt; Kaiserstiege.

Götz, G. von → Berlichingen.

Götz, 1) Gottfried Bernhard (10. 8. 1708 bis 23. 11. 74), oberschwäb.-bayr. Kirchenmaler d. Rokoko. **2)** Hermann (7. 12. 1840–3. 12. 76), dt. Komp.; Oper: *Der Widerspenstigen Zähmung.* **3)** Karl Otto (* 22. 2. 1914), dt. Maler u. Kunsttheoretiker; Wegbereiter d. Informellen Kunst in Dtld u. Vertr. d. Tachismus.

Götze, als höheres Wesen verehrter Gegenstand in primitiven Kulten.

Götzis (A-6840), östr. Marktgem. in Vorarlberg, 9512 E; Pfarrkirche St. Ulrich (1340); div. Ind.

Gouachemalerei, *Guasch* [it. „guazzo"], Malerei m. deckenden Wasserfarben, die m. Weiß u. e. Bindemittel (Gummiarabikum od. Dextrin) versetzt u. aufgetragen werden.

Gouda ['xɔuda:], St. in S-Holland, an der Ijssel, 65 000 E; **G.käse,** feinlöcher. Hartkäse.

Goujon [gu'ʒõ], Jean (um 1510–um 66), frz. Architekt u. Bildhauer, e. Wegbereiter d. → Classicisme.

Gounod [gu'no], Charles-François (17. 6. 1818–18. 10. 93), frz. Komp.; Oper: *Margarethe (Faust);* Kirchenmusik.

Gourmand, *m.* [frz. gur'mã], Leckermaul, Vielfraß.

Gourmet, *m.* [gur'mɛ], Feinschmecker, Weinkenner.

goutieren [gu-], an etwas Wohlgefallen finden.

Gouvernement, *s.* [frz. guvɛrn'mã], „Regierung", Prov., Verw.-Bez.; Leiter: **Gouverneur** [-'nø:r], oberster Beamter einer Provinz, einer Kolonie, Kommandeur einer Festung.

Gotik, Engel „Das Lächeln von Reims"

Gotik, Glasmalerei a. Chartres, 12. Jh.

Gotik, Portal Royal, Chartres, 12. Jh.

Gotik, Kathedrale von Reims

Goya y Lucientes [-'θiɛn-], Francisco (30. 3. 1746–16. 4. 1828), span. (Hof-) Maler u. Graphiker; *Maja; D. Erschießung d. Aufständischen am 3. 5. 1808 in Madrid;* phantast.-realist. Kupferstiche: *Greuel des Krieges; Caprichos* (→ Tafel Radierung u. Kupferstich); Porträts.

Goyen ['xo:jə], Jan van (13. 1. 1596 bis 27. 4. 1656), ndl. Landschaftsmaler einer d. größten d. 17. Jh.; *Das Haarlemer Meer.*

Gozinto-Graph, Teilebedarfsrechnung in Montagebetrieben; Beschreibung: graph. Darstellung v. Zus.hängen; ein Graph besteht aus einem Netzwerk von Knoten u. verbindenden Strecken; es können die kürzesten/längsten Wege durch das Netz errechnet werden.

Gozo [engl. 'goutsou], zu Malta gehörige Insel, 67 km², 25 000 E.

Gozzi, Carlo Gf (13. 12. 1720–4. 4. 1806), it. Komödienautor; Märchen *Turandot* (v. Schiller bearbeitet).

Gozzoli, Benozzo (1420–4. 10. 97), it. Maler der Florentiner Frührenaissance; Fresken d. Kapelle im Palazzo Medici-Riccardi.

GPU → MWD.

Francisco Goya, *Selbstbildnis*

Gracht *in Amsterdam*

Graafscher Follikel, im Eierstock, enthält das reifende Ei, platzt etwa am 15. Tag des → Menstruations-Zyklus (*F.sprung*), bildet *F.hormon;* → Ovulation, → Hormone.
Grabbe, Christian Dietrich (11. 12. 1801–12. 9. 36), dt. Dramatiker; *Napoleon od. die hundert Tage; Hannibal; Don Juan und Faust; Scherz, Satire, Ironie u. tiefere Bedeutung.*
Graben, *Grabenbruch, Grabensenkung,* Zone der Erdkruste, die aufgrund v. Dehnung entlang parallel laufender Verwerfungen abgesunken ist (z. B. *Oberrheintalgraben*); bei weiterem Aufweiten entsteht später neuer Ozean (z. B. *Rotes Meer*).
Grabfeld, Landschaft im Norden Unterfrankens.
Grabstichel
1) → Sternbilder, Übers.
2) Stahlwerkzeug d. Kupferstechers z. Einschneiden d. Linien in d. Platte; → Kupferstich.
Grabwespen, einzeln lebende Wespen; Weibchen baut Erdhöhle u. trägt durch Stich gelähmte Insekten als Nahrung für die Larven herbei.
Gracchus, Tiberius u. Gaius Sempronius, Brüder, röm. Volkstribunen; soziale Reformversuche 133 und 123 v. Chr.
Gracht, *w.* [ndl.], Kanal innerhalb e. St.; Straßenname in d. Ndl.
Gracian y Morales [gra'θjan], Balthasar (8. 1. 1601–6. 12. 58), span. Schriftst. und Jesuit; Lebensregeln: *Handorakel* (von Schopenhauer übersetzt).
Gracia Patricia → Kelly, Grace.
Gracioso [gras-], Narr der span. Komödie.
Grad, *m.* [l.],
1) Einheit der → Thermometerskalen.
2) 360. Teil des Kreisumfangs, 90. Teil des rechten Winkels, 1 Grad (°) = 60 Min. ('), 1 Min. = 60 Sekunden ("); *Neugrad,* 100. Teil des rechten Winkels, 1 Neugrad (g) = 100 Neuminuten (m), 1 Neuminute = 100 Neusekunden (s), s. 1975 ersetzt durch → *Gon.*
Gradation, *w.,* Steigerung, Stufenfolge.
Gradationspapier, schwarzweißes Vergrößerungspapier m. best. Bildkontrast (Gradation); meist 6 Gradationen von ultraweicher bis harter Bildwiedergabe des Kontrastes.
Gradationswandelpapier, im Ggs. zum → Gradationspapier e. einziger schwarzweißer Papiertyp; s. Bildkontrast (Gradation) wird gewandelt zw. weich bis hart durch Filterung d. Lichtes d. Vergrößerungsapparates.
Gradbogen,
1) Grubeninstrument zur Neigungsmessung.
2) *Transporteur,* in Grade geteilter Vollod. Halbkreis z. Winkelmessung u. -auftragung.
Gradient, *m.,* Gefälle e. Größe, bezogen auf d. Längen- od. e. andere Einheit; *Meteorologie:* Luftdruckgefälle auf 111,3 km (1 Äquatorgrad); analog Temperaturgefälle je 100 m senkrechter Erhebung.
gradieren, Herabtropfenlassen v. aus Bohrlöchern gewonnener Salzsole über Reisigwände (**Gradierwerke**) zum Konzentrieren d. Sole durch Verdunstung d. Wassergehalts.
Graditz bei Torgau, Hauptgestüt der ehemaligen DDR (ehem. preuß., gegr. 1686).
Gradmessung, klass. Methode z. Bestimmung d. Größe d. Erde durch Längen- u. Winkelmessungen auf der Erdoberfläche (→ Triangulation) u. durch astronom. Ortsbestimmung; erste Gradmessung durch → Eratosthenes.
Gradnetz, auf Landkarte u. Globus d. Netz von Längen- und Breitenkreisen.
Graduale, *s.* [nl.], Teil der kath. Messe, zw. den Schriftlesungen gesungen, zugleich Bez. für das Buch, das die lat. Meßgesänge enthält.
Gradualismus, Strategie d. schrittweisen Abrüstung.
graduell [frz.], stufenweise, nach und nach.
graduieren, eine akadem. Würde erteilen.
Graefe, Albrecht v. (22. 5. 1828–20. 7. 70), dt. Arzt; Begr. der neueren Augenheilkunde.
Graf,
1) Oskar Maria (22. 7. 1894–28. 6. 1967), dt. Schriftst.; sozialkrit. Romane: *D. Revolutionäre; Bolwieser; Wir sind Gefangene.*
2) Steffi (* 14. 6. 1969), dt. Tennisprofi, Wimbledon-Siegerin 1988, 1989, 1991, 1992, 1993 u. 1995. Weltranglisten-Erste Mitte 1987–Anfang 1991, Olympiasiegerin 1988.
3) Urs (um 1485–1527), schweiz. Graphiker, Maler u. Goldschmied d. Frührenaiss.
Graf, im MA mil. u. richterl. Herr eines Gaues, an der Grenze *Markgraf,* in Kaiserpfalz *Pfalzgraf* (kgl. Richter), als Befehlshaber einer Burg *Burggraf; Freigraf* als Vorsitzender eines Femegerichts; seit 12. Jh. *Reichsgraf,* teils reichsunmittelbar; seit 1803 nur noch Titel (→ Adel).
Gräfelfing (D-82166), Gem. i. Ldkr. München, 13 130 E.
Grafenau (D-94481), St. im Kr. Freyung-G. im Bayer. Wald, 8648 E; Luftkurort; Holzind.
Grafenwöhr (D-92655), St. i. Kr. Neustadt a. d. W., Oberpfalz, 6366 E; NATO-Truppenübungsplatz.
Graff, Anton (18. 11. 1736–22. 6. 1813), schweiz. Bildnismaler, Lehrer a. d. Akademie Dresden; *Herder; Chodowiecki.*
Graffiti, Text, Wandbild m. Farbspray aufgesprüht, z. T. künstler. anerkannt.
Graham ['greiəm], Thomas (21. 12. 1805–16. 9. 69), engl. Chem.; Kolloidchemie; Dialyseverfahren (→ Diffusion).
Grahambrot, nach am. Arzt *Sylvester G.* (1794–1891) benanntes Brot aus Weizenvollkornschrot.
Grahamland → Antarktische Halbinsel.
Grajische Alpen, vergletscherte Gebirgsgruppe d. W-Alpen, zw. Dora Baltea u. Dora Riparia; Gneise u. Granite (*Gran Paradiso,* 4061 m; *Grande Casse,* 3852 m); Steinböcke.
Gral, wundertätige Schale, in der Joseph v. Arimathia Christi Blut auffing, v. G.srittern auf Burg Monsalvatsch bewahrt.
Gralsbewegung, aus d. Christentum hervorgegangene neue Rel.-Gemeinschaft; gegr. v. O. E. Bernhardt. D. *Heilige Gral,* e. lichtumflutete Schale, ist Symbol d. göttl. Liebe.
Gralssage, kam aus dem Arab. über Frkr. (Chrétien de Troyes) nach Dtld.: Wolfram v. Eschenbachs *Parzival;* Bühnenweihfestspiel *Parsifal* v. R. Wagner.
Gramfärbung → gramnegativ.
Gramm, Abk. *g,* Masseneinheit im → CGS-System (→ Maße u. Gewichte).
Grammatik, *w.* [gr.], Sprachlehre; umfaßt Laut-, Stammbildungs-, Formen- u. Satzlehre.
Grammatom, veraltete Bez. für die

Christian Dietrich Grabbe

Gran, *Basilika*

Steffi Graf

Almandin-Granat

Grand Cañon, Arizona

Granada, *Alhambra*

Menge eines Elements, dessen → Masse so viel Gramm ausmacht, wie d. Atomgewicht angibt; vgl. → Molekulargewicht.

Grammophon-Gesellschaft mbH, Deutsche, Schallplattenfabrik, gegr. 1898 in Hannover.

gramnegativ, Bez. f. Bakterien u. Pilze, d. sich bei *Gramfärbung* (nach dem dän. Pathologen *H. Chr. Gram,* 1853 bis 1938) rot färben (z. B. Salmonellen), **grampositiv** bei Blaufärbung (z. B. Staphylokokken).

Grampians ['græmpjənz], mittelschott. Bergland mit Moor u. Heide (*Ben Nevis* 1343 m).

Gran,
1) l. Nbfl. d. Donau, aus der Niederen Tatra, 284 km l.
2) ungar. *Esztergom,* St. im Komitat *Komárom-Esztergom,* a. d. Donau, 33 000 E; Erzbistum, Sitz des Primas v. Ungarn, Basilika (größte Kirche Ungarns), Mus., Burg; Mineralquellen, Weinbau.

Gran, *s.,* altes Apotheker- u. Juweliergewicht; nach Ländern verschieden, zw. 50 u. 72,9 mg.

Granada,
1) ehem. Kgr., umfaßt d. Gebiet d. heutigen span. Prov. G., Málaga u. Almería; Blütezeit 13. Jh. unter maur. Herrschaft.
2) Hauptstadt der Provinz *Granada,* im Andalusischen Bergland, inmitten der fruchtbaren Vega von G., am Fuße der → Alhambra, 269 000 Einwohner; Uni. (s. 1531).

Granat, *m.,* Mineralgruppe d. → Silicate (Inselsilicate); meist dunkelrot; Varietäten ergeben sich durch unterschiedl. Metallkomponenten (wie Eisen, Mangan, Chrom, Calcium od. Magnesium); Halbedelstein.

Granatbaum, Myrtengewächs S-Europas u. Kleinasiens; Frucht: *Granatapfel.*

Granate [it.], Artilleriegeschoß mit Sprengladung.

Gran Canaria, e. d. → Kanarischen Inseln, 1532 km², 450 000 E; Agrar-, Touristikzentrum.

Gran Chaco [-'tʃako „Großer Jagdgrund"], Wald- u. Grasebene (Sümpfe) in Paraguay und N-Argentinien, junges Flußschwemmland, ca. 800 000 km²; bestehend aus *Chaco Boreal, Chaco Central* u. *Chaco Austral;* Viehwirtsch.; Gewinnung des → Quebracho-Holzes, im Süden Baumwollanbau.

Grand Cañon ['grænd 'kænən], *Grand Canyon,* Schlucht d. Coloradoflusses bei seinem Durchbruch durch das Coloradoplateau, etwa 350 km l.; 1800 m tiefe Steilabstürze.

Grand Coulee Dam ['grænd 'ku:lɪ 'dæm], Staudamm am Columbia River (USA), 1480 m l., 168 m hoch, Stausee 240 km l., bed. Kraftwerk.

Grand Cru [frz. grã 'kry „großes Gewächs"], in Frkr. Einstufung f. Spitzenlagen innerhalb des → AOC-Systems (v. a. in → Burgund u. im → Elsaß) bzw. f. Weingüter u. deren spezielle Weine (z. B. best. → *Châteaus* in Saint-Emilion).

Grande Dixence [grã dik'sã:s], größtes Schweizer Wasserkraftwerk in Wallis, am Dix, Jahresleistung 2,2 Mrd. kWh; Staumauer 278 m h., 750 m l., Stausee 650 Mill. m³. 1951–61 erbaut.

Grandeln, die oberen Eckzähne d. Rotu. Sikawildes.

Granden [„Große"], seit 13. Jh. Titel des span. Hochadels.

Grande Nation [grãd na'sjõ], *La G. N.,* „die große Nation"; Bez. für Frkr. seit d. Revolution 1789.

Grandezza, *w.* [it.], hoheitsvolles Benehmen.

Grand mal, *s.* [frz. grã-], großer Anfall bei → Epilepsie.

Grand Marnier [frz. grã ma'nje], frz. Likör auf Zitrusfruchtbasis.

Grand Prix, *m.* [frz. ‚grã 'pri], Hauptpreis.

Grand Rapids ['grænd 'ræpɪdz], St. in US-Staat Michigan, an d. 50 m hohen Fällen d. Grand River, 189 000 E.

Grandseigneur [frz. grãsɛ'nœ:r], vornehmer Herr.

Grand Slam ['grænd 'slæm],
1) *Tennis:* im gleichen Jahr Einzelsiege bei d. intern. Meisterschaften von Frkr. (French Open), Großbritannien (Wimbledon), der USA (US Open) u. Australien (Australian Open).
2) *Golf:* im gleichen Jahr Siege beim Masters-Turnier, den offenen Meisterschaften d. USA u. Großbritannien sowie b. Turnier d. Professional Golf Association (PGA).

Grandville [grã'vil], eigtl. *Jean Gérard*

Pfriemgras — Wiesenknäuelgras — Deutsches Weidelgras — Wiesenlieschgras

(15. 9. 1803–17. 3. 47), frz. Graphiker; e. Hptmeister d. satir. Zeichnung d. 19. Jh.; Zeitschriften- u. Buchillustrationen.
Granikos, heute *Kocabaş Çayi,* kleinasiat. Fluß; 334 v. Chr. Sieg Alexanders d. Gr. über die Perser.
Granit, Ragnar (* 30. 10. 1900–12. 3. 91), schwed. Physiologe; Nobelpr. 1967 (Entdeckungen über d. primären chem. u. physiolog. retinalen Prozesse des Sehens).
Granit → Magmatite, Übers.
Grannen,
1) borstenartige Spitzen an Getreide- usw. Ähren.
2) Oberhaar bei Pelzen.
Gran Sasso d'Italia, höchste Bergkette der Apenninen, in den Abruzzen, im *Corno Grande* 2914 m.
Grant [gra:nt]
1) Cary (18. 1. 1904 bis 30. 11. 86), anglo-am. Filmschausp.; *Bringing up Baby; Suspicion; North by Northwest.*
2) Ulysses Simpson (27. 4. 1822–23. 7. 85), Befehlshaber d. Unionstruppen (N-Staaten) im am. → Sezessionskrieg, 18. Präs. der USA 1869–77.
Granulation [nl. ,,Körnchenbildung"],
1) astronom. Bez. für Feinstruktur d. Sonnenoberfläche.
2) med. in *Wunden:* feinkörnige Gewebsneubildung; **Granulome,** infolge Fremdkörper- od. Infektionserregerreizen entstehende G.sgeschwülste (z. B. Zahn-G.).
3) Bez. für körnig aussehendes Gold an Schmuckstücken.
granulieren, techn. Prozeß, auf Korngröße zerkleinern (z. B. Kohle).
Grapefruit, *w.* [engl. 'greipfru:t], svw. → Pampelmuse.
Graphik, *w.* [gr. ,,Schreibkunst"],
1) Einzelblatt d. z. Vervielfältigung bestimmten Kunstwerke (Original, Abzug usw.), auch d. Handzeichnung.
2) Teilgattung der bildenden Kunst, auch *graphische Künste,* Sammelname f. Vervielfältigungsverfahren: → Holzschnitt, Kupferstich, Steindruck, Radierung u. die künstler. Herstellung d. Originale.
Graphiker, Hersteller d. (künstler.) Originale.
graphische Darstellung, die Veranschaulichung von Zahlen, Funktionen u. Vorgängen durch Punkte, Linien, Kurven, Zeichnung *(Schaubild, Diagramm).*

Günter Grass

Graubünden

El Greco, *Entkleidung Christi*

Greif

Graphit, *m.,* Modifikation des Kohlenstoffs, Dichte 2,2; grauschwarz, schwer entzündbar; Vorkommen i. → Metamorphiten; hpts. für Bleistifte, Schmelztiegel; *Elektro-G.,* Herstellung hpts. in USA u. Dtld, wegen guter el. u. thermischer Leitfähigkeit Verwendung vorwiegend für ind. Zwecke (Apparatebau).
Graphologie [gr.], *psych.* Deutung der Handschrift.
Graphometrie, erforscht Objektivität, Zuverlässigkeit u. Gültigkeit v. Einzelaspekten graphol. Deutungen.
Grappa, ital. Tresterbranntwein.
Grasbahnrennen, Motorradrennen auf Grasbahnen.
Grasbäume, austral. hochstämmige Liliengewächse; liefern Akaroidharze.
Gräser, einkeimblättrige Pflanzen mit meist hohlen, knotigen Halmen, schmalen Blättern u. einfachen, von Spelzen eingehüllten Blüten, die zu Ähren oder Rispen vereinigt sind; meist Stauden (Bambusgewächse z. T. baumartig); wichtigste Futter- und Getreidepflanzen.
Grashof, Franz (11. 7. 1826–26. 10. 93), dt. Ing.; Mitbegr. u. Leiter d. → VDI.
Grashof-Gedenkmünze, höchste Auszeichnung d. VDI für Verdienste um Technik.
Graslitz, tschech. *Kraslice,* St. in NW-Böhmen, 7000 E; Musikinstrumente, Klöppelei, Spielwaren.
Grasmücken, kl. Singvögel; lange, plaudernde Gesänge, u. a. *Mönchs-, Garten-, Dorn-, Klappergrasmücke.*
Grasnelke, Sandpflanze m. grasartigen Blättern u. rötl. Blütenköpfen.
Grass, Günter (* 16. 10. 1927), dt. Schriftst.; *Die Blechtrommel; Katz u. Maus; Hundejahre; Örtlich betäubt; Aus d. Tagebuch einer Schnecke; Der Butt; Ein weites Feld;* Lyrik, Dramen, Essays.
Grasse [gras], südfrz. St. w. v. Cannes, 35 000 E; Kathedrale; Parfümerzeugung.
Grasser, Erasmus (um 1450–zw. 8. 4. u. 1. 6. 1518), dt. spätgot. Bildhauer.
Grassi,
1) Giorgio (* 27. 10. 1935), it. Architekt; konsequentester Vertr. d. Rationalen Architektur; zus. m. A. Monestiroli Studentenheim in Chieti.
2) Giovanni Battista (27. 5. 1854 bis 10. 5. 1925), it. Zoologe; Malariabekämpfung.
grassieren, sich ausbreiten (z. B. Seuchen.)

Grat,
1) scharfe Kammlinie e. Gebirges.
2) scharfer Rand an Werkstücken, entsteht b. Gießen, Schneiden, Stanzen etc.
3) in d. Baukunst Schnittkante beim Zus.treffen zweier Flächenteile (z. B. bei Dach od. Gewölbe).
Gratianus,
1) Kaiser in W-Rom 375–383.
2) Mönch und Rechtsgelehrter um 1150, Sammler des kanonischen Rechts.
Gratifikation, *w.* [l.], freiwillige zusätzl. Vergütung, richtet sich meist nach Beschäftigungsdauer u. Gehaltshöhe d. Arbeitnehmers; b. langjähr. ununterbrochener Zahlung Anspruch aus Gewohnheitsrecht.
Gräting, *w., seem.* Gitterfußboden aus Holz od. Eisen.
Gratisaktien, Aktien, die an d. Aktionäre in best. Verhältnis z. Aktienbesitz kostenlos abgegeben werden.
Graubünden, schweiz. Kanton, hpts. im Gebiet des Vorder-, Hinterrheins u. des Inns (Engadin); 7105 km², 184 900 E; Bev. spricht zu 50% Dt., die übrige Rätoromanisch (22 %) u. It.; Höhenkurorte: *St. Moritz, Pontresina, Davos, Arosa;* Hpts. *Chur;* Almwirtschaft, Viehzucht, Ackerbau, in den warmen Tälern Weinbau. – 843 zu Dtld; im Kampf gg. Habsburg schlossen sich im 14. u. 15. Jh. 3 Bünde, darunter der *Graue Bund,* zusammen; im 30jähr. Krieg 1637 durch *Jürg Jenatsch* von den Franzosen befreit; 1803 Mitgl. d. Schweiz. Eidgenossenschaft.
Graudenz, *Grudziądz,* poln. St. an der Weichsel, 103 000 E. – Deutschordensgründung; 1466 poln., 1772 preuß., 1920 zu Polen.
graue Eminenz, Bez. für einen einflußreichen Politiker, der hinter den Kulissen wirkt (u. a. für F. v. → Holstein).
Grauer Burgunder, dt. Bez. für → *Pinot Gris.*
Grauerde → Podsol.
grauer Markt, Kauf direkt beim Hersteller, Großhändler, um Handelsspanne einzusparen, → Direktvertrieb.
grauer Star → Star.
Graufilter, dient z. Verringerung extremer Helligkeiten, d. aufnahmetechn. sonst nicht mehr bewältigt werden könnten; wicht. Zubehör in Verbindung m. Filmen höchster Empfindlichkeit.
Grauguß, Eisenguß mit grauer Bruchfläche durch 2–4% Kohlenstoffgehalt.
Graun,
1) Carl Heinrich (zw. 9. 8. 1703 u. 8. 8. 1704–8. 8. 59), dt. Opernkomp.; Oratorium: *Der Tod Jesu.*
2) Johann Gottlieb (zw. 28. 10. 1702 u. 27. 10. 1703–27. 10. 71), dt. Konzertmeister Friedrichs d. Gr.; Kammermusik.
Graupeln, atmosphär. Niederschlag, der entsteht, wenn unterkühlte Regentropfen m. Schnee- od. Eiskristallen zusammenstoßen, festfrieren u. als kleine, schneeballähnl. Gebilde niederfallen; in Mitteleuropa bes. im Frühjahr u. Herbst.
Graupen, enthülste, un- od. grob zerkleinerte Gersten-, Weizen-, Dinkelkörner.
Grauspießglanz, *Antimonsulfid,* wichtigstes Antimonerz.
Grauwacke, dunkelgraues sandsteinartiges, tonhaltiges Sedimentgestein.

Grauwerk, Pelz vom → Feh.
grave [it.], *mus.* schwer, gemessen.
Gravelot [-'vlo], Hubert-François (26. 3. 1699–19. 4. 1773), frz. Maler u. hpts. Illustrator; schuf typenbildende (Rokoko-)Vignetten.
Gravenreuth, Karl, Frh. v. (12. 2. 1858–8. 11. 1891, bekannter bayr. Offizier aus d. Kolonialgründerzeit Deutsch-Ostafrikas.
Gravenstein, dän. *Gråsten,* Ort in S-Jütland, 7000 Einwohner; Obstbau: **G.er Äpfel.**
Graves, [greıvz], Robert v. Ranke-G. (26. 7. 1895–7. 12. 1985), englischer Schriftst.; *Ich, Claudius, Kaiser und Gott.*
Gravidität, *w.* [l.], svw. → Schwangerschaft.
gravieren [frz.], Handwerk des *Graveurs,* Zeichnungen oder Schrift in Holz, Stein, Metall einschneiden oder erhaben herstellen durch Stichel, Meißel oder maschinell durch *Graviermaschine.*
gravierend, erschwerend, belastend.
Gravimetrie, chem. Methode d. Gewichtsbestimmung v. Stoffen durch Ausfällung u. Wägung eines Niederschlags aus einer Probelösung.
Gravis, *m.* [l.], griech. Zeichen (`) f. fallende Betonung.
Gravitation, die Kraft der gegenseitigen Anziehung von Massen; nach dem *G.sgesetz* v. *Newton* direkt proportional dem Produkt beider Massen u. umgekehrt proportional dem Quadrat ihrer Entfernung; nach der aus der allg. Relativitätstheorie von Einstein folgenden *G.stheorie* Eigenschaft des Raum-Zeit-Kontinuums; theoret. Elementarteilchen des *G.sfeldes: Gravitonen.*
Gravitationskollaps → Schwarzes Loch.
Gravitationslinse, Ansammlung v. Materie, die durch ihre gravitative Anziehung Licht weiter entfernter Objekte ablenkt u. ähnlich einer optischen Linse Bilder erzeugen kann.
Gravitationswellen, wellenförmige Ausbreitung veränderlicher Gravitationsfelder, die nach d. → Relativitätstheorie mit Lichtgeschwindigkeit vor sich gehen sollte (empirische Beobachtung umstritten; bisher nur indirekte Hinweise durch Änderung der Umkreisungsperioden von Doppelsternsystemen.)
gravitätisch, würdevoll, gemessen.
Gravüre, *w.* [frz.], Kupfer- od. Stahlstich.
Graz (A-8020), Hptst. d. Steiermark, zweitgrößte St. Österreichs, 243 157 E; Burg, Dom (15. Jh.), Uni. (s. 1586), TU, Musik-HS, Bischofssitz; Landesmus. (Joanneum); Handels- u. Wirtschaftszentr., Kultur- u. Messestadt. – 1379 bis 1493 u. 1564–1619 Residenz d. steirischen Habsburger.
Grazie, *w.,* Anmut, Liebreiz.
Grazien [l.], → Chariten, Charitinnen.
grazil, schlank, geschmeidig.
graziös [frz.], anmutig.
Gräzismus, *m.* [l.], Ausdrucksentlehnung a. d. Griech.
Great Britain ['greıt 'brıtn], → Großbritannien und Nordirland.
Greater London ['greıtə 'lʌndn], 1963 Vwbz. in S-England m. 1579 km² u. ca. 6,8 Mill. E; umfaßt City of London u. 32 Stadtbezirke.

Greco, El [span. „der Grieche"], eigtl. *Domenico Theotokópulos* (um 1541 bis 6. od. 7. 4. 1614), griech.-span. Maler, Vertr. d. Manierismus: überlängte Figuren, ausdrucksstarkes Kolorit; relig. Themen, Bildnisse (z. B. *Kardinalinquisitor Don Fernando Niño de Guevara*).
Greek Revival ['gri:k rı'vaıvəl],
1) in d. engl. Baukunst Bez. f. d. um Mitte 18. Jh. aufkommende „Wiederentdeckung" u. Erforschung der klassischen griechischen Architektur d. 5. Jh. v. Chr. u.
2) d. daraus folgende Richtung d. klassizist. Baustils auch in Amerika u. d. brit. Kolonialgebieten; *British Museum* (London) v. R. Smirke.
Green [gri:n], Julien (* 6. 9. 1900), frz. Schriftst. am. Herkunft; Romane: *Leviathan; Mitternacht; L'Autre.*
Greenaway ['gri:nəweı], Peter (* 1942), brit. Filmregisseur, Autor u. Maler; *The Draughtman's Contract* (1982); *Z.O.O.* (1985); *The Belly of an Architect* (1986); *Drowning By Numbers* (1988); *The Cook, the Thief, His Wife, and Her Lover* (1989).
Green Berets ['gri:n 'bereız], Spezialtruppe der US-Armee zur Guerilla-Bekämpfung; benannt nach ihrer grünen Kopfbedeckung.
Greene [gri:n], Graham (2. 10. 1904 bis 3. 4. 91), engl. Schriftst.; *Die Kraft u. d. Herrlichkeit; Der dritte Mann; Orientexpress; Der Honorarkonsul; E. Art Leben.*
Greenfee [engl. 'gri:nfi:], Golfplatzgebühr.
Greenhorn ['gri:nhɔ:n], „Grünschnabel"; in Nordamerika Bez. f. einen frisch Eingewanderten; Anfänger.
Greenock ['gri:nək], schott. Hafenst. am Clyde, 57 000 E; Vorhafen v. Glasgow; Metallind., Werften.
Greenpeace ['gri:n,pi:s], internat. Umweltschutzorganisation, 1971 i. Kanada gegründet.
Greensboro ['gri:nzbərə], St. im US-Staat North Carolina, 184 000 E; Uni.; Textilind.
Greenwich ['grınıdʒ], östl. Vorort v. London, 218 000 E; Sternwarte, deren → Meridian seit 1883 allg. als Nullmeridian gilt (Sternwarte 1948 nach Herstmonceux bei Hailsham, 20' 25" östl. G., verlegt).
Greenwich Village ['grınıdʒ 'vılıdʒ], New Yorker Künstlerviertel i. S. v. Manhattan.
Grège [frz. grɛ:ʒ], Rohseidenfaden, aus 3–16 Kokonfäden gebildet.
Gregor, [gr. „der Wachsame"], a) Name v. 16 *Päpsten:*
1) G. I., der Große (um 540–604), Hlg., regierte s. 590, Kirchenvater, ließ die Angelsachsen bekehren.
2) G. VII., *Hildebrand* (um 1023–85), reg. s. 1073, Gegner der Priesterehe (Einführung des Zölibats) u. der Simonie; bed. Vertr. der Machtansprüche der Kirche gegenüber dem Kaisertum (Heinrich IV., → Canossa) u. d. strengen Hierarchie.
3) G. IX. (um 1160 bis 1241), Papst 1227–41, Gegner Friedrichs II.; Förderer der Bettelorden.
4) G. XIII. (1. 1. 1502–10. 4. 85), reg. s. 1572, förderte die Jesuiten; führte den *Gregorianischen Kalender* ein.
b) *Kirchenlehrer, Bischöfe:*

GRENADA

Staatsname:
Grenada, State of Grenada

Staatsform:
Konstitutionelle Monarchie im Commonwealth

Mitgliedschaft: UNO, AKP, CARICOM, Commonwealth, OAS, SELA

Staatsoberhaupt:
Königin Elizabeth II., vertreten durch den Generalgouverneur Sir Reginald Palmer

Regierungschef:
Keith Mitchell

Hauptstadt:
St. George's 10 000 Einwohner

Fläche: 344 km²

Einwohner: 92 000

Bevölkerungsdichte: 267 je km²

Bevölkerungswachstum pro Jahr: ∅ 0,31% (1990–1995)

Amtssprache: Englisch

Religion: Katholiken (64%), Anglikaner (21%)

Währung: Ostkarib. Dollar (EC$)

Bruttosozialprodukt (1994): 241 Mill. US-$ insges, 2620 US-$ je Einw.

Nationalitätskennzeichen: WG

Zeitzone: MEZ – 5 Std.

Karte: → Antillen

Grenada

Grenada

Grenache

5) G. v. Nazianz (um 329 bis 390), griech. Kirchenvater, Hlg.
6) G. v. Nyssa (331–94), griech. Kirchenvater.
7) G. v. Tours (538 od. 539 bis 594), Bischof; schrieb *Fränkische Geschichte.*
Gregorianischer Gesang, *Gregor. Choral,* einstimmiger Kirchengesang, Sammlung u. Ordnung Papst Gregor I. zugeschr.; noch heute im kath. Gottesdienst.
Gregorianischer Kalender, v. Papst Gregor XIII. 1582 eingeführte, heute gültige Zeitrechnung; → Kalender.
Gregorovius, Ferdinand (19. 1. 1821 bis 1. 5. 91), dt. Kulturhistoriker; *Wanderjahre in Italien, Geschichte der Stadt Rom im Mittelalter.*
Greif, sagenhaftes Tier; aus Stier od. Löwe u. Raubvogel.
Greife, *Greifvögel,* kräftige Tiere mit scharfem Hakenschnabel u. Wachshaut, Füße mit großen, gebogenen Krallen; Nesthocker; erbeuten kleine Wirbeltiere; meist Vorverdauung i. Kropf; speien → Gewölle aus; hierzu z. B. Mäusebussard, Habicht, Sperber, Steinadler, Falken, Fischadler u. Neuweltgeier im zoolog. Sinn keine G.
Greifer, Greifgerät an Kränen zum Aufheben von Schüttgut; klappt beim Anheben zusammen, wird durch Auslösung geöffnet.
Greifswald (D-17489–93), kreisfreie St. in Mecklenburg-Vorpommern, nahe des **G.er Bodden** (Ostseebucht), 64 200 E; Uni. (s. 1456); got. Marienkirche, Dom St. Nikolai.
Greim, Robert von (22. 6. 1892–24. 5. 45), dt. Gen.feldm.; im 1. Weltkr. gelang ihm als erstem d. Abschuß eines gegner. Panzers aus d. Luft; 1939 Gen. d. V Fliegerkorps, ab 27. 4. 45 Oberbefehls. d. Luftwaffe.
Greisenhaupt, Kakteen m. langen weißen Haaren.
Greiz (D-07973), Krst. a. d. Weißen Elster, Thür., 30 800 E; Oberes u. Unteres Schloß, Textil- u. andere Ind.

Gremium, *s.* [l.], Ausschuß, Körperschaft.
Grenache [frz. grə'naʃ], eine der am häufigsten (u. a. in Frkr., Italien u. Spanien) verbreiteten Rotweinreben, die fruchtl., körperreiche Weine liefert; als *Garnacha* ist sie am span. *Rioja* beteiligt.
Grenada [grə'neıdə], Inselstaat i. d. Karibik, umfaßt die Hptinsel G. der Kl. Antillen u. die s. Grenadinen; südlichste der *Inseln über dem Winde,* → Antillen; Bev.: 82 % Schwarze, 13 % Mulatten; Ausfuhr von Bananen, Kakao, Zitrusfrüchten, Muskatnüssen; Tourismus; 1674 frz.; ab 1763 brit.; 1967 einer der m. Großbritannien assoziierten Staaten → Westindien; 1974 unabhängig, parlamentar. Monarchie im Commonwealth;

Griechische Kunst

Bronzekopf eines Jünglings, 4. Jh. v. Chr.

Schwarzfigurige Amphora, um 540 v. Chr.

Hermes

Haupt eines Kuros, 6. Jh. v. Chr.

Zweikammerparlament; 1979 Putsch, sozialist. Entwicklung, dagegen 1983 mil. Intervention d. USA.
Grenadier [frz. „grenade = Granate"], urspr. Handgranatenwerfer, i. 18. Jh. Infanterie-Elitetruppen; heute Panzer-G.
Grenadille, eßbare Früchte von Passionsblumen.
Grenadillholz, versch. Ebenholzsorten; bes. für Blasinstrumente.
Grenadine [-'di:n], Granatapfelsirup f. Mixgetränke.
Grenchen (CH-2540), frz. Granges, St. im Kanton Solothurn, Schweiz, 16 800 E; Uhrenind., elektrochem. u. metallurg. Ind., Flughafen; Intern. Triennale f. Druckgraphik.
Grenoble [grə'nɔbl], Hptst. d. frz. Dép. Isère, 160 000 E; elektrochem. u. metallurg. Ind., Zementind., Handschuhfabrikation; Uni. (1339 gegr.); Kernforschungszentrum; Fremdenverkehrs- u. Wintersportzentrum (Olymp. Winterspiele 1968).
Grenzertragsboden → Grenzstandort.
Grenzgröße, Helligkeit der schwächsten, m. d. Auge od. Fernrohr noch erkennbaren Fixsterne.
Grenzkosten, Kostenzuwachs bei Erhöhung d. Ausbringungsmenge um eine Einheit in Produktionsbetrieben.
Grenzlehre, Meßwerkzeug; dient im Maschinenbau zur Kontrolle von Werkstücken.
Grenzmark Posen-Westpreußen, 1922–1938 preuß. Prov.; 1938 auf Pommern, Brandenburg u. Schlesien aufgeteilt; s. 1945 polnisch.
Grenznutzenlehre, Richtung in d. Nationalökonomie, die im Grenznutzen (der subjektiv empfundene Nutzen der letzten verfügbaren Teilquantität eines Gutes bestimmt dessen Wert) das die Wirtschaft bestimmende Prinzip erkennt (Begr.: Menger, Walras, Pareto; Vertr.: Schumpeter).
Grenzschutz → Polizei.
Grenzsituationen, phil. in ihnen erfährt sich die menschl. Existenz als Unbedingtheit; z. B. ich muß sterben, ich verstricke mich in Schuld. Nach K. Jaspers sind G. neben d. Staunen u. d. Zweifel d. Ursprung der Phil.
Grenzstandort, Grenzertragsboden,

Apoll von Belvedere, 4. Jh. v. Chr.

Jockei, 2. Jh. v. Chr.

griech. Literatur, Komödiant, 4. Jh. v. Chr.

feuchte, wasserdurchläss., flachgründ. od. hängige Fläche, auf d. wg. nachteil. natürl. od. agrarstruktureller Standortfaktoren e. rentable landw. Nutzung nicht möglich ist.
Grenzstrahlen, von d. Berliner Arzt Bucky dargestellte, besonders weiche Röntgenstrahlen, zu Heilzwecken (Strahlenbehandlung).
Grenzstrang, Teil. d. Sympathikus, z. vegetativen → Nervensystem gehörend.
Grenzwert → Limes s 1).
Grenzwert,
1) math. auch Limes genannter Wert, dem e. Zahlenreihe zustrebt.
2) gesetzl. festgelegte, maximal zuläss. Schadstoffkonzentration (in Luft, Wasser, Boden, Nahrung) f. Stoffe m. Giftwirkung auf Menschen u. Ökosysteme; → MAK-Wert.
Gretna Green [-'gri:n], schott. Ort, bekannt durch Eheschließungen Minderjähriger ohne elterl. Erlaubnis durch d. Dorfschmied (Friedensrichter).
Grétry, André-Ernest-Modeste (11. 2. 1741–24. 9. 1813), belg. Komp.; Begr. der frz. kom. Oper.
Gretschko, Andrej Antonowitsch (17. 10. 1903–26. 4. 76), sowj. Marschall; ab 1967 Verteidigungsmin., ab 1973 Mitgl. d. Politbüros d. ZK d. KPdSU.
Greuze [grø:z], Jean-Baptiste (21. 8. 1725–21. 3. 1805), frz. Maler; sentiment. bürgerl. Genrebilder (→ Genre).
Greven a. d. Ems (D-48268), St. i. Kr. Steinfurt, NRW, 31 613 E; Textilind.
Grevenbroich [-'bro:x], (D-41515–17), St. i. Kr. Neuss, NRW, 62 030 E; AG; Aluminiumwerke, Maschinenbau, Konservenind.
Grey [grei], Edward (25. 4. 1862–7. 9. 1933), engl. Politiker. Außenmin. 1905–16, Entente mit Frkr. u. Rußland.
Greyhound ['greihaund],
1) engl. Windhund (f. Hunderennen);
2) Überlandbus in den USA.
Griechenland, Rep. auf der südl. Balkanhalbinsel; Festland (sw. Teil v. Thrazien, S-Mazedonien, Thessalien, Epirus, Sterea Ellas, Peloponnes) u. Inseln in d. angrenzenden Meeren (Euböa, Thasos, Lemnos, Lesbos, Chios, Kreta, die Ionischen In. (Ithaka, Zakynthos, Leukas, Kephallenia, Korfu), die Sporaden, der Dodekanes mit Rhodos, die Kykladen). **a)** Geogr.: Sehr gebirgig (Olymp m. 2917 m, Pindos, Othrys, Parnaß, Taygetos), Gebirge in geolog. junger Zeit in Horste u. Becken zerbrochen, dadurch Kleinkammerung u. reiche Küstengliederung insbes. i. O, Tiefebenen i. Thessalien u. v. geringem Umfang in Epirus u. N-Peloponnes. **b)** Landw.: 24% d. Beschäftigten; Hptausfuhrprodukte: Obst, Olivenöl, Tabak (Ernte 1991: 178 000 t); Textilien; Erdölprodukte. **c)** Bergbau: Braunkohle, Eisenerz, Magnesit, Bauxit (1991: 2,13 Mill. t); Erdöl u. Erdgas. **d)** Außenhandel (1991): Einfuhr 21,65 Mrd., Ausfuhr 8,66 Mrd. $. **e)** Verkehr: Handelsflotte 24,5 Mill. BRT (1992); Eisenbahn 2484 km. **f)** Verf. v. 1975 (geändert 1985/86), parlamentar.-demokrat. Rep. **g)** Verw.: 13 Regionen m. 54 Nomói (Verw.-Bez.) u. Mönchsrep. Athos. **h)** Gesch.: Stein- u. bronzezeitl. Kulturen in Kreta, Troja, Mykene. Um 1100 v. Chr. dorische Wanderung, d. h. Vordringen nördl. Stämme bis z. Peloponnes. Bis etwa 500 v. Chr. Bildung v. Stadtstaaten (Athen, Sparta) u. Verfassungskämpfe. 431–404 v. Chr. Peloponnes. Krieg um Vorherrschaft zw. Athen u. Sparta; 5. Jh. siegr. Abwehrkriege gg. die Perser u. kulturelle Blütezeit, dann Zerfall u. Unterwerfung unter Mazedonien. Seit Mitte 2. Jh. v. Chr. unter röm. Herrschaft, 395 n. Chr. an O-Rom (Byzanz). 4.–8. Jh. Eindringen german. u. slaw. Völker. 1456 türk.; 1821–29 Freiheitskampf, 1832 Kgr., Kg Prinz Otto von Bayern. 1912/13 Balkankriege. Erhebl. Gebietszuwachs bes. in Thrazien u. Kleinasien; Ostthrazien u. Kleinasien wieder an Türkei (griech.-türk. Bevölkerungsaustausch, 2 Mill.; → Umsiedlung). 1924–35 Rep., 1940 v. Italien angegriffen, 1941–44 v. dt. Truppen besetzt; 1946–49 Bürgerkr. gg. Kommunisten; 1947 d. Dodekanes zu G.; 1967 Regierung durch Militär gestürzt, Kg im Exil; 1973 Staatsstreich, Kg Konstantin für abgesetzt erklärt; 1974 Zypernkonflikt m. Türkei; als Folge Rückkehr zur Demokratie unter → Karamanlis; Volksabstimmung für Rep. u. gg. Monarchie; Auseinandersetzung um die Ägäis m.

der Türkei; 1981–89 u. 1993–1996 → Papandreou Reg.chef; Streit um Anerkennung der früheren jugoslaw. Rep. Makedonien unter diesem Namen. Die Parlamentswahlen 1996 bestätigen die PASOK-Reg. unter K. Simitis.

griechische Kunst, erreichte erstmals i. d. Geschichte „sehbildhafte" Natürlichkeit d. Darstellung; **a)** *Geometr. Zeit:* 9./8. Jh. v. Chr. monumentale Grabgefäße u. kleinplast. Arbeiten aus Ton, Metall od. Elfenbein. **b)** *Archaische Zeit: Baukunst:* seit 7. Jh. dorische Tempel (→ Pästum), seit 6. Jh. ionische, seit 5. Jh. korinth. – *Plastik,* 7./6. Jh.: wie ägypt. gradansichtig, monumental u. materialgebunden; Apoll v. Tenea; Anfang 5. Jh. Giebelskulpturen v. Olympia. – *Malerei,* 6. Jh.: schwarzfigurige, seit Ende 6. Jh. rotfigur. Vasenmalerei. **c)** *Klassische Zeit:* → Akropolis, 5./4. Jh. – *Plastik:* Lockerung d. Haltung durch Bewegungsmotive (Standbein, Spielbein u. lebensnahe Vermenschlichung; Material häufig Bronze; 5. Jh.: Polyklet (Speerträger; „Kanon" d. Proportionslehre); Myron (→ Diskus-Werfer); Phidias (Parthenon-→ Reliefs (Giebel u. Friese); Paionios, Nike. 4. Jh.: „Schöner Stil": Praxiteles (Hermes), Skopas (Mänade), Lysipp (Kopf Alexanders d. Gr.). – *Malerei* (fast nichts erhalten, aber Einzelwerke durch Beschreibungen od. Kopien überliefert): Perspektive, Schatten, Überschneidungen; Apelles (röm. Kopien in Pompeji). **d)** *Hellenismus,* eine der Grundlagen der röm. Kunst, dominierte d. Mittelmeerraum u. Orient bis Indien u. China: um 300 v. Chr. bis um Christi Geburt, starkes Pathos, gesteigerter Realismus (Borghesischer Fechter), Neigung zu Eleganz (→ Apoll v. Belvedere). *Malerei:* Aldobrandinische Hochzeit; *Plastik:* Einzelfiguren (Venus v. Melos/Milo), Gruppen (Laokoon); größtes erhaltenes Denkmal: → Pergamon-Altar; *Kleinkunst:* Terrakotten, → Tanagrafigürchen.

griechische Literatur, a) *um 1000 bis 700 v. Chr.:* Homer. Epen *(Ilias, Odyssee);* f. zwei Jahrtausende Vorbild u. Quelle des Altertums; Götterhymnen; Hesiod *(Werke u. Tage);* **b)** *7.–5. Jh. v. Chr.:* Älteste Lyrik: Tyrtaios (spartan. vaterländ. *Kriegsgesänge);* Alkaios, pol. Verse; Pindar (feiert Heroen u. Wettkämpfer); Anakreon (besingt Wein u. Liebe); Sappho *(Ode an Aphrodite);* kom. Epos *Froschmäusekrieg; Fabeln,* später unter dem Namen des *Äsop;* Herodot („Vater der Geschichte"), Berichterzählung mit eingestreuten Novellen *(Krösus; Gyges);* Dramen; *Thespis* Wanderbühne *(Thespiskarren);* enge Bindung an den Dionysos-Kult; daneben volkstümliche *Mimus*-Spiele; Äschylus begr. die Tragödie *(Orestie),* streng rel. Schicksalsauffassung; Sophokles *(Ödipus; Antigone)* führt die Entwicklung zu ihrem Höhepunkt, Euripides beendet sie mit psych. Auflösung der Mythen; Übergang zum Schauspiel *(Medea);* daneben Blüte der pol. Komödie; Aristophanes *(Vögel; Lysistrata);* Thukydides: Gesch. als Erlebnis *(Peloponnes. Krieg)* in kunstvoll geprägter Prosa *(Rede des Perikles über die Gefallenen);* Xenophon beschreibt seine Teilnahme am Zug d. Zehntausend *(Anabasis);* Rhetorik als eigene, hohe Kunstform betrachtet: Lysias, Isokrates, Demosthenes *(Philippika),* Äschines; auch der phil. Dialog als Dichtung: Platon *(Gastmahl);* **c)** *4. Jh. v. Chr.:* Menander, Komödie (zugleich bürgerl. Schauspiel; Typenkomödie); **d)** *3./2. Jh. v. Chr.:* Theokrits *Idyllen (Schäfergedichte),* Alexandrin. Kunst: Überleitung zur Provinzial- u. Großstadtkunst: Apollonios' schulmäßige Bearbeitung d. alten Sagen *(Argonautenzug)*

u. Kallimachos (epigramm. Kleinkunst, höfisch, großstädt.); Übersetzung des A.T. *(Septuaginta);* **e)** *1. Jh. v. Chr.:* Anthologien. Roman. Wissenschaftl. Gebrauchsliteratur: Erdbeschreibungen (Strabo), ethnographisches u. annalistisches Geschichtswerk Diodors; **f)** *1. Jh. n. Chr.:* Plutarch *(Lebensbeschreibungen; Moralia:* populäre Abhandlungen über geschichtliche, literarische, pol., rel. u. moralische Fragen); **g)** *2. Jh. n. Chr.:* Lukian *(Satiren,* bes. gg. Aberglauben u. Inkongruenz v. Lehre u. Leben); **h)** *3. Jh. n. Chr.:* Longos (Hirtenroman *Daphnis u. Chlöe);* **i)** *4. Jh. n. Chr.:* Nonnos (späteres Aufleben der alten Sagenwelt *(Dionysoszug); christl. Literatur in griech. Sprache* (Evangelien, Briefe d. Paulus); Kirchenväter (anfangs im Kampf mit Neupythagoreern u. Neuplatonikern): Athanasius, Gregor v. Nazianz; Aufgehen bzw. Weiterleben in d. *Byzantinischer Literatur.* → neugriechische Literatur.

griechische Philosophie → Philosophie, Übers.

griechisches Alphabet → Tabelle.

griechische Schrift, gg. Ende des 11. Jh. v. Chr. aus dem rein konsonant. Alphabet d. Phöniker abgeleitete u. durch Vokalbuchstaben ergänzte Schrift; kleine Buchstaben erst seit d. 9. Jh. n. Chr. allgemein gebräuchlich (→ Tabelle griech. Alphabet).

Griechisches Feuer, Seekampfmittel aus Schwefel, Werg, Kienspänen, Erdöl, auch auf Wasser brennend; von Griechen erfunden; 300 v. Chr.

griechische Sprache → Sprachen, Übers.

griechisch-orthodoxe Kirche, *griech.-oriental. K.,* → morgenländische Kirche.

griechisch-unierte Kirche, *griech.-kath. K.,* → unierte morgenländische Christen.

Grieg, Edvard (15. 6. 1843–4. 9. 1907), norweg. Komp.; Meister d. mus. Folklore; Musik zu Ibsens *Peer Gynt (Solveigs Lied),* Klavierkonzert, Orchestersuiten.

Griesel, atmosphär. Niederschlag v. graupelähnl., ziemi. kugelförm. Körpern, zus.geballte Eisnadeln od. Schneesterne; kleiner als 1 mm.

Grieshaber, Helmut Andreas Paul, *HAP* (15. 2. 1909–12. 5. 81), dt. Graphiker u. Maler; abstrahierende Farbholzschnitte; Wandgemälde.

Griesheim (D-64347), hess. Ind.st. i. Kr. Darmstadt-Dieburg, 22 700 E.

Grieß,
1) zu Körnern zerkleinertes Erz.
2) körniges Getreidemahlgut zum Backen, u. f. Klöße, Breie etc.

Griffel, *botan.* am Fruchtknoten sitzendes Tragorgan der Narbe, das der Leitung der Pollenschläuche z. d. Eizellen dient.

Griffith [-θ],
1) David Wark (22. 1. 1875 bis 23. 7. 1948), am. Filmregiss.; erste Großaufnahmen u. mehraktige Spielfilme; *The Birth of a Nation* (1915); *Intolerance* (1916).
2) John → London, Jack.

Griffon [-fõ], rauhhaariger frz. Vorstehhund.

Grigorescu, Nicolae (15. 5. 1838 bis 21. 7. 1907), rumän. Maler; wegweisen-

griechisches Alphabet			
Alpha	Beta	Gamma	Delta
A	B	Γ	Δ
α	β	γ	δ
a	b	g	d
Epsilon	Zeta	Eta	Theta
E	Z	H	Θ
ε	ζ	η	ϑ
e	ds, z	ē	th
Jota	Kappa	Lambda	My
I	K	Λ	M
ι	κ	λ	μ
i	k	l	m
Ny	Xi	Omikron	Pi
N	Ξ	O	Π
ν	ξ	o	π
n	ks, x	o	p
Rho	Sigma	Tau	Ypsilon
P	Σ	T	Y
ρ	σ ς	τ	υ
r	s	t	y
Phi	Chi	Psi	Omega
Φ	X	Ψ	Ω
φ	χ	ψ	ω
ph	ch	ps	o

GRIECHENLAND	
Staatsname:	Griechische Republik, Elliniki Dimokratia
Staatsform:	Parlamentarische Republik
Mitgliedschaft:	UNO, EU, OECD Europarat, EWR, OSZE, NATO, WEU
Staatsoberhaupt:	Konstantinos Stefanopoulos
Regierungschef:	Konstantinos Simitis
Hauptstadt:	Athen 885 000 (Agglom. 3,34 Mill.) Einwohner
Fläche:	131 990 km²
Einwohner:	10 390 000
Bevölkerungsdichte:	79 je km²
Bevölkerungswachstum pro Jahr:	⌀ 0,26% (1990–1995)
Amtssprache:	Neugriechisch
Religion:	Griechisch-Orthodoxe (98%), Katholiken (0,4%)
Währung:	Drachme (Dr.)
Bruttosozialprodukt (1994):	80 194 Mill. US-$ insges., 7710 US-$ je Einw.
Nationalitätskennzeichen:	GR
Zeitzone:	MEZ +1 Std.
Karte:	→ Balkanhalbinsel

Griechenland

Griechenland

der Pionier d. rumän. Freilichtmalerei; *Lichtung.*
Grill, *m.,* Bratrost, auf dem Speisen (Fleisch, Fisch usw.) bei starker Hitze *gegrillt* werden.
Grillen, *Grabheuschrecken;* Zirpen der Männchen durch Reiben d. Flügeldecken; *Feld-G., Maulwurfs-G.* (*Werre,* größte dt. Art, Schädling, frißt junge Wurzeln); *Heimchen.*

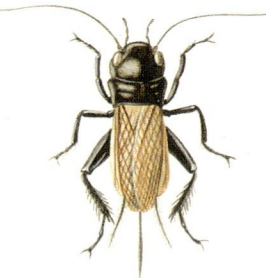

Feldgrille

Grillparzer, Franz (15. 1. 1791–21. 1. 1872), öst. Biedermeierdichter u. Realist; Dramen: *Die Ahnfrau; Sappho; Das goldene Vlies* (Trilogie); *Des Meeres u. der Liebe Wellen; Die Jüdin von Toledo;* Dramen aus der öst. Geschichte: *König Ottokars Glück u. Ende; Ein Bruderzwist in Habsburg; Libussa;* Lustspiel: *Weh dem, der lügt!* Novelle: *Der arme Spielmann;* Gedichte, Epigramme.
Grimaldi, Fürstenhaus von Monaco.
Grimm,
1) Hans (22. 3. 1875–27. 9. 1959), dt. völkischer Schriftst.; pol. Roman: *Volk ohne Raum.*
2) Hermann (6. 1. 1828–16. 6. 1901), Sohn von 4), dt. Kunsthistoriker; *Michelangelo; Raffael; Goethe.*
3) Jacob (4. 1. 1785–20. 9. 1863), Begr. der german. Sprach- u. Altertumswiss.: *Dt. Grammatik; Dt. Mythologie;* zus. m. s. Bruder
4) Wilhelm (24. 2. 1786–16. 12. 1859), dt. Gelehrter u. Dichter; *Dt. Sagen; Kinder- u. Hausmärchen; Dt. Wörterbuch.*
Grimma (D-04668), Krst. a. d. Mulde, Sa., 17 512 E.
Grimme, Adolf (31. 12. 1889–27. 8. 1963), dt. Pädagoge u. Pol.; 1948–56 Generaldirektor des Nordwestdt. Rundfunks. – *A.-G.-Preis* f. bes. Fernsehproduktionen (jährl. v. Dt. VHS-Verband s. 1961 verliehen).
Grimmelshausen, Hans Jakob Christoffel v. (um 1622–17. 8. 76), dt. Dichter; *Der Abentheuerliche Simplicissimus, Teutsch* (Roman d. 30jähr. Krieges); *Trutz Simplex* (mit d. Figur d. Mutter Courage).
Grimmen (D-18507), Krst. i. Mckb.-Vorpommern 14 400 E; Bauwerke i. Backsteingotik; div. Ind.
Grimsby [-bi], *Great G.,* engl. St. u. Fischereihafen, 92 000 E.
Grimsel, schweiz. Paß, 2165 m hoch, in den Berner Alpen, verbindet Aare- mit Rhônetal.
Grind, *m.,* volkstüml. Ausdruck für Hautausschläge mit Krusten- u. Schorfbildung.
Grindelwald (CH-3818), schweizerische Gemeinde im Berner Oberland,

GRÖNLAND

Name des Territoriums:	Grönland, eskimoisch Kalaallit Nunaat, dän. Grønland
Regierungsform:	autonome Region Dänemarks
Regierungschef:	Lars Emil Johansen
Hauptstadt:	Nuuk (Godthåb) 12 233 Einwohner
Fläche:	2 175 600 km²
Einwohner:	58 000
Bevölkerungswachstum pro Jahr:	Ø 0,71% (1990–1995)
Amtssprache:	Eskimoisch, Dänisch
Religion:	Protestanten
Währung:	Dänische Krone (dkr)
Bruttosozialprodukt (1986):	465 Mill. US-$ insges., 8780 US-$ je Einw.
Nationalitätskennzeichen:	GRØ
Zeitzone:	MEZ – 3 Std.
Karte:	→ Nordamerika

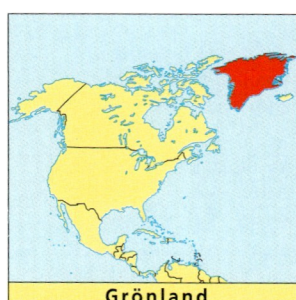

Grönland

Franz Grillparzer   Andrej Gromyko

Sommer- u. Winterkurort, 1040 müM, 3600 E.
Gringo [span.], geringschätzige Bez. f. Nichtromanen im span. Südamerika.
Grinzing, Stadtteil von Wien; zahlr. → Heurigenlokale.
Grippe, *Influenza,* fieberhafte Virus-Allgemeininfektion, auch seuchenartig (epidemisch), im Ggs. z. ,,grippalem Infekt'', → Erkältung.
Gris, Juan (13. 3. 1887–11. 5. 1927), span. Maler in Paris; Mitbegr. d. Kubismus; *Stilleben.*
Grisaille [frz. -'zɑːj], Grau-in-Grau-Malerei in vorgegebenen (z. B. durch d. ma. Kunstverständnis d. Zisterzienser) od. künstler. bewußtem Verzicht auf Farbigkeit; Valeurmalerei.
Griseldis, Frauengestalt i. Boccaccios Decamerone; Verkörperung von Demut u. Treue.
Griseofulvin, gg. Hautpilze wirkendes Antibiotikum (→ Antibiotika).
Grisette [frz. -'zɛt(ə)], Putz-, Näharbeiterin; Dirne.
Grislybär, *Grizzly,* grauer nordam. Bär.
Grissini, it. knusprige, daumendicke Gebäckstangen.
grober Unfug, svw. → Belästigung der Allgemeinheit.
Grock, eigtl. *Adrian Wettach* (10. 1. 1880–14. 7. 1959), schweiz. Musicalclown; bis 1954 Zirkusinhaber.
Grödner Tal, ital. *Val Gardena,* 28 km langes Tal in den Dolomiten, Südtirol; Holzschnitzereien, Fremdenverkehr; Hptort *St. Ulrich.*
Grodno, weißruss. St. a. Njemen, 270 000 E; Holz-, Leder-, Textilind.; Uni., HS. – 1918–39 poln.
Groener, Wilhelm (22. 11. 1867–3. 5. 1939), dt. Gen. u. Pol.; Gegner des Nationalsozialismus, 1928–1932 Reichswehrmin., 1931/32 auch Reichsinnenmin.
Groer, Hans (* 13. 10. 1919), östr. Theologe, Benediktiner aus Stift Göttweig, s. 1986 Erzbischof von Wien, Kardinal.
Grog, *m.* [engl.], Getränk: Rum oder Arrak mit heißem Wasser od. Tee u. Zucker.
Grohmann, Will (4. 12. 1887–6. 5. 1968), dt. Kunsthistoriker; Monographien: *Klee; Kandinsky.*
Gromaire [-'mɛːr], Marcel (24. 7. 1892–12. 4. 1971), frz. expressionist. Maler u. Graphiker.
Gromyko, Andrej (6. 7. 1909–2. 7. 89), sowj. Pol.; 1943–46 Botsch. i. d. USA, 1946–48 Vertr. d. UdSSR im Sicherheitsrat, 1957–85 Außenmin., s. 1973 bis 80 Mitgl. des Politbüros u. ZK der KPdSU; 1985–88 Staatspräs.
Gronau, Wolfgang von (25. 2. 1893 bis 17. 3. 1977), dt. Flugpionier; 1930 und 1931 Atlantik-Etappenflüge, 1932 Weltflug.
Gronau (Westfalen) (D-48559), St. i. Kr. Borken, NRW, a. d. ndl. Grenze, 41 700 E; AG; div. Ind.
Groningen ['xroː-], ndl. Prov., 2342 km², 555 000 E; Hptst. *G.,* Verkehrszentrum, 169 400 E; Uni. (s. 1614), Bischofssitz; Handel u. Ind.
Grönland, größte Insel d. Erde (nur 341 700 km² = 16 % eisfrei); Bew.: Grönländer (m. Europäern vermischte Eskimos), Eskimos, Europäer. **a)** *Geogr.:* Tiefe Fjorde, i. d. Gletscher

Die Brüder Grimm

Grimmelshausen ,,Simplicissimus'', Titelkupfer von 1683

münden; an d. W-Küste (warme Meeresströmung) mildes, sonst arkt. Klima. **b)** *Wirtsch.:* Fischerei und Schafzucht; Bergbau: Kryolith, Blei- u. Zinkerze, Graphit; gr. Eisenerzlager. **c)** *Außenhandel* (1991): Einfuhr 2,6 Mrd., Ausfuhr 2,18 Mrd. dkr. **d)** *Gesch.:* 900 n. Chr. von Isländern entdeckt; 1261 Nebenland Norwegens, 1721 dän. Kolonie. Erforschung des Innern s. 1883 durch Alfred Nordenskiöld, Nansen, Peary, A. → Wegener, Knud Rasmussen u. a. – Nach 1945 an der NW-Küste Luftstützpunkte d. NATO; 1953 dän. Prov.; 1979 m. Selbstverw. in wirtsch. u. inneren Angelegenheiten (m. eigenem Parlament u. Reg.); 1985 Austritt aus d. EG.
Groom, *m.* [engl. grum], Diener; Reitknecht.
Gropius,
1) Martin (11. 8. 1824–13. 12. 80), dt. Architekt d. Klassizismus; zahlr. öff. Bauten; u. a. *Neues Gewandhaus* in Leipzig, urspr. *Kunstgewerbemus.,* jetzt nach ihm ben. *G.-Bau* in Berlin.
2) Walter (18. 5. 1883–5. 7. 1969), dt.-am. Architekt, 1919–28 Leiter des → Bauhauses; seit 1937 in USA; u. a. *Fagus-Werke* in Alfeld, *Bauhaus* in Dessau; Wohnhaus im Hansaviertel, Berlin.

Groppen 1945 Mitbegr. d. Architektengruppe TAC: u. a. *Harvard Graduate Center*, Cambridge, Mass.; *US-Botschaft* in Athen.

Groppen, Bodenfische i. Süßwasser u. Meer.

Gros [gro], Antoine-Jean (16. 3. 1771 bis 26. 6. 1835), frz. Maler d. Klassizismus u. d. Romantik; zeitgeschichtl. Themen der Epoche Napoleons (z. B. *Bonaparte auf der Brücke v. Arcole*), Porträts (u. a. des Kaiserhofs); Kuppelausmalung im Panthéon (Paris).

Gros, s.,
1) [ndl.], 12 Dutzend.
2) [frz. gro:], Hauptmasse.

Groschen, alte dt. Silbermünze; → Pfennig; in Dtld heute volkstüml. f. Zehnpfennigstück; auch östr. Münze.

Grosnyj, Hptst. d. auton. Tschetschenischen Rep. (Rußland) nö. d. Kaukasus, 401 000 E; Erdöl, Erdgas.

Groß, Michael (* 17. 6. 1964), dt. Schwimmer; dreimaliger Olympiasieger, viermaliger Weltmeister.

Großbildkameras, verwenden Aufnahmeformate auf Planfilm von 9 x 12 cm, über 13 x 18 cm u. bis 18 x 24 cm; wahlweise f. Formate mit Inch- oder Zentimeter-Größen einsetzbar.

Großbritannien und Nordirland, nw. eur. Kgr. auf den Brit. Inseln, Kernstaat des Commonwealth of Nations: England u. Wales, Schottland, Nordirland, einschließl. Insel Man u. Kanalinseln. In der *Wirtschaft* überwiegen Bergbau, Industrie u. Handel. **a)** *Landw.:* Erzeugt über 50 % des Nahrungsmittelbedarfs; Bodennutzung: ca. 30% d. Gesamtfläche Acker, 50% Weide-, 8% Waldland; bed. Viehzucht (1991: 11,6 Mill. Rinder; Fischerei (1990: 0,8 Mill. t). **b)** *Ind.:* Bergbau- u. Hüttenind. (1991: 91,3 Mill. t Steinkohle, Roheisen 12,1 Mill. t, Rohstahl 16,5 Mill. t); Erdöl- u. Erdgasförderung i. d. Nordsee; bed. Textil-, Flugzeug-, Kraftfahrzeug- (1991: 1,45 Mill. Pkw u. Lkw), Masch.- u. chem. Ind., Schiffbau (1991: 186 000 BRT Stapelläufe). **c)** *Verkehr:* Eisenbahn 16 584 km; Handelsflotte 6,02 Mill. BRT (1992). **d)** *Außenhandel* (1991): Einfuhr 210,0 Mrd., Ausfuhr 185,12 Mrd. $. **e)** *Verf.:* Vereinigtes Kgr. von G. u. N-Irland; erbl. Monarchie m. gemischter Thronfolge; Söhne haben Vorzug vor Töchtern (Kgshaus Sachsen-Coburg-Gotha, s. 1917: Haus Windsor); Kg hat Einspruchsrecht (traditionell nicht ausgeübt) gg. Parlamentsgesetze, VOen nur m. Gegenzeichnung; Parlament: → Oberhaus, → Unterhaus; Premiermin. vom Kg ernannt, schlägt Min. vor; alle bedürfen des Vertrauens d. Unterhauses; das → *Commonwealth of Nations* ist die übergeordnete Staatsform. **f)** *Verw.:* England: 39 Counties (Grafschaften) u. 7 Metropolitan Counties, Wales: 8 Counties, Schottland: 12 Regionen, Nordirland: 26 Distrikte, Sonderregelung f. Großlondon. **g)** *Gesch.:* Urspr. keltische Bev.; s. 55 v. Chr.–410 n. Chr. unter röm. Herrschaft (Britannien). Ab 449 wandern german. Angeln (*Eng*land) u. Sachsen ein; 1066 Eroberung durch frz.sprechende Normannen (Wilhelm d. Eroberer). Seit 1154 Haus *Anjou-Plantagenet;* 1215 Magna Charta (Grundlage der engl. Verfassung, Beschränkung d. kgl. u. Festlegung der ständischen Rechte); 1350 Kampf um Trennung des Parlaments in Ober- u. Unterhaus. 1339–1453 *Hundertjähriger Krieg* gg. Frkr. (um festländ. Besitz). Thronstreitigkeiten: 1459–85 Kampf der *Roten Rose* (Haus Lancaster) u. der *Weißen Rose* (Haus York). Ab 1485 Haus *Tudor;* unter Elisabeth I. (1558–1603) Gründung d. *anglikan. Kirche*, Vollendung der Reformation; Ansiedlung in Nordamerika; Gründung d. Ostind. Kompanie; Hinrichtung der Maria Stuart; 1588 Vernichtung d. span. Armada. Ab 1603 Haus *Stuart* (Personalunion m. Schottland), → Pulververschwörung, Bürgerkrieg, Hinrichtung Karls I. 1649; England Rep. (Commonwealth unter Oliver Cromwell); 1651 → Acts of Navigation (England weltbeherrschende Seemacht); 1660 Königtum wiederhergestellt, 1673 Testakte (Ausschluß der Katholiken v. Staatsämtern); 1679 → Habeas-Corpus-Akte, Entstehung d. Parteien *Whigs* (Liberale) u. *Tories* (Konservative); 1688 „glorreiche" Revolution. Wilhelm v. Oranien; 1689 Bill of Rights (Sicherung verf.mäßiger Freiheiten); 1707 Vereinigung von England u. Schottland zum Kgr. G. Seit 1714 Haus *Hannover;* im Krieg gg. Frkr. 1755–63 erweiterte England seinen Kolonialbesitz, im nordam. Freiheitskrieg 1775–83 werden die am. Besitzungen selbständig. Um 1800 Kampf gg. Napoleon, im 19. Jh. Industrialisierung, Übergang zum Freihandel, G. der Gläubiger der Welt. Unter Kgn Viktoria (1837–1901) Reform des Wahlrechts, Aufstieg der sozialist. Labour Party, Ausbau d. Kolonialreichs. Nach 1900, Eduard VII., wird d. *Splendid isolation* aufgegeben (Bündnis m. Japan 1902, Entente m. Frkr. 1904 u. Rußland 1907). Im 1. Weltkrieg wird Kapitalreserve verbraucht, Gläubigerrolle G.s in der Welt nun an USA abge-

---

GROSSBRITANNIEN UND NORDIRLAND

Staatsname: Vereinigtes Königreich von Großbritannien und Nordirland, United Kingdom of Great Britain and Northern Ireland

Staatsform: Konstitutionelle Monarchie

Mitgliedschaft: UNO, Commonwealth, EU, Europarat, EWR, OSZE, NATO, OECD, WEU

Staatsoberhaupt: Königin Elizabeth II.

Regierungschef: Tony Blair

Hauptstadt: London 6,8 Mill. Einwohner (Agglom.)

Fläche: 244 100 km²

Einwohner: 58 088 000

Bevölkerungsdichte: 238 je km²

Bevölkerungswachstum pro Jahr: ⌀ 0,24% (1990–1995)

Amtssprache: Englisch

Religion: Anglikaner (57%), andere Protestanten (15%), Katholiken (13%), Muslime (1,4%)

Währung: Pfund Sterling (£)

Bruttosozialprodukt (1994): 1 069 457 Mill. US-$ insges., 18 410 US-$ je Einw.

Nationalitätskennzeichen: GB

Zeitzone: MEZ – 1 Std.

Karte: → Großbritannien

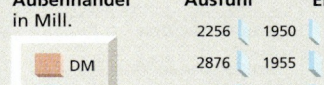

Großbritannien, Wirtschaft

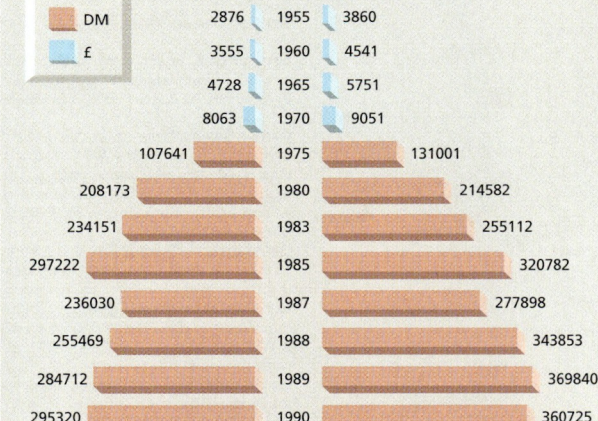

Außenhandel in Mill.	Ausfuhr		Einfuhr
DM / £	2256	1950	2609
	2876	1955	3860
	3555	1960	4541
	4728	1965	5751
	8063	1970	9051
	107641	1975	131001
	208173	1980	214582
	234151	1983	255112
	297222	1985	320782
	236030	1987	277898
	255469	1988	343853
	284712	1989	369840
	295320	1990	360725
	301714	1991	347475
	327842	1994	378711

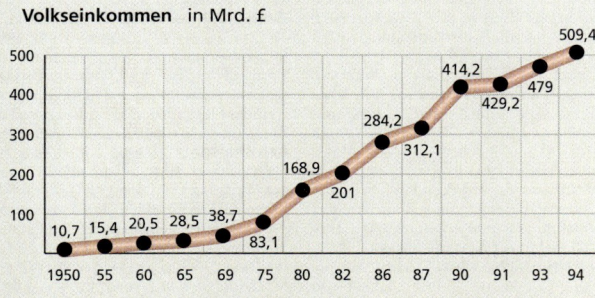

Volkseinkommen in Mrd. £

Jahr	1950	55	60	65	69	75	80	82	86	87	90	91	93	94
Wert	10,7	15,4	20,5	28,5	38,7	83,1	168,9	201	284,2	312,1	414,2	429,2	479	509,4

Gold- und Devisenbestand 1995
Gold: 18,43 Mill. troy oz (1 Troy ounce = 31,1 Gramm) Devisen: 26357 Mill. SZR (Sonderziehungsrechte, 1 SZR am 31.12.1995 = 1,4865 US-$ bzw. 2,1309 DM)

Großbritannien u. Nordirland

Großbritannien u. Nordirl.

treten. 1921 Anerkennung Irlands als Freistaat (Dominion). 1922 Washingtoner Abrüstungskonferenz (Engl. nur noch gleich starke Seemacht neben USA). 1931 Statut von Westminster (völlige Gleichberechtigung der Dominions). Unter *Georg VI.* 1937 Kab. Chamberlain. 1938 → Münchener Abkommen, 1939 2. Weltkrieg; Churchill Premiermin. 1940–45; 1947 gestand G. Indien, Pakistan u. 1948 auch Ceylon die volle Unabhängigkeit zu. Sie wurden Mitglieder des → Commonwealth. 1949 Irlands Austritt a. d. Commonwealth. In den folgenden eineinhalb Jahrzehnten wurde d. brit. Kolonialreich weitgehend aufgelöst, u. d. meisten früheren Kolonien u. Protektorate wurden unabhängige Staaten, verblieben aber im Commonwealth. Innenpol. Verstaatlichung d. Bergbaus u. d. Stahlind. unter der Regierung d. Labour Party (1945–51), von den Konservativen (1951–64) wieder rückgängig gemacht. 1952 Elisabeth II. Königin; 1955/56 Räumung d. Suezkanalzone. 1958 Kabeljaukrieg mit Island, → Dreimeilenzone. 1960 Gründungsmitgl. d. → EFTA. S. 1969 Unruhen i. Nordirland, Einsatz brit. Truppen. 1972 Aufhebung d. Selbstverwaltung. 1973 EWG-Beitritt m. Übergangsfrist v. 5 Jahren. 1971 Umstellung d. Währung auf das Dezimalsystem. 1982 mil. Konflikt m. Argentinien um d. → Falklandinseln. 1984/85 Bergarbeiterstreik. 1979–90 → Thatcher, 1990–97 Major Premiermin.; 1994 Eröffnung des Eurotunnels zw. G. u. Frkr.; 1997 Sieg der Labour-Partei unter Tony Blair; Wiederaufnahme der zuvor gescheiterten Verhandlungen zur Nordirlandfrage.

großdeutsche Idee, Streben nach Einigung Dtlds mit Einschluß Östr.s in gemeinsamem Staat; in Paulskirche 1848/49 Auseinandersetzung zwischen Großdt.en u. Kleindt.en; nach Scheitern einer großdt. Lösung d. dt. Frage 1871 programmatische Forderung d. meisten dt. Parteien; nach 1945 großdt. Idee hinter *gesamtdt.* Bestrebungen (→ Wiedervereinigung) zurückgetreten.

Größe, *astronom.: absolute G.* eines Sterns ist seine scheinbare Helligkeit, die er in der Einheitsentfernung von 10 → Parsec haben würde; Vergleich v. wahren Sternhelligkeiten od. Leuchtkräften nur mögl., wenn man sie auf gleiche Entfernung reduziert denkt; *scheinbare G. (Helligkeit):* die unmittelbar am Himmel beobachtete Helligkeit.

Großenbrode (D-23775), Ostseebad i. Kr. Ostholstein, Schl.-Ho., 1885 E.

Großenhain (D-01558), Krst., Sa., 17 974 E; div. Ind.

Größenklasse, Helligkeitsskala für Sterne; Intensitätsverhältnis von 2 aufeinanderfolgenden Größenklassen stets 1:2,512.

Großenkneten (D-26197), Gem. i. Kr. Oldenburg, 11 408 E; Erdgasfelder.

Größenwahn, Geistesstörung: Selbstüberhebung, Früherscheinung u. a. bei → Gehirnerweichung.

Grosser, Alfred (* 1. 2. 1925), frz. Publizist, Historiker u. Pol.-wiss. dt. Herkunft; *Deutschlandbilanz.*

Großer Bär → Sternbilder, Übers.

Großer Hund → Sternbilder, Übers.

Großer Kurfürst → *Friedrich Wilhelm* 6).

Großer Ozean → Pazifik, Pazifischer Ozean.

Großer Rat, in der Schweiz vom Volk gewählte gesetzgebende Körperschaft, in Kantonen, in denen keine → Landsgemeinde besteht.

Große Seen, *Kanadische Seen,* die 5 nordam. Seen zw. den USA u. Kanada: Oberer, Michigan-, Huron-, Erie- u. Ontario-See, zus. 245 000 km²; mit dem Atlant. Ozean durch den → St.-Lorenz-Seeweg verbunden.

Grosseto, it. Prov.hptst. i. d. Toskana, 70 600 E; Kathedrale, Kastell; Agrarzentrum.

Großfeuerungsanlagen, Feuerungsanlagen (Heizkraftwerke u. a.) mit e. Wärmeleistung von mehr als 50 Megawatt.

Großfürst, Titel f. d. Prinzen des russischen Kaiserhauses.

Groß-Gerau (D-64521), Krst. in Hess., 22 548 E; AG; versch. Ind. – Röm. Gründung.

Großglockner, höchster Gipfel der Hohen Tauern, zugleich höchster Berg Östr.s, 3797 m; erhebt sich 1300 m über d. → Pasterze..

Großglockner-Hochalpenstraße, 48 km l., 1936 eröffnet, wichtigste Straßenverbindung zw. Salzburg u. Kärnten; von Bruck (757 m) durch Fuschertal u. Hochtortunnel (2505 m) nach Heiligenblut (1301 m); eindrucksvolles Bergpanorama (über 30 Dreitausender).

Großhandel, Verkauf von Waren an Unternehmer zum Weiterverkauf oder zur Weiterverarbeitung. *Aufkaufhandel,* sammelt Produkte bei den Erzeugern; *Produktionszwischenhandel,* leitet die Ware an d. Einzelhandel weiter. *Hilfspersonen:* → Makler; → Kommissionäre. G.sfunktionen können auch von den Erzeugern oder den Konsumenten selbst übernommen werden; → Genossenschaften.

Großherzog, bis 1918 Titel d. Herrscher folgender dt. Bundesstaaten (*G. tü-*

mer): Baden, Hessen, beide Mecklenburg, Sachsen-Weimar, Oldenb.; meist b. Gründung des → Rheinbundes v. Napoleon I. verliehen; jetzt nur noch in Luxemburg Herrschertitel.

Grossist, *Großhändler,* der Waren en gros (zum Wiederverkauf) umsetzt.

Großjährigkeit, svw. → Volljährigkeit.

Großkophta, Titel, den sich → Cagliostro als Haupt des von ihm gegründeten Freimaurerbundes gab.

Großkreis, math. kürzeste Verbindung zweier Punkte auf der Kugel.

Großkreuz, *Großkordon,* die höchste Klasse der meisten Orden; am breiten Band meist als Schärpe getragen.

Großmast, *seem.* zweiter Mast vorn (Abb. → Takelage).

Großmeister, Titel d. Oberen eines → Ritterordens.

Großmogul, eur. Bezeichnung der tatar. Herrscher Indiens 1526–1858, eigentlicher Titel „Schah".

Großorient, frz. Freimaurer-Großloge.

Großraumgärung → Tankgärverfahren.

Großraumwagen, Eisenbahnwagen o. abgeschlossene Abteile.

Großrußland, russ. *Welikorossija,* das Hauptsiedlungsgebiet der → Russen (Großrussen).

Großsiegelbewahrer, Titel des engl. → Lordkanzlers; Titel des frz. u. it. Justizministers.

Großübungen, mil. Manöver mit mehr als 2000 Teilnehmern.

Großvenediger, Gipfel in d. westl. Hohen Tauern, 3674 m, m. *Kleinvenediger,* 3477 m; vergletschert.

Großverband, mil. Bez. für → Divisionen u. Brigaden.

Großwardein, rumän. *Oradea,* rumän. St. am W-Rand des Bihar-Gebirges, 221 000 E; kath. u. orthodoxes Bistum; Obst- u. Weinmarkt; Metall-, Textil- u. Lederind.

Großwelzheim, Ortsteil v. → Karlstein a. Main.

Großwesir, früher d. höchste Beamte i. islam. Ländern.

Grosz, George (26. 7. 1893–6. 7. 1959), dt.-am. Maler u. Graphiker; satir., gesellschaftskrit. Werke; Mitgl. d. Berliner *Dada*-Gruppe; e. Hptvertr. d. maler. Verismus; später auch Elemente d. Neuen Sachlichkeit.

Grotefend, Georg Friedrich (9. 6. 1775–15. 12. 1853), dt. Sprachforscher; → Keilschrift.

Grotenburg, Berg im Teutoburger Wald (386 m), mit Hermannsdenkmal.

grotesk [it.], seltsam, komisch und verzerrt.

Groteske [it.], Ornamenttyp d. Renaissance (z. B. v. Raffael i. d. Loggien d. Vatikans i. Rom) z. Flächendekoration, m. pflanzlichen od. Tiermotiven u. ä.; nach Vorbildern d. röm. Antike bes. in unterirdischen Räumen („Grotten").

Groteskschriften, seit Anfang 19. Jh., bestehen a. gleichmäßig starken Antiquabuchstaben (wie z. B. die Schrift dieses Lexikons).

Grotewohl, Otto (11. 3. 1894–21. 9. 1964), dt. Pol.; 1945 Vors. d. SPD d. SBZ, 1946 Mitvors. d. SED, 1949–64 Min.präs. der DDR.

Groth, Klaus (24. 4. 1819–1. 6. 99), dt. Dichter plattdt. Mundart; Gedichte: *Quickborn.*

Grothe, Franz (17. 9. 1908–12. 9. 82), dt. Filmkomponist.

Grotius, *de Groot,* Hugo (10. 4. 1583 bis 28. 8. 1645), ndl. Humanist, Rechtsphil., Begr. des Völkerrechts.

Grotte, natürlich od. künstlich entstandene Felsenhöhle.

Grottenolm, Schwanzlurch, → Olme.

Groult, Benoîte (* 31. 1. 1920), frz. Schriftstellerin. *Salz auf unserer Haut* (89), *Tagebuch vierhändig* (63), *Leben will ich.*

Groupie [engl. 'gru:pi], weiblicher Fan, der sich im Gefolge von ihm bewunderten Musiker aufhält u. mit diesen auch sexuelle Beziehungen hat.

Grubber, *m.* [engl. 'grʌbə], *Kultivator,* landwirtschaftl. Gerät zur Bodenlockerung.

Grube, svw. Bergwerk.

Grubengas, → *Methan,* ergibt, mit Luft gemischt, die Schlagwetter; zu seiner Feststellung dient **Grubenlampe** nach Davy (Flamme von engmaschigem Drahtnetz umgeben, das ein explosionsfähiges Gemisch durch Abkühlung nicht zur Explosion kommen läßt; bei schwacher Verpuffung, Flamme erlischt; heute elektrische Glühlampen).

Grubenottern, Giftschlangen m. grubenförm. Sinnesorganen, die auf die Körperwärme v. Beutetieren ansprechen.

Grubenwehr, bes. ausgebildete und ausgerüstete Bergleute f. Einsatz b. Grubenunglücken; *Grubenwehr-Ehrenzeichen,* 1953 gestiftet (→ Orden, Abb.).

Grubenwurm, *Hakenwurm,* zu den → Fadenwürmern gehörend, gefährl. Schmarotzer, dringt durch Haut über Blutwege u. Lunge bis in d. Dünndarm, bes. bei Bergleuten u. Erdarbeitern der Tropen u. Subtropen; bewirkt schwerste Blutarmut; *Grubenkrankheit.*

Gruber, Franz Xaver (25. 11. 1787 bis 7. 6. 1863), östr. Lehrer, Komponist v. *Stille Nacht.*

Grüber, Heinrich (24. 9. 1891–29. 11. 1975), dt. ev. Theol.; gründete nach 1933 Hilfsdienst f. rass. Verfolgte; 1940–43 KZ-Haft, 1946 Propst in Berlin.

Grude, *w.,* Koks, Rückstand b. Verschwelung der Braunkohle, billiger, langsam glimmender Brennstoff für **Grudeherde.**

Grumman Corporation ['grʌmən-], am. Luft- u. Raumfahrtkonzern, 1929 gegr., produziert vorwiegend Marineflugzeuge.

Grummet, *s., Grumt,* getrockneter zweiter Wiesenschnitt.

Grün,
1) Anastasius, eigtl. *Anton Alexander Gf v. Auersperg* (11. 4. 1806–12. 9. 76), östr. Dichter u. Pol.; Gedichte: *Spaziergänge eines Wiener Poeten;* epische Versdichtungen: *Robin Hood.*
2) Max von der (* 25. 5. 1926), dt. Arbeiterschriftst.; *Irrlicht und Feuer; Stellenweise Glatteis; Vorstadtkrokodile.*

Grünberg,
1) (D-35305), hess. St. i. Kr. Gießen, 13 048 E; div. Ind.
2) *Zielona Góra,* poln. St. in Schlesien, 115 000 E; Maschinenbau, elektron. u. Textilind.; Obst- u. Weinbau.

Grünbuch → Farbbücher.

Grundbuch, beim *G.amt* geführt; enthält Eintragungen über Rechtsverhältnis an Grundstücken; jedes Grundstück erhält e. **G.blatt** m. versch. Abteilungen, d. Lage, Bez., Eigentümer, Belastung angeben; Einsicht b. berechtigtem Interesse gestattet; Eintragung ins G. hat oft rechtserzeugende Bedeutung (z. B. b. Eigentumsübertragung, Hypothekenbestellung).

Grundbücher, in der doppelten → Buchführung d. Hptbuch vorgeschaltete, nach gleichart. Geschäftsvorfällen (Kasse, Bank, Waren usw.) gegliederte Buchungsbücher (→ Journal).

Grunddienstbarkeit → Dienstbarkeit.

Grundeln, breitköpf. Knochen- (meist See-)Fische; auch Bez. für Gründling, Schmerle und Groppe.

Grunderwerbsteuer → Steuern, Übers.

Gründerzeit, die Jahre 1871–73, in denen aufgrund der von Frkr. gezahlten Kriegsentschädigung viele (oft unsolide) geschäftl. Unternehmen *gegründet* wurden; Ende: „Gründerkrach", zahlr. Zusammenbrüche; kulturelle Haltungslosigkeit, stillose Protzerei, bes. in Bauten und Möbeln.

Gründgens, Gustaf (22. 12. 1899 bis 7. 10. 1963), dt. Intendant in Berlin, Düsseldorf u. Hamburg, Regisseur u. Schausp.; *Faust; D. Glas Wasser.*

Grundgesetz, *GG,* Bez. für die 1949 geschaffene Verfassung d. BR (→ Verfassung, Übers.).

grundieren, untermalen, Grundfarbe auftragen.

Grundkapital, in der Satzung beschlossenes Geschäftskapital einer AG; mindestens 100 000, bei GmbH („Stammkapital") mindestens 50 000 DM.

Grundlagenforschung, Erforschung d. Grundlagen der Mathematik, Philosophie usw.

Gründling, karpfenartiger Fisch.

Gründonnerstag, i. Christentum d. Donnerstag vor Ostern m. liturg. Gedächtnisfeier d. letzten Abendmahls vor Jesu Tod.

Grundrechte → Menschenrechte.

Grundrente, *Bodenrente,* Differenz zw. den Kosten der landw. Bearbeitung u. dem für d. Produktion erzielten Preis *(Differentialrente);* Boden u. Grundstücke werfen je nach Güte u. Lage verschieden hohe G. ab.

Grundriß, Plan eines Baus oder einer Maschine in Draufsicht (von oben).

Grundschuld, Belastung eines Grundstücks in der Weise, daß an den Berechtigten eine Geldsumme *aus d. Grundstück* zu zahlen ist; Bestehen einer Forderung nicht erforderlich (Ggs.: Hypothek), § 1191 BGB.

Grundschule, d. einheitl. strukturierte schulische Unterbau d. gesamten Bildungsarbeit (→ Schulwesen, Übers.).

Grundsteuer → Steuern, Übers.

Grundstoffe → Elemente.

Grundton, *mus.* Anfangston e. Tonleiter, tiefster Ton e. Ausgangsakkords.

Grundtvig, Nicolai Frederik Severin (8. 9. 1783–2. 9. 1872), dän. Theol., Historiker u. Dichter, Volkserzieher, Gründer der Volkshochschulbewegung.

Grundumsatz, Energieumsatz (Sauerstoffverbrauch) in Ruhe; b. Menschen ca. 4 J je Std. u. kg d. Körpergewichts;

G.erhöhung z. B. b. Schilddrüsenüberfunktion.
Gründung,
1) *rechtl.* v. Genossenschaften, Vereinen, Gesellschaften (z. B. AG), Firmen usw.
2) *betriebswirtsch.* von Unternehmen.
3) *bautechn.* Schaffung haltbarer Unterlagen für Gebäude durch Stein- oder Betonschüttung, Pfahlroste.
Gründüngung, Düngung vor d. Saat od. Pflanzung i. Herbst od. Frühjahr; Dünger wird i. den Boden eingearbeitet, unterpflügen v. Pflanzen.
Grundvertrag, *Grundlagenvertrag,* behandelte d. Beziehung zw. BR u. DDR; Gleichberechtigung, Gewaltverzicht, Unverletzlichkeit d. Grenzen, Beschränkung d. Hoheitsgewalt auf das eigene Staatsgebiet; 1972 unterzeichnet.
Grundwasser, sammelt sich unterirdisch über undurchlässiger Schicht; wichtigste Trinkwasserressource; Reinheit durch Müll-Altlasten, Mineralöl, aber auch durch Überdüngung (Nitrate) gefährdet; seine Höhe (**G.spiegel**) schwankt nach Jahreszeit.
Grundwasserstrom, unterirdisch fließendes Grundwasser, fließt Flüssen od. Seen zu od. tritt in → Quellen aus.
Grünen, Die → Parteien, Übers.
Grüne Parteien, pol. ambitionierte Gruppen, d. sich f. stärkere Berücksichtigung des Umweltschutzes einsetzen (→ Parteien, Übers.).
Grüner Bericht, Bez. für agrarpol. Reg.erklärung in der BR.
grüner Pfeil, Ampelsignal, das Rechtsabbiegen b. Rotlicht gestattet; umstritten wegen Gefährdung v. Fußgängern, Radfahrern.
Grüner Punkt, Kennzeichnung von Verpackungen f. d. Müllverwertung durch d. → Duale System.
grüner Star → Glaukom.
Grüner Veltliner, sehr alte, v. a. in Östr. angebaute Weißweinrebe, die leichte, frische Weine liefert.
grüne Versicherungskarte, intern. gültiger Nachweis d. Haftpflichtversicherung b. Kfz.
Grünewald, Matthias, eigtl. *Mathis Gothardt N(e)ithardt* (um 1470/5 bis 1528), deutscher Baumeister u. hpts. Maler d. Spätgotik an d. Schwelle z. Frührenaiss.; Hptwerk: *Isenheimer Altar* (Colmar).

Grünling

Grüner Veltliner

Bernhard Grzimek

G-Schlüssel

Guadalajara, Kathedrale

grüne Welle, Folge von Verkehrsampeln, die zentral so geschaltet werden, daß Fahrzeuge bei best. Geschwindigkeit stets grünes Licht antreffen.
Grünholzfraktur, Form d. Knochenbrüche bei Kindern.
Grünkern, Korn von → Dinkel, zu Suppen verwendet.
Grünkohl → *Braunkohl,* Gemüsekohl m. einer Rosette krauser Blätter, frostbeständig, wächst auch an frostfreien Wintertagen.
Grünkreuz, Diphorgen, chemischer Kampfstoff im 1. Weltkr.; Lungengift.
Grünling, *Grünfink,* in Eur. häufig vorkommender Singvogel, Männchen olivgrün.
Grünspan, basisches Kupfer(II)acetat zur Darstellung v. Kupferfarben; giftig.
Grünspecht, großer einheim. Specht; roter Scheitel, sucht gern am Boden nach Ameisen.
Grünstadt, (D-67269), St. i. Kr. B. Dürkheim, RP, 12 139 E; Weinbau.
Grupello, Gabriel von (22. 5. 1644 bis 20. 6. 1730), flämischer (Hof-)Bildhauer u. Bronzegießer d. Spätbarock in span. u. dt. Diensten; *Figurenpyramide* in Mannheim, *Johann Wilhelm* in Düsseldorf.
Gruppe, *math.* algebraische Struktur, bestehend aus einer Menge u. einer zweistelligen Verknüpfung, für die vier bestimmte Gesetze gelten.
Gruppe der 77, 1963 auf d. 18. Sitzung der UNO-Vollversammlung gebildeter loser Zus.schluß d. Entwicklungsländer; fordert u. a. eine neue Weltwirtschaftsordnung (*Charta von Manila,* 1976).
Gruppendynamik,
1) Begriff d. sozialpsych. Forschung, die Entstehung u. Struktur v. sozialen Gruppen untersucht (Begr.: K. Lewin).
2) Methode zur psychotherapeut. Analyse v. Gruppenprozessen.
Gruppentheorie, *math.* 2 Elemente, nach bestimmten Gesetzen verbunden, geben wieder ein Element der gleichen Art, Gruppe genannt.
Gruppentherapie, bes. Form der → Psychotherapie, bei der mehrere Patienten unter d. Leitung e. Psychotherapeuten veranlaßt werden, ihre Gefühle zu äußern, ihre Probleme zu diskutieren, neue Verhaltensweisen zu erproben u. Zugang zur Gemeinschaft zu finden.
Gruppe 47, 1947 am Bannwaldsee bei Füssen gegründ. lose Vereinigung dt. Schriftst.; Ziel: eine neue dt. Literatur mit zeitkrit. Inhalten u. demokr. Engagement; Gründer: H. W. *Richter, Andersch, Schnurre* u. a.; jährl. *Literaturpreis der Gruppe 47* (Preisträger u. a. Böll, Grass, Walser); 1977 aufgelöst.
Grus, *m.,* Verwitterungsprodukt grobkörniger Gesteine; auch Kohleabfall.
Grusinien → Georgien.
Grusinier → Georgier.
Grusinische Heerstraße, *Georgische H.,* Paßstraße im Kaukasus, von Wladikawkas bis Tiflis, 214 km l., bis 2379 m ansteigend.
Grüssau, *Krzeszów,* Ortsteil v. Landeshut, Niederschlesien (Polen); Barockkloster m. Plastiken v. F. Procof u. M. Braun.
Grützbeutel → Atherom.
Grütze, grob gemahlenes Getreide (Gerste, Hafer, Buchweizen).

Gruyère [frz. gry'jɛːr], *Greyerzer,* schweiz. Hartkäse m. herzhaftem Aroma.
Gryphius, Andreas (2. 10. 1616–16. 7. 64), schlesischer Dichter; Sonette, Tragödien: *Leo Arminius, Catharina von Georgien;* Lustspiele: *Horribilicribrifax; Peter Squentz.*
Grzimek ['gʒɪmɛk], Bernhard (24. 4. 1909–13. 3. 87), dt. Zoodir., Schriftst.,

Andreas Gryphius

GUADELOUPE	
Name des Territoriums: La Guadeloupe	
Regierungsform: Frz. Übersee-Département	
Präfekt: Michel Diefenbacher	
Hauptstadt: Basse Terre 14 100 Einwohner	
Fläche: 1705 km^2	
Einwohner: 421 000	
Bevölkerungsdichte: 247 je km^2	
Bevölkerungswachstum pro Jahr: ⌀ 1,82% (1990–1995)	
Amtssprache: Französisch	
Religion: Katholiken (95%)	
Währung: Frz. Franc	
Zeitzone: MEZ – 5 Std.	
Karte: → Antillen	

Guadeloupe

bekannt durch seine Fernsehsendung *Ein Platz für Tiere* und sein Engagement für die → Serengeti.

Gscheidle, Kurt (* 16. 12. 1924), SPD-Pol.; 1974–79 B.min. f. Post u. Verkehr, 1980–82 B.min. f. Post u. Fernmeldew.

G-Schlüssel, *Violinschlüssel,* gibt Lage der Note g' an.

GSG 9, *Bundesgrenzschutz-Sondergruppe,* 1972 gegr. Antiterrortruppe.

Gstaad (CH-3780), Kurort im Berner Oberland, Gem. *Saanen,* 1100 müM, 2500 E.

GTZ, *Dt. Gesellschaft f. Techn. Zus.arbeit,* bundeseigene GmbH, am 1. 1. 1975 aus d. Bundesstelle f. Entwicklungshilfe (BdE) u. d. Dt. Förderungsges. f. Entwickl.länder (GAWI) hervorgegangen. Führt Maßnahmen zur techn. Entwicklungshilfe i. Auftrag d. Bundesregierung durch.

Guadalajara [-'xara], Hptst. d. mexikan. Staates Jalisco, 1,6 (Agglom. 2,6) Mill. E.

Guadalquivir [-ki'βir], südspan. Fluß, mündet i. d. Golf v. Cádiz, 657 km l., bis Sevilla schiffbar. Im Mündungsgebiet *Las Marísmas,* gr. Naturschutzgebiet.

Guadeloupe [gwa'dlup], größte (Doppel-)Insel der Kl. Antillen, s. 1647 frz. Kolonie, s. 1946 frz. Übersee-Dép.; Einw.: Mulatten (77 %), Schwarze (10 %), Kreolen (10 %); Ausfuhr: Zucker, Bananen, Rum; Fremdenverkehr. – Hpthafen u. Flugplatz: *Pointe-à-Pitre* (26 000 E).

Guadiana, Fluß in SW-Spanien, Mittel- u. Unterlauf z. T. portugies., mündet in den Golf bei Cádiz, 778 km l., bis Mértola schiffbar.

Guam, Hauptinsel der Marianen, im w. Pazif. Ozean, Terr. u. Militärbasis der USA; 1521 v. Magalhães entdeckt, 1898 von Spanien an USA, 1941–44 v. Japan besetzt; 1982 innere Autonomie.

Guanajuato [-'xŭato], mexikan. Staat, 30 589 km², 3,3 Mill. E; Hptst. *G.* (49 000 E); Uni; Silberbergbauzentrum.

Guanako, kamelartiges Gebirgstier S-Amerikas.

Guanchen [-tʃən], berberide Urbevölkerung der Kanar. Inseln; groß, der fälischen Rasse verwandt, v. d. Spaniern ausgerottet; Steingeräte.

Guangdong, früher *Kwangtung,* südchin. Küstenprov., 197 100 km², 63 Mill. E; Reis-, Tee- u. Zuckerrohranbau, Seidenraupenzucht; Bergbau: Kohle, Eisenerz, Ölschiefer; Textilind., Metallverarb., Maschinenbau; Hptst. *Guangzhou.*

Guangxi-Zhuang, südchin. autonomes Gebiet, 220 400 km², 42 Mill. E; Reis, Zuckerrohr, Teeanbau; Bergbau: Kohle, Zinn- u. Manganerz; Textilind., Maschinenbau, Elektroind.; Hptst. *Nanning.*

Guangzhou, früher *Kanton,* Hptst. der chin. Küstenprov. Guangdong, am Ende der Mündungsbucht des Xi Jiang, 3,5 Mill. E; S-Chinas bedeutendster Ind.- u. Handelsplatz; Uni., FHS, TU; Museen.

Guanin, *2-Aminodihydropurinon;* eine d. vier Basen, die am Aufbau d. Nucleinsäuren beteiligt sind.

Guano, m. [span.], verwitterter Seevogelkot; bes. vor der Küste Perus abgebaut; stickstoff- und phosphorhaltig; Düngemittel.

Guanosin, Verbindung aus Guanin u. Ribose (Nucleosid); Bestandteil von Nucleinsäuren.

Guantánamo, Hptst. d. Prov. *G.* in Kuba, 215 000 E; Bucht v. G.: US-Marinestützpunkt s. d. Pachtvertrag v. 22. 5. 1903.

Guarani → Währungen, Übers.

Guardi, it. Maler d. Rokoko,
1) *Francesco* (5. 10. 1712–1. 1. 93); e. Hptmeister d. venezian. → Veduten-Malerei; ging v. d. betont realist. z. atmosphär. Darstellungsweise über; s. Bruder
2) *Giovanni Antonio* (1699–22. 1. 1760): hpts. relig. u. mytholog. Themen; Bildnisse.

Guardian [it.], Wächter; Klostervorsteher b. Franziskanern u. Kapuzinern.

Guardini, Romano (17. 2. 1885–1. 10. 1968), dt. kath. Theologe u. Religionsphil. it. Herkunft.; *Der Herr; Welt und Person; Freiheit, Gnade und Schicksal.*

Guareschi [-ski], Giovannino (1. 5. 1908–22. 7. 68), it. Schriftst.; Romane: *Don Camillo und Peppone.*

Guarini [gwa-], Guarino (17. 1. 1624 bis 6. 3. 83), it. Baumeister d. Hochbarock, bes. in Turin; verwendete auch f. d. süddt. u. böhm. Kirchenbau.

Guarneri, *Guarnerius, Guarnieri,* berühmte Cremoneser Geigenbauerfamilie: *Andrea* (vor 1626–7. 12. 98); s. Söhne *Pietro I Giovanni* (18. 2. 1655–26. 3. 1720), *Giuseppe I Gian Battista* (25. 11. 1666–1739/40); dessen Söhne *Pietro II* (14. 4. 1695–7. 4. 1762), *Giuseppe II,* gen. *del Gesù* (21. 8. 1698–17. 10. 1744).

Guatemala, mittelam. Rep., vulkan. Gebirgsland (m. Tajumulco 4210 m), waldreich (Mahagoni-Bestände); Bev.: 65 % Indianer, 30 % Mestizen, 5 % Weiße. **a)** *Wirtsch.:* Anbau v. Kaffee (1991: 195 000 t), Baumwolle, Bananen, Zucker f. den Export. **b)** *Außenhandel* (1991): Einfuhr 1674 Mill., Ausfuhr 1033 Mill. $ (Kaffee m. ca. 23% d. Ausfuhren). **c)** *Verkehr:* Eisenbahn 782 km. **d)** *Verf.* v. 1986: Präsidiale Rep. m. Mehrparteiensystem, Kongreß (eine Kammer). **e)** *Verw.:* 22 Dep. unter Gouverneuren. **f)** *Gesch.:* Ureinwohner (Mayas) 1525 v. Spaniern unterworfen; 1839 selbst. Rep.; s. 1960 latenter Bürgerkrieg, 1982 u. 1983 Mil.putsch; 1984 Rückkehr zur Demokratie; 1996 Friedensvertrag zur Beendigung des Bürgerkriegs zw. Reg. u. URNG.

Guave, *Guayave,* südam., etwa apfelgroße ovale, grüne Tropenfrucht.

Guayana,
1) Landschaft im N Südamerikas; zw. Orinoco u. Amazonas, a. d. atlant. Küste fruchtb. Tiefland, i. Inneren *Hochland v. G.,* 2000–3000 m h., Klima u. Vegetation tropisch; große Teile (i. NO u. S) zu Venezuela u. Brasilien. Im Norden:
2) *Französisch-G.,* frz. Übersee-Dép. (bis 1946 Kolonie), mit 3 Salutinseln (dabei Teufelsinsel), bis 1946 Deportationsort für Sträflinge; Bodenschätze wenig genutzt (Gold, Bauxit, Mangan); frz. Raumforschungszentrum Kourou (s. 1966) mit Raketenabschußbasis.
3) *Niederländ.-G.* → Suriname.
4) *Guayana,* unabhängiger Staat → Guyana.

Guayaquil [-'kil], Haupthafenstadt von Ecuador, am Golf v. G., 1,6 Mill. Einwohner; Uni, TH; Erdölraffinerie, chem. u. Eisenind.

Guben (D-03172), *Wilhelm-Pieck-Stadt G.* (1961–90), Krst. i. Bbg., 30 400 E; Textilind., Maschinenbau; poln. St.teil östl. d. Lausitzer Neiße *Gubin.*

Guckkastenbühne, bis heute i. wesentl. erhaltene Bühnenform d. Barock; v. Zuschauerraum durch Rahmen u. Vorhang abgeteilt.

Guderian, Heinz (17. 6. 1888–14. 5. 1954), Gen.oberst, ab Februar 1943 Gen.inspekteur der Panzertruppen. Erfolgreichster dt. Panzerkommandeur des 2. Weltkrieges.

Gudrun [altnord. „die für den Kampf Weissagende"],
1) w. Vorname.
2) i. d. Edda Name f. Kriemhild.

Gudrunlied, *Kudrun,* mittelhochdt. Heldenepos (um 1240); Königstochter Gudrun, v. Hartmut geraubt, muß dessen Mutter Gerlinde Magddienste tun; von Herwig befreit.

GUAM

Name des Territoriums:	Guam
Regierungsform:	Außengebiet der USA mit innerer Autonomie
Gouverneur:	Carl T. C. Gutierrez
Hauptstadt:	Agaña 4785 Einwohner
Fläche:	541 km²
Einwohner:	147 000
Bevölkerungsdichte:	271 je km²
Bevölkerungswachstum pro Jahr:	⌀ 2,26% (1990–1995)
Amtssprache:	Englisch
Religion:	Katholiken (90%)
Währung:	US-$
Bruttosozialprodukt (1994):	3 000 Mill. US-$ insges., 20 000 US-$ je Einw.
Zeitzone:	MEZ + 9 Std.
Karte:	→ Australien und Ozeanien

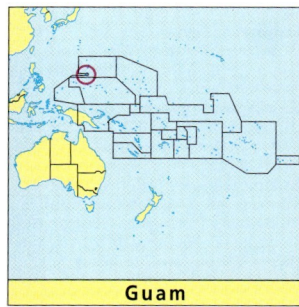

Guam

GUATEMALA

Staatsname:	Republik Guatemala, República de Guatemala
Staatsform:	Präsidiale Republik
Mitgliedschaft:	UNO, OAS, SELA, SICA
Staatsoberhaupt und Regierungschef:	Alvaro Arzu Irigoyen
Hauptstadt:	Guatemala-Stadt 1 095 700 Einwohner
Fläche:	108 889 km²
Einwohner:	10 322 000
Bevölkerungsdichte:	95 je km²
Bevölkerungswachstum pro Jahr:	⌀ 2,88% (1990–1995)
Amtssprache:	Spanisch
Religion:	Katholiken (75%), Protestanten (25%)
Währung:	Quetzal (Q)
Bruttosozialprodukt (1994):	12 237 Mill. US-$ insges., 1190 US-$ je Einw.
Nationalitätskennzeichen:	GCA
Zeitzone:	MEZ – 7 Std.
Karte:	→ Nordamerika

Guatemala

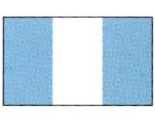 

Guatemala

Französisch-Guayara

Guelfen, *Welfen*, im MA in Italien päpstl. Partei, Gegner der → Ghibellinen.
Guercino [-'tʃ-], eigtl. *Giovanni Francesco Barbieri* (1591–22. 1. 1666), it. Maler d. Barock (bes. in Bologna); Darstellungen relig. u. mytholog. Themen.
Guerezas → Schlankaffen.
Guericke, *Gericke Otto v.* (20. 11. 1602–11. 5. 86), dt. Phys., Bürgermeister v. Magdeburg; erfand Luftpumpe, Elektrisiermaschine und Zentrifuge.

Otto v. Guericke

Guerilla [gɛ'rilja], Kleinkrieg, genannt nach den **Guerillas**, span. Banden, zuerst gegen Napoleon 1808.
Guernica [gɛr'nika], kl. bask. Stadt nordw. Bilbao, 1937 v. dt. Bombern zerstört; Gemälde v. → Picasso.
Guernsey ['gə:nzi], westlichste der brit. → Kanalinseln, 63 km², 55 400 E; Hptort *St. Peter Port*.
Guevara, Ernesto („Che") (14. 6. 1928–9. 10. 67), lateinam. Revolutionär; Mitorganisator des kuban. Guerilla-

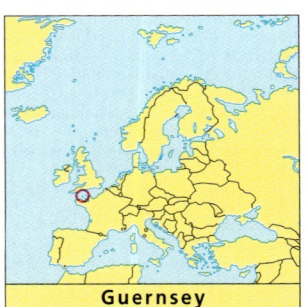
Guernsey

Guernsey

kriegs; 1961 kuban. Industriemin., in Bolivien als Guerillero erschossen.
Guggenberger, Friedrich (* 6. 3. 1915), dt. Marineoffizier; im 2. Weltkr. U-Boot-Kommandant; 1956–72 i. d. Bundeswehr, zuletzt Konteradmiral.
Guggenheim,
1) Peggy (26. 8. 1898–23. 12. 1979), am. Kunstsammlerin; schuf in Venedig e. d. wichtigsten Sammlungen d. Moderne; ihr Onkel
2) Solomon R. (2. 2. 1861–3. 11. 1949), am. Industrieller u. Förderer d. modernen Kunst; Begr. d. *G.-Stiftung* u. d. *G.-Museums* (erbaut v. F. L. Wright) in New York.
Guide, m. [frz. gid, engl. gaɪd]
1) Begleiter, Führer;
2) Reisehandbuch.
Guido v. Arezzo, (um 992–17. 5. 1050), it. Musiktheoretiker, Erfinder des mehrlinigen Notensystems.
Guildhall ['gɪldhɔ:l], „Gildenhalle", 1411–39 erb. Londoner Rathaus (City).
Guillaume-Affäre [gi'jo:m], die Verhaftung d. DDR-Spions *Guillaume*, Mit-

arbeiter im B.kanzleramt, führte zum Rücktritt v. B.kanzler → Brandt.
Guillaumin [gijo'mɛ̃], Armand (16. 2. 1841–26. 6. 1927), frz. Maler; einer d. ersten u. konsequentesten Vertr. d. Impressionismus (Landschaftsbilder); später aber auch d. Fauvismus zugewandt.
Guillemin [gɪ'mɪn], Roger (* 11. 1. 1924), am. Med.; Nobelpr. 1977 (Forschungen i. Bereich der → Peptidhormone).
Guilloche, w. [frz. gi'jɔʃ], Linienzeichnungen, für Wertpapierdruck, schwer nachzuahmen.

GUINEA
Staatsname: Republik Guinea, République de Guinée
Staatsform: Präsidiale Republik
Mitgliedschaft: UNO, AKP, ECOWAS, OAU
Staatsoberhaupt: Lansana Conté
Regierungschef: Sidia Touré
Hauptstadt: Conakry 800 000 Einwohner
Fläche: 245 857 km²
Einwohner: 6 501 000
Bevölkerungsdichte: 26 je km²
Bevölkerungswachstum pro Jahr: ⌀ 3,04% (1990–1995)
Amtssprache: Französisch
Religion: Muslime (85%), Animisten (5%), Christen (1,5%)
Währung: Guinea-Franc (F. G.)
Bruttosozialprodukt (1994): 3310 Mill. US-$ insges., 510 US-$ je Einw.
Nationalitätskennzeichen: RG
Zeitzone: MEZ – 1 Std.
Karte: → Afrika

GUINEA-BISSAU
Staatsname: Republik Guinea-Bissau, República da Guiné-Bissau
Staatsform: Präsidiale Republik
Mitgliedschaft: UNO, AKP, ECOWAS, OAU, CPLP
Staatsoberhaupt: João Bernardo Vieira
Regierungschef: Manuel Saturnino da Costa
Hauptstadt: Bissau 125 000 Ew.
Fläche: 36 125 km²
Einwohner: 1 050 000
Bevölkerungsdichte: 29 je km²
Bevölkerungswachstum pro Jahr: ⌀ 2,14% (1990–1995)
Amtssprache: Portugiesisch
Religion: Naturreligionen (65%), Muslime (30%), Christen (5%)
Währung: Guinea-Peso (PG)
Bruttosozialprodukt (1994): 253 Mill. US-$ insges., 240 US-$ je Einw.
Nationalitätskennzeichen: GNB
Zeitzone: MEZ – 1 Std.
Karte: → Afrika

Guinea

Guinea-Bissau

Guinea

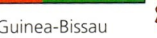
Guinea-Bissau

Guillotine [frz. gijo'tin], Fallbeil, Maschine z. Hinrichten, nach frz. Arzt J. I. *Guillotin* benannt, der sie in der Frz. Revolution befürwortete.
Guilmant [gil'mã], Félix Alexandre (12. 3. 1837–29. 3. 1911), frz. Organist u. Komponist.
Guimard [gi'ma:r], Hector (10. 3. 1867–2. 6. 1942), frz. Architekt, e. Hptvertr. des → Art Nouveau; Wohnblock *Castel Béranger* in Paris; s. *Métro*-Eingänge in Paris wurden vorbildl. f. Dachformen u. Hallenbauten auch in O-Eur.
Guinea [gi-],
1) Küstenlandschaft in W-Afrika, gegliedert in *Ober-G.* im N u. *Nieder-G.* im S, umrandet d. *Golf von G.* mit den *G.inseln*: Bioko, Pagalu (zu Äquatorial-G.), São Tomé u. Príncipe; an *Nieder-G.* haben Anteil: Angola, Kongo, Gabun, Äquatorial-Guinea und Kamerun; an *Ober-G.*: Guinea, Sierra Leone, Liberia, Côte d'Ivoire, Ghana, Togo, Benin u. Nigeria.
2) Rep. am Atlant. Ozean, NW-Afrika; Verw.: 8 Supra-Regionen, 31 Regionen. **a)** *Wirtsch.*: Hauptausfuhr: Kakao, Palmöl, Kaffee, Erdnüsse, Edel- u. Farbhölzer, Bauxit, Diamanten, Gold. **b)** *Außenhandel* (1991): Einfuhr 489 Mill., Ausfuhr 638 Mill. $. **c)** *Verf.* v. 1991: Präsidialsystem, Nat.vers.; seit 1984 Mil.rat. **d)** *Gesch.*: Bis 1958 frz. Kolonie; seitdem unabhäng., Rep. unter Sekou Touré (1961–84 Staatspräs.); s. 1984 Militärregime; 1992 Zulassung pol. Parteien; 1995 freie Wahlen.
Guinea ['gɪnɪ], engl. Goldmünze, 1663–1816 im Umlauf, heute nur noch Rechnungseinheit = 21 Shilling.
Guinea-Bissau, Rep. in NW-Afrika, mit Bissagosinseln; Ausfuhr v. Cashew- u. Erdnüssen, Kokosnüssen, Fisch; Bodenschätze (Bauxit, Mangan, Erdöl) kaum genutzt. – 1446 entdeckt; 1879 Kolonie *Portugiesisch-Guinea*; 1951 portugies. Überseeprov.; 1955 Autonomie; 1973 Proklamation z. unabhängigen Staat; 1974 Abkommen zw. G.-B. u. Portugal über Unabhängigkeit, 1984 neue Verf., 1991 Einführung e. Mehrparteiensystems u. erste freie Wahlen 1994.
Guineapfeffer, svw. → Cayennepfeffer.
Guinness ['gɪnɪs], Sir Alec (* 2. 4. 1914), engl. Schausp.; *Kind Hearts and Coronets; Ladykillers; The Bridge on the River Kwai.*
Guiringaud [girɛ̃'go], Louis Marie de (12. 10. 1911–15. 4. 82), frz. Diplomat; 1949–52 Hoher Kommissar i. Dtld; 1976–82 Außenmin.
Guiscard [gis'ka:r], Robert (1016–85), Normannenhzg, eroberte als Vasall des Papstes ganz Unteritalien, besiegte 1081 d. Byzantiner bei Durazzo, befreite 1084 Gregor VII. aus der Engelsburg.
Guise [gi:z], lothring. Herzogsgeschlecht, Feinde des Protestantismus in Frkr.:
1) Franz, 1562 Blutbad zu Vassy, entfachte Hugenottenkriege; s. Sohn
2) Heinrich, leitete die → Bartholomäusnacht; Haupt der kath. Liga in Frkr.
Guizhou [gŭeĭdʒoʊ], früher *Kweitschou*, südwestchin. Binnenprov., 176 300 km², 32 Mill. E; dünn besiedelt; verkarstete Hochebenen, Wald; Kupfer-, Bauxit-, Kohle-, Mangan- u. Quecksil-

berberbau; Seidenraupenzucht, Getreide- u. Reisanbau; Hptst. *Guiyang* (1,4 Mill. E).

Guizot [gi'zo], François (4. 10. 1787 bis 12. 9. 1874), frz. Pol. und Historiker; Hptvertreter der bürgerl. konservativ-liberalen Richtung des → Juste-milieu, 1840–48 Außenmin.

Gujarat, *Gudscharat,* Staat d. Ind. Union, 195 984 km^2, 41,2 Mill. E; Hptst. *Gandhinagar.*

Gujarati, s., *Gudscharati,* Mundart in Indien.

Gujrati, s., *Gudscharati,* Mundart in Indien.

GULAG, **G**lawnoje **U**prawlenie **Lag**erej, Verwaltung der i. d. 20er Jahren errichteten Straflager i. d. UdSSR.

Gulbranssen, Trygve (15. 6. 1894 bis 10. 10. 1962), norweg. Erzähler; *Und ewig singen die Wälder; Das Erbe von Björndal.*

Gulbransson, Olaf (26. 5. 1873–18. 9. 1958), norweg. Zeichner u. Maler in München; Karikaturen u. a. für d. „Simplicissimus"; Buchillustrationen; Bildnisse.

Gulda, Friedrich (* 16. 5. 1930), östr. Pianist u. Jazzmusiker.

Gulden, um 1350 dem Florentiner Goldflorin nachgeprägt, später m. selbst. Münzbild (Dukaten) u. in Silber (Guldengroschen); → *Florin.*

Guldin(i), Paul (12. 6. 1577–3. 11. 1643), schweizerischer Mathematiker, stellte **Guldinische Regel** auf, die den Inhalt von Rotationsflächen u. -körpern bestimmt.

Gulliver, Held in Swifts Roman *G.s Reisen.*

Gully, *m. od. s.* [engl.], Einlaufkasten der → Kanalisation als Schlammfang.

Gumbinnen, russ. *Gussew,* St. an der Pissa im nördl. Teil d. ehem. Ostpreußens; 22 000 E. – 1722 St., 1732 Ansiedlung protestant. Salzburger; 1945 zu Rußland.

Gumma → Syphilis.

Gummersbach (D-51643-47), Krst. d. Oberberg. Kreises, 52 100 E; AG; Metall-, Papier- u. Kunststoffind.

Gummi, *m. od. s.,*
1) unkristallisierbarer Stoff in Pflanzensäften, in Wasser quellend.
2) *Kautschuk,* aus trop. Pflanzen, bester Parakautschuk aus *Hevea brasiliensis,* auch in Ostindien angebaut; technisch verwendbar durch Zusammenkneten mit 10% Schwefel u. Erwärmung auf 140° (*Vulkanisieren,* nach Goodyear, 1839); bei 30% Schwefelzusatz entsteht Hartgummi, hornartig. *Gummiakazie* liefert das *Gummiarabikum,* arab. *G.,* durchsichtig, gelblich, guter Klebstoff für Zeugdruck, ersetzt durch billiges *Stärke-G.* (svw. → Dextrin).

Gummibaum, riesiger ostindischer Feigenbaum mit Luftwurzeln; liefert → Kautschuk; auch als Topfpflanze beliebt.

Gummidruck,
1) Hochdruckverfahren mit aus Kautschuk bestehenden Druckformen für Anilinfarben.
2) Bezeichnung für Offsetdruck.

Gumpelzhaimer, Adam (1559–3. 11. 1625), dt. Kantor u. Komponist.

Gumpoldskirchen, niederöstr. Weinbauort i. Bz. Mödling, 3000 E.

Gundermann, *Gundelrebe,* krautiger Lippenblütler; blauviolette Blüten.

Günderode, Karoline v. (11. 2. 1780-26. 7. 1806), dt. Dichterin d. Romantik.

Gundolf, Friedrich, eigtl. *F. Leopold Gundelfinger* (20. 6. 1880–12. 7. 1931), deut. Literarhistoriker, → Georgekreis; *Shakespeare, Goethe.*

Gundremmingen (D-89335), Gem. im Ldkr. Günzburg/Donau, 1196 E; erstes dt. Großkernkraftwerk (Leistung 250 MW Block A), 1977 nach Störfall stillgelegt; Erweiterungsbau v. Block B u. C (Leistung je Block 1310 MW, s. 1984 i. Betrieb).

Güney, Yilmaz (1937–9. 9. 84), türk. Filmregisseur, Schausp. u. Autor; *Yol* (1981); *D. Mauer* (1983).

Gunnarsson, ['gy-], Gunnar (18. 5. 1889–21. 11. 1975), isländ. Schriftst.; *Die Leute auf Borg; Die Eindalssaga.*

Gunther, *Gundahar* († 436 n. Chr.), burgund. Kg; gefallen gg. Hunnen (der G. des Nibelungenliedes).

Günther,
1) Egon (* 30. 3. 1927), dt. Regisseur u. Schriftst.; *Abschied* (1968); *Lotte in Weimar* (1975); *Die Leiden d. jungen Werthers* (1976); *Morenga* (1985).
2) Franz Ignaz (22. 11. 1725–28. 6. 75), bayr. Bildhauer d. Rokoko; tätig u. a. in d. Klosterkirchen Rott am Inn u. Weyarn.
3) Johann Christian (8. 4. 1695 bis 15. 3. 1723), schles. Lyriker; Vorläufer d. Sturm u. Drang u. d. Empfindsamkeit; *Studentenlieder.*
4) Matthäus (7. 9. 1705–30. 9. 88), bayr.

GUS

Freskomaler d. ausklingenden Spätbarock.

Günz, *w.,* r. Nbfl. d. Donau im bayr. Schwaben; danach **Günzeiszeit,** → Eiszeitalter.

Günzburg (D-89312), Gr.Krst. a. d. Donau, Bay., 19 266 E; Rokoko-Kirche; AG; div. Ind.

Gunzenhausen (D-91710), mittelfränk. St. i. Kr. Weißenburg-G., a. d. Altmühl, Bay., 16 270 E; ma. St.bild; Altmühlsee.

Guomindang [chin. „Nat. Volkspartei"], *Kuo-min-tang,* chin. Partei, als Geheimgesellschaft 1912 von Sun Yat-sen gegr., bildete 1918 eine Regierung in S-China (Hptst. *Kanton*); nach ugspr. Anlehnung an die UdSSR 1923 drängte Parteiführer *Jiang Jieshi* (Tschiang Kaischek) 1927 kommunist. Einfluß zurück. 1929 Kontrolle über ganz China (Hptst. *Nanking*), Einparteireg.; im Bürgerkrieg ab 1945 K.regl. (Nat.reg.) von den Kommunisten 1949 vom Festland verdrängt, beherrscht s. 1950 nur noch → Taiwan.

Guppy [engl.], buntschillernder südam. Zahnkarpfen; viele Zuchtformen; Aquarienfisch.

Gurde, Kürbisflasche, Pilgerflasche.

Gurk, Gem. i. Kärnten, 1400 E; bed. roman. Dom.

Gurke, Gemüsepflanze aus Ostindien, zahlreiche Sorten.

Gurkha, Volksstamm aus Nepal, orthodoxe Hindu; stellten Ersatz für brit. Kolonialtruppen.

Gurlitt, Cornelius (1. 1. 1850–25. 3. 1938), dt. Architekt u. Kunsthistoriker; *Barock.*

Gurnemanz, Rittergestalt d. Parzivalsage.

Gurt, *m., Gurtbogen,* in d. Baukunst quer z. Hptachse e. Gewölbes verlaufende Verstärkung in Band- od. Rippenform; gliedert d. Raum zugleich in Abschnitte; (→ Joch).

Gürtelreifen, Fahrzeug-, → Luftreifen, deren Unterbau *(Karkasse)* unter der Laufsohle bes. verstärkt bzw. versteift ist durch Drahtgeflecht od. Kordgewebelagen (Textil-G.), dadurch geringere Reifenabnutzung bei hohen Fahrgeschwindigkeiten, aber geringeres Schluckvermögen v. Fahrbahnstößen.

Gürtelrose, *Herpes zoster, Zoster,* schmerzhafte Nervenentzündung mit halbseit. gürtelförmigem Bläschenausschlag; sog. reaktivierte Virusinfektion nach früheren → Windpocken.

Gürteltiere, Säugetiere (Zahnarme) S-Amerikas mit hornüberzogenem, knochigem Schuppenpanzer aus mehreren „Gürteln"; manche rollen sich bei Gefahr kugelförmig zus.; 13 cm bis über 1 m lang.

Gurtförderer, *Bandförderer,* zu waagerechter Fortbewegung v. Schüttgütern (z. B. Erzen).

Guru [Hindi], rel. Lehrer im Hinduismus.

Gürzenich, Festsaalbau i. Köln, in d. die *G.konzerte* stattfinden; 1437–47 als Tanzhaus erb., im 2. Weltkr. zerstört, 1952–55 wiederaufgebaut.

GUS, **G**emeinschaft **U**nabhängiger **S**taaten (Armenien, Aserbaidschan, Georgien, Kasachstan, Kirgistan, Moldau, Rußland, Tadschikistan, Turkmenistan, Ukraine, Usbekistan, Weißrußland); Staatenbund ehem. Sowjetrepub.

Die Mitgliedsstaaten der GUS

	Fläche (km^2)	Einw. (Mill.)	Einw./km^2	Hauptstadt	Einwohner
Armenien	29 800	3,489	117	Jerewan	1 300 000
Aserbaidschan	86 600	7,283	84	Baku	1 780 000
Georgien	69 700	5,471	78	Tiflis	1 270 000
Kasachstan	2 717 300	17,048	6	Alma-Ata	1 151 000
Kirgistan	198 500	4,518	23	Bischkek	627 000
Moldau	33 700	4,362	129	Kischinau	676 000
Rußland	17 075 400	149,003	9	Moskau	9 003 000
Tadschikistan	143 100	5,587	39	Duschanbe	602 000
Turkmenistan	488 100	3,861	8	Aschchabad	517 000
Ukraine	603 700	52,158	86	Kiew	2 643 000
Usbekistan	447 400	21,453	48	Taschkent	2 094 000
Weißrußland	207 600	10,295	50	Minsk	1 613 000

Gußeisen, graues Roheisen z. Herstellung v. Gußwaren.
Gußstahl → Stahl.
güst [niederdt.], unfruchtbar (bei Stuten).
Gustav [altnord. „Stütze im Kampf"], schwed. *Gustaf*, Kgsname
1) G. I. Wasa (12. 5. 1496–29. 9. 1560), befreite 1521–23 Schweden von dän. Herrschaft, führte Reformation ein; sein Enkel
2) G. II. Adolf (19. 12. 1594–16. 11. 1632), Kg s. 1611, eroberte für Schweden die dt. SO-Küste d. Ostsee, landete 1630 in Dtld u. rettete d. Sache d. Protestantismus, fiel 1632 bei Lützen.
3) G. V. (16. 6. 1858–29. 10. 1950), Kg 1907–50.
4) G. VI. Adolf (11. 11. 1882–15. 9. 1973), Kg 1950–73.
Gustav-Adolf-Verein, ev. Zentralverein z. Unterstützung der Diaspora, gegr. 1832; Sitz Leipzig.
Gusto, *m.* [it.], Geschmack.
Güstrow (D-18273), Krst. i. M-V., 36 951 E; Schloß (16. Jh.), E.-Barlach-Gedenkstätte; Maschinenbau.
Gutbrod, Rolf Dietrich (* 13. 9. 1910), deutscher Architekt, verbindet seine Bauten organ.-funktional u. innen u. außen, inspiriert durch anthroposoph. u. islam. Gedankengut; *Liederhalle* in Stuttgart (zus. m. A. Abel); *Dt. Botschaft* in Wien.
Gutedel, im dt. Sprachraum gebräuchl. Bez. für die Weißweinrebe → Chasselas.
Gutenberg, Johannes eigtl. *J. Gensfleisch zur Laden* (vor 1400–3. 2. 1468), dt. Erfinder d. Buchdrucks m. gegossenen bewegl. Lettern; 42zeilige *G.bibel* (etwa 1452–56 gedruckt).
Gütergemeinschaft, Güterrecht → Eherecht.
Gütersloh, Albert Paris, eigtl. *A. Conrad Kiehtreiber* (5. 2. 1887–16. 5. 1973), östr. Maler d. Phantast. Realismus u. Schriftst.; Vater W. → Hutters.
Gütersloh (D-33330–35), Krst. in NRW, 88 537 E; AG; Verlage, Druckind., Webereien, Nahrungsmittel-, metallverarbeitende Industrie.
gute Sitten, *rechtl.* Durchschnittsmaß dessen, was der Verkehr aufgrund d. Gefühls alle billig u. gerecht Denkenden an Wahrung v. Redlichk. u. Anstand verlangt. Verstoß gegen g. S. bewirkt Nichtigkeit (§ 138 BGB), schließt Rückforderungsansprüche aus (§ 817 BGB) und führt evtl. zu Schadenersatz (§ 826 BGB).
Güteverfahren, svw. → *Sühneverfahren.*
Guthrie [ˈgʌθri], Woody (14. 7. 1912 bis 3. 10. 67), am. Folksänger; *This Land is Your Land.*
Guthrie-Test, Nachweis d. → Phenylketonurie b. Neugeborenen.
Gutschrift, *Entlastung,* e. Leistung zugunsten jmds verbuchen; in der → Buchführung der Eintrag a. d. Habenseite.
Gutsherrschaft, die vom 15.–19. Jh. in O-Mitteleur. vorhandene Form d. Grundherrschaft, e. Territorialstaat im kleinen.
Guts-Muths, Johann Christoph (9. 8. 1759–21. 5. 1839), dt. Erzieher; Vorkämpfer der Leibeserziehung.
Guttapercha, *w. od. s.* [malaiisch], kautschukähnl., plastische, aber unelast.

GUYANA
Staatsname: Kooperative Republik Guyana, Cooperative Republic of Guyana
Staatsform: Präsidiale Republik
Mitgliedschaft: UNO, AKP, Amazonaspakt, CARICOM, Commonwealth, OAS, SELA
Staatsoberhaupt: Samuel Hinds
Regierungschefin: Janet Jagan
Hauptstadt: Georgetown 170 000 Einwohner
Fläche: 214 969 km²
Einwohner: 825 000
Bevölkerungsdichte: 4 je km²
Bevölkerungswachstum pro Jahr: ⌀ 0,94% (1990–1995)
Amtssprache: Englisch
Religion: Protestanten (34%), Hindus (33%), Katholiken (13%) Muslime (10%)
Währung: Guyana-Dollar (G$)
Bruttosozialprodukt (1994): 434 Mill. US-$ insges., 530 US-$ je Einw.
Nationalitätskennzeichen: GUY
Zeitzone: MEZ – 4 Std.
Karte: → Südamerika

Johannes Gutenberg

Gustav II. Adolf

Karl Gutzkow

Masse, aus Saft der trop. *G.bäume;* dient zum Isolieren von Kabeln, zu Schläuchen, Verbandstoffen.
Guttation, aktive Ausscheidung von Wasser aus speziellen Wasserspalten d. Pflanzen.
Guttempler-Orden, Verein zu strengster Enthaltsamkeit von Alkohol; 1851 in N-Amerika gegr.

Guyana

Guttenbrunner, Michael (* 7. 9. 1919), östr. Lyriker u. Erzähler: *Opferholz; Die lange Zeit.*
Guttural, *m.* [l.], Kehl-, Gaumenlaut.
Guttuso, Renato (2. 1. 1912–18. 1. 87), it. Maler u. Graphiker; nach Einflüssen v. Kubismus u. Picasso e. Vertreter d. → Sozialistischen Realismus.
Gutzkow, Karl (17. 3. 1811–16. 12. 78), dt. Schriftst. d. Jungen Deutschland; *Uriel Acosta; Die Ritter vom Geist.*
GuV, Abk. f. **G**ewinn **u**nd **V**erlust, → Gewinn- und Verlustkonto.
Guyana, Rep. im N v. S-Amerika; 51% Inder, 31 % Schwarze, 11 % Mulatten. **a)** *Wirtsch.:* 80 % der Wirtschaft staatl. kontrolliert; Ausfuhr: Bauxit (Förderung 1991: 2,2 Mill. t), Gold, Diamanten, Manganerz, Zucker, Reis. **b)** *Außenhandel* (1991): Einfuhr 278 Mill., Ausfuhr 302 Mill. $. **c)** *Verf.* v. 1980: Präsidialsystem m. Einkammerparlament. **d)** *Verw.:* 10 Regionen. **e)** *Gesch.:* Seit 1796 brit., 1814–1966 brit. Kronkolonie. 1966 unabh. Staat. 1970 Rep.
Guyenne [gɥiˈjɛn], Landschaft in SW-Frkr., im Gebiet der Garonne; Teil d. alten Aquitanien.
Guyot [gɥiˈjo], unterseeischer Tafelberg, Plattform bei 1000–1700 m Tiefe, vor allem im N-Pazifik.
G-4 Super Galeb, *Seemöwe,* nach NATO-Angaben auch *Jastreb* („Habicht") gen., einsitz. leichtes Kampfflugzeug der früheren jugoslaw. Luftwaffe; Weiterentwicklung des Super Galeb, kann mit 23-Millimeter-Kanone ausgerüstet werden u. eine Waffenlast von 350 kg (Bomben oder Raketen) tragen. Höchstgeschwindig. ca. 1000 km/h; dient hauptsächl. f. d. Erdkampfunterstützung. 4 Maschinen dieses v. d. Serben eingesetzten Typs wurden im 1. NATO-Kampfeinsatz der Geschichte am 28. 2. 1994 über Bosnien abgeschossen; → Balkankonflikt.

Gwalior,
1) ehem. ind. Fürstenstaat, Teil d. ind. Unionsstaates Madhya Pradesh.
2) ind. St. in Madhya Pradesh, 693 000 E; Burg m. Palast *Man Suigh;* Jaina-Felsskulpturen.
Gyges, (um 686 bis um 652 v. Chr.), Kg v. Lydien, d. Sage nach Besitzer e. unsichtbar machenden Ringes (→ Hebbel, Friedrich).
Gymkhana, *s.* [angloind.], Geschicklichkeitsübungen scherzhaften Charakters.
Gymnasium [gr. „gymnós = nackt"], im Altertum öffentl. Anstalten zur Pflege des Körpers u. des Geistes; seit d. 16. Jh. Lateinschule, s. 1810 Schulen, die zur Hochschulreife führen (Abitur). Man unterscheidet *Humanist., Neusprachl., Mathemath.-Naturwissenschaftl., Sozialwissenschaftl., Wirtschaftswissenschaftl.* u. *Musische Gymnasien* (→ Schulwesen, Übers.).
Gymnastik [gr.], i. Altertum u. i. d. Aufklärung (→ Philanthropen) Begriff f. d. Gesamth. d. Leibesübungen; heute: allg. körper- u. bewegungsbildende Übungen unter biol. ästhet. Gesichtspunkten; auch als Sportart.
Gymnospermen [gr.], *Nacktsamige,* Gruppe der Pflanzen, deren Samen nicht in geschlossenen Früchten sitzen; besonders Nadelhölzer; Ggs.: → Angiospermen.
Gynäkologie [gr. „gyne = Frau"], Frauenheilkunde.
Gynäkomastie, *w.* [gr.], gutartige Vergrößerung der männl. Brustdrüse; zumeist verursacht durch Behandlung mit weibl. Hormonen (b. Krebs d. → Prostata); in der → Pubertät findet sich bei männl. Jugendl. in etwa 50% e. harmlose Brustdrüsenschwellung, die sich spontan zurückbildet.
Györ [ungar. djø:r], → Raab 2).
Gyrasehemmer, neue Gruppe von → Antibiotika, die das Enzym Gyrase in den Bakterien blockieren, so daß die Bakterien absterben.
Gyrobus [gr. „gyro = Kreisel"], Elektroomnibus ohne Oberleitung m. Schwungrad als Energiespeicher; Fahrstrecke von e. Aufladung bis z. nächsten 5–10 km.
Gyrorektor [gr.-l.], flugtechnisches Meßinstrument, Kreiselgerät; zeigt Abweichung von der Waagerechten an (Verwendung für den künstlichen Horizont).
Gyros [neugriech.], m. Lamm-, Kalbfleisch umwickelter senkrechter Drehspieß, v. d. Fleischstreifen abgeschnitten werden.
Gyroskop, Kreisel, der in drei freien Achsen (kardanisch) aufgehängt ist u. schnell rotiert; sehr raumstatisch, kann daher zur automat. Steuerung v. Raketen u. a. Geräten verwendet werden.
Gysi, Gregor (* 16. 1. 1948), dt. Jurist, PDS-Pol., 1989–93 Vors. d. SED (umbenannt in SED-PDS, s. 1990 PDS), s. 1990 MdB.
Gyttja, *Halbfaulschlamm,* organ.-mineral. Ablagerung am Boden von Seen u. Meeresteilen.

H,
1) *magnet.* Zeichen f. magnet. Maßeinheit (Henry) → Induktivität.
2) ℌ, *phys.* Zeichen für magnet. Feldstärke (→ magnetisches Feld).
3) *chem.* Zeichen für → Wasserstoff (griech. *hydrogenium*).

h,
1) *hora* [l.], Stunde.
2) *phys.* Zeichen f. d. Plancksche Wirkungsquantum (→ Quantentheorie).
Ha, *chem.* Zeichen f. → Hahnium.
Haack, Dieter (* 9. 6. 1934), SPD-Pol.; 1978–82 Min. für Raumordnung, Bauwesen u. Städtebau.
Haag, Den [ha:x], amtl. *'s-Gravenhage,* frz. *La Haye,* Residenzst. d. Ndl., Hptst. d. Prov. S-Holland, 442 000 (Agglom. 684 000) E; Intern. Gerichtshof der UN, Haager Schiedshof, Völkerrechtsakad.; Friedenspalast, Gemäldegalerie Mauritshuis.
Haager Friedenskonferenzen, erste auf Veranlassung des russ. Zaren 1899, zweite 1907; Zweck: Verhütung von Kriegen u. Milderung der Kriegführung, Empfehlungen der Schiedsgerichtsbarkeit zur Schlichtung intern. Streitigkeiten, obligatorisches Schiedsgericht abgelehnt; Einsetzung des → Haager Schiedshofs, Abmachungen über Landkriegsrecht, Anwendung der → Genfer Konvention v. 1864 auf d. Seekrieg.
Haager Gerichtshof → Internationaler Gerichtshof (d. UN).
Haager Landkriegsordnung, Abmachungen über d. Landkriegsrecht.
Haager Schiedshof, *Ständiger Schiedshof,* 1899 begr. Büro, führt intern. Schiedsrichterliste, aus der bei zwischenstaatl. Streitigkeiten Schiedsgericht gebildet werden kann.
Haakon → Håkon.
Haan (D-42781), Gartenst. im Kr. Mettmann, NRW, 30 055 E; div. Ind.
Haar (D-85540), Gem. im Ldkr. München, 16 580 E; psychiatr. Klinik.
Haarausfall,
1) an der Kopfhaut als Glatzenbildung.
2) durch Erkrankung des Haarbodens, oft nach Infektionen wie Typhus u. Grippe sowie nach Thalliumvergiftung.
Haar der Berenice → Sternbilder, Übersicht.
Haardt, *Hardt,,* östl. Teil d. Pfälzer Waldes, a. d. Dt. Weinstr.; *Kalmit* 674 m.
Haare,
1) bei Pflanzen: **a)** tote, mit Luft gefüllte H. als Verdunstungsschutz (Wollhaare d. Königskerze); **b)** lebende H. (z. B. Brennhaar d. Brennessel).
2) bei den Säugetieren (u. Menschen): Anhangsgebilde der → Haut (Abb.). Schaft und Querschnitt sind bei den menschl. Rassen sehr verschieden: gerade u. rund beim Straffhaar d. Mongoliden, gebogen u. oval b. schlichtwelligen Haar d. Europiden, gekrümmt u. bohnenförmig beim Kraushaar der Negriden.
Haarfrosch, westafrikan. Froschart m. haarähnl. Hautwucherungen d. Oberschenkel.
Haargarn, Fäden aus Kuh- und Ziegenwollen.
Haargefäße, *Kapillaren,* die haarfeinen Ausläufer von Blut- u. Lymphgefäßen; Übergangsäderchen zw. Arterien u. Venen.

Haarlem, Hptst. d. ndl. Prov. N-Holland, 150 000 E; Grote Kerk (14. bis 16. Jh.), Frans-Hals-Mus.; Blumenzwiebelzucht.
Haarlemmermeer, Großgem. bei Haarlem, 101 000 E; auf dem **Haarlemer Polder** (Acker- u. Weideland), entstanden aus d. trockengelegten See **(H. Meer).**
Haarlinge, kleine, läusähnl. Insekten, Außenschmarotzer an Säugetieren.
Haarmoos, *Haarmützenmoos, Widerton, Polytrichum,* ansehnl. Laubmoos; in Wäldern und Mooren dichte Polster bildend.
Haarmücken, schwarze, fliegenähnl. Mücken; Larven i. d. Erde.
Haarrisse, Risse v. unter 0,2 mm Breite in Beton, Putz usw. durch Schwund beim Abbinden, in Metall d. Abkühlvorgänge.
Haarsterne, Tiergruppe → Seelilien.
Haarstrang, Höhenzug i. N-Sauerland, 75 km l., b. 321 m hoch.
Haas,
1) Joseph (19. 3. 1879–30. 3. 1960), dt. Komp. d. Reger-Schule; Chorwerke; Oratorien; Kammermusik; Oper: *Tobias Wunderlich.*
2) Willy (7. 6. 1891–3. 9. 1973), dt. Kritiker; Hg. d. *Literar. Welt* 1925–33.
Haavelmo, Trygve (* 13. 12. 1911), norweg. Wirtschaftswiss.; Nobelpreis 1989 (Investitions- u. ökonom. Entwicklungstheorie).
Hába, Alois (21. 6. 1893–18. 11. 1973), tschech. Komp.; Vierteltonsystem.
Habana, La [aˈβana], *Havanna,* amtl. *San Cristóbal de la H.,* Hptst. d. Rep. Kuba u. d. Prov. H., a. d. N-Küste, 2,09 Mill. E; Handels- u. Industriezentrum. 1515 v. Spaniern gegr.
Habanera, span.-kuban. Tanz mäßigen Tempos mit punktiertem Rhythmus i. $^2/_4$-Takt.
Habe, Hans, eigentl. *János Békessy* (12. 2. 1911–29. 9. 77), östr. Journalist und Schriftst.; Romane: *Die Tarnowska; Der Tod in Texas; D. Netz; Palazzo;* Autobiographie: *Ich stelle mich.*
Habeas-Corpus-Akte, engl. Gesetz v. 1679, wonach kein engl. Untertan ohne gerichtl. Untersuchung in Haft gehalten werden darf; zeitweise Aufhebung nur bei öffentl. Notstand u. auf Parlamentsbeschluß.
Haben, Begriff i. d. → Buchführung.
Haber,
1) Fritz (9. 12. 1868–29. 1. 1934), dt. Chemiker; Ammoniaksynthese aus Wasserstoff u. Luftstickstoff m. C. Bosch *(H.-Bosch-Verfahren);* Nobelpr. 1918.
2) Heinz (15. 5. 1913–13. 2. 90), dt. Phys. u. Schriftst.; Autor u. Produzent populärwiss. Fernsehreihen.
Häberlin, Paul (17. 2. 1878–29. 9. 1960), schweiz. Philosoph, Mitbegr. der Charakterkunde.
Habermas, Jürgen (* 18. 6. 1929), dt. Phil. u. Soziologe, krit. Sozialtheorie, führender Vertr. der → Frankfurter Schule; Einfluß auf Studentenbewegung; 1971–80 Dir. am MPI in Starnberg; *Strukturwandel der Öffentlichkeit; Erkenntnis u. Interesse.*
Habicht, großer, unterseits quergebänderter Waldgreifvogel; jagt Drosseln, Tauben.
Habichtskraut, sehr zahlreiche, überall verbreitete Arten gelb blühender Korbblütler.

Habichtspilz, Stachelpilz mit federartigen Hutschuppen.
Habichtswald, Waldgebirge im Hess. Bergld., westl. v. Kassel, im *Hohen Gras* 615 m.
Habilitation, Erwerbung des Rechts zu wiss. Lehrbefugnis an der Hochschule durch **H.sschrift,** Antrittsvorlesung und Kolloquium.
Habit, *s. od. m.* [frz. aˈbi], (Amts-)Kleidung.
Habitat, Lebensraum einer Tier- od. Pflanzenart.
habituell [l.], gewohnheitsmäßig, geläufig.
Habitus [l.], svw. → Körperbau (z. B. *H. asthenicus,* schwächl. Körperbau); Geisteshaltung, Gebaren.
Habsburg, dt. Herrschergeschlecht, nach Schloß an der Aare (Schweiz) Grafen von H. genannt; dt. Kge seit Rudolf I. (1273–1308, 1438–1740). 1519–56 Höhepunkt der Habsburg. Macht; durch Verträge von Worms (1521) u. Brüssel (1522) Spaltung in östr. u. span. Linie; 1740 Erlöschen der dt. H.er im Mannesstamm; seitdem H.-Lothringen (bis 1918); → Österreich, *Geschichte.*
Habuba Kebira, Dorf 80 km ö. von Aleppo. Ruinen e. Stadt aus d. Mitte d. 4. Jtd.s. Handelsplatz z. Versorgung der Städte SW-Mesopotamiens. Älteste bekannte Stadtmauer. 1976 durch d. Bau des Euphratstaudammes überflutet.
Hacha, Emil (12. 7. 1872 bis Juni 1945), 1938 Staatspräs. d. ČSR, 1939 bis 45 Präs. d. Protektorats Böhmen und Mähren.
Hachette [aˈʃɛt], frz. Medienkonzern i. Paris, s. 1826.
Hachse, *Haxe, Hesse* → Fleisch, Übers.

Habicht

Habichtspilz   Habichtskraut

Hacienda, svw. → Hazienda.
Hackbau, einfache Form der Bodenbestellung mit Hacke od. Grabstock (ohne Pflug und Düngung); bei Naturvölkern üblich.
Hackbrett, als *Cymbal* in Zigeunerkapellen beliebtes, trapezförmiges Holzinstrument m. Metallsaiten, d. m. Klöppeln aus Holz od. Filz geschlagen werden.
Hacker, Friedrich (19. 1. 1914–23. 6. 89), östr.-am. Psychiater u. Schriftst.; *Aggression; D. Brutalisierung d. modernen Welt.*
Hacker [engl. 'hækə „hack = hacken"], Computerbenutzer, der über die Kommunikationsverbindungen eines → Computernetzes od. über e. Telefon- → Modem unberechtigt in Computer eindringt, indem er das dazu erforderl. Code-Wort herausfindet u. fremde Daten abruft bzw. Programme v. Großrechnern kostenlos ausnutzt; oft ungenau auch als Übergriff f. → Cracker.
Hackert, Jacob Philipp (15. 9. 1737 bis 28. 4. 1807), dt. Maler d. Klassizismus; bes. it. Landschaften u. → Veduten.
Hackethal, Julius (* 6. 11. 1921), dt. Chirurg u. Sachbuchautor; *Auf Messers Schneide; Nachoperation.*
Hackfrüchte, Kulturpflanzen, deren Boden während Wachstumszeit behackt (gelockert) werden muß; in Dtld bes. Kartoffeln u. Rüben.
Hackney ['hækni], engl. Pferderasse; elegantes Wagenpferd.
Hacks, Peter (* 21. 3. 1928), dt. Dramatiker; *Der Schuh u. die fliegende Prinzessin; D. Schlacht v. Lobositz; Adam u. Eva; E. Gespräch im Hause Stein über d. abwesenden Herrn v. Goethe.*
Häcksel, s. od. m., kurzgeschnittenes Heu, Stroh od. Holz.
Hacksilberfunde, aus zerhackten Münzen und Schmuck des 9.–12. Jh., häufig in Ostdtld.
Hadamar (D-65589), St. i. Kr. Limburg-Weilburg, Hess., 11074 E; Bundesfachschule des Glaserhandwerks; Renaissanceschloß; AG.
Haddsch, *m.* [arab. „Wallfahrt"], i. Islam Pilgerfahrt n. Mekka, f. jeden Moslem möglichst einmal i. Leben vorgeschrieben.
Had(d)schi, Ehrenname eines *Mekkapilgers.*
Hadern,
1) Lumpen, große Gewebstücke.
2) *gebrauchte* Gewebstücke aller Art; wichtiges Rohmaterial der *Papierfabrikation* (für feine Sorten).
Hadersleben, dän. *Haderslev,* St. in S-Jütland, an d. *H.er Förde,* 30 000 E; Maschinenbau, Textilind. – 1864–1920 preuß.
Hades, *m.,* griech. Gott der Unterwelt (bei d. Römern *Orcus*); als Herrscher über die Bodenschätze *Pluto* („der Reiche"); auch die Unterwelt selbst.
Hadith, *m.* [arab. „Erzählung"], Samml. v. Berichten über Leben u. Aussagen d. Mohammed, islam. Glaubensquelle neben d. Koran.
Hadlaub, Johannes (um 1300–40), schweiz. Minnesänger; Novelle v. *G. Keller.*
Hadramaut, *Hadhramaut,* südostarab. Küstenlandschaft am Golf v. Aden, Teil d. Jemen, umfaßt d. ehem. Sultanate *Kathiri, Waditi* u. *Schiar* u. *Makalla;* Bewässerungskulturen; Hptort u. Hafen *Mukalla* (154 000 E). – Bis 1916 türkisch.
Hadrian, Name von 6 *Päpsten:*
1) H. I. (772–95), ließ sich v. Karl d. Gr. die 754 von Pippin gemachte Schenkung (später Kirchenstaat) erneuern.
2) H. IV. (1154–59), einziger engl. Papst; Gegner Barbarossas.
3) H. VI. (1522–1523), gebürtiger Niederländer, erzog Karl V.
Hadrian, Publius Aelius (24. 1. 76 bis 10. 7. 138), röm. Kaiser 117–138 n. Chr., baute den H.swall an der Nordgrenze Britanniens; fried- u. kunstliebend; sorgsame Verwaltung d. Reichs, das er mehrfach bereiste; erbaute H.s-Mausoleum (jetzt → Engelsburg) in Rom.
Hadronen, Gruppe d. → Elementarteilchen, die d. starken Wechselwirkung (→ Kraft) unterliegen.
Haeckel, Ernst (16. 2. 1834–9. 8. 1919), deutscher Zoologe u. Naturphil.; „biogenet. Grundgesetz" (→ Abstammungslehre); *Generelle Morphologie;* durch seinen materialist. Monismus in starkem Gegensatz ur. Kirche; *Die Welträtsel.*
Haecker, Theodor (4. 6. 1879–9. 4. 1945), dt. kath. Schriftst. u. Phil.; *Christentum und Kultur.*
Haeju ['hædʒu], korean. Hafenst., 200 000 E.
Haemophilus [gr.], Gattung von Bakterien, häufig bei Atemwegsentzündungen, wichtigster Typ ist *H. influenzae* Typ *b.*
Hafen, Anlegeplatz f. Schiffe m. Umschlagseinrichtungen zum Be- und Entladen zw. Land u. Wasser m. Lagerplätzen, Speichern, Silos (Abb. → Tafel

Ernst Haeckel   Otto Hahn

Hagia Sophia

Hafer

Schifffahrt); Benutzung gg. **H.gebühren;** d. Verkehr regelt **H.polizei.**
Hafenzeit, Zwischenzeit zw. d. Kulmination des Mondes und der nächsten Flut.
Hafer, Gräser, darunter Getreidearten (Rispen- u. Fahnenhafer); hpts. Pferdefutter, auch zu *Grütze* und *H.flocken.*

Haferkamp, Wilhelm (1. 7. 1923–17. 1. 1995), SPD-Pol.; 1967–84 EG-Kommissar, 1970–84 Vizepräs. d. EG-Kommission.
Haff → Lagune.
Hafis, Beiname des pers. Dichters *Schemseddin Muhammed* (14. Jh.); Wein- und Liebeslyrik; Vorbild f. Goethes Sammlung *Westöstl. Diwan.*
Hafiz [-fis], gläubiger Moslem, der den Koran auswendig kennt.
Haflinger, kleines, warmblütiges Pferd der Alpenländer, braun mit weißblondem Mähnen- und Schweifhaar.
Hafner, *Häfner,* oberdt. f. Töpfer, Ofensetzer.
Hafnium, *Hf,* chem. El., Oz. 72, At.-Gew. 178,49, Dichte 13,31; Schwermetall.
Haft, kürzere Freiheitsentziehung zur Erzwingung von Geldbuße im Bußgeldverfahren, bei *Zwangsvollstreckung* zur Erzwingung von Handlungen, zu denen der Schuldner verurteilt ist, auch d. eidesstattl. Versicherung, sog. *Beugehaft* gg. Zeugen, d. unberechtigt Aussage verweigert, → Untersuchungshaft.
Haftbefehl, schriftl. richterl. Anordnung der Verhaftung einer Person 1) zur → Untersuchungshaft, 2) zur Erzwingung von Handlungen u. d. eidesstattl. Versicherung, 3) (auch durch Staatsanwalt) zur Verbüßung e. erkannten Strafe, falls nicht termingemäß angetreten.
Hafte, Insektenordnung d. Netzflügler (z. B. → Ameisenjungfer, Bachhaft).
Haftgläser, *Kontaktschalen,* anstelle e. Brille direkt auf d. Hornhaut des Auges aufgepaßte Korrekturgläser (auch aus Kunststoff).
Haftpflicht → Haftung.
Haftpflicht-Konvention, intern. Abkommen über H. bei Personen- u. Sachschaden (z. B. im Luftverkehr).
Haftpflichtversicherung, trägt bis zu best. Beträgen (Deckungssummen) den Personen- u. Sachschaden, den d. Versicherungsnehmer od. ein Mitversicherter einem anderen fahrlässig zugefügt hat, z. B. bei Körperverletzung (auch → Kraftfahrzeughaftung), Sachschäden (Wasserschaden), verletzter Berufs- od. Amtspflicht (ärztl. Kunstfehler).
Haftprüfungsverfahren → Untersuchungshaft.
Haftung, Pflicht, für d. Folgen eines best. Ereignisses einzustehen; vertragl. H.: für Verzug, Nichterfüllung od. positive Vertragsverletzung; gesetzl. H.: f. Schadenszufügung durch unerlaubte Handlung (z. B. auch aus Aufsichtspflichtverletzung u. Amtspflichtverletzung); H. auch ohne Verschulden: als Kfz-Halter, Gastwirt, Tierhalter, Betreiber eines Schienenbahn, eines Elektrizitäts- od. Gaswerkes. → Bürgschaft, → Haftpflichtversicherung.
Haganah, w., Miliz der jüd. Siedler in Palästina, 1948 zur legalen israelischen Armee proklamiert.
Hagebutte, Frucht d. wilden Rose.
Hagedorn, Friedrich v. (23. 4. 1708 bis 28. 10. 54), dt. Schriftst.; anakreont. Gedichte, Fabeln.
Hagel, atmosphär. Niederschlag in Eisform von Korn- bis Hühnereigröße; Begleiterscheinung: bes. heftige Gewitter bei gr. Temperaturgegensätzen zw. d. überhitzten unteren u. d. kalten oberen Luftschichten.

Hagelkorn → Chalazion.
Hagelstange, Rudolf (14. 1. 1912 bis 5. 8. 84), dt. Lyriker u. Erzähler; *Venezian. Credo; Spielball der Götter; Altherrensommer; E. Gespräch ü. Bäume.*
Hagen *von Tronje,* Gestalt des Nibelungenlieds; tötet Siegfried; v. Kriemhild getötet.
Hagen (D-58089–135), krfreie St. i. Sauerland, NRW, 214 317 E; 1. dt. Fernuni.; LG, AG, IHK; Stahl- u. Metallind.; Freilichtmus. f. techn. Kulturdenkmäler, K.-E.-Osthaus-Mus., Jugendstilbauten.
Hagenau, frz. *Haguenau,* St. i. Unterelsaß, 27 000 E; ehem. Kaiserpfalz; Hopfenbau, Brauereien.
Hagenbeck, Carl (10. 6. 1844–14. 4. 1913), dt. Tierhändler, Begr. des Tierparks Stellingen b. Hamburg.
Hagengebirge, Teil der Berchtesgadener Alpen, 2361 m.
Hagestolz, urspr. Bez. f. jüngeren Bauernsohn, der wegen zu kleinen Besitzes (Gehege) nicht heiraten konnte; heute f. alten Junggesellen.
Haggada, *w.,* Sammelbegriff für den nicht religionsgesetzl., erzählenden Teil des Talmud.
Hagia Sophia, Sophienkirche in Istanbul, 537 erbaut u. Justinian I.; s. 1453 Moschee, s. 1934 Museum.
Hagiographie, *w.,* Beschreibung von Heiligenleben.
Häher, Rabenvögel; *Eichel-H.,* häufiger einheim. Waldvogel mit buntem Gefieder; *Tannen-H.,* dunkelbraun, im Mittelgebirge und i. d. Alpen.
Hahn,
1) Otto (8. 3. 1879–28. 7. 1968), dt. Chem.; entdeckte radioaktive Elemente (Radiothorium, Mesothorium, Protaktinium mit L. Meitner) 1938 (mit Straßmann u. L. Meitner) Nachweis der Spaltung v. Uran u. Thorium in mittlere Elemente; 1948–59 Präsident der Max-Planck-Ges.; Nobelpr. 1944.
2) Ulla (* 30. 4. 1945), dt. Autorin, Journalistin u. Dozentin; Lyrik: *Herz über Kopf; Unerhörte Nähe;* Roman: *Ein Mann im Haus.*
Hahn,
1) männl. Vogel (v. allem Hühnervogel).
2) Verschluß- od. Umschaltorgan in Leitungen für Flüssigkeiten od. Gase; bestehend aus Hahngehäuse u. Drehstück (*Hahnkonus* und *Küken*) mit entsprechenden Bohrungen (z. B. Durchgangs-, Dreiweg-, Misch-H.).
3) am Gewehr bzw. an Faustfeuerwaffen Auslösevorricht. f. d. Zündung.
Hahnemann, Samuel (10. 4. 1755 bis 2. 7. 1843), dt. Arzt, Begr. der Homöopathie; *Organon der rationellen Heilkunde.*
Hahnenfuß, svw. → Ranunkel.
Hahnenkamm,
1) Berggipfel (1655 m) in d. Kitzbüheler Alpen, Tirol; intern. Skirennen.
2) Zierpflanze aus Ostindien m. hahnenkammartig ausgebreitetem Blütenstand.
Hahnenklee-Bockswiese, heilklimat. Kurort u. Wintersportplatz; s. 1972 zu → Goslar.
Hahnentritt, fehlerhafte Gangart d. Pferdes (zuckende Bewegung).
Hahnium, *Ha,* auch *Nielsbohrium* (Ns), chem. El., Oz. 105; 1970 künstl. hergestellt.
Hahnrei, betrogener Ehemann.

Haider, Jörg (* 26. 1. 1950), östr. Politiker, Vors. der Freiheitlichen (bis 1995 FPÖ), 1989–91 Landeshauptmann v. Kärnten; s. 1992 Fraktionsvorsitzender.
Haiducken, *Heiducken,* urspr. ungarische Söldnerhaufen (16. Jh.), später ungar. Inf., dann uniformierte Bediente.
Haiduckenkomitat, ungar. *Hajdú-Bihar,* in der Theiß-Tiefebene, 6211 km², 549 000 E; Viehzucht, Ackerbau; Hptst. *Debrecen.*
Haifa, Hafenst. i. nördl. Israel, a. Mittelmeer, 223 000 E; Uni., TH; Erdölleitung v. Eilath; Erdölraffinerie.
Haifische, *Selachier,* Raubfische (Knorpelfische); bes. gefährlich: *Blau-(Menschen-)Hai, Hammerhai,* Kopf hammerförmig; ferner u. a. *Walhai,* bis 18 m, warme Meere; *Heringshai* (N-See), *Dorn-, Katzenhai* (kl.). Einige Arten lebend gebärend (→ Tafel Fische).
Haig [heıg], Alexander (* 2. 12. 1924), am. General; 1974–79 Oberkommandierender d. alliierten Streitkräfte in Eur., 1981/82 Außenmin.
Haile Selassie I. (23. 7. 1892–27. 8. 1975), 1928 König, 1930 Kaiser v. Äthiopien; 1974 gestürzt (1936–41 in England im Exil).
Hailey [′heılı], Arthur (* 5. 4. 1920), brit.-kanad. Schriftst., Tatsachenromane; *Airport.*
Haimonskinder, d. 4 Söhne des Grafen Haimon v. Dordogne, Helden e. frz. Dichtung (12. Jh.); Volksbuch.
Hainan, Insel an d. Südküste Chinas (*H.straße* 28 km br.), 34 000 km², 6,6 Mill. E; Hptort *Haikou.*
Hainbund, svw. Göttinger Dichterbund (→ Göttinger Hain).
Hainichen (D-07619), Krst. n. v. Chemnitz, 10000 E, Textilind.
Hainleite, Höhenzug i. N. des Thüringer Beckens, b. 463 m.
Haiphong, Seehafenst. in N-Vietnam, im Delta d. Roten Flusses, 1,5 Mill. E; Textilind., Werften.
Haithabu, ausgegrabene Wikingerstadt b. Schleswig.
Haïti,
1) Insel d. Großen Antillen (Hispaniola), 76 192 km², 14 Mill. E; Klima, Fauna, Flora tropisch; im O → Dominikanische Republik.
2) Rep. Haïti im W. d. Insel H.; Bev.: Schwarze (60 %), Mulatten (35 %), Weiße. a) *Wirtsch.:* Hptprodukte: Kaffee (Erzeugung 1991: 37 000 t), Kakao, Zucker, Sisal, Baumwolle. b) *Verkehr:* Eisenbahn 354 km. c) *Außenhandel* (1991): Einfuhr 374 Mill., Ausfuhr 103 Mill. $. d) *Verf.* v. 1987: Präsidialrepublik mit Zweikammerparlament. e) *Verw.:* 9 Dép. f) *Gesch.:* Insel 1492 v. Kolumbus entdeckt; im 16. Jh. Mittelpunkt d. span.-am. Kolonien; 1697 frz. Kolonie; 1804 Unabhängigkeitserklärung. 1915–34 v. USA besetzt; 1986 Beendigung d. 30-jährigen Duvalier-Diktatur durch Mil.putsch; 1991 Aristide z. Präs. gewählt; n. Mil.putsch 1991 US-Exil; 1994 Rücktritt d. Junta unter Gen. Cedras n. pol. u. mil. Intervent. d. USA; Rückkehr Aristides (Präs. b. Dez. 1995); 1995 Station. v. UN-Friedenstruppen.
Hajek, Otto Herbert (* 27. 6. 1927), böhm.-dt. Bildhauer; abstrakte Objekte (,,Raumknoten"), dann Verschmelzung von Architektur, Plastik und Farbe (,,Farbwege"; *Southern Festival Plaza*

Eichelhäher

Hahnenfuß

Hahnenkamm

HAITI	
Staatsname:	Republik Haïti, République d'Haïti
Staatsform:	Präsidiale Republik
Mitgliedschaft:	UNO, AKP, OAS, SELA
Staatsoberhaupt:	René Preval
Regierungschef:	Eric Pierre
Hauptstadt:	Port-aux-Prince 514 000 (Agglom. 800 000) Einwohner
Fläche:	25 750 km²
Einwohner:	7 035 000
Bevölkerungsdichte:	273 je km²
Bevölkerungswachstum pro Jahr:	Ø 2,03% (1990–1995)
Amtssprache:	Französisch; Kreolisch (Umgangsspr.)
Religion:	Katholiken (72%), Protestanten (18%)
Währung:	Gourde (Gde.)
Bruttosozialprodukt (1994):	1542 Mill. US-$ insges., 220 US-$ je Einw.
Nationalitätskennzeichen:	RH
Zeitzone:	MEZ – 6 Std.
Karte:	→ Antillen

Haïti

Kleingefleckter Katzenhai, Weibchen (oben), Eipaket (unten)

in Adelaide); ab d. 80er Jahren auch Gemälde hpts. m. Rot, Gelb, Blau.
Hakenkreuz, *Swastika,* uraltes Symbol, Sonnen- u. Lebenszeichen; seit der Steinzeit in Europa, Asien, Amerika nachgewiesen; willkürlich als allein den Indogermanen zugehörig angesehen, wurde es Zeichen antisemit. Bewegungen u. als solches Hoheitszeichen des NS.
Hakenwurm, svw. → Grubenwurm.
Hakodate, jap. Hafenst. auf S-Hokkaido, 320 000 E; durch Seikantunnel mit Aomori (Honshu) verbunden.
Håkon ['hɔ:-], norweg. Kge:
1) H. der Alte, Kg 1217–63, gewann Grönland u. Island f. Norwegen.
2) H. VII. (3. 8. 1872–21. 9. 1957), dän. Prinz (Karl), 1905 z. Kg gewählt.
Halacha, *w.* [hebr.], Hptbestandteil des Talmud; gesetzl. Teil d. „mündl. Lehre".
Halali, *s.,* bei Hetzjagd Hörnersignal zur Bez. des Ortes, wo Wild gestellt ist.
Halbaffen, i. d. Tropen, bes. Madagaskar, heimische Unterordnung d. Affen; Nachttiere m. gr. Augen u. behaartem Gesicht; *Maki, Katta, Lori, Galagos, Vari, Indri, Fingertier, Lemuren.*
Halbe, Max (4. 10. 1865–30. 11. 1944), dt. naturalist. Dramatiker; *Jugend; Der Strom;* Autobiographie: *Jahrhundertwende.*
Halbedelsteine → Edelsteine.
Halberstadt, (D-38820), Krst. i. S-A., 44 380 E; Dom (13.–15. Jh.), Museum, Gleimhaus, Vogelsammlung. – 820 Bistum, 1648 an Brandenburg.
Halbfabrikate, *Halbzeug,* im allg. durch Vorverarbeitungsmethoden hergestellte, zw. Rohstoff u. Fertigware stehende Erzeugnisse (z. B. Garne, Bleche, Bretter); *betriebswirtsch.* d. Bestände des Betriebes, die sich in der Produktion befinden u. nicht mehr Rohstoff, aber auch noch nicht absatzreifes Endprodukt sind.
halbfett, drucktechn. Bez. für mittelstarke Buchstaben oder Linien.
Halbfranzband, Büchereinband m. Lederrücken u. -ecken.
Halbgott → Heros.
Halbleinen, Gewebe aus Baumwolle u. Leinen.
Halbleiter, chem. Elemente (z. B. Selen, Germanium, Silicium) od. Verbindungen, meist in Kristallform, deren el. Leitfähigkeit zw. der von Metallen u. der von Isolatoren liegt, abhängig von Temperatur u. Reinheit ist; Materials; durch gezielte → Dotierung m. and. chem. Elementen kann d. Leitfähigkeit stark verändert u. zusätzl. Felder steuerbar gemacht werden, dadurch grundlegend f. d. moderne Nachrichtentechnik; Anwendung z. B. im Transistor, in d. → Diode u. i. in → integrierten Schaltungen.
halbmast flaggen, Flagge auf halbe Höhe des Flaggenmastes ziehen; Zeichen der Trauer.
Halbmesser, Radius, Abstand d. Punkte d. Kreises bzw. d. Kugeloberfläche v. Mittelpkt.
Halbmetalle, die Elemente, die im → Periodensystem an der Grenze zwischen Metallen und Nichtmetallen stehen: B, Si, Ge, As, Se, Sb, Te, Bi und Po. Im Ggs. zu Metallen zeigen H. Volumkontraktion beim Schmelzen, und die Leitfähigkeit nimmt dabei zu; einige H. sind → Halbleiter.

Halberstadt, *Dom*

Halbmond,
1) islam. Symbol; *eiserner H.,* türk. Kriegsauszeichnung des 1. Weltkriegs; *roter H.,* türk. Rotes Kreuz.
2) → Mond.
Halbschattenbaumart, Baumart, d. hinsichtl. ihrer Lichtansprüche zw. → Lichtbaumart u. → Schattenbaumart steht, z. B. Ahorn, Esche, Fichte, Strobe, Ulme.
Halbscheidwirtschaft → Anteilswirtschaft.
Halbschranke, Schranke, d. jew. nur d. rechte Fahrspur blockiert.
Halbschwergewicht, Gewichtsklasse, beim Boxen bis 81 kg, Ringen bis 90 kg, Gewichtheben: *Leichtschwer* bis 82,5 kg, *Mittelschwer* bis 90 kg, Judo bis 93 kg.
Halbstarke, 50er Jahre: Jugendliche m. Lederjacke, Rock-'n'-Roll-Frisur (Tolle) u. aggressivem Auftreten.
Halbwertzeit, Zeitraum, in dem von e. gegebenen Menge radioaktiven Stoffes die Hälfte strahlender → Atomkerne zerfallen ist; → Radioaktivität.
Halbzeug,
1) *Papierfabrikation:* zerkleinerte gewalzte Masse.
2) *Eisen- u. Stahlherstellung:* vorgewalzte Blöcke, Knüppel usw.; Rohlinge bei der Kunststoff-Fabrikation.
Haldane ['hɔ:ldən], Richard (30. 7. 1876–19. 8. 1928), engl. Pol.; reformierte Hochschulen u. Heer; 1912 ergebnislose Verhandlungen mit Dtld über Flottenabrüstung *(Haldane-Mission).*
Halde,
1) Lagerhaufen von Kohlen, Erzen, Schlacke u. Schutt.
2) im Gebirge mäßig steiler Abhang aus Gesteinsschutt.
Haldensleben (D-39340), Krst. i. S-A., 20 610 E; Marienkirche (14./15. Jh.); keram. Ind., Maschinenbau.
Halder, Franz (30. 6. 1884–2. 4. 1972), dt. Gen.oberst; 1938 Chef des Gen.stabes d. Heeres; 1942 abgesetzt; stand d. Widerstandsbew. nahe; 1944/45 i. KZ.
Hale [heɪl], George E. (29. 6. 1868 bis 21. 2. 1938), am. Astronom; erfand Spektroheliographen; Konstrukteur großer Teleskope d. Sternwarten Yerkes, Mt. Wilson, Mt. Palomar.
Haleb, St. in Syrien, → Aleppo.
Halévy [ale'vi], Jacques François Fromental Élie (27. 5. 1799–17. 3. 1862), frz. Opernkomp.; *Die Jüdin.*
Halfa, *w., Alfa-Esparto,* Grasart i. N-Afrika u. Spanien; Faser, wichtiger Rohstoff f. Papierfabrikation und das Seilergewerbe.
Halffter Jiménez [alf'tɛr xi'meneθ], Cristóbal (* 24. 3. 1930), span. Komp. u. Dirigent.

Halfter

Halfter, Zaum ohne Gebiß, mit *H.kette,* zum Anbinden der Tiere.
Halifax ['hælɪfæks], Edward Frederick Earl of (16. 4. 1881–23. 12. 1959), engl. Staatsmann, 1925–31 Vizekg v. Indien, 1935 Kriegs-, 1938–40 Außenmin.
Halifax ['hælɪfæks]
1) engl. Fabrikst. in W-Yorkshire, 87 000 E; Textil-, Maschinen-, Teppich- u. a. Ind.
2) Hptst. d. kanad. Prov. Neuschottland (Nova Scotia), 114 000 E (Agglom. 320 000); eisfreier, größter Seehafen Kanadas; Uni., Schiffbau, Marinestützpunkt.

Hallimasch †

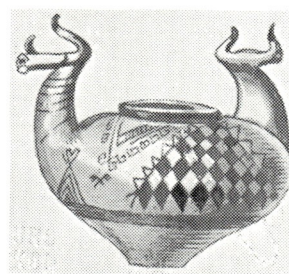
Tongefäß der Hallstattzeit

Halikarnassos, antike kleinasiat. Hafenst. (heute *Bodrum*), Mausoleum, Grabmal d. Kgs Mausolos, 353 v. Chr. v. s. Gattin erbaut, eines d. → Sieben Weltwunder. Geburtsst. Herodots.
Hall,
1) → Schwäbisch Hall.
2) *H. in Tirol* (A-6060), St. östl. von Innsbruck, 12 400 E; histor. Altstadt; Metall- u. Textilind., Fremdenverkehr.
Halle/Saale (D-06108–32), Krst. in S-A., 289 349 E; Martin-Luther-Uni., HS für Kunst u. Design, Pädagog. Inst., Sitz d. Leopoldina (Dt. Akad. d. Naturforscher), Moritzburg-Museum, Händelhaus; Händelfestspiele; Masch.- und Waggonbau, Nahrungsmittelind., elektrotechn. u. chem. Ind. – 806 Grenzburg gg. Slawen, s. 961 Stadt; ab 12. Jh. mitteld. Handelszentrum u. Verkehrsknotenpunkt.
Halle (Westfalen) (D-33790), St. i. Kr. Gütersloh, 19 090 E; AG; Metallind.
Hallein (A-5400), östr. St. u. Solebad (*Dürrnberg*) an der Salzach, 17 271 E; prähistor. Keltenfunde; Keltenmuseum; Ind.zentrum.
halleluja [hebr.], „lobet Jahwe!"; *H.psalmen.*
Halle-Neustadt, ehem. krfreie St. in S-A., s. 1991 Teil v. Halle/Saale.
Hallenkirche, e. Kirchenbau, dessen Schiffe z. Gewinnung e. Gesamtraums alle v. (etwa) gleicher Höhe sind (Ggs.: → Basilika); bes. i. d. Gotik, bevorzugt f. städt. Pfarrkirchen; z. B. St. Severi in Erfurt.
Haller,
1) Albrecht v. (16. 10. 1708 bis 12. 12. 77), schweiz. Arzt, Naturforscher u. Dichter; beschreibendes Naturgedicht: *Die Alpen; Staatsromane.*
2) Fritz (* 23. 10. 1924), schweiz. Architekt; Stahlbausysteme für versch. Spannweiten; formbildendes Büromöbelsystem.
3) Hermann (24. 12. 1880–23. 11. 1950), schweiz. Bildhauer; e. Pionier d. modernen Plastik.
4) Johannes (16. 10. 1865–24. 12. 1947), dt. Historiker; *Epochen dt. Geschichte; Gesch. des Papsttums.*
Hallertau, bayr. *Holledau,* Hügellandschaft um Mainburg/Wolznach, größtes dt. Hopfenanbaugebiet.
Halley ['hælɪ], Edmund (8. 11. 1656 bis 25. 1. 1742), engl. Astronom; erkannte am *H.schen Kometen* (bisher letzte Erscheinung 1985/86, Umlaufzeit 76 Jahre) dessen regelmäßige Wiederkehr (→ Tafel Himmelskunde I); wies d. Eigenbewegung der Fixsterne nach.
Halligen, nicht eingedeichte Inseln (Langeneß, Oland, Hooge, Gröde-Appelland u. a.) als Reste des von Fluten zerstörten Marschlandes im Wattenmeer an d. W-Küste von Schl-Ho.; bei Sturmfluten häufig überschwemmt; Einsiedlungen auf künstl. aufgeschütteten *Warften;* einige H. durch Fangdämme z. Neulandgewinnung m. d. Festland verbunden; Fremdenverkehr.
Hallimasch, eßbarer Blätterpilz (roh od. halbgar giftig); befällt vor allem Wurzeln von Nadelbäumen.
Hallingdalen, Landschaft in Mittelnorwegen am *Hallingdalelv,* d. als Dramselv in d. Oslo-Fjord mündet; Holzindustrie.
Halloren, Angehörige d. Salzsieder-

zunft in Halle a. d. Saale, mit alter Festtracht und Fachsprache.
Hallstatt (A-4830), Markt am **Hallstätter See** (v. der Traun durchflossen), 1153 E; Gräberfunde aus d. frühen Eisenzeit (**Hallstattzeit**); Prähist. Mus., Salzbergwerk.
Hallstein, Walter (27. 11. 1901–30. 3. 82), dt. Jurist; 1958–67 Präs. d. Kommission d. EWG; nach ihm **H.-Doktrin:** dt. Bundesreg. als alleinige legitime Vertretung d. dt. Volkes, daher keine dipl. Beziehungen der BR zu Staaten, die dipl. Beziehungen zur DDR hatten; 1967 gegenüber Ostblock, 1969 generell aufgegeben.
Hallux valgus, Abknickung der Großzehe zu d. and. Zehen hin.
Halluzination [l.], Sinnestäuschung, Trugwahrnehmung bei Übermüdung, Fieber, → Psychosen u. Hirnschädigungen.
Halluzinogene [l.-gr.], Halluzinationen erzeugende Substanzen wie → Meskalin, → LSD.
Halmahera, größte Molukkeninsel, 17 800 km^2, 150 000 E; Gebirgsregenwälder.
Halmfliegen, *Frittfliegen, Kornfliegen,* Fliegen, deren Larven in Getreidehalmen leben; Schädlinge.
Halmfrüchte, svw. → Getreide.
Halmstad, südschwed. Hafen- u. Hptst. des Län Halland, am Kattegat, 81 000 E; Werft; Stahl- u. Textilind.
Halo, *m.* [gr. „Hof"], durch Lichtbrechung u. Spiegelung an Eiskristallen i. d. → Atmosphäre erzeugter weißer oder farbiger Ring um Sonne und Mond.
Halogene [gr.], *Salzbildner,* die chem. Elemente *Fluor, Chlor, Brom, Iod,* die m. Metallen Salze bilden.
Halogenlampe, Kaltlichtquelle b. Farbvergrößerern; hohe Lichtausbeute, geringer Stromverbrauch, lange Lebensdauer u. gleichmäßige Lichtabgabe während d. gesamten Funktionszeit.
halonierte Augen, tiefliegende Augen, z. B. bei Auszehrung.
Hals,
1) Dierck, (get. 19. 3. 1591–begr. 17. 5. 1656), holl. Maler d. Barock, (get. 19. 3. 1591–begr. 17. 5. 1656) bek. f. s. Ges.stücke; *Festmahl in e. Saal;* s. Bruder
2) Frans (1581/85–begr. 1. 9. 1666), Porträtist, bes. Gruppenbilder.
Halseisen, eisernes Halsband, in das im MA Verurteilte eingeschlossen u. öffentl. an Pfahl od. Gebäude angeschlossen wurden.
halsen, Wechseln der Segelstellung eines „beim Winde" segelnden Schiffes.
Halsgericht, Gericht über Leib und Leben; → Carolina.
Hälsingborg → Helsingborg.
Haltern (D-45721), St. i. Kr. Recklinghausen, NRW, 35 300 E; AG; röm.-german. Mus.; div. Ind.; Stausee.
Halver (D-58553), St. im Märkischen Kr., NRW, 16 477 E; Metallind.
Halys, im Altertum Name des Flusses → Kizil-Irmak; 547 v. Chr. Sieg des Cyrus über Krösus.
Ham, im A. T. Sohn Noahs; nach ihm ben.: *Hamiten.*
Hama, im Altertum *Epiphania,* St. in Syrien, 177 000 E; Textil- u. Zementind.
Hamadan, i. Altertum *Ekbatana,* Stadt im westlichen Iran, am N-Fuß des El-

wend (3270 m), 273 000 E; 1868 müM; Teppichweberei.
Hamamatsu, jap. Stadt auf Honshu, 522 000 E; Musikinstrumentenbau, Textilind., Maschinenbau.
Hamamelis, *Zaubernuß,* ostasiat.-nordam. Zierstrauch, Spätwinterblüher, homöopath. Heilpflanze.
Hamann,
1) Johann Georg (27. 8. 1730 bis 21. 6. 88), „Magus d. Nordens", phil. Schriftst. aus Königsberg, Gegner d. Aufklärung, v. gr. Einfluß auf d. → Sturm und Drang; *Sokrat. Denkwürdigkeiten.*
2) Richard (29. 5. 1879–9. 1. 1961), dt. Kunsthistoriker; *D. Impressionismus in Leben u. Kunst; Gesch. d. Kunst.*
Hämarthros, Bluterguß in e. Gelenk.
Hamasa, w. [„Tapferkeit"], altarab. Volksliedersammlung (bekannteste v. *Abu Tammam*); dt. v. *Rückert.*
Hämatemesis, Blutbrechen.
Hämatin, *s.* [gr.], *Chlorhämin,* durch Einwirkung v. Salzsäure aus → Hämoglobin entstanden; kann n. Blutungen im Erbrochenen gefunden werden; wichtig f. d. gerichtsmedizinischen Nachweis v. Blut.
Hämatit [gr.], *Eisenglanz, Roteisenerz,* Mineral, Eisenoxid (Fe_2O_3), verhüttet, auch zu Farben.
hämatogen, vom Blut stammend.
Hämatokrit, dieser Wert gibt an, welches Volumen die roten Blutkörperchen in 100 ml Blut einnehmen; Normalwerte: Männer 40–54 %, Frauen 37–47 %.

Frans Hals

Hämatit

Hamburg, Rathaus

Hamburg

Hämatologie [gr.], Lehre vom Blut u. s. Krankheiten.
Hämatom [gr.], Bluterguß.
Hämatopoese, svw. Blutbildung.
Hämaturie [gr.], Blutharnen, bes. b. Blasen- u. Nierenkrankheiten.
Hambacher Fest 27.–30. Mai 1832, Kundgebung (30 000 Teilnehmer) südwestdt. Demokraten für Volkssouveräni-

tät, Brüderlichkeit u. Einheit auf Schloß Hambach (Pfalz).
Hamborn, s. 1929 zu → Duisburg.
Hamburg (D-20095–22759), *Freie u. Hansestadt,* Land u. St. in N-Dtld; an der Elbe; 755,3 km^2, 1,71 Mill. E (2262 je km^2), Landesfarbe: *Weiß-Rot;* 105 km von d. Nordsee entfernt, gr. Handels- u. Freihafen (See- u. Binnenschiffsverkehr; Abb. → Tafel Schiffahrt), Reedereien, Liniendienste nach Europa u. Übersee; *Seeverkehr:* 1991 liefen 12 916 Schiffe mit insges. 57,9 Mill. NRT d. H.er Hafen an; Gesamtumschlag 1991: 60,3 Mill t; Hydrograph. Inst., Bundesanst. d. dt. Wetterdienste, Sternwarte, Tropeninst., Inst. f. Seerecht u. Seehandelsrecht, Uni., HS f. Musik, f. bild. Künste, f. Wirtsch. u. Pol., Sitz e. Erzbischofs, Bundeswehr-HS, Dt. Elektron. → Synchrotron, MPI, IHK; OLG, LG, AG; BD, OPD, Börse, HWK, Oberseeamt, Schiffsbauversuchsanstalt; NDR; Congress Centrum H.; Spielbank; Alter Elbtunnel 450 m l.; Neuer Elbtunnel (BAB) 3,1 km l.; Köhlbrand-Hochbrücke (3940 m l., 130 m h.); Flughafen Fuhlsbüttel; U-, S-Bahn; *Ind.:* Werften, Raffinerien, Masch.-, Fisch-, Lebensmittel-, Zigaretten-, elektrotechn. u. chem. Ind. – *Verf.:* Bürgerschaft (121 Sitze) wählt d. Senat (10–15 Senatoren), an d. Spitze d. Erste Bürgermeister. – Urspr. Burg Hammaburg. 832 Bistum, 834 u. s. 1995 Erzbistum, 1189 Freihafen, 1241 Schutzvertrag mit Lübeck,

Grundlage d. dt. Hanse, 1358 Beitritt z. Hanse; 1815 Freie St., 1888 Freihafen; 1937 durch Eingem. *Groß-Hamburg*.
Hamburger [oder engl. ˈhæm-], Weißbrötchen m. Hackfleischeinlage, Ketchup u. a.
Hameln (D-31785–89), Krst. des Kr. H.-Pyrmont, an d. Weser, Nds., 59 300 E; ma. Gepräge; AG; Elektro-, Textil-, Metallind.
Hamilkar Barkas, († 229 v. Chr.), karthag. Heerführer, Vater Hannibals, unterwarf 236–229 v. Chr. Spanien.
Hamilton [ˈhæmɪltən],
1) *Alexander* (11. 1. 1757–12. 7. 1804), am. Pol., Gegenspieler Jeffersons; verdient um Verfassung u. Wirtschaftsaufbau der USA.
2) *Gavin* (1723–4. 1. 98), engl. Maler, hpts. i. Rom, e. Wegbereiter d. Klassizismus i. d. Malerei; auch Altertumsforscher u. Kunsthändler.
3) *Lady H.* (1765–15. 1. 1815), schöne Tochter eines Schmiedes, Gattin v. William H., Geliebte Nelsons.
4) *Richard* (* 24. 2. 1922), engl. Maler, Vertr. d. → Pop Art, die in England mit d. 1956 v. ihm organisierten Ausstellung „This is Tomorrow" begann.
5) *Sir William* (8. 3. 1788–6. 5. 1856), Phil. der → schottischen Schule; verband ihre Commonsense-Philosophie mit Kants Kritizismus.
6) *William Rowan* (4. 8. 1805–2. 9. 65), ir. Math.; Grundgleichungen d. Dynamik, Optik.
Hamilton [ˈhæmɪltən],
1) kanad. St. am Ontariosee, 307 000 (Agglom. 600 000) E; Hafen.
2) St. in Schottland, 52 000 E; Textilgewerbe.
3) Hptst. d. Bermudas, 6000 E.
4) St. auf d. Nordinsel Neuseelands, 149 000 E; Uni.
Hamiten [ben. nach → Ham], nordafrikanische Sprachgruppe (→ Sprachen, Übers.); *West-H.* (Berber, Tuareg u. a.) v. europidem, *Ost-H.* (Nubier, Somali, Galla) v. → äthiopidem Rassentypus; hamit. Sprachen wanderten v. Nordafrika m. Hirtenkulturen bis Südafrika (→ Hottentotten).
Hamlet, Dänenprinz (kaum historisch), Held eines Trauerspiels v. Shakespeare.
Hamm (D-59063–77), kreisfreie St. im Rgbz. Arnsberg, NRW, 189 422 E; bed. Rangierbahnhof; Drahtverarbeitung, Eisenind., Maschinenbau, chem. Ind., Steinkohle; OLG, AG. – Gegr. 1226.
Hammada, Bez. f. Fels- u. Sandwüste in der Sahara.
Hammamet, St. in NO-Tunesien, 20 000 E; Medina, Hafen; Tourismus.
Hammarskjöld [-fœld], *Dag* (29. 7. 1905–17. 8. 61), schwed. Pol.; 1953–61 Generalsekr. der UN; *Zeichen am Weg*; Friedensnobelpr. 1961 (posthum).
Hamm-Brücher, *Hildegard* (* 11. 5. 1921), FDP-Pol.in; 1976–82 Staatsmin. i. AA.
Hammel, östr. *Schöps,* kastriertes männliches Schaf.
Hammelburg (D-97762), St. i. Kr. Bad Kissingen, an der Fränk. Saale, Bay., 12 080 E; AG; ma. Gepräge; Weinbau; Truppenübungsplatz.
Hammelsprung, parlamentar. Abstimmungsform: Abgeordnete werden bei Eintritt durch „Ja"-Tür, „Nein"-Tür oder Tür für Stimmenthaltung gezählt.

Feldhamster

Knut Hamsun

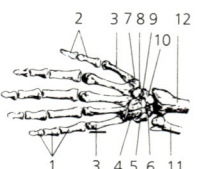
Handskelett, von oben gesehen
Greif- u. Tastorgan d. Menschen; besteht aus 12 Fingerknochen (1), 2 Daumen- (2), 5 Mittelhand- (3), 8 Handwurzelknochen (4–10)

Georg Friedrich Händel

Hammer,
1) eins der → Gehörknöchelchen.
2) Werkzeug, schwerer H.: *Schmiede-H., Vorschlag-H.,* leichter: *Tischler-, Schlosser-H.; Bohr-H.,* mit Preßluft betrieben, für Bergwerksarbeiten; auch → Dampfhammer.
3) *Sport* → Hammerwerfen.
Hammerfest, nördlichste St. Europas in norweg. Finnmarken, 7000 E; eisfreier Hafen, Fischerei.
Hammerklavier, Tasteninstrument, bei dem die Saiten mit Hämmerchen angeschlagen werden; auch → Piano; Ggs.: → Cembalo; Sonate op. 106 von Beethoven.
Hammerschlag, ein beim Schmieden des Eisens in Blättern abfallendes Eisenoxid, i. d. Natur als Magnetit vorkommend.
Hammer und Sichel, kommunist. Symbol d. Solidarität von Arbeitern (Hammer) u. Bauern (Sichel).
Hammerwerfen, leichtathlet. Übung, beidarmiges Schleudern einer Eisenkugel (7,25 kg) an 1,22 m l. Drahtseil; Abwurfkreis 2,13 m Durchmesser.
Hammett [ˈhæmɪt], *Dashiell* (27. 5. 1894–10. 1. 1961), am. Kriminalschriftst.; realist. Romane u. Kurzgeschichten (mehrfach verfilmt); *D. Malteser Falke; D. dünne Mann*.
Hammond-Orgel [ˈhæmənd-], elektro-akust. Musikinstrument in Klavierform m. 2 Manualen; benannt nach dem Erfinder L. Hammond.
Hammurabi, *Hammurapi* (um 1728 bis 1686), Kg von Babylon; Gesetzgeber; Briefwechsel und Gesetzbuch in Keilschrift erhalten.
Hämoblastose [gr.], bösart. Erkrankung d. blutbildenden Organe (z. B. → Leukämie).
Hämochromatose, Eisenspeicherkrankheit, Schädigung v. Bauchspeicheldrüse (→ Bronzediabetes) u. Leber.
Hämodialyse, svw. → extrakorporale Dialyse.
Hämodynamik, Blutkreislauf.
Hämoglobin [gr.], Abk.: *Hb,* Farbstoff d. roten Blutkörperchen, besteht aus Eiweiß (Globin) und eisenhaltigem Farbstoff (*Häm*), dient der Sauerstoffbindung, -transport u. -abgabe; Normalwerte: Männer 14–18 g/dl, Frauen 12–16 g/dl.
Hämolyse, Beschädigung oder Auflösung der roten Blutkörperchen mit Austritt d. Hämoglobins.
Hämophilie → Bluterkrankheit.
Hämoptoe, *Hämoptyse,* Blutspucken, -husten (z. B. bei Lungenblutung).
Hämorrhagie, Blutung.
Hämorrhoiden, Blutaderknoten der Darmschleimhaut am After, manchmal sehr schmerzhaft; können bluten.
Hämosiderose, erworbene Eisenüberladung d. Organismus.
Hämostase, Blutgerinnung.
Hämostyptika, *Hämostatika,* blutstillende Mittel.
Hampton [ˈhæmptən], *Lionel* (* 12. 4. 1909), am. Jazzmusiker, Vibraphonist.
Hampton Court [-ˈkɔːt], → Twickenham.
Hamster, Nagetiergattung, trägt in Backentaschen Getreide in Erdbau; speichert Wintervorräte (bis zu 50 kg); *Feld-H.,* oben braungelb, unten schwarz, 30 cm; → Goldhamster.

hamstern, bei Knappheit Vorräte zusammenkaufen.
Hamsun, *Knut,* eigtl. *Pedersen* (4. 8. 1859–19. 2. 1952), norweg. Romanschriftst.; *Hunger; Pan; Landstreicher; Segen der Erde; Viktoria; Auf überwachsenen Pfaden;* Nobelpr. 1920.
Hanau (D-63450–57), Krst. d. Main-Kinzig-Kr., 89 100 E; Mainhafen; LG, AG; IHK; Reifen- u. Schaumgummiwerke, Metall-, Platin-, Gold-, Silberwarenind., Nuklearind., Quarzlampen. – Geburtsort d. Brüder *Grimm* u. v. Paul *Hindemith*.
Hanauer Land, bad. Landschaft b. Kehl u. Bühl; fruchtb.; Tabak-, Obstanbau.
Hand, Greif- u. Tastorgan d. Menschen; besteht aus 12 Fingerknochen *(1),* 2 Daumen- *(2),* 5 Mittelhand- *(3),* 8 Handwurzelknochen *(4–10);* vor allem an d. Fingerspitzen zahlreiche Tastkörperchen. H. der Wirbeltiere ist Endstück der vorderen Gliedmaße, meist als Lauforgan ausgebildet.
Handa, jap. Küstenstadt auf Honshu, 90 000 E; Nahrungsmittel- u. Textilind.
Handball, um 1900 entstandenes Ballspiel; 2 Mannschaften versuchen, den Ball i. d. gegner. Tor zu werfen; d. Ball darf nur m. d. Hand gespielt werden; 2 Formen: *Feld-H.* (11 Spieler; Spielfeld: 90–110×55–65 m), *Hallen-H.* (7 Spieler u. 4 Auswechselsp.; Spielfeld: 38–49×18–22 m).
Handbelichtungsmesser, zur Ermittlung d. Belichtung auch bei schwierigsten Situationen.
Handbohrmaschine, Drehbohrmaschine (m. Preßluft od. el. angetrieben); wird mit der Hand geführt.
Handel,
1) *allg.:* Absatzmittler u. Verteiler v. Gütern zw. Produzenten u. Verbrauchern n. Ort, Zeit, Menge u. Qualität; Handelsstufen: *Groß-* u. *Zwischen-H.* (Verkauf zw. Kaufleuten), *Einzel-H.* (v. Kaufmann od. Erzeuger zum Verbraucher); ferner *Binnen-* u. *Außen-H., ambulanter H.;* auch nach Handelsobjekten: *Lebensmittel-, Rohstoff-, Kohlen-, Buch-, Effekten-, Immobilien-H.* u. a.
2) im übertragenen Sinn: Gesamtheit d. H.sbetriebe u. d. Berufsstand; dabei auch Dienstleistungsbetriebe (Banken, Versicherungen, Gaststätten u. Hotels, Vermittlungsbetriebe u. a.).
Händel, *Georg Friedrich* (23. 2. 1685 bis 14. 4. 1759), dt. Komp. u. Opernleiter d. Barock, s. 1712 in London; 39 Opern: *Rodelinda; Xerxes* (m. bekanntem Largo); *Julius Cäsar;* Oratorien: *Israel in Ägypten; Samson; Messias; Judas Makkabäus;* Concerti grossi; *Wassermusik, Feuerwerksmusik;* Orgelkonzerte; Kammer- u. Klaviermusik.
Handel-Mazzetti, *Enrica v.* (10. 1. 1871–8. 4. 1955), östr. kath. Dichterin; Romane: *Jesse und Maria;* Trilogie: *Karl Sand*.
Handelsakademien, in Östr. Fachoberschulen, die in der Regel zur Matura führen.
Handelsbilanz,
1) *volkswirtsch.* Gegenüberstellung der Ein- u. Ausfuhr (an Waren) einer Volkswirtschaft; ist aktiv, wenn Ausfuhr, passiv, wenn Einfuhr größer ist; Teil d. Leistungsbilanz in d. Zahlungsbilanz e. Volkswirtschaft.

Handelsdünger 383 Handlungsbevollmächtigter

2) *betriebswirtsch.* die nach allg. u. handelsrechtl. Grundsätzen (§ 39 HGB) aufgestellte → Bilanz (Übers.) im Ggs. z. Steuerbilanz.
Handelsdünger → Düngemittel.
Handelsflotte → Schaubild.
Handelsgebräuche, *Handelsbrauch,* im Handelsverkehr geltende Gewohnheiten u. Gepflogenheiten; allg. üblich od. f. eine gewisse Branche bzw. f. einen best. Ort, bei Rechtsstreitigkeiten v. Gericht berücksichtigt; gelten auch, wenn d. Parteien nicht bekannt; bei strittigen Fragen Gutachten, bes. der IHK.
Handelsgesellschaft, Personenvereinigung zum Betrieb eines Handelsgewerbes unter *einer* Firma: *offene Handelsges.* (oHG), *Kommanditges.* (KG), *AG, GmbH.*
Handelsgesetzbuch, *HGB,* v. 10. 5. 1897, enthält Sonderrecht d. Handelsstandes; in Handelssachen gehen seine Vorschriften denen d. BGB vor.
Handelsgewächse, *H.pflanzen,* bes. als Rohstoffe zur ind. Verwertung: *Raps, Hopfen, Flachs, Hanf, Tabak, Jute, Sisal, Ölfrüchte, Mohn, Senf, Zichorien* u. a.
Handelsgewerbe,
1) *allg.* auch Bez. f. d. Gesamtheit d. Handelsbetriebe.
2) *rechtl.* jeder kaufmänn. Betrieb.
Handelshochschulen, jetzt *Wirtschaftshochschulen,* selbständige, d. HS gleichgestellte Einrichtungen, die sich der Handelswiss. u. Handelsbetriebslehre widmen (erste 1898 in Leipzig); im Verlauf der Entwicklung vielfach als betriebswirtsch. Abteilung der Uni. u. a. HS.
Handelskammern → Industrie- und Handelskammern.
Handelskompanien, große Gesellschaften, die sich bes. im 16. u. 17. Jh. im Überseehandel betätigten; bes. Entwicklung durch das Aktiensystem; erhielten vielfach umfassende Vollmachten (eigenes Militär) z. Förderung d. Kolonialwirtsch.; → Ostindische Kompanie.
Handelsmakler → Makler.
Handelspolitik, Teil d. Volkswirtschaftspol., volkswirtsch. Maßnahmen z. Regelung u. Förderung d. Handels; die Außen-H. umfaßt bes. d. Errichtung v. Auslandsvertretungen (Konsulaten), Handelsverträge, Zoll- u. Tarifpolitik.
Handelsrecht, Recht d. kaufm. Verkehrs; → Handelsgesetzbuch.
Handelsregister, bei Amtsgerichten geführtes öffentl. Register zur Darlegung der rechtl. Verhältnisse der Handelsbetriebe: Firma, Sitz, Inhaber, Prokuraerteilungen usw. zur Einsicht für jedermann.
Handelsrichter, Laienbeisitzer i. d. Kammer f. **H.sachen** (Gegenstände kaufmänn. Prozesse) d. Landgerichte.
Handelsschulen, → Wirtschaftsschulen.
Handelsspanne,
1) *allg.* Unterschied zw. Einstands- u. Verkaufspreis;
2) *im Groß-* bzw. *Einzelhandel:* ausgedrückt in Prozent d. Verkaufspreises; kalkulierter Verkaufspreis enthält auch Lager-, Transport- sowie Bearbeitungskosten u. Verluste durch Schwund usw.
Handelsstatistik, zahlenmäßige Erfassung u. Darstellung d. Binnen- u. Außenhandels, d. Wertangaben beruhen teilweise auf Schätzung eines H.beirates; wichtige Grundlage d. Handelspolitik; die Rubrik Generalhandel umfaßt im Ggs. zum Gesamteigenhandel auch den Durchfuhrhandel.
Handelsverträge, Abkommen zw. Staaten zur Regelung des Handelsverkehrs, Festsetzung der Warenkontingente, der Zollsätze, des Schiffahrts- u. Güterverkehrs u. Niederlassungsrechtes; werden zumeist f. einen best. Zeitraum mit vereinbarter Kündigungsfrist abgeschlossen.
Handelsvertreter, selbst. Gewerbetreibender, der f. andere Unternehmer gg. Provision Geschäfte vermittelt od. in dessen Namen abschließt (z. B. Versicherungsvertr.); §§ 84 ff. HGB.
Handelswissenschaften, veraltete Bez. f. diejenigen Wirtschaftsbereiche, die für d. Kaufmann von Bedeutung sind (Buchhaltung, Wirtschaftsrecht usw.).
Handfeste, ältere jurist. Bez. f. Urkunde, insbes. ein öffentl.-rechtl. Privileg.
Handfeuerlöscher → Feuerlöscher.
Handfeuerwaffen, tragbare Schußwaffen: Gewehr, Karabiner, Maschinenpistole, Pistole, Revolver (→ Tafel Schußwaffen).
Handgeld, gilt als Zeichen des Vertragsabschlusses; ist anzurechnen oder zurückzugeben.
Handgranate, explosibles Wurfgeschoß, in Kugel-, Ei- oder Keulenform.
Handicap, *s.* [engl. ′hændikæp ,,Benachteiligung''], Ausgleich d. Siegesaussichten im sportl. Wettkampf durch Gewichts-, Distanz-, Zeit- od. Punktvorgaben.
Handke, Peter (* 6. 12. 1942), östr. Schriftst., Prosa u. Stücke; *Die Angst des Tormanns beim Elfmeter; Publikumsbeschimpfung; Kaspar; D. kurze Brief z. langen Abschied; D. linkshändige Frau; Langsame Heimkehr; Versuch über den geglückten Tag.*
Handlungsbevollmächtigter, in kaufmänn. Firmen zum Betrieb des gan-

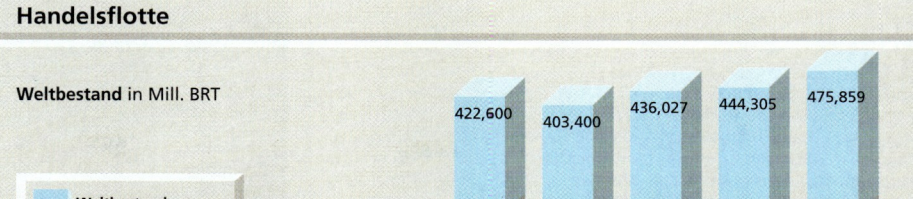

Handelsflotte

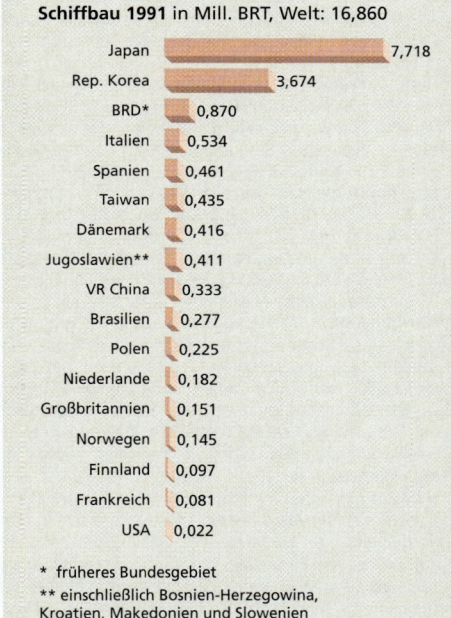

Handwerk

Selbständige Erwerbstätigkeit auf d. Gebiet der Be- u. Verarbeitung von Stoffen; Herstellung, Instandsetzung u. Montage v. Gütern, Dienstleistungen sowie Handel mit selbsthergestellten u. fremden Waren. Grenze zu Industrie u. Handel einerseits, zu Heimarbeit andererseits fließend (Betriebsgröße, Technisierungsgrad, Ausbildungsstand d. Beschäftigten u. Grad d. Arbeitsteilung). Arbeiten im H. beruhen auf Zusammenwirken d. persönl. Kräfte u. sachl. Mittel des Handwerkers u. seiner umfassenden berufl. Ausbildung. Selbständige Berufsausbildung grundsätzl. von Ablegung d. → Meisterprüfung abhängig. Handwerkserzeugnisse meist auf Befriedigung individueller Bedürfnisse abgestellt; früher Produktion vorwiegend gg. Auftrag, heute auch für den unbekannten Markt und für Export.

Die volkswirtschaftliche Bedeutung des Handwerks liegt in der Krisenfestigkeit sowie Anpassungsfähigkeit an die jeweilige Wirtschaftslage. In Deutschland ca. 6,01 Mill. Beschäftigte, Jahresumsatz rd. 801 Mrd. DM (1995).

Handwerksbetrieb, organisator. Einheit, in der ein selbständiger Meister seine Berufstätigkeit auf Dauer erwerbswirtsch. ausübt. Klein- u. Mittelbetriebe überwiegen; ca. 18% aller Betriebe sind Alleinmeisterbetriebe, ca. 64% haben 2–9 Beschäftigte. Durch gute Streuung der Betriebe über den ganzen Wirtschaftsraum gleichzeitig Verteilerfunktion.

Internationale H.messe: seit 1949 in München; jährlich wiederkehrende Leistungsschau dt. u. ausländischer Handwerkserzeugnisse.

H.ordnung (HO), vom 17. 9. 1953; stellt einheitliche Rechtsgrundlage für Gesamt-H. dar und regelt insbes. Wiedereinführung des → Befähigungsnachweises, rechtl. Stellung der Handelsorganisationen, Berufsausübung u. -ausbildung; 1965 Abänderung u. Neufassung.

H.organisation, Interessenvertretung zur Förderung des H.s u. Schaffung günstiger Lebensbedingungen; fachlich u. regionalgesamthandwerkl. gegliedert. Spitzenorganisation: Zentralverband des Dt. H.s (ZDH), Bonn; umfaßt die Handwerkskammern sowie zentrale Fachverbände u. dient der einheitl. Willensbildung u. Vertretung d. H.s in allen handwerkspol. Fragen; seit 1950 Mitglied der Internationalen Gewerbeunion und der Internationalen Föderation des H.s, sowie der Union des H.s und der Klein- und Mittelbetriebe in der EG.

H.innung, örtl. Zusammenschluß v. Handwerkern gleicher oder verwandter Berufe auf freiwill. Basis; öff.-rechtl. Körperschaft. Aufgaben: Förderung der gemeins. gewerbl. Interessen, Regelung u. Überwachung der Lehrlingsausbildung, Abnahme der Gesellenprüfung entsprechend den Vorschriften der Handwerkskammer u. a. Organe: Vorstand (Obermeister), Innungsversammlung. — Ausschuß für Lehrlingswesen, Gesellenausschuß, Gesellenprüfungsausschuß, Rechnungsausschuß. Zusammengeschlossen zu *Landesinnungsverbänden* (LIV), f. BR *Zentralverbände* (Hpt.verbände, Bundesinnungsverbände). *Vereinigung der Zentralfachverbände,* Koordinierungsstelle aller fachl. Fragen. Innungen versch. Handwerkszweige im Kreis zusammengeschlossen zu *Kreishandwerkerschaften* (öffentliche Körperschaften).

H.kammer (HWK), seit 1900, Interessenvertretung u. Organ d. handwerkl. Selbstverwaltung, öff.-rechtl. Körperschaft. Aufgaben: Aufsicht über Innungen u. Kreishandwerkerschaften, Regelung des Ausbildungs- u. Prüfungswesens, Abnahme der Meisterprüfung, Bestellung von Sachverständigen, Erstellung v. Gutachten, Gewerbeförderung, Führung der *Handwerksrolle,* Ausstellung von *Handwerkskarten* und andere Organe; Vorstand (Präsident, 2 Vizepräsidenten), Mitgliederversammlung, ständige Ausschüsse.

Zusammenschluß der Handwerkskammern in den Ländern zu *Handwerkstagen;* die oberste Koordinierungsstelle für gemeinsame Fragen des H.s in der BR ist der *Deutsche Handwerkskammertag.*

H.rolle, 1929 durch Novelle zur → Gewerbeordnung eingeführt; Verzeichnis bei den Kammern, in das selbständige Handwerker mit dem von ihnen betriebenen Handwerk eingetragen werden müssen; Eintragung hat konstitutive Wirkung und stellt alleinige Voraussetzung für den selbständigen Betrieb eines Handwerks dar.

Hannover, *Neues Rathaus*

zen Handelsgewerbes (Gen.vollmacht), zu einer best. Art von Geschäften (Artvollmacht) od. nur zu einzelnen Geschäften (Spezialvollmacht) bevollmächtigter Vertreter ohne → Prokura (§ 54 HGB).

Handlungsfähigkeit,
1) *völkerrechtl.* Fähigkeit, völkerrechtl. Rechtswirkungen durch eigene Handlungen zu erzeugen (völkerrechtl. Geschäfts- u. Deliktsfähigkeit).
2) *zivilrechtl.* Geschäfts- u. Deliktsfähigkeit.

Handlungsgehilfe, in einem Handelsgewerbe zur Leistung v. kaufmänn. Diensten entgeltl. angestellte Person; kaufmänn. Angestellter (§ 59 HGB).

Handlungsreisender, frz. *Commis voyageur,* Geschäftsreisender, angestellter H.bevollmächtigter eines Kaufmanns, der außerhalb des Geschäftsortes auftragsgemäß Ver- oder Einkäufe tätigt; zur Vertragsänderung, Stundung od. Entgegennahme v. Zahlungen ohne bes. Vollmacht nicht berechtigt.

Handlungsvollmacht, die von einem Kaufmann einem anderen für d. Betrieb eines Handelsgewerbes od. für Vertretung in best. Geschäften erteilte Befugnis (§ 54 HGB), → Handlungsbevollmächtigter, → Handlungsreisender; auch → Prokura.

Handschrift,
1) Schriftzüge e. Schreibenden u. ihre Art.
2) handgeschriebenes Buch des MA, ab 15. Jh. abgelöst durch d. Blockbuch, dann durch typograph. Druckwerk.

Handwerk → Übersicht.

Han-Dynastie, in China, 206 v. Chr. bis 220 n. Chr.; nach ihr genannt die *Han-Zeit,* Epoche der chinesischen Kunst.

Handzeichen, meist 3 Kreuze anstelle der Namensunterschrift von Analphabeten; bedarf zur rechtl. Wirksamkeit der gerichtl. od. notariellen Beglaubigung.

Hanf, 1–4 m hohes Kraut aus S-Asien, in Europa früher häufig angebaut; Bastfasern zu Gespinsten, Rohmaterial für Garne u. Seile; Samen als Vogelfutter u. zur Ölgewinnung; aus den harzigen Ausscheidungen einer ind. Abart → Haschisch gewonnen; größte H.produktion in China vor Indien u. Rußland.

Hänfling, Finkenvogel; braun, im Sommer Männchen auf Brust u. Stirn rot; Sänger, beliebter Zimmervogel.

Hangar, *m.* [frz. ã'ga:r], offener Schuppen, Flugzeughalle.

Hängebahn → Schwebebahn.

Hängebank, im Bergbau oberster Teil, Mündung eines Förderschachtes.

Hängegleiter, einfaches u. leichtes Gleitflugzeug ohne Fahrwerk (Fußstart u. -landung); motorisierte Weiterentwicklung: → UL-Flugzeug.

Hängematte, netzartige freihängende Schlafstelle (bes. auf Schiffen); nach d. „Hamaca" südam. Indianer.

Hängende Gärten, Terrassengärten d. Kgn Semiramis in → Babylon, eines der → Sieben Weltwunder.

Hangendes, im *Bergbau:* die Schicht über dem abzubauenden Material; Ggs.: → Liegendes.

Hängewerk, Konstruktion in Dreiecks- oder Trapezform, an der waagerechte Tragebalken aufgehängt sind; zur Erreichung größerer Spannweiten bei Decken-, Dach- u. Brückenkonstruktionen.

Hangtäter → Sicherungsverwahrung.

Hangwind, *Aufwind,* durch natürl. Hindernisse (Bergabhang, Hügel, Düne) senkrecht od. schräg aufwärts gelenkter Wind; wichtig für den Segelflug; bis zu mehreren 1000 m Höhe.

Hangzhou, *Hangtschou,* Hptst. der chin. Prov. Zhejiang, 1,3 Mill. E; Uni.; Seiden- und Baumwollind.

Hanka, Václav (10. 6. 1791–12. 1. 1861), tschech. Schriftst., beeinflußte mit seinen Fälschungen (Literatur (*Königinhofer* und *Grünberger Handschriften*) die nationalstaatl. Auseinandersetzung im 19. Jh. stark.

Hanko, schwed. *Hangö,* Hafenst. i. SW-Finnland, 12 000 E; 1940 als Marinestützpunkt an die UdSSR verpachtet, 1944 gg. *Porkkala* ausgetauscht.

Hankou → Wuhan.

Hanna, fruchtbare Tiefebene in Mähren, südl. von Olmütz; Getreide-, Obstbau, Pferdezucht; Bewohner **Hannaken** genannt.

Hannibal (246–183 v. Chr.), karthag. Feldherr im 2. → Punischen Krieg (218 bis 201 v. Chr.), überschritt Alpen, besiegte Römer bei Cannä 216, eroberte fast ganz Italien; 202 von Scipio bei Zama besiegt.

Hannibal ante (ad) portas [l. „H. vor den Toren!"], zum Sprichwort gewordener Alarmruf in Rom, als H. auf Rom marschierte.

Hanno, karthag. Seefahrer; um 500 v. Chr. Westafrikafahrt.
Hannover,
1) 1692 Kurfürstentum, 1714–1837 Personalunion m. Großbritannien, 1814–66 Kgr., 1866 preuß. Prov.; 1946 in → Niedersachsen aufgegangen.
2) (D-30159–669), krfreie St. u. Hptst. d. Landes Nds. u. d. Rgbz. H. an d. Leine, 514 915 E; Uni., Med. Tierärztl. HS, HS f. Musik u. Theater, FHS; LG, AG, BD, OPD; IHK; Masch.bau-, Kraftfahrz.-, Nahrungsmittel-, chem., Gummiind.; Theater, histor. Königsgärten Herrenhausen, Eilenriede, zahlr. Museen (Wilhelm-Busch-Mus.); Maschsee, Zoo; Industrie-Messe, intern. Flughafen H.-Langenhagen. – 1241 Stadtrecht, s. 1636 Residenz.
Hannoveraner, Pferderasse, bes. in Nds. gezüchtet; leistungsstarkes Turnierpferd.
Hannoversch Münden → Münden.
Hanns-Seidel-Stiftung, 1967 gegr., nach d. früheren CSU-Vors. u. bayer. Ministerpräsidenten benannt; CSU-nahe Bildungseinrichtung; Sitz: Wildbad Kreuth.
Hanoi, Hptst. von Vietnam, am Songkoi, 1,09 (Agglom. 3,06) Mill. E; Uni.; Flughafen; Handelszentrum; Ind.
Hanotaux [anɔˈto], Gabriel (19. 11. 1853–11. 4. 1944), frz. Politiker u. Historiker, propagierte als Außenmin. 1894–98 den frz. Kolonialismus.
Hans, m. Vn., alte Kurzform zu → Johannes.
Hans Adam II. (* 14. 2. 1945), Fürst v. Liechtenstein, seit 1989 Staatsoberh.
Hanse, *Hansa,* „Genossenschaft", Kaufmanns-, dann Städtebund meist dt. Küsten- und Binnenstädte vom 13. bis 17. Jh.; zeitweise bis 90 Mitglieder. Berühmteste Gruppe d. sog. „wendischen Städte" Lübeck (mächtigste Stadt), Wismar, Rostock, Stralsund, Lüneburg, ferner Danzig, Riga u zahlreiche Binnenstädte. Namentlich im 14. Jh. große pol. Macht; die H. beherrschte zeitweise die ganze nordische Welt. Auslandsniederlassungen *(Hansekontore):* Stalhof in London (s. 16. Jh. bedeutungslos) bis 1853, Dt. Brücke in Bergen, ferner Brügge, Nowgorod. Mit Aufsteigen d. → Territorialstaaten (15. Jh.) Niedergang.
Hanseaten, Bürger einer Hansestadt.
Hanselmann, Johannes (* 9. 3. 1927), dt. ev. Theologe; seit 1975 Landesbischof von Bayern.
Hansen,
1) Christian Frederik (29. 2. 1756 bis 10. 7. 1845), dän. Architekt; e. Hptvertr. d. dän.-norddt. Klassizismus.
2) Constantin (3. 11. 1804–29. 3. 80), dän. Maler d. Klassizismus in Rom u. Kopenhagen; *Dänische Künstler in Rom.*
3) Hans Christian (20. 4. 1803–2. 5. 83), dän. Architekt d. Historismus, tätig in Athen (Universität) u. Kopenhagen; s. Bruder
4) Theophil von (13. 7. 1813–17. 2. 91), dän. Architekt d. Historismus, tätig in Athen (Akademie der Wissenschaften) u. in Wien (Parlament; Heinrichshof).
Hanslick, Eduard (11. 9. 1825–6. 8. 1904), östr. Musikkritiker; Förderer v. Brahms, Gegner R. Wagners u. Bruckners.

Hansom, *m.* [ˈhænsəm], zweirädriger Wagen mit hohem Kutschbock hinter den zwei Sitzen.
Han Suyin, (* 12. 9. 1917), brit.-chin. Schriftst., Unterhaltungsromane; *Nur durch die Kraft der Liebe.*
Hans von Aachen, (1552 bis 4. 3. 1615), dt. Maler d. Manierismus, kaiserl. Kammermaler in Prag; *Sieg der Wahrheit unter dem Schutz der Gerechtigkeit; Rudolph II.*
Hanswurst, derbkomische Narrengestalt der dt. Bühne in *Hanswurstiaden,* seit 16. Jh. (Abb. → Tafel Schauspielkunst).
Hantel, zwei gleich große, durch eine Stange verbundene Gewichte (Scheiben od. Kugeln) zum Krafttraining od. Gewichtheben.
Hanyang → Wuhan.
Haora, *Howrah,* ind. St. in W-Bengalen, 947 000 E; Ind.vorort v. Kalkutta (Hängebrücke 655 m l.).
Hapag-Lloyd, dt. Schiffahrtsges., s. 1970 durch Fusion der Hamburg-Amerika-Linie *(Hamburg-Amerikanische Paketfahrt Actien-Gesellschaft =* Hapag, 1847 gegr.) u. des *Norddt. Lloyd.*
Haparanda, schwed. Hafenst. an der Mündung des Torneälv in den Bottnischen Meerbusen, 10 000 E.
haploid, bei Zellen (z. B. Keimzellen) od. Organismen: mit einem einfachen *Chromosomensatz;* Ggs.: → diploid.
Happel, Ernst (29. 11. 1925–14. 11. 92), östr. Fußballspieler u. -trainer, 51 Länderspiele, WM-Teilnehmer 1954 u. 58; u. a. Trainer beim Hamburger SV.
Happening, *s.* [engl. ˈhæpə– „Geschehnis"], zeitgenöss. Kunstrichtung seit 1958, Weiterentwickl. d. → Aktionskunst; vom Künstler szenisch gestaltete Darstellung, an der auch d. Zuschauer improvisiert u. aktiv teilnehmen soll; Vertr.: *Kaprow, Oldenburg, Vostell, Beuys.*
haptisch [gr.], den Tastsinn betreffend.
Harakiri, *s., Seppuku,* jap. (ritterlicher) Selbstmord durch Bauchaufschlitzen.
Harald [altnord. „der im Heer Waltende"], häufiger Name altnord. Fürsten:
1) H. I. Harfágre (Schönhaar) vereinigte 872 die norweg. Reiche.
2) H. II. letzter angelsächs. Kg, fiel 1066 bei Hastings.
3) H. V. (* 21. 2. 1937), s. 1991 norweg. König.
Harare, früher *Salisbury,* Hptst. von Simbabwe, 1 Mill. E; Uni.; Ind.- u. Handelszentrum, Landw., Goldraffinerie.
Harbin, *Charbin,* Hptst. d. Prov. Heilongjiang, in der Mandschurei, am Sungari (Songhua Jiang), 2,9 Mill. E; bed. Wirtsch.- u. Kulturzentrum des Fernen Ostens; Uni., FHS; Museen; Flußhafen, Verkehrsknotenpunkt.
Harburg-Wilhelmsburg, ehem. St., s. 1937 St.teil v. Hamburg.
Hard (A-6971), östr. Markt-Gem. bei Bregenz am Bodensee, Vorarlberg, 10 747 E; Fremdenverkehr, Ind.
Hardanger, südwestnorweg. Landschaft a. Hardangerfjord.
Hardangerarbeit, norweg. Leinendurchbruch.
Hardanger-Fjord, über 125 km lange, 3–6 km breite, bis 800 m tiefe, weitverzweigte Meeresbucht.
Hardanger-Vidda, norw. Gebirgsplateau, bis 1862 m.

Hanf

Hanoi, Ho-Tschi-Minh-Mausoleum

Ernst Happel

Hardcover [engl. ˈhɑːdkʌvə], fester Bucheinband; Ggs. → Paperback.
Hard edge [engl. ˈɑːd ɛdʒ „harte Kante"], in d. zeitgenöss. Malerei konstruktivist. Richtung, klar definierte geometr. Farbfelder od. Figurationen werden durch hartkant. Umrisse streng gegliedert; Vertr.: *Held, Kelly, Pfahler, Stella.*
Harden,
1) Sir Arthur (12. 10. 1865–17. 6. 1940), engl. Chemiker; Forschungen über Zuckergärung; Nobelpr. 1929.
2) Maximilian eigtl. *Felix Ernst Witkowski* (20. 10. 1861–30. 10. 1927), dt. expressionist. Schriftst., Kritiker d. Zeitalters Wilhelms II.; *Köpfe;* Zeitschrift *D. Zukunft* (1892–1923).
Hardenberg,
1) Friedrich Frh. v. → Novalis.
2) Karl August Fürst von (31. 5. 1750 bis 26. 11. 1822), 1810 preuß. Staatskanzler, führte Steins Reformen (Freiheit d. Gewerbes u. der Religion, Beschränkung der Adelsrechte) fort.
Harding,
1) Allan Francis (1896–1989), brit. General; 1942 Kommandeur e. Panzerdivision; 1951–55 Oberbefehlsh. d. brit. Rheinarmee.
2) Warren G. (2. 11. 1865–2. 8. 1923), am. republikan. Pol.; 29. Präs. der USA (1921–23).
Hardouin-Mansart → Mansart.
Hardt, Ernst (9. 5. 1876–3. 1. 1947), dt. Dichter d. Neuromantik; Versdramen: *Tantris der Narr;* Novellen.
Hardware [engl. ˈhɑːdwɛə], *Datenverarbeitung,* maschinentechn. Ausstattung einer → Datenverarbeitungsanlage, im Ggs. zur → Software.
Hardy [ˈhɑːdi], Thomas (2. 6. 1840 bis 11. 1. 1928), engl. pessimist. Romanschriftst.; *Tess of the D'Urbervilles.*
Hare-Krishna-Bewegung, 1966 in New York von Guru *Swami Prabhupada* gegr. Jugendsekte; im Mittelpunkt steht das häufig wiederholte Singen d. heiligen Namen Gottes.
Harem, *m.* [arab. „unzugänglich"], streng geschiedenes Frauengemach i. Wohnhäusern d. Moslems.
Häresie [gr. „Auswahl"], Leugnung einer relig. Lehre zugunsten einer anderen, Irrlehre; **Häretiker,** Anhänger einer H.
Harfe, sehr altes Saiteninstrument b. allen Kulturvölkern; s. 1720 als Pedal-H. im → Orchester (Abb.).
Harich, Wolfgang (9. 12. 1923–15. 3. 1995), dt. Publizist u. marx. Phil.; trat f. Demokratisierung d. DDR ein (1956–65 inhaftiert).
Haricots [frz. ariˈko], Bohnen; *Haricots verts* [-vɛːr], grüne Bohnen.
Harig, Ludwig (18. 7. 1927–15. 3. 1995), dt. Schriftst.; Denkexperimente, gesellschaftskrit. Stücke; *Das Rauschen des sechsten Sinnes.*
Häring, Hugo (22. 5. 1882–17. 5. 1958), dt. Architekt u. Architekturtheoretiker, Sekretär d. → Rings; Konzeption des „organ. Bauens".
Hariri, Rafiq al (* 1944), s. 1992 libanes. Premiermin.
Harjana → Haryana.
Harkort, Friedrich (25. 2. 1793–6. 3. 1880), dt. Industrieller u. Politiker, sozialpolit. Engagement f. d. Industriearbeiter
Harlan, Veit (22. 9. 1899–12. 4. 1964), dt. Schausp. u. Filmregisseur; NS-Pro-

pagandafilme: *Jud Süß* (1940), *Kolberg* (1945).

Harlekin [it.], *Arlecchino*, urspr. Teufel im frz. Mysterienspiel des MA, dann Narrengestalt der deutschen u. italienischen Bühne.

Harlem, Stadtteil von New York.

Harmagedon, nach christl. Offenbarung (Offb 16,16) Ort d. Kampfes u. d. Vernichtung b. letzten Weltgericht.

Harmattan, *m., Haramata,* sehr trockener, staubiger Wind aus N bis O in NW-Afrika.

Harmonie [gr.],
1) *phil.* prästabilierte H., die (von Gott vorweg geordnete) Einstimmung aller Dinge im All (Leibniz).
2) *mus.* Einklang; Zusammenklang mehrerer Töne.

Harmonielehre, Lehre v. Zus.klingen d. Töne u. den Gesetzen d. Fortschreitung im mehrstimm. Satz.

harmonische Teilung, Teilung e. Strecke in best. Verhältnis durch ihren inneren u. äußeren Teilpunkt.

Harmonium, klaviergr., orgelähnl. Tasteninstrument m. frei schwingenden Zungen z. Tonerzeugung; Füße d. Spielers treten gewöhnl. d. Blasebälge.

Harms,
1) Bernhard (30. 3. 1876–21. 9. 1939), dt. Volkswirtschaftler; begr. 1911 d. *Inst. für Weltwirtschaft* in Kiel; s. 1964 „Bernhard-Harms-Preis".
2) Claus (25. 5. 1778–1. 2. 1855), dt. ev. Theol.; 95 Thesen gg. den Rationalismus.

Harn, *Urin,* von den Nieren ausgeschiedene Flüssigkeit, enthält gelöste Stoffe: Salze, Stoffwechselprodukte (bei → Diabetes Zucker); bei Krankheiten der Nieren auch Eiweiß, Blut- und Nierenzellen usw.; sammelt sich in der **H.blase,** die durch Muskeldruck entleert wird. Je ein **H.leiter** führt H. vom Nierenbecken zur Blase.

Harnack, Adolf v. (7. 5. 1851–10. 6. 1930), dt. ev. liberaler Kirchenhistoriker u. Kulturpol.; Gründer d. Kaiser-Wilhelm-Ges. u. d. Notgemeinschaft d. dt. Wiss.; *Wesen des Christentums.*

Harnett ['ha:nət], William Michael (10. 8. 1848–29. 10. 92), e. Hptmeister d. am. Stilleben-Malerei; *Die alte Violine.*

Harngrieß, grießkornart., kristall. Niederschlag im Harn.

Harnisch,
1) *in H. bringen,* wütend machen.
2) Panzer, der den Oberleib bedeckt; auch die ganze Ritterrüstung; aus Platten, Kettenwerk.

Harnisch

Harnoncourt [arnõku:r], Nicolaus (* 6. 12. 1929), östr. Dirigent; bed. histor. Aufführungen (Monteverdi).

Härnösand, Hptst. des schwed. Län Västernorrland, a. d. **Härnösund,** 28 000 E; bed. Handelsplatz f. N-Schweden, Seehafen, Masch.-, Holz-, Tabakind.; ev. Bistum; 1885 als erste eur. St. el. Beleuchtung.

Harnröhre, leitet den Harn von der Harnblase nach außen, wenn sich der Blasenschließmuskel öffnet.

Harnruhr → Diabetes.

Harnsäure, Produkt des Eiweißstoffwechsels (tägl. ca. 1 g), normal im Blut u. Harn gelöst, bildet krankhafterweise kristall. Niederschlag in Gelenken u. Weichteilen (Gicht) oder in den Harnwegen als *Harngrieß* oder **Harnstein** (Nierenstein od. Blasenstein).

Harnstoff, *Carbamid,* $CO(NH_2)_2$, farblose Kristalle; im Harn von Mensch u. Säugetier aus Endprodukt der Eiweißspaltung (bei Versagen d. Nierentätigkeit im Blut zurückgehalten: *Harnvergiftung, Urämie*). Erstes künstl. hergestelltes Produkt eines Lebensvorganges (Wöhler 1828); techn. aus Kohlensäure u. Ammoniak nach *Bosch-Meißer* (1916); wertvoller 45%iger Stickstoffdünger; Ausgangsstoff f. Schlafmittel u. Kunststoffe.

Harnstoffharze, aus Harnstoff u. → Formaldehyd erhaltene Kunstharze; als Preßmassen- u. Schichtpreßstoffe, zur Holzverleimung u. als Lackharze verwendet.

harntreibende Mittel, *Diuretika,* Arzneien, die Vermehrung der Harnsonderung *(Diurese)* bewirken; vor allem: Koffein, Theobromin u. die synthet. Xanthonderivate; Hausmittel: Wacholderbeeren, Liebstöckelwurzel.

Harnverhaltung, in der Blase bei Blasenlähmung, Blasenschließmuskel-Krampf u. Abflußbehinderung.

Harnzwang, sehr schmerzhafter Drang z. Harnlassen (z. B. bei Blasenkatarrh).

Harnzylinder, Ausgüsse der Nierenkanälchen aus Eiweiß, Fetten od. Zellen bei Nierenentzündung.

Harold → Harald.

Harpe, Josef (21. 9. 1887–14. 3. 1968), dt. Gen.oberst d. Panzertruppen; im 2. Weltkr. Oberbefehlsh. versch. Heeresgruppen im Rußlandfeldzug, zuletzt Oberbefehlsh. d. 5. Panzerarmee im Westen.

Harpune, Wurfspieß mit Widerhaken u. langer Leine, auch bei Primitivvölkern (Eskimo, Andamanen), früher von Hand geworfen vom **Harpunier,** jetzt aus kl. Geschütz abgeschossen, zum → Walfang.

Harpyie, *w.,*
1) Ungeheuer der griech. Sage, Sturmdämon; Vogel mit Mädchenkopf.
2) größter Greifvogel S-Amerikas.

Harrer, Heinrich (* 6. 7. 1912), östr. Naturforscher u. Schriftst.; 1939 Himalajaexpedition, 1944–51 in Tibet; *Sieben Jahre in Tibet; Geister u. Dämonen.*

Harris,
1) Sir Arthur Travers (13. 4. 1892–5. 4. 1984), brit. Luftmarschall, 1945 Befehlshaber der RAF-Bomber Command; hauptverantwortl. f. d. massiven Luftkrieg gg. Deutschland.
2) Barbara (* 12. 6. 1930), anglikan. Theologin u. Priesterin (s. 1980), Weihbischöfin (s. 1989) i. Massachusetts, 1. Bischöfin i. d. anglikan. Kirchengemeinschaft.

Harrisburg ['hærɪsbəːg], Hptst. des US-Staates Pennsylvania, 53 000 E; Schwerind.; 1979 im Kraftwerk Three Mile Island b. H. schwerer Störfall.

Harrison ['hærɪsn], Wallace Kirkman (28. 9. 1895–2. 12. 1981), am. Architekt; betrieb zus. m. M. Abramovitz e. d. erfolgreichsten am. Architekturfirmen d. 2. Hälfte 20. Jh.; Zentralplanung d. UN-Gebäudes u. d. Lincoln-Centers in New York.

Harrow ['hærou], nw. St.-Bz. v. London, 200 000 E; *H. School* s. 1571, bed. Internat.

Harsányi ['hɔrʃɑːnjɪ], Zolt v. (27. 1. 1887–29. 11. 1943), ungar. Schriftst.; *Ungarische Rhapsodie; Ecce Homo.*

Harsch, vereiste Schneedecke.

Harsdörffer, Georg Philipp (1. 11. 1607–17. 9. 58), dt. Gelehrter u. Dichter, Gründer d. Pegnitzschäfer; Poetik: *Nürnberger Trichter.*

Harsewinkel (D-33428), St. i. Kr. Gütersloh, a. d. Ems, NRW, 20 595 E; Landmasch.- u. Fleischwarenind.

Hart, Brüder,
1) Heinrich (30. 12. 1855–11. 6. 1906) u..
2) Julius (9. 4. 1859–7. 7. 1930), dt. Schriftst.; förderten m. ihren *Kritischen Waffengängen* d. Naturalismus.

härtbare Kunststoffe, Harnstoff-, Phenol- u. Polyesterharze; werden bei Erwärmen od. Zusatz v. Katalysatoren *(Härter)* unlöslich u. unschmelzbar; verwendet bei Preßmassen, Lacken u. Bindemitteln.

Härte,
1) Widerstand, den ein Körper dem Eindringen eines anderen bietet.
2) *techn.* bei Werkstoffen → Brinellhärte.

Hartebeest, hirschgroße Kuhantilope m. langem Kopf u. leierförmigen Hörnern; S-Afrika.

Härte der Mineralien, gemessen nach d. *H.skala* von Mohs mit 10 H.graden: 1 Talk, 2 Gips, 3 Calcit, 4 Fluorit, 5 Apatit, 6 Feldspat, 7 Quarz, 8 Topas, 9 Korund, 10 Diamant.

Härte des Wassers, durch Calcium-Magnesium-Verbindungen bedingt, v. a. Hydrogencarbonate; beim Erhitzen durch Entweichen der → Kohlensäure Kesselstein-Bildung; 1 dt. Härtegrad entspricht 10 mg CaO in 1 Liter Wasser; Wasserenthärtung durch Destillieren (dest. Wasser) od. mit Ionenaustauschern (Permutite, demineralisiertes W.).

Hartel, August (26. 2. 1844–18. 2. 90), dt. Architekt d. Historismus; baute hpts. Kirchen (im Stil d. Gotik), Bahnhöfe u. Museen (meist im Stil d. Neurenaiss.).

Härten von Fetten → Fetthärtung.

Härten von Stahl, durch rasche Abkühlung; zu große Härte *(Glashärte d. Stahls)* durch → Anlassen herabgesetzt.

Härter, Peroxide, Amine u. ä. Stoffe, die d. Aushärtung v. (Kunst-)Harzen zu Duroplasten (Duromeren) bewirken.

harte Währung, → Valuta, die im intervalutarischen Verkehr frei konvertiert werden kann.

Hartford ['hɑːtfəd], Hptst. d. US-Staates Connecticut, 140 000 E; Uni.; Maschinenbau.

Hartgeld → Metallgeld.

Hartgewebe, Platten aus → härtbaren Kunststoffen mit Gewebebahnen als Einlage.

Hartglas, durch schnelle Abkühlung des glühenden Glases hergestellt, widerstandsfähig.

Hartgummi, *Ebonit,* vulkanisierter Gummi m. hohem Schwefelgehalt (bis 30%), hart u. polierbar; zu Kämmen, med. Geräten, in d. Elektroind. als Isoliermittel verwendet.

Hartguß, Stahl mit harter Oberfläche, durch Gießen in Metallformen od. Kokillen erzielt; für Walzen, Eisenbahnräder usw.

Harth, Philipp (9. 7. 1885–25. 12. 1968), dt. Bildhauer; Tierplastiken.

Hartmann von Aue, *Manessische Handschrift*

Hartleben, Otto Erich (3. 6. 1864 bis 11. 2. 1905), dt. naturalist. Schriftst.; *Rosenmontag; Vom gastfreien Pastor.*

Hartlepool [ˈhaːtlipuːl], Hafenst. i. NO-England, 100 000 E; Schwerind., Kernkraftwerk.

Hartley [ˈhaːtli], Marsden (4. 1. 1877 bis 2. 9. 1943), am. Maler; e. Wegbereiter d. mod. am. Malerei; bes. expressionist. Landschaften u. abstrakte Kompositionen.

Hartline [ˈhaːtlaɪn], Haldan Keffer (22. 12. 1903–17. 3. 83, am. Biophys.; Nobelpr. 1967 (Entdeckungen über d. primären chem. u. physiolog. retinalen Prozesse des Sehens).

Härtling, Peter (* 13. 11. 1933), dt. Schriftst.; *Janek; Niembsch od. d. Stillstand; Hölderlin; Nachgetragene Liebe; Waiblingers Augen;* Kinderbücher, Essays, Lyrik.

Hartmann,
1) Eduard v. (23. 2. 1842–5. 6. 1906), dt. Phil., nach s. Lehre bildet d. Unbewußte als Synthese der logischen Idee u. des alogischen Willens Grundlage d. Welt; *Philosophie des Unbewußten; Kategorienlehre.*
2) Erich (19. 4. 1922–20. 9. 1993), dt. Jagdflieger im 2. Weltkr.; erfolgreichster Jagdflieger d. Welt; 1956–70 Bundeswehr (zuletzt Oberst), Kommodore Jagdgeschwader 71 „Richthofen".
3) Karl Amadeus (2. 8. 1905–5. 12. 63), deutscher Komponist; 8 Sinfonien; Oper: *Des Simplicius Simplicissimus Jugend;* Begr. d. *Musica viva* (Konzerte) in München.
4) Max (7. 7. 1876–11. 10. 1962), dt. Biologe u. Naturphilosoph; *Allg. Biol.; D. Sexualität.*
5) Nicolai (20. 2. 1882–9. 10. 1950), dt. Phil.; nach ihm gibt es echte Erkenntnis einer realen Welt in 4 Schichten: der anorganischen, d. organischen, d. seel. u. der geistigen.

Hartmannsweilerkopf, Berg in den S-Vogesen i. Oberelsaß, 957 m; Gefallenengedenkstätte.

Hartmann von Aue, (um 1200), mittelhochdt. Dichter; Legenden: *Gregorius; D. arme Heinrich;* Epen aus dem Artus-Sagenkreis: *Erek; Iwein;* Minnelieder.

Hartmetalle, Schwermetallverbindungen v. diamantähnl. Härte; Herstellung: Carbide des Wolframs u. a. Schwermetalle, durch Sintern zu Plättchen geformt, bilden die harte Schneide v. Hochleistungs-Werkzeugen z. Bearbeitung v. Metallen, Glas: *Widia®, Titanit®* u. a.

Hartpapier, Platten aus → härtbaren Kunststoffen mit Papierbahnen als Einlage.

Hartriegel, svw. → Kornelkirsche.

Hartschier, *Hatschier,* berittener Bogenschütze; auch bayr. Leibgardist.

Hartspann, Myogelose, Muskelverhärtung.

Hartung,
1) Fritz (12. 1. 1883–24. 11. 1967), dt. Historiker; *Dt. Geschichte 1871–1919.*
2) Hans (* 21. 9. 1904), dt.-frz. Maler; gegenstandslose u. informale Malerei, Vertr. d. informellen Richtung d. École de Paris.
3) Hugo (17. 9. 1902–2. 5. 72), dt. Schriftst.; *Ich denke oft an Piroschka; Wir Wunderkinder.*
4) Karl (2. 5. 1908–19. 7. 67), dt. Bildhauer; absolute Plastik; Porträts.

Hartung, Hartmonat, alter dt. Name f. Januar.

Harun ar Raschid, Kalif von Bagdad 786–809; Idealbild des Kalifen.

Harunobu, Suzuki (um 1725–29. 6. 70), jap. Holzschnittmeister (→ Tafel Holzschnitt).

Haruspices, [l.], Wahrsager b. Etruskern u. Römern, d. aus Eingeweiden (Leber) v. Opfertieren od. aus Blitz u. Donner d. Zukunft deuteten.

Harvard-Universität [ˈhaːvəd-], in Cambridge (Mass.); 1636 gegr., älteste Hochschule der USA.

Harvey [ˈhaːvɪ],
1) Lilian (19. 1. 1907 bis 27. 7. 68), engl.-dt. Filmschausp.in; *Der Kongreß tanzt; E. blonder Traum.*
2) William (1. 4. 1578 bis 3. 6. 1657), engl. Anatom, entdeckte d. Blutkreisl.

Harwell [ˈhaːwəl], südengl. Gem. bei Oxford; brit. Kernforschungszentrum.

Harwich [ˈhærɪdʒ], engl. St. in der Gft Essex, 15 000 E; Fährhafen, Seebad.

Haryana, *Harjana,* ind. B.staat, 44 222 km², 16,3 Mill. E; Hptst. *Chandigarh.*

Harz, horstartiges, reichbewaldetes dt. Mittelgebirge mit Steilabfall nach N und W, zw. der Goldenen Aue u. dem Norddt. Flachland; besteht aus paläozoischen Gesteinen, darüber d. Granitmassiv des *Brockens* (1142 m), dicht am N-Rand; d. westl. Teil: *Oberharz,* Mittelhöhe 600 m, nebel- u. regenreich; Bodenschätze: Silber, Eisen, Blei, Kupfer (Bergbau heute ohne Bedeutung); im O: *Unterharz,* Mittelhöhe 400 m, Täler: Bode, Selke, Oker, Ilse, oft m. bed. Talsperren; Kurorte: *Wernigerode, Thale, Braunlage, Schierke;* Tropfsteinhöhlen bei Rübeland.

Harzburger Front, 1931/32 Zusammenschluß v. NSDAP, Stahlhelm u. Deutschnationalen gg. das Kabinett Brüning.

Harze, die aus angeschnittenen Bäumen fließende amorphe, brennbare Masse *(Terpentin);* z. B. Fichtenharz (Kolophonium), trocken destilliert: *Harzöle* u. Pech; Verwendung der H. in Harzseifen *(Resinate),* Firnis, Papierleim, Lacken; *Weich-H.* (Balsam), Peru-, Kopaivabalsam zu med. Zwecken, *Gummi-H.* (Mastix, Gummiarabicum) zu Klebstoffen.

Hasard, s. [frz. aˈzaːr], *Hazard,* „Zufall", Glücksspiel.

Haschisch, s. [arab.], Rauschgift aus d. Harz d. ind. Hanfs, meist (mit Tabak vermischt) geraucht od. in Tee getrunken, Hauptwirkstoff Tetrahydrocannabinol (THC); keine körperl., aber psych. Abhängigkeit; der Handel mit H. ist gesetzlich verboten.

Hasdrubal, karthag. Feldherren:
1) kämpfte 237–221 v. Chr. in Spanien, † 221.
2) Bruder Hannibals, nach dessen Abzug Oberbefehlshaber in Spanien; zog später nach Italien, um Hannibal zu Hilfe zu kommen, und fiel 207.

Hase, Paul (24. 7. 1885–8. 8. 1944), dt. General u. Widerstandskämpfer; hingerichtet.

Hase, astronom. → Sternbilder, Übers.

Hašek [-ʃɛk], Jaroslav (24. 4. 1883–3. 1. 1923), tschech. Schriftst.; satir. Schelmenroman in einzelnen Episoden: *Die Abenteuer d. braven Soldaten Schwejk.*

Haselmaus

Gemeine Haselnuß

Feldhase

Haselhuhn, kleines eurasiat. Rauhfußhuhn; in Wäldern, balzender Hahn ruft hoch („Spissen").

Haselmaus, orangebräunl. → Bilch, baut Kugelnest im Unterholz.

Haselnußstrauch, Waldstrauch, den Birken verwandt; eßb. Nüsse, bes. groß die *Lambertsnüsse* (Baumhaselnüsse aus Südosteur.).

Haselwurz, Osterluzeigewächs, dunkelgrüne, ledrige Blätter, braunrote Blüten; in Laubwäldern; Brechmittel.

Hasen, kleine Säuger m. langen Löffelohren, Hinterbeine länger als Vorderbeine, gespaltene Oberlippe, Nagezähne; z. B. *Feld-, Schneehase, Kaninchen.*

Hasenauer, Karl von (20. 7. 1833 bis 4. 1. 94), östr. Architekt d. Gründerzeit; in Wien (meist zus. m. Semper) *Hofmuseum, Burgtheater, Neue Hofburg.*

Hasenauge, Lagophthalmus, mangelhafter Schluß des Augenlids, Gefahr der Austrocknung.

Hasenclever, Walter (8. 7. 1890–21. 6. 1940), dt. expressionist. pazifist. Dramatiker; symbol. Bühnenstil; *Der Sohn; Antigone;* Komödie: *Napoleon greift ein.*

Hasenhacke, Geschwulst am Sprunggelenk der Pferde.

Hasenmäuse, kaninchenähnl. Nagetiere S-Amerikas (z. B. → Chinchilla; wertvolle Pelze).

Hasenpest, svw. → Tularämie.

Hasenscharte, angeborene Spaltung d. Oberlippe; auch → Wolfsrachen.

Haskil, Clara (7. 1. 1895–7. 12. 1960), schweiz. Pianistin rumän. Herkunft (Mozartinterpretin).

Hasli, das obere Aaretal, 40 km l., zw. *Grimsel* (2165 m) u. Brienzer See (564 müM); Hptort *Meiringen,* 4100 E; Wintersportgebiet Hasliberg.

Hasmonäer, svw. → Makkabäer.

Haspel, Welle od. Seilscheibe im Bergbau (Haspelrad), auf der sich das Zugseil aufwickelt; zur Kraftübertragung, insbes. bach Heben von Lasten; auch *Garn-H.,* achteckiges Gestell zum Aufspulen u. Messen von Garnen.

Haspinger, Johann (28. 10. 1776 bis 12. 1. 1858), als Ordensgeistlicher *Pater Joachim,* mit Andreas Hofer Tiroler Freiheitskämpfer (1809).

Hass, Hans (* 23. 1. 1919), östr. Zoologe u. Verhaltensforscher; Unterwasserexpeditionen in trop. Meere; (Fernseh-) Filme; Bücher.

Hassan [arab. „der Schöne"], m. Vn.
Hassan II. (* 9. 7. 1929), s. 1961 Kg von Marokko.

Haßberge, Bergrücken in Unterfranken, 511 m.

Hasse, Johann Adolf (25. 3. 1699 bis 16. 12. 1783), dt. Komp., Hptvertr. d. Opera seria, wirkte in Dresden und Wien als Kapellmeister; außerdem Oratorien, Kirchen- und Kammermusik.

Hassel,
1) Kai-Uwe v. (21. 4. 1913–8. 5. 1997), CDU-Pol.; 1954–62 Min.präs. v. Schl.-Ho., 1962–66 Verteid.min., 1966–69 Vertriebenenmin.; 1969–72 B.tagspräs.
2) Odd (17. 5. 1897–11. 5. 1981), norweg. Chemiker; Nobelpr. 1969 (Entwicklung d. Konformationsbegriffs).

Hasselfeldt, Gerda (* 7. 7. 1950), CSU-Pol.in; 1989–91 B.min. f. Raumordnung, Bauwesen und Städtebau, 1991–92 B.gesundheitsmin..

Hassell, Ulrich v. (12. 11. 1881–8. 9. 1944), dt. Diplomat, 1932–38 Botsch. in Rom; Widerstandskämpfer; hingerichtet; *Vom anderen Dtld.*
Haßfurt (D-97437), Krst. des Kr. Haßberge, Bay., 11 995 E; AG; ma. Gepräge; div. Ind.
Hassi Messaud, St. in Algerien, in der N-Sahara, 6000 E; Erdölzentr.; Ölleitung z. Mittelmeerküste.
Hassi Rmel, Erdgaszentrum in d. alger. Sahara.
Hassium [neulat., „zu Hessen", weil in Darmstadt entdeckt], künstl. radioaktives Element (Transactinoid) d. Ordnungszahl 108.
Haßler, Hans Leo (1564–8. 6. 1612), dt. Komp., Schüler v. A. Gabrieli; geistl. u. weltl. Lieder, Messen, Madrigale; Orgelwerke.
Haßloch (Pfalz) (D-67454), Gem. im Ldkr. Bad Dürkheim, RP, 18 646 E; div. Ind.; Fremdenverkehr.
Hastings ['heɪstɪŋz], Warren (6. 12. 1732–22. 8. 1818), engl. Staatsmann; festigte die brit. Herrschaft in Indien. 1774–85 ind. Gen.-Gouverneur.
Hastings ['heɪstɪŋz], St. in der engl Gft East Sussex, a. Kanal, 75 000 E; Seebad. – 1066 Sieg Wilhelms des Eroberers über die Angelsachsen.
Hatay → Iskenderun.
Hathor,
1) ägypt. Göttin d. Himmels u. der Freude, auch Totengöttin.
2) 7 Hathoren, wohlmeinende Schicksalsgöttinnen.
Hatikwa [hebr. „die Hoffnung"], Nationalhymne Israels.
Hatschepsut, ägypt. Pharaonin der 18. Dyn. Reiche Bautätigk. (Terrassentempel von Deir el Bahri; Expedition in d. sagenhafte Land Punt; ihr Name wurde v. ihrem Nachfolger Thutmosis III. systemat. getilgt.
Hattersheim a. Main (D-65795), St. im Main-Taunus-Kreis, Hess., 23 950 E; Schokoladenfabrik.
Hattingen (D-45525–29), St. im Ennepe-Ruhr-Kr., NRW, 58 030 E; AG; Stahl- u. Hüttenwerk, Maschinen- u. Lokomotivenbau.
Hatto I., 891–913 Erzbischof von Mainz, regierte für Ludwig das Kind; Sage vom Binger Mäuseturm.
Hattrick [engl. 'hætrɪk], *Fußball:* 3 Treffer durch d. gleichen Spieler.
Haubenlerche, Art d. → Lerchen.
Haubentaucher, Schwimmvogel; Lappentaucher m. weit hinten am Rumpf sitzenden Beinen; Scheitelhaube u. Halskragen.
Hauberrisser, Georg Joseph von (19. 3. 1841–17. 5. 1922), östr. Architekt des Historismus; hpts. Kirchen- u. Rathausbauten im Stil d. Gotik (*Herz-Jesu-Kirche* in Graz; *Rathaus* in München) u. d. Renaiss.
Haubitze, Feldgeschütz für Flach- und Steilfeuer, Mittelstellung zw. Kanone und Mörser.
Hauck, Albert (9. 12. 1845–7. 4. 1918), dt. ev. Theol.; *Realenzyklopädie f. protestant. Theologie u. Kirche.*
Hauenstein, zwei Pässe über den Schweizer Jura zw. Basel und Solothurn, *Oberer H.* von Waldenburg, *Unterer H.* von Liestal aus nach Olten; Eisenbahntunnel, 8134 m lang.
Hauer, Joseph Matthias (19. 3. 1883 bis

Haubentaucher

Wilhelm Hauff

Gerhart Hauptmann

22. 9. 1959), östr. Komp., Erfinder e. Zwölftonsystems (Tropen).
Hauer,
1) Bergmann m. abgeschl. Ausbildung.
2) in Östr. svw. Weinhauer, Winzer.
3) die gekrümten Eckzähne d. Unterkiefers beim männl. Wildschwein; i. Oberkiefer als *Hader er* bez.
Hauff,
1) Volker (* 9. 8. 1940), SPD-Pol.; 1978–80 B.min. für Forschung u. Technologie, 1980–82 B.min. für Verkehrswesen.
2) Wilhelm (29. 11. 1802–19. 11. 27), dt. Schriftst.; histor. Roman: *Lichtenstein;* Märchen; Novellen: *Jud Süß.*
Haugesund, norweg. Hafenstadt an d. atlant. Küste, 31 300 E; Werften, Fischfang.
Hauptbaumart, *Hauptwirtsch.-Baumart, Hauptholzart,* Bez. f. d. vorherrschende od. d. i. e. Bestand am meisten vorhandene Baumart, auf d. hpts. gewirtschaftet wird, z. B. Fichte, Tanne, Kiefer, Eiche, Buche.
Hauptbuch, faßt bei doppelter → Buchführung d. Einzelergebnisse d. Sachkonten zusammen (Hauptkonten); in d. einfachen Buchführung: Kunden- u. Lieferantenbuch.
Hauptfeldwebel → Feldwebel.
Hauptholzart, svw. → Hauptbaumart.
Hauptmann,
1) Carl (11. 5. 1858–4. 2. 1921), dt. expressionist. Dichter; Romane: *Mathilde; Einhart der Lächler;* Drama: *Die armseligen Besenbinder;* Lustspiel: *Tobias Buntschuh;* s. Bruder
2) Gerhart (15. 11. 1862–6. 6. 1946), dt. Dichter; Wegbereiter d. modernen Theaters durch Ausprägung eines naturalist. soz. Dramas; *Vor Sonnenaufgang; Die Weber; Fuhrmann Henschel; Rose Bernd;* histor. Dramen: *Florian Geyer;* Märchenspiele: *Hanneles Himmelfahrt; Und Pippa tanzt;* Tragödie: *Atriden-Tetralogie;* Romane: *Der Narr in Christo Emanuel Quint;* Nobelpr. 1912.
Hauptmann, Offizierdienstgrad zw. Oberleutnant u. Major; Marine: *Kapitänleutnant* (Rittmeister d. Kavallerie b. 2. Weltkr.). Für Off. des militärfachl. Dienstes „Stabs-H.".
Hauptreihe, *astronom.* die Linie d. Sterne normalen phys. Zustandes im → Russell-Diagramm.
Hauptspant, *s.,* Schiffsrippe an d. breitesten Stelle, meist Mitte d. Schiffs.
Hauptstrom, bei Verzweigung el. Stroms die d. Weg geringsten Widerstandes folgende größere Strommenge; Ggs.: Nebenstrom.
Hauptstrommaschine, Gleichstrommaschine, bei der Ankerwicklung u. Feldwicklung in Serienschaltung v. gesamten Strom durchflossen werden. Vorteil: hohes Anzugsdrehmoment; Ggs. Nebenschlußmaschine.
Haupt- und Staatsaktionen, Geschichtsdramen des 17. u. 18. Jh.; von starkem Pathos.
Hauptverbandplatz, eine Sanitätseinrichtung d. → Gefechtsfeld u. im rückwärtigen Korpsgebiet. Dient der Behandlung d. Verwundeten (Brigade-H., Divisions-H. und Korps-H., Österreich: Feldambulanz).
Hauptverfahren, die Vorbereitung u. Durchführung des Hauptverhandlung im Strafprozeß; wird vom Gericht durch Er-

öffnungsbeschluß eingeleitet (§§ 203 bis 275 StPO).
Hauptversammlung → Aktiengesellschaft.
Hauptverteidigungskräfte der NATO, engl. *Main Defence Forces;* Kräfte, die v. a. der Landesverteidigung dienen u. aus Reservisten bestehen. Erreichen ihre volle Einsatzstärke erst nach e. längeren Mobilmachungszeitraum; im Einsatz werden sie e. multinat. Großverband unterstellt. Aufstellung s. 1993 mit dt.-US-am., dt.-ndl. Armeekorps (zugeordnet werden britische Streitkräfte), dän. Korps, Eur. Korps (→ Eurokorps) m. frz., belg. u. dt. Beteiligung u. NATO-Reaktionskorps (ARRC).
Hauptwirtschaftsbaumart, svw. → Hauptbaumart.
Hauptwort, *s.,* lat. Substantiv, bezeichnet Ding, Wesen od. Begriff, oft v. Geschlechtswort begleitet.
Hausbesetzer, Politaktivisten, d. i. leerstehende Häuser einziehen.
Hausbuchmeister, (um 1445–n. 1505), wohl mittelrhein. Kupferstecher u. Maler d. Spätgotik (*Passionsaltar,* Freiburg i. Br.); benannt n. dem v. ihm illustr. Hausbuch auf Schloß Wolfegg, das auf Dürer u. d. Entwickl. d. Genremalerei wirkte.
Hausdurchsuchung → Durchsuchung.
Hausen, *m.,* russ. *Beluga,* Störfisch d. Schw. u. Kasp. Meeres; liefert Kaviar; aus der inneren Schicht der Schwimmblase (*H.blase*) Leim, Appretur.
Hausenstein, Wilhelm (17. 6. 1882 bis 3. 6. 1957), dt. Kunsthistoriker u. Schriftst.; 1953–55 Botsch. in Paris.
Hauser, Kaspar (30. 4. 1812–17. 12. 33), Findling in Nürnberg, vermutet wurde lange, er sei e. badischer, aus Erbfolgegründen beseitigter Prinz; ermordet.
Hausfriedensbruch, widerrechtl. Eindringen oder Verweilen in fremden Räumen od. umfriedeten Grundstücks; nur auf Antrag verfolgt (§ 123 StGB).
Haushalt,
1) Wirtschaftsgemeinschaft von meist verwandten Personen (auch mehrerer Familien). Arten: Einzel-H., Familien-H., Anstalts-H. Ständige Verringerung der Durchschnittsgröße eines H.s: 1871 = 4,7 Personen; 1910 = 4,5; 1925 = 4,0; 1933 = 3,7; 1972 (BR) = 2,67; 1989 (BR) = 2,24.
2) *H. von Körperschaften* → öffentl. Haushalt.
Haushofer,
1) Albrecht (7. 1. 1903–23. 4. 45, hingerichtet), dt. Geograph; *Moabiter Sonette;* sein Vater
2) Karl (27. 8. 1869–10. 3. 1946, Selbstmord), deutscher General u. Geograph; seine → Geopolitik von Hitler mißbraucht.
Hausierhandel → ambulantes Gewerbe.
Häusler, Landbewohner, der nur Gartenland u. Haus besitzt, kein Feld; Tagelöhner.
Hausmann,
1) Manfred (10. 9. 1898–6. 8. 1986), dt. Dichter; lyrisch-romant. Erzählungen; Romane: *Salut gen Himmel; Abel mit der Mundharmonika,* Gedichte.
2) Peter (* 3. 4. 1951), dt. Journalist, s. 1995 Reg.sprecher.

Hausmarke 389 **He**

3) Raoul (12. 7. 1886–1. 2. 1971), östr. Künstler u. Schriftst., neben J. → Heartfield Miterfinder der → Fotomontage, optophonet. Gedichte; Mitbegr. d. Berliner → *Dada*-Gruppe.
Hausmarke, → Herstellermarke, → Corporate Identity.
Hausmeier [l. maior domus], oberster Hofbeamter und Stellvertreter der merowing. Könige.
Hausner, Rudolf (4. 12. 1914–25. 2. 1995), östr. Maler, gehört z. „Wiener Schule d. → Phantastischen Realismus".
Hausruck, oberöstr. Bergrücken, 30 km lang, b. 800 m hoch.
Haussa, kunstsinniges, in Westafrika weit verbreitetes Händlervolk westhamitischer Sprache u. äthiopo-sudanider Rassenmischung.
Hausschwamm, Pilz, dessen weiße Fadengeflechte in totem Holz wuchern u. es zerstören; gefährlich für Gebäude, sofern sie feuchte Stellen enthalten, breitet sich von hier weithin aus und durchdringt selbst Mauerwerk, daher schwer zu bekämpfen. Vorbeugung: Verwendung trockenen Bauholzes; Bekämpfung: Ersatz des befallenen Holzes, Durchlüftung und Austrocknung, Imprägnieren; → Holzschutz.
Hausse [frz. 'ho:s(ə)], Börsenausdruck: Ansteigen, Anziehen der Preise (Kurse); Ggs.: → Baisse.
Haussmann [os'man],
1) Georges Eugène, Baron (27. 3. 1809 bis 12. 1. 91), frz. Stadtplaner; unter Napoleon III. Gestalter d. modernen Paris, legte breite Boulevards und Kanalisation an.
2) Helmut (* 18. 5. 1943), dt. Diplomkaufmann u. FDP-Pol.; 1984 bis 88 Gen.sekretär d. FDP, 1988–91 B.wirtschaftsmin.
Hausstaubmilbe, winziges Spinnentier im Hausstaub, in Polstern u. a.; verursacht Allergien.
Hausurnen, vorgeschichtl. Aschenurnen in Hausform, viereckig oder rund.
Hauswirtschaft,
1) Stufe i. d. volkswirtsch. Entwicklung, in der alle benötigten Güter u. Dienste innerhalb e. Wirtsch.seinheit produziert u. konsumiert werden; ohne Außenhandel (*geschlossene H*.)
2) svw. → Haushalt.
hauswirtschaftliche Lehre, zweijähr. Grundausbildung f. hauswirtsch. Berufe (Hausangestellte, Wirtschaftsleiterin, Ökotrophologin).
Hauswurz, svw. → Sempervivum.
Haut, *Cutis,* Decke des Körpers, schützt gg. Eindringen v. Fremdkörpern u. gg. Wärmeverlust, dient der Sinneswahrnehmung sowie als Schutzorgan gg. Infektionen. *Menschliche H.:* Oberhaut, Lederhaut, Unterhautgewebe usw. (Abb.).
Hautatmung, Sauerstoffaufnahme u. Kohlensäureabgabe d. die Haut, bei vielen Tieren von großer Bedeutung, beim Menschen nur 1% der Lungenatmung.
Hautausschlag, Zeichen e. Hauterkrankung od. auch e. inneren Krankheit oder Allgemeinstörung.
Haute Couture, *w.* [frz. ot ku'tyr], *Hohe Schneiderkunst* der für die intern. Mode richtungweisenden Modeschöpfer.
Hautemphysem, Luftansammlung in d. Unterhaut bei → Gasbrand.

Hautevolee, *w.* [frz. otvo'le], vornehme Gesellschaft.
Hautflügler, Insektenordnung m. 2 Paar dünnhäutigen Flügeln; oft m. Giftstachel; hierin die staatenbildenden Bienen, Hummeln, Wespen u. Ameisen (nicht die Termiten).
Hautgoût, *m.* [frz. o'gu:], Geschmack nicht frischen Fleisches, bes. Wildes; „Stich" (v. Feinschmeckern geschätzt).
Hautpilze, *Dermatophyten,* Erreger von Hautpilzerkrankungen (Dermatomykosen).
Hautsinn, Berührungs-, Tast-, Temperatur-, Feuchtigkeits-, Schmerz-, Druck-, Kitzelempfindung.
Häutung, *Ecchlysis,* period. Wechsel der zu klein gewordenen, nicht mitwachsenden → Chitinhülle bei Insekten u. Krebsen, d. Haut (Hornschicht) bei Reptilien; hormonale Steuerung der H. durch → Ekdyson.
Hautwassersucht → Ödem.
Havana Charter → ITO.
Havanna → Habana, La.
Havarie [arab. „beschädigte Ware"],
1) Beschädigung an Schiff od. Ladung auf Seereise: *große H.* (Beschädigung erfolgt wegen Notstandes absichtlich); *besondere H.* (Schäden durch Unfall od. Verschulden); *kleine H.* (Unkosten d. Schiffahrt).
2) östr. f. Sachschaden bei einem Autounfall, Unfallwagen.
Havel, Václav (* 5. 10. 1936), 1989–92 Staatspräs. d. ČSFR, s. 1993 d. Tschech. Rep.
Havel, r. Nbfl. der Elbe, entfließt dem Dambecker See bei Neustrelitz, 343 km l., 243 km schiffbar; mit vielen abzweigenden Kanälen (Finow-Kanal, Oder-Havel-K., Ruppiner K., Teltow-K., Elbe-Havel-K.) u. seenartigen Erweiterungen; durchfließt zw. Spandau u. Rathenow (m. **H.land**.)
Havelberg (D-39539), Krst. an d. unteren Havel, S-A., 7559 E; Dom (12.–15. Jh.).
Havelock, *m.,* Herrenmantel mit kragenem Überwurf, nach engl. General *H.* (1795–1857) benannt.
Havemann, Robert (11. 3. 1910–10. 4. 82), dt. Physikochem. u. Altkommunist i. d. DDR; Systemkritiker; *Aus d. Biographie eines dt. Marxisten.*
Havilland [ˈhævɪlənd], Sir Geoffrey de (27. 7. 1882–21. 5. 1965), Konstrukteur des 1. Strahlverkehrsflugzeugs (1949).
Havre, Le [lə'a:vr], zweitgrößter frz. Handelshafen, a. d. Seinemündung, 196 000 E; Schiffbau, Ölraffinerie; div. Ind.
Hawaii, südlichste u. größte Insel der H.inselgruppe, 117 500 E; erloschene u. tätige Vulkane (*Mauna Kea* 4205 m, *Mauna Loa* 4169 m, mit dem Krater Kilauea u. Lavasee Halemaumeru); Hptort *Hilo* (37 800 E); Seehafen.
Hawaii-Inseln, früher *Sandwichinseln,* Inselgruppe im Pazifik, am Wendekreis des Krebses, Bundesstaat d. USA, 8 Hauptinseln: *Hawaii, Maui, Oahu, Kauai, Niihau, Molokai, Lanai, Kahoolawe* u. über 120 kleine Inseln u. Atolle; 16 705 km², 1,16 Mill. E, Ostasiaten (48%), Weiße (23 %), Mischlinge (15 %), Filipinos (12 %), polynes. Eingeborene; Hptprodukte: Rohrzucker, Kaffee, Ananas, Bananen; Fremdenver-

Alte deutsche Hausmarken

Václav Havel

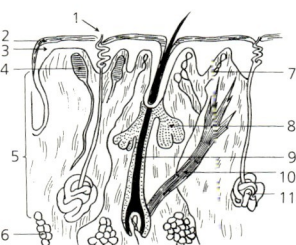

Haut mit Haar
1 Ausführungsgang der Schweißdrüse
2 Hornschicht der Oberhaut
3 Keimschicht der Oberhaut
4 Tastkörperchen
5 Bindegewebe der Haut
6 Fett im Unterhautgewebe
7 Kapillaren (feinste Blutgefäße)
8 Talgdrüsen am Haarbalg
9 Haarschaft
10 Haarbalgmuskeln
11 Schweißdrüse

Stephen Hawking

Joseph Haydn

kehr; Hptst. *Honolulu* (365 000 E). – 1778 v. J. Cook entdeckt; 1900 –59 US-Territorium, s. 1959 50. Bundesstaat d. USA.
Hawk [engl. hɔːk „Falke"], Flugabwehrraketensystem; mobiles, allwetterfähiges, rechnergestütztes Lenkflugkörpersystem; Bedienung: 39 Mann; Geschwindigkeit: ca. 3 Mach; Reichweite: ca. 40 km.
Hawking [ˈhɔːkɪŋ], Stephen William (* 8. 1. 1942), engl. Physiker u. Kosmologe, bedeutender theoret. Physiker, Arbeiten z. Theorie d. Schwarzen Löcher, Vereinheitlichung v. Quantenmechanik u. → Relativitätstheorie in einer Weltformel; *Eine kurze Geschichte der Zeit.*
Hawks [hɔːks], Howard (30. 5. 1896 bis 27. 12. 1977), am. Filmregisseur; *Bringing up Baby* (1938); *The Big Sleep* (1946); *Red River* (1948); *Hatari* (1961).
Hawksmoor [ˈhɔːksmʊə], Nicholas (1661–25. 3. 1736), engl. Baumeister, Hptvertr. d. engl. Barock; verwendete teils auch röm.-antike u. neugot. Elemente; St. Georg (Bloomsbury), W-Türme d. Westminster Abbey in London.
Haworth [ˈhɔːəθ], Sir Walter Norman (19. 3. 1883–19. 3. 1950), engl. Chem.; Zucker- u. Vitaminforschung; Nobelpr. 1937.
Hawthorne [hɔːθɔːn], Nathaniel (4. 7. 1804–19. 5. 64), am. pessimist. Erzähler; *D. scharlachrote Buchstabe.*
Haydée [aˈde:], Marcia (* 18. 4. 1939), brasilian. Ballettänzerin; s. 1976 Leiterin d. Stuttgarter Ballets.
Haydn,
1) Franz Joseph (31. 3. 1732– 31. 5. 1809), östr. Komp. d. Wiener Klassik; 1761–90 Kapellmeister u. Dirigent beim Fürsten Esterházy in Eisenstadt; 1790–92 u. 1794/95 Reisen nach London; 1795 wieder Leitung der neuen Esterházyschen Kapelle; gültige Form d. mehrsätzigen Sinfonie u. Sonate u. reichere Färbung d. Instrumentation; 107 Sinfonien, 24 Opern; Oratorien: *Die Schöpfung; Die Jahreszeiten;* Messen, Motetten; 83 Streichquartette, 163 Klaviersonaten; Melodie „Gott erhalte Franz, den Kaiser" später Nationalhymne (Deutschlandlied); s. Bruder
2) Michael (14. 9. 1737–10. 8. 1806), östr. Komp., Kirchenmusiker.
Hayek, Friedrich August v. (8. 5. 1899 bis 23. 2. 1992), brit. Volkswirtschaftler östr. Herkunft; Arbeiten zur Geld- u. Konjunkturtheorie; *Der Weg zur Knechtschaft;* (zus. m. K. G. → Myrdal) Nobelpr. 1974.
Hayez [aˈjɛts], Francesco (10. 2. 1791 bis 10. 2. 1881), it. Maler; e. Hptvertr. d. Romantik in Italien; Porträts (*Gioacchino Rossini*); Historienbilder.
Haym, Rudolf (5. 10. 1821–27. 8. 1901), dt. Literarhistoriker; Begr. d. *Preuß. Jahrbücher; Romantische Schule.*
Hayman [ˈheɪmən], Francis (1708–2. 2. 76), engl. Maler u. Mitbegr. d. Royal Academy; führte d. Stil d. frz. Rokoko in d. engl. Malerei ein.
Hazienda, *w.* [span. aˈθi-], Farm, Landgut im span. sprechenden Südamerika.
Hb, Abk. f. → Hämoglobin.
H-Bombe → Kernwaffen.
h. c. → Dr. h. c.
He, chem. Zeichen f. → Helium.

Head Hunting [engl. hεd 'hʌntiŋ ,,Kopfjäger-Methode"], Personalbeschaffung durch gezielte Abwerbung bestimmter Manager in Führungspositionen.
Headline [engl. 'hεdlain], Schlagzeile (insbes. in d. Zeitung), Überschrift, Kopfzeile.
Headsche Zonen, Hautreflexonen.
Healey ['hi:li], Denis (* 30. 8. 1917), engl. Labour-Pol.; 1964–70 Verteidigungsmin., 1974–79 Schatzkanzler.
Hearing, s. [engl. 'hiər], Anhörverfahren, Befragung von Sachverständigen oder Zeugen, z. B. im Rahmen einer parlamentar. Untersuchung.
Hearst [hə:st], William Randolph (29. 4. 1863–14. 8. 1951), am. Zeitungsverleger: **H.presse.**
Heartfield [hɑ:t-], John, eigtl. *Helmut Herzfeld* (19. 6. 1891–26. 4. 1968), dt. Künstler; 1938–50 in England; entwickelte gesellschaftskrit. - Fotomontage als Kunstform; Mitbegr. der Berliner *Dada*-Gruppe.
Heath [hi:θ], (seit 1986) Sir Edward (* 9. 7. 1916), engl. konservat. Pol.; 1965–75 Parteivors., 1970–74 Premiermin.
Heavisideschicht ['hεvisaid], → Stratosphäre.
Heavy Metal [engl. 'hεvi 'mεtl], Rockmusik-Richtung, die ,,harte" Gitarrensoli extrem i. d. Vordergrund rückt.
Hebamme, behördl. geprüfte u. anerkannte Geburtshelferin; 2 Jahre Ausbildung in H.n-Lehranstalten (1994 i. d. BR mehr als 10 000 H.n tätig).
Hebbel,
1) Friedrich (18. 3. 1813–13. 12. 63), dt. Dramatiker d. Realismus; *Judith; Maria Magdalene; Herodes u. Mariamne; Gyges u. s. Ring; Die Nibelungen; Agnes Bernauer;* Fragment: *Demetrius;* Gedichte; *Tagebücher;* s. Gattin
2) Christine, geb. Enghaus (1817 bis 1910), östr. Schausp.in (Heroine) am Wiener Burgtheater.
Hebe, in d. griech. Sage Göttin d. Jugendschönheit; als Mundschenkin d. Götter m. Kanne dargestellt.
Hebei [xλbεi], früher *Hopei*, bis 1928 *Tschili*, nordchin. Küstenprov., 202 700 km², 61 Mill. E; umfaßt Großteil d. Nordchin. Ebene (Getreide- u. Baumwollanbau) u. deren Gebirgsumrandung im W u. N (Stein- u. Braunkohle, Eisen- u. Kupfererz, Erdölförderung); Hptst. *Shijiazhuang.*
Hebel, Johann Peter (10. 5. 1760–22. 9. 1826), alemann. volkstüml. Dichter; *Schatzkästlein des rhein. Hausfreundes; Kalendergeschichten.*
Hebel, um eine Achse drehbarer Körper, an d. zwei Kräfte, nämlich die bewegende (Kraft) u. die bewegte (Last), angreifen (z. B. *Hebebaum,* mittels dessen Lasten gehoben werden können). *H.gesetz:* Die aufzuwendende Kraft steht zur Last im umgekehrten Verhältnis der *Hebelarme* (Goldene Regel d. Mechanik). Dadurch können schwere Lasten m. kleinen Kräften bewegt werden, wobei aber d. aufzuwendende Arbeit (Energie) stets dieselbe ist. Der H. ist einarmig, wenn Kraft u. Last auf derselben Seite, zweiarmig, wenn sie auf verschiedenen Seiten v. Drehpunkt aus angreifen.
Hebemaschinen, zum Heben v. Lasten: Aufzüge (→ Fahrstuhl, → Paternos-

Edward Heath

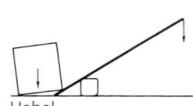
Friedrich Hebbel

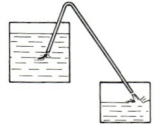
Hebel

Heber

Hecht

Sven Hedin

G. W. F. Hegel

Martin Heidegger

steraufzug), → Flaschenzug, → Kran, → Winde; Antrieb b. leichten Anlagen von Hand; früher hydraulisch, heute elektrisch.
Heber, Apparat zur Flüssigkeitsentnahme mit Hilfe des Luftdrucks: einschenklig: *Stechheber*, auch die → Pipette, oder zweischenklig, durch Saugen: *Saugheber* (Abb.).
Heberdensche Knoten → Exostosen an d. Fingergelenken.
Hébert [e'bε:r], Jacques René (15. 11. 1757–24. 3. 1794), frz. Revolutionär u. Anführer der radikalsten Gruppe (Hébertisten) im Nationalkonvent.
Hebräer [hebr. ,,ibrim"], semitischer Volksstamm; i. A. T. H. die Israeliten.
Hebräerbrief, Schrift d. N.T., Verfasser unbekannt.
Hebräerevangelium, apokryphes, nur teilw. erhaltenes Evangelium d. Judenchristen (2. Jh.).
hebräische Literatur, a) *vorchristlich:* Schriften d. A.T.; *Thora Mosis* (5 Teile), *Chroniken u. Novellen* (Epik); *Psalmen, d. Hohelied;* Propheten: Jesaja, Jeremia, Ezechiel (Lyrik); *Sprüche und Weisheit: Sprüche u. Prediger Salomo, Buch Hiob, Jesus Sirach;* b) *nachchristlich:* Dogmatisches u. Episches in d. (babylonischen) Rezension d. *Talmud* (um 500 abgeschlossen); unter s. späteren Bearbeitungen (Kürzungen) bes. der *Gedeckte Tisch* d. Joseph Karo; rel. Lyrik: Jehuda ben Halevi (12. Jh.); Philosophie in Aristoteles-Tradition: Moses Maimonides; späte jüdische Mystik in *Chassidischen Schriften* um den Baalschem (18. Jh.).
hebräische Schrift, wahrscheinlich aus phöniz. entwickelt, alphabet. Lautschrift, rechts nach links laufend; versch. Schriftarten:
1) *althebräische,* erhalten auf Mesa-Inschrift u. Münzen;
2) *Quadratschrift,* urspr. ohne Vokale, 5.–8. Jh. m. Vokal- u. Akzentzeichen (Punktierung) versehen; in bibl. u. Mischnah-Text;
3) *Raschischrift* im Talmud u. Kommentatoren;
4) *Kursivschrift* (geschriebene Schrift).
hebräische Sprache → Sprachen, Übers.
Hebriden, engl. *Hebrides*, 2 Inselgruppen von mehr als 500 Inseln (etwa 100 bewohnt) vor W-Küste: *Äußere H.* oder *Western Isles* (Lewis, Harris, N- u. S-Uist, Barra u. a.); *Innere H.* (Skye, Rhum, Coll, Tiree, Mull, Jura, Islay u. a.); stürmisches, kühles u. feuchtes Klima, zus. 7285 km², etwa 60 000 z. T. gälisch sprechende E; Fischerei, Schafzucht, Weberei (Harris-Tweed); Hptort *Stornoway* (5000 E) auf Lewis; Druidensteine; auf kl. Insel Staffa die *Fingalshöhle* (Säulenbasalt).
Hebron, *Al Khalil,* St. im Westjordanland; s. 1967 unter isr. Verw., 80 000 E; heilige Stätte des Judentums (Grab Abrahams).
hecheln, gebrochenen Flachs maschinell auskämmen, wobei lange Fasern v. kurzen (Werg) getrennt werden.
Hechingen (D-72379), St. i. Zollernalbkr., Ba-Wü., 17 573 E; LG, AG; Textil-, Metall- u. Holzind.; ehem. Residenz der Fürsten v. Hohenzollern-H.
Hecht, Süßwasser-Raubfisch, mit entenschnabelähnl. Schnauze, stark bezahnt, weite Maulspalte; wird sehr alt, bis 1,5 m lang, 35 kg schwer; wertvoller Speisefisch.
Heck,
1) Bruno (10. 1. 1917–16. 1. 89), CDU-Pol.; 1962–68 B.min. f. Familien- u. Jugendfragen; 1967–71 Gen.sekr. d. CDU.
2) Ludwig (11. 8. 1860–7. 7. 1951), dt. Zoologe; Direktor d. Berliner Zoolog. Gartens; *Heiter-ernste Lebensbeichte.*
Heck, s., hinterer Teil eines Schiffes, Wagens.
Heckantrieb, beim Kfz: Motor, Kupplung, Getriebe u. Achsenantrieb sind im Heck d. Wagens (gutes Anfahr- u. Steigvermögen, u. U. verringerte Fahrstabilität.
Hecke, bandartig angeordnete Sträucher m. eingestreuten Bäumen; an Feldwegen od. begrenzend an Weiden u. Feldern; müssen regelmäßig gepflegt, d. h. beschnitten u. verjüngt werden; verringern d. Bodenabtrag (→ Bodenerosion) durch Wind u. Wasser u. sind Lebensräume f. viele gefährdete Tier- u. Pfl.-Arten.
Heckel, Erich (31. 7. 1883–27. 1. 1970), dt. expressionist. Maler u. Graphiker, Mitbegr. d. → Brücke; Landschaften; *Ostender Madonna* (→ Tafel Holzschnitt).
Heckenbraunelle → Braunelle.
Heckenkirsche, Arten d. Geißblatt; Ziersträucher.
Hecker, Friedrich (28. 9. 1811–24. 3. 81), 1848 badischer republikan. Freischarenführer, später Farmer in d. USA; Oberst im Sezessionskrieg.
Hede, w., *Werg,* kurze Abfallfasern der Flachs- oder Hanfgewinnung, für grobe Gespinste, zum Verpacken, Ausstopfen, Putzen.
Hederich, Ackerunkräuter, → Rettich, → Senf.
Hedin, Sven v. (19. 2. 1865–26. 11. 1952), schwed. Forschungsreisender; löste → Lop-Nur-Problem, stellte Quellen des Zangbo u. Verlauf d. Fluß- u. Gebirgssystems Tibets fest, entdeckte d. Transhimalaja (Hedin-Gebirge); *Durch Asiens Wüsten; Transhimalaja.*
Hedonismus [gr.], durch → Aristipp um 400 v. Chr. begründete Lehre der griech. Philosophie, der zufolge die lustvolle Freude oberstes Ziel des menschlichen Strebens ist; Anhänger des H. sind die → Kyrenaiker.
Hedschas, *Hidschas,* arab. Küstengebiet am Roten Meer, Saudi-Arabien, sunnit. Araber; heißes Wüstenklima; Hptst. *Mekka.*
Hedschasbahn, Schmalspurbahn Damaskus–Medina (1302 km); Zerstörung im 1. Weltkr., nur Strecke Damaskus–Ma'an in Betrieb.
Hedschra, w. [arab.], *Hidschra, Heǧra,* die ,,Auswanderung" Mohammeds von Mekka nach Medina 622 n. Chr.; Jahr 1 des moh. Kalenders.
Hedwig,
1) († 994), *Hadwig,* Enkelin Heinrichs I., Hzgn. v. Schwaben; in Scheffels *Ekkehard.*
2) Gattin Heinrichs I. von Schlesien (1174–1243), Heilige, Schutzpatronin Schlesiens.
3) *Jadwiga,* Kgn. v. Polen (1374–99), 1386 Heirat mit → Jagiello.
Heemskerk, Marten van (1498–1. 10. 1574), ndl. Maler u. Graphiker; griff als Vertr. d. → Romanismus Elemente des it.

Manierismus auf; schuf topograph. exakte Zeichnungen röm. Ruinen d. Antike v. bis heute archäolog. Quellenwert.
Heer, Friedrich (10. 4. 1916–18. 9. 83), östr. Publizist u. Historiker.
Heer, bewaffnete Landmacht eines Staates. – *Milizheer,* nur im Kriege einberufen, Ausbildung im Frieden durch periodische Übungen; *stehendes Heer,* auch im Frieden ständig im Dienst. Bundeswehr: Das H. besteht aus d. Feld-H., das im Verteidigungsfall der → NATO untersteht, u. d. Territorial-H., das unter nationaler Führung bleibt.
Heerbann, im frühen MA Aufgebot aller waffenfähigen Freien zur *Heerfahrt* (Volkskrieg), seit Ende des 10. Jh. durch Vasallengefolge verdrängt.
Heeresamt, höhere Kommandobehörde der → Bundeswehr; verantwortl. f. d. Grundsätze der Ausbildung des Heeres u. d. Weiterentwicklung der Truppengattungen. Dem H. sind 17 Schulen u. d. Stammdienststelle des Heeres u. d. Truppenübungsplatzkommandanten unterstellt.
Heeresberichte, im 1. Weltkr. d. → Wehrmachtsberichte.
Heeresfliegertruppe, Hauptaufgabe: Kampf gg. Panzer u. Panzerabwehrhubschrauber, Transport v. Truppen, Material u. Verwundeten, daneben auch Aufklärungs-, Erkundungs- u. Verbindungsaufgaben.
Heeresflugabwehrtruppe, schützt Truppe gg. Angriffe a. d. Luft, kämpft zusammen m. Flakanonenpanzer u. FlaRakPanzern.
Heeresführungskommando, höhere Kommandobehörde der → Bundeswehr; plant und führt alle Einsätze des Heeres; verfügt über eigene Unterstützungskräfte.
Heeresgruppe, Zusammenfassung mehrerer Armeen u. e. einheitl. mil. Führung (Oberbefehl).
Heeresunterstützungskommando, höhere Kommandobehörde des Heeres, zuständig f. d. Sicherstellung der materiellen Einsatzbereitschaft des Heeres.
Heerlen, St. der ndl. Prov. Limburg an d. *Heerler Heide,* 99 000 E; Kohlenbergbau.
Heerschild, Rangordnung des deutschen Lehnsstaats, 7 Schilde (Kaiser, geistl., weltl. Fürsten, freie u. Bannerherren, Ritter, nichtritterl.
Heerwurm, Wanderzug der Larven der Trauermücke; früher Omen für Krieg und Mißernten.
Heesters, Johannes (* 5. 12. 1902), ndl. Schausp. u. Sänger.
Hefe, einzellige Pilze, spalten Zucker in Alkohol u. Kohlensäure (Gärung); daher wichtig im Gärungsgewerbe (z. B. Wein-H.); H. bewirkt auch Auflockerung des Teiges (*Back-H., öst. Germ); Trocken-H.* zu Viehfutter u. Nährpräparaten; *Med. H.* reich an Vitamin B; *Nähr-H., Futter-H.,* eiweißreich, gezüchtet auf Ablaugen von Cellulosefabrikation.
Heften,
1) Verbindung d. gefalzten Druckbogen durch Faden, Klammern od. Leim zum Buchblock.
2) provisorisches Arretieren v. Werkstücken beim Schneidern u. Schweißen.
Hegau, Landschaft nw. des Bodensees mit zahlr. Bergkegeln aus vulkan. Ge-

stein (Phonolith, Basalt): Hohentwiel, Hohenstoffeln u. a. Hauptort: *Singen.*
Hege → Wildhege, Fischhege.
Hegel, Georg Wilhelm Friedrich (27. 8. 1770–14. 11. 1831), der bedeutendste Phil. d. dt. Idealismus. Lehre: Die Welt als dialekt. Prozeß, d. sich v. Nichts zum Sein, v. Geist über d. Natur zum Bewußtsein entfaltet; These, Antithese u. Synthese; Geschichte als Fortschritt im Bewußtsein d. Freiheit; *Phänomenologie des Geistes* (1807); *Enzyklopädie d. phil. Wissenschaften* (1817); *Grundlinien der Philosophie des Rechts* (1821).
Hegemonie [gr.], pol. Vorherrschaft.
Hegenbarth, Josef (15. 6. 1884–27. 7. 1962), dt. Maler u. Graphiker; bes. Buchillustrationen, u. a. zu Cervantes, Homer, Gogol, Shakespeare; Altes u. Neues Testament.
Hehlerei, gewinnsüchtiges Ansichbringen od. Absetzen v. Sachen, d. aus e. Diebstahl od. anderen Straftaten stammen; strafbar m. Freiheitsstrafe bis zu 5 J. od. m. Geldstrafe, bei Gewerbsmäßigkeit Freiheitsstrafe bis zu 10 J.; Versuch ebenfalls strafbar (§§ 259, 260 StGB).
Heide,
1) Landschaft, → Lüneburger Heide.
2) (D-25746), Krst. d. Kr. → Dithmarschen, Schl.-Ho., 20 693 E; Erdöl; elektron. Erzeugnisse.
Heidegger, Martin (26. 9. 1889–26. 5. 1976), dt. Phil. d. → Existentialismus; Sorge u. Angst v. d. „Nichts" als Grunderlebnisse d. Menschen; in späteren Schriften Anspruch, das Sein selbst gg. alle bisherige Metaphysik zur Sprache zu bringen; *Vom Wesen d. Grundes; Was ist Metaphysik?; Sein u. Zeit; Holzwege; Was heißt Denken?; Identität u. Differenz.*
Heide(kraut), *Calluna,* kleine Sträucher, auf moorigem u. sandigem Boden; am häufigsten *Besenheide* od. *Erika,* wichtige Bienenpflanze; auch Bez. f. *Glocken-* u. *Schneeheide,* beide m. glockigen Blüten, Gattung *Erica;* hierzu auch *Baumheide,* weiß reichende Bäume i. Mittelmeergebiet (→ Bruyèreholz); z. T. Zierpflanzen.
Heidelbeere, *Blaubeere,* kleine Waldsträucher mit eßb. Beeren; verwandt d. *Trunkelbeere;* am. Arten großfruchtig.
Heidelberg (D-69115–26), Stkr. u. Sitz d. Rhein-Neckar-Kr. in Ba-Wü., am Austritt des Neckars in die Oberrhein. Tiefebene, 139 392 E; Barockst.; Uni. (s. 1386), wiss. Inst., Eur. Labor f. Molekularbiologie, Dt. Krebsforschungszentrum, MPI; HS f. Mus., PH, Dolmetsch.-S.; IHK; AG, LG; elektron., Textil-, Masch.- u. chem. Ind.; Großhandelsplatz f. Obst, Gemüse; über d. Stadt das *H.er Schloß* (14.–17. Jh.), Ott-Heinrich-Bau, Hauptdenkmal dt. Renaissancebaukunst; 1689/93 von d. Franzosen zerstört; Dt. Apothekenmus., Kurpfälz. Mus., Zoolog. Mus. – Hptst. der Kurpfalz, i. 16. Jh. Calvinistenhochburg. Anfang des 19. Jh. Romantikerst.
Heidelberger Katechismus, Katechismus d. reformierten Kirche (1563).
Heidelberger Kultur, einfache, noch umstrittene Steinwerkzeuge aus d. frühesten Altsteinzeit; → H.er Urmensch.
Heidelberger Liederhandschrift → Manessische Handschrift.
Heidelbergmensch, *Homo heidelbergensis,* Frühmensch, nach einem Un-

Heidekraut

Heidelberg, *Stadt und Schloß*

Eric Heiden

Heidenheim, *Schloß Hellenstein*

terkieferfund in Mauer bei Heidelberg, 1907.
Heiden,
1) Elizabeth (* 27. 9. 1959), am. Eisschnelläuferin, 1979 Mehrkampf-WM im Eisschnellaufen, 1980 Straßen-WM im Radfahren; ihr Bruder
2) Eric (* 14. 6. 1958), am. Eisschnelläufer; Olympiasieger 1980 über alle 5 Strecken (Rekord), Mehrkampf-WM 1977–79, Spring-WM 1977–80.
Heiden, christl. Bez. zuerst f. Nicht-Christen u. Nicht-Juden, später f. Anhänger aller polytheist. Rel.
Heidenchristen, im Urchristentum diejenigen Christen, d. vor ihrer Bekehrung Anhänger vorchristl. u. nichtjüd. Religionen waren.
Heidenheim an der Brenz (D-89518–22), Krst. in Ba-Wü., 51 012 E; IHK; AG; Masch.-, Textil-, Elektroind., Schloß Hellenstein m. Mus.
Heidenreich, Gert (* 30. 3. 1944), dt. Schriftst., Auseinandersetzung m. dt. Vergangenheit; Gedichte: *Eisenväter;* Erzählung: *Die Gnade der späten Geburt;* Roman: *Belial oder die Stille.*
Heidenstam, Verner von (6. 7. 1859 bis 20. 5. 1940), neuromant. schwed. Dichter, Nobelpr. 1916.
Heidschnucke, kleine Schafrasse mit grobem, langem, grauweißem Fell; urspr. Lüneburger Heide, heute auch zur Landschaftspflege.
Heifetz, Jascha (2. 2. 1901–10. 12. 87), am. Geigenvirtuose russ. Herkunft.
Heike w. Vn.; Kurzform zu Heinrike.
Heiland, *der Heilende,* der Retter, Erlöser.
Heilatmung, zur unterstützenden Behandlung v. Krankheiten, die Ursache oder Folge verminderten Gasaustauschs in der Lunge sind; auch → Atemgymnastik.
Heilbronn (D-74072–81), Stkr. u. Sitz d. Ldkr. H., am Neckar, Ba-Wü., 117 427 E; IHK; LG, AG; HWK, FHS f. Wirtsch. u. Technik, Salzwerk; Hafenanlagen. – Ehem. Reichsstadt.
Heilbutt → Schollen.
Heiler, Friedrich (30. 1. 1892–27. 4. 1967), dt. Religionsphil.; arbeitete führend in d. durch → Söderblom geprägten ökumen. Bewegung (→ Ökumene) mit.
Heilerziehung, *Heilpädagogik,* Erziehung d. körperl. od. geistig behinderten u. schwererziehbaren Kinder, bes. in Sonderschulen.
Heilfasten, bis vierwöch. Fastentherapie o. Aufnahme fester Nahrung.
Heilfieber → Fieber.
Heilgymnastik → Gymnastik.
Heilige, die Märtyrer, später auch Bekenner, die in der kath. Kirche vom Papst feierlich heiliggesprochen (→ Heiligsprechung), nach festen Regeln verehrt u. als Fürbitter angerufen werden.
Heilige Allianz → Allianz.
Heilige der Letzten Tage → Mormonen.
Heilige Drei Könige → Drei Könige.
Heiligenblut, Ort i. Kärnten, 1300 E; got. Pfarrkirche; s. Ausgangspunkt d. Großglockner-Hochalpenstr.
Heiligendamm, ältestes dt. Seebad an der Ostsee (s. 1793); heute St.teil v. → Bad Doberan, M-V.
Heiligenhafen (D-23774), St. i. Kr. Ostholstein, Schl.-Ho., 8945 E; Ostseeheilbad an der Vogelfluglinie.

Heilkräuter im Garten

Deutscher Name (bot. Bezeichng.)	Pflanzenart	verwendbare Pflanzenteile	Anwendung gegen	Bemerkungen
Abendländischer Lebensbaum (Thuja occidentalis)	Baum	Zweige	Rheuma; Gicht; Schnupfen; Nieren-, Blasenleiden; Würmer	giftig!
Ackergauchheil (Anagallis arvensis)	einjährige Pflanze	Kraut	Hauterkrankungen; Lebererkrankungen	häufiges Unkraut
Ackerschachtelhalm, Zinnkraut (Equisetum arvense)	Staude	Kraut	Mund- und Rachenerkrankungen; Gicht; Nasen-, Lungen-, Magen-, Blasenerkrankungen	häufiges Unkraut
Adonisröschen (Adonis vernalis)	Staude	Kraut	Herzschwäche; Herzstörungen; Nierenentzündung	giftig! Anwendung nur durch den Arzt!
Akelei (Aquilegia vulgaris)	Staude	Kraut; Samen	Leber- und Gallenerkrankungen; Hauterkrankungen; Schlaflosigkeit	giftig!
Alpenveilchen (Cyclamen purpurescens)	Staude	Knolle	Rheuma; Gicht; Koliken; Hämorrhoiden; Migräne	giftig!
Anis (Pimpinella ansium)	einjährige Pflanze	Früchte	Parasiten; Verdauungsschwierigkeiten; Appetitlosigkeit	Küchengewürz
Bärentraube (Arcto staphylos)	Strauch	Blätter	Nierenbecken-, Harnröhren-, Blasenentzündung	
Baldrian (Valeriana officinalis)	Staude	Wurzel	Nervosität; Hysterie; Schlaflosigkeit; Koliken; Magenkrämpfe	
Becherprimel (Primula obconica)	Staude	Kraut	Ekzeme; Nesselausschläge; Leber-, Milzschwellung	giftig! Berührung führt zu Hautreizungen
Beifuß (Artemisia vulgaris)	Staude	Kraut	Würmer; Epilepsie	Küchengewürz
Beinwell (Symphytum officinale)	Staude	Blätter, Wurzel	Entzündungen; Geschwüre; Bronchitis; Brustfellentzündung	häufige Wildpflanze
Berberitze (Berberis vulgaris)	Strauch	Früchte; Rinde; Wurzeln	Gallensteinleiden; Leberleiden; Gicht; Ischias	eßbare Früchte
Besenginster (Cytisus scoparius)	Strauch	Blüten; Kraut	Herzerkrankungen; Haut-, Nierenkrankheiten	
Birke (Betula pendula)	Baum	Blätter; Rinde	Gicht; Rheuma; Hautkrankheiten	
Bitterklee (Menyanthes trifoliata)	Staude	Blätter	Rheuma; Gallen-, Leber-, Hautleiden; Tuberkulose	Sumpfpflanze
Bohnenkraut (Satureja hortensis)	einjährige Pflanze	blühendes Kraut	Blähungen; Durchfall; Koliken	Küchengewürz
Brennessel (Urtica dioica)	Staude	Kraut; Samen; Wurzel	Hautleiden; Bronchitis; Rheuma; Blutarmut	Kleine Brennessel ebenso wirksam
Brunnenkresse (Nasturtium officinale)	Staude	Kraut	Skorbut; Rheuma; Akne; Ekzeme	Gemüsepflanze
Buchsbaum (Buxus sempervirens)	Strauch	Blätter; Holz	Hautleiden; Gicht; Rheuma	bei Überdosierung Vergiftungen!
Buschwindröschen (Anemone nemorosa)	Staude	Kraut	Rheuma; Kopfflechten Gelenkleiden	giftig!
Christrose (Helleborus niger)	Staude	Rhizom	Herzkrankheiten	giftig! Anwendung nur durch den Arzt!
Diptam (Dictamnus albus)	Staude	Blätter; Wurzel	Würmer; Blähsucht; Verstopfung	
Duftveilchen (Viola odorata)	Staude	blühendes Kraut	Rheuma; Ohrenschmerzen; Augenleiden; Husten; Angina	
Eberesche (Sorbus aucuparia)	Baum	Früchte	Skorbut; Lungenleiden; Durchfall	nordmährische Varietät
Efeu (Hedera helix)	Strauch	Blätter	Gicht; Rheuma; Rachitis; Schnupfen; Grauer Star	Beeren sind giftig!
Eibe (Taxus baccata)	Baum	alle Pflanzenteile	Würmer; Parasiten; Gicht; Rheuma; Nieren-, Blasenerkrankungen	alle Pflanzenteile außer der roten Fruchthülle giftig!
Eibisch (Althaea officinalis)	Staude	Blätter; Blüten	Lebensmittelvergiftung; Husten; Heiserkeit; Geschwüre; Ruhr	
Eiche (Quercus petraea und Quercus robur)	Baum	Rinde; Eichel	Rachitis; Skrofulose; Durchfall	
Eisenhut (Aconitum napellus)	Staude	Wurzeln	Herzkrankheiten; Ischias; Rheuma; Gicht	giftig! Anwendung nur durch den Arzt!
Erdrauch (Fumaria officinalis)	einjährige Pflanze	Blätter	Haut-, Leber-, Gallenkrankheiten	häufiges Unkraut
Esche (Fraxinus excelsior)	Baum	Blätter; Rinde	Gicht; Rheuma; Würmer	
Faulbaum (Rhamnus frangula)	Strauch	Rinde	Verstopfung	giftig!
Feldthymian, Quendel (Thymus serpyllum)	Staude	blühendes Kraut	Verdauungsstörungen; Magenkrämpfe; Asthma	
Fenchel (Foeniculum vulgare)	zweijährige Pflanze oder Staude	Kraut; Samen	Blähungen; Bauchschmerzen; Husten; Asthma; Bronchitis	Küchengewürz

Deutscher Name (bot. Bezeichng.)	Pflanzenart	verwendbare Pflanzenteile	Anwendung gegen	Bemerkungen
Fichte (Picea abies)	Baum	Sprosse	Husten; Asthma; Bronchitis	
Fingerhut (Digitalis purpurea)	Staude	Blätter	Herzerkrankungen; Kreislaufstörungen; Gelbsucht	giftig! Anwendung nur durch den Arzt!
Gänseblümchen (Bellis perennis)	Staude	Blüten; Kraut	Haut-, Lebererkrankungen; Brustdrüsenentzündung; Gelbsucht	
Gänsefingerkraut (Potentilla anserina)	Staude	Kraut; Wurzeln	Asthma; Keuchhusten; Koliken	ziemlich häufiges Unkraut
Gartensalbei (Salvia officinalis)	Halbstrauch	Blätter	Mundkrankheiten; Nachtschweiß; Bronchitis; Husten; Geschwüre	Küchengewürz
Gartenthymian (Thymus vulgaris)	Halbstrauch	blühendes Kraut	Bronchitis; Husten; Leber-, Gallen-, Magenleiden	Küchengewürz
Goldlack (Cheiranthus cheiri)	zweijährige Pflanze	Blüten; Samen	Lebererkrankungen; Verstopfung	
Goldregen (Laburnum anagyroides)	Strauch	Blätter; Früchte	Depressionen; Gesichtsmuskelzuckungen; Krämpfe	giftig! Anwendung nur durch den Arzt!
Gundelrebe (Glechoma hederacea)	Strauch	blühendes Kraut	Blasenentzündung; Hämorrhoiden	häufiges Unkraut
Haselwurz (Asarum europaeum)	Staude	Wurzeln	Koliken; Rheuma; Gelbsucht; Leberleiden; Lebensmittelvergiftung	
Hauswurz (Sempervivum tectorum)	Staude	Blätter	Augenentzündungen; Hühneraugen Warzen; Fieber; Würmer	
Heidekraut (Calluna vulgaris)	Strauch	Kraut; Blüten	Gicht; Rheuma; Nieren-, Blasenleiden	
Herbstzeitlose (Colchicum autumnale)	Staude	Samen	Gicht; Rheuma; Nierenleiden; Asthma	giftig! Anwendung nur durch den Arzt!
Hirschzunge (Phyllitis scolopendrium)	Staude	Blätter	Lungentuberkulose; Bronchitis; Milz-, Lebererkrankungen	
Hirtentäschel (Capsella bursapastoris)	einjährige Pflanze	Kraut	Blutungen innerer Organe; Nasenbluten; Blasenentzündung	häufiges Unkraut
Holunder (Sambucus nigra)	Strauch	Blüten; Blätter; Früchte; Rinde	Erkältungskrankheiten; Fieber; Rheuma; Luftröhrenentzündung	
Huflattich (Tussilago farfara)	Staude	Blüten; Blätter	Bronchitis; Erkältungskrankheiten; Rheuma	blüht im Frühjahr vor dem Erscheinen der Blätter
Hundsrose (Rosa canina)	Strauch	Früchte	Vitaminmangel; Durchfall; Wassersucht; Würmer	sehr vitaminreich auch Weinrose, Kartoffelrose u.a.
Kalmus (Acorus calamus)	Staude	Wurzeln	Rachitis; Appetitlosigkeit; Magenentzündung; Leber-, Milzleiden	
Kamille (Chamomilla recutita)	einjährige Pflanze	Blüten	Schleimhautentzündungen; Wunden; Blähungen; Erkältungen	häufiges Unkraut
Kirschlorbeer (Prunus laurocerasus)	Strauch	Blätter; Früchte	Husten; Heiserkeit; Herzschwäche u. -irregularität	giftig!
Klatschmohn (Papaver rhoeas)	einjährige Pflanze	Blüten; Samenkapseln	Husten	giftig!
Klebkraut, Klettenlabkraut (Galium aparine)	einjährige Pflanze	Kraut	Geschwüre; schlecht heilende Wunden	häufiges Unkraut
Knoblauch (Allium sativum)	Staude	Zwiebel	Infektionen; Darmkatarrh; Bronchitis; Asthma; Lungentuberkulose	Gewürz- und Gemüsepflanze
Koriander (Coriandrum sativum)	einjährige Pflanze	Früchte	Rheuma; Gelenkleiden; Geschwüre	Küchengewürz
Kreuzdorn (Rhamnus catharticus)	Strauch	Früchte	Gicht; Hautausschläge	giftig!
Küchenschelle (Pulsatilla vulgaris)	Staude	blühendes Kraut	Bronchitis; Asthma; Gicht; Rheuma; Grippe; Hautkrankheiten	giftig! Anwendung nur durch den Arzt!
Kümmel (Carum carvi)	zweijährige Pflanze	Früchte	Parasiten; Blähungen; Magenkrämpfe	Küchengewürz
Kürbis (Cucurbita pepo)	einjährige Pflanze	Samen	Würmer; Seekrankheit; Schwangerschaftserbrechen	
Lampionblume (Physalis alkekengi)	Staude	Früchte	Rheuma; Gicht; Nieren-, Blasenleiden	
Lavendel (Lavandula angustifolia)	Halbstrauch	Blüten	Migräne; nervöses Herzklopfen; Schwellungen; Parasiten	Küchengewürz
Leberblümchen (Hepatica nobilis)	Staude	Kraut	Leber-, Gallenkrankheiten; Bronchitis; Steinleiden	
Lerchensporn (Corydalis cava)	Staude	Knolle	Würmer; Schüttelzustände; bei Parkinson-Krankheit; Nervenkrankheit	giftig!
Linde (Tilia cordata und T. platyphyllos)	Baum	Blüten	Sommersprossen; Geschwüre; Blutungen; Rheuma	
Löwenzahn (Taraxacum officinale)	Staude	Blätter; Wurzeln	Leberzirrhose; Rheuma; Kopfschmerzen	Vergiftungen vor allem bei Kindern möglich
Mahonie (Mahonia aquifolium)	Strauch	Rinde	Hautkrankheiten	
Maiglöckchen (Convallaria majalis)	Staude	Blüten; Blütenstengel	Herzschwäche; Herzstörungen	giftig! Anwendung nur durch den Arzt!
Majoran (Origanum majorana), Baum	Staude	Kraut	Rheuma; Gelenkleiden	Küchengewürz

Deutscher Name (bot. Bezeichng.)	Pflanzenart	verwendbare Pflanzenteile	Anwendung gegen	Bemerkungen
Meerrettich (Armoracia rusticana)	Staude	Wurzeln	Ischias; Rheuma; Krämpfe	Gewürzpflanze
Möhre (Daucus carota)	zweijährige Pflanze	Wurzel	Würmer; Blähungen; Magen-, Darmstörungen	Gemüsepflanze
Oleander (Nerium oleander)	Strauch	Blätter	Parasiten	giftig!
Paprika (Capsicum annuum)	einjährige Pflanze	Früchte	Rheuma; Brustfellentzündung; Angina; Koliken; Hämorrhoiden	Gemüse-, Gewürzpflanze
Petersilie (Petroselinum crispum)	zweijährige Pflanze	Kraut; Wurzeln	Harnröhrenentzündung; Blasen-, Nierensteine; Parasiten	Gemüse-, Gewürzpflanze
Pfaffenhütchen (Euonymus europaeus)	Strauch	Früchte	Parasiten	giftig!
Pfefferminze (Mentha piperita)	Staude	Kraut	Koliken; Magenkatarrh; Neuralgien; Kopfschmerzen	
Pfingstrose (Paeonia officinalis)	Staude	Wurzeln	Hämorrhoiden; Rheuma; Gicht; Asthma	giftig!
Quecke (Agropyron repens)	Staude	Wurzeln	Gicht; Leberkrankheiten; Blasen-, Harnröhrenentzündung	häufiges Unkraut
Rettich (Raphanus sativus)	einjährige Pflanze	Wurzel	Bronchitis; Husten; Leber-, Gallenleiden	Gemüsepflanze
Ringelblume (Calendula officinalis)	einjährige Pflanze	Blüten	schlecht heilende Wunden; Leberleiden; Typhus; Skrofulose; Würmer	
Rosmarin (Rosmarinus officinalis)	Strauche	Blätter	Rheuma; Wunden; Ekzeme; Parasiten; Würmer	Küchengewürz
Roßkastanie (Aesculus hippocastanum)	Baum	Blüten; Früchte	Hämorrhoiden; Leberschwellung; Geschwüre; Bronchitis; Darmkatarrh	
Sadebaum (Juniperus sabina)	Strauch	Sprosse	Rheuma; Gicht; Blasen-, Nierenleiden; Koliken	giftig!
Sanddorn (Hippophaë rhamnoides)	Strauch	Früchte	Skorbut; Zahnfleischblutungen; Erkältung	
Schafgarbe (Achillea millefolium)	Staude	blühendes Kraut	Bronchitis; Lungentuberkulose; Geschwüre; Blasenentzündung; innere Blutungen	
Schlafmohn (Papaver somniferum)	einjährige Pflanze	Fruchtkapsel	Darmblutungen; Koliken; Depressionen; starke Schmerzen; Husten	giftig! Anwendung nur durch den Arzt!
Schlehdorn (Prunus spinosa)	Strauch	Blüten; Früchte	Koliken; Nieren-, Blasen-, Menstruationsbeschwerden	
Schlüsselblume (Primula veris)	Staude	Blüten	Schwindel; Neuralgien; Rheuma; Erkältungskrankheiten	
Schöllkraut (Chelidonium majus)	einjährige Pflanze	ganze Pflanze	Warzen; Magenkrebs; Gicht; Rheuma; Hauterkrankungen	giftig! Vorsichtige Verwendung
Schwarze Johannisbeere (Ribes nigrum)	Strauch	Früchte	Gicht; Rheuma; Husten; Angina; Entzündungen der Mundhöhle	
Schwarzpappel (Populus nigra)	Baum	Blätter; Knospen	Rheuma; Gicht; Ischias; Bronchitis; Hämorrhoiden	
Schwertlilie, Iris (Iris germanica)	Staude	Wurzeln	Koliken; Ischias; Migräne; Milz-, Gallenleiden	
Seidelbast (Daphne mezereum)	Strauch	Rinde	Rheuma; Gicht; Grippe; Hauterkrankungen	giftig! Anwendung nur durch den Arzt!
Silberweide (Salix alba)	Baum	Blätter; Rinde	Rheuma; Gicht; Magendarmkatarrh	
Sonnenblume (Helianthus annuus)	einjährige Pflanze	Früchte	Halsschmerzen; Nesselausschläge; Verstopfung	Öl reich an essentiellen Fettsäuren
Spargel (Asparagus officinalis)	Staude	Sprosse	Rheuma; Herzkrankheiten; Harnbeschwerden	Gemüsepflanze
Spinat (Spinacia oleracea)	einjährige Pflanze	Kraut	Blutarmut; Anämie	Gemüsepflanze
Stechapfel (Datura stramonium)	einjährige Pflanze	Kraut; Samen	Asthma; Krämpfe; Wahnvorstellungen	giftig! Anwendung nur durch den Arzt!
Stechpalme (Ilex aquifolium)	Strauch	Blätter	Rheuma; Gicht; Bronchitis	giftig!
Stiefmütterchen (Viola tricolor)	einjährige Pflanze	blühendes Kraut	Rheuma; Gicht; Hautausschläge; Durchfall	häufiges Unkraut
Sumpfdotterblume (Caltha palustris)	Staude	blühendes Kraut	Bronchitis; Gelbsucht; Hautausschläge	giftig!
Tomate (Lycopersicon lycopersicum)	Staude	Früchte; Kraut	Augenleiden; Kopfschmerzen; Rheuma	Gemüsepflanze
Traubenkirsche (Prunus padus)	Baum	Rinde	Herzleiden; Kopfschmerzen	
Trompetennarzisse (Narcissus pseudonarcissus)	Staude	Zwiebel	Bronchitis; Schnupfen; Keuchhusten	
Vogelknöterich (Polygonum aviculare)	einjährige Pflanze	Kraut	schlecht heilende Wunden; Lungentuberkulose; Bronchitis; Blasen-, Nierenleiden	häufiges Unkraut
Vogelmiere (Stellaria media)	einjährige Pflanze	blühendes Kraut	Gicht; Rheuma; Gelenkleiden	häufiges Unkraut
Wacholder (Juniperus communis)	Strauch	Früchte	Rheuma; Gicht; Leber-, Nieren-, Blasenleiden; Parasiten	Küchengewürz

Heiligenhaus (D-42579), St. i. Kr. Mettmann, NRW, 30000 E; Schloß-, Beschläge-, Elektroindustrie, Gießereien.
Heiligenschein, *Glorie,* in der Kunst Lichtkreis um heilige Personen: → *Nimbus* (um das bzw. hinter dem Haupt); *Aureole,* → *Mandorla,* Strahlenkranz (um den ganzen Körper).
Heiligenstadt (D-37308), thür. Krst., 16 919 E; Heilbad; Kirchen, ehem. kurmainz. Schloß (1737).
Heiligenverehrung, i. vielen Rel. d. Verehrung v. Menschen m. vorbildl. rel. Lebensführung.
Heiliger, Bernhard (11. 11. 1915–25. 10. 1995), dt. Bildhauer; *Denkmal d. unbekannten pol. Gefangenen;* expressionist. Porträtbüsten.
Heiliger Geist, dritte göttl. Person in d. Hl. → Dreifaltigkeit; geht wesensgleich aus dem Vater u. Sohn hervor, wohnt im Getauften.
Heiliger Krieg → Dschihad.
Heiliger Krieger → Mudschaheddin.
Heiliger Rock, der ungenähte Leibrock Christi, um den d. Kriegsknechte bei d. Kreuzigung würfelten; berühmte Reliquie in Trier.
Heiliger Stuhl, der → Apostolische Stuhl.
Heiliger Vater, der Papst.
Heilige Schriften, i. d. Rel. Bez. f. Texte, denen göttl. inspirierte Autorität zukommt: z. B. Rigveda (→ Veda), → Awesta, → Koran, → Bibel.
Heiliges Grab,
1) Grab Christi bei Jerusalem; wurde um 330 v. e. Kuppelbau m. Säulen umgeben; nach diesem Vorbild
2) in od. bei ma. Kirchen errichteter (meist runder) Zentralbau (z. B. im Münster v. Konstanz).
3) (Wand-)Grabmal m. d. Darstellung d. Leichnams Christi m. Figurengruppen (z. B. i. d. Stiftskirche v. Gernrode).
Heiliges Jahr → Jubeljahr.
Heiliges Römisches Reich Deutscher Nation, seit dem 15. Jh. Bezeichnung des von Otto d. Gr. 962 gegr. ersten Dt. Reichs, bestand bis 1806.
Heiligkeit, Gottes Eigenheit; Eigenschaft gottgeweihter Personen; Prädikat des Papstes sowie des ökumen. Patriarchen in Konstantinopel.
Heiligsprechung, *Kanonisation,* feierl. Aufnahme in die Liste der Heiligen der kath. Kirche; vorhergehen muß die Seligsprechung.
Heilkräuter → Übers.
Heilkunde, → Medizin, → Naturheilkunde.
Heilmagnetismus, Lehre von der Einwirkung magnetischer Kräfte *(tierischer* → *Magnetismus),* → Mesmer.
Heilmittel → Arzneimittel.
Heilongjiang [ˈxɛŋɔŋdʒiaŋ], Prov. in NO-China (Mandschurei), 463 600 km², 35 Mill. E; Hptst. *Harbin.*
Heilpflanzen, Arzneipflanzen werden zu medizinischen Zwecken verwendet; Hauptwirkstoffe der H. sind → Alkaloide, → Gerbstoffe, → Glykoside und → ätherische Öle, Schleim- u. Bitterstoffe.
Heilpraktiker, Heilkundiger, d. keine Bestallung als Arzt besitzt, aber nach bestandener Prüfung vor Gesundheitsamt mit Erlaubnis d. Behörden (Heilpraktiker-Ges.) d. Heilkunde, bes. Naturheilkunde, Homöopathie, Biochemie u. ä., ausüben darf.
Heilquellen → Mineralwässer.
Heilsarmee, engl. *The Salvation Army,* überkonfessionelle, methodist. beeinflußte Gemeinschaft, mit mil.-autokrat. Aufbau, zu Bekehrung und Armenpflege; 1878 von W. *Booth* in London gegr.; über die ganze Welt verbreitet.
Heilsberg, *Lidzbark Warmiński,* poln. St. a. d. Alle, Ostpreußen (Ermland), 16 000 E; bischöfl. Schloß (Burg, 13. Jh.).
Heilsbronn (D-91560), St. i. Mittelfranken, Kr. Ansbach, 7500 E; ma. Stadtbild, roman. Münster.
Heimarbeit, die in selbstgewählter Arbeitsstätte (eigene Wohnung) im Auftrag e. Unternehmers od. Zwischenmeisters gewerbl. ausgeübte Tätigkeit, deren Verwertung d. Auftraggeber überlassen wird; → Verlagssystem (Heimarbeitergesetz v. 14. 3. 1951, geändert 1974).
Heimatkunst, vom Volkstum und heimatl. Landschaft bedachtes Kunst- und Handwerkschaffen, gestützt auf altüberlieferte Form u. bodenständiges Material.
Heimatschutztruppe, Reserveverbände der → Bundeswehr, deren Angehörige im Abstand von etwa 1½ Jahren für 12 Tage zu Übungen einberufen werden. Die H. ist d. Kampftruppe d. Territorialheers u. soll im Verteidigungsfall den aktiven Verbänden d. NATO d. Rücken decken; → Bundeswehr, → Territorialreserve.
Heimatvertriebene, Sammelbegriff f. → Flüchtlinge u. Ausgewiesene.
Heimchen → Grillen.
Heimcomputer, engl. *Home Computer;* meist technisch weniger aufwendiger u. leistungsfähiger → Personalcomputer; u. a. für den privaten Gebrauch (z. B. Spiel, Haushaltsführung).
Heimdall, einer der Asen i. d. nord. Göttersage; Wächter des Himmels, an der Brücke Bifröst.
Heimkehle, größte Tropfsteinhöhle Dtlds i. Südharz bei Stolberg.
Heimlabor, für Farbe oder Schwarzweiß; dient z. Entwicklung v. Filmen u. z. Vergrößern v. Aufnahmen.
Heimstätten, Wohn- u. Wirtschaftsheimstätten auf eigener Scholle unter bes. Recht (Reichsheimstättenges. vom 10. 5. 1920); *Wohn-H.,* Familienhaus mit Nutzgarten in Vorstädten; *Wirtschafts-H.* f. Familienbetrieb von Landwirtschaft od. Gärtnerei; grundbuchl. Eintragung, Beschränkung v. Verkauf u. Zwangsvollstreckung.
Heimwehr, freiwillige mil. Verbände in Östr. (1918 gegründet); antimarxist. Kampfverbände nach d. Wiener Aufstand 1927, 1936 aufgelöst.
Hein, Freund H., durch Matthias Claudius volkstüml. gewordene Bez. f. d. Tod.
Heine,
1) Heinrich (13. 12. 1797–17. 2. 1856), dt. Dichter u. Journalist; 1831 emigriert; *(Pariser Berichte);* Lyrik: *Buch der Lieder;* pol. Satiren: *Deutschland, ein Wintermärchen; Harzreise;* Reiseberichte u. theoret. Schriften.
2) Thomas Theodor (28. 2. 1867–26. 1. 1948), dt. Maler u. (hpts. Jugendstil-) Graphiker, Mitbegr. d. Münchener → *Simplicissimus;* satir. Zeichnungen, Buchillustrationen, Plakate.

Heinrich Heine

Gustav Heinemann

Heinrich der Löwe, *Braunschweiger Dom*

Heinrich VIII.

Heinemann,
1) Fritz (8. 2. 1889–7. 1. 1970), dt. Phil. u. Prof. i. Frankfurt/M. (1930) u. Oxford (1939–1956), prägte d. Begriff Existenzphil.
2) Gustav (23. 7. 1899–7. 7. 1976), dt. Jurist u. Pol. (bis 1952 CDU, dann GVP, s. 1957 SPD); 1949–55 Präses der Gen.synode d. EKD; 1949/50 B.innenmin., 1966–69 B.justizmin., 1969–74 B.präsident.
Heinkel, Ernst (24. 1. 1888–30. 1. 1958), dt. Flugzeugkonstrukteur; Begr. der E.-H.-Flugzeugwerke.
Heinrich [altdt. in seiner Heimat, Wohnstätte Berühmte],
a) *Dt. Könige u. Kaiser:*
1) H. I. (ca. 875–936), Herzog v. Sachsen, 919 Kg; schuf Ringwälle zur Landesverteidigung (fälschl. ,,Städtegründer"); s. Urenkel
2) H. II. (6. 5. 973–13. 7. 1024), Hzg v. Bayern, 1002 Kg, 1014 Kaiser, Gründer d. Bistums Bamberg; 1146 v. Papst heiliggesprochen.
3) H. III. (28. 10. 1017–5. 10. 56), 1028 Kaiser, setzte 1046 drei Päpste i. Sutri ab, Höhepunkt kaiserl. Macht, begünstigte Kirchenreformen v. Cluny; Böhmen u. Ungarn zum Reich; s. Sohn
4) H. IV. (11. 11. 1050–7. 8. 1106), 1056 Kg, 1084 Kaiser, kämpfte gg. das Papsttum, ließ 1076 Papst Gregor VII. absetzen; gebannt, 1077 in Canossa vom Bann gelöst; unglückliche Machtkämpfe in Dtld gg. die erstarkten Fürsten; s. Sohn
5) H. V. (1086–23. 5. 1125), 1098 Kg, 1111 Kaiser, beendete 1122 Investiturstreit durch Wormser Konkordat (Verzicht auf Staatskirchentum).
6) H. VI. (1165–28. 9. 97), Hohenstaufer, 1169 Kg, 1191 Kaiser, vereinigte das Dt. Reich u. Sizilien.
7) H. VII. (um 1275–24. 8. 1313), Gf von Luxemburg, 1308 Kg, 1312 Kaiser, gab Böhmen an s. Sohn Johann.
b) *Herzöge von Bayern:*
8) H. I. (um 920 bis Okt. 955), Aufstand gg. s. Bruder Otto d. Gr. 938; 948 m. Bayern belehnt.
9) H. d. Stolze, Welfe (1108–20. 10. 39), erwarb 1137 Sachsen; s. Sohn
10) H. d. Löwe (1129–6. 8. 95), Hzg v. Bayern und Sachsen, Gründer v. Lübeck u. München; Siedlungspolitik in Holstein u. Mecklenburg, versagte 1176 Friedrich Barbarossa Hilfe in Italien, 1180 geächtet; behielt, 1181 begnadigt, nur Braunschweig u. Lüneburg.
c) *Kge v. England:*
11) H. I. (1068–1. 12. 1135), Sohn Wilhelms d. Eroberers, versöhnte Angelsachsen u. Normannen.
12) H. II. (5. 3. 1133–6. 7. 89), Herr gr. Teile Frkr.s, 1154 Kg, machte Irland abhängig, beschränkte die Rechte d. Geistlichkeit, Konstitution von Clarendon 1164.
13) H. V. (29. 8. 1387–1. 9. 1422), 1413 Kg; 1420 Regentschaft über Frkr; sein Sohn
14) H. VI. (6. 12. 1421–21. 5. 71, ermordet), Kämpfe der *Roten* u. *Weißen Rose.*
15) H. VII. (28. 1. 1457–21. 4. 1509), Kg 1485 durch Sieg über Richard III., erster Tudor; s. Sohn
16) H. VIII. (28. 6. 1491–28. 1. 1547), Kg 1509, 6mal verheiratet; m. Katharina

v. Aragon, → Anna Boleyn, Johanna Seymour, Anna v. Cleve, Katharina Howard (hingerichtet) u. Katharina Parr. Verweigerung der Scheidung von Katharina von Aragon durch den Papst führte z. Bruch H.s VIII. m. Rom; durch Verteilung von Kirchengut entstand ein neuer Adel.

d) *Kge v. Frkr.:*
17) H. II. (31. 3. 1519–10. 7. 59), 1547 Kg, Gatte Katharinas v. Medici, entriß 1550 Boulogne, 1558 Calais den Engländern, gewann 1552 durch Bündnis mit Moritz v. Sachsen gg. Karl V. Metz, Toul, Verdun; s. Sohn
18) H. III. (19. 9. 1551–2. 8. 89), Kg seit 1574, verbannte 1585 Hugenotten aus Frkr., letzter Valois.
19) H. IV. (13. 12. 1553–14. 5. 1610), wurde kath. („Paris ist eine Messe wert"), blieb aber hugenottenfreundlich; 1598 Religionsfreiheit im Edikt von Nantes; 1608 Gründung der ersten frz. Kolonie in Kanada.

e) *Östr.:*
20) H. II. Jasomirgott (1114–13. 1. 77), Markgf u. seit Rückgabe Bayerns an Heinrich den Löwen 1156 Hzg v. Östr.

f) *Portugal:*
21) H. d. Seefahrer (4. 3. 1394–13. 11. 1460), Infant, unter ihm entdeckt 1419 Madeira, 1441 Kap Blanco, 1447 Azoren, 1455 Kapverdische Inseln, dann Senegambien.

g) *Preußen:*
22) H., Prinz v. Preußen (18. 1. 1726 bis 3. 8. 1802), Bruder Friedrichs d. Gr., oft im Ggs. zu ihm.

h) *Schlesien:*
23) H. II. (um 1190–9. 4. 1241), 1238 Hzg, fiel bei Liegnitz gg. d. Mongolen.

i) *Thüringen:*
24) H. Raspe (ca. 1204–47), Landgraf, als „Pfaffenkönig" Gegner Friedrichs II.

j) *Dt. Orden:*
25) H. von Plauen (vor 1370–1429), Deutschordenshochmeister, 1414 abgesetzt.

Heinrich, mittelhochdt. Dichter,
1) *H. der Glichezaere* (d. Gleisner), fahrender Dichter aus dem Elsaß, verfaßte um 1180 *Reinhart Fuchs,* älteste dt. Tierdichtung.
2) *H. v. Meißen* → Frauenlob.
3) *H. v. Melk* (um 1160), weltabgewandt, *Priesterleben.*
4) *H. v. Morungen* († um 1220), Minnesänger.
5) *H. v. Ofterdingen,* d. Sage nach Gegner Wolframs v. Eschenbach beim Sängerkrieg auf der Wartburg (1207).
6) *H. v. Veldeke* (um 1140 bis um 1210), niederrhein. Minnesänger; Epos *Eneid.*

Heinrici, Gotthard (25. 12. 1886 bis 13. 12. 1971), dt. Gen.oberst u. ab März 1945 Oberbefehlsh. d. Heeresgruppe Weichsel.

Heinsberg (D-52525), Krst. in NRW, 37 970 E; Propsteikirche (15. Jh.); AG; Textil-, Metallind.

Heinse, Wilhelm (16. 2. 1746–22. 6. 1803), dt. Schriftst. d. Sturm u. Drang; Renaissanceroman: *Ardinghello.*

Heinz, *Heintz,* schweiz. Künstlerfamilie; u. a.
1) Josef d. Ä. (11. 6. 1564–15. 10. 1609), Maler u. Archit. auf d. Schwelle zw. Spätmanierismus u. Frühbarock; hpts. in Diensten Kaiser Rudolphs II. tätig; s. Sohn

Heinrich von Morungen, *Manessische Handschrift*

Werner Heisenberg

Helgoland, *Nordspitze*

2) Josef d. J. (um 1600–um 79) Veduten- u. Kirchenmaler in Venedig.

Heirat, svw. Eheschließung (→ Eherecht).

Heiseler:
1) Bernt v. (14. 6. 1907–24. 8. 69), dt. rel. Erzähler: *Versöhnung;* Dramen: *Caesar;* s. Vater
2) Henry v. (23. 12. 1876–25. 11. 1928), dt. Schriftst. aus d. Georgekreis; Lyrik, Dramen.

Heisenberg, Werner (5. 12. 1901–1. 2. 76), dt. Atomphys.; Begr. d. modernen → Quantentheorie (1925) u. m. Bohr ihrer Kopenhagener Deutung (H.sche → Unschärferelation; → Quantentheorie, Übers.); versuchte als erster e. einheitl. Theorie d. Materie (H.sche Weltformel), die alle 4 Wechselwirkungen d. Physik vereinigen sollte; Nobelpr. 1932.

Heißdampfmaschine, Kolbenmaschine, arbeitet m. überhitztem Dampf; wärmetechn. Vorzüge.

Heissenbüttel, Helmut (21. 6. 1921 bis 19. 9. 96), dt. Schriftst.; experimentelle u. konkrete Lyrik: *Kombinationen; Textbücher;* Hörspiele; Roman: *D'Alemberts Ende; Eichendorffs Untergang.*

heißer Draht, Bez. für eine 1963 eingerichtete direkte Fernschreibverbindung zw. d. Weißen Haus i. Washington u. d. Kreml i. Moskau; diente d. unverzügl. Klärung u. Mißverständnissen bei intern. Krisen u. d. Verhütung eines Kriegsausbruchs durch Irrtum.

heißer Tag → Tropentag.

Heißläufer-Ortungsgerät, Registrierung v. heißgelaufenen Achsen u. festen Bremsen an Eisenbahnwagen durch Infrarotfühler.

Heißleiter, *elektron.* Bauelement (→ Thermistor), auch *NTC-Widerstand* (engl. *Negative Temperature Coefficient*), mit negativem Temperaturkoeffizienten, d. h. mit steigender Temperatur nimmt der Widerstand ab (im Ggs. zu Metallen); Ggs.: → Kaltleiter.

Heißluftbehandlung, Behandlung rheumatischer u. a. Erkrankungen durch Heißluftapparate.

Heitmann, Steffen (*8. 9. 1944), dt. Theologe, Jurist u. CDU-Pol., s. 1990 sächsischer Justizmin.

Heizer, Michael (* 4. 11. 1944), am. Künstler; e. Hptvertr. d. Land Art. s. d. 70er Jahren auch Skulpturen, Gemälde u. Graphiken.

Heizung, Anlage zur Erwärmung v. Wohn- und anderen Räumen durch → Ofen, → Kachelofen, → Zentral-, Luft-, → Ölheizung, el. Heizgeräte (→ elektrische Heizung), Gas.

Heizwert in Wärmeeinheiten (→ Joule) pro g v. Heizstoffen: Holz 20,9, Torf 20,9, Braunkohle 29,3, Steinkohle bis 37,6, Heizöle über 41,8 kJ/g..

Hekate, griech. Göttin d. Unterwelt.

Hekatombe, *w.* [gr.], gewaltiges Opfer (100 Tiere).

Hekla, *w.,* tätiger Vulkan im S v. Island, 1447 m.

Hektar, *s.,* Abk. *ha,* → Maße u. Gewichte, Übers.

hektisch [gr.], übererregt, fieberhaft.

Hektmatyar, Gulbuddin (* 1950), s. 1993–96 Min.präs. v. Afghanistan.

Hekt|o- [gr.], bei Maßen u. Gewichten = 100; z. B. *H.liter* (hl) = 100 l.

Hektographie [gr. „Hundertschrift"], Vervielfältigungsverfahren sowie dessen Produkt; Druck von einer Ton-Glyzerin-Gelatine-Platte, auf die mit Anilintinte Schrift od. Zeichnungen aufgetragen sind.

Hektopascal, Abk. *hPa,* s. 1984 Maßeinheit f. d. → Luftdruck; 1 hPa = 100 → Pascal.

Hektor, Trojanerheld bei Homer, Sohn der *Hekuba,* (Hekabe), u. des Priamus von Troja.

Hel, nord. Göttin des Totenreichs Niflheim.

Helck, Hans Wolfgang (16. 9. 1914 bis 27. 8. 93), dt. Ägyptologe, Begr. d. Forschung z. Wirtschaftsgeschichte des Alten Ägyptens u. z. Beziehungen Vorderasien–Ägypten. Initiator des *Lexikons der Ägyptologie.*

Held, Martin (11. 11. 1908–31. 1. 92), dt. Bühnen- u. Filmschausp.; *Canaris; Rosen f. d. Staatsanwalt.*

Helder, Den H., ndl. Hafenst., 62 000 E; Marinestation; Nordholländ. Kanal v. Amsterdam.

Helena [gr. „die Glanzvolle"], griech. Sagengestalt, schönste Frau des Altertums; Tochter der Leda und des Zeus, Gattin d. Menelaos von Sparta, v. Paris entführt; Ursache des Trojan. Krieges (→ Ilias).

Helena [ˈhɛlɪnə], Hptst. v. Montana, 23 000 E; Erzind.

Helfferich, Karl (22. 7. 1872–23. 4. 1924), dt.nat. Pol.; mehrmals Min.; Finanz- u. Geldtheoretiker.

Helgoland, Nordseeinsel in d. Dt. Bucht, 45 km vor d. Küste, 2,1 km² (mit Düne), Buntsandsteinmassiv mit Steilküste, 30–60 m hoch; Seebad, Fischereischutzhafen, Erdbebenwarte, Vogelwarte, Biol. Forschungsinst. m. Aquarium, 1723 E. – Alter Besitz d. Herzöge von Schl.-Ho., 1807 engl.; 1890 an Dtld, → Sansibar; im 2. Weltkrieg zerstört, nach 1952 wiederaufgebaut.

heliakischer Aufgang, *Frühaufgang,* erstmal. Sichtbarwerden e. Sterns a. Morgenhimmel, nachdem er vorher einige Wochen i. Strahlenbereich d. Sonne unsichtbar war; entsprechend **h. Untergang,** letztmaliges Sichtbarsein am Abendhimmel.

Heliand, *m.,* altsächs. Epos über Christus in Stabreimen (um 830).

Helicobacter pylori, Bakterienart, die neuerdings f. Magenentzündungen und Magengeschwüre mitverantwortl. gemacht wird.

Helikon, Gebirge an d. NO-Küste des Korinth. Golfs, in Böotien, 1748 m; galt als Musenberg.

Helikon, bei d. Griechen Musikinstrument m. vier Saiten; heute Kontrabaßtuba b. Militärmusik.

Helikopter → Drehflügelflugzeuge.

Helio- [gr.], in Zusammensetzungen: Sonnen...

Heliodor, *m.,* Halbedelstein (Südwestafrika), grüngelb, Abart des Beryll.

Heliodor|us von Emesa, griechischer Schriftsteller des 3. Jh. n. Chr.; erotischer Roman: *Äthiopische Geschichten;* Vorbild f. Tasso u. Cervantes.

Heliogabalus, *Elagabal,* röm. Kaiser 218–222.

Heliograph [gr.], Fernrohr zum Fotografieren der Sonne.

Heliographie, Reproduktionsverfahren, bei dem Tiefdruckplatten mittels Fotografie u. Ätzung hergestellt werden.

Heliogravüre, von heliographisch hergestellten Platten.
Heliometer, astronom. Instrument z. Messung kleiner Winkel.
Heliopolis, altägypt. St. m. Tempel d. Sonnengottes.
Helios,
1) Sonnengott der griech. Sage.
2) dt. Raumfluggerät, Sonnensonde mit heliozentr. Umlaufbahn, gemeinsam v. BR u. USA entwickelt; 3 Exemplare gebaut, 2 gestartet (*H. A* am 10. 12. 1974, *H. B* am 15. 1. 1976).
Helioskop [gr.], Fernrohr zur Beobachtung der Sonne.
Heliostat, Spiegelsystem z. Projektion der Sonnenstrahlen i. eine vorgegebene Richtung.
Heliotherapie, Heilbehandlung m. Sonnenwärme u. -licht sowie künstl. Infrarot- u. Ultraviolettstrahlen.
Heliotrop, *s.,*
1) Halbedelstein, Abart des → Chalzedon, grün m. blutroten Flecken.
2) Zierpflanze m. blauen, vanilledaftenden Blüten; Heimat Peru.
3) Blinkgerät; benutzt z. Zeichengebung das auf einen drehb. Spiegel fallende, zum Gegenstand zurückgeworfene Sonnenlicht.
Heliotropismus, *Sonnenwendigkeit,* → Tropismus.
heliozentrisch, auf d. Sonnenmittelpunkt bezogene Koordinaten v. Planeten u. Kometen.
heliozentrisches Weltsystem, die v. → Copernicus entdeckte Stellung d. Sonne als Zentralkörper i. Planetensystem.
Heliport, *m.,* Start- und Landeplatz für Hubschrauber im Stadtbereich.
Helium, *He,* chem. El., Oz. 2, At.-Gew. 4,0026, Dichte 0,17 g/l bei 1013 hPa; Edelgas, 1865 im Sonnenspektrum entdeckt, Vorkommen in am. Erdgas; leicht und nicht brennbar, als Ballon-Füllgas verwendet.
Heliummethode, Methode zur → Altersbestimmung von Gesteinen.
Helix-Struktur, schraubenförmige Anordnung v. *Aminosäure*ketten in *Proteinen* u. der Einzelstränge d. DNA als Doppelhelix *(Watson-Crick-Modell).*
Hellas, klass. Name für → Griechenland; seit 1833 wieder amtl. Bez.
Hellbender → Schlammteufel.
Helldunkel, in Malerei u. Graphik Gestaltungsmittel z. Körpermodellierung u. Umrißformung durch Licht u. Schatten; auch als Stimmungsfaktor eingesetzt; bes. i. Barock (u. a. Caravaggio, Rembrandt).
Hellebarde, Stoß- und Hiebwaffe d. Fußtruppen i. 14.–16. Jh.; 2 m l. Holzschaft, Stoßklinge, Beil und Spitze.
Hellenismus, Bez. f. d. spätgriech.-oriental. Kulturepoche vom 3. Jh. v. Chr. bis Christi Geburt, bes. in den s. Alexander d. Gr. v. griech. Kultur beeinflußten Gebieten.
Heller,
1) André (* 22. 3. 1947), östr. Künstler u. Sänger; *Zirkus Roncalli;* Varieté *Flic Flac;* Feuertheater *Sturz durch Träume.*
2) Joseph (* 1. 5. 1923), am. Schriftst.; *Catch 22; Was geschah mit Slocum?; Weiß Gott.*
Heller, nach Prägeort *Schwäb. Hall* ben. Silbermünze (13. Jh.), s. d. 17. Jh. kleinste Kupfermünze.

Hellerau, Vorort v. Dresden; erste dt. Gartenstadt.
Helleristninger [norweg.], Felsritzungen, Darstellungen auf Felsplatten und -blöcken d. jüngeren Bronze- u. d. älteren Eisenzeit in Mittelschweden u. S-Norwegen; arktische H. in N-Skandin. u. N-Asien, Jungsteinzeit.
Hellespont, altgriech. f. Dardanellen.
Helligkeit, *astronom.* → Größe.
Helling, *w.,* Schiffsbauplatz (zum Wasser geneigte Ebene) m. Krananlagen; *Längs-* od. *Quer-H.*
Hellschreiber, nach d. Erfinder Rudolf *Hell* benannte Fernschreibmaschine, bei der jedes zu übertragende Zeichen in 7×7 = 49 Bildelemente zerlegt u. beim Empfänger wieder im ursprüngl. Zeichen zusammengesetzt erscheint; frühere Anwendung: mil. Zwecke, Zugmeldedienst u. ä.
Hellweg, westfäl. Agrarlandschaft zw. Lippe u. Haarstrang.
Helm, militärische Kopfbedeckung, Kopfschutz aus Leder oder (meist) Metall; → Sturmhaube, → Topfhelm, → Kesselhaube.
Helmbrecht, *Meier H.,* Verserz. über d. Verfall d. ma. Ständeordnung v. *Werner d. Gärtner* (1250–80).
Helmbrünne, mittelalterliche Leder-, Ringel- oder Kettenkapuze z. Schutze d. Kopfes als Ergänzung der → Brünne.
Helmholtz, Hermann v. (31. 8. 1821 bis 8. 9. 94), dt. Naturforscher; Beiträge zur theoret. Physik (exakte Begründung d. Gesetzes von d. Erhaltung d. Energie), zur Physiologie (Messung d. Geschwindigkeit v. Nervenimpulsen) u. Wahrnehmungspsych. (z. B. Theorie des Farbensehens); Erfinder d. → Augenspiegels.
Helminthen, svw. → Würmer.
Helmkleinod, *H.zier* in Heraldik.
Helmstedt (D-38350), Krst. im Rgbz. Braunschweig, Nds., 27 072 E; staatl. anerkannter Erholungsort Bad H.; Großsteingräber (ca. 2000 v. Chr.), ma. Bauwerke; Bergbau, Spinnerei, Maschinenfabr.
Héloïse (1098 bis 15. 5. 1164), → Abaelards Geliebte.
Heloten, spartanische Staatssklaven.
Helsingborg [hɛlsɪŋ'bɔrj], früher *Hälsingborg,* südschwed. Hafenst. am Öresund, 107 000 E; Seeschiffahrt, Ind.
Helsingfors, schwed. Name für → Helsinki.
Helsingør, dän. Hafenst. am Sund (N-Seeland), 57 000 E; i. NO Schloß *Kronborg* (Hamlets Grab); Fähre, Werften.
Helsinki, schwed. *Helsingfors,* Hptst. v. Finnland, a. Finn. Meerbusen, 492 000 (m. Vororten 987 000) E; Reichstag, Uni., HS, Athenäum, Nationalmuseum u. -theater, schwed. Theater, Stadion (15. Olymp. Spiele 1952); größte finn. Handels- u. Hafenst. – 1550 v. Gustav Wasa erbaut, 1812 Hptst. des damaligen Großfürstentums Finnland.
Helst, Bartholomäus van der (1613–begr. 16. 12. 70), holl. Porträtmaler d. Barock; durch modelltreue u. betont realist. Darstell. e. ges. bei Gruppenbildnissen erfolgr. Konkurrent Rembrandts.
Heluan, *Hilwan,* klimat. Winterkurort in Ägypten, südl. Kairo; Kochsalz-, Schwefelquellen; Sternwarte.
Helvetia [nl.], die Schweiz, nach den urspr. kelt. Bewohnern, d. **Helvetiern,** die Cäsar bezwang.

Heliosgruppe, *Pergamonaltar*

Heliotrop

Ernest Hemingway

helvetische Konfessionen, die Bekenntnisschriften der reformierten Kirchen, bes. die „Confessio Helvetica Prior" (1536), die 39 Artikel d. anglikan. Kirche (1562) und d. Heidelberger Katechismus (1563).
Helvetische Republik → Schweiz *(Geschichte).*
Helvétius, Claude Adrien (26. 1. 1715 bis 26. 12. 71), frz. sensualist. Phil., → Enzyklopädist; *De l'esprit.*
Hemer (D-58675), St. im Märk. Kr., NRW, 34 422 E; Eisen-, Maschinen-, Papierind.; Garnison.
Hemeralopie, svw. → Nachtblindheit.
Hemessen, Jan Sanders van (um 1500–um 64), ndl. Maler, Vertr. d. → Romanismus; oft m. rel. Themen unterlegte Sittenbilder; *Der verlorene Sohn.*
Hemi- [gr.], Vorsilbe: Halb-.
Hemianopsie, Halbseitenblindheit, Ausfall e. Hälfte d. → Gesichtsfeldes.
Hemingway [-weɪ], Ernest (21. 7. 1899–2. 7. 1961), am. Schriftst.; Kurzgeschichten, Romane: *In einem anderen Land; Fiesta; Wem d. Stunde schlägt; Der alte Mann und das Meer;* Nobelpr. 1954.
Hemiparese, leichtere Form der → Hemiplegie.
Hemiplegie [gr.], Lähmung einer Körperseite, meist durch Schlaganfall, → Apoplexie.
Hemisphären,
1) die Hälften des Großhirns.
2) nördl. u. südl. Hälfte der Erd- oder Himmelskugel.
Hemlocktanne, Nadelbaum aus Nordamerika.
Hemmel, Peter, *Peter von Andlau* (um 1420–1506), dt. Glasmaler d. Spätgotik; s. Bildfenster in Straßburg, dann (in Werkstattgemeinschaft) z. B. in Ulm, gehören durch Komposition u. Farbenpracht zu d. künstler. Höhepunkten d. ausgehenden MA.
Hemmstoffe,
1) experimentell zur Blockierung von → Enzymen eingesetzte Substanzen.
2) → Antibiotika, med. zur Wachstumshemmung von Krankheitserregern verabreicht.
Hemmung,
1) in → Uhren, zwingt mechanisch oder magnetisch das gleichmäßig angetriebene Uhrwerk unter Benutzung v. Schwin-

Helsinki, *Kathedrale*

gungen (Pendel, Unruh) zu ruckweisem Ablauf m. sich stets wiederholender Schaltbewegung.
2) *psych.* Störung d. Gedächtnisfunktionen (z. B. durch Ähnlichkeit v. Lernstoffen wird d. Einprägung behindert, ebenso durch Gefühlserregung nach d. Lernen); auch als Persönlichkeitsmerkmal, das sich im Verhalten zeigt *(Gehemmtheit)*.
Hemsbach (D-69502), St. i. Rhein-Neckar-Kr., an der Bergstr., Ba-Wü., 12 725 E.
Henan [xnan], früher *Honan*, nordchin. Prov., weite Schwemmlandebene am Huang He, 167 000 km², 86 Mill. E; fruchtb. Lößboden (Weizen, Baumwolle); Hptst. *Zhengzhou*.
Hench [-tʃ], Philip S. (28. 2. 1896–30. 3. 1965), am. Physiologe; Hormonforschung; Nobelpr. 1950.
Henderson [-dərsn], Arthur (13. 9. 1863–20. 10. 1935), engl. Pol.; 1929–31 Außenmin., Vors. der Abrüstungskonferenz; Friedensnobelpr. 1934.
Hendrix, James „Jimi" (27. 11. 1942 bis 18. 9. 70), am. Rockgitarrist u. -komponist; virtuose, neuartige Gitarrensoli.
Hengsbach, Franz (10. 9. 1910–24. 6. 91), katholischer Bischof von Essen, Kardinal.
Henkel KG aA, dt. Chemiekonzern i. Düsseldorf; s. 1876.
Henlein, Peter (1480–1542), dt. Feinmechaniker; angebl. Erfinder d. Taschenuhr.
Henna, w. [arab.], zorniger Strauch, in Afrika, Südasien, Australien; rot u. gelb färbender Farbstoff; d. Stengel z. Haar- u. Nägelfärben verwandt.
Hennebique [enˈbik], François (1842 bis 20. 3. 1921), französischer Architekt; verwendete als Wegbereiter des Betonbaus 1879 erstmals Stahlbeton; 1894 erste Stahlbetonbrücke (Viggen, Schweiz).
Hennecke-System, 1948 i. d. ehem. DDR eingeführtes leistungssteigerndes System der Gruppenarbeit, ben. nach dem Bergarbeiter Adolf Hennecke (25. 3. 1905–22. 2. 75); →Stachanow-System; →Aktivist.
Hennef (Sieg) (D-53773), Stadt im Rhein-Sieg-Kr., 35 000 E; diverse Industrien.
Hennegau, frz. *Hainaut*, fläm. *Henegouven*, belg. Landschaft u. Prov., 3787 km², 1,28 Mill. E; a. d. oberen Schelde u. Sambre; fruchtbares Hügelland, reiche Kohlenlager im Becken v. Borinage u. bei Charleroi; Anbau v. Zuckerrüben u. Hafer; Eisen-, Glas- u. chem. Ind.; Hptst. *Mons*. – Ehem. Gft H. 1051 flandrisch, 1345 bayr., 1433–77 burgund., dann habsburg., 1794 frz., 1815–30 ndl., seitdem belg. Provinz.
Henoch, im A. T. einer der Urväter d. Menschheit.
Henri, *Henry* [frz. ãˈri; engl. ˈhenri], Form von →Heinrich.
Henriquatre [ãriˈkatr], kurzer Spitz- u. Schnurrbart; nach frz. Kg Heinrich IV. benannt.
Henry,
1) Joseph (17. 12. 1797–13. 5. 1878), am. Phys.; Wetterkarten; d. Selbstinduktionskoeffizient oder →Induktivität, deren Einheit nach ihm ben. ist (Abk. *H*).
2) O. →Porter.

Hera Barberini, *5. Jh. v. Chr.*

Herakles

Heraklion, *Delphi-Fresko aus Knossos, 1600 v. Chr.*

Henscheid, Eckhard (* 14. 9. 1941), dt. Schriftst.; zeitsatir., häufig autobiograph. Erzählungen u. Romane; *Trilogie d. fortlaufenden Schwachsinns; Roßmann, Roßmann . . .; Dolce Madonna Bionda*.
Hentig, Hartmut von (* 23. 9. 1925), dt. Pädagoge; betont realitätsbezogenes Lernen; *Wie hoch ist die Höhere Schule?*
Hentrich, Helmut (* 17. 6. 1905), dt. Architekt; in Bürogemeinschaft m. H. Petschnigg & Partner s. Ende d. 50er Jahre prägend f. d. Gestaltung v. Geschäfts- u. Verwaltungsbauten in Dtld; *Thyssen-Haus* in Düsseldorf, *Ruhr-Universität* in Bochum.
Henze, Hans-Werner (* 1. 7. 1926), dt. Komp., Schüler v. W. Fortner; freie Zwölfton-Richtung; *König Hirsch; Der Prinz v. Homburg; Der junge Lord*; Ballette; Sinfonien.
HEOS, Abk. f. **H**ighly **E**ccentric **O**rbital **S**atellite, eur. Meßsatellit (1968).
Heparin, aus tierischer Leber gewonnene, blutgerinnungsverzögernde Substanz zur Vorbeugung u. Behandlung von Thrombosen u. Embolien; →Antikoagulanzien.
Hepatitis, w. [gr.], bei Alkoholismus, durch best. Medikamente, bei Stoffwechselkrankheiten, durch versch. Viren. Formen d. *Virushepatitis* im engeren Sinn: *Hepatitis A* (früher: epidemische H:), durch verunreinigte Nahrungsmittel, meist auf Reisen erworben, leichter Verlauf, aktive Schutzimpfung od. passiver Schutz durch Immunglobuline möglich. – *Hepatitis B* (früher: Serum-H.), früher durch Blutkonserven, heute am häufigsten durch Geschlechtsverkehr erworben, schwerer Verlauf, evtl. Spätfolgen →Leberzirrhose, Leberkrebs, aktive Schutzimpfung möglich. – *Hepatitis C* (früher: NonA-NonB-H.), ähnl. Hepatitis B, manchmal durch Blutkonserven übertragen. – *Hepatitis D* (od. Delta-H.), tritt nur zusammen mit Hepatitis B auf. – *Hepatitis E*, ähnl. Hepatitis A.
Hepatomegalie, Lebervergrößerung.
Hepatosplenomegalie, Vergrößerung von Leber u. Milz.
Hepburn [ˈhɛbən],
1) Audrey (4. 5. 1929–20. 1. 93), am. Filmschauspielerin; *Breakfast at Tiffany's; My Fair Lady*.
2) Katharine (* 8. 11. 1909), am. Schausp.in; *Bringing Up Baby; The African Queen; On Golden Pond*.
Hephästus, *Hephaistos*, griech. Gott des Feuers; Gemahl d. Aphrodite; lahm, als Schmied tätig.
Heppenheim (D-64646), Krst. des Kr. Bergstraße, Hess., 24 500 E; Luftkurort; histor. Marktplatz; Weinbau, Ind.
Heptameron, s. [gr. „7 Tage"], Novellenbuch der *Margarete von Navarra* (1492–1549).
Hepworth [-wəθ], Barbara (10. 1. 1903–20. 5. 75), engl. Bildhauerin; abstrahierende Holz- u. Metallarbeiten; verheiratet m. B. →Nicholson.
Hera [gr.], lat. *Juno*, Gattin u. Schwester von Zeus, Hüterin d. Ehe.
Herakles, *Herkules*, griech. Sagenheld, Sohn d. Zeus u. d. Alkmene, muß *Zwölf Arbeiten* vollbringen (darunter Reinigung d. Augias-Stalls, Kampf mit der Hydra u. d. Riesen Antäus), um Unsterblichkeit zu gewinnen; tötet den Kentauren Nessus u. stirbt durch dessen giftiges Gewand; wird zu den Göttern erhoben, Gemahl der Hebe.
Herakliden, Nachkommen des Herakles.
Heraklion, *Iraklion, Kandia*, Hafen- u. Hptst. v. Kreta, 102 000 E; Olivenhandel, Fischerei.
Heraklit, *Herakleitos* (um 500 v. Chr.), griech. Phil. aus Ephesos; lehrt das ewige Werden u. Vergehen aller Dinge (*panta rhei* = alles fließt), deren Wechsel u. Widerstreit („Der Krieg ist d. Vater aller Dinge"), v. der Weltvernunft (Logos) beherrscht, die „widerspenstige Harmonie" des Seins ermögliche.
Heraldik, w., *Heroldskunde*, Lehre v. Wappenwesen (Wappenkunde, -kunst, -recht); Wappen sind urspr. nach herald. Regeln gebildete, grundsätzl. erbliche Abzeichen f. Personengemeinschaften u. gehen in ihren äußeren Formen auf die eur. Bewaffnung im MA zurück. Zur Beschreibung (Blasonierung) dient e. besondere Kunstsprache (Abb.). Der *Schild*, Hptträger d. herald. Sinnbildes, kann farbig-flächig aufgeteilt bemalt sein, *Heroldsstücke* od. *gemeine Figuren*, z. T. herald. stilisiert, enthalten; zu einem vollständigen Familienwappen gehört außerdem der *Helm* mit aufgelegter *Helmdecke* u. d. am Helm angebrachten Figuren; d. Schild kann auch allein geführt werden. Bei fürstlichen Wappen vielfach durch →Prachtstücke (z. B. Wappenmäntel) ausgeschmückt, von denen Schildhalter und Rangkronen auch bei mittleren und unteren Adelsrängen anzutreffen sind. Bei nichtfarbiger Darstellung seit 17. Jh. Verwendung einheitl. Schraffierungen (Abb.). In der Beschreibung werden „rechts" und „links" vom Wappenträger, nicht vom Beschauer aus verstanden; → Schaubild.
Herat, Hptst. d. Prov. H. in NW-Afghanistan, am Heri-Rud., 160 000 E; Handelszentrum; Textil- u. Metallind.; Teppichherstellung; Flugplatz.
Hérault [eˈro:],
1) Fluß in Südfrkr., von den Cevennen bis zum Mittelmeer, 197 km l.
2) südfrz. Dép., 6101 km², 793 000 E; Hptst. *Montpellier*.
Herbarium [l.], Sammlung getrockneter Pflanzen.
Herbart, Johann Friedrich (4. 5. 1776 bis 14. 8. 1841), dt. Phil. u. Erzieher, begr. eine mechanist. Seelenlehre.
Herbede, s. 1975 zu →Witten.
Herberger, Josef (Sepp) (28. 3. 1897 bis 28. 4. 1977), 1949–64 Bundestrainer d. dt. Fußballnationalmannschaft (1954 Weltmeister).
Herbert of Cherbury, Edward (5. 3. 1583–20. 8. 1648), engl. (Rel.-)Phil. u. Pol., entwickelte d. Grundlehren e. Vernunftrel. u. bereitete d. Deismus vor.
Herbicide, *Herbizide* [l.], chem. Mittel z. Bekämpfung v. Unkräutern.
Herbivoren, pflanzenfressende Tiere.
Herborn (D-35745), St. i. Lahn-Dill-Kr., Hess., 21 500 E; ma. Gepräge; div. Ind.
Herbst, auf der nördl. Halbkugel v. H.-*Äquinoktium*, am 23. 9., bis z. Wintersonnenwende (21. 12.); auf der südl. Halbkugel vom 21. 3. bis 21. 6.
Herbstpunkt → Äquinoktium.

Herbstzeitlose, *Colchicum,* Liliengewächs, auf Wiesen, blüht im Herbst; giftig.
Herburger, Günter (* 6. 4. 1932), dt. Schriftst.; Gedichte, Romane, Erzählungen, Hörspiele; *D. Eroberung d. Zitadelle; Flug ins Herz; D. Augen d. Kämpfer; Thuja; Sturm und Stille.*
Herculaneum, it. Küstenst. bei Neapel, 79 n. Chr. durch Vesuvausbruch verschüttet; z.T. ausgegraben.
Herdbuch, Zuchtstammbuch; verzeichnet Stammbaum, Gestalt, Leistung von Zuchttieren; meist von Zuchtverbänden geführt.
Herdecke (D-58313), St. im Ennepe-Ruhr-Kreis, NRW, 26 233 E; Textilindustrie.
Herder,
1) Bartholomä (1774–1839), gründete 1801 das kath. Verlagshaus H. & Co., Freiburg; kath. Theol., Phil. u. a.
2) Johann Gottfried v. (25. 8. 1744 bis 18. 12. 1803), dt. Theologe u. Geschichtsphil. (dt. Idealismus); 1776 Gen.superintendent in Weimar; beeinflußte den jungen Goethe, begründete durch Übersetzung u. Kritik das Verständnis d. Eigenart anderer Nationalkulturen; *Ideen zur Phil. d. Geschichte d. Menschheit; Volkslieder; Der Cid.*
Herdfrischen, Umwandlung von sprödem Roheisen in Schmiede- u. Schweißeisen (mittels Holzkohle auf kastenartigen Herden).
hereditär [l.], erblich.
Heredität, w., Erblichkeit.
Herero, früher fälschlich *Damara,* Bantuvolk in SW-Afrika; im H.-Aufstand 1904–06 gg. dt. Kolonialherrschaft von 100 000 auf ca. 25 000 dezimiert.
Herford (D-32049–52), Krst. an der Werre, NRW, 64 732 E; AG; div. Ind.
Hering, Fisch der nördl. Meere; wandert zur Laichzeit in riesigen Schwärmen zu best. Sandbänken der Hochsee u. sandigen, steinigen Gründen der eur. Küsten, wird dort gefangen; frisch: *Grüner H.;* geräuchert: *Bückling;* gesalzen: *Pökel-H.,* in Essig mariniert: *Bismarck-H.* u. *Rollmops;* 2jähr., noch nicht geschlechtsreifer H.: *Matjes-H.,* geschlechtsreifer H. vor bzw. nach dem Laichen: *Voll-* bzw. *Hohl-H.* Fang in Dtld 51 000 t (1991); Verwandte: Sprotte, Sardine, Tarpon (bis 2 m).
Hering, *Häring,* Zeltpflock.
Heringsdorf (D-17424), Ostseebad auf Usedom, 4000 E.
Heringskönig, *Petersfisch,* bis 70 cm langer Stachelflosser; folgt den Heringsschwärmen.
Herisau (CH-9100), Hptort des schweiz. Halbkantons Appenzell-Außerrhoden, 15 000 E; div. Ind., Sportzentrum.
Herkomer [ˈhəːkəmə], Sir (s. 1907) Hubert von (s. 1899) (26. 5. 1849 bis 31. 3. 1914), brit. Maler u. Graphiker dt. Herkunft; Bilder m. sozialer Thematik, Genreszenen u. Porträts.
Herkules,
1) → Sternbilder, Übers.; Zielpunkt (→ Apex) d. Raumbewegung d. Sonnensystems; gr. kugelförm. Sternhaufen.
2) → Herakles.
Herkulesbad, rumän. *Baile Herculane,* Badeort nördl. d. Eisernen Tores, 1106 müM; warme Mineralquellen.

Herbstzeitlose

Johann Gottfried v. Herder   F. W. Herschel

Hering

Hermelin

Herkuleskäfer, südam. Nashornkäfer; Männchen bis 15 cm lang.
herkulisch, riesenstark wie Herkules, → Herakles.
Hermandad, *w.,* Bruderschaft, s. 1476 polit.-mil. Organisation span. Städte; Hlge H. = Polizei.
Hermann,
1) H. I. († 1217), Landgf v. Thüringen, förderte den Minnesang (Sängerkrieg auf d. Wartburg 1207).
2) H. → Balk.
3) H. Billung († 973), sächs. Herzog, Markgraf an der unteren Elbe (→ Billunger).
4) H. der Cherusker → Arminius.
5) H. v. Salza (ca. 1170–1239), Deutschordenshochmeister, Gründer des preuß. Ordensstaates.
Hermannsburg (D-29320), Gem. in Nds., Kr. Celle, 8152 E; Ev.-luth. Missionswerk m. Ausbildungsseminar.
Hermannsdenkmal, 57 m hohes Denkmal v. Ernst v. *Bandel* (1875) b. Detmold i. Teutoburger Wald; → Arminius.
Hermannshöhle, Tropfsteinhöhle im Unterharz, 413 m l., 38 m h.
Hermannsschlacht → Arminius.
Hermannstadt, rumän. *Sibiu,* St. im südl. Siebenbürgen, 188 000 E; ev. Bistum, orthodoxes Erzbistum, Volksuni., Maschinen- u. Textilind. – 13.–18. Jh. Hptst. u. Mittelpunkt d. Dt. in Siebenbürgen.
Hermaphrodit, *Zwitter,* Organismus m. normalen männl. u. weibl. Geschlechtsorganen u. Keimzellen; bei Pflanzen u. niederen Tieren häufig; *(Pseudo-)H.:* äußere Geschlechtsmerkmale beider Geschlechter u. Merkmale des einen u. Merkmale des anderen Geschlechts; durch Entwicklungsstörungen d. → Keimdrüsen, zur Klärung Geschlechtsbestimmung, → Geschlechtsanomalien.
Hermaphroditos, Sohn des Hermes und der Aphrodite; auf Bitte einer Quellnymphe mit ihr zu einem doppelgeschlechtlichen Wesen vereinigt; daher svw. Zwitter.
Herme, *w.* [gr.], vierkantiger, sich nach unten verjüngender Pfeiler urspr. m. bärtigem Kopf d. Hermes; i. d. Antike unheilabwehrend an Wegen od. als Grenzstein; später als dekorative Büsten od. Ständer f. Porträtköpfe; in d. Architektur als figürl. Gebälkträger wie d. → Atlant.
Hermelin, *Großes Wiesel,* unterarmlanger Marder; Pelz im Sommer braun, im Winter weiß mit schwarzer Schwanzspitze (sehr wertvoll, früher Besatz für Krönungsmäntel); Mitteleuropa u. Asien; andere Formen in Nordamerika.
Hermeneutik, *w.* [gr.], die Kunst, e. Schrift- od. Kunstwerk sinnvoll auszulegen.
Hermes,
1) griech. Gott des Handels, Götterbote, Sohn d. Zeus u. d. Maia, Begleiter der Toten in den Hades; röm. → *Merkurius.*
2) → Planetoid, der d. Erde mit 600 000 km am nächsten kommen kann.
hermetisch, (luftdicht) verschlossen; in Literatur: schwer verständlich.
Herminonen, svw. → Irminonen.
Herminghaus, Stephan, eigtl. *Rudolf Leder* (13. 4. 1915–7. 4. 1997), dt. Schriftst.; Balladen, Lyrik, Erzählungen, Übers.
Hermon, *Dschebel esch Schech,* höchster Gipfel des Antilibanon, 2814 m
Hermunduren, german. Suebenstamm zw. mittl. Elbe u. Main, gingen in den Thüringern auf.
Herne (D-44623–53), krfreie St. am Rhein-H.- und Dortmund-Ems-Kanal, NRW, 180 025 E; „Bücherei d. dt. Ostens"; Eisen- u. Elektroind.; i. Ortsteil *Wanne-Eickel* Steinkohle, chem. Ind., Sol- u. Thermalbad.
Hernie, *w.* [l. -nje], → Bruch.
Herodes, Name jüdischer Kge.
1) H. der Große (73–4 v. Chr.), unter ihm Geburt Jesu; dessen Tod unter
2) H. Antipas (20 v. Chr. bis n. 39 n. Chr.), Sohn von 1).
3) H. Agrippa I., Kg von Judäa, setzte 44 Jakobus u. Petrus gefangen.
Herodias, 2. Gattin d. Herodes Antipas, Mutter d. → Salome.
Herodot, griech. Geschichtsschreiber, 5. Jh. v. Chr.; beschrieb den Perserkriege.
Heroin, *s.,* starkes Rauschgift, morphinähnlich.
Heroine [frz.], Darstellerin v. Theaterheldinnen.
heroisch [gr.], heldenhaft.
Heroismus, *m.,* Heldenmut.

Herodes verspottet Jesus, *Buchillustration, 1476*

Herold [„Heeresbeamter"], i. MA Bote, Verkünder.
Heron v. Alexandria (1. Jh. n. Chr.), griech. Math. u. Phys.; Mechanik, Hydrostatik, heronische Formel für Dreiecksfläche; beschrieb **H.ball**, Gefäß (Windkessel), aus dem mittels eingepreßter Druckluft Flüssigkeiten herausgetrieben werden können (z. B. Pumpe); auch **H.sbrunnen**, Springbrunnen.
Heros, m. [gr. „Herr", „Held"], Mz.: *Heroen*; in vielen Rel.en heldenhafte Gestalt, der nach d. Tod götterähnl. Kräfte zugeschrieben werden; oft Sohn e. Gottheit u. e. Menschen (z. B. → Herakles).
Herostrat|os, äscherte 356 v. Chr. aus Ruhmsucht den Artemis-(Diana-)Tempel in Ephesos ein (→ Sieben Weltwunder).
Hero v. Sestos, Aphrodite-Priesterin, Geliebte des *Leander*, der ihretwegen allnächtlich den Hellespont durchschwamm; Grillparzers Drama: *Des Meeres und der Liebe Wellen*.
Herpes, w. [gr.], *Bläschenflechte*, Gruppen v. Bläschen (z. B. im Gesicht, an Genitalien bei fieberh. Krankheiten); Virusinfektion; auch → Gürtelrose.
Herpes zoster → Gürtelrose.
Herpetologie, Amphibien- u. Reptilienkunde.
Herrenberg (D-71083), St. im Kr. Böblingen, Ba-Wü., 28 200 E; ma. Gepräge, got. Stiftskirche, Fremdenverkehr.
Herrenchiemsee, Insel i. → Chiemsee m. Prunkschloß Ludwigs II. nach d. Vorbild v. Versailles; Kg.-Ludwig-II.-Museum.
Herrenhaus, bis 1918 in Preußen und Österreich erste Kammer (ernannte Standesvertretung).
herrenlos, bewegl. Sachen, deren Eigentümer auf das Eigentum verzichtet hat; auch wilde Tiere in Freiheit; Aneignung gestattet, wenn dadurch nicht fremde Rechte verletzt werden (§§ 958 ff. BGB); *nicht* herrenlos sind verlorene Sachen.
Herrenmoral, nach Nietzsche *(Wille zur Macht)* Persönlichkeitsmoral der Starken im Ggs. zu „*Sklavenmoral*" (Christentum und Sozialismus) der Schwachen.
Herrentiere, svw. → Primaten.
Herrera, Juan de (um 1530–15. 1. 1597), span. Renaissance-Baumeister; vollendete den → Escorial; wirkte auf d. Kathedralbau in Lateinam.
Herriot [ɛˈrjo], Edouard (5. 7. 1872 bis 26. 3. 1957), frz. Pol. (Radikalsozialist); 1947–54 Präs. d. Nat.vers., 1924/25, 1932 Min.präs., 1944/45 in dt. Haft; *Vereinigte Staaten v. Europa*.
Herrnhut (D-02747), St. i. d. sächs. Oberlausitz, 1699 E; Textil- u. Holzind.
Herrnhuter → Brüdergemeine.
Hersbruck (D-91217), St. an d. Pegnitz, i. Kr. Nürnberger Ld, Bay., 12 086 E; AG; Ind.
Herschbach [ˈhəːʃbak], Dudley Robert (* 18. 6. 1932), am. Chemiker, chem. Elementarreaktionen in Molekularstrahlen; Nobelpr. 1986.
Herschel,
1) Sir Friedrich Wilhelm (15. 11. 1738 bis 25. 8. 1822), engl. Astronom dt. Herkunft; entdeckte mit selbstgefertigten Instrumenten den Uranus, d. Uranusmonde, zwei Saturnmonde, die Eigenbewegung d. Sonnensystems u. viele kosmische Nebel; s. Sohn
2) Sir John Frederick (7. 3. 1792–11. 5. 1871), engl. Phys. u. Naturphil.; Erforscher des südl. Sternhimmels.
Hershey [ˈhəːʃɪ], Alfred D. (4. 12. 1908 bis 22. 5. 97), am. Biol.; (zus. m. Delbrück u. Luria) Nobelpr. f. Medizin 1969 (Untersuchung an Bakteriophagen).
Herstellermarke → Marken.
Herstellkosten der Produktion, betriebl. Rechnungswesen: Gesamtsumme aus Fertigungsmaterial, -löhnen,

Hermes

Herold, 16. Jh.

-gemeinkosten, Materialgemeinkosten, Sondereinzelkosten d. Fertigung.
Herstellkosten des Umsatzes, betriebl. Rechnungswesen: → Herstellkosten d. Produktion minus Bestandsmehrung od. plus Bestandsminderung an Halb- und Fertigfabrikaten.
Herten (D-45699–701), Ind.-St. im Kr. Recklinghausen, NRW, 69 600 E; Steinkohle; Masch.-, Fleischwaren- u. Konservenind.; i. St.teil *Westerholt* Steinkohlenbergbau.
Hertling, Georg Frhr. v., s. 1914 Gf von (31. 8. 1843–4. 1. 1919), dt. Pol. (Zentrum); 1917/18 Reichskanzler.
Hertz,
1) Gustav (22. 7. 1887–30. 10. 1975), dt. Phys.; stellte Wasserstoffisotope her; Nobelpr. 1925; 1955 Vors. d. Rates f. Atomenergie in der DDR.
2) Heinrich (22. 2. 1857–1. 1. 94), dt. Phys., entdeckte die el. H.schen Wellen, Grundlage d. Funktelegraphie; nach ihm benannt d. phys. Maßeinheit → Hertz.
Hertz, Abk. *Hz, phys.* Maßeinheit f. Zahl d. Schwingungen in 1 Sek. („Frequenz"); 1000 Hz = 1 kHz *(Kilohertz)*, 1 Mill. Hz = 1 MHz *(Megahertz)*, 1 Mrd. Hz = 1 GHz *(Gigahertz)*.
Hertzsprung [ˈhɛdsbruŋ'], Ejnar (8. 10. 1873–21. 10. 1967), dän. Astronom; Mitentdecker d. Hertzsprung-→ Russell-Diagramms.
Heruler, um 250 n. Chr. v. d. Dänen aus Jütland vertrieb. Volk d. Nordgermanen.
Herwegh, Georg (31. 5. 1817–7. 4. 75), dt. Dichter d. Vormärz; 1848 führend in d. bad. Revolution; *Gedichte e. Lebendigen; Der Freiheit eine Gasse*.
Herz, Henriette (5. 9. 1764–22. 10. 1847), vereinte in ihrem Salon das geistige Berlin, bes. d. Frühromantiker.
Herz, muskulöses Hohlorgan, treibt das Blut durch die Gefäße, erhält den → Blutkreislauf aufrecht. In der Mitte durch Scheidewand in r. und l. H. getrennt. Jede Hälfte besteht aus Vorhof u. Kammer, d. durch eine Klappe miteinander verbunden sind (→ Tafel Mensch). In der Minute ca. 70–80 rhythm. Zusammenziehungen (Systolen) u. Erweiterungen (Diastolen) der H.höhlen. Von der l. H.kammer geht die Hauptkörperschlagader (Aorta), von der r. die Lungenschlagader ab; in den r. Vorhof münden die beiden Hohlvenen, die das Blut nach Durchströmung des Körperkreislaufs zum H. zurückführen. El. *H.aufnahme* → Elektrokardiographie. – Das Herz ist eingehüllt in den *H.beutel* (Perikard), seine Entzündung (Perikarditis) kann zur *Herzbeutelwassersucht* führen. Krampf oder Verkalkung der das Herz ernährenden Kranzarterien (*Koronarien*) führt zur → Angina pectoris. *H.fehler*, der auf die Dauer zur *H.erweiterung* (Dilatation) und schließlich zum Nachlassen der H.kraft, zur *H.insuffizienz*, führt, angeboren oder durch Entzündung u. Undichtigkeit der H.klappen.
Herzasthma, *Asthma cardiale*, Anfälle von Atemnot bei Herzkranken.
Herzberg, Gerhard (* 25. 12. 1904), kanad. Phys. u. Chem.; Nobelpr. f. Chemie 1971 (f. Forschungen zur exakten Molekularspektroskopie).
Herzberg am Harz (D-37412), St. i. Kr. Osterode a. H., Nds., Kurort, 233 müM, 16 673 E; Stammschloß d. Welfen; Eisenind.; AG.

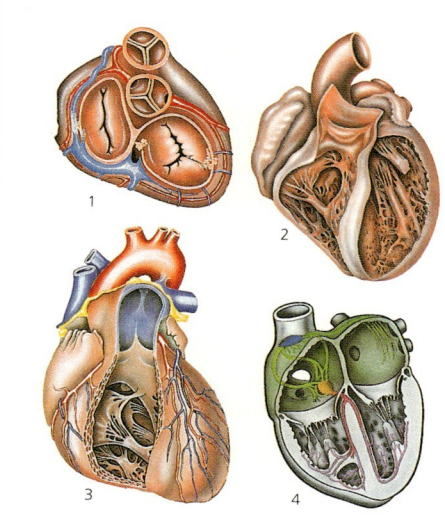

Herz
1 Anordnung der Herzklappen (unten links die zweizipfelige Segelklappe oder Mitralklappe zwischen linkem Vorhof und linker Kammer; unten rechts die dreizipfelige Segelklappe oder Trikuspidalklappe zwischen rechtem Vorhof und rechter Kammer; in der Mitte oben die Pulmonalklappe zwischen rechter Kammer und Lungenschlagader; in der Mitte unten die Aortenklappe zwischen linker Kammer und Aorta-Halsschlagader.
2 Querschnitt durch die eröffneter Herzkammern (unten links die rechte Herzkammer; unten rechts die linke Herzkammer; oben angeschnitten die Hauptschlagader).
3 Das Herz ist nur im Bereich der rechten Kammer aufgeschnitten. Auf der Herzoberfläche sieht man die Herzkranzgefäße; ganz oben die Hauptschlagader.
4 Das Reizleitungssystem des Herzens; grün: die beiden Vorhöfe; grau: die beiden Kammern; blau: der → Sinusknoten; gelb: Vorhofknoten; rot und violett: das Reizleitungsbündel mit seinen Verzweigungen.

Herzblock, versch. Formen, im engeren Sinn sog. AV-Block 3. Grades, Folge Herzstillstand oder extrem langsamer Puls, Ohnmacht.

Herzebrock-Clarholz (D-33442), Gem. im Kr. Gütersloh, NRW, 13 674 E; div. Ind.

Herzegowina, jugoslaw. Landschaft, → Bosnien und Herzegowina; verkarstetes Gebirgsland, nur in den Niederungen bevölkert; Anbau von Tabak, Mais, Wein; Hptort *Mostar;* 111 000 E. – Im Altertum Teil der röm. Prov. Dalmatien; s. 1382 Vasallenstaat von Bosnien; 1878 an Östr., 1908 jugoslaw.

Herzen, Alexander Iwanowitsch (6. 4. 1812–21. 1. 70), russ. Schriftst. u. Revolutionär; Roman: *Wer ist schuld?*

Herzfäule, Trockenfäule, bei Rüben auftretende Bormangelerkrankung, wobei der Rübenkörper nach Absterben der jungen Blätter in Fäulnis übergeht.

Herzfelde, Wieland, eigtl. *W. Herzfeld* (11. 4. 1896–23. 11. 1988), Publizist, Schriftsteller u. Verleger; begr. m. s. Bruder J. → Heartfield d. Malikverlag; Mitbegr. d. Berliner *Dada*-Gruppe.

Herz-Jesu-Verehrung, bes. i. d. dt. Mystik des MA; im Barock gg. überstrengen → Jansenismus moderne *H.-J.-V.,* Ursprung Frkr.; Marguerite Marie Alacoque († 1690); kath. *H.-J.-Fest.*

Herzkammerflimmern, extreme Störung des Herzrhythmus, bedeutet praktisch Herzstillstand; meist tödlich, wenn nicht mittels → Defibrillator unterbrochen.

Herzkatheterismus, zwecks Untersuchung des Herzinnendrucks u. d. Sauerstoffsättigung od. zur genauen Abklärung von Störungen des Herzrhythmus wird v. d. Ellenbeuge durch Venen bis zur r. H.hälfte ein biegsames Röhrchen vorgeschoben. **Herzklopfen,** verstärktes und beschleunigtes Herzschlagen.

Herzkrampf bei Angina pectoris. Durch Verstopfung eines **Herzkranzgefäßes,** z. B. durch Gerinnsel, kommt es z. **Herzinfarkt;** der blutleer gewordene Gewebsbezirk stirbt ab u. vernarbt *(Herzschwiele).*

Herzl, Theodor (2. 5. 1860–3. 7. 1904), jüd. Journalist; Begr. d. Zionismus; *Der Judenstaat* (1896).

Herzlieb, Minna (1789–1865), Urbild der Ottilie in Goethes *Wahlverwandtschaften.*

Herz-Lungen-Maschine, Apparatur, die bei Operationen bes. am Herzen dessen Funktion sowie d. Sauerstoff-Kohlensäure-Austausch im Blut übernimmt.

Herzmassage, bei Herzstillstand: indirekt durch regelmäßiges Drücken auf d. Brustbein, direkt durch rhythm. Zus.drücken des Herzens mit d. Hand (b. Herzoperation). – Bei **Herzmuskelentzündung** (Myokarditis) leicht Schädigung der in der Scheidewand verlaufenden **Herznerven** *(Hissches Bündel),* die d. regelmäßigen Ablauf d. H.schläge gewährleisten. Hierbei sowie bei **Herzneurose** (nervös bedingter Funktionsstörung ohne krankh. Veränderung) häufig Störungen d. **Herzrhythmus.** (z. B. → Extrasystolen). Die in Höhe d. 5. Zwischenrippenraumes in Gegend d. l. Brustwarze gelegene **Herzspitze** schlägt bei jeder Zus.ziehung des Herz gg. die Brustwand: **Herzspitzenstoß.** Bei jeder Zus.ziehung *(Systole)* u. Ausdehnung

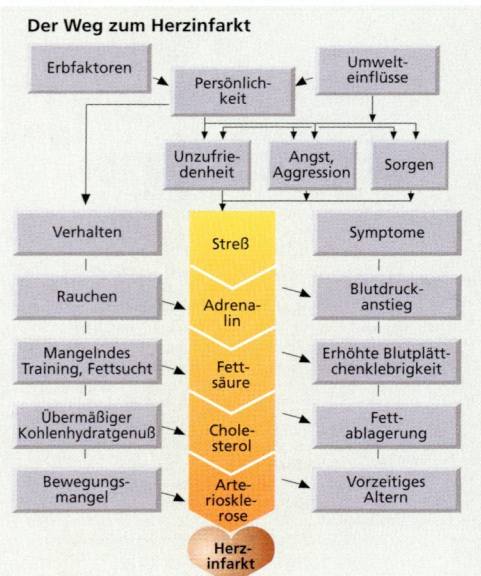

Eßbare Herzmuschel

Hesekiel, *Gemälde von Raffaël*

Herzinfarkt

Der Weg zum Herzinfarkt

Todesfälle durch Herz-Kreislauf-Erkrankungen

Land	%
Griechenland	52%
Schweden	52%
Österreich	51%
Deutschland	50%
USA	45%
Italien	44%
England	43%
Schweiz	43%
Spanien	43%
Frankreich	34%

(*Diastole*) d. Herzens entstehen d. m. angelegtem Ohr, besser mit d. Hörrohr wahrnehmb. **Herztöne**, deren Unreinheit b. Herzfehlern *Herzgeräusche* ergibt. **Herzmuschel,** eßbare Muschel der eur. Meere.

Herzog,
1) Roman (* 5. 4. 1934), dt. Jurist u. CDU-Pol.; 1987–94 Präs. d. B.verf.-gerichts; seit 1994 Bundespräsident Deutschlands.
2) Werner (* 5. 9. 1942), dt. Film- und Opernregisseur; *Lebenszeichen* (1967); *Aguirre, der Zorn Gottes* (1972); *Herz aus Glas* (1976); *Woyzeck* (1978/79); *Fitzcarraldo* (1981); *Wo die grünen Ameisen träumen* (1984); *Cobra Verde* (1987); *Schrei aus Stein* (1991).

Herzog, urspr. Heerführer, später erbl. Würde, von Karolingern beseitigt, dann wieder seit 9. Jh. oberste Reichsfürstenwürde. Die alten Stammeshzgtümer (Sachsen, Franken, Bayern, Schwaben, Lothringen) ab 12. Jh. Territorialhzgtümer (Österreich, Kärnten, Steiermark, dann Braunschweig, Anhalt, thüring. Hzgtümer u. a.); schließlich auch als Titel an Nichtherrscher verliehen.

Herzogenaurach (D-91074), St. i. Kr. Erlangen-Höchstadt, Bay., 20 910 E; ma. Gepräge, got. Kirche; div. Ind.
Herzogenbusch, ndl. *'s-Hertogenbosch,* Hptst. der ndl. Prov. N-Brabant, 92 000 E; alte Festung; spätgot. Kathedrale; div. Ind.; kath. Bischof.
Herzogenrath (D-52134), St. i. Kr. Aachen, NRW, 44 725 E; Glas- u. Textilind.; *Burg Rode.*
Herzschrittmacher, elektr. Gerät, das den gestörten Herzschlag (zu langsam od. → Herzblock) reguliert.
Herztransplantation → Transplantation.
Herzverfettung, b. erhebl. allg. Fettsucht Fettauflagerung u. Fettdurchwachsung d. Herzmuskels.

Hesekiel, *Ezechiel,* im A.T. jüd. Prophet.
Hesiod|os, griech. Dichter, 8. Jh. v. Chr.; Götterlehre: (*Theogonie*); Lehrgedicht über den Landbau: *Werke und Tage.*
Hesperiden, in der griech. Sage Töchter d. Nacht, Hüterinnen der goldenen Äpfel der Hera.
Hesperien [gr. „Abend, Westen"], in der gr. Antike das „Land gegen Abend" (= Italien, Spanien).
Hess,
1) Heinrich von (19. 4. 1798–29. 3. 1863), dt. Maler, Mitgl. d. Nazarener; als Glasmaler an d. Münchner Akademie, sonst hpts. in kirchl. Auftrag tätig (Altar-, Wand- u. Tafelgemälde); Fenster f. d. Dome v. Köln u. Regensburg; s. Bruder
2) Peter von (29. 7. 1792–4. 5. 1871), Genre- u. hpts. Schlachtenmaler (Napoleon. Kriege); Wegbereiter d. Naturalismus.

Heß,
1) Rudolf (26. 4. 1894–17. 8. 1987), NS-Pol.; 1933 „Stellvertreter d. Führers", flog 1941 z. Friedensanbahnung nach Schottland; bis Kriegsende interniert u. 1946 zu lebenslängl. Gefängnis verurteilt.
2) Victor (24. 6. 1883–17. 12. 1964), östr. Phys.; erforschte kosm. Strahlungen; Nobelpr. 1936.
3) Walter Rudolf (17. 3. 1881–12. 8. 1973), schweiz. Physiologe; Kreislauf und Nervensystem (Hirnreizversuche); Nobelpr. 1949.

Hesse [hɛs],
1) Eva (11. 1. 1936–29. 5. 70), dt.-am. Künstlerin, Wegbereiterin d. feminist. Kunst in d. USA; Material- u. Objektcollagen, Raumplastiken.
2) Hermann (2. 7. 1877–9. 8. 1962), dt. Dichter u. Essayist; zeigt i. s. Werken d. Ausbruch a. d. gewohnten Formen d. Zivilisation u. Möglichkeiten d. Selbstverwirklichung: *Steppenwolf;* Alterswerke geprägt v. Lebensweisheit im epigonal. Sinne Goethes; Lyrik; Romane: *Peter Camenzind; Demian; Narziß u. Goldmund; D. Glasperlenspiel;* Erzählungen: *Knulp; Klingsors letzter Sommer; Siddharta;* Essays: *Wanderung; Bilderbuch; Betrachtungen;* Nobelpr. 1946.

Hessen, *Land H.,* Land, 1945 auf Anordnung d. US-Mil.-Reg. gebildet aus d. rechtsrheinischen Teil von H.-Darmstadt u. den ehem. preuß. Prov. Kurhessen u. Nassau ohne die zus. mit d. heutigen Rgbz. Montabaur zu RP gekommen linksrhein. Gebiete; 21 114 km^2, 5,84 Mill. E (276 je km^2); Rel.: 60,4% ev., 32,8% kath.; Hptst. *Wiesbaden;* Landesfarben: Rot-Weiß. **a)** *Geogr.:* Bergiges Land, gebildet v. Odenwald mit Bergstraße u. Gebiet westl. bis zum Rhein, unterem Maintal, Taunus u. Westerwald, Hessische Senke mit Wetterau, Hessisches Bergland m. Vogelsberg, Rhön u. Bergland zw. Werra, Fulda, Eder und Diemel; Durchgangsland, bes. d. Hess. Senke verkehrswichtig. **b)** *Wirtsch.:* Feinmech., opt., chem., Lederwaren-, Masch.bau-, Elektro-, Automobilind.; Ackerbau, Wein-, Obstbau, Viehzucht, Forstwirtsch.; → Frankfurt wichtiges Bank- u. Behördenzentrum. **c)** *Bildungsstätten:* → Hochschulen. **d)** *Verw.:* Rgbz. Darmstadt, Kassel, Gießen. **e)** *Regierung:* Min.präs. u. Min.; Landtag. **f)** *Gesch.:* Land d. Chatten; 1292 Reichs-

Roman Herzog

Hermann Hesse

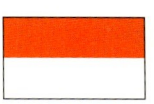

Hessen

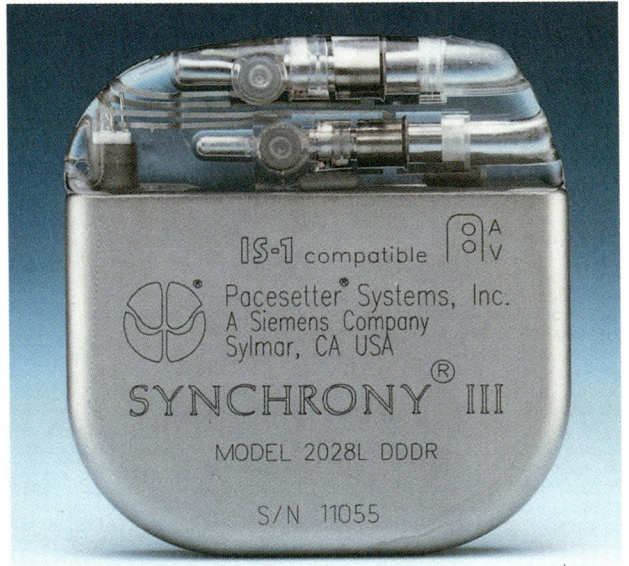

Sensorgesteuerter Herzschrittmacher, *7,5 × 45 × 48 mm*

Landtagswahlen Hessen (Stimmen in %)

Jahr	CDU	SPD	FDP	Grüne
1946	30,9	42,7	15,7	
1950	18,8	44,4	31,8	
1954	24,1	42,6	20,5	
1958	32,0	46,9	9,5	
1962	28,8	50,8	11,5	
1966	26,4	51,0	10,4	
1970	39,7	45,9	10,1	
1974	47,0	43,2	7,7	
1978	46,1	44,1	6,8	
1982	45,6	42,8	8,0	
1983	39,4	46,2	7,6	5,9
1987	42,1	40,2	7,8	9,4
1991	40,2	40,8	7,4	8,8
1995	39,2	38,0	7,4	11,2

fürstentum (Landgft) nach umfangr. Erwerbungen (Ziegenhain, Katzenelnbogen) 1567 u. 1604 geteilt: *H.-Kassel* (1803 Kurfürstentum, 1866 preuß.) u. **H.-Darmstadt** (1806 Gr.hzgt., s. 1945 wieder vereinigt).

Hessen-Homburg, ehem. Landgft (Seitenlinie von H.-Darmstadt), s. 1622; 1866 preuß.

Hessen-Kassel od. **Kurhessen,** ehem. dt. Kurfürstentum; im Dreißigjähr. Krieg auf schwed. Seite; Friedrich I. 1720 durch Heirat schwed. Kg. auf engl. Seite im Siebenjähr. Krieg. 1807 bis 13 zum Kgr. Westfalen. 1831 liberale Verf.reform (1850 mit östr. Hilfe wieder aufgehoben); 1866 Preußen einverleibt; bis 1944 Rgbz. Kassel der Prov. H.-Nassau, bis 1945 Prov. Kurhessen, auch → Hessen.

Hessen-Nassau, ehem. preuß. Prov., 1868 aus Kurfürstentum H., Hzgt. Nassau u. d. Freien Stadt Frankfurt a. M. gebildet, 1929 durch d. ehem. Fürstentum Waldeck, 1932 durch Kreis Wetzlar vermehrt, 1944 aufgeteilt; Prov. Kurhessen (H.-Kassel u. Prov. Nassau).

Hessische Stiftung für Friedens- u. Konfliktforschung, HSFK, 1970 gegr. wiss. Institut in Frankfurt a. M. zur Erforschung d. Ursachen, Lösung u. Regelung v. Konflikten.

Hestia, griech. Herdgöttin; lat. *Vesta.*

Hetären, „Gefährtinnen"; im alten Griechenl. (oft geistvolle) Buhlerinnen.

hetero- [gr.], als Vorsilbe: anders...

Heterochromosomen, svw. → Geschlechtschromosomen. Ggs.: Euchromosomen oder Autosomen.

heterogen, aus anderem Ursprung, artverschieden; Ggs.: → homogen.

Heterometabolie, unvollkommene Verwandlung, Insektenentwicklung, bei d. sich d. einzelnen Entwicklungsstadien weitgehend gleichen; → Holometabolie; → Metamorphose.

Heteronomie, w., Abhängigkeit v. fremden Gesetzen; Ggs.: *Autonomie.*

Heterosis, nicht vererbbare Üppigkeit b. Nachkommen einer Kreuzung, die in best. Merkmalen der (leistungs)stärkeren Elternteil übertreffen (→ luxurieren); charakteristisch ist, daß sie in d. 1. Generation maximal ausgeprägt ist.

heterozygot [gr.], *mischerbig,* Zellen *diploider* Organismen, bei denen einzelne od. alle *Gene* in ungleicher → *Allelen* vorhanden sind; Ggs.: → homozygot.

Hethiter, altorient. Volk; im 2. Jtd v. Chr. Großreich m. hoher Kultur i. Vorderasien; um 1200 v. Chr. untergegangen; Hptst. war *Hattusa;* Funde im Archäolog. Museum Ankara.

Hetman, im ehem. Kgr. Polen Heeresbefehlshaber, in der → Ukraine Bez. der Landesfürsten (Mazeppa u. a.); H. der Donkosaken hieß *Ataman.*

Hettstedt (D-06333), St. in S-A., 20 805 E; Kupferhütte, Walzw.

Heuberg, höchste Erhebung der Schwäbischen Alb, Kalkhochfläche bis 1015 m.

Heuberger, Richard (18. 6. 1850 bis 28. 10. 1914), östr. Komp.; Operette: *Der Opernball.*

Heuer, w., Lohn d. Schiffsmannschaft; **heuern,** *anheuern,* anwerben, bes. v. Matrosen; früher durch **H.baas** (gewerbsmäßiger Vermittler); dabei wird

Gemeiner Grashüpfer

Großes Heupferd

Theodor Heuss

Netzstieliger Hexenröhrling †, h.
Flockenstieliger Hexenröhrling †, v.

H.geld (Handgeld) gegeben, durch dessen Annahme Dienstvertrag zustande kommt.

Heuert, *m.,* altdeutsch f. Juli, *Heumonat.*

Heuervertrag, zw. Reeder u. Schiffsmann geschlossen u. durch d. → Seemannsamt überwacht, wo auch d. → *Anmusterung* (Feststellung der Heuer) erfolgt.

heureka [gr. „ich hab's gefunden"], angebl. Ausruf des Archimedes bei Entdeckung des Gesetzes vom Auftrieb.

Heuriger [„heuer = dieses Jahr"], Wein oder Most des letzten Jahrgangs.

Heuristik [gr.], die Kunst, durch hypothetische Voraussetzungen wiss. Erkenntnisse aufzufinden.

Heuscheuergebirge, Teil des Glatzer Berglandes; → Schlesien; höchste Erhebung: *Große Heuscheuer,* 919 m.

Heuschnupfen, Heufieber, eine → allergische Krankheit; Überempfindlichkeit gegen Pollen v. Gräsern u. windblüt. Bäumen; heftige Reizzustände der Nasenschleimhäute und Augenbindehäute, in schweren Fällen auch *Heuasthma.*

Heuschrecken, Geradflügler mit Sprungbeinen; *Feld-H.,* z. B. der harmlose *Grashüpfer,* aber auch *Wander-H.,* SO-Europa, Asien, Afrika, in riesigen Schwärmen Pflanzenwuchs zerstörend; *Laub-H.,* das grüne, langfühlerige Heupferd; *Grab-H.,* → Grillen; → Wandelndes Blatt.

Heusenstamm (D-63150), St. i. Kr. Offenbach, Hess., 18 553 E; Barockkirche.

Heusinger, Adolf (4. 8. 1897–30. 11. 1982), dt. General; 1957–61 Gen.inspekteur d. Bundeswehr, 1960–64 Vors. d. Ständigen Mil.ausschusses d. NATO.

Heuss, Theodor (31. 1. 1884–12. 12. 1963), dt. Pol.; 1924–28 u. 1930–33 MdR, erster Präs. (1949–59) d. BR, 1949 Vors. d. FDP; pol. u. histor. Schriftst.: *Friedrich Naumann; Robert Bosch; Dt. Gestalten.*

Hevea → Kautschuk.

Hevesy [-ʃi], Georg v. (1. 8. 1885–5. 7. 1966), ungar. Phys.; Forschungen zur Radioaktivität; Nobelpr. 1943.

Hewish [ˈhjuːʃ], Antony (* 11. 5. 1924), engl. Phys.; Radio-Astrophysik; Nobelpr. 1974 f. d. Entdeckung d. → Pulsare.

hexa- [gr.], als Vorsilbe: sechs...

hexadekadisch, Zählsystem mit Basis 16. Die Zahlen 11 bis 15 werden m. A bis F bezeichnet.

hexadezimal, ugs.: Bez. für (korrekter) hexadekadisch.

Hexaeder [„Sechsflächner"], regelmäß. Polyeder; → Würfel.

Hexagon, regelmäß. Sechseck.

hexagonales System → Kristalle.

Hexagramm, Sechsstern, aus 2 gleichseit. Dreiecken, Abzeichen d. Pythagoreer u. d. Judentums: Davidstern.

Hexameter, *m.* [gr.], sechsfüßiger griech. Vers; von Homer benutzt; von Goethe (*Hermann u. Dorothea*) im Dt. nachgestaltet.

Hexapräparate → Kontaktgifte.

Hexen, nach alter abergläub. Vorstellung Frauen, die im Bunde mit d. Teufel über gefährl. Zauberkräfte verfügen. *Hexenglaube,* bes. im MA verbreitet; erste *Hexenverbrennung* 1275 in Toulouse, *Hexenprozesse* bis ins 18. Jh. (noch 1782 in Glarus).

Hexenbesen, krankhafte, buschartige Wucherungen an Bäumen, verursacht durch einen Schmarotzerpilz.

Hexenei, die junge → Stinkmorchel.

Hexenhammer, 1489 v. Sprenger u. Institoris, Gerichtsbuch der Hexenprozesse.

Hexenmilch, milchähnl. Absonderung der Brustdrüsen neugeborener Kinder, harmlos.

Hexenpilz, Röhrling m. roter Hutunterseite, wird beim Anschneiden tintig blau (leicht zu verwechseln mit → Satanspilz).

Hexenringe, aus Hutpilzen gebildete Ringe, entstehen dadurch, daß d. Pilzmyzelien v. einem Punkt nach allen Seiten fortwachsen.

Hexenschuß, lat. *Lumbago,* plötzl. auftretender heftiger Muskelschmerz im Kreuz, oft durch Nervenquetschung od. Muskelrheumatismus.

Hexentanzplatz, bei Thale, Sachsen-Anhalt, Felsen üb. d. Bodetal, 451 müM, Bergtheater.

Hexode, Sechspol, → Elektronenröhre mit 6 → Elektroden (4 Gitter).

Hexosen → Kohlenhydrate.

Heydrich, Reinhard (7. 3. 1904–4. 6. 42), NS-Pol.; 1936–42 Leiter des Staatssicherheitsdienstes, seit 1941 stellvertr. Reichsprotektor von Böhmen u. Mähren; b. Attentat in Prag umgekommen; daraufhin Zerstörung von Lidice.

Heyerdahl, Thor (* 6. 10. 1914), norweg. Forschungsreisender; mehrere Versuche, seine Theorie von d. Besiedlung der Südsee und S-Amerikas zu belegen durch Pazifik-Floßfahrt: *Kon-Tiki* (1947) u. Atlantik-Überfahrt im Papyrusboot: *Ra* (1970).

Heym,
1) Georg (30. 10. 1887–16. 1. 1912), dt. frühexpressionist. Lyriker; *D. Dämonen d. Städte; D. Krieg;* Novellen.
2) Stefan (eig. Helmut Flieg) (* 10. 4. 1913), dt. Schriftsteller; war mit H. Habe Mitgründer u. Mitarb. einiger Nachkriegszeitungen. *Bitterer Lorbeer; Collin; Schwarzenberg.*

Heyrovský, Jaroslav (20. 12. 1890 bis 27. 3. 1967), tschech. Chemiker (Polarographie); Nobelpr. 1959.

Heyse, Paul von (15. 3. 1830–2. 4. 1914), dt. Schriftst.; „Falken"-Theorie d. Novelle; *L'Arrabiata;* Nobelpr. 1910.

Heyward [ˈheɪwəd], Du Bose (31. 8. 1885–16. 6. 1940), am. Schriftst.; Negerromane: *Porgy* (als Oper v. Gershwin: *Porgy and Bess.*

Hf, chem. Zeichen f. → Hafnium.

Hg, chem. Zeichen f. → Quecksilber (griech. *hydrargyrum*).

HGB, Abk. f. **H**andels**g**esetz**b**uch.

Hiatus, *m.* [l.],
1) med. Spalt.
2) Zus.treffen zweier Selbstlaute in aufeinanderfolgenden Silben (z. B. *sage ich*).
3) geolog. Schichtlücke.

Hiatushernie, Zwerchfellbruch mit Rückfluß v. Magensaft u. Entzündung der Speiseröhre.

Hibernation, svw. „Winterschlaf"-Therapie; durch künstl. Unterkühlung u. Medikamente; auch → Narkose.

Hibernia, lat. Name für Irland.

Hickory, nordam. Nußbaum m. hartem Holz.

Hicks, Sir John Richard (8. 4. 1904 bis 20. 5. 89), engl. Nat.ökonom.; (zus. m. K. J. Arrow) Nobelpr. 1974 (allg. Theorie d. ökonom. Gleichgewichts u. Wohlfahrtstheorie).
Hidalgo, *m.* [span. i'ðalɣo „Edler"], portugies. *Fidalgo,* Titel des iberischen niederen Adels.
Hiddenhausen (D-32120), Gem. i. Kr. Herford, NRW, 20 300 E; div. Ind.
Hiddensee, *Hiddensoe,* Insel westl. v. Rügen, 18,6 km², Seebad; Grabstätte Gerhart Hauptmanns.
Hieb, svw. Fällen v. Waldbäumen.
Hiebsart, Art d. → *Hiebes; Pflegehieb,* d. h. Fällung v. Bäumen z. Durchforstung etc.; *Erntehieb,* Fällen (Ernten) v. hiebsreifen Bäumen i. Form e. *Kahlhiebes* (→ Kahlschlag) od. e. *Femelhiebes,* d. h. Entnahme v. einzelnen Bäumen a. e. Bestand; → Forstwirtsch.
Hierarchie [gr. „heilige Herrschaft"], bei Dionysius Areopagita: die Spitzen der Geistlichkeit; auch übertragen im weltl. Bereich gebraucht.
Hieroglyphen [gr. „heilige Inschriften"], altägypt. Bilderschrift auf Denkmälern und Papyrusrollen, bis 3. Jh. n. Chr. üblich; erst 1822 z. T. entziffert durch Champollion (Stein von Rosette); auch d. Bilderschriften der Mexikaner u. Inder heißen H.
Hierokratie [gr.], Priesterherrschaft.
Hieron,
1) H. I., griech. Tyrann von Syrakus 478 bis 467 v. Chr.
2) H. II., Kg von Syrakus 269–215 v. Chr., unterstützte die Römer gegen Karthago.
Hieronymus (um 347 bis 420), Hlg. (Tag. 30. 9.), Kirchenvater; schrieb u. bearbeitete das Bibelübersetzung: Vulgata.
Hierro [i'ero], früher *Ferro,* kleinste u. westlichste d. Kanar. Inseln, 278 km², 7000 E; s. 1634 Ort e. Nullmeridians u. 1883 durch Greenwich ersetzt; Hptort *Valverde.*
hieven, *seem.* Lasten (Anker) aufwinden.
Hi-Fi ['haɪˈfi], abgek. v. engl. **h**igh **fi**delity, möglichst naturgetreue Tonwiedergabe i. d. → Elektroakustik; Hi-Fi-Geräte (→ Tuner, → Verstärker, → Plattenspieler, CD-Player, → Magnetbandgeräte, → elektroakust. Wandler) müssen n. DIN 45 500 bestimmte Werte (z. B. Übertragungsbereich, Verzerrungen usw.) einhalten.
Hifthorn, *Hief(t)horn,* Jagdhorn.
High Church, *w.* ['haɪ 'tʃəːtʃ], → Hochkirche.
Highland-Cattle [engl. 'haɪlənd ˌkætl], *Schottisches Hochlandrind,* anspruchslose, widerstandsfäh., wetterfeste, kleinrahm. Fleischrinderrasse a. Schottland u. v. d. Hebriden; H. sind langhaarig, braunschwarz od. fahlgelb m. langen geschwungenen Hörnern.
Highlands, *s.* [engl. 'haɪləndz], Hochland, bes. das schottische Hochland.
Highlife, *s.* [engl. 'haɪlaɪf], vornehme Welt.
Highlight [engl. 'haɪlaɪt], Glanzpunkt.
High-School, *w.* [engl. 'haɪskuːl], weiterführende allgemeinbildende Schule in d. USA, nach 8. Elementarschulklasse 4jährig bzw. nach 6. E.klasse 6jährig; führt zu → College.
Highsmith ['haɪsmɪθ], Patricia (19. 1. 1921–4. 2. 1995), am. Schriftst.in;

psych. Kriminalromane (mehrfach verfilmt), Kurzgeschichten u. Kinderbücher; *Nur d. Sonne war Zeuge; Ripley Underground; Ediths Tagebuch.*
High-Tech [engl. 'haɪtɛk], *m.* ausgefeilter, modernster Technologie; z. B. H.-Produkt, H.-Zentrum.
Highway, *m.* ['haɪweɪ], engl. Bez. f. Landstraße; i. d. USA: Autobahn.
Hilberseimer, Ludwig (14. 9. 1885 bis 6. 5. 1967), dt. Architekt u. Stadtplaner; als Lehrer (am Bauhaus; s. 1939 in Chicago) u. Publizist einflußr. f. d. Entwicklung d. Rationalismus.
Hilbert, David (23. 1. 1862–14. 2. 1943), dt. Math.; math. Logik u. Grundlagenforschung, math. Methoden der Physik; *Grundlagen der Geometrie.*
Hilchenbach (D-57271), St. i. Kr. Siegen-W., NRW, 16 162 E; reizklimat. Ferienort.
Hildburghausen (D-98646), Krst. südl. d. Thür. Waldes, 11 242 E; Schloß; 1684–1826 Residenz d. Hzge von Sachsen-H.
Hildebrand, Adolf v. (6. 10. 1847 bis 18. 1. 1921), dt. neuklass. Bildhauer; *Wittelsbacher Brunnen* (München); Porträts.
Hildebrandslied, ältestes Bruchstück einer dt. Heldensage (8. Jh.); in Stabreimversen.
Hildebrandt,
1) Dieter (* 23. 5. 1927), dt. Kabarettist, Schriftst. u. Schausp.; Mitbegr. d. „Münchener Lach- u. Schießgesellschaft" (1956–72 Mitgl.); satir. Fernsehserien (1972–79 *Notizen aus d. Provinz,* s. 1980 *Scheibenwischer).*
2) Johann Lukas v. (14. 11. 1668 bis 16. 11. 1745), östr. Hofarchitekt d. Barock; *Belvedere* (Wien).
Hildegard [ahdt. „Schützerin der Kämpfenden", w. Vn.
Hildegard v. Bingen, (um 1100 bis 17. 9. 79), dt. Heilige; verfaßte Gedichte u. myst. Lieder nach ihren Visionen.
Hilden (D-40721–24), St. i. Kr. Mettmann, NRW, 55 400 E; div. Ind.
Hildesheim (D-31134–41), Krst. i. Rgbz. Hannover, Nds., 106 500 E; roman. Kirche St. Michael, Dom m. 1000jähr. Rosenstock u. Bernwardin. Bronzetüren (s. 1985 Weltkulturerbe); Fachwerkhäuser; kath. Bischofssitz, LG; IHK; Wiss. HS; Metallverarbeitung, Gummi-, Textil-, chem., feinmechan. Ind. (Bosch, Blaupunkt). – Gründung 815 (Bistum; Blüte u. Bernward, 993 bis 1022); 1868 Fund röm. Tafelsilbers.
Hildesheimer, Wolfgang (9. 12. 1916–21. 8. 91), dt. Dichter; Romane: *Tynset;* Biographie: *Mozart; Marbot.* Hörspiele, Dramen.
Hilfsgüterabwürfe, Anfang 1993 v. d. USA eingeleitete humanitäre Aktion (Luftbrücke) im Balkankonflikt notleidende Zivilbev. in Ostbosnien mit dt. u. frz. Beteiligung; Abwurf v. Nahrungsmitteln u. Medikamenten.
Hilfskreuzer, f. Kriegszwecke bewaffnetes Fracht- od. Passagierschiff.
Hilfsschulen, früher Schulen f. Lernbehinderte; heute → Sonderschulen.
Hilfswerk der EKD → Evangelisches Hilfswerk.
Hillary ['hɪlərɪ], Sir Edmund (* 20. 7. 1919), neuseel. Offizier u. Bergsteiger; bezwang 1953 d. Mt. Everest; erreichte 1958 d. Südpol auf Landweg.

Hieronymus, *Gemälde von Caravaggio*

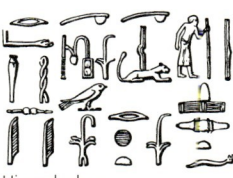

Hieroglyphen

Hildesheim, *St. Michael*

Hille, Peter (11. 9. 1854–7. 5. 1904), dt. Boheme-Schriftsteller.
Hilleh, *Hilla,* Prov.hptst. im Irak, am Euphrat, 215 000 E; Wolle- u. Gewebehandel; in d. Nähe Ruinen Babylons.
Hiller,
1) Johann Adam (25. 12. 1728 bis 16. 6. 1804), dt. Singspielkomp. u. Musikschriftsteller.
2) Wilfried (* 15. 3. 1941), dt. Komponist, Schüler v. Carl Orff; Opern; Orchesterwerke.
Hillery ['hɪlərɪ], John Patrick (* 2. 5. 1923), ir. Pol.; 1969–72 Außenmin., 1973–76 Vizepräs. der EG-Kommission, 1976–90 Staatspräs.
Hilleström, Per (18. 11. 1732–13. 8. 1816), Gobelinweber u. als Maler schwed. Hptmeister d. bürgerl. Genrebildes; schlichte Sachlichk. m. realist. Stilelementen; *Die Modistin; Gustav III. besucht 1788 die Grube zu Falun.*
Hilliard ['hɪljəd], Nicholas (um 1547 bis begr. 7. 1. 1619), engl. Goldschmied, Siegelschneider u. (Porträt-)Maler d. Spätmanierismus; erster engl. Hofminiaturist z. Zt. Elisabeths I. u. Jakobs I.
Hilmend, *Helmand,* Hptstrom in Afghanistan, 1100 km lang, fließt vom Kuh-i-Baba in den Hamun-i-Hilmend.
Hilpert,
1) Carl (12. 9. 1888–1. 2. 1947), dt. Gen.oberst, zuletzt ab 10. 3. 45 Oberbefehlsh. d. Heeresgruppe Kurland.
2) Heinz (1. 3. 1890–25. 11. 1967), dt. Theaterregisseur u. Intendant in Berlin u. Göttingen.
Hilpoltstein (D-91161), St. i. Kr. Roth, in Mittelfranken, Bay., 11 033 E; AG; div. Ind.
Hils, waldreicher Höhenzug des Weserberglandes, nw. v. Einbeck, 477 m hoch.
Hiltrup, s. 1975 zu → Münster.
Hilus [l.], Ein- u. Austrittsstelle der Gefäße A. B. an Leber, Milz, Nieren u. Lunge: *Lungenwurzel,* die gr. Stämme d. Luftröhre, Lungenarterien u. -venen, dazw. die Lymphknoten, **H.drüsen.**
Hilversum, ndl. St. in d. Prov. N-Holland, 85 000 E; Rundfunk- u. Fernsehsender.
Himachal Pradesh, ind. Bundesstaat im westl. Himalaja; 1948 gebildet aus 24 Staaten m. reiner Hindubev., 55 673 km², 5,1 Mill. E; Hptst. *Simla.*
Himalaja [sanskr. „Stätte des Schnees"], höchstes Gebirge d. Erde, tertiäres Falten- u. Kettengebirge zw. Tibet

u. Indien u. zw. d. Indus u. Brahmaputra, 2500 km l. u. 220 km breit; Kammhöhe 5500 m; Gipfel über 8000 m, unter a. *Mount Everest (Qomolangma)* 8846 m, *Kangchenjunga* 8586 m, *Makalu* 8463 m, *Dhaulagiri* 8167 m, *Nanga Parbat* 8126 m, *Annapurna* 8091 m; Schneegrenze im S 4500–4900 m, im N 5400–5800 m; Pässe über 5000 m. Erstbesteigungen: → Mount Everest, → Nanga Parbat. Klimascheide zw. dem trockenen, vegetationsarmen N u. d. regenreichen S mit trop. Vegetation (bis 1300 m), Nadelwäldern (b. 3500 m), Alpenmatten (b. 5000 m); W-H. wesentl. trockener als O-H.; Bevölkerung mongoliden (Tibeter) u. europiden (indiden) Ursprungs.

Himation, *s.,* altgriech. Mantel, über dem → Chiton getragen.

Himbeere, Rosengewächs, Beerenstrauch der Wälder; rote Sammelfrüchte, Gartenobst.

Himeji [-dʒi], jap. St. im S. v. Hondo, 460 000 E; Ind.zentrum.

Himera, altgriech. sizilian. St.; 480 v. Chr. Sieg Gelons über die Karthager, 408 v. Chr. zerstört.

Himmel, die scheinbar hohe Halbkugel über der Erde mit dem Beschauer als Mittelpunkt.

Himmelfahrt, *Gemälde v. Rembrandt*

Himbeere

Himmelfahrt, i. vielen Rel. geltende Vorstellung v. e. Himmelfahrt d. Seele d. Verstorbenen od. d. gesamten Menschen i. d. Himmel als göttl. Wohnstätte; z. B. H. d. Elias, Christi, Mariens.

Himmelfahrt Christi, im N.T.; wird 40 Tage nach Ostern gefeiert.

Himmelsäquator, *Himmelsgleicher,* derjenige Großkreis der Himmelskugel, der von d. beiden Polen überall 90° absteht.

Himmelsfestung → B-52-Bomber.

Himmelsgötter, d. i. Himmel herrschenden Gottheiten: z. B. ägypt. Nut, griech. Zeus, german. Wodan, jap. Amaterasu.

Himmelskunde, *Astronomie, Sternkunde,* Wissenschaft v. Wesen d. Himmelskörper u. vom Bau des Weltalls: *Klass. Astronomie* (Himmelsmechanik, Bahnbestimmung, Sphärische Astronomie) erklärt mechanisch u. geometrisch die Bewegung d. Gestirne. *Astrophysik* beschäftigt sich theoretisch u. praktisch mit Aufbau, Entstehung u. Entwicklung d. Sterne u. → Sternsysteme; wichtiger Zweig die *Sonnenphysik. Praktische Astronomie* mißt Sternörter, Eigenbewegungen, Parallaxen od. bestimmt Helligkeiten (Photometrie), Spektren, Temperaturen, Dichten d. Sterne. *Radioastronomie* beobachtet die radiofrequente Strahlung aus dem Weltall u. deutet sie physikalisch. Hauptinstrumente: Linsenfernrohre (Refraktoren), Spiegelfernrohre (Reflektoren), Meridian- u. Vertikalkreise (Zeit- u. Ortsbestimmung), Astrographen (Himmelsphotographie), Photometer (Helligkeitsmessung), Radioteleskope (parabol. u. Stabantennen u. deren Kombination zu Radiointerferometern). Wichtige Beobachtungsmethoden: Astrometrie, Photometrie, Spektralphotometrie, Photographie. Der Forschung dienen: Sternwarten, astrophys. Observatorien, Sonnenobservatorien, Radiostationen, Raumsonden, Recheninstitute. Beste Beobachtungsbedingungen: weit abseits großer Städte, auf Bergen u. in Erdgebieten mit geringen Klimaschwankungen (Südafrika, Kalifornien, Australien). H. von großer Bedeutung f. die Navigation auf See u. in der Luft. – H. ist eine der ältesten Wiss.; Chinesen, Assyrer, Babylonier, Ägypter sollen schon 2000 v. Chr. Sonnen- u. Mondfinsternisse berechnet haben; → Saroszyklus. Alte Kultbauten versch. Völker deuten auf sehr frühe astronom. Kenntnisse hin. Die Griechen kannten um 400 v. Chr. die verschlungene Bahn d. Planeten u. ihre Umlaufzeiten. Eratosthenes bestimmte um 200 v. Chr. als erster den ungefähren Umfang d. Erde; auch → Hipparch. Hohe Blüte bei den Arabern im 9. u. 10. Jh. n. Chr.: viele astronom. Bez.en aus d. Arabischen (z. B. Azimut, Alhidade, Nadir, Zenit). Im Abendland H. erst wieder ab 1200 n. Chr.; neue Blütezeit ab 15. Jh.: Copernicus; Tycho Brahe; Kepler; Newton; Erfindung d. Fernrohrs. 19. Jh. Erfolge in d. Himmelsmechanik, 20. Jh. Erforschung d. Milchstraßensystems u. d. Welt d. Spiralnebel; weitere Fortschritte durch enge Verbindung mit d. Atomphysik. → Radioastronomie, Raumsonden (→ Weltraumforschung, → Satellit). → Tafeln Himmelskunde u. Sternhimmel; → Sterne.

Himmelsschlüssel → Primel.

Himmler, Heinrich (7. 10. 1900–23. 5. 45), NS-Pol.; 1929 Reichsführer d. SS, 1936 Chef d. gesamten Polizei, 1943 Reichsinnenminister; Organisator der Judenvernichtung; Selbstmord.

Hinault [i'no], Bernard (* 15. 11. 1954), frz. Radrennfahrer; 5facher Sieger der Tour de France (1978, 79, 81, 82 u. 85), Giro d'Italia-Sieger 1980, 82 u. 85 u. der Spanien-Rundfahrt (1978 u. 83), Straßen-WM 1980.

Hinayana [sanskr. „kleines Fahrzeug"], strenge Richtung d. Buddhismus (Sri Lanka u.).

Hindemith, Paul (16. 11. 1895–28. 12. 1963), dt. Komp.; schuf in Abkehr v. herkömml. Harmoniegesetzen Werke von großem Einfallsreichtum; Klavierstücke; Kammermusik; Lieder; Ballette; Orchesterwerke; Opern: *Cardillac; Mathis der Maler;* Tanz-Legende: *Nobi-*

Paul Hindemith

Paul v. Hindenburg

Kaiser Hirohito

lissima Visione; Lehrbuch: *Unterweisung im Tonsatz.*

Hindenburg, Paul von Beneckendorff u. von (2. 10. 1847–2. 8. 1934), dt. Gen.-Feldm.; 1914 Oberbefehlshaber d. 8. Armee in Ostpr.; Siege bei Tannenberg, an d. Masurischen Seen. 1915 Oberbefehlshaber Ost; 1916–19 Chef d. Generalstabs d. Feldheeres; 1925–34 Reichspräsident.

Hindenburg, *Zabrze,* poln. St. in Oberschlesien, 203 000 E; Steinkohlengruben, Eisenhütte, chem. Ind.; bis 1945 dt.

Hindenburgdamm, Bahndamm durch das Wattenmeer zw. W-Küste von Schleswig-Holstein und Nordseeinsel Sylt, 11 km lang, eingleisig; erbaut 1923–27.

Hindernislauf, Wettlauf über künstl. Hindernisse (je Runde 3 Hürden u. 1 Hürde m. Wassergraben) auf der Bahn, 3000 m.

Hindernisrennen, engl. *steeple chase,* Pferderennen, *Hürdenrennen, Jagdrennen* über Hürden, Hecken, Wälle, Gräben, bis zu 7500 m l; Ggs.: → Flachrennen.

Hindi, *s.,* Sprache in Indien (→ Sprachen, Übers.); in Indien offizielle Landessprache.

Hindin, *Hinde,* Hirschkuh.

Hindostan, *Hindustan,* nordind. Tiefebene zw. Indus, Ganges u. Brahmaputra, 2,1 Mill. km².

Hindostani, *s.,* Sprache in Indien (→ Sprachen, Übers.).

Hinduismus, ind. Religion, → Brahmanismus; Hptgötter: *Wischnu* (Vishnu) u. *Schiwa* (Shiva), mit *Brahma* in Dreieinigkeit verbunden; keine allg. verbindl. Dogmatik, verbindl. nur Zugehörigkeit zu e. best. Kaste, Seelenwanderung, → Karma als Weltgrundgesetz; reiche Tempelarchitektur; ca. 733 Mill. Anhänger, Hindus.

Hindukusch, Kettengebirge sw. d. Pamir, teilw. vergletschert; *Tiritsch-Mir* 7699 m.

Hinshelwood ['hɪnʃlwʊd], Sir Cyril Norman (19. 6. 1897–9. 10. 1967), engl. Chem.; Thermodynamik u. Kinetik der Moleküle; Nobelpr. 1956.

Hintergrundkarton, papierartige Rollen v. farb. Karton; wird im Fotostudio verwendet, um gleichmäßigen Hintergrund z. B. bei Personenaufnahmen zu erhalten.

Hintergrundstrahlung → kosmische Hintergrundstrahlung.

Hinterhand, Hinterkörper u. -beine des Pferdes.

Hinterindien, südasiat. Halbinsel zw. d. Golf v. Bengalen, d. Golf v. Siam u. d. Südchin. Meer mit dem Golf von Tongking; 2 Mill. km²; in N–S-Richtung verlaufende Gebirgszüge, dicht bewaldet: Teakholz; Hptströme: *Irawadi, Saluen, Menam, Mekong;* trop. Monsunklima, Stromtäler u. Küstengebiete sehr fruchtbar; wichtigstes Reisausfuhrgeb. der Erde, Kautschuk, Tee, Baumwolle, Zinn, Wolfram, Erdöl. – *Pol.:* Thailand, Myanmar (Birma), Malaysia, Singapur, Laos, Kambodscha, Vietnam.

Hinterlader, über eine hintere Lauf- oder Rohröffnung zu ladende Feuerwaffe, bereits im 15. u. 16. Jh. entwickelt.

Hinterlegung von Geld, Wertpapieren, Urkunden od. Kostbarkeiten durch

Hintersassen Schuldner b. H.sstellen des Amtsgerichts im Falle v. Ungewißheit über Person d. Gläubigers od. d. → Gläubigerverzugs; Rücknahmeverzicht tilgt die Schuld (§§ 372 ff. BGB).

Hintersassen, Ansiedler ohne Recht an die → Allmende; auch v. Grundherren abhängige Bauern.

Hintze, Peter (* 25. 4. 1950), ev. Theologe u. CDU-Pol., s. 1992 CDU-Generalsekretär.

Hiob, *Job,* ökumen. *Ijob;* **Buch Hiob:** Schrift im A.T..

Hip Hop, am. Tanzmusikstil aus New York; neu rhythmisierte, m. Klangelementen kombinierte → Rap-, Soultitel.

Hipparch|os,
1) griech. Astronom (um 190–125 v. Chr.), versuchte Mondentfernung zu bestimmen u. Mondfinsternisse z. geograph. Längenbestimmung zu verwenden; legte ersten Fixsternkatalog an; gilt als Entdecker d. → Präzession.
2) Tyrann von Athen, 514 v. Chr. v. d. „Tyrannenmördern" Harmodios u. Aristogeiton getötet, sein Bruder **Hippias** vertrieben.

Hippies, unbürgerl. lebende Jugendliche der späten 60er Jahre, d. sich bunt kleideten („Blumenkinder") u. als aggressionsfrei galten; bes. i. d. USA.

Hippodamos von Milet (* um 510 vor Chr.), berühmtester Städtebauer d. Altertums; Pläne u. a. f. Piräus u. d. Wiederaufbau v. Milet u. Thurioi/Sybaris. Nach ihm ben., aber schon vor ihm entwickelt d. *hippodamische System* d. regelmäß. Stadtplans aus sich rechtwinkl. kreuzenden Straßen zw. etwa gleichförm. Baublöcken.

Hippodrom, *m.* od. *s.* [gr.], Bahn f. Pferde- u. Wagenrennen; Turnierreitbahn.

Hippokrates (460–377 v. Chr.), griech. Arzt, Begr. der klass. Medizin; *Eid des H.,* noch heute gültiges sittl. Grundgesetz des Arztberufes.

hippokratisches Gesicht, Antlitz des Sterbenden.

Hirn → Gehirn.

Hirnanhangsdrüse → Hypophyse.

Hirnforschung, MPI f., in Frankfurt/M.

Hirnschlag → Apoplexie.

Hirohito, Michi no Miya (29. 4. 1901 bis 7. 1. 89), s. 1921 Regent, s. 1926 Kaiser (Tenno) von Japan.

Hiroshige [-ʃi-], Andō (1797–12. 10. 1858), jap. Maler u. Holzschneider; Landschaften.

Hiroshima, jap. Hafenst. auf S-Honshu, 1,09 Mill. E; 6. 8. 1945 Abwurf der ersten Atombombe durch US-Luftstreitkräfte (St. zu 60% zerstört, über 200 000 Tote; 63 000 Verletzte von 344 000 E); Weltfriedenskirche.

Hirsau, ehem. Gem., s. 1975 → Calw, Luftkurort im nördl. Schwarzwald, Ba-Wü., Klosterruine (11. Jh.). Zerstörung 1692 durch d. Franzosen.

Hirsauer Reform, von Hirsau ausgehende kirchl. Reformbewegung d. 11. Jh. nach d. Vorbild v. Cluny.

Hirschberg (Riesengebirge), *Jelenia Góra,* poln. St. am Zus.fluß v. Zacken u. Bober, 92 000 E.

Hirsch-Dunckersche Gewerkvereine, 1868 v. M. Hirsch u. F. Duncker gegr. Gewerkschaftsorg., orientiert am Linksliberalismus.

Himmelskunde

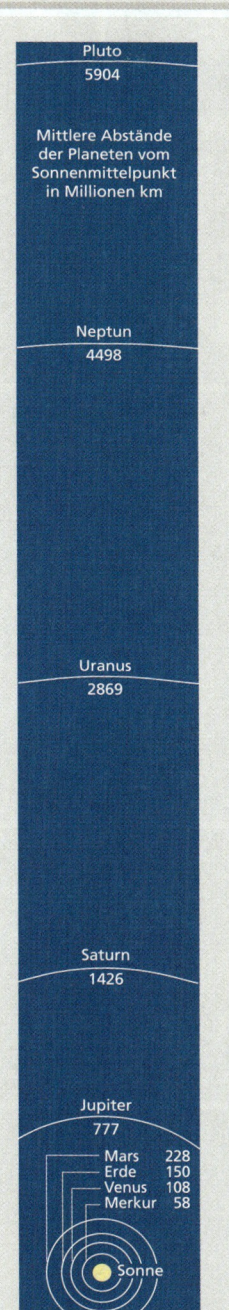

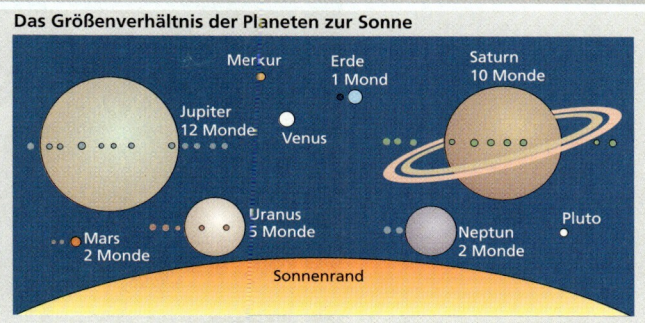

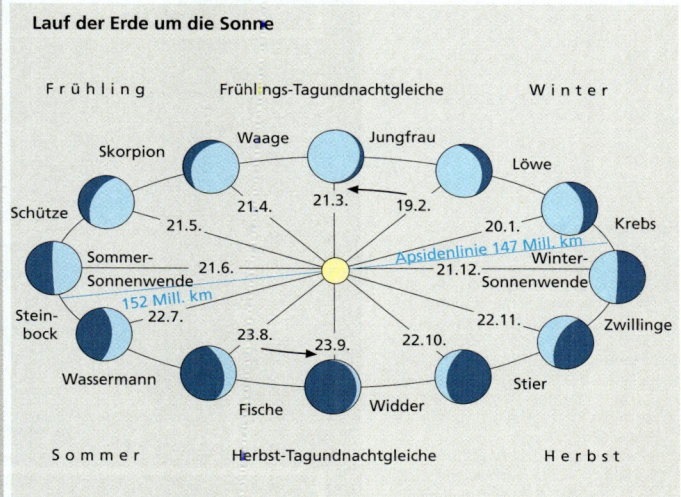

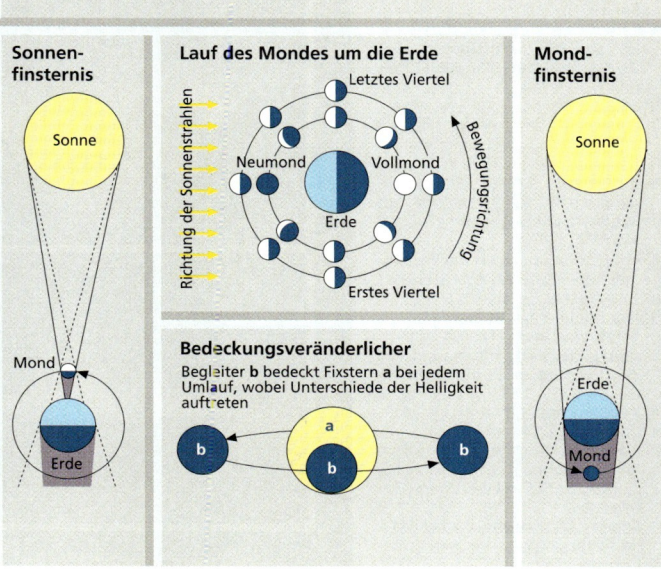

Himmelskunde
1 Erde, aufgenommen von Apollo 11 (Juli 1969)
2 Mond, mineralogische Themenkarte der westlichen lunaren Hemisphäre, aufgenommen von Galileo (Dezember 1990); blau: titanreiche Basalte, grün und gelb: eisen- und magnesiumreiche Basalte, rot: lunare Formationen, die arm an Titan, Eisen und Magnesium sind
3 Sonne mit Protuberanz im ultravioletten Licht ionisierten Heliums, Skylab-Aufnahme (Dezember 1973)
4 Saturn mit Ringsystem, Falschfarbenaufnahme, aufgenommen v. Voyager II aus 4,3 Mill. km Entfernung (1981)
5 Mars, aufgenommen von Viking Orbiter 1 (1980); in der Mitte ist das Vallé Marineris zu sehen mit seiner Länge von 3000 km
6 Jupiter mit „Rotem Fleck", aufgenommen von Voyager I aus 32,7 Mill. km Entfernung (Februar 1979)
7 Venus, Radarmosaik, aufgenommen von Magellan (Mai 1993)
8 Galaktisches Zentrum
9 Jagdhunde-Galaxie M 51
10 Sombrero-Galaxie M 104
11 Kompakte Kugelsternhaufen im Zentrum der großen elliptischen Galaxie NGC 1275; Aufnahme d. Hubble-Weltraumteleskops (Januar 1992)
12 Planetarischer Nebel mit extrem heißem Zentralstern NGC 2440, Aufnahme des Hubble-Weltraumteleskops
13 Supernova-Überrest Tycho, ROSAT-Aufnahme
14 Komet Halley

Hirsche, wiederkäuende Paarzeher, Männchen fast stets mit → Geweih: **a)** *Edel-H. (Rotwild);* Europa u. Asien; Weibchen: Schmaltier, später Alttier, Tier, Hindin, Hirschkuh; Junges: Kalb; Brunft September, Okt., erbitterte Kämpfe d. männl. H.; **b)** *Wapiti,* größer; **c)** *Axis-H.,* O-Indien u. **d)** *Weißwedel-H.,* N-Amerika; auch → Damhirsch, Elch, Moschustier, Reh, Rentier, Sika.
Hirscheber, Wildschwein d. Molukken; hochbeinig mit krummem Rücken; obere gekrümmte Eckzähne durchbohren Oberlippe; fast nackt.
Hirschfänger, Seitenwaffe d. Jäger.
Hirschhorn/Neckar (D-69434), Kleinst. i. S-Hessen, 400 E; maler. Stadtbild (Fachwerk).
Hirschhornsalz, *Ammoniumhydrogencarbonat,* als Treibmittel beim Backen von Lebkuchen.
Hirschkäfer, ●, eur. Blatthornkäfer, bis 8 cm lang, Männchen mit geweihähnl. Oberkiefer; lebt an Eichen, leckt ausfließenden Baumsaft; Larve in deren Holz.
Hirschsprungsche Krankheit, *Megacolon congenitum,* angeborene Dickdarmerweiterung, meist Operation erforderlich.
Hirschtrüffel, Schlauchpilz auf Kiefernwurzeln, ungenießbar.
Hirschvogel, dt. Künstlerfamilie d. Spätgotik u. Renaiss. in Nürnberg;
1) Veit (1461–1525), Glasmaler;
2) Augustin (1503–53), (Glas-)Maler u. Kupferstecher.
Hirse, versch. Gräser; darunter Getreide: **a)** *Rispen-H.,* O-Asien, auch in Europa angebaut, meist als Brei genossen; **b)** *Kolben-H.,* in S-Eur. **c)** in S-Eur., Australien u. Afrika die sehr hohe *Mohren-H.* (od. *Sorgho-H., Dara, Durrha*); **d)** *Neger-H.* in Afrika.
Hirsutismus, männliche Behaarung b. Frauen, hormonelle Störungen als Ursache.
Hirtenbrief, Sendschreiben kath. Bischöfe an Klerus oder Gemeinden.
Hirtentäschelkraut, Kreuzblütler; Unkraut mit taschenähnl. Schötchen, blutstillend.
Hirth,
1) Hellmuth (24. 4. 1886–1. 7. 1938), dt. Flugpionier u. Flugmotorenkonstrukteur; gründete 1931 d. H.-Motoren GmbH in Stuttgart; s. Bruder
2) Kurt Eberhard Wolfram (28. 2. 1900 bis 25. 7. 59), dt. Segelflieger; entdeckte d. Ausnutzbarkeit d. → Thermik f. d. Segelflug.
Hirudin, im Blutegel vorkommener Eiweißstoff, der die Blutgerinnung hemmt.
Hisbollah [arab. „Partei Gottes"], radikale schiitische Partei u. vom Iran unterstützte paramil. Fundamentalisten. Ist seit 1975 am Libanon-Konflikt beteiligt; fordert u. a. die Zerstörung d. israelischen Staates.
Hispaniola [is-], span. Bez. f. → Haiti.
Hissarlik, Hügel über dem alten Troja.
Histamin, ein → Gewebshormon, bewirkt Erweiterung d. Blutgefäße, Kopfschmerz, Jucken, Bronchialkrampf (Asthma) u. a., allergische Beschwerden; medikamentöse Linderung mit *Antihistaminika.* H. bewirkt außerdem die Absonderung v. Magensäure; deswegen bei Magengeschwür o. ä.

Rothirschkuh

Rothirsch

Hirschkäfer

Behandlung mit *Histamin-2-Antagonisten.*
Histochemie, Chemie d. Gewebsstrukturen v. Organismen.
Histologie [gr.], Gewebelehre, Wissenschaft vom mikroskop. Bau d. Körpergewebe.
Histomat, svw. Historischer → Materialismus (→ Marx und → Sozialismus, Übers.).
Histopathologie, Lehre v. d. krankhaften mikroskop. Veränderungen. Das *histologische Präparat* (nach → Biopsie) dient zur Erkennung v. Krankheiten.
Historie [l.], Geschichte.
Historiker, Geschichtsforscher.
Historiograph, Geschichtsschreiber.
historisch, geschichtlich.
Historismus,
1) in d. *Kunstgeschichte* Bez. f. d. selbst stilbildenden Rückgriff auf versch. histor. Stile, hpts. zw. 1830 u. 1910; Wahl d. jeweiligen Stils unter nationalen u. (bes. in d. *Architektur*) funktionalen Aspekten. In d. *Plastik* hpts. Neugotik u. Neubarock (Bauschmuck, Denkmäler); in d. *Malerei* Erneuerungsbestrebungen d. dt. Nazarener u. engl. Präraffäeliten; neubarocke Historien- u. Salonmalerei. Sonderform d. H.: *Eklektizismus;* Addierung mehrerer Stilarten b. e. Objekt.
2) Betrachtung der Ereignisse v. Standpunkt d. geschichtl. Entwicklung aus, unter Verzicht auf Werturteile.
Histrionen, Schauspieler (im alten Rom).
Hit, *m.* [engl. „Schlag"], Treffer, Erfolg, bes. bei Schlagern.
Hitachi [-tʃi], jap. St. i. O v. Hondo, 220 000 E; Erzind., Fabriken d. *H. Ltd.,* jap. Elektro-, Maschinenbau-Konzern i. Tokio.
Hitchcock [ˈhɪtʃkɔk], Alfred (13. 8. 1899–29. 4. 1980), engl. Filmregisseur; Psychothrillers: *Rebecca* (1940); *Notorious* (1946); *Vertigo* (1958); *Psycho* (1960); *The Birds* (1963).
hitchhiken [engl. ˈhɪtʃhaɪk-], als Anhalter fahren.
Hitler, Adolf (20. 4. 1889–30. 4. 1945), NS-Diktator, seit 1921 Führer der NSDAP; 1923 Putschversuch in München; 30. 1. 1933 Reichskanzler; Auflösung der Parteien (→ Ermächtigungsgesetz); 1934 Unterdrückung der → „Röhm-Revolte"; 1934 „Führer und Reichskanzler"; Gleichschaltung des gesamten pol., wirtsch. u. kulturellen Lebens im „totalitären Führerstaat", rücksichtsloser Terror, → Konzentrationslager, Rassengesetze (→ Nürnberger Gesetze), Juden- u. Kirchenverfolgung. 1935 „Oberster Befehlshaber d. Wehrmacht"; nationalist. und imperialist. Außenpol.; nach dem Rückschlag im Angriffskrieg gg. d. UdSSR im Winter 1941 „Oberbefehlshaber des Heeres". Die wachsende Opposition gg. ihn führte zum Staatsstreich v. → zwanzigsten Juli 1944; sinnloses Weiterkämpfen b. z. Zus.bruch aller Fronten. – H. trägt d. Hptverantwortung für Vernichtung d. Juden, Zwangsverschleppungen und Mißhandlungen fremder Völker i. d. besetzten Gebieten, Ausblutung d. dt. Volkes u. d. Untergang des Reiches; Selbstmord.
Hitler-Jugend, *HJ,* 1926 gegr. NS-Jugendorganisation, s. 1939 Pflichtorganisation zur totalen „Ausrichtung" der Ju-

gend bis zum bewaffneten Einsatz im Krieg s. 1944.
Hitler-Putsch, gescheiterter Versuch v. Hitler u. Ludendorff am 8./9. Nov. 1923 in München (u. anschließend in Berlin) die Macht zu ergreifen.
Hitler-Stalin-Pakt, *Deutsch-Sowjetischer Nichtangriffspakt,* am 23. 8. 1939 in Moskau unterzeichnet. Zusicherung d. wechselseit. Neutralität bei Angriff auf Dritte u. Aufteilung d. poln. u. d. baltischen Staaten in dt. bzw. sowjet. Interessensphären.
Hittorf,
1) Jakob Ignaz (20. 8. 1792–25. 3. 1867), dt. Archäologe u. (zeitw. Hof-) Architekt hpts. in Paris; entdeckte die Polychromie d. griech. Tempel; verband historist. Stilelemente m. neuen Konstruktionsformen u. Baumaterialien; Ausgestaltung d. *Champs-Elysées,* Bau d. *Gare du Nord* (Paris).
2) Johann Wilhelm (27. 3. 1824 bis 28. 11.1914), dt. Phys.; Forschungen über Elektrochemie u. Kathodenstrahlen.
Hittorfsche Röhre, svw. → Crookessche Röhre.
Hitzebarriere, *Hitzemauer,* beim Hochgeschwindigkeitsflug infolge Reibung d. Luftmoleküle gefährl. stark ansteigende Erwärmung der Außenhaut des Flugzeugs (bei 3facher Schallgeschwindigkeit ca. 300 °C); Gegenmaßnahmen: Kühlung u. ideal glatte, hitzebeständige, isolierende Werkstoffe; Grenze je nach Luftdichte u. Flughöhe stark schwankend.
Hitzeschild, Schutzschicht aus Keramikstoffen (z. B. Teflon) od. Kunstharz (z. B. Nylon u. Phenolharze), die in Atmosphäre wiedereintretende Raumfahrzeuge durch Ablationskühlung vor Verglühen schützt.
Hitzschlag, bewußtloses Zus.fallen, Krämpfe u. a. bei erhöhter Körpertemperatur infolge Wärmestauung.
HIV, Abk. f. **H**uman **I**mmunodeficiency **V**irus, d. Erreger v. → AIDS; befällt d. Abwehrsystem d. Körpers u. macht ihn schutzlos gegenüber Infektionen u. bestimmten Tumorarten. **HIV-Test** (richtiger: Anti-HIV-Test), stellt Antikörper gegen HIV fest, dient zur Erkennung einer HIV-Infektion, frühestens einige Wochen nach Ansteckung positiv.
Hłasko [ˈxŭasko], Marek (14. 1. 1934 bis 14. 6. 69), poln. Schriftsteller; *D. achte Tag d. Woche.*
HLA-System [engl.], Abk. f. **h**uman **l**eucocyte **a**ntigens, Gewebsmerkmale, wichtig für → Transplantation; Häufung best. HLA-Typen bei best. Krankheiten, z. B. HLA-B27 bei → Bechterewscher Krankheit.
H. M., engl. Abk. f. **H**is (Her) **M**ajesty, Seine (Ihre) Majestät.
H-Milch, ultrahocherhitzte Milch (→ Uperisation).
HNO, Hals-Nasen-Ohren(-Krankheiten).
Ho, chem. Zeichen f. → Holmium.
Hoatzin → Schopfhuhn.
Hobart [ˈhoʊbɑːt], Hptst. von Tasmanien, 180 000 E; Uni.; Ind.; Seehafen.
Hobbema, Meindert (1638–7. 12. 1709), ndl. Maler; Vorbild für d. engl. Landschaftsmalerei d. 18. u. 19. Jh.
Hobbes [hɔbz], Thomas (5. 4. 1588 bis 4. 12. 1679), engl. Phil., math.-mecha-

nist. Naturauffassung; wirkte bes. durch seine Staatstheorie; *Leviathan*.
Hobby, *s.* [engl.], Steckenpferd, Liebhaberei.
Hobel, Werkzeug des Tischlers mit auswechselbarer Stahlschneide zum Glätten von Holz durch Abnahme von Spänen.
Hobelmaschinen, zur Holzbearbeitung mit rotierenden Schneiden; zur Metallbearbeitung mit hin- und hergehenden Hobelstählen.
Hoboe, svw. → Oboe.
Hoboist, Militärmusiker, Bläser d. → Oboe.
Hoboken,
1) St. in der belg. Prov. Antwerpen, 34 000 E.
2) St. im US-Staat New Jersey, am Hudson, gegenüber New York, 33 000 E.
Höch, Hannah (1. 11. 1889–31. 5. 1978), dt. Künstlerin; Collagen u. → Fotomontagen; Mitgl. d. Berliner *Dada*-Gruppe.
Hochamt, die feierl. Form der kath. → Messe.
Hochätzung, Ätzung v. Hochdruckplatten, so daß Zeichnung erhaben erscheint.
Hochbahn, Stadtschnellbahn, die auf brückenähnl. Bauten üb. d. Straßenniveau fährt.
Hochdahl, s. 1976 zu → Erkrath.
Hochdeutsch → deutsche Mundarten.
Hochdruckdampfmaschine, arbeitet mit hohem Druck bis über 100 bar, bei Dampfüberhitzung über 300 °C.
Hochdruckgebiet, *meteorolog.* ein Gebiet, das ein barometr. Maximum umgibt, geschlossene → Isobaren, Luftströmung auf d. nördl. Halbkugel im Uhrzeigersinn; Gebiet m. höchstem Luftdruck heißt *Kern* d. H.es; Wetter in sommerl. H. heiter u. warm, in winterl. H. in Niederungen neblig-kalt, auf d. Höhen mild u. sonnig; bisher höchster auf d. Erde gemessener Luftdruck 1083,8 mb am 31. 12. 1968 am Agatasee in Sibirien.
Höcherl, Hermann (31. 3. 1912–18. 5. 89), CSU-Pol.; 1957–61 Fraktionsvors. d. CSU, 1961–65 B.innenmin., 1965–69 B.ernährungsmin.
Hochfinanz, frz. *haute finance,* die ersten Bankhäuser, Geldleute, die auf Geld u. Kapitalangelegenheiten entscheidenden Einfluß ausüben.
Hochfrequenz, im allg. Sprachgebrauch alle → Frequenzen über 20 kHz; → Höchstfrequenz.
Hochfrequenzbehandlung, von dem frz. Arzt *d'Arsonval* 1892 eingeführte Behandlung mit → Teslaströmen.
Hochfrequenzfeld, entsteht um jeden v. Hochfrequenzströmen durchflossenen Leiter (z. B. Strahlungsfeld e. Antenne).
Hochfrequenzheizung, *induktiv:* große Spule, v. starkem, hochfrequentem Wechselstrom durchflossen, erzeugt starkes Hochfrequenz-Magnetwechselfeld; in diesem Feld werden in Metallkörpern starke → Wirbelströme induziert (→ Transformator), hpts. unter der Oberfläche, somit Erhitzung; Anwendung: bei Härtemaschinen f. Werkstücke zur Oberflächenhärtung (z. B. Kurbelwellen). *Kapazitiv:* hochfrequenter kurzwelliger Wechselstrom wird an zwei isolierte Metallplatten (Elektroden) angelegt; Kondensatorwirkung: zw. den Platten hochfrequentes el. Wechselfeld; nicht- od. schlechtleitende Körper wer-
den zw. den Elektroden durch Strahlungswirkung u. d. entstehenden dielektr. Verluste d. el. Feldes erhitzt; Anwendung: Holzind. (Leimmaschinen), Elektromedizin.
Hochfrequenzmaschine, Dynamo zur Erzeugung von Hochfrequenzströmen, früher in der Funktechnik (Maschinensender), jetzt durch → Elektronenröhren ersetzt.
Hochfrequenzstrom, Wechselstrom über 20 kHz.
Hochfrequenztelegrafie → Wechselstromtelegrafie, → Trägerfrequenz.
Hochgericht, svw. → Halsgericht, auch Richtstätte.
Hochgott, ranghöchste Gottheit i. polytheist. Rel.
Hochhaus, Haus mit mehr als 6 Geschossen zu Wohn- od. anderen Zwecken; Errichtung in Stahl- oder Stahlbetonbau u. m. umfangreichen techn. Installationen.
Hochheim am Main (D-65239), hess. St. im Main-Taunus-Kr., 15 933 E; AG; Weinbau (Anbaugebiet Rheingau).
Hochhuth, Rolf (* 1. 4. 1931), dt. Schriftst.; Dramen: *Der Stellvertreter; Soldaten; Guerillas; Die Hebamme; Tod e. Jägers; Juristen; Judith; Wessis in Weimar;* Prosa: *E. Liebe in Dtld.*
Hochkirche, engl. *High Church,* Richtung in der *→* anglikanischen Kirche, die im Ggs. zur *Low Church* (ev. Richtung) zum kath. Ritus neigt; bes. in Adels- u. Universitätskreisen vertreten.
Hochkommissare, engl. *High Commissioner,*
1) Nach dem 2. Weltkrieg die diplomat. Vertreter der Siegermächte in Dtld u. Östr.; sie bildeten s. 1949 in der BR die Alliierte Hohe Kommission.
2) H. für Flüchtlinge der UNO (s. 1951), Friedensnobelpr. 1954 u. 1981.
Hochkultur, Kultur m. hohem Entwicklungsstand. Kriterien sind e. gesellschaftl. Schichtung, Verwendung von Schrift od. auch techn. Entwicklung (z. B. Rad, Pflug).
Hochmeister, Oberhaupt eines geistl. → Ritterordens (z. B. Deutscher Orden).
Hochmoor → Moor.
Hochnebel, tiefhängende Wolkenbzw. Nebelschicht v. wenigen 100 m Dicke, d. schon kleinere Erhebungen einhüllt, ohne i. Flachland aufzuliegen; entsteht bes. in winterl. Hochdruckgebieten an → Inversionen.
Hochofen, Schachtofen, wandelt Eisenerz in Roheisen durch Reduktion um, auch zur Kupfergewinnung (→ Eisen- und Stahlgewinnung, Tafel u. Übers.).
Hochofengas, *Gichtgas,* brennbar, bei Roheisenerzeugung gewonnen; Heizwert 3560–4600 kJ je m³.
Hochpolymere, natürl. oder synthet. hochmolekulare Stoffe, in denen ein oder mehrere Grundbausteine (→ Monomere) sehr häufig wiederkehren.
hochrechnen, Vorausschätzen eines Endergebnisses aufgrund vorliegender Teilergebnisse.
Hochreligionen, allg. Bez. f. Rel. v. Hochkulturen (z. B. griech.) als Ggs. z. d. Naturrel.; z. d. H. zählen auch d. Weltrel. (z. B. Buddhismus, Islam).
Hochsauerlandkreis, Lkr. in NRW, 1975 aus den aufgelösten Kreisen Brilon, Meschede u. Arnsberg gebildet; Verw.sitz: *Meschede.*

Hirtentäschelkraut

Adolf Hitler

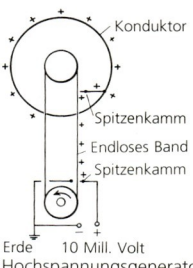
Hochspannungsgenerator

Hochschule, Voraussetzung f. Besuch in d. Regel Reifezeugnis einer höheren Schule (vgl. → Numerus clausus); in der BR WS 1995/96: 1 858 428 Studierende an 83 Uni., 7 Gesamt-HS, 6 Päd. HS, 46 Kunst- u. Musik-HS, 17 Kirchl. u. Phil.-Theol. HS, 138 Fach-HS u. 35 Verw.-FHS; → Schulwesen; Übers., S. 412.
Hochschulen der Bundeswehr → Bundeswehrhochschulen.
Hochschulrahmengesetz, v. 26. 1. 1976, enthält bundeseinheitl. Bestimmungen über Aufgaben, Organisation u. Verwaltung der HS sowie über d. Zulassung z. Studium.
Hochseeangeln, Fischfang m. Rute, Schnur u. Haken (→ Angeln) v. Boot aus, jenseits d. Dreimeilenzone.
Hochspannung, i. allg. Sprachgebrauch Spannungen über 500 Volt, nicht streng abgegrenzt; H.en (bis ca. 380 000 V) benutzt f. Übertragung el. Energie über große Entfernungen (geringe Energieverluste, kleiner Leitungsquerschnitt).
Hochspannungsgenerator, *Bandgenerator,* nach Prinzip v. *Van de Graaff* mit großer (bis 2 m Durchmesser) Metallhohlkugel (Konduktor) auf hoher (4 bis 6 m) Säule aus Isolierstoff; durch 2 Schlitze der Kugel läuft von Motor angetriebenes endloses Band mit isolierendem Stoff (z. B. Seide), das über Spitzenkamm (→ Spitzenentladung) auf 10 Mill. V geladen wird; d. Ladung saugt im Atomkern durch Beschußexperimente m. schnellen Elektronen Spitzenkamm im Innern d. Kugel ab u. befördert sie auf deren Oberfläche.
Hochspannungs-Gleichstromübertragung, gewährleistet eine wirtsch. Stromversorgung, wenn gr. el. Leistungen bei hohen Spannungen auf gr. Entfernungen zu übertragen sind; ab 600 km bei Freileitungen.
Höchstadt a. d. Aisch (D-91315), St. im Kr. Erlangen-H., Bay., 12 236 E; Schloß (14. Jh.); div. Ind.
Höchst am Main, 1928 Frankfurt a. M. eingemeindet; Farbwerke; *Höchster Porzellanmanufaktur* 1746–98 (Rokokofiguren).
Höchstfrequenz, alle Frequenzen über 300 MHz (Dezimeter- b. Millimeterwellen); → Hochfrequenz.
Hochtemperaturreaktor (HTR), → Kernreaktor m. bis zu 950 °C heißem Helium als Kühlmittel.
Hochtonlautsprecher, *Hochtöner,* → Lautsprecher mit besonderen konstruktiven Merkmalen z. Wiedergabe d. Frequenzbereiches zw. 2000 u. 20 000 Hz.
Hochverrat, gewaltsame Änderung des Bestandes od. der verfassungsmäßigen Ordnung d. BR od. eines Bundeslandes; strafbar mit Freiheitsstrafe von mind. 10 Jahren oder lebenslänglich, bei Hochverrat gg. ein Land von 1 bis 10 Jahren, in minder schweren Fällen bis zu 5 Jahren (§§ 81 ff. StGB).
Hochwald, entsteht durch Naturverjüngung, Saat od. Pflanzung u. dient der Nutzholzproduktion. Die Bäume werden erst nach mehreren Jahrzehnten genutzt.
Hochwälder, Fritz (28. 5. 1911 bis 20. 10. 86), östr. Bühnenautor; *Das heilige Experiment; Der öffentl. Ankläger.*
Hochwasser, durch außergewöhnli-

Studierende an Hochschulen WS 1995/96

Universitäten	**1 213 773**	Nordrhein-Westfalen	5 437	
Baden-Württemberg	147 000	Saarland	569	
Bayern	183 692	Sachsen	2 132	
Berlin	114 770	Sachsen-Anhalt	734	
Brandenburg	13 073	Schleswig-Holstein	432	
Bremen	17 180	Thüringen	635	
Hamburg	49 357			
Hessen	91 571	**Fachhochschulen**	**397 942**	
Mecklenburg-Vorpommern	13 395	Baden-Württemberg	51 502	
Niedersachsen	120 593	Bayern	54 730	
Nordrhein-Westfalen	279 359	Berlin	18 587	
Rheinland-Pfalz	56 494	Brandenburg	4 428	
Saarland	19 254	Bremen	8 044	
Sachsen	45 445	Hamburg	15 414	
Sachsen-Anhalt	17 258	Hessen	40 145	
Schleswig-Holstein	26 171	Mecklenburg-Vorpommern	4 244	
Thüringen	19 161	Niedersachsen	32 538	
		Nordrhein-Westfalen	96 020	
Gesamthochschulen	**145 759**	Rheinland-Pfalz	21 804	
Hessen	18 019	Saarland	3 238	
Nordrhein-Westfalen	127 740	Sachsen	16 726	
		Sachsen-Anhalt	7 580	
Pädagogische Hochschulen	**17 148**	Schleswig-Holstein	16 603	
Baden-Württemberg	17 148	Thüringen	6 339	
Theologische Hochschulen	**2 796**	**Verwaltungsfachhochschulen**	**51 104**	
Baden-Württemberg	129	Baden-Württemberg	9 222	
Bayern	766	Bayern	5 511	
Hessen	380	Berlin	5 238	
Nordrhein-Westfalen	893	Brandenburg	1 477	
Rheinland-Pfalz	286	Bremen	440	
Sachsen-Anhalt	229	Hamburg	1 149	
Thüringen	113	Hessen	4 956	
		Mecklenburg-Vorpommern	691	
Kunsthochschulen	**29 906**	Niedersachsen	3 972	
Baden-Württemberg	4 213	Nordrhein-Westfalen	9 919	
Bayern	2 385	Rheinland-Pfalz	1 987	
Berlin	6 470	Saarland	177	
Brandenburg	470	Sachsen	2 289	
Bremen	705	Sachsen-Anhalt	1 366	
Hamburg	2 110	Schleswig-Holstein	1 805	
Hessen	1 303	Thüringen	905	
Mecklenburg-Vorpommern	276			
Niedersachsen	2 035	**insgesamt**	**1 858 428**	

che Wetterverhältnisse bedingter überhoher Stand v. Gewässern, auch Flut (→ Gezeiten).

Hochwild, z. *hohen Jagd* gehörendes Wild: Elch-, Rot-, Dam-, Sika-, Stein-, Muffel-, Gams-, Schwarz-, Auerwild, Stein- u. Seeadler.

Hochwuchs, ungewöhnliches Längenwachstum durch Funktionsstörungen d. → Hypophyse, → Keimdrüsen od. → Nebennierenrinde; → Riesenwuchs.

Hochwürden, Anrede aller kath. Priester.

Hochzeit, im MA svw. hohes Fest; heute Fest der Eheschließung: *grüne H.*; als Erinnerungsfeste: nach 10 J. *Rosen-H.*, nach 25 J. *silberne H.*, nach 50 J. *goldene H.*, nach 60 J. *diamantene H.*, nach 65 (oder 70) J. *eiserne H.*, *Gnaden-H.*

Hochzeitsflug, Paarungsflug d. staatenbildenden Insekten (z. B. Bienen u. Ameisen).

Hockenheim (D-68766), St. i. Rhein-Neckar-Kr., Ba-Wü., 17 428 E; div. Ind.; Rennstrecke Motodrom, Freizeitbad Aquadrom.

Hockergrab, vorgeschichtl. Grab mit Skelett in Hockstellung; in Europa bes. in d. jüngeren Steinzeit.

Hockey [engl. ˈhɔki], Stockball, 2 Mannschaften m. je 11 Spielern; Kampfspiel mit einem Ball (voll, ca. 160 g, ca. 23 cm Umfang), der mit dem **H.schläger** getrieben wird; Spielfeld 91,40×55 m, Spieldauer 2×35 Min.; Torzahl entscheidet den Sieg.

Hockney [ˈhɔkni], David (* 9. 7. 1937), engl. Maler, Graphiker u. Fotograf; Vertr. d. → Pop Art; Illustrationen, mosaikartig montierte Fotografien.

Hodeida, *Al Hudeida,* Hafenst. in d. Rep. Jemen, am südl. Roten Meer, 155 000 E; Handelszentrum.

Hoden, die im H.sack liegenden 2 → Keimdrüsen d. männl. Geschlechts, bilden d. Samen (→ Spermien) u. männl. Geschlechtshormon *Testosteron* (→ innere Sekretion). Abb. → Geschlechtsorgane.

Hodenentzündung, *Orchitis,* meist kombiniert mit Nebenhodenentzündung, *Epididymitis.*

Hodenhagen (D-29693), Gem. i. Kr. Soltau-Fallingbostel, Nds., 2121 E; Serengeti-Großwildreservat u. Freizeitpark.

Hodenhochstand, *H.retention, Kryptorchismus,* fehlende od. mangelhafte vorgeburtl. Wanderung der H. in den H.sack *(Skrotum),* medikamentöse od. chirurg. Behandlung.

Hodentorsion, Verdrehung der H., sehr schmerzhaft, sofortige Operation.

Hodgkin [ˈhɔdʒ-],
1) **Alan Lloyd** (* 5. 11. 1914), engl. Nervenphysiologe; Nobelpr. 1963.
2) **Dorothy,** geb. *Crowfoot* (2. 5. 1910 bis 29. 7. 1994), engl. Biochemikerin; Strukturanalysen biochemischer Stoffe mit Röntgenmethode; Nobelpreis 1964, → Crowfoot-Hodgkin.
3) **Thomas** (17. 8. 1798–4. 4. 1866), engl. Arzt; nach ihm benannt **H.sche Krankheit,** bösartige Erkrankung der Lymphknoten (Lymphogranulomatose).

Hodler, Ferdinand (14. 3. 1853–19. 5. 1918), schweiz. Maler; Vertr. d. Symbolismus u. Jugendstils; monumentale Wandgemälde; Bildnisse, Landschaften.

Hódmezővásárhely [-ʃɒ-rhɛj], ungar. Stadt an der unteren Theiß, 54 000 E; Landw., Schweinezucht.

Hödr, *Hödur,* german. blinder Gott; tötet seinen Bruder Balder auf Anstiftung Lokis m. einem Mistelzweig.

Hodscha, *Hoxha,* **Enver** (16. 10. 1908 bis 11. 4. 85), alban. Pol.; 1944–54 Min.präs., s. 1954 Erster Sekretär d. ZK d. alban. KP.

Hoefnagel [ˈhuːfnaːxəl], fläm. Miniaturmaler d. Spätrenaiss.;
1) **Jacob H.** (1575–1630), Sohn von
2) **Joris** (1542–9. 9. 1600), letzter Hptmeister in dieser m. d. Verbreitung d. Buchdrucks erlöschenden Gattung; *Illustrationen d. Schriftmusterbuchs v. Georg Bocskay; Tierbilder*-Sammlung.

Hoegner, Wilhelm (23. 9. 1887–5. 3. 1980), SPD-Pol.; 1930 MdR; 1933–45 emigriert; 1945/46 u. 1954–57 bayr. Min.präs., 1950–54 bayr. Innenmin.

Hoek van Holland [huːk-], ndl. Hafen, Exklave v. Rotterdam, 8000 E; Überfahrt n. Harwich (England); Seebad.

Hoelzel, Adolf (13. 5. 1853–17. 10. 1934), dt. Maler; zuerst Impressionist (Dachauer Schule); Mitbegr. u. Theoretiker d. absoluten Malerei.

Hoepner, Erich (14. 9. 1886–8. 8. 1944), dt. Gen.oberst; im Jan. 1942 von seinem Posten als Oberbefehlsh. d. 4. Panzerarmee enthoben; als Widerstandskämpfer hingerichtet.

Hoesch AG, dt. Stahlkonzern i. Dortmund, s. 1871.

Hof (D-95028–32), krfreie St. an d. Saale, Bay., 52 900 E; LG, AG; div. Ind.; Brauereien.

Hof, astronom. → Halo.

Hofämter, die schon bei d. fränk. Herrschern bestehenden Hausämter Truchseß, Marschall, Schenk, Kämmerer.
Hofbauer, Klemens Maria (26. 12. 1751–15. 3. 1820), Redemptorist, beeinflußte Wiener Romantiker; 1909 heiliggesprochen.
Hofburg, Burg, d. frühere kaiserl. Schloß in Wien; Sitz des östr. B.präs.
Hofer,
1) Andreas (22. 11. 1767–20. 2. 1810), „Sandwirt" im Passeiertal, 1809 und 1810 Anführer des Tiroler Aufstandes gg. d. Franzosen, in Mantua erschossen.
2) Carl (11. 10. 1878–3. 4. 1955), dt. Maler; Entwicklung v. Spätexpressionismus z. Neuklassik, Figurenbilder, Landschaften; *Die schwarzen Zimmer*.
Hoff, Jacobus Hendrikus van 't (30. 8. 1852–1. 3. 1911), ndl. Chem.; Begr. der Stereochemie; Nobelpr. 1901 (Chem. Dynamik u. osmot. Druck).
Hoffman, Dustin (* 8. 8. 1937), am. Filmschausp.; *The Graduate; Midnight Cowboy; Kramer vs. Kramer; Tootsie; Rain Man.*
Hoffmann,
1) E(rnst) T(heodor) A(madeus) (24. 1. 1776–25. 6. 1822), dt. phantast. Dichter, Musiker u. Zeichner d. Romantik, Kammergerichtsrat; *Phantasiestücke in Callots Manier;* Märchen: *Der goldene Topf;* Romane: *D. Elixiere d. Teufels, Kater Murr;* Oper: *Undine.*
2) Heinrich (13. 6. 1809–20. 9. 94), dt. Arzt; Kinderbuch: *Der Struwwelpeter.*
3) Jan (* 26. 10. 1955), dt. Eiskunstläufer; Olympiazweiter 1980, Weltmeister 1974, Europameister 1974, 77 u. 79.
4) Josef (15. 12. 1870–7. 5. 1956), östr. Baumeister u. Förderer d. Kunsthandwerks; Mitbegr. d. Wiener Sezession; Vertr. d. rationalist. Richtung d. Jugendstils; *Palais Stoclet*, Brüssel.
5) Kurt (* 12. 11. 1910), dt. Filmregisseur; *Das Wirtshaus im Spessart* (1958); *Wir Wunderkinder* (1958).
6) Roald (* 18. 7. 1937), am. Chem.; (zus. m. K. → Fukui) Nobelpr. 1981 (Frontorbitaltheorie).
Hoffmann von Fallersleben, August Heinrich (2. 4. 1798–19. 1. 1874), dt. Schriftst. u. Germanist; Dichter des *Deutschlandliedes.*
Höffner, Josef (24. 12. 1906–16. 10. 87), dt. Theol.; 1969–87 Kardinal u. Erzbischof v. Köln, 1976–87 Vors. d. Dt. Bischofskonferenz.
Hoffnung, Gefühl d. Erwartung, daß etwas Gewünschtes eintreffen wird. H. ist Grundprinzip aller Utopien.
Hofgänger → Instleute.
Hofgeismar (D-34369), St. i. Kr. Kassel, Hess., 15 241 E; AG, ev. Akademie; div. Ind.
Hofgericht, Bez. f. d. richterliche Instanz u. Gewalt, die am MA e. Grundherr (Hofherr) od. Reichsfürst hatte.
Hofheim am Taunus (D-65719), Krst. d. Main-Taunus-Kr., Hess., 35 375 E.
Hofheim in Unterfranken (D-97461), bayr. St. i. Ldkr. Haßberge, 5009 E; ma. Gepräge.
Hofmann,
1) August Wilhelm von (8. 4. 1818–5. 5. 92), dt. Chem.; wiss. Begr. der Teerfarbenerzeugung.
2) Fritz Carl Albert (2. 11. 1866–29. 10. 1956), dt. Chem.; Erfinder (1909) des ersten künstl. Kautschuks (Methylkautschuk).
3) Peter (* 22. 8. 1944), dt. Opern- u. Musicalsänger; Wagner-Tenor.
Hofmannsthal, Hugo v. (1. 2. 1874 bis 15. 7. 1929), östr. Dichter d. Jahrhundertwende; fin de siècle; Gedichte; Mitarbeiter v. Max Reinhardt *(Ödipus; Jedermann)* u. Richard Strauss *(Ariadne auf Naxos; Der Rosenkavalier);* Dramen: *Der Tor u. der Tod; Elektra; Der Turm;* Komödie: *Der Schwierige.*
Hofmann von Hofmannswaldau, Christian (25. 12. 1617–18. 4. 79), schles. Dichter d. Hochbarock.
Hofnarr, bis ins 18. Jh. Possenreißer oder Ratgeber an Fürstenhöfen.
Hofrat, seit 16. Jh. hohe Reichs- und Landesregierungsbehörde; Amts- und Ehrentitel i. Österreich.
Hofrecht, Dienstrecht (lat. *ius curiae*), im MA d. besonderen Rechtsgrundsätze für die Gerichtsbarkeit des Grundherrn über seine Hörigen.
Hofstadter, Robert (5. 2. 1915–17. 11. 90), am. Phys.; Untersuchungen über d. Struktur v. Nukleonen; Nobelpr. 1961.
Hofstätter, Peter R. (20. 10. 1913 bis 13. 6. 1994), dt. Psychologe; *Sozialpsychologie; Lexikon d. Psych.*
Hogarth, ['houga:θ], William (10. 11. 1697–25. 10. 1764), engl. Maler u. Kupferstecher d. Rokoko; Begr. d. engl. Genremalerei (→ Genre) u. → Karikatur.
Höger, Fritz (12. 6. 1877–21. 6. 1949), dt. Architekt d. Expressionismus; *Chile-Haus* (Hamburg).
Höhe,
1) astronom. Winkel zw. Horizont u. Gestirn, senkrecht zum Horizont gemessen.
2) geometr. Lotlinie v. einem Punkt auf eine Gerade od. auf eine Körperfläche.
Hohe Acht, höchster Eifelgipfel (Basaltkegel), 747 m.
hohe Gerichtsbarkeit, die im MA v. Landesherren ausgeübte Gerichtsbarkeit bei Kapitalverbrechen (Blutgericht).
Hoheit,
1) Titel fürstl. Personen: *Kaiserliche H., Königliche H.*
2) → Staatshoheit.
Hoheitsakt, Handlung d. Staats, aufgrund seiner rechtl. Herrschergewalt vorgenommen.
Hoheitsrechte → Staatshoheit.
Hoheitszeichen, Hoheitssymbole, d. sichtb. Zeichen d. Staatsgewalt: *Wappen, Flaggen, Grenzpfähle.*
hohe Jagd → Hochwild.
Hohenasperg, am. Bergfeste in Ba-Wü. b. Asperg; i. 18. u. 19. Jh. württ. Staatsgefängnis; Landesstrafanstalt.
Hohenems (A-6845), Stadt in Vorarlberg, Östr., 13 531 E; Textil- u. Metallind.; Renaissancepalast (Fundort v. Handschrift d. Nibelungenliedes); Schubertiade.
Hohenfriedeberg, poln. *Dobromierz,* i. Niederschlesien, 1745 Sieg Friedrichs d. Großen über die Österreicher.
Hohenheim, s. 1942 sö. Stadtteil v. Stuttgart, Schloß; s. 1967 Uni.
Höhenkrankheit, svw. → Bergkrankheit.
Höhenkreis, *Scheitel-, Vertikalkreis, astronom.* jeder größte Kreis durch *Zenit* und *Nadir.*
Hohenlimburg, s. 1975 St.teil v. → Hagen.

E. T. A. Hoffmann

E. T. A. Hoffmanns Zeichnung *Kreisler im Wahnsinn*

Josef Höffner   Hugo v. Hofmannsthal

Schloß Hohenschwangau

Burg Hohenzollern

Hohenlohe, fränk. edelfreies (ehem. reichsunmittelbares) Geschlecht:
1) Chlodwig (31. 3. 1819–6. 7. 1901), Fürst zu H.-Schillingsfürst, 1885–94 Statthalter v. Elsaß-Lothringen, 1894 bis 1900 Reichskanzler u. preuß. Ministerpräs.
2) Friedrich Ludwig (31. 1. 1746–15. 2. 1818), Fürst zu H.-Ingelfingen, 1806 als preuß. Heerführer bei Jena besiegt.
Höhenmessung, Ermittlung des Höhenunterschiedes zweier Erdpunkte aus:
1) dem Luftdruckunterschied, *barometr. H.;*
2) der Entfernung beider Punkte u. Neigung d. Verbindungslinie, *trigonometr. H.;*
3) durch → Nivellieren.
Hohensalza, *Inowrocław,* poln. St. b. Bromberg, 75 000 E; Saline, Solbad. – 1772 preuß., 1919 zu Polen.
Höhensatz, das Quadrat über d. Höhe eines rechtwinkligen Dreiecks ist gleich dem Rechteck aus den Hypotenusenabschnitten.
Hohenschönhausen, ö. Bez. i. Berlin, 118 000 E; 1985 gebildet, Neubausiedlungen.
Hohenschwangau, Schloß d. Wittelsbacher bei Füssen (Wiederaufbau 1833–37), gegenüber → Neuschwanstein.
Höhensonne, die bes. intensive Sonnenbestrahlung im Hochgebirge, reich an chem. wirksamen Ultraviolettstrahlen. – *Künstliche H.,* el. Quecksilberdampf-Quarzlampe, hoher Anteil von Ultraviolettlicht; früher zur Bestrahlung bei Tuberkulose, Drüsenerkrankungen, Blutarmut, Rachitis, heute z. B. noch → Schuppenflechte; kosmetische Anwendung zur Bräunung wegen Förderung von Hautalterung u. Hautkrebs umstritten; → Heliotherapie.
Hohenstaufen, schwäb. Fürstengeschlecht, von 1138–1254 auf dt. Thron; Ahnherr *Friedrich v. Staufen,* 1079 Hzg von Schwaben; Stammburg H. (Ruine) in der Schwäb. Alb (684 m).
Hohenstein-Ernstthal (D-09337), sächs. Krst. am Fuß des Erzgebirges, 15 837 E; Textil- u. Metallind.
Höhenstrahlung → kosmische Strahlung.
Höhentraining, f. Hochleistungssportler i. 2000–3000 m Höhe, regt d. Bildung roter Blutkörperchen an.
Hohentwiel, vulkan. Bergkegel im Hegau, 686 m, mit Burgruine (Festung, 1800 v. Franzosen zerstört).
Hohenzollern,
1) Berg der Schwäb. Alb südl. Hechingen, 855 m, mit der *Burg H.*
2) H.sche Lande, Gebietsteil v. Ba-Wü., schmaler Landstreifen vom oberen Neckar über die Schwäb. Alb bis zur Donau; Hptort: *Sigmaringen.* – aus den Fürstentümern *H.-Hechingen* u. *H.-Sigmaringen* gebildeter preußischer Reg.bez. Sigmaringen, bildete 1945 mit Südwürttemberg d. Land Württemberg-H., s. 1951 Teil d. Landes → Baden-Württemberg.
3) dt. Fürstenhaus, um 1214 Teilung in *fränk. Linie* (aus ihr 1415 die Kurfürsten v. Brandenburg, Kge v. Preußen u. 1871–1918 dt. Kaiser) u. *schwäb. Linie* (später *H.-Sigmaringen*).
Hohe Pforte, bis 1918 Bez. für die Residenz des Sultans, dann übertragen

für türkische Regierung und Außenministerium.
Hohepriesterliches Gebet, i. Christentum Schlußgebet d. Abschiedsreden Jesu (Joh 17,1–26).
höhere Gewalt, lat. *vis maior,* auch nicht durch äußerste Sorgfalt abwendbares elementares Ereignis, befreit von der Haftung für Schadenersatz.
Höhere Schulen → Schulwesen, Übers.
Hoher Meißner, Basalt-Tafelberg südöstl. Kassel, 754 m; s. 1962 Naturpark Meißner-Kaufunger Wald. → Jugendbewegung.
Hoherpriester, höchster jüd. Priester aus der Familie Aarons; bis 70 n. Chr.
Hohe Schule, Pferdedressur in kunstvollen Gangarten (z. B. → Pirouette).
Hoheslied, *Lied der Lieder* (d. h. schönstes Lied), *Canticum Canticorum;* i. bibl. AT Sammlung der d. König Salomo zugeschriebenen althebr. Liebes- u. Hochzeitslieder; s. später auf d. Liebe Christi zu s. Braut, d. Kirche, bezogen wurden.
Hohes Venn, Hochfläche m. ausgedehnten Mooren nw. d. Rheinischen Schiefergebirges, im dt.-belg. Grenzgebiet *Botrange,* 692 m.
Hohhot, Hptst. d. Inneren Mongolei, 600 000 E; Uni., Mongol. Nationalmus.; versch. Ind.
Hohkönigsburg, in den Vogesen, um 1140, um 1900 wiederhergestellt, 1918 frz. Nationaldenkmal.
Höhle, Hohlraum im Gestein; Entstehung primär bei d. Bildung d. Gesteins (Lava, Korallen, Kalktuff) od. sekundär durch Einwirkung d. Wassers, entweder Erosion (durch Brandung oder unterirdisch fließendes Wasser) od. Auslaugung v. Gips, Steinsalz, Kalk- u. Dolomitgestein; durch Sickerwasser bilden sich Kalkabsätze (*Tropfstein*) in Form von herabhängenden *Stalaktiten* u. nach oben wachsenden *Stalagmiten;* bes. verbreitet im → Karst.
Höhlenbär, ausgestorbener Bär.
Höhlengleichnis, Platons Vergleich (i. *Staat,* 7. Buch) d. menschl. Daseins mit d. Aufenthalt i. e. Höhle.
Höhlenmalerei, steinzeitl. Darstellungen in Höhlen, bes. frankokantabrische H. seit 30 000 v. Chr. in N-Spanien (→ Altamira) und Frkr. (Lascaux, Dep. Dordogne); naturnahe farbige Tierdarstellungen (vermutl. Jagdzauber); s. etwa 10 000 v. Chr. so.-span. Felsmalerei (Valltorta), stilisierte Menschen- u. Tierdarstellungen, Jagd- u. Kampfszenen, in Felsnischen; 5.–2. Jtd farbige Malereien im ostalger. Bergland Tassili n'Ajjer in d. Sahara (neolith. Rinderperiode u. Streitwagenperiode).
Hohlfuß, Mißbildung, → Fuß.
Hohlladung, Verfahren zum Erzielen hoher Materiegeschwindigkeiten für Sprengkörper und Geschosse; ein Sprengstoff-Hohlraum ist m. e. meist kegelig oder zylindrisch geformter mit Metallverkleidung versehen, bei der Detonation wird die Sprengkörperenergie in Bewegungsenergie d. Metallverkleidung übertragen.
Hohlleiter, in der Hochfrequenztechnik, insbes. f. dm- u. cm-Wellen benutzter Übertragungsweg; besteht aus e. Rohr mit leitenden Innenwänden (z. B. als Zuleitung v. Sender zur Antenne an-

Tropfsteinhöhle *der Adelsberger Grotten, Jugoslawien*

Höhlenmalerei aus Altamira

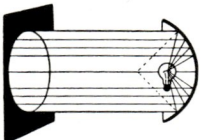

Hohlspiegelscheinwerfer

Friedrich Hölderlin

stelle e. Koax-Kabels); Vorteil: geringere Energieverluste als bei Verwendung von Koaxkabel.
Hohlsaum, Randverzierung durch Ausziehen v. Längsfäden, wobei übrigbleibende Querfäden m. Schlingstich zusammengefaßt werden.
Hohlspiegel, meist Glasspiegel mit d. Form e. Paraboloides, dessen Oberfläche versilbert (aluminisiert) ist; Verwendung f. Fernrohre (Spiegelteleskope) u. Scheinwerfer. Im Brennpunkt werden parallel zur Achse einfallende Strahlen gesammelt (Teleskop); vom Brennpunkt ausgehende Strahlen werden achsenparallel gespiegelt (Scheinwerfer).
Hohlsteine, Bausteine mit eingearbeiteten Hohlräumen (Gewichtsersparnis, Wärmedämmung).
Hohltiere, svw. → Zölenteraten.
Hohlvene, obere u. untere: die großen Blutadern, die d. zum Herzen fließende Blut sammeln.
Hohlwarze, eingezogene weibliche Brustwarze, erschwert das Stillen.
Höhr-Grenzhausen (D-56203), St. i. Westerwaldkr., Zentrum d. Kannenbäckerlandes, 9000 E; Keramik-HS, Keramik-; Glasind.
Höhung, in d. Maltechnik Mittel z. Gestaltung d. Plastizität durch graduelle Mischung d. Lokalfarbe m. Weiß bzw. d. Auftragen rein weißer Flächen od. Punkte (*Lichter*).
Hokkaido, *Jesso, Yezo,* nördl. Hptinsel Japans, 83 520 km², m. 68 Nachbarinseln 88 741) km², ca. 5,7 Mill. E; bewaldetes Gebirgsland; Kohlenbergbau, Holzind., Fischerei; Hptst. *Sapporo;* größte St.: *Hakodate.*
Hokusai, (21. 10. 1760–10. 5. 1849), jap. Farbholzschneider u. Maler; Landschaftsbilder (→ Tafel Holzschnitt).
Hokuspokus, Zauber(formel) der Gaukler.
Holarktis → Tiergeographie.
Holbach, Paul Heinrich Dietrich Baron v. (Dez. 1723–21. 6. 89), dt. Phil. in Paris; *Le système de la nature* (atheistisch); → Enzyklopädisten.
Holbein,
1) Ambrosius (1494–1519/20), Maler u. Holzschnittzeichner f. d. Buchdruck d. Frührenaiss.; Bruder v. 3); s. Vater
2) Hans, *d. Ä.* (um 1465–1524), dt. Maler d. Spätgotik; Bruder von 4); s. Sohn
3) Hans, *d. J.* (1497–Nov. 1543), Maler u. Zeichner d. Renaiss.; s. 1536 am Hof Heinrichs VIII.; *Madonna des Bürgermeisters Jakob Meyer zum Hasen;* Holzschnittfolge: *Totentanz;* engl. Hofbildnisse: *Heinrich VIII.*
4) Sigmund (um 1474–1540), Bruder u. langjähr. Mitarbeiter v. 2).
Holberg [-bεε'ü], Ludwig (3. 12. 1684 bis 28. 1. 1754), dän. Lustspieldichter; *D. pol.* Kannegießer.
Hölderlin, Friedrich (20. 3. 1770–7. 6. 1843), dt. Dichter; Theologiestudium in Tübingen, Freundschaft m. Hegel u. Schelling; Begeisterung f. d. Frz. Revolution; Hauslehrerstelle bei Charlotte v. Kalb u. i. Frankfurt b. Bankier Gontard; dessen Gattin Susette (*Diotima*) die große Liebe seines Lebens; Bibliothekarstelle in Homburg 1802; 1806 völlige Umnachtung, lebte bis zu seinem Tod in e. Turm in Tübingen; Gedichte vereinigen in ihrer Harmonie v. Klang, Wort u. Seele griech. Schönheitsstreben u. phil.

Idealismus; Drama: *Der Tod des Empedokles;* Briefroman: *Hyperion.*
Holdinggesellschaften [engl. „holding = in Besitz habend"], Vorstufe d. → Trust, Kapitalanlage- u. Kontrollges.en; gewinnen durch ineinandergreifende Aktienmehrheiten bzw. Geschäftsanteile Einfluß od. Kontrolle auf e. System verbundener Unternehmungen (→ Konzern).
Holguín, St. auf Kuba, 213 700 E; Hafen: *Gabira.*
Holismus [gr. „holos = ganz"], Ganzheitslehre, begr. v. Jan *Smuts,* in Dtld v. A. *Meyer-Abich;* aus einem metabiol. Weltganzen läßt sich d. Psychische, daraus das Biologische u. daraus das Physikalische ableiten.
Holl, Elias (28. 2. 1573–6. 1. 1646), dt. Architekt d. Renaiss. m. Elementen d. Frühbarock; *Rathaus* in Augsburg.
Hollabrunn (A-2020), Bez.hptst. in Niederöstr., 10 461 E; Holz-, Textilind.
Hollaender, Friedrich (18. 10. 1896 bis 18. 1. 1976), dt. Komp. u. Kabarettist.
Holland,
1) allg. d. Kgr. der → Niederlande.
2) im bes. die westl. Prov.en *N-H.,* 2667 km², 2,4 Mill. E, u. *S-H.,* 2906 km², 3,3 Mill. E; weite Ebenen bzw. Rheinmündung u. Ijsselmeer; Hptst.e *Haarlem* (N-Holland) u. *Den Haag* (S-Holland).
Holländer, Maschine zur Halbstoffaufbereitung (Auflösung) bei der → Papierherstellung.
Holländerei, Meierei, → Milchwirtschaft.
Hollar, Wenzel (13. 6. 1607–28. 3. 1677), böhm. Radierer u. Zeichner; bes. in London; kunst- u. kulturgeschichtl. wertvolle Stadtansichten u. Trachtendarstellungen.
Hölle, *Totenwelt,* volkstüml. f. ewige Verdammnis.
Hollein, Hans (* 30. 3. 1934), östr. Architekt; *Städt. Museum Abteiberg,* Mönchengladbach; *Museum für Gegenwartskunst,* Frankfurt/M.
Höllenfahrt, i. d. Rel. verbreitete Vorstellung v. Abstieg e. Gottheit od. e. Menschen i. d. Unterwelt als Ort d. Toten u./od. der Qualen f. d. Verdammten; z. B. H. d. akkad. Ischtar, d. griech. Orpheus, d. christl. Jesus.
Höllenmaschine, Sprengladung mit Uhrwerk für Explosion.
Höllenstein, Silbernitrat, Ätzmittel.
Höllental,
1) Hochtal im Wettersteingebirge mit H.klamm.
2) Talschlucht im Schwarzwald, südöstl. v. Freiburg.
Höllerer, Walter (* 19. 12. 1922), dt. Schriftst. u. Literaturkritiker; experimentelle Lyrik; Roman: *D. Elephantenuhr.*
Hollerithmaschine, v. Herman *Hollerith* (1860–1929) erfundene elektromechan. Sortiermaschine für statist. Zwecke; → Lochkarten werden nach best. Kriterien (z. B. Alter, Geschlecht, Beruf usw.) automatisch sortiert (bis zu 30 000 Karten je Std.); mit Tabelliereinrichtung u. Rechenlocher auch f. math. Zwecke. Aus d. v. Hollerith gegr. Ges. entstand später → IBM.
Holley ['hɔli], Robert William (28. 1. 1922–11. 2. 93), am. Biochem.; 1968 Nobelpr. f. Med. (Arbeiten zur Biosynthese d. Proteine u. Nukleinsäuren).

Hollywood [-wʊd], „Filmstadt"teil v. Los Angeles.
Holm, Tragbalken, durchlaufender Träger (z. B. beim Barren, bei Flugzeugtragflächen).
Holmenkollen, Berghöhe (317 m) nordwestlich v. Oslo; Wintersportplatz, Winterolympiade 1952.
Holmes [hoʊmz], Sherlock, Romanfigur (scharfsinniger Detektiv) v. C. → Doyle.
Holmium, *Ho,* chem. El., Oz. 67, At.-Gew. 164,930; Dichte 8,78; Seltenerdmetall.
Holocaust [engl.], Brandopfer, Massenvernichtung, bes. die Judenvernichtung im NS-Staat.
Holofernes, Feldherr → Nebukadnezars.
Hologramm [gr.], opt. Aufzeichnung (z. B. auf Photoplatte) der Intensitätsverteilung einer Interferenzstruktur; entsteht bei der Aufnahme mit nur kohärentem (→ Kohärenz) Licht (z. B. → Laser) durch Überlagerung der Objektwelle (d. h. der vom Objekt reflektierten u. damit die Information über d. Objektstruktur tragenden Welle) mit einer Referenzwelle (fällt direkt auf die H.platte) meist konstanter Intensität; wird H. mit d. Referenzwelle durchstrahlt, gelangt man zur originalgetreuen, also auch dreidimensionalen Rekonstruktion des Objektes; im Ggs. zur Aufnahme des H.s kann d. Referenzwelle z. Rekonstruktion aus inkohärentem oder weißem Licht bestehen; techn. Anwendung des H.s erst seit Erfindung des → Lasers möglich; → Holographie.
Holographie [gr.], fotograf. Fixierung eines Strahlungsfeldes, 1948 von D. *Gabor* erfunden; die H. ermöglicht die Aufnahme dreidimensionaler Wellenfelder auf zweidimensionalen Speichern (z. B. Photoplatten) sowie deren getreue Rekonstruktion; → Hologramm; Anwendung: z. B. opt. Datenspeicherung, Interferometrie.
Holometabolie, vollkommene Verwandlung, Insektenentwicklung m. Auftreten eines Puppen-(Ruhe-)Stadiums zwischen Larvenstadien (z. B. → Made, → Raupe) und Vollinsekt; dagegen: → Heterometabolie; → Metamorphose.
Holozän → Alluvium, → geologische Formationen.
Holstein, S-Teil des Landes Schl.-Ho.; im O die **H.sche Seenplatte,** Hügelland (jungeiszeitl. Moränenlandschaft) mit zahlreichen Seen u. Buchenwäldern bei Eutin, Plön u. Malente; Bungsberg 164 müM (*H.sche Schweiz*). — H. gehört zum alten Stammesgebiet der Sachsen, von Karl d. Gr. unterworfen, 1110–1459 im Besitz der Schauenburger; 1386 Vereinigung mit Schleswig; 1460 Gf Christian v. Oldenburg (1448 Kg v. Dänemark) Landesherr; 1474 bis 1806 reichsunmittelb. Hzgt.; 1806 dän., 1815 im Dt. Bund. → Schleswig-Holstein.
Holstein, Friedrich August v. (24. 4. 1837–8. 5. 1909), dt. Diplomat („die graue Eminenz"); inoffizieller Leiter der dt. Außenpol. nach Bismarck, 1906 entlassen.
Holsten, Bewohner Holsteins.
Holsysteme, i.d. → Abfallwirtschaft Organisationsform d. Entsorgung, bei d. Müll v. d. Entstehungsorten (priv. Haushalte) abgeholt wird (Müllabfuhr); Ggs.: → Bringsysteme.
Holthusen, Hans Egon (* 15. 4. 1913), dt. Lyriker u. Essayist; *Der unbehauste Mensch.*
Hölty, Ludwig (21. 12. 1748–1. 9. 76), dt. Lyriker d. → Göttinger Hains.
Holtzbrinck, Georg v. (11. 5. 1909 bis 27. 4. 83), deutscher Verleger; Verlagsgruppe G. v. H. GmbH, Stuttgart, umfaßt mehr als 40 Firmen; Umsatz 1994: 2,4 Mrd. DM.
Holunder, meist baum- od. strauchartige Geißblattgewächse; *Schwarzer H., Holler,* weiße Blütendolden u. schwarze Beeren; Blüten zu schweißtreibendem Tee *(Fliedertee); Trauben-(Berg-)H.,* rote Beeren; *Zwerg-H., Attich,* Staude mit rosa Blüten, giftig.
Holz, Arno (26. 4. 1863–26. 10. 1929), dt. Dichter u. Theoretiker d. Naturalismus (zus. m. → Schlaf); Lyrik: *Phantasus;* Drama: *Familie Selicke.*
Holz, der von der Rinde umgebene derbfaserige Zylinder, der bei Bäumen u. Sträuchern jährlich durch neue Schichten verstärkt wird *(Jahresringe);* dient als Skelett sowie in den äußersten, jüngsten Lagen z. Wasserleitung, z. T. auch zur Stoffspeicherung. Das junge H. wird als *Splint* von dem inneren *Kern-H.* unterschieden. Als Baustoff für Häuser, Schiffe, Brücken, teilweise durch Eisen und Beton verdrängt; Arten: *Weichholz* (Nadelhölzer), *Hartholz* (z. B. Birnbaum, Eiche, Buche, Teakholz), *Edelholz* (Mahagoni, Ebenholz usw.). Verarbeitung in Chemie und Technik.
Holzbau, Errichtung der Tragkonstruktion von Gebäuden aus Holz. Versch. Arten im Pfosten-, Block-, Fachwerk-, Bohlenbau.
Holzbauer, Wilhelm (* 3. 9. 1930), östr. Architekt; Mitbegr. d. f. d. Entwickl. d. östr. Nachkriegsarchitektur einflußr.

Schwarzer Holunder

Holzbock
Männchen (links), Weibchen (rechts)

Hölle, *Miniatur, Anfang 15. Jh.*

„Arbeitsgruppe 4"; *Studienhaus St. Virgil* in Salzburg; Rathaus in Amsterdam.
Holzbearbeitungsmaschinen, Sägen, Hobel-, Fräs-, Schleifmaschinen u. Drehbänke.
Holzbock, Art d. → Zecken; Weibchen auf warmblütigen Tieren u. Menschen schmarotzend.
Holzdestillation, unter Luftabschluß in geschlossenen Retorten erhitztes → Holz liefert → Holzgas, → Holzgeist, **Holzessig** (Hauptbestandteil → Essigsäure) und *Holzteer.* Rückstand: → Holzkohle.
Holzeinschlag, Abholzen nach jährl. Nutzungsplan; → Forstwirtschaft.
Holzgas, Produkt unvollkommener Verbrennung von Holz im Schwelgenerator; Ersatzbetriebsstoff für Kraftwagen.
Holzgeist, *Methylalkohol, Methanol* (CH_3OH), zur Herstellung von Formaldehyd, Lösungsmittel für Lacke; als Trinkbranntwein unbrauchbar und verboten, da giftig.
Holzgewebe, Gewebe aus Holzstäbchen und Baumwollzwirn oder Leinen für Rolläden u. a.
Holzkohle, früher durch Holzverkohlung (in Kohlenmeilern), heute als Rückstand bei → Holzdestillation; z. Desinfektion, z. chem. Filtration (z. B. Gasmaske), zur Entfärbung, für Schießpulver.
Holzmeister, Clemens (27. 3. 1886 bis 12. 6. 1983), östr. Architekt; Krematorium (Wien), Umbau des Festspielhauses in Salzburg, St. Adalbert (Berlin), Reg.sbauten i. Istanbul u. Ankara.
Holzminden (D-37603), Krst. i. Rgbz. Hann., an d. Weser, Nds., 21 718 E; AG; Hafen; Glas-, chem. u. elektrotechn. Ind.
Holzopal, versteinertes (verkieseltes) → Holz, b. dem d. Struktur noch sichtbar ist, meist geflammt od. gestreift.
Holzpathologie, Teilgeb. d. Holzforschung, befaßt sich m. Holzkrankheiten u. Holzschäden.
Holzphysik, Teilgebiet der Holzforschung, befaßt sich m. d. physikal. Eigenschaften u. Verhalten v. Holzwerkstoffen, wie z. B. Holzdichte, Feuchtigkeits- u. Temp.verhalten.
Holzplantage, zur Holzerzeugung durch Saat od. Pflanzung begründ. Baumbestand m. kurzer Umtriebszeit f. Ind.holz od. als nachwachsender Rohstoff; meist Monokultur.
Holzschneidekunst, *Xylographie,* Vervielfältigungsverfahren; n. e. Vorzeichnung wird in e. Holzplatte (Holzstock) ein Bild od. Muster geschnitten; die im Abdruck schwarz beabsichtigten Stellen bleiben erhaben stehen, die weißen werden vertieft ausgeschnitten.
Holzschnitt, Blütezeit in Dtld 15. (→ Blockbuch) bis 16. Jh., im 19. u. 20. Jh. (Richter, Menzel; Expressionismus, Grieshaber); in China etwa s. d. 7./8. Jh. n. Chr. (auch als Buchdruck), in Japan bes. als *Farbholzschnitt;* → Tafel.
Holzschnitzerei, Bildschnitzerei, → Bildhauerkunst.
Holzschutz, Behandlung von Holz gg. Wasser, Fäulnis u. Schädlinge mit Sublimat, Holzteer, Kreosot u. a., → imprägnieren.
Holzstich, techn. verfeinerte Sonderform d. Holzschnitts, 1770 v. Th. Bewick erfunden; d. d. Feinheit v. Linien u.

Holzschnitt, Abbildungen von links nach rechts.

1 Hokusai (Japan), Die Welle – Suzuki Harunobu (Japan), Liebespaar im Schnee – Jesus und die Kriegsknechte, 15. Jh. – Lucas Cranach d. Ä., Verkündigung.

2 Albrecht Altdorfer, Liebespaar – Hans Holbein der Jüngere, Jonas vor Ninive – Ludwig Richter, Auswanderer.

3 Adolph Menzel, Friedrichs Tod – Alfred Rethel, Der Tod als Freund – Ernst Barlach, Der Hundekarren.

4 Emil Nolde, Der Prophet – Edvard Munch, Alter Mann – Erich Heckel, Männer am Tisch – Karl Schmidt-Rottluff, Gang nach Emmaus.

Holzstoff 417 **Hongkong**

Schraffuren bes. geeignet z. Reproduktion v. Gemälden u. Zeichnungen.
Holzstoff, *Holzschliff,* durch Schleifen v. Holz (meist v. Fichte o. Tanne) erzeugtes Halbprodukt f. d. Papierfabrikation.
Holzteer → Holzdestillation.
Holzverkohlung, früher in Kohlenmeilern, jetzt ersetzt durch → Holzdestillation.
Holzverzuckerung, durch Hydrolyse des Holzzellstoffs mittels Säuren; techn. Verfahren von Bergius sowie von Scholler.
Holzwespen, Hautflügler, deren Larven im Holz leben.
Holzwickede (D-59439), Gem. i. Kr. Unna, NRW, 16 390 E; div. Ind.
Holzwolle, dünne Holzspäne (Packmaterial).
Holzwurm, holzbohrendes Insekt, bes. Larven der Bohrkäfer.
Holzzucker, als Futtermittel u. z. Vergärung auf Spiritus.
Homberg,
1) NRW, s. 1975 zu → Duisburg.
2) (D-34576), Krst. i. Schwalm-Eder-Kr., Hess., 14 970 E; Brauerei.
Homburg, erstmals in Bad Homburg angefertigter Herrenhut aus steifem Filz m. aufgerolltem, eingefaßtem Rand.
Homburg (Saar) (D-66424), Krst. im Saarpfalz-Kr., Saarland, 45 300 E; AG; div. Ind.; Uni.kliniken u. Med. Fakultät d. Uni. des Saarlands; Buntsandsteinhöhlen; röm. Freilichtmuseum.
Homelands [ˈhoʊmlændz], ehem. halbauton. Gebiete f. die Bantus in Südafrika; Homel.-Pol. d. Apartheidreg. w. internat. verurteilt als Vers., d. Schwarzen a. d. Rand d. Staates zu drängen.
Homer, nicht genau faßbare griech. Dichtergestalt d. 8. Jh. v. Chr., schuf Heldenepen *Ilias* u. (vielleicht) *Odyssee.*
Homer [ˈhoʊmə], Winslow (24. 2. 1836–29. 9. 1910), am. Zeichner u. Maler, d. Ind.; Hptmeister d. am. Naturalismus; *Die Dorfschule; Nach dem Tornado.*
homerisches Gelächter, lautes (Götter-)Lachen, wie es Homer schildert.
Home rule, w. [engl. ˈhoʊm ruːl], von d. irischen Autonomiebewegung geprägte Bez. f. nat. Selbstverwaltung.
Homespun, s. [engl. ˈhoʊmspʌn], rauhes Wollgewebe mit noppenartigem Webmuster aus grobem Streichgarn.
Homiletik, w. [gr.], theol. Wiss.: Predigtlehre.
Hominiden, im biol. System der Familie die *Menschenartigen* m. → *Homo* u. → Australopithecinae.
homo- [gr.], als Vorsilbe: gleich…
Homo, *m.* [l. „Mensch"], im biol. Sinne der Mensch als Gattungsbez., z. B. der ausgestorbene *H. erectus;* der Mensch der Gegenwart trägt den Namen *H. sapiens* → Mensch.
Homo economicus [l. „der ökonomische Mensch"], e. speziell v. d. engl. Nationalökonomen → Ricardo geprägtes Bild e. rationalen, auf Profit bedachten Menschen.
homogen, aus gleichartigen Bestandteilen; Ggs.: heterogen.
homolog, gleichlautend, gleichnamig.
homologe Reihen, in h. R. chem. Verbindungen unterscheidet sich jedes Glied vom nächsten durch Mehr- od. Mindergehalt einer best. Atomgruppe; entsprechend stufenweise ändern sich d. chem. u. phys. Eigenschaften.
Homologie, w., Übereinstimmung.

Homo-mensura-Satz [l. „Mensch-Maß"], nach Protagoras ist jeder einzelne Mensch d. Maß aller Dinge.
Homo novus, Neuling, Emporkömmling.
homonym [gr.], gleichnamig, aber wesensverschieden, mehrdeutig = → äquivok.
homöo-, *homoio-* [gr.], als Vorsilbe: ähnlich…
Homöopathie, von *Hahnemann* aufgestellte Lehre, daß jede Krankheit mit demselben Mittel in kleinsten Mengen zu heilen sei, das in größeren Mengen in der Krankheit ähnl. Bild erzeugt: Ähnlichkeitsregel (→ *similia similibus curantur*); Ggs.: → Allopathie.
Homöostase, *bei Organismen:* (trotz Störungen) stabiler Zustand.
homophon [gr. „gleichklingend"], *mus.* Satztechnik, die melod. Hauptstimme v. allen anderen Stimmen begleitet läßt; Ggs.: → polyphon.
Homosexualität [gr.-l.], auf d. gleiche Geschlecht gerichtetes geschlechtl. Verlangen; homosexuale Handlungen zw. Männern s. 1969 nicht mehr strafbar, wohl aber mit Minderjährigen (§ 175 StGB); → lesbische Liebe.
homozygot [gr.], *einerbig, Zellen diploider* Organismen in bezug auf einzelne od. alle Erbanlagen, wenn v. beiden Eltern ident. → Allele beigetragen werden; Ggs.: → heterozygot.
Homozystinurie, angeborene Störung des Aminosäurenstoffwechsels, kann zu Schwachsinn führen.
Homs, *Hims,* Hptst. d. Prov. *H.* in Syrien, 481 000 E; Handelsplatz, Erdölraffinerie, div. Ind.; Verkehrsknotenpunkt.
Homunculus, *m.* [l. „Menschlein"], künstl. hergest. Mensch (z. B. im *Faust*).
Honanseide, in → Henan hergestellte taftartige Seidengewebe mit dickeren Fadenstellen.

Homer

Erich Honecker

Arthur Honegger

HONDURAS	
Staatsname:	Republik Honduras, República de Honduras
Staatsform:	Präsidiale Republik
Mitgliedschaft:	UNO, OAS, SELA, SICA
Staatsoberhaupt und Regierungschef:	Carlos Roberto Reina
Hauptstadt:	Tegucigalpa 608 000 Einwohner
Fläche:	112 088 km²
Einwohner:	5 493 000
Bevölkerungsdichte:	49 je km²
Bevölkerungswachstum pro Jahr:	Ø 3,00% (1990–1995)
Amtssprache:	Spanisch
Religion:	Katholiken (95%), Protestanten (3%)
Währung:	Lempira (L)
Bruttosozialprodukt (1994):	3162 Mill. US-$ insges., 580 US-$ je Einw.
Nationalitätskennzeichen:	HN
Zeitzone:	MEZ − 7 Std.
Karte:	→ Nordamerika

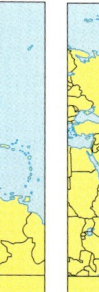

Honduras

Hongkong

Hondecoeter [ˈhɔndəkuːtər], Melchior de (1636–3. 4. 95), ndl. Tiermaler, spezialisiert auf Geflügel; *Exotische Wasservögel; Das Vogelkonzert.*
Hondo → Honshu.
Honduras, Republik in Mittelamerika, gebirgig, m. zahlr. Beckenlandschaften, tropisch. Klima; Bev.: 80% Mestizen, 10% Indianer, 5 % Weiße, Schwarze. **a)** *Wirtsch.:* Hptausfuhrprodukte: Bananen, Kaffee, Tabak; umfangreiche Gold- u. Silbervorkommen, Blei, Zink. **b)** *Außenhandel* (1991): Einfuhr 880 Mill., Ausfuhr 808 Mill. $. **c)** *Verkehr:* Eisenbahn 955 km. **d)** *Verf.* v. 1981: Präsidiale Rep. m. Einkammerparlament (Kongreß). **e)** *Verw.:* 18 Departamentos u. 1 Bundesdistrikt. **f)** *Gesch.:* 1502 v. Kolumbus entdeckt, 1523 span., 1821 unabhängig; 1969 Krieg m. El Salvador; 1972 Mil.reg.; nach Mil.putsch 1978 Redemokratisierung u. Beschneiden d. Positon d. Militärs.
Honecker, Erich (25. 8. 1912–29. 5. 94), SED-Pol.; 1971–89 Erster Sekr. d. ZK d. SED u. Vors. d. Nat. Verteidigungsrat 1976–89 Gen.sekr. d. ZK u. Vors. d. Staatsrats d. DDR, starb im chilenischen Exil.
Honegger,
1) Arthur (10. 3. 1892–27. 11. 1955), schweiz. Komp.; Oratorium: *Kg David;* Opernoratorium: *Johanna auf dem Scheiterhaufen;* Kammermusik; Opern: *Judith; Antigone;* Orchesterwerke; 5 Sinfonien.
2) Gottfried (* 12. 6. 1917), schweiz. Maler, Gebrauchsgraphiker u. Ausstellungsgestalter.
honen [engl.], Ziehschleifen; Feinstbearbeitung v. Metallen (z. B. Motorenzylindern) mit Ziehschleifmaschinen unter Drehen u. Längsbewegung der Schleifkörper.
honett [frz.], ehrbar, rechtschaffen.

Hongkong, bis 1. 7. 1997 brit. Kronkolonie an d. südchin. Küste, besteht aus der Insel *H.* (79 km²), weiteren kleineren Inseln, der Halbinsel Kowloon und anschließendem Pachtgebiet (New Ter-

ritories) auf d. südchin. Festland; größtes Handels- u. Finanzzentrum in SO-Asien; Uni., HS; div. Ind.; Fremdenverkehr. – 1898 v. China f. 99 J. gepachtet; s. 1. 7. 1997 wieder unter chin. Oberhoheit, aber f. 50 Jahre Sonderverwaltungsgebiet (Beibehaltung d. gegenwärt. soz. u. wirtsch. Systems, wirtsch. u. finanz. Freiheit als separates Zollgebiet u. Freihafen).
Honig, von der Honigbiene (u. anderen Hautflüglern) aus Pflanzensäften, → Nektar, unter Zusatz eigener Drüsensäfte hergestellte süße Masse, davon 70 bis 80% v. Invertzucker u. maximal 22% Wasser; weiß bis braun, je nach Herkunft; *Schleuder-H.,* mittels Zentrifuge aus den Waben gewonnen; *Seim-H.,* ausgeschmolzen.
Honiganzeiger, vorwiegend afrikan. Familie d. Spechtsvögel, führen Honigdachs u. Mensch m. Rufen zu Wildbienenstöcken.
Honigdachs, kleines Mardertier, frißt z. T. Bienenhonig; Afrika u. Vorderasien.
Honigklee, Schmetterlingsblütler; viele Arten.
Honigtau, zuckerhaltige Ausscheidung von Blattläusen, die Bienen eintragen („Waldhonig").
Honi soit qui mal y pense [oni'swa ki mali 'pã:s], „Ein Schelm, wer Arges dabei denkt"; frz. Wahlspruch des engl. Hosenbandordens.
Honnef (D-53604), *Bad H.,* St. i. Rhein-Sieg-Kreis, NRW, 22 867 E; Bad (Herz, Stoffwechsel).
Honnefer Modell, 1957 i. Honnef vom Verband Dt. Studentenschaften ausgearbeitetes Förderungssystem f. bedürftige u. begabte Hochschulstudenten; 1971 durch B.ausbildungsförderungsgesetz abgelöst. → Studentenförderung.
Honneurs [frz. (h)ø'nø:r(z)], veraltet: Ehrenbezeigung, *die H.machen,* Gäste bewillkommnen.
Honolulu, Hptst. u. Haupthafen des US-Staates Hawaii auf der Insel Oahu, 365 000 E; Schiffbau, Eisenind.; Ananasausfuhr.
Honorar, *s.* [l.], Vergütung, bes. für Leistungen von Angehörigen der freien Berufe (Ärzte, Schriftsteller usw.).
Honorarprofessor → Professor.
Honoratioren [l.], angesehenste Ortseinwohner.
honorieren, bezahlen (einlösen von Wechseln).
honoris causa [l.], abgek. *h. c.,* ehrenhalber (z. B. bei Verleihung des Ehrendoktors).
Honorius,
1) H. (384–423), Sohn des Theodosius, seit der Teilung des Reiches 395 Kaiser von Westrom.
2) vier *Päpste:* **H. I.** (625–38), auf dem Konzil zu Konstantinopel (681) verdammt („causa Honorii").
Honourable ['ɔnərəbl], Abk. *Hon.,* „ehrenwert", Zusatztitel engl. Adliger u. hoher Beamter.
Honshu, früher *Hondo,* Hptinsel der jap. Inseln, 231 089 km² (mit 382 kleinen Nebeninseln), ca. 99 Mill. E; stark gebirgig, mit buchtenreicher Küste; in der Mitte von der Fossa Magna, dem Großen Graben, durchquert, aus dem sich zahlr. Vulkane erheben (→ Fudschijama), geringer Umfang d. Tieflandes; sehr dicht besiedelt; in den künstl. bewäss. Schwemmlandebenen *(ta)* Reisan-

Hongkong

Hopfen

bau, auf d. 20–40 m h. diluvialen Terrassen *(hata)* Trockenfeldbau; Kupfererze; Erdbebengebiet.
Hontheim, Johannes Nikolaus von (27. 1. 1701–2. 9. 90), Pseudonym: *Justinius Febronius,* dt. kath. Theologe; Weihbischof von Trier.
Honthorst, ndl. Maler d. (Früh-)Barock;
1) Gerrit van (4. 11. 1590–27. 4. 1656), hpts. Nachtstücke; s. Bruder
2) Wilhelm (1594–1666), bes. Bildnisse.
Honvéd, *m.,* ungar. Truppe (urspr. Landwehr).
Hoogh [ho:x], *Hooch,* Pieter de (1629 bis n. 84), ndl. Barockmaler; Szenen d. bürgerl. Lebens in detailliert komponierten (Innen-)Räumen.
Hooligan, *m.* [engl. 'hu:ligən], Raufbold, Rowdy.
Hoorn, *Kap H. (Horn),* südlichste Spitze von Südamerika, auf der Insel H. (Feuerland).
Hoorne, Philipp Gf v. (1518–5. 6. 68), ndl. Staatsm.; stritt f. staatl. u. rel. Freiheit, v. → Alba m. Egmont hingerichtet.
Hoover ['hu:və], Herbert (10. 8. 1874 bis 20. 10. 1964), am. Pol.; 31. Präs. d. USA (1929–33), Quäker, führte nach 1. Weltkrieg Nahrungsmittelversorgung für Mitteleuropa durch; 1931 **H.-Moratorium,** → Reparationen; trat nach d. 2. Weltkrieg für Unterstützung Europas u. Dtlds ein.
Hoover-Damm, früher *Boulder-Damm,* Talsperre am Unterlauf d. Colorado River, USA, 221 m h., 379 m lang; zur Stromerzeugung (u. a. für Las Vegas) u. Bewässerung großer Teile v. Arizona u. Nevada; Stausee: *Lake Mead,* 593 km².
Hope [houp], Bob (* 26. 5. 1903), am. Film- u. Fernsehkomiker; *Road-*Filmserie (u. a. m. Bing Crosby).
Hopfen, Schlingstaude, in Europa u. Asien; weibl. Pflanze an Stangen kultiviert; ihre Fruchtzapfen m. gelben Drüsen besetzt, die narkot. Bitterstoffe enthalten; Zusatz zu Bier; H.bau bes. in Bayern u. in Tschechien.
Hopi, Indianerstamm i. Arizona, 6000 E eines Navajo-Reservats; bekannt f. ihr Sozialleben i. Pueblos.
Hopkins,
1) Sir Frederick Gowland (20. 6. 1861 bis 16. 5. 1947), engl. Chem.; Vitaminforschung; Nobelpr. 1929.
2) Gerard Manley (28. 7. 1844 bis 8. 6. 89), engl. mystisch-rel. Lyriker.
Hoplit, schwergepanzerter Fußsoldat i. alten Griechenland.
Hopper ['hɔpə], Edward (22. 7. 1882 bis 15. 5. 1967), am. Maler, Hptvertr. d. American Scene; Entwicklung v. der impressionist. Manier zur realist. Schilderung in ausdrucksstarker, durch scharf abgegrenzte Licht- u. Schattenzonen noch gesteigerter Farbintensität; Landschaften, Großstadtmotive: *Haus am Bahndamm; Mitternachtsvögel.*
Hoppner ['hɔpnə], John (4. 4. 1758 bis 25. 1. 1810), engl. (Hof-)Porträtist, neben Th. Lawrence führender Bildnismaler d. engl. Aristokratie s. Zeit.
Höppner, Reinhard (* 2. 12. 1948), SPD-Pol., s. 1994 Min.präs. v. Sachsen-Anhalt.
Hora, *w.* [l.], abgek. *h,* Stunde; Mz. → Horen.

Horaz, Quintus *Horatius* Flaccus, röm. Dichter (8. 12. 65–27. 11. 8 v. Chr.), aus dem Kreis des Mäcenas, Schützling des Augustus; *Oden; Satiren; Episteln (Ars poëtica* = Dichtkunst).
Horb a. Neckar (D-72160), St. i. Kr. Freudenstadt, Ba-Wü., 23 037 E; AG; holz- u. metallverarbeitende Ind.; Auerbach-Mus.
Hörbiger,
1) Attila (21. 4. 1896–27. 4. 1987), östr. Schausp.; *Die Julika* (1937); s. Bruder
2) Paul (29. 4. 1894–5. 3. 1981), östr. Bühnen- u. Filmschausp.; *Liebelei.*
Horch, August (12. 10. 1868–3. 2. 1951), dt. Automobilkonstrukteur u. Ind.; Grundlage d. Vergasermaschine.
Horde,
1) Gruppe mehrerer Familien, bes. bei Jäger- u. Sammlervölkern.
2) Gestell zum Trocknen von Obst, Pilzen, Gemüse; auch svw. *Hürde.*
Hordeolum, svw. → Gerstenkorn.
Horeb, Berg d. Gesetzgebung Moses' auf → Sinai.
Horen [gr. u. l. „Stunden"],
1) griech. Göttinnen der Zeit: Eunomia, Dike u. Eirene.
2) die Tageszeiten des kirchl. Stundengebetes.
3) Die H., von Schiller hg. Zeitschrift d. Klassik (1795–97).
Horgen (CH-8810), Bez.hptort am Zürichsee, Schweiz, 17 000 E; Elektro-, Masch.ind. – Seit 952 urkundl. erwähnt, im MA bed. Handelsplatz.
Hörigkeit,
1) in d. *Psychologie:* völlige Abhängigkeit e. Menschen v. einem anderen, bes. in sexueller Hinsicht.
2) im MA dingliche (beschränktes Eigentumsrecht) u. persönl. (Frondienste, beschränkte Freizügigkeit) Unfreiheit; Hörige unterstanden d. Gerichtsbarkeit d. Grundherren, konnten aber im Ggs. zu Leibeigenen bewegl. Eigentum erwerben.
Horizont, *m.* [gr.], *Gesichtskreis,*
1) wahrer H. ist d. scheinbare Trennungslinie zw. Erde u. Himmelsgewölbe.
2) astronom. H.: Kreis, dessen Pkte alle 90° Zenitdistanz haben, kann im bergigen Gelände wesentl. über od. unter dem wahren H. liegen.
horizontal, waagerecht.
Horizontalpendel, waagerecht schwingendes Pendel; Grundprinzip d. → Seismometers.
Horkheimer, Max (14. 2. 1895–7. 7. 1973), dt. Sozialphil., mit Th. W. Adorno Begr. d. → Frankfurter Schule.
Hormone [gr. „Anreger"], *Inkrete,* die Absonderungen der Drüsen mit → innerer Sekretion sowie v. Nervenzellen (Neuro-H.) u. anderer Gewebe (→ Gewebshormone); zus. m. d. Nervensystem regulieren u. koordinieren sie die Funktionen d. Einzelorgane im Gesamtorganismus; *anabole* H. (Anabolika) fördern d. Eiweißaufbau, z. B. → somatotropes Hormon u. → Androgene; *katabole* H. (Katabolika) regulieren u. fördern Abbau im Stoffwechsel, z. B. → Thyroxin u. → Kortikoide; auch pflanzliche H. → Phytohormone.
Hormus, kl. iran. Insel, 20 km²; *Str. v. H.:* verbindet Pers. Golf m. Arab. Meer.
Horn, Heidemarie Rebecca (* 24. 3. 1944), Künstlerin in Berlin u. New York;

„performances", (Schmal-)Filme, Videobänder, Rauminstallationen, Zeichnungen; Spielfilm *La Ferdinanda – Sonate für eine Medici-Villa.*
Horn, Bez.st. i. niederöstr. Waldviertel, 6000 E.
Horn,
1) vorwiegend aus → Keratin bestehendes Abscheidungsprodukt der Haut, aus dem Nägel, Hufe, Schutzpanzer, Federn u. Haare aufgebaut sind.
2) mus. Blechblasinstrument m. drei od. mehr Ventilen; Lieblingsinstrument der Romantik (meist F-Hörner); Abb. → Orchester.
Horn-Bad Meinberg (D-32805), St. u. Kurort im Kr. Lippe, NRW, 17 782 E; Schwefelmoor-, Kohlensäure-, Bewegungsbäder; div. Ind.
Hornberg (D-78132), St. u. Erholungsort im Ortenaukr., Schwarzwald, Ba-Wü., 4876 E; Schloßberg m. Burgruine. Von versch. Ereignissen (erfolgloses Schießen bei d. Belagerung durch d. Villinger 1519, blamabler Empfang des Landesfürsten 1564, wobei das Pulver für die Salutschüsse ausging, oder mißglücktes Schützenfest 1647) abgeleitet wird die Redensart: *Es geht aus wie das Hornberger Schießen,* svw. ergebnisloses Unternehmen.
Hornblende, → Silicatmineral, gehört zu d. → Amphibolen; meist grün od. schwarz, vorwiegend in → Magmatiten u. → Metamorphiten.
Hörnchen, Nagetierfamilie (z. B. → Eichhörnchen, → Ziesel).
Hörner, Stirnschmuck vieler Wiederkäuer; entstehen aus verhornten Hautzellen; werden nicht abgeworfen.
Horney,
1) Brigitte (29. 3. 1911–27. 7. 88), Schauspielerin. Filme: *Der grüne Domino; Savoy Hotel 217; Liebe, Tod u. Teufel; Befreite Hände; Der Gouverneur; Illusion.*
2) Karen (16. 9. 1885–4. 12. 1952), am. Psychoanalytikerin; zentral: soziokulturelle Antriebskräfte des Menschen. *Der neurotische Mensch unserer Zeit* (1937); *Neue Wege in der Psychoanalyse* (1942); *Unsere inneren Konflikte* (1945).
Hornhaut,
1) Stratum corneum, oberste Hautschicht.
2) Cornea; → Auge. – *H.entzündung, Keratitis* u. *H.geschwür, Ulcus corneae, Ulcus serpens* durch Bakterien oder Viren, Gefahr bleibender Schäden.
Hornisgrinde, höchste Erhebung des N-Schwarzwalds, moorreicher Buntsandsteinberg, 1164 m.
Hornisse, größte dt. Wespe; gelb mit Schwarz und Rot; Nester in Baumhöhlungen.
Hornissenschwärmer, Schmetterling aus der Gruppe der Glasflügler; ahmt durch Aussehen und Fluggeräusch eine Stechimme nach.
Hornklee, häufiger Schmetterlingsblütler; gelb, Fahne rötlich, auf trockenen Wiesen.
Hornträger, *Horntiere, Boviden,* Familie d. Paarhufer, fast immer m. 2 Hörnern: Rinder, Antilopen, Ziegen, Gemsen, Schafe.
Hornung, alter dt. Name für Februar.
Horny, Franz Theobald (23. 11. 1798 bis 23. 6. 1824), dt. Zeichner u. Maler d. Romantik aus d. Kreis d. Deutschrömer.

Horoskop, *s.* [gr.], schemat. Darstellung der Gestirnkonstellation z. einer best. Zeit, bezogen auf einen best. geogr. Punkt; zeigt Lage der 12 Tierkreiszeichen zu den 12 Erdraumfeldern („Häusern") u. d. Stellung von Sonne, Mond u. Planeten in ihnen; auch *Nativität* od. *Kosmogramm* gen., i. d. Astrologie.
Horowitz, Vladimir (1. 10. 1904–5. 11. 89), am. Pianist russ. Herkunft (Interpret romant. Klavierliteratur).
Horror vacui, *m.* [l. „Abscheu vor d. Leere"],
1) s. Aristoteles bis ins 17. Jh. geltende Vorstellung v. d. Abscheu d. Natur vor d. (luft)leeren Raum u. ihrem unbedingten Streben nach s. Ausfüllung.
2) in d. bild. Kunst Bez. f. Stilformen flächendeckender Dekoration hpts. in Manierismus u. Frühbarock; Vertr. Dieterlin, Vredeman de Vries.
Hors d'œuvre, *s.* [frz. ɔrˈdœːvr(ə)], Vor-, Beigericht.
Hörselberg, sagenumwobener Berg in Thür., 484 m hoch (Venusberg der Tannhäusersage), an der **Hörsel,** r. Nbfl. der Werra, 60 km.
Horsens, dän. St. in SO-Jütland, 55 000 E; Nahrungsmittel-, Textil- u. Elektroind.
Hörspiel, eigens f. Funksendung geschriebenes od. bearbeitetes (dramat.) Werk; daneben auch *O(riginal)-Ton-Hörspiel* (m. dokumentar. Material u. Montage- od. Collageverfahren).
Horst,
1) geolog. zw. abgesunkenen Nachbarschollen herausragende Scholle (z. B. Harz).
2) Gebüsch, Baumgruppe.
3) Brut- u. Niststätte d. Greifvögel und Reiher, Knüppelnest.
Hörsturz, plötzliche Taubheit, meist o. erkennbare Ursache.
Horta, Victor (6. 1. 1861–8. 9. 1947), belg. Architekt bes. d. Jugendstils (*Hôtel Tassel* u. *Hôtel Solvay,* Brüssel); später m. neuklassizist. Tendenz (*Palais des Beaux-Arts,* Brüssel).
Horta [ˈɔrtɐ], Hafenst. auf den Azoren, 8000 E.
Horten, norweg. Hafenst. a. Oslofjord, 14 000 E; Hafen der norweg. Marine.
Hortense [ɔrˈtãːs] (10. 4. 1783–5. 10. 1837), geb. Beauharnais, Kgn v. Holland, 1802–10 Gattin Ludwig Bonapartes, Mutter Napoleons III.
Hortensie, Zierstrauch aus O-Asien mit gr., runden Blütenständen.
Horthy von Nagybánya [ˈ-nɔdjbaːɲɒ], Nikolaus (18. 6. 1868–9. 2. 1957), Admiral; letzter Oberbefehlshaber d. östr.-ungarischen Flotte. 1920–44 Reichsverw. d. ehem. Kgr.s Ungarn.
Hortobágy [-baːdj], Pußta i. ö. Alföld (S-Ungarn); Viehzucht; Naturschutzgebiet.
Hortung, allg. Anhäufung v. Bargeld u. Gütern; *volksw.* langfristiger Entzug v. Zahlungsmitteln aus d. aktiv zirkulierenden Geldkreislauf.
Hortus deliciarum, *m.* [l. „Garten d. Freuden"], Samml. v. erbaul. Schriften aus Antike u. Christentum, verfaßt u. illustriert v. d. Nonne und Äbtissin Herrad v. Landsberg.
Horus, ägypt. Gottheit; mit Falkenkopf.
Horváth, Ödön von (9. 12. 1901–1. 6. 38), östr.-ungar. Dichter; sozialkrit. Volksstücke u. Romane; Dramen: *Ge-*

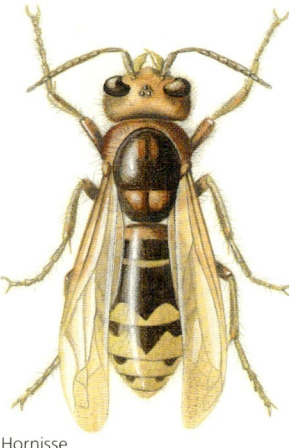
Hornisse

Hornklee

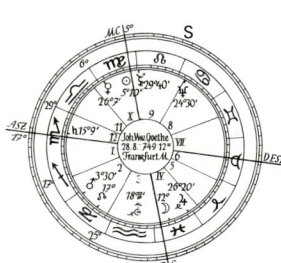
Horoskopschema

schichten aus d. Wienerwald; Glaube, Liebe, Hoffnung.
Horw (CH-6048), Vorort v. Luzern, am Vierwaldstätter See, Schweiz, 11 600 E; Sitz d. Zentralschweiz. Technikum.
Hosea,
1) einer d. 12 Kleinen Propheten d. A.T.
2) d. letzte Kg v. Israel (734–722 v. Chr).
Hosenbandorden [engl.], *Order of the Garter,* 1350 gestiftet, höchster engl. Orden; Wahlspruch: → Honi.
Hosenrolle, in Theater u. Oper Darstellung einer Männergestalt durch eine Frau.
Hosianna, *Hosanna,* [hebräisch „hilf doch"], Jubelruf beim Einzug Christi in Jerusalem.
Hosmer [hoʊsmə], Harriet (9. 10. 1820–21. 2. 1908), am. Bildhauerin d. Neoklassizismus, gefeiert bes. f. ihre techn. Virtuosität; auch kulturell u. gesellschaftl. einflußreicher Mittelpunkt e. Künstlerinnengruppe in Rom (u. a. E. → Lewis u. A. Whitney); *Beatrice Cenci; Puck.*
Hosokawa, Morihiro (* 1938), 1993/1994 japan. Min.präs.
Hospital, *s.* [l.], Krankenhaus.
Hospitalet, St. i. d. span. Prov. Barcelona, 277 000 E; Textilindustrie.
Hospitalismus [l.]
1) durch längeren Krankenhaus- od. Heimaufenthalt verursachte körperl. u. insbesondere seel. Veränderungen, v. a. bei Kindern.
2) Infektionen m. schwer zu bekämpfenden „Hospitalkeimen" (z. B. best. → Staphylokokken).
Hospitaliter, *m. u. w.,* Ordensgemeinschaften i. Dienst d. Kranken i. Hospitälern, z. B. → Johanniterorden.
hospitieren, als Gast *(Hospitant)* einer Unterrichtsstunde od. akadem. Vorlesung beiwohnen.
Hospiz, *s.,* Herberge, Hotel od. Gasthaus, v. christl. Mönchen od. christl. Vereinen unterhalten.
Hostalen®, Kunststoff aus Polyethylen; elastisch u. sehr resistent.
Hosteß, *w.* [engl.], Betreuerin, Begleiterin v. Reisegesellschaften; Bardame (in USA); Stewardeß.
Hostie, *w.* [l.], Oblate aus ungesäuertem Brot (→ Transsubstantiation).
Hot dog [engl.], in ein ausgehöhltes Brötchen gelegtes heißes Wiener Würstchen.
Hotel, *s.* [frz.], größeres Gasthaus.
Hôtel [oˈtɛl], in d. frz. Architektur,
1) s. d. Renaiss. Bez. f. d. elegante, z. T. palastart. Stadthaus e. (Land-)Adeligen; z. B. *H. Carnavalet* in Paris; dann übertragen auf
2) repräsentat. öff. Gebäude: *H. de Dieu* (Krankenhaus); *H. de ville* (Rathaus).
Hotel garni, Bez. f. Hotel, das nur Frühstück gewährt.
Hot Jazz [engl. „heißer J."], urspr. Ggs. z. *Sweet J.,* dem versüßlichten Pseudo-J.; später auch z. *Cool Jazz,* der fortgeschrittenen, „kühlen" J.form; H. J. umfaßt alle J.stile, in denen b. „heißer" Tongebung urspr. u. vital improvisiert wird, also New-Orleans-Stil, Dixieland, Swing u. Bebop.
Hotline [engl. ˈhɒtlaɪn], telefon. Direktverbindung.
Hot pants [engl. -ˈpænts], heiße Höschen; 1971 entwickelte, bes. kurze Damenhose.

Ho Tschi Minh (19. 5. 1890–3. 9. 1969), nordvietnames. Pol.; 1954–69 Staatspräs.
Ho-Tschi-Minh-Pfad → Laos.
Ho-Tschi-Minh-Stadt, *Thanh-Pho Ho Chi Minh,* s. 1975 f. *Saigon,* ehem. Hptst. von Südvietnam am Saigon-Fluß, 4 Mill. E (m. angrenzender Ind.stadt *Cholon*); Uni., Hafen.
Hot Springs, St. i. Arkansas, 40 000 E; *H.-Nationalpark* m. berühmten heißen Quellen.
Hottentotten, südafrikan. Viehzüchtervolk m. stark hamitisch beeinflußter Sprache u. Kultur, mittelgroß, hellederfarbig, schlitzäugig, bildet mit den Buschmännern die Khoisan-Rasse (→ Rasse, Übers.).
Hottentottenschürze, über 12 cm verlängerte kl. Schamlippen b. Frauen d. Hottentotten u. Buschmänner.
Hötzendorf, Conrad von (1852 bis 1925), österr.-ungar. Feldmarschall; im 1. Weltkr. Oberbefehlsh. d. Heeres.
Hotzenwald, Landschaft des südl. Schwarzwaldes.
Houdon [u'dõ], Jean-Antoine (20. 3. 1741–15. 7. 1828), frz. Bildhauer des ausgehenden Barock u. Klassizismus; bes. Porträts: u. a. *Diderot; Voltaire.*
Hounsfield ['haʊnz-], Geoffrey N. (* 28. 8. 1919), engl. Naturwiss.; (zus. m. A. M. → McCormack) Nobelpr. f. Med. 1979 (Entwicklung d. Computertomographie).
House [engl. haʊs], von Discjockeys zusammengemischte, vorbereitete Dance-Mix-Versionen.
House of Commons, s. ['haʊs əv 'kɒmənz], engl. → Unterhaus.
House of Lords, s. [-'lɔːdz], engl. → Oberhaus.
Houssay [u'saɪ], Bernardo Alberto (10. 4. 1887–21. 9. 1971), argentin. Med.; erkannte Bedeutung d. Hypophysenvorderlappens f. Zuckerstoffwechsel; Nobelpr. 1947.
Houston ['hjuːstən], St. im US-Staat Texas, am Buffalo River, 1,7 Mill. E; Baumwollind., chem. u. stahlverarbeitende Ind.; Seekanal z. Golf v. Mexiko, größter Getreide- u. Baumwollhafen der USA; Raumfahrtzentrum der NASA.
Hovawart [ahdt. „Hofwächter"], langhaarige Schutzhundrasse, Rückzüchtung altdt. Bauernhunde.
Howard ['haʊəd], Sir Ebenezer (29. 1. 1850–1. 5. 1928), engl. Sozialreformer u. Architekturtheoretiker (urspr. Stenotypist); entwickelte d. Siedlungstyp d. selbständ. Gartenstadt; Programmschrift *Tomorrow: A Peaceful Path to Social Reform.*
Höxter (D-37671), Krst. an d. Weser, NRW, 33 408 E; AG; m. alter Reichsabtei *Corvey* → Ind. – Urspr. karoling. Königshof; 1150 Stadt.
Hoyerswerda (D-02977), Krst. i. Brandenburg (Niederlausitz), 70 000 E; s. d. 50er Jahren rasches Wachstum (Braunkohle); im Herbst 1991 gewalttätige Ausschreitungen gg. e. Asylbewerberheim in H., dessen Bewohner dann ausquartiert wurden.
Höynck, Dr. Wilhelm (* 11. 12. 1933), dt. Diplomat; 1971–75 bei d. dt. NATO-Vertretung, 1991–93 KSZE-Botschafter, 1993–96 erster Generalsekr. d. → KSZE in Wien.

Hrotsvitha v. Gandersheim,
Holzschnitt von Dürer

Hubble Space Telescope

Ricarda Huch

Viktor Hugo

HP [engl.], → Pferdestärke.
Hrabanus Maurus, *Rabanus M.* (um 776–856), Abt in Fulda; 847 Erzbischof v. Mainz; begr. 1. dt. Klosterschule in Fulda; Ehrenname: *Praeceptor Germaniae.*
Hradschin, *m.,* der hochgelegene Teil Prags mit der ehemal. kgl. Burg.
Hrawi, Hraoui Elias (* 4. 9. 1926), s. 1989 libanes. Staatspräs.
Hrdlička, Alfred (* 27. 2. 1928), öster. Maler, Bildhauer u. Graphiker.
Hrotsvitha, von Gandersheim (um 935–nach 973) Kanonissin, 1. dt. Dichterin i. Dtld; lat. geistl. Lesedramen: *Dulcitius; Abraham;* Epos: *Otto I.*
Hua Guofeng [xua-] (* 1921), chin. Pol.; 1976–80 Min.präs., 1976–81 Vors. d. ZK d. KP Chinas.
Huancayo [uan-], Prov.hptst. i. Peru, 190 000 E; Erzbischofssitz, Uni.; Erz-, Nahrungsmittel-, Textilind.
Huang He [chin. xuaŋxʌ „Gelber Fluß"], *Hoang-ho, Hwang-ho,* zweitgrößter Strom Chinas, 5464 km lang, vom Kunlun-Gebirge in den Golf von Bo; Bett- u. Mündungsveränderungen (zuletzt 1887), darum das „Unglück Chinas"; wenig schiffbar; zahlreiche Staustufen u. Großkraftwerke.
Huang Hua [xuaŋ xuaŋ] (* 1913), chines. Pol.; 1971–76 Leiter der chin. UNO-Delegation, 1976–82 Außenmin.
Hub, Hin- bzw. Hergang eines Maschinenteils (z. B. eines Kolbens im Zylinder), auch die dabei zurückgelegte Wegstrecke.
Hubbard, Lafayette Ronald (13. 3. 1911–24. 1. 86), am. Science-fiction-Schriftst. u. Sektengründer: → *Scientology;* pseudowiss. „dianet. Engrammtheorie"; *Dianetics.*
Hubble [hʌbl], Edwin Powell (20. 11. 1889–28. 9. 1953), am. Astronom; entdeckte Sternstruktur d. bis dahin als Spiralnebel bezeichneten Galaxien u. fand Zus.hang zw. d. → Rotverschiebung (Fluchtgeschwindigk.) u. d. Entfernung d. Galaxien; nach ihm nimmt d. Fluchtgeschwindigkeit je Million Parsec um 75 km/s zu *(Hubble-Konstante).*
Hubble Sequenz [hʌbl-], Klassifikation d. Galaxien nach ihrer Form in *elliptische, linsenförmige, Spiralgalaxien* u. *irreguläre Galaxien;* graph. im sog. Stimmgabeldiagramm zus.gefaßt.
Hubble Space Telescope, Fernrohr in Erdumlaufbahn seit 1990; Vorteil: keine Absorption od. Verschmierung der Lichtstrahlen durch d. Atmosphäre; Durchmesser des Spiegels 1 m; e. erst nach d. Anwendung im Weltraum erkannter Fehler bei d. Bearbeitung des Spiegels verhinderte bis Ende 1993 d. volle Ausnutzung der theoret. Vorteile. Seit d. erfolgreichen Reparatur (Einsetzen e. Korrekturoptik) durch am. Astronauten in e. spektakulären Space Shuttle Mission liefert H.S.T. Bilder d. erwarteten Qualität.
Hubei [xubeĭ], früher *Hupeh,* zentralchin. Prov. im Stromgebiet des mittleren Chang Jiang, 187 500 km², 54 Mill. E; Reis- und Teeanbau, Eisenerz; Hptst. Wuhan.
Hubel ['jʊbəl], David H. (* 27. 2. 1926), am. Neurobiol.; (zus. m. R. W. → Sperry u. T. N. → Wiesel) Nobelpr. 1981 (Forschungen zu d. Sehrindenzellen).

Huber,
1) **Antje** (* 23. 5. 1924), dt. SPD-Pol.in; 1976–82 B.min.in f. Jugend, Familie u. Gesundheit.
2) **Erwin** (* 26. 7. 1946), CSU-Pol.; 1988–94 Gen.sekretär d. CSU.
3) **Kurt** (24. 10. 1893–13. 7. 1943), dt. Phil., Psych. u. Musikwiss.; als Mittelpunkt d. Widerstandsgruppe → Weiße Rose (Uni München) hingerichtet.
4) **Robert** (* 20. 2. 1937), dt. Chemiker, Strukturanalyse von Photosynthese-Rezeptoren; Nobelpr. 1988.
5) **Wolf** (um 1485–3. 6. 1553), dt. Baumeister u. hpts. Maler u. Zeichner d. → Donauschule; relig. Themen, Bildnisse.
Huberman, *Hubermann,* Bronislav (19. 12. 1882–16. 6. 1947), poln. Geiger; Gründer (1936) d. späteren Israel Philharmonic Orchestra.
Hubert [ahdt., Kurzform zu Hugbert „d. Geisteskühne"], m. Vn.
Hubertus, Hlg., Patron der Jäger; nach der Legende von kreuztragendem Hirsch bekehrt (Tag 3. 11.).
Hubertusburg, ehem. kurfürstl.-sächsisches Jagdschloß bei Wermsdorf (1743–51); *Friede von H.* (1763) beendete d. 7jährigen Krieg.
Hublader, Spezialfahrzeug f. Verladen v. Massengütern m. Ladeschaufel vor d. Führersitz.
Hübsch, Heinrich (9. 2. 1795–3. 4. 1863), dt. Architekt u. Restaurator (Westfassade d. Doms in Speyer), e. Wegbereiter d. Historismus; Grundsatzschrift *In welchem Stil sollen wir bauen?*
Hubschrauber → Drehflügelflugzeuge.
Huch,
1) **Friedrich** (19. 6. 1873–12. 5. 1913), dt. Schriftst.; *Pitt u. Fox; Enzio;* s. Cousine
2) **Ricarda** (18. 7. 1864–17. 11. 1947), dt. Schrift.in d. Neuromantik; *Liebesgedichte;* Romane: *Ludolf Urslou; Aus der Triumphgasse;* geschichtl. Darstellungen: *Der große Krieg in Dtld; D. Romantik; Urphänomene;* ihr Bruder
3) **Rudolf** (28. 2. 1862–12. 1. 1943), dt. Schriftst. u. Kritiker; *Die Familie Hellmann.*
Huchel, Peter (3. 4. 1903–30. 4. 81), dt. Lyriker; *D. Sternenreuse; D. neunte Stunde;* Hörspiele.
Huchen, Lachsart des Donauraums; kupferrote Tönung, bis 2 m.
Hückelhoven (D-41836), St. i. Kr. Heinsberg, NRW, 35 086 E; Anthrazit-, Steinkohlenbergbau, div. Ind.
Huckepack-Verkehr, Beförderung von Sattelaufliegern durch d. Bundesbahn.
Hückeswagen (D-42499), St. i. Oberbergischen Kr., a. d. Wupper, Rgbz. Köln, NRW, 15 270 E; Metallind.
Huddersfield ['hʌdəzfiːld], engl. Ind.st. in West Yorkshire, 124 000 E; Tuch- und Wollind.
Hudewald, svw. → Hutewald.
Hudson [hʌdsn], Fluß im Staate New York, USA, von den Adirondack Mountains, 492 km lang, mündet bei New York; bis Albany schiffbar.
Hudson [hʌdsn],
1) **Henry** (um 1550–1611), engl. Seefahrer; drang 1610 bis zur *Hudsonbai* vor.

2) Rock (7. 11. 1925–2. 10. 85), am. Filmschauspieler; *Bettgeflüster.*
Hudsonbai, flaches Binnenmeer im östl. Kanada (westl. von Labrador), 1,2 Mill. km², 6–8 Monate zugefroren („Eiskeller Amerikas"), durch die **Hudsonstraße** mit dem Atlant. Ozean, durch das Foxe-Becken m. Nördl. Eismeer verbunden.
Hudson River School [hʌdsn ˈrivəskuːl], am. Malergruppe zw. 1825 u. etwa 70; entdeckte d. unberührte Landschaft (d. Hudson-Tals, später auch and. Regionen) f. d. Malerei; verband romant. Naturauffassung mit realist. Darstell.; Hptvertr. Th. Cole u. A. B. Durand, der als erster am. Maler unmittelbar in d. Natur arbeitete.
Hué, Hptst. v. Annam in Vietnam, 260 000 E; alte Paläste, Uni., Reishandel; 1967 stark zerstört.
Huelsenbeck, Richard auch *Charles Richard Hulbeck* (23. 4. 1892–20. 4. 1974), dt. Dichter u. Schriftst.; Mitbegr. der Züricher u. Berliner → *Dada*-Gruppen.
Huelva [ˈuɛlβa], Hptst. der südspan. Prov. *H.,* am Golf v. Cádiz, 139 000 E; Hafen; Erdölraffinerie, Eisen- u. Stahlind.; Erzausfuhr, Wein u. Südfrüchte.
Huerta, w. [span. ˈuɛr– „Garten"], gartenartig bebautes Ackerland in Spanien.
Huf, horniger Zehenüberzug bei den → Huftieren. – Rinder-H. → Klaue; z. Schutz bes. auf Pflaster d. *Hufeisen.*
Hufe, im MA Anteil der Bauernfamilie an der Dorfflur; etwa 20–40 Morgen.
Hufeland, Christoph Wilhelm (12. 8. 1762–25. 8. 1836), dt. Arzt; Einführung der Pockenschutzimpfung u. Leichenhäuser.
Huflattich, sehr früh blühender Korbblütler, gelbe Blüten ersch. v. d. Blättern.
Hüftgelenkentzündung, *Coxitis,* z. B. bei Gelenkrheuma, bei Säuglingen oft durch Infektion.
Hüftgelenksverrenkung, *Luxation, Dysplasie,* oft angeboren; Oberschenkelkopf steht nicht in d. Beckenpfanne, frühzeitige Behandlung (Spreizhöschen) nötig, u. bleibende Schäden zu vermeiden.
Huftiere, *Ungulaten,* Ordnungsgruppe der Säugetiere, Huftträger; Pflanzenfresser; Einteilung: *Paarhufer:* Schweineartige: Flußpferde, Schweine; Wiederkäuer: Kamele, Zwergböckchen, Hirsche, Hornträger, Giraffen; *Unpaarhufer:* Tapire, Nashörner, Pferde; Erdferkel, Klippschliefer, Elefanten, Seekühe.
Hugenberg, Alfred (19. 6. 1865–12. 3. 1951), dt.nat. Pol.; baute seit 1916 **H.konzern** auf (Scherl-Verlag, Telegraphen-Union, Ufa, Korrespondenz usw.); 1928 Vors. d. DNVP (→ Parteien), 1931 Mitgl. d. → Harzburger Front.
Hugenotten [„Eidgenossen"], frz. Protestanten (Calvinisten) i. 16.–18. Jh.; 1562–98 **H.kriege,** 1562 Blutbad von Vassy, 1572 → Bartholomäusnacht; 1598 Edikt von → Nantes, 1685 aufgehoben; Verfolgungen: Hunderttausende flohen ins Ausland (Refugiés); 1787 Duldung.
Huggins [ˈhʌg-], Charles Brenton (* 22. 10. 1901), kanad. Med.; Forschung auf d. Gebiet d. Bekämpfung v. Krebs durch gegengeschlechtl. Hormone; Nobelpr. 1966.
Hughes [hjuːz], David Edward (16. 5. 1831–22. 1. 1900), engl. Phys.; erfand d.

Kohlemikrophon u. den **H.apparat,** einen → Fernschreiber.
Hugo,
1) *H.* [yˈgo] *Capet* (um 940–996), Gf von Paris, Hzg v. Franzien, 987 erster frz. Kg.
2) *H.* († 947), König von Italien, vereinigte 933 die burgundischen Königreiche.
3) [yˈgo], *Victor* (26. 2. 1802–22. 5. 85), frz. Dichter d. Romantik; Demokrat, als Gegner Napoleons III. 1851–70 verbannt; Oden, Balladen; Romane: *Der Glöckner von Notre-Dame; Die Elenden;* Drama: *Hernani.*
Hugo van der Goes [-ˈxuːs], (um 1400–82), ndl. Maler d. ausklingenden Spätgotik; wegweisend auch für d. Florentiner Malerei bes. durch e. neuart. Schilderung d. inneren Bewegth. d. Figuren; *Portinari-Altar, Tod der Maria.*
Hugo von Trimberg, (um 1230–nach 1313), dt. bürgerl. Dichter; Lehrgedicht: *Der Renner.*
Hühner, *Echte H., Kammhühner,* Gattung d. → Hühnervögel; Kopfkamm, Halslappen; → Nestflüchter; versch. Wildhühner; unser *Haushuhn* stammt v. ind. Bankivahuhn ab; wichtige Rassen: Leghorns, rebhuhnfarbige Italiener, Rhodeländer, Wyandotten.
Hühnerauge, *Leichdorn, Clavus,* durch Schuhdruck entstehende Verdickung d. äußersten Hautschicht (Hornzellen) mit zapfenart. Hornkegel bis in tiefere Hautschichten.
Hühnerbrust, Mißbildung des Brustkorbs mit kielförmig vorspringendem Brustbein u. seitl. Abflachung, bes. b. Rachitis.
Hühnervögel, Vogelordnung, polygame Erdbrüter, schlechte Flieger; d. → Hühner, → Waldhühner, Feldhühner (→ Rebhuhn) u. a.
Huitzilopochtli, indian. Stammes- u. Hochgott d. Azteken, auch Kriegs- u. Sonnengott.
Huizinga [ˈhœizɪŋxaː], Johan (7. 12. 1872–1. 2. 1945), ndl. Kulturhistoriker u. Kulturkritiker; *Der Herbst des Mittelalters; Erasmus; Homo ludens.*
Hula, hawaiian. Tanz m. rhythm. Hüftbewegungen; *Hula-Hoop,* am. Reifen, m. dem diese nachgeahmt werden.
Hulk [engl. hʌlk], ein zu Wohn- oder Lagerzwecken genutztes, ausrangiertes Schiff.
Hull → Kingston-upon-Hull.
Hulmans → Schlankaffen.
Hulse, Russell A. (* 28. 11. 1950), am. Astrophysiker, Erforschung von Pulsaren, Nobelpr. 1993 zus. m. J. → Taylor.
Hülse,
1) einfächerige Frucht, die meist mit zwei Rissen aufspringt; bei den → Hülsenfrüchtlern.
2) svw. → Stechpalme.
3) Umhüllung aus Blech.
Hülsenfrüchtler, *Leguminosen,* Schmetterlingsblütler, Frucht → Hülse (z. B. Erbsen, Bohnen, Linsen).
Hülsenwurm,
1) Finne des Hunde-→ Bandwurms.
2) Larve der → Köcherfliege.
Hultschin, tschech. *Hlučín,* St. a. d. Oppa, 23 000 E; Strumpfind.
Hultschiner Ländchen, zw. Oppa u. Oder, 314 km²; Industriegebiet, früher preuß.; 1919–38 u. s. 1945 zur Tschech. Rep.

Huflattich

Hühner, von oben nach unten
Rhodeländer, Italiener,
New Hampshire

human [l.], menschl. edel, menschenfreundlich.
Humanae vitae, Enzyklika Papst Pauls VI. zur Frage d. Geburtenregelung (1968); verwirft → Kontrazeption, ausgenommen → Knaus-Ogino-Methode.
Human Engineering [engl. ˈhjuːmən ɛndʒɪˈnɪərɪŋ], Bez. für die Untersuchung der psych. Voraussetzungen für die Gestaltung von Arbeitsplätzen u. -prozessen durch die Arbeits- u. Industriepsychologie.
Humangenetik, Wissenschaft v. d. Vererbungsvorgängen beim Menschen, z. B. die Frühdiagnose mögl. Erbkrankheiten.
Humanismus, Bewegung zu Beginn der Renaissance; erstrebte wahrhaft menschl. Bildung durch Studium antiker Schriftst. **Humanisten,** Vertr. d. Humanismus: *Erasmus, Reuchlin, Hutten, Melanchthon* u. a.
humanistisch
1) d. vorwiegend auf lat.-griech. Bildungsgut aufgebaute Lehranstalt (Gymnasium); die dort gewonnene Bildung.
2) vielerlei Bestrebungen, das menschl. Leben human zu gestalten (z. B. Humanist. Union).
Humanistische Union, 1961 gegr. dt. Vereinigung von Angehörigen aller rel. u. weltanschaul. Bekenntnisse z. Schutz d. Persönlichkeitsrechte u. z. Förderung einer freiheitl.-demokr. Ordnung.
humanitär, svw. zum Wohle der Mitmenschen (z. B. Krankenpflege).
Humanität, edles Menschentum, Menschenwürde. *H.sideal,* im 18. Jh. aufgestellt; *Erziehung des Menschengeschlechts* (Lessing); *Briefe zur Beförderung der H.* (Herder).
Humann, Karl (4. 1. 1839–12. 4. 96), dt. Ing.; entdeckte den → Pergamonaltar.
Human Relations [engl. ˈhjuːmən rɪˈleɪʃənz], aus der am. Sozialpsychologie stammende Bez. f. zwischenmenschl. Beziehungen, bes. innerhalb e. Betriebes.
Humber [ˈhʌmbə], Mündungstrichter d. engl. Flüsse Trent u. Ouse, a. d. Nordseeküste, 60 km lang.
Humboldt, Brüder:
1) *Alexander v.* (14. 9. 1769–6. 5. 1859), dt. Naturforscher u. Geograph; 1799–1804 gr. Mittel- u. Südamerikareise, Chimborazobesteigung, 1829 Ural- u. Altai-Expedition; Forschungen über

Klimakunde, Pflanzenmorphologie; *Kosmos.*
2) Wilhelm v. (22. 6. 1767–8. 4. 1835), preuß. Staatsmann, Freund Schillers u. Goethes, Gründer d. Berliner Uni., vergleichende Sprachwiss. u. Phil. d. Sprache; *Ideen zu einem Versuch, die Grenzen der Wirksamkeit des Staates zu bestimmen* (Grundlage liberaler, demokratischer Staatsauffassung); *Briefe an eine Freundin; Briefwechsel* mit seiner Frau *Karoline,* geb. von Dacheröden (1766 bis 1829).
Humboldt-Stiftung, 1859 u. 1925 gegr., Sitz: Bonn; gewährt qualifizierten ausländ. Akademikern Stipendien f. Forschungsvorhaben i. d. BR.
Humboldtstrom, *Perustrom,* kalte nördl. Meeresströmung an der W-Küste von Südamerika; nährstoff- u. fischreich.
Humbug, *m.* [engl.], Schwindel.
Hume [hju:m], David (7. 5. 1711–25. 8. 76), engl. Phil., Staatsmann, Historiker, erkenntnistheoret. Skeptiker, Hauptvertreter der engl. Aufklärung (Empirist); Einfluß auf Kant; alle Vorstellungen entstehen aus sinnl. Eindrücken: „Assozia-

Alexander v. Humboldt

Wilhelm v. Humboldt

Steinhummel

Hummelschwärmer

Hünengrab bei Knebel/Dänemark

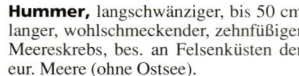
Hummer

tion" d. Vorstellungen; Kausalitätsbegriff beruht auf Gewohnheit; es gibt keine Substanz, weder in d. Natur noch im „Ich"; *Über den menschlichen Verstand.*
humid [l.], feucht.
Humiliaten [l. „humilis = demütig"], männl. u. weibl. Ordensgemeinschaften i. Italien (Anf. 13. Jh.), entstanden aus d. ma. Armutsbewegung.
Hummel, Johann Nepomuk (14. 11. 1778–17. 10. 1837), östr. Pianist u. Komp. virt. Klavierw.; Trompetenkonzert.
Hummeln, plumpe, dicht behaarte Bienen; Weibchen baut im Frühling in der Erde einfaches Nest, das später höchstens einige hundert Bewohner zählt und im Herbst zugrunde geht; nur die befruchteten Weibchen (Königinnen) überwintern einzeln in einem Erdloch oder unter Moos.
Hummelschwärmer, hummelähnlicher Falter.

Hummer, langschwänziger, bis 50 cm langer, wohlschmeckender, zehnfüßiger Meereskrebs, bes. an Felsenküsten der eur. Meere (ohne Ostsee).
Humor, *m.* [l. „Feuchtigkeit"], gute Laune; Fähigkeit, dem Leben u. ernsten Dingen durch geistige Durchdringung eine heitere Seite abzugewinnen.
humoral, Körperflüssigkeiten betreffend (Ggs.: zellulär).
Humoralpathologie → Dyskrasie.
Humoreske, *s.,* lustige Geschichte.
Humperdinck, Engelbert (1. 9. 1854 bis 27. 9. 1921), dt. Opernkomp.; *Hänsel und Gretel; D. Königskinder.*
Humphrey ['hʌmfri], Hubert Horatio (27. 5. 1911–13. 1. 78), am. demokr. Pol.; 1948–64 Senator, 1965–69 Vizepräsident der USA.
Humus, *m.* [l.], obere Bodenschicht; durchsetzt von zerfallenden Resten von Tieren und Pflanzen, meist sauer; → pH-Wert.
Hunan, südchin. Prov., zwischen den Flüssen Yuan Jiang u. Xiang Jiang, 210 500 km², 61 Mill. E; Reis-, Tee- u. Getreideanbau, Vorkommen v. Antimon, Mangan, Blei, Zink, Zinn u. Wolfram; Hptst. *Changsha.*
Hund,
1) Großer H., Kleiner H. → Sternbilder, Übers.
2) Hunt, Förderwagen im Bergbau.
Hunde, *Caniden,* Familie der Raubtiere, umfaßt Wölfe, Füchse, Schakale und Hunde. *Haus-H.,* vom Wolf abstammend; viele Rassen; teils auch wild.
Hundertjähriger Kalender, auf dem Kalender des Abtes M. *Knauer* (1612–64) aufgebaute Sammlung astrolog. begr. Wettervorhersagen; 1701 als Volksbuch erschienen; wiss. nicht haltbar.
Hundertjähriger Krieg, zw. England u. Frankreich 1337–1453.
hundert Tage, Napoleons I. Regierungszeit nach seiner Rückkehr von Elba, 20. 3.–18. 6. 1815.
Hundertwasser, Friedensreich, eigtl. *Friedrich Stowasser* (* 15. 12. 1928), östr. Maler u. Graphiker; im Anklang an d. Jugendstil ornamental aufgebaute Kompositionen v. intensiver Farbigkeit.
Hundesteuer, Gemeindesteuer auf das Halten v. Hunden.
Hundewurm, svw. Hunde-→ Bandwurm.
Hundsaffen, kurzschwänzige, bodenbewohn. Affen Afrikas u. Asiens, m. vorgebauter, hundeähnl. Schnauze, Allesfresser (z. B. → *Makaken,* → Paviane, → Mandrill).
Hundshai, *Galeorhinus galeus, Grundhai,* bis 2 m lang u. 50 kg schwer; kommt i. d. warmen u. gemäßigten Schelf- u. Flachwassergebieten Eur. v. Island b. z. d. Kanaren u. i. gesamten Mittelmeer vor.
Hundstage, in Europa heißeste Zeit des Jahres, etwa vom 24. 7. bis 24. 8., benannt nach dem *H.stern* (Sirius im Sternbild *Gr. Hund*).
Hünengräber, vorgeschichtl., vorwiegend jungsteinzeitl. und bronzezeitl. Großsteingräber; im Volksglauben von Riesen *(Hünen),* bes. in N-Dtld, Skandinavien, England.
Hünfeld (D-36088), St. i. Kr. Fulda, Hess., 14 219 E; Textilind.; AG; spätgot. Pfarrkirche (1517 begonnen).
Hungerkralle, volkstüml. Bez. f. d. 1951 in Berlin am Flughafen Tempelhof errichtete Luftbrückendenkmal.
Hungertuch, *Fastentuch,* i. MA in kath. Kirchen während der Fastenzeit vor d. Altar aufgehängtes Tuch; daher: „am H. nagen".
Hunnen, mongolisches Nomadenvolk, schon seit 3. Jh. v. Chr. an Grenzen Chinas; Vorstoß gegen W (375 n. Chr.), setzte die german. Völker am Schwarzen Meer (Goten, Alanen) in Bewegung (Völkerwanderung); größte Ausdehnung des Reiches unter → *Attila;* nach seinem Tod Zerfall des Reiches.
Hunsrück, SW-Teil d. Rhein. Schiefergebirges zw. Mosel, Rhein u. Nahe; *Erbeskopf* 816 m.
Hunt [hʌnt],
1) Richard Morris (31. 10. 1828–31. 7. 95), am. Architekt; Wegbereiter u. Hptvertr. d. Neurenaiss. frz. Prägung in Amerika, Mitbegr. d. American Institute of Architects; *Tribune Building* u. Fassade d. Metropolitan Museum in New York.
2) William Holman (2. 4. 1827–7. 9. 1910), engl. Maler, Mitbegr. d. Präraffaëliten-Bruderschaft; *Der Triumph der Unschuldigen.*
Hunte, l. Nbfl. d. Weser, 186 km l., mit d. Ems durch Küstenkanal Dörpen–Oldenburg (70 km l.) verbunden.
Hupe, Signalinstrument f. Kfz.
Hüpferlinge → Ruderfüßer.

Hunde
Alaskan Malamute, l. Basenji Jagdhund, r.

Hurd [hə:d], Douglas (* 8. 3. 1930), 1989–1995 Außenminister von Großbritannien.
Hürdenlauf, leichtathlet. Laufdisziplin m. jeweils 10 Hürden über versch. lange Strecken; Männer: 110 m, 200 m, 400 m; Frauen: 100 m, 400 m.
Huri, nach Koran: Paradiesjungfrau.
Huronen, indian. → Irokesen-Stamm.
Huronsee ['hjʊə-], zweitgrößter d. fünf → Großen Seen in N-Amerika, 59 570 km², 176 müM; Fischerei, starker Schiffsverk.; mit Eriesee durch St. Clair u. Detroit River verbunden.
Hurrikan ['hʌrɪkən], Orkan, → Wirbelsturm d. Karibik.
Hürth (D-50534), Ind.st. im Erftkreis, NRW, 52 100 E; Braunkohlenbergbau, Kraftwerke, Stahl- u. Maschinenbau.
Hus, Huß, Johann (um 1370 bis 1415), tschech. Reformator; predigte unter dem Einfluß der Schriften → Wiclifs gg. Mißstände der Kirche; auf dem Konzil zu Konstanz 1415 verbrannt.
Husak, Gustav (10. 1. 1913–18. 11. 91), tschech. Pol.; 1968 stellv. Min.präs., 1969–87 Erster Sekr. d. ZK d. KPČ, 1975–89 Staatspräs.
Husaren, urspr. ungar., leichte Kavallerietruppe.
Husarenaffen → Meerkatzenartige.
Hüsch, Hanns Dieter (* 6. 5. 1925), dt. Kabarettist (*Carmina Urana, Das schwarze Schaf vom Niederrhein, Hagenbuch* u. a.) und Schriftst.: *Du kommst auch drin vor.*
Husky ['hʌski], Schlittenhunderasse; wolfsgrau, weißes Gesicht, blaue Augen.
Hussein, Saddam (* 28. 4. 1937 in Tikrit/Irak), ab 1957 Mitglied der sozialist. orientierten Baath-Partei. H. lebte zeitweise im Untergrund bzw. im Exil. Seit 1969 stellv. Vorsitzender des Kommandorates der Revolution; seit 1979 Staats- u. Regierungschef u. umstrittener Machthaber im Irak; → Golfkrieg.
Hussein II. (* 2. 5. 1935), seit 1953 Kg v. Jordanien.
Husseinow, Suret (* 1959), 1993/94 aserbaidschan. Min.präs.
Husserl, Edmund (8. 4. 1859–26. 4. 1938), dt. Phil., Begr. der → Phänomenologie; Ges. Werke: *Husserliana.*
Hussiten, die Anhänger des Johann → Hus, rel., zugleich auch nat., antifeudale Bewegung der Tschechen; zogen in den **H.kriegen** 1419–36 unter Žižka und Prokop verwüstend durch Östr., Schlesien, Sachsen (Naumburg); die gemäßigtere Richtung (Kalixtiner) 1433 anerkannt; *Taboriten* 1434 bei Böhmisch-Brod besiegt.
Hustenmittel,
1) schleimlösende auswurffördernde Mittel, *Expektoranzien* (z. B. Emser Salz, Fenchel, Brechwurzel).
2) hustenstillende Mittel, *Antitussiva* (z. B. Codeïn).
Huston [hju:stn], John (5. 8. 1906 bis 28. 8. 87), am. Filmregisseur; *The Maltese Falcon* (1941); *The Treasure of the Sierra Madre* (1948); *The Asphalt Jungle* (1950); *The Misfits* (1961); *Under the Volcano* (1984); *Prizzi's Honor* (1985).
Husum (D-25813), Krst. d. Kr. Nordfriesland, Schl.-Ho., 21 100 E; Renaissance-Schloß; Fischerei- u. Handelshafen; Th.-Storm-Erinnerungsstätten; AG.

Hutewald, *Hudewald,* bayr. *Schachten,* v. Mittelalter an entstandener, meist lichter Bestand (aus Mittel- od. Femelwald entstanden), überwiegend a. Eichen od./u. Buchen; diente d. Waldweide (Schweine, Rinder).
Hütte, Akad. Verein (s. 1846) für wiss. (techn.) Interessen; wiss. Publikationen (*Taschenbuch f. Ingenieure* u. a.).
Hutten, Ulrich v. (21. 4. 1488–29. 8. 1523), dt. Reichsritter, Dichter, Humanist, Anhänger der Reformation; Mitverf. d. *Dunkelmännerbriefe.* Dialoge.
Hütten, Anlagen zur Gewinnung von Metallen aus den Erzen durch Verhüttung od. zur Erzeugung von Glas, Schwefel usw.
Hüttener Berge, Naturpark i. Schl.-Ho. w. v. Eckernförde, Moränenlandschaft.
Hüttenkunde, *Metallurgie,* Lehre von der Gewinnung der Metalle.
Hüttental, s. 1975 zu → Siegen.
Hutter, Wolfgang (* 13. 12. 1928), östr. Maler, gehört z. „Wiener Schule des → Phantastischen Realismus"; Sohn A. P. Gütersbohs; Werke: Wanddekorationen im Salzburger Festspielhaus.
Hutton [hʌtn], James (3. 6. 1726–26. 3. 97), engl. Geologe; Begründer des → Plutonismus.
Hutung, alte Bez. f. extensiv genutzte Weidefläche.
Huxley ['hʌkslɪ],
1) Aldous (26. 7. 1894 bis 22. 11. 1963), engl. Schriftst.; Romane: *Kontrapunkt des Lebens; Die Teufel v. Loudun* (Oper v. Penderecki); satir. Utopie: *Schöne neue Welt;* Essays: *D. Pforten d. Wahrnehmung.*
2) Sir Andrew (* 22. 11. 1917), engl. Nervenphysiologe; Nobelpr. 1963.
3) Sir Julian Sorell (22. 6. 1887–14. 2. 1975), engl. Biologe u. Schriftsteller.
4) Thomas Henry (4. 5. 1825–29. 6. 95), engl. Zoologe; Verfechter d. Evolutionstheorie → Darwins.
Hu Yaobang (1915–15. 4. 89), chin. Pol.; 1980–87 Gen.sekretär d. ZK d. KPCh, 1981/82 auch Vors. d. ZK (danach Amt d. Parteivors. abgeschafft).
Huygens ['hœɪxəns], Christian (14. 4. 1629–8. 7. 95), ndl. Phys.; fand Gesetze des Stoßes, der Pendelbewegung u. Fliehkraft (erste brauchb. Pendeluhr 1657); von ihm → Wellentheorie des Lichtes; erkannte Saturnring, erklärte die Doppelbrechung d. Kalkspats; **H.sches Prinzip:** Jeder Punkt einer Welle kann Mittelpunkt einer neuen werden.
Huysmans [ɥis'mɑ̃s, 'hœɪs], Joris-Karl (5. 2. 1848–12. 5. 1907), frz. Schriftst. fläm. Herkunft; Vertr. d. Décadence; *Gegen d. Strich; Tief unten.*
Huysum ['hœɪsəm], Jan van (15. 4. 1682–8. 2. 1749), holl. Maler d. Spätbarock; letzter Meister d. traditionsreichen Blumen- u. Früchtemalerei.
Huzulen, ukrain. Bergbauernstamm in d. Ostkarpaten; kunstvolle Schnitzereien u. Stickereien.
HV, Abk. f. → Handelsvertreter.
Hvar ['xwar], it. *Lesina,* dalmatin. Insel (Kroatien), 299 km², 14 000 E; Weinund Obstbau; Hptorte: *H.* (Badeort, 2500 E), *Starigrad* (2500 E).
Hwang In Sung, (* 1926), 1993/94 südkorean. Min.präs.
HWS-Syndrom, Beschwerden seitens der Halswirbelsäule.

Hürdenlauf, Seoul 1988, Claudia Zaczkiewicz (D)

Ulrich v. Hutten

Hyäne

Aldous Huxley

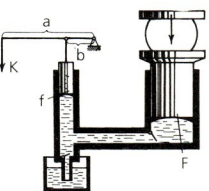

Hydraulische Presse
f kleiner,
F großer Preßkolben,
K Antriebskraft,
   zusätzl. im Verh. von a : b der
   Antriebshebelarme verstärkt

Hyaden,
1) offener Sternhaufen im *Stier,* Entfernung 130 Lichtjahre.
2) Nymphen, Töchter d. Atlas.
Hyakinthos, in der griech. Mythologie schöner Jüngling, v. Apollo geliebt u. durch einen Diskuswurf versehentlich getötet; seinem Blut entsproß d. *Hyazinthe.*
hyaline Membranen, Lungenstörung mit Atemnot bei Frühgeborenen.
Hyaluronidase, ein die Kittsubstanz zwischen den Zellen abbauendes Enzym, lockert Gewebe auf u. erhöht deren Durchlässigkeit.
Hyaluronsäure, Hauptbestandteile d. Binde- u. Stützgewebe, z. B. i. Glaskörper d. Auges, i. d. Haut, i. Gelenken.
Hyänen, Familie d. Raubtiere; vorwiegend Aasfresser; Afrika, W-Asien: *Streifen-, Schabracken-* u. *Tüpfel-H.*
Hyänenhund, afrikan. Wildhund; jagt in Rudeln bes. Antilopen.
Hyazinthe, Liliengewächs d. Mittelmeerländer.
Hybride, w. [l.]
1) in der Biologie svw. → Bastard.
2) bei Weinreben Kreuzung zw. am. u. eur. Rebsorten, die d. Resistenz der am. *Vitis-*Sorten gg.über Reblaus u. best. Pilzkrankheiten mit d. Qualität d. eur. Rebsorten von d. Art → *Vitis Vinifera* verbinden soll; meist qualitativ minderwertig, → Foxgeschmack; EU-rechtl. nicht f. d. Erzeugung v. Qualitätsweinen zugelassen, in Dtld Anbau verboten.
Hybridom, Verschmelzung zweier unterschiedlicher Zellarten, dient z. B. z. Produktion von monoklonalen Antikörpern.
Hybridrechner, Computer m. analogen u. digitalen Recheneinheiten, u. a. zur Lösung math. Probleme.
Hybris, w. [gr. „Übermut"], die Tragik anbahnende Selbstüberhebung.
Hyde Park ['haɪd pɑ:k], Park im W Londons, 160 ha.
Hyderabad, früher *Haiderabad,*
1) früherer Staat d. Rep. Indien; 1956 aufgeteilt auf die Staaten Andhra Pradesh, Bombay u. Madras.
2) Hptst. d. ind. Staates Andhra Pradesh, 3 Mill. E; kulturelles u. wiss. Zentrum, Uni., TU.
3) St. in S-Pakistan, nahe d. Indus, 795 000 E; Uni.
Hydra, w.,
1) Ä Sternbilder, Übers.
2) kl. braune u. grüne → Polypen d. Süßwassers, 1–3 cm l., an Wasserpflanzen usw. sitzend.
3) Schlangenungeheuer, dessen neun Köpfe, abgeschlagen, wieder nachwachsen, v. Herakles erlegt.
Hydrämie, krankhaft erhöhter Wassergehalt d. Blutes.
Hydramnion, krankhafte Vermehrung d. Fruchtwassers.
Hydrant, *m.* [gr.], Wasserpfosten am Rohrnetz, für Wasserentnahme z. Feuerlöschen und Sprengen.
Hydrat, *s.* [gr.], chem. Verbindung, die Wasser chem. gebunden enthält.
Hydraulik, *w.* [gr.], anwendungsbezogene, teilw. stark vereinfachte (Benutzung v. Mittelwerten) Lehre von d. Bewegung d. Flüssigkeiten.
hydraulische Presse, durch eine Preßpumpe kleinen Querschnitts erzeugter Wasserdruck drückt Preßkolben

großen Querschnitts nach oben; die Kräfte verhalten sich wie d. Querschnitte der Kolben.
hydraulischer Mörtel, aus ton- u. kieselsäurereichem Kalk gebrannt; erhärtet auch unter Wasser.
hydraulischer Widder, Wasserfördermaschine, nutzt Stoß d. zufließenden, plötzlich angehaltenen Wassers aus, um Teil des Wassers zu heben.
Hydrazin, s., Diamid, NH_2–NH_2, farblos, giftig, zur Herstellung d. **Hydrazonfarbstoffe;** Raketentreibstoff; zur Herstellung von Pflanzenschutzmitteln und als Korrosionsschutz.
Hydria, w., griech. dreihenkliger Wasserkrug.
Hydrid, s., Verbindung eines Metalls m. Wasserstoff.
Hydrierstahl, gg. hohen Wasserstoffdruck unempfindl. Stahl f. Spezialbehälter in d. Chemie.
Hydrierung, chem. Anlagerung v. Wasserstoff (z. B. zur Fetthärtung u. Kohleverflüssigung).
Hydrioten, Bewohner der griech. Insel Hydra, Nauplia u. Ägina; früher berühmt als Seefahrer.
Hydro- [gr.], als Vorsilbe: Wasser...
Hydrobiologie, Wiss. v. Leben im Wasser (Binnengewässer u. Ozeane).
Hydrochinon, $C_6H_4(OH)_2$, fotograf. Entwickler.
Hydrocortison, Cortisol, Hormon der → Nebennierenrinde.
Hydrodynamik [gr.], Mechanik bewegter Flüssigkeiten, Strömungslehre.
Hydrogensulfit, Salz der schwefligen Säure; wichtig f. Zellstoffbereitung.
Hydrogeographie, Lehre v. d. Verteilung des Wassers auf u. unter d. Erde (→ Limnologie, → Ozeanographie).
Hydrogeologie, Lehre v. Wasserhaushalt d. Gesteine.
Hydrographie, Zweig der Erdkunde, der sich mit dem Wasser auf der Erdoberfläche (Meeren, Flüssen und Seen) befaßt; Bundesamt f. Seeschiffahrt u. Hydrographie, zur Förderung der ozeanographischen u. meteorologischen Kenntnisse, soweit für die Schiffahrt dienlich, in Hamburg; hat die zivilen Aufgaben der 1946 aufgelösten Dt. Seewarte übernommen.
Hydrokultur, Aquakultur, nur in Nährlösung, ohne Erde, gezogene Nutz- u. Zierpflanzen, auch Hydroponik gen.
Hydrologie, Lehre von den physikal. Eigenschaften der Gewässer.
Hydrolyse, Spaltung chem. Verbindungen durch Wasser; auch → Verseifung.
Hydrometrie, quantitative Erfassung d. Wassermenge auf den Kontinenten (Wassermessung); wichtig für die Bekämpfung d. Gewässerverschmutzung.
Hydronephrose, starke Erweiterung d. Nierenbeckens bei Abflußbehinderung.
Hydrops, allg. Wassersucht.
Hydrosphäre [gr.], die Wasserhülle der Erde.
Hydrostatik, Lehre vom Gleichgewicht d. Flüssigkeit.
hydrostatische Waage zur Bestimmung des spez. Gewichts nach dem Archimedischen Prinzip (→ Auftrieb).
Hydrotherapie, Wasserheilkunde, Krankenbehandlung durch Wasseranwendung: Güsse, Duschen, feuchte Ab-

Hydrographisches Forschungsschiff Gauss

reibungen und Packungen, Dampfstrahl, Voll- oder Teilbäder; → Kneipp.
Hydroxide, chem. Verbindungen der Metalle m. der einwertigen Atomgruppe OH.
Hydroxytryptamin, Serotonin, Enteramin, Gewebshormon, in d. „gelben Zellen" d. Magen- u. Darmschleimhaut gespeichert; bewirkt u. a. Zusammenziehung glatter Muskeln (Darm, Blutgefäße usw.).
Hydrozele, w., Hodenwassersucht, Wasserbruch, krankhafte Flüssigkeitsansammlung in den Scheidehäuten der Hoden u. d. Samenstranges.
Hydrozephalus → Wasserkopf.
Hydrozoen, Klasse der Nesseltiere (→ Zölenteraten), z. B. die Polypen.
Hyères [jɛːr], St. i. frz. Dép. Var, nahe der Mittelmeerküste, 42 000 E; Kurort, Hafen; in der Umgebung Gemüse-, Blumen-, Obstkulturen; vor der Küste die H.inseln, mit üppiger Vegetation.
Hygieia [gr. „Gesundheit"], griech. Göttin d. Gesundheit v. Leib u. Seele, Herrin d. Heilung.
Hygiene, w. [gr.], Gesundheitspflege u. -lehre,
1) Psycho-H., Erhaltung d. seel.-geist. Gesundheit.
2) öffentl. H., gesetzl. geregelt, z. Vorbeugung u. Bekämpfung v. Seuchen u. gemeingefährlichen Erkrankungen u. zur Durchführung v. Maßnahmen z. Förderung der Volksgesundheit.
3) persönl. H., Körperpflege, gesundheitsgemäße Lebensweise, bes. entsprechende Kleidung, Kost, Körperreinigung, Zahnpflege, Leibesübungen, Abhärtung, ausreichender Schlaf, genügend Aufenthalt in Luft u. Sonne, Vermeidung v. Giften u. schädlichen Genußmitteln.
Hygro- [gr.], als Vorsilbe: Feuchtigkeits...
Hygrom, Erguß in Sehnenscheide bei chron. Entzündung.
Hygrometer, s., Luftfeuchtigkeitsmesser; meist mit gespanntem Haar, das sich mit wachsender Luftfeuchtigkeit verlängert u. a. seiner Skala einen Zeiger bewegt.
Hygromull, Gärtnerei: offenporiger Harnstoffschaum, speichert Wasser i. Boden.
hygroskopisch, feuchtigkeitsanziehend, Stoffe, die Wasser aus der Luft anziehen u. dadurch feucht werden.

Hyksos, kleinasiat. syr.-semit. Nomadenstämme, drangen im 18.–16. Jh. v. Chr. in Ägypten ein.
Hyle, w. [gr.], Stoff, Materie.
Hylomorphismus, m. [gr.], phil. Lehre vom Zus.wirken d. beiden aristotel. Prinzipien v. Materie (hyle) u. Form (morphe) in jedem körperl. Substanz.
Hymen, s., → Jungfernhäutchen.
Hymenäus, Hymenaios, griech. Hochzeitsgott, mit Brautfackel u. Kranz dargestellt; auch Hochzeitslied.
Hymettos, Imittos, heidebedeckter Berg sö. von Athen, 1028 m; Marmorbrüche.
Hymne, w. [gr.], Lob-, Festgesang.
Hyoscyamin, Alkaloid i. Bilsenkraut u. Stechapfel; Wirkung ähnl. → Atropin, aber stärker.
Hypästhesie, Verminderung d. Berührungsempfindens.
hyper- [gr.], übermäßig (z. B. h.modern).
Hyperämie, Blutüberfüllung einer Körperstelle; aktive H. durch vermehrten Blutzufluß, passive H. (Stauungs-H.) durch verhinderten Blutabfluß, Biersche Stauung (leichte Abbindung, soll heilungsfördernd wirken, kaum mehr angewandt). **Hyperästhesie,** Überempfindlichkeit.
Hyperästhesie, Steigerung d. Berührungsempfindens.
Hyperbel, w. [gr.],
1) math. ein → Kegelschnitt mit 2 ins Unendliche gehenden symmetr. Zweigen; auf deren Mittellinie (Hauptachse) die zwei Brennpunkte; ihre Verbindungslinien mit jedem Punkt d. H. heißen Brennstrahlen (je 2 für jeden Punkt; Differenz beider stets dieselbe). Nebenachse der H. ist die Mittelsenkrechte der Hauptachse; durch den Schnittpunkt beider gehen 2 → Asymptoten.
2) sprachlich: rhetorische Übertreibung (z. B. himmelhoch).
Hyperbelfunktion, math. Funktionen, aus Summen u. Differenzen zweier → Exponentialfunktionen gebildet.
Hyperbelverfahren, Verfahren der Funknavigation; dienen d. Eigenortung. Von jeweils einem Senderpaar werden gleichzeitig Signale ausgesendet; d. Differenz ihrer Laufzeit wird in Empfängern direkt (→ Loran) od. als Phasendifferenz (→ Decca-Navigation) ausgewertet; d. Sender stehen in d. Brenn-

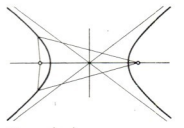

Hyperbel

punkten v. Hyperbeln, welche die Linien gleicher Laufzeitdifferenz bilden.

hyperbolische Geschwindigkeit, die Geschwindigkeit eines Raumflugkörpers, die größer ist als die → Fluchtgeschwindigkeit.

Hyperboloid, *s.,* Fläche od. Körper mit gekrümmter Oberfläche, entsteht durch Rotation einer *Hyperbel* um die Hauptachse als 2schaliges H., um die Nebenachse als 1schaliges H.

Hyperboreer [gr.], im Altertum sagenhaftes Volk i. Norden; Polarvölker.

Hyperemesis, *w.* [gr.], unstillbares Erbrechen, z. B. in der Schwangerschaft.

Hypergonar → Anamorphot.

Hyperimmunglobulin, Präparat aus Immunglobulinen (→ Antikörpern) von Spendern, die e. best. Infektionskrankheit nachweisl. durchgemacht haben, dadurch hochgradige Schutzwirkung bei passiver Immunisierung.

Hyperion,
1) einer der Titanen der griech. Mythologie; svw. Sonnengott.
2) Name für 7. Saturnmond.
3) Roman von *Hölderlin.*

Hyperkinese, krankhafte Bewegungssteigerung.

Hyperlipidämie, *w.,* Erhöhung d. Blutfette, vor allem des → Cholesterins u. d. → Triglyceride.

Hyperonen, zur Gruppe d. → Baryonen gehörende → Elementarteilchen, die in → Protonen u. → Neutronen zerfallen können.

Hyperopie, svw. → Weitsichtigkeit.

Hyperparathyreoidismus, Überfunktion der → Nebenschilddrüsen.

Hyperplasie, Zellvermehrung e. Organs; → Hypertrophie.

Hyperpyrexie, extrem hohes Fieber.

Hyperrealismus,
1) in d. Malerei svw. Fotorealismus.
2) in d. zeitgenöss. Plastik e. Richtung, die Figurenarrangements *(Faksimile-Skulpturen)* d. Wirklichk. nachstellt; Hptvertr. D. Hanson, J. de Andrea.

Hyperschallflugzeug, Flug mit Geschwindigkeiten weit über der Schallgeschwindigkeit; H.-flugzeuge werden in versch. Ländern geplant, z. B. das brit. Raumtransporterprojekt *HOTOL* u. das dt. Projekt *Sänger* (E. → Sänger).

hypersonic speed [haɪpəˈsɔnɪk ˈspiːd], hoher Überschallbereich.

Hyperthermie, Überhitzung.

Hyperthyreose, *w.* [gr.], Schilddrüsenüberfunktion, bei → Basedowscher Krankheit oder knotigem → Kropf.

Hypertonie [gr.], Blutdrucksteigerung, z. B. bei Arterienverkalkung u. Nierenkrankheiten, meist ohne erkennbare Ursache *(essentielle H.);* Risikofaktor u. a. für → Apoplexie, Herzinfarkt usw.

hypertonisch, Lösungen v. größerem → osmotischem Druck als dem d. Blutes.

Hypertrichose, verstärkte allg. Körperbehaarung; → Hirsutismus.

Hypertrophie, Organvergrößerung durch Vergrößerung d. einzelnen Zellen; → Hyperplasie.

Hyperventilation, abnorm schnelle Atmung, dabei können Krämpfe auftreten; *Hyperventilationstetanie.*

Hypervitaminosen, Vergiftungserscheinungen bei Kleinkindern durch Überdosierung v. Vitamin A und D.

Hyphen, verzweigte Zellfäden d. Pilze, die d. Vegetationskörper *(Myzel)* bilden.

Hypnos, Schlaf(gott d. griech. Sage).

Hypnose, vorübergehender schlafähnlicher Zustand m. veränderter Aufmerksamkeit u. erhöhter Empfänglichkeit f. Suggestionen. Bei fehlender Bewußtseinskontrolle kann d. Hypnotisierte auf Fragen antworten u. Befehle ausführen. Hypnotisierbar sind nur willige u. entspannte Personen durch suggestive Befehle u. Gebärden (Hypnotiseur), aber auch mit Hilfe von Drogen. Hypnose-Maschinen (computergesteuerte Tonbänder) können d. Hypnotiseur ersetzen.

Hypnotherapie, therapeut. Wirkungen der Hypnose durch direkte → Suggestionen b. Suchtkrankheiten, → Asthma, → Phobien u. a.; Schmerzlinderung (z. B. in d. Zahnmedizin) durch Entspannungskurse.

Hypnotikum → Schlafmittel.

Hypochlorite, stark bleichend wirkende, zersetzl. Salze der hypochlorigen Säure; wichtig als Oxidationsmittel u. zur Bleichung v. Textilien.

Hypochonder [gr.], wehleidiger Mensch, eingebildeter Kranker.

Hypochondrie, Schwermut, erhöhte seelische Bereitschaft für körperliche Leiden, Einbildung, krank zu sein.

Hypogäum, *s.* [gr.-l.], im antiken Grabkult unterird. (oft gewölbter) Raum; auch in frühchristl. Katakomben.

hypo-, hyp- [gr.], als Vorsilbe: unter…

Hypokausten [gr. „von unten geheizt"], antike Raumbeheizung durch Warmluftkanäle i. Böden u. auch Wänden.

Hypokrit [gr.], Heuchler.

Hypoparathyreoidismus, Unterfunktion d. → Nebenschilddrüsen.

Hypophyse, *w.* [gr.], Hirnanhangsdrüse, Drüse mit innerer Sekretion. H.n-Vorderlappen *(Adeno-H.)* erzeugt → somatotropes (Wachstums-), → gonadotropes → thyreotropes, → adrenokortikotropes u. → Laktations-Hormon (Prolaktin), die (i. gl. Reihenfolge) Wachstum, Keimdrüsen-, Schilddrüsen-, Nebennierenrinden- u. -mark- sowie Milchdrüsenfunktion steuern; vielleicht auch ein pankreotropes Hormon mit Wirkung auf → Inselorgan. Funktionsstörungen führen u. a. zu Simmondsscher Kachexie (hochgradige Abmagerung), Fettsucht mit → Infantilismus d. Genitalien oder Knochenveränderungen, → Cushingscher Krankheit, Wachstumsstillstand, Zwerg- od. Riesenwuchs, → Akromegalie. H.n-Mittellappen bildet bei Kaltblütern das farbstoffzellenstimulierende Pigmenthormon (Melanotropin od. Intermedin), das d. Farbwechsel steuert. H.n-Hinterlappen *(Neuro-H.)* erzeugt d. Hormone Oxytocin (wehenerregend, beeinflußt die Harnbereitung und steigert die Milchabgabe) und Vasopressin → ADH (steigert Blutdruck u. Dünndarmtätigkeit, hemmt die Harnausscheidung), dessen Fehlen zu → Diabetes insipidus führt. Die H. als wichtigstes Organ der → inneren Sekretion unterliegt dem Einfluß d. Zwischenhirns (→ Hypothalamus) u. vegetativen → Nervensystems (→ Nase, Abb.).

Hypoplasie, Unterentwickl. v. Organen.

hyposensibilisieren, svw. → desensibilisieren.

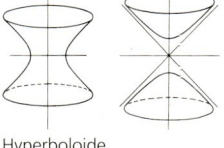
Hyperboloide

Hypospadie, untere Harnröhrenspalte, Mißbildung.

Hypostase, *w.* [gr.], Grundlage; Wesen, *theolog.* die Vergegenständlichung eines Begriffs oder einer Eigenschaft.

hypostasieren [gr.], vergegenständlichen.

Hypotenuse, *w.* [gr.], im rechtwinkligen → Dreieck die den rechten Winkel gegenüberliegende Seite.

Hypothalamus, *m.* [gr.], Region im Zwischenhirn, unterhalb des Thalamus gelegen; die hier produzierten Releasing-Hormone stimulieren d. Synthese der → Hypophysenvorderlappenhormone.

Hypothek, *w.* [gr.], dingl. Belastung e. Grundstücks z. Sicherung e. Geldforderung; erfordert Einigung u. Eintragung in d. → Grundbuch. Bei mehreren H.en haftet d. Grundstück in d. Reihenfolge der Eintragungsstellen (1. H., 2. H. usw.). Im allg. → Briefhypothek, sonst → Buchhypothek. Sonderformen:
1) *Gesamt-H.* besteht für e. Forderung an mehreren Grundstücken gleichzeitig;
2) *Teil-H.* entsteht durch Teilung d. urspr. gesicherten Forderung;
3) *Eigentümer-H.* entsteht für d. Eigentümer d. Grundstücks, wenn die zu sichernde Forderung nicht entsteht od. Forderung erlischt; grundsätzlich Umwandlung in Eigentümergrundschuld; verhindert unter best. Umständen Aufrücken nachrangiger Rechte;
4) *Höchstbetrags-H.* sichert e. veränderl. Forderung bis zu e. best. Höhe;
5) *Sicherungs-H.,* Recht d. Gläubigers aus d. H. bestimmt sich nur nach d. Forderung; Grundbucheintragung gilt nicht als Beweis d. Forderung. Zur Aufhebung einer H. ist Löschung i. Grundbuch erforderlich.

Hypothekenbanken → Banken, Übers.

Hypothermie, abnorm niedrige Körpertemp., künstl. bei Operationen, zur Organkonservierung f. → Transplantation.

Hypothese, *w.* [gr.], wiss. Annahme, daß etwas so ist; noch nicht bewiesen.

hypothetisch, bedingt, nur auf Annahme beruhend.

Hypothyreose, Schilddrüsenunterfunktion, Extremform → Myxödem.

Hypotonie, *w.* [gr.], Blutdruckerniedrigung, oft mit Beschwerden verbunden, aber in der Regel ohne ernsthafte Folgen; kontrollierte H. (durch Medikamente) bei Operationen, um Blutverlust zu verringern.

hypotonisch, Lösungen von kleinerem → osmotischem Druck als dem des Blutes.

Hypovitaminosen [gr.-l.], Vitaminmangelkrankheiten.

Hypoxämie, Sauerstoffmangel des Blutes.

Hypoxie, Sauerstoffmangel e. Organs od. d. Körpers.

Hypozykloide, Kurve, d. ein Kreis beschreibt, der auf d. Innenseite e. anderen Kreises abrollt, → Epizykel.

Hypso- [gr.], als Vorsilbe: Höhen…

hypsographische Kurve, statistisches Diagramm zur Darstellung der Verteilung der Erdoberflächenelemente; Anteil an der Gesamtfläche: Hochregion (über +1000 m) 8%, *Kontinentaltafel* u. *-sockel* (zw. +1000 u. −200 m) 27%, *Kontinentalabhang* (zw. −200 u.

−3000 m) 11%, *Tiefseeböden* (zw. −3000 u. −6000 m) 53%, *Tiefseegräben* (tiefer als −6000 m) 1%.
Hypsometer, *s.,* Höhenmesser (Aneroid-Barometer).
Hypsometrie, Höhenmessung, z. B. durch **H.thermometer** (Messung des Siedepunktes des Wassers, der mit steigender Höhe fällt).
Hysterektomie, Entfernung d. Gebärmutter.
Hysteresis, *w.* [gr. „Nachbleiben"],

Abhängigkeit d. magnet. Induktion des Eisens v. der magnet. Feldstärke u. ihr Zurückbleiben bei d. Ummagnetisierung (Änderung der Stromrichtung bei einer → Eisenkernspule, z. B. einem → Transformator).
Hysterie, *w.* [gr. „hyste ra = Gebärmutter"], seel. Störung mit körperl. Ausprägung ohne einheitl. Krankheitsbild; oft „Flucht in die Krankheit", um den Schwierigkeiten d. Lebens auszuweichen, od. Bestreben, Aufsehen z. erregen; führt zu versch. Krankheitsbildern, die echten Organkrankheiten täuschend ähnl. sehen können; auch → Simulation.
Hysteron-Proteron, *s.* [gr.], „das Folgende (die Folgerung) vorweg"; log. Fehler: das zu Beweisende wird zum Beweisen benutzt (→ Circulus vitiosus); als rhetor. Figur: Umkehrung d. zeitl. od. log. Abfolge.
Hz, Abk. f. → Hertz.
H_2-Blocker, Medikamente z. Verminderung d. Magensäure.

I,
1) *chem.* Zeichen f. → *Iod.*
2) röm. Zahlzeichen = 1.
i, *math.* Zeichen f. → *imaginäre Zahl.*
i. A., Abk. f. *i*m *A*uftrag.
IAA, IAO → Internationale Arbeitsorganisation.
Iacocca [aiaˈkɔkə], Lido (* 15. 10. 1924), am. Manager, Präs. v. Chrysler; verkörpert d. US-Erfolgsmenschen.
IAEA, IAEO → *I*nternationale *At*omenergie*o*rganisation (*A*gency).
Iamblichos, (um 250–330), Phil. aus Chalkis i. Syrien, lehrte d. Dreiheit d. Seele; erster Vertr. d. „dialekt. Methode" (n. Hegel).
Iambus, *m.* [gr.], *Jambus*, Versfuß aus kurzer (unbetonter) und langer (betonter) Silbe: ⌣ –́.
Iason, griech. Sagenheld; Führer der → Argonauten.
IATA, *I*nternational *A*ir *T*ransport *A*ssociation, 1945 gegr. Weltverband d. gewerbl. Luftverkehrs mit 156 angeschlossenen, intern. tätigen Luftverkehrsgesellschaften; Sitz Montreal u. Genf.
iatrogen [gr. „iatros = Arzt"], durch ärztl. Einwirkung entstanden.
IAU, Abk. f. *I*ntern. *A*stronom. *U*nion, Durchführung v. Forschungsvorhaben auf intern. Ebene.
ib., Abk. f. *ibidem* [l.], ebenda.
Ibadan, Hpthandelsplatz u. Ind.st. in Nigeria, 1,26 Mill. E; Uni.
Ibagué [iva'ye], Prov.hptst. i. Kolumbien, 300 000 E; Bischofssitz, Uni.; Agrarhandel, Erzind.
Ibbenbüren (D-49477–79), St. i. Kr. Steinfurt, am Teutoburger Wald, NRW, 45 026 E; AG; Steinkohle, Masch.bau.
Iberer, vorindoeur. Urbev. Spaniens.
Iberische Halbinsel, svw. → Pyrenäenhalbinsel.
Iberoamerika, die von Nationen der Iberischen Halbinsel besiedelten Länder S- u. Mittelamerikas mit span. oder portugies. Sprache.
Ibert [iˈbɛːr], Jacques (15. 8. 1890–5. 2. 1962), frz. Komp.; Opern, Ballette, Kammermusik.
IBFG, Abk. f. *I*nternat. *B*und *F*reier *G*ewerkschaften, → Gewerkschaften, Übers.
Ibis, afrikan. Storchvogel; im alten Ägypten hl.; verwandte Arten in S-Asien, Australien, S-Amerika.
Ibiza [iˈβiθa], Hptinsel der span. → Pityusen, im Mittelmeer, m. Nachbarinseln 593 km², 61 000 E; Hptst. *I.*, mit Hafen.
IBM, *I*nternational *B*usiness *M*achines *Corporation*, 1911 gegr. Konzern f. Büromaschinen u. → Datenverarbeitungsanlagen, weltweit größter Hersteller.
Ibn [arab.], „Sohn".
Ibn Batuta, (1304–77), arab. Weltreisender.
Ibn Saud, arab. Dynastie s. Mitte d. 18. Jh.s – *Abd el Asis III.* I. S. (24. 11. 1880–9. 11. 1953), → Saudi-Arabien.
Ibo, Volk i. SO-Nigeria, 5 Mill.; versuchten 1970 eigenen Staat (Biafra) zu gründen.
IBRD, Abk. f. *I*nternational *B*ank for *R*econstruction and *D*evelopment, → Internationale Bank für Wiederaufbau und Entwicklung.
Ibsen, Henrik (20. 3. 1828–23. 5. 1906), norweg. gesellschaftskrit. Dichter; Bahnbrecher d. Naturalismus; Stützen der Gesellschaft; Nora; Gespenster; Volksfeind; Ideendrama: *Peer Gynt.*
Ibykos, (6. Jh. v. Chr.), griech. Lyriker (Schillers *Kraniche d. I.*).
ICAO, Abk. f. *I*ntern. *C*ivil *A*viation *O*rganization, Sonderorganisation der luftverkehrtreibenden Nationen f. zivile Luftfahrt; gegr. 1947, 184 Mitgl.staaten.
ICBM, Abk. f. *I*ntercontinental *B*allistic *M*issile, landgestützte Interkontinentalrakete; → MRBM, → SLBM.
ICE, Abk. f. *I*nter*c*ity *E*xpress, Fernschnellzug d. DB f. hohe Geschwindigkeiten (ab 2. 6. 1991).
ICEM, *I*ntergovernmental *C*ommittee for *E*uropean *M*igration, zwischenstaatliches Komitee für eur. Auswanderung, 1951 gegr., Sitz Genf; fördert Auswanderung aus übervölkerten eur. Staaten, vermittelt Spezialkräfte für Entwicklungshilfe.
ICFTU, Abk. f. *I*nternational *C*onfederation of *F*ree *T*rade *U*nions, → Gewerkschaften, Übers.
Ich,
1) *psych.* Inbegriff aller Eigenschaften, Verhaltensweisen, die e. Individuum sich zurechnet.
2) *phil.* Selbstbewußtsein od. Subjekt, d. Bezugspunkt aller Objekte (n. Descartes).
Ichneumon, *m.*,
1) [gr. „Spürer"], *Manguste*, Schleichkatze; nächtl. Raubtier S-Iberiens, Afrikas („Pharaonenratte") u. Asiens, tötet Giftschlangen.
2) Schlupfwespe.
Ichthyol®, *s.*, schwefelhalt. Ölschieferdestillationsprodukt; gg. entzündliche u. a. Hautkrankheiten.
Ichthyologie [gr.], Fischkunde.
Ichthyosaurier [gr.], fischförm. Saurier d. Jura- u. Kreidezeit; bis über 10 m lang, lebend gebärend.
Ichthyosis, svw. → Fischschuppenkrankheit.
Icterus neonatorum, → Gelbsucht des Neugeborenen, je nach Ausmaß harmlos bis bedrohlich.
id., Abk. f. *idem* [l.], der-, dasselbe.
Ida,
1) *Psiloritis*, Kreidegebirge a. Kreta, 2456 m.
2) *Kasdagh*, kleinasiat. Gebirge, b. 1750 m hoch.
IDA, Abk. f. *I*nternational *D*evelopment *A*ssociation, Internationale Entwicklungsgesellschaft; gegr. 1960, 157 Mitgliedstaaten (1996), Sitz: Washington.
Idaho [ˈaɪdəhoʊ], Abk. *Ida.*, Staat im NW der USA, 216 412 km², 1,1 Mill. E; Gold- u. Silberbergbau; Hptst. *Boise* (125 000 E); durch künstliche Bewässerung reiche Kartoffel-, Getreide- u. Zuckerrübenerträge.
Idar-Oberstein (D-55743), St. i. Kr. Birkenfeld, RP, 33 907 E; Edelsteinschleiferei, Schmuckwaren, Dt. Edelsteinmuseum; Lederwaren- u. Metallind.; nahebei Hoch- u. *Idarwald* (816 m, Teil des Hunsrücks).
ideal, überwirklich.
Ideal, erstrebenswertes Vorbild; höchst Vollkommenheit.
ideale Gase, zur Erforschung u. math. Behandlung von → Gasen erdachte Vereinfachung, nach der d. Gasteilchen punktförmig sind u. nicht miteinander wechselwirken. Reale Gase verhalten sich gegensätzlich, sofern nicht extrem hohe Drücke u. niedrige Temp. vorliegen.
idealisieren, verklären, ins Überwirkliche erheben.
Idealismus,
1) der Glaube an die wirklichkeitsbestimmende Kraft sittl., künstler., pol. Werte, die als Vorstellungen (Ideen) im Menschen, in Gemeinschaften, Völkern leben.
2) phil. Anschauung, daß der Geist d. urspr. Wirklichkeit ist. Der *metaphys. (objektive) I.* sieht i. d. Welt d. Ideen, dem absoluten Geist od. absoluten Ich d. letzten Seinsgrund (Platon, Hegel, Fichte; Ggs.: → Materialismus). Der *transzendentale (erkenntnistheoretische) I.* erklärt, d. Wirklichkeit werde nur in den dem erkennenden Bewußtsein eigenen Formen, nicht an sich erkannt (Kant, Husserl; Ggs.: → Realismus). Der *subjektive I.*, dem → Solipsismus nahestehend, erkennt nur den Inhalt d. individuellen Bewußtseins an (Berkeley).
Idealität, ideelles Sein (als Vorstellung).
Idealkonkurrenz, Verletzung mehrerer Strafgesetze durch die gleiche Handlung; wird nur nach dem Ges., das die schwerste Strafe androht, bestraft (§ 52 StGB); Ggs.: → Realkonkurrenz.
Idee [gr.], geistiges Urbild, Gedanke; Vorstellung; in der Phil. das wahre Wesen od. d. wesensmäßig notwendige begriffl. Inhalt von etwas; *Platonische I.* → Platon.
ideell, nur gedacht, nicht materiell.
Ideenflucht, überschnelle Folge v. Vorstellungen od. Gedanken ohne logischen Zusammenhang.
Iden, lat. *idus* [r.], 13. od. 15. Monatstag.
Iden des März (15. 3. 44 v. Chr.), Tag der Ermordung von Julius Cäsar.
identifizieren [nl.], völlige Übereinstimmung von Begriffen, Dingen oder Personen feststellen.
identisch, völlig übereinstimmend, wesensgleich.
Identität, w., Übereinstimmung eines Dinges mit sich selbst.
Identitätsnachweis, muß der Zollbehörde gegenüber erbracht werden, soll bei Wiederausfuhr zollpflichtiger Güter eine Rückvergütung des Einfuhrzolles erfolgen; → Veredlungsverkehr.

Ibis

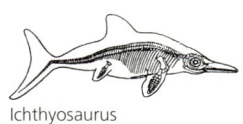
Ichthyosaurus

ICE, *Intercity Express*

Identitätsphilosophie, Anschauung (nach Schelling), daß Gegensätze (z. B. Natur u. Geist) dem gleichen Urgrund, dem Indifferenten, Absoluten, entsprungen sind; Gegensätzlichkeiten sind nur Äußerungsweisen des Identischen (Spinoza, Schelling, Hegel, E. v. Hartmann).
Ideogramm, s. [gr.], Bildzeichen.
Ideographie, w., Begriffsschrift, die Bildzeichen anstelle von Lautzeichen (Buchstaben) verwendet (z. B. Hieroglyphen).
Ideologe [gr.], wirklichkeitsfremder Begriffsfanatiker (v. Napoleon geprägt als pol. Schimpfwort); Vertr. e. → Ideologie.
Ideologie,
1) Ideenlehre.
2) einem pol., gesellschaftl. Interesse dienendes Denken; daraus:
3) (systemat.) Weltbetrachtung.
id est [l.], abgek. **i. e.,** das heißt.
Idiom, s. [gr.], Eigentümlichkeit des Sprechens, bes. Mundart.
idiopathisch, ohne erkennbare Ursache (Krankheit).
Idiosynkrasie [gr.], angeborene Überempfindlichkeit gegen Substanzen (auch nicht-antigene), Einwirkungen, Eindrücke, Reize usw.; → Allergie.
Idiot [gr. ,,Eigenbrötler''], Schwachsinniger, Intelligenz der eines zweijährigen Kindes vergleichbar.
Idiotikon, s., veraltete Bez. f. Mundartenwörterbuch.
Idiotypus, Gesamtheit d. Erbgutes e. Individuums, → Erbmasse.
IDN, Abk. f. **I**ntegriertes **D**aten- und Fernschreib**n**etz d. DBP.
Ido, aus dem Esperanto weiterentwickelte Welthilfssprache, geschaffen 1907 durch *L. de Beaufort.*
Idol, s. [gr.], Götzenbild, Abgott.
Idolatrie, w., Götzendienst.
Idrija, Stadt in W-Slowenien, 7000 Einwohner; Spitzenind.; Quecksilbergwerk.
Idschma [arab. ,,Übereinstimmung''], theol. Begriff i. Islam: Übereinstimmung der Lehrmeinungen in Glaubens- u. Rechtsfragen.
Idstein (D-65510), St. i. Rheingau-Taunus-Kr., Hess., 20 833 E; AG; div. Ind.
Iduna, german. Göttin d. Erneuerung u. Jugend.
Idyll, s. [gr.], Bild ländl. Friedens u. stiller Beschaulichkeit.
Idylle, w. [gr ,,Bild''.], dichter. Kunstform; d. Bukolik zugehöriges episches od. dramatisches Genrebild.
Iffland, August Wilhelm (19. 4. 1759 bis 22. 9. 1814), dt. Schausp., Theaterdirektor u. Bühnenschriftst. in Mannheim u. Berlin (→ Tafel Schauspielkunst).
Ifflandring, angebl. v. Iffland gestiftete Auszeichnung f. den jeweils besten dt.sprachigen Schauspieler; nach J. → *Meinrad* ist *Bruno Ganz* jetziger Träger.
Ifni, ehemal. span. Prov. in NW-Afrika, 1500 km², 60 000 E; Hptst. *Sidi Ifni* (15 000 E); 1969 z. Marokko.
IFO-Institut für Wirtschaftsforschung, 1949 gegr. wirtschaftswiss. Forschungsinstitut, Durchführung v. Konjunkturanalysen; Sitz i. München.
IG, Abk. f. **I**nteressen-**G**emeinschaft und f. **I**ndustrie-**G**ewerkschaft.
Igel, stacheltragende Säugetiere; Ord-

Igel

nung Insektenfresser; Nahrung: Mäuse, Schlangen, Insekten.
Igeler Säule, röm. Grabdenkmal aus dem 3. Jh. n. Chr., 23 m hoch, in **Igel** (Mosel) bei Trier.
Igelfische → Kugelfische.
Igelkaktus, *Echinocactus,* 400 versch. Kaktusarten; meist kugeliger, gerippter, stark stachl. Stamm; Mittel- u. Südamerika (z. B. *Bischofsmütze*).

Igelkolben

Igelkolben, schilfähnl. Wassergewächse mit kugeligen Blütenständen.
IGFA, Abk. f. → **I**nternational **G**ame **F**ishing **A**ssociation.
IG Farbenindustrie AG, Frankfurt a. M., gegr. 1925, nach dem 2. Weltkrieg aufgelöst; 1952 in 12 selbst. Gesellschaften aufgeteilt, insbes. → *BASF, Hoechst AG, Bayer AG.*
IGFM, Internationale **G**esellschaft **f**ür **M**enschenrechte, 1972 in Frankfurt/M. gegründete internationale humanitäre Organisation, die überall Menschen unterstützt, die sich in ihren Ländern gewaltlos für die Verwirklichung der Menschenrechte einsetzen.
IGH, Intern. **G**erichts**h**of, → Vereinte Nationen.
I-Ging, chin. Buch der Wandlungen, Orakelbuch (älteste Teile 7./6. Jh. v. Chr.).
Iglau, tschech. *Jihlava,* St. in Mähren, 54 000 E; Tabak- u. Textilind.; bis 1945 dt. Sprachinsel.
Iglu, *m./s.,* halbkugelförmige Schneehütte der Eskimos.
Ignaz [l. ,,der Feurige''], *m.* Vn.
Ignimbrit, *m.* [l.], Decken sauerer → Vulkanite; versinterte Tuffteilchen, a. abgesunkener Glutwolke entstanden.
Ignitron → Quecksilberdampfgleichrichter.
Ignorant, *m.* [l.], Unwissender, Wissenverweigerer.
Ignoranz, *w.,* bewußte Unwissenheit; Verweigerung von Einsicht.
ignorieren, nicht beachten.
Iguanodon, *s.,* pflanzenfressendes Reptil (Dinosaurier) der Jura- u. Kreidezeit; bis 10 m l., ging auf starken Hinterbeinen, aufgerichtet 5 m hoch, Schwanz als Stütze.
Iguassú, l. Nbfl. des Paraná, 1320 km lang, im Unterlauf Grenzfluß zw. Brasilien u. Argentinien; *I.fälle* bis 72 m hoch, 3 km breit.
IHK, Abk. f. → Industrie- und Handelskammer.

IHS, die ersten 3 Buchstaben (groß geschrieben) des Namens JESUS in griech. Lettern; → Christusmonogramm.
IJssel [ɛi̯sәl], *Yssel, IJssel,*
1) *Geldersche Ij.,* kanalisierter Rheinarm, zweigt oberhalb Arnheim ab; mündet i. d. IJsselmeer.
2) *Holländ. Ij.,* Arm d. Lek, mündet bei der Insel IJsselmonde (eingedeicht) in die Maas.
IJsselmeer, Restsee der ehem. *Zuidersee,* einer durch Sturmfluten im 13. Jh. entstandenen Nordseebucht in d. Ndl., gr. Teile trockengelegt; ausgesüßter Binnensee seit Vollendung (1932) d. 32 km langen Abschlußdamms zw. Wieringermeer-Polder (fertig 1930, 20 000 ha) u. Friesland; 1942 Eindeichung des NO-Polders (48 000 ha), 1957 des Polders Ost-Flevoland (54 000 ha), 1968 des Polders Süd-Flevoland (43 000 ha) u. 1980 des Polders Markerwaard (56 000 ha) abgeschlossen (Karte → Europa).
IKAR, Intern. **K**ommission f. **A**lpines **R**ettungswesen; → Alpenvereine.
Ikarus, Sohn des → Dädalus, stürzt nach der griech. Sage beim Flug ins Meer.
Ikone, *w.* [gr. ,,Abbild''], Andachtsbild in d. östl. Kirche; älteste erhaltene Beispiele aus 5./6. Jh.; Hptthema Maria mit d. Kind; auch Darstellung göttl. od. heiliger Personen u. kirchlicher Feste. *I.-Museum* in Recklinghausen u. auf Schloß Antenried (Bay.).
Ikonenmalerei, entwickelte ausgehend vom spätantiken Mumienporträt (→ Mumie) themat. u. stilist. fixierte, über Jh.e verbindl. Bildtafeln; erhaltene Zeugnisse aus d. 5. Jh.; führend zunächst d. byzantin. I., ab 14. Jh. wg. d. türk. Eroberung d. Balkans auch Zentren in Rußland (z. B. Nowgorod, Moskau) u. i. östl. Mittelmeer (z. B. auf Kreta u. Zypern).
Ikonographie [gr.], Zweig der Kunstwiss. zur Erforschung v. künstlerischen Motiven u. Bildinhalten.
Ikonoklasmus, *m.* [gr. ,,Bildzerstörung''], hpts. d. → Bildersturm in d. oströmm. Kirche d. byzantin. Reichs 726 bis 843 m. Unterbrechungen).
Ikonologie [gr.], hpts. v. E. Panofsky (1892–1968) entwickelte Methode der Kunstwiss. z. kulturwiss. Deutung e. Kunstwerks.
Ikonoskop, *s.,* Bildaufnahmeröhre (*Zworykin* 1928); Prinzip: flache Glimmerplatte (Mikaplatte) trägt auf einer Seite voneinander isolierte, fotoel. aktivierte Silberkörnchen als Fotokathode, auf der anderen Seite leitende Metallschicht; jedes Silberkörnchen ist praktisch eine mikroskop. kl. Fotozelle. Mit Linsensystem wird opt. ein Bild auf die Fotokathode projiziert; dabei entsteht zw. Fotokathode u. leitender Schicht ein el. ,,Ladungsmosaik'', entsprechend der Helligkeit der einzelnen Bildpunkte. Ein starker Elektronenstrahl, zeilenförmig hin- u. herbewegt, wird auf d. Mosaik geworfen; entsprechend d. Ladung d. einzelnen Punkte werden b. Aufprall d. Elektronenstrahles → Sekundärelektronen emittiert u. v. Kollektorring (Anodenpotential) angezogen. Es entsteht so v. Mosaik z. Kollektorring über Außenleitung m. Widerstand e. Stromkreis, an d. Bildsignale abgenommen werden können. Wir-

Ikonostase, 17. Jh.

Ikone, Hl. Georg 17. Jh.

Ikonoskop

kungsgrad 5–10%. Weiterentwicklung: *Zwischenbild-I.* m. 10facher Empfindlichk. u. → *Orthikon;* Anwendung: Aufnahmegerät f. Fernsehen.
Ikonostase, *w.* [gr.], dreitürige Bilderwand zw. Chor u. Gemeinderaum in orthodoxen Kirchen; Grundlage für Entwicklung des → *Lettners* in abendländ. Kirchen.
Ikosaeder, *s.* [gr. „Zwanzigflächner"], regelmäßiger Polyeder, von 20 gleichseit. Dreiecken begrenzt.
IKRK → Rotes Kreuz.
Ikterus [gr.], svw. → Gelbsucht.
Iktus, *m.* [l.]
1) *med.* schlagartig auftretende Krankheit.
2) Tonhebung in Wort und Vers.
Ilang-Ilang, *Ylang-Ylang* [malai.], Parfümrohstoff, Duftöl aus den Blüten e. südostasiat. Annonengewächses.
Île de France [iːl də ˈfrãːs], *Isle d. Fr.,* ehem. frz. Prov., Kernland Frkr.s im Pariser (Seine-)Becken.
Ileitis terminalis, svw. → Crohnsche Krankheit.
Ileum, Krummdarm, Abschnitt des Dünndarms.
Ileus → Darmverschluß.
Ilex, svw. → Stechpalme.
Ilford-Redbridge [-brɪdʒ], Stadtteil v. London.
Ili, Strom i. westl. Asien, v. Tian Shan z. Balchaschsee, 1439 km l., ca. 700 km schiffbar.
Ilias, griech. Heldengedicht des *Homer;* 24 Gesänge in Hexametern behandeln die Kämpfe der Griechen vor Troja (Ilion).
Iliescu, Ion (* 3. 3. 1930), s. 1989 rumän. Staatspräs.
Iljuschin, Sergej Wladimirowitsch (18. 3. 1894–10. 2. 1977), sowj. Flugzeugkonstrukteur (Schlachtflugz. Il-2 „Stornowik", Bomber Il-4 (DB-3f).
Ill,
1) l. Nbfl. des Rheins, aus dem Schweizer Jura, 208 km l., mündet unterhalb von Straßburg; hier beginnt Rhein-Rhône-Kanal.
2) r. Nbfl. des Rheins, aus Vorarlberg (Silvrettagruppe).
Ille-et-Vilaine [ilevilɛn], westfrz. Dép., 6775 km², 798 000 E; Hptst. *Rennes.*
illegal [nl.], gesetzwidrig.
illegitim [nl.], ungesetzlich; unehelich.
Iller, r. Nbfl. der Donau, aus den Allgäuer Alpen, 147 km l., Kraftwerke, mündet w. von Ulm.
Illertissen (D-89257), St. i. Kr. Neu-Ulm, Bay., 14 142 E; AG; div. Ind. u. Sehenswürdigkeiten.
Illimani, höchster Andengipfel in Bolivien, 6882 m.
Illinois [ɪlɪˈnɔɪ(z)],
1) l. Nbfl. d. Mississippi, 440 km l., durch Kanal mit Michigansee verbunden.
2) Abk. *Ill.,* einer der nordöstl. Zentralstaaten der USA, 146 075 km², 11,3 Mill. E; Getreidebauland (Mais, Weizen, Hafer), Viehzucht; Bergbau (Kohle), Erdöl; Hptst. *Springfield;* Wirtschaftszentrum: *Chicago.*
illiquid [l. „nicht flüssig"], im Augenblick nicht zahlungsfähig, um kurzfristige Verbindlichkeiten z. erfüllen (z. B. eine Bank); nicht einziehbar (Forderung).

Illiquidität, Zahlungsunfähigkeit aus Mangel an flüssigen Geldmitteln.
Illnau-Effretikon (CH-8308), St. im Kanton Zürich (Schweiz), 14 800 E; div. Ind.
illoyal [frz.. ˈɪloaˌjaːl], gesetzwidrig, unbillig.
Illyrien, histor. Name für die Länder der westl. Balkanhalbinsel (Krain, Kroatien, Dalmatien, Serbien, Albanien), urspr. v. denen Indoeur. bewohnt; 168 v. Chr. *Süd-I.* röm. Prov., 1809 bis 1813 napoleon. Provinz.
Illumination, Geheimbund d. dt. Aufklärung; 1776–85 (1896 neu gegr.).
Illumination, *w.* [l.], Festbeleuchtung.
Illuminator → Miniaturmalerei.
illuminieren, festlich beleuchten; bunt ausmalen (z. B. Initiale).
Illusion [l.], Einbildung, Selbsttäuschung; *psych.* Wahrnehmungstäuschung, häufig bei Rauschzuständen, aber auch bei Nervenkrankheiten u. bei Übermüdung (z. B. eigenen Schatten als Ungeheuer sehend).
Illusionismus, phil. Anschauung, daß a) alle sittl. u. ästhet. Werte auf Täuschung beruhen, b) die Außenwelt Schein sei.
Illusionist, *m.,* Mensch, der sich falsche Hoffnungen macht; auch Zauberkünstler (Artist).
illusionistische Malerei, beabsichtigt Scheinwirkung; bes. im Barock beliebte Wand- u. Deckenmalerei, die d. Innenraum durch gemalte Architektur (Säulen, Balkon o. ä.) belebt bzw. nach außen öffnet (z. B. durch offene Kuppeln, Fenster, Türen); u. a. *Pietro da Cortona, Pozzo.* → Trompe-l'œil.
illusorisch, nur auf Einbildung beruhend; verblich.
Illustration [l.], eigtl. Erläuterung; einem Text beigefügte Abbildung.
illustrieren, bebildern.
Ilm,
1) l. Nbfl. der Saale, 120 km l., aus dem Thür. Wald.
2) r. Nbfl. der Donau, 75 km l., mündet oberhalb von Kelheim.
Ilmenau,
1) l. Nbfl. der Elbe, 107 km l., durchfließt die Lüneburger Heide, ab Lüneburg schiffbar.
2) (D-98693), St. am N-Hang d. Thür. Waldes, 27 642 E; Luftkurort; Glas- u. Porzellanind.; Techn. HS; zahlr. Goethegedenkstätten, *Kickelhahn* (861 m) m. Goethehäuschen („Goethestadt").
Ilmensee, See in Rußland nw. der Waldaihöhen, zw. 730 und 2090 km² schwankend, durch den Wolchow zum Ladogasee entwässert; bis 10 m tief.
ILO, Abk. f. I*nternational* L*abour* O*rganization,* → Internationale Arbeitsorganisation.
Iloilo, Prov.hptst. der Philippinen, 300 000 E; Uni.; Hafen.
Ilorin, St. in SW-Nigeria, 420 000 E; kath. Bischofssitz; landwirtsch. Handelszentrum.
ILS, Abk. f. I*nstrument* L*anding* S*ystem,* Landeverfahren f. Flugzeuge, bes. b. Schlechtwetter.
Ilse, r. Nbfl. der Oker aus dem Harz (Brocken), 40 km l.; am Ausgang d. *I.tals:* **Ilsenburg (Harz)** (D-38871), Luftkurort am Harz, Kr. Wernigerode, S-A., 238 müM, 7060 E; Blechwalzwerk; **Ilsenstein,** Fels im Ilsetal.

Iltis

Iltis, Marder der Feuchtgebiete; Albino: → Frettchen.
Ilz, l. Nbfl. d. Donau aus d. Bayer. Wald, 54 km l., mündet b. Passau.
Image, *s.* [engl. ˈɪmɪdʒ], das Vorstellungsbild eines Menschen od. einer Gruppe v. sich selbst od. anderen Gruppen od. Einzelpersonen.
Imagefunktionen [ˈɪmɪdʒ-], Indikatoren des Konsumverhaltens: Umweltbewältigung/Wissensersatz, Selbstbestätigung, Wertausdruck, Anpassung.
imaginär [l.], eingebildet, *nur* in der Vorstellung vorhanden.
imaginäre Zahl, ist eine Zahl, die mit der *imaginären Einheit* $i = \sqrt{-1}$ (d. h. der → *Wurzel* aus -1) zusammengesetzt ist (z. B. 5i).
Imagination, *w.* [l.], Einbildungskraft, Phantasie.
imagistische Schule, *Imagist Group,* literar. Richtung in USA, Anfang des 20. Jh.; forderte neue Rhythmen, Natürlichkeit d. Ausdrucks, präzise Aussage; Hauptvertr.: *Amy Lowell* (1874–1925), *John Gould Fletcher* (1886–1950), *Hilda Doolittle* (1886 bis 1961), → Pound.
Imago, vollausgebildetes, geschlechtsreifes Insekt; → Metamorphose.
Imago Dei, *w.* [l. „Bild Gottes"], theol. Begriff i. Juden- u. Christentum f. d. Auffassung v. Menschen als d. Ebenbild Gottes.
Imam [arab. „Vorsteher"], Vorbeter in der Moschee; rel.-pol. Oberhaupt islam. Sekten.
imbezill [l.], *imbezil,* schwachsinnig (*Imbezillität*).
Imbroglio [it. -brɔljo], mehrere Rhythmen, Stimmen zugleich.
Imbros, türk. *Imroz,* türk. Insel im Ägäischen Meer, 279 km², 4800 E.
IMF, Abk. f. I*nternational* M*onetary* F*und,* → Internationaler Währungsfonds.
Imhotep, altägypt. Baumeister, Bildhauer u. Gelehrter um 2600 v. Chr., Wesir d. Königs → Djoser; im Altertum Patron d. Bauleute u. d. weltl. Schreiber, zeitw. auch als Heilgott verehrt; schuf d. Stufenpyramide m. Tempelbezirk in → Sakkara als ältesten monumentalen Steinbau d. Architekturgeschichte.
Imitation, *w.* [l.],
1) grundlegende Satztechnik d. mehrstimmigen Musik, bei der Themen aus einer Stimme in anderen nachgeahmt werden.
2) Nachahmung.
Imker, Bienenzüchter.
Imkerei → Bienenzucht.
immanent [l.], enthalten, einbegriffen in.
Immanenz,
1) Abhängigkeit vom Bewußtsein.
2) Beschränktsein auf den Umkreis mögl. Erfahrungen.
3) das Darinsein des Absoluten in der Welt oder im Endlichen; Ggs.: → Transzendenz.
Immanenzphilosophie, phil. Lehre, daß alles Seiende nur Bewußtseinsinhalt ist (Berkeley, Schuppe).
Immanuel [hebr. „Gott mit uns"], nach *Matth.* 1, 23 f. Name für Messias.
Immatrikulation [nl.], Einschreibung in die → Matrikel 2).
Imme, veraltet od. poet. svw. Biene.
immediat [l.], unmittelbar.

immens [l.], unermeßlich; unendlich.
Immenstadt, i. Allgäu (D-87509), St. i. Kr. Oberallgäu, Bay., 13 699 E; Erholungsort; Textilind.
immensurabel [l.], unmeßbar.
Immergrün, kriechende Staude des Laubwaldes m. immergrünen Blättern u. blauen Blüten; auch Zierpflanze.
Immermann, Karl Leberecht (24. 4. 1796–25. 8. 1840), dt. Schriftst.; Epigone d. dt. Klassik u. Romantik; Roman: *Münchhausen* (darin *Oberhof*-Geschichten); *Die Epigonen.*
Immersion, [l.], Eintauchen, bes. des Objektivs d. Mikroskops i. einen Öltropfen auf d. Deckglas z. Erzielung größerer *numerischer* → Apertur.
Immerwährender Kalender → Übersicht.
Immigration, w. [l.], Einwanderung; Ggs.: Emigration.
Immission, w. [l.],
1) schädliche Einwirkung v. Rauch, Verunreinigung, Erschütterungen, Lärm u. ä. auf die Umwelt; wesentliche u. unübliche Beeinträchtigung durch I. muß abgestellt werden (BGB § 1004); s. 1974 in der BR sog. „I.sschutzgesetz".
2) Einführung, Einsetzung, Einweisung in e. Amt.
immobil [l.], unbeweglich.
Immobiliarkredit, Kredit, dessen Gegenstand unbewegl. Sachen (Grundstücke) bilden; Hptformen: → Hypothek, → Grundschuld; Ggs.: → Mobilienkredit.
Immobiliarversicherung, → Feuerversicherung.
Immobilien [l.], unbewegl. Sachen; Liegenschaften, Grundstücke, Gebäude.
Immobilisierung, b. d. Jagd d. Verabreichung v. Medikamenten (meist m. Narkosegewehr) an Tiere, d. d. Muskulatur f. einige Zeit lähmen, um sie am Fliehen zu hindern.
Immoralismus [nl.], phil. Anschauung, verneint sittliche Werte.
Immortalität, w. [l.], Unsterblichkeit.
Immortellen [frz.], svw. → Strohblumen.
Immunbiologie, Teilgebiet d. Biol., das sich m. Erforschung d. Immunität befaßt; MPI f. I. in Freiburg.
Immunglobuline, Antikörper, Träger e. Teils d. → Immunität.
Immunität [l.],
1) *kirchenrechtl. I.*: Befreiung d. Geistlichen v. gewissen staatl. Lasten (Ehrenämtern).
2) *diplomatische I.* → Exterritorialität.
3) *parlamentar. I.*: Schutz der Abgeordneten vor Strafverfolgung; endet mit d. Mandat; kann v. Parlament aufgehoben werden (Art. 46, Abs. 2–4 GG); → Indemnität.
4) *med. I., Feiung,* Unempfänglichkeit gg. Infektionen: a) *natürliche I.* angeboren, ererbt od. erworben durch Überstehen einer Krankheit (z. B. Scharlach); b) *künstliche I.* durch **Immunisierung:** α) *aktive I.,* Einimpfung v. Eingabe (→ Schluckimpfung) lebender od. getöteter Aufschwemmungen d. Erreger, bewirkt Bildung spezifischer → Antikörper im Blut: Schutzimpfung, *Vakzination* (z. B. gegen Kinderlähmung usw.); β) *passive I.,* Übertragung fertiger spezif. Schutzstoffe mittels Heilserum (z. B. Diphtherieheilserum). – Empfohlene Schutzimpfungen: *b. Kindern*: gg. Diphtherie, Tetanus, Keuchhusten, Kinderlähmung, Masern, Mumps u. Röteln; *b. Erwachsenen*: gg. Tollwut u. (bes. b. Auslandsreisen in d. dritte Welt) gg. Cholera, Gelbfieber, Poliomyelitis, Typhus, Hepatitis A, Meningitis u. Zeckenenzephalitis.

Immunosuppression [l.], Hemmung der → Immunität, zur Behandlung versch. Krankheiten, bei → Transplantationen fremder Organe.
Immunsystem, Gesamtheit sämtl. Strukturen u. Funktionen d. Organismus, die Träger von immunolog. Reaktionen sind, die v. Immunität hervorrufen, auch f. Abstoßung bei → Transplantationen und → Autoaggressionskrankheiten verantwortlich; besteht aus *humoralem I.* (Immunglobuline) sowie spezif. und unspezif. *zellulären I.*
Immuntoleranz, Ausbleiben v. Abstoßungsreaktionen gegenüber fremden Geweben, Organen usw.
Impala, Schwarzfersenantilope, afrikan. Huftier.
Impasto, *s.* [it.], *Malerei*: dicker Farbenauftrag; auch → *pastos*; *Kupferstich*: Wischverfahren.
Impeachment [ɪmˈpiːtʃ-], i. d. USA Amtsenthebungsverfahren gg. d. Präs., Vizepräs. od. höhere Beamte aufgrund schwerer Verbrechen od. Vergehen.
Impedanz, w. [nl.], Widerstand el. Schaltglieder f. Wechselströme.
Impedanzröhre, Schaltung einer → Elektronenröhre, daß sie d. Eigenschaft eines veränderbaren induktiven od. kapazitiven Widerstandes besitzt; → Rückkopplung; Anwendung: Sender mit → Frequenzmodulation.
Imperativ, *m.* [l.], Befehlsform des Zeitworts (z. B. *gib!*).
imperatives Mandat, die Bindung eines Volksvertreters an die Aufträge seiner Wähler, meist mit dem Recht zur vorzeitigen Abberufung.
Imperativ, kategorischer, moral. Grundforderung von allg. und absoluter Gültigkeit (*Kant*: „Handle so, daß die Maxime deines Willens jederzeit zugleich als Prinzip einer allg. Gesetzgebung gelten könne").
Imperator [l.], Titel röm. Feldherren u. hoher Beamter, s. Augustus svw. Kaiser.
Imperfekt|um, *s.* [l.], in der dt. Sprache Zeitform der Vergangenheit (z. B. ich *kam*).
Imperia, it. Prov.hptst. (Ligurien), 40 000 E; Seebad.
Imperialismus [lat. „imperium = Reich"], Prinz. v. *Francis Bacon* begr., Streben nach Erweiterung der pol. Macht u. Staatsgrenzen, Großmachts-, „Weltmachts"bestrebungen. *Zeitalter des I.* das ausgehende 19. Jh. mit dem kolonialen u. mil. Ausdehnungsstreben der **imperialistischen** Mächte.
Imperium [l.],
1) Weltreich.
2) höchste röm. Staats- od. Militärgewalt; dann (Rom) Kaiserreich.
Impertinenz, w. [l.], Frechheit.
Impetigo [l.], ansteckende Erkrankung d. Haut durch Eiterbakterien.
Impfung,
1) *Vakzination,* → Immunisierung.
2) zu diagnost. Zwecken: Prüfung d. Empfänglichkeit für eingeimpfte Stoffe (z. B. Tuberkulinreaktion).
Implantation [l.], Einpflanzung e. *Implantats* (totes Material od. lebendes Gewebe) in e. Organismus.
Implikation [l. „Eingewickeltsein"], Grundbeziehung zw. Aussagen, die einander einschließen, z. B. d. Begriff Mutter impliziert d. Begriff Kind, da letzterer e. log. Folge v. ersterem ist.
implizite [l.], inbegriffen; Ggs.: explizite.
Implosion, schlagart. Zusammenfallen e. evakuierten Behälters.
imponderabel [nl.], unwägbar.
Imponderabilien, Unwägbares, unberechenbare Umstände.
imponieren [l.], Eindruck machen.
Import, *m.* [l.], svw. → Einfuhr.
Importeur [-'tøːr], Kaufmann, der ausländische Waren einführt.
imposant [frz.], eindrucksvoll, gewaltig.
Impotenz, w. [l.],
1) *geschlechtl.* Unvermögen des Mannes: Unfähigkeit z. Zeugung od z. Ausübung des Beischlafs.
2) *allg.* mangelnde Kraft.
Imprägnation, Eindringen d. einen Samenzelle in d. Eizelle.
imprägnieren, Durchtränken fester Körper (Gewebe, Holz) mit Flüssigkeit v. best. Wirkung (z. B. Wasserdichtmachen durch Tonerdesalz, Fäulnisverhütung bei Holz durch Steinkohlenteerdestillate, Fluorverbindungen usw.).
Imprägnierung, billigstes Verfahren z. Herstellung v. → *Schaumwein,* indem e. Wein unter Druck Kohlensäure zugesetzt wird; muß auf d. Etikett eigens angegeben werden (z. B. in Dtld „mit Kohlensäure imprägniert").
Impresario, *m.* [it.], Unternehmer künstlerischer Veranstaltungen.
Impressionismus [l.], urspr. frz. Kunstrichtung ab 1860/70, Bez. v. Monets Gemäldetitel *Impression, soleil levant* (1872) abgeleitet; will flüchtige Eindrücke (*Impressionen*) d. sichtbaren Welt unmittelbar wiedergeben: **a)** *Literatur:* Maupassant, Schnitzler, Dehmel, Liliencron, Jacobsen, D'Annunzio; **b)** *Musik:* Debussy, Ravel; **c)** *Plastik:* Rodin, Kolbe, Sintenis; **d)** *Malerei:* Auflösung der gegenständlichen Dauerformen in Farbflecke u. Lichtreflexe; versch. Stilformen bis z. *Späti.* um 1920 (→ Divisionismus, Pointillismus); Vertr.: Manet, Monet, Renoir, Degas, Liebermann, Corinth, Slevogt.
Impressionsfraktur, Knochenbruch (*Fraktur*) mit Eindringen von Knochenteilen in darunterliegende Weichteile.
Impressum [l. „Eingedrucktes"], Vermerk i. Druckschriften über Verlag, Herausgeber, Redakteur, Drucker, auch → Copyright; z. T. durch Presserecht vorgeschrieben; in alten Büchern → Kolophon.
Imprimatur, *s.* [l. „es werde gedruckt"], Formel f. d. endgültige Druckerlaubnis.
Impromptu, *s.* [frz. ɛ̃prɔ̃'tyː], Tonstück in freier Form, vielfach liedartig.
Improvisation, w. [frz.],
1) *mus.* freies Phantasieren auf Musikinstrumenten, bes. wichtig beim → Jazz.
2) unvorbereitete Rede, Veranstaltung; Zusatz eines Schauspielers zu seiner Rolle.
improvisieren, etwas ohne Vorbereitung tun.

Immerwährender Kalender, dient zur Ermittlung der Wochentage für jedes Datum vom Beginn der christlichen Zeitrechnung bis zum Jahr 2400. Wiedergabe mit frdl. Erlaubnis d. *World Almanac,* New York.

Man sucht zunächst den Leitbuchstaben im Schnittpunkt der Spalte unmittelbar zum gewünschten Jahrhundert (Tabelle Ia od. Ib) mit der horizontalen Zeile, in der die beiden letzten Ziffern der Jahreszahl (Tabelle II) erscheinen. Nunmehr ermittelt man in Tabelle III die Spalte, in der der soeben gefundene Leitbuchstabe horizontal mit dem gewünschten Monat erscheint. In der gleichen Spalte senkrecht darunter in Tabelle IV und horizontal mit dem gewünschten Tagesdatum findet man den gesuchten Wochentag. **Beispiel: 16. August 1995; siehe Fettdruck in den Tabellen; Ergebnis: Der 16. August 1995 fällt auf einen Mittwoch.**

Achtung: Schaltjahre haben 2 Leitbuchstaben, von denen der erste für Januar und Februar, der zweite für die übrigen Monate gilt. Beispiel: 1996 hat die Leitbuchstaben GF. Der 1. Januar 1996 z. B. erhält also den Leitbuchstaben G und beispielsweise der 1. Juli 1996 den Leitbuchstaben F.
Für alle Daten bis einschließlich 4. Okt. 1582 ist der Julianische Kalender (Tabelle Ia) und für alle Daten vom 15. Oktober 1582 an der Gregorianische Kalender (Tabelle Ib) zu verwenden. Auf den 4. Okt. 1582 folgte mit der Kalenderumstellung als nächster Tag der 15. Okt. des Gregorianischen Kalenders.

Ia		Jahrhundert Julianischer Kalender (0 bis 4. Okt. 1582)					Ib		Jahrhundert Gregorianischer Kalender (15. Okt. 1582 bis 2400)				II	Zehner und Einer der Jahreszahl		
0	100	200	300	400	500	600	1500	1600	1700	1800	**1900**					
700	800	900	1000	1100	1200	1300	2000	2100	2200	2300						
1400	1500															
			Leitbuchstabe						Leitbuchstabe							
DC	ED	FE	GF	AG	BA	CB	–	BA	C	E	G	00				
B	C	D	E	F	G	A	F	G	B	D	F	01	29	57	85	
A	B	C	D	E	F	G	E	F	A	C	E	02	30	58	86	
G	A	B	C	D	E	F	D	E	G	B	D	03	31	59	87	
FE	GF	AG	BA	CB	DC	ED	CB	DC	FE	AG	CB	04	32	60	88	
D	E	F	G	A	B	C	A	B	D	F	A	05	33	61	89	
C	D	E	F	G	A	B	G	A	C	E	G	06	34	62	90	
B	C	D	E	F	G	A	F	G	B	D	F	07	35	63	91	
AG	BA	CB	DC	ED	FE	GF	ED	FE	AG	CB	ED	08	36	64	92	
F	G	A	B	C	D	E	G	A	F	A	C	09	37	65	93	
E	F	G	A	B	C	D	B	C	E	G	B	10	38	66	94	
D	E	F	G	A	B	C	A	B	D	F	A	11	39	67	**95**
CB	DC	ED	FE	GF	AG	BA	GF	AG	CB	ED	GF	12	40	68	96	
A	B	C	D	E	F	G	E	F	A	C	E	13	41	69	97	
G	A	B	C	D	E	F	D	E	G	B	D	14	42	70	98	
F	G	A	B	C	D	E	C	D	F	A	C	15	43	71	99	
ED	FE	GF	AG	BA	CB	DC	–	CB	ED	GF	BA	16	44	72		
C	D	E	F	G	A	B	–	A	C	E	A	17	45	73		
B	C	D	E	F	G	A	–	G	B	D	F	18	46	74		
A	B	C	D	E	F	G	–	F	A	C	E	19	47	75		
GF	AG	BA	CB	DC	ED	FE	–	ED	GF	BA	DC	20	48	76		
E	F	G	A	B	C	D	–	C	E	G	B	21	49	77		
D	E	F	G	A	B	C	–	B	D	F	A	22	50	78		
C	D	E	F	G	A	B	–	A	C	E	G	23	51	79		
BA	CB	DC	ED	FE	GF	AG	–	GF	BA	DC	FE	24	52	80		
G	A	B	C	D	E	F	–	E	G	B	D	25	53	81		
F	G	A	B	C	D	E	C	D	F	A	C	26	54	82		
E	F	G	A	B	C	D	B	C	E	G	B	27	55	83		
DC	ED	FE	GF	AG	BA	CB	AG	BA	DC	FE	AG	28	56	84		

III	Monate		Leitbuchstabe						
			1	2	3	4	5	6	7
Januar, Oktober			A	B	C	D	E	F	G
Februar, März, November			D	E	F	G	A	B	C
April, Juli			G	A	B	C	D	E	F
Mai			B	C	D	E	F	G	A
Juni			E	F	G	A	B	C	D
August			C	D	E	F	G	**A**	B
September, Dezember			F	G	A	B	C	D	E

IV		Tagesdatum				Wochentage						
						1	2	3	4	5	6	7
1	8	15	22	29		So	Sa	Fr	Do	Mi	Di	Mo
2	9	**16**	23	30		Mo	So	Sa	Fr	Do	**Mi**	Di
3	10	17	24	31		Di	Mo	So	Sa	Fr	Do	Mi
4	11	18	25			Mi	Di	Mo	So	Sa	Fr	Do
5	12	19	26			Do	Mi	Di	Mo	So	Sa	Fr
6	13	20	27			Fr	Do	Mi	Di	Mo	So	Sa
7	14	21	28			Sa	Fr	Do	Mi	Di	Mo	So

Impuls, *m.* [l.].
1) *phys.* Bewegungsgröße *m·v* (Masse mal Geschwindigkeit).
2) i. d. *Elektronik:* einmalige Strom- od. Spannungsstöße v. relativ kurzer Dauer; zahlreiche I.formen: *Rechteck-I., Sägezahn-I., Dreieck-I.* usw.; periodischer I. als Puls bezeichnet, Anwendung: Fernsehtechnik, → Radar, Übers., → Informatik, Übers., Meßtechnik, Modulation etc.
3) Antrieb.

impulsiv, unüberlegt, plötzl. Einfällen oder Affekten gehorchend.

Imst, Bez.st. in Tirol (Oberinntal), 7000 E.

Imyglykos, süßer griech. Rotwein.

In, *chem.* Zeichen f. → *Indium.*

in absentia [l.], in Abwesenheit (z. B. *i. a. verurteilen*).

in abstracto [l.], rein begrifflich; in der Theorie.

in aeternum [l.], in Ewigkeit.

inakzeptabel, unannehmbar.

Inanna [sumer. „Herrin d. Himmels"], sumer. Göttin d. Liebe u. d. Krieges, Personifikation d. Planeten Venus.

Inappetenz, Appetitlosigkeit.

Inauguraldissertation, svw. → Dissertation.

inaugurieren [l.], einweihen, feierlich in Amt od. Würde einsetzen: **Inauguration**.

Inc., Abk. f. *incorporation,* am. Firmenbezeichnung, entspricht d. GmbH, AG.

Inch = Maß und Gewichte, Übers.

Inchon, Hafenstadt an der W-Küste S-Koreas, 1,7 Mill. E.

Incirlik, kleiner türkischer Ort in der Nähe v. Adana an der Mittelmeerküste, etwa 660 km von der türkisch-irakischen Grenze entfernt. NATO-Basis; Luftwaffenstützpunkt.

in contumaciam [l.], in Abwesenheit („Nichterscheinen trotz Ladung vor Gericht") verurteilen.

in corpore [l.], insgesamt, geschlossen.

Incoterms, Abk. für *International Commercial Terms,* Zus.fassung d. intern. Regeln für die Auslegung der handelsüblichen Vertragsformeln.

Incroyable [frz. ɛ̃krwa'jabl „unglaublich"], Stutzertracht der frz. Direktoriumszeit.

Indanthren®, Handelsbez. f. Farbstoffe von hoher Echtheit für wasch-, licht- u. wetterfeste Färbungen u. Drucke.

Indefinitum, *s.* [l.], unbestimmtes Fürwort (z. B. *niemand, etwas*).

indeklinabel, nicht beugungsfähig (z. B. *niemals, immer*).

Indemnität,
1) Schutz des Abgeordneten vor Strafverfolgung bezüglich seiner Abstimmungen od. Äußerungen i. Parlament; besteht auch nach Beendigung des Mandats; keine I. bei verleumder. Beleidigung.
2) Straflosigkeit.

Independenten, „Unabhängige", kirchl. Partei in England *(Cromwell);* selbst. Einzelgemeinden (mit völliger Unabhängigkeit vom Staat).

Inder, Bewohner v. Vorderindien (Indien u. Pakistan), sehr dicht (200–450 E je km²) in d. großen Nordebene u. d. östl. u. südl. Küstenebenen, sehr schütter (25–50 E) in d. Dschungelgebieten; sprachlich gegliedert in arische Dialekte

INDIEN
Staatsname: Republik Indien, Republic of India, Bharat
Staatsform: Parlamentarische Bundesrepublik
Mitgliedschaft: UNO, SAPTA Commonwealth, Colombo-Plan
Staatsoberhaupt: Kocheril Raman Narayanan
Regierungschef: Kumar Gujral
Hauptstadt: Neu-Delhi 301 000 Einwohner
Fläche: 3 287 590 km²
Einwohner: 913 600 000
Bevölkerungsdichte: 278 je km²
Bevölkerungswachstum pro Jahr: ⌀ 1,91% (1990–1995)
Amtssprache: Hindi, Englisch
Religion: Hindus (80%), Muslime (11%), Christen (2,4%)
Währung: Indische Rupie (iR)
Bruttosozialprodukt (1994): 278 739 Mill. US-$ insges., 310 US-$ je Einw.
Nationalitätskennzeichen: IND
Zeitzone: MEZ + 4½ Std.
Karte: → Asien

Indien

Incroyable

des weiten N (Einbruch aus NW im 12. Jh. v. Chr.), die ureinheim. drawidischen des viel kleineren S u. die restl. Mundarten der nördl. Mitte (Einbruch im NO im 2. Jh. v. Chr.); → Sprachen, Übers. Nordrassen hellbraun, Südrassen schwarzbraun, die Dschungelvölker primitiv, → Rassen, Übers.; in Sri Lanka arische helle Singhalesen im W, drawidische dunkle Tamilen im O, dazu einige 100 primitive Ureinwohner (→ Wedda) in den südöstl. Wäldern. *Hinterinder* (in Myanmar, Thailand, Indochina), dicht vertreten nur in den Reisbaulandschaften, nächst den Küsten u. Strömen, bes. im Delta von Irawadi (Rangun), Menam (Bangkok), Mekong (Saigon) u. Song-koi (Hanoi), sehr dünn in den weiten Waldgebieten. Heute sprachl. alles Tibetochin., dabei das Siamesische (Thai) seit 14. Jh.; frühere Austroasiaten (Mon-Khmer), davon Reste in Südbirma (Mon), ganz Kampuchea (Khmer) u. der annamit. Kordillere (Moi, Kha); rassisch im W paläomongolid, im S (Thailand, Kampuchea) Bergvölker weddid, im O (Vietnam) mongolid (südsinid); → indische Religionen.

Indeterminismus [l.],
1) *phil.* Anschauung: Wille d. Menschen ist völlig frei; Ggs.: → Determinismus.
2) *phys.* im Ggs. zum streng determinierten, ursächl. bestimmten u. voraussagbaren Geschehen in d. Makrophysik das nur der Wahrscheinlichkeit unterliegende, statistisch zu erfassende Geschehen im Bereich der → Elementarteilchen u. der → Quantentheorie; Ggs.: → Determinismus.

Index, *m.* [l. „Anzeiger"],
1) Ablesemarke an Meßinstrumenten.
2) Register in wiss. Werken.
3) Kennzeichnungszahl an Buchstaben e. Zahlenreihe (z. B. A_1, A_2, A_x).

Index librorum prohibitorum, *m.* [l.], Verzeichnis der v. d. kath. Kirche für ihre Gläubigen verbotenen Bücher; erstmals 1559; seitdem zahlr. Neuausgaben; Verbot durch 2. Vatikan. Konzil aufgehoben.

Indexlohn, der laut → Tarifabkommen automatisch nach der → gleitenden Skala festgesetzte Lohn.

Indexwährung → Währungssysteme.

Indiana [-'ænə], Robert, eigtl. *R. Clark* (* 13. 9. 1928), am. Maler; Vertr. d. → Pop Art.

Indiana [-'ænə], Abk. *Ind.,* Bundesstaat in den USA, fruchtbar u. waldreich, 93 993 km², 5,7 Mill. E; Ackerbau u. Viehzucht; Tabak; Abbau von Steinkohle, Erdöl- u. Erdgasförderung.

Indianapolis [ɪndɪə'næpəlɪs], Hptst. v. Indiana, USA, 727 000 E.; Uni.; Auto-, Maschinenbau, elektron. Ind.; Autorennstrecke.

Indianer,
1) die Eingeborenen beider Amerika (Name von der vermeintlichen Entdeckung einer neuen *indischen* Küste durch Kolumbus), halb mongolider Rassentypus (→ Rasse, Übers.), zahlreiche → Sprachen (Übers.). In N-Amerika (größtenteils nur noch in Reservationen lebende) Athapasken, Tlingiten, Huronen, Irokesen, Sioux, in Neumexiko die Pueblos (Bodenbauer); in *Zentralamerika* die Maya (früher hohe Kultur) u. Azteken, in *S-Amerika* Tupi, Guarani, Aruak, in den südl. Steppen die Araukaner, Patagonier, Pueltsche, im Hochland die Feuerländer (Fischer), Chibcha, Ketschua (→ Inka); insges. etwa 17,5 Mill., davon in N-Amerika ca. 500 000; in S-Amerika stark vermischt.
2) → Sternbilder, Übers.

Indianerterritorium, im O u. SO des US-Staates Oklahoma, zu dem es seit 1907 gehört; 90 000 meist zivilisierte und wegen reicher Erdölvorkommen oft sehr wohlhabende Indianer.

indianische Kunst, in d. Hochkulturen d. Ureinwohner N-, Mittel- u. S-Amerikas, durch d. eur. Eroberungen vernichtet oder verdrängt bzw. schon zuvor untergegangen; im 20. Jh. z. T. wiederbelebt u. öff. gefördert. Kultbauten u. -gegenstände, Kunsthandwerk. Hptkulturen: *N-Amerika:* Anasazi (s. um 200 v. Chr.) m. Spätstufe Pueblo (ab 700 n. Chr.); Navajo (ab 14. Jh.); *Mittelam.:* Olmeken (ab 200 n. Chr.), Maya (ab 4. Jh. n. Chr.), Azteken (ab 14. Jh.); *S-Amerika,* andine Hochkulturen: Chavín (11.–2. Jh. v. Chr.), Huari-Tiahuanaco (8.–15. Jh. n. Chr.), Inka (15.–16. Jh.); Marajó (13.–16. Jh.).

Indien,
1) *geogr.* im weiteren Sinne die Halbinseln mit ihrem Hinterland u. den Inseln S-Asiens, durch hohe Kettengebirge im N begrenzt: Vorderindien, Hinterindien, Malaiischer Archipel. – Im engeren Sinne *Vorderindien.* **a)** *Geogr.:* Im NW das Gebirgsland von Belutschistan, im N das Hochgebirge des Himalaja, südl. davon die weite Schwemmland des Indus u. Ganges, im S das Hochland von Dekhan; ca. 4 Mill. km², trop. Monsunklima; der W-Rand des Dekhan, die Himalajagebiete u. die Gangesniederung regenreich, der NW, das Hochland u. der O-Rand des Dekhan regenarm. **b)** *Vegetation:* Im NW Steppen u. Wüstensteppen, im S Savanne u. Trockenwald, in den Deltalandschaften u. an den Luvseiten der Gebirge feuchtheißer Tropenwald (Teak- u. a. Edelhölzer); in den Trockengebieten, z. T. mit künstl. Bewässerung, Anbau von Weizen, Baumwolle, Hirse; in den feuchten Gebieten Reis, Jute, Zuckerrohr, Kautschuk; an den Gebirgshängen, vor allem in Assam, Tee. **c)** *Fauna:* artenreich, Elefanten, Tiger, Wildrinder u. -schweine, Affen, Schlangen, der Gavial (spitzschnäuziges Krokodil), zahlr. Vogelarten. **d)** *Bodenschätze:* Glimmer, Steinkohle, Eisen-, Manganerze, Monazit, Gold, Kupfer, Zinn, Edelsteine (Rubine), Erdöl. **e)** *Staaten:* Rep. Indien, Rep. → Pakistan u. → Bangladesch.
2) Rep. Indien, umfaßt den größten Teil Vorderindiens (→ Indien 1). **a)** *Landwirtsch.:* 65% d. Bev. leben v. d. Landw.; rasche Vergrößerung der Bewässerungsanlagen (ca. 1/3 der landw. Nutzfläche künstlich bewässert); ca. 1/3 d. Nutzfläche f. Reis (1991: 10,9 Mill. t); Tee (730 000 t). **b)** *Viehzucht:* rinderreichstes Land der Erde (1991: 198 Mill. Rinder, 55,7 Mill. Schafe). **c)** *Bodenschätze:* Erdöl- u. Steinkohlenvorkommen, reiche Eisenerzlager, Gold, Bauxit, Glimmer, Chrom- u. Manganerz, Edelsteine. **d)** *Ind.:* in raschem Aufbau; Erzeugung 1991 (in Mill. t): Roheisen 14,1, Stahl 17,1, Zement 45,7 (1990), Baumwolle

5,1; zweitgrößter Filmproduzent d. Welt. **e)** *Außenhandel* (1991): Einfuhr 19,9, Ausfuhr 14,2 Mrd. $. **f)** *Verkehr:* Eisenbahn 62 000 km. **g)** *Verf.* v. 1950: Bundesstaat m. starker Zentralgewalt; Präs. auf 5 Jahre gewählt, ernennt den Min.präs.; Parlament besteht aus Oberhaus (245 Mitgl.) und Unterhaus (545 Mitgl.). **h)** *Verw.:* 25 Bundesstaaten (Andhra Pradesh, Arunachal Pradesh, Assam, Bihar, Goa, Gujarat, Haryana, Himachal Pradesh, Jammu u. Kashmir, Karnataka, Kerala, Madhya Pradesh, Maharashtra, Manipur, Meghalaya, Mizoram, Nagaland, Orissa, Pandschab (Punjab), Radschastan (Rajasthan), Sikkim [s. 1975], Tamil-Nadu, Tripura, Uttar Pradesh, Westbengalen) u. 7 Territorien (Andamanen u. Nikobaren, Chandigarh, Daman u. Diu, Delhi, Lakshadweep, Dadra u. Nagar Haveli, Pondicherry). **i)** *Gesch.:* Bereits im 4./3. Jh. v. Chr. ind. Großreich m. Kg Ashoka, 1398 eroberte der Mongole Timur einen großen Teil; 1526 d. mongol. Reich d. Großmoguls (Hindostan u. Dekhan, Hptst. *Delhi*); nach d. Entdeckung d. Seeweges nach Ostindien durch Vasco da Gama (1497) portugies., i. 17. Jh. ndl. u. engl. *Ostindische Kompanie* m. staatl. Machtbefugnissen. Ständige Ausbreitung d. brit. Herrschaft in Vorder-I., 1857 Aufstand, 1876 wurde Kg Viktoria Kaiserin von I.; das *Kaiserreich I. (Britisch-Indien)* umfaßte die heutige Rep. I., Pakistan u. Myanmar. Selbständigkeitsbestrebungen nach d. 1. Weltkrieg (→ Gandhi) führten z. Unruhen, Boykott (→ Non-Cooperation); 1935 neue Verfassung: 1937 Birma als brit. Kolonie v. I. getrennt; 1947 Unabhängigkeit, I. wurde Dominion, erster Min.präs. Pandit Nehru; gleichzeitig Abtrennung des neu gebildeten Dominions Pakistan; hatte Völkerwanderung von 17 Mill. Menschen (Hindus nach Indien, Moslems nach Pakistan) zur Folge. 1948/49 Eingliederung von 565 ind. Fürstenstaaten; 1950 I. Rep., weiterhin Mitgl. des Commonwealth; außenpol. strikte Neutralität zw. O u. W; 5-Jahres-Pläne f. die wirtsch. Entwicklung; Ziel: sozialist., demokr. Wohlfahrtsstaat. 1961 Annexion d. portugies. Gebiete Goa, Daman u. Diu; 1962 Grenzkrieg m. China im Himalaja a. d. McMahonlinie; 1965 Ausbruch schwerer Kämpfe m. Pakistan um das s. 1947 umstrittene → Kaschmir; Schlichtung durch UN. 1971 Freundschaftspakt mit der UdSSR; indisch-pakistan. Krieg; nach Beendigung 1972 Rückkehr der Flüchtlinge nach Bangladesch. 1975 innere Unruhen, 1975–77 Ausnahmezustand; 1977 Rücktritt I. Gandhis. Demokr., Ablösung d. Regierung I. Gandhi durch M. R. Desai; Wiederaufnahme d. Neutralitätspol.; s. 1980 I. Gandhi erneut Reg.chefin; nach ihrem Tod 1984 ihr Sohn R. Gandhi (bis 1989); s. 1997 Kumar Gujral.

indifferent [l.], unbestimmt, gleichgültig.

Indifferenz, w. [l.], Gleichgültigkeit.

Indifferenzzone, der mittlere Teil e. Stabmagneten; zeigt nach außen keine magnet. Wirkung.

indigen [l. „eingeboren"], svw. einheimisch.

Indigestion [l.], *med.* Verdauungsstörung.

Indigirka, ostsibir. Strom aus d. Tscherskigebirge, 1726 km l., mündet in d. Ostsibir. See; 1086 km schiffbar.

Indignation, w. [l.], Entrüstung.

Indigo, m. oder s., schon im Altertum bekannter „echter" blauer Farbstoff aus der ind. I.-Pflanze oder aus Färberwaid; die farblose I.weiß geht durch Oxidation an d. Luft in *I.blau* über (1878 v. → Baeyer synthet. hergestellt).

Indikation [l.].
1) bei → Abort: *med.* I. „bei nicht anders abwendbarer Gefahr für Leben der Schwangeren"; *soziale I.* bei wirtsch. Notlage; *med.-soziale I.* bei ungünstigem Einfluß der soz. Verhältnisse auf Krankheitsverlauf; *eugenische I.* bei voraussichtlich geschädigter Nachkommenschaft; *ethische I.* bei Vergewaltigung.
2) Anzeige, Veranlassung zu einer ärztl. Maßnahme.

Indikativ, m. [l.], Wirklichkeitsform des Zeitworts (z. B. er *ist*).

Indikator [l. „Anzeiger"],
1) *sozialwiss.* beobacht- bzw. meßbarer Anzeiger f. best. als unbeobachtbar geltende soz. Sachverhalte.
2) Stoffen beigemischte künstl. radioaktive Substanz z. Verfolgung biochem. oder technolog. Vorgänge.
3) *chem.* Stoff, der z. B. saure od. basische Beschaffenheit (Reaktion v. Substanzen durch Farbänderung) anzeigt, z. B. Lackmus, Phenolphthaleïn.
4) *maschinentechn.* Instrument, das Größe des Drucks in Zylindern in Abhängigkeit von Kolbenstellung angibt, durch Aufzeichnung eines Diagramms (Abb.).

Indikatororganismen, Pflanzen od. Tiere, d. auf best. (Umwelt-)Schadstoffe sensibel reagieren, dienen u. a. zur Bestimmung d. Gewässergüte; → Bioindikatoren.

indirekt [nl.], mittelbar; auf Umwegen.

Indirekteinleiter, benutzen öff. Kanalisationssystem zur Ableitung v. Abwässern; → Direkteinleiter.

indirekte Rede, von einem Zeitwort abhängige Aussage (z. B. er meinte, *es sei gut*).

indirekte Steuern → Steuern, Übers.

indische Kunst, Ausdruck d. Polytheismus, auf Einheit des Erlösungsziels bezogen, schuf durch hierarch. Stufung geeinte Gestaltenfülle; unabhängig v. d. hellenist. beeinflußten Kunst v. Gandhara entstand im Mauryagroßreich s. 3. Jh. v. Chr. buddhist. Kunst. – *Klassische Zeit:* Guptareich, N-Indien (4.–6. Jh. n. Chr.); s. 9. Jh. Übergewicht d. Südreiche u. Außenländer; Rückgang d. Buddhismus; Neubrahmanismus begr. Prunkstil d. Spätzeit. – *Architektur:* Grundform des buddhist. Tempels: Stupa, ein künstl. Rundhügel, später z. Terrassenpyramide (Sanci, 3.–1. Jh. v. Chr.; Boro-Budur, 800 n. Chr.). Höhlentempel d. Felsenklöster (Ajanta, Karli). Brahmanist. Tempelform: Versammlungshalle m. Torbau u. Turm über Cella, zu reichen Gruppenanlagen entwickelt (Schiwa-Tempel zu Bhuvanesvara, 8. Jh. n. Chr.; Tempelresidenz Angkor in Kampuchea, 12. Jh.). Nach d. portugies. u. engl. Eroberungen ab 16. Jh. er. Vorstellungen auf hinduist. u. indo-islam. Architektur. Entwickl. e. Kolonialstils. – *Plastik:* überwucherte Tore u. Türme; rei-

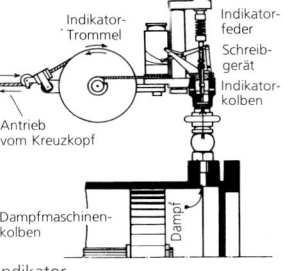

Indikator

che Reliefkunst; als rundplastische Einzelgestalten charakteristisch: Buddha-Typ (stille Verinnerlichung) u. Schiwa-Typ (vielarmig expansive Tanzbewegung). – *Malerei:* Fresken in Felsensälen (Ajanta); Mogulzeit (s. 16. Jh.); pers. beeinflußte Miniaturen (→ Tafel Asiatische Kunst).

indische Literatur, etwa s. *1500 v. Chr.:* Veda-(Wissen-)Literatur m. ältesten Teilen: *Rigveda* (Hymnen), spätere Kommentare z. d. Veden: *Brahmanas,* darin die phil.-spekulativen Teile der *Upanishaden,* vorwiegend in Prosa. Späteste Lehrfassungen des Veda in *Sutras* (Leitfäden) über fast alle rel.-weltanschaul., aber auch viele weltl. Themen. *5. Jh. v. Chr.:* buddhist. Literatur: redigiert im *Palikanon* (Reden des Buddha, Episches u. Spruchweisheit, Lieder). Spätere Ausbildung der südind. (Ceylon) Literatur *(Kleines Schiff)* u. der außerind. *(Großes Schiff)* über Jahrhunderte; rel. Umgestaltung von Volksmärchen in den Wiedergeburtsgeschichten: *Jatakas.* Hinduist. Literaturen: mytholog.-dogmat. Epen bes. der Wischnu- u. Schiwa-Religion: *Puranas.* Maha-Bharatam, urspr. heroisches Epos, von 500 vor bis 500 n. Chr. stark erweitert, mit berühmten Episoden: *Nal u. Damajanti, Sawitri, Bhagavadgita,* Heldenepos m. Wischnu-Krischna als Hauptgestalt: *Ramayanam.* Seit *4. Jh. n. Chr.:* Blüte in Lyrik, Drama u. Kunstepik. Drama *Vasantasena.* Kalidasa-Dramen *(Sakuntala),* lyr. Zyklen, Epen. Berühmte Lyriker: Bhartrhari, Amaru, Bilhana, Jayadeva *(Gitagovinda).* Umfangreiche Erzählungs- u. Märchenliteratur: *Pantschatantra* (4./5. Jh.), Somadeva (Ozean der Märchenströme; 11. Jh.). *Tamul-Hymnen* an Schiwa u. Wischnu. *Neueste Zeit:* Tagore, Iqbal, Bhattacharya.

indische Philosophie → Philosophie, Übers.

Indischer Archipel, svw. → Malaiischer Archipel.

indische Religionen, Vorstufe: arischer Götterkult der → *Veda;* im 8.–6. Jh. v. Chr. entsteht die Lehre von der Seelenwanderung u. dem Kastenwesen; Gegenbewegung: *Buddhismus* (stärkste Ausbreitung in Indien 250 v. Chr.–50 n. Chr., heute in Indien über 5 Mill. Anhänger) u. d. asket. Sekte des Dschainismus (von Mahavira gegr.); gegen beide setzte sich die urspr. Form des Brahmanismus *(Hinduismus)* wieder durch (etwa 733 Mill. Anhänger); in Pakistan u. Bangladesch überwiegend Islam.

Indischer Ozean, *Indik,* Weltmeer zw. Afrika, Asien (Indien mit dem Malaiischen Archipel), Australien u. der Antarktis, 74 Mill. km² (einschl. der drei Nebenmeere: Rotes Meer, Pers. Golf, Andaman. Meer); größte Tiefe 7455 m *(Planettiefe* im Sundagraben); bedeutendste Inseln: Madagaskar, Ceylon, Sumatra, Java, Kl. Sundainseln, Sansibar, Mauritius, Kerguelen. Seit Eröffnung des Suezkanals ist der I. O. zu einer bed. Verkehrsstraße zw. Europa u. Indien, Ostasien, Australien geworden; Haupthäfen: Aden, Colombo, Bombay, Kalkutta, Jakarta, Perth, Durban.

indische Sprachen → Sprachen, Übers.

indiskret [l.], nicht verschwiegen, taktlos.

indisponiert, nicht in Form, Stimmung; unpäßlich.
Indisposition [l.], Unpäßlichkeit.
Indium, *In,* chem. El., Oz. 49, At.-Gew. 114,82; Dichte 7,31; seltenes Metall.
Individualbegriff, d. Einzelbegriff bezeichnet nur e. einzelnes Ding (Individuum) oder ein einmaliges Geschehen; Ggs.: Allgemeinbegriff, Gattungsbegriff.
Individualismus [nl.],
1) Würdigung d. einzelnen als einer einmaligen Persönlichkeit (Goethe, Romantik); die rel. u. ethische, nur auf sich selbst u. das eigene Gewissen gestellte Verantwortlichkeit des einzelnen (als Ggs. zum Universalismus des MA entstanden); d. I. bejaht nur sittl. Beziehungen zw. Einzelpersonen, ordnet d. Individuum dem Allgemeinen über; Ggs.: → Sozialismus.
2) *Wirtsch.theorie* d. 19. Jh.: jeder kann im Rahmen d. bestehenden Gesetze nach freiem Ermessen und Möglichkeiten s. Wirtschaftshandlungen, auch ohne Rücksicht auf d. Gesamtwirtschaft, bestimmen (Liberalismus); Ggs.: → Kollektivismus.
Individualität, *w.* [l.], Besonderheit, Einzigartigkeit.
Individualpsychologie, Lehre v. den Schwierigkeiten eines Individuums, seinen Lebensplan zu verwirklichen, wobei → Neurosen als Folge fehlerhafter Pläne u. soz. Schwierigkeiten verstanden werden (→ Adler, Alfred).
Individuation [l. „Vereinzelung"],
1) *phil.* Heraussonderung d. einzelnen aus d. Allgemeinen (Scholastik).
2) *psycholog.* Geschehen, durch das d. reife Persönlichk., d. Selbst, aufgebaut wird (C. G. Jung).
individuell, der Eigenart des Einzelwesens entsprechend.
Individuum, *s.* [l. „das Unteilbare"], Einzelpersönlichkeit, Einzelwesen im Unterschied zur Gruppe, Gemeinschaft, Art od. Gattung.
Indizien [l.], Anzeichen, Verdacht erregende Umstände.
Indizienbeweis, indirekter Beweis im Prozeß, bei dem von erwiesenen Tatsachen auf eine andere, direkt nicht beweisbare geschlossen wird.
Indochina (Karte → Asien), Ostteil v. Hinterindien, früher *Französisch-I.;* seit 1954 unabhängige Staaten: → Vietnam, → Laos, → Kambodscha. – Gebiete seit 19. Jh. frz. Protektorate, Kotschinchina frz. Kolonie: 1941–45 von Japan besetzt; 1945 Bildung der Republik Vietnam, 1946/47 begrenzte Autonomie, 1949 Unabhängigkeit im Rahmen der Frz. Union für sämtliche Staaten Frz.-I.s; 1946–54 Kämpfe, bes. in Vietnam; seit 1954 vollständige Unabhängigkeit.
Indoeuropäer, Völker in West- u. Südasien sowie fast ganz Europa, deren Sprachen zur indoeur. Sprachgruppe gehörten (→ Sprachen, Übers.).
Indogermanen, svw. → Indoeuropäer.
Indolenz, Gleichgültigkeit gegen Schmerzen usw.
Indonesien,
1) → Malaiischer Archipel.
2) Inselstaat in SO-Asien; die Großen u. Kleinen Sundainseln, d. westl. Teil v. Neuguinea (Irian Jaya), Molukken u. a. kleine Inseln. **a)** *Geogr.:* Stark aufgelöste Inselgirlanden mit zahlr. Vulkanen u. häufigen Erdbeben; feuchtheißes Tropenklima, Urwälder, in Ostjava u. auf d. Kleinen Sundainseln etwas trockener mit Savannen. **b)** *Landw.:* Exportkulturen, meist Plantagen, Kautschuk (1991: 1,28 Mill. t, an 1. Stelle d. Weltprod.), Tee, Zucker, Kaffee, Palmöl, Tabak. **c)** *Bodenschätze* (Förderung 1992): Erdöl 76,5 Mill. t, Erdgas 50 Mrd m³. Zinn 30 100 t, Steinkohle, Kupfererze, Bauxit u. Nickel. **d)** *Außenhandel* (1991): Einfuhr 25,9 Mrd., Ausfuhr 21,50 Mrd. $. **e)** *Verkehr:* Eisenbahn 6536 km. **f)** *Verf.* v. 1945: Staatspräs., Repräsentantenhaus, Beratender Volkskongreß. **g)** *Verw.:* 27 Prov. **h)** *Gesch.:* In d. Frühzeit stand d. indones. Inselwelt unter ind. u. chin. Einfluß. Im 15. Jh. Eindringen des Islams. 1602–1798 Besitz der Holländ.-Ostind. Gesellschaft, Anfang d. 19. Jh. vorübergehend brit., 1818– 1945 ndl. Kolonie *(Ndl.-Ostindien).* Im 2. Weltkrieg von Japan besetzt, 1945 Proklamierung der Vereinigten Staaten v. I. durch → Sukarno; 1949 Anerkennung durch d. Ndl.; 1950 Umwandlung in einen Einheitsstaat; 1963 Ndl.-West-Neuguinea *(W-Irian)* durch Abkommen an I. angegliedert, 1969 durch Volksabstimmung endgültig angeschlossen. 1964–66 bewaffnete Auseinandersetzung mit d. neu gegr. Föderation → Malaysia wegen Einbeziehung d. nördl. Teils v. Borneo i. d. Föderation. 1965 kommunist. Putsch v. Militär blutig niedergeschlagen, danach weitgehende Machtübernahme durch d. Militär (General Suharto), Verbot d. kommunist. Partei u. 1967 → Sukarno d. Beratende Volksversammlung aller Ämter u. Vollmachten entkleidet; 1976 Besetz. d. ehem. port. Kolonie Osttimor u. Eingliederung als Prov. gg. anhaltenden Widerstand d. Bevölkerung.
Indonesier, Bewohner der malaiischen Inselwelt, malaiische Sprache und paläomongolide → Rasse mit weddiden Resten.
Indore, *Indur,*
1) ehem. Fürstenstaat in Zentralindien, jetzt Teil v. Madhya Pradesh.
2) St. in Madhya Pradesh, 1,09 Mill. E; Textilindustrie.
Indossament [it. „in dosso = auf dem Rücken"], auf Rückseite eines → Orderpapieres vom **Indossanten** geschriebener, an best. Formen gebundener Übertragungsvermerk, laut welchem alle Rechte aus d. Papier auf einen anderen **(Indossatar)** übergehen; *Blanko-I.,* wenn Indossatar nicht genannt wird; *Inkasso-I.* berechtigt nur z. Einziehung, nicht zur Weiterübertragung, bes. e. Wechsels.
Indra, früher höchste ind. Gottheit.
Indre [ɛ̃dr],
1) l. Nbfl. der Loire, 276 km l.
2) mittelfrz. Dép., 6791 km², 237 000 E; Hptst. Châteauroux.
Indre-et-Loire [ɛ̃drə'lwa:r], frz. Dép., 6127 km², 529 000 E; Hptst. Tours.
in dubio [l.], im Zweifelsfall.
in dubio pro reo, Rechtssatz: „im Zweifelsfall *für* den Angeklagten", d. h. zu seinen Gunsten entscheiden.
Induktion [l.].
1) *phil.* logischer Schluß vom Besonderen auf d. Allgemeine durch Annahme, daß allg. gilt, was im Einzelnen gefunden wurde (→ Empirismus); I. als phil. Methode v. Francis Bacon gefordert; Ggs.: → Deduktion.
2) *phys.:* **a)** Erzeugung el. (Ring-)Spannung in einem Leiter, der in einem Magnetfeld bewegt wird (→ Dynamomaschine) oder sich in einem veränderl. Magnetfeld befindet (→ Transformator); von Faraday 1831 entdeckt; **b)** → magnetische Induktion.
3) *biol.* im Embryo Anregung einer Organentwicklung durch ein Nachbarorgan (z. B. Entwicklung d. Augenlinse aus d. Haut, wenn Augenanlage d. Gehirns sich Haut nähert).
Induktionsapparat, svw. → Funkeninduktor.
Induktionsofen → elektrische Öfen.
induktiv [l.], der → Induktion entsprechend (Naturwissenschaften bedienen sich in der Regel induktiver Methoden).
induktive Kopplung, *magnet. K.,* entsteht durch Gegen-→ Induktivität (z. B. b. Transformator).
induktiver Widerstand, *W.,* den → Induktivität durch Gegenspannung (Selbstinduktionsspannung) einem Wechselstrom entgegensetzt; steigt mit der Frequenz des Wechselstroms.
Induktivität, Eigenschaft von wechselstromdurchflossenen Leitern od. Spulen, eine d. Änderung d. Stromes proportionale Gegenspannung aufzubauen *(Selbstinduktions-* oder *Gegenspannung);* befindet sich in der Nähe des stromdurchflossenen Leiters oder d. Spule in 2. Leiter od. Spule, so wirkt diese dem Wechselstrom ebenfalls entgegen *(Gegeninduktionsspannung).* Einheit: *Henry* (H), 1 H = 1 Voltsekunde pro 1 Ampere (Vs/A).
Indulgenz, *w.* [l.], Nachsicht; Straferlaß; Ablaß.
Indult, *m.* od. *s..* [l.],
1) *völkerrechtlich:* bei Kriegsbeginn feindl. Handelsschiffen zugebilligte Befugnis, die Häfen unbelästigt zu verlassen.
2) Frist z. Erfüllung einer Verbindlichkeit (Moratorium).
Induration, Gewebsverhärtung.
Induratio penis plastica, bindegewebige Verhärtung des männl. Gliedes; → Priapismus.
Indus, Hptstrom W-Indiens, aus d. Transhimalaja, durch d. Himalaja u. Westpakistan (Indus-Tiefland) mit 13 Mündungsarmen ins Arab. Meer, ca. 1 Mill. km² Einzugsgebiet v. a. d. → Pandschab; 2897 km l., zahlr. Stauwerke für die künstl. Bewässerung von 8 Mill. ha Land.
Induskultur, zw. 3000 u. 1500 v. Chr. St.kultur im Indusgebiet u. in Gudscherat, Ausgrabungen (Harappa).
Industrie [l.], gewerbl. Gütererzeugung mit Hilfe von Maschinen in fabrik- oder verlagsmäßigen größeren Betrieben → Schaubild.
Industrieanthropologie, Arbeitsrichtung der angewandten Anthropologie; sorgt in Zus.arbeit mit der Industrie für d. Anpassung der Gebrauchsgegenstände an den menschl. Körperbau (z. B. Schulmöbel, Fahrzeuge, Maschinen, Bekleidung).
Industrieholz, Rohholz, d. mechan. od. chem. aufgeschlossen werden soll; schwaches Rohholz (a. Durchforstung od. Abfall a. Sägewerken), das i. d. Zellstoff- u. Papierind., Span- u. Faserplattenind. verwertet werden kann; Nadel-

INDONESIEN	
Staatsname: Republik Indonesien, Republik Indonesia	
Staatsform: Präsidiale Republik	
Mitgliedschaft: UNO, ASEAN, OPEC, Colombo-Plan, APEC	
Staatsoberhaupt und Regierungschef: Hadji Mohamed Suharto	
Hauptstadt: Jakarta 7,8 Mill. Ew.	
Fläche: 1 904 569 km²	
Einwohner: 189 907 000	
Bevölkerungsdichte: 100 je km²	
Bevölkerungswachstum pro Jahr: ⌀ 1,78% (1990–1995)	
Amtssprache: Bahasa Indonesia	
Religion: Muslime (87,6%), Christen (9,7%), Hindus, Buddhisten	
Währung: Rupiah (Rp.)	
Bruttosozialprodukt (1994): 167 632 Mill. US-$ insges., 880 US-$ je Einw.	
Nationalitätskennzeichen: RI	
Zeitzone: MEZ + 6 Std. (Jakarta)	
Karte: → Asien	

Indonesien

Indonesien

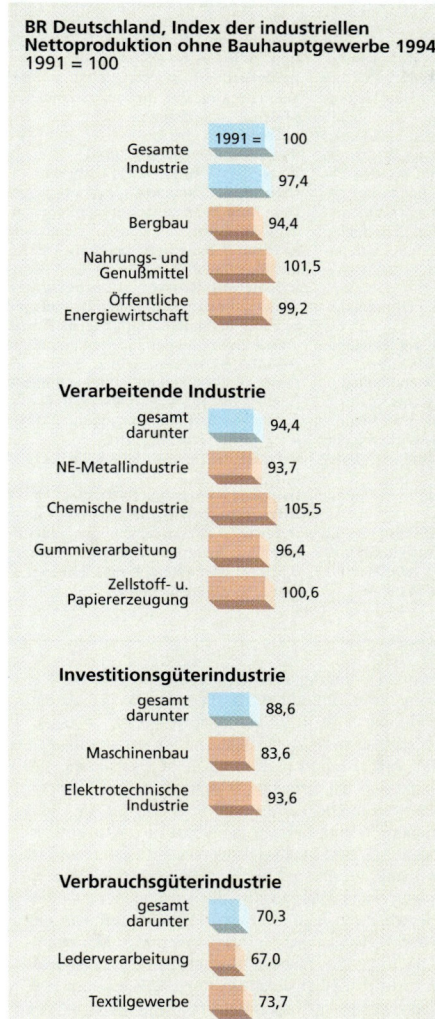
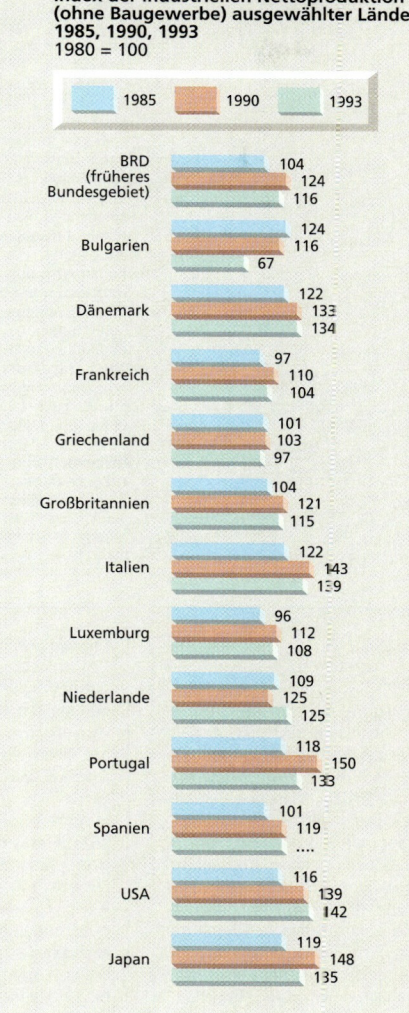

schlossen zum *Dt. Ind.- u. Handelstag,* DIHT, Bonn; Anfang 19. Jh. nach frz. Vorbild entstanden.

Indy [ɛ̃'di], Vincent d' (27. 3. 1851 bis 2. 12. 1931), frz. Komponist; Opern; Kammermusik.

inert, träg, untätig.

Inertialsystem, astronom. Raumkoordinatensystem eines in sich abgeschlossenen Systems v. Körpern, für d. überall d. Trägheitsgesetz v. Galilei gilt.

in extenso [l.], ausführlich.

INF, Abk. für *Intermediate-Range Nuclear Forces (Nukleare Mittelstreckensysteme),* s. 1981 in Genf bilaterale Verhandlungen zw. USA u. UdSSR über d. Stationierung v. Mittelstreckenraketen in Eur., 1987 Vereinbarung über die Beseitigung der landgestützten atomaren Mittelstreckenraketen in Eur. innerhalb v. 3 Jahren; sog. Nullösung.

Infallibilität, Unfehlbarkeit in Glaubens- u. Sittenfragen; *päpst. I.* (ex cathedra) s. 1870 Dogma.

infam [l.], ehrlos, schändlich.

Infant [l. „Kind"], **Infantin,** Titel der span. und portugiesischen Prinzen und Prinzessinnen.

Infanterie, früher mil. Fußtruppe, heute bilden i. d. Bundeswehr Panzergrenadier-, Jäger- u. Fallschirmjägertruppe d. I.

Infantilismus, Zurückbleiben auf kindl. Entwicklungsstufe durch Störungen d. → inneren Sekretion (→ Hypophyse, → Schilddrüse), versch. anderer Organe od. psychosoziale Faktoren.

Infarkt, *m.* [l.], durch Verstopfung einer Arterie (z. B. → Embolie, Thrombose) in seiner Blutversorgung gestörter Gewebsbezirk (Organ oder Organteil), der abstirbt, zur Schwiele wird oder erweicht, soweit nicht Tod eintritt (Herz-I. u. a.).

infaust, *med.* aussichtslos, *infauste Prognose,* tödlicher Ausgang e. Krankheit nicht abzuwenden.

Infektion [l.], *Ansteckung,* Eindringen von Krankheitserregern in den Körper; *Tröpfchen-I.* durch Einatmen von Husten- oder Nieströpfchen, besonders bei Tuberkulose-I.; *Staub-I.* durch Einatmen keimhaltigen Staubes, ebenfalls bei Tuberkulose-I.; *Schmier-I.* und *Kontakt-I.* bei Berührung mit keimhaltigem Material (z. B. Ausscheidungen Typhuskranker); *Fütterungs-I.* durch Genuß keimhaltiger Nahrung (z. B. Milch tuberkulöser Kühe, Typhuserreger enthaltendes Trinkwasser); auch → Superinfektion, → Reinfektion.

Infektionskrankheiten, meist fieberhafte Reaktionen des Körpers nach Infektion; akut oder chronisch; großenteils übertragb., dann Isolierung erforderl.; z. T. gesetzl. meldepflichtig, u. a. Scharlach, Typhus, Diphtherie, Tuberkulose, Kindbettfieber, Kinderlähmung, Pocken, Syphilis, Tollwut und Keuchhusten; → Seuchen; → Immunität.

inferior [l.], untergeordnet, minderwertig.

infernalisch [l.], höllisch, teuflisch.

Inferno, *s.* [it.], Hölle (→ Dante Alighieri, *Göttliche Komödie*).

Infertilität, Unfruchtbarkeit.

Infiltration, *w.* [nl.],

1) das Einschleusen v. Personen i. Schlüsselstellungen mit d. Zweck d. Un-

holz in 3 Güteklassen: IN: gesund, nicht grobastig, keine starke Krümmung; IF: leicht anbrüchig, grobastig od. krumm; IK: stark anbrüchig, jedoch gewerbl. verwendbar.

Industrieinstitut, Deutsches, Köln, 1951 vom *B.verband der dt. Industrie* u. von der *B.vereinigung der dt. Arbeitgeberverbände* gegr. z. Erarbeitung neuer Erkenntnisse über Bedeutung d. Unternehmertums u. der Marktwirtschaft sowie zur volkswirtsch. Aufklärung.

industrielle Revolution, Bez. für die seit Mitte d. 18. Jh. in England entstehende und später auf d. restl. Europa übergreifende Revolutionierung der Technik, v. a. durch Anwendung d. Dampfkraft.

Industriepapiere, Anteilscheine (Aktien), Schuldverschreibungen (Obligationen) v. Industrieunternehmungen.

Industrie- und Handelskammern, öffentl.-rechtl. Selbstverwaltungskörperschaften d. gewerbl. Wirtschaft (Industrie, Handel, Banken, Versicherungen, Verkehrsgewerbe, Gastgewerbe, nicht aber Handwerk); Wahrnehmung der Gesamtinteressen u. Förderung der gewerbl. Wirtschaft, Gutachten, wirtsch. Beratung, Wahrung lauteren Wettbewerbs; öffentl. Bestellung v. Sachverständigen; Förderung u. Durchführung der kaufmännischen u. gewerbl. Berufsausbildung; Ausstellung von Ursprungszeugnissen; eingeschaltet in vielen anderen Bereichen im Interesse der gewerbl. Wirtschaft; in Dtld 69 IHK, 1945 zus.ge-

tergrabung oder Vorbereitung eines pol. Umsturzes.
2) *med.* Einlagerung u. Einwanderung v. Fremdkörpern bzw. fremder Zellen od. Gewebe in normales Körpergewebe; auch langsame Einspritzung von Medikamenten, z. B. bei *Infiltrationsanästhesie* (lokale Betäubung).
3) das Eindringen, Einsickern.
Infinitesimalrechnung [l. „infinitus = unbegrenzt"], Rechnen mit Grenzwerten, zusammenfassende Bez. f. Differential- u. Integralrechnung (→ Leibniz).
Infinitiv, *m.* [l.], Nennform des Zeitworts, drückt Handlung od. Zustand ohne Beziehung auf Person oder Aussageform aus (z. B. *lieben, laufen*).
infizieren [l.], anstecken.
in flagranti [l.], auf frischer Tat (ertappen).
Inflation [l. „Aufblähung"],
1) schnellere Zunahme der im Verkehr befindl. Zahlungsmittel als die reale Güterproduktion b. Vollauslastung; d. Nachfrage übertrifft d. Angebot an Gütern u. Dienstleistungen; Folge ist Geldentwertung u. Preisniveausteigerung. → Assignaten. I. in Dtld 1919–23 (zuletzt 1 $ = 4,2 Bill. Mark); beendet m. Einführung d. Rentenmark; i. 2. Weltkr. inflator. Entwicklung in vielen Ländern; in Dtld beendigt durch Währungsreform 20. 6. 1948. Arten: *offene I., schleichende I., galoppierende I., zurückgestaute I., importierte I.*; Ggs.: → Deflation.

2) *inflationäres Universum*, Theorie, nach der sich d. Weltall kurz nach seiner Entstehung im → Urknall extrem schnell u. stark ausgedehnt hat; → Weltmodelle.
Influenz, *w.* [l.], Einfluß,
1) *magnet.*: Auftreten von Magnetismus in Eisen u. ferromagn. Stoffen bei Annäherung v. Magneten oder stromdurchflossenen Spulen.
2) *el.*: Wird z. B. negativ geladener Isolator an einen zweiter, gg. Masse isolierter Leiter genähert, so entsteht durch Einwirken d. el. → Feldes des geladenen Leiters e. Trennung d. Ladungen im zweiten Leiter, so daß an dem d. neg. geladenen Leiter zugewandten Ende positive, am anderen Ende negative Ladung bleibt.
Influenza, *w.* [l.], svw. → Grippe.
Influenzmaschine,
1) z. Erzeugung statischer Elektrizität hoher Spannung, schwacher Strom.
2) Isolierscheiben mit Metallbelägen, durch Handkurbel gegensinnig drehbar, erzeugen hohe Ladung, die über Metallpinsel durch I. u. Spitzenwirkung den Polen der Influenzmaschine zugeleitet wird.
Informatik → Übersicht.
Information [l.],
1) *I. im weiteren Sinne*: Beseitigung einer Ungewißheit durch Auskunft, Mitteilung, Benachrichtigung od. Kenntnis über Gegenstände od. Phänomene.

2) *I. im engeren Sinne:* Oberbegriff für Daten, Mitteilung, Meldung, Rechenergebnis, Zahlenwert u. a.
Informationstheorie, *math.* fundierte Basis d. Informationsverarbeitung u. -übermittlung; begründet v. C. *Shannon* (um 1948); auch → Kybernetik.
Informel [frz. ɛfɔr'mɛl], 1952 in Frkr. geprägte Bez. für die gegenstandslose Malerei; → Tachismus.
informell [l.-frz.],
1) informatorisch, belehrend.
2) ohne Formalitäten; Ggs.: formell.
informelle Gruppen, betriebspsych. Bez. f. unorganisierte, spontan entstandene Gruppen m. einheitl. Zielen, die nicht auf d. festgelegte betriebl. Arbeitsorganisation ausgerichtet sind.
informelle Kunst, Kunstrichtungen s. 1945, die d. traditionellen Grundlagen u. Ziele in Malerei, Graphik u. Plastik umwandeln; fordern Spontaneität d. schöpfer. Prozesses; setzen Strukturierung, Rhythmisierung u. frei erfundene Zeichen gg. Kompositionsregeln u. eindeutig definierte Formen; Vertr.: *Dubuffet, Fautrier, Hartung, Wols*.
Infraktion, unvollständiger Knochenbruch.
Infrarot → ultrarote Strahlung.
Infrarotastronomie, Astronomie im Bereich v. Wellenlängen des elektromagn. Spektrums zw. etwa $1/1000$ mm u. 0,3 mm; ermöglicht Beobachtungen v. Sternentstehungsgebieten.

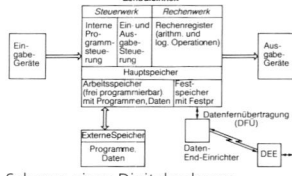
Schema eines Digitalrechners

Informatik

Gesamtheit der Vorgänge, bei denen durch Verarbeiten (Erfassen, Übermitteln, Ordnen u. Umformen) von Daten über einen best. Sachverhalt Informationen über den sich daraus ergebenden Sachverhalt gewonnen werden. Infolge d. Zunahme d. Datenmengen in Wiss., Technik, Wirtschaft u. Verwaltung muß man sich notwendig herausgestellt, Maschinen einzusetzen, die schneller u. sicherer als d. Mensch Daten verarbeiten (maschinelle Datenverarbeitung). Dabei unterscheidet man 3 grundsätzliche Abschnitte: **1)** Mechanisieren der Rechenoperationen (mechan. Rechenmaschinen seit dem 17. Jh.); **2)** Zusammenfassen u. Steuern mehrerer Rechenoperationen durch Programm (*Babtage* ersann 1830 Prinzip d. automat. Steuerung, *Hollerith* baute um 1890 erste Lochkartenmaschine, *Zuse* entwickelte 1939/41 d. erste programmgesteuerte Rechenanlage d. Welt mit Relaissteuerung u. -speicher); **3)** Steigerung der Operationsgeschwindigkeit durch Verwendung elektron. Schaltelemente anstelle mechan. Elemente (ab 1946 Röhrenrechner, ab 1955 mit → Transistoren, ab 1970 mit → IC; *EDV*: elektron. Datenverarbeitung). Dadurch wurde es erst möglich, Rechenoperationen zu automatisieren u. d. Anwendung math. Verfahren rentabel zu machen. Datenverarbeitungsanlagen arbeiten grundsätzl. nach einem Programm, das zuvor für d. Folgen der jeweils durchzuführenden Rechenoperationen aufgestellt werden muß (Bez. „Elektronengehirn" falsch, da keine selbständige Denkarbeit möglich). Nach Art der internen Signaldarstellung unterscheidet man **a) Analogrechner**, dabei werden für Rechenwerte Analoge (*analog = gleich*) in Form phys. Größen benutzt (z. B. Spannungen, Ströme usw.); d. h., math. formulierte Probleme werden durch elektron. Schaltungen nachgebildet, deren zeitliche Strom- oder Spannungsverläufe der math. Form entsprechen. Rechenergebnisse erscheinen als Meßwerte auf Registrierinstrumenten oder Kathodenstrahloszillographen; spezifische Anwendungsgebiete (Echtzeitverarbeitung); mehrfache, schnelle Integration u. ä.) in wiss.-techn. Bereich. Frühere Bedeutung schwindet durch d. technologische Weiterentwicklung d. **b) Digitalrechner**; bei diesen werden alle Informationen (Ziffern u. Buchstaben) durch Zahlen dargestellt u. verarbeitet.

Digitale Schaltkreise können eindeutig aber nur 2 Werte annehmen, z. B. „Strom" od. „kein Strom". Man ordnet deshalb diesen beiden Zuständen die „logischen Entscheidungen" „ja" u. „nein" oder die Werte „0" u. „1" des binären (→ Dual-)Zahlensystems zu. Eine solche Informationseinheit wird allg. mit „bit" (engl. Abk. v. **b**inary dig**it**) bezeichnet. Deshalb müssen alle Daten vor der Eingabe in die Sprache der Maschine umgewandelt (*codiert*) werden (Einstanzen in Lochkarten oder Streifen). Da nur die 4 Grundrechnungsarten möglich sind, müssen alle Probleme darauf zurückgeführt werden. Grundsätzlich sind Digitalrechner aus einer Zentraleinheit ZE (Steuerwerk, Rechenwerk, Arbeitsspeicher) u. peripheren Geräten (Eingabe, Ausgabe, externe Speicher, Dialoggeräte, Einrichtungen zur Datenfernübertragung u. -verarbeitung u. a.) aufgebaut (Abb.). Breiteste Anwendung in versch. Gerätekonstellationen (v. Mikrocomputer auf einem Chip bis zu Großrechnern u. Rechenzentren). **c) Hybridrechner** verknüpft Vorteile d. beiden Rechnerarten; Anwendung: z. B. Entwurf u. Simulation von Körpern mit besonderen Formeigenschaften wie bei Flugzeugen u. PKW (auch als → Prozeßrechner). Nach Anwendungsbereichen unterscheidet man **1.** *Kommerzielle Rechner*; charakterisiert durch folgende Merkmale: große Datenmengen, wenig Rechenintensität, einfache Rechenoperationen, Verwendung u. Verknüpfung von Dateien, Datenbanksysteme, ständige Wiederholung über längere Zeiträume; erfordert sehr große externe Speicher mit Direktzugriff. **2.** *Math.-wiss. Rechner*; relativ kleine Datenmengen, große Rechenintensität u. anspruchsvolle Rechenoperationen, isolierte und ständig neue Aufgabenstellungen; erfordert leistungsfähige Rechenwerke. **3.** → Prozeßrechner. Ähnlich d. → Elektronik kennzeichnet die I. e. hohes Innovationstempo (vor wenigen Jahren noch nicht bekannt: z. B. dezentrale Datenverarbeitung: Computer am Arbeitsplatz; innerbetriebl. od. weltweite „Vernetzung" von Computern durch Möglichkeit zu umfangreichem Datenaustausch über Kabel- od. Funkverbindungen; Mikro-, Heim- od. Personalcomputer; Magnetblasenspeicher; Laserdruck höchster Leistung, optische Speichermedien, Scanner u. a.) mit entsprechenden Auswirkungen in der Arbeitswelt, der Ausbildung u. im privaten Sektor (Umstrukturierung der Arbeitsplätze und Arbeitsweisen).

Infrarot-Fotografie → Falschfarbenfotografie.
Infraschall, unterhalb der unteren Hörgrenze (16–20 Hertz) liegende akust. Schwingungen.
Infrastruktur,
1) Unterbau (wirtsch., soz. u. organisator.) f. d. Daseinsvorsorge u. d. Funktionieren einer Wirtschaft (Verkehrsnetz, Energieversorgung, Polizei, Krankenhäuser, Schulen u. a.).
2) *mil.* alle ortsfesten Bauwerke (einschließl. Einbauten), die mittelbar u. unmittelbar d. Landesverteidigung dienen.
Infratest, Marktforschungsinst., bes. für Feststellung Fernsehzuschauerzahlen.
Inful, röm. weißwollene Stirnbinde, Zeichen der Weihe, später Bischofsmütze (Mitra).
Infusion [l.], Eintropfung (z. B. e. Kochsalz- od. Zuckerlösung) in d. Darm, unter d. Haut od. in eine Ader.
Infusorien, *Aufgußtierchen* (weil zuerst in Aufgüssen, z. B. von Stroh, entdeckt), → Wimpertierchen.
Inge [nach d. altnord. Gottheit Yngvi], w. Vn.
Ingelheim am Rhein (D-55128), St. i. Kr. Mainz-Bingen, RP, 21 204 E; Wein- (Spätburgunder), Gemüse- (Spargel), Obstbau; chem.-pharmazeut. u. elektrotechn. Ind.; Reste d. Kaiserpfalz Karls d. Gr.
Ingenieur [frz. ɪnʒeˈnjœːr], Berufsbezeichnung f. ausgebildete Techniker; Erwerb des akad. Grades *Diplom-I.* (Dipl.-Ing.) durch Studium und Abschlußprüfung an einer TH od. TU; *Doktor-I.* (Dr.-Ing.) durch Promotion; *graduierter I.* (Ing. grad.), Titel für Absolventen v. **I.schulen,** s. 1971 **Ingenieur-HS;** Aufnahmebedingung mittlere Reife u. 2jähr. Praktikum; → VDI.
Ingenieurbiologie, Arbeitsgeb., in d. lebende Baustoffe (Bäume, Sträucher, Gräser etc.) u. unbelebte Baustoffe (Ingenieurbauten) im Landschaftsbau (Straßen- u. Wasserbau, Lawinenverbau etc.) Verwendung finden.
ingeniös [frz.], scharfsinnig, erfinderisch; → Ingenieur.
Ingenium, s. [l.], natürl. Geistesanlage; Begabung.
Ingermanland, russ. *Ischorskaja Semlja,* nw.-russ. Küstenland zw. Peipus-, Ilmen- und Ladogasee und dem Finn. Meerbusen; bis 1702 schwed.
Ingestion, Aufnahme von Nahrung usw.
Ingolstadt (D-85049–57), krfreie St. in Oberbayern, a. d. Donau, 107 375 E; got. u. barocke Bauten; AG; Erdölraffin., Autoind. (Audi), Maschinenbau, Textilind. – 1472–1800 Uni.; ehem. herzogl. Residenz; Museen.
Ingraham [ˈɪŋgrəhæm], Hubert (* 4. 8. 1947), s. 1992 Premierminister der Bahamas.
Ingrediens, *s.* **Ingrediẹnz,** w. [l.], Mz.: *Ingredienzien,* Bestandteil einer Mischung.
Ingres [ɛ̃ːgr], Jean Auguste Dominique (29. 8. 1780–14. 1. 1867), frz. klassizist. Maler; mytholog. u. histor. Themen, Bildnisse; *Die große Odaliske.*
Inguschen, Volk i. N-Kaukasus.
Inguschien, s. 1992 autonome Rep. innerhalb Rußlands.
Ingväonen, *Ingävonen,* germanischer Hauptstamm, von der Ostsee bis zur Rheinmündung: *Friesen, Kimbern, Sachsen, Angeln, Jüten.*
Ingwer, *m.,* Staude, Wurzeln liefern gleichnamiges Gewürz; Indien, Malaiischer Archipel.
INH, Abk. f. **I**so**n**icotinsäure**h**ydrazid.
Inhaberpapiere, Wertpapiere, bei denen jedem Inhaber Geltendmachung d. i. Papier verbrieften Rechts zusteht (z. B. Inhaberaktien, Schuldverschreibungen, Pfandbriefe usw.), d. Berechtigte aber namentlich nicht genannt ist; Ggs.: → Namenspapiere.
Inhalation [l.], Einatmen von Heilmitteln.
Inhalationsapparat, führt Heilmittel mittels Verdampfung od. feiner Zerstäubung der Atemwegen zu; → Narkose.
Inhärenz, w. [l.], Verhältnis der Eigenschaften z. d. Dingen als ihren Trägern.
inhibieren [l.], verhindern.
Inhibin, d. Befruchtungsfähigk. des Spermas hemmendes Hormon.
in hoc signo vinces [l. „unter diesem Zeichen wirst du siegen"], Schriftbild, das → Konstantin der Gr. vor seinem Kampf gg. Maxentius (312) zus. mit dem Bild d. Kreuzes am Himmel erschienen sein soll.
inhuman [l.], menschenunwürdig, unmenschlich.
in infinitum [l.], ins Unendliche.
Initiạle, w. [l.], durch Größe, Verzierung od. Farbe hervorgehobener *Anfangs*buchstabe.
Initialzündung, zum Entzünden v. Sprengladungen durch kleine Ladung sehr brisanter Sprengstoffe (z. B. Bleiazid).
Initiation [l.], nach überlieferten Bräuchen vollzogene feierl. Aufnahme eines Neulings in eine Gemeinschaft; bei Naturvölkern Jünglings- od. Mädchenweihe, Mannbarkeitsfeier.
Initiative, w. [l.], Inangriffnahme, Anstoß, Entschlossenheit; *Gesetzes-I.:* Befugnis zur Vorlage von Gesetzen.
Injektion [l.],
1) Einspritzung von Heilmitteln; *subkutan* (s. c.): unter die Haut, *intrakutan* (i. c.): in die Haut, *intramuskulär* (i. m.): in die Muskulatur, *intravenös* (i. v.): in die Blutader usw.
2) Einspritzen von Zement, Betonemulsion od. Epoxidharzen in rissiges Mauerwerk od. Betonflächen z. Verfestigung.
Injektionsspritze, mit Zylinder u. Kolben (i. d. Regel aus Kunststoff) u. aufsetzbaren Hohlnadeln (Kanülen) verschiedener Länge u. Dicke.
Injektor, *m.* [l.], Dampfstrahlpumpe zur Kesselspeisung.
Injurie, w. [l.], Unrecht, Beleidigung, → Realinjurie, → Verbalinjurie.
Inka, ursprünglich ein *Ketschua*-(Indianer-)Stamm, dann Bez. für die herrschende Kaste im alten Peru; *I.reich:* Sozialstaat hoher u. sehr alter Kultur u. Kunst; 1970 wurden d. bisher f. Ornamente gehaltenen rechteckigen geometr. Zeichen (Tocapus) auf Gefäßen u. Gewändern als Wortzeichen entziffert (→ Quipu); Sonnenkultus; 1533 v. → Pizarro zerstört.
Inkabein, durch Knochennähte geteiltes Hinterhauptsbein, häufig im alten Peru.

Ingolstadt, *Neues Herzogliches Schloß*

Ingwer

Initiale

Injektionsspritze

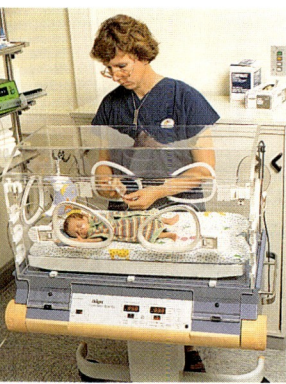
Inkubator

Inkarnat, *s.* [it.], Farbton i. d. Malerei z. Gestaltung d. nackten menschl. Haut.
Inkarnation [l. „Fleischwerdung"],
1) *christl.:* Annahme der menschl. Natur *(Menschwerdung)* durch den Sohn Gottes.
2) jede Fleischwerdung einer Gottheit.
Inkarzeration, Einklemmung e. Eingeweidebruchs.
Inkạsso, *s.* [it.], Einziehen fälliger Forderungen, bes. v. Wechseln u. Schecks.
Inkạssogebühren, *I.spesen,* Vergütung f. d. Einziehung v. Außenständen nach *I.geschäft,* auch durch Banken n. festen Tarifen.
Inkạssovollmacht, Ermächtigung z. Einziehung v. Forderungen u. Geldannahme überhaupt.
Inklination [l.], Neigung, Zuneigung; *I. der Magnetnadel* → Erdmagnetismus.
inklusive [l.], *inkl.,* einschließlich.
Inkọgnito, *s.* [it.], Verheimlichung v. Namen u. Stand.
Inkohärenz, w. [nl.], Mangel an Zusammenhang.
inkommensurabel [l. „nicht-mitmessen"], nicht Vergleichbares od. nicht Meßbares mangels e. gemeinsamen Maßstabes.
inkommodieren [l.], belästigen.
inkomparabel [l.], unvergleichbar.
inkompatibel [l.], unvereinbar, unverträglich.
inkompetẹnt [nl.], nicht zuständig, unbefugt.
inkongruẹnt [l.], sich nicht deckend, nicht übereinstimmend.
Inkongruẹnz, *w.,* Nichtübereinstimmung.
Inkonsequẹnz, *w.,* innerer Widerspruch.
Inkontinẹnz [l.], Unfähigkeit, den Harn oder den Kot im Körper zurückzuhalten.
Inkorporation, *w.* [nl.], Aufnahme in Körperschaft.
Inkrẹte → Hormone.
inkretorische Drüsen → innere Sekretion.
inkriminiert, unter Anklage gestellt.
Inkrustation [l.],
1) *Geologie:* Überkrustung e. Körpers durch Mineralien u. Quellsalze.
2) *med.* meist Kalkablagerung.
3) *Baukunst u. Kunsthandwerk:* Flächenverzierung durch Muster aus versch. farb. harten Einlagen (z. B. Stein) in Stein od. plast. erhärtenden Untergrund; Ggs.: → Intarsia.
Inkubation,
1) i. d. Antike Tempelschlaf v. Gläubigen, d., auf d. Fell e. Opfertiers liegend, göttl. Eingebungen od. Heilung v. Krankh. erwarteten.
2) Zeitraum zwischen Infektion u. Krankheitsausbruch.
3) *tiermed.* Ausbrütung.
Inkubationszeiten, in Tagen: Diphtherie 2–5, bakterielle Gehirnhautentzündung 1–4, Grippe 1–3, Keuchhusten 1–14, Kinderlähmung 3–12(–35), Malaria 7–21, Masern 8–14, Mumps 12–21, Röteln 16–20, Ruhr (bakterielle) 2–7, Rose 1–3, Scharlach 2–9, Syphilis 14 bis 21, Typhus 7–21, Windpocken 6–21, Wundstarrkrampf 4–16(–60).
Inkubator [l.], *Couveuse* [frz. kuˈvøːs(ə)], Wärmebett zur Aufzucht von Frühgeborenen.
Inkubus, *m., Alp,* nach ma. Volksglau-

ben unzüchtiger männl. Nachtgeist; weibl. Entsprechung: *Sukkubus*.
Inkunabeln [l.], → Wiegendrucke.
inkurabel, unheilbar.
Inlandeis, geschlossene, bis zu mehreren tausend Metern mächtige Eisdecken, die in polaren Gebieten große Landflächen bedecken; heute noch in Grönland u. im Südpolargebiet.
Inlay [engl. ˈɪnleɪ], Zahneinlage.
Inlett, *s.* [ndt.], Bettfedernhülle.
in medias res [l. „mitten in die Dinge"], unmittelbar zur Sache (kommen).
in memoriam [l.], zum Gedächtnis.
Inn, r. Nbfl. der Donau, 510 km l., aus d. Gebiet d. Maloja-Passes durch d. Engadin (Engpaß v. Finstermünz) u. Tirol (Längstal zw. Nördl. Kalk- u. Zentralalpen), durchbricht die Kalkalpen b. Kufstein, mündet bei Passau.
in natura [l.], leibhaftig, wirklich.
Innauer, Toni (* 1. 4. 1958), östr. Skispringer; Olympiasieger 1980 Normalschanze, Silber 1976 Großschanze. Skiflug-Weltrekord mit 176 m (1976 in Oberstdorf).
innere Emigration, Bez. f. d. polit.-geistige Haltung jener Schriftsteller, die nach der NS-Machtübernahme in Dtld. blieben – in innerer Distanz zum NS-Staat.
Innere Führung, Bez. f. zeitgerechte Menschenführung u. geistige Rüstung in d. dt. Bundeswehr; gesellschaftl. Integration d. Armee in d. freiheitl. Demokratie als Ziel (Leitbild: „*Bürger in Uniform*".)
Innere Mission svw. → Diakonisches Werk.
Innere Mongolei → Mongolei.
innere Sekretion, die Tätigkeit der inneren, endokrinen od. inkretorischen Drüsen (*Hormon-, Blutdrüsen*) sowie bestimmter Gewebe, spezifisch-biol. Wirkstoffe (→ Hormone) über Blut od. örtliche Abgabe in die Blutbahn od. örtlich abzugeben, von wo aus sie die Lebensvorgänge regulieren helfen. Sie steuern Wachstum u. Entwicklung, Altersverfall, Geschlechtsdifferenzierung usw. Zus. mit d. Nervensystem stellen sie das Funktionieren d. Gesamtorganismus sicher. Sie werden einerseits auf dem Nerven- u. Blutweg von übergeordneten Zentren, insbes. → Zwischenhirn u. → Hypophyse, gesteuert, haben andererseits engste Beziehungen untereinander. Über- oder Unterproduktion führt zu typischen Krankheiten. Die wichtigsten Drüsen mit innerer S. sind → Hypophyse, → Schilddrüse, → Nebenschilddrüsen, → Nebennieren, → Keimdrüsen, → Thymus, → Epiphyse, → Inselorgan. – Zur i. S. gehört auch d. Tätigkeit versch. nichtdrüsiger Gewebe, die sog. → Gewebshormone produzieren.
Innervation [nl.], Versorgung e. Körperteils m. Nerven, u. a. für d. Funktion d. Muskeln notwendig.
Inness [ˈɪnɪs], George (1. 5. 1825–3. 8. 94), am. Maler; Hptvertr. d. lyr. Landschaftsmalerei, z. T. m. naturalist. Elementen; *Das Lackawanna-Tal; Aufziehender Sturm*.
Innovation, w. [l.], Erneuerung, Neuerung (z. B. Einführung neuer Techniken od. Produkte).
Innovationsprodukte → Pionierprodukte.
Innozenz, Name von 13 *Päpsten:*

Toni Innauer

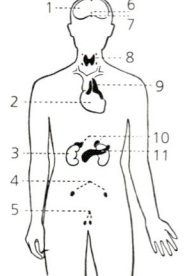
Innere Sekretion
1 Gehirn
2 Herz
3 Niere
4 Keimdrüsen bei der Frau
5 Keimdrüsen beim Mann
6 Zirbeldrüse (Epiphyse)
7 Hirnanhangdrüse (Hypophyse)
8 Schilddrüse mit Nebenschilddrüsen
9 Thymusdrüse
10 Nebennieren
11 Bauchspeicheldrüse mit Inselorgan

Innsbruck, *Goldenes Dachl*

1) I. III. (1160–1216), einer d. mächtigsten Päpste, 1198–1216, Vormund Kaiser Friedrichs II., billigte Kreuzzug u. Inquisition gg. d. Albigenser, manifestierte die absolute Macht d. Papsttums auf d. 4. Laterankonzil 1215; erhob d. Lehre v. d. Transsubstantiation zum Dogma, Höhepunkt kirchlicher Macht im MA.
2) I. IV. († 1254), 1243–54 Papst, Gegner Kaiser Friedrichs II.; vergebl. Absetzungserklärung gg. den Kaiser auf dem Konzil zu Lyon 1245.
3) I. XI. (19. 5. 1611–12. 8. 89), v. 1676 bis 89 Papst, Gegner der gallikanischen Kirche u. der Jesuiten; 1956 Seligsprechung.
Innsbruck (A-6020), Landeshptst. von Tirol, an Inn u. Sill, 574 müM, 118 112 E; kath. Bischofssitz; got. Altstadt, Hofburg, Hofkirche m. Grabmal Maximilians I., „Goldenes Dachl", Dom St. Jakob, Basilika v. Wilten, Schloß Ambras; Uni. (gegr. 1669); Flughafen; Bergbahnen; Museen; s. 1239 St.; Olymp. Winterspiele 1964 u. 1976.
in nuce [l. „in der Nuß"], in Kürze.
Innung,
1) jetzt: fachl. u. örtl. gegliederte Interessenvertretungen von Handwerkern; → Handwerk.
2) früher → Zunft, Gewerk, Gilde.
Innviertel, oberöstr. Landschaft ö. des Unteren Inns am Schärding; b. 1779 bayr.
inoperabel, chirurg. nicht heilbar.
Inoue, Yasushi (6. 5. 1907–29. 1. 91), jap. Schriftst.; Romane: *D. Eiswand; D. Stierkampf*.
in perpetuum [l.], für immer, ewig.
in petto [it.], in Bereitschaft (haben).
Input
1) *volkswirtsch.* eingesetzte Produktionsmittel (Faktoreinsatzmenge); Ggs.: Output.
2) *techn.* Eingangsenergie, Speisespannung; eingespeiste Information/Daten.
3) *allg.* zugeführte Menge.
Input-Output-Analyse, Untersuchung der Zus.hänge zw. der Faktoreinsatzmenge (*Input*) u. der daraus produzierten Gütermenge (*Output*) einer Unternehmung, eines multinat. Konzerns od. einer Volkswirtschaft.
Inquisition [l. „Untersuchung"], kirchl. Gericht gg. Häretiker. s. Spätantike wurden gefährl. Häretiker v. weltl. Gericht bestraft; im 12. u. 13. Jh. verbündeten sich weltl. u. geistl. Gewalt im Kampf gg. d. → Albigenser. Gregor IX. regelte 1231–33 die kirchliche I. u. übertrug sie meist den Dominikanern; staatl. I. in Spanien 1478 eingeführt, unter einem geistlichen, vom Staat bestellten Großinquisitor (entweder der Erzbischof von Toledo oder – meist – ein Dominikaner); aus Dtld verschwand die I. im 16. Jh., Frkr. schaffte sie 1772 ab.
I. N. R. I., Abk. von Jesu Kreuzesüberschrift: *Jesus Nazarenus Rex Judaeorum* [l. „Jesus von Nazareth, König der Juden"].
Insekten, meist geflügelte Gliedertiere, artenreichste Tierklasse; Körper gegliedert in Kopf, Brust und Hinterleib; 3 Paar Beine; am Kopf 1 Paar Fühler und 3 Paar der Ernährung dienende, umgewandelte und bei den einzelnen Formen sehr verschieden gestaltete Gliedmaßen: Ober-, Unterkiefer, Unterlippe mit 4 Haupttypen: kauend (z. B. Schaben), leckend-saugend (z. B. Honigbiene), saugend (Schmetterling), stechend-saugend (z. B. Wanzen); Atmung durch Luftröhren (Tracheen); Punkt- u. Facettenaugen; Entwicklung mit unvollkommener, allmählicher Verwandlung (z. B. Heuschrecken, → Heterometabolie) oder mit Einschiebung eines Puppen-(Ruhe-)Stadiums (vollkommene Verwandlung, → Holometabolie): Ei, Larve (Raupe, Made, Engerling), Puppe, ausgebildetes Insekt; Vorkommen überall, Lebensweise demgemäß ganz verschieden; Hauptgruppen: *Flügellose I*. (Ur-I., Silberfischchen, Gletscherfloh), *Libellen, Geradflügler* (Schaben, Heuschrecken), *Netzflügler, Läuse, Wanzen, Pflanzensauger* (Zikaden, Blattläuse), *Käfer, Schmetterlinge, Hautflügler* (Wespen, Bienen, Ameisen), *Zweiflügler* (Fliegen, Mücken).
Insektenblütler, Pflanzen, deren Blüten durch Insekten bestäubt werden.
insektenfressende Pflanzen, Pflanzen, die mit bes. Fangvorrichtungen Insekten u. andere kleine Tiere festhalten u. mittels ausgeschiedener Säfte verdauen; Fangorgane: z. B. klebrige Blätter (*Sonnentau, Fettkraut*), b. Berührung zus.klappende Blätter (*Venusfliegenfalle*), Blattkannen (*Nepenthes*), reusenartige Blattblasen (*Wasserschlauch*).
Insektenfresser, Säugetierordnung mit Maulwurf, Spitzmäusen, Igel und anderen Formen; Nahrung: Insekten, Würmer, z.T. auch Pflanzen.
Insektizide, Mittel z. chem. Bekämpfung v. Schadinsekten (*Fraß-, Atem-*, → Kontaktgifte); nur z. T. umweltverträglich.
Inselbogen, bogenförmig angeordnete Inselketten, meist vulkan. Ursprungs; an Tiefseegräben; starke seismische Aktivität (Jap. Inseln, Sumatra).
Inseln über d. Winde, I. unter d. Winde → Antillen.
Inselorgan, *Langerhansche Inseln*, in der Bauchspeicheldrüse inselförmig liegende 2 Arten Zellen, die die Hormone → Insulin (in den Betazellen) u. → Glukagon (in den Alphazellen) bilden; sie wirken gegensinnig auf den Blutzucker, ergänzen sich aber in der Regulation des Kohlenhydratstoffwechsels; beteiligt u. a. auch → Adrenalin. Zuwenig Insulin (selten zuviel Glukagon) führt z. → Diabetes mellitus (Zuckerkrankh.). Auch → innere Sekretion u. → Schockbehandlung.
Insel-Verlag, aus der Zeitschrift *Die Insel* (1899), s. 1902 Leipzig; s. 1945 auch in Wiesbaden, s. 1962 in Frankfurt/M., s. 1912 Insel-Bücherei.
Insemination [l.],
1) Besamung.
2) künstliche Befruchtung, → In-vitro-Fertilisation.
Inserat, *s.* [l.], Geschäftsanzeige in Zeitung, Zeitschrift usw. (*inserieren*).
Insichgeschäfte [l.], Kommissionär führt Effektengeschäfte für Kunden nur *buchmäßig* aus, weil Angebot u. Nachfrage in demselben Papier ohne Einschaltung d. Börse ausgeglichen werden können.
Insignien [l.], Abzeichen von Macht und Würde.
insinuieren [l.], etwas einflüstern, unterstellen.

Inskription, *w.* [l.], Namenseintragung; Inschrift.
Insolation [nl.],
1) Bestrahlung e. Körpers, bes. d. Erde, durch die Sonne.
2) *med.* → Sonnenstich.
insolent [l.], anmaßend.
Insolvenz [l.], Zahlungsunfähigkeit.
Insomnie, Schlaflosigkeit.
in spe [l. „in Hoffnung"], künftig.
Inspekteur [-'tər], *i. d.* Bundeswehr Dienststellung d. ranghöchsten Soldaten an der Spitze d. Teilstreitkräfte Heer, Luftwaffe, Marine sowie des Sanitäts- u. Gesundheitswesens.
Inspektion, *w.* [l.], Aufsicht(sbehörde); Besichtigung.
Inspiration [l.],
1) Einatmung.
2) Einflüsterung, Eingebung, Anregung.
Inspirationslehre, Lehre, daß Gott auf d. Verfasser d. Hl. Schriften (Bibel, Avesta, Koran) Einfluß genommen hat.
inspirieren, erleuchten, anregen.
Inspizient, hoher Offizier, d. für d. gesamten Bereich einer Waffengattung d. richtige Ausrüstung u. Ausbildung überwacht u. überprüft.
inspizieren [l.], be(auf)sichtigen.
Installation [nl.], Planung u. Anlegen v. Hausleitungen u. Geräten für Wasser, Gas, Elektrizität, Kanalisation u. a. durch ausgebildeten Techniker: **Installateur**.
Instandsetzungstruppe → Logistiktruppen.
Instantgetränke [engl. 'ınstənt-], Getränke aus Spezialpulver, wie Kaffee, Tee usw.), das sich beim Übergießen ohne Rückstand auflöst.
Instanz, *w.* [l.], die nach der Reihenfolge ihrer Überordnung zueinander, dem *I.enzug*, zuständige Stelle (Gericht, Verw.behörde).
Instanzenweg, vorgeschriebener Dienstweg f. d. Erledigung v. Anträgen od. Gesuchen.
Insterburg, *Tschernjachowsk*, St. an Inster u. Angerapp im ehem. Ostpreußen (Rußland), 30 000 E.
Instillation, Einträufeln von flüss. Medikamenten.
Instinkt, *m.* [l.], *angeborenes Verhalten* beim Tier, dessen komplizierter koordinierter Ablauf v. inneren (zentralnervösen u. hormonalen „Trieben") u. äußeren Faktoren (*auslösenden Schlüsselreizen*) bestimmt wird (z. B. Fortpflanzungs-I. von Wahl des Nistplatzes über Balz, Nestbau bis z. Jungenaufzucht); hochentwickelte I.e z. B. bei Bienen u. Termiten („Staat"); Einbau von individuellen Erfahrungen (*Eigen-* oder *Fremddressur*) möglich.
Institut, *s.* [l.], Forschungsanstalt, Einrichtung einer wiss. Gesellschaft.
Institut f. Auslandsbeziehungen, Stuttgart, gegr. 1917 als Dt. Auslandsinstitut; 1951 neu gegr.
Institut für Demoskopie Allensbach, *IfD*, 1947 gegr. v. E. Noelle-Neumann u. E. P. Neumann.
Institut für Deutsche Sprache, 1964 i. Mannheim gegr. Inst. f. die dt. Sprachwissenschaft.
Institution, *w.* [l.], Einrichtung.
Institutionen, Teil d. *Corpus iuris civilis*, enthält Gesamtübersicht des röm. Rechts, 533 unter Justinian verfaßt.

Instleute, *Einlieger*, Landarbeiter m. Gesindedienst; stellen eigene Hilfskräfte (*Hofgänger, Scharwerker*).
instruieren [l.], unterweisen.
Instruktion, *w.*, (Dienst-)Anweisung.
instruktiv, aufschlußreich.
Instrument, *s.* [l.], (Ton-)Werkzeug.
Instrumentalismus, phil. Anschauung n. John Dewey, daß Intelligenz u. Intellekt Mittel (Instrumente) d. Anpassung an wechselnde Bedingungen sind (am. Pragmatismus).
Instrumentalmusik, nur m. Instrumenten (ohne Gesang) ausgeführte Musik; Ggs.: → Vokalmusik.
Instrumentation, Orchestration; Ausarbeitung des Kompositionsentwurfs als Partitur.
Insubordination, *w.* [l.], Unbotmäßigkeit.
Insuffizienz, *w.* [l.], mangelhafte Leistungsfähigkeit, Schwäche (z. B. des Herzens).
Insulin, *s.*, von → Inselorgan gebildetes Hormon, senkt Blutzuckergehalt, 1907 v. *Zuelzer*, i. gereinigter Form 1921 v. *Banting* u. *Best* dargestellt; 1963 v. Helmut *Zahn* vollständig synthetisiert; Mittel gegen Zuckerkrankheit (→ Diabetes mellitus); → innere Sekretion.
Insulinde → Malaiischer Archipel.
Insult, plötzliches Krankheitsereignis, z. B. → Apoplexie (*apoplekt. Insult*).
insultieren [l.], beschimpfen, beleidigen.
Insurgent, *m.* [l.], Aufständischer; **Insurrektion**, Aufstand.
inszenieren, Theaterstücke, Filme in Szene setzen.
Intaglio, *s.* [it. -'taljo], Gemme m. vertieftem Bild. Dageg. → Kamee.
Intarsia, *w.* [it.], in Kunsthandwerk Einlegearbeit in Holz aus verschiedenfarbigem Holz, Elfenbein, Perlmutt, Metall; Ggs.: → Inkrustation.
Integralrechnung, Berechnung v. Flächeninhalten m. Hilfe v. Grenzwerten.
Integration, *w.* [l. „integer" = „ganz"],
1) *pol.* Zus.wachsen, Verschmelzen zu höherer Einheit (z. B. westeur. Nationalstaaten zu eur. Einheit); auch: Eingliederung v. Vertriebenen (im Ggs. zu Assimilation od. Einschmelzung).
2) *allg.* Wiederherstellung, Vereinigung.
integrierend [l.], zur Vollständigkeit notwendig.
integrierter Pflanzenschutz, dem Standort u. der Pflanze angemessener Einsatz ackerbaul., biol. und chem. Maßnahmen z. Schutz der Pflanzen ohne Zerstörung des ökolog. Systems.
integrierte Schaltung, *integrierter Schaltkreis* (engl. *integrated circuit*, abgek. **IC**), heute wichtigstes Bauelement der → Elektronik (Mikroelektronik); mehrere Schaltelemente (→ Transistoren, → Dioden etc.) sind zu einem Ganzen zusammengefaßt (*Chip*); nach Technologie unterscheidet man *Halbleiterschaltkreise* (Monolith-Technik), *Dünnu. Dickfilmschaltkreise* (Schichttechnik) u. Kombinationen davon (Hybridtechnik). → Halbleiter.
Integrität, *w.* [l.], Unberührtheit, Lauterkeit.
Integument [l. „Hülle"], Haut.
Intellekt, *m.* [l.], Denkkraft, Verstand.

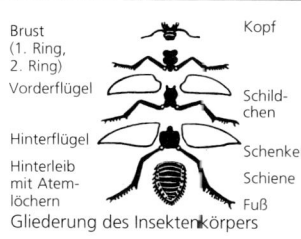

Brust (1. Ring, 2. Ring)
Vorderflügel
Hinterflügel
Hinterleib mit Atemlöchern
Kopf
Schildchen
Schenkel
Schiene
Fuß
Gliederung des Insektenkörpers

Intelligenzquotient (IQ)	
IQ	Intelligenzgrad
über 126	hervorragend
118–126	sehr gut
110–117	gut
91–109	durchschnittlich
63– 78	schwach
63– 78	Debilität
unter 62	Schwachsinn

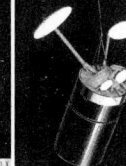

Intelsat

Intellektualismus,
1) die Überbetonung der Verstandeskräfte vor den gefühls- u. willensmäßigen Seelenleben.
2) *Philosophie:* Anschauung, daß das wahre Wesen der Dinge nur mittels der dem Geist selbst innewohnenden Begriffe erkannt werden kann; Ggs.: Sensualismus u. Empirismus.
3) *Ethik:* die Anschauung, daß der Wille durch Einsicht und Überlegung beeinflußbar ist.
intellektuell, geistig; auf Wissen od. Erkenntnis bezügl. od. beruhend.
intelligente Optik → aktive Optik.
Intelligenz, *w.*, die Befähigung zu Leistungen, die Denkvorgänge erfordern; z. T. meßbar als *IQ* (Intelligenzquotient) m. Hilfe von Intelligenztests.
intelligibel [l.], nur dem Verstand erfaßbar.
Intelsat, Nachrichtensatellitentyp; *Intelsat V* (Start: 6. 12. 1980), größter ziviler Nachrichtensatellit; 12 000 Sprechkreise f. Telefonverbindungen u. 2 Farbfernsehkanäle; für 90er Jahre wird Intelsat VI entwickelt (Abb.).
Intendant [nl.],
1) höherer Heeresverwaltungsbeamter in d. dt. Wehrmacht.
2) Leiter eines Theaters oder Rundfunksenders od. einer Fernsehanstalt.
Intensität, *w.* [l.], Stärke od. Ausmaß einer Kraft od. Wirkung.
intensiv, in sich gesteigert, stark.
Intensivpflege, *Intensivtherapie*, Aufrechterhaltung der lebenswichtigen Funktionen wie Atmung u. Kreislauf auf *Intensivstation*, einer speziell eingerichteten und apparativ ausgestatteten Behandlungseinheit einer Klinik (z. B. nach Unfällen, Herzinfarkt u. ä.).
Intention [l.], Absicht, Ziel.
intentional, absichtlich; auf anderes, Gegenständliches gerichtet (Wesen jeglichen Bewußtseins).
Intentionalität, phil. Lehre v. d. Gerichtetheit aller psych. Akte auf e. reales od. ideales Sein, n. E. Husserl d. Wesen aller seel. Akte.
inter- [l.], als Vorsilbe: zwischen…
Interaktion, *w.* [l.], Wechselwirkung; *soziale I.*, gegenseitige Beeinflussung v. Mitgliedern einer Gruppe, führt zu Änderungen v. Einstellungen od. Handlungen.
Interceptor in d. Luftwaffe Bez. für Abfangjäger.
Intercity-/Eurocity-Verkehr, Schnellverkehr zw. (Groß-)Städten, meist in Ballungsgebieten (Fernschnellzüge) national u. international i. Studentakt.
Intercontainer [engl. -kən'teınə], 1968 von 11 eur. Eisenbahnverwaltungen gegr. Ges. (Sitz Brüssel, Generaldirektion in Basel) z. Koordinierung des intern. → Container(-verkehrs).
Interdependenz, *w.* [l.], wechselseit. Abhängigkeit.
Interdikt, *s.* [l.],
1) *allg.* Verbot.
2) in der kath. Kirche Verbot der Abhaltung von Gottesdiensten.
Interesse, *s.* [l. „dabeisein"], Anteil(nahme) an etwas; auch älterer Ausdruck f. Zinsen.
Interessengemeinschaft, *IG*, Zusammenfassung gleichart. Unternehmungen, de rechtl. selbständig bleiben; z. gemeins. Regelung von Produktion u. Verkauf.

Interface [engl. 'ɪntəfeɪs], Schnittstelle zw. Computer u. Peripheriegerät, z. B. Bildschirm/Plotter.

Interferenz, w. [nl.], Zus.wirken d. Schwingungen mehrerer selbst. Wellen (Schall-, Licht-, Wasser- oder el. Wellen, Abb. *a, b*) in einem Punkt; durch gegenseitige Verstärkung u. Schwächung d. Wellenberge u. -täler entsteht neue Welle (Abb. *c*). Zur Messung von I. in Physik u. Astronomie: **Interferometer.**

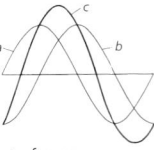
Interferenz

Interferone [l.], Zellprodukte, die u. a. d. Wachstum von → Viren in d. Zelle hemmen; teils als Medikament z. B. bei chronischer Hepatitis B eingesetzt.

Interflug, 1958 gegr. Fluggesellschaft der ehem. DDR, seit 1990 Bestandteil der Dt. Lufthansa.

intergalaktische Materie, gas- u. staubförmige Materie zw. d. → Galaxien, die wahrscheinlich von diesen Galaxien stammt.

Interglazial, *s.*, Zwischeneiszeit, Wärmeperiode zwischen Eiszeiten.

INTERGU, Abk. f. **Inter***n.* **G***esellschaft f.* **U***rheberrecht,* gegr. 1955, Sitz Berlin.

Interieur, *s.* [frz. ɛ̃te'ʀjɛʀ], Innenraum od. dessen bildl. Darstellung.

Interim, *s.* [l.], „vorläufige" Regelung, bes. in religiösen Streitigkeiten; *Regensburger I.* (1541), *Augsburger* und *Leipziger I.* (1548).

interimistisch, vorläufig, einstweilig.

Interjektion [l.], Ausruf, Empfindungslaut (z. B. *ah!*).

Interkontinentalraketen, land- oder seegestützte Langstreckenraketen m. einer Reichweite von 15 000 bis 20 000 km.

Interkostalneuralgie, Nervenschmerzen im Bereich d. Rippen.

Interkostalraum, *ICR,* Zwischenrippenraum.

Interlaken (CH-3800), schweiz. Luftkurort i. Berner Oberland, zw. Thuner u. Brienzer See, 568 müM, 5500 E; Ausgangspunkt der Jungfraubahn.

Interleukine, Signalmoleküle, die zw. versch. Komponenten d. Immunsystems Informationen vermitteln.

interlinear [nl.], zw. den Zeilen.

Interlinearversion, w., zw. Zeilen d. Urtextes befindliche Übersetzung.

intermediär, dazwischenliegend.

Intermedin, *s.*, svw. Melanophoren stimulierendes → Pigmenthormon d. Hypophyse.

Intermezzo, *s.* [it.], szenische od. instrumentale Einlage in ein Bühnenwerk; (oft) heiteres Zwischenspiel; kurze Klavierstücke von R. Schumann und J. Brahms.

intermittierend [l.], m. Unterbrechung auftretend.

intern [l.], inner(lich).

Internat, *s.* [nl.], staatl. od. private Lehr- und Erziehungsanstalt mit Wohnung u. Beköstigung f. Schüler (u. Lehrkräfte).

international [nl.], nicht national begrenzt.

Internationale,
1) *Arbeiterkampflied:* „Wacht auf, Verdammte dieser Erde" (Text: Pottier, 1871, dt.: Luckhardt; Melodie: Degeyter).
2) *Organisationen:* Arbeiter-Assoziation, 1864 in London gegr., Statuten 1866 von K. Marx, sog. *Erste I.* Nach Verfall (1872) 1889 *Zweite I.* (Sozialdemokr. I.). Büro: Brüssel, dann Amsterdam u. London. Erneuerungsversuch (Konferenz in Zimmerwald b. Bern) 1916 führte z. Spaltung; 1919 gründete Lenin *Dritte I.* (**Kommunist. I.** = *Komintern*), Sitz Moskau, 1943 aufgelöst (→ Kominform). Im Gs. zu ihr *Zweite I.* 1923 erneuert. 1920 in Wien *Intern. Sozialist. Arbeitsgemeinschaft,* sog. *Zweieinhalbte I.* 1938 erstrebte Trotzki m. *Vierter I.* eine intern. proletar. Revolution (ohne Bedeutung). 1946 Auflösung d. Zweiten I.; 1947 Bildung eines *Komitees der Intern. Sozialist. Konferenzen, Comisco* (**Com**ité International Socialiste Cons**ult**atif), 1951 Gründung d. *Sozialistischen I.* i. Frankfurt aus sozialist. Parteien v. über 40 Ländern mit ca. 15 Mill. Mitgl.; Vors.: F. G. Marquez.

Internationale Alpenschutzkommission → CIPRA.

Internationale Arbeitsorganisation, *IAO, International Labour Organization, ILO,* 1919 m. d. Völkerbund entstanden, s. 1946 Sonderorganisation der UN, 173 Mitgl. (1977–80 USA ausgeschieden); Aufgaben sind d. Verbesserung der Arbeitsbedingungen u. der wirtsch. u. sozialen Sicherung in den Entwicklungsländern; Organe: 1) *Intern. Arbeitskonferenz* mit 2 Regierungsvertretern u. je 1 Vertr. der Arbeitgeber u. Arbeitnehmer jedes Mitgliedstaats, 2) *Verwaltungsrat,* 3) das *Intern. Arbeitsamt (IAA)* mit Sitz in Genf als ständiges Sekretariat; Friedensnobelpr. 1969.

Internationale Atomenergieorganisation, *IAEO, International Atomic Energy Agency, IAEA,* 1957 gegr. Sonderorganisation der UN zur Förderung der friedl. Nutzung der Atomenergie. 123 Mitgl. (1996); Sitz Wien.

Internationale Bank für Wiederaufbau und Entwicklung, *Weltbank, International Bank for Reconstruction and Development, IBRD,* 1945 gegr. Sonderorganisation der UN für die Bereitstellung langfristiger Darlehen zum Wiederaufbau kriegszerstörter Länder u. für d. Entwicklung unterentwickelter Gebiete; 178 Mitgl. (BR s. 1952); Sitz Washington. Mitglieder gehören gleichzeitig dem → Internationalen Währungsfonds an. Schwesterges. der Weltbank ist d. **Internationale Entwicklungsgesellschaft,** *International Development Association, IDA.*

Internationale Fernmeldeunion, *ITU,* 1865 als *Intern. Telegraphenunion* gegr., 1983: 157 Mitgliedstaaten; Sitz in Genf.

Internationale Gerichte, aufgrund zwischenstaatl. Verträge geschaffene Gerichte, die über Streitigkeiten zw. d. Staaten entscheiden (z. B. → Internationaler Gerichtshof).

Internationale Gotik, *schöner* bzw. *weicher Stil,* in d. Kunstwiss. Bez. f. e. Stilstufe d. Spätgotik etwa zw. 1380 u. 1420 m. auffallend einheitl. Formensprache in d. eur. Malerei u. Plastik; kostbare u. reiche Farben, weich fließende Formen, betont elegante Gestaltung; in d. Sakralplastik Entstehung d. Bildtyps d. *Schönen Madonnen.*

Internationale Handelskammer, *IHK, International Chamber of Commerce, ICC,* 1919 gegr. intern. Organisation d. Unternehmerverbände zur Behandlung von Problemen u. Streitfragen in intern. Wirtschaftsbeziehungen; Sitz Paris.

Internationaler Bund Freier Gewerkschaften, *Internationaler Gewerkschaftsbund* → Gewerkschaften, Übers.

Internationaler Gerichtshof, Gerichtshof der UN, errichtet 1946 als Nachfolger des *Ständigen Intern. Gerichtshofes* des Völkerbundes; zuständig f. Rechtsstreitigkeiten zw. Staaten, Vertragsinterpretationen; setzt sich aus 15 von der UN-Vollversammlung u. v. Sicherheitsrat für 9 Jahre gewählten Richtern zusammen; Sitz: Den Haag; → Vereinte Nationen.

Internationaler Kinderhilfsfonds → UNICEF.

Internationaler Stil, am. *International Style,* 1922 in d. USA geprägte Bez. f. d. Richtung d. avantgardist. Architektur d. 2. Viertels 20. Jh.; versteht Architektur als Volumen, fordert klare Ordnung als Gestaltungsmittel, lehnt willkürl. Dekoration ab.

Internationaler Währungsfonds, *IWF, International Monetary Fund, IMF, 1945 in* → Bretton Woods gegr. Sonderorganisation der UN; dient als Stützungsfaktor zum Ausgleich kurzfristiger Störungen d. Zahlungsbilanzen d. Mitgl.staaten; Hauptaufgabe: Festsetzung u. Aufrechterhaltung stabiler Paritäten; 185 Mitgl.; Sitz Washington.

Internationales Arbeitsamt → Internationale Arbeitsorganisation.

Internationales Einheitensystem → SI-Einheiten; → Maße und Gewichte, Übers.

Internationales Geophysikalisches Jahr, Abk. *IGJ,* engl. *I.G.Y.,* gemeinsames geophys. Forschungsunternehmen von 67 Staaten während d. Jahre 1957–59; Forschungsgebiete u. a.: Meteorologie, Erdmagnetismus, Polarlicht, Ionosphäre, Sonnenflecke, kosm. Strahlung, Ozeanographie u. Seismologie.

Internationales Jahr der ruhigen Sonne, Abk. *IJRS,* engl. *I.Q.S.Y.,* Fortsetzung d. geophys. Forschungen während des Sonnenfleckenminimums 1964/65 (→ Sonnenflecke).

Internationales Olympisches Komitee → Olympische Spiele.

Internationales Privatrecht, Rechtsnormen für Entscheidung, nach welchem Landesrecht ein Rechtsverhältnis zu beurteilen ist, das das Gebiet verschiedener Staaten berührt.

Internationales Rotes Kreuz → Rotes Kreuz.

International Game Fishing Association [ɪntəˈnæʃənəl geɪm fɪʃɪŋ əsəʊsɪˈeɪʃən], *IGFA,* gegr. 1939 i. den USA, Dachverband aller am Meeresangelsport (→ Big Game Fishing) interessierten Gruppen.

Internierung, *völkerrechtl.,*
1) Entwaffnung und Festhalten v. Soldaten kriegführender Staaten durch neutralen Staat.
2) Festhalten u. evtl. Unterbringung v. feindl. o. a. ausländ. Staatsangehörigen durch kriegführenden Staat; durch 4. → Genfer Konvention weitgehend eingeschränkt.

Internist [l. „internus = inwendig"], Arzt für innere Krankheiten.

Interparlamentarische Union, 1888 gegr. freie Vereinigung von Parla-

mentariern versch. Nationen, Sitz Genf. Zweck: friedliche Beilegung zwischenstaatl. Zwistigkeiten; Ziel: Weltparlament.
Interpellation [l.], Abgeordnetenanfrage an Regierung im Parlament.
interpellieren, befragen.
Interphase, Stadium d. Zellkerns zw. zwei Kernteilungen; → Mitose.
interplanetare Materie, Gas, Staub und Elektronen i. Raum zw. d. Planeten; dazu gehören die → Meteore u. das → Zodiakallicht.
Interpol, Abk. f. Inter*n. Kriminalpolizeil. Kommission,* 1923 gegr. Vereinigung z. intern. Zus.arbeit b. Bekämpfung von Verbrechen; Sitz Paris.
Interpolation, *w.* [l. ,,Einschaltung"], **1)** *math.* Ermittlung einer zu errechnenden Größe durch Einschaltung zw. 2 Glieder e. gesetzmäßigen Reihe; Ggs.: *extrapolieren,* eine Größe über eine gesetzmäß. Reihe hinaus ermitteln. **2)** bei *Schrift-* u. *Buchtexten:* Textänderungen durch Einschalten v. Wörtern od. Sätzen vornehmen **(interpolieren).**
Interpret, *m.* [l.], Dolmetscher, Ausleger, Erklärer.
Interpreter, → Programm, d. einzelne Anweisungen e. höheren Programmiersprache schrittweise vor d. Ausführung übersetzt; weniger effizient als → Compiler, dafür ermöglicht I. größere Flexibilität b. der Programmentwicklung.
Interpunktion, *w.* [l.], geregelte Anwendung von Satzzeichen wie Komma, Punkt usw.
InterRegio, Reisezugangebot für mittlere Reiseweiten im Zwei-Stunden-Takt.
Interregnum [lat. ,,Zwischenherrschaft"], bes. die ,,kaiserlose" Zeit in Dtld 1254–73.
Interrogativ, *s.* [l.], Fragewort.
Interrogativpronomen, fragendes Fürwort (z. B. *wer?, was?*).
Interruptio, svw. → Abtreibung.
Intersexualität [l.], *Zweigeschlechtlichkeit,* Vorhandensein v. Merkmalen beider Geschlechter b. e. Person; vgl. → Zwitter.
Interstadialzeit, vorübergehende Erwärmung innerhalb einer Eiszeit, → Eiszeitalter.
interstellare Materie, gas- u. staubförm. Materie zw. d. Sternen d. Milchstraßensystems; dazu gehören → Dunkelnebel, → Emissionsnebel u. → Globulen.
interstitiell, das Zwischengewebe betreffend.
Intertrigo, Wundsein, meist an übereinanderliegenden Körperstellen, oft infiziert.
Intervall, *s.* [l.], **1)** Abstand zweier Töne voneinander. **2)** Zwischenraum zw. zwei Größen.
Intervalltraining, Trainingsmethode z. Verbesserung d. Ausdauer mit systemat. Wechsel von Belastung u. Erholung.
intervenieren [l.], vermitteln, auch eingreifen, pol. oder mil.
Intervention, **1)** *völkerrechtl.* diplomat. oder mil. Eingreifen in die inneren Verhältnisse anderer Staaten *(I.skrieg).* **2)** Eingreifen an der Börse, um Effektenkurse zu stützen, Währungskursschwankungen zu verhindern, zur Verhütung von Konkursen u. ä.

Interventionsklage → Zwangsvollstreckung.
Interventionspunkte, bezeichnen bei d. festliegenden Währungsparitäten die obere u. untere Grenze des Schwankungsspielraums, beträgt nach den Satzungen d. Intern. Währungsfonds bis zu 1%, s. 1971 bis zu 2,25% nach jeder Seite.
Interview, *s.* [engl. -vju:], das Ausfragen (interviewen) durch Berichterstatter: **Interviewer.**
Intervision, 1960 gegr., osteur. Gegenstück d. → Eurovision.
Interzellularräume, System v. Hohlräumen zw. d. Zellen vieler pflanzl. Gewebe; dient d. Gasaustausch im Innern.
Interzeptor [engl.], **1)** Bez. f. Abfangjäger. **2)** Klappe zur Widerstandserhöhung am Tragflügel.
intestinal, auf die Baucheingeweide *(Intestinum)* bezogen.
Intifada [arab. ,,Volkserhebung"], gewalttätige Demonstrationen (ab Dez. 1987) der meist jugendl. Palästinenser in den v. Israel besetzten Gebieten. Die I. wurde auch durch die PLO unterstützt.
intim [l.], vertraut.
Intima, innerste Auskleidung d. Blutgefäße.
Intimsphäre, *w.,* der durch Straf- u. Presserecht geschützte Bereich des Privatlebens.
Intimus, *m.,* vertrauter Freund.
intolerant [l.], unduldsam.
Intonation [nl.], *mus.* Ansetzen, Einstimmen.
INTOURIST, staatl. Reisebüro der ehem. Sowjetunion.
Intoxikation [gr.-l.], Vergiftung.
intrakutan → Injektion.
intramuskulär → Injektion.
Intransigenz, *w.* [l.], unversöhnl., unduldsame Haltung.
Intransitiv|um, *s.* [l.], nichtzielendes Zeitwort, das keine Ergänzung im Wenfall bei sich führen (z. B. *donnern*) und kein Passiv bilden kann.
intravenös → Injektion.
Intrige, *w.* [l.], ränkevolle Machenschaft.
Introduktion, *w.* [l.], Einleitung.
Introitus [l.], **1)** *med.* anatom. Eingang; *Introitus vaginae,* äußere Scheidenöffnung. **2)** Einleitungsgesang der röm.-kath. Messe.
Introspektion [l.], Selbstbeobachtung.
introvertiert [l.], nach innen gewandt; Ggs.: → extravertiert.
Intrusion, *w.* [l.], in andere Gesteine eingedrungenes → Magma.
Intubation, lebensrettender Eingriff z. B. bei Diphtherie: Einführung eines Röhrchens in d. Kehlkopf, das d. Atmung ermöglicht.
Intubationsnarkose, das zur Betäubung bestimmte Mittel wird durch ein Rohr bis in die tieferen Atemwege geleitet, → Narkose.
Intuition [l.], innere Erfahrung, Eingebung.
Intuitionismus, 1) *phil.* Anschauung, daß die Begriffe des Guten u. des Bösen angeboren sind. **2)** Erkenntnislehre, auf Intuition gegründet.
intuitiv, auf → Intuition beruhend.

intus [l.], inwendig, innen.
Invagination, Einstülpung e. Darmabschnittes mit Darmverschluß.
Invalide [l.], infolge körperl. Beeinträchtigung (durch Krankheit, Unfall od. Verwundung) Dienst- oder Arbeitsunfähiger.
Invalidenversicherung → Sozialversicherung.
Invalidität, dauernder Verlust der Arbeitsfähigkeit (bei 50% Erwerbsminderung) durch Krankheit, Unfall oder Kriegsverletzung.
Invar, *s.* [l.], Legierung aus 64,3% Stahl u. 35,7% Nickel, geringe Ausdehnung bei Erwärmung; für Meßinstrumente und Uhren.
Invarianz, *w.* [l.], Unveränderlichkeit, bes. v. Größen in d. Mathematik.
Invasion, *w.* [l.], feindl. Einfall in fremdes Gebiet.
invenit [l. ,,hat erfunden"], Abk. *inv.,* auf graph. Blättern n. Namen des Originalkünstlers.
Inventar, *s.* [l.], d. zu e. Unternehmen, Grundstück od. e. Erbmasse gehörend. Vermögensgegenstände; auch deren Verzeichnis, wird aufgestellt bei einer → Inventur.
Inventur, *w.* [nl.], körperliche Bestandsaufnahme d. Vermögens u. d. Schulden e. Unternehmens an Halb- und Fertigfabrikaten etc.; entweder a. Bilanzstichtag *(Stichtags-I.)* od. über d. ges. Zeitraum verteilt *(laufende* od. *permanente I.)* vorgenommen.
Inverness, frühere schott. Grafschaft, s. 1975 Teil d. Verw.region Highland; gebirgiges Hochland, umfaßt ca. 250 Inseln der Hebriden, 10 906 km², 62 600 E; Hptst. *I.* (40 000 E).
inverse Funktion, *math.* Umkehrfunktion (z. B. ist $x = \sqrt{x}$ die inverse Funktion zu $x \to y = x^2$).
Inversion, *w.* [l.], Umkehrung, Verkehrtheit, **1)** *chem.* Umwandlung (durch Säure- od. Fermentspaltung) v. Rohrzucker in **Invertzucker,** ein Gemisch v. Fruchtzucker u. Traubenzucker, das zur Likör-, Fruchtsaft- u. Kunsthonigherstellung verwendet wird. **2)** *meteorolog.* Temperatur nimmt in der freien Atmosphäre schichtweise nicht ab, sondern sprunghaft zu; im winterl. Hochdruckgebieten: in Niederungen dann feuchtkalte Schicht, in Höhenlagen sonnig u. mild. **3)** *biol.* Strukturumbau innerhalb eines Chromosoms, bei dem ein Teilstück um 180° gedreht u. wieder eingebaut ist; → Chromosomenmutation. **4)** *sprachl.* Umstellung der regelmäß. Wortfolge von Subjekt u. Prädikat (z. B. *heute komme ich...*).
Invertzucker, Gemisch aus Trauben- u. Fruchtzucker, z. B. im Honig.
Investigation, *w.* [l.], (amtl.) Untersuchung, Nachforschung.
Investition, Anlage von Kapital in einer Unternehmung *(investieren);* Re-I., d. Ersetzung der im Produktionsprozeß verbrauchten Anlagen; *Netto-I.,* Erweiterung od. Verbesserung (Rationalisierungs-I.) von Produktionsanlagen; *Brutto-I.,* die gesamte I. innerhalb eines Zeitraumes; Brutto-I. abzgl. Re-I. ist Netto-I.
Investitur, *w.* [l.], Einkleidung, Belehnung, bes. v. Bischöfen mit Ring u. Stab (Verleihung eines Bistums).

Investiturstreit zw. Kaiser u. Papst um Belehnung der Bischöfe, die zugleich Reichsfürsten sind, endet mit Wormser Konkordat 1122: Der Papst verleiht den Bischöfen die kirchl. Herrscherrechte durch Ring u. Stab, d. Kaiser d. weltlichen durch Zepter (I. vorher nur durch Kaiser; → Eigenkirche.
Investmentgesellschaft, Kapitalanlageges., die durch Ausgabe von Zertifikaten Mittel erwirbt, die in Effekten oder Immobilien angelegt werden; Gewinne werden an d. Anteilseigner ausgeschüttet.
in vino veritas [l.], „im Wein ist Wahrheit".
in vitro [l.], im Glas (Versuch i. Reagenzglas); Ggs.: **in vivo** (i. leb. Organismus).
In-vitro-Fertilisation, Erzeugung von „Retorten-Babys": Eizellen werden (nach Hormonbehandlung der Frau) durch Punktion der Eierstöcke gewonnen und im Labor mit Samen des Mannes befruchtet; der wenige Tage alte Keimling (Embryo) wird in den Uterus der Mutter eingebracht; diese trägt das Kind bis zur Geburt aus.
Invokavit, erster Sonntag d. Passions-(Fasten-)Zeit.
Involution [l.], Rückbildung (Alterungsvorgang).
involvieren [l.], in sich begreifen, enthalten; einmischen.
Inzell (D-83334), Gem. s. v. Traunstein/Oberbayern, 3800 E; Luftkurort, Eisschnellaufbahn.
Inzest, m. [l.], die → Blutschande.
Inzision [l.], med. Einschnitt.
Inzucht, Fortpflanzung zwischen Blutsverwandten (z. B. Vetter u. Kusine); in d. Viehzucht Paarung v. Geschwistertieren; f. Nachkommen nur nachteilig beim Vorhandensein von krankhaften, rezessiven Erbanlagen (beim Menschen allerdings häufig).
Io,
1) drittgrößter Jupitermond.
2) Geliebte d. Zeus; in e. Kuh verwandelt, v. Argus bewacht.
IOC, Abk. f. **I**nternational **O**lympic **C**ommittee, dt. **IOK, I**ntern. **O**lymp. **K**omitee, → Olympische Spiele.
Iod, *Jod,* s., *I* (früher: *J*), chem. El., Oz. 53, At.-Gew. 126,9044, Dichte 4,94; → Halogen, Vorkommen in Meerespflanzen u. i. Chilesalpeter, aus dessen Mutterlauge es gewonnen wird; Spuren davon in der Schilddrüse; löst sich in Alkohol (*I.tinktur*); mit Metallen bildet es Salze (z. B. *Kaliumiodid* und *Silberiodid,* Verwendung in Fotografie u. Medizin).
Iodoform, s., CHI_3, antisept. Mittel.
Iodwasserstoff, *HI,* farbloses Gas, stechender Geruch; **I.säure,** saure Flüssigkeit, bildet mit Basen Salze = **Iodide** (*Iodsalze*).
Ionen, el. geladene Atome und Atomgruppen; Säuren, Basen u. Salze werden bei Lösung in Wasser in I. gespalten (dissoziiert), u. zwar in das positiv geladene *Kation* (Metall od. Wasserstoff) u. in das negativ geladene *Anion* (OH-Gruppe oder Säurerest). Eine Ionenladung, = Elementarladung = $1,602 \cdot 10^{-19}$ Coulomb; die Anzahl der Ladungen ist gleich der Wertigkeit von Atom od. Atomgruppe. Bsp.: Ionenzerfall (*Dissoziation*) von Kochsalz NaCl in

Eugène Ionesco

IRAK	
Staatsname:	Republik Irak, Al-Dschumhurija al-Iraqija
Staatsform:	Präsidiale Republik
Mitgliedschaft:	UNO, Arabische Liga, OPEC
Staatsoberhaupt und Regierungschef:	Saddam Hussein el-Takriti
Hauptstadt:	Bagdad 3,8 Mill. Einwohner
Fläche:	438 317 km²
Einwohner:	19 925 000
Bevölkerungsdichte:	45 je km²
Bevölkerungswachstum pro Jahr:	Ø 3,21% (1990–1995)
Amtssprache:	Arabisch
Religion:	Schiiten (58,7%), Sunniten (32,4%), Christen
Währung:	Irak-Dinar (ID)
Bruttosozialprodukt (1992):	850 Mill. US-$ je Einw.
Nationalitätskennzeichen:	IRQ
Zeitzone:	MEZ + 2 Std.
Karte:	→ Asien

Irak

Na-Ion (Zeichen: $Na^{\oplus}$) u. Cl-Ion (Zeichen: $Cl^{\ominus}$).
Ionenaustauscher,
1) wasserunlösl. Verbindungen, die aus Salzlösungen die Anionen od. Kationen wegnehmen u. gg. andere Ionen austauschen; zur Enthärtung od. Entsalzung v. Wasser, Reinigung v. Lösungsgemischen, Abtrennung von Metallionen u. ä.
2) med. Anwendung in der klin.-chem. Analyse, z. Untersuchung u. Verarbeitung v. Blut; auch Medikamente zur Senkung von → Cholesterin im Blut.
Ionenlautsprecher, Antrieb f. Tonerzeugung anstelle e. Membran eine mit Hochfrequenz ionisierte Luftstrecke.
Ionentriebwerk, Antrieb f. Raketen u. Raumflugkörper; Atome eines Gases werden in Ionen umgewandelt u. anschließend in einem elektrostat. Feld beschleunigt.
Ionenwanderung, b. Durchgang von el. Strom, → Elektrolyse.
Ionesco, Eugène (26. 11. 1912 – 28. 3. 94), rumän.-frz. Dramatiker; Theater d. Absurden; *Die Stühle; Die Nashörner; Der König stirbt; Macbeth.*
Ionier, altgriech. Hauptstamm in O-Griechenland (Athen); um 2000 v. Chr. eingewandert. Gründung von kleinasiat. Küstenstädten; ihre Unterwerfung Anlaß zu → Perserkriegen.
Ionisation, *Ionisierung,* Bildung v. el. geladenen Teilchen (→ Ionen) aus neutralen Atomen od. Molekülen durch Abtrennung (positive Ionen) od. Anlagerung (negative Ionen) von Elektronen; Wiedervereinigung v. Ionen u. Elektronen ist Rekombination (→ Rekombinationsleuchten).
ionisch → Kirchenarten.
Ionische Inseln, Inselgruppe an der griech. W-Küste; wichtigste: *Korfu, Leukas, Kephallenia, Zakynthos;* meist gebirgig, sehr fruchtbar (Korinthen, Oliven, Wein, Südfrüchte).
ionische Philosophen, älteste gr. Phil. aus Ionien, als Naturphil. suchten sie n. d. Einen, aus d. alles Vorhandene geworden sei. Vertr.: Thales, Anaximander, Anaximenes, Heraklit.
Ionisches Meer, Teil des Mittelmeers zw. W-Griechenland u. SO-Italien.
Ionium, veraltete Bez. für das Isotop $^{230}_{90}$Th, Thorium; radioaktives Zerfallsprodukt des Urans $^{238}_{92}$U.
Ionosphäre → Atmosphäre.
Iontophorese, Förderung der Aufnahme von Medikamenten durch die Haut m. el. Strom.
Iota, *I, ι,* Buchstabe des griech. Alphabets (= i); *kein Iota,* svw. kein I-Tüpfelchen, nicht d. geringste.
Iowa ['aɪəwə], Abk. *Ia.,* Bundesstaat der USA, zwischen Mississippi u. Missouri, 145 791 km², 2,8 Mill. E; 96% der Fläche Getreide-, Kartoffel-, Obstanbau; Viehzucht; Lebensmittelind.; Hptst. *Des Moines.*
Ipecahuana, *Brechwurzel,* brasilian. Heilpflanze; schleimlösend u. Brechmittel.
Iphigenie, i. d. griech. Sage Tochter Agamemnons u. d. Klytämnestra, in *Aulis* geopfert, v. Artemis gerettet u. z. Priesterin in *Tauris* gemacht, wo ihr Bruder Orestes sie wiederfindet; Dramen v. Racine, Goethe u. Hauptmann; Oper v. Gluck.
Ipoustéguy [ipuste'gi], Jean (* 6. 1. 1920), frz. Maler u. hpts. Plastiker; schildert in abstrakten u. figürl. Kompositionen d. Menschen im Kampf gg. (lebens)zerstörende Gewalt.
Ipsation [l.], Selbstbefriedigung, → Onanie.
Ipswich ['ɪpswɪtʃ], engl. St. in d. Gft Suffolk, 120 000 E; Industrie.
IQ, Abk. f. **I**ntelligenz**q**uotient, v. W. *Stern* eingeführt; Maß f. menschl. Intelligenz, mit Hilfe v. Tests ermittelt; Durchschnittswert IQ = 100.
Iquique [i'kike], chilen. Prov.hptst., am Pazifik, 145 000 E; wichtigster Salpeterhafen, Kopfstation der ca. 255 km l. sog. Salpeterbahn.
Iquitos [i'ki-], Prov.hptst. i. NO-Peru, 220 000 E; Endhafen f. Amazonas-Seeschiffe.
Ir, chem. Zeichen f. → Iridium.
IR, Abk. f. **I**mperator **R**ex [l.], Kaiser (u.) König.
IRA, Abk. f. **I**rish **R**epublican **A**rmy, ein 1919 gegr. mil. Verband, der für die Unabhängigkeit Irlands kämpft, s. 1969 wachsende Bedeutung durch Terroranschläge i. Nordirland; gespalten in die gemäßigten „Officials" u. die nationalist., mit Terror arbeitenden „Provisionals"; 1994 Waffenruhe.
Irak, arab. Rep. am Euphrat u. Tigris, Bev.: Araber (77 %) u. Kurden (19 %). **a)** *Landw.:* Meist Wüsten-, nur 15% Fruchtland: Baumwolle, Datteln, Getreide; weitreichende Bewässerungsprojekte. **b)** *Bodenschätze:* Erdöl (1992: 20,9 Mill. t). **c)** *Außenhandel* (1991): Einfuhr 0,28 Mrd., Ausfuhr 0,3 Mrd. $. **d)** *Verkehr:* Eisenbahn 2634 km. **e)** *Verf.* v. 1968: Volksdemokr. sozialist. Einheitsstaat m. starkem Präs., Revolutionärer Führungsrat, beratender Nationalrat. **f)** *Verw.:* 15 Provinzen; Autonome Region Kurdistan aus 3 Prov. (s. 1975 Selbstverwaltung). **g)** *Gesch.:* Bis 1920 türkisch, bis 1932 brit. Völkerbundsmandat, 1921 Kgr. unter → Faisal, 1933–39 Kg Ghasi I., 1953–58 Faisal II. 1945 Mitbegründer d. → Arabischen Liga, 1955 → Bagdadpakt (1959 ausgeschieden), 1958 Sturz u. Ermordung d. Königs, seitdem Republik; 1951–66 Aufstände d. Kurden, 1968 Militärputsch, Machtübernahme durch Revolutionsrat. 1973 Verstaatlichung d. US-Ölgesellschaften, 1974 erneute Kämpfe m. d. Kurden, 1980–88 Krieg mit Iran (mehr als 1 Mill. Tote); → Golfkrieg 1). 2. 8. 1990 Überfall auf Kuwait (am 12. 8. zur 19. irak. Provinz erklärt); UN-Resolutionen f. Handelssanktionen; Ausländer vorübergehend als Geiseln („menschl. Schutzschilde") festgehalten; ab 17. 1. 1991 Angriff durch multinat. Truppen im Auftrag d. UN; 27. 2. Anerkennung d. UN-Resolutionen u. Rückzug d. irak. Truppen aus Kuwait nach schweren Verlusten; nach Unruhen im N u. S blutige Verfolgung d. → Kurden und Schiiten; daraufhin Schaffung von UN-Schutzzonen.
Iran,
1) *geogr.* das vorderasiat. Hochland zw. Kasp. Meer und Turan-Tiefland im N, Pers. Golf u. Arab. Meer im S, Hindukusch u. Indus-Niederung im O, der Tigris-Tiefebene im W.
2) islam. Rep., im westl. Teil d. Hochlandes von I., früherer Name (bis 1935) → Persien; Bev.: Perser, Kurden, Turkmenen, meist Schiiten; 4% Nomaden. **a)** *Geogr.:* Hochland (bis 1200 müM), v.

IRAN
Staatsname: Islamische Republik Iran, Dschumhuri-i-Islami-i-Iran
Staatsform: Islamische präsidiale Republik
Mitgliedschaft: UNO, OPEC, Colombo-Plan
Staatsoberhaupt und Regierungschef: S. Muhammad Chatami
Hauptstadt: Teheran 6,04 Mill. Einwohner
Fläche: 1 648 000 km²
Einwohner: 65 758 000
Bevölkerungsdichte: 40 je km²
Bevölkerungswachstum pro Jahr: ∅ 2,71% (1990–1995)
Amtssprache: Persisch (Farsi)
Religion: Schiiten (91%), Sunniten (8%), Christen
Währung: Rial (Rl.)
Bruttosozialprodukt (1992): 130 910 Mill. US-$ insges., 2230 US-$ je Einw.
Nationalitätskennzeichen: IR
Zeitzone: MEZ + 2½ Std.
Karte: → Asien

Iran

Iran

Randgebirgen (*Demawend* 5670 m) eingeschlossen, im Innern Wüsten (Lut), Salzseen u. -sümpfe (Kewire) u. abflußlose Seen (Morian, Urmia); Flüsse *Aras* u. *Karun*; an der Küste d. Kasp. Meeres üppige Vegetation; Täler u. Terrassen d. Hochlandes fruchtbar. **b)** *Landw.:* Anbau v. Weizen, Reis, Obst, Tee, Tabak, z. T. mit künstl. Bewässerung; Rosenkulturen um Schiras; Baumwollanbau; Schafzucht (37% der Bev. leben v. der Landw.). **c)** *Ind.:* Teppichherstellung; zunehmende Industrialisierung. Erdöl (1992): 172,8 Mill. t. **d)** *Außenhandel* (1991): Einfuhr 21,69 Mrd., Ausfuhr 15,91 Mrd. $. **e)** *Verkehr:* Eisenbahn 4567 km. **f)** *Verf.* s. 1979: Islamische Rep., Einkammerparlament, 12köpfiger Verf.rat (darunter 6 Geistliche). **g)** *Verw.:* 24 Provinzen. **h)** *Gesch.:* 1941–45/46 Besetzung durch am., brit. und sowj. Truppen; daraufhin 1941 Abdankung des Schahs Reza Pahlewi, Nachfolger dessen Sohn Mohammed Reza Pahlewi, 1951 Verstaatlichung d. brit. konzessionierten Erdölind.; darauf intern. Boykott d. iran. Erdöls u. 1954 Beilegung d. Konflikts; seither Neutralitätskurs; 1963 Bodenreform; 1975 Verbot aller Parteien; nach innenpol. Unruhen verließ der Schah 1979 d. Land; Ausrufung einer islam. Rep. unter → Chomeini; 1980–88 Krieg m. Irak (mehr als 1 Mill. Tote); s. 1997 ist Muhammad Chatami Staatsoberhaupt.

Irapuato, mexikan. Stadt i. Gliedstaat Guanajuato, 250 000 E; Agrarzentrum.

Irawadi, Strom in Myanmar, aus d. äußersten N d. Landes mit gr. Delta (Reisanbau) in d. Andamanensee; 2092 km l., 1700 km schiffbar.

Irbid, Prov.hptst. in N.-Jordanien, 150 000 E; Uni., Agrarzentrum.

Irbis, svw. → Schneeleopard.

IRBM [engl.], Abk. f. *Intermediate Range Ballistic Missile*, Mittelstreckenrakete, Reichweite ca. 3000 km.

Irene [gr. „die Friedvolle"], w. Vn.

IRF, Abk. f. *Immediate Reaction Forces* (sofort verfügbare Reaktionskräfte), → NATO-Eingreiftruppe.

Irian, indonesischer Name für → Neuguinea.

Iridium, *Ir,* chem. El., Oz. 77, At.-Gew. 192,2; Dichte 22,65; silberweißes, sehr hartes Platinmetall, für Goldschreibfederspitzen u. chem. Geräte, oft m. Platin legiert; in d. Legierung (10%) mit Platin (90%) f. Zündungssystem v. Benzinmotoren verwendet.

Iridozyklitis, Entzündung im vorderen Augenabschnitt.

Iris, *w.* [gr.]
1) Regenbogen(göttin).
2) svw. → Schwertlilie.
3) Regenbogenhaut des → Auges.

Irischer Wolfshund, *Irish Wolfhound,* größte Hunderasse, b. 90 cm Schulterhöhe, meist grau.

Irisdiagnostik, Außenseitermethode, bei der Krankheiten an der Iris des Auges abgelesen werden sollen.

Irish Coffee [ˈaɪərɪʃ ˈkɔfɪ], ir. Nationalgetränk; Kaffee (heiß) m. braunem Zucker, ir. Whiskey u. Sahne.

Irish Stew [ˈaɪərɪʃ stjuː], engl.-ir. Gericht a. Zwiebeln, Kartoffeln u. Hammelfleisch.

irisieren, in Regenbogenfarben schillern (z. B. Perlmutter), durch → Interferenz verursacht.

Irkutsk, Hptst. d. Gebietes I., O-Sibirien, a. d. Angara, 626 000 E; Uni.; Verkehrsknotenpkt.; Eisen-, Masch.ind., Flugzeugbau.

Irland,
1) Insel westl. d. engl.-schott. Insel, 84 431 km², in der Mitte d. Insel ein weites, seenreiches Flachland, der N u. S überwiegend gebirgig; rein ozean. sehr feuchtes Klima, Wiesen u. Weideflächen (70% d. Nutzfläche: „Grüne Insel").
2) im NO → Nordirland.
3) Rep. I., umfaßt d. größeren S-Teil d. Insel. **a)** *Wirtsch.:* 19% d. Exports entfallen auf landw. Produkte; Anbau: Kartoffeln, Flachs, Hafer, Gerste; Viehzucht; zunehmende Industrialisierung. **b)** *Außenhandel* (1991): Einfuhr 20,75 Mrd., Ausfuhr 24,23 Mrd. $. **c)** *Verf.* v. 1937: Staatspräs., Ministerrat, Parlament (Abgeordnetenkammer = Dáil Éireann u. Senat = Seanad Éireann). **d)** *Verw.:* 4 Provinzen mit 26 Counties u. 4 City Boroughs. **e)** *Gesch.:* 9. Jh. v. Chr. Besiedlung durch Kelten. Um 450 durch Patrick christianisiert; romfreie Volkskirche m. eigenart. Sonderkultur. 9.–12. Jh. normann. Einfälle u. Kgr. um Dublin; 1171 Unterwerfung d. irischen Kleinkge unter Heinrich II. v. England, normann.-engl. Siedlung an d. Ostküste. 16. u. 17. Jh. wiederholte Aufstände d. kath. gebliebenen Iren; Land konfisziert u. an engl. Großgrundbesitzer vergeben, im N (Ulster) s. 1603 geschlossene Ansiedlung presbyterian. Schotten. 19. Jh. Auswanderung v. 4 Mill. Iren nach Amerika;

IRLAND
Staatsname: Republik Irland, irisch Éire, engl. Ireland
Staatsform: Parlamentarisch-demokr. Republik
Mitgliedschaft: UNO, EU, Europarat, EWR, OSZE, OECD
Staatsoberhaupt: Mary McAleese
Regierungschef: Bertie Ahern
Hauptstadt: Dublin (Baile Átha Cliath) 478 000 (Agglom. 1,02 Mill.) Einwohner
Fläche: 70 284 km²
Einwohner: 3 543 000
Bevölkerungsdichte: 50 je km²
Bevölkerungswachstum pro Jahr: ∅ –0,19% (1990–1995)
Amtssprache: Irisch (Gälisch), Englisch
Religion: Katholiken (87,8%), Anglikaner (3,2%)
Währung: Irisches Pfund (ir£)
Bruttosozialprodukt (1994): 48 275 Mill. US-$ insges., 13 630 US-$ je Einw.
Nationalitätskennzeichen: IRL
Zeitzone: MEZ – 1 Std.
Karte: → Irland

Irland

Irland

lange vergebl. Forderung d. Selbstregierung *(Homerule)*; Freiheitspartei d. Sinn-Feiner erreichte 1921 nach langen Kämpfen Autonomie d. *Irischen Freistaates* (ohne N-I.) als Dominion; Zollkonflikt; Bestrebungen, N-I. m. d. Freistaat zu vereinigen; 1937 neue Verfassung. Im 2. Weltkrieg neutral; 1949 unabhängig, Ausscheiden aus d. Commonwealth. Bestrebungen zur friedl. Wiedervereinigung m. N-I; 1995 brit.-irisches Rahmenabkommen als Grundlage für Allparteienverhandlungen über die Zukunft Nordirlands.

Irminonen, *Herminonen,* german. Hauptstamm: *Sweben, Langobarden, Hermunduren, Semnonen, Markomannen, Quaden* (S-, Mitteldtld u. Böhmen).

Irminsäule, *Irminsul,* von den Germanen verehrtes Heiligtum in Form e. hölzernen Säule, Abbild der das All tragenden Himmelssäule; I. bei der Eresburg in Westfalen 772 von Karl d. Gr. zerstört.

IRO, **I**nternational **R**efugees **O**rganization, Intern. Flüchtlingsorganisation, betreute ab Sommer 1947 d. restl. 1 Mill. → UNRRA-DPs, vor allem durch Auswanderungshilfe; Jan. 1952 aufgelöst; Restaufgaben an d. Hohen Flüchtlingskommissar der UN (Rechtsschutz) u. → ICEM (Auswanderung).

Irokesen, Indianerstamm am Hudson, N-Amerika, Gründer des mächtigen *I.bundes* (16.–19. Jh.); heute nur noch ca. 17000 Angehörige.

Irokesenschnitt, Frisur m. hochstehendem Haarstreifen, seitl. glattrasiert.

Ironie, *w.* [gr.], versteckter Spott, darauf beruhend, daß das Gegenteil des Gemeinten gesagt wird.

Irradiation [nl.],
1) *physiolog.* Erscheinung, daß helle Gegenstände größer erscheinen als dunkle gleicher Größe.
2) Ausstrahlung v. Schmerzen auf benachbarte Körperteile; Ausbreitung v. Nervenerregungen.

irrational [l.], durch d. Verstand nicht erfaßbar.

irrationale Zahlen, nicht durch Brüche ganzer Zahlen darstellbar, sondern durch unendliche nichtperiodische Dezimalbrüche ausgedrückt (z. B. $\sqrt{2}$ = 1,41421 ...).

Irrationalismus, phil. Richtung, nach der d. Weltganze irrational, der Vernunft nicht zugänglich ist; Ggs.: → Rationalismus.

Irredenta, *w.,* nach dem 1878 gegr. pol. Verein *Italia I.* [„unerlöstes Italien"]; allgemein Bestrebungen vom Mutterland getrennter Volksgruppen, sich diesem anzugliedern.

irregulär [nl.], unregelmäßig, ungewöhnlich.

irrelevant [nl.], unerheblich, belanglos.

irreparabel [l.], nicht wiederherstellbar.

irreversibel [l.], phys. Prozesse, die nicht umgekehrt verlaufen können (z. B. Temperaturausgleich zw. heißem u. kaltem Körper, → Entropie); Ggs.: → reversibel.

Irrigator, *m.* [l.], Gefäß, aus dem durch e. Schlauch Flüssigkeit unter versch. Druck ausfließt, f. Darmspülungen *(Einläufe)* verwendet.

irritieren [l.], reizen, irre machen.

Irrlehre, falsche rel. Lehre, → Häresie.

Isfahan, *Lutfullah-Moschee*

Islam

Isispriesterin

Irrlicht, blaßblaue Flämmchen über Sümpfen; wahrscheinl. durch Verwesung entstandener Phosphorwasserstoff, der sich an d. Luft selbst entzündet.

Irrtum, Vorstellung od. Gedanke, die d. tatsächl. Verhältnissen od. d. Gegenständen *(materieller I.)* bzw. d. log. Gesetzen *(formaler I.)* nicht entsprechen.

Irrtum vorbehalten [l. „salvo errore", abgek. *s. e.*], handelsübl. Vermerk unter Rechnungen, Kontoauszügen usw.; *rechtlich* nicht erforderlich.

Irtysch, l. größter Nbfl. des Ob, v. mongol. Altai durch d. westsibir. Tiefland, 4248 km l., ca. 2000 km (bis Semipalatinsk) schiffbar, 5 Monate eisbedeckt.

Irving [ˈəːvɪŋ], Washington (3. 4. 1783 bis 28. 11. 1859), am. Schriftst.; wichtig f. d. Entwicklung d. Kurzgeschichte: *Rip van Winkle; History of New York.*

Irvingianer, kath.-apostolische Kirche, schwärmerische Sekte n. urchristlichem Vorbild; 1831 v. Edward *Irving* in London gegr.

Isa, moh. Name Jesu.

Isaac, Heinrich (um 1450–26. 3. 1517), ndl. Komp., Hofkomp. Maximilians I.; Messen, Motetten, Liedsätze.

Isaak, im A.T. Sohn Abrahams; jüd. „Erzvater"; s. Frau *Rebecca.* s. Söhne *Jakob* u. *Esau.*

Isabel, *Isabella,* span. u. portugies. Form zu → Elisabeth.

Isabella v. Kastilien, die *Katholische* (22. 4. 1451–26. 11. 1504), durch i. Heirat mit → Ferdinand II. v. Aragonien 1469 vereinte sie K. u. A., unterstützte 1492 → Kolumbus.

isabellfarben, gelblich rosagrau.

Isabellinischer Stil, in d. span. Baukunst spätgot. Stil, ben. n. Königin Isabella I. (1474–1504); Fortentwickl. d. Florido-Stils, etwa z. Zt. d. Plateresken- u. d. portugies. Emanuelin. Stils; verwob got. u. maur. Elemente z. üppigem Wanddekor u. komplizierten Gewölben.

Isabey [izabɛ], frz. Maler u. Lithographen;
1) Jean-Baptiste (11. 4. 1767–18. 4. 1855), Hofmaler Napoleons; Hofmeister d. Miniaturmalerei d. Empire; bes. Bildnisse; s. Sohn
2) Louis Gabriel Eugène (22. 7. 1803 bis 25. 4. 86).

Isar, r. Nbfl. der Donau, aus dem Karwendelgebirge, 263 km l.; Kraftwerke oberhalb Lenggries (Sylvensteinstauwerk) u. im Mittellauf, durchfließt München, mündet unterhalb Deggendorf.

ISBN, **I**nternationale **S**tandard-**B**uchn**nummer,** unverwechselbares Identifikationsmerkmal (z. B. für Knaurs Lexikon: ISBN 3-426-26739-X).

Ischämie, Blutmangel e. Organs; *ischäm. Herzkrankheit,* svw. → koronare Herzkrankheit.

Ischewsk, Hptst. v. Udmurtien.

Ischia [ˈiskia], it. Insel im Golf von Neapel, 46 km², 34000 E; vulkanisch, warme Quellen, Obst- u. Weinbau; Fremdenverkehr; Hptort *I.* (16700 E). Hafen.

Ischias, *m., w.* od. *s.* [gr.], durch Erkältung, Druck od. Verletzung, Infektion od. Durchblutungsstörung bedingte Erkrankung d. Hüftnerven.

Ischl → Bad Ischl.

Ischtar, *Istar,* assyr. Name der Göttin *Astarte.*

Ischurie, Harnsperre.

ISDN, Abk. f. **I**ntegrated **S**ervices **D**igital **N**etwork; mit → BIGFON beginnt der Aufbau dieses *alle* Übertragungsdienste der DBP integrierenden Digitalnetzes.

Ise, jap. St. i. S v. Honshu, 120000 E; Uni.; Textil-, Metallind.; bed. schintoist. Schrein (nat. Heiligtum), 1 Mill. Pilger jährl.

Isegrim, der Wolf in der dt. Tiersage.

Isel, Berg südl. Innsbruck, 746 m, mit Olympia-Skisprungschanze; Andreas-Hofer-Denkmal; 1809 drei Siege u. entscheidende Niederlage der Tiroler im Kampf gg. die Franzosen.

Isenheim, frz. *Issenheim,* oberelsäss. Gem., 3000 E; *I.er Altar* heute i. → Colmar.

Iser, r. Nbfl. der Elbe in N-Böhmen, 164 km l., aus d. **I.gebirge,** Granitgebirge zwischen Riesen- u. Lausitzer Gebirge: *Hinterberg* 1127 m, *Tafelfichte* 1124 m.

Iseran, Col de l' [-liˈzrã], frz. Paß, zweithöchster d. Alpen, verbindet Tal d. Isère m. Tal d. Arc, 2770 müM.

Isère [iˈzɛːr],
1) l. Nbfl. der Rhône, 284 km l., durchfließt das
2) Dép. *I.,* 7431 km², 1,02 Mill. E; Hptst. *Grenoble.*

Iserlohn (D-58636–44), St. im Märkischen Kreis, NRW, im nördl. Sauerland, 98300 E; AG; IHK; Metall-, Textilind.

Isfahan, *Esfahan,* Hptst. d. Prov. *I.,* Iran, 1 Mill. E; Handelsplatz, Textilind., Erdölraffinerie.

Ishaq Khan [ˈiʃak-], Ghulam (* 1915), 1988–93 pakistan. Staatsprās.

Ishewsk, Hptst. d. russ. auton. Rep. → Udmurtien, 635000 E; Stahlwerk, Masch.bau.

Isidorus v. Sevilla (um 560 bis 636 n. Chr.), Bischof u. Gelehrter; sammelte die antiken Klassiker.

Isis, altägypt. Himmels- u. Muttergottheit, Gattin d. → Osiris; dargestellt mit Kuhgehörn und Sonnenscheibe, i. d. alexandrinisch-röm. Kunst mit Lotosblüte auf dem Haupt, Füllhorn und → Sistrum in den Händen.

İskenderun, *Alexandrette,* türk. St. am *Golf v. I.,* an der Mittelmeerküste, 174000 E; bed. Exporthafen, Endpunkt einer Erdölpipeline, Eisenbahnknotenpunkt, Flughafen.

Isker, r. Nbfl. d. Donau i. Bulgarien, 368 km l.

Islam, *m.* [arab. „Hingabe (an den Willen) Gottes"], Weltreligion, 970 Mill. Anhänger; Glaube a. d. einen, allmächtigen Gott. Prophet Mohammed offenbarte d. Willen Gottes in einzelnen *Suren,* spätere Niederschrift u. Sammlung: *Koran;* verpflichtend auch Mohammeds überlieferte Aussprüche *(Hadith)* u. vorbildl. Tun *(Sunna).* Rel. Pflichten: fünfmal tägl. Gebet *(Salat)* nach Waschung u. i. Richtung auf Mekka in Moschee od. an jedem reinen Ort); Almosengeben; Fasten während d. Monats Ramadan; möglichst einmal im Leben Pilgerfahrt nach Mekka *(Kaaba);* Beschneidung i. Koran nicht befohlen, doch allg. üblich. Glaube an Paradies, Hölle, Engel, Jüngstes Gericht (Weltenrichter Jesus); rel. Feste: Opferfest u. Fest d. Fastenbrechens nach Fastenmonat Ramadan; rel. und soz. Pflichtenlehre *(Sharia),* daraus Rechtslehre (4 Hauptschulen), weicht der abendländ. Rechtspraxis (Abschaffung der Mehrehe). Frühe Spaltung in versch. Richtungen u. Sekten; *Sunniten* (ca. 83%), *Schiiten* (ca. 16%, Anhänger Alis, bes. in Persien). In d. Neuzeit Reformbestrebungen d. *Wahabiten* i. Arabien (18. Jh.). Sekte d. *Babi* aus Persien (19. Jh.) u. *Ahmadije* aus Indien (ab 1900) mit Mission in christl. Ländern.

Islamabad, Hptst. v. Pakistan, in d. Nähe v. Rawalpindi, 236 000 E; Uni.; Kernforschungszentrum.

islamische Kunst, Umformung spätantiker und sassanid. Elemente im Geist d. Islam; sakrale Architektur o. figürl. Plastik u. Malerei, aber m. reicher Ornamentik (Arabeske, geometr. Ornament, Blumendekor), die auch in d. profanen Kunst blüht; hohe Entwicklung v. Schriftkunst u. Kunsthandwerk; Bilderfreudigkeit im profanen Bereich (Miniaturmalerei); Fürstenhöfe als Zentren d. Kunstentwicklung, Stile oft abhängig v. Dynastien. – Hptepochen: *Omaijaden* (660–750, in Spanien bis ca. 1000): offene Hofmoscheen, Säulenhallenmoscheen (Damaskus 702, Córdoba 788), Felsendom in Jerusalem, Wüstenschloß Mschatta; *Abbasiden* (750–1000): Pfeilerhallenmoschee (Ibn Tulun, Kairo 879); *Seldschuken* (1050–1250, Persien, Kleinasien): Iwanmoschee, Medrese (theol. Schule), Karawan-Serai, Grabtürben, Miniaturmalerei (Bagdadschule), Teppiche; *Fatimiden* (970–1170, Ägypten, Syrien): Pfeilermoschee (El Hakim, Kairo 1012); *Mameluken* (1250–1520, Ägypten, Syrien): Grab-Moschee-Medrese (Sultan Hasan, Kairo 1363), reiche Minarette, Zwiebelkuppeln; *Maurischer Stil* (s. etwa 1100 in Spanien u. N-Afrika): Alhambra (Granada, 13./14. Jh.); *Mongol. Stil* (1250 bis 1500, Persien u. Turan): Kuppelmoscheen u. -gräber (Grab Timurs, Samarkand, Anf. 15. Jh.), Miniaturmalerei (1400–1750, Bursa, Adrianopel, Istanbul): Zentralkuppelmoscheen (Istanbul: Suleimanije 1557, Sultan Achmet 1617; Adrianopel: Selimije 1574), Keramik, Teppiche, Malerei; *Safawiden* (1500 bis 1720, Persien): Medrese Mader-i-Schah, Isfahan Anf. 18. Jh., Miniaturmalerei (Behzad, Riza Abbasi), Teppiche; *Mogulstil* (etwa 1520–1800, Indien): Fathpur Sikri (16. Jh.); Delhi: Freitagsmoschee 1658; Agra: Tadsch Mahal 1648.

Island, Nordmeerinsel unmittelbar südl. des Polarkreises, Republik. **a)** *Geogr.:* Insel aus jungvulkan. Gesteinen, tätige Vulkane (*Öræfajökull* 2119 m, *Hekla, Askja;* → Westmännerinseln), heiße Quellen u. Geiser; klimabegünstigt durch d. Golfstrom; Flachland bis 600 m Gras, Landwirtschaft, Hochland bis 1000 m Heideland m. Zwergbirken u. Heidelbeeren; darüber Wüste mit Firnfeldern; nur das Küstengebiet (43 365 km²) bewohnbar; 38% der Gesamtbevölkerung leben in der Hptstadt. **b)** *Wirtsch.:* Moderne Seefischerei, Schaf- u. Pferdezucht; die zahllosen heißen Quellen z. T. für Heizung u. Treibhäuser genutzt. **c)** *Außenhandel* (1991): Einfuhr 1,7 Mrd., Ausfuhr 1,57 Mrd. $. **d)** *Verf.:* Landesversammlung (Althing: Ober- u. Unterhaus) wählt Präs. auf 4 Jahre. **e)** *Verw.:* 8 Regionen m. 27 Landkreisen. **f)** *Gesch.:* Seit 870 v. Norwegen, Irland u. Schottland aus besiedelt; um 1000 christianisiert, 1264 norweg., 1380 dänisch, s. 1874 eig. Verfassung. 1918–41 Kgr. in Personalunion m. Dänemark, 1944 selbst. Republik. 1958 Kabeljaukrieg zw. I. u. Großbrit.; durch Festlegung d. Fischereizone auf 12 Seemeilen beigelegt. Einseitige Erweiterung d. Fischereizone durch I. führt wiederholt zu Konflikten mit Dtld u. Großbrit. (1976 durch Interimsvertrag beigelegt).

isländische Literatur → altnordische Literatur *19. Jh.* (in dänischer Sprache): Johann Sigurjonsson (Drama: *Berg-Eywind u. sein Weib*); *20. Jh.:* Gunnar Gunnarsson (Romane: *Die Eidbrüder; Im Zeichen Jörds*), Kristman Gudmundsson (Romane: *Morgen des Lebens; Kinder der Erde*), H. K. Laxness (Roman: *Islandglocke*).

Isländisches Moos, *Lungenmoos,* zerschlitzte, blattartige, knorpelige Flechte des Heidebodens, bes. im N und im Gebirge; gegen Husten.

Islandpony, Kleinpferdrasse; meist Schimmel, Falbe m. rauhem Fell; beliebtes Freizeitpony (→ Tölt).

Isle of Man [′aıl ɔv ′mæn], brit. Insel in d. Irischen See; 572 km², 69 800 E (keltisch); eigene Verf. u. Landrecht; Hptst. *Douglas* (22 200 E); Rinder- u. Schafzucht, Fremdenverkehr.

Ismael [hebr.], i. A. T. Sohn Abrahams u. der Hagar; galt als Stammvater d. arab. Stämme.

Ismailia, ägyptische St. am Suezkanal, 236 000 E; Ind.- u. Verkehrszentrum.

Ismailiten, rel. Gruppe i. Islam, gen. nach d. 7. Imam Ismail (gest. 760); rel. Oberhaupt i. Indien ist d. Aga Khan.

ISLAND	
Staatsname:	Republik Island, isländ. Lýðveldið Ísland
Staatsform:	Parlamentarische Republik
Mitgliedschaft:	UNO, EFTA, Europarat, OSZE, NATO, Nordischer Rat, OECD
Staatsoberhaupt:	Olafur Ragnar Grimsson
Regierungschef:	David Oddsson
Hauptstadt:	Reykjavik 99 620 Einwohner
Fläche:	103 000 km²
Einwohner:	266 000
Bevölkerungsdichte:	3 je km²
Bevölkerungswachstum pro Jahr:	Ø 1,04% (1990–1995)
Amtssprache:	Isländisch
Religion:	Protestanten (93%), Katholiken (0,9%)
Währung:	Isländische Krone (ikr)
Bruttosozialprodukt (1994):	6545 Mill. US-$ insges., 24 590 US-$ je Einw.
Nationalitätskennzeichen:	IS
Zeitzone:	MEZ – 1 Std.
Karte:	→ Skandinavien

Isle of Man   Island

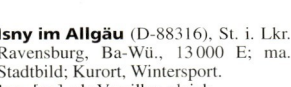

Isle of Man   Island

Isny im Allgäu (D-88316), St. i. Lkr. Ravensburg, Ba-Wü., 13 000 E; ma. Stadtbild; Kurort, Wintersport.

Iso- [gr.], als Vorsilbe: gleich ...

Isobaren, auf Wetterkarten Linien, die Orte gleichen Luftdrucks verbinden; in Wetterberichten oft erwähnte I.formen: Hochdruckgebiet, -ausläufer, -keil, Tiefdruckgebiet, -rinne, Randtief, Sturmtief.

isochron, von gleicher Zeitdauer.

Isodynamen, Verbindungslinien aller Orte gleicher Stärke des → Erdmagnetismus.

Iso-Gewinnkurven, graph. Darstellung aller Kombinationen von Absatzmenge u. Verkaufspreis unter d. Prämisse e. festen → Deckungsbeitrags u. Gewinns.

Isogonen, Linien gleicher Deklination, → Erdmagnetismus.

Isohyeten, Linien, die Orte gleicher Niederschlagsmenge verbinden.

Isohypsen, *Schicht-, Höhenlinien,* verbinden Punkte gleicher Höhenlage.

Isoklinen, Linien gleicher Inklination, → Erdmagnetismus.

Isokrates, (436–338 v. Chr.), gründete um 390 in Athen die bekannteste u. bedeutendste Rhetorenschule.

Isolation, w. [l.],
1) *allg.* Vereinsamung, Absonderung.
2) *Technik:* Schutz gg. Schall u. Erschütterung, Feuchtigkeit, Wärmeabgabe od. -aufnahme (Luftschicht, Isolierstoffe, reflektierende Farbe); gg. Schwingungen u. Ableitung von Elektrizität.

Isolationisten, Vertr. d. **Isolationismus,** pol. Richtung in d. USA, will am. Politik v. außeram. Angelegenheiten fernhalten (→ Monroedoktrin).

Isolatoren [l.], Stoffe mit fehlender od. geringer Leitfähigkeit für Elektrizität, Wärme u. a. (→ Isolierstoffe); bes. Stützen aus Porzellan usw. für el. Leitungen, innen hohl, damit trockene Schicht zw. Leitung u. metallenem Träger der I.stütze bleibt; bei Überlandleitungen **I.ketten** aus einzelnen Gliedern (Schirmisolatoren).

Isolde, keltische Sagengestalt, Geliebte Tristans.

Isolierstoffe,
1) Nichtleiter für *Elektrizität:* Porzellan, Keramik, Glas, Gummi, fast alle Kunststoffe, Papier, trockene Luft, destilliertes Wasser usw.; Papier-Luft-Isolation bei Fernmeldekabeln.
2) schlechte Leiter f. *Wärme- u. Kälteschutz:* Kieselgur, Asbest, Magnesium, Gips, Schlacken- und Gesteinswolle, Glasfaserwolle u. -watte, Kork u. a.

Isomere [gr.], versch. Stoffe mit gleicher chemischer Zus.setzung u. gleicher → Bruttoformel, aber versch. Anordnung der Atome innerhalb des Moleküls.

Isometrie, w. [gr. „Maßgleichheit"], in techn. Zeichnen Verfahren z. Darstell. e. räuml. Objekts (z. B. Bauwerks) durch senkrechte Parallelprojektion d. Grundrisses u. d. Horizontalen bei maßgetreuen Vertikalen; wirkt realistischer als d. → Axonometrie.

isometrisches Training, Erhöhung u. Erhaltung d. Muskelkräfte durch regelmäßig ausgeführte Muskelkontraktionen gegen e. festen Gegenstand (*isometr. Kontraktionen*).

Isomorphie [gr.], Erscheinung, daß ungleiche, aber analoge chem. Verbindungen gleiche Kristallform haben (z. B. Calcium- u. Magnesiumcarbonat).

Isonicotinsäurehydrazid, *INH,* wichtiges Mittel z. Behandlung d. Tuberkulose (→ Tuberkel).

Isonzo, Fluß i. Oberitalien aus d. Julischen Alpen, 138 km l., mündet in d. Golf v. Triest.

Isophone, i. d. → Akustik: gleich laut empfundene Lautstärkepegel.

Isopren, *s.,* C_5H_8, ungesättigter Koh-

lenwasserstoff, Baustein vieler Naturstoffe (z. B. des Kautschuks).
isostatisches Gleichgewicht, *Isostasie,* Gleichgewichtszustand d. verschiedenen Teile d. Erdkruste; bei Gewichtsveränderungen (z. B. durch Abtragung od. Sedimentaufschüttung) wird das Gleichgewicht durch *isostatische Ausgleichsbewegung* wiederhergestellt (Tafel Aufbau d. → Erde).
Isothẹrmen [gr.], Linien, die Orte gleicher Temperatur verbinden.
isotọn, gleichen osmotischen Drucks (→ Osmose).
Isotope [gr.], die meisten chem. Elemente bestehen aus Atomen unterschiedl. Atomgewichte (→ Atomkerne können unterschiedl. Zahl v. → Neutronen enthalten), die sich in chem. Hinsicht völlig gleichen. Manche I., v. a. bei schweren Elementen, sind radioaktiv: So besteht Blei (At.-Gew. 207,2) aus mehreren Isotopen mit den At.-Gew. 208, 206, 207, 204, 214, 210, 211, 212; von diesen sind die vier letzten radioaktiv (*instabile I.),* die ersten vier *stabil.* Radioaktive I. heute viel verwendet als *Indikator-I.* für med., biol. u. technolog. Untersuchungen u. zur med. Behandlung bes. bei Krebs.
Isotopendiagnostik, Diagnose von Krankheiten d. radioaktive → Isotope.
isotrop [gr.], svw. *gleichmäßig,* phys. Eigenschaften, die in allen Raumrichtungen gleich sind, z. B. sind Flüssigkeiten u. Gase für d. Durchgang von Licht i.; in manchen Kristallen dagegen ist d. Ausbreitung v. Licht richtungsabhängig, sie sind anisotrop.
Ispạrta, Prov.-Hptst. in d. S-Türkei, 102 000 E; Textilind.
Ịspra, it. Ort am Lago Maggiore; Kernforschungszentr. d. EURATOM.
Israel [hebr. „Gottesstreiter"], Name Jakobs nach seinem Kampf mit dem Engel *(1. Mose 32).*
Israel
1) Nord-(10-Stämme-)Reich d. → Juden nach d. Trennung von Juda (933 v. Chr.).
2) Rep. in Vorderasien (Palästina). **a)** *Geogr.:* Im S Wüstengebiet d. Negev, durch künstl. Bewässerung u. Zisternen erschlossen; größtes Bewässerungsprojekt durch Ableitung v. Wasser aus d. Jordan. **b)** *Landw.:* Größtenteils genossenschaftl.; Anbau: Getreide, Gemüse, Zitrusfrüchte, Wein, Oliven, Baumwolle. **c)** *Ind.:* Planmäßiger Aufbau; wichtigste Exportgüter sind Metallerzeugnisse, Elektronik, Maschinen, Frühgemüse, Blumen u. geschliffene Diamanten. **d)** *Verf.:* Staatspräs., Ministerrat u. Parlament *(Knesset).* **e)** *Außenhandel* (1991): Einfuhr 16,91 Mrd., Ausfuhr 11,89 Mrd. $. **f)** *Verkehr:* Eisenbahn 526 km, Handelsflotte 652 000 BRT (1992). **g)** *Gesch.:* → Juden; I. v. 1948 4. jüd. Staat (1.: 1030–586 v. Chr., Kg Saul bis Babylon. Exil; 2.: 140–4 v. Chr., v. d. Hasmonäer Simon geschaffen; 3.: 41–44 n. Chr. zugunsten von Agrippa unter röm. Protektorat). Forderung eines jüd. Staates, 1896 von Zionisten erhoben; 1917 in → Balfour-Deklaration anerkannt. Nach 1918 vergebl. brit. Versuche, zw. Juden u. Arabern zu vermitteln; 1929 u. 1936 arab. Unruhen. Nach 1945 verstärkte jüd. Forderungen (*Jewish Agency*); 1948 nach Aufhebung des britischen Mandats Proklamation der Rep. 1948 jüd. Armee (→ Haganah); 1948/49 1. Nahostkrieg; Waffenstillstand durch Vermittlung d. UN (→ Bunche); Jordanien annektiert v. ihm besetzte arab. Teile Palästinas. 1956 während d. Suezkonflikts 2. Nahostkrieg, Besetzung d. Sinaihalbinsel; 1965 diplomat. Bez. mit d. BR; 1967 Verschärfung d. Spannungen mit arab. Staaten; auf ägypt. Forderung Abzug d. seit 1956 an d. isr.-ägypt. Grenze stationierten UN-Truppen; 3. Nahostkrieg, nach e. Woche Waffenstillstand; Sinaihalbinsel, d. westl. Jordanien u. Grenzgebiet Syriens v. I. besetzt. Altstadt v. Jerusalem v. I. zum isr. Staatsgebiet erklärt; 1973 4. Nahostkrieg, Waffenstillstandsübereinkommen nach Vermittlungsbemüh. v. US-Außenmin. Kissinger, s. 1974 Auseinanderrücken d. isr. u. arab. Truppen a. Suezkanal, 1975 isr.-ägypt. Truppenflechtungsabkommen; 1977–79 Friedensvertrag mit Ägypten (Sinaihalbinsel bis 1982 zurückgegeben); 1978 Besetzung d. südl. Libanon, Stationierung v. UN-Friedenstruppen; 1982 Einmarsch isr. Truppen u. Besetzung v. Beirut, um PLO zum Abzug zu zwingen; 1983/84 teilweiser, 1985 vollständiger Abzug; s. 1987 anhaltende Unruhen in isr. besetzten Gebieten: Palästinenseraufstand („Intifada"); Westjordanland u. Gazastreifen vom Palästinens. Nat.rat im Nov. 1988 als unabhängiger Staat → Palästina (m. → Arafat als erstem Präs.) proklamiert. Seit 1991 israelisch-arab. Nahost-Friedensgespräche; s. 1993 Verhandlungen mit der PLO; s. 1994 paläst. Selbstverw. i. Gazastreifen u. Jericho; s. 1995 schrittweise Autonomie im Westjordanland; Friedensschl. m. Jordanien, Friedensgespr. m. Syrien; 4. 11. 1995 Ermordung v. Y. → Rabin; 1996 Wahl v. B. Netanjahu zum Min.präs.; Friedensprozeß gerät wegen Terroranschlägen und israelischer Siedlungspolitik ins Stocken.
Israẹli, Bürger des Staates Israel.
Israelịten, Israels Nachkommen; Juden als Rel.gemeinschaft.
Ịssos, *Issus,* kleinasiat. Stadt am Golf von Iskenderun. 333 v. Chr. Sieg Alexander d. Gr. über d. Perser.
Ist, *Status,* tatsächl. zustande gekommene Zahlen in d. Kostenrechnung, Buchführung.
Istạnbul, ehem. *Byzanz, Konstantinopel,* türk. St. (u. → Wilajet) beiderseits der Einmündung des Bosporus in d. Marmarameer, 6,6 (Agglom. 8,5) Mill. E; auf d. Landzunge zw. Marmarameer u. Goldenem Horn d. Altstadt *Stambul:* Palast des ehemaligen Sultans u. d. „Hohe Pforte" (Palast des Großwesirs), Moscheen (Blaue M., Soliman-M.; Hagia-Sophia-Museum), zahlr. Denkmäler (Konstantin-Säule), röm. Wasserleitung; gegenüber auf der anderen Seite des Goldenen Horns die St.teile *Pera (Beyoğlu)* u. *Galata,* auf der asiat. Seite die St.teile *Skutari (Üsküdar)* u. *Haidar-Pascha;* größte St. d. Türkei, bed. Handelsplatz u. Hafen, Flughafen, Uni. – 658 v. Chr. gegr.; bis 330 n. Chr. → Byzanz; 395 bis 1453 Hptst. des oström. (byzantin.) Reiches; bis 1923 Hptst. der Türkei.
Ịstar → Ischtar.
Ịsthmus [gr.],
1) *med.* Engstelle, z. B. der → Aorta, d. → Rachens, d. → Uterus.
2) Landenge (z. B. *I. von Korinth*).
Ịstkosten → Ist.
Ịstrien, Halbinsel im N der Adria, zw. Golf von Triest u. dem Kvarner (Quarnero), ca. 3800 km²; Karsthochland m. hafenreicher Küste *(Opatija).* Mittelmeerklima; wichtigste St. *Pula. –* 1797 östr., 1920 it., 1947 jugoslaw., 1991 kroatisch.
Ịstvan [ˈiʃtvaːn], ungar. Form zu → Stefan.
Istväonen, *Istävonen,* german. Hauptstamm im nordwestl. Dtld: *Cherusker, Brukterer, Sigambrer, Tenkterer* u. a.
Iswẹstija, 1917 gegr. russ. Tageszeitung; b. 1991 sowj. Reg.organ.
Itai-Itai-Krankheit, durch ind. Wasserverschmutzung verursachte Cadmium-Vergiftung; in d. 50er Jahren in Japan aufgetreten.
Itaipú, brasilian.-paraguay. Wasserkraftwerk a. Rio Paraná; m. 12,6 Mill. kW größte Anlage dieser Art.
Ịtala, älteste lat. Bibelübersetzung.
Italiaander, Rolf (* 20. 2. 1913), dt. Schriftst., Regisseur bes. m. d. Kulturen Lateinamerikas u. Afrikas.
Italien, Rep. in S-Europa, besteht aus *Festland-I.* (Apenninenhalbinsel) u. *Insel-I.* (Sizilien, Sardinien, Liparische Inseln, Elba). **a)** *Geogr.:* 1. *Oberitalien,* die von S-Alpen u. Apenninen umschlossene *Poebene,* fruchtbares Schwemmland; Wasserreichtum der Alpenflüsse; umfangreiche Stau- u. Berieselungsanlagen (Rieselfläche ca. 20 000 km²) begünstigen den Ackerbau (doppelte Ernte im Jahr, meist Weizen- und Maisanbau); durch Wasserkraftnutzung der Alpenwässer und Erdgas (1991: 656 Petajoule) die Poebene wichtigstes Ind.gebiet. 2. *Halbinsel-I.,* durchzogen des Apenninen, im W kleinere Gebirgsgruppen, z. T. vulkan. Entstehung; einziger noch tätiger Vulkan auf dem Festland ist der *Vesuv;* in der Toscana Marmor, Quecksilber. Klima wärmer u. gleichmäßiger als in der Poebene, aber regenarme Sommer. Landw.; Seidenraupenzucht, an den Küsten Fischerei. 3. *Insel-I.,* reines Mittelmeerklima; Winterregen, 5–6 Monate sommerl. Trockenheit; mittlere Jahrestemperaturen v. 18–20 °C; an den Küsten Siziliens Korallenfischerei, im Inneren Abbau v. Schwefel, Bauxit, Marmor; auf Elba Eisenerz, auf Sardinien Blei- u. Zinkerze. **b)** *Landw.:* Südfrüchte, Gemüse, Reis, Wein (1991: 59,2 Mill.

Istanbul, *Blaue Moschee*

ISRAEL

Staatsname:	Staat Israel, hebräisch Medinat Yisrael
Staatsform:	Parlamentarische Republik
Mitgliedschaft:	UNO
Staatsoberhaupt:	Ezer Weizman
Regierungschef:	Benjamin Netanjahu
Hauptstadt:	Jerusalem 542 500 Einwohner
Fläche:	21 056 km²
Einwohner:	5 458 000
Bevölkerungsdichte:	259 je km²
Bevölkerungswachstum pro Jahr:	∅ 4,67% (1990–1995)
Amtssprache:	Neu-Hebräisch, Arabisch
Religion:	Juden (81,8%), Muslime (14,1%), Christen (2,4%), Drusen
Währung:	Neuer Schekel (NIS)
Bruttosozialprodukt (1994):	78 113 Mill. US-$ insges., 14 410 US-$ je Einw.
Nationalitätskennzeichen:	IL
Zeitzone:	MEZ + 1 Std.
Karte:	→ Asien

Israel

Israel

Italien, Wirtschaft

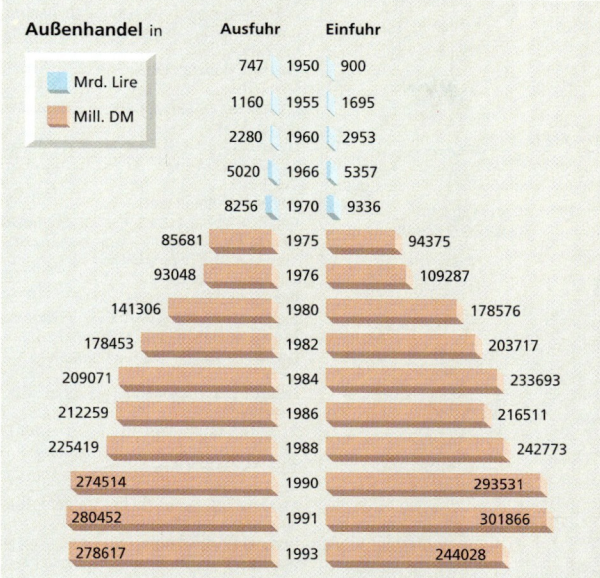

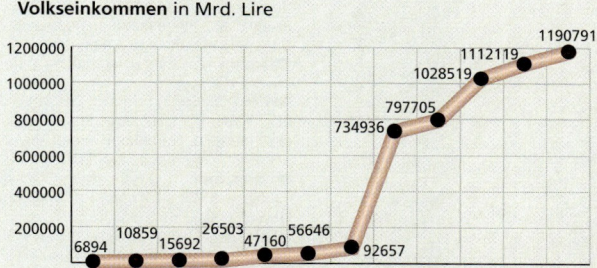

Gold- und Devisenbestand 1994
Gold: 66,67 Mill. troy oz (1 Troy ounce = 31,1 Gramm) Devisen: 19653 Mill. SZR (Sonderziehungsrechte, 1 SZR am 31.12.1994 = 1,4599 US-$ bzw. 2,2610 DM)

ITALIEN

Staatsname: Italienische Republik, Repubblica Italiana
Staatsform: Parlamentarische Republik
Mitgliedschaft: UNO, EU, Europarat, EWR, OSZE, OECD, WEU
Staatsoberhaupt: O. Luigi Scalfaro
Regierungschef: Romano Prodi
Hauptstadt: Rom (Roma) 2,69 (Agglom. 3,66) Mill. Einwohner
Fläche: 301 268 km²
Einwohner: 57 154 000
Bevölkerungsdichte: 190 je km²
Bevölkerungswachstum pro Jahr: ⌀ 0,09% (1990–1995)
Amtssprache: Italienisch
Religion: Katholiken (83,8%)
Währung: Italienische Lira (Lit)
Bruttosozialprodukt (1994): 1 101 258 Mill. US-$ insges., 19 270 US-$ je Einw.
Nationalitätskennzeichen: I
Zeitzone: MEZ
Karte: → Italien

Italien

hl), Käse, Olivenöl. c) *Bodenschätze:* Mangel an B., bes. an Kohle, von Bedeutung sind Erdöl (1991: 4,4 Mill. t), Erdgas, Eisenerz, Antimon-, Blei- u. Zinkerz, Quecksilber u. Marmor. d) *Ind.:* von zunehmender Bedeutung (34% der Arbeitnehmer), Hptzweige: Nahrungsmittel-, Textil- u. chem. Ind., Eisen u. Stahl (Rohstahl 1991: 25,2 Mill. t), Kraftfahrzeuge (1991: 1,6 Mill. Stück), Masch.bau. e) *Fremdenverkehr* (1991): 51 Mill. ausländ. Touristen. f) *Außenhandel* (1991): Einfuhr 178,24 Mrd., Ausfuhr 169,37 Mrd. $. g) *Verkehr:* Eisenbahn 19 588 km, Handelsflotte 7,73 Mill. BRT (1992). h) *Verf.* v. 1947: Nat.vers. (direkt gewählte Deputierten- u. Senatorenkammer), Min.rat, Präs. d. Rep. f. je 7 Jahre v. der Nat.vers. gewählt. i) *Verw.:* 15 Regionen m. Normalstatut (s. 1970 größere Selbstverw.) u. 5 autonome Regionen (Aostatal, Friaul-Julisch-Venetien, Sardinien, Sizilien, Südtirol). j) *Gesch.:* Altertum → Römisches Reich. MA Eindringen germanischer Völker; Gründung german. Reiche, z. B. Ostgoten 489–553 (Hptst. *Ravenna;* Theoderich), Langobarden 568–774 (Hptst. *Pavia*), Karls d. Gr. (800 Erneuerungen des röm. Kaisertums) Schutzherrschaft auch über den s. 754 bestehenden Kirchenstaat. 827 Besetzung Siziliens durch die Sarazenen. Durch Kaiserkrönung Ottos I. 962 Ober- u. Mittel-I. Teil des röm.-dt. Reiches. 1076 (→ Investiturstreit) bis 1254 Kampfzeit zw. Kaiser und Papst, zw. → Ghibellinen u. → Guelfen. Unter-I., s. 1194 unter d. Hohenstaufen, 1266 an d. frz. Anjou, 1442 an Aragonien-Spanien. Im N entstehen i. 14. u. 15. Jh. gr. Stadtstaaten: Florenz, Venedig, Mailand. 14.–16. Jh. Wiedererweckung (→ Renaissance) d. antiken Kulturformen i. Dichtung u. bildender Kunst; s. 1494 I. Kampfobjekt d. gr. Mächte Habsburg, Spanien, Frkr. Im 16. u. 17. Jh. hat Spanien durch d. Besitz v. Mailand (s. 1540) in Unter-I. u. Sizilien die Vormachtstellung, 1713 diese Gebiete u. pol. Führung an Östr. 1792 dringen die Franzosen in I. ein. 1796 erobert Napoleon Ober-I. 1815 Restauration; östr. Vorherrschaft in Ober-I. (Lombardei, Trient, Venetien u. Dalmatien); 1859 im Kampf um nat. Freiheit Piemont mit Frkr. gg. Östr. verbündet, gewinnt die Lombardei; 1861 Kgr. unter Viktor Emanuel von Sardinien; 1865 Hptst. *Florenz;* 1866 mit Preußen gg. Östr., Gewinn von Venetien. Während des Dt.-Frz. Krieges Kirchenstaat besetzt; seitdem *Rom* Hptst. von I.; 1882 im Dreibund. 1881 bis 96 Eroberung v. Eritrea u. Somaliland, 1911/12 Krieg gg. die Türkei, Gewinn des Dodekanes u. Libyens. Im 1. Weltkr. I. auf seiten d. Entente; gewinnt Südtirol bis Brennerpaß, Triest, Istrien, Dalmatin. Inseln u. Fiume. 1922–43 Faschismus; → Mussolini. 1936 Eroberung Abessiniens (Röm. Imperium, Kg v. I. Kaiser v. Äthiopien), 1937 Annäherung an Dtld („Achse Berlin–Rom"). 1939 Besetzung Albaniens. 1940 Kriegseintritt gg. Alliierte. 1943 Mussolini gestürzt, Kriegserklärung an Dtld, 1946 Abdankung Kg Emanuels III. zugunsten s. Sohnes Umberto II. (3 Wochen Kg), nach Volksabstimmung I. Rep. 1947 Friedensvertrag v. Paris: Abtretung v. Istrien, d. Dalmatin. Inseln v. Fiume an Jugoslawien, des Dodekanes an Griechenl., kleiner Grenzgebiete an Frkr. Triest Freie St. (s. 1954 wieder it.); ehem. it. Kolonien: → Libyen, → Somalia, → Eritrea. Nachkriegskabinette v. zahlr. Reg.umbildungen bestimmt; große wirtschaftl. Probleme u. Kampf gg. politischen Terrorismus. 1992 Beilegung des Südtirolkonflikts. 1992 geriet die alte politische Ordnung ins Wanken; neue Parteien entstanden; seit 1996 stellt ein Mitte-Links-Bündnis die Regierung.

italienische Literatur, *MA, 13. Jh.:* rel. Lieder *(Laudes);* Franz v. Assisi u. Jacopone da Todi; sizilian. Kunstlyrik: Friedrich II. (Sonette). *14. Jh.:* dolce stil nuovo: Guinicelli, Cavalcanti, Cino da Pistoja, Dante (Lyrik, *Commedia);* Petrarca *(Canzoniere);* Boccaccio *(Decamerone)* bereits Übergang zur *Renaissance (15./16. Jh.):* Luigi Pulci *(Morgante),* Bojardo *(Verliebter Roland),* Ludovico Ariost(o) *(Rasender Roland).* Novellen: Bandello, Giraldi, Straparola, Vittoria Colonna, Gaspara Stampa (Sonette), Michelangelo, Machiavelli *(Il Principe),* Guicciardini *(Gesch. Italiens).* Tasso *(Befreites Jerusalem;* d. Schäferspiel *Aminta). Barock u. Risorgimento (17.–19. Jh.):* Naturwissenschaften: Galilei. Lyrik. Commedia dell'arte. Marini *(Adonis).* Dichtergesellschaft „Arcadia" gg. d. Schwulst: Metastasio (Melodramen), Märchen-, Lustspiele: Goldoni u. Carlo Gozzi; Alfieri (Tragödien), Foscolo, Leopardi, Manzoni *(Die Verlobten). Das geeinte Italien (20. Jh.):* De Marchi, Rovetta: De Amicis *(Das Herz),* Fucini, Gracia Deledda, Farina, Matilde Serao, De Roberto, Fogazzaro *(Der Heilige);* Verga; Carducci (krit. Prosa); Lyriker: Pascoli, d'Annunzio (Romane); Futuristen um d.

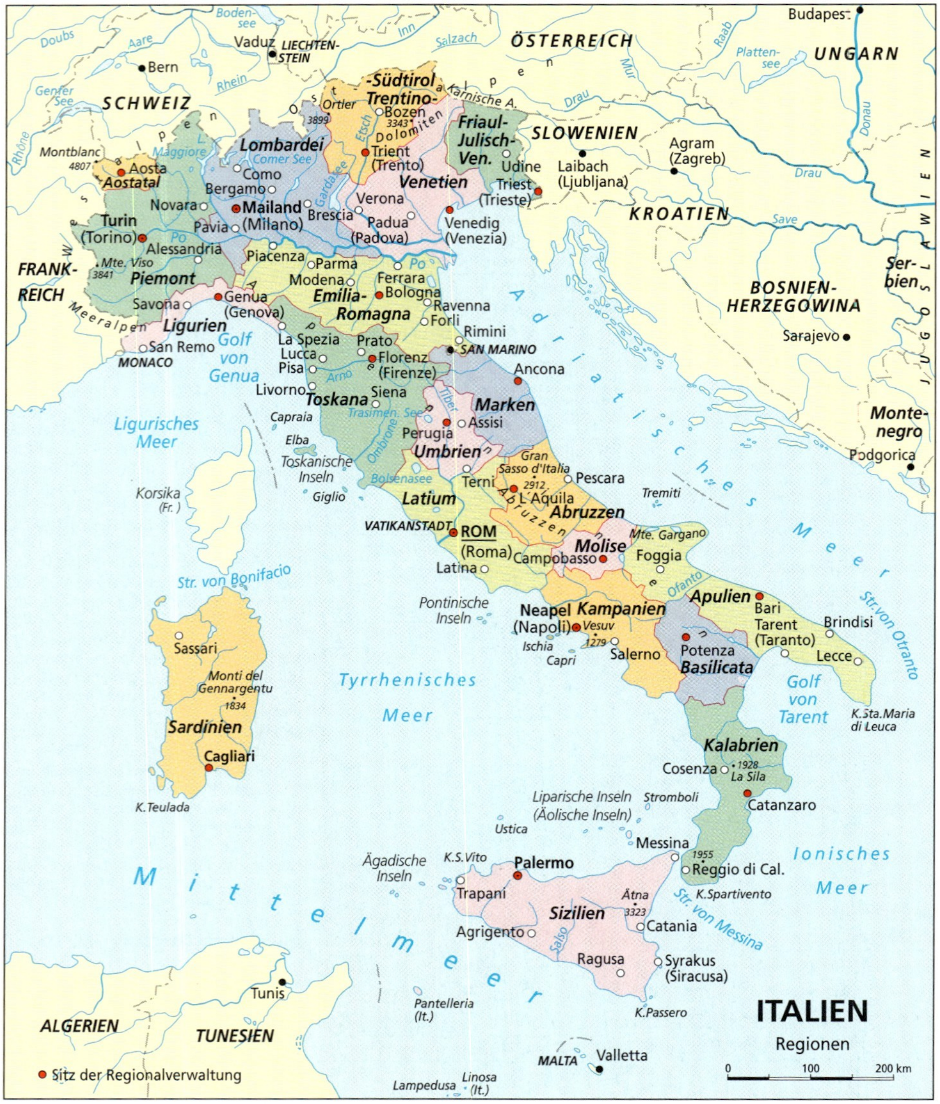

Zeitschrift „La Voce"; Pirandello (Dramen: *Sechs Personen suchen einen Autor*); Italo Svevo, Berto, Guareschi, Moravia, Silone, Pavese, Vittorini, Lyriker: Ungaretti, Montale, Quasimodo; B. Croce (Philosoph, Historiker), Bontempelli, Papini, Bachelli *(Die Mühle am Po)*, Betti, Malaparte *(Die Haut)*, Levi, Buzzati, Fabbri (Dramen).

Italienzüge, *Römerzüge,* Heerfahrten dt. Könige u. Kaiser im MA nach Italien z. Kaiserkrönung od. Behauptung kaiserl. Macht.

Itạliker, die Ureinwohner Italiens.

Ịtem, *s.* [engl.], etwas einzeln Aufgeführtes; Einzelaufgabe in Tests.

Iteratiọn, *Math.:* schrittweise verbesserte Näherungswerte.

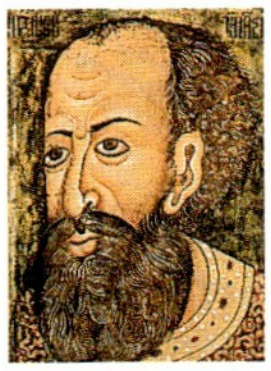

Iwan d. Schreckliche

Ith, Höhenzug (bis 439 m) zw. Weser und Leine.

Ithaca ['ıθəkə], St. im US-Staat New York, 30 000 E; Cornell Uni.

Ịthaka, neugriech. *Ithaki,* ionische Insel, 96 km², 4000 E; Korinthen, Wein, Öl; als Insel d. *Odysseussage* umstritten (→ Leukas).

Itinerạr, Wegeverzeichnis, Streckenplan (bes. geschichtl.).

ITO, *International Trade Organization,* 1948 auf d. Weltwirtschaftskonferenz in Havanna *(Havannacharta)* geplante intern. Handelsorganisation der UNO; → GATT.

IT-Reisen, Abk. f. *Inclusive Tour,* Pauschalreise (m. ermäßigtem Tarif).

Itten, Johannes (11. 11. 1888–25. 3. 1967), schweiz. Maler, bes. Kunstpädagoge u. Farbtheoretiker, e. Pionier d. abstrakten Malerei; prägend f. d. Frühzeit d. Bauhauses u. auch als Lehrer an z. T. selbst gegr. Institutionen nachhaltig einflußreich f. d. Entwickl. d. angewandten Künste.

Itụri, Regenwaldgebiet u. Fluß i. Äquatorialafrika.

Itzamnạ, indian. Sonnen- u. Himmelsgott d. Maya.

Itzehoe [-'ho:], (D-25524), Krst. d. Kr. Steinburg, Schl-Ho., 32 915 E; LG, AG; div. Ind.

IUCN → Naturschutz.

IUOTO, Abk. f. *Intern. Union of Official Travel Organizations,* weltweite Vereinigung d. amtl. Fremdenverkehrsorganisationen.

Ives [aıvz], Charles (20. 10. 1874–19. 5. 1954), am. Komp.; Vorläufer moderner Musik, atonale Klangexperimente.

Ivrịth, *s.,* hebräisch; Landessprache Israels.

Iwạn [russ. „Johann"], Name russ. Herrscher:

1) I. III. (22. 1. 1440–27. 10. 1505), Einiger Rußlands.

2) I. IV., der Schreckliche (25. 8. 1530 bis 18. 3. 84), erster Zar, vernichtete d. Macht d. Bojaren, suchte Fühlung mit europäischer Kultur.

Iwano-Frankọwsk, St. in d. Westukraine, 214 000 E; div. Ind.; bis 1939 poln.

Iwạnowo, bis 1932 *I.-Wosnessensk,* St. nö. Moskau, 481 000 E.

Ịwein, dt. Sagenheld (Artusrunde); Epos v. Hartmann von Aue.

IWF, Abk. f. → *Internationaler Währungsfonds.*

Ixnard [igs'na:r], Pierre Michel d' (1723–21. 8. 95), frz. Architekt, e. Hptmeister d. Frühklassizismus bes. in SW-Dtld; Abteikirche in St. Blasien.

Izetbẹgovic ['-vitç], Alija (* 8. 8. 1925), s. 1992 Staatspräs. v. Bosnien-Herzegowina.

İzmịr [is-], früher *Smyrna,* türkische Prov.-Hptst. u. Hafenst. a. *Golf v. I.,* 2 Mill. E; Uni.; Haupthandelsplatz Kleinasiens, intern. Messe; Teppichind., Erdölraffinerie; Export v. Feigen, Sultaninen, Tabak.

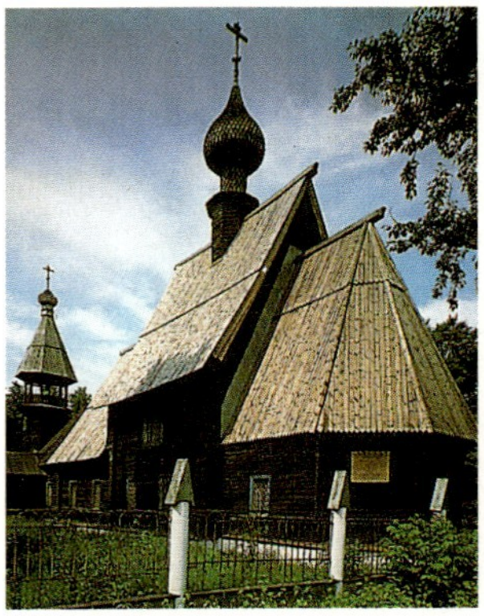

Iwanow, Mariä-Entschlafens-Kirche

J,
1) Abk. f. → *Joule* (Einheit der Energie).
2) früher *chem.* Zeichen f. *Jod* (→ Iod).
Jabalpur, *Dschabalpur,* ind. Ind.st. i. Madhya Pradesh, 740 000 E.
Jabar al Ahmad al Jabar as Sabah [dʒa'bar-'axmad] (* 25. 6. 1926), Emir, s. 1977 Staatsoberhaupt v. Kuwait.
Jablonoigebirge, sibir. Grenzgebirge zur Mongolei u. Mandschurei, 1702 m; Gold, Zinn, Blei, Zink.
Jablunkagebirge, Teil der West-Beskiden (Karpaten), 1082 m; **J.paß,** 551 m hoch.
Jabot, *s.* [frz. ʒa'bo], Spitzenkrause (im 18. Jh.) am Herrenhemd, heute an Damenkleidung.
Jacht, *Yacht,* urspr. Bez. f. Wassersportfahrzeug; im Segelsport Bez. f. Kielboote.
Jack [dʒæk, zu niederl. Jankin], engl. m. Vn., auch Anredeform für John.
Jacketkrone [engl. 'dʒækɪt-], künstl. Zahnkrone, über den Zahnstumpf gestülpter Porzellanmantel.
Jackpot [engl. 'dʒæk-], Sammelgewinn a. Glücksspieleinsätzen.
Jack-Russel-Terrier [dʒæk'rʌsl-], kl. engl. Terrier m. Hängeohren; weiß m. Jagdhundabzeichen.
Jackson [dʒæksn], Michael (* 29. 8. 1959), am. Popsänger; früher Mitgl. d. schwarzen Soul-Band *Jackson Five*; aufwendige Videoproduktionen.
Jackson ['dʒæksn], Hptst. von → Mississippi (USA), 197 000 E.
Jacksonville [-vɪl], St. im US-Staat Florida (USA), 635 000 E; Winterkurort, Hafen.
Jacob [ʒa-], François (* 17. 6. 1920), frz. Zellgenetiker; entdeckte mit → Lwoff u. → Monod genet. Steuerung d. Enzym- u. Virussynthese; Nobelpr. 1965.
Jacobello del Fiore ['dʒako-], (um 1370–1439), it. Maler, e. Hptmeister d. venezian. Gotik.
Jacobi,
1) Friedrich Heinrich (25. 1. 1743 bis 10. 3. 1819), dt. Phil. u. Schriftst., Kantgegner; sein Bruder
2) Johann Georg (2. 9. 1740–4. 1. 1814), dt. Lyriker.
Jacobsen,
1) Arne (11. 2. 1902–24. 3. 71), dän. Architekt u. Designer d. Intern. Stils u. d. Rationalismus; *Dän. Nationalbank* in Kopenhagen.
2) Jens Peter (7. 4. 1847–30. 4. 85), dän. Dichter d. Naturalismus; Romane: *Niels Lyhne; Frau Marie Grubbe.*
Jacopino del Conte ['dʒako-], (1515 bis 9. 1. 98), it. Maler, e. Hptvertr. d. röm. Manierismus; Anhänger, dann Gegner Michelangelos; Porträts, rel. Historienbilder; *Michelangelo Buonarroti; Baccio Bandinelli.*
Jacquard [ʒa'kaːr], Joseph (1752 bis 1834), frz. Seidenweber; erfand f. Massenherstellung durchmusterter Stoffe die **J.maschine.**
Jacques-Dalcroze [ʒakdal'kroːz], Émile (6. 7. 1865–1. 7. 1950), schweiz. Musikpädagoge; Begr. der „Rhythmik" (rhythm.-musikal. Erziehung).
Jade, oldenburg. Küstenfluß, 22 km, mündet d. **Jadebusen** (196 km²) d. Nordsee.
Jade, *m.,* Bez. f. versch., meist grüne Minerale: *Jadeït, Nephrit, Chloromelanit.*
Jadwiga → Hedwig.
Jaeckel, Willy (10. 2. 1888–30. 1. 1944), dt. Maler; schuf m. expressionist. u. realist. Stilelementen großzüg. Kompositionen u. Porträts; *Überschattung; Geschwister Wilke.*
Jaeger, Richard (* 16. 2. 1913), CSU-Pol.; 1965/66 B.justizmin.; 1953–65 u. 1967–76 Vizepräs. d. B.tages.
Jaén [xa'en], Hptst. d. span. Prov. J. (Andalusien), 108 000 E; Bischofssitz.
Jaffa → Tel Aviv-Jaffa.
Jagd, weidgerechtes Erlegen von Wild. Man unterscheidet nach Wildarten: hohe J., auf → Hochwild, niedere J. (alles übrige Wild); J.arten: Suche, Anstand, Balz-, Treib-, Hetz-J.; Pirsch, Beize, Frettieren usw.; J.ausübung in gemeinschaftl. od. Eigenjagdbezirken durch Grundeigentümer od. J.pächter, nach festgesetzten J.- u. *Schonzeiten,* nur erlaubt f. Inhaber eines *J.scheines,* von den unteren Verw.behörden als Jahres- oder Tagesjagdschein ausgestellt. – In BR 1949 *Dt. J.-Schutz-Verband.* 1961 Bundesjagdgesetz, m. Ergänzung. 1968, 69, 70, 76, 86 u. 90.
Jagdbomber, *Jabo,* Jagdflugzeug, d. zur unmittelbaren Unterstützung der Landstreitkräfte i. Erdkampf m. Bomben, Raketen, Napalm u. Bordwaffen eingreifen kann.
Jagdflugzeug, *Jäger,* ein- od. zweisitziger Flugzeugtyp zur Bekämpfung gegner. Flugzeuge; Geschwindigkeit bis ca. 3500 km/h, Steiggeschwindigk. über 200 m/s u. maximale Flughöhe bis 30 km.
Jagdhunde,
1) → Sternbilder, Übers.
2) zur Jagd verwendete Hunderassen (z. B. Vorsteh-, Schweiß-, Erdhunde).
Jagdjahr, das Jahr vom 1. April bis zum 31. März des folgenden Jahres.
Jagdleopard, svw. → Gepard.
Jagemann, Karoline (25. 1. 1777 bis 10. 7. 1848), dt. Schausp.in u. Sängerin; Geliebte Karl Augusts von Weimar; verursachte Goethes Rücktritt vom Theater.
Jagen, *s.,* geradlin. Flächenabschnitt im Forst (Waldeinteilung).
Jägerndorf, tschech. *Krnov,* St. in den Sudeten, an d. Oppa, 26 000 E; Textilind. – Ab 1377 Hptst. des schles. Hzgtums J., 1526 an Östr.; 1596–1621 Besitz der fränk. Hohenzollern; 1742 v. Friedrich d. Gr. beansprucht.
Jäger 90 → Eurofighter.
Jägersprache, *Waidmannssprache,* Zunftsprache d. Jäger d. dt. Sprachraumes m. regionalen Unterschieden, Bestandteil d. jagdl. Brauchtums.
Jägertruppe, mil. Truppe, kämpft zu Fuß u. ist mit Mörsern, Flachfeuer- u. Panzerabwehrwaffen ausgerüstet.
Jagiello, 1377–1434 Großfürst v. Litauen; durch Heirat mit Jadwiga v. Polen 1386 als Wladislaw II. Kg von Polen, besiegte 1410 den Dt. Orden bei Tannenberg; begr. die poln.-lit. Dynastie der **Jagiellonen** (bis 1572).
Jagst, r. Nbfl. d. Neckars, 190 km lang.
Jaguar, süd- u. mittelam. Pantherkatze, rötlichgelb, m. schwarzen Ringflecken.
Jahn,
1) Friedrich Ludwig (11. 8. 1778 bis 15. 10. 1852), „Turnvater J."; dt. Patriot u. Sprachforscher; 1819 als Demagoge zu Festungshaft (bis 1825) verurteilt; 1848 Mitgl. d. Nat.vers.; *Dt. Volkstum; D. Dt. Turnkunst.*
2) Gerhard (* 10. 9. 1927), SPD-Pol.; 1969–74 B.justizmin.
3) Helmut (* 4. 1. 1940), dt.-am. Architekt, Schüler v. Mies van der Rohe; Teilhaber d. Büros Murphy/J.; Tendenz z. Formbewußtsein im Sinn d. Art Déco; *Illioios Center* i. Chicago; *Messeturm* i. Frankfurt/M.
4) Janheinz (* 23. 7. 1918), dt. Schriftst. u. Dozent f. neuafrikan. Lit.; *Schwarzer Orpheus; Muntu. Die neoafrikanische Kultur.*
Jahnn, Hans Henny (17. 12. 1894 bis 29. 11. 1959), dt. Schriftst. u. Orgelbauer; Romane: *Perrudja; Fluß ohne Ufer* (Trilogie); Dramen: *Medea;* Essays.
Jahr, Umlaufzeit d. Erde um d. Sonne; man unterscheidet:.
1) *tropisches J.:* Umlauf (U.) v. Frühlingspkt (→ Äquinoktium) z. Frühlingspkt; Länge im J. 1900 = 365 Tage 5 Std. 48 Min. 46,0 Sek., nimmt im Jtd um 5,3 Sek. ab;
2) *siderisches J.:* U. bis z. gleichen Stern d. Ekliptik = 365 Tage 6 Std. 9 Min. 9,5 Sek., frei v. → Präzession, daher länger als trop. J.;
3) *gregorianisches J.* = mittlere Jahreslänge des Gregorian. Kalenders = 365,2425 Tage;
4) *julianisches J.:* 365,25 Tage (f. Kalenderrechnung);
5) *platonisches J.:* Umlaufzeit des Äquatorpoles infolge der Präzession: ca. 26 000 Jahre.
Jahresringe,
1) die auf Baumstammquerschnitten erkennbaren konzentr. Ringe in Holz, die dem jährlichen Zuwachs entsprechen (→ Dendrochronologie).
2) konzentrierte Schichten in d. Schuppen der Knochenfische.
3) bei d. Rinderverwandten ringförm. Verdickungen an d. Hörnern, Anhaltspkt f. Altersbestimmung.
Jahreszeiten,
1) *astronom.* die Jahresviertel zwischen Frühlingsäquinoktium (Tagundnachtgleiche): 21. 3., Sommersonnenwende (21. 6.), Herbstäquinoktium (23. 9.) u. Wintersonnenwende (22. 12.); bedingt durch die sich wandelnde Stellung der Erde zur Sonne im Laufe eines Jahres.
2) *meteorolog.* Frühling ab 1. März;

Jaguar

Sommer 1. Juni; Herbst 1. September; Winter 1. Dezember.
Jahwe, Name Gottes im A.T.
Jahwist, *m.,* alttestamentl. Quellenschrift d. → Pentateuch, die d. Bez. Jahwe f. Gott verwendet.
Jailagebirge, an der SO-Küste der Krimhalbinsel, bis 1545 m *(Roman Kosch).*
Jaina, *Dschaina,* Anhänger d. ind. Religion d. Dschainismus, gegr. im 8. Jh. v. Chr.; viele Ähnlichkeiten mit dem Buddhismus; etwa 3,8 Mill. Anhänger.
Jaipur, *Dschaipur,*
1) ehemalig. Fürstenstaat in NW-Indien, s. 1949 Teil v. → Radschastan.
2) Hptst. von Radschastan, 1,5 Mill. E; Textilindustrie.
Jak, *Yak,* schwarzes, langhaariges Wildrind in Tibet; daraus gezüchtet *Haus-Jak:* Fleisch, Milch; Mist zur Feuerung; Lasttier.
Jakarta, *Djakarta,* bis 1949 *Batavia,* Hptst. u. Hpthafen v. Indonesien, auf Java, 7,8 Mill. E; Uni.; Handelszentrum.
Jako, *m.,* Graupapagei mit rotem Schwanz.
Jakob, Patriarch im A.T., → Israel; seine 12 Söhne: Stammväter der 12 Stämme Israels.
Jakob, engl. *James:*
1) J. VI. (19. 6. 1566–27. 3. 1625), Sohn der Maria Stuart, Kg von Schottland, als J. I. ab 1603 auch von England; s. Enkel
2) J. II. (14. 10. 1633–16. 9. 1701), 1685 engl. Kg, 1688 vertrieben.
Jakob [hebr. „Fersenhalter"], *m.* Vn.
Jakob-Creutzfeldt-Krankheit, Hirnabbaukrankheit, teils erbl., teils infektiös, Erreger möglicherweise e. → Prion, ähnl. Rinderwahnsinn (= bovine spongiforme Enzephalopathie).
Jakobiner, frz. *Jacobins,* nach s. Versammlungslokal (Kloster St. Jakob in Paris) gen. pol. Klub, 1789 gegr., bestimmte s. 1791 radikalen Kurs der Frz. Revolution, nach → Robespierres Sturz 1794 aufgelöst.
Jakobinermütze, *phrygische Mütze,* weiche, nach vorn fallende Kopfbedeckung, im Altertum in Phrygien; dann der Marseiller Galeerensträflinge; nach deren Befreiung 1792 Abzeichen der J. und Symbol der Frz. Revolution.
Jakobskraut → Kreuzkraut.
Jakobsleiter, *seem.* Lotsenleiter aus Tauen mit Querhölzern (statt Fallreep).
Jakobsstab,
1) Orionsgürtel, Bez. für die 3 hellen Mittelsterne des Orion.
2) altes astronom. Meßgerät.
Jakobus,
1) J. d. Ältere, wie sein Bruder Johannes (Söhne d. Zebedäus) Jünger Jesu (Tag: 25. 7.).
2) J. d. Jüngere, Sohn d. Alphäus, einer d. 12 Apostel Jesu; Hlg. (Tag: 3. 5.).
3) J. d. Gerechte, Bruder Jesu; Haupt d. christl. Urgemeinde in Jerusalem, von röm.-kath. Kirche mit J. 2) gleichgesetzt.
Jakubowski, Iwan (1. 7. 1912–30. 11. 76), sowj. Marschall; s. 1967 Oberbef. d. Streitkräfte d. Warschauer-Pakt-Staaten.
Jakuten, turktatar. Volk NO-Sibiriens; Rentiernomaden; jetzt vielfach seßhaft, ca. 300 000.
Jakutien, russ. autonome Rep. in NO-Sibirien, 3 103 200 km², 1,1 Mill. E, Jakuten, Russen u. Tungusen; Kohle-, Gold-, Silber- u. Bleibergwerke; Erdgas;

JAMAIKA
Staatsname: Jamaika, Jamaica
Staatsform: Konstitutionelle Monarchie im Commonwealth
Mitgliedschaft: UNO, AKP, CARICOM, Commonwealth, OAS, SELA
Staatsoberhaupt: Königin Elizabeth II., vertreten durch Generalgouverneur Sir H. Felix Cooke
Regierungschef: Percival James Patterson
Hauptstadt: Kingston 587 800 Einwohner (als Bez. m. St. Andrew)
Fläche: 10 990 km²
Einwohner: 2 496 000
Bevölkerungsdichte: 227 je km²
Bevölkerungswachstum pro Jahr: ∅ 1,02% (1990–1995)
Amtssprache: Englisch
Religion: Protestanten (48%), Katholiken (4,9%)
Währung: Jamaika-Dollar (J$)
Bruttosozialprodukt (1994): 3553 Mill. US-$ insges., 1420 US-$ je Einw.
Nationalitätskennzeichen: JA
Zeitzone: MEZ – 6 Std.
Karte: → Antillen

Jamaika

Hptst. *Jakutsk,* an der Lena, 187 000 E.
Jalapa Enriquez [xa'lapa en'rikes], mexikanische Prov.hptst. (Veracruz), 220 000 E; Uni.; Genußmittelind.
Jalon, *m.* [frz. ʒa'lõː], Meßlatte der Landmesser.
Jalousie, *w.* [frz. ʒalu'ziː: „Eifersucht"], Fensterrolladen, auch Abdeckung von Heizungs- u. Lüftungsöffnungen mit verstellbaren parallelen Leisten aus Holz, Leichtmetall od. Kunststoff.
Jalta, ukrain. Hafenst. an der Krimküste, 90 000 E; Kurort; westl. ehem. kaiserl. Lustschloß Liwadia. – Febr. 1945 *Konferenz v. J.* zw. Roosevelt, Churchill und Stalin über die Nachkriegspolitik.
Jalu, auch *Yalu Jiang,* korean.-chin. Grenzfluß; 790 km l., aus d. Changbai Shan in d. Koreabucht; am Unterlauf Stausee mit Kraftwerk.
Jaluit ['dʒælʊɪt], Atoll, größte d. Marschallinseln, 16,8 km², 2000 E; Kopraausfuhr; Fischfang.
Jamaika, drittgrößte Insel d. Großen Antillen, gebirgig, trop. Klima; s. 1962 unabhängiger Staat. **a)** *Wirtsch.:* Neben Zucker, Rum, Melasse sind Bauxit (Abbau s. 1952) und Aluminium Hauptausfuhrprodukte. **b)** *Außenhandel* (1991): Einfuhr 2,02 Mrd., Ausfuhr 1,41 Mrd. $. **c)** *Verf.* v. 1962: Generalgouverneur als Vertr. d. brit. Krone, Kabinett, Zweikammerparlament. **d)** *Verw.:* 14 Bezirke. **e)** *Gesch.:* 1494 v. Kolumbus entdeckt; bis 1655 span., dann brit. Kolonie; 1958–62 Mitgl. d. → Westindischen Föderation; 1962 unabhängig.
Jambi, *Dschambi,* jetzt *Telanaipura,* indones. Prov.hptst. u. Hafen auf Sumatra, 230 000 E.
Jamboree, *s.,* intern. Pfadfindertreff.
Jambuse, *w.,* trop. asiat. Myrtengewächs mit schmackhafter Früchten (Rosenäpfel).
James [dʒeɪmz], engl. Form zu Jakob.
James [dʒeɪmz],
1) Henry (15. 4. 1843 bis 28. 2. 1916), am. Schriftst. u. Essayist; wegweisend f. psych. Roman; *Die Botschafter.*
2) William (11. 1. 1842–26. 8. 1910), am. Phil., Begr. des → Pragmatismus; *Psychologie des Pragmatismus.*
Jamieson [ˈdʒeɪmɪsn], Penelope (* 21. 6. 1942), anglikan. Theologin u. Priesterin, Bischöfin v. Dunedin/Neuseeland (s. 1990), 1. Diözesanbischöfin d. anglikan. Kirchengemeinschaft.
Jammu, *Dschammu,* → Kaschmir.
Jamnagar, *Dschamnagar,* ind. St. auf Kathiawar (Gujarat), 325 000 E.
Jamnitzer, Nürnberger Goldschmiede.
1) Christoph (1563–1618); sein Großvater
2) Wenzel (1508–19. 12. 85).
Jam Session, *w.* [ˈdʒæm ˈsɛʃən], improvisiertes Spiel von Jazz- od. Rockmusikern über bekannte Melodien.
Jamshedpur, *Dschamschedpur,* ind. St. i. Bihar, 461 000 E; Hochöfen, Stahlind.
Jämtland, nordschwed. Län, bewaldetes Gebirgsland, 49 443 km², 136 000 E; Holzwirtschaft, Fremdenverkehr, im Hochgebirge nomad. Rentierlappen; Hptst.: Östersund (59 000 E).
Jan, urspr. ndl., poln. u. tschech. Kurzform zu → Johannes.
Jana, ostsibirischer Strom, aus d. Werchojansker Gebirge in das Nördl. Eismeer, 1030 km l.

Jakobus d. Ä., *Detail des Kleinschwanloher Altars von T. Riemenschneider, Ende 15. Jh.*

Janáček [-tʃ-], Leoš (3. 7. 1854–12. 8. 1928), tschechischer Komponist; Opern: *Jenufa; Aus einem Totenhaus; Sinfonietta.*
Janco [ʒãˈko], Marcel, eigtl. *M. Jancu* (24. 5. 1895–21. 4. 1984), isr. Maler u. Graphiker rumän. Herkunft; Mitbegr. d. Dada-Gruppe in Zürich; Gemälde in geometrisierenden Formen v. verhaltener Farbigk.; auch Buchillustrationen.
Jandl, Ernst (* 1. 8. 1925), österreich. Schriftst.; experimentelle „Sprechgedichte", Hörspiele u. Stücke; *Sprechblasen;* Georg-Büchner-Preis 1984.
Janequin [ʒanəˈkɛ̃], Clément (um 1480–um 1560), frz. Komponist; Chansons.
Jang-tse-kiang → Chang Jiang.
Janhagel, *m.* [ndl.], Pöbel, Mob.
Janiculus, Hügel bei Rom am r. Tiberufer.
Janitscharen, 1826 aufgelöste Garde der türk. Sultane, urspr. aus bekehrten christl. Gefangenen und Christenknaben.
Janitscharenmusik, türkische Militärmusik, im 18. Jh. in die Oper übernommen (*Entführung aus d. Serail*); → Schellenbaum.
Janker, *m.,* kurze Trachtenjacke.
Jan Maat, Seemann, bes. der vor dem

Jaipur, *Palast der Winde*

Japan, Wirtschaft

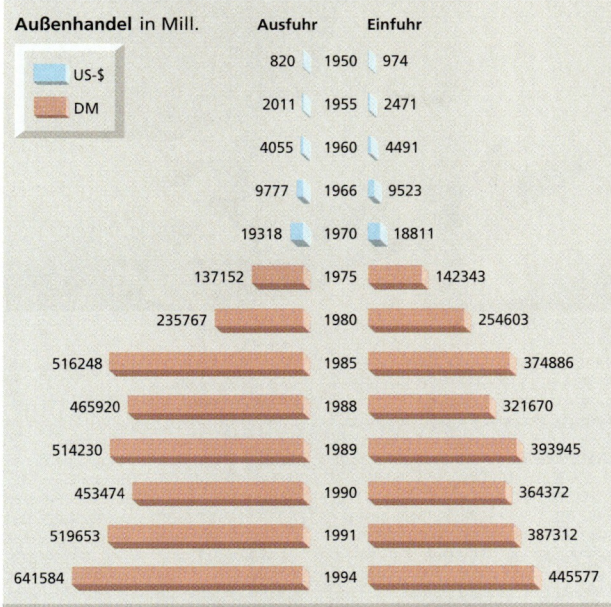

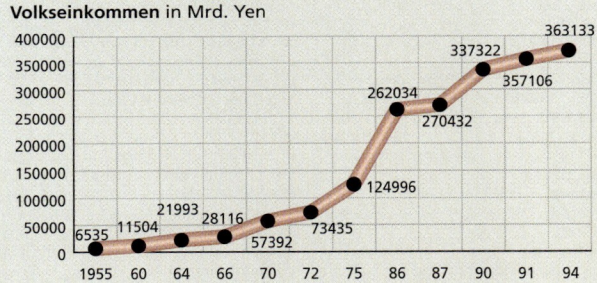

Gold- und Devisenbestand 1995
Gold: 24,23 Mill. troy oz (1 Troy ounce = 31,1 Gramm) Devisen: 116007 Mill. SZR (Sonderziehungsrechte, 1 SZR am 31.12.1995 = 1,4865 US-$ bzw. 2,1309 DM)

JAPAN	
Staatsname:	Japan, Nippon, Nihon Koku („Land der aufgehenden Sonne")
Staatsform:	Parlamentarische Monarchie
Mitgliedschaft:	UNO, OECD, Colombo-Plan, APEC
Staatsoberhaupt:	Kaiser Akihito
Regierungschef:	Ryutaro Hashimoto
Hauptstadt:	Tokio (Tōkyō) 8,16 (Agglom. 11,86) Mill. Einwohner
Fläche:	377 801 km²
Einwohner:	124 782 000
Bevölkerungsdichte:	330 je km²
Bevölkerungswachstum pro Jahr:	⌀ 0,38% (1990–1995)
Amtssprache:	Japanisch
Religion:	Schintoisten u. Buddhisten (80%), Christen
Währung:	Yen (Y)
Bruttosozialprodukt (1994):	4 321 136 Mill. US-$ insges., 34 630 US-$ je Einw.
Nationalitätskennzeichen:	J
Zeitzone:	MEZ + 8 Std.
Karte:	→ Asien

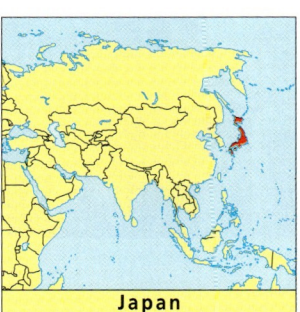
Japan

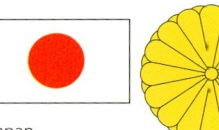
Japan

Mast fahrende Seemann des Deckdienstes.
Jan Mayen, norweg. Vulkaninsel (Beerenbergvulkan zuletzt 1970 aktiv) i. eur. Nordmeer, 372 km², bis 2277 m hoch, Wetterstation; NATO-Flugplatz.
Jänner, östr. für Januar.
Jannings, Emil (23. 7. 1886–2. 1. 1950), dt. Schausp. d. Stumm- u. frühen Tonfilms; *Der letzte Mann; Der blaue Engel; Ohm Krüger*.
Janosch, eigtl. *Horst Eckert* (* 11. 3. 1931), dt. Schriftst., Maler u. Kinderbuchautor; *Janosch erzählt Grimms Märchen; Oh wie schön ist Panama*.
Janowitz, Gundula (* 2. 8. 1937), dt.-östr. Sopranistin.
Jansen, Cornelius (28. 10. 1585–6. 5. 1638), ndl. kath. Theol.; vertrat in s. Werk *Augustinus* die unbedingte → Prädestination; nach ihm *Jansenismus* gen. rigorose kath. Richtung in Frkr. (Sitz: Port Royal), gg. Jesuiten unterlegen, 1718 gebannt; Hptvertr.: *Geschwister Arnault* u. *Pascal*.
Janssen, Horst (14. 11. 1929–31. 8. 95), dt. Maler u. Graphiker; u. a. expressionist. u. surrealist.-skurrile Elemente.
Jantzen, Hans (24. 4. 1881–15. 2. 1967), dt. Kunsthistoriker, Arbeiten über Baukunst d. Gotik.
Januar, östr. *Jänner*, nach Janus, d. röm. Gott d. Anfangs u. Endes, benannt; 1. Monat (31 Tage); altdt. *Hartung*.
Janus [l.], röm. Gott d. öff. Tordurchgänge, Personifikation v. Anfang u. Ende, n. ihm ist d. 1. Monat d. Jahres, Januar, benannt.
Januskopf, Janus, der „Gott der Schwelle", wurde mit zwei Gesichtern (in Zukunft u. Vergangenheit blickend) dargestellt.
Jap, Yap, Karolineninsel, 215 km², 8000 E; Kabelstation. – Bis 1920 dt., bis 1945 jap.; s. 1947 US-Mandatsgebiet; 1990 → Mikronesien.
Japan, Inselkaiserreich in O-Asien, zw. dem Jap. Meer u. Pazifik. **a)** *Geogr.:* 4 Hptinseln: Honshu, Shikoku, Kyushu u. Hokkaido, sowie kleinere Inseln; Hptinsel stark gebirgig m. erloschenem (*Fuji-San* 3776 m) u. 58 noch tätigen Vulkanen (jährl. an 500 Erdbeben); häufig verheerende Taifune an SO-Küste; im N gemäßigtes, im S subtrop. Monsunklima. **b)** *Landw.:* Anbau v. Reis u. Getreide, deckt nahezu Eigenbedarf; daneben Fischerei Haupternährungsgrundlage (1990: 10,4 Mill. t). **c)** *Bodenschätze:* Nur geringe Vorräte an Steinkohle (Förderung 1991: 8,05 Mill. t), Eisenerz (Stahlproduktion 109,6 Mill. t). **d)** *Ind.:* Bed. Schwerind., an führender Stelle in d. Welt i. Schiffbau (1991: 7,28 Mill. BRT Stapelläufe); Kfz-Ind. (1991: 13,2 Mill. Kfz); außerdem Elektro-, Textil- u. chem. Ind. **e)** *Außenhandel* (1991): Einfuhr 234,1 Mrd., Ausfuhr 314,4 Mrd. $. **f)** *Verkehr:* Eisenbahn 25 346 km, Handelsflotte 25,4 Mill. BRT (1992). **g)** *Verf.* v. 1947: Konstitutionelle Monarchie mit Kaiser; Parlament m. 2 Kammern, Repräsentantenhaus (auf 4 Jahre gewählt) u. Staatsrat (auf 6 J. gewählt). **h)** *Verw.:* 43 Präfekturen, Prov. Hokkaido, 2 St.bez. u. Hptst. **i)** *Gesch.:* Im 7. Jh. v. Chr. mongol. u. malaiische Einwanderung; Eindringen chin. Kultur u. Sprache; im 9. Jh. n. Chr. Lehnsverfassung. 1542 durch Mendez Pinto f. Eur. entdeckt; im 17. Jh. absolutist. Polizeistaat; Entwicklung z. Kaisertum. Die USA erzwangen 1854 Öffnung zweier Häfen; rasche Aneignung westeur. Kultur u. Technik. 1894/95 Krieg mit China (Gewinn von Formosa); s. 1902 Bündnisse mit England; 1905 Sieg über die Russen (Mukden, Port Arthur). Im 1. Weltkr. Eroberung d. dt. Schutzgebiets Kiautschou. 1932/33 Eroberung der → Mandschurei. 1933 Austritt aus d. Völkerbund; 1936 Antikominternabkommen mit Dtld; 1937–45 Krieg m. China; Eroberung gr. Teile S-Chinas. 1940 Dreimächtepakt m. Dtld u. Italien; Dez. 1941 Luftangriff auf US-Flotte in Pearl Harbor (Hawaii); Kriegserklärung v. d. USA u. Großbrit. (→ 2. Weltkrieg 1939–45), 8. 8. 1945 der Sowjetunion; 6. u. 9. 9. 1945 Zerstörung v. Hiroshima u. Nagasaki durch Atombomben, 14. 8. 1945 Kapitulation; am. Militärverwaltung; J. verliert alle s. 1894 eroberten Gebiete; Mandschurei, Formosa u. d. Pescadores an China, Südsachalin u. d. Kurilen an Sowjetunion, Korea selbständig, → Ryukyuinseln. 1946 demokr. Wahlen u. Regierungsbildung; Kaiser verzichtete auf Ansprüche der Göttlichkeit. Abschaffung des Schintoismus als Staatsreligion; 1951 Friedensvertrag m. d. USA u. 47 weiteren Nationen (1956 mit UdSSR), Sonderfrieden mit Indien, 1972 Rückgabe d. Ryukyu-Inseln durch d. USA. Nach Tod v. → Hirohito s. 1989 → Akihito 125. Tenno; 1994 Wahlrechtsref.; 1995 Beileg. d. Handelsstreits m. d. USA üb. Öffn. japan. Märkte; Giftgasanschläge d. AUM-Sekte.
japanische Kunst, Frühzeit buddhistisch unter chin. Einfluß; 7. Jh. n. Chr. sakrale Plastik (→ Kwannon, → Buddha) u. Mönchsmalerei (Kakemonos, Rollbilder). – Seit 12. Jh. Zen-

→ Buddhismus, Keramik (Teegeschirr), Tuschmalerei (Sesshu, 1420–1506, Sesson 1504–89). Seit Mitte 19. Jh. Anregungen aus der japan. Kultur in Europa *(Japonismus):* z. B. Farbholzschnitt (18./19. Jh. Harunobu, → Utamaro, Hokusai u. a.) für d. Malerei des Impressionismus, Kunstgewerbe f. d. Jugendstil, Wohnhausbau für d. moderne Baukunst.
japanische Literatur, frühe mytholog.-geschichtl. Literatur im „Kojiki"; 11. Jh. *Roman vom Prinzen Genji* der Murasaki, Literatur höfischer Verfasser; Mädchenlieder. Feudale Epik; Heike-Monogatari. – Zw. 800 u. 1200 Lyrik als klass. Literatur; Die „sechs göttl. Dichter". – Dramen: mytholog. *NoSpiele,* volkstüml. Possen *(Kabuki),* Puppenspiele *(Joruri).* Berühmter Dramatiker: Chikamatsu Monzaemon (17. Jh.). – 20. Jh. Masamune Hakucho, Koda Rohan, Mori Ogai; Takahama Kyoshi (Lyrik). Erzähler: Akutagawa, Tanizaki.
japanische Schrift, besteht aus der entlehnten → chinesischen Schrift u. ergänzten Silbenzeichen *(Kana)* in zwei Schreibweisen (Katakana u. Hiragana); vielfach kalligraphisch ausgestaltet, in d. Graphik verwandt.
Japanisches Meer, Randmeer d. Pazifik zw. den Jap. Inseln u. dem ostasiat. Festland; Fläche 1 Mill. km², bis 4200 m tief; im Herbst Taifune; Hpthäfen: *Fukuoka, Niigata, Pusan, Wladiwostok.*
japanische Sprache → Sprachen, Übers.
Japanpapier, s. d. 17. Jh. aus (im Produkt z. T. noch sichtbaren) Bastfasern handgeschöpft; als bes. dünn u. weich hpts. in d. Druckgraphik verwendet.
Japhet [hebr.], im Alten Testament Sohn Noahs.
japhetitisch, veraltete, in der Sprachwissenschaft nicht mehr übliche Bez. für bestimmte isolierte Sprachen, wie Baskisch, einzelne Kaukasussprachen.
Jardinière [frz. ʒardiˈnjɛːr], Gärtnerin; längl. Blumenschale; *à la J.,* mit Gemüsebeilage.
Jargon, *m.* [frz. ʒarˈgõː], Verkehrssprache bes. sozialer Gruppen, Interessen- u. Berufskreise (z. B. *Börsen-J.);* auch Mischsprache (z. B. Jiddisch, schwarzes Englisch, Rotwelsch).
Jarl [altnord.], Fürst, Statthalter d. Königs.
Jarman, Derek (13.1.1942–20.2.94), brit. Filmregisseur u. Maler; Filme: *Caravaggio* (1986), *Edward II.* (1991), *Blue* (1993).
Jarmusch, Jim (* 1953), am. Filmregisseur und Drehbuchautor; *Stranger Than Paradise* (1984); *Down By Law* (1986).
Jaroslawl, russ. Gebietshptst. a. d. Wolga, 633 000 E; berühmte Kirchen; Baumwoll-, chem., Leder-, Elektro- u. Automobilind. Erdölraffinerie.
Jaruzelski [-ˈz-], Wojciech (* 6. 7. 1923), poln. Gen. u. Pol.; 1967–83 Verteid.min., 1981–85 Min.präs., 1981–89 Parteichef der KP, 1985–90 Staatspräs.
Jasmin, *m.*,
1) Ziersträucher warmer Länder; wohlriechende gelbe od. weiße Blüten zu Parfüm.
2) *Pfeifenstrauch (falscher J.),* bei uns allein als J. bekannt, mit weißen, duftenden Blüten.
Jasmund, Halbinsel im NO Rügens,

japanische Faltschirmmalerei der Edo-Zeit

Jaroslawl, Christi-Geburt-Kirche

Karl Jaspers

Jean Paul

Boris Jelzin

japanische Kunst, Holzschnitt von Utagawa Kuniyoshi

Kreideplateau m. hoher Steilküste *(Stubbenkammer* 118 m) u. Buchenwald; w. u. sw. *Gr.* und *Kl. J.er Bodden.*
Jasnaja Poljana, russ. Ort unweit v. Tula; Gut u. Geburtsort v. → *Tolstoj.*
JAS 39 Gripen, schwedisches Mehrzweck-Kampfflugzeug mit Delta-Flügeln; Start u. Landung auf kurzer Bahn (800 m). Überschallgeschwindigkeit in allen Höhenbereichen. Ausstattung: Maschinenkanone (27 mm), Raketen für Luft- u. Bodenziele. Indienststellung 140 Stück bis zum Jahr 2000.
Jaspers, Karl (23. 2. 1883–26. 2. 1969), dt. Phil., Vertr. d. Existenzphilosophie; *Allg. Psychopathologie; Philosophie* (3 Bde); *Vom Ursprung u. Ziel d. Geschichte.*
Jaspis, *m.* [gr.], Mineral, rote, gelbe, braune Varietät des → Chalzedons.
Jassanas, svw. → Blatthähnchen.
Jassy, rumän. *Iași,* St. an der Moldau, 347 000 E; Uni., orthodoxes u. röm.-kath. Bistum.
Jastrep → G-4 Super Galeb.
Jatagan, *m.* [türk.], kurzes Krummschwert.
Jauer, *Jawor,* poln. St. in Niederschlesien, an der Wütenden Neiße, 23 000 E.
Jaufenpaß, it. *Passo del Giovo,* 2094 m; v. Sterzing ins Passeiertal, Autostraße Sterzing–Meran.
Jaunde → Yaoundé.
Jaurès [ʒɔˈrɛs], Jean (3. 9. 1859–31. 7. 1914), frz. Sozialist, für die dt.-frz. Verständigung; ermordet.
Jause, *w.* [östr.], Zwischen-, Vespermahlzeit.
Java, kleinste d. 4 Großen Sunda-Inseln, zu Indonesien, 130 398 km², 108 Mill. E, vorwiegend moh. Malaien; das am dichtesten bevölkerte Tropenland; sehr gebirgig, 121 Vulkane, davon 27 noch tätig *(Semeru,* 3676 m, u. *Krakatau,* i. d. Sundastraße), vulkanreichste Stelle der Erde; NW-Küste Sumpfgebiet; üppige Vegetation; im NW die Hptst. v. Indonesien *(Jakarta);* Hpterzeugnisse: Reis, Rohrzucker, Tabak, Tee, Kaffee, Chinarinde, Palmöl; Zinn- u. Kupferlager, Erdöl.
Jawata → Kitakyushu.
Jawlensky, Alexej v. (25. 3. 1864 bis 15. 3. 1941), russ. Maler in Dtld.; stand dem → „Blauen Reiter" nahe, begr. m. Feininger, Kandinsky u. Klee d. Ausstellungsgemeinschaft d. „Blauen Vier"; s. Hauptthema war das menschliche Gesicht: Entwicklung vom Porträt zur abstrakten Darstellung.
Jayawardene, Junius Richard (17. 9. 1906–1. 11. 1996), ceylones. Pol.; 1978 bis 1989 Staatspräs. von Sri Lanka.
Jazz, *m.* [engl. dʒæz], in Nordamerika zu Beginn d. 20. Jh. entstandene Musikform, die eur. u. afrikan. Elemente zu einer eigentüml. afroam. Musizierweise vereinigt; Merkmale: expressive *(hot)* Intonation (m. *dirty tones),* temperierte Tonleitern (→ *Blues*-Tonalität m. *blue notes),* gleichmäßig durchgeschlagener Grundrhythmus *(beat),* synkopiertes Spannungsverhältnis zwischen Grundrhythmus und Melodierhythmen *(swing),* standardisierte Melodieformen, über denen solistisch od. kollektiv improvisiert wird; Instrumentierung: *Melodiegruppe* (Bläser, Keyboards, Gitarre) u. *Rhythmusgruppe* (Schlagzeug, Baß, Gitarre, Klavier), Besetzung abhängig v. d. Ensemblegröße (Bigband od. Combo); Einfluß auf Unterhaltungsmusik (einerseits Schlager- u. Tanzmusik, andererseits → Rock-Musik); vielfältige Stilentwicklung: um 1900, beeinflußt durch → *Ragtime* u. *Blues,* → *New-Orleans-Jazz,* um 1910 → *Dixieland,* in d. 20er Jahren *Chicago-Jazz* u. in d. 30er Jahren *Symphonic Jazz* od. → *Swing* (B. Goodman); als Gegenreaktion in d. 40er Jahren einerseits *Dixieland-Revival* u. andererseits *Modern Jazz* m. seinen unterschiedl. Ausprägungen: *Bebop* (Ch. Parker), *Progressive Jazz* (St. Kenton) u. in d. 50er Jahren *Cool Jazz* (M. Davis, L. Tristano); in d. 60er Jahren *Hardbop* (S. Rollins), *Funk* (Ch. Mingus), *modaler Jazz* (J. Coltrane) u. *Free Jazz* (A. Ayler, Sun Ra); s. 1970 verstärkte Orientierung in Rhythmik u. Instrumentierung an d. zeitgenöss. Rock- u. Popmusik: *Jazz Rock* (L. Coryell, J. McLaughlin) u. *Hard Funk* (H. Hancock) in d. 70er Jahren, *Punk Jazz* (J. B. Ulmer), *Fake Jazz* (Lounge Lizards), *No Wave* (DNA) und *Acid Jazz* in d. 80er Jahren.
Jean [ʒã], frz. Form zu → Johannes.
Jeanne d'Arc [ʒanˈdark], *Johanna, Jungfrau v. Orléans* (um 1412–31), Bauernmädchen, führte Franzosen im Kampf gg. Engländer, ließ Karl VII. von Frkr. in Reims krönen; von den Burgundern gefangen u. den Engländern ausgeliefert; als angebl. Hexe verbrannt; 1920 heiliggesprochen (frz. Nat.hlge); Dra-

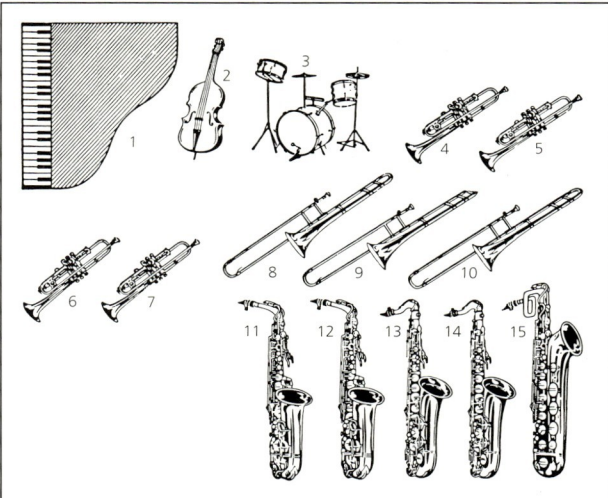

Jazzorchester (Bigband)
1 Flügel
2 Baß
3 Schlagzeug
4–7 Trompeten
8–10 Posaunen
11–12 Altsaxophone
13–14 Tenorsaxophone
15 Baritonsaxophon

men von Schiller und Shaw, Oper v. Verdi, Oratorium v. A. Honegger.
Jeanneret-Gris [ʒanrɛˈgri:], Charles-Édouard → Le Corbusier.
Jean Paul [ʒã-], eigtl. *J. P. Friedrich Richter* (21. 3. 1763–14. 11. 1825), dt. Dichter; empfindsam-satir. Romane m. gr. Bilder- u. Sprachreichtum, zahlreichen Fußnoten u. humorist.-gedankl. Einlagen; *Die unsichtbare Loge* (m. Anhang: *Schulmeisterlein Maria Wuz*); *Hesperus; Titan; Flegeljahre; Siebenkäs; Quintus Fixlein;* theoret. Werk: *Vorschule d. Ästhetik*.
Jeans [dʒi:nz], strapazierfähige Nietenhose aus indigogefärbtem Baumwollköper, urspr. Arbeitstracht, seit d. 50er Jahren beliebte Freizeitkleidung.
Jedermann, *Everyman,* engl. geistl. Drama vom Sterben des reichen Mannes (15. Jh.), im 16. Jh. in Dtld übernommen, erneut v. *Hofmannsthal* (1911).
Jeep, *m.* [engl. dʒi:p], geländegängiges (Militär-)Fahrzeug mit Allradantrieb.
Jefferson [ˈdʒefərsn], Thomas (13. 4. 1743–4. 7. 1826), am. demokr. Pol., 3. Präs. d. USA, 1801–09; Verfasser der Unabhängigkeitserklärung von 1776.
Jehoschua, Abraham B. (* 19. 12. 1936), hebr. Schriftst. u. Prof. an d. Uni. Haifa; Kurzgeschichten: *Angesichts der Wälder;* Romane: *Der Liebhaber; Späte Scheidung;* Drama: *Eine Nacht im Mai.*
Jehova, mit den Vokalen aus → *Adonai* für → *Jahwe*, das nicht ausgesprochen werden durfte.
Jejunum, Abschnitt des Dünndarms.
Jekaterinburg, früher *Swerdlowsk,* Hptst. des russ. Gebietes S., a. Ural, 1,4 Mill. E; Uni.; Bergbau, Hüttenwerk, Elektrokombinat, Maschinen- und Waggonbau. –16. 7. 1918 Ermordung d. russ. Zarenfamilie.
Jelängerjelieber → Geißblatt.
Jelinek, Elfriede (* 20. 10. 1946), östr. Schriftst., parodiert d. Glücksdenken d. Ges. u. provoziert durch Nennung u. Darstellung gesellschaftl. Tabus: *Wir sind Lockvögel, Baby; Die Klavierspielerin; Lust.*
Jelzin, Boris Nikolajewitsch (* 1. 2. 1931), sowj. Pol.; 1985–87 KP-Chef v. Moskau, s. 1990 Parlamentspräs., s. 1991 Präs. v. Rußland; *Aufzeichnungen e. Unbequemen.*
Jemen, Rep. i. S u. SW der Arab. Halbinsel. **a)** *Verf.* von 1991: Präsident, Präsidialrat, Parlament, Mehrparteiensystem; erste freie Parlamentswahlen 1993. **b)** *Gesch.:* 1839 geteilt; Rep. Jemen (Nord-J.) s. 1917 unabhängig; 1958–61 z. d. → Vereinigten Arabischen Staaten; 1962–69 Bürgerkrieg zw. Royalisten (von Saudi-Arab.) u. Rep. (von ägypt. Truppen unterstützt). Demokr. Volksrep. Jemen (Süd-J., ehem. brit. Kronkolonie → Aden u. ehem. brit. Protektorat Südarabien) s. 1967 unabhängig; 1981 Koordinierungs- und Kooperationsabkommen m. N.-Jemen (Jemenit. Rat); nach Wiedervereinig. (1990) 1994 erneute Kämpfe zw. N. u. S.; Bürgerkrieg endet mit Sieg des Nordens; Verfassungsänd. auf d. Grundl. d. „Scharia" (isl. Recht); südjem. Politiker gründen i. Ausl. „Nat. Oppositionsfront".
Jena, (D-07743–49), thür. Krst. a. d. Saale, 100 400 E; Uni. (s. 1558), wiss. Institute; opt. Ind. → Zeiss, Schott u. Gen. „Jenaer Glas", Jenapharm (Penicillin); Fachschule für Optik, Sternwarte u. Planetarium. – 1806 Sieg Napoleons über d. Preußen.
Jenatsch, Georg Jürg (1596–24. 1. 1639), schweiz. Pfarrer, später Gen., erzwang 1637 Abzug d. Franzosen aus Graubünden; Roman v. C. F. Meyer.
Jenissei, sibir. Strom, aus d. ö. Sajan ins Nördl. Eismeer, 4102 km l., entsteht aus Großer u. Kleiner J.; 3013 km schiffbar.
Jenkins [ˈdʒeŋkɪnz], Roy Harris (* 11. 11. 1920), engl. Labour-Pol.; 1967 bis 70 Schatzkanzler, 1974–76 Innenmi-

JEMEN
Staatsname: Republik Jemen, Al Dschumhurija al Jamanija
Staatsform: Islamische präsidiale Republik
Mitgliedschaft: UNO, Arabische Liga
Staatsoberhaupt: Faraj bin Ghanem
Regierungschef: Abdelaziz Abdel Ghani
Hauptstadt: Sana (Sanaa) 427 000 Einwohner
Fläche: 527 968 km²
Einwohner: 13 873 000
Bevölkerungsdichte: 26 je km²
Bevölkerungswachstum pro Jahr: Ø 3,47 % (1990–1995)
Amtssprache: Arabisch
Religion: Muslime (90 %), Katholiken
Währung: Jemen-Rial (Y. RI)
Bruttosozialprodukt (1994): 3884 Mill. US-$ insges. 280 US-$ je Einw.
Nationalitätskennzeichen: ADN
Zeitzone: MEZ + 2 Std.
Karte: → Asien

Jemen

Elfriede Jelinek

nister, 1977–80 Präs. d. EG-Kommission.
Jenner [ˈdʒenə], Edward (17. 5. 1749 bis 26. 1. 1823), engl. Arzt, Begr. d. Pockenschutzimpfung (1796).
Jenney [ˈdʒeni], William Le Baron (25. 9. 1832–15. 6. 1907), am. Architekt u. Ing.; als Pionier d. Skelettbauweise richtungweisend f. d. Hochhausbau; *Home Insurance Building* in Chicago; → Chicago School.
Jenninger, Philipp (* 10. 6. 1932), CDU-Pol.; 1982–84 Staatsmin. im B.kanzleramt; Nov. 1984–88 Bundestagspräs.
Jens, Walter (* 8. 3. 1923), dt. Altphilologe, Rhetoriker u. Schriftst.; *Nein. Die Welt der Angeklagten; Herr Meister;*

Jeremia weint über den Untergang Jerusalems, *Buchmalerei, 14. Jh.*

Das Testament d. Odysseus; Republikan. Reden; Hörspiele, Essays; 1976–82 u. 1988–89 (amtierender) Präs. d. PEN-Zentrums d. BR.
Jenseits, rel. Vorstellung e. Welt außerhalb d. ird. Daseins, oft als Reich d. Himmels o. d. Toten gedacht.
Jensen,
1) Christian Albrecht (26. 6. 1792 bis 13. 7. 1870), dän. (Bildnis-)Maler; treffsichere Charakterisierung d. Modells im Repräsentationsbildnis wie in betont persönl. Darstell.
2) Hans Daniel (25. 6. 1907 bis 11. 2. 73), dt. Kernphys.; Nobelpr. 1963, Mitbegründer d. Schalenmodells f. d. Aufbau d. Atomkerne.
3) Johannes Vilhelm (20. 1. 1873 bis 25. 11. 1950), dän. Erzähler; Begr. d. modernen dän. Lit.; exot. Geschichten; Nobelpr. 1944.
Jepsen, Maria (* 19. 1. 1945), ev. Theologin u. Pastorin, Bischöfin v. Hamburg (s. 1992), 1. Bischöfin d. ev.-luth. Kirche d. Welt.
Jeremenko, Andrej Iwanowitsch (14. 10. 1892–19. 11. 1970), Marschall der Sowjetunion; 1939 als Kommandant General des VI. Kosaken-Kavalleriekorps; 1942 Oberbefehlsh. d. Stalingradfront; ab 1958 Gen.inspekteur im Verteidigungsmin.
Jeremias (* ca. 650 v. Chr.), Prophet in Juda; nach d. Zerstörung Jerusalems durch Nebukadnezar (586 v. Chr.) v. seinen Landsleuten nach Ägypten verschleppt u. dort verschollen; s. Schüler *Baruch* hat im **Jeremiabuch** seine Reden u. Visionen aufgezeichnet.

Jerewan, armen. *Erewan,* russ. (bis 1936) *Eriwan,* Hptst. d. Rep. Armenien, im Gebirgskessel 1042 müM, 1,2 Mill. E; Uni., TH; Kultur- u. Wirtschaftszentrum.

Jerez de la Frontera [xeˈreθ-], St. in S-Spanien, 185 000 E; Weinbau (**Jerez-Wein,** Weißwein, Sherry). – 711 Arabersieg über Westgoten (→ Tarik).

Jericho, 7000 E, im Altertum bed. St. Palästinas, bisher älteste „stadtähnl." Siedlung, frühjungsteinzeitl., → Präkeramik.

Jerichorose,
1) *echte J.,* Korbblütler, wächst u. a. im Umkreis v. Jericho, Blätter rings um d. Blütenkörbchen schließen u. öffnen sich.
2) *Marienrose,* Kreuzblütler, astiges Kraut im östl. Mittelmeergebiet; rollt sich beim Vertrocknen z. einem Knäuel zus., das sich b. Befeuchten wieder ausbreitet.
3) *falsche J.,* statt 2) gelegentl. in den Handel gebrachte getrocknete Pflanzen einer → Siegnellaart, die mit dem → Bärlapp verwandt ist.

Jerne, Niels K. (23. 12. 1911–7. 10. 1994), dän. Immunologe; (zus. m. G. → Köhler u. C. → Milstein) Nobelpr. 1984 (Arbeiten z. Aufbau u. z. Steuerung d. Immunsystems).

Jerome [dʒəˈroʊm], Jerome Klapka (2. 5. 1859–14. 6. 1927), engl. humorist. Schriftst.; *3 Mann in einem Boot.*

Jérôme [ʒeˈrɔːm], Bruder Napoleons I., „König Lustig" von Westfalen 1807–13.

Jersey [ˈdʒɜːzɪ], größte der brit. Kanalinseln, a. d. NW-Küste Frkr.s, 116 km², 82 000 E; Hptst. *St-Hélier;* Blumen- u. Gemüseanbau; Amtsspr.: Frz.

Jersey, *m.* [ˈdʒɜːzɪ], gewebeähnl. Wirkod. Strickware aus Wollgarn *(Woll-J.).*

Jersey City [-ˈsɪtɪ], Industriest. im US-Staat New Jersey, gegenüber v. Manhattan, 228 000 E.

Jerusalem, hebr. *Jeruschalajim,* arab. *El Kuds,* auf einem Hochland zw. dem Kidron- u. Hinnomtal, 542 000 E; 1949 aufgeteilt in isr. Teil (*Neustadt,* s. 1950 Hptst. v. Israel) u. jordan. Teil (*Altstadt*); Altstadt seit dem Krieg im Juni 1967 v. Israel besetzt, zum isr. Staatsgebiet erklärt u. mit der Neustadt gemeinsam verwaltet. Die von Mauern umgürtete Altstadt umfaßt vier alte Stadtviertel: die mosl. (mit Felsendom), die christl. (m. Grabeskirche), d. armen. u. d. jüdische (m. Klagemauer); Bischöfe fast aller christl. Bekenntnisse haben ihren Sitz in J. In der Neustadt hebr. Uni. (gegr. 1925), Israel-Mus., Knesset, Holocaust-Gedenkstätte; rasch wachsende Industrieviertel. – Um 1000 v. Chr. Hptst. Israels, 586 v. Chr. von d. Babyloniern zerstört, 168 v. Chr. von d. Syrern verwüstet; 63 v. Chr. röm., 70 n. Chr. von Titus zerstört (Judenaufstand); v. Konstantin d. Gr. den Christen zurückgegeben. 637 von den Arabern erobert; in den Kreuzzügen umkämpft; 1099–1187 selbständiges christl. Kgr.; 1517 türk., 1919–48 Sitz d. brit. Mandatsregierung Palästinas.

Jesaia|**s,** bedeutendster Prophet d. A.T.; ca. 740–701 v. Chr. Auftreten in Juda; von ihm nur Kap. 1–39 verfaßt (Kap. 40–55 u. 56–66 v. zwei unbekannten Propheten geschrieben, Deutero- u. Tritojesaia).

Jeschonek, Hans (9. 4. 1899–19. 8.

Jersey

Jerusalem, *Felsendom*

Jesaia, *Buchillustration, 14. Jh.*

1943), deutscher Gen.oberst und Chef des Luftwaffen-Führungsstabes; Selbstmord.

Jessebaum, *Jessewurzel,* in Malerei u. Plastik (bes. d. Romanik, Gotik u. d. Barock) Darstell. d. Stammbaums Christi nach Jesaias 11,1.

Jessel, Leon (22. 1. 1871–4. 1. 1942), dt. Operettenkomp.; *Schwarzwaldmädel.*

Jesuiten, *Gesellschaft Jesu* (lat. *Societas Jesu,* abgek. *S. J.*), von Ignatius von Loyola 1534 gegr. Straffe Gliederung d. Ordens: Leitung: ein *General* in Rom (z. Z. P. Kolvenbach), *Provinziale* leiten die Provinzen (in Dtld 2: München u. Köln); Ziel des Ordens: Ausbreitung des Reiches Gottes auf Erden; in der Schweiz b. 1973 verboten; heute 2000 Niederlassungen u. 27 000 Mitgl. (BR: 610 Mitgl.) in 110 Ländern.

Jesuitendrama, Bühnenstück i. lat. Sprache, an Gymnasien d. Jesuiten gepflegt; i. Barock als Kampf- u. Werbemittel d. Gegenreformation eingesetzt; Jakob Bidermann: *Cenodoxus.*

Jesuitenstil, in d. Architektur f. d. Bau v. Jesuitenkirchen u. -klöstern entwickelte Stilvariante n. d. Vorbild d. röm. Frühbarockkirchen Il Gesù u. St. Ignazio; durch d. (Missions-)Tätigkeit d. Ordens verbreitet i. Eur., Asien u. Lateinamerika (dort auch stilbildend f. d. Kolonialarchitektur).

Jesus [griech. Form des hebr. Jehoschua = „Jahwe hilft"], Eigenname des Stifters des Christentums; geboren wahrscheinl. in der Zeit zw. 4 u. 8 vor unserer Zeitrechnung, wuchs in Nazareth heran, zog als Wanderprediger mit Jüngern durch Galiläa u. Judäa, verkündigte das *Reich Gottes,* an dem nur jene teilhaben, die ihren Sinn ändern, Gott u. d. Nächsten aufrichtig lieben. Seine Lehren brachten ihn i. Ggs. zur etablierten religiösen Macht und der röm. Besatzungsmacht, die ihn (→ Pilatus) auf Golgatha bei Jerusalem kreuzigen ließ; Leben u. *Auferstehung* von den Toten am 3. Tag in den Evangelien geschildert; nichtchristl. Berichte (Josephus, Tacitus, Sueton) unsicher. Nach d. christl. Lehre wahrer Gott u. zugleich wahrer Mensch; der Glaube a. d. Göttlichkeit Jesu bzw. wenigstens daran, daß Gott in ihm wirkte, ist das Spezifische am Christentum.

Jesus People [ˈdʒiːzəs ˌpiːpl], 1967 in USA entstandene Jugendbewegung, Jesus als Symbolfigur gg. Rauschgift u. Konsumgesellschaft.

Jesus Sirach, Spruchbuch des A.T.

Jet [dʒɛt],
1) sich schnell bewegende, v. e. Stern od. einer Galaxie strahlförmig ausgeschleuderte Materie.
2) engl. Bez. f. Flugzeug m. → Strahlantrieb.

Jeton, *m.* [frz. ʒəˈtõ], Spielmarke.

Jet-set, *m.* [engl. ˈdʒɛtˌsɛt], Spitze d. intern. Wohlstandsges.

Jetstream [engl. ˈdʒɛtstriːm], *Strahlstrom,* schmales Band außerordentlich hoher Windgeschwindigkeiten (an der am. O-Küste über 600 km/h) i. d. oberen Troposphäre, etwa zw. 5 u. 12 km Höhe, unt. als west-östl. Richtung; Zus.hang mit der → Polarfront; Lage u. Intensität ändern sich im Jahresablauf; wichtig für den Luftverkehr.

Jett, *m.* od. *s.* [engl.. dʒt], *Gagat, Pech-*

kohle, schwarze, harte, polierfähige Braunkohle, für Schmuckwaren.

Jeu, *s.* [frz. ʒø], (Glücks-)Spiel.

Jeunesse dorée [ʒœˈnɛs-],
1) reiche, leichtlebige Jugend z. Z. des frz. → Direktoriums.
2) *allg.* elegante Großstadtjugend.

Jever (D-26441), Krst. d. Kr. Friesland, Nds., 13 034 E; Hptort d. fruchtbaren fries. *J.landes;* Brauerei.

Jewish Agency [ˈdʒuːɪʃ ˈeɪdʒənsɪ], gesamtjüd. Vertretung f. d. Aufbau Palästinas, 1922–48; urspr. Exekutive d. zionist. Weltorganisation (s. 1897).

Jewtuschenko, Jewgenij Aleksandrow (* 18. 7. 1933), sowj. Lyriker u. Erzähler; Zeitgedichte.

Jhansi, *Dschansi,* nordind. St. i. Uttar Pradesch, 301 000 E; Handelszentrum.

Jiang Qing, [dʒjɑŋ tɕɪŋ], *Tschiang Tsching* (März 1914–14.5.91), chin. Pol.in, Witwe Mao Zedongs; 1969–76 im Politbüro der KP Chinas, 1976 als Mitglied der „Viererbande" verhaftet.

Jiangsu [dʒjɑŋsu], ostchin. Küstenprov., 102 200 km², 67 Mill. E; Baumwolle, Reis, Weizen; Seiden- u. Baumwollind.; Hptst. *Nanjing.*

Jiangxi [dʒjɑŋɕi], Prov. in SO-China, 164 800 km², 38 Mill. E; Reis-, Teeanbau; Kohlenbergbau, Wolframerz, Kaolin; Porzellanind.; Hptst. *Nanchang.*

Jiaozhou [dʒjɑʊdʒoʊ], früher *Kiautschou,* ehem. dt. Pachtgebiet u. Flottenstützpunkt in China, 515 km²; Hptst. war *Tsingtau,* 1898 f. 99 J. gepachtet, 1914 an Japan, 1922 an China.

Jiddisch, *s.,* Mischsprache aus Mittelhochdt. u. Hebräisch m. eigener Literatur u. Presse.

Jilin [dʒilɪn], früher *Kirin,* chin. Prov. in d. östl. Mandschurei, 187 000 km², 25 Mill. E; Korn- u. Mohnanbau, Steinkohlenbergbau; Hptst. *Changchun* (2,1 Mill. E).

Jim [dʒɪm], engl. m. Vn., urspr. Anredeform zu → James.

Jiménez [xiˈmenɛθ], Juan Ramón (24. 12. 1881–29. 5. 1958), span. Lyriker; *Herz, stirb od. singe;* Nobelpr. 1956.

Jinan [dʒinan], früher *Tsinan,* Hptst. der chin. Prov. Shandong, am Huang He, 2,3 Mill. E; Uni.; Ind.

Jin und Jang, [chin. „dunkel – hell"], sich ergänzender u. voraussetzender Gegensatz; weibl. u. männl. schöpferisches Weltprinzip; in der chin. Symbolik Kreis mit dunkler u. heller Hälfte (auch → Mandala).

Jitterbug, *m.* [engl. ˈdʒɪtəbʌɡ], am. Jazztanz im ⁴/₄-Takt.

Jiu-Jitsu [ˈdʒiuːdʒɪtsu], jap. „sanfte Kunst", alte jap. waffenlose Selbstverteidigungsmethode.

Joachim [hebr. „Jahwe richtet auf"], m. Vn.

Joachim, Joseph (28. 6. 1831–15. 8. 1907), dt. Geiger, Violinpädagoge u. Komponist.

Joachimsthal → Sankt Joachimsthal.

Joachimsthaler Groschen, Münze, s. 1517 aus dem *St. J.* (Böhmen) geförderten Silber geprägt; daraus: *Taler* u. *Dollar.*

João Pessôa, Hptst. des brasilian. Staates Paraíba, 497 000 E (einschließl. Seehafen *Cabedelo*).

Job, *m.* [engl. dʒɔb], Stellung, Beschäftigung.

Jobber [engl. dʒ-], Effektenhändler an

Jobeljahr → Jubeljahr.

Job Enlargement [engl. -ɪnˈlaːdʒ-mənt], Erweiterung des derzeit. Aufgabenbereiches e. Arbeitnehmers durch d. zusätzliche Aufgaben u. Arbeitsinhalte; Ziel dieser Maßnahme: Vermeidung von Monotonie bei der Arbeitsverrichtung u. dadurch Erreichung größerer Arbeitszufriedenheit.

Job Rotation [-roʊˈteɪʃən],
1) systemat. Arbeitsplatzwechsel z. Vermeidung v. Monotonie u. z. Vertiefung d. Fachkenntnisse.
2) Methode z. Schulung v. Mitarbeitern, die einmal Führungsaufgaben übernehmen sollen; zu diesem Zweck werden sie in mehreren Funktionsbereichen für eine begrenzte Zeit praxisbezogen ausgebildet.

Job-sharing [engl. dʒɔb ˈʃɛərɪŋ ,,Arbeitsplatzteilung"], Variante d. Teilzeitarbeit; mehrere Arbeitnehmer teilen sich einen gemeinsamen Arbeitsplatz.

Jobsiade, komisches Versepos v. A. *Kortum* (1783/98).

Joch, *s.,*
1) Zuggestell b. Tiergespann.
2) Grundeinheit des architektonisch durch Pfeiler, Säulen od. Gurte gliederten Raumes sowie ihre Überwölbung.
3) *techn.* Konstruktionsteil (z. B. bei Elektromagneten).

Jochbein, Backenknochen (→ Schädel, Abb.).

Jochenstein, 1952–56 erbaute Staustufe an der Donau unterhalb Passau, jährl. ca. 8 Mill. kWh Stromerzeugung; Doppelschleuse f. Schleppzüge m. 1500-t-Kähnen; Wasserregulierung.

Jochum, Eugen (1. 11. 1902–26. 3. 87), dt. Dirigent, 1961–87 Leiter d. Concertgebouw-Orchesters, Amsterdam.

Jockey [engl. ˈdʒɔkɪ], berufsmäß. Rennreiter.

Jod → Iod.

Jodhpur, *Dschodpur, Marwar,* ehem. Fürstenstaat in Radschputana, s. 1949 Teil des ind. Staates Radschastan; frühere Hptst. *J.;* 506 000 E.

Jodl, Alfred (10. 5. 1890–16. 10. 1946), dt. Gen.oberst, im 2. Weltkr. Chef d. Operationsabt. im Oberkommando der Wehrmacht; hingerichtet.

Joe [dʒoʊ], engl. m. Vn., Anredeform zu Joseph.

Joga, Yoga, *m.* [sanskrit. ,,Anschirrung"], ind. System zur Harmonisierung von Körper u. Geist (best. Stellungen, Atemkontrolle); phil. Weltsicht.

Jogging [engl. dʒɔ-], langsamer Dauerlauf (als Gesundheitstraining).

Joghurt, *m.* oder *s.* [türk.], *Yoghurt,* urspr. bulgar. Milchprodukt; hergestellt durch Vergärung von Milch mit J.bakterien (Milchsäurebakterienkultur).

Jogi, *Yogi,* Anhänger des Joga; Asket, der nach d. Volksglauben überirdische Kräfte entwickelt.

Johann,
a) *Böhmen:*
1) J. v. Luxemburg (10. 8. 1296–26. 8. 1346), s. 1310 Kg, gewann Schlesien.
b) *England:*
2) J. ohne Land (24. 12. 1167–19. 10. 1216), Kg s. 1199, Bruder von Richard Löwenherz; 1215 Magna Charta (Grundlage der engl. Verf.).
c) *Östr.:*
3) Erzhzg J. (20. 1. 1782–10. 5. 1859), organisierte 1805 u. 1809 d. Aufstand d. Tiroler, dt. Reichsverweser 1848/49.
d) *Polen:*
4) J. III. Sobieski (17. 8. 1629–17. 6. 96), Kg s. 1674, wirkte 1683 mit bei der Befreiung Wiens von den Türken.
e) *Sachsen:*
5) J. der Beständige (30. 6. 1468–16. 8. 1532), 1525 Kurfst, sicherte Reformation a. Reichstag zu Augsburg.
6) J. Friedrich der Großmütige (30. 6. 1503–3. 3. 54), 1532 Kurfst, verlor 1547 Kurwürde u. Hälfte seines Landes; Begr. der Uni. Jena.
7) J. Georg I. (5. 3. 1585–8. 10. 1656), 1611 Kurfürst, verriet die Sache d. Protestantismus u. trat im Dreißigjährigen Krieg z. Liga über.
f) *Schwaben:*
8) J. Parricida (1290–13. 12. 1313), Enkel Rudolfs v. Habsburg, ermordete 1308 seinen Onkel Albrecht I.

Johanna,
1) sagenhafte Päpstin im 9. Jh.
2) J. von Kastilien (6. 11. 1479–12. 4. 1555), die Wahnsinnige; Mutter von → Karl V. u. Ferdinand I.
3) → *Jeanne d'Arc.*

Johannes,
a) *Päpste* (insges. 23):
1) J. XII., 955–64, krönte Otto d. Gr., wurde später eidbrüchig u. von Otto abgesetzt.
2) J. XXIII., *Angelo Giuseppe Roncalli* (25. 11. 1881–3. 6. 1963), Papst 1958 bis 63, 1925–30 Apostol. Delegat in Bulgarien, 1935 in d. Türkei u. Griechenland, 1945–53 Nuntius in Paris, 1953–58 Kardinal u. Patriarch v. Venedig; berief 1962 das II. → Vatikanische Konzil ein.
b) *Byzantin. Kaiser:*
1) J. II. *Komnenos* (1088–1143), s. 1118 Kaiser; Bündnis mit Dt. Kaisern gg. die Normannen in Sizilien.
2) J. VIII. *Palaiologos* (1392–1448), s. 1425 Kaiser, versuchte erfolglos, O- u. W-Kirche zu vereinigen.

Johannes,
1) J. der Täufer, sog. Vorläufer Jesu, den er im Jordan taufte; von Herodes Antipas hingerichtet.
2) J. der Evangelist, kaum identisch mit dem um 100 in Ephesus gestorbenen Apostel; das *Evangelium* d. J. behandelt vor allem die theol. Gestalt Jesu; außerdem 3 Briefe u. d. → Apokalypse.
3) J. Chrysostomus (um 344 bis 407 n. Chr.), Patriarch v. Konstantinopel.
4) J. Damascenus (um 700 bis 750 n. Chr.), Schatzmeister d. Kalifen, später Mönch; *Quelle der Erkenntnis* (Hauptwerk d. orthodoxen Dogmatik).
5) J. vom Kreuz, *Juan de la Cruz* (24. 6. 1542–14. 12. 91), span. Mystiker und Theol.; Erneuerer d. Karmeliterordens.

Johannes [,,Jahwe ist gnädig"], m. V.

Johannesburg, St. d. Rep. Südafrika, in d. Prov. Transvaal, 1750 müM, 1,6 Mill. E; Uni., Museen, Observatorium; Handels- und Industriezentrum Südafrikas; Zentrum des Goldbergbaus, Masch.bau, Diamantenschleiferei.

Johannes Paul, Name v. 2 *Päpsten:*
1) J. P. I., eigtl. *Albino Luciani* (17. 10. 1912–28. 9. 78), unerwartet am 26. 8. 1978 als Nachfolger von Paul VI. zum Papst gewählt; nach kurzem Pontifikat einem Herzinfarkt erlegen.

Johannes XXIII.

Johannes Paul II.

Johannes der Täufer, Gemälde von Raffael

Tüpfel-Johanniskraut

2) J. P. II., eigtl. *Karol Wojtyła* (* 18. 5. 1920), 1964–78 Erzbischof v. Krakau, 1967–78 Kardinal, am 16. 10. 1978 als Nachfolger v. 1) zum Papst gewählt (erster Nichtitaliener als Papst s. 1522).

Johannes Scotus Eriugena, (um 810–877), scholast. Phil. u. Theol.; s. Hauptw. *Über d. Einteilung d. Natur* beeinflußte d. dt. Mystik, v. d. Kirche indiziert.

Johannes von Saaz, richtiger *Johannes v. Tepl,* dt. Humanist, Stadtschreiber u. Rektor; verfaßte um 1400 den *Ackermann aus Böhmen* (bedeutendstes Denkmal d. Prager Kanzleisprache).

Johanngeorgenstadt (D-08439), sächs. St. im Erzgebirge, 8837 E; 1946 bis 57 Uranerzbergbau.

Johannisbeere, östr. *Ribisel,* Beerensträucher mit roten, weißen od. schwarzen Beeren; auch Ziersträucher.

Johannisbrotbaum, kl. Baum des Mittelmeergebietes m. großen, flachen, zuckerhaltigen Hülsen *(J., Karuben)* und sehr hartem Samen, früher als Gewichte (Karat) verwendet.

Johannisfest, Tag Johannes' des Täufers (24. 6.); vielfach mit **Johannisfeuer** am Vorabend (altes Sonnwendfeuer).

Johanniskraut, *Hartheu,* gelb blühende Staude an sonnigen Waldrändern; durchscheinende Blattdrüsen, Heilpflanze u. a. gegen Depression.

Johannisnacht, Nacht vor → Johannisfest.

Johannisthal, Ortsteil v. Berlin; erster dt. Flugplatz (1909).

Johannistrieb,
1) in den späteren Lebensjahren aufflackernder Geschlechtstrieb.
2) die erneute Vegetationstätigkeit bei vielen Gehölzen im Sommer.

Johanniswürmchen → Glühwurm.

Johanniterkreuz, Malteserkreuz, mit 8 Spitzen, weiß in rotem Feld.

Johanniterorden,
1) ältester geistl. Ritterorden, Anfänge um 1070 in Jerusalem, Ordensverfassung 1112; Sitz s. 1291 Zypern, 1310 Rhodos *(Rhodiserritter),* 1530–1798 Malta *(Malteserritter);* 1879 Wiederherstellung der Großmeisterwürde, Sitz Rom.
2) ev. (preuß.) J., gestiftet 1812 als weltl. Adelsgenossenschaft, hervorgegangen aus d. protestant. Ballei Bran-

denburg d. J.s, s. 1852 Ausbildung von **Johanniterschwestern** für Krankenpflege.

Johannot [ʒɔa'no], frz. Buchillustratoren
1) *Alfred* (21. 3. 1800–7. 12. 37), arbeitete hpts. f. Werke d. romant. Dichtung; s. Bruder
2) *Tony* (9. 11. 1803–4. 8. 52).

Johann v. Leiden, eigtl. *Jan Beukelszoon*, *Johann Bokkelson* (1509–1536), Schneider, Haupt d. *Kgr.s Zion* der Wiedertäufer in Münster; hingerichtet.

John [dʒɔn], engl. Form zu → Johannes.

John [dʒɔn], *Sir Augustus Edwin* (4. 1. 1879–31. 10. 1961), engl. Maler u. Radierer; gefeierter Porträtist d. brit. Empire; *William Butler Yeats; Madame Suggia*.

John Bull [dʒɔn 'bʊl], satir. Bez. der Engländer, wohl nach der Titelfigur des Romans *J. B.* v. John Arbuthnot (1667 bis 1735).

Johns [dʒɔnz], *Jasper* (* 15. 5. 1930), am. Maler u. Graphiker; Vertr. d. → Pop Art („Flaggen-Bilder").

Johnson,
1) *Eyvind* (29. 7. 1900–25. 8. 76), schwedischer Schriftst.; *Hier hast du dein Leben; Träume v. Rosen u. Feuer; Eine große Zeit;* Nobelpr. 1974.
2) *Jonathan Eastman* (29. 7. 1824–5. 4. 1906), am. Maler; Hptmeister d. am. Genrebildes u. gesuchter Porträtist; z. T. naturalist. Stilelemente; *My Old Kentucky Home; Henry Longfellow.*
3) *Lyndon B.* (27. 8. 1908 bis 22. 1. 73), am. demokr. Pol.; 1961–63 Vizepräsident, 1963–69 36. US-Präs. (als Nachfolger v. J. F. → Kennedy).
4) *Philip Cortelyou* (* 8. 7. 1906), am. Architekt u. Publizist; Pionier d. Internat. Stils i. d. USA, dann Vorreiter d. Postmoderne; *Kneses Tifereth Israel Synagogue* in Port Chester, N. Y.; *Städt. Kunsthalle* in Bielefeld; *Crystal Cathedral* in Garden Grove, Cal.
5) *Samuel* (18. 9. 1709–13. 12. 84), engl. Sprachforscher u. Kritiker; Vertr. d. engl. Klassizismus.
6) *Uwe* (20. 7. 1934–23. 2. 84), dt. Erzähler; experimentelle Prosa; Romane: *Mutmaßungen über Jakob; D. dritte Buch über Achim; Jahrestage 1–4.*

Johor, *Dschohor*, Bundesstaat in → Malaysia, 18 985 km², 1,96 Mill. E; Ausfuhr von Kautschuk; Hptst. *J. Baharu.*

Joint, *m.* [engl. dʒɔint], selbstgedrehte Haschisch- od. Marihuanazigarette.

Joint ventures [´dʒ- -tʃəz], Gemeinschaftsgründung, Vereinigung von Unternehmen, zum Zwecke einer gemeinschaftl. Erwerbstätigkeit a. d. Grundlage gegenseitiger, sich ergänzender Produktionsvoraussetzungen (z. B.: ein Unternehmen stellt die neue Technologie, das andere die Produktionskapazitäten).

Jojoba, *Simmondsia,* mittelamerikan. Strauch; Samenöl f. Hautpflege.

Joker, *m.* [engl. ´dʒoʊkə], zusätzl. Karte zu den 52 gebräuchl. Karten b. Poker, Canasta u. Rommé; kann f. jede Karte eintreten.

Joliot-Curie [ʒɔ-,ljokyPri], frz. Physikerehepaar,
1) *Frédéric* (19. 3. 1900–14. 8. 58) u.
2) *Irène* (12. 9. 1897–16. 3. 1956), Tochter v. Pierre u. Marie → Curie; Atomfor-

JORDANIEN
Staatsname:
Haschemitisches Königreich Jordanien, Al-Mamlaka al-Urdunnīya al-Hāshimīya
Staatsform: Konstitutionelle Monarchie
Mitgliedschaft: UNO, Arabische Liga
Staatsoberhaupt: König Hussein Ibn Talal
Regierungschef: Abdus-Salam al Madschali
Hauptstadt: Amman 965 000 Einwohner
Fläche: 97 740 km²
Einwohner: 4 217 000
Bevölkerungsdichte: 43 je km²
Bevölkerungswachstum pro Jahr: ⌀ 3,41% (1990–1995)
Amtssprache: Arabisch
Religion: Muslime (74%), Christen
Währung: Jordan-Dinar (JD.)
Bruttosozialprodukt (1994): 5849 Mill. US-$ insges., 1390 US-$ je Einw.
Nationalitätskennzeichen: JOR
Zeitzone: MEZ + 1 Std.
Karte: → Asien

Jordanien

Uwe Johnson

scher; künstl. Herstellung radioaktiver Elemente; beide 1935 Nobelpr. f. Chemie.

Jolle, *w.,* kl. Beiboot bei Segel- u. Kriegsschiffen; → Segelboot.

Jom Kippur,
1) *Versöhnungstag,* höchster jüd. Feiertag.
2) *J.-K.-Krieg:* isr.-arab. Krieg 1973.

Jommelli, *Niccolò* (10. 9. 1714–25. 8. 74), it. Komp.; Opern, Oratorien, Messen, Requiem; → Neapolitanische Schule.

Jona, isr. Prophet d. AT u. Hauptgestalt d. gleichnam. Buches.

Jonas,
1) *Franz* (4. 10. 1899–24. 4. 1974), östr. Pol. (SPÖ); 1951–65 Bürgerm. v. Wien, 1965–74 Bundespräs.
2) *Regina* (3. 8. 1902–1944), jüd. Theologin u. Rabbinerin i. Berlin (s. 1935), deportiert nach Theresienstadt und Auschwitz, 1. ordinierte Rabbinerin d. Judentums.

Jonathan, im A.T. Sohn Sauls.

Jones [dʒoʊns],
1) *Allen* (* 1. 9. 1937), engl. Maler u. Graphiker, Vertreter der → Pop Art.
2) *Inigo* (15. 7. 1573–21. 6. 1652), engl. Architekt u. Wegbereiter d. Palladianismus (→ Palladio) in Engl.; *Schloß Whitehall; Wilton House.*
3) *James* (6. 11. 1921–10. 5. 77), am. Schriftst.; *Verdammt in alle Ewigkeit.*
4) *Sidney* (17. 6. 1861–29. 1. 1946), engl. Komp.; Operette: *Die Geisha.*

Jongkind, *Johan Barthold* (3. 6. 1819 bis 27. 2. 91), ndl. Maler u. Radierer, e. Wegbereiter d. frz. Impressionismus; *Hafen von Etretat; Honfleur.*

Jongleur [frz. ʒɔ'glœr], im MA gewerbsmäß. Bänkelsänger, heute Geschicklichkeitskünstler.

Jonke, *G(ert) F(riedrich)* (* 8. 12. 1946), östr. Autor, Lyriker m. sprachl. artist. Erzähler: *Im Inland u. im Ausland; Erwachen zum großen Schlafkrieg; Sanftwut od. d. Ohrenmaschinist.*

Jönköping [ço:-], Bezirkshptst. i. Südschweden, 112 000 E; Zündholz-, Papier-, Metallind.

Jonson [´dʒɔnsn], *Ben* (11. 6. 1573 bis 6. 8. 1637), engl. Dramatiker d. elisabethan. Epoche; Schöpfer d. „comedy of humors"; Komödie: *Volpone.*

Joplin [´dʒɔplin], *Janis* (19. 1. 1943 bis 5. 10. 70), am. Rocksängerin, Star des „weißen Blues" u. Protagonistin e. exzessiven Lebensstils; *Me and Bobby McGhee.*

Jordaens [-´da:ns], *Jakob* (19. 5. 1593 bis 18. 10. 1678), fläm. Maler d. Barock.

Jordan, *Pascual* (18. 10. 1902–31. 7. 80), dt. theoret. Physiker; bed. Beiträge z. modernen Quantentheorie.

Jordan, arab. *Al-Urdunn,* Fluß i. Palästina, v. Hermon durch d. See Genezareth u. d. Tal Ghor i. d. Tote Meer, 252 km l.; Ableitung v. J.wasser zur Bewässerung v. Wüstengegenden durch isr. Projekt.

Jordanien, Staat in Vorderasien; besteht aus *Ostjordanland,* östlich des Jordans u. Toten Meeres, u. westl. davon *Westjordanland,* dem arab. Teil Palästinas (s. 1967 v. Israel besetzt); vorwiegend Steppe u. Wüste. **a)** *Wirtsch.:* Oasenkultur (Dattelpalmen); Anbau (Weizen, Gerste, Tabak) nur in beschränktem Umfang; nomad. Viehzucht; Phosphat-

abbau. **b)** *Außenhandel* (1991): Einfuhr 2,51 Mrd., Ausfuhr 0,9 Mrd. $. **c)** *Verkehr:* Eisenbahn 618 km, durch J. die schmalspurige Hedschasbahn; ca. 5900 km befestigte Autostraßen; einziger Hafen *Akaba* am Roten Meer. **d)** *Verf.* v. 1951: Konstitutionelles Kgr. m. Min.rat und Zweikammerparlament, einziger Vertr.: Wüstenterritorium, 8 Distrikte. **f)** *Gesch.:* 1923 als Emirat *Transjordanien* unter brit. Protektorat geschaffen. 1946 unabhängiges Kgr. 1948 Krieg gg. Israel; 1949 Waffenstillstand. Umbenennung in J. u. Angliederung W-J.s. 1951 Kg Abdulla ermordet, sein Sohn Talal Kg 1951/52, nach seiner Abdankung s. 1953 Hussein II. Seit arab.-isr. Krieg v. Juni 1967 jordan. Gebiete westl. d. Jordans von Israel besetzt (→ Jerusalem). 1968–71 Kämpfe d. jordan. Regierungstruppen m. Guerillas. Im Nahostkrieg 1973 Entsendung v. Hilfstruppen an Syrien, enge Zusammenarbeit beider Länder m. d. Ziel einer Vereinigung, Anspruch d. PLO auf d. West-Jordanland v. arab. Gipfelkonferenz 1974 anerkannt, 1976 u. 1977 Unruhen in diesem Gebiet wegen Anlage isr. Siedlungen; 1988 Aufgabe aller Ansprüche auf Westjordanland zugunsten der dort lebenden Palästinenser (zus. m. Gazastreifen 1988 v. Palästinens. Nat.rat als unabhäng. Staat → Palästina proklamiert); 1994 zahlr. Abk. m. d. PLO; Friedensschluß m. Israel.

Jordanis, (6. Jh. n. Chr.), Geschichtsschreiber der → Goten.

Jordansmühl, nach dem schles. Fundort ihrer Geräte benannte jungsteinzeitl. Volksgruppe in Schlesien; aus Ungarn eingewandert.

Jørgensen [´jœɐnsn], *Anker* (* 13. 7. 1922), dän. sozialdemokr. Pol.; 1973 u. 1975–82 Min.präs.

Jorn, *Asger Oluf* (3. 3. 1914–1. 5. 73), dän. Maler, Graphiker u. Keramiker; e. Hptvertr. d. Gruppe Cobra; Ausdruck d. Gefühle durch ungestüme Farbkraft; *Stalingrad; Am unbekannten Ufer.*

Joseph, röm.-dt. Kaiser,
1) *J. I. von Habsburg* (26. 7. 1678–17. 4. 1711), s. 1705 Kaiser; siegreich gg. Ludwig XIV. im Span. Erbfolgekrieg (Prinz Eugen).
2) *J. II. von Habsburg-Lothringen* (13. 3. 1741–20. 2. 90), Sohn Maria-Theresias, ihr Mitregent in Östr., s. 1765 Kaiser: Aufgeklärter Absolutismus: *Josephinisches Zeitalter:* sozial- u. kirchenpol. Reformen (Aufhebung d. Leibeigenschaft, Toleranzedikt, staatl. Aufsicht über Kirche.

Joseph, *Bibelgestalten,*
1) Sohn Jakobs, v. s. Brüdern nach Ägypten verkauft, lebte dort im Hause Potiphars, wurde der höchste Beamte in Ägypten.
2) Gatte Marias, der Mutter Jesu, Zimmermann (Tag: 1. 5.).
3) *J. v. Arimathia,* legte Jesu Leichnam in sein Felsengrab.

Joseph [hebr. „Gott möge hinzutun"], m. Vn.

Josephine → Beauharnais 1).

Josephinismus, Bez. f. d. Kirchenpol. Kaiser Josephs II. (1765–90), der d. kath. Kirche i. d. Östr. d. Oberhoheit d. Staates unterstellte.

Josephsehe, Ehe ohne Geschlechtsverkehr.

Josephson ['dʒoʊzɪfsn],
1) Brian (* 4. 1. 1940), engl. Phys.; Forschungen z. Theorie d. → Supraleitung; Nobelpr. 1973.
2) Ernst (16. 4. 1851–22. 11. 1906), schwed. Maler; Wegbereiter d. nord. Expressionismus n. stilist. Anregungen v. Spätromantik, Realismus u. Impressionismus; schuf u. a. psych. bes. einfühlsame Porträts.
Josephus, Flavius (37 bis um 100 n. Chr.), jüd. Historiker.
Josquin Desprez [ʒɔs,kɛ̃ de'pre] (um 1440–27. 8. 1521?), burgund. Komp.; Messen, Motetten u. Chansons.
Jostedals-brä, *J.breen,* größtes eur. Plateaugletscherfeld i. norweg. Hochgebirge, nördl. d. Sognefjords, 1076 km², längste d. ca. 300 Gletscherzungen 14 km.
Josua, Nachfolger von Moses.
Jota, *s.,*
1) → Iota.
2) ['xota], *w.,* (oft gesungener) span. Volkstanz im ⅜- od. ¾-Takt, instrumental begleitet.
Jotunheim, vergletscherte Hochgebirgslandschaft SO-Norwegens, östl. d. Sognefjords, mit *Glittertind* (2472 m) u. *Galdhøpig* (2469 m).
Jouhaux [ʒu'o], Léon (1. 7. 1879 bis 29. 4. 1954), frz. Pol. u. Gewerkschaftsführer, gründete 1947 d. sozialist. Gewerksch. *Force Ouvrière;* Friedensnobelpr. 1951.
Joule [dʒuːl], James Prescott (24. 12. 1818–11. 10. 89), engl. Phys.; bestimmte *mechan. Wärmeäquivalent;* n. ihm ben. Maßeinheit f. Energie → *Joule.*
Joule, [dʒaʊl, dʒuːl], Abk. *J,* phys. Einheit d. Arbeit, 1 J = 1 Wattsekunde; s. 1978 Maßeinheit f. d. Nährwert v. Lebensmitteln (bisher Kalorie), 1 J = 0,2389 (gr.) Kalorien (bzw. 1 gr. Kalorie = 4,1868 J).
Joulwan ['dʒuːlwən], George (* 1940),

US-General; Chef der US-Truppen i. Lateinamerika, s. Okt. 1993 NATO-Oberbefehlsh.
Jour, *m.* [frz. ʒuːr], Tag.
Jour fixe [-'fiks], bestimmter Tag für zwanglosen Gästeempfang, Termin regelmäßiger Treffen.
Journal, *s.* [ʒur-],
1) Tageszeitung, Zeitschrift.
2) *seem.* Schiffstagebuch (gesetzl. vorgeschrieben).
3) chronologische Darstellung d. Buchführung nach Geschäftsvorfällen.
Journalismus, berichtende, krit. od. erläuternde Behandlung v. Tagesgeschehen u. Zeitfragen i. Zeitung, Zeitschrift, Rundfunk u. Fernsehen.
Journalist, (Zeitungs-)Schriftsteller (→ *Redakteur,* → *Reporter,* → *Korrespondent,* → *Kritiker*) od. Mitarbeiter an Zeitungen, Zeitschriften, Rundfunk u. Fernsehen (*freier J.*).
Jouvenet [ʒuv'nɛ], Jean (get. 1. 5. 1644–5. 4. 1717), frz. Maler, e. Hptmeister d. barocken Klassizismus in Diensten Ludwigs XIV.; monumentale Kompositionen meist rel. Themen.
jovial [l.], heiter; gönnerhaft.
Joyce [dʒɔɪs], James (2. 2. 1882–13. 1. 1941), irischer Schriftst.; Erzählungen: *Dubliners; Stephen Hero* (fragmentar.); *A Portrait of the Artist as a Young Man;* Begr. e. neuen Romantechnik: *Ulysses; Finnegan's Wake;* Drama: *Exiles.*
Joystick [engl. 'dʒɔɪ- „Freudenstock"], ein in alle Richtungen bewegbarer Hebel, der mit einem (an einen Spiel- od. Heimcomputer angeschlossenen) Bildschirm ein → *Cursor* bewegt werden kann, um kontinuierl. Bewegungen darzustellen; bevorzugt b. → Videospielen eingesetzt.
jr., jun., Abk. f. lat. *junior,* d. Jüngere.
Juan [xʊen], span. Form zu Johannes.
Juan Carlos I. ['xʊan-] (* 5. 1. 1938), s. 1969 Prinz von Spanien; s. 1975 König

v. Spanien; verheiratet m. *Sophia v. Griechenland.*
Juan d'Austria, (24. 2. 1547–1. 10. 78), Sohn v. Karl V. u. Barbara Blomberg, besiegte 1571 d. Türken bei Lepanto, 1576 Statthalter d. Ndl.
Juan Fernández ['xʊan-deθ], drei Inseln (185 km²) im Pazifik, zu Chile, vulkanisch; Hptinsel *Isla Róbinson Crusoe* (bis 1966 Isla Más a Tierra), 95 km², 600 E.
Juan-les-Pins [ʒɥɑ̃le'pɛ̃], Kurort an der frz. Riviera, Ortsteil von → Antibes.
Juárez ['xʊareθ], Benito (21. 3. 1806 bis 18. 7. 72), 1861–71 Präs. und Diktator von Mexiko, Indianer, ließ 1867 Kaiser → Maximilian (8) erschießen.
Juba, *Dschuba,* Fl. in O-Afrika, v. Hochland v. Äthiopien z. Indischen Ozean, 1650 km l.
Jubeljahr, im A.T. alle 50 Jahre, soz. Einrichtung; vollständige Entschuldung; seit 1475 Hl. Jahr in d. kath. Kirche (alle 25 Jahre); 1983/84 Außerordentl. Hl. Jahr.
Jubilate [l.], 3. Sonntag nach Ostern.
Jubiläum, Gedenkfeier eines Ereignisses.
Juchten, *m.* od. *s.* [russ.], gutes Rinds- od. Roßleder; m. Birkenteeröl eingerieben; v. bes. Geruch, wasserdicht.
Jucker, *m.,* ungarisches Halbblut, leichtes Wagenpferd.
Juda, 4. Sohn Jakobs, mit Lea Stammvater des isr. Stammes J., → Juden.
Judäa, südl. Landschaft Palästinas; urspr. Siedlungsgebiet der Juden (um Jerusalem), v. d. Persern nach d. Babylon. Gefangenschaft zugewiesen; seit Herodes d. Gr. u. als röm. Prov. etwa das Gebiet v. Palästina.
Judas,
1) J. Makkabäus, Führer der Makkabäer (→ *Juden, Gesch.*), fiel 160 v. Chr.
2) J. Ischariot, verriet Christus für 30 Silberlinge *(Judaskuß);* erhängte sich.

Joseph, *Gemälde von Peter Cornelius*

Juan Carlos I.

Judas Makkabäus' Tod, *Buchmalerei, 14. Jh.*

Judas erhängt sich, *Buchmalerei, 14. Jh.*

3) J. Jakobi, einer der 12 → Apostel.
Judasbaum, *Judenbaum,* Schmetterlingsblütler, südeur. Zierbaum; Blüten unmittelbar aus Ästen hervorbrechend.
Judasbrief, im NT Brief e. unbekannten Verf., d. sich Judas (n. Markus 6,3 ein Bruder Jesu) nannte.
Judd [dʒʌd], Donald (* 3. 6. 1928), am. Metallplastiker u. Kunsttheoretiker, e. Hptvertr. d. Minimal Art.
Juden, urspr. Name f. Angehörige d. Stammes Juda, dann allg. für sämtl. Rückkehrer der 12 Stämme aus dem babylon. Exil. – *Gesch.:* Urspr. semit. Nomadenvolk, dann seßhaft in Palästina; entwickelten als einziges Volk im Mittelmeerraum eine monotheist. Religion; Priesterherrschaft abgelöst durch Königtum *(Saul, David, Salomo).* Verfall u. Teilung in Königreiche: Juda u. Israel; s. 722 v. Chr. durch Assyrer unterworfen. → Babylonische Gefangenschaft (586 bis 538 v. Chr.). Danach abhängig von jeweiligen Eroberern; Befreiungskampf der Makkabäer (167 v. Chr.); in der hellenist. Zeit Ausbreitung (Stadtkolonien) im Mittelmeerraum; 104–4 v. Chr. nat. Kgtum (→ *Israel, Gesch.);* Eroberung durch Pompejus (63 v. Chr.). Herodes, v. Rom abhängiger Kg († 4 v. Chr.); röm. Prov., Aufstand 66 n. Chr., Zerstörung Jerusalems (Titus) 70 n. Chr.; zwangsweise Umsiedlung; Aufstand unter Bar Kochba 132 n. Chr.; Verfolgungen; Judentum in Kolonien im ganzen Röm. Reich verstreut; Konzentrationspunkte in Babylonien u. Mesopotamien. Blütezeit in Spanien unter Araberherrschaft; hohe wiss. Leistungen. Vertreibung durch Inquisition u. Zwangstaufe *(Marranen);* Auswanderung nach d. Ndl., N-Afrika, Balkan, Levante *(Sephardim* od. Spaniolen m. span. Umgangssprache). J. in Dtld am Rhein s. etwa 700; seit 4. Jh., da v. anderer Betätigung ausgeschlossen, erfolgreiche Geld- u. Pfandverleiher b. damals allg. übl. hohen Zinssätzen; Schutz durch Kaiser *(„Kammerknechte")* u. Fürsten f. Beschaffung deren Geldbedarfs. Verfolgungen aus rel. Fanatismus während der Kreuzzüge, Einsiedlung in Gettos; verstärkte Verfolgungen im 14. Jh., wo man ihnen einseitig die Schuld an den wirtsch. Krisen z. Z. des aufkommenden Frühkapitalismus zuschob; Auswanderung nach Polen (Ostjuden, *Aschkenasim).* Im 18. Jh. Emanzipationsbestrebungen; *Moses Mendelssohn;* im 19. Jh. allmähl. bürgerl. Gleichstellung, zuerst in USA 1776, dann in Frkr. 1791; Dtld 1808–12, abgeschlossen 1869. Schwierigkeiten einer mehr als äußeren Assimilation wurden hervorgerufen durch starke Abwanderung von Ostjuden nach Westeur. u. d. USA infolge russ. J.pogrome. Das dt. Judentum hatte beträchtlichen Anteil am wirtsch., kulturellen (bis 1933: 14 Nobelpreisträger) u. pol. Leben des Landes; 1933 zählten d. Juden in Dtld 525 000; durch Auswanderung infolge der Verfolgungsmaßnahmen des NS-Regimes retteten sich 295 000, insbes. n. USA u. Israel; 190 000 dt. J. u. ca. 5 Mill. eur. J. in den besetzten Ländern sind während d. Krieges umgebracht worden. Nach 1945 verstärkte Auswanderung n. USA, Palästina, dort s. 1948 jüd. Nationalstaat → *Israel;* heute in d. Welt ca. 14 Mill. J., davon in USA über 5,9 Mill. (i. New York 1,2 Mill.), in Israel 3,4 Mill., Dtld 30 000, im Gebiet der ehemaligen UdSSR ca. 1,8 Mill.

Judenburg (A-8750), östr. Bez.st. a. d. Mur, Steiermark, 10 581 E; *Liechtenstein* (Stammburg d. Minnesängers Ulrich v. L.); Stahlind.

Judenchristen, im Urchristentum im Ggs. zu den *Heidenchristen:* die Christen jüd. Abkunft, die am mosaischen Gesetz festhielten, insbes. → Ebioniten.

Judenkirsche, *Blasenkirsche, Lampionblume,* Nachtschattengewächs.

Judika [l. „richte"], 5. Sonntag der Fastenzeit.

jüdische Religion, nach Moses auch *mosaische Religion,* streng monotheistische Stifterrel.; nach jüd. Glauben wurde v. Gott, d. Schöpfer d. Welt, d. Stämmeverband Israel durch e. Bundesschluß auserwählt *(Auserwähltes Volk)* u. ihm am Sinai durch Moses d. Thora (613 Geu. Verbote, Grundges.: die 10 Gebote) übergeben. Das A.T. (bes. → *Thora)* ist Lehre u. Gesetz; *Talmud, Midrasch, Kabbala* Auslegung u. Anwendung. Messias für d. Endzeit erwartet. Jüd. Andacht häuslich u. in d. Synagoge; Rabbiner sind zugleich Seelsorger, Lehrer der Überlieferung u. Richter in rel.-gesetzl. Fragen. Richtungen der neueren Zeit: Orthodoxe, Liberal-Reformierte, Konservative. Heute ca. 18 Mill. Juden.

Judith, Gestalt im A.T., tötet den Feldherrn Holofernes; apokryphes Buch im A.T.

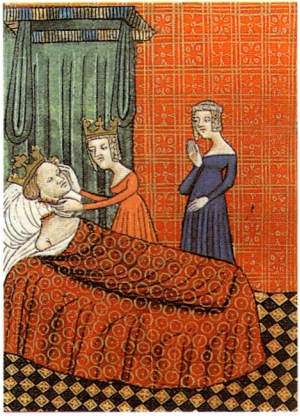
Judith tötet Holofernes, *Buchmalerei, 14. Jh.*

Judo Seoul 1988, Steffen Stranz (BRD, li.) – Sven Loll (DDR)

Judo, s. [jap.], aus d. jap. Selbstverteidigungstechnik (Jiu-Jitsu) entwickelte Kampfsportart ohne Waffen; olymp. Wettbewerb.

Jud Süß, *Süß-Oppenheimer, Joseph* (1692–4. 2. 1738, gehenkt), Geldagent, einflußreicher Ratgeber des Hzgs Alexander v. Württ., gg. d. → Landstände.

Juel [juːl], Jens (12. 5. 1745–27. 12. 1802), dän. Maler u. (Hof-)Porträtist; natürl. gestaltete Bildnisse vor oft stimmungserweckenden Landschaftsmotiven.

Jugendamt, Kommunal-, *Landes-J.,* Landesbehörden f. Jugendwohlfahrt (u. a. Jugendfürsorge, Waisenhilfe, Mitwirkung b. d. Erziehungsbeistandschaft, d. Freiwilligen Erziehungshilfe u. d. Fürsorgeerziehung; Jugendberatung).

Jugendarbeitsschutz, neu geregelt durch Ges. v. 12. 4. 1976: grundsätzl. Verbot d. Beschäftigung Jugendlicher unter 15 J.; Regelbeschäftigungsdauer f. Jugendliche höchstens 8 Std. täglich u. 40 Std. wöchentl.; Ruhepausen in den Aufenthaltsräumen; Mindesturlaub nach Alter zw. 30 u. 25 Tage; Verbot von Nacht-, Akkord-, Fließ- u. Untertagearbeit sowie von gefährl. Arbeiten; Arbeit an Samstagen, Sonntagen u. Feiertagen nur in best. Umfang u. nur in best. Berufen zulässig; abweichende Teilregelungen f. einzelne Berufe, insbes. f. d. Landw. u. d. Binnenschiffahrt.

Jugendbewegung, 1899 durch Auftreten d. „Wandervogels" begonnener Zus.schluß meist älterer Schüler u. junger Studenten, später auch weibl.; Ziele u. Fest der zur „Freidt. Jugend" zus.geschlossenen J.verbände 1913 auf d. Hohen Meißner b. Kassel geklärt: Selbstverantwortlichkeit, Selbsterziehungsrecht, Anerkennung d. Eigenwertes d. Jugend; Lebensreform durch Rückkehr z. Wahrhaftigkeit u. Natürlichkeit (Wandern, Volkslied, Volkstanz); Einfluß d. J. auf Schule: Freie Schulgemeinden; nach d. 1. Weltkr. Neubelebung: „Bündische Jugend", 1933 aufgelöst; Ideen der J. auch in → Jugendverbänden nach 2. Weltkr. wirksam.

Jugendfürsorge, *Kinder- u. Jugendhilfe,* Maßnahmen v. Behörden od. privaten Vereinen z. Schutze, z. Erziehung u. Heilung od. Gesunderhaltung v. Kindern (0 bis 14) od. Jugendl. (14–18), unter best. Voraussetzungen auch für Personen über 18 J. Säuglings-, Kleinkinder-, Schulkinder-, Schulentlassenenfürsorge, Kinderschutz, Pflegekinderwesen (Halte- od. Ziehkinder), Jugendgerichtshilfe, Erziehungsbeistandschaft, Freiwillige Erziehungshilfe, Fürsorgeerziehung, Heimaufsicht, Gefährdeten-, Tbc-Fürsorge.

Jugendgericht, urteilt über Straftaten Jugendlicher (14- bis 18jähr.) u. unter best. Voraussetzungen auch über die v. Heranwachsenden; Jugendliche nur strafrechtl. verantwortlich, wenn sittl. u. geist. Reife vorhanden, das Unrecht d. Tat einzusehen u. gemäß dieser Einsicht zu handeln; Straftaten werden geahndet mit J.strafe od. Zuchtmitteln (J.arrest, Auferlegung bes. Pflichten, Verwarnung); daneben Anordnung v. → Erziehungsmaßnahmen mögl. (J.gerichtsges. v. 4. 8. 1953).

Jugendherbergen, JH, Aufenthalts- u. Übernachtungsstätten, f. d. wandernde Jugend gegr., f. Schulklassen u. Jugendgruppen, auch Lehrgangs- u. Tagungsstätten f. Jugendverbände in intern. Begegnung. *Dt. Jugendherbergswerk, DJH,* 1909 v. d. dt. Lehrer *Richard Schirrmann* gegr.; Sitz: Detmold; 1996: 617 Jugendherbergen m. über 10,6 Mill. Übernachtungen; nach dt. Vorbild in 52 Ländern Jugendherbergsverbände, zus. gefaßt in *International Youth Hostel Federation* (gegr. 1932) m. 5167 Jugendherbergen u. über 30 Mill. Übernachtungen (1993).

Jugendirresein, *Hebephrenie,* eine im jugendlichen Alter auftretende Geisteskrankh., → Schizophrenie.

Jugendpflege, dient d. Förderung u. Ertüchtigung gesunder u. nicht gefährdeter od. verwahrloster J. (Ggs.: J.fürsorge); *Jugendvereine, Jugendheime,* Sport u. Spiel, Büchereien, *Jugendherbergen* u. a.; Träger: Staat/Kommune od. freie Verbände. Beratung u. Betreuung wird v. Jugendpflegern geleistet.

Jugendschutz, Ges. v. 4. 12. 1951 in d. Fassung v. 25. 2. 1985 regelt Schutzmaßnahmen f. gefährdete Jugend; *Verbote für Kinder u. Jugendliche:* Branntwein, Varieté-, Kabarett- od. Revueveranstaltungen, Spielhallen u. ä., Glücksspiele i. d. Öffentlichkeit u. Betätigung v. Spielautomaten m. Gewinnmöglichkeit; *f. Kinder u. Jugendl. unter 16 J.:* Aufenthalt i. Gaststätten, Verabfolgung alkohol. Getränke i. Gaststätten u. Verkaufsstellen, wenn nicht in Begleitung Erziehungsberechtigter (Verabfolgung von Alkohol an Kinder prinzipiell verboten), Anwesenh. b. öff. Tanzveranst. u. Rauchen i. d. Öffentlichkeit. Teilnahme an Filmveranstaltungen f. Kinder unter 6 Jahren verboten; sonst je nach Kennzeichnung d. Filmes. Videokassetten u. Bildplatten dürfen Kindern u. Jugendli-

Jugendstil *Aubrey Beardsley, Illustr. zu „Salome"*

Jumbo-Jet, *Boeing 747*

chen nur zugänglich gemacht werden, soweit sie für best. Altersstufen freigegeben sind. J.ges. gilt nicht f. verheiratete Jugendl. Veranstalter können b. Nichtbeachtung bestraft werden. – Ergänzendes Vertriebsverbot von → Schund- und Schmutzschriften: Polizeivorschriften.

Jugendstil, nach der *Jugend* (Zeitschrift in München, s. 1896) ben. Stil um 1890–1914: stilisierte Naturformen, Pflanzenmotive in schwungvoller Linienführung u. a.; beeinflußt v. England (Beardsley, Morris), asiat.-oriental. Elementen; Buchkunst, Gebrauchsgraphik u. Kunstgewerbe; in d. Baukunst Versuch, den historisierenden, als schwer empfundenen Stil d. → Gründerzeit neue eigenartige Formfindung zu überwinden: z. B. *Olbrich, Gaudí* (Architektur); v. *Stuck, Klimt* (Malerei); *Klimsch* (Plastik); *Dehmel, George* (Dichtung); *Gallé, Tiffany* (Kunsthandwerk). → Art nouveau; → Modern Style; → Stile Liberty; → Sezessionsstil.

Jugendstrafe, Freiheitsentzug in einer Jugendstrafanstalt; Mindestdauer 6 Monate, Höchstdauer 10 Jahre; → Jugendgericht.

Jugendverbände, nach 1945 neu gegründet; in der BR: *Gewerkschaftsjugend, Die Falken* (sozialistische Jugendbewegung), *Ev. Jugend Dtlds* (Zusammenschluß selbständ. Gruppen, z. B. Christl. Pfadfinder, Christl. Verein Junger Männer), *Bund der dt. kath. Jugend* (z. B. St.-Georgs-Pfadfinder, Kolpingsj. u. a.), *Dt. Jugend des Ostens* (Heimatvertriebene), *Ring dt. Pfadfinder, Dt. Landjugend*, zahlreiche Jugendgruppen innerhalb bes. Vereine (*Naturfreunde, Sportjugend, Alpenverein* u. a.); pol. Gruppen: *Junge Union* (CDU), *Junge Liberale* (FDP), *Jungsozialisten* (SPD). 1949 *Dt. Bundesjugendring*, überparteil. Spitzenvertretung der Jugendverbände u. Landesjugendringe; früher in der DDR *Freie Dt. Jugend* (FDJ) u. *Junge Pioniere*, kommunist. Organisationen (in d. BR 1951 verboten).

Jugendweihe, um 1890 in d. sozialist. Bewegung aufgekommener Weiheakt für Jugendl.; in d. DDR Ersatz für Konfirmation, Erstkommunion u. Firmung.

Jugendwohlfahrtsgesetz, *Kinder- u. Jugendhilfegesetz*, regelt das öffentl. Fürsorgewesen f. Kinder u. Jugendliche; → Jugendfürsorge.

Jugosławien, Bundesrep. in SO-Europa, seit 1992 aus Serbien (Srbija) u. Montenegro (Crna Gora) bestehend. Bev.: Serben (62 %), Albaner (17 %), Montenegriner (5 %), Ungarn (3 %) u. a. **a)** *Geogr.*: Gebirgsland (serbisches u. mazedon. Gebirge), im N Flachland. **b)** *Wirtsch.*: Hptzweig ist d. Landw. (Getreide, Mais, Tabak, Rinder, Schafe). Bed. Metall- u. Textilind., Bergbau (Kupfer, Blei, Eisen, Zink, Bauxit, Erdöl, Erdgas u. Braunkohle). **c)** *Verf.* v. 1992: Bundesrep. mit Zweikammerparlament; Staatsoberhaupt v. Parlament f. 4 Jahre ernannt. **d)** *Gesch.*: 1. 12. 1918 als Kgr. gebildet durch Vereinigung d. Kgr. Serbien mit angrenzenden südöstl. Kronländern Östr.-Ungarns, Montenegro u. Teilen v. Bulgarien u. Mazedonien, 1934 Ermordung Kg Alexanders; s. Sohn Kg Peter II. (bis 1941 unter Regentschaftsrat: Prinz Paul Karageorgewitsch, nach Beitritt zum Dreimächtepakt gestürzt); April 1941 Angriff dt. Truppen u. Besetzung d. Landes, Widerstandsbewegung unter Gen. Mihailović u. Tito. 1944 Einrücken von Sowjettruppen, Übernahme der Regierung durch Tito; 1945 Volksrep.; 1947 i. Pariser Frieden erhält J. große Teile v. Istrien, Fiume, d. dalmatin. Inseln u. a. Gebiete. Präs. Titos Streben n. e. „eigenen Weg zum Sozialismus" (Titoismus) mit e. v. Moskau abweichenden Wirtschaftspol. führt 1948 zum Bruch mit d. Kominform u. d. UdSSR; 1954 Angliederung d. O-Teils v. Triest; s. 1955 Normalisierung d. Beziehungen z. Sowjetunion. 1977 Grenzabkommen mit Italien. Nach Titos Tod 1980 jährl. wechselnder Staatspräs. Seit Ende d. 80er Jahre wachsende Spannung zw. Teilrepubliken u. ethn. Gruppen; Autonomiebestrebungen u. freie Wahlen (Machtverlust d. Kommunisten; BdJK); Auflösungserscheinungen d. B.staates; 1991 Abspaltung v. Slowenien, Kroatien u. Makedonien, 1992 v. Bosnien-Herzegowina. Jugoslawien besteht s. 1992 nur noch aus den Teilrepubliken Serbien mit d. ehem. auton. Gebieten Kosovo u. Wojwodina u. Montenegro; s. 1992 Eroberungskrieg d. Serben in Bosnien-H.; 1992 UNO-Ausschluß v. J. s. 1993 Wirtschaftssanktionen gegen J.; 1994 kündigte der serb. Präs. Milošević die Unterstützung der bosn. Serben auf; 1996 Aufhebung der Sanktionen; 1997 Massenproteste wegen gefälschter Ergebnisse der serb. Kommunalwahlen.

JUGOSLAWIEN (Serbien, Montenegro)	
Staatsname:	Bundesrepublik Jugoslawien, Savezna Republika Jugoslavija
Staatsform:	Bundesrepublik
Mitgliedschaft:	–
Staatsoberhaupt:	Slobodan Milošević
Regierungschef:	Radoje Kontić
Hauptstadt:	Belgrad (Beograd) 1,09 Mill. Einwohner
Fläche:	102 173 km²
Einwohner:	10 763 000
Bevölkerungsdichte:	105 je km²
Bevölkerungswachstum pro Jahr:	⌀ 1,32% (1990–1995)
Amtssprache:	Serbisch
Religion:	Serb.-Orthodoxe (44%), Katholiken (31%), Muslime (12%)
Währung:	Jugosl. Dinar (Din)
Bruttosozialprodukt (1993):	9520 Mill. US-$ insges., unter 900 US-$ je Einw.
Nationalitätskennzeichen:	YU
Zeitzone:	MEZ
Karte:	→ Balkanhalbinsel

Jugoslawien

Carl Gustav Jung

Jugurtha, König v. Numidien, Krieg m. Rom; 104 v. Chr. in Rom hingerichtet.

Juin [ʒyɛ̃], *Alphonse* (16. 12. 1888 bis 27. 1. 1967), frz. Marschall; 1941 Oberbefehlsh. d. frz. Truppen in Nordafrika, dann in Tunesien; ab 1944 Generalstabschef; 1953–56 Oberbefehlsh. d. NATO-Streitkräfte Europa-Mitte.

Juist [jyːst], (D-26571), *Nordseeheilbad J.*, ostfries. Nordseeinsel, Kr. Aurich, Nds., 16,3 km², 1534 E.

Jukebox [engl. ˈdʒuːk-], *Music-Box*, Münzautomat z. Abspielen v. Schallplatten.

Jul, urspr. german. Wintersonnenwendfest; heute in Skandinavien Name des Weihnachtsfestes mit **Julklapp**, *m.*, Weihnachtsgeschenk.

Juli, nach Julius Cäsar ben.; 7. Monat (31 Tage), altdt. *Heuert*.

Julia, (39 v. Chr.–14. n. Chr.), Tochter des Kaisers Augustus.

Juliana (* 30. 4. 1909), 1948–80 Kgn der Ndl., vermählt mit Prinz *Bernhard von Lippe-Biesterfeld*.

Julianischer Kalender → Kalender.

Julianus Apostata [gr. „der Abtrünnige"], 331–26. 6. 363, röm. Kaiser 361 bis 63, versuchte vergebens, das Heidentum wieder einzuführen.

Jülich (D-52428), St. i. Kr. Düren, an d. Rur, NRW, 31 800 E; AG; Zucker-, Papier-, Pappenindustrie; Kernreaktor, FHS.

Julirevolution, die Pariser Revolution vom 27. bis 29. Juli 1830, Sturz Karls X., durch die **Julikönigtum** Ludwig Philipps (bis 1848) geschaffen.

Julisch-Claudisches Haus, Dynastie, die 27 v. Chr.–68 n. Chr. in Rom herrschte (→ Augustus bis → Nero).

Julische Alpen, Gruppe d. südl. Kalkalpen in Italien u. Slowenien, Quellgebiet d. Isonzo; *Triglav* 2864 m.

Julius, *Päpste* (insges. 3):
1) *J. II.* (5. 12. 1443–21. 2. 1513), Papst 1503–13, kriegerisch, kunstliebend, berief Bramante, Raffael, Michelangelo (Grabmal) nach Rom; begann 1506 m. d. Bau d. Peterskirche; Schöpfer d. modernen Kirchenstaates.
2) *J. III.* (10. 9. 1487–23. 3. 1555), Papst 1550–55, Neueröffnung des Konzils zu Trient 1551.

Juliusturm, Turm der ehem. Zitadelle Spandau, barg bis 1914 den „Kriegsschatz" des Dt. Reiches (240 Mill. Mark in Gold); sprichwörtl. für v. Staat gehortetes Geld.

Jullundur, *Jalandhar, Dschalandar*, ind. St. in O-Pandschab, 520 000 E.

Julmond, altdt. für *Dezember*.

Jumbo-Jet [ˈdʒambo ˈdʒɛt], volkstüml. Bez. für Großraum-Passagierflugzeuge, z. B. *Boeing 747* (ca. 350–490 Passagiere); Erstflug: 9. 2. 1969.

Jumna, *Dschamna*, r. Nbfl. d. Ganges, 1500 km l., wichtig f. künstl. Bewässerung.

Jumper, *m.* [engl. ˈdʒʌmpə], Schlupfbluse.

Juneau [ˈdʒuːnoʊ], Hptst. u. Hpthafen v. Alaska, 25 400 E; Fischfang, Holzverarbeitung.

Jung, *Carl Gustav* (26. 7. 1876–6. 6. 1961), schweiz. Psychiater und Tiefenpsych.; Lehre vom kollektiven Unbewußten, v. Archetypen, Typologie: *Extraversion – Introversion*; diagnost. Assoziationsversuch.

Jungbunzlau 460 Jupiter

Amerik. Jungferninseln

JUNGFERNINSELN, AMERIKANISCHE	
Name des Territoriums:	Virgin Islands of the United States
Regierungsform:	Außengebiet der USA
Gouverneur:	Roy L. Schneider
Hauptstadt:	Charlotte Amalie 12 300 Einwohner
Fläche:	342 km²
Einwohner:	98 000
Bevölkerungsdichte:	286 je km²
Bevölkerungswachstum pro Jahr:	Ø 0,52% (1990–1995)
Amtssprache:	Englisch
Religion:	Christen
Währung:	US-$
Bruttosozialprodukt (1989):	1344 Mill. US-$ insges., 12 330 US-$ je Einw.
Nationalitätskennzeichen:	V. I.
Zeitzone:	MEZ – 5 Std.
Karte:	→ Antillen

JUNGFERNINSELN, BRITISCHE	
Name des Territoriums:	British Virgin Islands
Regierungsform:	Brit. Kolonie mit Selbstverwaltung
Gouverneur:	David P. Mackilligan
Regierungschef:	Ralph O'Neill
Hauptstadt:	Road Town 40 000 Einwohner
Fläche:	153 km²
Einwohner:	17 000
Bevölkerungsdichte:	111 je km²
Bevölkerungswachstum pro Jahr:	Ø 2,8% (1980–1986)
Amtssprache:	Englisch
Religion:	Christen
Währung:	US-$
Bruttosozialprodukt (1989):	10 000 US-$ je Einw.
Nationalitätskennzeichen:	V.I.
Zeitzone:	MEZ – 5 Std.
Karte:	→ Antillen

Britische Jungferninseln

Jungbunzlau, tschech. *Mladá Boleslav,* Stadt in N-Böhmen, an d. Iser, 48 000 E; Textilindustrie Autoindustrie (škoda).
Junge Liberale, Nachwuchsorganisation der → F.D.P.
Jünger,
1) Ernst (* 29. 3. 1895), dt. Schriftst.; versucht Diagnostik d. Zeitgeschehens: *Der Arbeiter; Auf den Marmorklippen; Strahlungen;* s. Bruder
2) Friedrich Georg (1. 9. 1898–20. 7. 1977), deutscher Lyriker u. Essayist; *Perfektion der Technik;* Roman: *Der erste Gang.*
Junger Deutscher Film, Erneuerungsbewegung d. dt. Films; begann mit dem „Oberhausener Manifest" (1962); angelehnt an d. frz. „Nouvelle vague" wurde statt des übl. reinen Kommerzfilms der künstler. Autorenfilm angestrebt; Unterzeichner d. Manifests u. a.: *Kluge, Khittl, Senft, Strobel, Schamoni, Spieker.*
Jünger Jesu, im NT Kreis v. 70 od. 72 Schülern, Schülerinnen u. Gefolgsleuten Jesu, insbes. d. 12 Apostel.
Junges Deutschland, Gruppe vielfach auch journalistisch tätiger Schriftsteller d. Vormärz (1830–48), gg. die d. Bundestag bes. Zensur-VO erließ: *Gutzkow, Laube* u. a.
Junge Union, d. Nachwuchsorganisation d. → CDU bzw. → CSU.
Jungfernhäutchen, das *Hymen,* sichel- oder ringförm. Schleimhautfalte, die den Scheideneingang abschließt, reißt meist beim ersten Geschlechtsverkehr *(Defloration).*
Jungferninseln, Inselgruppe der Kl. Antillen.
1) Amerikanische Jungferninseln: St. John, St. Thomas (m. Hptst. Charlotte Amalie) u. St. Croix. – 1917 Verkauf der ehem. dänischen Kolonie an die USA; 1936 Organic Act.
2) Britische Jungferninseln: Etwa 40 z. T. unbewohnte Inseln; Hauptinsel Tortola (m. Hptst. Road Town). Seit 1733 brit. Kolonie; 1977 Verfassung.
Jungfernzeugung, svw. → Parthenogenesis.

Jungfrau,
1) 6. Zeichen des → Tierkreises;
→ Sternbilder, Übers.
2) Gipfel in den Berner Alpen, 4158 m, m. *J.firn* im O, Teil d. Aletschgletschers; Zahnradbahn bis *J.joch* (3454 m).
Jungfrauengeburt, i. vielen Rel. verbreitete Vorstellung v. d. Geburt e. rel. bed. Gestalt o. geschlechtl. Verbindung, z. B. d. ind. Buddha, d. christl. Jesus.
Jungfrau von Orléans → Jeanne d'Arc.
Junghegelianer, materialistischer u. revolutionärer linker Flügel d. Hegelschule, der im Ggs. zu Hegel dessen dialekt. Methode auf konkrete geschichtl. u. soz. Verhältnisse anwendet; Hptvertr.: L. *Feuerbach* u. *Marx.*
Jungk, Robert, eigtl. *R. Braun* (11. 5. 1913–14.7.94), dt. Schriftst. u. Journalist; Zukunftsforscher; *Die Zukunft hat schon begonnen; Heller als 1000 Sonnen; Strahlen aus d. Asche; D. Jahrtausendmensch.*
Jungsteinzeit, *Neolithikum,* letzter Abschnitt d. Steinzeit, schon mit Ackerbau (→ Vorgeschichte).
Jüngstes Gericht, *Weltgericht,* das n. Christi Wiedererscheinen (am *Jüngsten Tag*) über Lebende u. Tote stattfinden soll. Darstellung in d. bildenden Kunst: in frühchristl. Zeit symbol., im MA Entwicklung versch. Bildtypen, weltberühmtes Wandgemälde Michelangelos in d. Sixtin. Kapelle (Rom).
Jung-Stilling, Heinrich (12. 9. 1740 bis 2. 4. 1817), dt. Arzt u. Schriftst.; empfindsam-pietist. Autobiographie: *Heinrich Stillings Jugend;* wegweisend f. Entwicklung d. Bildungsromans.
Jungwuchs, natürl. od. künstl. begründeter Waldbestand, v. dessen Entstehung bzw. Begründung bis z. Abschluß d. Nachbesserungen, d. h. bis sich d. Bestand zu schließen beginnt (ca. 2 m Höhe); → Dickung.

Das Jüngste Gericht, Buchillstration, 14. Jh.

Juni, nach röm. Göttin Juno ben.; 6. Monat (30 Tage); altdt.: *Brachet.*
Junikäfer, Blatthornkäfer, maikäferähnl., aber kleiner; fliegt Juni, Juli; Engerling Schädling an Graswurzeln.
Junior [l. „der Jüngere"],
1) der jüngere Teilhaber e. Unternehmens, Abk. *jr.*
2) Sportler, der ein nach Wettkampfbestimmungen festgesetztes Alter noch nicht erreicht hat.
Junker, urspr. „Jungherr", junger Landedelmann.
Junkers, Hugo (3. 2. 1859–3. 2. 1935), dt. Flugzeugbauer; erstes Ganzmetallflugzeug (1915), erster Dieselflugmotor (1929).
Junkie [engl. 'dʒʌŋki], ugs. f. Rauschgiftsüchtiger.
Junktim [l. „verbunden"], Verbindung u. Behandlung mehrerer Gesetzesvorlagen, Abkommen, Vereinbarungen zur gleichzeit. Erledigung.
Juno, altröm. Göttin, entspricht der griech. → Hera.
Junta, w. [span. 'xunta], Vereinigung, Zus.kunft; in lateinam. Staaten verbreitete Bez. für provisor. Regierung (z. B. nach Militärputsch).
Jupiter,
1) röm. Göttervater, griech. → Zeus.
2) zweiter d. äußeren Planeten; größter Planet d. Sonnensystems, Äquatordurchmesser 143 000 km; Dichte 1,3, mittlerer Sonnenabstand 777 Mill. km;

Junikäfer

Umlaufzeit 11,86 Jahre, Umdrehung in 9 Std. 50 Min. bis 9 Std. 55 Min. Atmosphäre enthält Methan u. Ammoniak, Temperatur liegt bei ca. –130 °C; wird v. 17 Monden (*Io, Europa, Ganymed, Kallisto, Amalthea, Leda, Himalia, Lysithea, Elara, Ananke, Carme, Pasiphae* od. *Poseidon, Sinope, J 1–4*) umkreist, deren 4 erste 1610 unabhängig v. S. Marius u. → Galilei entdeckt wurden; außerdem Ringsystem, das möglicherweise durch den Vulkanismus bedingt ist; neue wiss. Erkenntnisse u. Bildmaterial durch die Vorbeiflüge der am. Raumsonden Voyager 1 u. 2 (1979). Zwischen d. 16. u. 22. Juli trafen mind. 20 Bruchstücke d. → Kometen Shoemaker-Levy 9 mit ca. 60 km/s auf der südl., erdabgewandten Nachtseite des Planeten auf. Sie verursachten d. größten im Sonnensystem beobachteten Explosionen mit sehr hellen Lichtblitzen. Die Einschlagstellen blieben durch d. hohen Temperaturen (um 1000° C) f. mehrere Tage im infraroten Bereich d. → elektromagn. Spektrums sichtbar.

Jupiterlampe, bes. lichtstarke el. Ständerlampe, für Filmaufnahmen im Atelier.

Juppé [ʒyˈpe], Alain Marie (* 15. 8. 1945), 1993–95 frz. Außenmin., 1995 bis 1997 Min.präs.

Jura, eine → geologische Formation (Übers.).
1) Gebirge Mitteleuropas, aus Gesteinen der nach ihm ben. geolog. J.formation, von der Isère bis zum Main; wegen d. Verkarstung (Folge d. Löslichkeit u. d. Klüfte in Kalk) ist d. Oberfläche wasserarm (zahlr. unterird. Höhlen, Dolinen, Trockentäler, Karstquellen), dünn besiedelt: → *Schweizer J.,* → *Schwäbischer J.,* → *Schwäbische Alb,* → *Fränkische Alb.*
2) ostfrz. Dép. 4999 km², 249 000 E; Hptst. *Lons-le-Saunier.*
3) schweiz. Kanton, 838 km², 69 300 E; Hptst. *Delémont.*

Jura [l.], Mz. v. *Jus*, die Rechte; weltl. u. geistl. Recht; *juridisch, juristisch,* rechtswiss., rechtlich.

Jürgen [niederdt. zu Georg], m. Vn.
Jürgens,
1) Curd (13. 12. 1915–18. 6. 82), dt. Bühnen- u. Filmschausp.; *D. Teufels General*; Autobiographie: *. . . und kein bißchen weise.*
2) Udo (* 30. 9. 1934), östr. Schlagersänger u. Komp.

Jurisdiktion, Rechtsprechung.
Jurisprudenz, Rechtswissenschaft.
juristische Person, Personenvereinigung oder Vermögensmasse mit → Rechtsfähigkeit (z. B. eingetragener Verein, Aktienges., Gemeinde, Staat).

Jurte, w. [russ.], runde Filzhütte d. mittelasiat. Kirgisen, Kalmücken, Mongolen.

Jury, w. [engl. ˈdʒʊərɪ, frz. ʒyˈri], Preisgericht; Geschworenenkollegium im angelsächs. Rechtswesen.

Jus,
1) *s.* [l.], *ius,* d. Recht.
2) [ʒy], entfetteter, gelierender Bratensaft (Kalbsjus).

Jus canonicum, Kirchenrecht.
Jus divinum [l. „göttl. Recht"], i. d. röm. Antike d. Beziehungssystem v. Rechten u. Pflichten zw. d. Bürgern u. ihren Gottheiten; i. d. kath. u. ev. Kirchen unterschiedl. Schwerpunkte i. d. Beziehung zw. d. Mensch u. Naturrecht.
Jusos, Jung**so**zialisten i. d. → SPD.
Jus primae noctis, „Recht auf die erste (Braut-)Nacht".
Jus sanguinis → Staatsangehörigkeit.
Jus soli → Staatsangehörigkeit.

Justemilieu, *s.* [frz. ʒystmiˈljø], „richtige Mitte" nach der ängstlich gemäßigten Politik des frz. Juli-Königtums (1830): Mittelmäßigkeit.

Jura

Holzgerüst einer Jurte

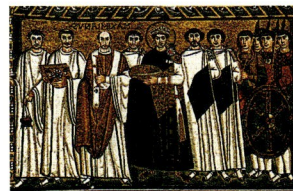
Kaiser Justinian mit Gefolge, *San Vitale, Ravenna*

Jutepflanze

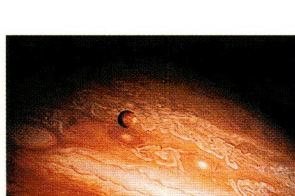
Jupiter, *südliche Hemisphäre und Mond Io*

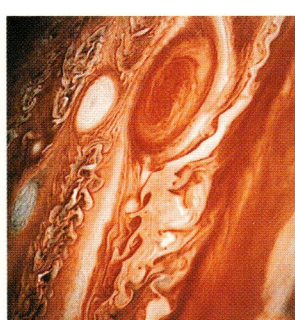
Jupiter, Roter Fleck

Justi,
1) Carl (2. 8. 1832–9. 12. 1912), dt. Kunsthistoriker; *Winckelmann;* s. Neffe
2) Ludwig (14. 3. 1876–19. 10. 1957), dt. Kunsthistoriker; erforschte hpts. 19. u. 20. Jh.

justieren [nl.], genau machen; eichen; einen (phys.-geodät.) Apparat richtig einstellen.

Justifikation, w. [l.], Rechtfertigung.
Justinian I., oström. Kaiser, reg. 527 bis 65, ließ d. röm. Recht → *Corpus iuris civilis* aufzeichnen, Hagia Sophia erbauen, Wandalen u. Ostgoten unterwerfen.
Justin|us († um 165), Hptvertreter der Apologeten, Kirchenvater.
Justitia, röm. Göttin des Rechts u. der Gerechtigkeit; meist mit verbundenen Augen dargestellt.
Justitiar, svw. → Syndikus.
Justitium, Unterbrechung d. Rechtspflege durch Krieg, Seuchen usw.
Justiz, w. [l.], d. gesamte staatl. Rechtspflege.
Justizhoheit, der Teil der Staatsgewalt, der sich auf die Rechtspflege bezieht; liegt in der BR bei den Ländern.
Justizirrtum, gerichtl. Fehlentscheidung.
Justizmord, die an einem Unschuldigen vollzogene Todesstrafe.
Justizstaat, Staat, in dem die ordentl. Gerichte auch über Streitigkeiten aus den Beziehungen zw. Bürger u. öffentl. Gewalt entscheiden (keine Verw.gerichtsbarkeit).
Justizverwaltung, staatl. Verw.tätigkeit bezüglich Einrichtung u. Besetzung d. Gerichte, d. Staatsanwaltsch., der Notariate u. des Gefängniswesens.

Jute, w., Bastfaser a. d. Stengeln einer ind. Staude (*Corchorus capsularis*) z. Herstellung v. Geweben, z. T. m. Kette aus Baumwolle, Linnen, Wolle; f. Gurte, Säcke (Verpackung v. Massengütern wie Mehl); *Jutespinnerei,* Verarbeitung d. bis 2,30 m l. Rohfaser durch Rösten, Aufquellen mit Öl u. Quetschen, dann Verspinnen, oft vermischt m. Hanf. Weltproduktion 1990: 2,3 Mill. t.

Jüterbog (D-14913), Krst. i. Bbg., 12 065 E; spätgot. Rathaus; Metall-, Möbel-, Papierind.

Jütland, dän. *Jylland,* Halbinsel zw. Nordsee u. Kattegat, Landesteil Dänemarks, 29 765 km², 2,3 Mill. E; im SO fruchtb. Hügelland, gut besiedelt; größere Städte und Häfen: *Århus, Ålborg, Fredericia, Randers,* im W dünn besiedelt; hafenarme Dünenküste („Eiserne Küste"); Hafen *Esbjerg.*

Juvara, Filippo (27. 3. 1678–1. 2. 1736), it. Baumeister u. Theaterdekorateur des Spätbarock, bes. in Turin; Hauptwerke z. B. *Basilica di Superga; Jagdschloß Stupinigi.*

Juvenal|is, Decimus Junius (etwa 60 bis 130 n. Chr.), röm. Satiriker, schildert Sittenverderbnis.
juvenil [l.], jugendlich.
juveniler Diabetes, frühere Bez. für → Diabetes mellitus Typ I.
Juwel, *s.* [frz.], wertvoller Schmuck, Kleinod.
Juwelier, Goldschmied, Schmuckhändler.
Jux, *m.* [l. „iocus"], Scherz.

Jyväskylä, Prov.hptst. i. Mittelfinnland, 65 000 E; Uni.; Holz-, Papierindustrie.

Jupiter mit mehreren Aufschlagstellen von Trümmern des Kometen Shoemaker-Levy 9, Infrarotaufnahme

K,
1) Abk. auf Gewichten = *kg*; k vor Maßen: *Kilo.*
2) Abk. f. *Kelvin* → Thermometer.
3) *chem.* Zeichen f. → *Kalium.*
Ka [„Stier"], ägypt. Personifikation d. Lebenskraft, neben → *Ba* d. bedeutendste Seelenbegriff.
Kaaba, *w.* [arab. „Würfel"], Hptheiligtum des Islam in → Mekka; an s. Ostseite der v. d. Wallfahrern (Haddschi) verehrte *Schwarze Stein* (Abb. → Mekka) (Haddscha).
Kaarst (D-41564), St. im Kr. Neuss, NRW, 41 000 E; div. Ind.
Kabale, *w.* [frz.], ränkevoller Geheimanschlag.
Kabardino-Balkarische Rep., autonome russ. Rep. am Nordrand d. Kaukasus, 12 500 km², 768 000 E; Hptst. *Naltschik.*
Kabarett, *s.* [frz.],
1) fächerweise abgeteilte Speisenplatte.
2) Kleinkunstbühne.
Kabbala, *w.* [hebr. „Überlieferung"], engere Bez. d. jüd. Mystik; ein kosmologisch-spekulatives Weltbild, die → Thora remythisiert u. seit d. 13. Jh. v. Spanien u. Südfrkr. aus verbreitet worden ist; Spätzeit: Sabbatianische Bewegung, → Chassidismus.
Kabel,
1) *Fernmelde-K.,* leitungsgebundene Übertragungswege für → analoge u. → digitale Nachrichtensignale, enthalten metallische Leiterpaare (Adern od. Koaxial) od. → Lichtwellenleiter; nach Verlegungsart unterscheidet man *Erdkabel* (Orts-, Bezirks- u. Fern-K.) u. *Sonderkabel* (Luft-, Fluß-, Küsten- u. Tiefsee-K.); Aufbau: Kabelseele, Mantel (z. B. aus Blei, Aluminium, Kunststoff u. a.), Schutzhüllen (z. B. Papier, Kunststoff, Spezialmasse) u. Bewehrung (Stahl in versch. Form); symmetr. K. (verseilte Kupferadern in Ortskabeln bis 2000 Paare) u. → Koaxial-K.; Starkstrom-K. meist als → Dreileiter-K.
2) svw. → Überseetelegramm.
3) starkes Hanf- od. Drahttau (bes. in der Schiffahrt).
4) *naut.* Maß, 1 K. = 1/10 Seemeile = 185,2 m.
Kabelbrücken, Hängebrücken, die an Drahtseilkabeln hängen.
Kabelbrunnen, gemauerter Schacht, Zugang zu den *Kabelkanälen* unter der Straßendecke.
Kabelfernsehen, Verteilnetz f. Hörfunk- u. Fernsehprogramme über Kabel; überträgt zusätzlich zu den drahtlos empfangbaren Programmen auch mehrere Programme, die von einem (privaten) Studio aus od. über Richtfunk eingespeist werden; auch sogen. Rückkanäle (= Informationsübertragung entgegen d. Verteilrichtung) möglich.
Kabeljau, *Dorsch,* Schellfischart, Raubfisch, nördl. Atlantik, Nord- u. Ostsee; wichtiger Speisefisch; getrocknet: *Stockfisch;* gesalzen: *Klippfisch;* Leber wird f. Lebertranherstellung verwendet.
Kabelmuffen, schützen Verbindungs- u. Abzweigstellen v. Feuchtigkeit u. mechan. Beschädigungen u. nehmen auch zusätzl. Einrichtungen (wie → Pupinspulen, → Verstärker etc.) auf.
Kabelschiffe, *zum Verlegen* mit *Kabelwinden* u. Suchanker zum Heben schadhafter Kabel.

Kabeltext, Textübertragungsverfahren ähnlich → Videotext, jedoch m. wesentlich größerer Speicherkapazität, weil zur Übertragung ein vollständiger Fernsehkanal belegt wird.
Kabine, Schlafraum in Schiffen; Umkleideraum; Fernsprechzelle; Fluggastraum in Flugzeugen.
Kabinett, *s.* [frz.],
1) Bez. für d. Beratungsraum d. vertrauten Berater d. Krone in England; die dort tagende K.sversammlung seit d. 17. Jh. K. gen., wurde schließl. d. K.sreg.; in Dtld K. als Bez. der Reg. erst seit Einführung d. Parlamentarismus; vorher K.ssekretariat, *Geheimes K.* (beratendes Organ d. Monarchen), auch als Sekretariate f. Reg.- u. Privatangelegenheiten *(Zivil-K., Militär-K.).*
2) in Dtld niedrigste Stufe d. Prädikatsweine (→ QmP); in Östr. lediglich ein gehobener Qualitätswein (→ QbA).
3) kunstvoll gearbeiteter Schrank auf e. Tischgestell.
4) kleines Gemach.
Kabinettsfrage, Forderung einer Entscheidung, von der das Verbleiben der Minister im Amte abhängt.
Kabinettsjustiz, Eingriff des Landesherrn in Prozeßverfahren, verstößt gg. Grundsatz der Unabhängigkeit der Richter.
Kabinettsorder, *Kabinettsbefehl, -verfügung, -VO,* unmittelbare Anordnung des Herrschers.
Kabinettstück,
1) kostbarer Gegenstand als Sammlungsstück im → Kabinett.
2) Meisterstück, -leistung.
3) in d. Malerei kleinformat. Bild.
Kabylen, islam. → *Berberstamm* in N-Afrika, etwa 2 Mill., häufig Aufstände; → Abd el Krim.
Kabotage, *w.* [frz. -'taːʒ(ə)], Küstenfrachtfahrt zw. zwei eigenen Häfen; in d. Luftfahrt Recht zu gewerbl. Beförderung in fremden Hoheitsgebieten.
Kabriolett, *s.* [frz.],
1) leichter zweirädriger Einspänner, oft m. Verdeck.
2) kurz *Cabrio,* Kraftwagen m. herunterklappbarem Verdeck u. versenkbaren Kurbelfenstern.
Kabuki, *s.* [jap.], volkstüml. klass. Schausp. in Japan.
Kabul,
1) Nebenfluß des Indus, a. d. südl. Hindukusch, 450 km lang; nicht schiffbar.
2) Hptst. von Afghanistan, 1,4 Mill. E; 1797 müM, am Fluß K.; alte Baudenkmäler (Timurs Grabmoschee); Uni.; Metall-, Leder- u. Textilind.
Kabwe, bis 1968 *Broken Hill,* Hptst. d. Zentralprov. in Sambia, 200 000 E; Blei- u. Zinkerzabbau, Hüttenwerke. Fundort des Rhodesiamenschen.
Kachelofen, häusl. Feuerstätte aus glasierten Tonkacheln, meist handwerkl. als Ein- oder Mehrzimmerheizung für Zeit- oder Dauerbrand; *Grund-K.* m. eingebautem Zug aus Schamottesteinen; *Einsatz-K.* m. Warmluftführung an eisernem Einsatz; *Strahlungs-K. (Summa-K.)* m. Koks-Dauerbrand-Einsatz aus Schamotte od. m. Nachtstrom.
Kachexie, *w.* [gr.], Kräfteverfall, meist mit starker Abmagerung verbunden.
Kádár, János (26. 5. 1912–6. 7. 89), ungar. Pol.; s. 1956 Erster Sekr. d. KPU; 1956–58 u. 1961–65 Min.präs.

Kabeljau

Franz Kafka

Kadaver, *m.* [l.], Leichnam, Aas.
Kadavergehorsam, blinder, willenloser Gehorsam.
Kadenz, *w.* [it.],
1) den mus. Abschluß vorbereitende Ton- u. Akkordfolge.
2) in Solokonzerten freie od. vorgeschriebene virtuose Improvisation d. Solisten.
Kader, *m.,* der Stamm mil. oder pol. Formationen; im kommunist. Sprachgebrauch: Gesamtheit hoher Funktionäre in Partei, Staat u. Wirtschaft.
Kadetten [frz.],
1) russ. konstitutionell-demokr. Partei bis 1917.
2) Zöglinge mil. Erziehungsanstalten; Offiziersanwärter, in der BR See-K. (= Fahnenjunker) d. Marine.
Kadhafi → Gaddafi.
Kadi [arab.], islamischer Richter, Theologe.
Kadmos, *Cadmus,* griech. Herrscher v. Phönikien u. Gründer d. Burg v. Theben.
Kaduna, Hptst. des Bundesst. K. in N-Nigeria, 302 000 E; anglikan. Bischofs- u. kath. Erzbischofssitz; Erdölraffinerie, Textilind.
Kaduzierung, Zwangsausschluß e. Aktionärs od. GmbH-Gesellschafters m. s. Anteilsrecht (Aktie, Geschäftsanteil) u. damit verbundener Verlust ihres Anteils (zugunsten d. Ges.) wegen nicht rechtzeit. Einzahlung ihres Kapitalanteils.
Käfer, *Koleopteren,* Insektenordnung, beißende Mundwerkzeuge; Vorderflügel zu hornigen Flügeldecken geworden; vollkommene → Metamorphose; Pflanzen-, Aasfresser u. Raubkäfer; viele Pflanzenschädlinge.
Käferschnecken, kleine Meeresschnecken mit Rückenpanzer aus Kalkplatten.
Kaffa, SW-Teil Äthiopiens, Gebirgsland (3500–4000 m hoch) u. Region; Heimat des Kaffees.
Kaffee, afrik. Baum; i. d. roten Beeren zwei Samen *(K.bohnen)* man unterscheidet arab., afrikan., am. u. ostind. K. – Anregende Wirkung beruht auf dem → Koffein (bis 1,75% in d. rohen Bohne); Hpterzeugungsländer: Brasilien, Kolumbien, Indonesien, Elfenbeinküste, Mexiko, Äthiopien; → Übers. S. 464.
Kaffern [arab. „kafir" = Ungläubiger], → *Bantu-*Stämme: *Amakosa, Zulu* u. *Betschuanen.*
Kafi, Ali (* 1928), 1992–94 Staatspräs. v. Algerien.
Kafka, Franz (3. 7. 1883–3. 6. 1924), Prager Schriftst.; schildert i. s. Erzählungen u. Romanen das unentrinnbare Ausgeliefertsein des Ich an geheimnisvolle Mächte; *Das Urteil; Die Verwandlung; Das Schloß; Der Prozeß; Amerika.*
Kaftan, *m.* [türk.], vorderasiat. mantelartiger Überrock; Tracht orthodoxer Ostjuden.
Kagel [-ˈxɛl], Mauricio (* 24. 12. 1931), argentin. Komp. m. ungewöhnl. experimentierfreudiger Klangphantasie; s. 1957 in Dtld; *Die Erschöpfung d. Welt.*
Kagera, Quellfluß des Nils in O-Afrika, 850 km lang.
Kagoshima, jap. St. an d. SW-Küste Kyushu, 537 000 E; Textil-, Porzellanind.
Kahl am Main (D-63796), Gem. i. Kr. Aschaffenburg, Bay., 7129 E; Elektro- u.

Kaffee

Erzeugung wichtiger Länder 1994 in 1000 t

Land	Menge
Brasilien	1257
Kolumbien	684
Indonesien	400
Mexiko	240
Äthiopien	198
Uganda	180
Indien	170
Guatemala	168
Côte d'Ivoire	148
El Salvador	146
Costa Rica	138
Ecuador	136
Honduras	128
Philippinen	120
Zaire	88
Kenia	74

BR Deutschland Einfuhr 1994
0,796 Mill. t im Wert
von 3257,1 Mill. DM

Welterzeugung 1994
5,430 Mill. t

Frida Kahlo, *Las dos Fridas*

Kains Brudermord, *Buchillustration, 14. Jh.*

Kairo, *Altstadt und Sultan-Hassan-Moschee*

Kakadu

Metallind.; 1. Atomversuchskraftwerk d. BR (15 Megawatt, 1961–86 in Betrieb).
Kahlenberg, Erhebung im Wienerwald n. v. Wien, 483 m; 1683 *Schlacht am K.* (gg. Türken).
Kahler, Erich v. (14. 10. 1885–28. 6. 1970), dt. Geschichtsphil. u. Literarhistoriker.
Kahler Asten, höchster Berg i. Rothaargebirge (Sauerland), 841 m; Wetterstation; Wintersportgebiet.
Kahlersche Krankheit → Plasmozytom.
Kahlo, Frida (6. 7. 1907–13. 7. 54), mexikan. Malerin; setzte sich in durch d. einheim. Volkskunst inspirierten Werken m. ihrem körperl. u. seel. Leiden seit e. Unfall (1925) auseinander; verh. m. D. Rivera.
Kahlschlag, *Kahlhieb,* das vollständige Abholzen einer Waldfläche; → Forstwirtschaft.
Kahlwild, (geweihlose) weibl. und Jungtiere der geweihtragenden Wildarten.
Kahn,
1) Hermann (15. 2. 1922–7. 7. 83), am. Futurologe.
2) Louis Isadore (20. 2. 1901–17. 3. 74), am. Architekt; Vertr. d. Brutalismus (*Yale University Art Gallery* in New Haven) u. Wegbereiter d. Rationalen Architektur; Planung d. Regierungsviertels v. Dakka.
Kahnbauch, krampfartige Einziehung d. Bauchs.

Kahr, Gustav Ritter v. (29. 11. 1862 bis 30. 6. 1934), Politiker, 1917–24 Reg.präs. von Oberbayern, 1920/21 bayr. Min.präs., 1934 ermordet.
Kai, *Quai, m.* [frz.], Hafenmauer mit Löschanlagen; gemauerte Uferstraße.
Kaifeng, St. in d. chin. Prov. Henan, am Huang He, 602 000 E; Handels- u. Ind.st., Zentrum d. Erdnußanbaus; chin. Hptst. 960–1125.
Kaifu, Toshiki (* 2. 1. 1931), jap. Pol. (LDP); 1989–91 Vors. d. LDP u. Min.präs.
Kaiman, *m.,* mittel- u. südam. → Krokodil.
Kain, Sohn Adams; ermordete s. Bruder Abel.
Kainit, *m.,* Mineral, Magnesiumsulfat m. Kaliumchlorid; Kalisalz, Düngemittel.
Kainz, Josef (2. 1. 1858–20. 9. 1910), östr. Schausp.; *Hamlet-, Mephisto-*Darsteller (Abb. → Tafel Schauspielkunst).
Kaiphas, Beiname des jüdischen Hohenpriesters Joseph, der Jesus dem Pilatus überantwortete.
Kairo, *Cairo,* arab. *Al-Kahira* Hptst. Ägyptens, am unteren Nil, größte St. Afrikas, 6,45 Mill. E; 4 Universitäten (El-Azhar-Uni. s. 988), Museen (Ägypt. Mus., Kopt. Mus., Mus. f. Islam. Kunst u. a.), über 500 Moscheen, Ibn-Tulun-Moschee (9. Jh.), Sultan-Hassan-Moschee (14. Jh.), Mameluckengräber, ma. arab. St.teil, moderne Neustadt; Handels- und Industriestadt; Fremdenverkehrszentrum; Sitz d. griech.-orthodoxen u. d. kopt. Patriarchen; intern. Flughafen, Nilhafen.
Kairos [„rechter Zeitpunkt"], griech. Gott d. richtigen Augenblicks f. e. Unternehmen.
Kairuan, eine d. 4 hl. Städte des Islam u. Wallfahrtsort in Tunesien, südl. Tunis, 72 000 E; Sidi-Okba-Moschee (7. bis 20. Jh.).
Kaiser,
1) Georg (25. 11. 1878 bis 4. 6. 1945), dt. expressionist. Dramatiker; *Die Bürger von Calais; Gas.*
2) Jakob (8. 2. 1888–7. 5. 1961), CDU-Pol.; s. 1918 führend in d. christl. Gewerkschaften; 1949–57 Bundesmin. f. gesamtdt. Fragen.
3) Joachim (* 18. 12. 1928), dt. Schriftst., Prof. für Musikwiss. u. Kulturkritiker: *Große Pianisten in unserer Zeit; Erlebte Musik; Mein Name ist Sarastro.*

Kaiser, v. lat. *Caesar,* Herrschertitel in Rom s. Augustus; das weström. K.tum erneuert durch Karl d. Gr.; von 962 bis 1806 mit dt. Königswürde verbunden, 1871 bis 1918 führte Kg v. Preußen Titel „Dt. K.".
Kaiserchronik, frühmittelhochdt. Geschichtswerk (um 1250); erste bed. dt. Geschichtsquelle m. legendenhaften Partien.
Kaiserfleisch, → Fleisch a. dem Kotelettstrang d. Schweines (entbeint).
Kaisergebirge, östl. v. Inntal b. Kufstein (Tirol); *K.tal* trennt *Wilden K.* im S (schroffe Kalkkette, 2344 m) v. *Zahmen K.* (1997 m).
Kaisergranat, *Kronenhummer,* it. *Scampo,* i. östl. Atlantik u. i. Mittelmeer lebender Langschwanzkrebs.
Kaiserkrone, Liliengewächs.
Kaiserkult, Verehrung r. röm. Kaisern als d. ird. Verkörperung Gottes.
Kaisermantel → Perlmutterfalter.
Kaiserpilz, *Kaiserling,* dem Fliegenpilz ähnl. (ohne weiße Punkte) Speisepilz; südl. Europa.
Kaiserschmarrn, östr. Mehlspeise a. zerkleinertem Pfannkuchenteig.
Kaiserschnitt, lat. *Sectio caesarea,* operative Entbindung durch Öffnung der Bauchhöhle u. d. Gebärmutter, wenn zur Rettung des Lebens der Mutter oder des Kindes notwendig.
Kaiserslautern, (D-67655–63), kreisfreie Stadt im Regierungsbezirk Rheinhessen-Pfalz, RP, 100 541 Einwohner; Fachhochschule, Uni.; LG, AG; IHK; Motoren- u. Maschinenbau, Textil-, Eisenind.
Kaiserstuhl, erloschener Vulkan der Oberrhein. Tiefebene, bei Breisach (*Totenkopf* 557 m); Lößboden; Wein- und Obstbau.
Kaiserswerth, St.teil (s. 1929) v. Düsseldorf; Stiftskirche; Diakonissenhaus, 1836 gegr.
Kaiserswerther Verband, Verband d. Diakonissenmutterhäuser.
Kaiserwald, Mittelgebirge in W-Böhmen, südl. des Egertales, 983 m; an seinem Fuß Karlsbad.
Kaiser-Wilhelm-Gesellschaft, zur Förderung der Wissenschaften, 1911 gegr., unterhielt (bis 1945) 34 *K.-W.-Institute.* Aufgaben durch die → Max-Planck-Gesellschaft übernommen.
Kaiser-Wilhelm-Kanal → Nord-Ostsee-Kanal.
Kaiser-Wilhelms-Land, Name d. früheren dt. Schutzgebiets im nordöstl. Neuguinea, Hptort *Madang;* seit 1921 Teil des austral. Mandatsgebiets Neuguinea, s. 1975 v. Papua-Neuguinea.
Kajak, *m. od. s.,* aus dem Jagdboot der Eskimos entwickeltes u. m. Doppelpaddel gefahrenes Kanu.
Kaje, *w.,* svw. → Kai.
Kajüte, Wohnraum im Schiff.
Kakadus, *m.,* Papageien d. Malaiischen Archipels u. Australiens mit aufrichtbarem Federschopf.
Kakaobaum, trop. Amerika, überall in den Tropen angebaut; Blüten unmittelbar am Stamm; in den gurkenähnl. Früchten reihenweise die *Kakaobohnen,* enthalten vor allem Fett, Eiweiß u. 1–3% Theobromin (Anregungsmittel); nach Fermentation, Rösten u. weiterer Behandlung aus ihnen Schokolade u. nach Entfernung des Fettes (*Kakaobut-*

ter) K.pulver. Welternte 1994: 2,6 Millionen Tonnen.
Kakapo, neuseeländ. Eulenpapagei; noch ca. 50 Ex. in e. Schutzgebiet vor der S-Insel.
Kakemono, s. [jap.], ostasiat., meist auf Seide gemaltes oder gesticktes Rollbild.
Kakerlaken, svw. → Schaben.
Kaki, *Kakipflaume,* chin. Dattelpflaume, saftige Früchte, Anbauländer: Japan, China, S-Frankreich, Kalifornien.
Kakophonie, w. [gr.], Mißklang; Ggs.: → Euphonie.
Kakteen, Pflanzen m. dicken, saftigen Sprossen v. kugelwalzen- od. blattartiger Form; Blätter meist ganz verkümmert, zu Dornen od. Haaren umgebildet; Blüten oft groß u. farbenprächtig; die K. stammen aus den trockenen Gegenden d. warmen Amerika, jetzt zahlreich in and. Erdteilen eingebürgert; in vielen Formen u. Arten (Opuntien, Cereüs-, Echinocactus u. a.).
Kala-Azar, Infektionskrankheit durch → Leishmanien.
Kalabreser, *m.,* breitkrempiger Hut.
Kalabrien, it. *Calabria,* S-Halbinsel u. Region Italiens mit dem **Kalabrischen Gebirge** (*Aspromonte* 1958 m), erdbebenreich, fruchtbare Täler; 15 080 km², 2,1 Mill. E; Hptst. *Catanzaro.*
Kalahari, Beckenlandschaft in S-Afrika, ca. 1 Mill. km² groß; Trockengebiet mit schütterer Steppenvegetation, nach N Zunahme d. Feuchtigkeit, Salzpfannen (Makarikari-Salzpfanne), Trockenwälder.
Kalamität, w. [l.], Unglück, Mißgeschick.
Kalamiten, *Calamitaceae,* 20–30 m hohe Riesenschachtelhalme i. Erdaltertum, Paläozoikum.
Kalander, *m.,* Maschine, deren Walzen Stoffe, Gewebe, Papier glätten und glänzend machen.
Kalauer, *m.,* (oft fader) Wortwitz.
Kalb, das Junge von versch. Säugetieren i. 1. Lebensj. (z. B. der Rinder, d. Rotwildes, auch der Wale).
Kalbe, Kalbin, svw. → Färse.
kalben,
1) das Abbrechen von ins Meer ragenden Polargletschern; Ursache der Eisbergentstehung.
2) das Gebären der Kuh.
Kälberkropf, Doldenblütler mit weißen Blütendolden, dem Schierling ähnlich; auch feuchten Stellen.
Kalbsmilch, *Bries,* Thymusdrüse d. Kälber, zartes Fleischgericht, Krankenspeise (→ Fleisch, Übers.).
Kalbsnuß, *Frikandeau,* zarte Innenseite der Kalbskeule (→ Fleisch, Übers.).
Kalchas, griech. Seher in Homers Ilias.
Kalckreuth, Leopold Gf v. (15. 5. 1855–1. 12. 1928), dt. Landschafts- u. Bildnismaler.
Kaldaunen, *Kuttelflecke, Inster, Gekröse,* Eingeweide, Magen, Netz des Rindes.
Kalebasse, *w.* [arab.-frz.], Gefäß aus Kürbis u. anderen Fruchtschalen; Afrika, S-Amerika, Mittelmeergebiet.
Kaledonien, lat. *Caledonia,* im Altertum Name f. N-Schottland.
Kaledonische Gebirgsbildung → geologische Formationen.
Kaledonischer Kanal, in Schottland v. Atlant. Ozean z. Nordsee; 97 km l.

Kaleidoskop, s. [gr.], opt. Gerät z. Erzeugung wechselnder, farbiger, regelmäßiger Ornamente, durch mehrfache Spiegelung farbiger Glasstücke.
Kalender, *m.* [l. → „Calendae"],
1) Einteilung der Zeit in regelmäßige Abschnitte auf astronom. Grundlage. Anfänge d. K.rechnung bei d. Ägyptern im 3. Jtd v. Chr. Griech. K. zur Zeit Metons (450 v. Chr.) relativ genau. Altes röm. Mondjahr mit zuerst 10, später 12 Monaten (= 355 Tagen) bedurfte unverständl. Schaltzyklen. Dem heutigen K. liegt der v. Cäsar (46 v. Chr.) eingeführte Julianische K. zugrunde, der das Sonnenjahre mit 365 Tagen und alle 4 Jahre ein Schaltjahr mit 366 Tagen vor. Der Unterschied gegenüber d. tropischen Jahr wächst in 128 Jahren auf 1 Tag an. Daher erneute Reform 1582 durch den *Gregorianischen K.:* die Schaltung unterbleibt im letzten Jahre jedes Jh., außer wenn d. Säkularjahr durch 400 teilbar ist (z. B. 2000); restl. Abweichungen gegenüber dem Sonnenumlauf erreichen erst im Jahre 4915 den Betrag von 1 Tag. Gregorian. K. 1700 auch im protest. Dtld eingeführt. Zeitrechnung nach Julian. K., *alter Stil,* in griechisch-orthodoxen Ländern bis 1923 (kirchl. z. T. noch heute), hinter *neuem Stil,* nach Gregorian. K., s. 1. 3. 1900 um 13 Tage zurück. Jüd. u. moh. K.: Mondjahr v. 345 Tagen in 12 Monaten, beide mit unregelmäßigen Schaltjahren versch. Länge.
2) kalendermäßige Aufzeichnung; erster gedruckter K. 1439 (Holzschnitt); erster *Jahres-K.* 1513 von Peypus in Nürnberg; K. später verbunden mit Aberglauben → *Hundertjähriger Kalender.* Um 1811 literar. K. (Almanache), seit 19. Jh. f. d. versch. Lebens- u. Berufskreise; → *Immerwährender Kalender.*
Kalesche, *w.* [slaw.], leichter viersitziger Wagen m. zusammenlegb. Verdeck.
Kaleu, ugs. Bez. für Kapitänleutnant, auch in der dir. Anrede, „Herr K.".
Kalevala, finn. Nationalepos.
Kalewipoeg, estn. Nationalepos.
Kalf, Willem (get. 3. 11. 1619–begr. 3. 8. 93), holl. Maler d. Barock, e. Hptmeister d. Stillebens.
Kalfaktor, *m.* [l. „Heizer"], Aufwärter; Schmeichler; auch Diener.
kalfatern, Schiffswände m. Werg u. Pech abdichten.
Kalgoorlie-Boulder [kælˈgʊəlɪ], Stadt in W-Australien, 27 000 E; bedeutendster Goldbergbau in Australien.
Kali, *s.,* heute Sammelbez. f. alle natürlich vorkommenden → Kalisalze.
Kaliban, *m.,* in Shakespeares „Sturm" halbtierisches Naturwesen.
Kaliber, *s.* [arab.], lichte Weite,
1) Innendurchmesser von Röhren (Gewehrläufen usw.), auch Geschoßdurchmesser.
2) bei Walzwerken Aussparung der Walzprofile in den Walzen.
Kaliberlehre, Instrument zum Messen von Bolzen, Zapfen, von Bohrungen (Gewinde, Nietlöcher usw.).
kalibrieren, e. Werkstück auf genaues Maß bringen.
Kalidasa, ind. Dichter des 5. Jh. n. Chr.; Drama: *Sakuntala;* Epik u. Lyrik.
Kalif, *Chalif* [arab. „Stellvertreter"], geistl. u. weltl. Herrscher des Islams als Nachfolger Mohammeds.

Kakaobaum, links oben: geöffnete Frucht

Kalebasse mit Seepolypen, 15. Jh. v. Chr.

Kaliberlehre

Kalifat, *s.,* zuerst in Medina, s. 670 n. Chr. erblich, unter den Omaijaden in Damaskus, unter den Abbasiden 750–1258 in Bagdad, 756–1030 in Córdoba, später in Kairo; nach der türk. Eroberung Ägyptens Titel vom Sultan in Konstantinopel übernommen; 1924 abgeschafft.
Kalifornien, *California,* Abk. Cal., Bundesstaat d. USA, a. Pazifik, 411 012 km², 30,4 Mill. E; v. hohen Gebirgsketten der Sierra Nevada umgeben, in der Mitte das kalifornische Becken der Flüsse *Sacramento* u. *San Joaquin;* im SO die Mohave-Wüste bis zum *Colorado;* Bodenschätze: Kupfer, Quecksilber, Gold, Erdöl, Erdgas; Ind.: Flugzeug-, Raumfahrt-, Schiffbau- u. Autoind., Elektronik- u. Computerind., Filmind. (Hollywood); Landw.: hochspezialisierter (meist künstl. Bewässerung) Anbau: Baumwolle, Weizen, Hopfen, Zuckerrüben, Obst, im S Wein, S-Früchte, Oliven; größte St.: *Los Angeles,* Handelszentrum: *San Francisco.* Hptst. *Sacramento.* – Von Cortez 1532 entdeckt; 1768 bis 1823 span.; 1848 zu den USA; Entdeckung der *Kaliforn. Goldfelder* in der Mitte des 19. Jh.
Kalifornien, Golf v., „Purpurmeer" zw. Halbinsel Niederkalifornien u. Festland Mexiko; bis 3127 m tief, 1100 km lang.
Kalifornischer Kondor, gegenwärtig aussterbender riesiger Neuweltgeier; noch ca. 50 Exemplare.
Kaliko, *m.,* nach d. ind. St. Kalikat benannter, mit Appretur (Stärke) überzogener billiger Baumwollstoff f. Buchbinderei; auch als Futterstoff.
Kalimantan, svw. → Borneo.
Kalinin, russ. Ind.st. an d. Wolga, bis 1932 u. ab 1990 *Twer,* Hptst. des Gebietes Twer, 451 000 E.
Kaliningrad, russ. f. → Königsberg.
Kalisalze, Salze des Metalls Kalium, hpts. in den Abraumsalzen vorkommend; *Carnallit* (Kali-Magnesiumchlorid); *Kainit* (Kaliumchlorid u. Magnesiumsulfat); *Sylvinit* (Kaliumchlorid); *Schoenit* (Kalium-Magnesiumsulfat); Abbau bergmännisch (→ Tafeln Bergbau). Ausgangsprodukt für d. Herstellung aller anderen Kaliumverbindungen: *Kalisalpeter,* früher wichtig f. Schießpulverherstellung, *Kalilauge,* zur Schmierseifenfabrikation, *Kaliumsulfat,* zur Glasfabrikation, desgl. *Kaliumcarbonat,* früher als „Pottasche" aus Holzasche ausgelaugt; *Kaliumchromat* u. -bichromat, f. Farbenherstellung u. Gerberei, *Kaliumpermanganat,* Desinfektions- u. Desodorisierungsmittel, *Kaliumchlorat* u. -perchlorat, in d. Zündholz- und Sprengstoffind. K. sind wichtige Düngemittel.
Kalisch, poln. *Kalisz,* St. a. d. Prosna, 106 000 E.; Textilind., Maschinenbau.
Kalium, K, chem. El., Ord.-Z. 19, At.-Gew. 39,10, Dichte 0,86; sehr leichtes Alkalimetall, kommt in der Natur nur in Verbindungen vor (→ *Kalisalze*); gibt bei Belichtung bes. leicht Elektronen ab, deshalb als Kathode in der lichtelektrischen K.zelle verwendet.
Kaliumoxalat, im Sauerklee enthaltenes Kalisalz der → Oxalsäure, leicht löslich, beseitigt Tinten- u. Rostflecken (giftig); wirkt abführend.
Kalixtiner, gemäßigte Richtung der → Hussiten.

Kalixtus, *Calixtus,* 3 Päpste: **K. II.,** 1119–24, beendete 1122 mit Wormser Konkordat Investiturstreit.

Kalk, *Calciumcarbonat* ($CaCO_3$), Sedimentgestein (z. B. Jura); *K.salpeter,* Calciumnitrat, schnell wirkendes Düngemittel, baut große Gebirge (Kalkalpen, Dinarische Alpen) auf, wird in *K.brüchen* gewonnen, in *Schachtöfen* oder in ringförmigen *K.öfen* „gebrannt", wobei unter Kohlensäureverlust das *Calciumoxid* entsteht, das mit Wasser „gelöscht", d. h. in Ätzkalk verwandelt wird; mit Sand angerührt: *K.mörtel,* der, vermauert, durch die Kohlensäure der Luft wieder zu Calciumcarbonat erhärtet; auch als Dünger u. in Glas-, Zucker-, Eisenind.; nötig für den Aufbau des menschl., tierischen u. Pflanzenkörpers; *med.* als Nahrungszusatz oder als Arzneimittel.

Kalkar, (D-47546), St. im Kr. Kleve, NRW, 11 551 E; ma. Stadtbild, got. Hallenkirche St. Nikolai, Rathaus (ca. 1440); Kernkraftwerk (1991 stillgelegt); Nahrungsmittelind.

Kalklicht, nach Drummond, für Signal- u. Projektionsapparate, Knallgasflamme, d. e. K.kegel zu Weißglut erhitzt.

Kalksandstein,
1) Sedimentgestein aus Kalk u. Quarzsand.
2) Mauersteine aus gepreßtem u. m. Dampf gehärtetem Gemisch aus Branntkalk u. Sand.

Kalkspat, kristallisiertes Calciumcarbonat.

Kalkstickstoff, *Calciumcyanamid* ($CaCN_2$), Handelsdünger, aus Calciumcarbid u. Stickstoff gewonnen; → Stickstoffindustrie.

Kalkül, s. od. m. [frz.], Berechnung.

Kalkulation [l.], Berechnung der Kosten je Einheit einer betriebl. Leistung mit Daten aus der Kostenrechnung; Grundlage d. Preisbildung. Arten: *Vor-K.,* zur Ermittlung von Voranschlägen u. Angebotspreisen; *Nach-K.,* tatsächliche Kosten zur Ermittlung d. Stückerfolgs; *Divisions-K.,* K. in Ein-Produkt-Betrieben; *Zuschlags-K.,* Berechnung d. Netto-Angebotspreises auf Basis der direkten Kosten u. verrechneter Gemeinkosten.

Kalkulationsrichtlinien, v. Staat od. v. Wirtschaftsverbänden hg., zur Vereinheitlichung u. Verbesserung d. Koalitionsmethoden.

kalkulatorische Abschreibungen, Abschreibung ausschließlich von betriebsnotwendigen Anlagegütern; Abschreibungsbasis zum → Wiederbeschaffungswert.

kalkulatorische Kosten, verrechnete Kosten, die nicht Gegenstand d. Aufwandsrechnung u. damit der Rechnungslegung d. Buchhaltung sein können.

kalkulatorischer Unternehmerlohn, Kostenverrechnung e. fiktiven Lohns f. Unternehmer, die keine Gehaltszahlung erhalten; die Höhe d. k. U. entspricht dem Gehalt e. leitenden Angestellten in gleicher Branche u. vergleichbarer Betriebsgröße.

kalkulatorische Wagnisse, Kostenverrechnung nicht versicherbarer Unternehmensrisiken.

kalkulatorische Zinsen, Verrechnung der Zinsen f. d. Bereitstellung d. *betriebsnotwendigen Kapitals.*

Kalkutta, *Blick zur Howrah-Brücke über den Hooghly River*

Kalla

Nordsee-Kalmar

Kalkutta, *Calcutta,* Hptst. d. ind. Bundesstaates West-Bengalen, am *Hugli* (Mündungsarm des Ganges), 10,9 Mill. E; Uni., wiss. Institute; chem. Ind., Metallind., Jute-, Baumwoll- u. Seidenind.; Ausfuhrhafen: *Diamond Harbour.*

Kalla, *w.,* Aronstabgewächse
1) *Drachen-, Schlangenwurz,* in Waldsümpfen, herzförm. Blätter, weiße Blütenscheide, rote Giftbeeren;
2) *Zimmer-K.,* Zimmerpflanze aus S-Afrika.

Kalligraph [gr.], Schreibkünstler.

Kalligraphie [gr. „Schönschrift"], Schriftkunst; bes. im ostasiat. u. islam. Kulturkreis, auch in d. ma. Buchmalerei d. Abendlands.

Kallimachos, (um 310–um 238 v. Chr.), bedeutendster griech. Dichter des Hellenismus, Begr. d. griech. Literaturgeschichte. *Aitia.*

Kalliope, Muse d. epischen Dichtung.

Kallus, *m.* [l.],
1) svw. → Gewebekultur.
2) Gewebe, das z. Verschluß von Wunden bei höheren Pflanzen gebildet wird.
3) *med.* Neubildungen nach Knochenbruch.

Kálmán, Emmerich (24. 10. 1882 bis 30. 10. 1953), ungar. Operettenkomp.; *Csárdásfürstin; Gräfin Mariza.*

Kalmar, schwed. Län (11 170 km², 241 000 E), a. d. südl. Ostseeküste, am *K.sund,* der Öland v. Festland trennt; Waldlandschaft, Holzind.; Hptst. u. Hafen *K.,* 56 000 E; Schiffbau, Autoind. u. a.; Fremdenverkehr.

Kalmare, *m.,* zehnfüß. Kopffüßer (Tintenfische).

Kalmarer Union, 1397, vereinigte (bis 1523) Dänemark, Norwegen und Schweden zu *einem* Kgr.

Kalmen [frz.], Gegend der Windstille, die Zone zw. den *Passaten* der beiden Halbkugeln.

Kalmit, höchster Berg d. Haardt, 673 m.

Kalmücken, *Kalmyken, Torgoten,* Stamm d. Westmongolen (Lamaisten), Viehzüchter; in China, der Dsungarei, Teile an unterer Wolga (*K.steppe*); Kalmücken (Kalmykien)-Chalmg Tangtsch, auton. russ. Rep., 75 900 km², 325 000 E, Hptst. *Elista*).

Kalmus, Aronstabgewächs, an sumpfigen Stellen; aromat. Wurzelstock, f. Magenmittel u. Gewürze.

Kalokagathie, *w.,* griech. Erziehungsideal, „schön und gut" zu sein.

Kalorie, w. [l. „calor = Wärme"], Abk. *cal,* veraltete, nicht mehr zulässige Wärmeeinheit, frühere Maßeinheit f. energet. Bewertung von Nahrungsmitteln, s. 1978 ersetzt durch → Joule, → Ernährung.

Kalorimeter, *s.,* Wärmemesser, z. Messen von Wärmemengen und zum Bestimmen der → spezifischen Wärme.

kalorische Maschinen, setzen Wärme in Bewegung (mechan. Energie) um (z. B. Dampfmaschine, Verbrennungsmotor).

Kalotte, *w.* [frz. „Käppchen"],
1) Schädeldach.
2) Oberfläche eines Kugelschnitts, → Kugel.

Kalpak, *Kolpak, m.,* tatar. Lammfellmütze, armen. Filzmütze; seitl. Tuchzipfel an Husarenmütze.

Kalypso, Nymphe in Homers *Odyssee,* hält Odysseus 7 Jahre fest.

Kaltbitumen, fälschl.: Kaltasphalt, Bitumenlösung m. Lösemitteln auf Mineralölbasis; Verwendung im Straßenbau u. als Abdichtmittel.

Kaltblut → Pferde.

Kaltblüter, *Poikilotherme, wechselwarm,* Tiere, deren Körpertemperatur entsprechend der Temperatur der Umgebung wechselt: Fische, Amphibien, Reptilien; Ggs.: → Warmblüter.

kalte Ente, Bowle a. Weißwein, Sekt u. Zitronenscheiben.

Kältemischungen, kühlen sich infolge Wärmebindung bei der Auflösung stark ab, so 3 Teile Kochsalz u. 2 Teile Eis auf −17 °C.

Kaltenkirchen, (D-2358), St. b. Hamburg, Schl.-Hol., 11 700 E; Kabelmaschinenbau.

Kältepole, Gebiete größter Kälte in der Umgebung des S- u. N-Pols (russ. Antarktis-Station Wostok −91 °C) im Inneren von Grönland („Eismitte"), in O-Sibirien (Werchojansk, b. Oimjakon −70 °C gemessen); N-Kanada (Yukon).

kalter Abszeß, Eiteransammlung mit wenig ausgeprägter Begleitentzündung, meist tuberkulös.

Kalterer See,
1) it. *Lago di Caldaro,* See im Überetsch, S-Tirol (216 müM, 1,48 km²).
2) Name des urspr. dort angeb. Rotweins.

kalter Knoten, Schilddrüsengewebe, das vermindert Jod speichert, manchmal bösartig.

kalter Krieg, gespannter, kriegsähnlicher Zustand zw. Staaten; Bez. s. 1946 in USA; Ggs.: „heißer" Krieg.

Kaltern, it. *Caldaro,* Gem. in Südtirol, 5700 E; bekanntes it. Weinbaugebiet (Vernatsch-/Trollingertraube), → Kalterer See.

kaltes Licht → Leuchtstoffe.

Kaltfront → Wetter.

Kaltleime, Bindemittel für Holz (Sperrholz), Papier usw., die kalt angesetzt u. verarbeitet werden.

Kaltleiter, elektronisches Bauelement (→ Thermistor), leitet besser im kalten Zustand als im warmen, Widerstand mit positivem Temperaturkoeffizienten; auch *PTC-Widerstand* genannt (engl. *Positive Temperature Coefficient*); Ggs.: → Heißleiter.

Kaltnadelradierung, künstler. Verfahren, s. um 1480 in Weiterentwickl. d. Kupferstichs, u. dessen Produkt; Bearbeitung d. Kupferdruckplatte m. Grabstichel u. Nadel (ohne d. wärmebildende Säureätzung).

Kaltwasserkur → Hydrotherapie.

Kaluga, russ. Ind.st. u. Hptst. des Gebiets *K.,* an der Oka, 312 000 E; Raumfahrtmuseum; Holzverarbeitung, Maschinenbau.

Kalundborg [kɔlɔnˈbɔːɐ̯], dän. St. an der W-Küste der Insel Seeland, 19 000 E; Hafen; Erdölraffinerie.

Kalvarienberg [l. „calvaria = Schädel"], übers. aus aram. Golgatha (Schädelberg): Kreuzigungsstätte Jesu; Bez. f. kath. Andachts- u. Wallfahrtsstätten m. → Kreuzweg, der zu e. plast. Kreuzigungsgruppe führt.

Kalypso, Nymphe in Homers *Odyssee,* hält Odysseus 7 Jahre fest.

Kalzit, *Calcit, Calciumcarbonat* ($CaCO_3$), Mineral.

Kama, l. Nbfl. der Wolga, vom Uralgebirge; 2032 km lang, 1215 km schiffbar.

Kamaldulenser, *Camaldulenser, Romualdiner,* i. Camaldoli (Apennin) 1012 v. Romuald gegr. Einsiedlerorden.
Kamarilla, *w.* [span. -'riʎa], *Camarilla,* Gruppe v. Menschen um einen Machthaber, die ihn beeinflußt.
Kamasutra, altind. Liebeslehrbuch von Vatsjajana.
Kambium, *s.,* Wachstumsschicht bzw. -zellen e. Pfl.; bei Bäumen liegt d. K. zw. Rinde u. Holzteil u. ist teilungsfäh. Bildungsgewebe i. peripheren Bereich v. Sproß u. Wurzel d. mehrjähr. Nacktsamer (→ Gymnospermen) u. Zweikeimblättrigen (→ Dikotyledonen).
Kambodscha, Rep. in SO-Asien (Indochina). **a)** *Wirtsch.:* Basiert auf der Landw.; Hptanbauprodukt: Reis, daneben Fischerei wichtig. **b)** *Verf.* v. 1981 (letzte Änderung 1991); Übergang zur Demokratie unter UNO-Aufsicht; Einführung d. Mehrparteiensystems. **c)** *Verw.:* 19 Prov., 2 Städte. **d)** *Gesch.:* 1863 frz. Protektorat; 1946 begrenzte Autonomie, 1950 unabhängiges Kgr. innerh. d. Frz. Union, 1955 völlige Souveränität u. Neutralität, 1970 Sturz d. Prinzen Sihanuk, Ausrufung d. Rep. u. Bildung einer Exilregierung unter Sihanuk, Einbeziehung v. K. in d. Vietnamkrieg, auch nach Waffenstillstand (1973); 1975 Sturz d. Regierung Lon Nol, Ausrufung d. Volksdemokratie nach Sieg d. Roten Khmer; 1978 Grenzkrieg mit Vietnam, vietnames. Invasion u. Sturz d. Terrorregimes v. Pol Pot; 1979 Bildung eines Volksrevolutionsrats; 1981 Bildung einer Exilreg. unter → Sihanuk. 1989 Abzug d. letzten vietnames. Truppen; 1990 Friedensplan d. UN m. Kontrolle durch UN bis zu freien Wahlen; Nat.rat m. Beteiligung aller vier Gruppen d. Bürgerkriegs, s. Mitte 1991 unbefristeter Waffenstillstand; s. 1992 UNO-Übergangsverw. UNTAC; 1993 Wahl z. Verf.geb. Vers., Wiedereinführung d. Monarchie; 1994/95 erneute Kämpfe u. kommunist. Putschversuch, Verbot d. Roten Khmer; 1996 Spaltung der Roten Khmer, 1997 Regierungsputsch.
Kambrium → geologische Formationen, Übers.
Kambyses, Perserkönig 529–522 v. Chr., Sohn v. Kyros II., erob. Ägypten.
Kamee, *w.* [ml.], (Edel-)Stein od. Muschel m. erhaben geschnittenen Darstellungen. Dagegen → Intaglio.
Kamel, Huftier; *einhöckriges K. (Dromedar),* Afrika, Westasien, in versch. Rassen; *zweihöckriges K. (Trampeltier),* Zentralasien; Last- u. Reittier, auch nützlich durch Milch, Fleisch, Wolle, Mist (als Brennmaterial). Auch → Lama.
Kamellie, *Kamelie,* d. Tee verwandter Strauch aus Japan; Zierpflanze.
Kamen (D-59174), St. im Kr. Unna, NRW, 46 600 E; AG; Eisen-, Kunststoff- u. Konsumgüterind.
Kamenez-Podolski, ukrain. St. in Podolien, 102 000 E; Maschinenbau, Nahrungsmittelind.
Kamenz (D-01917), Krst. a. d. Schwarzen Elster, Oberlausitz, Sa., 17 472 E; div. Ind.; Geburtsort Lessings.
Kameralwissenschaft, *Kameralistik* [„camera = fürstl. Schatzkammer"], Lehre von Hebung der Staateinkünfte durch Förderung der Wirtschaft (17. u. 18. Jh.); dt. Abart des Merkantilismus.
Kamerlingh-Onnes, Heike (21. 9.

1853– 21. 2. 1926), ndl. Phys.; Erzeugung tiefster Temperaturen, entdeckte Supraleitung; Verflüssigung v. Helium; Nobelpr. 1913.
Kamerun, Rep. am Golf v. Guinea; Bev.: Bantu, Sudanneger, Fulbe u. Haussa. **a)** *Geogr.:* Küste trop. Regenwald, a. d. Hochland v. Adamaoua teils Urwald, teils Savanne; Tschadseeniederung Steppe, höchste Erhebung *K.berg* 4070 m, tätiger Vulkan unweit der Mündung des *Sanagaflusses* in d. Golf von Bonny. **b)** *Wirtsch.:* Basiert auf d. Landw.; Hptausfuhrprodukt: Kakao, daneben Bananen, Kaffee, Baumwolle, Holz, Erdöl (51 % d. Ausfuhr), Aluminiumoxid; v. d. Bodenschätzen erschlossen: Zinn- u. Titanerz; Bauxit, Gold. **c)** *Außenhandel* (1991): Einfuhr 1,35 Mrd., Ausfuhr 1,91 Mrd. $. **d)** *Verf.* v. 1972: Präsidiale Rep., Einkammerparlament. **e)** *Verw.:* 10 Prov. **f)** *Gesch.:* 1884 dt. Kolonie; nach 1920 K. frz. u. engl. Mandatsgeb.; 1960 frz. Teil unabh.; 1961 Anschluß d. S-Teils an Brit.-K. u. Gründ. d. Rep.; 1992 e. fr. Wahlen v. d. meisten Parteien boykottiert (Vorwurf d. Willkür); s. 1993 Grenzkonfl. m. → Nigeria.
Kamet, Gipfel im Himalajagebiet, 7756 m hoch; 1931 erstm. erstiegen.
Kamikaze [jap. „Göttlicher Wind"], im 2. Weltkrieg jap. Freiwillige, die unter Selbstaufgabe mit Flugzeug od. Torpedo feindliche Ziele angriffen.
Kamille, Korbblütler; *echte K.* m. Blü-

KAMBODSCHA	
Staatsname:	Königreich Kambodscha
Staatsform:	Parlament. Monarchie
Mitgliedschaft:	UNO, Colombo-Plan
Staatsoberhaupt:	König Norodom Sihanouk
Regierungschefs:	Prinz Norodom Ranariddh u. Hun Sen
Hauptstadt:	Phnom Penh 900 000 Einwohner
Fläche:	181 035 km²
Einwohner:	9 968 000
Bevölkerungsdichte:	55 je km²
Bevölkerungswachstum pro Jahr:	⌀ 2,5% (1990–1995)
Amtssprache:	Khmer
Religion:	Buddhisten (92%), Muslime, Christen
Währung:	Riel (CR)
Bruttosozialprodukt (1991):	1725 Mill. US-$ insges., 200 US-$ je Einw.
Nationalitätskennzeichen:	K
Zeitzone:	MEZ + 6 Std.
Karte:	→ Asien

KAMERUN	
Staatsname:	Republik Kamerun, République du Cameroun, Republic of Cameroon
Staatsform:	Präsidiale Republik
Mitgliedschaft:	UNO, AKP, OAU, Commonwealth
Staatsoberhaupt:	Paul Biya
Regierungschef:	Peter Musonge Mafani
Hauptstadt:	Jaunde (Yaoundé) 654 000 Einwohner
Fläche:	475 442 km²
Einwohner:	12 871 000
Bevölkerungsdichte:	27 je km²
Bevölkerungswachstum pro Jahr:	⌀ 2,83% (1990–1995)
Amtssprache:	Französisch, Englisch
Religion:	Katholiken (35%), Protestanten (17%), Muslime (22%), Naturreligionen
Währung:	CFA-Franc
Bruttosozialprodukt (1994):	8 735 Mill. US-$ insges., 680 US-$ je Einw.
Nationalitätskennzeichen:	RFC
Zeitzone:	MEZ
Karte:	→ Afrika

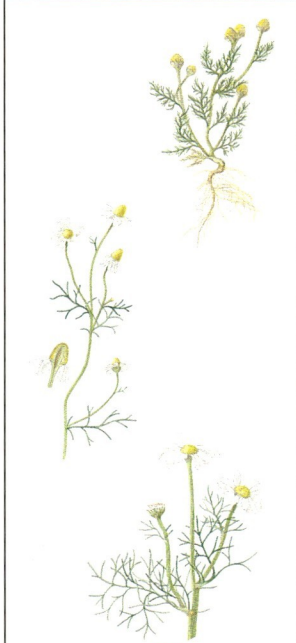

Strahlenlose Kamille, o.
Echte Kamille
mit aufgeschnittenem Korbboden, m.
Falsche Kamille
mit aufgeschnittenem Korbboden, u.

Kambodscha

Kamerun

Kambodscha

Kamerun

Kamele
Dromedar l., Trampeltier r.

tenköpfchen; *röm. K.* aus S-Europa; Heilpflanze.
Kamin, *m.* [l.],
1) nach dem Zimmer zu offene Feuerstätte, erwärmt Raum durch Strahlungswärme.
2) Schornstein.
3) enger, steiler Felsspalt im Gebirge.
Kaminski, Heinrich (4. 7. 1886–21. 6. 1946), dt. Komp.; geistl. Chormusik; *Magnificat;* Oper: *Jürg Jenatsch.*
Kamisol, *s.* [frz.], Unterjacke, Wams.
Kamm,
1) d. rote Fleischlappen auf dem Kopf mancher Hühnervögel.

2) Nackenstück d. Schlachttiere. Oberer Teil d. Pferdehalses.
3) schmaler langer Bergrücken.
Kammer [l. „camera"],
1) svw. Parlament: *Erste, Zweite K.*; → Zweikammersystem.
2) berufsständ. Vertretungen, gesetzl. Grundlage, staatl. beaufsichtigt; Ärzte-K., Apotheker-K., Handels-K., IHK usw..
3) Abt. d. Landgerichte, → Rechtspflege, Übers.
4) ehemalige Verwaltungsbehörde, z. B. → Kriegs- und Domänenkammern.
5) früher fürstl. Kassenverwaltungen (*Hof-K., Rent-K.*) unter Leitung des *Kämmerers*.
Kämmerer, im MA e. der 4 → Hofämter, zuständig für d. Einkünfte des Königs, Wohnung u. Kleidung d. Hofes.
Kammerflimmern, svw. Herzkammerflimmern.
Kammergericht,
1) preuß. höchstes Gericht, wurde zu heutigem K. in Berlin mit sachl. Zuständigkeit eines Oberlandesger.s.
2) → Reichskammergericht.
Kammergut, seit 16. Jh. übl. Bez. für das Eigentum der Landesherren; Ertrag diente zur Bestreitung der Hofhaltungskosten u. d. Staatsausgaben.
Kammerherr, Beamter in persönl. Dienst des Fürsten; auch nur Titel.
Kammerjäger, jmd., der beruflich Ungeziefer vernichtet, heute: *Desinfektor*.
Kammermusik, urspr. Ggs. zu Kirchenmusik: Musik in d. fürstl. Kammer; zunächst vokal, dann besonders v. Soloinstrumenten u. kleinen Ensembles ausgeführt: Trios, Quartette usw.
Kammerspiel, Drama in intimem Rahmen.
Kammerton → a.
Kammgarn, edelstes Wollgarn, vor dessen Erzeugung alle kurzen Haare ausgekämmt werden.
Kammhuber, Josef (19. 8. 1896 bis 25. 1. 1986), dt. Gen. d. Luftwaffe; im 2. Weltkr. zuletzt Oberbefehlsh. d. Luftflotte. Bundeswehr v. 1956–62; ab 1. 6. 1957 Inspekteur d. Luftwaffe.
Kammuscheln, Meeresmuscheln mit fächerartig gerippter Schale; z. T. genießbar; schwimmen durch Klappbewegung der Schalen.
Kamorra, *Camorra*, w., Geheimbruderschaft im ehem. Kgr. Neapel, wegen Raub u. ä. berüchtigt; heute kriminelle Vereinigung ähnl. wie → Mafia.
Kamp, m. [l. „campus"], (waldfreies) Feld, auch Fläche zur Waldpflanzenerziehung.
Kampagne, w. [frz. -'panjə],
1) *Wahl-K.* svw. Wahlkampf.
2) saisonale Betriebsdauer (z. B. bei Zuckerrüben, Hopfen).
3) Feldzug.
Kampala, Hptst. von Uganda, m. Vororten 700 000 E.
Kampanien, it. *Campania*, it. Region an der W-Küste, am Golf von Neapel, fruchtbare Ebene; Vesuv; 13 595 km², 5,63 Mill. E; Hptst. *Neapel*.
Kampen (Sylt) (D-25999), Gem. i. Kr. Nordfriesld, Nordseebad auf → Sylt, 578 E.
Kampf, Regimenter, Bataillone und Kompanien (Batterien) d. Kampftruppen führen den Kampf in Kampfarten

Hochzeit zu Kana, *Buchmalerei, 1476*

KANADA
Staatsname: Kanada, Canada
Staatsform: Parlamentarische Monarchie im Commonwealth
Mitgliedschaft: UNO, OAS, Commonwealth, OSZE, NAFTA, NATO, OECD, ATEC
Staatsoberhaupt: Königin Elizabeth II., vertreten durch Generalgouverneur Roméo LeBlanc
Regierungschef: Jean Chrétien
Hauptstadt: Ottawa 920 857 Einwohner (Agglom.)
Fläche: 9 970 610 km²
Einwohner: 29 141 000
Bevölkerungsdichte: 3 je km²
Bevölkerungswachstum pro Jahr: Ø 1,38% (1990–1995)
Amtssprache: Englisch, Französisch
Religion: Katholiken (47%), Protestanten (39,5%)
Währung: Kanad. Dollar (kan$)
Bruttosozialprodukt (1994): 569 949 Mill. US-$ insges., 19 570 US-$ je Einw.
Nationalitätskennzeichen: CDN
Zeitzone: MEZ – 4½ bis 9 Std.
Karte: → Nordamerika

Kampfläufer

Kanada

Kanada

(Angriff, Verteidigung, hinhaltender K.); → Gefecht.
Kampfdrohne → Drohne.
Kampfer, m., aus exot. Drogen (*Kampferbaum*), auch synthetisch hergestellt; med. in K.spiritus f. Einreibungen; auch gegen Motten.
Kämpfer, in d. Architektur Tragplatte zw. einem Gewölbe (bzw. Bogen) und der Mauer (bzw. Stütze).
Kampffisch, ein Labyrinthfisch Ostindiens; prächtig gefärbt, Schaumnest; bes. die Männchen in Thailand für Fischkämpfe gezüchtet.
Kampfgruppen d. Arbeiterklasse, in d. ehem. DDR 1953 aufgestellter mil. Verband zum Schutze der sozial. Betriebe u. Einrichtungen.
Kampfläufer, Schnepfenvogel der Moore und der nördl. Meeresküsten; Männchen mit aufstellbarem buntem Federkragen, turnierartige Balzkämpfe.
Kampfmittel, Sammelbez. für Handgranaten, Handflammpatronen, Minen, Sprengmittel, pyrotechn. Munition, Nebelmittel, ABC-K., Bomben, Raketen u. a.
Kampfschwimmer, Einzelkämpfer d. Bundesmarine, d. mit Tauchgerät ausgerüstet unter Wasser feindl. Ziele erkundet u. ggf. zerstört.

Kampfstoffe, chem. Kampfmittel, werden durch Sprengladung versprüht, vernebelt od. verstäubt, a. abgeblasen.
Kampftruppen, Bez. für → Infanterie u. Panzer-, Panzerjäger- u. Panzeraufklärungstruppen, die am stärksten im Kampf beteiligt sind. Die K. werden v. d. →Kampfunterstützungstr. unterstützt.
Kampfunterstützungstruppen, unterstützen d. →Kampftruppen; Bez. f. d. Artillerie, Heeresflugabwehrtruppe, Heeresfliegertruppe, Pioniertruppe, ABC-Abwehrtruppe.
kampieren [frz.], lagern, im Freien übernachten.
Kamp-Lintfort (D-47475), St. i. Kr. Wesel, NRW, 40 600 E; ehem. Zisterzienserabtei v. 1123; Steinkohlenbergbau.
Kampuchea → Kambodscha.
Kamtschatka, russ. Halbinsel in NO-Asien, zw. dem Ochotskischen u. Beringmeer, 350 000 km², 380 000 E; Gebirgsland (Vulkan *Kljutschewskaja Sopka* 4750 m), Fischerei, Landw., Erdgasgewinnung; Hptort: *Petropawlowsk-Kamtschatskij*, 269 000 E; Hafen.
Kamtschatka-Krabbe, Verwandter des Einsiedlerkrebses im nördl. Pazifik; zu Konserven verarbeitet.
Kana, *Kanaa*, St. in Galiläa; *Hochzeit zu K.* (Joh. 2).
Kanaan [-na'an], im A. T. d. von d. Israeliten eroberte Jordanland.
Kanada, nordam. Bundesstaat, von der N-Grenze der USA bis z. Nördlichen Eismeer; Bev.: meist ev. Herkunft, 370 000 Indianer, 25 000 Eskimos. **a)** *Geogr.:* Im N Tundra („Barren Grounds"); anschließend Tannenwälder, im S Prärien (m. Weizenfeldern, i. W Prov. Manitoba u. Saskatchewan), Hptbesiedlungsgebiet am St.-Lorenz-Strom u. an d. Großen Seen. **b)** *Landw.:* Weizen (1991: 32 Mill. t), Hafer, Gerste; Fischerei u. Pelztierzucht; die *Wälder*, ca. 4,4 Mill. km² (35% d. Gesamtfläche), bilden die Grundlage für die hochentwickelte Cellulose- u. Papierind. **c)** *Bodenschätze:* reiche Vorkommen, größter Produzent d. Welt an Nickel u. Zink, führender Produzent f. Gold, Platin, Schwefel, Asbest u. Uran, Aluminium (→ Kitimat); daneben bed. Kohle-, Erdöl- u. Erdgasvorkommen. **d)** *Außenhandel* (1991): Einfuhr 118,09 Mrd., Ausfuhr 126,76 Mrd. $. → Schaubild. **e)** *Verkehr:* Zwei Überlandbahnen verbinden den pazif. mit atlant. Küste (ca. 70 000 Schienen-km); St.-Lorenz-Strom s. 1959 auch f. Hochseeschiffe befahrbar. **f)** *Verf.:* Parlamentar. Monarchie auf bundesstaatl. Grundlage m. 2 Kammern. **g)** *Verw.:* 10 Prov. u. 2 Territorien. **h)** *Gesch.:* Von Frkr. im 17. Jh. kolonisiert, im Engl.-Frz. Krieg (1755–63) an England, bis 1873 Ausdehnung durch Eingliederung engl. Kolonialgebiete. Auf engl. Seite im Burenkrieg u. in beiden Weltkriegen; 1949 brit. Dominion Neufundland wird 10. Prov. Völl. Unabhängig. v. Großbritannien, aber formal weiterhin Mitgl. d. Commonwealth. 1994 Wahlsieg d. sep. Partei PQ i. d. frankophonen Provinz Quebec; 1995 Referendum z. Unabh. geht knapp verl.; 1996 Quebec erh. Vetorecht b. Verf.änderungen. Bis 1999 Schaffung eines autonomen Territoriums für Ureinwohner (Inuit) in den Nordwest-Territorien.

Kanada, Wirtschaft

Außenhandel in Mill. ☐ kan $ ☐ DM ☐ US-$

Ausfuhr	Jahr	Einfuhr
3156	1950	3180
5387	1960	5483
17495	1970	14430
79462	1975	83529
114851	1980	105027
188221	1983	156397
85575	1985	75869
92886	1987	86810
116003	1989	113966
119443	1990	116148
126762	1991	118088
226607	1994	202020

Gold- und Devisenbestand 1992
Gold: 9,94 Mill. troy oz (1 Troy ounce = 31,1 Gramm) Devisen: 6823 Mill. SZR (Sonderziehungsrechte, 1 SZR am 31.12.1992 = 1,3750 US-$ bzw. 2,2193 DM)

Wassiliy Kandinsky, *Erstes abstraktes Aquarell*

Kanäle in Deutschland

Name	Erbaut	Länge in km	Verbindung zwischen
Mittelland-Ems-Kanal (Ems-Weser-Elbe-K.)	1905–1938	321,3	West- u. Ostdeutschland, mehrere Seitenkanäle
Dortmund-Ems-Kanal	1892–1899	269	Nordrhein-Westfalen u. Nordsee
Main-Donau-Kanal	1959–1992	171	Rhein–Main–Donau
Elbeseitenkanal (Nord-Süd-Kanal)	1976	112,5	Elbe- u. Mittellandkanal
Nord-Ostsee-Kanal	1887–1895	98,7	Nord- u. Ostsee
Oder-Spree-Kanal	1935	83,7	Eisenhüttenstadt u. Berlin
Oder-Havel-Kanal	1905–1914	82,8	Berlin–Ostsee
Rhein-Herne-Kanal	1905–1914	45,6	Rhein- u. Ruhrgebiet

Kanadabalsam, Harz kanad. Tanne; als Kitt in der opt. und mikroskop. Technik verwendet.
Kanadische Seen, svw. → Große Seen.
Kanaille, w. [-ˈnaljə], frz. *canaille* [-ˈnaːj], Hundepack; Schuft.
Kanake [polynes. „Mensch"], Eigenbezeichnung d. Hawaiianer, später abwertend f. Eingeborener d. Südseeinseln.
Kanal,
1) künstl. Wasserlauf, dient zur Be- od. Entwässerung, f. d. Schiffahrt als Verbindungs- und Umgehungsweg. – Kanäle in Dtld (→ Tabelle).
2) Meeresarm, z. B. → Ärmelkanal.
3) *Fernmeldetechn.* eine einseitig gerichtete Verbindung f. einen definierten Informationsinhalt, z. B. Fernsprech-K. (300 Hz bis 3,4 kHz), *Hörfunk-K.*, *Fernseh-K.* usw.
Kanalarbeiter, ugs. f. Gruppe d. Hinterbänkler d. SPD-Fraktion im dt. Bundestag.
Kanalinseln, *Normannische Inseln,* brit. Inselgruppe im Kanal a. d. W-Küste d. Normandie: *Jersey, Guernsey, Alderney, Sark, Herm,* zus. 195 km², 144000 E (85% sprechen Engl., Rest Frz.); z. T. autonome Gesetze. Mildes Seeklima. Ausfuhr (Frühkartoffeln, Weintrauben); Hptst. *St-Hélier* auf Jersey.
Kanalisation, Anlagen zur Ableitung d. Abwässer in Städten usw.; → Kläranlagen, → Rieselfelder.
Kanalstrahlen, 1886 v. Goldstein entdeckt, entstehen in → Entladungsröhren, deren Kathode mit Löchern („Kanälen") versehen ist; es sind pos. geladene Ionen, die im el. Feld d. Entladung hohe Geschwindigkeiten erreichen können.
Kanarienvogel, Zuchtform d. Kanarengirlitz; oft einfarbig gelb, beliebt wegen seines Gesangs, die sog. Harzer Roller, daneben Gestaltskanaris mit bes. Gefiedermerkmalen.
Kanarische Inseln, span. Inselgruppe vor d. nordwestafrikan. Küste; vulkan., trockenes Klima; auton. span. Region m. zwei Prov.: westl. Prov. *Santa Cruz de Tenerife* mit d. Inseln Teneriffa, Palma, Gomera u. Hierro, 3381 km², 707000 E; östl. Prov. *Las Palmas de Gran Canaria* mit d. Inseln Gran Canaria, Lanzarote u. Fuerteventura, 4066 km², 750000 E; dazu 6 kleine unbewohnte Inseln; Hptstädte u. -häfen: *Santa Cruz* u. *Las Palmas;* Anbau v. Wein, Bananen, Tomaten, Kartoffeln u. Gemüse; Fremdenverkehr.
Kanazawa, jap. Hafenst. an der W-Küste Honshus, 443000 E; Uni.; Seidenind.
Kandahar, Hptst. d. Prov. *K.* in SO-Afghanistan, 203000 E; Seidenind., Obstbau; Verkehrs- u. Handelszentrum.
Kandahar-Rennen, jährl. veranstalte-

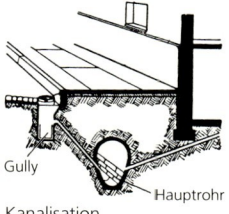

Gully — Hauptrohr
Kanalisation

tes alpines Skirennen m. wechselndem Austragungsort um einen von *Lord Roberts of Kandahar* gestifteten Pokal.
Kandare, w. [ungar.], Stangengebiß am Pferdegeschirr (hebelartige, daher verstärkte Wirkung). – *An die K. nehmen,* ugs. svw. kontrolliert zügeln.
Kandelaber, m. [l.], Armleuchter, Laternenträger.
Kander, l. Nbfl. der Aare, 44 km l., aus d. Berner Alpen z. Thuner See; durchfließt d. schweiz. Höhenkurort **Kandersteg** (1176 müM, Lötschbergtunnel).
Kandidat, m. [l.], *cand.,* Bewerber um (bes. öffentl.) Amt, Mandat u. a.; Student vor d. Schlußprüfung.
Kandinsky, Wassily (4. 12. 1866 bis 13. 12. 1944), russ.-frz. Maler, 1911 → „Blauer Reiter"; 1922–33 Prof. am → Bauhaus; ab 1935 in Paris; Begr. d. → absoluten Kunst; *Über das Geistige in der Kunst.*

Kandis, *m.* [arab.], *Zuckerkand,* aus heißer, konzentrierter, reiner, weißer od. brauner Zuckerlösung an Schnüren kristallisierter Zucker.
Kändler, *Kaendler,* Johann Joachim (15. 6. 1706–18. 5. 75), dt. Bildhauer u. Porzellanmodelleur (Meißen); Schöpfer d. Porzellanplastik; graziöse Rokokofiguren.
Kandy, Prov.hptst. in Sri Lanka, 130 000 E; Wallfahrtsort (*Zahnreliquie* Buddhas).
Kanea, *Chania,* Seehafen an der N-Küste Kretas, 102 000 E; Olivenausfuhr.
Kaneel, *m.,* Rinde des ind. Zimtbaums, Zimt.
Kanevas, *m.* [frz.],
1) *Stramin,* gitterartiges Gewebe, Untergrund für Stickereien.
2) Handlungsschema in der Stegreifkomödie.
Kangchendzönga, *Kantschindschanga,* dritthöchster Gipfel d. Erde, im Himalaja, 8586 m; Erstbesteigung 1955.
Känguruhs, pflanzenfressende Beuteltiere Australiens; kurze Vorderbeine, starke Springhinterbeine, langer Schwanz; *Riesen-K.* über 2 m lang. *Baum-K., Felsen-K.*
Kania, Stanisław (* 8. 3. 1927), poln. Pol.; 1980/81 Parteichef d. KP.
Kania-Enke, Karin (* 20. 6. 1961), dt. Eisschnelläuferin; dreimal. Olympiasiegerin über 500 m (1980), 1000 m u. 1500 m (1984), viermal Olympia-Silber u. einmal Olympia-Bronze.
Kaninchen, Hasenart; *Wild-K.,* urspr. in S-Europa beheimatet, 40 cm lang, kleiner und schlanker als der Hase, mit kürzeren Ohren und Hinterbeinen, lebt in selbstgegrabenen Erdhöhlen; sehr fruchtbar (Febr./März bis Okt. alle 5 Wochen 4–12, im 5.–8. Monat zeugungsfähige, im 12. Monat ausgewachsene Junge); Fell (*Kanin*) als Pelz u. Filz; das zahme K., *Stallhase,* in vielen Abarten gezüchtet (z. B. Widder-, Angora-, Riesen-Kaninchen).
Kanister, *m.* [gr.-l.], Plastik- oder Blechgefäß für Öl, Sprit usw.
Kanker, svw. → Weberknecht.
Kannegießer, nach Holbergs Lustspiel *Der pol. Kannegießer,* svw. Schwätzer, Biertischpolitiker.
kannelieren [frz.], auskehlen, riefeln, bes. Säulen.
Kannelur, senkrechte Säulenrillung.
Kannenbäckerland, Töpfereigebiet östl. v. Koblenz; Steingutfabrikation, Feinkeramik.
Kannenstrauch, *Nepenthes,* kletternde Pflanzen d. Malaiischen Archipels; Blätter laufen in kannenartige Gebilde aus, in deren wässeriger Inhalt Insekten u. andere kleine Tiere verdaut werden; → insektenfressende Pflanzen.
Kannibalen, *Anthropophagen,* Menschenfresser; Naturvölker, die menschl. Körperteile (bes. besiegter Gegner) rituell verzehrten.
Kannibalismus, in d. Astronomie „Verschlucken" einer kleineren durch e. größere Galaxie, meist bedingt durch ihre Schwerkraftwechselwirkung einander nähern.
Kano, Hptst. des Bundesst. *K.* in N-Nigeria, zw. Niger u. Tschadsee, Handels- u. Industriezentrum des Sudans, 595 000 Einwohner.

Kandy, *Tempel*

Känguruh

Kändler, *Fuchs und Dame am Spinett*

Wildkaninchen

Kano, in d. jap. Kunst v. K. Masanobu Ende 15. Jh. gegr. Schule d. weltl. Malerei; d. betont dekorat., farbintensive *K.-Stil,* teils m. Elementen d. chin. Tuschmalerei. bestimmte d. Kunst bis ins 19. Jh.; Hptvertr.: Matonobu, Eitoku, Tanyu.
Kanoldt, Alexander (29. 9. 1881–24. 1. 1939), dt. Maler d. → Neuen Sachlichkeit; Stilleben, Landschaften, Städte.
Kanon, *m.* [gr.].
1) die allg. anerkannten hl. Schriften einer Religion, *Richtschnur* für Glauben und Leben der Gläubigen; in der *kath. Kirche* kirchlicher Rechtssatz, ferner Hptteil der Messe, auch Liste der Heiligen.
2) *Kunst:* verbindl. ideale Schönheitsnorm; K. des menschlichen Körpers stellten u. a. auf: Polyklet (Speerträger), da Vinci, Dürer u. Schadow.
3) Tonstück (*Singrad*), in dem versch. Stimmen mit d. gleichen Melodie nacheinander einsetzen u. versch. begleiten; strengste Form d. mus. Nachahmung; → Imitation.
Kanone [it.], Flachfeuergeschütz (langes Rohr).
Kanonenboot, kleines Kriegsschiff, v. a. in Küstenbereich eingesetzt.
Kanonenfutter, nutzlos hingeopferte ungeschulte Soldaten, nach Shakespeare (*Heinrich IV.*).
Kanoniker [l.], *Chorherr,* Mitglied eines Domkapitels oder Kollegiatsstiftes.
Kanonisation → Heiligsprechung.
kanonisches Recht → Kirchenrecht.
Kanope, *w.,* im antiken Bestattungskult krugart. Rundgefäß z. Beisetzung d. Eingeweide (Ägypten) od. Asche (Etrurien) d. Verstorbenen; Deckel oft in Form e. Tierkopfs (d. ägypt. Schutzgottes) od. (teils bildnishaften) Menschenkopfs, nachweisbar s. d. 4. Dynastie.
Känozoikum → geologische Formationen, Übers.
Kanpur, ind. St. i. Uttar Pradesch, am Ganges, 1,96 Mill. E; Uni., TU; Stahlind.
Kansas ['kænzəs],
1) einer der Mittelstaaten der USA (Abk. *Kan.*), 213 063 km², 2,49 Mill. E; wellige Ebenen, i. O fruchtbares Ackerland (Weizenanbau), im W trockene Prärie, Viehzucht; Bodenschätze: Kohle, Erdöl, Erdgas, Zink; Hptst. *Topeka.*
2) *K. City,* 2 Städte an d. Mündung d. *K. River:* **a)** *K. C.* i. Staat Missouri, 434 000 E; Uni; Handelsplatz, Flughafen; **b)** *K. C.* i. Staat K., 150 000 E; Uni.; Ind.; Fleischverarbeitung.
Kant,
1) Hermann (* 14. 6. 1926), dt. Schriftst.; *Der Aufenthalt; Die Aula; Das Impressum.*
2) Immanuel (22. 4. 1724–12. 2. 1804), dt. Phil. aus Königsberg, Protagonist d. dt. → Aufklärung, beschränkt menschliches Erkennen auf Erfahrung (→ *Kritizismus*), ohne eine Welt, die über die Erfahrung hinausreicht, aufzugeben. Zwar sind „Dinge an sich" unerkennbar u. die „Vernunftideen" *Seele, Welt* u. *Gott* nur „Regulative" der Erfahrung, doch der Mensch erhebt sich über d. kausal bedingte „Welt d. Erscheinung" durch d. „Postulate d. prakt. Vernunft" *Freiheit, Unsterblichkeit, Gott;* sein sittl. Handeln ist im → *kategorischen Imperativ* begründet. Hptwerke: *Kritik der reinen Vernunft* (1781); *Kritik der prakt. Vernunft* (1788); *Kritik der Urteilskraft* (Ästhetik; 1790); *Grundlegung z. Metaphysik der Sitten* (1785); *Religion innerhalb der Grenzen der bloßen Vernunft* (1793); *Zum ewigen Frieden* (1795).
Kantabrisches Gebirge, Randgebirge Spaniens im N gegen den Golf v. Biscaya, höchster Gipfel: *Picos de Europa,* 2648 m.
Kantate [l. „singet"],
1) 4. Sonntag nach Ostern.
2) *w.,* Gesangsstück für Chor- u. Solostimmen m. Instrumentalbegleitung (J. S. Bach).
Kanthaken, Gerät zum Kanten (Bewegung) von Baumstämmen: bewegl. an Hebestange angebrachter Haken.
Kanthariden [gr.], *Blasenkäfer, Spanische Fliege* u. → *Ölkäfer;* liefern stark giftiges *Kantharidin (Pflasterkäfer),* als blasenziehendes Pflaster in der Medizin genutzt.
Kanther, Manfred (* 26. 5. 1939), CDU-Pol., s. 1993 Bundesinnenmin.
Kantilene, *w.* [it.], gesangsmäßige, meist getragene Melodie.
Kant-Laplacesche Theorie, zwei versch. Theorien (meist zus.geworfen) über die Bildung e. Sonnensystems aus kosm. Staubwolke (Kant) od. rotierendem Gasball (Laplace).
Kanton → Guangzhou.
Kanton, *m.,* frz. *Canton,* Bezirk, Kreis, in Frkr. u. Belgien Unterabteilung der Arrondissements, i. d. Schweiz die 25 Einzelstaaten.
kantonieren, ehem. mil. Aushebungssystem, bei dem Rekruten nach *Kantonsystem* eingezogen wurden; jeder Bezirk (*Kanton*) hatte best. Anzahl Leute zu stellen; daher „unsicherer *Kantonist*".
Kantor, Tadeusz (6. 6. 1915–8. 12. 90), poln. Maler (abstrakte, z. T. realist. Bilder), Graphiker, Bühnenbildner u. Regisseur.
Kantor [l.], (Vor-)Sänger, Leiter des Kirchengesanges, bes. in protestant. Kirchen. u. Synagogen.
Kantorowitsch, Leonid (19. 1. 1912 bis 7. 4. 86), sowj. Math. u. Wirtschaftswiss.; (zus. m. T. Koopmans) Nobelpr. 1975 (f. Beiträge zur Theorie d. optimalen Ressourcenverwendung).
Kantschu, *m.* [türk.], kurze, aus Riemen geflochtene Peitsche.
Kanu, auch **-nu** *s.,* engl. *Canoe,* Sammelbegriff f. Boote, die mit Doppel- od.

Kanüle **471** **Kapitulation**

Stechpaddel gefahren werden; urspr. Rindenboot nordam. Indianer.
Kanüle, w. [frz.],
1) Hohlnadel zu Injektionen, zur Blutentnahme u. zur Ableitung v. Flüssigkeitsansammlungen (Abb.).
2) Röhrchen, das nach Luftröhrenschnitt eingelegt wird.
Kanzel [l. „cancelli = Chorschranken"], der *Predigtstuhl* der Geistlichen in oder an der Kirche; entstand durch d. Bettelorden ab 13. Jh. in Italien; → Ambo.
Kanzelparagraph → Kulturkampf.
kanzerogene Stoffe → karzinogene Stoffe.
Kanzlei, w., Amtsstube z. Ausfertigung v. Urkunden; Schreibstube bei Behörden; Büro eines Rechtsanwalts od. Notars.
Kanzleischrift, w., größere Schrift m. starken Grundstrichen, im Buchdruck got. Zierschrift.
Kanzleisprache, Hofsprachen, im späten Mittelalter, z. B. an der Kanzlei Karls IV. Luther stützte sich bei seinen Übersetzungen auf die Meißner K.
Kanzleistil, im amtl. od. kaufm. Verkehr üblich gewesene Schreibweise, oft umständlich und steif.
Kanzler [ml. „cancellarius"],
1) Leiter der (Reichs-)Politik; je nach Reg.form versch. hohe Machtpositionen; seit d. MA Hof- (u. Reichs-)Beamter; *Erz-, Reichs-, Bundeskanzler.*
2) Titel des Vorstehers einer Gesandtschaftskanzlei.
Kanzone, w. [it.],
1) einstimm. Vokalform m. Instrumentalbegleitung; auch liedart. Tonstück.
2) it. Gedichtform: dreiteilige Strophe mit Auf- und Abgesang (z. B. Minnesang, Rückerts *Chider*).
Kaohsiung, *Gaoxiong,* Hafenst. an d. SW-Küste von Taiwan, 1,34 Mill. E; Werften, Ind., Raffinerien.
Kaolin, s. od. m., *Porzellanerde,* Sammelbez. für Aluminiumhydrosilikate (→ Tonerde), Hpt.bestandteil Kaolinit, ein → Tonmineral; meist aus Feldspat durch Verwitterung entstandene weiße fettige Masse; dient zur Porzellanherstellung.
Kap, s., vorspringender Teil einer Küste.
Kapaun, kastrierter, gemästeter Hahn.
Kapazität,
1) *Elektronik:* ugs. Bez. f. → Kondensator.
2) *Elektrostatik:* el. Fassungsvermögen von Leitern für el. Ladungen, Verhältnis (C) von Ladungsmenge (Q) zu Spannung (U), Einheit Farad (F); nicht nur bei → Kondensatoren, sondern auch zw. allen spannungführenden Leitern (z. B. Windungen einer Spule) möglich.
3) *elektrochemisch:* bei → Akkumulatoren u. Trockenbatterien die maximal gespeicherte Elektrizitätsmenge in Amperestunden (Ah).
4) *Starkstromtechnik:* Leistung eines Kraftwerks in Kilowatt (kW) od. Megawatt (MW).
5) *betriebswirtsch.* qualitatives u. quantitatives Leistungsvermögen e. Betriebes je Zeiteinheit u. Leistungsart.
Kap-Breton-Insel [-brɛtn-], kanad. Insel im S-Teil des St.-Lorenz-Golfes, 10 280 km², 175 500 E; Hptort *Sydney* (28 000 E); Obstbau, Fischerei.

Kap der Guten Hoffnung,
1) Kap in S-Afrika, südl. von Kapstadt.
2) Prov. *K. d. G. H.* d. Rep. Südafrika, *Kapland, Kapprovinz,* b. 1910 *Kapkolonie,* 641 379 km², 5,5 Mill. E (davon 20% Weiße); von der Küste mit den Tafelbergen bei der Hptst. *Kapstadt* zu der südafrikan. Hochebene in drei Stufen ansteigend; Randstufen mit Trockensteppen, Kl. und Gr. Karru; mildes Seeklima an der Küste, Wüstenklima im Inneren (hier Restbevölkerung d. Buschmännern u. Hottentotten). Viehzucht, Getreidebau (durch künstliche Bewässerung) u. Bergbau (Diamanten, Kupfer, Kohle). – Ab 1652 Kolonisierung durch holländ.-ostind. Kompanie; s. 1814 engl.; 1910 zur Südafrikan. Union.
Kapela, Gebirgszug in Jugoslawien (Kroatien); *Gr. K.,* 1533 m, im N u. *Kl. K.* im S. An den SW-Abhängen Weinbau.
Kapelle, w.,
1) urspr. Raum für den Mantel des hl. Martin.
2) kleiner Kirchenbau, auch als Anbau an Kirchen od. im Kircheninneren abgeteilter Raum.
3) *Musik:* urspr. Sängerchor (→ a cappella), s. d. 19. Jh. Bez. f. d. Orchester; Leiter: *Kapellmeister.*
Kaperei [ndl.], das von Regierungen durch *Kaperbrief* an Privatschiffe, *Kaperschiffe,* erteilte Seebeuterecht, im Seekrieg Privatschiffe (z. B. feindl. Handelsschiffe) fortzunehmen, zu *kapern;* durch Pariser Seerechtsdeklaration 1856 abgeschafft.
Kapern, in Essig eingelegte Knospen des *K.strauchs,* Mittelmeergebiet; Gewürz; Ersatz: Knospen versch. einheim. Pflanzen (z. B. Hahnenfuß, Sumpfdotterblume, Kapuzinerkresse u. Sonnenblume).
Kapernaum [-naʊm], hebr. *Kfar Nachum,* Stadt am See Genezareth, in der Jesus öfters weilte.
Kapetinger, frz. Königshaus 987 bis 1328; Nebenlinien bis 1792 u. 1848.
Kapfenberg (A-8605), östr. St. nördl. Graz, Steierm., 23 380 E; Eisen- und Stahlind.
kapieren [l.], ugs.: begreifen.
Kapillaren → Haargefäße.
Kapillarität, *Haarröhrchenwirkung,* in eintauchenden Kapillaren steht die Flüssigkeit höher oder niedriger als außen; Ursache: Zus.wirken v. → Kohäsion u. → Adhäsion; → Meniskus.
Kapital, s. [l.],
1) *betriebswirtsch.* d. auf d. Passivseite ausgewiesene Gesamtvermögen eines Unternehmens, nach Art d. Herkunft *Eigenk.* od. *Fremdk.;* nach Art der Verwendung *Anlage-K.* od. *Umlauf-K.;* K. kann i. Form v. Maschinen, Gebäuden usw. (Real-K.) od. i. Form von Zahlungsmitteln (Geld-K.) i. Unternehmen vorhanden sein.
2) *volkswirtsch.* Güter, die nicht d. sofortigen Konsum dienen, sondern die Erzeugung anderer Güter ermöglichen od. fördern sollen (Rohstoffe, Maschinen, Gebäude usw.). K. unterscheidet sich von d. beiden anderen (*natürlichen*) Produktionsfaktoren (Arbeit u. Boden) dadurch, daß es nicht von Natur aus gegeben ist, sondern durch Arbeitsleistung erst produziert werden muß *(produziertes Produktionsmittel).*
kapital- [l.], Vorsilbe: haupt(sächlich).

Immanuel Kant

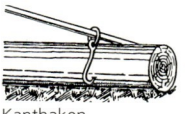
Kanthaken

Kanüle

Kapern

Kapitell, *Zeustempel, Griechenland*

Kapitol, *Palast der Senatoren*

Kapitale, w. [frz.], Hauptstadt.
Kapitalflucht, Verbringung v. Kapitalien (Geld, Devisen, Wertpapieren u. a.) ins Ausland.
Kapitalgesellschaften, Unternehmungsformen, b. denen die Beteiligten gegenüber Gläubigern der Gesellsch. nur mit ihren Kapitalanteilen u. nicht mit ihrem übrigen Vermögen haften (z. B. AG, GmbH).
Kapitalisierung, Umrechnung des *Gegenwarts-*(od. *Bar-)Wertes* von regelmäßigen Erträgen oder periodisch fälligen Zahlungen auf d. jeweiligen *Kapitalwert.*
Kapitalismus, *kapitalistisches Wirtschaftssystem,* Schlagwort für eine Wirtschaftsordnung, in der das Privatkapital dominiert, Arbeit u. Kapital wirtsch. und gesellsch. in Form v. Besitz u. Besitzlosigkeit getrennt sind.
Kapitalmarkt, Markt für langfrist. (Anlage-)Kredite (Ggs.: → Geldmarkt); Aktien, Obligationen (Renten), Staatsanleihen, Pfandbriefe u. ä.
Kapitalschrift, svw. Schrift nur mit → Majuskeln.
Kapitalverbrechen, bes. schwere Verbrechen, früher mit Enthauptung (lat. *caput* = „Kopf") bestraft.
Kapitalverkehrssteuern → Steuern.
Kapitalversicherung → Lebensversicherung.
Kapitän [l. „caput = Haupt"],
1) Kommandant eines Schiffes, hat volle Gewalt an Bord; Seeoffizier.
2) Kommandant eines Flugzeuges.
3) Kompanieführer in ausländ. Heeren. – In der Teilstreitkraft Marine *K.leutnant,* Offiziersdienstgrad, svw. Hauptmann, *Korvetten-K.* svw. Major, *Fregatten-K.* svw. Oberstleutnant, **K. zur See,** svw. Oberst.
Kapitel, s. [l.],
1) Versamml. v. geistl. Würdenträgern.
2) Wahlversammlung e. Ordens.
3) geschlossener Abschnitt eines Schrifttextes.
Kapitell, s. [l. „caput = Kopf"], Kopfstück d. → Säule od. des Pfeilers zw. Schaft u. Deckplatte, mit Stilepoche u. Region unterschiedl.) pflanzl., ornamentaler od. figürl. Ausformung.
Kapitol, s. [l. „capitolium"], zuerst Burg, dann rel. u. pol. Zentrum des alten Rom, auf dem *Kapitolinischen Hügel;* heute der von Michelangelo um 1546 ff. angelegte Platz mit dem Reiterstandbild Marc Aurels (s. 1990 dort e. Kopie) u. umgeben v. d. Palästen der Senatoren, Konservatoren u. d. Kapitolin. Museums. – In USA svw. Parlamentsgebäude (Abb. → Washington).
Kapitolinische Wölfin, etruskisches Bronzebildwerk aus d. 5./4. Jh. v. Chr., Wahrzeichen Roms; s. 16. Jh. mit d. Figuren v. → Romulus u. Remus.
Kapitular, m. [l.], Mitgl. eines → Kapitels 1) u. 2), bes. des → Domkapitels.
Kapitularien, Verordnungen der karoling. Könige; regelten kirchl. u. staatl. Angelegenheiten.
Kapitulation [nl.],
1) *Kirchenrecht:* Wahl-K. bei Papstwahl, Bindung durch Zusagen vor der Wahl, durch päpstliche Konstitutionen (Pius IV., Gregor XV.) verboten.
2) *Zivilrecht:* Ehevertrag im span. Recht.

3) *Völkerrecht:* urspr. Vertrag, der einen Staat verpflichtet, auf seinem Gebiet Anwerbung von Soldaten durch anderen Staat zu gestatten; später Verträge eur. Staaten mit d. Türkei, den Staaten d. Nahen Ostens, Afrikas u. Asiens, die letzteren gewöhnl. Pflichten u. Duldungen zugunsten der ersteren einräumen (z. B. exterritoriale Gerichtsbarkeit, Steuerfreiheit).
4) *Staatsrecht:* Wahl-Kap. (Wahlbrief), wurde im alten Dt. Reich v. Kurfürstenkollegium dem Kaiser vorgelegt, der sich mit Unterzeichnung zur Beachtung der darin festgelegten Grundsätze verpflichtete (erste Wahl-K.: Karl V. 1519).
5) *Kriegsrecht:* bedingungslose od. bedingte Ergebung eines Truppenteiles, einer Festung od. eines ganzen Heeres (Wehrmacht), rechtl. Kriegsvertrag.
Kapitza, Pjotr (26. 6. 1894–8. 4. 1984), sowj. Atomforscher; (zus. m. A. A. → Penzias u. R. W. → Wilson) Nobelpr. 1978 (Untersuchungen z. Tieftemperaturphysik).
Kaplan [l.], kath. Hilfsgeistlicher, Jungpriester.
Kapland, Kapkolonie, Kapprovinz → Kap der Guten Hoffnung.
Kapodaster [it.], Klemmvorrichtung am Gitarrenhals, die schwieriges Greifen erleichtert.
Kapok, *m., Pflanzendaunen,* Haare der inneren Wandung der Früchte des trop. K.baumes; unempfindl. gg. Feuchtigkeit, bes. z. Polstern.
Kaposi-Sarkom, bösartige Hautgeschwülste, vor allem bei → AIDS.
Kaposvár [-oʃ-], Hptst. des ungar. Komitats Somogy, 72 000 E; Elektronik- u. Nahrungsmittelind.
Kapotte, *w.* [frz.], kleiner Hut.
Kapp, Wolfgang (24. 7. 1858–12. 6. 1922), dt. Jurist u. Pol.; unternahm mit Gen. v. Lüttwitz 1920 mißglückten nationalistischen Putschversuch in Berlin: **Kapp-Putsch.**
Kappadokien, lat. *Cappadocia,* im Altertum Landschaft im ö. Kleinasien zw. Halys (heute → Kizil-Irmak) u. Euphrat, 17 n. Chr. röm. Prov.
Kappe, i. d. Baukunst d. Flächenabschnitt e. durch Rippen od. Grate geteilten Gewölbes. **Stichk.** senkrecht z. Achse e. Gewölbes eingeschnittenes sphärisches Dreieck.
Kappeln (D-24376), Hafenst. i. Kr. Schleswig-Flensburg, Schl-Hol., 10 210 E; AG; Fischerei, Bootswerft; Marinestützpunkt Olpenitz, Marinewaffenschule.
Kaprice, *w.* [frz. -s(ə)], *Kapriccio, s.* [it. -tʃ o], Laune.
Kapriole, *w.* [it.], Bock-, Luftsprung; beim Reiten besonderer Dressurakt der Hohen Schule.
kapriziös, launenhaft.
Kaprow ['kæprou], Allan (* 23. 8. 1927), am. Künstler; Vertr. d. → Abstrakten Expressionismus, → Environment u. e. Begr. d. → Happenings.
Kaprun (A-5710), Gem., 2901 E, u. Großkraftwerksgruppe in den Hohen Tauern, 1938–55 gebaut; 332 MW; 2 Speicher, 3 Sperren.
Kapstadt, engl. Cape Town, Hptst. d. südafrikan. Kapprovinz, a. d. SW-Küste, am Fuße des Tafelberges, 777 000 E, Agglom. 1,9 Mill. E (davon 543 000 Weiße); Sitz d. südafr. Parlaments; Uni.;

Kapstadt

Kapuzineraffe

KAP VERDE

Staatsname:	Republik Kap Verde, República de Cabo Verde
Staatsform:	Republik
Mitgliedschaft:	UNO, AKP, OAU, CPLP
Staatsoberhaupt:	António Mascarenhas Monteiro
Regierungschef:	Carlos Alberto Wahnon de Carvalho
Hauptstadt:	Praia 61 700 Einwohner
Fläche:	4033 km²
Einwohner:	381 000
Bevölkerungsdichte:	94 je km²
Bevölkerungswachstum pro Jahr:	⌀ 2,88% (1990–1995)
Amtssprache:	Portugiesisch
Religion:	Katholiken (99%)
Währung:	Kap-Verde-Escudo (KEsc)
Bruttosozialprodukt (1994):	346 Mill. US-$ insges., 910 US-$ je Einw.
Nationalitätskennzeichen:	CV
Zeitzone:	MEZ – 2 Std.
Karte:	→ Staaten und Territorien der Erde

intern. Flughafen, Hafen; Verkehrs- u. Industriezentrum; Ausfuhr: Wolle, Häute, Gold, Diamanten.
Kaptalband, *Kapital,* in der Buchbinderei; an oberer u. unterer Kante d. Buchrückens angeklebtes Bandgewebe m. Wulstkanten (Schmuck u. Staubschutz).
Kapuziner, einer der drei Hauptzweige des Franziskanerordens, gegr. um 1525; Tracht: braune Kutte, spitze *Kapuze* und Bart.
Kapuzineraffen, südam. Affen mit Greifschwanz; leben in Familien. Name nach der käppchenartigen Bildung d. Kopfbehaarung.
Kapuzinergruft, Begräbnisstätte der → Habsburger in Wien.
Kapuzinerkresse, z. T. kletternde Zierpflanzen mit großen buntfarbigen, gespornten Blüten, aus S-Amerika.
Kapuzinerpilz → Birkenpilz.
Kap Verde, *Kapverdische Inseln,* Rep. u. Inselgruppe vor der Westküste Afrikas, 15 Inseln, davon 10 bewohnt, Ausfuhr v. Fischprodukten, Bananen, Kaffee u. Zucker; s. 1462 portugies. Kolonie, s. 1975 unabhängig; 1990 Mehrparteiensystem; 1992 demokrat. Verfassung.

Kap Verde

Kar, *s.,* durch Gletschererosion entstandene Hohlform mit breitem Boden und steilen Rückwänden im Gehänge ehemals vergletscherter Gebirge; K.boden oft mit einem durch Felsschwelle oder Moränenwall abgeriegelten See.
Karabiner, *m.* [frz.], Gewehr mit verkürztem Lauf.
Karabinerhaken, mit Feder, die den Verschluß gg. das Herausgleiten der Öse aus dem Haken sichert.
Karabiniere, *Karabiniers* [frz. biˈnje:], mit Karabiner bewaffnete Reiter.
Karabinieri, it. Gendarmerie.
Kara-Bogas-Gol [„Schwarzer Schlund"], flache, 18 000 km² gr. Bucht i. O d. Kasp. Meeres.
Karachi, *Karatschi,* 1947–1959 Hptst. v. Pakistan, 5 Mill. E; Eisen- u. Textilind.; Ausfuhrhafen f. Baumwolle u. Weizen; intern. Flughafen; Atomkraftwerk.

Karabinerhaken

Herbert von Karajan

Karäer, jüd. Sekte, entstanden im 8. Jh. n. Chr. i. Vorderasien; lehnen Talmud ab.
Karaganda, Gebietshptst. in Kasachstan, 609 000 E; Kohlenbergbau, Hüttenind., Zentrum des *K.-Kohlenbeckens.*
Karageorgewitsch, *Karadjordjević,* serb. Herrscherhaus; reg. m. Unterbrechungen 1804–1945 (1921–34 in Jugoslawien → Alexander I.).
Karagöz [türk. „Schwarzauge"], nach der Hauptfigur benannte türk. u. marokkan. Schattenspiele.
Karaiben, *Kariben,* einst große indian. Stammesgruppe in S-Amerika (bes. Guayana); v. → Kolumbus 1492 in Westindien (Antillen) entdeckt, heute dort trotz → Las Casas ausgerottet.
Karajan, Herbert v. (5. 4. 1908–16. 7. 89), östr. Chefdirigent d. Berliner Philharmoniker (s. 1955), s. 1949 Konzertleiter d. Gesellschaft d. Musikfreunde, Wien, Leiter d. Wiener Staatsoper (1957–64) u. d. Salzburger Festspiele.
Karakalpakische AR, autonome Rep. i. Usbekistan, 164 000 km², 1,2 Mill E; Hptst. Nukus; Baumwoll-, Reisanbau, Viehzucht; Bewohner *Karakalpaken,* e. Turkvolk.
Karakorum, südlicher zentralasiat. Hochlandgebirgszug, zw. dem Pamir und Himalaja; starke Vergletscherung (Siachengletscher ca. 70 km l.); höchste Erhebung → K 2 (*Mount Godwin Austen,* 8610 m), im NO d. **K.paß,** 5574 m, Kammhöhe 7300 m.
Karakulschafe, asiat. Fettschwanzschafe; Lämmer liefern → Persianer.
Karakum, Wüstengebiet in Turkmenistan, zw. Kasp. Meer u. Amu-darja, 270 000 km²; Erdgas.
Karakumkanal, 840 km l., davon 500 km schiffbar, m. Tschardarinstaubecken, 5,7 Mrd. m³.
Karamanlis, Konstantin (* 23. 7. 1907), griech. Pol. („Neue Demokratie"); 1955–63 u. 1974–80 Min.präs., 1980–85 u. s. 1990 Staatspräs., Karlspreis 1978.
Karambolage, *w.* [frz. -ˈlaːʒə], Zusammenprall (d. Billardkugeln).
karambolieren, zusammenstoßen, m. Spielball mehrere Billardbälle treffen.
Karamel, *m.* [span.-frz.], gebräunter → Zucker.
Karaoke [jap.], Playback-Spiel m. Gesangseinlagen d. (Disco-)Gäste.
Karat, *s.* [arab.], Same des Johannisbrotes; Gewichtseinheit für Juwelen = 0,205 g; auch Bez. f. den Reinheitsgrad einer Goldlegierung (z. B. Goldgehalt von 100% = 24 Karat; 75% = 18 Karat).
Karate [jap. „leere Hand"], chin. Selbstverteidigungstechnik, die in Japan zum Sport entwickelt wurde; gekämpft wird mit angedeuteten Faust-, Arm- u. Beinstößen bzw. -schlägen.
Karausche, *w.,* karpfenähnlicher, wohlschmeckender Süßwasserfisch; Abart: → Goldfisch.
Karavelle, *w.,* Hochseesegelschiff, 14.–16. Jh.
Karawane, *w.* [pers. „kärwân = Kamelzug"], Reiseges. (Kaufleute, Pilger) im Orient; benutzt werden s. d. Altertum bestehende *Karawanenstraßen.*
Karawanken, östl. Teil der Karnischen Alpen, Kalkgebirge, gr. Schutthalden, Grenze zw. Östr. u. Slowenien, im *Hochstuhl* 2238 m, *Hochobir* 2141 m

(Wetterwarte), Loiblpaß 1368 m, geschlossen, Transit durch Loibltunnel (1067 m) u. K.-Tunnel (Eisenbahntunnel 7976 m, Straßentunnel 7864 m).
Karawanserei, w., Herberge für Karawanen.
Karbatsche, w., türk. Riemenpeitsche.
Karbon, s. [l.], → geologische Formationen.
Karbonade, w. [frz.], Rippenstück vom Schwein (→ Fleisch, Übers.).
Karbonari, ehem. pol. Geheimgesellschaft in Italien, später auch in Frkr.; s. 1807 nat.republikan. Revolutionäre in Neapel-Piemont.
Karbunkel, m. [l.], eitrige Entzündung mehrerer benachbarter Talgdrüsen und Haarbälge der Haut; → Furunkel.
karburieren, dem Leuchtgas Kohlenwasserstoffgase, bes. Gas von Petroleumäther, zufügen; zur Erhöhung der Leucht- und Heizkraft.
Karcher, Johann Friedrich (8. 9. 1650 bis 9. 2. 1726), sächs. Gartenarchitekt u. Baumeister d. Barock an d. Höfen v. Dresden u. Warschau.
Kardamom, m. od. s., Frucht verschiedener indischer Ingwergewächse.
kardanische Aufhängung, kardanisches Gelenk, zur Waagerechthaltung v. Kompaß, Lampe, Uhr auf Schiffen, auch bei stärkster Schwankung; ben. nach → *Cardano*; besteht aus drei Ringen, die ineinander um 90° drehbar sind.
Kardanwelle, m. Gelenken versehene Welle bei Kraftwagen; überträgt Drehung v. Getriebe auf die Hinterachse.
Kardätsche, w. [it.], Bürste zum Pferdeputzen.
Karde, w., *Weberdistel,* Blütenköpfe werden zum Rauhen *(kardieren)* von Wollwaren benutzt.
Kardia, Eingang des Magens.
Kardiaka [l.], Herzmittel.
kardial, das Herz betreffend.
Kardinal- [l. „cardinalis = hauptsächlich"], als Vorsilbe: Haupt-, Grund- (z. B. *K.fehler:* Grundfehler).
Kardinal [l.].
1) vom Papst ernannter (nach ihm) höchster Würdenträger d. röm.-kath. Kirche (→ Eminenz); die Kardinäle bilden d. **K.skollegium,** beraten d. Papst *(Konsistorien),* sind d. Vors. d. versch. kirchl. Ausschüsse *(Kongregationen)* u. wählen d. Papst *(Konklave;* Reform geplant); Tracht: Purpur; in Dtld meist d. Erzbischöfe v. Köln, München und Berlin, früher auch Breslau, zu Kardinälen erhoben.
2) nordam. Fink; rot mit Federschopf; Käfigvogel, Sänger.
Kardinaltugenden, Grundtugenden, aus denen alle übr. Tugenden folgen, z. B. i. d. Antike (Platon, Stoa): Weisheit, Gerechtigkeit, Besonnenheit, Tapferkeit.
Kardinalzahlen, die nichtnegativen, ganzen Zahlen 0, 1, 2, 3 . . . ; i. d. Mengenlehre gibt d. Kardinalzahl d. → *Mächtigkeit* e. Menge an.
Kardiologie, Lehre v. Herz u. s. Krankheiten; MPI f. K. in → Bad Nauheim.
Kardiospasmus, Krampf der → Kardia.
Kardiotokographie, Aufzeichnung der kindl. Herztätigkeit im Mutterleib u. der Wehen.
kardiovaskulär, Herz u. Kreislauf betreffend.

Kardioversion, Regulierung des Herzrhythmus, ähnl. wie mit → Defibrillator.
Karelien,
1) Waldlandschaft in NO-Europa, beiderseits v. Ladoga- u. zw. diesem u. d. Onegasee bis zum Weißen Meer nordwärts.
2) Teilrep. d. Russ. Föderation, 172 400 km², 796 000 E; Forstwirtsch., Fischfang u. Jagd, geringe Landw.; Eisenerzförderung, Aluminiumerzeugung, Maschinen- u. Schiffbau; Hptst. *Petrosawodsk.* – *Karelische Landenge* 1947 v. Finnland an Rußland abgetreten, Umsiedlung v. 400 000 E nach Finnland.
Karelier, finn. Volksstamm, in → Karelien; Jäger u. Fischer (orthodox) im russ. Teil, im finn. Teil intensive Land- u. Gartenwirtschaft; lutherisch.
Karen, Volk u. Sprache im südöstl. Myanmar.
Karenz, w. [l.], Entbehrung.
Karenzzeit, Warte-, Ausfallszeit.
Karerpaß, it. Paß an d. *Gr. Dolomitenstraße* (Bozen–Cortina), 1745 m; an ihr bei Welschnofen d. **Karersee,** 1530 müM.
karessieren [frz.], liebkosen, schmeicheln.
Karfreitag, 2 Tage vor Ostern; hoher ev. Feier- u. kath. Trauertag (Kreuzigung Jesu).
Karg-Elert, Sigfried (21. 11. 1877 bis 9. 4. 1933), dt. Musiktheoretiker u. Komponist.
Kargoversicherung, versichert b. Transporten die Ladung gegen Beschädigung, Entwendung usw.; auch → Kaskoversicherung.
Karibadamm, am Sambesi (Simbabwe/Sambia), 1959 fertiggestellt, 125 m h., staut *K.see,* 5309 km², Stauraum 180,6 Mill. m³; Elektrizitätswerk mit 705 MW jährlich; 2. Kraftwerk auf sambischem Gebiet (s. 1976 in Betrieb, 600 MW).
Kariben, svw. → Karaiben.
Karibisches Meer, Südteil des Am. Mittelmeers, Nebenmeer des Atlantiks 2,7 Mill. km², bis 7680 m tief.
Karibu, nordam. → Rentier.
Karies, w. [l. -rīes „Fäulnis"], Knochen- oder → Zahnfäule.
Karikatur, Zerrbild; künstler. Darstellung s. d. Antike, d. durch Überbetonung von Einzelzügen komisch od. satirisch wirken will; K.zeitschriften: *Kladderadatsch* (s. 1848), *Simplicissimus* (s. 1896), in Frkr. *Charivari* (s. 1832), in Engl. *Punch* (s. 1841); berühmte Karikaturisten: Hogarth, Goya, Daumier, Doré, Gavarni, Busch, Simmel, Gulbransson, Matejko, Weber, Low, Steinberg u. Price.
karikieren, verzerrt, entstellt darstellen.
Karimow, Islam Abdugamijewitsch (* 30. 1. 1938), s. 1991 usbekistan. Staatspräs.
Karin [schwed. Kurzform zu Katharina], w. Vn.
Karisches Meer, *Karasee,* Teil d. Nördlichen Eismeeres, zw. Nowaja Semlja u. d. Halbinsel Jamal; fischreich, 4–5 Monate vereist, durch **Karische Straße** verbunden mit Barentssee.
Karkasse [frz. „Gerippe"],
1) innerer fester Verband eines → Luftreifens; bestehend aus kreuzweise übereinandergelegten u. vervulkanisierten

Kardanische Aufhängung

Wilde Karde

M.-Brockmann, Einstein, Karikatur

Karl der Große

Kordgewebelagen; statt Textileinlagen auch Drahteinlagen; → Gürtelreifen.
2) Skelett des Geflügels.
Karl [altdt. „tüchtiger Mann"],
a) *Fränk. Reich:*
1) K. Martell, der „Hammer" (um 688 bis 741), 714 Majordomus (Hausmeier), besiegte 732 die Araber bei Poitiers.
2) K. d. Gr. (2. 4. 747–28. 1. 814), 768 Frankenkönig, unterwarf die Sachsen, Langobarden, Bayern, Feldzug nach Spanien; erneuerte 800 das röm. Kaisertum als christl. Universalherrscher; sicherte d. Reichsgrenzen durch Marken; schuf Schöffengerichte, gründete Schulen; sein Leben vielfach von der Sage verherrlicht (→ Rolandslied).
3) K. der Kahle (13. 6. 823–6. 10. 77), erhielt 843 im Vertrag von Verdun Westfranken (Frkr.).

Karl V.

Karl der Kühne

4) K. d. Dicke (839–88), 876 Kg, 881 Kaiser, 887 abgesetzt.
b) *Dt. Kaiser:*
5) K. IV. v. Luxemburg (14. 5. 1316 bis 29. 11. 78), reg. 1346–78, Kaiser 1355, erließ → Goldene Bulle, begr. erste dt. Uni. (Prag).
6) K. V. (24. 2. 1500–21. 9. 58), 1516 Kg v. Span.; Kaiser 1530–56; Ausbrei-

tung der span. Weltmacht, bekämpfte Reformation (→ Schmalkaldischer Krieg).
7) K. VI. v. Habsburg (1. 10. 1685 bis 20. 10. 1740), Kaiser 1711–40; → Pragmatische Sanktion.
8) K. VII. (6. 8. 1697–20. 1. 1745), Kurfst v. Bayern, Kaiser s. 1742.
c) *Braunschweig:*
9) K. Wilhelm Ferdinand (9. 10. 1735 bis 10. 11. 1806), 1780 Hzg, preuß. Heerführer; in der Schlacht bei *Auerstedt* tödl. verwundet.
d) *Burgund:*
10) K. der Kühne (10. 11. 1433–5. 1. 77), Hzg 1467–77 (bei Nancy gefallen), Gegner Ludwigs XI. von Frkr., v. d. Schweizern 1476 bei Grandson und Murten geschlagen.
e) *England:*
11) K. I. (19. 11. 1600–30. 1. 49), Kg seit 1625, Bürgerkrieg, hingerichtet von Cromwell; s. Sohn
12) K. II. (29. 5. 1630–6. 2. 85), Kg seit 1660, Restauration.
f) *Frkr.:*
13) K. VII. (22. 2. 1403–22. 7. 61), Kg s. 1422, 1429 gekrönt (von Jungfrau v. Orléans).
14) K. IX. (27. 6. 1550–30. 5. 74), Kg seit 1560, Bartholomäusnacht 1572.
15) K. X. (9. 10. 1757–6. 11. 1836), Kg 1824, durch Julirevolution 1830 gestürzt.
g) *Neapel u. Sizilien:*
16) K. von Anjou (1226–85), 1265 v. Papst mit Kgr. beider Sizilien belehnt, besiegte 1266 Manfred, d. natürl. Sohn Friedrichs II., 1268 → Konradin.
h) *Östr.:*
17) K. (5. 9. 1771–30. 4. 1847), Erzherzog, schlug 1809 Napoleon bei Aspern.
18) K. I. (17. 8. 1887–1. 4. 1922), Kaiser 1916–18; mußte abdanken.
i) *Rumänien:* K. → Carol.
j) *Sachsen-Weimar:*
19) K. August (3. 9. 1757–14. 6. 1828), Hzg, 1815 Großhzg, Sohn der Hzgin Anna Amalia, holte 1775 Goethe nach Weimar. Als einer der ersten dt. Fürsten gab K. A. 1816 eine Verfassung.
k) *Schweden:*
20) K. XII. (27. 6. 1682–11. 12. 1718), Kg s. 1697; Nord. Krieg; fiel vor Friedrichshall.
l) *Württemberg:*
21) K. Eugen (11. 2. 1728–24. 10. 93), s. 1737 Hzg, verschwenderischer Despot, gründete die → Karlsschule.
Karlfeldt, Erik Axel (20. 7. 1864–8. 4. 1931), schwed. neuromant. Lyriker; Nobelpr. 1931.
Karlisten → Carlos 2).
Karlmann, Name mehrerer karoling. Herrscher: **K.** († 771), Bruder u. Mitregent Karls des Großen.
Karl-Marx-Stadt → Chemnitz.
Karlovac → Karlstadt.
Karlowitz, serbokroat. *Sremski Karlovci,* St. an der Donau, Jugoslaw., 8000 E. – Friede v. K. (1699) beendete Türkenkrieg s. 1683.
Karlsbad, tschech. *Karlovy Vary,* St. in NW-Böhmen, Kur- u. Badeort, 56 000 E; 16 Mineralquellen.
Karlsbader Beschlüsse, 1819 unter → Metternich auf K. Konferenz gefaßt; gg. Lehrfreiheit d. Uni.en, Pressefreiheit, Burschenschaft, Turnvereine; 1848 aufgehoben.

Kärnten

Karpfen

Kartoffel mit grünen Beerenfrüchten

Kartusche

Karwendel mit Schmalsee

Karlsbader Salz, enthält Glaubersalz; Abführmittel.
Karlshorst, St.teil Berlins, Pferderennbahn. – 1945–55 Sitz d. sowj. Besatzungsbehörde.
Karlskoga [-,ku:ga], schwed. Bergbau- u. Ind.st. im Län Örebo, 35 000 E.
Karlskrona [-,kru:na], Hptst. des Län Blekinge, 59 000 E; Kriegshafen.
Karlspreis, s. 1950 verliehener Preis d. St. Aachen f. Verdienste um d. eur. Bewegung u. d. Einigung Europas; Preisträger u. a.: K. Adenauer (1954), W. Churchill (1956), E. Heath (1963), Kommission der eur. Gemeinschaften (1969), F. Seydoux (1970), R. Jenkins (1972), S. de Madariaga (1973), L. Tindemans (1976), W. Scheel (1977), K. Karamanlis (1978), E. Colombo (1979), – (1980), S. Veil (1981), Juan Carlos I. (1982), – (1983), K. Carstens (1984). – (1985), Volk v. Luxemburg (1986), H. Kissinger (1987), F. Mitterrand u. H. Kohl (1988), Frère P. Schutz (1989), G. Horn (1990), V. Havel (1991), J. Delors (1992), F. Gonzales Marquez (1993), G. H. Brundtland (1994), F. Vranitzky (1995), Kgn. Beatrix d. Ndl. (1996).
Karlsruhe (D-76131–229), Stkr. u. Sitz d. Rgbz. K., in Ba-Wü. (bis 1945 Hptst. des Landes Baden), r. a. Rhein; 269 322 E; in Fächerform erbaut 1715; älteste TH in Dtld (gegr. 1825, s. 1967 Uni.), zahlr. Forschungsinst., Kunst- u. Musik-HS, Europaschule, Staatstheater, Kunsthalle, Landesmus. (Schloß), Landessammlungen für Naturkunde, B.gerichtshof, -verf.gericht, IHK, OLG, LG, AG, HWK, OPD, BD, Rheinhäfen (Umschlag 1991: 11,3 Mill. t), Masch.-, Apparate- u. Fahrzeugbau, elektrotechn., chem., kosmet. Ind.; Eurocontrol, Dt. Kernforschungszentrum; Raffinerien (Ölhafen).
Karlsschule, herzogl. württemb. Erziehungsanstalt, gegr. von Hzg Karl Eugen, auf Schloß Solitude 1770; v. Schiller besucht.
Karlstad, Hptst. d. schwed. Län Värmland, nördl. d. Vänersees, 75 000 E; Masch.-, Text.ind., Reedereien.
Karlstadt, eigtl. *Andreas Bodenstein* (1480 bis 24. 12. 1541), dt. Theol.; verteidigte Luther 1519 in d. → Leipziger Disputation gg. Eck.; Bilderstürmer, b. Aufstand der Bauern, deshalb später Gegner Luthers.
Karlstadt,
1) (D-97753), Krst. des Main-Spessart-Kr., am Main, Bay., 15 211 E; ma. St.kern; Zement u. Textilind.
2) serb. *Karlovac,* Ind.st. in Kroatien an der Kulpa, 55 000 E.
Karlstein a. Main (D-63791), Gem. i. Kr. Aschaffenburg, Bay., 7509 E; Kernkraftwerk (25 MW, stillgelegt).
Karma, s. [sanskr. ,,Tat"], das Gesetz, nach dem sich die Taten d. Menschen b. d. Wiederverkörperung auswirken; im Hinduismus u. Buddhismus u. i. d. Theosophie u. Anthroposophie wesentl. Gedanke.
Kármán, Theodor von (11. 5. 1881 bis 7. 5. 1963), ungar. Aerodynamiker; arbeitete insbes. in USA u. Dtld.
Karmaten, *Quarmaten,* islam., rel.-polit. Geheimbund, begr. v. Hamdan Quarmat, s. 9. Jh. v. Mesopotamien ausgegangen.
Karmel [hebr. ,,Obstgarten''], Gebirge in N-Palästina, bis 550 m; auf ihm Stammeskloster der **Karmeliter,** Einsiedlergenossenschaft, 1209 Mönchsorden; Spaltung in *Observanten* u. *Konventualen* (mildere Regel), 15. Jh.
Karmin, s., *Karmesin, Karmoisin,* roter Farbstoff; aus der → Koschenille-Schildlaus gewonnen.
Karnataka, bis 1973 *Maisur, Mysore,* Bundesstaat der Rep. Indien, 191 773 km², 44,81 Mill. E.; Getreide- u. Baumwollanbau; Bergbau; Hütten-, Masch.-, Baumwollind.; Hptst. *Bangalore.*
Karneol, m., rote u. gelbe Abarten d. → Chalzedon.
Karner, auch ,,Beinhaus''; s. 12. Jh. auch zweigeschossig m. aufgestockter Kapelle, bes. in Östr.
Karneval, m. [it.], svw. → Fasching.
Karnische Alpen, geradlinige Gebirgskette zw. Dolomiten und Julischen Alpen, Grenze zwischen Kärnten und Italien; Hohe Warte 2780 m.
Karnivoren, fleischfressende Pflanzen und Tiere; Ordnung Raubtiere (*Carnivora*).
Kärnten, östr. Bundesland in den SO-Alpen; 9533 km², 560 994 E (im SO ca. 16 000 Slowenen, *Windische*); mit Klagenfurter Becken (Drautal) im Mittelpkt, d. Hohen Tauern (*Großglockner* 3797 m) u. Norischen Alpen im N, den Karnischen Alpen u. Karawanken im S; wichtigstes Durchgangsland zw. Wien u. Venedig (Karawanken- u. Tauernbahn); waldreich (Sägewerke, Papier- u. Cellulosefabr.); Abbau v. Magnesit, Zink-, Bleierz; Fremdenverkehr; Hptst. *Klagenfurt.* – Urspr. keltisch, 15 n. Chr. röm. Prov., 976 selbst. Hzgtum, s. 1335 östr.; 1919 Mießtal an Jugoslawien, Kanaltal an Italien abgetreten.
Karnuten, keltischer Stamm zw. Seine u. Loire.
Karo, s., (rotes) Viereck (der frz. Spielkarte).
Karolinen, 963 flache Koralleneilande u. Atolle im Pazifik, Teil Mikronesiens, 1194 km², 126 000 E, mikrones. Mischlinge; d. Inseln Yap u. Ponape an beiden Endpunkten der K. vulkan. Hochinseln, Urwald u. Kokoshaine; Ausfuhr: Kopra, Zucker. – 1521 von Magalhães entdeckt u. span. bis 1899, bis 1919 dt., 1919–45 jap., 1947–90 UN-Treuhandgebiet, v. USA verwaltet → Mikronesien.
Karolinger, fränk. Fürstengeschlecht, ben. nach Karl d. Gr., im Fränk. → Hausmeier seit 687, Kge seit 751, reg. in Italien bis 875, in Dtld bis 911, in Frkr. bis 987.
karolingische Kunst, d. Kunst des Karoling. Reichs (Mitte 8. bis Mitte 10. Jh.); unter Karl d. Gr. vorübergehend wieder Anlehnung an spätantike Vorbilder: in d. *Architektur* z. B. Zentralbau (Pfalzkapelle in Münster v. Aachen), Ausformung d. Basilika-Querhauses (Einhard-Basilika in Steinbach), d. Westwerks (Klosterkirche v. Corvey) u. d. Chorumgangs (St. Martin in Tours), Klosteranlagen (Plan v. St. Gallen, Torhalle in Lorsch), Königspfalzen; in d. *Malerei* wird d. menschl. Gestalt wieder bildwürdig, Evangeliare (Ada-Ev.) d. Aachener Hofschule; in *Plastik* u. *Kleinkunst* – Elfenbein- u. Goldschmiedearbeiten, Bronzeguß.
Karolus, August (16. 3. 1893–1. 8. 1972), dt. Physiker; entwickelte 1923

Karosse — **Kasachstan**

aus → Kerr-Effekt **K.zelle** f. Bildtelegraphie und Fernsehen.
Karosse, w. [frz.], Galakutsche, Staatswagen.
Karosserie, auf d. Fahrgestell (Chassis) aufsitzender Autoaufbau; heute b. Pkw selbsttragend, d. h. ohne Rahmen.
Karotinoide, Polyene, biol.-physiol. organ. Farbstoffe meist pflanzl. Herkunft: Carotin (namengebend), bewirkt Karottenfärbung, Muttersubstanz der Vitamin A (→ Vitamine, Übers.), → Xanthophyll.
Karotis, w. [l.], Kopfschlagader.
Karotte, kleine, runde → Mohrrübe.
Karpaltunnelsyndrom, Schädigung des im Bereich d. Handwurzel auf d. Handinnenseite (im Karpaltunnel verlaufenden) Unterarmnervs durch Druck nach Verletzung od. durch Erkrankung des Gleitgewebes; verbunden mit Schmerzen, Mißempfindungen, Greifschwäche u. Muskelschwund; muß zumeist operativ behandelt werden.
Karpaten, junges, waldreiches Faltengebirge im südöstl. Mitteleuropa, vorwiegend Mittelgebirgscharakter, ausgenommen die Hohe Tatra (2654 m), umschließen in weitem, nach W offenem Bogen ab Preßburg b. z. Banater Gebirge 1500 km l. d. Ungar. Tiefebene: W-K. (Kleine K., Weiße K., Neutraer Gebirge, Slowak. Erzgebirge, Hohe und Niedere Tatra, W-Beskiden), O-K. u. S-K. od. Transsylvan. Alpen; Erdöl- u. Salzlager am Außenrand, Silber- u. Bleierze am Innenrand; Forstwirtschaft.; Bev.: Slowaken, Goralen, Ukrainer, Huzulen, Rumänen, **Karpathos,** griech. Insel d. S-Sporaden, 301 km², 5000 E; verkarsteter Boden; Tourismus.
Karpato-Ukraine, umfaßt Südabhänge von Teilen d. Waldkarpaten sowie deren Vorland, 12 800 km², 1,3 Mill. E, vorwiegend griech.-unierte Ukrainer. – Bis 1918 ungar.; 1920 z. Tschechoslowakei; 1938 zu Ungarn; 1945 zur Sowjetukraine; Hptst. Uschgorod.
Karpfen, Süßwasserfisch, Zucht in Teichen, beliebter Speisefisch, je nach Beschuppung Schuppen-K., Leder-K., Spiegel-K.
Karpow, Anatol (* 23. 5. 1951), russ. Schachspieler; 1975, 1978 u. 1981 Weltmeister, verlor 1985 Titel an Kasparow.
Karree, s. [frz. ka´re],
1) Rippenstück → Fleisch, Übers.).
2) Truppenabwehrstellung gg. Reiterangriffe; geschlossenes Viereck.
Karren → Schratten.
Karrer, Paul (21. 4. 1889–18. 6. 1971), schweiz. Chem.; Isolierung der Vitamine A u. K, Synthese von Vitamin B₂ und E; Nobelpr. 1937.
Karriere [frz.],
1) (erfolgreiche) Laufbahn.
2) schnellster Galopp d. Pferdes.
Karru, Trockensteppe a. d. Randstufen S-Afrikas.
Karsamstag [ahd. „Klage"], i. d. christl. Kirchen d. Samstag v. Ostern; → Karfreitag.
Karsch, Anna Luise, „die Karschin" (1. 12. 1722–12. 10. 91), dt. Gelegenheitsdichterin der friderizian. Zeit.
Karst, m., Kalkhochflächen südlich der Julischen Alpen u. auf der Halbinsel Istrien in Kroatien, bis 1800 m hoch, mit den hier typisch entwickelten u. danach

benannten **K.erscheinungen** in Kalkgebirgen: Rinnen (Karren), Trichter (Dolinen) und Höhlen, die durch das Wasser infolge der Durchlässigkeit und leichten Löslichkeit des Kalksteins gebildet werden.
Kartätsche, w. [it.], Artilleriegeschoß, mit Bleikugelfüllung, für Nahschuß; veraltet; → Schrapnell.
Kartause w. [frz. chartreuse, it. certosa], Wohnanlage der → Kartäuser; e. Sonderform des ma. Klosterbaus m. sich am Kreuzgang reihenden, jew. nur von e. Mönch allein bewohnten u. bewirtschafteten kl. Häusern m. Garten; z. B. Kartause von Pavia.
Kartäuser, Eremitenorden m. 1084 v. Bruno v. Köln gegr. Stammkloster Grande Chartreuse bei Grenoble; weiße Tracht. **K.innen,** im 12. Jh. gegr. weibl. Zweig; d. Nonnen leben in gemeinschaftl. Klostergebäuden (dagg. d. Mönche m. → Kartause).
Kartell, s. [it.], Vereinbarung zw. rechtl. u. wirtsch. unabhängigen Unternehmen mit dem Ziel d. Marktbeherrschung; K.arten: Preis-, Kontingentierungs-, Rabatt-, Rationalisierungs-K. usw.; in Dtld. Gesetz gg. Wettbewerbsbeschränkungen v. 27. 7. 1957 (i. d. Fassung v. 24. 9. 1980), enthält grundsätzl. K.verbot, Ausnahmen (z. B. Krisen-K.) bedürfen d. Erlaubnis der K.behörden (B.kartellamt, B.wirtschaftsmin., Wirtsch.min. d. Länder); Verstöße gg. K.ges. sind Ordnungswidrigkeiten u. können mit hohen Geldbußen bestraft werden; im Ausland, insbes. USA, ebenfalls K.beschränkungen u. -verbote.
kartelliert, Waren, deren Preise u. Absatzbedingungen durch kartellmäßige Bindungen der Hauptproduzenten bestimmt sind.
Kartesianismus, Lehre d. frz. Phil. Descartes u. ihrer Fortbildner im 17. Jh.: Selbstgewißheit d. Bewußtseins, Dualismus v. Leib u. Seele, rationalist.-math. Methode.
Karthago, phöniz. Kolonie in N-Afrika, gegr. im 8. Jh. v. Chr., mächtigste Handelsst. des Altertums; beim Existenzkampf mit Rom um Mittelmeerherrschaft (→ Hannibal) im 3. → Punischen Krieg, 146 v. Chr., von Scipio zerstört, 698 n. Chr. von den Arabern endgültig vernichtet.
Kartoffel, Erdapfel, Nachtschattengewächs, stammt von den Anden Chiles und Perus; im 16. Jh. v. den span. Eroberern nach Europa gebracht; stärkereiche Knollen; seit den Napoleon. Kriegen eur. Hauptnahrungsmittel; dient außerdem als Futtermittel u. Rohstoff für landw. Nebengewerbe (Brennereien, Stärkefabrikation usw.); durch Wasserentzug haltbar gemacht, bessere Transportmöglichkeit: K.flocken, Trocken-K. (K. enthält 74,9% Wasser, 20,9% Stärke). Welternte 1994: 265,4 Mill. t, Ernte i. d. BR 1994: 9,7 Mill. t.
Kartoffelkäfer, im vorigen Jh. aus N-Amerika eingeschleppter Blattkäfer; Kartoffelschädling.
Kartoffelkrankheiten, insbes. durch Pilzinfektionen hervorgerufen: 1) Kartoffelkrebs, blumenkohlartige Wucherungen, 2) Kartoffelschorf, warzenartige, z. T. braune Erhebungen (Buckelschorf) od. Einsenkungen (Tiefschorf) an d. Knollen; aber auch erhebl.

KASACHSTAN	
Staatsname:	Republik Kasachstan, Kasak Respublikasy
Staatsform:	Präsidiale Republik
Mitgliedschaft:	UNO, OSZE, GUS, GIS
Staatsoberhaupt:	Nursultan A. Nasarbajew
Regierungschef:	Nurlan Balgimbajew
Hauptstadt:	Akmola 285 000 Einw. und Almaty (fr. Alma-Ata) 1 151 000 Einwohner
Fläche:	2 717 300 km²
Einwohner:	17 027 000
Bevölkerungsdichte:	6 je km²
Bevölkerungswachstum pro Jahr:	Ø 0,82% (1990–1995)
Amtssprache:	Kasachisch; Russisch
Religion:	Muslime, Christen
Währung:	Tenge (T)
Bruttosozialprodukt (1994):	18 896 Mill. US-$ insges., 1100 US-$ je Einw.
Nationalitätenkennzeichen:	KZ
Zeitzone:	MEZ + 3 Std.
Karte:	→ Rußland

Kasachstan

Ertragsminderungen (Kartoffelabbau) d. Virusbefall (Mosaik- u. Blattrollkrankh.); Abhilfe d. Resistenzzüchtung, Pflanzgutwechsel, Insektizide.
Kartographie [l.-gr.], theoret. u. prakt. Herstellung von Landkarten: Geländezeichnung, Signaturen, Beschriftung, Kartenprojektion.
Karton,
1) in bild. Kunst u. Kunstgewerbe: Vorzeichnung (auf kräftigem Papier, meist m. Kohlestift) bes. f. Wand- u. Glasmalereien, Mosaiken, Gobelins u. a.; davon abgeleitete Sonderform → Cartoon.
2) m. [frz. -´tõ:], steifes Papier m. 150 bis 450 g/m²; Pappschachtel.
kartonieren, (ein Buch) in Karton heften; **kartoniert.**
Kartothek, w. [l.-gr.], Kartei, Einrichtung, mit Hilfe loser Blätter od. Karten Vorgänge und Tatsachen systematisch festzuhalten und übersichtlich zu machen (z. B. Buchführungs-, Kunden-, Lager-, Bibliotheks-K.).
Kartusche, w. [frz.],
1) bes. in d. Baukunst d. Barock z. Rahmung e. Fläche verwendete Ornamentform f. Inschrift, Wappen o. ä. Im alten Ägypten Umrahmung d. Kgnamens.
2) Pulverladung zum Treiben des Artilleriegeschosses, in Beuteln od. Metallhülse.
3) früher auch Patronentasche berittener Truppen.
Karussell, östr. Ringelspiel, meist maschinell angetriebene, sich drehende Scheibe mit Sitzen (Wagen, Holzpferde u. a.) zur Volksbelustigung.
Karwendelgebirge, die Kalkalpenkette zw. Achensee u. Isar, Birkkarspitze 2756 m. K.bahn, zw. Innsbruck und Mittenwald.
Karwin, tschech. Karviná, St. am NW-Fuße der Westbeskiden, 72 000 E; Steinkohlenbergbau.
Karwoche, Stille oder Trauerwoche, Palmsonntag bis Ostern.
Karyatide, w. [gr.], weibliche Figur als stützendes Bauelement. Dagegen → Atlant.
Karyologie [gr.], Wiss. vom Zellkern, insbes. seiner → Chromosomen.
Karzer, m. [l. „Kerker"], ehem. Arrestraum in höheren Schulen und Universitäten.
karzinogene Stoffe, svw. krebserzeugende chem. Substanzen.
Karzinoid, Dünndarmgeschwulst, verursacht Kreislaufstörungen, Anfälle von Gesichtsrötung (Flush), Durchfälle usw.
Karzinom, s. [gr.], svw. → Krebs 2).
Karzinophobie, neurot. Angst vor Krebs.
Karzinose, ausgedehnter Krebsbefall d. Körpers.
Kasachstan, Rep. in Mittelasien zw. Kasp. Meer und Oberlauf d. Irtysch; Bev.: Kasachen (40 %), Russen (38 %), Deutsche, Ukrainer u. a.; Steppe u. Wüste, künstl. Bewässerung, Anbau v. Weizen u. Baumwolle; Viehzucht; Kohle, Kupfer, Mangan, Chrom, Nickel, Bauxit, Erdöl, Erdgas; Stahlind., Maschinenbau, chem. Ind. – 1920 als Kirgisische, ab 1925 als Kasachische Auton. Soz. Sowjetrep. (ASSR) errichtet; 1936–91 Unionsrep. (SSR); s. 1991 unabh. Rep.; 1995 neue Verfassung (Stärk. der Präs.macht, Zweikammerparlament).

Kasack, Hermann (24. 7. 1896–10. 1. 1966), dt. Dichter; Gedichte; Roman: *Die Stadt hinter dem Strom.*
Kasack, *m.* [frz. „casaque"], „Kosakenbluse"; dreiviertellanger blusenartiger Frauenkittel.
Kasakow, Matwei Fjodorowitsch (1733–26. 10. 1812), russischer Architekt; einer der Begründer d. russ. Klassizismus m. nachhalt. Einfluß auch auf d. nachrevolutionäre Staatsarchitektur; *Palais Rasumowskij* u. *Himmelfahrtskirche* in Moskau.
Kasan, Hptst. d. autonomen russ. Rep. Tatarstan am linken Wolgaufer, 1,1 Mill. E (¾ Russen, ¼ Tataren); Kreml, Uni.; Großind., Handelsplatz.
Kasatschok, auf Kosakentanz zurückgehender Modetanz.
Kasbah, *w.* [arab. „Zitadelle"], in N-Afrika Bez. f. Eingeborenen- bzw. Altstadt.
Kasbek, erloschener Vulkan im Kaukasus, 5033 m.
Kascha, Kasche, russ. Buchweizen-, Reis- od. Grießgrütze, d. z. Fleischspeisen od. m. Marmelade od. Früchten gegessen wird.
Kaschau, slowak. *Košice,* St. in der O-Slowakei, 236 000 E; Uni., TH; Textil- u. Masch.ind.
kaschieren [frz.],
1) verbergen, verdecken.
2) beim *Theater* und *Film:* Herstellung v. Requisiten und Dekorationsteilen aus Pappe u. ä.
Kaschmir,
1) frz. *Cachemire,* weiches glänzendes Gewebe aus Kammgarn (urspr. von d. *K.ziege*).
2) ehemaliger indischer Fürstenstaat i. Himalaja u. Karakorum. Zugehörigkeit seit d. Teilung d. ehemaligen Fürstentums Brit.-Indien zw. Pakistan u. d. Ind. Union strittig; südöstl. Teil 1948 v. Indien annektiert, bildet s. 1957 d. Bundesstaat *Jammu u. K.,* 101 387 km², 7,8 Mill. E; der nordwestl. Teil von Pakistan, ein Teil v. China besetzt; 1965 Ausbruch schwerer Kämpfe um K. zw. Indien u. Pakistan; 1966 Frieden von Taschkent; 1974 Pakistan annektiert d. Fürstentum Hunza.
Kaschnitz-Weinberg,
1) Guido Frh. v. (28. 6. 1890–1. 9. 1958), dt. Archäologe; Direktor des Dt. Archäolog. Inst. in Rom.
2) Marie-Luise Baronin v. (31. 1. 1901 bis 10. 10. 74), dt. Schriftst.; Gedichte, Roman: *Elissa.*
Kaschubaum, *Cashew, Acajubaum,* Sumachgewächs, Samen als Nahrungs- u. Genußmittel (Cashew-Nüsse, „Elefantenläuse"), Öl der Fruchtschale als Heilmittel; Acajugummi.
Kaschuben, slaw. Volksstamm an der unteren Weichsel; ca. 100 000.
Käse, eiweiß- und fettreiches Milchprodukt; hergestellt durch Milchsäuregärung von *Casein* (Milcheiweiß, das durch das Labferment der tierischen Magenschleimhaut aus der Milch ausgefällt wird).
Kaseïn, in d. Maltechnik d. Gotik u. bes. d. Barock meist m. Kalk versetzter Quark als Bindemittel f. Farben (*K.farben*) bei Wandmalerei auf trockenem Putz (z. B. Lüftlmalerei) u. Tafelmalerei.
Kasel, *w.* [l.], Meßgewand.
Kasematten [it.], schußsichere Unterkunfts- und Vorratsräume in Befestigungen.
Kaserne, feste Truppenunterkunft (Gebäude).
Kasernierte Volkspolizei, *KVP,* von 1952–56 bestehende, stark bewaffnete u. in Kasernen stationierte Einheiten z. Schutze d. sozialistischen Aufbaues d. ehem. DDR; bildete Grundstock f. d. Aufstellung der → Nationalen Volksarmee.
Kashi, *Kaxgar,* St. u. Oase in d. chin. autonomen Region Xinjiang (O-Turkestan), 140 000 E; Handelszentrum.
Kasimir [poln. „Friedenskünder"], Kge von Polen:
1) K. III., d. Gr. (30. 4. 1310–5. 11. 70) Kg s 1333, schuf die Grundlagen für Polens Großmachtstellung, begünstigte die Einwanderung Dt.er, gründete die Uni. Krakau (1364).
2) K. IV. (30. 11. 1427–7. 6. 92), Kg s 1447, führte siegreich 13jähr. Krieg m. d. Deutschritterorden.
Kasino, *s.* [it.], Gebäude f. gesellschaftl. Zwecke; Vergnügungsstätte, Speiseraum.
Kaskade, *w.* [it.], Wasserfall in Stufen.
Kaskadengebirge, Teil der nordam. Kordilleren, im W der USA, bis 4395 m hoch, vom Columbia mit treppenartig verlaufenden Wasserfällen (Kaskaden) durchbrochen; Blei, Silber, Kohle.
Kaskadengenerator, z. Erzeugung v. el. Hochspannung werden mehrere Gleichrichter u. Kondensatoren hintereinandergeschaltet u. an Wechselspannung angeschlossen; d. Wechselspannung wird gleichgerichtet u. vervielfacht.
Kaskadenschaltung, mehrfach in Reihe geschaltete el. Schaltglieder gleicher Bauart.
Kaskoversicherung [span.], versichert Transportmittel, insbes. gg. Beschädigung, Entwendung usw. auch → Kargoversicherung.
Kaspar [pers. „Schatzmeister"], *m.* Vn.
Kaspar, einer d. Hl. → Drei Könige.
Kasparow, Garri (* 13. 4. 1963), russ. Schachspieler; seit 1985 Weltmeister.
Kaspisches Meer, abflußloser salziger Binnensee zw. Europa und Asien, mit 371 001 km² der größte der Erde; 1025 m tief; 28 muM; Salzgehalt 1,3%; Zuflüsse: *Kura, Wolga, Emba, Ural;* Haupthäfen: *Baku, Astrachan;* Erdölfelder am W-Ufer; 1929–71 ständiges Absinken des Seespiegels.
Kassageschäft, gegen Kasse,
1) Verkäufe gg. Barzahlung.
2) Börsengeschäfte, bei denen Lieferung e. Wertpapiers u. Zahlung an e. der folgenden Tage nach dem Abschluß geschieht; Ggs.: Zeit- od. Termingeschäfte.
Kassakurs, amtl. Kurs für im → Kassageschäft gehandelte Wertpapiere, bei fortlaufenden (*variablen*) Notierungen auch *Einheitskurs* genannt.
Kassandra, Seherin in Troja, Tochter des Priamos.
Kassation,
1) strafweise Entlassung; Vernichtung bzw. Ausstreichung von Urkunden; Aufhebung eines Urteils wegen Gesetzesverletzung (in Dtld → Revision).
2) *mus.* Suitenform des Rokoko (Mozart), Ständchen, svw. Divertimento.
Kassationshof, in manchen Ländern (z. B. Frkr.) oberster Gerichtshof.

Kassel, *Museum Fridericianum mit Laserstrahl*

Roßkastanie, *Blüte*

Erich Kästner

Kasuar

Kassave, *w.,* svw. → Maniok.
Kasse gegen Dokumente, engl. *d./c.* (*documents against payment*), im Überseehandel: Dokumente, die zum Empfang der Ware berechtigen, werden nur gegen Zahlung ausgehändigt; auch → Wechsel.
Kassel (D-34117-34), krfreie St. u. Hptst. d. hess. Rgbz. K. (8289 km², 1,23 Mill. E), an d. Fulda, 201 500 E; m. Schloß → Wilhelmshöhe; Thermalsolebad, Spielcasino, Barockpark Karlsaue; B.arbeits-, B.sozialgericht, Hess. Verw.gerichtshof; GHS (Uni.); LG, AG, IHK; Gemäldesammlungen, *documenta*-Ausstellungen, Tapeten-, Brüder-Grimm-Museum; Lokomotiv-, Fahrzeug-, Waggon- u. Masch.bau; feinmechan., opt., chem. u. Textilind., Flughafen. – 913 fränk. Königshof; s. 1277 Sitz d. hess. Landgrafen u. Kurfürsten; 1866 preuß., 1945 hessisch.
Kassenkonto → Skonto.
Kasserolle, *w.* [frz.], Schmortiegel; Kochtopf.
Kassette, *w.* [frz.],
1) meist rechteckige Vertiefungen in Gebäudedecken; Verfahren: *Kassettierung.*
2) verschließbarer Kasten f. Geld und Kostbarkeiten.
3) *Cassette,* in d. *Phonotechnik:* Behälter m. Ton- od. Bildträger (z. B. Magnetband).
Kassiber, *m.* [hebr.], heiml. schriftl. Mitteilung Gefangener unter sich od. an Dritte außerhalb d. Gefängnisses.
Kasside, *w.* [arab.], Zweckgedicht (Nachahmung b. Rückert, Platen).
Kassie, *w.,*
1) Johannisbrotbaumgewächse, Bäume u. Sträucher d. Tropen (Hülsenfrüchtler); Fiederblätter liefern Abführmittel (*Sennesblätter*); desgleichen das Fruchtmark der *Röhren-K.*
2) *Zimt-K.,* ein chin. → Zimtbaum.
kassieren [it.],
1) Geld einziehen.
2) für nichtig erklären.
3) entlassen.
Kassiopeia → Cassiopeia.
Kastagnetten [span. -ta'ɲɛt-], hölzerne Klapperinstrumente; beim span. Tanz als Begleitung.
Kastanie,
1) *Edel-K.,* der Buche verwandt, Mittelmeergebiet, als Zierbaum, auch als Nutzbaum in S-Dtld; Früchte (Maronen) eßbar.
2) *Roß-K.,* aus Kleinasien (weiße Blüten) und aus N-Amerika (rote Blüten); stärkereiche Samen als Wildfütterung.
Kaste, *w.* [portugies.], streng abgeschlossene, nur in sich heiratende Berufsgruppe gleicher Abstammung, Namen, Sitten u. Speisevorschriften; klassisch ausgebildet in Indien; 4 große K.ngruppen: *Brahmanen* (Priester), *Kschatriva* (Krieger), *Vaishya* (Händler u. Handwerker), *Çudra* (Bauern), in mehrere tausend einzelne K.n gegliedert; außerhalb stehen d. sehr verachteten *Paria* (Taglöhner), *Outcasts* (auch unter ihnen K.n); heute Lockerungen, bes. d. Berufsvorschriften; → Indien, 2).
kasteien [l.], sich k., Selbstzüchtigung als Bußübung.
Kastell, *s.* [l.], röm. Festung, später befestigtes Schloß.
Kastellan, *m.,* Schloßverwalter.

Kastilien, zentrale Landschaft Spaniens, durch das **Kastilische Scheidegebirge** (800 km l., bis 2592 m hoch) in *Alt-* und *Neukastilien* geteilt, steppenhafte Hochflächen, baumarm, mit großen Getreidefeldern u. Ölbaumkulturen, Hptst. d. nördl. *Alt-K.: Valladolid,* d. südl. *Neu-K.: Madrid.* – 1037 Kgr. unter Ferdinand I. v. Navarra; durch Ehe → Isabellas v. K. mit Ferdinand v. Aragonien entstand 1479 Spanien.
Kastler [-'lɛːr], Alfred (3. 5. 1902 bis 7. 1. 84), frz. Phys.; Nobelpr. 1966 (Entdeckung u. Weiterentwicklung opt. Methoden z. Studium Hertzscher Resonanzen in Atomen).
Kästner,
1) Abraham Gotthelf (27. 9. 1719 bis 20. 6. 1800), dt. Dichter, Math. u. Phys.; *Sinngedichte.*
2) Erhart (14. 3. 1904–3. 2. 74), dt. Schriftst.; *D. Stundentrommel.*
3) Erich (23. 2. 1899–29. 7. 1974), dt. Schriftst. u. Kritiker; satir. Gedichte; Romane: *Fabian; Drei Männer im Schnee;* Kinderbücher: *Emil u. die Detektive; Das fliegende Klassenzimmer.*
Kastor → Castor.
Kastrat [l.], → Eunuch.
Kastration, Entfernung d. Keimdrüsen (Eierstöcke, Hoden) od. Zerstörung der Geschlechtszellen in ihnen durch Röntgenbestrahlung (Röntgen-K.). K. des jugendl. Organismus verhindert Entwicklung d. sekundären Geschlechtsmerkmale, bes. d. weibl. u. männl. Körperformen; K. d. erwachsenen Mannes bewirkt stärkeren Fettansatz, Verminderung des Sexualtriebes; K. der Frau führt vorzeitiges Klimakterium herbei, in beiden Fällen außerdem Sterilität. – K. war früher üblich bei Haremswächtern, im MA zur Erhaltung hoher Singstimme bei Knaben. Gesetzl. eingeführt in versch. Staaten b. Gewohnheitsverbrechern. K. v. männl. Tieren, um sie als Haus- oder Schlachttiere brauchbarer zu machen, d. h. zum besseren Fleisch- od. Wollertrag, um den Geschlechtstrieb u. -geruch zu beseitigen u. sie fügsamer zu machen.
→ Sterilisation.
Kasuar, *m.,* straußenähnl. Laufvogel der austral. Region; haarähnl. oder borstenartige Federn, verkümmerte Flügel, dreizehige Lauffüße; Hahn brütet. *Helm-K.,* m. hornigem Stirnhelm; bis ca. 2 m h., Waldtier, N-Australien, Neuguinea, Seram.
Kasuarine, schachtelhalmähnl. Bäume Australiens; Holz verwertet (Eisenholz).
Kasuistik, *w.* [l.],
1) moralische, u. rechtswissenschaftliche. Lehre über d. Anwendung d. Moral i. Einzelfall.
2) jur. K. sucht jeden Fall nach seiner Besonderheit zu erfassen.
3) med. Beschreibung eines Krankheitsfalles.
Kasus, *m.* [l.],
1) Fall.
2) grammat. Beugefall (z. B. Genitiv: des *Hauses*).
Kaswin, *Qaswin,* St. in NW-Iran, a. S-Abhang d. Elburgsgebirges, 1230 müM, 249 000 E.
Katabasis, *w.* [gr. „Abstieg"], nach Aristoteles die auf d. → Peripetie folg. fallende Handlung.
Katabolismus [gr.], Abbaustoffwechsel; Ggs.: → Metabolismus.
Katafalk, *m.* [it.], geschmückt. Aufbahrungsgerüst.

kataklysmische Veränderliche, *explosive* → *Veränderliche,* variable Sterne mit Strahlungsausbrüchen verursacht durch die Wechselwirkung zw. d. Komponenten enger → Doppelsterne.
Katakombe, *w.* [gr.-l.], unterird. Begräbnisstätte m. Gängen u. Kammern f. hpts. christl. Bestattungen v. d. Toren Roms, bes. im 3. u. 4. Jh., oft m. Malerei u. Stuckdekor; dann auch ähnl. bei Neapel, Alexandria, Syrakus.
katalanische Sprache, in Katalonien u. der frz. Prov. Roussillon (→ Sprachen, Übers.).
Katalasen, → Fermente, d. Wasserstoffsuperoxid in Sauerstoff u. Wasser spalten.
Katalaunische Felder, nach Châlons-sur-Marne *(Catalaunum)* benannte Ebene i. d. Champagne; 451 Sieg d. Aëtius über → Attila.
katalektisch [gr.], Vers, m. metrisch unvollständigem letztem Versfuß (Rückwärts, rückwärts, Don Rodrigo / Rückwärts, rückwärts, stolzer Cid (2. Zeile k.).
Katalepsie [gr.], *Starrsucht,* Unfähigkeit, die Glieder willkürlich zu bewegen (z. B. bei Hysterie, Epilepsie, Vergiftungen, in der Hypnose).

Katakomben

Katalog, *m.* [gr.], alphabetisch oder sachlich geordnetes Verzeichnis *(Waren-, Buch-, Zettel-K.).*
Katalonien, Landschaft i. NO v. Spanien; 4 Provinzen, 31 930 km², 6 Mill. E; amtl. Sprachen: Katalan. u. Span.; Korkeichen, Oliven, Weinbau, Viehzucht; wichtigstes Ind.gebiet Spaniens, Bergbau, Textilind.; Hptst. *Barcelona.*
Katalysatoren [gr.],
1) *chem.* Stoffe, die chem. Reaktionen u. Reaktionsfolgen beschleunigen, ohne scheinbar dabei chemisch verändert zu werden; im Organismus wirken *Bio-K.* → Enzyme; der Vorgang heißt **Katalyse.**
2) Kurzwort: *Kat;* techn. b. Kraftfahrzeugen verwendete Zusatzvorrichtung z. Entgiftung v. Abgasen b. Otto-Motoren, bestehend aus Edelstahl-Gehäuse, porösem, plastikbeschichtetem Keramikkörper und Lambda-Sonde; durch chem. Reaktionsprozesse kann d. Anteil an Kohlenmonoxid, Kohlenwasserstoffen u. Stickoxiden bis zu 90% vermindert werden, wobei d. Lambda-Sonde die dazu erforderl. Benzin-Luft-Mischung elektron. steuert; f. *Dreiweg-K.*

KATAR

Staatsname:	Staat Katar, Qatar, Dawlat al-Qatar
Staatsform:	Absolute Monarchie
Mitgliedschaft:	UNO, OPEC, Arabische Liga
Staatsoberhaupt und Regierungschef:	Scheich Hamad bin Khalifa at-Thani
Hauptstadt:	Doha 217 300 Einwohner
Fläche:	11 000 km²
Einwohner:	540 000
Bevölkerungsdichte:	49 je km²
Bevölkerungswachstum pro Jahr:	Ø 2,76% (1990–1995)
Amtssprache:	Arabisch
Religion:	Muslime (92%), Christen (6%), Hindus
Währung:	Katar-Riyal (QR)
Bruttosozialprodukt (1994):	7810 Mill. US-$ insges., 14 540 US-$ je Einw.
Nationalitätenkennzeichen:	Q
Zeitzone:	MEZ + 2 Std.
Karte:	→ Asien

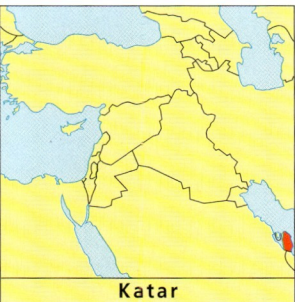

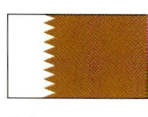
Katar

→ bleifreies Benzin notwendig; in d. BR ab 1985/86 durch befristete Steuerbefreiung (auch b. Nachrüstung v. Altwagen) bzw. Höherbesteuerung gefördert u. neue eur. Abgasnormen f. neue Modelle (bzw. Neuwagen) generell verbindlich ab Okt. 1988 (1989): über 2 l Hubraum; ab Jan. 1993 geregelte K. Pflicht in allen EU-Staaten (f. Benzin-Pkw).
Katamaran, *m.* [tamil.], Doppelrumpfboot im Segelsport.
Katanga → Shaba.
Kataphorese, *w.* [gr.], *Elektro-Osmose,* Wanderung pos. geladener *kolloidaler* Teilchen unter Einwirkung eines el. Feldes (Elektrophorese); techn. zur Torfentwässerung, Wasserreinigung, Herstellung isolierender Überzüge auf metallischen Stromleitern (Autokarosserien).
Kataplasma, *s.* [gr.], heißer Breiumschlag, z. B. aus Leinsamen, Kartoffelbrei.
Katapult, *m.* od *s.,*
1) antike Wurfmaschine, nach Art einer Armbrust gebaut.
2) *lufttechn.* Startschlitten, durch Preßluftfördermaschine auf Schienenträger bewegt; erteilt Flugzeug mittels Startseils die nötige Abfluggeschwindigkeit (Flugzeugträger).
Katar, Halbinsel u. unabh. Emirat a. Pers. Golf; bed. Erdölförderung (1992: 21 Mill. t); Erdgas, Fischerei; *Außenhandel* (1991): Einfuhr 1,86 Mrd., Ausfuhr: 3,2 Mrd. $. Seit 1971 unabhängig (1916–71 brit. Protektorat), Freundschaftsvertrag m. Großbritannien.
Katarakt, *m.* [l.],
1) Wasserfall, Stromschnelle.
2) grauer → Star 1).
Katarrh, *m.* [gr.], Entzündung von Schleimhäuten (Bronchial-K., Blasen-K. usw.).
Katarrhalfieber, bösartiges K. (BKF), durch Viren hervorgerufene fieberhafte Infektionskrankheit (Muskelzittern, Schwellung d. Augenlider) b. Rindern; meldepflichtig.
Kataster [ml.], Flurbuch, obrigkeitliches Grundstücksverzeichnis, Grundsteuerunterlage (Grund-K.); für Immobilienversicherung (Brand-K.).
Katastrophe, *w.* [gr.], entscheidende Wendung (zum Schlimmen) → Erdbeben, → Naturkatastrophen.
Katastrophentheorie, von → Cuvier begr. Lehre, wonach die Lebewesen nach erdgeschichtl. Katastrophen jeweils neu erschaffen wurden.
Katatonie [gr.], Bewegungs-, Willens- u. Handlungsstörungen m. Katalepsie bei Geisteskrankheiten.
Kate, *w.,* Bauernhütte, Haus ohne landw. Besitz.
Katechese, *w.* [gr.], kirchl. Unterweisung. **Katechetik,** Lehre v. d. kirchl. Unterweisung.
Katechismus [gr.], relig. Unterweisungsschrift, in Frage u. Antwort: Luthers *Großer* u. *Kleiner K.* (1529), der *Heidelberger K.* (1563), Calvins *Genfer K.* (1545) u. der *Catechismus Romanus* (1566).
Katecholamine, zus.fassende Bez. für die Hormone → Adrenalin u. → Noradrenalin.
Katechu, *s., Cachou, Cutch,* Auszug aus Acacia-Arten O-Indiens, braune Masse, zum Gerben und Färben.

Katechumene [gr.],
1) in d. altchristl. Kirche der erwachsene, im Unterricht stehende Taufanwärter.
2) heute der ev. Konfirmand.

Kategorie, *w.* [gr.],
1) *phil.* nach Aristoteles oberste (allgemeinste) Seins-, Gegenstands- u. Begriffsordnungen; nach *Kant* Denkformen a priori (vor aller Erfahrung), Grundlage alles gegenständl. Denkens u. Erkennens.
2) allg. svw. Gruppe, Klasse (z. B. *K. der Theaterbesucher*).

kategorisch, unbedingt (z. B. *k.er* → Imperativ).

katexochen [gr.], in hervorragender Weise.

Katgut, *s.* [engl. ,,Katzendarm"], sterilisierte Fäden aus Schaf- oder Ziegendarm zum Nähen in der Chirurgie, werden vom Körper aufgelöst.

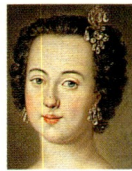

Katharina II.

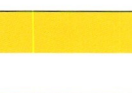

Katholische Kirche

Katharer [gr. ,,Reine"], christl.-manichäische Sekte; Verbreitung im 10. Jh. von Balkanhalbinsel über S-Europa, bes. Frkr., durch Inquisition im 13. Jh. vernichtet, davon abgeleitet → Ketzer.

Katharina [gr. ,,die Reine"],
1) K. v. Medici (13. 4. 1519–5. 1. 89), 1547–89 Kgn von Frkr. *(→ Bartholomäusnacht).*
2) K. I. (15. 4. 1684–17. 5. 1727), Bauerntochter, Geliebte u. Gattin Peters I., s. 1725 Zarin v. Rußland.
3) K. II. (2. 5. 1729–17. 11. 96), Prinzessin v. Anhalt-Zerbst, Gattin Peters III., s. 1762 Zarin; Ländererwerb f. → Rußland *(Gesch.);* Verwaltungsreformen im Innern; Begr. der ,,Russ. Akademie"; Schriftstellerin; siedelte an der Wolga Deutsche an.

Katharsis, *w.,*
1) im griech. Drama *Läuterung* v. Leidenschaften (durch d. Leiden d. Helden; vielfältige Interpretation d. aristotel. Terminus in Poetologien späterer Zeit).
2) *psych.* Verfahren i. d. Psychoanalyse, Abreagieren verdrängter Erlebnisse durch Offenlegung.

Katheder, *m.* od. *s.* [gr.], Lehrstuhl; Pult.

Kathedersozialismus, Versuch, die Arbeiter durch Sozialreformen i. d. Staat zu integrieren (Dt. Kaiserreich nach 1871); Führer: *Schmoller, Adolph Wagner, Lujo Brentano, Roscher.*

Kathedra, *w.* [gr. ,,Sitz"], Stuhl d. Bischofs in d. Kathedrale; meist erhöht, urspr. in d. Apsismitte hinter, s. karoling. Zeit vor d. Altar auf d. Evangelienseite.

Kathedrale [gr.], *Dom, Münster,* Hauptkirche mit (Erz-)Bischofssitz.

Katheten [gr.], die den rechten Winkel einschließenden Seiten des rechtwinkligen Dreiecks.

Katheter, *m.* [gr.], Röhrchen zum Ablassen von Körperflüssigkeiten, z. B. Harn aus der Blase, durch Einführen in die Harnröhre: **katheterisieren;** auch zu diagnostischen Zwecken, z. B. → Herzkatheterismus.

Kathetometer, *s.,* Gerät z. Messen von kl. Höhenunterschieden, bes. bei Flüssigkeitsspiegeln.

Kathode [gr. ,,Ausgang"], negative → Elektrode, aus der d. Strom austritt.

Kathodenstrahlen, schnelle Elektronen in Kathodenstrahlröhren; → Braunsche Röhre, → Elektronik, Übers.

Katholikentag, Versammlung d. Katholiken Dtlds zur Erörterung von aktuellen rel. u. soz. Fragen; s. 1848 jährlich, s. 1950 alle 2 Jahre.

Katholikos [gr.], Patriarch d. armen. Kirche.

katholisch [gr. ,,allgemein"], s. d. Reformation kennzeichnender Begriff f. d. röm.-kath. Kirche in Unterscheidung z. d. ev. u. a. christl. Kirchen.

Katholisch-Apostolische Gemeinde, *Neuapostolische Gemeinde,* christl. Glaubensbewegung, gegr. v. d. schott. Prediger Edward Irving in d. 30er Jahren d. 19. Jh. m. Erwartung d. nahen Wiederkunft Christi u. Wahl v. 12 Aposteln; ca. 900 000 Anhänger.

Katholische Akademien, Tagungsstätten f. d. Weiterbildung v. Laien in rel. u. soz. Fragen in Aachen, Dortmund, Frankfurt/M., Freiburg i. Br., Goslar, Honnef, München, Münster, Stuttgart-Hohenh., Würzburg u. a., Gegenstück z. d. → Evangelischen Akademien.

Katholische Aktion, von Papst Pius XI. angeregte Laienbewegung zur Pflege u. Verbreitung d. kath. Grundsätze, in den meisten Kulturstaaten.

katholische Kirche → römisch-katholische Kirche, → unierte morgenländische Christen und → Kirche.

Katholische Majestät, Titel d. span. Könige.

katholische Soziallehre, im 19. Jh. die Position der kath. Kirche u. ihre Lehrsätze bei der Behandlung d. sozialen Frage.

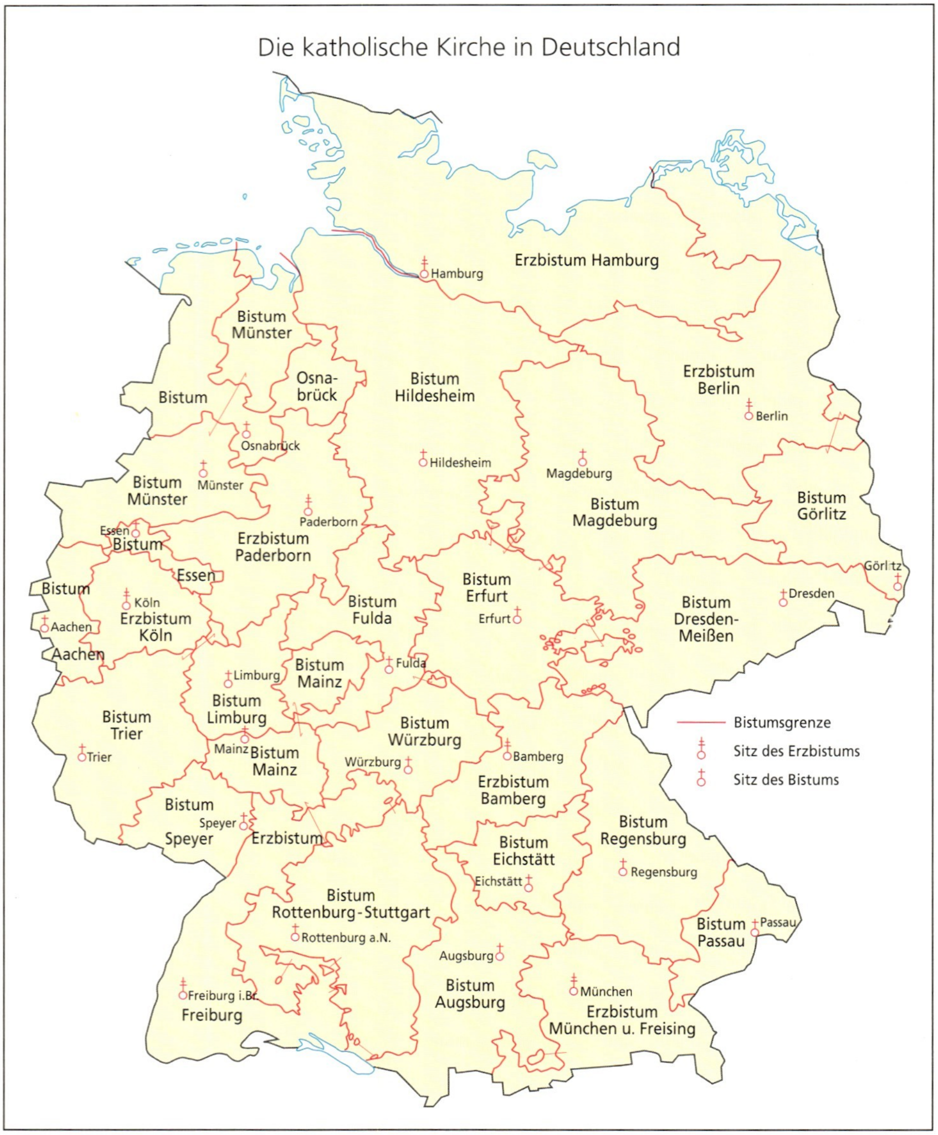
Die katholische Kirche in Deutschland
Erzbistum Hamburg
Hamburg
Bistum Münster
Osnabrück
Bistum Hildesheim
Erzbistum Berlin
Berlin
Bistum
Osnabrück
Hildesheim
Magdeburg
Bistum Münster
Münster
Paderborn
Erzbistum Paderborn
Bistum Magdeburg
Bistum Görlitz
Essen
Bistum Essen
Bistum Erfurt
Görlitz
Dresden
Bistum Aachen
Aachen
Köln
Erzbistum Köln
Bistum Fulda
Erfurt
Bistum Dresden-Meißen
Limburg
Bistum Mainz
Fulda
Bistum Limburg
Bistum Trier
Trier
Mainz
Bistum Mainz
Bistum Würzburg
Würzburg
Bamberg
Erzbistum Bamberg
Bistumsgrenze
Sitz des Erzbistums
Sitz des Bistums
Bistum Speyer
Speyer
Erzbistum
Bistum Eichstätt
Eichstätt
Bistum Regensburg
Regensburg
Bistum Rottenburg-Stuttgart
Rottenburg a.N.
Bistum Passau
Passau
Augsburg
Bistum Augsburg
Freiburg i.Br.
Freiburg
München
Erzbistum München u. Freising

Katholizismus, i. 19. Jh. entstand. Bez. f. e. gesamtkath. Weltanschauung m. pol. u. soz. Programm.
Kation [-ĭo:n], positiv geladenes Ion (→ Ionen); Wasserstoff- od. Metall-Ion; wandert zur Kathode; → Elektrolyse.
Kationenaustauscher, → Ionenaustauscher.
Katlenburg-Lindau (D-37191), Gemeinde i. Ldkr. Northeim, Nds., 7527 E; MPI f. Aeronomie.
Katmandu, *Kathmandu,* Hptst. v. Nepal, im Himalaja, 1450 müM; 235 000 E; königl. Palast, viele Tempel, Kunsthandwerk, Flughafen.
Katta, Halbaffe Madagaskars.
Kattarasenke, wüstenhafte Beckenlandschaft in NW-Ägypten, bis 137 muM.
Katte, Hans v. (28. 2. 1704–6. 11. 30), Helfer b. Fluchtversuch → Friedrichs d. Gr.; in Küstrin enthauptet.
Kattegat, flacher Meeresteil der Ostsee zw. Skagerrak u. den dän. Inseln, mit d. inneren Ostsee durch Sund, Gr. u. Kl. Belt verbunden, Mischgebiet v. Nordsee- u. Ostseewasser, Salzgehalt an d. Oberfläche 15–20‰, unregelmäß. Strömungen.
Kattowitz, poln. *Katowice,* Hptst. d. poln. Woiwodschaft K. i. Oberschlesien, 367 000 E; Uni.; Steinkohle, Eisen-, Zinkhütten.
Kattun, m. [arab. „kutun = Baumwolle"], Stoffe aus ungefärbtem Baumwollgarn, später bedruckt; unbedruckt: *Schirting, Futter-K.*
Katyn, Ortschaft bei Smolensk, i. deren Nähe dt. Truppen 1943 in Massengräbern die Leichen von 4100 erschossenen poln. Offizieren fanden.
Katz [kæts], Sir Bernard (* 26. 3. 1911), engl. Biophysiker dt. Herkunft; Nobelpr. 1970 f. Medizin.
Katzbach, l. Nbfl. d. Oder in Schlesien, 84 km l.; 1813 Sieg Blüchers über d. Franzosen; am Oberlauf: *K.gebirge,* Teil d. Sudeten (*Kammerberg* 725 m).
Kätzchen, meist hängender, ährenähnl., als Ganzes abfallender Blütenstand vieler Bäume u. Sträucher.
Katzen, *Feliden,* Raubtierfamilie: Löwe, Tiger, Leopard, Jaguar, Puma, Schneeleopard, Ozelot, Luchs, Gepard; *Wild-K.,* Waldgebirge Europas, grauer Pelz, gedrungen, 40 cm hoch; *Falb-K.,* N-Afrika, von ihr abstammend die *Haus-K.,* zahlreiche Rassen (→ Siamk., → Angorak.).
Katzenauge,
1) Bez. für Edelsteine mit einem wogenden, schillernden Lichtschein infolge gleichartig eingelagerter Einschlüsse (*Beryll-K., Saphir-K.* u. a.).
2) Rückstrahler an Fahrzeugen.
Katzenbär → Pandas.
Katzenbuckel, höchste Erhebung d. Odenwaldes, 626 m.
Katzengold, goldgelbes Kirschharz; goldgelbe Glimmerschüppchen; danach svw. falsches Gold.
Katzenkratzkrankheit, von Katzen auf den Menschen übertragene Infektion mit Lymphknotenschwellungen, manchmal Eiterung.
Katzenkraut, *Katzengamander,* svw. → Baldrian.
Katzenpfötchen, filziges Kraut (Korbblütler) an trockenen Stellen im Gebirge.

Katzer, Hans (31. 1. 1918–18. 7. 1996), CDU-Pol.; 1965–69 B.min. f. Arbeit u. Sozialordnung.
Katzir, Ephraim (* 16. 5. 1916), isr. Biophys.; 1973–78 Staatspräs.
Kaub (D-56349), St. i. Rhein-Lahn-Kr., am Rhein, RP, 1267 E; Weinbau. Burg „Die Pfalz" auf e. Rheininsel, Burg Gutenfels, Blücher-Mus.
kaudal, anatom. Lagebezeichnung für kopfern (Ggs.: *kranial*).
Kauderwelsch, s., unverständliche Sprache, ursprüngl. die der it. (welschen) Hausierer (Kauderer).
kaudinisches Joch, unter das die 321 v. Chr. bei Caudium v. d. Samniten besiegten Römer mußten; daher allgemein svw. *Demütigung.*
Kauf, Vertrag, der den Verkäufer zur Übergabe der verkauften Sache bzw. Verschaffung des verkauften Rechtes, Käufer zur Zahlung d. *K.preises* u. z. Abnahme der gekauften Sache verpflichtet. K. u. K.preiszahlung bewirken allein noch nicht Eigentumsübergang od. sonstige Rechtsänderung; hierzu ist noch erforderlich bei *Sachen:* Einigung u. Übergabe (→ Auflassung), bei *Rechten:* → Abtretung. Arten: *K. auf Probe:* erst nach Billigung d. Sache vollzogen. *K. nach Probe:* Ware muß dem Muster entsprechen. *K. zur Probe:* gültiger K. („zur Probe" nur Zweckangabe). Bei Mängeln kann Käufer Aufhebung des K.s (*Wandlung*) od. Herabsetzung d. Preises (*Minderung*), evtl. auch Schadenersatz verlangen. Bes. Vorschriften f. Viehkauf; auch → Rückkaufsrecht, → Vorkauf.
Kauffahrteischiff, svw. Handelsschiff.
Kauffmann, Angelica (30. 10. 1741 bis 5. 11. 1807), schweiz. Malerin d. Rokoko; bes. bedeutend als Porträtistin; lebte hauptsächl. in London u. Rom; Goethe; Selbstbildnis.
Kaufkraft,
1) best. Gütermenge, die m. e. Geldeinheit erworben werden kann; abhängig vom Preisniveau; steigt das Preisniveau, so sinkt die K. u. umgekehrt (reziprokes Verhältnis).
2) die durch die Höhe der Einkommen u. die Höhe der Preise bestimmten Möglichkeiten des Gütererwerbs.
Kaufkraftparitätstheorie, besagt, daß Devisen-(Wechsel-)Kurse sich allein nach dem Verhältnis der K. zweier Volkswirtschaften bestimmen; moderner Vertr.: *Cassel;* Ggs.: Zahlungsbilanztheorie.
Kaufmann,
1) Oskar (2. 2. 1873–8. 9. 1956), dt.-ungar. Architekt; Theaterbauten im noch historist. Stil e. gemäßigten Neubarock u. -rokoko, u. a. in Berlin (*Hebbel-Th., Theater am Nollendorfplatz*) u. Wien (*Stadttheater*).
2) Willy (* 11. 7. 1920), schweiz. expressionist. Maler u. Graphiker; hpts. Glasgemälde, z. B. f. Kirchen-Neubauten, u. a. Sacro Cuore in Gallerate, Holy Trinity in New Norcia/Austral.; f. d. Rathaus in Zurzach.

Manxkatze

Europäische Kurzhaarkatze, Schildpatt mit Weiß

Kaub, *Pfalzgrafenstein mit Burg Gutenfels*

Kaunas, *Rathaus*

Kaufmann, i. Sinne d. HGB: wer selbständig ein Handelsgewerbe betreibt; sog. *Form-K.* ist jur. Person (AG, GmbH, Genossenschaft); *Muß-K.* (auch ohne Eintragung in → Handelsregister) ist, wer ein in § 1 HGB aufgeführtes Grundhandelsgewerbe betreibt; *Soll-K.,* betreibt kein Grundhandelsgewerbe, Unternehmen erfordert aber e. kaufmänn. Geschäftsbetrieb; der Unternehmer ist verpflichtet, sich ins Handelsregister eintragen zu lassen, wird mit Eintragung K.; *Minder-K.,* Personen, deren Gewerbebetrieb nicht über Umfang d. Kleingewerbes hinausgeht, Vorschriften d. HGB finden nur teilweise Anwendung; unanwendbar: Vorschriften über Firmennamen, Handelsbücher, Prokura, mündl. Bürgschaftserklärung (§§ 4, 351 HGB); bzw. *Voll-K.,* alle Vorschriften des HGB finden Anwendung.
kaufmännisches Rechnen, Rechenarten, die vor allem im geschäftl. Verkehr anfallen (z. B. Zins- u. Zinseszins, Diskont-, Renten- u. Devisenrechnungen).
Kaufunger Wald, reich bewaldetes Buntsandsteingebirge zw. Werra und Fulda; *Bielstein* 641 m.
Kaugummi, aus harzreichem Kautschuk, bes. aus mexikan. Chicle durch Verkneten m. ätherischen Ölen.
Kaukasien, d. Hochland v. Manytsch im N bis zum iran.-armenischen Bergland i. S u. zw. d. Schwarzen u. Kasp. Meer im W u. O, durch das Kaukasusgebirge in *Zis-* u. *Trans-K.* geteilt; pol. aufgeteilt in d. z. Rußland gehörenden Gebiete N-K.s (u. i. Daghestan) u. d. drei transkaukas. Republiken *Georgien, Armenien, Aserbeidschan;* Mangan, Silber, Erdgas, Erdöl; Anbau: Weizen, Mais, Reis, Tee, Tabak, Wein, Obst, Baumwolle.
Kaukasus, Faltengebirge zw. nordöstl. Schwarzem Meer u. Kasp. Meer, 1200 km lang, 100–150 km breit, geradlinig mit steiler S-Seite; zentraler Hauptkamm stark vergletschert, graniter. Hauptkamm (*Schkara* 5068 m) m. zwei erloschenen Vulkanen: *Elbrus* 5642 m u. *Kasbek* 5033 m; die → Grusinische u. → Ossetische Heerstraße durch d. *Zentral-K.;* Flüsse: *Kuban, Rion, Aras, Kura, Terek.*
Kaulbach, dt. Malerfamilie, mit erfolgreichsten Wilhelm von K. (15. 10. 1805 bis 7. 4. 74), Historienmaler, Illustrator, Porträtist.
Kaulquappe, geschwänzte Larve d. → Froschlurche.
Kaunas, russ. *Kowno,* St. in Litauen, am Zus.fluß v. Neris u. Memel, 423 000 E; Erzbischofssitz, Uni.; Flughafen, div. Ind.
Kaunda, Kenneth (* 28. 4. 1924), afrikan. Pol.; 1964–91 Staatspräs. v. Sambia.
Kaunitz, Wenzel Anton, Fürst (2. 2. 1711–27. 6. 94), östr. Diplomat, Staatskanzler unter d. Maria Theresia; Gegenspieler → Friedrichs d. Gr.
Kauri, Art d. → Porzellanschnecken; früher i. Afrika u. Indopazifik als Zahlungsmittel.
Kaurit-Leim, Harnstoff-Formaldehyd-Basis f. Holzleime z. Warm- u. Kaltverarbeitung v. Sperrholz u. ä.
Kaus, Max (11. 3. 1891–5. 8. 1977), dt. Maler; schuf hpts. v. Expressionismus angeregt zunächst Landschaften u. fi-

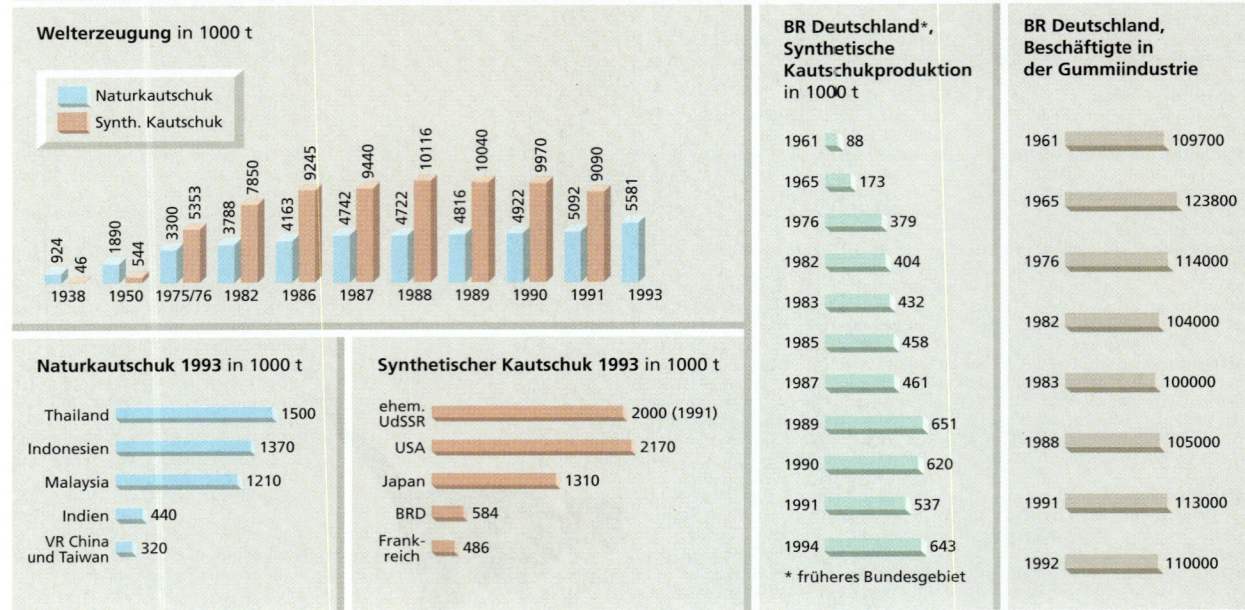

gürl. Darstell., später auch stark abstrahierende Kompositionen.
kausal [l.], begründend, ursächlich.
Kausalgesetz, Grundsatz, daß jedes Geschehen notwendig s. Ursache hat (deren Wirkung es ist); der Positivismus ersetzt es durch d. Begriff der funktionellen Abhängigkeit.
Kausalgie [gr.], brennende Schmerzen im Bereich eines Nervs.
Kausalität, Ursache-Wirkungs-Zusammenhang.
Kausalnexus, Zusammenhang von Ursache u. Wirkung.
Kausalsatz, *m.*, begründender, mit *weil* oder *da* eingeleiteter Satz.
Kaustikum [gr.], ätzender (→ kaustischer) Stoff (z. B. Natriumhydroxid).
kaustisch [gr.], ätzend; beißend spöttisch.
Kautel, *w.* [l. „Vorsichtsmaßregel"], Sicherheitsklausel bei Verträgen.
kauterisieren [nl.], ätzen; glühen in der Chirurgie mit einem elektrisch erhitzten Instrument.
Kaution [l.], Sicherheitsleistung, die z. B. für Einhaltung e. Vertrages erbracht wird, bes. f. e. evtl. später eintretende Forderung.
Kautionswechsel → Depotwechsel.
Käutner, Helmut (25. 3. 1908–20. 4. 80), dt. Filmregisseur u. Schausp.; *Große Freiheit Nr. 7* (1944); *Unter den Brücken* (1945); *Des Teufels General* (1955); *Der Hauptmann von Köpenick* (1956).
Kautschuk, *m.*, Emulsion im Milchsaft versch. Pflanzen, gerinnt an der Luft od. bei Anwendung von Säuren; Gerinnungsprodukt stellt Rohprodukt f. d. techn. K. dar. Die wichtigsten K. liefernden Bäume sind: **a)** der *Gummibaum*

(trop. Asien), **b)** *Hevea* (Brasilien, *Para-K.*), beide in d. Tropen plantagenmäßig angebaut. Der Saft wird durch Einschnitte in die Rinde gewonnen. Außerdem → Kok-Saghys. Hptverwendung: als Isoliermittel, für hygien. Zwecke, als K.heftpflaster *(Leukoplast,* usw. – *Künstl. (synth.) K.*, in versch. Verfahren hergestellt; heute aus Grundsubstanz → Butadien.
Kautsky, Karl (16. 10. 1854–17. 10. 1938), östr. sozialdemokr. Theoretiker; auf ihn hpts. geht d. Erfurter Programm zurück (→ Sozialismus).
Kauz,
1) svw. Sonderling.
2) *Käuzchen,* versch. → Eulen ohne Federohren.
Kavalkade, Reiterzug.
Kavalla, *Kawala,* griech. Hafenst. an der mazedon. Küste, 57 000 E; Tabakind., Erdöl- u. Erdgasförderung im Meeresbereich, Tourismus.
Kavallerie [it.], berittene Waffengattung, bis z. 1. Weltkrieg v. Bedeutung.
Kavatine [it.], in Oper u. Oratorium lyr. Sologesangsstück m. Instrumentalbegleitung, einfacher geformt als die Arie.
Kaverne [l. „Höhle"],
1) Höhlenbildung in der Lunge bei Lungentuberkulose.
2) ausgesprengte Felshöhle, bes. im Gebirgskrieg.
Kaviar, *m.* [tatar.], eingesalzener Rogen v. Stör, Hausen, Sterlet, aber auch v. Lachs (Lachs-, Ketakaviar), Forelle u. a.; *dt. K.:* gefärbter Rogen d. Seehasen.
Kavitation,
1) *techn.* Hohlraumbildung in sehr rasch fließenden Flüssigkeiten;
2) Zerstörung der Oberfläche einer Schiffsschraube durch Gasblasen.

Kawa, *w.*, gegorenes Getränk aus gekauten Wurzeln einer Pfefferpflanze auf Samoa.
Kawabata, Yasunari (11. 6. 1899 bis 16. 4. 1972), jap. Schriftst.; *Schneeland; Tausend Kraniche;* Nobelpr. 1968.
Kawasaki, jap. Ind.st. sw. v. Tokio, 1,2 Mill. E.
Kayseri, *Kaisarie,* im Altertum *Caesarea,* türk. Prov.hptst. in Inneranatolien, am Nordfuß des Erdschias-Dagh, 378 000 E; Ind.- u. Handelsstadt; Uni.
Kazan [kəˈzaːn], Elia (* 7. 9. 1909), am. Bühnen- u. Filmregisseur; *A Streetcar Named Desire* (1951); *On the Waterfront* (1954); *East of Eden* (1955); *The Arrangement* (1969).
Kazantzakis, Nikos (18. 2. 1883 bis 26. 10. 1957), griech. Dichter; Versepos: *Odisia;* Roman: *Griech. Passion; Alexis Zorbas.*
Kazike, indian. Häuptling in S- u. Mittelamerika.
KBR, Komplement**b**indungs**r**eaktion, Labortestmethode.
kcal, Abk. f. *Kilokalorie* (→ Kalorie).
Kea, *Keos,* griech. Zykladeninsel in der Ägäis.
Kean [kiːn],
1) Edmund (4. 11. 1787–15. 5. 1833), engl. Schausp. (Shakespeare); s. Sohn
2) Charles (18. 1. 1811–22. 1. 68), engl. Schausp.; als Regisseur von Einfluß auf dt. Bühnen.
Keating [ˈkiːtiŋ], Paul (* 18. 1. 1944), 1991–96 austral. Premiermin.
Keaton [kiːtn], Buster (4. 10. 1895 bis 1. 2. 1966), am. Stummfilm-Komiker u. Regisseur; *The General* (1926); *The Cameraman* (1928).
Keats [kiːts], John (31. 10. 1795–23. 2. 1821), engl. Lyriker d. Romantik; *Hype-*

rion; Endymion; Ode auf eine griechische Urne.
Kebnekajse, höchster Berg Schwedens, 2111 m.
Kebse, Nebenfrau.
Kecskemét ['kɛtʃ-], ungar. St. südöstl. v. Budapest, 105 000 E; Obst- u. Weinbau, Konservenind.
Kedah, Gliedstaat von → Malaysia, 9425 km²; 1,3 Mill. E; Reis, Kautschuk, Zinn; Hptst. *Alor Setar.*
Keelung, *Jilong,* wichtige Hafenst. v. Taiwan, 351 000 E; Werften, Flottenstützpkt, div. Ind., Bergbau.
keep smiling [engl. 'ki:p 'smaɪlɪŋ], svw. „immer lächeln!" (Aufforderung).
Kefallinia → Kephallenia.
Kefir, *m.* (türk.), mit K.bakterien u. Hefen, die alkohol. u. Milchsäuregärung bewirken, angesetzte Milch.
Keflavík, isländ. St. an d. Faxabucht, sw. Reykjavík, 7500 E; Fischereihafen, Flughafen; Stützpkt der NATO.
Kegel, geometr. Körper, der durch Drehung (Rotation) eines rechtwinkligen Dreiecks um eine Kathete *(gerader K.)* oder durch Verbindung aller Punkte einer Kreislinie mit einem Punkt außerhalb der Kreisebene *(allg. K.)* entsteht; jede Verbindungslinie heißt *Seitenlinie,* die von ihnen gebildete Fläche **Kegelmantel.** K.rauminhalt = $\frac{1}{3}$ Grundfläche mal Höhe. Die Verlängerung der Seitenlinien über die Spitze hinaus ergibt den *Doppel-K.*
Kegelschnitte sind die Menge aller Punkte, für die das Verhältnis ihrer Entfernungen zu einem festen Punkt *(Brennpunkt)* u. zu einer Geraden *(Leitlinie)* gleich ist, u. entstehen, wenn Ebenen einen Kegel od. Doppelkegel schneiden, u. zwar bei Schnitt durch einen Kegel a) senkrecht zur Achse: der → *Kreis* (Abb. l.); b) schräg zu ihr: die → *Ellipse* (Abb. l.); c) parallel zu einer Seitenlinie: die → *Parabel* (Abb. Mitte); jede Schnittebene durch beide Kegel eines Doppelkegels gibt eine → *Hyperbel* (Abb. r.).
Kegelsport, Sportspiel, bei dem eine bis zu 7½ Pfd schwere Kugel über eine ca. 24–30 m lange *Kegelbahn* gerollt wird, um möglichst viele von 9 am Ende der Bahn aufgestellten *Kegeln* umzustoßen; beim am. Bowling schwerere Kugel m. Grifflöchern u. 10 Kegel.
Kehl (D-77694), Gr.Krst. i. Ortenau-Kr., a. Rhein, Ba-Wü.; 30 829 E; AG; FHS f. Verwaltung; Europabrücke zw. K. u. Straßburg, Rheinhafen.
Kehle,
1) i. d. *Baukunst* runde Einkerbung; auch *Hohlk.*
2) med. *Pharynx,* Vorderseite d. Halses, Rachenhöhle (Bereich zw. Nasen- u. Mundhöhle u. Speiseröhre).
Kehlkopf, *Larynx,* der aus mehreren Knorpeln gebildete, becherförmige Ansatz der Luftröhre; in s. Innern die *Stimmbänder,* die beim Anspannen durch d. K.muskeln v. d. ausgeatmeten Luft z. Schwingen gebracht werden; Stimm- u. Lautbildung. K. nach oben durch den **Kehldeckel** *(Epiglottis)* gesichert; beim Schlucken abschließbar, verhindert d. Sichverschlucken.
Kehlkopfpfeifen, Pferdekrankheit, d. chron., unheilbare Erkrankung d. Kehlkopfes od. d. Luftröhre verursachte Atemstörung (hörbares Geräusch b. Atmen).
Kehlkopfspiegel, gestattet durch Beleuchtung v. Mund Betrachtung d. Kehlkopfinnern; *Laryngoskopie.*
Kehrreim, *m., Refrain,* Zeilenwiederholung in e. Lied.
Kehrwert, svw. → reziproke Zahl.
Keihin Port, s. 1941 Name der vereinigten Häfen v. Tokio u. Jokohama; bed. Industriegebiet Japans.
Keil, Holz- od. Metallstück mit geschärfter Kante, nach Gesetz der schiefen Ebene wirkend, z. Zerteilen v. Baumstämmen; auch Messer, Meißel, Beil, Nagel, Nadel, basiert auf K.wirkung; auch → Nut.
Keilberg, höchster Berg d. Erzgebirges, in Böhmen, 1244 m.
Keilberth, Joseph (19. 4. 1908–20. 7. 68), dt. Dirigent, tätig bes. in Hamburg, Bamberg u. München.
Keiler, männl. Wildschwein v. 3. J. an.
Keilschrift, aus winklig keilförmigen Strichen zus.gesetzte Schriftzeichen d. Sumerer, Assyrer, Babylonier u. Hethiter; meist in Tontafeln eingedrückt; zuerst entziffert von Grotefend (1802).
Keilwirbel, deformierter Wirbel, z. B. bei → Osteoporose.
Keim, erster Ausgangspunkt für ein neues Lebewesen (meist befruchtetes Ei).
Keimbahn, Zellteilungsfolge bei vielzelligen Tieren, die zur Fortpflanzung bestimmten Zellen *(K.zellen)* gebildet werden; Ggs.: → Soma.
Keimblatt,
1) *äußeres, mittleres, inneres,* d. Uranlagen der verschiedenen Organsysteme beim Embryo.
2) b. Pflanzen die ersten Blätter des jungen *Keimlings,* wichtig für dessen Ernährung und Wachstum.
Keimdrüsen, männliche K., *Hoden,* erzeugen den Samen (→ Spermien) u. d. *männl. K.hormone, Androgene* (z. B. *Androsteron* u. *Testosteron*) steuern d. Tätigkeit d. Samenblasen, Prostata, Hoden, beeinflussen das Knochenwachstum u. d. Eiweißstoffwechsel. Die weibl. K., *Eierstöcke,* bilden Eizellen u. periodisch abwechselnd a) *Follikelhormone* (*Östrogene*), bewirken Eireifung, fördern Entwicklung der weiblichen Geschlechtsorgane und -merkmale, und b) *Gelbkörperhormon* (Corpus-luteum-Hormon, Progesteron), das im → Menstruationszyklus d. Sekretionsphase herbeiführt, die Schwangerschaft erhält u. d. Reifung weiterer Eizellen verhindert; außerdem beeinflussen d. Östrogene d. Eiweißstoffwechsel. Die K. gehören zu d. Drüsen mit → innerer Sekretion, werden v. d. → Hypophyse durch → gonadotrope Hormone gesteuert (→ Geschlechtsorgane, Abb.); → Kontrazeption; K.drüsenentfernung: → Kastration.
keimfrei → steril.
Keimprobe, Test, um d. Keimfähigkeit v. Saatgut festzustellen; K. ist gut, wenn 95% gekeimt haben, wicht. Saatgutqualitätsmerkmal.
Keimzahl, Anzahl von Mikroorganismenzellen i. einer Probenmenge (z. B. Großstadtluft 300 bis 10 000/m³, Seeluft meist weniger als 50).
Keimzellen → Gameten.
Keiser, Reinhard (9. 1. 1674–12. 9. 1739), dt. Komp.; wirkte in Hamburg; über 100 Opern: *Croesus; Jodelet;* Kantatenoratorium.

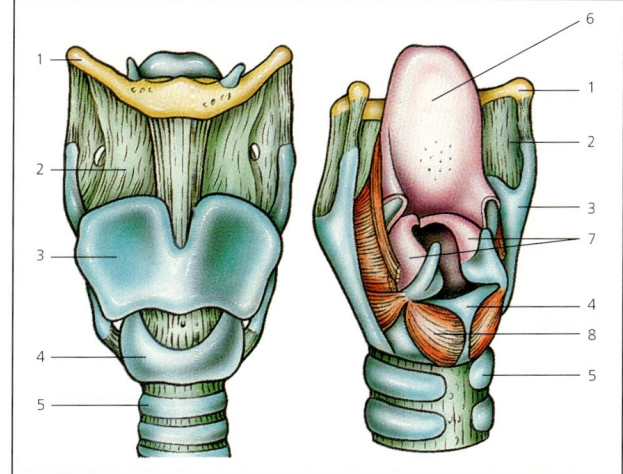

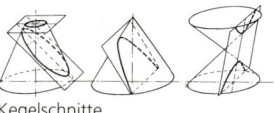

Kegelschnitte

Babylonische Keilschrift

Kehlkopf
1 Zungenbein
2 bindegewebige Membran
3 Schildknorpel
4 Ringknorpel
5 Knorpelspange der Luftröhre
6 Kehldeckel
7 Stimmbänder
8 Kehlkopfmuskulatur

Normaler Kehlkopf
Inspirationsstellung mit weiter Abduktionsstellung der Stimmlippen (Lupenlaryngoskopie).

Links: Kehlkopf mit Luftröhre;
links: von vorne;
rechts: von hinten;
gelb: Zungenbein;
grün: bindegewebige Membran;
blau: der Schildknorpel sitzt auf dem Ringknorpel;
violett: Kehldeckel und darunter die Stimmbänder;
braun: Kehlkopfmuskeln.

Kehlkopf, *Lupenlaryngoskopie*

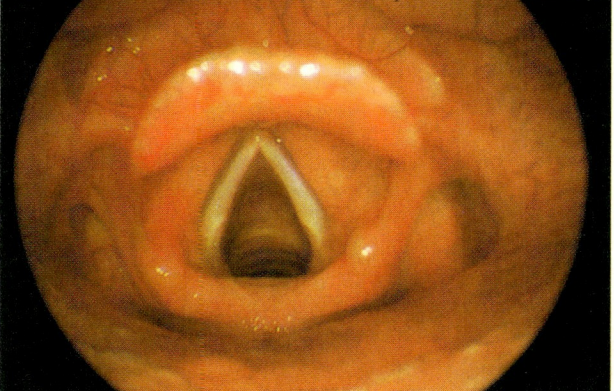

Keitel, Wilhelm (22. 9. 1882–16. 10. 1946), dt. Feldmarschall; 1938–45 Chef d. OKW; hingerichtet.
Kekkonen, Urho (3. 9. 1900–31. 8. 86), finn. Pol.; 1950–56 Ministerpräs., 1956–81 Staatspräs.
Kekulé von Stradonitz, August (7. 9. 1829–13. 7. 96), dt. Chem.; erkannte ringförm. Molekülstruktur d. Benzols, wichtig f. organ. Chemie.
Kelantan, Gliedstaat v. → Malaysia, 14 931 km², 1,12 Mill. E; Reis; Fischerei; Hptst. *Kota Baharu.*
Kelheim (D-93309), Krst. am Zus.fluß v. Altmühl u. Donau, Bay., 15 383 E; AG; Zellstoff-, Chemiefaserind., Hafen; *Befreiungshalle,* 1842–63 erbaut.
Kelim, *m.* [türk.], 2seitig gemusterter Teppich.
Kelkheim (Taunus) (D-65779), St. i. Main-Taunus-Kr., Hess., 26 400 E; Möbelind.
Keller,
1) Albert von (27. 4. 1844–14. 7. 1920), schweiz. Maler d. Spätromantik; Interieurszenen u. Porträts in virtuoser Technik u. brillanter Farbgebung, später auch myst., spiritist. u. rel. *(Auferweckung von Jairi Töchterlein)* Themen.
2) Erhard (* 24. 12. 1944), dt. Eisschnelläufer; Olympiasieger 1968 u. 72 über 500 m, 1972 Weltrekorde über 500 m u. 1000 m; Sprint-WM 1971.
3) Gottfried (19. 7. 1819–15. 7. 90), schweiz. Dichter d. Realismus; Bildungsroman: *Der grüne Heinrich;* Erzählungen: *Die Leute von Seldwyla; Sieben Legenden; Züricher Novellen; Das Sinngedicht; Martin Salander;* Gedichte.
4) Helen (27. 6. 1880–1. 6. 1968), am. Schriftst.in; blind u. taubst.; *Erinnerung.*
5) Paul (6. 7. 1873–20. 8. 1932), dt. Schriftst.; *Ferien vom Ich.*
6) Werner (13. 8. 1909–29. 2. 80), dt. Sachbuchautor; *Und die Bibel hat doch recht; Denn sie entzündeten das Licht; Da aber staunte Herodot; Was gestern noch als Wunder galt.*
Kellerhoven, Moritz (1758–15. 12. 1830), dt. Maler; schuf als gesuchter Porträtist Repräsentationsbildnisse im Zeitgeschmack, erfaßte aber (z. B. in d. Haltung) auch d. Wesen d. Modells; *Erzherzog Karl v. Österreich.*
Kellermann, Bernhard (4. 3. 1879 bis 17. 10. 1951), dt. Romanschriftst.; *Der Tunnel; Das Meer.*
Kellogg, Frank Billings (22. 12. 1856 bis 21. 12. 1937), am. Pol.; Friedensnobelpreis 1929; nach ihm d. intern. Kriegsächtungsvertrag **K.pakt** *(Briand-Kellogg-Pakt)* genannt.
Kells, Gemeinde in d. irischen Grafschaft Meath. Im Kloster des hl. Columba entstand wohl Anfang 9. Jh. das *Book of K.* („Buch v. K."), als reich illustriertes Evangeliar (jetzt im Trinity College v. Dublin).
Kelly [ˈkɛlɪ],
1) Gene (23. 8. 1912–2. 2. 1996), am. Tänzer, Regisseur u. Schausp.; Musicals; *An American in Paris; Singin' in the Rain.*
2) Grace (12. 11. 1929–14. 9. 82), am. Filmschausp.in; s. 1956 als *Gracia Patricia* Fürstin v. Monaco; *High Noon; Rear Window.*
3) Petra (29. 11. 1947–1. 10. 92), dt. Politologin u. Pol.in; 1980–82 Vorstandssprecherin d. Grünen (→ Parteien, Übers.), 1983–90 MdB 1983/84 (zus. m. M.-L. *Beck-Oberdorf* u. O → *Schily*) Sprecherin d. Bundestagsfraktion.
Keloid [grl.], derbe wulstartige Narbe.
Kelten, indoeur. Volksstamm; vorgeschichtl. in SW-Dtld u. d. Rheingegenden seßhaft, v. d. Germanen über d. Rhein gedrängt; Züge nach England, Spanien (im 6. Jh. v. Chr.), Italien (387 v. Chr. vor Rom), dem Balkan (im 3. Jh. v. Chr.), Kleinasien (→ Galater); heute nur noch kelt. Bev. in Hochschottland, Irland, Wales, Bretagne.
Kelter, Trauben-, Obstpresse.
keltische Kunst, ab 5. Jh v. Chr. im mitteleur. Siedlungsgebiet d. Kelten, teils unter schöpfer. Umformung griech. u. etrusk. Elemente; letzte Blüte d. spätk. K. 7.–9. Jh. auf d. Brit. Inseln (bes. Irland). Hochwert. Kunsthandwerk, mit d. Christianisierung auch liturg. Gerät, illuminierte Handschriften (z. B. Book of → Kells).
keltische Sprachen → Sprachen, Übers.
Kelvin, Lord → Thomson 4); n. ihm ben. **K.skala,** Temperaturskala in K ab dem absoluten Nullpunkt (−273,15 °C); z. B. 20 K = −253,16 °C.
Kemâl Pascha → Atatürk.
Kemelman [ˈkɛmǝlmǝn], Harry (* 24. 11. 1908), am. Kriminalautor; *Am Sonntag blieb der Rabbi weg.*
Kem(e)nate, im MA Frauengemach (mit Kamin).
Kemerowo, Bergwerkst. im Kusnezker Kohlenbecken (W-Sibirien), 520 000 E.
Kemijoki, größter finn. Fluß, in Lappland, 494 km l.
Kemnath (D-95478), St. i. Kr. Tirschenreuth, Bay., 5139 E; Textil- u. Lederind.

Gottfried Keller

Erhard Keller

Kempten, *Dom*

Kempe, Rudolf (14. 6. 1910–12. 5. 76), dt. Dirigent, Gen.musikdir. d. Münchner Philharmoniker 1967–76.
Kempen (D-47906), St. im Kr. Viersen, am Niederrhein, NRW, 35 200 E; AG; Geburtsort v. *Thomas a Kempis;* histor. Altstadt.
Kempff, Wilhelm (25. 11. 1895 – 23. 5. 1991), dt. Pianist u. Komp.; *Unter d. Zimbelstern* (Autobiogr.).
Kempowski, Walter (* 29. 4. 1929), dt. Schriftst.; autobiograph. Romane: *Tadellöser & Wolff; Hundstage; Mark und Bein;* Hörspiele, Befragungsbücher.
Kempten (Allgäu) (D-87435–39), kreisfreie St. i. Rgbz. Schwaben, a. d. Iller, Mittelpkt. d. Allgäus, Bay., 61 800 E; LG, AG; Milchwirtsch., Textil-, Verpackungsind., Masch.bau; Residenz.
Kempter, Karl (17. 1. 1819–11. 3. 71), dt. Komponist; Kirchenmusik; *Pastoralmesse.*
Kendall [kɛndl], Edward C. (8. 3. 1886 bis 4. 5. 1972), am. Physiologe, Hormonforschung; Nobelpr. 1950.
Kendo [jap.], Fechten m. Bambusstöcken.
Kendrew [-druː], Sir John Cowdery (* 24. 3. 1917), engl. Chem.; Struktur großer Eiweißmoleküle; Nobelpr. 1962.
Kenia, Rep. in Ostafrika am Äquator. **a)** *Geogr.:* Steppenreiche Hochebene m. Vulkanen (höchster Berg d. erloschene Vulkan *Kenia* 5194 m). **b)** *Wirtsch.:* Hptausfuhrprodukte: Kaffee (1991: 90 000 t), Tee (204 000 t), Sisal; v. Bedeutung Nahrungsmittel- u. Tabakind.; Zollunion m. Tansania u. Uganda. **c)** *Außenhandel* (1991): Einfuhr 2,23 Mrd., Ausfuhr 1,32 Mrd. $. **d)** *Verf.* v. 1963: Staatspräs. u. Parlament (1 Kammer); s. 1982 Einparteienstaat. **e)** *Verw.:* 7 Regionen u. Gebiet Nairobi. **f)** *Gesch.:* Ab 1895 brit. Kol.; 1952 → Mau-Mau-

KENIA
Staatsname: Republik Kenia, Jamhuri ya Kenya, Republic of Kenya
Staatsform: Präsidiale Republik
Mitgliedschaft: UNO, AKP, Commonwealth, OAU, EAC
Staatsoberhaupt und Regierungschef: Daniel arap Moi
Hauptstadt: Nairobi 1,5 Mill. Einwohner
Fläche: 580 367 km²
Einwohner: 26 017 000
Bevölkerungsdichte: 45 je km²
Bevölkerungswachstum pro Jahr: Ø 3,35% (1990–1995)
Amtssprache: Suaheli
Religion: Katholiken (27%), Anglikaner (7%), Muslime (6%)
Währung: Kenia-Schilling (K. Sh.)
Bruttosozialprodukt (1994): 6643 Mill. US-$ insges., 260 US-$ je Einw.
Nationalitätskennzeichen: EAK
Zeitzone: MEZ + 2 Std.
Karte: → Afrika

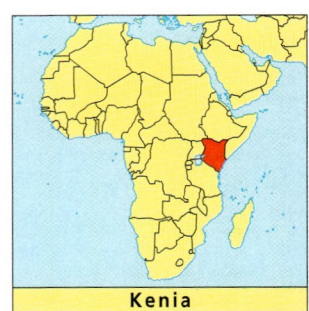
Kenia

Kenia

Aufst. (→ Kenyatta); 1963 Unabhängigkeit; 1990 polit. Reformen, Mehrparteiensystem; 1992 erste freie Präs.wahl, doch weiterh. autorit. Regierungsstil, Fortdauer ethn. Konflikte.
Kennan [ˈkɛnǝn], George Frost (* 16. 2.

1904), am. Diplomat u. Historiker, konzipierte 1947–49 d. am. Politik d. „Eindämmung" (Containment) gg. die sowjet. Expansion.
Kennedy, [ˈkɛnɪdɪ], Brüder,
1) Edward M. (* 22. 2. 1932), am. demokr. Pol.; 1963 und 1968 Senator.
2) John F. (29. 5. 1917–22. 11. 63), am. demokr. Pol.; 35. Präs. d. USA 1961–63; ermordet; *Der Weg zum Frieden.*
3) Robert F. (20. 11. 1925–6. 6. 68), am. demokr. Pol.; 1961–63 Justizmin., 1968 Präsidentschaftskandidat; ermordet.
Kenotaph, *s.* [gr.], grabähnl. Erinnerungsmal f. dort nicht bestattete Tote.
Kensington, westl. St.teil v. London, zus. mit Chelsea 131 000 E.
Kent, William (um 1685–12. 4. 1754), engl. Architekt des Palladianismus (→ Palladio) u. Schöpfer d. engl. Landschaftsgartens.
Kent, südostengl. Gft zw. Themse u. Kanal, fruchtb. Kreidehügelland, 3732 km², 1,52 Mill. E; Landw., Ind., Hptst. *Maidstone* (86 000 E). – *Hzg. v. K.,* Titel im engl. Kgshaus.
Kentaur, *m.,* Centaurus,
1) → Sternbilder, Übers.
2) griech. Fabelwesen, oben Mensch, unten Pferd.
kentern, umkippen (v. Schiffen); (bei Strömen) Umkehren d. Flußrichtung durch Ebbe u. Flut.
Kentucky [-ˈtʌkɪ], abgek. *Ky.,* Bundesstaat der USA zw. Alleghanygebirge im O, Ohio im N und Mississippi im W, 104 623 km², 3,75 Mill. E; Hptst. *Frankfort* (26 000 E). – Mais, Weizen, Tabak; Kohle-, Erdöl-, Erdgasgewinnung; Metallindustrie.
Kentumsprachen → Sprachen, Übers.
Kenyatta, Jomo (20. 10. 1891–22. 8. 1978), afrikan. Pol.; 1953–61 als Anfüh-

d. neuen Astronomie; Nachfolger Tycho Brahes am Hofe Rudolfs II. in Prag; stellte 3 K.sche Gesetze über d. Planetenbewegungen auf.
Kerala, ind. Bundesstaat an d. Malabarküste, 38 864 km², 29 Mill. E; Hptst. *Trivandrum.* Pfeffer, Ingwer, Kautschuk, Tee, Nüsse.
Keramik, *w.* [gr.], Töpferkunst, → Tonwaren.
Keratin, Hornstoff (Eiweiß, Skleroproteïn) der Haut: Nägel, Haare, Federn.
Keratitis, *w.* [gr.], Hornhautentzündung des Auges.
Kerbel, Doldenblütler/Küchengewürz.
Kerbela, *Karbala,* Prov.hptst. im Irak, 186 000 E; an der Bagdadbahn, Wallfahrtsort der → Schiiten.
Kerbholz, im altdt. primitiven Handel zwei nebeneinandergelegte Stäbe, die zwecks Abrechnung gemeinschaftl. gekerbt wurden.
Kerbtiere, svw. → Insekten.
Kerenskij, Alexander (4. 5. 1881 bis 11. 6. 1970), russ. Just.min., 1917 Min.präs., v. Bolschewisten gestürzt.
Kergueleninseln [-ˈgeː-], größte subantarkt. Inselgruppe i. südl. Ind. Ozean, 7215 km², frz. wiss. Station, im W d. Hauptinsel vergletscherte Gebirge.
Kerkenainseln, Inselgruppe an der O-Küste Tunesiens, 15 000 E; Fischerei.
Kerll, Johann Kaspar (9. 4. 1627–13. 2. 93), dt. Komponist; Opern, Kirchenmusik.
Kermadecgraben, Tiefseegraben (bis 10 047 m t.) im südl. Pazifik nö. v. Neuseeland, w. davon d. K.rücken mit den K.inseln.
Kerman, südöstl. Prov. Irans, Wüstenu. Geb.land; bes. Teppiche (*Kirmanj*); Hptst. *K.,* 257 000 E.
Kermanschah, jetzt *Bakhtaran,* Hptst.

John F. Kennedy

Kentaurenpaar im Kampf mit Raubtieren, *Mosaik 2. Jh.*

Johannes Kepler

Kernkraftwerke

installierte Leistung am 31. 12. 95 (in Gigawatt)

USA	99,4	Litauen	2,4
Frankreich	58,5	Finnland	2,3
Japan	39,9	China	2,2
Deutschland	22,0	Südafrika	1,8
Rußland	19,8	Ungarn	1,7
Kanada	14,9	Indien	1,7
Ukraine	13,6	Tschech. Rep.	1,6
Großbritannien	12,9	Slowakei	1,6
Schweden	10,0	Mexiko	1,3
Südkorea	9,1	Argentinien	0,9
Spanien	7,1	Brasilien (1994)	0,7
Belgien	5,6	Slowenien	0,6
Taiwan	4,9	Niederlande	0,5
Bulgarien	3,5	Pakistan	0,1
Schweiz	3,1	Kasachstan	0,1

rer der → Mau-Mau-Bewegung inhaftiert; seit 1963 Min.präs., 1964–1978 Staatspräs. v. Kenia.
Kephallenia, neugr. *Kefallinia,* Ionische Insel, 781 km², bis 1620 m, 32 000 E; Weinbau, Olivenölind.; Hptst. *Argostolion* (7300 E); Seehafen.
Kepler, Johannes (27. 12. 1571–15. 11. 1630), dt. Astronom u. Math.; e. d. Begr.

der iran. Prov. *B.,* 561 000 E; Obst- u. Weinbau, Opiumhandel.
Kern,
1) v. Hülle umgebener Mittelteil e. → Kometen.
2) *biol.* → Zelle.
3) harte Samen mancher Früchte.
4) *weidm.* der Körper des Haarraubwildes nach d. Abziehen des Balgs.

5) Gießerei: Körper a. Lehm usw., i. d. Form eingelegt, um Hohlraum i. e. Gußstück herzustellen.
Kernbeißer, Finkenvogel m. dickem Schnabel.
Kernchemie, untersucht Atomkerne und Kernreaktion mit chem. Methoden.
Kernenergie, auch *Atomenergie,* die bei einer Atomkernumwandlung frei werdende Energie, pro Atom millionenfach höher als chem. Energie. Zur techn. Nutzung ist e. *Kettenreaktion* (→ Tafel Atom u. Atomkernenergie) notwendig, bei der nicht einzelne Atome, sondern größere Mengen (bis zu einigen kg) umgewandelt werden. Zwei Prozesse möglich: 1. *Spaltung v. Atomkernen* (Uran, Plutonium), angewendet bei Atombombe u. im Kernreaktor; 2. *Kernfusion,* bisher nur in Wasserstoffbombe technisch mögl. – BR Ges. über friedl. Verwendung d. Kernenergie u. d. Schutz gg. ihre Gefahren (A.-Gesetz v. 23. 12. 1959 u. 31. 10. 1976) regelt Umgang m. Kernbrennstoffen u. Atomenergie, unterwirft ihn d. staatl. Kontrolle u. regelt Haftung b. Strahlungsschäden. Auch → Europäische Atomgemeinschaft.
Kerner, Justinus (18. 9. 1786–21. 2. 1862), dt. Dichter u. Arzt; Lyriker d. *Schwäb. Dichterkreises.*
Kerner, in Dtld u. Südafrika angebaute Weißweinrebe — Neuzüchtung durch Kreuzung: → Riesling x → Trollinger, die fruchtwürz., rassige Weine liefert.
Kernfusion → Fusion.
Kernikterus, schwere Gelbsucht d. Neugeborenen mit Einlagerung von Bilirubin in Gehirnkernen, Gefahr bleibender Schäden.
Kernisomerie → Kernphysik (*isomere Kerne*).
Kernkraft, hält d. → Protonen u. → Neutronen im Atomkern zusammen.
Kernkraftwerk → Kernreaktor (→ Kernkraftwerke i. d. BR, Übers.)
Kernladungszahl, in der → Kernphysik Anzahl der positiven → Elementarladungen eines Atomkerns; K. entspricht der Ordnungszahl (→ periodisches System) eines chem. Elements.
Kernmasse, Ruhemasse eines Atomkerns (→ Kernphysik).
Kernmaterie, Materie extrem hoher Dichte, besteht nicht aus Atomen, sondern aus auf engstem Raum zus.gepreßtem Gemisch aus Atomkernen u. Elektronen (→ Plasma); wird in best. Fixsternen („Weiße Zwerge") angenommen.
Kernmodell → Atom, → Quantentheorie.
Kernphysik → Übersicht.
Kernreaktor, *Atommeiler, Pile, Uranbrenner,* Anlage, in der gesteuerte, sich selbst erhaltende Prozesse der Atomkernspaltung ablaufen (→ Kernphysik, → Tafel Atom und Atomkernenergie, → Atom). Bei *Leistungsreaktoren* dient d. dadurch frei werdende Energie (Wärme) z. Stromerzeugung i. Kernkraftwerk (→ Elektrizitätswerk). Hauptproblem ist d. *Entsorgung,* d. sachgerechte u. sichere Unterbringung d. abgebrannten, noch strahlenden Brennelemente in e. geeignetes Lager, denn d. Atommüll muß wegen d. teilw. sehr hohen u. Halbwertszeiten d. strahlenden Atomkerne über Jh.e sicher gelagert werden; noch keine sichere *Endlagerung* gefunden.

Wiesenkerbel mit Frucht

Kerner

Kernkraftwerke und Anlagen des Kernbrennstoff-Kreislaufs in Deutschland

Stand: Mai 1996

Legende:
- Kernbrennstoffversorgung
- Kernkraftwerk
- Zwischenlager (Brennelemente und/oder Betriebsabfälle)
- Endlager/Entsorgung
- Landessammelstelle
- Wiederaufarbeitungsanlage

- in Planung
- im Bau
- in Betrieb
- stillgelegt (bzw. Stillegung beantragt oder beschlossen)
- Abbau eingeleitet
- im Bau stillgelegt

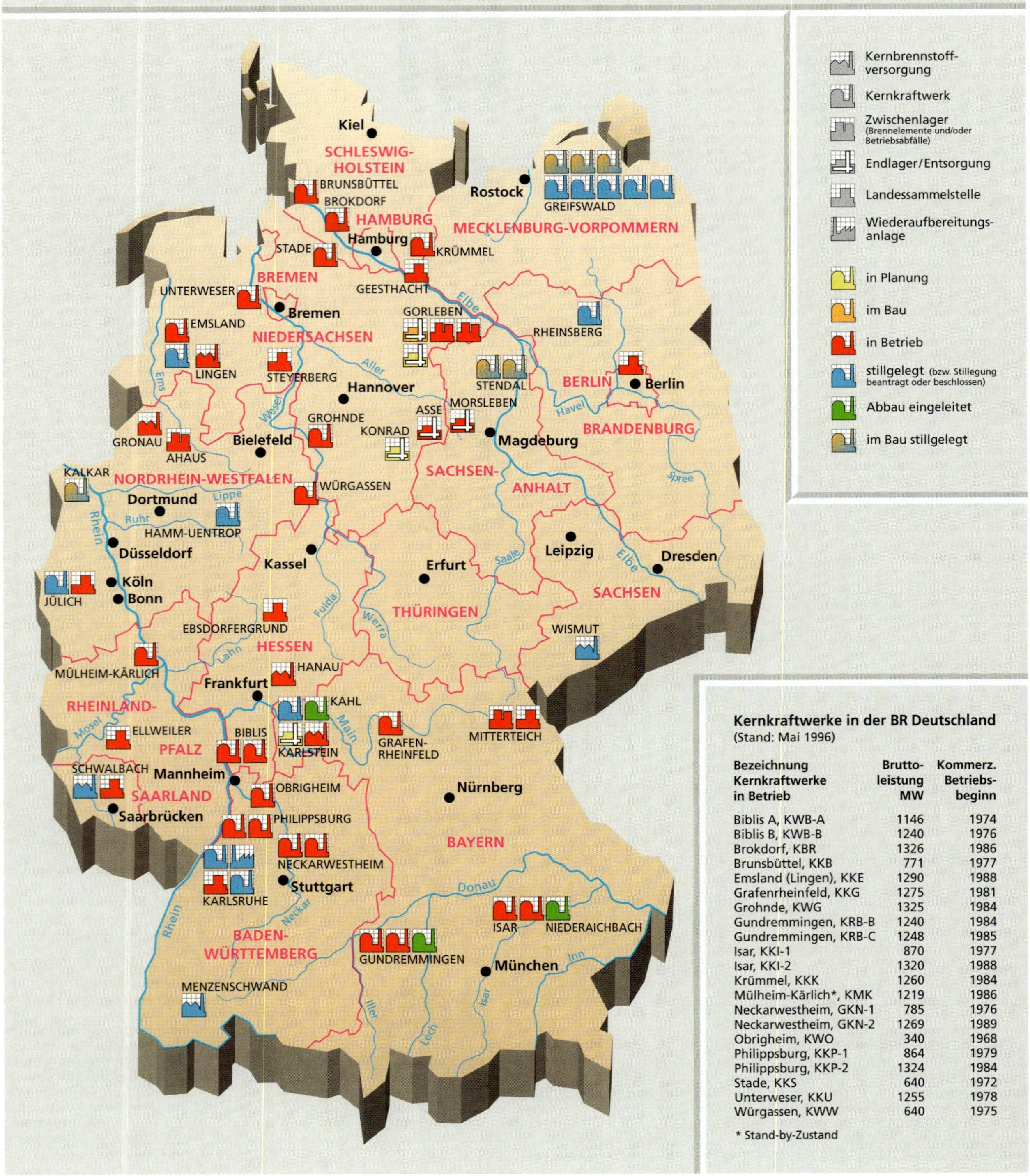

Kernkraftwerke in der BR Deutschland
(Stand: Mai 1996)

Bezeichnung Kernkraftwerke in Betrieb	Bruttoleistung MW	Kommerz. Betriebsbeginn
Biblis A, KWB-A	1146	1974
Biblis B, KWB-B	1240	1976
Brokdorf, KBR	1326	1986
Brunsbüttel, KKB	771	1977
Emsland (Lingen), KKE	1290	1988
Grafenrheinfeld, KKG	1275	1981
Grohnde, KWG	1325	1984
Gundremmingen, KRB-B	1240	1984
Gundremmingen, KRB-C	1248	1985
Isar, KKI-1	870	1977
Isar, KKI-2	1320	1988
Krümmel, KKK	1260	1984
Mülheim-Kärlich*, KMK	1219	1986
Neckarwestheim, GKN-1	785	1976
Neckarwestheim, GKN-2	1269	1989
Obrigheim, KWO	340	1968
Philippsburg, KKP-1	864	1979
Philippsburg, KKP-2	1324	1984
Stade, KKS	640	1972
Unterweser, KKU	1255	1978
Würgassen, KWW	640	1975

* Stand-by-Zustand

Kernphysik

Wissenschaft von den elementaren Gebilden als Teil der Physik, befaßt sich mit Vorgängen im Atom, bes. im *Atomkern*. Modellvorstellung (ohne Erklärungswert für grundsätzlich nicht erkennbare objektive Wirklichkeit): Kern besteht aus → Protonen u. → Neutronen; beide sind jedoch nicht verschiedenartig, sondern zwei verschiedene Zustände des gleichen Elementarteilchens, mit nahezu gleichen Massen, aber Protonen mit 1 → Elementarladung el. positiv u. Neutronen ungeladen, daher Atomkern stets positiv. Elektronen der Atomhülle (→ Atom) tragen 1 negative Elementarladung; da so viele Elektronen wie Protonen im Atom, ist es nach außen el. neutral (aber → Anregung, → Ionen). Diese Teilchen tragen die elementare Einheit des magnetischen Moments *(Magneton)*: Elektronen erzeugen *Bohrsches Magneton* = $9,273 \cdot 10^{-21}$ Oersted · cm^3, Protonen 2,79 mal d. Kernmagneton = $5,047 \cdot 10^{-24}$ Oersted · cm^3. Weitere Definitionen: Summe der Protonen = Summe der positiven Ladungen heißt *Ordnungszahl* (→ periodisches System), Summe der Protonen → Neutronen heißt *Massenzahl*. Symbolische Schreibweise: $^4_2$He z.B. bedeutet Heliumkern mit Ordnungszahl 2 u. Massenzahl 4. Kerne mit gleicher Ordnungs-, versch. Massenzahl heißen *isotop*, Kerne mit gleicher Massen-, aber versch. Ordnungszahl heißen *isobar*; radioaktive Kerne gleicher Ordnungs- u. Massenzahl m. versch. Halbwertzeit heißen *isomer*. Massenwert von C (Kohlenstoff) willkürlich = 6 gesetzt, damit Massenwert d. Protons 1,007 28, des Neutrons 1,008 66; da 1 Massenwerteinheit (Abk. u) = $1,6605 \cdot 10^{-27}$ kg, ist wahre Masse des ruhenden Protons (Ruhmasse; → Relativitätstheorie, Übers.) = $1,6726 \cdot 10^{-27}$ kg. Ruhmasse eines aus mehreren Protonen aufgebauten Kerns *stets kleiner* als berechnet, z. B. für Heliumkern (2 Protonen + 2 Neutronen) 4,001 50 statt 4,031 88; Differenz (hier 0,030 38) heißt *Massendefekt*. Wegen Äquivalenz von Masse u. Energ e (→ Relativitätstheorie, Übers.; 1 u = $1,49 \cdot 10^{-10}$ J) wird Massendefekt als Bindungsenergie gedeutet, die beim Aufbau der Kerne freigesetzt wird.

Beim Aufbau von 1 mol = 4 g Helium aus Wasserstoff werden $2,58 \cdot 10^{12}$ J frei (→ Atomwaffen). Diese großen Energien überwiegen abstoßende Kräfte zw. positiven Ladungen der Protonen, daher Kerne normalerweise stabil (mit Ausnahme radioaktiver Kerne; → Radioaktivität, Übers.). Durch Beschießen mit Elementarteilchen (z. B. Protonen, Neutronen, Elektronen, Lichtquanten usw.) können Veränderungen der Kerne (→ Atomumwandlung) erreicht werden, z. B. durch Anlagerung des Geschosses, oft unter gleichzeitiger Aussendung eines anderen Elementarteilchens. Dabei entstehen aus ursprünglichen verschiedene Kerne. Stabilität der Kerne nimmt mit wachsender Massenzahl ab, daher zerfallen schwere Kerne von selbst unter Aussendung von Elementarteilchen, aber auch leichtere künstliche radioaktive Kerne (ebenfalls unstabil; → Radioaktivität, Übers.). Bei Kernumwandlungen entstehen im Augenblick des Übergangs weitere Elementarteilchen mit sehr kurzer Lebensdauer (→ Radioaktivität, Übers.). – MPI f. K. in Heidelberg.

Auch → Atom ..., → Fission, → Fusion, → Kernreaktor, → Tafel Atom u. Atomkernenergie.

Andere Verwendungszwecke: Gewinnung künstlicher radioaktiver Stoffe, Forschung, Unterricht, Messungen, Materialprüfung. Außerdem *Brutreaktoren*, die neuen Spaltstoff „ausbrüten". 1996 weltweit ca. 430 Reaktorblöcke m. über 363 GW Leistung (ca. 18% d. Stromerzeugung) in Betrieb, ca. 62 weitere Blöcke in Bau, in d. BR Dtld. z. Z. 20 Kernkraftwerke m. 22 GW Leistung, die 29% d. el. Stroms produzieren.

Kernschleifen, svw. → Chromosomen.

Kernspaltung, → Kernphysik, → Atomumwandlung.

Kernspintomographie, *(nuclear magnetic resonance, NMR)*, die Schichtbilder werden aus den Bewegungen der Wasserstoffkerne des Patientenkörpers in einem starken Magnetfeld errechnet; → Tomographie.

Kernteilung → Mitose.

Kernwaffen, *Atomwaffen, nukleare Waffen,* sind Waffen, deren Sprengenergie auf *Kernreaktionen* (→ Kernenergie) beruht; erstmals i. 2. Weltkr. v. d. USA gg. Japan eingesetzt. Mit einer Atombombe wurden im Aug. 1945 → Hiroshima u. → Nagasaki nahezu völlig zerstört; dabei ca. 100 000 Tote. Atomsprengsätze heute auch f. Raketen, Granaten u. Minen; nach Art d. Einsatzes: *strategische* und *taktische* A.waffen. Die *Sprengenergie* wird bei d. *Kernspaltungsbombe* (A-Bombe, Atombombe i. engeren Sinn) durch *Kernspaltung*, *Kettenreaktion* mit Uran 235 od. Plutonium 239 erzielt; bei der H-Bombe (Wasserstoffbombe) wird sie durch *Fusion*, d. h. *Kernverschmelzung* v. leichten Atomen (Wasserstoff, schwerer Wasserstoff) frei; Zündung d. H-Bombe durch A-Bombe. *Kobaltbomben* enthalten Umkleidung aus gewöhnl. Kobalt, das sich bei d. Explosion in d. radioaktive Kobalt 60 verwandelt; dabei starke radioaktive Verseuchung. *FFF-Bomben* sind kombinierte A- und H-Bomben mit Kernspaltung *(Fission)*, Kernverschmelzung *(Fusion)* u. nochmaliger Kernspaltung *(Fission)*. Die *Sprengkraft* von K. wird im Vergleich mit dem chem. Sprengstoff *Trinitrotoluol (TNT)* angegeben: Hiroshima-Bombe 40 000 t TNT (40 kt), heute Wasserstoffbomben bis zu 150 Mill. t TNT (150 Mt) Sprengkraft. Bei Kernexplosionen werden radioaktive Abfallprodukte frei, d. eine f. Organismen gefährliche Verstrahlung i. Umkreis d. Explosion u. in d. Atmosphäre verursachen. Über K. verfügende Mächte sind u. a.: USA, Rußl., Großbr., Frkr., China u. Indien. Intern. Bemühungen um Verzicht od. Verbot v. K. bisher nur in Ansätzen erfolgreich → Atomsperrvertrag, → Atomversuchsstopp-Abkommen, → FOBS, → MIRV, → SALT.

Kerosin, Leucht- u. Heizpetroleum.

Kerouac [ˈkɛruːæk], Jack (13. 3. 1922 bis 21. 10. 69), am. Schriftst. d. → Beatgeneration; Roman: *Unterwegs*.

Kerpen (D-50171), St. i. Erftkreis w. v. Köln, 54 000 E; Braunkohletagebau, Tonröhrenwerk.

Kerr,
1) Alfred, eigtl. *Kempner* (25. 12. 1867 bis 12. 10. 1948), dt. Journalist u. (bes. Theater-)Kritiker.
2) John (17. 12. 1824–18. 8. 1907), engl. Phys.; Entdecker der beiden K.-Effekte: 1. Effekt: Drehung d. Polarisationsebene e. geradlinig polarisierten Lichtstrahls bei Reflexion v. einem Magnetpol; 2. Effekt: Doppelbrechung von Flüssigkeiten (Schwefelkohlenwasserstoff u. a.) in Gegenwart el. Felder.

Kerr-Zelle, Trog mit einer den 2. → Kerr-Effekt zeigenden Flüssigkeit, in den 2 Elektroden hineinragen; bei Anlegen von el. Spannungen a. d. Elektrode wird d. Flüssigkeit mehr oder weniger doppelbrechend u. verändert durchgehendes polarisiertes Licht; dadurch können Spannungsschwankungen in entspr. Lichtschwankungen umgesetzt werden; von *Karolus* als Empfänger für Bildtelegraphie und Tonfilm verwendet.

Kerschensteiner, Georg (29. 7. 1854–15. 1. 1932), dt. Pädagoge; begr. Methode d. → Arbeitsunterrichts.

Kersting, Georg Friedrich (31. 10. 1785–1. 7. 1847), dt. Maler d. Biedermeier, Leiter d. Malereiabteil. d. Porzellanmanufaktur Meißen; Interieurs u. Porträts von einfühlsamer Sachlichkeit; *Der Geiger Niccolò Paganini; C. D. Friedrich in seinem Atelier*.

Kertsch, ukrain. St. auf der Krim, a. d. *Meerenge v. Kertsch,* 174 000 E; Werften, Hüttenwerk, Fischverarbeitung.

Kerze,
1) früher übl. Einheit (K) für Lichtstärke, jetzt → Candela (cd).
2) sehr alte künstl. Lichtquelle; aus festem tier. Fett (Stearinsäure), Paraffin (Erdwachs), Bienenwachs m. Baumwolldocht.
3) → Zündkerze.

Kescher, *Ketscher, Hamen,* Beutelnetz d. Fischer.

Kesseldurchtränkung, *Kesseldurchimprägnierung,* Einpressen v. Schutzmitteln in Holz unter Druck in geschlossenen Behältern.

Kesselhaube, ma. Helmform (13. Jh.), ähnl. dem → Topfhelm, z. T. auch unter diesem getragen.

Kesselpauke → Pauke.

Kesselring, Albert (30. 11. 1885–16. 7. 1960), dt. Gen.feldm.; 1947 z. Tode verurteilt, begnadigt.

Kesselstein, besteht aus Karbonat u. Sulfat von Calcium u. Magnesium, die beim Kochen aus Wasser ausfallen.

Kesten, Hermann (28. 1. 1900 bis 3. 5. 96), dt. Schriftst.; Romane: *Glückliche Menschen; Die Zwillinge von Nürnberg*.

Kestner, Georg August (28. 11. 1777 bis 5. 3. 1853), Diplomat u. Kunstforscher; Sohn v. Charlotte K. (Vorbild d. Lotte in Goethes *Werther*); Begr. d. (urspr. priv.) Archäolog. Instituts (später u. bis heute *Dt. Arch. Inst.*) in Rom; s. Sammlungen wurden Grundlage d. *K.-Museums* (Hannover). *K.-Gesellsch.*, 1916 gegr. Kunstvereinigung.
Ketakaviar → Kaviar.
Ketchup [ˈketʃəp], → Catchup.
Ketone, organ.-chem. Verbindungen, gekennzeichnet durch die Gruppe C-CO-C; einfachstes → Aceton.
Ketschua, Quechua, Indianervolk in Peru, Gründer u. Herrscher des Inkareichs; Nachkommen d. K. bilden größten Teil d. Bevölkerung d. heutigen Peru; Sprache noch heute in d. Anden verbreitet.
Kette,
1) in *Masch.technik* aus geschmiedeten od. geschweißten eisernen Gliedern best. Zugvorrichtung.
2) in d. Weberei d. Längsfaden d. Gewebes, *Kettenfaden*.
Ketteler, Wilhelm Frh. v. (25. 12. 1811–13. 7. 77), Bischof v. Mainz; Sozialreformer, trat für die Selbständigkeit der Kirche gegenüber dem Staat ein.
Kettenbruch, Bruch mit dem Zähler 1 und einem Nenner, der neben einer ganzen Zahl auch einen Bruch enthält, z. B.
$$\frac{1}{3 + \frac{3}{16}}$$
Kettenhandel, Ware geht auf dem Wege vom Erzeuger z. Verbraucher durch eine Anzahl überflüssiger Zwischenhändler, dadurch erhöht d. Preis erhöht.
Kettenlädensystem, Massenfilialsystem; mit vielen gleichart. Verkaufsstellen zur Verkauf v. Markenartikel d. Massenkonsums eingerichteter Zusammenschluß v. Unternehmen.
Kettenpanzer, mittelalterl. Rüstung aus Eisenringen od. -draht.
Kettenrad, Getriebeteil mit profiliertem Umfang für darüberlaufende Kette (z. B. b. → Fahrrad).
Kettenreaktion, allg. lawinenartig ablaufender Vorgang; speziell bei → Atomkernen (→ Tafel Atom u. Atomkernenergie).
Kettenstich, Hand-, häufig Maschinenstickerei, kl. Maschen, die kettenartig ineinanderhängen.
Kettenstuhl → Wirkerei.
Kettwig an der Ruhr, s. 1975 zu → Essen.
Ketzer, *Häretiker,* Angehöriger e. Religionsgemeinschaft, die von einer als „rechtgläubig" angenommenen Lehre abweicht; urspr. Bez. f. d. → Katharer.
Ketzertaufstreit, i. d. christl. Kirche Auseinandersetzung (3. Jh.) über d. Gültigkeit d. Taufe, wenn sie v. e. Ketzer gespendet wurde.
Keuchhusten, *Pertussis, Stickhusten,* bes. bei Kindern auftretende bakterielle Infektionskrankheit mit krampfhaften, keuchenden Hustenanfällen; Schutzimpfung.
Keulenpilze, Fruchtkörper m. verzweigten Ästen, meist genießbar (z. B. *Herkuleskeule, Ziegenbart*).
Keuper → geologische Formationen, Übers.
keV, Abkürzung f. *Kiloelektronenvolt* (→ Elektronenvolt).

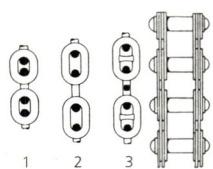

Ketten
1 Kurzgliedrige,
2 Langgliedrige,
3 Steg-, rechts Gallsche Kette

Kiebitz

Waldkiefer mit Kiefernzapfen

Kiefernspinner

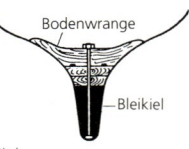

Kiel

Kevelaer [-laːr], (D-47623–27), St. i. Kr. Kleve, a. Niederrhein, NRW, 24 900 E; Kunsthandwerk; Marienwallfahrtsort (s. 1642).
Key [kiː], Ellen (11. 12. 1849–25. 4. 1926), schwed. Schriftst.in, Sozialreformerin u. Pädagogin. Proklamierte das Jahrhundert des Kindes.
Keyboard, s. [engl. ˈkiːbɔːd].
1) *EDV:* Tastatur.
2) elektron. Tasteninstrument.
Keynes [keinz], John Maynard Lord (5. 6. 1883–21. 4. 1946), bedeutender engl. Nationalökonom, insbes. Konjunkturtheoretiker; sein 1936 erschienenes Buch *Allgemeine Theorie d. Beschäftigung, des Zinses u. d. Geldes* gilt als d. wichtigste Werk d. Nationalökonomie des 20. Jh.
Keyser, *Keyzer*
1) Hendrik de (15. 5. 1565–15. 5. 1621), holl. Bildhauer u. hpts. (Stadt-)Baumeister in Amsterdam; s. nüchtern-zweckmäß. Kirchen m. Elementen d. Palladianismus (→ Palladio) wirkten auch auf d. protestant. Sakralbau in Dtld; *Westerkerk, Börse, Erasmus-*Statue (Rotterdam); s. Sohn
2) Thomas de (1596/97–7. 6. 1667), Maler u. Architekt; als Porträtist erst vorbildl. f. Rembrandt, dann v. ihm übertroffen.
Keyserling,
1) Eduard Gf v. (15. 5. 1855–29. 9. 1918), dt. Erzähler d. Impressionismus; *Abendl. Häuser.*
2) Hermann Gf v. (20. 7. 1880–26. 4. 1946), dt. Phil.; *Reisetagebuch e. Phil.*
Key West [ˈkiː ˈwest], St. im US-Bundesstaat Florida, auf der Florida Keys, 25 000 E; Brückenautostraße zum Festland; Fremdenverkehr.
Kfz → Kraftfahrzeug-Kennzeichen, Übersicht.
kg, Abk. f. *Kilogramm.*
KG, Abk. f. → *Kommanditgesellschaft.*
KGaA, Abk. f. → *Kommanditgesellschaft auf Aktien.*
KGB, *Komitet Gosudarstwennoj Besopasnosti,* Komitee für Staatssicherheit, sowj. Sicherheitsdienst, 1954 aus dem → MGB hervorgegangen.
K-Gruppen, kommunist. Gruppen u. Parteien; *KB* (Kommunist. Bund), *KBW* (Kommunist. Bund Westdeutschlands), *KPD, KPD/ML* (Kommunist. Partei Dtlds Marxisten-Leninisten); orientierten sich an der KP Chinas u. Albaniens, im Ggs. zur DDR u. UdSSR orientierten → *DKP.*
Khadafi → Gaddafi.
Khaiberpaß, engl. *Khyber,* wichtigster Paß zw. Afghanistan u. Pakistan, 1072 müM.
Khaki, s. [hindustan.], erdfarbener Uniformstoff.
Khartum, Hptst. d. Rep. Sudan, am Zusammenfluß d. Weißen u. d. Blauen Nil, 557 000 E, mit Omdurman u. Khartum-N. 1,6 Mill. E; Uni.
Khedive [pers. „Gebieter"], 1867 bis 1914 Titel des Vizekönigs v. Ägypten.
KHK, svw. → koronare Herzkrankheit.
Khmer,
1) hinterind. Volk in Kambodscha.
2) ehem. Staatsname d. Rep. K. (1970 bis 75) → Kambodscha.
Khnopff, Fernand (12. 9. 1858–12. 11. 1921), belg. Maler und Bildhauer; Hptvertr. d. belg. → Symbolismus.

Khoisaniden → Rassen, Übers.
Khomeini → Chomeini.
Khorana, Har Gobind (* 9. 1. 1922), am.-ind. Biochemiker; Zus.setzung v. → Genen; Nobelpr. f. Med. 1968 (Biosynthese d. Proteine u. Nukleinsäuren).
Khorasan, iran. Prov.: → Chorassan.
Khulna, St. i. Bangladesch, 750 000 E; Flußhafen, Textil-, Uni.
kHz, Abk. für *Kilohertz* (→ Hertz).
Kibbuz, *m.,* Mz. *Kibbuzim,* Siedlerkollektiv in Israel mit kollektiven Wirtschafts- und Lebensformen.
Kibitka, *w.* [russ.],
1) Zelt der Nomaden.
2) leichter Wagen mit Dach.
Kibo, Hptgipfel des Kilimandscharo (5895 m).
Kichererbse, S-Europa, Asien; fettreiche Samen, Nahrungsmittel, Viehfutter.
Kickboxen, thailänd. Boxvariante m. Einsatz v. Fußschlägen.
Kickelhahn, Berg im Thüringer Wald b. Ilmenau, 861 m, m. Goethe-Häuschen.
kicken [engl.], stoßen; **Kicker,** Fußballspieler.
Kickstarter [engl.], Tretanlasser b. → Motorrad.
Kidnapper, *m.* [engl. -næp-], Kindesentführer.
Kids [engl.], ugs. f. Kinder, Jugendliche.
Kiebitz,
1) Zuschauer beim Kartenspiel.
2) Regenpfeifervogel m. aufrichtbarer Haube; schwarz-weiß, Feuchtwiesen-, Feldbewohner.
Kiechle, Ignaz (* 23. 2. 1930), CSU-Pol.; 1983–93 B.landw.min.
Kiefer, Anselm (* 8. 3. 1945), dt. Maler u. Plastiker; hpts. Themen d. (dt.) Mythologie u. Geschichte; *Parzival; Der Engel der Geschichte; Donauquelle.*
Kiefer,
1) die das Gebiß tragenden Knochen d. Schädels. *Ober-K.* fest, *Unter-K.* gg. den Ober-K. u. seitl. beweglich. Ober-K. ist oberhalb d. Gaumens ausgehöhlt, bildet beiderseits d. Nasenöffnung die *K.höhlen (Sinus maxillaris); K.höhlenentzündung (Sinusitis)* oft chronisch; *K.klemme,* Kaukrampf, Unmöglichkeit, den Mund zu öffnen; *K.sperre,* Mund kann nicht geschlossen werden.
2) *Föhre,* Nadelhölzer; *gemeine K. (Pinus silvestris)* m. paarigen, spitzen Nadeln; wichtiges Nutzholz, auf sandigen Böden; *Berg-K. (Latsche),* als Knieholz im Gebirge; *Strand-, Aleppo-* und *Schwarz-K.* in S-Europa; nordam. *Weymouths-K.,* Zierbaum; *Zirbel-K.* → Pinie.
Kieferneule → Forleule.
Kiefernschwärmer, *Fichtenschwärmer,* grauer Schmetterling mit dunklen Zeichnungen; Raupe Kiefernschädling.
Kiefernspanner, Schmetterling, schwarzbraun (Weibchen rostgelb); bis 40 mm spannend, Forstschädling.
Kiefernspinner, Gluckenschmetterling, bis 75 mm Flügelbreite; Raupe ist für Kiefern und Tannen gefährlich; → Glucken.
Kiefernzapfen, verholzter Fruchtstand d. Kiefer, m. schuppenartig angeordneten Samen (Abb.).
Kiefersfelden (D-83088), Gem. i. oberbayr. Inntal, 5400 E; wichtiger Grenzübergang n. Tirol; Dorftheater; Marmor-, Zementwerk.

Kiehl, Marina-Christina (* 12. 1. 1965), dt. Skirennläuferin; Abfahrts-Olympiasiegerin 1988, Junioren-WM in d. Abfahrt 1983.

Kiel (D-24103–59), Hptst. v. Schl.-Ho., krfreie St. an der *Kieler Förde* (Ostsee, 32 km²) und Einfahrt z. Nord-Ostsee-Kanal; 242 181 E; Uni. (1665 gegr.); Inst. f. Weltwirtsch. u. f. Meereskunde; PH, FHS, Bundesfotofachsch., LG, AG; OPD, IHK, Hafen (Gesamtumschlag 1991: 3,4 Mill. t), Fischereiind., Schiffswerften, feinmechan., elektrotechn. u. opt. Ind.; *Kieler Woche,* internat. Segelsportveranstaltung s. 1882; 1936 u. 1972 Olymp. Segelregatta.

Kiel, unterster Längsträger d. Schiffes; *Flach-K.; Schlinger-K.* an beiden Seiten, verringert Schlingern; Segelboote auch *Flossen-K.* mit Bleifüllung gg. Kentern.

Kielbogen, svw. → Eselsrücken.

Kielce, Hptst. d. poln. Woiwodschaft *K.,* am W-Abhang d. Łysa Góra, 213 000 E; Industriezentrum.

Kiel des Schiffes → Sternbilder, Übers.

Kiellinie, Schiffsformation (in einer Linie hinter dem Flaggschiff); → *Dwarslinie.*

Kielmansegg, Johann Adolf Gf v. (* 30. 12. 1906), dt. General; 1966–68 Oberkommandierender d. NATO-Streitkräfte in Mitteleuropa.

Kielwasser, breiter Schaumstreifen hinter fahrendem Schiff.

Kiemen, die meist büschel- oder blattförm., häutigen, sehr blutgefäßreichen Atmungsorgane vieler Wassertiere (Krebs-, Weichtiere, Fische u. a.) zur Aufnahme des Sauerstoffes aus dem Wasser.

Kiemenfuß, bis 3 cm großer, niederer Krebs des Süßwassers.

Kien, Joseph, eigtl. *J. Kienlechner* (* 30. 7. 1903), dt. Maler, s. 1955 in Rom; Entwickl. z. gegenstandslosen Kunst m. kubist. Elementen; auch Entwürfe f. Wanddekorationen u. Glasgemälde.

Kien, *m.,* harzreiches Kiefernholz.

Kienholz, Edward (* 23. 10. 1927 bis 10. 6. 94), am. Objektkünstler.

Kiep, Walther Leisler (* 5. 1. 1926), CDU-Pol.; 1971–92 B.schatzmeister der CDU.

Kierkegaard [ˈkɛrgəgoːˀ], Sören (5. 5. 1813–11. 11. 55), dän. Phil., christl. Mystiker; durch seine Lehre v. der (rel.) Existenz d. einzelnen vor Gott Vorläufer des → Existenzialismus u. d. → dialektischen Theologie; *Über den Begriff der Ironie; Entweder – Oder; Der Begriff der Angst.*

Kierspe (D-58566), St. im Märkischen Kr., NRW, 16 574 E; Elektro-, Metall- u. Kunststoffind.

Kies,
1) durch Wassertransport abgerundetes Lockergestein von 2–63 mm Durchmesser.
2) sulfidisches Erz (z. B. Eisenkies, Kupferkies, Magnetkies).

Kieselalgen, *Diatomeen,* mikroskop. kl. Algen d. Süß- u. Meerwassers, mit 2schaligem Kieselsäurepanzer; Ablagerungen → Kieselgur.

Kieselgur, amorphes bzw. feinkristallines Siliciumdioxid aus abgelagerten Schalen von Kieselalgen; als Filtermasse, zum Schleifen u. Polieren, als Wär-

meisolierstoff für Heizleitungen, Kessel usw.; Verwendung z. Dynamit.

Kieselsäure, *Siliciumdioxid* (SiO_2), rein als → Quarz, an Metalle gebunden in → Silicaten (*kieselsauren Salzen*), die die Hauptmasse d. → Minerale bilden.

Kieserit, *Magnesiumsulfat* ($MgSO_4$), Nebenprodukt der Hartsalzverarbeitung.

Kiesinger, Kurt Georg (6. 4. 1904 bis 9. 3. 88), CDU-Pol.; 1958–66 Min.präs. v. Ba-Wü., 1966–69 B.kanzler; 1967–71 Vors. der CDU.

Kiesl, Erich (* 26. 2. 1930), CSU-Pol.; 1978–84 Oberbürgerm. v. München.

Kiew, Hptst. d. Ukraine, am r. Dnjeprufer, 2,6 Mill. E; Ind.zentrum, Flußhafen, internat. Flughafen, Uni., Ukrain. Akad. d. Wiss.; Sophienkathedrale, Laurakloster (beide 11. Jh.). – Gesch.: → Ukraine.

Kif, *m.* od. *s.* [arab.], *Kiff,* tabakähnlichen Mischung aus getrockneten Haschischpflanzenblättern.

Kiffer, einer, der Haschisch od. Marihuana raucht.

Kigali, Hptst. von Ruanda, 233 000 E.

Kiiw → Kiew.

Kilian,
1) irischer Missionar, Apostel der Franken; um 689 bei Würzburg ermordet.
2) Lukas (1579–1637), dt. Kupferstecher d. Frühbarock; Bildnisse, Ornamente.

Kilikien, Küstenland i. d. SO-Türkei (um Adana).

Kilimandscharo, höchster Berg in Afrika, Vulkanmassiv mit 3 Gipfeln, 2 davon vergletschert: *Kibo* 5895 m u. *Mawensi* 5270 m.

Killersatelliten, unbemannte mit Laserstrahlen ausgerüstete Flugkörper, die andere Satelliten, auch → Interkontinentalraketen, abfangen u. zerstören können.

Killy, Jean-Claude (* 30. 8. 1943), frz. alpiner Skirennläufer; 1968 Olympia-Sieger i. d. Abfahrt, Slalom u. Riesenslalom u. WM-Kombination; 1966 WM i. d. Abfahrt u. Kombination, Weltcup-Sieger 1967–68.

Kilo- [gr. chilioi ,,1000"], als Vorsilbe: Tausend… (→ Maße u. Gewichte, Übers.).

Kilometertarif, (Eisenbahn-)Tarif, nach dem Gebühr für die Beförderung v. Personen od. Gütern f. jeden km *gleich* hoch ist; Ggs.: → Staffeltarif.

Kilopond (kp), techn. Krafteinheit: 1 kp ist d. Gewicht einer Masse von 1 kg; 1970 durch die Einheit *Newton* (N) ersetzt (1 kp = 9,80665 N).

Kilt, *m.,* bis z. Knie reichender Schottenrock.

Kimberley [-bəli-], St. in d. südafrikan. Kapprov., 150 000 E; Diamantengruben.

Kimbern, german. Stamm Jütlands, erreichten die O-Alpen-Grenze, wanderten zus. mit Teutonen weiter südwärts, schlugen 113 v. Chr. die Römer bei Noreja (in Kärnten), 101 v. → Marius vernichtet.

Kim Il-Sung (15. 4. 1912–8. 7. 1994), nordkorean. Pol.; 1948–93 Min.präs., 1972–93 Staatspräs.

Kimm, *seem.* Seehorizont.

Kimme, bei Schußwaffen meist V-förmiger Visiereinschnitt, in den das Korn beim Zielen eingefluchtet werden muß; → Visier.

Kieler Woche, *Segelwettbewerb*

Søren Kierkegaard

Kurt Georg Kiesinger

Jean-Claude Killy

Kimono

Kimon, *Cimon* (um 510–450 v. Chr.), athen. Feldherr, Sohn des Miltiades, schlug 466 v. Chr. die Perser am Eurymedon.

Kimono, kaftanartiges jap. Kleidungsstück mit weiten Ärmeln f. Männer u. Frauen, zus.gehalten durch Schleifengürtel (*Obi*).

Kim Young Sam [-jun-], (* 20. 12. 1927), s. 1993 südkorean. Staatspräs.

Kinästhesie [gr.], Bewegungs-, Lageempfindung durch Sinnesorgane in Gelenken, Sehnen, Muskeln u. d. Bogengängen des inneren Ohres (Gleichgewichtsorgan).

kinästhetischer Sinn, Muskelsinn, Bewegungsgefühl.

Kinau, Hans → Fock.

Kindbett, Wochenbett, 6–8 Wochen dauernde Schonungszeit der Mutter, *Wöchnerin,* nach der Entbindung, bis zur Wiederherstellung der durch die Schwangerschaft veränderten Verhältnisse für Unterleibs- und Kreislauforgane.

Kindbettfieber, *Puerperalfieber,* durch eitrige Infektion v. d. Wundfläche der entbundenen Gebärmutter aus, heute bei aseptischer Entbindung selten; → Semmelweis.

Kindchenschema, Kombination von Rundköpfigkeit, großen Augen u. a., als Auslöser des Pflegetriebs.

Kinderarbeit, Lohnarbeit von Kindern, Ende des 18. Jh. in Fabriken üblich; Anlaß zu ersten sozialpol. Maßnahmen (in England 1802). In Dtld Regelung in GO; s. 1903 Ges. über K. in gewerbl. Betrieben; Neuregelung durch Jugendschutzges. v. 30. 4. 1938, in d. BR durch Jugendarbeitsschutzges. grundsätzl. Verbot d. K.; Ausnahmen: Mitwirkung b. best. Darbietungen u. Veranstaltungen u. f. Kinder über 13 Jahre in d. Landwirtschaft.

Kinderernährung, soll eine einfache, rohkostreiche, fleischarme, gemischte Kost sein, ohne scharfe Gewürze, insbesondere mäßig gesalzen, auf 4–5 regelmäßige Mahlzeiten verteilt (grundsätzliches Alkoholverbot). → Säuglingspflege, Übers.

Kinderfürsorge → Jugendfürsorge.

Kindergarten, Tagesstätte f. Kinder v. 2–6 Jahren; zuerst v. *Fröbel* 1840 eingerichtet, v. ausgebildeten Kindergärtnerinnen geleitete Kinderspielzirkel.

Kindergeld, wird von den Arbeitsämtern auf Antrag als Beihilfe zum Unterhalt gewährt. Ab 1. 1. 1996 gilt: für das 1. und 2. Kind jeweils 200 DM, für das 3. Kind 300 DM und jedes weitere Kind jeweils 350 DM.

Kindergottesdienst, Sonntagsschule, Kinderlehre, eigener Gottesdienst für Kinder.

Kinderkrankheiten, die gewöhnlich, aber keineswegs immer in der Kindesalter auftretenden Infektionskrankheiten (wenn Impfschutz fehlt): *Masern, Scharlach, Diphtherie, Keuchhusten, Windpocken, Röteln, spinale Kinderlähmung.*

Kinderkreuzzüge, im 13. Jh. in Frkr. (1212) u. Dtld durch rel. Wahnvorstellungen Jugendlicher begonnen.

Kinderlähmung, *spinale Kinderlähmung, epidem. Kinderlähmung, Heine-Medinsche Krankheit, Poliomyelitis, Polio,* durch Virus hervorgerufene, übertragbare (meldepflichtige) Infektionskrankheit mit Entzündung der motorischen Vorderhornnervenzellen des Rückenmarks, u. U. auch im verlängerten Mark u. Gehirn; anschließend oft Lähmung besonders der Beine, evtl. auch der ganzen Körpermuskulatur: *Landrysche Paralyse.* Bei Erwachsenen seltener. Behandlung mit → Gammaglobulin; bei Atemmuskellähmung → eiserne Lunge. Die Dauerlähmungen werden vorwiegend chirurgisch-orthopädisch u. heilgymnastisch (auch Bäder) behandelt. Impfstoffe zu aktiver Immunisierung aus formalin-inaktivierten K.sviren (Salk-Vakzine), heute vor allem → Lebendimpfstoff nach Sabin, → Schluckimpfung, in Deutschland mit erhebl. Erfolg.

Kinderpornographie, Herstellung, Vertrieb u. Besitzverschaffung von K. ist strafbar mit Freiheitsstrafen von 3–5 Jahren; für Besitz kann e. Freiheitsstrafe bis zu einem Jahr erteilt werden.

Kinderpsychologie, Teilgeb. der Psych., das sich mit d. Entwicklung d. Verhaltens u. d. Gefühle bei Kindern beschäftigt.

Kindersterblichkeit, Sterben d. Kinder: Säuglinge bis zum 1. Lebensjahr, in Dtld. 1994: 3819; 1.–5. Lebensjahr, 0,04% (männlich) bzw. 0,03% (weiblich).

Kindertaufe, i. d. christl. Kirche s. d. 6. Jh. übl. anstelle der Erwachsenentaufe.

Kindesraub, strafbare Entziehung minderjähr. Personen aus d. Obhut ihrer gesetzl. Vertreter od. Erziehungsberechtigten (§ 235 StGB).

Kindestötung, Tötung eines nichtehel. Kindes durch d. Mutter in od. gleich nach der Geburt; Freiheitsstrafe nicht unter 3 Jahren, in minder schweren Fällen nicht unter 6 Mon.; § 217 StGB.

Kindesunterschiebung, willkürliche, unzulässige Änderung des Personenstandes eines Kindes (z. B. durch Veranlassung d. Eintragung eines unrichtigen Namens im Personenstandsregister; strafbar nach § 169 StGB.

Kindspech, *Mekonium,* Dickdarminhalt, den das Neugeborene entleert.

Kindsschändung, sexueller Mißbrauch v. Kindern; wird nach § 176 StGB streng bestraft.

Kinematik, *w.* [gr.], Lehre v. d. Bewegungen (in d. Physik u. Getriebelehre) ohne Eingehen auf d. bewegenden Kräfte, d. in d. Dynamik berücksichtigt werden.

Kinematograph, veraltet für Filmaufnahme- bzw. Filmvorführungsapparat.

kinetisch, auf Bewegung beruhend.

kinetische Energie → Energie.

kinetische Gastheorie, leitet d. Verhalten v. Gasen aus d. Vorstellung ab, daß d. Moleküle aller Gase sich m. großer Geschwindigkeit bewegen u. miteinander wechselwirken, wodurch sich ein Temperaturgleichgewicht im Gasraum einstellen kann. Die kinetische Energie der Moleküle repräsentiert d. Energieinhalt d. Gases, der mit wachsender Temp. ansteigt.

kinetische Kunst, multidimensionale Richtung d. Kunst s. 1917; Initiatoren Rodschenko, Gabo; zu Plastik ed. Malerei treten Bewegung u. damit Zeit hinzu; oft m. mechan. Hilfsmitteln; Vertr.: Calder, Tinguely.

Martin Luther King

Klaus Kinkel

Ernst Ludwig Kirchner, *Fünf Frauen auf der Straße*

Rudolf Kirchschläger

Kinetograph, *Kinetoscope,* erste brauchbare Filmkamera, 1891 von Edison patentiert.

Kinetosen [gr.], → Bewegungskrankheiten.

King,
1) Billie Jean (* 22. 11. 1943), am. Tennisspielerin; gewann sechsmal Wimbledon (1966, 67, 68, 72, 73, 75), viermal US Open; 20 Titel i. Wimbledon in allen 3 Konkurrenzen.
2) Martin Luther (15. 1. 1929–4. 4. 68), am. Negergeistl.; führend im Kampf um Aufhebung d. Rassentrennung; ermordet; Friedensnobelpr. 1964.

Kingston [-stən],
1) *K.-upon-Hull,* St. in d. engl. Gft Humberside am Zus.fluß von Hull u. Humber, 247 000 E; Nahrungsmittelind., Hafen.
2) Hptst. von Jamaika, an der S-Küste, mit St. Andrew 642 000 E.

Kinich Ahau [„sonnengesichtiger Herr"], indian. Feuervogel u. Sonnengott d. Maya.

Kinkel, Klaus (* 17. 12. 1936), FDP-Pol., 1979–82 Präs. d. Bundesnachrichtendienstes, 1982–91 Staatssekretär im B.justizmin., 1991–92 B.justizmin., s. 1992 B.außenmin., 1993–95 Parteivors. d. FDP.

Kinnock, Neil (*28. 3. 1942), engl. Pol. (Labour); 1988–92 Parteichef, 1983–94 Fraktionsvors., s. 1995 EU-Kommissar.

Kino, Abk. f. *Kinematograph;* svw. Lichtspieltheater; → Film.

Kinsey [ˈkɪnzɪ], Alfred C. (23. 6. 1894 bis 25. 8. 1956), am. Zoologe u. Sexualforscher: *Kinsey-Report.*

Kinshasa [-ʃ-], bis 1966 *Léopoldville,* Hptst. d. Rep. Zaïre, am unteren Kongo, 3,56 Mill. E; Kultur- u. Wirtschaftszentrum.

Kinski, Klaus (18. 10. 1926–23. 11. 91), dt. Filmschausp.; *Aguirre, der Zorn Gottes; Woyzeck; Fitzcarraldo; Cobra Verde;* Autobiographie: *Ich bin so wild nach deinem roten Erdbeermund.*

Kinzig,
1) r. Nbfl. des Rheins, 112 km l., entspringt im Schwarzwald, mündet bei Kehl.
2) r. Nbfl. des Mains, 82 km l., mündet bei Hanau.

Kiosk, *m.* [türk.], eleganter Gartenpavillon im mittleren Orient; dann allg. Bez. f. Verkaufshäuschen.

KIPA, Abk. f. **K**ath. **I**ntern. **P**resse-**A**gentur, 1917 i. Olten, s. 1919 in Freiburg, Schweiz.

Kipling, Rudyard (30. 12. 1865–18. 1. 1936), engl. Schrift.; *D. Dschungelbuch; Kim;* Nobelpr. 1907.

Kipper und Wipper, im 17. Jahrh. Münzfälscher, die u. a. durch Beschneiden der Münzränder den Wert (Gewicht) verfälschten; seitdem zum Schutz der Münzen: Riffelrand u. Verzierungen.

Kipphardt, Heinar (8. 3. 1922–18. 11. 82), dt. Schriftst. u. Arzt; *In der Sache J. Robert Oppenheimer; Das Leben d. schizophrenen Dichters Alexander März; Bruder Eichmann;* Gedichte.

Kippregel, geodät. Meßinstrument, Aufsatz für → Meßtisch.

Kippscher Apparat, erfunder. v. d. ndl. Apotheker P. J. Kipp (1808–64), aus 3 übereinandergesetzten Glasgefäßen; dient im Laboratorium z. Entwicklung von Gasen (z. B. v. Wasserstoff aus Zink u. Salzsäure).

Kippschwingung, sägezahnförmige Schwingungskurve eines el. Signals.

Kiprenskij, Orest Adamowitsch (13. 3. 1782–17. 10. 1836), russ. Bildnismaler zw. Klassizismus u. Romantik; *Aleksander Puschkin.*

Kirche [gr. „die dem Herrn Gehörige"],
1) Gebäude für den Gottesdienst der christl. Gemeinde.
2) die Gemeinschaft der an Christus Glaubenden. *Röm.-kath. K.:* das sichtbare, aber noch nicht vollendete Reich Gottes a. Erden, v. Jesus Christus gestiftet; die Nachfolger der Apostel, die Bischöfe, mit ihrem Haupt, dem Nachfolger des Petrus, dem Bischof von Rom, lenken u. leiten die K., sie bilden das Lehramt der K., das in manchen Fällen, unterstützt vom Hl. Geist, unfehlbar in Glaubens- u. Sittenfragen entscheiden kann; der nach außen hin sichtbaren Ordnung der K. in Papst, Bischöfen, Klerus und Laien entspricht e. unsichtbare, nur im Glauben zu erfassende übernatürl. Wirklichkeit, deren Grundlage die 7 Sakramente sind; als diese sichtbar-unsichtb. Wirklichkeit hat die K. die Aufgabe, das Werk Christi fortzusetzen und die Menschen zu Gott zu führen (der „fortlebende Christus", der „mystische Leib Christi"). *Morgenländ. K.:* s. 1054 besteht neben der röm. K. eine von ihr getrennte „orthodoxe" K., deren Mittelpunkt die damalige Kaiserstadt Byzanz (Konstantinopel) war, in der es aber seither viele sog. autokephale (selbständ.) Landeskirchen gibt, wichtigste d. russ.-orthod. K.; ihr K.nbegriff unterscheidet sich v. röm. K. wesentlich nur insofern, als die östl. K.n den Vorrang des Papstes nicht anerkennen; weniger juristisch, legen sie den Akzent auf das mystische Geheimnis der K.; ihre Liturgie, in der Muttersprache gefeiert, geht meist auf Johannes Chrysostomus zurück; ein kl. Teil dieser K.n hat sich wieder mit Rom vereinigt (unierte K.n). *Protestantische K.:* trotz Verschiedenheit d. konfessionsgeprägten K.nbegriffs ist zentral Luthers Auffassung, deren Grundgedanke d. Grundsatz v. allg. Priestertum d. Gläubigen ist. – *Konfessionen:* → römisch-katholische, → morgenländische, → evangelische, → evangelische.

Kirchen (Sieg) (D-57548), Gem. i. Kr. Altenkirchen (Westerwald), RP, 9756 E; AG; Lokomotivenfabr., u. a.

Kirchenaustritt, die ev. Kirche erkennt den freien Willen ihrer Glieder an; auch b. Katholiken möglich, aber von der Kirche als → Apostasie verworfen.

Kirchenbann, *Exkommunikation,* in der kath. Kirche: entweder einfacher oder den Papst vorbezervierter K.: Ausschluß v. d. Sakramenten, kirchl. Ämtern, unter Umständen auch v. kirchl. Begräbnis.

Kirchenbücher, seit 12. Jh. kirchl. Register für Taufen, Trauungen, Beerdigungen usw.; Vorläufer d. 1875 eingeführten staatl. Personenstandsregister.

Kirchenburg → Wehrkirche.

Kirchenfahne, in d. kath. Kirche seit d. 10. Jh. gelb-weiß; in d. ev. seit 1926 violettes Kreuz a. weißem Grund.

Kirchengebote, i. d. kath. Kirche zusätzl., neben d. 10 Geboten, erlassene Vorschriften, wie jährl. Beichte u. Oster-

kommunion, Besuch d. Gottesdienstes an Sonn- u. Feiertagen u. a.
Kirchengut, das Vermögen d. Kirche.
Kirchenjahr, 52 Wochen, in denen die Glaubenswahrheiten gottesdienstl. gefeiert werden; beginnt im Unterschied zum bürgerlichen Jahr mit dem 1. Advent.
Kirchenlehrer, i. d. kath. Kirche als *doctor ecclesiae* ausgezeichneter bed. Theologe, z. B. Thomas v. Aquin, Theresia v. Avila.
Kirchenlied, *ev.* u. *kath.,* v. d. Gemeinde gesungen; vor der Reformation ohne eigentl. liturg. Funktion; durch Luther gleichberechtigter Teil des Gottesdienstes.
Kirchenordnung, Beschreibung der kirchl. Disziplin d. Väterzeit; kirchl. Gesetzsammlungen d. ev. Kirche; bes. wichtig die rhein.-westfäl. von 1835.
Kirchenrecht, das f. den kirchl. Bereich gültige Recht; *kath.:* Grundlage war d. → Corpus iuris canonici (Sammlung d. *kanonischen Rechts*), das 1918 ersetzt wurde durch d. → Codex iuris canonici, 1983 neu geregelt; *ev.:* Bekenntnisschriften (Symbol. Bücher), Kirchenordnungen bzw. -verfassungen u. Kirchenverträge.
Kirchenslawisch, Altbulgar., in den slaw.-orthodoxen Kirchen noch heute als liturg. Sprache verwendet.
Kirchenspaltung → Schisma.
Kirchenstaat, der weltl. Herrschaftsbereich des Papstes in Italien; begr. durch Schenkung Pippins 754 (aber → Konstantinische Schenkung); durch Frz. Revolution u. Napoleon aufgehoben, 1815 wiederhergestellt (41 187 km², über 3 Mill. E); 1870 mit dem neugegr. Kgr. Italien durch Volksabstimmung vereinigt; 1929 durch Konkordat des Papstes mit Italien als → Vatikanstadt neu gegr.
Kirchensteuer, wird in Dtld v. Angehörigen e. öffentl.-rechtl. Religionsgemeinsch. in Form von Zuschlägen zu e. staatl. veranlagten Steuer (Einkommensteuer, Lohnsteuer) erhoben (z. Z. 8 bzw. 9% d. Lohnsteuer).
Kirchenstrafen, in d. kath. Kirche Maßnahmen gg. d. Übertretung kirchenrechtl. Normen, z. B. Kirchenbann, → Exkommunikation, Verweigerung d. Lehr- u. Predigterlaubnis; i. d. ev. Kirche Begriff d. *Kirchenzucht*.
Kirchentag, *Dt. Ev. K.,* alljährl. stattfindende Großkundgebung der ev. Christen Dtlds.
Kirchentonarten, Tonreihen d. MA im Oktavumfang, bes. beim Gregorian. Choral, vor Ausbildung d. Dur-Moll-Systems.
Kirchenväter, d. großen kirchlichen Schriftst. u. Lehrer der frühen kirchl. Zeit (Augustinus, Hieronymus, Gregor d. Gr. u. a.).
Kirchenverfassung, Aufbau u. rechtl. Gliederung d. christl. Kirchen; *kath. Kirche:* hierarch. Gliederung, 2 Stände: Geistliche u. Laien. *Ev. Kirche:* die Grundordnung d. EKD, 1948 in Eisenach beschlossen.
Kirchenvisitation, feierlicher Besuch von kirchl. Gemeinden durch hohe Kirchenführer (Bischöfe, Generalsuperintendenten usw.) z. Prüfung u. Belebung d. kirchl. Lebens.
Kirchenzucht, Bestimmungen oder Maßnahmen d. Kirche z. Aufrechterhaltung d. kirchl. Ordnung (z. B. *ev.:* Ausschluß von Abendmahl, Konfirmation, Wahlrecht; *kath.:* Kirchenbann u. a.).
Kircher, Athanasius (2. 5. 1601–27. 11. 80), dt. Jesuit u. Universalgelehrter; beschrieb → Laterna magica.
Kirchhain (D-35274), St. im Kr. Marburg-Biedenkopf, Hess., 15 693 E; AG; got. Rathaus; div. Ind.
Kirchheimbolanden (D-67292), Krst. des Donnersbergkr., RP, 6908 E; Erholungsort m. histor. Sehenswürdigkeiten; div. Ind.

KIRGISTAN	
Staatsname:	Republik Kirgistan, Kyrgyzstan Respublikasy
Staatsform:	Präsidiale Republik
Mitgliedschaft:	UNO, GUS, OSZE, GIS
Staatsoberhaupt:	Askar Akajew
Regierungschef:	Apas Dschumagulow
Hauptstadt:	Bischkek (fr. Frunse) 626 900 Einwohner
Fläche:	198 500 km²
Einwohner:	4 667 000
Bevölkerungsdichte:	24 je km²
Bevölkerungswachstum pro Jahr:	⌀ 1,33% (1990–1995)
Amtssprache:	Kirgisisch, Russisch
Religion:	Muslime, Christen, Buddhisten
Währung:	Kirgistan-Som (K. S.)
Bruttosozialprodukt (1994):	2825 Mill. US-$ insges., 610 US-$ je Einw.
Nationalitätskennzeichen:	KS
Zeitzone:	MEZ + 4 Std.
Karte:	→ Rußland

KIRIBATI	
Staatsname:	Republik Kiribati, Republic of Kiribati, Ribaberikin Kiribati
Staatsform:	Präsidiale Republik
Mitgliedschaft:	AKP, Commonwealth
Staatsoberhaupt und Regierungschef:	Teburoro Tito
Hauptstadt:	Bairiki 2100 Einwohner
Fläche:	726 km²
Einwohner:	77 000
Bevölkerungsdichte:	106 je km²
Bevölkerungswachstum pro Jahr:	⌀ 2,21% (1990–1995)
Amtssprache:	Gilbertesisch, Englisch
Religion:	Katholiken (54%), Protestanten (39%)
Währung:	Austral. Dollar/Kiribati ($A/K)
Bruttosozialprodukt (1994):	56 Mill. US-$ insges., 730 US-$ je Einw.
Nationalitätskennzeichen:	KIR
Zeitzone:	MEZ + 11 Std.
Karte:	→ Australien und Ozeanien

Kirgistan

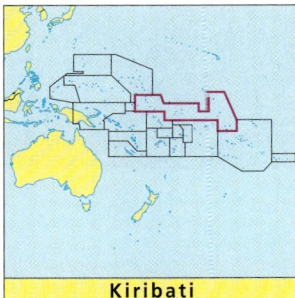
Kiribati

Kirgistan

Kiribati

Kirchheim unter Teck (D-73230), St. i. Kr. Esslingen, Ba-Wü., 37 600 E; AG; div. Ind.
Kirchhellen, s. 1975 zu → Bottrop.
Kirchhoff, Robert (12. 3. 1824–17. 10. 87), dt. Phys.; Entdeckung d. *Spektralanalyse* (m. Bunsen); Elektrizitätslehre, Strahlungstheorie; *K.sches Gesetz* (Emission u. Absorption des Lichts); *K.sche Regeln* (Stromstärken in verzweigten el. Leitungen).
Kirchhundem (D-57399), Gem. i. Kr. Olpe, Sauerland, NRW, 12 510 E; Elektro-, Papierind.; Fremdenverkehr (Luftkurort *Oberhundem*).
Kirchlengern (D-32278), Gem. i. Kr. Herford, NRW, 14 922 E; Möbelind.
Kirchner, Ernst Ludwig (6. 5. 1880 bis 15. 6. 1938), dt. Maler u. Graphiker d. Expressionismus; 1905 Mitbegr. der → „Brücke".
Kirchschläger, Rudolf (* 20. 3. 1915), öster. Pol.; 1970–74 Außenmin., 1974–86 Bundespräs.
Kirchspiel, Pfarrbezirk, Pfarrsprengel.
Kirchweih|e, urspr. Feier d. Einweihung e. neuerbauten Kirche, jetzt allg. kirchl. Fest; in S-Dtld häufig als Volksfest.
Kirgisen, turktatar. Nomadenvolk (1,6 Mill.) in der **Kirgisensteppe,** einem westasiat. Wüstengebiet zw. Uralfluß im NW u. W, dem Aral- u. Balchaschsee i. S u. d. Irtysch im O u. NO.
Kirgistan, Rep. in Mittelasien; Bev.: Kirgisen (52 %), Russen (22 %), Ukrainer, Usbeken; Gebirgsland; Ackerbau (Obst, Gemüse, Baumwolle, Getreide), Viehzucht, Seidenraupenzucht, Bergbau (Kohle, Eisen, Kupfer, Erdöl, Erdgas); Textilind., Maschinenbau, Buntmetallerzverhüttung. — 1926 Kirgis. ASSR, 1936–91 sowj. Unionsrep.; s. 1991 unabhängige Republik, Mitglied der GUS.
Kiribati, früher → *Gilbert-Inseln,* Rep. aus 3 Inselgruppen (Gilbert-, Phönix-, Line-[Linien-]Inseln) und Ocean-Insel (Banaba), im Pazifik; Fisch-, Kopra- u. Seetangausfuhr. 1916 brit. Kolonie; s. 1979 unabhängig.
Kirikkale, türk. St. ö. v. Ankara, 250 000 E; Ind.zentrum.
Kirkenes, Erzausfuhrhafen in NO-Norwegen (75% der norweg. Eisenerze), 5000 E; zu Sør-Varanger.
Kirkpatrick [kəːkˈpætrɪk], Ralph (10. 6. 1911–13. 4. 84), am. Cembalist u. Musikologe.
Kirkuk, St. im östl. Irak, 535 000 E; Erdölgebiet, Erdölraffinerie; Flughafen.
Kirn (D-55606), St. im Ldkr. Bad Kreuznach, RP, 9239 E; AG; Leder- u. Kunststoffind.
Kirow, vor 1934 u. ab 1991 *Wjatka,* russ. Gebietshptst. an der Wjatka, 441 000 E; Hütten-, Metall-, Masch.-, Nahrungsmittelind.
Kirowabad → Gjandscha.
Kirowograd, früher *Jelisawetgrad* (1928–35 *Sinowjewsk*), ukrain. Gebietshptst. a. Ingul, 269 000 E; Bergbau- und Industriezentrum.
Kirsch, Sarah (* 16. 4. 1935), dt. Lyrikerin u. Hörspielautorin; *Die betrunkene Sonne; Zaubersprüche; Die Pantherfrau; Katzenleben.* Georg-Büchner-Preis 1996.
Kirschbaum, Steinobstbäume und -sträucher; *Süß-Kirsche, Vogel-K., Waldbaum* m. kleinen, süßen Früchten;

im Obstbaum *Knorpel-* u. *Herz-K.* (viele Sorten); *Sauer-K., Baumweichsel,* in versch., auch strauchigen Abarten; außerdem Zierarten.
Kirschlorbeer, Zierstrauch aus d. Mittelmeergebiet m. Steinfrüchten (ein, selten zwei Samen; darin, wie in Rinde u. Blättern → *Amygdalin*); aus d. Blättern *K.lorbeerwasser* als Augenheil- u. Hustenmittel.
Kirschwasser, *K.geist,* Branntwein aus den mit Kernen vergorenen Kirschen.
Kirst, Hans Hellmut (5. 12. 1914–23. 2. 89), dt. Schriftst.; *08/15; Keiner kommt davon; Die Wölfe.*
Kiruna, St. in N-Schweden an d. Bahn Narvik–Luleå, 29 000 E; am Fuß de *Kirunavaara* (749 m h.); Erzgewinnung; Polarlichtforschungsstätte d. ESA.
Kirunga-Vulkane, teilweise tätige Vulkane i. Zentralafrikan. Graben; *Karissimbi* 4507 m.
Kiš [kiʃ], Danilo (22. 2. 1935–15. 10. 89), bedeutender serb. Schriftst., erlebte als Jude Verfolgungen von Minderheiten auf dem Balkan, Romane: *Frühe Leiden; Garten, Asche; Die Sanduhr.*
Kisangani, bis 1966 *Stanleyville,* Prov.hptst. im NO d. Rep. Zaïre, 316 000 E; Uni., Verkehrsknotenpunkt.
Kisch, Egon Erwin (29. 4. 1885–31. 3. 1948), dt. Schriftst. u. Journalist; *Der rasende Reporter.*
Kischinau → Chişinău.
Kishon, Ephraim (* 23. 8. 1924), isr. Schriftst.; satir. Erzählungen u. Theaterstücke.
Kismet, *s.* [arab.], nach moh. Lehre das dem Menschen unabwendbar zugeteilte Schicksal, das der Gläubige mit Ergebung trägt.
Kiss, August (11. 10. 1802–24. 3. 65), dt. Bildhauer d. Realismus, später m. naturalist. Elementen; Tierplastiken.
Kissinger [-dʒə], Henry (* 27. 5. 1923), am. Pol. dt. Herkunft, außenpol. Berater v. Kennedy, Johnson, Nixon u. Reagan, 1973–77 Außenmin.; Friedensnobelpr. 1973 (zus. m. Le Duc Tho).
Kistna, *Krischna,* Fluß durch Dekhan, 1280 km l., v. d. W-Ghats, mit Delta im Golf von Bengalen.
Kisuaheli, künstl. Verkehrssprache im äquatorialen Ostafrika.
Kitaj [ˈkitaʒ], Ronald B. (* 29. 10. 1932), am. Maler, Graphiker u. Collagekünstler, hpts. in England; Mitbegr. d. engl. Pop Art; *Synchromy with F. B.; Cecil Court, London WC 2.*
Kitakyushu, St. im N der jap. Insel Kyushu, 1963 durch Zusammenschluß d. Städte *Jawata, Tobata, Wakamatsu, Moji* u. *Kokura* gebildet, 1,1 Mill. E; Eisen-, Stahl- u. chem. Ind., Kohlenbergbau; Flughafen; Tunnel nach Shimonoseki (Honshu).
Kitchener [-tʃi-], Herbert, *Lord,* s. 1914 *Earl K. of Khartoum* (24. 6. 1850–5. 6. 1916), eroberte 1898 Khartum im Krieg gg. d. Mahdisten, beendete 1902 Burenkrieg, 1914 engl. Kriegsmin.: allgemeine Wehrpflicht.
Kitchener, kanad. St. sw. v. Toronto, 346 000 E (m. Vororten); Lebensmittel-, Masch.- u. Textilind.
Kithara, *w.* [gr.], altgriech. Musikinstrument mit 4 bis 12, zumeist jedoch 7 Saiten, später bis z. 18 Darmsaiten.
Kitimat [ˈkıtımæt], Ort u. gr. Aluminiumhüttenwerk im N v. Brit.-Columbia, Kanada, 12 000 E; Stromversorgung durch *Nechako-Kemano-Stausee.*
Kitsch, scheinkünstler. Gestaltung; spricht direkt den sentimentalen Selbstgenuß an; z. B. auch i. d. industriellen Nachahmung v. Volkskunst od. relig. Kunsthandwerk (*Andenkenk.* bzw. *Devotionalienk.*).
Kitt, Klebstoff, zum Verbinden von Gegenständen (z. B. Glaserkitt aus Leinöl m. Bleiglätte u. Schlämmkreide); auch aus Harzen, Wasserglas, Wachs, Schellack, Kalk, Caseïn u. a.
Kitwe, Stadt in N-Sambia, 472 000 E; Handelszentrum; Kupferminen, Metallind.; Flughafen.
Kitzbühel (A-6370), Sommer- u. Winterkurort in Tirol, 763 müM, 8119 E; Moorbad, 4 Seilbahnen, über 50 Liftanlagen; Spielkasino; östl. d. **K.er Horn,** 1996 m.
Kitze, Junges v. Ziege, Gemse, Reh, Steinbock i. 1. Lebensj.
Kitzingen (D-97318), Gr. Krst. am Main, Bay., 20 334 E; AG; Dt. Fastnachtsmus.
Kitzler, *Klitoris,* sehr empfindlicher Schleimhautwulst oberhalb der kleinen Schamlippen; enthält Schwellkörper.
Kivi, Alexis (10. 10. 1834–31. 12. 72), finn. Dichter; Schöpfer d. finn. Heimatdichtung; *Die sieben Brüder.*
Kivusee, inselreicher See im Zentralafrikan. Graben, n. v. Tanganjikasee, 1460 müM, 2650 km²; Ostseite zu Ruanda, Westufer zu Zaïre.
Kiwanis-Club, 1951 in Detroit gegr. Club f. Männer; tritt ein f. Menschlichkeit. Eur. Dachorgan. mit Sitz in Zürich; ca. 600 Clubs (300 000 Mitgl.).
Kiwi,
1) großfruchtige kugelige bis eiförmige Beerenart mit grünem Fruchtfleisch des chin. Strahlengriffels; auf d. Nordinsel Neuseelands.
2) *Schnepfenstrauß,* Vogel Neuselands, m. zurückgebildetem Schwanz u. Flügel u. haarähnl. Federn.
KIWZ, Abk. f. → **K**onferenz über internationale **w**irtschaftliche **Z**usammenarbeit.
Kizilirmak [„Roter Fluß"], im Altertum *Halys,* längster Fluß Kleinasiens, 1355 km l., aus d. ostanatol. Bergland i. gr. Bogen ins Schwarze Meer.
Kjökkenmöddinger → Muschelhaufen.
KKH, Abk. f. **K**aufmännische **K**rankenkasse (gegr. i. **H**alle).
Klabautermann, Schiffskobold.
Klabund, (aus *Klabautermann* u. *Vagabund*), eigtl. *Alfred Henschke* (4. 11. 1890–14. 8. 1928), dt. Schriftst.; Romane, Gedichte; Nachdichtungen chin. Lyrik (Li Bo); *D. Kreidekreis.*
Kladde, *w.* [holl.], kaufm. Tagebuch zur vorläufigen Buchung.
Kladderadatsch, Titel eines 1848 von D. Kalisch gegr. pol.-satir. Witzblattes; bis 1944 in Berlin.
Kladno, St. in Böhmen, nordwestl. Prag, 73 000 E; Eisen- u Gußstahlind., Steinkohlenbergbau.
Klafter, *w.,* altes Längenmaß: 1,7 bis 3 m (6 od. 10 Fuß); altes Raummaß f. Brennholz, um 3 m³.
Klage, Geltendmachung eines gg. e. anderen gerichteten Anspruchs vor Gericht (Leistungs-, Feststellungs-, Eheschei-

Henry Kissinger

Franz Klammer

Klapperschlange

Klappertopf

Klassizismus
Schinkel, *Neue Wache in Berlin*

dungs-, Anfechtungs- usw. K.). → Privatklage.
Klagemauer, Teil d. alten Außenmauer d. Tempelbezirks i. Jerusalem, an der jüd. Beter die Zerstörung d. Tempels beklagten; liegt i. jordan., s. 1967 v. Israel besetzten Teil d. Stadt.
Klagenfurt (A-9010), Landeshpst. von Kärnten, 90 608 E; Handels- u. Fremdenverkehrsst. beim Wörthersee; sehenswerte Altst., barocke Kirchen, Lindwurmbrunnen, Landhaus; Schulzentrum m. Uni.; Leichtind., Flughafen, Eisenbahnknotenpunkt.
Klages, Ludwig (10. 12. 1872–29. 7. 1956), dt. Psychologe u. Graphologe; → Georgekreis.
Klageschrift, Schriftsatz des Klägers zu Einleitung eines Rechtsstreits; enthält u. a. Angabe d. Gegenstandes u. des Grundes des erhobenen Anspruchs sowie einen *Klageantrag* (§ 253 ZPO).
Klamm, enge, steilwandige, von reißendem Gebirgsbach eingeschnittene Gebirgsschlucht.
Klammer, Franz (* 3. 12. 1953), östr. alpiner Skirennläufer; Olympia-Sieger 1976 in der Abfahrt, WM 1974 in der Kombination, 1975, 78 u. 83 Gewinner des Abfahrts-Weltcups; Sieger in 25 Weltcup-Abfahrten.
Klammeraffen, Affen mit langen Gliedmaßen u. Greifschwanz, Mittel- u. S-Amerika; → Breitnasen.
Klamotte, zerbrochener Ziegelstein.
Klampe,
1) Pflock bei Booten u. Schiffen z. Festmachen v. Tauen.
2) gebogene Stütze f. Decksboote.
Klampfe, *w.,* svw. → Gitarre.
Klan → Clan.
Klang, Hörempfindung, ausgelöst durch zusammengesetzte periodische → Schwingungen im hörbaren Frequenzbereich, besteht aus der Summe von Grundton u. Obertönen; Ggs.: → Ton (reine Sinusschwingung), Geräusch (komplizierte Schwingungsformen).
Klangfarbe, neben Tonstärke u. Tonhöhe charakterist. Merkmal eines → Klanges, wird dadurch bestimmt, daß bei gleichem Klang d. einzelnen Obertöne je nach Klangquelle (Stimme, Instrument) versch. stark ausgeprägt sind.
Klangfiguren, von *Chladni* 1787 entdeckt, bilden sich auf sandbestreuten Metallplatten, wenn diese mit dem Geigenbogen angestrichen werden.
Klapheck, Konrad (* 10. 2. 1935), dt. Maler; figurative Maschinenbilder.
Klappenventil, Rückschlagventil in Leitungen, verhindert Rückfluß, wenn Zufluß aufhört.
Klapperschlangen, bis 2 m l. Giftschlangen N- u. S-Amerikas; Schwanz mit b. Bewegung rasselnden Hornschuppen.
Klappertopf, auf Graswurzeln schmarotzende Wiesenkräuter; gelbe Blüten m. hahnenkammähnl. Kelch; Samen klappernd.
Klaproth, Martin Heinrich (1. 12. 1743–1. 1. 1817), dt. Apotheker u. Chem.; entdeckte Cer, Uran, Zirkonium; charakterisierte Strontium, Titan, Tellur.
Klara (1194–1253), Hlge; v. hl. Franz v. Assisi f. Armutsideal gewonnen, stiftete m. ihr d. Klarissenorden (Tag: 11. 9.).

Klarälv, skandinav. Fluß aus dem norweg. Femundsee, in den Vänersee, 397 km l.

Kläranlagen, dienen zum Reinigen der → Abwässer. Die meisten K. arbeiten 2stufig. In d. 1. (= mechanischen) Stufe werden in Rechen, Sieben und Absetzbecken Grobteilen abgetrennt, in d. 2. (= biol.) Stufe Oxidation durch Mikroorganismen in sauerstoffangereicherten Belebtschlammbecken; Ausfaulen des abgesetzten Restschlamms in Faultürmen (→ biologische Abwasserreinigung); Endprodukt nahezu keimfreier *Klärschlamm,* der als landw. Dünger ausgebracht wird. Überwachung desselben auf Schwermetalle. Manche K. haben 3. (= chem.) Stufe, in der die Phosphate entfernt werden, da diese die Gewässer durch → Eutrophierung belasten.

Klärgas, bei der Abwasserklärung gewonnenes Methangas.

klarieren, den Schiffszoll entrichten.

Klarinette [it.], Holzblasinstrument; Mundstück mit einfachem Rohrblatt; (Abb. → Orchester).

Klarissinnen, kath. (weibl.) Orden des Franziskus; Tracht: schwarz oder braun; gegr. v. Klara Scifi (1194–1253), Jüngerin von Franz v. Assisi.

Klärschlamm, ind. od. kommunaler, bei Abwasserreinigung anfallender Schlamm; besteht bei Vorgängen wie → Fällung u. → Flockung.

Klasen, Karl (23. 4. 1909–22. 4. 91), dt. Bankfachmann; 1970–77 B.bankpräsident.

Klasse [l.], *allg.* Gruppe m. gemeins. Merkmalen; *soziologisch:* gesellschaftl. Gruppe, die sich von anderen Gruppen durch ihre eigenen bes. Interessen, ihre Stellung im Produktionsprozeß, durch Ideologie u. Lebensgefühl unterscheidet; der Begriff enthält im Unterschied zu „Stand" das negative Moment des K.gegensatzes, dessen schärfste Form d. **K.nkampf,** tragender Begriff der Geschichtsauffassung u. Soziologie von Karl Marx (→ Sozialismus).

Klassifikation [l.].
1) *allg.* Einordnung in gleichart. Mengen nach unterschiedl. Gesichtspunkten.
2) *biolog.* systemat. Gliederung d. Pflanzen u. Tiere.

Klassik, *w.,* Zeitalter der **Klassiker,** seit 2. Jh. n. Chr. Bez. für Schriftsteller des griech.-römischen (klass.) Altertums, später für hervorragende Meister aller Kunstgattungen; → Klassizismus, → Neuklassik, → deutsche Literatur.

klassisch, i. d. Musik, Architektur u. Literatur gebräuchl. normativ-wertender, historisch-beschreibender, typisierender od. ordnender Begriff. Bezeichnet
1) Vorchristlich-antikes (Künstler, Sprachen, Wissenschaften: Klass. Philologie).
2) Werke, d. einem bestimmten Formideal der griech. Antike entsprechen.
3) seit der Renaissance mustergültige Werke.
4) dient d. Klassifizierung v. überdurchschnittl. Kunstwerken od. Leistungen.

Klassizismus, allg. Stilbez. in bild. Kunst u. Architektur f. d. Rückgriff auf Vorbilder d. klass. griech. Antike; Kunstrichtung gg. Barock u. Rokoko s. Mitte d. 18. Jh. um 1840 (neben d. → Romantik); Nachahmung d. klaren, strengen Formen (lt. → Winckelmanns Auffassung „von edler Einfalt u. stiller Größe"), oft m. Tendenz z. Monumentalen; gefördert durch d. Aufklärung u. d. Beginn d. archäolog. Wissensch. – *Baukunst:* **a)** *Dtld:* Langhans (Brandenburger Tor, → Berlin), Gilly (Schloß Paretz), Gontard, Schinkel (Schauspielhaus; Alte Wache, Berlin), Klenze (Glyptothek, München), Weinbrenner (Karlsruhe); **b)** *Frkr.:* Boullée, Ledoux, Soufflot (Ste-Geneviève in Paris, jetzt Panthéon); **c)** *England:* Soane, Smirke (Brit. Museum in London), Nash; **d)** *USA:* Thornton (Kapitol in Washington), Latrobe, L'Enfant; sog. Kolonialstil. – *Plastik:* **a)** *Dtld:* Schadow, Friedr. Tieck, Rauch, Dannecker; **b)** *Frkr.:* Houdon; **c)** *Italien:* Canova; **d)** *Dänemark:* Thorvaldsen. – *Malerei:* **a)** *Dtld:* Mengs, Tischbein, Carstens; **b)** *Frkr.:* David, Ingres; **c)** *Dänemark:* Abildgaard; **d)** *England:* Hamilton, Flaxman; **e)** *Italien:* Appiani. Ggs.: → Classicisme.

Klaue, die hornige Bekleidung der Wiederkäuerzehen, auch die Nägel an den Pfoten der Raubtiere.

Klaus,
1) Josef (* 15. 8. 1910), östr. Pol. (ÖVP); 1964–70 B.kanzler.
2) Václav (* 19. 6. 1941), s. 1992 Min.präs. d. Tschech. Rep.

Klaus, m. Vn., urspr. Kurzform zu Nikolaus.

Klausel [l.], *jur.* in Verträgen Vorbehalt, Nebenbestimmungen.

Klausenburg, rumän. *Cluj Napoca,* Krst. in Siebenbürgen (Transsilvanien), 329 000 E; Uni., mehrere HS; Masch.-, Textilind.

Klaustrophobie, *w.* [l.-gr.], unerträgl. Gefühl d. Beklemmung bis hin zu körperl. Empfindungen wie Herzrasen u. Schweißausbrüchen beim Aufenthalt in geschlossenen Räumen.

Klausur, *w.* [l. „Verschluß"].
1) klösterl. Abgeschlossenheit.
2) abgegrenzter (Kloster-)Raum.
3) schriftl. Abschließung (z. B. **K.arbeit** am Ende des Studiums.

Klaviatur, *w.* [l.], svw. → Tastatur.

Klavier → Piano, → Pianino.

Klavierauszug, Arrangement eines urspr. f. ein Instrumental- od. Vokalensemble komponierten Musikstückes f. Klavier.

Josef Klaus

Paul Klee

Klebe, Giselher (* 28. 6. 1925), dt. Komp. (Blacher-Schüler); Orchesterwerke; Kammermusiken; Opern: *Die Räuber; Figaro läßt sich scheiden; Jakobowsky u. d. Oberst.*

Kleber, *Gluten,* Eiweißbestandteile im Getreide, bes. Weizen; wichtig für Backwert; K.gehalt im Weizenmehl ca. 12%, im Roggenmehl 9–10%; aus K. Nährpräparate (z. B. K.mehl).

Klebsiellen, Bakteriengattung, Erreger u. a. von Lungen- und Blasenentzündung.

Klebstoff, → Kitt od. Bindemittel (Stärke, Kleister, Dextrin, Leim).

Klecksographie, *w.,* Figuren aus Tinten- od. Farbklecksen, durch Zus.falten d. Papiers entstandene als bildkünstler. anregende Zufallsform auch bei psych. Tests (Rorschachtest).

Klee, Paul (18. 12. 1879–29. 6. 1940), dt.-schweiz. Maler u. Zeichner; Mitgl. des → „Blauen Reiters", 1921–31 am Bauhaus, s. 1933 in d. Schweiz; in seinen meist kleinformatigen Bildern Vergeistigung od. Ironisierung durch abstrakte Grundelemente u. kräftige Farben; phantast. u. surrealist. Elemente.

Paul Klee, *Motiv aus Hammamet*

Klee, Schmetterlingsblütler; *Wiesen-K.* m. roten, *Bastard-K.* m. rosa od. weißen, *Stein-K.,* kriechend, m. weißen Blütenköpfchen; im weiteren Sinn auch andere Hülsenfrüchtler (z. B. *Horn-K., Hopfen-K., Wund-K., Honig-K.*); wichtigste mitteleur. Futterpflanze.

Kleiber,
1) Erich (5. 8. 1890–27. 1. 1956), östr. Dirigent, 1923–35 GMD in Berlin (Staatsoper); s. Sohn
2) Carlos (* 3. 7. 1930), argentin. Dirigent östr. Herkunft.

Kleiber, oberseits blaugrauer Singvogel; klettert kopfunter an Stämmen, vermauert Nisthöhleneingang paßgerecht, Hackschnabel.

Kleiderordnung, vom MA (1. K. 808 bei Karl d. Großen) bis ins 18. Jh. gebräuchl. obrigkeitliche Regelung d. Kleidung (Material, Mode) u. der ihr zugeordneten sozialen Trägergruppen.

Kleidung, Schutz gegen schädl. Einflüsse der Umwelt wie Witterung, Vegetation u. d. Gefahr der Verletzung sowie

Weißklee

Hasenklee

Rotklee, Wiesenklee

übernatürl. Gefahren. Auch Ausdruck der Abgrenzung u. Betonung des Individuums genauso wie der Zugehörigkeit zu e. best. Gruppe (z. B. Alter, Stand, Beruf); → Kleiderordnung, → Trachten.

Kleie, beim Mahlen abfallende Keime u. äußere Schichten d. Getreidekörner (bes. Schalen); Kraftfutter.

Klein,
1) Felix (25. 4. 1849–22. 6. 1925), dt. Math.; Funktionen- u. Gruppentheorie; Unterrichtsreformer.
2) Hans [Johnny] (11. 7. 1931 bis 26. 11. 96), CSU-Pol., seit 1976 MdB, 1987–89 B.min. f. wirtschaftl. Zusammenarbeit, 1989–90 Reg.sprecher, s. 1990 Bundestagsvizepräs.
3) Lawrence R. (* 14. 9. 1920), am. Wirtschaftswiss.; Nobelpr. 1980 (ökonom. Analyse u. Prognose mittels Math. u. Computer).
4) Yves (28. 4. 1928–6. 6. 62), frz. Maler; Mitbegr. des Nouveau réalisme (1960); monochrome Bilder (Wanddekoration im Stadttheater Gelsenkirchen), diverse Materialien u. Techniken.

Kleinasien, als *Anatolien* größter Gebietsteil der Türkei, 755 688 km², Türken (98,5%), Kurden u. (in den Städten) Armenier; westasiat. Halbinsel, als Rechteck v. Armen. Bergland zum Ägäischen Meer, Hochland (300–1200 m), von Gebirgen (bis 3500 m) eingerahmt u. v. Gebirgsstöcken überragt (erloschener Vulkan *Erdschijas-Dagh*, 3917 m); Steppen mit Salzseen im Innern, doch teilweise fruchtbar: Viehzucht (Angoraziege), Getreide-, Obst- u. Olivenanbau; Flüsse: *Kizilirmak, Yesilirmak.*

Kleinbären, Familie der Raubtiere, *Neuwelt-K.*: Waschbär, Katzenfrett, Nasen- und Wickelbär; *Altwelt-K.*: Panda, Bambusbär.

Kleinhirn, unter den Hinterhauptslappen des Großhirns gelegen, Sitz des Gleichgewichtsvermögens (zus. mit den → Bogengängen); → Gehirn.

Kleinmeister, in d. Kunstwiss. Bez. f. auf kleinformat. Kupferstiche u. Holzschnitte spezialisierte Künstler hpts. d. dt. Renaiss. (16. Jh.): Hptvertr.: Altdorfer, Gebrüder Beham, Aldegrever.

Kleinrussen, fälschl. Bez. f. Ukrainer; → Russen.

Kleist,
1) Ewald v. (7. 3. 1715–24. 8. 59), dt. Dichter; Offizier Friedrichs d. Gr.; Epos: *Der Frühling.*
2) Ewald von (8. 8. 1881–Okt. 1954), dt. Gen.feldm. und Panzerführer im 2. Weltkr.
3) Heinrich v. (18. 10. 1777–21. 11. 1811), dt. Dramatiker u. Erzähler zw. Klassik u. Romantik; leidenschaftl. Gedichte gg. Napoleon; Dramen: *Penthesilea; Käthchen v. Heilbronn; Prinz von Homburg*; Komödien: *Amphitryon; Der zerbrochene Krug*; Erzählungen: *Michael Kohlhaas.*

Kleister, Klebstoff aus Reis- od. Getreidestärke; m. Wasser angerührt, f. Tapeten usw.

Kleisthenes, (6. Jh. vor Chr.), athen. Staatsmann; durch seine Verfassung (um 500 v. Chr.) Begr. d. athen. Demokratie.

Kleitias, *Kletias, Klitias* (1. Hälfte 6. Jh. v. Chr.), griech. Vasenmaler d. schwarzfigur. Stils in Attika; führte d. traditionelle, betont ornamentale Figu-

Heinrich v. Kleist

renkomposition wegweisend zu künstler. freierer Anordnung m. differenzierter Bewegung; *François-Vase.*

Klemens, *Clemens,* 14 Päpste:
1) K. V., 1305–14, verlegte Residenz 1309 nach Avignon; hob Templerorden auf.
2) K. VII., 1523–34, verweigerte → Heinrich VIII. d. Scheidung v. Katharina v. Aragon, worauf sich dieser von Rom lossagte.
3) K. XIV., 1769–74, hob Jesuitenorden auf.

Klemm, Hanns (4. 4. 1885–30. 4. 1961), dt. Flugzeugkonstrukteur.

Klemmstativ, sehr kleines Stativ in Form einer Schreinerzwinge; hervorragendes Reisestativ.

Klemperer, Otto (14. 5. 1885–6. 7. 1973), dt. Dirigent u. Komp. (Pfitzner-Schüler); GMD in Köln, Wiesbaden u. Berlin, 1947–50 in Budapest.

Klengel, Wolf Caspar von (8. 6. 1630 bis 10. 1. 91), dt. Militäring. u. Architekt; Begr. d. Dresdner Barock.

Klenze, Leo v. (29. 2. 1784–27. 1. 1864), dt. klassizist. Architekt u. Stadtplaner; *Propyläen, Glyptothek* (München), *Walhalla* (Regensburg); Münchner Neustadt; systemat. Rettung d. antiken Bausubstanz in Athen.

Klenze, Ruhmeshalle bei Regensburg

Kleopatra, (69–30 vor Chr.), letzte ägypt. Kgn., Verbündete u. Geliebte Cäsars u. des Antonius; beging n. s. Niederlage Selbstmord.

Kleophon, griech. Vasenmaler, tätig im 3. Viertel 5. Jh. v. Chr.; Meister d. rotfigur. Stils d. Hochklassik in Athen.

Kleophrades-Maler, griech. Vasenmaler (Notname nach e. Töpferinschrift auf e. Schale), tätig um 500 v. Chr.; Meister d. rotfigur. Stils d. Hochklassik in Athen; ausdrucksvolle Komposition inhaltl. Gegensätze bei strenger Form; *Zerstörung Trojas* auf d. Vivenzio-Hydria.

Klepperboot, svw. → Faltboot.

Kleptomanie [gr.], zwanghafter Trieb z. Stehlen ohne äußere Notlage.

Klerides, Glafkos John (* 24. 4. 1919), 1974 u. s. 1993 Staatspräs. v. Zypern.

klerikal, den Klerus, die Amtskirche betreffend.

Klerikalismus, Bestrebung, d. pol. Leben vom Kircheninteresse abhängig zu machen.

Klerk, Frederik Willem de (* 18. 3. 1936), 1989–1994 südafrik. Staatspräs.; 1993 Nobelpr. f. Frieden zus. mit N. → Mandela.

Klerus [gr. „Los, Anteil"], d. geistl., nach d. kath. Kirche m. bes. Weihen versehene Stand.

Klestil, Thomas (* 4. 11. 1932), s. 1992 östr. Bundespräs.

Klette, Korbblütler; Früchte mit Widerhaken; bes. auf Schutthalden.

Klettenberg, Susanne von (19. 12. 1723–13. 12. 74), Herrnhuterin, beeinflußte du. jungen → Goethe; Urbild d. „schönen Seele" in *Wilhelm Meisters Lehrjahre.*

Kletzen, Dörrbirnen (f. Früchtebrot).

Kleve (D-47533), Krst. am Niederrhein, 47 500 E; LG, AG; Schuh-, Nahrungsmittel- u. Masch.ind.; Amphitheater; E.-Mataré-Mus.

Klevner, *Clevner,* vielfältig gebrauchte Weinbez., u. a. in Württemberg f. d. → *Blauen Frühburgunder,* in Baden f.

Klette

Thomas Klestil

Rainer Klimke auf „Ahlerich"

→ *Traminer,* i. d. Schweiz f. → *Spätburgunder* u. im Elsaß u. i. d. Steiermark f. d. → *Weißen Burgunder.*

Klient,
1) Mandant e. Rechtsanwalts.
2) i. antiken Rom e. Patron hörige Halbfreie.

Klíma, Ivan (* 14. 9. 1931), tschech. Schriftst. u. Gesellschaftskritiker; *Liebende für einen Tag – Liebende für eine Nacht; Meine fröhlichen Morgen.*

Klima, s. [gr.],
1) meteorolog. die Gesamtheit d. Witterungserscheinungen.
2) biol. u. med. die Einwirkungen d. natürl. örtl. Bedingungen v. Boden u. Luft auf den menschl. Organismus: Trockenheit od. Feuchtigkeit v. Boden u. Luft, Höhenlage, atmosphär. Druck, Luftströmung (windig od. windstill), mittlere Lufttemperatur u. tageszeitl. Temperaturschwankungen, Staubfreiheit d. Luft, Sonnenscheindauer u. -stärke, Lichtreflexion, Gehalt d. Luft an Kochsalz u. a. Danach unterscheidet man: Höhen-, See-, Wüsten-, Sumpf-, Tropen-K. usw. *Klimatische Kurorte* bilden durch d. Reiz d. Klimas e. Heilmittel f. bes. Krankheiten; auch → Biometeorologie.

Klimaänderung, wird ausgelöst durch Schwankungen der Globalstrahlung, der Erdumlaufbahn, der Neigung der Erdachse u. d. Konzentration der Gase u. Aerosole in d. Atmosphäre. Heute versteht man unter K. meist d. Erwärmung von 0,5–0,7°C gg. über d. Jahresmittelwert d. vorindustriellen Zeit. Weitere Anzeichen: Erwärmung d. trop. Ozeane um 0,5°C, Zunahme des Wasserdampfgehalts in d. Tropen, Abschmelzen der Gletscher in d. Arktis, Erhöhung der mittleren Windgeschwindigkeiten. Hauptursache: Verstärkung des Treibhauseffektes der Atmosphäre durch d. Verbrennung fossiler Energien. Nach Modellrechnungen wird sich d. mittlere Temp. auf d. Erde im Jahr 2100 um ca. 3 °C erhöhen, falls d. Treibhausgase mit derselben Steigerungsrate wie bisher emittiert werden. Folgen: Meeresspiegelanstieg, Umverteilung der globalen Niederschläge, Verschiebung der Vegetationszonen, Wüstenbildung, massive Änderungen in d. Landwirtschaft, Anstieg v. Umweltkatastrophen.

Klimaanlage, Anlage zum Erwärmen, Kühlen, Lüften eines Raumes.

Klimakatastrophe → Treibhauseffekt, → Klimaänderung.

Klimakterium [gr.], die Wechseljahre der Frau zw. d. 45. u. 55. Jahr, Aufhören der Menstruation u. d. inneren Sekretion d. Eierstöcke; oft mit unangenehmen körperl. Störungen u. seel. Veränderungen. *Künstl. K.* durch operative Entfernung od. Bestrahlung der Eierstöcke. (→ Kastration). *Climacterium virile,* Zeitraum im Mannesleben (ca. zw. 50. u. 60. Lebensjahr), gekennzeichnet durch Verminderung d. Geschlechtsfunktionen.

klimatisieren, engl. *air conditioning,* d. Regulieren der Lufttemperatur und -feuchtigkeit in geschlossenen Räumen.

Klimatologie, *Klimakunde,* Wiss. v. → Klima, Lehre v. langfristigen Wettergeschehen i. d. Atmosphäre u. d. durchschnittl. Verlauf über größeren od. kleineren Gebieten.

Klimax, w. [gr. „Leiter"],
1) med. svw. → Klimakterium.
2) Steigerung d. Ausdrucks in kunstvoller oder gebundener Rede; häufig Wiederholungen.
Klimke, Reiner (* 14. 1. 1936), dt. Dressurreiter; sechsmal. Olympiasieger (1984 Einzel); m. d. Mannschaft: 1964, 68, 76, 84, 88), WM 1974 u. 1982, EM 1967, 73 u. 85; mehrfacher Mannschafts-Weltmeister u. -Europameister; Pferde: Yorck, Mehmed, Ahlerich.
Klimsch, Fritz (10. 2. 1870–30. 3. 1960), dt. Bildhauer, Mitbegr. d. Berliner Sezession; e. Hptvertr. d. Jugendstils m. teils klassizist. u. symbolist. Elementen; später eklekt. Tendenz: *Die Tänzerin Otero;* Porträtbüsten, Denkmäler.
Klimt, Gustav (14. 7. 1862–6. 2. 1918), östr. Maler u. Zeichner, Mitbegr. u. Führer (1898–1905) d. Wiener Sezession; e. Hptvertr. d. Jugendstils; d. Wandlung d. Körperhaften zum dekorativen Flächenhaften wurde wichtige Voraussetzung f. d. Entwickl. d. modernen Kunst; *Der Kuß.*
Kline [klaɪn], Franz (23. 5. 1910–13. 5. 62), am. Maler des → Abstrakten Expressionismus.
Klinefelter-Syndrom [ˈklaɪn-], Erbkrankheit aufgrund e. überschüssigen X-Chromosoms (XXY), männl. Äußeres u. Hochwuchs, aber hohe Stimme, Unfruchtbarkeit.
Klingenthal/Sachsen (D-08248), Krst. sö. v. Plauen, nö. Elstergebirge, 13 000 E; Musikinstrumentenbau, Wintersport.
Klinger,
1) Friedrich Maximilian (17. 2. 1752 bis 9. 3. 1831), dt. Dramatiker d. Sturm u. Drang; sein Drama *Sturm u. Drang* gab der Literaturepoche den Namen.
2) Max (18. 2. 1857–5. 7. 1920), dt. Maler, Radierer u. Bildhauer; e. Hptvertr. d. Symbolismus u. d. Jugendstils; *Beethoven-Monument* (Leipzig).
Klingso(h)r, Zauberer in d. Artussage.
Klinik, w. [gr.], größeres Fach-→ Krankenhaus, besonders Universitäts-K., → Poliklinik. Auch Bez. f. d. Gesamtheit d. körperl. Erscheinungen einer Krankheit.
Klinikum,
1) Zusammenschluß mehrerer Fachkliniken.
2) praktischer Teil der ärztl. Ausbildung.
Klinker, m., Hartbrandziegel m. glasurähnl. verzinkter Oberfläche, hochwert. Baustoff, da bes. druckbeständig, wetter- u. säurefest; wg. s. dekorativen Wirkung geschätzt in d. Architektur hpts. d. Expressionismus.
Klinkerbau, bei Booten Außenwand m. dachziegelförmig übereinandergelegten Planken.
Klio [gr.], Muse der Geschichte.
Klipper, m. [engl.], Schnellseglertyp d. 2. Hälfte d. 19. Jh.
Klippfisch,
1) ursprüngl. auf Klippen getrockneter Kabeljau, Seelachs, Schell- u. Lengfisch.
2) Seefisch des Klippenbereichs.
Klippschliefer, kleine, murmeltierähnliche Huftiere; Felsgebiete Afrikas bis Israel.
Klirrfaktor, in der Elektroakustik Maß f. d. nichtlinearen, das Klangbild verändernden Verzerrungen (z. B. in Empfängern, Verstärkern).

Klischee, s. [frz. *cliché*], Druckstock f. Hochdruck aus Holz *(Holzschnitt),* Zink, Kupfer, Messing od. Elektron *(Ätzungen),* formtreue Nachbildung v. Strichzeichnungen *(Strichätzung)* od. v. Halbtonbildern *(Autotypie);* a. Vervielfältigungen v. K.s durch Abguß in Blei n. Pappe-, Wachs-, Kunststoff- od. Bleimatrize *(Stereo)* od. galvan. Niederschlag *(Galvano);* Anfertigung e. K.s: fotograf. Übertragg. e. Strichzeichnung auf d. Metallplatte, d. nichtdruckenden Teile werden herausgeätzt *(Strichätzung);* od. Herstellung e. fotograf. Negativs v. e. Halbtonbild unter Vorschaltung e. Rasters, davon Kopie auf Metallplatte, Ätzvorgang ähnl. d. d. Strichätzung, nur wesentl. schwieriger *(Autotypie).*
Klistier, s. [gr.], *Klysma,* Darmeinlauf mit Irrigator oder K.spritze: **a)** zur Reinigung und Entleerung des Darms, Darmspülung, **b)** zur Einführung von Flüssigkeit, Nahrungsmitteln oder Medikamenten durch d. Mastdarm.
Klitoris → Kitzler.
Klitzing, Klaus v. (* 26. 6. 1943), dt. Physiker; Nobelpr. 1985 (Entdeckung u. Beschreibung d. Quanten-Hall-Effekts: K.-Effekt).
KLM, Abk. f. **K**oninklijke **L**uchtvaart **M**aatschappij NV, 1919 gegr. ndl. Luftverkehrsges.

Klöpplerin

Kloake, w. [l.],
1) gemeins. Mündung v. Darm-, Geschlechts- u. Harnwegen b. Lurchen, Kriechtieren, Vögeln u. Kloakentieren.
2) Abzugskanal, besonders in Städten *(Cloaca maxima* i. alten Rom).
Kloakentiere, primitive, eierlegende Säugetiere mit zahnlosen, schnabelähnlichen Kiefern; → Ameisenigel und → Schnabeltier; Australien u. Neuguinea.
Klon, die durch ungeschlechtl. Vermehrung entstandene, daher genet. einheitl. Nachkommenschaft eines lebenden Organismus; → Cloning.
Klondike [-daɪk], r. Nbfl. d. Yukon.
Klonierung, *Cloning,* Vermehrung genet. identischer Einheiten (→ Klon) i. d. Pflanzenzüchtung od. → Gentechnik (Übersicht).
Klonus, rhythm. Krampf bei Nervenleiden.
Klopffestigkeit, erforderl. Eigenschaft der Kraftstoffe bei schnellen Ver-

Gustav Klimt, *Der Kuß*

Max Klinger, *Landschaft an der Unstrut*

Friedrich Gottlieb Klopstock

brennungsmotoren, sich nicht voreilig zu entzünden u. detonationsartig zu verbrennen; wird gemessen mit der *Octanzahl,* die der Prozentzahl des Anteils von Octan an einem Octan-Heptan-Gemisch gleicher K. entspricht (→ Kohlenwasserstoffe, Übers.).
klöppeln, Spitzen verfertigen durch Verflechten von Fäden, die auf Holzstäbe *(Klöppel)* gewickelt sind; die nach Vorlage *(Klöppelbrief)* auszuführenden Fadenverschlingungen werden mit Stecknadeln auf *Klöppelkissen* befestigt; *Klöppelmaschine* dient zur mechan. Spitzenherstellung.
Klopstock, Friedrich Gottlieb (2. 7. 1724–14. 3. 1803), dt. Dichter; Überwinder d. Rationalismus; Begr. d. Erlebnisdichtung; Hptvertr. der Empfindsamkeit; rel. Epos: *Messias; Oden;* theoret. Schriften: *Die dt. Gelehrtenrepublik.*
Klose, Hans-Ulrich (* 14. 6. 1937), dt. Jurist u. SPD-Pol., 1991–94 Fraktionsvors. d. SPD, s. 1994 Vizepräs. d. Dt. Bundestags.
Kloster [l. „claustrum = abgeschlossener Ort"], Gebäude, in dem Mönche oder Nonnen nach einer gemeinsamen Regel leben; Idealplan e. ma. K.s: f. St. Gallen (um 820), e. barockes K. s: f. Weingarten (1723). Seit frühestem MA oft Kulturmittelpunkt.
Klosterneuburg (A-3400), St. a. d. Donau, nördl. v. Wien, Niederöstr., Augustinerchorherrenstift (Verduner Altar, 1181); Bundeslehr- u. Versuchsanstalt f. Wein- u. Obstbau; 24 442 E.
Klosterneuburger Mostwaage → Mostgewicht.
Klosters-Serneus (CH-7250), Kurort in Graubünden, 1125–1313 müM, 3500 Einwohner.
Kloten (CH-8302), St. bei Zürich, 15 850 E; Zürcher Flughafen.
Klotho, eine d. 3 → Parzen.

Klotz, Matthias (11. 6. 1653–16. 8. 1743), Begr. d. Geigenbaues in Mittenwald.
Klub, *m.* [engl.], *Club,* gesellige Vereinigung, die oft noch einem bes. Zweck dient *(pol., Sport-K., Spiel-K.)* u. ihr Versammlungslokal.
Klug, Aaron (* 11. 8. 1926), engl. Biochem. und Mikrobiol.; Nobelpr. 1982 (Struktur v. Proteinkomplexen).
Kluge,
1) Alexander (* 14. 2. 1932), dt. Filmregisseur und Schriftst.; *Abschied von gestern* (1966); *Dtld im Herbst* (1977/78); *Die Patriotin* (1980); *Die Macht d. Gefühle* (1981–83); *Lebensläufe; Schlachtbeschreibung.*
2) Friedrich (21. 6. 1856–21. 5. 1926), dt. Sprach- u. Märchenforscher; *Etymolog. Wörterbuch d. dt. Sprache.*
3) Hans Günther von (30. 10. 1882 bis 19. 8. 1944), dt. Gen.feldm.; ab Dez. 1941 Oberbefehlsh. d. Heeresgruppe Mitte, zuletzt Oberbefehlsh. West.
4) Kurt (29. 4. 1886–26. 7. 1940), dt. Bildhauer, Erzgießer u. Autor; Romane: *Der Herr Kortüm.*
Klumpfuß, Mißbildung des → Fußes.
Klüngel, *m.,* Knäuel, Clique, Parteiwirtschaft.
Kluniazenser, Mönche des frz. Klosters *Cluny;* führten im 10. und 11. Jh. kirchl. (stark asket.) Reform des Ordenswesens durch.
Kluppe, Werkzeug zum Gewindeschneiden; enthält auswechselbare Schneidbacken.
Klüse, Öffnung in d. Bordwand f. d. Ankerkette u. f. Leinen zum Festmachen.
Klüverbaum, über d. Bug e. Segelschiffes hinausragende Stange zur Befestigung d. dreieckigen Vorsegel: *Klüversegel* (Abb. → Takelung).
Klystron, *s.* [gr.], → Laufzeitröhre; Elektronenröhre z. Erzeugen, Verstärken u. Frequenzvervielfachen v. Dezimeter- bis Millimeterwellen.
Klytämnestra, Gattin d. → Agamemnon, Mutter des → Orest.
Kymren, *Kymrier,* die kelt. Bewohner von Wales mit *kymrischer Sprache* (→ Sprachen, Übers.).
Knab, Armin (19. 2. 1881–23. 6. 1951), dt. Lieder- u. Chorkomp.; Kantaten, Klavierwerke.
Knabenchöre, z. Kirchendienst herangezogene Schulchöre (s. Ende des 15. Jh.); heute auch konzertierend: u. a. Chor d. Sixtinischen Kapelle, Wiener Sängerknaben, Regensburger Domspatzen, Leipziger Thomanerchor, Dresdner Kreuzchor.
Knabenkraut, *Orchis,* einheimische Orchideengattung, versch. Arten, auf Wiesen; früher Arznei aus Knollen. ●.
Knabenkrautgewächse, svw. → Orchideen.
Knallgas, Gemisch von 1 Teil Sauerstoff u. 2 Teilen Wasserstoff, die sich beim Anzünden explosiv zu Wasser verbinden; im *K.gebläse* zum „autogenen" Schweißen v. Metallen; Zutritt des Sauerstoffes erst in der Düse des Brenners; hohe Temperaturentwicklung, zum Schmelzen u. Schweißen.
Knappe,
1) Bergmann *(Berg-K.).*
2) im Dienst eines Ritters ritterl. Bildung lernender junger Mann.

Knabenkraut

Sebastian Kneipp

Knoblauch

Knappertsbusch, Hans (12. 3. 1888 bis 25. 10. 1965), deutscher Dirigent, wirkte in München, Wien und Bayreuth.
Knappschaft, Renten- u. Krankenversicherung für d. Bergleute; öff.-rechtl. Körperschaft.
Knappschaftsrecht, Sozialversicherungsrecht der Bergleute.
Knaster,
1) *Kanaster,* urspr. nur f. Tabak aus Varinas, *Barinas,* St. in Venezuela, n. d. Versandart in Körben (span. *canastros*).

Grüner Knollenblätterpilz ††, l. Weißer Knollenblätterpilz ††, r.

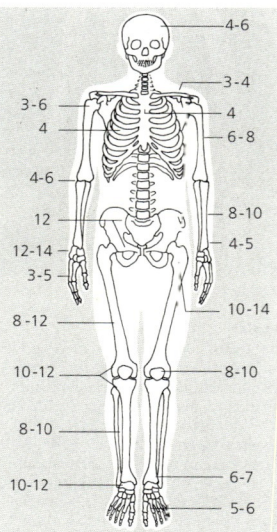
Heilungsdauer von Knochenbrüchen (in Wochen)

2) [niederdt. „Knast = Knorren"], mundartl. svw. brummiger Kerl.
Knaur Verlag, Th. Knaur Nachf. Verlag, gegr. 1901, → Droemersche Verlagsanstalt.
Knaus-Ogino-Methode, v. d. östr. u. jap. Frauenärzten *K.* u. *O.* entwickeltes Verfahren z. Empfängnisregelung; fußt auf d. period. „Fruchtbarkeit" d. Frau 10–12 Tage um die Mitte des Menstruationszyklus, während sie d. übrige Zeit nicht empfangen kann. Voraussetzung ist langfrist. Aufzeichnung d. Zyklen; keine sichere Methode, ungewollte Schwangerschaft zu verhüten; → Kontrazeption.
Knautschlack, aus Leder od. Kunststoff bestehendes, glänzendes Material; verarbeitet f. Taschen, Stiefel, Jacken u. ä.
Knechtsand, gr. Wattgebiet zw. Elbe- u. Wesermündung, Rastgebiet v. Wasserzugvögeln.
Knef, Hildegard (* 28. 12. 1925), dt. Schausp.in u. Chansonsängerin; Autobiographie: *Der geschenkte Gaul.*
Kneipe, bei Korpsstudenten und Burschenschaftlern svw. → Kommers; ugs. f. Lokal m. Alkoholausschank.
Kneipp, Sebastian (17. 5. 1821–17. 6. 97); dt. Pfarrer, Naturheilkundiger in Wörishofen; verbreitete Wasserheilverfahren *(K.kur),* vor allem Barfußgehen in nassem Gras, abhärtende Kaltwassergüsse usw.
Kneller, Sir Godfrey, eigtl. *Gottfried Kniller* (8. 8. 1646–7. 11. 1723), engl. (Hof-)Maler dt. Herkunft, Schüler u. a. Rembrandts u. Berninis; führender Porträtist: *Sir Isaak Newton; Sir Christopher Wren.*
Knesset, *w.,* isr. Parlament.
Knick, norddt. Bez. (Niedersachsen, Schleswig-Holstein) f. Hecke i. d. Feldflur.
Knickerbocker [engl. ′nɪkə-], urspr. Spitzname der (alten) Holl.) Bewohner v. New York; weite Knie-, Pumphose.
Knickfuß, der im Sprunggelenk auswärts geknickte Fuß.
Knie, das Verbindungsgelenk zw. Ober- u. Unterschenkel, vorn von der Strecksehne des vierköpfigen Oberschenkelmuskels überspannt, in dieser die knöcherne *Kniescheibe* eingelagert. Verletzungen u. Entzündungen des K.gelenks führen oft zu *K.gelenkserguß,* in schweren Fällen zu *K.gelenksversteifungen.*
Kniebis, Hochfläche i. nördl. Schwarzwald, b. 971 m.
Knieholz, *Latschen, Legföhren,* niedrige Wuchsform der Bergkiefer.
Kniescheibe,
1) *med.* → Knie.
2) techn. Verbindungs- od. Stützblech (z. B. zw. Trägern u. Stützen).
Kniesehnenreflex, svw. → Patellarreflex.
Knigge, Adolf Franz Friedrich Frh. v. (14. 2. 1752–6. 5. 96), dt. Popularphil., Führer der → Illuminaten; *Über den Umgang mit Menschen.*
Knight, *m.* [engl. naɪt], Ritter, unterste Stufe d. niederen engl. Adels (Gentry); Titel *Sir.*
Knipperdolling, Bernhard († 22. 1. 1536), Haupt der → Wiedertäufer in Münster; hingerichtet.
Knittel, John (24. 3. 1891–26. 4. 1970), schweiz. Schriftst.; *Via Mala; El Hakim; Thérèse Etienne.*
Knittelfeld (A-8720), östr. St. a. d. Mur, Steiermark, 12 873 E; Fremdenverkehr, Eisen- u. Stahlind.
Knittelvers, *Knüppelvers,* dt. Reimvers mit 4 Hebungen u. unregelmäßig vielen Senkungen, meist paarweise gereimt; Aber ach! die Jahre weichen. –

Z. B. Hans Sachs, Gryphius, Goethe *(Urfaust),* Schiller *(Wallenstein)* bis Gerhart Hauptmann.

Knobelsdorff, Georg Wenzeslaus v. (17. 2. 1699–16. 9. 1753), dt. Architekt u. Maler, Hofbaumeister Friedrichs d. Großen; verband engl. Klassizismus m. frz. Rokoko; *Schloß Sanssouci; Stadtschloß Potsdam.*

Knoblauch, Zwiebelgewächs; Art des Lauchs; Küchengewürz; altes Mittel gg. Würmer u. hohen Blutdruck.

Knochen, besteht hpts. aus Calciumphosphat u. Calciumcarbonat sowie aus einer leimgebenden organ. Substanz. Die K. sind fest, aber doch elastisch, bilden zus. das K.gerüst: *Skelett* (→ Tafel Mensch). Jeder K. ist überzogen von der *K.haut (Periost)* u. ist innen hohl u. mit *K.mark* gefüllt, das z. T. d. Blutbildung dient (rotes, im Ggs. zum gelben Fettmark).

Knochenbank, Sammelstelle f. konserviertes Knochenmaterial z. operat. Knochenübertragung.

Knochenbruch, *Fraktur,* Einriß od. Durchtrennung eines Knochens, meist durch äußere Gewalt; *komplizierter K.* bei Freilegung des gebrochenen Knochens; Gefahr der Knochenmarkseiterung.

Knochenerweichung → Osteomalazie.

Knochenfische, Fische mit knöchernem Skelett (Mehrzahl aller Fische).

Knochenhecht, Raubfisch N-Amerikas.

Knochenschwund → Osteoporose.

Knockout, *m.* [engl. ˈnɔkaʊt], *K. o.,* im Boxkampf d. siegentscheidende Niederschlag des Gegners, wenn dieser sich innerhalb 10 Sek. nicht wieder erheben kann, vor allem durch Schlag gg. Kinn, seitl. Hals, Magengrube; *techn. K. o.:* Kampfunfähigkeit d. Gegners, Aufgabe, Verletzung.

Knokke-Heist, belg. Nordseebad a. d. ndl. Grenze, 30 000 E.

Knöllchenbakterien, Bakterien, die in *Wurzelknöllchen* v. Leguminosen m. diesen in Symbiose leben u. Luftstickstoff binden können.

Knorpelgewebe (elastischer Knorpel aus der Ohrmuschel)
grün: Knorpelhaut mit verschiedenen Zellarten und Gefäßen (blau; darin ein totes Blutkörperchen); darunter die großen Knorpelzellen mit dem violetten Zellkern und anderen Zellbestandteilen; zwischen den Knorpelzellen die glasige Grundsubstanz mit den elastischen Fasern (dunkelrot).

Knossos, *Palast des Minos*

halber Schlag — zwei halbe Schläge — Achtknoten — Kreuzknoten — Schotsteck

Ampfer-Knöterich

Roter Knurrhahn

Knollen, unterird., verdickte Pflanzenteile; Stoffspeicher, oft Vermehrungsorgane (z. B. *Kartoffel*).

Knollenblätterpilze, gefährl. Giftpilze; champignonähnl., aber weiße Lamellen.

Knoller, Martin (8. 11. 1725–4. 7. 1804), östr. Maler zw. Rokoko u. Klassizismus hpts. in S-Dtld, Tirol u. Mailand; Fresken u. Altarbilder, u. a. in d. Klosterkirchen v. Ettal u. Neresheim; erfolgreicher Porträtist *(Ignaz Günther).*

Knorpel, der glatte, bindegewebige Gelenkendenüberzug der Knochen.

Knorpelfische, Fische mit knorpeligem Skelett (z. B. *Haifische, Rochen*).

Knorpelwerk, *s.,* in d. (bes. dt. u. ndl.) bild. Kunst u. Architektur frühbarockes Ornament, ähnl. d. Hptmotiv d. Ohrmuschelstils; mustergültig dargestellt in d. Ornament-Stichfolgen → L. Kilians.

Knorr, Georg (19. 10. 1859–15. 4. 1911), dt. Ing.; konstruierte die **KnorrBremse:** Luftdruckbremse f. Eisenbahnwagen (u. a. Fahrzeuge); von Lokomotive aus zu betätigen, als Notbremse auch von jedem Wagen aus.

Knospen, Sproßanlagen, gewöhnlich in der Achsel e. ,,Tragblatts", auch Blütenanlagen.

Knospung, eine Form der ungeschlechtl. Vermehrung bei vielen niederen Tieren; neu entstehendes Tier löst sich vom Muttertier später ab od. bleibt mit ihm dauernd verbunden *(Tierstock).*

Knossos, *Knosos,* St. und Palast des Minos auf Kreta. *Minoische Kultur* (um 2000–1400 v. Chr.); ab 1899 ausgegraben.

Knoten,
1) *astronom.* die beiden Schnittpunkte einer Planetenbahn mit d. Bezugsebene, von der aus ihre Koordinaten gemessen werden, z. B. Erdbahn (Ekliptik) u. Äquatorebene.
2) Verschlingung v. Fäden u. Seilen.
3) 1 kn = 1 naut. Meile/Std. (= 1,852 km/Std.); in d. Luft- und Schiffahrt u. im intern. Wetterdienst gebräuchl. Geschwindigkeitsmaß.

Knotenblume, → Märzenbecher.
Knotenschrift → Quipu.
Knöterich, Kräuter mit knotigem Stengel, z. B. → Buchweizen.

Know-how [engl. ˈnoʊhaʊ ,,wissen wie"], geistig-techn. Spezialkenntnisse u. Erfahrungen e. Unternehmens, die nicht rechtlich geschützt werden können u. oft Objekt v. Austausch, Verkauf, Spionage sind.

Knox [nɔks], John (1505–24. 11. 72), schott. Reformator; führte ev.-reformierte Kirchenordnung in Schottland ein; Bibelübersetzung.

Knoxville [ˈnɔksvɪl], Ind.st. i. Tennessee (USA), 165 000 E, m. Vororten 600 000 E; Uni.; Kohlen-, Eisen- u. Zinkbergbau.

Knüllgebirge, Waldgebirge an der Fulda; Braunkohle und Eisenerze im **Knüllköpfchen,** 634 m.

Knurrhahn, Meeresfisch mit breiten, bunten Brustflossen.

Knut d. Große, (um 995–1035), Dänenkönig, eroberte 1016 England, erhielt 1027 Schleswig als dt. Lehen.

Knute, *w.,* russ. Peitsche, Lederriemen.

Knuth, Gustav (7. 7. 1901–1. 2. 87), dt. Schausp.; *Der fröhliche Weinberg, Der eiserne Gustav.*

Knutt → Strandläufer.

K. o. → Knockout.
Koadjutor [l.], Weihbischof, Amtsgehilfe eines Bischofs; auch niedriger Hilfsgeistlicher.
Koagulation, [l.] med. **a)** Blutstillung durch → Kauterisieren in der Chirurgie; **b)** Blutgerinnung.
Koagulopathie, Blutgerinnungsstörung.
Koagulum, Blutgerinnsel.
Koala, baumbewohnendes und nur von Eukalyptusblättern lebendes Beuteltier Austral.; Urbild des Teddybären.
Koaleszenzabscheider, Anlage z. Abtrennung v. Restölgehalten aus Abwasser; beruht auf feiner offenporiger Filtration, b. d. Dichteunterschied v. Öl u. Wasser z. Phasentrennung benutzt wird.
Koalition [frz.-l.], Vereinigung, Verbindung, Bündnis; pol. v. Staaten, Parteien u. ä. zum Erreichen eines gemeinsamen Zieles.
Koalitionsfreiheit, *Koalitionsrecht,* Recht der Arbeitnehmer und Arbeitgeber auf Zusammenschluß zur Wahrnehmung wirtschaftlicher Interessen; → Menschenrechte.
Koalitionskriege, gg. die frz. Republik 1792–1807, gg. Napoleon in den → Befreiungskriegen.
Koan, Begriff i. jap. → Zen-Buddhismus; e. mit d. Verstand nicht lösbarer Ausspruch, der d. Grenzen d. Denkens u. e. andere Ebene d. Begreifens aufzeigen will; s. d. 10. Jh. z. Schulung d. Mönche eingesetzt.
Koaxialkabel, → Kabel, dessen Kabelseele aus koaxialen Paaren (Innen- u. Außenleiter: Abb.) besteht; hochwertige verlustarme Isolation (z. B. Luft, Styroflex od. Keramik) ermöglicht Übertragung sehr hoher Frequenzen, Verwendung: z. Speisung v. Ton- u. Fernsehrundfunk-Sendeantennen, → Fernkabel im Fernsprechnetz u. ä.
Kobalt → Cobalt.
Kobe, jap. St. an der SO-Küste Honshus, 1,48 Mill. E; zweitgr. Einfuhrhafen Japans; Schiffswerften; Uni.; Textil-, Eisen- u. Gummiind.; Jan. 95 Erdbeben, 6000 Tote.
Kobell,
1) *Ferdinand* (7. 6. 1740–1. 2. 99), dt. Landschaftsmaler; s. Sohn
2) *Wilhelm v.* (6. 4. 1766–15. 7. 1855), dt. Maler d. Klassizismus u. Biedermeier; Schlachtenbilder, Landschaften; s. Enkel
3) *Franz v.* (19. 7. 1803–11. 11. 82), dt. Mineraloge u. Mundartdichter.
Koberger, Anton (um 1445–3. 10. 1513), Nürnberger Drucker u. Buchhändler; *Schedels Weltchronik.*
Koblenz (D-56068–77), Hptst. d. Rgbz. K. (8093 km², 1,46 Mill. E), krfreie St., RP, an d. Mündung d. Mosel i. d. Rhein *(Dt. Eck),* 109 900 E; IHK, HWK, OLG, LG, OPD, B.archiv, B.anstalt f. Gewässerkunde, B.amt f. Wehrtechnik u. Beschaffung; Erziehungswissenschaften HS, FHS. – 14 n. Chr. als röm. Kastell gegr.
Kobold, zwerghafter Berg- u. Hausgeist.
Koboldmaki, *Gespenstermaki,* Halbaffe d. Malaiischen Archipels, Nachttier mit übergroßen Augen.
Kobras, verschiedene afrikan. u. asiat. Giftnattern.

Koala

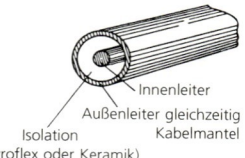
Koaxialkabel

Robert Koch

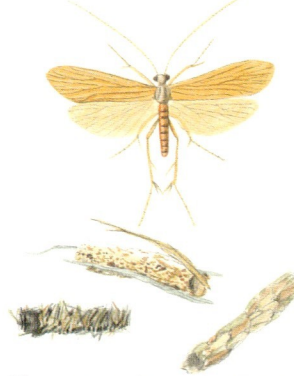
Wassermotte mit Larvenköchern aus verschiedenen Materialien

Koch,
1) *Joseph Anton* (27. 7. 1768–12. 1. 1839), östr. Maler u. Radierer d. Klassizismus, hpts. in Rom; klass.-heroische Landschaften; Wandgemälde i. d. Villa Massimo; Buchillustr.
2) *Robert* (11. 12. 1843–27. 5. 1910), dt. Arzt, Begr. d. Bakteriologie, Entdecker der Milzbrand-, Tuberkel- und Cholerabakterien, erforschte Malaria u. Schlafkrankheit; Nobelpr. 1905.
Köchel, *Ludwig Ritter v.* (14. 1. 1800 bis 3. 6. 77), österreichischer Musikhistoriker; v. ihm d. **K.verzeichnis** d. Werke Mozarts.
Kochel a. See (D-82431), Luftkurort i. Kr. Bad Tölz-Wolfratshsn., Oberbay., 605 müM, 3872 E; am O-Ufer d. *Kochelsees* (6 km², 66 m t., Freizeitzentrum, südl. davon d. → Walchenseekraftwerk); F.-Marc-Museum.
Kocher, r. Nbfl. d. Neckar a. d. Schwäb. Alb, 180 km l.
Köcher, Behälter für d. Pfeile d. Bogenschützen.
Köcherfliegen, Netzflügler, Ordnung der Insekten, äußerl. mottenähnlich; Larven wasserlebend in selbstverfertigten Gehäusen.
Kochi, jap. St. auf Shikoku, 317 000 E.
Kochsalz, *Natriumchlorid* (NaCl), gelöst in Salzquellen und im Meer (3–4%), fest als Steinsalz vorkommend; gereinigt als Speisesalz, techn. z. Herstellung fast aller anderen Natriumverbindungen (Soda, Glaubersalz usw.); unentbehrlicher Nahrungsbestandteil, der im Körper die Salzsäure des Magens bildet; Gewinnung → Salz.
Kochsche Krankheit, svw. Tuberkulose (→ Tuberkel).
Koda, w. [it.], *Coda,* Schluß od. Anhängsel in d. Verskunst od. Musik (Fugen, Sonatensatzform).
Kodály [-da:j], *Zoltán* (16. 12. 1882 bis 6. 3. 1967), ungar. Komp.; Chor- u. Orchesterwerke, Kammermusik.
Kode → genetischer Code.
Kodifikation [l.], systemat. Samm-

lung u. Ordnung v. Gesetzen u. Rechtsgebräuchen zu einem einheitl. u. maßgebenden Werk; *Kodex;* auch *Codex.*
Kodon, Dreiergruppe (Triplett) von → Nukleotiden der → DNA und → RNA, die d. Information f. eine best. Aminosäure d. Eiweißkörper enthält; → genetischer Code.
Koedukation [l.], gemeinsame Erziehung v. Mädchen u. Knaben.
Koeffizient, *m.* [nl.], Zahl, mit der eine Variable multipliziert wird (z. B. ist 2 der Koeffizient von $2a$).
Koekkoek ['ku:ku:k], holl. Malerfamilie hpts. d. 19. Jh.; u. a.
1) *Johannes Hermanns* (17. 8. 1778 bis 12. 1. 1851), Marinestücke; begabtester u. ältester s. 4 Söhne
2) *Barend Cornelis* (11. 10. 1803–5. 4. 62), verschmolz in s. Landschaften d. holl. Stil d. 17. Jh. m. wesentl. Elementen d. Malerei d. 19. Jh. (u. a. romant. Lichtführung, realist. Detailtreue).
Koenig,
1) *Friedrich* (17. 4. 1774–17. 1. 1833), dt. Schriftsetzer u. Buchdrucker, Erfinder der Buchdruckschnellpresse (1810).
2) *Fritz* (* 20. 6. 1924), dt. Bildhauer; nach hpts. bauplast. Arbeiten freiplast. Kompositionen gestreckter Figuren m. kl. Köpfen in abstrahierender Tendenz, *Reitergruppe; Ausrufezeichen.*
3) *Pierre* (10. 10. 1898–2. 9. 1970), frz. General u. Politiker; 1945 Oberbefehlsh. d. frz. Besatzungstruppen in Dtld, 1954 Verteidigungsmin.
Koenzym [l.-gr.], *Koferment* [l.], nicht aus Eiweiß bestehender Anteil e. → Enzyms, z. T. Vitamine (z. B. B_1, B_2, B_6).
Koeppen, *Wolfgang* (23. 6. 1906 bis 15. 3. 1996), dt. Schriftst.: *Tauben im Gras; Reisen nach Frankreich.*

Joseph Anton Koch, *Läuterungsberg*

Koerppen, *Alfred* (* 16. 12. 1926), dt. Komponist.
Koestler, *Arthur* (5. 9. 1905–3. 3. 83), englischer Schriftsteller ungarischer Herkunft; schrieb englisch und deutsch; Romane: *Sonnenfinsternis;* Essays u. Sachbücher.

Kohle

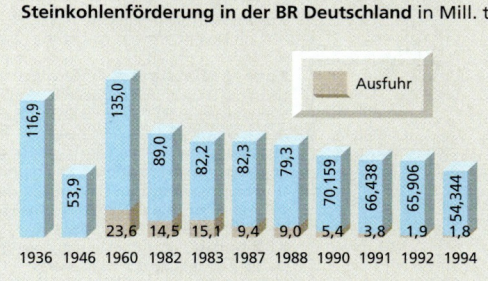

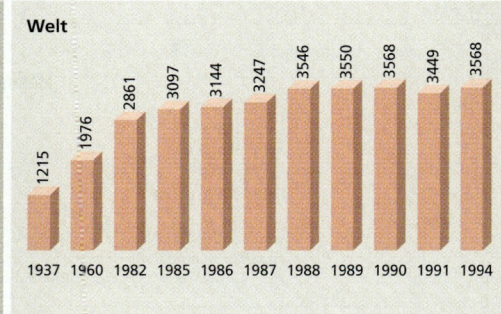
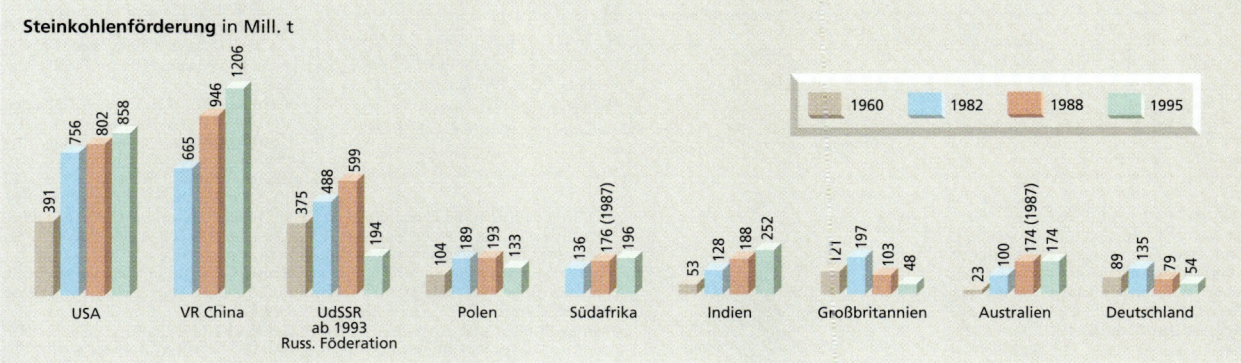

Koetsu, (1558–1637), jap. Maler, Kunsthandwerker (Lack-, Töpferarbeiten) u. Kalligraph; dekorativer Stil.

Koëxistenz, w. [l.],
1) *pol.* friedl. Nebeneinander v. Staaten oder Machtblocks verschiedener Ideologie.
2) gleichzeit. Vorhandensein mehrerer Dinge.

Koferment, s. [l.], svw. → Koenzym.

Koffeïn, s., Alkaloid, bitter, im Kaffee u. Tee, kleine Dosen herzanregend, harntreibend, erregt Gehirn und Atemzentrum.

Köflach (A-8580), östr. St. in d. Steiermark, 440 müM, 11 276 E; Braunkohlebergbau, Glasind.

Kofu, jap. St. auf Honshu, 202 000 E; Seidenweberei.

Kogel, *Kofel,* kegelförmiger Berggipfel.

Kogge, hochbordiges Handelsschiff im 13.–15. Jh., bes. zur Zeit d. → Hanse.

Kognak, *m.* [`kɔnj`], frz. Weinbrand (ben. n. d. Gegend v. *Cognac*).

Kognaten [l.], im *röm. Recht* Blutsverwandte; Ggs.: Agnaten.

kognitiv [l.], das Wahrnehmen, Lernen, Denken, Erinnern u. Problemlösen betreffend.

Kogon, Eugen (2. 2. 1903–24. 12. 87), dt. Soziologe u. Publizist; 1938–45 i. KZ; Hg. d. *Frankfurter Hefte; D. SS-Staat.*

Kohabitation [l.], svw. → Koitus.

Kohärenz, w. [l.], Eigenschaft mehrerer Wellenzüge, an jedem Raumpunkt (e. begrenzten Raumgebietes) eine zeitlich unveränderl. Phasendifferenz zu haben; Voraussetzung für d. Erscheinung der → Interferenz; auch → Laser.

Kohäsion [l.], gegenseitige Anziehung der Moleküle eines festen od. flüssigen Körpers; bei versch. Körpern: → Adhäsion.

Kohinoor, *m.* [ind. -'nuːr „Berg des Lichts"], Diamant im engl. Kronschatz; Gewicht: 108,63 Karat.

Kohl,
1) Helmut (* 3. 4. 1930), CDU-Pol.; 1969–76 Min.präs. v. RP, s. 1973 CDU-Parteivors., 1976–82 Fraktionsvors. d. CDU/CSU, s. 1982 B.kanzler.
2) Michael (28. 9. 1929–4. 7. 81), Staatssekr. b. Min.rat d. DDR; 1974–78 ständ. Vertreter d. DDR in Bonn.

Kohl, Kreuzblütlergattung; viele wildwachsende K.arten, bes. Mittelmeergebiet, z. T. Stammformen der als Gemüse angebauten K.arten; Blumenkohl, → Blätterkohl usw.

Köhl, Hermann (15. 5. 1888–7. 10. 1938), dt. Flugpionier; überflog 1928 mit v. Hünefeld u. Fitzmaurice als erster den Atlantik von O n. W.

Kohle, organisches kohlenstoffreiches Zersetzungsprodukt, aus vorwiegend pflanzl. Bestandteilen unter Luftabschluß u. hohem Druck entstanden; Stufen: *Torf, Braun-, Steinkohle, Anthrazit;* Grundstoff der modernen ind. Energieerzeugung (→ Schaubild); Weltvorrat: 7,5 Bill. t (geschätzt). Chemische Erzeugnisse aus K. (Stein- und Braunkohlenteer) → Kohlenwasserstoffe, → Steinkohle; in der *Medizin:* als feines Pulver (Knochen- u. Tier-K.), zur Entgiftung; *Techn.* → Aktivkohle; zur Schwarzpulverherstellung: Holzkohle, als Stift: Zeichen-K. Auch Bez. f. Elektroden d. Bogenlampe u. Stromabnahmebürsten an Elektromotoren.

Kohledruck, Pigmentdruck zum Kopieren fotograf. Platten mittels Chromleim u. Ruß.

Kohlendioxid, CO_2, farbloses, geruchloses Gas, Dichte 1,977 g/l bei 0° und 1013 hPa; schwerer als Luft; entsteht bei Verbrennung von Kohle und allen organ. Stoffen, bei der Atmung der Organismen, bei der Gärung; techn. durch Brennen von Kalk hergestellt und in Stahlflaschen. Verwendung als *Trockeneis,* da K. bei –78° sublimiert; die Pflanzen bauen aus dem K. der Luft (0,03 Vol.%) durch Assimilation → Kohlenhydrate auf. Zur Lösung von K. in Wasser → Kohlensäure.

Kohlenhydrate, wichtige Gruppe organ.-chem. Verbindungen, die Wasserstoff u. Sauerstoff im Verhältnis 2:1 (wie d. Wasser) neben dem Kohlenstoff enthalten; Entstehung bei der Kohlensäure-Assimilation der Pflanzen; K. sind alle Zuckerarten, wie d. *Pentosen* (Arabinose, Xylose), die *Hexosen* (Trauben-, Fruchtzucker u. a.), die *Disaccharide* u. die *Polysaccharide* (→ Zucker); chem.

Kogge

Helmut Kohl

Kohlenwasserstoffe [Siedepunkte]:

Kettenförmige Paraffine aus Erdöl oder Braunkohlenteer

[40°– 70°]	Petroläther:	Pentan	C_5H_{12}
[60°–110°]	Leichtbenzin:	Hexan	C_6H_{14}
[100°–150°]	Schwerbenzin:	Heptan	C_7H_{16}
[100°–180°]	Lackbenzin:	Oktan	C_8H_{18}
[150°–250°]	Leuchtpetroleum:	Nonan	C_9H_{20}
		bis Pentadekan	$C_{15}H_{32}$
	Treiböl, Schmieröl:		$C_{16}H_{34}$ bis $C_{20}H_{42}$
	Paraffinöl (entölt als Vaseline u. Petrolatum) und *feste Paraffine*		$C_{17}H_{36}$ bis $C_{26}H_{54}$

Ringförmige Zykloparaffine aus Steinkohlenteer

[40°–170°]	Leichtöl:	Benzol C_6H_6, Toluol $C_6H_5CH_3$, Xylol $C_6H_4(CH_3)_2$
[180°–230°]	Mittelöl:	Kresol $C_6H_4(CH_3)OH$, Phenol C_6H_5OH, Naphthalin $C_{10}H_8$
[230°–270°]	Schweröl:	Phenol C_6H_5OH, Naphthalin $C_{10}H_8$
[über 270°]	Grünöl:	Anthrazen $C_{14}H_{10}$, Phenanthren $C_{14}H_{10}$ usw. Rückstand: Pech

sind sie Hydroxyaldehyde u. Hydroxyketone; unentbehrlich f. d. Ernährung v. Mensch u. Tier, werden teilweise in Fett umgewandelt od. dienen durch Verbrennung in Kohlendioxid u. Wasser der Energiegewinnung.

Kohlen(mon)oxid, CO, farb-, geruchloses, brennbares Gas; entsteht bei unvollkommener Verbrennung v. Kohle (in schlecht abziehenden Öfen u. in Auspuffgasen d. Kraftfahrzeuge); Bestandteil des Leucht-, Generator- u. Wassergases; sehr giftig (verbindet sich m. d. → Hämoglobin u. macht dieses unfähig zur Sauerstoffaufnahme).

Kohlensack, auffällige dunkle Stelle in der Milchstraße (am Südhimmel); verursacht durch dunkle kosm. Staubmassen.

Kohlensäure, Bez. für in Wasser gelöstes Kohlendioxid (CO_2) und die dazu im Gleichgewicht stehende Säure (H_2CO_3); gelöst in Mineralwassern; Metallsalze, Hydrogencarbonate und Carbonate; diese bilden große Gebirge (Kalk, Dolomit, Kreide, Marmor); → Kohlendioxid.

kohlensaure Bäder, bes. z. Behandlung von Herz- und Gefäßkrankheiten (z. B. Bad Nauheim).

Kohlensäuremaischung, dt. Bez. f. → *Macération carbonique*.

Kohlenstaub, in Bergwerken Anlaß zu K.explosionen, → Bergbau.

Kohlenstaubmotor → Verbrennungskraftmaschinen.

Kohlenstoff, C, chem. El., Oz. 6, At.-Gew. 12,01115; Nichtmetall, Vorkommen: rein als Diamant (härtester Stoff, Dichte 3,51) u. als Graphit (weich, Dichte 3,2), unrein als Steinkohle; in allen organisch-chem. Verbindungen; auch → Radiocarbonmethode.

Kohlenwasserstoffe, Verbindungen des Kohlenstoffs m. Wasserstoff; bei gr. Kohlenstoffgehalt fest, bei geringem flüssig, bei kleinem gasförmig; Bindung

Kohlrabi

der Kohlenstoffatome kettenförmig bei den *aliphatischen* K.n der Methanreihe (Methan, Ethan, Propan usw.) od. ringförmig bei d. *aromatischen* K.n d. Benzolreihe (Benzol, Toluol, Xylol) u. ihren Abkömmlingen; K. m. Doppelbindungen zw. Kohlenstoff-Atomen: → Olefine u. → Diëne; Vorkommen in Grubengas, Erdgas, Erdöl, Erdwachs, Asphalt.

Kohlenwertstoff, Erzeugnis aus der chem. Weiterverarbeitung der Kohle (→ Kohlenwasserstoffe).

Kohlenwertstoffindustrie, in der BR bes. in NRW; Erzeugung: Pech, Teeröl, Benzol, Phenol, Krysol, Fischer-Tropsch-Produkte u. a.; → Steinkohle.

Köhler,
1) Georges J. S. (17. 4. 1946–1. 3. 1995), dt. Immunologe u. Molekularbiol.; (zus. m. N. K. → Jerne u. C. → Milstein) Nobelpr. 1984 (Arbeiten z. Aufbau u. z. Steuerung d. Immunsystems).
2) Wolfgang (21. 1. 1887–11. 6. 1967), dt. Psychologe, Mitbegr. der → Gestaltpsychologie.

Kojote

Köhler, nordatlant. Dorschart; Handelsbez. *Seelachs*, gefärbt, in Öl als *Lachsersatz*.

Köhlerei, früher übl. Holzverkohlung in Meilern.

Kohleule, Eulenschmetterling; Raupe bes. auf Kohlpflanzen („*Herzwurm*" des Kohls).

Kohleverflüssigung, Gewinnung flüssiger Treibstoffe aus Kohle: **a)** direkte Hydrierung der Kohle nach *Bergius-Bosch* (Leunabenzin, Propangas); **b)** Vergasung des Kokses und Hydrierung des Kohlenoxids nach *Fischer-Tropsch* (Ruhrchemie-Benzin, Paraffin); zw. 1927 u. 45 in Dtld industriell betrieben, seit 1981 wieder in Pilotanlagen.

Kohlhernie, durch Schleimpilz verursachte Erkrankung der Kohlwurzel.

Kohlrabi, Kohl mit Stengelknolle; Gemüse.

Kohlraupe, Larve des Kohlweißlings, → Weißlinge.

Kohlröschen, einheimische Orchidee (→ Tafel Pflanzen unter Naturschutz). ♦, z. B. *Schwarzes K.* auf Gebirgswiesen.

Kohlscheid, s. 1972 zu → Herzogenrath.

Kohlweißling, Schmetterling, → Weißlinge.

Köhnlechner, Manfred (* 1. 12. 1925), dt. Manager u. Heilpraktiker; *Vermeidbare Operationen; Gesundheit – eine Utopie?; Leben ohne Krebs; Leben ohne Schmerz*.

Kohorte, w. [l.], altröm. Heeresformation, ca. 600 Mann stark, 10. Teil der Legion.

Kohout [-hut], Pavel (* 20. 7. 1928), tschech. Schriftst.; *August, August, August; D. Leben im stillen Haus; Ich schreie*.

Koimbatur, *Coimbatore,* ind. St. im Dekhan, 853 000 E.

Koine, w. [gr.], die „allgemeine" griech. Umgangssprache d. hellenist. Welt.

Koinzidenz, w. [l.], Zusammenfallen.

Koinzidenzmethode, Verfahren z. Nachweis v. → Elementarteilchen; erst wenn Nachweisgeräte (Zähler) zugleich ansprechen, wird registriert (Ausschaltung von Störungen).

Koirala, Girija Prasad (* 1925), 1991 bis 1994 Prem.min. v. Nepal.

Koitus [l.], *Kohabitation,* Beischlaf, Geschlechtsverkehr.

Koivisto, Mauno (* 25. 11. 1923), finn. Pol. (Sozialdemokr. Partei); 1968–70 u. 1979–82 Min.präs.; 1982–94 Staatspräs.

Koje, feste Bettstelle, kleiner abgetrennter Raum (in Schiffen).

Kojiki [„Geschichte d. Begebenheiten i. Altertum"], jap. Quellenwerk d. Shintoismus (712) zur myth. u. histor. Geschichte Japans b. zum Jahr 628.

Kojote, der Präriewolf N-Amerikas.

Kokain, s. *Cocain,* Alkaloid aus den Blättern der am. *Kokapflanze*; früher med. zur Betäubung der Schleimhäute; Rauschgift in Form eines weißen Pulvers, das geschnupft wird.

Kokand, St. i. Usbekistan, 182 000 E; chem., Metall-, Textil- u. Nahrungsmittelind.

Kokarde, w. [frz.], Bandrosette od. rundes farbiges (National-)Abzeichen an Dienstmützen u. Militärflugzeugen.

Kokerei, Betrieb z. Herstellung von

Koks; Nebenprodukte: Teer, Ammoniak, Leuchtgas, Benzol.
kokett [frz.], gefallsüchtig.
Koketterie, w., Gefallsucht.
kokettieren, liebäugeln.
Kokille [frz.], Metallform für Gußzwecke.
Kokken [gr.], kuglige Bakterien (z. B. *Gonokokken*).
Kokon, m. [frz. -'kõ:], Hülle mancher Insektenpuppen aus Spinnfäden, → Seidenspinner; auch Schutzhülle um Eigelege.
Kokoschka, Oskar (1. 3. 1886–22. 2. 1980), österr. Maler, Graphiker u. Schriftst.; Mitbegr. des dt. Expressionismus; ekstat. Wesensschau, aus Kultur aus barocker u. impressionist. Überlieferung; Landschafts- u. Städtebilder, Porträts; später mytholog. Themen.
Kokosinseln, *Cocos-Keeling-Inseln,* Inselgruppe im Ind. Ozean, 14 km², 600 E; Hptst. *Bantam;* Kabelstation. Ausfuhr: Kokosnüsse u. -öl, Kopra; 1857 brit.; s. 1955 v. Australien verwaltet.
Kokospalme, Palme trop. Küsten, eine der wichtigsten Nutzpflanzen. Das fettreiche Kernfleisch des großen Samens, *Kokosnuß,* wird getrocknet (*Kopra*) und dient zur Gewinnung von *Kokosfett* (Pflanzenfett, Kerzen, Seife); äußere faserige Hülle zu Geflechten, Matten usw.; Saft d. verletzten Blütenstandes zu Palmwein u. Zucker. Welterzeugung an Kopra 1990: 5,04 Mill. t.
Kokotte, w. [frz. ,,Hühnchen"], Halbweltdame.
Koks, m. [engl. ,,coke"], der feste Rückstand beim Entgasung der Steinkohle, fast reiner Kohlenstoff, ohne Flammenbildung brennend. *Zechen-* oder *Schmelzkoks,* aus Kokereien, hart u. schwer; zur Eisenverhüttung, auch f. Zentralheizungen; *Gaskoks,* aus Gasanstalten, porös, weich, leicht, daher rascher an- u. verbrennend für Hausbrand. – K.erzeugung in BR (alte Länder) 1992 (Zechen-K.): 7,6 Mill. t. – K. aus Braunkohle → Grude.
Kok-Saghys, löwenzahnähnliche Gebirgspflanze Zentralasiens; in d. ehem. UdSSR Anbau z. Kautschukgewinnung.
Kokura → Kitakyushu.
Kokzidiose, Infektion durch Kokzidien, einzell. Sporentierchen, d. i. den Deckzellen d. Darmschleimhaut od. auch i. den Gallengängen d. Leber b. Mensch u. Tier schmarotzen u. Entzündungen hervorrufen.
Kokzygodynie, Schmerzen des Steißbeins.
Kola, russ. Halbinsel zw. dem Weißen Meer u. der Barentssee; der O sumpfig, der S waldreich, sonst Tundren, große Seen; Bergmassive, 1191 m; wichtiges Bergbaugebiet: Apatit, Nickel, Eisen, Monazit, Phosphat, Kupfer, Bauxit; Haupthafen *Murmansk;* → Murmanküste.
Kola, w., afrikan. Verwandte des Kakaobaumes; Alkaloid der **Kolanuß** (Samen) regt die Nerven an.
Kolakowski, Leszek (* 23. 10. 1927), poln. Phil. u. Schriftst.; krit. Marxist; 1977 Friedenspr. d. Dt. Buchhandels.
Kolar Gold Fields, St. i. d. ind. Prov. Karnataka, im südl. Dekhan, 144 000 E; Goldbergbau.
Kolarier, *Munda,* die austroasiat. Urbevölkerung N-Indiens; über 3 Mill.; Mundasprachen.
Kolb, Annette (3. 2. 1870–3. 12. 1967), dt. Schriftst.in; Essays; Romane: *Das Exemplar,* u. Biographien: *König Ludwig II.* u. *Richard Wagner; Blätter im Wind.*
Kolbe,
1) Carl Wilhelm (20. 11. 1757–13. 1. 1835), dt. Zeichner, Radierer u. Schriftsteller.
2) Georg (13. 4. 1877–15. 11. 1947), dt. Bildhauer; Akte in vereinfachten klass. Formen u. harmon. Bewegungen.
3) Maximilian, Pater (7. 1. 1894 bis 14. 8. 1941), kath. Theol., im KZ umgekommen; 1982 heiliggesprochen.
Kolben,
1) Blütenstandsform, → Blüte.
2) *techn.* → Dampfmaschine, Viertakt-, Zweitaktmotor, → Pumpe.
3) kugel-, zylinder- od. trichterförmiges Glasgefäß mit langem Hals.
Kolbenheyer, Erwin Guido (30. 12. 1878–12. 4. 1962), dt. Schriftst.; völkisch; nationalsozialist.; *Paracelsus.*
Kolbenhoff, Walter eigtl. *Hoffmann* (20. 5. 1908–29. 1. 93), dt. sozialkrit. Schriftst.; *Heimkehr in die Fremde.*
Kolbenlot → Kullenberg-Lot.
Kolbenwasserkäfer, bis 4 cm lang, schwarz, Algenfresser.
Kolberg, *Kołobrzeg,* poln. Hafenst. u. Seebad in Pommern an d. Mündung der Persante; 43 000 E. – 1807 durch Gneisenau u. Nettelbeck gg. Franzosen verteidigt; bis 1945 preuß.
Kolbermoor (D-83059), St. i. Kr. Rosenheim, Bay., 15 020 E; Textilind.
Kolchis, im Altertum die Landschaft an der Ostküste des Schwarzen Meeres.
Kolchizin, s., sehr giftiges Alkaloid, gewonnen aus der Herbstzeitlose, Arzneimittel gegen Gichtanfall; Zellteilungsgift, zur Züchtung polyploider Nutzpflanzenrassen.
Kolchosen, *Kollektivwirtschaften,* im ehem. Ostblock errichtete landw. Produktionsgenossenschaften, bei denen d. Entlohnung nach Arbeitseinheiten erfolgte; Großbetriebe auf genossenschaftl. Basis, Ggs. Sowchosen.
Koldewey, Robert (10. 9. 1855–4. 2. 1925), Ausgräber des alten → Babylon. Begr. d. modernen archäolog. Bauforschung.
Kolhapur, St. i. ind. Bundesstaat Maharaschtra, 341 000 E; bis 1949 Hptst. des ehem. Fürstenstaates *K.*
Kolibakterien, *Escherichia coli* (*E.coli*), z. normalen Darmflora (bes. i. Dickdarm) gehörig; gramnegative Stäbchenbakterien; krankhafterweise in Harnblase, Nierenbecken, Blut u. a. Organen, dann Blasen-, Nierenbeckenentzündung, Kolisepsis. Bei Wasseruntersuchungen als Anzeige f. fäkale Verunreinigungen (→ Kolititer).
Kolibris, kleine, prächtige Schwirrvögel Amerikas; die kleinsten hummelgroß, andere in der Größe von Schwalben; Nahrung: Honigsaft und Blüteninsekten; Blumenbestäuber.
Kolik, w. [gr.],
1) äußerst schmerzhafter Krampfzustand, eigtl. des Dickdarms, *Kolon;* auch bei Steinleiden: Gallen-K., Nieren-K., Blasen-K. usw.; Linderung durch Wärme u. krampflösende Mittel.
2) bei Tieren, bes. Pferden: versch. verursachte Erkrankungen des Verdauungskanals, oft tödlich: *Überfütterungs-K., Wind-K., Stein-K., Wurm-K.* u. a.
Kolín, St. in Böhmen, an der Elbe, 32 000 E. – 1757 österr. Sieg (Daun) über → Friedrich II.
Kolitis [gr.], Dickdarmentzündung.
Kolititer, Maß f. d. Wasserverunreinigung durch Fäkalien. Test auf Vorhandensein der davon bewohnenden Kolibakterien in den Proben. Trinkwasser: weniger als 1 Kolibakterium/100 ml Wasser.
Kolkrabe → Rabe.
Kollaboration [l.], Zus.arbeit, meist m. d. Feind (Besatzungsmacht).
Kollagen, s. [gr.], leimgebende Substanz d. Bindegewebes, f. Leder-, Kunstdarm-, Gelatineherstellung.
Kollagenosen, für einen Teil der → Autoaggressionskrankheiten gebraucht (wie → Lupus erythematodes), eigtl. veraltet.
Kollaps, m. [l.], Zusammenfall (*kollabieren*), Anfall v. Schwäche durch plötzl. Versagen d. peripheren Kreislaufs infolge Gefäßerschlaffung, Absinken des Blutdrucks, kalter Schweiß, Blässe, Ohnmacht, Pulslosigkeit durch Blutverlust od. Versacken d. Blutes in d. Depots; → Schock.
Kollár, Jan (29. 7. 1793–24. 1. 1852), slowak. Dichter u. Altertumsforscher; Begr. d. literar. → Panslawismus.
Kollateralen, Blutgefäße, die z. B. bei Thrombose die Blutversorgung des betreffenden Bereichs übernehmen.
Kollation, w. [l.],
1) leichte Zwischenmahlzeit, Erfrischung.
2) Vergleichen, **kollationieren,** zweier Texte; Abstimmen einzelner Posten, Zahlenergebnisse und Textvarianten m. d. Übertragungen in andere Bücher.
Kolleg, s. [l.],
1) wiss. Vorlesung an Hochschulen.
2) Institut zur Erlangung der HS-Reife; Voraussetzung mittlere Reife u. Berufsausbildung (*zweiter Bildungsweg*).
Kollegialgerichte, mit mehreren Richtern besetzt; Ggs.: Einzelrichter.
Kollegialsystem, Behördenorganisation, die Entscheidungen durch Abstimmung eines Kollegiums trifft.
Kollegium, s. [l.], Körperschaft v. Personen gleichen Amts od. Berufs (*Lehrerk., Kollegen*); Kammermusikvereinigung (*Collegium musicum*).
Kollegstufe, Neugestaltung der gymnasialen Oberstufenklassen 11–13 in Grund- u. Leistungskurse (→ Schulwesen, Übers.).
Kollekte, w. [l.], Sammlung f. wohltätige Zwecke.
Kollektion, w. [l.], Sammlung, Auswahl(sendung).
kollektiv [l.], gemeinschaftlich.
Kollektiv, s.,
1) die Zus.fassung von Einzelwesen als Gruppe (Rasse, Volk, Sippe, Stand, Klasse, Partei) u. des Gleichgerichtetsein (bzw. gemeinsame Vorstellungen, K.vorstellungen) im Unterschied z. Wollen, Fühlen u. Denken d. einzelnen.
2) *volkswirtsch.* Arbeits-, Produktionsgemeinschaft z. gemeinsamen Bewirtschaftung d. Produktionsmittel u. d. Bodens, die gesellschaftl. (Staats-)Eigentum sind; extrem ausgebildet in ehem. kommunist. Staat. → Kolchosen.

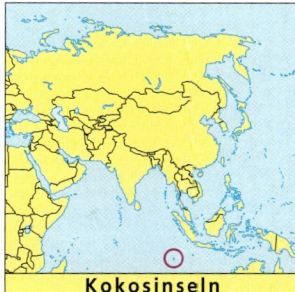
DIE KOKOSINSELN BESITZEN KEINE FLAGGE
Kokosinseln

Oskar Kokoschka, *Selbstbildnis*

Georg Kolbe, *Die große Sitzende*

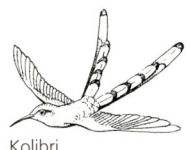
Kolibri

Kollektivbegriff [l. „colligere = sammeln"]; Sammelbegriff.
Kollektivbewußtsein, d. einer Menschengruppe gemeins. Bewußtseinsinhalte, Urteile, Vorurteile.
Kollektivismus, Primat der Gemeinschaft (Stand, Gesellschaft); leugnet die Geltung d. Einzelpersönlichkeit; fordert v. einzelnen die unbedingte Unterwerfung unter seine Ziele u. nimmt diese z. ausschließl. Maßstab für d. pol. Handeln; politische Ausdrucksform des K. ist d. totalitäre Staat (Nationalsozialismus, Faschismus, Kommunismus).
Kollektivschuld, angebl. Mitschuld aller Angehörigen eines Kollektivs für Handlungen, die v. einzelnen Angehörigen des Kollektivs begangen worden sind.
Kollektivum, *s.* [l.], *Sammelwort,* faßt Dinge oder Begriffe zusammen (z. B. *Herde, Geschrei*).
Kollektor, *m.* [l.],
1) *Kommutator,* Stromabnehmer und Stromwender (Gleichrichter) f. Anker b. Gleichstrommaschinen.
2) Elektrode bei → *Transistor,* → Elektronenröhre.
Kollembolen, → Springschwänze.
Koller,
1) Gehirnkrankheit bei Pferden.
2) *Kollet, s.,* im MA Halskragen, im 17. Jh. Lederwams.
Kollergang, Zerkleinerungsmaschine, aus senkrechten schweren Rädern bestehend, die sich um eine waagerechte u. zugleich um eine gemeinsame senkrechte Achse drehen.
Kolli [it.], Frachtstücke (Einzahl: *Kollo*).
kollidieren [l.], zusammenstoßen.
Kollier, *s.* [frz. kɔˈlje:], Halsgeschmeide.
Kollision, *w.* [l.], Zusammenstoß.
Kollo,
1) René (* 20. 11. 1937), Enkel v. 2), dt. Tenor.
2) Walter (28. 1. 1878–30. 9. 1940), dt. Operettenkomp.; *Der Juxbaron.*
Kolloid, *s.,* ein Stoff, d. keine *echte Lösung* (Molekulardispersion), sondern eine **kolloidale** Lösung (Dispersion) bildet, d. h., er ist im Lösungsmittel äußerst fein verteilt; Teilchengröße: 10⁻⁶ bis 10⁻⁸ mm; im Ggs. zu *echten* Lösungen ist *Dialyse* (→ Diffusion) v. kolloidalen Lösungen unmögl.; Trennung von Kolloid u. Lösungsmittel durch *Ultrafilter* kleinster Porengröße; Beispiele für K.: Milch (Fett-Eiweiß in Wasser), chin. Tusche (Lampenruß in Wasser).
Kolloidchemie, Chemie d. kolloidalen Lösungen (Th. Graham 1861).
Kolloquium [l.], Gespräch; Hochschullehrstunde in Form von Frage und Antwort; mündl. Prüfung im Abitur.
Kollusion, *K.sgefahr,* svw. → Verdunkelungsgefahr.
Kollwitz, Käthe (8. 7. 1867–22. 4. 1945), dt. Graphikerin, Malerin u. Bildhauerin; Zyklen: *Der Weberaufstand; Der Bauernkrieg* (→ Tafel Radierung).
Kolmar = Colmar.
Köln (D-50667–51149), Hptst. d. Rgbz. K. (7365 km², 4,07 Mill. E); krfreie Stadt a. Rhein, NRW, 1 008 848 E; got. Dom (1248 begonnen, 1842–80 vollendet); kath. Erzbistum; Uni. (1388–1797; 1919 neu gegr.). HS f. Musik u. f. Sport, PH; Museen (Wall-

Köln, *Dom*

Kartoffelkäfer, *Koloradokäfer*

Kolosseum in Rom

Kolumbien

raf-Richartz-Mus., Mus. Ludwig, Röm.-German. Mus., Rautenstrauch-Joest-Mus., Mus. für Ostasiat. Kunst, Schnütgen-Mus.); Oper; Theater. 4 Rundfunk- u. Fernsehanstalten; B.amt f. Verf.schutz, OLG, LG, AG; BD, OPD, Oberfinanzpräs., IHK; MPI; Produkten- u. Warenbörse; Messen (Hausrat, Eisenwaren, „photokina", ANUGA, Intern. Möbelmesse); wichtig. Eisenbahnknotenpunkt, 5 Rheinhäfen; Raffinerie (m. Ölhafen), Automobil-, Metall-, chem., Elektro-, Textil-, Schokoladen- und Zuckerwarenind., Kosmetik („Kölnisch Wasser", Eau de Cologne); Flughafen K./Bonn. – Römergründung vor 50 v. Chr., seit 50 n. Chr. *Colonia Agrippinensis,* Bistum 3. Jh., Erzbistum 785; 1274 Freie Reichsst., 1815 preuß.
Kölner Malerschule, in d. Kunstwiss. Sammelbez. f. e. gemeinsamen Stil malende, aber namentl. meist nicht bekannte niederrhein. Meister des 14. bis 16. Jh.; Hptvertr.: → *Lochner.*
Kolombine [it. „Täubchen"], *Colombina,* in der Commedia dell'arte Geliebte des Arlecchino (→ Harlekin).
Kolon, *s.* [gr.],
1) Dickdarm.
2) Doppelpunkt (:).
Kolone, in fränk. Zeit unfrei gewordener, schollengebundener Bauer.
Kolonialismus [l.],
1) Erwerb u. Nutzung von Kolonien.
2) Herrschaft über fremde, meist überseeische Gebiete.
3) rücksichtslose Ausbeutung dieser abhängigen Gebiete, → Imperialismus.
Kolonialstil,
1) aus Europa in Kolonialgebieten übernommene Bauweise.
2) die engl. klassizist. Architektur des 17. und 18. Jh. in N-Amerika.
Kolonie, *w.* [l.],
1) Ausländergruppe in einer fremden Stadt.
2) *biol.* infolge ungeschlechtl. Vermehrung entstandene Verbände (Bakterien; Algen; Tierstöcke, z. B. Schwämme, Korallen) od. gesellig lebende Tiere (Reiher, Seevögel).
3) Ansiedlung, bes. im Ausland.
Kolonien, meist überseeische Gebiete, die sich ein Staat angliedert, um sich dort wirtsch. u. kulturell zu betätigen; Liefergebiete f. Rohstoffe u. Absatzgebiete für Fertigfabrikate.
Kolonnade, *w.* [frz.], Säulengang mit geradem Gebälk (Petersplatz, Rom); Ggs.: → Arkade.
Kolonne, *w.* [frz. „Säule"] Marschformation von Truppen. Auch svw. Zahlenrubrik.
Kolophon, *m.* [gr.], Schlußvermerk ma. Handschriften u. Frühdrucke, mit Angabe von Verfasser, Titel, Drucker, Druckort und -jahr; jetzt → Impressum.
Kolophonium, gelbbraune, spröde Masse, durch Destillation von Fichtenharz gewonnen, zum Aufrauhen v. Violinbogen u. ä.; f. Lacke, Firnisse, Papierleim, Seifen, auch Schmierölzusatz.
Koloradokäfer, svw. → Kartoffelkäfer.
Koloratur, *w.* [it.], Verzierung im Kunstgesang mit Läufen und Figuren.
kolorieren [l.], färben, bunt ausmalen.

Kolorismus, in d. Malerei d. Vorrang d. Farbe vor and. formgebenden Gestaltungsmitteln (z. B. Zeichnung, Perspektive, Komposition), o. daß d. Farbe notwendig stark sein muß; u. a. in d. venezian. Malerei d. 16. Jh., im Barock, bei Delacroix, Turner, im Impressionismus, in d. abstrakten Malerei.
Kolorit, *s.* [it.],
1) Farbgebung in d. Malerei.
2) Hautfarbe (med.).
3) Klangfarbe in der Musik.
Koloskopie, Dickdarmspiegelung.
Koloß [gr.], allg.: riesiges Gebilde; bes.: → *K. v. Rhodos.*
Kolossalordnung, in d. Baukunst e. Säulenordnung, deren Säulen od. Pilaster über mehrere Geschosse reichen; in d. Spätrenaiss. v. Palladio u. Michelangelo entwickelt es, bes. im Barock (auch Neu-)Klassizismus beliebtes Motiv d. Fassadengestaltung (z. B. St. Peter in Rom).
Kolosserbrief, e. d. Apostel Paulus zugeschriebener Brief im NT gg. Lehren d. Glaubensgemeinde v. Kolossä i. Phrygien.
Kolosseum, → Amphitheater i. Rom, unter den Flavierkaisern Vespasian u. Titus 70–80 n. Chr. erbaut.
Koloß von Rhodos, Riesenstandbild (ca. 35 m hoch) d. Sonnengottes Helios, v. Chares geschaffen um 300 v. Chr.; 227 od. 224 v. Chr. durch e. Erdbeben zerstört.
Kolostomie, *Anus praeter,* künstl. Ausgang des Dickdarms, z. B. nach Krebsoperation.
Kolostralmilch, *Kolostrum, Biestmilch,* erste Milch nach der Geburt; K. hat einen höheren Gehalt an Eiweiß, Mineralstoffen, Vitaminen und Abwehrstoffen (→ Antikörper) als normale → Milch.
Kolostrum, svw → Kolostralmilch.
Kolping, Adolph (8. 12. 1813–4. 12. 65), dt. kath. Priester; Begr. der kath. Gesellenvereine *(K.sfamilien):* „Gesellenvater".
Kolpitis, Scheidenentzündung.
Kolportage, *w.* [frz. -ʒə], Hausieren mit billigen Büchern; Hintertreppenliteratur.
Kolporteur, *m.* [-ˈtø:r], Hausierer.
kolportieren, Gerüchte verbreiten.
Kolposkopie [gr.], Lupenuntersuchung der Scheidenschleimhaut mit einem besonderen Gerät, wichtig f. d. Krebsdiagnostik.
Koltschak, Alexander (1874–7. 2. 1920), russ. Admiral, führte 1918–19 antibolschewist. Armee i. Sibirien.
Kolumbanus (7. Jh.), irischer Apostel in Dtld.
Kolumbien, Rep. im NW von Südamerika. **a)** *Geogr.:* Hochgebirgsland d. Anden (5700 m) im W, Tiefland (Llanos) mit Grasflächen im O. **b)** *Wirtsch.:* Basis bilden die Kaffee- (1991: 870 000 t, an 2. Stelle i. d. Welt) u. Erdölproduktion (1992: 22,3 Mill. t); daneben bed. Bodenschätze: Gold, Platin, Edelsteine, Eisenerz, Kohle. **c)** *Außenhandel* (1991): Einfuhr 5,68 Mrd., Ausfuhr 6,66 Mrd. $. **d)** *Verf.* v. 1991: Präs., Parlament (2 Kammern). **e)** *Verw.:* 23 Departamentos, 4 Intendencias, 5 Comisarías, 1 Sonderdistrikt (Bogotá). **f)** *Gesch.: Neugranada* 1538–1819 span.; m. Ecuador u. Venezuela bis 1830 Bundesrep. (Großko-

lumbien), innere Wirren; s. 1886 Republik, 1948–57 Bürgerkrieg, 1952–57 Mil.diktatur; 1958–82 Ausnahmezustand; s. 1989 schwere Konflikte m. Drogenmafia sowie m. linker Guerilla u. rechten paramil. Verb.

Kolumbus, Christoph, *Cristóbal Colón* (1451–20. 5. 1506), entdeckte 12. 10. 1492 in span. Diensten die Antilleninsel Guanahani, dann Cuba u. Haïti, auf 3 weiteren Reisen 1493–1504 Mittel- u. S-Amerika; hielt Amerika für W-Indien (,,Indianer").

Kolumne, w. [l., ,,Säule"], Druckspalte.
Kolumnist [l.], Journalist, dem ständig eine bestimmte Spalte in einer Zeitung oder Zeitschrift zur Verfügung steht.
Kolvenbach, Peter-Hans, Pater (* 30. 11. 1928), ndl. kath. Theol.; s. 1983 Ordensgeneral d. → Jesuiten.
Kolwezi [-´zi], St. i. Zaire, 15 000 E; Erzind., Kraftwerk.
Kolyma, ostsibir. Strom vom Tscherskigebirge in d. Ostsibir. See; 2129 km l., 1160 km (bis Werchne Kolymsk) schiffbar; fischreich.
Kolymagebiet, russ. Gebiet im K.gebirge u. am Ochotskischen Meer, neu erschlossen, reiche Gold- u. Erzvorkommen.
Kolymagebirge, Gebirgszug in O-Sibirien, über 1000 km lang, östl. d. K.
Koma [gr.], *Coma,*
1) *w.,* astronom. die einen Kometenkern umgebende Hülle.
2) *w.,* in der *Optik:* Bildfehler.
3) *s., med.* tiefe Bewußtlosigkeit, bes. bei Leberversagen, Urämie u. Diabetes, nach Hirnverletzung usw.; → extrakorporale Dialyse.
Komantschen, nordam. Indianerstamm; einst krieger. Bisonjäger, Kämpfe m. Spaniern, US-Texanern; heute Reservat i. Oklahoma.
Kombattanten [frz.], Mitkämpfer.
Kombi, Abk. f. *kombiniertes* Pers.- u. Lieferauto, meist mit Hecktür.
Kombinat, wirtsch. Organisationsform in früheren Ostblockstaaten,
1) *Lokal-K.,* Zus.fassung von Betrieben versch. Produktionszweige gleicher Rohstoff- od. Halbfabrikatgrundlage an gleichem Standort zwecks gemeins. Auswertung v. Energiequellen (z. B. in Dnjepropetrowsk);
2) *Gebiets-K.,* Vereinigung v. auseinanderliegenden Ind.komplexen, bes. Hüttenbetrieben, z. planmäß. Zuordnung v. Rohstoffvorkommen, Energiequellen u. Transportmitteln durch direkte Verkehrsgem. (z. B. Ural-Kusnezk-K.).
Kombination, w. [l.], Verbindung von Vorstellungen, Urteilen oder Folgerungen.
kombinieren, verknüpfen, verbinden.
kombinierter Verkehr → Huckepack-Verkehr.
Kombüse [niederdt.], Schiffsküche.
Komedo, Mz. *Komedonen,* svw. → Mitesser.
Kometen [gr.], Schweifsterne sehr geringer Masse, bestehen meist aus d. von e. nebelartigen Hülle umgebenen Kern und e. Schweif, wandern in Ellipsen (auch parabolisch) um die Sonne u. stoßen i. Sonnennähe unter Einfluß d. Sonnenstrahlung (→ Strahlungsdruck) Gase (Kohlenoxid, Cyan, Wasserstoff) aus, die einen v. der Sonne weggewendeten, leuchtenden, mitunter mehrfach

Schweif bilden, dessen Länge größer als der Erde-Sonne-Abstand sein kann; Auflösung einiger Kometen in Sternschnuppenschwärmen m. derselben Bahn wie der Komet (Abb. → Tafel Himmelskunde). – Im März 1993 entdeckten C. u. E. Shoemaker u. D. Levy d. Kometen Shoemaker-Levy 9, der im Juli 1992 beim engen Vorbeiflug am → Jupiter in 21 Bruchstücke zerrissen wurde, die kettenförmig aufgereiht am d. 16. u. 22. Juli 1994 in d. Gashülle des Jupiters stürzten.

Komfort, *m.* [engl.], (häusliche) Bequemlichkeit.
Komi,
1) *Syrjänen,* ostfinn. Volk im NO Rußlands, ca. 320 000 Angehörige.
2) russ. auton. Rep. im Flußgebiet d. Petschora, 415 900 km², 1,3 Mill. E; Kohle, Erdöl, Erdgas, Holz; Hptst. Syktywkar (233 000 E).
Komik, w. [gr.], Lächerlichkeit.
Komiker, heiteres Bühnenfach.
Kominform, Kommunist. Informationsbureau, 1947 gegr., neue Form der **Komintern,** der 3. → Internationalen; bezweckte Zus.arbeit der kommunist. Parteien; 1956 aufgelöst.
Komitat, *s.* od. *m.,* Geleit; in Ungarn *w.* Verwbez.
Komitee, *s.* [frz.], Ausschuß mit bes. Auftrag.
Komitee für Währungs- und Devisenangelegenheiten, löste 1973 d. *Eur. Währungsabkommen* ab; besteht a. Vertr. d. → OECD, d. → Internationalen Währungsfonds u. d. → Bank für internationalen Zahlungsausgleich.
Komitien [l. -tsīən], in d. alten Rom die Versammlungen der Bürgerschaft.
Komma, *s.* [gr.], *Beistrich,* Satzzeichen (;); in der *Math.* f. Dezimalbrüche (z. B. 2,27) u. in angelsächs. Ländern als Dezimalpunkt (z. B. 100,000) verwendet.
Kommabazillen, Erreger der Cholera.
Kommandant, mil. Befehlshaber.
Kommandeur [frz. -´dør],
1) K., *Komtur,* Inhaber der höheren Klasse eines Ordens.
2) Truppenführer eines Bataillons, Regiments usw.
Kommandierender General, *KG,* i. d. Bundeswehr Bez. für d. Kommandeur eines → Korps d. Heeres o. e. Luftwaffengruppe.
Kommanditgesellschaft, *KG,* Handelsges., bei der mindestens ein Gesellschafter, *Komplementär,* persönl., die anderen, *Kommanditisten,* nur mit ihrer Einlage den Gläubigern haften (§§ 161 ff. HGB); Geschäftsführung steht dem Komplementär zu; Mischung zw. Kapital- u. Personalges.
Kommanditgesellschaft auf Aktien, *KGaA,* selbständige jur. Person; Mischform von KG u. AG. Kommanditaktionäre haften nur mit Einlage; Komplementäre (leiten stets KGaA) haften in voller Höhe persönlich.
Kommende, w., urspr. kirchl. Pfründe od. Kloster, deren wirtsch. Ertrag einem Außenstehenden z. Nutznießung übertragen wird; auch → Komtur.
kommensurabel [l.], 2 (oder mehr) Größen, die durch eine dritte Größe ohne Rest teil- oder meßbar sind (z. B. 12 und 16 doch 4).
Komment, *m.* [frz. ´mã:], ,,das Wie", Vorschrift für Ausführung student. Bräuche.

KOLUMBIEN
Staatsname: Republik Kolumbien
República de Colombia
Staatsform: Präsidiale Republik
Mitgliedschaft: UNO, ALADI, OAS, SELA, Andenpakt
Staatsoberhaupt und Regierungschef: Ernesto Samper Pizano
Hauptstadt: Bogotá
4,8 Mill. Einwohner
Fläche: 1 138 914 km²
Einwohner: 36 330 000
Bevölkerungsdichte: 32 je km²
Bevölkerungswachstum pro Jahr:
⌀ 1,66% (1990–1995)
Amtssprache: Spanisch
Religion: Katholiken (95%), Protestanten
Währung: Kolumbianischer Peso (kol$)
Bruttosozialprodukt (1994):
58 935 Mill. US-$ insges., 1620 US-$ je Einw.
Nationalitätskennzeichen: CO
Zeitzone: MEZ – 6 Std.
Karte: → Südamerika

Christoph Kolumbus

Komet Shoemaker-Levy 9 und seine Bruchstücke, *Aufnahme des Weltraumteleskops Hubble*

Kommentar, *m.* [l.], Erläuterung, Anmerkungen.
Kommerell, Max (25. 2. 1902–25. 7. 44), dt. Literarhistoriker u. Dichter; *Dichter. Welterfahrung.*
Kommers, *m.* [l.], student. Trinkgelage.
Kommersbuch, Sammlung v. Studentenliedern.
Kommerz, *m.* [l.], Handel.
kommerziell, den Handel betreffend.
Kommerzienrat, bis 1919 an Industrielle und Kaufleute verliehener Titel.
Kommilitone [l.], Mitstudent, Studiengenosse.
Kommis, *m.* [frz. -´mi], Handlungsgehilfe.
Kommiß, *m.* [l.], Bez. der heereseigenen, dem Soldaten zur Benutzung übergebenen Gegenstände (*K.stiefel, -kleidung);* übertragen svw. Militär. *K.brot,* Vollschrotbrot für Soldaten.
Kommissar [l.], *Kommissär* [frz.], mit Spezialauftrag Beauftragter (z. B. Staats-K., EU-K.); auch Beamtentitel *(Polizei-K.);* Dienststelle: **Kommissariat.**
Kommissarerlaß, Befehl v. Oberkommando der Wehrmacht vom 6. 6. 1941 z. Ermordung gefangengenommener pol. Kommissare (Funktionäre).
kommissarische Vernehmung, Vernehmung von Zeugen u. Sachverständigen im Prozeß *außerhalb* der Hauptverhandlung; nur bei Krankheit od. gr. Entfernung zulässig.
Kommission,
1) Geschäftsauftrag, bes. der vom Kommissionär ausgeführte; auch dessen Vergütung.
2) Ausschuß zur Bearbeitung einer bes. Aufgabe.
Kommissionär, kauft od. verkauft gewerbsmäßig im eigenen Namen f. Rechnung eines anderen *(Kommittent)* Waren, Wertpapiere.
Kommissionshandel im eigenen Namen für Rechnung eines *Dritten* (§§ 383–406 HGB); Ggs.: Eigenhandel.
Kommissionsverlag, Herstellung u. Verbreitung erfolgt auf Rechnung d. Verfassers u. im Namen des Verlags.
Kommittent [l.], = Kommissionär.
Kommodore [engl.], *Marine:* mit Admiralsdienst beauftragter Kapitän zur See; *Handelsmarine:* Ehrentitel älterer Kapitäne; *Luftwaffe:* Kommandeur eines Geschwaders.
kommunal [l.], e. Gemeinde betreffend.
Kommunalanleihen,
1) alle Schulden auf die Gemeinden u. Gemeindeverbände;
2) im engeren Sinne die langfrist., auf d. Kapitalmarkt placierten Anleihen.
Kommunalbeamte, in der → Kommunalverwaltung tätige Beamte.
Kommunale Spitzenverbände, freiwillige Zusammenschlüsse, die d. gemeinsamen Interessen der beteiligten Körperschaften vertreten.
Kommunalisierung, Übernahme privatwirtsch. Unternehmungen in Gemeindeverwaltung.
Kommunalverbände, *Gemeindeverbände,* Zus.schluß von Gemeinden; ferner *Dt. Städtetag, Dt. Städtebund* (kreisangehörige Städte), *Dt. Gemeindetag, Dt. Landkreistag,* zus.geschlossen in d. Arbeitsgemeinschaft d. kommunalen Spitzenverbände, für diese → Deutscher Städtetag federführend.

Kommunalverfassung → Gemeindeverfassung.
Kommunalverwaltung, Verw. der Gemeinden u. Kommunalverbände:
1) *Selbstverwaltung* bei örtl. Angelegenheiten (z. B. Bau- u. Verkehrs-, Volks- u. Berufsschulwesen, Erwachsenenbildung, Gesundheitswesen, Armenpflege, Wasser-, Gas-, Stromversorgung).
2) *Auftragsverwaltung;* auch übertragene staatl. Aufgaben; → Gemeinde.
Kommune [l.],
1) (sozialist.) Wohn- und Wirtsch.gemeinschaft von jungen Leuten *(Kommunarden).*
2) svw. Gemeinde.
3) Pariser K.: März–Mai 1871 Aufstand gg. Reg. Thiers, blutig niedergeschlagen.
Kommunikation [l.],
1) Verbindung, Verkehr.
2) Mitteilung. Auch → Textkommunikation, → Telekommunikation.
Kommunion [l. „Gemeinschaft"], die gemeinsame Abendmahlsfeier der *Kommunikanten.*
Kommunismus, Gesellschaftsform, in der d. Boden u. die Produktionsmittel (Werkanlagen, Maschinen, Rohstoffe) vergesellschaftet sind u. die daher kein „arbeitsloses Einkommen" (Kapitalzins, Grundrente) kennt. Im 19. Jh. Bez. f. die erste intern. Arbeiterorganisation (Kommunist. Manifest, → Sozialismus, Übers.); heute Bez. für d. → Marxismus-Leninismus. Auch → Bolschewismus.
Kommunistisches Manifest, das 1848 v. Karl Marx und Friedrich Engels verfaßte grundlegende Dokument der → Sozialismus (Übersicht).
kommunizieren [l.],
1) die → Kommunion empfangen.
2) in Verbindung stehen.
3) (schriftl.) mitteilen.
kommunizierende Röhren, miteinander verbundene Röhren; in den Schenkeln steht Flüssigkeit gleich hoch; bei nicht mischbaren Flüssigkeiten verhalten sich die Höhen *umgekehrt* wie die spez. Gewichte.

kommunizierende Röhren

kommutativ, *math.* die Reihenfolge der einzelnen Größen ist bei einer Rechenoperation gleichgültig.
Kommutator, *m.* [l.],
1) svw. → Stromwender.
2) svw. → Kollektor.
Komödie, *w.* [gr.], im Altertum Umzug *(komos)* u. Gesang *(ode)* zu Ehren des Gottes Dionysos; Klassiker d. altattischen, pol. satir. K.: *Aristophanes,* im MA: Dichtungen mit ernstem Anfang u. glückl. Schluß (z. B. Göttliche Komödie); heute dramat. Gattung, svw. Lustspiel.
Komoren, Rep. u. Inselgruppe in d. Straße von Moçambique, Ind. Ozean; Hauptinseln: Njazidja (Grande Comore), Nzwani (Anjouan) u. Mwali (Mohélie); Ausfuhr v. Kakao, Kopra, Vanille, Gewürznelken, äther. Öle. 1914 bis 1975 frz. Überseegebiet, s. 1975 unabhängig, s. 1978 islam. B.rep.; *
Komorn, *Komárno,* slowak. St. u. Hafen auf der O-Spitze der Donauinsel Gr. Schütt, 37 000 E.
Komotau, tschech. *Chomutov,* böhm. St. am Erzgebirge, 58 000 E.
Kompagnon [frz. -panˋõ], Teilhaber, Gesellschafter.

KOMOREN	
Staatsname:	Islamische Bundesrep. der Komoren, République Fédérale et Islamique des Comores
Staatsform:	Islamische Bundesrepublik
Mitgliedschaft:	UNO, AKP, OAU
Staatsoberhaupt:	Mohammed Taki Abdulkarim
Regierungschef:	Achmed Abdou
Hauptstadt:	Moroni 22 000 Einwohner
Fläche:	2235 km²
Einwohner:	485 000
Bevölkerungsdichte:	217 je km²
Bevölkerungswachstum pro Jahr:	⌀ 3,68% (1990–1995)
Amtssprache:	Französisch, Komorisch (Suaheli)
Religion:	Muslime (95%)
Währung:	Komoren-Franc (FC)
Bruttosozialprodukt (1994):	249 Mill. US-$ insges., 510 US-$ je Einw.
Nationalitätskennzeichen:	COM
Zeitzone:	MEZ + 2 Std.
Karte:	→ Afrika

Komoren

Komoren

kompakt [l.], dicht, fest, massiv.
Kompaktkameras, Kleinbildkameras, extrem leicht u. klein; heute meist m. Autofokus, Belichtungsautomatik, leistungsstarkem eingebautem Blitzgerät, oft mit Zoomobjektiv; meistgebauter u. -verkaufter Kameratyp.
Kompanie,
1) wirtsch. → Gesellschaft.
2) kleinere mil. → Einheit.
Kompaniefeldwebel, f. d. inneren Dienst der Kompanie verantwortl. → Feldwebel, i. d. Marine Hauptbootsmann.
Komparation, *w.* [l.], Steigerung v. Eigenschafts- u. Umstandswort; 3 Steigerungsgrade: z. B. *tief* (Positiv), *tiefer* **(Komparativ)**, *tiefst* (Superlativ).
Komparator, *m.* [l.], Apparat z. Vergleichen eines Maßstabes mit dem Normalmaßstab, hat zwei verschiebare Ablesemikroskope.
Komparse [it.], → Statist.
Kompaß, *m.* [it.], in Gehäuse drehbar angebrachte Magnetnadel zur Bestimmung d. Richtung, Mißweisung → Erdmagnetismus; Schiffs-K. zur Waagerechthaltung in → *kardanischer Aufhängung;* → Kreiselkompaß.
kompatibel, Kompatibilität, Verträglichkeit; *techn.* allg. Austauschbarkeit v. techn. Systemen ohne bes. Änderungen; → *EDV:* Möglichkeit, inhaltlich versch. Systeme Programme, Daten, Geräte u. Datenträger (z. B. Computer-Disketten) ohne spezielle Anpassung auszutauschen.
Kompendium,
1) professionelle Gegenlichtblende, die in Form e. Balgens verstellt werden kann, ähnl. e. Ziehharmonika.
2) Handbuch, wiss. Abriß.
Kompensation, *w.* [l.], Entschädigung, Aufrechnung, Ausgleich; Ggs.: *Dekompensation.*
Kompensator, *m.* [l.], Vorrichtung z. Ausgleichen (z. B. Ausdehnungsrohr, das, in Rohrleitung eingeschaltet, Wärmeausdehnung ausgleicht).
kompensatorischer Unterricht, „ausgleichender" U., dient der Förderung sozial benachteiligter Schulkinder im Interesse bildungsmäßiger Chancengleichheit.
kompensieren [l.],
1) aufwiegen, ausgleichen.
2) in der Schiffahrt Ausgleichen der schiffsmagnetischen Kräfte durch Verlegen von Magneten.
3) in der Luftfahrt Anpassung d. Instrumente an die Magnetkräfte des Flugzeugs.
kompetent [l.], zuständig.
Kompetenz, *w.,* Zuständigkeit.
Kompilation, *w.* [l.], aus anderen Werken zus.getragene, **kompilierte,** Schrift.
Komplement, *s.* [l.], Ergänzung; *K. eines Winkels,* ist der Winkel, der ihn zu einem rechten Winkel ergänzt.
Komplementär → persönlich haftender Gesellschafter.
komplementäre Produkte, sich ergänzende Produkte (z. B. Schuhe u. Schuhcreme). → Produktpolitik.
Komplementärfarbe, Farbe, die eine gegebene zu Weiß ergänzt (z. B. Rot–Grün, Blau–Gelb); → Spektrum.
Komplementarität [l.],
1) *phys.* die Tatsache, daß → Elementarteilchen je nach Beobachtungsmethode jeweils eine Seite ihres „Wesens"

zeigen, z. B. Elektronen entweder als Welle od. als Korpuskel erscheinen, → Quantentheorie.
2) *Biologie:* Organismus je nach Betrachtung phys.-chem. System od. „beseelt".
Komplementbindungsreaktion, *KBR,* → Serumdiagnostik.
Komplet,
1) *w.* [l.], Schlußgebet der kirchl. Tageszeit.
2) *s.* [frz. kõˋplɛ], aus mehreren Teilen besteh. Mahlzeit.
3) aus mehreren Teilen besteh. Damenkleidung (Kleid und Jacke od. Mantel).
komplett, vollständig.
komplettieren, vervollständigen.
Komplex, *m.* [l. „complectere = zusammenflechten"],
1) aus mehreren Komponenten bestehendes Ganzes.
2) *psychoanalytisch:* miteinander verknüpfte u. gefühlsbetonte Vorstellungen, die nicht akzeptiert u. verdrängt werden.
Komplexe, Name f. chem. Verbindungen, in denen um ein Zentralatom od. mehrere neutrale Moleküle u./od. Ionen (Liganden) gruppiert sind; Komplexbildner in d. Wasch- u. Reinigungsmittel-, Lebens- u. Arzneimitteltind., im Umweltschutz usw. verwendet, um Metalle zu binden u. zu entfernen, Wasser zu enthärten, Gase zu binden usw. Mehrkernkomplexe besitzen mehrere Zentralatome.
komplexe Gesellschaft, Ges.typ am Übergang v. d. „einfachen" z. „modernen" Ges., die nicht mehr nur vom Brauchtum, aber noch nicht vom Bürgersinn bestimmt ist. Charakteristikum ist das gleichzeitige. Gelten versch. einander widersprechender Ordnungen.
komplexe Zahlen, aus einer → reellen u. e. → imaginären Zahl ($i = \sqrt{-1}$) zus.gesetzte Zahlen (z. B. $14 - 3i$).
Komplikation, *w.* [l.], erschwerendes Zus.treffen, Verwicklung (z. B. von Krankheiten).
Kompliment, *s.* [frz.], Höflichkeit, Artigkeit.
Komplize, *m.* [frz.], Mitschuldiger, Helfershelfer.
kompliziert, verworren, verwickelt.
Komplott, *s.* [frz.], Verabredung zu gemeinsamer Tat, bes. strafbarer Handlung; Verschwörung.
Komponente, *w.* [l.],
1) *astronom.* jeder der ein Doppelsternpaar bildenden Sterne.
2) Bestandteil; mitwirkende od. mitbestimmende Kraft.
komponieren [l.], ein mus. Kunstwerk *(Komposition)* verfassen.
Komponist, svw. Tondichter.
Kompositen, svw. → Korbblütler.
Kompositum, *s.* [l.], zus.gesetztes Wort (z. B. *Glatteis).*
Kompost, *m.* [l. „Zusammengesetztes"], Dünger, vermischt aus Erde u. verwesenden Stoffen.
Kompostierung, Vorgang, bei dem organ. Substanzen (z. B. → Biomüll) durch Mikroorganismen zu humusbildenden Substanzen (→ Humus) abgebaut werden.
kompreß, im Buchdruck: enger Schriftsatz ohne Zeilenzwischenraum; Ggs.: → splendid.
Kompresse [l.], nasser Umschlag (Auflage).

Kompression [l.], Zusammendrückung; *techn.* Verdichtung v. Gasen.
Kompressoren, Maschinen z. Verdichtung v. Luft od. Gasen; entweder als Kolbenpumpen (m. geradliniger Hinundherbewegung) od. a. Rotations- od. Turbo-K.
komprimieren, zusammendrücken.
Kompromiß, *m.* od. *s.* [l.],
1) Vergleich zw. Parteien unter gegenseitigem Nachgeben.
2) Zugeständnis.
kompromittieren [frz.], bloßstellen.
Komsomol, *m.,* Abk. f. **Kom**munistischeski **so**jus **mol**odjoschi, russ., Jugendorganisation d. Sowjetunion; Mitglieder: die **Komsomolzen.**
Komsomolsk-na-Amure, russ. St. u. Flußhafen am unteren Amur, 315 000 E; Stahlwerke, Flugzeug- u. Schiffbau; Ölraffinerie.
Komteß, *w.* [frz.], *Komtesse,* Anrede d. unverheirateten Grafentochter.
Komtur [ml.],
1) b. modernen Ordenszeichen: *Komturkreuz,* Klasse nach dem Großkreuz, um den Hals getragen.
2) *geistl.* Ordensritter, der ein best. Gebiet, *Kommende, Komturei,* verwaltet.
Konak, *m.* türk. „Haus"], Regierungsgebäude.
Konakry, *Conakry,* Hptst. der Rep. Guinea, am Atlantik, 800 000 E; Erzhafen; Flughafen.
Konche, *w.* [gr. „Muschel"], halbrunde Nische od. → Apsis bzw. ihre Halbkuppel. → Dreikonchen-Anlage.
Konchylien [gr.], Schalen der → Weichtiere.
kondemnieren [l.], als seeuntüchtig erklärtes Schiff außer Dienst stellen.
Kondensation [l.], Verdichtung von Gasen oder Dämpfen zu Flüssigkeiten mittels Abkühlung od. Druck.
Kondensator,
1) Behälter (z. B. bei der Dampfmaschine od. Turbine), in dem ein Unterdruck herrscht, so daß Abdampf auf geringerem Druck als in der Außenluft trifft; Verflüssigung des Dampfes durch Wärmeentzug an kalten Oberflächen: *Oberflächenkondensation,* od. durch Einspritzen von kaltem Wasser: *Mischkondensation;* der niedergeschlagene Dampf heißt **Kondensat.**
2) *el.* gegenseitig isolierte Stromleiter, auf denen sich el. Ladung ansammelt *(Leidener Flasche),* besitzt für Wechselstrom frequenzabhängigen, für Gleichstrom theoret. unendl. hohen Widerstand (kapazitiver W.); Aufbau: Leiter aus Metallplatten u. -folien, Isoliermaterial Luft, Öl, Papier, Keramik u. a. → dielektrische Stoffe.
Kondensfahnen, *Kondensstreifen,* Wolkenbildungen hinter einem hoch fliegenden Flugzeug; entstehen im Bereich der Verbrennungsgase.
Kondensor, *m.* [l.], die Beleuchtungslinse von Projektionsapparaten, Mikroskopen u. Vergrößerungsapparaten..
Kondition [l.], Bedingung, *med.* körperliche, auch seelisch-geistige Verfassung, Leistungsfähigkeit.
Konditionalismus, Lehre, daß nie *eine* Ursache, sondern eine *Gesamtheit* v. Bedingungen eine Erscheinung bestimmt.
Konditionierung,
1) *technisch* K., Wasserentzug aus → (Klär-) Schlamm.

2) *klass.* K., zeitl. u. systemat. Kopplung eines neutralen Reizes (z. B. Pfeifton) mit einem unbedingten Reiz (z. B. Luftstoß) zur Ausbildung einer → bedingten Reaktion (z. B. Lidschluß auf Pfeifton).
3) *operante* K., Verstärkung einer best. Verhaltensweise durch konsequente Belohnung.
Kondolenz, *w.* [l.], Beileidsäußerung, z. B. **K.besuch.**
Kondom, *s.* [frz.], *Präservativ,* Gummiüberzug f. d. männl. Glied zur Empfängnisverhütung u. zum Schutz gg. Geschlechtskrankheiten einschließl. AIDS.
Kondominium, *Kondominat,* gemeinsame Herrschaft mehrerer über ein bestimmtes od. eines solchen Gebiets (z. B. Sudan als Engl.-Ägypten b. 1955).
Kondor, größter Neuweltgeier, 3 m Spannweite; im Hochgebirge v. S-Amerika.
Kondottiere [it. -'tīe:rə, von lat. „conductor = Führer, Anwerber"], im 14. Jh. it. Söldnerführer.
Konduite, *w.* [frz. kõ'dчit], Führung, Betragen.
Konduktor, *m.* [l.], kugelförmiger Leiter an der → Influenzmaschine, auch Leiter überhaupt.
Kondylome → Feigwarzen.
Konfabulationen, Phantasieren bei Hirnstörungen.
Konfektion, *w.* [l.], Anfertigung, serienmäßige Herstellung v. Waren, insbes. v. Bekleidungsstücken.
Konferenz, *w.* [nl.], Besprechung, Sitzung; Verhandlung über e. best. Gegenstand.
Konferenz über internationale wirtschaftliche Zusammenarbeit, *KIWZ,* auch Nord-Süd-Dialog, 1975, 1976 u. 1977 tagende Konferenz von Entwicklungs- u. Industrieländern über Probleme der Energieversorgung, der gerechten Verteilung von Rohstoffen sowie der Entwicklungshilfe.
Konfessionen [l. „Bekenntnisse"], d. Ausprägung rel. Glaubens in versch. Bekenntnissen; → Kirche.
Konfessionskunde, theol. Disziplin f. die vergleichende Betrachtung d. versch. christl. Konfessionen u. Glaubensgemeinschaften.
Konfetti [it.], (bunte) Papierplättchen, bes. beim Karneval ausgeworfen.
Konfirmation [l. „Bestätigung"], *Einsegnung,* in der ev. Kirche: nach (1–2 jähr.) Unterweisung u. Prüfung feierliche Bestätigung des Taufbundes u. Bekenntnis in der Regel etwa 14jähr. *Konfirmanden* zur ev. Kirche; gibt Recht zur Teilnahme am Abendmahl u. Übernahme v. Taufpatenschaft.
Konfiskation [l.], Einziehung, Beschlagnahme.
Konfitüre [frz.], Marmelade mit Fruchtstücken.
Konflikt, *m.* [l.],
1) Zusammenstoß, Streit.
2) *psych.* gleichzeitige Aktivierung von sich widersprechenden Handlungstendenzen.
Konföderation [l.], *konföderierte Staaten,* älterer Ausdruck für → Staatenbund.
Konföderationskrieg → Sezessionskrieg.
konform [l.], übereinstimmend.
Konformismus, *m.* [l.], das Streben n. Anpassung an d. vorherrschenden Bräu-

che, Auffassungen u. soz. u. pol. Verhältnisse; Ggs.: → Nonkonformismus.
Konfutse, chin. *Kong Fuzi* (Meister Kung), lat. *Konfuzius* (551–479 v. Chr.), chin. Phil.; redigierte d. altüberlieferte Sittengesetz *(li),* betonte Ehrfurcht u. Gehorsam zwecks Harmonie in Familie, Gesellschaft u. Staat. Auf ihn beruft sich d. Rel. d. Konfuzianismus (6 Mill. Anhänger).
kongenial [nl.], geistig ebenbürtig.
kongenital [l.], angeboren.
Kongestion [l.], Blutüberfüllung, z. B. inf. Entzündung, Blutandrang z. Kopf.
Konglomerat, *s.* [l.],
1) *wirtsch.* Zus.schluß v. Firmen aus versch. Branchen zu einem Konzern.
2) *geolog.* aus gerundeten Geröllen bestehendes u. durch ein Bindemittel verfestigtes Gestein (z. B. *Nagelfluh*).
3) Gemenge, Zusammenhäufung verschiedenartiger Teile.
Kongo,
1) jetzt *Zaïre,* Fluß in Äquatorialafrika, entspringt als *Lualaba* auf d. Hochland v. Katanga, mündet bei Boma im Atlantik; Einzugsbereich 3,69 Mill. km², Länge 4374 km; nach d. Amazonas wasserreichster Strom d. Erde (an d. Mündung 80000 m³/s); im Mittellauf die *Stanley-,* im Unterlauf die *Livingstone-Fälle* (durch Eisenbahnen umgangen); Quellen v. Livingstone 1869 erforscht, Schiffbarkeit 1876 v. Stanley erprobt.
2) *Republik Kongo* in Zentralafrika; Bev.: vorwiegend Bantus, auch Pygmäen; zum größten Teil bewaldetes Hochland. a) *Wirtsch.:* Hptzweig ist die Landw. m. Kaffee, Kakao, Erdnüssen; Hptausfuhrprodukte Edelhölzer, Erdöl,

Kompaß

KONGO (Republik)	
Staatsname:	Republik Kongo, République du Congo
Staatsform:	Republik
Mitgliedschaft:	UNO, AKP, OAU
Staatsoberhaupt und Regierungschef:	Denis Sassou-Nguesso
Hauptstadt:	Brazzaville 760 000 Einwohner
Fläche:	342 000 km²
Einwohner:	2 516 000
Bevölkerungsdichte:	7 je km²
Bevölkerungswachstum pro Jahr:	⌀ 3,0% (1990–1995)
Amtssprache:	Französisch
Religion:	Katholiken (55%), Protestanten, Naturreligionen
Währung:	CFA-Franc
Bruttosozialprodukt (1994):	1607 Mill. US-$ insges., 640 US-$ je Einw.
Nationalitätskennzeichen:	RCB
Zeitzone:	MEZ
Karte:	→ Afrika

Kondor   Konfutse

daneben Diamanten, Abbau von Blei u. Zink. b) *Außenhandel* (1991): Einfuhr 682 Mill., Ausfuhr 1098 Mill. $. c) *Verf.* v. 1992: Rep. m. Parlament aus 2 Kammern, Mehrparteiensystem. d) *Verw.:* 9 Regionen. e) *Gesch.:* Hervorgegangen aus d. ehem. frz. Kolonie Mittelkongo; s. 1960 volle Unabhängigkeit; 1969 Proklamat. d. Volksrep. K.; 1990 Abkehr v. Marxism.-Lenin.; 1992 Parl.aufl.ös. u. bürgerkriegsähnl. Unruhen; 1993 Neuwahlen; 1994 Waffenstillstand; 1997 erneut Unruhen.
3) *Demokratische Republik Kongo* 1971–97 *Zaïre;* in Zentralafrika, im Stromgebiet d. Kongo; Bev.: vorwiegend Bantugruppen, daneben Ubangigruppen, Niloten, Pygmäen. a) *Geogr.:* Im fast unbewohnten Kongobecken trop. Urwald, daran anschließend Randschwellen u. Hochland m. Steppen u. Galeriewäldern. b) *Wirtsch.:* Landw. rückläufig (Anbau v. Mais, Reis, Baumwolle, Kaffee, Kakao, Zuckerrohr u. a.); Basis f. d. W. bildet d. Bergbau; Hptlieferant f. Ind.diamanten (1989: 16.1 Mill.

Kongo, Republik

Karat), führend in d. Kobaltproduktion, daneben Kupfer (1991: 140 000 t); Gold, Silber, Zinn, Zink, Mangan, Cadmium, Germanium, Erdöl; Ind.: Hüttenwerke, Textil-, Nahrungsmittel- u. chem. Ind. **c)** *Außenhandel* (1991): Einfuhr 993 Mill., Ausfuhr 832 Mill. $. **d)** *Verf.:* Präsidiale Republik mit Einkammerparlament (Staatspräs. als oberstes Verf.organ), Nat. Exekutivrat als Reg. (m. Staatskommissaren). **e)** *Verw.:* 10 Regionen u. Hptst. **f)** *Gesch.:* Hervorgegangen aus dem 1885 gegr. Kongostaat unter d. Oberhoheit Kg Leopolds II. von Belgien; 1908 belg. Kolonie *(Belg.-Kongo);* 1960 unabhängige Rep.; seit d. Unabhängigkeit innere Wirren und Stammesfehden; zeitweilige Loslösung der Prov. → Katanga unter Präs. → Tschombé u. Eingreifen der UN; 1965 Machtübernahme durch Mil. (→ Mobutu); 1977 u. 1978 Kämpfe in d. Bergbauprov. → Shaba (früher Katanga), Intervention marokkan., frz. u. belg. Truppen; gr. wirtsch. Probleme durch Korruption und Mißwirtschaft; 1990 Zulassung v. neuen Parteien (Ende d. Einparteienstaats); 1991 Einberufung einer Nationalkonferenz zur Vorbereitung freier Wahlen; 1992 Nationalkonferenz wählt Übergangsparlament; 1993 Staatspräs. Mobutu benennt Gegenregierung; 1994 Abkommen z. Beendigung der Regierungskrise u. Bildung e. Übergangsrats a. beiden Regierungen; Autonomiebestrebungen in d. Prov. Shaba; 1995 Absage d. geplanten Wahlen, gespannte innenpol. Situation u. wirtschaftl. Niedergang; 1996 Bürgerkrieg in Ost-Zaïre. Nach mehrmonatigen Kämpfen übernehmen Tutsi-Rebellen unter L.-D. Kabila im Mai 1997 die Macht.

Kongregationalisten [l.], rel. Bewegung (um 1600 entstanden) in England m. d. Autonomie d. Einzelgemeinden.

Kongregationen [l.],
1) rel. Genossensch. mit einfachen (keinen feierlichen) Gelübden (z. B. Schulbrüder, Engl. Fräulein).
2) Kardinalsausschüsse.
3) engere Vereinigung mehrerer Klöster desselben Ordens.
4) Vereinigung v. Gläubigen (z. B. Marianische K.).

Kongreß, *m.* [l.],
1) Bez. f. am. Parlament (Abgeordnetenhaus u. Senat).
2) Tagung: urspr. nur Treffen von Königen *(Wiener Kongreß* od. *Berliner Konferenz).*

Kongreßpolen, das 1815 vom Wiener Kongreß in Personalunion mit Rußland gebildete Polen; verlor nach mißglücktem Aufstand 1830/31 s. Verfassung.

kongruent [l.], Eigenschaft geometr. Figuren, wenn sie sich vollständig z. Deckung bringen lassen (math. Zeichen: ≅).

Kongruenz, Deckungsgleichheit.

Koniferen [l. „Zapfenträger"], svw. → Nadelhölzer.

König,
1) Franz (* 3. 9. 1905), 1956–85 Erzbischof v. Wien, 1958 Kardinal.
2) Leo von (28. 2. 1871–19. 4. 1944), dt. Maler, hpts. Porträtist; Licht u. Dunkel als Farbwerte, meist verhalten kühles Kolorit, charakterisierte d. Modell auch durch Haltung u. Bewegung; *Ernst Barlach.*

KONGO (Demokratische Republik)
Staatsname: Demokratische Republik Kongo
Staatsform: Präsidiale Republik
Mitgliedschaft: UNO, AKP, OAU
Staatsoberhaupt und Regierungschef: Laurent-Désiré Kabila
Hauptstadt: Kinshasa 3,8 Mill. Einwohner
Fläche: 2 344 850 km²
Einwohner: 42 552 000
Bevölkerungsdichte: 18 je km²
Bevölkerungswachstum pro Jahr: ⌀ 3,19% (1990–1995)
Amtssprache: Französisch
Religion: Kath. (46%), Prot. (28%), Muslime, Naturreligionen
Währung: Neuer Zaïre (ZRN)
Bruttosozialprodukt (1991): 8123 Mill. US-$ insges., 220 US-$ je Einw.
Nationalitätskennzeichen: ZRE
Zeitzone: MEZ
Karte: → Afrika

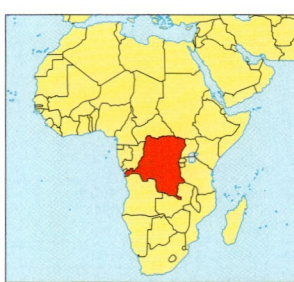

Kongo, Demokrat. Rep.

DAS NEUE WAPPEN IST NOCH NICHT BEKANNT

3) René (* 5. 7. 1906), dt. Soziologe, 1953–74 Dir. d. Forschungsinst. f. Soziologie d. Uni. Köln.

König, erbl. Oberhaupt in monarch. Staaten, mit bes. Vorrechten u. Titeln (Majestät); urspr. Heerführer oder Oberpriester; im dt. MA gewählt.

Königgrätz, tschech. Hradec Králové, St. in Böhmen, an d. Elbe, 100 000 E. – 3. 7. 1866 preuß. Sieg ü. d. Österreicher.

Königinhof, tschech. Dvůr Králové, St. i. Böhmen, a. d. Elbe, 18 000 E; Fundort d. *K.er Handschrift:* gefälschtes Denkmal altschechischer Dichtung.

Königsberg, *Kaliningrad*, ehem. Hptst. der Prov. Ostpreußen, a. Pregel, durch d. 32 km langen Seekanal mit d. Ostsee verbunden, russ. See- und Binnenhafen, Handelspl., 401 000 (1939: 372 200) E. – 1255 als Dt.ordensburg gegr., benannt nach Kg Ottokar II. v. Böhmen, 1333 Dombau, 1457–1525 Sitz d. Dt.ordensmeister, 1525–1618 d. preuß. Hzge, 1544 Gründung d. Uni.; 1618 zu Brandenburg (bis 1945 Hptst. d. preuß. Prov. Ostpreußen), s. 1701 preuß. Krönungsst., 1843 Festung, s. 1945 russ.

Königsbrunn (D-86343), St. i. Kr. Augsburg, Bay., 22 607 E; div. Ind.

Königshütte, poln. *Chorzów,* St. i. Schlesien, 133 000 E; Kohlengruben, Hütten-, Stickstoffind.

Königskerze, *Verbascum,* hochwüchs. Kraut, gelbe Rachenblüten; liefert d. Wollblumentee gg. Husten.

Königskrabbe, Königskrebs, großwüchsiger, bodenbewohnender Krebs i. Nordostpazifik.

Königslutter am Elm (D-38154), St. i. Lkr. Helmstedt, Rgbz. Braunschweig, 16 000 E; roman. Stiftskirche; Zigarren-, Zuckerind.

Königsschlange, *Abgottschlange,* südam. Riesenschlange.

Königssee, in d. Berchtesgadener Alpen; 5,17 km², 189 m t., 603 müM.

Königsspitze, Alpengipfel der Ortlergruppe, 3851 m h.

Königsstuhl, Kreidefels an der Steilküste von Stubbenkammer auf Rügen, 118 müM.

Königstein,
1) *K. (Sächs. Schweiz)* (D-01824), St. a. d. Elbe, Kr. Pirna, Sa., 2895 E; m. d. Feste *K.*
2) *K. im Taunus* (D-61462), St. i. Hochtaunuskr., Hess., heilklimat. Kurort, 15 976 E; kath. theol.-phil. HS, AG, Burgruine.

Königstuhl, Berg i. Odenwald bei Heidelberg, 568 m, Sternwarte u. Bergbahn.

Königswasser, 3 Teile Salz-, 1 Teil Salpetersäure; löst Gold („König d. Metalle") u. Platin auf.

Königswinter (D-53639), St. i. Rhein-Sieg-Kr., NRW, Fremdenverkehrsort am Rhein u. Siebengebirge, 35 487 E; AG; Ruine *Drachenfels.*

Königs Wusterhausen (D-15711), Krst. i. Brandenburg (sö. v. Berlin), 19 000 E.

Koninck, *Koning,* Philips (15. 11. 1619–begr. 6. 10. 88), holl. Maler u. Zeichner, panoramaähnl. Landschaften m. betonter Tiefenwirkung, da meist v. einem erhöhten Standpunkt aus gezeigt; *Stadt am Berghang.*

konisch [gr.], kegelförmig.

konische Projektion, bei geograph. Karten: Kegelprojektion.

Köniz (CH-3058), Gem. s. von Bern, Schweiz, 33 500 E, Sitz d. Schweiz. Landestopographie; Schloß d. Dt. Ordens.

Konjektur, *w.* [l.], Vermutung; auf eine solche gegr. Berichtigung od. Ergänzung einer Lesart.

Konjew, Iwan Stepanowitsch (27. 12. 1897–21. 5. 1973), Marschall der Sowjetunion, im 2. Weltkr. u. a. Oberbefehlsh. der 1. Ukrain. Front, 1955–66 d. Streitkräfte d. Warschauer Paktes, 1961 bis 66 d. Heeresgruppe Dtld.

Konjugation [l.],
1) *biol.* Verschmelzung von Einzellern als Befruchtungsvorgang.
2) *grammat.* Beugung d. Zeitworts: Abwandlung nach Zahl-, Zeit-, Aussageform, Person; im Dt.: schwache *K.* mit Vergangenheitsform auf *-te* (z. B. *sage, sagte);* starke *K.* m. Ablaut in Vergangenheitsform (z. B. *sehe, sah).*

Konjunktion, *w.* [l.],
1) *astronom.* Zusammenkunft, Zeichen ☌, Stellung zweier Himmelskörper auf dem gleichen Längenkreis; bei den inneren Planeten außerdem *obere K.:* Planet steht jenseits, *untere K.:* Planet steht diesseits der Sonne. → Syzygien.
2) *grammat.* Bindewort; ordnet Sätze od. Satzteile bei (z. B. *und)* od. unter (z. B. *daß).*

Konjunktiv, *m.* [l.], Aussageform, bei eine Handlung nicht wirklich oder als möglich bezeichnet wird (z. B. *er hätte gesehen).*

Konjunktivitis, *w.* [l.], Augenbindehautentzündung.

Konjunktur, *w.* [l.], zus.fassende Bez. f. die in d. modernen, marktmäßig organisierten Wirtschaften auftretenden ökonomischen Bewegungen; zyklischer *K.verlauf,* vollzieht sich in Phasen:
1) *Tiefstand, Depression:* Absatzstockung, gedrückte Preise, Arbeitslosigkeit.
2) *Aufschwung:* Belebung der Produktion u. d. Umsatzes, steigende Preise, verbesserte Beschäftigungslage.
3) *Hochspannung, Boom:* starker Absatz der Produkte, Produktionsausdehnungen meist verbunden mit Knappheit an Leihgeld, Vollbeschäftigung, Geldentwertung.
4) *Krise:* teilweise Preissenkungen, Arbeitsentlassungen, Konkurs v. wirtsch. nicht gefestigten Unternehmungen. – *K.* im Sprachgebrauch vielfach d. Phase 3), der Boom.

konkav [l.], ins Innere eines Körpers weisende Wölbung, hohl; bes. bei Linsen; Ggs.: → konvex.

Konklave, *s.* [lat. „verschließbarer Raum"], Kardinalsversammlung im Vatikan zur Papstwahl unter strengstem Abschluß von der Außenwelt (Einmauerung); zur Wahl 2/3-Mehrheit + 1 Stimme erforderlich.

Konklusion, *w.* [l.], Schlußsatz, Folgerung.

Konkordanz, *w.* [l.],
1) *geolog.* gleichsinnige Lagerung v. Gesteinsschichten zueinander.
2) *biol.* Übereinstimmung v. (eineiigen) Zwillingen in bezug auf e. best. Merkmal; Ggs.: → Diskordanz.
3) alphabet. Zus.stellung aller Worte, d. in e. Schrift vorkommen (z. B. Bibel-, Dante-, Shakespeare-K.).

Konkordat, *s.* [l.], völkerrechtl. Übereinkunft zw. Hl. Stuhl u. Staat über kirchl. u. gemischte Angelegenheiten (z. B. Wormser K. 1122); in Dtld *Landes-K.*e mit Bayern (1924), Preußen (1929), Baden (1932); *Reichs-K.* v. 20. 7. 1933 z. Ergänzung der Landes-K.e.

Konkordienbuch, Sammlung luther. Bekenntnisschriften 1580, darin *Konkordienformel* von 1577.

Konkrement, s. [l.], „Zusammengewachsenes", Steinbildung in Nierenbecken, Gallen- od. Harnblase.

konkret [l.], gegenständl. greifbar; Ggs.: → abstrakt.

konkrete Kunst, Kunstrichtung i. 1930, deren Ziel die rein formale Konkretisierung v. Harmonie ist (van Doesburg, Mondrian); auch → Konstruktivismus; i. d. *Musik:* auf Tonband aufgenommene, zu e. Komposition montierte alltägl. Geräusche (Straßenlärm u. a.).

Konkrete Poesie, Lautreihung (Lautgedichte) oder Buchstaben-, Wortfolge, die nicht nach sprachlog. Aspekten aufgebaut ist, sondern m. d. Wirkung v. Klang u. d. opt. Wirkung der Sprachelemente (z. B. Anordnung nach math. Formschema) eine neue poet. Sprache u. damit Qualität formt; Vertr.: *Gomringer, Mon, Jandl, Heißenbüttel.*

Konkretion, w. [l.], unregelmäßig geformter Mineralkörper im umgebenden Gestein.

Konkubine, w. [l.], Beischläferin, die mit jemandem im **Konkubinat** (wilder Ehe) lebt.

Konkupiszenz, w., christl.-theol. Begriff f. d. vor allem geschlechtl. Begierde als Folge der → Erbsünde.

Konkurrenz, w. [l.], „Wettlauf"], Wettbewerb; *freie K.* herrscht, wenn jeder, der sich a. d. Produktion (dem Zumarktebringen) od. d. Nachfrage beteiligen will, dies auch kann u. darf; *vollständige K.* (exakter Begriff der modernen math. Nationalökonomie), wenn Konkurrenten v. gleicher Leistungsklasse so zahlreich sind, daß keiner allein den Marktpreis wesentlich beeinflussen kann.

Konkurrenzklausel → Wettbewerbsverbot.

Konkurs, m. [l.], *Falliment, Bankrott,* gerichtl. Vollstreckungsverfahren z. gleichmäß. Befriedigung d. Gläubiger bei → Überschuldung od. → Zahlungsunfähigkeit des Schuldners; antragsberechtigt: Schuldner u. jeder Gläubiger; antragsverpflichtet: best. jur. Personen (z. B. AG, GmbH u. a.).

Konkursausfallgeld, ersetzt bei Eröffnung d. Konkurses über d. Vermögen des Arbeitgebers u. bei gesetzl. gestellten ähnl. Sachverhalten den Arbeitsentgeltausfall d. Arbeitnehmers f. d. letzten 3 Monate vor d. Konkurseröffn. vor der früheren Beendigung des Arbeitsverhältnisses.

Konkursgläubiger, wer zur Zeit der *Konkurseröffnung* (Gerichtsschluß) gg. Schuldnern einen schuldrechtl. Anspruch hat; das dem Schuldner im Zeitpunkt d. Eröffnung gehörende Vermögen, das der → Zwangsvollstreckung unterliegt u. über das Schuldner nicht mehr verfügen darf, wird als **Konkursmasse,** untersteht d. Verw. des v. Gericht ernannten **Konkursverwalters,** der v. d. *Gläubigerversammlung* u. d. gewählten *Gläubigerausschuß* unterstützt werden kann. Gegenstände, die sich beim Konkursschuldner befinden, ihm aber nicht gehören, werden ausgesondert*(Aussonderung);* Gläubiger mit Pfandrecht an einem Gegenstand der Konkursmasse können sich aus dieser abgesondert befriedigen (*Absonderung*). Konkursverwalter hat aus Erlös der Konkursmasse, soweit dieser reicht, die vorher im *Prüfungstermin* geprüften Konkursforderungen zu befriedigen, i. anderen Fall den nach Befriedigung bevorrechtigter Forderungen verbleibenden Rest entsprechend den festgestellten Forderungen anteilsmäßig aufzuteilen *(Konkursdividende)*. Vor d. Konkursforderungen sind Massekosten (Kosten des Konkursverfahrens u. a.) u. Masseschulden, d. h. Verbindlichkeiten aus Handlungen d. Konkursverwalters, zu befriedigen; *bevorrechtigte Forderungen:* Lohn, öff. Abgaben, Arzt-, Hebammen- u. Apothekerkosten (sämtl. nur f. d. letzte Jahr) haben d. Vorrang vor d. gewöhnl. Soweit Gläubiger nach *Schlußverteilung* noch unbefriedigt sind, können sie gg. Schuldner unbeschränkt vorgehen, falls sie nicht im Konkurs durch → Zwangsvergleich Forderungen erlassen haben.

konnatal [l.], angeboren.

Konnektionismus, m., Teilgebiet d. → Künstlichen Intelligenz, in dem → Neuronale Netze verwendet werden.

Konnex, m. [l.], Verbindung.

Konnexionen, einflußreiche Beziehungen.

Konnossement [frz.], Frachturkunde i. Seegüterverkehr; ausgestellt v. Schiffer a. d. Namen d. Empfängers (Orderpapier). K. verschafft dingl. Rechte am Gut.

Konquistador, m. [span. -kısta-], Eroberer.

Konrad,
a) *Dt. Könige:*
1) K. I., dt. Kg 911–918.
2) K. II., d. Salier, 1024–39, Kaiser 1027, erwarb das Kgr. Burgund.
3) K. III., 1. Hohenstaufe, Kg 1138–52.
4) K. IV. (25. 4. 1228–21. 5. 54) Kg s. 1250, Sohn Friedrichs II., kämpfte mit Gegenkönigen um s. it. Erbland; Vater Konradins.
b) *Polen:*
5) K. I. v. Masowien (1187–31. 8. 1247), poln. Hzg, rief 1226 d. Dt. Ritterorden gg. d. Prußen zu Hilfe.
1) K. d. Pfaffe, von Regensburg (12. Jh.), übertrug das frz. *Rolandslied* zuerst ins Lateinische, dann ins Dt.e.
2) K. v. Marburg, Beichtvater der hl. Elisabeth, Inquisitor, 1233 von Rittern erschlagen.
3) K. v. Soest (um 1370–nach 1422), westfäl. Maler d. Gotik; die anmutige Bewegung s. Figuren u. d. nuancenreiche Palette wirkten vorbildlich auf d. norddt. Malerei; Altarbilder (u. a. in d. Marienkirche, Dortmund).
4) K. v. Würzburg (13. Jh.), dt. Dichter des späthöf. MA; Tendenzen zum Bürgerlichen.

Konrad [ahdt. „kühner Ratgeber"], m. Vn.

Konrad-Adenauer-Stiftung, 1964 gegr. Institut z. Förderung pol. Bildung.

Konradin, (25. 3. 1252–29. 10. 68), Hzg v. Schwaben, beim Versuch, Sizilien zurückzuerobern, v. Karl v. Anjou geschlagen und hingerichtet; letzter Hohenstaufe.

Konrektor [l.], stellvertretender Rektor an Volksschulen.

Konsalik, Heinz G. (* 28. 5. 1921), dt. Schriftst.; zahlreiche Bestseller; *Der Arzt von Stalingrad, Sie waren zehn.*

Konsekration [l. „Weihe"], i. d. *kath. Kirche:* mit Salbung verbundene Weihe v. Personen oder Sachen durch Bischof, auch → Wandlung.

konsekutiv [l.], folgend, (aus einem Begriff) sich ergebend.

Konsekutivsatz, m., Folgesatz, beginnt mit *(so) daß*.

Konsens, m. [l.], Zustimmung, Genehmigung.

konsequent [l.], folgerichtig; sich selbst entsprechend.

Konsequenz, w.,
1) Folgerichtigkeit, Treue gg. eigene Grundsätze.
2) notwendige Folge.

konservativ,
1) med. nicht-chirurgisch.
2) bewahrend, erhaltend; am „guten Alten" festhaltend.

Konservator [l.], sachverständiger Beamter f. die Erhaltung v. Kunstwerken; Abt.leiter im Denkmalamt od. in Museen.

Konservatorium [l.], höhere Musikschule.

Konserven [frz.], durch → Konservieren haltbar gemachte, aufbewahrte Nahrungsmittel, meist in Dosen u. Gläsern.

konservieren [l. „erhalten"], haltbar machen v. biol. Material, z. B. Nahrungsmittel durch Pökeln, Gären, Luftabschluß, Kälte (Tiefkühlung), Bestrahlung usw.; Felle durch Auch: Erhalt von Kunstwerken (→ Konservator).

Konservierungsmittel, die der Konservierung v. Natur- od. Industrieprodukten dienenden Stoffe wie → Antioxidanzien, Emulsionsstabilisatoren, Feuchthaltemittel, Präparate gg. Schädlingsbefall; i. d. BR zugelassene Lebensmittel-K.: *Ameisen-, Propion-, Sorbin-, Benzoësäure, Nitrate, Nitrite* u. a.

Konsignation [l.], Übergabe einer

König Konradin auf der Falkenjagd

Konstantin der Große

Ware an einen anderen zu Verkauf (auf *Konsignationslager*) od. Aufbewahrung.

Konsignationshandel, Art des → Kommissionshandels: Ware wird auf Lager genommen u. bevorschußt; Abrechnung nach Absatz.

Konsiliarius, beratender Arzt; *Konsilium,* Besprechung e. Krankheitsfalles durch mehrere Ärzte.

konsistent [l.], fest, derb, zähe, haltbar.

Konsistenz, w.,
1) *med.* Beschaffenheit (Härte usw.) eines Organs.
2) Zusammenhang, Beständigkeit.

Konsistorium [l.], *allg.* die einem hohen Geistlichen od. dem Landesherrn als Inhaber d. Kirchenregiments beigegebene beratende Körperschaft;
1) *kath. Kirche:* Versammlungen d. Kardinäle unt. Leitung des Papstes zur Regelung kirchl. Angelegenheiten, heute weitgehend durch die Kardinalskongregationen ersetzt;
2) *ev. Kirche:* bis 1918 v. Landesherrn eingesetzt, dann selbst. oberste Verw.behörde für einer Kirchenprov. od. Landeskirche, ihre Mitgl. *Konsistorialräte; Konsistorialverfassung* heute fast allg. durch Synodalverfassung verdrängt.

Konskription, w. [l.], *mil.* bis Anfang d. 19. Jh.s Aushebung z. Kriegsdienst.

Konsole, w. [l.],
1) Vorsprung an einer Wand z. Stütze z. B. f. Balken od. als Standort f. Figuren u. → Kragstein;
2) Wandtischchen bzw. kl. Wandbrett.

konsolidierte Anleihe, Umwandlung einer kurzfrist., *schwebenden,* in eine langfrist., *fundierte,* staatl. Schuld; auch aus mehreren Arten in eine einzige vereinigte Anleihe *(Unifikation).*

Konsolidierung, Festigung, z. B. eines Knochenbruchs.

Konsonant, m. [l.], Mitlaut, im Gegensatz zum Selbstlaut (Vokal).

Konsonanz [l.], harmon. Zusammenklang v. Tönen.

Konsortium [l.], Zusammenschluß v. Banken *(Konsorten)* zur gemeinsamen Durchführung von Konsortialgeschäften, z B. Emissionsgeschäften.

Konspiration, w. [l.], Verschwörung.

Konstabler, älter f. Polizist.

konstant [l.], beständig, unveränderlich.

Konstantan, s., Kupfer-Nickel-Legierung m. 1% Mangan f. el. Widerstände; als Weißmetall f. Geschoßmäntel, Patronenhülsen.

Konstante, Natur-K., in d. Physik Grundgrößen m. stets gleichem Wert; üblicherweise werden sie in 2 Gruppen aufgeteilt: *universelle Naturk.* m. Gültigkeit f. d. ganze Universum (z. B. Lichtgeschwindigkeit, Wirkungsquantum, Elektronenladung) u. *Materialk.,* die Materialeigenschaften angeben (z. B. Dichte, el. Leitfähigkeit).

konstante Proportionen → multiple Proportionen.

Konstantin,
1) K. d. Gr. (um 285–337), röm. Kaiser 306–37; 313 Christentum gleichberechtigte Staatsrel. Vollender der Reichsreform; verlegte die Reichshauptst. nach Byzanz (→ Konstantinopel).
2) K. I. (2. 8. 1868–11. 1. 1923), Kg v. Griechenland, reg. 1913–17 u. 1920–22; s. Enkel

3) K. II. (* 2. 6. 1940), s. 1964 Kg v. Griechenland, s. 1967 im Exil; 1973 für abgesetzt erklärt.
Konstantinische Schenkung, gefälschte Urkunde, nach der Konstantin d. Gr. dem Papst die Herrschaft über d. röm. Provinzen u. den Vorrang des röm. Bischofs zuerkennt; um 756 in Frankreich entstanden, als Fälschung erst im Jahre 1440 erkannt.
Konstantinopel → Istanbul.
Konstanz, Universitätsstadt (D-78642-67), Krst. am Ausfluß d. Rheins aus d. Bodensee in d. Untersee, Ba-Wü., 76 162 E; Münster (11. Jh.), zahlr. Zunfthäuser (14. u. 15. Jh.), Uni., Ing.schule; Anstalt f. Bodenseeforschung; Bodenseekunstschule; LG, AG, IHK; Textil-, Elektro-, Masch.-, Nahrungsmittel-, chem.-pharmazeut. Ind. – Vom 6. Jh. bis 1827 Bistum; 1192–1548 Freie Reichsst., 1414–18 *Konzil zu K.* (beendet kirchl. Schisma; verurteilt Hus zur Verbrennung); 1548 östr., 1805 badisch.
Konstanza, rumän. *Constanţa,* Hpthafen Rumäniens am Schwarzen Meer, 328 000 E; Erdölraffinerie (Pipeline v. Ploieşti); Getreide-, Erdölausfuhr.
Konstanze, (1154–98), Gemahlin Kaiser Heinrichs VI., Mutter Friedrichs II.; Erbgut Sizilien.
konstatieren [l.], etwas als tatsächl. feststellen.
Konstellation [l.],
1) *astronom.* bes. nahe und auffällige gegenseitige Stellung zweier heller Gestirne a. Himmel.
2) Bez. für charakterist. Stellung einzelner Sterne.
Konstituante, svw. gesetzgebende Versammlung.
konstituieren [l.], ein-, festsetzen, gründen.
konstituierende Versammlung, e. Vorparlament, das die neue Verfassung ausarbeitet (z. B. Dt. Nat.-Vers. in Weimar 1919, → Parlamentarischer Rat 1948/49).
Konstitution,
1) Verfassung, Grundgesetz (eines Staates).
2) ererbte Körperverfassung, charakterisiert durch → Körperbau (Habitus), Schädel (→ Schädelindex) u. durch d. physiologische u. psych. Reaktionsweise.
Konstitutionalismus, Regierungsform mit verfassungsmäß. Festlegung d. Rechte u. Pflichten der Staatsorgane. *Konstitutionelle* → *Monarchie.*
konstitutiv, das Wesen einer Sache ausmachend; juristisch svw. rechtsbegründend.
konstruieren [l.],
1) *math.* eine geometrische Figur aus gegebenen Teilen zusammenfügen.
2) *techn.* Entwerfen u. Berechnen von Gebäuden, techn. Anlagen u. Maschinen.
3) zusammensetzen.
Konstruktion, *w.*
1) *phil.* auf bloßen Annahmen aufgebauter Zweckschluß.
2) *techn.* Aufbau e. Maschine usw., Entwurf im **K.sbüro.**
3) Zusammensetzung.
konstruktives Mißtrauensvotum → Verfassung, Übers.
Konstruktivismus, Richtung d. abstrakten od. abstrahierenden Kunst, 1913 in Rußland begr. v. Tatlin (1917–22

Konstanz, *Altstadt und Münster*

Konstruktivismus, *Léger, Zwei Frauen*

offizielle Kunst der Revolution); strebt m. geometrischen Formen u. reinen Farben eine strenge, gesetzmäßige Bildordnung an; Hptvertr.: Rodschenko, Lissitzky, Gabo, Pevsner, Malewitsch (→ Suprematismus); wirkte auf Entwickl. d. westl. Malerei (De Stijl, Bauhaus).
Konsul [l.],
1) vom Staat bestellter Vertr. i. e. anderen Staat; Aufgaben: Ausübung einzelner behördl. Befugnisse (z. B. Ausstellung v. Visa) u. Wahrung d. Rechte eigener Staatsangehöriger (z. B. Schutz d. Handelsverkehrs).
2) Titel der 2 höchsten Beamten im alten Rom u. in Frkr. der Revolution, Amt: Konsulat.
Konsultation [l.], (ärztl.) Beratung.
Konsultativpakt, Vertrauenspakt zw. Nationen, sieht Verständigung der Partner u. gemeinsames Handeln b. best. pol. Maßnahmen vor.
konsultieren, befragen.
Konsum, *m.* [l.], Verbrauch.
Konsument, *m.,* Verbraucher.
konsumptive Krankheit, Krankheit mit körperl. Verfall, z. B. Krebs.
Konsumtivkredit, Kreditleihe für den Verbraucher; Ggs.: → Produktivkredit.
Konsumvereine, → Genossenschaften (Übers.) der Verbraucher f. Bedarfsdeckung.
kontagiös [l.], ansteckend, übertragbar.
Kontakt, *m.* [l.],
1) in der *Chemie:* → Katalysatoren in fester Form, mit dem die umzusetzenden Stoffe in Kontakt kommen.
2) *techn.* Verbindung von Stromleitern zur Weiterleitung el. Stroms, auch dessen Einschaltvorrichtung.
3) Berührung, geistige od. seelische Fühlung.
Kontaktaugengläser, *Kontaktschalen,* → Haftgläser.
Kontaktgifte,
1) *Insektizide* gg. landw. Schädlinge u. krankheitsübertragende Insekten, z. B. Mücken (Malaria), Läuse (Fleckfieber). K. werden als Sprüh- od. Anstrichmittel verwendet, wirken durch Berührung, dringen durch Häute u. Nerven in d. Körper der Insekten ein, lähmen u. töten sie. *Natürl. K.:* Pyrethrum- u. Derrispräparate; *synthet. K.:* DDT- (= Dichlordiphenyltrichlorethan; s. 1972 in d. BR grundsätzl. verboten), Hexa- (= Hexachlorcyclohexan) Präparate u. a.
2) *Herbizide* gg. Unkräuter, die das Chlorophyll zerstören.
Kontaktlinsen, Kontaktschalen, svw. → Haftgläser.
Kontaktsperre, Unterbindung von Kontakten solcher Straf- oder Untersuchungsgefangener, die wegen terrorist. Tätigkeit inhaftiert sind, zu Mithäftlingen u. zur Außenwelt (einschließlich ihrer Verteidiger), um Gefahren für Leben, Leib od. Freiheit einer anderen Person abzuwenden; d. K. ist auf 30 Tage beschränkt u. muß erforderlichenfalls erneut angeordnet werden.
Kontaktverfahren → Schwefelsäure.
Kontamination, *w.* [l.],
1) radioaktive, chem. od. bakteriolog. Verseuchung.
2) Verschmelzung von zwei Wörtern od. Wortteilen zu e. neuen Wort (z. B.

anrufen u. telefonieren zu: *antelefonieren*); **kontaminieren.**
kontant [it.], gegen Barzahlung, per Kasse.
Kontemplation [l.], sich vertiefende, zurückgezogene Betrachtung d. Dinge z. Erfahrung ihres inneren Sinnes.
kontemplativ, betrachtend; beschaulich; besinnlich.
kontemporär [nl.], zeitgenössisch.
Kontenance, *w.* [frz. kõt(ə)′nã:s], (gute) Haltung.
konter- [frz. „contre"], als Vorsilbe: gegen…, wider…
Konterbande [ml.],
1) unter Hinterziehung des Zolls über die Grenze gebrachte Ware.
2) *Kriegs-K.* (absolute und relative) → Bannware.
Konterfei, *s.* [frz.], Bildnis einer Person.
Kontermine [frz.], an der Börse: die Gruppe der Baissespekulanten, die **konterminieren.**
kontern, einen Schlag od. Stoß beim Boxen durch einen Gegenschlag beantworten.
Kontertanz [frz. „contre"], Wechseltanz, bei dem die Paare sich gegenüberstehen.
Kontinent, *m.* [l.], Festlandmasse (Erdteil) einschließl. d. → Schelfs; → Erde.
Kontinentalhang, Übergang vom → Schelf in die Tiefsee; → hypsographische Kurve.
Kontinentalklima, i. Unterschied z. Seeklima gekennzeichnet durch gr. Gegensätze d. Sommer-Winter-Temp.
Kontinentalsperre, von Napoleon 1806–13 durchgeführte Handelsblockade Englands.
Kontinentalverschiebung, Theorie von A. *Wegener,* der zufolge sich die Festländer als spezifisch leichtere Massen in dem schwereren Material der Tiefseeböden bewegen; im Laufe d. Erdgeschichte sind sie auseinander (Bildung v. Senken u. Meeren) u. gegeneinander (Bildung v. Gebirgen) getrieben worden; N- u. S-Amerika haben sich v. Europa u. Afrika, Australien, Vorderindien u. Antarktis vom afrikan. Festlandsblock getrennt; wird durch neueste Forschungsergebnisse erhärtet, wenn auch unter geophys. anders gelagerten Mechanismen.
Kontinenz, Fähigkeit, Stuhl bzw. Urin zu halten.
Kontingent, *s.* [l.], Beitrag, Anteil; *wirtsch.* im Außenhandel oder in der Planwirtschaft die für die Bezieher vom Staat oder Verband begrenzte Warenmenge; *Truppen-K.,* die im Bundesstaat v. Einzelstaat zu stellenden Truppen.
Kontingentierung, Zuteilung von einschränkenden Anteilsätzen, *Quoten,* oder bestimmten Gebieten für Produktion u. Absatz; i. Außenhandel wert- od. mengenmäßige Begrenzung d. Ein- od. Ausfuhr.
kontinuierlich, stetig, ununterbrochen.
kontinuierliches Spektrum, *Kontinuum* [l.], *Zusammenhängendes,* Bez. f. den farbigen Lichthintergrund v. d. Linien eines → Spektrums (z. B. d. Sonne od. eines Fixsterns).
Kontinuität, *w.* [l.], Stetigkeit.

Konto, s. [it.], wertmäßige Erfassung von Geschäftsvorfällen in der → Buchführung; die rechte Seite des K. enthält die *K.gutschriften (Haben),* die linke die Belastungen *(Soll);* d. Konten werden in einem nach spezieller Unternehmungsstruktur gefaßten *Kontenplan* geführt, dem ein *Kontenrahmen* zugrunde liegt.

Kontokorrent [it.], *laufende Rechnung,* Buchung der laufenden Geschäftsvorfälle, für jeden Geschäftspartner (Kunden u. Lieferanten) einzeln geführte *K.konten,* die in ihrer Gesamtheit als *K.buchhaltung* (Hilfsbücher der Buchhaltung) in einem *K.buch* oder einer *K.kartei* zusammengefaßt sind.

Kontokorrentauszug, auch *Kontoauszug,* Abschrift des Kontos eines Geschäftspartners.

Kontokorrentgeschäft, Art d. Bankgeschäfte, Kreditgewährung *in laufender Rechnung* mit Besonderheit in der Zinsenberechnung.

Kontokorrentvertrag, sichert dem Partner Abschluß u. Ausgleich des Kontos nur zu best. Terminen zu.

Kontrabaß, tiefstes, größtes Streichinstrument (Abb. → Orchester).

Kontradiktion, w. [l. „Widerspruch"], i. d. Logik d. Widerspruch als Bejahung u. Verneinung ein u. desselben Begriffs.

kontradiktorisch [l.], sich widersprechend, einander ausschließend.

kontradiktorisches Verfahren, Prozeß, in dem die Parteien widersprechende Anträge stellen (Streitverfahren).

kontrahieren [l.],
1) etwas vereinbaren.
2) jemanden zum Zweikampf herausfordern *(Kontrahage).*
3) zusammenziehen.

Kontraindikation, Gegenanzeige, Gründe gg. e. Behandlung usw.

Kontrakt, *m.* [l.], svw. → Vertrag.

Kontraktion, *w.* [nl.], Zusammenziehung.

Kontraktur, Gelenksteife durch Muskelschrumpfung; → Ankylose.

kontralateral, auf der entgegengesetzten Seite.

Kontrapost [von it. „Gegensatz"], in d. Bildhauerkunst s. d. griech. Antike (Polykleitos d. Ä.) Gestaltungsprinzip z. Ausgleich der Gewichtsverhältnisse im menschlichen Körper durch gegenseit. Abwägung d. bewegten Glieder; bes. *Spiel-, Standbein.*

Kontrapunkt [l.], Erfindung melod. selbst. Stimmen zu e. gegebenen Melodie; Satztechnik, die selbst. Stimmen n. Regeln d. strengen Satzes entwickelt (verwendet häufig → Imitation).

konträr [l.], gegenteilig, einander entgegengesetzt.

Kontraselektion, *w.* [l.], Gegenauslese.

Kontrast, *m.* [frz.], Unterschied.

Kontrastmittel, chem. Stoffe, die dem Organismus zwecks Röntgenuntersuchung versch. Organe einverleibt werden, weil sie für Röntgenstrahlen schlechter durchlässig sind u. so gegenüber d. Gewebe Kontrast ergeben.

Kontrazeption [l.], Empfängnisverhütung mittels *Kontrazeptiva,* z. B. „Anti-Baby-Pillen" (Präparate mit weiblichen Geschlechtshormonen). Diese bewirken Blockierung d. → Hypophyse(nzwischenhirnsystems), Hemmung der → gonadotropen Hormone u. d. → Ovulation; dadurch unterbleibt Schwängerung; unerwünschte Nebenwirkungen, z. B. Gefahr von → Thrombosen. Zur K. dienen auch mechan. Mittel, z. B. → Kondom, Pessar („Spirale"), lokal anzuwendende chem. Mittel (Schaumovula) usw. Empfängnisverhütende Mittel werden v. d. kath. Kirche abgelehnt (→ Humanae vitae), außer Kontrazeption ohne „Mittel", d. h. → Knaus-Ogino-Methode und *Coitus interruptus* (Unterbrechung des Beischlafs vor dem Samenerguß in der Scheide).

Kontribution [l.],
1) Grundsteuer in Preußen im 17. u. 18. Jh.
2) Kriegssteuer, Beitreibung in Feindesland, Kriegsentschädigung.

Kontrolle, *w.* [frz.], Überwachung, Prüfung.

Kontrollrat → Alliierter Kontrollrat.

Kontroverse, *w.* [l.], Streitfrage, wiss. Streit.

Kontumazialverfahren, Gerichtsverfahren in Abwesenheit *(in contumaciam)* des Angeklagten; i. d. BR nur zulässig, falls Ladung m. entsprechendem Hinweis erfolgte u. keine höhere Strafe als Geldstrafe bis zu 180 Tagessätzen, Fahrverbot. Einziehung zu erwarten ist.

Kontur, *w.* [frz.], Umrißlinie.

Konturenschärfe, eines d. wichtigsten Kriterien moderner Filme; je höher d. K., desto besser d. Film.

Kontusion [l.], Quetschung.

Konus [l.], kegelförmiger Körper.

Konvaleszenz [l.],
1) jur. nachträgl. Wirksamwerden eines anfangs mangelhaften Geschäfts.
2) *med.* Genesung (auch *Rekonvaleszenz).*

Konvektion [l.], Ausbreitung v. Wärme od. Elektrizität durch Bewegung d. warmen bzw. geladenen Teilchen.

Konvenienz, *w.* [l.], Herkommen.

konvenieren, entsprechen.

Konvent, *m.* [l.],
1) Zus.kunft d. Gesamtheit d. Klosterinsassen (das Kloster selbst).
2) Studentenvertretung an Uni.
3) der Mitgl. einer student. Korporation.
4) d. Volksvertretung i. d. Frz. Revolution 1792–95.

Konvention [l.], Übereinkunft, Abkommen, bes. zw. Staaten (völkerrechtl. Vertrag).

Konventionalstrafe → Vertragsstrafe.

konventionell [frz.], förmlich, herkömmlich.

konventionelle Rüstung, Bez. für alle Waffen und Rüstungsgüter, die nicht zu den ABC-Waffen zählen; → KSE.

konvergent [l.], konvergierend, math. auf einen gemeinsamen (Schnitt-)Punkt zulaufend.

konvergente Reihen, unendliche → Reihen, deren Summe endlich ist; Ggs.: *divergente R.*

Konvergenz,
1) *allgemein* das Aufeinander-Zulaufen; Ggs.: Divergenz, das Sich-voneinander-Entfernen.
2) *biol.* Parallelentwicklung während d. *Evolution,* die durch gleichartige Umweltbedingungen zu ähnlichen Organ- od. Körpergestalt führt (z. B. Körperform b. Fischen u. Walen).

Konversation, *w.* [frz.], gesellige Unterhaltung.

Konversationslexikon → Lexikon.

Konversion [l.],
1) Bekehrung zu einem anderen Glauben.
2) Abänderung der Bedingungen, vor allem des Zinsfußes einer Anleihe, *Konvertierung,* meist zugunsten des Schuldners durch Kündigung der Anleihe im Rahmen der Bedingungen u. Angebot des Umtausches in Stücke einer neuen Anleihe *(K.sanleihe) m.* meistens niedrigerem Zinsfuß; die nicht umgetauschten Stücke werden zurückgezahlt; hpts. bei Staatsanleihen.
3) Umdeutung eines Rechtsgeschäftes in ein anderes, wenn ersteres nichtig ist, aber d. Erfordernissen des anderen entspricht u. dieses bei Kenntnis d. Nichtigk. gewollt sein würde (§ 140 BGB).

Konversionsfilter, dienen zum Einsatz v. Tageslichtfilmen bei Kunstlicht od. v. Kunstlichtfilmen bei Tageslicht; ergeben farbstichfreie Aufnahmen.

Konversionskasse, devisenpol. Einrichtung, geschaffen zur Erledigung d. intervalutar. Zahlungsverkehrs e. Landes mit Devisenbewirtschaftung (z. B. Dtld nach 1933).

Konverter,
1) wird zw. Objektiv u. Spiegelreflexkamera geschaltet; vergrößert d. Brennweite d. mit ihm kombinierten Objektivs.
2) Gefäß z. Rösten v. Erzen u. Frischen v. Metall; → Thomasprozeß, → Eisengewinnung.
3) Frequenzumsetzer bei Funk-, Rundfunk- u. Fernsehgeräten.

Konvertierbarkeit, *Konvertibilität,* Einlös-, Eintauschbarkeit einer Geldart in e. andere (z. B. be einlösb. Banknoten); auch → Convertible Bonds.

Konvertit [l.], zu e. anderen (christl.) Konfession Übergetretener.

konvex [l.], nach außen gewölbt; Ggs.: → konkav.

Konvikt, *s.* [nl.], svw. → Alumnat; kath. Erziehungsanstalt für angehende Priester.

Konvivium, *s.* [l.], Gastmahl, Gelage; SVW → Symposium.

Konvolut, *s.* [l.], Sammelband, Aktenbündel.

Konvulsion [l.], Krampf, z. B. bei → Epilepsie.

Konya, *Konia,* türk. Prov.hptst. in Mittelanatolien, 439 000 E; rel. Mittelpunkt d. Islams; in künstl. bewässerter Ebene Weizenanbau; Ende d. Anatolischen, Anfangsstation d. Bagdadbahn.

Konz (D-54329), St. i. Kr. Trier-Saarburg, RP, 15 968 E; Masch.ind., Weinbau.

konzedieren [l.], einräumen, bewilligen.

Konzelebration, *w.* [l.], i. d. kath. Kirche d. v. mehreren Priestern gemeinschaftl. gefeierte hl. Messe (1965 Wiedereinführung).

Konzentration, *w.* [l.],
1) *Wirtschaft:* Entfernung v. d. Marktform d. Wettbewerbs durch Zus.schlüsse v. Unternehmen oder Zus.fassung v. Kapital; → Konzernbildung.
2) *chem.* Gehalt einer Lösung an gelöstem Stoff.

3) angespannte Aufmerksamkeit.
4) Zus.ziehung auf einen Punkt.
Konzentrationslager, erstmalig 1901 als Internierungslager für Zivilgefangene zur seelischen Zermürbung der Burenkämpfer von Kitchener eingerichtet; als ständige Einrichtung zur willkürl. Ausschaltung polit. Gegner und als → Zwangsarbeitslager erst in totalitären Staaten; als zeitweilige Einrichtung nach 1945 sog. Internierungslager. – Im 3. Reich K., Abk. *KL* (eingebürgert aber *KZ*) für a) pol. Gegner, b) aus rass. Gründen Verfolgte (Juden, Zigeuner), c) Zivilpersonen fremder Nationen, d) Kriminelle u. Asoziale (dabei auch Homosexuelle u. Bibelforscher verfolgt). Wachmannschaften: SS-Totenkopfverbände; brutaler Terror; im Krieg med. Versuche an Gefangenen u. *Vernichtungslager* zur Ausrottung der Juden, über 5 Mill. Tote. In den KZ Dachau, Buchenwald, Sachsenhausen, Groß-Rosen, Flossenbürg, Neuengamme, Ravensbrück (Frauen-KZ), Mauthausen und ihren Außenlagern 1933–45 ca. 2,2 Mill. Häftlinge; 1940 außerdem Auschwitz, Lublin, Maidanek in Polen, Stutthof bei Danzig, Natzweiler (Vogesen), Bergen-Belsen (bei Hannover) u. a.
konzentrisch [frz.], mit gleichem Mittelpunkt.
Konzept, *s.* [l.], Entwurf e. Schriftstücks, e. Rede; *aus dem K., aus d. Fassung* (bringen, geraten).
Konzeption [l.].
1) *med.* Empfängnis; K.sverhütung → Kontrazeption.
2) gedanklicher Entwurf einer geistigen Schöpfung.
Konzeptualismus [l. „concipere = zusammenfassen"], phil. Lehre d. Scholastik, nach d. d. Allgemeine („d. Universalien") nicht nur Wort, sondern selbständ. Denkgebilde ist.
Konzern, *m.* [engl.], Vereinigung mehrerer abhängiger Unternehmen unter einheitlicher Leitung e. mächtigen Unternehmens; Zusammenschluß *horizontal* v. Betriebswirtschaften gleicher Produktion, *vertikal* v. Betriebswirtschaften versch. Produktionsstufe, die gegenseitig im Verhältnis von Kunden u. Lieferanten stehen, zu vereinfachtem u. billigerem Einkauf der Rohstoffe und Sicherung des Absatzes; in Dtld nach 1945 verboten; *Entflechtung,* insbes. in Montan- u. chem. Ind., durchgeführt; in Dtld s. 1955 jedoch neue *K.bildung* im Gange.
Konzert, *s.* [it.], Musikstück für ein od. mehrere Instrumente mit Orchester, 3- bis 4sätzig; auch allg. svw. mus. Veranstaltung.
konzertierte Aktion [l.], Maßnahmen z. Erreichung von wirtsch. Stabilität u. Wachstum durch Abstimmung v. Produktion u. Nachfrage (einheitl. Lohn-, Preis-, Zinspolitik, → Deficit spending usw.).
Konzertmeister, der 1. Violinist im Orchester.
Konzession [l.], Zugeständnis; behördl. Genehmigung für konzessionspflicht. Betriebe (z. B. *Schank-K.*).
Konzessionen, früher bes. in China eur. u. am. Niederlassungen, deren Bewohner nicht der Landesgerichtsbarkeit u. dem Landessteuerrecht unterlagen, sondern eigene Konsulargerichte hatten.

Konzil, *s.* [l.], Versammlung der höheren kath. Geistlichkeit; höchste Instanz in Lehr- u. Verfassungsfragen, wenn v. Papst berufen, geleitet u. bestätigt; von bes. Bedeutung → Nizäa, Konzil v., → Ökumenische Konzile, → Reformkonzile, → Tridentiner Konzil, → Vatikanische Konzile.
konziliant [l.], versöhnlich, vermittelnd.
Konziliarismus, *konziliare Theorie,* i. d. kath. Kirche vertretene Auffassung v. d. Überordnung d. Konzilsversammlung über den Papst; → Febronianismus, → Gallikanismus.
konzipieren [l.], empfangen (schwanger werden), entwerfen.
Koog, *Kog,* durch Eindeichung dem Meere abgewonnenes Marschland an der Nordseeküste.
Kooning, Willem de (24. 4. 1904 bis 19. 3. 1997), am. Maler u. Bildhauer ndl. Herkunft; e. früher Hptvertr. d. Abstrakten Expressionismus; *Ashville; Gotham News; Frauenbildnis I.*
Kooperation, *w.* [l.], Zusammenarbeit, Mitwirkung.
kooperativ, zus.wirkend, genossenschaftlich.
Koopmans, Tjalling (28. 8. 1910 bis 26. 2. 85), am. Volkswirtschaftler; (zus. m. Kantorowitsch) Nobelpr. 1975 (Beiträge zur Theorie der optimalen Ressourcenverwendung).

Koordinaten

Koordinaten [nl.], in der analytischen Geometrie, Mechanik usw.: Größen zur Bestimmung der Lage von Punkten in der *Ebene* u. im *Raum* durch Angabe ihrer Lage in einem (meist rechtwinkligen, cartesischen) K.system, das zweiachsig für Ebenen- u. dreiachsig für Raumpunktbestimmung ist. Die Lage des Punktes *P* ist durch s. Abstände (x = Abszisse, y, z = Ordinaten) von d. K.achsen (X-, Y-, Z-Achsen) bestimmt; bei *Polar-K.* in d. Ebene durch den *Radiusvektor* (Abstand vom 0-Pkt) r u. den Winkel α, *Polarwinkel,* den r mit der *Polar-(X-)Achse* bildet; bei Polar-K. im Raum durch einen weiteren Winkel. Funktionen sind durch K. graphisch darstellbar.
Koordination, *w.* [nl.], Zuordnung, Beiordnung, Verbindung.
Kopal-Harz, hart, bernsteinähnl., von versch. trop. Bäumen; f. Lack- u. Firnisfabrikation.

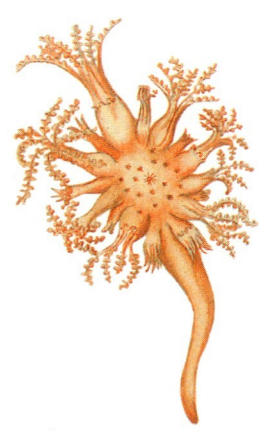
Koralle

Kopeke, *w.,* ehem. russ. Silbermünze; jetzt kleine russ. Währungseinheit: = $1/100$ Rubel.
Kopelew, Lew Zinowewitsch (9. 4. 1912–18. 6. 97), russ. Literaturwissenschaftler, zunächst überzeugter Kommunist, dann Dissident; emigrierte nach Dtld; *Warum haben wir aufeinander geschossen?; Kinder u. Stiefkinder d. Revolution; Ein Dichter kam vom Rhein.*
Kopenhagen, dän. *København,* Hptst. d. Kgr. Dänemark, am Öresund, 1,34 Mill. E; kgl. Schloß, Uni, TH u. a. HS; wiss. Inst. (Observatorium), Kunstakad.; Thorvaldsen- u. a. Museen, Kupferstichkabinett; Vergnügungspark Tivoli; dän. Ind.- und Handelszentrum, Schiffbau, Masch.-, Textilind.; Porzellanmanufaktur u. a. Kunstgewerbe; Kriegs- u. Handelshafen; intern. Flughafen. – 1167 befestigt, s. 1445 kgl. Residenz, unter Christian IV. (1588–1648) stark vergrößert, 1661 Freie Reichsstadt.

Köpenickiade, tolldreiste Hochstapelei, ben. nach dem Streich d. Schusters *Wilhelm Voigt,* der am 16. 10. 1906 in Hauptmannsuniform d. Bürgermeister v. Köpenick verhaftete und die Stadtkasse beschlagnahmte (Carl Zuckmayer: *Der Hauptmann von Köpenick*).
Köper, eine → Bindung des Gewebes, zugleich Handelsname für Stoff mit *K.bindung,* hat zum Unterschied von der geraden Leinwandbindung schräglaufende Streifen od. Furchen. → Weberei.
kopernikanisches Weltsystem → heliozentrisches Weltsystem.
Kopernikus → Copernicus.
Köpfchen, Blütenstand der → Korbblütler.
Kopffüßer, svw. → Tintenfische.
Kopfhörer, elektroakust. Wandler, setzen niederfrequente Schwingungen in Ströme u. entsprechende Schallschwingungen um; Systeme: *el.magnet. K., dynam. K., piezoel. K., elektrostat. K.;* Anwendung: Nachrichtentechnik, Meßtechnik, Studios, → Hi-Fi-Wiedergabe, auch als Kleinhörer f. Schwerhörige; → Lautsprecher.
Kopfjäger, Naturvölker (Hinterindien, Indonesien, W-Afrika u. S-Amerika), die Menschenjagden abhalten im Aberglauben, daß die Kräfte der Getöteten auf sie übergehen u. Schädel od. mumifizierte Schrumpfköpfe aufbewahren.
Kopfschmerzen, sehr versch. Ursachen, z. B. durch Neuralgien oder durch Störungen der Blutversorgung des Gehirns (bei → Migräne) verursacht, ferner bei Hirnverletzung und -krankheit, Ohr- und Nasennebenhöhlen-, Augenkrankheit, inneren u. Infektionskrankheiten, Vergiftungen, Psychosen. Behandlung: Ruhe, kalte Umschläge, Analgetika.
Kopfstimme, *Kopfregister,* durch Ausnutzung der Resonanzen des Kopfes erzeugte hohe Töne; → Register.
Kopfwelle, Verdichtungswelle am Kopf eines mit Überschallgeschwindigkeit bewegten Körpers, ähnlich der Bugwelle eines bewegten Schiffes.
Kopie [frz. -'pi], Nachbildung (z. B. eines Kunstwerks), Ab- u. Durchschrift, fotogr. Abzug, in d. bild. Kunst → Replik; → Fassung.
kopieren, nachbilden, von Hand u. mechanisch (Kopiermaschine).
Kopiergerät, Gerät z. Vervielfältigen v. Texten u. Zeichnungen, heute allgem. durch → Xerographie.
Kopierstift, radierfeste Tintenstifte.
Kopiertinte, mit Zusatz von Anilinfarbe; gestattet Herstellung von etwa 200 Kopien im Umdruckverfahren.
Kopisch, August (26. 5. 1799–3. 2. 1853), dt. Dichter u. Maler; entdeckte die Blaue Grotte auf Capri.
Kopparberg [-bærj], schwed. Verw.-Bez., Bergwerksgebiet, 28 194 km², 289 000 E; Eisen-, Mangan-, Kupfer-, Bleigruben; Hptst. *Falun.*
Koppel,
1) umzäunte Viehweide.
2) Vorrichtung an Orgel u. Harmonium, um Register eines Manuals mit anderen (od. d. Pedal) zu verbinden.
3) durch Leine verbundene Jagdhunde oder Pferde.
4) Leibriemen.
Kopplung,
1) gemeinsame Vererbung im gleichen *Chromosom* liegender → *Gene,* die da-

durch der gleichen *K.sgruppe* angehören.
2) gegenseitige Beeinflussung v. 2 od. mehr el. Schaltgliedern od. Stromkreisen; *galvan., magnet. (induktive), el. (kapazitative) K.;* in Fernmeldeleitungen *Nebensprechen.*
Kopra → Kokospalme.
Kopten, christl. Nachkommen der alten Ägypter, bes. in d. oberägypt. Städten.
koptische Kirche, alte christl. Kirche, s. 5. Jh. Trennung v. morgenländ. orthodoxer Kirche, mit Koptisch als Kirchensprache, in Ägypten u. bes. in Äthiopien zus. ca. 10 Mill. Anhänger.
koptische Kunst, hpts. in Mittel-, Oberägypten u. Äthiopien als eigener Stil d. spätantiken u. frühma. Kunst ausgeformt seit d. Entstehung d. Nationalkirche (5. Jh.), entsprechend d. rituellen Bedürfnissen an Raum (Kirchenbau) u. bildner. Vermittlung (Malerei, Plastik); gefördert durch d. ägypt. Mönchstum; hellenist. u. ägypt. Tradition (z. B. Mumienporträts), dann infolge d. pol. Entwickl. auch geprägt durch oströmisch-byzantin. u. arab.-islam. Stilelemente; bis ins 19. Jh. nachweisbar, im Spätstil d. Malerei Einflüsse griech. u. russ. Ikonen.
koptische Sprache, im 3. Jh. n. Chr. aus ägypt. Mundarten geschaffene Literatursprache mit altgriech. Alphabet; meist theol. Literatur.
Kopula, *w.* [l.], Hilfszeitwort „sein" als Verbindung von Satzgegenstand und -aussage (z. B. *er ist* gut).
Kopulation [l.], Verbindung, Vermählung,
1) Verschmelzung geschlechtl. niederster Zellorganismen.
2) Begattung, danach evtl. Befruchtung.
kopulieren,
1) → Kopulation.
2) → Veredlung.
Korah, *Korach,* nach A. T. Urenkel Levis; *Rotte K.:* Bez. für zügellose Horde.
Korallenmeer, Randmeer zw. NO-Australien, S-Neuguinea, Salomoninseln, den Neuen Hebriden u. Neu-Kaledonien; wegen zahlreicher Riffe für die Schiffahrt gefährlich.
Korallenschlangen, am. Giftnattern.
Korallentiere, *Blumentiere,* einzeln lebende oder koloniebildende Nesseltiere mit oder ohne Kalkskelett, z. B. *Edelkorallen* (Skelette zu Schmuck), *Steinkorallen, Seefedern, Seerosen;* die Skelette der Steinkorallen u. a. bilden Riffe und → Atolle, bes. in der Südsee.
Koran, *Qur'an,* hl. Schrift d. Islam mit den Verkündigungen Mohammeds: 114 Suren (Offenbarungen) = Kapitel.
Korbach (D-34497), Krst. d. Kr. Waldeck-Frankenbg., Hess., 23 000 E; AG: Gummi-, Möbelind.
Korbblütler, *Komposíten,* artenreiche Pflanzenfamilie, deren kleine Einzelblüten dicht gedrängt auf verbreiterter, kolbiger Blütenstandsachse oder auf scheibenförmiger Achse in *Körbchen* sitzen und von gemeinsamer Hülle umschlossen sind (z. B. *Löwenzahn, Sonnenblume*).
Körbchen, Blütenstand der → Korbblütler.
Korczak [-tj-], Janusz, eigtl. *Henryk Goldszmit* (22. 7. 1878–1942), poln. Kinderarzt u. Sozialpädagoge; umgekommen im KZ Treblinka; *Wie man Kinder lieben soll;* Friedenspreis d. dt. Buchh. 1972.
kordial [frz.], herzlich.
Kordilleren [-dıl'j-], Kettengebirge am W-Rand Amerikas, von der Halbinsel Alaska bis zum Kap Hoorn, ca. 15 000 km lang, bis 2500 km breit. In N-Amerika das *Alaskagebirge* im N, längs der Küste das *Küstengebirge,* gleichlaufend mit diesem auf dem Gebiet der USA das *Kaskadengebirge* u. die *Sierra Nevada,* als östl. Ketten d. *Felsengebirge;* in S-Amerika die K. im engeren Sinne, *Anden.* In N- wie in S-Amerika wechseln die K. in Höhe u. Ausdehnung (im N *Mt. McKinley* 6198 m, im S *Aconcagua*

KOREA (Nord-Korea)
Staatsname: Demokratische Volksrepublik Korea, Chosun Minchu-chui Inmin Konghwa-guk
Staatsform: Volksrepublik
Mitgliedschaft: UNO
Staatsoberhaupt: Kim Jong Il
Regierungschef: Hong Song Nam
Hauptstadt: Pjöngjang 2,36 Mill. Einwohner
Fläche: 120 538 km²
Einwohner: 23 483 000
Bevölkerungsdichte: 195 je km²
Bevölkerungswachstum pro Jahr: ∅ 1,88% (1990–1995)
Amtssprache: Koreanisch
Religion: Schamanismus (16%), Chondogyo (14%), Buddhisten (1,5%), Christen (1%)
Währung: Won (W)
Bruttosozialprodukt (1993): 20 500 Mill. US-$ insges., 900 US-$ je Einw.
Zeitzone: MEZ + 8 Std.
Karte: → Asien

KOREA (Süd-Korea)
Staatsname: Republik Korea, Taehan-Minkuk
Staatsform: Präsidiale Republik
Mitgliedschaft: UNO, Colombo-Plan, APEC
Staatsoberhaupt: Kim Young Sam
Regierungschef: Koh Kun
Hauptstadt: Seoul 10,9 Mill. Einwohner
Fläche: 99 263 km²
Einwohner: 44 563 000
Bevölkerungsdichte: 449 je km²
Bevölkerungswachstum pro Jahr: ∅ 0,82% (1990–1995)
Amtssprache: Koreanisch
Religion: Buddhister (36%), Protestanten (23%), Katholiken (5%)
Währung: Won (W)
Bruttosozialprodukt (1994): 366 484 Mill. US-$ insges., 8220 US-$ je Einw.
Nationalitätskennzeichen: ROK
Zeitzone: MEZ + 8 Std.
Karte: → Asien

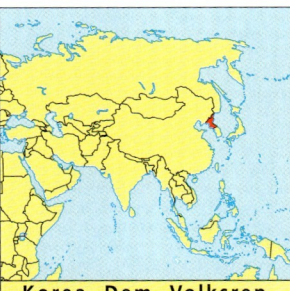
Korea, Dem. Volksrep.

Korea, Republik

Korea, Dem. Volksrep.   Korea, Republik

6959 m), zw. mehreren Ketten Steppen u. Hochwüsten, z. T. mit Seen (z. B. das Große Becken mit dem Großen Salzsee im N, Hochland von Mexiko, Hochland von Bolivien, 4000 m, im S); in den westl. Außenketten der S-Kordilleren zahlreiche Vulkane (26 tätige, über 30 erloschene), z. B. *Chimborazo* 6310 m, *Cotopaxi* 5897 m, *Sajama* 6520 m, *Tupungato* 6800 m. Reichtum an Erzen, Erdöl u. Kohle.
Kordofan, Prov. des Sudans, heißes Steppenland; nur im N üppigerer Pflanzenwuchs, Gummiwälder (Gummiarabikum), Baumwolle; 380 547 km², 3,1 Mill. E (Nomaden, Araber); Hptst. *El Obeïd* (140 000 E).
Kordon, *m.* [frz. -'dõ:], Schnur; Absperrung.
Kore, bekleidete Mädchengestalt der griech. Kunst; auch als Bauelement in tragender Funktion.
Korea,
1) ostasiat. Halbinsel zw. Gelbem und Jap. Meer, im Osten d. Halbinsel urwaldbedecktes Gebirge (2400 m) in N. Steilküste, nach W breite, fruchtbare Tallandschaft; Flüsse (größter: *Yalu*) reißend; s. 1945 pol. geteilt in Nordk. u. Südk.
2) *Nordkorea, Demokr. Volksrepublik K.,* im N d. Halbinsel. **a)** *Wirtsch.:* Bei rückläufiger Landw. (Reisanbau) Aufschwung d. Ind. (Textilien, Nahrungsmittel); bed. Bodenschätze: Graphit, daneben Kohle, Eisenerz, Kupfer, Zink, Blei. **b)** *Außenhandel* (1989): Einfuhr 2,5 Mrd., Ausfuhr 1,5 Mrd. $. **c)** *Verkehr:* Eisenbahn 8500 km. **d)** *Verw.:* 9 Prov. u. 4 St. m. Prov.recht. **e)** *Gesch.:* 1637 bis 1895 China Oberherr d. Kaiserreichs; s. 1895 unter jap. Einfluß; 1910 v. Japan einverleibt; 1945–48 Nord-K. (bis 38. Breitengrad) v. der Sowjetunion, 1945 bis 49 Süd-K. v. d. USA besetzt, 1948 Teilung in 2 Staaten; 1950–53 Koreakrieg, UN-Hilfe (bes. Truppen d. USA) f. Süd-K.; Nord-K. v. China unterstützt; 1992 Grundl.vertr. über Aussöhn. zw. N. u. S.; 1994 Aufhebung d. Embargos d. S.korea; 1996/97 große Hungersnot.
3) *Südkorea, Republik K.,* im S der Halbinsel. **a)** *Wirtsch.:* 50% d. Bev. leben von d. Landw. (Reis, Sojabohnen, Seidenraupenzucht); Stahl-, Masch.-, Textil-, elektrotechn. u. chem. Ind.; Bodenschätze: bes. Kohle u. Wolfram. **b)** *Außenhandel* (1991): Einfuhr 81,56 Mrd., Ausfuhr 71,9 Mrd. $. **c)** *Verkehr:* Eisenbahn 6437 km. **d)** *Verf.* v. 1988: Direktwahl des Präsidenten, Einkammerparlament. **e)** *Verw.:* 9 Prov. u. 6 St. m. Prov.recht. **f)** *Gesch.:* → Nordkorea; nach Ermordung v. Staatschef Park Chung Hee u. Studentenunruhen Mil.reg. 1980–88; s. 1988 Demokratisierung; 1992 Wahl d. ersten Präs. s. 1960 ohne milit. Hintergrund.
Kören, behördl. Prüfung (Auswahl) von Zuchttieren (Eber, Hengste usw.) durch *Körkommissionen.*
Korfanty, Wojciech (20. 4. 1874–17. 8. 1939), poln. Pol., 1903–12 u. 1918 im dt. R.tag, organisierte 2 poln. Aufstände in Posen 1918 u. Oberschlesien 1921.
Korfu, griech. *Kérkyra,* nördlichste der Ionischen Inseln, 592 km², 97 000 E; im N Kalkgebirge, bis 914 m h., S Hügelland, Anbau von Oliven, Wein, Gemüse, Südfrüchten; Hptst. *Kerkyra* (34 000 E); Handelshafen. 1204–1797 venezia-

Korfu, „Schwalbennest"

nisch; dann französisch, 1814–1864 englisch; jetzt griechisch.
Koriander, einjähriger Doldenblütler, Früchte als Gewürz u. Heilmittel.
Korin, Ogata (1658–1716), jap. Maler, Schüler v. → Koetsu; Vervollkommnung e. reichen Dekorationsstils.
Korinth, *Kórinthos,* griech. Hafenst. am Golf von K., 23 000 E. – Im Kriege mit Rom 146 v. Chr. zerstört; v. Cäsar neu aufgebaut; unter Ostrom Sitz eines Gouverneurs; später venezian., türk., griech.
Korinth, Golf v., 125 km langer Meeresarm zw. Mittelgriechenland u. d. Peloponnes, die durch d. *Isthmus von K.* miteinander verbunden sind.
Korinth, Kanal v., vom *Golf von K.* zum *Golf v. Ägina,* 6,3 km lang; Bau von Cäsar begonnen.
Korinthen → Rosinen.
Korintherbriefe, 2 Briefe des Paulus im N.T.
korinthische Säule → Säule.
Korjaken, Volk i. N-Kamtschatka; Rentierzüchter, Robbenjäger.
Kork, pflanzl. Oberflächengewebe, bes. mächtig bei der *K.eiche* (N-Afrika, Portugal, Spanien); undurchlässig f. Wasser, elastisch, sehr leicht; zu Stöpseln, Schwimmgürteln, Abfälle mit Bindemitteln zu Korkplatten usw.
Kormorane, *Scharben,* Familie der Ruderfüßer, Schwimmvögel m. Hakenschnabel, Fischfresser.
Korn, Arthur (20. 5. 1870–22. 12. 1945), dt.-am. Phys.; Erfinder der → Bildtelegrafie (1902).
Korn,
1) die Frucht des Getreides, überhaupt der Gräser.
2) Sammelbegriff für Brotgetreide (*Weizen, Roggen, Spelz*).
3) Branntwein aus Weizen, Roggen o. ä. Getreide.
4) bei Schußwaffen nahe d. Mündung aufgesetzte Nocke; Teil d. → Visiereinrichtung.
5) svw. Feingehalt.
Kornätzung, Autotypie, Bildtöne sind in unregelmäßigem Korn aufgelöst: entwickelt durch *Kornraster* od. durch Aufstäuben von Asphaltpulver.
Kornberg [ˈkɔːnbəg], Arthur (* 3. 3. 1918), am. Biochem.; Nukleinsäuren; Nobelpr. 1959.
Kornblume, *Centaurea cyanus,* Korbblütler mit blauen Blüten, in Getreidefeldern.

Kormoran

Kornblume

Kornelkirsche, *Hartriegel, Cornus,* Sträucher mit Hartholz; weiße oder gelbe Blüten, rote Früchte; Zierstrauch.
Körner,
1) Christian Gottfried (2. 7. 1756–13. 5. 1831), sächs., später preuß. Staatsbeamter; Freund und Förderer → Schillers.
2) Theodor (24. 4. 1873–4. 1. 1957), östr. Gen. u. sozialist. Pol.; 1945 bis 51 Bürgerm. von Wien; 1951–57 Bundespräs.
3) Theodor (23. 9. 1791–26. 8. 1813, gefallen), dt. Dichter d. Befreiungskriege; *Lützows wilde Jagd;* Dramen.
Kornett [it.],
1) *s.,* hohes Blechblasinstrument m. Ventilen *(Piston),* d. Trompete klangähnlich.
2) *m.,* früher Reiterfähnrich.
Korngold, Erich Wolfgang (29. 5. 1897–29. 11. 1957), östr. Komponist; Opern, Filmmusik.
Körnigkeit, lange Zeit wichtige Eigenschaft aller Filme; je feinkörniger ein Film, desto besser. Modernste Filme zeigen keine sichtbare Körnigkeit, da Kristallstruktur völlig anders aufgebaut ist; → TMax-Filme.
Kornkäfer, *Sitophylus granarius,* 2 bis 3,5 mm langer brauner b. schwarzer Rüsselkäfer; weltweit verbreiteter, schlimmster Getreideschädling.
Kornrade, *Agrostemma,* Nelkengewächs, mit roten Blüten, im Getreide; Samen giftig.
Körnung, Gemische v. Mineralstoffen (Sand, Kies, Splitt etc.) als Zuschlag in Beton od. Asphalt; Korngrößen v. Feinsand (< 1 mm) bis Großkies (30 bis 70 mm).
Kornwestheim (D-70806), St. i. Kr. Ludwigsburg, Ba-Wü., 29 498 E; Schuhind., Maschinenbau.
Kornwurm, den Getreidevorräten schädl. Insektenlarve:
1) *Schwarzer K.,* Larve d. Kornkäfers;
2) *Weißer K.,* Raupe d. Korn-(Getreide-) Motte.
Korolenko, Wladimir (27. 7. 1853 bis 25. 12. 1921), russ. Erzähler; Novellen; *Der Wald rauscht.*
Koromandelküste, *Coromandel Coast,* südl. Teil der ind. O-Küste, Schwemmland m. Reisanbau; Hafenstädte: *Madras, Pondicherry.*
Korona, w. [l. „Kranz"],
1) heller Strahlenkranz um d. Sonne, äußerster Teil d. Sonnenatmosphäre aus hochionisierten Gasen u. Wasserstoff, hohe Temperatur; die K. geht allmähl. in d. interplanetare Materie über u. verändert ihre Struktur mit d. *Sonnenfleckenzyklus;* die K. ist nur bei totalen *Sonnenfinsternissen* od. mit Hilfe eines *Koronographen* (Fernrohr mit starker Verminderung d. Lichtstreuung) sichtbar.
2) Kreis, Talrunde (Gesellschaft).
Koronararterien, *Herzkranzgefäße,* Schlagadern, d. d. → Herz ernähren; ihre Verstopfung → Herzinfarkt.
koronare Herzkrankheit, *KHK, Koronarinsuffizienz, Koronarsklerose,* Verengungen der Koronararterien, meist durch → Arteriosklerose, dadurch → Angina pectoris u. Herzinfarkt.
Korowin, Konstantin Aleksejewitsch (5. 12. 1861–11. 9. 1939), russ. Maler; Begr. d. durch gedeckte Farben u. spezif. Landschafts-Stimmungen geprägten russ. Impressionismus.

Körperbau, Proportionierung des Leibes, die zw. Langwuchstypen *(Longitypen, Leptosome, Astheniker)* und Kurzwuchstypen *(Brachytypen, Eurysome, Pykniker)* schwankt; dazw. die grazilen (zerebralen) u. athletischen (muskulären) Typen. In den Konstitutionslehren v. Kretschmer, Sigaud, Viola usw. spielen die K.typen die Hauptrolle für die Bestimmung der → Konstitution. Nach → Kretschmer: 1) *leptosomer (asthenischer) Typ,* mager, schmal, flacher Brustkorb, lange, schlanke Glieder; 2) *pyknischer Typ,* gedrungene Gestalt, Neigung zu Dickleibigkeit, kurze Glieder; 3) *athletischer Typ,* groß, breit, muskulös gebaut.
Körperschaft, zur → juristischen Person erhobene Personenmehrheit.
Körperschaftsteuer, Einkommensteuer e. K., Personengesellschaft od. Vermögensmasse (→ Steuern, Übers.).
Körperschall, Schall, der sich in einem festen Körper ausbreitet (z. B. Anwendung beim Abhören von Herztönen).
Körperschluß, unerwünschte Spannungsführung am Körper v. fehlerhaften Elektrogeräten. Bei Berührung Gefahr gefährl. Stromstöße durch Erdschluß.
Körperveränderung, Eingriffe in d. natürl. Aussehen des menschl. Körpers. Bemalung, Tätowierung, Beibringung von Narben, Durchbohrungen, Verkrüppelungen (z. B. Klumpfuß als Schönheitsideal der chin. Frau, Schädeldeformationen, Halsverlängerung) u. Verstümmelungen (Verkürzung od. Entfernung von Extremitäten od. Zähnen).
Körperverletzung,
1) *strafrechtl.* strafbare, vorsätzl. od. fahrläss. körperl. Mißhandlung od. Gesundheitsschädigung (§§ 223 f. StGB); *schwere K.* bei Verlust e. wichtigen Gliedes, des Seh- od. Hörvermögens, d. Sprache od. d. Zeugungsfähigk. od. bei dauernder Entstellung oder Siechtum; *gefährl. K.,* wenn K. mittels e. gefährl. Werkzeuges hinterlistig, gemeinschaftl. od. lebensgefährl. begangen.
2) *zivilrechtl.* Verpflichtung zum Schadenersatz (auch → Schmerzensgeld) f. entgangenen Verdienst, b. Beeinträchtigung der Erwerbsfähigkeit Geldrente (§§ 823 ff. BGB).
Korporal [frz.], Unteroffizier.
Korporation, Körperschaft; → Studentenverbindung.
Korps, *Corps, s.* [frz. koːr], student. schlagende, farbentragende Verbindung(en); auch → Armeekorps.
Korpulenz, w. [l.], Fettleibigkeit, → Fettsucht.
Korpuskeln [l.], kleinste Teilchen d. Materie.
Korpuskularstrahlung, *Teilchenstrahlung,* eine aus → Protonen u. → Elektronen bestehende Strahlung, die aus d. Galaxis u. aus d. Sonne in d. äußere Erdatmosphäre eindringt u. dort u. a. magnet. Leuchterscheinungen (→ Polarlicht) hervorruft und u. a. die → Strahlungsgürtel (Van-Allen-Gürtel) der Erde erzeugt; der energiereichste Teil der K. ist die → kosmische Strahlung.
Korpuskulartheorie, auf → Newton zurückgehende Theorie, der zufolge das Licht als Bewegung feinster Stoffteilchen anzusehen ist; da sie best., später entdeckte Phänomene wie z. B. → Inter-

ferenz u. → Beugung nicht erklären konnte, wurde sie v. d. → Wellentheorie d. Lichtes abgelöst. In d. modernen → Quantentheorie wieder aufgegriffen in Form d. → Photonen.
Korreferat, s., zweiter Vortrag (→ Referat) des **Korreferenten,** als Ergänzung des ersten.
korrekt [l.], richtig, einwandfrei.
Korrektor, berichtigt Druckfehler (eigtl.: Setzfehler).
Korrektur, w., Verbesserung.
Korrelat, s. [l.], ein Begriff, d. einen anderen voraussetzt od. bedingt.
Korrelation, w., Wechselbeziehung.
Korrelationsrechnung, math. Untersuchung des Zus.hangs beobachteter Größen nach d. Methoden der Wahrscheinlichkeitsrechnung.
korrelativ, wechselseitig bedingt oder bedingend.
Korrepetitor [l.], Hilfskapellmeister an d. Oper, der am Klavier m. Sängern d. Partien einstudiert.
Korrespondent [nl.], Berichterstatter f. Zeitung, Zeitschr., Rundfunk, Fernsehen; f. den Briefwechsel zuständer. Angestellter.
Korrespondenz, w., Briefwechsel; Sammlung von Briefen.
Korrespondenzbüro, versorgt die Presse mit Informationen, Bildern, Beiträgen, häufig durch eigens gedruckte K.blätter.
korrespondieren, entsprechen; mit jemandem in Briefwechsel stehen.
korrigieren [l.], berichtigen, verbessern.
Korrosion [l.],
1) chem. zerstörende Anätzung von Metallen u. Baustoffen durch chem. Einflüsse (z. B. von Witterung, Wasser); bei Maschinen auch durch Betriebsstoffe u. ihre Verbrennungsprodukte.
2) geolog. chem. Gesteinsverwitterung durch Wasser.
3) med. Zerstörung von Gewebe (Verätzung, Entzündung usw.).
Korrosionsinhibitoren, Werkstoffe (in Leitungsrohren u. ä.) vor → Korrosion schützende Chemikalien (z. B. Monophosphate in Wasser).
korrumpieren [l.], sittl. verderben, bestechen, charakterlich verschlechtern.
Korruption, w., Verderbtheit des Dienst- und Gesellschaftsmoral; Bestechung.
Korsar, m. [it. „corsaro = Seeräuber"], Zweimannjolle im Segelsport; weit verbreitet.
Korsika, frz. La Corse, Insel im Mittelmeer, frz. Region m. 2 Dép., 8680 km², 240 000 E; Gebirgsland, mildes Klima; Bev. Korsen (arab.-berber. Abstammung), hpts. Fischer u. Hirten; Ausfuhr: Südfrüchte, Flachs, Wein, Honig; Hpst. Ajaccio, Geburtsstätte Napoleons I. – 1299–1768 genuesisch, dann an Frkr. abgetreten (Karte → Italien).
Korso, m. [it.], Fahrpromenade; Schaufahrt mit blumengeschmückten Fahrzeugen (Blumen-K.).
Korsør, dän. Hafenst. an der W-Küste Seelands, 21 000 E; Eisenbahn- u. Autofähre nach Fünen, Autofähre nach Langeland.
kortikal, die (Hirn-)Rinde betreffend.
Kortikoide [l.], Corticoide, Corticosteroide, Sammelbegriff für die Steroidhormone d. → Nebennierenrinde (z. B. Corticosteron, Cortisol, Cortison, Aldosteron); wichtig f. Kohlenhydrat- (Gluko-K.) u. Mineral-Stoffwechsel (Mineralo-K.); als Medikamente gg. Entzündungen, Asthma, Rheuma usw.
Kortner, Fritz (12. 5. 1892–22. 7. 1970), östr. Schausp. u. Regisseur; Der Kaufmann von Venedig; Autobiographie: Aller Tage Abend.
Kortrijk [-reɪk], frz. Courtrai, St. in d. belg. Prov. W-Flandern, 76 000 E. – 1302 Sieg d. fläm. Bürger über die frz. Ritter (Sporenschlacht).
Kortschnoy, Viktor (* 23. 3. 1931), Schweizer Schachspieler russ. Herkunft; intern. Großmeister s. 1956.
Kortum, Karl Arnold (5. 7. 1745–15. 8. 1824), dt. humorist. Schriftst.; → Jobsiade.
Korčula [-tʃu-], kroat. Insel (S-Dalmatien), 276 km², 23 000 E; Seebad K. m. ma. Befestigungsanlagen, Markuskirche.
Korund, m., Aluminiumoxid, sehr hartes Mineral; edler K., durch Spuren von Chrom- und Eisenverbindungen gefärbt: Saphir (blau), Rubin (rot); gemeiner K. für Schmirgel, zum Schleifen und Polieren; künstl. Herstellung: Schmelzen von Aluminiumoxid mit farbgebenden Metallen.
Korvette, w. [frz.], urspr. kleines Segelkriegsschiff mit Vollschifftakelage (3 Masten und Rahen). In Dtld seit 1884 kleiner Kreuzer; heute kleines Kriegsfahrzeug f. d. Geleitdienst.
Korvettenkapitän, Offiziersdienstgrad der Marine, svw. Major.
Koryphäe, w. [gr.], (Chor-)Führer; Persönlichkeit mit hervorragender Fachleistung.
Kos, griech. Insel d. Dodekanes, 290 km², 20 000 E; Wein-, Zitronenanbau; Hptst. K., 12 000 E; Seehafen.
Kosaken, Kasaken, freie Bauern im alten Rußland, die im Kriegsfall Reiterregimenter (Führer: Hetman, Ataman) aufstellten; als u. Saporoger K.
Kosch, Wilhelm (2. 10. 1879–20. 12. 1960), dt. Literaturhistoriker; begr. Stifter-Archiv in Prag; Dt. Literatur-Lexikon; Gesch. d. dt. Literatur.
Koschenille [frz.-span. -lja], Cochenille, Schildlaus; Körperflüssigkeit enthält roten Farbstoff; → Karmin.
koscher [hebr. „rein"], nach jüd. Speisevorschrift zum Genuß erlaubt.
Koschnick, Hans (* 2. 4. 1929), SPD-Pol.; 1967–85 Präs. des Senats u. Bürgerm. v. Bremen.
Kosciuszko [kɔɛˈtʲʃuʃk], Thaddäus (4. 2. 1746–15. 10. 1817), Führer der Polen im Freiheitskampf 1794 gg. Rußland u. Preußen.
Kosinski, Jerzy (14. 6. 1933–3. 5. 91), poln.-am. Schriftsteller; Romane: Der bemalte Vogel; Aus den Feuern; Chance; Der Teufelsbaum.
Kosinus → Cosinus.
Köslin, Koszalin, Hptst. d. poln. Woiwodschaft K., Pommern, 108 000 E.
Kosmas u. Damian († 303 n. Chr.), Heilige, Schutzpatrone; Märtyrer in Kilikien, enthauptet (27. 9.).
Kosmetik, w. [gr.],
1) bei Entstellten die chirurg. Behebung von Mißbildungen, Narben u. Schönheitsfehlern (kosmet. od. plastische Chirurgie).
2) die äußere Körperpflege d. Gesun-

Kornelkirsche oder Gelber Hartriegel

Roter Hartriegel

den: Haut, Nägel u. Haare sowie Mund- u. Zahnpflege.
Kosmetologie, Wissenschaft v. der Kosmetik.
kosmisch [gr.], auf d. Weltall bezogen.
kosmische Hintergrundstrahlung, über d. ganzen Himmel gleichförmig verteilte Infrarot- u. Radiostrahlung mit Wellenlängen zw. 0,05 u. 100 cm; vermutl. Reststrahlung der Urexplosion bei Weltentstehung (→ Weltalter). Seit 1990 v. Forschungssatelliten Cobe genau vermessen u. als therm. Strahlung e. → schwarzen Körpers m. Temp. 2,730 K bestätigt. Abweichungen v. d. → Isotropie betragen 0,00001, was wichtige Bedeutung f. d. Entstehung v. Galaxien im Universum hat.
kosmische Strahlung, Höhen-, Ultrastrahlung, äußerst harte, d. h. sehr dicke Schichten durchdringende Strahlen aus dem Weltall; Primärstrahlung überwiegend sehr energiereiche Protonen (Milliarden u. Billionen → Elektronenvolt), d. in d. höchsten Schichten d. Atmosphäre Sekundärstrahlung („weiche" → Elektronen und → Protonen, „harte" → Mesonen) erzeugt; k. S. wird z. T. v. Magnetfeld d. Erde abgefangen.
Kosmo- [gr.], als Vorsilbe: Welt...
Kosmobiologie,
1) Wiss., die d. Einfluß der kosm. Erscheinungen auf biol. Vorgänge auf d. Erde untersucht, z. B. des Mondes auf Auskeimung von Saatgut od. auf d. weibl. Menstruationszyklus.
2) Exobiologie, Astrobiologie, erforscht Möglichk. von Leben außerhalb der Erde (→ SETI).
Kosmodrom, Startplatz für sowj. Raumfahrt-Trägerraketen b. → Baikonur.
Kosmogonie, Weltentstehungslehre.
Kosmographie, Weltbeschreibung.
Kosmologie, Lehre v. Bau d. Kosmos, Sterne gruppenweise gegliedert: lokales Sternsystem in der Ebene d. Milchstraße, 20 000 Lichtjahre Durchmesser, Dicke senkrecht dazu 3000 Lichtjahre; größeres galaktisches (Milchstraßen-)System → Milchstraße; außergalaktische Sternsysteme (Galaxien) von derselben Größenordnung wie die Milchstraße, im Abstand von Millionen Lichtjahren. → Weltall.
kosmologisches Prinzip, vollkommenes k. P., Weltpostulat, Hypothese, nach der d. Weltall – im großen räuml. u. zeitl. Maßstab betrachtet – überall, in allen Richtungen u. zu allen Zeiten, gleich aussieht.
Kosmonaut, sowj. Bez. f. Weltraumfahrer.
Kosmopolit, m., Weltbürger.
Kosmos, m. [gr.],
1) geordnetes Weltall.
2) Sammelbez. f. sowj. Erd-→ Satelliten.
Kosmotron, s., Bez. f. → Synchrotron (Teilchenbeschleuniger), das → Protonen bis zu sehr hohen Energien (3 GeV) beschleunigt, wie sie im Kosmos auftreten.
Kosovo, bis 1968 Kosovo u. Metohija, autonome (bis 1990) Prov. in Serbien (Jugoslawien), 10 887 km², 1,9 Mill. E; Hptst. Priština (70 000 E); Landw., Erz- u. Kohlebergbau.
Kossel,
1) Albrecht (16. 9. 1853–5. 7. 1927), dt. Physiologe, Eiweißchemie; Nobelpr. 1910; s. Sohn

2) Walter (4. 1. 1888–22. 5. 1956), dt. Phys.; Atomtheorie, Theorie über Kristallstruktur.

Kossygin, Alexej (21. 2. 1904–18. 12. 80), sowj. Pol.; 1960–64 Erster stellvertr. Min.präs.; s. 1964 Min.präs.

Kossuth [-ʃuːt], Lajos (19. 9. 1802 bis 20. 3. 94), Haupt des ungar. Aufstandes gg. Östr. 1848/49.

Kosten, bewerteter Güter- u. Dienstleistungsverzehr, der in Wirtschaftsbetrieben bei der Leistungserstellung entsteht; im betriebl. Rechnungswesen nach *K.arten* u. *K.stellen* gegliedert, wichtigstes Glied in d. *K.rechnung,* die Grundlage zur Ermittlung der *Selbst-K.;* Verrechnung d. K. erfolgt auf die *K.träger* (die einzelnen Produkte), auch wesentl. f. d. → Kalkulation; *K.arten:* Einzel- u. Gemein-Kosten (früher Unkosten); *K.stellen:* Fertigungshaupt- (Produktions-, Gestehungs-), Fertigungshilfs-, Vertriebs-, Verw.- u. Sonder-K.; *K.träger:* direkte

Strandkrabbe
(auf dem Rücken: Seepocken)

Köte, *w.,* einfacher Unterkunftsraum für Köhler, Holzhauer und Jäger, zeltartig auf Stangen und Baumrinde errichtet.

Kotelett, *s.* [frz.], Scheiben vom Rippenstück (→ Fleisch, Übers.).

Koteletten, Backenbart.

Koterie, *w.* [frz.], Sippschaft, Parteiwirtschaft.

Köthen/Anhalt (D-06366), Krst. i. S-A., 32 642 E; ehem. Residenzschloß (Anhalt); HS f. angewandte Technik; Metallind., Motorenbau.

Kothurn, hoher Schuh der altgriech. Schauspieler; bildlich: übertrieben erhabener Stil.

Kotierung [frz.], an der *Börse:* Zulassung der Wertpapiere zur amtl. Notierung.

Kotillon, *m.* [frz. -tɪ̃jõ], Gesellschaftstanz m. Verteilung kleiner Geschenke (Orden, Blumen), nach denen sich die Paare zusammenfinden.

Kotor, it. *Cattaro,* Hafenst. in Montenegro an d. Bucht v. K., 5000 E.

Kotschinchina, frz. *Cochinchine* [kɔʃɛ'ʃin], südl. Landesteil von → Vietnam, Mündungsdelta des Mekong, Reisanbau; Hptst. *Saigon (Ho-Tschi-Minh-Stadt).* – 1862 frz. Vasallenstaat, 1888 Kolonie, 1949 Bestandteil von Vietnam.

Kotzebue [-bu], August v. (3. 5. 1761 bis 23. 3. 1819), dt. Lustspielautor; meistgespielter Dramatiker seiner Zeit; *Die dt. Kleinstädter;* als russ. Polizeispion von K. L. → Sand erdolcht.

Kötzting (D-93444), St. i. Kr. Cham, im Bayer. Wald, 7058 E; Luftkurort, Kneippbad.

Kouprey ['kupreɪ], Wildrind SO-Asiens; letzte neuentdeckte Großwildart.

Kourou [ku'ru], frz. Raumfahrtzentrum in Frz.-Guayana; Start d. eur. Fernmelde- u. Forschungssatelliten.

Kostroma, *Auferstehungskirche*

(Einzel-K.), die dem einzelnen Produkt unmittelbar zugerechnet werden können, u. indirekte *(Gemein-K.),* die nur f. den Gesamtbetrieb anfallen u. dann anteilig auf d. Produkt verrechnet werden müssen; *fixe K.* sind solche, die unabhängig vom Beschäftigungsgrad des Betriebes anfallen (z. B. Verzinsung des Anlage-Kapitals, Miete usw.); *variable K.* schwanken m. d. Beschäftigungsgrad (z. B. Material-K., usw.).

Kostromạ, russ. Gebietshptst. an der oberen Wolga, 278 000 E; Leinenind., Maschinenbau, Werft.

Kostüm, *s.* [frz.], nach Zeit, Sitte, Land, Stand versch. Kleidung; Maskenanzug; Jackenkleid.

Kosuth ['kɔsuθ], Joseph (* 31. 1. 1945), am. Maler; Hptvertr. u. Theoretiker d. analyt. Richtung d. Concept Art.

Kosyrew, Andrej Wladimirowitsch (* 27. 3. 1951), 1990–96 russ. Außenmin.

Kotau, *m.,* chin. Ehrenbezeigung: Niederwerfen u. dreimaliges Berühren d. Bodens m. d. Stirn (1911 abgeschafft).

Köte, *w.,*
1) svw. → Kate.
2) *topograph.* Höhe eines Geländepunktes über einer Vergleichsfläche.

Kraftfahrzeuge

Weltbestand 1992 (z. T. früher)
567 Mill. davon
432 Mill. PKW
135 Mill. LKW und Busse

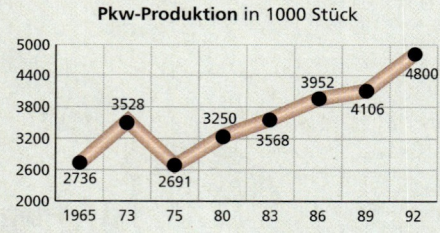

Pkw-Produktion in 1000 Stück

1965	73	75	80	83	86	89	92
2736	3528	2691	3250	3568	3952	4106	4800

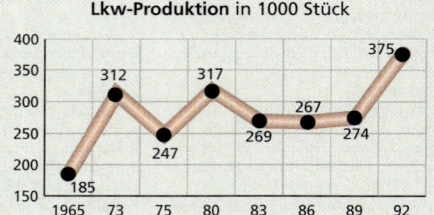

Lkw-Produktion in 1000 Stück

1965	73	75	80	83	86	89	92
185	312	247	317	269	267	274	375

Pkw-Bestand 1993 je 1000 Einw.

USA	565 (1992)
Luxemburg	543
Kanada	486 (1989)
Italien	472 (1990)
Island	466 (1991)
Schweiz	457* (1991)
Neuseeland	448 (1991)
Australien	447* (1991)
Österreich	432
Frankreich	422
BRD	419
Schweden	410
Belgien	408
Niederlande	375
Finnland	369
Großbritannien	362
Norwegen	354 (1991)
Spanien	335 (1992)
Japan	329
Dänemark	323

* einschließlich Kombinationskraftwagen

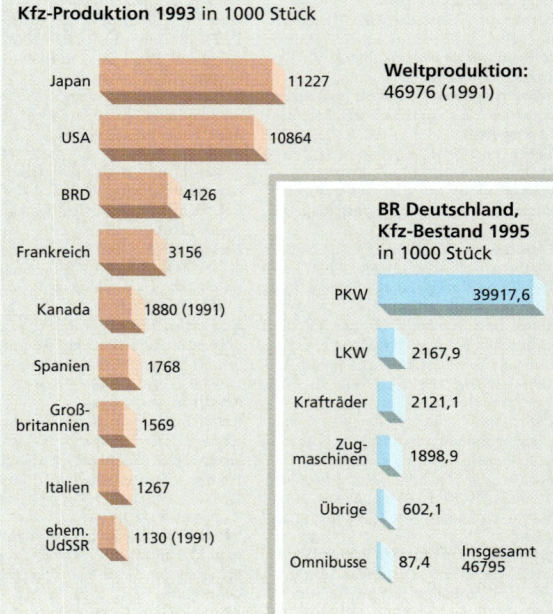

Kfz-Produktion 1993 in 1000 Stück

Japan	11227
USA	10864
BRD	4126
Frankreich	3156
Kanada	1880 (1991)
Spanien	1768
Großbritannien	1569
Italien	1267
ehem. UdSSR	1130 (1991)

Weltproduktion: 46976 (1991)

BR Deutschland, Kfz-Bestand 1995 in 1000 Stück

PKW	39917,6
LKW	2167,9
Krafträder	2121,1
Zugmaschinen	1898,9
Übrige	602,1
Omnibusse	87,4
Insgesamt	**46795**

Kraftfahrzeug

Viertaktmotor (Arbeitsweise)

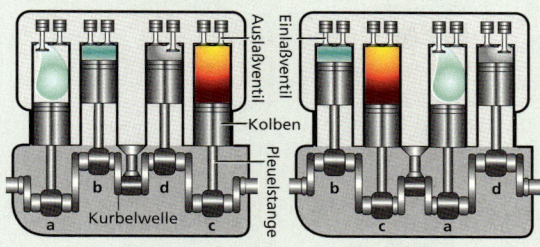

a 1. Takt: Ansaugen des Brennstoff-Luftgemisches
b 2. Takt: Verdichtung (Kompression)
c 3. Takt: Zündung und Verbrennung (Arbeitstakt), Ausdehnung treibt Kolben abwärts
d 4. Takt: Ausschub der Verbrennungsgase

Bremsen

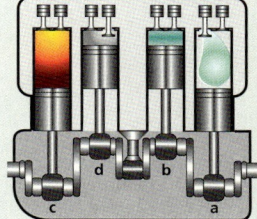
Hydraulische Bremse
(Einfache Zweibackenbremse)

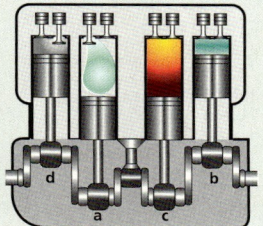
Scheibenbremse
(Teilscheibenbremse)
Kolben drückt Belag gegen die rotierende Bremsscheibe

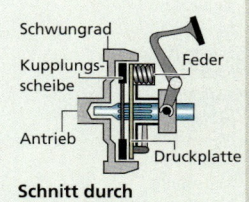
Schnitt durch Einscheiben-Trockenkupplung

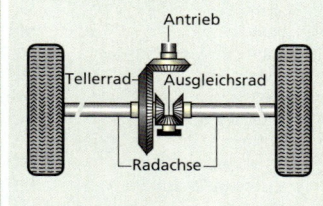
Differential Ausgleichsgetriebe, schematisch

Viergang-Wechselgetriebe
(Volkswagen)

a Antriebswelle (Verlängerung der Kupplungswelle)
b Vorlegewelle
c Antriebskegelrad

Zweitaktmotor (Arbeitsweise)

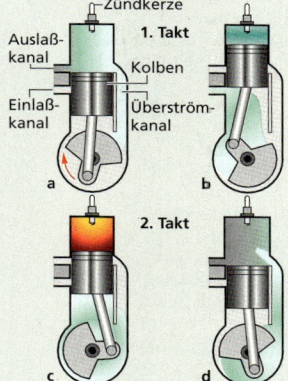

1. Takt: a Überströmen des vorverdichteten Gemisches durch Überströmkanal in den Zylinderraum
b Verdichtung und Zündung über, Ansaugen von Gemisch unter dem Kolben
2. Takt: c Verbrennung, Ausdehnung treibt Kolben abwärts (Arbeitstakt), Vorverdichtung des neu eingetretenen Gemisches im Kurbelraum
d Ausschub verbrannter Gase, Überströmen des Gemisches beginnt

Schaltstellungen

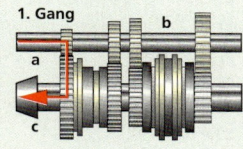
1. Gang

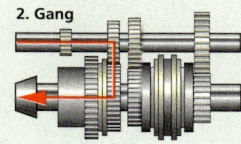
2. Gang

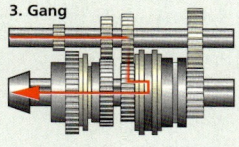
3. Gang

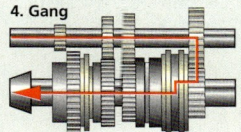
4. Gang

Koussevitzky [kus-], Serge (26. 7. 1874–4. 6. 1951), russ. Kontrabassist u. Dirigent, leitete 1924–49 d. Boston Symphony Orchestra; Gründer der Koussevitzky Foundation (1942).

Kováč [ˈkɔvaːtʃ], Michal (* 5. 8. 1930), s. 1993 slowak. Staatspräs.

Kowalski, Piotr (* 2. 3. 1927), poln. Künstler u. Architekt, hpts. in Paris; Plastiken, Lichtskulpturen u. (lichtkinet.) Environments unter Verwendung d. zeitgenöss. Technik u. ihrer neuart. Materialien.

Kowarski, Felicjan Szczesny (8. 9. 1890–22. 9. 1948), poln. Maler; zunächst neoimpressionist. Stilmittel, dann Vereinfachung d. Formen durch Beruhigung d. Farbflächen; Hptthema: existentielle Tragik d. menschl. Schicksals; *Verdorrender Baum.*

Kowloon, *Jiulong,* Hafenst. in der brit. Kronkolonie Hongkong, mit *New K.* 2,03 Mill. E.

Kowno, poln. Name für → Kaunas.

Kozhikode, früher *Calicut,* ind. Hafenst. an der Malabarküste, 420 000 E.

kp, Abk. f. → *Kilopond.*

KPD, Kommunistische **P**artei **D**tlds, → Parteien, Übers.

KPÖ, Kommunistische **P**artei **Ö**sterreichs, → Parteien, Übers.

Kr, chem. Zeichen f. → *Krypton.*

Krabbe, *Kriechblume,* Blattornamente an d. Kanten got. Architekturteile.

Krabben, kurzschwänzige Krebse m. rundem Körper (z. B. *Taschenkrebs, Strandkrabbe, Wollkrabbe, Seepocken*); oft auch Bez. für die langschwänzigen → Garnelen.

Kracauer, Siegfried (8. 2. 1889–22. 11. 1966), dt. Sozialwissenschaftler und Schriftst.: *Von Caligari bis Hitler; Theorie des Films.*

Krafft, Adam (um 1460–1508/09), Nürnberger Bildhauer d. Spätgotik; Sakramentshaus d. Lorenzkirche.

Kraft, *phys.* die Ursache der Bewegungsänderung v. Körpern, bestimmt durch Angriffspunkt, Richtung und Größe; Größe d. K. ist d. Produkt aus Masse u. Beschleunigung; Einheit d. K.: → *Newton* (N), früher *Pond* (p) bzw. *Kilopond* (kp); die K. 1 N verleiht d. Masse von 1 kg die Beschleunigung 1 m/s² Es gibt im Universum 4 Arten von K.:
1) Die *Gravitation,* die d. Anziehung d. Massen bewirkt u. im wesentlichen d. Weltall beherrscht.
2) Die *elektromagnet. K.,* die für d. meisten Erscheinungen unserer alltägl. Welt verantwortlich ist (Licht, chem. Verbindungen, makroskop. Eigenschaften d. Stoffe).
3) Die *starke K.* hält d. → Nukleonen in d. → Atomkernen zusammen u. regelt im wesentlichen das Verhalten d. → Elementarteilchen.
4) Die *schwache K.* regelt e. best. Art d. radioaktiven Zerfalls (Beta-Zerfall).

Kraftfahrzeug, Abk. *Kfz,* durch Maschinenkraft bewegtes, nicht schienengebundenes Landfahrzeug (→ Tafel).

Kraftfahrzeugbrief, wird bei erstmaliger Zulassung ausgestellt, dient dem Eigentumsnachweis, muß bei jedem Eigentumswechsel usw. vorgelegt werden (entsprechend: Anhängerbrief). Der *Kraftfahrzeugschein* wird nach Halter- oder Kennzeichenwechsel neu ausgestellt.

Deutsche Kraftfahrzeug-Kennzeichen

A	Augsburg	DAH	Dachau	GHA	Geithain	IZ	Itzehoe/Steinburg
AA	Aalen	DAN	Lüchow/Dannenberg	GHC	Gräfenhainchen	J	Jena
AB	Aschaffenburg	DAU	Daun	GI	Gießen	JE	Jessen
ABG	Altenburg	DBR	Bad Doberan	GL	Bergisch-Gladbach	K	Köln
AC	Aachen	DD	Dresden	GM	Gummersbach	KA	Karlsruhe
AE	Auerbach	DE	Dessau	GMN	Grimmen	KB	Korbach
AIC	Aichach	DEG	Deggendorf	GNT	Genthin	KC	Kronach
AK	Altenkirchen	DEL	Delmenhorst	GO	Güstrow	KE	Kempten
AM	Amberg/Opf.	DGF	Dingolfing/Landau	GÖ	Göttingen	KEH	Kelheim
AN	Ansbach	DH	Diepholz	GP	Göppingen	KF	Kaufbeuren
ANA	Annaberg	DL	Döbeln	GR	Görlitz	KG	Bad Kissingen
ANK	Anklam	DLG	Dillingen	GRH	Großenhain	KH	Bad Kreuznach
AÖ	Altötting	DM	Demmin	GRM	Grimma	KI	Kiel
APD	Apolda	DN	Düren	GRZ	Greiz	KIB	Kirchheim-Bolanden
ARN	Arnstadt	DO	Dortmund	GS	Goslar	KL	Kaiserslautern
ART	Artern	DON	Donauwörth	GT	Gütersloh	KLE	Kleve
AS	Amberg/Sulzbach	DU	Duisburg	GTH	Gotha	KLZ	Klötze
ASL	Aschersleben	DÜW	Bad Dürkheim	GÜ	Güstrow	KM	Kamenz
AT	Altentreptow	DW	Dippoldiswalde	GVM	Grevesmühlen	KN	Konstanz
AU	Aue	DZ	Delitzsch	GW	Greifswald, Kr.	KO	Koblenz
AUR	Aurich	E	Essen	GZ	Günzburg	KÖT	Köthen
AW	Ahrweiler	EB	Eilenburg	H	Hannover	KR	Krefeld
AZ	Alzey	EBE	Ebersberg	HA	Hagen	KS	Kassel
B	Berlin	ED	Erding	HAL	Halle	KT	Kitzingen
BA	Bamberg	EE	Elbe-Elster	HAM	Hamm	KU	Kulmbach
BAD	Baden-Baden	EF	Erfurt	HAS	Hassfurth	KÜN	Künzelsau
BAR	Barnim	EI	Eichstätt	HB	Hansestadt Bremen	KUS	Kusel
BB	Böblingen	EIL	Eisleben	HBN	Hildburghausen	L	Leipzig
BBG	Bernburg	EIS	Eisenberg	HBS	Halberstadt	LA	Landshut
BC	Biberach a. d. Riß	EL	Emsland	HC	Hainichen	LAU	Lauf a. d. Pegnitz
BED	Brand-Erbisdorf	EM	Emmendingen	HD	Heidelberg	LB	Ludwigsburg
BGL	Berchtesgadener Land	EMD	Emden	HDH	Heidenheim	LBS	Lobenstein
BI	Bielefeld	EMS	Bad Ems	HDL	Haldensleben	LBZ	Lübz
BIR	Birkenfeld	EN	Schwelm/Ennepe	HE	Helmstedt	LD	Landau/Pfalz
BIT	Bitburg	ER	Erlangen	HEF	Hersfeld/Rotenburg	LDK	Lahn-Dill-Kreis
BIW	Bischofswerda	ERB	Erbach/Odenwald	HEI	Heide	LDS	Landkr. Dahme-Spreewald
BL	Balingen	ERH	Erlangen/Höchstadt	HER	Herne	LER	Leer
BM	Bergheim	ES	Esslingen	HET	Hettstedt	LEV	Leverkusen
BN	Bonn	ESA	Eisenach	HF	Herford	LG	Lüneburg
BNA	Borna	ESW	Eschwege	HG	Bad Homburg	LI	Lindau
BO	Bochum	EU	Euskirchen	HGN	Hagenow	LIF	Lichtenfels
BOR	Borken	F	Frankfurt/M.	HGW	Hansestadt Greifswald	LIP	Lippe/Detmold
BOT	Bottrop	FB	Friedberg	HH	Hansestadt Hamburg	LL	Landsberg a. Lech
BRA	Brake	FD	Fulda	HHM	Hohenmölsen	LM	Limburg/Weilburg
BRB	Brandenburg	FDS	Freudenstadt	HI	Hildesheim	LOS	Landkreis Oder-Spree
BRG	Burg	FF	Frankfurt/O.	HIG	Heiligenstadt	LÖ	Lörrach
BS	Braunschweig	FFB	Fürstenfeldbruck	HL	Hansestadt Lübeck	LÖB	Löbau
BT	Bayreuth	FG	Freiberg	HM	Hameln/Pyrmont	LSZ	Bad Langensalza
BTF	Bitterfeld	FL	Flensburg	HN	Heilbronn	LU	Ludwigshafen
BÜS	Büsingen	FLÖ	Flöha	HO	Hof	LWL	Ludwigslust
BÜZ	Bützow	FN	Friedrichshafen	HOL	Holzminden	M	München
BZ	Bautzen	FO	Forchheim	HOM	Homburg	MA	Mannheim
C	Chemnitz	FR	Freiburg	HOT	Hohenstein-Ernstthal	MAB	Marienberg
CB	Cottbus	FRG	Freyung/Grafenau	HP	Heppenheim	MB	Miesbach
CE	Celle	FRI	Friesland	HR	Homberg	MC	Malchin
CHA	Cham	FS	Freising	HRO	Hansestadt Rostock	MD	Magdeburg
CLP	Cloppenburg	FT	Frankenthal	HS	Heinsberg	ME	Mettmann
CO	Coburg	FTL	Freital	HSK	Hochsauerland-Kreis	MEI	Meißen
COC	Cochem	FÜ	Fürth	HST	Hansestadt Stralsund	MER	Merseburg
COE	Coesfeld	G	Gera	HU	Hanau	MG	Mönchengladbach
CUX	Cuxhaven	GA	Gardelegen	HV	Havelberg	MGN	Meiningen
CW	Calw	GAP	Garmisch-Partenkirchen	HVL	Havelland	MH	Mülheim a. d. Ruhr
D	Düsseldorf	GC	Glauchau	HWI	Hansestadt Wismar	MHL	Mühlhausen
DA	Darmstadt	GDB	Gadebusch	HX	Höxter	MI	Minden/Lübbecke
		GE	Gelsenkirchen	HY	Hoyerswerda	MIL	Miltenberg
		GER	Germersheim	IGB	St. Ingbert	MK	Märkischer Kreis
		GF	Gifhorn	IL	Ilmenau	MM	Memmingen
		GG	Groß-Gerau	IN	Ingolstadt	MN	Mindelheim

MOL	Märkisch-Oderland	PS	Pirmasens	STL	Stollberg		**Noch gültige Kraftfahrzeug-Kennzeichen, die – bedingt durch Gebiets- und Verwaltungsreformen – nicht mehr zugeteilt werden und künftig auslaufen:**
MOS	Mosbach	PW	Pasewalk	SU	Siegburg		
MR	Marburg/Biedenkopf	QFT	Querfurt	SÜW	Südliche Weinstraße		
MS	Münster	QLB	Qedlinburg	SW	Schweinfurt		
MSP	Main/Spessart	R	Regensburg	SZ	Salzgitter		
MTK	Main/Taunus-Kreis	RA	Rastatt	SZB	Schwarzenberg		
MÜ	Mühldorf a. Inn	RC	Reichenbach	TBB	Tauberbischofsheim		
MYK	Mayen/Koblenz	RD	Rendsburg/Eckernförde	TET	Teterow		
MZ	Mainz	RDG	Ribnitz-Damgarten	TF	Teltow-Fläming	AH	Ahaus
MZG	Merzig/Wadern	RE	Recklinghausen	TG	Torgau	AIB	Bad Aibling
N	Nürnberg	REG	Regen	TIR	Tirschenreuth	AL	Altena
NB	Neubrandenburg	RH	Roth	TÖL	Bad Tölz/Wolfratshausen	ALF	Alfeld Leine
ND	Neuburg (Donau)/ Schrobenhausen	RIE	Riesa	TR	Trier	ALS	Alsfeld
		RL	Rochlitz	TS	Traunstein	ALZ	Alzenau i. Ufr.
NDH	Nordhausen	RM	Röbel/Müritz	TÜ	Tübingen	ANG	Angermünde
NE	Neuss	RO	Rosenheim	TUT	Tuttlingen	AR	Arnsberg
NEA	Neustadt a. d. Aisch	ROS	Rostock, Kreis	UE	Uelzen	ASD	Aschendorf-Hümmling
NEB	Nebra	ROW	Rotenburg/Wümme	UEM	Ueckermünde	BCH	Buchen
NES	Bad Neustadt a. d. Saale	RS	Remscheid	UL	Ulm	BE	Beckum
NEW	Neustadt a. d. Waldnaab	RSL	Roßlau	UM	Uckermark	BEI	Beilngries
NF	Nordfriesland	RT	Reutlingen	UN	Unna	BEL	Belzig
NH	Neuhaus	RU	Rudolstadt	VB	Vogelsberg-Kreis	BER	Bernau
NI	Nienburg	RÜD	Rüdesheim	VEC	Vechta	BF	Burgsteinfurt
NK	Neunkirchen	RÜG	Rügen	VER	Verden/Aller	BGD	Berchtesgaden
NM	Neumarkt i. d. Opf.	RV	Ravensburg	VIE	Viersen	BH	Bühl
NMB	Naumburg	RW	Rottweil	VK	Völklingen	BID	Biedenkopf
NMS	Neumünster	RZ	Ratzeburg	VS	Villingen/Schwenningen	BIN	Bingen
NOH	Nordhorn/Bentheim	S	Stuttgart	W	Wuppertal	BK	Backnang
NOM	Northeim	SAD	Schwandorf	WAF	Warendorf	BKS	Bernkastel
NR	Neuwied/Rhein	SAW	Salzwedel	WB	Wittenberg	BLB	Berleburg
NU	Neu-Ulm	SB	Saarbrücken	WBS	Worbis	BOG	Bogen
NW	Neustadt a. d. Weinstraße	SBG	Strasburg	WDA	Werdau	BOH	Bocholt
NY	Niesky	SBK	Schönebeck	WE	Weimar	BR	Bruchsal
NZ	Neustrelitz	SC	Schwabach	WEN	Weiden i. d. Opf.	BRI	Brilon
OA	Oberallgäu	SCZ	Schleiz	WES	Wesel	BRK	Bad Brückenau
OAL	Ostallgäu	SDH	Sondershausen	WF	Wolfenbüttel	BRL	Braunlage
OB	Oberhausen	SDL	Stendal	WHV	Wilhelmshaven	BRV	Bremervörde
OBG	Osterburg	SE	Bad Segeberg	WI	Wiesbaden	BSB	Bersenbrück
OC	Oschersleben	SEB	Seibnitz	WIL	Bernkastel/Wittlich	BSK	Beeskow
OD	Bad Oldesloe	SFA	Soltau/Fallingbostel	WIS	Wismar, Kreis	BU	Burgdorf
OE	Olpe	SFT	Staßfurt	WL	Winsen/Luhe	BÜD	Büdingen
OF	Offenbach a. Main	SG	Solingen	WLG	Wolgast	BÜR	Büren
OG	Offenburg	SGH	Sangershausen	WM	Weilheim/Schongau	BUL	Burglengenfeld
OH	Ostholstein/Eutin	SHA	Schwäbisch Hall	WMS	Wolmirstedt	BZA	Bergzabern
OHA	Osterode/Harz	SHG	Stadthagen	WN	Waiblingen	CA	Calau
OHV	Oberhavel	SHL	Suhl	WND	St. Wendel	CAS	Castrop-Rauxel
OHZ	Osterholz-Scharmbeck	SI	Siegen	WO	Worms	CLZ	Clausthal-Zellerfeld
OL	Oldenburg	SIG	Sigmaringen	WOB	Wolfsburg	CR	Crailsheim
OPR	Ostprignitz-Ruppin	SIM	Simmern	WR	Wernigerode	DI	Dieburg
OS	Osnabrück	SK	Saalkreis/Halle	WRN	Waren	DIL	Dillenburg
OSL	Oberspreewald-Lausitz	SL	Schleswig/Flensburg	WSF	Weißenfels	DIN	Dinslaken
OVL	Obervogtland	SLF	Saalfeld	WST	Westerstede	DIZ	Diez
OZ	Oschatz	SLN	Schmölln	WSW	Weißwasser	DKB	Dinkelsbühl
P	Potsdam	SLS	Saarlouis	WT	Waldshut	DS	Donaueschingen
PA	Passau	SLZ	Bad Salzungen	WTM	Wittmund	DT	Lippe/Detmold
PAF	Pfaffenhofen a. d. Ilm	SM	Schmalkalden	WÜ	Würzburg	DUD	Duderstadt
PAN	Pfarrkirchen/Rottal-Inn	SN	Schwerin	WUG	Weißenburg/Gunzenhausen	EBN	Ebern
PB	Paderborn	SO	Soest	WUN	Wunsiedel	EBS	Ebermannstadt
PCH	Parchim	SON	Sonneberg	WUR	Wurzen	ECK	Eckernförde
PE	Peine	SÖM	Sömmerda	WW	Westerwald	EG	Eggenfelden
PF	Pforzheim	SP	Speyer	WZL	Wanzleben	EH	Eisenhüttenstadt
PI	Pinneberg	SPN	Spree-Neiße	Z	Zwickau	EHI	Ehingen
PIR	Pirna	SR	Straubing/Bogen	ZE	Zerbst	EIH	Eichstätt
PL	Plauen	SRO	Stadtroda	ZI	Zittau	EIN	Einbeck
PLÖ	Plön	ST	Steinfurt	ZP	Zschopau	ERK	Erkelenz
PM	Potsdam-Mittelmark	STA	Starnberg	ZR	Zeulenroda	ESB	Eschenbach i. d. Opf.
PN	Pößneck	STB	Sternberg	ZW	Zweibrücken	EUT	Eutin
PR	Prignitz	STD	Stade	ZZ	Zeitz	EW	Eberswalde

Deutsche KFZ-Kennzeichen

FAL	Fallingbostel	LR	Lahr	SEF	Scheinfeld	BP	Deutsche Bundespost
FI	Finsterwalde	LS	Märkischer Kreis	SEL	Selb	BW	Bundes-Wasser- und Schiff-
FDB	Friedberg	LÜD	Lüdenscheid	SF	Sonthofen		fahrtsverwaltung
FEU	Feuchtwangen	LÜN	Lünen	SLE	Schleiden		
FH	Frankfurt/Main-Höchst	LUK	Luckenwalde	SLG	Saulgau	DB	Deutsche Bundesbahn
FKB	Frankenberg	MAI	Mainburg	SLÜ	Schlüchtern		
FOR	Forst	MAK	Marktredwitz	SMÜ	Schwabmünchen	Y	Dienstfahrzeuge der Bun-
FRW	Bad Freienwalde	MAL	Mallersdorf	SFB	Senberg		deswehr
FÜS	Füssen	MAR	Marktheidenfeld	SNH	Sinsheim		
FW	Fürstenwalde	MED	Meldorf	SOB	Schrobenhausen	**Länder**	
FZ	Fritzlar	MEG	Melsungen	SOG	Schongau		
GAN	Bad Gandersheim	MEL	Melle	SOL	Soltau	B	Berlin
GD	Schwäbisch Gmünd	MEP	Meppen	SPB	Spremberg	BBL	Brandenburg
GEL	Geldern	MES	Meschede	SPR	Springe	BWL	Baden-Württemberg
GEM	Gemünden a. Main	MET	Mellrichstadt	STE	Staffelstein	BYL	Bayern
GEO	Gerolzhofen	MGH	Bad Mergentheim	STH	Stadthagen	HB	Freie Hansestadt Bremen
GK	Geilenkirchen	MO	Moers	STO	Stockach	HEL	Hessen
GLA	Gladbeck	MOD	Marktoberdorf	SUL	Sulzbach-Rosenberg	HH	Freie Hansestadt Hamburg
GN	Gelnhausen	MON	Monschau	SWA	Bad Schwalbach	LSA	Sachsen-Anhalt
GOA	Sankt Goar	MT	Montabaur	SY	Syke	LSN	Sachsen
GOH	Sankt Goarshausen	MÜB	Müncherg	TE	Tecklenburg	MVL	Mecklenburg-Vorpommern
GRA	Grafenau	MÜL	Müllheim	TÖN	Tönning	NL	Niedersachsen
GRI	Griesbach i. R.	MÜN	Münsingen	TT	Tettnang	NRW	Nordrhein-Westfalen
GRS	Gransee	MY	Mayen	ÜB	Überlingen	RPL	Rheinland-Pfalz
GUB	Guben	NAB	Nabburg	UFF	Uffenheim	SAL	Saarland
GUN	Gunzenhausen	NAI	Naila	USI	Usingen	SH	Schleswig-Holstein
GV	Grevenbroich	NAU	Nauen	VAI	Vaihingen	THL	Thüringen
HAB	Hammelburg	NEC	Neustadt b. Coburg	VIB	Vilsbiburg		Landesregierung und Land-
HCH	Hechingen	NEN	Neunburg vorm Wald	VIT	Viechtach		tag, Zulassungsstelle Erfurt,
HEB	Hersbruck	NEU	Neustadt im Schwarzwald	VL	Villingen		Stadt
HIP	Hilpoltstein	NIB	Niebüll	VOF	Vilshofen		
HMÜ	Hann. Münden	NÖ	Nördlingen	VOH	Vohenstrauß	**Diplomatisches Corps und**	
HOG	Hofgeismar	NOR	Norden	WA	Waldeck	**bevorrechtigte intern.**	
HOH	Hofheim	NP	Neuruppin	WAN	Wanne-Eickel	**Organisationen**	
HOR	Horb	NRÜ	Neustadt a. Rüb.	WAR	Warburg		
HÖS	Höchstadt a. d. Aisch	NT	Nürtingen	WAT	Wattenscheid	0	Fahrzeuge des diplomati-
HÜN	Hünfeld	OBB	Obernburg a. Main	WD	Wiedenbrück		schen Corps und bevor-
HUS	Husum	OCH	Ochsenfurt	WEB	Westerburg		rechtigter internationaler
HW	Halle	ÖHR	Öhringen	WEG	Wegscheid		Organisationen
HZ	Herzberg	OLD	Oldenburg/Holst.	WEL	Weilburg	X	Bundeswehr für Fahrzeuge
ILL	Illertissen	OP	Opladen	WEM	Wesermünde		der NATO-Hauptquartiere
IS	Iserlohn	OR	Oranienburg	WER	Wertingen		
JB	Jüterbog	OTT	Otterndorf	WG	Wangen	**Österreich**	
JEV	Jever	OTW	Ottweiler	WIT	Witten		
JÜL	Jülich	OVI	Oberviechtach	WIZ	Witzenhausen	**BURGENLAND**	
KAR	Karlstadt	PAR	Parsberg	WOH	Wolfhagen		
KEL	Kehl	PEG	Pegnitz	WOL	Wolfach	E	Eisenstadt
KEM	Kemnath	PER	Perleberg	WOR	Wolfratshausen	EU	Eisenstadt/Umgebung
KK	Kempen-Krefeld	PK	Pritzwalk	WOS	Wolfstein	ND	Neusiedl am See
KÖN	Königshofen i. Gr.	PRÜ	Prüm	WS	Wasserburg	MA	Mattersburg
KÖZ	Kötzting	PZ	Prenzlau	WTL	Wittlage	OP	Oberpullendorf
KRU	Krumbach	REH	Rehau	WÜM	Waldmünchen	OW	Oberwart
KW	Königs Wusterhausen	REI	Bad Reichenhall	WZ	Wetzlar	GS	Güssing
KY	Kyritz	RI	Rinteln	ZEL	Zell/Mosel	JE	Jennersdorf
L	Lahn-Kreis	RID	Riedenburg	ZIG	Ziegenhain		
LAN	Landau a. d. Isar	RN	Rathenow			**KÄRNTEN**	
LAT	Lauterbach	ROD	Roding				
LC	Luckau	ROF	Rotenburg Fulda	**SONDERKENNZEICHEN**		K	Klagenfurt
LE	Lemgo	ROH	Rotenburg Hannover			VI	Villach
LEO	Leonberg	ROK	Rockenhausen	**Bund**		VL	Villach/Land
LF	Laufen	ROL	Rottenburg/L.			WO	Wolfsberg
LH	Lüdinghausen	ROT	Rothenburg/T.	BD	Dienstfahrzeuge des Bundes-	SP	Spittal a. d. Drau
LIB	Bad Liebenwerda	RY	Rheydt		tages, des Bundesrates, des	FE	Feldkirchen
LIN	Lingen	SAB	Saarburg		Bundespräsidialamtes, der	HE	Hermagor
LK	Lübbecke	SÄK	Säckingen		Bundesregierung und des	SV	St. Veit a. d. Glan
LN	Lübben	SAN	Stadtsteinach		Bundesverfassungsgerichts	KL	Klagenfurt/Land
LOH	Lohr a. Main	SDT	Schwedt/Oder			VK	Völkermarkt
LP	Lippstadt	SEE	Seelow	BG	Dienstfahrzeuge des		
					Bundesgrenzschutzes		

Kraftfahrzeughaftung, Halter eines Kfz ist z. Schadensersatz auch ohne Verschulden verpflichtet, wenn bei dem Betrieb eines Kfz jemand getötet, verletzt oder eine Sache beschädigt wird, Umfang der K. durch §§ 7 ff. StVG begrenzt; *keine Haftung* bei unabwendbarem Ereignis gegenüber Mitfahrenden bei unentgelt. Beförderung, bei Kfz mit 20 km/h Höchstgeschwindigkeit; bei Verschulden unbeschränkte Haftung auch d. Fahrers nach d. Bestimmungen des BGB. Haftpflichtvers. gesetzl. vorgeschrieben; bei Zuwiderhandlung Freiheits- u. Geldstrafen sowie Einziehung d. Fahrzeugs möglich.

Kraftfahrzeugindustrie, umfaßt Kraftfahrzeugteile-, Kraftfahrzeugzubehör- u. Reifenfabrikation, wird m. Roh- u. Halbfabrikaten versorgt von Stahl- u. Eisen-, Metall-, Säge-, Textil-, Glas-, Keramik-, chem. Werken, Lederfabriken; Grundlage d. Kraftverkehrswirtsch. (Tankstellen, Garagenbetriebe, Werkstätten usw.).

Kraftfahrzeug-Kennzeichen, VO, Neufassung 1988, dienen d. polizeil. Registrierung des Kfz u. werden durch die Zulassungsstelle erteilt (§ 23 StVZO). 1989 geändert: für alle Kfz sind reflektierende Kennzeichen vorgeschrieben.

Kraftfahrzeugsteuer, wird nach Hubraum (b. Zwei- u. Dreiradkraftfahrzeugen, Personenkraftwagen, ausgenommen Zugmaschinen) u. dem verkehrsrechtl. höchstzuläss. Gesamtgewicht des Fahrzeuges (b. Lastkraftwagen, Omnibussen, Anhängern, Zugmaschinen) berechnet.

Kraftfahrzeugzulassung, Voraussetzung f. d. Betrieb e. zulassungspflicht. Kfz (§ 18 StVZO) auf öff. Wegen u. Plätzen, erteilt Zulassungsstelle. Neuzulassungen fabrikneuer K.e in d. BR (1994) 3,56 Mill.

Kraftfeld, Raumteil, in dem Körper Kraftwirkungen unterliegen, z. B. bei Magneten, Richtung der K. abhängig v. Verlauf d. **Kraftlinien** (Abb. *a* magnet., *b* el. Feld um zwei stromdurchflossene bzw. el. geladene Leiter).

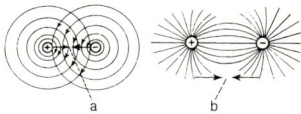

Kraftfeld, *Richtung der Kraftwirkung*

Kraftloserklärung, d. durch Ausschlußurteil im Aufgebotsverfahren (z. B. bei Wertpapieren, Hypothekenbriefen) od. durch Gerichtsbeschluß (z. B. bei unrichtigem Erbschein) erfolgte Rechtsakt, kraft dessen Urkunden ihre Wirksamkeit verlieren.

Kraftmesser, *Dynamometer,* zum Messen v. Kräften; einfachste Form: Federwaage.

Kraftwerk, Anlage zur Erzeugung von el. Strom als Energie, → Elektrizitätswerk (→ Tafel Elektrizität); je nach Kraftquelle *Wasser-K.* (Speicher-, Flut-, Gezeiten-K.) od. *Dampf-K.* (Kohle, Erdgas, Erdöl, Atomenergie).

Krag [krɑːˈüˈ], Jens Otto (15. 9. 1914 bis 22. 6. 78), dän. sozialdemokr. Pol.; 1962–68 u. 1971/72 Min.präs.

NIEDERÖSTERREICH

P	St. Pölten/Land
AM	Amstetten
BN	Baden
BL	Bruck a. d. Leitha
GF	Gänserndorf
GD	Gmünd
HL	Hollabrunn
HO	Horn
KO	Korneuburg
KR	Krems a. d. Donau
LF	Lilienfeld
ME	Melk
MI	Mistelbach
MD	Mödling
NK	Neunkirchen
PL	St. Pölten
SB	Scheibbs
TU	Tulln
WT	Waidhofen a. d. Thaya
WB	Wiener Neustadt
WU	Wien-Umgebung
Z	Zwettl
WN	Wiener Neustadt
KS	Mag. Krems a. d. Donau
WY	Mag. Waidhofen a. d. Ybbs
SW	Schwechat

OBERÖSTERREICH

L	Linz
BR	Braunau am Inn
EF	Eferding
FR	Freistadt
GM	Gmunden
GR	Grieskirchen
KI	Kirchdorf a. d. Krems
LL	Linz-Land
PE	Perg
RI	Ried im Innkreis
RO	Rohrbach im Mühlkreis
SD	Schärding
SE	Steyr-Land
UU	Urfahr-Umgebung
VB	Vöcklabruck
WL	Wels/Land
SR	Steyr
WE	Wels

SALZBURG

S	Salzburg
SL	Salzburg-Umgebung
HA	Hallein
JO	St. Johann
ZE	Zell am See
TA	Tamsweg

STEIERMARK

G	Graz
GU	Graz-Umgebung
BM	Bruck an der Mur
DL	Deutschlandsberg
FB	Feldbach
FF	Fürstenfeld
HB	Hartberg
JU	Judenburg
KF	Knittelfeld
LB	Leibnitz
LN	Leoben/Umgebung
LI	Liezen
MU	Murau
MZ	Mürzzuschlag
RA	Radkersburg
VO	Voitsberg
WZ	Weiz
GB	Exp. Gröbming
BA	Exp. Bad Aussee
LE	Leoben

TIROL

I	Innsbruck
IL	Innsbruck/Land
IM	Imst
KB	Kitzbühel
KU	Kufstein
LA	Landeck
RE	Reutte
SZ	Schwaz
LZ	Lienz

VORARLBERG

B	Bregenz
FK	Feldkirch
BZ	Bludenz
DO	Dornbirn

WIEN

W	Wien

SONDERKENNZEICHEN

BP	Bundespolizei
BG	Bundesgendarmerie
ZW	Zollwache
BB	Österreichische Bundesbahnen
PT	Post- und Telegraphenverwaltung
BD	Omnibusse der ÖBB und Post
BH	Heeresfahrzeuge
JW	Justizwache

Schweiz

AG	Aargau
AI	Appenzell-Innerrhoden
AR	Appenzell-Außerrhoden
BE	Bern
BL	Basel-Land
BS	Basel-Stadt
FR	Freiburg
GE	Genf
GL	Glarus
GR	Graubünden
JU	Jura
LU	Luzern
NE	Neuenburg
NW	Nidwalden
OW	Obwalden
SG	St. Gallen
SH	Schaffhausen
SO	Solothurn
SZ	Schwyz
TG	Thurgau
TI	Tessin
UR	Uri
VD	Waadt
VS	Wallis
ZG	Zug
ZH	Zürich

INTERNATIONALE UNTERSCHEIDUNGSZEICHEN
(Auswahl)

A	Österreich
AL	Albanien
AND	Andorra
B	Belgien
BG	Bulgarien
BIH	Bosnien-Herzegowina
BLR	Weißrußland
CH	Schweiz
CDN	Kanada
CY	Zypern
CZ	Tschechien
D	Deutschland
DK	Dänemark
E	Spanien
EW	Estland
F	Frankreich
FL	Liechtenstein
GB	Großbritannien
GR	Griechenland
H	Ungarn
HR	Kroatien
I	Italien
IL	Israel
IR	Iran
IRL	Irland
IRQ	Irak
IS	Island
L	Luxemburg
LT	Litauen
LV	Lettland
M	Malta
MC	Monaco
MOL	Moldawien
N	Norwegen
NL	Niederlande
P	Portugal
PL	Polen
RO	Rumänien
RSM	San Marino
RUS	Russische Föderation
S	Schweden
SF	Finnland
SK	Slowakei
SLO	Slowenien
TAD	Tadschikistan
TN	Tunesien
TR	Türkei
UA	Ukraine
UK/GB	Vereinigtes Königreich Großbritannien und Nordirland
USA	Vereinigte Staaten von Amerika
V	Vatikan
YU	BR Jugoslawien
YV	Venezuela
ZA	Südafrika

Kraggewölbe → Gewölbe.
Kragstein, aus e. Mauer vortretender *(vorkragender)* Stein, meist zur Stützung des Gebälks, als Standort f. Figuren auch *Tragstein;* svw. → Konsole.
Kragujevac [-vats], St. in Serbien (Jugoslawien), 87 000 E; Konserven-, Kraftfahrzeugind.
Krähen, mittelgroße Rabenvögel.

Saatkrähe

Krakau, *Kathedrale auf d. Wawel*

Krähenbeere, heidekrautähnl. Zwergstrauch in Mooren; schwarze Beeren.
Krähennest, Beobachtungsstand im vorderen Schiffsmast, früher auch Mastkorb.
Krähwinkel, dt. Kleinstadt, nach Kotzebue sprichwörtlich für Spießbürgertum.
Kraichgau, breite Senke (Kraich) zw. Schwarzwald u. Odenwald, fruchtbares Hügelland (300 m).
Kraichtal (D-76703), St. i. Kr. Karlsruhe, i. Kraichgau, Ba-Wü., 13 627 E; Textil- u. Kunststoffind., feinmech. Ind.
Krain, Gebirgs- u. Beckenlandschaft in Slowenien; Becken von Laibach (Ljubljana), im W u. N Julische Alpen u. Karawanken, im S Karst; hpts. v. Slowenen bewohnt; Bodenschätze: Quecksilber, Braunkohle; Eisen. – Um 590 Einwanderung v. Slowenen; im 8. Jh. unter Bayernhzg, dann Mark K.; 1335–1918 östr., seit 1919 jugoslaw. (SW-Teil 1919–47 it.).
Krakatau, Vulkaninsel in der Sundastraße, Indonesien, 813 müM; durch die überaus heftigen Ausbrüche vom 26./27. 8. 1883 u. 1930/31 stark verändert.
Krakau, *Kraków,* poln. St. an d. Weichsel, Hptst. d. Woiwodschaft K., 748 000 E; Nat.mus., Akad. d. Wiss., Uni. (s. 1364), Erzbistum; got. Kathedrale (Abb.), Maschinen-, Textil-, elektrotechn. u. Nahrungsmittelind. – 1257 (Magdeburger Recht) gegr., bis 1500 dt.sprachig. Dt. Kulturdenkmäler: got. Marienkirche (Veit Stoß, Peter Vischer), Dom, Renaissanceschloß. – Seit 1320 Krönungs- u. bis 1550 Hptst. Polens; 1795–1918 östr. (1815–46 Freistaat).
Kraken, achtarmige → Tintenfische.
Krakowiak, *m.,* poln. Nationaltanz ($^2/_4$-Takt).
Kral, *m.,* Runddorf der Kaffern und Hottentotten.

Krallenaffen, Affenfamilie im nördl. S-Amerika, klein (25 bis 70 cm) m. Krallenfingern u. -zehen; *Seiden-, Pinsel-, Mohren-, Löwenäffchen.*
Krambambuli, aromat. Kräuterlikör.
Krammetsbeere, Frucht des Vogelbeerbaums.
Krampf, kräftige, anhaltende, unwillkürliche Zus.ziehung von Muskeln, schmerzhaft (z. B. Waden-, Magenkrampf u. a.).
Krampfadern, *Varizen,* durch Blutstauung erweiterte und geschlängelte Venen, meist d. Mastdarmes (Hämorrhoiden) und des Beines, wo sie zu *Krampfadergeschwüren* führen können.
Kramskoj, Iwan Nikolajewitsch (8. 6. 1837–5. 4. 87), russ. Maler; Hptvertr. e. krit., betont soz. ausgerichteten Realismus; *Leo Tolstoj; Christus am Scheideweg.*
Kran, Vorrichtung z. Heben, Senken, Verschieben von Lasten; vielfältige Verwendung: Werkstätten-, Be- u. Entladeanlagen bei Eisenbahn u. Schiffen, Neubauten; nach den jeweiligen Erfordernissen versch. Arten: 1) stationär: 2) fahrbar, a) Drehkräne, b) Laufkräne, c) Wippkräne, d) Turmkräne, e) Kombinationen aus a, b, c, d.
Krängung, seitl. Neigung eines Schiffes.
kranial [gr.], *med.* den Schädel betreffend; kopfwärts.
Kranich,
1) → Sternbilder, Übers.
2) hochbeiniger eurasiat. Moorvogel; viele Arten in wärmeren Erdteilen.
kraniell, den Kopf betreffend.
Kraniologie [gr.], Schädellehre.
Kraniometrie, Schädelmessung.
Kraniotabes, *w.,* Schädelerweichung bei Rachitis.
Kranium, der knöcherne Schädel.
Krankenhaus, öff. Anstalt zur Aufnahme schwer oder zu Hause unzureichend versorgter Kranker; verfügt über alle z. *Erkennung* (Diagnose) u. *Behandlung* (Therapie) von Krankheiten erforderlichen Einrichtungen. Im allg. folgende *Fachabteilungen:* Innere, Chirurgische, Frauen- (geburtshilfliche u. gynäkologische), Kinder-, Orthopädische, Hals-Nasen-Ohren-, Augen-, Urologische (Krankheiten der Harnorgane), Haut- und Geschlechtskrankheiten-, Röntgen- (Diagnostik u. Strahlentherapie), Neurologisch-psychiatrische, Tuberkulose-, Isolier-Abteilung, Intensivstation.
Krankenkassen → Sozialversicherung, Übersicht.
Krankensalbung, früher *Letzte Ölung* gen., Sakrament der kath. u. orthodoxen Kirche. Der Priester salbt den Schwerkranken mit geweihtem Öl u. betet um Vergebung der Sünden u. um Genesung.
Krankenversicherung,
1) *Pflichtversicherung* → Sozialversicherung.
2) *freiwillige K.,* Versicherung m. einer privaten Versicherungsges. auf d. Krankheitsfall; Beiträge u. Leistungen je versch. Gesellschaften unterschiedlich; freie Arztwahl.
Krankl, Hans (* 14. 2. 1953), östr. Fußballspieler; WM-Teilnehmer 1978 u. 82, erfolgreichster Torschütze d. östr. Nat.mannschaft m. 34 Toren.

Kranich

Krater, *etruskisch, um 440 v. Chr.*

Kranzarterien, svw. → Koronararterien.
Kranzgeld, Geldanspruch einer unbescholtenen Verlobten nach Auflösung d. Verlöbnisses aus Verschulden d. Bräutigams, wenn sie ihm d. Beischlaf gestattet hatte (§ 1300 BGB).
Krapfen, *Berliner,* ballenförm., in heißem Fett gesottenes Gebäck m. Marmeladefüllung.
Krapp, *m.,* südeur. Labkraut, in der Wurzel roter Farbstoff *(Färberröte).*
Krasinaiguski, Zygmunt Gf (19. 2. 1812– 23. 2. 59), poln. Dramatiker d. Romantik.
Krasiński, Zygmunt Gf (19. 2. 1812 bis 23. 2. 59), poln. Dramatiker d. Romantik.
Krasnodar, früher *Jekaterinodar,* Hptst. d. russ. Region K. in N-Kaukasien, 620 000 E; Erdölind.
Krasnojarsk, Hptst. d. russ. Region K. in Sibirien, am Jenissei, 912 000 E; Ind.: Wasserkraftwerk (6000 MW) u. Stausee.
Krater, *m.* [l.]
1) ringförm. Vertiefung m. Wallumrandung auf Mond, Merkur, Venus, Mars u. a. Planeten.
2) die trichterförm. Auswurföffnung der → Vulkane, bei erloschenen oft mit Wasser gefüllt: *K.see.*
3) altgriech. Mischgefäß.
Kratylos, (5. Jh. v. Chr.), gr. Phil., Anhänger d. Heraklit, Lehrer Platons; lehrte, daß alles in ununterbrochener Bewegung u. deshalb kein gültiges Urteil über irgend etwas zulässig ist.
Krätze,
1) *Skabies,* durch die *Krätzmilbe* hervorgerufene stark juckende, ansteckende Hautinfektion.
2) Metallabfall b. Metallguß.
Kraul, *s.* [engl. „crawl"], Schwimmart m. wechselseitigem Armzug u. wechselseitigem Auf- u. Abwärtsbewegen d. Beine.
Kraus,
1) Franz Xaver (18. 9. 1840 bis 28. 12. 1901), dt. kath. Theol. u. Archäologe.
2) Karl (28. 4. 1874–12. 6. 1936), östr. zeitkrit. Schriftst., Sprachkritiker u. Essayist; Zeitschrift: *Die Fackel;* Drama: *D. letzten Tage der Menschheit.*
Krause,
1) Günther (* 3. 9. 1953), CDU-Pol.; 1990 DDR-Staatssekretär, 1991 bis 93 B.verkehrsmin.
2) Karl Christian Friedrich (6. 5. 1781 bis 27. 9. 1832), dt. Phil., Begründer d. → Panentheismus *(Krausismo).*
Krauss,
1) Clemens (31. 3. 1893–16. 5. 1954), östr. Dirigent, bes. Strauss (Textbuch zu *Capriccio).*
2) Werner (23. 6. 1884–20. 10. 1959), dt. Bühnen- u. Filmschausp.; *D. Kabinett d. Dr. Caligari; D. freudlose Gasse.*
Kräuter, 1–2jährige nicht verholzende Pflanzen.
Krawatte, aus dem im 18. Jh. noch einfach geschlungenen Halstuch entwickelte sich im 19. Jh. d. teils sehr kunstvoll geschlungene K., bis heute unabdingbares Muß der formellen Herrenkleidung.
Krawtschuk, Leonid Makarowitsch (* 10. 1. 1934), 1991–94 Staatspräs. d. Ukraine.
Kreation, *w.* [l.], Schöpfung.
kreativ, schöpferisch, produktiv.

Kreativität, w., Schöpferkraft.
Kreativtechniken, Methoden zur Problemlösung, Ideenfindung; gebräuchliche Techniken: → Brainstorming, Methode 635, morphologischer Kasten.
Kreatur, w., Geschöpf; auch im verächtl. Sinn.
Krebs,
1) Edwin Gerhard (* 6. 6. 1918), am. Biochemiker, Entdeckung v. Mechanismen, die d. Zus.spiel v. Proteinen im Körper steuern; Nobelpr. Medizin 1992 zus. m. E. H. → Fischer.
2) Sir Hans Adolf (25. 8. 1900–23. 11. 81), engl. Biochem. (intermediärer Stoffwechsel); Nobelpr. 1953.
Krebs,
1) *astronom.* 4. Zeichen d. → Tierkreises; auch → Sternbilder, Übers.
2) *med.* Karzinom, Sarkom, bösartige Geschwulst (Zellwucherungen) teils bekannter, teils unbekannter Ursache, bes. an Schleimhäuten u. drüsigen Organen, seltener an Haut; verbreitet sich leicht auf den Lymph-, auch auf Blutwegen u. bildet Tochtergeschwülste *(Metastasen).* Am häufigsten: Magen-, Darm-, Unterleibs-, Brust-, Lungen-K. Behandlung durch Operation, Röntgen-, Radiumstrahlung u. Chemotherapeutika. Früherkennung von K. bei Frauen (Brust, Gebärmutterhals) ab 30, bei Männern (Prostata) ab 45 Jahren s. 1970 v. d. Krankenkassen getragen.
Krebspest, durch Pilz bewirkte Seuche der Krebse.
Krebsschere, Wasserpflanze m. gezähnten, harten Blättern, weißen Blüten.
Krebstiere, *Crustaceae,* Klasse der Gliederfüßer, meist wasserbewohnend, kiementragend, 2 Paar Fühler, chitinigkalkige Schale. *Niedere K.:* Ruderfüßer, Blattfüßer („Wasserflöhe"), Muschelkrebse, Rankenfüßer („Seepocken"); *Höhere K.* u. a.: Flohkrebse, Asseln, Zehnfüßer *(Langschwänze:* Flußkrebs, Hummer, Garnelen; *Kurzschwänze:* Krabben).
Kredenz, w. [it.], Anrichtetisch bzw. -schrank.
kredenzen, Getränke anbieten, einschenken.
Kredit [l.],
1) s. ['kre-], das Haben, Verbuchung auf der rechten Seite des → Kontos; K.saldo.
2) m. [-'dit], zeitweil. Überlassung v. Kaufkraft; Preis f. den K. ist der (Leih-)Zins, der nach Diskontsatz, jeweil. Risiko u. gestellter Sicherheit versch. hoch ist. Arten: nach d. Form: *Geld-* u. *Natural-(Sachgüter)K.;* nach d. Dauer: kurz-, mittel- u. langfristig. K. nach der Verwendungsart: *Produktiv-K.* (als Anlage- oder als Betriebs-K.) u. *Konsumtiv-K.;* nach d. Sicherung: *Personal-K.* (ohne bes. reale Sicherheit) u. *Real-K.* (Hypotheken-, Lombard-, Wechsel-K.); nach d. Kreditgeber: privater u. öff. (vor allem Staats-)K.
Kreditbanken, Geschäftsbanken, betreiben überwiegend d. Versorgung von Ind., Handwerk u. Handel mit Produktiv-K. (→ Banken, Übers.).
Kreditbrief, Anweisung einer Bank an andere (d. Korrespondenzbank), der Person, auf die d. K. ausgestellt ist, eine best. Geldsumme auf Rechnung der ausstellenden Bank auszuzahlen; bes. als *Reise-K.* ausgebildet im intern. Verkehr; eine Art des Personen-Akkreditivs.
Kreditgenossenschaft → Genossenschaften, Übers.
Kreditinstitute, Sammelbegriff f. alle speziell d. K.geschäft betreibenden Unternehmungen, also → Banken, → Sparkassen u. a., nach dem *K.wesen-Gesetz* vom 10. 7. 1961.
Kreditor, Gläubiger, Ggs.: → Debitor.
Kreditorenkonto, Konto f. Verbindlichkeiten (Lieferanten).
Kreditrestriktion, Einschränkung d. Umfanges d. K.gewährung durch d. Banken; Mittel d. Geldpolitik.
Kreditschöpfung, Schaffung zusätzl. Kaufkraft zur Wirtschaftsbelebung durch die Geschäftsbanken durch Kreditgewährung, → Geldschöpfung.
Kreditwirtschaft, ugs. Variante f. den „Kauf auf Pump".
Krefeld (D-47798–839), kreisfr. St. am Niederrhein, Rgbz. Düsseldorf, NRW, 246 041 E; Hafen, Rheinbrücke; Wasserschloß i. K.-Linn; Dt. Textilmuseum; FHS; LG, AG, IHK; Maschinenbau-, Textil-, Elektro-, Eisen- u. Stahl-, chem. Ind.
Kreide,
1) *weißer Kalkstein,* aus Schalen kleinster Lebewesen als Meeresablagerung entstanden; Vorkommen als grauer Kalkstein fast überall, rein weiß in Dänemark, S-England, Rügen (schroffe Felsen) u. in der Champagne; Verwendung zum Kalkbrennen, geschnitten als *Schreib-K.;* mit Wasser zur Beseitigung grober Teilchen geschlämmt: *Schlämm-K.;* zu Malerfarben, Putz- u. Poliermitteln, mit Leinöl: Glaserkitt.
2) → geologische Formationen, Übers.
kreieren [l.], schaffen, erstenmal vor die Öffentlichkeit bringen (Mode, Bühnenrolle).
Kreis,
1) Wilhelm Heinrich (17. 3. 1873 bis 13. 8. 1955), deutscher Architekt; Denkmäler (*Burschenschafts-Denkmal,* Eisenach, zahlreiche *Bismarcktürme*), Brücken (u. a. in Dresden) u. Warenhäuser (u. a. in Köln), zunächst im historist. Stil; dann expressionist. Tendenzen (urspr. „Gesolei"-Ausstellungsbauten, jetzt Landes- u. Kunstmuseum in Düsseldorf, schließl. Hinwendung zu e. monumentalen, d. Formvorstellungen d. Nationalsozialismus mitbestimmenden Neoklassizismus.
Kreis,
1) Menge aller Punkte, die von e. festen Punkt *(Mittelpunkt)* denselben Abstand (Radius, Halbmesser: *r*) haben; K.umfang = $2 \pi r$, K.inhalt = πr^2 (π = 3,14159 . . .); der Kreis ist ein → Kegelschnitt.
2) unterer staatl. Verw.bez. u. Kommunalverband z. Selbstverw.; Land-K.e der BR im *Dt. Landkreistag* zus.geschlossen; an der Spitze des K.es steht der *Landrat.*
Kreisauer Kreis, Gruppe der dt. Widerstandsbewegung, Männer aus versch. pol. Lagern u. beiden Konfessionen, tagte auf dem Gut *Kreisau* des Grafen *Helmuth James v. Moltke* u. bereitete unter Ablehnung einer gewaltsamen Lösung die Grundlagen für den sittl., pol. u. wirtsch. Wiederaufbau Dtlds vor; im Zus.hang mit Attentat v. 20. 7. 1944 hingerichtet: *Graf v. Moltke, Peter Graf Yorck v. Wartenburg, Theo Haubach, Reichwein, Pater A. Delp SJ, Trott zu Solz, Hans Bernd v. Haeften, Julius Leber.*
Kreisbahngeschwindigkeit, Geschwindigkeit, für die d. Schwerkraft eines die Erde umlaufenden Körpers durch d. Fliehkraft gerade ausgeglichen wird, so daß er e. stabile Umlaufbahn um d. Erde durchlaufen kann. Da d. Schwerkraft m. wachsendem Abstand von d. Erde kleiner wird, wird auch d. K. kleiner.
Kreisel, *math./phys.* beliebig geformter starrer Körper, der in einem einzigen Punkt drehbar gelagert ist u. sich um dieses Rotationszentrum mit allen 3 Freiheitsgraden drehen kann; der Spielkreisel ist in diesem Sinne kein K., da seine Spitze sich auf einer *Fläche* frei bewegt u. nicht in einem Punkt.
Kreiselkompaß, v. *Anschütz-Kämpfe* entwickelt, Scheibe (meist el. betrieben, 20 000 Umdrehungen i. d. Min.) dreht sich um Achse, d. sich selbsttätig dauernd in N–S-Richtung (parallel z. Erdachse) einstellt.
Kreiselpumpe → Pumpe.
Kreisky, Bruno (22. 1. 1911–29. 7. 90), östr. Jurist u. Pol. (SPÖ); 1959–66 Außenmin., 1970–83 B.kanzler, 1967 bis 83 Parteivors.
Kreislaufstörungen, ugs. Begriff, umfaßt vieldeutige Beschwerden, denen niedriger Blutdruck, → Arteriosklerose usw. zugrunde liegen können.
Kreisler, Fritz (2. 2. 1875–29. 1. 1962), östr.-am. Violinist u. Komp.
Kreissäge, schnellaufende Sägemaschine mit scheibenförmigem Sägeblatt; verstellb. Anschlagleisten regulieren d. Schnittbreite.
kreißen, in den Wehen liegen.
Kreißsaal, Raum für Gebärende in Frauenkliniken.
Kreisstadt, St. mit Verwaltungssitz e. Kreises.
Kreissynode → Synode.
Kreistag, oberstes Organ des Kreises als Kommunalverband (Vors.: Landrat); beschließt Kreissatzung und den Haushaltsplan, Richtlinien für die Kreisverwaltung.
Krematorium, s. [l.], Einäscherungshalle; → Leichenverbrennung; erstes dt. K. 1878 in Gotha.
Kreml [russ. „Burg"], burgart. alter Stadtkern vieler russ. Städte, bes. Stadtteil in Moskau; Sitz d. russ. Reg.; Zarenkrönungsschloß, Metropolenpalast, Kathedralen (Mariä Verkündigung, Himmelfahrt), Glockenturm Iwan Weliki, Zarenglocke (größte Kirchenglocke

Edelkrebs

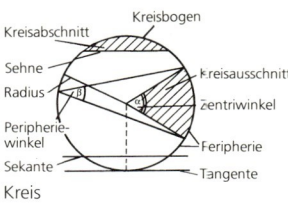

Kreis

Bruno Kreisky

Kreml, *Moskau*

kretische Kunst, *Fresko Lilienprinz, Knossos*, um 1600 v. Chr.

kretische Kunst, *Stier von Knossos*, 16. Jh. v. Chr.

kretische Kunst, *Schlangengöttin aus Knossos*, um 1600 v. Chr.

der Welt, 201 924 kg), Rüst- und Schatzkammer.
krempeln, in der Spinnerei das Verfahren der Zerteilung d. Fasern, Beseitigung von Fremdkörpern usw., durch *Krempelmaschinen*.
Krems an d. Donau (A-3500), St. in Niederöstr., 22 766 E; ma. Altst., Wein- u. Obstbau, Eisenind.; Tourismus.
Kremser, vielsitziger, seitlich offener Ausflugswagen; nach Berliner Fuhrunternehmer benannt.
Kremsier, tschech. *Kroměříž,* St. in Mähren, 29 000 E; 1848/49 1. östr. Reichstag.
Kremsmünster (A-4550), Markt i. Oberöstr., 5963 E; Benediktinerabtei; Sternwarte.
Kren, *m.* [slaw.], Meerrettich.
Křenek [ˈkrʃɛ-] (* 23. 8. 1900 bis 22. 12. 91), östr.-am. Komp.; Sinfonien, Kammermusik, Klavier- u. Vokalwerke; Opern: *Jonny spielt auf; Kaiser Karl V.*
Krenz, Egon (* 19. 3. 1937), DDR-Pol. (SED), Okt.–Dez. 1989 als Nachfolger v. Honecker Gen.sekr. d. ZK der SED u. Vors. d. Staatsrats d. DDR.
Kreolen [span. „criollo"], Bez. f. alle in Lateinamerika von nichtindian. Eltern Geborenen (*weiße* u. *schwarze K.*).
Kreon, i. d. griech. Sage Schwager des Ödipus, König von Theben.
Kreosot, *s.,* aus Buchenholzteer gewonnenes Öl; Gemisch verschiedener Phenole; giftig; dient als Braunkohlenteer z. Imprägnieren v. Holz.
Kreosotöl, Schweröl aus Steinkohlenteer (→ Kohlenwasserstoffe, Übers.).
Krepp, *m.* [frz. „crêpe"], Gewebe mit krauser, körniger Oberfläche; durch unregelmäßiges Verflechten d. Fadens b. Weben od. durch stark gedrehte Garne, d. sich b. Waschen u. Ausrüsten kringeln.
Kresole, *Hydroxytoluole,* dem Phenol ähnliche organ.-chem. Verbindungen im Steinkohlen- u. Holzteer; zur Desinfektion, in Seifen, zu Farbstoffen.
Kressbronn am Bodensee (D-88079), Gemeinde im Bodenseekreis, Ba-Wü., 7152 E; Obstanbau; Fremdenverkehr.
Kresse, Bez. versch. Kreuzblütler (z. B. → Brunnenkresse).

kretische Kunst, *Goldener Kettenanhänger, Malia,* 17. Jh. v. Chr.

kretische Kunst, *Steinvase aus Zakros*

Krems, *Steiner Tor*

Kreta, griech. *Krḗtē,* Kandia, größte griech. Insel, im Mittelmeer, 8336 km², 537 000 E; verkarstetes Kalkgebirge (*Ida* 2498 m), vorwiegend buchtenreiche N-Küste bewohnt; in fruchtbaren Gebirgstälern Wein-, Obst- u. Olivenanbau; Hptst. *Heraklion.* – 3000–1500 v. Chr. kultureller Mittelpunkt des Mittelmeeres: *kretisch-minoische Kultur* um 1400 v. Chr. von d. Griechen, 67 v. Chr. von den Römern erobert; 1204–1669 zu Venedig, dann türk. (bis 1913).
kretazisch, *geolog.* zur Kreideperiode gehörend.
Krethi und Plethi, urspr. die aus *Kretern* und *Philistern* gemischte Leibwache Kg Davids, daher svw. gemischte Gesellschaft.
Kretin [frz. –ˈtɛ:], geistig Minderwertiger, Idiot; *Kretinismus,* angeborene, anlagebedingte schwere geist. u. körperl. Beeinträchtigung, in Verbindung mit Schilddrüsenunterfunktion, vor allem in Bergtälern, wahrscheinlich infolge eines Jodmangels des Trinkwassers; → Zwergwuchs, Kropf, Verblödung.
kretische Kunst, nach d. sagenhaften König Minos in Knossos auch sog. *minoische Kunst,* um 2900–um 1200 v. Chr. auf Kreta, d. kulturellen Mittelpunkt d. Ägäis; durch ihre stilprägende Wirkung auf d. → mykenische Kunst d. griech. Festlands entwickelte sich in d. hellad. Periode d. Bronzezeit d. k.-myken. Kunst (um 1600–um 1100 v. Chr.); *Löwentor* v. Mykene, unbefestigte Paläste v. hohem Wohnkomfort u. a. in Knossos u. Phaistos; starkfarb. stilisierende Malerei; Kleinkunst u. Kunstgewerbe.
Kretonne [frz. -ˈtɔn], mehr oder weniger dichte, aus kräftiger Baumwollgewebe, gröbere Qualitäten bedruckt f. Inneneinrichtungen, feinere f. Wäsche.
Kretscham, *m.* [wendisch], Wirtshaus (Spreewald, Niederschlesien).
Kretschmer,
1) Ernst (8. 10. 1888–8. 2. 1964), dt. Psychiater; Einteilung d. Menschen nach ihrer Konstitution (→ Körperbautypen); *Körperbau u. Charakter.*
2) Otto (* 1. 5. 1912), dt. Flottillenadm.; im 2. Weltkr. erfolgreichster U-Boot-Kommandant; Bundesmarine 1956–70.

Kretschmer, *m.,* Gastwirt.
Kretzschmar, Hermann (19. 1. 1848 bis 12. 5. 1924), dt. Musikforscher; *Führer durch den Konzertsaal.*
Kreuder,
1) Ernst (29. 8. 1903–24. 12. 72), dt. surrealist. Schriftst.; *Die Gesellschaft vom Dachboden.*
2) Peter (18. 8. 1905–28. 6. 81), dt. Film- u. Schlagerkomponist.
Kreuth (D-83708), heilklimat. Kurort s. v. Tegernsee, Kr. Miesbach, O.bay., 800 müM, 3584 E; Wintersportplatz.
Kreutzberg, Harald (11. 12. 1902 bis 25. 4. 68), dt. Tänzer u. Choreograph.
Kreutzer,
1) Conradin (22. 11. 1780–14. 12. 1849), dt. Komp., Oper: *Das Nachtlager von Granada;* Hobellied in Raimunds *Verschwender.*
2) Rodolphe (16. 11. 1766–6. 1. 1831), frz. Geiger; ihm widmete Beethoven s. Violinsonate op. 47 *(Kreutzer-Sonate).*

† ✝ ☩ ✕ ✣
Kreuzformen

Kreuz,
1) seit uralten Zeiten bei fast allen Völkern in versch. Formen nachweisbar; d. röm. Marterpfahl wurde durch d. Tod Christi Symbol des Christentums; Formen (Abb. v. links nach rechts): lat. K., griech. K., russ. K., Andreas-K., Johanniter-(Malteser-)K.
2) *astronom.* → Sternbilder, Übers.
3) Kreuzzeichen in d. *Musik,* #, bedeutet Erhöhung um einen halben Ton.
Kreuzau (D-52372), Gem. i. Kr. Düren, NRW, 15 848 E; Papierind.
Kreuzband,
1) Innenband d. Kniegelenks.
2) *Streifband,* Umhüllung von Drucksachen zum Postversand.
Kreuzbein, *Kreuz,* dreieckiger Knochen, Fortsetzung d. Lendenwirbelsäule nach unten, aus zusammengewachsenen Wirbeln bestehend, hält die Beckenschaufeln zusammen.
Kreuzblume,
1) in d. got. Baukunst als stilisierte Blume aus kreuzförm. angeordneten Blät-

Wald-Kreuzkraut   Gemeines Kreuzkraut   Rankenblättriges Kreuz- o. Geiskraut l., Blatt vom Jakobs-Kreuzkraut r.

tern od. Knospen gestaltetes Ornament z. Bekrönung nach oben spitz auslaufender Bauteile (z. B. Türme).
2) weiß u. blau blühendes Wiesenkraut.
Kreuzblütler, artenreiche Pflanzenfamilie; 4 Blumenblätter und Schotenfrüchte; viele Nutzpflanzen.
Kreuz des Südens → Sternbilder, Übers.
Kreuzdorn, Gattung der Familie Rhamnazeen, Strauchart; Holz für Drechslerei, Früchte (*K.beeren*) Abführmittel.
kreuzen, im Zickzack gg. den Wind segeln.
Kreuzer,
1) Kupfermünze, 13.–19. Jh. in Dtld u. Östr.-Ungarn.
2) gepanzertes Kriegsschiff mit großer Geschwindigkeit u. weitem Aktionsradius: *Leichte* u. *Schwere K. – Schlacht-K.* rechnen zu d. Schlachtschiffen; heute auch *Raketen-K.*
Kreuzfahrer, *Kreuzritter,* die Teilnehmer an Kreuzzügen.
Kreuzgang, Umrahmung e. Klosterhofs durch 3–4 Wandelhallen, die d. Kirche sowie d. Klostergebäude flankieren.
Kreuzgewölbe, aus Durchdringung zweier Halbkreistonnen gebildetes Gewölbe.
Kreuzigung, i. d. Antike bes. entehrende Form d. Hinrichtung v. Schwerverbrechern durch Annageln d. Hände u. Füße an 2 kreuzförmig verbundene Holzbalken; *K. d. Jesus v. Nazareth;* Verbot d. K. durch Kaiser Konstantin.
Kreuzkopf, Gelenk, verbindet Kolben- u. Pleuelstange e. Maschine; gleitet in gerader Führung.
Kreuzkraut, *Greiskraut,* Korbblütler; *gemeines K.,* Unkraut; *Jakobskraut,* auf Wiesen.
Kreuzlingen (CH-8280), Bez.st. am Bodensee b. Konstanz, Schweiz, 16 500 E; barocke Klosterkirche.
Kreuzmast, *seem.* hinterster Mast bei Vollschiffen.
Kreuzotter, eur. Giftschlange; schwarzes Zickzackband auf d. Rücken; Biß gefährlich.
Kreuzschnäbel, Finkenarten m. gekreuztem Ober- u. Unterschnabel, Nahrung: Nadelholzsamen.
Kreuzspinne, baut radartige Netze;

kreuzähnliche Zeichnung auf dem Hinterleib (Abb. → Spinnen).
Kreuztal (D-57223), St. i. Kr. Siegen-Wittgenstein, NRW, 31 312 E; Masch.bauind., Brauereien.
Kreuzung, Paarung von Tieren oder Pflanzen versch. Erbmaterials.
Kreuzweg, Leidensweg des kreuztragenden Christus vom Hause des Pilatus zum Kalvarienberg; 14 Stationen sind 14 Abbildungen davon.
Kreuzzeichen, christl. Segensgeste, m. der d. Gläubigen sich selbst, and. od. Gegenstände segnen.
Kreuzzüge, Feldzüge zur Befreiung der heiligen Stätten i. Palästina; Teilnehmer nahmen d. Kreuz als *Kreuzfahrer* oder *Kreuzritter;* 1. Kreuzzug 1096–99, Gründung d. Kgr. Jerusalem, Gottfried v. → Bouillon; 2. K. 1147–49, erfolglos; 3. K. 1189–92 nach Eroberung Jerusalems (1187) durch Saladin; Friedrich Barbarossa ertrunken, 1190; 4. K. 1202–04, → lateinisches Kaisertum in Konstantinopel; 5. K. 1228–29; Kaiser Friedrich II. erhielt durch Vertrag d. s. 1187 verlorene Jerusalem (1244 dauernd verloren); 6. u. 7. K. 1248 u. 1270 unter Ludwig IX. v. Frkr., erfolglos. – Kreuzzüge vermittelten wiss. Kenntnisse d. Araber u. künstler. Einflüsse (Ritterroman; Spitzbogen d. Gotik); Rittertum wird durch K. z. internationalen Kulturfaktor; Aufblühen der Städte (Levantehandel). → Kinderkreuzzüge; → Albigenser.
Kribbelkrankheit → Mutterkornvergiftung.
Kricket, *s.,* engl. Nationalspiel mit Schlagholz, Ball u. Torstäben; 2 Spieler (Schläger) der einen der 2 Parteien (je 11 Sp.,) verteidigen die 20 cm breiten, 3teiligen, 20 m voneinander entfernten Tore durch Abschlagen der vom Werfer zugeworfenen Bälle; Zahl der in Zwischenzeit (bis Ball wieder ins Spielfeld gelangt) erzielten Torwechselläufe der Schläger entscheidet.
Kriebelmücke, svw. → Gnitze.
Kriechblume → Krabbe.
Kriechspur, Fahrstreifen für langsame Fahrzeuge.
Kriechstrom, unerwünschter Stromfluß bei mangelhafter Isolierung.
Kriechtiere, svw. → Reptilien.

Kreuzgang, *Klosterkirche Lorch/ Württemberg*

Kreuzotter

Gartenkreuzspinne

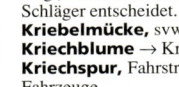

Kreuzritterburg *in Saida*

Krieg, mit Waffen durchgeführte Auseinandersetzung zwischen Staaten. Vgl. auch → kalter Krieg.
Krieger, Adam (7. 1. 1634–30. 6. 66), dt. Komponist.
Kriegsakademie, frühere HS zur Ausbildung v. Generalstabsoffizieren; in einzelnen Staaten svw. Kriegsschule (für Offiziernachwuchs).
Kriegsanleihen, in Dtld im 1. Weltkrieg als innere Staatsanleihen zur Deckung von Kriegskosten; in Höhe von 98,2 Mrd. Mark aufgelegt.
Kriegsartikel, enthalten die Pflichtenlehre für den Soldaten.
Kriegsbeschädigte, *Kriegsversehrte,* in der BR erhalten (Bundesversorgungsgesetz, *BVG,* vom 20. 12. 1950): **1)** von 30% Erwerbsminderung an Grund-, **2)** von 50% an (Schwerbeschädigte) dazu (bedingt) Ausgleichsrenten u. Zuschläge für Ehefrauen u. Kinder; für Kriegerwitwen u. -waisen, bei Bedürftigkeit auch für Eltern, entsprechende Regelung. Daneben Heil- und Krankenbehandlung, Pflegezulage, Bestattungs- u. Sterbegeld. Verwaltung: Versorgungs- u. Landesversorgungsämter, orthopäd. Versorgungsstellen, versorgungsärztl. Untersuchungsstellen, Versorgungsheilstätten u. -krankenhäuser, Krankenbuchlager. Bevorzugte Einstellung von Schwerkriegsbeschädigten in Betrieben → Schwerbehinderte. In BR s. 1949 *Verband d. K., Kriegshinterbliebenen u. Sozialrentner,* Bad Godesberg.
Kriegsdienstverweigerung, Nichtbefolgung v. Einberufungen z. Militär- u. Kriegsdienst. In d. BR Recht d. einzelnen auf K. aus Gewissensgründen im GG Art. 4 verankert, jedoch n. Art. 12a Abs. 2 Ersatzdienstpflicht; → Zivildienst.
Kriegserklärung, diplomat. Note, in der d. Empfängerstaat unter Angabe d. Gründe d. Kriegszustand erklärt wird.
Kriegsgefangene, Rechtsstellung d. K.n neu geregelt 1949, durch → Genfer Konvention, die Erfahrungen d. 2. Weltkriegs berücksichtigt. Angehörige v. bewaffneten Kräften od. ihnen gleichgestellte Personen, die in die Hand des Gegners fallen, werden K. → Freischärler sind keine K. Der gefangenhaltende Staat haftet für s. Organe u. muß den K.n Verpflegung, ärztlichen Beistand usw., Kontrolle durch Schutzmächte gewähren u. Tätigkeit des Intern. Komitees vom Roten Kreuz anerkennen (→ Suchdienst). Meist Agenturen in neutralen Land; ferner: K. müssen so bald wie möglich nach Einstellung der Feindseligkeiten (nicht erst nach Friedensschluß) heimgeschafft werden, dürfen nicht ausgeliefert werden an einen Staat, der der Konvention nicht angehört; als K. gelten auch Mitgl. einer v. der gefangenhaltenden Macht nicht anerkannten Reg.
Kriegsgericht, aus Militärpersonen zus.gesetztes Gericht, das im Kriege über Vergehen des Soldaten Urteil fällt.
Kriegsgräber, unterliegen nicht den üblichen Auflösungsbestimmungen ziviler Friedhofsordnungen; sie sind mit Mitteln d. BR v. d. Ländern zu versorgen. Unterstützung durch *Volksbund Dt. Kriegsgräberfürsorge e. V.,* Kassel, 1919 gegr.
Kriegskosten, mit der Kriegführung zusammenhängende Kosten (im 1.

Weltkr. für Dtld bis 1918 etwa 165 Mrd. Mark, im 2. Weltkr. bis Mai 1945 ca. 565 Mrd. RM).
Kriegsmarine, bewaffnete Seemacht eines Staates.
Kriegsministerium, *Verteidigungsministerium,* in den meisten Staaten oberste mil. Verw.behörde, z. T. auch höchste Kommandostelle.
Kriegsopferfürsorge → Kriegsbeschädigte.
Kriegstagebuch, *KTB,* Nachweis über die Tätigkeit v. Truppenteilen u. mil. Dienststellen im Verteidigungsfalle.
Kriegs- und Domänenkammern, 1723–1808 oberste preuß. Provinzialverwaltungsbehörden.
Kriegsverbrechen, Begriff nicht einheitlich; umfaßte bisher nur Straftaten, die durch das Völkerrecht nicht gerechtfertigt u. v. Angehörigen d. kriegführenden Staaten gegenüber Angehörigen d. Gegners od. Neutraler begangen werden; nach dem Statut des Intern. Militärgerichtshofes (Nürnberg, 1945) ausgedehnt auf *Verbrechen gg. den Frieden* (Planung, Vorbereitung, Einleitung eines Angriffskrieges) u. *Verbrechen gg. d. Menschlichkeit;* dieses Statut v. UN 1948 nicht als bindendes Völkerrecht anerkannt.
Kriegsvölkerrecht schränkt die regellose Willkür d. Kriegführung ein u. stellt sie unter Regeln, die jeden Soldaten binden, zugleich auch schützen. Es trägt dem Gedanken der Menschlichkeit Rechnung, verbietet die Anwendung bestimmter Kriegsmittel u. Kampfmethoden od. legt als Grundsatz fest, daß nur diejenige Gewaltanwendung erlaubt ist, die erforderl. ist, um den mil. Erfolg zu erzielen. Jeder Soldat, der gg. die Bestimmungen des K.s verstößt, begeht eine strafbare Handlung, für die er durch den eigenen Staat od. durch fremde Staaten bestraft werden kann. D. wichtigsten rechtl. Grundlagen: die *Haager Landkriegsordnung* v. 1907, vier *Genfer Abkommen* v. 1949.
Kriemhild, im Nibelungenlied Gattin Siegfrieds.
Kriens (CH-6010), Vorort v. Luzern, Schweiz, 23 000 E.
Krier, luxemburg. Architekten, Vertr. d. Rationalen Architektur, Einzelbauten u. Idealpläne z. Wiederherstell. d. vorindustriellen eur. Stadt;
1) *Leon* (* 7. 4. 1946), tätig in London; s. Bruder.
2) *Robert* (* 10. 6. 1936), tätig in Wien.
Krill, garnelenähnl. Kleinkrebs antarkt. Gewässer; Hauptnahrung der Bartenwale, auch Fang mit speziellen Schiffen.
Krim, Halbinsel zw. dem Schwarzen u. Asowschen Meer, durch die 6–7 km br. Perekop-Landenge (mit K.kanal) mit dem Festland verbunden, auton. Rep. i. d. Ukraine, 25 500 km², 2,4 Mill. E, Russen; Krimtataren nach 2. Weltkr. ausgesiedelt; im N Steppe mit Viehzucht u. Getreidebau, z. T. mit gr. Bewässerungsanlagen, im S u. SO das Jailagebirge mit Wein- u. Tabakanbau, Eisenerzen; Hptst. *Simferopol;* s. 1954 Gebiet d. Ukrain. Sowjetrep. s. 1992 auton. Rep. i. d. Ukraine; Rückkehr der Krimtataren; Gebietsanspruch Rußlands.
Krimgoten, vom 6. bis 18. Jh. auf der Krim u. an d. Schwarzmeerküste ansässige Germanenstämme.

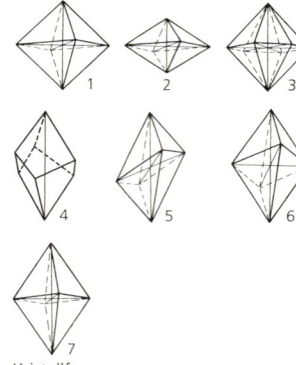
Kristallformen

Krokus

St.-Heinrichs-Krone, *um 1300*

Kronstadt, Braşov: *Rathaus*

kriminal, kriminell, gg. das Strafrecht verstoßend, verbrecherisch.
Kriminalistik, Wissenschaft von der Verbrechensaufklärung u. -verhütung.
Kriminalität, Vorkommen von strafbaren Handlungen in bestimmtem Raum u. in bestimmter Zeit.
Kriminalpolizei, Abteilung der Polizei mit der Aufgabe d. Verbrechensverhütung u. Verbrechensaufklärung (Fahndung, Ermittlung).
Kriminalstatistik, Zählung der zur Kenntnis der Strafverfolgungsbehörden gekommenen Straftaten (Unterschied zur Zahl der tatsächlich begangenen Taten: *Dunkelziffer*).
kriminelle Vereinigung, Organisation mit d. Hauptziel, Straftaten zu begehen; nach Art. 9, Abs. 2 GG sowie § 129 StGB verboten; Strafe bis zu 5 Jahre Freiheitsentzug.
Kriminologie, Lehre vom Verbrecher, vom Verbrechen und seinen Erscheinungsformen.
Krimkrieg, 1853–56: Frkr., England, Türkei und Sardinien gg. Rußland wegen dessen Einfalls in türk. Donaufürstentümer. Sieg der Verbündeten bei Sewastopol; Friede von Paris.
Krimmer, *m.,* urspr. lockiges Fell neugeborener Lämmer aus der Krim; heute nur Plüsch mit Locken und Kräuseln als Ersatz für das Fell.
Krimstecher, svw. Feldstecher, Fernglas.
Krings, *Hermann* (* 25. 9. 1913), dt. Phil. u. Prof. i. Saarbrücken (s. 1960) u. München (s. 1968); führt die Tradition d. klass. Metaphysik fort; *Transzendentale Logik* (1964).
Krinoline,
1) Stoff mit Roßhaar [frz. „crin"] gewebt.
2) über Gestell gezogener, weit abstehender bauschiger Frauen-(Reif-)Rock, Mitte 19. Jh.
Krippe,
1) in d. bild. Kunst d. Liege d. neugeborenen Jesuskinds (lt. Lukas-Ev.); daher allg.
2) *Weihnachtsk.,* plast.-räuml. Darstellung d. Weihnachtsgeschichte s. 16. Jh. in Neapel, als volkstüml. Anschauungsmittel meist vielfigurige, genrehaft aufgebaute Komposition; erste W. in Dtld 1603 (in St. Michael, München); bevorzugtes Thema hpts. d. südtd.-alpenländ. Volkskunst d. Barock.
3) Gestell z. Tierfütterung.
4) in szen. Darstellung *K.spiel,* s. d. Spät-MA.
Kris, *m.,* gewundener malaiischer Dolch.
Krischna,
1) urspr. ind. Heros; genießt göttliche Verehrung als achte Verkörperung des Wischnu.
2) vorderind. Fluß, → Kistna.
Krise, Krisis, *w.* [gr. „Entscheidung"],
1) *wirtsch.* Erschütterung im Wirtschaftsleben, Konjunkturphase.
2) *med.* plötzlicher Umschwung einer Krankheit, rascher Fieberabfall bei Infektionskrankh.; auch heftige Schmerzanfälle, z. B. bei Tabes dorsalis (*tabische K.*).
3) *psych.* dramat. Auseinandersetzung mit seel. → Konflikten, macht häufig *Krisenintervention* durch Therapeuten notwendig.

Krisen-Management, engl. *crisis management* ['kraısıs 'mænıdʒmənt], Personengruppe z. Bewältigung schwerer Spannungszustände, vor allem in der intern. Politik.
Krisenreaktionskräfte, *KRK,* präsente, hochbewegl., moderne u. schnell einsetzbare Truppenteile; → NATO-Eingreiftruppe.
Kristalldioden, Bez. f. elektron. Bauelemente aus Halbleiterkristallen; → Diode.
Kristalle [gr.], von ebenen Flächen regelmäßig begrenzte Körper bestimmter chem. Zusammensetzung u. optischer Eigenschaft; die atomaren Bestandteile weisen eine streng geometr. Raumverteilung auf (*Kristallgitter*). Entstehung der K. durch Ausscheiden gelöster Stoffe (Auskristallisieren) bei Abkühlung gesättigter Lösungen, durch Erstarren geschmolzener fester Stoffe, durch Verdichtung von Dämpfen fester Stoffe (Sublimation). Nach Art u. Zahl der Symmetrieachsen u. -ebenen sieben mögl. Kristallgruppen (Systeme):
1) *kubisches S.,* 3 gleiche, aufeinander senkrechte Achsen;
2) *tetragonales S.,* auf 2 gleichen rechtwinkl. Achsen eine 3. Hauptachse anderer Größe senkrecht;
3) *hexagonales System,* auf 3 gleichen, sich unter je 60° schneidenden Achsen eine 4. Hauptachse anderer Größe senkrecht;
4) *trigonales S.,* 3 gleiche Achsen schneiden sich unter gleichem, jedoch nicht rechtem Winkel;
5) *rhombisches S.,* 3 aufeinander senkrechte, verschieden große Achsen;
6) *monoklines S.,* auf 2 verschieden großen, sich schiefwinklig schneidenden Achsen eine 3. Achse senkrecht;
7) *triklines S.,* 3 verschieden große Achsen schneiden sich schiefwinklig. Innerer Bau der K. erforscht durch → Laue.
Kristallglas, meist Kaliglas m. Bleioxid, starke Lichtbrechung; eingeschliffene Verzierungen.
kristalline Flüssigkeiten → Flüssigkristalle.
Kristallnacht, *Reichskristallnacht,* Bez. für d. von d. Nationalsozialisten organisierten Pogrome gg. d. Juden u. ihr Eigentum in d. Nacht v. 9. zum 10. Nov. 1938, in der die Synagogen in Brand gesteckt u. jüd. Geschäfte geplündert wurden.
Kristallographie [gr.], Kristallkunde.
Kristallstrukturanalyse, seit ersten Strukturanalysen v. W. H. *Bragg* u. W. L. *Bragg* im Jahr 1913 sind d. Strukturen v. mehreren tausend Kristallarten erforscht worden, die sich auf fast tausend Strukturtypen verteilen.
Kristallwasser, in Kristallen gebundenes Wasser, das bei Erwärmung entweichen kann (z. B. bei Brennen von Gips).
Kristiania, bis 1924 Name v. → Oslo.
Kristiansand, norweg. Hafenst. am Skagerrak, 65 000 E; Schiffbau, Textil- u. metallverarb. Ind.; Fährverkehr nach Dänemark.
Kristiansund [-'sʉn], norweg. Hafenst. an d. atlant. Küste, 18 000 E; Fischhandel.
Kriterium, *s.* [gr.], Unterscheidungsmerkmal; b. *Sport* Zus.fassung mehrerer Wertungsrennen zu e. Wettbewerb.

Kritik, w. [gr.],
1) Beurteilung.
2) Urteilsfähigkeit.
3) wiss. prüfende Darlegung.
Kritikaster, m., unfähiger, nörgelnder „Kritiker".
Kritiker, (allg.) Beurteiler; (öffentl.) Kunstrichter.
kritisch,
1) entscheidend, gefährlich.
2) prüfend.
kritische Temperatur, b. einem Gas die T., oberhalb deren das Gas auch durch stärksten Druck nicht mehr verflüssigt werden kann.
Kritizismus [gr.-l.], phil. Richtung, die vor jeder Erkenntnis eine Prüfung der Erkenntnisgrundlagen fordert (Vorrang d. Erkenntnistheorie seit Kant); Ggs.: → *Dogmatismus.*
Kriwoj Rog, ukrain. St. am Ingulenz (Dnjepr-Nbfl.), 713 000 E; Eisenerzgruben, Stahlindustrie.
Krk, größte Insel d. kroat. Adriaküste, 410 km², 20 000 E; Hauptort K. m. venezian. Bauwerken; Tourismus.
KRK, Abk. f. = **K**risen**r**eaktions**k**räfte.
Kroatien, Rep. in SO-Europa, Hochkarst (*Učka* 1396 m, *Velebit* 1758 m), Dinarische Alpen, fruchtbare Ebene zw. Save u. Drau, pol. dazugehörig in Dalmatien; Getreide-, Obst- u. Weinbau; Viehzucht (Schweine); Stein- u. Braunkohle, Kupfer, Bauxit, Erdöl, Erdgas. – Kroaten 6. Jh. v. Chr. im heutigen S-Persien u. Afghanistan; Landnahme Anfang 7. Jh. n. Chr., 641 Christianisierung; fränk. u. byzantin. Oberhoheit, s. 879 dalmatin. Reich; 885 Einführung d. slaw. Sprache, Kriege m. Venedig um Küstenstädte. 969–1091 Königreich (s. „K. u. Dalmatien" (Krešimir IV., d. Gr.); 1102 Wahl d. Arpaden, 1300 d. Anjou auf Thron v. K.; 1463–1719 Kriege m. d. Türken; 1527 Wahl d. Habsburger. 1790 Realunion m. Ungarn, 1848 unter Ban Jelačić unabhängig, 1849 östr. Kronland, 1867 m. „Ausgleich" zu Ungarn unter weitgehender Autonomie; 1918 zu Jugoslawien, 1941–45 unabhängig unter Pavelić; Mitte 1991 Loslösung v. jugoslaw. Bund u. Unabhängigkeitserklärung; ein Drittel Kroatiens 1991 durch kroat. Serben besetzt (Prokl. einer „Serb. Rep. Krajina"; Station. v. UN-Schutztruppen; 1993 Konflikte zw. Kroatien u. bosn. Moslems; 1995 Rückerob. d. „Krajina", 1996 Wiedereingliederung Ostslawoniens.
kroatische Literatur, 13. Jh.: rel. und Annalenliteratur. Blüte im *16.* u. *17. Jh.* in Ragusa u. Dalmatien: Dživo Gundulicaigu (Epos *Osman*). *18. Jh.:* = westl. Einflüsse: Matija Katancic (Lyrik). *19. Jh.:* Illyrismus: Petar Preradovic (Lyrik). Realismus: Ivan Vojnovic (Drama *Ragusaner Trilogie*). *20. Jh.:* M. Krleža (Romane, Dramen), V. Desnica.
Krocketspiel, Rasenspiel zw. zwei Parteien; Holzkugeln werden m. langstiel. Holzhammer durch Tore (U-förmige Drahtbügel) geschlagen; d. Zahl der benötigten Schläge entscheidet.
Kroetz, Franz Xaver (* 25. 2. 1946), dt. Dramatiker, Schriftst. u. Schausp.; *Wildwechsel; Heimarbeit; Luther; D. Nest; D. Mondscheinknecht; Bauerntheater; Brasilien-Peru-Aufzeichnungen.*
Kroh, Oswald (15. 12. 1887–11. 9.

1955), dt. Pädagoge u. Psych.; *Psychogie d. Grundschulkindes.*
Krohg [kro:g], Christian (13. 8. 1852 bis 16. 10. 1925), norweg. Maler u. Schriftst., e. Hptvertr. d. nord. Naturalismus.
Krokodile, große Reptilien mit Hautpanzer; *Nil-K.* bis 9 m lang, Moschusdrüsen; *Alligator*, im SO der USA u. am Jangtse (Chang Jian); *Kaiman* in Mittel- u. S-Amerika; im Flußsystem d. Ganges: = Gavial.
Krokodilwächter, afrikan. Watvogel; sucht der Sage nach auf Krokodilen n. Ungeziefer.
Krokus, Knollengewächs, weiße, gelbe oder violette Blüten (im Frühling); auch = Safran.
Krolow, Karl (* 11. 3. 1915), dt. Dichter; Lyrik; Prosa; Essays; *Die Zeichen der Welt.*
Kronach (D-96317), Krst. i. O.franken, Bay., 18 622 E; ma. Stadtkern, Geburtshaus v. L. Cranach d. Ä.; AG; Holz-, Keramik-, Kunststoff- u. Elektronikind.; Festung Rosenberg.
Kronawitter, Georg (* 21. 4. 1928), SPD-Pol.; 1972–78 u. 1984–93 Oberbürgerm. v. München.

Krönungsmantel

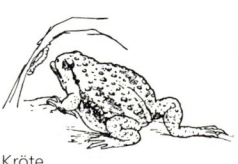
Kröte

Kronberg im Taunus (D-61476), St. im Hochtaunuskr., Rgbz. Darmstadt, 18 000 E; Altstadt m. Fachwerk, Burg; Mineralquellen, Opel-Zoo.
Krone [l. „corona = Kranz"],
1) Zeichen der Herrscherwürde; aus edelsteinbesetzter Stirnbinde entstanden; im Altertum Diadem; früheste K. *Kidaris* (Tiara) der Perserkge.; päpstl. → *Tiara;* deutsche Kaiserkrone des MA f. Konrad II. 1027 gefertigt (jetzt in Wien); in d. Neuzeit Adelskronen nur noch als Rangzeichen der → Heraldik.
2) skandinav. u. tschech. Münze (→ Währungen, Übers.).
3) → Sternbilder, Übers.
4) od. mehr Enden am Abschluß einer Stange des Hirschgeweihs, → Geweih.
Kronenhummer, svw. → Kaisergranat.
Kronglas, *Crownglas*, Alkalikalkglas, für opt. Gläser, bleifrei.
Krongüter, früher die Domänen, Güter d. Landesherren.
Kronkolonie, Bez. für die brit. Kolonien, in denen die Krone (Kg) die Legislative ausübt, unterstehen dem Kolonialmin. → Hongkong.
Kronländer, d. einz. Fürstentümer des ehem. östr. Kaiserreichs.
Kronos, der jüngste der Titanen, vermählt mit seiner Schwester Rhea, Vater des Zeus, Poseidon, Hades, der Hera, Demeter u. Hestia, urspr. Gott des Feldbaus (lat. *Saturnus*); wegen des Gleichklangs mit *chronos* [gr. „Zeit"] auch Gott der Zeit.
Kronprinz, der jeweilige Nachfolger eines Kgs od. Kaisers; in Belgien Hzg v.

Kroatien

KROATIEN	
Staatsname:	Republik Kroatien, Republika Hrvatska
Staatsform:	Präsidiale Republik
Mitgliedschaft:	UNO, OSZE, Europarat
Staatsoberhaupt:	Franjo Tudjman
Regierungschef:	Zlatko Maresa
Hauptstadt:	Zagreb 706 770 Einw.
Fläche:	56 538 km²
Einwohner:	4 780 000
Bevölkerungsdichte:	84 je km²
Bevölkerungswachstum pro Jahr:	⌀ –0,10% (1990–1995)
Amtssprache:	Kroatisch
Religion:	Katholiken (76,5%), Orthodoxe (11%), Muslime
Währung:	Kuna (K)
Bruttosozialprodukt (1994):	12 093 Mill. US-$ insges., 2530 US-$ je Einw.
Nationalitätskennzeichen:	HR
Zeitzone:	MEZ
Karte:	→ Balkanhalbinsel

Kroatien

Brabant, in Großbritannien *Prince of Wales.*
Kronstadt,
1) rumän. *Brașov,* 1950–61 *Orașul Stalin,* St. in Siebenbürgen (Burzenland), nördl. d. Predealpasses, 364 000 E; Uni.; Handels- u. Ind.st. – Vom Dt. Orden im 13. Jh. gegr., im MA bedeutendste (dt.) Handelsst. des SO; Zentrum der Reformation im O; 1920 rumän.
2) russ. Hafenst., am Finn. Meerbusen, 40 000 E; Kriegshafen; Juli 1917 Beginn der russ. Revolution.
Krönung, feierl. Regierungseinsetzung e. Herrschers im K.smantel durch Aufsetzen der Krone, verbunden mit Salbung u. Schwur; in Dtld im MA Aachen K.sstadt; später Frankfurt a. Main.
Kronzeuge,
1) Hauptzeuge; i. angelsächs. Strafprozeß Mittäter, d. gegen Zusicherung voller Straffreiheit als Belastungszeuge auftritt.
2) bei terrorist. Straftaten kann v. Strafverfolgung abgesehen werden, wenn d. Täter (Kronzeuge) Kenntnisse offenbart, d. für die Bekämpfung d. Terrorismus v. Bedeutung sind.
Kropf, *Struma,* krankhafte Vergrößerung d. Schilddrüse bei Überfunktion (z. B. Basedowscher Krankheit) od. bei Unterfunktion (z. B. auch endemisch in gewissen Gebirgsländern, vermutl. als Folge v. Iodmangel).
kröpfen,
1) Biegen v. Eisenbändern, Blechen, Wellen durch Hämmern, Pressen, Schmieden, Schweißen; gekröpfte Stelle: *Kröpfung, gekröpfte Welle.*
2) von Greifvögeln, Eulen: die Beute zerteilen und fressen.
Krösus, *Kroisos* (6. Jh. vor Chr.), sprichwörtl. reicher König von Lydien, von Cyrus besiegt.
Kröten, Froschlurche, plump, mit warziger Haut; vorwiegend Landbewohner u. Nachttiere; *Erdkröte,* vertilgt Insekten, Schnecken usw.; = Wabenkröte; ferner: Wechsel-, Kreuz- u. Geburtshelfer-K.; sondern Giftstoffe aus Hautdrüsen ab (auch → Unke). Alle dt. K. ● .
Krøyer ['krɔiər], Peter Severin (24. 6. 1851–20. 11. 1909), dän. Maler, führendes Mitgl. d. Künstlerkolonie v. Skagen; impressionist. Stilmittel; vielfigur. Interieurs u. Porträts; *Musik im Atelier.*
Krucke, w., Hauptschmuck der → Gemse.
krud, *veraltet* roh, grausam.
Krüger,
1) Felix (10. 8. 1874–25. 2. 1948), dt. Psych.; Vertreter d. Ganzheits-Psychologie (Das Wirken der Seele als Gestalten).
2) Franz (10. 9. 1797–21. 1. 1857), dt. Maler d. Biedermeier am preuß. u. russ. Hof; Paradebilder, Porträts.
3) Ohm Krüger, Paul (10. 10. 1825 bis 14. 7. 1904), Präs. d. südafrikan. Freistaates, führte → Burenkrieg gg. England.
4) Paul (* 7. 3. 1950), CDU-Politiker, 1993/94 Bundesmin. f. Forschung u. Technologie.
Krüger-Nationalpark, von Paul → Krüger gegr. Wildreservat u. Naturschutzgebiet in Transvaal, Rep. Südafrika, 19 485 km².
Krüger-Rand, südafrikan. (Handels-) Goldmünze; → Rand.

Krumbach (Schwaben) (D-86381), St. i. Kr. Günzburg, Bay., 12 061 E; div. Ind.

Krümmer, *techn.* gebogenes Rohrstück.

Krummhorn, über e. Windkapsel angeblasenes Doppelrohrblattinstrument mit gebogenem Korpus im 16. u. 17. Jh.

Krummhübel, *Karpacz,* poln. Luftkurort am Fuß d. Schneekoppe, 6000 E.

Krummstab → Bischofsstab.

Krümmung, *math.* Abweichung einer Kurve (Fläche) von einer Geraden (Ebene).

Krümpersystem, monatl. Entlassung „krummer", kurz ausgebildeter Soldaten u. Ersatz durch neue, um die Zahl Ausgebildeter zu steigern, 1808–13 in Preußen (Scharnhorst).

Krupp, dt. Industriellenfamilie, **1)** *Friedrich* (17. 7. 1787–8. 10. 1826), gründete 1811 in Essen Gußstahlfabrik; s. Sohn **2)** *Alfred* (26. 4. 1812–14. 7. 87) erweiterte sie zum Weltunternehmen; nach s. Tode übernahm s. Sohn **3)** *Friedrich Alfred* (17. 2. 1854–22. 11. 1902) d. Leitung; s. Tochter **4)** *Berta* (29. 3. 1886–21. 9. 1957) wurde Erbin u. heiratete 1906 Gustav v. *Bohlen u. Halbach* (1870–1950); deren Sohn **5)** *Alfried K. v. B. u. H.* (13. 8. 1907 bis 30. 7. 67) wurde 1948 in Nürnberg anstelle seines nicht haftfähigen Vaters verurteilt, 1951 aus dem Gefängnis entlassen; Widerruf der Einziehung des Gesamtvermögens.

Krupp → Diphtherie. – *Pseudokrupp* bei anderen Infektionskrankheiten u. Allergien.

Krupp-Werke, s. 1906 K.-AG, 1943 in Familienges. umgewandelt (*Lex K.*); nach 1945 Demontagen u. Verkaufsauflagen; nach 1950 Wiederaufbau u. Reorganisation d. Konzerns; Montaninteressen in *Friedrich K. Hüttenwerke AG* konzentriert; 1968 Umwandlung i. e. GmbH u. Einbringung d. Eigentumsrechte in *K.-Stiftung.*

Kruse, 1) *Käte* (17. 9. 1883–19. 7. 1968), dt. Kunstgewerblerin (*K.-Puppen*); verheiratet m. 3). **2)** *Martin* (*21.4.1929), dt. Theologe, 1976–91 Bischof v. Berlin, 1991–93 Bischof von Berlin-Bbg, 1985–91 EKD-Ratsvors. **3)** *Max* (14. 4. 1854–26. 10. 1942), dt. Bildhauer d. Neubarock, dann d. Klassizismus u. Bühnenbildner (Erfinder d. Rundhorizonts).

Krüss, *James* (31. 5. 1926–2. 8. 1997), dt. Jugendbuchautor; *James' Tierleben.*

Kruziferen, svw. → Kreuzblütler.

Kruzifix, s. [l.], Darstellung d. gekreuzigten Christus in der Kunst und als → Devotionalie.

Krylow, *Iwan* (13. 2. 1768–21. 11. 1844), russ. Fabeldichter.

Kryochirurgie, Anwendung v. Kälte bei Operationen, bes. bei Gehirn- u. Augenoperationen.

Kryolith, Mineral, Natrium-Aluminiumfluorid, gr. Lager in Grönland; dient neben Bauxit zur Aluminiumgewinnung.

Kryotechnik, Technik b. tiefen Temperaturen bis hin z. → absoluten Nullpunkt.

Krypta, *w.* [gr. „verborgen"], Gruft un-

Kruzifix,
Kreuzigung v. Lucas Cranach d. Ä.

KUBA	
Staatsname:	Republik Kuba, República de Cuba
Staatsform:	Sozialistische Republik
Mitgliedschaft:	UNO, SELA
Staatsoberhaupt und Regierungschef:	Fidel Castro Ruz
Hauptstadt:	Havanna (La Habana) 2,1 Mill. Einwohner
Fläche:	110 861 km²
Einwohner:	10 960 000
Bevölkerungsdichte:	99 je km²
Bevölkerungswachstum pro Jahr:	⌀ 0,89% (1990–1995)
Amtssprache:	Spanisch
Religion:	Katholiken (40%), Protestanten (3%), Konfessionslose (49%)
Währung:	Kuban. Peso (kub$)
Bruttosozialprodukt (1992):	800 US-$ je Einw.
Nationalitätskennzeichen:	C
Zeitzone:	MEZ – 6 Std.
Karte:	→ Antillen

Krypta

ter dem Altarraum meist romanischer Kirchen; ihre Vorform Confessio 2).

Kryptogamen [gr.], Pflanzen ohne Blüten; *Pilze, Algen, Moose, Farne, Schachtelhalm, Bärlappgewächse.*

kryptogen, aus unbekannter Ursache.

Kryptokalvinisten [gr. „kryptós = verborgen"], „heimliche Calvinisten", abwertende Bez. f. Anhänger e. v. Luthers Lehre abweichenden u. → Calvin nahestehenden Bewegung (b. Ende 15. Jh.).

Krypton, s. *Kr,* chem. El., Oz. 36, At.-Gew. 83,8; Dichte 3,48 g/l bei 1013 hPa; Edelgas, Glühlampenfüllgas, Spuren in der Luft enthalten.

Kryptorchismus [gr.], Hodenretention; Zurückbleiben d. Hodens in Bauchhöhle oder Leistenkanal.

Kschatriya, ind. Krieger-→ Kaste.

KSE, *VKSE,* Verhandlungen über konventionelle Streitkräfte, Abrüstungsgespräche i. Bereich der konventionellen Rüstung zw. NATO u. → Warschauer Pakt, seit 1989 in Wien. Mit Abkommen über Truppenstärken vom 9. u. 10. 7. 1993 (KSE 1 A) wurden d. personellen Höchstgrenzen d. jeweiligen Land- u. Luftstreitkräfte festgelegt; be-

Kuba

trifft im wesentlichen die russ. Streitkräfte. Parallel zur K. verhandeln die 55 Staaten der → KSZE über vertrauensbildende Maßnahmen.

KSZE, *Konferenz über Sicherheit u. Zus.arbeit in Europa* (s. 1. 1. 95: OSZE, Organisation f. Sicherheit u. Zus.arbeit in Europa), 1973 in Genf, 1975 (sog. Schlußakte) in Helsinki, seitdem unregelmäßig tagendes Gesprächsforum aller europ. Länder, der zentralasiatischen GUS-Staaten, der USA und Kanadas (1996: 55 Länder) über Zusammenarbeit in Wirtschaft, Technik, Umweltschutz, Abbau der pol. Spannungen, Durchsetzung d. Menschen- u. Bürgerrechte, freien Austausch von Informationen. Auf dem Pariser Gipfel vom 19. 11. 1990 wurde das erste Abkommen über Konventionelle Streitkräfte in Europa (→ KSE) unterzeichnet. Vertragswerk (Nichtangriffserklärung) mit 23 Artikeln, das nunmehr in Europa jeden großangelegten Überraschungsangriff unmöglich machen soll (Festlegung von Höchstgrenzen in den einzelnen Waffengattungen). Die KSZE-Mitgl. haben 1992 beschlossen, das Amt u. e. Generalsekretärs in Wien u. e. Vergleichs- u. Schiedsgericht in Genf einzurichten. Die Mitgliedschaft der Bundesrep. Jugoslawien wurde 1992 ausgesetzt.

Ku, chem. Zeichen f. → Kurtschatovium.

Kuala Lumpur, Hptst. der Föderation → Malaysia, Agglomeration 1,23 Mill. E; Flughafen.

Kučan [-tfan], *Milan* (* 14. 1. 1941), s. 1991 slowen. Staatspräs.

Kuango, *Kwango,* l. Nbfl. d. Kassai (zum Zaïre) in Afrika, mit zahlreichen Wasserfällen, 1000 km lang; Grenze zw. Zaïre u. Angola.

Kuangtschou → Guangzhou.

Kuantung, *Kwanto,* ehem. Gebiet auf der SW-Spitze der chin. Halbinsel Liaoning, am Ende der S-Mandschur. Bahn; Hptst. u. wichtigster Hafen: *Dalian (Dairen),* Kriegshafen: *Lüshun (Port Arthur),* → Lüda. – 1898 russ., 1905 jap. Pachtgebiet, 1947 China zugesprochen.

Kuba, *Cuba,* größte Insel d. Großen Antillen, m. über 6000 Nebeninseln; Bev.: 70% Weiße; Mulatten, Schwarze. **a)** *Geogr.:* Meist Hügelland (im SO Sierra Moestra, 2560 m hoch), trop. Klima. **b)** *Wirtsch.:* Verstaatlicht, Hptausfuhrprodukte: Rohrzucker (Erzeugung 1991: 7,6 Mill. t), Tabak u. v. d. Bodenschätzen Mangan, Kupfer, Nickel, daneben Eisen, Chrom und Asphalt. **c)** *Außenhandel* (1991): Einfuhr 2,65 Mrd., Ausfuhr 1,09 Mrd. $. **d)** *Verf.* v. 1976: Staatsrat u. Nat.vers. **e)** *Verw.:* 14 Prov., 168 Municipios; v. d. USA gepachtet: Marinestützpunkt *Guantánamo.* **f)** *Gesch.:* 1492 v. Kolumbus entdeckt, bis 1898 span.; 1901 Rep.; 1958 Umsturz; s. 1959 Fidel Castro Min.präs. (s. 1976 auch Staatschef). Fehlschlag mehrerer exilkuban. Invasionsversuche; Spannungen m. USA, die sich 1962 nach Errichtung sowj. Raketenbasen auf K. gefährlich zuspitzten (*K.krise*); nach angedrohter Blockade Abbau d. Raketenbasen durch d. Sowjetunion. Revolutionäres Engagement in mehreren afrikan. Staaten, aber bis Ende d. 80er Jahre Abzug d. meisten Truppen („Militärberater"). Die Auflösung der UdSSR u. d. COMECON führt zu wirtsch. Schwierigkeiten. 1993 Verschärfung der US-Sanktionen gegen K.; sinkende Exporteinnahmen zwingen zu Wirtschaftsreformen (Freigabe d. US-$ als Zahlungsmittel u. a.), 1994 Abk. m. d. USA zur Kontrolle d. wachsenden Flüchtlingsstroms.

Kuban, nordkaukas. Fluß, v. Elbrus ins Asowsche Meer, 906 km lang.

Kubelik, 1) *Jan* (5. 7. 1880–5. 12. 1940), tschech. Geiger; s. Sohn **2)** *Rafael* (29. 6. 1914–11. 8. 1996), tschech. Dirigent u. Komp.; 1961–86 Chefdirigent d. Bayer. Rundfunks.

Kubik- [gr.], als Vorsilbe bes. bei Maßbezeichnungen zur Bestimmung d. Rauminhaltes.

Kubikmaß, Hohlmaß (z. B. *Kubikme-*

ter, $1 m^3$ = ein Würfel von 1 m Kantenlänge).
Kubikwurzel, 3. Wurzel einer Zahl ist d. Zahl, die, in d. 3. Potenz erhoben *(kubiert),* d. 1. Zahl ergibt.
Kubin, Alfred (10. 4. 1877–20. 8. 1959), östr. Zeichner, Maler u. Schriftst.; Darsteller d. Bizarren in schwaft Düsteren; Buchillustrationen (u. a. Poe).
kubisch, würfelförmig.
kubische Gleichungen, enthalten d. Unbekannte in der 3. Potenz.
kubisches System → Kristalle.
Kubismus, urspr. frz. Richtung d. modernen Malerei, s. 1908, sucht durch → Abstrahieren d. Dargestellten zu „kubischen" Formen e. Naturillusion entgegenzuwirken, d. Malfläche als Bildebene zu betonen u. d. einzelnen Gegenstand statt mit zentralperspektiv. Mitteln durch gleichzeitige Mehransichtigkeit zu erfassen. Zerlegung in stereometr. Formen *(analyt. K.),* s. 1912 auch freie Kombination von Flächenfragmenten *(synthet. K.).* Vertr.: *Picasso, Braque, Gleizes, Gris, Léger, Feininger.*
Kublai, Mongolenfürst, Enkel von → Dschingis-Khan, Begr. der Jüan-Dynastie in China, 1279.
Kubo-Futurismus, in d. russ. Kunst e. um 1912 entstandene Richtung aus d. Verbindung d. it. Futurismus mit (teils volkskünstler.) Stilmitteln d. einheim. Kunst; z. T. Annäherung an d. Konstruktivismus; Vertr. Malewitsch, Lissitzky.
Kubrick [ˈkjuː-], Stanley (* 26. 7. 1928), am. Filmregisseur; *Paths of Glory* (1957); *Dr. Strangelove* (1963); *2001: A Space Odyssey* (1968); *A Clockwork Orange* (1971); *The Shining* (1979); *Full Metal Jacket* (1987).
Kubus, *s* od. *m.* [l.], Würfel; in der *Algebra, Arithmetik;* 3. Potenz (Würfelinhalt = 3. Potenz seiner Kantenlänge: a^3).
Küchenlatein, *s.,* abfällige Bez. für d. von Mönchen u. an Hochschulen d. MA gesprochene Latein.
Küchenstück, Untergattung d. Stillebens u. Genrebilds, s. 16. Jh.; Darstell. v. Gerätschaften d. Küche u. Zutaten d. Speisezubereitung; Hptmeister Chardin (18. Jh.).
Kuckucke, Vogelfamilie, darunter zahlr. Brutparasiten, die Eier in fremde Nester legen; viele Arten in warmen Erdteilen.
Kuckucksspeichel, d. an Pflanzen erzeugte Schleim d. Schaum-→ Zikade.
Kudowa → Bad Kudowa.
Kudu, hirschgroße Antilope Afrikas, das Männchen mit schraubenartigem Gehörn.
Kufe, Holzfaß, Bottich; Schlittengleitschiene.
Kuff, *w.,* flaches ndl. Frachtschiff.
Kufra, Al, Oasengruppe in d. Libyschen Wüste, 9700 E; früher Hptsitz des Senussiordens; Handelsplatz.
Kufstein (A-6332), Tiroler Bez.hptst. a. Inn, 485 müM, 13 484 E; Festung K.
Kugel, *geometr.* eine gleichmäßig gekrümmte, geschlossene Fläche, deren sämtl. Punkte v. Mittelpunkt gleichen Abstand (Halbmesser, Radius: *r*) haben. *K.*oberfläche = $4 r^2 \pi$, *K.*inhalt = $\frac{4}{3} r^3 \pi$ ($\pi = 3,14159$ . . .). Ist d. Höhe = *h,* dann ist d. Flächeninhalt der *K.*kappe und der *K.*zone = $2\pi rh$, der Rauminhalt d. *K.*abschnitts = $\frac{1}{3} \pi h^2 (3r - h)$, der *K.*schicht

(Raum zwischen 2 parallelen Ebenen) = $\frac{1}{6} \pi h (3 r_1^2 + 3 r_2^2 + h^2)$, wobei r_1 u. r_2 die Radien d. Grenzkreise d. zugehörigen K.zone sind.
Kugelblitz, seltene Blitzform, elektr. geladene, helleuchtende Kugel.
Kugelfische, rundliche Meeres- u. Süßwasserfische, schuppenlos, m. Stacheln besetzt; können sich bei Gefahr kugelförmig aufblasen (z. B. *Igelfische*).
Kügelgen, dt. Maler d. Klassizismus; u. a. Gerhard von K. (6. 2. 1772–27. 3. 1820); mytholog. u. rel. Historienbilder, Porträts; *Zar Alexander I.; J. W. von Goethe.*
Kugelkopf, fotograf. Stativ ermöglicht dadurch perfekte Anpassung d. Kamera an das Motiv.
Kugellager, Rollenlager, wegen des kleinen Reibungskoeffizienten sehr viel im Maschinenbau angewendet; zw. Zapfen u. Lagerschale laufen Stahlkugeln, -rollen.
Kugelmühle, große eiserne Trommel (Abb. 1), in der Erze durch Stahlkugeln (Abb. 2) zerkleinert werden; in Kraftwerken zum Zermahlen der Kohlen für Staubfeuerung.
Kugelsternhaufen, *Kugelhaufen,*

Kuckuck

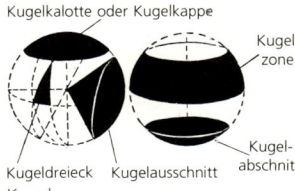
Kugelkalotte oder Kugelkappe
Kugelzone
Kugeldreieck Kugelausschnitt
Kugelabschnitt
Kugel

Kubismus, *Les Desmoiselles d'Avignon* von Picasso

nahezu kugelförm. Sternhaufen hohen Alters mit bis zu 10 Mill. Sternen; etwa 100–150 K. in unserem Milchstraßensystem, von denen sich d. meisten außerhalb d. Kerne u. der Scheibe der Milchstraße im sphär. galakt. Halo befinden.
Kugelstoßen, leichtathlet. Übung m. Metallkugel (7,25 kg für Männer, 4 kg für Frauen).
Kuh, weibl. Rind nach dem ersten Kalben.
Kuhantilopen → Hartebeest, → Gnus und Verwandte.
Kühlapparate, zum Kühlen v. Flüssigkeiten u. Gasen; z. B. Kältemaschinen, → Kühler, → Kühltürme, → Kondensator.
Kühler, Vorrichtung zum Herabsetzen der Temperatur v. Flüssigkeiten u. Gasen; wirtschaftl. durch Gegenstromprinzip: *Kühlmittel* (Luft, Wasser) wird dem zu kühlenden Element entgegengeführt; bei Autos: Einrichtung, die im Motor erwärmte Luft wieder abkühlt, auch die Metallhaube über dem Motorraum (Kühlerhaube).
Kühltürme, Großanlagen zum Abkühlen und Verdichten heißer Gase u. Dämp-

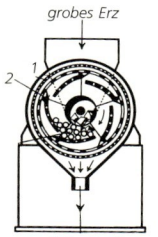
grobes Erz
zerkleinertes Erz
Kugelmühle

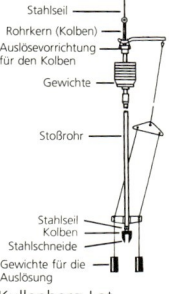
Stahlseil
Rohrkern (Kolben)
Auslösevorrichtung für den Kolben
Gewichte
Stoßrohr
Stahlseil
Kolben
Stahlschneide
Gewichte für die Auslösung
Kullenberg-Lot

fe; die Dämpfe treten von unten in Schlangenrohre ein, denen das Kühlwasser von oben entgegenrieselt.
Kuhn, Richard (3. 12. 1900–31. 7. 67), dt. Chemiker; Vitaminforscher; Nobelpr. 1938.
Kühn,
1) Heinz (18. 2. 1912–12. 3. 92), SPD-Pol.; 1966–78 Min.präs. v. NRW.
2) Herbert (29. 4. 1895–25. 6. 1988), dt. Historiker; *Das Erwachen der Menschheit.*
Kuhnau, Johann (6. 4. 1660–5. 6. 1722), dt. Komp.; Klaviersonaten; Thomaskantor; Vorgänger J. S. Bachs.
Kuhpilz, eßbarer rötl. Röhrling.
Kuhpocken, Erkrankung der Rinder an einer milden Form von Pocken; auf den Menschen übertragbar, dadurch Immunität gegen echte Pocken.
Kuhreigen, v. schweiz. Hirten gesungene oder auf Alphorn geblasene alte Melodie; Oper v. Kienzl.
Kuhschelle, *Küchenschelle,* → Anemone.
Kujbyschew → Samara.
Kujon, *m.* [frz.], Schurke, feiger Schuft.
kujonieren, niederträchtig behandeln.
Küken, Dichtkegel eines → Hahnes.
Ku-Klux-Klan, *m.* [ˈkjuːklʌksˈklæn], um 1865 in USA-Südstaaten gegr. nationalist. Geheimbund m. abenteuerlichem Zeremoniell (Vermummung, öffentl. Kreuzverbrennung), bekämpft Einfluß der Farbigen, Katholiken u. Juden (→ Lynchjustiz).
Kukulkan [„grüne Federschlange"], *Kukumatz,* indian. Schöpfer- u. Himmelsgott d. Maya u. vergöttlichter Kulturheros d. Tolteken.
Kuku-nor [mongol. „Blauer See"], abflußloser See in NO-Tibet, 5000 km², 3205 müM.
Kukuruz, *m.,* östr. f. → Mais.
Kulaken [russ.], früher selbständige Großbauern in Rußland, durch die Kollektivierung enteignet.
kulant [frz.], gefällig, zuvorkommend.
Kulenkampff,
1) Georg (23. 1. 1898 bis 4. 10. 1948), dt. Geiger.
2) Hans-Joachim (* 27. 4. 1921), dt. Showmaster u. Schausp.; bekannt durch Samstagsfernsehen; *Einer wird gewinnen.*
Kuli, *m.* [ind. od. mongol.], äußerst bedürfnisloser Arbeiter für niedrigste Arbeiten.
Kulikow, Viktor (* 1921), sowj. Marschall, 1977–89 Oberbefehlshaber der Truppen des Warschauer Paktes.
kulinarisch [l.], auf Kochkunst bezogen.
Kulisse, *w.* [frz.],
1) an d. *Börse:* Effektenhandel im nichtamtlichen Börsenmarkt, ohne amtl. Kursnotierung.
2) Führung für Steuerorgane an Maschinen.
3) Bühnendekoration.
Kullenberg-Lot, *Kolbenlot,* Tiefseelot mit Stoßröhre, die tief in die Ablagerungen am Meeresboden eindringt u. bis 20 m lange Kerne z. geolog. Untersuchung liefert.
Kulm, poln. *Chelmno,* St. an d. Weichsel, 21 000 E; Brau- u. Maschinenind.; bis 1920 dt. – *Kulmer Handfeste* von 1233, Grundlage des dt. Stadtrechts im Ordensgebiet.

Kulmbach, Hans v., eigtl. *Hans Süß* (um 1476–1522), dt. Maler zw. Spätgotik u. Frührenaiss.; führte d. Glasgemälde nach Vorbild d. Tafelmalerei ein; *Tucherepitaph* (Nürnberg).
Kulmbach (D-95326), Gr.Krst. in Oberfranken, Bay., 28 118 E; AG; Bierbrauereien, Maschinenbau, Fleischwaren- u. Textilind.; ehem. Hohenzollernresidenz Plassenburg (m. Zinnfigurenmus.). – Selbst. Markgrafentum bis 1792, zu Preußen bis 1806, s. 1810 bayr.
Kulmination, w. [nl.],
1) *astronom.* d. Durchgang eines Gestirns durch den Meridian.
2) Durchgang durch den Höhepkt, *Kulminationspunkt,* einer Bahn.
kulminieren, den Höhepunkt erreichen.
Kult [l.], Verehrung der Heiligen, auch: übertriebene Verehrung v. Personen od. geist. Werten.
Kultivar, *m.,* durch gärtner. Maßnahme als Zier- od. Gartenform züchter. veränderte Pfl.
Kultreligion, Bez. f. e. Rel. m. festgelegten Formen d. Verehrung v. Gottheiten.
Kultur [l.],
1) *med.* Züchtung v. Bakterien, Pilzen usw. auf Nährböden im Brutschrank.
2) im *landwirtsch. Sinne* Urbarmachung u. Pflege des Bodens.
3) Entwicklung u. Weiterbildung des geistigen Lebens; das geist. Leben als Gesamtheit; die gesamte Gesittung eines Volkes; durchgeistigte seel. Gepflegtheit.
Kulturabkommen, Verträge zw. Staaten z. Regelung u. Förderung d. gegenseit. kulturellen Beziehungen (z. B. Schüler- u. Lehreraustausch, Kunstausstellungen u. ä.).
Kulturamt, z. Pflege des Siedlungs- u. Meliorationswesens.
Kulturfilm, Vorgänge in Natur, Technik, Kultur berichtend oder belehrend darstellender Film ohne Spielhandlung.
Kulturflüchter, Pfl.- u. Tierarten, die a. d. → Kulturlandschaft verschwinden (Orchideen, Waldhühner, Fischotter, Biber etc.).
Kulturfolger, Pfl.- u. Tierarten, d. sich i. d. → Kulturlandschaft ansiedeln u. dort leben (Damwild, Weißstorch, Amsel etc.).
Kulturgeographie, erforscht d. Umgestaltung der Erdoberfläche durch d. Menschen.
Kulturgeschichte, Geschichte der geistigen und gesellschaftl. Entwicklung eines Volkes oder der Menschheit als Ergänzung zur pol. Völker- oder Weltgesch.; Anfänge bei *Herder;* Jacob *Burckhardt,* Egon *Friedell,* A. J. *Toynbee.*
Kulturheros, myth. Gestalt, Erfinder u. Überbringer v. techn., kulturell u. soz. wicht. Kulturgütern, z. B. d. griech. Herakles, d. indian. Kukulkan.
Kulturkampf, 1871–87 zwischen dem preuß. Staat (Bismarck) u. der kath. Kirche. 1872–74: *Kanzelparagraph* (Verbot von „den öffentl. Frieden gefährdenden" pol. Äußerungen v. d. Kanzel), Aufhebung d. Jesuitenordens, Einführung d. Zivilehe, Ausschaltung d. kirchl. Einflusses auf Erziehung, staatl. Kirchenaufsicht *(Maigesetze);* seit 1886 Bemühungen um einen Ausgleich zw. Staat u. kath. Kirche.

Kulmbach mit Plassenburg

Kümmel

Kulturkreislehre, Wiss. von dem Gestaltwandel der Kulturen als Organismus mit gesetzmäß. Entwicklung: Geburt, Jugend, Reife, Alter, Tod *(Frobenius, Spengler).*
Kulturlandschaft, v. Menschen gestaltete, durch Rodung u. Besiedlung beeinflußte, geformte, genutzte Landschaft; Kennzeichen: Siedlungen u. Wechsel v. Wald, Wiesen u. Feldern; K. entsteht a. d. → Naturlandschaft.
Kulturpflanzen, landw. Bodenprodukte, die angebaut u. gepflegt werden müssen; in d. gemäßigten Klimazone fast alle landwirtschaftlichen Bodenprodukte; MPI f. Züchtungsforschung in Köln.
Kulturphilosophie, Gesamtheit der phil. Bemühungen zur Klärung des Sachverhalts Kultur.
Kultursteppe, durch Abholzung d. Waldes an Pfl. u. Tieren verarmte → Kulturlandschaft.
Kulturvölker, die Völker mit hochentwickelter Kultur; Ggs.: Primitivvölker, → Naturvölker.
Kultus [l.], Form der Gottesverehrung an best. Tagen u. Festen in *Kulträumen* u. mit *Kulthandlungen;* Gebet, Predigt, Opfer usw. → Ritus.
Kultusfreiheit → Religionsfreiheit.
Kultusminister, f. kulturelle Angelegenheiten zuständiger Min., in BR nur b. d. Landesreg.en; überregionale Regelung u. Zus.arbeit mit Bundesreg. durch *K.-Konferenz,* ständiges Büro in Bonn.
Kuma, Fluß in N-Kaukasien, 802 km lang, vom N-Hang des Kaukasus, versickert in d. *K.steppe.*
Kumairi, bis 1924 *Alexandropol,* 1924–91 *Leninakan,* St. in Armenien, 120 000 E; Textil-, chem. Ind.
Kumamoto, Hptst. d. jap. Präfektur *K.* auf Kyushu, 579 000 E.
Kumanen, Polowzer, türk. Volksstamm, wanderte im 13. Jh. aus Rußland in das Donaugebiet ein; Nachfahren in Rumänien und Ungarn.
Kumarin, Waldmeisterduftstoff, auch synthet. hergestellt; blutgerinnungshemmend, b. Thromboseneigung verwendet; → Antikoagulanzien; z. Rattenbekämpfung.
Kumasi, Hptst. d. Region Aschanti (Ghana), 489 000 E; kath. Bischofssitz, Uni.; Handels- u. Ind.zentrum; Flughafen.
Kümmel, Doldenblütler auf Wiesen; als Gewürz u. Medikament.
Kummet, *Kumt,* svw. Geschirr bei Zugtieren, bes. bei Pferden.
Kumpel [v. „Kumpan"], Bergarbeiter.
Kumulation, *w.* [l.], Anhäufung.
kumulativ, häufend.
Kumulonimbus [l.], *Cumulonimbus,* → Wolken.
Kumulus [l. „Haufe"], *Cumulus,* → Wolken.
Kumys, *m.* [mongol.], gegorene Stutenmilch.
Kun, Béla (20. 2. 1886–30. 11. 1939?), ungar. Politiker, verantwortlich für den Terror der Räterepublik (1919), Flucht in die UdSSR.
Kundera, Milan (* 1. 4. 1929), tschech. Schriftsteller, lebt seit 1975 in Paris; Erzählungen, Dramen, Romane: *Der Scherz, Abschiedswalzer, Die unerträgliche Leichtigkeit des Seins* (verfilmt); *Das Buch der lächerlichen Liebe.*

Kündigung, Lösung e. Vertrages nach e. vereinbarten oder gesetzlichen Frist (→ Dienstvertrag, Übers.).
Kündigungsschutz,
1) arbeitsrechtl.: Verbot d. Kündigung zur Unzeit (→ Dienstvertrag, Übers.).
2) → Mieterschutz.
Kundrie, die Botin des Grals in Wolfram v. Eschenbachs *Parzival.*
Kuneitra, syrische Stadt auf den Golanhöhen, 29 000 E.
Kunert, Günter (* 6. 3. 1929), deutscher Schriftst.; Erzählungen, Gedichte u. Essays; *Im Namen der Hüte; Stilleben; Zurück ins Paradies; Im toten Winkel.*
Küng, Hans (* 19. 3. 1928), schweiz. kath. Theologe; Kritiker d. Dogmas v. d. Unfehlbark. d. Papstes; s. Ende 1979 Entzug d. kirchl. Lehrbefugnis.
Kunigunde, († 1033), Gemahlin Kaiser Heinrichs II., Hlge; Grabmal v. Riemenschneider i. Bamberger Dom.
Kunigundenkraut, svw. → Wasserdost.
Kuniyoshi [-ˈjɔʃi],
1) Utagawa (1798–1861), jap. Maler u. Holzschnittkünstler; Schüler v. U. Toyokuni III.; folgte in Themenwahl u. Stil d. jap. Tradition, bei Landschaftsschilderungen jedoch auch perspektiv. Mittel d. eur. Malerei.
2) Yasuo (1. 9. 1893–14. 5. 1953), am. Maler jap. Herkunft; bewußt v. d. westl. Kultur geprägte, stets figürl. Darstellungen m. Rückbezügen auf d. heimatl. Tradition.
Kunkel, svw. → Spinnrocken.
Kunlun [kuənˈluːn], *Kuën-lun, Kwenlun,* Gebirge (b. 7723 m) in Zentralasien (Tibet), 3500 km l. in O–W-Richtung, im N schroff zum Tarimbecken abfallend.
Kunming, Hptst. der chin. Prov. Yunnan, 1,6 Mill. E.
Künneke, Eduard (27. 1. 1885–27. 10. 1953), dt. Operettenkomp.; *Der Vetter aus Dingsda; Glückl. Reise.*
Kunst, im weiteren Sinne: jede zur Meisterschaft gediehene Fähigkeit; *im engeren Sinne:* Entwicklung d. Erlebnisfähigkeit des Menschen durch wirksame Gestaltung e. gegebenen Materials; K. schafft in sich abgeschlossene, allgemeingültige, aber nicht immer allgemeinverständl. Werke.
Kunstakademie → Akademie; → Hochschule.
Kunsteisbahn, Eislauffläche in Hallen od. im Freien; wird durch in Röhrenleitung umlaufende, in Kältemaschinen tiefgekühlte Lösungen erzeugt u. gefroren erhalten.
Kunstfälschung, Nachahmung e. Kunstwerks in betrüger. Absicht.
Kunstfasern → Chemiefasern.
Kunstfehler, ärztl. Behandlungsfehler.
Kunstgeschichte → Übers.
Kunstgewerbe, angewandte Kunst, künstler. durchgebildete Gebrauchsgegenstände; histor. Sammlungen in *K.museen,* Unterricht in *K.schulen.*
Kunstharze, nicht abgegrenzter Teil der → Kunststoffe; den Naturharzen ähnlich.
Kunsthonig, wird aus Rohrzucker, der durch Milchsäure in Invertzucker umgewandelt ist, mit Honigaroma hergestellt; vorgeschriebener Zuckergehalt mindestens 80%.
Kunstleder, flächenhafte Erzeugnisse

mit lederähnlichen Eigenschaften: Gewebe-K., Faser-K., Folien-K.
Künstliche Intelligenz, *w.,* Teilgebiet d. → Informatik, in dem → Programme entwickelt werden, die Fähigkeiten höherer Lebewesen simulieren. Gründungskonferenz 1956 in Dartmouth (USA). Hauptanwendungsfelder: → Expertensysteme, Bildverarbeitung, Analyse gesprochener od. geschriebener Sprache, Schlußfolgerungssysteme, Robotik. → Turingtest.
künstliche Niere → extrakorporale Dialyse.
künstlicher Horizont, *Kreiselhorizont,* Bordinstrument v. Flugzeugen, d. deren Längs- u. Querneigung z. Horizontlinie anzeigt.
Kunstlicht, Licht von Glühbirnen, Leuchtstoffröhren usw.; dafür eignen sich Farbfilme mit Kunstlichtemulsion (Farbtemp. von ca. 3600° Kelvin).
Kunstseide → Chemiefasern.
Kunstspringen, Formen des Wasserspringens v. federnden 1-m- u. 3-m-Brett.
Kunststein, künstl. Stein (z. B. aus Zement, Wasser u. Kies gemischt), zu Treppenstufen, Straßenplatten u. a.
Kunststoffe → Übersicht.
Kunststoffverarbeitung → Übers.
Kunstturnen, wettkampfmäßige Form d. Gerätturnens.
Kunstverjüngung, waldwirtsch. Bez. f. d. Aufbau e. neuen Waldbestandes (→ Verjüngung) durch Ansaat od. Pflanzung v. Bäumen.
Kunstwolle, *Reißwolle,* auch *Shoddy* od. *Mungo,* aus dem zerfaserten Wollhaar v. Lumpen hergestellt; Verwendung f. billige Stoffe.
Kunze, Reiner (* 16. 8. 1933), dt. Lyriker; *Sensible Wege; Zimmerlautstärke; Die wunderbaren Jahre; eines jeden einzigen leben; Das weiße Gedicht* (Essay).
Künzelsau (D-74653), Krst. des Hohenlohekr., am Kocher, Ba-Wü., 12 497 E; Schloß; Gewerbe u. Ind.
Kuopio, mittelfinnische Prov.hptst., 80000 E; ev. Bischofssitz; Vergnügungsmetropole.
Küpe, Gefäß zum Färben; auch die Farblösung.
Küpenfärberei, Erzeugung d. (organ.) Farbstoffs auf d. Faser.
Küpenfarbstoffe, zunächst farblose, z. T. wie Indigo auch natürl. vorkom-

Kunstgeschichte

a) Wissenschaftl. Erforschung u. Darstellung der Entwicklung der bildenden Kunst, ihrer wechselnden Stilmerkmale u. ihrer geistesgeschichtl. Wurzeln; hat ihren Ursprung in den Künstlerbiographien seit dem 16. Jh. (Vasari).

b) Über die Entwicklung des abendländischen Kulturkreises (einschließl. d. USA), über die für die griech. u. gesamteur. Entwicklung grundlegende ägypt. Kunst u. über die Hochkulturen Asiens u. Altamerikas finden s. die einschlägigen Artikel unter den Ländern bzw. Stilrichtungen (z. B. → ägypt., altamerikan., asiat., byzant., chines., etrusk., frühchristl., griech., ind., islam., japan., karoling., myken., otton., roman. u. röm. Kunst; Barock, Gotik, Klassizismus, Kreta, Renaissance, Rokoko, Romantik, Vereinigte Staaten). Ein Überblick über die Kunst ab der 2. Hälfte des 19. Jh. findet sich im 2. Teil dieses Artikels unter d) u. e).

c) Außerdem: → vorgeschichtliche Kunst; Kunst der Naturvölker → primitive Kunst. – Zur Ergänzung der Übersicht sei ausdrücklich auf die entsprechenden Stichwörter im Text hingewiesen, wie u. a. abstrakte Kunst, abstrahierende Kunst, Expressionismus, Futurismus, Gotik, kinetische Kunst, konkrete Kunst, Kubismus, Impressionismus, Klassik, Konstruktivismus, Pop Art, psychedelische Kunst, Suprematismus, Surrealismus. – Ferner Tafeln: → Malerei, Kunst d. Altertums, Baukunst, Bildhauerkunst, Holzschnitt, Radierung u. Kupferstich, asiat. Kunst, Vorgeschichte.

d) *Kunst des 19. Jh.:* Nach → Klassizismus, → Romantik u. → Biedermeierzeit folgt in der 2. Hälfte des 19. Jh. ein Zeitalter des Individualismus. Historismus u. Relativismus heben alle Bindungen auf. Daher 1) Eklektizistischer Stil in Baukunst u. Kunsthandwerk; 2) rascher Wechsel u. Vielzahl der Richtungen; 3) Verzicht der Kunst auf jede außerhalb ihrer selbst liegende religiöse, moralische, soziale od. repräsentative Nutzanwendung (L'art pour l'art: die Kunst um der Kunst willen). Der Impressionismus eröffnet bes. für die Malerei neue Wege. Ende des Jh. überläßt man die dokumentarische Naturwiedergabe der Fotografie u. sucht nach neuen Gesetzen der Form u. des Ausdrucks (unabhängige Deutung des Daseins durch symbolische Eigengestalt). – *Baukunst:* Seit Mitte d. Jh. romantisierende Abwandlung aller historischen Stile (bayr. Königsschlösser, Neuschwanstein). Seit 1871 *„Gründerzeit"* (Berlin: Reichstag, Dom). – *Plastik:* Neuklassik: Hildebrand, Maillol. – Impressionismus: Rodin, Kolbe, Sintenis. – *Malerei:* Realismus, Mitte des 19. Jh.; Corot, Courbet, Menzel, Leibl, Trübner. – Neuromantik: Böcklin, Feuerbach, Thoma. Impressionismus: Manet, Monet, Renoir, Degas, Liebermann, Slevogt, Corinth; Erneuerung d. Form bei Cézanne; des Ausdrucks bei van Gogh, Gauguin, Munch.

e) *Kunst d. 20. Jh.:* bewußtes Suchen nach neuen Gestaltungsprinzipien. *Baukunst:* Anfang 20. Jh. → Jugendstil: Versuch einer Stilreinigung durch selbständige Formfantasie (Messel, Warenhaus Wertheim, Berlin, 1904), auch im Kunstgewerbe. Um 1910 Ansätze einer neuen Architektur: Entdeckung der konstruktiven Schönheit d. reinen Zweckbaues. Neue Baustoffe (Eisen, Beton, Glas) fordern neue Bauformen (Behrens, Gebäude der AEG, Berlin 1912). 1919 Gründung v. „Bauhaus" (Gropius). Ablehnung überalterter Bildungsbegriffe, Anpassung an naturgemäße Lebensweise (Luft u. Licht). Klare, einfache Proportionen, rhythmische Gliederung, Gegenbewegung v. Horizontalen u. Vertikalen, Betonung d. kubischen Werte: Bonatz, Poelzig, Mendelsohn, Höger, Gropius, Mies van der Rohe (Wohnbauten) u. a. „Dt. Stil", gleichgesinnte Bestrebungen im Ausland (Le Corbusier, Frkr.; Wright, USA) setzt s. in der ganzen Welt durch, nur in Dtld selbst bringt das Dritte Reich den Rückschritt zu e. neuerlich historisierenden Klassizismus. Danach Zweifel am rein formalen Element (→ Ronchamp). Der Zweckbau dominiert mit Betonskelettbauten (Scharoun, Eiermann, Nervi, Aalto). Seit neuestem Metastrukturbauten (variable Bauweise: in tragende Strukturen können z. B. Wohneinheiten eingehängt werden; Frei, Friedmann, Benisch); Postmoderne (zitiert traditionelle Baustile u. -ornamente; James Stirling); Dekonstruktivismus (als Gegenbewegung zur Postmoderne bewußte Anknüpfung an moderne, konstruktivistische Baukunst; Unausgewogenheit, „Zufallsprinzip"; Peter Eisenman, Coop Himmelblau). – *Plastik:* Um die Jahrhundertwende Erneuerung d. ausdrucksvollen Form (Dtld): Lehmbruck, Barlach, Harth, Blumenthal, Marcks. – Kubismus: Archipenko, Belling, Laurens, Lipchitz. – Abstrakte und abstrahierende Form: Brancusi, Arp, Moore, Mataré, Baum, Hartung, Marini. Surrealistische Tendenzen: objets trouvés (beliebige Objekte werden in Beziehung zueinander gebracht; Picasso, Breton, Duchamp). Neue Formen bei Giacometti. Compressionen. Seit 1960 → kinetische Kunst, kubistische u. abstrakte Formgebung im Freien (Minimal Art u. Land Art). Seit 1971 Neuer Realismus (z. B. direkte Naturabgüsse in der Plastik; George Segal). – *Malerei:* fortschreitende Befreiung vom Naturvorbild; Verselbständigung d. Form: – Kubismus seit 1908: Picasso, Braque, Gris, Léger. – Konstruktivismus seit etwa 1919: Mondrian, Tatlin, Schlemmer, Baumeister. Verselbständigung d. Ausdrucks u. der Farbe: frz. Fauvismus seit 1905: Matisse, Dérain, Vlaminck u. a.; dt. Expressionismus seit 1905: Kirchner, Schmidt-Rottluff, Heckel, Nolde (Künstlervereinigung „Die Brücke") u. „Blauer Reiter" (seit 1911) Kandinsky, Klee, Marc, Macke u. a.); express. Realismus etwa s. 1917: Beckmann, Hofer. – Reaktion: Neue Sachlichkeit etwa s. 1920: Schrimpf, Dix u. a. – Gegenreaktion: Surrealismus: Chirico, Max Ernst, Dalí u. a. – Im Dritten Reich offizielle Verdrängung d. Moderne durch monumentalistische Staatskunst; 1937 diffamierende Ausstellung „entartete Kunst". Seit 1945 wieder Übergewicht d. abstrakten u. abstrahierenden Richtungen in der ganzen Welt. Starker Einfluß am. Künstler (Pollock) u. Stilrichtungen (Abstrakter Expressionismus) auf d. eur. Entwicklung. Hauptländer: Frkr. (Wols, Mathieu), Italien (Vedova), Dtld; vorherrschend Automatismus, informelle Kunst und ihre Derivate v. Pop Art, psychedelische Kunst v. Farbfeldmalerei; in d. 70er Jahren „Neuer Realismus" (Fotorealismus, figurativer Realismus u. kritischer Realismus). In d. 80er Jahren Neofauvismus („Junge Wilde"). – *Aktionskunst:* nicht mehr den traditionellen Kunstgattungen entsprechend; Ansätze in Dadaismus u. Action Painting. Unterscheidung: Happening (Wechselwirkung zw. Kunst u. Leben; Künstler bindet Publikum mit ein in theatral. Handlung; A. Kaprow, Cage u. a.) v. Performance (passive Zuschauer).

Kunststoffe

Kunstharze, Plastik, plastische Massen, Plaste, engl. *Plastics,* → hochpolymere organische Stoffe, als Werkstoffe u. Lackrohstoffe verwendet:
1) *halbsynthetischer K.,* durch chem. Abwandlung hochpolymerer Naturstoffe wie → Cellulose (zu → Zellglas, → Celluloid, → Acetylcellulose, → Celluloseether) oder aus → Caseïn durch Einwirkung von Formaldehyd (→ Galalith) gewonnen;
2) *vollsynthetischer K.,* Verkettung niedrigmolekularer Ausgangsstoffe, gewonnen durch
a) → *Polykondensation* (z. B. aus → Phenol, → Kresolen, → Harnstoff, → Melamin u. Formaldehyd), wobei die Bildung der hochmolekularen Stoffe zunächst unterbrochen, dann entweder füllstofffrei (Edelkunstharze) od. unter Zusatz von Füllstoffen als *Preßmassen* unter gleichzeitiger Formgebung unter Druck u. Hitze zum fertigen *Preßstoff*-Gegenstand zu Ende geführt wird (Hartpapier, Hartgewebe, Schichtpreßhölzer). Durch Polykondensation entstehen aus Diaminen u. Dicarbonsäuren → Polyamide (→ Nylon, → Perlon), aus Dialkoholen u. ungesättigten Dicarbonsäuren werden ungesättigte → Polyester erhalten, die mit ungesättigten Verbindungen (z. B. Styrol) zu unlösl. u. unschmelzbaren, oft glasklaren Polyester-K.n vernetzt werden können; als Gießharze u. bes. mit Glasmatten- od. Glasgewebe-Einlage zu Glasfaser-K.n, im Niederdruckverfahren u. nach handwerkl. Methoden mit einfachen, billigen Formen verarbeitbar, verwendet z. B. für Großformteile (Segel- und Ruderboote, Autokarosserien), für Angelruten, Skier, zahlreiche Gebrauchsgegenstände u. techn. Geräte, chem. außerordentlich resistent.
b) → *Polymerisation* in Lösung (Lösungspolymerisation), Emulsion (Emulsionspolymerisation) od. in Masse (Blockpolymerisation) führt z. B. von → Butadiën zu → Buna, von Vinylchlorid zu → Polyvinylchlorid (PVC), von Styrol zu → Polystyrol, von Acrylsäureestern zu Polyacryl-Kunststoffen (→ Acryl-Harze), von Ethylen zu → Polyethylen, von Isobutylen zu → Polyisobutylen, von Tetrafluorethylen zu → Polytetrafluorethylen (→ Teflon).
c) → *Polyaddition* liefert aus Diisocyanaten („Desmodure") u. mehrwertigen Alkoholen („Desmophene") unter Bildung von z. B. → Polyurethanen (O. Bayer) je nach den angewandten Reaktionspartnern als Faserbildner geeignete Kunststoffe (Perlon U), Spezialklebstoffe (zum Verbinden von Metallen miteinander oder mit anderen Werkstoffen), el. wertvolle Lacke (DeDe-Lacke), gummi-elastische Stoffe von hervorragenden Festigkeitseigenschaften (→ Vulkolan), Schaumstoffe (→ Moltopren), → Epoxidharze u. ä. (→ Tafel Kunststoffverarbeitung).
Einteilung der K.–Produkte erfolgt nach ihrem Wärmeverhalten. **a)** → *Thermoplaste* (PVC, PE u. a.) mit schwach vernetzten Molekülketten sind schweißbar, schmelz- u. quellbar, unterhalb best. Temperatur (Glastemperatur) erhärtend; **b)** *Elastomere,* nicht schmelzbar und dauerelastisch; **c)** *Duroplaste* (auch → Thermodure od. Duromere) mit engmaschigen, stark vernetzten Molekülketten sind nicht form- o. schmelzbar u. lösungsmittelresistent (Phenolharze, Epoxidharze, Polyurethane); **d)** *Polymerlegierungen* werden durch Mischpolymerisation u. mit Elastomeren hergestellt; meist Thermoplaste, die durch → Weichmacher in lederartigen oder gummielastischen Zustand gebracht werden und wegen Isolierverhalten, Bruchfestigkeit und Schlagzähigkeit für techn. Zwecke (Elektro-, Autoindustrie) bedeutend sind.

Kunststoffverarbeitung

① Einfüllen — Heiß-Pressen — Auswerfen
② Form, Fülltrichter, Düse, Druck, Heizung
③ Abziehvorrichtung, Spritzkopf, Heizbänder, Fülltrichter, Motor, Schnecke
④ Kunststoffplatte, Luft, zur Pumpe, fertige Form
⑤ Kunststoffmasse, Geheizte Walzen, Geweberolle, Kaschierte Gewebebahn
⑥ Kunststoffschlauch, Druckluft, Kunststoffflasche

mende organ.-chem. Verbindungen, die erst auf d. Faser durch Oxidation an d. Luft ihre Farbe erhalten.

Kupfer, *Cu,* chem. El., Oz. 29, At.-Gew. 63,54, Dichte 8,92; rotes, festes, dehnbares Schwermetall, leitet sehr gut Wärme und el. Strom; Vorkommen gediegen, m. Eisen u. Schwefel als *K.kies* u. in anderen Erzen; Raffinierung durch Elektrolyse, Verwendung für el. Leitungen, Kabel, K.stichplatten, Apparate usw.; wichtige Legierungen: *Messing* (m. Zink), *Bronze* (m. Zinn), *Rotguß* (m. Zinn u. Zink), *Neusilber* (m. Zink u. Nickel); Vorkommen → Kupfer, Statistik.

Kupferdruck, Tief-→ Druck von K.platte.

Kupferglanz, Cu_2S, Schwefelkupfer mit hohem K.gehalt.

Kupferglucke, brauner Nachtschmetterling, im Sitzen ähnl. Eichenblatt; Raupe Obstbaumschädling.

Kupferkies, $CuFeS_2$; Ausgangsprodukt f. Schwefelsäure- u. Kupfergewinnung; Rückstände d. Schwefelsäuregewinnung (Kiesabbrände) auf Kupfer verhüttet.

Kupferlasur, blaues Mineral, Kupferkarbonat; Verhüttung auf Kupfer; als Malerfarbe z. Email- u. Glasfärbung.

Kupferstich, Abdruck e. Zeichnung, die in e. Kupferplatte m. dem Grabstichel eingeritzt wird, wobei im Druck hell beabsichtigte Stellen stehen bleiben. In Dtld ab etwa 1400 (Voraussetzung war Herstellung v. Papier u. Presse); im 15. Jh. anonyme Meister (oft Goldschmiede), die n. Monogrammen genannt werden (z. B. Meister E. S.); bed. Kupferstecher: Schongauer, Dürer, Lucas v. Leyden, Mantegna, Pollaiuolo, Raimondi; Sondertechniken: → Aquatinta,

Kunststoffverarbeitung

Kunststoffe werden handwerklich (Schnitzen, Drehen, Bohren, Sägen) bearbeitet oder maschinell unter Wärme- u. Druckwirkung spanlos geformt.

Das eingesetzte Material fließt dabei in der Wärme u. bildet die Form unter Druck ab. → Duroplaste härten hierbei aus und können als fester Formling aus der heißen Form entnommen werden. → Thermoplaste hingegen sind erst nach Abkühlung hart genug, um aus der Form entnommen werden zu können (Schema einer Formpresse Abbildung 1).

Kunstharze werden durch druckloses Gießen, unter Zusatz von Härter verarbeitet (→ Kunststoffe).

Der Kunststoff-Spritzguß ist das wichtigste Massenformverfahren für Thermoplaste. Gekörntes Material wird portionsweise aufgeschmolzen u. unter Druck in die kalte Form gespritzt, die es ausfüllt u. dann erstarrt. Nach kurzer Wartezeit öffnet die Maschine die Form u. stößt den Formling aus. Als letzter Arbeitsgang wird der Anguß entfernt; er wird gekörnt u. wieder verwendet (Schema einer Kunststoff-Spritzgußmaschine Abb. 2).

Stangen, Rohre, Schläuche u. a. Profile aus Thermoplasten werden kontinuierlich (endlos) mit dem Extruder (Schneckenpresse) erzeugt. Das gekörnte Material wird laufend aufgeschmolzen u. von einer Schnecke aus dem Spritzkopf gedrückt. Der austretende Strang erhält sein Profil durch die Gestalt der Spritzdüse, wird auf der Abziehvorrichtung gekühlt, sodann auf Längen geschnitten od. aufgerollt. Breitschlitzdüsen liefern Folien, Kabeldüsen umkleiden einen schräg einlaufenden Draht mit Isolierung (Schema eines Extruders Abb. 3).

Große Teile wie Kästen oder Schüsseln lassen sich durch Vakuumformung ziehen. Vorgewärmte dünne Platten werden luftdicht auf dem Rand der Form befestigt u. die Luft aus dem Zwischenraum abgesaugt. Der äußere Luftdruck preßt die Platte in die Form (Schema der Vakuumformung Abb. 4).

→ Kalander glätten u. → kalibrieren dünne Platten u. Folien. Sie dienen ferner zum Beschichten (Kaschieren) z. B. von Gewebebahnen zur Herstellung von Kunstleder, dessen Narbung durch Prägewalzen erfolgt (Schema eines Kunststoff-Kalanders Abb. 5).

Dünne Folien können aus extrudierten Schläuchen durch Folienblasen hergestellt werden: Der nach Verlassen des Extruders noch warme Schlauch wird ballonartig um ein Mehrfaches aufgeblasen u. sodann aufgeschlitzt. Kunststoff-Flaschen formt man aus einem Schlauch, der mittels Druckluft in eine umgreifende Form geblasen wird (Schema einer Kunststoff-Flaschenblasmaschine Abb. 6).

Platten lassen sich, etwa im Behälterbau, im Heißluftstrom verschweißen, Verpackungsfolien durch Heißsiegeln (Schmelzkleben) verschließen.

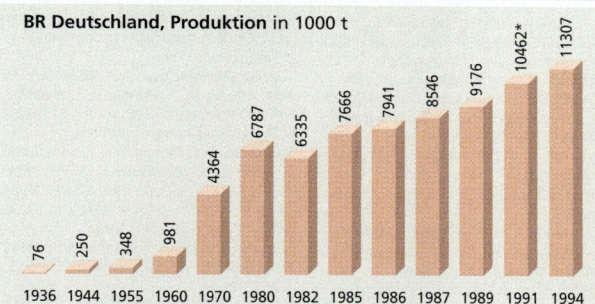

Kunststoffe

BR Deutschland, Produktion in 1000 t

1936	1944	1955	1960	1970	1980	1982	1985	1986	1987	1989	1991	1994
76	250	348	981	4364	6787	6335	7666	7941	8546	9176	10462*	11307

* gesamtes Bundesgebiet

Produktion wichtiger Länder in 1000 t

	1950	1982	1987	1989	1993
USA	975	12440	19372	18786	19400[5]
BRD	120	6335	8546	9176	11307
Japan	28	5986	7867	10417	10618
Russ. Föderation	21[1]	4057	5486	4634[4]	2500
Frankreich	33	2524[2]	3724	3770	4394
Niederlande	–	2502	2910	3265	3853[5]
Italien	23	2142	2846	3239[4]	–
Belgien	–	2023	2574	3980	–
Großbritannien	157	1967	1286[3]	1827	

[1] (1945) [2] (1981) [3] (1986) [4] (1988) [5] (1991)

Kupferglucke

Kupferkies

→ *Schabkunst;* Abart: → *Stahlstich.* Auch → Radierung, → Kaltnadelradierung.

Kupfersulfat, große blaue Kristalle, verwendet zur Galvanoplastik, Holzkonservierung, als Kupferkalkbrühe (Bordeaux-Brühe) gg. Pflanzenschädlinge (Reblaus).

Kupferzeit → Vorgeschichte (Übers.).

Kupido [l.], *Cupido,* der Liebesgott, → Eros.

kupieren [frz.],
1) *med.* eine Krankheit im Keim ersticken.
2) abschneiden, stutzen.

Kupka, František (22. 9. 1871–24. 6. 1957), frz. Maler tschech. Herkunft; zunächst beeinflußt v. Jugendstil u. Neoexpressionismus; ab 1910 e. Wegbereiter d. abstrakten Malerei; *Amorpha – Fuge in zwei Farben.*

Kupolofen, Schachtofen, in Eisengießereien, z. Schmelzen d. Gußeisens; Stahlblechmantel m. Schamotte.

Kupon, *m.* [frz. -'põ: „coupon = Abschnitt"], das den Inhaberschuldverschreibungen und Aktien auf K.bogen angehängte Inhaberpapier zur Erhebung fälliger Zinsen bzw. Dividenden; → Talon.

Kuponsteuer, von ausländ. Inhabern dt. Wertpapieren zu entrichtende Steuer (25% d. Zinsertrages).

Kuppel, Raumüberwölbung durch Halbkugel od. anderen Rotationskörper über runder, quadrat. od. regelmäßig vieleck. Grundfläche; *Hängek.,* ihr Basiskreis umschreibt e. Quadrat; die außerhalb dessen liegenden K.segmente sind vertikal ausgespart, so daß auf s. Eckpunkten fußen; *Pendentifk.,* ihr Basiskreis ist einem Quadrat eingeschrieben, zu s. Eckpunkten leiten Zwickel die selbst. Glieder; *Schalenk.,*

Kupfer

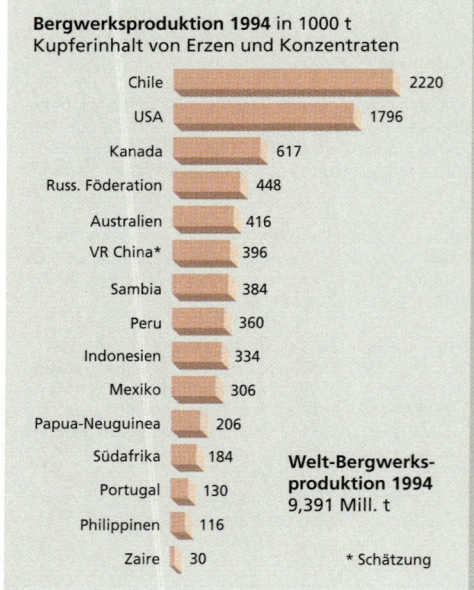

Bergwerksproduktion 1994 in 1000 t
Kupferinhalt von Erzen und Konzentraten

Land	1000 t
Chile	2220
USA	1796
Kanada	617
Russ. Föderation	448
Australien	416
VR China*	396
Sambia	384
Peru	360
Indonesien	334
Mexiko	306
Papua-Neuguinea	206
Südafrika	184
Portugal	130
Philippinen	116
Zaire	30

Welt-Bergwerksproduktion 1994
9,391 Mill. t

* Schätzung

Raffinadekupfererzeugung 1994 in 1000 t

Land	1000 t
USA	2220
Chile	1277
Japan	1119
VR China	736
BRD	592
Russ. Föderation	552
Kanada	550
Polen	405
Belgien	371
Sambia	369
Australien	336
Peru	253
Rep. Korea	222
Mexiko	197
Spanien	188
Brasilien	169

Welterzeugung 1994
11,140 Mill. t

---

bestehend aus e. flacheren Innenk. u. e. sie überwölbenden Außenk., die Zwischenstege verbinden.

Kuppelei, strafbare Förderung sexueller Handlungen einer Person unter 16 J. an, vor od. mit e. Dritten od. gewerbsmäß. Förderung der Prostitution von Minderjährigen od. unter Ausnutzung persönl. od. wirtsch. Abhängigkeit der Prostituierten; strafb. K. liegt nicht vor, wenn der Sorgeberechtigte (z. B. d. Eltern) sexuelle Handlungen d. Minderjährigen m. Dritten duldet u. nicht s. Erziehungspflicht gröblich verletzt (§§ 180, 180a StGB).

Kupplung,
1) Verbindung von zwei Masch.teilen, hpts. Wellen, zur Kraftübertragung; Arten: **a)** feste K. durch starr verbundene Muffen oder Scheiben (Abb., l.); **b)** ausrückbare K. (z. B. Klauen-K.; Abb., r.), → Reibungs-K., → Lamellen-K. (→ Tafel Kraftfahrzeug).
2) Verbindung zw. Fahrzeugen (z. B. Eisenbahnwagen, Abb., li.); oberes Gestänge zw. d. Zughaken durch Schraubhebel gespannt; neuerdings auch automat. Mittelpufferkupplung.

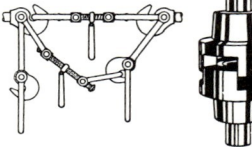
Kupplung

Kurbelwelle

Kur, w. [l. „cura = Sorge"], länger dauerndes Heilverfahren.
Kür, freie Wahl,
1) Wahl (*küren* = wählen) des dt. Kgs im MA durch die → Kurfürsten.
2) sportl. Wettbewerb: Übungen, deren Wahl u. Zus.stellung d. Bewerber freisteht (z. B. *Kürturnen*); Ggs.: → Pflichtübung.
Kura, Fluß a. d. armen. Bergland ins Kasp. Meer, 1515 km l., 600 km schiffbar.
Kurant, s. [frz.], *K.geld,* vollwertig aus dem Währungsmetall geprägte Münzen,

ist unbeschränkt in Zahlung zu nehmen; Ggs.: → Scheidemünzen.
Kurare, s., Alkaloid in indian. Pfeilgiften, lähmt quergestreifte Muskeln; *med.* als Muskelrelaxans zur Muskelerschlaffung bei großen Operationen u. bestimmten Krampfzuständen.
Küraß, m. [frz.], (Leder-, Metall-)Panzer der schweren Reiter, **Kürassiere.**
Kurat [l.], kath. Kaplan.
Kuratel, w. [l.], Vormundschaft über e. Entmündigten.
kurativ, heilend; Ggs.: symptomat. Behandlung.
Kurator [l.], Pfleger; vom Staat bestellter Beamter zur Beaufsichtigung von Hochschulen oder Stiftungen.
Kuratorium, Aufsichtsbehörde.
Kuratorium Unteilbares Deutschland, 1954 gegr. Vereinigung, strebte Volksbewegung f. d. Wiedervereinigung Dtlds an.
Kurbel, dient z. Hervorrufen einer Drehbewegung (*Hand-K.*).
Kurbelgetriebe, verwandelt geradlinige Bewegung in Drehbewegung; b. Dampfmaschinen bestehend aus d. durch d. Kolbenstange geradlinig hin u. her bewegten Kreuzkopf, der **Kurbelstange** u. d. Kurbel, die die **Kurbelwelle** dreht.
Kürbis, Kulturpflanze am. Herkunft; große Früchte, Samen fettreich, liefern *Kernöl* f. Speisezwecke.
Kurden, iran. krieger. Volksstamm in Kurdistan, z. T. Nomaden; schiit. Moslems; ca. 13 Mill.; im → Irak während d. → Golfkriegs m. Iran und nach dem Krieg um → Kuwait verfolgt, zeitweilige Massenflucht in d. Türkei u. Iran; autonome Kurdenregion im Irak bewilligt.

Kurdistan,
1) Landsch. zw. armen. Bergland u. Euphrat; Silber, Kupfer, Erdöl; bewohnt v. *Kurden;* pol. zu Türkei, Iran, Irak, Aserbaidschan, Syrien.
2) auton. Region K. (Arbil, Soleimaneh u. Dohouk), Gebiet im NO Iraks, Hptst.: *Arbil;* Erdölvorkommen; s. 1991 Autonomiestatus.
Kure, jap. Hafenst. im SW Honshus, 227 000 E; Schiffbau, Stahlind.
Kürenberger, Der von (um 1160), Minnesänger; Hauptvertr. d. donauländ. Minnesangs.
Kureten, griech. Priester d. Rhea, die durch lärmende Waffentänze d. Geschrei des v. Rhea geborenen Zeuskindes vor → Kronos schützten.
Kürette [frz.], Instrument z. Auskratzung der Gebärmutter (*Kürettage*).
Kurfürsten [„kur = Wahl"], urspr. Träger der Erzämter, einflußreichste Fürsten in Dtld; wählten den dt. Kg: offiziell seit 1356 (→ Goldene Bulle): 3 geistliche (Erzbischöfe von Mainz, Köln, Trier), 4 weltliche (Pfalz, Böhmen, Sachsen, Brandenburg). 1623 als 8. K. Bayern, 1692 Braunschweig-Lüneburg (Hannover); später Titel der Fürsten von Baden, Württemberg, Hessen-Kassel u. Salzburg (1803); 1806 K.tümer aufgehoben; Titel bis 1866 (Hessen-Kassel).
Kurgan, russ. Gebietshptst. in d. Westsibir. Tiefebene am Tobol, 356 000 E; Masch.bau-, Textilind., Fahrzeugbau; Flughafen.
Kurialismus, i. d. kath. Kirche d. zentralisierte Verwaltungsleitung und Machtausübung durch d. röm. → Kurie.
Kurier [frz.], diplomat. Beamter zur Übermittl. geheimzuhaltender Schriftstücke; das v. K. beförderte amtl. gesiegelte Gepäck genießt Schutz gegen Zolluntersuchung usw.
Kurie, Römische, seit dem 11. Jh. Bez. des päpstl. Kabinetts u. Hofstaates, mit bes. Gerichtshöfen, 6 Sonderämtern u. 9 Kardinalskongregationen.
Kurilen, Inselbogen zw. Kamtschatka u. Hokkaido, vulkanisch, häufig Erdbeben; 15 600 km², ca. 7000 E; Fischerei; 1875 jap., 1945 zur Sowjetunion; Rückgabe d. südl. In. (Habomei, Shikotan, Kunashiri u. Iturup) an Japan gefordert.
Kuriosität, w. [l.], *Kuriosum,* Merkwürdigkeit.
Kurisches Haff, im Gebiet der Memelmündung, 1610 km², bis 7 m t., fischreich; mit d. Ostsee durch das *Memeler Tief* verbunden; von ihr getrennt durch d. 98 km l., 0,4–3,8 km breite, z. gr. Teil m. riesigen Wanderdünen (63 m) bedeckte **Kurische Nehrung,** Naturschutzgebiet.
Kurkuma, Gelbwurzel, ingwerartiges ostasiat. Gewürz, zum Gelbfärben von Speisen.
Kurkumapapier, Reagenzpapier zum Nachweis von Alkalien, Ammoniak, Borsäure.
Kurland, lett. *Kurzeme,* Landschaft zw. Ostsee u. Unterlauf der Düna, bewaldetes Hügel- u. Flachland; landw. z. T. sehr fruchtbar: „Gottesländchen", Forsten, fischreiche Seen. – 1202 durch d. → Schwertbrüder erobert, 1237 an den Dt. Orden, 1561 luth. weltl. Hzgtum (Hptst. *Mitau*) unter poln. Oberhoheit; 1795 zu Rußland; 1918 zu Lettland.

Kurmark, Hptteil der alten Mark Brandenburg (Altmark, Prignitz, Mittelmark, Uckermark, Beeskow-Storkow).
Kurokawa, Kisho Noriako (* 8. 4. 1938), jap. Architekt u. Architekturtheoretiker, Mitbegr. d. → Metabolismus; Ausstellungsbauten f. d. Expo '70 u. *Sony Tower* in Osaka.
Kuros, nackte Jünglingsgestalt der griech. Kunst, auch als tragendes Bauelement.
Kurosawa, Akira (* 23. 3. 1910), jap. Filmregisseur; *Rashomon* (1950); *Die sieben Samurai* (1953); *Uzala, d. Kirgise* (1973/75); *Kagemusha* (1979/80); *RAN* (1985); *Kurosawa's Dreams* (1990).
KuroS**hio** [jap. „Schwarze Strömung"], warme Strömung i. Pazifik, v. d. O-Küste Formosas längs der SO-Küste Japans getgen Japan u. Kaliforien zu.
Kurpfuscherei, volkstüml. für die in Dtld verbotene Ausübung des Heilgewerbes durch einen nicht approbierten Arzt oder nicht staatl. anerkannten Heilpraktiker bzw. für eine fehlerhafte Behandlung.
Kurrende, w. [nl.], frühere kirchl. Einrichtung: Kindergruppen sangen um Almosen geistl. Lieder; in Mitteldtld der kirchl. Knabenchor.
Kurrentschrift, die → Sütterlin-Schreibschrift.
Kurs, *m.* [l.],
1) *an der Börse:* Preis der gehandelten Objekte (Waren, Wertpapiere, Devisen u. a.); Wertpapier-K. (Effekten-K.) meist in Prozenten des Nennwertes angegeben; Arten: Kassa- u. Ultimo-K., Einheits- (fester) u. fortlaufender (variabler, schwankender) K.
2) Fahrt(richtung).
Kursbuch, svw. Fahrplan, bes. der Eisenbahn.
Kürschner, Josef (20. 9. 1853–29. 7. 1902), dt. Schriftst., begr. 1882 die *Dt. Nationalliteratur;* führte den *Dt. Literaturkalender* fort.
kursieren [l.], im Umlauf sein.
kursiv, schräglaufende lat. Schrift: *Schrift.*
Kursk, Gebietshptst. in Mittelrußland, am Sejm, 424 000 E; Zentrum d. Eisenerzbergbaus, Schwerindustrie.
Kursnotierung, d. nach den Börsenusancen versch. Verfahren d. Feststellung der Börsenkurse.
kursorisch [l.], fortlaufend; flüchtig.
Kursus, *m.* [l.], Lehrgang, Reihe v. wiss. Vorträgen.
Kurszettel, das von der Börsenleitung tägl. herausgegebene Protokoll über den Börsenverkehr; enthält insbes. d. von den gehandelten Wertpapieren od. Waren erzielten Kurse; gebräuchl. Abkürzungen: i. L. = Unternehmen in Liquidation, ex. D. = ohne Dividendenschein, T = Tax.- od. Schätzkurs, N. p. St. = Notierung in DM pro Stück, F. = fortlaufende Notierung; zur Kennzeichnung d. Marktverhältn.: *b (bez., bz.)* = bezahlt, Kurs, zu dem Umsätze getätigt wurden, *G* = Geld, zu dem Nachfrage bestand, *B* od. *P* = Brief, zu dem Angebot vorhanden war, *bG* bzw. *bB,* zu dem Umsätze getätigt wurden, aber noch Nachfrage bzw. Angebot vorhand. war, *R* od. *rep.* = Repartierung.
Kurt, *m.* Vn., urspr. Kurzform zu Konrad (Kuonrat).
Kurtage, *w.* [frz. -ʒə], *Courtage,* Gebühr des Börsenmaklers für Vermittlung eines Börsengeschäfts.
Kurtisane, *w.* [frz.], Halbweltdame.
Kurtschatovium, *Ku,* auch *Rutherfordium, Rf,* nach d. sowj. Phys. Igor Wassiljewitsch *Kurtschatow* (1903–60) ben. chem. Element aus der Reihe der → Transurane; Oz. 104; 1964 entdeckt.
Kuru, Hirnabbaukrankheit bei Eingeborenen Neu-Guineas, übertragen durch Kannibalismus, → Prion.
Kurulischer Stuhl, lat. *sella curulis,* Amtssessel d. höchsten Beamten im alten Rom.
Kurve [l.],
1) *geometr.* jede gekrümmte Linie im Gegensatz z. Geraden; z. ihrer Zeichnung: Kurvenlineal.
2) *allg.* Krümmung e. Straße, Bahnstrecke usw.
Kurverein, von den dt. → Kurfürsten gegr. zur Wahrung ihrer Rechte (insbes. der Königswahl).
Kurverein von Rense, 1338, → deutsche Geschichte.
Kurz, Isolde (21. 12. 1853–5. 4. 1944), dt. Schriftst.in; Romane: *Vanadis; Aus meinem Jugendland.*
Kurzarbeit, Reduzierung d. Arbeitszeit unter d. gewohnte Maß b. entsprechender Kürzung d. Arbeitsentgelts (mehr als 10% d. tarifl. Arbeitszeit) z. Vermeidung von Entlassungen.
Kurzflügler, Käfer m. rückgebildeten Flügeldecken; im Waldboden oder in Ameisennestern.
Kurzschluß, Schließen eines Stromkreises, wodurch infolge zu geringen Widerstandes d. Stromquelle oder Zuleitung überlastet wird; entsteht oft durch Berührung in der Zuleitung, Isolationsschäden, Leitungsbrüche, bei engen Spannungen auch durch Überschläge; Folgen: Anwachsen der Stromstärke, Erhitzen d. Leiter (Brandursache), Funkenbildung usw.; Schadensverhütung durch Schmelz- oder Automatensicherungen od. Öl-, Preßgas-, Expansionsschalter, die bei K. den Strom unterbrechen.
Kurzschrift, *w., Stenographie,* ermöglicht durch Vereinfachung d. Schriftzeichen, Auslassung der Vokale, Wort- u. Silbenzeichen (Kürzel od. Sigel) schnelles Schreiben, sehr schnelles (über 250 Silben je Minute) die (noch mehr verkürzte) *Debattenschrift* (f. Parlamentsberichte), wichtig z. Nachschrift v. Reden od. Diktat; schon i. Altertum, bes. *Tironische Noten* in Rom; *dt. Systeme:* früher Gabelsberger, Stolze-Schrey, heute Einheitskurzschrift: seit 1924, 1935 amtlich, 1936 u. 1968 geändert.
Kurzsichtigkeit, *Myopie,* durch zu starke Strahlenbrechung im Auge oder Verlängerung des Augapfels: Unfähigkeit, in die Ferne scharf zu sehen; durch Konkavlinse (Brille, Haftgläser), neuerdings auch durch Augenchirurgie auszugleichen.
Kurzstreckenlauf, Sprint-Wettläufe v. 100, 200 u. 400 m.
Kurzstreckenraketen, mil., unbemannte Flugkörper m. atomaren od. konventionellen Sprengköpfen u. e. Reichweite bis 500 km.
Kurzwaren, kleine Gegenstände für täglichen häuslichen Gebrauch (z. B. Nähgerät, Band usw.).
Kurzwellen,
1) *KW.therapie,* Zweig d. → Elektrotherapie, Erwärmung tiefliegender Gewebe bei rheumatischen u. entzündlichen Erkrankungen.
2) *KW,* elektromagnet. Wellen *(Dekameterwellen),* Frequenzbereich intern. festgelegt zw. 5,95 MHz u. 26,1 MHz, unterteilt in *Bänder* (49-m- bis 11-m-Band); ermöglichen durch ihre Ausbreitungsart (Reflexion an d. Ionosphäre) Funkverkehr über gr. Entfernungen (ca. 20 000 km); Anwendung: Rundfunk, Amateurfunk, Flugfunk; Empfang beeinflußt durch Fading (→ Schwund).

Der Minnesänger Kürenberger

Kusch, Polykarp (26. 1. 1911 bis 20. 3. 93), am. Phys.; Physik d. Atome u. Moleküle; Nobelpr. 1955.
Kusch, Name f. d. Nubien s. d. 2. Nilkataraktes. Bereits um 2000 v. Chr. von Ägypten erobert; spätere Könige von Kusch eroberten Ägypten u. gründeten die 25. ägypt. Dynastie. Zentren des Landes waren Napata u. → Meroë.
Kusel (D-66869), Krst. b. Kaiserslautern, RP, 5688 E; Krst.
Kusine → Cousine.
Kuskus, *m.* [arab.], nordafrikan. Gericht aus Weizen-, Hirse- od. Maismehl, meist m. Hammelfleisch u. Gemüse.
Küsnacht (CH-8700), Wohnvorort v. Zürich (Schweiz), 12 400 E.
Kusnezk → Nowokusnezk.
Kusnezker Kohlenbecken, in W-Sibirien mit ca. 900 Mrd. t Kohlenvorräten: s. 1930 Ural-K. Ind.kombinat *(Kusbass),* Stahlwerke.
Küßnacht am Rigi (CH-6403), Bezort i. schweiz. Kanton Schwyz, am nördl. Arm des *Vierwaldstätter Sees* **(K.er See)** u. am Rigi, 9300 E; östl. die Ruine der Geßlerburg u. die *Hohle Gasse* (Tellsage).
Küstengebirge, engl. *Coast Ranges,* Kettengebirge der Kordilleren, von Kanada im N bis Kalifornien im S.
Küstengewässer, v. d. Küste liegenden Meeresgeb.; Grenzverlauf zw. K. u. hoher See ist nicht klar definiert; ökol. b. 200 m Tiefe; früher Bez. f. d. Grenze d. Territorialgewässer; → Dreimeilenzone.
Küster [l. „custos = Wächter"], Kirchendiener (→ Mesner).
Kustos [l.], Verwalter u. Sachbearbeiter v. Kunst- od. wiss. Sammlungen.
Küstrin, *Kostrzyn,* poln. St. u. frühere Festung an d. Oder; 16 000 E.
Kutais, *Kutaissi,* St. in Georgien, Ende d. Ossetischen Heerstraße, 235 000 E; Wasserkraftwerke, Textil-, Düngemittel-, Lastwagenind.
kutan, die Haut *(Kutis)* betreffend.
Kutsche, Sammelbegriff f. gedeckte Pferdewagen z. Personenbeförderung.
Kutschma, Leonid Danilowytsch (* 1938), 1992/93 ukrain. Min.präs., s. 1994 Staatspräs.
Kutteln → Kaldaunen.
Kutter, kleines Seefahrzeug m. scharfem Kiel, Spiegelheck und geradem Steven.
Kutusow, Michail (16. 9. 1745–28. 4. 1813), Oberbefehlshaber des russ. Heeres 1805, 1812/13.
Kuvasz [-vɔs], ungar. Hirtenhundrasse; weißes gewelltes Fell.
Kuvertüre, *w.* [frz.], Schokoladenüberzugsmasse f. Torten u. Kleingebäck.
Küvette, *w.* [frz.], flache Schale mit Abflußrinne.

Kuwait, arab. Fürstentum an der NW-Küste des Pers. Golfs; entwickelte sich s. 1946 zu e. d. wichtigsten Erdölexportländer (Förderung 1992: 53 Mill. t). Einfuhr (1991): 3,88 Mrd., Ausfuhr 0,4 Mrd. $. 1961 selbständig; 1990 vom Irak besetzt und zur 19. irak. Provinz erklärt; 1991 Befreiungsaktion durch multinat. Truppen im Auftrag der UN (unter US-Führung); Rückzug der irak. Truppen u. Rückkehr d. Regierung (→ Golfkrieg).

Kuwait

KUWAIT	
Staatsname:	Staat Kuwait, Daulat al-Kuwait
Staatsform:	Emirat
Mitgliedschaft:	UNO, Arabische Liga, OPEC
Staatsoberhaupt:	Emir Scheich Jaber al-Ahmad al-Jaber As-Sabah
Regierungschef:	Scheich Sa'ad Al-Abdallah al-Salim As-Sabah
Hauptstadt:	Kuwait 44 300 (Agglom. 241 400) Einwohner
Fläche:	17 818 km²
Einwohner:	1 633 000
Bevölkerungsdichte:	91 je km²
Bevölkerungswachstum pro Jahr:	⌀ −5,79% (1990–1995)
Amtssprache:	Arabisch
Religion:	Muslime (90%), Christen (8%), Hindus
Währung:	Kuwait-Dinar (KD)
Bruttosozialprodukt (1994):	31 433 Mill. US-$ insges., 19 040 US-$ je Einw.
Nationalitätskennzeichen:	KWT
Zeitzone:	MEZ + 2 Std.
Karte:	→ Asien

Kux, *m.* [tschech.], Anteil einer bergrechtl. → Gewerkschaft; Namenspapier; auf ihn entfallender Gewinnanteil: *Ausbeute;* Besitzer ist bei Verlusten zu Nachzahlungen *(Zubußen)* verpflichtet; durch Verzicht auf s. Anteil davon befreit.
Kuznets [ˈkʌznɛts], Simon Smith (30. 4. 1901–8. 7. 85), am. Wirtschaftswiss. u. Statistiker; Nobelpr. 1971 (Arbeiten zu wirtsch. u. soz. Strukturen u. Entwicklungsprozessen).
KV,
1) Abk. f. *Kartellverband kath. dt. Studentenvereine.*
2) Abk. f. → *Köchelverzeichnis.*
KVAE, Konferenz f. **v**ertrauensbildende **M**aßnahmen u. **A**brüstung in **E**uropa, 1986–88 in Wien v. 35 Staaten; 1986 Abkommen üb. Gewaltverzicht, Manöverankündigung, Manöverbeobachtung, Beschränkungsbestimmungen u. Einhaltung d. Kontrolle, seit 1989 Bez. VVSBM („Verhandlungen über vertrau-

ens- und sicherheitsbildende Maßnahmen") gebräuchlich (→ KSZE).
KVP, Abk. f. → **K**asernierte **V**olkspolizei.
kW, Abk. f. *Kilowatt.*
KwaNdebele, ehem. Bantu-Homeland f. d. Süd-Ndebele, 920 km², 236 000 E; Sprache: Süd-Ndebele, Engl.; Hptort: *KwaMhlanga;* landw. u. ind. Erzeugnisse; 1984 nominell unabhängig, aber intern. nicht anerkannt; 1994 nach Aufl. d. Homel. wieder Teil → Südafrikas.
Kwannon [jap.], *Kwanyin,* [chin.], buddhist. Gottheit d. Barmherzigkeit, des Kindersegens und der Notleidenden.
Kwashiorkor, *m.* [afrikan.], in der Welt weitverbreitete Ernährungsstörung infolge Eiweiß- u. Vitaminmangels (Mehlnährschaden).
Kwaß, *m.* [russ.], gegorenes würziges Getränk aus Brot, Obst, Zucker u. a.
Kwen-lun → Kunlun.
K-Wert, Wärmedurchgangskoeffizient, gibt d. Wärmeverlust an Gebäudewänden an.
kWh, Abk. f. *Kilowattstunde.*
Kybele, kleinasiat. Fruchtbarkeitsgöttin der Antike, als *Große Mutter* verehrt.
Kybernetik, *w.* [gr. „téchne kybernetikē = Kunst des Steuermanns"], Lehre v. den → Regelungsvorgängen (→ Regelung) in techn. Geräten, Organismen u. gesellschaftl. Strukturen; wesentl. Grundmodell ist d. → Regelkreis (→ Automation); begr. durch Norbert Wiener (1947).
Kyffhäuser, Waldgebirge in N-Thüringen, 477 m, durch die Goldene Aue vom Harz getrennt; Ruinen Rotenburg im N, Burg Kyffhausen im S; *K.denkmal* (Kaiser Wilhelm I. u. Barbarossa); Barbarossahöhle, 350 m l.
Kyffhäusersage, erzählt v. der Wiederkehr des im Kyffhäuser schlafenden Kaisers Friedrich II.; wird später auf Friedrich I. Barbarossa bezogen.
Kykladen → Zykladen.
kykladische Kunst, Kunst u. Kultur d. Seefahrer u. Händler auf d. Inselgruppe d. Zykladen im 3. bis um 2. Hälfte 2. Jtd. v. Chr.; eigenständ. neben d. hellad. (auf d. griech. Festland) u. d. kret. Kunst.
Kyklopen [„Rundaugen"], griech. Geschlecht wilder Riesen u. Menschenfresser m. einem Auge auf d. Stirn.
Kymographie [gr.], Röntgenaufnahme von Organbewegungen und Dichteänderungen.
Kyniker, *kynische Schule,* griech. Philosophen, sahen als einziges Gut die Tugend u. besonders die Bedürfnislosigkeit u. Selbstbeherrschung an; Hptvertr.:

Kyoto, *Goldener Pavillon*

Antisthenes (um 444–366 v. Chr.) aus Athen.
Kyoto, jap. St. (u. Präfektur) auf Honshu, 1,5 Mill. E; Uni.; Kunsthandwerk, Elektro-, Elektronik-, opt. u. chem. Ind.; 794–1868 „hl. Residenz" d. Mikado während des Schogunats; Zentrum d. jap. Buddhismus; über 900 Tempel.
Kyphose, *w.* [gr.], „Buckel", Konvexkrümmung d. Wirbelsäule (z. B. durch Rachitis, Tuberkulose, → Osteoporose).
kyprische Kunst, Kunst u. Kultur auf Zypern v. d. Jungsteinzeit (6. Jtd.) bis z. archaischen Zeit (5. Jh. v. Chr.).
Kyrenaika, *Cyrenaica,* nordafrikan. Halbinsel in Libyen, östl. der Großen Syrte; im N Hochland v. Al Dschabal Al Achdar, im S in die Libysche Wüste übergehend; Bev. vorwiegend Senussi.
Kyrenaiker, griech. Philosophen, Anhänger d. → Aristipp; Vertr. d. → Hedonismus.
Kyrene, bed. St. des Altertums, v. d. Spartanern um 640 v. Chr. gegr., Hptst. der → Kyrenaika.
Kyrie eleison [gr. „Herr, erbarme dich"], in der ev. Liturgie und kath. Messe: oft Kehrreim in geistl. Liedern.
kyrillische Schrift, nach d. hl. Kyrill ben. Schrift d. Russen, Ukrainer, Bulgaren, Serben (→ russisches Alphabet).
Kyrillos,
1) († 444), Patriarch v. Alexandria, Kirchenvater, Hlg.
2) Slawenapostel → Methodios u. Kyrillos.
Kyrios, *m.* [gr. „Herr"], nach d. alttestamentl. Bibelübersetzung d. → Septuaginta Übersetzung d. Gottesnamens Jahwe; i. d. christl. Rel. Hoheitstitel f. Jesus; i. Hellenismus u. röm. Kaisertum gebräuchl. für d. gottgleichen Herrschaftsanspruch.
Kyros, griech. Form des altpers. Namens zweier Könige der → Achämeniden-Dynastie. K. I. (ca. 640–600 v. Chr.); K. II. (559–520 v. Chr.), Enkel von K. I., vereinigte Medien mit Persien u. gilt noch heute im Iran als Begr. d. pers. Kaiserreiches.
Kythera, it. *Cerigo,* griech. Insel, südlichste der Ion. Inseln, 278 km², 3400 E; Hauptort *K.*
Kyudo, jap. rituelles Bogenschießen.
Kyushu, *Kiuschiu,* südwestlichste Hauptinsel Japans, 35 660 km², m. 373 Nachbarinseln 42 163 km², 13 Mill. E; vulkan. Gebirge, subtrop. Reis, Tee, Tabak; bed. Kohlenlager, Schwerind.; Hptort: *Nagasaki;* bei Shimonoseki Tunnel nach Honshu.
K 2, *Mount Godwin Austen,* Gipfel der Karakorumkette, 8610 m; 1954 durch it. Bergsteiger bezwungen.

L,
1) Abk. f. → *Lira.*
2) techn. Abk. f. → *Leistung.*
3) röm. Zahlzeichen = 50.
l, Abk. f. → *Liter.*
£, Zeichen f. *Pfund Sterling.*
La, chem. Zeichen f. → *Lanthan.*
Laa an der Thaya, niederöstr. St. i. Weinviertel, 6500 E; Grenzübergang n. Tschechien.
Laacher See, → Maar in d. Eifel b. Andernach, 3,32 km², 53 m tief; Kloster → Maria Laach.
Laaland → Lolland.
Laar, Mart (* 22. 4. 1960), 1992–94 Min.präs. v. Estland.
Laasphe [laːsfa] (D-57334), St. i. Kr. Siegen-Wittgenstein, NRW, i. Rothaargebirge, 16 000 E; Kneippbad.
Laatzen (D-30880), St. in Kr. Hannover, Nds., 37 445 E; Elektroind.; Ind.messegelände v. Hannover.
Lab, Ferment im Labmagen des Kalbes, bringt → Caseïn zur Gerinnung.
Laban, im A.T. Vater von Lea u. Rahel (→ Jakob).
Laban, Rudolf von (15. 12. 1879–1. 7. 1958), ung. Tänzer, Choreograph und Tanzpädagoge; Schöpfer des Ausdruckstanzes; → Wigman, Mary.
Labarum, s. [l.], röm. Feldzeichen der Spätantike mit → Christusmonogramm.
Labé, Louise (um 1526–25. 4. 66), frz. Dichterin; Sonette.
Label [engl. leibl], Name e. Firma der Musikind.
Labenwolf, Pankraz (1492–20. 9. 1563), dt. Erzgießer in Nürnberg.
labial, med. zu den Lippen gehörig.
Labial, m. [l.], Lippenlaut (z. B. *p, b*).
Labiaten, svw. → Lippenblütler.
Labien [l.], svw. Lippen, Schamlippen.
labil [l.], schwankend, anfällig.
Labille-Guiard [laˈbijə giˈaːr], Adelaïde (11. 4. 1749–24. 4. 1803), frz. Porträtmalerin.
Labkraut, *Galium,* weiß od. gelb blühende Blumen d. Wälder u. Wiesen.
Labmagen, 4. Wiederkäuermagen.
Laboe [-bø] (D-24235), Gem. i. Schl.-Hol., Kr. Plön, 4500 E; bed. Marine-Ehrenmal (1929–33); Seebad, Fischereihafen a. d. Kieler Förde.
Laborant|in, w., Gehilfe in Laboratorien; mit staatlicher Ausbildung u. Approbation: techn. Hilfskraft an wiss. Instituten.
Laboratorium, *s.,* Arbeitsraum, Stätte f. wiss. Untersuchungen.
Laborem exercens [l. „Über die menschl. Arbeit"], Enzyklika v. Johannes Paul II., 1981.
laborieren [l.], an etwas leiden, sich abmühen.
Labour Party [ˈleɪbə ˈpaːtɪ], engl. Arbeiterpartei, freisozialist., nicht marxist., gegr. 1900; regierte 1924–29 u. 1929–31 unter MacDonald, 1945–51 unter Attlee, 1964–70 u. 1974–76 unter H. Wilson, 1976–79 unter Callaghan; Parteivors. s. 1994 Tony Blair.
Labrador, kanad. Halbinsel; größte N-Amerikas, trennt Hudsonbai vom Atlantik; 1,6 Mill. km², Bev.: Weiße, Indianer u. Eskimos; Fjordküste, Hochland (500 bis 1700 m) m. zahlreichen Seen und Flüssen; rauhes Klima infolge des kalten **L.strömung** an der O-Küste; Wald nur im S; reiche Eisenerzlager bei *Burnt Creek.*

Labrouste [-ˈbrust], Henri (11. 5. 1801–24. 6. 75), frz. Architekt; richtungweisende Verwendung d. Eisens als Baustoff u. Vorkämpfer d. rationalen, funktionsgerechten Gestaltens; *Bibliothek v. Ste-Geneviève.*
Labrusca, *Vitis Labrusca,* eine in Nordam. verbreitete Rebart, die Rotweine m. ausgeprägtem → Foxgeschmack liefert; wird deshalb nur i. d. USA u. Japan angebaut. Bekannteste Rebsorte: *Concord.*
La Bruyère [-bryˈjɛːr], Jean de (16. 8. 1645–10. 5. 96), frz. Schriftst.; *Die Charaktere.*
Labskaus, seem. scharf gewürztes Gericht aus fein gehacktem Fleisch, Fisch, Kartoffeln, Rote Beete u. a.
Labyrinth, s. [gr.],
1) Innenohr → Ohr.
2) Gebäude oder Garten mit verschlungenen Irrgängen: in griech. Sage Aufenthalt des → Minotaurus.
Labyrinthfische, Süßwasserfische des trop. Asiens u. S-Afrikas; blutgefäßreicher Hohlraum i. d. Kiemenbogenknochen („Labyrinth") als zusätzl. Luftatmungsorgan (z. B. *Kletterfisch,* wandert über Land v. Tümpel z. Tümpel; *Guramis,* Makropoden).
Lacalle de Herrera [laˈθaʎe ðe ɛˈrrɛra], Luis Alberto (* 13. 7. 1941), 1990–94 Staatspräs. v. Uruguay.
Lachaise [-ˈʃɛːz], François de (1624 bis 1709), Beichtvater Ludwigs XIV.; Pariser Friedhof *Père-L.*
La Chaux-de-Fonds [laˈʃodˈfõ], (CH-2300), Bez.-Hptort im schweiz. Kanton Neuenburg, 36 300 E; Uhrenind.
Lachender Hans, *Jägerliest,* größter Eisvogel; Australien; Ruf wie gellendes Gelächter.
Lachesis,
1) eine der drei → Parzen.
2) Buschmeister (Giftschlange).
Lachgas, Distickstoffoxid (N_2O), süßlich riechendes Betäubungsmittel, zur Narkose.
Lachmann, Karl (4. 3. 1793–13. 3. 1851), dt. Literatur- u. Sprachforscher; Mitbegr. d. dt. Philologie; Hg. mittelhochdt. Texte; Arbeiten über das Nibelungenlied.
Lachse, räuber. Meeresfische, wandern zur Fortpflanzung in Quellgebiete v. Flüssen; Speisefische, in Dtld noch in der Oder und im Donauraum, → Huchen.
Lachsschinken, gepökelter, leicht geräucherter Schweineschinken, äußerl. ähnl. einer dünnen Lachsfiletscheibe.
Lack,
1) *Goldlack,* Gartenpflanze, duftende goldbraune Blüten (Kreuzblütler), aus S-Europa.
2) an der Luft trocknendes Überzugmittel, meist in Leinöl od. organ.-chem. Lösungsmitteln gelöste Baum- od. Kunstharze.
Lackarbeiten, bes. in Ostasien (Japan) gepflegtes Kunsthandwerk v. hoher Kultur; zahlreiche (bis zu 30) Schichten, bemalte, geschnittene od. m. Einlagen v. Gold, Silber, Perlmutter.
Lackbenzin, *Ligroin,* → Kohlenwasserstoffe.
Lackfarben, Lack mit unlöslichen Farbstoffen, → Pigment.
Lackmus, organ.-chem. Farbstoff aus Flechten; → Indikator; Farbumschlag

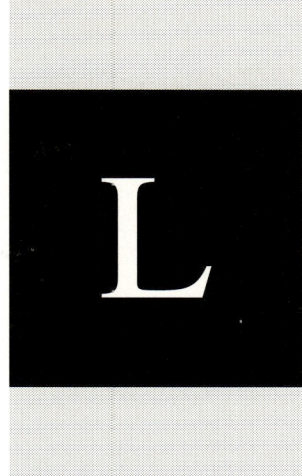

nach Blau (alkal. Reaktion) od. Rot (saure Reaktion).
Lackschildlaus, Pflanzenlaus SO-Asiens; aus den harzigen Körperausscheidungen → Schellack.
Lac Léman [lakleˈmã], frz. Name für → Genfer See.
Laclos [-ˈklo], Choderlos de (19. 10. 1741–5. 11. 1803), frz. Offizier u. Schriftst.; *Gefährliche Liebschaften.*
Lacq [lak], frz. Gemeinde bei Pau, 700 E; gr. Erdgasvorkommen; chem. Ind., Aluminiumwerk.
Lacrimae Christi [l. „Tränen"], südit. Süßwein.
Lactose, svw. → Milchzucker.
Ladenburg (D-68526), St. i. Rhein-Neckar-Kr., Ba-Wü., 11 791 E; div. Ind.; MPI f. Zellbiologie; ma. Stadtbild.
Ladenschlußzeiten, gesetzl. (1956) festgelegte Bestimmungen über Anfangs- und Schlußzeiten v. Verkaufsstellen zum Schutz vor ungleichen Wettbewerbsbedingungen sowie Einhaltung geregelter Arbeits- u. Ladenschlußzeiten; seit 1996 werktags 6-20 Uhr, samstags 7-16 Uhr, Bäckereien dürfen an Sonn- u. Feiertagen drei Stunden lang Brötchen verkaufen.
Ladeschein → Frachtgeschäft.
Ladiner, roman. Volk im Engadin u. S-Tirol (20 000); eigene roman. Mundart: *Ladinisch.*
Ladogasee, größter See Europas, nö. v. St. Petersburg, 17 703 km², bis 230 m tief, fischreich; Abfluß durch Newa zum Finn. Meerbusen.
Ladung,
1) Transportgut.
2) Aufforderung zum Erscheinen bei Gericht od. Behörden.
3) *el. L.:* die an einem isolierten Leiter oder auf einem Nichtleiter befindl. Elektrizitätsmenge.
4) bei Geschützen: Pulverladung.
Ladungsfrist, liegt in anhängigem Zivilprozeß zw. Ladung u. Terminstag u. beträgt (mindestens) 1 Woche, in Messe- u. Marktsachen 24 Stunden, beim AG 3 Tage, im Strafprozeß mindestens 1 Woche, im → Schnellverfahren 24 Stunden.
Lady, w. [ˈleɪdɪ], urspr. engl. Adlige; Dame.
ladylike [-laɪk], wie es einer *Lady* zeimt.

Lachs, Männchen im Hochzeitskleid

Klimmendes Labkraut   Echtes Labkraut

Laer [laːr], Pieter van gen. *Bamboccio* (13. 7. 1582–30. 6. 1642), ndl. Maler, lebte lang in Rom; verwendete bei s. Schilderungen meist derber Volksszenen erstmals d. frühbarocke Helldunkelmalerei nach d. Vorbild Caravaggios u. schuf damit e. beliebte Sonderform d. Genremalerei (*Bambocciate*).
Laermann, Karl-Hans (*26. 12. 1929), dt. FDP-Pol., 1994 Min. f. Bildung u. Wiss.
Laërtes, Vater des → Odysseus.
La Fayette [-faˈjɛt],
1) Joseph Marquis de (6. 9. 1757–20. 5. 1834), einer d. Führer d. Frz. Revolution, Mitkämpfer im nordam. Freiheitskrieg; Chef der frz. Nationalgarde 1789 u. 1830.
2) Marie-Madeleine (1634–25. 5. 93), frz. Schriftst.in; *Die Prinzessin von Clèves* (1. psych. Roman d. frz. Literatur).
Lafette, w. [frz.], Gestell des Geschützes.
La Fontaine [lafõˈtɛn],
1) Henry (22. 4. 1854–26. 5. 1943), belg. Staatsrechtler; Präs. d. Intern. permanenten Friedensbüros; Friedensnobelpr. 1913.
2) Jean de (8. 7. 1621–14. 4. 95), frz. Fabeldichter.
Lafontaine [-ˈtɛn], Oskar (* 16. 9. 1943), SPD-Pol.; 1976–85 Oberbürgerm. v. Saarbrücken; seit 1985 saarländ. Min.präs.; s. 1987 2. stellvertr. Parteivors. d. SPD; 1990 Kanzlerkandidat d. SPD; s. 1995 Parteivors.; Vertr. d. Öko-Sozialismus: *D. andere Fortschritt.*
Laforgue [-ˈfɔrg], Jules (16. 8. 1860 bis 20. 8. 87), frz. symbolist. Dichter; Lyrik in freien Rhythmen.
La Fosse [-ˈfoːs], *Lafosse*, Charles de (15. 6. 1636–13. 12. 1716), frz. Maler; Wegbereiter d. frz. Rokoko; Kuppelgemälde in d. Invalidendom (Paris); Fresken im Schloß v. Versailles; *Triumph des Bacchus*.
Lafrensen, Niklas d. J. (30. 10. 1737 bis 6. 12. 1807), schwed. Maler d. Rokoko; bevorzugte zunächst frivol.-erot. Episoden aus d. galanten Ges., schuf später hpts. Porträtminiaturen (auch f. d. Königshof).
La Fresnaye [-frɛˈnɛ], Roger-Noël-François de (11. 7. 1885–27. 11. 1925), frz. Maler des Kubismus; klassizist. Formelemente u. belebte Farbgebung in stets gegenständl. Kompositionen: *Die Eroberung der Luft; Sitzender Mann.*
LAFTA → Lateinamerikanische Freihandelsvereinigung.
Lagarde, Paul de, eigtl. *Bötticher* (2. 11. 1827–22. 12. 91), dt. Sprachforscher, nationalist. Kulturphil.
Lagasch, heute *Tello,* altbabylon. Stadt i. südl. Irak; Ausgrabungen aus dem 3. Jtd v. Chr.
Lage (D-32791), St. u. Luftkurort im Kr. Lippe, NRW; 35 100 E; AG; Ing.schule; div. Ind..
Lager,
1) behelfsmäßige Unterbringung; Baracken-, Zelt-L. usw.
2) *betriebswirtsch.* Ort, a. d. Vorratshaltung getrieben wird, für d. Zeit zw. Eingang u. Verbrauch; dient als „Puffer", um Differenz in d. Beschaffung, Produktion u. Absatz mengenmäßig zu überbrücken: a) *Material-L.* für Roh-, Hilfs- u. Betriebsstoffe; b) *Zwischen-L.* z. Ausgleich zw. d. Fertigungsstufen; c) *Fertigwaren-L.* f. Fertigerzeugnisse; → Konsignationslager.
3) *geolog.:* Fundstätte v. Mineralien u. Erzen.
4) *techn.* zur Aufnahme von sich drehenden Wellen od. Wellenzapfen; *Wälz-*od. → *Kugellager,* vermindern Reibung.
Lagerkvist, Pär (23. 5. 1891–11. 7. 1974), schwed. Dichter; Dramen: *Der Henker;* Romane: *Der Zwerg; Barrabas;* Essays; Nobelpr. 1951.
Lagerlöf, Selma (20. 11. 1858–16. 3. 1940), schwed. Erzählerin: *Gösta Berling; Jerusalem;* Nobelpr. 1909.

Selma Lagerlöf

Lagerpflanzen, svw. → Thallophyten.
Lagerschein, engl. *warrant*, Bescheinigung e. Lagerhauses über die ihm zur Einlagerung übergebenen Waren, als Unterlage bei → Lombardgeschäften u. Eigentumsübertragung.
Lago Maggiore [-madˈdʒoː-], dt. *Langensee,* südalpiner Randsee, Italien/Schweiz; 65 km lang, 212 km², bis 372 m tief; vom Tessin durchflossen.
Lagophthalmus → Hasenauge.
Lagos, ehem. Hptst. u. -hafen v. Nigeria, 1,3 Mill. E, Agglomeration 4,6 Mill. E; Uni.; Ind.zentrum; Flughafen.
Lagrange [-ˈgrɑ̃ːʒ], Joseph Louis (25. 1. 1736–10. 4. 1813), frz. Mathematiker; Mitbegr. d. Variationsrechnung; theoret. Mechanik.
Lagreneé [-graˈne], Louis-Jean-François (21. 1. 1725–19. 6. 1805), frz. Maler d. Klassizismus; intern. einflußreich als russ. Hofmaler in St. Petersburg u. Direktor d. frz. Akademie in Rom; Historienbilder, Allegorien.
Lagting, *s.,* das norweg. Oberhaus; → Storting.
Lagune [it.], durch Sandanschwemmung (→ Nehrung) v. Meer abgetrennter Strandsee; am Schwarzen u. Kasp. Meer: *Liman* [türk.]; an der Ostsee, durch einmündende Flüsse ausgesüßt: *Haff*; geolog. → Atoll.
La Hire [-ˈhiːr], Laurent de (27. 2. 1606 bis 28. 12. 56), frz. Maler d. barocken Klassizismus; eigene Akzente durch kristalline Malweise bei zarter Farbgebung; 1648 Gründungsmitgl. d. Kgl. Kunstakademie.
Lähmung, teilweise oder völlige Aufhebung einer Muskel- od. Organtätigkeit, meist durch Verletzung od. Krankheit eines Nervs, des Nervensystems oder von Muskeln (z. B. Halbseiten-L.); → Apoplexie.
Lahn,
1) r. Nbfl. des Rheins, v. Rothaargebirge, 245 km lang, mündet bei Lahnstein.
2) 1977 durch Zus.schluß v. → *Gießen* u. *Wetzlar* sowie 14 umliegender Gemeinden gebildete St. in Hessen (155 000 E); 1979 wieder aufgelöst in 5 Einzelgemeinden.
Lahnstein (D-56112), St. i. Rhein-Lahn-Kr., RP, 18 652 E; AG; Papier-, chem. Ind.; Heilquelle.
Lahore, *Lahur,* Hptst. d. Prov. Pandschab, Pakistan, 3 Mill. E; Uni., Moschee, Kunstbauten.
Lahr (Schwarzwald) (D-77933), Gr.Krst. i. Ortenaukr., Ba-Wü., 37 900 E; AG; Tabak-, Holz- u. a. Ind.
Lahti [ˈlax-], südfinn. St., 93 000 E; Holzind., Wintersport, Skiwettkämpfe.
Laibach, slowen. *Ljubljana,* Hptst. der Rep. Slowenien, bis 1918 des östr. Hzgt.s Krain, 330 000 E; Uni., Akademie, Kathedrale, Mus., kath. Erzbistum; Baumwoll-, chem., Maschinen- u. Tabakind.; Messestadt.
Laibung, *w.,* → Leibung.
Laich, ins Wasser abgelegte Eier v. Fischen, Lurchen und niederen Tieren.
Laichkraut, Wasserpflanzen mit schwimmenden oder untergetauchten Blättern und Blütenständen.
Laie, *m.,* urspr. der zum Volk [gr. „laos"] Gehörige, heute: Nichtsachkundiger; Ggs.: Fachmann.
Laien, in der kath. Kirche Nichtgeistliche im Unterschied zum *Klerus;* in der ev. Kirche das Gemeindemitglied ohne geistl. Amt. In neuerer Zeit verstärkte „L.bewegung" in beiden Kirchen m. d. vermehrten Beteiligung d. L. an der Erfüllung kirchl. Aufgaben (Kirchentage u. „L.konferenzen" parallel zu Synoden und Pfarrerkonventen; → Evangelische Akademien; von L. getragene christl. Publizistik).
Laienbrüder, Laienschwestern, *L.orden,* als Handwerker, Bauern usw. in Klöstern, selbst ohne geistl. Weihen.
Laieninvestitur, Einsetzung „geistl." durch „weltl." Würdenträger; → Investitur.
Laienpriester, *Leutpriester,* Weltpriester.
Laienrichter, unbescholtene Personen, d. als Beisitzer (ehrenamtl. Richter od. Schöffen) in Kollegialgerichten bei der Rechtsfindung mitwirken.
Laienspiegel, Formularbuch zum Gerichtsgebrauch für Laien von Ulrich Tengler, Augsburg 1509.
Laienspiele, aus d. Jugendbewegung neu erwachsene Spielkunst; im MA sehr in Blüte, bes. d. → Passionsspiel; Texte: alte Spiele d. MA (auch Hans Sachs) u. eigens geschaffene Stücke, künstler. wertvolle Dichtung. Ggs.: *Liebhaberbühne,* die das Berufstheater ohne Berufsausbildung zu kopieren sucht.
Laissez-faire-Führungsstil, *s.* [frz. lɛsɛˈfɛːr], d. „Laufenlassen" d. Wirtsch. ohne staatliche Beeinflussung im Wirtsch.prozeß; Prinzip des Wirtschaftsliberalismus.
Laïzismus, Bestrebung, den Einfluß d. Kirche auf alles nicht unmittelbar Kirchliche auszuschließen; Ggs.: → Klerikalismus.
Lajoue [-ˈʒu], Jacques de (Juli 1678 bis 12. 4. 1761), frz. Maler u. Dekorateur d. Rokoko.
Lakai, *m.* [frz.], herrschaftl. Diener; abwertend: Kriecher.
Lake District [leɪk-], nordengl. Gebirgs-, Seelandschaft i. den Cumbrian Mountains; Nationalpark.
Lake Placid [leɪk ˈplæsɪd], Ort i. US-Bundesstaat New York; Olymp. Winterspiele 1932 u. 80.
Lakkadiven, *Lakediven,* → Lakshadweep.
Lakkolith, *m.* [gr.], → Plutonite, die sich unten in Schichtfugen der Gesteine eingedrungen sind, ebene Unterseite u. gewölbte Oberseite (Pilzform).
Lakonien, griech. Landschaft u. Nomos im SO-Peloponnes, 3636 km², 95 000 E; Hptst. *Sparta.*
lakonisch, kurz u. treffend (wie die Ausdrucksweise der *Lakonier* [Spartaner]).

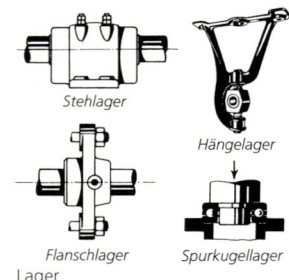
Stehlager / Hängelager / Flanschlager / Spurkugellager
Lager

Lakritze, Extrakt aus → Süßholzwurzel.

Lakschmi, Hindugöttin d. Glücks und d. Schönheit, Gattin d. → Wischnu; dargestellt mit Lotosblume.

Lakshadweep, ind. Unionsterritorium, 1973 aus Lakkadiven (Lakediven), Amindiven u. Minicoi gebildet; insges. 27 Koralleninseln i. Arab. Meer, 300 km vor der Malabarküste, 32 km², 52 000 E; Hptst. *Kavaratti* 7000 E.

Laktation [nl.], Milchabsonderung der weibl. Brustdrüsen während d. Stillzeit, reguliert durch *L.shormon* (*Prolaktin*), gebildet durch → Hypophyse.

Laktoflavin, Bez. f. Vitamin B₂ (→ Vitamine, Übers.).

Laktoseintoleranz, erbliche Unverträglichkeit von → Milchzucker infolge Enzymmangel, Behandlung durch milchzuckerfreie Ernährung.

La Laguna, Hptst. v. Teneriffa, 85 000 E; Bischofssitz, Uni.

Lalebuch, Sammlung v. Kurzgeschichten (1597).

Lalique [-'lik], René (6. 4. 1860–1. 5. 1945), frz. Schmuck- u. Glaskünstler des → Art nouveau.

Lalo, Édouard (17. 1. 1823–22. 4. 92), frz. Komponist.

Lam, Wifredo (8. 12. 1902–11. 9. 82), kuban. Maler d. Surrealismus; verwendete meist Motive aus einheim. Mythen u. d. Urwald; *Astralharfe; Dschungel.*

Lama,
1) *m.,* Titel für tibet. Buddhapriester und Mönche; *gelber L.:* ehelos, Verbot der Zauberei, und *roter L.:* seit Reform um 1400 n. Chr. nur noch in niederen Stellen.
2) *s.,* hirschgr., höckerloses Kamel d. Anden, gezüchtet als Lasttier aus Guanako; Fleisch, Haut, Wolle.

Lamaismus, tibet. Form des Buddhismus; um 620 n. Chr. in Tibet eingeführt; einheitliche Hierarchie unter Doppelpapsttum: dem *Dalai-Lama,* gilt als Inkarnation eines Bodhisattwas, zugleich pol. Oberhaupt (s. 1475 im Kloster Potala in Lhasa) u. dem *Pantschen-Lama (Taschi-Lama),* gilt als Inkarnation eines Buddhalehrers (im Kloster Taschilumpo, 1445 in Schigatse gegründet); beide im Exil.

Lamarck, J. B. Antoine de (1. 8. 1744 bis 18. 12. 1829), frz. Biologe; entwickelte Abstammungslehre.

Lamartine [-'tin], Alphonse de (21. 10. 1790–1. 3. 1869), frz. Dichter u. Diplomat; romant. Lyrik; rel. Versepik.

Lamb [læm], Willis E. (* 12. 7. 1913), am. Phys., wellenmechan. Atomtheorie, Nobelpr. 1955.

Lambada [portugies. ,,Ohrfeige"], brasilian. Musikstil; rhythm. u. erotisierend; (Faschings-)Modetanz d. späten 80er Jahre.

Lambarene, Prov.-Hptst. in Gabun, 26 000 E; Flugplatz; s. 1913 Urwaldhospital v. A. → *Schweitzer.*

Lambda-Sonde, regelt optimale Sauerstoff-Zufuhr f. → Katalysator.

Lamberie, *w.* [frz. ,,lambris = Täfelung"], in d. Innenarchitektur Wandverkleidung aus Marmor, Stuck, Holz; jetzt meist nur noch hölzerne Fußleiste.

Lambert, Johann Heinrich (26. 8. 1728–25. 9. 77), dt. Math., Phys. u. Phil.; Begr. d. wiss. Kartographie u. d. math. Photometrie.

Lambethkonferenzen, Versammlungen aller anglikan. Bischöfe, ca. alle 10 Jahre einberufen v. Erzbischof v. Canterbury i. s. Londoner Amtssitz, d. *Lambeth-Palace.*

Lambeth Walk [engl. 'læmbəθ wɔːk], Gesellschaftstanz; urspr. Volkstanz in L. (St.teil Londons).

Lambliasis, durch Einzeller *(Lamblia intestinalis)* hervorgerufene Dünndarmentzündung mit Durchfällen.

Lambrusco, it. Rotwein; süß, leicht perlend.

Lambsdorff, Otto Graf (* 20. 12. 1926), FDP-Pol.; 1977–84 B.wirtschaftsmin.; 1988–93 Parteivors. der FDP.

Lamé, *m.* [frz.], metalldurchwirkter Stoff f. festliche Kleider.

Lamelle [frz.],
1) b. *Blätterpilzen* die feinen Blättchen d. Schirmunterseite.
2) *techn.* dünnes Blatt od. Blech.

Lamellenkupplung, eine → Reibungskupplung; Lamellen werden aneinandergepreßt, laufen wegen entstehender Hitze in Öl.

Lamennais [lam'nɛ], Félicité Robert de (19. 6. 1782–27. 2. 1854), frz. Phil. u. Theol.; wollte kath. Kirche zur Volkskirche umgestalten, trat f. Trennung v. Kirche u. Staat ein.

Lamento, *s.* [it.], Wehklage, Gejammer.

Lametta, *w.* od. *s.* [it.], gold- oder silberglänzende Metallfäden, Christbaumschmuck.

Lamettrie, Julien Offray de (25. 12. 1709–11. 11. 51), frz. materialist. Phil.; *Der Mensch eine Maschine.*

Laminarströmung, b. Flüssigkeiten od. Gasen: Schichten gleiten ohne Wirbelbildung (→ Turbulenz) od. Vermischung an- od. übereinander vorbei.

Laminektomie, Entfernung e. Teils der Wirbelbögen, z. B. bei Bandscheibenoperationen.

Lamm, Junges v. Schaf od. Ziege i. 1. Lebensjahr.

Lämmergeier, svw. → Bartgeier.

Lampe, Beleuchtungskörper, früher mit Öl, Petroleum, auch Gas, → Karbid (z. B. als Fahrrad-L.); jetzt el. → Glüh-, Leuchtstoff- od. → Bogenlampe. (In der Technik wird nur die Vorrichtung, das Gehäuse, Lampe gen., der Beleuchtungskörper heißt Leuchte, z. B. Taschen-Leuchte.)

Lampedusa, it. Insel vor d. tunes. Küste; 20 km², 4500 E; → Pelagische Inseln.

Lampertheim (D-68623), St. i. Kr. Hess., 31 126 E; AG; Tabak- u. Spargelanbau, Metall- u. pharmazeut. Ind.

Lampert von Hersfeld, (1025–81 od. 85), dt. Geschichtsschreiber, Autor der ,,Annales" f. die Jahre 1069–1077.

Lamprecht, Karl (25. 2. 1856–10. 5. 1915), dt. Historiker, Vertr. d. ,,kulturhistor. Methode"; *Dt. Geschichte.*

Lamprecht der Pfaffe, (um 1125), fränk. Geistlicher; verfaßte d. erste weltl. dt. Epos: *Alexanderlied.*

Lamprete → Neunaugen.

Lamrani, Mohammed Karim (* 1. 5. 1919), 1971–73, 1983–86 und 1992–94 marokkan. Min.präs.

Län, *s.,* Bez. für die schwed. u. finn. Verwaltungsbezirke.

Lancashire ['læŋkəʃɪə], engl. Gft in

Otto Graf Lambsdorff

NW-England, 3043 km², 1,38 Mill. E; Hptst. *Preston;* Eisenerz- u. Kohlelager, westengl. Ind.-Zentrum (Liverpool, Manchester), Textil-, chem-, Lebensmittelind., Schiffbau, Fremdenverkehr (Blackpool); S-Teil der Gft 1974 in Greater Manchester u. Merseyside aufgegangen.

Lancaster ['læŋkəstə], Burt (2. 11. 1913 bis 21. 10. 1994), am. Filmschausp.; *From Here to Eternity; Il Gattopardo.*

Lancaster ['læŋkəstə], engl. Herzogsgeschlecht, 1399–1471 engl. Könige.

Lancaster ['læŋkəstə], St. i. d. Gft Lancashire, 46 000 E.

Lancelot, *Lanzelot,* Ritter aus d. Tafelrunde des Königs → Artus.

lancieren [frz. lã'S-], etwas in Schwung bringen.

Lancret [lã'krɛ], Nicolas (22. 1. 1690 bis 14. 9. 1743), frz. Maler d. Rokoko; *Das Moulinet; Die vier Lebensalter.*

Landammann, Reg.vorsitzender einiger schweiz. Kantone.

Land Art [lænd'a:t], e. moderne Kunstrichtung, die natürl. geograph. Landstriche verändert u. diese ,,Eingriffe" m. Fotos, Film od. Video dokumentiert; Vertr.: *M. Heizer, R. Long.*

Landau,
1) Edmund (14. 2. 1877–19. 2. 1938), dt. Math.; *L.sche Symbole;* → Funktionentheorie.
2) Lew D. (22. 1. 1908–2. 4. 68), sowj. Phys.; Tiefsttemperaturforschung und Physik d. Superfluidität d. Heliums; Nobelpr. 1962.

Landau an d. Isar (D-94405), St. i. Kr. Dingolfing-L., Niederbay., 11 778 E; Fahrzeugbau, Elektro- u. Textilind.

Landau in d. Pfalz (D-76829), krfreie St. i. Rgbz. Rheinhess.-Pfalz, RP, 39 000 E; LG, AG; naturwiss. Technikum, PH; Wein-, Tabak-, Gummiind. – 1688–1816 frz. Festung.

Landauer, Gustav (7. 4. 1870–2. 5. 1919), dt. Schriftsteller u. Politiker, führendes Mitglied d. bayr. Räteregg. 1919, ermordet.

Landauer [frz. *Landaulet*], 4sitziger Wagen m. geteiltem, niederklappbarem Verdeck.

Landeck,
1) *Ladek Zdrój,* poln. St. u. (radiumhalt.) Schwefelbad südl. Glatz, Schlesien, 7000 E.
2) *L. am Inn* (A-6500), östr. Bez.st., Tirol, 7411 E; 816 müM; Schloßmuseum; Wintersportort, Seilbahn.

Landerziehungsheime, *Freie Schulgemeinden,* Erziehungsschulen mit Internat auf dem Lande bei Betonung natürl. Lebensweise u. freierer Gestaltung des Gemeinschaftslebens; Hptvertr.: *Lietz* (1898), P. *Geheeb, Wyneken, Luserke.*

Landes [lãːd],
1) Dünengelände a. d. frz. SW-Küste, größtes Waldgebiet v. Frkr., S-Teil:
2) frz. Dép., 9242 km², 311 000 E; Hptst. *Mont-de-Marsan* (27 000 E).

Landesarbeitsgericht → Rechtspflege, Übers.

Landesbeamte, Beamte, deren Diensterr e. Gliedstaat ist (mittelbare Bundesbeamte).

Landesbischof, Titel des Leiters einer ev. Landeskirche.

Landeshauptmann, Vors. d. Regierung e. östr. Bundeslandes.

Lama

Landeshoheit, unabhängige Staatsgewalt über Landesterritorium.
Landeshut, *Kamienna Góra,* poln. St. am Bober in Schlesien, 23 000 E; Textil-, Masch.ind.
Landesjugendamt, Landesbehörde, die der Wohlfahrt Jugendlicher gewidmet ist; Aufgaben: Beteiligung bei Ausführung d. Fürsorgeerziehung, Aufsicht über deren Zöglinge u. ä. (Jugendwohlfahrtsges. v. 9. 7. 1922).
Landeskirchen, ev., → evangelische Kirche.
Landespflege, *Landschaftspflege,* Maßnahmen z. nachhaltigen Schutz des Landes u. d. Landschaft vor Raubbau u. Zerstörung, → Naturschutz.
Landesplanung → Raumordnung.
Landespolizei → Polizei.
Landesverrat, Preisgabe od. Gefährdung von → Staatsgeheimnissen oder Agententätigkeit im Interesse e. fremden Staates od. seiner Mittelsmänner mit d. Ziel, die Staatssicherheit zu gefährden; Strafen: Freiheitsstrafe (u. U. lebenslang), ebenso Geldstrafe u. sonstige Nebenstrafen zulässig. → Hochverrat.
Landesversicherungsanstalten, *LVA,* regional gegliederte Träger d. Rentenversicherung d. Arbeiter.
Landeszentralbanken, *LZB,* Hauptverwaltungen d. Dt. Bundesbank i. jedem Land Dtlds; 1947 gegr., bis 1957 selbst. regionale Banken, danach durch Bundesbankgesetz m. d. Dt. Bundesbank verschmolzen.
Landflucht, Abwanderung d. Landbev. in Städte. Berufszugehörige z. Landwirtsch. in Dtld 1882: 40%; 1939: 18%; 1994 in d. BR 3,3% d. erwerbstät. Bev.; L. bes. durch die Industrialisierung (Schaubild → Industrie, → Stadt u. Land) hervorgerufen.
Landfriede, vom 11. Jh. an zunächst Regelung bzw. Verbot der Fehde, dann auch Verbot von Verbrechen gg. die öff. Sicherheit (Diebstahl, Totschlag u. ä.); Anfänge der späteren Strafgesetzbücher; 1495 von Maximilian I. „Ewiger L." erlassen.
Landfriedensbruch, strafbare öff. Zus.rottung, um gg. Personen od. Sachen Gewalttätigkeiten zu begehen (§ 125 StGB).
Landgericht → Rechtspflege, Übers.
Landgraf, dt. Fürstentitel, im 12./13. Jh. Vertreter d. kgl. Gewalt gegenüber d. → Herzogen.
Landkarte, verkleinerte Abbildung der Erdoberfläche oder ihrer Teile; → Maßstab.
Ländler, *Dreher,* alpenländ. Tanz (³⁄₈- oder ³⁄₄-Takt).
Landmaschinen, Sammelbez. für alle landwirtsch. Arbeitsmaschinen, die d. Bodenbearbeitung, Saat, Ernte u. Verarbeitung dienen.
Landmeister, Leiter e. Ballei des Dt. Ordens.
Landmesser, Vermessungsing., der → topographische Aufnahmen macht.
Landpfleger, i. Luthers Bibelübersetzung: Statthalter, Verwalter einer röm. Provinz.
Landpolizei → Polizei.
Landrat, oberster Beamter eines Landkreises; heute␣T. v. d. Kreisvertretung gewählt.
Landrecht, Allg. Gesetzbuch in Preußen, galt mit zunehmenden Ein-

Landsberg am Lech, *Bayertor, 1425*

Landsknecht

schränkungen von 1794 bis zum Inkrafttreten des BGB 1900.
Landrover, *m.,* geländegäng. Pkw i. Kastenform m. Allradantrieb.
Landrysche Paralyse [lã'dri-], durch versch. Ursachen hervorgerufene aufsteigende Lähmung, oft bis z. Herz- u. Atemlähmung; → Kinderlähmung.
Landsassen, im MA freie Zinsleute u. Pächter (unterstanden der Gerichtsbarkeit des Landes-, nicht der des Grundherrn); Ggs.: Hintersassen; bis 1806 „landsässiger" Adel: einem Landesherrn untertäniger Adel.
Landsberg,
1) *L. a. Lech* (D-86899), Gr.Krst. in Oberbay., 22 065 E; ma. Gepräge (got. Toranlage).
2) *L. a. d. Warthe, Gorzów Wielkopolski,* Hptst. der poln. Woiwodschaft *G.,* 123 400 E; Bischofssitz; Textilind., Maschinenbau.
Landsbergis, Vitautas (* 18. 10. 1932), litau. Politiker; 1990–92 Staatspräsident.
Landschaftsgestaltung, Umgestaltung d. Landschaft, gärtner. Gestaltung d. → Kulturlandschaft.
Landschaftspflege, Maßnahmen z. Erhaltung e. leistungsfähigen, ökolog. gesunden, artenreichen, ansprechend gestalteten Landschaft.
Landschaftsschutz, Maßnahmen z. Schutz d. Landschaft u. v. Landschaftsteilen.
Landschaftsschutzgebiete, durch Rechtsverordnung (Naturschutzgesetz) ausgewiesene naturnahe Gebiete, d. unter bes. Schutz stehen u. deren Landschaftscharakter nicht verändert werden soll.
Landser, svw. einfacher Soldat.
Landsgemeinde, in den schweiz. Kantonen Unterwalden, Appenzell u. Glarus feierl. Versammlung d. Aktivbürger z. Gesetzgebung u. Reg.wahl.
Landshut (D-84028–36), krfreie St., Hptst. of Niederbay., a. d. Isar, 59 670 E; LG, AG; Nahrungsmittel, Maschinenbau, Elektro-, Textilind., Brauereien; alle 4 Jahre Festspiel *L.er Fürstenhochzeit;* ma. Stadtbild, Stadtresidenz, Burg *Trausnitz,* St. Martin. – 1255–1340 u. 1392– 1503 Residenz d. Hzge v. Bayern-L.
Landsknechte, nach Auflösung d. Ritterheere als ständig verfügbare Truppen angeworbene Kriegsknechte des 15. und 16. Jh.: Rotten, Fähnlein u. Regimenter.
Landskron,
1) (A-9523), Fremdenverkehrsort in Kärnten, Östr., Stadtteil v. Villach; Cellulose-, Metall-, Kunststoffind.
2) tschech. *Lanškroun,* St. in Schönhengstgau, 7500 E; Schloß, Tabakind.
Landskrona [-,kru:na], schwed. Ind.st. am Öresund (Hafen), 35 000 E.
Landsmål, *s.* [-mo:l], die neunorweg., um 1850 von *Ivar Aasen* geschaffene Schriftsprache; dagegen → Riksmål; s. 1929 offizielle Bez. *Nynorsk.*
Landsmannschaften,
1) Zus.schlüsse der Vertriebenen nach ihren Herkunftsgebieten zur Pflege ihrer Heimatverbundenheit; s. 1952 Verband d. L. in der BR, 1959 Zus.schluß z. → BdV.
2) Studentenverbindungen mit Farben u. Mensur.
Landstände, früher Bez. für Adel,

Geistlichkeit u. Städte; im MA Ständeversammlungen mit Einfluß auf Staatsverw. (bes. Steuerbewilligungsrecht).
Landsteiner, Karl (14. 6. 1868–26. 6. 1943), östr. Pathologe u. Bakteriologe, Entdecker d. menschl. Blutgruppen; Nobelpr. 1930.
Landsting, *s.* ['lænstiŋ'], das dänische Oberhaus.
Landstreicherei, Umherziehen nicht seßhafter, meist arbeitsscheuer Personen; früher strafbar.
Landstuhl (D-66849), St. i. Lkr. Kaiserslautern, 9000 E; Moorbad, Elektro-, Porzellanind.
Landsturm, urspr. Aufgebot aller Waffenfähigen (→ Landwehr), später der älteren Jahrgänge (über 45 J.).
Landtag, die Parlamente der dt. Länder.
Landungsboot, Kriegsschiff m. geringem Tiefgang f. amphib. Kriegsführung; großer Laderaum mit Landeklappe a. Bug; dient dem Transport u. d. Anlandung von Soldaten an feindl. Küsten.
Landvogt, bis 1806 Verwaltungsbeamter einer (reichsunmittelbaren) **Landvogtei.**
Landwehr, zunächst alle Wehrfähigen, später (gediente) Reservisten zw. 35 u. 45 Jahren.
Landwein, EG-rechtl. e. gehobener → *Tafelwein* mit geograph. Herkunftsbez.; in Dtld s. 1983 f. 15 Bereiche möglich.
Landwirtschaft → Übers.
landwirtschaftliche Betriebslehre, Teil der Wirtschaftslehre vom Landbau; umfaßt: Lehre von den Betriebsmitteln, Betriebsleitung (Betriebsorganisation, Buchführung), Schätzung v. Landgütern.
landwirtschaftliche Genossenschaften, Berufsgenossenschaften (Träger d. Unfallversicherung) sowie Erwerbs- u. Wirtschafts-(Kredit-)→ Genossenschaften, Übers.
landwirtschaftliche Organisationen, L. Vereine bereits i. 19. Jh. als berufsständ. Organisationen weit verbreitet; als bedeutendster in Dtld wurde 1884 die *Dt. Landwirtschaftsgesellschaft* (DLG) von Max v. Eyth mit rein techn.-wirtsch. Zielen gegr.; 1933 v. → Reichsnährstand aufgesogen; 1945 wieder gegr. *Dt. Bauernverband e. V.,* 1948 gegr. Spitzenorganisation von 18 dt. Landesverbänden u. 42 assoziierten Verbänden, parteipol. u. konfessionell unabhängige berufsständische Organisation der Landwirtschaft, Sitz Bonn; vertritt die Belange des landw. Berufsstandes; erarbeitet Richtlinien u. Vorschläge zu allen Fragen der Agrarpolitik. Auch → *Landwirtschaftskammern;* Raiffeisengenossenschaften (→ Genossenschaften, Übersicht). *Zentralausschuß d. Landw.,* 1949 gebildet, mit Delegierten d. Dt. Bauernverbandes, d. Verbandes d. Landwirtschaftskammern, des Dt. Raiffeisenverbandes u. d. Dt. Landw.sgesellschaft. In der ehem. DDR s. 1950 *Vereinigung der gegenseitigen Bauernhilfe* (Handelsgenossenschaft) m. 3 Mill. Mitgl. – *Confédération Européenne de l'Agriculture (CEA), Verband der eur. Landw.,* Sitz Brugg (Schweiz); 1948 gegr. Spitzenverband eur. landw. Organisationen (etwa 50 Mitgliedsverbände, darunter Dt. Bauernver-

Landwirtschaft

Die wirtschaftliche Ausnutzung der Bodenfruchtbarkeit, besonders durch Ackerbau u. → Tierzucht (Übers.). Auch Weiterverarbeitung der Erzeugnisse durch landwirtsch.-ind. Nebenbetriebe (Molkereien, Brennereien, Kellereien, oft in → Genossenschaften). In Dtld vorwiegend Bauernwirtschaft: Unternehmer, meist auch Grundeigentümer, leistet Hauptteil aller betriebl. Arbeiten mit seiner Familie (Familienbetrieb). Neben Bauernwirtschaft L. auch in Form der Kollektivwirtsch. (osteur. Länder), Farmwirtsch. (N-Amerika), Latifundienwirtsch. (S-Amerika). Fellachenwirtsch. (Kleinstbesitz ohne Nebenerwerbsmöglichkeit, bes. S- u. O-Asien); → Agrarreform, → Bodenreform. Marktleistung der dt. L. durch Hebung der Bodenkultur, Düngung, Züchtung leistungsfähiger Pflanzensorten u. Viehrassen in den letzten 100 Jahren verdoppelt bis verdreifacht. Verkaufserlöse der L. in der BR 1994/95: 57, 303 Mrd. DM, daneben Einfuhren von ernährungswirtschaftlichen Gütern für 64,194 Mrd. DM. – Seit 1948 verstärkt auftretende Abwanderung von Arbeitskräften zwingt die L. zu umfassender Technisierung der Betriebe u. Rationalisierung der Arbeit. Dringlichkeit von → Flurbereinigung und fachl. Ausbildung. Landwirtsch. Betriebe in der BR (1995): 161 870, 1–5 ha; 188 722, 5–20 ha; 132 884, 20–50 ha; 51 692, 50–100 ha; 19 897, über 100 ha landwirtschaftlich genutzte Fläche; fast 50 % der Betriebe sind Vollerwerbsbetriebe. 1994 in der BR 1,190 Mill. Erwerbstätige in der Land-, Forstwirtschaft und Fischerei. Das sind 3,3 % aller Erwerbstätigen; in 555 065 (1995) landwirtschaftlichen Betrieben. Beitrag der Landwirtschaft zur Wertschöpfung 1994/95 27,3 Mrd. DM (0,8% des Bruttoinlandprodukts).

Landwirtschaftliche Erzeugung und Bestände in der BR	1935/38[1]	1950/51[1]	1990	1992	1995
Bevölkerung im Bundesgebiet, 1000 E	39 348	47 707	79 070[2]	80 274 (1991)	81 539 (1994)
landw. genutzte Fläche, 1000 ha	14 612	14 126	11 773	16 950	17 022 (1993)
Ackerfläche, 1000 ha	8 609	7 992	7 220	11 467	11 644 (1993)
Brotgetreide, 1000 t	5 689	5 792	11 971[3]	34 758[3]	39 864[3]
Futtergetreide (ohne Mais), 1000 t	4 760	4 397	–	–	–
Kartoffeln, 1000 t	19 538	27 959	14 038[2]	10 401	9 898
Zuckerrüben, 1000 t	4 253	6 975	30 599[2]	27 365	26 049
Fleisch (einschließlich Schlachtfette), 1000 t	1 983	1 730	–	6 572	4 884
davon Schweinefleisch	1 240	1 078	3 242	3 569	3 504
davon Rindfleisch (ohne Kalbfleisch)	(580)	(495)	1 657	1 907	1 303
Kuhmilch, 1000 t	15 000	14 610	23 672	27 851	28 621
Eier Mill. Stück	4 810	4 990	17 794[2] (1989)	15 525 (1991)	15 525 (1991)
Rinder, Bestand in 1000 Stück (Dez.)	12 114	11 149	20 048[2]	16 207	15 890
Schweine, Bestand in 1000 Stück (Dez.)	12 494	11 890	30 818[2]	26 514	23 737
Schafe, Bestand in 1000 Stück (Dez.)	1 889	1 643	4 187[2]	2 386	2 437
Geflügel, Bestand in 1000 Stück (Dez.)	54 594	51 801	106 054[2]	104 014	109 878 (1994)

[1] Bundesgebiet ohne Saarland und West-Berlin. [2] einschließlich ehem. DDR [3] Feldfrüchte im Hauptanbau

band u. Dt. Raiffeisenverband); Ziel: Erhaltung u. Förderung eur. Bauerntums. – *Intern. Federation of Agriculture Producers* (IFAP), Intern. Verband landw. *Erzeuger*, 1946 gegr. Weltorganisation, in der d. landw. Erzeuger der einzelnen Staaten durch deren jeweilige landw. Spitzenverbände vertreten (BR durch Dt. Bauernverband u. Dt. Raiffeisenverband). Zielsetzung: Förderung der Landwirtschaft in aller Welt, Ausgleich zw. d. Bedürfnissen d. Erzeuger u. Verbraucher; → FAO.

landwirtschaftliche Produkte, Bodenprodukte und Erzeugnisse d. Viehwirtschaft.

Landwirtschaftliche Produktionsgenossenschaft, *LPG*, genossenschaftl. Zusammenschluß landw. Betriebe in der ehem. DDR nach sowj. Muster („sozialist. Großraumwirtschaft") zur Nutzung d. v. Staat bereitgestellten Bodens.

Landwirtschaftliche Rentenbank → Rentenbankgrundschuld.

Landwirtschaftskammern, Körperschaften zur Wahrung der Gesamtinteressen d. Land- u. Forstwirtschaft des betr. Bezirks, bes. Erstattung von Gutachten, Förderung des techn. Fortschrittes, landw. Schulwesen usw.; 1933 vom → Reichsnährstand übernommen, nach 1945 wieder gebildet, zus.gefaßt im *Verband d. L.*

Lanfranco, Giovanni (26. 1. 1582 bis 30. 11. 1647), it. Maler d. Barock; durch kühne perspektiv. Verkürzungen (bes. in s. Deckengemälden), dynam. Komposition u. dramatisierende Helldunkelmalerei v. intern. gr. Wirkung; Kuppelfresko in S. Andrea della Valle (Rom); *Maria erscheint den hll. Paulus u. Antonius Eremita.*

Lang, Fritz (5. 12. 1890–2. 8. 1976), östr. Filmregisseur; *D. müde Tod* (1921); *Dr. Mabuse, d. Spieler* (1922); *D. Nibelungen* (1924); *Metropolis* (1927); *D. Testament d. Dr. Mabuse* (1932); *The Big Heat* (1953).

Langbehn, Julius (26. 3. 1851–30. 4. 1907), dt. Kulturkritiker; *Rembrandt als Erzieher.*

Lange,
1) Christian (17. 9. 1869–11. 12. 1938), norweg. Pol., Gen.sekr. d. Interparlamentar. Union, Genf; Friedensnobelpr. 1921.
2) Friedrich Albert (28. 9. 1828 bis 21. 11. 75), dt. Phil. u. Nationalökonom, vermittelt zw. naturwiss. Betrachtungsweise u. Kantscher Phil., trat f. Sozialismus u. Gewerkschaft ein; *Gesch. d. Materialismus.*
3) Hartmut (* 31. 3. 1937), dt. Schriftsteller, Erzählungen u. Romane: *Tod u. Leben des Herrn Marski; Senftenberger Erzählungen; Das Konzert.*
4) Helene (9. 4. 1848–13. 5. 1930), dt. Frauenrechtlerin u. Pädagogin, forderte u. organisierte d. moderne Mädchenbildung.
5) Horst (6. 10. 1904–6. 7. 71), dt. Schriftst.; Romane: *Die schwarze Weide; Verlöschende Feuer.*

Länge,
1) *astronom.* versch. Bedeutung (z. B. L. in der Ekliptik = Abstand eines Gestirns vom Frühlingspunkt, gezählt in der Ekliptik).
2) *geograph.* (Abb.) Winkel zw. dem Meridian (Längenkreis) eines Ortes u. dem Nullmeridian von Greenwich (westlich od. östlich b. 180°); Orte gleicher L. haben gleiche Uhrzeit *(wahre Ortszeit);* bei Abstand von 1° beträgt der Zeitunterschied 4 Min.

lange Kerls, das wegen seiner Körpergröße berühmt gewordene Garderegiment v. Friedrich Wilhelm I. v. Preußen.

Langeland, dän. Insel zw. Fünen u.

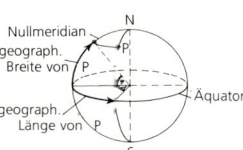

geographische Länge und Breite

Lolland, 284 km², 17 000 E; Hpthafen *Rudkøbing* (4500 E).
Langemarck, belg. Flecken in W-Flandern, nördl. von Ypern, 7000 E; im 1. Weltkrieg v. dt. Kriegsfreiwilligen vergebl. angegriffen.
Langen, Eugen (9. 10. 1833–2. 10. 95), dt. Ing.; erfand m. A. N. → Otto d. Gasmotor.
Langen (D-63225), St. i. Kr. Offenbach, Hess., 33 400 E; AG; Maschinen-, Elektro-, Metallind.
Langenberg, s. 1975 zu → Velbert.
Langenbielau, *Bielawa,* poln. St. in N.schlesien, 34 000 E; Textilind.
Langenfeld (Rheinland) (D-40764), St. i. Kr. Mettmann, NRW, 55 900 E; Textil-, Eisen-, Baufertigteile- u. Schuhind.
Langenhagen (D-30851–55), St. im Kr. Hannover, Nds., 47 600 E; Galopprennbahn; Intern. Flughafen *Hannover-L.*; div. Ind.
Langenscheidt, Verlag der Langenscheidt-Sprachwerke, Berlin, gegr. 1856; Wörterbücher.
Langenthal (CH-4900), Gem. i. Kanton Bern, Schweiz, 14 200 E; Textil-, Masch.- u. Porzellanind.
Langeoog, *Nordseeheilbad L.* (D-26465), ostfries. Insel, Rgbz. Weser-Ems, 19,7 km², 2101 E; Vogelkolonie.
Langerhans, Paul (1847–1888), Pathologe.
Langerhanssche Inseln, insulinproduzierende Anteile der → Bauchspeicheldrüse.
Langerhans-Zellen, Immunzellen der Haut, möglicherweise Eintrittspforte für → HIV.
Langer Marsch, Zug von Mao Tsetungs Roter Armee über rd. 12 000 km von Kiangsi nach Schensi 1934/35.
Langes Parlament in England 1640 bis 48 (als *Rumpf-P.* bis 1660); ließ Karl I. enthaupten.
Langgässer, Elisabeth (23. 2. 1899 bis 25. 7. 1950), dt. Dichterin; *Die Tierkreisgedichte;* Romane: *Das unauslöschliche Siegel; Märkische Argonautenfahrt.*
Langhans,
1) *Carl Gotthard* (15. 12. 1732–1. 10. 1808), dt. klassizist. Baumeister; *Brandenburger Tor* (Abb. → Berlin), s. Sohn
2) *Carl Ferdinand* (14. 1. 1782–22. 11. 1869), dt. Baumeister; bes. *Theaterbauten,* u. a. i. Breslau, Leipzig.
Langmuir [ˈlæŋmjʊə], Irving (31. 1. 1881–16. 8. 1957), am. Chem.; Arbeiten über Leitfähigkeit v. Gasen, Oberflächenstruktur; Nobelpr. 1932.
Langobarden, *Longobarden,* german. Stamm, 2. Jh. v. Chr. bis 3. Jh. n. Chr. an d. Unterelbe, 6. Jh. in Mähren; Gründung d. L.reichs 568 n. Chr. in Oberitalien *(Lombardei)* unter Alboin (774 auf päpstl. Hilferuf von → Karl d. Gr. erobert).
Langstreckenlauf, Läufe über eine Strecke ab 3000 m als Bahn-, Straßenod. Gelände-(Wald-)Lauf.
Languedoc [lāgˈdɔk], südfrz. Landschaft zw. Golf von Lion u. den Cevennen.
Langue d'oc [frz. lāgˈdɔk], provenzal. Sprache im MA, benannt nach provenzal. *oc = oui* (ja); Ggs.: **Langue d'oïl** [-ˈdbil], nordfrz. Sprache im MA (nach *oïl = oui*).
Languste, *w.,* gr., scherenloser Krebs;

LAOS
Staatsname: Laotische Demokratische Volksrepublik, Sa Thalanalath Pasathipatay Pasason Lao
Staatsform: Volksrepublik
Mitgliedschaft: UNO, Colombo-Plan
Staatsoberhaupt: Nouhak Phoumsavanh
Regierungschef: Khamtay Siphandone
Hauptstadt: Vientiane (Viangchan) 442 000 Einwohner
Fläche: 236 800 km²
Einwohner: 4 742 000
Bevölkerungsdichte: 20 je km²
Bevölkerungswachstum pro Jahr: ⌀ 3,0% (1990–1995)
Amtssprache: Lao
Religion: Buddhisten (58%)
Währung: Kip
Bruttosozialprodukt (1994): 1 496 Mill. US-$ insges., 320 US-$ je Einw.
Nationalitätskennzeichen: LAO
Zeitzone: MEZ + 6 Std.
Karte: → Asien

Laos

Languste

Mittelmeer, westeuropäischen Küsten; eßbar.
Langwellen, *LW,* elektromagnet. → Wellen m. Wellenlänge von 1 bis 10 km, Frequenzbereich 30 kHz bis 300 kHz; Frequenzbereiche des Rundfunks 140 kHz bis 300 kHz; Anwendung außerdem f. Navigation, Funktelegrafie u. -telefon.
Lanner, Joseph (12. 4. 1801–14. 4. 43), östr. Komp. d. Biedermeier; Schöpfer d. „Wiener Walzers".
Lanolin, salbenartige Masse a. d. Wollfett d. Schafwolle für med. u. kosmet. Zwecke.
Lansdowne [ˈlænzdaʊn], Henry Charles (14. 1. 1845–3. 6. 1927), engl. Staatsmann, Verständigungspol. mit Dtld; schloß 1904 mit Frkr. → Entente cordiale.
Lansing [ˈlæn-], Hptst. v. Michigan, 130 000 E; Bischofssitz, Universität; Autoindustrie.
Lanthan, *s., La,* chem. El., Oz. 57, At.-Gew. 138,91, Dichte 6,16; Seltenerdmetall.
Lanthaniden, oft als seltene Erden bezeichnet, das Lanthan u. die ihm im → Periodensystem nachfolgenden 14 Elemente w. sehr ähnl. chem. Verhalten.
Lanugo, *w.* [l.], feine Wollbehaarung d. menschl. → Fetus u. Neugeborenen.
Lanza, Mario (31. 1. 1921–7. 10. 59), am. Tenor it. Herkunft.
Lanzarote [-ˈθa-], nordöstlichste Kanarische Insel, 806 km², 40 000 E; vulkan. Landschaft; Tourismus.
Lanzette, *w.* [frz.], lanzenförmiges, zweischneidiges chirurgisches Messer chen f. kleine Einschnitte.
Lanzettfisch, *Branchiostoma,* früher *Amphioxus,* bis 8 cm langes, farbloses fischähnl. *Chordatier* i. Sand d. Meeresküsten, ohne knöcherne Wirbelsäule, jedoch mit knorpeliger Rückenseite (Chorda), ohne eigtl. Herz u. Schädel.
Lanzhou, früher *Lantschou,* Hptst. d. chin. Prov. Gansu, am Huang He, 1,4 Mill. E; Uni., Kernforschungszentrum; Schwerind.
Laodse [laʊdzk], *Laotse,* chin. *Lao-zi,* „der Alte Meister", eigtl. *Li Er,* auch *Lau Tan,* chin. Phil. (4. od. 3. Jh. v. Chr.), Begr. d. → Daoismus (Taoismus).
Laokoon [-ko-on], trojan. Priester, warnt vor griech. Kriegslist (Trojansches Pferd), mit s. Söhnen von Schlangen getötet.
Laokoongruppe, berühmte hellenist. Plastik (1. Jh. v. Chr.; Vatikan); 1506 in Rom wiederhergestellt; weitreichende Auswirkungen auf bild. Kunst u. Ästhetik: u. a. Lessings Schrift *Laokoon od. über die Grenzen d. Malerei u. Poesie.*
Laon [lā], Hptst. des frz. Dép. *Aisne,* 28 000 E; got. Kathedrale (12. Jh.), alte Stadtwälle.
Laos, Staat i. SO-Asien, Indochina. **a)** *Geogr.:* Im N gebirgig, im S Sandsteinfelland. **b)** *Landw.:* Reis, Mais. **c)** *Bodenschätze:* Zinn u. Kupfer. **d)** *Ind.:* Tabak, Gummi, Zement. **e)** *Außenhandel* (1989): Einfuhr 230 Mill., Ausfuhr 97 Mill. $. **f)** *Verf.* v. 1991; Ministerrat u. Nat.vers. **g)** *Verw.:* 16 Provinzen. **h)** *Gesch.:* im 19. Jh. unter stamm. Herrschaft; s 1893 Bestandteil v. Frz.-Indochina, s. 1949 unabhängiges Kgr. innerhalb d. Frz. Union (bis 1956); Bürger-

krieg u. Vordringen d. kommunist. *Pathet-Lao*-Rebellen s. 1954 führte zu intern. Krisen; 1961 Waffenstillstand u. 1962 Koalitionsreg. m. d. Kommunisten; auf Beschluß d. Genfer Laos-Konferenz Verpflichtung zur Neutralität; 1963 Kämpfe zw. neutralist. u. prokommunist. (Pathet-Lao-)Gruppen, Einbeziehung d. v. Pathet-Lao kontrollierten Gebietes (²/₃ d. Landes) durch N-Vietnam (Nachschub auf d. Ho-Tschi-Minh-Pfad) i. d. Vietnamkrieg; nach Waffenstillstand i. Vietnam 1973 Abkommen über Waffenruhe, 1975 Machtübernahme durch die Pathet-Lao; Abschaff. d. Monarchie u. Ausruf. e. kommunist. Volksrep.; 1989 erstm. wieder Parlamentswahlen (auch nichtkommunist. Parteien); Öffnung nach außen.
Laparoskopie [gr.], „Spiegelung" d. Bauchhöhle mit einem bes. → Endoskop.
Laparotomie, Bauchschnitt, operative Öffnung d. Bauchhöhle.
La Paz → Paz, La.
lapidar [l.], knapp, einfach, bestimmt.
Lapilli, *m.* [it.], Mz., aus e. Vulkan ausgeworfene, bis 4 cm gr., glasige Lavabrocken.
Lapis, *m.* [l.], Stein, Stift z. Ätzen (Höllenstein).
Lapislazuli, *m.,* → Silicatmineral a. d. Gruppe d. Gerüstsilicate, blauer, undurchsichtiger Schmuckstein.
Laplace [-ˈplas], Pierre Simon Marquis de (28. 3. 1749–5. 3. 1827), frz. Astronom u. Math.; Bewegung d. Planeten → Kant-Laplacesche Theorie.
La Plata,
1) *Río de la P.,* d. Mündungsbecken d. südam. Ströme *Paraná* u. *Uruguay,* 300 km lang, 50–200 km br., nur 5–20 m t.
2) Hptst. d. argentin. Prov. Buenos Aires, mit Vororten 630 000 E; Uni.
La-Plata-Staaten, Argentinien, Uruguay, Paraguay.
Lappen, *Samen,* mongolides Volk in → Lappland, Fischer u. Rentierzüchter.
Lappland, N-Teil Skandinaviens, Tundrengebiet im O des skandinav. Gebirgsrückens; pol. zu Norwegen, Schweden, Finnland u. Rußland, etwa 400 000 km², 1 Mill. E, davon ca. 3% Lappen; Eisenerzlager bei *Kiruna, Gällivare* u. *Kirkenes.*
Lapsus, *m.* [l.], Versehen.
Lapsus linguae, Versprecher.
Laptop-Computer [lɛp-], tragbarer Personalcomputer m. eingebauter Tastatur, Bildschirm u. Diskettenlaufwerk.
L'Aquila, Hptst. d. it. Region Abruzzen, 67 000 E; Erzbistum; Uni., Nationalmuseum.
Lar, *Weißhandgibbon,* südostasiat. Affenart.
Lärche, Nadelholzbaum, Nadeln fallen im Herbst ab; *Eur. L.,* Heimat: Alpen, allg. angepflanzt, liefert gutes Bauholz u. venezian. Terpentin; andere Arten in Asien u. N-Amerika.
Laredo [ləˈreɪdoʊ], Grenzstadt i. Texas am Rio Grande, 80 000 E; Fremdenverkehr (n. Mexiko).
Laren, altröm. (Haus-)Schutzgötter.
larghetto [it.], *mus.* etwas breit.
Largillière [larziljˈɛːr], Nicolas de (get. 10. 10. 1656–20. 3. 1746), frz. Maler d. Barock u. frühen Rokoko; neben → Rigaud führender Porträtist s. Zeit in Frankreich; schuf d. Typ d. offiziellen

Kunstbildnisses (Charles Lebrum vor seiner Staffelei).
largo, mus. breit.
Largo, Musikstück in sehr langsamem Zeitmaß.
Larifari, s., leeres Geschwätz, Unsinn.
Larionow, Michail Fjodorowitsch (3. 6. 1881–10. 5. 1964), russ. Maler, s. 1916 hpts. in Paris; m. s. Frau N. Gontscharowa Hptvertr. d. Primitivismus; dann Begr. d. Rayonismus; auch Bühnenbilder u. Dekorationen u. a. f. Diaghiljews *Ballets Russes*.
Larissa, St. in Thessalien (Griechenland), 102 000 E; Bischofssitz, Baumwoll- u. Seidenweberei.
larmoyant [frz.], weinerlich.
La Roche [-'rɔʃ], Sophie v. (6. 12. 1731 bis 18. 2. 1807), dt. Schriftst.in; *Gesch. d. Fräuleins v. Sternheim* (empfindsamdidakt. Briefroman).
La Rochefoucauld [-rɔʃfu'ko], François de (15. 12. 1613–17. 3. 80), franz. Schriftst.; *Reflexionen u. Maximen*.
Larousse [-'rus], Pierre (23. 10. 1817 bis 3. 1. 75), frz. Lexikograph u. Schriftst.; Weltanschauungsromane; *D. Stein d. Weisen*.
Lars [schwed. Kurzform zu l. Laurentius nach der Stadt Laurentium], m. Vorn.
Larsson, Carl Olof (28. 5. 1853–22. 1. 1919), schwed. Maler u. Graphiker; Hptvertr. d. Jugendstils u. Begr. d. Monumentalmalerei in Schweden; auch Buchillustrationen u. Porträts (A. Strindberg; S. Lagerlöff).
l'art pour l'art [frz. la:r pur 'la:r], „die Kunst um der Kunst willen", zuerst von Th. *Gauthier* u. V. *Cousin* 1835 bzw. 1836 so formulierte Forderung der Kunst nicht von fremden (moral., kirchl.) Zweckanlässen her zu begreifen, sondern in ihrer Eigengesetzlichkeit als „Offenbarung Gottes in der Idee des Schönen".
Larve [l.],
1) svw. → Maske.
2) Jugendform zahlr. Tiere, mit Verwandlung bei Reifung; bes. bei Insekten, Mollusken, Krebsen u. Amphibien.
larviert, verschleiert *(larvierte Depression)*.
Laryngoskop, s., → Kehlkopfspiegel.
Larynx, svw. → Kehlkopf.
Lasagne [it. -'sanje], käseüberbackene Nudelblättchen, m. lagenweise geschichtet Béchamelsoße, Dosentomaten u. Hackfleisch.
La Salle [-'sal], Robert Cavelier de (21. 11. 1643–20. 3. 67), frz. N-Amerika-Forscher.
Las Casas, Bartolomé de (1474–31. 6. 1566), span. Dominikaner; setzte e. gesetzl. Indianerschutz durch.
Lascaux [-'ko], südfrz. Dorf im Dép. *Dordogne*; Höhle mit Wandmalereien der Altsteinzeit (um 15 000 v. Chr.).
Lasche, flaches Eisenstück, zum Verbinden von zusammengefügten Eisenteilen; bei Eisenbahnen Verbindungsstück am Schienenstoß.
Laschkar → Gwalior.
Laser, m. [engl. 'leɪzə], Abk. f. **l**ight **a**mplification by **s**timulated **e**mission of **r**adiation, elektron. Gerät z. Erzeugung scharf gebündelter, sehr energiereicher Lichtstrahlen in einem schmalen Frequenzbereichen (monochromat. Licht); die Lichtwellen sind zeitl. u. räuml. kohärent (→ Kohärenz); verschiedene Typen von L.: Je nach verwendetem aktivem Medium unterscheidet man *Gas-*L. u. *Festkörper-*L.; je nach Strahlungsmodus gibt es *Puls-*L. (Strahlung wird in Pulsen, mit Pausen dazwischen, abgegeben) od. *Dauerstrich-*L.; neben den älteren Typen mit meist nur e. Wellenlänge gibt es heute *Farbstofflaser*, die in e. weiten Wellenlängenbereich durchgestimmt werden können; erster (Rubin-) L. 1960 v. T. H. *Maiman* in USA; Anwendung in d. Meßtechnik (z. B. Längenmessungen, Justierungen, relativer Fehler <10⁻⁶), in d. 3dimensionalen Datenspeicherung (→ Holographie), zum Präzisionsschweißen u. -bohren v. Diamant, Edelstahl u. f. Augenoperationen; auch → Maser, Raser.
Lash [engl. læʃ], Abk. f. **L**ighter **A**board **Sh**ip, Transport v. beladenen Binnenschiffs-Leichtern auf Seeschiffen im Huckepackverkehr.
lasieren, das dünne Auftragen einer *Lasur*.
Läsion [l.], Beschädigung, Verletzung, Störung.
Lasker-Schüler, Else (11. 2. 1869 bis 22. 1. 1945), dt. expressionist. Dichterin; Lyrik; *Hebräische Balladen*.
Las Palmas de Gran Canaria, Hptst. d. span. Insel Gran Canaria u. d. span. Prov. *L. P.* auf d. Kanar. Inseln, 374 000 E; m. Hafen *La Luz*.
La Spezia, it. Hafenst. am Golf v. La S., 102 000 E; Werften, Erdölraffinerie, Stahlwerk.
Lassalle [-'zal], Ferdinand (11. 4. 1825 bis 31. 8. 64), dt. sozialist. Revolutionär v. 1848; forderte gleiches direktes Wahlrecht u. staatl. geförderte Genossenschaften (ADAV); Begr. d. „Allg. dt. Arbeitervereins" in Leipzig 1863; Verbindung mit Bismarck; wollte die soziale Frage auf nationalstaatl. Basis lösen, daher Ggs. zum intern. Marxismus; gefallen im Duell.
Lassen, Christian (22. 10. 1800–8. 5. 76), dt. Indologe norweg. Herkunft; Begr. d. ind. Altertumswiss. u. Sanskritphilologie i. Dtld.
Lasso, Orlando di (1530 od. 32–14. 6. 94), ndl. Komponist, Leiter d. Hofkapelle in München; ca. 1200 Werke, v. a. Motetten, Messen, Madrigale, Chansons.
Lasso, m. od. s. [span.], Wurfschlinge zum Einfangen von Tieren.
Last, James, eigtl. *Hans* (* 17. 4. 1929), dt. Orchesterchef u. Komp.; Erfinder d. *Happy Party Sound*, einer speziell f. Tanzzwecke arrangierten Unterhaltungsmusik.
Last, altes dt. Getreidemaß, etwa 30 hl; als Schiffsfrachtgewicht = 2000 kg.
Lastenausgleich → Übersicht.
Lastex, s., mit Chemiefasern umsponnene Gummifäden; Verwendung f. elastische Gewebe.
Lastman, Pieter (um 1583–begr. 4. 4. 1633), holl. Maler, beeinflußt v. it. Frühbarock; Lehrer Rembrandts.
last, not least ['lɑːst-'liːst], als Letzter (-tes), aber nicht Geringster (-stes); Wortspiel nach Shakespeare.
Lästrygonen, menschenfressendes Riesenvolk in der *Odyssee*.
Lasur, w., in d. Maltechnik,
1) durchscheinend (da bes. dünn) aufgetragene Farbschicht.
2) selbst durchscheinende Farbe (auch

Laokoongruppe

Europäische Lärche

Hochleistungslaser in der Forschung

L.farbe, Ggs.: → Deckfarbe); Malvorgang *lasieren*.
Las Vegas [lɑːs 'veɪgəs], größte St. d. US-Staates Nevada, 258 000 E; Vergnügungszentrum (Spielbanken).
lasziv [l.], unzüchtig, schlüpfrig.
Latakia, *Al-Ladhikija*, größte syr. Hafenst. u. Hptst. d. Bez. *L.*, 197 000 E. – Im 3. Jh. v. Chr. als *Laodicea* gegr.
Lätare [l. „freue dich"], 4. Passionssonntag, kath. *Rosensonntag* (Weihe der → Goldenen Rose).
Latein, s., urspr. Sprache d. Latiner u. Römer; Grundlage aller roman. Sprachen, Kirchen- u. bis zum 18. Jh. Gelehrtensprache.
Lateinamerika, svw. → Iberoamerika.
Lateinamerikanische Freihandelsvereinigung, engl. **L**atin **A**merican **F**ree **T**rade **A**ssociation (LAFTA), 1960 gegr. Handelsgemeinschaft von 11 lateinam. Staaten; 1980 umbenannt in → ALADI.
Lateinisches Kaisertum, 1204 auf dem 4. Kreuzzug i. Konstantinopel gegr. Reich; bestand bis 1261; → Byzantinisches Reich.
La Tène [la'tɛn], Untiefe am Neuenburger See bei Marin (Westschweiz), Fundstelle aus der Eisenzeit; **L.-T.-Zeit,** eisenzeitliche Kulturepoche in Mitteleuropa, 5. Jh. v. Chr. bis Christi Geburt.
latent [l.], verborgen, Ggs.: manifest.
latente Wärme, die z. Flüssigwerden oder Verdampfen verbrauchte Wärmeenergie, die keine Temp.erhöhung erzeugt.
Latenzzeit, med. Zeitraum zw. (evtl. schädlicher) Reizeinwirkung u. Reizbe-

Rom, Lateranbasilika San Giovanni

antwortung (evtl. Krankheitsausbruch); auch svw. → Inkubation.
lateral [l.], seitlich, nach der Seite zu.
Lateralsklerose, amyotrophische, Degeneration v. Bahnen u. Zellen v. Rückenmark u. Hirnzentren, mit Muskelschwund, schlaffen u. spastischen Lähmungen, Ursache unbekannt.
Lateran, m., Hügel u. Palast in Rom, bis 1308 Papstresidenz, jetzt Museum.
Lateranbasilika, *San Giovanni*, Kathedrale d. Papstes als Bischof v. Rom, ranghöchste kath. Kirche; dort fanden 5 **Lateransynoden** im MA statt.
Laterankonzile, i. päpstl. Lateranpalast abgehaltene Konzile (1. L. 1123, 5. L. 1512/17).
Lateranverträge, 1929 (1977 novelliert) zw. Italien u. Papst, Anerkennung der Souveränität der Vatikanstadt seitens Italiens u. Konkordat mit Italien; 1984 durch e. neues Konkordat ersetzt.
Laterit, m. [l.], → Roterde.
Laterna magica, w. [l.], bereits im 17. Jh. entwickeltes Projektionsgerät; m. Öllampe als Lichtquelle u. Linsensy-

Lastenausgleich

Als Folge des Zweiten Weltkrieges verlor ¼ der westdeutschen Bevölkerung (BR) durch Evakuierung, Flucht und Vertreibung weitgehend seine Existenzgrundlage. Nach der Währungsreform 1948 setzte in der Amerikanischen und Britischen Besatzungszone die staatliche Eingliederungshilfe ein (in Bayern z. B. 1,4 Mrd. DM 1949/52). In Bad Homburg v. d. H., dem späteren Sitz des Bundesausgleichsamtes, konstituierte sich am 26. 8. 1948 eine „Gutachterkommission f. d. Lastenausgleich". Erlasse der Besatzungsmächte hatten eine Regelung bis Ende 1948 gefordert, doch wurde ein am 14. 12. 1948 vorgelegter Entwurf als ungenügend zurückgewiesen. Ab 14. 8. 1949 diente das provisorische „Soforthilfegesetz" als erster Schritt, nachdem die drei „Hochkommissare" John McCloy, Sir Brian Robertson und André François-Poncet zugestimmt hatten. Erst im Jan. 1951 konnte dem Bundestag der Entwurf eines „Lastenausgleichsgesetzes" (LAG) zugeleitet werden. Im März 1952 konnte das „Währungsausgleichsgesetz für Sparguthaben Vertriebener" (WAG) und im April das „Feststellungsgesetz" (FG) verabschiedet werden. Am 14. 8. 1952 folgte endlich das LAG. Das große Problem war die Notwendigkeit, „Schäden festzustellen". Man rechnete zuerst mit einem Volumen von 35 Mrd. DM, bis 1. 1. 1994 war die Summe auf 140,1 Mrd. DM gestiegen. Vor allem wegen bereits bewilligter Kriegsschadenrente sind noch etwa 10 Mrd. DM aus Haushaltsmitteln aufzubringen. Völlig unabhängig davon ist die Kriegsopferfürsorge (→ Kriegsbeschädigte) geregelt.

1. Ausgleichsabgaben: A. Vermögensabgabe: Grundsätzlich 50 % des am Tag der Währungsreform 1948 vorhandenen Vermögens von privaten und juristischen Personen. B. Hypothekengewinnabgabe: Grundstückseigentümer mußten den Differenzbetrag zwischen Reichsmarkbetrag (vor der Währungsreform) und dem Umstellungsbetrag an den Ausgleichsfonds abführen. C. Kreditgewinnabgabe: Gewerbl. Betriebe mit der Pflicht zu einer D-Mark-Bilanzeröffnung mußten die Differenz zwischen Schuldnergewinn und Gläubigerverlust aus der Zeit 1945–1948 ab 1. 7. 1952 in vier Raten im Jahr tilgen. Der Bundesfinanzminister dankte den Abgabeschuldnern für ihre Opferbereitschaft, nachdem am 10. 2. 1979 die 108. und letzte Vierteljahresrate an den Ausgleichsfonds zu zahlen war.

2. Ausgleichsleistungen, auf Antrag des Geschädigten bei Schaden an Grundbesitz, an Betriebsvermögen, an Gegenständen der Berufsausübung u. der Forschung, an Hausrat, an privatrechtl. geldwerten Ansprüchen, insbes. Spareinlagen, u. a. zu gewähren, u. zwar bei *Vertreibungsschäden* (durch Vertreibungsmaßnahmen u. Kriegszerstörungen östl. der Oder-Neiße-Linie oder außerhalb der dt. Grenzen v. 1937 entstanden), Kriegssachschäden, unmittelbar durch Kriegshandlungen vom 26. 8. 1939 bis 31. 7. 1945 in der BR einschließl. Berlin (West) entstanden, *Ostschäden*, in d. östl. d. Oder-Neiße-Linie gelegenen Gebieten d. Dt. Reiches nach dem Gebietsstand v. 31. 12. 1937 entstanden (sofern nicht Vertreibungsschäden), *Sparer-Schäden*, durch Differenz zw. RM-Nennbetrag u. Umstellungsbetrag in DM bei Spareinlagen entstanden, *Zonenschäden* (die i. d. DDR insbes. durch Enteignung, Beschlagnahme u. ä. entstanden) u. *Reparationsschäden* (insbes. Demontageschäden im Inland u. Schäden vor allem im westl. Ausland durch sog. Feindvermögensgesetzgebung eingetreten), Restitutionsschäden u. Rückerstattungsschäden.

3. Erledigungsstand und laufende Aufgaben: Bis Ende 1994 erledigte Anträge: nach FeststellungsG 98,2 %, nach Beweissicherungs- u. FeststellungsG 99,7 %, nach RepG 99,8 %. Die Zahl der Empfänger von Kriegsschadenrente (1. 1. 1995: 63 583) geht wegen Beendigung des Anspruchs (Tod u. a.) laufend zurück. Das Kriegsfolgenbereinigungsgesetz vom 1. 1. 1993 setzte eine Antragsfrist bis Ende 1995. Die eingegangenen Anträge werden voraussichtlich bis 2000 bearbeitet sein. Nach Art. 8 Einigungsvertrag vom 31. 8. 1990 gilt Bundesrecht auch in der ehem. DDR, jedoch nicht der LAG-Komplex und das Bundesvertriebenengesetz vom 19. 5. 1953. Falls DDR-Geschädigte durch Rückgabe o. ä. entschädigt werden, müssen nach § 349 LAG früher erbrachte LAG-Leistungen zurückgezahlt werden (bis Ende 1994 20 642 Fälle mit 214,3 Mill. Gesamtvolumen). Erweitert wurde der Rückforderungsbereich durch das Entschädigungs- und Ausgleichsleistungsgesetz (ELAG), dessen für die Abwicklung wesentlichen Bestimmungen am 1. 12. 1994 in Kraft getreten sind.

Ausgleichsleistungen von 1949 bis zum 1. 1. 1995

mit Rechtsanspruch:	
Hausratentschädigung	10,5 Mrd. DM
Währungsausgleich (WAG)	1,1 Mrd. DM
Hauptentschädigung (HE)	28,8 Mrd. DM
Kriegsschadenrente (KSR)	57,5 Mrd. DM
Altsparentschädigung (ASpG)	5,1 Mrd. DM
ohne Rechtsanspruch:	
Darlehen (Aufbaudarlehen usw.)	19,3 Mrd. DM
Reparationsschäden (RepG)	0,4 Mrd. DM
Ausbildungshilfe/Heimförderung	1,1 Mrd. DM
Schuldendienst für Vorfinanzierung und für die Darlehensverwaltung	17,1 Mrd. DM
Abführung an den Entschädigungsfonds	0,1 Mrd. DM
Zahlungen insgesamt:	**141 Mrd. DM**

---

stem; wurde z. Projektion gemalter durchsichtiger Bilder verwendet.

Laterne, *w.* [l.],
1) Lampe in einem Glasgehäuse.
2) türmchenartig. Kuppelaufsatz f. d. Lichtzufuhr.

Laternenträger, Zikaden mit laternenähnlichem Kopffortsatz *(Surinam. L.; Eur. L.)*.

Latex, *m.* [l. „Milch"], Milchsaft der kautschukliefernden Pflanzen, daraus durch Gerinnen der feste Rohkautschuk.

Latextests, Gruppe von med. Tests, z. B. auf Rheumafaktoren.

Latifundien [l.], Großgrundbesitz.

Latina, früher *Littoria*, 1932 gegr., Hptst. der it. Prov. L., in den trockengelegten → Pontinischen Sümpfen, 106 000 E; Kernkraftwerk (200 MW).

Latiner, im Altertum Bewohner von → Latium.

Latinismus, *m.*, lat. Sprachwendung in anderen Sprachen.

Latium, mittelit. Landschaft u. Region (um Rom), 17 227 km², 5,14 Mill. E.

La Tour [-'tuːr],
1) Georges de (1593–30. 1. 1652), frz. Maler; barocke Helldunkelmalerei; Nachtstücke.
2) Maurice Quentin de (5. 9. 1704 bis 17. 2. 88), frz. Rokokomaler; Pastellbildnisse.

Latrobe [lə'troub], Benjamin Henry (1. 5. 1764–3. 9. 1820), am. Architekt engl. Herkunft; Vertr. d. Klassizismus; Begr. d. Greek Revival u. d. neugot. Baustils in d. USA.

Latschen → Knieholz.

Lattich, Kräuter mit meist gelben Blütenköpfchen, Milchsaft; *Gift-L.; Mauer-L.; Stachel-L.* m. aufrechten, nach N–S orientierten Blättern (Kompaßpfl.n); außerdem *Garten-L. (Kopfsalat)* u. seiner Schwesterform, der *Sommerendivie* (→ Huflattich).

Lattmann, Dieter (* 15. 2. 1926), deutscher Schriftst. u. Lektor, aktiv i. d. Berufsvertretung d. Schriftst. u. im Goethe-Institut (bis 1985); *Schachpartie; Die verwerfliche Alte.* Vorübergehend Abgeordneter im Dt. Bundestag, *Die lieblose Republik.*

Lattre de Tassigny [latrə də tasi'ɲi], Jean-Joseph de (2. 2. 1889–11. 1. 1952), frz. Marschall. Mitunterzeichner der Berliner Deklaration v. 5. 6. 1945; 1945 bis 47 Gen.stabschef; 1950 Hochkommissar u. Oberkommandierender in Indochina.

Latwerge, *w.*, Arznei in Form von Brei oder Mus (altertüml.).

Lauban, *Lubań*, poln. St. in Schlesien, 23 000 E; Textilind.

Laube, Heinrich (18. 9. 1806–1. 8. 84), dt. Schriftst. des Jungen Deutschland; Dramen: *Karlsschüler*.

Laubenvögel, Paradiesvogelverwandte Australiens u. Neuguineas; errichten auf Erdboden „Lauben" aus Zweigen (für Paarungsspiele).

Laubhüttenfest, Sukkoth, jüd. Erntedankfest.

Laubmoose, höher entwickelte → Moose.

Laubsäge, mit sehr dünnem Blatt für

Laubsänger 541 **Läusekraut**

Kompaßlattich

kleinere, meist durchbrochene Holzarbeiten in Sperrholz.
Laubsänger, zierliche Baumvögel in Wald u. Garten; in Dtld *Fitis, Zilpzalp, Wald-, Berg-L.*
Lauch, Zwiebelgewächse; *Bärlauch* im Frühling in Laubwäldern, andere auf Wiesen u. steinigen Stellen; ferner viele Gemüse- u. Gewürzpflanzen (z. B. *Knoblauch, Porree, Schalotte, Schnittlauch, Zwiebel*).
Lauchhammer (D-01979), Gem. im Kr. Senftenberg, Bbg., 21 786 E; Braunkohlegruben; Großkokerei.
Lauda, Niki, eigtl. *Nikolaus Andreas* (* 22. 2. 1949), österreichischer Rennfahrer; Formel-1-Weltmeister 1975, 1977 u. 1984.
Laudatio, w. [l.], Lobrede.
Laudon, *Loudon Ernst Frh. v.* (13. 2. 1717–14. 7. 90), öst. Feldmarschall, Gegner Friedrichs d. Großen; Eroberer Belgrads.
Laue, Max v. (9. 10. 1879–24. 4. 1960), dt. Phys.; entdeckte Beugung u. Interferenz d. Röntgenstrahlen durch d. Atomanordnung d. Kristalle; *Laue-Diagramme* (wicht. Methode z. Erforschung d. Kristallstruktur); Nobelpr. 1914.
Lauenburg,
1) Hzgt. L., Kreis in Schl.-Ho., 1263 km², Hügellandschaft; wald- u. seenreich; Hptort *Ratzeburg*.
2) (D-21481), St. i. Kr. Hzgt. L., an d. Elbe u. Mündung d. Elbe-Lübeck-Kanals, Schl.-Ho., 11 432 E; AG; Hafen, Werften; Gruft d. Hzge v. L.
3) *Lębork,* poln. St. an d. Leba, Pommern, 33 000 E.
Lauf,
1) Mittelfuß der Vögel u. der Huftiere.
2) Bein des Haarwildes (außer Bär, Dachs u. Marder) u. der Hunde.
3) Geschoßführungsteil bei Feuerwaffen.
4) Weg eines Flusses.
Lauf an d. Pegnitz (D-91207), Krst. des Kr. Nürnberger Land, Bay., 23 795 E; AG; histor. Marktplatz m. altem Rathaus (16. Jh.); Keramikind., Fahrzeugbau.
Laufbahn, 400-m-Rundbahn mit bis zu 8 Einzelbahnen für leichtathlet. Laufwettbewerbe; Oberfläche aus Sand oder Kunststoff.
Laufen (D-83410), St. i. Kr. Berchtesgadener Ld, an d. Salzach, Bay., 5823 E; AG; got. Hallenkirche.
laufende Rechnung → Kontokorrent.
laufender Hund, in d. Baukunst Ornament, dessen Linien e. wellenförm. fortlaufendes Spiralband bilden; Ggs.: → Mäander.
Läufer,
1) Bediener, der vor Wagen od. Reitpferden herlief.
2) Teppich zum Belegen von Treppen u. Gängen.
3) *techn.* umlaufender Teil (Rotor) v. Dynamomaschine od. Motor.
4) Jungschwein (2–6 Monate alt).
5) eine Schachfigur.
Läuferwaage, einfache Waage, ungleicharmig: an dem langen Arm mit Skala verschiebbares Gewicht („Läufer"), an dem kurzen die Last.
Lauffen a. Neckar (D-74348), St. i. Kr. Heilbronn, Ba-Wü., 10 080 E; Geburtsort Hölderlins, Stadtmus.
Laufhunde, bei d. Jagd in wildärmeren großen Revieren verwendete, laut jagende Hunde; z. B. → Bracke.
Laufkäfer, insekten- u. schneckenfressende Käferfamilie mit langen Laufbeinen, überwiegend nützlich.
Laufkatze, am Untergurt des Trägers laufender Kran niedriger Bauart.
Laufräder, b. d. Lokomotive, werden nicht angetrieben (laufen nur mit).
Laufvögel, alte Sammel-Bez. f. *Nandus, Strauße, Kasuare, Emus, Kiwis.*
Laufzeit,
1) Zeitraum zw. Ausstellung u. Tilgung einer Zahlungsverpflichtung (z. B. beim Wechsel bis zum Verfalltag, bei auslosb. Anleihen usw. bis zur Auslosung).
2) Zeit, die e. Erdbebenwelle vom → Epizentrum bis zu e. beliebigen Meßpunkt braucht.
Laufzeitröhre, → Elektronenröhre, bei d. die endl. Laufzeit d. Elektronen zur Verstärkung od. Erzeugung höchstfrequenter elektromagnet. Wellen benutzt wird; also nicht Dichte-, sondern Geschwindigkeitssteuerung d. Elektronenstroms in Abhängigkeit vom steuernden Signal; Einsatz als Senderöhre im → UHF-Bereich (Dezimeterwellen, bis ca. 100 GHz); wichtigste Vertreter: → Klystron, Wanderfeldröhre.
Laugen, wäßrige Lösungen v. Basen, sofern sie deutlich → alkalisch reagieren (z. B. Lösung v. Natrium- od. Kaliumhydroxid).
Laughton [lɔ:tn], Charles (1. 7. 1899 bis 15. 12. 1962), anglo-am. Bühnen- u. Filmschausp.; *The Private Life of Henry VIII; The Mutiny on the Bounty; The Hunchback of Notre Dame;* als Reg.: *Night of the Hunter* (1955).
Laupheim (D-88471), St. i. Kr. Biberach, Ba-Wü., 16 831 E; chem.-pharmazeut. Ind.
Laura, Geliebte → Petrarcas; i. s. Werk verherrlicht.
Laura, w. [gr.], *Lawra,* in der Ostkirche urspr. Einsiedlerkloster, später allg. f. größere Klöster (z. B. in Kiew u. auf dem Athos).
Laureatus, m. [l.], Lorbeergekrönter (Dichter).
Laurel u. Hardy [ˈlɔrəl - ˈhɑːdɪ], am.

Lausanne, *Notre-Dame*

Filmkomikerpaar; *Laurel, Stan* (16. 6. 1890–23. 2. 1965); *Hardy, Oliver* (18. 1. 1892–7. 8. 1957); in Dtld als *Dick und Doof.*
Laurencin [lɔrãˈsɛ̃], Marie (31. 10. 1885–8. 6. 1956), frz. Malerin; Mitbegr. d. Kubismus, doch ohne ihm zu folgen; Figurenbilder (meist Mädchen) in hellen Farben; Buchillustrationen, u. a. zu *Alice im Wunderland.*
Laurens [lɔˈrɑ̃s], Henri (18. 2. 1885 bis 5. 5. 1954), frz. Bildhauer, Bühnenbildner u. Buchillustrator; übertrug d. Stilelemente d. analyt. Kubismus auf d. Plastik bis z. geometr. Abstraktion; später stark rhythmisierende Figuration m. organ., kurv. Linienführung u. teils archaischen od. afrikan. Stilelementen.
Laurentius († 258), Hlg.; Diakon in Rom, als Märtyrer nach d. Legende auf einem glühenden Rost gestorben; Patron der Bibliotheken (Tag: 10. 8.).
Lauretanische Litanei, nach d. it. Wallfahrtsort Loreto (Ancona) benannte → Litanei.
Laurin, Zwergkönig der dt. Sage.
Laurion, *Lawrion,*
1) Gebirgsland des südl. Attika; Silber-, Blei- u. Zinkfunde; in ihm gelegen
2) *L.,* griech. Hafenst., 9000 E; Hüttenwerke.
Lauritzen, Lauritz (20. 1. 1910–5. 6. 80), SPD-Pol.; 1966–72 B.wohnungsbaumin., 1972–74 B.verkehrsmin.
Lausanne [loˈzan], (CH-1000), Hptst. d. schweiz. Kantons Waadt, am N-Ufer des Genfer Sees (Hafen *Ouchy*), 128 000 E; Uni; TH; Sitz d. eidgenöss. Bundesgerichts u. d. IOK. – 1912 Friede zw. Italien u. Türkei, 1923 zw. Türkei u. Entente; 1923 Reparationskonferenz.
Lauscha (D-98724), Glasbläserst. in Thür., 3749 E; Glasind. (Glashütte s. 1597).
Läuse, blutsaugende, flügellose Insekten, auf der Haut von Menschen und Säugetieren; bei d. Menschen: *Kopf-L.* (→ Abb. l.), nur auf d. Kopf, Eier an Haaren befestigt; *Kleider-L.* (Abb. Mitte) auf unbehaarten Körperstellen, Eier in Kleidernähten, Überträger des Fleckttyphus; *Filz-L.* (Abb. r.), an Haaren bes. der Schamgegend; Gegenmittel: Insektizide, Desinfektion der Kleidung.
Läusekraut, rot oder gelb blühende

Lauch

Läuse

Rachenblütler nasser Wiesen; Halbschmarotzer, auf Graswurzeln.
Lausitz, Landschaft in Dtld zw. Elbe u. Oder, im S hügelig *(Ober-L.),* im N Flachland *(Nieder-L.),* mit Braunkohlen- u. Textilind., Hptorte: *Bautzen, Cottbus, Forst, Görlitz, Guben, Zittau.* Südl. von Zittau das **L.er Gebirge,** Sandsteinplatte mit Phonolith- u. Basaltkegeln, *Lausche* (793 m), *Hochwald, Oybin.*
Lausitzer Kultur, spätbronzezeitl. Kulturstufe bes. in O- u. Mitteldtld (Buckelkeramik).
Laute [arab. „al'ud = Schildkröte"], altes Saitenzupfinstrument mit birnenförm. Corpus.
Lauter,
1) l. Nbfl. d. Rheins, zw. Elsaß und Pfalz, 82 km.
2) l. Nbfl. d. Donau, aus der Schwäb. Alb, 47 km.
Lauterbach (Hessen) (D-36341), Krst. u. Luftkurort i. Vogelsbergkreis, Hess., 14 390 E; AG; Schloß, Kartonagen-, Textil- u. Holzind.
Lauterbrunnen (CH-3822), schweiz. Luftkurort am Fuße der Jungfrau, 803 müM, 2900 E; Bergbahnen nach Scheidegg, Jungfraujoch u. Mürren.
Läuterung, forstl. Maßnahme, Aushieb (Reinigungs- u. Säuberungshieb) d. schlechten u. konkurrierenden Bäumchen, Regelung d. Baumartenmischung.
Lautréamont [lotrea'mõ], Comte de eigtl. *Isidore Ducasse* (4. 4. 1847–24. 11. 70), frz. Dichter; Vorläufer d. Surrealismus; *Les Chants de Maldoror.*
Lautschrift, versucht jedem Laut e. Zeichen (unabhängig v. d. Orthographie) zuzuordnen, z. B. [ʃa'siː] f. Chassis (Angaben z. Aussprache i. den Erläuterungen, für den Gebrauch dieses Lexikons).
Lautsprecher, elektroakust. Wandler, setzen tonfrequente Schwingungen el. Ströme in entsprechende Schallschwingungen um; versch. Bauarten (Systeme)
1) Urahn war magnet. Hörer mit aufgesetztem Trichter;
2) *elektromagnet. L.,* → Freischwinger;
3) *(elektro)dynamische L.,* zylindrische Schwing- od. Tauchspule ist m. d. spitzen Ende einer konusförmigen → Membran verbunden, taucht in d. kreisförmigen Luftspalt eines Dauermagneten; die der Spule zugeführten Ströme bewirken Feldveränderungen, dadurch Bewegung d. Spule, also auch d. Membran (Abb.); weitverbreitet, sehr gute Tieftonwiedergabe; bes. Formen: Bändchen-L., Druckkammersystem, Kalotten-L. etc.;
4) *elektrostatische L.* (Kondensatorprinzip);
5) → Ionen-L.;
6) *Kristall-L.* (→ Piezoelektrizität), vorzugsweise als → Hochton-L. Für d. gute Wiedergabe ist d. *L.gehäuse* von Bedeutung (akustische Anpassung); zahlreiche Formen: geschlossene (Lautsprecherboxen), offene (Hauptanwendung Radio- u. Fernsehempfänger), Schallwand (vermeidet akust. Kurzschluß), Exponentialgehäuse (Trichteranordnungen), Strahlergruppen (gute Richteigenschaft); z. B. Tonsäulen im Freien) usw.
Lautstärke, *Tonstärke,* Größe der Hörempfindung, die der Schalldruck im Ohr erzeugt; L. hängt ab v. Schallstärke u. Tonhöhe; Einheit *Phon* (Skala von 0–130 *Phon* bei 1000 Hz).

Rod Laver

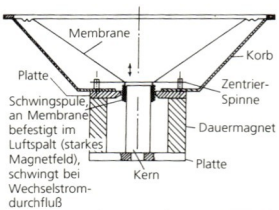
Permanent-dynamischer Lautsprecher

Lärmbarometer (in Phon)	
Hörschwelle	0
Flüstern	20
Verkehrsreiche Straße	70-80
Autohupen	90
Preßluftbohrer	90
Motorrad	100
Flugzeug	120

Lautverschiebung, *w.,* Erscheinung in d. Entwicklung der german. Sprachen: dreistufige Wandlung der Konsonanten (zw. stimmhaften u. stimmlosen Verschlußlauten u. Hauchlauten), begleitet von vokalen Veränderungen; *1. L.,* in der Mitte des 1. Jtds v. Chr., schied das Urgermanische vom Indogermanischen; *2. L.,* um 500 n. Chr. beginnend, bezeichnet die Scheidung von Hoch- u. Niederdt..
Lava [it.], → Magma, das in Schwächezonen d. Erdkruste durch → Vulkane d. Erdoberfläche erreicht; erstarrt zu *Fladen-L., Strick-L.* oder *Block-L.*
Lavabo, *s.* [l.], symbol. Handwaschung d. kath. Priesters in d. hl. Messe; auch d. dazu verwendeten Gefäßes.
Lavage [frz. la'vaʒ], *med.* Spülung zur Behandlung od. Diagnostik.
Laval, Pierre (26. 6. 1883–15. 10. 1945), frz. Pol.; wiederholt frz. Min.präs.; wegen Zus.arbeit m. NS-Dtld hingerichtet.
Lavaldüse, sich zunächst verengende, dann wieder erweiternde Düsenform zur Erzeugung einer Überschallströmung; setzt am vollkommensten Druck in Geschwindigkeit um, z. B. im Leitapparat der **Lavalturbine:** Dampfturbine m. axialer Strömung u. hoher Drehzahl (bis 40 000 U/min); nach dem schwed. Ing. Carl Gustaf de *L.* (1845–1913).
Lavater, Johann Kaspar (15. 11. 1741 bis 2. 1. 1801), dt. Schriftst. d. Empfindsamkeit u. protestant. Geistl.; Begr. d. Physiognomik; *Physiognom. Fragmente.*
Lavendel, niedrige, wohlriechende Sträucher aus d. Mittelmeergebiet, mit blauvioletten Lippenblüten; deren Öl, *L.öl, f.* Parfüm u. Seifenwürze.
Laver ['leɪvə], Rodney (Rod) George (* 9. 8. 1938), austral. Tennisspieler; 1961, 62 u. 68, 69 Wimbledon-Sieger, 1962 u. 69 Grand Slam-Sieger.
Laveran [la'vrã], Charles (18. 6. 1845 bis 18. 5. 1922), frz. Arzt, Malariaforscher; Nobelpr. 1907.
lavieren,
1) gg. widrigen Wind kreuzen.
2) vorsichtig zu Werke gehen.
3) [frz. „laver = waschen"], in d. Maltechnik d. Auftragen wäßr. Farbe m. e. Pinsel z. B. in e. Federzeichnung z. Gewinnung v. Raum, Licht u. Schatten.
Lavoisier [lavwa'zje], Antoine Laurent de (26. 8. 1743–8. 5. 94), frz. Chem.; Mitbegr. d. modernen Chemie, erkannte Bedeutung d. Sauerstoffs beim Verbrennungsvorgang, stürzte die → Phlogistontheorie.
Lavongai, bis 1918 *Neuhannover,* nördlichste Insel des Bismarck-Archipels, 1190 km².
Law [lɔː], John of Lauriston (16. 4. 1671–21. 3. 1729), frz. Geldtheoretiker schott. Herkunft; s. *System* (Papiergeld u. Kreditausweitung) brachte den ersten frz. Staatsbankrott.
Lawine, größere, plötzlich ins Gleiten kommende und beim Herabstürzen wachsende Schneemasse: **a)** *Staub-L.,* bei der der trockene, pulverige Neuschnee über d. gefrorenen älteren ins Rutschen gerät; **b)** *Grund-L.* aus altem Schnee, d. durch Schmelzwasser im Frühjahr vom Boden abgelöst ist; **c)** *Schneebrett,* Neuschneeauflage, die mit d. verfestigten Altschneedecke keine Bindung eingeht u. flächig auf dieser abgleitet; fordert die meisten Opfer; *Gletscher-, Eis-L.,* im Gletscherbett niedergehende Gletscherabbrüche. Als Schutz Dämme, L.ngalerien (an Straßen, Bahnen), keilartige L.nbrecher.
Lawinenschnur, lange rote Schnur, wird in lawinengefährdetem Gelände nachgeschleift, um das Auffinden bei Verschüttung zu erleichtern.
Lawn-Tennis ['lɔːn], Rasentennis, → Tennis.
Lawrence ['lɔrəns],
1) David Herbert (11. 9. 1885 bis 2. 3. 1930), engl. Romanschriftst.; *Söhne und Liebhaber; Lady Chatterley.*
2) Ernest O. (8. 8. 1901–27. 8. 58), am. Phys.; Erfinder des → Zyklotrons; Nobelpr. 1939.
3) Sir Thomas (13. 4. 1769–7. 1. 1830), engl. (Hof-)Maler u. führender Porträtist s. Zeit; *Königin Charlotte; Papst Pius VII.*
4) *Lawrence of Arabia,* Thomas Edward (15. 8. 1888–19. 5. 1935), engl. Archäologe, Organisator des Araberaufstandes gg. d. Türkei im 1. Weltkrieg; plante arab. Großreich; *Aufstand in d. Wüste; Die 7 Säulen der Weisheit.*
Lawrence ['lɔrəns], Ind.st. im US-Staat Massachusetts, 70 000 E; Textil-, Maschinenind.
Lawrencium [lo'rɛntsi̯ʊm], *Lr,* künstl. chem. El., Oz. 103, radioaktiv; 1961 entdeckt (→ Transurane).
lax [l.], schlaff, locker.
Laxativa [l.], *Laxanzien,* → Abführmittel.
Laxenburg (A-2361), Marktgem. in Niederöst. („Goldener Markt"), 1905 E; ehem. Lustschloß, Altes Schloß, Franzensburg; Park; Lieblingsaufenthalt Maria Theresias.
Laxness ['laxs-], Halldór Kiljan (* 23. 4. 1902), isländ. Dichter; *Islandglocke; D. Fischkonzert;* Nobelpr. 1955.
Layard, Sir Austen Henry (5. 3. 1817 bis 5. 7. 94), grub im Auftrag d. Brit. Mus. in Nimrud d. Ruinen des antiken Kalach aus, das er f. d. berühmte Ninive hielt. Das wirkl. Ninive entdeckte er später auf d. Tell Kujundschik b. Mosul.
Layout, *s.* [engl. 'leɪaʊt],
1) graph. Gestaltungsentwurf f. Text- u. Bildgliederung.
2) Anordnung v. Bauelementen u. Leiterbahnen beim Entwurf v. gedruckten Schaltungen u. Chips.

Lázár, György (* 15. 9. 1924), ungar. Pol.; 1975–87 Min.präs.
Lazarett, s. [it.], Militärkrankenhaus.
Lazaristen, Vinzentiner, 1625 vom hl. Vinzenz v. Paul gegr. Genossenschaft kath. Missionspriester.
Lazarus,
1) L. der Arme (Luk. 16), im MA Patron der Aussätzigen.
2) L. aus Bethanien, Bruder von Maria u. Martha; von Jesus auferweckt.
lb, Mz. *lbs.*, Abk. f. *libra* [l.], Pfund: dt. (= ½ kg) u. engl. (= 453,592 g).
l. c., Abk. f. *loco citato.*
LCD, Abk. f. engl. *Liquid Crystal Display* (Flüssigkristall-Anzeige), bei Taschenrechnern, Computern u. Uhren verwendetes Verfahren, Buchstaben u. Ziffern digital anzuzeigen, indem Flüssigkristalle zw. transparenten Platten durch ein el. Feld in eine best. Zeichenform gebracht u. durch d. veränderte Lichtbrechung sichtbar gemacht werden; → LED.
LD-Verfahren → Eisen- u. Stahlgewinnung, Übers.
Lean [li:n], David (25. 3. 1908–16. 4. 91), engl. Filmregisseur; *The Bridge on the River Kwai* (1957); *Lawrence of Arabia* (1962); *Doctor Zhivago* (1966); *Ryan's Daughter* (1971); *A Passage To India* (1984).
Leander, Geliebter der → Hero.
Lear [lɪə], engl. Sagenkönig; Drama v. Shakespeare.
Leasing, s. [engl. 'li:sɪŋ], Vermietung von Industrieanlagen, Investitions- u. Konsumgütern von Finanzierungsinstituten an Unternehmer oder Privatpersonen.
Łeba, *Łeba,* pommerscher Küstenfluß, in die Ostsee, durch den **L.see** (71 km²), 117 km lang; an der Mündung d. poln. Seebad Ł., 3700 E.
Lebach (D-66822), St. i. Lkr. Saarlouis, 24 000 E; Schloß; Textil-, Nahrungsmittelind.
Leben, Bez. f. die Gesamtheit der pflanzl., tier. u. menschl. Lebensäußerungen (Reizbarkeit, Stoffwechsel, Fortpflanzung u. Wachstum); Lebensäußerungen gebunden an hochzusammengesetzte Eiweißstoffe, deren Zerfall oberhalb 50 °C dem Leben eine obere Grenze setzt; Kälte kann unter Umständen vorübergehend bis zu –200 °C ausgehalten werden (Bärtierchen). Kleinste selbst. Lebensform ist d. *Zelle; Protisten,* teils pflanzl., teils tier., einzellig bis wenigzellig (Zellkolonie); *Bakterien* ohne scharf umgrenzten Zellkern, *Viren,* z. T. kristallisierbare Eiweißkörper ohne Eigenstoffwechsel außerhalb des Wirtskörpers. Entstehung des L. weitgehend ungeklärt; Urzeugungshypothese nimmt Entstehung aus Unorganischem an; Allbesamungshypothese glaubt an aus d. Kosmos stammende Lebenskeime; → Vitalismus.
Lebendgewicht, Ggs.: → Schlachtgewicht.
Lebendimpfstoff, z. aktiver → Immunisierung dienende lebende, aber abgeschwächte Erreger enthaltende Impfstoffe; → Schluckimpfung.
Lebensbaum,
1) *Thuja,* Nadelholzgattung, schuppenförmige Blätter; versch. Arten aus N-Amerika und O-Asien, Zierbäume; Holz geschätzt.
2) in d. bildenden Kunst vieler Kulturkreise (oft stark stilisiertes) Symbol d. Vegetation, d. h. des Lebens, m. göttl. Schutzkraft u. Unsterblichkeit verleihenden Früchten.
Lebensborn, 1935–45 Organisation, i. deren Heimen der NS-Ideologie entsprechend „rassisch wertvolle" Kinder gezeugt u. aufgezogen wurden; ca. 10 000 L.-Geburten.
Lebensdauer, bei niedersten Lebewesen, die sich durch Teilung fortpflanzen (Bakterien, Urtierchen), nicht begrenzt, da bei jeder Teilung d. Mutterindividuum unmittelbar in d. beiden Tochterindividuen weiterlebt („Unsterblichkeit der Einzeller"). Bei den vielzelligen *Pflanzen* u. *Tieren* ist d. L. sehr verschieden: manche Kräuter nur einige Wochen, Fortpflanzungsformen mancher Insekten (Eintagsfliege, Falter) nur Stunden; Eiche u. Linde über 1000, Mammutbaum 4000 J. alt. Höchst-L. *des Menschen* 110 J.; bei *Tieren:* Regenwurm und Ameisenweibchen über 10, Hecht u. Riesenschildkröte 200–300, Elefant ca. 100; Rind, Hirsch 30, Löwe 25; Schaf, Reh, Hund 15, Katze 10; Adler 80; Papageien 50; Singvögel bis 25 J.; die durchschnittl. L. liegt meist wesentlich niedriger.
Lebenserwartung, gibt die Anzahl der Jahre an, die im Durchschnitt wahrscheinlich noch durchlebt werden (bei Frauen höher als bei Männern); mit dem Fortschritt von Medizin u. Hygiene, bes. im Kampf gegen die → Säuglingssterblichkeit u. dank den Erkenntnissen über d. Alterskrankheiten gestiegen; statist. Erfassung der L. wichtige Planungsgrundlage der Sozialpolitik, bes. d. Lebensversicherung. (→ Schaubild Lebenserwartung.)
Lebensformen, phil. n. E. Spranger „ideale Strukturtypen", die aus d. die Person vorwiegend bestimmenden Wertbereichen abgeleitet sind: theoret., ökonom., ästhet., soziale, rel. u. Machtmenschen.

Lazarus' Auferstehung, *Buchmalerei,* 14. Jh.

Lebenserwartung

Durchschnittliche fernere Lebenserwartung in Deutschland in Jahren bei:

	Neugeborenen		50jährigen
männlich	35,6	1871/80	18,0
weiblich	38,5		19,3
	44,8	1901/10	19,4
	48,3		21,4
	64,6	1949/51	23,8
	68,5		25,8
	72,8	1992/94	26,0
	79,3		31,2

Lebensgemeinschaft,
1) Gemeinschaft untereinander verbundener, abhängiger Lebewesen in einem Ökosystem.
2) *Biozönose* [gr.], d. Lebewelt darin.
Lebenshaltungskosten, Gesamtheit der Preise der für den Lebensunterhalt notwendigen Mittel; statistisch erfaßt und ausgedrückt im *Lebenshaltungsindex* (Preisindex f. d. Lebenshaltung durch Indexziffern); die L.kosten werden an einer nach Personenzahl u. Lebenshaltung typ. Familie (Index-Familie = 4-Personen-Arbeitnehmer-Haushalt, davon 2 Kinder) gemessen u. m. d. Basisjahr verglichen. Der L.index gibt wichtige Anhaltspunkte über die Entwicklung des Sozial-, insbes. Lohnpolitik; die Veränderungen des L.index, verglichen mit denen des Index der Arbeitsverdienste, geben Aufschluß über die Entwicklung des *Realeinkommens* der Arbeiterschaft. *Entwicklung des L.index* 1985 = 100): 1950: 33,0; 1955: 36,3; 1960: 39,7; 1965: 45,6; 1970: 51,1; 1975: 68,4; 1980: 82,8; 1984: 98,0; 1986: 99,8; 1987: 99,9; 1988: 101,0; 1989: 103,9; 1994: 123,5; (1991=100): 1992: 105,1; 1993: 109,8; 1994: 112,8; 1995: 114,8.
Lebenslinie, starke Linie der Handinnenfläche; soll nach Handlesekunst Lebensdauer anzeigen.
Lebensmittelaufsicht, das der kommunalen Selbstverwaltung übertragene Recht zur Prüfung u. Untersuchung v. Lebensmitteln, Genuß- u. Bedarfsmitteln; in d. BR **Lebensmittelgesetz** v. 1936 mehrfach geändert u. ergänzt; verboten u. a. Zusatz nicht ausdrückl. zugelassener Fremdstoffe (Farben, Konservierungsmittel usw.) bei d. Gewinnung, Herstellung od. Zubereitung v. Lebensmittel; Rechtsverordnungen lassen Zusatz best. Fremdstoffe zu, schreiben Kennzeichnungspflicht nach Art u. Konzentration vor (u. a. auch auf Speisekarten).
Lebensphilosophie, phil. Richtung, d. d. Leben anstelle d. Seins zu ihrem Grundbegriff macht. Vertreter im 20. Jh.: Bergson, Dilthey u. Klages.
Lebensstandard, Begriff d. Marktforschung, der von der Höhe des Einkommens u. d. Kaufkraft abhängige Umfang, in dem d. einzelne, eine Familie, eine Gruppe od. e. Volk ihre Bedürfnisse an Gütern befriedigen können.
Lebensversicherung, je nach Leistung des Versicherers bei Eintritt des Versicherungsfalles:
1) *Kapitalversicherung,* einmalige Kapitalzahlung.
2) *Rentenversicherung,* lebenslängl. Jahresrente; nach dem Eintreten des Versicherungsfalles: **a)** *Todesfallversicherung,* im Todesfall, **b)** *Erlebensfallversicherung,* nach einer best. Reihe von Jahren; Leistungen des Versicherungsnehmers entweder einmalige Kapital- od. Prämienzahlung. Deren Höhe sich nach Alter u. Gesundheitszustand des Versicherten richtet. L. kann auch zugunsten eines Dritten genommen werden.
Lebensversicherungsgesellschaften, haben neben den Aufgaben aus dem einzelnen Vertrag große volkswirtsch. Bedeutung für den langfrist. Kapitalmarkt; → Versicherung.
lebenswichtige Betriebe, die zur

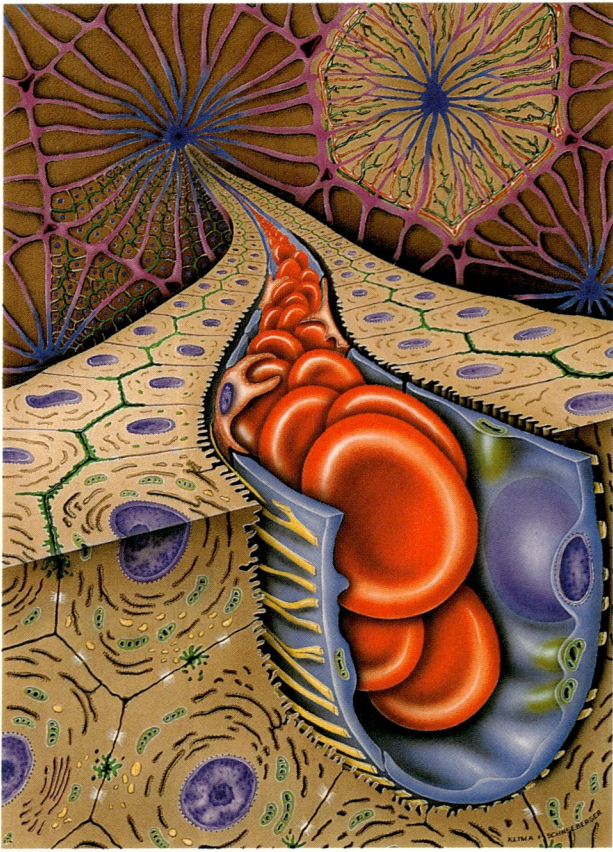

Aufbau der Leber
Oben: Zwei Leberläppchen mit Blutgefäßen (rot und blau) und Gallenkapillaren (grün); davor ein Detailausschnitt: aufgeschnittene Blutkapillare (blau) mit roten Blutkörperchen (rot); links und rechts davon Leberzellen (hellbraun) mit Kern (violett) und anderen Zellteilen; zwischen den Leberzellen verlaufen die Gallenkapillaren (grün).

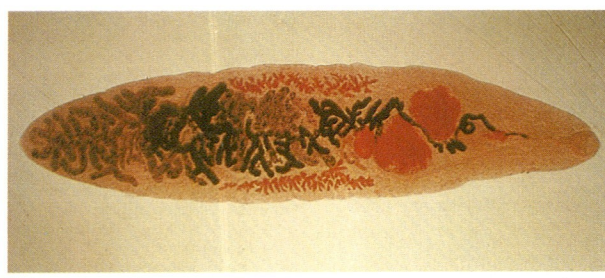

Kleiner Leberegel

Aufrechterhaltung d. Lebens u. der Gesundheit unbedingt erforderlichen Betriebe; i. d. Städten bes. Wasser-, Gas- u. Elektrizitätswerke, Krankenhäuser, evtl. Verkehrsmittel, Bäckereien.
Leber,
1) Georg (* 7. 10. 1920), SPD-Pol.; 1957–66 Vors. d. IG Bau-Steine-Erden; 1966–72 B.verkehrsminister, 1972–78 B.verteid.min., 1979–83 Vizepräs. des B.tages.
2) Julius (16. 11. 1891–5. 1. 1945, hingerichtet), dt. Journalist, führender Soz.demokrat; gehörte d. → Kreisauer Kreis an.
Leber, größte Drüse des Körpers, rechts unter den Rippen gelegen (→ Eingeweide, Abb.), sondert Galle ab; wichtiges Regulationsorgan bes. für Zucker-, Fett- u. Eiweißstoffwechsel, speichert Kohlenhydrate als Glykogen, entgiftet schädl. Abbauprodukte, bildet Gerinnungsfaktoren u. a.
Leberatrophie, akuter Leberschwund.
Leberblümchen, Anemone der Wälder, im ersten Frühling blaue Blüten. ♦
Leberegel, in d. Leber v. Schafen u. Ziegen zuweilen in großer Zahl schmarotzende Saugwürmer, d. *Leberfäule* hervorrufen.
Leberentzündung, svw. → Hepatitis.
Leberfleck, *Linsenfleck, Naevus,* häufig angeborene vermehrte Einlagerung normalen Hautfarbstoffs in Hautzellen; bei auffälliger Veränderung (Wachstum, Rötung) vom Hautarzt zu kontrollieren.
Leberkäs [eigtl. ,,Laib Käse"], süddeutsche Fleischpastete aus Rind- und Schweinefleisch, Eiern; warm oder kalt gegessen.
Lebermoose, einfache → Moose.
Lebertran, aus Dorschleber, iodhaltig u. leicht verdaul., fördert d. Kalkeinbau in d. Knochen, verhütet u. heilt Rachitis; enthält viel Vitamin A u. D; bes. wichtig b. Mangel an Sonnenlicht.
Leberzirrhose, Bindegewebswucherung i. d. Leber auf Kosten d. eigentl. Leberzellen, nach infektiöser → Hepatitis u. durch Alkoholmißbrauch, Vergiftung, chronische Infektionskrankheit; es drohen Komplikationen wie Bauchwassersucht *(Aszites),* Blutung aus d. Speiseröhre *(Ösophagusvarizen),* Hirnschädigung *(Enzephalopathie),* akutes Leberversagen.
Leblanc [lə'blã], Nicolas (6. 12. 1742 bis 16. 1. 1806), frz. Arzt u. Chem.; erfand **L.prozeß** (z. Herstellung v. → Soda).
Le Blon [lə'blõ], Jakob Christoph (21. 5. 1667–16. 5. 1741), dt. Maler u. hpts. Kupferstecher; erfand d. Vierfarbendruck.
Le Blond [lə'blõ], Jean-Baptiste Alexandre (1679–10. 3. 1719), frz. Architekt; machte d. Baustil d. frz. Rokoko in Rußland bekannt; *Schloß Peterhof.*
Le Bon [lə'bõ], Gustave (7. 5. 1841 bis 15. 12. 1931), frz. Arzt u. Soziologe; *Psychologie der Massen.*
Lebowa, Bantu-Staat i. Südafrika, 21 833 km², 1,8 Mill. E; Hptst. *L.-Kgomo;* 1972 innere Autonomie.
Lebrun [lə'brœ̃], Charles (24. 2. 1619 bis 12. 2. 90), frz. Maler d. Barock-Klassizismus; beeinflußte d. offizielle Richtung d. frz. Kunst bes. als Direktor d. 1648 gegr. Kgl. Akad. u. d. Gobelinmanufaktur; Hofmaler Ludwigs XIV.; Ausmalungen d. Spiegel-Galerie i. Versailles u. Apollon-Galerie i. Louvre.

Lecce ['lettʃe], it. Prov.hptst. in Apulien, 101 000 E; röm. Amphitheater, Barockbauten.
Lech, r. Nbfl. der Donau, Abfluß des Formarinsees in Vorarlberg, durch die *Lechtaler Alpen* (Gruppe der N-Tiroler Alpen, *Parseier Spitze* 3036 m); mündet unterhalb Donauwörth, 263 km lang; 21 teils fertige, teils geplante Staustufen.
Lechfeld, Schotterebene (eiszeitl. Flußablagerung) zw. L. u. Wertach, s. Augsburg. – 955 Sieg Ottos I. über die Ungarn.
Lechner, Ödön (27. 8. 1845–10. 6. 1914), Architekt, Hptvertr. d. ungar. Variante d. Jugendstils; u. a. *Kunstgewerbemuseum* in Budapest.
Leck, *s.,* schadhafte Stelle an Schiff, Tank u. a.
Leckage [-a:ʒə], Rinnverlust an flüssigen Waren i. Frachtverkehr.
Leconte de Lisle [ləkõt də 'li:l], Charles (22. 10. 1818–18. 7. 94), frz. Lyriker; Haupt d. → ,,Parnassiens".
Le Corbusier, [lə kɔrby'zje], eigtl. *Charles-Édouard Jeanneret-Gris* (6. 10. 1887–27. 8. 1965), frz.-schweiz. Architekt u. Maler; Städteplanung (bes. Chandigarh); u. a. Wohnhäuser (Berlin, Paris, Marseille), Museen (Tokio), Kirche v. Ronchamp, Kloster La Tourette.
LED, Abk. f. engl. **L**ight **E**mitting **D**iode (Lumineszenzdiode), Ziffern- u. Buchstabenanzeige, z. B. bei Taschenrechnern; durch Freisetzung v. Lichtenergie, indem f. d. unterschiedl. Zeichen best. Dioden aktiviert werden; → LCD.
Leda, v. Zeus verführt, der ihr als Schwan naht; Mutter Helenas.
Leder, aus Tierhäuten hergestellt, die bes. bearbeitet werden; verwendet wird nur die *L.haut,* die ,,Blöße"; Ober- u. Unterhaut werden entfernt. Es folgt die → Gerberei. 80% der L.produktion stellt *lohgares L.* her (Verbindung der Haut m. pflanzlicher → Gerbsäure). Verwendung zu Schuhzeug (Sohlleder = Ochsen-, Oberleder = Kalb- u. Rindleder, Glacé von jungen Ziegen, ebenso Chevreau) sowie zu Riemen- u. Sattlerarbeiten; Erzeugung in der BR 1994: 18 163 t im Wert von 791 Mill. DM.
Lederberg ['leɪdəbə:g], Joshua (* 23. 5. 1925), am. Genetiker; Nobelpr. 1958.
Ledernacken, Elitetruppe d. am. Armee (s. d. 18. Jh.).
Lederschildkröte, flach gebautes Meerestier m. ledriger Haut; größte Schildkröte (über 2 m, 500 kg).
Lederstrumpf, Gestalt i. d. Indianergeschichten v. → Cooper; histor. Vorbild: → Boone.
Ledóchowski [ledu-], Mieczysław Gf (29. 10. 1822–22. 7. 1902), Kardinal, als Erzbischof v. Gnesen-Posen Primas von Polen, Bismarcks Gegner im Kulturkampf.
Ledoux [lə'du], Claude-Nicolas (1736 bis 19. 11. 1806), frz. (Hof-)Architekt; Vorkämpfer d. frühen Klassizismus u. Hptvertr. d. Revolutionsarchitektur; Entwürfe f. d. (nur z. T. ausgeführten) kgl. Salinen in Arc-en-Senans u. d. Idealstadt Chaux; *Barrière de St-Martin* in Paris.
Le Duc Anh, (* 1920), seit 1992 Staatspräs. v. Vietnam.
Le Duc Tho (1912–13. 10. 90), nordvietnames. Pol.; Friedensnobelpr. 1973 (zus. m. H. Kissinger, abgelehnt).

Lee [li:],
1) Robert E. (19. 1. 1807–12. 10. 70), am. General; führte im → Sezessionskrieg d. Streitkräfte d. Südstaaten.
2) Tsung Dao (* 25. 11. 1926), chin.-am. theoret. Physiker; entdeckte Ungültigkeit d. im Bereich d. Elementarteilchen geltenden Paritätsgesetzes bei schwachen Wechselwirkungen (schwache → Kraft); Nobelpr. 1957.
3) Yuan Tseh (* 29. 11. 1936), chin.-am. Chemiker, Molekularstrahlen-Methode.
Lee, *w.,* d. Wind abgewandte Schiffsseite; Ggs.: → Luv.
Leeds [li:dz], engl. St. in W. Yorkshire, 712 000 E, am *L.-Liverpool-Kanal* (204 km l.); Uni., Zentrum der engl. Bekleidungsind., Masch.ind.
Leer (Ostfriesld) (D-26789), Krst. im Rgbz. Weser-Ems, Nds., 31 573 E; AG; Seehafen, FHS Seefahrt; Ind.
Leeraufnahme, Röntgenuntersuchung ohne Gabe von Kontrastmittel.
Leere, *Vakuum,* Raum, in dem sich keine Materie befindet; d. Herstellung e. solchen absoluten Vakuums ist auf d. Erde unmögl., im Weltraum dagegen fast erreicht (≤ 1 Teilchen pro cm³); z. Herstellung v. Vakua verwendet man → Luftpumpen; → Torricellische Röhre.
Leergeschäfte, Spekulanten verkaufen Devisen od. Wertpapiere, die sie gar nicht besitzen, in der Erwartung eines Kursrückgangs innerh. kürzester Frist; aus d. Differenz d. Kursen a. Verkaufs- und Erfüllungstag ergibt sich der Gewinn (Blankoverkauf).
Leerheit, *Shūnyatā* [sanskr. „Leere"], buddhist. Begriff f. d. Auffassung, daß alle Dinge u. Wesen „leer" bzw. nur Erscheinungen sind.
Leerkosten, Fixkosten der ungenützten Kapazität; abhängig von der Ausbringungsmenge, bei voller Kapazitätsausnutzung gleich 0, im umgekehrten Fall gleich den Fixkosten.
Leerlauf,
1) *wirtsch.* nicht voll ausgenutzte Kapazität mangels gegenseit. Abstimmung v. Betriebsteilen, Betrieben oder Produktionsfaktoren (z. B. bei Mißverhältnis zw. Arbeitskräften und Maschinen).
2) *techn.* Maschine läuft ohne Last.
Leeuwarden [ˈleːwˌ], Hptst. der ndl. Prov. Friesland, 86 000 E; Nahrungsmittelind.
Leeuwenhoek [ˈleːvənhuːk], Anton van (24. 10. 1632–27. 8. 1723), ndl. Naturforscher; entdeckte unter dem Mikroskop Bakterien, Infusorien, Blutkörperchen u. Spermatozoen.
Leeward-Inseln [ˈliːwəd-], Inselgruppe d. Kleinen Antillen, der nördl. Teil der Inseln über dem Winde *(Anguilla, Antigua, Nevis, St. Christopher);* pol. Gliederung: → Westindien.
Le Fauconnier [lə fokɔˈne], Henri Victor Gabriel (Juli 1881–Jan. 1946), frz. Maler; e. Wegbereiter d. Kubismus u. d. Abstraktion; *Der Jäger.*
Lefebvre, Marcel (29. 11. 1905–25. 3. 91), frz. kath. Theologe, 1955 Erzbischof, gründete 1970 die „Intern. Bruderschaft des Hl. Pius X."; durch seine traditionalistische Haltung (Ablehnung der Reformen d. 2. Vatikan. Konzils) Konflikt mit dem Papst; 1976 Entzug der Vollmachten des Bischofs- u. Priesteramtes; 1988 exkommuniziert.

Le Fort [ləˈfoːr], Gertrud v. (11. 10. 1876–1. 11. 1971), dt. kath. Dichterin; *Das Schweißtuch der Veronika.*
Lefuel [ləˈfyɛl], Hector (14. 11. 1810 bis 31. 12. 80), frz. Architekt; begr. m. d. Errichtung d. Verbindungsflügel zw. Louvre u. Tuilerien (Paris) d. historist. Baustil d. frz. Neurenaiss.
Lefze, Lippe (vom Tier).
legal [l.], gesetzlich.
Legalität, Rechtmäßigk., Gesetzmäßigk. d. Handelns, insbes. d. Übereinstimmung d. Maßnahmen d. Staatsgewalt und d. Verhalten d. Staatsbürger mit d. geltenden Gesetzen. Ggs.: Illegalität.
Legalitätsprinzip, Grundsatz des Strafprozeßrechts, verpflichtet Staatsanwalt, von Amts wegen strafbare Handlungen ohne Ansehen der Person zu verfolgen (§ 152/II StPO); Ggs.: → Opportunitätsprinzip.
Legasthenie [l.-gr.], Lese- u. Rechtschreibschwäche trotz normaler Intelligenz; med. od. psych. Ursachen.
Legat [l.],
1) Titel der von der römischen Kurie Bevollmächtigten.
2) *s.,* svw. Vermächtnis.
3) Gesandter, später auch hoher Offizier bei den Römern.
Legation [l.], Gesandtschaft.
legato [it.], Abk. *leg., mus.* gebunden.
Legenda aurea, *w.* [l. „goldene Legende"], Samml. v. Heiligenlegenden durch d. Dominikaner Jacobus de Voragine im 13. Jh.; wichtigste Quelle d. ma. Bildkunst f. d. Darstell. v. Heiligen.
Legende [l. „das zu Lesende"],
1) *allg.* idealisierende, auch tendenziöse Darstellung geschichtl. Vorgänge (oft m. polit. Absicht, z. B. Dolchstoß-L.).
2) Beschriftung auf Münzen.
3) erläuternde Inschrift auf Bildwerken, z. B. Spruchband, u. unt. Abbildungen in Büchern u. Zeitschriften.
4) Erzählung übernatürlichen Inhalts von Personen des christlichen Glaubens, offizielle kirchliche (berühmte Sammlung *Legenda aurea* des Jacobus de Voragine) u. mündl. überlieferte Volkslegenden.
5) in d. neueren *Literatur:* Erzählung m. Motiven d. alten L. (G. Keller, Binding).
6) Legende folgt einem best. Erzählschema, das oft in nichtgeistl. Dichtung nachgestaltet wird.
leger [frz. leˈʒɛːr], leicht, ungezwungen.
Léger [leˈʒeːr], Fernand (4. 2. 1881 bis 17. 8. 1955), frz. Maler, gelangte v. kubist. Abstraktionen zu statischen (Figuren-) Kompositionen.
Legföhre → Knieholz.
leggiero [it. lɛˈdʒeːro], *mus.* leicht, perlend.
Leggin(g)s [engl.], Ledergamaschen; hosenartiges ledernes Kleidungsstück nordam. Indianer; modisches Kleidungsstück für Frauen.
Leghorn, Haushuhnrasse, nach der it. St. *Livorno* (engl. *Leghorn*) ben.; guter Eierleger.
Legierungen, durch Zus.schmelzen mehrerer Metalle gebildete feste Lösungen; haben gegenüber den Ursprungsmetallen neue Eigenschaften, sind z. B. oft härter, fester, auch leichter schmelzbar; techn. viel verwendet: Messing, Bronze, Neusilber, auch → Stahl; L. des Quecksilbers: *Amalgame.*

Leghorn

Leguan

Franz Lehár

Legion [l.],
1) svw. Unzahl.
2) altröm. milit. Einheit, 4500–6000 Mann, eingeteilt in → Kohorten.
3) Freiwilligenverbände in fremden Heeren; auch → *Fremdenlegion.*
Legionärskrankheit, *Veteranenkrankheit,* i. d. USA 1976 n. einem Treffen am. Veteranen aufgetretene schwere Lungenentzündung, die durch Stäbchenbakterien verursacht wird u. auch bei uns vorkommt; Erreger aus d. Umwelt; Behandlung mit → Antibiotika.
Legion Condor, dt. Truppenverband, der v. Okt. 1936–Juni 39 im Span. Bürgerkr. Gen. Franco im Kampf gg. d. Volksfront unterstützte. Kern der L. war ein Luftwaffenkorps u. v. a. Marine-, Panzer- u. Panzerabwehrkräfte. Gesamtstärke ca. 6000 Mann. Einsatz diente auch der Geräte-, Material- u. Waffenerprobung.
legislativ [nl.], gesetzgebend.
Legislative, gesetzgebende Staatsgewalt; gesetzgebende Versammlung; Parlament.
legislatorisch, gesetzgeberisch.
Legislaturperiode, Zeitraum v. Zusammentritt bis z. Auflösung e. Parlaments (zw. zwei Wahlen).
legitim [l.], gesetzl. anerkannt; ehelich.
Legitimation [nl.], svw. Ausweis (z. B. → Paß).
Legitimationspapier, Urkunde, die den Schuldner berechtigt, sich durch Leistung an den Inhaber von der Schuld zu befreien; soweit L. zugleich Inhaberpapier ist, ist der Schuldner zur Leistung an Inhaber verpflichtet; nicht jedoch bei *qualifizierten L.* („hinkenden" Inhaberpapieren), z. B. Sparkassenbüchern.
Legitimitätsprinzip, Grundsatz, daß erbl. Herrschaftshäuser e. unveräußerl. Anspruch auf den Thron haben; seine Anhänger **Legitimisten.**
Legnano [leŋˈnaːno], it. Stadt in der Prov. Mailand, 49 000 E; Textilind. – 1176 Sieg des Lombard. Städtebundes über Barbarossa.
Leguane, Reptilienfamilie, baum- od. bodenbewohnende Echsen, bes. trop. Amerika sowie Madagaskar, Fidschi- u. Tongainseln; *Grüner Leguan* m. gezacktem Rückenkamm, bis 2,2 m lang.
Leguminosen, svw. → Hülsenfrüchtler.
Lehár, Franz (30. 4. 1870–24. 10. 1948), östr.-ungar. Operettenkomp.; *Die lustige Witwe; Der Graf v. Luxemburg; Das Land des Lächelns.*
Le Havre → Havre, Le.
Lehen, im MA Grund u. Boden oder Rechte (Gerechtsame: Steuern, Zölle), die der *Lehnsherr* dem *Lehnsmann* z. Nutznießung übergab. Gegenleistung: *Lehnsdienst:* Kriegsdienst, Hofdienst, Abgaben. L. ging an Obereigentümer zurück, falls *Lehnstreue* gebrochen od. aufgesagt wurde. *Lehnsverfassung, Feudalsystem,* zuerst in d. fränk. Kaiserzeit, wurde zur Grundlage der dt. Heeresverfassung und des ma. Staates überhaupt. Urspr. nur L. vom Kg u. gg. persönl. Kriegsdienste; später auch Weiterverleihung von L. *(After-L.).*
Lehesten (Thür. Wald) (D-07349), St. u. Luftkurort i. Kr. Lobenstein, Thür., 640 müM, 1619 E; Schieferbrüche.
Lehm, durch chem. Gesteinsverwitterung entstandene gelbbraune Bodenart;

Gemisch aus → Tonmineralen und → Sand, Färbung durch Eisen(hydr)oxide; Grundstoff f. Ziegelherstellung, Töpferwaren, Lehmbauten.

Lehmann,
1) Arthur Heinz (17. 12. 1909–28. 8. 56), östr. Schriftst.; Romane: *Hengst Maestoso Austria.*
2) Karl (* 16. 5. 1936), kath. Theologe, s. 1983 Bischof von Mainz, s. 1987 Vors. d. Dt. Bischofskonferenz.
3) Lotte (27. 2. 1888–26. 8. 1976), dt.-am. Sopranistin (Wagner-, R.-Strauss-Sängerin sowie Liedinterpretin).
4) Wilhelm (4. 5. 1882–17. 11. 1968), dt. Naturlyriker.

Lehmbruck, Wilhelm (4. 1. 1881 bis 25. 3. 1919), dt. expression. Bildhauer; Vergeistigung d. Form durch Stilisierung u. Abstraktion; *Die Kniende; Der Gestürzte.*

Lehn, Jean-Marie Pierre (* 30. 9. 1939), frz. Chemiker, große Ringmoleküle zur Einlagerung von Metallionen; Nobelpr. 1987.

Lehnin (D-14797), Gem. im Ldkr. Potsdam-Mittelmark, Ld. Bbg., 3218 E; Reste e. Zisterzienserklosters (12. Jh.).

Lehnwort, s., den dt. Sprachgesetzen angepaßtes Fremdwort; z. B. *Fenster* (v. lat. "fenestra").

Lehr, Ursula Maria (* 5. 6. 1930), dt. Gerontologin, Psychologin u. CDU-Pol.in; 1988–91 B.min.f. Jugend, Familie, Frauen u. Gesundheit.

Lehramtsassessor, anstellungsfähiger Lehrer an Höherer Schule nach 2jähr. Referendariat u. 2. Staatsexamen.

Lehre,
1) die Zeit d. ordentl. Erlernung eines Berufes bei einem Meister; Abschluß m. Gesellen- od. Gehilfenprüfung, die L. trägt heute: *Ausbildung*; Lehrling heute: → *Auszubildender.*
2) Meßwerkzeug zum Nachprüfen v. Maschinenteilen; *Grenzlehre* gibt d. zugelassenen Über- u. Untermaße (Toleranz) an.

Lehrer/in, allg. Lehrende innerhalb v. od. außerhalb v. Schulen u. HS; L. im engeren Sinne unterrichtet an Volksschulen; Ausbildung: nach Reifezeugnis Studium an Hochschule.

Lehrfreiheit, das Recht auf Freiheit d. Forschung und Lehre, in demokr. Verfassungen gesetzlich verankert (in der BR GG, Art. 5).

Lehrgerüst, in der Bautechnik Hilfsgerüst beim Bau von Bögen und Gewölben.

Lehrlingswesen, heute: *Ausbildungswesen,* die gesetzl. oder tarifvertragl. Regelungen u. prakt. Maßnahmen z. planmäßigen Ausbildung Jugendlicher in landw., gewerbl. od. kaufmänn. Berufen; Ausbildung in Betriebsarbeit (für Ind. auch in bes. Lehrwerkstätten) u. in Berufsschule; Lehrdauer 3–4 Jahre; Lehrabschlußprüfung in Handwerk u. Ind.: Gesellenprüfung, in kaufmänn. Berufen u. im graph. Gewerbe: Gehilfenprüfung, Gesellenbrief, Facharbeiterbrief; Ausbildungsbefugnis (durch GO, HGB u. Handwerksordnung geregelt) im Handwerk mit Meistertitel verbunden, moral. u. geschäftl. Unbescholtenheit d. Arbeitgebers wird vorausgesetzt; Arbeitsbedingungen: Entlohnung (Erziehungsbeihilfe) wird meist durch Tarifvertrag geregelt; auch → Lehrvertrag.

Lehrsatz, durch Schlüsse abgeleiteter Satz. Ggs.: Grundsatz.

Lehrte (D-31275), St. im Kr. Hannover, Nds., 40 846 E; AG; Kalibergbau, Metall- u. Zuckerind.

Lehrvertrag, heute: *Ausbildungsvertrag,* begründet u. regelt landw., gewerbl. und kaufmänn. Lehrverhältnis; *muß* enthalten: Gegenstand der Ausbildung, Dauer, gegenseitige Leistungen, Lösungsmöglichkeiten.

Leibbursch, älterer Student, der einen jüngeren als *Leibfuchs* in student. Verbindungen betreut.

Leibeigenschaft, Bez. f. Eigentumsverhältnis zw. Menschen; im MA bes. durch unfreie Geburt und Schuldknechtschaft entstanden; aufgehoben Ende des 18. Jh. (*Bauernbefreiung*), in Rußland erst 1861; Leibeigene waren zu Abgaben u. Frondiensten verpflichtet u. nicht freizügig.

Leibesfrucht, lat. *Nasciturus,* svw. → Embryo.

Leibfuchs → Leibbursch.

Leibgarde, für den persönl. Schutz des Fürsten, oft aber auch für Hofdienste geschaffene Truppe.

Leibgedinge, *Leibgut,* bei Überlassung u. Übertragung b. landw. Betrieben ausgedungene lebenslängl. Rente (auch durch Lebensunterhalt); → Altenteil.

Leibl, Wilhelm (23. 10. 1844–4. 12. 1900), dt. Maler d. Realismus; Bildnisse; Jagd- u. bayr. Bauernbilder; *Drei Frauen in der Kirche.*

Leibniz, Gottfried Wilhelm Frh. v. (1. 7. 1646–14. 11. 1716), universeller dt. Gelehrter: Phil., Historiker u. Diplomat, Jurist, Sprachforscher, Naturwiss.; Begr. der Berliner Akad.; Theol. (versuchte die Konfessionen wieder zu vereinen); Math. (Differential- u. Integralrechnung; von ihm die gebräuchl. math. Zeichengebung); Erfinder d. ersten 4-Spezies-Rechenmaschine (1673); Grundlehren seiner Phil.: *Monadenlehre,* d. Welt aus in *prästabilierter Harmonie* stehenden, letzten Einheiten (*Monaden*) aufgebaut, die durch versch. Grad d. Bewußtheit vom Stoff zu Gott aufsteigend eine Stufenreihe bilden; bestehende Welt ist die beste aller möglichen Welten. → *Theodizee.*

G. W. von Leibniz

Leibrente, lebenslängl. Anspruch auf fortlaufende, gleichmäß. Leistung von Geld od. anderen vertretbaren Sachen (§§ 759 ff. BGB).

Leibung, *Laibung,* rechtwinkliger Mauereinschnitt f. Türen u. Fenster; dagegen → Gewände.

Leibzins,
1) svw. → Leibrente.
2) ehem. lebenslängl. Abgabelast der Leibeigenen.

Leicester ['lɛstə], Hptst. der engl. Gft *L.shire,* am Soar, 278 000 E; Uni.; Woll- u. Schuhind., Maschinenbau.

Leich, *m.* (got. "Tanz"), mhd. Dichtungsform m. Gesang und Tanz; im MA kunstvolles lyrisches Gedicht mit unregelmäßigen, aber korrespondierenden Strophen.

Leichdorn → Hühnerauge.

Leichenflecke, von bläulicher Färbung, Blutansammlung an den zuunterst liegenden Teilen d. Haut.

Leichenfledderer, Dieb, der einen Toten od. im Freien Schlafenden bestiehlt.

Wilhelm Leibl,
Drei Frauen in der Kirche

Leichengifte, *Ptomaine,* durch Eiweißzersetzung i. d. Leiche entstehend.

Leichenschändung → Nekrophilie.

Leichenschau, amtl. Besichtigung eines Toten, Feststellung des Todes u. der Todesursache (evtl. durch *Leichenöffnung*).

Leichenschauhaus, öffentliche Leichenaufbewahrungsstelle zur Identifizierung unbekannter Toter.

Leichenstarre, Erstarrung der Leichenmuskeln durch Eiweißgerinnung, beginnt frühestens ($\frac{1}{2}$–)2 Stunden nach Eintritt des Todes, dauert von 2 bis zu 6 Tagen.

Leichenverbrennung, *Feuerbestattung,* erfolgt in Regenerativöfen d. Krematoriums; Urne m. Asche in Urnenhalle oder auf Friedhof beigesetzt.

Leichlingen (Rheinland) (D-42797), St. i. Rheinisch-Bergischen Kr., an d. Wupper, NRW, 26 162 E; Schloß Eicherhof; Obstbau, Ind.

Leichtathletik, umfaßt Lauf-, Sprung- u. Wurfübungen sowie das sportl. Gehen; Arten: **a)** *Laufen:* → Kurz-, → Mittel-, → Langstrecken-, → Hindernis- u. → Hürdenlauf sowie → Staffel; **b)** Gehen über 3–50 km sowie Laufen in 1- u. 2 Stunden; **c)** Hoch-, → Stabhoch-, Weit- u. → Dreisprung; **d)** → Speer-, → Diskus-, → Hammer- u. → Schleuderballwurf; **e)** → Kugel- u. → Steinstoß; **f)** → Sieben- u. Zehnkampf.

Leichtbauplatten, m. Zement od. Gips gebundene u. zu Platten gepreßte Holzwolle, auch m. Kunststoffkern.

Leichter, einfach. Wasserfahrzeug, z. Laden u. Entladen v. Seeschiffen.

Leichtgewicht, Gewichtsklasse, beim Boxen bis 60, Ringen bis 68, Judo bis 65, Gewichtheben bis 67,5, Rasenkraftsport bis 70 kg.

Leichtmatrose, ausgelernter jüngerer Matrose, Mittelstufe zw. Schiffsjunge und Vollmatrose.

Leichtmetalle, v. a. d. Alkali- u. Erdalkalimetalle sowie Aluminium, mit einer Dichte unter 5; techn. von Bedeutung Beryllium, Magnesium, Aluminium u. ihre Legierungen (Magnalium, Duralumin u. a.).

Leichtöle, die hellen Anteile bei der Erdöldestillation (etwa 15%) mit Dichte bis etwa 0,8 u. Sp. 30°–150 °C (→ Kohlenwasserstoffe, Übers.).

Leiden ['lɛi-], St. in d. Prov. S-Holland, a. Alten Rhein, 112 000 E; Uni., Museen, Sternwarte, Kältelaboratorium; Maschinenbau.

Leidener Flasche, beiderseits mit Stanniol belegte Glasflasche war d. Urform d. Kondensators.

Leidenfrost, Johann Gottlieb (27. 11. 1715–2. 12. 94), dt. Med.; nach ihm *L.sches Phänomen:* Auf sehr heißer Metallplatte befindl. Wassertropfen rollen umher u. verdampfen nur langsam, da sie von einer Dampfschicht getragen werden (*sphäroidaler Zustand*).

Leidenschaft, Verlangen u. Drang d. Gefühle, die d. gesamte Denken, Fühlen u. Wollen e. Menschen beherrschen.

Leider, Frida (18. 4. 1888–4. 6. 1975), dt. Sopranistin (Wagnersängerin).

Leier, *w., Lyra,*
1) → Sternbilder, Übers.
2) harfenart. Musikinstrument, auch aus Metall- od. Holzstäben, *Karfreitagsleier.*

Leierkasten, m. der Hand gedrehtes Glockenwalzenspiel.
Leierschwänze, fasanengr. Sperlingsvögel Australiens; Hahn m. leierförmigen äußeren Schwanzfedern, berühmt für seinen Gesang.
Leif Eriksson, Sohn Erichs des Roten, → Wikinger, fuhr um 1000 n. Chr. v. Grönland nach Amerika (Labrador).
Leigh [li:], Vivien (5. 11. 1913–8. 7. 67), engl. Bühnen- u. Filmschausp.in; *Gone with the Wind; A Streetcar Named Desire.*
Leihbücherei, *Mietbücherei,* vermietet Bücher und Zeitschriften; → Volksbüchereien.
Leihe, Gestattung des *unentgeltl.* Gebrauchs einer Sache (§ 598 BGB).
Leihmutterschaft → Embryotransfer.
Leih- und Pachtgesetz, *Lend-Lease Bill,* USA-Ges., März 1941, sah Tausch, Verkauf, Verleihen od. Verpachtung v. Gütern aller Art (einschl. Waffen u. Munition) u. f. Dienstleistungen an die für d. Sicherheit d. USA lebenswichtigen Länder vor; 44 Länder erhielten Leistungen i. Wert v. 50,6 Mrd. Dollar.
Leim, aus tier. Stoffen (Haut, Knorpel, Knochen, Sehnen) durch Kochen od. mit Dampf unter Druck ausgezogene, b. Erkalten erstarrende zähe Masse; Hptbestandteil: Glutin; reinste Form d. L.s: Gelatine.
Lein, svw. → Flachs.
Leinberger, Hans (1480/85–n. 1530), dt. Bildschnitzer d. Spätgotik.
Leine, l. Nbfl. d. Aller, v. Eichsfeld, 241 km l., 112 km schiffbar.
Leinen, *Leinwand,* Allgemeinbezeichnung für Gewebe aus *L.garn,* z. T. auch f. Stoffe aus Flachs und Baumwolle (Halbleinen).
Leinfelden-Echterdingen (D-70771), Gr.Krst. i. Kr. Esslingen, Ba-Wü., 35 379 E; Elektro- u. Metallind.; Flughafen Stuttgart-E., Spielkartenmuseum.
Leinkraut, gelbe Rachenblüten ähnl. Löwenmaul; an Wegrändern.
Leinkuchen, beim Auspressen d. Leinöls aus Leinsamen verbleibender Rückstand, Viehfutter (Kraftfutter).
Leinöl, goldgelb, fett, leicht verharzend, aus Flachs-(Lein-)Samen kalt gepreßt; Speiseöl; techn. f. Linoleum, auch Hptbestandteil der Ölfarben.
Leinpfad, *Treidelweg,* östr. Treppelweg; Weg an Fluß- od. Kanalufer für Tiere, Menschen od. Fahrzeuge z. Ziehen (Treideln) d. Schiffe.
Leinsamen, getrocknete Flachssamen, enthalten Schleim u. → Leinöl:
1) für heiße Breiumschläge gebräuchl.;
2) gg. chron. Stuhlverstopfung, u. a. als *L.brot.*
Leinster, ir. *Láighin,* Prov. in der Rep. Irland, 19 633 km², 1,9 Mill. E; Viehzucht.
Leinwand, f. Projektion v. Diapositiven bei Tageslicht od. in abgedunkelten Räumen.
Leip, Hans (22. 9. 1893–6. 6. 1983), dt. Schriftst.; Gedichte: *Die kleine Hafenorgel* (Lili Marleen); *Kadenzen;* Romane: *Godekes Knecht.*
Leipzig (D-04103–357), kreisfreie St. i. Sa., an Elster u. Pleiße, inmitten d. L.er Tieflandbucht, 478 228 E; Messest.; Hptsitz d. dt. Buchhandels u. -drucks. Uni. (1409 gegr.), PH, TH, HS f. Handel, Musik, Theater, Graphik und Buchkunst; Gewandhaus, Thomanerchor, Dt. Bücherei, Mus. d. bildenden Künste, Völkerschlachtdenkmal; Masch.bau-, Textil-, elektrotechn. u. chem. Ind.; Verkehrsknotenpunkt, Flughafen. – Messeplatz s. Ende des 15. Jh.; → Völkerschlacht.
Leipziger Disputation, 1519: Luther u. Karlstadt gg. Eck; führte zu päpstl. Verdammung Luthers.
Leis, Urform des Gemeindegesangs, aus der Litanei ("Kyrieleis") entwickelt; *Petruslied* 9. Jh.
L-Eisen, ungleichschenkliges (L-förmiges) Winkeleisen (z. B. als Eisenträger).
Leisewitz, Johann Anton (9. 5. 1752 bis 10. 9. 1806), dt. Dramatiker des Sturm u. Drang; Bruderzwistragödie: *Julius von Tarent.*
Leishmanien, nach dem britischen Arzt W. B. *Leishman* (1865–1926) benannte Geißeltierchen; Erreger tropischer Infektionskrankheiten *(Leishmaniosen),* z. B. *Kala-Azar, Orientbeule, Bahiabeule.*
Leisnig (D-04703), St. i. Kr. Döbeln, a. d. Freiberger Mulde, Sa., 8094 E; div. Ind.; Schloß Mildenstein (11. Jh.).
Leisten, Weichen, Bereich zw. Bauchdecken u. Oberschenkel *(L.-beuge),* mit **L.band.**
Leistenbruch, Muskellücke, Ausstülpung v. Bauchinhalten unter die Haut oberhalb der Leisten od. in die **Leistendrüsen,** oder evtl. durch den **Leistenkanal** in d. Hodensack bzw. in die große Schamlippe; erfordert i.a. Operation. *Leistendrüsenschwellung* u. *-entzündung,* bei Erkrankungen d. Geschlechtsorgane od. von Fuß od. Bein.
Leistikow,
1) Walter (25. 10. 1865–24. 7. 1908), dt. Maler, Mitbegr. d. Berliner Sezession; Landschaften m. impressionist. Stilmitteln; s. Neffe
2) Hans (4. 5. 1892–22. 3. 1962), dt. Maler u. Graphiker; Plakate; Fenster im Dom v. Frankfurt/M.
Leistung,
1) *jur.* das vom Gläubiger kraft eines Schuldverhältnisses geforderte Tun od. Unterlassen.
2) *phys.* die auf die Zeiteinheit bezogene Arbeit; Leistungseinheit: Watt (W), 1 W = 1 J/s = 1 VA; nicht mehr zulässig: → *PS,* 1 PS = 735,498 W.
Leistungsgewicht, Gewicht einer Kraftmaschine je Leistungseinheit (z. B. kg/kW).
Leistungslohn → Akkordlohn.
Leistungstests, standardisierte Prüfungen zur Erfassung von speziellen Fertigkeiten.
Leistungsverweigerungsrecht, f. einen Schuldner, wenn er aus demselben Rechtsverhältnis einen fälligen Gegenanspruch hat (§§ 273, 320 BGB).
Leitapparat, Schaufeln z. Dampf-, Wasserführung (Turbinen).
Leitbündel, svw. → Gefäßbündel.
leitende Angestellte, arbeitsrechtlich Arbeitnehmer in Führungsposition; meist berechtigt zur Einstellung u. Entlassung von Mitarbeitern; oft ausgestattet mit Prokura, Mehrarbeit ist i. Gehalt abgegolten.
Leiter, Stoffe, d. el. Strom gut leiten; Metalle u. Kohle sind L. 1. Art, Elektrolyte L. 2. Art; Ggs.: → Nichtleiter, Isolatoren (→ Widerstand).
Leiterplatte, svw. → gedruckte Schaltung.
Leitfähigkeit, elektrische, reziproker Wert des spezif. el. Widerstandes; die el. L. ist abhängig v. d. stofflichen Zus.setzung des Leiters, Druck, Temperatur, Magnetfeld u. a.; → Supraleitung.
Leitfossilien → Fossilien.
Leith [li:θ], Seehafen u. Vorstadt v. → Edinburgh.
Leitha, r. Nbfl. der Donau, 180 km lang, frühere Grenze zw. Östr. u. Ungarn (Zisleithanien und Transleithanien), am r. Ufer d. L.gebirge, 483 m.
Leitlinie → Kegelschnitte.
Leitmeritz, tschech. Litoměřice, St. in N-Böhmen, 26 000 E; Bischofssitz; Obst- u. Hopfenbau; Elbhafen.
Leitmotiv, eine in größeren Musikwerken häufig wiederkehrende themat. Tonfolge zur Verdeutlichung eines bestimmten, im L. ausgedrückten Gedankens od. Gefühls; auch übertragen gebraucht.
Leitstrahl,
1) *math.* → Radiusvektor.
2) *funktechn.* die von e. L.sender ausgesendete, gerichtete Funkwelle zum Hereinlotsen eines Flugzeugs in den Flughafen. → ILS.
Leitungsanästhesie → Anästhesie.
Leitungselektronen → Elektronen, die in el. Leitern (z. B. Metallen) den Stromtransport durchführen; die äußersten Elektronen der in den Festkörperkristall zus.gepackten Atome bilden d. sog. Leitfähigkeitsband, in dem d. Elektronen nur noch schwach an d. Atome gebunden sind, so daß sie sich schon bei Anlage kleiner Spannungen bewegen.
Leitwerk, die zur Steuerung eines Flugzeugs dienenden horizontalen (*Höhen-L.*) u. vertikalen (*Seiten-L.*) Ruder.
Lek, Mündungsarm d. Rheins i. den Ndl.
Lekai, László (12. 3. 1910–30. 6. 86), ungar. Theologe; s. 1976 Kardinal u. Erzbischof von Esztergom u. Primas von Ungarn.
Lektion [l.],
1) Schriftlesung im christl. Gottesdienst.
2) Abschnitt u. Aufgabe im Schulunterricht.
Lektor [l.],
1) Lehrer an HS, bes. für lebende Sprachen.
2) Mitarbeiter im Verlag; betreut Autoren u. überprüft bzw. überarbeitet Manuskripte.
Leloir [lə'lwa:r], Luis Federico (6. 9. 1906–3. 12. 87), argentin.-frz. Biochemiker; Nobelpr. 1970.
Lelouch [lə'luʃ], Claude (* 30. 10. 1937), frz. Filmregisseur u. -produzent; *Ein Mann und eine Frau.*
Lely ['li:li], Sir Peter, eigtl. *Pieter van der Faes* (14. 10. 1618–7. 12. 80), engl. (Hof-)Maler, führender Porträtist; durch s. eleganten Malstil einflußreich f. d. engl. Kunst bis z. Rokoko; *Die Kinder Karls I.; Die Musiklektion.*
Lem, Stanisław (* 12. 9. 1921), poln. Schriftst.; Romane, Erzählungen u. Essays; *Solaris; Sterntagebücher; D. vollkommene Lehre.*
Le Mans [lə'mã], Hptst. d. frz. Dép. *Sarthe,* 149 000 E; Autorennen.
Lemberg, ukr. *Lwiw,* russ. *Lwow,* Ge-

Leierschwanz

Leinkraut

Leipzig, *Völkerschlachtdenkmal*

bietshptst. i. d. Ukraine, 790 000 E; Uni., TH, Tierärztl. HS; Leder- u. Masch.ind. – Bis 1918 östr., 1919 poln., 1939 sowj.
Lemercier [ləmɛrˈsje], Jacques (um 1585–4. 6. 1654), frz. Architekt, e. Hptvertr. d. Barock-Klassizismus; Entwurf u. Bau d. (später teils zerstörten) Schlosses u. d. Stadt *Richelieu*; *Palais Royal* u. *Universität Sorbonne* in Paris.
Lemgo (D-32657), St. i. Kr. Lippe, NRW, 40 115 E; AG; ehem. Hansestadt, Renaissance-Bauten; div. Ind.
Lemke, Helmut (* 29. 9. 1907), CDU-Pol.; 1963–71 Min.präs., 1971–83 Landtagspräs. v. Schl-Ho.
Lemma, *s.*,
1) Stichwort, Merkwort.
2) Überschrift od. Inhaltsangabe e. Werkes.
3) i. d. Logik d. Vordersatz e. Schlusses; → Dilemma.
Lemmer, Ernst (28. 4. 1898–18. 8. 1970), frz.-dt. Pol.; 1956/57 B.postmin., 1957–62 B.min. f. gesamtdt. Fragen, 1964/65 B.vertriebenenmin., 1965–69 Sonderbeauftragter d. BR u GB
Lemminge, Wühlmäuse Skandinaviens, Asiens, Amerikas; Massenvermehrung u. lange Wanderungen, bei denen d. Tiere auch an Küsten nicht haltmachen und dabei oft ertrinken.
Lemnitzer, Lyman L. (29. 8. 1899 bis 12. 11. 1988), am. General; 1962–69 NATO-Oberkommandierender i. Europa.
Lemnos → Limnos.
Lemoyne [ləˈmwan],
1) *Lemoine*, François (1688–4. 6. 1737), frz. Maler; verband d. Tradition d. Barock-Klassizismus m. Stilelementen d. it. Spätbarock in meist großformat. (Wand-)Bildern v. effektvoll leuchtendem Kolorit u. eleganter, dekorat. Linienführung.
2) *Lemoine*, Jean-Baptiste (15. 2. 1704 bis 25. 5. 78), frz. Bildhauer d. Rokoko.
Lempicka [-ˈpitska], Tamara de (16. 5. 1898–18. 3. 1980), poln. Malerin, tätig hpts. etwa zw. 1920 u. 40 in Paris; durch eigenwill. Verschmelzung manierist., klassizist. u. kubist. Stilmittel virtuose Porträts d. mondänen Ges.; *Junges Mädchen in Grün.*
Lemuren,
1) röm. Totengeister.
2) svw. → Makis.
Lena, Strom i. O-Sibirien, 4313 km l., v. Baikalgebirge i. die Laptewsee.
Le Nain [ləˈnɛ̃], frz. Malerbrüder in Ateliergemeinschaft, deren Einzelbeitrag zum Gesamtwerk nur schwer zu identifizieren ist; hpts. in frühbarocker Helldunkelmalerei bäuerl. u. bürgerl. Genreszenen, relig. Themen, Porträts *(Anna v. Österreich);*
1) Antoine (um 1588–1648),
2) Louis (um 1593–1648),
3) Mathieu (1607–77).
Lenard, Philipp Eduard Anton (7. 6. 1862–20. 5. 1947), dt. Phys.; Arbeiten über *Lichtelektrizität, Kathodenstrahlen;* Gegner der Relativitätstheorie; Nobelpr. 1905.
Lenau, Nikolaus, eigtl. *Niembsch Edler von Strehlenau* (13. 8. 1802–22. 8. 50), östr.-ungar. Lyriker; Epen: *Don Juan; Die Albigenser; Faust.*
Lenbach, Franz v. (13. 12. 1836–6. 5. 1904), dt. Bildnismaler d. Naturalismus; s. umfangreiches Werk ist auch wertvol-

Berglemming

Nikolaus Lenau   W. I. Lenin

León, *Kathedrale*

Leonardo da Vinci

les Zeitdokument; *Otto Fürst v. Bismarck; Papst Leo XIII.*
Lenclos [lãˈklo], Ninon de (10. 11. 1620 bis 17. 10. 1705), gebildete frz. Kurtisane, noch im Alter als Schönheit berühmt.
Lende, *Lumbalregion*, am Rücken zw. unterster Rippe u. Darmbeinkamm gelegen.
Lendringsen, s. 1975 zu → Menden (Sauerland).
Lengefeld, Charlotte v. (22. 11. 1766 bis 9. 7. 1826), Gattin von Friedrich → Schiller.
Lengerich (D-49525), St. i. Kr. Steinfurt, a. Teutoburger Wald, NRW, 21 105 E; Zement-, Kalk-, Masch.-, Verpackungsind.
Lenggries (D-83661), Gem. i. Lkr. Bad Tölz-Wolfratshausen i. Isarwinkel, 8000 E; Wintersport.
Lenin, eigtl. *Uljanow*, Wladimir Iljitsch (22. 4. 1870–21. 1. 1924), sowjetruss. Staatsmann aus russ.-tatar. Beamtenadel, 1897 als Revolutionär n. Sibirien verbannt; seit 1900 fast immer im Exil als der führende Kopf der Bolschewisten; stürzte 1917 Kerenskij u. leitete d. bolschewistische Revolution durch; erster Machthaber der Sowjetunion; → Leninismus; *Der Imperialismus als höchstes Stadium d. Kapitalismus*, 1917.
Leningrad → Sankt Petersburg.
Leninismus, Bez. für die v. Lenin aufgrund der neuen pol. und wirtsch. Erscheinungen weiterentwickelte Analyse von Marx: Konzentration des Kapitals (→ Sozialismus, Übers.) führt z. Imperialismus, d. letzten Stufe d. Kapitalismus; sozialist. Revolution, auch in einem kapitalist. unentwickelten agrar. Land möglich, das dann Ausgangspunkt f. die Weltrevolution bildet; hierfür im L. ausgebildete Lehre der Strategie und Taktik des Klassenkampfes.
Leninsk-Kusnezkij, russ. Bergbau- u. Ind.st. im Kusnezker Steinkohlenrevier, 165 000 E.
Lenne, l. Nbfl. d. Ruhr in Westf., 131 km, a. r. Ufer d. *L.gebirge,* waldreich, *Homert* 656 m.
Lenné, Peter Joseph (29. 9. 1789–23. 1. 1866), dt. Gartenkünstler; legte im Landschaftsstil die Gärten fast aller preuß. Schlösser an *(Sanssouci).*
Lennestadt (D-57368), St. i. Kr. Olpe, NRW, 27 000 E; AG; bed. Schwefelkies- u. Schwerspatgrube.
Lennon [ˈlɛnən], John (9. 10. 1940 bis 8. 12. 80), brit. Rockmusiker; Gitarrist u. Songtexter d. → Beatles, ab 1970 zunehmend Musik m. seiner Frau Yoko Ono *(Double Fantasy);* wurde i. New York v. e. Geistesgestörten erschossen.
Le Nôtre [ləˈnoːtr], André (12. 3. 1613 bis 15. 9. 1700), frz. Gartenbauarchitekt; wegweisend f. d. geometr. streng geformte klass. Gartenkunst; Park von *Versailles.*
Lens [lãs], frz. St. im Dép. *Pas-de-Calais*, 38 000 E; Kohlengruben.
Lentigo, Linsenfleck, „Schönheitsfleck".
lento [it.], *mus.* langsam, schleppend.
Lentulusbrief, apokryphe, angebl. v. e. Lentulus aus röm. Geschlecht u. Vorgänger d. Pilatus verfaßte Beschreibung d. äußeren Erscheinung Jesu.
Lenz,
1) Jakob Michael Reinhold (12. 1. 1751–24. 5. 92), deutscher Dichter d.

Sturm u. Drang; Dramen: *Der Hofmeister; Die Soldaten.*
2) Max (13. 6. 1850–6. 4. 1932), dt. Historiker; *Geschichte Bismarcks.*
3) Peter (12. 3 1832–28. 1. 1928), Benediktiner-Pater *Desiderius,* dt. Maler, Baumeister u. Bildhauer; als Mitbegr. d. Beuroner Kunstschule auch im Kloster d. Monte Cassino tätig.
4) Siegfried (* 17. 3. 1926), deutscher Schriftst.; 1988 Friedenspreis des Dt. Buchhandels; Romane, Märchen, Erzählungen, Drama; *Zeit der Schuldlosen; Deutschstunde; Das Vorbild; Heimatmuseum.*
lenzen,
1) Entfernen v. eingedrungenem Wasser aus dem Schiffsraum durch Pumpen *(Lenzpumpen).*
2) vor dem Sturm treiben.
Lenzerheide (CH-7078), rätoroman. *Lai,* Wintersport- u. Luftkurort im schweiz. Kanton Graubünden, 1400 bis 1600 m; 24 000 E.
Lenzing, alte dt. Bezeichnung des *März.*
Leo, [l. „Löwe"],
a) Name von 13 *Päpsten:*
1) L. I., d. Gr. 440–461, schützte Rom vor Hunnen u. Wandalen.
2) L. III., 795–816, krönte 800 Karl d. Großen zum röm. Kaiser.
3) L. IV., 847–855, schlug d. Sarazenen bei Ostia, befestigte die Leostadt (Engelsburg).
4) L. IX., 1048–54, Trennung d. griech. v. d. röm. Kirche 1054.
5) L. X., *Giovanni de' Medici* (11. 12. 1475–1. 12. 1521), Papst 1513–21, Kunstmäzen, verkündete Ablaß zum Bau der Peterskirche, der Luther zum Thesenanschlag veranlaßte (1517).
6) L. XIII. (2. 3. 1810–20. 7. 1903), Papst 1878–1903, legte den → Kulturkampf bei, trat für soziale Gerechtigkeit ein; Enzyklika ü. d. Arbeiterfrage 1891.
b) 6 *byzantinische Kaiser:*
7) L. III., der Syrier, 717–41, verteidigte Byzanz gg. die Araber.
Leoben (A-8700), östr. Bez.st., Steiermark, 28 897 E; Montan-Uni.; Schwerind., Eisenhütte u. Stahlwerk (Donawitz), Brauerei.
León, Luis Ponce de (um 1527–23. 8. 91), span. Dichter u. Gelehrter d. Renaissance; Augustinermönch.
León,
1) gebirgige Landschaft u. Prov. in NW-Altkastilien (Spanien), vom Duero durchflossen, 15 581 km², 524 000 E; Hptst. *L.* (138 000 E); Bischofssitz, frühgot. Kathedrale.
2) mexikan. St., 872 000 E; Textil- u. Lederind.
Leonardo da Vinci [-ˈvintʃi] (15. 4. 1452–2. 5. 1519), genialer Meister d. it. Hochrenaissance: Maler, Ing. (Flugmaschinen, Geschütze, Drehbühne), Baumeister (Entwürfe f. Kirchen, Wohnbauten u. Festungen), Erfinder, Bildhauer, Naturforscher, Anatom, Math., Astronom u. Schriftsteller *(Traktat v. d. Malerei);* Gemälde: *Abendmahl* im Refektorium d. Kirche S. Maria delle Grazie, Mailand; → *Mona Lisa;* ca. 8000 Blätter Zeichnungen u. Notizen.
Leonberg (D-71229), St. i. Kr. Böblingen, Ba-Wü., 43 771 E; alte Fachwerkb.; Schloß; AG; Maschinenfabriken, Gummiwerke.

Leonberger, Hunderasse, d. dem Löwen im Wappen von → Leonberg ähneln soll.

León Carpio, Ramiro de (* 1942), 1993–96 Staatspräs. v. Guatemala.

Leoncavallo, Ruggiero (23. 4. 1857 bis 9. 8. 1919), it. Komp. verist. Stils; Oper: *Der Bajazzo.*

Leonding (A-4060), St. b. Linz, Östr., 21 209 E; Industriest.

Leone,
1) Giovanni (* 3. 11. 1908), it. Pol.; 1963 u. 1968 Min.präs., 1971–78 Staatspräs.
2) Sergio (3. 1. 1921–30. 4. 89), it. Filmregisseur; *Per un pugno di dollari* (1964); *C'era una volta di West* (1968); *Giu la Testa* (1970); *Once Upon a Time in America* (1983).

Leonhard († um 559), kath. Hlg., Patron der Kranken u. Gefangenen, auch von Vieh u. Wettermachern; **Leonhardiritte** am 6. Nov., m. Weihe d. Pferde.

Leonidas, Kg von Sparta, fiel 480 v. Chr. bei den → Thermopylen gg. d. Perser durch Verrat d. Ephialtes.

Leoniden, → Meteore.

leoninischer Vertrag, Vertrag, bei dem der eine Teil nur Vorteile, der andere bloß Nachteile hat (z. B. Schenkung).

Leontief [lɪˈɔntɪəf], Wassily (* 5. 8. 1906), am. Wirtsch.wiss.; entwickelte d. → Input-Output-Analyse; Nobelpreis 1973.

Leopard, *Panther,* katzenartiges Raubtier, gelbl. mit schwarzen Flecken oder seltener ganz schwarz; Afrika, S-Asien.

Leopardi, Giacomo (29. 6. 1798–14. 6. 1837), it. Lyriker d. Weltschmerzes u. Phil.; *Kanzonen; Pensieri; Operette morali.*

Leopold,
a) römisch-dt. Kaiser:
1) L. I. (9. 6. 1640–5. 5. 1705), Habsburger, Kaiser seit 1658; 3 Türkenkriege, 1699 Friede v. Karlowitz.
2) L. II. (5. 5. 1747–1. 3. 92), Kaiser s. 1790, Bruder d. Marie Antoinette, verbündete sich m. Preußen gg. Frz. Revolution.
b) Anhalt-Dessau:
3) L. von Dessau, „der Alte Dessauer" (3. 7. 1676–9. 4. 1747), preuß. Feldm.; v. Bedeutung f. die Gefechts- u. Schießausbildung (Gleichschritt).
c) Belgien:
4) L. I. von Sachsen-Coburg (16. 12. 1790–10. 12. 1865), Kg s. 1831; s. Sohn
5) L. II. (9. 4. 1835–17. 12. 1909), Kg s. 1865, Begr. d. Kongostaates.
6) L. III. (3. 11. 1901–25. 9. 83), 1934 bis 51 Kg, 1945–50 im Exil in d. Schweiz, Thronverzicht 1950 zugunsten s. Sohnes Baudouin.
d) Österreich:
7) L. V. (1157–31. 12. 94), Babenberger, nahm 1192 Richard Löwenherz gefangen.
8) L. I. (1290–28. 2. 1326), Habsburger, 1308–26 Hzg, unterlag 1315 bei Morgarten d. Schweizern, gg. die s. Neffe
9) L. III. (1351–9. 7. 86) bei Sempach fiel.

Leopoldina, d. Dt. Akademie d. Naturforscher, gegr. 1652, Sitz Halle/S.

Leopoldsberg, letzte Erhebung d. Alpen westl. d. Donau, bei Wien, 425 m h.

Leopoldshöhe (D-33818), Gem. i. Kr. Lippe, NRW, 14 087 E; Textilind., Maschinenbau.

Léopoldville → Kinshasa.

Lepanto, it. Name f. d. griech. Ort *Naupaktos,* am Golf von Korinth; → Juan d'Austria.

Lepenski Vir, bed. Steinzeitsiedlung des 6. Jhs v. Chr. im Gebiet d. Donaudurchbruchs durch d. Südkarpaten. Funde der bisher ältesten Großskulpturen Europas.

Lepidodendron [gr.], *Schuppenbaum,* fossile, baumförmige Bärlappgewächse (Steinkohlenformation) mit schuppenartigen Blattnarben, bis 30 m h.

Lepidolith, m., → Silicatmineral aus d. Gruppe d. → Glimmer.

Lepidologie, Schuppenkunde; befaßt sich m. Aufbau u. Form d. Schuppen, aus denen man a. d. Fischart schließen kann.

Lepidopteren, svw. → Schmetterlinge.

Leporello, Diener Don Giovannis in Mozarts Oper, verfertigte **L.liste** der Geliebten seines Herrn; danach: Album (L.album), harmonikaähnl. zusammenfaltbare Seitenfolge (z. B. Prospekte, Landkarten, Stadtpläne).

Leporellofalzung, bei Buchherstellung Parallelfalzung, d. h. alle Falzbrüche liegen parallel.

Lepra → Aussatz.

Le Prince [ləˈprɛ̃s], Jean-Baptiste (17. 9. 1734–30. 9. 81), frz. Maler u. Radierer d. Rokoko; erfand d. Aquatinta-Technik.

Lepsius, Karl Richard (23. 12. 1810 bis 10. 7. 84), dt. Sprachforscher; Begr. d. neueren Ägyptologie; *Denkmäler aus Ägypten u. Äthiopien.*

Leptis Magna, karthag., später röm. St. an der nordafrikan. Küste, von den Arabern zerstört; Ausgrabungen.

Leptonen, zusammenfassend svw. leichte → Elementarteilchen: Elektronen, Myonen, Tau-Teilchen, dazugehörige Neutrinos u. deren Antiteilchen.

leptosom, von schlankem → Körperbau.

Leptospiren, z. d. → Spirochäten gehörende Erreger d. Leptospirosen (z. B. v. Feldfieber, Weilscher Krankheit, Kanikolafieber usw.); Übertrager: Mäuse, Ratten, Hund, Rind.

Lerchen, unscheinbar gefärbte Singvögel; Bodenbrüter, meist Zugvögel; *Feld-Lerche,* überall auf Feldern, steigt während des Singens senkrecht in die Höhe; *Heide-L.,* an Waldrändern u. in Heidegenden; *Hauben-L.* mit Kopfhaube, Ödflächen.

Lerchensporn, Mohngewächs; Kräuter m. weißgelbl., gelben oder purpurnen Blüten.

Haubenlerche

LESOTHO

Staatsname: Königreich Lesotho, Kingdom of Lesotho, Muso oa Lesotho

Staatsform: Konstitutionelle Monarchie

Mitgliedschaft: UNO, AKP, Commonwealth, OAU, SADC

Staatsoberhaupt: König Letsie III.

Regierungschef: Ntsu Mokhehle

Hauptstadt: Maseru 109 000 Einwohner

Fläche: 30 355 km²

Einwohner: 1 996 000

Bevölkerungsdichte: 66 je km²

Bevölkerungswachstum pro Jahr: ⌀ 2,47% (1990–1995)

Amtssprache: Sesotho, Englisch

Religion: Katholiken (44%), Protestanten (30%), Anglikaner (12%)

Währung: Loti (M)

Bruttosozialprodukt (1994): 1398 Mill. US-$ insges., 700 US-$ je Einw.

Nationalitätskennzeichen: LS

Zeitzone: MEZ + 1 Std.

Karte: → Afrika

Lesotho

Lesotho

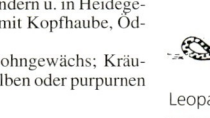
Leopard

Lérida, Hptst. der span. Prov. L. (12 173 km², 352 000 E), 112 000 E; 2 Kathedralen; Textilind.

Lermontow, Michail (15. 10. 1814 bis 27. 7. 41), russ. Dichter d. Romantik; Verserzählungen: *Der Flüchtling;* Gedichte; Roman: *Ein Held unserer Zeit.*

Lermoos (A-6631), Tiroler Luftkurort u. Wintersportplatz am Fuß d. Zugspitze, 1004 müM, 937 E.

Lernen, psych. nicht direkt beobachtbare Veränderungen in einem Organismus, die durch Erfahrung entstehen u. sich in Verhaltensänderungen ausdrücken:
1) → Konditionierung,
2) L. am Erfolg (Zunahme des Auftretens belohnter Verhaltensweisen),
3) L. durch Einsicht (neue Wahrnehmungsstruktur, „Aha-Erlebnis" führt zu Problemlösung),
4) L. durch Nachahmung (Bedeutsamkeit von Vorbildern für d. Erlernen v. Gefühlen).

Lernet-Holenia, Alexander (21. 10. 1897–3. 7. 1976), östr. Romanschriftst.; *Ljubas Zobel; Die Standarte;* Lyrik.

Lernmaschinen, Geräte, die best. Lehrvorgänge automatisieren; Schüler liest Lehrprogramm in Frage und Antwort am Gerät, das er selbst, seinem Lerntempo angepaßt, durch Drucktasten betätigt; → Computer.

Lersch,
1) Heinrich (12. 9. 1889–18. 6. 1936), dt. Arbeiterdichter; *Mensch in Eisen.*
2) Philipp (14. 4. 1898–15. 3. 1972), dt. Psych.; Schichtenaufbau d. Persönlichkeit.

Lesage [ləˈsaːʒ], Alain René (13. 12. 1668–17. 11. 1747), frz. Dichter; Roman: *Gil Blas.*

lesbische Liebe, geschlechtl. Beziehungen zw. Frauen (ben. nach → Sappho v. Lesbos); → Homosexualität.

Lesbos, *Mytilene,* größte griech. Insel im Ägäischen Meer, an der kleinasiat. Küste, griech. Nomos, mit Nebeninseln 2154 km², 104 000 E; Getreide-, Oliven-, Feigen- und Weinbau; Hptst. *Mytilene.*

Lescot [lɛsˈko], Pierre (um 1510–10. 9. 78), frz. Architekt d. Renaiss. u. zus. m. Delorme Wegbereiter d. barocken Klassizismus; *Cour Carrée* im Louvre (Paris).

Lesghier, altkaukas. Volksstamm in Daghestan, Viehzüchter, Moslems, ca. 0,6 Mill.

Leskow, Nikolai Semenowitsch (16. 2. 1831–5. 3. 95), russ. Erzähler; Romane: *Die Klerisei;* Novellen.

Lesotho, unabhängiges Kgr., Enklave im Gebiet der Rep. Südafrika. **a)** *Geogr.:* Vorwiegend Hochland (*Thabantshonyana* 3482 m, höchster Berg S-Afrikas). **b)** *Landw.:* Weizen, Vieh, Wolle. **c)** *Bodenschätze:* Diamantenförderung eingestellt. **d)** *Verf.:* v. 1993; König/Reg.chef m. bes. Vollmachten; Einkammerparlament. **e)** *Verw.:* 10 Distrikte. **f)** *Gesch.:* 1867–1966 brit. Schutzgebiet (*Basutoland*); 1986 u. 1991 Mil.putsch; 1993 Redemokratisierung.

Lesseps, Ferdinand Vicomte de (19. 11. 1805–7. 12. 94), frz. Diplomat; führte Bau des Suezkanals nach Plänen von → Negrelli durch (1869); begann Bau d. Panamakanals.

Lessing,
1) Doris (* 22. 10. 1919), englische

Schriftst.in; *D. goldene Notizbuch; Anweisung f. e. Abstieg zur Hölle;* utop.-phantast. Romane: *Shikasta.*
2) Gotthold Ephraim (22. 1. 1729–15. 2. 81), dt. Kritiker u. Dichter, freier Schriftst. in Berlin; Rezensent i. Hamburg, zuletzt Bibliothekar in Wolfenbüttel; trat gg. die starren Regeln des frz. Dramas auf m. Hinweis auf Shakespeare (*Hamburgische Dramaturgie*) u. m. seinen Dramen: *Minna von Barnhelm; Emilia Galotti; Nathan der Weise;* theol. Streitschriften *Anti-Goeze;* zur Phil.: *Die Erziehung des Menschengeschlechts;* grundlegende ästhet. Werke: *Laokoon* (über die Grenzen v. Dicht. u. Malerei).
3) Karl Friedrich (15. 2. 1808–5. 6. 80), dt. Historien- u. Landschaftsmaler; Entwickl. v. d. Romantik zum Realismus.
Lester, Richard (* 19. 1. 1932), am. Filmregisseur; *A Hard Day's Night* (1964); *The Knack* (1965); *The Three Musketeers* (1974).
Le Sueur [lə' syœ:r], *Lesueur,* Eustache (get. 16. 11. 1616–30. 4. 55), frz. Maler d. barocken Klassizismus; erreichte (z. T. nach Vorbild Raffaels) in s. Darstellungen hpts. rel. Themen d. Stilideal v. d. Übereinstimmung v. Inhalt u. Ausdruck bes. überzeugend; *Tod des hl. Bruno; Kreuztragung Christi.*
Lesung, parlamentar. Beratung u. Abstimmung über Regierungsvorlagen bzw. Initiativanträge.
Leszczyński → Stanislaus 1).
letal [l.], tödlich; *Exitus letalis,* tödl. Ausgang.
Letalfaktoren, Erbfaktoren, d. d. Tod eines Lebewesens v. Erreichen d. Geschlechtsreife bewirken.
Letalität [l.], *Tödlichkeit,* Verhältnis der Zahl d. Todesfälle an einer Krankheit zur Zahl der an d. betreffenden Krankheit Erkrankten.
L'état c'est moi [frz. le'ta sɛ'mwa], „Der Staat bin ich", → Ludwig XIV. zugeschrieb. Satz; → Absolutismus.
Lethargie [gr.], Teilnahmslosigkeit.
Lethe, Fluß der griech. Unterwelt, aus dem die Toten Vergessenheit trinken.
Letmathe, s. 1975 zu → Iserlohn.
Leto, griech. Göttin, Mutter des Apollon u. der Artemis, röm. *Latona.*
Letten, ostbalt. Volk, ca. 1,4 Mill.
Letten, dunkel gefärbte Tone, Schiefertone u. Mergel.
Lettern, die aus **L.metall,** einer Blei-Antimon-Zinn-Legierung, gegossenen Buchstaben zum Drucken.
lettische Sprache → Sprachen, Übers.
Lettland, mittlerer der 3 Staaten d. → Baltikums, an der Ostsee, aus Teilen der ehemal. russ. Gouv.s Kurland, Livland, Witebsk; Bev.: 54% Letten, 33% Russen; Landw., Landmaschinen-, Motoren-, Elektrogeräte- u. Fahrzeugbau, Nahrungsmittel- u. Textilind. – Im 13. Jh. vom Dt. Orden unterworfen; Mitte d. 16. Jh. zu Polen, 1795 zu Rußland; 1918 selbst. Rep.; 1940 als Unionsrep. i. d. UdSSR eingegliedert; März 1990 für unabhängig erklärt, s. Sept. 1991 unabh. Staat; 1994 Büro d. Balt. Ministerrates i. Riga (Zus.arb. d. balt. Staaten in Außen- u. Sicherh.pol.); 1995 Mitglied d. Europarats, Assoz.abkommen m. d. EU.
Lettner, [l. „lectorium = Lesepult"], meist verzierte Brüstung od. Abgrenzung des Priesterraumes v. Gemein-

Doris Lessing

G. E. Lessing

LETTLAND	
Staatsname:	Republik Lettland, Latvijas Republika
Staatsform:	Parlamentarische Republik
Mitgliedschaft:	UNO, Europarat, OSZE
Staatsoberhaupt:	Guntis Ulmanis
Regierungschef:	Guntars Krasts
Hauptstadt:	Riga 897 100 Einwohner
Fläche:	64 600 km²
Einwohner:	2 583 000
Bevölkerungsdichte:	40 je km²
Bevölkerungswachstum pro Jahr:	⌀ 0,28% (1990–1995)
Amtssprache:	Lettisch
Religion:	Protestanten (65%), Katholiken, Russ.-Orthodoxe
Währung:	Lats (LS)
Bruttosozialprodukt (1994):	5920 Mill. US-$ insges., 2290 US-$ je Einw.
Nationalitätskennzeichen:	LV
Zeitzone:	MEZ + 1 Std.
Karte:	→ Rußland

Lettland

deraum ab Ende 12. Jh. i. (bes. got.) Kirchen; abendländische Weiterentwicklung aus der → Ikonostase; später oft durch Chorgitter od. Kommunionsbank ersetzt.
Lettow-Vorbeck, Paul v. (20. 3. 1870 bis 9. 3. 1964), dt. Gen.; 1913–18 Kommandeur d. Schutztruppe i. Dt.-Ostafrika.
Letzte Ölung → Krankensalbung.
Letzter Wille, *Stadtgas,* letztwillige Verfügung, svw. Testament, → Erbrecht.
Leu → Währungen, Übers.
Leuchtboje, tonnenartiges Seezeichen, verankert (Abb. → Boje).
Leuchtdioden, modernes elektron. Anzeigesystem im Inneren d. Suchers e. Kamera.
Leuchtfeuer → Befeuerung.
Leuchtgas, *Stadtgas,* erzeugt durch Entgasung von Steinkohle, d. h. Erhitzung bei Luftabschluß in Schrägkammern od. Retorten d. Gasanstalt; enth. je nach Rohstoff 40–67% Wasserstoff (H_2), 20–30% Methan (CH_4), 5–10% Stickstoff (N_2), 2% Kohlendioxid (CO_2) und bis zu 6% Kohlenmonoxid (CO); verwendet zum Kochen u. Heizen, auch zum Antrieb von Gasmaschinen; aus 100 kg Steinkohle werden durchschnittlich 30 m³ Gas gewonnen.
Leuchtgasentgiftung, Abscheiden des giftigen Kohlenoxids, durch Umsetzung m. Wasserdampf im Kontaktofen; es entsteht d. ungiftige Kohlendioxid und Wasserstoff.
Leuchtgasvergiftung, entsteht durch Einatmen von → Kohlen(mon)oxid (→ Erste Hilfe, Übers.
Leuchtkraft, b. e. Stern die i. e. Zeiteinheit v. seiner Oberfläche ausgestrahlte Lichtmenge.
Leuchtkraftklasse, Einteilung d. Fixsterne nach d. Größe ihrer Leuchtkraft bzw. nach i. ihrer Lage i. → Russell-Diagramm; Ia = helle Überriesen, Ib = schwächere Überriesen, II = helle Riesen, III = normale Riesen, IV = Unterriesen, V = Zwerge. od. Hauptreihensterne, D = Weiße Zwerge.
Leuchtmoos, *Schistostega,* leuchtet infolge totaler Reflexion des Standort-Dämmerlichts (in Klüften u. Höhlen) durch die linsenförmigen Zellen seines Vorkeims.
Leuchtorganismen, Tiere u. Pflanzen, d. kaltes Licht in ihrem Lebensprozeß erzeugen; Tiefseetiere, Leuchtinsekten, z. B. → Glühwurm, → Geißeltierchen (Meeresleuchten) u. → Bakterien, letztere auch auf toten Seefischen; einige Pilze, wie das Myzel d. *Hallimasch.* Leuchtbakterien a. Ursache des Leuchtens einiger Tiere, in deren Zellen sie leben.
Leuchtpult, z. Betrachten u. Sortieren v. Negativen u. Diapositiven; einfache Ausführungen m. Glühbirnen bieten nur Kunstlichtbeleuchtung u. falschen Farbeindruck; teurere L. haben Leuchtstoffröhren von Tageslichtcharakter.
Leuchtröhre, → Entladungsröhren, meist mit Helium od. Neongas gefüllte Glasröhre, in der bei niedrigem Druck u. hoher Anodenspannung starke Lichterscheinung erzeugt wird (Hauptanwendung: Leuchtreklame).
Leuchtstoffe, *Leuchtfarben,* meist aus Zinksulfid mit Schwermetallzusätzen, phosphoreszieren, d. h. leuchten im Dunkeln nach; *fluoreszierende L.* leuch-

ten mit aufgenommener, auch dunkler Strahlung und wandeln sie in Strahlung größerer Wellenlänge um (z. B. als Röntgen- und Fernsehschirm); in **L.lampen** Umwandlung d. dunklen Gasentladung in sichtbares Licht; L. der *Leuchtziffern* meist durch kl. Radiumzusatz z. Mitleuchten angeregt.
Leuchtturm, an d. Küste u. an Hafeneinfahrten errichtet, mit *Leuchtfeuer* v. jeweils versch. Art, Kennzeichen (durch auffallende Farbgebung d. Turmes meist auch am Tage) f. Schiffahrt; jetzt meist mit Funkstation.
Leuenberger Konkordie, Übereinkunft d. ev. Kirchen untereinander über ihre Abendmahlsgemeinschaft (1973).
Leukämie [gr.], *Leukose Weißblütigkeit,* Wucherung in blutbildenden Organen m. krankhafter Vermehrung der weißen Blutkörperchen, akut oder chronisch.
Leukas, griech. Insel, z. d. Ionischen Inseln gehörig, 303 km², ca. 23 000 E; Hptst. *L.* (6600 E) an d. N-Spitze; nach → Dörpfeld d. homerische Ithaka.
Leukerbad, schweiz. Ort i. Kanton Wallis, 1200 E; Rheumabad (Therme).
Leukippos v. Milet (um 450 v. Chr.), griech. Phil., Lehrer des → Demokrit u. Mitbegr. d. Atomlehre.
Leuko- [gr.], vor Vokalen *Leuk-,* als Vorsilbe: Weiß ...
Leukoderm, weiße Hautflecken durch Pigmentschwund.
Leukopenie, w., krankhafte Verminderung d. weißen Blutkörperchen.
Leukoplakie, weiße Flecken an Schleimhäuten, manchmal → Präkanzerose.
Leukoplast®, Handelsname für Kautschukheftpflaster, auch f. Verbände geeignet.
Leukotomie, *Lobo-, Frontotomie,* operativer Eingriff im Stirnhirn zur Behandlung von best. Geisteskrankheiten sowie unerträgl. Schmerzen (z. B. bei Krebs od. Tabes dorsalis); mit Verlust d. feineren Gefühls- u. Geisteslebens durch Verminderung der Assoziationsfähigkeit z. Folge; begr. 1935 die sog. Psychochirurgie.
Leukozyten, weiße Blutkörperchen, wichtig z. Abwehr v. Infektionen; man unterscheidet:
1) *Granulozyten =* segmentkernige L. (entstehen im Knochenmark), u. zwar nach Färbbark. **a)** *neutrophile* (50 bis 70%), **b)** *eosinophile* (2–4%), **c)** *basophile* (bis 1,5%),
2) *Lymphozyten* (25–40%, entstehen in Milz u. Lymphknoten),
3) *Monozyten* (5–10%, a. d. retikuloendothelialen System); L.kerne dienen auch zur Geschlechtsbestimmung; → Blut.
Leukozytose, w., krankhafte Vermehrung d. weißen Blutkörperchen.
Leuktra, griech. Ort sw. von Theben, 1100 E – Sieg der Thebaner über die Spartaner 371 v. Chr.
Leumund, sittl. Ruf eines Menschen.
Leumundszeugnis, Bescheinigung über den Ruf einer Person; meist v. Privaten; behördl. L.: → Führungszeugnis.
Leuna (D-06237), Ind.st. i. Kr. Merseburg, an der Saale, S-A., 8233 E; TH f. Chemie; m. **L.werk,** gr. Stickstoffwerk; Fabrikation v. synthet. „L.-Benzin" aus Erdöl, Teer u. Kohle durch Hydrierung.

Leuschner, Wilhelm (15. 6. 1890 bis 29. 9. 1944), SPD-Pol., Gewerkschaftsführer; im Widerstand gg. Hitler; hingerichtet.
Leutheusser-Schnarrenberger, Sabine (* 26. 7. 1951), FDP-Pol., 1992 bis 1995 Bundesministerin d. Justiz.
Leutkirch im Allgäu (D-88299), Gr.Krst. i. Kr. Ravensburg, Ba-Wü., 21 500 E; AG; Metall-, Kunststoff- u. holzverarbeitende Ind.; Fremdenverkehr.
Leutnant [frz. „Lieutenant = Platzhalter"], unterste Offiziersrangstufe: L. u. Ober-L.
Levante [it. „Morgenland"], alle von Italien aus nach O liegenden Länder a. Mittelmeer; insbes. d. Küsten Kleinasiens, Syriens und Ägyptens.
Le Vau [lə'vo], *Levau,* Louis (1612 bis 11. 10. 70), frz. Architekt, e. Hptvertr. d. barocken Klassizismus; verwirklichte in s. vorbildhaften Bauten durch Verschmelzung d. einzelnen Gattungen (Baukunst, Innendekoration, Möblierung, Gartenbau) d. stiltyp. Vorstellung vom Gesamtkunstwerk; *Hôtel Lambert* in Paris; *Schloß Vaux-le-Vicomte.*
Levée, w. [frz. lə've:], Aufstehen; *l. en masse,* „Massenaushebung", Aufgebot der ges. männl. Bevölkerung (z. B. 1870 in Frkr. durch Gambetta).
Level, *m.* [engl. lɛvl], gleiche Stufe, gl. Niveau.
Lever, *s.* [frz. lə've], im 18. Jh. Morgentoilette eines Fürsten, bei d. Besuche empfangen wurden.
Leverkusen (D-51371–81), krfreie St. a. Rhein, Rgbz. Köln, NRW, 161 493 E; div. Ind. (Bayer AG, Agfa-Gevaert AG, Kronos-Titan GmbH, Walzwerk, Dynamit AG, Masch.-, Eisen-, Baustoff-, Textilind.); Mus. Schloß Morsbroich.
Leverrier [ləvɛ'rje], Urbain Jean (11. 3. 1811–23. 9. 77), frz. Astronom; berechnete 1845 (gleichzeitig m. J. C. *Adams*) den Ort d. Planeten → Neptun voraus.
Levetzow, Ulrike v. (4. 2. 1804–13. 11. 99), d. letzte Liebe des 74jähr. → Goethe *(Marienbader Elegie).*
Levi, Carlo (29. 11. 1902–4. 1. 75), it. Schriftst. u. Maler; *Christus kam nur bis Eboli.*
Leviathan, *m.* [hebr.], mythischer Riesenfisch.
Levicki [-'witski], Dimitrij Grigorjewitsch (1735–4. 4. 1822), Hptmeister d. russ. Porträtmalerei d. 18. Jh.; *Denis Diderot; Zarin Katharina II.*
Levi-Montalcini, Rita (* 22. 4. 1909), it.-am. Biologin; Entdeckung d. Substanzen des Nervenwachstumsfaktors; Nobelpr. 1986.
Leviratsehe, *Schwagerehe,* nach Sitte mancher Völker heiratet d. Bruder e. kinderlos verstorbenen Mannes dessen Witwe; noch heute bei asiatischen Naturvölkern (Indien, Südsee) üblich.
Lévi-Strauss [-s'tro:s], Claude (* 28. 11. 1908), französischer Ethnologe; Begründer d. „Strukturalen Anthropologie"; → Strukturalismus; *Traurige Tropen; Totem u. Tabu.*
Leviten,
1) isr. Stamm; versah Priesterdienste.
2) *kath. Ritus:* Assistenten d. Priesters beim feierl. Gottesdienst (Diakon u. Subdiakon).
Leviticus [l.], 3. Buch Mose.
Levkoje, Kreuzblütler mit duftenden Blüten, Mittelmeergebiet; Gartenpflanze, vielfarbig blühend.
Levkosia, Hptst. der Insel Zypern, → Nicosia.
Levy, Rudolf (15. 7. 1875–1944/5), dt.-jüd. Maler; expressionist. Elemente u. harmonisch aufgebaute farbige Bildeinheit; Landschaften, Stilleben, Bildnisse *(Der Maler Hans Purrmann).*
Lew → Währungen, Übers.

Carl Lewis

Lewin ['luːin], Kurt (9. 9. 1890–12. 2. 1947), am. Gestaltpsychologe dt. Herkunft; Begr. d. → Gruppendynamik.
Lewis ['luːis],
1) Sir Arthur (23. 1. 1915–15. 6. 91), engl. Wirtschaftswiss.; (zus. m. T. W. → Schultz) Nobelpr. 1979 (Forschung über Entwicklungsländern).
2) Carl (* 1. 6. 1961), am. Leichtathlet (Sprinter u. Weitspringer); achtmaliger Olympia-Sieger (1984, 1988, 1992).
3) Edmonia (* 1843–um 90), am. Bildhauerin d. Neoklassizismus, tätig hpts. im röm. Kreis um H. → Hosmer; bevorzugte als Tochter e. Indianerin u. e. Negers Motive u. Figuren aus der Welt d. Indianer.
4) Jerry (* 16. 3. 1926), am. Kabarettist, Komiker u. Filmregisseur; *The Nutty Professor* (1963); *Which Way to the Front* (1970); *The King of Comedy.*
5) John (12. 2. 1880–12. 6. 1969), am. Gewerkschaftsführer, 1910–59 Präs. d. Bergarbeitergewerkschaften; Begr. d. CIO (→ Gewerkschaften, Übers.).
6) Percy Wyndham (18. 11. 1882–7. 3. 1957), engl. (Porträt-)Maler u. Schriftst.; Begr. d. futurist. Kunstströmung Vortizismus; *T. S. Eliot.*
7) Sinclair (7. 2. 1885–10. 1. 1951), am. Schriftst.; Satiriker d. Bürgertums; Romane: *Hauptstraße; Babbitt;* Nobelpr. 1930.
LeWitt, Sol (* 9. 9. 1928), am. Künstler; Vertr. d. → Minimal Art, später d. → Concept Art; hpts. plast. Konstruktionen, Wandzeichnungen.
Lex, *w.* [l.], Gesetz.
Lexer, Matthias v. (18. 10. 1830 bis 16. 4. 92), dt. Germanist; s.*Mittelhochdeutsches Handwörterbuch* ist e. Standardwerk f. Sprachwissenschaftler.
Lexikograph, *m.* [gr.], Verfasser eines Lexikons.
Lexikon, *s.,* Mz. *Lexika* [gr.],
1) Wörter-, Nachschlagebuch; jetzt übl.

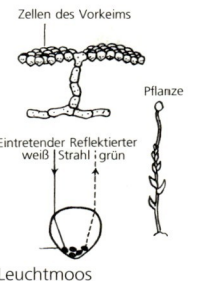
Leuchtmoos

Leverkusen, *Schloß Morsbroich*

Name f. *Konversations-L.* als Nachschlagewerk, das über alle Wissensgebiete in alphabet. Anordnung Aufschluß gibt; erstes umfassendes dt. 1731–50 v. Zedler hg. (64 Bde); Brockhaus s. 1796; Meyers s. 1840; Knaur s. 1931.
2) In d. Sprachwissenschaft f. definierte Wortinventare.
Lexington [-tən],
1) L.-Fayette, St. im US-Staat Kentucky, 225 000 E; Uni.; Tabakverarbeitung.
2) St. im US-Staat Massachusetts, 29 000 E; Gefecht b. L. 1775, erstes im Unabhängigkeitskrieg.

Lhasa, *Kloster Potala*

Ley, Robert (15. 2. 1890–25. 10. 1945), Politiker (NSDAP), leitete nach der Auflösung der Gewerkschaften die „Dt. Arbeitsfront" (1933), Selbstmord.
Leyden,
1) Gerhaert van → Gerhaert van L.
2) Lucas van → Lucas van L.
Leyster, Judith (get. 28. 7. 1609–begr. 10. 2. 60), ndl. Malerin, verheiratet m. d. Maler J. Molenaer; hpts. Genrebilder u. Porträts, Schülerin v. F. Hals; *Der Flötenspieler.*
Leyte, Philippineninsel südöstl. Luzon, 7214 km², 1,5 Mill. E (Malaien, im Inneren Negritos); vulkanisch, Anbau von Zuckerrohr u. Kokospalmen.
Lezithin → Lipoide.
Lhasa, *Lhassa,* Hptst. d. auton. Region Tibet, VR China, im fruchtbaren Tal des Ki-tschu, 3630 müM, am Nordabhang des Himalaja, 343 000 E; Handelsplatz; buddhist. Hptwallfahrtsort; Residenz des Dalai-Lama (1959 emigriert).
L'hombre [frz. lö:br], Kartenspiel.
Lhote [lɔt], André (5. 7. 1885–24. 1. 1962), frz. Maler u. Kunstschriftst.; Vertr. e. eklekt., betont dekorat. Modernismus, angeregt bes. v. synthet. Kubismus; auch als Kunstpädagoge einflußr. f. d. öff. frz. Kulturleben; *Rugby; Badende.*
Li, chem. Zeichen f. → Lithium.
Liaison, *w.* [frz. liɛ'zõ], Verbindung (meist außerehel. Verbindung).
Lianen, Sammelbegriff für holzige Kletterpflanzen.
Liaodong [lǐaūdɔŋ], chin. Halbinsel, teilt das nördl. Gelbe Meer in die Koreabai u. den *Golf von L.,* zur Mandschurei; südlichster Teil Kuantung mit den Häfen *Dalian* und *Lüshun.*
Liao He [liaūxə], Hptfl. der S-Mandschurei, 1300 km l.
Liaoning [liaūniŋ], chin. Prov. in der S-Mandschurei, 151 000 km², 40 Mill. E; Steinkohlen-, Eisen-, Blei-, Zink- u. Kupferbergbau; Hptst. *Shenyang.*

LIBANON	
Staatsname:	Libanesische Republik, Al-Djumhuriya al-Lubnaniya
Staatsform:	Parlamentarische Republik
Mitgliedschaft:	UNO, Arabische Liga
Staatsoberhaupt:	Elias Hrawi
Regierungschef:	Rafik al Hariri
Hauptstadt:	Beirut 1,5 Mill. Einwohner
Fläche:	10 400 km²
Einwohner:	2 915 000
Bevölkerungsdichte:	280 je km²
Bevölkerungswachstum pro Jahr:	Ø 2,0% (1990–1995)
Amtssprache:	Arabisch
Religion:	Muslime (60%), Christen (40%)
Währung:	Libanes. Pfund (L£)
Bruttosozialprodukt (1991):	1420 US-$ je Einw.
Nationalitätskennzeichen:	RL
Zeitzone:	MEZ + 1 Std.
Karte:	→ Asien

Libanon

Libanon

LIBERIA	
Staatsname:	Republik Liberia, Republic of Liberia
Staatsform:	Präsidiale Republik
Mitgliedschaft:	UNO, AKP, ECOWAS, OAU
Staatsoberhaupt und Regierungschef:	James Taylor
Hauptstadt:	Monrovia 465 000 Einwohner
Fläche:	111 369 km²
Einwohner:	2 941 000
Bevölkerungsdichte:	26 je km²
Bevölkerungswachstum pro Jahr:	Ø 3,32% (1990–1995)
Amtssprache:	Englisch
Religion:	Christen (68%), Muslime (15%)
Währung:	Liberian. Dollar (Lib$)
Bruttosozialprodukt (1992):	200 US-$ je Einw.
Nationalitätskennzeichen:	LB
Zeitzone:	MEZ – 1 Std.
Karte:	→ Afrika

Liberia

Liberia

Lias, *m.,* schwarzer Jura, → geologische Formationen, Übers.
Libanon,
1) [hebr. „weißes Gebirge"], Gebirge in Syrien, gleichlaufend m. d. Mittelmeerküste im Westen 160 km l., 30 km br., 1930 m Kammhöhe (*Kurnet es-Sauda,* 3088 m), im Osten durch d. Bekaa-Graben vom Antilibanon getrennt; am Fuß Reste der berühmten Zedernwaldungen. **2)** Rep. zw. Mittelmeer u. Antilibanon. **a)** *Landw.:* Südfrüchte, Maulbeer-, Ölbäume. **b)** *Ind.:* Erdölraffinerien in Tripolis u. Saida; intern. Großhandel, Bankwesen; durch Bürgerkrieg stark beeinträchtigt. **c)** *Außenhandel* (1987): Einfuhr 1,88 Mrd., Ausfuhr 591 Mill. $. **d)** *Verf.* v. 1926 (1995 letzte Änderung): Staatspräs., Parlament m. 1 Kammer (Präs. muß maronit. Christ, Reg.chef sunnit. Muslim sein). **e)** *Verw.:* 5 Prov. **f)** *Gesch.:* 1918 Ende d. türk. Herrschaft, 1920–41 Teil d. frz. Mandatsgebiets Syrien; 1970–75 isr. Unternehmungen gg. palästinens. Guerillakämpfer im Süd-L.; s. 1975 Bürgerkrieg; 1982 isr. Invasion (Vertreibung d. PLO aus Beirut) u. Stationierung einer intern. Friedenstruppe (1984 Abzug); 1983 Abkommen d. sich bekämpfenden pol. u. rel. Gruppen; b. 1985 Räumung d. Süd-L. d. Israel (m. Ausnahme e. Sicherheitszone); verschied. Einflußbereiche, die meisten faktisch v. → Syrien kontroll.; 1989 Waffenstillst., aber Fortdauer d. Kämpfe; 1991 Verf.revision (gl. Sitzzahl f. Christen u. Muslime); Beendig. d. Bürgerkrieges, syr.-liban. Kooperationsvertrag; 1992 erste freie Parlamentswahlen s. 1972; 1994–96 häufige Zwischenfälle m. Israel weg. israel. Angriffe auf Stellungen d. proiranischen Schiitenmiliz Hisbollah im Südlibanon, d. ihrerseits Ziele in Nordisrael m. Raketen beschießt.
Libation [l.], altröm. Trankopfer, Opferguß.
Libau, lett. *Liepāja,* lett. Hafen- u. Handelsst. in Kurland, zw. Ostsee u. *L.er See,* 114 000 E; Seebad, Schiffbau, Industrie. – 1253 v. dt. Schwertbrüderorden gegr.
Libby ['lɪbɪ], Willard Frank (17. 12. 1908–10. 9. 80), am. Physiker u. Chemiker; Nobelpr. 1960 (→ Radiocarbonmethode).
Libelle → Wasserwaage.
Libellen, *Wasserjungfern,* Raubinsekten, jagen im Flug andere Insekten; Larven als Räuber im Wasser.

Libelle

Liber, wie *Libera,* röm. Gottheit d. vegetativen Fruchtbarkeit.
liberal [l. „liberalis = dem Freien geziemend"], freigebig, freiheitlich; f. d. Rechte des Individuums eintretend.
liberale Theologie, i. d. ev. Kirche bed. theol. Richtung d. 19. Jh., i. der d. histor.-krit. Methode d. bibl. Quellen, frei v. traditioneller kirchl. Lehrmeinung, entwickelt wurde, insbes. durch A. v. → Harnack u. E. Troeltsch.
Liberalismus, staatspol. bürgerlich-freiheitliche Staats- u. Gesellschaftsordnung; der Staat hat nur die Aufgabe des Schutzes der Bürger u. der Aufrechterhaltung d. Ordnung; *wirtschaftspol.* freies (v. Staat nicht bevormundetes) Spiel der Kräfte: Handels- u. Gewerbefreiheit, Freihandel (*Liberalisierung:* Beseitigung von Zollschranken u. mengenmäßigen Beschränkungen i. zwischenstaatlichen Handel), freie Konkurrenz (→ Manchesterschule); *kulturpol.* Gedanken-, Gewissens-, Pressefreih., unbehindertes geistiges Schaffen. – L. wurzelt in der (bes. frz. u. engl.) Aufklärung; Blütezeit im 19. Jh.: Politik (liberale Parteien), Theologie, Kunst, Wirtschaft, Neubelebung im Neoliberalismus, für Abbau staatl. Bevormundung u. Kontrolle des kulturellen u. wirtsch. Lebens.
Libẹria, westafrikan. Rep., an der (Pfef-fer-)Küste Oberguineas. **a)** *Geogr.:* Inneres meist dichter trop. Urwald. **b)** *Landw.:* Kaffee, Kakao u. Palmkerne; Kautschukgewinnung; Forstwirtsch. (Edelhölzer). **c)** *Bodenschätze:* Eisen, Diamanten u. Gold. **d)** *Außenhandel* (1990): Einfuhr 450 Mill., Ausfuhr 500 Mill. $; größte Handelsflotte d. Welt, 55,2 Mill. BRT, davon 28,2 Mill. BRT Tanker (1992). **e)** *Verf.* v. 1986 (z. Zt. außer Kraft): Präsidiale Rep.; Zweikammerparlament s. 1990 aufgelöst; s. 1. 9. 1995 6köpfiger Staatsrat. **f)** *Verw.:* 11 Bezirke, 4 Territorien. **g)** *Gesch.:* Für freigelassene Negersklaven gegr., 1848/49 v. eur. Mächten, 1862 v. USA anerkannt; 1980 Mil.putsch; 1989 Beginn des Bürgerkriegs zw. meist ethnisch geprägten Gruppierungen, 1995 Übergangsreg.; Mai 1996 Waffenruhe und Abzug d. Milizen aus Monrovia.
Libero [it.], im *Fußball:* taktisch frei bewegl. (Abwehr-)Spieler.
Libertas [l. „Freiheit"], röm. Göttin d. Freiheit.
Liberté, Egalité, Fraternité [frz.], „Freiheit, Gleichheit, Brüderlichkeit", Devise d. Frz. Revolution 1789.
Libertiner [l.],
1) hellenistische Juden in Jerusalem.
2) Bez. für d. aus röm. Sklaverei Freigelassenen.
Liberty → Stile Liberty.
Libido, *w.* [l.], Lust, Begierde, Geschlechtstrieb, in d. Psychoanalyse zentraler Begriff seelischer Energie.
Li Bo, *Li Taipo* (701–762), chinesischer Lyriker; *Pavillon v. Porzellan;* deutsche Nachdichtungen v. Hans Bethge u. Klabund.
Libration [l.], die durch die ungleichförmige Bewegung des Mondes bedingte Erscheinung, der zufolge nicht immer d. gleichen Randpartien zu sehen sind.
Librettist, Verf. eines **Librettos** [it.]: Opern-, Operettentextbuches.
Libreville [-'vil], Hptst. von Gabun, 352 000 E.

Lichtenau, *Deep-Space-Antenne*

LIBYEN	
Staatsname:	Sozialistische Libysch-Arabische Volksrepublik, Al-Djumhuriya al-Arabiya al-Libiya ash-Shabiya al-Ishtirakiya
Staatsform:	Sozialistsche Islamische Volksrepublik
Mitgliedschaft:	UNO, Arabische Liga, OAU, OPEC
Staatsoberhaupt:	Muammar Al-Gaddafi (de facto; offiziell Abd Ar-Razik Sawsa)
Regierungschef:	Abc al-Majid Kaud
Hauptstadt:	Tripolis (Tarabulus) 990 700 Einwohner
Fläche:	1 759 540 km²
Einwohner:	5 225 000
Bevölkerungsdichte:	3 je km²
Bevölkerungswachstum pro Jahr:	⌀ 3,47% (1990–1995)
Amtssprache:	Arabisch
Religion:	Muslime (90%), Christen
Währung:	Libyscher Dnar (LD)
Bruttosozialprodukt (1993):	6300 US-$ je Einw.
Nationalitätskennzeichen:	LAR
Zeitzone:	MEZ + 1 Std.
Karte:	→ Afrika

Libyen

Libussa, sagenhafte Gründerin von Prag, Ahnherrin der Przemysliden; Schauspiel v. Grillparzer.
Libyen,
1) urspr. griech. Name f. Afrika.
2) Rep. in N-Afrika. **a)** *Geogr.:* Im Landesinnern vorwiegend Wüste; Oasen m. Dattelpalmkulturen. **b)** *Bodenschätze:* Erdöl (1992: 73,2 Mill. t), Erdgas, Eisenerz. **c)** *Außenhandel* (1991): Einfuhr 6,0 Mrd., Ausfuhr 10,78 Mrd. $. **d)** *Verf.* v. 1977: Volksrep. auf d. Basis d. Korans; Volkskongreß m. Gen.sekretariat als oberstem Organ. **e)** *Verw.:* 10 Provinzen. **f)** *Gesch.:* Seit 16. Jh. v. Türken beherrscht, 1911 v. Italien erobert, seitdem it. Kolonie; 1943 v. d. Alliierten erobert, dann unter brit. u. frz. Verw.; 1951–69 Monarchie; danach Rep. 1971 Föderation arab. Rep. mit Ägypten u. Syrien (nicht verwirklicht); 1973 Einsatz d. Erdöls als pol. Waffe im Nahostkrieg; 1974 Vereinigungsbestreben m. Tunesien, 1984 m. Marokko, 1987 m. Algerien (alle nicht verwirklicht); 1986 mil. Konflikt m. USA; 1989 Konflikt um angebl. Giftgasfabrik Rabta. 1992 UNO-Sanktionen gegen L. (L. verweigert die Auslieferung d. Flugzeugattentäter v. Lockerbie); 1994 Einführung der Scharia (islamisches Recht).
Libysche Wüste, größter u. wasserärmster Teil d. östl. Sahara, ca. 2 Mill. km², zu Ägypten, Libyen u. Sudan; größte Oasen: *Kufra* u. *Siwah;* Erdölvorkommen.
Lich (D-35432), St. i. Kr. Gießen, Hess., 12 601 E; Schloß.

Lichen, m. [l.], *med.* Knötchenflechte.
Lichenes, m. [l.], in Symbiose lebende Pilze u. Algen, → Flechten.
Lichnowsky, Fürsten v.,
1) *Felix* (5. 4. 1814–19. 9. 48), als konservatives Mitgl. d. Frankf. Nationalvers. ermordet.
2) *Karl Max* (8. 3. 1860–27. 2. 1928), dt. Botsch. in London 1912–14; bemüht um Verständigung mit England; umstrittene Memoiren.
Licht, elektromagnet. Schwingungen, Frequenzen v. $4 \cdot 10^{14}$ bis $8 \cdot 10^{14}$ Hz (Wellenlängen v. $7,5 \cdot 10^{-7}$ bis $3,8 \cdot 10^{-7}$ m), mit dem Auge unmittelbar wahrnehmbar, umfaßt nur e. winzigen Bereich d. → Spektrums. Jeder Farbe entspricht eine Frequenz des L.spektrums (Rot bis Violett). – *Newtons* Emanationstheorie (1669) sah L. als körperliche Teilchen des unwägbaren *L.äthers* an (→ Korpuskular-Theorie); *Huygens* stellte 1690 L.wellentheorie auf; nach *Maxwells* elektromagnet. Wellentheorie (1871) ist L. transversale Welle mit sehr kurzer Wellenlänge. Moderne L.theorie → Quantentheorie. – *Künstl. L.:* Leuchtgas (in Berlin s. 1826), durch Auers Gasglühlicht verbessert, später durch Bogenlampe, durch el. Metallfadenlampe (luftleer od. gasgefüllt), neuerdings auch Gasentladungs- u. Leuchtstofflampen (→ Entladungsröhren, → Leuchtröhre) → Lichteinheiten.
Lichtbaumart, *Lichtholzart,* Baumart, d. relativ wenig Schatten verträgt, mind. $\frac{1}{5}$ b. $\frac{1}{10}$ d. Außenlichts z. Gedeihen benötigt, z. B. Birke, Eiche, Pappel, Lärche, Kiefer, Erle, Esche; → Schattenbaumart, Halbschattenbaumart.
Lichtbehandlung mit natürlichem Sonnenlicht → Heliotherapie; mit *künstl.* Licht: el. Bogenlicht (→ Finsen), → Quarzlampe, el. Glühlicht usw., früher bei best. Tuberkuloseformen u. Rachitis, heute bei einigen Hautkrankheiten, auch bei Depression.
Lichtbild, dt. Ausdruck f. Fotografie bzw. fotograf. Bild; mittels Licht entsteht ein Bild – Lichtbild, Lichtbildnerei, Lichtbildner(in).
Lichtbogen,
1) *astronom.* durch → Gravitationslinseneffekt bogenförmig verzerrtes Abbild e. sehr weit entfernten Galaxie; im Extremfall e. geschlossener Kreisring (*Einsteinring*) möglich.
2) besteht aus einem Strom glühender Materieteilchen zw. 2 Elektroden, meist Kohle. L. ist e. Form d. → Gasentladung, die im Ggs. z. d. → Entladungsröhren bei normalem Luftdruck stattfindet. Intensive Leuchterscheinung, daher auch z. Projektion von Bildern verwendet (L.-Lampe).
Lichtbogensender, nach → *Poulsen,* erster Sender, d. Erzeugung ungedämpfter Schwingungen ermöglichte; seit d. 20er Jahren v. Röhrensendern verdrängt.
Lichtbogentriebwerk, → elektrische Raumflugtriebwerke.
Lichtdruck,
1) Flachdruckverfahren o. Zerlegung in Rasterpunkte z. originalgetreuen Wiedergabe e. mehrfarbigen Originals (hpts. Gemäldes).
2) *phys.* → Strahlungsdruck.
Lichteinheiten,
1) *Lichtstrom,* photometrisch bewertete Strahlungsleistung eines Körpers, Einheit: *Lumen* (lm).
2) *Lichtmenge,* der in einer best. Zeit insgesamt ausgestrahlte Lichtstrom, Einheit: *Lumenstunde* (lmh), 1 Lumen i. d. Stunde.
3) *Lichtausbeute,* Wirkungsgrad einer Lichtquelle, Quotient aus abgegebenem Lichtstrom u. zugeführter el. Leistung, Einheit: *Lumen pro Watt* (lm/W).
4) *Lichtstärke,* ist d. Lichtstrom, der in best. Richtung ausgestrahlt wird, bezogen auf den Raumwinkel, Einheit: → *Candela* (cd); früher *Hefnerkerze* (HK), 1 HK = 0,903 cd; Lichtquelle mit allseitig 1 cd gibt Lichtstrom von 4 πlm.
5) *Beleuchtungsstärke,* Lichtstromdichte einer vom Lichtstrom beleuchteten Fläche, Einheit: *Lux* (lx); 1 lx = 1 lm/m².
6) *Leuchtdichte,* Lichtstärke einer leuchtenden Fläche in Richtung Auge, bezogen auf d. Größe d. Fläche, Einheit: *Candela pro Quadratmeter* (cd/m²); früher: *Stilb* (sb), 1 sb = 10^4 cd/m².
lichtelektrischer Effekt → fotoelektrischer Effekt.
lichtelektrische Zellen → Fotozellen.
lichtempfindliche Salze, chemische Verbindungen, die durch Lichteinwirkung zersetzt werden (*Silberbromid, -chlorid, -iodid*); verwend. in fotografischen Schichten.
lichten, *seem.* Anker hochziehen.
Lichtenau, zentrale dt. Bodenstation f. Luft- u. Raumfahrt e. V., in Weilheim.
Lichtenberg, *Georg Christoph* (1. 7. 1742–24. 2. 99), dt. Phys. u. Schriftst.;

phil.-satir. Kritiker d. Genicwesens u. der Empfindsamkeit; Aphorismen; Erklärungen zu *Hogarths Kupferstichen*.
Lichtenberg, ö. Bz. von Berlin, 177 000 E.
Lichtenfels (D-96215), Krst. am Main, Bay., 21 180 E; AG; „dt. Korbstadt"; Ind.; FS f. Korbflechter.
Lichtenstein, Roy (27.10.1923–29. 9. 97), am. Maler; → Abstrakt. Expressionismus, später de. Hptvertr. d. → Pop Art.
Lichtenstein,
1) neugot. Schloß in Württemberg, sö. v. Reutlingen, 1839–41 anstelle d. ma. Burg (wo Hauffs Roman *L.* spielt) erbaut.
2) *L. (Sachsen)* (D-09350), St. i. Kr. Hohenstein-Ernstthal, Sa., a. Rand d. Erzgebirges, 11 853 E; Textilind.; Fachschule f. Textilind.
Lichtfreunde, rel. Bewegung liberaler protestant. Pfarrer, v. ev. Pfarrer Leberecht Uhlich 1841 gegr. u. m. d. gleichart. Deutschkatholiken z. *Bund freireligiöser Gemeinden* vereinigt.
Lichtgaden, *Obergaden,* im Kirchenbau die Fensterzone d. erhöhten Mittelschiffs e. Basilika zur direkten Belichtung d. Innern; *Untergaden,* d. Fensterzone d. niedrigeren Seitenschiffe.
Lichtgeschwindigkeit, Abk. *c*, phys. Fundamentalkonstante, beträgt (übereinstimmend m. d. Geschwindigkeit aller elektromagnet. Wellen) 299 792,5 km/s i. Vakuum; erste Messung v. O. Römer 1676; L. nach d. → Relativitätstheorie die obere Grenze, der sich d. Geschwindigkeit e. Körpers nähern kann.
Lichtjahr, die vom Licht in einem Jahr zurückgelegte Strecke, 9,463 Billionen km; dient neben dem → Parsec als Entfernungseinheit für Sterndistanzen.
Lichtmaschine, Gleichstrom-Nebenschlußdynamo, v. Fahrzeugmotor angetrieben; b. Kraftwagen.
Lichtmesse, *Mariä Lichtmeß,* Messe mit Lichterweihe zur Erinnerung an Marias Gang i. d. Tempel mit dem Jesusknaben (Tag 2. Februar).
Lichtnelke, versch., meist rot blühende Nelken der Wälder u. Wiesen (z. B. *Kuckucks-L.*); viele Gartenpflanzen: *Brennende Liebe (Feuer-), Vexiernelke.*
Lichtquant, nach d. → Quantentheorie (Übers.) wird d. Licht nicht kontinuierlich, sondern in Portionen d. Energie E = h · v emittiert u. absorbiert, wobei v die Frequenz d. Lichtes u. h das → Wirkungsquantum, e. universelle Naturkonstante, bedeuten.
Lichtsatz → Fotosatz.
Lichtschranke, Lichtstrahlschaltung zum Ein- u. Ausschalten von Maschinen (auch als Sicherheitsmaßnahme), Rolltreppen u. a.; Lichtquelle strahlt z. B. auf eine → Fotozelle; durch Emissionsstrom wird über Verstärker ein Relais angezogen; bei Unterbrechung des Lichtstrahls fällt Relais ab.
Lichtsignale,
1) zur Übermittlung von Nachrichten bei Schiffen; früher auch optische Telegrafen (z. B. Feuertelegraf; heute → digitale L. bei d. opt. Nachrichtenübertragung, → Lichtwellenleiter.
2) Anordnung mehrerer verschiedenfarbiger Lampen zur Regelung des Verkehrs (Straße, Schiene usw.).
Lichtspiel → Film, Übers.

G. C. Lichtenberg

Lichtenstein, *Schloß*

Max Liebermann, *Selbstbildnis*

Justus v. Liebig   Karl Liebknecht

Liechtenstein, *Schloß Vaduz*

Lichtstärke, bei *Lichtquellen:* → Lichteinheiten; L. des *fotograf. Objektivs* = wirksamer Linsendurchmesser durch Brennweite.
Lichtwark, Alfred (14. 11. 1852–13. 1. 1914), dt. Kunstgelehrter u. -erzieher; Leiter d. Kunsthalle i. Hamburg; *Übungen i. d. Betrachtung v. Kunstwerken*.
Lichtwellenleiter, in d. → Faseroptik eingesetzte → Glasfasern z. Übertragung v. Lichtimpulsen; innerhalb d. → Breitband-Kommunikation zunehmend als Ersatz f. d. herkömml. Leiter (z. B. → Koaxialkabel) benutzt, die el. Impulse übertragen; Vorteile: Laserlicht benötigt als Informationsträger einen Leiter v. geringerem Durchmesser; höhere Übertragungskapazität; geringere Anfälligkeit gegenüber elektromagnet. Störungen u. chem. Einwirkungen; bedeutend weniger Zwischenverstärker notwendig.
Lichtwert, die Kombination v. Belichtungszeit plus Blendenwert, abgek. LW; heute statt dessen EV üblich (= Exposure Value = Lichtwert).
Lichtzeit, diejenige Zeit, welche das Licht benötigt, um v. einem Himmelskörper z. Erde zu gelangen (z. Durchlaufen der mittleren Entfernung Sonne–Erde braucht das Licht 8 Min. 19 Sek.).
Lid, zweiteil. Hautfalte am Auge.
Lidar, Abk. v. engl. **L**ight **D**etecting **a**nd **R**anging, mit Lichtwellen arbeitendes Gerät zur Ortung v. Turbulenzzonen in d. Atmosphäre.
Liddell Hart ['lɪdl 'haːt], Sir Basil Henry (31. 10. 1895–29. 1. 1970), engl. Offizier u. Mil.schriftst.; *Die Rote Armee*.
Liderung, Abdichtung von Maschinenteilen, die aneinander gleiten, durch Leder, Hanf, Metall.
Lidice [-jitsɛ], tschech. Dorf bei Kladno (Böhmen), 1942 als Vergeltung f. d. Attentat auf → Heydrich von der SS zerstört; männl. Bev. erschossen; 1946 tschech. Nationaldenkmal.
Lido [it.], Küste, auch svw. → Nehrung, z. B. *L. v. Venedig* (mit Seebad).
Lidschlußreflex, Hornhautreflex, Schließen des Augenlids als → Reflex auf Reizung der Horn- bzw. Bindehaut des → Auges, normaler Lidschlag (5- bis 27mal pro Min.) ist ebenfalls als L. auf die Abkühlung des Augapfelvorderteils bei Verdunstung der Tränenflüssigkeit zu verstehen.
Lie,
1) Jonas (6. 11. 1833–5. 7. 1908), norweg. Schriftst.; *Familie auf Gilje*.
2) Trygve (16. 7. 1896–30. 12. 1968), norweg. Pol.; 1946–53 Generalsekr. der UN; oftmals Min.
Liebe, *phil.* d. einander i. seiner Existenz wechselseitig anerkennende Streben zueinander. Nach Hesiod u. Empedokles ist L. e. kosm. Prinzip, durch d. d. Weltall geeinigt wird.
Liebermann,
1) Max (20. 7. 1847–8. 2. 1935), dt. Maler u. Graphiker, 1898 m. W. Leistikow Begr. d. Berliner Sezession; verband impressionist. Stilmittel m. naturalist. Darstellung; Landschaften, Städtebilder, Szenen aus d. Arbeitsleben, Porträts (*Ferdinand Sauerbruch*).
2) Rolf (* 14. 9. 1910), schweiz. Komp.; Ballett: *Furioso; Concerto for Jazzband and Symphony Orchestra;* Opern: *Leonore 40/45; Penelope.*
Liebesmahl,
1) gemeinsame Abendmahlsfeier der ersten Christen; ähnlich heute noch bei der Brüdergemeine.
2) früher Festessen unter Offizieren.
Liebfrauenmilch, rheinhess. Weißweine.
Liebig, Justus v. (12. 5. 1803–18. 4. 73),

Roy Lichtenstein, *M-Maybe (A Girl's Picture)*, (M-Möglicherweise; Bild eines Mädchens)

LIECHTENSTEIN	
Staatsname:	Fürstentum Liechtenstein
Staatsform:	Konstitutionelle Erbmonarchie
Mitgliedschaft:	UNO, EFTA, Europarat, EWR
Staatsoberhaupt:	Fürst Hans-Adam II.
Regierungschef:	Mario Frick
Hauptstadt:	Vaduz 4887 Einwohner
Fläche:	160 km²
Einwohner:	30 000
Bevölkerungsdichte:	187 je km²
Bevölkerungswachstum pro Jahr:	⌀ 0,17% (1990–1995)
Amtssprache:	Deutsch
Religion:	Katholiken (87%), Protestanten (8%)
Währung:	Schweizer Franken (sfr)
Bruttosozialprodukt (1991):	33 000 US-$ je Einw.
Nationalitätskennzeichen:	FL
Zeitzone:	MEZ
Karte:	→ Mitteleuropa

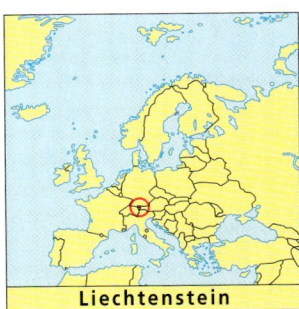

Liechtenstein

dt. Chem.; Begr. d. organ. Chemie; entdeckte Chloroform u. Chloral; Schöpfer des modernen Chemieunterrichts u. d. Kunstdüngerlehre, fand Verfahren z. Herstellung d. nach ihm ben. → Fleischextraktes, Erfinder v. Analysenmethoden u. -geräten.

Liebknecht, 1) Karl (13. 8. 1871–15. 1. 1919), radikaler Sozialdemokrat, lehnte als MdR 1914 Kriegskredite ab; Leiter des *Spartakusbundes;* bei Berliner Januarunruhen 1919 ermordet; s. Vater
2) Wilhelm (29. 3. 1826–7. 8. 1900), dt. Sozialist; 1848–62 verbannt u. in Verbindung mit Marx u. Engels ab 1874 MdR, Führer d. jungen dt. Soz.demokr.

Liebstöckel, *Maggikraut,* aromat., hochwüchsiger Doldenblütler aus S-Europa; zu Gewürz u. Tee.
Liechtenstein, unabhängiges Fürstentum zw. Vorarlberg u. den Schweizer Kantonen Graubünden u. St. Gallen. **a)** *Landw.:* Getreide, Obst- und Weinanbau, Viehzucht. **b)** *Ind.:* Holz- u. metallverarbeitende, Textilind., Fremdenverkehr. **c)** *Verf.* v. 1921: konstitutionelle Erbmonarchie auf demokr.-parlamentar. Grundlage m. Landtag; Wahrnehmung d. Interessen im Ausland durch die Schweiz. **d)** *Gesch.:* 1719 reichsunmittelb. Fürstent., gebunden an d. Herrschaften Vaduz u. Schellenberg; 1876–1919 Zoll- u. Steuergemeinschaft m. Vorarlberg, ab 1921 m. Schweiz; 1995 Beitritt zum EWR.
Lied, kl. geschlossenes sangb. Musikstück; Volkslied, Chorlied u. das v. Orchester od. Klavier begleitete Kunstlied (Schubert, Schumann, Brahms, Wolf, R. Strauss u. a.).
Liedertafel, Bez. v. Männergesangvereinen; erste L. 1809 v. Zelter in Berlin gegründet.
Liegegeld, vom Verlader an den Schiffsführer bei Überschreitung d. Ladezeit zu zahlende Vergütung.
Liegendes, im *Bergbau:* Schicht *unter* einer Kohlen- usw. Lagerstätte; Ggs.: → Hangendes.
Liegnitz, *Legnica,* poln. St. in Niederschlesien, 104 000 E; Barockbauten; Kupferhütte, Textil-, Masch.-, Lederind. – 1241 Abwehr d. Mongolen; 1760 Sieg → Friedrichs II.; s. 1945 poln.
Lien Chan [-tʃan], (* 27. 8. 1936), s. 1993 Premiermin. d. Rep. China/Taiwan.
Lienz ['liɛ-], (A-9900), Bez.st. in Tirol, a. d. Mündung der Isel i. d. Drau, 11 864 E; Luftkurort, Wintersport (Zettersfeldbahn); südl. **L.er Dolomiten** (*Sandspitze* 2772 m), im NW der **L.er Klause,** enges Durchbruchstal d. Drau.
Lieschgras, Gräser mit walzigen Rispenähren; *Wiesen-L.,* Futtergras.
Liestal (CH-4410), Hptst. des schweiz. Halbkantons Basel-Land, an d. Ergolz, 12 500 E; Textil-, Masch.ind.
Lietz, Hermann (28. 4. 1868–12. 6. 1919), dt. Pädagoge; Begr. der Landerziehungsheime.
Lifar, Serge (2. 4. 1905–16. 12. 86), frz. Tänzer u. Choreograph russ. Herkunft; 1930–58 Ballettmeister d. Pariser Oper.
Lifestyle, *m.* [engl. ˈlaɪfstaɪl], moderne Bez. f. anspruchsvolles Leben, Luxus (Wohnung, Essen, Kosmetik).
Lift, *m.* [engl.], → Fahrstuhl.
Liftboy, Fahrstuhlführer.
liften, glätten d. Haut durch kosmet.-chirurg. Operationen; → Face lifting.
Lifting Body [engl. -ˈbɔdɪ „Auftriebskörper"], Flugkörper ohne Tragflächen, durch spezielle Form e. Auftrieb erzeugend; Vorläufer d. → Raumtransporters (→ Space Shuttle).
Liga [span.], Bündnis: 16.–18. Jh., *Heilige L.,* wenn Papst beteiligt, *Kath. L.,* Bündnis dt. kath. Fürsten 1609–35, v. bes. Bedeutung im 30jähr. Krieg.
Liga der Nationen → Völkerbund.
Liga für Menschenrechte, 1898 aus Anlaß der Dreyfus-Affäre in Frankreich gegr. Vereinigung zur Wahrung der Menschenrechte und Beilegung zwischenstaatl. Konflikte; s. 1922 international.

Liguster

Detlev von Liliencron

Lilienhähnchen

Otto Lilienthal 1895 mit seinem Gleitflugzeug

Ligamẹntum [l. „Band"], bandartige Bindegewebsfaserzüge, dienen d. Festigung v. Gelenken u. Befestigung innerer Organe.
Ligatur, *w.* [l.], **1)** *med.* Gefäßabbindung bei Operation. **2)** *mus.* Bindung mehrerer Noten durch Bogen.
Ligeti, György (* 28. 5. 1923), ungar. Komp.; postserielle Klangflächenkompositionen; *Atmosphères;* Oper: *Le grand macabre.*
Light-Produkte(-Lebensmittel) [engl. laɪt-], lebensmittelrechtl. nicht definierte Bez.; L. kann kalorienreduziert, leichtverdaulich od. aufgeschäumt (z. B. b. Schokolade) bedeuten.
Ligne [lɪnj], Charles Joseph Fürst von (23. 5. 1735–13. 12. 1814), östr. Feldm. im → 7jähr. Krieg.
Lignin, *s.,* Holzstoff, inkrustiert pflanzl. Zellwände und läßt sie verholzen.
Lignịt, *m.,* Braunkohle m. erkennbarer Holzstruktur.
Ligorio, Pirro (um 1510–30. 10. 83), it. Maler, Archäologe, Architekt u. Gartenkünstler d. Manierismus; *Villa d'Este* in Tivoli.
Liguori, Alfonso Maria de (27. 9. 1696 bis 1. 8. 1787), it. kath. Theol.; Stifter d. → Redemptoristen (1732); *Theologia moralis.*
Ligurer, Volk, urspr. ansässig von den Pyrenäen bis zur Poebene, 187–175 v. Chr. v. den Römern unterworfen.
Ligurien, it. *Liguria,* oberit. Landschaft u. Region um d. Golf v. Genua; 5416 km², 1,7 Mill. E; Gemüsebau, Blumenzucht, Ind., Luftkurorte, Seebäder; Hptst. *Genua.*
Ligurische Republik, Name d. Rep. Genua 1802–05.
Ligurisches Meer, Teil des Mittelmeeres zw. Korsika u. d. Riviera; bis 2615 m t.
Liguster, *m., Rainweide,* Ölbaumgewächs, Heckenstrauch mit weißen Blüten u. blauschwarzen Beeren.
Ligusterschwärmer, großer Nachtschmetterling; Raupe grün (gestreift mit Hinterhorn) an Liguster und Flieder.
liieren [frz.], eng verbinden.
Likör → Likörwein.
Likörwein, ein → gespriteter Wein, der e. Alkoholgehalt von mind. 15,5° u. höchstens 22° besitzt; dabei wird e. Most od. e. natürl. Alkoholgehalt von mind. 12° Alkohol od. konzentrierter Traubenmost beigemischt.
Liktoren, Begleiter der höchsten röm. Beamten, trugen die → *Fasces* (Rutenbündel mit Beil).
Lilić [ˈlilitʃ], Zoran (* 1953), s. 1993 jugoslaw. Staatsprä̈s.
Lilie, Zwiebelgewächse m. gr. Blüten; Zierpfl. (z. B. *weiße L.; Feuerlilie; Türkenbund*).
Liliencron, Detlev Frh. v. (3. 6. 1844 bis 22. 7. 1909), dt. Dichter d. Impressionismus; auch Naturalist: *Adjutantenritte; Kriegsnovellen; Poggfred;* Balladen, Lyrik.
Lilienhähnchen, kleiner Blattkäfer; Schädling an Lilien u. a. Gartenblumen.
Lilienthal, Otto (23. 5. 1848–10. 8. 96), dt. Gleitflugzeugkonstrukteur, „der 1. fliegende Mensch", b. Flugversuch tödlich abgestürzt; *D. Vogelflug als Grundlage d. Fliegekunst.*
Liliput, von Zwergen (**Liliputanern**)

bewohntes Märchenland bei Swift: *Gullivers Reisen*.
Liliputaner → Zwergwuchs.
Lilith, im A.T. Nachtdämonin *(Jes. 34, 14)*, im Talmud Adams erste Frau; babylon. Sturmdämonin.
Lilje, Hanns (20. 8. 1899–6. 1. 1977), 1947–70 ev. Landesbischof v. Hannover; 1948–69 Vors. der VELKD, 1952 bis 57 Präs. d. Luth. Weltbundes.
Lille [lil], fläm. *Rijssel*, Hptst. des frz. Dép. *Nord*, 178 000 E, Agglomeration 959 000 E; 2 Uni.; Textil- u. Masch.ind.
Lillehammer, norw. Provinzhptst. am Mjösa-See, 26 000 E; Austragungsort d. XVII. Olymp. Winterspiele 1994.
Lilongwe, Hptst. von → Malawi, 234 000 E; Handelszentr., Flugplatz.
Lima, Hptst. von Peru, 10 km vom Pazifik, m. Vororten u. Hafenst. *Callao* (Flughafen), 6,4 Mill. E; Uni. (s. 1551); Handels- u. Ind.zentrum.
Liman, *m.* [türk.], → Lagune.
Limbach, Jutta (*27. 3.1934), dt. Juristin, 1989-93 Justizsenatorin in Berlin, s. 1994 Präsidentin des Bundesverfassungsgerichtes.
Limbach-Oberfrohna (D-09212), St. i. Landkr. Chemnitz, Sa., 21 000 E; Textil- u. Masch.ind.
limbisches System, schmales Randgebiet zw. Hirnstamm u. Großhirn, d. im Dienste d. Stimmungen u. Gefühle, der Aufmerksamkeit, Merk- u. Lernfähigkeit sowie der Selbst- u. Arterhaltung steht; von hier gehen Affektverhalten (Angst, Furcht, Spannung, Wut usw.) u. Regulation der unwillkürl. Innervation d. inneren Organe aus.
Limburg, *Brüder L. (Paul, Hermann u. Jan)*, ndl. Buchmaler d. Spätgotik (1. Hälfte 15. Jh.) in frz. Diensten; brachten d. Buchmalerei zur letzten Blüte vor d. Verbreitung d. Holzschnitts; bahnbrechend führten sie d. realitätsbezogene Landschaftsschilderung in d. eur. Malerei ein; Stundenbuch d. Hzgs v. Berry (*Les très riches heures du Duc de Berry*).
Limburg,
1) *L. a. d. Lahn* (D-65549–56), Krst. im Rgbz. Gießen, Hess., 31 400 E; LG, AG; roman.-got. Dom; kath. Bistum (seit 1821); Eisen-, Glas-, Textil-, Verpackungs-, Keramikind.
2) frz. *Limbourg*, belg.-ndl. Landschaft a. d. Maas, fruchtbares Hügelland; Provinzen *Belg.-L.* (2422 km², 745 000 E), Hptst. *Hasselt* (66 600 E), u. *Ndl.-L.* (2169 km², 1,1 Mill. E), Hptst. *Maastricht* (118 200 E); Steinkohlenbergbau.
Limbus [l. ,,Rand"],
1) nach *kath. Lehre:* Aufenthalt u. Zustand d. ungetauft verstorbenen Kinder und der vorchristl. Gerechten im Jenseits.
2) an *Meßinstrumenten:* bei Teilkreisen d. Ring mit d. Teilung, an dem die → Alhidade gleitet.
Limelight, s. [engl. ′laɪm,laɪt], Scheinwerfer-, Rampenlicht, Licht der Öffentlichkeit.
Limerick,
1) engl. Scherzverse (Schema: aa bb a).
2) irisch *Luimneach,* St. in d. Rep. Irland, am Shannon, 52 000 E; Hafen, intern. Flughafen Shannon Airport.
Limes, *m.* [l. ,,Grenze''],
1) *mathematischer* Grenzwert, dem sich eine Folge v. Zahlen oder eine Funktion mit immer kleiner werdendem Abstand nähert; Grundlage der Infinitesimalrechnung.
2) durch Kastelle u. Wachttürme gesicherte Grenze des röm. Weltreichs, in Schottland, Dtld, Arabien usw.; zwischen Rhein (Rheinbrohl) u. Donau (Eining bei Kelheim) zum Schutz gg. Germanen um 85–155 n. Chr. erbaut, 555 km lang.
Limfjord, buchtenreiche Meeresstraße zw. Kattegat und Nordsee in Nordjütland; Austernzucht.
Limit, *s.* [engl.],
1) in d. *Wirtsch.* allg. mengen- und wertmäßige Begrenzung.
2) *Börsenausdruck,* vom Auftraggeber festgelegte Preisgrenze d. Bank od. Sparkasse gegenüber, unter (Verkauf) bzw. über (Kauf) der das Geschäft nicht vorgenommen werden soll.
limited [engl. ,,begrenzt''], Abk. in Firmenbezeichnungen: *Ltd.* = mit beschränkter Haftung.
limitieren, begrenzen.
Limnologie [gr.], Wiss. v. d. Binnengewässern (Seekunde); MPI f. L. in Plön.
Limnos, älter *Lemnos, Lemni,* griech. Insel i. d. nördl. Ägäis; 476 km², 16 000 E; Hptort *Kastron;* griech. Bischofssitz.
Limoges [-ˈmɔːʒ], Hptst. d. frz. Region *Limousin* u. des Dép. *Haute-Vienne,* an der Vienne, 136 000 E; Bischofssitz; Uni.; Porzellanfabr.; bei L. Uranerzfunde. – In MA und Renaissance berühmte Emailmalerei; *Limosin*.
Limone → Zitrone.
Limonit, Brauneisenerz (FeOOH), Verwitterungsmineral; wicht. Eisenerz.
Limousin [-muˈzɛ̃], frz. Landschaft um Limoges.
Limousine, *w.* [-mu-], geschlossener Kraftwagen.
Limpopo, südafrikan. Fluß, 1600 km lang, entspringt als *Krokodilfluß* b. Johannesburg, mündet b. Xai-Xai (Mosambik) in den Indischen Ozean.
Linares, südspan. St. in Andalusien, 55 000 E; Bergbau (silberhaltiges Blei, Kupfererz); Maschinenbau- und Fahrzeugind.
Lin Biao, *Lin Piao* (1907–12. 9. 71); chin. Marschall u. Pol.; s. 1959 Verteidigungsmin.; Stellvertr. Mao Zedongs, s. 1970 dessen Gegner.
Lincke, Paul (7. 11. 1866–3. 9. 1946), dt. Operettenkomp.; *Frau Luna*.
Lincoln [ˈlɪŋkəln], Abraham (12. 2. 1809–15. 4. 65), am. Jurist u. Pol.; 16. Präs. der USA 1861–65; Gegner d. Sklaverei; führte daher den → Sezessionskrieg; gilt als Idealgestalt der am. Demokratie; ermordet.
Lincoln [ˈlɪŋkən],
1) Hptst. der ostengl. Gft *L.shire,* 77 000 E; Nahrungsmittelind., Maschinenbau.
2) Hptst. d. US-Staates Nebraska, am Salt Creek, 192 000 E; Uni. (s. 1871); Nahrungsmittelind.
Lind,
1) Jakov, eigtl. *J. Landwirt* (* 10. 2. 1927), östr. Schriftst.; *Eine Seele aus Holz; Landschaft in Beton*.
2) Jenny (6. 10. 1820–2. 11. 87); schwed. Sängerin (d. ,,schwed. Nachtigall'').
Lindau (Bodensee) (D-88131), Gr.Krst. in Bay., 24 800 E; Inselst. m. ma. Gepräge, Seebad (Spielkasino); Hafen; AG, IHK; auf d. Festland *Bad Schachen*. – 1240–1802 Freie Reichsstadt; 1805 bayr.
Lindbergh [-bəːg], Charles (4. 2. 1902–26. 8. 74), am. Flieger, 1954 General, überflog 1927 mit ,,Spirit of St. Louis'' als erster (i. 33 Std. u. 30 Min.) allein d. Atlantik v. W nach O.
Linde,
1) Carl v. (11. 6. 1842–16. 11. 1934), dt. Ing.; Erfinder der L.-Eismaschine; → flüssige Luft.
2) Otto zur (26. 4. 1873–16. 2. 1938), phil. Lyriker (*Charon*); Vorläufer des Expressionismus.
Linde, Bäume mit gelbl. honigreichen Blüten (zu Tee); helles Holz zu Tischler- und Schnitzarbeiten, Bast zu Flechtwerk; *Sommer-L., Winter-L., Krimlinde* (als Straßenbaum); am. u. asiat. Arten eingeführt.
Lindemann, Georg (8. 3. 1884–26. 9. 1963), dt. Gen.oberst, März–Juli 1944 Oberbefehlsh. d. Heeresgruppe Nord.
Lindenberg, Udo (* 17. 5. 1946), dt. Rockmusiker; zeitkrit.-saloppe Rock-Songs in dt. Sprache.
Lindenberg i. Allgäu (D-88161), St. i. Kr. Lindau (Bodensee), Bay., 750–800 müM, 10 846 E; div. Ind., Fremdenverkehr.
Linderhof, Schloß in Oberbayern, westl. v. Ettal, 948 müM, für Ludwig II. 1869–78 erbaut.
Lindgren, Astrid (* 14. 11. 1907), schwedische Kinderbuchautorin; *Pippi Langstrumpf;* 1978 Friedenspr. d. Dt. Buchhandels.

Astlose Graslilie

Abraham Lincoln

Lindau, *Hafen*

Winterlinde

Limburg a. d. Lahn, *Dom*

Schloß Linderhof

Lindlar (D-51789), Gem. im Oberbergischen Kr., NRW, 19 643 E; div. Industrien.
Lindner, Richard (11. 11. 1901–16. 4. 78), dt.-am. Maler u. Graphiker; maschinenartige u. plakativ stilisierte Figuren; Vorläufer der → Pop Art.
Lindos, griech. St. auf Rhodos, 700 E; antike Kulturdenkmäler (Heiligtum d. Athene), Fremdenverkehr.
Lindwurm, svw. → Drache.
linear [l.], eindimensional (→ Linie).
Linear-B-Schrift, kretisch-myken. Schrift, auf Tontäfelchen erhalten, 1900 Funde v. Knossos (1400 v. Chr.), 1939 Pylos (1200 v. Chr.), 1953 als Frühform d. Griechischen entziffert.
lineare Gleichung, math. → Gleichung 1. Grades: $y = ax + b$.
linearer Kontrapunkt, *mus.* svw. → Kontrapunkt ohne Rücksicht auf harmon. Übereinstimmung; hpts. expressionistisch.
Liner, *m.* [engl. ′laınə], Fahrgastschiff m. fester Route.
Linga, *Lingam, s.* [sanskr. „Geschlechtsglied"], hinduist. Symbol des Fruchtbarkeitsgottes Schiwa, Kultobjekt in shiwait. Tempeln, dargestellt i. Form d. erigierten männl. Gliedes, oft verbunden m. d. weibl. Gg.stück, d. *Yoni*.
Lingayats [sanskr. „Linga-Träger"], Mz., Anhänger e. hinduist. Reformbewegung, v. Basawa i. 12. Jh. gegr., sie verehrt Schiwa i. Linga u. erlaubt d. Witwen d. Wiederverheiratung.
Lingen, Theo, eigtl. *Theodor Schmitz* (10. 6. 1903–10. 11. 78), dt. Bühnen- u. Filmschausp.; *Sieben Jahre Pech.*
Lingen (Ems) (D-49808–11), St. i. Kr. Emsland, Nds., 49 587 E; AG; Viehmarkt, Erdölgewinnung u. -verarbeitung, div. Ind.; Kernkraftwerk (1300 MW).
lingual, zur Zunge *(Lingua)* gehörig.
Linguist, *m.* [l. „lingua = Sprache"], Sprachforscher.
Linie [l. „linea"],
1) Grundbegriff der *Math.:* eindimensionale Längenausdehnung (ohne Breite u. Dicke); gerade, gekrümmt od. gebrochen; Entstehung durch Bewegung eines Punktes.
2) in der *Schiffahrt:* der Äquator („die L. passieren").
Linienrichter, Assistent d. Schiedsrichters zur Überwachung d. Spielfeldgrenzen u. v. Abseitsstellungen (z. B. beim Fußball).
Linienschiffe, früher Kriegsschiffklasse m. schwerster Panzerung u. Bestückung, jetzt → Schlachtschiffe.
Linienspektren, Bez. f. d. Lichtausstrahlung v. → Atomen u. → Molekülen, die kein kontinuierliches Lichtband haben, wie z. B. Glühlampen, sondern Licht nur bei bestimmten, f. d. Art jeweils typ. Wellenlängen ausstrahlen u. auch absorbieren. Auch d. Sonne hat ein L., das auf d. Absorption des aus d. Sonneninneren kommenden Lichtes durch d. Atome d. äuß. Sonnenhülle beruht, von → Fraunhofer entdeckt (→ Spektrum).
Linienverkehr, in d. *Schiffahrt:* fahrplanmäßiger Transportverkehr (Ggs.: → Trampschiffahrt); i. d. *Luftfahrt:* Linienflug; Ggs.: Charterflug.
Liniment, *s.* [l.], flüssige Salbe zu Einreibungen.

Linz, *Hauptplatz*

linke Hand, *Ehe,* → morganatische Ehe.
Linköping [‚lintɕø:piŋ], Hptst. des schwed. Län Östergötland, 122 000 E; luther. Bistum; Flugzeug-, Auto- u. Elektroind., Masch.fabriken.
Linktrainer, *m.* [engl. -trɛ:-], Bodenübungsgerät f. Flugzeugführer, insbes. f. Blindflugschulung.
Linné, Karl von (23. 5. 1707–10. 1. 78), schwed. Naturforscher; schuf d. nach ihm ben. künstl. Pflanzensystem u. d. noch heute gebräuchl. wiss. Benennung der Tiere u. Pflanzen mit je einem lat. Gattungs- u. Artnamen (*Canis lupus* = Wolf).
Linnich (D-52441), St. i. Kr. Düren, NRW, 12 943 E; Papier- u. Kunststoffind.
Linoleum [-leʊm], Belag für Fußböden, Tischplatten usw.; Leinöl wird heiß durch Einblasen von Luft gehärtet und mit Harz, Pigmenten und Korkmehl zu einer Kautschuk-ähnlichen Masse verarbeitet. Diese wird heiß auf eine Juteunterlage gewalzt und im Ofen bei 80 °C gehärtet.
Linolschnitt, Hochdruckverfahren m. Hilfe v. Linoleumplatten, die leichter als Holz zu schneiden sind, Farben gut annehmen u. beim Drucken gut abgeben; insbes. f. künstler. Graphik (z. B. v. Picasso).
Linon, *m.* [frz. -′nõ:], stark appretierter, gebleichter Baumwollstoff.
Linotype, *w.* [engl. ′laınotaıp], Setzmaschine, setzt u. gießt zugleich *ganze Zeilen;* Erfinder *Mergenthaler;* → Monotype.
Linse,
1) wickenähnl. Schmetterlingsblütler aus d. Mittelmeergebiet mit nahrhaftem Samen (Hülsenfrüchte); sehr alte Kulturpflanze; als Schädling u. a. *Linsenkäfer* (Larven in d. Hülsen).
2) L. des *Auges* (Kristallinse), durchsichtig u. elastisch, bikonvex, kann durch Muskelzug verschieden stark gekrümmt werden; in der Ruhe entspannt, auf Sehen in d. Ferne eingestellt, krümmt sich stärker beim Nahsehen (→ Akkomodation).
Linsen, in d. Optik runde, lichtdurchlässige Scheiben, meist aus Glas, mit gekrümmter Oberfläche (→ Tafel Optik).
Linson, Einbandmaterial für (Schul-) Bücher etc., aus langfaserigem Sulfatzellstoff mit Manilahanf-Zusätzen u. Voll-Imprägnierung, oberflächengeprägt.
Linters [engl.], zum Spinnen ungeeignete kurze Baumwollfasern; Rohstoff für Chemiefasern.
Lintorf, s. 1975 zu → Ratingen.
Lin Yutang, (10. 10. 1895–26. 3. 1976), chin. Gelehrter u. Schriftst.; *Weisheit des lächelnden Lebens.*
Linz an der Donau (A-4020), Hptst. v. Oberöstr., 212 595 E; Römerkastell (1. Jh. n. Chr.), Martinskirche (8. Jh.), Schloß, Altstadt, Barockkirchen; Uni., HS f. künstler. u. ind. Gestaltung, Bruckner-Konservatorium; Landestheater, Museen; Eisen- u. Stahlwerke, Maschinenbau, chem.-pharmazeut. Betriebe, Donauhafen m. Freihandelszone.
Linzgau, Landschaft in Baden a. Bodensee, wald-, seen- u. moorreich; Weinbau.
Lions International [engl. ′laıənz ıntə′næfənəl], 1917 in den USA gegr. weltumfassende Organisation von Persönlichkeiten d. öffentl. Lebens f. geist. Verständigung u. Pflege d. Allgemeinwohls; enge Zusammenarbeit m. → CARE.
Liotard [ljɔ′ta:r], Jean-Étienne (22. 12. 1702–12. 6. 89), schweiz. Pastell- u. Emailmaler d. Rokoko; bes. Bildnisse *(Kaiserin Maria Theresia).*

Karl v. Linné

Liparische Inseln, *Äolische Inseln,* it. vulkanische Inselgruppe (Lipari, Salina, Vulcano, Alicudi, Filicudi, Stromboli, Panarea u. 11 kleinere Inseln) nördl. v. Sizilien (tätige Vulkane: *Stromboli, Vulcano*), 117 km², 13 000 E; fruchtbar; Ausfuhr v. Schwefel u. Bimsstein; Hptort *Lipari* (heute meist Lipari, 10 600 E).
Lipasen [gr.], Enzyme, die Fette in Fettsäuren u. Glyzerin spalten („verseifen"); im pflanzl. u. tierischen Organismus (L. in Bauchspeicheldrüse, wichtig für die Verdauung).
Lipatti, Dinu (19. 3. 1917–2. 12. 50), rumän. Pianist u. Komponist.
Lipchitz [-fits], Jacques (22. 8. 1891 bis 26. 5. 1973), frz.-am. Bildhauer lit. Herkunft; kubist. u. absolute Plastik.
Li Peng, (* 1928), seit 1987 chin. Min.präs.
Lipide, Fette u. fettähnliche Stoffe (→ Lipoide).
Lipidsenker, *m.,* den Blutfettspiegel senkende Substanzen.
Lipizza, östr. Hofgestüt bei Triest, 1580–1918; berühmt durch **Lipizzaner,** Vollblutpferde (heute meist Schimmel), Zucht jetzt in Piber bei Köflach, Steiermark; d. L. sind d. klass. Pferde der Span. Hofreitschule in Wien.
Lipmann, Fritz A. (12. 6. 1899–24. 7. 1986), dt.-am. Biochem.; Arb. über d. intermediären Stoffwechsel; Nobelpr. 1953.
Lipoide [gr.], fettähnliche Stoffe d. Tier- u. Pflanzenzelle; im Ggs. zu den Fetten nicht verseifbar u. oft Phosphor od. Stickstoff (auch beide) enthaltend; in Nervensubstanz, Galle, Eidotter dazu gehören auch Cholesterin u. Lezithin (letzteres früher als Kräftigungspräparat propagiert, Wirkung zweifelhaft) u. a.
Lipom, *s.* [gr.], gutartige Fettgeschwulst.
Lipoproteine, *Lipoproteide,* Gruppe der → Lipoide; dazu gehören auch d. Blutfette.

Lipizzaner

Lippe,
1) r. Nbfl. d. Niederrheins bei Wesel, vom Eggegeb., 255 km lang.
2) ehem. Land des Dt. Reiches, 1215 km², zw. Teutoburger Wald u. Weser; Hptst. *Detmold.* – Seit 1720 Fürstent., 1918 Freistaat; s. 1947 zum Rgbz. Detmold, NRW.
Lippenblütler, Pflanzenfamilie, Blüte m. Ober- und Unterlippe; kl., vierteilige Früchte; viele wegen aromat. Stoffe z. Gewürz, Tee, Parfüm.
Lippfische, barscharti. Meeresfische m. wulstigen Lippen, meist prächtig gefärbt; in allen wärmeren Meeren.
Lippi,
1) Filippino (um 1457–18. 4. 1504),

Filippino Lippi, *Verkündigung*

florentin. Maler d. Renaissance; Sohn von
2) Fra Filippo (um 1406–9. 10. 69) u. s. Sohn
3) Lorenzo (3. 5. 1606–15. 4. 65), florentin. Maler, Schriftsteller u. Dichter d. Barock.
Lippmann, Gabriel (16. 8. 1845–13. 7. 1921), frz. Physiker; Farbenfotografie; Nobelpr. 1908.
Lippold [-pəld], Richard (* 3. 5. 1915), am. Industrie-Designer, Plastiker u. Bildhauer; Bauplastik: u. a. am Lincoln Center in New York; *Die Sonne.*
Lippstadt (D-59555–58), St. i. Kr. Soest, an d. Lippe, NRW, 65 000 E; AG; Metallind., Strumpfwirkerei; Ruine d. Stiftskirche.
Lipschitz, Jacques, → Lipchitz.
Lipscomb [-koʊm], William Nunn (* 9. 12. 1919), am. Chem.; Nobelpr. 1976.
liquet [l.], es leuchtet ein; *non l.,* es ist nicht klar.
liquid [l.], flüssig (auch v. Geld); Ggs.: illiquid (z. B. nicht zahlungsfähig).
Liquidae [l.], flüssige oder Schmelzlaute: l, r.
Liquidation [l. „liquidus = flüssig, klar"], Abwicklung eines aufgelösten Unternehmens unter Bereinigung der Schulden u. Verteilung d. übrigen Vermögens an d. Gesellschafter; im Börsenverkehr d. Auflösung eines → Engagements durch Abrechnung u. Begleichung d. gegenseit. Forderungen. Tilgung einer Schuld; Ggs.: → Prolongation.
Liquidator, mit d. Durchführung der Liquidation betraute Person.
liquidieren,
1) → Liquidation.
2) svw. beseitigen.

LITAUEN

Staatsname: Republik Litauen, Lietuvos Respublika
Staatsform: Parlamentarische Republik
Mitgliedschaft: UNO, Europarat, OSZE
Staatsoberhaupt: Algirdas M. Brazauskas
Regierungschef: Gediminas Vagnorius
Hauptstadt: Wilna (Vilnius) 597 000 Einwohner
Fläche: 65 200 km²
Einwohner: 3 706 000
Bevölkerungsdichte: 57 je km²
Bevölkerungswachstum pro Jahr: ∅ 0,21% (1990–1995)
Amtssprache: Litauisch
Religion: Katholiken (80%)
Währung: Litas (LTL)
Bruttosozialprodukt (1994): 4992 Mill. US-$ insges., 1350 US-$ je Einw.
Nationalitätskennzeichen: LT
Zeitzone: MEZ + 1 Std.
Karte: → Rußland

Litauen

Friedrich List   Franz Liszt

Liquidität [l.], die Zahlungsfähigkeit eines Unternehmens (Ggs.: Illiquidität); je nachdem, welche Teile d. Vermögens (Aktiva) u. d. Schulden (Passiva) zueinander ins Verhältnis gesetzt werden, ergeben sich versch. *Liquiditätsgrade;* für Banken im Kreditwesengesetz bes. Vorschriften über die *Liquiditätsreserven* (L.sreserve 1. Grades = Barreserve).
Liquor, *m.* [l.],
1) flüssiges Arzneimittel.
2) Flüssigkeit, d. Hirn u. Rückenmark umgibt und die Hirnhohlräume ausfüllt.
Lira, Mz. *Lire,* → Währungen, Übers.
Lisa, w. Vn., Kurzform zu → Elisabeth.
Lisboa → Lissabon.
Liselotte v. d. Pfalz → Elisabeth.
Lisène, w., senkr., aus d. Mauer z. Gliederung d. Wand heraustretender Streifen o. Basis u. Kapitell.
LISP, List Processing, → Programmiersprache, 1958 v. John McCarthy eingeführt, hauptsächl. hpts. in d. Künstlichen Intelligenz, Erzeugung v. → Expertensystemen.
Liss, Johann (um 1597–1629/30), dt. Maler d. Barock, ab 1621 in Venedig; strahlenden Farben u. intensive Lichtführung beeinflußten d. venezian. Malerei bis in d. Rokoko (18. Jh.).
Lissa,
1) dalmatin. Adriainsel, → Vis.
2) poln. *Leszno,* Hptst. d. Woiwodschaft L., 57 000 E.
Lissabon, portugies. *Lisboa,* Hpt.- u. Hafenst. v. Portugal, an d. Mündung d. Tejo (Tajo), 830 000 (Agglom. 2,13 Mill.) E; Uni. u. HS; Museen, Schiffbau, Handels- u. Industriezentrum, ist 1971 größtes Trockendock d. Welt. – 1755 Erdbeben.
Lissitzkij, El(iezer Markowitsch) (23. 11. 1890–30. 12. 1941), russ. Maler, Typograph u. Architekt; Vertr. u. Theoretiker d. → Konstruktivismus.
Lissouba [lisuˈba], Pascal (* 15. 1. 1931), s. 1992 Staatspräs. v. Kongo.
List,
1) Friedrich (6. 8. 1789–30. 11. 1846), dt. Nationalökonom; Lehre v. d. wirtsch. Selbständigkeit der Nationen; pröfte Schutzzölle u. Ausbau d. Eisenbahnen; Vorkämpfer der dt. Zollunion; *D. nat. System der pol. Ökonomie.*
2) Wilhelm (14. 5. 1880–16. 8. 1971), dt. Gen.feldm., 10. 7. 42–10. 9. 42 Führung d. Heeresgruppe A in Rußland.
Lister, Josef Lord (5. 4. 1827–10. 2. 1912), engl. Chirurg, führte die Antisepsis ein.
Listeriose, eine → Zoonose durch e. bes. Bakterium, die durch Kontakt- u. Schmierinfektion auf d. Menschen übertragen wird; d. Erreger kann auch b. infizierten Schwangeren durch d. Plazenta (→ Mutterkuchen) auf d. Fetus übertreten; dadurch kommt es zur Tot- od. Frühgeburt m. schweren Krankheitserscheinungen.
Liszt, Franz v. (22. 10. 1811–31. 7. 86), ungar.-dt. Pianist u. Komp.; 1848 bis 59 Hofkapellmeister in Weimar; sinfon. Dichtungen, Vokal- u. Klavierwerke; Schwiegervater u. Förderer R. Wagners.
Litanei, w. [gr. „Gebetsprozession"], *Wechselgebet* und *-gesang* zw. Priester u. Gläubigen; i. kath. Gottesdienst gebräuchl.; im ev. als Fürbittgebet; auch → Leis.

Litauen, südlichster der balt. Staaten; z. T. recht fruchtbare, vom Njemen durchflossene, wald- u. sumpfreiche Moränenlandschaft, Agrarstaat; Maschinenbau, Elektronik, Schiffbau, Holz- u. Papierind., Bernsteinverarb. – 1317 unter Gedimin lit.-weißruss.-ukrain. Reich (Hptst. *Kiew*) mit starkem ukrain. Einfluß; durch Heirat d. lit. Fürsten Jogaila (poln. → Jagiello) Personalunion mit Polen; 1569 → Lubliner Union; 1795 bis 1917 russ.; 1918 selbst. Rep., ab 1940 Unionsrep. d. UdSSR; März 1990 für unabhängig erklärt, s. Sept. 1991 unabh. Staat; 1995 assoz. Mitglied d. EU.
Litauer, vorwiegend ostbalt. Volk, ca. 2,7 Mill.
litauische Sprache → Sprachen, Übers.
Li Teng-hui, (* 15. 1. 1923), s. 1988 Staatspräs. d. Rep. China/Taiwan.
Liter, *s.* [frz. „litre"], Hohlmaß = 1 Kubikdezimeter (Maße u. Gewichte, Übers.).
Litera, w. [l.], Buchstabe.
Literatur, w. [l.], d. schriftl. niedergelegten Äußerungen; im engeren Sinn: Gesamtheit der sprachl. Kunstwerke (Dichtung u. Unterhaltungs-L.); vgl. d. Artikel z. Lit. d. einzelnen Länder (→ deutsche Literatur); Rechtsschutz durch → Urheberrecht.
Litewka, w. [poln.], bequemer, zweireihig geknöpfter Uniformrock mit Umlegekragen.
Litfaßsäule, Anschlagsäule, zuerst von dem Berliner Buchdrucker *E. Litfaß* (1854) aufgestellt.
Lithium, *Li,* chem. El., Oz. 3, At.-Gew. 6,939, Dichte 0,53; sehr leichtes Alkalimetall; Verwendung in leichten Trockenbatterien; *L.salze* färben die Flamme rot; f. Feuerwerk.
Lithiumbatterie, zur Stromversorgung f. Kameras u. fotograf. Zubehöre. Hält jahrelang, ist hitze- u. kältefest, umweltfreundlich zu entsorgen, ohne Quecksilber.
Lithiumtherapie, Behandlung des manisch-depressiven Irreseins mit Lithium.
Litho- [gr.], als Vorsilbe: Stein...
Lithographie, svw. → Steindruck.
Lithopone, w., deckende Anstrichfarbe, Gemisch aus Zinksulfid u. Bariumsulfat.
Lithosphäre, w. [gr.], äußere Erdschale, kontinentale u. ozean. Kruste mit oberstem Teil d. Erdmantels (bis 100 km mächtig).
Lithotripsie, Blasensteinzertrümmerung in der Harnblase mit eingebrachtem Instrument. Bei der *extrakorporalen Stoßwellenlithotripsie* wird d. Stein des in d. „Badewanne" liegenden Patienten durch gerichtete mechan. Wellen (ähnl. Schall) zertrümmert; auch b. Gallensteinen anwendbar.
litoral [l.], zum Küsten- u. Uferbereich gehörend.
Litorinazeit → Ostsee.
Litschipflaume, trop. Obstbaum S-Chinas; mit saftigen, weichstachligen Früchten.
Litt, Theodor (27. 12. 1880–16. 7. 1962), dt. Phil. u. Pädagoge; bekämpfte Eindringen naturwiss. Denkens in d. Phil.; *Staatsgewalt u. Sittlichkeit; Naturwiss. u. Menschenbildung.*
Little Rock, Hptst. d. US-Bundesstaates Arkansas, 181 000 E; Uni.

Littlesche Krankheit, Oberbegriff f. zerebrale Kinderlähmungen unterschiedl. Ursachen.
Liturgie [gr. „Dienst"], in der röm.-kath. und orthodoxen Kirche die streng geregelte Ordnung des Gottesdienstes; in der ev. Kirche ein Teil des Gottesdienstes; → Berneuchener Kreis.
Liturgische Bewegung, rel. Erneuerungsbewegung in der kath. Kirche seit Ende d. 19. Jh., die sich um eine intensive Mitfeier d. Liturgie bemüht; ähnl. Bewegung innerh. der ev. Kirchen: → Berneuchener Kreis.
liturgische Farben, d. wechselnden Farben d. Paramente, nach d. Kirchenjahr u. Charakter d. Gottesdienstes. I. d. luth. Kirche 4 l. F.: weiß, rot, violett, grün; i. d. röm.-kath. Kirche dazu noch rosarot u. schwarz.
Litvak, Anatol (10. 5. 1902–15. 12. 74), russ.-am. Filmregisseur; *Decision Before Dawn* (1951); *Anastasia* (1956).
Litze,
1) Schnur, schmale Borte.
2) *techn.* für el. Leitungen aus feinen Drähten geflochten, auch isoliert.
Liudolfinger, altsächs. Adels-, später Grafen- und Kaisergeschlecht, Mitte 9. Jh. bis 1024.
Liu Shaogi, *Liu Schao-tschi* (1898 bis vermutl. 1972), chin. kommunist. Pol.; 1959–68 Staatsoberh. d. VR China.
Liverpool [-puːl], St. in der engl. Metrop. Gft Merseyside, a. d. Mündung d. Mersey, 463 000 E; zweitgrößter Seehafen Englands, Ind.- u. Handelsstadt; Uni., Sternwarte.
Live-Sendung [engl. laıv-], Direktübertragung b. Rundfunk u. Fernsehen; Ggs.: Aufzeichnung.
Livia, Drusilla (58 v. Chr.–29. n. Chr.), Gemahlin des Augustus, Mutter des Tiberius.
Livingstone [-vıŋstən], David (19. 3. 1813–1. 5. 73), schott. Missionar u. Afrikaforscher; entdeckte u. a. die Victoriafälle des Sambesi u. d. Bangweolosee (1868); v. Stanley gefunden.
Livingstonefälle, Wasserfälle am Zaïre (Kongo) unterhalb Kinshasa.
Livingstonegebirge, Hochland am Nordostufer des Njassa-(Malawi-)Sees, im *Rungwe* (Vulkan) 2961 m hoch.
Livistona, Fächerpalmen Asiens u. Australiens.
Livius, Titus (59 v. Chr.–17. n. Chr.), römischer Historiker; *Ab urbe condita* (142 Bücher zur röm. Geschichte).
Livius Andronicus, (um 284–204 v. Chr.), ältester röm. Dichter; Dramen, lat. Übers. d. *Odyssee.*
Livland, lett. *Vidzēme,* baltische Landschaft in N-Lettland, von d. Rigaer Bucht bis z. Peipussee; durchzogen v. balt. Höhenrücken (nördl. Schweiz.) Hptst. *Rīga.* – Seit 1202 vom Schwertbrüderorden kolonisiert, 1561 poln., 1629 schwed., 1721 russ., 1919 größerer S-Teil an Lettland, N-Teil, estnischsprachig, an Estland.
Livorno, Hptst. der it. Prov. L., Hafen am Tyrrhen. Meer u. am Kanal zum Arno, 168 000 E; Marineakad., Ölraffinerie, Werften.
Livre, w. [frz. 'liːvrə „Pfund"], bis 1796 frz. Münzeinheit; b. 1840 amtl. frz. Gewichtseinheit (= 0,5 kg).
Livrée, w. [frz.], Bediententracht.
Li Xiannian, (1909–21. 6. 92), chin.

Pol.; s. 1945 Mitgl. d. ZK d. KPCh; s. 1956 d. Politbüros; s. 1976 stellvertr. Min.präs., 1983–88 Staatspräs. (Vors. d. VR China).
Lizentiat, s. [nl.], abgek. *Lic.,* akadem. Grad, meist nur i. d. theol. Fakultäten verliehen.
Lizenz, w. [l.], Erlaubnis, Genehmigung,
1) *privatrechtl.:* im Urheberrecht u. gewerbl. Rechtsschutz Befugnis, d. ausschließl. Recht eines anderen zu benutzen; Formen: gewöhnl. einfache oder ausschließl. L. (freiwillig. Vertrag), Zwangs-L. (Vertrag mit einseit. Abschlußzwang), gesetzl. L. (Zahlung einer Gebühr gewährt bereits die Befugnis).
2) amtl. Bescheinigung des für Berufssportler (Boxer, Rennfahrer u. ä.) zuständ. Sportverbandes.
Lizenzabgaben, in manchen Staaten v. den Produzenten od. Händlern m. steuerpflichtigen Waren erhoben.
Lizenzgeber, Eigentümer e. Urheberrechts, d. Nutzungsrechte er gegen Entgelt (Lizenzgebühren) u. f. eine bestimmte Periode an geeignete → Lizenznehmer überträgt.
Lizenzgeschäft, Vertrag zw. → Lizenzgeber u. → Lizenznehmer.
Lizenznehmer, Erwerber von Vertriebs-, Nutzungsrechten v. e. → Lizenzgeber a. e. urheberrechtlich geschützten Sache.
Ljubljana → Laibach.
Lkw, Abk. f. L*ast*k*raftwagen.*
Llanos ['ʎanɔs], Hochgrasebenen i. subtrop. und trop. Amerika (z. B. am Orinoco).
Llewellyn [luːˈɛlın], Richard (8. 12. 1906–30. 11. 83), engl. Schriftst.; *So grün war mein Tal.*
Lloyd [lɔıd],
1) Harold (20. 4. 1894–8. 3. 1971), am. Filmkomiker; *Safety Last; The Kid Brother.*
2) Selwyn (28. 7. 1904–18. 5. 78), engl. Pol.; 1955–60 Außenmin.; 1960 bis 62 Schatzkanzler.
Lloyd, *m.* [lɔıd], Bez. für Seeversicherungs-Organisationen, zuerst in London Ende d. 17. Jh., später in Deutschland und anderen Ländern; betreiben auch Agenturen, Schiffsklassifikationen, Ausbau d. Signal- u. Rettungswesens; → Germanischer Lloyd, → Seeversicherung. – Auch Bez. f. Schiffahrtsgesellschaft.
Lloyd George [ˈlɔıd ˈdʒɔːdʒ], David (17. 1. 1863–26. 3. 1945), engl. liberaler Pol., 1916–22 Premiermin.
Lob, *m.* [engl. lɔb], b. Tennis Rückschlag *hoch* über vorlaufenden Gegner; *lobben,* überspielen.
Lobatschewskij, Nikolai Iwanowitsch (2. 11. 1793–24. 2. 1856), russ. Math.; *Nichteuklidische Geometrie.*
Löbau (D-02708), St. im Kr. Löbau-Zittau, in Sa., Hptort des Lausitzer Berglandes, 16 767 E; Textilind. Fahrzeugbau.
Lobby, *m., w.* od. *s.* [engl. ˈlɔbı], Vorhalle; Wandelhalle d. Parlaments; danach **Lobbyismus,** Beeinflussung v. Parlamentariern durch Vertreter v. Interessengruppen: **Lobbyisten.**
Löbe, Paul (14. 12. 1875–3. 8. 1967), SPD-Pol.; 1920–24 u. 1925–32 R.tagspräs.; 1949–53 MdB.
Lobektomie [gr.], chirurgische Entfernung eines Lungenlappens.

Lockheed

David Livingstone

Loch Ness

Lobelia, *w.,* krautige Pflanze, meist blaue Blüten.
Lobenstein (D-07356), Krst. i. Thür. i. n. Frankenwald, 5000 E; Barockschloß; Zigarrenind.
Lobotomie [gr.], → Leukotomie.
Locarno (CH-6600), Bez.hptort u. heilklimat. Kurort im schweiz. Kanton Tessin, am Lago Maggiore, 14 000 E; Fremdenverkehr.
Locarnopakt, Garantieverträge zw. Dtld, Frkr., Engl., Belgien, Italien, 1925: Garantie für die dt. Westgrenze, Entmilitarisierung d. Rheinlandes, Verbot v. Angriffen; daher **L.politik,** Pol. d. Befriedung Europas (→ Briand, → Stresemann).
Locatelli, Pietro Antonio (3. 9. 1695 bis 30. 3. 1764), it. Violinist u. Komponist; Schüler von A. Corelli.
Location [engl. lˈbˈkeıʃn „Ort"], Begriff f. e. Standort b. → Marken- und Imagetransfers.
Loccum, Ortsteil zw. Steinhuder Meer u. Weser, *Kloster L.,* ehem. Zisterzienserabtei (1163 gegr.), s. 1820 luther. Predigerseminar; Ev. Akad.; s. 1973 zu → Rehburg-Loccum.
Lochien [gr.], Scheidenausfluß im Wochenbett.
Lochkamera → Camera obscura.
Lochkarten, ältester maschineller Datenträger, heute ohne Bedeutung; genormtes Kartonblatt, in das statt schriftl. Aufzeichnung Kennzeichen u. Zahlenwerte durch Lochen eingetragen werden; Sortieren u. Auswerten mechanisch od. durch el. Büromaschinen (Lochkartenmaschinen); → Informatik.
Lochner, Stephan (um 1405–51), Hptmeister d. spätgot. Kölner Malerschule; *Maria im Rosenhag.*
Loch Ness, See im schott. Hochland, 52 km², 36 km l., bis 230 m tief; bekannt durch d. Ungeheuer von L. N. *(Nessie).*
Locke [lɔk], John (29. 8. 1632–28. 10. 1704), engl. Phil., erkenntnistheoret.

Lofoten, *Hamnöy*

Idealist u. Empirist, Vorläufer der Aufklärung; Vorstellungen stammen aus äußerer (Sensation) u. innerer (Reflexion) Erfahrung; forderte als erster Trennung d. Gewalten im Staat; *Versuch über den menschl. Verstand.*
Lockheed Aircraft Corporation ['lɔkhi:d 'ɛakrɑ:ft kɔ:pəreiʃn], 1926 gegr. Luft- u. Raumfahrtkonzern in d. USA.
Lockyer [-ə], Joseph Norman (17. 5. 1836–16. 7. 1920), engl. Phys. u. Astronom; Entdeckung des Heliums 1868.
loco [l.], am Ort (d. Lieferung od. des Verkaufs).
loco citato, Abk. *l. c.,* bei Büchern: am angeführten Ort; → a. a. O..
Loden, Tuche aus grober Schafwolle in Leinenbindung, bes. für Sportanzüge, Wettermäntel.
Lodi, it. St., Prov. Mailand, an d. Adda, 43 000 E; Majolikaherst., chem. Ind., Erdgasförderung.
Lodoicea, hohe Fächerpalme d. Seychellen m. sehr großen, zweiteiligen, bis 25 kg schweren Früchten: *Seychellennuß, Coco de mer;* Blätter u. Fasern verwertet.
Lodz [lɔtʃ], poln. *Łódź* [utɕ], Hptst. d. poln. Woiwodschaft *L.;* 852 000 E; Uni.; bed. Industrie.
Loeb, Jacques (7. 4. 1859–11. 2. 1924), dt.-am. Biol.; Arbeiten über künstliche Parthenogenesis u. Tropismen.
Loeillet [lœ:'je], Jean Baptiste (1680 bis 1730), belg. Komponist; Kammermusik.
Loerke, Oskar (13. 3. 1884–24. 2. 1941), dt. Naturlyriker; *Atem der Erde;* Romane: *Der Turmbau; Der Oger.*
Loest, Erich (*24. 2. 1926), Pseudonyme: *Hans Walldorf, Waldemar Naß,* dt. Schriftsteller, s. 1994 Vors. des Verbandes dt. Schriftst.; *Durch die Erde ein tiefer Riß.*
Loewe,
1) Carl (30. 11. 1796–20. 4. 1869), dt. Komp. populärer Lieder u. Balladen: *Die Uhr; Prinz Eugen; Archibald Douglas.*
2) Frederick (10. 6. 1904–14. 2. 88), östr.-am. Komponist; Musicals: *My Fair Lady.*
Loewi, Otto (3. 6. 1873–25. 12. 1961), östr. Pharmakologe; chem. Übermittlung d. Nervenimpulse; Nobelpr. 1936.
Löffelkraut, Kreuzblütler d. nördl. gemäßigten Zone, bes. an d. Küsten; enthält äther. Öl, Vitamin C.
Löffler, Friedrich (24. 6. 1852–9. 4. 1915), dt. Bakteriologe; Entdecker d. → Diphtherie-Erregers u. a. Bakterien.
Löffler, dem → Ibis verwandte Sumpfvögel mit löffelartig geformtem Schnabel.
Lofoten, Inseln vor d. Küste des nw. Teils Norwegens, Fylke Nordland; 1350 km², meist steile, kahle Felsberge aus Gneis (bis 1161 m), mit zahlreichen Sunden; Fischfang (Kabeljau).
Log, *s., Logge,* Gerät zum Messen, *Loggen,* der Schiffsgeschwindigkeit; meist *Patentlog,* ein rotierende Propeller, der nachgeschleppt wird u. dessen Umdrehungen, auf ein Zifferblatt übertragen, die Geschwindigkeit anzeigen (bei gr. Schiffen wird Staudruck gemessen).
Logarithmus, *m.* [gr.], Mz. *Logarithmen,* Abk.: *log;* L. einer Zahl (des Numerus) *b* zur Basis (Grundzahl) *a* ist der → Exponent der → Potenz, in die man die Basis *a* erheben muß, um die Zahl *b* zu erhalten, od., da praktisch nur mit den dekadischen, *Briggsschen L.,* Abk.: lg, mit der Basis 10 gerechnet wird, die Zahl, mit der man 10 potenzieren muß, um den Numerus *b* zu erhalten (Basis d. natürl., *Napierschen L.,* Abk.: *ln* od. *log nat, e* = 2,7182818 ...). Also ist Logarithmus v. 1000 f. d. Basis 10 (lg 1000) = 3, da 10^3 = 1000 und von 100 = 2, da 10^2 = 100; die L. der Zahlen v. 100 bis 1000 liegen also zwischen 2 u. 3; 2 heißt die *Kennziffer,* die hinter dem Komma stehende Zahl heißt die *Mantisse;* höhere Rechnungsarten, wie Multiplizieren u. Dividieren bzw. Potenzieren u. Radizieren, sind mit Hilfe der **Logarithmenrechnung** auf Addieren u. Subtrahieren bzw. Multiplizieren u. Dividieren zurückgeführt nach d. Formeln:

$$\log (a \cdot b) = \log a + \log b;$$
$$\log \frac{a}{b} = \log a - \log b;$$
$$\log a^n = n \log a;$$
$$\log \sqrt[n]{a} = \frac{1}{n} \cdot \log a.$$

Die Zusammenstellung der Mantissen für alle Zahlen heißt **Logarithmentafel** (beruht meistens auf der Basis 10).
Logau, Friedrich v. (Juni 1604–24. 7. 55), Deckname: Salomon v. *Golaw,* dt. Epigrammatiker d. 17. Jh.; Mitgl. d. „Fruchtbringenden Gesellschaft"; *Sinngedichte.*
Logbuch, Schiffstagebuch.
Loge, *w.* [frz. 'loːʒə],
1) Gliederung der → Freimaurer.
2) Zuschauerlaube i. Theater.
Logger, *m.* [ndl.], *Lugger,* kl. Küstensegel- od. Motorschiff.
Loggia, *w.* [it. 'lɔddʒa], gewölbter Bogengang od. Bogenhalle (*L. dei Lanzi,* Florenz), selbständiger Bau od. Gebäuden vorgelagert; auch als überdachter, an den Seiten geschlossener Balkon.
Logik, *w.* [gr.],
1) Fähigkeit, richtig zu denken.
2) Theorie v. d. formalen Beziehungen zw. Begriffen u. Aussagen, insbes. ihrer widerspruchsfreien Verknüpfung.
Logikelement, in der *Technik,* speziell in der *Elektronik:* Verknüpfungsanordnung, mit der logische Funktionen ausgeführt werden (→ Boolesche Verknüpfungen); Ausführung z. B. als elektron., opt., hydraul., mechan. System; → Informatik.
Login, *s.,* Beginn einer Arbeitssitzung an einer → DVA m. Zugriffskontrollen (→ Betriebssystem).
Logis, *s.* [frz. loˈʒiː],
1) auf Schiffen = Mannschaftsraum.
2) Wohnung.
logische Schaltungen, *Gatter,* elektron. Schaltungen zur Darstellung d. → Booleschen Verknüpfungen.
Logistik, *w.,*
1) *Logikkalkül, symbol. Logik,* will die Gesetze der formalen Logik math. exakt darstellen und ihnen damit die Beweisstrenge d. Math. geben; Vorkämpfer *Leibniz,* moderne Vert.: *Russell, Whitehead, Carnap, Scholz* u. a.
2) im Militärwesen Lehre v. d. Planung, der Bereitstellung u. v. Einsatz der für mil. Zwecke erforderl. Mittel u. Dienstleistungen zur Unterstützung d. Streitkräfte; gliedert sich in materielle Versorgung u. Sanitätsdienst.
Logistiktruppen, unterstützen alle Truppen d. Heeres u. gliedern sich i. d. *Nachschubtruppe* (Bereitstellung, Lagerung, Umschlag u. Transport v. Material) u. *Instandsetzungtruppe* (Materialhaltung durch Prüfung, Instandhaltung, Bergung u. Abschub v. Schadmaterial).
Logo [gr.], angelsächs. für Markenzeichen.
Logographen [gr.], älteste griech. Geschichtsschreiber (6. u. 5. Jh. v. Chr.).
Logogriph, *m.* [gr.], Worträtsel; Änderung von Buchstabenzahl ergibt ein neues Wort: Bau, Blau.
Logopädie, *w.* [gr.], Sprachheilkunde, Beseitigung v. Sprachbehinderungen durch Sprecherziehung (eines *Logopäden*); → stottern.
Logos, *m.* [gr.],
1) *phil.* Sinn, vernunftvoller Geist; Weltvernunft.
2) *theol.:* Wort; im Joh.-Ev. für Christus gebraucht, insofern er göttl. Natur, d. h. das Wort Gottes ist.
Logroño [-'ɣroɲo], Hptst. der span. Prov. La Rioja, a. ob. Ebro, 121 000 E; Weinhandel.
Lo-han, *m.,* chin.-buddh. Heiliger, d. bereits zu Lebzeiten Befreiung aus d. Kreislauf d. Wiedergeburten erlangt hat. Es gibt d. Gruppe v. 16, 18 u. 500 L.
Lohblüte, Schleimpilz, gelbe, rahmartige Massen auf Gerberlohe u. anderen faulenden Pflanzenstoffen.
Lohe, Eichen- usw. Rinde, gemahlen; z. Gerben.
Lohengrin, in d. Sage Sohn des Gralkönigs Parzival; der *Schwanenritter;* Oper von R. Wagner.
Lohenstein, Daniel Casper v. (25. 1. 1635–28. 4. 83), schles. Spätbarockdichter; 2. Schles. Dichterschule; Tragödien: *Kleopatra; Agrippina.*
Lohfelden (D-34253), Gem. i. Landkr. Kassel, Hess., 12 855 E. Kutschen- u. Wagenmuseum.
Lohmar (D-53797), Gem. im Rhein-Sieg-Kreis, NRW, 27 484 E; div. Ind.
Lohn,
1) *allg.* Einkommensart, das dem Produktionsfaktor → Arbeit zuzurechnende Entgelt.
2) *speziell:* Arbeitslohn der Arbeiter (Ggs.: → Gehalt d. Angestellten), meist *Tariflohn,* gestuft nach Art u. Umfang der Arbeitsleistungen; → Ecklohn; Unterscheidung nach Lohnsystemen: **a)** *Zeitlohn* (Stunden-, Wochen-, Monats-L.), Grundlage ist die Zeit ohne Rück-

sicht auf die geleistete Ausbringungsmenge; b) *Leistungslohn* (→ Akkordlohn, Einzel- und Gruppen-Akkord, Prämienlohn), Grundlage ist d. Zahl d. geleisteten Arbeitsstücke. – *Nominal-L.* ist d. in Geldeinheiten ausgedrückte L.; *Real-L.* ergibt sich aus d. Verhältnis des Nominal-L.s zur jeweil. Kaufkraft (→ Lebenshaltungskosten). – *Entlohnungsarten:* Geld-L.; *Natural-L.* wird noch in Landw., Haushalt gezahlt, → Deputat.

Lohne (Oldenburg) (D-49393), St. i. Kr. Vechta, Nds., 20 442 E; Kunststoff- u. Metallind.

Löhne (D-35584), St. i. Kr. Herford, NRW, 36 360 E; div. Ind.

Lohnfortzahlung, s. 1970 im Krankheitsfall 6 Wochen lang.

Lohngesetz, ehernes, von Lassalle geprägter Ausdruck für die von Ricardo aufgestellte u. v. Lassalle in d. sozialwiss. Diskussion eingeführte Lohntheorie, nach d. d. Lohn e. Arbeiters auf die Dauer d. Betrag d. notwendigen Lebensunterhaltes nicht übersteigen kann; 1891 v. d. Soz.demokraten aufgegeben.

Lohnpfändung, *Gehaltspfändung,* erfolgt unter Vorlage eines → Vollstreckungstitels durch Amtsgericht; Umfang geregelt durch §§ 850 ff. ZPO.

Lohnquote, Verhältnis d. Lohn-(Gehalts-)Summe z. Produktionswert (Produktionskost. + Gewinn).

Lohnskala, Lohnbildungsprinzip; gleitende L. erstrebt laufende Koordinierung d. Lohnpreises mit d. → Lebenshaltungskosten.

Lohnsteuer, Einkommensteuer aus unselbständiger Arbeit; vom Arbeitgeber an Finanzamt abgeführt (→ Steuern, Übers.).

Lohnwerk, Verarbeitung gelieferten Materials zu Hause (Heimarbeit) od. beim Auftraggeber (Störarbeit); Ggs.: → Preiswerk.

Lohr am Main (D-97816), St. im Main-Spessart-Kr., Bay., 16 390 E; Maschinen- u. Metallbau, Herst. v. hydraul. u. elektron. Anlagen.

Löhr, Alexander (20. 5. 1885–16. 2. 1947), dt. Gen.oberst, ab 1938 Gen. d. Luftwaffe i. Österreich, später Oberbefehlsh. d. Heeresgruppe E a. d. Balkan.

Lohse,
1) Eduard (* 19. 2. 1924), dt. ev. Theol.; 1971–88 ev. Bischof v. Hannover, 1979 bis 85 Ratsvors. der EKD.
2) Richard Paul (13. 2. 1902–16. 9. 88), schweiz. Maler; Vertr. der → Konkreten Kunst.

Loipe, *w.* [norweg.], Skilanglaufspur.

Loire [lwa:r],
1) größter Strom Frkr.s, von d. Cevennen, bei St-Nazaire in Atlantik; 1020 km l., bis Nantes für Seeschiffe schiffbar; Kanalverbindung mit Saône u. Seine; Nbfl.: l. Allier, Cher, Indre, Vienne, Sèvre, Nantaise; r. Nièvre, Maine, Erdre. – Nach L. ben. die Dép.:
2) L., 4781 km², 746 000 E; Hptst. *St-Étienne.*
3) *Haute-L.,* 4977 km², 207 000 E; Hptst. *Le Puy.*
4) *L.-Atlantique,* 6815 km², 1,05 Mill. E; Hptst. *Nantes.*
5) *Loiret,* 6775 km², 581 000 E; Hptst. *Orléans.*
6) *Loir-et-Cher,* 6343 km², 306 000 E; Hptst. *Blois.*

Loisach, *w.,* l. Nbfl. d. Isar, durchfließt den Kochelsee, mündet n. Wolfratshsn; 120 km l.

lokal [l.], örtlich beschränkt; *lokalisieren,* auf einen Ort beschränken.

Lokalanästhesie → Anästhesie.

Lokalfarbe, in d. Malerei Eigenfarbe e. Gegenstands im Bild o. Veränderung durch Licht u. Schatten.

Lokaltermin, Gerichtsverhandlung, die außerhalb d. Gerichtssitzes angesetzt wird, z. B. am Tatort (§§ 86 StPO, 219 ZPO).

Lokasenna, german. Götterlied d. Edda, i. d. Loki e. spött. Zankrede gg. d. and. Götter hält.

Lokativ, *m.* [l.], lat. Kasus, der d. Ort angibt, antwortet auf *wo?*

Loki, Feuergott der nord. Göttersage; der Widersacher der Götter.

Lokogeschäft, *Promptgeschäft, Effektivgeschäft,* (→ loco) Geschäft m. sofortiger Fälligkeit der Lieferung im Produktenhandel; Ggs.: → Termingeschäfte.

Lokomotive, *w.* [l.], Zugmaschine auf Gleisen; betrieben durch Dampf, Elektrizität, Brennkraftmaschinen oder Druckluft (→ Tafel Eisenbahn); *Dampf-L.:* Heizgase erzeugen Dampf durch → Siederohre; Dampfspannung 12–18 at; der so erzeugte Naßdampf wird durch Überhitzer (→ überhitzter Dampf) auf ca. 400 °C gebracht u. den Zylindern z. Leistungsabgabe zugeführt. Sonderbauarten mit Öl- od. Kohlenstaubfeuerung sowie *Turbo-L.* mit Antrieb durch Dampfturbine. *El. L.:* Antrieb durch Elektromotoren, Stromzuführung durch Fahrleitung. *Druckluft-L.:* meist in Bergwerken (→ Gruben-L.); z. Vermeidung v. Funkenflug u. offenem Feuer Antrieb durch mitgeführte Preßluft. Bei *Brennkraftmaschinen-L.* erfolgt der Antrieb entweder direkt über ein Getriebe od. über Generatoren, die wiederum Elektromotoren antreiben (*dieselelektr. Antrieb*).

Lokris, zwei Landschaften im alten Hellas, am korinthischen u. euböischen Meerbusen.

Lolch, *Weidelgras;* versch. Futtergräser, z. B.: *Wiesen-L.* (engl. u. it. *Raygras*), *Taumel-L.,* Unkraut, in den Körnern ein giftiger Pilz.

Lolland, *Låland,* dän. Ostseeinsel, mit ausgedehnten Wäldern u. gutem Ackerboden, 1241 km², 78 000 E; Hptort *Maribo* (5200 E).

Lollarden, ndl. religiöse Genossenschaft für Krankenpflege u. Leichenbestattung um 1350.

Lollobrigida [-dʒida], Gina (* 4. 7. 1928), it. Filmschausp.in; *Fanfan la tulipe.*

Lollo Rosso [it.], rot überlaufene, dickfleischige Variante des Pflücksalats.

Lo-lo, Bergvolk in W-China; eigene Schrift.

Lombardei, it. *Lombardia,* Region Oberit., am mittleren Po, fruchtbar, industriereich u. dicht besiedelt, 23 859 km², 8,9 Mill. E; Hptst. *Mailand.* – Name nach den im 6. Jh. n. Chr. einwandernden → Langobarden; 951 Teil des Dt. Reiches; im 11.–13. Jh. auf seiten der Päpste gg. Kaiser (Staufer); 1525 span.; 1714 östr., seit 1859 it.

Lombardgeschäfte, *lombardieren* [it.], meist kurzfristige Kreditgewährung von Banken u. Sparkassen gg. Übergabe eines als Faustpfand dienenden (lombardfähigen) Wertgegenstandes, v. Effekten, Edelmetallen, Waren (auch durch Übergabe des → Lagerscheins), Lombardierung v. Gebrauchsgegenständen durch → Pfandleihen.

Lombardo, Architekten u. Bildhauer der venezian. Renaissance (u. a. Venedig, *S. Maria dei Miracoli*):
1) Pietro (um 1435–1515), s. Söhne
2) Tullio (um 1455–17. 11. 1532) u.
3) Antonio (um 1458–um 1516).

Lombardsatz, v. d. DBB festgesetzter Zinsfuß für L.kredite (meist 1% höher als der → Diskontsatz).

Lombok, Kleine Sundainsel in Indonesien, durch die L.straße von Bali getrennt; 3726 m hoher Vulkan *Rinjani;* 4692 km², rd 2 Mill. meist mohammedanische Einwohner.

Lombroso, Cesare (18. 11. 1836 bis 19. 10. 1909), it. Psychiater; erforschte Psychopathologie von *Genie u. Irrsinn.*

Lomé, Hptst. v. Togo, am Golf v. Guinea, W-Afrika, 500 000 E; Uni., kath. Erzbischofssitz; Ausfuhrhafen; Flughafen; Erdölraffinerie, Stahlwerk.

Lomé-Abkommen, Abkommen d. EG m. 46 (1975), 63 bzw. 66 (1979 bzw. 1984 u. 1989) u. 70 Entwicklungsländern (1995) aus d. afrikan., karib. u. *pazif.* Raum (*AKP*-Staaten) über Zus.arbeit i. Bereich d. Handels u. Warenverkehrs; regelt d. Zugang d. AKP-Staaten z. EG-Markt u. umgekehrt, finanzielle u. techn. Hilfe, ind. Zus.arbeit etc.

Lomonossow, Michail (19. 11. 1711 bis 15. 4. 65), russ. Naturwiss. u. Schriftst.; wichtig f. Entwicklung d. modernen russ. Literatursprache.

Lomonossowland → Franz-Joseph-Land.

London [ˈlʌndən], Jack, eigtl. *John Griffith* (12. 1. 1876–22. 11. 1916), am. Schriftst.; Kurzgeschichten, Südsee- u. Arktis-Abenteuerromane: *Ruf der Wildnis; D. Seewolf;* Autobiographie: *König Alkohol.*

Dampflokomotive

London [ˈlʌndən], Hptst. Großbritanniens u. des British Commonwealth of Nations, als *Greater London* (City of L. u. 32 Boroughs) 6,8 Mill. E; 75 km vor der Themse-Mündung; bed. Handels- u. Industriestadt, Finanz- u. Verw.zentrum, Verkehrsknotenpunkt (Welthafen); intern. Flughäfen; mehrfache Untertunnelung u. Überbrückung der Themse (älteste Brücke: London Bridge). Stadtteil des Geschäftsverkehrs die *City:* Regierungssitz (Auswärtiges Amt in der Downing Street), Tower, Covent Garden, Hydepark, Regent Street, Carnaby Street; Westminster: W.abtei, Buckingham u. St. James' Palace, Residenz d. Erzbischofs v. Canterbury; Brit. Museum, National Portrait Gallery, Tate Gallery, Victoria- u. -Albert-Mus. u. a.; Uni. (1836), Arbeiterstadt Eastend mit Whitechapel; Sternwarte (→ Greenwich = 0-Längengrad). – Unter der Römerherrschaft *Londinium;* v. Alfred d. Gr. befestigt; Verf. 1215 in der Magna Charta verankert; Niederlassung der dt. Hanse im Stahlhof 12.–16. Jh.; seit 17. Jh. Anwachsen zur Weltstadt.

Londoner Schuldenabkommen, 1953 festgelegte Vor- u. Nachkriegsschulden der BR auf 14,45 Mrd. DM;

London, *Parlamentsgebäude*

jährliche Tilgungsraten 565–765 Mill. DM.
Long Beach [-'biːtʃ], St. in Kalifornien (USA), bei Los Angeles; Hafen, Seebad, Erdölraffinerie, 429 000 E.
Longdrinks [engl.], alkohol. Getränke, d. mit viel nichtalkohol. Flüssigkeit (Soda, Fruchtsaft o. ä.) verlängert sind; Ggs.: → Shortdrinks.
Longe, w. [frz. 'lõːʒə], Leitseil für Pferde.
Longfellow [-loʊ], Henry Wadsworth (27. 2. 1807–24. 3. 82), am. Dichter, Epigone der Romantik; *Hiawatha*.
Longhena [loŋ'gena], Baldassare (1598–18. 2. 1682), it. Architekt, Hptmeister d. Barock in Venedig; Votivkirche *Santa Maria della Salute*.
Longhi [-gi],
1) Pietro, eigtl. *P. Falca* (1702–8. 5. 85), it. Maler d. Rokoko; schuf in s. detaillierten Schilderungen m. oft humorvoll-satir. Unterton eine Chronik d. zeitgenöss. gesellschaftl. u. bürgerl. Lebens in Venedig; s. Sohn
2) Alessandro (12. 6. 1733–Nov. 1813), Maler u. Kupferstecher d. Rokoko u. Empire; bes. Bildnisse.
Long Island [-'aɪlənd], Insel an der O-Küste N-Amerikas, 4463 km², im W-Teil die New Yorker Stadtteile Brooklyn u. Queens, **L. I. City;** zw. Insel u. Festland East River u. **L.-I.-Sund,** ca. 175 km l., b. 40 km br. Meeresarm zw. L. I. u. nordam. Festland.
longitudinal [nl.], der Länge nach; Ggs.: transversal.
longitudinale Wellen, bei l. W. schwingt d. Medium in Fortpflanzungsrichtung, z. B. beim Schall (abwechselnd Luftverdünnungen u. -verdichtungen). Ggs.: → transversale Wellen.
Longseller, m., Buch od. Schallplatte, d. sich über längere Zeit gut verkauft; → Bestseller.
Longwy [lõ'wi], frz. St. im Dép. *Meurthe-et-Moselle,* nahe der belg.-luxemburg. Grenze, 17 000 E; Eisen- u. Stahlind., Eisenerzlager.
Löningen (D-49624), St. u. Erholungsort im Kr. Cloppenburg, Nds., 11 530 E; div. Ind.
Lönnrot, Elias (9. 4. 1802–19. 3. 84), finn. Arzt u. Literaturforscher; Epos → *Kalevala.*
Löns, Hermann (29. 8. 1866–26. 9. 1914), dt. Heimatdichter; *Mein grünes Buch; Mümmelmann;* Romane: *Der Werwolf;* Gedichte, bes. Balladen.
Look, m. [engl. lʊk], Aussehen (meist in Wortzusammensetzungen); Afro-L., Partner-L.).
Looping, m. [engl. 'luːp-], Kunstflugfigur, senkrechte Schleife (Überschlag) nach oben oder unten.
Loos, Adolf (10. 12. 1870–23. 8. 1933), östr. Baumeister, Vorkämpfer d. mod. (rationalistischen) Baukunst in Europa; u. a. Haus T. Tzara (Paris).
Lope de Vega → Vega Carpio.
Lopez Portillo y Pacheo ['lopeθ pɔr'tiʎo i pa'tʃeo], José (* 1920), mexikan. Pol.; 1976–82 Staats- u. Min.präs.
Lopez y Portaña [-pɛθ i-'taɲa], Vicente (19. 9. 1772–22. 6. 1850), span. (Hof-)Maler; hpts. Porträtist; Direktor d. Kunstakademie u. d. Prado-Museums; *Francisco de Goya.*
Lop Nur, *Lob-nor,* wandernder abflußloser See im östl. Tarimbecken (au-

Lorbeer

Frühjahrslorchel ††

Loreleifelsen

Konrad Lorenz

Lorgnette

ton. Region Sinkiang, China), fast ausgetrocknet; Atomforschungszentrum d. VR China.
Loran, Abk. für **Lo**ng **Ra**nge **N**avigation [engl. -'reɪndʒ nævɪ'geɪʃən], Navigationsfunkverfahren (Hyperbelnavigation); versch. Ausführungen: *Loran-A* (Frequenzbereich um 2 MHz), *Loran-C* (LW, 100 kHz), *Loran-D* (mil. Nutzung).
Lorbeerbaum, immergrüner Baum mit ledrigen Blättern (Gewürz), Mittelmeerländer; aus den Früchten *Lorbeeröl; Lorbeerblatt* Sinnbild d. Sieges und des Ruhmes.
Lorca → García Lorca.
Lorca, St. in d. span. Prov. Murcia, 67 000 E; Textil- u. Baustoffind.
Lorch,
1) *L. am Rhein* (D-65391), St. im Rheingau-Taunus-Kr., Hess., 4694 E; Weinbau.
2) (D-73574), St. im Ostalbkreis, Ba-Wü., 10 721 E; Benediktinerkloster (1102) m. Staufergräbern.
Lorchel, Pilz mit wulstigem, längsgefaltetem Hut (nicht wabenartig vertieft wie bei d. Morchel); schwach giftig; *Frühjahrs-L.* auf Sandboden unter Kiefern.
Lord, engl. Adelstitel, svw. Baron; auch Titel der Mitglieder, *Peers,* des Oberhauses u. einzelner höchster Beamter.
Lordkanzler, *Lord Chancellor,* d. engl. Justizmin. u. Vors. d. Oberhauses.
Lord-Mayor [-'mɛə], Oberbürgermeister i. London u. a. gr. engl. Städten.
Lordose, w. [gr.], nach vorn konvexe Verbiegung d. Wirbelsäule.
Lore, w. [engl.], offener Eisenbahngüterwagen; Kippwagen d. Feldbahnen.
Lorelei, *Lurlei,* Rheinnixe, nach ihr besungenen *L.felsen* bei St. Goar, a. r. (östl.) Rheinufer.
Loren, Sophia (* 20. 9. 1934), it. Filmschausp.; *La Ciociara; El Cid; A Countess from Hong Kong.*
Lorentz,
1) Hendrik A. (18. 7. 1853–4. 2. 1929), ndl. Phys.; Elektronentheorie; *L.-Kontraktion* (→ Relativitätstheorie, Übers.); Nobelpr. 1902 (zus. m. P. → Zeeman).
2) Lore (12. 9. 1920–22.2.94), dt. Kabarettistin; gründete 1947 mit Ehemann Kay L. in Düsseldorf das pol.-liter. Kabarett „Das Kom(m)ödchen", dessen Hauptautoren Eckart Hachfeld (* 9. 10. 1910) und Martin Morlock (23. 9. 1918 bis 18. 11. 83) waren.
Lorenz, Konrad (7. 11. 1903–27. 2. 89), östr. Zoologe u. Verhaltensforscher; *Er redete mit dem Vieh; Das sogenannte Böse; Die Rückseite des Spiegels;* Nobelpr. f. Med. 1973.
Lorenzetti, it. Malerbrüder d. Gotik, maßgebl. Vertr. d. Schule v. Siena;
1) Pietro (um 1280–1348), u. a. Fresken in S. Francesco (Assisi).
2) Ambrogio (nachweisbar 1319–47/8), u. a. Fresken im Rathaus v. Siena.
Lorenzkurve, *Konzentrationskurve,* entwickelt v. d. Amerikaner *Lorenz;* mit Hilfe der L. wird die Einkommenskonzentration aufgezeigt; dabei wirkt auf der Abszisse die Anzahl der Einkommensempfänger u. auf der Ordinate der jeweilige Anteil am Gesamteinkommen (in %) abgetragen.
Lorenzstrom → Sankt-Lorenz-Strom.
Loreto,
1) peruanisches Dep. (368 852 km²,

Lorsch, *Königshalle*

654 000 E); Hauptstadt *Iquitos* (270 000 Einwohner).
2) it. St., Prov. Ancona, 11 000 E; Wallfahrtsort.
Lorettohöhe, Hügel bei Arras, N-Frkr., 165 m; im 1. Weltkr. umkämpft.
Lorgnette, w. [frz. lɔrn'jɛta], **Lorgnon,** s. [frz. lɔr'nõː], Stielbrille.
Lorient [lɔ'rjã], frz. St. am Atlantik, Dép. *Morbihan,* 63 000 E; Fischereihafen; Fischverarb., Schiffbau, Textil- u. Autoind.
Loriot [-'o:], eigtl. *Vicco v. Bülow* (* 12. 11. 1923), dt. Zeichner u. Karikaturist.
Loris,
1) Halbaffen des tropischen Asien (*Schlank-L., Plump-L.* u. a.).
2) *Pinselzüngler,* bunte Papageien Australiens u. vorgelagerter Inseln.
Lörrach (D-79539–41), Krst. im südl. Schwarzwald (Markgräfler Land), Ba-Wü., 44 300 E; AG, Textil-, Metallindustrie.
Lorrain → Claude Lorrain.
Lorsch (D-64653), St. i. Kr. Bergstraße, Hess., 11 344 E; Reste der Reichsabtei und karolingische Torhalle (gegr. 764); s. 1991 Weltkulturerbe.
Lortzing, Gustav Albert (23. 10. 1801 bis 21. 1. 51), dt. Komp., Schausp., Sänger, Kapellmeister u. Dichter; Hptvertr. d. Spieloper d. 19. Jh.; *Zar u. Zimmermann; D. Wildschütz; Undine; D. Waffenschmied.*
Los Alamos [-'æləmoʊs], St. im US-Staat New Mexico, 11 500 E; Kernforschungszentrum.
Los Angeles [-'ændʒɪlɪz], kaliforn. St., 3,49 Mill. E, als Agglomeration (mit Long Beach) 14,5 Mill. E; Uni.; Industrie- u. Handelszentrum; Flugzeugbau, Petrochemie, Masch.ind., Elektronik;

Los Angeles, *Rathaus*

Hafen *San Pedro;* Stadtteil → *Hollywood* (Filmzentrum der USA); Olymp. Spiele 1932 u. 1984.

löschen,
1) tilgen, streichen, → Löschung.
2) Frachtschiffe entladen.
3) Gebrannt. Kalk (Calciumoxid) mit Wasser versetzen, z. Mörtelherstellung.

Loschmidt, Joseph (15. 3. 1821–8. 7. 95), östr. Phys. u. Chem.; berechnete 1865 die **L.sche Zahl** (Anzahl d. Moleküle im → Mol od. d. Atome im → Grammatom) = $6{,}02 \cdot 10^{23}$; *Avogadrosche Zahl* (Anzahl d. Gasmoleküle im Kubikzentimeter bei 0 °C u. Atmosphärendruck) = $26{,}87 \cdot 10^{18}$.

Löschung,
1) Entfernen einer Eintragung (z. B. im Handelsregister; im → Grundbuch auf Antrag des Betroffenen unter Zustimmung desjenigen, dem ein Recht aufgrund der Eintragung zusteht; auch gemäß Gerichtsentscheidung.
2) *L. einer Strafe* → Strafregister.

Losey [′luːzi], Joseph (14. 1. 1909 bis 22. 6. 84), am. Filmregisseur; *Accident* (1966); *The Go Between* (1971); *A Doll's House* (1973); *Mr. Klein* (1976).

Löß, windverfrachtetes Feinsediment, meist a. d. → Pleistozän, gelblich; wasserdurchlässig, zumeist aus Quarzkörnern, kalkhaltig, fruchtbar; bes. in China; in Mitteleuropa meist verlehmt: Magdeburger Börde, Oberrheintal, Gäulandschaften Süddtlds.

Lößnitz,
1) Hügellandschaft am r. Ufer der Elbe zw. Dresden u. Meißen; Obst-, Gemüse- u. Weinbau.
2) (D-08294), Ind.st. i. Kr. Aue, Sa., im L.tal im Erzgebirge, 11 509 E; Textil-, Metall- u. Papierind.

Lost, Hautgift, svw. → Gelbkreuz.

Lostage, im Volksglauben geeignet f. Orakelbefragung (z. B. Lichtmeß, Jh.) bedeutsam für die Witterung der folgenden Zeit (z. B. Siebenschläfer).

Lösung, feinste Verteilung eines Stoffes in einem anderen (Molekulardispersion), bes. eines festen Stoffes in einer Flüssigkeit *(Lösungsmittel)*, aber auch zweier fester Stoffe (z. B. Metall in Metall: *Legierung*) oder zweier Flüssigkeiten ineinander (z. B. Wasser-Alkohol) od. eines Gases in einer Flüssigkeit; Löslichkeit ist temperaturabhängig; aus „gesättigten" Lösungen Ausscheidung des gelösten Stoffes bei Abkühlung oder Verdunstung; der Gefrierpunkt einer L. ist niedriger, der Siedepunkt höher als der des Lösungsmittels.

Losung,
1) Erkennungswort.
2) Kot des Haarwildes u. Auerhahns.

Los-von-Rom-Bewegung, Übertrittsbewegung aus der kath. Kirche zu Protestantismus u. kath. Nat.kirchen; seit Ende d. 19. Jh. unter den Dt. beim Nationalitätenkampf im alten Östr. von → Schöneerer propagiert.

Lot, im A.T. Stammvater d. Moabiter u. Ammoniter, Neffe Abrahams, auf dessen Fürbitte beim Untergang Sodoms errettet; sein Weib wurde zu e. Salzsäule, als sie sich trotz Verbots umwandte.

Lot [lo],
1) r. Nbfl. der Garonne, 491 km l., von den Cevennen.
2) frz. Dép., 5217 km², 155 000 E; Hptst. *Cahors.*

Lot,
1) früheres *Handelsgew.:* $^1/_{32}$ bzw. $^1/_{30}$ Pfd.
2) *Instrumente:* Gewicht an dünnem Faden über e. Spitze schwebend, gibt senkrechte Richtung an; ähnlich *Maurer-L.,* Holzdreieck, dessen Grundlinie waagerecht, wenn L. einspielt; *Senk-L.,* einfache Leine mit Gewicht *(Handlot);* auch Instrument zum *Loten,* d. h. Messen d. Wassertiefe; *Thomsensches L.,* mißt den Wasserdruck, der mit d. Tiefe zunimmt; *Tiefen-L.,* unten hohl, zur Aufnahme von Bodenproben; auch → *Kullenberg-Lot, Echolot.*
3) *math.* Gerade, auf waagerechter Gerade senkrecht gefällt.
4) Metallegierung (z. B. *Weichlot* = Blei u. Zinn, *Hartlot* = Kupfer u. Zink, *Silberlot* = Silber u. Kupfer).

löten, Verbinden zweier Metallteile durch Lot; Metallflächen u. Lot erhitzen auf Schmelztemperatur d. Lots, bei Weich-L. m. **Lötkolben** od. **Lötlampe** auf unter 450 °C, b. Hart-L. m. Acetylenflamme auf etwa 900 °C; zum Entfernen von Oxidschichten bei Weichlöten **Lötwasser** (Salzsäure, Zinkchloridlösung) usw.; beim Hartlöten Borax.

Lot-et-Garonne, frz. Dép., 5361 km², 306 000 E; Hptst. *Agen.*

Loth, Johann Carl, gen. *Carlotto,* (get. 8. 8. 1632–6. 10. 98), dt. Maler d. Barock, hpts. in Venedig; s. virtuosen Darstell. bes. rel. Themen in effektvoller Helldunkelmalerei u. meist als Nahsicht gestalteten, figurenreichen Kompositionen waren einflußreich f. d. süddt. u. östr. Barockmalerei.

Lothar, [ahdt. „laut im Heer"],
1) L. I. (795–29. 9. 855), Enkel Karls d. Gr., 817 Mitregent, 823 Kaiser, erhielt in der Teilung v. Verdun d. Mittelreich (Italien, Burgund, Lothringen); s. Sohn
2) L. II. (um 835–8. 8. 869), erster Kg v. Lothringen s. 855.
3) L. III. (1075–3. 12. 1137), von Supplinburg (oder Sachsen), reichster Fürst N-Dtlds; Gegner Heinrichs V., Kaiser s. 1125, unterstellte Dänemark, Polen u. Böhmen erneut d. Reichshoheit, Kampf gg. Roger von Sizilien.L

Lothar,
1) Ernst (25. 10. 1890–30. 10. 1974), öst. Romanschriftst. u. Regisseur b. Salzburger Festspiele; *D. Engel m. d. Posaune.*
2) Mark (23. 5. 1902–6. 4. 85), dt. Komp.; Opern: *Tyll; Lord Spleen; Schneider Wibbel;* Bühnenmusiken.

Lothringen, frz. *Lorraine,* Stufenlandschaft zw. Vogesen, Champagne u. Ardennen; fruchtbares Ackerland, von Mosel u. Maas durchflogen; 23 547 km², 2,3 Mill. E; reiche Bodenschätze: Kohle, Eisenerz u. Salzlager; Wein- u. Hopfenbau; größer W-Teil frz., kleinerer O-Teil dt. Sprachgebiet; *Dép. Vosges, Meuse, Meurthe-et-Moselle* u. *Moselle* (1871–1918 Dt.-L.).

Loti, Pierre eigtl. *Julien Viaud* (14. 1. 1850–10. 6. 1923), frz. Schriftst. des Exotismus; *Islandfischer.*

Lotion, w. [′ləʊʃən], flüssiges Gesichts-, Hand- u. Körperkosmetikum.

Lotosblume, großblütige ägypt. u. ind. Seerose; buddhist. Symbol d. Erde u. Schönheit.

Lötschental, schweizerisches Alpental in den Berner Alpen, Quertal des Rhônetals, Kanton Wallis, 25 km l. m.

Lötschbergbahn Bern–Frutigen–Brig (zur Simplonbahn) durch **L.tunnel,** 14,6 km.

Lotse, mit dem Fahrwasser vertrauter Seemann mit bes. Zeugnis (beamtet od. freigewerbl. tätig), der Schiffe in den Hafen u. zur Anlegestelle führt; *Lotsenstationen* zur Beaufsichtigung des L.betriebes u. der Seezeichen; *L.zwang* f. Ein- u. Ausfahrt in best. Häfen od. Flußmündungen; *L.flagge* wird zur Herbeirufung der L. gesetzt.

Lotterie, staatl. genehmigungspflichtiges Unternehmen; nach einem festgesetzten Plan werden gegen e. Einsatz in e. Ziehung Gewinne od. Nieten ausgelost.

Lotterieanleihen → Prämienanleihen.

Lotti, Antonio (um 1667–5. 1. 1740), it. Komponist.

Lotto, Lorenzo (um 1480–n. 1. 9. 1556), it. Maler d. Renaiss.; tiefe psycholog. Einfühlung bes. bei den Bildnissen.

Lotto, s. [it.], Glücksspiel, Zahlen zu raten.

Lotze, Rudolf Hermann (21. 5. 1817 bis 1. 7. 81), dt. Phil. u. Physiologe, Vertr. d. *Teleolog. Idealismus,* wollte Naturwiss. u. dt. Idealismus versöhnen; *Mikrokosmos; System der Philosophie.*

Lötzen, *Giżycko,* poln. St. im ehem. Ostpreußen, 29 000 E; Schloß des Dt. Ritterordens.

Lough [lɒx, lɒk, ir. loch], See, Meeresbucht.

Louis [luˑi]
1) Joe, eigtl. *Joseph Louis Barrow* (13. 5. 1914–12. 4. 81), am. Boxer; WM im Schwergewicht von 1937–49, blieb v. 1936–50 ungeschlagen; in 71 Profikämpfen 3 Niederlagen (1936 gg. M. Schmeling, 1950 gg. E. Charles u. 1951 gg. R. Marciano).
2) Morris, eigentlich *M. L. Bernstein* (28. 11. 1912–7. 9. 92), am. Maler; Mitbegr. d. Farbfeldmalerei; später streng vertikale od. d. Ecken s. großformat. Bilder schneidende Farbstreifen; *Tzadi; Color Barrier.*

Louis [lwi od. luˑis], frz. u. engl. Form zu → Ludwig.

Louisdor, m. [lwiˑdoːr], von 1640–1794 frz. Goldmünze, ca. 20 Francs.

Louis Ferdinand, Prinz von Preußen (18. 11. 1772–10. 10. 1806), Neffe Friedrichs d. Gr., fiel b. Saalfeld; *Kammermusikkompositionen.*

Louisiana [luˑiˑzi′ænə], Abk. **La.,** Südstaat d. USA, am Golf v. Mexiko, beiderseits des Mississippi; 123 677 km², 4,2 Mill. E ($^1/_3$ Schwarze); Baumwolle, Mais, Zucker, Reis, Fischerei, Handelszentrum u. -hafen: *New Orleans;* Hptst.: *Baton Rouge.* – Seit 1681 v. Franzosen besiedelt, 1763 an England bzw. Spanien abgetreten, s. 1783 zu den USA.

Louis Philippe von Orléans, (6. 10. 1773–26. 8. 1850), „Bürgerkönig" von Frkr. 1830–48, Exil in England.

Louis-Quatorze [lwikaˑtɔrz], d. klass.-barocke Stil der Zeit Ludwigs XIV.

Louis-Quinze [lwiˑkɛ̃z], d. frz. → Rokokostil unter Ludwig XV., um 1730 bis 75.

Louis-Seize [lwiˑsɛːz], d. vom Rokoko z. Klassizismus überleitende Stil der Zeit Ludwigs XVI., letztes Viertel d. 18. Jh.

Lotosblume

Löwe und Löwin

Lübeck, *Holstentor*

Louisville [ˈlʊɪsvɪl], St. im US-Staat Kentucky, a. Ohio, 270 000 E; Uni.; Industriezentrum.

Loup de mer [frz. ˈludəmeːr], Wolfsbarsch eur. Meere; Speisefisch.

Lourdes [lurd], frz. St. am Nordfuß der Pyrenäen, 18 000 E; weltbekannter Wallfahrtsort: Grotte m. heilkräft. Quelle (jährl. ca. 5 Mill. Pilger). – 1858 erschien die Mutter Gottes 18mal der hl. → Bernadette.

Lourenço Marques [loˈrẽsu ˈmarkʃ], → Maputo.

Loutherbourg [ˈlaudəːbəːg], Philip James de (31. 10. 1740–11. 3. 1812), engl. Maler dt. Herkunft; e. Wegbereiter d. engl. Romantik; Theaterdekorationen, Landschaften, Tier- u. Schlachtenbilder, ländl. Genreszenen.

Louvière, La [-luˈvjɛːr], belg. Ind.st., Prov. Hennegau, 76 000 E (m. Vororten 120 000); Hütten- u. Stahlwerke.

Louvois [-luˈvwa], François (18. 1. 1641–16. 7. 91), Kriegsmin. → Ludwigs XIV.

Louvre, *m.* [luːvr], ehem. kgl. Schloß in Paris (16./17. Jh.); s. 1793 Museum (*Venus v. Milo, Mona Lisa*).

Lovecraft [ˈlʌvkrɑːft], H. P. (Howard Philipps) (20. 8. 1890–15. 3. 1937), am. Schriftst.; phantast. Horrorgeschichten; *Berge d. Wahnsinns; Cthulhu.*

Löwenich, s. 1975 zu → Köln.

Low-Church, *w.* [engl. lou tʃəːtʃ „Niederkirche"], e. d. 3 Richtungen i. d. anglikan. Kirche neben *High-Church* u. *Broad-Church*.

Löwe,
1) 5. Zeichen d. → Tierkreises; auch 2 → Sternbilder (Übers.).
2) Großkatze, Männchen mit Mähne; Afrika, in Indien nur noch im Gir-Reservat, in der Antike bis Griechenland.

Lowell [ˈloʊəl], St. im US-Staat Massachusetts, 103 000 E; Textilschule u. -ind., Maschinenbau.

Löwen, fläm. *Leuven*, frz. *Louvain*, belg. St. i. d. Prov. Brabant a. d. Dyle, 86 000 E; Rathaus (15. Jh.), Uni.; Brauereien, Konserven-, Tuch- u. Metallind.

Löwenäffchen, kleiner Krallenaffe Brasiliens mit löwenartiger Mähne.

Löwenmaul, Kräuter mit Rachenblüten; *Kleines L.*, Ackerunkraut, *Großes L.*, Zierpflanze aus S-Europa.

Löwenzahn, *Kuhblume*, oft überaus häufiger Korbblütler auf Wiesen u. Grasplätzen m. gelben Blütenköpfen,

Löwenmaul

Rauher Löwenzahn

Heinrich Lübke

hohler Blütenstiel; verblüht als *Pusteblume* ben., junge Blätter als Salat.

Lowry [ˈlaʊərɪ], Malcolm (28. 7. 1909 bis 27. 6. 57), engl. Schriftst.; Romane u. Erzählungen; *Unter dem Vulkan.*

Loxodrome, *w.* [gr. „schiefläuf. Linie"], auf der Erdkugel die alle Meridiane unter gleichem Winkel schneidende Kurve; wichtig für Seeschiffahrt, weil sie auf den Seekarten (in Mercator-Projektion) eine gerade Linie ist u. ohne Kursänderung eingehalten werden kann; Ggs.: → Orthodrome.

loyal [frz. lwaˈjaːl], treu ergeben (der Reg.); rechtschaffen.

Loyalität, gesetzestreue Gesinnung.

Loyola [loˈj-], Ignatius v., eigtl. *Iñigo Lopez de Recalde* (um 1491 bis 1556), span. Offizier, später Priester; stiftete um 1534 den → Jesuitenorden, war dessen 1. General.

Lozère [bˈzɛːr], frz. Dép. im Cevennengebiet, waldiges Bergland, 5167 km², 73 000 E; Hptst. *Mende* (13 000 E).

LP, Abk. f. engl. **L**ong **P**lay; Kurzbez. f. *Langspielplatte;* → Schallplatte m. e. Durchmesser v. 30 cm; wird im Unterschied z. → Single m. 33⅓ U/min abgespielt u. besitzt eine Spieldauer bis zu 30 Min. pro Seite.

LPG, Abk. f. → **L**andwirtschaftliche **P**roduktionsgenossenschaft.

Lr, chem. Zeichen f. → Lawrencium.

L. S., Abk. f. *loco sigilli* [l.], „anstelle des Siegels", auf Abschriften von Urkunden.

LSD, Abk. f. **L**yserg **s**äure **d**iethylamid, halbsynthet. Halluzinogen m. stark bewußtseinsverändernder Wirkung (opt. u. akust. Halluzinationen); schwere psych. u. körperl. (genet.) Schäden möglich.

ltd., Abk. f. *limited* (**begrenzt**).

Lu, chem. Zeichen f. → Lutetium.

Lualaba, Quellfluß d. Kongo, ca. 1000 km l.

Luanda, *Loanda, São Paulo de L.,* Hptst. v. Angola, W-Afrika, 1,5 Mill. E; Hafen, Flugplatz.

Lübbecke (D-32312), St. i. Kr. Minden-L., am Wiehengebirge, NRW, 24 000 E; AG; div. Ind.

Lübben (Spreewald) (D-15907), sorb. *Lubin,* Krst. im Spreewald, Bbg., 13 834 E; spätgot. Kirche; div. Ind.

Lübbenau (Spreewald) (D-03222), sorb. *Lubnjow,* St. am Spreewald, Kr. Calau, Bbg., 19 867 E; Spreewaldmus.; Großkraftwerk.

Lubbers, Ruud (* 7. 5. 1939), ndl. Pol. (CDA); 1982–94 Min.präs.

Lübeck,
1) Hansestadt L. (D-23552–70), krfreie St., an d. Trave, Schl-Ho., 215 924 E; Ostseehafen, m. Elbe durch Elbe-Lübeck-Kanal verbunden, Ges.umschlag 1991: 11,3 Mill. t; IHK, HWK, LG, AG, Landesversicherungsanstalt; FHS (angewandte Naturwiss.) Elektrotechnik, Masch.bau, Bauwesen, Architektur, HS f. Musik, Med. HS, Theater, Museen; ma. Bauten (Backsteingotik); Ind.: Med. Apparatebau, Schiffs- u. Masch.bau, Lebensmittel (Fischkonserven, *L.er Marzipan*), Bekleidung; Stadtteil Ostseeheilbad *Travemünde* m. Spielkasino; Fährschifflinien nach Skandinavien. – 1143 als Handelsplatz gegr., 1158 St. (Heinrich d. Löwe); s. Ende d. 13.–15. Jh. Hptst. d. dt. Hanse, 1815 Freie u. Hansest., s. 1937 Stkr. in Schl-Ho.; s. 1987 Weltkulturerbe.
2) ehem. Landesteil v. Oldenburg, an d. Ostsee (*Lübecker Bucht*), 542 km², Hptst. *Eutin.* – Ehem. Bistum, 1803 erbl. Fürstent., 1823 zu Oldenburg, 1937 als Ldkr. zu Eutin.

Lubitsch, Ernst (28. 1. 1892–30. 11. 1947), dt.-am. Filmreg., s. 1923 in Hollywood; geistreich-frivole Komödien: *Trouble in Paradise* (1932), *Ninotchka* (1939), *To Be or not to Be* (1942).

Lübke, Heinrich (14. 10. 1894–6. 4. 1972), CDU-Pol.; 1953–59 B.min. für Ernährung u. Landwirtschaft; 1959–69 Bundespräs.

Lublin, poln. St. zw. Weichsel u. Bug, Hptst. der Woiwodschaft *L.;* 350 000 E; Schloß, Kathedrale, kath. Uni.; Textilind., Lastkraftwagenwerk. – Im MA bed. Handelsstadt.

Lubliner Union, Union Polens m. Litauen u. Einverleibung Westpreußens.

Lubumbashi [-ˈbaʃi], bis 1966 *Elisabethville,* Hauptstadt der Provinz Shaba und Industriezentrum im S v. Zaïre, 683 000 E; Uni.; Mittelpunkt d. Kupferbergbaus.

Lucas [ˈluːkəs], George (* 14. 5. 1944), am. Filmregisseur u. -produzent; *American Graffiti* (1973); *Star Wars* (1977); *The Empire Strikes Back* (1980); *The Return of the Jedi* (1983).

Lucas van Leyden, [ˈlyː- ˈlɛɪdə], *Leiden* (um 1489/94–8. 8. 1533), ndl. Maler u. Graphiker d. Renaiss.

Lucca, Hptst. d. mittelital. Prov. *L.,*

Luch 565 **Lufthansa, Dt.**

87 000 E; Dom, Kunstakad., Textilind.; → *Bagni di Lucca*.
Luch, s., Sumpf, Bruch (z. B. im Havelland).
Lüchow [ˈlyːço] (D-29439), Krst. i. Nds. *(Kr. L.-Dannenberg)* i. Hannoverschen Wendland; Agrarzentrum; Kugellagerind.
Luchs,
1) → Sternbilder, Übers.
2) Gattung der Katzen; Pinselohren, kurzer Schwanz, lange Beine; *Nord-L.*, in Dtld Wiedereinbürgerung, N- u. O-Europa, N-Asien; *Wüsten-L. (Karakal)*, Afrika, Vorderasien u. Vorderindien; *Rot-L.*, N-Amerika.
Lucia, Märtyrerin u. Heilige, unter Diokletian 303 in Syrakus hingerichtet.
Luciabraut [lʉˈsiːa-], nach schwed. Volksbrauch Mädchen m. Lichterkrone, das am Tag d. hl. Lucia (13. Dez.) ihre Angehörigen weckt.
Luckau (D-15926), St. im Kr. i. Brandenburg (nw. v. Cottbus), 7000 E; Dahme-Spreewald; Nahrungsmittelind.
Lücke, Paul (13. 11. 1914–10. 8. 76), CDU-Pol.; 1957–65 B.min. f. Wohnungswesen, 1965–68 B.innenm. f.
Luckenwalde (D-14943), Krst. in Bbg., 25 156 E; div. Ind.; FS (Pädagogik, Medizin).
Luckner, Felix Gf v. (9. 7. 1881–14. 4. 1966), dt. Seeoffizier u. Schriftst., i. 1. Weltkr. Hilfskreuzerkommandant; *Seeteufel*.
Lucknow, *Lakhnau,* Hptst. d. ind. Bundesstaates Uttar Pradesh, 1,6 Mill. E; Uni.; Baumwollind., Seidenweberei, Prachtbauten. Brennpunkt d. Aufstandes 1857/58.
Lucullus, Licinius (117–57 v. Chr.), röm. Feldherr u. Feinschmecker; daher: *lukullisches Mahl*.
Lüda → Dalian.
Ludendorff, Erich (9. 4. 1865–20. 12. 1937), dt. General, Hauptstütze Hindenburgs im 1. Weltkrieg; beteiligte sich 1923 am Hitlerputsch; arbeitete zus. mit seiner Frau *Mathilde* (1877– 1966) i. d. 1925 von ihm gegr. völkisch-antichristl. *Tannenbergbund*.
Lüdenscheid (D-58507–15), Krst. d. Märkischen Kreises, NRW, 79 922 E; AG; Metall-, Kunststoffind.; Versetalsperre.
Lüderitz, Adolf (16. 7. 1834–86), Bremer Großkaufmann; erwarb Angra-Pequena (50 000 km², später *Lüderitz*) und begründete so Dt.-SW-Afrika.
Lüderitz, bis 1920 *L.bucht,* Hafenst. in Namibia, 6000 E. – 1883 v. Lüderitz gegr.
ludern, *i. d. Jägersprache:* Wild anlocken durch Köder.
Lüdinghausen (D-59348), St. i. Kr. Coesfeld, i. Münsterland, NRW, 20 719 E; AG; Nahrungs-, Genußmittel- u. Bekleidungsind.
Luding-Rothenburger, Christa (* 4. 12. 1959), dt. Eisschnelläuferin u. Rad-Amateurin; gewann bisher als einzige Frau bei Olymp. Winter- u. Sommerspielen e. Medaille; zweimal. Olympiasiegerin im Eisschnellauf (1984: 500 m, 1988: 1000 m), 1988 Olympia-Silber im Radsprint.
Ludolfinger → Liudolfinger.
Ludolfsche Zahl, n. d. ndl. Math. **Ludolph van Ceulen** [ˈkøːlə] (1540–1610) benanntes Zahlenverhältnis d. Kreisum-

fangs z. -durchmesser: d. Zahl π (sprich: pi) = 3,14159265 . . . od. annähernd 22⁄7.
Ludwig, [ahdt. „laut im Kampf"].
a) *dt. Könige u. Kaiser:*
1) L. d. Fromme (778–20. 6. 840), dritter Sohn Karls d. Gr., von ihm bereits 813 z. Kaiser u. Mitregenten ernannt, reg. s. 814. Reichszerfall, Kämpfe m. s. Söhnen; s. Sohn
2) L. d. Dt. (um 805–28. 8. 76), Kg s. 843.
3) L. IV., das Kind (893–911), letzter Karolinger, Kg s. 900.
4) L. IV., d. Bayer (um 1283–11. 10. 1347), Kg s. 1314, reg. zeitweise gemeinsam mit s. Gegner Friedrich d. Schönen, s. 1328 Kaiser.
b) *Bayern:*
5) L. IX., der Reiche (23. 2. 1417–18. 1. 79), s. 1450 Hzg, gründete 1472 Uni. Ingolstadt.
6) L. I. (25. 8. 1786–29. 2. 1868), Kg 1825–48, Kunstfreund, bauliche Erneuerung Münchens, legte Regierung nieder (→ Montez, Lola).
7) L. II. (25. 8. 1845–13. 6. 86), Kg 1864–86, Gönner R. Wagners, Romantiker, Prachtbauten (Neuschwanstein u. a.); geisteskrank; Tod im Starnberger See.
c) *Frkr.:*
8) L. IX., der Heilige (25. 4. 1214–25. 8. 70), Kg s. 1226, Kreuzzüge 1248 und 1270.
9) L. XI. (3. 7. 1423–30. 8. 83), Kg s. 1461, Begr. des Absolutismus in Frkr.
10) L. XIII. (27. 9. 1601–14. 5. 43), Kg s. 1610, nahm am 30jährigen Krieg teil, seine Kanzler: Richelieu, ab 1642 Mazarin.
11) L. XIV. (5. 9. 1638–1. 9. 1715), Kg s. 1643, Selbstregent ab 1661; Glanzzeit Frkr.s: der „Sonnenkönig", Wohlstand durch viele Kriege untergraben; Reunionen; Span. Erbfolgekrieg.
12) L. XV. (15. 2. 1710–10. 5. 74), Kg s. 1715, der „Vielgeliebte" (Pompadour, Dubarry).
13) L. XVI. (23. 8. 1754–21. 1. 93), Kg 1774–92, in der Frz. Revolution hingerichtet.
14) L. XVIII. (17. 11. 1755–16. 9. 1824), → Restauration, Kg s. 1814.
d) *Ungarn:*
15) L. I., der Gr. (5. 3. 1326–10. 9. 82), Kg von Ungarn s. 1342, s. 1370 auch Kg von Polen.
Ludwig,
1) Emil, eigtl. *E. L. Cohn* (25. 1. 1881 bis 17. 9. 1948), dt. Schriftst.; romanhafte Biographien: *Goethe; Napoleon; Wilhelm II.*
2) Otto (12. 2. 1813–25. 2. 65), dt. Schriftst.; Dramen: *D. Erbförster;* Erzählungen: *Heiterethei; Zwischen Himmel u. Erde.*
Ludwigsburg (D-71634–42), Krst. b. Stuttgart, am Neckar, Ba-Wü., 83 913 E; AG; PH; einheitl. barocke Stadtschöpfung, Barockschloß; Masch.-, Porzellan-, Textilind.
Ludwigshafen a. Rhein (D-67059–71), kreisfreie St. i. Rgbz. Rheinhessen-Pfalz, RP, 171 057 E; IHK, Rheinschiffahrtsges., SW-Stadion; Metall- und bed. chem. Ind., Handelsplatz, Rheinhafen (Umschlag 1991: 8,23 Mill. t).
Ludwigslust (D-19288), Krst. i. M-V., am L.er Kanal (Verbindung zw. Elde u.

Luchs

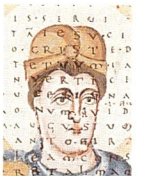
Ludwig d. Fromme

Ludwig I.

Ludwig II.

Ludwig XIV.

Rögnitz), 12 777 E; Schloß, Naturpark, natürl. Wassersprünge.
Lueger [ˈlyːe], Karl (24. 10. 1844 bis 10. 3. 1910), östr. Pol.; Mitbegr. d. Christl.-Soz. Partei, Antisemit, s. 1897 Bürgerm. v. Wien, das er großzügig ausbaute.
Lues, w. [l. ˈluːɛs], svw. → Syphilis.
Luffa, w., trop. Kürbisgewächs; Fasernetz der Früchte: Badeschwämme, Schuheinlagen.
Luft, Friedrich (24. 8. 1911–24. 12. 90), dt. Theater- u. Filmkritiker, Schriftsteller.
Luft, das die Atmosphäre der Erde bildende Gasgemisch; Dichte 1,2 g/l bei 20 °C und 1013 hPa; verflüssigte Luft siedet bei –191 °C. Bestandteile trockener Luft in Vol.%: Stickstoff (N_2) 78,10; Sauerstoff (O_2) 20,93; Argon (Ar) 0,93; Kohlendioxid (CO_2) 0,03; Neon (Ne) 0,0018; Helium (He) 0,0005; Krypton (Kr) 0,0001; Wasserstoff (H_2) 0,00005; Xenon (Xe) 0,000009.
Luftballon → Luftfahrt, Übers.
Luftbildarchäologie, Auffindung u. wiss. Auswertung archäolog. Stätten aus d. Luft durch Beobachtung des durch Beleuchtung, Bewuchs od. Verfärbung hervorgerufenen Erscheinungsbilds des Bodens.
Luftbildfotografie, Aufnahmen aus Luftfahrzeugen mittels Luftbildkameras; einst für mil. Zwecke, heute wichtiger für Umweltschutz, Kartographie, Raumplanung.
Luftbrücke Versorgung eines von der Außenwelt abgeschnittenen Gebietes aus der Luft, → Berlin, *Geschichte.*
Luftdruck, der Druck einer Luftsäule auf ihre Grundfläche, gemessen auf 1 cm², nimmt mit wachsender Höhe ab, ist stark von der Wetterlage abhängig (Depression, → Zyklone); bes. wichtig für → Wetterkunde; wird gemessen durch Barometer u. meist angegeben durch die Höhe einer Quecksilbersäule (in mm) von gleichem Druck auf d. Grundfläche (z. B. 760 mm am Meeresspiegel); jetzt in → Hektopascal.
Luftelektrizität, Bez. für alle el. Erscheinungen i. d. Atmosphäre zw. Erdoberfläche u. Ionosphäre; Feldstärke am Erdboden: 1,3 Volt/cm, nach der Höhe abnehmend; Feld zur Erde hin gerichtet, d. h. Luft erscheint positiver als Erdoberfläche.
Luftembolie, Verstopfung von Blutgefäßen durch eingedrungene Luftblasen, bei großer Luftmenge tödlich (wenige ml Luft, z. B. bei Injektion in Vene, lösen sich im Blut auf); auch → Embolie.
Luftfahrt → Übers. u. Tafel.
Luftfahrtmedizin → Flugmedizin.
Luftfeuchtigkeit, Gehalt der Luft an Wasserdampf; *absolute L.,* gemessen in Gramm Wasserdampf pro Kubikmeter Luft; *relative L.,* Verhältnis v. tatsächlich vorhandener zu maximal möglicher (Sättigungs-) Feuchtigkeit in Prozent.
Lufthansa, Dt., Luftverkehrsunternehmen, gegr. 1926; unterhielt planmäßigen Verkehr m. d. wichtigsten Wirtschaftsplätzen Europas; dazu Asien- u. Südamerikadienst; 1934 erste Luftpoststrecke Europa–S-Amerika; 1937–39 planmäß. Postflüge über d. N-Atlantik m. Flugbooten u. Langstreckenflugzeugen (1938: 287 600 Fluggäste auf 32

Luftfahrt

Luftfahrzeuge werden eingeteilt in Ballone u. Luftschiffe („leichter als Luft"), Flugzeuge („schwerer als Luft"); Luftfahrzeuge nach Luftrecht sind: Flugzeuge, Luftschiffe, Segelflugzeuge (→ Segelflug), Frei- und Fesselballone, Fallschirme, Drachen und andere für Bewegung im Luftraum bestimmte Geräte mit mehr als 5 kg Gewicht.
Ballone: Freiballone, m. d. Winde triftend, zum Aufsuchen günstiger Luftströmung, beeinflußbar durch Ballastabgabe (Steigen) od. durch Gasablassen (Fallen). Zweck: Sport u. Forschung; Fesselballone für mil. Beobachtungen, ferner Registrierballone u. Ballonsonden für meteorolog. Zwecke (→ Ballon).
Luftschiffe, starre (z. B. Zeppelin): Leichtmetallgerüst mit Gewebebespannung u. Gaszellen mit Wasserstoff- od. Heliumgasfüllung; unstarre, Prall-Luftschiffe (z. B. Goodyear): Prallhaltung durch luftgefüllte Verdrängerballonetts; halbstarre (z. B. Basenach): versteift durch Leichtmetallkiel.
Flugzeuge: Prinzip: Durch Vortrieb entsteht Luftanströmung der Tragfläche u. Auftrieb; dieser ist abhängig von Anströmgeschwindigkeit, Tragflächenprofil u. An- u. Einstellwinkel der Tragflächen (Einstellwinkel = unveränderl. Winkel zw. Profilsehne u. Längsachse des Flugzeugs. Faustregel: $1/3$ der Antriebskraft wirkt durch Druck unter, $2/3$ durch Unterdruck über der Tragfläche. a) Motorflugzeuge mit Kolbentriebwerken: Vortrieb durch Luftschraube; b) → Düsenflugzeuge mit Strahltriebwerken; Vortrieb durch Gasstrahl. Auch → Drehflügelflugzeuge, → Senkrechtstartflugzeug.
Hauptteile des Flugzeuges: Luftschrauben mit 2–5 Flügeln: 3 Arten: starre v. am Boden bzw. im Fluge verstellbare Schrauben. Letztere auch automatisch durch Kommandogerät für gleichbleibende Drehzahl. Flugwerk, auch Tragwerk (Tragflächen); Rumpfwerk (Steuerraum u. Zuladungsraum); Triebwerk (Motoren); Leitwerk (horizontale u. vertikale Stabilisierungsflossen mit Höhen- u. Seitenruder sowie Querlagenruder an den äußeren Abströmkanten der Tragflächen); Fahrwerk (mechan., el. od. hydraulisch); Fest- od. Einzieh-, Zwei- u. Mehrradfahrwerk mit Einfach- od. Zwillingsrädern. Steuerwerk beeinflußt Flugzeug in der Luft durch Ruderwirkung um die Hoch-, Quer- u. Längsachse (Seitenrichtung, Querlage u. Höhen-Tiefen-Richtung). Automatische Steuerungen heute kreisel- u. funkbeeinflußte Dreiachsensteuerungen. Höhenruder (beeinflußt Anstellwinkel) an meist verstellbarer (Grob-Trimmung) horizontaler, Seitenruder an vertikaler Stabilisierungsflosse, an deren Flächenkanten (rechts u. links) je ein Querlagenruder. Alle Ruder besitzen Feintrimmeinrichtungen: Flettnerprinzip (→ Magnuseffekt). Zur Verringerung der Landegeschwindigkeit (Auftriebserhöhung): Landeklappen, Spalt- u. Doppelflügel (→ Tafel Luftfahrt).
Unterscheidungen, nach Baustoff: Ganzmetall- u. Gemischtbauweise = Metall, Kunststoff, Holz od. Gewebe; nach Tragflächenanordnung: Hoch-, Schulter-, Mittel- u. Tiefdecker; nach Tragflächenzahl: Ein-, Doppeldecker u. Nurflügelflugzeuge; nach Verwendung Sport-(Privat-), Verkehrs-, Polizei- u. Militärflugzeuge. Ferner unterscheidet man: Schwimmer-, Amphibienflugzeuge und Flugboote.
Weltluftverkehr (Liniengesellschaften d. → IATA-Vertragsgesellschaften ohne UdSSR) 1995: 2,2 Mrd. beförderte Passagiere im Linienverkehr; Luftfrachtverkehr 1995: ca. 20,2 Mill. Tonnen Fracht; Unfälle im Weltluftlinienverkehr m. Todesfolge (1995): 57 (1215 Tote).
Geschichtliches: Flugmaschinen-Modell von Leonardo da Vinci um 1500, erster bemannter Heißluftballon Brüder Montgolfier 1783; Wasserstoffballon Charles 1783. Erster Fallschirmabsprung 1797 von Garnerin. Lilienthals Gleitflug 1896. Starrluftschiff Zeppelin LZ 1 1900. Santos Dumonts Lenkluftschiff umkreist Eiffelturm 1901. Doppeldecker Brüder Wright 1903 (1. Motorflug). Kanalflug Blériot 1909. Dt. Militärluftschiff fliegt 1917 7000 km (Bulgarien–Ägypten u. zurück). Ozeanüberquerung m. Flugzeug: Alcock u. Brown (Großbrit.) 1919, LZ 126 Eckener 1924, Eindecker Lindbergh 1927 New York–Paris, Köhl-Hünefeld-Fitzmaurice 1928 Irland–Neufundland. Weltfahrt Zeppelin 1930. Gronaus Ozean-Etappenflüge 1930 u. 1931. Ab 1940 regelmäßiger Passagierverkehr, seit 1954 über N-Pol. Stratosphärenaufstieg Piccard 1931 u. 1932. Starker Aufschwung der L. in u. nach 2. Weltkrieg, bes. Schnellflug u. Höhenflug mit neuen, auch propellerlosen Triebwerken (Düsenantrieb). – Rekorde: größte Höhe mit Freiballon 34 668 m (Prather u. Ross, USA, 1961); mit Flugzeug 110 km Höhe (X-15, USA, 1964). Seit 1948 Schallgeschwindigkeit weit überschritten: 1821,8 km/h (Großbrit. 1956), derzeitiger Rekord für bemannte Flugzeuge 7296 km/h (X-15, USA, 1967).
Luftfahrtforschung: Dt. Forschungsanstalt f. Luft- u. Raumfahrt e. V. (→ DLR).

Strecken); 1945 aufgelöst, 1953 Neugründung; Verkehrsleistung 1994: 17,5 Mill. Fluggäste, 875 000 t Fracht; Flugzeugpark 1990: 9 Airbus A 300, 16 Airbus A 310, 9 Airbus A 320, 18 Boeing 727, 62 Boeing 737, 27 Boeing 747, 11 Douglas DC 10; insg. 152 Verkehrsflugzeuge.
Luftheizung, Erwärmung von Räumen durch heiße Luft, die indirekt durch Rauchgase, Heißwasser oder Dampf erhitzt wird.
Lufthoheit, die Hoheitsrechte eines Staates im Luftraum über seinem Gebiet, intern. durch Abkommen (Paris 1919, Chicago 1944) anerkannt.
Luftkissenfahrzeuge, auch *Bodeneffekt-Fluggeräte,* Fahrzeuge, die v. Rückstau eines nach unten gerichtet. Luftstromes getragen i. geringem Abstand über d. Untergrund (Land od. Wasser) schweben; Vortrieb durch Propeller oder Turbinen.

Luftkissenboot

Lüftlmalerei, alpenländ. Fassadenmalerei an Bauernhäusern s. d. Barock.
Luftmassen, meteorol. Bez. f. einheitl. Luftquantum v. mehreren 100–1000 km Ausdehnung; maßgebend f. Bez. sind Ursprungsgebiete u. Weg: *arktische, polare, subtropische* u. *L. der gemäßigten Breiten;* alle L. haben best. Eigenschaften u. erfahren auf ihrem Weg über Meere u. Kontinente typ. Veränderungen *(Meeres- u. Festlandsluft).*
Luftmine, Bombe mit großer Sprengkraft.
Luftperspektive, in d. Malerei d. 14. u. 15. Jh. vor d. allg. Anwendung d. geometr. Zentralperspektive e. empir. Gestaltungsmittel z. Darstell. v. Raumtiefe durch zunehmende Blautönung d. Gegenstände d. Hintergrunds bei gleichzeit. Abschwächung ihrer Eigenfarbe.
Luftpiraterie, engl. *Hijacking,* erpresser. Entführung v. Verkehrsflugzeugen; 1970 Intern. Konvention gg. L. v. 65 Staaten in Den Haag unterzeichnet.
Luftpost, Flugpost, s. 1912 Beförderung von Postsendungen.
Luftpumpe,
1) → Sternbilder, Übers.
2) zur Verdünnung v. Gasen: *Kolben-L.* (v. Guericke, 1635): Bei Zurückziehen eines Kolbens (fest oder Quecksilbersäule) strömt Gas aus d. auszupumpenden Raum (Rezipienten) nach, wird durch Ventil von diesem abgetrennt u. durch vorgehenden Kolben ausgestoßen. Bei der *Wasserstrahl-L.* reißt Wasserstrahl Luft bei plötzl. Übergang v. engem in weiteren Querschnitt mit. Mit beiden Pumpenarten wird nur e. geringe Verdünnung (≈ 1 mbar) erreicht. Höhere Verdünnung erreichbar mit d. (Quecksilber-) *Dampfstrahl-L.* (Gaede): Luft dringt (diffundiert) vom Rezipienten in Quecksilberdampfstrahl, d. sie nach außen fördert; z. Rezipienten dringende Quecksilberdämpfe durch Kühler abgefangen. Bei *Molekular-L.* (Gaede) treiben schnell rotierende Scheiben d. Gasmolekülströmung nach außen. Höchstes (nicht absolutes) Vakuum wird durch Kombination versch. Pumpen erreicht, wobei im unteren Bereich auch sog. *Kyro-* u. *Getter-Pumpen* e. Rolle spielen, bei denen d. Luftteilchen beim Auftreffen auf d. speziell behandelten Wände festgehalten u. damit dem Gasraum entzogen werden. Ggs. (z. Verdichtung von Gasen): Kompressoren (dazu gehören auch sog. *Fahrrad-L.*).
Luftreifen, *Pneumatik,* v. Dunlop erfundene hohle, unter Druck aufgeblasene Gummireifen f. Fahrräder, Kraftwagen, Flugzeuge u. ä.; bestehend aus innerem *Luftschlauch* zur Aufnahme d. Preßluft u. äußerem *Laufmantel,* m. Verstärkung (→ Karkasse) durch Textil- (Abb.: 1) od. Drahtgeflecht (2) *(Gürtelreifen);* Drahteinlage (2) zur Befestigung auf d. Felge (3) sowie Profilierung d. Lauffläche als Gleitschutz, Felgenband (4), Seiten- (5), Verschlußring (6); schlauchlose L. (Tubeless) haben keinen bes. Schlauch, sondern eine luftdichte

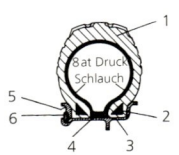
Luftreifen (Pneumatik)

Luftfahrt

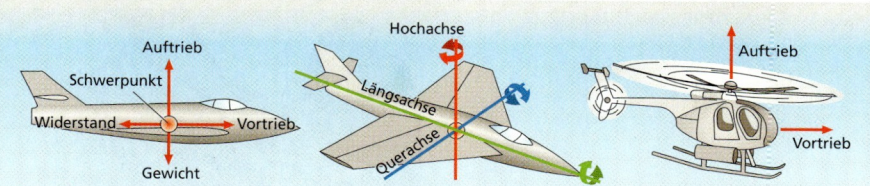

Die Kräfte, die am **Flugzeug** angreifen *(links)* und die Steuermöglichkeit um 3 Achsen *(Mitte)* bedingen die Bewegungen eines Flugzeugs. Auftrieb und Vortrieb wird beim **Hubschrauber** *(rechts)* durch Drehen des Rotors und Verstellen der Rotorblätter erreicht.

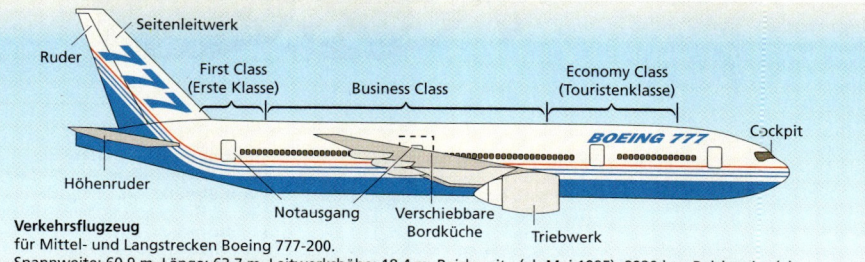

Verkehrsflugzeug
für Mittel- und Langstrecken Boeing 777-200.
Spannweite: 60,9 m, Länge: 63,7 m, Leitwerkshöhe: 18,4 m, Reichweite (ab Mai 1995): 8930 km, Reichweite (ab Dezember 1996): 13 670 km, Triebwerke: zwei, Passagiere: 305 bis 440, Frachtkapazität: 160 m³. Erstflug: Juni 1994.

Flugzeugtriebwerke

Kolbenmotor mit Luftschraube wird nur noch für Sportflugzeuge verwendet.

Aufbau eines Strahltriebwerkes (TL)

Arten von Triebwerken

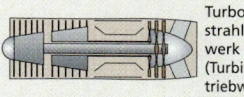

Turbo-Luftstrahltriebwerk (TL) (Turbinenstrahltriebwerk)

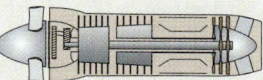

Propeller-Turbo-Luftstrahltriebwerk (PTL) (Propellerturbinenstrahltriebwerk)

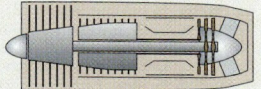

Zweistrom-Turbo-Luftstrahltriebwerk (ZTL) (Mantelstrom-Turbinenstrahltriebwerk)

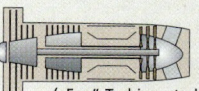

Zweistrom-Turbo-Luftstrahltriebwerk (ZTL) („Fan"-Turbinenstrahltriebwerk)

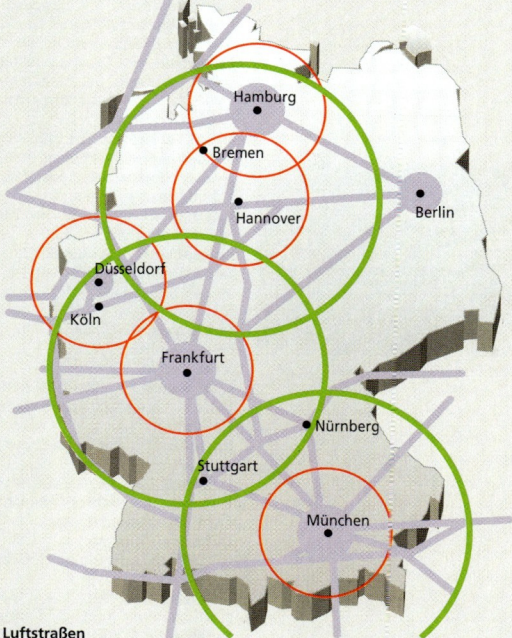

Luftstraßen
verbinden in möglichst gerader Richtung die Verkehrsflughäfen. Um Kollision zu vermeiden, sind sie in der Höhe gestaffelt nach je 1000 Fuß (etwa 300 m). Die Luftstraßen sind allgemein 10 Meilen (18,5 km) breit und werden auf Flugkarten mit Farbe und Ziffer z. B. „Gelb 7" bezeichnet; deren Verlauf ist durch Funkfeuer festgelegt. Durch den Flugsicherungsdienst wird der gesamte Luftraum kontrolliert.
Grüne Kreise auf der Karte: Erfassungsbereiche der Mittelbereichs-Radaranlagen.
Rote Kreise: Nahbereichs-Radaranlagen.

Gummischicht an d. Innenseite; Abdichtung zw. Reifenwulst u. Felge. Ballonreifen haben gr. Luftvolumen u. geringen Innendruck.

Luftröhre, *Trachea*, verbindet die Lunge mit der Außenluft, beginnt am Kehlkopf, am unteren Ende in die beiden Luftröhrenäste (Hauptbronchien) geteilt; innen mit Schleimhaut (enthält Flimmerzellen z. Auswärtstransport von Fremdkörpern u. Schleim) bekleidet.

Luftröhrenschnitt, *Tracheotomie*, → Diphtherie.

Luftschiff, Luftschiffahrt → Luftfahrt, Übers.

Luftschraube, *(Schrauben-)Propeller*, Treibschraube m. 2–5 Flügelblättern zum Antrieb v. Luftschiffen, Flugzeugen, Schlitten, flachgehenden Schnellbooten.

Luftschutz, vorbereitende Maßnahmen für einen Kriegsfall z. Schutz d. Bevölkerung, Städte, Industrie u. d. beweglichen Kulturgüter gg. Luftangriffe. In der BR seit 1952 Luftschutzmaßnahmen; 1957 Bundesluftschutzgesetz; Organisation: *Bundesluftschutzverband*, Sitz Bonn.

Luftspiegelung, Erscheinen eines

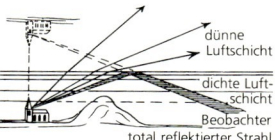

Luftspiegelung

oder mehrerer Spiegelbilder entfernter Gegenstände, verursacht durch Spiegelung an der Grenze verschieden dichter Luftschichten; entstehen durch ungleiche Lufttemperaturen; auch *Fata Morgana* genannt.

Luftstreitkräfte, Bez. f. alle Truppen, Kampfmittel u. Einrichtungen, die d. Krieg im Luftraum durchführen.

Luftverflüssigung → flüssige Luft.

Luftverkehr, Beförderung v. Personen, Postsendungen, Gütern durch Luftfahrzeuge (→ Luftfahrt, Übers.).

Luftverunreinigung, versch. Lebensformen bedrohende Verunreinigung d. Luft durch Emission v. festen, flüssigen u. gasförmigen Fremdstoffen (Kohlenmonoxid, Schwefeldioxid, Stickoxide usw.); verursacht v. a. durch Ind. u. Verkehr; führt beim Menschen zu Atemwegserkrankungen; Mitverursachung v. → Waldsterben.

Luftwaffe, Teilstreitkraft (Fliegertruppe; z. T. auch Fallschirmjäger, Flugabwehr, Fernmeldetruppe) neben → Heer

Luftverunreinigung – Meßstation für Spurengase auf dem Wank bei Garmisch

u. → Marine m. dem Auftrag, ggf. e. Luftkrieg zu führen, insbes. ihn zu verhindern.

Luftwaffenamt, *LwA,* höhere Kommandobehörde der dt. Luftw.; nimmt d. zentralen Aufg. f. d. Gesamtbereich d. Luftw. wahr; u. a. Bereitstellung v. Personal, sanitätsdienstl. Versorgung, Regelung d. Flugbetriebes, geophysikalisches Beratungswesen d. Bundeswehr.

Luftwaffenführungskommando, *LwFüKdo,* höhere Kommandobehörde d. dt. Luftw., mit auf operative Aufgaben ausgerichtetem Stab. Zuständig f. Herstellung u. Aufrechterhaltung d. Einsatzbereitschaft u. f. operationelle Planung u. Führung; dem L. unterstehen zwei regionale Luftwaffenkommandos (Nord u. Süd) auf Korpsebene.

Luftwaffenunterstützungskommando, höhere Kommandobehörde d. dt. Luftwaffe; nimmt zentrale logist. Aufgaben d. Luftwaffenrüstung wahr; ihm sind unterstellt: Luftw.-versorgungsregimenter u. Materialamt d. Bundeswehr.

Luftwege, *obere L.:* Nase, Rachen, Kehlkopf; *tiefere L.:* Luftröhre u. ihre feineren Verzweigungen (Bronchien).

Luftwiderstand, Widerstand, den die Luft einem sich bewegenden Körper (z. B. Kraftfahrzeug) entgegensetzt; wächst quadratisch mit Geschwindigkeit (z. B. um Vierfaches bei doppelter Geschwindigk.); wird charakterisiert durch d. *L.sbeiwert* (C_w-Wert), dem Verhältnis des L.s eines Körpers z. dem einer m. derselben Geschwindigk. senkrecht angeströmten, runden Scheibe gleicher Größe wie größter Körperdurchschnitt. L.sbeiwert d. Scheibe = 1; b. modernem „windschlüpfigem" Kfz ca. 0,5–0,3; theoret. günstigster Wert für sich in Bodennähe bewegende Körper = 0,1. → Aerodynamik.

Luftwurzeln, Wurzeln an oberird. Sprossen, b. vielen trop. Lianen u. Epiphyten.

Luganer See, it. *Lago di Lugano,* Alpenrandsee der Tessiner Alpen, 48,7 km², bis 288 m tief, mit schweiz. Kurort.

Lugano (CH-6900), St. im Kanton Tessin, 277 müM, am *Luganer See* u. am Fuße des Monte Brè u. d. San Salvatore, 28 000 E, Agglom. 92 000 E; Fremdenverkehr.

Lugansk, 1935–58 u. 1970–90 *Woroschilowgrad,* ukrain. Gebietshptst., 501 000 E; Schwerind.

Lugau (Erzgebirge) (D-09385), St. i. Kr. Stollberg, Sa., 9288 E; *Lugau-Ölsnitzer Kohlenbecken:* Eisen-, Textilind.

Lügde (D-32676), St. u. Luftkurort i. Kr. Lippe, NRW, 11 283 E; div. Ind.

Lügendetektor, Gerät z. Prüfung der Wahrheit von Aussagen mit Hilfe der Messung von Blutdruck, Hautfeuchte, Hirnströmen; in BR (§ 136 a StPO), Schweiz, Österreich verboten.

Luigi [lu'iːdʒi], ital. m. Vn., Kurzform zu *Lodovico* („Ludwig").

Luini, Bernardino (um 1485–Juni 1532), it. Maler d. lombardischen Renaissance.

Luise,
1) Kgn v. Preußen (10. 3. 1776–19. 7. 1810), geb. Prinzessin v. Mecklenburg-Strelitz, seit 1793 Gattin Friedr. Wilhelms III., Mutter Friedrich Wilhelms IV. u. Kaiser Wilhelms I.

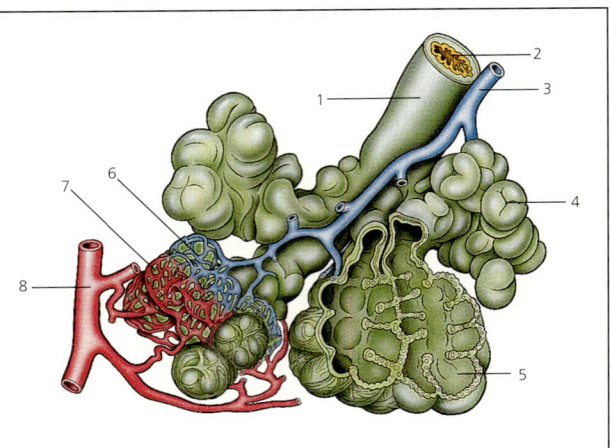

Luftwege
1 Bronchie
2 glatte Muskulatur in der Bronchie
3 Lungenarterie
4 Lungenbläschen
5 aufgeschnittene Lungenbläschen
6 Kapillaren der Lungenarterien
7 Kapillaren der Lungenvenen
8 Lungenvenen

Luganer See, *Blick auf Vico Morcote*

2) L. Henriette v. Oranien (27. 11. 1627 bis 18. 6. 67), erste Gattin d. Gr. Kurfürsten; nach ihr Oranienburg genannt.

Luitpold, (12. 3. 1821–12. 12. 1912), s. 1886 Prinzregent v. Bayern.

Luk, w., seem. Öffnung im Deck, umgeben von erhöhter Kante (*L.süll).*

Lukács [-kaːtʃ], Georg (13. 4. 1885–4. 6. 1971), ungar. marxist. Literaturhist. u. Kulturphil.; *Die Zerstörung der Vernunft; Geschichte u. Klassenbewußtsein.*

Lukan, *Lucanus Marcus Annäus* (30 bis 65 n. Chr.), römischer Dichter.

Lukanien, it. *Lucania,* histor. Landschaft (altgriech. St. *Poseidonia, Herakleon, Elea*), entspricht in etwa d. südit. Region *Basilicata.*

Lukas, kleinasiat. Grieche, Arzt; Schüler des Apostels Paulus, Verf. des 3. Evangeliums u. der Apostelgeschichte; Schutzpatron d. Maler.

Lukasgilden, im MA die Zünfte der Maler, Bildschnitzer usw.

Lukasbund → Nazarener 2).

Lukasiewicz [yuka'cɛvitʃ], Jan (21. 12. 1878–13. 2. 1956), poln. Logiker; Begr. d. mehrwertigen Logik.

Lukianos, *Lucianus* (2. Jh. n. Chr.), griech. Satiriker; *Hetären-, Toten-, Göttergespräche.*

Lukmanier, it. *Passo del Lucomagno,* Paß zw. Graubündner Oberland u. Tessin, 1917 müM.

lukrativ [l.], gewinnbringend, einträglich.

Lukrez, *Titus Lucretius Carus* (97–55 v. Chr.), röm. Dichter; atomist. Lehrgedicht: *Die Natur d. Dinge.*

Luksor → Luxor.

lukullisch, schwelgerisch (nach → Lucullus).

Luleå [ˈlyːləɔ:], Hptst. des schwed. Läns Norrbotten, 68 400 E, a. d. Mündung d.

Luleälv, Fluß, 450 km l., in den Bottn. Meerbusen; Erzausfuhr, Stahlwerk.

Lullus, Raimundus (1235–29. 6. 1316), katalan. Phil.; Begr. d. *Lullischen Kunst* (aus den obersten sachl. u. log. Begriffen alle Wahrheiten abzuleiten); Einfluß auf → Nikolaus von Kues.

Lully, [ly'li], Jean-Baptiste (28. 11. 1632–22. 3. 87), frz. Komp. it. Herkunft; Hofmusiker Ludwigs XIV.; begr. d. frz. Nationaloper; Ballette.

Lumbago, w. [l.], → Hexenschuß.
Lumbalanästhesie → Anästhesie.
Lumbalpunktion, Einstich in den von den Rückenmarkshäuten gebildeten *Lumbalsack* mit Hohlnadel zur Gewinnung von *Lumbalflüssigkeit* (→ Liquor); wichtig für die Erkennung von Rückenmarks- u. Gehirnkrankheiten.

Lumbalsyndrom, *LWS-Syndrom,* Kreuzschmerzen als Folge eines → Bandscheibenschadens i. Bereich d. Lendenwirbelsäule; auch als → Ischias bezeichnet.

Lumbeck-Verfahren, Einblatt-Buchblockklebeverfahren; ersetzt i. Buchbinderei Fadenheftung.

Lumberjack [engl. ˈlʌmbədʒæk], sportl. Ärmelweste.

Lumen [l. „Licht"], Maßeinheit für Lichtstrom (lm), → Lichteinheiten.

Lumet [ˈluːmɪt], Sidney (* 25. 6. 1924), am. Filmregisseur; *Twelve Angry Men* (1957); *Murder on the Orient Express* (1974); *Dog Day Afternoon* (1975); *The Verdict* (1983).

Lumière [ly'mjɛːr],
1) Auguste (19. 10. 1862–10. 4. 1954), u.
2) Louis (5. 10. 1864–6. 6. 1948), Brüder, französischer Erfinder des „Cinématographe" (1895), einer Weiterentwicklung d. → Kinetograph von Edison.

Lumineszenz, w. [nl.], Leuchten von nichtglühenden Stoffen, *kaltes Licht* (Umwandlung v. chem. Energie in sichtbares Licht b. Temperatur unter d. Glühhitze). Ursachen: chem. Vorgänge (*Chemo-L.*) z. B. bei Phosphor infolge Oxidation, bei gewissen Lebensvorgängen, Leuchtkäfer, Leuchtbakterien (*Bio-L.*); el. Entladung, bes. in Hochvakuumröhren (*Elektro-L.*); radioaktive Strahlung (*Radio-L.*); Abgabe von gespeicherter Energie bei leichtem Erwärmen (*Thermo-L.*): Dauert L. nur kurze Zeit (10^{-10}–10^{-7} s), spricht man von → Fluoreszenz (→ Braunsche Röhre), bei Nachleuchten (→ Leuchtstoffe) von → Phosphoreszenz.

Lummen, alkenartige Vögel nordischer Meere; Schwimm- u. Tauchvögel; *Trottel-L.* u. Dickschnabel-L.

Lumumba, Patrice (2. 7. 1925–17. 1.

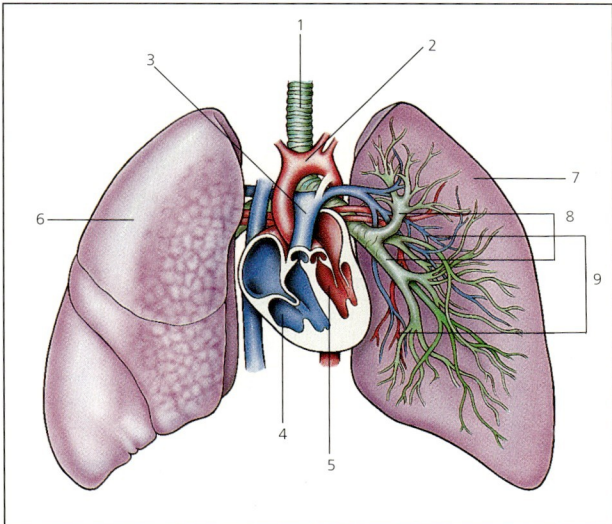

Lunge
1 Luftröhre
2 Bogen der Hauptschlagader
3 Lungenschlagader
4 rechte Herzhälfte
5 linke Herzhälfte
6 rechte Lunge mit drei Lungenlappen
7 linke Lunge (aufgeschnitten)
8 Bronchien (grün)
9 Blutgefäße (rot und blau)

61), afrikan. Pol.; erster Min.präs. d. Rep. Kongo; ermordet.
Luna [l.], Mond(göttin), griechisch *Selene*.
Luna-Raumfluggeräte → Mondsonden, → Weltraumforschung, Übers., → Tafel Weltraumfahrt.
Lunation [l.], Zeitraum zw. 2 gleichen → Mondphasen, im Mittel = 29,5306 Tage.
Lunch, *m.* [engl. lʌntʃ], leichte Mittagsmahlzeit.
Lund [lyn], St. in S-Schweden, 85 000 E; roman. Dom (12. Jh.), Uni., Sternwarte; luth. Bistum.
Lundberg [-bærj], Gustaf (17. 8. 1695 bis 18. 3. 1786), schwed. Maler d. Rokoko; Hptmeister d. Pastellbildnisses u. Hofporträtist; *François Boucher; Hofmarschall Frhr v. Düben*.
Lundbye [ˈlɔnbyː], Johan Thomas (1. 9. 1818–26. 4. 48), führender dän. Landschafts- u. Tiermaler d. Romantik.
Lundkvist, Artur (3. 3. 1906 bis 11. 12. 91), schwed. Lyriker.
Lüneburg (D-21335–39), Krst. und Hptst. des Rgbz. L. (15 260 km², 1 512 415 E), an d. Ilmenau in d. Lüneburger Heide, Nds., 62 944 E; Hafen; Backsteinbauten 14.–17. Jh., Theater, Museum; IHK; HWK, Oberverw.gericht, LG, AG; HS, FHS, Ostdt. Akad.; Schwermetall-, Textil-, Elektro- u. chem. Ind.; Sol- u. Moorbad. – Im 10. Jh. Grenzburg d. Billunger gg. Slawen u. Wenden, im MA Hansestadt.
Lüneburger Heide, gr. Heidegebiet Dtlds, zw. Aller u. Unterelbe, teils aufgeforstet; Naturschutzgebiet am *Wilseder Berg* (169 m); Schaf- u. Bienenzucht; im SW Erdöl.
Lünen (D-44532–36), Ind.st. i. Kr. Unna, a. d. Lippe, NRW, 88 443 E; AG; Maschinen- u. Stahlbau, Buntmetallverhüttung u. a. Ind.
Lünette, *w.* [frz. „Möndchen"], halbkreisförmiges Wandfeld über Fenstern oder Türen, oft mit Malerei oder Plastik.
Lunéville [lyneˈvil], frz. St. im Dép. *Meurthe-et-Moselle*, 21 500 E; Schloß;

Elektronik- u. Textilind., Fayencemanufaktur. – 1801 Frieden von L., linkes Rheinufer an Frankreich.
Lunge, bei höheren Tieren, dient der → Atmung; doppelseitig angelegt, beim Menschen rechte L. aus 3, linke aus 2 Lappen bestehend.
Lungenabszeß, → Abszeß mit hohem Fieber, kann nach d. Bronchien durchbrechen u. ausgehustet werden; evtl. Operation notwendig.
Lungenalveolen, *Lungenbläschen*, feinste dünnwandige, blinde Enden der kleinsten Bronchien; Ort des Gasaustauschs zw. Atemluft u. Blut.
Lungenblutung, Blutsturz, → Hämoptoe.
Lungenembolie, Verstopfung (→ Embolie) von Lungengefäßen, oft von e. → Thrombose tiefer Beinvenen ausgehend; Folge *Lungeninfarkt*.
Lungenemphysem, *Lungenblähung*, Erweiterung d. Lungenbläschen; starrer Brustkorb, bes. im hohen Alter, bei Asthmakranken u. Bläsern.
Lungenentzündung, *Pneumonie*, fieberh. Infektionskrankheit mit Husten u. rötlichem Auswurf.
Lungenfische, atmen außer durch Kiemen auch durch in Lungen verwandelte Schwimmblase; Afrika, Australien, Brasilien.
Lungenheilstätten → Tuberkel.
Lungenkatarrh, svw. → Bronchialkatarrh; auch Lungenspitzenkatarrh.
Lungenkaverne → Kaverne.
Lungenkraut, anfangs rosa, dann violettblau blühende Frühlingsstaude der Laubwälder.
Lungenödem, *s.*, Flüssigkeitsdurchtritt aus d. Lungenkapillaren in d. Lungenbläschen (z. B. bei schwerer Herzmuskelschwäche).
Lungenschwindsucht, *Phthisis*, → Tuberkel.
Lungenseuche, ansteckende Lungen- u. Brustfellerkrankung der Rinder, anzeigepflichtig.
Lungenspitzen, die obersten Abschnitte der Lungen, von der ersten Rip-

pe umschlossen, dort relativ häufig Tuberkulose („Lungenspitzenkatarrh").
Lungwitz, Hans (19. 10. 1881–24. 6. 1967), dt. Neurologe, Begr. d. Psychobiologie.
Lunik → Mondsonden.
Lunker, *m.*, fehlerhafter Hohlraum in Gußstücken.
Lunochod → Mondsonden.
Luns [lyns], Joseph (* 28. 8. 1911), ndl. Pol.; 1956–71 Außenmin., 1971–84 Gen.sekr. d. NATO.
Lunte,
1) Schwanz von Fuchs, Luchs, Wolf, Wildkatze.
2) Hanfschnur zur Entzündung der Pulverladung.
Lun-yü [chin. „ausgewählte Gespräche"], Titel e. Werkes (4. Jh. v. Chr.) m. d. Gesprächen von Konfuzius u. seinen Schülern u. Zeitgenossen.
Lupe [frz.], *Vergrößerungsglas*, Sammellinse kleiner Brennweite, vergrößert um so stärker (bis 20fach), je kleiner die Brennweite ist.
Lupenfotografie, Aufnahmetechnik m. Spiegelreflexkameras u. Balgengerät, d. mit Lupenobjektiv bestückt wurde; ermöglicht e. extrem vergrößerte Abbildung winzig kleiner Motive (z. B. 20fache Vergrößerung).
Lupercalien, altröm. Hirtenfest d. Fruchtbarkeit, Sühne u. Reinigung am 15. Februar zu Ehren d. Faunus. 494 v. Papst Gelasius I. verboten.
Lupine, Schmetterlingsblütler aus dem Mittelmeergebiet; *gelbe* u. *blaue L.*, hpts. z. Gründüngung angebaut, auch Zierpflanze; daraus *Süß-L.* gezüchtet, z. unmittelbaren Grün- u. Schrotfutterverwendung.
Lupolen®, Handelsbez. f. Kunststoffe aus hochpolymeren Kohlenwasserstoffen; verwendet f. Folien, Flaschen, Rohre u. Ummantelungen.
Lupus [l.],
1) *L. vulgaris*, Hauttuberkulose, meist im Gesicht, heute sehr selten;
2) *L. erythematodes, LE*, Schmetterlingsflechte; eine auf die Haut beschränkte u. eine innere Organe einbeziehende Form (*L.e.visceralis*), zu den → Autoaggressionskrankheiten (früher Kollagenosen) gerechnet; Diagnose anhand von Autoantikörpern gegen Zellkerne (antinukleäre Antikörper, *ANA*) im Serum, früher auch sog. LE-Zellen; unberechenbarer Verlauf.
Lurago, Carlo (14. 10. 1615–12. 10. 84), it. Architekt u. Stukkateur d. Barock in Böhmen u. Bayern; schuf d. Umbau d. Doms v. Passau erstm. in Dtld d. ellipt. Flachkuppel zw. d. Querbögen des Schiffs, dieses Typus einflußreich f. d. Entwickl. d. dt. barocken Deckenmalerei wurde.
Lurçat [lyrˈsa],
1) Jean (1. 7. 1892–6. 1. 1966), frz. Maler, zw. Surrealismus u. Abstraktion; Bildteppiche; sh. Bruder
2) André (27. 4. 1894–10. 7. 1970), Architekt; Wegbereiter d. Rationalismus in Frankreich; Wohnsiedlungen, Schulen.
Lurche, svw. → Amphibien.
Lure, *w.*, altgerman. gr. Bronzeposaune; in Skandinavien u. N-Dtld gefunden; wurde b. rel. Feiern benutzt.
Luria, Salvador Edward (13. 8. 1912 bis 6. 2. 91), am. Bakteriologe; Nobelpr. 1969.

Lüneburg, *mittelalterliche Giebelhäuser am Marktplatz*

Lungenfisch

Luristan, Gebiet im Zagrosgebirge mit bed. bronzeverarbeitender Industrie um 1100–700 v. Chr.

Lusaka, Hptst. v. Sambia, 870 000 E; kath. u. anglikan. Erzbischofssitz; Uni.; Ind.; Flughafen.

Luserke, Martin (3. 5. 1880–1. 6. 1968), dt. Erziehungsreformer u. Schriftst.; Laienspiele; See- u. Spukgeschichten; Essays.

Lusignan [lyzi′ɲã], franz. Adelsgeschlecht; herrschte 1186–1291 in Jerusalem, bis 1489 in Zypern.

Lusitanien, antike röm. Provinz in SW-Spanien, heute in etwa Portugal.

Lust, Verlangen, Begierde, Zustand gesteigerten Daseins u. d. dabei auftretenden wechselnden Gefühle. Nach d. Hedonismus ist L. d. Triebfeder d. eth. Handelns. Ggs.: Unlust.

Lüst, Reimar (* 25. 3. 1923), dt. Astrophysiker; 1972–84 Präs. der Max-Planck-Gesellschaft.

Lustenau (A-6890), östr. Marktgem. a. Rhein, Vorarlberg, 19 000 E; Textil-, Eisen- u. Möbelind.

Lüster, m. [frz. ,,lustre''],
1) halbwollene Stoffe mit Baumwollkette; stark glänzend.
2) Kronleuchter.

Lustrum, s. [l.], Zeitraum von fünf Jahren.

Lustspiel, deutsche Bezeichnung für → Komödie.

Luteotropin, svw. → Laktationshormon.

Lutetium, Lu, chem. El., Oz. 71, At.-Gew. 174,97; Dichte 9,84; Seltenerdmetall.

Luther,
1) Hans (10. 3. 1879–11. 5. 1962), Staatsmann und Diplomat, 1925/26 Reichskanzler, unterzeichnete Locarnovertrag; 1933–37 Botsch. in USA.
2) Martin (10. 11. 1483–18. 2. 1546), dt. Reformator; Bergmannssohn, gab s. jur. Stud. auf, wurde Augustinermönch in Erfurt; 1512 Prof. d. Theol. in Wittenberg; 31. 10. 1517 schlug er zur Abwehr d. Ablaßmißbrauchs (Tetzel) 95 Thesen an d. Schloßkirche zu Wittenberg (Beginn d. Reformation); 1520 die 3 grundlegenden Reformationsschriften: *An den christl. Adel dt. Nation; Von der babylon. Gefangenschaft d. Kirche; Von der Freiheit eines Christenmenschen.* Dez. 1520 Bann-Androhungsbulle; 1521 Reichstag zu Worms: Luther verteidigte sich vor Kaiser u. Reich, lehnte Widerruf ab (,,Hier stehe ich, ich kann nicht anders, Gott helfe mir, Amen''); in die Reichsacht erklärt, auf dem Rückweg von Rittern seines Kurfürsten auf die Wartburg gerettet; Aufenthalt als *Junker Jörg*; Übersetzung des N.T. (*Septemberbibel* 1522; 1534 d. ganzen Bibel), bahnbrechend für neuhochdt. Sprache. Nach Wittenberg zurückgekehrt, begann er den Aufbau der ev. Kirche: Schriften über s. Gottesdienst u. Liebestätigk., eifrige Predigt- u. Lehrtätigk., Abwehr d. Wiedertäufer, Auseinandersetzung mit Papst u. Kaiser, abgeschlossen durch Reichstag zu Augsburg 1530 mit d. Übergabe des → Augsburgischen Bekenntnisses. 1525 Heirat m. Katharina v. Bora; Kreis v. Schülern u. Hausgenossen (*Tischreden*); Liederschöpfer (*Ein′ feste Burg . . .*) u. Vater d. ev. Gesangbuchs; Bahnbrecher auf d. Gebiet d. Volks-

Martin Luther

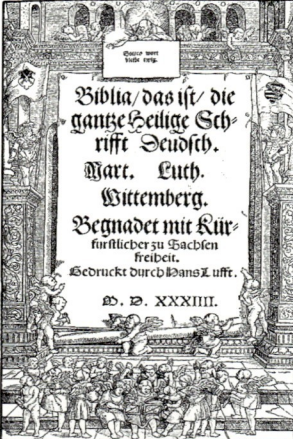

Luther-Bibel, *Erstdruck von 1534*

Tempel von Luxor

schulwesens u. d. Volksschulbildung (Kl. u. Gr. → *Katechismus*).

lutherische Kirche, ev. Kirche, die sich z. Augsburger Konfession bekennt; Altlutheraner, Lutherische Freikirche durch Trennung v. d. unierten Kirche entstanden (→ Evangelische Kirche in Deutschland, Übers.); l. K.n in der Welt i. d. *Lutheran World Federation,* d. *Lutherischen Weltbund* (61 Kirchen), zusammengefaßt.

Luthuli, Albert (1898–21. 7. 1967), (schwarzer) südafrikan. Pol.; 1952 Präs. d. Afrikan. Nationalkongresses; Friedensnobelpr. 1960.

Luton [lu:tn], mittelengl. St., 165 000 E; Fahrzeug- u. Flugzeugind., Maschinenbau; Flughafen.

Lutosławski [-sŭaf-], Witold (* 25. 1. 1913–7. 2. 92), poln. Komp.; aleator. Techniken m. polymetr. u. polyrhythm. Struktur; *Trois poèmes d'Henri Michaux.*

Lutter am Barenberge (D-38729), Flecken i. Ldkr. Goslar, Nds., 2620 E; Sandsteinbrüche. – 1626 Sieg → Tillys über Christian IV. von Dänemark.

Lüttich, frz. *Liège,* fläm. *Luik,* Hptst. der belg. Prov. L. (3862 km², 1,0 Mill. E) u. d. wallonischen Region (16 848 km², 3,2 Mill. E), a. d. Mündung d. Ourthe in die Maas, 195 000 E; Uni.; Metallind.

Lutyens [lut′janz], Sir Edwin (29. 3. 1869–1. 1. 1944), engl. Architekt; in d. Großbauten v. Neu-Delhi (u. a. *Palast d. Vizekönigs*) u. London (versch. Bankgebäude) u. d. prächt. engl. Landhäusern verschmolz er Formelemente d. Antike, d. Palladianismus, Barock u. Jugendstils zu e. gefeierten Repräsentationsstil.

Lutz, Sprungform im → Eiskunstlauf.

Lützen (D-06686), St. i. Kr. Weißenfels, Sa., 3880 E. – 1632 Tod Gustav Adolfs in d. siegr. Schlacht gg. Wallenstein.

Lützow, Adolf Frh. v. (18. 5. 1782 bis 6. 12. 1834), preuß. Major; bildete u. führte 1813 das **L.sche Freikorps.**

Luv, *w.,* Windseite eines Schiffes; Ggs.: → Lee.

luven, *seem.* Schiffspitze gg. den Wind wenden, ,,an den Wind gehen''.

Lux, *s.* [l. ,,Licht''], *lx,* Maß f. Beleuchtungsstärke, Lichteinheiten.

Luxation [l.], Verrenkung eines Gelenkes; auch vorübergehende Verlagerung eines Organs während einer Operation.

Luxemburg, Rosa (5. 3. 1871–15. 1. 1919), dt. sozialist. Pol.in; mit Karl → Liebknecht Führerin des Aufstands d. → Spartakusbundes 1919; erschossen; *Die Akkumulation des Kapitals.*

1) Großhzgt. zw. Dtld, Frkr. u. Belgien. **a)** *Geogr.:* Im N Plateau d. Ardennen, sonst lothring. Stufenland. **b)** *Landw.:* Getreide, Kartoffeln, Weinbau, Viehzucht. **c)** *Bodenschätze:* Eisen (Abbau eingestellt). **d)** *Ind.:* Kunststoff, Maschinen- u. Fahrzeugbau, Textil, Stahl. **e)** *Verf.:* Konstitutionelle Monarchie (Herrscherhaus Nassau-Weilburg), Abgeordnetenkammer sowie Staatsrat. **f)** *Verw.:* 12 Kantone; Sitz d. Gerichtshofs d. Eur. Gemeinschaften, des Eur. Parlaments u. Verw.sitz d. Montanunion. **g)** *Gesch.:* 11.–15. Jh. unter d. Gfen v. L. *Lützelburg,* dann östr., span.; 1815 Großhzgt. u. dt. Bundesstaat, 1866 selbständig; s.

LUXEMBURG

Staatsname: Großherzogtum Luxemburg, Grand-Duché de Luxembourg, Grousherzogdem Lëtzebuerg

Staatsform: Konstitutionelle Erbmonarchie

Mitgliedschaft: UNO, EU, Europarat, OSZE, NATO, OECD, WEU, Benelux-Land, EWR

Staatsoberhaupt: Großherzog Jean

Regierungschef: Jean-Claude Juncker

Hauptstadt: Luxemburg (Luxembourg) 75 377 Einwohner

Fläche: 2586 km²

Einwohner: 401 000

Bevölkerungsdichte: 155 je km²

Bevölkerungswachstum pro Jahr: ∅ 0,69% (1990–1995)

Amtssprache: Französisch, Deutsch, Lëtzebuergisch

Religion: Kath. (94,4%), Prot.

Währung: Luxemb. Franc (lfr)

Bruttosozialprodukt (1994): 15 915 Mill. US-$ insges., 39 850 US-$ je Einw.

Nationalitätskennzeichen: L

Zeitzone: MEZ

Karte: → Mitteleuropa

Luxemburg

Luxemburg

1921 Zoll- und Währungsunion m. Belgien, s. 1948 Mitgl. d. → Benelux-Union. 1949 Beitritt zur NATO, 1957 zur EWG. 1960 Wirtschaftsunion mit Belgien u. d. Niederlanden.
2) Prov. i. SO-Belgien, 4440 km², 231 000 E; Hptst. *Arlon.*

Luxor, *Luksor,* arab. *Al-Uksur,* St. i. Oberägypten an der Stelle des antiken Theben, am oberen Nil, 148 000 E;

luxurieren 571 **Lyzeum**

Fremdenverkehrszentrum; Tempelruinen, Museum; Flughafen.

luxurieren, Steigern d. Nachkommenschaft b. best. *Kreuzungen* in Wuchs u. Vitalität; → Heterosis.

Luxus, *m.* [l.], kostspielige Lebensführung od. (urspr.) erlesene, verfeinerte Lebenshaltung.

Luzern (CH-6000), Hptst. d. schweiz. Kantons *L.* (1494 km², 340 300 E), am Ausfluß der Reuß aus d. Vierwaldstätter See, 439 müM, 61 000 E, Agglom. 161 000 E; Fremdenverkehr, Intern. Musikfestwochen, Museen; Handel, Textilind. Maschinen- u. Apparatebau.

Luzerne, Schmetterlingsblütler m. violetten Blüten; mehrjährige eiweiß- und mineralstoffreiche Futterpflanze (ewiger Klee).

luzid [l.], hell, durchsichtig.

Luzidität, *psych.* Hellsehen.

Luzifer,
1) → Phosphoros.
2) der Teufel nach *Jes. 14, 12.*

Luzon [luˈθɔn], Hptinsel der Philippinen, 104 687 km², 24 Mill. E; Hptst. *Manila.* Zuckerrohr, Manilahanf, Tabak; Eisen, Kupfer, Chrom, Gold, Silber als Bodenschätze.

Lwiw [lvif], ukrain. f. → Lemberg.

Lwoff, André (8. 5. 1902–30. 9. 1994), französischer Mikrobiologe; entdeckte mit → Jacob und → Monod genetische Steuerung d. Enzym- u. Virussynthese; Nobelpr. 1965.

LWS-Syndrom, Beschwerden seitens d. Lendenwirbelsäule („Kreuzschmerzen").

Lyallpur [ˈlaɪəlpʊə], jetzt *Faisalabad,* St. i. Pandschab, Pakistan, 1,1 Mill. E; Landw. HS; Flughafen.

Lyck, *Elk,* poln. St. in Masuren, a. **L.see**; 45 000 E; Ordensgründung.

Lycopodium, svw. → Bärlapp.

Lycra [ˈlai], ein f. → Stretch-Textilien verwendetes elast. Chemiegarn.

Lydien, im Altertum kleinasiat. Landschaft an der W-Küste; Hptst. *Sardes.*

lydisch → Kirchentonarten.

Lydos, griech. Vasenmaler d. schwarzfigurigen attischen Stils, tätig um 560 bis um 530 v. Chr. in Athen.

Lyell-Syndrom [ˈlaɪəl-], *Epidermolysis acuta toxica,* schwere Hautkrankheit mit Abhebung der oberen Hautschichten, z. B. bei Arzneimittelallergie.

Lykien, kleinasiatische Landschaft (S-Küste); alte Felsengräber, seit 6. Jh. v. Chr.

Lykurg|os,
1) sagenhafter spartan. Gesetzgeber (ca. 9. Jh. v. Chr.).
2) attischer Redner u. Staatsmann (4. Jh. v. Chr.).

Lyme-Krankheit [ˈlaim-], → Borreliose.

Lymphangitis, *w.* [l.-gr.], Entzündung der Lymphgefäße.

lymphatisch [l.], mit Lymphe und Lymphknoten zus.hängend; *l.e Konstitution,* Neigung zu Schwellungen der Lymphknoten bei geringem Widerstand gg. Infektionen u. blassem, gedunsenem Aussehen (veraltet).

Lymphdrainage, Behandlung von Lymphstauungen (→ Lymphödem) mit Massagen.

Lymphdrüsen, veraltete Bez. für → Lymphknoten.

Lymphe, *w.* [l.],
1) Gewebsflüssigkeit in den Gewebslücken, sammelt sich in den Lymphgefäßen, wird v. diesen durch d. Brustlymphgang dem Blutstrom zugeführt.
2) trüber Inhalt der Kuhpockenpusteln, früher Impfstoff gegen Pocken.

Lymphknoten, bilden → Lymphozyten u. filtern aus d. Lymphstrom d. Bakterien, Gifte u. größere Partikel.

Lymphknotenentzündung, *Lymphknotenschwellung, Lymphom, Lymphadenitis,* b. Infektionskrankheiten; z. B. Hals-L. b. Tuberkulose (→ Skrofulose), Leisten-L. bei Geschlechtskrankh.

Lymphödem, chron. Lymphstauung, z. B. bei Krebsbefall od. nach Bestrahlung von Lymphknoten, derbe Verdickungen, in Extremform → Elephantiasis.

Lymphogranuloma inguinale, sog. „vierte Geschlechtskrankheit": entzündliche Schwellung der Leistenlymphknoten; durch Impfprobe feststellbar; Virusinfektion.

Lymphogranulomatose, *Hodgkinsche Krankheit,* bösart. Geschwülste versch. Lymphknoten.

Lymphozyten, svw. → Leukozyten.

Lynch [lɪntʃ], David (* 20. 1. 1946), am. Filmregisseur; *Eraserhead* (1977); *Elephant Man* (1980); *Blue Velvet* (1985); *Wild At Heart* (1989); *Twin Peaks* (1990).

Luzern, *Rathaus am Reussquai*

Luzern

Lynchjustiz, gesetzwidrige, eigenmächtige, meist tödl. Bestrafung e. Verbrechers durch erregte Menge.

Lynen, Feodor (6. 4. 1911–6. 8. 79), dt. Biochem.; Nobelpr. 1964 (f. Forsch. ü. Cholesterin- u. Fettsäurestoffwechsel).

Lynkeus, altgriech. Held; Türmer in Goethes *Faust.*

Lyon [ljõ], Hptst. des frz. Dép. *Rhône,* an Zus.fluß v. Rhône u. Saône, 422 000 E; *Gr.-L.* 1,26 Mill. E; Industrie- u. Kulturzentrum; Erzbistum, Uni., Museen; Seidenind.; Messestadt.

Lyoner, Brühwurst aus Rindfleisch, Schweinefleisch u. Speck.

Lyophilisation, svw. Gefriertrocknung.

Lyra, *w.,*
1) → Sternbilder, Übers.
2) griech. Saiteninstrument (Leier).

Lyriden, → Meteore m. Radiant im Sternbild Leier.

Lyrik, *w.* [gr.], *lyrische* Dichtung, Dichtart in Versform, die in Erlebnis, ein Gefühl od. einen Gedanken möglichst unmittelbar und eng an Klang u. Rhythmus gebunden (festes Metrum od. freier Rhythmus, vielfach m. Reimschema) ausdrückt (Lied, Hymne, Ode, Sonett).

Lys, fläm. *Leie,* l. Nbfl. der Schelde.

Łysa Góra [ˈüi'sa ˈgura], Höhenzug in Polen, 611 m; Nationalpark.

Lysander, († 395 vor Chr.), spartan. Feldherr, beendete 404 mit d. Eroberung Athens d. *Peloponnes. Krieg.*

Lyse → Fibrinolyse.

Lysimachos, (um 360–281 vor Chr.), Feldherr Alexanders des Gr., einer der → Diadochen.

Lysipp, *Lysippos v. Sikyon,* griech. Bildhauer (4. Jh. v. Chr.); mehrere Werke durch röm. Kopien überliefert (u. a. *Farnesischer Herkules*).

Lysis, *w.* [gr. „Lösung"],
1) allmählicher Fieberabfall.
2) Auflösung v. Zellen (z. B. v. Bakterien, Blutkörperchen).

Lysol, *s.,* Kresolseifenlösung z. Desinfizierung d. Hände etc.

Lysozyme, Bakterienwände angreifende → Enzyme.

Lyssa [gr.], svw. → Tollwut.

Lyssenko, Trofim (29. 9. 1898–20. 11. 1976), sowj. Züchtungsforscher, erzielte frostharte Getreidesorten.

Lyzeum [gr. ˈtseʊm], veraltet f. höhere Mädchenschule.

M,
1) Abk. f. → *Mark.*
2) in Maßen Abk. f. → *Mega.*
3) *astronom.* Abk. f. (latein.) Magnitudo, absolute Helligkeit (→ Größe.)
4) *phys.* → Machzahl.
5) röm. Zahlzeichen = 1000.
6) Abk. f. → *member* [engl.], Mitglied (z. B. d. Parlaments).
7) Abk. f. → *Monsieur.*

m,
1) Abk. f. Meter, m^2 = Quadrat-, m^3 = Kubikmeter.
2) in Maßen Abk. f. → *Milli-.*
3) hinter Hauptwort = *masculinum* = männlich.

M. A., Abk. f. → M*agister* a*rtium,* → M*aster of* A*rts,* akad. Titel i. Dtld u. in angelsächsischen Ländern.

Mäander,
1) jetzt *Büyük Menderes (Gr. M.),* vielgewundener Fluß in W-Kleinasien, nördl. Milet ins Ägäische Meer.
2) nach ihm ben.: stark gewundene Flußschleifen.

Mäander, in d. Baukunst d. nach ihm benannte Ornamentband aus fortlaufenden, rechtwinklig gebrochenen Linien; Ggs.: → laufender Hund.

Maar, *s.,* meist wassergefüllte, trichterförmige Höhlung, entstanden durch vulkanische Gasexplosion; häufig in der Eifel *(M. seen).*

Maas, frz. *Meuse,* Fluß in O-Frkr., Belgien u. Niederlande, vom Plateau v. Langres; m. d. Rheinarm Waal z. Merwede vereinigt, mehrere Mündungsarme in d. Nordsee; 933 km lang, ab Givet schiffbar.

Maaß,
1) Edgar (4. 10. 1896–6. 1. 1964), dt. Schriftst.; Romane: *Verdun; Das große Feuer; Kaiserl. Venus;* s. Bruder
2) Joachim (11. 9. 1901–15. 10. 72), dt. Schriftst.; *Der Fall Gouffé;* Lyrik, Essays.

Maastricht, Hptst. der ndl. Prov. Limburg, an der Maas, 117 000 E; Servatiuskirche (6. Jh.); Keramik; Porzellan, Zement.

Maastrichter Verträge, auf d. EG-Gipfel in Maastricht am 9./10. 12. 1991 verabschiedetes Vertragswerk zur Errichtung e. Wirtschafts- u. Währungsunion 1999 u. zur → Politischen Union.

Maat,
1) [ndl.], Unteroffizier b. d. Marine; *Ober-M.:* Stabsunteroffizier.
2) altägypt. Begriff f. d. Prinzip der Weltordnung; auch als Göttin der Gerechtigkeit personifiziert.

Maazel [ma:zl], Lorin (* 6. 3. 1930), am. Dirigent; s. 1985 Leiter d. Sinfonieorch. v. Pittsburgh, s. 1992 Chefdirigent d. Symphonieorch. d. Bayr. Rundfunks.

Mabuse [-'by:z], → *Gossaert.*

Mac [gälisch. mæk, „Sohn"], *Mc, M',* Vorsilbe in schott. Namen (z. B. MacDonald = Nachkomme Donalds); bei Namen auch *Mc* (z. B. → McCarthy).

Macao, port. *Macau,* chin. *Aomen,* 1557–1951 portugies. Kolonie, seither Überseeprov. in China, südl. Kanton, zus. m. d. Inseln Taipa u. Coloane; Bev.: Chinesen (90 %), Portugiesen u. Mischlinge; Textilind., Fischkonserven; Handel, Fremdenverkehr; s. 1976 volle innere Autonomie als „Territorium v. M."; 1987 Abk. zw. Portugal u. China über Rückgabe 1999.

MacArthur [mə'ka:θə], Douglas (26. 1. 1880–5. 4. 1964), am. Feldmarschall; im 2. Weltkr. Führer d. alliierten Streitkräfte im Fernen Osten; 1950–51 Oberbefehlsh. d. UN-Truppen i. Korea.

Macaulay [mə'kɔ:li], Thomas Babington, Lord (25. 10. 1800–28. 12. 59), engl. Pol. und Historiker; Essays: *Engl. Geschichte.*

Macbeth [mək'bεθ] († 1057), schott. Feldherr, 1040 durch Kgsmord Kg; Drama v. Shakespeare, Oper v. Verdi.

MacBride [mək'braɪd], Sean (26. 1. 1904–15. 1. 88), ir. Pol.; 1948–51 Außenmin.; 1961–74 Präs. v. Amnesty International; Friedensnobelpr. 1974.

Macchiai(u)oli [makkĩaiu'ɔ:li; it. macchia = „Fleck"], it. Künstlergruppe um 1850 (ähnlich der Schule v. → Barbizon), später Hinwendung zum Impressionismus; strebte nach realist. Freilichtmalerei m. lockerem Farbauftrag; Vertr.: *Boldini, Fattori* u. a.

Macchie ['makĩa], *Maquis,* immergrüner, dorniger Buschwald aus Hartlaubgewächsen der Mittelmeerländer.

Macdonald [mək'dɒnəld], James Ramsay (12. 10. 1866–9. 11. 1937), engl. Arbeiterführer, Mitbegr. d. Labour Party 1893; 1924 u. 1929–35 Premiermin.

Maceió [-seĩɔ̃], Hptst. d. ostbrasilian. Bundesst. Alagoas, 628 000 E.; Uni.; Hafen.

Mäcenas, († 8 v. Chr.), Freund des Augustus und Horaz; sein Name *Mäzen* wird z. Bez. eines Förderers von Künstlern und Gelehrten gebraucht.

Macao

Macération carbonique [maseras'jõ karbɔ'nik], *Kohlensäuremaischung,* bes. → Vinifizierungsverfahren, bei dem Trauben möglichst unverletzt in e. m. Kohlensäure gefüllten Gärbehälter gegeben werden u. d. Gärung dadurch eingeleitet wird, daß d. unteren Trauben durch d. Druck der oberen zerquetscht werden. Die so erzeugten Weine sind tanninarm u. wenig farbintensiv, aber sehr frisch, fruchtig u. können bereits jung getrunken werden (→ *Primeur-Weine).*

Mach, Ernst (18. 2. 1838–19. 2. 1916), östr. Philosoph und Physiker, Vertreter e. funktionalistischen Erkenntnistheorie: Die Dinge seien bloße Empfindungskomplexe.

Mácha, Karel Hynek (16. 11. 1810 bis 6. 11. 36), tschech. Dichter d. Romantik; lyr. Epos: *Mai.*

Machandel, svw. → Wacholder.

MACAO	
Name des Territoriums:	Macao, port. Macau, chines. Aomen
Regierungsform:	Territorium unter portugiesischer Verwaltung
Gouverneur:	Vasco Rocha Vieira
Hauptstadt:	Macao 224 000 Einwohner
Fläche:	18 km²
Einwohner:	410 000
Bevölkerungsdichte:	22 777 je km²
Bevölkerungswachstum pro Jahr:	∅ 3,62% (1990–1995)
Amtssprache:	Portugiesisch, Chinesisch
Religion:	Buddhisten, Katholiken (5%)
Währung:	Pataca (Pat.)
Zeitzone:	MEZ + 7 Std.
Karte:	→ Asien

Niccolò Machiavelli

Machault [-'ʃo], Guillaume de (um 1300/05–77), Hauptmeister der frz. → Ars nova; Balladen, Motetten; erste erhaltene vierstimmige Messe.

Machete, *m.* od. *w.* [span. ma'tʃe:ta], südam. gebogenes Haumesser.

Machiavelli [makĩa'v-], Niccolò (3. 5. 1469–22. 6. 1527), florentin. Pol.; Historiker u. Dichter; *Buch vom Fürsten (Il Principe);* Idealbild des durch keine Moral gehemmten Alleinherrschers; Komödie: *Mandragola.*

Machiavellismus, machiavellist. Politik, Bez. rücksichtsloser Staatskunst, in der allein der Erfolg entscheidend ist u. alle Mittel rechtfertigt (Friedrich d. Gr., Gegenschrift *Antimachiavell).*

Machination, *w.* [l.], Machenschaft.

Macho, *m.* ['matʃo], männl. Überlegenheit demonstrierender Mann.

Macht, *phil.* ist n. M. Weber „die Chance, innerhalb e. sozialen Beziehung d. eigenen Willen auch gg. d. Widerstreben d. anderen durchzusetzen, gleichwohl worauf diese Chance beruht" (Alter, körperl. Kraft, krieger. Stärke, mag. Qualitäten, Besitzuntersch.).

August Macke, *Paar im Walde*

Mächtigkeit,
1) *geolog.* Dicke v. Erzgängen, Gesteinsmassen, -schichten, Kohlenflözen.
2) *math.* Begriff d. Mengenlehre, Mächtigkeit einer Menge = Zahl d. Elemente einer Menge.

Machu Picchu [span. 'matʃu 'piktʃu], 1911 im südl. Peru entdeckte Ruinenstadt der Inka.

Machzahl, Abk. *M,* gibt Verhältnis der Geschwindigkeit eines Körpers im umgebenden Medium z. Schallgeschwindigkeit d. Mediums an, 1 M in bodennaher Luft = ca. 1200 km/h.

Macke, August (3. 1. 1887–26. 9. 1914), deutscher Maler; Mitbegründer des → „Blauen Reiters", in Auseinandersetzung mit d. abstrahierenden Tendenzen d. zeitgenössischen Kunst stets gegenständl. Kompositionen in flächenhaftem Aufbau mit vereinfachender Formgebung und leuchtenden Farben;

Paar im Walde; Vor dem Hutladen. → Moilliet.

Mackeben, Theo (5. 1. 1897–10. 1. 1953), dt. Komponist v. Unterhaltungsmusik.

Mackensen,
1) August v. (6. 12. 1849 bis 8. 11. 1945), dt. Gen.feldm. im 1. Weltkr. (Balkanfeldzug).
2) Eberhard (24. 9. 1889–1. 9. 1969), dt. Gen.oberst im 2. Weltkr.
3) Fritz (8. 4. 1866–12. 5. 1953), 1889 Mitbegr. d. Worpsweder Maler-Kolonie; bäuerl. Motive, Landschaften.

Mackenzie [məˈkɛnzi], Strom in Kanada, im Oberlauf als *Gr. Sklavenfluß* durch Gr. Sklavensee, 4241 km lang (mit Peace River), z. Eismeer; ca. 2000 km schiffbar, Unterlauf fast halbjährig vereist; Erdölfelder am Unterlauf.

Mackintosh [ˈmæˈkɪntɔʃ], Charles Rennie (7. 1. 1868–10. 12. 1928), schottischer Architekt u. Designer; Hptvertr. d. → Modern Style; *Kunstschule,* Glasgow.

Mackmurdo [mækˈmɜːdou], Arthur Heygate (12. 12. 1851–15. 3. 1942), schott.-engl. Architekt u. Designer; entwickelte 1883 als Wegbereiter d. → Modern Style d. dekorat. Flächenstil m. flammen- u. rankenartigen Linien; s. 1904 hpts. wirtsch. u. sozialpol. engagiert.

MacLaine [məˈkleɪn], Shirley (* 24. 4. 1934), am. Filmschauspielerin; *Irma la Douce; Terms of Endearment.*

MacLeish [məˈkliːʃ], Archibald (7. 5. 1892–20. 4. 1982), am. Dichter; *Spiel um Job;* Versepos: *Conquistador.*

Macleod [məˈklaʊd], John James Richard (6. 9. 1876–16. 3. 1935), am. Physiologe; entdeckte mit → Banting das *Insulin;* Nobelpr. 1923.

MacMahon [-maˈõ], Maurice Marquis de, Hzg von Magenta (13. 6. 1808 bis 17. 10. 93), frz. Marschall im Krimkrieg, Feldzug gg. Östr. (Magenta), Dt.-Frz. Krieg; 1873–79 Präs. d. frz. Rep.

Macmillan [məkˈmɪlən], Harold Earl of Stockton (s. 1984) (10. 2. 1894–29. 12. 1986), engl. konservativer Pol.; 1957 bis 63 Premiermin.

Mâcon [maˈkõ], Hptst. des frz. Dép. *Saône-et-Loire,* an der Saône, 37 000 E; Weinbau.

Macpherson [məkˈfɜːsn], James (27. 10. 1736–17. 2. 96), schott. Schriftst.; Fälschung gäl. Volksdichtungen: *Ossian* (bed. Einfluß auf Kunst u. Literatur im 18. u. 19. Jh.).

Macrobius, (um 400 n. Chr.), röm. Schriftst.; *Saturnalia* (7 Bücher über röm. Kultur u. Religion).

MAD, Abk. f. → **M**ilitärischer **A**bschirm**d**ienst.

Madách [ˈmɔdɑːtʃ], Imre (21. 1. 1823 bis 5. 10. 64), ungar. Dichter; *Die Tragödie des Menschen.*

Madagaskar, Insel u. Rep. im Ind. Ozean, v. d. O-Küste Afrikas durch d. Straße v. Mosambik getrennt. **a)** *Geogr.:* Gebirge mit feuchter O- u. trockener W-Seite; im W Tafelland. **b)** *Landw.:* an d. Küste Plantagenbau: Reis, Kaffee, Vanille, Gewürznelken, Pfeffer, Zucker, Tabak. **c)** *Bodenschätze:* Graphit, Phosphat, Glimmer, Edelsteine, Gold, Chrom, Nickel. **d)** *Außenhandel* (1991): Einfuhr 556 Mill., Ausfuhr 306 Mill. $. **e)** *Verkehr:* Eisenbahn 883 km. **f)** *Verf.* v.

MADAGASKAR	
Staatsname:	Demokratische Republik Madagaskar, Repoblika Demokratika Malagasy, République Démocratique de Madagascar
Staatsform:	Präsidiale Republik
Mitgliedschaft:	UNO, AKP, OAU
Staatsoberhaupt:	Didier Ratsiraka
Regierungschef:	Pascal Rakotomavo
Hauptstadt:	Antananarivo 802 000 (Agglom. 1,1 Mill.) Einwohner
Fläche:	587 041 km²
Einwohner:	13 101 000
Bevölkerungsdichte:	22 je km²
Bevölkerungswachstum pro Jahr:	⌀ 3,29% (1990–1995)
Amtssprache:	Französisch, Malagasy
Religion:	Christen (50,9%), Naturreligionen, Muslime
Währung:	Madagaskar-Franc (FMG)
Bruttosozialprodukt (1994):	3058 Mill. US-$ insges., 230 US-$ je Einw.
Nationalitätskennzeichen:	RM
Zeitzone:	MEZ + 2 Std.
Karte:	→ Afrika

Madagaskar

1992: Zweikammerparlament (Nationalversammlung u. Senat); Direktwahl des Präs. (alle 5 Jahre). **g)** *Verw.:* 6 Prov. **h)** *Gesch.:* 1896 frz. Kol., 1947/48 Unabhängigkeitskrieg, 1958 autonome Rep. innerhalb d. Frz. Gemeinschaft, 1960 unabhängig; 1972, 1981, 1982 u. 1986/87 Unruhen; 1991 Auflös. v. Parlament u. Reg.; 1993 Präsidentenwahl.

Madagassen, Eingeborenenbevölkerung von → Madagaskar, i. O d. Insel vorwiegend malaiischen Ursprungs, im W negroide Völker.

Madame [frz. -ˈdam], Abk. *Mme,* Frau.

Madapolam, früh. ostind., grobes baumwollenes Köpergewebe; heute svw. → Schirting.

Madariaga y Rojo [-ˈrɔxo], Salvador de (23. 7. 1886–14. 12. 1978), span. Schriftst. u. Diplomat; *Bolívar; Porträt Europas.*

Mädchenhandel, Verleitung von Frauen zur Auswanderung z. Zwecke gewerbsmäßiger Unzucht; zu seiner Bekämpfung versch. intern. Abkommen.

Mad Cow Disease [mæd kau dizˈiːz], → Rinderwahnsinn.

Made, fußlose Insektenlarve.

Made in Germany [engl.], „in Dtld hergestellt", in England s. 1887 gesetzl. geforderte Herkunftsbez. dt. Waren.

Madeira [-ˈdeː-], portugies. Inselgruppe a. d. W-Küste Afrikas, 794 km², 253 000 E; Hptinsel *M.* (740 km²), gebirgig, Vulkane; mildes Klima, Weinanbau; *M.-Wein,* Früchteexport; Hptst. *Funchal.* – Seit 1976 autonome Region.

Mademoiselle [frz. madmwaˈzɛl], Abk. *Mlle,* Fräulein.

Madenwürmer, *Oxyuren,* Fadenwürmer im Darm d. Menschen, bes. b. Kindern, schmarotzend, Schlupfwinkel im Blinddarm; Eier werden während der Bettruhe in der Afterfalte abgelegt (Jucken); Selbstinfektion durch Kratzen u. Übertragung d. Eier in d. Mund, auch durch Einatmen.

Maderno,
1) Carlo (1556–30. 1. 1629), it. Architekt d. Frühbarock; Langhaus m. Vorhalle u. Fassade v. St. Peter u. Fassade v. Sta Susanna in Rom.
2) Stefano (1576–17. 9. 1636), it. Bildhauer d. Barock u. Antikenrestaurator; *Hl. Cäcilie.*

Mädesüß, weiß blühende, fiederblättrige Staude, ähnlich → Geißbart; auf feuchten Wiesen und Hängen.

Madhja Pradesch, *Madhya Pradesh,* größter Staat d. Rep. Indien, Zentralindien, 442 841 km², 66,1 Mill. E; Weizenu. Baumwollanbau, z. T. m. künstl. Bewässerung, Hptst. *Bhopal.*

Madonna [it. „meine Herrin"], Jungfrau Maria (mit dem Jesuskind).

Madras,
1) seit 1968 → *Tamil Nadu (Tamizhagam).*
2) St. in SW-Indien, Hptst. v. Tamil Nadu, Agglom. 5,4 Mill. E; Uni, Textilind., wicht. Exporthafen.

Madras, *m.,* bedruckte, sehr offene Musselinegewebe f. Dekorations- und Kleiderstoffe.

Madrazo [maˈðraθo], span. Malerfamilie; u. a. *M. y Kuntz,* Federico de (9. 2. 1815–10. 6. 94), (Hof-)Maler d. Klassizismus; Direktor d. Kgl. Kunstakademie u. d. Prado-Mus., Schwiegervater d. Malers M. Fortuny; hpts. Adelsporträts.

Madrid [maˈðrið], Hptst. von Spanien u. d. auton. Region *M.,* am Manzanares, 3,1 Mill. E; Kirchen u. Paläste des Barocks u. Klassizismus, Uni., HS f. Technik, Bergbau, Kunst u. Musik, Museen *(Prado);* Sitz des Königs, kath. Erzbischofssitz; Industrie-, Handels- u. Kulturzentrum u. Verkehrsmittelpunkt Spaniens.

Madrigal, *s.,* urspr. it. Hirtengesang, im 14. Jh. instrumental begleitete Gesangsform; s. 16. Jh. auch mehrstimmiger Chorsatz weltl. Inhalts.

Madura,
1) *Madoera,* indones. Insel, 4481 km², 2,7 Mill. E; Gewürz-, Maisanbau, Viehzucht; Hptst. *Pamekasan.*
2) *Madurai,* St. im ind. Staat Tamil Nadu, 952 000 E; Textil-, Tabak- u. Zuckerind.

Madüsee, poln. *Jezerio Miedwie,* See i. Pommern, 36,8 km²; Fischfang (Maränen).

maestoso [it.], *mus.* majestätisch, würdig.

Maestro [it.], Meister, bes. Tonkünstler (Dirigent).

Maeterlinck [ˈmaː-], Maurice (29. 8. 1862–6. 5. 1949), belg. Dichter; Dramen: *Pelleas u. Melisande; Der blaue Vogel; Leben der Bienen;* Gedichte, naturphil. Schriften; Nobelpr. 1911.

Mäeutik, *w.* [gr. „Hebammenkunst"], Methode des Erkennens durch Fragestellung im Zwiegespräch (von Sokrates geübt).

Mafai, Mario (15. 2. 1902–31. 3. 65), it. Maler d. Expressionismus, dann d. Abstrakten Expressionismus.

Madonna, Lukas Cranach

Mafeking, seit 1980 *Mafikeng,* St. i. Bophuthatswana; bis 1966 Verw.sitz v. Betschuanaland (Botswana).

Maffei, Francesco (1605–2. 7. 60), it. Maler, Hptvertr. d. venezian. Barock; *Milon von Kroton; Manna-Lese.*

Mafia, *w.,* sizilian. Geheimbund, seit etwa 1800, ähnlich der → *Camorra* Neapels.

Mafo, Abk. für **Ma**rkt**fo**rschung, → Marktanalyse.

Magalhães [mɐɣɐˈʎɐ̃jʃ], span. *Magallanes,* allg. **Magellan,** Fernão de (1480 bis 27. 4. 1521), portugies. Seefahrer; durchfuhr als erster d. nach ihm

Madrid, *Iglesia de los Jeronimos*

Maria Magdalena, *Gemälde von Caravaggio*

Magdeburg, *Dom*

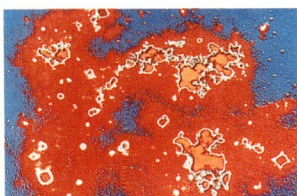
Magellansche Wolken, *Falschfarbendarstellung*

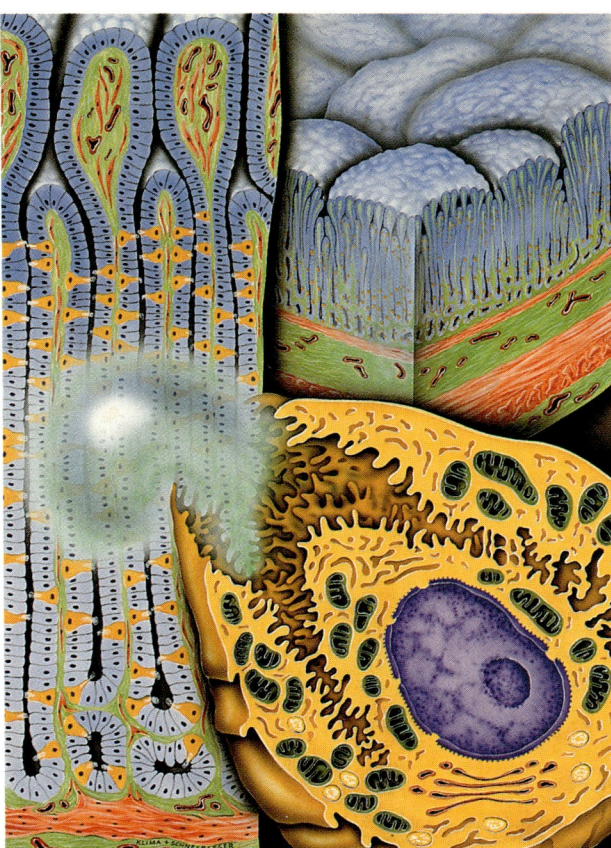

Schnitt durch die Magenwand
Rechts oben: Schleimhautschicht (blau), gefäß- und nervenführende Bindegewebsschicht (grün), Muskelschicht (rot), äußere Gleitschicht (wieder grün).
Links oben: Unterteilung der Schleimhautschicht; das Epithel der Schleimhaut zeigt Einsenkungen sowie verschiedene Arten von Drüsenzellen.
Rechts unten: Belegzelle, eine besondere Art der Magendrüsen, die eine Vorstufe der Magensalzsäure absondert; Zellkern (violett), Zelleib (orange), Sekretkanälchen (braun) mit großem Sekrettröpfchen (grün-blau, durchscheinend).

ben. Meeresstraße u. d. Pazifik, entdeckte Philippinen.
Magallanes [-'ʎan-], chilen. Region, 132 034 km², 160 000 E, meist vergletschertes Hochgebirge u. Urwald, im O Weideland (Schafzucht); Hptst. *Punta Arenas* (120 000 E).
Magazin, *s.* [arab.],
1) illustrierte Zeitschrift.
2) Vorratsbehälter, bei Handfeuer- u. Maschinenwaffen Mehrladevorrichtung.
3) Lagerhaus.
Magdalena, Maria v. Magdala, Jüngerin Jesu (Luk. 8 u. Mark. 15); wohl nicht d. Büßerin (Luk. 7).
Magdalẹna [hebr. „die aus Magdala"], w. Vn.
Magdalenenstrom, *Río Magdalena*, Hptfluß Kolumbiens, aus den nördl. Anden, mündet ins Karib. Meer, 1538 km l., davon 1300 km schiffbar.
Magdalenerinnen, kath. Orden.
Magdalénien [-le'njɛ:], letzter Abschnitt der Altsteinzeit, nach Fundort La Madeleine in Frkr.
Magdeburg (D-39104–30), Hptst. d. Landes Sachsen-Anhalt (20 443 km², 2,80 Mill. E), 257 775 E; frühgot. Dom m. Grab Ottos I. u. Plastiken v. → Vischer, roman. Liebfrauenkirche; Sitz e. Bischofs; Museen; Ingenieurschule f. Masch.bau u. Elektrotechnik, f. Chemie, Med. Akad., TH Otto v. Guericke, PH, Ing.schule f. Wasserwirtsch.; Eisen- u. Stahlind., Schwermasch.bau, Nahrungs- u. Genußmittelind., chem. Ind., bedeutender Binnen- u. Umschlaghafen (Mittellandkanal m. Schiffshebewerk Rothensee). – Karoling. Handelspl., 805 erstmals erwähnt, s. 968 Erzbistum, Bollwerk gg. Slawen; *Magdeburger Stadtrecht* maßgebend f. viele Siedlungsstädte d. Ostens; 1631 durch Tilly zerstört, 1680 zu Brandenburg, 1807–13 z. Kgreich Westfalen; Altst. 1945 zerstört.
Magdeburger Börde, fruchtb. Ebene (Schwarzerdeboden) westl. von M. (Zuckerrüben, Getreide, Obst, Gemüse); Steinsalzgewinnung.
Mage, im alten dt. Recht Verwandter; v. Mannesseite: *Schwert-* od. *Germage*, v. Weibesseite: *Spill-, Spindel-* oder *Kunkelmage*.
Magellan → Magalhães.
Magellansche Wolken, *Kapwolken*, 2 schwachleuchtende Sternwolken am S-Himmel in d. Sternbildern Dorado (Große M. W.) u. Tukan (Kl. M. W.); Entfernung ca. 50 000 → Parsec; die M. W. gehören zu einer Gruppe v. etwa 2 Dutzend → Galaxien, die unserem Milchstraßensystem benachbart sind.
Magellanstraße, Meerenge zw. dem Südende des südamerik. Festlands u. Feuerland, 585 km l.
Magelone, *die schöne M.,* Heldin eines dt. Volksbuchs (16. Jh.); provenzal. Sage; auch in *1001 Nacht* überliefert.
Magen, mit Schleimhaut ausgekleideter Hohlmuskel zur Aufnahme, Durchmischung u. Vorverdauung der Speisen, hakenförmig, im linken Oberbauch gelegen (→ Eingeweide, Abb.).
Magenblutung, b. Gefäßriß (Geschwür, Krebs): kaffeesatzartiges Erbrechen od. Blut im Stuhl, der bei massiver Blutung tiefschwarz (Pechstuhl) aussieht, bei schwacher Blutung „okkultes

Blut" im Stuhl (nur mit Tests nachweisbar).

Magen-Darm-Passage, Röntgenaufnahme von Speiseröhre, Magen und Dünndarm nach Schlucken von → Kontrastmittel.

Magenerweiterung, (*Magenatonie*), bei Erschlaffung der Magenwände.

Magenfistel, durchgängige Verbindung zw. Magen u. Bauchdecke, durch die in d. Magen ein Gummischlauch z. künstl. Ernährung eingeführt wird.

Magengeschwür, mit Magenschmerzen vor od. nach dem Essen, oft Sodbrennen, begrenzter Schleimhautdefekt (Nische), oft blutend.

Magenkatarrh, Entzündung d. Magenschleimhaut.

Magenkrampf, oft bei Magengeschwür, durch krampfhaftes Zus.ziehen der Magenmuskulatur.

Magenkrebs → Krebs.

Magenneurose, nervöse Störung der Magentätigkeit.

Magenpförtner, Schließmuskel am Magenausgang, öffnet u. schließt diesen nach Bedarf in rhythmischen Abständen.

Magensaft, i. 1 Tag 1–2 Liter, aus Schleim, Wasser, Salzsäure u. Pepsin, von den Drüsen der **Magenschleimhaut** abgesondert, enthält d. **Magensäure**.

Magenschlauch, Magensonde, dünnes Gummirohr, unten geschlossen, mit seitl. Fenstern am Ende, zur *Magenaushebung* u. *Magenspülung* (z. B. nach Aufnahme giftiger Substanzen).

Magensenkung, *Gastroptose,* Zeichen schwacher Konstitution u. schlaffer Bänder.

Magenspiegel, *Gastroskop,* el. beleuchtbar, meist biegsames Glasfiber-→ Endoskop, gestattet Einblick ins Mageninnere.

Magensteine,
1) i. Magen v. Wiederkäuern sich um e. Kristallisationspunkt bildende graugrüne Steine.
2) in Geflügelmägen kl. Steinchen, d. d. Tiere aufgenommen haben u. m. deren Hilfe sie harte Nahrung, z. B. Körner, zerkleinern.

Magenta [-'dʒɛn-], it. St. in der Prov. Mailand, 24 000 E; 1859 Sieg d. Franzosen u. Piemontesen über Östr.

Magerø, *Magerøy,* Norwegens nördlichste Insel, 288 km², mit → Nordkap.

Magersucht → Anorexie.

Maggi, Julius (1846–1912), schweiz. Industrieller; erfand d. *M.-Würze* (flüss. Pflanzenauszüge), Fabrik s. 1886 i. Kemptthal (Kanton Zürich).

Maggiore, *s.* [it. mad'dʒo:re „größer"], Dur-Teil eines Tonstückes, das in paralleler o. gleichnamiger Molltonart steht.

Maghreb [arab. „Westen"], der westliche Teil d. arab.-muslim. Welt (Tunesien, Algerien, Marokko, Libyen u. Mauretanien). 1989 Gründung der Maghreb-Union zur kulturellen u. wirtsch. Zus.arbeit.

Magie, *w.* [gr.], vermeintliche Kunst, durch geheimnisvolle Mittel od. symbol. Handlungen die Kräfte der Natur (Geister u. Dämonen) zu beherrschen, zu zaubern; in allen primitiven Religionen verbreitet. Im MA unterschied man *weiße M.* (Theurgie, Verwendung nützlicher Mittel) u. *schwarze M.* (Bündnis mit bösen Mächten, Teufelsbündnis).

Magier [altpers. „maguš"],

Magmatite (magmatische Gesteine)

Plutonit (grobkristallin)	Vulkanite (feinkristallin)	SiO$_2$-Gehalt	Mineralbestandteile
Granit, Granodiorit, Tonalit	Rhyolit, Liparit, Dazit	mehr als 65 %	Quarz, Kalifeldspat, Plagioklas, Hornblende, Biotit
Syenit, Monzonit, Diorit	Trachyt, Andesit, Phonolith, Porphyrit	65–55 %	Kalifeldspat, Plagioklas, Hornblende, Quarz, Pyroxen
Gabbro, Norit	Basalt, Diabas	55–40 %	Plagioklas, Pyroxen, Olivin, Erz, Apatit

(zunehmend basisch ↓)

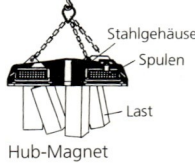
Hub-Magnet (Stahlgehäuse, Spulen, Last)

unmagnetisches

magnetisches Eisen
Molekularer Aufbau eines Magneten

Magnetschwebebahn

1) zoroastr. Angehöriger d. altpers. Priesterkaste; d. Weisen aus d. Morgenland (Mt 2,1 ff.) sind M.
2) heute Wahrsager, Zauberer, Illusionisten.

Maginot [maʒi'no], André (17. 2. 1877 bis 7. 1. 1932), frz. Pol. (1922–24 u. 1929–32 Kriegsmin.); nach ihm **M.linie** (s. 1930), Befestigungssystem zur Deckung der frz. Ostgrenze.

magischer Realismus, in d. Malerei 1924 v. F. Roh geprägte Bez. f. e. nachexpressionist. Strömung, die d. Gegenständlichk. d. dargestellten Dinge verfremdet (z. B. durch Weglassung v. Licht u. Schatten) od. übertrieben betont u. sie m. traumhaften, motiv. überraschenden Elementen kombiniert; Vertr. u. a. Dix, Grosz.

magisches Auge, → Elektronenröhre mit kleinem Leuchtschirm zur optischen Anzeige der richtigen → Abstimmung von Rundfunkgeräten.

Magisches Viereck, Bez. für d. heterogenen Beziehungen zw. d. wirtsch.pol. Zielen: Preisniveau-Stabilität, hoher Beschäftigungsstand, stetiges angemessenes Wachstum u. außenwirtsch. Gleichgewicht.

Magister, [l.],
1) Vorsteher, röm. Amtstitel bei Behörden.
2) im MA svw. Doktor d. Phil., später Unititel f. Dozenten. → Master; in d. BR akad. Grad (*M. artium*) f. Studenten d. phil. Fakultät, die weder Staatsexamen noch Doktorprüfung anstreben.

Magistrat, *m.* [l.], Amt; städt. Gemeindebehörde.

Maglemose, mittelsteinzeitl. Wohnplatz i. W von Seeland; danach **M.kultur,** ab 6000 v. Chr.

Magma, *s.* [gr.], meist im oberen Erdmantel (→ Erde) gebildete Masse geschmolzener u. Silicate m. gelösten Gasen; bildet beim Aufsteigen je nach Aufstiegshöhe → Plutonite oder → Vulkanite; → Magmatite, Übers.

Magna Charta Libertatum, *w.* [l. „großer Freiheitsbrief"], engl. *The Great Charter,* engl. Staatsgrundgesetz von 1215, in dem engl. Adel u. Klerus von Kg Johann ohne Land versch. Privilegien durchsetzten: Steuerbewilligungsrecht, Garantie d. persönl. Freiheit u. d. Eigentums usw.; Grundlage des engl. Parlamentarismus.

magna cum laude → cum laude.

Magnani [maɲ'ɲa:ni], Anna (7. 3. 1908–26. 9. 73), it. Schausp.in; *Roma, città aperta; Le carrosse d'or; The Rose Tattoo.*

Magnaten [l.],
1) heute für Industrielle, Grundbesitzer.
2) früher Bez. f. d. Hochadel in Polen u. Ungarn.

Magnatentafel, früher 1. Kammer des ungar. Parlaments.

Magnelli [ma'ɲ-], Alberto (1. 7. 1888 bis 20. 4. 1971), frz. Maler it. Herkunft; abstrakte Bilder m. farblichem Gleichgewicht; Collagen.

Magnesia,
1) *Magnissia,* östl. Halbinsel d. griech. Thessalien m. Gebirge Pelion (b. 1651 m).
2) heute → Manisa, 190 v. Chr. röm. Sieg über Syrien.
3) antike St. am Mäander; Sterbeort d. *Themistokles.*

Magnesia, *w., Magnesiumoxid* (MgO), weiß, erdig, Flußmittel f. Glasuren; med. (*M. usta*) zur Neutralisierung übermäßiger Magensäure u. als Puder.

Magnesit, *m.,* $Mg(CO_3)$, Mineral; zu feuerfestem Stein verarbeitet (Ofenfutter).

Magnesium, *Mg,* chem. El., Oz. 12, At.-Gew. 24,32, Dichte 1,74; silberweißes Leichtmetall, natürl. nur gebunden vorkommend in Kainit, Dolomit, Talk, Meerschaum; Mg verbrennt mit sehr hellem Licht *(Blitzlicht);* bes. zu leichten Legierungen (z. B. → Elektron, → Dural).

Magnesiumsulfat → Bittersalz.

Magnet, *m.* [gr.], → *Magnetismus;* z. Hebung v. Lasten Hub- od. Elektromagnet.

Magnetbandgerät, *Tonbandgerät,* Gerät zur magnet. Tonaufnahme u. -wiedergabe; Tonträger: *Tonband,* ein Kunststoffband mit einer Eisenoxid-, Chromdioxid- od. Reineisenschicht. Das Tonband wird dicht vor d. Polen eines Elektromagneten vorbeigeführt, der d. im Mikrofon in el. Schwingungen umgewandelten Schallschwingungen auf d. Band überträgt, indem er dieses stärker od. schwächer magnetisiert; läuft d. Band vor d. Polen d. Elektromagneten wieder ab, so werden in dessen Wicklungen entsprechend d. aufgenommenen Impulsströme induziert. Diese werden über einen Verstärker einem Lautsprecher od. Kopfhörer zugeführt; Wiedergabe beliebig oft. Mit einem Löschkopf kann das Aufgenommene wieder vom Band gelöscht werden. Tonband auch mit mehreren Magnetspuren (z. B. für

Magnetfilter 577 **Maiano**

→ Stereophonie). Erstes Magnetbandgerät 1935 v. AEG entwickelt u. gebaut; Philips brachte um 1963 d. Compact-Cassette (CC; → Cassettenrecorder) auf d. Markt. Breite Anwendung: privater Sektor (v. → Walkman über teure → Hi-Fi-Maschinen bis z. Videorecorder), Studiotechnik (z. B. → Ampex-Anlagen), → Datenverarbeitung, Bürotechnik (z. B. Diktiergeräte) etc. → Magnetton.
Magnetfilter, für Motoren u. Getriebe; säubert Getriebeöl von d. durch Abrieb entstandenen Metallteilen.
magnetische Induktion → Induktion.
magnetischer Nord- und Südpol → Erdmagnetismus.
magnetisches Feld, der Raum, in dem magnetische Kräfte wirken; → Kraftfeld; *magnet. Feldstärke.*
magnetische Stürme, im Gefolge von → Sonnenflecken auftretende starke Schwankungen d. Intensität d. Erdmagnetfeldes; → Erdmagnetismus.
Magnetismus, i. d. Umgangssprache f. → Ferromagnetismus. Allg. alle Erscheinungen, die mit d. Auftreten u. d. Wirkung → magnet. Felder zus.hängen. Magnetfelder entstehen durch Ausrichtung bereits vormagnetisierter Mikrobereiche ferromagn. Stoffe od. als Begleiterscheinung el. Ströme (→ Elektromagnet, → elektromagnet. Feld).
Magnetit, *Magneteisenstein* (Fe$_3$O$_4$), Mineral mit bis 72% Eisen, in vielen Gesteinsarten; wichtiges Eisenerz.
Magnetnadel, frei drehbar gelagerter ferromagnet. Stab, der sich in einem ihn umgebenden Magnetfeld ausrichtet. → Erdmagnetismus.
Magnetochemie, Beziehungen zw. magnet. Erscheinungen u. chem. Vorgängen.
Magnetohydrodynamik [gr.], phys. Theorie, die d. Verhalten v. ionisierten Gasen (→ Plasma) durch Verknüpfung der Strömungsgesetze (*Hydrodynamik*) m. d. Gesetzen des *Elektromagnetismus* beschreibt.
Magnetometer, Gerät zur Messung der magnet. Momente u. Magnetisierungen (→ Permeabilität, → Suszeptibilität).
Magneton, s., Elementareinheit des magnet. Momentes atomarer Teilchen (→ Kernphysik, Übers.).
Magnetooptik, Lehre v. d. magnet. Beeinflussung der → Absorption u. → Emission von Licht (z. B. → Zeeman-Effekt).
Magnetopath, *m.,* benutzt angebl. magnet. Ausstrahlung s. Hände z. Heilung v. Kranken; → Mesmer.
Magnetostriktion, *w.,* Eigenschaft magnet. Stoffe, im Magnetfeld Abmessungen zu ändern: Länge eines Eisenstabes nimmt bei wachsender Magnetisierung zunächst zu, dann wieder ab, so daß bei sehr starker Magnetisierung Verkürzung eintritt; Grundlage f. d. ersten → Fernsprecher v. → Reis.
Magnetron, *s.,* in der Hochfrequenztechnik zur Erzeugung höchster Frequenzen; im wesentl. aus kleiner → Elektronenröhre mit darumgelegter kräftiger Magnetspule bestehend.
Magnet-Schwebefahrzeug, Schienenfahrzeug, das durch Magnete getragen u. angetrieben wird, ohne bewegl. Teile; v. Messerschmitt-Bölkow-Blohm

u. Krauss-Maffei; erste Versuche v. H. *Kemper* 1936; 1. Testfahrt 1971; geplante Spitzengeschwindigk. 500 km/h.
Magnetton, Verfahren z. Schallaufzeichnung; Schallenergie wird als magnet. Energie gespeichert u. bei Bedarf wiedergegeben; Träger: früher Stahlband od. -draht (*Drahtton-Geräte*), heute Kunststoffbänder u. -platten m. magnetisierbarer Schicht; → Magnetbandgerät, → Diktiergerät.
Magnifikat, *s.* [l.], Preislied Marias (Lukas 1).
Magnifizenz [l. „Herrlichkeit"], Titel des Rektors einer Uni., Techn. od Handelshochschule (*rector magnificus*).
Magnitogorsk, russ. Ind.st. am S-Ural, 440 000 E; reiche Lager v. Magneteisenerz; Eisenhüttenind.
Magnolie, Zierbäume aus O-Asien u. Amerika; große, tulpenähnl. Blüten, meist vor Blättern im Frühling; → Tulpenbaum.
Magnus [l.], „der Große".
Magnus, Heinrich Gustav (2. 5. 1802 bis 4. 4. 70), dt. Physikochem.; entdeckte die als M.-Effekt bekannten Kräfte an rotierenden Zylindern, gegen die Wind strömt, wodurch auf d. einen Seite ein gerichteter Überdruck u. auf d. anderen ein gleichgerichteter, starker Unterdruck entsteht; beide drücken den Zylinder quer zur Richtung; hierdurch z. B. Ablenkung von Geschossen aus der Flugbahn; technische Anwendung durch → Flettner (Rotor).
Magot, *m.,* schwanzloser *Berberaffe* (Makak), NW-Afrika, Gibraltar (einziger eur. Affe).
Magritte [-rit], René (21. 11. 1898 bis 15. 8. 1967), belg. Maler d. Surrealismus; teils romantisierend, teils impressionist. Stilmittel; *Karneval der Weisen; Reich d. Lichter.*
Magyaren [ma'dj-], in. 9. Jh. in Donau- u. Theißebene eingedrungenes finn.-ugrisches Reitervolk; heute svw. Ungarn.
Mahabharata, *s.,* ind. Götter- u. Heldenepos (1. Jh. v. Chr.–4. Jh. n. Chr.); etwa 100 000 Doppelverse.
Mahagoni, *s.,* das hell- bis dunkelbraune, oft rötl. Holz des ind. M.baumes; zum Furnieren.
Maharadscha, *m.,* ind. Großfürst.
Maharashtra, *Maharashtra,* ind. Bundesstaat, 307 762 km^2, 79 Mill. E; Hptst. Bombay.
Mahatma [sanskr. „große Seele"], ind. Ehrentitel, → Gandhi.
Mahayana [sanskr. „großes Fahrzeug"], *Mahajana,* → Buddhismus.
Mahdi [arab. ′max(ə)dɪ], erhoffter Erlöser der schiit. Moslems; *Mohammed Achmed* (um 1840 bis 85) gab sich für den M. aus; **Mahdistenaufstand** im Sudan 1881–98; von → Kitchener niedergeschlagen.
Mähdrescher, Landmaschine zum gleichzeitigen Mähen und Dreschen v. Getreide.
Mahfus, Nagib (*11. 12. 1911), ägypt. Schriftst., Nobelpr. (Lit.) 1988; *Die Midaq-Gasse, Zwischen zwei Palästen, Die Kinder unseres Viertels.*
Mah-Jongg, *s.,* chin. Gesellschaftsspiel m. 144 Steinen od. Karten (aus 14 Steinen Spielbild, *M.-J.*).
Mahler, Gustav (7. 7. 1860–18. 5. 1911), östr. Komp. u. Dirigent; wirkte in Wien und New York; 10 Sinfonien; *Lied*

Magnolie

René Magritte, *Hegels Urlaub*

René Magritte, *Karneval der Weisen*

von d. Erde; Liederzyklen m. Orchester: *Kindertotenlieder.*
Mahlgang, Teil der Mühle, in dem die Zerkleinerung vor sich geht.
Mahlstrom, *Malström,* durch die Gezeiten entstehende wirbelartige Meeresströmung bei den Lofoten (Norwegen).
Mahlzähne, die 12 hinteren Backenzähne.
Mähmaschine, fahrbare Vorrichtung zum Schneiden v. Gras, Getreide usw. m. schnell hin und her bewegten Messern; rotierende, mit Messern besetzte Trommel od. Scheibe bei *Grasmähern; Getreidemäher* (Mähbinder) binden Getreide zu Garben.
Mahnbescheid, auf Antrag d. Gläubigers ergehende Zahlungsaufforderung des Gerichts an den Schuldner.
Mahnung, Aufforderung des Gläubigers an den Schuldner, eine fällige Leistung zu erfüllen, um ihn in → Schuldnerverzug zu setzen (§ 284 BGB); nicht erforderlich für eine zu einem kalendermäßig bestimmten Zeitpunkt zu erfüllende Leistung.
Mahnverfahren, schnelles, billigeres Gerichtsverfahren wegen voraussichtl. unbestrittener Forderungen zur Erlangung eines Vollstreckungstitels; auf Antrag des Gläubigers erläßt AG → Mahnbescheid gg. Schuldner. Erhebt Schuldner innerh. d. best. Frist Widerspruch, findet Prozeß statt; erfolgt kein Widerspruch, wird Mahnbescheid auf neuen Antrag d. Gläubigers für vorläufig vollstreckbar erklärt (Vollstreckungsbescheid), gg. den Schuldner Einspruch erheben kann, dann Prozeß; andernfalls kann Gläubiger → Zwangsvollstreckung betreiben.
Mahon [ma′ɔn], *Port M.,* Hptst. u. Hafen der span. Insel Menorca (Balearen), 23 000 E.
Mahonie, nordam. immergrüner Zierstrauch m. gelben Blütentrauben.
Mahr, svw. → Nachtmahr.
Mähren, tschech. *Morava,* Landesteil der Tschechischen Rep., zw. den Böhm.-Mähr. Höhen (Plateau bis 835 m) u. den Kleinen u. Weißen Karpaten, westl. u. östl. Stufenland, dazw. die Mähr. Tiefebene mit d. March, → Hanna; Ackerbau, Gemüse-, Obstanbau; Viehzucht (Pferde, Schafe); Bodenschätze: Eisen, Graphit, Stein- und Braunkohle, Erdöl, Erdgas; Eisen- und Stahl-, Brauerei-, Maschinen-, chem., Schuh- u. Textilind. – Um 600 von Slawen besiedelt, im 11. Jh. an Böhmen, 1182 reichsunmittelbare Markgrafschaft, 1197 böhmisch, 1526 östr. Kronland; seit 1919 zur → Tschechoslowakei.
Mährische Brüder → Böhmisch-Mährische Brüder.
Mährische Pforte, Senke zw. den Sudeten u. W-Beskiden, 310 m.
Mährisches Gesenke, *Sudeten-G.,* SO-Teil der Sudeten, bis 972 m hoch; Getreide- und Flachsanbau, Weberei, Schieferbrüche, Hptort *Freudenthal.*
Mährisch-Ostrau, tschech. Stadt, → Ostrau.
Mai, nach röm. Göttin → Maja ben.; 5. Monat (31 Tage); altdt.: *Wonnemond.*
Maia [gr.], Geliebte des Zeus, Mutter des Hermes, röm. → Maja.
Maiano
1) Benedetto da (1442–27. 5. 97), florentin. Bildhauer u. Baumeister d.

Frührenaissance; Grabmal d. Filippo Strozzi; s. Bruder
2) Giuliano da (1432–17. 10. 90), it. Baumeister d. Frührenaissance (Dom in Faenza, Paläste) u. Bildhauer (Chorgestühle in Pisa, Florenz).
Maibaum, ein zum *Maifest* (ländl. Volksfest am 1. Mai) od. zu Pfingsten geschmückter Baum, oft Birke (daher junge Birkenzweige = *Maien*); am Vorabend (Walpurgis) *Maifeuer*.
Maier,
1) Reinhold (16. 10. 1889–19. 8. 1971), dt. Pol.; 1945–53 Min.präs. in Ba-Wü.; 1957–60 Vors. d. FDP.
2) Sepp, eigtl. *Josef* (* 28. 2. 1944), dt. Fußball-Torhüter; 95 Lsp. (1966–79), WM 1974, EM 1972; mit Bayern München 4mal Europapokalsieger.
Maier-Leibnitz, Heinz (* 28. 3. 1911), dt. Atomphysiker; 1974–79 Präs. d. → DFG.
Maifisch, svw. → Alse.
Maigesetze, preuß., Mai 1873 auf Veranlassung Bismarcks i. → Kulturkampf erlassene Gesetze.
Maiglöckchen, Liliengewächs, Waldstaude, auch Zierpflanze mit duftenden weißen Blütenglöckchen; giftig; verwandt: *Schattenblume (kleines M.)*.
Maihofer, Werner (* 20. 10. 1918), dt. Jurist u. FDP-Pol.; 1972–74 Sondermin., 1974–78 B.innenmin.
Maikäfer, Blatthornkäfer; Laubschädling, Larve (Engerling) frißt Wurzeln; Entwicklung zum Käfer meist in 4 Jahren; tritt zuweilen in Massen auf.
Maikop, Hptst. d. russ. auton. Rep. Adygien, am N-Rand des Kaukasus, 149 000 E; Erdöl- u. Erdgasförd., Maschinenbau, Holz- u. Nahrungsmittelind.

Sepp Maier

Maiglöckchen

Mailand, *Dom*

Mailand, it. *Milano,* Hptst. der oberit. Prov. *M.* u. d. Lombardei, 1,37 Mill. (Agglom. 4 Mill.) E; got. Dom (erb. 1386–1813), Kirche S. Maria delle Grazie m. ,,Abendmahl" v. Leonardo da Vinci, Castello Sforzesco; Uni., Techn. HS, Handels-, Musik- u. Kunsthochsch., Kunstsammlungen (Brera), Opernhaus *Scala*; größter Ind.- u. Handelsplatz Italiens, Textil- u. Metallind., Maschinenbau, chem. Ind. – Durch Diokletian röm. Residenzst., 569 von Langobarden erobert; im MA Mittelpunkt des lombardischen Städtebundes (→ Lombardei); 1162 durch Friedrich Barbarossa zerstört; 1395 Hzgtum, 1535 span., 1714 östr., 1859 an Savoyen.
Mailer [ˈmeɪlə], Norman (* 31. 1. 1923), am. Schriftst.; *Die Nackten u. d. Toten; Heere aus der Nacht; Auf dem Mond ein Feuer; Gnadenlos; Frühe Nächte; Biographie: Marilyn Monroe;* Pulitzerpr. 1969 u. 1980.
Maillol [maˈjɔl], Aristide (8. 12. 1861

Norman Mailer

Maillol, *Holzschnitt*

bis 27. 9. 1944), frz. Maler, Graphiker u. hpts. Bildhauer d. Neuklassik; Holzschnitte zu Vergil; *Die Nacht; Cézanne-Denkmal.*
Mail-Order, [engl. ˈmeil- ,,Postbestellung"] → Versandhandel.
Maimon, Salomon (1753 bis 22. 11. 1800), jüd. Arzt u. Phil., früher Kantkritiker; Wegbereiter d. dt. Idealismus.
Maimonides, Moses (30. 3. 1135 bis 13. 12. 1204), jüd. Phil., v. umfassender Kenntnis der arab. u. jüd. Wissenschaften u. der Aristotelischen Philosophie.
Main, größter r. Nbfl. des Rheins; aus *Rotem* (n. Fränk. Alb) u. *Weißem M.* (Fichtelgeb.) bei Kulmbach, umfließt d. Fränk. Alb, 524 km l., mündet b. Mainz; ab Regnitzmünd. (b. Bamberg) als Teil des Rhein-Main-Donau-Großschiffahrtsweges ausgebaut.
Mainardi, Enrico (19. 5. 1897–10. 4. 1976), it. Cellist u. Komponist.
Mainau, Insel im Überlinger See (Bodensee), Park mit subtropisch. Gewächsen; Schloß des schwed. Grafen Lennart Bernadotte.
Mainburg, (D-84048), St. i. Kr. Kelheim, Niederbay., 11 811 E; AG; Hopfenanbau, Brauereien.
Main-Donau-Kanal, verbindet Main (bei Bamberg) mit Donau (bei Kelheim). Gewaltige Schleusentreppe zur Überwindung der Fränk. Alb. Wegen großräumiger Landschaftszerstörungen heftig attackiertes Bauwerk. Befahrbar für 1500-t-Schiffe.
Maine [meɪn], Abk. *Me.,* nö. US-Staat, 86 156 km², 1,2 Mill. E; seen- u. hügelreich, 70% Wald, Hafer- u. Kartoffelanbau, Viehzucht, Holzwirtschaft; Hptst. *Augusta* (22 000 E), größte St.: *Portland* (64 000 E).
Maine-et-Loire [mɛnɛˈlwaːr], nordwestfrz. Dép., a. d. unteren Loire, 7166 km², 706 000 E; Hptst. *Angers.*
mainstream [engl. ˈmeinstriːm], i. d. Hauptrichtung liegend, normal, traditionell, z. B. mainstream-Rock.
Maintal (D-63477), hess. St. im Main-Kinzig-Kr., 37 700 E; div. Ind.
Main-Taunus-Kreis, hess. Ldkr. im Rgbz. Darmstadt; Verw.sitz in Hofheim a. Taunus.
Maintenon [mɛ̃tˈnõ], Françoise d'Aubigné, Marquise von (27. 11. 1635 bis 15. 4. 1719), Geliebte → Ludwigs XIV., 1684 heimlich mit ihm getraut.
Mainz (D-55116–31), Hptst. d. Landes RP, krfreie St., am Rhein; gegenüber d. Mainmündung, 186 415 E; Dom (979 begonnen), kath. Bistum, Uni. (1477 gegr.), Akad. d. Wiss., Staatsschule für Kunst u. Handwerk, Dt. Fernsehakad., Rundfunk- u. Fernseh-Mus.; Weltmuseum der Druckkunst; HWK, IHK, BD, LG, MPI f. Chemie u. f. Polymerforschung; Rheingoldhalle; Sitz d. ZDF; div. Ind.; Rheinhäfen. – Röm. Kastell (Mogontiacum) 38 v. Chr. gegr.; seit Bonifatius Erzbistum (b. 1802), Erzbischöfe v. M. hatten seit etwa 1000 d. Recht der Kgskrönung u. waren Erzkanzler, s. 1356 → Kurfürsten (Erzstift M. 1803 säkularisiert); 1254 Haupt d. Rhein. Städtebundes, Freie Reichsst.; 1462 v. Erzbischof unterworfen.
Mainzer (Reichsland-)Friede, 1235 v. Kaiser Friedrich II. beschlossenes Reichsgesetz zur Eindämmung des Fehdewesens.

Maire [frz. mɛːr], Bürgermeister; seine Amtsräume u. sein Amtsgebiet: **Mairie.**
Mais, östr. *Kukuruz,* Getreidepfanze aus Amerika m. dicken Fruchtkolben u. breiten Blättern, bes. in wärmeren Ländern angebaut (nächst Weizen häufigste aller Getreidearten); Grünfutter, Mastfutter (Körner); als menschl. Nahrung zu Brei (it. *Polenta*); aus M.stärke

Mainau, *Schloßkirche*

Mainz, *Dom*

Maizena® u. *Mondamin*®. Welternte 1994: 569,6 Mill. t (USA 256,6 Mill. t).
Maisbirne, mit Mais gefüllter Ledersack, Trainingsgerät im Boxen.
Maische, ,,Mischung", bei d. Bier-, Branntwein- u. Weinherstellg d. unvergorene Ausgangsprodukt (Bier: Malz u. Wasser; Branntwein: Getreide, Kartoffeln u. Malz; Wein: gemahlene Trauben).
Maisonette [frz. mɛzɔˈnɛt ,,Häuschen"], über zwei Stockwerke gehende Wohnung m. eigener Treppe innerh. eines Mehrfamilienhauses.
Maistre [mɛstr]. Joseph Marie Comte de (1. 4. 1753–26. 2. 1821), frz. Pol. u. Phil., Vorkämpfer des kirchl. Absolutismus.
Maisur, *Mysore,* s. 1973 → Karnataka.
Maître de plaisir [frz. mɛtrə də plɛˈziːr], Leiter v. Festveranstaltungen.
Maitresse, w. [frz. mɛ-] = Mätresse.
Maitreya, m. [sanskr. ,,von liebender Güte erfüllt"], Name d. zukünftigen Buddha.
Maizière [mɛˈzjɛːr],
1) Lothar de (* 2. 3. 1940), DDR-Pol. (CDU), Musiker und seit 1975 Rechtsanwalt; 1989 Parteivorsitzender der Ost-CDU, April–Okt. 1990 erster frei gewählter Regierungschef der DDR, 1990 B.min. f. bes. Aufgaben, 1991 Rücktritt von allen Parteiämtern.

2) Ulrich de (* 24. 2. 1912), dt. Gen.; 1966–72 Generalinspekteur d. dt. Bundeswehr.

Maja,
1) römische Naturgottheit (Maigöttin), Tochter d. Faun u. Gemahlin des Vulkan, d. griech. Göttin → *Maia* gleichgestellt.
2) [ind. „Trug"], die schöpferische Macht → Brahmas, der einen Teil seines Wesens z. äußeren (Schein-)Welt umformt; *Schleier der M.* = Welt des Scheins, die die wahre (ideelle) Welt verschleiert.

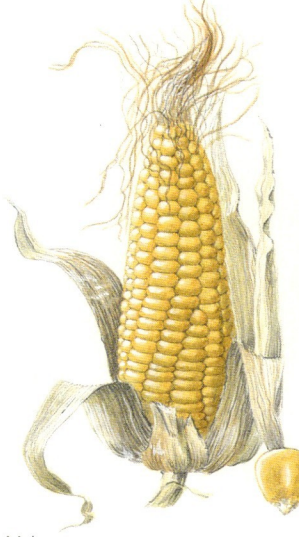
Mais

Majakowski, Wladimir (19. 7. 1893 bis 14. 4. 1930), sowj. Lyriker u. Dramatiker; anfangs Futurist; *Mysterium Buffo; Die Wanze; Vladimir Il'ič Lenin; Das Schwitzbad; Vers und Hammer.*
Majdanek, ehemaliges ns. Konzentrationslager bei → Lublin.
Majestas Domini [l. „Erhabenheit d. Herrn"], in d. frühchristl. u. ma. Kunst (bis z. Ablösung durch d. Bildtyp d. → Jüngsten Gerichts u. etwa 1100) d. Darstellung d. thronenden Christus; s. d. Karolingerzeit meist v. e. Mandorla umgeben u. m. d. Evangelisten-Symbolen.
Majestät [l. „Erhabenheit"], Kaiser oder König (Anrede: Euer M.).

John Major

Majestätsbrief, kaiserl. Bestätigung von Sonderrechten; M. Kaiser Rudolfs II. 1609 gab d. Ständen Böhmens Religionsfreiheit; seine Verletzung war Anlaß zum 30jähr. Krieg.
Majestätsverbrechen, *Majestätsbeleidigung,* im römischen und fränkischen Recht Verbrechen gg. Staatsgewalt u. Herrscher.
Majolika, *w.,* n. d. Insel *Majorca* (Mallorca) ben. Töpferkunst nach → Fayence-Art; Prunkgeräte, 16. Jh.
Major ['meɪdʒə], John (* 29. 3. 1943), engl. Politiker (Konservative), 1989/90 Schatzkanzler, 1990–1997 Premiermin.
Major, mil. Dienstgrad, Stabsoffizier, zw. Hauptmann u. Oberstleutnant.
Majoran, Lippenblütler; Wurstgewürz.
Majorat, *s.* [l. „Älterenrecht"], Vorrecht des Erstgeborenen bei der Erbfolge, auch Bez. für ein Erbgut; sein Inhaber: *M.sherr;* Ggs.: → Minorat.
Majordomus [l.], → Hausmeier.
majorisieren [frz.], überstimmen; mundtot machen.
Majorität, *w.* [frz.], svw. → Mehrheit.
Majuskel, *w.* [l.], großer Buchstabe des lat. Alphabets; Ggs.: → Minuskel.
MAK, **m**aximale **A**rbeitsplatz **k**onzentration, Grenzkonzentration gas-, dampf- oder staubförmiger Substanzen am Arbeitsplatz, die bei einer 8stündigen täglichen bzw. maximal 45 Std. wöchentlichen Einwirkung noch keine gesundheitlichen Schäden hervorrufen. Die Werte werden jährlich durch die Kommission zur Prüfung gesundheitsschädl. Arbeitsstoffe der Dt. Forschungsgemeinschaft überprüft.
makaber [frz.], todesdüster, schauererregend.
Makadamstraße, Schotterstraße nach der Ausführungsweise d. schott. Ing. *McAdam* (1756–1836).
Makaken, Altweltaffen, *Javaneraffe,* langer Schwanz, *Rhesusaffe,* beide häufig im Zoo; ferner *Hutaffe, Schweinsaffe* und → *Magot.*
Makalu, Berg im Himalaja (Nepal), 8463 m, 1955 Erstbesteigung.
Makame, *w.* [arab.], Gedichtform, regellos rhythm. Reimprosa m. Verseinlagen (z. B. die Makamen des Hariri, übers. v. Rückert).
Makarios, Myriarthes (13. 8. 1913 bis 3. 8. 77), Erzbischof u. Primas d. griech.-orthodoxen Kirche Zyperns; Führer im Unabhängigkeitskampf 1959–74 und 1974–77 Staatspräs.
Makart, Hans (29. 5. 1840–3. 10. 84), östr. Maler d. Neubarock, prunkvolle histor. od. allegor. Gemälde; n. s. Vorliebe f. getrocknete Blumen: *M.buketts.* – *M.stil,* prägte durch sinnliche Dekorationslust u. üppige Fülle glühender Farben u. kostbarer Materialien Wohnkultur, Kleidermode u. Kunstgewerbe d. Gründerzeit.
Makassar, s. 1973 Ujung Pandang.
Makassarstraße, zw. Borneo u. Celebes.
Makedonien, *Mazedonien,*
1) Gebirgslandschaft auf der Balkanhalbinsel, mit fruchtbaren Tälern: Tabak-, Weizen-, Obst- u. Weinanbau; Bodenschätze: Erze u. Kohlen; Hptflüsse: *Vistritza, Wardar* u. *Struma;* pol. aufgeteilt unter Griechenland, d. Rep. Makedonien u. Bulgarien. – Philipp II. (383

MAKEDONIEN

Staatsname:	Republik Makedonien, Republika Makedonija (UNO-Bezeichnung: „Die frühere jugoslaw. Rep. Makedonien"
Staatsform:	Republik
Mitgliedschaft:	UNO, OSZE, Europarat
Staatsoberhaupt:	Kiro Gligorow
Regierungschef:	Branko Crvenkovski
Hauptstadt:	Skopje 563 000 Einwohner
Fläche:	25 713 km²
Einwohner:	2 142 000
Bevölkerungsdichte:	83 je km²
Bevölkerungswachstum pro Jahr:	Ø 1,11% (1990–1995)
Amtssprache:	Makedonisch
Religion:	Orthodoxe (70%), Muslime
Währung:	Makedonischer Denar
Bruttosozialprodukt (1994):	1653 Mill. US-$ insges., 790 US-$ je Einw.
Nationalitätskennzeichen:	MK
Zeitzone:	MEZ
Karte:	→ Balkanhalbinsel

Makedonien

Makart, *Triumph der Ariadne*

Maki

bis 336 v. Chr.) begründete die Macht M.s, die Alexander d. Gr. (356–323) zur Höhe führte; ab 146 v. Chr. röm. Prov.; im 14. Jh. v. Türken besetzt; s. Ende 19. Jh. Freiheitsbestrebungen, Bandenwesen (*Komitadschi*); nach d. Balkankriegen 1913 zw. Griechenland u. Serbien aufgeteilt; Bulgarien behielt nur kl. Teil, mußte im Frieden v. Neuilly, 1919, weitere Gebietsteile abtreten.
2) Rep. Makedonien, Bev. überwiegend Makedonier; alban., türk., serb. Minderheiten; Verf. v. 1991 m. Einkammerparlament. – 1945–91 jugoslaw. Bundesstaat; s. 1991 unabhängig. Namensstreit mit Griechenland wegen d. gleichnam. Provinz (beigelegt 1995).
Makejewka, früher *Dmitrijewsk,* St. in der Ukraine, 430 000 E; Hüttenindustrie.
Make-up, *s.* [engl. 'meɪkʌp], kosmet. Verschönerung d. Gesichts durch verschiedene Präparate.
Maki, Fumihiko (* 16. 9. 1938), jap. Architekt, e. Hptvertr. des Metabolismus b. stets rational-kühler Formensprache; *Östr. Botschaft* in Tokio; *Nationalmuseum f. mod. Kunst* in Kioto.
Makis, *Lemuren,* Halbaffenfamilie Madagaskars; Waldbewohner; *Vari, Katta, Indri.*
Makkabäer [v. hebr. „Hammer"], *Hasmonäer,* jüd. Priestergeschlecht; ben. nach → *Judas Makkabäus;* Bücher d. M. nach ev. Auffassung Teil d. → Apokryphen.
Makkaroni, lange Röhrennudeln a. Weizenmehl.
Makler, engl. *Broker,*
1) Handels-M., vermittelt Geschäfte für beliebige Personen, hat Interessen beider Parteien zu wahren, kann von beiden *M.lohn (Courtage)* fordern; ist Kaufmann: *Schiffs-, Börsen-, Waren-M.* usw.
2) der *Grundstücks-M.* ist nach BGB Zivil-M., nicht Handels-M.
Maklervertrag, verpflichtet Auftraggeber zur Zahlung eines Entgelts an einen Dritten, falls durch dessen Vermittlung od. Nachweis Vertragsabschluß erfolgt (§§ 652 ff. BGB).

Mako, m. od. s., ägypt. Baumwollsorte, lange braune Faser.
Makramee, urspr. arab. Knüpfarbeit; dabei wird ein Knüpffaden über einen Einlagefaden geknüpft.
Makrelen, Meeresfische, bis 60 cm l., laichen an Küsten; Speisefische.
makro- [gr.], als Vorsilbe: groß...
makrobiotisch, die Lebenskraft stärkend (Nahrung, Lebensführung).
Makrohämaturie, sichtbare Ausscheidung von Blut im Urin.
Makrokephalie [gr.], abnorme Schädelgröße; oft krankh. (Wasserkopf).
Makrokosmos, m. [gr.], Begriff f. d. Welt im großen, also d. Weltall; Ggs.: → Mikrokosmos.
Makromoleküle, Großmoleküle m. → Molekulargew. über 10 000, in Naturstoffen wie Kautschuk, Cellulose, Eiweiß, in Kunststoffen u. Chemiefasern.
Makro-Objektiv, f. Abb. in halber, ganzer od. vergrößerter Dimension d. Motivs, aber auch für jede andere Aufnahmeentfernung u. Motivgröße geeignet.
Makroökonomie [gr.], → Volkswirtschaftslehre.
Makropoden, *Paradiesfische,* zierliche buntfarbene Aquarienfische aus China mit gr. Flossen; Liebesspiele, Brutpflege (zu den → Labyrinthfischen).
makroskopisch, mit bloßem Auge erkennbar; Ggs.: mikroskopisch.
Makulatur, w. [l. „macula = Fleck"], Altpapier; Fehldruck.
Malabarküste, *Pfefferküste,* lagunenreiches schmales Küstentiefland im SW Vorderindiens.
Malabo, s. 1973 f. *Santa Isabel,* Hptst. von Äquatorialguinea, auf → Bioko, 38 000 E.
Malabsorption, mangelhafte Aufnahme von Nahrung aufgrund von Darmkrankheiten.
Malachit, m., grünes Mineral, Kupferkarbonat, auch Kupfererz; dichte Abarten als Schmuckstein.
Malachitgrün, Triarylmethanfarbstoff f. Seide u. Wolle; Baumwolle erst nach Beizen.
Maladetta, höchster Teil der span. Pyrenäen, *Pico d'Aneto,* 3404 m.
mala fides → Glaube.
Málaga, Hptst. d. span. Prov. *M.,* am Mittelmeer, 595 000 E; Uni; Hafen, Eisen- u. Textilind., Schiffbau, Erdölraffinerie; Flughafen.
Malaien, Bewohner der Halbinsel Malakka und des Malaiischen Archipels, paläomongolo-weddide Rassenmischung; malaiisch-polynes. Sprachstamm.
malaiische Kultur, unter ind. Einfluß, aber m. eigenart. Zügen; hochentwickelter Baukunst (Tempel Boro-Bodor), Kunsthandwerk (→ Batik), Musik m. Schlaginstrumenten, Gong, Tanz, Theater (Schattenspiele, → Wajang).
Malaiischer Archipel, *Indonesien, Insulinde,* die ca. 22 000 Inseln zw. Asien u. Australien, die den größten Archipel d. Erde bilden: Gr. u. Kl. Sundainseln, Molukken, Philippinen u. a. kleinere Inselgruppen, ca. 2,4 Mill. km²; tektonisch außerordentl. labil, häufig Erdbeben, ca. 127 tätige Vulkane.
Malaiischer Bund, *Malaia,* 1948 gebildete Föderation v. 9 brit. Schutzstaaten (die Sultanate Dschohor, Kedah, Kelantan, Negri Sembilan, Pahang, Perak, Perlis, Selangor, Trengganu) u. d. brit. Siedlungen *(Settlements)* Malakka u. Penang auf d. Halbinsel → Malakka; 1957–63 unabhängiger Mitgl.staat d. Commonwealth; s. 1963 Gliedstaat d. Föderation → Malaysia.

malaiische Sprache, Verkehrssprache im Malaiischen Archipel (→ Sprachen, Übers.).
Malaise, w. [frz. ma'lɛ:z(ə)], Übelbefinden.
Malakka, *Malacca,*
1) *Malaiische Halbinsel,* südasiatische Halbinsel zw. dem Golf v. Bengalen, der M.straße u. dem Südchin. Meer; im Innern Gebirge u. Urwald; der nördl. Teil gehört zu Myanmar u. Thailand, der südl. Teil zu → Malaysia; an der S-Spitze → Singapur.
2) Gliedstaat d. → Malaiischen Bundes.
Malakkastraße, Meeresstreifen zw. M. u. der Insel Sumatra.
Malako(zoo)logie, Weichtierkunde.
Malang, früher *Pasúruan,* indones. St. in O-Java, 547 000 E.
Malaparte, Curzio eigtl. *Kurt Suckert* (9. 6. 1898–19. 7. 1957), it. Schriftst.; Romane: *Die Haut; Kaputt.*
Malaria, w., *Wechselfieber, Sumpffieber,* durch Stechmücken (→ Anopheles) übertragene Infektionskrankheit; täglich oder jeden 2.–3. Tag auftretende heftige Fieberanfälle und Schüttelfrost. Erreger sind i. Blut kreisende Einzeller *(Plasmodien,* 3 Arten), zerstören rote Blutkörperchen.
Malariaprophylaxe, vorbeugende Behandlung mit Malariamitteln vor, während u. nach Tropenreise.
Mälarsee, buchtenreicher See westl. von Stockholm, 1140 km² (1260 Inseln), bis 64 m tief.
Malaspinagletscher, 42 km l., a. d. W-Küste Alaskas.
Malatesta, it. Fürstengeschl., herrschte 1333–1503 in Rimini, 1708 ausgestorben.
Malatya, türk. Provinzhauptst. in Kleinasien, 277 000 E.
Malawi, ostafrikanische Rep. am Malawisee. **a)** *Geogr.:* Fruchtbares Hochland. **b)** *Wirtschaft:* Vorwiegend Landw. (Mais, Maniok, Tee, Tabak, Baumwolle; Viehzucht). **c)** *Außenhandel* (1991): Einfuhr 545 Mill., Ausfuhr 473 Mill. $. **d)** *Verkehr:* Eisenbahn 829 km. **e)** *Verf.* v. 1995: Einkammerparlament, Direktwahl d. Präs. **f)** *Verw.:* 3 Regionen, 24 Distrikte. **g)** *Gesch.:* 1892 brit. Protektorat; 1953 bis 63 m. S- u. N-Rhodesien vereinigt zu → Zentralafrikanischer Föd.; s. 1964 unabh., Einparteienstaat; 1993 Zulassg. v. Parteien.
Malaysia, 1963 gebildeter Staatenbund im Commonwealth, besteht aus *West-M.* (→ Malaiischer Bund) u. *Ost-M.* (→ Sarawak u. → Sabah im N d. Insel Borneo). **a)** *Geogr.:* Feuchtheißes Klima; trop. Regenwald im gebirg. Inneren Malakkas u. N-Borneos. **b)** *Wirtsch.:* Landw., zweitgrößter Kautschukproduzent d. Welt (1991: 1,25 Mill. t), Palmöl, Kokosnüsse, Gewürze, Holzwirtschaft. Bodenschätze: größter Zinnlieferant d. Welt (42 700 t), Erdöl, Erdgas, Bauxit (376 000 t), Magnesium u. Gold. **c)** *Außenhandel* (1991): Einfuhr 36,70 Mrd., Ausfuhr 34,38 Mrd. $. **d)** *Verkehr:* Eisenbahn 2128 km; intern. Flughäfen i. Kuala Lumpur, Johor Baharu u. George Town (Pinang). **e)** *Verf.:* Wahlmonarchie: Staatsoberhaupt (wird für 5 Jahre aus den Reihe d. 9 Sultane d. malaiischen Halbinsel gewählt), Kabinett, Zweikammerparlament. **g)** *Verw.:* 13 Bundesstaaten u. 2 Bundesterritorien (Kuala Lumpur, Insel Labuan). **h)** *Gesch.:* Teile ab 1867 brit. Kronkolonie; 1948 bis 1957 Unabhängigkeitskrieg; 1963 Malayische Föderation; bis 1965 gehörte

MALAWI	
Staatsname:	Republik Malawi, Republic of Malawi
Staatsform:	Präsidiale Republik im Commonwealth
Mitgliedschaft:	UNO, AKP, Commonwealth, OAU, SADC
Staatsoberhaupt und Regierungschef:	Bakili Muluzi
Hauptstadt:	Lilongwe 234 000 Einwohner
Fläche:	118 484 km²
Einwohner:	10 843 000
Bevölkerungsdichte:	91 je km²
Bevölkerungswachstum pro Jahr:	⌀ 3,31% (1990–1995)
Amtssprache:	Englisch
Religion:	Christen (42%), Muslime (15%), Naturreligionen
Währung:	Malawi-Kwacha (MK)
Bruttosozialprodukt (1994):	1560 Mill. US-$ insges., 140 US-$ je Einw.
Nationalitätskennzeichen:	MW
Zeitzone:	MEZ + 1 Std.
Karte:	→ Afrika

MALAYSIA	
Staatsname:	Staatenbund Malaysia, Persekutuan Tanah Malaysia, Federation of Malaysia
Staatsform:	Parlamentarische Wahlmonarchie
Mitgliedschaft:	UNO, ASEAN, APEC, Commonwealth, Colombo-Plan
Staatsoberhaupt:	König Tuanku Jaafar Abdul Rahman
Regierungschef:	Dato Seri Mahathir bin Mohamad
Hauptstadt:	Kuala Lumpur 1,2 Mill. Einwohner (Agglom.)
Fläche:	329 758 km²
Einwohner:	19 695 000
Bevölkerungsdichte:	60 je km²
Bevölkerungswachstum pro Jahr:	⌀ 2,35% (1990–1995)
Amtssprache:	Malaiisch, Englisch
Religion:	Muslime (53%), Buddhisten (17%), Chines. Volksreligionen (12%), Hindus (7%), Christen
Währung:	Malaysischer Ringgit (RM)
Bruttosozialprodukt (1994):	68 674 Mill. US-$ insges., 3520 US-$ je Einw.
Nationalitätskennzeichen:	MAL
Zeitzone:	MEZ + 6½ bis 7 Std.
Karte:	→ Asien

Malawi

Malawi

Makrele

Malaysia

Malaysia

auch → Singapur d. Föderation an; die Bildung d. Föderation erfolgte gg. d. Widerstand Indonesiens u. d. Philippinen u. führte 1964–66 zu bewaffneten indones. Angriffen, bes. gg. N-Borneo; Abwehr mit brit. Truppenhilfe; 1996 Beschneidung der kgl. Machtbefugnisse.

Malazie, w. [gr.], Erweiterung (z. B. des Knochens: *Osteomalazie,* des Gehirns: *Enzephalomalazie*).

Malchin (D-17139), Krst. i. Mckb.-Vorpommern (nw. v. Neubrandenburg), 11 000 E; spätgot. Kirche; Agrarzentrum.

Malcolm X [ˈmælkəm ˈɛks] (19. 5. 1925–21. 2. 1965), ermordet, radikaler schwarzer Bürgerrechtler.

Malé, Hptst. d. Rep. Malediven, 55 000 E.

Malebo-Fälle, svw. → Stanley-Fälle.

Malebranche [malˈbrãʃ], Nicolas (6. 8. 1638–13. 10. 1715), frz. idealist. Phil., Vertreter des → Okkasionalismus u. des → Panentheismus.

Malediven, Gruppe v. über 2000 Koralleninseln im Ind. Ozean, südw. v. Sri Lanka, Rep. **a)** *Wirtsch.:* Hauptexportprodukte Fische, Kopra, Kokosnüsse. **b)** *Verf.* v. 1968: Präsidialdemokratie, Einkammerparlament (Majlis). **c)** *Verw.:* 19 Verw.bezirke u. Hptst. **d)** *Gesch.:* 1887 bis 1965 Sultanat u. brit. Schutzherrschaft, s. 1965 unabhängig; 1968 Rep.; brit. Luftstützpunkt; 1988 gescheiterter Putschversuch.

Malek, Redha (* 1931), 1993–1994 Min.präs. v. Algerien.

Malenkow, Georgij M. (8. 1. 1902 bis 20. 1. 88), sowj. Pol.; 1953–55 als Nachfolger Stalins Min.präs. u. Vors. d. ZK d. KPdSU.

Malente (D-23714), Gem. i. Kr. Ostholstein, Schl-Ho., mit Heilbad *M.-Gremsmühlen,* 10 128 E.

Malepartus, in der dt. Tiersage Höhle des → Reineke Fuchs.

Maler → Sternbilder, Übers.

Malerba, Luigi (* 11. 11. 1927), it. Schriftst., Hg. v. Zeitschriften, Drehbücher; Hauptvertr. d. Neorealismus, Mitbegr. d. „Gruppe 63"; *Der Protagonist; Geschichten vom Ufer des Tiber; Das griechische Feuer.*

Malerbuch vom Berge Athos, Handbuch d. byzantin. Kirchenmalerei, im frühen 18. Jh. verfaßt v. Dionysios v. Phurna (auf d. Athos).

Malerei → Tafel, → Kunstgeschichte, Übers.

Malewitsch, Kasimir (23. 2. 1878 bis 15. 5. 1935), russ. Maler, kontruktivist. Richtung; Entwicklung v. Neoimpressionismus zum v. ihm 1913/5 begr. → Suprematismus.

Malfatti, Franco M. (13. 6. 1927 bis 10. 12. 91), it. Pol. (DC); 1970–72 Präs. d. EG-Kommission.

Malherbe [maˈlɛrb], François de (1555–16. 10. 1628), frz. Dichter; Theoretiker der klassizist. Dichtung.

Mali, Rep. in W-Afrika. Bev.: Mischbevölkerung v. Berbern, Mauren, Fulbe u. Sudannegern. **a)** *Geogr.:* Vorwiegend Steppen- u. Wüstenland. *Wirtsch.:* Viehzucht u. im S Anbau von Erdnüssen, Baumwolle u. Reis. **c)** *Außenhandel* (1991): Einfuhr 570 Mill., Ausfuhr 349 Mill. $. **d)** *Verkehr:* Eisenbahn 645 km, Binnenschiffahrt d. Senegal u. Niger. **e)** *Verf.* v. 1992: Präs., Nat.versammlung.

f) *Verw.:* 7 Regionen u. Hptst.-Distrikt. **g)** *Gesch.:* 1892 frz. Kolonie, 1959/60 Föderation mit d. Senegal innerhalb der Frz. Gemeinschaft; s. 1960 volle Unabhängigkeit; Staatsstreich 1968, 1968–91 Mil.reg., 1990–92 Krieg m. d. nomad. Tuareg; 1992 erste freie Präsidentschaftswahlen.

Malignität, w. [l.], Bösartigkeit, bes. v. Geschwülsten.

Malignom [l.], bösartige Geschwulst (→ Krebs).

Malinowski, Rodin (23. 11. 1898 bis 31. 3. 1967), Marschall der UdSSR; 1952–56 Oberkommand. d. russ. Landstreitkräfte, ab 1957 Verteidigungsmin.

Malipiero [-ˈpiːro], Gian Francesco (18. 3. 1882–1. 8. 1973), it. Komp.; Sinfonien; Opern; Kammermusiken.

maliziös [frz.], boshaft.

Mallarmé, Stéphane (18. 3. 1842 bis 10. 9. 98), frz. symbolist. Lyriker; gr. Einfluß auf Valéry, Stefan George, Ungaretti; *Der Nachmittag eines Fauns* (Tondichtung v. Debussy).

Malle [mal], Louis (30. 10. 1932–23. 11. 1995), frz. Filmregisseur, *L'Ascenseur pour l'échafaud* (1957); *Zazie dans le métro* (1960); *Le souffle au cœur* (1971); *Lacombe Lucien* (1974); *Au revoir les enfants* (1987).

Mallersdorf-Pfaffenberg (D-84066), Markt im Kr. Straubing-Bogen, Niederbay., 6323 E.

Mallorca, Majorca, größte Insel der span. Balearen im westl. Mittelmeer; 3684 km², 310 000 E; Hptst. *Palma;* im NW verkarstetes Bergland (*Sierra de M.* 1445 m), i. d. Mitte fruchtbares Hügelland, Fremdenverkehr.

Malm, m., weißer Jura, → geologische Formationen.

Malmaison, La [-mɛˈzõ] Lustschloß Napoleons I. u. der Josephine Beauharnais; bei Paris, jetzt Museum.

Malmédy, St. südl. v. Hohen Venn, an d. Warche, 10 000 E; Stahlquelle, Industrie. — Durch Versailler Vertrag 1920 m. → Eupen an Belgien.

Malmö, Hptst. des südschwed. Län *Malmöhus,* am Öresund, 234 000 E; Seehafen, Schiff- u. Flugzeugbau, Ind.- u. Handelszentrum.

Malocchio, m. [it. -kio], böser Blick.

Maloja, Alpenpaß (1815 m) in Graubünden zw. Engadin u. d. Bergelltal, mit Kurort *M.;* Innquelle.

malolaktische Gärung, *biol. Säureabbau,* bei dem d. härtere *Äpfelsäure* durch Mikroorganismen (Bakterien od. Weinhefen) in d. mildere, weniger sauer schmeckende *Milchsäure* umgewandelt wird. Da das Ergebnis e. weicher, aber weniger frisch u. fruchtig schmeckender Wein ist, wird er in manchen Weinbaugebieten (bes. bei Weißweinen) bewußt verhindert.

Malossol, leicht gesalzener → Kaviar.

Malpass [ˈmælpæs], Eric Lawson (14. 11. 1910–16. 1. 96), engl. Schriftsteller; *Morgens um 7 ist d. Welt noch in Ordnung.*

Malpighi, Marcello (10. 3. 1628 bis 29. 11. 94), it. Arzt; gilt als Begründer d. mikroskop. Anatomie.

Malpighische Gefäße, meist schlauchförmige Ausscheidungsorgane d. landbewohnenden → Gliederfüßer.

Malraux [malˈro], André (3. 11. 1901 bis 23. 11. 76), frz. Pol. u. Schriftst.; i. d.

MALEDIVEN

Staatsname: Republik Malediven, Divehi Jumhuriya

Staatsform: Präsidiale Republik

Mitgliedschaft: UNO, SAPTA, Commonwealth, Colombo-Plan

Staatsoberhaupt und Regierungschef: Maumoon Abdul Gayoom

Hauptstadt: Malé 55 130 Einwohner

Fläche: 298 km²

Einwohner: 246 000

Bevölkerungsdichte: 825 je km²

Bevölkerungswachstum pro Jahr: ∅ 3,02% (1990–1995)

Amtssprache: Divehi, Englisch

Religion: sunnitische Muslime

Währung: Rufiyaa (Rf)

Bruttosozialprodukt (1994): 221 Mill. US-$ insges., 900 US-$ je Einw.

Nationalitätskennzeichen: MV

Zeitzone: MEZ + 4 Std.

Karte: → Asien

MALI

Staatsname: Republik Mali, République du Mali

Staatsform: Präsidiale Republik

Mitgliedschaft: UNO, AKP, ECOWAS, OAU

Staatsoberhaupt: Alpha Oumar Konaré

Regierungschef: Ibrahim Boubacar Keita

Hauptstadt: Bamako 740 000 Einwohner

Fläche: 1 240 192 km²

Einwohner: 9 524 000

Bevölkerungsdichte: 8 je km²

Bevölkerungswachstum pro Jahr: ∅ 3,17% (1990–1995)

Amtssprache: Französisch

Religion: Muslime (80%), Christen (0,9%), Naturreligionen

Währung: CFA-Franc

Bruttosozialprodukt (1994): 2421 Mill. US-$ insges., 250 US-$ je Einw.

Nationalitätskennzeichen: RMM

Zeitzone: MEZ – 1 Std.

Karte: → Afrika

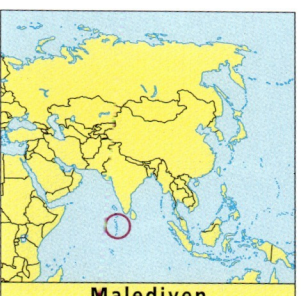
Malediven

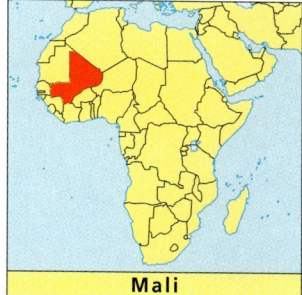
Mali

Malediven

Mali

Widerstandsbewegung „Oberst Berger", 1959–69 Kultusmin.; *Stimmen d. Stille.*

Malstock, beim Malen an d. Staffelei in d. nicht d. Pinsel führenden Hand d. Malers gehalten u. m. d. gepolsterten Ende auf d. Oberkante d. Bildes liegend z. ruhigen Abstützen d. malenden Hand.

Malta, Inselstaat im Mittelmeer, südl. v. Sizilien, m. d. Hauptinseln M., Gozo u. Comino. **a)** *Wirtsch.:* Fremdenverkehr; Werft, Maschinenbau; Frühkartoffeln, Blumen. **b)** *Gesch.:* 1530 Sitz d. Johanniterordens, Malteserritter. 1800 brit.

Malerei

1 Beato Angelico, Die Steinigung des heiligen Stephan

2 Botticelli, Christus am Ölberg

3 Lucas Cranach d. Ä., Kurfürst Joachim I. von Brandenburg

4 Michelangelo, Heilige Familie

5 Raffael, Die Verklärung

6 El Greco, Pfingsten

7 Peter Paul Rubens, Die Versöhnung von Esau und Jakob

8 Zurarán, Pater Gonzalo de Klescas bei der Arbeit

9 Velázquez, Prinz Baltasar Carlos zu Pferd

10 Rembrandt, Die Aussöhnung Davids mit Absalom

Maltafieber 583 Mandäer

Spitzblättrige Malve

Kolonie, s. 1964 unabhängig, s. 1974 Rep. (Einkammerparlament, Direktwahl d. Staatsoberhaupts); 1979 Ende d. brit. Mil.präsenz (NATO-Flottenstützpunkt); 1987 Festschreiben d. Blockfreiheit; 1996 Sieg der Labour Party bei den Parlamentswahlen.
Maltafieber, *Mittelmeerfieber,* fieberhafte Infektionskrankh. durch d. Bakterium *Brucella melitensis,* von Wiederkäuern a. Menschen übertragb., auch in Dtld.
Malter, altdt. Getreidemaß, 100–150 l.
Malteser,
1) Bewohner Maltas, arab.-it. Mischlinge.
2) pudelartige Schoßhunde.
Malteserkreuz,
1) svw. → Johanniterkreuz.
2) beim Filmvorführungsapparat achtspitziges Kreuz z. Erzeugung ruckartiger Bewegungen f. period. Weiterschaltung d. Filmbandes um je 1 Einzelbild; erfunden v. O. E. Meßter.
Malteserorden, s. 1530 Name d. → Johanniterordens; Sitz in Rom, intern. karitative Tätigkeit.
Malteserritter → Johanniterorden.
Malthus [′mælθəs], Thomas Robert (27. 2. 1766–23. 12. 1834), engl. Nat.-ökonom; *M.sches Bevölkerungsgesetz:* Bev.zahl steigt, wenn Bodenertrag steigt; sie steigt aber in stärkerem Maße als der, wenn d. Vermehrung nicht durch Not u. Elend v. d. Natur aus eingeschränkt wird (Bev.zahl steigt i. geometr., d. Bodenertrag in arithmet. Reihe); danach *Neomalthusianismus* (Anschauung, daß Geburtenbeschränkung d. wirtsch. u. soz. Schwierigkeiten ausgleicht).
Maltose, *w., Malzzucker,* entsteht neben Dextrinen bei Spaltung v. Stärke durch Fermente (*Amylase,* kommt im Darmsaft vor).
Malus, *m.,*
1) in d. Kfz-Versicherung Zuschlag zur Prämie bei höherem Schadensrisiko.
2) *Noten-M.,* in Bundesländern m. Abiturnoten über d. Bundesdurchschnitt werden Minuspunkte zur Wahrung der Chancengleichheit gegeben; Ggs.: → Bonus.
Malval, Robert (* 1943), 1993–94 Min.präs. v. Haiti.
Malvasia, in vielen Ländern angebaute Weißweinrebe m. zahlreichen (weißen u. roten) Spielarten, die aromat., körperreiche Weine liefert; sie erzeugt trockene u. süße Weine, wird bevorzugt f. → gespritete Weine u. → Dessertweine (z. B. it. *Vin Santo*) verwendet.
Malvasier, *m.,* → Frühroter Veltliner
Malve, versch., meist großblütige Kräuter; auf Wiesen, an Wegrändern; z. T. Zierpflanzen.
Malwa, Landschaft in Zentralindien, fruchtb. Tafelland im N des Vindhiagebirges.
Malz, gekeimte Gerste (auch Roggen u. a.), zur Bier- u. Spiritusherstellung.
Malzkaffee, Kaffee-Ersatz aus gebranntem Roggen- oder Gerstenmalz.
Malzzucker, svw. → Maltose.
Mamba, trop. Giftnatter.
Mameluken, *Mamlucken,* oft sehr mächtige Leibwächter oriental. Herrscher, meist weiße Sklaven.
Mamertus, kath. Heiliger, einer der drei Eisheiligen.
Mamilla [l.], Brustwarze.
Mamillaria, Warzenkaktus.
Mamma [l.], die weibliche Brust.
Mammakarzinom, svw. Brustkrebs.
Mammalogie, Säugetierkunde.
Mammographie, röntgenologische Darstellung der weiblichen Brustdrüse (Mamma) mittels Weichstrahlentechnik unter Benutzung einer Spezialröhre u. e. Belichtungsautomatik; Suchmethode zur Früherkennung von Brustkrebs.
Mammut, *s.,* Ende d. Eiszeit ausgestorbene Elefantenart; behaart u. m. nach oben gebogenen Stoßzähnen; völlig erhaltene Kadaver i. Bodeneis Sibiriens.
Mammutbaum, *Sequoia,* kaliforn. Nadelhölzer; bis 100 m hoch u. 12 m dick, bis 4000 Jahre alt.
Mammuthöhle, größte Kalksteinhöhle der Welt in Kentucky, südl. v. Louisville, 5stöckig; Gänge insges. 250 km lang.
Man, in der Existenzphilosophie (Heidegger) die personifizierte öffentliche Meinung.
Mana, *s.* [polynes. ,,wirksam"], Bez. d. Südseevölker für e. übernatürl. Kraft i. Menschen, Tieren u. Pflanzen od. Gegenständen; b. d. Irokesen: *Orenda;* b. d. Algonkin: *Manitu;* b. d. Sioux: *Wankanda.*
Mänaden [gr. ,,die Rasenden"], i. d. griech. Mythologie verzückte Frauen im Gefolge des Dionysos.

Mammutbaum

MALTA	
Staatsname:	Republik Malta, Republika ta' Malta, Republic of Malta
Staatsform:	Parlamentarische Republik im Commonwealth
Mitgliedschaft:	UNO, Europarat, Commonwealth, OSZE
Staatsoberhaupt:	Ugo Mifsud Bonnici
Regierungschef:	Alfred Sant
Hauptstadt:	Valletta 9183 Einw.
Fläche:	316 km²
Einwohner:	354 000
Bevölkerungsdichte:	1152 je km²
Bevölkerungswachstum pro Jahr:	Ø 0,72% (1990–1995)
Amtssprache:	Maltesisch, Englisch
Religion:	Katholiken (97%), Protestanten
Währung:	Maltes. Lira (Lm)
Bruttosozialprodukt (1993):	7970 US-$ je Einw.
Nationalitätskennzeichen:	M
Zeitzone:	MEZ
Karte:	→ Europa

Malteserorden

Management, *s.,* (Kunst der) Unternehmensführung.
Managementfunktionen, Planung, Durchführung u. Kontrolle v. wirtsch. Abläufen.
Manager [engl. ′mænidʒə], urspr. Geschäftsführer v. Künstlern u. Sportlern; in d. *Industrie:* Person, die m. Führungsaufgaben betraut ist u. entsprechende Befugnis besitzt.

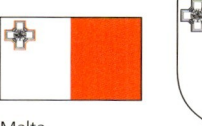 

Malta

Managua, Hptst. von Nicaragua, 682 000 E; Uni.; Ind.; durch Erdbeben 1931 u. 1972 fast völlig zerstört.
Manasse,
1) im A. T. ältester Sohn Josephs, Vater des israelit. Stammes M.
2) König v. Juda (um 696–42 v. Chr.).
Manáus, *Manáos,* Hptst. des brasilian. Staates Amazonas, am Rio Negro, 1,09 Mill. E; Uni.; bed. Flußhafen, intern. Flughafen.
Mancha, La [-tʃa], vorwiegend Steppenland in Mittelspanien (Neukastilien) m. Halfagras, Schafweiden; Getreide- u. Weinbau.
Manche [frz. mãʃ],
1) *La M.,* der → Ärmelkanal.
2) frz. Dép. in d. Normandie; 5938 km², 480 000 E; Hptst. *Saint-Lô.*
Manchester [′mæntʃistə], engl. Stadt in d. Metrop. Gft Greater M., 447 000 E; Uni., TH; Ind.; Handelszentrum, Zentrum der engl. Baumwollind., Maschinen- u. Fahrzeugbau, elektron. u. chem. Ind.; von M. nach d. Irischen See *M.-Schiffahrtskanal* (58 km lang), Ölhafen.
Manchester [′mæntʃistə], Rippensamt, eine Art v. Velvet, aus Baumwolle, für Sport- und Berufskleidung.
Manchesterschule, 1838 v. Industriellen in M. begr. Bewegung des extrem wirtsch. Liberalismus; forderte absoluten Freihandel, freie Konkurrenz, verwarf alle Eingriffe in die Wirtschaft.
Manching (D-85077), Gem. i. Lkr. Pfaffenhofen (Ilm) sö. v. Ingolstadt, 10 000 E; Reste frühzeitl. u. röm. Besiedlung; NATO-Flughafen.
Mandäer [aramä. ,,manda = Erkenntnis"], Angehörige e. gnost. Täuferbewe-

gung (s. 4. Jh.), d. sich auf Johannes d. Täufer berufen u. e. Erlösung d. Erkenntnis lehren m. d. Mittel d. wiederholten Taufe, heute ca. 4000 Gläubige.

Mandala, s. [sanskr.], kreisförmiges od. vieleckiges Diagramm d. buddhist. und daoist. Kulturkreises; stellt d. mystische Beziehung zw. Mensch u. Weltall dar u. dient der Kontemplation.

Mandalay [mændəˈleɪ], *Mandale,* St. in Myanmar, Flußhafen am Irawadi, 553 000 E; wichtige Handelsst., Zentrum des birman. Buddhismus.

Mandarin, früher hoher chin. Staatsbeamter.

Mandarine, Südfrucht, ähnl. einer kl. Orange, aber leichter schälbar, Geschmack milder.

Mandat, s. [l.], Vollmacht, Auftrag,
1) zur Vertretung der Wählerschaft in der Volksvertretung.
2) zur Verw. fremder Besitzungen (Kolonien) durch and. Staaten (z. B. die ehem. dt. Kolonien durch Versailler Vertrag).
3) zur Rechtsvertretung durch den Anwalt.

Mandatsgebiete des Völkerbundes, jetzt Treuhandgebiete der UN.

Mandel, altes Maß, 15 Stück.

Mandela, Nelson Rolihlahla (* 18. 7. 1918), südafrikan. Pol. u. Bürgerrechtler (ANC-Führer), 1964–90 in Haft, s. 1991 ANC-Präsident, s. 1994 Staatsoberhaupt u. Reg.-Chef v. Südafrika.

Mandelbaum, südländ. Obstbaum, rosa Blüten; Same in Steinschale (*Mandel*), süß oder bitter, auch als Ziersträucher.

Mandelentzündung, *Angina (tonsillaris), Tonsillitis,* entzündl. Infektion d. Gaumenmandeln, evtl. mit Eiterbildung und Schwellung der Halslymphknoten; z. B. durch Eitererreger oder Diphtheriebakterien, auch bei Scharlach und anderen Allgemeinkrankheiten.

Mandelkleie, Rückstand (Preßkuchen) d. Mandelölgewinnung; Schönheitsmittel.

Mandeln, lat. *Tonsillen,* lymphatische Organe, im Rachen ringförmig angeordnet: Rachen-, Gaumen-, Zungenmandeln; Schutzvorrichtung gg. Infektionen.

Mander, Carel van (1548–2. 9. 1606), ndl. Maler u. Kunstschriftsteller; s. kunsttheoret. Werk *Schilder Boeck* hat bes. wegen d. Biographien ndl. Maler wissenschaftl. Quellenwert.

Manderscheid, Roger (* 1. 3. 1933), luxemburg. Autor, schreibt dt.; Begr. d. luxemburg. Schriftst.gewerkschaft; Gedichte, Erzählungen u. Theaterstücke: *Der taube Johannes; Schrott; Stille Tage in Luxemburg.*

Mandoline [it.], kl. Laute: 4 doppelchörige Saiten werden m. e. Schildpattdorn angerissen.

Mandorla [it., „Mandel"], Form d. → Heiligenscheins, mandelförmige Gloriole, umhüllt d. ganze Gestalt.

Mandragora, w., Nachtschattengewächs d. Mittelmeergebiets; Wurzel (→ Alraune) enthält Atropin.

Mandrill, m., pavianähnlicher → Hundsaffe W-Afrikas: blaue Backen, rotblaue Gesäßschwielen, Stummelschwanz.

Mandschu, *Mandschuren,* ostasiat. Tungusen, fielen im 17. Jh. in China ein, besetzten 1644 chin. Kaiserthron, M.-od. Quingdynastie bis 1912; → Mandschurei.

Mandschurei, Gebiet im NO Chinas, umfaßt die heutigen Prov. Heilongjiang, Jilin u. Liaoning u. Teile d. Inn. Mongolei; im W, N u. O von Gebirgsketten begrenzt, im Inneren Flachland; im S u. am Sungari sehr fruchtbar: Sojabohnen-, Mais-, Weizen-, Hirse-, Mohnanbau; reiche Bodenschätze: Kohle, Eisenerz, Erdöl, Bauxit, Gold, Blei, Kupfer; Eisenbahn (Ostchin. u. Südmandschur.): ca. 9300 km. – 1931/32 Besetzung durch Japan; M. zus. mit der nordchin. Prov. Dschehol selbständiger Staat, 1934 Kaiserreich: *Mandschukuo,* unter jap. Einfluß, Aufbau d. Schwerindustrie; Hptst. *Chang-chun;* 1945 wieder zu China.

Manege, w. [frz. -ˈnɛːʒə], Reitbahn, bes. im Zirkus.

Manen, b. d. Römern die Totengeister.

Manessier [-ˈsje], Alfred (* 5. 12. 1911), frz. abstrakter Maler; symbol. Farbkompositionen; s. 1943 bes. relig. Themen, auch Farbfenster f. Kirchen (u. a. in d. Krypta d. Münsters v. Essen).

Manessische Handschrift, nach dem Züricher Ratsherrn Rüdiger *Manesse* ben. Heidelberger Liederhandschrift, 14. Jh.; wichtigste Quelle für den Minnesang; mit 138 Bildnissen (z. B. die Abb. von → Walther von der Vogelweide und Konradin).

Manet [-ˈnɛ], Édouard (23. 1. 1832 bis 30. 4. 83), frz. Maler; Wegbereiter d. Moderne u. Mitbegr. des Impressionismus; *D. Frühstück im Freien; Erschießung Kaiser Maximilians v. Mexiko.*

Manetho, altägypt. Priester, schrieb im Auftrag v. Pharao Ptolemaios I. im 3. Jh. v. Chr. eine ägypt. Geschichte. Das Original ist nicht erhalten, wird aber von e. späteren Schriftst., Flavius Josephus, z. T. übernommen.

Manfred [ahdt. „Friedensmann"], m. Vn.

Manfredini, Francesco Maria (um 1680–1748), it. Violinist u. Komponist.

Mangaben → Meerkatzenartige.

Mangalore, Hafenst. in der ind. Prov. Karnaka, 273 000 E.

Mangan, s, *Mn,* chem. El., Oz. 25, At.-Gew. 54,9380, Dichte 7,44; Schwermetall; Weltprod. v. M.erz 1982: 10,22 Mill. t. – **M.legierungen,** *M.bronze, Ferro-M.* u. *M.stahl,* sehr fest u. zäh. – **M.verbindungen,** *Braunstein (M.dioxid), Kaliumpermanganat,* starkes Oxidationsmittel, daher desinfizierend.

Mängel, vertragswidrige Fehler e. Sache. Abnehmer kann Wandlung od. Minderung verlangen.

Mängelhaftung → Kauf.

Mangelkrankheiten,
1) *Hypo-* od. *Avitaminosen,* b. Mangel od. Fehlen v. → Vitaminen in d. Nahrung.
2) durch mengenmäßig od. qualitativ unzureichende Ernährung bedingte Allgemeinkrankheiten.

Mängelrüge, *Mängelanzeige,* Mitteilung an d. Verkäufer üb. festgestellte M., hat i. *Handelsgeschäft* unverzügl. nach Ablieferung zu erfolgen (HGB § 377), sonst Verjährung nach 6 Monaten, bei Grundstücken in 1 Jahr; bes. Vorschriften beim Viehkauf.

Mangfall [ahdt. „die Mannigfaltige"], linker Nbfl. des Inns, 55 km l.; im Oberlauf Trinkwasserspeicher f. München, mündet b. Rosenheim.

Mangla-Staudamm, am Jhelum in Pakistan, 11 km l., 115 m h., Stausee 256 km², 7,3 Mrd. m³, mit Kraftwerk (600 MW).

Mangobaum, trop., aus O-Indien stammender Baum; Steinobst m. gr. Kern.

Mangold, m., Blattgemüse, ähnl. wie Spinat zubereitet; Abart d. Runkelrübe m. unverdickter Wurzel.

Mangrove, w., Wälder in der Gezeitenzone trop. Küsten; Bäume auf stelzenartigen Luftwurzeln od. m. spargelartigen Atemwurzeln; bei manchen keimen die Samen schon i. d. Frucht.

Manguste, svw. → Ichneumon.

Manhattan [mænˈhætən], nordam. Insel, 58 km², mit dem ältesten St.teil New Yorks, zw. Hudson, East River u. Harlem River (Abb. → New York).

Mani (216–276 n. Chr.), pers. Rel.stifter; verband gnostischen → Dualismus mit Elementen d. Christentums u. anderen Religionen; Verwerfung d. A. T.; Askese; Anhänger: **Manichäer.**

Manie, w. [gr.], gestörter Gemütszustand grundloser Heiterkeit u. Überaktivität; i. d. Psychiatrie kennzeichnend f. eine Psychose, häufig begleitet v. → Ideenflucht u. übersteigertem Selbstbewußtsein, als sog. bipolare Störung phasenweise mit → Depression abwechselnd.

Mandala

Nelson Mandela

Frucht
Blüten
Mandelbaum

Mandrill

Edouard Manet, *Das Frühstück im Atelier*

Edouard Manet

Manessische Handschrift: *Markgraf Otto von Brandenburg*

Manierismus: *Bronzino, Allegorie*

Manier, w. [frz.], Art u. Weise; künstler. Eigentümlichkeit; auch die erstarrte Form der künstl. Gestaltungsweise.

maniert, gekünstelt.

Manierismus, Stilbez. f. d. Kunst zw. Renaissance u. Barock (ca. 1520–90) in unterschiedl. Ausformung nach Gattung u. Region, aber m. allg. Wendung v. Harmonie-Ideal zu unruhiger Bewegtheit (in Malerei u. Plastik überlängte od. schraubenförm. aufgebaute Figuren; in d. Architektur Betonung d. Raumtiefe durch lange Fluchten); Vertr.: G. → Romano (Architektur); J. → Pontormo, → Tintoretto, P. → Brueghel d. Ä., El → Greco (Malerei); → Giovanni da Bologna (Plastik).

manifest [l.], offenkundig, deutlich erkennbar.

Manifest, s. [l.], Kundgebung pol. Thesen, pol. Programm, Aufruf.

Manifestation,
1) med. Erkennbarwerden einer Krankheit.
2) Offenbarung, Darlegung.

Maniküre, w. [frz.], Handpflege.

Manila, Hptst. u. -hafen der Philippinen, auf der Insel Luzon, 1,8 Mill. E; Ind.- u. Verkehrszentrum; intern. Flughafen; röm.-kath. Erzbistum, Uni., seismolog. Inst.

Manilahanf, für Taue, Seile; Faserbanane (→ Banane).

Manilapakt → SEATO.

Maniok, m., Manihot, Kassave, trop. Staude (Wolfsmilchgewächs), Wurzelknollen nach Auskochen Nahrungsmittel u. zu Mehl (Kassavestärke, Tapioka); ein verwandter Baum liefert Kautschuk.

Manipel, w. [l.],
1) Tuch (urspr. Schweißtuch), das der kath. Priester bei der Messe um den linken Unterarm trägt.
2) Unterabteilung e. röm. Legion (100 bis 200 Mann).

Manipulation [l.],
1) psych. Beeinflussung von außen, oft nicht bewußt.
2) biol. genet. M., willkürl. Veränderung d. Erbguts.

Manipur, ind. Unionsstaat a. d. myanmar. Grenze, ehem. Fürstenstaat, 22 356 km², 1,8 Mill. E, Hindus u. Moslems; Tee- u. Reisanbau; Hptst. *Imphal* (196 000 E).

Manisa, St. im türk. Wilajet *M.*, W-Kleinasien, 127 000 E; im Altertum → *Magnesia*.

manisch-depressives Irresein, zirkuläres Irresein, Zyklothymie, → endogene Psychose m. abwechselnden Phasen v. (zorniger) Heiterkeit, Antriebssteigerung u. depressiver Verstimmung, Mangel an Initiative.

Man, Isle of → Isle of Man.

Manismus [l.], Ahnenverehrung, bes. bei Naturvölkern.

Manitoba [mænɪˈtoʊbə], Prov. S-Kanadas, i. S Ackerbau, i. N Waldwirtschaft; Bergbau (Zink, Nickel, Kupfer, Gold, Silber); 649 950 km², 1,09 Mill. E; Hptst. *Winnipeg*.

Manitu, m., im indian. Glauben die (helfende od. feindl.) Zauberkraft; auch der „Große Geist".

Manizales [-'ɵales], Hptst. des Dep. *Caldas* in Kolumbien, 2140 müM, 310 000 E; Kaffeehandelszentrum.

Mankei, s., svw. → Murmeltier.

Manko, s. [it.], Fehlbetrag, Mangel.

Mankogeld, s. [it.], Fehlbetragsentschädigung.

Manlius, altröm. Geschlecht, *M. Capitolinus*: rettete 390 v. Chr., angebl. von Gänsegeschnatter geweckt, das Kapitol vor den Galliern.

Mann,
1) Golo (27. 3. 1909–7.4.94), dt. Historiker u. Politologe, Sohn v. 3); *Wallenstein*.
2) Heinrich (27. 3. 1871–12. 3. 1950), dt. Schriftst.; urspr. Impressionist, dann satirisch-pol. Kritiker; Romane: *Im Schlaraffenland; Prof. Unrat; Der Untertan; Die Göttinnen; Heinrich IV.*; Essays; s. Bruder
3) Thomas (6. 6.1875–12. 8. 1955), dt. Schriftst.; Begr. d. modernen Romankunst in Dtld; kulturanalyt. Romane: *Buddenbrooks; Zauberberg; Joseph u. seine Brüder* (Tetralogie); *Lotte in Weimar; Dr. Faustus; Bekenntnisse d. Hochstaplers Felix Krull*; Novellen: *Tonio Kröger; Der Tod in Venedig*; Essays; Nobelpr. 1929.

Manna, s. od. w. [arab.],
1) im A.T. Israels *Nahrung* während d. Wüstenwanderung.
2) Ölbaumgewächse, Manna-Esche, Saft enthält bis zu 80% Mannit, Glukose, Fruktose, Saccharose, Zellulose u. Eiweiß; Heilpflanze.

Mannazikade, bewirkt Ausfließen v. Saft (Manna) aus jungen Eschentrieben in S-Europa.

Mannen, Gefolgsleute; *Dienstmannen* durch Geburt (→ Ministerialen), *Lehnsmannen* durch Vertrag (→ Lehen).

Mannequin, s. od. m. [frz. -'kɛ:, v. ndl. „Männeken"], Gliederpuppe; Anprobier- u. Vorführdame; Fotomodell.

Manner, Eeva-Liisa, Pseudonym: *Anna September* (* 5. 12. 1921), finn. Lyrikerin, zeigt in ihren Gedichten starken chin. Einfluß: *Tämä matka; Fahrenheit 121; Tote Wasser.*

Männerbund, e. Vereinigung v. erwachsenen Männern bei Naturvölkern z. Erfüllung gemeinsamer Aufgaben u. unter Ausschluß v. Frauen u. Kindern. D. Aufnahme erfolgt durch Initiationsriten; Sitz ist häufig d. Männerhaus.

Männergesangvereine, zur Pflege mehrstimmigen Männergesangs; entstanden Anfang 19. Jh. gleichzeitig in Berlin (*Zelter*) als Zusammenschluß musikberuflich Vorgebildeter (→ Liedertafel), in der Schweiz (*Nägeli*) und in S-Dtld mit Einschluß aller Sangesfreudi-

Manierismus: *Parmigianino, Die Madonna mit dem langen Hals*

Thomas Mann

Manna, *Buchmalerei, 14. Jh.*

Manomete[r]

gen; 1. Sängertreffen 1827; Ausgleich beider Arten in dem bald überall in Dtld entstehenden M.n; 1862 Dt. Sängerbund.

Männerhaus, bei den Südseeinsulanern Haus, in dem die Männer vor ihrer Verheiratung wohnen.

Mannerheim, Carl Gustaf Emil Frh. v. (4. 6. 1867–27. 1. 1951), finn. Feldm., 1918 Führer der finn. Weißen Garde, 1918/19 Reichsverweser; Befehlshaber der finn. Truppen 1939/40 u. 1944–46 Staatspräs.

Männerkindbett, *Couvade*, Mann, nicht Frau legt sich nach der Geburt ins → Kindbett; heute noch b. d. Basken, in W-Afrika u. S-Amerika.

Mannesmann,
1) Max (1861–1915), u.
2) Reinhard (1856–1922), dt. Techniker u. Industrielle; Erfinder d. *M.röhren*: nahtlos (im Schrägwalzverfahren).

Mannheim (D-68159–309), Stkr. in Ba-Wü., an Rhein u. Neckar, 320 527 E; Barockbauten, darunter größtes dt. Schloß, Nationaltheater, Kunsthalle, Reiß-Museum, Uni., 5 FHS f. Musik; Fernmeldeturm (218 m); IHK, HWK; LG, AG; Wirtschaftszentrum: Masch.- u. Fahrzeugbau, elektrotechn., feinmechan. u. opt. Betriebe, chem., Kunststoff- und Mineralölbetriebe, Großmühlen; Hafenumschlag 1991: 8,1 Mill. t. – Gegr. 1607, 1802 badisch.

Mannheimer Schule, begründet durch die Musikergruppe um J. *Stamitz* (1717–57); J. *Holzbauer,* X. *Richter,* Chr. *Cannabich,* A. *Filtz*; schuf in Sinfonien u. Kammermusik einen Instrumentalstil, der die Wiener Klassiker stark beeinflußte.

Mannstreu, *Eryngium,* distelähnliche Doldenblütler, z. B. *Stranddistel, Feld-M.*

Mannus, (nach Tacitus) sagenhafter Stammvater d. german. Stämme; Sohn d. Tuisto.

Manometer, s. [gr.], Druckmesser f. Gase, Flüssigkeiten, Dampf; Dampfkesselbau: *Feder-M.,* mit Dampfraum luftdicht verbunden durch Stutzen, Dampf drückt auf Platten-, die Röhrenfeder, die unter Zwischenschaltung e. Hebelübersetzung auf e. Zeiger wirkt (Abb.); *Flüssigkeits-M.,* besteht aus U-förmigem Rohr mit Quecksilber bzw. gefärbter Flüssigkeit, Niveauunterschied gibt herrschenden Druck an.

Manöver, s. [frz.],
1) kriegsmäßige Truppenübung im Frieden.
2) Bewegungsänderung eines Schiffes.

Mansarde, w., → Mansart.

Mansart [mãˈsaːr],
1) François (23. 1. 1598–23. 9. 1666), frz. Architekt, wegweisend f. d. Entwickl. d. barocken Klassizismus; Kirche *Val-de-Grâce* in Paris; nach ihm ben. *Mansarde,* ausgebautes Dachgeschoß, Dachstube; s. Großneffe
2) Hardouin-M., Jules (16. 4. 1646 bis 11. 5. 1708), frz. Architekt; Hptvertr. d. barocken Klassizismus; u. a. in Paris *Invalidendom* u. *Place Vendôme*; wesentlich beteiligt am Schloßbau Versailles.

Manschette, w. [frz. „Ärmelchen"],
1) an Herrenhemden steifer Ärmelabschluß.
2) runde, umbördelte Dichtung aus Gummi, Kunststoff usw.

Mansfeld, Ernst II. Graf v. (1580 bis 1626), protestant. Heerführer im 30jähr. Krieg gg. Tilly u. Wallenstein.
Mansfeld (D-06343), St. i. Kr. Hettstedt, S-A., 3991 E; früher Zentrum d. *M.er Mulde,* bis 1952 *M.er Gebirgskr.* u. *M.er Seekreis,* d. ältesten dt. Kupferbergbaugebiete.
Mansfield ['mæns-], Katherine, eigtl. *Kathleen Beauchamp* (14. 10. 1888–9. 1. 1923), engl. Erzählerin; Kurzgeschichten.
Mansholt, Sicco Leendert (13. 9. 1908 bis 29. 6. 1995), ndl. Agrarpol.; 1958–72 Vizepräs., 1972 Präs. d. EG-(EWG-) Kommission; führte Agrarmarktordnungen ein, v. ihm Initiative zum **Mansholt-Plan** m. Vereinheitlichung d. eur. Agrarmarkts (Reduzierung auf rationell zu bewirtschaftende Betriebe).
Manstein, Fritz Erich v. (24. 11. 1887 bis 10. 6. 1973), dt. Gen.feldm.; 1941–44 Heeresgruppenführer in Rußland.
Mansura, *Al M.,* St. in Ägypten, 358 000 E; i. Nildelta; Sender; Baumwollind., Gerberei.
Manta, Art d. → Rochen.
Mantegna [-ɲɲa], Andrea (1431–13. 9. 1506), it. Maler u. Kupferstecher; e. Hptmeister d. Frührenaiss. mit innerm. Wirkung; tätig bes. in Padua, Mantua (u. a. Ausmalung der Camera degli Sposi im Herzogspalast), Rom (→ Tafel Radierung u. Kupferstich).
Mantel, *m.,*
1) Wertpapierstücke ohne Kuponbogen; nur beide zusammen sind verkäuflich.
2) die „leere" Gesellschaftsform einer Unternehmung (AG, GmbH usw.); M. wird oft ohne bisherigen Betrieb angekauft, um bei Einrichtung eines neuen Unternehmens d. Gründungsvorschriften zu umgehen.
3) *math.* Oberflächenteile e. Körpers, d. nicht zur Grund- od. Deckfläche gehören.
Mantelnote, faßt mehrere diplomat. Verträge od. Noten zus., meist unter e. gemeinsamen Grundgedanken.
Manteltarif, Rahmentarif, der im allg. für längere Zeit geltende Regelungen wie Arbeitszeit, Urlaub usw. enthält; meist durch in kürzeren Abständen kündbare Lohn- u. Gehaltstarife ergänzt.
Manteltiere, *Tunicaten,* ungegliederte, sack- oder tonnenförmige, z. T. festsitzende Meerestiere, mit einer aus Cellulose bestehenden Hülle (Mantel), die frei beweglichen Larven der festsitzenden u. die festsitzenden M. mit einer → Chorda; Vorläufer der Wirbeltiere; → Seescheiden und → Salpen.
Manteuffel, Edwin Frh. v. (24. 2. 1809–17. 6. 85), preuß. Gen.feldm.; s. 1879 Statth. v. Elsaß-Lothringen.
Mantik, *w.* [gr. „Seherkunst"], Deutung scheinbar zufälliger Zeichen; im Altertum in hoher Blüte (z. B. Vogelflugdeutung bei den Römern).
Mantille, *Mantilla, w.* ['tiʎa], Kopf u. Schultern verhüll. Schleiertuch d. Spanierin; Schulterumhang.
Mantinea, griech. St. i. Arkadien; 362 v. Chr. Tod d. Epaminondas i. d. Schlacht gegen Sparta.
Mantisse, *w.* [l.], → Logarithmus.
Mantra, *m.* od. *s.* [sanskr. „Spruch"], rel. Spruch als Gebet, Vers od. Zauberformel i. Indien. Auf d. ständige Wieder-

Sicco Mansholt

Mao Zedong

Andrea Mantegna, *Hl. Georg*

Maori, *Kriegstanz*

Marabu

Diego Maradona

holung d. M. stützt sich d. Heilsweg d. *Mantrayana* (,,Spruchfahrzeug"), e. buddh.-tantr. Richtung, z. B. i. Lamaismus.
Mantua, it. *Mantova,* Hptst. d. oberit. Prov. *M.,* am Mincio, 55 000 E; Herzogspalast; Geburtsort Vergils; Maschinenbau, Möbelind., Erdölraffinerie. – 1810 Andreas Hofer erschossen; 1814–66 österr.; 1866 it.
Manu [sanskr. „Mensch"], in d. ind. Mythologie Vater der Menschheit.
Manuale, *s.* [l.],
1) → Klaviatur der Orgel; Ggs.: → *Pedal.*
2) kaufmänn. Handbuch, Tagebuch.
Manuel, *Emanuel:*
a) *Byzantin. Kaiser:*
1) M. I., Komnenos, besiegte Serben u. Magyaren, reg. 1143–80.
2) M. II., Palaiologos, reg. 1391–1425.
b) *Portugal:*
3) M. I., d. Gr. (31. 5. 1469–13. 12. 1521), Kg s. 1495, schickte Vasco da Gama u. Cabral zur Entdeckungsfahrt aus.
4) M. II. (15. 11. 1889–2. 7. 1932), gestürzt 1910.
Manuel, Nikolaus, gen. *Deutsch* (um 1484–28. 4. 1530), schweiz. Maler, Zeichner u. Dichter (Fastnachtsspiele) d. Renaiss.; Vertr. d. → Donau-Schule; Verfechter der Reformation.
manuell, von Hand betrieben, hergestellt usw.
manuelle Belichtungseinstellung, Blende u. Verschlußzeit werden per Hand aufeinander abgeglichen (Belichtungsgleich), ideal f. individuelle Bildgestaltung.
Manuel-Stil → Emanuelinischer Stil.
Manufaktur, *w.* [nl.], durch Unternehmer betriebene älteste Form der Warenherstellung unter vorwiegendem Einsatz von *Handarbeit;* Produktionsform des Frühkapitalismus, Vorläufer des modernen Fabriksystems.
Manufakturwaren, svw. Gewebe.
manu propria, abgek. *m. p.* [l.], eigenhändig.
Manuskript, *s.* [l.], *Handschrift,* Niederschrift des Autors; *als M. gedruckt,* svw. nicht für d. breite Öffentlichkeit bestimmt, urheberrechtl. Vorbehalt aller Rechte.
Manutius, Aldus (1450–8. 2. 1515), it. Humanist u. Buchdrucker; Erfinder der *Kursivschrift;* seine Ausgaben (viele Erstausgaben d. Klassiker: Aristoteles, Äschylus u. a.) *Aldinen* gen.
Manytsch, Senke zw. Asowschem u. Kasp. Meer, etwa 560 km l., im Frühjahr vom *Westl. M.* (zum Don) u. *Östl. M.* (in die Kuma-Niederung) durchflossen, sonst fast ausgetrocknet.
Manzanares [-θa-], rechter Nebenfluß der Jarama in Spanien, 83 km l.; an ihm liegt Madrid.
Manzanillobaum [-iʎ́o-], Baum des tropischen Mittelamerika; Wolfsmilchgewächs, liefert Pfeilgift.
Manzoni,
1) Alessandro (7. 3. 1785–22. 5. 1873), it. romant. Dichter; Roman: *Die Verlobten.*
2) Pietro (13. 7. 1933–6. 2. 63), it. Maler u. Plastiker; e. Wegbereiter v. Concept Art u. Happening.
Manzù, Giacomo (24. 12. 1908–17. 1. 90), it. Bildhauer u. Graphiker; stets fi-

gurative Darstell. u. Reliefs oft m. relig. od. zeitkrit. Thematik.
Maori, polynesische Eingeborene Neuseelands; 225 000 (Christen); hochstehende Kunst.
Mao Zedong, [maʊdzdʊŋ], *Mao Tsetung* (26. 12. 1893–8. 9. 1976), chin. kommunist. Pol. u. Ideologe; Mitbegr. der KP Chinas, 1949–59 Präs. d. Volksrep. China; Vors. des Politbüros u. d. Zentralkomitees der KP Chinas; *Gesammelte Werke.*
Maputo, bis 1975 *Lourenço Marques,* Haupt- u. Hafenst. v. Mosambik, an der Delagoabai, 1 Mill. E; Uni.; Ind. (Walzwerk, Erdölraffinerie), Verkehrszentrum.
Maquis [-'ki:],
1) *botan.* svw. → Macchie.
2) frz. Widerstandsbewegung bis 1945.
Mara, *m.* [sanskr./pali „Tod"],
1) buddhist. Personifikation d. Bösen u. d. Todes sowie Versucher d. Buddha.
2) hasenähnl., aber kurzohriges Nagetier der Pampas.
Marabu, Storch mit nacktem Hals und mit Kehlsack; Afrika, S-Asien.
Maracaibo, Hptst. des venezolan. Staates Zulia, am *Golf v. M.* (N-Küste), 1,3 Mill. E; Uni.; Industriezentrum, Erdölraffinerie; Hafen, Ausfuhr v. Tabak, Kaffee u. Erdöl.
Maracay, Hptst. d. Staates Aragua, i. N-Venezuela, 354 000 E; landw. Handelszentrum.
Maradona, Diego Armando (* 30. 10. 1960), argentin. Fußballspieler; WM 1986 mit Argentinien, Vize-WM 1990, Junioren-WM 1979; wechselte 1982 von Boca Juniors Buenos Aires zum FC Barcelona, 1984 zum AC Neapel; wg. Kokain 1992/93 verurteilt, 1994 b. WM wegen Doping gesperrt.
Marae, *w.,* polynes. Kultplatz i. Form e. Stufenpyramide m. e. Plattform für d. Götterbild.
Marais [-'rɛ],
1) Jean (* 11. 12. 1913), frz. Theater- u. Filmschausp.; Mitarbeiter → Cocteaus; *La belle et la bête; Orphée.*
2) Marin (31. 3. 1656–15. 8. 1728), frz. Gambist u. Komponist.
Marajó [-'ʒɔ], Insel Brasiliens, zw. Amazonas- und Rio-Pará-Mündung, 42 000 km², Wälder (Kautschuk) u. Savannen (Viehzucht).
Maranatha [aramä. „unser Herr, komm!"], liturgischer Gebetsruf bei der urchristl. Abendmahlsfeier (1 Kor 16,22).
Maränen, norddt. für → Renken.
Maranhão [-rɐ'ɲũ], Küstenstaat in N-Brasilien, 329 556 km², 5,13 Mill. E; Hptst. *São Luís do M.*
Marañón [-'ɲɔn], Hauptquellfluß d. Amazonas.
Maraschino, *m.* [it. -s'ki:-], Kirschlikör (Dalmatien).
Marasmus [gr.], körperlicher (Alters-) Verfall.
Marat [-'ra], Jean (24. 5. 1743–13. 7. 93), frz. Revolutionär, verantwortl. für d. Septembermorde 1792 u. d. Vernichtung d. Girondisten 1793; v. Ch. → Corday erstochen.
Marathen, *Mahratten,* krieger. Hinduvolk in W-Vorderindien.
Marathon, Dorf an der O-Küste Mittelgriechenlands. – 490 v. Chr. Sieg der Griechen (Miltiades) über die Perser.

Marathonlauf, Laufwettbewerb über 42,195 km, nach dem Lauf eines griech. Kriegers, der 490 v. Chr. die Nachricht vom Sieg bei Marathon nach Athen überbracht haben soll.
Maratta, Carlo, eigtl. *C. Maratti* (15. 5. 1625–15. 12. 1713), it. Maler, Hptmeister d. röm. Spätbarock; *Maria mit Kind; Taufe Christi.*
Marbach am Neckar (D-71672), St. i. Kr. Ludwigsburg, Ba-Wü., 13 083 E; Geburtshaus *Schillers;* Schiller-Nationalmuseum, Dt. Literaturarchiv; AG; Holz- u. Lederind; Weinbau.
Marbod, († 37 n. Chr.), Kg d. Markomannen, Gegner d. Arminius.
Marburg,
1) *M. an der Lahn* (D-35037–43), Universitätsst. in Hess., 75 331 E; LG, AG; Uni. (1527 gegr.), Elisabethkirche (13. Jh.); Schloß.
2) *M. a. d. Drau* → Maribor.
Marburger Schule, Ende d. 19. Jh. v. Cohen u. Natorp begr. neukantianische phil. Richtung.
Marc, Franz (8. 2. 1880–4. 3. 1916), dt. Maler; Mitbegr. des → „Blauen Reiters" (1911); kubist. Tierbilder, abstrakte Kompositionen.

Franz Marc, *Komposition III*

marcato [it.], *mus.* betont, nachdrücklich herausgehoben.
Marceau [-'so],
1) Felicien eigtl. *Louis Carette* (* 16. 9. 1913), belg. Schriftst.; *D. Ei.*
2) Marcel (* 22. 3. 1923), frz. Pantomime; eigene Mimodramen; *Bip.*
Marcel [-'sɛl], Gabriel (7. 12. 1889 bis 8. 10. 1973), frz. christl. Existenzphil. u. Dramatiker; *Sein u. Haben.*
Marcel [mar'sɛl, zum röm. Sippennamen Marcellus], in Frkr. beliebter m. Vn.
Marcello [-'tʃɛl-], Benedetto (2. 8. 1686–25. 7. 1739), it. Komponist u. Dichter.
March, Werner (17. 1. 1894–12. 1. 1976), dt. Baumeister u. Architekt; Olympiastadion in Berlin.
March, tschech. u. slowak. *Morava,* l. Nbfl. der Donau, Hptfl. Mährens, vom Glatzer Schneeberg, mündet bei Preßburg, 358 km l., 130 km schiffbar; → Marchfeld.

Marchais [-'ʃɛ], Georges (* 7. 6. 1920), frz. Pol.; s. 1972 Gen.sekr. der KPF.
Marchegg (A-2293), St. in Niederöstr., 2736 E; s. 1970 Naturreservat.
Märchen, von *Volksmärchen,* Erzählungen mit Bevorzugung des Wunderbaren; wichtigste Sammlung von *Volksmärchen:* Brüder Grimm (1812–15). *Kunstmärchen,* bes. beliebt in der Romantik, Wieland, Goethe, Musäus, Tieck, Brentano, Hauff, Bechstein, Andersen, Volkmann-Leander, Wilde, Lagerlöf.
Marchese [-'ke:-], *Marchesa,* it. Adelstitel (Markgf).
Marchfeld, Ebene in Niederöstr. zw. March und Donau, 900 km²; Zuckerrübenanbau; Erdöl- u. Erdgasfelder. – 1260 Sieg → Ottokars II. über die Ungarn, 1278 seine Niederlage gg. → Rudolf v. Habsburg.
Marciano [mɑːsɪˈɑːnoʊ], Rocky, eigtl. *Rocco Francis Marchegiano* (1. 9. 1923–31. 8. 69), am. Boxer; 1952–56 WM im Schwergewicht, e. d. wenigen Unbesiegten; M. gewann in knapp 10 Jahren 49 Kämpfe, davon 43 durch K. o.
Marcion († um 160), christl. Gnostiker; nahm neben dem bösen alttest. Weltschöpfer einen erst durch Christus geoffenbarten *höchsten guten Gott* an.
Marcks,
1) Erich (17. 11. 1861–22. 11. 1938), dt. Historiker; *Bismarck; D. Aufstieg d. Reiches.*
2) Gerhard (18. 2. 1889–13. 11. 1981), dt. Bildhauer (Bronze, Stein, Holz); vereinigt Formstrenge u. Lebensnähe; *Brückentiere* (Halle).
Marconi, Guglielmo (25. 4. 1874 bis 20. 7. 1937), it. Phys., schuf 1896 aus bekannten Einzelteilen (Antenne, Fritter usw.) ersten Funkentelegraphen; Nobelpr. 1909.
Marco Polo (1254 bis 1324), venezian. Weltreisender; seine Schriften vermittelten dem MA die Kenntnis des Fernen Ostens.
Marcos, Ferdinand (11. 9. 1917–28. 9. 89), Präs. d. Philippinen 1965–86; autoritäres Regime.
Marcus [ˈmɑːkəs], Rudolph Arthur (* 21. 7. 1927), am. Chemiker, Theorie der Elektronenüberführungsreaktionen in chem. Systemen, Nobelpr. Chemie 1992.
Marcus Aurelius, *Mark Aurel,* röm. Kaiser 161–180 n. Chr.; Kämpfe mit Markomannen u. Parthern; *Selbstbetrachtungen.*
Marcuse,
1) Herbert (19. 7. 1898–29. 7. 1979), dt.-am. Phil. u. Soziologe, s. Gesellschaftskritik maßgebend b. westdt. student. Linke; *Der eindimensionale Mensch.*
2) Ludwig (8. 2. 1894–2. 8. 1971), dt. Schriftst. u. Kritiker; *Obszön; Mein zwanzigstes Jahrhundert; Nachruf auf L. M.*
Marder, Familie kl., schneller u. klettergewandter Raubtiere; Felle zu Pelzen; *Baum-* oder *Edel-M.* mit goldgelbem, *Haus-* oder *Stein-M.* mit weißem Kehlfleck; → Zobel, → Wiesel, → Hermelin, → Iltis, → Frettchen, → Nerz; auch → Dachs und → Otter.
Mardonios († 479 v. Chr. bei Plätää), Oberbefehlshaber des pers. Landheeres, zerstörte 479 Athen.

Marcus Aurelius auf dem Kapitol in Rom

Herbert Marcuse

Baummarder

Margrethe II.

Marduk, babylon. Schöpfergott, Sonnengott.
Mare [dɛləˈmɛə], Walter J. de la (25. 4. 1873–22. 6. 1956), engl. Lyriker; Kinderverse; Romane: *Henry Brocken.*
Mare [l.],
1) Bezeichnung für d. dunklen Flächen auf Mond und Mars.
2) Meer.
Marées [-'re:], Hans v. (24. 12. 1837 bis 5. 6. 87), dt. Maler, lebte hpts. in Rom; idealist. Grundthema: d. Mensch im Einklang m. d. Natur; *Fresken* d. Aquariums Neapel; Dreiflügelbilder: *Hesperiden; Urteil des Paris.*
Maremmen, sumpfiges Anschwemmungsland an der it. W.-Küste zw. Cecina u. Mignonemündung.
Marengo, Stadtteil v. Alessandria (Po-Ebene); 14. 6. 1800 Sieg Napoleons über die Österreicher.
Marengo, *m.,* Mantel- u. Anzugstoff aus *meliertem* Streichgarn; ähnelt dem Loden.
Mare nostro [it. „unser Meer"], von it. Imperialisten und Faschisten verwendete Bezeichnung für die Adria bzw. das Mittelmeer.
Marenzio, Luca (1553 od. 54–22. 8. 99), it. Kirchenmusiker u. Organist; Vertr. des it. → Madrigals.
Margarete [gr. „Perle"], w. Vn.
Margarete,
1) M. Maultasch v. Tirol (1318–3. 10. 69), übergab 1363 Tirol an Östr.
2) M. (1353–28. 10. 1412), Kgn v. Dänemark, Norwegen u. Schweden, die sie 1397 durch d. *Kalmarer Union* vereinigte.
3) M. v. Navarra (11. 4. 1492–21. 12. 1549), frz. Dichterin, Schwester Franz' I. v. Frkr.; *Heptameron.*
4) M. v. Östr. (10. 1. 1480–1. 12. 1530), Tochter Kaiser Maximilians I., Statthalterin d. Ndl.; *Damenfriede v. Cambrai* 1529.
5) M. v. Parma (28. 12. 1522–18. 1. 86), Tochter Karls V., Statthalterin der Ndl., 1567 durch Alba ersetzt.
6) M. v. Valois (14. 5. 1553–27. 3. 1615), Tochter Heinrichs II. v. Frkr. u. der Katharina v. Medici, heiratete 1572 den späteren Heinrich IV. (→ Bartholomäusnacht).
Margarine, Speisefett a. pflanzl. u. tier. Ölen; Bestandteile m. Wasser zu Emulsion verarbeitet (gekirnt) u. unter Beigabe v. Aromastoffen zu streichfähiger Konsistenz gerührt (→ Schaubild Öl).
Margate [ˈmɑːgɪt], engl. St. in der Gft Kent, auf der Insel Thanet, 53 000 E; Seebad.
Marge, *w.* [frz. -ʒə „Rand"], Unterschied, Spanne zw. An- u. Verkaufspreis; Verdienstspanne.
Margerite, → Wucherblume.
Marggraf, Andreas Sigismund (3. 3. 1709–7. 8. 82), dt. Chem.; entdeckte d. Zuckergehalt der Rübe.
Marginalien, *w.* [l.], Randbemerkungen.
Margrethe II. (* 16. 4. 1940), s. 1972 dänische Kgn.
Mari, russ. autonome Rep. der Mari a. d. oberen Wolga, 23 200 km², 758 000 E; Hptst. *Joschkar-Ola* (242 000 E).
Mari, antiker Name der altoriental. Stadt am Euphrat, heute *Tell Hariri,* Syrien. Wichtiger Handelsstützpunkt im 3.

u. 2. Jtd. v. Chr. Von → Hammurabi erobert u. zerstört.
Maria [hebr.], w. Vn.
Maria, Walter de (* 1. 10. 1935), am. Künstler; (teils Hpt-)Vertr. versch. Strömungen (Happening, Minimal Art, Concept Art, Land Art), d. er z. T. miteinander verbindet; *Vertikaler Erdkilometer; Lightning Field.*
Maria (Marie),
1) M. Theresia, v. Habsburg (13. 5. 1717–29. 11. 80), 1740 durch → Prag-

Maria Theresia   Maria Stuart

matische Sanktion Kgn v. Ungarn u. Böhmen, Erzhzgn v. Östr.; als Gemahlin Franz Stefans I. seit 1745 dt. Kaiserin; Gegnerin Friedrichs d. Gr. (Schles. Kriege); führte Reformen auf allen Gebieten (Verwaltung, Handel u. Ind., Finanzen)

Benediktinerabtei Maria Laach

durch. – *M.-Theresia-Taler,* altöstr. Silbermünze mit dem Bildnis von M. T.
2) M. v. Burgund (13. 2. 1457–27. 3. 82), Tochter Karls des Kühnen, Gemahlin Maximilians, brachte Burgund u. Ndl. an Habsburg.
3) M. die Katholische (18. 2. 1516 bis 17. 11. 58), Kgn v. England seit 1553, 1554 Gemahlin Philipps v. Spanien; erfolglose Versuche, England mit Gewalt zu rekatholisieren.
4) M. v. Medici (26. 4. 1573–3. 7. 1642), Mutter Ludwigs XIII. von Frkr., führte für ihn seit 1610 die Reg., berief 1624 Richelieu zum Min.
5) M. Antoinette (2. 11. 1755–16. 10. 93), Tochter M. Theresias, Gemahlin Ludwigs XVI. v. Frkr., hingerichtet.
6) M. Louise (12. 12. 1791 bis 17. 12. 1847), Tochter Franz' II. v. Östr., zweite Gemahlin Napoleons, beider Sohn Hzg v. Reichstadt.
7) M. Stuart (8. 12. 1542–8. 2. 87), 1558 bis 60 Gattin Franz' II. von Frkr., 1561 bis 68 Kgn v. Schottland, erhob Anspruch auf engl. Thron; kath. Gegnerin

NÖRDLICHE MARIANEN	
Name des Territoriums:	Nördl. Marianen, Commonwealth of the Northern Mariana Islands, Islas Marianas
Regierungsform:	US-Territorium
Gouverneur:	Froilan Tenorio
Hauptstadt:	Susupe 38 896 Einwohner
Fläche:	464 km²
Einwohner:	47 000
Bevölkerungsdichte:	101 je km²
Bevölkerungswachstum pro Jahr:	Ø 2,21% (1990–1995)
Amtssprache:	Englisch, Chamorro
Religion:	Katholiken
Währung:	US-$
Zeitzone:	MEZ + 9 Std.
Karte:	→ Australien und Ozeanien

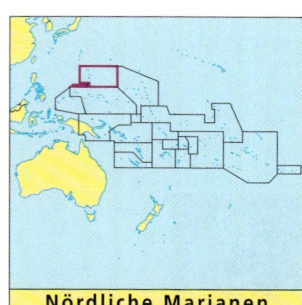

Nördliche Marianen

der Calvinisten; nach Aufstand suchte sie Schutz bei der protestant. Elisabeth v. England, die sie 19 Jahre gefangenhielt, nach Verschwörung hingerichtet; Drama von Schiller.
Maria, nach N.T.:
1) Mutter Jesu; kath.: → *unbefleckte Empfängnis,* → Mariä Himmelfahrt;
2) Mutter des Jüngers Jakobus;
3) M. v. Bethanien;
4) M. Magdalena → Magdalena.
Mariachis [-'atʃis], volkstüml. mexikan. Musik m. mehrstimmigem Trompetenklang.
Mariage, w. [frz. -'jaːʒ „Heirat"], im Kartenspiel König u. Dame (Ober) einer Farbe.
Mariä Himmelfahrt, kath. Fest (15. August).
Maria Laach, Benediktinerabtei am Laacher See (Eifel), 1093 gegr.; roman. Klosterkirche erbaut bis um 1225.
Mariamne, Gattin Herodes' d. Gr., die sie wegen (falschen) Verdachts d. Ehebruchs 29 v. Chr. hinrichten ließ; Drama v. Hebbel: *Herodes u. M.*
Marianen, *Ladronen, Diebsinseln,* 18 vulkan. Inseln im Pazifik, darunter Rota, Saipan u. die Koralleninsel Guam. – 1521 entdeckt, ab 1565 span., 1898 → Guam an die USA, übrige M. an Dtld verkauft, durch → Versailler Vertrag bis 1945 jap., 1947–90 US-Mandatsgebiet; *Nördliche Marianen* (457 km², 43 000 E) nach Volksabstimmung s. 1978 zu d. USA; 1990 Aufhebung der UN-Treuhandschaft; innere Autonomie s. 1978, Zweikammerparlament (Repräsentantenhaus u. Senat), Gouverneur f. 5 Jahre gewählt; Wirtsch.: Fremdenverkehr; Kopra-, Gemüse- u. Fleischexport.
Marianengraben, Tiefseegraben am O-Rand d. Marianen (größte Tiefe 11 034 m).
Marianische Kongregationen, etwa 70 000 Vereinigungen unter jesuit. Leitung zur Verehrung Marias.
Marianisten, Abk. *SM,* kath. Kongregation v. Schul- u. Missionsbrüdern, i. Bordeaux 1817 v. d. frz. Priester G. J. Chaminade gegr.
Maria-Theresiopel → Subotica.
Mariaviten, Angehörige e. romfreien, kath. Kirchengemeinschaft, i. Polen 1906 v. d. Nonne F. Kozlowska begründet, m. „myst. Ehen" zw. Priestern u. Nonnen, Weihen von Bischöfinnen u. umfangreicher soz. Tätigkeit.
Mariazell (A-8630), St. in der Steiermark, 862 müM, 1947 E; Wallfahrtsort, Wintersport, Fremdenverkehrs- u. Erholungsort.
Marib, antike Hptst. der Sabäer (S-Arabien); Zentrum des Weihrauch- u. Gewürzhandels u. Heimat der legendären Kgn v. → Saba.
Maribor, *Marburg an der Drau,* St. in Slowenien, 186 000 E; röm.-kath. Bistum; Fahrzeugind., Maschinenbau, Textil- u. chem. Ind.; Obst- u. Weinbau.
Marie de France [ma‚ri dəfrãːs] (12. Jh.), erste frz. Dichterin; Liebesgeschichten in Versen (*Lais*) u. Fabeln (*Ysopet*).
Marienbad, tschech. *Mariánské Lázne,* St. i. W-Böhmen, 18 500 E; Mineralquellen, Moorbäder.
Marienburg (Westpr.), *Malbork,* St. i. d. poln. Woiwodschaft Elbląg (Elbing), a. d. Nogat, 38 000 E; Schloß (13./14.

Jh.), größte Burg Europas, 1308–1457 Sitz des Hochmeisters des Dt. Ordens.
Marienglas, kristallisierter Gips; Ersatz u. a. für Fensterglas.
Marienkäfer, Käferfamilie, im typ. Fall rötlich mit schwarzen Punkten, Käfer und Larven als Blattlausvertilger nützlich.

Siebenpunkt-Marienkäfer

Marienkanalsystem, s. 1799, als *Ostsee-Wolga-Kanal* weiter ausgebaut; verbindet Newa (Ostsee) mit Wolga (Kasp. Meer); 1146 km lang.
Marienwerder, *Kwidzyn,* poln. St. im ehem. Ostpreußen, 36 000 E; Dom (14. Jh.), Schloß (13. Jh.); Papier- u. Zelluloseind.

Marienburg

Mariette [ma'rjet], Auguste (11. 2. 1821–18. 1. 81), Entdecker u. Ausgräber des → Serapeums in → Sakkara; 1858 z. Direktor des Altertümerdienstes ernannt, wurde er d. Begr. des Ägypt. Nationalmuseums; Ausgrabungen u. a. in Memphis, Dendera, Edfu. Das Libretto zu Verdis Oper *Aida* wurde nach e. Erzählung M.s geschrieben.
Marihuana, *s.,* Rauschgift (M.zigaretten), entspricht → Haschisch.
Marille, östr. f. → Aprikose.
Marimba, w., Negerklavier, urspr. malaiisches und afrikan. xylophonartiges Schlaginstrument.
Marin ['maːrin], John (23. 12. 1870 bis 1. 10. 1953), am. Maler, e. Wegbereiter d. Moderne in d. USA; transparent komponierte Städte- u. Architekturbilder u. (Meer-)Landschaften (meist Aquarelle od. Radierungen); *Region of Brooklyn Bridge Fantasy.*
Marine,
1) → Kriegsmarine; → Bundeswehr.
2) *Handels-M.* → Schiffahrt (Schaubild).
Marineamt, höhere Kommandobehörde der dt. Bundesmarine, zuständig

Marineleim, wasserdichter Kitt aus Kautschuk u. Asphalt in Teeröl aufgelöst.

Mariner ['mærɪnə], am. Raumsondentyp (→ Raumsonde, → Weltraumforschung).

Marinetti, Filippo Tommaso (22. 12. 1876–2. 12. 1944), it. Schriftst.; Begr. des → Futurismus; Gedichte; Erzählung: *Zang Tumb Bumb*.

Marineunterstützungskommando, höhere Kommandobehörde der dt. Marine, zuständig f. d. Rüstung u. Ausrüstung, Betrieb, Versorgung u. Instandsetzungslenkung d. Einheiten sowie alle weiteren Unterstützungsleistungen d. Marine.

Marini, Marino (27. 2. 1901–6. 8. 80), it. Bildhauer, Maler u. Graphiker; archaisierender Realismus.

marinieren [frz.], Fleisch oder Fisch in Essig mit Gewürzen einlegen.

Marino, *Marini Giambattista* (18. 10. 1569–25. 3. 1625), it. Schriftst.; nach ihm of d. pathet. it. Barockstil in der Literatur: **Marinismus**.

Marionette [frz.], hängende Gliederpuppe, die mittels Fäden od. Drähten bewegt wird; übertragen f. willenloses Geschöpf.

Mariotte ['rjɔt], Edme (1620–12. 5. 84), frz. Phys.; Gasgesetze (→ *Boyle*).

Maritain [-'tɛ̃], Jacques (18. 11. 1882 bis 28. 4. 1973), frz. kath. Phil. (Neothomist); *Christl. Humanismus*.

maritim [l.], Meer- u. Seewesen betreffend.

Maritza, *Marica*, griech. *Evros*, türk. *Meriç*, im Altertum *Hebros*, größter Balkanfluß, 525 km l., vom Rilagebirge durch Bulgarien u. dann als griech.-türk. Grenzfluß bei Enez ins Ägäische Meer; ab Edirne schiffbar.

Mariupol → Schdanow.

Marius, Gaius (156–86 v. Chr.), röm. Feldherr u. Staatsmann, vernichtete die Teutonen 102 bei Aquae Sextiae, die Kimbern 101 bei Vercellae, Gegner → Sullas im Bürgerkrieg.

Marivaux [-'vo], Pierre de (4. 2. 1688 bis 12. 2. 1763), frz. Komödiendichter; *Das Spiel v. Liebe u. Zufall*.

Mark,
1a) *s., biol.: Knochenmark,* füllt die Hohlräume der Knochen aus; gelbes Fettmark in den Röhrenknochen, rotes M. in den Plattenknochen; letzteres Blutbildungsstätte.
1b) → *Rückenmark.*
1c) inneres, lockeres, lufthaltiges Gewebe der Pflanzenstengel.
2a) *w., geogr.* Grenze, Grenzgebiet (z. B. *M. Brandenburg*); → Markgrafschaften; auch svw. Bezirk, Dorfmark, Feldmark, Gemeindeflur.
2b) *M.* → Brandenburg.
3a) *w.,* altdt. Gewicht (s. 11. Jh.) ½ Pfund, im MA in Silber als Geld verwendet; als Münze in den einzelnen Ländern von sehr versch. Gewicht u. Wert.
3b) *Preuß. M.,* wurde 1838 Münzmark des Dt. Zollvereins.
3c) *M.,* 1871–1924 dt. Münzeinheit.
3d) *Renten-M.* nach der dt. Inflation (1923) befristet bis 1924 Währungseinheit, abgelöst durch die
3e) *Reichs-M., RM,* dt. Währungseinheit v. 1924–48.
3f) *Deutsche M., DM,* s. d. Währungsreform wurde Währungseinheit in *1)* BR u. W-Berlin *(DM-West)* u. s. Mitte 1990 in DDR, *2)* DDR u. O-Berlin *(DM-Ost)*, 1964 umbenannt i. *M. der Dt. Notenbank,* 1968 in *M. der Dt. Demokr. Rep.;* nach Währungsunion mit BR Mitte 1990 durch DM ersetzt.

markant [frz.], hervorstechend, auffallend.

Mark Aurel → Marcus Aurelius.

Marke, Kg, Isoldes Gemahl in der Tristansage.

Marken, it. *Marche,* Landschaft u. it. Region an der Adria, 9693 km², 1,4 Mill. E.

Marken, Zeichen (Worte, Bilder; auch → Hausmarke), die hpts. z. Unterscheidung e. Ware v. solchen and. Herkunft verw. werden, vielfach gesetzl. geschützt (→ Warenzeichenrecht); *Abladermarke,* Zeichen des Exporteurs; *Herstellermarke,* Zeichen des Fabrikanten, dient bes. als Kennz. f. *Markenartikel,* hpts. Nahrungs- u. Genußmittel, Kosmetika, Drogen, auch techn. Artikel, die, mit e. Marke versehen, in gleichmäßiger Ausstattung (Verpackung) und in gleichmäßiger Qualität u. (für längere Zeiträume) zu gleichbleibenden Preisen abgesetzt werden; Preise oft durch Preisbindung festgesetzt.

Markenschutz → Warenzeichenrecht.

Marken- und Imagetransfer, Übertragung v. Assoziationen, Wertvorstellungen, Erlebniswelten v. etablierten Marken, Images auf Produkte o. eigene Markenprägung; auch Images von Standorten/Locations (z. B. Transfer v. „Piz Buin" auf Kosmetik).

Marketender|innen [it.], Händler u. Händlerinnen, reisten früher mit der Truppe u. versorgten sie mit Lebensmitteln u. Bedarfsartikeln.

Marketing, *s.* [engl. 'maːkɪtɪŋ], in den USA geprägte Bez. f. e. bedarfsorientierten Denk- u. Führungsstil eines Unternehmens, d. gedanklich bereits v. d. Produktionsprozeß ansetzt u. Planung, Durchführung u. Kontrolle aller Maßnahmen (→ Marketing-Mix) umfaßt, die d. *Marktschaffung, Marktausweitung, Markterhaltung* e. Unternehmens dienen.

Marketing-Mix, absatzpolit. Instrumentarium d. → Marketings: → Marktanalyse, → Produktpolitik, → Distributionspolitik, → Preispolitik, → Marktkommunikation, → Produktbudget.

Markgräfler Land, Landschaft der südbad. Rheinebene u. Schwarzwaldvorberge; *Markgräflerwein*.

Markgrafschaften, von den Sachsenkaisern gegründete Grenzbezirke unter m. bes. Rechten versehen kgl. Statthaltern: **Markgrafen** (z. B. Ostmark, Steiermark); als Erblehen von wachsender Macht im 12. Jh. Brandenburg, Lausitz, Mähren, Meißen, Namur Reichsfürstentümer.

Markgröningen (D-71706), St. i. Kr. Ludwigsburg, 12000 E; Fachwerkrathaus, Volksfest *Markgröninger Schäferlauf;* div. Ind.

markieren [frz.], be-, kennzeichnen; andeuten.

Markise, *w.* [frz.], aufrollbares Sonnendach.

Markkleeberg (D-04416), St. im Landkr. Leipzig, Sa., 17386 E; div. Ind.; Fundstellen altsteinzeitl. Geräte.

Marknagel, Metallstab zur operativen Stabilisierung e. Knochenbruchs.

Markomannen, german. Irminonenstamm, besiedelten um Christi Geb. unter Kg *Marbod* Böhmen; von Rom abhängig, unternahmen sie 166–180 n. Chr. Freiheitskämpfe (**M.krieg**); im 6. Jh. Abzug eines Teils nach Bayern u. O-Alpen (Nachkommen: die Bajuwaren); auch → Quaden.

Markör [frz.],
1) Gerät zum Reihenziehen beim Pflanzen.
2) zählt Punkte beim (Billard-)Spiel.

Markowitz, Henry (* 24. 8. 1927), am. Wirtschaftswiss.; (zus. m. M. → Miller u. W. → Sharpe) Nobelpr. 1990 (Finanzökonomie und Unternehmensfinanzierung).

Markscheide,
1) *med. Myelin,* die fettartige Isolierschicht der größeren (markhaltigen) Nervenfasern.
2) *bergmännisch:* die Grenze eines Grubenfeldes.

Markscheidekunst, unterirdische Feldvermessung.

Markstammkohl, Futterpflanze m. 1,5 m hohem dickem Stengel („Mark"stamm), blattreich, eiweißhaltig.

Markstrahlen, aus d. Mark d. Pflanzenstengel in den Holzteil ziehende, gleichartige Zellreihen.

Markt,
1) Ort, an dem Angebot u. Nachfrage aufeinandertreffen; kein realer Ort notwendig, wie z. B. Wochenmarkt; durch dieses Zus.treffen erfolgt die Preisbildung; bes. hoch entwickelt an d. Börse.
2) Gemeinde mit → Marktrecht.

Marktanalyse, statist. Untersuchung über M.verhältnisse (Angebot, Nachfrage, Preise); Mittel der M.analyse sind u. a. Umfragen, die von Instituten f. *Marktforschung* angestellt werden. Dazu *Marktbeobachtung:* fortlaufende Überwachung über d. Entwicklung d. Marktes. Wichtig f. M.analyse sind → M.psychologie, → Motivforschung und → Wirtschaftsforschung.

Marktanteil, → Umsatzvolumen in Prozent des Marktvolumens.

Marktbesetzungsfaktor, Verhältnis von aktiven zu möglichen Kunden e. Marktanbieters.

Marktformenlehre, von → Eucken entwickelte Methode, die Angebot- u. Nachfragesituation auf den Märkten darzustellen; entscheidend ist die Zahl und wirtsch. Machtposition d. Marktteilnehmer.

Marktfriede, im MA vom Marktherrn (König, Bischof, Fürst) erlassenes bes. Recht zur Sicherung des Markts u. seiner Besucher.

Marktheidenfeld (D-97828), St. im Main-Spessart-Kreis, Bay., 10207 E; div. Ind.

Marktkommunikation, absatzpolit. Instrument e. Unternehmens; Teil d. Marketing-Mix; gezielte Ansprache von Anbietern an d. Marktpartner, um Nachfrage, Kaufimpulse zu schaffen; Werkzeuge d. M.: → Werbung, → Verkaufsför-

Marktoberdorf, *St. Martin*

derung, → Public Relations, → Verkaufsgespräch.
Marktoberdorf (D-87616), Krst. d. Kr. Ostallgäu, Bay., 17 304 E; Gablonzer Schmuckwaren; Schlepper-, Textil- u. Metallind.
Marktordnung, *Marktordnungsgesetz,* Festsetzung d. äußeren Bedingungen d. Marktverkehrs durch Staat u. Behörden (z. B. Festsetzung d. Ladenschlußzeiten, Normen, Lieferbedingungen usw.); *M.berichterstattung,* Qualitätsbestimmungen; *M.regelungen* über Vorratshaltung, Einfuhr-, Erzeugungs- u. Verteilungskontrolle.
Marktpotential, Gesamtheit der *möglichen* Umsätze *sämtlicher* Anbieter auf einem Markt.
Marktpsychologie, Zweig d. Wirtschaftswiss., der die psych. Gesetzmäßigkeit von Angebot u. Nachfrage untersucht.
Marktrecht, früher v. Landesherrn verliehene Befugnis, Messen u. Märkte abzuhalten.
Marktredwitz (D-95615), Gr.Krst. im Kr. Wunsiedel i. Fichtelgebirge, Bay., 19 080 E; Porzellan-, Textil- u. chem. Ind., Masch.- u. Getriebebau; Egerland-Museum.
Marktvolumen, Gesamtheit der *tatsächlichen* Umsätze *sämtlicher* Anbieter auf einem Markt.
Mark Twain → Twain, Mark.
Marktwirtschaft, Wirtschaftsordnung; der Austausch der Güter vollzieht sich in freiem Wettbewerb über den Markt u. nach Maßgabe der auf ihm zustande gekommenen Preise (Ggs.: → Planwirtschaft). – *Freie M.:* keine obrigkeitl. Eingriffe in d. Marktgeschehen (nur an der Börse vorkommend); *soziale M.* (in d. BR s. 1948), Versuch, M. mit soz. Gesichtspunkten zu verbinden, die bei freier M. gefährdet sein können (z. B. Preiskontrolle im Wohnungswesen u. bei lebenswichtigen Nahrungsmitteln)..
Markus, *Johannes M.,* Apostel, Begleiter d. Paulus u. seines Onkels Barnabas, später d. Petrus, nach dessen Predigt in Rom er das *M.evangelium* geschrieben haben soll; Schutzheiliger von Venedig.
Markus [l. „Sohn des Mars"], m. Vn.
Marl (D-45768–72), St. i. Kr. Recklinghausen, NRW, 92 400 E; AG; Adolf-Grimme-Institut; Steinkohlenbergbau, chem. Industrie.
Marlborough ['mɔːlbərə], John Chur-

MAROKKO
Staatsname: Königreich Marokko, Al-Mamlaka al-Maghribiya
Staatsform: Konstitutionelle Monarchie
Mitgliedschaft: UNO, Arabische Liga
Staatsoberhaupt: König Hassan II.
Regierungschef: Abdellatif Filali
Hauptstadt: Rabat 1,47 Mill. Einwohner
Fläche: 446 550 km²
Einwohner: 26 488 000
Bevölkerungsdichte: 59 je km²
Bevölkerungswachstum pro Jahr: ∅ 2,40% (1990–1995)
Amtssprache: Arabisch
Religion: Sunnitische Muslime (98,9%), Christen
Währung: Dirham (DH)
Bruttosozialprodukt (1994): 30 330 Mill. US-$ insges., 1150 US-$ je Einw.
Nationalitätskennzeichen: MA
Zeitzone: MEZ − 1 Std.
Karte: → Afrika

Marokko

Marlowes „Dr. Faust", *Titelseite 1636*

chill Hzg v. (26. 5. 1650–16. 6. 1722), engl. Heerführer i. Span. Erbfolgekrieg.
Marley ['ma:li], Bob (5. 2. 1945–11. 5. 81), jamaikan. Reggae-Musiker; z. T. pol. motivierte Titel m. den „Wailers"; i. Rasta-Look; propagierte freien Marihuana-Konsum.
Marlitt, Eugenie eigtl. *E. John* (5. 12. 1825–22. 6. 87), dt. Romanautorin (u. a. für d. → „Gartenlaube") m. sozialkrit. Unterton; *Goldelse; Das Geheimnis d. alten Mamsell.*
Marlowe ['ma:lou], Christopher (6. 2. 1564–30. 5. 93), engl. Dramatiker; *Dr. Faust; Eduard II.*
Marmarameer, im Altertum *Propontis,* Meeresbecken zw. der eur. u. asiat. Türkei, durch Bosporus mit d. Schwarzen, durch Dardanellen mit dem Ägäischen Meer verbunden; 11 500 km², 280 km l., bis 1355 m tief.
Marmolada, höchste Erhebung d. Südtiroler Dolomiten, 3343 m; Nordflanke vergletschert.
Marmor, *s.,* feinkristallines Gestein, durch → Metamorphose aus Kalkstein entstanden; rein weiß auf *Paros,* in *Carrara;* auch rot, schwarz und geädert; mannigfache Verwendung in Baukunst u. Bildhauerei; dt. Fundstätten: Fichtelgebirge, Schwarzwald.
marmoriert, wie Marmor gezeichnet.
Marne [marn].
1) wichtigster Nbfl. d. Seine, v. Plateau von Langres, durch Champagne (Weingebiet), mündet bei Paris (Charenton); 525 km l., mit Saône, Aisne u. Rhein durch Kanäle verbunden; am Flußlauf:
2) *M.,* 8162 km², 558 000 E; Hptst. *Châlons-sur-Marne.*
3) *Haute-M.,* 6211 km², 204 000 E; Hptst. *Chaumont.*
4) *Seine-et-M.,* 5915 km², 1,0 Mill. E; Hptst. *Melun.*
Marneschlacht, im 1. Weltkr., 5.–12. 9. 1914 (→ Weltkriege, Übers.).
marode [frz.], ermattet, wegmüde, zerfallen.
Marodeur [frz. -'dø:r], plündernder Soldat.
Marokko, Königreich in NW-Afrika. **a)** *Geogr.:* An der Straße von Gibraltar, v. Atlas durchzogen (bis 4500 m); fruchtbare Ebenen im nordwestl. Atlasvorland, zahlr. Berieselungsoasen (Dattelpalmen), im Inneren Steppen. **b)** *Wirtsch.:* Fremdenverkehr; große Phosphatlager, Silber, Baryt, Mangan, Arsen, Zink, Kupfer, Eisen, Blei, Kobalt, Antimon, Steinkohle, Erdöl, Erdgas. Landw.: Zitrusfrüchte, Wein, Gemüse, Öl; Viehzucht. **c)** *Außenhandel* (1991): Einfuhr 7,45 Mrd., Ausfuhr 5,15 Mrd. $. **d)** *Verkehr:* Eisenbahn 1893 km. **e)** *Verf.* v. 1992: Konstitutionelle Monarchie, Einkammerparlament u. Verfassungsrat. **f)** *Verw.:* 37 Prov., 8 Präfekturen. **g)** *Gesch.:* Als Mauretanien bis Mitte 1. Jh. v. Chr. selbst., dann röm., wandal., byzantin.; 1269–1470 Berberdynastie; 1415 Portugiesen in Ceuta, 1469 Spanier in Melilla. Seit 1800 wachsender Einfluß Frkr.s; 1912 Abkommen v. Frkr. u. Sultan sowie zw. Frkr. u. Spanien u. Schaffung der beiden Protektorate *Französisch-M.* (d. größere südl. Teil) u. *Spanisch-M.* (an d. Mittelmeerküste) sowie der intern. → Tangerzone. Nach 1945 Unruhen; 1954–56 Unabhängigkeitskrieg; 1956/58 Wiedervereinigung d.

span. u. frz. Protektorate u. d. Tangerzone u. Bildung d. unabhängigen Kgr. M.; 1976 Eingliederung d. nördl. Teils d. Westsahara, 1979 Annexion d. südl. Teils; anhaltende Kämpfe m. Befreiungsorg. → POLISARIO; 1981, 1984 u. s. 1991 soz. Unruhen; 1991 Waffenstillstand mit POLISARIO; doch weiter Differenzen über die Zukunft d. Westsahara.
Marokkokrisen, 1905 u. 1911, ausgelöst durch die kolonialpolit. Rivalität v. Dtld u. Frankreich bei der friedl. Durchdringung v. Marokko.
Maron, Monika (* 3. 6. 1941), dt. Schriftst. aus der ehem. DDR, lebte s. 1988 in der BRD; *Flugasche; Die Überläuferin; Stille Zeile Sechs.*
Marone, *w.* [it.], Frucht der Edel- → Kastanie, i. Wint. a. *heiße Maroni* verkauft.
Maronenröhrling, steinpilzähnlicher Speisepilz, Hutunterseite wird aber auf Druck blaugrün.

Maronenröhrling

Maroniten, nach d. hl. Maro († 422) benannte syr. Christen i. Libanon, deren Oberhaupt d. Patriarch v. Antiochien ist; M. sind e. mit Rom unierte oriental. Kirche, ca. 1,3 Mill. Gläubige.
Maroquin [frz. -'kɛ̃:], feines Ziegenleder.
Maros [ungar. 'mɔrɔʃ], → Mureş.
Marquesas-Inseln [-'kɛ-], frz. (s. 1842) *Iles Marquises,* 11 Inseln im Pazifik (Polynesien), 1274 km², 7500 E; Kopra-, Vanille- u. Kaffeeausfuhr.
Marquess ['ma:kwɪs], englisch. Adelstitel.
Marquet [-'kɛ], Albert (27. 3. 1875 bis 14. 6. 1947), frz. nachimpressionist. Maler, Vorläufer, doch nur z. T. Anhänger d. Fauvismus.
Márquez → Garcia Márquez, Garcia.
Marquis, *m.* [-'ki], „Markgraf", frz. Adelstitel; weibl.: **Marquise.**
Marrakech, *Marrakesch,* Prov.hptst. in Marokko, zeitweise Residenz d. Königs, 543 000 E; am Abfall des Atlas, Oasenst.; Uni., Flughafen; Handelszentrum, Teppichind.; Lederarbeiten (→ Maroquin).

Marranen [spanisch. „marrano = Schwein"], *Maranen,* Schimpfwort für die während der Inquisition im 14. u. 15. Jh. in Spanien zwangsgetauften, ihrer Religion aber treu gebliebenen Juden u. Mauren.

Mars, *Viking-Aufnahme aus 320 000 km Entfernung*

Mars, *1. Aufnahme von der Marsoberfläche von Viking Lander 1, 20. Juli 1976 [Stein in der Mitte: 10 cm]*

Mars,
1) röm. Kriegsgott; griech. *Ares.*
2) erster d. äußeren Planeten, Zeichen ♂; mittlerer Sonnenabstand 227,8 Mill. km, Durchmesser rund 6800 km, Dichte 3,95, Sonnenumlauf 687 Tage, Rotationsdauer (Marstag) 24 Std. 37,4 Min., größte Erdnähe (günstigste *Opposition*) 54 Mill. km; zwei sehr kl. Monde (*Phobos* u. *Deimos,* etwa 9 km Durchmesser); mittlere Oberflächentemperatur: −23 °C (wechselnd zw. −100 °C [Marswinter an d. Polen] u. +30 °C [mittags am Äquator]; dünne, größtenteils aus Kohlendioxid bestehende Atmosphäre, geringe Mengen Wasserdampf, höchstens Spuren v. Sauerstoff; für pflanzl. u. tier. Leben nicht geeignet. Aufnahmen d. Oberfläche durch am. Mariner-Sonden; 1971 weiche Landung d. sowj. Sonde Mars 3, 1976 d. am. Sonden Viking 1 u. 2 (Nahaufnahmen d. Marsoberfläche, Analysen d. Atmosphäre, biochem. Experimente m. Bodenproben).
3) *m.* od. *w., seem.* Plattform am Mast.
MARS, mittl. Raketenartillleriesystem, m. Minen, Bomblet- u. Suchzündermunition z. Bekämpfung d. feindl. Artillerie u. d. Fernverlegung v. Panzerabwehr-Minensperren.
Marsala, it. Hafenst. i. d. Prov. Trapani, auf Sizilien, am Kap Bono, 81 000 E; Ausfuhr von Süßwein.
Marsanne [-'san], frz. Weißweinrebe, die alkohol- u. bukettreiche Weine liefert u. bei Überreife gern f. → Dessertweine verwendet wird; im Rhônetal oft m. → *Roussanne* verschnitten.
Marsberg (D-34431), St. i. Hochsauerlandkreis, NRW, 21 900 E; Glas-, Maschinenind.
Marsch,
1) *m.,* die schreitende Bewegung größerer Massen regelnde gerad-(2)taktige Musik; Pfeifer- u. Trommler-M. der Landsknechte seit 15. Jh., daraus hervorgegangen der Militär-M.; stilisierte Form in Oper u. Instrumentalmusik.
2) *w.,* fruchtbares Weideland, Niederung, aus organ. u. anorgan. Schlick aufgebauter, allmähl. d. Meeresspiegel auch bei Hochwasser überragender fetter Boden; bes. an der Nordseeküste (Wiesenkultur, Viehzucht); auch Schwemmland an Flüssen; eingedeichte M.en: *Polder* od. *Koog.*
Marschall, karoling. Oberstallmeister; in der früheren Wehrmacht höchste mil. Ränge (Gen.feldm. u. Reichsm.).
Marschflugkörper → Cruise-Missile.
Marschner, Heinrich August (16. 8. 1795–14. 12. 1861), dt. Dirigent u. Opernkomp.: *Hans Heiling; D. Vampyr.*
Marseillaise [-zɛ'jɛːz(ə)], frz. Freiheitslied von *Rouget de Lisle* (1792), Revolutionshymne der Jakobiner in Marseille; jetzt frz. Nationalhymne.
Marseille [marˈsɛj], größter Hafen Frkr.s u. des Mittelmeers, Hptst.d. Region *Provence-Alpes-Côte d'Azur* u. Verw.-Sitz des Dép. *Bouches-du-Rhône,* am Golf du Lion u. nahe d. Rhônemündung, 808 000 E, Großraum 1,09 Mill. E; Erzbischofssitz, Notre-Dame-de-la-Garde im S über der St.; Hptstr. Canebière; Uni. (med., jur., phil. u. naturwiss. Fakultät d. Uni. Aix), Ozeanograph. Inst., Musikakad., Kolonialinst.; Schiff- und Masch.bau, Erdöl- u. petrochem. Ind., Hüttenwerke, chem. Ind.; Kanal zur Rhône (80 km, 7 km langer Tunnel); intern. Flughafen in Marignane. – Um 600 v. Chr. als griech. Kolonie *Massilia* gegr.; 1481 frz.
Marsfeld,
1) *Champ-de-Mars,* Platz in Paris (Eiffelturm, Ausstellungsgelände).
2) *Campus Martius,* im alten Rom Versammlungs- u. Exerzierplatz.
Marshall [ˈmɑːəl],
1) Bruce (26. 6. 1899–18. 6. 1987), engl. Schriftsteller u. Erzähler: *Keiner kommt zu kurz; Das Wunder des Malachias; Du bist schön, meine Freundin; Die rote Donau.*
2) George C. (31. 12. 1880 bis 16. 10. 1959), am. Gen. u. Pol., Gen.stabschef im 2. Weltkr.; 1947–49 Außenmin.; Initiator d. **M.plans** → ERP; Friedensnobelpr. 1953.
Marshallinseln, Inselgruppe Mikronesiens, 31 Korallenatolle, 5 Einzelseln u. 1152 kl. Inseln, gegliedert in die sw. Inselreihe der Ralik- u. die nö. der Ratakinseln. Ausfuhr v. Kopra u. Fisch. – 1885–1919 dt. Kolonie, bis 1944 jap. Mandat, ab 1947 UN-Treuhandverw. der USA, 1986 Selbstverw. bei freier Assoziierung mit den USA; 1990 Aufhebung d. Treuhandverw. u. Unabhängigkeit in freier Assoziation m. d. USA.
Marsilius von Padua, (1270–1343), Staatsrechtslehrer (Volkssouveränität, Staat über Kirche).
Marskanäle, wie sie zuerst → Schiaparelli gesehen zu haben glaubte, wurden durch Nahaufnahmen nicht nachgewiesen; auch → Weltraumforschung, → Raumsonde.
Marstall, Stallgebäude u. Pferdebesitz e. Fürsten.
Marsyas, Faun, von Apoll im Flötenwettstreit besiegt, wird an e. Baum aufgehängt u. enthäutet.

MARSHALLINSELN

Staatsname:	Republik der Marshallinseln, Republic of the Marshall Islands
Staatsform:	Republik
Mitgliedschaft:	UNO
Staatsoberhaupt und Regierungschef:	Amata Kabua
Hauptstadt:	Dalap-Uliga-Darrit 20 000 Einwohner
Fläche:	181 km²
Einwohner:	52 000
Bevölkerungsdichte:	287 je km²
Bevölkerungswachstum pro Jahr:	⌀ 3,61% (1990–1995)
Amtssprache:	Englisch
Religion:	Protestanten (90%), Katholiken (8,5%)
Währung:	US-$
Bruttosozialprodukt (1994):	88 Mill. US-$ insges., 1680 US-$ je Einw.
Nationalitätskennzeichen:	MH
Zeitzone:	MEZ + 11 Std.
Karte:	→ Australien und Ozeanien

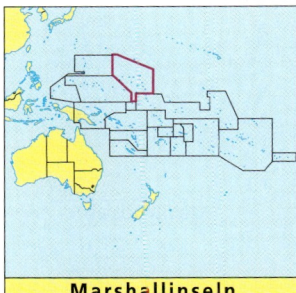

Marshallinseln

Marseille, *alter Hafen und „Notre Dame de la Garde"*

Martens, Wilfried (* 19. 4. 1936), belg. Pol. (CVP); 1979–81 u. Dez. 1981 bis 92 Min.präs.
Marter → Folter.
Marterl, in kath. Gegenden Bayerns und Österreichs Erinnerungsmal (oft Kruzifix) für Verunglückte.
Martha [hebr. „Herrin"], im N.T. Schwester des Lazarus und der Maria von Bethanien.
Martialis, röm. Satiriker des 1. Jh. n. Chr.; treffende Epigramme auf die röm. Gesellschaft.
martialisch [l.], kriegerisch, streitbar.
Martigny [-'ɲi], (CH-1920), schweiz. St. im Kanton Wallis, 14 000 E; archäolog. Mus.; Aluminiumind., Weinbau.
Martin [l. „martinus = zum Kriegsgott Mars gehörig"],
1) M. v. Tours [tuːr] (um 315 bis 397), Hlg., Stifter des ersten abendländ. Klosters in Gallien; *Martinstag* (11. 11.).
2) 5 *Päpste:* **M. V.** († 1431) gilt als Wiederhersteller Roms u. d. Kirchenstaates.
Martin,
1) Agnes (* 22. 3. 1912), am. Malerin kanad. Herkunft; Vertr. d. Abstrakten Expressionismus u. Vorläuferin d. Minimal Art.
2) Archer John Porter (* 1. 3. 1910), engl. Chemiker; entwickelte die Verteilungschromatographie, Nobelpr. 1952.
3) Dean (17. 6. 1917–25. 12. 1995), am. Filmschausp. u. Sänger; *Who Was That Lady; Rio Bravo.*
4) Frank (15. 9. 1890–21. 11. 1974), schweiz. Komp.: Oper: *Der Sturm;* Oratorien: *Der Zaubertrank; Golgatha;* Orchesterwerke; Konzerte.
5) John (19. 7. 1789–17. 12. 1854), engl. Maler u. Graphiker, Vertr. d. spätromant. Vorliebe f. d. Visionäre u. Unheimliche; figurenreiche Historienbilder meist n. Themen d. Apokalypse u. d. Alten Testaments, d. er durch extreme Raumtiefe, theatral. Lichteffekte u. gigant. Architekturen dramatisiert; *Das Fest Belsazars;* auch Buchillustrationen.
6) Kenneth (* 13. 4. 1905), brit. Bildhauer u. Maler; mobile Drahtplastiken, Environments, math. konzipierte abstrakte Gemälde u. Zeichnungen.
7) Pierre [-'tɛ̃] (18. 8. 1824–25. 5. 1915), frz. Gewehrfabrikant; erfand zus. mit seinem Bruder Émile 1864 basischen Herdofenprozeß zur Stahlbereitung, → Martinofen.
Martin du Gard [-,tɛ̃ dy'gaːr], Roger (23. 3. 1881–23. 8. 1958), frz. Romancier; *Die Thibaults* (Familienroman, 8 Bde); Nobelpr. 1937.
Martinelli, Domenico (30. 11. 1650 bis 11. 9. 1718), it. Quadraturmaler u. Architekt, durch s. intern. Tätigkeit wichtig f. d. Verbreitung d. it. Barock n. d. Alpen; schuf im Stadtpalais Liechtenstein (Wien) das f. d. Palastbau typenbildende triumphale Treppenhaus.
Martini,
1) → Simone Martini.
2) Arturo (11. 8. 1889–22. 3. 1947), it. Bildhauer d. Neoklassizismus u. Vertr. d. Gruppe „Valori Plastici"; *Livius Patavinus.*
3) Padre Gianbattista (24. 4. 1706 bis 4. 10. 84), it. Musiktheoretiker u. Komponist.
Martini, *Martinstag,* 11. 11. (Festbraten: *Martinsgans*); → Martin von Tours.

Martinique [-'nik], Insel der Kl. Antillen, frz. Übersee-Dép. (1674 bis 1946 Kolonie), vulkanisch (*Montagne Pelée* 1397 m); 1102 km², 368 000 E (Schwarze u. Mulatten); Ausfuhr: Zucker, Rum, Bananen, Ananas, Hptst. *Fort-de-France* (101 500 E); intern. Flughafen.
Martinofen, *Siemens-M.-Stahlofen,* zur Stahlerzeugung (→ Tafel Eisen- u. Stahlgewinnung).
Martinson, Harry (6. 5. 1904–11. 2. 78), schwed. Dichter; *Aniara; Die Nesseln blühen; Der Weg hinaus; D. Weg n. Glockenreich; Reisen ohne Ziel;* Nobelpr. 1974.
Martinů, Bohuslav (8. 12. 1890–28. 8. 1959), tschech. Komp.; 12 Opern: *The Greek Passion;* Orchesterwerke; Kammermusik.
Märtyrer [gr. „Zeuge"], Blutzeuge, d. sich f. seine Ideen od. s. Glauben opfert.
Martyrium [gr. „Zeugnis"],
1) Opfertod christl. Blutzeugen, *Fest aller Märtyrer* (1. 11.).
2) Marter, Qual.
Martyrologium, *s.,* Verzeichnis zunächst d. Märtyrer (s. 4. Jh.), dann auch aller Heiligen i. kalendar. Anordnung nach ihren Gedenktagen.
MARV, Abk. für **Ma**nœuvrable **R**eentry **V**ehicles, Weiterentwicklung d. → MIRV-Technik; Sprengköpfe einer Rakete sind bis ins Ziel noch manövrierfähig.
Marwitz, Ludwig v. d. (29. 5. 1777 bis 6. 12. 1837), preuß. Gen.leutnant, Gegner von Stein u. Hardenberg.
Marx,
1) Karl (5. 5. 1818–14. 3. 83), Begr. des wiss. Sozialismus; 1842/43 an der liberalen „Rheinischen Zeitung"; 1843 in Paris; 1845 in Brüssel; Verbindung mit dem „Bund der Kommunisten"; in dessen Auftrag entstand 1847/48 in Zusammenarbeit mit Engels das *Kommunist. Manifest.* 1848 in Köln Redakteur der von ihm gegr. „Neuen Rheinischen Zeitung"; im Exil, in London, schrieb er *Zur Kritik der pol. Ökonomie* (1859) u. s. Hptwerk *Das Kapital* (1. Band 1867, 2. u. 3. Band v. Engels aus Nachlaß hg. 1885–94); in ihnen begr. er mit Hilfe der dialekt. Methode Hegels, anknüpfend an die Werttheorie Ricardos, seine auf der Grundlage einer materialist. Geschichtsauffassung aufgebaute Wirtschafts-, Staats- u. Gesellschaftstheorie. Daraus entwickelte sich d. **Marxismus** (→ Sozialismus, Übers.).
2) Wilhelm (15. 1. 1863–5. 8. 1946), dt. Pol. (Zentrum); 1923–25 u. 1926–28 Reichskanzler.
Marx Brothers ['maːks 'brʌðəz], am. Varieté- u. Film-Komikerteam der 30er Jahre: *Chico, Harpo, Groucho, Zeppo* u. *Gummo* Marx; *Duck Soup; A Night at the Opera; A Day at the Races.*
Marxstadt, früher *Jekaterinenstadt,* St. an der Wolga, → Wolgadeutsche.
Mary, früher *Merw,* Oasenstadt im Wüstengebiet (Karakum) v. Turkmenistan, im Murgabdelta, 89 000 E; Baumwollanbau.
Maryland ['mɛərɪlænd], Abk. *Md.,* Staat d. USA an d. Chesapeakebai, 27 092 km², 4,91 Mill. E; Hptst. *Annapolis* (33 200 E); gute Naturhäfen, Hpthafen: *Baltimore;* Anbau v. Weizen, Mais, Tabak, Gemüse, Obst; Konservenind.; Kohle- u. Erdgasgewinnung.

MARTINIQUE	
Name des Territoriums:	Martinique
Regierungsform:	Französisches Übersee-Département
Präfekt:	Jean-François Cordet
Hauptstadt:	Fort-de-France 101 500 Einwohner
Fläche:	1102 km²
Einwohner:	375 000
Bevölkerungsdichte:	340 je km²
Bevölkerungswachstum pro Jahr:	Ø 1,0% (1990–1995)
Amtssprache:	Französisch
Religion:	Katholiken
Währung:	Franz. Franc
Zeitzone:	MEZ – 5 Std.
Karte:	→ Antillen

Martinique

Karl Marx

März, nach d. Mars ben. 3. Monat (31 Tage); altdt. *Lenzing.*
Märzenbecher, *Frühlingsknotenblume,* dem Schneeglöckchen verwandter Frühjahrsblüher; höher, Blütenblätter m. gelbgrünen Spitzen.
Marzipan, *m.* od. *s.* [arab.-it.], Naschwerk, aus gemahlenen Mandeln, Zucker m. Rosenwasser, Gewürzen geknetet.
Märzrevolution, Bez. für d. bürgerl.-liberalen Revolution d. Jahres 1848 (Wien, Berlin, München).
MAS, Abk. f. **M**ilitary **A**gency for **S**tandardization, Militärausschuß für Standardisierung d. NATO.
Masaccio [ma'zattʃo] (21. 12. 1401 bis 28), florentin. Maler; gilt als Begr. d. it. Renaiss.malerei; Fresken z. B. in Florenz (u. a. in den Kirchen S. Maria del Carmine u. S. Maria Novella).
Masada, Ruinenstadt auf e. Felsplateau am Toten Meer. Unter Herodes d. Gr. 36–30 v. Chr. zur Festung ausgebaut, ab 66 n. Chr. Festung gg. d. Römer. Zuflucht der letzten Überlebenden des jüd. Aufstands 70 n. Chr. Um d. röm. Eroberung zu entgehen, begingen alle 960 Bewohner Selbstmord.
Masaryk,
1) Jan (14. 9. 1886–10. 3. 1948,), tschechischer Pol., seit 1945 Außenmin., nach Einsetzung d. kommunist. Reg. wahrscheinl. Selbstmord.
2) Thomas (7. 3. 1850–14. 9. 1937), tschech. Phil. u. Pol., Verfechter d. nat. Selbständigkeit des tschech. Volkes; 1918–35 Präs. d. Tschechoslowak. Rep.; *Die Weltrevolution.*
Mascagni [-ɲi], Pietro (7. 12. 1863 bis 2. 8. 1945), it. Komp. verist. Stils; Oper: *Cavalleria rusticana.*
Mascara, Handelsstadt in alger. Bez. Mostaganem; große Märkte, Wein- u. Getreideanbau; 71 000 E.
Mascarpone, it. vollfetter Quark.
Maschikulis, *w.* [frz.], svw. → Pechnase.
Maschine [l. „machina"], mechan. Vorrichtung, die unter Ausnutzung v. Naturkräften als Antriebs-M. od., durch eine solche angetrieben, zwangsläuf. Bewegungen ausführt und Arbeit leistet.
Maschinenbau, i. d. BR zweitstärkste Ind.gruppe; Hauptorganisation des M.s i. d. BR: *Verein Dt. Maschinenbau-Anstalten* (VDMA).
Maschinengewehr, *MG,* Schnellfeuerwaffe, für Feuerstöße, Dauerfeuer, auch Einzelfeuer, 1901 in dt. Heer eingeführt, ca. 1000 Schuß/Min.
Maschinenkanone, ähnl. wie Maschinengewehr konstruierte Kanone m. kl. Kaliber, um 1890 bei d. dt. Marine eingeführt. Heute bes. als Flugzeugeschütz verwendet; auch Fla-Geschütze sind M.
Maschinenpistole, *MP,* kleine vollautomat. Schnellfeuerwaffe f. Einzel- u. Dauerfeuer, ca. 500 Schuß/Min.
Maschinenringe, freiwillige Zusschlüsse v. Land- u. Forstwirten, um teure Maschinen rationell u. überbetriebl. einsetzen zu können.
Maschinensprache, Programmiersprache für e. best. → Datenverarbeitungsanlage; die einz. Anweisungen können v. Prozessor direkt verstanden u. ausgeführt werden; daher sind Programme in M. sehr effizient; Nachteil: aufwendiges → Programmieren, deshalb Einsatz v. → Übersetzungsprogrammen.
Maschinenstraße → Transferstraße.
Maschinenstundensatzrechnung, Methode im betriebl. Rechnungswesen z. Ermittlung d. Kosten/Std. v. Maschinenlaufzeiten, -stillstandszeiten; Modifikation d. Zuschlags- u. Kalkulation.
Maschinenstürmer, Zerstörung v. Spinnmaschinen u. automat. Webstühlen durch die zu Beginn der Industrialisierung in ihrer Existenz bedrohten Heimarbeiter u. Handwerker.
Maschinentelegraph, auf Schiffen mechan. od. el. Einrichtung z. Befehlsübermittlung v. d. Brücke an d. Maschinenraum.
Mascotte → Maskottchen.
Masefield ['meɪs-], John (1. 6. 1878 bis 12. 5. 1967), engl. Lyriker u. Erzähler; *Orkan;* Dramen.
Maser ['meɪzə], engl. Abk. f. **m**icrowave **a**mplification by **s**timulated **e**mission of **r**adiation, Gerät zur Erzeugung u. Verstärkung elektromagnet. Schwingungen höchster Frequenzen; 1954 entwickelt; Hauptanwendungsgebiet: Nachrichtentechnik (z. B. als → Verstärker u. → Oszillator); → Laser.
Masereel, Frans (31. 7. 1889–3. 1. 1972), belg. Graphiker u. Maler; hpts. (spät-)expressionist. Stilmittel; Holzschnitte.
Masern, *Morbilli,* akut-fieberhafte Infektionskrankheit im Kindesalter, durch *M.Virus;* großfleckiger Hautausschlag, Schleimhaut-Katarrh.
Maseru, Hptst. von Lesotho, 109 000 E; Bischofssitz, Handelszentrum; Flughfn.
Masinissa, *Massinissa,* Kg von Numidien, seit 204 v. Chr. röm. Bundesgenosse gegen Karthago.
Maskarenen, Inselgruppe im Indischen Ozean, östl. v. Madagaskar, fruchtb. u. dicht besiedelt, Zuckerrohr. Hauptinseln *Réunion, Mauritius, Rodriguez.*
Maskat und Oman, englisch *Muscat and O.,* → Oman.
Maske [arab.],
1) Verkleidung des Gesichts zu Kultzwecken; *Totenmasken* b. d. Ägyptern, Mexikanern, griech. Urvölkern, z. T. aus Gold; zu *Tanzhandlungen:* bei den Naturvölkern u. im MA (→ Teufelsmaske); für d. Schauspieler (aus Holz mit Schall-

Griech. Terrakottamaske, 3. Jh. v. Chr.

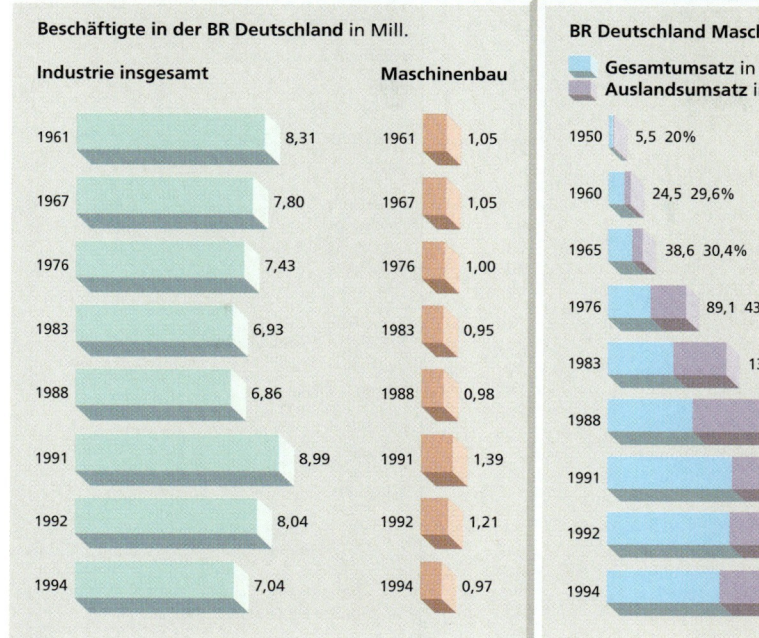

verstärker an d. Mundöffnung) bei d. griech. Tragödie u. Komödie und beim jap. *Theater; Toten-* u. *Lebend-M.* in Gips.
2) das durch Schminke, Perücke u. ä. veränderte Schauspielergesicht.
Maskottchen, *s.* [frz.], Glücksbringer, Talisman (Puppe, Amulett, auch Tiere).
Maskulinum, *s.* [l.], männl. Geschlecht (eines Wortes).
Masochismus, n. → *Sacher-Masoch* benannt; lustvolles Erdulden von Mißhandlungen; Ggs.: → Sadismus.
Masolino, eigtl. *Tommaso di Cristofano Fini* (um 1383–um 1445), it. Maler; e. Hptvertr. d. Intern. Gotik; z. T. gemeinsam m. Masaccio in Florenz (u. vielleicht Rom) tätig; Fresken in Sta. Maria del Carmine (Florenz) u. S. Clemente (Rom).
Mason [meɪsn], James (15. 5. 1909 bis 27. 7. 84), engl. Filmschausp.; *Odd Man Out; Lolita.*
Masora, *w.* [hebr. „Überlieferung"], *Massora,* d. v. d. jüd. Schriftgelehrten d. 7.–10. Jh., d. *Massoreten,* verfaßten textkrit. Rand- und Schlußbemerkungen z. hebr. Text d. AT.
Masowien, poln. *Mazowsze,* flache, fruchtbare Landschaft zw. Weichsel u. Narew; 1138–1526 selbst. Hzgt.
Maspero, Gaston (23. 6. 1846–30. 6. 1916), Gründer d. frz. Inst. f. oriental. Archäologie in Kairo; Leiter zahlreicher Ausgrabungen, fand 1881 durch d. Hinweis eines gefaßten Grabräubers d. → Cachette in Theben-West.
Massa, [Pidgin], Herr.
Massachusetts [mæsəˈtʃuːsɛts], Abk. *Mass.,* Staat der USA zw. Alleghenies u. Atlantik, 21 456 km², 6,0 Mill. E; Fischerei, Textil-, Metall-, elektrotechn. und elektronische Ind., Maschinenbau; Hptst. *Boston.*
Massada, *Masada,* jüd. Festung, 72 n. Chr. von d. Römern nach d. Aufstand d. Juden belagert; die Belagerten begingen nach 1 Jahr d. aussichtslosen Widerstands Massenselbstmord.
Massage, *w.* [frz. -ʒə], kunstgerechtes Streichen, Reiben, Kneten u. Beklopfen d. Körpers; bewirkt u. a. bessere Durchblutung des Gewebes, entspannt die Muskulatur; energischer Hautreiz; *Schwedische M.* u. → *Gymnastik; Vibrations-M.* dringt durch Erschütterungen mehr in die Tiefe; *Nervenpunkt-M.* (Cornelius) z. Beseitigung best. Nerven- u. Muskelschmerzen; *Bindegewebs.-M., Reflexzonen-M.* (nach Dicke-Leube), Strich-M. bes. d. im Bindegewebe gelegenen → Reflexzonen.
Massageten, antikes Nomadenvolk nördl. des Kasp. Meers (Herodot); wohl spätere Alanen.
Massai, sehr hochwüchsiger nilotohamitischer Stamm, vorwiegend in der M.steppe des ostafrikan. Hochlands, Rinderzucht.
Massaker, *s.* [frz.], Gemetzel.
Maßanalyse, Ermittlung d. Menge eines gelösten Stoffs durch → Titration.
Massaua, Hafenst. v. Eritrea, am Roten Meer, 15 000 E; Zementind., Salzgewinnung; einer d. heißesten Orte d. Erde; 30 °C Jahresmittel.
Masse,
1) *allg.* die Menge der Materie (Stoff), aus der ein Körper besteht.
2) *soziolog.* ungegliederte, unpersönl. Vielzahl von Menschen, die aber eine Eigenschaft gemeinsam hat, z. B. Publikum, od. bei Massenveranstaltungen, Demonstrationen.
3) *phys.* Ursache f. Trägheit u. Schwere eines Körpers; Maßeinheit im SI-System: *Kilogramm* (kg); 1 kg erfährt durch d. Kraft 1 *N* d. Beschleunigung 1 m/s². → Kraft, → Gravitation.
Masse-Energie-Äquivalent, nach Einstein (→ Relativitätstheorie) ist 1 g Masse äquivalent einer Energie von $9 \cdot 10^{13}$ J. Wichtige Umrechnungsbeziehung für alle Prozesse, bei denen Masse in Energie (u. umgekehrt) verwandelt wird, z. B. Kernfusion (→ Fusion), → Kernspaltung u. Paarbildung.
Massel,
1) *w.,* Gußbarren (Roheisen), glatt oder gekerbt.
2) Glück; Ggs.: → Schlamassel.
Massenanziehung → Gravitation.
Massendefekt → Kernphysik, Übers.
Massenet [masˈnɛ], Jules (12. 5. 1842 bis 13. 8. 1912), frz. Komp.; Opern: *Manon; Werther.*
Massenspektrometer, Gerät, bei dem man aus d. gemessenen Ablenkung von el. geladenen Atomen (→ Ionen) im el. und/oder magnet. Feld die Masse d. Atome bestimmen kann.
Masseschulden → Konkurs.
Maße u. Gewichte → Übers.
massiv [frz.], ausgefüllt, gediegen, grob.
Massiv, *s.,* Gebirgsblock.
Masson [maˈsɔ̃], André (4. 1. 1896 bis 28. 10. 1987), frz. Maler u. Graphiker; vom Kubismus geprägter Vertr. d. Surrealismus u. Automatismus, während s. Exils in d. USA (1941–45) einfluß. f. d. Entwickl. d. Abstrakten Expressionismus; *Von Pfeilen durchbohrte Vögel; La nuit fertile.*
Maßregeln, werden zur Sicherung u. Besserung v. Gericht anstelle (z. B. Unterbringung in einer psychiatr. Krankenanstalt) od. neben der Strafe (z. B. Entziehung d. Fahrerlaubnis, Sicherungsverwahrung) angeordnet; §§ 61 ff. StGB.
Maßstab,
1) Meßwerkzeug in Stabform m. Einteilung in Längeneinheiten (z. B. Zentimeter od. Zoll).
2) auf Landkarten: das Verhältnis der eingezeichneten Länge zur wirklichen (so heißt z. B. M. 1 : 100 000, daß 1 cm auf der Karte 100 000 cm od. 1 km in der Natur entspricht).
Maßsystem, System v. Maßeinheiten, die auf wenigen Grundgrößen aufgebaut sind; Intern. Einheitensystem; → SI-Einheiten (→ Maße u. Gewichte, Übers.), umfaßt 7 Grundgrößen: *Meter, Kilogramm, Sekunde, Ampere, Kelvin, Mol, Candela.*
Maßwerk, aus Kreisen und Kreisbogen zus.gesetztes Bauornament d. Gotik.
Massys, [ˈmɑsɛis], *Metsys* u. ä., Quentin (1465/6–1530), fläm. Maler zw. Spätgotik u. Frührenaiss.; hpts. Bildnisse.
Maßzölle, nach Maß u. Gewicht der eingeführten Waren bestimmte Zölle (z. B. für Stoffe); Ggs.: Wertzölle.
Mast, *m.,*
1) Stütze für el. Leitungen als Holz-, Gitter- od. Schleuderbeton-M.
2) M.baum auf Schiffen, hat Mars-, Bram-, Oberbramstenge zur Befestigung

Lebend-Maske Beethovens, 1812

Maße und Gewichte

Metrische Einheiten

Längenmaße

km	(Kilometer)	=	1000	m
m	(Meter)	=	10	dm
dm	(Dezimeter)	=	10	cm
cm	(Zentimeter)	=	10	mm
mm	(Millimeter)	=	1000	µm
µm	(Mikrometer)	=	1000	nm
nm	(Nanometer)	=	10 Å (Ångström)	

Flächenmaße

km^2	(Quadratkilometer)	=	100	ha
ha	(Hektar)	=	100	a
a	(Ar)	=	100	m^2
m^2	(Quadratmeter)	=	100	dm^2
dm^2	(Quadratdezimeter)	=	100	cm^2
cm^2	(Quadratzentimeter)	=	100 mm^2 (Quadratmillimeter)	

Raummaße

m^3	(Kubikmeter)	=	1000	dm^3
dm^3	(Kubikdezimeter)	=	1000	cm^3
cm^3	(Kubikzentimeter)	=	1000 mm^3 (Kubikmillimeter)	

Hohlmaße

hl	(Hektoliter)	=	100	l
l	(Liter)	= 1 dm^3 =	10	dl
dl	(Deziliter)	=	10	cl
cl	(Zentiliter)	=	10	ml
ml	(Milliliter)	=	1000 µl (Mikroliter)	

Masseneinheiten

t	(Tonne)	=	1000	kg
kg	(Kilogramm)	=	1000	g
dag	Dekagramm	=	10	g
g	(Gramm)	=	10	dg
dg	(Dezigramm)	=	10	cg
cg	(Zentigramm)	=	10	mg
mg	(Milligramm)	=	1000 µg (Mikrogramm)	

Angelsächsische Einheiten

Längenmaße

statute mile = 8 furlongs	=	1,609	km
furlong	=	10	chains
chain	=	11	fathoms
fathom = 2 yards	=	1,8288	m
yard = 3 feet	=	91,44	cm
foot = 12 inches	=	30,48	cm
inch = 40 lines	=	2,54	cm
line	=	0,635	mm
mile	=	0,0254	mml

Flächenmaße

square mile = 640 acres	=	2,59	km^2
acre = 4 roods	=	4046,9	m^2
rood	=	10,117	a
square yard	=	0,83613	m^2
square foot	=	929,03	cm^2
square inch	=	6,4516	cm^2

Raummaße

register ton	=	2,832	m^3
cubic yard	=	0,765	m^3
cubic foot	=	28,317	l
cubic inch	=	16,387	ml

Hohlmaße für Trockensubstanzen

barrel, USA	=	0,116	m^3
bushel, brit.	=	36,37	l
bushel, USA	=	35,24	l
dry quart = 2 pt. USA	=	1,101	l
dry pint, USA	=	0,551	l

Hohlmaße für Flüssigkeiten

barrel, brit.	=	1,637	hl
barrel, USA (nur f. Öl)	=	1,59	hl
gallon, brit.	=	4,55	l
gallon, USA	=	3,79	l
liquid quart = 2 pt., brit.	=	1,136	l
liquid quart = 2 pt., USA	=	0,946	l
liquid pint, brit.	=	0,568	l
liquid pint, USA	=	0,473	l

Masseneinheiten avoirdupois (avd.)

long ton = 20 cwts.	=	1,016	t
short ton = 20 centals	=	0,907	t
hundredweight (cwt.) = 4 qrs.	=	50,80	kg
cental = 100 lbs.	=	45,36	kg
quarter (qr.) = 28 lbs.	=	12,7	kg
pound (lb.) = 16 oz.	=	453,59	g
ounce (oz.) = 16 dr.	=	28,349	g
dram (dr.)	=	1,772	g

Abweichende Einheiten

Alte deutsche Einheiten

Linie	=	2,174	mm
Zoll = 12 Linien	=	2,6	cm
Fuß = 12 Zoll	=	31,3	cm
Elle = 2 Fuß	=	62,6	cm
Klafter = 3 Ellen	=	1,88	m
Rute = 2 Klafter	=	3,76	m
Meile = 2000 Ruten	=	7,532	km
Morgen	=	25,532	a
Tagwerk	=	34,07	a
Hufe	=	17,021	ha
Metze	=	3,435	l
Scheffel = 16 Metzen	=	54,962	l
Quart	=	1,145	l
Oxhoft	=	206,2	l
Fuder = 4 Oxhoft	=	828,4	l
Quentchen	=	4,375	g
Lot = Quentchen	=	17,5	g

Nautische Einheiten

Faden	=	1,852	m
Kabel = 100 Faden	=	185,2	m
sm (Seemeile) = 10 Kabel	=	1,852	km
Meridiangrad = 60 sm	=	111,111	km

Edelmetalle und -steine

Gran	=	50	mg
Karat = 4 Gran	=	0,2	g

Alte russische Einheiten

Arschin	=	71,11	cm
Saschen	=	2,3	cm
Werst	=	1,0668	km
Desjatine	=	1,0925	ha
Wedro	=	12,3	l
Botschka	=	492	l
Pud	=	16,38	kg

AFGHANISTAN
metrisches System, ferner:

1 Arschin	=	1,12	m
1 Man = 40 Ka	=	4,48	kg

ARABIEN

1 Draa	=	0,49	m
1 Timan	=	56,8	l
1 Rottoll	=	276,8	

CHINA

1 Li = 180 Chang	=	644,4	m
1 Ching	=	6,14	ha
1 Sheng = 10 Ho	=	1,03	l
1 Tan (oder Picul) = 100 Chin	=	60,453	kg
1 Tael (Liang)	=	37,783	g

JAPAN
metrisches System, außerdem:

1 Shaku	=	30,303	cm
1 Ri = 12960 Shaku	=	3,9273	km
1 Tsubo	=	3,36	qm
1 Kwan = 1000 Momme	=	3,75	kg
1 Picul	=	60,48	kg

PERSIEN

1 Färsakh	=	6,24	km
1 Zar = 4 Tscherek	=	1,04	m
1 Rottel	=	336	g

ÄGYPTEN
metrisches System, ferner:

1 Dira Macmari = 6 Quabdah	=	75	cm
1 Feddan	=	42	a

INDIEN
wie Großbritannien, ferner:

1 Guz	=	91,4 cm (Bengalen)	
1 Ser = 16 Chittak	=	933	g

THAILAND

1 Picul	=	60,48	kg

System der Vorsilben (SI-Vorsätze): ohne Vorsilbe ... Maßeinheit

Dezi......	...d	= 10^{-1}	Nano.....	...n	= 10^{-9}	Deka.....	...da	= 10^1	Giga......	...G	= 10^9
Zenti......	...c	= 10^{-2}	Piko	...p	= 10^{-12}	Hekto	...h	= 10^2	Tera	...T	= 10^{12}
Milli	...m	= 10^{-3}	Femto	...f	= 10^{-15}	Kilo........	...k	= 10^3	Peta	...P	= 10^{15}
Mikro	...µ	= 10^{-6}	Atto	...a	= 10^{-18}	Mega.....	...M	= 10^6	Exa.........	...E	= 10^{18}

Beispiele: 1 km (Kilometer) = 10^3 m = 1000 Meter   1 cl (Zentiliter) = 10^{-2} l = $^1/_{100}$ Liter   1 MΩ (Megaohm) = 10^6 Ω = 1 000 000 Ohm

SI-EINHEITEN

Tabelle 1: SI-Basiseinheiten

Basisgröße	Basiseinheit	
	Name	Zeichen
Länge	Meter	m
Masse	Kilogramm	kg
Zeit	Sekunde	s
elektrische Stromstärke	Ampere	A
thermodynamische Temperatur	Kelvin	K
Stoffmenge	Mol	mol
Lichtstärke	Candela	cd

Durch die Einführung der SI-Einheiten in der BR sind einige ältere Maßeinheiten, die bisher gültig waren (wie z.B. *Kalorie, Pferdestärke, Röntgen*), durch international gültige Einheiten ersetzt worden (nämlich: Joule, Kilowatt und Rem). Das ist besonders für die Wissenschaft und Technik sehr vorteilhaft, denn es vereinfacht viele Berechnungen, weil bei einem einheitlichen Einheitensystem komplizierte Umrechnungen in andere Einheiten entfallen, d.h., es gibt für jede Größe nur eine Einheit. Wie aus den Tabellen ersichtlich ist, gibt es zwei Gruppen von SI-Einheiten, 1. die *Basiseinheiten* (Tabelle 1), deren Definitionen offiziell festgelegt wurden, und 2. die *abgeleiteten Einheiten*, die aus den Basiseinheiten (ebenso wie die entsprechenden Größen aus den Basisgrößen) gebildet werden. Die abgeleiteten SI-Einheiten, die einen besonderen Namen erhalten haben, sind in der Tabelle 2 mit ihren jeweiligen Größen aufgeführt. Die *SI-Vorsätze*, die benötigt werden, um Teile oder Vielfache von Einheiten zu bezeichnen (z.B. *Milli*meter, *Kilo*watt), sind als System der Vorsilben in der Übersicht Maße und Gewichte enthalten.

Tabelle 2: Abgeleitete SI-Einheiten mit besonderem Namen

Größe	SI-Einheit			
	Name	Zeichen	Beziehung zu anderen SI-Einheiten	Beziehung zu den SI-Basiseinheiten
ebener Winkel	Radiant	rad		1 rad = 1 m/m
räumlicher Winkel	Steradiant	sr		1 sr = 1 m^2/m^2
Frequenz	Hertz	Hz		1 Hz = 1 s^{-1}
Kraft	Newton	N		1 N = 1 m kg s^{-2}
Druck, mech. Spannung	Pascal	Pa	1 Pa = 1 N/m^2	1 Pa = 1 m^{-1} kg s^{-2}
Energie, Arbeit, Wärmemenge	Joule	J	1 J = 1 N·m	1 J = 1 m^2 kg s^{-2}
Leistung	Watt	W	1 W = 1 J/s	1 W = 1 m^2 kg s^{-3}
elektrische Ladung, Elektrizitätsmenge	Coulomb	C		1 C = 1 As
elektrische Spannung	Volt	V	1 V = 1 W/A	1 V = 1 m^2 kg s^{-3} A^{-1}
elektrische Kapazität	Farad	F	1 F = 1 C/V	1 F = 1 m^{-2} kg^{-1} s^4 A^2
elektrischer Widerstand	Ohm	Ω	1 Ω = 1 V/A	1 Ω = 1 m^2 kg s^{-3} A^{-2}
elektrische Leitfähigkeit	Siemens	S	1 S = 1 A/V	1 S = 1 m^{-2} kg^{-1} s^3 A^2
magnetischer Fluß	Weber	Wb	1 Wb = 1 Vs	1 Wb = 1 m^2 kg s^{-2} A^{-1}
magnetische Flußdichte, magnetische Induktion	Tesla	T	1 T = 1 Vs/m^2	1 T = 1 kg s^{-2} A^{-1}
Induktivität	Henry	H	1 H = 1 Wb/A	1 H = 1 m^2 kg s^{-2} A^{-2}
Celsius-Temperatur	Grad Celsius	°C		1 °C = 1 K
Lichtstrom	Lumen	lm	1 lm = 1 cd · sr	
Beleuchtungsstärke	Lux	lx	1 lx = 1 lm/m^2	
Aktivität einer radioaktiven Substanz	Becquerel	Bq		1 Bq = 1 s^{-1}
Energiedosis	Gray	Gy	1 Gy = 1 J/kg	1 Gy = 1 m^2 s^{-2}

des Segelwerks; Fock-M. steht vorn, Groß-M. in der Mitte, Kreuz-M. (mit Gaffel: Besan-M.) hinten am Schiff (Abb. → Takelung); Signal-M. zum Signalisieren auf Kriegsschiffen.
Mast, *w.,*
1) Fettfüttern, *Mästen*, von Tieren.
2) d. Fruchtansatz an Eichen u. Buchen.
Mastaba, *w.* [arab. „Bank"], altägypt. Grabbauten m. rechteckigem Grundriß u. Schrägwänden.
Mastdarm, *Enddarm, Rektum,* durch ringförmigen Schließmuskel verschlossen.
Mastdarmblutung, meist durch Hämorrhoiden od. Krebs.
Mastdarmvorfall, *Prolaps,* Ausstülpung der Mastdarmschleimhaut nach außen durch Erschlaffung d. Beckenbodenmuskulatur.
Mastektomie, Brustentfernung bei Krebs.

Master [engl. ′ma:stə], „Meister", engl. Anrede für junge Herren; „Lehrer", svw. Studienrat; auch als akad. Titel *(Magister);* **M. of Arts,** *M. A.,* = Magister d. Geisteswissenschaften, **M. of Science,** *M. S.,* = Magister d. Naturwissenschaften.
Masters Turnier, Abschlußturnier d. Punktbesten i. d. Jahreswertung (bes. im Tennis).
Mastiff, *m.,* engl. Dogge.
Mastitis, *w.* [gr.], Brustdrüsenentzündung.
Mastix, *m.,* Harz des **M.baumes,** Mittelmeer; für Firnisse, Lacke, Kaugummi, Klebemittel.
Mastkorb → Krähennest.
Mastodon, *s.* [gr.], fossiler Elefantenverwandter; z. T. mit Stoßzähnen im Unter- und Oberkiefer.
Mastoiditis, Entzündung e. Knochens hinter dem Ohr *(Mastoid).*

Mastopathie, nichtentzündl. Erkrankung der Brustdrüse, z. B. *Mastopathia fibrosa cystica.*
Mastroianni, Marcello (28. 9. 1924–19. 12. 1996), it. Filmschausp.; *La dolce vita; Divorzio all'italiana; Allonsanfan; La città delle donne; Ginger e Fred.*
Masturbation [l.], → Onanie.
Masur, Kurt (* 18. 7. 1927), dt. Dirigent; 1970–94 Chefdirigent d. Leipziger Gewandhauses, ab 1992 Musikdirektor der New Yorker Philharmoniker.
Masuren, ostpreuß. Moränenlandschaft m. Hügeln, Wäldern, Heiden u. vielen Seen *(Spirding-* und *Löwentinsee);* ben. nach dem slaw. Volksstamm der ev. M.; Hptorte: *Lyck, Ortelsburg.*
Masut, *s.* [russ.], Rückstand des Rohpetroleums bei der Destillation in Raffinerien; Sp. über 300 °C; als Heizöl und als Ausgangsstoff für durch → Cracken hergestelltes Benzin.

Matabeleland, Gebiet in → Simbabwe.
Matadi, Prov.hptst. in Zaïre, Hafen am Kongo, 166 000 E; kath. Bischofssitz, pharmazeut. u. Nahrungsmittelind.; Ausgangsort d. Kongobahn; Ausfuhr v. Baumwolle, Kaffee, Palmöl, Kupfer u. a.
Matador, span. Stierkämpfer, der d. Stier niedersticht.
Mata Hari, eigentl. *Margareta Zelle* (1876–1917), ndl. Tänzerin; in Paris als dt. Spionin erschossen.
Matamata, *w.,* Schlangenhalsschildkröte N-Brasiliens mit rüsselförmiger Nase, Hautlappen a. Hals u. stark gebuckeltem (bis 38 cm langem) Panzer.
Matanzas, Hafenst. im N Kubas, 113 000 E.
Mataré, Ewald (25. 2. 1887–29. 3. 1965), dt. Bildhauer, dinghaft materialer. Eigenform: Tierplastiken; *Türflügel* (Kölner Dom, S-Portal; Friedenskirche Hiroshima).
Match, *m.* od. *s.* [engl. mætʃ], sportl. Wettkampf.
Mate, *m., Paraguaytee,* Aufgußgetränk aus coffeinhaltigen südam. od. einheim. Stechpalmenblättern.
Matejko, Jan (28. 7. 1838–1. 11. 93), poln. Maler d. Spätromantik, bedeutendster u. populärster Historienmaler s. Landes; *Huldigungseid Albrechts von Preußen; Aufhängung d. Sigismund-Glocke.*
Mater, *w.* [l.], „Mutter"; auch svw. → Matrize.
Mater dolorosa [l. „schmerzensreiche Mutter"], in d. bild. Kunst Darstellung d. Maria in schmerzvollem Leid über Passion u. Tod ihres Sohns Jesus; ab etwa 1300 meist als → Pietà, s. 15. Jh. auch als Einzelfigur.
Mater et Magistra [l. „Mutter und Lehrerin"], Sozialenzyklika Papst Johannes' XXIII. (1961) über die Gestaltung des heutigen Sozialebens in christl. Sicht, basierend auf → *Rerum novarum* und → *Quadragesimo anno.*
Materialisation [l.], angebl. Erzeugung körperhafter Gebilde durch spirit. Medien.
Materialismus,
1) *prakt. M.:* materielle, ungeistige Lebensanschauung; nur auf äußerliche Glücksgüter (Genuß, Gewinn usw.) gerichtet *(materialistisch).*
2) *theoret. M.:* phil. Anschauung, daß unsere Welt die tatsächl. u. einzige Realität u. ihre alleinige u. ewige Grundlage die körperl. Masse *(Materie)* sei, während alles Geistige u. Seelische nichts mehr als deren Funktion sei (Hobbes, Lamettrie, Feuerbach, Büchner, Haeckel); Ggs.: → Idealismus.
3) *psych. M.,* für den d. Seelisch-Geistige entweder selbst stofflicher Natur oder Produkt, Funktion phys. Vorgänge ist.
4) *historischer M.:* geschichtsphil. Anschauung, daß d. Entwicklung d. Menschen in geist. u. soz. Beziehung von s. ökonom. (materiellen) Lebensumständen bestimmt ist. Konsequenz: alles geschichtl. Gewordene ist nur aus d. ökonom. Entwicklung begreifbar; am deutlichsten ausgeprägt als *dialekt. M.* (Marx), nach Hegels Lehre vom Umschlagen der Gegensätze, die auch die Grundlage abgibt für den revolutionären Kampf.

Henri Matisse, *Interieur mit Violine*

Matterhorn

Matthäus mit dem Engel, *Gemälde von Caravaggio*

Materie, *w.* [l.], Stoff, ungeformte körperl. Substanz; Fragenkreis.
materiell [frz.],
1) stoffl., körperlich.
2) sachlich, gewinnsüchtig.
Materiewellen, Modellvorstellung, setzt neben Bild vom Aufbau der Materie aus Atomen Wellenbild der → Elementarteilchen, die sich unter best. Versuchsbedingungen tatsächl. nicht wie Teilchen, sondern wie Wellen verhalten (de Broglie, 1924). Nach → Relativitätstheorie sind Masse u. Energie äquivalent, nach → Quantentheorie (Übers.) entspricht jedem Energiequant eine Welle; Verknüpfung beider liefert Äquivalenz von Teilchen u. Welle (Wellenmechanik). Wellennatur d. Materie erst bei Teilchen mit sehr kleinen Massen bemerkbar, da sie mit ansteigender Masse kleiner wird: Körper mit Masse 1 g bei Geschwindigkeit 1 cm/s entspr. Wellenlänge 10^{-26} cm, die nicht bemerkbar ist; dagegen ergeben Elektronen nach Beschleunigung durch 1 Volt Wellenlänge 10^{-7} cm, also Größenordnung der Röntgenstrahlen (Anwendung z. B. bei Elektronenmikroskop).
Materndienst, Zeitungskorrespondenz; wird in Form druckfertiger Matern versandt.
Mathematik, *w.* [gr.], Wiss. v. Wesen u. gesetzmäßigen Beziehungen der reinen Größen (Zahlen) u. räuml. Gebilde. Die Gesetze d. Zahlen behandeln *Arithmetik* u. d. *Algebra,* die *Zahlentheorie, Mengenlehre* u. die Teile d. *höheren Analysis* (Differential- u. Integralrechnung, Funktionentheorie). Räuml. Gebilde behandelt d. *Geometrie.* Die M. ist notwendige Grundlage der exakten Wiss. (Physik, Chemie, Astronomie), deren Gesetze Beziehungen zw. gemessenen Größen (Zeit, Länge, Masse usw.) sind. – *Gesch.:* Anfänge einer für das tägliche Leben erforderlichen M. bereits bei Babyloniern u. Ägyptern, übernommen u. zur Wiss. entwickelt von den Griechen, bes. Euklid (nach ihm die gewöhnliche Geometrie *euklidische* genannt), Apollonios, Archimedes, Diophantos. Griechische (u. indische) M. von den Arabern übernommen, durch deren Übersetzungen sie schon vor der Renaissance dem Abendland bekannt wurde. Große Mathematiker d. Folgezeit: Newton, Leibniz, Euler, Lagrange, Gauß, Cauchy, Poincaré, Riemann, Jacobi, Weierstraß, Hilbert, Heinrich Weber.
mathematische Zeichen, + *plus* (Additions-Z.; auch Kennzeichen positiver Zahlen); − *minus* (Subtraktions-Z.; auch Kennzeichen negativer Zahlen); · (veraltet ×) *mal* (Multiplikations-Z.); : *geteilt durch* (Divisions-Z.); > *größer als* . . . ; < *kleiner als* . . . ; = *gleich*; ≡ *identisch gleich*; ≈ *ungefähr gleich*; ∞ *unendlich*; √ *Wurzel aus* . . . (Radizierungs-Z.); lg *Logarithmus*; Σ *Summe*; *f* (. . .) *Funktion von* . . . ; ∫ *Integralzeichen*; *d Differential*; ~ *ähnlich*; ≅ *kongruent*; ∥ *parallel*; ⊥ *senkrecht*; ∆ *Dreieck*; ∢ *Winkel*; π → *Ludolfsche Zahl*; auch → *Fakultät.*
Mathesis universalis, *w.* [gr.-l. „universale Wissenschaft"], Bez. d. Gesamtgebietes aller formalen Wiss. (→ Descartes u. → Leibniz).
Mathey [´tɛ], Jean-Baptiste (um 1630

bis Dez. 96), frz. Architekt, Wegbereiter d. Hochbarock in Böhmen; *Erzbischöfl. Palais* u. *Schloß Troja* in Prag.
Mathias, *Matthias* [hebr. „Gottesgeschenk"], m. Vn.
Mathieu [-´tjø], Georges (* 27. 1. 1921), frz. Maler u. Plastiker; ein Hptvertr. d. Tachismus u. d. Informellen Kunst; prägte 1947 d. Begriff *lyr. Abstraktion* gg. d. vorherrschenden abstrakten Formalismus; Schrift *Au-delà du tachisme.*
Mathilde,
1) († 968), Gemahlin Heinrichs I., gründete Quedlinburg; Hlge.
2) M. v. Tuscien, nahm 1077 Papst Gregor VII. in → Canossa auf.
Matinée, *w.* [frz.],
1) künstlerische Veranstaltung am (Sonntag-)Vormittag.
2) Morgenkleid.
Matisse [-´tis], Henri (31. 12. 1869 bis 3. 11. 1954), frz. Maler m. gr. Wirkung auf dt. Expressionismus u. Bildhauer; begr. die Gruppe „Les Fauves" (→ Fauvismus); Entwicklung zu dekorativem Flächenstil m. zunehmender Farbintensität; Stilleben, Interieurs; Skulpturen; zuletzt Ausgestaltung der Kirche Chapelle du Rosaire in Vence.
Matjeshering, noch nicht geschlechtsreifer Hering.
Mato Grosso, Bundesstaat im W Brasiliens, Steppe mit Tafelbergen, i. N Urwald, am oberen Paraguay Sumpf; Viehzucht, Kaffee, Mangan, Kautschuk; 901 421 km², 1,93 Mill. E; Hptst. *Cuiabá* (401 000 E).
Mato Grosso do Sul, Staat im W Brasiliens, 1979 durch Teilung d. Staates Mato Grosso entstanden; 357 471 km², 1,8 Mill. E; Hptst. *Campo Grande* (525 600 E).
Mätresse, *w.* [frz. „Herrin"], Geliebte.
Matriarchat [gr.-l.], „Mutterherrschaft", d. h. sozialer Vorrang der Frau infolge → Mutterrechts.
Matrikel, *w.* [l.],
1) Verzeichnis der an Hochschulen eingetragenen Studenten.
2) Verzeichnis aller Stände des alten Dt. Reichs u. ihrer Beiträge zum Reichshaushalt.
Matrikularbeiträge, jährliche Zahlungen der Einzelstaaten des → Norddt. Bundes u. Dt. Reiches zum Reichshaushalt.
Matrix, *w.* [l.],
1) *med.,* Keimgewebe, z. B. von Nägeln od. Haaren.
2) *med.,* flüssiger Teil des Zellinneren.
3) *math.* Zus.stellung von Größen i. e. System v. waagerechten u. senkrechten Spalten.
Matrixdrucker, Ausgabegerät d. EDV, bei dem d. Zeichen aus matrixförmig angeordneten Punkten zusammengestellt werden; als Nadel- od. Tintenstrahldrucker.
Matrixmessung, die Belichtungsmessung e. elektron. Kamera teilt d. Bild, das man im Sucher sieht, in mehrere Einzelfelder (meist 5) ein. In jedem Einzelfeld wird die Belichtung gemessen und dann z. Abgleich gebracht; ergibt v. a. bei schwierigen Motivverhältnissen hohe Belichtungssicherheit (z. B. bei Gegenlicht).
Matrixrechner, *Feldrechner,* → Parallelrechner m. regelmäßig (z. B. in Zei-

Matrize, *w.* [l.], *Mater*, → *Stereotypie*: die nach der Satzform angefertigte Gußform aus Papier, Kleister usw.; für → *Galvanos*: aus Wachs oder Weichblei geprägte Form; *Schriftgießerei*: d. Kupfer-Messing-Form, aus der man d. Typen gießt; *Metalind.*: Stempel z. Stanzen, Drücken, Pressen.

Matrone, im alten Rom verheiratete, jetzt ehrwürdige ältere Frau.

Lothar Matthäus

Matrose,
1) unterster Mannschaftsdienstgrad d. Bundesmarine.
2) Angehöriger einer Schiffsbesatzung.

Matschinsky-Denninghoff, dt. Bildhauer-Ehepaar, Brigitte (* 2. 6. 1923) u. Martin (* 4. 7. 1921); Plastiken u. Großskulpturen aus Metall (Chromnickelstahl), d. durch bewegt geschwun-

Roland Matthes

gene Formen d. s. umgebenden (Aussen-)Raum prägen u. m. d. benachbarten Gebäuden korrespondieren; *Landmarken; Gaia; Golgatha*.

Matsumoto, jap. St. a. d. Insel Honshu, 197 000 E.

Matsuyama, jap. St. a. d. Insel Shikoku, 434 000 E; Kurort; Baumwoll-, Metallind.; Erdölraffinerie.

matt, *schachmatt*, Schlußstellung (Verlust) einer Schachpartie: König hat, b. Schachgebot, keinen Zug mehr.

Matte,
1) weichgepolsterte Schutzunterlage f. Sprungübungen, Ringen, Jiu-Jitsu, Geräteturnen u. a.
2) Bergwiese.

Mattenspringen, Skisport; für Skispringen im Sommer od. als Training mit Kunststoff-Matten belegte Sprungschanzen.

Matteotti, Giacomo (22. 5. 1885 bis 10. 6. 1924), it. sozialist. Politiker, als konsequenter Gegner des Faschismus ermordet.

Matterhorn, it. *Monte Cervino*, Gipfel der Walliser Alpen an d. schweiz.-it. Grenze, 4478 m; von → Whymper 1865 zuerst bestiegen.

Mattes, Eva (* 14. 12. 1954), dt. Schausp.in; *Wildwechsel; Ein Mann wie EVA*.

Matthäus, Apostel Jesu; verfaßte das *M.evangelium*.

Matthäus, Lothar (* 21. 3. 1961), dt. Fußballspieler; WM 1990, EM 1980; dt. Rekordnat.spieler mit 117 Lsp., Weltfußballer 1990 u. 91; DM mit Bayern München 1985, 86, 87; it. Meister m. Inter Mailand 1989.

Matthes, Roland (* 17. 11. 1950), dt. Schwimmer; viermal. Olympiasieger 1968/1972 über 100 u. 200 m Rücken, 1973 u. 1975 Weltmeister über 100 u. 200 m Rücken.

Mattheson, Johann (28. 9. 1681 bis 17. 4. 1764), dt. Musiktheoretiker u. Komponist.

Mattheuer, Wolfgang (* 7. 4. 1927), dt. Maler, Graphiker u. Bildhauer; führte d. Sozialist. Realismus durch Kombination m. surrealen Bildmotiven od. -themen z. Krit. Realismus; *Leipzig; Alptraum*.

Matthias, Apostel, anstelle des Judas durch Los bestimmt.

Matthöfer, Hans (* 25. 9. 1925), SPD-Pol.; 1974–78 B.min. für Forschung u. Technologie, 1978–82 B.finanzmin., 1982–87 B.postmin., 1985–87 Schatzmeister der SPD.

mattieren, der Oberfläche v. Metallen durch Säureätzung od. Sandstrahlgebl. mattes Aussehen geben.

Mattscheibe am fotograf. Apparat, zeigt d. vom Objektiv entworfene Bild.

Matura, *w.* [l.], Reifeprüfung, svw. → Abitur.

Matutin [l.], → Mette; Teil d. Breviers, nächtl. („morgendliches") Stundengebet.

Matze, *w.* [hebr.], ungesäuertes Passahbrot d. Juden; aus Weizenmehl i. dünnen Scheiben gebacken.

Maubeuge [moˈbøːʒ], frz. St. im Dép. *Nord*, an d. Sambre, 36 000 E; Stahl- u. Walzwerke.

Mauerläufer, einheim. Singvogel, klettert im Hochgebirge an Fels, rotschwarz-weiße Flügel, schmetterlingsähnl. Flug.

Mauerpfeffer, *Fetthenne, Sedum*, Dickblattpflanzen an Felsen u. Gemäuern; auch Zierpflanze.

Mauerraute, kleiner Farn m. rautenförmigen Blättern.

Mauersee, poln. *Mamry*, See in Ostpreußen, 105 km²; 43,8 m tief.

Mauersegler, *Turmsegler*, äußerlich schwalbenähnl. Schwirrvogel, nistet in Türmen, äußerlich zw. Felsen u. in Häuserwandnischen.

Maugham [mɔːm], William Somerset (25. 1. 1874–16. 12. 1965), engl. Erzähler u. Dramatiker; *Der Menschen Hörigkeit; Auf Messers Schneide;* Kurzgeschichten.

Mauke, *w.*, ansteckende Hautentzündung an d. Fesseln d. Pferde.

Mauersegler

Somerset Maugham

Maulbeerbaum

Kloster Maulbronn

Europäischer Maulwurf

Maulbeerbaum, in S-Eur. angepflanzter Baum m. brombeerähnl. Früchten (schwarze Maulbeeren); der ostasiat. *Weiße M.* ist Futterpflanze f. d. Seidenraupe.

Maulbeerspinner → Seidenspinner.

Maulbronn (D-75433), St. i. Enzkreis, Ba-Wü., 6 200 E; AG; Zisterzienserkloster (1147 gegr., jetzt ev.-theol. Seminar), besterhaltene ma. Klosteranlage in Dtld.; seit 1993 Weltkulturerbe.

Maulbrüter, versch. Fischarten (bes. Buntbarsche), die ihren Laich im Maul ausbrüten; die Jungfische suchen oft Zuflucht im elterl. Maul.

Maulesel, Bastard von Pferdehengst u. Eselin.

Maulpertsch, Franz Anton (7. 6. 1724–8. 8. 96), östr. Maler d. Spätbarock.

Maulsperre, *Kiefersperre*, Unfähigkeit, den Mund zu schließen (z. B. nach Kieferverrenkung).

Maultier, Bastard von Eselhengst u. Pferdestute.

Maul- und Klauenseuche, Virusinfektionskrankheit bei Haustieren m. Geschwürbildung an Mundschleimhaut, Euter u. Klauen; auf Menschen übertragbar; anzeigepflichtig.

Maulwurf, unterirdisch lebender Insektenfresser, wirft Erdhügel auf; Grabfüße, Rüsselschnauze, Augen versteckt; Fell für Pelze verwendet.

Maulwurfsgrille → Grillen.

Mau-Mau, afrikanischer Geheimbund, hauptsächlich aus Angehörigen des Kikuyustammes in Kenia; Ziel: Vertreibung der Europäer; → Kenyatta.

Mauna Kea, Vulkan a. Hawaii, 4208 m.

Mauna Loa, tätiger Vulkan auf Hawaii, 4170 m.

Maupassant [mopaˈsã], Guy de (5. 8. 1850–7. 7. 93), frz. realist. Dichter; Roman: *Bel ami*, 300 Novellen.

Mauren, Volk im nordwestl. Afrika, im 7. Jh. mit Arabern gemischt; dann Name für die in Spanien eindringenden (hochkultivierten) Araber.

Mauresk, *w.*, im Bauschmuck s. d. 16. Jh. Flächenornament aus streng stilisierten Pflanzen; i. Ggs. z. organ. → Arabeske.

Mauretanien,
1) im Altertum röm. Prov. (heute Marokko); 429 n. Chr. von d. Wandalen erobert.
2) Staat in W-Afrika, am Atlantik. **a)** *Geogr.:* Vorwiegend Wüstenland. **b)** *Wirtsch.:* Eisenerz (ca. 40% d. Exports), Kupfer, Fischprodukte, Viehzucht. **c)** *Außenhandel* (1991): Einfuhr 472 Mill., Ausfuhr 515 Mill. $. **d)** *Verkehr:* Eisenbahn 690 km. **e)** *Verf.* v. 1991: Präsidiale Rep. mit Zweikammerparlament und Mehrparteiensystem. **f)** *Verw.:* 12 Regionen u. Hptst.-Distrikt. **g)** *Gesch.:* 1903 frz. Protektorat, 1920 Kolonie, 1958 autonome Rep., 1960 unabhängig; 1976 Eingliederung des südl. Teils d. Westsahara; Zus.stöße m. der → POLISARIO (1979 Rückzug u. Friedensvertrag);1978 Mil.putsch. 1989 Konflikt m. Senegal; 1991 Demokratisierung.

Mauriac [moˈrjak], François (11. 10. 1885–1. 9. 1970), frz. Romancier; kath. Moralist; *Thérèse Desqueyroux*; Nobelpr. 1952.

Maurier, Daphne du → du Maurier.

MAURETANIEN
Staatsname: Islamische Republik Mauretanien, République Islamique de Mauritanie, Al-Jumhuriya Al-Islamiya Al-Muritaniya
Staatsform: Präsidiale Republik
Mitgliedschaft: UNO, AKP, OAU, Arabische Liga, ECOWAS
Staatsoberhaupt: Maaouiya Ould Sid'Ahmed Taya
Regierungschef: Afia Ould Mohammed Khouna
Hauptstadt: Nouakchott 393 000 Einwohner
Fläche: 1 025 520 km²
Einwohner: 2 217 000
Bevölkerungsdichte: 2 je km²
Bevölkerungswachstum pro Jahr: Ø 2,86% (1990–1995)
Amtssprache: Arabisch
Religion: Muslime (98%), Christen
Währung: Ouguiya (UM)
Bruttosozialprodukt (1994): 1063 Mill. US-$ insges., 480 US-$ je Einw.
Nationalitätskennzeichen: RIM
Zeitzone: MEZ – 1 Std.
Karte: → Afrika

Mauretanien

Mauretanien

Hausmaus

Erdmaus

Mausoleum *Saint-Rémy*

Maximilian I.

Mauriner, 1618–1790 Kongregation d. Benediktiner in Frkr.: Weltruf durch wiss. Tätigkeit.
maurische Kunst → islamische Kunst.
Mauritius,
1) *die blaue M.*, eine der seltensten Briefmarken.
2) Insel u. Rep. im Ind. Ozean (m. Nebeninsel Rodriguez u. Gruppen v. kleinen Koralleninseln im Ind. Ozean). **a)** *Wirtsch.:* Zucker, Melasse, Tee, Aloefasern (M.-Hanf); Textilind. **b)** *Außenhandel* (1991): Einfuhr 1,45 Mrd., Ausfuhr 1,19 Mrd. $. **c)** *Verf.* v. 1991: Präsidiale Rep. m. Einkammerparlament. **d)** *Verw.:* 9 Distrikte. **e)** *Gesch.:* Ab 1715 frz. Île de France; 1810–1968 brit. Kronkolonie; 1968 parlamentar. Monarchie; 1992 Rep. im Commonwealth.
Maurois [moˈrwa], André, eigtl. *Émile Herzog* (26. 7. 1885–9. 10. 1967), frz. Schriftst.; romanhafte Biographien, Romane.
Maurya, ind. Dynastie, 320–185 v. Chr., herrschte über d. ges. bis auf d. Süden ganz Indien umfassendes Reich; Begr.: *Tschandragupta*, größter Herrscher: *Aschoka*, Friedensfürst u. Weiser, reg. ca. 268–233 v. Chr.
Maus → Computermaus.
Mäuse, Nagetiere, artenreich u. über die ganze Erde verbreitet; *Hausmaus*, „mausgrau", von ihr die *weißen M.* (Albinos) und die *Tanz-M.*; *Brand-M.*, rotbraun, auf Äckern, in Scheunen; *Wald-M.*, gelbbraun, in Wäldern und Feldern; *Zwerg-M.*, bauen in Gebüschen kunstvoll geflochtene Nester; *Erd-M.*, in Gelände mit hohem Pflanzenwuchs, Waldlichtungen u. ä.

Mauser, Wilhelm (1834–82) u. Paul (1838–1914), dt. Waffenkonstrukteure; erfanden d. **M.gewehr** (Rückstoßlader).
Mauser, *w.*, jährlicher oder halbjährlicher Federwechsel der Vögel.
Mäuseturm → Bingen a. Rhein.
Mausoleum [gr.], (monumentaler) Grabbau, zuerst für **Mausolos** von Artemisia zu Halikarnass (um 350 v. Chr.) vollendet, gehörte zu d. → Sieben Weltwundern.
Maut, *w.*,
1) frühere Bez. für Zoll.
2) Straßenbenutzungsgebühr (z. B. für Autobahnen, Forststraßen).
Mauthner, Fritz (Friedrich) (22. 11. 1849–26. 9. 1923), östr. Sprachphilosoph, fand als Jude wenig Anerkennung; überragender Einfluß auf d. Sprachkrisendiskussion d. Jahrhundertwende: *Beiträge zu einer Kritik der Sprache*; *Der Atheismus u. seine Geschichte im Abendland*.
mauve [frz. moːv], malvenfarben.
Mauveïn → Perkin.
Mavrodaphne, griech. süßer Aperitif-Weißwein.
Max, Prinz von Baden (10. 7. 1867 bis 6. 11. 1929), letzter Kanzler d. dt. Kaiserreichs 3. 10.–9. 11. 1918, leitete Waffenstillstandsverhandlungen m. Entente ein; veranlaßte Abdankung Kaiser Wilhelms II.
Maxentius, († 312), Sohn d. Maximilianus, röm. Kaiser 306–312, v. Konstantin d. Gr. an der Milvischen Brücke bei Rom besiegt.
Maxi → Mini.
Maxillen [l.],
1) Oberkiefer d. Wirbeltiere.
2) das 2. u. 3. Paar der Mundgliedmaßen der Insekten.
Maxim [ˈmæksɪm], Sir Hiram (5. 2. 1840–24. 11. 1916), am. Ing.; erfand erstes in gr. Stückzahl gefertigtes Maschinengewehr u. Schalldämpfer.
maximal- [l.], in Zusammensetzungen: höchst…, größt…
Maximalprinzip → ökonom. Prinzip.
Maxime, *w.* [frz.], höchster Grundsatz; allg. Lebensregel, Richtschnur.
Maximianus, röm. Kaiser 306–312 n. Chr.
Maximilian (l. Maximianus, röm. Sippenname],
a) *Dt. Kaiser:*
1) M. I., „d. letzte Ritter" (22. 3. 1459 bis 1. 1. 1519), seit 1508 „erwählter (d. h. n. in Rom gekrönter) *röm. Kaiser*"; Reform der Reichsverfassung (Ewiger Landfriede), Burgund wird 1477 habsburgisch, Verlust der Schweiz 1499.
2) M. II. (31. 7. 1527–12. 10. 76), reg. s. 1564, protestantenfreundl.
b) *Baden:*
3) Prinz → Max v. Baden.
c) *Bayern:*
4) M. I., Kurfürst (17. 4. 1573–27. 9. 1651), Haupt d. kath. Liga im 30jähr. Krieg, Gegner Wallensteins; erwarb Pfalz u. Kurwürde.
5) M. II. Emanuel (11. 7. 1662–26. 2. 1726), 1676 Kurfürst, Feldherr, „Türkensieger", 1692–99 Statth. der Ndl., im Span. Erbfolgekrieg auf frz. Seite; 1704–14 geächtet.
6) M. I. Joseph (27. 5. 1756 bis 12. 10. 1825), Kurfst 1799, Kg 1806. Rheinbundmitgl. Verfassung v. 1818 (Volksvertretung).

MAURITIUS
Staatsname: Republik Mauritius, Republic of Mauritius
Staatsform: Präsidiale Republik im Commonwealth
Mitgliedschaft: UNO, AKP, Commonwealth, OAU, SADC
Staatsoberhaupt: Cassam Uteem
Regierungschef: Navim Ramgoolam
Hauptstadt: Port Louis 14 000 Einwohner
Fläche: 2040 km²
Einwohner: 1 104 000
Bevölkerungsdichte: 541 je km²
Bevölkerungswachstum pro Jahr: Ø 1% (1990–1995)
Amtssprache: Englisch
Religion: Hindu (51%), Katholiken (26%), Muslime (17%)
Währung: Mauritius-Rupie (MR)
Bruttosozialprodukt (1994): 3514 Mill. US-$ insges., 3180 US-$ je Einw.
Nationalitätskennzeichen: MS
Zeitzone: MEZ + 3 Std.
Karte: → Staaten und Territorien der Erde

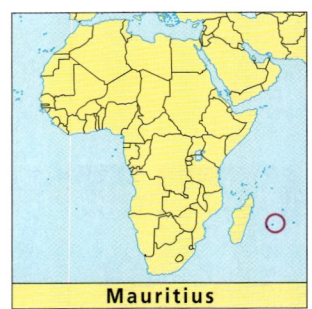

Mauritius

7) M. II. Joseph (28. 11. 1811–10. 3. 64), Kg 1848, Förderer v. Kunst u. Wiss.; Bauten in München.
d) *Mexiko:*
8) M. Ferdinand (6. 7. 1832–19. 6. 1867), Erzhzg v. Östr., s. 1864 Kaiser v. Mexiko; erschossen.
Maximinus, röm. Kaiser,
1) *Gaius Iulius Verus M.* († 238 n. Chr.), bekämpfte Germanen, Daker u. Sarmaten;
2) *Gaius Galerius Valerius M.* († 313 n. Chr.), unter ihm Christenverfolgung.

Aufbau und Aufgabenstellung der Max-Planck-Gesellschaft

Die Max-Planck-Gesellschaft fördert die Wissenschaften im Dienste der Allgemeinheit. Sie betreibt dazu eigene Forschungsinstitute, deren Aktivität sich überwiegend auf Grundlagenforschung in den Natur- und Geisteswissenschaften erstreckt.

Insbesondere widmen sich die Max-Planck-Institute neuen Aufgabenstellungen, die für die Hochschulforschung noch nicht reif oder wegen ihrer strukturellen Voraussetzungen weniger geeignet sind. Dabei bestehen Schwerpunkte im medizinisch-biologischen Bereich, in verschiedenen physikalischen und chemischen Arbeitsrichtungen sowie im Rechtsvergleich.

Die Max-Planck-Gesellschaft verzichtet bewußt darauf, alle wissenschaftlichen Disziplinen zu bearbeiten. Sie versucht vielmehr, ihre Mittel und Kräfte dort zu konzentrieren, wo sich besondere Forschungsmöglichkeiten abzeichnen.

Darüber hinaus erfüllen einige Max-Planck-Institute auch Service-Funktionen für die Hochschulforschung, indem sie besonders aufwendige Einrichtungen und Geräte nicht nur für ihre eigenen Arbeiten errichten und betreiben, sondern auch einem breiten Kreis von Wissenschaftlern außerhalb der Max-Planck-Institute zur Verfügung stellen. Dies gilt zum Beispiel für die Astronomie, die Radioastronomie und die Festkörperforschung sowie für die von der Max-Planck-Gesellschaft unterhaltenen juristischen Zentralbibliotheken.

Die 76 Institute und selbständigen Forschungsgruppen der Max-Planck-Gesellschaft haben sehr unterschiedl. Größe, Struktur und Aufgabenstellung. Sie sind über das ganze Gebiet der Bundesrepublik Deutschland verteilt und liegen zumeist in enger räumlicher Nähe zu Universitäts- und Hochschulstädten wie Berlin, Bonn, Dortmund, Dresden, Düsseldorf, Frankfurt, Freiburg, Göttingen, Hamburg, Hannover, Heidelberg, Kiel, Köln, Leipzig, Mainz, München, Münster, Potsdam, Stuttgart, Tübingen und Würzburg. Zwei Einrichtungen, die Bibliotheca Hertziana und das MPI für Psycholinguistik, sind im Ausland angesiedelt, in Rom und in Nijmegen. In den neuen Bundesländern hat die MPG zeitlich befristete Arbeitsgruppen an Universitäten eingerichtet mit dem Ziel, die Forschung wieder an die Hochschulen zurückzuführen. Außerdem hat die MPG bislang acht Max-Planck-Institute in den neuen Bundesländern und im Ostteil Berlins gegründet, bis zum Ende des Jahrzehnts sollen zehn weitere hinzukommen.

Die Max-Planck-Gesellschaft ist die Nachfolgerin der 1911 gegründeten Kaiser-Wilhelm-Gesellschaft. Sie ist eine gemeinnützige Organisation des privaten Rechts in Form eines eingetragenen Vereins. Die öffentlichen Mittel, aus denen die Max-Planck-Gesellschaft weitgehend finanziert wird, bringen je etwa zur Hälfte der Bund einerseits und die Bundesländer andererseits auf, dazu kommen Zuwendungen aus Stiftungen zur Finanzierung bestimmter Forschungsvorhaben und private Mittel.

Das zentrale Entscheidungsgremium der Max-Planck-Gesellschaft ist der Senat, in dem eine gleichwertige Partnerschaft von Staat, Wissenschaft und sachverständiger Öffentlichkeit besteht. An der Spitze der Max-Planck-Gesellschaft steht ein für jeweils sechs Jahre gewählter Präsident.

Das wissenschaftliche Gremium der Max-Planck-Gesellschaft ist der Wissenschaftliche Rat. Ihm gehören alle vom Senat berufenen Wissenschaftlichen Mitglieder (im allgemeinen Direktoren an Instituten) sowie jeweils ein gewählter wissenschaftlicher Mitarbeiter eines jeden Instituts an. Entsprechend den Forschungsbereichen der Institute ist der Wissenschaftliche Rat in eine Biologisch-Medizinische, eine Chemisch-Physikalisch-Technische und eine Geisteswissenschaftliche Sektion untergliedert.

Die Tätigkeit der Max-Planck-Institute vollzieht sich weitgehend selbständig. Sie sind in der Auswahl und Durchführung ihrer Forschungsaufgaben unabhängig. Sie übernehmen keine Forschungsaufträge und sind gehalten, alle Forschungsergebnisse frei zu veröffentlichen. Die verantwortliche Leitung besteht in den meisten Instituten aus einem Kollegium von Wissenschaftlichen Mitgliedern, denen diese Leitungsfunktion für sieben Jahre befristet übertragen ist. Zur Abwicklung der laufenden Verwaltungsaufgaben wählt dieses Kollegium aus seiner Mitte einen Geschäftsführenden Direktor. Die Mitwirkung der wissenschaftlichen Mitarbeiter geschieht in den Instituten über Zielsetzung, Methoden und Durchführung der geplanten und laufenden Forschungsaufgaben.

Maximow, Wladimir (9. 12. 1932 bis 26. 3. 1995), sowj. Schriftst.; *Die sieben Tage d. Schöpfung; Quarantäne.*

Maximum [l.],
1) größtmöglicher Wert; Ggs.: Minimum.
2) barometrisches M. svw. höchster Luftdruck.

Maximumthermometer → Thermometer.

Max-Planck-Gesellschaft z. Förderung d. Wissenschaften e. V., gegr. 1948 zur Fortführung der Aufgaben d. → Kaiser-Wilhelm-Gesellschaft; unterhält i. der BR Max-Planck-Institute u. Forschungsstellen (→ Übers. u. Karte), die d. Grundlagenforschung, unabh. vom Lehrbetrieb, dienen; Gen.verw. Göttingen, Präsidium München.

Maxwell [ˈmæksvəl], James Clerk (13. 6. 1831–5. 11. 79), engl. Phys.; stellte die **M.sche Theorie** auf (→ elektromagnetische Lichttheorie); sagte Supraleitung voraus; Begr. der *kinetischen Gastheorie.*

Maxwell, Einheit der magnetischen → Induktion.

May,
1) Ernst (27. 7. 1886–11. 9. 1970), dt. Architekt u. Stadtplaner, maßgebl. beteiligt am Wiederaufbau kriegszerstörter Städte; Siedlungen u. a. in Frankfurt a. M., Hamburg-Altona.
2) Karl (25. 2. 1842–30. 3. 1912), dt. Jugendschriftsteller; Reiseerzählungen; *Winnetou; Durch die Wüste.* – K.-M.-Museum in Bamberg.

Maya [ˈmaːja],
1) → Maja.
2) altmexikan. Volk in → Yucatán; von → Cortez 1524 pol. vernichtet; m. hoher Kultur; noch weitgehend unentzifferte Hieroglyphenhandschriften erhalten; astronom. Kalender; Pyramiden- u. Festungsbauten, Kanalbauten f. künstl. Bewässerung; Kunstgewerbe.

Maybach, Wilhelm (9. 2. 1846–29. 12. 1929), dt. Ing. u. Industrieller; Kraftwagenerfindungen, Flugmotorenfabrik.

Mayday [engl. ˈmeɪdeɪ, v. frz. „m'aidez = helft mir"], intern. Notsignal, svw. → SOS.

Mayen (D-56727), St. i. d. Eifel, Kr. Mayen-Koblenz, RP, 19 167 E; Genovevaburg (um 1280); AG; div. Ind.

Mayenne [-ˈjɛn],
1) r. Nbfl. der Loire, vereinigt sich bei Angers mit der Sarthe zur Maine, 204 km l., durchfließt d. frz. Dép.
2) *M.,* 5175 km², 278 000 E; Hptst. *Laval* (50 500 E).

Mayer,
1) Julius Robert (25. 11. 1814 bis 20. 3. 78), dt. Arzt u. Phys.; erkannte *Gesetz v. d. Erhaltung d. Energie* (1842) u. d. *mechan. Wärmeäquivalent* (1851).
2) Louis B. (4. 7. 1885–29. 10. 1957), Pionier d. am. Filmind.; langjähriger Produktionschef d. Hollywood-Firma *Metro Goldwyn Mayer* (MGM).
3) Paul Augustin OSB (* 23. 3. 1911), kath. Theol. u. Kardinal (s. 1985), Präs. d. päpstl. Kommission Ecclesia Dei.

Mayerling (A-2534, Post Alland), Schloß u. Ortschaft im Wienerwald, Luftkurort, 320 müM, 150 E; → Rudolf 4).

Mayflower [ˈmeɪflaʊə], → Pilgerväter.

Mayo-Klinik [ˈmeɪoʊ-], diagnost. Klinik in → Rochester 3); 1889 von *Charles* (1865–1939) u. *William* (1861–1939) *Mayo* gegründet.

Mayonnaise, w. [frz. majɔˈnɛːzə], kalte, gewürzte Soße aus Öl, Eigelb und Essig.

Mayotte [maˈjɔt], Insel der Komoren, 375 km², 101 000 E (einschl. 18 Nebenin.); frz. Gebietskörperschaft; s. 1841 frz.; 1974 Ablehnung d. Unabhängigkeitserklärung der Komoren; als „Collectivité territoriale" weiter bei Frkr.; v. den Komoren beansprucht;

Karl May

Mayakultur, *Pyramide*

Mayotte

Mayr, Ernst (* 5. 7. 1904), dt.-am. Zoologe u. Evolutionsforscher.
Mayröcker, Friederike (* 20. 12. 1924), östr. Schriftst.in; Lyrik, Hörspiele, Erzählungen: *Heiliganstalt; Magische Blätter.*
MAZ, Abk. f. **M**agnetband**a**uf**z**eichnung von Fernsehsendungen (im Studio); z. B. auf → Ampex-Anlagen.
Mazarin [-zaˈrɛ̃], Jules (14. 7. 1602 bis 9. 3. 61), Kardinal, frz. Staatsmann, 1643 Nachfolger → Richelieus, brach d. letzten Widerstände d. Adels gg. d. Hof (Fronde); außenpol. Erfolge; Westf. u. Pyrenäenfriede.
Mazatlán [maθ-], mexikan. Hafenstadt am Pazifik, 314 000 E; Seebad; Ind.
Mazdaznan, s. [awest. „mazdao = allwissend"], v. d. Dt. Otto Hanisch um 1900 i. Chicago begr. Glaubenslehre m. Erneuerung d. zoroastr. Gedankengutes.
Mazedonien → Makedonien.
Mäzen → Mäcenas.
Mazepa, Iwan (1652–22. 9. 1709), Kosakenhetman, Vertr. → Peters d. Gr., d. Gr.; abtrünnig, suchte 1708 m. Karl XII. v. Schweden Ukraine selbständig zu machen.
Mazeration [l.], Extrahieren u. Zerlegen v. pflanzl., tier. u. menschl. Geweben.
Mazurka, w. [-ˈzʊr-], bewegter poln. Nationaltanz im ¾-Takt; in die Kunstmusik eingeführt durch Chopin.
Mazzini, Giuseppe (22. 6. 1805–10. 3. 72), geist. Führer der it. Einheitsbewegung, radikaler Republikaner („Junges Italien").
mb, Abk. f. → *Millibar.*
MBB, Abk. f. **M**esserschmitt-**B**ölkow-**B**lohm GmbH, dt. Luft- u. Raumfahrtunternehmen, Ottobrunn b. München, gegr. 1969.
MBFR /MURFAAMCE, Abk. f. **M**utual **B**alanced **F**orces **R**eduction/**M**utual **R**eduction **o**f **F**orces **a**nd **A**rmament and **A**ssociated **M**easures in **C**entral **E**urope. Verhandlungen zw. NATO- u. Warschauer-Pakt-Staaten über „beiderseitige Reduzierung von Streitkräften u. Rüstungen und damit zusammenhängende Maßnahmen in Mitteleuropa", seit 1973 in Wien.
Mc, Abk. f. engl. → *Mac.*
McCarthy [məˈkaːθɪ], Mary Therese (21. 6. 1912–25. 10. 89), am. gesellschaftskrit. Erzählerin; *Die Clique; Sie u. die anderen; Eine kath. Kindheit; Die Oase.*
McCarthyismus, unter dem am. Senator *McCarthy* 1950–54 betriebene Kommunistenverfolgung in d. USA.
McClintock, Barbara (16. 6. 1902 bis 2. 9. 1992), am. Botanikerin; 1983 Nobelpr. f. Med. (Forschungen z. Erbgut d. Zellen).
McCloy [məˈklɔɪ], John Jay (31. 3. 1895–11. 3. 1989), am. Bankier u. Politiker, 1941–45 stellvertr. Kriegsmin., 1949–52 Hochkommissar f. Dtld.
McCormack [məˈkɔːmək], Alleq M. (* 23. 2. 1924), am. Phys.; (zus. m. G.N. → Hounsfield) Nobelpr. f. Med. 1979 (Entwicklung d. Computertomographie).
McCullers [məˈkʌləz], Carson (19. 2. 1917–19. 9. 67), am. Schriftst.in; *Das Herz ist ein einsamer Jäger.*

McDonnell-Douglas Corporation, 1967 gegr. durch Zus.schluß d. *McDonnell Corp.* u. d. → *Douglas Aircraft Company Inc.;* Sitz in St. Louis; baut u. a. d. Flugzeugtypen F-4 „Phantom", F-15 „Eagle", F-18 „Hornet", MD 80, MD 90 u. MD 11. Dez. 1996 Fusion mit Boeing Company.

McEnroe [ˈmɛkənroʊ], John (* 16. 2. 1959), am. Tennisspieler; 1981, 83 u. 84 Wimbledon-Sieger, viermal US-Open-Sieger (1978–81, 84), 1981–84 Weltranglisten-Erster.

McKinley [məˈkɪnlɪ], William (29. 1. 1843–14. 9. 1901), republikan. Pol., 25. Präs. d. USA 1897–1901; ermordet.

McMahonlinie [məkˈmɑːn], in Verhandlungen 1913/14 zw. Großbritannien, China u. Tibet festgelegte Grenze i. Himalajagebiet zw. Indien u. Tibet; von VR China nicht anerkannt.

McMillan [məkˈmɪlən], Edwin (18. 9. 1907–7. 9. 91), am. Phys.; entdeckte → Neptunium; Nobelpr. 1951.

McNamara [mæknəˈmærə], Robert S. (* 9. 6. 1916), am. Pol.; 1960–68 Verteid.min., 1968–81 Präs. d. Weltbank.

Md, chem. Zeichen f. → Mendelevium.

MdB, Mitglied **d**es **B**undestages.

MdEP, Mitglied **d**es **E**uropäischen **P**arlaments.

MdL, Mitglied **d**es **L**andtages.

MdR, Mitglied **d**es **R**eichstages.

MEA, Abk. f. **M**iddle **E**ast **A**irlines; libanes. Fluglinie d. Mittleren Ostens, 1945 gegr.

mea culpa [l.], durch meine Schuld.

Mead [miːd],
1) George Herbert (27. 2. 1863–26. 4. 1931), am. Phil. u. Prof. i. Chicago (s. 1893); legte d. Grundlagen f. e. anthropol. Kulturtheorie.
2) Margaret (16. 12. 1901–15. 11. 78), am. Anthropologin; *Leben in der Südsee.*

Meade [miːd], James (23. 6. 1907 bis 22.12.1995), engl. Wirtsch.wiss.; (zus. m. B. G. Ohlin) Nobelpr. 1977 (f. Beiträge zur intern. Makrotheorie).

Mechanik, w. [gr.], Teil der Physik, Lehre von der Bewegung d. Körper u. ihren Ursachen, u. Kräften; M. der Flüssigkeiten: *Hydrostatik* u. *-dynamik,* M. d. Gase: *Aerostatik* u. *-dynamik;* Ergänzung d. klass. Mechanik durch Einsteins spezielle → Relativitätstheorie sowie durch d. Quantenmechanik (→ Quantentheorie).

mechanisches Wärmeäquivalent, zahlenmäßige Beziehung, aus d. hervorgeht, welche Wärmemenge einer geleisteten Arbeit entspricht, und umgekehrt; 1 kpm = 1 J.

mechanisierte Verbände, Panzergrenadiere auf Schützenpanzern (SPz); kämpfen vorwiegend m. d. Fahrzeug.

Mechanismus, innerer funktioneller Aufbau einer Maschine, e. Apparates od. e. Werkzeugs mit bewegl. Teilen.

mechanistische Weltanschauung, phil. Anschauung, die alles Geschehen aus seinen (mechan.) Ursachen erklärt, eine Finalität ablehnt.

Mechanochemie, Teilgebiet d. phys. Chemie; befaßt sich m. d. Einfluß mechan. Wirkungen a. d. chem. Verhalten von Stoffen, aber auch mit der Umwandl. chem. Energie in mechan. Arbeit.

Mechanotherapie, Anwendung mechan. Hilfsmittel (Turngeräte u. a.) zu Heilzwecken.

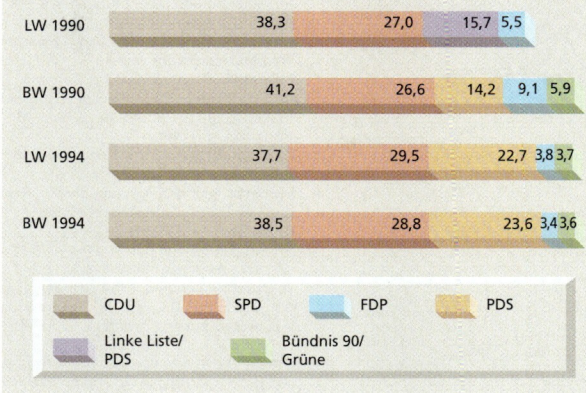

Mecheln, fläm. *Mechelen,* frz. *Malines,* belg. St., Prov. Antwerpen, 76 000 E; kath. Erzbischof (Primas v. Belgien); ma. Bauten, got. Kathedrale; Metall-, Textil (Spitzen)-, feinmech. u. chem. Ind.

Mechernich (D-53894), St. im Kr. Euskirchen, NRW, 23 136 E; Masch.-ind..

Mechitaristen, Abk. *OMech.* kath. Kongregation v. Benediktinern d. armen.-unierten Kirche, v. d. Priestermönch Peter Manuk 1701 i. Konstantinopel gegr. u. nach s. Beinamen *Mechitar* („Tröster") benannt.

Mechthild v. Magdeburg, (um 1212 bis 83), dt. Nonne, Mystikerin; *Das fließende Licht der Gottheit.*

Meckelsches Divertikel, Ausstülpung d. Dünndarms mancher Menschen, verursacht gelegentl. Komplikationen.

Mecklenburg, norddt. Land, umfaßte seit 1945 bisheriges Land M. u. W-Pommern, seit 1990 Bundesland *M.-Vorpommern* über 400 Seen, größter der Müritzsee (138 km²); Seit der Völkerwanderung von slaw. Stämmen (Obotriten) bewohnt; 1160 von Heinrich dem Löwen unterworfen und christianisiert; 1170 Reichsfürstentum der obotrit. Herrscherhaus; 12. u. 13. Jh. dt. Kolonisation. *M.-Schwerin* und *M.-Strelitz,* letzteres besteh. a. d. ehem. Hzgt. Strelitz u. d. ehem. Fstt. Ratzeburg (Hpst. *Schönberg*), 1815–1918 Großherzogtümer, beide 1934 zu M.

Mecklenburg-Vorpommern, dt. Bundesland seit 1990, 23 589 km², 1,89 Mill. E, Hptst.: *Schwerin.* **a)** Haupterwerbsquellen sind Ackerbau u. Viehzucht. **b)** *Hochschule:* Uni Rostock, **c)** *Verw.:* 6 kreisfreie Städte und 31 Landkreise, **d)** *Geschichte:* → Mecklenburg.

Meckseper, Friedrich (* 8. 6. 1936), dt. Maler u. Graphiker; Vertr. d. Phantast. Realismus.

Medaille [frz. meˈdaljə], Gedenk- od. Schaumünze, bes. Gelegenheit, als Bildnis o. ä.; ohne Geldeigenschaft; auch als Ehrenzeichen.

John McEnroe

Mecklenburg-Vorp.

Lorenzo di Medici

Médaille militaire [meˈdaj miliˈtɛːr], höchste frz. Armee-Auszeichnung für Mannschaften, Unteroffiziere u. Marschälle; gestiftet 1852.

Medaillon, s. [frz. -dalˈjõ], als Schmuckstück getragene runde Platte oder Kapsel mit Bildchen; auch in die Wand eingelassenes Rundrelief.

Medan, indones. St. i. O v. Sumatra, 1,80 Mill. E; Uni; Seehafen *Belawan:* Tabakausfuhr.

Medawar, Peter Brian (28. 2. 1915 bis 3. 10. 87), brit. Zoologe; Nobelpr. 1960 (Arbeit über Immunisierungsvorgänge b. d. Transplantation körperfremder Gewebe).

Medea, griech. Sagengestalt, Königstochter aus Kolchis, verhilft Iason zum Goldenen Vlies; tötet, von ihm verstoßen, ihre Kinder; Drama von Grillparzer.

Medellín [-ðeˈʎin], St. in Kolumbien, nordw. von Bogotá, 2,07 Mill. E (Agglom.); Uni., Bergbauakademie; Textilu. Tabakind.; Zentrum des Drogenhandels.

Meder, westiran. Volk im 1. Jtd. v. Chr., es zerstörte das assyr. Großreich, vom Perserkönig Kyros II. nach 588 v. Chr. unterworfen.

Media, w. [l.], stimmhafter Verschlußlaut (*b, d, g*).

Mediaeval, Antiquaschriftart.

medial [l.], nach d. Mitte zu gelegen.

Medial → Fernrohr.

median, anatom. Lagebezeichnung, in der Mitte.

Mediaplanung, Werbeplanung; Festlegung d. Werbemittel, -träger u. deren zeitlicher Einsatz u. Kosten f. bestimmte Produkte.

Mediastinum [l.], *Mittelfell,* Raum zwischen d. beiden Lungenflügeln, teilt Brustraum in 2 Hälften, enthält u. a. Herz, Luft- u. Speiseröhre.

mediat [l.], mittelbar.

Mediatisierte, Souveräne (Herrscher), die 1803 u. 1806 ihre Hoheitsgewalt verloren; Standesherren.

mediäval [nl.], mittelalterlich.

Mediawerbung, Werbeschaltung in den klassischen Medien *Print, Fernsehen, Funk.*

Mediceisches Zeitalter [-ˈtseː-], Blütezeit der Florentiner Kultur zur Zeit der → Mediceer.

Medici [-ditʃi], *Mediceer,* im 14. Jh. mächtig gewordenes Geschlecht von Florenz, 1737 erloschen,
1) Cosimo der Alte (27. 9. 1389–1. 8. 1464), beherrschte s. 1434 d. Rep. Florenz; hoch verdient um Kunst (Donatello, Michelozzo) u. Wirtschaft der St.; *Palazzo M.;* s. Enkel
2) Lorenzo de' M., *il Magnifico* [„der Prächtige"] (1. 1. 1449–8. 4. 92), glänzendster Renaissancefürst; Pol., Dichter, förderte Kunst u. Wiss.
3) Giovanni, Papst → Leo X.
4) Giulio, Papst → Klemens VII.
5) → Katharina v. M.
6) Cosimo I. (11. 6. 1519–21. 4. 74), s. 1569 Großhzg v. Toscana, Neubegr. d. Uni. Pisa.

Medien, im Altertum das von den Medern bewohnte Gebirgsland im NW von Iran; Hptorte: *Ekbatana, Rhaja;* im 8. Jh. v. Chr. unabhängiges Reich, 550 v. Chr. durch Cyrus v. Persien erobert.

Medienerziehung, → programmier-

ter Unterricht; auch Unterricht über d. richtigen Umgang m. d. *Medien.*
Medienverbund, eine Zus.fassung versch. Kommunikationsmittel (wie Fernsehen, Rundfunk, Buch, Zeitung, Schallplatte, audiovisuelle Produkte) zu einem System.
Medikament, *s.* [l.], Heilmittel.
Medina, arab. *Medinet en Nebi,* St. im Hedschas, Saudi-Arabien, 350 000 E; am Wüstenrand, 870 müM, Endpunkt d. Hedschasbahn; arab. Uni. u. Grab d. Propheten, nach Mekka Hauptwallfahrtsort d. Moslems.
medioker [frz.], mittelmäßig.
Meditation [l.], innere Betrachtung; phil. od. rel.-myst. Methode d. Erkenntnisgewinnung.
mediterran [l.], auf die Mittelmeerländer bezogen; auch → Rassen (Übers.).
medium, fast durchgebraten, i. d. Mitte noch etwas rosa (Fleisch).
Medium, *s.* [l. „Mittel"],
1) *Spiritismus:* Vermittler außersinnl. Wahrnehmung.
2) *phys.* d. Materie, in der ein phys. Vorgang abläuft (z. B. Luft od. Wasser als M. d. Schallwellen).
3) *Kommunikationsforschung:* jedes Mittel d. Kommunikation (Film, Fernsehen, Rundfunk, Zeitung, Zeitschrift, Buch, Bildschirmtext, audiovisuelle u. a. Systeme), auch entsprechende Übermittlungswege u. Organisationen.
4) Konjugationsform des griech. Zeitworts (für sich etwas tun).
Medizin, *w.* [l. „Heilkunde"], Lehre von d. krankhaften Vorgängen u. Zuständen bei Lebewesen, speziell beim Menschen (*Human-M.*) u. beim Tier (*Veterinär-M.,* Tierheilkunde) u. von den Möglichkeiten u. Wegen zur Heilung von Krankheiten; wurde nicht immer von Ärzten ausgeübt, lag bei den ältesten Kulturvölkern (wie noch heute bei Naturvölkern) in Händen der Priester u. Machthaber (auch → Schamanismus). Im Altertum Medizinschulen (Hippokrates, 5. Jh. v. Chr.), deren Überlieferungen das ganze MA beeinflußten (Galenus). Erste Reformversuche durch → Vesalius (16. Jh.) und → Paracelsus. Ablösung der Humoralpathologie (→ Dyskrasie) durch → Virchows Zellularpathologie. Begründung u. Ausbau der med. Einzelwiss.en seit 19. Jh.: Chirurgie, Orthopädie, innere Medizin, pathologische Anatomie, Frauenheilkunde u. Geburtshilfe, Psychiatrie, gerichtl. Medizin, Bakteriologie, Hygiene usw.; 20. Jh.: Chemo-, Psychotherapie, Ganzheitsmedizin. — MPI für med. Forschung in Heidelberg.
Medizinball, m. Wildhaaren fest gestopfter, schwerer Lederball f. Spiele u. gymnastische Übungen.
Medizinmann → Schamanismus.
Medizinstudium, umfaßt 6 Jahre Ausbildung an einer wiss. HS (2 Jahre vorklin. u. 4 Jahre klin. Studium); Ausbildung in Erster Hilfe; Krankenpflegedienst v. 2 Monaten; Famulatur von 4 Monaten. Die ärztl. Prüfung wird in 3 Abschnitten abgelegt; das Praktische Jahr (PJ) wird vor der 3. Prüfung abgeleistet, nach dieser folgt d. mind. 18monatige Tätigkeit als Arzt im Praktikum (AIP); dann erfolgt die → Approbation als Arzt; nach Anfertigung einer schriftl. Doktorarbeit (Dissertation) u. mündl.

Meerkatze

Prüfung wird d. akadem. Grad eines *Dr. med.* erworben. Die Weiterbildung zum Facharzt, offiziell Gebietsarzt, (4–6 Jahre Dauer) erfolgt an Uni.-Kliniken oder dafür zugelassenen Krankenhäusern.
Medley [engl. ′mɛdli], bunt zusammengestellte Melodienfolge v. Szenen u. Arien aus Opern u. Operetten.
Médoc, Landsch. im frz. Dép. *Gironde;* Weinbau (Bordeauxwein).
Medrese, *w., Medresse,*
1) islam. Hochschule für Studierende v. Theol., Recht u. Philologie, meist e. Moschee angegliedert.
2) islam. Elementar- u. Koranschule für Kinder b. e. Moschee.
Medusa, griech. Sagenungeheuer, dessen Anblick die Gegner versteinert.
Medusen → Quallen.
Meer, Simon van der (* 24. 11. 1925), ndl. Hochenergiephys.; (zus. m. C. → Rubbia) Nobelpr. 1984 (Entdeckung der Feldpartikeln, die eine Wechselwirkung vermitteln; schwache → Kraft).
Meer, die zus.hängende Wassermasse der Erde, Ges.fläche 361 Mill. km² = 70,8% der Erdoberfläche); Ozeane, Neben-, Mittelmeer; mittlere Tiefe 3800 m; größte Tiefe 11 034 (± 50) m (Vitias-Tief d. Marianengrabens) im Pazifik; → Meerwasser, → Meeresspiegel, → Meeresströmungen.
Meeralpen, *Seealpen,* südlichste (Gneis-)Kette der W-Alpen, an der Küste des Mittelmeeres, *Mont Pélat* 3053 m, *Punta Argentera* 3297 m.
Meerane (D-08393), St. i. Landkr. Glauchau, Sa., 20 168 E; Textil- u. Metallind.
Meerbusch (D-40667–70), St. i. Kr. Neuss, am Niederrhein, NRW, entstanden durch Zus.schluß der Gem. *Büderich* m. 7 and. Gem., 52 782 E; div. Ind.
Meeresbiologie, Wiss. v. d. pflanzl. u. tier. Lebewesen d. Meeres, Teil d. → Ozeanographie.
Meeresboden, svw. → Ozeanboden.
Meeresboden-Vertrag,
1) verbietet d. Stationierung nuklearer Waffen u. a. Massenvernichtungsmittel a. d. Meeresgrund außerh. e. Zwölf-Meilen-Zone v. d. Küste; v. 89 Staaten unterzeichnet.
2) intern. Abkommen gg. Versenken v. Abfällen u. Giften im Nordatlantik, v. 12 Anliegerstaaten unterzeichnet.
Meeresgrenze, → Fischereischutzzone.
Meeresspiegel, *Meeresniveau,* die *Meeresoberfläche;* Grundlage für alle Höhenmessungen auf dem Lande der mittlere Wasserstand (*Mittelwasser*).
Meeresströmungen, fortschreitende horizontale oder vertikale Bewegung des Meerwassers, verursacht durch Unterschiede in der Dichte, durch Temperatur u. Salzgehalt sowie der beständig wehenden Winde; zwei große Kreisläufe in jedem Ozean nördl. und südl. des Äquators (Passatdrifte durch die Passatwinde und durch diese bewirkte Ausgleichsströmungen); Äquatorialgegenströme nach O; in mittleren Breiten Westwinddrift); polwärts abgelenkte M. sind warm und blau (*Golfstrom, Kuroschio, Agulhasstrom, Brasilienstrom*), nach dem Äquator zurückfließende M. sind kalt u. grün (*Benguela-, Labrador-, Falkland-, Humboldtstrom*).

Megalithkultur, *Steingrab*

Meeresverschmutzung, Konvention gg. M. 1973 v. 58 Staaten beschlossen.
Meereswellen, durch Wind erzeugte, fortschreitende Wellen mit kreisförmiger Bewegung d. Wasserteilchen; Größe abhängig von Stärke u. Dauer des Windes, der Länge des wirksamen Seeraumes u. der Wassertiefe.
Meerkatzenartige, mittelgr. Affen mit langem Schwanz, heimisch i. Wäldern u. Savannen südl. d. Sahara, meist auf allen vieren laufend; drei Gruppen: *Meerkatzen, Husarenaffen, Mangaben.*
Meerkohl, *Crambe,* Kreuzblütler, an Küsten; jung als Gemüse.
Meerleuchten, Leuchterscheinung, bes. der trop. Meere, durch kl. Seetiere (z. B. Flagellaten).
Meerrettich, *Kren,* Kreuzblütlerstaude, Wurzel zu Speisen; vitaminreich.
Meersburg (D-88709), ma. St. a. Bodensee, i. Bodenseekr., Ba.-Wü., 5403 E; Altes und Neues Schloß, intern. Schloßkonzerte; Weinbau.
Meerschaum, *Magnesiumsilicat,* Mineral, dient zu Schnitz- und Drechslerarbeiten.
Meerschweinchen, südam. Nagetiere; zahlr. Zuchtformen.
Meerut, ind. St. i. Uttar Pradesh, am oberen Ganges, 752 000 E; Uni.; Textilind. — 1857 Aufstand der → Sepoy.
Meerwasser besitzt durchschnittl. 3,5% gelöste Stoffe; Salzgehalt: 77,8% Kochsalz (Natriumchlorid), 10,8% Magnesiumchlorid, 4,7% Bittersalz (Magnesiumsulfat), 3,6% Gips (Calciumsulfat), 2,5% Kaliumsulfat, auch Spuren von Gold u. a.; Meere mit starkem Zufluß und geringer Verdunstung (Ostsee, Schwarzes Meer, Hudsonbai, Nördliches Eismeer) sind salzärmer, solche m. geringem Zufluß u. starker Verdunstung (Mittel-, Rotes Meer, Persischer Golf) salzreicher als der offene Ozean; an Gasen enthält das M. Kohlendioxid (in Verbindungen), Sauerstoff 30–35% und Stickstoff 65–70%.
Meerzwiebel → Scilla.
Meeting, *s.* [engl. ′miːtɪŋ], Zusammenkunft, Treffen.
Mega- [gr.], als Vorsilbe: Groß...; vor Maßeinheit = 1 Million (10⁶), z. B. *M.volt* = 1 000 000 Volt.
Megacolon congenitum → Hirschsprungsche Krankheit.
Megalithkultur, vermutlich aus dem Mittelmeerraum über W-Europa nach NW- und N-Dtld, Dänemark u. S-Schweden vorgedrungene jungsteinzeitl. Kultur des 3. Jtd v. Chr. m. Großsteingräbern (sog. *Hünengräber*) eigener Keramik (danach *Trichterbecher-Kultur*) u. prachtvollen Feuersteinbeilen u. -dolchen.
Megaphon, *s.* [gr.], v. *Edison* erfundenes Sprachrohr zur Lautverstärkung.
Megäre [gr.], eine der → Erinnyen; böses Weib.
Meghalaya, s. 1970 ind. B.staat, durch Teilung des Staates Assam entstanden, 22 489 km², 1,8 Mill. E; Hptst.: *Shillong.*
Megilloth [hebr. „Festrollen"], Sammelbez. d. 5 alttestamentl. Schriften: *Hoheslied, Ruth, Klagelieder, Prediger, Esther.*
Mehlbeerbaum, der Eberesche verwandter Baum mit großen Beeren; Gebirgswälder.

Mehlkäfer, *Müller,* kleiner Käfer, Larve, *Mehlwurm,* lebt im Mehl.

Mehltau, weißl. Überzug auf Pflanzen, hervorgerufen durch Schmarotzerpilze; sehr schädlich.

Mehlzünsler, *Mehlmotte,* Raupe lebt im Mehl.

Mehnert, Klaus (10. 10. 1906–2. 1. 84), dt. Journalist u. Politologe; Veröffentlichungen über UdSSR u. China: *D. Sowjetmensch; China nach d. Sturm.*

Mehrgitterröhre, → Elektronenröhre, die neben dem Steuergitter weitere → Gitter enthält.

Mehrheit, bei *Abstimmung: absolute M.* (mehr als 50% der abgegebenen Stimmen); *relative (einfache) M.* (größter Teil der Stimmen); *qualifizierte M.* (²/₃-, ³/₄- u. ä. M.).

Mehrheitswahl → Wahlsysteme.

Mehring, Franz (27. 2. 1846–28. 1. 1919), dt. Schriftst. u. Pol.; Begr. d. marxist. Literaturbetrachtung.

Mehrkampf, sportl. Wettkampf in versch. Übungen, nach Punkten entschieden.

Mehrphasenstrom, → Wechselströme, deren Phasen gegeneinander verschoben sind; Dreiphasenstrom heißt → *Drehstrom.*

Mehrschichtvergütung, s. Beginn d. 70er Jahre opt. Standard; Objektive werden dadurch fast reflexfrei, bilden brillant und scharf ab, meist beinhaltet d. M. auch e. Schicht, d. UV-Licht absorbiert.

Mehrstimmigkeit, eine i. eigtl. Sinne durch 1000 Jahre nur i. Abendland existierende mus. Erscheinung; um 850 i. Frkr. entstanden (→ Organum), in der Zweistimmigkeit Entwicklung über Drei-, Vier-, Fünfstimmigkeit bis zum acht- u. mehrstimm. Vokalsatz; mit Aufkommen der Instrumentalmusik um 1600 Entwicklung zum vielstimmigen Orchestersatz.

Mehrwegverpackungen, wiederverwendbare Verpackung (z. B. Pfandflasche); → Einwegverpackungen.

Mehrwert, nach der *M.lehre* von Marx die Differenz zw. dem Entgelt des Arbeiters u. dem im Produktionsprozeß erzeugten Wert der von ihm hergestellten Güter.

Mehrwertsteuer, *MwSt,* Umsatzsteuersystem, bei dem auf d. einzelnen Produktionsstufen nur der Wertzuwachs (Umsatzerlös minus Gütereinsatz) besteuert wird; in der BR am 1. 1. 1968 eingeführt; augenblickl. Steuersatz: 15%, urspr. 11% (ermäßigter Steuersatz: 7%, bei best. Waren, Nahrungsmitteln u. Dienstleistungen); Steuersatz i. Österreich 16 (bzw. 8) %; → Allphasensteuer.

Mečiar [ˈmɛtjjar], Vladimír (* 26. 7. 1942), s. 1992 Ministerpräsident der Slowakei.

Meid, Hans (3. 6. 1883–6. 1. 1957), dt. Maler u. Radierer; teils spätimpressionist. od. altmeisterl. Stilmittel; Landschaften, Genreszenen, Motive aus (it.) Städten, Buchillustrationen.

Meidner, Ludwig (18. 4. 1884–14. 5. 1966), dt. Maler d. Expressionismus; Bilder aus d. Erleben d. 1. Weltkr.; später hpts. rel. Themen: *Apokalypt. Landschaft; Ich u. die Stadt.*

Meier, John (14. 6. 1864–3. 5. 1953), dt. Volkskundler; begr. das Volksliedarchiv in Freiburg.

Meier, im MA herrschaftl. Gutsverwalter.

Meierei, milchwirtschaftlicher Betrieb; → Milchwirtschaft.

Meier-Gräfe, Julius (10. 6. 1867–5. 6. 1935), dt. Kunsthistoriker; *Entwicklungsgeschichte der mod. Kunst.*

Meier Helmbrecht → Wernher der Gärtner.

Meile, engl. *Mile,* → Maße u. Gewichte, Übers.

Meilenzone → Territorialgewässer.

Meiler, zur Holzkohlengewinnung aufgestapelter, mit Sand bedeckter Holzstoß.

Meilhac [mɛˈjak], Henri (23. 2. 1831 bis 6. 7. 97), frz. Schriftst.; Textdichter Offenbachs.

Meinecke, Friedrich (30. 10. 1862 bis 6. 2. 1954), dt. Historiker; *Weltbürgertum u. Nationalstaat.*

Meineid → Eid.

Meinerzhagen (D-58540), St. im Märkischen Kreis, Sauerland, NRW, 20 900 E; AG.

Meiningen (D-98617), thür. Krst. an der Werra, 24 400 E; ehem. hzgl. Schloß *Elisabethenburg* (Sammlungen), Theater. – 1680–1918 Hptst. d. Hzgt. Sachsen-M.

Meininger, v. Hzg *Georg II. v. Sachsen-Meiningen* (1826–1914) leitete Schauspieltruppe des Hoftheaters zu Meiningen; Stilrichtung: Naturalismus („Meiningerei") u. durchgearbeitetes Zus.spiel; beeinflußten durch Gastspiele 1870–90 auch das Ausland (→ Tafel Schauspielkunst).

Meinong, Alexius (17. 7. 1853–27. 11. 1920), dt. Phil.; entwickelte e. „Gegenstandstheorie" unter Berücksichtigung v. 4 Erlebnisarten: Vorstellen, Denken, Fühlen u. Begehren.

Meinrad, Josef (21. 4. 1913–18. 2. 96), östr. Schausp.; s. 1947 am Wiener Burgtheater; Träger des Ifflandringes.

Meinungsforschung, Erforschung d. *öffentl. Meinung* (Summe der Standpunkte, die Menschen in bezug auf das Gemeinwesen berührende od. interessierende Angelegenheiten einnehmen, J. Bryce); auszugehen ist wirtsch. Bedürfnissen als → Marktforschung, dann als pol. u. soziolog. Meinungsforschung *(Gallup, Crossler, Roper)* mit wiss. Methoden entwickelt; Fragestellung „geschlossen" (Ja, Nein, Ich weiß nicht) od. „offen" (freie Beantwortung, meist mündl.); zahlr. Institute, z. B. Gallup-Institute in d. USA, Tochterinstitute in 8 westeur. Staaten; in d. BR u. a. Inst. für Demoskopie, Allensbach; EMNID-Inst., Bielefeld; Wickert-Inst., Tübingen.

Meinungskäufe, Börsenkäufe, die im Glauben an baldiges Steigen der Kurse getätigt werden.

Meinungsmanipulation, Meinungslenkung d. Bürgers, meist nicht bewußt (bes. in d. Massenmedien, d. h. Presse, Rundfunk, Fernsehen, u. in d. Werbung).

Meiose, *Reduktionsteilung, Reifeteilung,* Kernteilungsvorgänge, in deren Verlauf die somat., meist *diploide Chromosomenzahl* bei d. Bildung v. → Gameten auf die Hälfte reduziert wird, so daß nach Verschmelzung d. *haploiden Gameten* alle Körperzellen der nächsten *Generation* wiederum diploid sind. Die

Meise, *Sumpfmeise*

Meißen, *Albrechtsburg und Dom*

M. besteht im Normalfall aus zwei aufeinanderfolgenden Kernteilungen mit *Pro-, Meta-, Ana-* u. *Telophase;* im Ggs. zur → Mitose ist die *Prophase* der ersten meiotischen Teilung (m. Paarung v. homologer Chromosomen u. → Faktorenaustausch) stark verlängert.

Meir [meˈiːr], Golda (3. 5. 1898–8. 12. 1978), isr. Pol.in; 1956–66 Außenmin.in, 1969–74 Min.präs.in.

Meiringen (CH-3860), Bez.hptort im schweiz. Kanton Bern, 4100 E; Fremdenverkehrsort (Alpbach- u. Reichenbachfälle), Aareschlucht.

Meisen, zierlich und agil wirkende Singvögel, rundköpfig mit kleinem Meißelschnabel, Höhlenbrüter; bei uns *Blau-, Kohl-, Tannen-, Sumpf-, Weiden-, Hauben-M.; Bart-* und *Schwanz-M.* gehören zu anderen Gruppen.

Meisenbach, Georg (27. 5. 1841 bis 24. 9. 1912), dt. Kupferstecher; erfand Autotypie.

Meisner, Joachim (* 25. 12. 1933), kath. Theol. u. Bischof v. Berlin (1980 bis 1989), Kardinal (s. 1983), Erzbischof v. Köln (s. 1989).

Meißel, vorn keilartig zugeschärftes Werkzeug aus Stahl, für Stein- u. Metallbearbeitung.

Meißen (D-01662), sächs. Krst. a. d. Elbe, 33 300 E; got. Dom (1260), Albrechtsburg (1471), Rathaus (1472); Museum; Weinbau; keram. Ind.; landw. HS. – Gegr. 929, seit Mitte des 10. Jh. Sitz d. Markgrafen v. M.; s. 968 Bistum, s. 1710 1. eur. Porzelanmanufaktur: **Meissener Porzellan**®.

Meißner → Hoher Meißner.

Meissonier [mɛsɔˈnje]

1) Ernest (21. 2. 1815–31. 1. 91), frz. Maler d. Realismus; Genrebilder, Militärszenen; *Barricade.*

2) Juste-Aurèle (1693/5–31. 7. 1750), frz. Architekt u. Ornamentstecher, e. führender Dekorationsmeister u. Formgestalter d. Rokoko.

Meistbegünstigung, Vereinbarung bei Handelsverträgen zw. Staaten, wonach dem Partner dieselben Zolltarifsätze u. -vergünstigungen zustehen, die der vertragschließende Staat irgendeinem anderen Staat zubilligt; zuerst b. Vertrag zw. Frkr. und England (v. → Cobden geschlossen) 1860; *Zweck:* Stetigkeit und Sicherheit der Handelsbeziehungen.

Meistbegünstigungsklausel ist die Meistbegünstigung einräumende Bestimmung im Handelsvertrag, meist *gegenseitig,* auch *einseitig;* auch in nichtwirtsch. Verträgen (z. B. in bezug auf die Rechtsstellung d. diplomat. Vertreter).

Meister Bertram v. Minden, (um 1345–1414 oder 1415), niederdt. Maler u. wahrscheinl. Bildschnitzer d. Gotik; *Grabower Altar, Buxtehuder Altar.*

Meistermann, Georg (16. 6. 1911 bis 12. 6. 90), dt. abstrakter Maler; auch Wandbilder u. Glasfenster (u. a. f. d. Dome in Limburg und Münster).

Meisterprüfung, berechtigt zur selbständ. Berufsausübung, z. Führung des *Meistertitels* d. betreffenden Handwerks u. zur Ausbildung von Lehrlingen. *Voraussetzung:* Gesellenprüfung u. mehrjähr. Gesellenzeit: → Befähigungsnachweis; Ablegung d. M. vor dem Prüfungsausschuß der HWK, nach erfolgreichem Abschluß Aushändigung e. *Meisterbriefes.*

Meisterschaft, Vereins-, Verbands-, Landes-, Europa- u. Weltmeisterschaften in den meisten Sportarten; Sieger bleibt Meister bis zur abermaligen Austragung.
Meisterschaftsspiel, Spiel (Fußball, Handball u. a.), dessen Ergebnis für die Meisterschaft gewertet wird.
Meistersinger, *Meistersänger,* bürgerl. Dichter i. 15./16. Jh., Handwerker, bes. in Nürnberg *(Folz, Rosenplüt, Hans Sachs);* regelmäßige Zus.künfte, Dichtung n. festen Regeln („Tabulatur"); Verstöße v. „Merker" angekreidet; z. „Meister" ernannt, wer fehlerlos e. neuen „Ton" (Melodie) vortrug; eigene Bühne (**M.bühne**), etwa in der Marthakirche, Nürnberg.
Meister vom Stuhl, Haupt e. Freimaurerloge.
Meisterzeichen → Steinmetzzeichen.
Meit, Conrad (um 1475–um 1550), dt. Bildhauer d. (Früh-)Renaiss.; *Judith; Tonbüste Karl V.*
Meitner, Lisa (7. 11. 1878–27. 10. 1968), östr. Atomphysikerin; Mitarbeiterin v. O. → Hahn, entscheidende Beiträge z. Kernspaltung.
Meitnerium [nach L. Meitner], künstl. radioaktives Element (Transactinoid) d. Ordnungszahl 109.
Mekka, Hptst. d. Hedschas, am westl. Gebirgsrand, 550 000 E; bed. Handelsplatz Saudi-Arabiens; als Geburtsort Mohammeds rel. Mittelpkt des Islams; jährl. bis 900 000 Pilger; Moschee Beit-Allah mit d. islam. Haupttheiligtum → Kaaba.
Meknes, St. in Marokko, 410 000 E; Handelszentrum.
Me-kong, größter Strom Hinterindiens, aus d. osttibetan. Gebirgssystem, gr. Delta i. d. Südchin. Meer, 4184 km l., z. T. Grenze zw. Myanmar, Thailand u. Laos.
Mekonium → Kindspech.
Meksi, Aleksander (* 8. 3. 1939), s. 1992 Min.präs. v. Albanien.
Melamin, s. [gr.], stickstoffhalt. organ. Verb.; ergibt mit Formaldehyd **M.harze,** härtbare Kunstharze, farblos, licht-, wärme- und wasserbeständig.
Melancholie, w. [gr.],
1) Gemütszustand mit schwermütiger Verstimmung, Angstgefühlen, Selbstvorwürfen.
2) Schwermut, Trübsinn.
Melanchthon [gräzisiert], eigentlich *Schwarzerd,* Philipp (16. 2. 1497–19. 4. 1560), Humanist; Luthers theol. Mitarbeiter. Verf. des *Augsburgischen Bekenntnisses;* nach Luthers Tod Haupt des Protestantismus; Ehrentitel: Praeceptor Germaniae („Lehrer Dtlds").
Melanesien, „Schwarzinselland", ozean. Inselreihe im NO Australiens: Neuguinea, Bismarck- u. Louisiadearchipel, Salomoninseln, Santa-Cruz-Inseln, Neue Hebriden (Vanuatu), Fidschi-Inseln, Neukaledonien; Eingeborene: *Melanesier.*
Melange, w. [frz. -'lãʒ(ə)], Mischung; *Café melange,* Milchkaffee.
Melanie [gr. „die Schwarze"], w. Vn.
Melanin, s. [gr.], brauner od. schwarzer Farbstoff der Haut, Haare, Iris, Federn usw.
Melanom, s. [gr.], bösartige Haut- oder Schleimhautgeschwulst (Hautkrebs) mit Melanineinlagerungen, dadurch dunkel bis schwarz, im Frühstadium ähnl. wie → Leberfleck.
Melanophorenhormon → Pigmenthormon.
Melanose, dunkle Pigmentierung; *Melanosis coli,* Schwarzfärbung des Dickdarms, in der Regel harmlos.
Melasse, w. [span.], Restsirup der Zuckerherstellung, aus dem der Restzucker nur durch bes. Verfahren ausscheidbar ist; Verwendung als Viehfutter od. vergoren z. Spritgewinnung (**M.spiritus).**
Melbourne [-bən], Hauptstadt der austral. Bundesst. Victoria, a. d. SO-Küste, 3 Mill. E; anglikan. u. röm.-kath. Erzbistum, Uni.; Kultur-, Finanz-, Handels- u. Ind.zentrum Australiens; Hafen u. intern. Flughafen. 1956 Olymp. Spiele.
Melchior, Johann Peter (10. 3. 1747 bis 13. 6. 1825), dt. Bildhauer u. Porzellanmodelleur d. Rokoko; später Wendung z. Klassizismus.
Melchior, einer d. Hl. → Drei Könige.
Melde, Gattung d. Gänsefußgewächse, meist einjähr. Kräuter (z. B. *Gemeine M.*); *Garten-M.* als Gemüsepflanze.
Meldepflicht,
1) b. *Wechsel des Aufenthaltsortes* innerh. 1 Woche, b. Hotels, Gasthöfen usw. innerh. 24 Std. an Einwohnermeldeamt. Meldepflichtig ist a) wer seinen Aufenthalt wechselt (Hauptmeldepflichtiger), b) d. Hauseigentümer od. sein Verw., c) b. Untermiete o. Wohnungsinhaber.
2) b. *Geburts- u. Sterbefällen* an Standesamt; = Personenstand.
3) für ansteckende Krankheiten u. Berufsunfälle durch d. *Arzt* a. d. zuständigen Medizinalbehörden.
Meldorf (D-25704), St. i. Kr. Dithmarschen, Schl-Ho., 7211 E; Dom (13. Jh.), St-Johannes-Kirche (13. Jh.); Mus.; Hafen; AG; div. Ind.; Fremdenverkehr.
Melekess, ab 1972 *Dimitrowgrad,* russ. St. am Stausee v. Samara, 119 000 E; Metallind., Reaktor.
Meléndez, [-dɛθ], *Menéndez,* Luis Eugenio (1716–80), span. (Hof-)Maler; e. Meister d. realist. aufgefaßten, detailtreuen Stillebens u. Porträts.
Melibokus, *Malchen,* Berg im Odenwald, an der Bergstraße bei Zwingenberg, 517 m.
meliert [frz.], gemischt (angegrautes Haar).
Méliès [me'ljɛs], Georges (8. 12. 1861 bis 21. 1. 1938), frz. Filmpionier u. Regisseur phantast. Filme; *Le voyage dans la lune* (1902).
Melilla [-'liʎa], Hafenst. a. d. N-Küste Marokkos; span. Enklave (12 km², 56 000 E); s. 1492 span.
Melioration [l.], Verbesserung landw. Grundstücke bes. durch Be- oder Entwässerung (→ Dränierung).
Melisma, s. [gr.], *mus.* melod. Verzierung; e. Textsilbe ist Träger mehrerer Töne od. Tongruppen (bes. i. *Gregorian. Choral).*
Melisse, w., *Zitronenkraut,* nach Zitronen riechende Blätter liefern Tee u. äther. Öle f. Melissengeist.
Melissos, von Samos (5. Jh. v. Chr.), griech. Phil. d. Eleaten, lehrte d. Leid- u. Zeitlosigkeit d. Seins i. Ggs. zu s. Lehrer Parmenides.
Melissus, eigtl. *Paul Schede* (20. 12.

Mekka, *Kaaba*

Stift Melk

Melonenbaum

Herman Melville

1539–3. 2. 1602), dt. humanist. Dichter; *Psalmen.*
Melk (A-3390), Bez.st. in Niederöstr., a. d. Donau, 209 müM, 5139 E; Benediktinerstift (11. Jh.), Barockneubau (1702–36).
Melkmaschine, Saugpumpe zum Melken von Kühen, bes. im **Melkstand** (techn. Einrichtung zum Melken im Melkraum).
Mell, Max (10. 11. 1882–13. 12. 1971), östr. Schriftst.; *Apostelspiel.*
Melle (D-49324–28), St. i. Kr. Osnabrück, Nds., 42 196 E; div. Ind.
Mellrichstadt (D-97638), St. i. Kr. Rhön-Grabfeld, Bay., 6076 E; div. Ind.
Mellum, Sandbank in den Nationalpark Niedersächs. Wattenmeer zw. Jade- u. Wesermündung, 0,4 km²; bed. Vogelschutzgebiet.
Melodie, w. [gr.], einstimmige, rhythmisch gliederte Tonfolge.
Melodik, w., Melodiebildung.
Melodram|a, s. [gr.], gesprochene Dichtung mit Musikbegleitung.
Melone, Kürbisgewächs aus S-Asien, kürbisähnl. Früchte in versch. Formen: gerippt, *Kantalupen,* u. netzartig gebändert, *Netz-M.; Wasser-M.* (Arbuse), groß, grün mit rötl., sehr saftigem Fleisch, in S-Eur. viel angebaut.
Melonenbaum, *Papaya,* trop. Obstbaum m. melonenähnl. Früchten.
Melos, neugriech. *Milos,* it. *Milo,* griech. Zykladeninsel, vulkan., viele heiße Quellen, 151 km², 5500 E; 1820 Fund der *Venus v. Milo* (jetzt im Louvre, Paris).
Melos, s. [gr.], *mus.* Fluß e. Tonfolge ihrer Auf-und-ab-Bewegung nach, ohne Betrachtung ihrer Rhythmik; in der griech. Poesie lyrisches Gedicht; Ggs.: → Epos.
Melozzo da Forlì (1438–8. 11. 94), it. Maler d. Renaiss.; bes. Fresken.
Melpomene, die griech. Muse der Tragödie.
Melsungen (D-34212), St. im Schwalm-Eder-Kr., an der Fulda, Hess., 13 271 E; Luftkurort; AG; div. Ind.
Melusine, Meerfee d. frz. Sage, dt. Volksbuch des 15. Jh.
Melville [-vɪl], Herman (1. 8. 1819 bis 28. 9. 91), am. Dichter; einer der größten Erzähler des 19. Jh.; Romane: *Redburn; Moby Dick;* Erzählung: *Billy Budd.*
Melvillebai, Bucht an der W-Küste von Grönland.
Melville-Halbinsel, im NO Kanadas, 61 000 km².
Melville-Insel,
1) an der N-Küste Australiens, 5800 km².
2) des am.-arkt. Archipels, 42 149 km².
Membran, w. [l.],
1) i. d. *Chemie:* → Osmose.
2) i. d. *Medizin:* Umhüllung der Zellen u. Körperorgane.
3) dünnes Häutchen oder Blättchen z. Übertragung von Schwingungen; Verwendung bei → Telefon, → Lautsprecher.
Membrum [l.], Glied.
Memel,
1) russ. → Njemen.
2) litauisch *Klaipėda,* St. am Eingang ins Kur. Haff, eisfreier Hafen Litauens, 204 000 E; Werft, Holzind. u. -handel, Fischverarb.; Textilind. – 1252 gegr., 1328 vom Dt. Orden erworben; Teil Ost-

preußens; durch Versailler Vertrag m. Küstengebiet nördl. der M. u. N-Teil der Kurischen Nehrung, 2848 km², *M.gebiet*, 1923 abgetreten an Litauen (Selbstverw.); 1939–45 zu Ostpreußen, 1948 wieder zu Litauen.

Memento, *s.* [l. „gedenke"], Mahnung.

memento mori [l.], „denke daran, daß du stirbst".

Memleben (D-06642), Gem. i. Kr. Nebra, a. d. Unstrut, S-A., 957 E; sächs. Kaiserpfalz (Sterbeort Heinrichs I. u. Ottos I.) u. Ruinen e. Benediktinerklosters.

Memling, Hans (um 1433/40–11. 8. 94), ndl. Maler zw. Gotik u. Frührenaiss.; relig. Themen, Bildnisse; *Altar d. Jacopo Tani, Szenen aus d. Leben Mariä.*

Memmingen (D-87700), krfreie St. im Rgbz. Schwaben, Bay., 39 864 E; histor. St.bild; Rathaus (16./18. Jh.), got. Kirchen; LG, AG; div. Ind.

Memnon, sagenhafter Kg von Äthiopien.

Memnons-Säulen, Kolossalfiguren des sitzenden Amenophis III. bei Theben (Ägypten), 2. Jtd v. Chr., sollen bei Sonnenaufgang geklungen haben.

Memoiren, *w.* [frz. me'mwa:rən], Denkwürdigkeiten, Lebenserinnerungen.

Memorandum, *s.* [l.], Denkschrift, Merkbuch.

Memorial, *s.,* svw. → Journal.

memorieren, auswendig lernen.

Memphis,
1) erste u. älteste Hpst. Ägyptens am unteren Nil (schon i. 3. Jtd v. Chr.), Ruinen, Stufenpyramiden, Totenfeld v. Sakkara, um 2770 v. Chr.
2) St. im US-Staat Tennessee, am Mississippi, 610 000 E (30% Schwarze); Uni.; Baumwoll-, Holz- u. Masch.ind.

Menage, *w.* [frz. -'na:ʒə],
1) Beköstigung.
2) Traggestell mit Gefäß zum Essenholen.
3) Tischgestell für Essig, Öl, Salz u. Pfeffer.

Menagerie [frz. -ʒ-], Schau lebender Tiere.

Menam, größter Strom Thailands, aus Ping (590 km l.) u. Nan (627 km l.), mündet bei Bangkok mit Delta in den Golf v. Siam; 365 km l.

Menander, *Menandros* (342–290 v. Chr.), griech. Komödiendichter; begr. Typenkomödie; *Schiedsgericht; Menschenfeind.*

Menarche, *w.* [gr.], erstes Auftreten d. → Menstruation.

Menchú, Rigoberta (* Jan. 1959), guatemaltek. Bürgerrechtsführerin; 1992 Friedensnobelpr. f. ihr Engagement f. Menschenrechte u. d. Gleichbehandlung d. indigenen Bev.

Mende, Erich (* 28. 10. 1916), dt. Pol.; 1960–68 Vors. der FDP, 1963–66 Vizekanzler u. Min. f. gesamtdt. Fragen; 1970 Übertritt in d. CDU.

Mendel, Gregor Johann (22. 7. 1822 bis 6. 1. 84), östr. Augustinermönch (Brünn); fand 1865 durch Kreuzungsversuche, bes. an Erbsen u. Bohnen, die *M.schen Regeln* der → Vererbung (*Übers.*).

Mendel, it. *La Mendola,* Paß (1363 m) südwestlich v. Bozen zwischen Etschtal u. Nonsberg; *M.bahn.*

Mendelejew, Dmitri Iwanowitsch (7. 2. 1834–2. 2. 1907), russ. Chem.; fand gleichzeitig m. L. *Meyer* das → Periodensystem d. Elemente.

Mendelevium, *Md,* chem. El., Oz. 101, durch Kernumwandlung aus Einsteinium; radioaktiv (→ Transurane).

mendeln, *von Genen:* sich nach den Mendelschen Regeln verhalten.

Mendelsohn, Erich (21. 3. 1887 bis 15. 9. 1953), dt. Architekt d. Expressionismus, dann e. gemäßigten Funktionalismus; u. a. Observatorium, sog. *Einstein-Turm* (Potsdam); Teile d. *Hebrew University* u. *Hassadah-Krankenhaus* (Jerusalem); Synagogen in USA.

Mendelssohn,
1) Moses (6. 9. 1729–4. 1. 86), dt. Phil. der Aufklärung, tätig für die Emanzipation der Juden; sein Enkel
2) Felix M. Bartholdy (3. 2. 1809–4. 11. 47), dt. romant. Komp.; Dirigent d. Leipziger Gewandhauses; Musik zu Shakespeares *Sommernachtstraum;* Sinfonien, Ouvertüren, Konzerte, Oratorien: *Elias; Paulus;* Kammermusik, Lieder.

Menden (Sauerland) (D-58706–10), St. im Märk. Krs., NRW, 56 525 E; AG; Metall-, Elektroind.

Mendès-France [mɑ̃dɛs'frɑ̃s], Pierre (11. 1. 1907–18. 10. 82), frz. radikalsozialist. Pol.; 1954/55 Min.präs.

Mendikanten [l.], svw. → Bettelorden.

Mendoza [-'doθa], Hptst. der argentin. Prov. *M.* (148 827 km², 1,4 Mill. E), a. O-Fuß d. Kordilleren, 722 000 E (m. Vororten); Erdöl- u. Erdgasvorkommen.

Menelaos, in der alten Sage Gatte der Helena, Bruder Agamemnons; Kg von Sparta.

Menelik II., *Menilek* (17. 8. 1844 bis 12. 12. 1913), seit 1889 Kaiser v. Abessinien; 1896 Sieg über Italiener b. Adua.

Menem, Carlos Saúl (* 2. 7. 1935), s. 1989 Staatspräs. v. Argentinien.

Menes, (um 2925 v. Chr.), ältester geschichtl. ägypt. Kg, vereinigte Unter- und Oberägypten.

Menetekel upharsin [aramäisch], „Gezählt, gewogen und zu leicht befunden", geheimnisvolle Inschrift, die nach A.T. (Buch *Daniel 5, 25*) d. Babylonier-Kg → Belsazar bei e. Festmahl seinen baldigen Sturz andeutete.

Mengelberg, Willem (28. 3. 1871 bis 22. 3. 1951), ndl. Dirigent.

Mengenlehre, grundlegende Theorie der *Mathematik,* Menge: Gesamtheit d. Dinge (Elemente), die eine best. Eigenschaft haben (z. B. Menge d. geraden Zahlen); die meisten Begriffe d. Math. lassen sich auf mengentheoretische Begriffe zurückführen; Begr.: G. → *Cantor.*

Mengs, Anton Raphael (22. 3. 1728 bis 29. 6. 79), dt. Maler in Dresden, Rom u. Madrid; Entwicklung vom Spätbarock zum Klassizismus; mytholog. u. bibl. Themen, Porträts; theoret. Schriften.

Meng-tse, *Mengzi* [məŋdziх] (372 bis 289 v. Chr.), chin. konfuzian. Phil., Reformen in Richtung Demokratisierung.

Menhir, *m.* [kelt. „langer Stein"], *Hünensteine,* vorgeschichtl., roh behauene Felsblöcke in Europa.

Ménièresche Krankheit [me'nɪɛːr], anfallsweise auftretender Drehschwindel mit Übelkeit, Erbrechen, Ohrensausen, Schwerhörigkeit bei Erkrankung des Labyrinths im Innenohr.

Memmingen, *Kempter Tor*

Felix Mendelssohn Bartholdy

Menhir von Kerlbas

Meningismus, Reizerscheinungen bei → Gehirnhautentzündung.

Meningitis, *w.* [gr.], svw. → Gehirnhautentzündung.

Meniskus [gr. „Mondsichel"],
1) die gekrümmte Oberfläche einer Flüssigkeit in enger Röhre; Ursache: Oberflächenspannung in Verbindung mit → Kohäsion (konvexer *M.,* z. B. bei Quecksilber) oder mit → Adhäsion zw. Wandung und Flüssigkeit (konkaver *M.,* z. B. Wasser im Glasrohr).
2) *med.* zwei sichelförm. Knorpelscheiben im Kniegelenk.

Mennige, rotes Bleioxid (Pb_3O_4); Eisenrostschutzfarbe, Bleiglasfabrikation.

Menno Simons (1496–31. 1. 1561), kath. Priester in Friesland; wurde Anhänger Luthers, später führend in d. Bewegung d. Täufertums; von ihm ausgehend: **Mennoniten,** *Taufgesinnte,* verwerfen Kindtaufe, Kriegsdienst u. Eid; wanderten, um ihrem Glauben treu zu bleiben, aus dem Ndl. um 1550 in das Weichseldelta, s. 1683 in die USA, s. 1786 nach Rußland, s. 1874 in die USA u. Kanada, nach 1918 nach Mexiko u. Paraguay aus.

Menologion, *s.* [gr. „Monatsregister"], Ritual- u. Andachtsbuch d. orthodoxen Kirche m. Lebensbeschreibung d. Heiligen.

Menopause, *w.* [gr.], Aufhören d. Menstruation, → Klimakterium. Zeit danach: *Postmenopause.*

Menora, *w.* [hebr. „Leuchter"], jüd. Kultleuchter.
1) 7armig i. alten Jerusalemer Tempel, heute noch Symbol, auch Staatsemblem Israels (s. 1948).
2) 8armig m. 9. Arm als Bedienungslicht z. Anzünden.

Menorca, *Minorca,* span. Insel, 683 km², 62 000 E; zweitgrößte d. Balearen; Weizen-, Mais-, Obst- und Weinbau; Fremdenverkehr; Hptst. *Mahón.*

Menorrhagie, krankhafte Verstärkung der Menstruationsblutung.

Menotti, Gian Carlo (* 17. 7. 1911), am. Komponist it. Herkunft; Neoverist; Radioopern, Kammermusik, Opern: *Der Konsul; Die Heilige v. d. Bleecker Street.*

Mensa [l. „Tisch"],
1) *M. academica,* billige Speisegelegenheit f. Studenten.
2) in d. Kirche: auf d. Altarblock aufliegende Platte, gebräuchl. s. 15. Jh.

Mensch, als Gattung → *Homo* genannt, gliedert sich in zahlreiche, sich überschneidende Typenkreise (→ Rassen, Übers.) u. Hormonaltypen, Volks- u. Berufstypen, Altersstufen, Geschlechter; zeichnet sich vor allen Säugetieren durch aufrechten Gang, enorme Ausbildung d. Gehirns, Sprache u. Vernunft aus; Mann u. Frau durch Wuchs, Gestalt, Haut- u. Haarbildung unterschieden; b. d. Frau durchschnittl. Größe u. Gewicht geringer, Knochenbau zarter, Muskulatur schwächer, Fettpolster üppiger. Der Körper (→ Tafeln Mensch) gliedert sich in Kopf, Hals, Rumpf und Gliedmaßen. Das *Skelett,* Knochengerüst, dient der Stütze, Aufrechterhaltung und Beweglichkeit, schützt Eingeweide, Sinnesorgane u. Zentralnervensystem, besteht aus über 200 Knochen (Schädel allein 33); bewegl. Verbindung durch Gelenke, an d. Gelenkflächen m. Knorpel überzogen. Die *Muskeln* überziehen d. ganze

Skelett des Menschen (links)
 1 Gehirnschädel
 2 Gesichtsschädel
 3 Jochbein
 4 Unterkiefer
 5 Halswirbel
 6 Schlüsselbein
 7 Schultergelenk
 8 Brustbein
 9 Brustkorb
10 Oberarm
11 Ellenbogengelenk
12 Elle
13 Speiche
14 Handwurzelknochen
15 Mittelhandknochen
16 Fingerglieder
17 Lendenwirbelsäule
18 Becken
19 Kreuzbein
20 Oberschenkel
21 Kniescheibe
22 Kniegelenk
23 Wadenbein
24 Schienbein
25 Fußwurzelknochen
26 Mittelfußknochen
27 Zehenglieder
28 Fersenbein
29 Fußgelenk

Oberflächenmuskulatur (rechts)
Links vorn:
 1 Stirnmuskel
 2 Augenringmuskel
 3 Lippenmuskel
 4 Kaumuskel
 5 Kopfwender
 6 Kapuzenmuskel
 7 Schlüsselbeinmuskel
 8 Deltamuskel
 9 großer Brustmuskel
10 Sägemuskel
11 Bizeps (Armbeuger)
12 Schneidermuskel
13 Schenkelstrecker
14 Kniescheibenmuskel
15 Schienbeinmuskel
16 Kreuzbandmuskel
17 Hinterhauptmuskel
18 Kopfwender
19 Kapuzenmuskel
20 Deltamuskel
21 Schulterblattmuskel
22 Armstrecker
23 breiter Rückenmuskel
24 großer Gesäßmuskel
25 Schenkelmuskel
26 Kniekehle
27 Zwillingswadenmuskel
28 Achillessehne

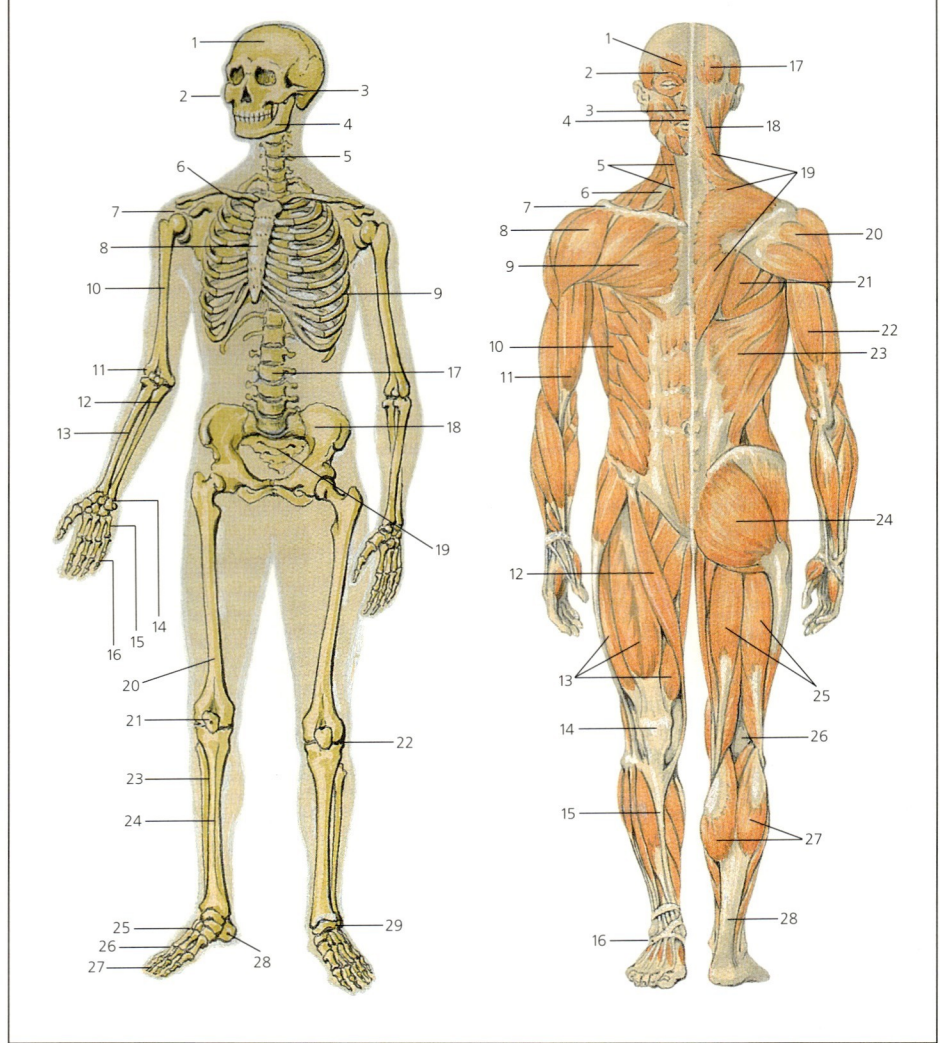

Skelett; sie sind mit ihren sehnigen Enden an d. Knochen angewachsen. Äußerer Abschluß u. Schutz durch die Hautdecke. Die → Eingeweide dienen der Ernährung, d. Stoffwechsel und der Fortpflanzung: **a)** Verdauungssystem mit Mund, Speiseröhre, Magen, Darm, Bauchspeicheldrüse, Leber, Galle; **b)** Atmungssystem: Nase, Rachen, Kehlkopf, Luftröhre, Bronchien, Lungen; **c)** Harnsystem: Nieren, Nierenbecken, Harnleiter, Harnblase, Harnröhre; **d)** innersekretor. Drüsen; **e)** Geschlechtsorgane; **f)** Herz- u. Blutkreislaufsystem. Das *Nervensystem* reguliert alle Lebensvorgänge; besteht aus **a)** Zentralnervensystem (Gehirn u. Rückenmark); **b)** den hiervon ausgehenden Hirn- und peripheren Nerven; **c)** dem autonomen Nervensystem (Sympathikus u. Vagus). Die *Sinnesorgane* (Auge, Ohr, Zunge, Nase usw.) vermitteln d. Beziehungen z. Außenwelt. Sämtl. Organe sind aus kleinsten Bausteinen (→ Zellen) zusammengesetzt. – Der Körper enthält etwa: als Neugeborener 66–69%, als 70jähriger 58% Wasser, 20% Eiweißkörper, 2,5% Fett, 9–10% Mineralsalze (Phosphor, Eisen, Magnesium, Calcium, Kalium usw.). Gesamtblutvolumen bei 60–70 kg Körpergewicht 4–5 l, entspricht 7,6% d. Körpergewichts; die zirkulierende Blutmenge beträgt ca. 3,5 l, das Blut enthält etwa 80% Wasser, 20% feste Stoffe. – Auch → Vererbung, Übers.; → Tafel Mensch, Abstammungsgeschichte. Die Ahnenform der heutigen Menschheit ist der Urmensch. Aus primitiven, noch kurzarmigen → Menschenaffen (Dryopithecinen im weiteren Sinne) des *Miozäns* Afrikas oder Vorderindiens haben sich nach der Erwerbung des aufrechten Ganges und dem Passieren des Tier-Mensch-Übergangsfeldes die ersten urmenschlichen *Hominiden* der späteren *Pliozänzeit* entwickelt; sie sind uns modellmäßig mit den unterpleistozänen *Australopithecinen* Süd-, Ost- und Zentralafrikas bekannt geworden. Ihre ältesten Vertreter sind etwa 1,5 Millionen Jahre alt; sie besaßen kleine Gehirne (bis 650 cm³), große Gebisse und vorspringende Kiefer; die Proportionen des Gesamtschädels entsprachen denen bei Menschenaffen, die Einzelmerkmale waren menschlich; Beckenfunde beweisen den aufrechten Gang. Die Australopithecinen stellten Stein- und Knochengeräte primitivster Art her (Belege in der Oldoway-Schlucht in Ostafrika und in der Höhle von Makapansgat in Zentral-

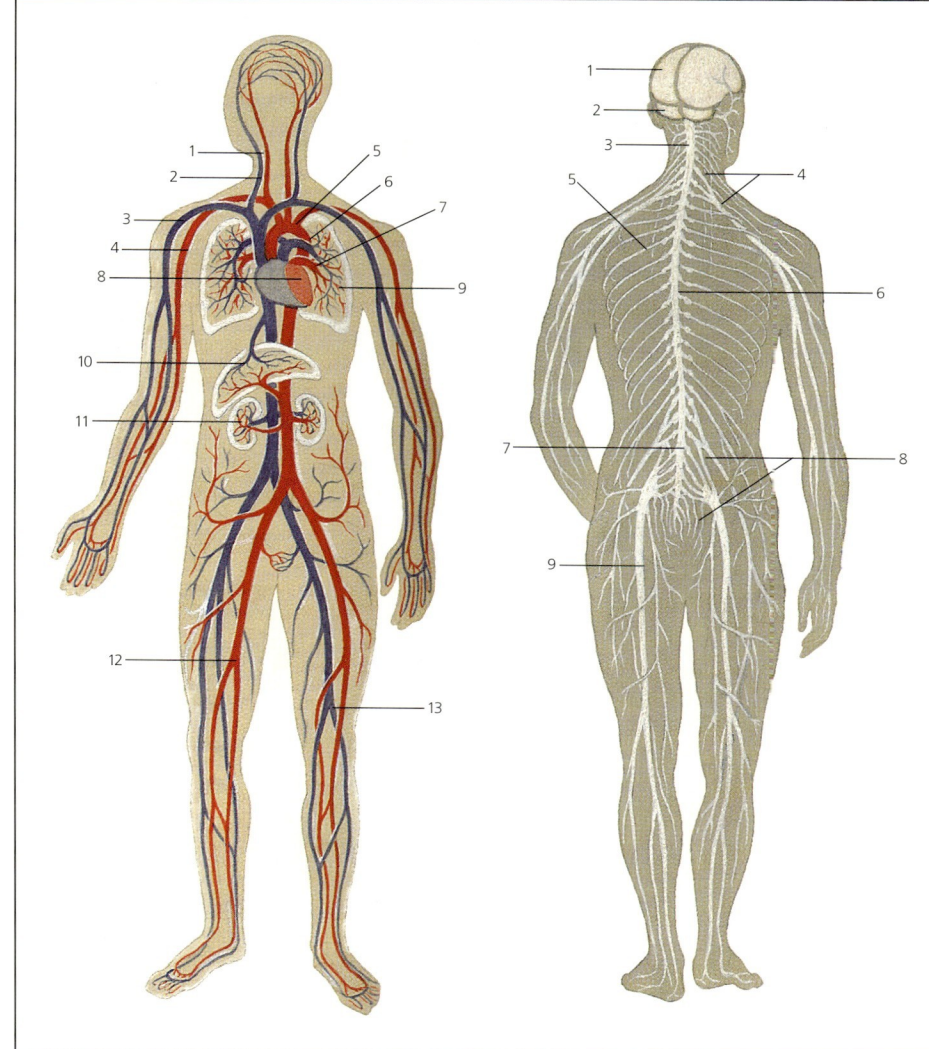

Das Blutgefäßsystem (links)
1 Halsschlagader
2 Halsvene
3 Armvene
4 Armschlagader
5 großer Bogen der Körperschlagader (Aorta)
6 Lungenschlagader
7 Lungenblutader
8 linkes und rechtes Herz
9 Lunge mit Haargefäßen
10 Leber mit Haargefäßen
11 Niere mit Haargefäßen
12 Beinschlagader
13 Beinvene

Das Nervensystem (rechts)
1 Großhirn
2 Kleinhirn
3 Halsmark
4 Armgeflecht
5 Zwischenrippennerven
6 Brustmark
7 Lendenmark
8 Kreuzbeingeflecht
9 Hüftnerv (Ischias)
3, 6, 7, Halsmark, Brustmark, Lendenmark, sind Teile des Rückenmarks, das vom Gehirn ausgeht und von dem die übrigen Nervenbahnen des Körpers abzweigen

Transvaal). Aus d. prähominiden Australopithecinenschicht entwickelten sich, zuerst erkennbar im mittleren *Pleistozän*, die echten (Eu-)*Hominiden;* ihre Gruppierung ist provisorisch möglich. Aus dem *Pliozän* sind bisher noch keine eindeutig zu den Hominiden zu rechnenden Funde bekannt.
Menschenaffen, *Pongiden,* d. Menschen nächststehende Säugetiere; heute lebende Arten keine Vorfahren d. Menschen, sondern entstammen Seitenästen i. d. Entwicklung d. Menschenstammes: → *Gorilla,* → *Schimpanse,* → *Orang-Utan und* → *Bonobo* (→ Mensch, Tafel Abstammungsgeschichte).
Menschenopfer, Gefangene, Kinder, Jungfrauen, Jünglinge, als Sühne, Gelübde bei fast allen Völkern der Antike; als Kultopfer bei manchen Naturvölkern.
Menschenrechte, d. angeborenen u. unveräußerl. Rechte des Menschen, hergeleitet aus Ideen d. Naturrechts u. d. Aufklärung, zum erstenmal 1776 in der am. Unabhängigkeitserklärung, dann 1789 in d. Frz. Rev. („*Freiheit, Gleichheit, Brüderlichkeit*") verkündet; als Grundrechte in vielen Verfassungen aufgenommen (1949 auch im GG der BR u. in d. Verf. d. DDR); die 1948 v. d. UN beschlossene *Intern. Charta d. M.* nennt folgende M.: Recht jedes Menschen, ohne Unterschied d. Rasse, Sprache, Rel., Herkunft u. des Geschlechts, auf persönl. Freiheit u. Sicherh., auf Besitz, freie Meinungsäußerung, Religions- (Glaubens-, Gewissens-)Freiheit, Versammlungs-(Koalitions-) und Vereinsfreih., Recht auf Freizügigkeit, Asyl, Gleichheit vor d. Gesetz, Recht auf Arbeit u. freie Wahl d. Beschäftigung, gerechten Lohn, ausreichenden Lebensunterhalt u. soz. Sicherheit. 1965 Intern. Menschenrechtskonvention z. Beseitigung jeder Form d. Rassentrennung, 1966 (in Fortführung d. Charta d. M. v. 1948) Menschenrechtspakt d. UN über pol., soziale u. kulturelle Rechte, 1969 Am. M.konvention, v. d. meisten OAS-Mitgl.staaten unterzeichnet. Nach d. Vorbild 1950 v. d. Reg.en d. Mitgliedstaaten des Europarates *Konvention zum Schutz der M.* beschlossen; fünf Zusatzprotokolle. Seit 1952 i. BR Gesetz.
Menschensohn, Selbstbezeichn. Jesu b. d. Synoptikern (→ Synopse), n. *Daniel 7, 13.*
Menschewiki, *Menschewisten,* → Bolschewismus.
Menschheit, *phil.* Gesamtheit der Menschen, Vorstellung v. e. Zus.gehörigkeit d. Rassen u. Völker aller Zeiten u. Erdteile (s. d. Stoa).
Menschikow, Alexander Fürst (16. 11. 1673–23. 11. 1729), Günstling u. Minister Peters d. Gr. v. Rußland.
Menses → Menstruation.
Mensk → Minsk.
mens sana in corpore sano [l.], „Im gesunden Leib (wohne) ein gesunder Geist" (Juvenal).
Menstruation, lat. *Menses,* durch Keimdrüsenhormone geregelte Monatsblutung der geschlechtsreifen Frau; normalerweise alle 28 Tage einsetzende Blutabsonderung aus d. Gebärmutter bei Ausstoßung e. unbefruchteten, reifen Eies; durchschnittliche Dauer 3–5 Tage. Beginn *(Menarche)* 12.–14. Jahr, Beendigung *(Menopause)* 45.–55. Jahr; Wechseljahre → Klimakterium. Keine M. i. d. Schwangerschaft und Stillzeit; auch → Ovulation.
Mensur, *w.* [l. "Messung"],
1) student. Sportzweikampf; nur noch Bestimmungs-M. m. leichter Waffe *(leichte M.)* nicht strafbar; Säbel od. Pistole *(schwere M.)* verboten und strafbar.
2) Glaszylinder mit Maßeinteilung.
3) Abstand zweier Fechter.

Abstammungsgeschichte des Menschen

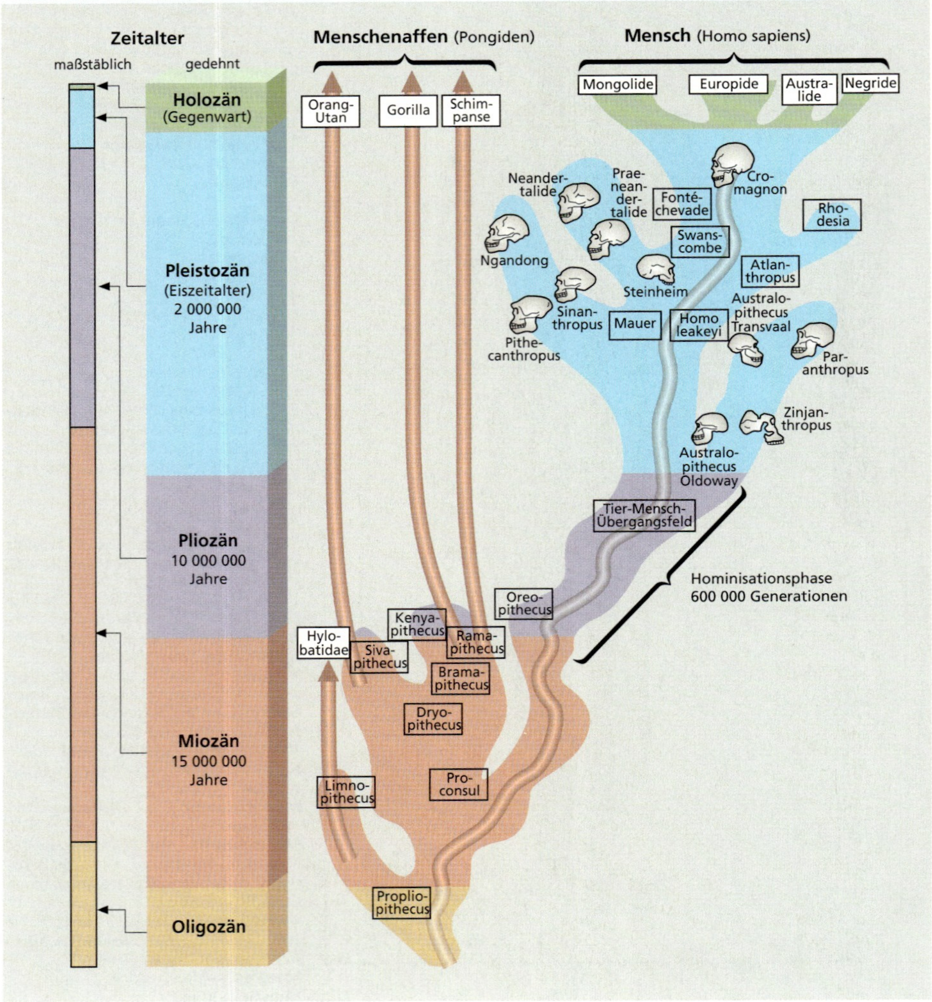

Zeitalter (maßstäblich / gedehnt):
- Holozän (Gegenwart)
- Pleistozän (Eiszeitalter) 2 000 000 Jahre
- Pliozän 10 000 000 Jahre
- Miozän 15 000 000 Jahre
- Oligozän

Menschenaffen (Pongiden): Orang-Utan, Gorilla, Schimpanse

Mensch (Homo sapiens): Mongolide, Europide, Australide, Negride

Formen u. a.: Neandertalide, Praeneandertalide, Cromagnon, Fontéchevade, Swanscombe, Rhodesia, Ngandong, Steinheim, Atlanthropus, Sinanthropus, Mauer, Homo leakeyi, Australopithecus Transvaal, Pithecanthropus, Paranthropus, Zinjanthropus, Australopithecus Oldoway, Tier-Mensch-Übergangsfeld, Hominisationsphase 600 000 Generationen, Oreopithecus, Hylobatidae, Kenyapithecus, Ramapithecus, Sivapithecus, Bramapithecus, Dryopithecus, Limnopithecus, Proconsul, Propliopithecus

---

mental [l.], geistig, gedanklich.
Mentalität, Denkart, Geisteshaltung, Lebenseinstellung.
Mentalreservation → geheimer Vorbehalt.
Menthol, s., Hauptbestandteil in Pfefferminzöl; wirkt kühlend, antiseptisch.
Menton [mã'tõ], it. *Mentone*, St. u. Kurort an der Riviera, Dép. *Alpes-Maritimes*, 25 000 E; Festival.
Mentor,
1) Lehrer, pädagogischer Berater od. Begleiter.
2) Erzieher (d. Telemach).
Mentuhotep, Name von 4 ägypt. Pharaonen der 11. Dyn., die nach e. Zeit pol. Wirren u. d. Spaltung des Landes begannen, das Reich wieder zu einigen u. neu zu verwalten, was aber erst d. Pharaonen der 12. Dyn. vollständig gelang.
Menü, s. [frz.], Speisenfolge, Gedeck.
Menuett,
1) graziöser frz. Tanz; ¾-Takt.
2) 3. Satz der viersätzigen Sinfonie u. Sonate der Wiener Klassiker.
Menuhin [-juːn], Sir Yehudi (* 22. 4. 1916), am. Geiger.
Menütechnik, Programmierverfahren, b. dem e. Computeranwender sich ständig alle gültigen Eingaben anzeigen lassen kann.
Menzel,
1) Adolph v. (8. 12. 1815–9. 2. 1905), deutscher Maler u. Graphiker d. Biedermeier; z. T. bereits impressionist. Ausdrucksmittel; *Das Flötenkonzert*; Illustrationen zu Kuglers *Gesch. Friedrichs des Gr.*
2) Wolfgang (21. 6. 1798–23. 4. 1873), dt. Schriftst.; Gegner d. „Jungen Dtld".

 Yehudi Menuhin  Adolph Menzel

Mephistopheles, *Mephisto,* der Teufel der Faustsage.
Meppen (D-49716), Krst. d. Ldkr. Emsland, Nds., 30 603 E; Maschinenbau, Textil- u. Erdölind.
Meran, it. *Merano,* St. u. Kurort in S-Tirol, i. d. Prov. Bozen, Italien, 34 000 E; Obst- u. Weinbau (Traubenkuren). – Bis 1420 Hptst. v. Tirol; s. 1919 it.
Mercator, eigtl. *Gerhard Kremer* (5. 3. 1512–2. 12. 94), ndl. Geograph; zeichnete die ersten wiss. richtigen Karten; winkeltreue **M.projektion.**
Merchandising [engl. 'maːtʃəndaɪzɪŋ], zielgerichtete Positionierung v. Waren i. d. Regalen von Supermärkten entsprechend d. Kaufgewohnheiten d. Kunden.
Mercier [mɛr'sje], Désiré (21. 11. 1851 bis 23. 1. 1926), Erzbischof v. Mecheln; Mitbegr. d. → Neuscholastik.
Merck, Johann Heinrich (11. 4. 1741 bis 27. 6. 91), dt. Schriftst. u. Kritiker.
Merckx, Eddy (* 17. 6. 1945), belg. Radrennfahrer; 5mal Sieger der Tour de France (1969–72 u. 74), 5mal Sieger des Giro d'Italia (1968, 70, 72–74), 3facher Profi-Straßen-WM (1967, 71 u. 74), Std.-Weltrekord 1972 mit 49,431 km/h.
Mercouri, Melina (18. 10. 1929–6. 3. 1994), griech. Filmschausp.in; Kultusmin.in v. Griechenland; *Sonntags nie.*
Mer de Glace [-'glas], *Eismeer,* Montblancgletscher, 12,1 km l., 33 km² östl. von Chamonix.
Meredith [-dɪθ], George (12. 2. 1828 bis 18. 5. 1909), engl. Lyriker u. Romanschriftst.; *Der Egoist.*
Mereschkowski, Dimitrij Sergejewitsch (14. 8. 1865–9. 12. 1941), russ. Schriftst.; Emigrant in Paris; Mitbegr. d. russ. Symbolismus; Romantrilogie: *Christ u. Antichrist;* Biographien: *Leonardo da Vinci; Napoleon.*
Mergel, Gemenge aus Kalk u. Tonen, gehört zu d. → Sedimentgesteinen; für Dünger- und Zementherstellung; bei Kalkmergel überwiegt Kalk, b. Tonmergel Ton.
mergeln, m. M. düngen.
Meri, Lennart (* 29. 3. 1929), s. 1992 Staatspräs. v. Estland.
Merian, schweiz.-dt. Künstlerfamilie;
1) Matthäus d. Ä. (22. 9. 1593–19. 6. 1650), Radierer; u. a. Bibelillustration, topograph. Ansichten europ. Städte; s. Kinder
2) Matthäus d. J. (25. 3. 1621–15. 2. 87), Maler (Bildnisse) u. Radierer, u.
3) Sibylla (2. 4. 1647–13. 1. 1717), Malerin, Graphikerin u. Naturforscherin; exakte Darstellungen v. Pflanzen u. Insekten.
Mérida,
1) St. in d. span. Prov. Badajoz, 42 000 E.
2) Hptst. des mexikan. Staates Yucatán, 557 000 E.
Meridian, *m.* [l.],
1) *astronom.:* Mittagskreis, der durch beide Himmelspole u. durch Zenit u. Nadir eines Ortes gezogene Kreis, in dem alle Sterne ihre höchste (und niedrigste) Stellung erreichen: *Meridianhöhe;* die Schnittlinie d. M.ebene mit d. Horizontebene: *Mittagslinie.*
2) *geograph.* den Meridianen des Himmels entsprechen die auf dem Globus durch die Erdpole senkrecht zum Erdäquator verlaufenden M.e (*Längenkreise*); alle Orte derselben durch die

beiden Erdpole begrenzten Meridianhälfte haben gleiche Ortszeit; 1. M. *(Null-M.):* → Greenwich (bei London); *Breitenkreise,* parallel z. Äquator, teilen alle Meridiane in 180 Breitengrade.

Meridiankreis, wichtiges Instrument der Astronomie zur Messung der → Rektaszension u. → Deklination der Himmelskörper.

Mérimée, Prosper (28. 9. 1803–23. 9. 70), frz. Schriftst.; *Mateo Falcone; Die Venus von Ille; Carmen* (Stoff f. *Bizets* Oper).

Merino, aus Spanien stammende Schafrasse; feine, gekräuselte Wolle.

Meriten [l.], Verdienste.

Merkantilismus, *Merkantilsystem,* System staatl. absolutist. Wirtschaftspolitik im 17. und 18. Jh.: Reichtum eines Staates liegt im Besitz (an Edelmetallen); daher das Bestreben, durch Warenausfuhr, bei Drosselung der Einfuhr, Gold und Silber aus dem Ausland heranzuziehen. *Staatl.* Förderung d. heimischen Ind.; Erwerbung überseeischer Besitzungen (Rohstoffe); *Schutzzölle;* Hauptvertr.: Colbert. – Kameralwiss.

Merkel, Angela (* 17. 7. 1954), dt. Phys.in u. CDU-Pol.in; s. 1991 stellvertr. CDU-Vors.; 1991–94 B.min. in f. Frauen u. Jugend, s. 1994 B.min. f. Umwelt, Naturschutz u. Reaktorsicherheit.

Merkmal,
1) Zeichen, Eigenschaft, an d. man e. Ding erkennt od. wiedererkennt.
2) i. d. Logik d. Bestimmungen, durch d. sich Dinge d. gleichen Art bzw. Arten d. gleichen Gattung unterscheiden.

Merkur|ius,
1) römischer Gott, mit dem griech. Gott → *Hermes* gleichgesetzt.
2) sonnennächster Planet, Zeichen ☿; mittlerer Abstand von der Sonne 57,9 Mill. km, Äquatordurchmesser 4880 km, Dichte 5,4; Rotationsdauer 59 Tage; in seinen größten Elongationen meist auch mit bloßem Auge sichtbar; keine Monde, Atmosphäre nicht nachgewiesen, Oberflächentemperatur +200 bis + 400 °C.
3) alchimist. Name für *Quecksilber.*

Merkurstab, von zwei Schlangen umwunden, geflügelt, als Sinnbild des Handels; urspr. als Heroldstab Attribut d. → Merkur(ius).

Merlan, *m.,* ein Schellfisch eur. Küsten.

Merlin, *Zauberer* der *Artus-*Runde; Sohn des Teufels und einer Jungfrau; Dramen v. Immermann u. Dorst.

Merlot [frz. mɛr'lo], in vielen Ländern angebaute, hochwert. Rotweinrebe, die reinsortig (u. a. in N-Italien) verwendet od. m. and. Rebsorten (z. B. m. → Cabernet Franc u. → Cabernet Sauvignon im Bordeaux-Gebiet) verschnitten wird; sie liefert frucht-, körperreiche Weine m. feinem Bukett.

Meroë, Hptst. d. jüngeren äthiop. Reiches (4. Jh. n. Chr.), am Nil; engl. Ausgrabungen.

Merowech, fränk. Kg um 450 n. Chr. Stammvater der **Merowinger,** fränk. Kgsgeschlecht im 5.–8. Jh. **Chlodwig,** 481–511 Kg, gründete das großfränk. Reich; *Childerich,* 751 v. *Pippin d. Jüngeren* abgesetzt.

Merrifield, Robert Bruce (* 15. 7. 1921), am. Chem.; Nobelpr. 1984 (Methode z. Herstellung v. Peptiden u. Proteinen).

merry old England ['mɛri 'ould 'ɪŋglənd], „das fröhl. alte England" (bes. vor d. Bürgerkrieg d. 17. Jh.).

Merseburg (D-06217), Krst. i. S-A., an der Saale, 41 700 E; Dom (11. Jh.); Schloß; im Domkapitelbau: **M.er Zaubersprüche,** althochdt., 9. Jh., Beschwörungen (zum Blutstillen, Gefangenenbefreien) nennen Wodan, Balder, Freyja u. a. german. Götter.

Mersey ['məːsi], Fluß in Westengland, 113 km; mündet in die Region *Merseyside* (Ballungsraum Liverpool, 1,5 Mill. E).

Mertes, Alois (29. 10. 1921–18. 6. 85), CDU-Pol.; s. 1982 Staatsmin. i. AA.

Merthyr Tydfil ['məːθə 'tɪdfɪl], brit. St. in Wales, 54 000 E; Maschinenbau.

Meru, Vulkan in O-Afrika, südwestl. vom Kilimandscharo, 4565 m.

Merulo, Claudio (8. 4. 1533–5. 5. 1604), italienischer Orgelbauer, Organist u. Komp.

Merveilleuse [frz. -vɛ'jøːz], um 1800, auffällig gekleidete Frau; Gegenstück des → *Incroyable.*

Merwedekanal, zw. Amsterdam u. M–rwede (Teil der Waal), 69 km l.

Merz, Mario (* 1. 1. 1925), it. Maler u. Objektkünstler, Vertr. d. Arte Povera; *Fibonacci; Von Honig zu Asche.*

merzerisieren, von dem Engländer John *Mercer* (1791–1866) erfundene Behandlung v. Baumwollstoffen m. Natronlauge, um sie straff u. seidig glänzend zu machen.

Merzig (D-66663), Krst. d. Kr. M.-Wadern, Saarland, 30 500 E; spätroman. Pfarrkirche St. Peter; div. Ind.

Mesalliance, *w.* [frz. meza'ljɑ̃s], Mißheirat, nichtstandesgemäße Beziehung.

Meschede (D-59872), Krst. d. Hochsauerlandkr., NRW, 32 400 E; AG; Hennetalsperre, Fremdenverkehr; metallverarbeitende, Kunststoffind.

Meschhed, Hptst. d. iran. Prov. Chorassan, 1,5 Mill. E; Wallfahrtsort d. Schiiten; Uni.

meschugge [jidd.], verrückt.

Mesenchym, *s.* [gr.], das embryonale Gewebe, aus dem sich Bindegewebe, Knochen, Knorpel, Blut- u. Lymphgefäße usw. entwickeln.

Mesenterium [gr.] → Gekröse.

Meskalin, *s.,* aus dem mexikanischen Kaktus Peyotl gewonnenes → Halluzinogen.

Mesmer, Franz (25. 3. 1734–5. 3. 1815), dt. Arzt; Begründer der Lehre v. tierischen (Heil-)Magnetismus (**Mesmerismus).**

Mesner, Küster, Kirchendiener.

meso- [gr.], als Vorsilbe: mittel ...

Mesoderm [gr.], mittleres Keimblatt der → Gastrula.

Mesognathie → Prognathie.

Mesolithikum svw. Mittelsteinzeit (→ Vorgeschichte).

Mesonen, kurzlebige, unstabile → Elementarteilchen, schwerer als Elektronen, leichter als Protonen; wichtigste Arten: π-Mesonen (verantwortl. f. d. Zusammenhalt d. Atomkerns) u. μ-Mesonen.

Mesopotamien [gr. „Zwischenstromland"], arab. *el-Dschesireh,* das Flußgebiet zwischen Euphrat und Tigris zw. Syrien u. dem Pers. Golf, im S *Irak Arabi* benannt; meist Steppe u. Wüste. – Im

Merinoschaf

Altertum Teil des assyr.-babylon. Reiches, künstl. bewässert, dicht besiedelt; seit 1921 → *Irak.*

Mesotes, *w.* [gr. „Mitte"], Begriff f. d. Kennzeichnung jedes sittl. Wertes als Mitte zw. zwei Unwerten (n. Aristoteles).

Mesothorium, radioaktives Zerfallsprodukt des Thoriums; Isotop des Radiums; *med.* für Bestrahlungen.

Mesozoikum → geologische Formationen.

Messalina, *Valeria,* sittenlose Gemahlin d. röm. Kaisers Claudius, 48 n. Chr. ermordet.

Meßbrücke, in der Elektronik allg.: Schaltung zur Messung von → Kondensatoren, → Widerständen, Scheinwiderständen, → Spulen; Meßergebnis allein v. d. Genauigk. der Brückenelemente abhängig.

Messe,
1) kath. Gottesdienst, *Meßopfer,* so genannt n. d. Schlußformel: „ite, missa est" (Entlassung); Herzstück d. M. Verwandlung v. Brot und Wein in Leib u. Blut Christi durch d. Priester; in feierl. Form gesungene Haupt-M.: *Hochamt;* neben *öffentl.* auch *Privat-Messen:* Toten-M., Seelen-M., Braut-M. u. a.
2) mehrstimm. geistl. Chorwerk, meist m. Instrumentalbegleitung, dem d. Text d. Ordinarium missae zugrunde liegt.
3) [engl. mess „Tischgesellschaft"] auf Schiffen: Speiseraum.
4) seit d. MA übl., period. stattfindende Waren-Großhandelsmärkte, z. B. *Leipziger Muster-M.* (Frühjahr u. Herbst), auf denen Waren an Hand ausgestellter Muster bestellt werden; 1952 M.gesetz i. d. BR.

Messel, Alfred (22. 7. 1853–24. 3. 1909), dt. Architekt d. Neoklassizismus; führte d. bes. im Warenhausbau typenbildende Motiv d. vertikalen Betonung durch lange schmale Fenster ein.

Messel (D-64409), hess. Gem.; i. d. Nähe weltberühmte Fundstelle f. Fossilien (*Grube M.*); s. 1995 Weltkulturerbe.

Messenger-Ribonukleinsäure ['mɛsɪndʒə], *Boten-RNS,* engl. **M**essenger **R**ibo**n**ucleic **A**cid, mRNA, Ribonukleinsäuremoleküle, die während des genetischen → Transkription an d. → DNA gebildet werden u. während der Translation als Matrize d. → *Biosynthese* von Eiweißstoffen dienen; → genetischer Code.

Messenien, *Messenia,* Tallandschaft an der SW-Küste des Peloponnes, griech. Nomos, 2991 km², 167 000 E; Hptst. *Kalamata* (42 000 E). – Von Sparta in **Messenischen Kriegen** unterworfen (um 740–460 v. Chr.).

Messerschmitt, Willy (26. 6. 1898 bis 15. 9. 1978), dt. Flugzeugkonstrukteur; 1935 Jagdflugzeug *Me 109;* 1940 erstes serienmäßiges Düsenflugzeug *Me 262;* 1942 mit Lippisch *Me 163* („Komet"), Raketenjäger.

Meßgewand, ärmelloses Obergewand d. kath. Priesters b. d. Meßfeier, urspr. e. ringsum geschlossener Überwurf, auch *Kasel* genannt.

Messiaen [mɛ'sjɑ̃], Olivier (10. 12. 1908–28. 4. 92), frz. Komp.; Mitbegr. d. Gruppe „La jeune France"; Orgel- und Orchesterwerke; Oper: *St-François d'Assise.*

Messianismus, Sendungsglaube best.

Merlot

Völker; insbes. bei slaw. Völkern nat.-rel. Idee, daß sie für andere Völker leiden, um wie der Messias aufzuerstehen (poln. Romantiker); theosophisch pol. Idee eines christl. universalen Reiches (im Panslawismus).
Messias, hebr. *Maschiach,* griech. *Christos, der Gesalbte;* im A.T. der von Gott gesalbte König, der d. *Messianische Reich* heraufführen soll.
Messier [meˈsje], Charles (26. 6. 1730 bis 11. 4. 1817), frz. Astronom; von ihm ein Katalog der damals bekannten (etwa 100) Nebel u. Sternhaufen.
Messina, Hptst. der it. Prov. *M.* auf Sizilien, an der *Straße v. M.* (3,3 km breite Meerenge zw. Italien u. Sizilien), 232 000 E; Uni. (1548 gegr.); befestigter Hafen. – Griech. Kolonie (um 700 v. Chr. gegr.); 1908 Erdbeben.
Messing, Kupfer-Zink-Legierung; in d. Technik viel verwendet, da dauerhafter, billiger, auch leichter schmelzbar u. dünnflüssiger als reines Kupfer.
Messner, Reinhold (* 17. 9. 1944), it. Bergsteiger u. Schriftst.; 1970–86 Besteigung aller 14 Achttausender ohne Sauerstoffgerät. *Überlebt; Alle 14 Achttausender.*
Meßsachen, Rechtsstreitigkeiten zw. Kaufleuten, die sich aus Geschäften auf Messen u. ähnl. Veranstaltungen ergeben.
Meßsucherkamera, Kamera mit opt. Durchsichtsucher, keine Spiegelreflexkamera; bes. robust u. kompakt; m. gekuppeltem Entfernungsmesser, bes. bei Leica-M-Kameras.
Meßter, Oskar (21. 11. 1866–7. 12. 1943), dt. Erfinder (Kinematographie u. Luftbildmessung), Begr. d. dt. Filmind.; u. a. erster Filmprojektor m. Malteserkreuz-Schaltung (1896).
Meßtisch, reißbrettartiges Instrument zur Aufnahme v. Geländezeichnung: Stativ mit Stativkopf zur Horizontaleinstellung auf der Meßplatte, Aufsatz, *Kippregel;* darauf Fernrohr mit Distanzfäden, Gradbogen f. Neigungswinkel und Libelle, ferner Lineal (Ziehkante parallel z. optischen Achse) mit Magnetnadel und Libelle.
Meßtischblatt, Landkarte der staatl. Landesaufnahme im Maßstab 1:25 000.
Meßuhr, Feinmeßgerät, bei dem die Bewegung eines Taststiftes auf einen Zeiger übertragen wird; auf 0,001 mm genau.
Meßwinkelverkleinerung, oft in modernen Kameras eingebaut, aber auch weitverbreitet als Handbelichtungsmesser; aufgrund d. kleinen Meßwinkels lassen sich best. Teile e. Motivs genau anmessen.
Mestize → Mischlinge.
Meštrović [-ʃtrovit͡ɕ], Ivan (15. 8. 1883 bis 16. 1. 1962), kroat. Bildhauer; (z. T. monumentale) Plastiken; Denk- u. Grabmäler.
Mesusa, w. [hebr. „Türpfosten"], Pergamentblatt mit 2 Schrifttexten (5 Mos 6,4–9; 11,13–21) i. e. Kapsel a. rechten Türpfosten jüd. Häuser, d. beim Ein- u. Ausgehen ehrfurchtsvoll berührt wird.
Met, *m.,* alkohol. Getränk aus gegorenem Honig u. Gewürzen.
meta- [gr.], als Vorsilbe: mit…, nach…, zwischen…
metabolisches Syndrom, *Syndrom X,* Kombination von Fettsucht männl. Typs („Schmerbauch"), Bluthochdruck, erhöhten Blutfetten u. Störung des Zuckerstoffwechsels, erhöhtes Risiko für → Arteriosklerose bzw. → koronare Herzkrankheit.
Metabolismus
1) → Stoffwechsel.
2) in d. jap. Architektur (bes. 1960 bis Anf. d. 70er Jahre) Strömung, d. sich hpts. theoret. m. d. dialekt. Synthese v. privatem u. öff. Raum auseinandersetzte; v. weitreichender prakt. Bedeut. f. d. mod. Baus. (bes. f. e. Massenges.); Hptvertr. K. Kurokawa, F. Maki, K. Tange.
Metagalaxis, w. [gr.], *astronom.* Sammelbez. für das System aller → Milchstraßensysteme.
Metageschäfte [it. „a metà = zur Hälfte"], Effektengeschäfte mit Teilung von Gewinn und Verlust zw. 2 Vertragspartnern (Metisten).
Metalle, chemische Elemente, außer Quecksilber alle fest, von besonderem „metallischem" Glanz, gute Wärme- u. Elektrizitätsleiter; chem. gekennzeichnet dadurch, daß sie mit Säuren Salze u. teilweise auch Verbindungen mit Wasserstoff *(Hydride)* bilden; die außer den edlen M. bilden an der Luft Oxide, die „basischen" außerdem Hydroxide; mischen *(legieren)* sich miteinander, aber nicht mit Nichtmetallen (mit diesen bilden sie Verbindungen, z. B. mit Schwefel *Sulfide*). Vorkommen d. *Edelmetalle* (Platin, Gold, Silber) fast stets gediegen, der andern als *Erze* an Sauerstoff, Schwefel, Kohlensäure u. andere Säuren gebunden. Einteilung nach d. Dichte in → *Leichtmetalle* und *Schwermetalle* (Dichte mindestens 5). – In Handel und Technik unterscheidet man: *Eisen* einerseits und *Nichteisenmetalle* (NE-Metalle) auf d. anderen; *Buntmetalle* andererseits; *Alt-M.,* ihrer Bestimmung entzogene Halb- od. Fertigfabrikate, auch Abfälle zum Ein- u. Umschmelzen. – Erzeugung v. Schaubilder Eisen u. Stahl, Gold, Kupfer.
Metallgeld, d. aus Edel- (Gold, Silber) od. and. Metallen bzw. Legierungen hergestellte Geld.
Metallhandel, Handel mit Nichteisenmetallen, ihren Vorprodukten u. Abfällen.
Metallhütten, Anlagen z. hüttenmäß. Gewinnung v. Metallen aus ihren Erzen, auch durch Umschmelzen u. Raffinieren v. Altmetallen; → Metallverhüttung.
Metallkeramik → Pulvermetallurgie.
Metallmehle, schwer lösl., langsam wirkende Spurenelementdünger (z. B. Kupferschlackenmehl), d. erst allmähl. durch d. v. den Pfl.-Wurzeln abgesonderten Säuren gelöst werden, wenn d. Pfl. sie benötigt.
Metallographie, Lehre von den Metallen, bes. hinsichtlich ihres Feinaufbaues.
metallorganische Verbindungen, typisch f. m. V., daß Metallatome unmittelbar an e. Kohlenstoffatom gebunden sind; f. d. Chem. wichtige synthet. Hilfsmittel; Verwendung als → Antiklopfmittel, → Katalysatoren.
Metalloxide, Sauerstoffverbindungen der Metalle.
Metallsalze, aus Metallen durch Verbindung m. Säuren gebildet (z. B. Kupfer-, Eisensulfat).
Metallspritzverfahren, Metallisieren auf trockenem Wege mittels Spezialbrenner (Schoopsche Spritzpistole), in welche das Metall in Drahtform eingeführt, geschmolzen u. versprüht wird.
Metallurgie, Hüttenkunde, Lehre von der Gewinnung der Metalle aus den Erzen, Wiss. der Metalltechnik.
Metallverhüttung, in → Metallhütten: Vorbereitung durch → Rösten; Gewinnung *auf trockenem Wege:* durch Niederschmelzen, Garmachen, Destillieren; *auf nassem Wege:* durch Auslaugen, Fällen, Amalgamieren, durch Reduktion, z. B. Erhitzen mit Kohle; *auf elektrolyt. Wege:* aus Lösungen od. Schmelzen; → Eisen- u. Stahlgewinnung, Übers.
Metamorphite, *metamorphe Gesteine,* durch Metamorphose v. → Sedimentgesteinen (Paragesteine) oder → Magmatiten (Orthogesteine) entstandene kristalline Gesteine: durch Gase u. durch Wärme (Berührung mit → Magma) *Kontakt-Gesteine* (z. B. Hornfels) oder durch (Gebirgs-)Druck und Wärme *Dynamo-Gesteine,* kristalline Schiefer (z. B. Gneis).
Metamorphose, w. [gr.], Verwandlung,
1) *geolog.:* durch erhöhten Druck u. steigende Temperatur sich vollziehende Umwandlung v. Gesteinen.
2) *botan.:* Herausbildung verschiedener Pflanzenglieder aus denselben Anlagen (z. B. Blattanlagen werden zu Laub-, Kelch-, Blüten-, Staubblättern usw.).
3) *zoolog.:* d. Entwicklungsweg vieler Tiere v. Ei z. erwachsenen Tier über dazwischengeschaltete Larvenformen, die sich in Körperbau u. Lebensweise vom erwachsenen Tier unterscheiden (indirekte Entwicklung), z. B. bei Insekten, Amphibien, Krebsen, Weichtieren u. Würmern; → Heterometabolie; → Holometabolie.
4) in der *Mythologie* von Menschen in Bäume, Tiere usw. (z. B. in Ovids *M.n* d. Verwandlung der → Daphne in einen Lorbeerbaum).
Metaphase, Stadium d. → Mitose oder → Meiose.
Metapher, w. [gr.], gleichnishafte Redewendung.
metaphorisch, bildlich.
Metaphysik, w. [gr.], Lehre von d. Grundursachen des Seins jenseits v. Erfahrung u. Wahrnehmung, ben. nach ihr in der Sammlung der Schriften des Aristoteles „nach der Physik" (griech.: *meta ta physika*) folgenden Schrift *(Erste Philosophie).*
Metastase, w. [gr.], *Tochtergeschwulst,* durch Keimverschleppung entstandener neuer Krankheitsherd (z. B. Krebsgeschwüste oder Eiterherde).
Metastasio, Pietro (3. 1. 1698–12. 4. 1782), it. Barockdichter; Operntexte: u. a. für Gluck und Mozart.
Metazoen [gr.], die *vielzelligen* Tiere; Ggs.: Protozoen *(Einzeller).*
Meteore [gr.], svw. *Sternschnuppen,* planetar. Kleinkörper, d. Teilchen der → interplanetaren Materie, dringen m. gr. Geschwindigk. (bis zu 72 km/s) in die Erdatmosphäre ein u. verglühen meist in 120 bis 30 km Höhe, wobei Leuchterscheinungen sie nachts kurzzeitig sichtbar machen. Große bzw. helle M.: *Feu-*

Meßtisch

erkugeln, Boliden; kleinste, staubähnl. M.: *Mikrometeore,* nicht sichtbar, nur durch Zusammenstoß mit Erdsatelliten nachweisbar. Neben vereinzelt auftretenden sporad. M.n gibt es *Meteorströme,* die als Auflösungsprodukte v. Kometen i. gemeinsamen Bahnen d. Sonne umfliegen; am Himmel scheinen ihre Mitglieder aus d. gleichen Punkt *(Radiant)* zu kommen. Auffällige Meteorströme: Lyriden (22. April), Perseiden (12. Aug.), Leoniden (13. Nov.). Seit 1947 werden M. mit Radar unabhängig v. Tageszeit u. Wetter beobachtet; dabei wurden neue Ströme i. d. Nähe der Ekliptik entdeckt. Gelegentlich bis zur Erde gelangende Meteorkörper heißen Meteorite.
Meteorismus, *Flatulenz,* Gasbildung im Darm, Blähsucht.
Meteorite, Bruchstücke v. Meteoren, die d. Erdoberfläche erreicht haben, jährl. etwa 2000 mit durchschnittl. 100 kg Masse beobachtet; *Stein-M. (Chondrite)* aus kristallinem Gestein (→ Silicate), *Eisen-M.* (Nickel, Eisen, Kobalt) u. *Glas-M. (Tektite);* reichster Meteoritenfall: Pultusk, ca. 100 000 Stücke; größter Stein-M.nfall: Long Island, Kansas (USA), 1891, 564 kg; größter Eisen-M.nfall: Hoba, SW-Afrika, 1920, 60 t; → Altersbestimmung d. M. aus Messung ihrer radioaktiven Bestandteile ergibt ca. 4,6 Mrd. Jahre.
Meteoritenkrater, Krater od. Kraterfelder durch Einschlag v. Riesen-M., heute 12 bekannt; Cañon Diablo in Arizona (USA): 1200 m Durchm., 174 m tief; größter Einzelkrater: Chubbkrater i. Kanada, 3600 m Durchm., 380 m tief; größte flächenmäßige Verwüstung durch Tunguska-Meteorit (Sibirien), 1908.
Meteorologie [gr.], Wiss. von *Wetter* (Sonnenstrahlung, Wärme, Druck u. Feuchtigkeit der Luft, Windrichtung, Niederschläge eines od. mehrerer Tage), *Witterung* (d. Wetter v. Wochen u. Monaten) u. *Klima* (Durchschnittswitterung der Jahre). *Meteorolog. Stationen* → Wetter, Übers.; Welt-Wetterorganisation *(WMO),* Sitz Genf.
meteorotrope Krankheiten, durch Wetter- und Klimaveränderungen ausgelöst u. beeinflußt.
Meteosat, erster eur. Wettersatellit; geostationäre Umlaufbahn in 36 000 km Höhe; Position über d. Westküste Afrikas in Höhe d. Äquators; beobachtetes Gebiet zw. Nordeur., d. Atlant. u. Ind. Ozean; 4 M.-Satelliten v. 6 geplanten gestartet (seit 1977).
Meter [gr.], Abk. *m,* zuerst 1799 in Frkr. als Grundeinheit des *metrischen Maß- und Gewichtssystems* eingeführt; Urmaß des M.: „Etalon" aus Platiniridium; 1 m ist etwa der 40millionste Teil des Äquators.
Meterkilopond, abgek. *mkp.,* techn. Maßeinheit d. Arbeit: Arbeitsleistung einer Kraft von 1 kp längs eines Weges v. 1 m.
Meter-Konvention, intern. Vereinbarung vom 20. 5. 1875, wonach der in Paris aufbewahrte Meterstab als *Urmaß* d. Meters gilt; heute auf andere Maßeinheiten ausgedehnt.
Meterwellen, → *VHF,* elektromagnet. → Wellen mit Wellenlänge v. 10 bis 1 m; → Ultrakurzwellen.
Methadon, synthetisches Opiat, versuchsweise i. d. Therapie f. Heroinsüchtige.
Methan, *s.,* Grubengas, Sumpfgas, CH_4, farb- u. geruchlos, brennbar, Entstehung durch Zersetzung organ. Kohlenstoffverbindungen; Hptbestandteil d. Erdgases, in Leuchtgas, mit Luft explosible Mischungen (für Verbrennungskraftmaschinen genutzt), z. B. die „schlagenden Wetter" (Bergwerksexplosionen).
Methanderivate, chem. Abkömmlinge des Methans (z. B. *Chloroform* = Trichlor-Methan).
Methexis, *w.* [gr. „Teilnahme"], phil. Zentralbegriff Platons f. d. Verhältnis d. Einzeldinge (als sinnvoll wahrnehmbare Abbilder) zu ihren Ideen (als Urbildern).
Methionin, *s.,* lebenswichtige schwefelhaltige → Aminosäure, d. im Körper nicht synthetisiert werden kann; „hepatotroper" Faktor (leberwirksamer Stoff).
Methode, *w.* [gr.], planvolles Verfahren zur Erreichung eines (wiss.) Zieles.
Méthode champenoise [me'tɔd ʃɑ̃pən'waːz], frz. Bez. f. d. → *Champagner-Verfahren;* darf in Zukunft nur mehr f. echte → *Champagner,* d. h. in der Champagne erzeugte Schaumweine, verwendet werden; muß ansonsten durch d. Bez. „traditionelle Flaschengärung" od. e. ähnl. Begriff ersetzt werden.
Methodik, *w.* [gr.], **Methodologie,** Methodenlehre, Lehre v. d. Wegen der wiss. Erkenntnis.
Methodios u. Kyrillos, christl. Slawenapostel,
1) *Kyrillos* († 869), begr. slaw. (→ russ.) Alphabet (kyrillische Schrift) u. die slaw. Literatur.
2) *Methodios* († 885), Bischof von Mähren; beide 1985 heiliggesprochen.
Methodisten, Erweckungsbewegung, seit 1738, gegr. von John u. Charles *Wesley* u. George *Whitefield* (aus Eindrücken in Brüdergemeine); bischöfl. Verfassung in der Art der Bischöfe d. Brüdergemeine; Hauptkennzeichen: ernste Forderung der Bekehrung u. eines christl. Lebens; gute Organisation, schlichter Gottesdienst, ernste Lebensführung; Wesley lehnte calvin. Prädestination ab, daher frühe Spaltung; *Wesleyaner* bes. in England.
Methods Time Measurement [engl. ˈmɛθədz ˈtaɪm ˈmɛʒəmənt], Zeitmeßmethode; manuelle Arbeitsfolgen werden in Grundbewegungen zerlegt und einem Zeitwert zugeordnet. Maßeinheit = 1 TMU = $\frac{1}{100}$ 000 Std.
Methusalem, sagenhafter biblischer Urvater; n. A. T. 969 Jahre alt geworden.
Methyl, CH_3-Rest, z. B. des Methans.
Methylalkohol → Holzgeist.
Methylenblau, licht- u. waschechter Teerfarbstoff f. Seide u. Baumwolle; als *Löfflers Reagens* z. Bakterienfärbung; *med.* zur Prüfung der Nierenfunktion, da im Harn unverändert ausgeschieden.
Methylviolett, Teerfarbstoff, *Gentianaviolett,* zu Tinte, Stempelfarbe, Bakterienfärbung.
Metier, *s.* [frz. -ˈtje:], Handwerk, Geschäft.
Metöken [gr. „Mitbewohner"], i. d. altgriech. Staaten die Zugewanderten; genossen Schutz, hatten kein Bürgerrecht u. zahlten Kopfgeld.
Meton, griech. Mathematiker u. Astronom, um 430 v. Chr. Verbesserung d. Kalenderrechnung; nach ihm ben. der *M.ische Zyklus* von 19 Jahren.

Meteoritenkrater, *Cañon Diablo, Arizona*

Metronom

Fürst v. Metternich

Metonymie, *w.* [gr.], Übertragung eines Wortes auf einen anderen Begriff (z. B. „Land", wenn „Bevölkerung" gemeint ist).
Me-Too-Produkte [engl. mi: tu:- „ich auch"], „Trittbrettfahrer"-Produkte, die in d. Erfolgswelle marktführender Produkte mitschwimmen u. diese kopieren; Ggs. → Pionierprodukte.
Metope, (Relief-)Verzierung im → Fries griech. Tempel.
Metrik, *w.* [gr.], Lehre von den Versmaßen.
metrisches System, Maß- und Gewichtssystem, in den meisten eur. u. vielen außereurop. Staaten eingeführt; Grundlage: → Meter.
Metrologie [gr.], Wissenschaft v. den Maßen u. Gewichten.
Metronom, *s.* [gr.], Uhrwerk mit verstellbarem Pendel, das d. Taktschläge mißt; v. J. *Mälzel* (1772–1838) erfunden; Angabe vor Tonstücken: M. M. (z. B. M. M. ♩ = 80 : 80 Viertelnoten pro Minute).
Metropole, Metropolis, *w.* [gr.], urspr. Mutterstadt einer altgriech. Kolonie; Hauptstadt.
Metropolit [gr.], Erzbischof, dem andere Bischöfe unterstellt sind; im Orient nur Ehrenvorrang.
Metropolitan Museum of Art, 1870 gegr., größtes Kunstmuseum d. USA in New York.
Metropolitan Opera, 1883 eröffnetes New Yorker Opernhaus (3600 Plätze), s. 1966 in einem Neubau im Lincoln Center.
Metrorrhagie, Blutung außerhalb der normalen Menstruationsblutung.
Metrum, *s.* [gr.], *mus.* Verhältnis von langen und kurzen Notenwerten innerhalb eines Taktes; auch Versmaß.
Metschnikoff, Elias (15. 4. 1845 bis 15. 8. 1916), russ. Biologe; → Phagozytose; Nobelpr. 1908.
Metsu [-tsy:], Gabriel (Jan. 1629 bis Okt. 67), ndl. Genremaler d. Barock.
Metta, *w.* [pali], *Maitri* [sanskr.], Allgüte ad. Barmherzigkeit als e. d. 4 buddh. Kardinaltugenden neben Mitleid *(karuna),* Mitfreude *(mudita)* u. Gleichmut *(upekkha).*
Mette → Matutin; Mitternachtsmesse.
Metternich, Klemens Fürst von (15. 5. 1773–11. 6. 1859), östr. leitender Min. u. Staatskanzler; 1812–15 geschickter Gegenspieler Frkr.s u. Rußlands, gewann durch Vorsitz am → *Wiener Kongreß* u. als konservativer Min. der „Heiligen Allianz" politischen Führung in Europa; schuf Grundlagen für Großmachtstellung Östr.-Ungarns; als Verfechter d. Legitimität u. → Restauration Gegner liberaler u. nat. Bewegungen (→ Karlsbader Beschlüsse), 1848 zum Rücktritt gezwungen.
Metteur [frz. -tø:r], Setzer, der → Umbruch besorgt.
Mettmann (D-40822), Krst. im Bergischen Land, NRW, 38 980 E; AG; Maschinenind.; in der Nähe das → Neandertal.
Metz, Hptst. d. frz. Region Lothringen u. Verw.-Sitz des Dép. *Moselle,* an der Mosel, 124 000 E; Uni.; Bischofssitz (seit 4. Jh.); got. Kathedrale; Mittelpunkt der lothring. Eisen- u. Stahlind., Erdöl-

raffinerie, Flußhafen; Landw. Im 13. Jh. dt. Reichsst., 1552 frz., 1871–1919 dt.
Metze,
1) altes dt. Hohlmaß, von unterschiedl. Wert, z. B. in Bayern 37,06 l.
2) mundartl. svw. Dirne.
Metzingen (D-72555), St. i. Kr. Reutlingen, Ba-Wü., 21 400 E; Textil-, Leder-, Masch.ind., Weinbau.
Metzinger [mɛtsɛ̃ˈʒe], Jean (24. 6. 1883–1. 11. 1956), frz. Maler u. Theoretiker d. Kubismus, Mitbegr. d. Gruppe „Section d'Or"; nach prägendem Einfluß durch J. Gris schließl. streng stilisierter Realismus; *Abhandlung* (m. A. Gleizes) *Du cubisme*.
Meuchelmord, heimtückischer, hinterlistiger Mord.
Meunier [møˈnje], Constantin (12. 4. 1831–4. 4. 1905), belg. impressionist. Maler u. Bildhauer d. Realismus.
Meursault [mœrˈso], frz. Weinbauort

Mexiko, *Mexico City*

in → Burgund, der den gleichnam. Weißwein hervorbringt. Der zumeist aus → Chardonnay erzeugte M. ist e. trockener, vollmund. Spitzenwein.
Meurthe [mœrt],
1) r. Nbfl. der Mosel, von den Vogesen, 170 km l.
2) *M.-et-Moselle*, frz. Dép., 5241 km², 711 000 E; Weinbau, Eisenerzlager; Hptst. *Nancy*.
Meuse [møːz],
1) frz. Name der → Maas.
2) frz. Dép., 6216 km², 196 000 E; Hptst. *Bar-le-Duc*.
Meuselwitz (D-04610), thür. Ind.st. i. Kr. Altenburg, 9962 E; Braunkohlebergbau; Textil-, Masch.-, Porzellanind.
Meute [frz.], eine Anzahl zur Hetzjagd auf Wild abgerichteter Hunde.
Meuterei, Gehorsamsverweigerung, Auflehnung od. Angriff mehrerer Untergebener; strafb. Handlung b. Militär, Gefangenen u. Schiffsbesatzungen.
MeV, Abk. f. *Mega-*→ *Elektronenvolt* = 1 000 000 eV.
Mewlewija [pers.-türk.], *Mawlawija* [arab.], islam. Derwischorden, v. d. pers. Mystiker Dschelal Ad-Din Rumi († 1273) in Konia gegr. u. n. seinem Ehrennamen Mewlana („unser Herr") benannt, d. Mitgl. auch *tanzende Derwische* genannt.
Mexicali [mex-], Hptst. und Grenzort des mexikan. Staates *Baja California*, 602 000 E.
mexikanische Kunst, → altamerikanische Kunst.
Mexiko [ˈmɛksiko],
1) mittelam. Bundesrep. zw. dem Pazifik u. dem Golf v. Mexiko; Bev.: 75%

MEXIKO

Staatsname: Mexiko, Vereinigte Mexikanische Staaten, México, Estados Unidos Mexicanos
Staatsform: Präsidiale Bundesrepublik
Mitgliedschaft: UNO, ALADI, NAFTA, OAS, SELA, APEC, OECD
Staatsoberhaupt und Regierungschef: Ernesto Zedillo
Hauptstadt: Mexiko-Stadt (Ciudad de México) 8,2 Mill. (Agglom. 19,4 Mill.) Einwohner
Fläche: 1 958 201 km²
Einwohner: 91 858 000
Bevölkerungsdichte: 47 je km²
Bevölkerungswachstum pro Jahr: ⌀ 2,06% (1990–1995)
Amtssprache: Spanisch
Religion: Katholiken (93,5%), Protestanten (3,3%)
Währung: Neuer Peso (mexN$)
Bruttosozialprodukt (1994): 368 679 Mill. US-$ insges., 4010 US-$ je Einw.
Nationalitätskennzeichen: MEX
Zeitzone: MEZ – 7 bis – 9 Std.
Karte: → Nordamerika

Mexiko

Conrad F. Meyer, *Radierung von Stauffer-Bern*

Mestizen, 9% Indianer, 15% Weiße. **a)** *Geogr.:* Hochland (1100–2500 m) mit aufgesetzten, mächtigen Vulkankegeln (*Pik v. Orizaba* 5639 m, *Popocatépetl* 5452 m), im N wüstenhaft rauh (Kakteensteppe); zw. Randgebirgen u. Meer Küstenebenen m. Lagunen; Haupthäfen a. d. Golfküste: *Veracruz, Tampico*; 3 Klimazonen: heiße Küstenzone (Tierra caliente), ungesund; Stufenländer (Tierra templada), mild u. regenreich; Hochland (Tierra fría), trocken u. mäßig warm; Hauptfluß: *Río Grande de Santiago*. **b)** *Landw.:* Nutzflächen 12% d. Landes, 2,5% Wald; Anbau: hpts. Mais, Weizen, Bohnen, Kaffee (Erzeugung 1991: 299 000 t), Baumwolle, Bananen; Viehzucht. **c)** *Bodenschätze:* Erdöl (1992: 155,4 Mill. t), Kohle, Eisenerz, Blei, Zink, Kupfer, Gold, Silber (1991: 2290 t), Quecksilber, Graphit, Antimon. **d)** *Außenhandel* (1991): Einfuhr 38,2 Mrd., Ausfuhr 27,1 Mrd. $. **e)** *Verkehr:* 239 000 km Straßen, 20 200 km Eisenbahnen. **f)** *Verf.:* Präsidiale Rep., Parlament m. 2 Kammern (Senat u. Abgeordnetenhaus). **g)** *Verw.:* 31 Staaten m. selbstgewähltem Gouverneur u. eigenem Parlament, 1 Bundesdistrikt u. 5 Regionen. **h)** *Gesch.:* Reich d. → Azteken 1519–21 von Cortez erobert; ab 1535 Vize-Kgr. Neuspanien; 1823 selbständig, aber durch Bürgerkriege zerrissen; 1864–67 Kaisertum unter → Maximilian 8) v. Östr. 1876–1910 Diktatur unter Präs. Díaz, dann Jahrzehnte mit Bürgerkriegen u. Revolutionen; s. 1929 Partido Revolucionario Institucional (PRI) an der Reg.; d. rasches Wirtschaftswachstum hohe Auslandsverschuldung; s. 1994 Konflikte u. mil. Auseinanders. m. d. überw. indian. „Zapatist. Nat. Befr.armee" im Bundesstaat Chiapas; 1996 Friedensabkommen; 1997 Niederlage der PRI bei Parlamentswahlen.
2) Staat d. B.rep. *M.*, 21 355 km², 9,8 Mill. E.
3) *Ciudad de México, Mexico City,* Hptst. v. M., 8,2 (Agglom. 19,4) Mill. E (Bundesdistrikt 1479 km², 8,2 Mill. E), 2240 müM; Kathedrale, Museen, Uni. (s. 1551); Industriezentrum; intern. Flughafen.
Mexiko, Golf von, w. Teil des Am. Mittelmeers, zw. Mexiko, Kuba u. Florida, 1,6 Mill. km², bis 4376 m tief; erhält durch den Antillenstrom (Nordäquatorialstrom) sehr warmes Wasser (im Winter 23–25 °C), das er als Golfstrom nach N durch die Floridastraße abgibt; reiche Erdöl- und Erdgaslager im Schelfgebiet.
Meyer,
1) Conrad Ferdinand (11. 10. 1825 bis 28. 11. 98), schweiz. Dichter; Gedichte, bes. Balladen; *Huttens letzte Tage*; Novellen (Stoffe aus der Renaissance u. Reformation); Roman: *Jürg Jenatsch*.
2) Eduard (25. 1. 1855–31. 8. 1930), dt. Geschichtsforscher.
3) Friedrich Elias (1723–2. 10. 85), dt. Bildhauer u. Porzellanmodelleur des Rokoko, e. Hptmeister d. Porzellanplastik.
4) Heinz-Werner (24. 2. 1932–9. 5. 94), dt. Gewerkschaftler, 1985–90 Vors. d. IGBE, 1990–94 Vors. d. DGB.
5) Julius Lothar (19. 8. 1830 bis 11. 4. 95), dt. Chem.; entdeckte gleichzeitig m. Mendelejew → Periodensystem der Elemente.

6) Wilhelm Christian (1726–10. 12. 86), dt. Bildhauer u. Porzellanmodelleur d. Rokoko, im Spätwerk Tendenz z. Klassizismus; auch Großplastiken; Bruder v. 3).
Meyerbeer, Giacomo (5. 9. 1791–2. 5. 1864), frz. Komp. dt. Herkunft; Schöpfer der „Großen Oper"; *Die Hugenotten; Die Afrikanerin; Der Prophet*.
Meyerhof, Otto (12. 4. 1884–6. 10. 1951), dt. Physiologe; *Die chem. Vorgänge im Muskel*; Nobelpr. 1922.
Meyrink, Gustav (19. 1. 1868–4. 12. 1932), östr. okkultistisch-romantischer Schriftst.; *Der Golem; Walpurgisnacht*.
Meysenbug, Malvida von (28. 10. 1816 bis 26. 4. 1903), dt. Schriftst.in; Freundin Wagners u. Nietzsches; *Memoiren e. Idealistin*.
MEZ, Abk. f. **M**itteleuropäische **Z**eit; → Zeit.
Mezzanin, s. [it.], i. d. Architektur v. d. Renaiss. bis zum Klassizismus (16. bis 19. Jh.) Halb- oder Zwischengeschoß.
mezzo [it.], *mus.* halb; *mf* = m. → *forte*; *mp* = m. → *piano*; *m. v.* = mezza voce [ˈvoːtʃe] = mit halber Stimme.
Mezzogiorno, m. [-ˈdʒo-], d. unterentwickelte Süden Italiens.
Mezzosopran, mittlere Frauen- od. Knabenstimme zw. Sopran u. Alt.
MF-Objektiv, manuelle **F**okussierung; Scharfeinstellung erfolgt per Hand.
MfS, Abk. f. **M**inisterium **f**ür **S**taatssicherheit; → Staatssicherheitsdienst.
mg, Abk. f. *Milligramm*.
Mg, chem. Zeichen f. → Magnesium.
MG, Abk. f. **M**aschinengewehr.
MGB, russ. Abk. für *Min. für Staatssicherheit*, 1954 im → KGB aufgegangen.
MHz, Abk. f. *Megahertz* = 1 000 000 Hz; → Hertz 2).
Miami [maɪˈæmi], Seebad u. Winterkurort (Miami Beach) an der SO-Küste v. Florida (USA), 374 000 E, Agglomeration 3,19 Mill. E.
Miao, halbnomadisches Bergvolk in W-China.
Miasma, s. [gr.], alte Vorstellung von Krankheitsentstehung durch schädliche Bodendünste.
Michael, Erzengel; Bezwinger Satans (Offb. 12); Patron der Krieger; kath. Michaelifest: 29. 9.
Michael,
1) mehrere byzantin. Kaiser: M. Palaiologos (1224–82) eroberte 1261 Konstantinopel von d. Lateinern zurück.
2) M. Feodorowitsch (22. 7. 1596–23. 7. 1645), ab 1613 russ. Zar, begr. d. Romanow-Dynastie.
3) M. I. (* 25. 10. 1921), Kg v. Rumänien 1927–30 u. 1940–47; lebt in der Emigration.
Michaelis, Georg (8. 9. 1857–24. 7. 1936), dt. Reichskanzler Juli bis Okt. 1917.
Michaelsbruderschaft, 1931 erfolgter Zus.schluß als Kern d. → Berneucher Kreises.
Michel, Hartmut (* 18. 7. 1948), deutscher Biochemiker, Strukturanalyse von Photosynthese-Rezeptoren; Nobelpreis 1988.
Michel, der dt. M., urspr. Ehrenname für d. Reiteroberstens Hans Michael von Obentraut (1574–1625).
Michelangeli [mikeˈlandʒeli], Arturo Benedetti (* 5. 1. 1920), it. Pianist.

Michelangelo, *Jüngstes Gericht* (Ausschnitt)

Michelangelo [mikeˈlandʒelo], auch *Michelangiolo*, eigtl. *M.* Buonarroti (6. 3. 1475–18. 2. 1564), it. Bildhauer, Maler, Architekt u. Dichter d. Renaissance; Schöpfer heroischer menschl. Gestalten; Plastiken: *Medici*-Gräber (in San Lorenzo, Florenz; m. *Pensieroso*); *Grabmal des Papstes Julius II.* (in Rom; m. *Moses*); *Pietà* in d. Peterskirche (Rom); *David* (Florenz); Gemälde: Wand- u. Deckenfresken in d. *Sixtin. Kapelle* des Vatikans (u. a. *Das Jüngste Gericht*), restauriert 1980–93; Bauten: *Kuppeltambour* der Peterskirche; Sonette u. Madrigale.

Michelet [miˈʃlɛ], Jules (21. 8. 1798 bis 9. 2. 1874), frz. Historiker; *Geschichte der Frz. Revolution.*

Michelozzo [mike-] **di Bartolomeo** (1396–7. 10. 1472), it. Architekt und Bildhauer d. Frührenaissance; schuf d. Typus d. Florentiner Stadtpalastes (u. a. *Palazzo Medici*).

Michelsberg, bei Bruchsal (Baden), mit jungsteinzeitl. Höhlensiedlung, danach *Michelsberger Kultur.*

Michelson [ˈmaɪkəlsn], Albert (19. 12. 1852–9. 5. 1931), am. Phys.; Nobelpr. 1907; sein **M.-Versuch** zur *Messung der Lichtgeschwindigkeit* für → Relativitätstheorie (Übers.) maßgebend.

Michelstadt (D-64720), St. i. Odenwaldkreis, Hess., 15 680 E; Luftkurort, 201–540 müM, FS f. Holz-, Elfenbeinschnitzer; histor. Rathaus (1484), Einhardsbasilika (9. Jh.).

Michener [ˈmɪtʃ-], James Albert (3. 2. 1907–17. 10. 1997), am. Schriftst.; *Die Südsee; Die Quelle; Die Bucht; Verheißene Erde; Sternenjäger; Mazurka; Texas.*

Michigan [-ʃɪɡən], Abk. *Mich.*, Bundesstaat d. USA, auf 2 Halbinseln zw. Huron-, Oberem u. **M.see** (südwestlichster der Großen Seen, 57 757 km², 281 m tief); 151 586 km², 9,37 Mill. E; reiche Eisen- u. Kupfererzlager, Erdöl- u. Erdgasfelder; Acker- u. Obstbau, Viehzucht; Automobilind., Metall- und Maschinenind. – Hptst.: *Lansing* (129 000 E); größte St.: *Detroit.*

Mickey Mouse [-kɪ ˈmaʊs], Trickfilmfigur von Walt Disney (1927); Titelfigur v. Comics.

Mickiewicz [mitsˈkjɛvitʃ], Adam (24. 12. 1798–26. 11. 1855), poln. Dichter d. Romantik; Balladen, Epos: *Herr Thaddäus*; Drama: *Dziady*.

Midas, sagenhafter Kg Phrygiens: was er berührte, wurde Gold; als er Pans Flötenspiel dem des Apollo vorzog, wuchsen ihm Eselsohren.

MIDAS, Abk. f. **Mi***ssile* **D***efense* **A***larm* **S***ystem*, am. Aufklärungs- u. Frühwarnsystem (Satellit).

Middelburg [-byrx], Hptst. der ndl. Prov. Seeland, auf der Insel Walcheren, 39 000 E.

Middlesbrough [ˈmɪdlzbrə], Hptst. d. engl. Gft Cleveland, 150 000 E.

Middlesex [engl. ˈmɪdlsɛks], ehem. Gft a. d. Themse, s. 1965 zu Greater London.

Midgard, in der altnord. Göttersage: Erde.

Midgardschlange, um die Erde geringelt: Weltmeer.

Midi → Mini.

Midinette [frz.], Pariser Modistin.

Midlands [-ləndz], mittelengl. Tiefland (Kohlengebiet).

Midrasch, *m.* [hebr. „Forschung"], jüd. Auslegung d. Bibel; besteht aus Talmud *halachischer* (gesetzl.) u. *haggadischer* (erzählender) Teil.

Miegel, Agnes (9. 3. 1879–26. 10. 1964), dt. Dichterin; *Balladen* u. *Lieder, Geschichten aus Altpreußen*; Jugenderinnerungen: *Kinderland*.

Miere, zierliche, weiß blühende Nelkengewächse; *Vogel-M.*, häufig in Unkrautfluren, Grünfutter f. Käfigvögel.

Mieres, Ind.st. d. span. Prov. Oviedo, 70 000 E; Bergbau (Kohle, Eisen, Schwefel).

Miesbach (D-83714), Krst. nö. v. Tegernsee, Bay., 10 122 E; AG; Erholungsort, Wintersport.

Miesmuschel, Meeresmuschel, haftet an Pfählen (*Pfahlmuschel*) oder Gestein (*Meerdattel*); eßbar.

Mies van der Rohe, Ludwig (27. 3. 1886–17. 8. 1969), dt.-am. Architekt; 1930–33 am → Bauhaus, ab 1938 in USA; wesentlicher Einfluß auf d. moderne Architektur; Wohnhäuser, Siedlungen, Bürogebäude, Neue Nationalgalerie in Berlin.

Mietbücherei → Leihbücherei.

Miete,

1) die durch *Mietvertrag* zw. *Vermieter* u. *Mieter* vereinbarte Gebrauchsüberlassung e. Sache gg. Entgelt (*Mietzins*), bes. bei Räumen, Wohnungen; Vermieter hat an eingebrachten, d. Mieter gehörenden pfändbaren Sachen für Forderungen aus

Vogelmiere

Echte Sternmiere

Mikado, *Kaiser-Saga*

dem Mietverhältnis *Vermieter-* → Pfandrecht, kraft dessen Vermieter bei Auszug od. widerrechtl. Entfernung Sachen des Mieters, evtl. gewaltsam, in Besitz nehmen od. auf Rückschaffung klagen kann (§§ 535 ff. BGB); Gebrauchs- u. Nutzungsüberlassung → Pacht; bei Miete v. Wohnräumen bes. Schutzvorschriften f. d. Mieter (soz. Mietrecht): Vermieter kann nur kündig., wenn er berechtigtes Interesse nachweist (z. B. erhebl. Verletzung d. Vertragspflichten durch d. Mieter, Eigenbedarf f. sich od. Angehörige, Verhinderung einer angemessenen wirtsch. Verwertung d. Grundstücks); keine Kündigungsmöglichkeit zum Zweck d. Mieterhöhung. Der Mieter kann d. Kündigung nur wirksam widersprechen, wenn sie f. ihn eine Härte bedeuten würde u. nicht gleichgewichtige Gründe auf seiten d. Vermieters gegeben sind.

2) regelmäßig geschichtete Lagerhaufen von Feldfrüchten im Freien (z. B. *Stroh-M.*), frostgesichert (z. B. *Kartoffel-M.*).

Mieterschutz, zus.fassender Begriff f. Bestimmungen in versch. Gesetzen (z. B. BGB) u. Verordnungen, die die Rechtsstellung des Mieters von Wohnräumen gegenüber dem Vermieter aus sozialen Erwägungen stärken (z. B. durch eingeschränkte Kündigungsmöglichkeiten, Mietpreisregelungen usw.).

MiG, Bez. f. sowj. Jagdflugzeuge (nach den beiden Konstrukteuren **M***ikojan und* [= russ. **i**] *G**urewitsch*).

Mignard [miˈɲaːr], Pierre (17. 11. 1612–30. 5. 95), frz. Maler d. barocken Klassizismus, auch m. Stilelementen d. it. Barock; Kuppelausmalung d. Kirche Val-de-Grâce in Paris.

Mignon [frz. miˈɲõ „Liebling"], Mädchengestalt in Goethes *Wilhelm Meister*; Oper v. A. Thomas.

Migräne, *w.* [gr.], anfallsweiser Halbseiten- → Kopfschmerz, wahrscheinlich infolge Hirngefäßkrampf.

Migration, *w.* [l.], Wanderung.

MIGROS-Vertriebssystem → Duttweiler.

Miguel [-ˈɡɛl], span. u. portugies. Form zu → Michael.

Mihrab, *m.*, Gebetsnische i. Moschee, stets nach Mekka gerichtet.

Mijnheer [ndl. məˈneːr], (mein) Herr.

Mikado,

1) Geschicklichkeitsspiel mit Holzstäbchen.

2) ehrende Bezeichnung des Kaisers von Japan; → Tenno.

Miki, Takeo (17. 3. 1907 bis 14. 11. 88), jap. Pol.; 1974–76 Min.präs.

Miklas, Wilhelm (15. 10. 1872–20. 3. 1956), östr. christl.-soz. Politiker; 1928 bis 38 Bundespräsident.

Mikojan,

1) Anastas (25. 11. 1895–21. 10. 1978), sowj. Pol.; 1937–64 1. stellv. Min.präs., 1964/65 Staatsoberhaupt d. UdSSR.

2) Artem Iwanowitsch (5. 8. 1905 bis 9. 12. 70), sowj. Flugzeugkonstrukteur, baute mit Gurewitsch die Düsenjäger → MiG.

mikro- [gr.], Vorsilbe: klein . . .; vor Maßeinheiten ein Millionstel (10^{-6}), Abk. µ.

Mikroalbuminurie, Ausscheidung kl. Mengen Eiweiß im Urin, Frühzeichen einer Nierenschädigung.

Mies van der Rohe, *Neue Nationalgalerie in Berlin*

Mikroanalytik, Nachweismethoden im Milligrammbereich.
Mikroben [gr.], → Mikroorganismen.
Mikrobiologie [gr.], Lehre von den Mikroorganismen.

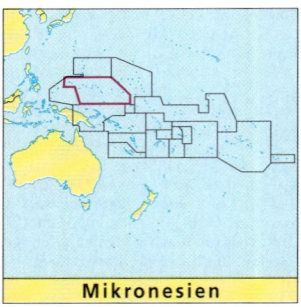

Mikronesien

MIKRONESIEN	
Staatsname:	Föderierte Staaten von Mikronesien, Federated States of Micronesia
Staatsform:	Bundesrepublik
Mitgliedschaft:	UNO
Staatsoberhaupt und Regierungschef:	Bailey Olter
Hauptstadt:	Palikir 5549 Einwohner
Fläche:	707 km²
Einwohner:	153 000
Bevölkerungsdichte:	172 je km²
Bevölkerungswachstum pro Jahr:	⌀ 3,46% (1990–1995)
Amtssprache:	Englisch
Religion:	Christen
Währung:	US-$
Bruttosozialprodukt (1994):	202 Mill. US-$ insges., 1890 US-$ je Einw.
Nationalitätskennzeichen:	FSM
Zeitzone:	MEZ + 9 Std.
Karte:	→ Australien und Ozeanien

Mikrochemie, Analyse u. Darstellung kl. Stoffmengen.
Mikrocomputer, Bez. für e. nicht eindeutig abgrenzbare Computergrößenordnung; die einfachste Ausführung besteht aus einem → Mikroprozessor u. Halbleiterspeicher, integriert auf einem Chip (Anwendung z. B. in Werkzeugmaschinen, Haushaltsgeräten, Kfz u. a.); in größeren Ausbaustufen dient er als → Personalcomputer od. → Bürocomputer.
Mikrofaser [gr. Kleinfaser], feinste Polyester- od. Polyamidfasern, 60mal feiner als menschl. Kopfhaar. Viele Fasern, gebündelt zu Garn, werden zu Stoffen gewebt u. z. Thermovliesen verarbeitet.
Mikrofilm, systemat. Dokumentation von z. B. Akten, Buchseiten etc. auf speziellem M.; Betrachtung mit besonderen Lesegeräten; platzsparendes Verfahren zur Archivierung riesiger Bestände. Heute durch elektron. Speicherverfahren längst überholt (digitales Multimedia).
Mikrofon, s. [gr.], *Mikro,* elektroakust. Wandler. Gerät z. Umwandlung v. Schallschwingungen in el. Schwingungen; nach el. Aufbau unterscheidet man:
1) *Kontakt-(Kohle-)M.,* Membran verändert entsprechend den Schallschwingungen d. gegenseitigen Kontaktwiderstand gleichstromdurchflossener Kohlenkörner u. somit die Stärke des Gleichstroms; erfunden 1878 v. → *Hughes;*
2) *Kondensator-M.,* Membran bildet mit fester Gegenelektrode Kondensator mit Luft als Dielektrikum, an den Gleichspannung angelegt wird; bei Schwingen der Membran ändert sich Kapazität u. somit die Spannung am Kondensator;
3) *dynamisches M.,* an Membran befestigte Spule schwingt im Magnetfeld, dadurch wird in der Spule eine Spannung induziert; *Bändchen-* u. *Tauchspulen-M.;*
4) *Kristall-M.,* Membrane wirkt auf Kristall, der entsprechend dem Schalldruck → Piezoelektrizität erzeugt;
5) *magnet. M.,* Aufbau wie magnet. Kopfhörer, umgekehrte Arbeitsweise. Anwendung: Fernsprech- und Übertragungstechnik, Studio- u. Heimtechnik; übertragene el. Schwingungen werden im Fernhörer oder Lautsprecher wieder i. Schallschwingungen umgewandelt.
Mikrofotografie [gr.], fotograf. Aufnahme von kleinsten Objekten durch d. Mikroskop; ermöglicht Feststellungen, die f. d. beobachtende Auge nicht mehr erreichbar sind.
Mikrokephalie [gr.], krankhafte Kleinheit des Schädels; meist mit schweren Störungen (Idiotie usw.) verbunden.
Mikrokosmos, *m.* [gr.], „Kleinwelt", Welt der atomaren u. subatomaren Größen; Ggs.: → Makrokosmos.
Mikrolithen [gr.], kleine Feuersteingeräte der Mittelsteinzeit (→ Vorgeschichte, Übers.).
Mikrometer, *s.* [gr.],
1) Maßeinheit, → Mikron.
2) Meßinstrument zum Messen kleiner Längen; Mikrometerschraube hat am Schaft Skala mit → Nonius; Meßgenauigkeit bis 1/1000 mm; a. in Fernrohren.
Mikron, *s.* [gr.], abgek. μ [*my*:] = 1/1000 mm.
Mikronen, Bez. für Teilchen von etwa 1/1000 mm (in der Kolloidchemie) bis zu etwa 1/100000 mm.
Mikronesien,
1) Inselgebiet im nordw. u. mittl. Pazifik: Marianen, Karolinen, Nauru, Marshall- u. Gilbertinseln; Bewohner: *Mikronesier.*
2) Inselstaat im W-Pazifik, Zus.schluß d. Karolineninselgruppen: Yap, Kosrae, Truk (Chuuk) u. Pohnpei (insges. 607 Inseln u. Atolle). *Verf.* v. 1979: Bundesrepublik, Einkammerparlament u. Präs. (v. Parl. ernannt); 1898–1919 dt., ab 1920 jap.; ab 1947 als UNO-Treuhandgebiet v. d. USA verw.; s. 1979 (endgültig s. 1986) unabhängig; freie Assoziation m. USA; 1990 Aufhebung d. Treuhandschaft.
Mikroökonomie → Betriebswirtschaftslehre.
Mikroorganismen [gr.], *Mikroben,* kleinste Lebewesen (z. B. Viren, Bakterien, Urtiere).
Mikroprozessor, integrierte Schaltung, die die Funktion der Zentraleinheit ohne Speicher enthält; Grundbaustein f. universelle Anwendungen, v. a. in der Regelungs-, Steuerungs- und Datentechnik.
Mikroskop, *s.* [gr.],
1) *astronom.* → Sternbilder, Übers.
2) *opt.* Instrument zum Betrachten kleinster Gegenstände; kombinierte Verwendung von zwei opt. Systemen: *Objektiv,* ein Linsensystem, das ein umgekehrtes, stark vergrößertes, reelles Bild des zu betrachtenden Objektes entwirft, u. *Okular,* eine Lupe, durch das das Auge dieses Bild sieht. Betrachtung durchsichtiger Objekte in von unten durchfallendem, undurchsichtiger in von oben auffallendem Licht. Steigerung d. Leistungsfähigkeit durch Eintauchen des Objektivs in Immersionsflüssigkeit u. Anwendung kurzwelligen (ultravioletten) Lichtes (fotograf. Platte). Objekte bis herab zur Größenordnung der Lichtwellenlänge sind abbildbar. Zur Sichtbarmachung noch kleinerer Objekte → *Ultramikroskop* u. → *Elektronenmikroskop.* – Erstes M. angeblich 1590 von J. u. Z. Janssen; wiss. Durchbildung v. → Abbe; → Elektronen-, → Tunnel-, → Fluoreszenzmikroskop.
Mikrosporie, Pilzinfektion der Kopfhaut.
Mikrotom, *m.* od. *s.* [gr.], Schneidevorrichtung f. feinste anatomische Gewebsschnitte (bis ca. 1/1000 mm Dicke) z. mikroskop. Untersuchung.
Mikrowellen, hochfrequente elektromagnet. dm-, cm- u. mm-Wellen; auch *M.spektroskopie* f. Erforschung d. Aufbaus von Atomen u. Molekülen.
Mikrowellenherd, ugs. *Mikrowelle,* Küchengerät zum raschen Erwärmen, Garen v. Speisen, Getränken i. best. Gefäßen; → Mikrowellen geben dabei ihre Energie an d. Nahrungsmittel ab.
Mikrowellentherapie, Wärmebehandlung im Nahstrahlenfeld, Frequenzen über 300 MHz, Erwärmung d. bestrahlten Stellen erfolgt durch → Absorption der hochfrequenten Energie.
Mikrozensus, repräsentative Volkszählung von 1% der Bevölkerung.
Miktion [l.], Harnlassen.
Mikwe, *w.* [hebr. „Bassin"], unterird. Anlage f. d. rituelle Tauchbad d. Juden, meist bei d. Synagoge; ma. M.-Bauten erhalten u. a. in Speyer u. Worms.

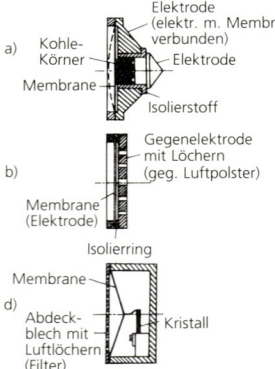
Mikrofone

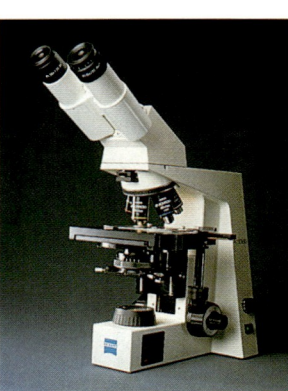
Mikroskop

MIG 29

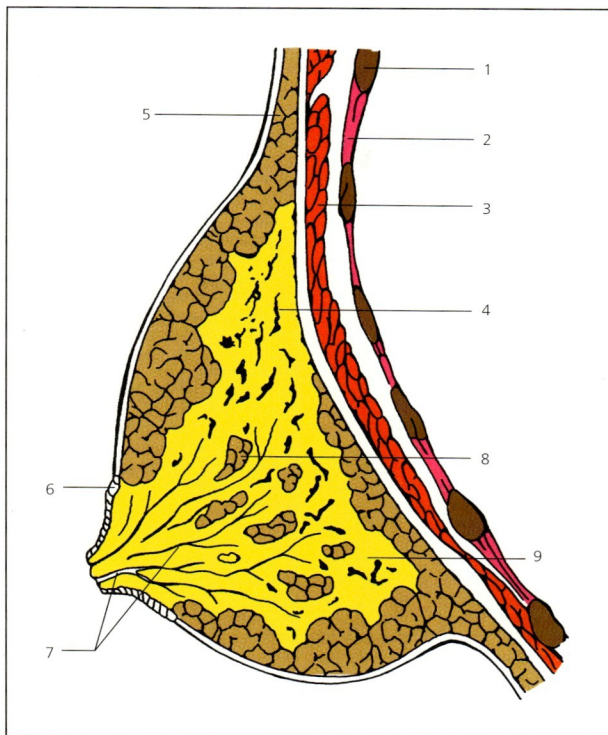

Roter Milan

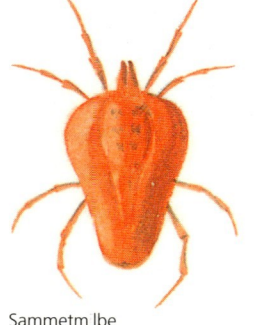
Sammetmilbe

Pfeffer-Milchling

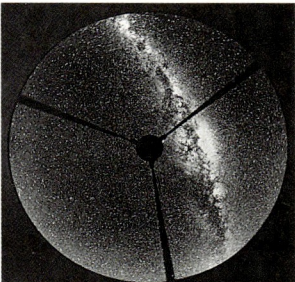
Milchstraße

Brustdrüse der Frau
1 Rippe
2 Zwischenrippenmuskel
3 Brustmuskel
4 Drüsengewebe der Brust
5 Fettgewebe
6 Warzenhof
7 Milchgänge
8 Fettgewebe zwischen den Läppchen des Drüsengewebes
9 Bindegewebe

MIK-Werte, Maximale Immissionskonzentration; → Immission, → MAK-Werte.
Milan, Greifvogel mit gegabeltem Schwanz, frißt Mäuse, Frösche usw. – In Dtld: *Rot-* und *Schwarzmilan.*
Milano, it. Name von → Mailand.
Milben, kleine Spinnentiere, vorwiegend Schmarotzer; z. B. *Tier-M., Pflanzen-M., Käse-M., Zecken, Krätz-M., Sammet-M.* (erregen Krätze bzw. Räude).
Milch, in den Milchdrüsen d. Menschen u. d. Säugetiere gebildete weiße Flüssigkeit, die d. Ernährung d. Säuglinge bzw. d. Jungtiere dient. Kuh-M. besteht aus etwa 87,5% Milchflüssigkeit, 12,5% Trockenmasse (4,7% M.-Zucker, 3,5% M.-Fett (Rahm), 3,5% M.-Eiweiß (Casein), 0,8% Mineralstoffe, Vitamine u. sonstiges); *Kuhmilch* enthält mehr Casein, weniger Milchzucker u. etwas weniger Fett als *Muttermilch.*
Milchdrüse, die Brustdrüse der Frau; Zitze bzw. Euter der weibl. Säugetiere.
Milchgebiß → Gebiß, → Säuglingspflege.
Milchglas, durch Zusatz von Kryolith, Feldspat und Knochenasche getrübtes Glas.
Milchkonservierung, Erhitzen (2 Min.) auf ca. 70 °C *(Pasteurisieren)*; Eindampfen u. Einlöten in Blechbüchsen *(Kondensieren); Trockenmilch* durch Eindampfen.
Milchlinge, Blätterpilze mit Milchsaft; Speisepilze (z. B. *Reizker* u. *Brätling);* M. mit scharfem Milchsaft fast durchweg nicht eßbar.

Milchner, männlicher Fisch mit Samen (Milch).
Milchsaft, wäßrige Emulsion in Wolfsmilch-, Mohngewächsen, Korbblütlern u. a., meist weiß, auch gelb oder orange; → Latex.
Milchsäure, in d. Scheide u. im Darmsaft; Entstehung durch **M.bakterien** bei der **M.gärung** von Milchzucker, hat Bedeutung für die Aufrechterhaltung der normalen Bakterienflora; kommt außerdem im Körperstoffwechsel vor (Muskulatur: „Muskelkater" bei übermäßiger Produktion; erhöhte Blutwerte, gemessen als *Laktat,* bei versch. krankhaften Zuständen).
Milchschorf, Hautausschlag am Kopf d. Säuglinge b. → Neurodermitis.
Milchstern, Zwiebelpflanze m. weißen Blüten; auch Zierpflanze.
Milchstraße, Lichtband unregelmäßiger Begrenzung u. Helligkeit rund um das Himmelsgewölbe, hervorgerufen durch den Schimmer von Milliarden schwächster Fixsterne, die das → Milch-

straßensystem bilden (→ Tafel Sternhimmel).
Milchstraßensystem, *Galaxis,* linsenförmige Ansammlung aller uns umgebenden Fixsterne, 30 000 → Parsec Durchmesser u. 5000 Parsec Dicke i. Zentrum; Gesamtmasse: 200 Mrd. Sonnenmassen; Zentrum liegt von der Erde aus gesehen in ca. 10 000 Parsec Entfernung im Sternbild Schütze und ist größtenteils v. Dunkelwolken verdeckt (→ Tafel Himmelskunde I); zw. den Sternen, vornehml. i. d. Hauptebene d. Systems, befinden sich helle u. dunkle Wolken aus interstellarer Materie, teilweise spiralförmig angeordnet, sowie zahlr. offene Sternhaufen u. Assoziationen; M. rotiert mit gegen das Zentrum hin zunehmenden Geschwindigkeiten; Umlaufzeit der Sonne um d. galakt. Zentrum: 220 Mill. Jahre.
Milchwein, svw. *Kumys* u. *Kefir,* der alkohol. Milchsäuregärung unterworfene gewesene Milch.
Milchwirtschaft, *Molkereiwirtschaft, Meiereien,* Milchgewinnung u. -verarbeitung zu Butter u. Käse; in Städten u. Ind.gebieten durch *Abmelkewirtschaften.*
Milchzähne → Gebiß.
Milchzucker, *Lactose,* Kohlenhydrat der Milch v. leicht abführender Wirkung. Zusatz bei künstlicher Säuglingsernährung.
mildernde Umstände, zugunsten des Täters sprechende Tatsachen; beeinflussen das Strafmaß.
Mile [maɪl], engl. → Meile.
Milet, im Altertum mächtigste ionische St. in Kleinasien; von Persern 494 v. Chr. zerstört.
Milhaud [mi'jo], Darius (4. 9. 1892 bis 22. 6. 1974), frz. Komp.; Bühnenwerke: *Christophe Colomb;* Ballette; Sinfonien; Vokalkompositionen; Kammermusiken.
miliar [l.], hirsekorngroß.
Miliartuberkulose, tuberkulöse Allgemeininfektion mit hirsekorngroßen Tuberkuloseherden in versch. Organen.
Milieu, *s.* [frz. mi'ljø „Mitte"], Umwelt.
Milieutheorie, Mensch als Produkt d. Umwelt, bes. auf Intelligenz u. Charakter bezogen; auf Kunstgeschichte angewandt v. → Taine, auf Biol. v. → Geoffroy Saint-Hilaire; im *Sozialist. System* v. R. → Owen aufgestellt.
militant [l.], kämpferisch.
Militär, *s.* [l. „miles = Soldat"], die Streitkräfte eines Staates.
Militärattaché, Offizier, wird Botschaftern für mil. Angelegenheiten über

Streitkräfte d. betreffenden Landes zugeteilt.
Militärausschuß der NATO, erarbeitet u. a. Empfehlungen an NATO-Rat und Verteidigungsausschuß zu mil. Maßnahmen in Frieden, Krise, Konflikt u. V-Fall, wirkt bei NATO-Streitkräfteplanung u. -übungen mit, gibt Stellungnahmen zu neuen Waffen- u. Führungssystemen ab, entwickelt u. überprüft d. NATO-Strategie u. beurteilt d. Feindlage.
Militärbefehlshaber, s. Anfang d. 19. Jh. bis 1945 Bez. f. e. Offizier i. Gen.srang, der i. besetzten Gebiet f. d. mil. Sicherung u. ggf. Unterdrückung der Zivilbev. zuständig war.
Militärdiktatur, Staatsgewalt liegt in der Hand von mil. Führern, die sich vorwiegend auf mil. Machtmittel stützen.
Militärhoheit, Staatsgewalt über Beschaffung u. Verwendung mil. Machtmittel.
militärische Dienstgradabzeichen → Bundeswehr, Dienstgradabzeichen.
Militärischer Abschirmdienst, MAD, Abteilung des Bundesmin. d. Verteidigung z. Schutz d. Bundeswehr u. ihrer Einrichtungen vor Spionage, Sabotage u. Zersetzung.
Militärischer Führungsrat, oberstes beratendes Organ des Bundesmin. der Verteidigung; besteht aus dem → Gen.inspekteur, den → Inspekteuren d. 3 Teilstreitkräfte u. d. Inspekteur d. Sanitäts- u. Gesundheitswesens.
Militarismus [l.], Überbetonung der Aufgaben und Einrichtungen des Wehrstandes, bes. ihre Übertragung auf andere gesellschaftliche Formen des Staates u. Volkes; auch übermäßiger Einfluß der mil. Führer auf die Politik.
Militär-Max-Josef-Orden, 1806 in 3 Klassen gestifteter bayrischer Orden f. herausrag. mil. Leistungen; er war neben e. Ehrensold mit d. pers. Adel verbunden.
Military, w. [engl. -tərɪ], große Vielseitigkeitsprüfung im Reitsport; besteht aus Dressur, Geländeritt u. Jagdspringen; olymp. Disziplin.
Miliz, w., bewaffnete *Bürgerwehr* (im Ggs. z. *stehenden Heer*); auch Form d. Wehrverfassung, bei der die Verbände erst im Kriege gebildet u. im Frieden nur zu kurzen Übungen einberufen werden (z. B. Schweiz).
Mill, John Stuart (20. 5. 1806–8. 5. 73), engl. Phil. u. Nationalökonom (→ Positivismus, → Utilitarismus); *System d. deduktiven u. induktiven Logik; Pol. Ökonomie.*
Millais [ˈmɪlɛ], Sir John Everett (8. 6. 1829–13. 8. 96), engl. Maler; Mitbegr. d. Bruderschaft d. → Präraffaeliten; *Christus im Hause seiner Eltern.*
Millarés Sall [miˈʎaɾes ˈsaʎ], Manolo (17. 2. 1926–14. 8. 72), span. Maler d. Surrealismus; 1957 Mitbegr. d. Gruppe „El Paso" u. e. Hptvertr. d. Informellen Kunst in Spanien.
Mille [l.], → *M,* = 1000.
Millefiorigläser [it.], kunstvolle, aus mosaikartig verschmolzenen Stückchen zus.gesetzte Glasgefäße der röm. Kaiserzeit aus Alexandria u. Köln, s. 15. Jh. auch aus Venedig.
Millennium, s. [l. „Jahrtausend"], Zeitraum von 1000 Jahren.

Arthur Miller

Henry Miller

Miltenberg, *Fachwerkhäuser*

Mimose

Minarett

Miller:
1) Arthur (* 17. 10. 1915), amerikanischer Schriftst.; Dramen: *Tod d. Handlungsreisenden; Hexenjagd;* Romane: *Laßt sie bitte leben; Zeitkurven.*
2) Ferdinand (d. Ä.) v. (18. 10. 1813 bis 11. 2. 87), dt. Erzgießer; u. a. *Bavaria* (München) nach Entwurf von → Schwanthaler.
3) Glenn (1. 3. 1904–16. 12. 44), am. Bandleader; charakterist. Big-Band-Sound; *In the Mood.*
4) Henry (26. 12. 1891–7. 6. 1980), am. Romanschriftst.; *Wendekreis d. Krebses; Wendekreis d. Steinbocks; Sexus; Plexus; Nexus.*
5) Merton (* 1923), am. Wirtschaftswiss.; Nobelpr. 1990.
6) Oskar v. (7. 5. 1855–9. 4. 1934), Sohn von 2), dt. Elektro-Ing.; Gründer d. *Dt. Museums;* erbaute *Walchenseekraftwerk* u. a.
Milleschauer → Donnersberg.
Millet [miˈjɛ]
1) Jean-François, gen. *Francisque* (April 1642–Juni 79), fläm. Landschaftsmaler, s. 1659 in Paris.
2) Jean-François (4. 10. 1814–20. 1. 75), frz. Maler, themat. Entwicklung v. galanten (Rokoko-)Szenen zur Darstellung bäuerl. Arbeit mit z. T. romant. Elementen; biblische Sujets, Bildnisse; *Die Ährenleserinnen.*
Milli-, Vorsilbe bei Maßeinheiten: ein Tausendstel (10^{-3}), z. B. *l M.meter* (mm) = $\frac{1}{1000}$ m.
Milliarde = 1000 Mill. (1 mit 9 Nullen od. 10^9).
Millibar, Abk. *mb,* veraltete Maßeinheit f. → Luftdruck; s. 1984 ersetzt durch → Pascal, 1 mb = 100 Pa = 1 hPa.
Millikan [-kən], Robert Andrews (22. 3. 1868 bis 19. 12. 1953), am. Phys.; Arbeiten über fotoel. Effekt; Messung d. Ladung d. Elektrons; Nobelpr. 1923.
Millimikron, Abk. *mμ* = 1 millionstel Millimeter (→ Maße und Gewichte, Übers.).
Millöcker, Karl (29. 4. 1842–31. 12. 99), östr. Operettenkomp.; *D. Bettelstudent; Gasparone.*
Millstatt (A-9872), Markt am **Millstätter See** (13 km², 141 m tief) in Kärnten, 580–2101 müM, 3270 E; Benediktinerabtei (gegr. 1070).
Milošević [ˈmiˈlɔʃevitɕ], Slobodan (* 29. 8. 1941), seit 1989 serbischer Rep.präs.
Miłosz [ˈmiuɔʃ], Czesław (* 30. 6. 1911), poln. Exilschriftst.; Romane: *D. Gesicht d. Zeit;* Gedichte u. Essays; Nobelpr. 1980.
Milseburg, Phonolithkuppe, Hohe Rhön, 833 m hoch.
Milstein:
1) César (* 8. 10. 1927), argentin.-engl. Molekularbiol.; (zus. m. N. K. → Jerne u. G. → Köhler) Nobelpr. 1984 (Arbeiten z. Aufbau u. z. Steuerung d. Immunsystems).
2) Nathan (* 31. 12. 1904–21. 12. 92), am. Geiger russ. Herkunft.
Miltenberg (D-63897), Krst. am Main, Bay., 9634 E; ma. St.bild (Mildenburg, Fachwerkhäuser).
Miltiades, athen. Staatsmann u. Feldherr; Sieger bei → Marathon 490 v. Chr. über die Perser.
Milton [ˈmɪltən], John (9. 12. 1608 bis 8. 11. 74), engl. Dichter; Epos: *Das verlorene Paradies;* Tragödie: *Samson Agonistes;* Sonette, Maskenspiele.
Milwaukee [mɪlˈwɔːkɪ], größte Stadt d. US-Bundesstaates Wisconsin, am Michigansee; 628 000 E (50% dt. Abstammung), Agglomeration 1,61 Mill. E; Uni; Hafen; Maschinen- u. Fahrzeugbau, chem.-, Textil-, Nahrungsmittel- u. Brauereiind.
Milz, in Höhe des 9.–11. linken Rippe unter dem Zwerchfell gelegenes, ca. handtellergroßes Organ, z. Lymph- und Blutsystem gehörig; dient der Bildung von → Lymphozyten und Antikörpern, dem Abbau roter Blutkörperchen, der Eisenspeicherung, der Blutfilterung, Regulierung der zirkulierenden Blutmenge (Blutspeicher); → Eingeweide (Abb.).
Milzbrand, *Anthrax,* Hadernkrankheit, durch Tiere od. Tierprodukte übertragene schwere Infektionskrankheit (M.bazillus), meist mit Karbunkelbildung, auch Lungenbefall möglich.
Milztumor, Vergrößerung (Schwellung) der Milz.
Mime [gr.],
1) bei R. Wagner der kunstreiche Schmied im *Ring des Nibelungen.*
2) Schauspieler.
Mimese, w. [gr.], infolge Variabilität u. anschließender Auslese entstandene Anpassung v. Tieren an d. Umwelt u. Körpergestalt an leblose Objekte d. Umwelt u. an Pflanzen u. Tiere (z. B. → Wandelndes Blatt); Tarnung, i. Unterschied zur Warnfärbung (→ Mimikry).
Mimik, w., Ausdrucksbewegungen d. Gesichts, die Gefühle und Stimmungen zeigen; → Pantomime.
Mimikry, w. [engl.], Schutzanpassung an eine auffallende Warnfärbungen wehrhafter bzw. ungenießbarer Tiere (so z. B. Nachahmung d. gelbschwarzen Ringelung d. stachelbewehrten Bienen, Wespen u. Hornissen durch wehrlose Fliegen, Schwebfliegen u. Schmetterlinge, die somit Nutznießer der Warnfärbung ihrer Modelle werden); entstanden durch → Selektion.
Mimose, Hülsenfrüchtler warmer Länder; Fiederblättchen legen sich bei Erschütterung od. Berührung zusammen.
mimosenhaft, äußerst empfindlich (wie e. → Mimose).
Mimus, älteste Dramenform; zuerst rel. Saat- u. Erntefest (Menschen als Dämonen verkleidet), entwickelt sich im alten Griechenland zu Spielen mit bes. Schauspielerstand; Götterpossen u. realist. Szenen a. d. tägl. Leben werden aufgeführt (griech. Mimesis, „Nachahmung d. Lebens"); Weiterleben in Puppenspiel, Aufführungen der ma. Spielleute u. im Fastnachtspiel.
Min, altägypt. Gott d. Zeugungskraft u. Fruchtbarkeit, dargestellt mit erigiertem Glied. Kultorte: Koptos u. Achmim.
Minamata-Krankheit, erstmals 1956 bei Fischern der Minamata-Bucht in Südjapan aufgetretene Krankheit, verursacht durch Methylquecksilber, welches über die → Nahrungskette in die menschliche Nahrung gelangt; insbes. Nerven- und Muskelstörungen, oft mit tödl. Ausgang.
Minarett, s. [arab.], schlanker Turm d. Moscheen, mit Galerie, v. d. d. → Muezzin fünfmal am Tag z. Gebet ruft.
Minas Gerais [-ʒeˈraɪs], ostbrasilian.

Binnenstaat, Quellgebiet d. São Francisco, 586 624 km², 15,8 Mill. E; Diamanten- u. Eisenlager, Mangan, Kaffee- u. Baumwollanbau, Viehzucht. Hptst. *Belo Horizonte.*
Mincio [-tʃo], l. Nbfl. des Po, südl. Abfluß des Gardasees, mündet sö. v. Mantua; 66 km l.
Mindanao, *Magindanao,* zweitgrößte Insel der Philippinen, 94 630 km², 11 Mill. E; gebirgig, Vulkane (*Apo* 2954 m); Reis, Zucker, Kaffee, Südfrüchte; Gold, Kupfer; Hptort *Davao.*
Mindel, *w.,* r. Nbfl. d. Donau, 75 km l.; nach ihr benannt die *Mindeleiszeit,* → Eiszeitalter.
Mindelheim (D-87719), Krst. d. Kr. Unterallgäu, Bay., an d. Mindel, 12 693 E; ma. Stadtbild, barocke Jesuitenkirche, Mindelburg (→ Frundsberg).
Minden (D-32423–29), Krst. d. Kr. M.-Lübbecke, an der Weser u. dem Mittellandkanal (5 km südl. die Porta Westfalica), NRW, 78 909 E; AG; Dom (10.–13. Jh.); Ind. – Um 800 Bistum, 1648 an Brandenburg, in weltl. Fürstentum umgewandelt.
Minderheiten, *Minoritäten, Nationalitäten,* fremdnat. Volksgruppen in Nationalstaaten mit einem zahlenmäßig überwiegenden Staatsvolk oder in Nationalitätenstaaten, in denen ein Volk den Anspruch erhebt, Staatsvolk zu sein. → Nation. – Zur Regelung d. **M.frage** (Rechtsschutz der nat., kulturellen, sprachl. u. konfessionellen Belange d. M.) wurden als Zusatzbestimmungen zu den Pariser Vorortverträgen **M.verträge** geschlossen; sie führten zu innen- u. außenpol. Spannungen, d. auch v. Völkerbund nicht gelöst werden konnten. Möglichkeiten d. Minderheitenschutzes bestehen in zweiseitigen Abkommen z. Schutze v. M. od. in d. Gewährung d. kulturellen u. pol. Autonomie an M.
Minderjährigkeit, nach dt. Recht die Zeit bis zur → Volljährigkeit, beeinflußt rechtl. d. → Geschäftsfähigkeit.
Minderung → Kauf.
Mindestlohn, *Minimallohn,* durch → Tarifabkommen für best. Arbeitsverträge festgesetztes Mindestentgelt; kann im Einzelfall, wenn Vertrag keine Lohnminderungsklausel enthält, nur durch Vergleich zw. Arbeitgeber u. -nehmer abgeändert werden, der jedoch durch die Tarifvertragspartner (Unternehmerverband, Gewerkschaft) gebilligt werden muß.
Mindestreserven, unverzinsliche Sichtguthaben, die von den Banken in einem best. Verhältnis zu ihren Verbindlichkeiten bei d. Zentralbank unterhalten werden müssen; liquiditäts- wie auch währungspol. Funktion; konjunkturpol. Instrument z. Regulierung d. → Kreditschöpfung.
Mindoro, fruchtbare u. waldreiche (Mindoroholz) Insel der Philippinen, 9735 km², 670 000 E; Hpthafen: *Calapan.*
Mindszenty [-'sɛ-], Joseph (29. 3. 1892–6. 5. 1975), ungar. Kardinal u. Erzbischof (1974 v. Paul VI. abgesetzt); 1949–55 pol. Gefangener, 1956–71 in US-Botschaft Budapest; s. 1971 in Wien; *Erinnerungen.*
Mine [frz.],
1) *mil.* urspr. unter feindl. Stellung zur Sprengung vorgetriebener Stollen; heute Sprengkörper zur Sperrung v. Geländeabschnitten u. Verkehrsverbindungen: *Atom-M., Tret-M., Wurf-M., Panzerabwehrverlege-M., Panzerabwehrricht-M.;* oder *Panzer-M.;* im Seekrieg: *Grund-M., Stand-M., Treib-M.*
2) Bergwerk.
3) Graphiteinlage im (Füll-)Bleistift.
Minenverleger, Spezialgerät (Minenverlegesystem) an Kfz zur offenen od. gedeckten Verlegung v. Minen.
Minenwerfer, im 1. Weltkr. entstandene Waffe z. Werfen von Sprengkörpern; heute: Minenwurfsystem m. Panzerabwehrwurfmine auf Panzer u. Einsatz v. LARS u. MARS (leichtes bzw. mittleres Artillerieraketensystem zur Anlage v. Wurfminensperren).
Minerale, Mineralien, d. einheitlichen anorganischen, natürlich vorkommenden Bestandteile der Erdkruste; Atome u. Ionen meist in Raumgittern angeordnet u. sind kristallisiert.
Mineralfarben, *Erdfarben,* Salze v. Schwermetallen (*Bleiweiß, Chromgelb, Zinnober*); Ggs.: → Teerfarben.
Mineralgenese, die Entstehung der Mineralien in der Natur.
Mineralogie, *Mineralkunde,* Wissenschaft von den Mineralien hinsichtlich äußerer Gestalt, Eigenschaften, chem. u. phys. Zusammensetzung, Vorkommen und Entstehung.
Mineralokortikoide, Hormone der Nebennierenrinde wie Aldosteron, regulieren d. Salz-Wasser-Haushalt.
Mineralöl, → Erdöl und dessen Raffinationsprodukte; auch die aus Steinkohle, Braunkohle und Ölschiefer gewonnenen Öle.
Mineralsalze, für die Abwicklung der physiolog. Prozesse notwendige mineral. Bestandteile der Körperorgane (z. B. Kalkphosphat).
Mineralsäuren, die anorgan. Säuren (wie Schwefel-, Phosphor-, Salpeter-, Salz-, Kieselsäure usw.), deren Metallverbindungen als Minerale vorkommen.
Mineralwässer, Heilquellen, die Salze od. Gase gelöst enthalten (z. B. Kohlensäure, Kochsalz); Bitterwässer mit abführendem Magnesium oder Glaubersalz; Schwefelwässer mit Schwefelwasserstoff; Eisenwässer mit Eisencarbonaten; Wässer mit radioaktiven Bestandteilen.
Minerva, röm. Weisheitsgöttin, griech. → Athene.
Minestrone, it. Gemüsesuppe m. Einlage.
Minette [frz.], phosphorhaltiges Eisenerz, wichtig für Eisengewinnung, Fundort Lothringen und Luxemburg.
Minetti, Bernhard (* 26. 1. 1905), dt. Schausp.; Charakterdarsteller, bes. in Stücken v. Th. → Bernhard (*Minetti*).
Ming-Dynastie, in China, 1368 bis 1644, beendete Mongolenherrschaft, mußte selbst den Mandschu weichen; nach ihr benannt die *Ming-Zeit,* Epoche der chinesischen Kunst.
Mini, in d. Mode Bez. f. bes. kurze Rocklänge, 1965 v. *Mary Quant* entwickelt; 1969 Gegenrichtung mit d. *Maxi-* (knöchellang) u. *Midi*mode (knieumspielend).
Miniator → Miniaturmalerei.
Miniatur, *w.,* Produkt d. → Miniaturmalerei.
Miniaturmalerei, [l. minium=,,Men-

Mindelheim, *Rathaus*

Minensuchboot

Ming-Stil

Miniaturmalerei, *Perikopenbuch Kaiser Heinrichs II., um 1012*

nigfarbe"] in frühma. Handschriften verwendet f. Randleisten, Initialen u. Überschriften.
1) Buchmalerei; d. ausführende Künstler: *Illuminator;* der Schreiber der Handschr.: *Miniator;*
2) kleinformat. Bildnismalerei s. 16. Jh., bes. populär im 18.–19. Jh. (bis z. Verbreitung d. Fotografie), auch auf Elfenbein, Email u. f. kunstgewerbl. Zwecke.
Minigolf, dem → Golf verwandtes Geschicklichkeitsspiel über versch. (abgegrenzte u. kürzere) Hindernisbahnen.
minimal [nl.], sehr klein, geringst..., niedrigst...
Minimal Art [engl. 'mınıməl 'ɑ:t], bildende Kunst: Reduktion des Gegenstandes auf geometr. Grundfiguren; s. um 1960 bes. i. d. USA; Hptvertr.: *Morris, Judd.*
Minimal Music [engl. 'mınıməl mjuːzɪk], Mitte der 60er Jahre entstandene am. Musikrichtung; Reihung u. Überlagerung melod. u. rhythm. Muster als Grundstruktur; in schrittweiser Veränderung vollziehen sich d. minimalen Harmonieverschiebungen im Prinzip der Wiederholung (minimalist. Repetitionsketten, additive Prozesse, konstante Harmonie); durch melod. Gleichförmigkeit soll eine neue Hörweise eröffnet werden, die Musik als ,,gegenwärtig" erlebt: ,,frei von dramatischen Strukturen, als reine Form des Klangs"; mus. Einflüsse: ethn. Musik, bes. balines. Gamelan- u. ind. Raga-Musik; Hptvertr.: *La Monte Young, Terry Riley, Steve* → *Reich, Philip* → *Glass.*
Minimalprinzip → ökonom. Prinzip.
Minimum [l.],
1) der kleinstmögliche Wert; Gs.: Maximum.
2) barometr. M., svw. niedrigster Luftdruck.
Minimumthermometer → Thermometer.
Minister [l. ,,Diener"],
1) meist Leiter eines → Ministeriums u. als solcher Mitgl. d. Regierung eines Staates od. Landes; od. ,,M. ohne Geschäftsbereich" od. Sonder-M.; in vielen Staaten d. Parlament verantwortlich. In den Ländern Berlin, Bremen u. Hamburg heißen die M. *Senatoren.* Gesamtheit d. M. bildet das *Kabinett* oder den *M.rat,* dessen Leiter u. Vors. d. *M.präsident, Premierminister* od. *Kanzler* ist.
2) im diplomat. Verkehr Bez. f. Gesandte.
Ministerialen [ml.], im MA unfreie Dienstmannen der Fürsten, Hausbeamte für Krieg und Verwaltung, gingen im Rittertum auf; im 12. und 13. Jh. *Reichs-M.,* d. Min. d. dt. Kgs, Hauptstütze der Reichspolitik.
Ministerium [l.], oberste Verwaltungsbehörde eines Staates für einen best. Bereich (z. B. Außenpolitik, Wirtsch.); an d. Spitze ein → Minister; Einteilung in Abteilungen unter *Ministerialdirektoren* od. *-dirigenten;* Abt. untergliedert in Referate unter *Ministerial-* od. *Reg.direktoren,* diese in Sachgebiete od. Referate. M. auch d. Gesamtheit d. Minister (Kabinett, Staats-M.).
Ministerpräsident [l.], Leiter der Regierungsgeschäfte eines Staates od. Landes u. Vorsitzender des Kabinetts; formuliert die Regierungspolitik u. koordiniert die Arbeit der → Minister; in der

BR u. in Österreich heißt der Regierungschef *Bundeskanzler,* in einigen Staaten, z. B. Großbritannien, heißt er *Premierminister,* in anderen *Vorsitzender d. Ministerrats* od. *Staatsrats;* in manchen Staaten ist der M. gleichzeitig Staatsoberhaupt.
Ministranten [l.], *Meßdiener* bei der kath. Messe; meistens Knaben.
Min Jiang [-dʒjaŋ], l. Nbfl. des Chang Jiang, 577 km lang.
Mink, nordam. Nerz.
Minkowski,
1) Hermann (22. 6. 1864 bis 12. 1. 1909), dt. Math.; Beiträge zur → Relativitätstheorie; s. Bruder
2) Oskar (13. 1. 1858–18. 6. 1931), dt. Arzt; Erforscher der Zuckerkrankheit.
Minne, George, Baron (30. 8. 1866 bis 18. 2. 1941), belg. Bildhauer d. Jugendstils.
Minne, im MA Bez. für (ritterl.) Liebe, Frauendienst.
Minneapolis [mɪnɪˈæpəlɪs], St. d. US-Bundesstaates Minnesota, am Mississippi, 368 000 E; Uni.; einer der größten Weizenmärkte der Welt; bildet zus. mit *St. Paul* Großraumsiedlung *Twin Cities* (2,46 Mill. E).
Minnelli, Liza (* 12. 3. 1946), am. Filmschauspielerin u. Sängerin; *Cabaret; That's Dancing.*
Minnesang, die mittelhochdt. Lyrik der höfisch-ritterl. Kultur des 12.–14. Jh., Liebesideal v. roman. Vorbildern (→ Troubadours) bestimmt; stark gesellschaftlich betonte Dichtung; bes. gepflegte Formen: → Tagelied, → Leich, → Spruch; enge Verbindung m. Musik (Weise); kunstvoller Aufbau, feinste rhythm. Gliederung; erste *Minnesänger:* Der v. Kürenberg; Dietmar v. Aist; Blüte: Walther v. d. Vogelweide, Wolfram v. Eschenbach; Hartmann v. Aue, Heinrich v. Morungen; später Übergang ins Bürgerl. (Neithart v. Reuentals Frauenlob) bis z. Aufgehen i. Meistergesang; wichtigste Denkmäler: → *Manessische* (Heidelberger) und *Jenaer* Liederhandschrift.
Minnesota [mɪnɪˈsoʊtə], Abk. *Minn.,* Bundesstaat der USA, am Mississippi, Getreidebau u. Viehzucht, Eisenerzgewinnung, 218 601 km², 4,43 Mill. E; Hptst. *St. Paul,* größte St. *Minneapolis.*
Minnetrunk [altnord. „minni = Erinnerung"], Gedenktrunk
1) german. z. Ehren d. Toten oder der Götter.
2) christl. z. Ehren d. hl. Gertrud od. d. hl. Johannes.
3) MA: höfische Sitte.
Miño [ˈmiɲo], portuges. *Minho* [ˈmiɲu], Fluß im NW Spaniens, mündet a. d. portuges. Grenze in d. Atlantik, 340 km l.
Mino da Fiesole, (um 1432–84), it. Bildhauer d. Frührenaissance; Porträtbüsten.
Minoer, *minoische Kultur,* Bev. des bronzezeitl. Kreta um 2500 v. Chr., ben. n. ihrem sagenhaften Herrscher Minos. Berühmtestes Bauwerk d. Palast v. → Knossos. Der Ausbruch des Vulkans v. Thera bedeutete das Ende der minoischen Kultur, deren Nachfolge v. Mykene antrat; → kretische Kunst.
minoische Kunst, auf Kreta, um 2900–1200 v. Chr., → Minoer; → kret. Kunst.

Minnesang, *Manessische Handschrift*

Minos, *Lilienprinz im Palast des Minos, 16. Jh. v. Chr.*

minor [l.], kleiner, jünger.
Minorat, *s.,* in der Erbfolge das Vorrecht des Letztgeborenen; Erbgut des Letztgeborenen; Ggs.: → Majorat.
Minore *s.* [it., frz. *mineur*], Mollteil eines Tonstückes in gleichnamiger Durtonart; Ggs.: → Maggiore.
minorenn [nl.], minderjährig.
Minorität [nl.], Minderheit, Minderzahl, bes. von Stimmen bei einer Wahl. → Minderheiten.
Minoriten [l. „Minderbrüder"], die → Franziskaner.
Minos, sagenh. Kg Kretas, läßt Labyrinth erbauen, Gesetzgeber, später Totenrichter in der Unterwelt.
Minot [ˈmaɪnət], George Richards (2. 12. 1885–25. 2. 1950), am. Arzt; Leberbehandlung gg. Blutarmut; Nobelpr. 1934.
Minotaurus, Ungeheuer der griech. Sage, das im Labyrinth v. Kg → Minos lebt, halb Mensch, halb Stier, von Theseus getötet.
Minsk, Hptst. d. Rep. Weißrußland, 1,61 Mill. E; Uni., Akademie der Wissenschaften; bed. Industrie.
Minstrels [l. „ministeriales = Dienstleute"], *Menestrels,* Spielleute an Fürstenhöfen d. MA.
Mintoff, Dominic (* 6. 8. 1916), maltes. Pol. (Arbeiterpartei); 1955–58 u. 1971–84 Premiermin. v. Malta.
Minuendus [l.], Zahl, die um eine andere zu verringern ist.
minus [l.], weniger (Zeichen: –).
Minuskel, *w.* [l.], kleiner Buchstabe d. lat. Alphabets; Ggs.: → Majuskel.
Minute, *w.* [l.],
1) *Zeitmaß:* der 60. Teil e. Stunde, 60 Sekunden.
2) *Winkelmaß:* der 60. Teil eines Bogengrades, 60 Sekunden; Zeichen: ′.
Minutenvolumen, Herzminutenvolumen, Maß der Pumpleistung des Herzens.
minuziös [frz.], ins kleinste gehend, peinlich genau.
Minze, Lippenblütlergattung, *Krause-M., Wasser-M.,* reich an äther. Ölen, vielfach als Haustee und Magenmittel verwendet (z. B. *Pfeffer-M.*).
Miosis, *w.* [gr.], Pupillenverengung, normal bei starkem Lichteinfall; krankhaft z. B. manchmal bei → Kropf; durch Medikamente (*Miotika*) z. B. bei → Glaukom.

Miozän, s. [gr.], älteste Stufe d. Jungtertiär (→ geologische Formationen, Übers.).
Mique [mik], Richard (18. 9. 1728–8. 7. 94), frz. (Hof-)Architekt, Hptvertr. d. Louis-seize-Stils (Rokoko); tätig in Versailles u. Nancy (*Porte Stanislas*).
Mir, russ. Feldgemeinschaftsform; Land durch Gemeindebeschluß unter die Bauern zur *Nutzung* aufgeteilt; in neuer Form → Kolchosen.
Mira [l.], hellster Stern 2. Größe im Sternbild Walfisch; südl. → Sternhimmel H; langperiodisch veränderl. Stern, dessen Helligkeit alle 331 Tage auf 9. Größe absinkt.
Mirabeau [-ˈbo], Honoré Gf v. (9. 3. 1749–2. 4. 91), Pol. d. Frz. Revolution, glänzender Redner, 1791 Präs. der Nat.vers.; versuchte d. Königtum zu retten.
Mirabelle → Pflaumen.
Mirage [-ˈraːʒ], Bez. für frz. Jagdbomber mit Überschallgeschwindigkeit.
Mirakel, *s.* [l.],
1) im MA Dramatisierung von Wundertaten der Heiligen.
2) Wunder.
Mirasterne, veränderl. Sterne vom Typ Mira im Sternbild Walfisch.
Mirjam, w. Vn., Ausgangsform von → Maria.
Miró, Joan (20. 4. 1893–25. 12. 1983), span. surrealist. Maler, Graphiker und Plastiker; beeinflußte imaginäre Bildwelt.
MIRV, **M**ultiple **I**ndependent **R**e-entry **V**ehicles; am. interkontinentale Raketen mit mehreren Kernsprengsätzen, unabhängig voneinander in versch. Ziele gesteuert werden können, z. B. die sechsköpfige SS 19 d.ehem. UdSSR.
Misanthrop, *m.* [gr.], Menschenfeind.
Mischbestand, *Mischwald,* Baumbestand, der a. zwei od. mehreren Baumarten zusammengesetzt ist.
Mischehe, Ehe zw. Angehörigen verschiedener Konfessionen od. Rassen.
Mischgas, entsteht durch Vergasung fester Brennstoffe in Gasgeneratoren unter Zuführung v. Luft u. Wasserdampf.
Mischkristalle, Kristalle zweier ineinander gelöster Stoffe (z. B. Eisen-Kohlenstoff); auch M. genannte Salze, d. in demselben Kristallsystem kristallisieren; die meisten Minerale sind M.
Mischlinge, Abkömmlinge von Eltern oder Vorfahren weit voneinander abweichender Rassen; Bez. für M. aus Weißen und Farbigen (Negern): *Mulatte;* M. aus Mulatten u. Weißen: *Terzerone;* Mulatte mit Mulattin: *Casco;* M. aus Weißen und Indianern: *Mestize;* aus Weißen und Mestizen: *Castize;* aus Weißen und Indern: *Halfcast, Anglo-Inder* oder *Eurasier,* in Ceylon *Burgher.*
Mischna, *w.* [hebr. „Wiederholung"], → Talmud.
Mischnik, Wolfgang (* 29. 9. 1921), FDP-Pol.; 1961–63 B.min. f. Vertriebene; 1967–91 Vors. d. FDP-Fraktion.
Mischpoke, *w.* [jidd.], Bezeichnung für Familie, Sippschaft.
Mischpult, Ton-, Fernsehtechnik: Schaltgerät m. Reglern u. Meßinstrumenten zum Mischen v. Signalen.
Mischstrom, → Gleichstrom mit überlagertem Wechselstrom; → elektrische Ströme.
Mischwald → Mischbestand.

Mirage F 1

Mischwesen, → Fabelwesen der Antike, zumeist Mischung v. Menschen- u. Tiergestalt, z. B. Lamassu, → Sphinx, → Kentauren.
Misdroy, Międzyzdroje, poln. Ostseebad auf der Insel Wollin, Pommern, 6000 E.
Misère, w. [frz.], Not, Elend.
Misereor, kath. Hilfswerk gg. Hunger u. Elend in der Welt, 1959 gegr.; Geschäftsstelle in Aachen; ev. Gegenstück: *Brot für die Welt* v. Diakon. Werk der EKD durchgeführt.
Miserere, *l., med.* Koterbrechen bei → Darmverschluß.
Misericordia Domini [l.], 2. Sonntag nach Ostern.
Miserikordie, w. [l., „misericordia = Barmherzigkeit"], im Chorgestühl Leiste auf d. Unterseite d. Klappsitzes z. Abstützen beim Stehen; meist m. geschnitzten Verzierungen (hpts. → Drolerien).
Mises, Ludwig von (29. 9. 1881–10. 10. 1973), österreichisch-amerikanischer Wirtsch.wiss.; *Theorie d. Geldes u. d. Umlaufmittel.*
Miskolc ['mɪʃkolts], Hptst. des nordungar. Komitats Borsod-Abaúj-Zemplén, 192 000 E; Weinbau, Eisen- u. Stahlind., Maschinenbau, Textilind.

Mistkäfer, Dungkäfer

Miso [jap.], Sojabohnenpaste.
Misogyn, *m.* [gr.], Weiberfeind.
Mispel, großblütiger Obst- und Zierbaum; Steinfrüchte nach Frost od. längerem Liegen genießbar.
Miss [engl.], Mz. *Misses,* Fräulein.
Missa [l.], → Messe.
Missale, Meßbuch, enthält die Texte der kath. Meßfeier.
Missa solemnis, feierliches Hochamt; Werk u. a. von Beethoven.
Mißgeburt, vom normalen Körperbau abweichendes Lebewesen (Verdoppelung od. Fehlen sowie unvollständige Ausbildung von Gliedmaßen od. Organen usw.); verursacht durch chem. oder Strahlenschädigung. → Chromosomen, Ei- u. Samenzellen, d. Fetus.
Missing link [engl. „fehlendes Glied"], vermutete Zwischenstufe zw. Mensch u. Menschenaffen.
Missingsch, Bez. f. die z. B. in Hamburg gesprochene Mischung aus Platt- und Hochdeutsch.
Missio canonica, w. [l. „kanonische Sendung"], amtskirchliche Beauftragung mit einem kirchl. Amt od. m. d. Rel.unterricht durch d. Papst od. Bischof. Entzug d. M. c. für Küng u. → Drewermann.
Mission [l. „Sendung"], Ausbreitung d. Christentums aufgrund d. *Missionsbefehls Christi* (Matth. 28, 19) durch *Missionare*; Äußere M.: Sendung zu nichtchristl. Völkern; bei den christl. Völkern *Innere Mission,* → Diakonisches Werk.
Mississippi,
1) größter nordam. Strom, aus Minnesota; mündet im Golf v. Mexiko, 3120 km schiffbar; 3778 km l., mit Missouri 6020 km; Seeschiffahrt bis Baton Rouge; Nbfl.: l. *Wisconsin, Illinois, Ohio, Yazoo;* r. *Des Moines, Missouri, Arkansas, Red River.*
2) Abk. *Miss.*, Bundesstaat d. USA, am Golf v. Mexiko, subtrop. Klima, fruchtbar, Erdöl, -gas, 123 516 km², 2,59 Mill. E (ca. 35% Schwarze); Hauptstadt *Jackson.*
Missouri [-'zʊəri],
1) r. Nbfl. des Mississippi, aus dem Felsengebirge, mündet bei St. Louis; wenig schiffbar, 3725 km l.; umfangreiche Regulierungsarbeiten.
2) Abk. *Mo.*, Bundesstaat im Mittelwesten der USA, westl. des mittleren Mississippi, Prärie; Viehzucht u. Anbau von Tabak, Baumwolle, Reis, Mais u. Obst; Blei-, Zink- u. Eisenerzbergbau; 180 516 km², 5,19 Mill. E; Hptst. *Jefferson City* (35 500 E); bedeutendste Stadt: *St. Louis.*
Mißtrauensvotum, im demokr. Parlament Erklärung gegen Kabinett oder einzelne Minister; Vertrauensentziehung führt meist zum Rücktritt; konstruktives M. → Verfassung, Übers.
Mistbeet, *Frühbeet,* glasüberdachtes, durch Heizwirkung v. Pferdemist erwärmtes Beet zur Zucht v. Frühgemüse u. anderen zarten Pflanzen.
Mistel, grüner Halbschmarotzerstrauch auf Bäumen, entzieht ihnen durch Saugwurzeln Wasser und Nährstoffe; weiße Beeren werden v. d. *M. drossel* gefressen, Samen durch sie verbreitet.
Mister [engl.], Abk. *Mr.*, Herr.
Misti, tätiger Vulkan, W-Kordillere Perus (5842 m); meteorolog. Station.
Mistkäfer, Blatthornkäfer, braunschwarz, leben von Dung, ebenso ihre Larven.
Mistral,
1) Frédéric (8. 9. 1830–25. 3. 1914), neuprovenzal. Dichter; Epos in neuprovenzal. Sprache: *Mireio;* Nobelpr. 1904.
2) Gabriela eigtl. Lucila *Godoy Alcayaga* (7. 4. 1889–10. 1. 1957), chilen. Lyrikerin; Nobelpr. 1945.
Mistral, *m.*, kalter, trockener Fallwind a. nördl. Richtung in S-Frkr., bes. im Rhônedelta.
Mistress [engl. 'mɪstrɪs], Abk. *Mrs.,* Frau.
Misurata, *Misrata,* Hafenst. in Libyen, 122 000 E; Eisenhütten- u. Stahlwerk, Textilind.
Miszellaneen [l.], *Miszellen,* „Vermischtes", Schriften, auch kleine Beiträge versch. Inhalts, bes. in wiss. Zeitschriften.
Mitau, lett. *Jelgava,* St. i. Lettland, an der Drixe, Arm d. Kurländ. Aa, 74 500 E; Zuckerfabr., Holzhandel. – Dt. Gründung, 13. Jh., Hptst. des alten Hzgt. Kurland.
Mitbesitz, gemeins. → Besitz mehrerer an derselben Sache (§ 866 BGB).
Mitbestimmung, das Mitentscheidungsrecht der Arbeitnehmer bzw. ihrer Vertreter i. d. Betrieben der Privatwirtschaft. In der BR eingeführt durch Ges. v. 21. 5. 1951 für d. Bereich der Montanindustrie und durch Ges. v. 4. 5. 1976 für

Mispel

Missale, *Illustration, Prag 1409*

Vogelmistel, Laubholzmistel

Mithras, *römisches Relief*

den übrigen Wirtschaftsbereich. Nach diesem Ges. werden erfaßt Betriebe mit mehr als 2000 Arbeitnehmern, die in der Rechtsform einer AG, einer KG auf Aktien, einer GmbH, einer bergrechtl. Gewerkschaft od. einer Erwerbs- u. Wirtschaftsgenossenschaft betrieben werden, soweit sie nicht schon als Betriebe der Montanindustrie der M. unterliegen. Ausgenommen von d. M. sind u. a. Tendenzbetriebe (z. B. Presseunternehmen, Betriebe d. Gewerkschaften u. d. Religionsgemeinschaften). Der Aufsichtsrat d. mitbestimmungspflichtigen Betriebe setzt sich je zur Hälfte aus Vertretern d. Anteilseigner u. der Arbeitnehmer zusammen. Unter den Aufsichtsratsmitgliedern d. Arbeitnehmerseite (einschließl. d. leitenden Angestellten) müssen sich 2, in Betrieben m. über 20 000 Beschäftigten 3 Vertr. der im Betrieb vertretenen Gewerkschaften befinden. In Betrieben bis 8000 Beschäftigten werden die Arbeitnehmervertreter i. d. Regel in direkter Wahl, in Betrieben mit mehr Beschäftigten durch Wahlmänner gewählt, wenn die Belegschaft nichts anderes beschließt. Arbeiter, Angestellte u. leitende Angestellte müssen im Wahlmännergremium entsprechend ihrer Zahl vertreten sein. Die Aufsichtsratsmitglieder wählen mit mindestens zwei Dritteln d. Stimmen den Aufsichtsratsvorsitzenden. Wird keine Einigung erzielt, wählen die Vertreter d. Anteilseigner den Vorsitzenden, die Vertreter d. Arbeitnehmer dessen Stellvertreter. Abstimmungen im Aufsichtsrat bedürfen d. einfachen Stimmenmehrheit; bei Stimmengleichheit hat d. Vorsitzende 2 Stimmen, um d. Stichentscheid herbeizuführen. Als Vertreter d. Arbeitnehmer im Vorstand d. Unternehmens wird v. Aufsichtsrat ein Arbeitsdirektor bestellt.
Mitchell ['mɪtʃəl],
1) Margaret (8. 11. 1900–16. 8. 49), am. Schriftst.in; *Vom Winde verweht.*
2) Peter (* 29. 9. 1920), engl. Biochem.; Nobelpr. 1978 (Untersuchungen z. Biogenetik).
Miteigentum, Bruchteil- → Eigentum mehrerer Personen an derselben Sache; jede kann über ihren Anteil, nicht aber über die Sache selbst verfügen oder Teilung bzw. Verkauf und Teilung d. Erlöses verlangen (§§ 1008–1011 u. 741 ff. BGB).
Mitella, *w.* [l.], dreieckiges Armtragetuch z. Stützen des verletzten Armes.
Mitesser, *Komedonen,* Talgpfröpfe, die d. Ausführungsgänge d. Hauttalgdrüsen verstopfen, bei Infektionen oft → Furunkel.
Mitgift, bes. Form d. → Ausstattung einer Tochter durch Eltern b. Verheiratung; Verpflichtung d. Eltern durch Gleichberechtigungsgesetz aufgehoben.
Mithras, urspr. iran. Gottheit; später pers. Sonnengott mit bes. *M.mysterien; M.kult* bes. im 3. Jh. n. Chr. unter Soldaten u. Kaufleute weit verbreitet; Kultstätten *(Mithräen)* auch in Dtld gefunden.
Mithridates VI. (132–63 v. Chr.), s. 120 Kg von → Pontus, gefährlichster Feind der Römer in Kleinasien: *Mithridatische Kriege.*
Mitlaut → Konsonant.
Mitochondrien [gr.], *Chondriosomen,* kompliziert aufgebaute Körper-

MITTELEUROPA

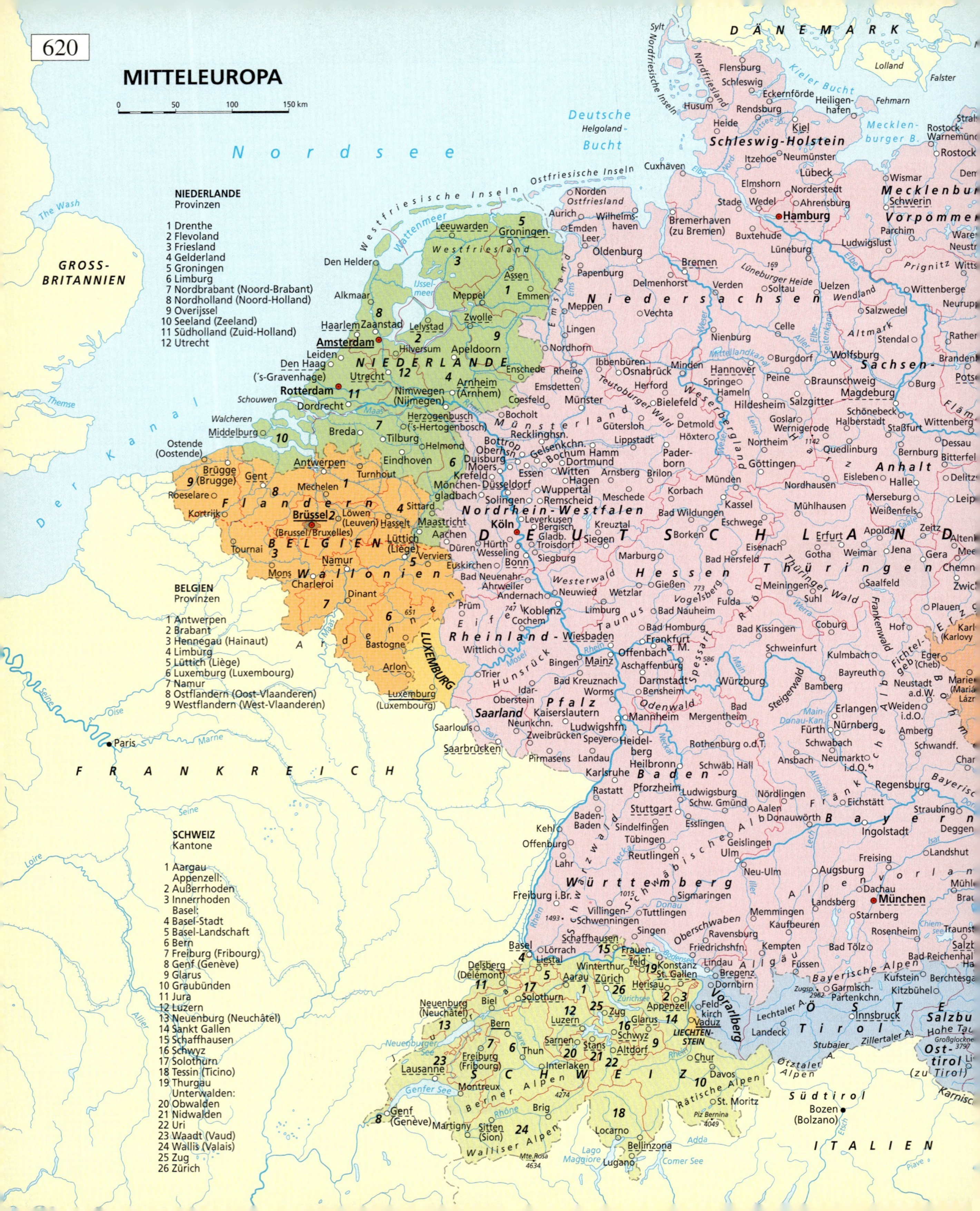

620

0 50 100 150 km

NIEDERLANDE
Provinzen
1 Drenthe
2 Flevoland
3 Friesland
4 Gelderland
5 Groningen
6 Limburg
7 Nordbrabant (Noord-Brabant)
8 Nordholland (Noord-Holland)
9 Overijssel
10 Seeland (Zeeland)
11 Südholland (Zuid-Holland)
12 Utrecht

BELGIEN
Provinzen
1 Antwerpen
2 Brabant
3 Hennegau (Hainaut)
4 Limburg
5 Lüttich (Liège)
6 Luxemburg (Luxembourg)
7 Namur
8 Ostflandern (Oost-Vlaanderen)
9 Westflandern (West-Vlaanderen)

SCHWEIZ
Kantone
1 Aargau
Appenzell:
2 Außerrhoden
3 Innerrhoden
Basel:
4 Basel-Stadt
5 Basel-Landschaft
6 Bern
7 Freiburg (Fribourg)
8 Genf (Genève)
9 Glarus
10 Graubünden
11 Jura
12 Luzern
13 Neuenburg (Neuchâtel)
14 Sankt Gallen
15 Schaffhausen
16 Schwyz
17 Solothurn
18 Tessin (Ticino)
19 Thurgau
Unterwalden:
20 Obwalden
21 Nidwalden
22 Uri
23 Waadt (Vaud)
24 Wallis (Valais)
25 Zug
26 Zürich

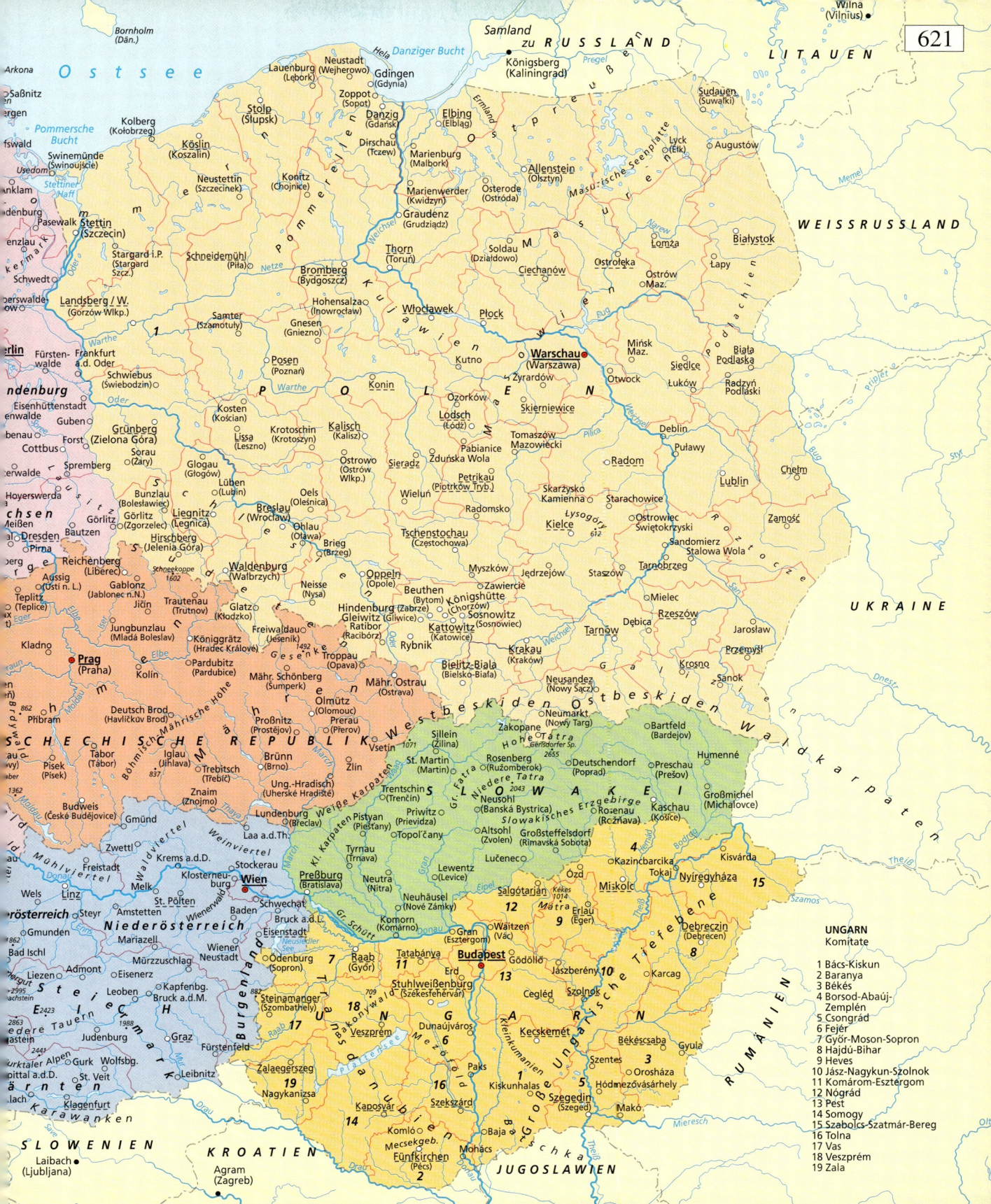

chen im Zellplasma, wichtige Fermentträger f. d. Zellstoffwechsel.
Mitose, *w., Äquationsteilung, indirekte Kernteilung,* Form d. Zellkernteilung, bei der d. durch ident. → Reduplikation entstandenen *Chromatiden* (Halbchromosomen) gesetzmäßig auf d. Tochterkerne verteilt werden; auf diese Weise wird d. → genetische Information v. einer Zellgeneration zur nächsten weitergegeben; im Ggs. zur → Meiose sind die Tochterkerne im Normalfall genetisch identisch; Ablauf d. M. in mehrere Phasen unterteilt: *Pro-, Meta-, Ana-* u. *Telophase;* auf die M. folgt meist auch eine Zellteilung.
Mitra, *w.,* griech. Stirnbinde; Kopfbedeckung aller vorderasiat. Herrscher; Bischofsmütze → Inful.
Mitrailleuse, *w.* [frz. mitra(l)'jø:z(ə)], frz. Geschütz mit mehreren Läufen f. kurze Entfernung (Krieg 1870); jetzt frz. Bez. für Maschinengewehr.
Mitralklappe, zweisegelige Herzklappe zw. l. Vorhof u. l. Herzkammer.
Mitralklappenfehler, Schlußundichtigkeit *(Mitralinsuffizienz)* u. Verengung *(Mitralstenose)* der Mitralklappe infolge Entzündung (z. B. bei → Endokarditis); → Herz.
Mitropoulos, Dimitri (18. 2. 1896 bis 2. 11. 1960), griech.-am. Dirigent u. Komp.
Mitscherlich,
1) Alexander (20. 9. 1908 bis 26. 6. 82), dt. Med. u. Psych.; Zeitschrift *Psyche.*
2) Eilhard (7. 1. 1794 bis 28. 8. 1863), dt. Chem.; Mitbegr. d. theor. Chemie; s. Enkel
3) Eilhard Alfred (29. 8. 1874–3. 2. 1956), dt. Pflanzenphysiologe u. Bodenkundler.
Mitschurin, Iwan (28. 10. 1855–7. 6. 1935), russ. Biologe; Pflanzenzüchtungen.
Mitsotakis, Konstantin (* 18. 10. 1918), 1990–93 griech. Min.präs.
Mittag, als Himmelsgegend: Süden; als Zeitangabe die *Mittagszeit:* 12 Uhr; wahrer Mittag ist der Zeitpunkt, in dem der Sonnenmittelpunkt den Ortsmeridian schneidet (→ Zeit).
Mittagsblume, *Eispflanze,* Dickblattpflanze vom Kapland m. Blüten, die sich nur in der Sonne öffnen; Zierpflanze.
Mittagshöhe, die Höhe der Sonne bei ihrer → Kulmination.
Mittagskreis, svw. → Meridian.
Mittagslinie → Meridian.
Mittagspunkt, *Südpunkt,* Schnittpunkt des *Meridians* mit dem Horizont.
Mittäterschaft, bewußtes u. gewolltes Zus.wirken mehrerer Personen mit eigenem Tatvorsatz (zum Unterschied von Gehilfen) bei Begehung einer Straftat (§ 25/II StGB).
Mittel,
1) arithmet. M.: Durchschnittswert v. n Zahlenwerten ist d. durch n geteilte Summe, geteilt durch ihre Anzahl:
$(a + b + c + \ldots) : n$.
2) geometr. M. v. n Zahlen ist die n-te Wurzel aus ihrem Produkt:
$\sqrt[n]{a \cdot b \cdot c \cdot \ldots}$
3) harmonisches M. aus 2 Zahlen a u. b ist gegeben durch:
$h = \dfrac{2 \cdot a \cdot b}{a + b}$.
Mittelalter, *MA,* Bez. für den Zeit-

raum zw. Völkerwanderung (4.–6. Jh. n. Chr.) u. Entdeckung Amerikas (1492).
Mittelamerika, die Landenge des am. Festlands zw. Atlantik u. Pazifik, geograph. ein Teil v. N-Amerika, durch Isthmus v. Panamá im SO m. S-Amerika, durch Isthmus v. Tehuántepec im NW mit N-Amerika verbunden; überwiegend Gebirgsland (Tajumulco 4210 m) mit zahlreichen Vulkanen. Klima je nach der Höhenlage tropisch bis subtropisch; 3 klimat. Höhenstufen: *tierra caliente* bis 600 m, *t. templada* 600–1800 m, *t. fría* über 1800 m. Tiefland a. d. O-Küste feuchtheiß u. ungesund; Anbau v. Kaffee, Reis, Baumwolle, Zuckerrohr, Bananen, Tabak; umfaßt geographisch auch einen Teil von Mexiko, pol. Guatemala, Belize, Honduras, El Salvador, Nicaragua, Costa Rica, Panamá; stark wirtschaftl. abhängig v. den USA.
Mittelatlantischer Rücken, untermeerisches N-S-Gebirge i. Atlantik v. Grönland z. Antarktis, 16 000 km lang.
mittelbarer Besitz, der für den urspr. Besitzer aufgrund eines Besitzmittlungsverhältnisses (z. B. Miete, Pacht, Leihe) bestehende → Besitz; *mittelbarer Besitzer* ist z. B. Vermieter, Verpächter, Verleiher, *unmittelbarer Besitzer* Mieter, Pächter, Entleiher (§ 868 BGB).
mittelbare Täterschaft, vorsätzl. Ausführenlassen einer Tat durch e. Dritten, der (weil selbst straflos, z. B. weil strafunmündig od. geisteskrank) nur als Werkzeug ohne eigenen Täterwillen dient (sonst Anstiftung); wird wie Täterschaft bestraft.
Mitteldeutschland, ehemals Bez. f. d. DDR.
Mitteleuropa, das im N durch Nord- u. Ostsee, im S durch die Alpen und Karpaten abgegrenzte, trotz unscharfer Begrenzung im W u. O (Schelde u. Weichsel) seiner geograph. Struktur nach als Einheit kenntliche Kerngebiet d. Erdteils Europa; → Karte.
mitteleuropäische Zeit → Zeit.
Mittelformatkameras, verwenden Rollfilm m. Aufnahmeformaten 6×6 cm, 6×7 cm, 6×9 cm und $4{,}5 \times 6$ cm; bes. f. Berufsfotografie.
Mittelfranken, bayr. Rgbz.; fruchtbares Ackerland zw. Steigerwald, Fränk. Jura u. Frankenhöhe; 7246 km², 1,62 Mill. E; Hptst. *Ansbach.*
mittelfristige Finanzplanung,
1) durch → Stabilitätsgesetz geforderte längerfristige (5 Jahre) Ordnung der → öffentlichen Haushalte;
2) Teil d. → operativen Planung e. Unternehmens.
Mittelgewicht, Gewichtsklasse, beim Boxen, Gewichtheben u. Rasenkraftsport bis 75, Judo bis 80, Ringen bis 82 kg.
Mittelhochdeutsch, Entwicklungsform der dt. Sprache zw. Alt- u. Neuhochdeutsch, 12.–14. Jh. (Oberdeutschland); Sprache des → Nibelungenliedes u. des Minnesangs.
Mittellandkanal, 1905–38 gebaut, verbindet mit ausgedehntem Kanalsystem Rhein, Weser u. Elbe (Duisburg–Magdeburg); 465 km lang; benutzbar für Schiffe bis zu 1000 t, Teilstrecken Rhein-Herne-, Dortmund-Ems-Kanal, von diesem abzweigend d. unmittelbare M., durch Schiffshebewerk *Rothensee* bei Magdeburg Verbindung zur Elbe.

Mittelmächte, Dtld., Östr.-Ungarn, Bulgarien, Türkei im 1. Weltkrieg.
Mittelmeer, *Mittelländisches Meer,* nur durch die 14 km breite Straße v. Gibraltar mit dem Atlantik verbundenes Binnenmeer zw. S-Europa, N-Afrika u. Vorderasien, 3,02 Mill. km², 3850 km l, bis 1650 km br., größte Tiefe 5121 m; gliedert sich in w. Becken *(Balear., Ligur.* u. *Tyrrhen. Meer)* u. ö. Becken *(Ionisches* mit *Adriat.* u. *Levantin.* mit *Ägäischem Meer),* anschließend Dardanellen, Marmarameer, Bosporus und Schwarzes Meer; mit Ausnahme des Schwarzen Meeres salzreicher a. d. Ozean, von entscheidendem Einfluß auf Klima u. Vegetation (Mittelmeerklima); s. Eröffnung d. → Suezkanals (1869) stark befahrene Verkehrsstraße; 1979 Konvention v. 17 Staaten z. Schutz d. M.
Mittelmeerabkommen, 1887 zw. Italien, Großbrit. u. Östr.-Ungarn geschlossenes Abkommen zur Aufrechterhaltung des Status quo im Mittelmeerraum bzw. Orient.
Mittelmeerfieber → Maltafieber.
Mittelpunktschule, zentral gelegene Schule mehrerer Dörfer.
Mittelschiff, Längs-Mittelraum in Kirchen.
Mittelschulen, früher 6klass. mittlere gehobene Schulen (Abgang Obersekundareife, mittlere Reife); s. 1964 Realschule.
Mittelstand, mittlere, nicht scharf abgrenzbare Besitzschicht, vornehml. im 19. Jh. zw. Großbürgertum u. Unternehmertum einerseits, Kleinbürgertum u. Arbeiterschaft andererseits entstanden; umfaßt Bauerntum, Handwerk u. kleinere Unternehmer, freie Berufe, mittlere Beamte u. größten Teil d. Angestellten.
Mittelsteinzeit → Vorgeschichte, Übers.
Mittelstrahlurin, für die bakteriolog. Untersuchung gewonnener Urin nach Ablassen der ersten Portion, dadurch genauere Diagnose.
Mittelstreckenlauf, Lauf über 800, 1000, 1500 m.
Mittelstreckenraketen, mil., unbemannte Flugkörper (z. B. → Cruise Missile) m. atomaren od. konventionellen Sprengköpfen u. e. Reichweite v. 500–5000 km.
Mittelwald, Mischform aus → Hoch- u. → Niederwald, entstanden aus Samen u. Stockausschlag zur Gewinnung v. Brenn- u. Nutzholz.
Mittelwellen, *MW,* elektromagnet. → Wellen mit Wellenlänge von 1 km bis 200 m, Frequenzbereich 300 kHz bis 1,5 MHz (in Mitteleur. zw. 510 kHz u. 1602 kHz); Ausbreitung: tags vorwiegend Bodenwelle (Nahempfang), nachts erhöhte Reichweite durch → Raumwellen (bis 4000 km), Anwendung: Rundfunk, Schiffs- u. Polizeifunk, → Wellenlänge.
Mittenwald (D-82481), Markt i. Kr. Garmisch-P., Luftkurort u. Wintersportplatz in d. oberbayr. Alpen, am Fuße des Wetterstein- u. Karwendelgebirges, 930 müM, 8436 E; staatl. BFS f. Geigenbau, berühmte Geigenbau- u. Instrumentenind.
Mittermaier, Rosi (* 5. 8. 1950), dt. alpine Skirennläuferin; 1976 Olympia-Siegerin in d. Abfahrt u. Slalom; Kombinations-WM 1976; Siegerin im Gesamt-Weltcup 1976.

Mittenwald

Rosi Mittermaier

Mitternacht, *Himmelsgegend:* Norden; *Zeitangabe:* 12 Stunden nach → Mittag; auch der Anfang des astronom. und bürgerl. Tages.
Mitternachtssonne, die auch um Mitternacht noch sichtbare Sonne in Orten mit geogr. Breite von mehr als ±66½°, dauert an den Polen abwechselnd ½ Jahr.
Mitterrand [-'rã], François (26. 10. 1916–8. 1. 1996), frz. Pol.; s. 1971 Vors. d. Sozialist. Partei, 1981–95 Staatspräs.
Mittfasten, ,,Halbzeit'' der (kath.) Fastenzeit, Mittwoch nach → Lätare.
mittlerer Abschluß, früher *mittlere Reife,* Abschluß der Schulausbildung mit der 10. Jahrgangsstufe der Real- oder Wirtschaftsschule. In einigen Bundesländern auch nach 10jähriger Volksschule.
Mittlerer Osten, Randgebiete Asiens am Ind. Ozean, südl. des Himalaja: Afghanistan, Pakistan, Nepal, Bhutan, Indien, Myanmar, Sri Lanka, Bangladesch.
Mittweida (D-09648), sächs. St. i. Kr. Hainichen, an der Zschopautalsperre, 16 552 E; Ing.schule; Textil- u. Eisenind.
Mittwoch, 3. Tag der Woche; urspr. ,,Tag des Wodan'' (vgl. engl. *wednesday*), später umbenannt.
mitwirkendes Verschulden, *Mitverschulden,* → Verschulden.
Mitwirkungsrecht → Betriebsverfassung.
Mixed, *s.* [engl. mıkst], gemischtes Doppel (ein Herr u. eine Dame je Mannschaft) im (Tisch-)Tennis, Badminton.
Mixed media ['mıkst'mi:djə], auch *Multimedia,* Kunstwerk aus versch. Medien (z. B. Plastik, Grafik u. Metalle); führte zu → Environment u. → Happening.
Mixed Pickles [engl. 'mıkst 'pıkls], mit Gemüse in scharf gewürztem Essig eingelegte kl. Gurken.
Mixer [engl.], mischt *(mixt)* Getränke in einer Bar.
mixolydisch → Kirchentonarten.
Mixteken, Indianerstamm in Mexiko, ca. 35 000.
Mixtum compositum, *s.* [l.], Mischmasch.
Mixtur, *w.* [l.],
1) flüssige Arzneimischung.
2) Orgelregister aus mehreren Pfeifenreihen, durch (hochliegende) Quinten obertonreich verstärkt; glänzender, scharfer Klang.
Mizar, Stern 2. Größe i. Großen Bären, nördl. Sternhimmel; bildet mit Alkor (5. Größe) einen mit bloßem Auge trennbaren Doppelstern.
Mizoram, ind. B.staat (bis 1987 Unionsterritorium); 21 087 km², 686 200 E; Hptst. Aizawl.
Mjöllnir [,,Zermalmer''], Hammer des Thor in der altnord. Sage.
Mjösen, größter norweg. See, nördlich v. Oslo, 368 km², 443 m tief.
mkp, Abk. f. **M**eter**k**ilo**p**ond.
MKS-System → Maßsystem.
ml, Abk. f. *Milliliter,* 1000 ml = 1 l (→ Liter).
MLF, Abk. für **M**ulti **l**aterale **F**orce; multilaterale Streitmacht, ehem. Projekt einer mit Atomwaffen bestückten NATO-Flotte mit gemischten Mannschaften d. beteiligten Mitgliedstaaten.
Mlle, Abk. f. → *Mademoiselle.*
mm, Abk. f. Millimeter, mm^2 = Quadratmillimeter, mm^3 = Kubikmillimeter, $m\mu$ = → Millimikron.
m. m., Abk. f. → *mutatis mutandis.*
MM., Abk. f. *Messieurs* [frz., me'sjø], (meine) Herren.
M. M., Abk. f. **M**älzels → **M**etronom.
Mmabatho, Hptst. v. Bophuthatswana, 9000 E.
Mme, Abk. f. → *Madame.*
Mn, chem. Zeichen f. → *Mangan.*
MND (C), Abk. f. **M**ulti**n**ational **D**ivision **C**entral, multinat. mil. Großverband (NATO-Division) mit Truppen aus Belgien, Dtld u. Großbritannien. Soll als besonders luftbewegl. Eingreiftruppe (→ NATO-Eingreiftruppe) Aufgaben v. humanitärer Hilfe über Katastrophenschutz bis zu Kampfeinsätzen i. UNO-Rahmen wahrnehmen. Jede Nation stellt eine Fallschirmjäger- o. Luftlandetruppe sowie Kampfunterstützungs- u. Versorgungseinheiten als Divisionstruppen z. Verfügung. Die Division m. Div.-Stab in Rheindahlen bei Mönchengladbach wird 1994 aktiviert. Die MND (C) tritt b. bewaffneten Konflikten vor d. Hauptverteidigungskräften der NATO in Aktion; 1. Kommandeur ist d. ndl. Gen. Pieter Huysman.
Mnemosyne [gr.], Gedächtnis(göttin), Mutter der Musen.
Mnemotechnik [gr.], Kunst, das Gedächtnis durch Lernhilfsmittel zu unterstützen.
Mnouchkine [mnuʃ'kin], Ariane (* 3. 3. 1939), frz. Schausp.in u. Regisseurin; Leiterin d. Théâtre du Soleil; Filme: *Molière* (1977).
Mo, chem. Zeichen f. → *Molybdän.*
Moabiter, im A.T. Nachbarvolk der Juden östl. d. Toten Meeres.
Moas, ausgestorbene riesige (bis 3,5 m Höhe) flugunfähige Vögel Neuseelands.
Mob, *m.* [engl.], Pöbel, Gesindel.
Mobbing [engl.],
1) aggressives Konkurrenzverhalten a. Arbeitsplatz.
2) *Verhaltensforschung,* dt. *Hassen,* Attacken von Krähen-, Kleinvogeltrupps auf einzelne Eulen, Greifvögel.
mobil [l.], beweglich; *mil.* kriegsbereit.
mobile [it.], *mus.* beweglich.
Mobile [moʊ'bi:l], St. u. Seehafen im US-Bundesstaat Alabama, a. d. Mündung d. M. in d. Golf v. Mexiko, 203 000 E, 30% Schwarze; Uni.; Holz- und Papierind., Schiffbau, Erdölraffinerie.
Mobiles, in d. bild. Kunst s. 1932 (Duchamp) Bez. f. d. bewegl. Drahtplastiken v. → Calder.
Mobilgarde, 1848 in Paris zur Bekämpfung der Revolution aufgestellte Truppe; 1870/71 zur nat. Verteidigung eingesetzt; svw. → Miliz.
Mobiliar, *s.* [nl.], bewegl. Hausrat, Möbel.
Mobilienkredit, *Mobiliarkredit,* Kredit gg. Verpfändung od. Sicherungsübereignung beweglicher Sachen; ältere Bez. f. Lombardkredit.
Mobilität, *w.,*
1) *soziolog.* ständige Veränderung u. Weiterentwicklung der Gesellschaft mit Auf- und Abstiegschancen einzelner Schichten.
2) svw. Beweglichkeit, dauernde starke Veränderung.
Mobilmachung, Umstellung d. Friedensstreitkräfte durch Einberufung der Reserven auf Kriegsstärke.

François Mitterrand

Paula Modersohn-Becker, *Selbstbildnis*

Möbius-Band, *Möbiussche Fläche,* sog. einseitige Fläche, e. mit verschränkten Enden zusammengeklebtes Band, bei dem man ohne Überschreitung d. Randes v. d. Vorder- auf d. Rückseite gelangt.
Mobutu, Joseph-Désiré, s. 1972 afrikanisiert *Sese-Seko-Kuku M.* (14. 10. 1930–7. 9. 1997), kongoles. Pol.; 1965 bis 1997 Staatspräs. u. Reg.chef v. Zaïre.
Moçambique → Mosambik.
Moçâmedes → Namibe.
Mock, Alois (* 10. 6. 1934), östr. Pol. (ÖVP); 1969/70 Erziehungsmin., 1987–95 Außenmin.
Mockturtlesuppe [engl. -tə:tl-], ,,falsche Schildkrötensuppe''; Kalbskopfbrühe m. etwas Portwein, Kräutern u. a.
modal [nl.], durch Umstände bedingt.
Modalität, *w.* [l.], Art u. Weise d. Seins, Geschehens oder Denkens.
Modalitätsbegriffe, bei Kant: *Möglichkeit, Wirklichkeit, Notwendigkeit.*
Modell, *s.* [it.], Vorbild, Muster,
1) in der *Mode* ein nach einem Originalentwurf einmalig hergestelltes Bekleidungsstück (**M.kleid**).
2) künstler. M., die vom Künstler abzubildende Person, häufig berufsmäßig (**M.börse, M.markt**).
modellieren, in der Bildnerei Formung e. Plastik z. B. aus Wachs od. Ton; → bossieren.
Modem, *m.,* Kurzwort aus **Mo**dulator-**Dem**odulator z. Bez. eines f. d. Datenfernübertragung (z. B. bei → Bildschirmtext) notwendigen Zusatzgeräts, das d. computerlesbaren digitalisierten Informationen (beim Sender) in übertragungsfähige (modulierte) Signale umsetzt bzw. (beim Empfänger) rückumwandelt.
Modena, Hptst. d. it. Prov. M., 177 000 E; Uni., Erzbischofssitz, Dom, Museen, Kunstakademie.
moderato [it.], *mus.* gemäßigt.
Moderator,
1) *Bremssubstanz* im → Kernreaktor zur Verringerung der Energie d. bei d. Spaltung entstehenden schnellen Neutronen (Graphit, schweres Wasser).
2) b. Fernsehsendungen: Leiter von Diskussionen.
Moderner Fünfkampf → Fünfkampf, Moderner.
Modernismus, um 1900 entstandene Bewegung, Glauben u. Lehre d. kath. Kirche an die modernen, u. a. auf der Entwicklungstheorie aufbauenden Geistesströmungen anzupassen; von Pius X. 1907 verurteilt; 1910–67 mußten alle kath. Priester *Antimodernisteneid* leisten.
Modern Style [engl. mɔdən staıl], Bez. f. engl. → Jugendstil (auch *Art nouveau*); *Mackmurdo;* Graphik: *Beardsley;* Architektur u. Kunstgewerbe: *Mackintosh;* Literatur: *Wilde.*
Modersohn,
1) Otto (22. 2. 1865–10. 3. 1943), dt. Maler u. Mitbegr. d. Künstlerkolonie in Worpswede; verheiratet m.
2) Paula **Modersohn-Becker** (8. 2. 1876–20. 11. 1907), dt. Malerin; d. Expressionismus nahestehend.
Modeschmuck, mod. Schmuck; wird im Ggs. zum traditionellen Schmuck nicht aus wertvollen Materialien hergestellt, sondern wirkt durch Form u. Farbe.

Modifikation [l.],
1) Veränderung, Einschränkung; *biol.* durch Umwelteinflüsse ausgelöste, nicht vererbbare Veränderungen des → Phänotypus.
2) *chem.* Vorkommen eines Stoffes in verschiedenen Formen (z. B. Kohlenstoff als Diamant und Graphit).
modifizieren, abändern.
Modigliani [-´ʎani],
1) Amedeo (12. 7. 1884–25. 1. 1920), it. Maler u. Bildhauer bes. in Paris; Akte und Bildnisse in meist überlängten Formen.
2) Franco (* 18. 6. 1918), am. Wirtschaftswissenschaftler; Nobelpr. 1985 (Lebenszyklushypothese des Sparens).
Mödling (A-2340), Bezirkshauptstadt in Niederöstr., am Rand d. Wienerwalds, 240 müM, 20 290 E; Karner 13. Jh.; Fremdenverkehr, Weinbau; Industriezentrum.
Modrow, Hans (* 27. 1. 1928), DDR-Pol., PDS (SED); 1989 Vors. des Min.rats, 13. 11. 1989 bis März 1990 Reg.chef der DDR.
Mods [engl. ,,Halbstarke"], Jugendliche m. betont modischem Auftreten, in Großbrit. bes. Mitte d. 60er Jahre; Ggs.: → Rocker.
Modul, *m.* [l.],
1) *phys.* eine f. d. Eigenschaften bestimmter Substanzen charakterist. Zahl (z. B. Elastizitätsmodul = Dehnbarkeit).
2) im *Maschinenbau* Kennziffer d. Teilung v. Zahnrädern; allg. i. d. *Technik* Grundmaß, auf dem andere Maße als Vielfache beruhen.
3) in d. *Mathematik* Faktor zum Umrechnen v. Logarithmen u. Begriff d. Zahlentheorie.
Modulation [l.], Abwandlung,
1) *fernmeldetechn.* Beeinflussen (Modulieren) einer hochfrequenten Trägerschwingung durch Änderung **a)** der Amplitude (*Amplituden-M.*, AM), **b)** der Frequenz (*Frequenz-M.*, FM), **c)** d. Phasenlage (*Phasen-M.*, PM), entsprechend der zu übertragenden niederfrequenten Schwingung (Sprache, Musik usw.); Zweck: Mehrfachausnutzung u./od. Anpassung an Übertragungsweg; Anwendung: AM bei Trägerfrequenzfernsprechern, Lang-, Mittel-, Kurzwellen u. Fernsehrundfunk (Bild), FM bei UKW- u. Fernsehtonrundfunk, PM bei Dezimeterübertragungstechnik.
2) *mus.* Übergang von einer Tonart in eine andere.
Modulor, *m.*, in d. Architektur e. v. Le Corbusier (Schrift *Le M.*, 1951) entwickeltes Proportionssystem aufgrund d. menschl. Gestalt.
Modus [l.], Art und Weise; Aussageform, phil. auch Eigenschaft oder Zustand.
Modus vivendi [l.], erträgliche Form des Zusammenlebens.
Moeller van den Bruck, Arthur (23. 4. 1876–30. 5. 1925), dt. Schriftst.; vertrat ,,revolutionären Konservatismus"; *Das Dritte Reich*.
Moers (D-47441–47), St. i. Kr. Wesel, am Niederrhein, NRW, 105 322 E; AG; Steinkohlenbergbau.
Mofa, Abk. f. **Mo**tor**fa**hrrad; → Moped.
Mofetten [it.], Kohlendioxidexhalationen (in vulkanischen Gebieten); → Fumarolen.

Modulation

Dietmar Mögenburg

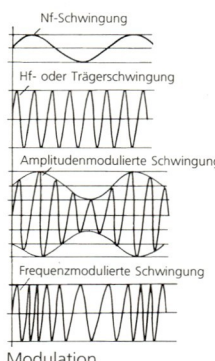
Mohammed

Klatschmohn

Mogadischu, *Muqdisho*, it. *Mogadiscio*, Hptst. u. Hafen v. Somalia, 600 000 E.
Mögenburg, Dietmar (* 15. 8. 1961), dt. Leichtathlet; 1984 Olympiasieger im Hochsprung, Eur.rekord m. 2,36 m; 1982 EM im Freien u. Halle, 1980 u. 84 Hallen-EM.
Mogilew, *Mogiljow*, weißruss. St. am Dnjepr, 356 000 E; Maschinenfabrikation, chem. Ind.; Hafen.
Möglichkeit, Begriff für etwas, das objektiv unter best. Bedingungen wirklich werden kann oder subjektiv unter best. Voraussetzungen als wirklich gedacht werden kann; Ggs.: Wirklichkeit.
Mogul → Großmogul.
Mohács [-ha:tʃ], ungar. St. an d. Donau, 25 000 E; Hafen; Maschinenbau, Holz- u. Seidenind. – Niederlage Kg Ludwigs II. v. Ungarn gg. Sultan Soliman 1526; Sieg Karls v. Lothringen über d. Türken 1687.
Mohair, *m.* [engl. ´mouhɛə], *Mohär*, Angoraziegenhaar; gehört zu den harten Kammgarnen.
Mohammed, *Mehmed*, Name von 6 türk. Sultanen:
1) M. II., d. Gr. reg. 1451–81, eroberte nach 1453 Konstantinopel, drang üb. Bosnien u. bis in d. Walachei vor; Kriege gg. Venedig, Genua, Neapel.
2) M. V. (10. 8. 1909–26. 2. 61), Sultan, seit 1957 Kg von Marokko.
Mohammed, *Muhammad*, *Mohammad* (um 570 bis 632 n. Chr.), Stifter d. *Islam*: ,,Kein Gott außer dem einen Gott, u. M. ist der Gesandte Gottes"; seine Offenbarungen sind im → Koran niedergelegt; nach Mißerfolg in seiner Vaterstadt Mekka Auswanderung (*Hedschra*) nach Medina (622); von hier Ausbreitung seiner Lehre über Arabien bis Spanien und Indonesien.
mohammedanische Religion → Islam.
Mohammed Reza Pahlewi → Pahlewi.
Mohammed Zahir Chan, (* 15. 10. 1914), 1933–73 Kg v. Afghanistan.
Mohendscho-Daro, Ruinenst. a. Unterlauf d. Indus, Hochkultur des 3. Jtds v. Chr.
Mohenjo Daro, größte Stadt der alten Industal-Kultur (2600–1800 v. Chr.) mit ca. 1/2 Mill. E. Die Gründe des plötzl. Niedergangs der Stadt sind nicht bekannt.
Mohikaner, ausgestorbener Indianerstamm in N-Amerika.
Mohn, Reinhard (* 29. 1. 1921), dt. Verleger; Chef der *Bertelsmann AG*.
Mohn, milchsaftführende Kräuter m. gr. Blüten; *Schlaf-M.*, Feldfrüchte u. Zierpflanzen aus d. Orient, aus Saft der Fruchtkapseln Opium.
Möhne, r. Nbfl. der Ruhr, 57 km l.; Möhne-Talsperre (134 Mill. m³).
Mohnöl, hellgelb, fettig, aus Mohnsamen gepreßt (etwa 35–40%); als Speiseöl, bes. im Orient.
Mohole [´mouhoul], Projekt der am. *National Science Foundation*, im Pazifik durch Tiefseebohrung d. Zus.setzung d. Erdmantels zu erforschen.
Moholy-Nagy [´mohoj´nɒdj], László (20. 7. 1895–24. 11. 1946), ungar. abstrakter Maler; 1923–28 Lehrer am → Bauhaus, ab 1937 in Chicago; auch Photogramme, kinet. u. Objektkunst.

Mohr, Joseph (11. 12. 1792–4. 12. 1848), östr. Geistlicher, dichtete am 24. 12. 1818 das Weihnachtslied: *Stille Nacht, Heilige Nacht*.
Mohrrübe, *Möhre*; wilde *M.*, Doldengewächs auf Wiesen; von ihr stammen die *eigtl. M.* (Pfahlwurzel eßbar) u. die feinere, kürzere *Karotte*.

Karotte, Gelbe Rübe

Mohrungen, *Morąg*, poln. St. im ehem. Ostpreußen, 14 000 E; Geburtshaus Herders.
Moi, Daniel Arap (* Sept. 1924), s. 1978 Staatspräs. v. Kenia.
Moilliet [mwa´jɛ], Louis René (6. 10. 1880–24. 8. 1962), schweiz. Maler; gelangte v. Neoimpressionismus z. e. durch Farbe u. Licht best. Flächenstil; 1914 Tunisreise m. Klee u. Macke; 1923 Wechsel v. Öl- z. Aquarellbild; auch Entwürfe f. Glasfenster.
Moillon [mwa´jõ], Louise (1610–96), frz. Malerin, e. Hptmeisterin d. Stillebens.
Moira [gr. ,,Anteil, Los, Geschick", *Moiren* (Mz.)],
1) Anteil d. einzelnen am Gesamtgeschick.
2) allmächtige Schicksalsgöttin, i. d. Dreizahl als Töchter d. Zeus u. d. Themis: Klotho, Lachesis, Atropos.
Moiré, *m.* od. *s.* [frz. mwa´re], ,,gewässert"; Stoffart mit schillerndem Muster.
Moiren [gr.], Schicksalsgöttinnen, → Parzen.
Moissi, Alexander (2. 4. 1880–22. 3. 1935), östr. Schausp. it. Herkunft; ,,Jedermann" in Salzburg.
Moivre [mwa´vr], Abraham de (26. 5. 1667–27. 11. 1754), frz. Math., fand **Moivresche Formel:** $(\cos \alpha + i \sin \alpha)^n = \cos n\alpha + i \sin n\alpha$.
Mokassin, *m.*, Wildledersandale nordam. Indianer.
Mokick, *s.*, Kraftrad (ähnl. → Moped, → Mofa).
mokieren [frz.], sich über etwas lustig machen.
Mokka,
1) *m.*, starker Kaffee (heute meist kleinbohniger Kaffee aus Java od. Brasilien).
2) *Mocha*, Hafenst. in Jemen, am S-Ende des Roten Meeres, etwa 6000 E; früh. Kaffeeausfuhr.
Mokscha, *m.* [sanskr.], hinduist.-buddhist. Erlösung aus d. Daseinskreislauf, deren Heilsziel d. → Nirwana ist.
Moktezuma → Montezuma.
Mol → Molekulargewicht.
Molaren → Mahlzähne.
Molasse, geolog. urspr. weicher Sandstein des Tertiärs; auch: Sedimentfüllungen d. Rand- u. Innensenken v. Gebirgen.

Wilde Möhre mit Frucht   Sichelmöhre mit Frucht

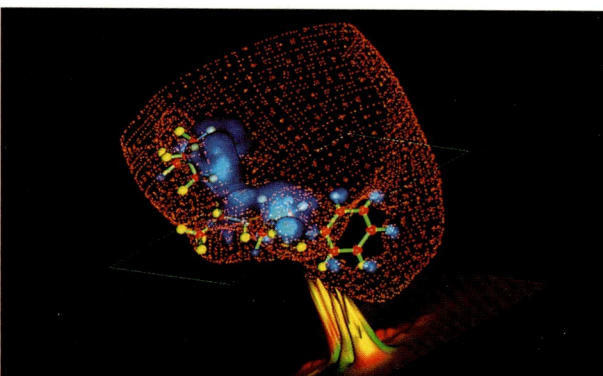

Molekül, visualisierte Struktur

MOLDAU	
Staatsname:	Republik Moldova, Republica Moldovenească
Staatsform:	Präsidiale Republik
Mitgliedschaft:	UNO, GUS, Europarat, OSZE
Staatsoberhaupt:	Petru Lucinschi
Regierungschef:	Ion Ciubuc
Hauptstadt:	Kischinau (Chişinău) 676 000 Einwohner
Fläche:	33 700 km²
Einwohner:	4 420 000
Bevölkerungsdichte:	131 je km²
Bevölkerungswachstum pro Jahr:	⌀ −0,06% (1990–1995)
Amtssprache:	Moldauisch (Rumänisch)
Religion:	Rumänisch-Orthodoxe, Russisch-Orthodoxe
Währung:	Leu (MDL)
Bruttosozialprodukt (1994):	3853 Mill. US-$ insges., 870 US-$ je Einw.
Nationalitätskennzeichen:	MD
Zeitzone:	MEZ + 1 Std.
Karte:	→ Rußland

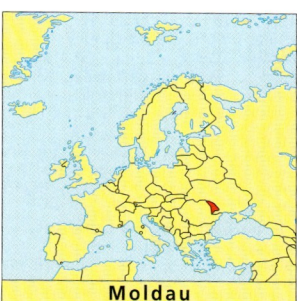

Moldau

Molche

Molière

Molche, geschwänzte Lurche (→ Amphibien), Salamanderverwandte; *Wasser-M.*, stets in od. am Wasser, mit Ruderschwanz (z. B. *Kamm-M., Berg-M., Teich-M.*, alle ●).
Moldau,
1) *Vltava*, l. Nbfl. der Elbe, aus dem Böhmerwald, mündet bei Mělník; 435 km l., ab Prag schiffbar.
2) *Moldova*, rumän. Landschaft zw. Karpaten u. Pruth; Getreideanbau; Viehzucht; größte St.: *Jassy* (rumän. *Iaşi*) (343 000 E). – 1360 Fürstentum, ab 16. Jh. unter türk. Oberhoheit; in den türk.-russ. Kriegen wiederholt von Russen, im Krimkrieg von Östr. besetzt, 1861 an Rumänien.
Moldau, *Republik Moldova*, in Osteuropa, beiderseits d. Dnjestr bis Pruth u. untere Donau. – Bev.: Moldauer (64,5 %), Ukrainer (13,8 %), Russen (13 %), Gagausen (3,5 %) u. a. – Getreideanbau, Wein- u. Obstbau, Viehzucht; arm an Bodenschätzen; Nahrungsmittel-, Textil- u. Lederind.; Maschinenbau. – Verw.: 38 Bezirke, 10 Stadtbezirke u. die Gebiete Gagausien u. Transnistrien (Dnjestr-Rep.), die sich 1990 für unabhängig erklärt haben (von M. nicht anerkannt). – *Verf.* v. 1994: Präsidialrep. mit Einkammerparlament. – *Gesch.*: 1924–1940 Moldauische ASSR, 1940 mit dem rumän. → Bessarabien zur Moldauischen SSR vereinigt, 1941–44 v. Rumänien besetzt, s. 1991 unabh. Rep.; 1993 Referendum ü. d. Vereinigung m. Rumänien gescheitert; s. 1994 Mitglied d. GUS; Autonomievereinbarung m. d. Gagausen.
Moldoveanu, höchster Berg der S-Karpaten in Rumänien, 2543 m.
Mole [it.], in Meer, Fluß, See gebauter Damm als Schutz gegen Wellenschlag u. Versandung.
Molekül, *Molekel*, s. [l.], durch chem. → Bindung zusammengehaltene Teilchen aus zwei od. mehreren (bis Mill.) gleichen od. versch. Atomen durch el. Anziehungskräfte (→ Quantentheorie, Übers.); kleinste phys. Bausteine d. Stoffe.
Molekularbewegung, *Brownsche M.*, die von dem engl. Botaniker Robert Brown (1773–1858) entdeckte ständige Bewegung kleinster in Flüssigkeit oder Gasen verteilter Teilchen (z. B. Pflanzensamen), die mit deren Kleinheit wächst; wichtig als Kennzeichen kolloidaler Lösungen..
Molekularbiologie, Teil der → Biochemie; dient der Erforschung des Lebens auf d. Ebene d. Moleküle durch Aufklärung von Struktur und Funktion organischer Gebilde, der Chemodynamik der → Zellen und der molekularen Mechanismen in lebendigen Substraten; → Biologie.
Molekulargenetik, Erforschung d. Vererbungsvorgänge im submikroskop. Bereich.
Molekulargewicht, Summe der → Atomgewichte der in einem Molekül enthaltenen Atome (z. B. M. von Wasser $H_2O = 18,0142$, denn $O = 15,9994$ u. $2H = 2 \cdot 1,0079$); d. M. eines Stoffes in g wird m. *Mol* bezeichnet (z. B. 18,0142 g Wasser = 1 Mol H_2O).
Molekularsiebe, aus kristallinen Strukturen (z. B. → Zeolithen) aufgebaute Filter m. definierten Porendurchmessern.
Moleküluhr → Atomuhr.
Molenaer [-na:r], *Jan Miense* (um 1610–15. 9. 68), holl. Maler, e. Meister d. frühen Genrebilds; verheiratet m. d. Malerin J. Leyster; *Dame am Spinett; Mutter mit kleinem Kind.*
Moleschott [-sx-], *Jakob* (9. 8. 1822 bis 20. 5. 93), ndl. Physiologe u. materialist. Phil.; *Kreislauf d. Lebens.*
Molfetta, Hafenst. in der it. Prov. Bari, 64 000 E; an der Adria; Fisch-, Wein-, Öl- u. Getreidehandel, Ind.
Molière [mɔ'ljɛ:r], eigtl. *Jean Baptiste Poquelin* (15. 1. 1622–17. 2. 73), frz. Dichter und Schauspieler; Typenkomödien, zeitkrit. Stücke: *Der Geizige; Der eingebildete Kranke;* satirische Dramen: *Die Schule d. Frauen; Tartuffe; Der Bürger als Edelmann; Der Menschenfeind.*
Molina → Tirso de Molina.
Molise,
1) it. Landschaft i. d. südl. Apenninen.
2) Region i. Mittelitalien; 4438 km², 330 900 E; Hptst. *Campobasso.*

Molke, Restflüssigkeit d. Milch nach Ausscheiden von Fett u. Caseïn (Nebenerzeugnis d. Käserei); besteht aus Wasser, Milchzucker, Salzen u. Eiweißresten; als Getränk (**Molkenkäse**); als Getränk zu **Molkenkuren;** auch Schweinefutter.
Molkereiprodukte → Milchwirtschaft.
Moll,
1) Josef (5. 9. 1908–7. 1. 89), dt. General, 1966–68 Inspekteur des Heeres. M. bemühte sich um eine Modernisierung der inneren Führung der Bundeswehr.
2) Oskar (21. 7. 1875–19. 8. 1947), dt. Maler; Matisse-Schüler.
Moll, s. [l. „weich"], zweites Haupttongeschlecht neben Dur.
Molla, Mulla, m. [arab. „Herr"], Titel v. islam. Geistlichen u. Koran- u. Rechtsgelehrten i. Persien u. Indien.
Mollakkord, besteht aus Grundton, kleiner Terz u. reiner Quinte.
Möllemann, Jürgen W. (* 15. 7. 1945), FDP-Pol.; 1982–87 Staatsmin. i. AA, 1987–91 B.min. f. Bildung u. Wissenschaft, 1991–93 B.wirtsch.min.
Moller, Georg (21. 1. 1784–13. 3. 1852), dt. Architekt d. (romant.) Klassizismus; s. halbkreisförm. Fassade d. Stadttheaters in Mainz wurde vorbildl. f. Sempers Hoftheater in Dresden.
Möller, Alex (26. 4. 1903–2. 10. 85), SPD-Polit.; 1969–71 Bundesfinanzminister; *Genosse Generaldirektor; Tatort Politik.*
Möller-Barlowsche Krankheit
→ Skorbut d. Kinder.
Mollet [mɔˈlɛ], Guy (31. 12. 1905 bis 3. 10. 75), frz. sozialist. Pol.; 1956/57 Min.präs.
Mölln (D-23879), St. u. Kneippkurort i. Kr. Hzgt. Lauenburg, Schl.-Ho., 17 518 E; zw. *Möllner See* u. Schulsee, am Elbe-Lübeck-Kanal; AG; Holz- u. Getreidehandel; Ind.; Nikolaikirche, angeblich mit Grabstein Till Eulenspiegels.
Molluscum contagiosum → Dellwarze.
Mollusken, svw. → Weichtiere.
Molluskizid [l.], Bekämpfungsmittel gegen Weichtiere wie Schnecken, Muscheln.
Molnár, Franz (12. 1. 1878–1. 4. 1952), ungar. Bühnenautor; *Liliom; Spiel im Schloß.*
Molo, Walter v. (14. 6. 1880–27. 10. 1958), dt. Schriftst.; biograph. Geschichtsromane: *Der Schiller-Roman;* Dramen, Gedichte.
Moloch,
1) im A.T. babylonischer Gott, dem Kinder geopfert wurden.
2) austral., stachlige Wüstenechse; ungiftig.
Molokanen [russ. „Milchesser"], russ. christl. Sekte; verwirft Lehre von der

MONACO

Staatsname:	Fürstentum Monaco, Principauté de Monaco
Staatsform:	Konstitutionelle Erbmonarchie
Mitgliedschaft:	UNO, OSZE
Staatsoberhaupt:	Fürst Rainier III.
Regierungschef:	Paul Dijoud
Hauptstadt:	Monaco 1234 Einwohner
Fläche:	1,95 km²
Einwohner:	31 000
Bevölkerungsdichte:	15 897 je km²
Bevölkerungswachstum pro Jahr:	⌀ 0,35% (1990–1995)
Amtssprache:	Französisch
Religion:	Katholiken (90%), Protestanten (5%)
Währung:	Franz. Franc (FF)
Nationalitätskennzeichen:	MC
Zeitzone:	MEZ
Karte:	→ Europa

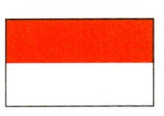

Monaco

→ Dreifaltigkeit, Sakramente, Eid und Krieg.
Molosser, um 240 v. Chr. untergegangener illyrischer Stamm, bewohnte d. alten Epirus.
Molotow → Perm.
Molotow, Wjatscheslaw Michailowitsch, eigtl. *Skrjabin* (9. 3. 1890–8. 11. 1986), sowj. Pol.; 1930–41 Min.präs.; 1939–49 u. 1953–56 Außenmin.
Molotowcocktail, mit Benzin u. Phosphor gefüllte Flaschen als Behelfswaffen (seit d. span. Bürgerkrieg).
Moltke, mecklenburgisches Uradelsgeschlecht.
1) Helmuth Gf v. (26. 10. 1800–24. 4. 91), preuß. Generalfeldm.; 1835 türk. Heeresorganisator, s. 1858 Chef d. preuß. Gen.stabs; Feldzugspläne 1864, 1866, 1870/71; sein Neffe
2) Helmuth (25. 5. 1848–18. 6. 1916), Gen.stabschef 1906–14.
3) Helmuth James Gf v. (11. 3. 1907 bis 23. 1. 45), Anwalt für Völkerrecht; sammelte d. → Kreisauer Kreis; hingerichtet.
molto [it.], *mus.* viel, sehr.
Molton, m. [frz.], *Melton,* langhaariger Baumwollstoff.
Moltopren®, Handelsbezeichnung für Schaumstoffe auf Basis d. Isocyanat-Chemie (→ Kunststoffe).
Molukken, indones. *Maluku, Gewürzinseln,* Inselgruppe zw. Celebes u. Neuguinea, Prov. d. Rep. Indonesien, 74 505 km², 1,81 Mill. E; Hauptinseln: Halmahera u. Morotai im N u. Seram, Buru u. Ambon im S; tätige Vulkane, bis 3000 m ü. M. Tropenklima: Sago, Muskat, Gewürznelke, Betelnuß, Pfeffer, Teakholz; Bergbau: Gold, Zinn, Alaun; Hptst. *Ambon* (209 000 E). – 1512 v. Portugiesen entdeckt, seit d. 17. Jh. bis 1949 ndl., dann indones. Unabhängigkeitsbestrebungen.
Molvolumen, Raum, den 1 Mol (→ Molekulargewicht) eines Gases einnimmt; bei idealen Gasen 22,4 Liter bei 0° und 1013 mbar.
Molybdän, *Mo,* chem. El., Oz. 42, At.-Gew. 95,95, Dichte 10; hartes, zähes Schwermetall, in der Glühlampenind. u. (mit Eisen legiert) als Werkzeugstahl verwendet.
Molybdändisulfid, *MoS₂,* dient wegen seiner Weichheit als hitzebeständiges Schmiermittel.
Mombasa, *Mombassa,* Prov.hptst. u. größter Hafen Ostafrikas, in Kenia, 500 000 E; Ind.- u. Handelszentrum; Ausgangspunkt der Ugandabahn (nach dem Victoriasee).
Mombert, Alfred (6. 2.1872–8. 4. 1942), dt. frühexpressionist. Dichter; Dramentrilogie: *Aeon;* Lyrik.
Moment [l.],
1) *m.,* Augenblick.
2) *psych.* kleinste Zeiteinheit, in der Informationen noch unterschieden werden können (z. B. Mensch im Durchschnitt $\frac{1}{16}$ Sek.)
3) *Mechanik:* Dreh-M., statisches M., das Produkt aus einer Kraft u. d. Abstand ihrer Richtungslinie von der Drehachse (z. B. beim Hebel, beim Parallelogramm d. Kräfte); auch magnet. und → Trägheitsmoment.
4) *s.,* Umstand.
Mommsen, Theodor (30. 11. 1817 bis 1. 11. 1903), Geschichtsforscher, Jurist

u. Philologe; *Röm. Geschichte; Röm. Staatsrecht;* 1902 Nobelpr. f. Lit.
Momper, Walter (* 21. 2. 1945), SPD-Pol.; 1989–91 Reg. Bürgerm. v. West-Berlin.
Momper d. J., Joos de (1564–5. 2. 1635), fläm. Landschaftsmaler; entwickelte e. „vorimpressionist." Maltechnik, gestaltete d. organ. Raumzus.hang durch Farbabstufung, Lichtführung u. in die Tiefe wachsende Flächigkeit.
Mon, Franz (* 6. 5. 1926), dt. Schriftst.; experimentelle Lyrik u. Prosa, Vertr. d. → Konkreten Poesie.
Mon, austrischer Sprachrest in Südmyanmar (um Pegu), → austroasiatisch (M.-Khmer-Gruppe).
Monaco, unabhängiges Fürstentum an der Côte d'Azur (Mittelmeer); 3 Siedlungen: *M.,* 1234 E; *Monte-Carlo,* 13 150 E; *La Condamine,* 12 500 E; ozeanograph. Museum, Schloß, Spielcasino, Kongreßzentrum; Fremdenverkehr. **a)** *Geogr.:* Mildes Klima (Januar 10 °C; Luftkurort); üppige Vegetation (Südfrüchte). **b)** *Wirtsch.:* Starker Fremdenverkehr, Spielkasino in Monte Carlo. **c)** *Verf.* v. 1962: Konstitutionelle Erbmonarchie; Reg.rat, Nat.rat. **d)** *Gesch.:* Seit d. 14. Jh. unter d. Herrschaft d. Grimaldi, 1793–1814 frz., 1815–60 unt. sard. u. s. 1861 unt. frz. Schutz; Zoll- u. Währungsunion mit Frkr.
Monaden [gr.], unteilb. Einheiten; in → Leibniz' **Monadenlehre** oder **Monadologie** kleinste und letzte Einheiten, aus denen die Welt aufgebaut ist und deren Wesen *Körper und Geist* zugleich ist.
Mona Lisa, auch *La Gioconda,* weltberühmtes Frauenbildnis (um 1503/05) von Leonardo da Vinci (Louvre, Paris).
Monarchianismus, *m.* [gr.], altkirchl. Lehre (3. Jh.) v. d. „Alleinherrschaft" Gottes zu Lasten des Christus als e. Erscheinungsweise Gottes (Modalisten) od. als e. Menschen von übernatürl. Kraft (Dynamisten) od. e. Menschen, zum Sohn Gottes erhoben wurde (Adoptianismus).
Monarchie [gr.], Staatsform, bei der Staatsgewalt b. d. Krone liegt; *Monarch* ist alleiniges Staatsoberhaupt. Patrimonial-ständische M. d. MA betrachtete

Mölln, *Grabstein und Denkmal Till Eulenspiegels*

Theodor Mommsen

Mona Lisa, *Leonardo da Vinci*

Staatsgebiet als Privateigentum des Landesherrn. *Absolute M.:* Monarch vereinigt in sich d. Staatsfunktionen der Gesetzgebung, Rechtsprechung u. Verw. (→ Absolutismus). *Konstitutionelle M.:* Monarch Träger der Staatsgewalt, aber an deren Ausübung ist das Volk beteiligt, Rechtspflege durch unabhängige Gerichte, in der Verwaltung ist der Monarch an die verfassungsmäßigen Organe gebunden; er ernennt u. entläßt Min., bedarf aber ihrer Gegenzeichnung zu Reg.handlungen. *Parlamentarische M.:* Parlamentsmehrheit wählt Min.; Stellung d. Monarchen repräsentativ, traditionell symbolisch.

Monastir, St. in Mazedonien, → Bitola.

Monat,
1) der 12. Teil des Jahres (Kalender-M.).
2) siderischer u. synodischer M. entsprechen der Umlaufzeit des → Mondes.

Monatsbilanzen, monatl. Abschlüsse d. Buchhaltung zwecks Erfolgskontrolle; bes. wichtig z. Erkenntnis der → Liquidität, d. *M.ausweise* der Banken.

Monatsbilder, in d. bild. Kunst Darstell. d. Monate im Jahreslauf durch d. entspr. ländl. u. häusl. Tätigkeiten (oft auch m. d. Tierkreiszeichen); in d. frühma. Miniaturmalerei; s. 13. Jh. als Relief an d. Portalen frz. Kathedralen; s. 15. Jh. durch burgund.-ndl. Stundenbücher d. Spätgotik wichtig f. d. Entwickl. d. Landschafts- u. Genremalerei.

Monatsgeld, *Ultimogeld,* Lombarddarlehen an d. Börse v. Ultimo zu Ultimo; z. Verlängerung laufender → Engagements.

Monatssteine, Edel- od. Halbedelsteine mit angebl. astrolog. Einfluß auf den Menschen.

Monazit, *m.,* Mineral; Phosphate der Lanthaniden: Yttrium, Lanthan, Zerium, Neodym mit bis 18% Thoriumoxid; in Granit u. vielen Sanden: **M.sand;** Cer- u. Thoriumoxid für Auerlichtstrümpfe (→ Gasglühlicht).

Monbijou [frz. mõbi'ʒu „mein Kleinod"], Name von Lustschlössern (z. B. in Berlin).

Mönch, Gipfel der Berner Alpen, zw. Jungfrau u. Eiger, 4099 m (Finsteraarhorngruppe).

Mönch [gr. „monachos = einsam"],
1) im Kloster lebendes männl. Mitgl. eines geistl. Ordens.
2) Wasser-Ablaßvorrichtung f. Fischteiche.

Mönchengladbach (D-41061–239), krfreie St. i. Rgbz. Düsseldorf, NRW, 262 593 E; spätgot. Basilika, IHK, LG, AG, FHS Niederrhein; Mittelpkt der dt. Textil- und Bekleidungsind.; Sitz d. NATO-Hauptquartiers Mitteleuropa (Nord).

Mönchsrobbe, *Seemönch,,* seltene Robbe des Mittelmeers, Pelz oberseits dunkelbraun, unterseits weißlich.

Mönchtum, in vielen Religionen, z. B. Buddhismus; im Christentum Leben durch Hingabe an Christus nach d. 3 *evangelischen Räten* (Armut, Keuschheit u. Gehorsam).

Mond, der um die Erde kreisende Himmelskörper; mittlere Entfernung 384 400 km, kleinste 354 000, größte 407 000; Durchmesser: 3476 km; Masse: $1/81{,}3$ d. Erdmasse. Umlaufzeit:

Mondlaufbahn

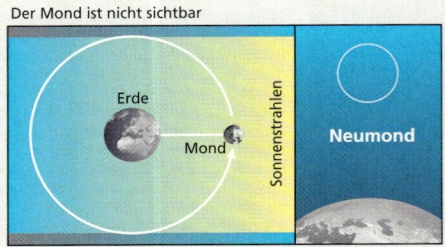
Der Mond ist nicht sichtbar — Neumond

Der Mond nimmt zu und ist abends sichtbar — Erstes Viertel

Der Mond ist die ganze Nacht über sichtbar — Vollmond

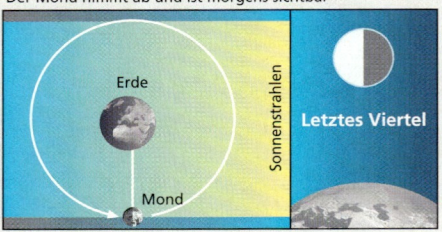
Der Mond nimmt ab und ist morgens sichtbar — Letztes Viertel

synodisch (von Vollmond zu Vollmond) 29 Tage 12 Std. 44 Min.; siderisch (in bezug auf Sterne) 27 Tage 7 Std. 43,2 Min.; Rotationszeit mit sider. Umlaufszeit übereinstimmend, deshalb immer dieselbe M.hälfte sichtbar. Ungleichmäßige Geschwindigkeit in seiner ellipt. Bahn sowie d. Neigung des M.äquators gegen die M.bahnebene erzeugen scheinbare Schwankungen der sichtbaren M.scheibe (Libration), so daß nur 41% der M.oberfläche von der Erde aus unsichtbar sind. Mittlere Geschwindigkeit d. M.es in seiner ellipt. Bahn: 1 km/s. Der M. wirft nur 7,3% des auffallenden Sonnenlichts zurück, da seine Oberfläche aus sehr dunklem Material besteht; ferner große dunkle Ebenen, sog. → Mare, zahlreiche Krater oder Ringgebirge, einzelne Kettengebirge, schmale tiefe Rillen und helle Streifen, die von einzelnen bes. großen Kratern ausgehen. Höchste Mondberge bis 8500 m. – Alter d. M.gesteins wird nach d. Flug v. Apollo 17 (→ Mondsonden) auf 3,71 Mrd. J. geschätzt. Keine Atmosphäre, schroffster Temperaturwechsel zw. M.tag (bis +120 °C) u. -nacht (bis –160 °C) u. kein Leben. Anziehung d. M.es erzeugt die → Gezeiten d. Meeres u. (verschwindend klein) auch der Lufthülle.

Mondale [-deıl], Walter (* 5. 1. 1928), am. Pol.; 1977–81 Vizepräs.; 1984 Präsidentschaftskandidat.

Mondalter, Anzahl der seit d. letzten Neumond verflossenen Tage.

mondän [l.-frz.], betont elegant, weltgewandt.

Monde, Satelliten, Trabanten, heißen d. Himmelskörper, die sich um die → Planeten nach *Keplerschen Gesetzen* bewegen; Merkur u. Venus ohne Mond; Erde 1 Mond, Mars 2, Jupiter 17, Saturn 23, Uranus 15, Neptun 8, Pluto 1.

Mondfähre, Lande- u. Rückstartgerät für bemannte Expeditionen.

Mondfinsternis, Verdeckung d. Vollmondes durch den Erdschatten; *totale M.* bei völliger, *partielle M.* bei teilweiser Verdeckung (→ Tafel Himmelskunde II). Regelmäßige Wiederkehr im → Saroszyklus.

Mondfisch, Gotteslachs, *Lampridae,* bis 2 m lang u. 270 kg schwer; wärmere Meere, wohlschmeckend, keine wirtschaftl. Bedeutung.

Mondgas, Gasgemisch aus Kohlendioxid, Kohlenmonoxid, Wasserstoff und Stickstoff, nach Ludwig *Mond* (1839 bis 1909); durch Einwirkung von Dampf und Luft auf glühenden Koks.

Mondphasen, Lichtgestalten des Mondes, wechselnd mit der sich verändernden Stellung des Mondes zur Erde und Sonne innerhalb e. synod. Umlaufzeit. *Mondwechsel;* 4 Mondviertel: 1) *Neumond* (Mond in Richtung der Sonne), 2) *erstes Viertel* (zunehmend, um 6 Std. der Sonne folgend), 3) *Vollmond* (entgegengesetzt z. Sonne), 4) *drittes Viertel* (abnehmend, um 6 Std. d. Sonne voraus).

Mondrian, Piet (7. 3. 1872–1. 2. 1944), ndl. Maler, ab 1911 in Paris, ab 1940 in New York; Mitbegr. d. abstrakt-konstruktivist. Gruppe „De Stijl"; Vertr. d. Neoplastizismus.

Piet Mondrian, *Komposition mit Rot, Gelb und Blau*

Mondsee, See im Salzkammergut, 14,2 km², 68 m tief.

Mondsonden, durch mehrstufige → Raketen angetriebene Raumfahrzeuge zur Erforschung des Mondes u. seiner kosm. Umgebung; bisherige Erkundung d. Mondes i. vier Phasen: 1) *im Vorbeiflug od. vor Zerstörung durch Aufprall:* die sowj. Sonden Lunik 3 (1959) u. Luna 5 (1965) lieferten Bilder der v. der Erde nicht sichtbaren Mondrückseite; die am. Sonden Ranger 7 (1964), Ranger 8 u. 9 (1965) übermittelten zus. 17 100 Nahaufnahmen d. Mondvorderseite; 2) *nach weicher Landung:* erstmals durch Luna 9 (UdSSR), gelandet 3. 2. 1966, übermittelte 3 Tage lang Aufnahmen; danach Surveyor 1 (USA), gelandet 2. 6. 1966, bis 13. 7. 1966 11 150 Fotos; Surveyor 3 (gelandet 19. 4. 1967) schürfte a. d. Mondboden, Surveyor 5 (11. 9. 1967) führte chem. Analysen d. Mondmaterials aus; Luna 16 (20. 9. 1970), m. automat. Station, brachte Mondgestein zur Erde; Luna 17 (16. 11. 1970), m. Mondfahrzeug Lunochod 1; Luna 20 (21. 2. 1972) kehrt mit Gesteinsproben z. Erde zurück; 3) *durch künstl. Mondsatelliten:* erstmals Luna 10 (UdSSR), sandte 1966 Meßdaten; danach Lunar Orbiter 1–5 (USA), fotografierten 99% d. Mondoberfläche; 4) *bemannte Mondlandungen:* 1. Mondlandung (Apollo 11) durch Armstrong u. Aldrin am 20./21. 7. 1969 im Meer d. Ruhe; 2. (Apollo 12) durch Conrad u. Bean am 19./20. 11. 1969 im Meer der Stürme; 3. (Apollo 14) durch Shepard, Roosa u. Mitchell am 5./6. 2. 1971, Fra Mauro; 4. (Apollo 15) durch Scott, Worden, Irwin m. bemanntem Mondfahrzeug Rover 1 am 30. 7./2. 8. 1971 in der Hadley-Apenninen-Region; 5. (Apollo 16) durch Young, Duke, Mattingly am 21./24. 4. 1972; 6. (Apollo 17) durch Cernan, Evans, Schmitt am 11./14. 12. 1972. → Weltraumforschung.

Mondstein, Adular, reinste Abart des Feldspats (Orthoklas); Schmuckstein.

Mondtafeln, Tabellen z. Ortsbestimmung d. Mondes; erste M. v. *Euler* u. *Halley,* neueste v. E. W. *Brown.*

Monegassen, die Bevölkerung Monacos.

Monelmetall, silberweiße, leicht zu bearbeitende Nickellegierung mit bis zu 33% Kupfer.

Monet [-'nɛ], Claude (14. 11. 1840 bis 6. 12. 1926), frz. Maler, Mitbegr. d. nach s. Gemälde eines Sonnenaufgangs mit d. Titel „Impression, soleil levant" (1872) ben. Impressionismus; Landschaften.

Moneta [l. „Mahnerin"], Beiname der Juno, neben deren Tempel auf dem röm. Kapitol die Münzstätte war; daher **Moneten** svw. Geld.

Claude Monet

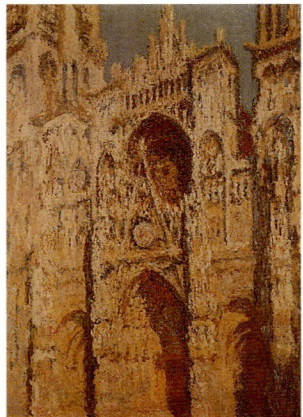
Claude Monet, *Die Kathedrale von Rouen*

monetär [l. „moneta = Münze"], geldlich, finanziell.
Monferrato, it. Landschaft in Piemont; Weinbaugebiet.
Mongolei,
1) *Innere M.,* (auton. Region Chinas, 1 183 000 km², 21,5 Mill. E (hpts. Chinesen); Hptst. *Hohhot.*
2) Staat der Mongolei (Äußere M.) **a)** *Wirtsch.:* Bed. Viehzucht, reiche, z. T. noch unerschlossene Bodenschätze (Eisenerze, Kupfer, Molybdän, Zink, Mangan, Wolfram, Uran, Kohle, Gold). **b)** *Außenhandel* (1992): Einfuhr 399 Mill., Ausfuhr 368 Mill. $. **c)** *Verkehr:* Eisenbahn 1750 km. **d)** *Verf.* v. 1992: Rep. mit Mehrparteiensystem, Einkammerparlament. **e)** *Verw.:* 18 Provinzen (Aimaks) u. 3 Stadtgebiete. **f)** *Gesch.:* Im 4. u. 5. Jh. n. Chr. Einbruch d. mongol. Hunnen in Europa; um 1200 Mongolenreich unter Dschingis-Khan v. China bis S-Rußland; 1241 Einbruch in Schlesien (Schlacht bei Liegnitz); um 1400 neues Großreich unter Timur Lenk; 1757 v. China erobert. Die Äußere Mongolei unabhängiger Staat unter der geistl. Herrschaft des Chutuktu-Lama, jedoch Souveränitätsansprüche Chinas; 1924 Revolution u. Errichtung d. Mongol. Volksrep. (unter sowj. Einfluß), Bündnis mit der UdSSR; 1946 Anerkennung der Unabhängigkeit durch China; enge außenpol. Bindung a. d. UdSSR, 1976 Grenzabkommen mit UdSSR; 1990 pol. Reformen nach Demonstrationen f. mehr Demokratie; erste freie Wahlen m. Kandidaten mehrerer Parteien; 1992 neue Verf. u. Abkehr v. Marxismus-Leninismus.
Mongolenfalte, Hautfalte über Oberlidrand und Augeninnenwinkel, die d. Auge schräg u. klein erscheinen läßt, daher „Schlitzauge".
Mongolenfleck, bläulicher, pigmentreicher Fleck i. d. Kreuzbeingegend (bei Mongolen u. Indianern); bei Europiden selten und nur in den ersten Lebensjahren.
Mongolide → Rasse, Übers.
Mongolismus, *Down-Syndrom, Trisomie 21,* schwere Entwicklungsstörung mit geistiger Behinderung infolge Chromosomenaberration, das Chromosom 21 ist 3- statt 2fach vorhanden. Das Risiko, ein Kind mit M. zu gebären, nimmt bei älteren Frauen zu.
mongoloid, Merkmale d. → Mongolismus aufweisend.
Monheim (D-40789), St. i. Kr. Mettmann, am Rhein, NRW, 43 120 E; pharmaz. Ind.
Monier [-'nje], Joseph (8. 11. 1823 bis 13. 3. 1906), frz. Gärtner; entdeckte d. Prinzip d. Eisenbetons.
monieren [l.], mahnen, beanstanden.
Monilia, Obstkrankheit, durch Pilze: *Frucht-, Schwarzfäule, Spitzendürre* (kranke Teile sind sofort zu verbrennen).
Moniliasis → Candidiasis.
Monismus [gr.],
1) Weltanschauungslehre, daß die Welt nur auf *einer* (geistigen od. materiellen) Grundlage aufgebaut sei. Ggs.: → Dualismus, → Pluralismus.
2) im engeren Sinne die aus der naturwiss. Entwicklungslehre abgeleitete Körperlichkeit alles Seins; leugnet jede Metaphysik; Hptvertr.: *Spencer, Darwin, Ostwald, Haeckel.*

MONGOLEI	
Staatsname:	Staat der Mongolei, Bügd Nairamdach Mongol Uls
Staatsform:	Republik
Mitgliedschaft:	UNO
Staatsoberhaupt:	Punsalmaagiyn Otschirbat
Regierungschef:	Natsagiin Bagabandi
Hauptstadt:	Ulan-Bator 575 000 E.
Fläche:	1 566 500 km²
Einwohner:	2 363 000
Bevölkerungsdichte:	1,5 je km²
Bevölkerungswachstum pro Jahr:	⌀ 2,63% (1990–1995)
Amtssprache:	Mongolisch
Religion:	lamaistischer Buddhismus
Währung:	Tugrik (Tug.)
Bruttosozialprodukt (1994):	801 Mill. US-$ insges.; 340 US-$ je Einw.
Nationalitätskennzeichen:	MNG
Zeitzone:	MEZ + 7 Std.
Karte:	→ Asien

Monitor, *m.* [l.],
1) flaches Kanonenboot mit schwerster Artillerie.
2) allg. Bez. f. e. Registriergerät zur Überwachung v. phys.-techn. Größen.
3) Bildwiedergabegerät u./od. Lautsprecher zur Kontrolle b. Studioaufnahmen u. ä.
4) *EDV:* Teil des Betriebssystems der Datenverarbeitungsanlage, steuert selbständig d. Aufeinanderfolge v. Programmen.
5) *EDV:* Bildschirm zur Datenanzeige.
Moniuszko [-'juʃ-], Stanisław (5. 5. 1819–4. 6. 72), poln. Komp.; Nationaloper: *Halka;* Lieder.
Moniz [muˈniʃ], Antonio Egas (29. 11. 1874–13. 12. 1955), portugies. Neurologe, Erfinder der Angiographie u. Leukotomie; Nobelpr. 1949.
Monk, Meredith (* 20. 11. 1942), am. Intermedia-Künstlerin (Komponistin, Sängerin u. Tänzerin); Vertreterin d. Minimal-Art; *Vessel; The Games; Turtle Dreams.*
Mon-Khmer-Sprachen, austroasiatische Sprachastgruppe in Hinterindien (→ Sprachen, Übers.; → Angkor).
Monnet [-'nɛ], Jean (9. 11. 1888–16. 3. 1979), frz. Wirtschaftspol.; 1950 Verf. d. Schuman-Planes. 1952–55 Präs. d. Montanunion; 1956 Vors. d. Aktionskomitees für die Vereinigten Staaten v. Europa.
Monnier [mɔˈnje],
1) Henri Bonaventure (6. 6. 1799–3. 1. 1877), frz. Schriftst. u. Zeichner; schuf m. *Monsieur Joseph Prudhomme* d. Symbolfigur d. frz. Spießbürgers.
2) Thyde (6. 6. 1887–18. 1. 1967), frz. Schriftst.in; Romanzyklen aus der Provence.
mono- [gr.], als Vorsilbe: allein..., ein...
Monochord, *s.,* einsaitiges Musikinstrument m. verschiebbarem Steg z. Ein-

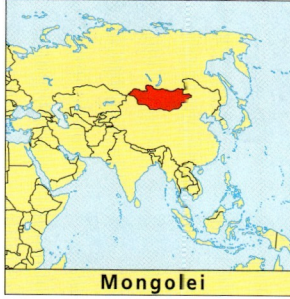
Mongolei

Mongolei

Jacques Monod

Monogramm, *Albrecht Dürer*

Monopteros, *München*

stellen der Tonhöhe; in Antike u. MA zur Tonberechnung verwendet.
monochrom [gr.], einfarbig.
Monochromie [gr.], Einfarbigkeit; Ggs.: → Polychromie.
Monod [-'no], Jacques (9. 2. 1910 bis 31. 5. 76), frz. Biochem.; entdeckte mit → Jacob u. → Lwoff d. genet. Steuerung d. Enzym- und Virussynthese; Nobelpr. 1965; *Zufall u. Notwendigkeit.*
Monodie [gr.], Einzelgesang, Sologesang; Musikstil seit etwa 1600 (bes. in der Oper).
Monodrama, *s.,* Drama mit nur einer Person.
Monogamie, Einehe, → Eheformen.
Monogramm, *s.,* Namenszeichen aus d. Anfangsbuchstaben, oft in künstler. Ausführung.
Monogrammisten, Kupferstecher u. Holzschneider, bes. des 15. u. 16. Jh.; zeichneten ihre Werke mit Monogramm, häufig nur an diesem erkennbar (Meister *E. S.* usw.).
Monographie, *w.,* Schrift über ein Sondergebiet einer Wissenschaft od. über eine Persönlichkeit.
Monokel, *s.* [frz.], Einglas.
monoklid, Pflanzen m. männl. u. weibl. Geschlechtsapparat in einer Blüte.
monoklin → Kristalle.
monoklonale Antikörper, von einheitl. → Klon von verschmolzenen Immunzellen (→ Hybridom) produzierte → Antikörper, die u. a. für Labortests (→ ELISA u. → RIA) eingesetzt werden.
Monokotylen, *Monokotyledonen,* Klasse d. Blütenpflanzen m. nur *einem* Keimblatt.
Monokultur, *w.* [gr.-l.], Bodennutzung bei d. nur *eine* Nutzpflanze vorherrscht; Plantagenwirtschaft.
Monolatrie, *w.* [gr. „Verehrung e. einzigen"], Verehrung nur e. Gottes, ohne zugleich and. Gottheiten zu leugnen.
Monolith, *m.,* aus einem einzigen Steinblock gearbeitet (z. B. Obelisk, Menhir; Kuppel d. Theoderich-Grabmals in Ravenna.
Monolog, *m.* [gr.], Selbstgespräch (im Drama).
Monomanie, zwanghaftes Festhalten an e. bestimmten Verhaltensweise (z. B. → Kleptomanie, → Nymphomanie).
Monomer, *chem.* Substanz zur Bildung von → Polymeren (z. B. bei Kunststoffen u. Chemiefasern).
Mononukleose, *infektiöse M., Pfeiffersches Drüsenfieber,* bes. bei jungen Erwachsenen auftretende Virusinfektion (Epstein-Barr-Virus, EBV) der Lymphdrüsen.
Monophysiten, im 5. Jh. Anhänger der Lehre, daß Christus nur *eine* Natur habe (göttliche oder gottmenschliche); 451 als Irrlehre erklärt.
Monopol, *s.,* Marktformenlehre, im weiteren Sinne jeder Tatbestand mit Ausschließlichkeitsmerkmalen (z. B. Bildungsmonopol). – *Wirtschaftlich:* Marktbeherrschung des Angebots bzw. der Nachfrage einer Ware durch eine od. wenige *(Oligopol)* Wirtschaftspersonen m. aus dieser Machtstellung fließenden Sondervorteilen;
1) *Natürl. M.* bei örtl., einmaligen oder seltenen Vorkommen v. Wirtschaftsgütern (z. B. Diamanten-M. Afrikas);
2) *Gesellschaftl. M.:* **a)** *Freies M.* durch

Vereinbarung der Interessierten (Trust, Konzern), monopolist. Verhalten d. Gemeinschaft; **b)** *Staats-M.* (staatswirtsch., hoheitsrechtl.) durch Gesetz (Post, Eisenbahn, Branntwein, Zuckerwaren, Tabak, Salz), sog. Bedarfsdeckungsmonopole. Diese schalten den freien Wettbewerb aus, jedoch nicht, um einen höheren Gewinn zu erzielen, sondern um den Bedarf des Volkes zu decken u. langfristig zu sichern. – Unvermehrb. Güter werden oft *Monopolgüter* genannt (z. B. Grund u. Boden).

Monopolkapitalismus, e. (marxist.) politwiss. Ausdruck; bezeichnet Konzentration des Produktionskapitals in Händen von wenigen Alleininhabern, Monopolisten.

Monopoly, 1928 i. den USA erfundenes Würfel-Brettspiel; ahmt d. Verhalten v. Maklern u. Spekulanten nach.

Monopteros, *m.* [gr.], von einer einzigen Säulenreihe umgebener Rundtempel.

Monosaccharide → Zucker.

Monotheismus [gr.], Verehrung eines einzigen Gottes; Ggs.: → Polytheismus.

Monotheletismus, *m.* [gr. v. „monon thelema = ein Wille"], altkirchl. Lehre, d. i. Christus zwar 2 unvermischte Naturen, aber wegen d. Einheit d. Person nur e. gottmenschl. Willen annahm. Diese v. Papst Honorius I. begünstigte Lehre wurde auf d. Konzil v. Konstantinopel (680/81) verurteilt.

monoton, eintönig, langweilig.

Monotonie, *w.* [gr.], Eintönigkeit.

Monotype, *w.* [-taɪp], Setzmaschine, bestehend aus Tastatur *(Taster)* und Gießmaschine; gießt *einzelne* Buchstaben; → Linotype.

Monozyten → Leukozyten.

Monreale, it. St. auf Sizilien, westl. von Palermo, 24 000 E; normann. Dom (12. Jh.), Bischofssitz.

Monroe,
1) James [mənˈrou] (28. 4. 1758 bis 4. 7. 1831), am Pol.; 5. Präs. d. USA 1817–25.
2) Marilyn (1. 6. 1926–5. 8. 62), am. Filmschauspielerin; *Gentlemen Prefer Blondes; Some Like it Hot; The Misfits.*

Monroedoktrin, 1823, Erklärung gg. die Einmischung Europas in am. u. Amerikas in eur. Fragen.

Monrovia, Hptst. v. Liberia, 465 000 E (Agglom. 800 000 E); Hafen; Handels- u. Industriezentrum; Erdölraffinerie.

Mons [mõːs], fläm. *Bergen,* Hptst. der belg. Prov. Hennegau, 92 000 E; Bergakad.; Mittelpunkt d. kohlenreichen Borinage; Schwerind..

Monsalvatsch, die sagenhafte Gralsburg.

Monschau (D-52156), bis 1918 *Montjoie* [mõˈʒwa], St. im Kr. Aachen, an d. Rur u. d. belg. Grenze, 350–650 müM, 12 270 E; AG; Fremdenverkehrsort.

Monseigneur [mõseˈnjøːr], Titel frz. hoher weltl. u. geistl. Würdenträger, Abk.: *Mgr.*

Monsieur [frz. m(ə)ˈsjø], abgek. *M.,* (mein) Herr.

Monsignore [-zɪnˈjoːrə], it. Titel kath. Prälaten; in Dtld Anrede d. Ehrenprälaten niederer Klasse.

Monstera, *Fensterblatt,* kletterndes Aronstabgewächs d. trop. Amerika, gelappte Blätter; Zimmerpflanze.

Monstranz, *w.* [nl.], Schaugefäß für d. geweihte Hostie.

Monreale, *Dom*

Montblanc

Monte Carlo

Monte Cassino

Monstre- [frz., engl., l.], *Monster,* als Vorsilbe: Riesen-, bes. f. übertriebenen äußeren Aufwand.

monströs [l.], ungeheuerlich, unförmig.

Monstrum, *s.* [l.], Ungeheuer, Mißgeburt.

Monsun/e [arab.], halbjährl. wechselnde Winde: *Sommermonsun* vom Indischen Ozean nach Vorderindien landeinwärts, *Wintermonsun* (Okt. bis März) in umgekehrter Richtung. Hauptursache ist die jahreszeitl. Verlagerung d. äquatorialen W-Windzone: i. Sommer über N-Indien b. ca. 30° n. Br.; Sommermonsune bringen Regenzeit. – M. auch an den Küsten Afrikas (Guinea) u. Australiens (N-Küste).

Mont [frz. mõ], *Monte* [it.], Berg.

Montabaur (D-56410), Krst. d. Westerwaldkr., RP, 11 614 E; AG; nahe bei der **Montabaurer Höhe,** 546 m..

Montafon, Illtal in Vorarlberg, 34 km lang; Hptort *Schruns.*

Montag, 1. Tag der Woche, „Tag des Mondes".

Montage, *w.* [frz. -ˈtaːʒ(ə)],
1) *techn.* Tätigkeit des → Monteurs.
2) manuelles Zusammenbauen verschiedener fotograf. Bilder, Bildausschnitte, Filme zu neuem Bild, das dann nochmals fotografiert wird. Nach wie vor oft mißbraucht zur Fälschung fotografischer Reportagen; beliebtes künstler. Mittel: die Fotomontage.
3) *Film-M.* das Zus.setzen der Bildstreifen.

Montagnards [mõtaˈɲaːr], in d. Französischen Revolution radikale Republikaner („Bergpartei").

Montaigne [mõˈtɛnʲ], Michel Eyquem de (28. 2. 1533–13. 9. 92), frz. phil. Schriftst. d. Späthumanismus, Skeptiker; Schöpfer der literarischen Form d. → „Essay"/e *(Les essais).*

Montale, Eugenio (12. 10. 1896–12. 9. 1981), it. Lyriker u. Schriftst.; *Glorie des Mittags; Der Strausenfeder; Nach Finisterre;* Nobelpr. 1975.

montan- [l.], „den Bergbau betreffend"; z. B. *M.industrie* (Bergbau- und Hüttenindustrie).

Montana [-ˈtænə], Abk. *Mont.,* Bundesstaat d. USA, 380 848 km², 824 000 E; Felsengebirge (b. 3500 m hoch) u. Hügelland; Viehzucht; Bergbau: Kohle, Erdöl, Kupfer, Edelmetalle; Fremdenverkehr (Yellowstone- und Glacier-Nationalpark); Hptst. *Helena* (24 600 E).

Montand [mõˈtã], Yves (13. 10. 1921 bis 9. 11. 91), frz. Schausp. u. Sänger; *Le salaire de la peur; La guerre est fini; Z; César et Rosalie.*

Montanismus, christl. Bewegung d. 2. Jh. n. Chr., Glaube a. baldige Wiederkunft Jesu, Gründer Montanus.

Montanunion → Europäische Gemeinschaft für Kohle und Stahl.

Montanwachs, wachsähnl. Extraktionsprodukt aus Braunkohle für Isolations- u. Schmierzwecke.

Montbéliard [mõbeˈljaːr], dt. *Mömpelgard,* St. in d. frz. Dép. *Doubs,* am Rhein-Rhône-Kanal, 33 000 E. – Im 10. Jh. Hptort d. Sundgaus, 1407 württembergisch, 1793 frz.

Montblanc [mõˈblã], höchster Berg Europas (4807 m) i. Grenzgebiet von Frkr., Italien u. Schweiz, mehrere Granitgipfel; Schneegrenze bei 2850 m; Erstbesteigung 1786; 11,6 km l. Tunnel, Bergbahnen; Hubschrauberlandeplatz unterhalb des Gipfels.

Montbretia, *Crocosmia,* Zwiebelgewächs; Zierpflanze mit orangeroten Blüten.

Mont Cenis [mõs(ə)ˈni], Alpenpaß an der frz.-it. Grenze, Grajische Alpen, 2083 m; mit **M.-C.-Bahn** u. **M.-C.-Tunnel,** 12,2 km lang.

Monte, Philippe de (1521–4. 7. 1603), franko-flämischer Komponist; Hofkapellmeister d. Kaiser Maximilian II. u. Rudolf II. in Wien u. Prag.

Monte-Bello-Inseln, vor d. Westküste Australiens; 1952 brit. Atomwaffenversuche.

Monte Carlo, Kurort, → Monaco.

Monte Cassino, erstes v. hl. Benedikt 529 gegr. Benediktinerkloster in d. it. Prov. Frosinone; i. 2. Weltkrieg zerstört, nach 1945 wieder aufgebaut.

Montecuccoli, Raimund Gf v. (1609 bis 80), kaiserl. Feldherr im 30jähr. Krieg u. gg. Türken u. Franzosen.

Montelius, Oskar (9. 9. 1843–4. 11. 1921), schwed. Altertumsforscher; *Chronologie d. ältesten Bronzezeit.*

Montenegro [it. „schwarzer Berg"], serbokroat. *Crna Gora,* jugoslaw. Rep.; Landschaft i. O-Teil d. Dinar. Alpen, 13 812 km², 615 000 E; zumeist verkarstetes, unwirtl. Gebirgsland, nur die Niederungen a. Skutarisee fruchtb.; Erzvorkommen u. Bergbau (Bauxit, Eisen, Chrom, Blei), Ackerbau u. Viehzucht (Schafe). Hptst. *Podgorica* (ehem. Titograd). – Bis 1389 von Serbien abhängig, dann selbst. Fürstentum; ständige Kämpfe gg. die Türken. 1910 Kgr., 1918 als Banschaft Zeta zu Jugoslawien, s. 1945 jugoslaw. Unionsrepublik; s. 1992 mit Serbien Teilrep. in einer neuen „Bundesrep. Jugoslawien".

Monterey [ˈmɒntəreɪ], St. i. S-Kalifornien, 27 000 E; i. d. Umgebung 1967 d. *M. Pop Festival,* e. legendäres Zus.treffen v. Rockmusikern.

Monte Rosa, Hptgebirgsstock der Walliser Alpen an der it.-schweiz. Grenze; *Dufourspitze* 4637 m.

Monterrey, Hptst. des mexikan. Staates Nuevo León, 1,06 Mill. (Agglom. 2,5 Mill.) E; Uni.; Schwer- u. Textilindustrie.

Montesquieu [mõtɛsˈkjø], Charles de (18. 1. 1689–10. 2. 1755), frz. Staatsphil., Begr. d. Konstitutionalismus, Lehre von der → Gewaltenteilung (nach Locke); *Persische Briefe; Vom Geist der Gesetze.*

Montessori, Maria (31. 8. 1870–6. 5. 1952), it. Pädagogin u. Ärztin; *Selbsttätige Erziehung im frühen Kindesalter,* grundlegend f. Ausbau des Kindergartens (M.schulen).

Monteur [frz. -ˈtøːr], Handwerker, der maschinelle Anlagen zusammenbaut *(montiert).*

Monteverdi, Claudio (get. 15. 5. 1567–29. 11. 1643), it. Komp.: Madrigale, Kirchenmusik *(Marienvesper),* Opern; verwendete als erster in der Oper die Arie; erster bed. Musikdramatiker: *Orfeo; Il ritorno d' Ulisse in patria.*

Montevideo, Hptst. v. Uruguay, an d. Mündung des Río de la Plata u. d. *Bai von M.,* 1,25 Mill. E; Uni. (gegr. 1840), Erzbischofssitz; Industriezentrum und Ausfuhrhafen.

Montez [-tɛs], Lola (25. 8. 1818–17. 1. 61), schottische Tänzerin, Geliebte Kg → Ludwigs I. von Bayern, der ihretwegen 1848 abdanken mußte.

Montezuma, *Moctezuma* (1467–30. 6. 1520), Herrscher d. mexikan. Aztekenreiches, v. Cortez besiegt.

Montferrand [mõfɛˈrã], Auguste Ricard de (24. 1. 1786–10. 7. 1858), frz. Architekt, hpts. in St. Petersburg tätig; *Isaak-Kathedrale* m. eisernem Kuppelrahmen, e. d. frühesten Beispiele d. Metallbauweise.

Montgelas [mõʒəˈla], Maximilian Gf v. (12. 9. 1759–14. 6. 1838), bayr. Min. unter Kg Max I., Organisator d. modernen Bayerns.

Montgolfière

Mont Genèvre [mõʒˈnɛːvr], Alpenpaß zwischen Frankreich und Italien, 1854 müM.

Montgolfier [mõgɔlˈfje],
1) Joseph-Michel de (26. 8. 1740–26. 6. 1810) m. s. Bruder
2) Jacques-Etienne (7. 1. 1745–2. 8. 99), Erfinder d. Heißluftballons.

Montgomery [məntˈgʌməri], Bernhard L. (s. 1946) Viscount M. of Alamein (17. 11. 1887–24. 3. 1976), engl. Feldm. i. 2. Weltkr.; 1945 Befehlshaber d. brit. Besatzungstruppen in Dtld, 1951–57 stellvertr. Oberbefehlshaber der NATO-Streitkräfte.

Montgomery [məntˈgʌməri], Hptst. d. US-Bundesstaates Alabama, a. schiffbaren Alabama, 194 000 E; Uni.; Agrarzentrum.

Montherlant [mõtɛrˈlã], Henri de (21. 4. 1896–21. 9. 1972), frz. Schriftst.; Romane: *Die Junggesellen; Ein Mörder ist mein Herr u. Meister*; Dramen: *Die Ordensmeister.*

Montmartre [mõˈmartr], nördl. St.teil v. Paris; Kirche *Sacré-Cœur*; Künstler- u. Vergnügungsviertel.

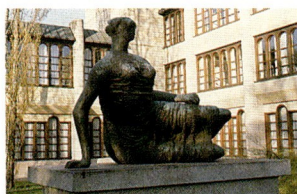
Henry Moore, *Die große Liegende*

Montparnasse [mõparˈnas], südlicher Stadtteil v. Paris (Friedhof); Künstlerviertel.

Montpellier [mõpəˈlje], Hptst. d. frz. Dép. *Hérault*, 211 000 E; Uni. (1289 gegr.), Kulturzentrum; Computer- u. Maschinenbau; Weinhandel. – Im MA berühmte Ärzteschule.

Montrachet [mõtraˈʃɛ], als → Grand Cru eingestufte Spitzenlage in Burgund, die eine d. berühmtesten trockenen Weißweine der Welt hervorbringt.

Montreal [engl. -tri'ɔːl, frz. mõreˈal], St. i. d. kanad. Prov. Quebec, an St.-Lorenz-Strom u. Ottawamündung, 1,02 Mill. (mit Vororten 3,1 Mill.) E ($^2/_3$ frz. Abstammung); kath. u. anglikan. Erzbischof; 4 Uni.; größter Getreidehafen N-Amerikas, f. Seeschiffe erreichbar; Kultur-, Handels- u. Ind.zentrum Kanadas; 2 intern. Flughäfen; Weltausstellung *Expo 1967;* XXI. Olymp. Spiele 1976.

Montreux [mõˈtrø], (CH-1820), Kurort im schweiz. Kanton Waadt, am N-Ufer des Genfer Sees, 375 müM, 20 300 E; intern. Musik- u. Fernsehfestspiele; bed. Fremdenverkehr; Weinbau; Schloß Chillon.

Montserrat,
1) Gebirgsstock in Katalonien, 1224 m; Benediktinerkloster *M.* in 721 m Höhe.
2) Insel d. Kleinen Antillen, 1632 brit. Kronkolonie; Hptst. *Plymouth.*

Montur, w. [frz.], mil. Dienstkleidung.
Monument, s. [l.], Erinnerungs-Denk-, Mahnmal.

Monumenta Germaniae Historica, *MGH* [l.], *Denkmäler dt. Geschichte;* Sammlung histor. Quellenschriften des MA (Geschichtsschreibung, Urkunden, Gesetze, Inschriften, Briefe), 1819 von Frh. v. Stein begr.; bisher ca. 250 Bde; s. 1947 i. München hgg.

monumental [l.], gewaltig, großartig, dauernd.

Monza, oberit. St. i. d. Prov. Mailand, 121 000 E; Dom; Textilindustrie; Autorennbahn.

Moon, *Mohn*, est. *Muhu*, Ostseeinsel vor d. Küste Estlands, 204 km².

Moor, *Moos, Fehn, Fenn, Lohe, Lohr, Misse, Mies, Luch, Ried, Filz,* sumpfiges, meist baumloses Gebiet, Boden aus → Torf, Vegetation meistens aus Moosen, Hptformen: *Flach-M.* (*Nieder-* oder *Wiesen-M.*), meist mit Ried- und Binsengräsern bewachsen (Bruch); *Hoch-M.* (*Torf-M.*), an kalkarmes Wasser gebunden; vorherrschend Torfmoose, Nutzbarmachung durch → Moorkultur.

Moorbäder, in wäßrigen Aufschwemmungen v. Torfmoor, das reinen Torf od. gleichzeitig Mineralstoffe wie Schwefel, Eisen usw. enthält; bes. bei Rheumatismus, Gicht, Frauenkrankheiten; wirksam durch enthaltene chem. Stoffe.

Moore,
1) Charles Willard (* 31. 10. 1925), am. Architekt; Vertr. d. Rationalismus, m. Tendenzen e. regionalist. best. u. Erinnerung evozierenden Bauens; *Piazza d'Italia* in New Orleans.
2) George (24. 2. 1852–21. 1. 1933), irischer Dichter; Gedichte, Erzählungen, Romane.
3) George Edward (4. 11. 1873–24. 10. 1958), engl. Phil., Begr. des engl. Naturalismus.
4) Henry (30. 7. 1898–31. 8. 1986), engl. Bildhauer u. Graphiker; menschl.

MONTSERRAT	
Name des Territoriums:	Montserrat
Regierungsform:	Britische Kronkolonie
Gouverneur:	Frank Savage
Regierungschef:	Reuben T. Meade
Hauptstadt:	Plymouth 1478 Einwohner
Fläche:	102 km²
Einwohner:	11 000
Bevölkerungsdichte:	108 je km²
Bevölkerungswachstum pro Jahr:	∅ –0,34% (1990–1995)
Amtssprache:	Englisch
Religion:	Protestanten
Währung:	Ostkaribischer Dollar (EC$)
Zeitzone:	MEZ – 5 Std.
Karte:	→ Antillen

Montserrat

Lola Montez, *Nymphenburg*

Moosbeere

Leib wird als Bild der Landschaft od. tektonisch aufgefaßt; *Large Two Forms* (vor d. Bundeskanzleramt, Bonn).
5) Stanford (4. 9. 1913–23. 8. 82), am. Biochemiker; Enzymforschung; Nobelpr. 1972.
6) Thomas (28. 5. 1779–25. 2. 1852), irischer Dichter; Volkslieder: *Irische Melodien;* Epos: *Lalla Rookh.*

Moorfunde, i. Moor gefundene vorgeschichtl. Reste, infolge d. chem. Eigenschaften d. Moores gut erhalten (*Moorleichen, Bronzewaffen, Schmuck*).

Moorkultur, Kultivierung v. Moor nach Entwässerung; 1) *Niederungsmoor:* a) *Schwarzkultur,* Umbruch d. obersten Schichten mit Pflug od. intensives Schwarzeggen; b) *Deckkultur,* Aufbringen v. Sand bis zu 15 cm Höhe; 2) *Hochmoor:* a) *Fehnkultur,* Entwässerung, Abtragen der oberen Schicht, *Moostorf,* d. nach Abbau des Brenntorfs darunter wieder aufgetragen u. m. 10 cm Sand überdeckt wird; b) *Brandkultur* (Raubbau), Abbrennen der Oberfläche; c) *dt. Hochmoorkultur* (weit verbreitet), Kalkung u. Düngung d. Oberfläche mit od. ohne Brenntorfgewinnung; d) *Mischkultur,* Mischung d. oberen Moorschichten (20 cm) mit Mineralerde (lehmiger Sand); mit Ausnahme von wenigen Niederungsmooren sind alle Moore arm an Phosphorsäure und Kali, Hochmoore im Ggs. zu Niederungsmooren immer arm an Kalk, Moorboden muß bes. im Frühjahr schwer gewalzt werden; kolonisierte u. besiedelte Moore: *Burtanger Moor* (an der Ems), *Marcartsmoor* (bei Aurich), *Bargstedt-Moor* (bei Rendsburg) u. a.

Moorleichen, aus Moorgebieten N-Dtlds u. S-Skandinaviens stammende Menschenfunde aus der Eisenzeit.

Moorpackungen, *Moorumschläge,* dicker heißer Moorbrei an einzelnen Körperstellen angewandt; → Moorbäder; früher innerlich auch als *Moorwassertrinkkuren,* bei entzündlichen Prozessen des Magens, Darms, der Galle und Leber.

Moosbeere, kleiner Beerenstrauch d. Hochmoore; d. gr. roten Beeren wie Preiselbeeren verwendet.

Moosbrugger, Kaspar (15. 5. 1656 bis 26. 8. 1723), (Kloster-)Baumeister u. bedeutendster Architekt d. schweiz. Barock; Mitbegr. d. → Vorarlberger Bauschule; Benediktinerkirche *Maria Einsiedeln.*

Moosburg a. d. Isar (D-85368), oberbayr. St. im Kr. Freising, 15 443 E; AG; roman. Münster; Masch.-, chem., elektrotechn. Ind.

Moose, *Bryophyten,* blütenlose, niedere Pflanzen (Kryptogamen); Wechsel von geschlechtl. (Moospflanze) u. unge-

Silber-Birnmoos

schlechtl. (Sporophyt) sich fortpflanzender Generation; letztere wächst aus befruchtetem weibl. Geschlechtsorgan auf der Moospflanze selbst empor u. trägt die Sporenkapsel. *Leber-M.,* lappenartig d. Unterlage aufliegend; *Laub-M.,* beblätterte Stämmchen.

Moostierchen, *Bryozoën,* kl. kolonienbildende Wassertiere; polypenähnl., aber d. Weichtieren näherstehend.

Moped, Fahrrad mit Kleinmotor, bis 50 cm³ Hubraum, Geschwindigkeit bis 40 km/h, Führerschein IV; *Mofa* bis 25 km/h, Führerschein V.

Mops, Hunderasse: kurze Schnauze, Ringelschwanz.

Moral, *w.* [l.], Sittlichkeit; sittl. Lehre od. entsprechende Schlußfolgerung aus einer Erzählung.

Morales, Cristobal de (um 1500 bis 1553), span. Komponist.

moralisch, sittlich, dem Sittengesetz gemäß.

Moralische Aufrüstung, engl. *Moral Rearmament,* aus der von Frank D. N. → Buchman begr. *Oxford-Gruppe* hervorgegangene Bewegung, hat d. Erneuerung d. Welt zum Ziel (gg. Rassenhaß, Klassenkampf, Atheismus, Materialismus u. Kommunismus). → Caux.

moralisieren, einseitig nach sittl. Maßstäben beurteilen.

Moralist, sittenstrenger Kritiker, Sittenprediger.

Moralität, Sittlichkeit als Übereinstimmung d. Willens m. d. Sittengesetz bzw. m. d. Idee d. Pflicht (n. Kant).

Moralphilosophie, Wissenschaft von den sittl. Tatsachen, Werten u. Forderungen (Imperativen).

Moralprinzip, oberster Begriff u. Leitsatz d. Moral.

Moraltheologie, systemat. Darstellung v. Erkenntnis u. Verwirklichung des sittl. Guten im Lichte d. christl. Offenbarung.

Morandi,
1) Giorgio (20. 7. 1890–18. 6. 1964), it. Maler; bes. Stilleben in kalkuliert einfacher Komposition u. verhaltener Farbigkeit.
2) Ricardo (* 1902), it. Architekt, wegweisender Konstrukteur d. Stahlbetons; *Unterirdischer Autosalon* in Turin; *Flugzeughalle* d. röm. Flughafens Fiumicino; Brückenbauten.

Moräne, *w.* [frz.], → Gletscher.

Moränensee, in von Gletscherzungen ausgeschürften Becken entstandener See.

Moratorium [nl.],
1) pol. Stillhalteabkommen, Vereinbarung, auf best. Gebieten Mil.potentiale nicht zu erhöhen.
2) befristeter Zahlungsaufschub, → Stundung e. Schuld, beruht auf Gesetz oder Vertrag. → Zwangsvollstreckungsschutz; → Vergleichsordnung.

Morava,
1) r. Nbfl. der Donau i. Jugoslawien, 221 km l.; als *Westl. M.* (298 km) aus dem serb. Bergland und als *Südl. M.* (318 km) aus der Crna Gora.
2) → March.
3) → Mähren.

Moravia, Alberto, eigtl. *Pincherle* (28. 11. 1907–26. 9. 90), it. Erzähler des psych. Realismus; Romane: *Die Römerin; Agostino; La Noia; Der Zuschauer.*

Speisemorchel

Stinkmorchel †

Moränensee, *Lago Bianco*

Punktiertes Sternmoos   Wetteranzeigendes Drehmoos

Moray Firth [ˈmʌn, fəːθ], trichterförm. Meeresbucht an der NO-Küste Schottlands.

morbid [l.], krankhaft, kränklich, verfallen.

Morbidität, Erkrankungshäufigkeit.

Morbihan [-biˈã], frz. Dép. i. d. Bretagne, 6823 km², 619 800 E; Hptst. *Vannes;* Fischerei, Austern.

Morbilli → Masern.

Morbus [l.], Krankheit.

Morbus haemolyticus neonatorum, svw. *Erythroblastose,* → Rhesusfaktor.

Morchel, Pilze, ähnlich den → Lorcheln; *Speise-M., Spitz-M.*

Mord, vorsätzl. aus niedrigen Beweggründen oder heimtück. od. grausam od. mit gemeingefährl. Mitteln od. zur Ermöglichung od. Verdeckung einer anderen Straftat begangene Tötung eines Menschen: lebenslängl. Freiheitsstrafe (§ 211 StGB).

Mordwinen, finnischer Volksstamm an der mittleren Wolga (1,2 Mill.); *Mordwinische Autonome Sowjetrep.* (26 200 km², 964 000 E); Hauptstadt *Saransk.*

Mordwinien, russ. auton. Rep., 26 200 km², 964 000 E; Hptst. *Saransk* (312 000 E).

More [mɔː],
1) Henry (12. 10. 1614–1. 9. 87), engl. mystizist. Phil.; prägte den Begriff der 4. Dimension.
2) Sir Thomas → Morus.

Morea, neugriech. Bez. des → Peloponnes.

Moréas, Jean eigtl. *Joannis Papadiamantopoulos* (15. 4. 1856–30. 3. 1910), frz. Dichter griech. Abstammung; Symbolist, später Neuklassizist.

Moreau [mɔˈro],
1) Gustave (6. 4. 1826–18. 4. 98), frz. Maler d. Symbolismus; Lehrer v. Matisse u. Rouault.
2) Jean Michel, *le jeune* (26. 3. 1741 bis 30. 11. 1814), frz. Radierer; Buchillustrationen literar. u. wissenschaftl. Werke.
3) Jean Victor (14. 2. 1763 bis 2. 9. 1813), frz. General; 1804 verbannt; im Kampf gg. Napoleon 1813 gefallen.
4) Jeanne (* 23. 1. 1928), frz. Filmschausp.in; *Les amants; Jules et Jim; Viva Maria!.*

more geometrico [l. „nach Art der Geometrie"], phil. Methode des Denkens, deduktiv zu verfahren.

Morelia, Hptst. d. mexikan. Staates Michoacán, 490 000 E; kath. Uni. u. Bischof.

Morellen, Sauerkirschenart.

Morelli, Domenico (4. 8. 1826–13. 8. 1901), it. Maler; stilist. wandlungsfäh., virtuose Maltechnik m. schnellem Pinselstrich; im Spätwerk realist. Tendenzen; *Versuchung d. hl. Antonius.*

Morelos, mexikan. Staat, Anbau v. Zucker, Mais, Reis; Silberbergbau; 4950 km², 1,19 Mill. E; Hptst. *Cuernavaca* (282 000 E).

morendo [it.], *mus.* ersterbend.

Mores [l. „Sitten"], *M. lehren,* zurechtweisen.

Mörfelden-Walldorf (D-64546), St. i. Kr. Gr.-Gerau, Hess., 29 914 E; Metallind.

Morgagni [-ˈɡaɲɲi], Giovanni (25. 2. 1682–6. 12. 1771), it. Arzt; Begr. d. patholog. Anatomie.

Morgan [mɔːɡən],
1) Charles (22. 1. 1894–6. 2. 1958), engl. phil. Romanschriftst.; *Der Quell; Die Flamme; Das leere Zimmer.*
2) John (7. 9. 1867–13. 3. 1943), am. Bankier; vermittelte die Ententeanleihen im 1. Weltkr.
3) Lewis Henry (21. 11. 1818–17. 12. 81), am. Anthropologe; *Die Urgesellschaft.*
4) Thomas Hunt (25. 9. 1866–4. 12. 1945), am. Biologe; Forschungen über Vererbung (Versuche mit Taufliege); Nobelpr. 1933.

Morgana, Fee der altfrz. Sage; nach ihr: die Luftspiegelung *Fata M.*

morganatische Ehe, ehemals beim hohen Adel zulässige Heiratsform *(Ehe zur linken Hand),* infolge Unebenbürtigkeit d. Ehepartners ohne volle familien- u. vermögensrechtl. Folgen der Ehe..

Morgarten, Höhenzug am Ägerisee, in den Schwyzer Alpen, 1245 m. – 1315 Sieg der schweiz. Waldstätte über das österreichische Ritterheer.

Morgen, Flächenmaß; urspr. die von e. Gespann an einem Morgen umgepflügte Ackerfläche.

Morgengabe, Geschenk, das nach früherem Recht der Ehemann am Morgen nach der Brautnacht seiner Ehefrau übergab.

Morgenland, *Orient* (im Ggs. zum Abendland: *Okzident*), die Länder östl. d. Mittelmeers: bes. Vorderasien u. Ägypten, svw. Naher Osten.

morgenländische Kirche,
1) Sammelname für die versch. teils von Rom getrennten, teils mit Rom unierten (→ unierte morgenländische Christen) christlichen Konfessionen O-Europas, Kleinasiens u. Ägyptens mit eigenen Riten u. Überlieferungen; bes.
2) die orthodoxe anatolische Kirche (griech.-orthodoxe, griech.-oriental. K.), s. 1054 → Schisma, breitete sich über Balkan u. slaw. Länder aus, in staatl. Einzelkirchen gegliedert, erkennt nur d. Beschlüsse der ersten 7 → Ökumenischen Konzile an; unabhängig v. Papst, 168 Mill. Anhänger.

Morgenpunkt, svw. → Ostpunkt.

Morgenstern,
1) Christian (29. 9. 1805–27. 2. 67), dt. Landschaftsmaler der Romantik; s. Enkel
2) Christian (6. 5. 1871 bis 31. 3. 1914), dt. Dichter; Groteskes: *Galgenlieder*; ernste Gedankenlyrik: *Meine Liebe ist groß wie die weite Welt;* Aphorismen: *Stufen.*

Morgenstern,
1) → Abendstern.
2) ma. Handwaffe; Keule, mit eisernen Stachelspitzen besetzt.

Morgenthau [ˈmɔːgənθɔː], Henry (11. 5. 1891–6. 2. 1967), amerik. Finanzpol.; 1934–45 Finanzmin., Mitarbeiter Roosevelts; schuf Weltwährungsplan und Weltwährungsbank; von ihm d. **M.plan:** v. Roosevelt u. Churchill auf d. Konferenz in Quebec 1944 unterzeichnet, sah d. Entindustrialisierung Dtlds u. s. Umwandlung in ein Agrarland vor (nicht verwirklicht).

Morgenweite, b. einem Stern d. Bogen des Horizontes zw. d. Aufgangspunkt u. d. → Ostpunkt.

Morges [mɔrʒ], (CH-1110), schweiz. Bez.hptort im Kanton Waadt, an Genfer See, 13 100 E; Weinbau, Fremdenverkehr; Sitz des World Wide Fund for Nature.

moribund [l.], sterbenskrank, im Sterben liegend.

Mörike, Eduard (8. 9. 1804–4. 6. 75), dt. Dichter des schwäb. Biedermeier u. Realismus; Lyrik (vertont v. → Wolf), Märchen; Roman: *Maler Nolten;* Novelle: *Mozart auf der Reise nach Prag.*

Morillon [mɔriˈjɔ̃], Philippe (* 24. 10. 1935), frz. Gen.; von März 1992-Mitte 93 Befehlsh. der UNO-Friedenstruppe in Bosnien-Herzegowina.

Morisken [span.], zum Christentum nur scheinbar übergetretene Mauren, von der Inquisition verfolgt.

Moriskentanz, Einzel- u. Gruppentanz d. 15. u. 16. Jh.

Morisot [mɔriˈzo], Berthe (14. 1. 1841 bis 2. 3. 95), frz. Malerin d. Impressionismus; *Die Wiege.*

Moritat, Schauergeschichte; → Bänkelsänger.

Moritz,
1) M., Landgraf v. Hessen (25. 5. 1572 bis 15. 3. 1632), reg. 1592–1627, gelehrt u. friedliebend; *Dichtungen.*
2) M., Prinz von *Oranien* (13. 11. 1567 bis 23. 4. 1625), 1584 von d. nördl. Prov.en der Ndl. zum Statthalter gewählt, vertrieb die Spanier.
3) M. v. Sachsen (21. 3. 1521–11. 7. 53), 1541 Herzog, protestant., verriet im Schmalkald. Krieg 1546/47 die protestant. Sache, erhielt dafür von Karl V. die sächs. Kurwürde; dann Gegner Karls V., nötigte ihn zum Vertrag von Passau 1552.

Moritz, Karl Philipp (15. 9. 1756–26. 6. 93), dt. Schriftst.; autobiogr. Entwicklungsroman: *Anton Reiser.*

Moritzburg,
1) Jagdschloß b. Dresden (16. Jh.); im 18. Jh. von Pöppelmann umgebaut (Geweihsammlung.)
2) Schloß in Halle (Saale); heute Museum.

Morley [ˈmɔːli], Thomas (1557–1603), engl. Komponist; Madrigale.

Mormonen, *Kirche Jesu Christ: der Heiligen der Letzten Tage (Latter-Day Saints),* christl. Sekte in d. USA, gegr. v. J. *Smith* (1805–44), der eine Schrift im Stil des A.T., dessen Held ,,Mormon" war, als eigene Offenbarungen herausgab; Vielehe 1896 aufgegeben; M.staat Utah mit Hptstadt → *Salt Lake City* von den M. erschlossen.

Moro, Aldo (23. 9. 1916–9. 5. 78), it. Politiker (DC); 1963–68 u. 1974–76 Min.präs. u. mehrmals Außenmin. (u. a. 1969–72 u. 1973/74); 1978 v. Terroristen entführt u. ermordet.

Moroni, Hptst. d. Rep. → Komoren, 22 000 E; Handelszentrum; Flughafen.

Morphem, *Sprachwiss.:* kleinste bedeutungstragende Einheit eines Wortes (,,Sinnatom"), z. B. das *t* in ,,hat" (bezeichnet 3. Person Singular Präsens), auch suprasegmental durch Betonung (z. B. bes. *únterstellen* u. *unterstéllen*).

Morpheus, griech. Gott des Schlafes.

Morphinismus, Sucht nach → Morphium, führt zu geist. u. körperl. Verfall; Entziehungskur in geschlossenen Anstalten wegen Entzugserscheinungen.

Morphium, *Morphin(um),* (Schmerz-)Betäubungsmittel und Rauschgift, Alkaloid des Mohns; 1803 v. F. W. Sertürner entdeckt; nur auf ärztl. Verordnung für Heilzwecke; strenge behördl. Kontrolle; → Rauschgifthandel.

Morphologie [gr.],
1) *Biol.:* Lehre v. d. Körper-, Zellformen
2) *Linguistik:* Lehre v. d. → Morphemen.

Morris [ˈmɔris],
1) Robert (* 9. 2. 1932), am. Bildhauer; Vertr. d. Minimal Art, Concept Art, Land Art; auch Außenskulpturen m. archaisierenden Stilelementen.
2) Roger (19. 4. 1695–31. 1. 1749), engl. Architekt, e. Hptvertr. d. Palladianismus (→ Palladio); später Wendung z. Neugotik; *Schloß von Inverary.*
3) William (24. 3. 1834–3. 10. 96), engl. Dichter, Maler, Sozialpol.; als Designer u. Kunsthandwerker e. intern. ein-

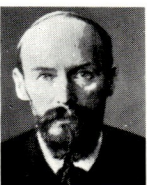
Christian Morgenstern

Eduard Mörike

Toni Morrison

Morgensterne

Karl Philipp Moritz

Thomas Morus

Morse-Alphabet

flußreicher Wegbereiter d. Jugendstils; m. J. Ruskin Initiator d. reformist. *Arts and Crafts*-Bewegung.

Morrison [ˈmɔrisn], Toni, eigtl. *Chloe A. Wofford* (* 18. 2. 1931), am. Schriftst. afrikan. Abstammung, setzt sich gg. d. Benachteiligung d. farb. Bevölkerung ein; Nobelpreis 1993; *Sehr blaue Augen; Salomons Lied; Jazz.*

Mors [l.], der Tod.

Morse, Samuel (27. 4. 1791–2. 4. 1872), am. Maler u. Erfinder; entwickelte **M.apparat,** Fernschreiber: übermittelt telegraph. Nachrichten über Drahtleitung; entsprechend d. Tasten nach **M.alphabet** auf Sendestelle zeichnet auf Empfangsstelle ein elektromagnet. Stift Striche u. Punkte auf Papierstreifen.

Mörser,
1) Gefäß z. Zerstampfen harter Stoffe.
2) früher schweres Steilfeuergeschütz; heute Granatwerfer.

Mortadella, in Italien harte haltbare Zervelatwurst; in Dtld Brühwurst aus Schweine- u. Kalbfleisch mit Speckstücken.

Mortalität, *w.* [l.], Sterblichkeit (→ Schaubild Mortalität).

Mörtel, *Speise,* Brei zum Verbinden v. Mauersteinen u. als Wandverputz; Gemisch aus einem Bindemittel, Sand u. Wasser; als Bindemittel gelöschter Kalk: *Kalk-M.,* bindet an der Luft ab *(Luft-M.),* Zement: *Zement-M.,* bindet auch unter Wasser ab *(Wasser-M.), Gips-M.* für Innenputz und Stukkaturen, *Schamotte-M.* mit feuerbeständigem Ton für Feuerstättenbau.

Morteratschgletscher, am N-Hang der Berninagruppe, bei Pontresina, 17 km², 7,5 km l.

Morula, *Maulbeerkeim,* während der Keimesentwicklung (Furchung) auftretender Zellhaufen.

Morus, *More,* Sir Thomas (7. 2. 1478 bis 6. 7. 1535), engl. Staatsmann, Kanzler Heinrichs VIII. v. England; hingerichtet, weil er sich als Fürsprecher des Katholizismus Heinrichs Ehescheidung u. Reformationsideen widersetzte; staatsphilos. Roman: *Utopia* (→ Utopie); 1535 heiliggesprochen.

Mosaik, *s.* [arab.], aus bunten Stein-, Glas- od. Marmorstücken zusammengesetztes Bild (od. Muster); s. der Antike bekannt, erst Fußbodenbelag (*Pompeji*), später Wandverzierung bes. i. frühchristl. u. byzantin. Kirchen.

mosaisch, svw. v. → Moses herrührend.

Mosaisches Gesetz, die jüd. Kultvorschriften.

Mosambik, *Moçambique,*
1) Rep. in SO-Afrika, am Ind. Ozean (Str. v. M.). **a)** *Wirtsch.:* Hptanbau: Mais, Zuckerrohr, Tee, Baumwolle, Kokospalmen; Bodenschätze: Steinkohle, Eisenerz- u. Graphitlager, Asbest, Bauxit,

Kupfer, Uran, Gold, Edelsteine, Erdgas; Ausfuhr v. Baumwolle, Cashewnüssen, Garnelen. **b)** *Außenhandel* (1991): Einfuhr 899 Mill., Ausfuhr 390 Mill. $. **c)** *Verf.* v. 1990: Präsidiale Rep. m. Mehrparteiensystem; Versammlung d. Rep. **d)** *Verw.:* 11 Prov. **e)** *Gesch.:* Ab 1752 port. Kolonie; die M.-Kompanie verwaltete s. 1891 (Vertrag 1941 erneuert) d. angeschlossene Gebiet Manica u. Sofala, Verw.sitz Beira; 1951 portugies. Überseeprovinz; 1964 Beginn des Guerillakrieges durch die Befreiungsfront → FRELIMO; s. 1975 unabhängige Volksrep.; Bürgerkrieg mit antikommunisti-

Mosaik, *Das Mädchen mit „Bikini"* in Piazza Armerina

MOSAMBIK	
Staatsname:	Republik Mosambik, República de Moçambique
Staatsform:	Präsidiale Republik
Mitgliedschaft:	UNO, AKP, OAU, SADC, Commonwealth, C-PLP
Staatsoberhaupt:	Joaquim Alberto Chissano
Regierungschef:	Pascoal Manuel Mocumbi
Hauptstadt:	Maputo 1,07 Mill. Einwohner
Fläche:	801 590 km²
Einwohner:	16 614 000
Bevölkerungsdichte:	21 je km²
Bevölkerungswachstum pro Jahr:	⌀ 2,83% (1990–1995)
Amtssprache:	Portugiesisch
Religion:	Katholiken (31,5%), Muslime (13%), Naturreligionen
Währung:	Metical (MT)
Bruttosozialprodukt (1994):	1328 Mill. US-$ insges., 80 US-$ je Einw.
Nationalitätskennzeichen:	MOC
Zeitzone:	MEZ + 1 Std.
Karte:	→ Afrika

Mortalität

Todesursachen in der BR Deutschland (1994)
Gestorbene je 100 000 Einwohner

- Krankheiten des Kreislaufsystems: 430,4
- Neubildungen: 212,4
- Krankheiten der Atmungsorgane: 52,8
- Krankheiten der Verdauungsorgane: 42,8
- Verletzungen und Vergiftungen: 40,9
- Krankheiten des Nervensystems und der Sinnesorgane: 25,2
- Diabetes mellitus: 22,5
- Symptome und schlecht bezeichnete Affektionen: 21,9
- Krankheiten der Harn- und Geschlechtsorgane: 9,7
- Infektiöse und parasitäre Krankheiten: 8,1
- Kongenitale Anomalien: 2,2

scher RENAMO (mehr als 700 000 Tote); 1992 Friedensvertrag; 1994 Parlamentswahlen mit absoluter Mehrheit für die FRELIMO, d. e. Beteiligung der RENAMO an der Regierung ablehnt; 1995 Beitritt z. Commonwealth.
2) Hafenst. in M., auf einer Koralleninsel vor der Küste, 20 000 E.
Mosbach (D-74821), Krst. d. Neckar-Odenwald-Kr., Ba-Wü., 25 100 E; Fachwerkbauten, AG, LG; div. Ind. – Ehem. Freie Reichsstadt, im 8. Jh. gegr.
Moschee, *w.,* „Versammlungshaus", moh. Gebetshaus, mit seitl. schlanken

Mosambik

Türmen: *Minarette* (ohne Glocken); auch Abb. → Istanbul.
Moscherosch, Johann Michael (5. 3. 1601–4. 4. 69), dt. Barockdichter; Mitgl. d. „Fruchtbringenden Gesellschaft"; Satiriker; *Wunderbarliche u. wahrhaftige Gesichte Philanders v. Sittewald.*
Moschus, *Bisam,* Inhalt der M.drüse des → Moschustiers, bei Anfeuchtung stark duftend, in millionstel mg noch wahrnehmbar; bes. zu Parfüm.
Moschusochse, rinderähnl. Horntier des arktischen N-Amerika u. Grönlands.
Moschustier, geweihlose kleine Hirsche (Tibet); Männchen mit hauerförmigen Eckzähnen und Moschusdrüse.
Mosel, l. Nbfl. des Rheins, von den S-Vogesen, durchbricht das Rhein. Schiefergebirge bei Trier, mündet bei Koblenz (Dt. Eck), 545 km l., davon 242 km auf dt. Gebiet; bed. Weinbaugebiet (Bernkastel, Uerzig, Erden, Traben-Trarbach, Piesport, Zell); v. Thionville bis Koblenz als Schiffahrtsstraße f. 1500-t-Schiffe ausgebaut; 14 Staustufen u. 12 Kraftwerke.
Moseley [ˈmoʊzlɪ], Henry (23. 10. 1887 bis 10. 8. 1915), engl. Phys.; fand 1913 das *M.sche Gesetz* (Linien d. Röntgen-→ Spektrums verschieben sich regelmäßig entsprechend d. → Ordnungszahlen d. → periodischen Systems).
Moselle [-ˈzɛl], frz. Dép., 6216 km², 1 Mill. E; Hptst. *Metz;* bis 1918 d. dt. Bez. Lothringen.
Moser,
1) Hans, eigtl. *Jean Julier* (1. 8. 1880 bis

18. 6. 1964), östr. Film- u. Bühnenschausp.; *Ober, zahlen!*
2) Hans-Joachim (25. 5. 1889 bis 14. 8. 1967), dt. Musikforscher; *Gesch. d. dt. Musik.*
3) Johann Jakob (18. 1. 1701–30. 9. 85), dt. Staatsrechtler u. Pietist; „Vater d. dt. Staatsrechts".
4) Karl (10. 8. 1860–28. 2. 1936), schweiz. Architekt, zunächst Vertr. e. gemäßigten Historismus (*Badischer Bahnhof,* Basel), dann e. Pionier d. Rationalismus in d. Schweiz (Stahlbetonkirche *St. Antonius,* Basel).
5) Koloman (30. 3. 1868–18. 10. 1918), östr. Maler, Graphiker u. Innenarchitekt, e. Wegbereiter d. östr. Jugendstils; 1897 Mitbegr. d. Wiener Sezession u. 1903 d. Wiener Werkstätte.
6) Lucas, dt. Maler d. Spätgotik; nachweisbar um 1430; *Tiefenbronner Altar.*
7) Werner (16. 7. 1896–19. 8. 1970), Architekt, Sohn von 4), e. Wegbereiter d. schweiz. Moderne (*Reformierte Kirche,* Altstetten).
Möser, Justus (14. 12. 1720–8. 1. 94), dt. Staatsmann u. Schriftst., Gegner der Aufklärung; Einfluß auf Herder u. Goethe; *Patriot. Phantasien.*
Moser-Pröll, Annemarie (* 27. 3. 1953), östr. alpine Skirennläuferin; Olympia-Siegerin 1980 in d. Abfahrt, Kombinations-WM 1972, 1974 Abfahrts-WM, 1978 Abfahrts-WM u. Kombination; sechsmal. Gesamt-Weltcup-Siegerin u. siegte in 62 Weltcup-Wettbewerben, 14 östr. Titel.
Moses, Anna Mary, gen. *Grandma M.* (7. 9. 1860–13. 12. 1961), am. Malerin; bed. Vertr. d. naiven Malerei.
Moses, *Mose,* Religionsstifter und Gesetzgeber (→ Thora) der Israeliten um 1500 od. 1200 v. Chr. (A.T.); führte s. Volk aus d. ägypt. Knechtschaft.
Mösien, lat. *Moesia,* seit Augustus röm. Provinz südl. d. unteren Donau; Bev. thrakisch, seit 2. Jh. v. Chr. auch ostgerman. → Bastarner; s. 375 n. Chr. Goten angesiedelt, 6. Jh. Einwanderung von Slawen (bes. Bulgaren und Serben).
Moskau, russ. *Moskwa,* Hptst. v. Rußland u. d. Moskauer Gebiets a. d. Moskwa, 8,97 Mill. E; Sitz der russ. Regierung; → Kreml; Zentr. f. Wiss. Kunst u. Kultur, Uni., techn. u. a. HS, Akad. d. Wiss., Russ. Staatsbibliothek (25 Mill. Bde), Museen, Oper, Konservatorium, zahlr. Kathedralen u. Kirchen, viele ehem. Klöster, Gr. Kremlpalast; bedeutendster Eisenbahnknotenpunkt Rußlands, 4 Flughäfen; Eisen-, Stahl-, chem., Elektro-, Maschinen-, Textil-, Leder- u. a. Ind.; Fernsehturm 537 m h.; Metro (220 km Ges.länge).
Moskau-Wolga-Kanal, 1934/37 erbaute Großschiffahrtsstraße, 128 km.
Moskitos, *m.* [span.],
1) *Misquito*-Indianer, Bewohner der **Moskitoküste,** sumpfiges Küstengebiet Mittelamerikas, am Karib. Meer.
2) → Stechmücken.
Moskwa, l. Nbfl. der Oka, 502 km l., ab Moskau schiffbar.
Moslem [arab. „der sich Gott Hingebende"], *Muslim,* Anhänger des Islam.
Moslembruderschaft, *Ichwan el muslimin,* 1930 gegr., pol. Geheimbund z. orthodox-islam. Neugestaltung Ägyptens; gewinnt erheblichen Einfluß in der arab. Welt.

Mossadeq, Mohammed (1880–5. 3. 1967), iran. Pol.; wiederholt Min.präs.; enteignete anglo-iran. Ölges., s. Staatsstreich 1953 mißglückte, i. Haft b. 1956.
Mößbauer, Rudolf (* 29. 1. 1929), dt. Phys.; entdeckte *M.-Effekt* d. Gammastrahlen (ermöglicht genaueste Messung d. Energieniveaus von Atomkernen, die als Methode zur Klärung der Struktur komplizierter chem. Verbindungen nutzbar ist); Nobelpr. 1961.
Mossi, Hauptstamm d. Sudanneger.
mosso [it.], *mus.* bewegt; *più mosso,* bewegter.
Most, tschech. Bez. f. d. Krst. → Brüx.
Most, durch Kelterung ausgepreßter, vergorener od. unvergorener Frucht- od. Traubensaft.
Mostaert [-a:rt], Jan (um 1475–1555 od. 56), ndl. Maler; Altarbilder, Porträts.
Mostar, Gerhart Herrmann (8. 9. 1901 bis 8. 9. 73), dt. Schriftst.; pol. Komödien; Gerichtsreportagen; *Weltgeschichte höchst privat.*

Moschee, *Irak, Kerbela*

Mostar, St. an der Neretva, 126 000 E; Hptort der Herzegowina.
Mostgewicht, Maß f. d. Qualität eines Trauben- od. Obstsaftes, das m. Hilfe e. *Mostwaage* (od. eines Refraktometers) d. Zuckergehalt anhand des spezif. Gewichts bzw. der → Dichte des Mosts bestimmt. Da d. Zuckergehalt d. potentiellen Alkoholgehalt festlegt, ist es e. Maß f. d. Reife der Trauben. In Dtld u. d. Schweiz wird d. M. in ° *Oechslegrad,* in Östr. in Grad *KMW* (Klosterneuburger Mostwaage) angegeben (Umrechnung: °Oechsle × 4,98 = °KMW). Das dt. Weingesetz schreibt f. d. Stufen der Qualitäts- u. Prädikatsweine (nach Rebsorte u. Anbaugebiet schwankend) e. Mindest-M. vor.
MOS-Transistor, engl. **M**etal **O**xide **S**emiconductor od. *Silicon,* spezielle Form eines → Feldeffekttransistors m. geringem Energieverbauch, daher sind bei → integrierten Schaltungen sehr große Integrationsgrade möglich (z. B. Halbleiterspeicher); man unterscheidet *NMOS-, PMOS-* u. *CMOS-*Elemente.
Mostrich, *Senf,* Brei aus Essig u. weißem od. schwarzem Senfpulver unter Zusatz v. Gewürzen.
Mosul, *Mossul,* St. in d. Prov. Ninive (1,5 Mill. E) im Irak, am oberen Tigris, 571 000 E; Uni.; Erdölraffinerie, Agrarzentrum.

Motel, s., *Motor-Hotel,* Übernachtungsheime für Autofahrer mit Garagen, Kfz-Reparatur u. ä.
Motette, s. [it.], mehrstimmiges Gesangswerk, meist auf geistl. Texte u. ohne Instrumentalbegleitung, vorherrschende Kompositionsgattung der *Ars antiqua.*
Motherwell [ˈmʌðəwəl], Robert (* 24. 1. 1915), am. Maler u. Kunstschriftst.; e. Hptvertr. d. Abstrakten Expressionismus u. d. Action Painting; *Elegien für die spanische Republik.*
Motherwell [ˈmʌðəwəl], St. in Schottland, am Clyde, 30 000 E; kath. Bischofssitz; Eisen- u. Stahlind.
Motion, w. [l.], Bewegung.
Motionen, in der Schweiz Parlamentsanträge an d. Bundesregierung.
Motiv, s. [l.],
1) zu künstler. Gestaltung anregender Gegenstand od. einzelner, kennzeichnender Teil eines Kunstwerkes; in der *Musik:* kleinste mus. Sinneinheit, besteht aus mindestens zwei Tönen; mus. Thema, gebildet aus mehreren Motiven (→ Leitmotiv).
2) Beweggrund einer Willensregung u. -handlung.
Motivforschung, *Motivationsforschung,* Untersuchung d. Beweggründe für Handlungen; prakt. Anwendung vor allem in d. Wirtschaft zur Ermittlung der Motive u. Reaktionen des Käuferpublikums zum Zweck d. Werbung u. industriellen Formgebung.
motivieren, begründen, anregen.
Motivierung, *Motivation,* Bestimmung durch Beweggründe.
Motivirrtum, Irrtum im Beweggrund, berechtigt außer bei Testament u. arglistiger Täuschung grundsätzlich nicht zur Anfechtung.
Motivprogramme, Chip-Karten lassen sich in moderne elektron. Kameras einschieben u. programmieren d. jeweilige Kamera f. e. best. Aufnahmezweck, f. alle klassischen Motivbereiche (Landschaft, Kinder, Sport etc.).
Moto-Cross, s. [engl.], Querfeldein-Motorradrennen.
Motor, m. [l.], Maschine, die Energie in mechan. Arbeit verwandelt; dient z. Antrieb v. Arbeitsmaschinen, Fahr- u. Flugzeugen, z. B. Windmotor, Wassermotor (→ Wasserrad, → Turbine) → Elektromotor, Flugzeugtriebwerke (→ Tafel Luftfahrt); → Verbrennungskraftmaschinen (→ Tafel Kraftfahrzeuge).
Motorantrieb, in viele Kameras eingebaut oder extern anschraubbar; ermöglicht schnellste Aufnahmefolgen von mehreren Bildern pro Sekunde.
Motorboot, durch Benzin- od. Dieselmotor angetriebenes Wasserfahrzeug, Motor im Schiffsinnern eingebaut, beim *Außenbord-Motorboot* abnehmbar außen angebracht (bes. Rennbootklasse mit hohen Geschwindigkeiten); auch Außenbordmotor für Paddel-, Ruder- u. Segelboote, heute auf Binnenseen nur noch mit Sondergenehmigung.
Motorbremse, Bremsvorrichtung f. Lkw; Wirkung durch Abgasstau im Brennraum.
Motorik, *med.* willkürl. Bewegungen des Körpers.
motorisch, bewegend, durch Motorantrieb; die Bewegung betreffend (motorische Nerven).

Moses, *Michelangelo*

Moskau, *Roter Platz*

Rudolf Mößbauer

Motorpflug, durch Diesel- od. Benzinmotor angetriebener Pflug auf Rädern oder Raupenbändern; meist als Schlepppflug ausgebildet.
Motorrad (früher, noch Amtssprache: *Kraftrad;* mil. *Krad*), aus d. Fahrrad entwickelt, zwei- oder dreirädrig, mit Benzinmotor (→ Verbrennungskraftmaschinen); Rahmen aus nahtlosen Stahlrohren; Motor meist luftgekühlt, daher Luftrippen auf Zylinder; Magnet-, seltener Batteriezündung, auch 2 Sitze od. mit Beiwagen; → Moped, → Motorroller, Mofa.
Motorroller, Sonderform d. Motorrads; kleinere Räder, Schutzverkleidungen gg. Straßenschmutz, auch 3rädrig; erster dt. M. der Krupp-Roller (1919), n. 1945 in Italien, dann in Dtld weiterentwickelt; sehr verbreitet i. d. 50er Jahren.
Motorschiff, *M. S.,* durch Verbrennungsmotor angetriebenes Schiff; kl. Einheiten: → Motorboot; b. Fischerbooten u. gr. Leistungseinheiten (Überseeschiffen, U-Booten, z. T. auch Kriegsschiffen) Dieselmotor, meist 2-Takt-Motor; Verwendung billiger Schweröle, hoher Wirkungsgrad.
Motorschlitten, Schlitten, wird wie ein Flugzeug durch Luftpropeller angetrieben.
Mott,
1) John Raleigh (25. 5. 1865–31. 1. 1955), am. protestant. Kirchenführer; Präs. des Weltkomitees d. → YMCA; Friedensnobelpr. 1946.
2) Sir Neville F. (30. 9. 1905–11. 8. 96), engl. Physiker; Arbeiten z. Festkörperphysik, el. Leitfähigkeit; Nobelpr. 1977.
Mottelson, Ben (* 9. 7. 1926), dän. Physiker; Nobelpr. 1975 (Forschungen z. Theorie des Atomkerns).
Motten, Kleinschmetterlinge; Raupen schädlich (z. B. *Kleider-M., Pelz-M., Korn-M.*).
Mottl, Felix (24. 8. 1856–2. 7. 1911), östr. Dirigent u. Komp., Wagner-Interpret.
Motto, s. [it.], Sinnspruch, Leitspruch.
motu proprio [l.], „aus eigenem Entschluß", stehende Formel bei päpstl. Erlassen.
Motz, Friedrich von (18. 11. 1775 bis 30. 6. 1830), preuß. Politiker, Finanzminister, förderte den → Dt. Zollverein.
Mouche, w. [frz. muʃ], → Fliege, Schönheitspflaster.
mouches volantes [frz. -voˈlãːt], Sehstörung, Eindruck wie von fliegenden Mücken (durch Trübungen im Glaskörper des Auges, harmlos).
mouillieren [frz. muˈj-], die Laute *n* u. *l* mit nachklingendem *j* aussprechen (z. B. *Señor* [-ɲ-]; *Caballero* [-ʎ-]).
Moulage, *m.* od. *w.* [frz. muˈlaːʒ(ə)], Abdruck, -guß (z. B. bei anatom. Präparaten).
Mouliné, *m.* [frz. muliˈne:], Garn aus verschiedenfarb. Einzelfäden u. Damenkleidstoff daraus.
Mounds [engl. maʊndz], künstl., bis 30 m hohe vorgeschichtl. Hügel in Amerika, oft pyramidenartig; Grabhügel oder Sockel f. Tempelbauten.
Mount [maʊnt], William Sidney (26. 11. 1807–19. 11. 68), am. Genre- u. Porträtmaler; eur.-fortschrittl. Malweise m. frühnaturalist. Elementen.; äußerst populär u. durch Drucke weit verbreitet; *Schulschwänzer beim Glücksspiel.*

Mount, *m.* [engl. maʊnt], Berg.
Mountbatten [maʊntˈbætn],
1) Louis, Earl M. of Burma, bis 1947 Lord (25. 6. 1900–27. 8. 79), engl. Großadmiral; 1947/48 Vizekg v. Indien, 1952–55 Oberbefehlshaber der NATO-Mittelmeerflotte; 1955–59 1. Lord d. Admiralität; 1959–65 Chef d. brit. Verteidigungsstabes.
2) Philip, → Edinburgh.
Mount Cook [maʊnt kuk], höchster Gipfel auf S-Neuseeland, 3764 m; bis 215 müM hinabreichende Gletscher.
Mount Everest, tibet. *Qomolangma,* d. h. Göttinmutter der Berge, höchster Gipfel des Himalaja u. der Erde überhaupt, 8846 m; Erstbesteigung 1953 durch Edmund P. Hillary u. Tensing; 1975 durch die Japanerin J. Tabei; 1980 im Alleingang R. Messner.
Mount Godwin Austen [-ˈɔːstɪn], → K 2.
Mount Kosciusko [-kɔsɪˈʌskoʊ], höchster Berg Australiens, 2230 m.
Mount Logan [-ˈloʊɡən], höchster Berg Kanadas, bei Eliasberg, 5951 m.
Mount McKinley [-məˈkɪnlɪ], höchster Berg Nordamerikas in Alaska, 6198 m.
Mount Palomar [-ˈpæləmaː], S-Kalifornien, 1871 m, mit bed. Sternwarte u. gr. Spiegelteleskop (5 m Durchm.).
Mount Rainier [-ˈreɪnɪə], *M. Tacoma,* vergletscherter Vulkan im Kaskadengebirge, USA-Staat Washington, 4395 m.
Mount Rushmore National Memorial [ˈmaʊnt ˈrʌʃmɔː ˈnæʃənəl

Mount Everest

Husni Mubarak

Wolfgang Amadeus Mozart

Sturmmöve

mɪˈmɔːrɪəl], als Gedenkstätte v. G. *Borglum* geschaffenes Felsrelief m. R. in d. Black Hills (South Dakota); Köpfe v. *Washington, Jefferson, Lincoln* u. *Roosevelt.*
Mount Vernon [ˈmaʊnt ˈvəːnən],
1) Gutsbesitz George Washingtons am Potomac, heute am. Nationalgedenkstätte.
2) Villenvorstadt v. New York, 80 000 E.
Mount Wilson [-ˈwɪlsn], Berg bei Pasadena in Kalifornien, 1740 m, mit bed. Sternwarte.
Moussaka, [mu-], griech. Hackfleisch-Kartoffel-Auberginenauflauf m. Béchamelsoße.
Mousse au chocolat [frz. musoʃɔˈla], schaumige Schokoladencreme.
Mousseux, *m.* [frz. muˈsøː], Sekt, Schaumwein.
moussieren [frz. muˈs-], aufschäumen.
Moustérien [musteˈrjɛ̃], Abschnitt der Altsteinzeit, nach Fundort *Le Moustier* in SW-Frkr.
Mouton [muˈtō], Jean (um 1458 bis 30. 10. 1522), franko-fläm. Komponist in Paris.
Mouton [frz. muˈtō], Hammel(fleisch).
Moutonleder, Lammleder für Buchbinderzwecke.
Movens, *s.* [l.], das Bewegende, Motiv.
Möwen, Wasservögel a. Meeresküsten (z. B. *Herings-M., Silber-M.*) u. Binnengewässern (*Lach-M.*).
Mozaraber [arab.], Bez. f. die urspr. christl. Bev. im maurischen Spanien, die arab. Kultur übernommen hatte.
mozarabischer Stil, in der bild. Kunst Stil der Mozaraber, m. westgot. frühroman. u. (bes. in Ornament- u. Bauformen, Buchmalerei, Kunsthandwerk) islam. Elementen; ab 8.–11. Jh., Blüte im 10. Jh.; Ggs.: → Mudéjarstil.
Mozart, Wolfgang Amadeus (27. 1. 1756–5. 12. 91), östr. Komp.; unterrichtet durch s. Vater *Leopold M.* (14. 11. 1719–28. 5. 87; *Versuch e. gründl. Violinschule*); geschult an d. Mannheimern, in Italien u. Wien; Höhepunkt d. Wiener Klassik; Kirchenmusik: *Messen, Requiem;* Opern: *Idomeneo; D. Entführung aus dem Serail; D. Hochzeit des Figaro; Don Giovanni; Così fan tutte; La Clemenza di Tito; D. Zauberflöte;* Chöre, Lieder; Sinfonien; Violin- u. Klavierkonzerte, Kammer- u. Klaviermusik.

Mozarteum → Salzburg.
Mozetta, *w.* [it.], langer Schulterkragen mit kleiner Kapuze der höheren kath. Geistlichen.
Mozzarella [it.], (Büffelmilch-) Käse, sehr mild u. weich.
m. p., *m. pr.,* Abk. f. → *manu propria.*
M. P., Abk. für,
1) **M**ember of **P**arliament, engl. Parlamentsmitglied.
2) **M**ilitary **P**olice [ˈmɪlɪtən pəˈliːs], am. u. brit. Militärpolizei.
3) Maschinenpistole.
MPI, Abk. f. **M**ax-**P**lanck-**I**nstitut.
MPLA, Abk. f. **M**ovement of **P**eople for the **L**iberation of **A**ngola; Volksbewegung für die Befreiung Angolas.
Mr., Abk. f. → *Mister* [engl.], Herr.
MRBM, Abk. f. **M**edium **R**ange **B**allistic **M**issile, ballistische Rakete mittlerer Reichweite, → ICBM, → SLBM.
MRCA → Tornado 2).
MRP, Abk. f. **M**ouvement **R**épublicain **P**opulaire, christl.-demokr. Partei in Frkr.; 1944 von Bidault als Widerstandsbewegung gegründet.
Mrs., Abk. f. → *Mistress,* Frau, nur vor Namen.
MRT, svw. *Kernspintomographie,* → Tomographie.
MRV, Abk. f. **M**ultiple **R**e-entry **V**ehicle, Rakete mit mehreren Sprengkörpern (die voneinander unabhängig wieder in d. Atmosphäre eintreten können).
Mrożek [-ʒɛk], Slawomir (* 26. 6. 1930), poln. Satiriker; *Die Polizei; Tango; Ein freudiges Ereignis; Die Geheimnisse des Jenseits.*
m/s, Abk. f. **M**eter pro **S**ekunde, Maßeinh. f. Geschwindigkeit.
MSB, Abk. f. **M**arxist. **S**tudenten**b**und „Spartakus", der DKP nahestehend.
Msgr., Abk. f. → *Monsignore.*
mt, Abk. f. **M**etertonne = 1000 mkg.
MTA, Abk. f. **m**edizinisch-**t**echn. **A**ssistent (in).
MTCR, Abk. f. **M**issile **T**echnology **C**ontrol **R**egime, → Trägertechnologie-Kontrollsystem.
Mubarak, Husni (* 4. 5. 1928), ägypt. Pol.; 1975–81 Vizepräs., s. 1981 Staatspräs.
Mucha, Alfons Maria (24. 7. 1860 bis 14. 7. 1939), tschech. Maler u. Graphiker dt. Herkunft, e. Hptvertr. d. Jugendstils; bes. Plakate (z. B. f. d. Schauspielerin S. Bernhardt).
Muche, Georg (8. 5. 1895–26. 3.

1987), dt. Maler, e. Pionier d. abstrakten Malerei in Dtld; später Wendung z. Figurativen, meist m. pflanzl. Formen u. teils m. surrealist. Stilmitteln; erfand 1965 d. druckgraph. Verfahren d. Variokliscographie; *Fließendes Rot; Spanisches Interieur mit dem Kreuz in der Mitte*.

Mucius Scävola [l. „Linkshand"], sagenhafter Römer, der seine Hand vor dem feindl. Etruskerkönig Porsenna als Beweis röm. Entschlossenheit ins Feuer hielt (508 v. Chr.).

Mücken, Zweiflügler, → Stech-M., → Gall-M., → Haar-M., → Kriebelmücke, → Schnaken.

Mudéjarstil [arab. -xar-, mudaggin = „wohnen bleiben"], in d. bild. Kunst u. Architektur Spaniens Bez. f. d. v. (den bei d. Verdrängung d. arab. Herrschaft im Land verblieb.) muslim. Künstlern geschaffenen Stil m. hpts. islam. Elementen; Blütezeit 12.–16. Jh.; einflußreich f. d. span. Ausformung d. Romanik, Gotik u. Renaiss.; Ggs.: → mozarabischer Stil.

Mudra, w. [sanskr. „Siegel"], best. Finger- u. Handstellungen i. buddhist. u. hinduist. Kult m. symbol. Bedeutung.

Mudschaheddin, Mz., *heilige Krieger*, Bez. für die versch. Widerstandsgruppen (ca. 30) in Afghanistan, die v. 1979–1989 gg. die sowjetischen Streitkräfte kämpften u. bis zum Ende des Bürgerkriegs 1992 der afghan. kommunist. Regierung Widerstand leisteten.

Mueller, Otto (16. 10. 1874–24. 9. 1930), dt. Maler d. Expressionismus; *Zigeunermadonna*.

Muezzin, arab. *Muedhen,* ruft d. moh. Gläubigen 5mal täglich zum Gebet in die Moschee.

Muffel,
1) *m.,* mürrischer, für nichts zu begeisternder Mensch.
2) *s., Muffelwild,* → Mufflon.
3) *w.,* luftdicht verschließbare Brennod. Glühhülse aus feuerfestem Material (Ton, Schamotte).

Muffelfarben, in der M. auf Porzellan u. Tonwaren bei 600–900 °C gebrannte Farben.

Muffelofen, Heizkörper, in d. Muffeln eingebaut sind; Erwärmung indirekt, d. h. Heizgase umstreichen die Muffeln u. erwärmen sie; Erziehung stetiger Temperaturen z. Härten (z. B. v. Drehstählen, Fräsen usw.).

Mufflon, *m.,* Gebirgsschaf Sardiniens u. Korsikas, spiraliges Gehörn; in Mitteleuropa als Jagdwild eingebürgert.

Mufti, Rechtsgelehrter d. moh. rel. Rechts, bei jedem arab. Gericht; von bes. Bed.: *Groß-M.*

Mugabe, Robert Gabriel (* 21. 2. 1925), 1980–87 Premiermin.; s. 1987 Staatspräs. v. Simbabwe.

Müggelsee, Gr., Spreesee, im SO v. Berlin, 7,4 km², 8 m tief, im S die *M.berge,* 115 m.

Mühlacker (D-75417), St. i. Enzkr., an d. Enz, Ba-Wü., 226 müM, 25 614 E; Großsender d. SDR; Ind.

Mühlberger, Josef (3. 4. 1903–2. 7. 85), dt. Schriftst. u. Lit.historiker; stand in enger Beziehung zum Prager Kreis u. trat f. Versöhnung von Tschechen u. Deutschen ein; *Hus im Konzil; Zwei Völker in Böhmen.*

Mühldorf am Inn (D-84453), Krst. i. Oberbay., 15 285 E; AG; ma. Stadtbild. –

1322 Sieg Ludwigs d. Bayern über d. Gegenkönig Friedrich d. Schönen v. Östr.

Mühle, Zerkleinerungsmaschine m. umlaufenden Mahlwerkzeugen (Walzenmühle, Schlagmühle, Kollergang, Kugelmühle, Quetschmühle) zum Mahlen von Getreide (auch als Windmühle), Kaffee, Farben, Ölfrüchten usw.; → *Müllerei; Säge-M.,* Sägewerk, v. *Wasser-M.* (Wasserrad) angetrieben.

Mühlennachprodukte, aus d. Getreidemehlgewinnung, haben e. hohen Gehalt an Mineralstoffen, Magnesium, Phosphor, Mangan, Zink u. sind als Futtermittel; nach d. Reihenfolge der Anfalls i. d. Mühle: Nachmehl, Futtermehl, Grießkleie (Bollmehl) u. Kleie.

Mühlespiel, auf *Mühlebrett* von 2 Spielern mit je 9 Steinen gespielt; 3 Steine nebeneinander bilden *Mühle;* schon im alten Rom bekannt.

Mühlhausen (D-99974), *Thomas-Müntzer-Stadt M.,* Krst. in Thür., 39 000 E; altes St.bild; div. Ind.

Mühlheim am Main (D-63165), St. im Ldkr. Offenbach, Hess., 25 400 E; div. Ind.; Naherholungsgebiet.

Mühlsteinkragen, dicht gefältelte u. steif gestärkte, flache Halskrause im 16. und 17. Jh.

Mühsam, Erich (6. 4. 1878–10. 7. 1934), dt. sozialist. Pol. u. Schriftst.; 1919 Mitgl. d. Münchner Räterreg.; Lyrik.

Muira-Puama, brasilian. Baum, als *Potenzholz* gemahlen sexuelles Anregungsmittel.

Mujibur Rahman → Rahman.

Mukden, früherer Name von → Shenyang.

Mukosa, Schleimhaut.

Mukoviszidose, erblich bedingtes Enzymleiden, bei dem ein zäher Schleim produziert wird, der Ausführungsgänge d. Drüsen verschließt u. dadurch zu Zystenbildung u. Entzündung d. befallenen Organe führt; betroffen sind Bauchspeicheldrüse, Darmdrüsen, Bronchialdrüsen, Schweiß- u. Tränendrüsen; hpts. 2 Erscheinungsformen: chron. Bronchitis u. chron. Verdauungsstörungen.

Mukus [l.], Schleim.

Mulatten → Mischlinge.

Mulde, l. Nbfl. der Elbe, aus *Zwickauer* u. *Freiberger M.,* 124 km l., mündet bei Dessau.

Mulhacén [mula'θen], höchster Berg Spaniens, 3478 m, in der Sierra Nevada, östl. von Granada.

Mülhausen, frz. *Mulhouse,* St. im Oberelsaß, Dép. *Haut-Rhin,* im Sundgau, an d. Ill u. Rhein-Rhône-Kanal; 112 000 E; Textil-, chem. (Kalilager) u. Maschinenind.

Mülheim an der Ruhr (D-45468 bis 81), kreisfreie St. m. Hafen am Großschiffahrtsweg zum Rhein u. Rhein-Herne-Kanal, NRW, 176 774 E; AG; Eisen-, Röhrenwerke, Elektronik-, Elektro-, Lederind., Maschinenbau; MPI f. Kohleforschung u. f. Strahlenchemie; Theater an d. Ruhr.

Mull,
1) weitmasch. Baumwollgewebe; Verbandstoff.
2) hochwertige Humusform.

Müll, Abfälle von Haushalt, Gewerbe u. Industrie; M.beseitigung ein Hauptpro-

Mufflon

Gerd Müller

Heiner Müller

Müller-Thurgau

blem d. Zivilisation; M.verwertung durch Deponieren (Gefahr v. Grundwasserverseuchung), Kompostierung (zur Düngung; Gefahr v. Schwermetallverseuchung), M.verbrennung (Gefahr v. Luftverunreinigung).

Muller ['mʌlə], Hermann (21. 12. 1890 bis 5. 4. 1967), am. Biologe; Nobelpr. f. Medizin 1947 (Beiträge zur Erforschung d. künstl. Mutationen).

Müller,
1) Adam Heinrich (30. 6. 1779–17. 1. 1829), konservat. dt. Staats- u. Gesellschaftstheoretiker; *Elemente der Staatskunst.*
2) Friedrich, *Maler Müller* (13. 1. 1749–23. 4. 1825), dt. Maler u. Zeichner, Sturm-u.-Drang-Dichter; Drama: *Faust;* Idylle: *Schafschur.*
3) Gebhard (17. 4. 1900–7. 8. 90), dt. Jurist u. Pol.; 1953–58 Min.präs. v. Ba-Wü., 1959–71 Präs. d. B.verf.gerichts.
4) Gerd (* 3. 11. 1945), dt. Fußballspieler; WM 1974, EM 1972; Dtlds erfolgreichster Torschütze; m. Bayern München 4mal Eur.pokalsieger.
5) Heiner (9. 1. 1929–30. 12. 1995), dt. Schriftst.; soz. Dramen u. pol. Revuen in d. Nachfolge → Brechts; *Germania – Tod in Berlin; D. Auftrag; Anatomie Titus, Fall of Rome, ein Shakespeare-Kommentar.*
6) Hermann (18. 5. 1876–20. 3. 1931), SPD-Pol., 1919/20 Außenmin., 1920 u. 1928–30 Reichskanzler.
7) Johannes Peter (14. 7. 1801 bis 28. 4. 58), dt. Naturforscher; Begr. d. phys.-chem. Schule in der Physiologie; vergleichende Anatomie.
8) Johannes v. (3. 1. 1752–29. 5. 1809), schweizer. Historiker; *Geschichte der schweiz. Eidgenossenschaft.*
9) Paul Hermann (12. 1. 1899 bis 13. 10. 1965), schweiz. Industriechemiker; entdeckte insektentötende Wirkung v. DDT; Nobelpr. 1948.
10) Wilhelm (7. 10. 1794–30. 9. 1827), dt. Lyriker der Spätromantik (Lieder z. T. durch Schubert vertont); *Das Wandern ist des Müllers Lust; Griechenlieder.*

Müller-Armack, Alfred (28. 6. 1901 bis 16. 3. 78), dt. Nationalökonom u. Soziologe (Freiburger Schule), für die Soziale Marktwirtschaft.

Müllerei, Mehlfabrikation: Getreide wird automatisch aus Silos über Reinigungsanlagen in Schälwerke befördert; Körner werden geschält, Schalen abgesaugt, das Korninnere *(Mahlgut)* in *Mahlgang erzeugt;* Mehl, Schrot, Kleie werden getrennt in Packmaschinen versandfertig gemacht.

Müllergaze, *Beuteltuch,* Gazegewebe aus Seide zum Durchbeuteln (Sieben) v. Mehl in Mühlen.

Müller-Thurgau, in Mitteleur. u. Neuseeland angebaute Weißweinrebe, die harmon., fruchtige Weine m. sortentyp. Bukett liefert; diese älteste → Neuzüchtung (durch Kreuzung v. → Riesling u. → Silvaner) ist heute in Dtld die am weitesten verbreitete Rebsorte.

Müllheim (D-79379), St. i. Kr. Breisgau-Hochschwarzwald, i. Markgräfler Land, Ba-Wü., 15 058 E; div. Ind., Weinbau, Fremdenverkehr.

Mulliken ['mʌl-], Robert Sanderson (7. 6. 1896 bis 31. 10. 86), am. Chem.; Arbeiten über chem. Bindungen u. die

Elektronenstruktur d. Moleküle; Nobelpr. 1966.
Mullis, Kary B. (*28. 12. 1944), am. Biochemiker, Entwicklung v. Methoden im Bereich der DNS-basierten Chemie, Nobelpr. (Chemie) 1993 zus. m. M. → Smith.
Mulready [mʌlˈrɛdɪ], William (1. 4. 1786–7. 7. 1863), engl. Genremaler; s. einfühlsame, dabei äußerst präzise Darstell. b. perfekter Maltechnik machte ihn zu e. bes. beliebten u. einflußr. Künstler im Viktorian. England.
Mulroney [mʌlˈroʊnɪ], Brian (* 20. 3. 1939), kanad. Pol.; s. 1983 Vors. d. Progressiv-Konservativen Partei; 1984–90 Min.präs.
Multan, St. in W-Pandschab in Pakistan; Uni.; Industriezentrum. 730 000 E.
multilateral [nl.], mehrseitig; *wirtschaftspol.* Beziehungen zw. mehr als 2 Parteien.
multilaterale Verrechnung, erleichtertes Verfahren unter Aufrechnung geschuldeter Gelder zw. mindestens drei Partnern (z. B. im Außenhandel).
Multimedia, *Mixed Media,* → *Medienverbund,* gemeinsame Benutzung verschiedener, sich ergänzender Medien zur Erreichung des gleichen Zweckes.
multimedial, viele Medien d. Kommunikation (Bild, Ton, Schrift) betreffend.
Multinationale NATO-Streitkräfte, *Allied Command Europe Mobile Force (AMF),* beweglicher Eingreifverband f. d. Kommandobereich Eur.; multinat. Eingreifgroßverband d. NATO, der in Spannungszeiten aus festgelegten nat. Kontingenten zus.gestellt u. i. Krisengebiete verlegt werden kann.
Multiple choice [engl. ˈmʌltɪpl ˈtʃɔɪs], Beantwortungsverfahren bei Testaufgaben; Auswahl aus mehreren Antwortmöglichkeiten ist gefordert.
multiple Proportionen, *chem.* → Proportionen.
multiple Sklerose [l.-gr. „vielfältige Verhärtungen"], Erkrankung v. Gehirn u. Rückenmark, mit Sehstörungen, Unsicherheit d. Bewegungen u. Lähmungen.
multiples Myelom → Plasmozytom.
Multiplikation [l.], Vervielfältigung, die 3. Grundrechnungsart; Addition gleicher Zahlen, z. B. 2 + 2 + 2 + 2 = 2 mal 4 (2 · 4, veraltet 2 x 4); 2 heißt der *Multiplikand/us,* 4 der *Multiplikator;* beide heißen auch *Faktoren;* das Ergebnis 8 heißt *Produkt.* Mehrfache M. einer Zahl mit sich selbst ergibt eine → Potenz. Ausführung der M. wird auf Verwendung des → Logarithmus auf Additionen zurückgeführt.
multiplizieren, vervielfältigen, eine Multiplikation ausführen.
Multis, ugs. Abk. f. „*multi*nationale Konzerne".
Multivibrator, in der *Elektronik:* Schaltung aus 2 rückgekoppelten Verstärkerstufen in Widerstandskopplung zur Erzeugung v. Rechteckimpulsen (→ Impuls 3) od. → Kippschwingungen; Arten: *bistabiler, monostabiler, astabiler* M., *astabiler* Kippgenerator; Anwendung: → Informatik, → Oszillograph.
Multscher, Hans (um 1400–März 67), dt. Maler, Bildhauer u. -schnitzer d. Spätgotik; express. Darstellungsweise in bewußter Abkehr v. Weichen Stil d. Intern. Gotik; *Wurzacher Passionsaltar* (Gemälde); *Schmerzensmann* (Skulptur am Hptportal d. Ulmer Münsters).

Mumienporträt

Mumie [arab.], einbalsamierte Leiche, mit Tuchstreifen umwickelt; vielfach mit Harzen oder Pechen imprägniert; Eingeweide vorher entfernt; über dem Gesicht häufig das gemalte Bild des Verstorbenen, *M.nporträt;* im alten Ägypten, auch in Mexiko, Peru usw.
Mumifikation, *Mumifizierung,* Herstellung von Mumien, auch durch Naturprozesse (Mooreinwirkung, heiße Trockenluft); *medizinisch* trockener → Brand 1).
Mummel, gelbe Seerose.
Mummelsee, Bergsee an d. Hornisgrinde im nördl. Schwarzwald, 1032 müM.
Mummenschanz, urspr. Glücksspiel der Vermummten, jetzt svw. Maskenscherz.
Mumps, *m.,* epidem. Parotitis, Ziegenpeter, ansteckende Entzündung und Schwellung der Ohrspeicheldrüse; meist bei Kindern; Virusinfektion.
Mun, *Moon, San Myung* (* 1920 in Nordkorea), Gründer der → „Vereinigungskirche", läßt sich als Messias verehren.
Munch [muŋk], Edvard (12. 12. 1863 bis 23. 1. 1944), norweg. Maler u. Graphiker d. Jugendstils u. Wegbereiter d. Expressionismus; *Der Schrei;* Wandbilder d. Universität Oslo (→ Tafel Holzschnitt).

Edvard Munch, *Madonna*

Münch, Werner (* 25. 9. 1940), dt. Politikwiss. u. CDU-Pol.; s. Nov. 1990 Finanzmin., 1991–93 Min.präs. v. Sachsen-Anhalt.
Münchberg (D-95213), St. i. Kr. Hof, Bay., 12 077 E; bed. Textilind.; staatl. Textilfachschule.
München (D-80331–81929), Hptst. Bayerns u. d. Rgbz. Oberbay., n. d. Isar, 527 müM, 1,3 Mill. E; Frauenkirche (15. Jh.), Alter Peter (12. Jh.), St. Michael, Theatinerkirche, Schloß → Nymphenburg, Bayr. Nat.-Mus., → Deutsches Museum, Kunstsammlungen (Alte u. Neue Pinakothek, Staatsgalerie mod. Kunst, Städt. Galerie u. a.); Bayer. Staatsbibliothek; Kath. Erzbischof; große dt. Uni. (1472 gegr.), TU, HS d. bildenden Künste, f. Musik, f. Film u. Fernsehen, f. Philosophie (SJ), f. Politik u. d. Bundeswehr; Bayr. Akad. der Wiss., Fachakademien f. Musik, f. Bauwesen, f. Sozialpädagogik, Akad. für Graph., f. Bautechn., f. angewandte Technik; Dolmetscherschule, Dt. Meisterschule f. Mode; mehrere Max-Planck-Institute; OLG, LG, AG; Sitz d. obersten Landesbehörde, B.finanzhof, Dt. u. Eur. Patentamt, Bayr. Verf.ger.hof, BD, OPD, IHK; Theater: Staatsoper, -schauspiel, -operette, Cuvilliés-Th., Kammerspiele mit Werkraumtheater, Prinzregententheater; Kulturzentrum Am Gasteig; Bayer. Rundfunk, Film u. Fernsehen; U- u. S-Bahn, intern. Flughafen (F. J. Strauß); Botan. Garten, Tierpark Hellabrunn, Engl. Garten, Olympiastadion (Olymp. Spiele 1972); Messen, Ausstellungen, Oktoberfest, Großbrauereien u. div. Ind.: Optik u. Feinmechanik, Elektronik, Elektrotechnik, Masch.- u. Fahrzeugbau (BMW), Eisen u. Metall, Bekleidung, chem. Ind.; Verlage. – 1158 v. Heinrich d. Löwen als Isarübergang u. Marktort gegr., 1255 herzogl. Residenz; im 19. Jh. unter Ludwig I. u. Maximilian II. Aufschwung als Kunststadt.

München, *Altes Rathaus*

Münchenstein (CH-4142), schweiz. Gem. im Kanton Basel-Land, 11 200 E; div. Ind.
Münchhausen,
1) Börries Frh. v. (20. 3. 1874–16. 3. 1945), dt. Balladendichter; *Balladenbuch; Liederbuch.*
2) Karl Friedrich Hieronymus Frh. v. (11. 5. 1720–22. 2. 97), der *Lügenbaron;* s. Abenteuer erst engl. (1786 v. Raspe) hg., dt. Bearbeitung (1787) v. Bürger.
Münchner Abkommen, Vereinbarung v. 29. 9. 1938 zw. Dtld, Gr.-Brit., Frkr. u. Italien über die Abtretung d. sudetendt. Gebiete durch die Tschechoslowakei; wesentlich f. die Zuerkennung d. Staatsbürgerschaft in d. BR an d. in diesen Gebieten wohnberechtigten u. aus ihnen vertriebenen Deutschen; in 1974 in Kraft getretenen Normalisierungsvertrag mit d. ČSSR für nichtig erklärt.
Mundarier, *w.,* austroasiat. Sprachrest bei Dschungelvölkern Zentralasiens (→ Sprache, Übers.).
Mundarten, Sprache d. einzelnen Regionalgruppen e. Volkes, meist die alten Sprachstände enthaltend, häufig m. starken Abweichungen v. der geltenden Schriftsprache; → deutsche Mundarten.
Mündel, eine unter Vormundschaft od. Pflegschaft stehende Person; ihr Vermögen: **M.geld.**
mündelsicher, Wertpapiere, Hypotheken, Grundschulden, die infolge ihrer Sicherheit vom Staat zur Anlage von Mündelgeldern für geeignet erklärt werden, u. Geldanlage b. öffentl. Sparkassen.
Münden (D-34346), postalisch: *Hannoversch Münden,* St. am Zus.fluß von Werra u. Fulda, Kr. Göttingen, Nds., 25 988 E; Weserhafen, AG; Naturpark; Fachwerkbauten, Welfenschloß.
Mundharmonika, volkstüml. Musikinstrument mit Metallzungen, die durch Einziehen u. Ausstoßen des Atems erklingen.
Mündigkeit, im allg. gleich → Volljährigkeit; *Ehemündigkeit* d. Frauen: 16 J (mit elterl. Einwilligung), Männer: 18 J.; *Eidesmündigkeit:* 16 J.
Mundraub, früher als Übertretung bestrafte Entwendung od. Unterschlagung geringfügiger Verbrauchsgüter (z. B. Lebensmittel) zum alsbaldigen Verbrauch.
Mundschenk, fürstl. Hofbeamter, mit d. Aufsicht über Keller u. Weinberge betraut, bisweilen erbl. Hofamt.
Mundsperre, svw. Kiefersperre, → Kiefer.
Mundt, Theodor (19. 9. 1808–30. 11. 61), dt. Schriftst. d. Jungen Dtlds: *Kritische Wälder.*
Mundwerkzeuge, bei Insekten, Spinnen u. a. die Freßorgane.
Mungo, *m.,*
1) Reißwolle aus gewalkten Geweben.
2) Schleichkatze Afrikas u. Asiens, Schlangenvertilger.
Municipium [l.], im Röm. Reich selbst. Stadtgem. mit röm. Bürgerrecht.
munizipal, svw. städtisch.
Munk [moŋg], Kaj, eigtl. *Harald Leininger* (13. 1. 1898–4. 1. 1944), dän. Dichter; Dramen: *Niels Ebbesen.*

Münden, *Rathaus*

Murillo, *Die Pastetenesser*

Münster, *Rathaus*

Thomas Müntzer

Murano, *Dom*

Munkácsy [-a:tʃi], Mihály v., eigtl. *M. v. Lieb* (20. 2. 1844–1. 5. 1900), ung. Maler d. Impressionismus u. bes. d. Realismus; figurenreiche Monumentalkompositionen; *Der letzte Tag e. Verurteilten.*

Münsingen (D-72525), St. i. Kr. Reutlingen, Ba-Wü., 650–860 müM, 12 321 E; AG; Schloß.

Munster,
1) (D-29633), St. i. Kr. Soltau-Fallingbostel, i. d. Lüneb. Heide, Nds., 16 567 E; bed. Garnison der Bundeswehr, Museumsanlagen „Altdorf Munster".
2) ['mʌnstə], irisch *Mumhan*, Provinz der Republik Irland, 24 127 km², 1,01 Mill. E.

Münster, Sebastian (20. 1. 1488–26. 5. 1552), dt. Theol. u. Kosmograph; erste dt. Länderkunde.

Münster (D-48143–67), krfreie St., Hptst. d. Rgbz. *M.*, NRW (6901 km², 2,5 Mill. E), am Dortmund-Ems-Kanal, 265 025 E; Dom, Lambertikirche, kath. Bischof, Uni., PH, Musik-HS, FHS f. Architektur, Bauingenieurwesen, Gestaltung, Wirtschaft u. Sozialwesen, kath. FHS NRW (f. Sozialarbeit u. Pädagogik), Landesmuseum; Oberverw.gericht, Verf.gericht f. NRW, OPD, IHK, LG, AG. – Seit 800 Bistum, 1534/35 Wiedertäufer, 1648 Westfäl. Friede.

Münster, [l. monasterium „Kloster"], eigtl. Kloster(kirche); hpts. südd. svw. Dom; *Ulmer M., Freiburger M.; Straßburger M.*

Münsterländer, dt. Vorstehhundrasse.

Munt [altdt. „schütz. Hand"], im alten german. Recht Schutz- u. Fürsorgegewalt über die nicht vertretungsberechtigten Hausgenossen, Fremden und Hörigen (*M.mannen*).

Münter, Gabriele (19. 2. 1877–19. 5. 1962), dt. expressionistische Malerin; → „Blauer Reiter"; Landschaften, Stilleben.

Munthe, Axel (31. 10. 1857–11. 2. 1949), schwed. Arzt u. Schriftst.; *Das Buch von San Michele.*

Müntzer, Thomas (um 1490 bis 27. 5. 1525), dt. rel. Revolutionär, Gegner Luthers, Anführer im Bauernkrieg; 1525 bei Frankenhausen besiegt und hingerichtet.

Münze,
1) geprägtes Metallgeld aus Gold, Silber, Nickel u. a.; die Metalle werden legiert, gegossen, zu Streifen ausgewalzt, in passende Größen ausgestanzt u. mit Stahlstempeln *geprägt,* z. T. auch gerändert.
2) der Prägebetrieb v. 1), *Münzstätte;* Anzahl beschränkt; in Dtld: *Berliner,* Berlin (A), *Bayr.,* München (D), *Sächs.,* Muldenhütte (E), *Württ.,* Stuttgart (F), *Baden,* Karlsruhe (G), *Hamburger,* Hamburg (I); *Münzbuchstabe* gibt Münzstätte an.

Münzfuß, gesetzl. Vorschriften über die Ausmünzungsverhältnisse, bes. über Anzahl der Münzen, die aus e. Gewichtseinheit Feingold od. Feinsilber geprägt werden.

Münzkunde, *Numismatik,* erforscht geschichtl., kunstgeschichtl., staatsrechtl., wirtsch. Bedeutung der Münzen.

Münzparität, das durch d. Edelmetallgehalt d. Währungsgeldes best. Wertverhältnis zw. zwei Währungen (z. B. Feingoldgehalt des schweiz. Franken u. d. ndl. Gulden).

Münzregal, das ausschließl. Recht des Staates (früher des Landesherrn, jetzt → Deutsche Bundesbank), Münzen prägen zu lassen.

Münzverbrechen, Bez. f. Straftaten versch. Art: Herstellung od. Verbreitung von nachgeahmtem od. verfälschtem Metall- od. Papiergeld und gewissen Inhaberpapieren, v. Metallgeldmünzen, die durch Abschneiden usw. im Werte vermindert wurden (auch → Kipper und Wipper), Anfertigung von Stempeln, Siegeln usw. zwecks Verübung von M.; strafbar nach §§ 146 ff. StGB.

Münzverschlechterung, Ausprägung von Währungsmünzen m. geringerem Metallwert als vorgeschrieben; Einnahmequelle bei unordentl. Finanzwirtsch.

Münzzeichen, auf Münzen, geben Münzstätte, Münzmeister od. Stempelschneider, Zeit d. Ausgabe an.

Mur, l. Nbfl. der Drau, aus den Niederen Tauern, 444 km lang.

Muralismo [span. „mural- = Mauer-"], mexikan. Kunstrichtung, nach d. Revolution v. 1910; monumentale Wandmalerei m. d. Darstell. sozialist. u. nationalist. Themen z. Verbildlichung pol. Ziele; Hptvertr. Orozco, Rivera, Siqueiros, O'Gorman.

Muränen, räuberische, aalähnl. Knochenfische in trop. u. subtrop. Meeren; Giftzähne.

Murano, Laguneninsel bei Venedig, Mittelpunkt d. venezian. Kunstglaserzeugung seit d. 13. Jh.

Murasaki, Schikibu (978–1016), jap. Hofdame u. Dichterin; *Geschichten v. Prinzen Genji.*

Murat [my'ra], Joachim (25. 3. 1767 bis 13. 10. 1815), Marschall Napoleons, sprengte 1799 Rat d. 500; 1808 Kg v. Neapel; Gemahl d. Karoline Bonaparte; erschossen.

Murcia [-θia], Hptst. der Prov. *M.* in SO-Spanien (Gebirgsland), 323 000 E; Bischofssitz; got. Kathedrale, Uni.; Textil- u. Seidenindustrie.

Murdock ['mə:dɔk], William (21. 8. 1754–15. 11. 1839), engl. Ingenieur; Erfinder der Gasbeleuchtung.

Mure, w., Schlamm- und Schuttstrom an Gebirgshängen; oft nach Regenfällen.

Mureș [rumän. -reʃ], *Maros* [ungar. 'moroʃ], Fluß aus den O-Karpaten, durch Siebenbürgen, bei Szeged in die Theiß, 803 km lang.

MURFAAMCE → MBFR/MUR-FAAMCE.
Murg, r. Nbfl. des Rheins, mündet b. Rastatt, 96 km l.
Murger [myrˈʒɛːr], Henri (24. 3. 1822 bis 28. 1. 61), frz. Schriftst.; *Bohème* (von Puccini vertont).
Murillo [-ˈriʎo], Bartolomé Esteban (get. 1. 1. 1618–3. 4. 82), span. Maler d. Barock; relig. Themen, volkstüml. Genreszenen (u. a. Gassenjungen) aus Sevilla.
Müritz,
1) w., größter See Mecklenburgs, 116,7 km², 33 m tief.
2) Ostseebad nordöstl. Warnemünde.
Murmanküste, nördl. Küstengebiet der Halbinsel Kola, mit eisfreiem Gewässer; Hügeltundra, von Russen, Lappen und Finnen bewohnt; Herings- und Kabeljaufang.

Narrenbeschwörung, *Titelblatt, 1512*

Murmansk, Hptst. d. russ. Gebiets *M.,* 468 000 E; eisfreier Hafen (Marinebasis), Werften, Gezeitenkraftwerk, Endpunkt der **M.bahn** (1450 km lang).
Murmeltier, Hochgebirgsnager; braungraues, dichtes Fell, schwarzer Schwanz; gräbt Gänge mit Schlafkammer; Alpen, Karpaten, Pyrenäen.
Murnau, Friedrich Wilhelm (28. 12. 1889–11. 3. 1931), dt. Filmregisseur; *Nosferatu* (1922); *Der letzte Mann* (1924); *Tabu* (1931).
Murner, Thomas (24. 12. 1475–1537), dt. Franziskaner; bekämpft in Satiren d. Mißstände d. kath. Kirche u. zugleich d. Protestantismus; *Narrenbeschwörung Von d. gr. luther. Narren.*
Murray [ˈmʌri], größter Strom Australiens, aus den Austral. Alpen, mündet an der SO-Küste i. d. Alexandrina-See u. i. d. Encounter Bay, 2570 km l.
Mürren (CH-3825), alpines Kur- u. Sportzentrum im Berner Oberland (Schweiz), 1636 müM, 500 E; *M.bahn* von Lauterbrunnen.
Murrhardt (D-71540), Stadt im Rems-Murr-Kreis, Ba-Wü., 14 177 E; Ausflugsort im Naturpark Schwäb.-Fränk. Wald.
Murten (CH-3280), histor. St. im schweiz. Kanton Freiburg, am **Murtensee** (23 km², 430 müM), 4700 E; Uhren-, Elektroind., Seebäder. – 1476 Sieg d. Eidgenossen über Karl d. Kühnen.
Mururoa, Atoll d. frz. → Tuamotuinseln (Frz.-Polynesien) i. Ozeanien; frz. Atomwaffenversuchsgelände.
Mürzzuschlag (A-8680), Wintersportplatz in d. Steiermark, Östr., a. der **Mürz,** 9990 E; Stahlind., Wintersportmus.
Musaget|es [gr.], Apollo als „Musenführer".
Musäus,
1) griech. Dichter, 6. Jh. n. Chr.; *Hero und Leander.*
2) Johann Karl August (29. 3. 1735 bis 28. 10. 87), dt. Schriftst.; Volksmärchen; *Rübezahl.*
Muscadet [frz. myska'dɛ], v. a. in Frkr. u. Kalifornien angebaute Weißweinrebe, die leichte, trockene Weine liefert; am bekanntesten ist d. gleichnamige Wein aus dem unteren Loiretal, der zumeist lang auf s. Hefe („*sur lie*") reift u. dank seines natürl. Kohlensäuregehalts sehr frisch schmeckt.
Muscarin, Gift d. Fliegenpilzes u. anderer Pilze, in Sibirien als Rauschgift, erzeugt Euphorie (arzneilich nicht verwendet, aber in der med. Forschung, weil es best. Übertragungsstellen des vegetativen → Nervensystems erregt). → Erste Hilfe.
Muscat [mys'ka], frz. Bez. für → *Muskateller.*
Muschelgeld, früher i. Afrika u. Indopazifik benutzt, bes. → Kauri.
Muschelgold, Malerfarbe, echtes Blattgold.
Muschelhaufen, *Kjøkkenmøddinger,* mittel- und jungsteinzeitl. Siedlungsstellen mit z. T. riesigen Anhäufungen von Muschelschalen.
Muschelkalk, mittlere Stufe der Triasformation, → geologische Formationen, Übers.
Muschelkrebse, winzige Krebse mit muschelartiger Schale.
Muscheln, Weichtiere, im Unterschied zu den Schnecken mit zwei Schalenhälften; z. B. Auster, Miesmuschel, Flußmuschel.
Muschelvergiftung, durch Bildung von *Muschelgift* bei Fäulnis usw.; Erste Hilfe: Abführ-, Brechmittel, Tierkohle.
Muschelwerk, in Baukunst u. Kunsthandwerk Dekoration an Muschelähnl. Formen; v. d. Spätrenaiss. bis z. Rokoko (16.–18. Jh.); → Rocaille.
Muschg, Adolf (* 13. 5. 1934), schweiz. Schriftst. u. Lit.wissenschaftler; *Gegenzauber; Der rote Ritter; Der Turmhahn u. and. Liebesgeschichten;* Dramen: *Rumpelstilz;* Biographie: *Gottfried Keller.*
Muschik, russ. Bauer.
Muselman, svw. → Moslem.
Musen, d. neun Töchter d. Zeus, beschirmen Kunst u. Wiss.: *Euterpe* (Lyrik), *Erato* (Liebesdichtung), *Kalliope* (Epos), *Klio* (Geschichte), *Melpomene* (Tragödie), *Polyhymnia* (Tanz u. Chorlyrik), *Terpsichore* (Kitharaspiel), *Thalia* (Komödie), *Urania* (Astronomie).
Musenalmanach, Gedichtsammlungen; in Dtld: 1770 *Leipziger* u. *Göttinger M.* (Boje u. Gotter), 1776 *Hamburger M.* (Voß), 1796–1800 *Schillers M.* (Xenien), 1833 *Dt. M.* (Chamisso, Schwab).
Musette, w. [frz. my'zɛt], Dudelsack; Tanz (³/₄-Takt) in mäßigem Tempo, aus der Zeit Ludwigs XIV.

Muskatnuß

Murmeltier

Adolf Muschg

Gelber Muskateller

Muskat-Ottonel

Museum [gr.], „Musentempel", Gebäude f. Kunst- oder wiss. Sammlungen.
Museveni, Yoweri Kaguta (* 1944), 1986 Staatspräs. v. Uganda.
Musher [engl. ˈmʌʃə], Schlittenhundeführer.
Musical, s. [ˈmjuːzɪkəl], in den USA entwickelte Form d. Singspiels, die Elemente d. Operette, des Volksstückes u. d. Revue vereint; bed. Musicalkomponisten: L. Bernstein (*West Side Story*); G. Gershwin (*Lady, be good*); F. Loewe (*My Fair Lady*); MacDermot (*Hair*); C. Porter (*Kiss me, Kate*); R. Rodgers (*South Pacific*); A. Lloyd Webber (*Jesus Christ Superstar; Evita; Cats*).
Musik → Übersicht.
Musikdrama, im Unterschied zur Oper arienloses, „durchkomponiertes" Werk v. stark dramat. Gehalt in szen.mim. Darstellung (R. Wagners Spätwerke, auch R. Strauss).
Musikhochschulen, Konservatorien, Ausbildungsstätten f. Musikpädagogen der Gymnasien, Solomusiker, Komponisten, Dirigenten; → Hochschulen.
Musikinstrumente, 6 versch. Gruppen: 1. *Tasten-;* 2. *Saiten-;* 3. *Blas-;* 4. *Schlag-;* 5. *mechan.;* 6. *elektron.* Musikinstrumente.
Musikschulen, öff. od. private Schulen, an denen Laien musizieren; die Lehrer werden an Fachschulen (Fachakademien) f. Musik ausgebildet.
Musil, Robert (6. 11. 1880–15. 4. 1942), östr. Schriftst.; Romane: *D. Verwirrungen d. Zöglings Törleß; D. Mann ohne Eigenschaften;* Dramen, Novellen, Essays.
musisch, künstlerisch veranlagt.
Musivgold, goldgelbes Zinndisulfid od. Messing z. Bronzieren.
musivische Arbeit, svw. → Mosaik.
Musivsilber, Zinn-Wismut-Legierung, z. Bronzieren.
Muskateller, *Gelber Muskateller,* alte, in vielen Ländern angebaute Weißweinrebe m. ausgeprägtem Muskatbukett, die körperreiche süße Weine von goldener Farbe erzeugt; sie ist u. a. f. viele → Dessertweine (z. B. in Südfrkr. f. d. *Muscat-*Weine) sowie in Italien f. d. Schaumwein → *Asti Spumante* verantwortl.
Muskatnuß, trop. Baum von den Molukken; die großen Samen u. ihr zerschlitzter Mantel (*Muskatblüte*) als Gewürz verwendet.
Muskat-Ottonel [mys'ka otɔ'nɛl], aus Frkr. stammende Spielart des → Muskatellers, die liebl. säurearme Weine m. intensivem Bukett liefert; wird im Elsaß mit *Muscat Blanc à Petits Grains* (Muskateller) zu *Muscat d'Alsace* verschnitten.
Muskelatrophie, svw. → Muskelschwund.
Muskelkater, Muskelschmerzen durch ungewohnte oder übermäßige Anstrengung.
Muskelkrampf, anhaltende, äußerste Muskelzus.ziehung, schmerzhaft (z. B. Wadenkrampf), bes. bei Kälteeinwirkung u. Überanstrengung.
Muskeln, die d. Bewegung dienenden Körperorgane; **a)** *Skelettmuskeln,* aus parallelen, in sich quergestreiften Fasern (*Fibrillen*), gehen an den Enden in die Sehnen über, arbeiten willkürlich; **b)** *Eingeweide- u. Gefäßmuskeln,* glatt, arbeiten unwillkürlich; **c)** *Herzmuskel,*

Musik

Von griech. „musikē technē = Kunst der Musen", im Altertum Bez. aller schönen Künste, vom MA an nur der Tonkunst. Ihre Gegebenheiten sind in erster Linie Melodik, ferner durch Metrik gegliederte Rhythmik u. Harmonik. Je nach Aufführungspraxis und -zweck unterscheidet man Vokal- u. Instrumental-M., monophone (einstimmige) u. polyphone (mehrstimmige) M. sowie zeitgenöss. Gebrauchsmusik (z. B. Theater-, Film-, Tanz-, Militär-, Kirchen-M.), außerdem → absolute Musik u. → Programmmusik. Auch → Jazz, → Rock-Musik, → Pop-Musik. Theoret. Grundlage aller mus. Hochkulturen (Abendland, Orient, Ostasien) ist die systemat. Verknüpfung v. Tonfolgen bzw. -leitern (horizontal) u. Akkorden (vertikal), die u. a. auf der → Diatonik od. → Pentatonik basieren.

Geschichte: a) Die M. war in den *Anfängen* meist kultisch; daneben gab es auch schon Arbeitsgesänge in rhythm. Form. Musik in China u. Ägypten bereits im 2. u. 3. Jtd v. Chr. nachweisbar. Gesang allein od. mit Begleitung von einfachen Zupfinstrumenten (Form aus d. Bogenwaffe entwickelt) u. Blasinstrumenten. Unter ägypt. u. babylon. Einfluß in die hebräische Musik, deren Elemente später in die christl. Kirchenmusik übernommen wurden. Phil. Rechtfertigung d. Musik als selbständige Kunst zuerst bei den Griechen; Blüte zur Zeit der Tragiker Aischylos, Sophokles u. Euripides, deren Chorlieder gesungen wurden. **b)** *Mittelalter:* In der christl. Kirche kultischer Gesang. Im 4. Jh. Hymnen (→ Ambrosius). Um 600 Ordnung d. Kirchengesanges, Papst Gregor I. zugeschrieben: gregorianischer Choral. 9.–12. Jh. Bewegungsschrift: Neumen, seit dem 11. Jh. auf Linien. Seit dem 9. Jh. Denkmäler d. Mehrstimmigkeit; um 1200 Schule von Notre Dame in Paris (Leonin, Perotin): erstmalig rhythmische Aufzeichnung von Kompositionen. 13.–14. Jh. Mensuralnotation (Ars antiqua u. → Ars nova): Guillaume de Machaut. Daneben Volkslied, Volksmusik, Spielleute, Troubadours u. Minnesänger. **c)** *15.–17. Jh.:* Entwicklung und Hochblüte der Vokalpolyphonie (Niederländer, Orlando di Lasso in München, G. P. da Palestrina in Rom). Motette und Messe. Meistersinger. Neue selbständige Instrumentalmusik. Im 16. Jh. protestant. Gemeindegesang (Luther, Johann Walther). Blüte des weltlichen Chorliedes. Um 1600 aus Renaissancebestrebungen, die antike griech. Tragödie stilgerecht wiederzubeleben, Entstehung der Oper: 1594 „Daphne" v. Peri in Florenz, 1607 „L'Orfeo" von Monteverdi. Ausgestaltung der Kammer-, Orchester- u. Kirchenmusik (Oratorium, Kantate, Konzert, Suite, Sonate). Mit der Monodie, der instrumental begleiteten Melodie, Durchbruch des konzertierenden Stils. Zentren in Italien: Venedig u. Neapel. Schöpfer der frz. Oper *Lully*, der engl. *Purcell*, der dt. *Schütz*. Entstehung der Streichinstrumentenfamilie (Violine, Viola, Cello) und Tasteninstrumente (Cembalo, Orgel). **d)** *Anfang 18. Jh.:* Händel (Vollendung d. Oratoriums, Opern, Concerti grossi), Bach (Passionen, Kantaten, Hohe Messe, Orgel- u. Cembalomusik, Konzerte u. Sonaten für fast alle Instrumente). Hamburger Oper (Keiser); Telemann, die Brüder Graun, Zeitalter des Generalbasses u. Kontrapunkts (Fuge). In Italien Opernmeister Scarlatti, Pergolesi, Jommelli; in Frkr. Rameau u. Couperin. **e)** *Mitte 18. bis Anfang 19. Jh.:* Vorwegnahme d. Wiener Klassik durch die Mannheimer Schule (Stamitz, Richter). Entstehung der dt. Singspiels. Haydn gibt der Sinfonie u. dem Quartett die bis heute gültige Form. Gluck reformiert die Oper (Musikdrama). Mozart bereichert Ausdrucksmittel d. Orchesters, wird zum Meister d. it. Buffo-Oper (Figaros Hochzeit; Don Giovanni) u. des dt. Singspiels (Entführung aus dem Serail, Zauberflöte). Beethoven bringt als erster in Sinfonien, Kammer- u. Klaviermusik die leidenschaftl. persönl. Empfindungen des Genies zum Ausdruck. Schubert

Minnesängerhandschrift, 15. Jh.

Niederländ. Dankgebet (erster Druck 16. Jh.)

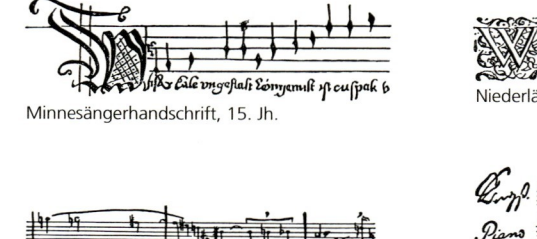

Handschrift von Richard Strauss: Ein Heldenleben

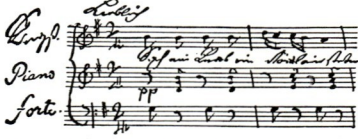

Handschrift von Schubert: Das Heideröslein

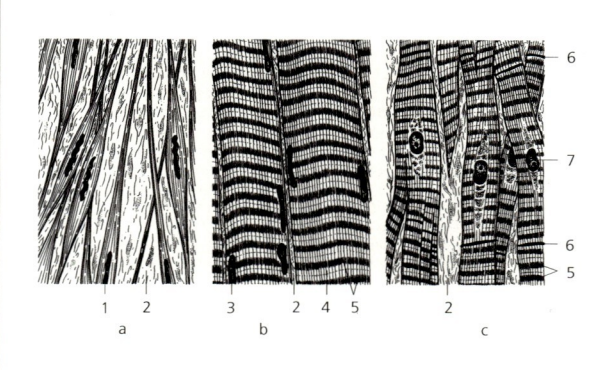

Arten von Muskelgewebe
a) glatte Muskulatur
b) quergestreifte Muskulatur
c) Herzmuskulatur
1 glatte Muskelzelle
2 Bindegewebe
3 Zellkomplex
4 Muskelfasern
5 Querstreifung
6 sog. Glanzstreifen
7 Kerne der Herzmuskelzelle

quergestreift, unwillkürlich arbeitend (→ Tafel Mensch).

Muskelrelaxanzien [l.], z. Erschlaffung d. willkürlichen Muskulatur führende Mittel (z. B. → Kurare); Verwendung bei Operation und Krampfkrankheiten.

Muskelrheumatismus, Form des Weichteilrheumatismus mit *Muskelverhärtungen,* oder entzündl. Krankheit (Myositis), → Rheuma.

Muskelschwund, *Muskelatrophie,* krankhafte Verringerung d. Muskelmasse mit Muskelschwäche, bei Nerven- u. Rückenmarkskrankheiten od. bei Nichtgebrauch (Gipsverband).

Muskeltraining, Trainingsformen, die entweder die Ausdauer od. die Kraft der Muskulatur verbessern.

Muskete, *w.* [it. „muschetta"], alte Handfeuerwaffe mit Luntenschloß.

Musketier, im MA Landsknecht mit Muskete; später in Preußen svw. Infanterist.

Muskovit, → Silicatmineral aus der Gruppe d. → Glimmer.

Muskulatur → Muskeln.

Muslim → Moslem.

Muspelheim, die Flammenwelt der nord. Göttersage; geht dem Weltuntergang voraus.

Muspilli, althochdt. Gedichtfragment des 9. Jh. vom Weltbrand; christlich u. heidnisch.

Musselin, *m.,* nach der irak. St. Mosul ben. leichtes Gewebe aus Wolle od. Baumwolle.

Musseron [frz.], → Schwindling.

Musset [my'sɛ], Alfred de (11. 12. 1810–2. 5. 57), frz. romant. Dichter; Lyrik, Prosa, Dramen.

Mussolini, Benito (29. 7. 1883–28. 4. 1945), it. faschist. Diktator; urspr. Sozia-

als Klassiker des dt. Kunstliedes. **f) 19. Jh.:** die Romantik: Weber, Schumann, Mendelssohn, Spohr, Marschner, Berlioz (neue Farben d. Orchesterklangs). Chopin erweitert Ausdrucksfähigkeit des Klaviers; Liszt als erster Virtuose. Die frz. Große Oper (Meyerbeer, Auber), Neuschöpfung des Musikdramas aus romant. Empfindungen heraus durch Wagner: Oper als Gesamtkunstwerk u. nat. Weihespiel (Bayreuth). Daneben Ausbildung von Sonderformen: komische Oper (Lortzing). Ballade (Loewe), Walzer (Lanner, Strauß). Entstehung der Gesangvereine (Nägeli). In Italien Rossini, Spontini, Bellini u. Verdi; in Frkr. Thomas, Gounod, Bizet; in Böhmen Smetana, Dvořák; in Rußland Glinka, Mussorgskij, Tschaikowskij, Rimskij-Korssakoff; in Norwegen Grieg. Die großen dt. Sinfoniker Brahms u. Bruckner; die Liederkomponisten Cornelius, Hugo Wolf. **g) 20. Jh.:** Impressionismus: Debussy, Ravel. Veristische Oper: Puccini, Mascagni, Leoncavallo. Neuromantik: Humperdinck, Reger, Schillings, Pfitzner. Sinfonien von Mahler. Opern, sinfonische Dichtungen u. Lieder von Richard Strauss. Nach 1918 endgültige Abkehr von der Romantik u. allzu überladenem Satz, Bevorzugung linearer Kontrapunktik, die zur Atonalität führt; Betonung einer intern. orientierten Musik neuen Gepräges. Als Hauptvertreter Schönberg (Zwölftonsystem), Bartók, Strawinski, Hindemith. Daneben in Dtld David, Egk, Orff, Fortner, Henze; in Frkr. Honegger, Milhaud; in Italien Malipiero, in Ungarn Kodály, in Schweden Atterberg, in der Schweiz Schoeck, in England Britten, in Amerika Gershwin (sinfonischer Jazz), Piston u. Copland; in Rußland Schostakowitsch, Prokofjew. Die jüngste Entwicklung, die *Musica viva*, ist durch Vertreter der → seriellen u. aleatorischen M. vor allem in westl. Ländern Europas einerseits u. andererseits durch Vertreter der → Minimal Music, einer repetitiven, zumeist tonalen Musikrichtung vorwiegend aus Nordamerika, gekennzeichnet.

list; gründete 1919 „Fascio di Combattimento" (→ Faschismus); 1922 („Marsch auf Rom"; Min.präs. m. d. Machtbefugnissen e. Diktators (Ges. v. 1925); *Duce* d. Partei. 1943 gestürzt, gefangen, durch dt. Luftunternehmen befreit; gründete faschist. Rep. in Oberitalien; 1945 v. Partisanen erschossen.
Mussorgskij, Modest Petrowitsch (21. 3. 1839–28. 3. 81), russ. Komp.; Opern: *Boris Godunow, Chowanschtschina; Der Jahrmarkt von Sorotschinzi;* Klavierwerke, Lieder.
Mustafa, Name mehrerer türk. Sultane.
Mustang, *m.* [span.], verwildertes Hauspferd Amerikas.
Muster, Thomas (* 2. 10. 1967), östr. Tennisspieler.
Musterrecht, Teil des → gewerblichen Rechtsschutzes; regelt → Musterschutz.
Musterrolle,
1) rechtl. → M.schutz.
2) Verzeichnis f. Geschmacksmuster beim zuständigen Amtsgericht.
3) Liste, in die angeworbene Mannschaft eines Schiffes einzutragen ist.
Musterschutz, geregelt durch Musterrecht; **a)** *Gebrauchs-Musterschutz* gg. unberechtigte Nachbildung u. Verbreitung v. Arbeitsgerätschaften od. Gebrauchsgegenständen od. deren Teilen („kleiner Patentschutz"), Anmeldung u. Eintragung in d. *Musterrolle* beim Patentamt; Ges. v. 5. 5. 1936 i. d. Fassung v. 2. 1. 1968; **b)** *Geschmacks-Musterschutz* gg. unbefugte Nachbildung u. Verbreitung eines Musters od. Modells („kleiner Kunstschutz") durch Anmeldung zum *Musterregister* b. Registergericht; Ges. v. 11. 1. 1876.
Mut, *w.,* altägypt. Göttin, d. m. ihrem Gatten Amun u. ihrem Sohn, d. Mondgott Chons, d. *Triade v. Karnak* i. Theben bildete.
Mutae [l. -tɛ], die „stummen" Mitlaute: *k, p, t* (Tenues), *g, b, d* (Mediae), *ch, ph, th* (Aspiratae).
mutagen, mutationsauslösend (chem. Verbindungen, Röntgenstrahlen).
Mutante, Individuum, in dem mindestens *ein* Gen durch → Mutation verändert ist.
Mutation [l.], Veränderung,
1) in d. Erblehre: sprunghafte, richtungslose Veränderung einer Erbanlage; M.en treten spontan auf od. werden durch → mutagene Faktoren ausgelöst; sie werden unterteilt in *Genmutationen,* → Chromosomenmutationen, *Genom-, Plasmon-* u. *Plastiden*-M.en.
2) svw. → Stimmbruch.
mutatis mutandis [l.], mit Berücksichtigung gewisser Umstände; mit den nötigen Änderungen.
Muthesius, Hermann (20. 4. 1861 bis 26. 10. 1927), dt. Architekt, Kunstpädagoge; einflußreich f. d. dt. Wohnbau; Wegbereiter d. Jugendstils u. Mitbegr. d. Dt. Werkbundes.
mutieren [l.],
1) sich im Stimmwechsel befinden.
2) sich genetisch verändern.
Mutilation, Verstümmelung.
Mutismus, psychisch bedingte Stummheit.
Mutsuhito, *Meiji Tenno* (3. 11. 1852 bis 30. 7. 1912), seit 1867 Kaiser v. Japan, d. durch ihn Großmacht wurde; Abschaffung d. Shogunats u. Durchführung d. Meiji-Reform.
Muttenz (CH-4132), St. im Kanton Basel-Land, Schweiz, 16 800 E; chem. Ind., Rheinhafen.
Mutter, (meist sechskantiger) Teil der eine Schraube umschließt und mit dem Schraubenschlüssel festgezogen wird.
Mutterband, bindegewebige Befestigung der Gebärmutter.
Müttergenesungswerk, 1950 v. Elly Heuss-Knapp begr. gemeinnützige Stiftung mit 185 *Müttergenesungsheimen;* Sitz Stein bei Nürnberg.
Mutterkorn, Roggenkrankh. hervorrufender Pilz, enthält z. B. d. Alkaloid Ergotamin, krampferzeugendes Gift, in d. Geburtshilfe u. Frauenheilkunde, bei Migräne usw. verwendet.
Mutterkornvergiftung, *Ergotismus, Kribbelkrankheit,* führt durch Blutgefäßkrampf z. Brand; Muskelkrämpfe; Ursache: früher Mehlverunreinigung, heute chron. Einnahme von M.-Alkaloiden (Migräne-Patienten).
Mutterkuchen, *Plazenta,* schwammiges Blutgefäßnetzwerk, verbindet den Blutkreislauf der Mutter mit der der Frucht, die hierdurch ernährt wird; wird bei der Geburt erst einige Zeit später als das Kind ausgestoßen: *Nachgeburt.*
Mutterkult, rel. Verehrung von Muttergottheiten.
Mutterlauge, nach Auskristallisieren von Salzen verbleibende Flüssigkeit; enthält oft noch Salze, die leichter löslich sind als die schon auskristallisierten.
Muttermal, verschiedenartige u. -farbige Hautmale; als brauner → *Leberfleck, Pigmentmal,* rotes *Feuermal* usw.
Muttermilch, Frauenmilch, → Milch.
Muttermund,
1) *innerer M.:* Verschlußstelle der Gebärmutterhöhle, am Beginn d. Gebärmutterhalskanals.
2) *äußerer M.:* das in die Scheide führende Ende des Gebärmutterhalses.
Mutterrecht, Erbfolge v. Mutter auf Tochter, daher starker soz. Einfluß der Frau; bildete sich unter best. hackbäuerl. Voraussetzungen in Orient, Alteuropa, Indien (noch erhalten im S) usw. heraus; → Matriarchat. Ggs.: Vaterrecht.
Mutterschaftshilfe, v. gesetzl. Krankenkassen f. Wöchnerinnen vor u. nach d. Entbindung gewährte Hilfe; umfaßt Mutterschaftsgeld während d. Schutzzeit (→ Mutterschutz), ärztl. Beratung u. Hebammenhilfe, Versorgung mit Verbandsmitteln u. Medikamenten sowie Pauschalbeträge f. sonst. Aufwendungen u. Pflege i. Entbindungsanstalten u. Krankenhäusern.
Mutterschutz, Ges. vom 24. 1. 1952, Beschäftigungsverbote od. -beschränkungen f. werdende Mütter, soweit Leben od. Gesundheit d. Mutter od. Kindes gefährdet würde; Wöchnerinnen dürfen 6 Wochen vor u. 8 Wochen (12 Wochen bei Mehrlings- od. Frühgeburten) nach der Entbindung nicht beschäftigt werden; Verbot v. Mehr-, Nacht- u. Sonntagsarbeit; Stillzeit ist auf Verlangen freizugeben; Kündigungsschutz während d. Schwangerschaft u. bis vier Monate nach der Niederkunft; Mutterschaftsurlaub u. -geld auf Antrag bis 6 Monate nach Geburt; Mutterschaftshilfe durch die Krankenvers.
Muttertag, von den USA 1923 in Dtld übernommen, zur Ehrung der Mütter; 2. Maisonntag.
Muttertrompete → Eileiter.
mutual [nl.], *mutuell,* wechsel-, gegenseitig.
Mutual Balanced Forces Reductions [engl. ˈmjuːtjʊəl ˈbælənsd ˈfɔːsɪz rɪˈdʌkʃənz], → MBFR.
Mutung, Gesuch um Verleihung der Bergwerksberechtigung durch Auffinden von Lagerstätten.
MW, Abk. f. *Megawatt;* 1 MW = 1 000 000 Watt.
MWD, russ. **M**inisterstwo **W**nutrennych **D**jel, Min. für innere Angelegenheiten; bis 1946 NKWD (Innenkommissariat); ihm untersteht d. Polizeiwesen. Daneben MGB (Min. f. Staatssicherheit) zur Ermittlung von „Saboteuren" usw. – MWD bis 1920 Tscheka, dann GPU, nach 1923 OGPU („Vereinigte staatl. pol. Verw."), staatl. Geheimpolizei.
Mwinyi, Ali Hassan (* 8. 5. 1925), 1985–95 Staatspräs. v. Tansania.
MwSt, Abk. f. → **M**ehr**w**ert**st**euer.
MX, Abk. f. **M**issile **E**xperimental, landgestützte Interkontinentalrakete mit 10 unabhängig voneinander gelenkten Nuklearsprengköpfen.
My, μ, Abk. f. → Mikron.
Myalgie, Muskelschmerz.
Myanmar, bis 1989 *Birma,* engl. *Burma,* Rep. in Hinterindien, besteht aus d. eigtl. M., den Schan-Staaten u. den Karenni-Staaten; Bev.: Birmanen (fast 75%), Schan, Karen, Katschin, Tschin, Inder. **a)** *Geogr.:* Im W u. N Gebirge, sonst flachwelliges Hügelland; Hptfluß: *Irawadi;* trop. Monsunklima, Urwald (Teakbaum). **b)** *Landw.:* Grundlage d. Wirtschaft, ca. 2/3 d. Bev. arbeiten d. Landw., Hpterzeugnis: Reis (1991: 13,2 Mill. t), daneben Zuckerrohr, Baumwol-

MYANMAR
Staatsname: Union von Myanmar, Pyi-Daung-Su Socialist Thammada Myanmar Naingng-an-Daw, bis 1989 Birma (Burma)
Staatsform: Sozialistische Republik
Mitgliedschaft: UNO, Colombo-Plan, ASEAN
Staatsoberhaupt und Regierungschef: Than Shwe
Hauptstadt: Rangun (Yangon) 2,5 Mill. (Agglom. 3,9 Mill.) Einwohner
Fläche: 676 578 km²
Einwohner: 45 555 000
Bevölkerungsdichte: 67 je km²
Bevölkerungswachstum pro Jahr: ⌀ 2,14% (1990–1995)
Amtssprache: Birmanisch
Religion: Buddhisten (87%), Christen (5,6%), Muslime, Hindus
Währung: Kyat (K)
Bruttosozialprodukt (1992): 250 US-$ je Einw.
Nationalitätskennzeichen: MYA
Zeitzone: MEZ + 5½ Std.
Karte: → Asien

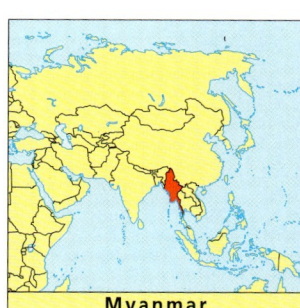

Myanmar

le, Tabak, Teakholz. **c)** *Bodenschätze:* Die reichen Vorkommen sind nur z. T. erschlossen, vor allem Zink, Kupfer, Zinn, Blei, Erdöl. **d)** *Außenhandel* (1991): Einfuhr 616 Mill., Ausfuhr 412 Mill. $. **e)** *Verkehr:* Eisenbahn 3137 km. **f)** *Gesch.:* Bis 1886 Königreich, dann brit.-ind. Prov., 1937 von Indien unabhängige brit. Kolonie, s. 1948 selbst.; 1974 neue Verf., sozialist. Rep. m. Einkammerparlament; 1988 Mil.putsch nach blutigen Unruhen; 1990 freie Parlamentswahlen m. Sieg d. Opposition unter Friedensnobelpreisträgerin Aung San Suu Kyi (NLD), trotzdem weiter Mil.-reg. u. Fortdauer der Kämpfe zwischen Regierung und Rebellen.

Myasthenia gravis, e. Autoaggressionskrankheit mit Muskelschwäche.
Mydriasis, *w.* [gr.], Pupillenerweiterung.
Myelin → Markscheide.
Myelographie, Röntgenuntersuchung des Rückenmarkraums mit Kontrastmittel.
Myelose, *myeloische Leukämie,* Form der → Leukämie.
Mykene, *Mykenai,* bei → Homer Residenz d. Agamemnon (2. Jtd v. Chr.); Burgstadt i. d. Argolis, mächtige Burgmauer mit *Löwentor, Kuppelgräber, Goldfunde;* von Schliemann 1874–76 ausgegraben.
mykenische Kunst, ca. 1570–1150 v. Chr., erste griech. Kultur e. v. Norden gekommenen Kriegervolkes; 1400 Eroberung Kretas, Einführung d. → kret. Kunst in Mykene, Tiryns u. a.: Burgen m. gewaltigen Befestigungen (Burg v. Mykene m. Löwentor), Schacht-, Kuppel- u. Felskammergräber, Paläste; Keramik, Kunsthandwerk.
Mykerinos, ägypt. Pharao d. 4. Dynastie, Erbauer einer der 3 Pyramiden v. → Gizeh.
Mykobakterien, Bakteriengattung, zu der d. Erreger d. Tuberkulose *(Mycobacterium tuberculosis)* zählt, wegen Färbeeigenschaften auch als *säurefeste Stäbchen* bezeichnet.
Mykologie [gr.], Pilzkunde.
Mykoplasmen, bakterienähnl. Mikroorganismen, die bei Tieren u. Menschen Infektionskrankheiten, bes. d. Lungen, verursachen können.
Mykorrhiza, *w.,* Lebensgemeinschaft höherer Pflanzen u. Pilzfäden, die in oder an den Wurzeln der Pflanzen wachsen; Nahrungsaustausch.
Mykosen, *w.* [gr.], durch Pilze hervorgerufene Krankheiten, z. B. d. Haut *(Dermato-M.)* od. d. Lunge.
Mylady [engl. mɪˈleɪdɪ], engl. Anrede einer → Lady.
Mylord [mɪˈlɔːd], Anrede e. → Lords.
Mynheer [holl. məˈneːr], *Mijnheer,* mein Herr.
Myogelose, svw. → Hartspann.
Myoglobin, roter Farbstoff des Muskels, ähnlich aufgebaut wie → Hämoglobin.
Myokard, Herzmuskel.
Myokardinfarkt, svw. → Herzinfarkt.
Myokarditis, Herzmuskelentzündung.
Myom, *s.* [gr.], gutartige knotige Muskelgeschwulst bes. d. Gebärmutter; führt oft zu Blutungen.
Myopie, *w.* [gr.], svw. → Kurzsichtigkeit.
Myositis, Muskelentzündung.
Myrdal, schwed. Schriftstellerehepaar **1)** *Alva* (31. 1. 1902–1. 2. 86), Soz.wiss.en; Friedensnobelpr. 1982 (zus. m. G. Robles) u.
2) *Karl Gunnar* (6. 12. 1898–17. 5. 1987), Nat.ökonom; (zus. m. Hayek) Nobelpr. f. Wirtsch. 1974; zus. m. s. Frau Friedenspr. d. Dt. Buchhandels 1970.
Myriade, *w.* [gr.], urspr. Vielfaches v. 10 000; svw. unzählig.
Myron, athen. Bildhauer, Erzgießer d.

Mykene, *Archaische Metope*

Myrte

Myron, *Diskuswerfer*

Mykenische Vase

5. Jh. v. Chr.: *Diskuswerfer; Athene und Marsyas; Kuh.*
Myrrhe, Harz afrikan.-arab. Sträucher u. Bäume; Räucherwerk. – *M.ntinktur,* als Mundwasser (20%).
Myrte, immergrüner Strauch des Mittelmeergebiets aus der Pflanzenfamilie der *Myrtengewächse* (in trop. u. subtrop. Ländern, in Blättern vieler Arten äther. Öle), weiße, duftige Blüten; *M.nkranz* als Brautschmuck.
Mysien, im Altertum nördl. Landschaft a. der W-Küste Kleinasiens; Städte: Ilion u Pergamon; 133 v. Chr. röm. Provinz.
Myslowitz, poln. *Mysłowice,* Ind.st. i. poln. Schlesien, 92 000 E; Steinkohlebergbau, Metallind.
Mysore, *Maisur,* St. im ind. Bundesstaat Karnataka, 480 000 E; Uni. → Karnataka.
Mysterien, rel. Geheimkulte im Altertum, am bekanntesten die *persischen Mithras-M., die griech.-orphischen M. u. die eleusinischen M.*
Mysterienspiele, geistl. Schauspiele des MA an hohen Festen (Passion, Ostern, Weihnachten); Dauer bis zu 8 Tagen; Hauptblüte in Frkr. und S-Dtld; durch die Laienspielbewegung erneuert.
mysteriös [gr.], geheimnisvoll, rätselhaft.
Mysterium, *s.* [gr.], über d. natürlichen Erkennen stehendes Geheimnis.

mykenische Kunst, *Sarkophag aus Hagia Triada, um 1400 v. Chr.*

Mystifikation, *w.* [frz.], Täuschung.
mystifizieren, mystisch betrachten, täuschen, vergeheimnissen.
Mystik, *w.* [gr.], innere Erfahrung einer übernatürlichen Wirklichkeit mit Erleuchtung und absolut. Glücksgefühl; Weg der Vorbereitung: Askese, Meditation, Kontemplation; in allen höheren Religionen (Buddhismus, Neoplatonismus, Islam, Judentum, Christentum); berühmt die deutsche M. des MA: *Meister* → Eckhart, → Tauler, → Seuse. Neuzeit: → Angelus Silesius, → Theresia v. Avila, → Johannes v. Kreuz, Ignatius v. → Loyola.
Mythe, *w.,* → Mythos.
Mythen, zwei Voralpenberge nordöstl. v. Schwyz, 1899 u. 1811 m.
Mythenstein, Felsen im Vierwaldstätter See, 25 m hoch, nördl. vom Rütli (Inschrift: „Dem Sänger Tells Fr. Schiller die Urkantone 1859").
Mythologie [gr.], zunächst Gesamtheit d. Mythen eines Volkes od. Kulturkreises, dann auch wiss. Erforschung u. krit. Deutung d. Mythen aller Kulturen (*Mythenkunde*).
Mythos, *m.* [gr.], *Mythus,* Götter- oder auch Heldensage aus vorgeschichtl. Zeit, die mit erzählerischen Mitteln eine naive Weltauslegung u. Lebensdeutung versucht; bei *Bachofen* symbol. Ausdruck gewisser Urerlebnisse der Völker.
Mytilene, Hptst. der griech. (bis 1913 türk.) Insel Lesbos, 25 000 E; Hafen.
Myxödem, *s.* [gr.], Erkrankung bei mangelhafter od. fehlender Schilddrüsentätigkeit mit teigiger Schwellung d. Haut, Gewichtszunahme, Apathie, Senkung d. → Grundumsatzes, Wachstumsstörung, Kräfteverfall, Verblödung; → Kretinismus.
Myxomatose, *w., Kaninchenpest,* verheerende Virusseuche bei Wild- u. Hauskaninchen; in Australien zur Bekämpfung der Kaninchenplage benutzt; über Frkr. s. 1952 nach Mitteleuropa eingeschleppt.
Myxomyzęten, svw. → Schleimpilze.
Myzęlium, Wurzelgeflecht d. Pilze.
M42-Gewinde, urspr. weit verbreitetes System z. Anschrauben e. Objektivs an Spiegelreflexkamera; Auflagemaß verändert sich auch nach jahrelangem Einsatz nicht, anders als d. Bajonettanschluß.

N,
1) *phys.* Abk. f. → Newton.
2) *chem.* Zeichen f. → *Stickstoff* (lat. *nitrogenium*).
3) *geograph.* Abk. f. Nord.

n,
1) Abk. f. → *netto*.
2) Kurzzeichen f. den Vorsatz *Nano-* (= 10^{-9}).
3) in der *Kernphysik* Symbol f. *Neutron*.
4) hinter Hauptwort: Abk. f. *neutrum* = sächl.

Na, chem. Zeichen f. → Natrium.
Naab, l. Nbfl. der Donau, aus 3 Quellflüssen vom Fichtelgebirge u. Oberpfälz. Wald, 165 km l., Mündung w. v. Regensburg.
Nabatäer, arab. Nomaden, die im 3. Jh. v. Chr. ins heutige Jordanien s. d. Toten Meeres eingewandert waren u. d. Handel zw. Arabien u. d. Mittelmeer kontrollierten. Zentrum → Petra.
Nabburg (D-92507), St. im Kr. Schwandorf, an d. Naab, Bay., 6126 E.
Nabe, Mittelstück d. Rades, das auf Welle läuft, auch der Luftschraube.
Nabel,
1) *Hilum*, bei Pflanzensamen d. Stelle der Samenschale, an d. sich d. Frucht v. d. *Plazenta* löst.
2) Narbe d. *Nabelschnur* (Nabelstrang), welche d. Blutgefäße zur Ernährung d. Embryos enthält u. mittels d. Mutterkuchens d. Verbindung zw. Mutter u. Frucht herstellt; nach d. Geburt Abbindung u. Durchtrennung der N.schnur (*Abnabelung*), deren Rest nach einigen Tagen am Nabel abfällt.
Nabelbruch, durch mangelhaften Verschluß der Bauchdecke am Nabel; führt zum Heraustreten des Bauchinhalts; → Bruch.
Nabelschwein, *Pekari*, schweineähnl. Paarhufer S-Amerikas mit Drüsentasche (,,Nabel'') auf dem Rücken.
Nabereschnyje Tschelny, 1982–88 *Breschnew*, Ind.st. an der Kama i. Tatarstan (Rußland), 507 000 E; Fahrzeugbau.
Nabis [hebr.-frz. ,,die Erleuchteten''], Mitgl. e. 1889 gegr. Pariser Künstlergruppe, die in Anlehnung an d. Schule v. → Pont-Aven der impressionist. Formauflösung entgegentrat durch klärende Vereinfachung d. Form u. Steigerung des farbl. Ausdrucks; Vertr.: *Sérusier, Denis, Bonnard* u. a.
Nablus, palästinens. St. nördl. Jerusalem im Westjordanland, 70 000 E; als *Sichem* Hptst. d. bibl. Israels u. später d. Prov. Samaria; von Vespasian zerstört.
Nabob [arab.],
1) urspr. ind. Statthalter.
2) danach: Mann von gewaltigem Reichtum.
Nabokov [ˈnæbəkɔf], Vladimir (23. 4. 1899–2. 7. 1977), am. Schriftst. russ. Herkunft; *Lolita; Ada*.
Nachbild, physiol. Nachwirkung eines Lichtsinnesreizes; z. B. entsteht, nachdem man lange Zeit auf eine rote Fläche gestarrt hat, beim Wegsehen für einen ganz kurzen Moment der Eindruck der Komplementärfarbe Grün.
Nachbrenner, Verlängerung d. normalen Rückstoßdüse eines → Strahltriebwerks, in die zusätzl. Kraftstoff eingespritzt wird; Erhöhung der Schubleistung um 30 bis 40% wird dadurch möglich.

Nachbürge, leistet dem Gläubiger Bürgschaft für den Fall, daß der erste Bürge nicht zahlt.
Nachdruck, Abdruck gestattet:
1) aus *Zeitungen* bei Artikeln tatsächl. Inhalts u. nur mit Quellenangabe, soweit nicht Vorbehalt: ,,Nachdruck verboten'';
2) von *anderen Schriftwerken* in Dtld u. den meisten Ländern der Berner Übereinkunft (→ Urheberrecht) erst 70 Jahre nach dem Tod des Autors; unbeschränkt ist u. a. der N. von amtl. Schriften u. Gesetzen sowie von öff. Reden in Zeitungen und Zeitschriften (gemeinfreie Werke).
Nachempfindung, Sinnesempfindung, die den Reiz überdauert.
Nacherbe → Erbrecht.
Nachfrage, der kundgegebene Wunsch, Güter u. Dienstleistungen gegen Entgelt zu erwerben; ergibt sich aus den Bedürfnissen der Käufer; Ausmaß, Richtung u. Art d. wirtsch. Betätigung wird wesentl. durch N. bestimmt; N. u. Angebot sind bei vollständiger → Konkurrenz d. beiden preisbildenden Faktoren d. Marktes.
Nachfrist, bei → Schuldnerverzug muß d. Gläubiger, der Schadensersatz verlangen od. v. Vertrag zurücktreten will, angemessenen Zeitraum zur nachträgl. Erbringung der Leistung gewähren (§ 326 BGB).
Nachgeburt → Mutterkuchen.
Nachgotik, in d. Architektur der Renaiss. u. d. Barock noch fortbestehende got. Bau- u. Ornamentformen; fördert im 18. u. 19. Jh. d. Entwicklung d. Neugotik.
Nachhaltigkeit, i. d. Forstwirtsch. Bez. f. d. Sicherung dauernder u. steigender Holzerträge unter Erhaltung od. Steigerung d. Bodenkraft (nur soviel ernten, wie wächst).
Nachhut, Sicherungsabteilung zum Schutz zurückgehender Truppen.
Nachindossament, bei Wechsel u. Scheck ein → Indossament, das nach Erhebung d. Protestes od. nach Ablauf der Protest- bzw. Vorlegungsfrist erfolgt; hat nur die Wirkung einer gewöhnl. Abtretung.
Nachitschewan, autonome Teilrep. in Aserbaidschan, 5500 km², 306 000 E; Hptst. N. (51 000 E).
Nachlaß → Erbrecht.
Nachlaßgericht, Abt. des Amtsgerichts, regelt Erbangelegenheiten.
Nachodka, russ. St. i. d. Nachodkabucht, am Japan. Meer, bed. Export- u. Importhafen (Japan), 165 000 E.
Nachpfändung, Anschlußpfändung, erneute Pfändung einer bereits gepfändeten Sache f. e. and. Gläubiger; aus Erlös ist zuerst d. Gläubiger, für den erste Pfändung erfolgte, zu befriedigen.
Nachrede,
1) *jur.* → üble Nachrede.
2) *Nachwort,* svw. Epilog.
Nachrichten-Agenturen, Telegraphen-A., Büros m. Korrespondenten u. Verbindungen in der ganzen Welt zur Versorgung der → Presse (Übers.) m. Nachrichten.
Nachrichtensatelliten → Fernmelde-Satelliten.
Nachschlag, *mus.* Verzierung; ein od. mehrere auf einen Hauptton folgende, diesen verkürzende Töne.

Nachtaffe

Nachtigall

Nachtpfauenauge

Nachschubtruppe → Logistiktruppen.
Nachschuß, N.pflicht, beschränkte od. unbeschränkte Verpflichtung v. Gesellschaftern, bei Bedarf zusätzl. Einlagen an d. Gesellschaft zu leisten; gesetzl. vorgeschrieben b. Genossenschaften (Haftsumme), b. bergrechtlichen Gewerkschaften (Zubuße), zulässig b. d. GmbH.
Nächstenliebe → Jesus.
Nachsuche, d. Verfolgen der Fährte od. Spur d. angeschossenen Wildes m. d. Jagdhund.
Nacht, *astronom.* Zeitraum von Sonnenuntergang bis Sonnenaufgang; kürzeste bzw. längste Nacht auf der nördl. Erdhalbkugel am 21. 6. bzw. 22. 12. (Sommer- u. Wintersonnenwende); allmähl. Übergang vom u. zum Tage (→ Dämmerung); am Äquator ständige Tagundnachtgleiche; an d. Polen wechseln halbjährige Nacht mit halbjährigem Tag.
Nachtaffe, nachtaktiver Affe des Amazonasgebiets, sehr großäugig.
Nachtarbeit, 20–6 Uhr, nur bei bes. Voraussetzungen gestattet (Nachtschicht); Sonderregelung f. Jugendliche u. f. best. Gewerbe (z. B. Gaststätten-, Bäcker-, Theater-, Apothekergewerbe); wird mit Zuschlägen entlohnt, geregelt durch Tarifverträge.
Nachtblindheit, Unfähigk., i. Dunkeln zu sehen (Unempfindlichk. d. Stäbchen d. Netzhaut); bei Augenleiden, Alkoholismus, Vitamin-A-Mangel; allg. für geminderte Dunkelanpassungsfähigk. des Auges.
Nachtbogen, der unter d. → Horizont liegende Teil d. tägl. Bahn e. Gestirns; → Tagbogen.
Nachtfalter, Schmetterlinge, d. nur in d. Nacht od. am Abend fliegen; vor allem Schwärmer, Eulen u. Spinner.
Nachtgleiche, svw. → Äquinoktium.
Nachtigal, Gustav (23. 2. 1834–20. 4. 85), dt. Arzt u. Afrikareisender; erforschte Sahara u. Sudan, unterstellte Togo u. Kamerun dt. Schutz.
Nachtigall, rotbrauner Singvogel, singt bes. nachts in dichten Gebüschen; in O-Europa bis Mecklenburg der sehr ähnl. *Sprosser*.
Nachtkerze, gelb blühende Staude; Blüten öffnen sich abends; aus N-Amerika, vielerorts verwildert an Wegen; *N.öl* bei Hautschäden.
Nachtmahr, *m.,* Alpdruck, Nachtgespenst.
Nachtpfauenauge, spinnerartiger Nachtschmetterling; Vorder- u. Hinterflügel mit großen bunten Augenflecken; *Wiener Nachtpfauenauge,* größter eur. Falter.
Nachtragshaushalt, Ergänzung d. Haushaltsplanes nach dessen Verabschiedung.
Nachtschattengewächse, Solanaceae, Pflanzenfamilie; z. B. *Schwarzer N.,* giftiges schwarzbeeriges Unkraut auf Schutt; *Bittersüß, Kartoffel, Tabak, Tollkirsche, Tomate, Aubergine, Paprika* u. a.
Nachtschwalben, Vogelfamilie von schwalbenähnl. Gestalt; jagen nachts im Flug nach Insekten; in Dtld *Ziegenmelker,* in Heidewäldern; Zugvogel.
Nachtschweiß, meist gg. Morgen auftretend; oft bei Neurasthenie u. Lungentuberkulose.

Nachtstücke, in Malerei u. Graphik, Darstellungen in nächtl. Beleuchtung; bes. im Barock (z. B. v. *Elsheimer, Caravaggio, La Tour, Rembrandt*).
Nachttiere, Tiere, die nur nachts munter *(nachtaktiv)* sind.
Nachtviole, bes. nachts duftender Kreuzblütler, mit lila Blüten; Zierpflanze; aus S-Europa, auch verwildert.
Nachtwandeln, lat. *Noktambulismus,* Schlafwandeln, *Somnambulismus,* bes. bei Mondlicht *(Mondsüchtigkeit),* unbewußtes Handeln i. Schlaf, häufig bei Psychopathen.
Nachwachsende Rohstoffe, Pfl., d. z. Verwendung als Rohstoffe i. Ind. u. Handwerk bes. geeignet sind, z. B. z. Gewinnung v. Zucker, Ölen, Bioalkohol, Fasern etc.
Nachwehen, Wehen nach d. Entbindung; → Geburt.
Nackenstarre, *Opisthotonus,* krampfhafte Versteifung d. Nackenmuskulatur m. Rückbiegung d. Kopfes, bes. bei Wundstarrkrampf u. Gehirnhautentzündung (Genickstarre).
Nacktkultur, *Freikörperkultur* (FKK), ideologisiertes Nacktbaden.
Nacktmull, afrikan. Nagetier mit faltiger, nackter Haut; interessantes Sozialverhalten ähnl. dem Bienenstaat.
Nacktsamige, svw. → Gymnospermen.
Nacktschnecken, Schnecken, deren Schale zurückgebildet ist *(Egel-, Wegschnecke* u. a.).
Nadar, Gaspard Félix, eigtl. *G. F. Tournachon* (5. 4. 1820–20. 3. 1910), frz. Schriftst., Zeichner, Karikaturist u. Photograph; veranstaltete 1874 d. 1. Ausstellung impressionist. Malerei.
Nadeldrucker, Ausgabegerät in d. EDV, Schreibkopf mit 9 od. 24 bewegl. Nadeln, die Druckfarbe von e. Farbband auf Papier pressen (→ Matrixdrucker).
Nadelgeld, vom Ehemann der Ehefrau zu ihrer persönl. Verfügung ausgesetzte Summe.
Nadelhölzer, *Konifieren,* nacktsamige Blütenpflanzen (meist Bäume), gewöhnl. mit immergrünen, nadelförm. Blättern, Fruchtstände zapfenförmig (beerenartig: Eibe, Wacholder). Meist in gemäßigten Zonen; dt. N.: *Kiefer, Fichte, Tanne, Lärche* usw.; Holz u. Harze v. größter wirtsch. Bedeutung.
Nadelkap, *Agulhas,* S-Spitze Afrikas, mit Leuchtturm; vorgelagert die Agulhas-Bank.
Nadeltelegraf, 1833 v. → Gauß u. → Weber erfunden, Zeichen werden a. d. Ausschlägen e. Magnetnadel abgelesen; keine prakt. Anwendung.
NADGE, Abk. für **N**ATO **A**ir **D**efence **G**round **E**nvironment System, elektron. Bodengestütztes Luft-Frühwarnsystem der NATO.
Nadir, *m.* [arab.], Punkt d. geschlossen gedachten Himmelsgewölbes, der senkrecht unter dem Beobachter liegt; Gegenpunkt z. → Zenit.
Nadolny,
1) Isabella (* 26. 5. 1917), dt. Autorin u. Feuilletonistin; anspruchsvolle Unterhaltungslit.: *Ein Baum wächst übers Dach; Providenz und zurück.*
2) Sten Rudolf Alexander (* 29. 7. 1923), dt. Schriftst., setzt sich m. zeithistor. Fragen auseinander u. fand m. s. jüngsten Romanen allgem. Anerken-

Große Wegschnecke (oben), Schwarze Egelschnecke (unten)

nung: *Die Entdeckung der Langsamkeit; Selim oder d. Gabe der Rede;* Poetikvorlesung: *Das Erzählen u. d. guten Absichten.*
Naevus, Mz. *Naevi,* pigmentierte Hautmale (Muttermal usw.).
Nafta, Abk. f. **N**orth **A**merican **F**ree **T**rade **A**greement; 1992 geschlossenes Freihandelsabkommen zw. d. USA, Kanada u. Mexiko, das am 1. 1. 1994 in Kraft trat.
Naga [sanskr. „Schlange"],
1) ind. halbgöttl. Schlangenwesen, e. Mischwesen aus menschl. Oberkörper u. Schlangenunterleib, als Fruchtbarkeitsbringer verehrt.
2) wilde Bergstämme in Assam, z. T. Kopfjäger.
Nagaika, *w.,* russ. Lederpeitsche, Knute.
Nagaland, ind. Bundesstaat, grenzt an Myanmar, 16 527 km², 1,2 Mill. E, Bergstämme; Hptst. *Kohima.*
Nagano, jap. Stadt auf Hondo, 341 000 E; Austragungsort der XVIII. Olymp. Winterspiele 1998.
Nagasaki, jap. Hafenst. an der W-Küste von Kyushu; 445 000 E; Uni.; Schiff-

Nahrungsmittel und Getränke * Kh = Kohlenhydrate			
100 g Nahrungsmittel enthalten (ohne Abfälle)	Eiweiß g	Fett g	Kh* g	kJ
Rindfleisch, gekocht	31	8	0	840
Kalbfleisch, gekocht	28	4,5	0	650
Hammelfleisch	18	7	0	590
Hirschfleisch	20,8	3,2	0	515
Schweinefleisch, gekocht	28,5	10,5	0	900
Schweinefleisch, gebraten	24	24	0	1360
Truthahn	20	20	1	1180
Schinken, gekocht	23,5	34	0	1720
Schinken, roh	23,5	24	0	1340
Speck, gesalzen	6,0	68	0	2740
Salami, deutsche	18	50	0	2303
Schellfisch	16	0,5	0	315
Pökelhering	18,5	8,5	0	650
1 Ei (Klasse B)	7,5	6,5	0,3	360
Vollmilch	3,1	3,5	4,7	270
Buttermilch	3,6	0,5	4	150
Rahm (im Durchschnitt)	3,0	15	3,5	690
Rahmkäse 50 %	23	30	1,8	1675
Quarkkäse aus Magermilch	17	1,2	4	400
Butter	0,5	82	0,5	3200
Margarine	0,5	84	0	3270
Schweineschmalz	–	96	0	3810
Weißbrot	8	1	48	960
Vollkornbrot	8	2	46	1000
Schwarzbrot	6	1	52	960
Nudeln, Makkaroni	11	0,5	70	1400
Haferflocken	10	5	64	1510
Gurken	1	0,5	1	42
Kartoffeln gekocht	2	0	21	375
Bohnen, grün	2	0,5	5	140
Erbsen, trocken	16,5	0,5	45	1070
Linsen	18	0,5	44,5	1090
Reis, geschält	8	1	74	1445
Zucker	0	0	98	1675
Haselnüsse	14	62	14	2906
100 g Getränke enthalten	Alkohol g	Kh* g	kJ	
Schankbier	3,4	4,3	190	
Bayr. Exportbier	4,3	5	235	
Pilsner	4,3	4	210	
Rheinwein	8,1	2,3	285	
Frz. Rotwein	7,8	1	270	
Champagner	10,2	12	540	
Kognak, frz.	55	–	1465	
Orangensaft	–	10,8	205	
Karottensaft	–	6	113	
Cola-Getränke	–	11,2	184	

Nagel,
bau, Masch.-, Textilind.; 1923 durch Erdbeben, 9. 8. 1945 d. Atom-(Plutonium-) Bombe stark zerstört (75 000 Tote).
Nagel,
1) Otto (27. 9. 1894–12. 7. 1967), dt. Maler u. Publizist; realist. Darstell. aus d. Leben d. Berliner Arbeiter u. Kleinbürger; später Hinwendung z. Sozialist. Realismus.
2) Peter (* 6. 4. 1941), dt. Maler u. Graphiker d. Neuen Realismus; 1965 Mitbegr. d. Gruppe → Zebra; s. figurat. Darstellungen (oft spielender Kinder) v. kühl-glatter Plastizität gewinnen aus Ggs.paaren (z. B. Körper – Fläche) e. verfremdete Realität.
Nagel,
1) Hornsubstanz, bedeckt die Endglieder von Fingern u. Zehen.
2) Metall- oder Holzstift mit Spitze und Kopf zur Verbindung von Holzteilen, Leder usw. Herstellung heute maschinell durch Ziehen, Pressen, Schneiden, Schälen (Huf-, Draht-, Stahl-, Holznägel), früher handgeschmiedet.
Nagelbett, die Unterlage d. Nagels.
Nagelfleck, Nachtfalter aus der Gruppe der Spinner; fliegt am Tag in Buchenwälder, Flügel orangebräunl. mit blaugrauem Fleck, darin eine Zeichnung, die an einen weißen Nagel erinnert.
Nagelfluh, durch e. Bindemittel (z. B. Kieselsäure od. Kalkspat) verfestigter Schotter; → Konglomerat.
Nagetiere, *Nager,* Säugetierordnung, artenreich, über d. ganze Erde verbreitet; gekennzeichnet durch vordere Schneidezähne *(Nagezähne)* in Ober- u. Unterkiefer, die sich abschleifen, aber ständig nachwachsen; meist Pflanzenfresser, häufig Winterschlaf (z. B. Mäuse, Hörnchen, Schlafmäuse, Biber, Stachelschweine, Springhasen, nicht jedoch → Hasen).
Nagib, Ali Mohammed (20. 2. 1901 bis 28. 8. 84), ägypt. Gen.; zwang 1952 Kg Faruk zur Abdankung, rief 1953 Republik aus; 1953/54 Staatspräs.
Nagold (D-72202), St. i. Kr. Calw, an d. *N.* (r. Nbfl. d. Enz), Ba-Wü., 21 883 E; AG; Holz-, Textil- u. Metallind.
Nagorno-Karabach, *Berg-Karabach,* autonomes Gebiet i. d. Rep. Aserbaidschan, 4400 km², 188 000 E, meist Armenier; Hptst. Chankendi (ehem. *Stepanakert*), 35 000 E.
Nagoya, jap. St. auf Honshu, 2,15 Mill. E; Uni., Handels-HS; Stahl-, Textil- u. Porzellanind., Maschinenbau, Werften; Hafen.
Nagpur, Stadt im ind. Staat Maharaschtra, 1,62 Mill. E; Uni.; Eisen-, Textilind.
Nagualismus [aztek.], indian. Vorstellung, daß jeder Mensch m. d. Schicksal e. best. Tiers od. Naturobjekts unlösbar verbunden ist.
Nagy [nɔdj], Imre (7. 6. 1896–16. 6. 1958), ungarischer kommunist. Pol.; Min.präs. 1953–55 u. 1956 während d. ungar. Aufstandes, deportiert u. 1958 hingerichtet.
Nagykörös ['nɔdjkøːrøʃ], ungar. St. i. d. Donau-Theiß-Tiefebene, 28 000 E; Gestüt, Wein- u. Obstbau.
Naha, Hptort d. → Ryukyu-Inseln, auf Okinawa, 310 000 E.
Nahe, l. Nbfl. des Rheins, vom Hunsrück, mündet bei Bingen; 116 km lang (Weinbau).

Naher Osten, svw. → Vorderasien und Ägypten; Nahostkrieg: → Israel.
Nahkampfmittel, Sammelbez. für alle im Nahkampf geeigneten Waffen, wie Hand- u. Gewehrgranaten, Pz.-Faust, Blend- u. Brandkörper, Molotow-Cocktail, Flammenwerfer.
Nahlinsen, preiswertes Kamerazubehör in Form von opt. Linsen, die d. Objektiv durch Einschrauben vorgesetzt werden, normalerweise lieferbar in 3 Dioptrienstärken. Die kürzeste Entfernungseinstellung e. Objektivs läßt sich dadurch extrem erweitern, bei mittlerer Abblendung ergeben sich erstklassige Nahaufnahmen bis in d. Makro-Maßstab.
Nähmaschine, zur Herstellung von Nähten, zum Stopfen u. Sticken auf mechan. Wege. Zweifaden- u. Einfadenmaschinen; Arbeitsweise: Der durch die auf- u. abgehende Nähnadel durch den Stoff geführte *Oberfaden* bildet Schlinge, die zur Stichbildung gefangen u. geknüpft wird; Bindung: a) durch jede Schlinge wird ein zweiter, *Unterfaden,* gezogen (Steppstich); b) jede neue Schlinge wird mit der vorhergehenden verknüpft (Kettenstich); Auffangen u. Binden der Schlingen durch Schlingenfänger, der in waagerechter Bahn hin- u. hergleitendes *Schiffchen,* bzw. e. freilaufenden oder in einer geführten Bahn hin- u. her schwingenden Greifer od. durch Greiferschiffchen. Kurve geführten Maschinen für Haushalt bis 2000, für gewerbl. Zwecke bis über 5000 Stiche in der Minute, auch Mehrnadelmaschinen; überwiegend el. betrieben; erste N. von Madersperger 1830. – Zickzack-N. zum Sticken, Nähen v. Knopflöchern, Stopfen u. a.
Nährböden, Stoffe, auf denen sich Mikroorganismen u. isolierte Zellen u. Gewebe entwickeln u. vermehren.
Nährhefe, Trockenhefe mit hohem Vitamin- u. Eiweißgehalt; Futterhefe.
Nährlösungen, zur Kultur (Hydrokultur) höherer Pflanzen ohne Erde eingesetzt; enthalten alle erforderl. Nährsalze (z. B. Nährlösung nach Knop).
Nährmittel, enthalten Eiweiß, Malz, Kakao usw. in konzentrierter, leichtverdaulicher Form.
Nährsalze, svw. → Mineralsalze.
Nährstoffe, für d. Ernährung nutzb. Bestandteile der Nahrungsmittel: Eiweiß, Fett, Kohlenhydrate, Mineralsalze, Vitamine, Wasser.
Nahrungskette, bezeichnet die gegenseitige Abhängigkeit der Nahrungsproduzenten u. Konsumenten, z. B. Pflanze (Produzent) – Insekt – Vogel – Greifvogel; Aufnahme von Schadstoffen durch die Pflanzen kann zu deren Anreicherung in den Endkonsumenten u. deren Schädigung (z. B. durch Muttermilch) führen; aufgrund der Verflochtenheit der Beziehungen spricht man heute häufiger vom *Nahrungsnetz.*
Nahrungsmittel, alles, was der Ernährung dient: **a)** tierische, *animalische N.:* Fleisch, Fisch, Eier, Milch, Milchprodukte u. tierische Fette; **b)** pflanzliche, *vegetabilische N.* (Nährfrüchte): Obst, Gemüse, Kartoffeln, Mehlfrüchte (Brot u. a.), Salate, pflanzl. Fette usw. – Frische Gemüse u. Früchte sind reich an Mineralsalzen u. → Vitaminen, diese auch in Butter u.

Lebertran. → Tabelle. – Der Grad der Selbstversorgung mit N.n in den einzelnen Ländern hängt von den Leistungen der Landw. ab; → Übers.
Nahrungsmittelkontrolle, durch staatl. Beamte, bes. Fleischbeschau bei Schlachttieren, hygien. Beaufsichtigung v. Nahrungsmittelfabriken u. a.
Nährwert, Gehalt der Nahrungsmittel an *verwertbaren* Stoffen; nach Kalorien od. Joule (Heizwert) berechnet (→ Ernährung); manche Stoffe (Eiweiß, Mineralsalze, Vitamine) sind unabhängig v. Heizwert lebensnotwendig.
Naht, *med.,*
1) die Vereinigungslinie zweier benachbarter Schädelknochen.
2) die Verbindung zweier Wundränder oder zweier Organflächen durch → Katgut, Seiden-, Kunststoffäden, Draht- od. Metallklammern (Stapler-N.).
nahtlose Rohre, von 6 mm lichter Weite ab, kalt oder warm gezogen; bis 600 mm warm gewalzt nach dem Verfahren v. → Mannesmann.

Nagelfleck

Nahua, altmexikan. Indianerstämme mit hoher Kultur; Sprache i. Mexiko stellenweise noch heute lebendig; wichtigste Untergruppe sind die → Azteken.
Naila (D-95119), St. i. Kr. Hof i. Oberfranken, Bay., 500–700 müM, 8965 E; Ind.; Fremdenverkehr.
Naipaul [neɪˈpɔːl], Vidiadhar S. (* 17. 8. 1932), engl. Romancier westind. Herkunft; *Sag mir, wer mein Feind ist.*
Nairobi, Hptst. v. Kenia, 1,5 Mill. E; Kultur-, Ind.- u. Handelszentrum; internat. Flughafen; im S v. N. der Nairobi-Nationalpark (115 km²).
naiv [l., *nativus* = angeboren"],
1) natürl.; unschuldig; unbefangen; kindlich, kindisch.
2) nach Schiller ästhet. Begriff f. künstler. Schaffen aus d. Einklang m. d. Natur (svw. objektiv, klassisch) im Ggs. zum *Sentimentalischen,* das aus dem Bewußtsein schafft und Ideale sucht (svw. subjektiv, romantisch).
Naive [frz.], Bühnenfach: Darstellerin junger, unbefangener Mädchen.
naive Malerei, *Laienkunst;* unabhängig v. akad. od. ästhet. Regeln; charakterist. sind erzählende Detailgestaltung, klare Konturzeichnung u. kräftige Farben; Vertr.: d. Zöllner Rousseau, Grandma Moses, Bombois, Generalić u. a.; → Sonntagsmaler; → Volkskunst.
Najaden [gr.], Wassernymphen.
Nakasone, Yasuhiro (* 27. 5. 1918), jap. Pol. (LDP); 1982–87 Vors. d. Liberaldemokr. Partei u. Min.präs.
Namaland, südafrikan. Landschaften: *Groß-N.* in Namibia, trockenes Tafelland; südl. davon *Klein-N.,* wüstenartig, bis zu 1300 m; ben. nach dem namib. Hottentottenstamm d. *Nama.*
Namenspapiere, → Rektapapiere, Wertpapiere, in denen der Berechtigte namentlich bezeichnet wird. Ggs.: → Inhaberpapiere.
Namensschutz, verbietet unbefugtes Gebrauchen eines fremden N. (§ 12 BGB).
Namenstag, von Katholiken gefeierter Tag des Heiligen, dessen Namen sie tragen.
Namib, Wüstenlandschaft i. Namibia, Diamantenland.
Namibe, früher *Moçâmedes,* Hafenstadt i. Süd-Angola, 100 000 E.

Namibia, Rep. in SW-Afrika; Bev.: 85% Schwarze (überwiegend Bantu-Völker sowie Hottentotten und Buschmänner), 6% Mischlinge u. 7% Weiße. **a)** *Geogr.:* längs der Küste bis 100 km breite Namibwüste, dann Hochland bis zur Kalahariwüste, außer dem Gr. Fischfluß nur periodisch fließende Flüsse; gesundes subtrop. Klima. **b)** *Wirtsch.:* Landw. u. Bergbau; gr. Uranvorkommen sowie Gold, Kupfer, Mangan, Wolfram, Blei, Zink. Hauptausfuhr: Diamanten, Kupfer, Felle. **c)** *Verf.* v. 1990: präsidiale Rep., Zweikammerparlament (Nat.vers. u. Nat.rat) **d)** *Verw.:* 26 Distrikte. **e)** *Gesch.:* 1884–1920 dt. Schutzgebiet (Dt.-Südwestafrika), 1904–07 Hereroaufstände; ab 1920 als Mandatsgebiet v. d. Südafrikan. Union verwaltet; Mandat 1966 von d. UN für beendet erklärt und Unabhängigk. v. S-Afrika unter d. Namen Namibia gefordert; Kompetenz d. UN v. Südafrika nicht anerkannt; 1968 Selbstverw., 1975 bewaffnete Konflikte mit der → SWAPO (v. d. UN als einzige Sprecherin f. N. anerkannt); 1977 „Verf.konferenz" (unter Ausschluß d. SWAPO); 1981–83 weitgehende Selbstverw., 1985–90 gemischtrassige Übergangsreg.; 1989 Waffenruhe zw. SWAPO u. Südafrika; demokr. Wahlen unter UN-Kontrolle, Wahlsieg d. SWAPO (Nujoma erster Präs.); s. 1990 unabhängig; 1994 südafrikan. Walfischbucht (Walvis Bay) an Namibia; Landreformgesetz z. Abbau v. Großgrundbesitz u. z. schrittw. Übergabe v. Farmland an Schwarze.

NAMILCOM, Abk. f. **NA**TO **Mil**itary **Com**mittee, Militärausschuß der NATO.

Nämlichkeit, im Zollrecht Identität von Gütern, Feststellung der Nämlichkeit bei erneuter Zollbehandlung, wird gesichert durch Plomben, Stempel u. a.

NAMSO, Abk. f. **NA**TO **M**aintenance and **S**upply **O**rganization, NATO-Org. f. Nachschub und Instandhaltung.

Namur [na'my:r], fläm. *Namen,* Hptst. der belg. Prov. *N.,* an der Mündung der Sambre in die Maas, 104 000 E; Bischofssitz; Ind., Fremdenverkehr.

Nanak, (1469–1538), Stifter des Rel.stifters Kabir u. selbst Stifter d. Sikh-Religion, durch d. er Hinduismus u. Islam miteinander verbinden wollte.

Nanchang [-ʃ-], Hptst d. chin. Prov. Jiangxi, 1,08 Mill. E; Baumwoll-, Holz- u. Papierind., Motoren- u. Flugzeugbau.

Nancy [nã'si], Hptst. des frz. Dép. *Meurthe-et-Moselle,* a. d. Meurthe u. am Rhein-Marne-Kanal, 102 000 E; Uni., Forstakad.; Textilind., Maschinenbau.

Nandu, *w.* [l. -īə], *Rhea,* südam. Strauß.

Nanga Parbat, Hochgipfel u. Eckpfeiler des W-Himalaja, 8126 m; Erststeigung 1953 durch Hermann → Buhl.

Nänie, *w.* (l. -īə], Begräbnisklage (d. röm. Frauen); Chorwerk v. Brahms nach e. Gedicht v. Schiller.

Nanjing [-dzɪŋ], *Nanking,* chin. Hafenst. am Chang Jiang, Hptst. d. Prov. Jiangsu; 3 Mill. E; Handels- u. Kulturzentrum; Uni.; Textil- u. Metallind. – 1368–1421 Residenz der Ming-Dynastie; b. → Taiping-Aufständen 1853 zerstört; 1928–37 u. 1945–49 Hptst. Chinas (1940–45 Sitz d. v. Japan eingesetzten chin. Gegenreg.).

Nanking, *m.,* dichter Kattun i. Lein-

NAMIBIA

Staatsname:	Republik Namibia, Republic of Namibia
Staatsform:	Präsidiale Republik
Mitgliedschaft:	UNO, Commonwealth, OAU, SADC
Staatsoberhaupt:	Samuel Daniel Nujoma
Regierungschef:	Hage Gottfried Geingob
Hauptstadt:	Windhuk (Windhoek) 114 500 Einwohner
Fläche:	824 292 km²
Einwohner:	1 534 000
Bevölkerungsdichte:	2 je km²
Bevölkerungswachstum pro Jahr:	⌀ 2,65% (1990–1995)
Amtssprache:	Englisch
Religion:	Christen (90%)
Währung:	Namibia-Dollar (N$)
Bruttosozialprodukt (1994):	3045 Mill. US-$ insges., 2030 US-$ je Einw.
Nationalitätskennzeichen:	NAM
Zeitzone:	MEZ + 1 Std.
Karte:	→ Afrika

Namibia

wand- oder Köperbindung; urspr. chin. Stoff.

Nanni di Banco, eigtl. *Giovanni Antonio di B.* (um 1370/5–Febr. 1421), it. Bildhauer, e. Mitbegr. d. Florentiner Frührenaiss.; Relief über d. Porta della Mandorla d. Doms in Florenz.

Nanning, Hptst. d. chin. autonomen Region *Guangxi-Zhuang,* 890 000 E.

Nano- [gr.], abgek. *n,* Vorsilbe b. Maßeinheiten = ein Milliardstel (10⁻⁹).

Nansen, Fridtjof (10. 10. 1861–13. 5. 1930), norweg. Polarforscher u. Staatsmann; durchquerte als erster 1888 S-Grönland; 1893–96 Polarfahrt (m. d. „Fram") bis 86° 14' N; leitete 1920 d. Gefangenenaustausch, 1921–23 d. Hungerhilfe in Sowjetrußland; Nobelpr. 1922; *In Nacht u. Eis.*

Nansenpaß, 1922 auf Anregung Nansens intern. eingeführter Paß für Staatenlose.

Nan Shan, zentralasiat. Hochgebirge, bis 6300 m, mehrere Gebirgsketten, gehört zum Kunlun.

Nante,
1) Berliner komische Gestalt, Eckensteher N., aus K. Holteis (1797–1880) *Trauerspiel in Berlin.*
2) berlin. Abk. f. Ferdinand.

Nanterre [nãtɛːr], Hptst. d. frz. Dp. *Hauts-de-Seine,* 89 000 E; Auto- u. Flugzeugind., Parfümherst.

Nantes [nã:t], Hptst. d. frz. Dép. *Loire-Atlantique,* a. d. Loire, 251 000 E; Kathedrale (12.–15. Jh.); HS, Ing.schule, Handels- u. Ölhafen, Flugplatz, Schiffbau. – 1598 *Edikt v. N.* (Heinrich IV.) für Glaubensfreiheit der Hugenotten.

Nanteuil [nã'tœj],
1) Célestin François (11. 7. 1813–4. 9. 73), frz. Maler u. bes. Graphiker; Buchillustrationen bes. f. Werke d. frz. Romantik.
2) Robert (um 1623–9. 12. 78), frz. Zeichner u. führender Kupferstecher; s. f. ihren „sprechenden" Ausdruck gerühmten Porträtstiche sind wicht. Zeitdokumente.

Naos, *m.* [gr. „Wohnung"],
1) Innenraum für das Götterbild im altgriech. Tempel.
2) Hauptschiff d. christl. Basilika.

Napalmbombe, Brandbombe mit geliertem Benzin, das brennend festhaftet.

Naphtha, *w.* od. *s.,* älter f. *Erdöl.*

Naphthalin, $C_{10}H_8$, fester, in großen, weißen Schuppen kristallisierender Kohlenwasserstoff v. durchdringendem Geruch (Mottenpulver); Ausgangsprodukt zur Synthese organ. Stoffe.

Napier ['neɪpɪə], auch → *Neper,* John, (1550–3. 4. 1617), engl. Math., erfand natürl. → Logarithmus.

Napoleon,
1) N. I. Bonaparte (15. 8. 1769–5. 5. 1821), Kaiser der Franzosen, 1785 Artillerieleutnant; eroberte 1793 Toulon, als Kommandant d. Garnison v. Paris Unterdrückung d. Aufstandes d. Royalisten; 1796 Vermählung m. Josephine Beauharnais (1809 geschieden); 1796–97 Oberbefehl in Italien, eroberte Lombardei; 1798/99 mißglückter ägypt. Feldzug; nach Rückkehr Staatsstreich v. 18. Brumaire (9. Nov. 1799), Erster Konsul, 1802 auf Lebenszeit; Reformen: Verfassung, Konkordat, Verwaltung (Zentralisation), Finanzen, Gesetzgebung (*Code Napoléon* 1804). 1804 Kaiser; 1805 Koalitionskrieg gg. England, Rußland, Östr., Schweden (Schlachten bei Austerlitz, Trafalgar). 1806 Gründung des Rheinbundes. Sieg über Preußen (Jena), Kontinentalsperre gg. England. 1807 Bündnis mit Zar Alexander I.; 1810 Vermählung mit Marie Louise von Östr.; 1812 unglücklicher Zug gg. Rußland (Grande Armée); 1813–15 → Befreiungskriege; 1814 Abdankung, Insel Elba als Fürstentum, 20. 3.–18. 6. 1815 → „Hundert Tage"-Herrschaft; Schlacht bei Belle-Alliance; bis zu s. Tode Kriegsgefangener auf St. Helena; 1840 im Invalidendom in Paris beigesetzt; s. Sohn

2) N. II., Hzg v. → Reichstadt.
3) N. III. (20. 4. 1809–9. 1. 73), Sohn v. L. → Bonaparte, 1848 Präs. d. Rep., 1852 Kaiser durch Staatsstreich, Krimkrieg (1853–56) u. it. Feldzug (1859): Siege bei Magenta u. Solferino über Östr.), Erwerb v. Savoyen u. Nizza; 1870 Dt.-Frz. Krieg, 2. 9. 1870 bei Sedan gefangen, entthront, bis 1871 Gefangener in Wilhelmshöhe; starb in England.

Nappaleder, nachgegerbtes feines Schaf- oder Ziegenleder, bes. für Handschuhe.

Nara, jap. Prov.hptst. i. S. v. Honshu, 340 000 E; Wallfahrtsort, 710–784 Hptst. Japans.

Narbada, *Narmada,* Fluß im westl. Vorderindien, 1250 km l.; mündet in den Golf von Cambay (Arab. Meer).

Narbe,
1) botan. Organ des Fruchtknotens, das den Pollenstaub festhält.
2) med. Bindegewebsbildung als Endzustand der Wundheilung.
3) beim *Leder:* oberste Schicht.

Narbonne [-'bɔn], St. im frz. Dép. *Aude,* am *Kanal v. N.,* 41 000 E; Kathedrale; Weinbau, -handel. – 118 v. Chr. röm. Kolonie, im MA bed. Hafenst.

Narcom, Abk. f. engl. **N**orth **A**tlantic **R**elay **Com**munication **S**ystem, eine transatlant. Fernsehverbindung.

Narde, *w.,* ind. Baldriangewächs; mit würzig riechender Wurzel, davon *Nardenöl* u. *-salbe.*

Narenta → Neretva.

Narew, r. Nbfl. der Weichsel, 484 km lang, vom baltischen Höhenzug, 312 km schiffbar; durch Bobr u. Augustowokanal mit dem Njemen verbunden.

Nargileh, w. od. s., oriental. Wasserpfeife; Rauch wird mittels Gummischlauchs durch Wasserbehälter gesogen u. gekühlt.

Narkolepsie, Schlafsucht, Schlafanfälle, Ursache meist unbekannt.

Narkose, w. [gr.], Allgemeinbetäubung m. Bewußtseinsaufhebung; bei größeren chirurg. Eingriffen z. sicheren Schmerzbetäubung. Gewöhnl. durch Einatmen von Betäubungsmitteln (z. B. Ether, Ethylchlorid, Lachgas, Cyclopropan) hervorgerufen: *Inhalations-N.,* evtl. als → *Intubationsnarkose.* Bei *Darm-N.* bzw. *intravenöser N.* werden d. Betäubungsmittel durch Darmeinlauf bzw. Einspritzung in d. Vene verabfolgt. Durch Laborit wurde in d. moderne N.technik die *potenzierte N.* eingeführt: Medikamente m. bes. d. vegetative Nervensystem lähmender Wirkung drosseln alle Lebensvorgänge, wodurch f. d. N. weniger Betäubungsmittel nötig sind, die N. ungefährlicher wird. Bei Kombination nerven- u. psychelähmender Mittel, die d. Blutdruck senken (u. damit die Blutungsneigung verringern) sowie d. Grundumsatz u. damit den Sauerstoffbedarf d. Gewebe u. d. Körpertemperatur senken, m. äußerer Unterkühlung *(Hypothermie)* unter 30 °C kommt man z. *Winterschlaf-N.* (künstl. Winterschlaf = künstl. Hibernation); hat d. Vorteil, daß z. B. bei Abkühlung auf 25–28 °C d. Kreislauf ohne Herz- u. Gehirnschädigung 8–15 Min. unterbrochen werden kann, so daß man am blutleeren Herzen operieren kann.

Narkotika, *narkotische Mittel,* → Betäubungsmittel, die d. Nervensystem lähmen und zur → Narkose dienen; auch → Rauschgift.

Narmer, ägyptischer Pharao aus der → Reichseinigungszeit (etwa 3000 vor Christus), bekannt durch s. Prunkpalette im Mus. Kairo.

Narses, oström. Feldherr, Eroberer u. Statthalter des Ostgotenreiches 551 bis 568 in Italien.

Narthex, m. [griech.], kl. Vorhalle e. Kirche.

Narvik, norweg. eisfreier Hafenst. a. Ofot-Fjord, 19000 E; Erzausfuhr; Unterwassertunnel (1173 m l.).

Narwa, *Narva,*
1) Abfluß des Peipussees i. d. Finn. Meerbusen, 77 km l.
2) Hafenst. an der *N.,* i. nö. Estland, 83000 E; Sägewerke, Wärmekraftwerk. – Im 14. Jh. Dt.-Ordens-St.

Narwal, *Gründelwal,* nördl. Meere, bis 4,5 m lang, Männchen m. einem ca. 2 m langen, schraubenartigen Stoßzahn des Oberkiefers.

Narziß, *Narkissos,* schöner, in sich selbst verliebter Jüngling d. griech. Sage, wird in eine Narzisse verwandelt; danach **Narzißmus** in der Psychoanalyse: Verliebtheit in das eigene Selbst.

Narzissen, Zwiebelgewächse; *weiße N.,* südl. Europa, Gartenpflanze; *gelbe N. (Osterglocke),* südt. Bergwiesen, Gartenpflanze; mehrblütig (Dolden): *Jonquillen* (gelbe Blüten) u. *Tazetten* (weiße Blüten) aus S-Europa.

Fridtjof Nansen

Napoleon I.

Nargileh   Narzisse

NASA, **N**ational **A**eronautics and **S**pace **A**dministration, Nat. Luft- u. Raumfahrtbehörde d. USA, 1953 gegr.

nasal [l.], näselnd, zur Nase gehörig.

Nasallaut, Nasenlaut: *m, n.*

Nasalvokal, bei geöffnetem Nasenraum erzeugter Selbstlaut (z. B. *o* in Bon [bõ]).

Nasciturus [l.], der noch nicht Geborene.

Nase, Geruchsorgan, zur Vorwärmung, Anfeuchtung u. Filterung der Atemluft; besteht aus dem knöchernen *Nasenbein* als Gerüst d. *N.nhöhle* u. dem vorgelagerten *N.nknorpel.* Je drei *N.nmuscheln* in den durch die *N.nscheidewand* abgeteilten N.nhälften, die mit der *N.nschleimhaut* ausgekleidet sind. Im oberen Teil der N. die Geruchsnervenden; zw. den N.nmuscheln die *N.ngänge,* die nach hinten zum Rachen führen; in die N.nhöhle münden die nach Schnupfen u. Erkältungen häufig entzündeten u. eiternden *N.nnebenhöhlen* (Oberkiefer-, Keilbein-Stirnhöhle, Siebbeinzellen) u. die *Tränenkanäle.* Geruchswahrnehmung erfolgt durch *Riechsinneszellen,* von denen sich in der N. z. B. eines Dackels 125 Mill., eines Menschen ca. 20 Mill. befinden.

Nasenaffe, Schlankaffe d. Mangrove Borneos; Männchen mit überdimensionaler, herabbaumelnder Nase.

Nasenbär, *Koati,* Kleinbär mit rüsselartig verlängerter Nase, in S- und Mittelamerika.

Nasenbluten, Riß eines Blutgefäßes in der Nase aus versch. Ursachen; → Erste Hilfe.

Nasenpolypen, Schleimhautwucherungen, behindern Nasenatmung.

Nash [næʃ]
1) John (Sept. 1752–13. 5. 1835), engl. Architekt d. pittoresken Stils u. Städteplaner.
2) Paul (11. 5. 1889–11. 7. 1946), engl. Maler.
3) Richard eigtl. *Nathan Richard Nusbaum* (* 7. 6. 1916), am. Schriftst. u. Prof. für Theaterwiss.; Drehbücher u.

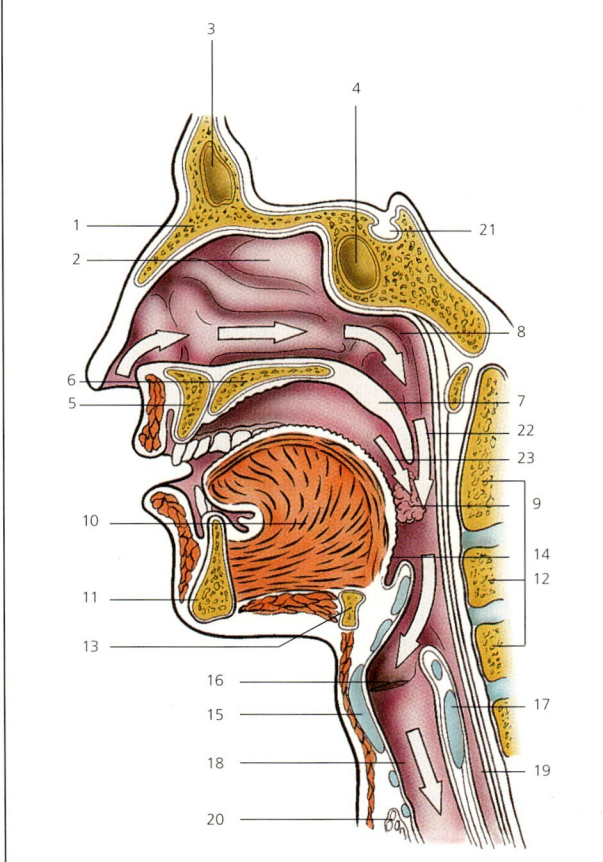

Schnitt durch Gesichtsschädel, Kehlkopf und Schlund
1 Nasenbein
2 Nasenmuscheln
3 Stirnhöhle
4 Keilbeinhöhle
5 Oberkiefer
6 Oberkieferknochen
7 weicher Gaumen mit Zäpfchen
8 Rachenmandel
9 Gaumenmandel
10 Zunge
11 Unterkieferknochen
12 Halswirbel
13 Zungenbein
14 Kehldeckel
15 Schildknorpel
16 Stimmbänder
17 Ringknorpel
18 Luftröhre
19 Speiseröhre
20 Schilddrüse
21 Hypophyse
22 Atemweg (dicke weiße Pfeile)
23 Speiseweg (dünne weiße Pfeile; im mittleren Teil des Rachens kreuzen sich Atem- und Speiseweg)

Theaterstücke; Welterfolg: *Der Regenmacher.*
Nashörner, *Rhinozerosse,* Familie d. Unpaarhufer; 1 Horn: *Panzer-* u. *Java-N.;* 2 Hörner (Oberhautgebilde): *Sumatra-, Spitz-* (schwarzes N.) u. *Breitmaul-N.* (weißes N.), Afrika.
Nashornkäfer, Blatthornkäfer, Männchen mit rückwärts gekrümmtem Horn; → Herkuleskäfer.
Nashornvögel, gr. Rackenvögel mit mächtigem Hornaufsatz auf dem Schnabel; Tropen d. Alten Welt.
Nashville-Davidson [ˈnæfvɪl], Hptst. v. Tennessee (USA), am Cumberland River, 488 000 E; Uni.
Nasiräer [hebr. „nazir = ausgesondert, geweiht"], Bez. f. e. Gelübdeableger (Wachsenlassen d. Haupthaars, Enthaltung v. Wein, keine Berührung e. Toten) i. Israel (4 Mos 6,1–21); Simson war N.
Nasreddin Hodscha, der türk. Eulenspiegel (14. Jh.).
Nassau,
1) bis 1866 Hzgt. d. Dt. Bundes, b. 1944 Hptbestandteil d. preuß. Prov. Hessen-N. u. d. Rgbz. Wiesbaden, b. 1945 Prov., jetzt zu → Hessen u. RP.
2) (D-56377), St. i. Rhein-Lahn-Kr., a. d. Lahn, RP, 5091 E; Schloß (Geburtsstätte *Steins*).
3) Grafengeschlecht, seit 1255 zwei Linien; die ältere *(Walramsche Linie)* bis 1866 in N.; d. jüngere *(Ottonische)* erwarb 1530 das frz. Fstt. Orange, seitdem *Oranien,* 1574 die Statthalterwürde der Ndl.; mit Wilhelm III. (ab 1689 Kg v. England) erloschen; Wilhelm VI. (I.) der Seitenlinie *N.-Diez* 1815 Kg d. Ndl. u. Großhzg v. Luxemburg in Personalunion, 1890 gelöst, in den Ndl. folgte s. Tochter Wilhelmina, in Luxemburg mit Adolf v. N. die *Walramsche Linie.*
4) Hptst. d. → Bahamas, 172 000 E; Uni.; Fremdenverkehr.
Nasser, Gamal Abd el (15. 1. 1918 bis 28. 9. 70), ägypt. Pol.; stürzte 1952 m. Gen. Nagib die Monarchie, Mitgl. d. Revolutionsrats, Oberbefehlshaber der Armee, 1954 Min.präs., 1954–70 Staatspräs.
Naßoxidation, → Oxidation organ. Stoffe in wäßriger Phase mit Hilfe v. Luft- od. techn. Sauerstoff.
Naßwäscher, Verfahren z. Entstaubung v. Gasen (→ Rauchgas); kleine Staubpartikel haften an Tropfen d. Waschflüssigkeit.
Nastie, *nastische Bewegung,* von d. Reizrichtung unabhängige Bewegung v. Pflanzenorganen, z. B. Öffnen, Zusammenklappen v. Blüten; Ggs.: → Tropismus.
Natal,
1) s. 1910 Prov. d. Rep. Südafrika, an d. SO-Küste Afrikas, 55 712 km², 2,07 Mill. E (666 000 Asiaten u. 533 000 Weiße); Eisen, Kupfer u. Steinkohle; Hptst. *Pietermaritzburg,* Hafen *Durban* (Port N.).
2) Hptst. d. brasilian. Staates Rio Grande do Norte, Hafen a. Atlantik, 607 000 E; Textilind., Salzgewinnung.
Natalie, *Nathalie* [l. „dies natalis = Tag der Geburt Christi"], w. Vn.
Nathan, Prophet des A.T. zur Zeit Davids.
Nathanael, Jünger Jesu.
Nathans [ˈneɪθənz], Daniel (* 30. 10. 1928), am. Mikrobiol.; (zus. m. H. O.

Panzernashorn

→ Smith u. W. → Arber) Nobelpr. 1978 (Entdeckung d. Restriktionsenzyme).
Nation [l.],
1) Gemeinschaft zahlreicher staatsrechtlich (durch „Nationalität", Staatsgebiet u. Staatsreg.) verbundener Menschen, die meist dem gleichen → Volk (Sprachgemeinschaft) u. nie nur einer Rasse (= Typengemeinschaft) angehören.
2) ethnische Gruppe(n) mit starkem Gefühl der Zus.gehörigkeit, bedingt durch Sprache, Abstammung, Kultur, Geschichte usw., u. mit Drang zur Selbständigkeit u. Autonomie (z. B. Schotten, Basken, Südtiroler).
Nationaldemokratische Partei Deutschlands, *NPD,* rechtsgerichtete Partei in d. BR (→ Parteien, Übers.).
Nationaler Verteidigungsrat der DDR, staatl. Führungsorgan d. ehem. DDR, d. von 1960–90 d. zentrale Leitung aller Verteidigungs- u. Sicherheitsmaßnahmen wahrnahm.
Nationales Olympisches Komitee, *NOK,* nat. Organisation f. olymp. Angelegenheiten; muß vom IOC anerkannt werden.
Nationale Volksarmee, *NVA,* Streitkräfte der ehem. DDR, 1956 aus der *Kasernierten Volkspolizei* gebildet; am 3. 10. 1990 Übernahme der NVA in die → Bundeswehr und damit Vollmitgliedschaft in der → NATO. Anträge von Berufssoldaten der ehem. NVA auf Übernahme in die Bundeswehr wurden vom Bundesverteidigungsministerium überwiegend abgelehnt.
Nationalfarben, die für die Hoheitszeichen (Flaggen, Wappen, Grenzpfähle) eines Gebietes festgelegten Farben bzw. Farbzusammenstellungen (→ Tafel Flaggen, → deutsche Farben).
Nationalfeiertage, Nationaltage, zur Erinnerung an denkwürdige histor. Ereignisse; BR: 3. 10. Tag der deutschen Einheit, Wiedervereinigung Deutschlands 1990; Frkr.: 14. 7. (Sturm der Bastille 1789); Östr.: 26. 10. (Beschluß über die östr. Neutralität 1955); USA: 4. 7. (Unabhängigkeitserklärung 1789), meist am letzten Donnerstag im November *Thanksgiving Day* (Erntedankfest, zur Erinnerung an d. 1. Ernte auf am. Boden), 23. 11. Veterans' Day; Rußland: 7. 11. (Oktoberrevolution 1917).
Nationalgarde,
1) frz. Bürgerwehr 1789 u. 1871.
2) Ordnungstruppen d. einzelnen US-Staaten z. Schutz d. Bürger u. Reserve d. US-Streitkräfte.
Nationalhymne, *Staatshymne,* BR s. 1952 wieder → Deutschlandlied (3. Strophe); DDR früher „Auferstanden aus Ruinen".
Nationalisierung, *Verstaatlichung,*
1) Überführung ausländ. Besitzes in nationales Eigentum.
2) svw. → Sozialisierung.
Nationalismus,
1) die Verwirklichung u. Aufrechterhaltung des Nationalstaates u. s. unabhängigen Politik nach außen; Selbstbestimmungsrecht; im positiven Sinne daher Patriotismus, Vaterlandsliebe.
2) einseitige intolerante Überbewertung der (eigenen) Nation; Gefahr der Verkennung anderer Völker (Unduldsamkeit; Fanatismus; Haß); geschichtl. im 19. Jh. entwickelt, ist er mitverantwortl.

f. d. Hegemoniebestrebungen und d. Imperialismus der Zeit vor 1914 sowie f. Nationalsozialismus und Faschismus.
Nationalität,
1) Zugehörigkeit zu einer ethnischen Gruppe, einem Volk, einer Nation bzw. einem Staat.
2) svw. nat. Minderheit.
Nationalitätenfrage, → Minderheiten.
Nationalitäten-Konflikte, i. d. Regel gewaltsame Auseinandersetzungen zw. versch. Volksgruppen untereinander oder gg. die Zentralreg. e. Staates, z. B. im ehem. Jugoslawien (→ Balkankonflikt), in versch. ehem. Teilrepubliken der früh. Sowjetunion.
Nationalitätenstaat, ein Staat, der versch. Nationalitäten umfaßt, entweder als staatsrechtl. getrennte Gebilde unter einem gemeins. Oberhaupt (das frühere Östr.-Ungarn) oder als nat. Gruppen mit gleicher Berechtigung (Schweiz) oder als Minderheiten unter der Herrschaft eines „Staatsvolks" (Tschechoslowakei 1920–38).
Nationalkirche, Kirchensystem, das f. e. Volk od. e. Staat einen geschlossenen kirchl. Aufbau schafft; im Ggs. zum Gedanken einer universalen *Gesamtkirche,* die unterschiedslos Völker verschiedenster Art zu einem überstaatl. System faßt.
Nationalkomitee Freies Deutschland, gegr. 1943 bei Moskau von dt. Kriegsgefangenen u. Emigranten, Zus.arbeit m. Bund Dt. Offiziere; Ziel: Sturz d. Hitlerregimes.
Nationalkonvent, die zweite Nationalvers. der frz. Revolutionszeit 1792 bis 95, verkündete d. Republik.
Nationalökonomie, veraltete Bez. für → Volkswirtschaftslehre.
Nationalpark, großräumiges Gebiet, das nach UN-Kriterien unter Naturschutz steht; d. 11 N. in d. BR Dtld erfüllen diese Bedingungen nur z. T.; ältester d. N. ist der *N.Bayerischer Wald* (1970), jüngster das *Untere Odertal* (1993). N.-Idee stammt aus d. USA (*Yellowstone-N.,* 1872). Ältester N. Europas: *Abisko* in Schweden (1910); in Mitteleuropa *Schweiz. N.* (1914); → Übers. Naturparke u. Nationalparke.
Nationalrat, Volksvertretung in Östr. u. 2. Kammer der Schweizer Bundesversammlung.
Nationalromantik, in d. nordeur. Architektur wicht. Strömung etwa zw. 1890 u. 1920, d. versch. eur. Stilrichtungen d. 19. Jh. aufgriff (z. B. d. Arts and Crafts-Bewegung, Neugotik u. d. Jugendstil); Hptvertr. K. Fisker, G. Asplund, E. Saarinen.
Nationalsozialer Verein → Naumann, Friedrich.
Nationalsozialismus, pol. u. soz. Bewegung, die sich auf die von → Hitler geführte *Nationalsozialistische Deutsche Arbeiterpartei* (NSDAP) stützte; 1920 25-Pkte-Programm, von → Hitlers „Mein Kampf" sowie → Rosenbergs „Der Mythus des 20. Jh." ergänzt; die angebliche Höherwertigkeit d. dt. Volkes, aus einem verfälschten Rassenbegriff (→ Arier) abgeleitet, begründete mit der Verherrlichung des „nordischen" Menschen den Antisemitismus d. Partei. Der N. war totalitär, anerkannte keine Grundrechte des einzelnen u. bekämpfte

Kommunismus, Sozialismus, Liberalismus, die christlichen Kirchen u. rel. Gemeinschaften. – Putschversuch 9. 11. 1923 in München. Verbot der Partei in Bayern, Inhaftierung Hitlers in Landsberg; Neugründung der Partei Febr. 1925 (1925: 27 000, 1933: 4 Mill. Mitglieder). – Reichstagssitze: 1928 = 12, 1930 = 107, Sommer 1932 = 230, aber 6. 11. 1932 nur 196. – Ernennung Hitlers zum Reichskanzler am 30. 1. 1933; durch d. Gesetz über die Einheit von Partei u. Staat vom 29. 3. 1935 wurde der Staat völlig der Partei ausgeliefert. – *Aufbau u. Gliederung:* Die *Reichsleitung* wurde gebildet durch den „Führer" Hitler, seinen Stellvertreter u. die Reichsleiter mit bes. Fachgebieten, vielfach zugleich Min. Die *Gauleiter,* häufig als Reichsstatthalter Verw. Oberpräsidenten gleichzeitig oberste Reg.beamte, sicherten die Herrschaft der Partei innerhalb der staatlichen Verw. Weitere Gliederung: Kreise, Ortsgruppen, Zellen, Blocks. *Gliederungen:* SA, SS, Hitlerjugend (HJ), NS-Dt. Studentenbund, NS-Frauenschaft, NS-Kraftfahrkorps (NSKK), NS-Betriebszellen-Organisation (NSBO), Rassenpol. Amt u. a.; dazu die durch „Gleichschaltung" angeschlossenen *Verbände:* Dt. Arbeitsfront (DAF), m. NS-Gemeinschaft „Kraft durch Freude" (KdF), NS-Berufsverbände u. a. – NSDAP u. sämtl. ihr angeschlossenen Verbände 1945 aufgelöst. Das sog. *Führerkorps,* pol. Leiter bis zum Ortsgruppenleiter abwärts, u. die SS im ersten der → Nürnberger Prozesse zu verbrecher. Organisationen erklärt.

Nationalstaat, Staat, i. dem Volks- u. Staatsgrenzen sich weitgehend decken.

Nationaltracht, im Ggs. zur Volkstracht von allen Schichten eines Volkes getragen.

Nationalversammlung, *Verfassunggebende N., Konstituierende N.,* Zusammentritt einer Volksvertretung z. Schaffung einer Verfassung; in *Dtld* 1848 (Paulskirche, Frankfurt a. M.); 1919 Dt. N. zu Weimar; in *Östr.:* 1919 Konstituierende N.; in *Frankreich:* 1789–92, 1848, 1871–75, 1947; in *Italien:* 1947.

nativ [l. „nativus = angeboren"], unverändert, natürl.

Nativismus [l.], ethnosoziolog. Begriff f. d. Erhaltung eigener Kulturwerte d. Naturvölker im Ggs. z. e. Überlagerung durch Fremdkulturen, z. B. Cargokulte.

Nativität [l.], → Horoskop.

NATO,
1) → Nordatlantikpakt.
2) N. 1, am. Nachrichtensatellit f. Regierungen d. NATO.

NATO-Doppelbeschluß, NATO-Beschluß v. 1979: **a)** Stationierungsteil: Stationierung v. 108 → Pershing-II-Raketen u. 464 → Cruise-Missiles i. W-Europa ab Ende 1983; **b)** Verhandlungsteil: sofortige Verhandlungen m. d. UdSSR über Begrenzung v. Mittelstreckenwaffen i. Europa (Genfer → INF-Verhandlungen); nach d. Scheitern d. Verhandlungen s. 1983 Verwirklichung d. Stationierungsteils. → NATO-Nachrüstung.

NATO-Eingreiftruppe, auch *Krisenreaktionskräfte (KRK);* engl.: *Rapid Reaction Corps (RRC).* Am 2. 10. 1992 in Bielefeld gegr., Einsatzbereitschaft voraussichtl. 1995 mit 100 000 Mann (davon 40 000 Bundeswehrsoldaten) aus 12 (von 16) NATO-Staaten. Soll in Krisenfällen im eur. Vertragsgeb. d. atlant. Allianz d. dort ständig stationierten Truppen unterstützen u. verstärken. Unterstellung: im Frieden unter nat. Kommando, im Krisenfall d. NATO unterstellt. Bis 1994 Hauptquartier in Bielefeld, dann Rheindahlen → AMF.

Natoire [-'twa:r], Charles Joseph (3. 3. 1700–29. 8. 77), frz. Maler d. Rokoko, auch in Rom tätig, u. a. als Direktor d. frz. Akademie; Deckenbild f. d. röm. Kirche S. Luigi dei Francesi.

NATO-Luftverteidigung, *LV,* richtet s. gegen Angriffe aus der Luft durch gegnerische flieg. Waffensysteme u. erstreckt sich vom Nordkap bis in d. Türkei. Die dt. Luftwaffe ist in Mitteleuropa Hauptträger der LV; sie stützt sich v. a. auf die Waffensysteme → AWACS, → Roland, → Tornado, → Alpha-Jet, → Phantom, → Hawk und → Patriot.

NATO-Nachrüstung, nach d. sogen. NATO-Doppelbeschluß 1983 begonnene Stationierung v. → Pershing-II-Raketen u. → Cruise-Missiles i. W-Europa als Gegengewicht z. sowj. → SS-20-Rakete.

Natorp, Paul Gerhard (24. 1. 1854 bis 17. 8. 1924), dt. Phil., → Neukantianer; Sozialpädagogik; Platos Ideenlehre; Sozialidealismus.

Natrium, *Na,* chem. El., Oz. 11, At.-Gew. 22,9898, Dichte 0,978; schneidbares, silberweißes Alkalimetall, natürl. nur in Verbindungen vorkommend, bes. als Steinsalz, im Meerwasser u. als Chilesalpeter; Herstellung durch Elektrolyse des geschmolzenen N.hydroxids; zersetzt Wasser unter Feuererscheinung, daher Aufbewahrung unter Petroleum; N.dampf sendet beim Durchgang des el. Stromes intensiv gelbes Licht aus u. wird deshalb als Füllung für *N.dampflampen* benutzt (Lichtausbeute ca. 4mal so groß wie bei normalen Glühlampen); Hauptverbindungen: *Kochsalz* (N.chlorid), *Soda* (N.carbonat), *Glaubersalz* (N.sulfat), *Chilesalpeter* (N.nitrat), *N.thiosulfat* (Fixiernatron) und bes. *N.hydroxid,* gelöst *Natronlauge:* zur Seifen- u. Celluloseherstellung.

Natriumhydrogencarbonat, NaHCO_3,
1) f. Brause-, Backpulver.
2) *Natriumbikarbonat,* alkal. Mittel gg. Magen- u. (in Infusionen) Blutübersäuerung.

Natta, Giulio (26. 2. 1903–2. 5. 79), it. Chem.; Beiträge zur Kunststoffchemie; Nobelpr. 1963.

Nattern, artenreiche Schlangenfamilie; meist ungiftig, z. B. *Ringel-* u. *Schling-N.* (Mitteleuropa) u. *Äskulap-N.* (S-Europa); giftige N. in warmen Erdteilen; alle einheim. N. ●

Natternkopf, blau blühende Trockenrasenpflanze, d. → Borretsch verwandt.

Natterzunge, Farn mooriger Wiesen.

Nattier [nat'je], Jean-Marc, *d. J.* (17. 3. 1685–7. 11. 1766), frz. Bildnismaler d. Rokoko.

Natur [l. „nasci = entstehen, geboren werden"], *phil.* das, was jedem Seienden v. s. Entstehen her wesentl. ist; die d. Menschen umgebende Welt m. ihren Veränderungen u. Gesetzlichkeiten, soweit sie o. menschl. Zutun geworden ist; Ggs.: Kultur.

Naturalabgaben, *N.dienste, N.leistung,* Abgaben (früher auch Steuer-, Zollentrichtung) in Form von Leistungen, Gebrauchs- u. Verbrauchsgütern u.

Naturalien, d. h. Natur-, bes. landw. u. Bodenerzeugnissen.

Naturaleinkommen, *Naturallohn,* heute seltene Form d. Vergütung von Arbeitsleistung durch Naturalien; diente als Teilabgeltung bzw. Zusatzentgelt (Hausangestellte, Bergbau); → Lohn, → Deputat.

Naturalisation, svw. Einbürgerung, Verleihung d. Staatsangehörigkeit an einen Ausländer.

Naturalismus,
1) als *phil.* Lehre: Erklärung der Welt aus natürl. Ursachen, Leugnung jeder Metaphysik (Haeckel, Feuerbach); auch gewisse Richtung des → Monismus.
2) in der *Kunst* (in versch. Epochen, bes. um 1890–1900), fordert vom Künstler peinliche Wirklichkeitsnachahmung über → Realismus hinaus. → deutsche Literatur.

Naturalleistung, → Naturalabgaben; im *Versicherungswesen:* ärztl. Behandlung, Krankenhauspflege usw.

Naturallohn → Naturaleinkommen.

Naturalobligation, Schuldverpflichtung, deren Erfüllung nicht erzwungen werden kann (z. B. eine Spielschuld).

Naturalrestitution, *Naturalherstellung,* → Schadenersatz.

Naturalwirtschaft, unentwickelte Wirtschaftsform, hpts. Selbstversorgung aus eigenen Erzeugnissen (Eigen-, Hauswirtschaft) m. direktem Tausch von Ware gg. Ware ohne Geld; Ggs.: → Geldwirtschaft.

Naturdenkmale, Naturgebilde, deren Erhaltung wegen landschaftl. (Urwald, Moore usw.), wiss. (Vogelkolonien usw.) od. geschichtl. (z. B. Findlingsblöcke) Bedeutung im öff. Interesse liegt u. die daher → Naturschutz beanspruchen können.

Naturell, *s.,* Ausdruck für die ganz persönlichen Eigenheiten, Gefühle u. Motive eines Menschen.

Naturgas → Erdgas.

Naturgesetze, feste Regeln, nach denen d. Geschehen d. Natur zu verlaufen scheint u. d. sich meist als math. Gleichungen ausdrücken lassen.

Naturheilkunde, will Kranke allein durch Unterstützung d. Heilkräfte d. Körpers mit natürlichen Reizen (wie Luft, Licht, Wasser, Kälte, Wärme, Massage, Bewegung usw.) heilen: Rickli (Schweiz); Kneipp, Prießnitz (Kaltwasser). Andere *Naturheilmethoden:* Fasten- und Durstkuren (Schroth), Ernährungsumstellung, Krankendiät. N. bezweckt immer Einwirkung auf d. ganzen Organismus (auch durch Anweisung zu gesunder Lebensführung).

Naturkatastrophen, gr. N. seit 1900: Überschwemmung d. Chang Jiang 1905, 1931, 1935 (insges. 180 000 Tote); Überschwemmung d. ndl., belg. u. engl. Nordseeküsten durch Sturmfluten 1953 (2400 Tote); Überschwemmung in Pakistan u. Indien 1955 (45 Mill. Obdachlose); Sturmflut a. d. Nordsee, insbes. Hamburg 1962 (über 3000 Tote); Überschwemmung in West-Bengalen, Bihar, Assam, Sikkim, Bhutan 1968 (bis 10 000

Blauer Natternkopf

Tote), West-Bengalen 1971 (10 000 Tote), Indien 1979 (bis 15 000 Tote); Wirbelstürme in Bangladesch 1970 (300 000 Tote, ca. 1 Mill. Obdachlose), Sturmflut in Bangladesch 1985 u. 1991 (bis 100 000 Tote), Überschwemmungen in China 1991 (1 Mill. Obdachlose) u. in Afghanistan 1992 (3000 Tote), Orkan in den USA 1993 (200 Tote), Orkan u. Überschwemmungen in Bangladesch (ca. 550 Tote), Überschwemmungen in d. USA u. China 1994 u. in Europa 1995. → Erdbeben.
Naturkonstanten → Konstante.
Naturlandschaft, v. Menschen unbeeinflußte Landschaft, d. sich selbst prägt u. erhält; → Kulturlandschaft.
Naturland-Stiftungen, zur Förderung v. Schutz u. Pflege ökolog. wertvoller Grundstücke; N. kaufen u. pachten derart. Grundstücke od. unterstützen bestehende Einrichtungen.
natürliche Person, rechtlich der Einzelmensch, im Ggs. zur gesetzlich jurist. Person.
natürliche Zahlen, positive ganze Zahlen: 1, 2, 3 . . .; z. T. auch 0 eingeschlossen.
Naturparke → Schaubild.
Naturphilosophie, Lehre über die Natur als Ganzes; neu befruchtet durch moderne Physik (bes. Relativitätstheorie, Übers. u. → Quantentheorie).
Naturrecht, *Vernunftrecht,* rechtsphil. Lehre; leitet Rechtssatzungen aus der Natur des Menschen her, weshalb sie vernunftgemäß, absolut u. allgemeingültig sein sollen; Hauptvertr. im Altertum: *Sophisten, Aristoteles, Cicero;* im kath. Kirchenrecht: *Thomas von Aquin;* im Zeitalter der Aufklärung: *Grotius, Spinoza, Pufendorf, Leibniz, Rousseau, Kant, Fichte.*
Naturreligion, verehrt die Naturerscheinungen als Ausdruck höherer Mächte.
Naturschutz, dient der Pflege u. Erhaltung der Seltenheit, Schönheit u. Eigenart von Erscheinungen d. heimatl. Natur (Pflanzen, Tiere, → Naturdenkmale); BR: B.naturschutzgesetz v. 20. 12. 1976 u. Landesgesetze. Jedes Land d. BR hat *Oberste N.behörde;* außerdem *Bundesanstalt für N. u. Landschaftspflege* (Bonn); Organisationen: *Dt. N.ring* (Bonn), *Östr. N.bund* (Wien), *Schweiz. Bund für N.* (Basel); *Intern. Union for the Protection of Nature* (*IUCN* Brüssel). Bes. N.gebiete z. B. Teile der Lüneburger Heide, Biberschutzgebiet an d. mittleren Elbe, Federsee u. v. a.
Naturtheater → Freilichtbühne.
Naturverjüngung, waldwirtsch. Begriff f. d. Aufbau e. neuen Waldbestandes (→ Verjüngung) durch Selbstansamung od./u. vegetative Vermehrung (Wurzelbrut, Stockausschlag).
Naturvölker, Völker v. urtüml. Kultur.
Naturwissenschaften, befassen sich m. d. Beschreibung (Feststellung) d. Naturerscheinungen u. Erforschung i. Gesetze (z. B. Physik, Chemie, Biologie).
Nauen (D-14641), Krst. i. Bbg., 10 769 E.
Nauheimer Kreis → Noack.
Naumann,
1) Friedrich (25. 3. 1860 bis 24. 8. 1919), dt. Theol. u. Pol. (sozialpol. Liberalismus); Gründer d. Nationalsozialen Vereins (1896), suchte zw. Kirche u. Sozialdemokratie zu vermitteln; 1919 Mitgl. d. Nationalvers.
2) Johann Friedrich (14. 2. 1780–15. 8. 1858), dt. Ornithologe; schrieb u. zeichnete d. grundlegende Werk *Naturgeschichte d. Vögel Dtlds* (12 Bände).
3) Klaus (* 25. 5. 1939), dt. General; 1991–95 Gen.inspekteur d. Bundeswehr, s. 1996 Vors. d. Militärausschusses d. NATO.
Naumburg a. d. Saale (D-06618), Krst. i. S.-A., 30 142 E; roman.-got. Dom m. 12 Stifterfiguren.
Naumburger Meister, dt. Baumeister u. Bildhauer d. (Früh-)Gotik m. unbek. Namen, tätig um Mitte 13. Jh. u. a. in Naumburg; durch s. Skulpturen v. außergewöhnl. menschl. Ausdruckskraft u. Lebensnähe (*Der Kopf mit der Binde; Markgraf Ekkehard u. s. Gemahlin Uta*) bahnbrechend f. d. Entwickl. d. got. Plastik in Dtld; u. a. Chorbauten d. Dome v. Naumburg (W-Chor) u. Meißen.
Nauplion, *Nauplia,* neugriech. *Nafplion,* Hpt- u. Hafenst. des griech. Nomos Argolis am Golf v. Argolis, 11 000 E.
Nauru, Inselstaat (Koralleninsel) im Pazifik (Mikronesien), südl. d. Äquators. **a)** *Wirtsch.:* Naturphosphatgewinnung aus riesigen → Guanolagern. **b)** *Gesch.:* 1888–1914 dt. Verw., 1947 bis 1968 austral. UNO-Treuhandgebiet, seit 1968 unabhängig.

Naumburg, *Dom*

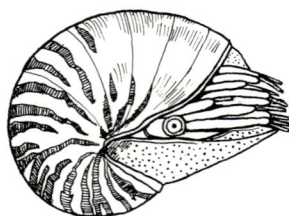
Nautilus

NAURU	
Staatsname:	Republik Nauru, Republic of Nauru
Staatsform:	Parlamentarische Republik
Mitgliedschaft:	Commonwealth
Staatsoberhaupt und Regierungschef:	Lagumot G. N. Harris
Hauptstadt:	Yaren 4000 Einwohner
Fläche:	21 km²
Einwohner:	11 000
Bevölkerungsdichte:	476 je km²
Bevölkerungswachstum pro Jahr:	⌀ 2,57% (1990–1995)
Amtssprache:	Englisch, Nauruisch
Religion:	Protestanten (60%), Katholiken (30%)
Währung:	Austral. Dollar ($A)
Bruttosozialprodukt (1991):	13 000 US-$ je Einw.
Nationalitätskennzeichen:	NAU
Zeitzone:	MEZ + 10½ Std.
Karte:	→ Australien und Ozeanien

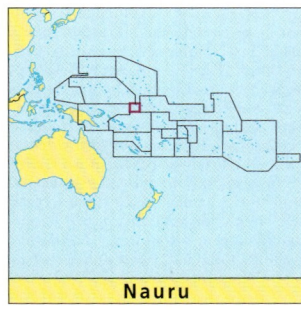

Nauru

Nausea, *w.* [l.], Übelkeit, Brechreiz, z. B. bei See- und Luftkrankheit.
Nausikaa, phäakische Königstochter bei Homer, nimmt den gestrandeten Odysseus auf.
Nautik, *w.* [gr.], Schiffahrtskunde; auch f. → Navigation.
Nautilus, *Schiffs-, Perlboot,* Kopffüßer in mehrkammeriger, perlmutterreicher Schale; einst (Silur, Devon) sehr formenreich, heute wenige Arten.
Navarino, heute *Pylos,* kl. St. in SW-Griechenland; bei N. 1827 Seesieg d. Engländer, Russen u. Franzosen über d. Türken.
Navarra, Prov. i. N-Span., 10 421 km², 516 000 E; Hptst. *Pamplona.* Ehem. Kgr. beiderseits der Pyrenäen, 1512 Ober-N., die heutige span. Prov. N., durch Ferdinand d. Kath. an Kastilien, *Nieder-N.* (nördl. der Pyrenäen) von Heinrich von N. (als Heinrich IV. Kg v. Frkr.) 1589 m. Frkr. vereinigt.
Navigation [l.], *Nautik,* ,,Schiffahrtskunde", Bestimmung des Ortes u. Kurses v. Wasser-, Luft-, Raumfahrzeugen; → Besteck.
Navigationsakte → Acts of Navigation.
Navigationssatelliten, Nachrichtensatelliten f. die → Navigation i. d. Schiff- u. Luftfahrt, liefern bis auf 15 m genaue Ortsbestimmungen.
NAVOCFORMED, Abk. für Na**v**al **O**n-**C**all **For**ce **Med**iterranean, Bereitschaftsflotte d. NATO im Mittelmeer (seit 1970), Sitz Neapel.
Navratilova, Martina (* 18. 10. 1956), am. Tennisspielerin tschech. Herkunft, unter anderem 8malige Wimbledon-Siegerin (1978, 1979 u. 1982–87), 1984 Grand-Slam-Siegerin.
Nawaz Sharif [na'vas ʃa'ri:f], Mian (* 25. 12. 1949), 1990–93 Premiermin. v. Pakistan.
Naxos, größte der griechischen Zykladeninseln, 428 km², 14 000 Einwohner; Oliven, Weinanbau, Schmirgelabbau; Hauptort *Naxos.* (3700 Einwohner).

Naxos, *Apollon-Tempel*

Nay, Ernst Wilhelm (11. 6. 1902 bis 8. 4. 68), deutscher Maler u. Graphiker; Wendung v. expressionistischen Figurativen z. fläch. Abstraktion; Rhythmisierung d. Bildfläche durch harmon. Kombinationen intensiver, oft glühender Farben.
Nazaräer, *Nazoräer,*
1) Beiname Jesu (Mt 2,23).
2) jüd. Bez. der ersten Christen (Apg 24,5).
3) judenchristl. Sondergruppe.
Nazaräerevangelium, e. syr. od. aramä. verfaßtes apokryphes Evangelium d. 2. Jh., wahrscheinl. e. Bearbeitung d. Matthäusevangeliums.

Naturparke

Naturparke, Nationalparke und Biosphärenreservate in der Bundesrepublik Deutschland
(Größe in ha)

1	Schleswig-Holstein. Wattenmeer	285 000
2	Hüttener Berge/Wittensee	23 072
3	Westensee	24 990
4	Aukrug	39 363
5	Holsteinische Schweiz	58 100
6	Vorpommersche Boddenlandschaft	80 500
7	Rügen	77 000
8	Jasmund	3 000
9	Südost-Rügen	23 000
10	Usedom	80 000
11	Niedersächsisches Wattenmeer	240 000
12	Hamburgisches Wattenmeer	11 700
13	Harburger Berge	3 800
14	Lauenburgische Seen	44 400
15	Schaalsee	16 200
16	Mecklenburgische Schweiz	in Planung
17	Ückermünder Heide	in Planung
18	Nossentiner-Schwinzer Heide	32 000
19	Müritz	31 300
20	Tollensesee	in Planung
21	Wildeshauser Geest	155 400
22	Lüneburger Heide	23 440
23	Südheide	50 000
24	Elbufer-Drawehn	75 000
25	Elbetal	122 000
26	Feldberg-Lychener Seenlandschaft	100 000
27	Brandenburgische Elbtalaue	40 000
28	Schorfheide-Chorin	125 891
29	Untere Oder	22 364
30	Nördl. Teutoburger Wald/Wiehengebirge	122 000
31	Dümmer	47 210
32	Steinhuder Meer	31 000
33	Drömling	25 706
34	Colbitz-Letzlinger Heide	in Planung
35	Westhavelland	in Planung
36	Oberes Rhinluch	65 000
37	Barnim	62 170
38	Märkische Schweiz	20 500
39	Weserbergland/Schaumburg-Hameln	112 500
40	Elm-Lappwald	47 000
41	Fläming	in Planung
42	Baruther Urstromtal	in Planung
43	Dahme Heideseengebiet	52 000
44	Hohe Mark	104 087
45	Eggegebirge und südlicher Teutoburger Wald	68 000
46	Solling-Vogler	53 000
47	Harz	234 000
48	Harz	13 000
49	Hochharz	5 900
50	Kyffhäuser	11 400
51	Mittlere Elbe	43 000
52	Niederlausitzer Landrücken	58 000
53	Spreewald	47 600
54	Schlaubetal-Gubener Heidegebiete	in Planung
55	Oder-Neiße	in Planung
56	Unteres Saaletal	46 000
57	Dübener Heide	44 000
58	Niederlausitzer Heidelandschaft	48 000
59	Schwalm-Nette	43 500
60	Arnsberger Wald	48 200
61	Diemelsee	33 421
62	Habichtswald	47 428
63	Münden	37 370
64	Meißner-Kaufunger Wald	42 058
65	Werratal-Eichsfeld	67 000
66	Saale-Unstrut-Triasland	78 534
67	Oberlausitzer Heide- und Teichlandschaft	21 843
68	Nordeifel	175 116
69	Kottenforst-Ville	88 000
70	Siebengebirge	4 800
71	Rhein-Westerwald	44 600
72	Bergisches Land	191 000
73	Ebbegebirge	77 736
74	Homert	55 000
75	Rothaargebirge	135 500
76	Thüringer Wald	220 000
77	Sächsische Schweiz	9 300
78	Südeifel	43 170
79	Nassau	59 000
80	Hochtaunus	120 165
81	Hoher Vogelsberg	38 447
82	Hessische Rhön	70 000
83	Rhön	132 600
84	Vessertal-Thüringer Wald	15 750
85	Thüringer Schiefergebirge-Obere Saale	85 000
86	Erzgebirge-Vogtland	149 000
87	Rhein-Taunus	80 788
88	Hessischer Spessart	73 000
89	Bayerische Rhön	124 500
90	Haßberge	80 400
91	Frankenwald	97 170
92	Saar-Hunsrück	91 807
93	Saar-Hunsrück	102 000
94	Bergstraße-Odenwald	162 850
95	Bayerischer Spessart	171 000
96	Steigerwald	128 000
97	Fränkische Schweiz-Veldensteiner Forst	234 600
98	Fichtelgebirge	102 000
99	Steinwald	23 330
100	Hessenreuther u. Manteler Wald	27 000
101	Nördl. Oberpfälzer Wald	64 380
102	Oberpfälzer Wald	72 385
103	Pfälzerwald	179 850
104	Neckartal-Odenwald	129 200
105	Frankenhöhe	110 450
106	Stromberg-Heuchelberg	33 003
107	Schwäbisch-Fränkischer Wald	90 400
108	Altmühltal	290 800
109	Oberer Bayerischer Wald	173 800
110	Bayerischer Wald	206 800
111	Bayerischer Wald	13 000
112	Schönbuch	15 564
113	Augsburg-Westl. Wälder	117 500
114	Obere Donau	85 710
115	Berchtesgaden	67 800

Naturpark
Nationalpark
Biosphärenreservat
— · — Staatsgrenze
- - - Landesgrenze

Nazarener: Scheffer v. Leonardshoff, *Die sterbende hl. Caecilia*

Neapel mit Blick auf den Vesuv

Gasnebel *(astronomisch)*

Nazareth

Nebbiolo

Nazarener,
1) *Nazaräer,* urspr. Bez. aller Christen, dann insbes. der palästinischen Judenchristen.
2) urspr. abwertende Bezeichnung (nach der Haartracht) für d. Mitglieder d. 1809 gegr. *Lukasbunds,* e. dt.-röm. Malerkreises d. Romantik (bis 1830); beabsichtigten d. sittlich-relig. Erneuerung d. Kunst nach d. Vorbildern Peruginos, Raffaels, Dürers; Stilprinzip: Vorherrschaft d. Linie über d. (lasurartig u. flächig aufzutragende) Farbe; bes. Themen aus d. bibl. Geschichte, Landschaften; Hptvertr.: *Cornelius, Overbeck, Fohr, Schnorr v. Carolsfeld, J. v. Führich.*
Nazareth, St. im nördl. Israel (Galiläa), 48 000 E; Heimatort Jesu.
Nb, chem. Zeichen f. → Niobium.
NB, Abk. f. N*ota* b*ene* [l.], wohlgemerkt.
NBC, Abk. f. N*ational* B*roadcasting* C*ompany,* am. Rundfunkges.
NC, Abk. f. engl. N*umerical* C*ontrol,* → numerische Steuerung.
n. Chr., Abk. f. nach Christi Geburt.
Nd, chem. Zeichen f. → Neodym.
Ndadaye, Melchior (* 1953), 1993/94 Staatspräs. v. Burundi.
N'Djamena [ndʒ-], früher *Fort Lamy,* Hptst. v. Tschad, 594 000 E; Uni.; Industriezentrum; Flughafen.
Ndola, St. in Sambia, 443 000 E; Bischofssitz; Kupfer- u. Kobaltverhüttung, Erdölraffinerie.
NDR, Abk. f. N*ord*d*eutscher* R*undfunk,* Sitz Hamburg.
Ne, chem. Zeichen f. → Neon.
Neander, Joachim (1650–31. 5. 80), evangelischer Kirchenliederdichter; *Lobe den Herren.*
Neandertaler, nach d. Fundstätte im *Neandertal* ö. v. Düsseldorf; Menschenform, i. d. späteren Eiszeit i. W- u. Mitteleur. ansässig: niedrige, zurückweichende Stirn, starke Augenwülste, ohne Kinnvorsprung; massiges Knochengerüst, mittelgroß; 1. Fund 1856.
Neapel, it. *Napoli,* Hptst. der Prov. *N.,* am *Golf von Neapel,* westl. v. Vesuv; 1,07 Mill. E; Erzbischof, Kathedrale; Uni.; Kastelle; Vesuvobservatorium; Zoolog. Station m. Aquarium, Nat.mus., Flughafen; Industrie, Werften, Hafen. – Alte griech. Kolonie, behielt auch unter Rom s. Selbständigkeit; 536 den Goten durch Belisar entrissen; 1138 an d. südit. Normannenstaat (später „Kgr. N."); 1442 an Aragonien-Spanien, 1713 an Östr.; 1735–1860 bourbon. Könige (1808–14 → Murat Kg); 1861 zu Italien.
Neapolitanische Schule, Kreis von Opernkomponisten etwa zwischen 1650 u. 1750 in Neapel; Hptvertreter: *Hasse, A. Scarlatti, Pergolesi, Jommelli.*
Nearchos, Admiral → Alexanders d. Gr., führte 325 v. Chr. die griech. Flotte von Indien z. Pers. Golf.
Nearktis → Tiergeographie.
Nebbiolo, hervorragende it. Rotweinrebe, die kern-, körperreiche Weine m. typ. Veilchenduft liefert; sie erzeugt u. a. die it. Spitzenweine → *Barbaresco* u. → *Barolo.*
Nebel,
1) *astronom.* schwachleuchtende Himmelsgebiete, innerhalb u. in Nähe d. Milchstraße; ring- oder scheibenförmige *planetarische Nebel* (wahrscheinlich Reste ausgestoßener Gashüllen früherer → *Novae*), meist mit sehr heißem Zentralstern; *unregelmäßige Gasnebel* (z. B. Orionnebel), gehören zum Milchstraßensystem (galaktische Nebel); *extragalaktische Nebel* (→ Galaxien), früher *Spiralnebel* genannt, stehen weit außerhalb des Milchstraßensystems.
2) Verdichtung des Wasserdampfes in der Luft z. feinen Wassertröpfchen infolge Abkühlung i. d. Atmosphäre (Wolken) u. über d. Erdboden; horizontale Sichtweite geringer als 1 km; je nach Entstehung *Strahlungsn.* (Boden-Taln.), *Advektionsn.* (Meer- u. Küstenn.), *Verdunstungsn.* (See- u. Flußrauch), *Mischungsn.* (Luftvermischung b. Fronten); → Hochnebel.
Nebelflucht, Deutung d. → Rotverschiebung der Spektrallinien v. → Galaxien als → Doppler-Effekt.
Nebelhaufen, *Nebelnester,* Ansammlungen vieler Galaxien zu phys. zus.gehörigen Systemen.
Nebelhöhle, Tropfsteinhöhle in der Schwäb. Alb b. Oberhausen in Württ., 188 m l., 20 m hoch.
Nebelhorn, Berg bei Oberstdorf i. Allgäu, 2224 m.
Nebelhorn, Signalapparat (Sirene) f. Dampfschiffe, Leuchttürme u. Bojen.
Nebelkammer, *Wilsonkammer,* mit unterkühltem Wasserdampf gefüllt, macht Bahnen von Elementarteilchen durch Kondensation als Nebelspuren sichtbar; erfunden v. C. T. R. *Wilson.*
Nebelkrähe, grau-schwarze Unterart d. Aaskrähe; in Dtld ö. d. Elbe.
Nebellicht, Beleuchtung mit Vorschaltung e. Gelbscheibe, bewirkt rückstrahlungsfreie Beleuchtung.
Nebelwerfer, *Do-Werfer,* dt. Raketengeschütz im 2. Weltkrieg.
Nebenbeschäftigung, eine Tätigkeit, die neben d. Hauptberuf ausgeübt wird; für *Beamte* i. allg. genehmigungspflichtig, *kaufmänn. Angestellter* kann nur m. Genehmigung des Arbeitgebers eigenes Handelsgewerbe betreiben (§ 60 HGB).
Nebenhoden, *Epididymis,* leitet Samen v. Hoden, dem er aufliegt, zum Samenstrang.
Nebenhodenentzündung, *Epididymitis,* meist Komplikation d. Harnröhrentrippers oder durch andere (z. B. tuberkulöse) Infektion.
Nebenintervention, Beitritt eines Dritten, *Streitgehilfen,* in einen schwebenden Prozeß z. Unterstützung einer Partei (§ 66 ZPO).
Nebenklage, Anschluß d. Verletzten an d. staatsanwaltl. Anklage in Strafsachen (§§ 395 ff. StPO); bei sog. → Privatklage-Delikten möglich.
Nebenkläger, hat eigenes Strafantragsrecht u. kann selbst. Rechtsmittel einlegen; in Steuer- u. Zollsachen kann zuständige Behörde als N. auftreten.
Nebenlinie, Nachkommen eines jüngeren Sohnes einer Familie im Ggs. zu der *Hauptlinie,* den Nachkommen des ältesten Sohnes.
Nebennieren, den Nieren aufsitzende Drüsen mit → innerer Sekretion (→ Nieren, Abb.). Ihre Hormone: Unter d. ACTH-Regulation durch d. → Hypophyse bildet die **N.rinde** zu den Steroiden gehörige → *Kortikoide,* von denen d. *Mineralokortikoide* (z. B. Aldosteron) bes. auf d. Mineral- u. Wasserstoffwechsel, d. → *Glukokortikoide* (z. B. Cortisol) bes. auf d. Kohlenhydratstoffwechsel wirken. Sie beeinflussen zudem den Eiweiß- u. Fettstoffwechsel, steuern Kreislaufdynamik u. a.; Rückwirkungen auf Sexualfunktion. *Androkortikoide* als 3. Gruppe sind männl. Geschlechtshormone. Unterfunktion der N.rinde führt zu → Addisonscher Krankheit, Überfunktion zur → Cushingschen Krankheit, evtl. zur Geschlechtsreife i. Kindesalter, Pseudo-→ Hermaphrodit. – Das nerval gesteuerte **N.mark** produziert

Adrenalin u. *Noradrenalin,* die Blutverteilung u. -druck regulieren u. b. d. Einstellung d. Kohlenhydratstoffwechsels u. d. Harnsekretion mitwirken (Überfunktion, z. B. bei *Phäochromozytom*: Blutdrucksteigerung); Noradrenalin auch als Überträgerstoff sympathischer Nerven.
Nebenschilddrüsen, *Epithelkörperchen,* vier linsengroße, der Schilddrüsenrückseite angelagerte Drüsen mit → innerer Sekretion; bilden das *Parathormon,* das den Phosphat- u. Calciumstoffwechsel reguliert, Ausfall führt zu → Tetanie und Knochenwachstumsstörung, Überfunktion zu fibrösen Knochenmarkentzündungen, Skelettverkrümmung, abnormer Knochenneubildung, -zysten, Nierensteinbildung.
Nebenschlußmaschine, Gleichstrommaschine, bei der Anker- u. Feldwicklung in Parallel-Schaltung jeweils nur v. Teilstrom durchflossen werden; Vorteil: Drehzahl weitgehend unabhängig v. Belastung.
Nebensonnen, knotenförmige Verdickungen i. d. Kreuzungsstellen d. Ringe u. Balken v. Halos um d. Sonne; entsprechend *Nebenmonde* um den Mond.
Nebenstrafe, wird gemeinsam mit einer Hptstrafe verhängt (z. B. Verlust d. Wählbarkeit u. d. Stimmrechts, Fahrverbot, Unfähigkeit z. Bekleidung öffentl. Ämter u. a.).
Nebenwinkel, ergänzt b. e. Winkel diesen zu 180°.
ne bis in idem [l. „nicht zweimal in derselben (Sache)"], Rechtsgrundsatz, verbietet zweimalige gerichtl. Verfolgung wegen derselben Straftat.
Neblung, alter dt. Name für November.
Nebo, heute *Neba,* Berg im Ostjordanland, 808 m, von ihm sah Moses das verheißene Land.
Nebraska, Abk. *Neb.,* Staat d. USA, Prärieland westl. des Missouri; Ackerbau z. T. bei künstl. Bewässerung; 200 350 km², 1,6 Mill. E; Hptst. *Lincoln.*
Nebukadnezar II. (605–562 v. Chr.), Kg von → Babylon, Begr. d. neubabylon. (chaldäischen) Weltreichs; zerstörte 586 v. Chr. Jerusalem u. führte die Juden ins Exil.
Necessaire, *s.* [frz. nesɛ'sɛ:r], Behälter für notwendige Gebrauchsgegenstände, z. B. Näh-N.
Neck [schwed.], *Näck, Nöck,* Wassergeist.
Neckar, r. Nbfl. d. Rheins, v. Schwarzwald, durchbricht Odenwald b. Heidelberg, 367 km l., mündet b. Mannheim; ab Cannstatt schiffb., bis Plochingen kanalisiert.
Neckarsulm (D-74172), St. i. Landkr. Heilbronn, Ba-Wü., 24 100 E; Fahrzeugbau, Dt. Zweiradmuseum; Jutespinnerei, Weberei, Aluminiumgießerei, Autoind.; Schiffswerft am Neckarkanal; Weinbau.
Neckarwestheim (D-74382), Gem. i. Landkr. Heilbronn, Ba-Wü., 2856 E; Kernkraftwerk (855 MW); Weinbau.
Necker, Jacques (30. 9. 1732 bis 9. 4. 1804), Bankier aus Genf; versuchte 1777–81 u. 1788–90 als frz. Finanzminister vergeblich eine Reform der Finanzen; veranlaßte Berufung der Generalstände.
Neckermann, Josef (5. 6. 1912–13. 1. 92), dt. Unternehmer u. Dressurreiter; Vorsitzender d. Stiftung Dt. Sporthilfe 1967–88.
Nedschd → Saudi-Arabien.
Neefe, Christian Gottlob (5. 2. 1748 bis 26. 1. 98), dt. Komponist, Lehrer Beethovens.
Neefs, fläm. Architekturmaler:
1) Pieter, *d. Ä.* (um 1578–zw. 1657 u. 61) u.
2) Pieter, *d. J.* (get. 23. 5. 1620–um 75).
Néel [ne'ɛl], Louis E. F. (* 22. 11. 1904), frz. Phys.; Nobelpr. 1970 (Arbeiten über Antiferromagnetismus).
Neer, Aert van der (um 1603–9. 11. 77), ndl. Maler; (Mondschein-)Landschaften.
Neer, *w., seem.* Strudel, Wirbel.
Neerstrom, *Nehrstrom,* i. e. Strom durch natürl. od. künstl. Hindernisse hervorgerufene gegenläufige Strömung (z. B. Wasserwalzen); unter d. ans Ufer rollenden Brandungswellen seewärts gerichtete Strömung.
Negation [l.], Verneinung.
negativ, verneinend, ergebnislos; in d. Math. kleiner als Null (→ negative Zahlen); Ggs.: positiv.
Negativ, in der SW-Fotografie entsteht nach der Entwicklung des belichteten Films ein Filmbild, dessen Tonwerte „umgekehrt" sind: Das Weiß der Natur ist im Negativ schwarz (und umgekehrt); das gilt auch für alle Zwischenwerte der SW-Skala; ein farbiges Negativ entsteht auch nach Entwicklung eines Farbnegativfilms.
Negativarchivierung, Sammlung v. farb. od. schwarzweißen Filmstreifen in transparenten Hüllen; Pergaminhüllen sind archivsicher, Kunststoffhüllen bezüglich Archivsicherheit noch nicht lange genug in Verwendung, außerdem umweltschädl.
Negativdruck, die drucktechn. Wiedergabe von Schrift od. Bild in d. Farbe des Druckträgers (z. B. des Papiers); umgeben v. schwarz od. farbig bedruckter Fläche.
negativer Begriff, nur durch die Verneinung von etwas Positivem gegebener Begriff.
negative Theologie, e. Form der Theol. s. d. Spätantike, die d. unaussprechl. Absolute nur durch negative Aussagen definiert, z. B. „Gott ist nichtmenschlich".
negative Zahlen, gekennzeichnet durch das Vorzeichen „–" (minus); entstehen, wenn man von einer positiven Zahl eine größere abzieht (z. B. 7 – 9 = – 2); wird zu einer negativen Zahl die entsprechende positive addiert, so ergibt das 0.
Negativprozeß, Fotografie mit schwarzweißen od. farb. Negativfilmen. Es entsteht e. seitenverkehrtes u. in d. Tonwerten bzw. d. Farbwerten umgekehrtes, negatives Bild am Film. Erst durch Vergrößerung entsteht daraus ein seitenricht. Bild, dessen Farben od. schwarzweiße Tonwerte d. Motiv entsprechen.
Negeb, *Negev,* Wüste in S-Israel, Erschließung durch Bewässerung und Straßenbau, Erdölleitung.
Neger,
1) die schwarze od. negride → Rasse (Übers.) im trop. Afrika (westnegride) und Melanesien (ostnegride); durch den früheren Sklavenhandel auch in N-Afri-

Neckarlandschaft, *Schloß Horneck b. Gundelsheim*

Knaurs Lexikon

Negativdruck

Pandit Nehru

Neidhart von Reuenthal, *Manessische Handschrift*

ka u. in N- u. S-Amerika stark vertreten; insges. etwa 240 Mill.; meist langköpfig, mit spitzgewinkelter Stirn, breiter, flacher Nase, Wulstlippen, Kraushaar, schwachem Bartwuchs, schmalen Gliedern und je nach Rassenmischung versch. dunkler Hautfarbe; Zwergrassen (→ Pygmäen) in Zentralafrika.
2) bisweilen abwertend für Schwarzer, Afrikaner. – *N.*sprachen → Sprachen (Übers.).
Negeri Sembilan, Gliedstaat von → Malaysia, 6643 km², 679 000 E; Kautschuk, Zinn; Hptst. *Seremban.*
negieren [l.], verneinen.
Negligé, *s.* [frz. -'ʒe:], Morgenkleid.
Negoziation, Verkauf einer öff. Anleihe durch e. Bank oder e. Bankenkonsortium.
Negrelli, Alois Ritter v. Moldelbe (23. 1. 1799–1. 10. 1858), östr. Techniker; Baupläne z. Suezkanal.
Negride → Rasse, Übers.
Negrito [span. „Negerchen"], zwerghafte schwarzhäutig-kraushaarige Urbewohner S-Asiens, heute noch auf Malaia, den Andamanen u. den Philippinen; auch → Zwergwuchs.
negroid, negerähnlich, negerartig.
Negros, viertgrößte Philippineninsel, 12 698 km², 3 Mill. E.
Negus, abessin. Kgstitel.
Neheim-Hüsten s. 1975 zu → Arnsberg.
Nehemia, im A. T. Statthalter von Jerusalem (um 430); *Buch N.,* Fortsetzung des *Buches Esra.*
Neher,
1) Caspar (11. 4. 1897–30. 6. 1962), dt. Bühnenbildner; langjähr. Mitarbeiter → Brechts.
2) Erwin (* 20. 3. 1944), dt. Zellphysiologe; (zus. m. B. → Sakmann) Nobelpr. 1911 (Funktion einzelner zellularer Ionenkanäle).
Nehm, Kay (*4. 5. 1941), dt. Jurist, s. Febr. 1994 Generalbundesanwalt.
Nehrstrom, svw. → Neerstrom.
Nehru,
1) Dschawaharlal, Pandit (brahman. Gelehrtentitel) (14. 11. 1889–27. 5. 1964), ind. Staatsm.; Mitkämpfer Gandhis; 1929/30 und 1936/37 Präs. d. ind. Nat.kongresses, wegen „Ungehorsamskampagnen" wiederholt in brit. Haft, zuletzt 1942–45; 1946–64 erster Min.präs. u. Außenmin. v. Indien; sein Vater
2) Motilal (6. 5. 1861–6. 2. 1931), ebenfalls Führer d. ind. Unabhängigkeitsbewegung u. wiederholt Präs. des Kongresses.
Nehrung, it. *Lido,* langer, schmaler Landstreifen, der eine Lagune (Haff) vom Meer trennt (z. B. Kurische N.).
Neidenburg, *Nidzica,* poln. St. im ehem. Ostpreuß., Ordensburg, 14 000 E.
Neidhart v. Reuenthal (um 1190 bis um 1245), mittelhochdt. Dichter, Begr. d. höf. niederen Minne; dörfliche Dichtung.
Neigung, eine Disposition, d. e. best. Fühlen od. Begehren begünstigt, n. Kant ist N. d. „habituelle sinnl. Begierde"; Ggs.: Pflicht.
Neill [ni:l], Alexander Sutherland (17. 10. 1883–23. 9. 1973), engl. Pädagoge; gründete 1921 Internatsschule „Summerhill" („repressionsfreie" antiautoritäre Erziehung); *Erziehung in Summerhill.*

Neiße,
1) *Glatzer N.*, l. Nbfl. d. Oder, vom Glatzer Schneegebirge, 182 km lang, mündet bei Brieg.
2) *Görlitzer* od. *Lausitzer N.*, l. Nbfl. d. Oder, vom Isergebirge, 256 km lang, mündet bei Guben; seit 1945 Grenze zw. Dtld u. Polen.
3) *Wütende* od. *Jauersche N.*, r. Nbfl. d. Katzbach, 51 km l.
4) *Nysa*, poln. St. in Oberschlesien, ehem. Festung, an der Glatzer N., 46 000 Einwohner.
Neisser, Albert (22. 1. 1855–30. 7. 1916), dt. Med.; entdeckte den Trippererreger: Gonokokken *(Neisseria gonorrhoeae).*
Nekrassow, Nikolaj (4. 12. 1821–8. 1. 78), russ. Lyriker; Epos: *Wer lebt glücklich in Rußland?*
Nekrolog, *m.* [gr.], Nachruf f. einen Toten, auch Totenliste.
Nekrologien, Kirchenbücher mit Totenverzeichnis.
Nekromantie, Wahrsagen durch Zitieren Verstorbener.
Nekrophilie, Leichenschändung, Unzucht mit Leichen.
Nekropole, *Nekropolis*, [gr. „Totenstadt"], große Begräbnisstätte i. e. Tal od. entlang e. Ausfallstraße vor d. Stadt gelegen, z. B. i. Memphis (Giseh), i. Athen (Kerameikos), i. Rom (Via Appia).
Nekrose, *w.* [gr.], Absterben des Gewebes m. Austrocknung (→ *Mumifikation)*, Zelleiweißgerinnung *(Koagulations-N.)*, Erweichung *(Kolliquations-N.)* oder Gangrän bei Eindringen von Fäulnisbakterien (feuchter Brand).
Nektar, *m.,*
1) zuckerhaltige, in Blüten durch Honigdrüsen *(Nektarien)* abgesonderte Säfte; locken Insekten an.
2) Göttergetränk bei Homer.
Nektarinen, glattschalige Pfirsiche.
Nektarvögel, *Honigsauger*, blütenbesuchende bunte Sperlingsvögel, „Kolibris der Alten Welt"; Afrika, Asien, Australien.
Nekton, *s.,* Sammelbez. für alle Meeresorganismen, d. im Ggs. z. → Plankton aktiv schwimmen.
Nelken, Zierpflanzen mit duftenden, farbigen Blüten, z. B. *Garten-N.*, *Chinesen-N*, aus dem Mittelmeergebiet u. Kleinasien; andere Arten wild (z. B. *Kartäuser-N.*); → Lichtnelke.
Nelkenmeister, in d. Malerei d. späten 15. u. frühen 16. Jh. e. Gruppe v. mind. 3 Künstlern d. Spätgotik im schweiz.-oberdt. Raum, d. ihre Werke m. Nelken u. ä. Pflanzendarstell. signierten.
Nelkenöl, s. Gewürznelken.
Nelkenpfeffer, unreife Beeren des am. Pimentbaumes; Gewürz.
Nelkenwurz, Rosengewächs, gelbblütige Staude, Wurzelstock nelkenartig riechend, weit verbreitet.
Nell-Breuning, Oswald von (8. 3. 1890–21. 8. 1991), dt. Jesuit, Wirtschafts- u. Sozialwiss.; Fragen d. Wirtschaftsethik.
Nelson ['nɛlsn],
1) Horatio, s. 1801 Viscount (29. 9. 1758–21. 10. 1805), engl. Admiral, sicherte die brit. Seeherrschaft durch s. Siege üb. d. frz. Flotte 1798 b. Abukir, 1805 bei Trafalgar (gefallen).
2) Leonard (11. 7. 1882–29. 10. 1927), dt. Phil.; führte die Naturrechtslehre von

Prachtnelke

Echte Nelkenwurz

Horatio Nelson

NEPAL
Staatsname: Königreich Nepal, Nepal Adhiraja
Staatsform: Konstitutionelle Monarchie
Mitgliedschaft: UNO, SAPTA Colombo-Plan
Staatsoberhaupt: König Birendra Bir Bikram Shah Dev
Regierungschef: Lokendra Bahadur Chand
Hauptstadt: Katmandu (Kathmandu) 393 500 Einwohner
Fläche: 140 797 km²
Einwohner: 21 360 000
Bevölkerungsdichte: 146 je km²
Bevölkerungswachstum pro Jahr: Ø 2,59% (1990–1995)
Amtssprache: Nepali
Religion: Hindus (89%), Buddhisten (5,3%), Muslime, Christen
Währung: Nepales. Rupie (NR)
Bruttosozialprodukt (1994): 4174 Mill. US-$ insges., 200 US-$ je Einw.
Nationalitätskennzeichen: NEP
Zeitzone: MEZ + 4 Std. 45 Min.
Karte: → Asien

Nepal

→ Fries fort; *System der philosophischen Rechtslehre.*
Nelson, *m.* ['nɛlsn], im *Ringen* Bez. für versch. Nackenhebelgriffe.
Nematoden, svw. → Fadenwürmer.
Němcová ['njɛmtsova:], Božena (4. 2. 1820–21. 1. 62), bedeutendste tschech. Dichterin, gestaltete Märchen u. Sagen i. d. Roman *Babička*, dessen Titel zu e. literar. u. pol. Programm wurde.

Nemea, Tal im östl. Peloponnes (südwestlich von Korinth), mit Zeustempel.
Nemeischer Löwe, sagenhaftes Ungeheuer, von Herakles getötet.
Nemeische Spiele, altgriech. Nationalspiele, alle zwei Jahre in → Nemea zu Ehren des Zeus.
Nemesis [gr.], Göttin d. vergeltenden Gerechtigkeit.
NE-Metalle, Abk. f. *Nichteisen-Metalle*, → Metalle.
Nemisee, Kratersee bei Rom, 1,7 km²; 1928 Hebung röm. Prunkschiffe aus der Kaiserzeit.
Nenner, *math.* → Bruch.
Nenni, Pietro (9. 2. 1891–1. 1. 1980), it. Pol.; Führer d. Linkssozialisten, 1945/46 u. 1963–68 stellvertr. Min.präs., 1946/47 u. 1968/69 Außenmin.
Nennwert, *Nominalwert*, der Wert, der auf Wertpapieren od. Metall- u. Papiergeld angegeben ist; Ggs.: *Kurswert,* zu dem sie umlaufen.
Nennwort → Nomen.
neo- [gr.], in Zus.setzungen: neu…
Néoclassicisme [frz. neoklasi'sism], in d. frz. Kunst Bez. f. d. Klassizismus; Hptvertr. *Architektur:* J.-A. Gabriel, G. Soufflot, P. M. d'Ixnard; *Malerei:* J.-L. David, A. Gros, J. A. D. Ingres; *Plastik:* P. J. David d'Angers, F. Rude; dagg. → Neoklassizismus.
Neodym, Nd, chem. El., Oz. 60, At.-Gew. 144,24; Dichte 7,00; Seltenerdmetall.
Neoexpressionismus, in d. Malerei d. Gegenwart Bez. f. e. Richtung d. Rückbezugs auf d. dt. Expressionismus durch e. gestisch-dynam. Umgang m. ausdrucksstarken Farben; Vertr. G. Baselitz, A. R. Penck, M. G. Kaminsky, M. L. Wintersberger.
Neofaschismus, Bez. f. Bewegungen u. Parteien, die nach 1945 Gedanken u. Ziele v. Faschismus u. Nationalsoz. weiterführen; in Italien: MSI *(Movimento Sociale Italiano),* bzw. heute: *Alleanza nationale,* i. Dtld als Neonazismus.
Néo-grec [frz. -grek „Neugriechisch"], in d. bild. Kunst Wiederbelebung des Klassizismus unter Napoleon III. im 3. Viertel d. 19. Jh.
Neoimpressionismus, *Pointillismus, Divisionismus,* löste s. 1885 in Frkr. d. Freilichtmalerei d. Impressionismus ab; punktförmige Anordnung ungemischter Farben nach Komplementärgesetzen zur Erzeugung opt. Mischung; Hptvertr.: *Seurat, Signac.*
Neoklassizismus, in d. Bereichen d. Künste (hpts. d. Architektur) Bez. f. e. intern. Stilrichtung s. etwa 1900 (bes. gg. Naturalismus, Jugendstil u. Expressionismus) m. Rückbezug auf d. Klassizismus; bevorzugt klare Schlichth., strenge Linienführung u. e. Tendenz z. Monumentalen; (teils nur zeitw.) Vertr. z. B. Picasso, Chirico, Dérain, Hofer *(Malerei);* Valéry, Cocteau, Aragon, Eliot, P. Ernst *(Dichtung);* Strawinsky *(Musik);* Perret, T. Garnier, Le Corbusier, Asplund, Loos *(Architektur).* Für Reg.- und Repräsentationsbauten totalitärer Staaten weltweit teils bis heute verwendet. Dagg. frz. → Néoclassicisme.
Neolithikum, svw. → Jungsteinzeit.
Neomalthusianismus → Malthus.
Neomycin [gr.], Antibiotikum aus Strahlenpilz, für lokale Anwendung.

Neon, *s., Ne,* chem. El., Oz. 10, At.-Gew. 20,183; Dichte 0,84 g/l bei 1013 hPa; Edelgas, Stromdurchgang regt N. in der sog. positiven Säule zu intensiv rotem Leuchten an (*Leuchtröhren*).
Neonatologie [nl.], wiss. Lehre von d. Neugeborenenperiode (1.–10. Tag).
Neophyte, *m.* [gr. „Neugepflanzter"], in eine geheime (Mysterien) rel. Gemeinschaft neu Aufgenommener; Neugetaufter in altchristl. Kirche.
Neoplasma, *s.* [gr.], *med.* Neubildung, Geschwulst.
Neoplastizismus, in Malerei u. Architektur 1920 v. P. Mondrian geprägte Bez. f. die v. d. Gruppe De „Stijl vertretene Ästhetik farbl. Klarh. (m. d. Primärfarben Gelb, Rot, Blau), geometr. Strukturen u. konsequent ausbalancierter Harmonie ohne Zufall od. Willkür.
Neoprimitivismus → Primitivismus.
Neorealismus, Stilrichtung des it. Films von ca. 1940–50; z. T. mit Laiendarstellern u. an natürl. Schauplätzen werden soz. u. menschl. Probleme dargestellt (z. B. *Ossessione,* 1942, v. Visconti; *Roma, città aperta,* 1945, v. Rossellini; *Ladri di biciclett,* 1948, v. De Sica).
Neozoikum, svw. → Känozoikum; → geologische Formationen, Übers.
NEP, russ. Abk. für *Neue ökonomische Politik,* 1921 v. Lenin eingeleitetes Programm vorübergehender wirtsch. Liberalisierung (bis etwa 1928).
Nepal, Kgr. i. mittleren Himalaja; Bev.: buddhist. Bergvölker (u. a. die Sherpa); die herrschenden Gurkha sind Hindu. **a)** *Wirtsch.:* Vorwiegend Landw., Hptausfuhrprodukte: Jute, Zuckerrohr, Hülsenfrüchte, Ingwer, Gewürze; lebende Tiere; Hpthandelspartner: Indien, Dtld. **b)** *Außenhandel* (1991): Einfuhr 740 Mill., Ausfuhr 238 Mill. $. **c)** *Verf.* v. 1990: Konstitutionelle Hindu-Monarchie; Zweikammerparlament. **d)** *Verw.:* 14 Zonen. **e)** *Gesch.:* Kgr. d. Gurkha s. 1769; 1959 Demokratisierung, 1960 Rückkehr zur absoluten Monarchie; 1990 nach anhaltenden Demonstrationen Wiederherst. d. konstitutionellen Monarchie, Einführung des Mehrparteiensystems, Änderung d. Verf.; s. 1995 konservative Koalitionsregierung.
Neper, *n.* J. → Napier ben. Einheit d. natürl.-logarithm. Dämpfungsmaßes bei el. und akust. Schwingungen; Kurzzeichen *Np.*
Nephelin, *m.,* → Silicatmineral, Bestandteil best. → Magmatite.
Nephridien, Ausscheidungsorgane bei vielen wirbellosen Tieren, beginnen in d. Leibeshöhle mit einem offenen Flimmertrichter *(Nephrostom).*
Nephrit, *m.,* hartes, zähes, meist grünes → Silicatmineral; zu Schmuck; früher zu Steinbeilen; → Jade.
Nephritis, *w.* [gr.], → Nierenentzündung.
Nephrolithiasis, *w.,* svw. Nierensteinkrankheit.
Nephrose, *w., nephrotisches Syndrom,* nichtentzündl. degenerative Nierenerkrankung mit Eiweiß im Harn u. Wassersucht (Ödemen).
Nephrostom → Nephridien.
Nepomuk, Johannes v. (um 1348 bis 93), Schutzpatron Böhmens; auf Befehl König Wenzels wegen Wahrung kirchl. Rechte (Beichtgeheimnis) ertränkt.

Nepos, Cornelius (ca. 100–24 v. Chr.), röm. Geschichtsschreiber; *De viris illustribus* (Lebensbeschreibungen).
Nepotismus [nl. „*nepos* = Neffe, Enkel"], Vetternwirtschaft, Bevorzugung von Verwandten einflußreicher Leute für Ämter und Würden.
Neptun,
1) röm. Meergott, griech. *Poseidon,* mit dem Dreizack.
2) vorletzter der 6 gr. äußeren Planeten; 1846 v. Galle entdeckt, nachdem 1845 v. Leverrier seine Größe u. Stellung aus Störungen der Bahn des Planeten Uranus berechnet worden war; rund 50 000 km Äquatordurchmesser, dichte Atmosphäre (Methan u. Ammoniak), 4498 Mill. km mittl. Sonnenabstand; Sonnenumlauf in 164,8 Jahren; Rotationsdauer 16,1 Std.; 8 Monde *(Triton, Nereïde, N 3–N 6* 1989 entdeckt); wahrscheinlich Ringsystem; 1989 Vorbeiflug d. am Raumsonde Voyager 2.
Neptunismus, widerlegte Vorstellung v. d. Entstehung d. Gesteine aus Wasser.
Neptunium, *Np,* künstl. chem. El., Oz. 93; radioaktiv (→ Transurane).
Nereïden, in der griech. Sage Meernymphen, Töchter d. *Nereus.*
Neretva, Hptfl. der Herzegowina, 218 km lang, ins Adriatische Meer.
Nerfling, *m.,* svw. → Aland.
Nering, Johann Arnold (get. 17. 3. 1659–21. 10. 95), dt. Architekt u. Städtebauer, Begr. d. märk. Barock; wegweisend f. d. architekton. Entwickl. Berlins im 18. Jh.; *Schloß Charlottenburg, Leipziger Tor, Vorort Friedrichstadt.*
Nerly, Friedrich, eigtl. *F. Nehrlich* (24. 11. 1807–21. 10. 78), dt. Maler d. Romantik, teils m. realist. Tendenzen d. Biedermeierstils; s. 1837 in Venedig; it. Landschaften u. Stadtansichten; *Marmortransport; Girgenti; Canal Grande bei Mondschein.*
Nernst, Walther Hermann (25. 6. 1864 bis 18. 11. 1941), dt. Phys. u. Chem.; *N.lampe;* stellte 3. Hauptsatz d. Wärmetheorie (→ Wärmelehre) auf; *Lehrbuch d. Theoret. Chemie;* Nobelpr. 1920.
Nero, Lucius Domitius, röm. Kaiser 54 bis 68 n. Chr., verfolgte nach dem Brande Roms die Christen.
Ner Tamid [hebr. „ewiges Licht"], d. i. jeder Synagoge vor d. Vorhang i. e. Gefäß ständig brennende Licht.
Nerthus, german. Göttin der Fruchtbarkeit.
Neruda, Pablo (12. 7. 1904–23. 9. 1973), chilen. Lyriker; *Elementare Oden; Der große Gesang;* Autobiographie: *Ich bekenne, ich habe gelebt;* Stalinpreis 1953; Nobelpr. 1971.
Nerva, Marcus Cocceius, röm. Kaiser 96–98 n. Chr.
Nerval, Gérard de, eigtl. *Labrunie* (22. 5. 1808–26. 1. 55), frz. Schriftst. d. Romantik; Vorläufer d. Surrealismus (Übers. Klopstocks, Goethes u. Heines).
Nerven, gebündelte Stränge aus → Nervenfasern, Leitungsbahnen f. nervale Erregungen:
1) *Bewegungs-, motorische N.,* leiten d. Bewegungsreize, Impulse, vom Gehirn u. Rückenmark zum Muskel hin: *efferente N.leitung;*
2) *Empfindungs-, sensorische u. sensible N.,* leiten Außenreize, *Sinnesempfindungen,* zum Rückenmark u. Gehirn: *afferente N.leitung* (→ Tafel Mensch).

Nero

Pablo Neruda

Nervengewebe
rechts oben: Nervenzelle (braun) mit verzweigten Fortsätzen (Dendriten) und unverzweigtem Fortsatz (Neurit);
links oben: aufgeschnittener Dendrit; Erregung wird durch Transmitter (blau) übertragen;
unten: aufgeschnittener Neurit, der von dicken, markhaltigen Scheiden (grün-gelb) umgeben ist.

Nervenentzündung, *Neuritis,* schmerzhafte Entzündung eines Nervs, oft durch Erkältung, mechan. Überbeanspruchung, Infektion, Gifteinwirkung u. a.
Nervenfaser, der Erregungsleitung dienender Fortsatz der Nervenzelle (→ Dendrit 1), besteht aus Achsenzylinder (→ Axon) mit *Neurofibrillen* u. einer *Epithelhülle,* teils von → Markscheide umgeben.
Nervenpunktmassage → Massage.
Nervensystem,
1) *Zentral-N. (ZNS):* besteht aus Gehirn u. Rückenmark, enthält die aus den Nervenzellen (Ganglienzellen) bestehenden *Kerne (Zentren);* Ursprungsstelle aller nervalen Erregungen, die den Organen auf dem Nervenwege zufließen; Mündungsstelle aller Nervenbahnen (Nervenleitungen).
2) *peripheres N.:* die → Nerven.
3) das von Willen u. Bewußtsein unabhängige *(autonome)* vegetative N., vermittelt d. Lebensvorgänge, versorgt Eingeweide u. Blutgefäßsystem; hierzu gehören bes. Zentren (Kerne) in Gehirn u. Rückenmark, aus denen der *Sympathikus* und sein Gegenspieler, der *Parasympathikus* (u.a. mit *Nervus vagus),* hervorgehen.
Nerventransplantation, Überbrückung v. Nervendefekten mit dem

Patienten entnommenen Nervenbündeln od. neuerdings bes. behandelten Nerven anderer Menschen (bis zu 2 Jahren haltbar, *Nervenbank*).
Nervenzusammenbruch, volkstümliche Bez. für nervösen Erschöpfungszustand, medizinisch nicht definiert.
Nervi, Pier Luigi (21. 6. 1891–9. 1. 1979), it. Architekt, e. führender Konstrukteur d. Stahlbetons; UNESCO-Gebäude (Paris; m. M. Breuer u. B. Zehrfuss); Palazzo del Lavoro in Turin.
nervös [frz.], urspr. nervig = kraftvoll; jetzt nervenschwach, sehr reizempfindlich; auch fälschlich für *nerval* (zu Nerven gehörig) gebraucht.
Nervosität, *Nervenschwäche*, volkstüml. f. herabgesetzte Widerstands- u. Leistungsfähigkeit des Nervensystems, erhöhte Reizempfindlichkeit.
nervus rerum [l.], „der Nerv der Dinge", Umschreibung für „Geld".
Nerz, kl. Marder O-Europas, Sibiriens und N-Amerikas *(Mink)*; Pelz sehr wertvoll.
Nerzbisam, gefärbtes Fell der → Bisamratte.
Nesch, Rolf (7. 1. 1893–27. 10. 1975), dt. Maler u. Graphiker d. Expressionismus, s. 1933 in Norwegen; erfand e. Technik d. farb. Metalldrucks durch Perforierung, Durchätzung u. teils materialfremde Collage d. Druckplatten; *Elbchaussee*; *S. Marco*.
Neschi, arabische Kursivschrift.
Nessel, *Brenn-N.*, Kräuter m. steifen Haaren, die bei Berührung an der Spitze abbrechen, sich in die Haut bohren u. Ameisensäure u. a. entleeren; Bastfasern früher viel verwertet (*N.tuch*), heute noch bes. u. der pers. Hanf-N.; junge Pflanze als Gemüse; verwandt das *Chinagras* (→ Ramie).
Nesselfalter → Fuchs.
Nesselkapseln, Organe d. *Nesseltiere*, die durch Ausscheidung v. Giftstoffen dem Beutefang und d. Feindabwehr dienen.
Nesselsucht, *Nesselausschlag, -fieber, Urtikaria*, stark juckende, plötzlich auftretende rote, beetartig erhabene Hautquaddeln, durch Überempfindlichkeit gg. best. Nahrungsmittel, Blumen u. a. → Allergie.
Nesseltiere → Zölenteraten.

Nerz

Johann Nestroy

Neuburg an der Donau, *Hofkirche*

Gefleckte Taubnessel

Weiße Taubnessel

Große Brennessel

Nesselwang (D-87484), Markt, Luftkurort u. Wintersportplatz i. Ldkr. Ostallgäu, Bay., 900–1600 müM, 3624 E.
Nessos, Kentaur, v. Herakles getötet, schenkte → Deïaneira d. (vergiftete) *N.hemd*, das angebl. Liebeszauber enthielt, durch d. Herakles starb.
Nest, Schutzstätte vieler Tiere, die in erster Linie für die Brut und die Jungen errichtet wird; vor allem bei Vögeln, aber auch bei Säugetieren, Insekten und Fischen.
Nestel, Schnur oder Riemchen mit nadelartiger Spitze z. Einhaken, Einschnüren, Durchstechen.
Nestflüchter, Vögel, die nach d. Ausschlüpfen sofort das Nest verlassen; Ggs.: Nesthocker.
Nestor, weiser und *ältester* griech. Kg im Trojan. Krieg, danach svw. betagter Führer eines Standes.
Nestorius († 451), Patriarch von Konstantinopel („Maria Mutter Jesu in s. menschl. Natur"); 431 als Ketzer verdammt; s. Anhänger: *Nestorianer*, nestorian.-syr. Nationalkirche u. nestorian.-kath. Kirche.
Nestroy, Johann (7. 12. 1801–25. 5. 62), östr. Volksdichter u. Schausp.; Komödien: *Lumpazivagabundus; Einen Jux will er sich machen*; Opern- u. Dramenparodien: *Judith u. Holofernes*.
Nestwurz, braungelbe Orchidee der Wälder mit vogelnestähnl. Wurzelwerk, ohne grüne Blätter.
Netanjahu, Benjamin (* 21. 10. 1949), isr. Likud-Pol., s. Juni 1996 Min.präs.
Netphen (D-57250), Gem. i. Kr. Siegen-Wittgenstein, am S-Hang d. Rothaargebirges, NRW, 23 792 E.
Netsuke, jap. durchlochte Schnitzereien z. Tragen v. kl. Dosen aus gelacktem Holz od. Elfenbein u. a. an einer durch den Gürtel (Obi) gezogenen Schnur.
Nettetal (D-41334), St. i. Kr. Viersen, am Niederrhein, NRW, 39 442 E; Masch.-, Eisen- u. Stahlind.
netto [it.], rein, nach Abzug; Ggs.: brutto.
Nettogewicht, Gewicht o. Verpackung (Tara); Ggs.: Bruttogewicht.
netto Kasse, Klausel, die jeden Abzug v. e. Preis ausschließt.
Nettopreis, Preis abzügl. → Skonto u. → Rabatt.
Nettoregistertonne → NRT.

Nettosozialprodukt → Sozialprodukt.
Network [engl. -wə:k], beim Rundfunk Sendernetz, -gruppe.
Netz,
1) → Sternbilder, Übers.
2) lat. *Omentum*, schürzenförmige Bauchfellumstülpung, bedeckt den Darm.
3) stern- od. maschenförm. Zus.schaltung v. el., Gas-, Wasser- u. a. Leitungen.
Netzanschlußgerät, z. B. Rundfunkempfänger, d. aus Wechselstromnetz gespeist wird; Betriebsspannungen werden durch Transformatoren, Gleichrichter, Kondensatoren u. a. gewonnen (Abb. → Glühkathodengleichrichter).
Netzarbeit, svw. → Filetarbeit.
Netzätzung, svw. Autotypie, → Klischee.
Netze, poln. Noteć, r. Nbfl. der Warthe, 389 km lang, aus dem Skorzenciner u. Goplosee, durchfließt den urbar gemachten **N.bruch**.
Netzflügler, Insektenordnung; d. 4 Flügel netzart. geädert (z. B. → *Ameisenjungfer*; → *Florfliegen*).
Netzhaut, *Retina*, innerste Auskleidung des Augapfels, lichtempfindl. Endverzweigung des Sehnervs in Stäbchen (helligkeits-) u. Zäpfchen (farbenempfindlich).
Netzmagen → Wiederkäuer.
Netzmittel, vermitteln d. Benetzen fester Stoffe durch Wasser u. erleichtern Waschen, Färben, Spülen usw., → Detergenzien.
Neu-Amsterdam,
1) frz. Insel im Ind. Ozean, 55 km², unbewohnt; Tierschutzgebiet.
2) urspr. Name für New York nach d. ersten ndl. Ansiedlern.
Neuapostolische Kirche, früher: *Neuapostol. Gemeinde*, gegr. 1863, gilt als größte Sekte in Dtld (ca. 500 000 Mitgl.); Ziel: Erneuerung d. Apostelamts.
Neubarock, in bild. Kunst u. Architektur d. Historismus Rückbezug auf d. Stil d. Hoch- u. Spätbarock; bes. in d. 2. Hälfte 19. Jh. bevorzugter Baustil f. private u. staatl. Repräsentationsbauten. Hptvertr. *Architektur*: Dolmann, Haussmann; *Malerei*: Couture, Makart; *Plastik*: Begas, Carpeaux.
Neubeckum, s. 1975 zu Beckum.
Neuber, Karoline, d. *Neuberin* (9. 3. 1697–30. 11. 1760), dt. Schausp.in u. Leiterin einer Schauspieltruppe; Zusammenarbeit m. J. Ch. → Gottsched; verbannte den „Hanswurst" von der deutschen Bühne.
Neubrandenburg (D-17033–36), Krst. i. M-V., a. Tollensesee, 87 879 E; alte Stadtmauer u. got. Johanniskirche; Fachhochschule.
Neubraunschweig, engl. *New Brunswick*, kanad. Prov., am St.-Lorenz-Golf, waldreich; Torf-, Eisenerz-, Kohle- u. Gipslager, 73 440 km², 728 100 E; Hptst. *Fredericton* (45 364 E); wichtigster eisfreier Winterhafen Kanadas: *Saint John* (90 457 E).
Neubritannien, *New Britain*, b. 1919 *Neupommern*, größte Insel d. Bismarck-Archipels, 36 650 km², 312 000 E; im Innern tätige Vulkane, an d. Küsten Mangrovesümpfe, Urwald, gesundes Tropenklima; Ausfuhr v. Kopra, Kokosöl, -fasern, Verw.sitz *Rabaul*.

Neuburg,
1) Stift N. im Neckartal bei Heidelberg, 1130–1570 (aufgehoben) u. s. 1928 Benediktinerkloster; i. 19. Jh. Mittelpkt d. Heidelberger Romantiker.
2) N. an der Donau (D-86633), Krst. d. Kr. N.-Schrobenhsn., Oberbay., 26 600 E; AG; Schloß (16.–17. Jh.), Hofkirche (17. Jh.); Kreide- u. Textilind., Glas- u. Eternitwerke, Papierverarbeitung. – 739–803 Bischofssitz, 1505 Hpt- u. Residenzst. von *Pfalz-N.*, 1808 an Bay.
Neuburger, v. a. in Östr. angebaute Weißweinrebe, die milde, feinwürz. Weine liefert; vermutl. ist sie durch d. Kreuzung v. → *Weißem Burgunder* u. → *Silvaner* entstanden.
Neuchâtel [nøʃaˈtɛl], → Neuenburg.
Neu-Delhi → Delhi.
Neue Deutsche Welle → New Wave.
Neue Hebriden, s. 1980 → Vanuatu.
Neue Künstlervereinigung München, gegr. 1909 v. Kandinsky, Jawlensky, Münter u. a.; vertrat d. Ausdrucksdynamik d. reinen Farbe, doch o. Aufgabe d. Gegenständlichk.; einige Mitgl. begr. als Befürworter d. Abstraktion 1911 d. → Blauen Reiter.
Neue Linke, Bez. f. d. Anhängerschaft d. weltweiten, zunächst student., v. USA ausgehenden Protestbewegung; erstrebte Beseitigung des demokratisch-kapitalist. Herrschafts- u. Gesellschaftssystems u. übte Kritik am damaligen Sowjetsystem; Marxismus, insbesondere Castroismus u. Maoismus als ideolog. Basis; Ziel: → Rätesystem.
Neuenburg, frz. *Neuchâtel,*
1) schweiz. Kanton, vom Jura durchzogen, 803 km², 165 000 E; Landw. u. Uhrenind.; Hptst.:
2) N. (CH-2000), Kantonshptst. am **Neuenburger See** (218 km², weinreiche Ufer), 33 500 E; Uni. (s. 1909). – 1011 burgund., 1707 zu Preußen, 1814 Kanton d. Eidgenossenschaft, unter preuß. Hoheit, 1857 Verzicht d. preuß. Kgs auf N.
Neuendettelsau (D-91564), Gem. i. Kr. Ansbach, Bay., 7090 E; ev.-luth. Diakonie- u. Missionswerk, Ges.-HS.
Neuengland, engl. *New England,* der NO der USA, mit Maine, New Hampshire, Vermont, Massachusetts, Rhode Island, Connecticut.
Neuer Realismus, in d. bild. Kunst in Dtld s. etwa 1960 Bewegung z. Wiederbelebung d. Neuen Sachlichkeit, m. intern. Wirkung z. B. auf d. Entwickl. d. Fotorealismus; Vertr.: K. Klapheck, L. M. Wintersberger, d. Gruppe Zebra, J. Monory, M. Pistoletto, A. Colville, E. Hopper, E. Arroyo; Ggs.: → Nouveau Réalisme.
Neuer Stern → Nova.
Neue Sachlichkeit, *Verismus; magischer Realismus,* Bez. f. einen d. Expressionismus ablösenden Stil (seit etwa 1922): sachl. Beobachtung u. Betonung d. Gegenständlichkeit; i. d. Malerei: *Kanoldt, Schrimpf, Mense, Pillartz;* auch Bez. f. d. Stil d. modernen vorwiegend Nützlichkeit unbedenkenden Bauk und des einfache Formen anstrebenden Kunsthandwerks; in der Literatur: Döblin (s. 1927), *Kesten, A. Zweig.*
Neues Testament, *N.T.,* → Bibel.
Neue Wilde, in d. dt. Malerei Vertr. e. Stilrichtung s. 1977 (bis etwa Ende d. 80er Jahre), d. in Abkehr v. Minimal Art, Concept Art u. Nähe zu Fauvismus, Expressionismus Farbenfreude, Gegenständlichk. u. dynam. Spontaneität befürwortet; namengebend war d. Ausstellungstitel *Les Nouveaux Fauves/Die Neuen Wilden* (Aachen 1979); Initiatoren K. H. Hödicke, B. Koberling, M. Lüpertz; → Transavantgarde.
Neufundland, engl. *Newfoundland,* kanad. Prov. u. Insel v. d. NO-Küste Amerikas, vor dem St.-Lorenz-Golf; nebelreich, Moore, Heidehochflächen; Insel: 108 860 km², Provinz: 405 700 km², 568 000 E; Hptst. *St. John's; Bodenschätze:* Eisenerz, Kohle, Blei, Zink, Kupfer; Fischfang (zu 70% Kabeljau) an der **N.bank.** – 1713 brit., 1855 Dominion, 1949 Prov.
Neufundländer, große Hunderasse m. langen, meist schwarzen Haaren, bernhardinerähnl., schwimmt gern.
Neugotik, in d. bild. u. angewandt. Künsten u. hpts. d. Architektur d. eur. Romantik im 18. u. 19. Jh. entwickelte Stilrichtung m. Rückbezug auf d. Gotik; bewirkte auch d. Vollendung od. Restaurierung got. Bausubstanz (z. B. Kölner Dom); u. war e. bevorzugter Baustil d. Historismus bis Anfang 20. Jh.; Hptvertr. K. F. Schinkel, H. v. Ferstel, G. Hauberrisser; C. Barry, A. W. N. Pugin; E. Viollet-le-Duc.
Neugradeinteilung, Einteilung des Quadranten in 100 Grad sowie deren zentesimale Unterteilung in Neuminuten und Neusekunden; → Grad; s. 1975 durch → *Gon* ersetzt.
neugriechische Literatur, 16./17. Jh.: Volkslieder; Kornaros (Epos, *Erotokritos*), Chortatzis (Drama, *Erophile*). 19. Jh.: neben Dichtungen in der Reinsprache (*Katharevusa*) Schöpfungen i. d. Verkehrssprache (*Demotika*): Rhigas u. Solomos (Freiheitsdichter), Rhoidis u. Psichari (Novellen). 20. Jh.: Lyrik: Sikellianos, Kavafis, Palamas, Seferis; Roman: Karkawitzas, Theotokas, Myrivilis, Venesis, Kazantzakis.
Neuguinea, zweitgrößte Insel der Erde, im Pazifik, nördl. v. Australien, 771 900 km², im Innern Hochgebirgsketten (Gunung Jaya 5033 m), Küsten teils flach (Mangrovedickichte, Sagopalmensümpfe), Tropenklima; üppige Vegetation; größter Teil erschlossen; Ausfuhr v. Kopra, Kautschuk, Gold, Kupfer, Erdöl, Holz, Kakao, Perlen u. Perlmutt. – 1526 von Spaniern entdeckt; 1906 d. SO, Gebiet *Papua,* u. 1921 d. NO, Gebiet v. N., an Australien; s. 1945 zu → Papua-Neuguinea zus.gefaßt. 1963 d. W (früher Ndl.-N., 422 000 km²) als *West-Irian (Irian Jaya)* an → Indonesien, 1975 Papua-Neuguinea unabhängig.
Neuhausen am Rheinfall (CH-8212), Gem. im Kanton Schaffhausen, Schweiz, 11 000 E; Fremdenverkehr; div. Ind.
Neuhochdeutsch, dt. Schriftsprache seit 14. Jh., aus Kanzlei-, Drucker- und Verkehrssprachen gebildet; stark durch Luthers Bibelübersetzung geprägt.
Neuholland, früherer Name für Australien.
Neuhumanismus, von → Winckelmann, Goethe, Schiller, W. v. Humboldt u. a. begr. Bildungsform (bes. Betonung des Studiums der Antike).

Neuburger

Neuenburg

NEUKALEDONIEN	
Name des Territoriums:	Neukaledonien, Nouvelle-Calédonie
Regierungsform:	Französisches Überseeterritorium
Hochkommissar:	Dominique Bur
Hauptstadt:	Nouméa 65 100 Einwohner
Fläche:	18 575 km²
Einwohner:	181 000
Bevölkerungsdichte:	9 je km²
Bevölkerungswachstum pro Jahr:	Ø 1,53% (1990–1995)
Amtssprache:	Französisch
Religion:	Katholiken (59%), Protestanten (16%), Muslime
Währung:	CFP-Franc
Zeitzone:	MEZ + 10 Std.
Karte:	→ Australien und Ozeanien

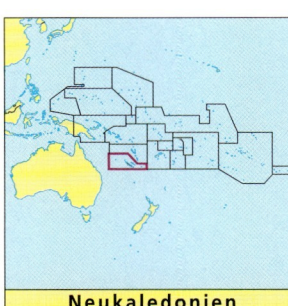

Neukaledonien

Neuilly-sur-Seine [nœˈjisyrˈsɛn], Vorort von Paris, 64 000 E. – *Vertrag v. N.,* 27. 11. 1919, Friede der Entente m. Bulgarien.
Neuirland, amtl. *New Ireland,* bis 1919 Neumecklenburg, Insel des Bismarck-Archipels, 9842 km².
Neu-Isenburg (D-63263), St. im Kr. Offenbach, südl. v. Frankfurt, Hess., 36 400 E.
Neujahrsfest, Fest des Jahresanfanges, b. d. Juden im Herbst (1. Tischri), bei den Römern 1. März, bei den Christen 1. Januar, kirchliches Fest seit 16. Jh., ebenso z. B. bei Chinesen u. Japanern.
Neukaledonien, Insel im SW Pazifik, nö. v. Australien, frz. Überseegebiet (bis 1946 Kolonie), angegliedert die Pinieninsel, die Bélep-, Loyalty- u. Chesterfieldinseln; Bev. überwiegend Melanesier (Kanaken); Hptausfuhr: Nickel u. Chromerze, Kopra, Kaffee; 1984/85 blutige Zusammenstöße zw. separatist. Kanaken u. weißen Unabhängigkeitsgegnern; seit 1988 beschr. Autonomie.
Neukantianer, Neukantianismus, verschiedene an Kant wiederanknüpfende philos. Richtungen seit Mitte d. 19. Jh.: F. A. *Lange, Liebmann,* K. *Fischer,* insbes. d. → „Marburger Schule" (*Cohen, Natorp, Cassirer*).
Neukirchen-Vluyn [-flyːn], (D-47506), St. i. Kr. Wesel, NRW, 27 500 E; Steinkohlenbergbau, Ind.; N.er Missionsseminar.
Neuklassik → Neoklassizismus.
neulateinische Literatur → römische Literatur.
Neumann,
1) Alfred (15. 10. 1895–3. 10. 1952), dt. Schriftst.; histor. Romane: *Der Teufel;* Erzählungen; Drama: *Der Patriot; Es waren ihrer Sechs.*
2) Franz Ignaz Michael (8. 5. 1733 bis 29. 9. 85), dt. Architekt u. Militäringenieur; auch Gebäuderestaurierungen im Sinne d. frühen Form d. (erst s. 2. Hälfte 19. Jh. allg. eingeführten) Denkmalpflege; s. Vater
3) Johann Balthasar (get. 30. 1. 1687 bis 19. 8. 1753), dt. Architekt u. Ingenieur d. → Barock; Würzburger Residenz; Wallfahrtskirche, Vierzehnheiligen.
4) Robert (22. 5. 1897–3. 1. 1975), östr. Romanschriftst. u. Parodist; *Mit fremden Federn; Unter falscher Flagge.*
5) Therese, *Th. v. Konnersreuth* (9. 4. 1898–18. 9. 1962), seit 1926 stigmatisiert, hatte angebl. Visionen der Passion Christi.
Neumark, poln. Teil der ehem. Mark Brandenburg r. der Oder.
Neumarkt i. d. Oberpfalz (D-92318), Gr.Krst. i. Bay., 37 700 E; AG; got. Pfarrkirche, Pfalzgrafenschloß; Holz- u. Elektroind.
Neumecklenburg, s. 1920 → Neuirland.
Neumen [gr.], früh-ma. Notenschrift; gibt durch Punkte, Striche u. Häkchen Tonschritte, doch nicht Rhythmus u. Tonhöhen an; im Abendland als *lat. N.,* in Byzanz als *byzantin. N.*
Neumond → Mondphasen.
Neumünster (D-24534–39), krfreie St. i. Schl.-Ho., 81 900 E; AG; Verkehrsknotenpunkt, Zentrum d. berufl. Bildung; Elektro-, Chemiefaser-, Textilind., Masch.bau.

Neunaugen, den Fischen nahestehende primitive Wirbeltiere *(Rundmäuler)* mit bleibender → Chorda, äußerlich aalähnl., saugen sich an anderen Fischen fest und leben von deren Körpersäften; 1 Auge, Nasenloch, 7 Kiemenöffnungen auf jeder Seite = 9 „Augen"; *Meer-N. (Lamprete, Meerbricke)* bis 1 m lang; *Fluß-N. (Bricke)* bis 50 cm, in Flüssen; *Bach-N. (Sand-, Zwergbricke)* bis 30 cm, nur in Süßwasser.
Neunburg vorm Wald (D-92431), St. i. Kr. Schwandorf, Bay., 7629 E.
Neunkirchen,
1) (D-66538–40), Krst. im Saarland, 52 000 E; AG; Ind.stadt im Grünen.
2) (D-57290), Gem. im Kr. Siegen-Wittgenstein, NRW, 14 692 E; div. Ind.
3) (A-2620), Bez.st. in Niederöstr., 10 216 E; Renaissance- u. Barockbauten.
Neuntöter, Art der → Würger.
Neuphilologe, Wissenschaftler für neuere Sprachen u. Literaturen (z. B. Frz., Engl., Span.).
Neuplatonismus, philos. Richtung, lehrt als höchsten Urgrund das (göttl.) Eine, dessen oberste Ausstrahlung (Emanation) der Weltgeist (Logos) als Träger der Ideen (nach Plato) u. Ursprung der Seelen ist; mystische Einflüsse. Begr.: *Ammonios Sakkas* (175–242 n. Chr.); Hptvertr.: → Plotin.
Neupommern, s. 1920 → Neubritannien.
Neupositivismus, phil. Richtung, die auf den → Positivismus u. d. Empirismus zurückgeht; entstand im → Wiener Kreis; pflegte in Anlehnung an B. Russell die → Logistik und die theoret. Physik u. e. daran orientierte positivist. Reform von Phil. u. Recht; Hptvertr.: M. *Schlick*, R. *Carnap*, L. *Wittgenstein*, H. *Reichenbach*.
neural, die Nerven betreffend.
Neuralgie [gr.], durch versch. Ursachen (Infektion, Vergiftung, Stoffwechselkrankheit u. a.) bedingte, anfallsweise auftretende Schmerzen in einem Nervenabschnitt. Besonders schwer sind die Schmerzen bei der → Trigeminus-N.
Neuralpathologie [gr.], Lehre, der zufolge äußere Einflüsse sich erst das Nervensystem treffen und über dieses Krankheit hervorrufen (Speranski, Ricker).
Neuraltherapie, Behandlung über das Nervensystem, durch Injektionen in „Störungsfelder", Ganglien, d. Grenzstrang usw.
Neurasthenie, Schwäche d. Nervensystems.
Neurath, Konstantin Frh. von (2. 2. 1873–14. 8. 1956), dt. Pol., 1932–38 Außenmin.; 1939–43 Reichsprotektor in Böhmen u. Mähren; im → Nürnberger Prozeß 1946 zu 15 J. Gefängnis verurteilt; 1954 aus d. Haft entlassen.
Neurenaissance, in Architektur u. Kunstgewerbe bes. um Mitte 19. Jh. Stilrichtung d. Historismus im Rückbezug auf d. Renaiss.; hpts. i. Städtebau (München, Ludwigstraße), für Theater- u. Mus.bauten, Innendekoration u. Möbel.
Neureut, s. 1975 St.teil v. → Karlsruhe.
Neuritis, *w*. [gr.], Nervenentzündung, oft als *Polyneuritis* an den Beinen

Neunauge

Schloß Neuschwanstein

Neuseeland, *Cookberg*

(„Ameisenlaufen") u. a. Mißempfindungen, Schmerzen, Lähmungen), z. B. bei Alkoholismus, Diabetes mellitus usw.
Neurochemie, Teilgebiet d. physiolog. Chemie (beschränkt sich auf biochem. Seite d. Erscheinungen).
Neurode, *Nowa Ruda*, St. i. d. poln. Woiwodschaft Wałbrzych mit Eulengebirge, Niederschlesien, 26 600 E; Kohlen- u. Tonwerke.
Neurodermitis, *w*., chronische Hauterkrankung mit Juckreiz, Beginn im Säuglingsalter oft mit → Milchschorf, durch Veranlagung bedingt u. durch äußere Faktoren verstärkt.
Neurohormone, im → Hypothalamus gebildete Hormone (u. a. die Releasing-Hormone), die über die Hormone der → Hypophyse die Funktion von Schilddrüse, Nebennierenrinde u. Keimdrüsen steuern; → innere Sekretion.
Neuroleptika [gr.], → Psychopharmaka, die Erregung und Aggressivität dämpfen u. den vitalen Antrieb reduzieren, ohne daß das Bewußtsein eingetrübt wird; durch sie können → Halluzinationen und Wahnsymptome beseitigt werden; vorwiegend b. → Schizophrenie angewendet. Auch für kurze Narkosen *(Neuroleptanalgesie)* geeignet, bei denen der Patient ansprechbar bleibt.
Neurologie, Lehre v. Nervensystem u. seinen Erkrankungen; MPI für N. in Köln-Merheim.
Neurom, Nervenwucherung.
Neuromanik, in d. Architektur bes. 2. Hälfte 19. Jh. bis Anfang 20. Jh. Stilrichtung d. Historismus, hpts. im Kirchen- u. Schloßbau u. f. öff. Zweckbauten m. repräsentat. Charakter.
Neuromantik, literar. Gegenbewegung gg. d. Naturalismus (nach 1890), gefühlsbetont, formschön, Bildungsstoffe: *Hofmannsthal, Hardt, Stukken;* auch Bez. f. d. Musik nach 1850 bzw. um 1900 (Spätromantik): *Liszt, Wagner; Humperdinck, Strauss, Mahler, Pfitzner;* i. d. bildenden Kunst: *Klinger, Stuck, Hofmann, Böcklin, Thoma*.
Neuron, *s*. [gr.], e. Nervenzelle m. ihren Nervenfasern (Nerveneinheit).
Neuronale Netze, vereinfachendes Modell v. Gehirnzellen z. Simulation kognitiver Fähigkeiten.
Neurose, *w*. [gr.], seelische Störung, abnorme Erlebnisreaktion, führt z. mangelhafter Bewältigung fundamentaler Lebensaufgaben, ausgelöst durch aktuelle od. alte, nicht verarbeitete Konflikterlebnisse (z. B. bei fehlentwickeltem Triebleben); **a)** *Psychoneurosen,* seelische Gleichgewichtsstörungen bei erhaltener geistiger Gesundheit, z. B. → Hysterie, → Neurasthenie, *Angstneurosen* (Platzangst usw.), *Zwangsneurosen,* zwanghafte Triebhandlungen (Waschzwang usw.); **b)** *Organneurosen,* Ausdruck unausgeglichener seelischer Spannungen in Form von Betriebsstörungen einzelner Organe: Herzneurose, Magen-Darm-Neurose usw. Heilung wird durch → Psychotherapie (auch → Psychoanalyse) versucht.
Neurotiker, an Neurose Erkrankter, zeigt **neurotisches** Verhalten.
Neurotransmitter, Übertragerstoffe im → Nervensystem, die die Reizleitung an Schaltstellen (→ Synapsen) bewir-

ken; dazu gehören Acetylcholin, Adrenalin, Noradrenalin, Dopamin, Serotonin usw.
neurotrop, auf Nerven wirkend.
Neuruppin (D-16816), Krst. i. Bbg., 33 400 E; Maschinen- u. a. Ind.; Lithograph. Anstalt: *N.er Bilderbogen*.
Neusalz, *Nowa Sól*, St. i. d. poln. Woiwodschaft Zielona Góra a. d. Oder, Niederschlesien, 42 700 E; Hafen; Metall-, Maschinenbau.
Neusatz, serb. *Novi Sad,* Hptst. d. Auton. Prov. Wojwodina, Serbien, a. d. Donau; gegenüber Peterwardein (Petrovaradin); 258 000 E; Uni; Maschinenbau, chem. Ind.
Neuscholastik, Erneuerung der Scholastik, insbes. d. Lehre d. → Thomas von Aquin, seit 19. Jh. innerh. d. kath. Kirche: *Kleutgen, Scheeben, Baeumker, Grabmann, Gilson*.
Neuschottland, engl. *Nova Scotia,* kanad. Provinz, umfaßt die Halbinsel N. und die Kap-Breton-Insel (Atlantik); Kohle, Eisen, Gold; große Waldflächen, Holzwirtschaft (Cellulose, Papier), Obstbau, Fischerei; 55 490 km², 900 000 E; Hptst. *Halifax*. – 1498 von Caboto entdeckt, 1867 zu Kanada.
Neuschwanstein, bayr. Königsschloß b. Hohenschwangau, v. Ludwig II. erb. (1868–86); 965 müM.
Neuseeland, Staat im Paz. Ozean (Ozeanien), sö. v. Australien; Bev.: engl., schott. u. ir. Abstammung, daneben 9,6% Maori (Ureinwohner), Polynesier u. a. **a)** *Geogr.*: Umfaßt die *Doppelinsel N.*: kleinere *Nordinsel* (114 597 km², 2,55 Mill. E), häufig schwächere Erdbeben, zahlreiche Geysire, ausgedehnte Nadelwälder, stärker besiedelt als größere *Südinsel* (151 757 km², 877 000 E), Alpenlandschaft (Cookberg 3764 m) mit gewaltigen Gletschern (Tasmangletscher) und die *Stewartinsel*, bei der Südinsel, üppige Vegetation (Kaurifichte bis 50 m), *Chatham-, Kermadec-, Bounty-, Auckland-, Antipodeninseln, Campbellinsel* u. a.; angegliedert weitere Südseeinseln, darunter d. → Cookinseln → Tokelauinseln u. → Niue. **b)** *Wirtsch.*: Vor allem Forst- u. Landw., Rinder- u. Schafzucht (Ausfuhr v. Fleisch u. Molkereiprodukten); bed. Konsumgüterind., Maschinenbau, Zellstoff- u. Papierind.; bed. Tourismus. **c)** *Außenhandel* (1991): Einfuhr 8,5 Mrd., Ausfuhr 9,3 Mrd. $. **d)** *Verkehr:* Eisenbahn 4029 km. **e)** *Verf.:* Parlamentar. Monarchie, Generalgouv. als Vertr. d. engl. Krone, Reg., Einkammerparlament. **f)** *Verw.:* 14 Regionen. **g)** *Gesch.*: 1642 v. Tasman entd., 1840 brit. Kronkolonie, 1853 erste konstit. Verf., 1856 innere Selbstverw., 1907 brit. Dominion, s. 1947 unabhängig; 1995 Vertrag m. d. Maori über d. Rückgabe v. Land.
Neusiedler See, ungar. *Ferö,* Flachsee von stark wechselnder Größe zw. Ungarn u. Österreich im Burgenland; 320 km², max. 356 km², bis 2 m t.; Vogelschutzgebiet.
Neusilber, *Argentan,* Kupfer-Nickel-Zink-Legierung; zäher, politurfähiger Silberersatz.
Neuss (D-41460–72), Krst. im Rgbz. Düsseldorf, NRW, 148 600 E; Münster (13. Jh.), Obertor (St.tor 13. Jh.); gr. Ind.hafen (1991: 4,4 Mill. t Jahresumschlag); IHK, AG; div. Ind.

Neustadt,
1) *N. am Rübenberge* (D-31 535), St. i. Kr. Hannover, Nds., an der Leine, 40 560 E; AG; Fremdenverkehr (Steinhuder Meer), div. Ind.
2) *N. an d. Aisch* (D-91413), Krst. im O d. Steigerwaldes, Bay., 11 635 E; AG; div. Ind.
3) *N. an der Orla* (D-07806), St. in Thür., Kr. Pößneck, 9577 E; St.kirche (15. Jh.), spätgot. Rathaus; Ind.
4) *N. an d. Waldnaab* (D-92660), Krst. in d. O.pfalz, Bay., 5707 E; Schloß, Wallfahrtskirche.
5) *N. an d. Weinstr.* (D-67433–35), krfreie St. in d. Oberrheinebene am Haardtgebirge, RP, 52 687 E; Verw.sitz d. Rgbz. Rheinhessen-Pfalz, OPD, Landes-Lehr- u. Forschungsanstalt f. Wein- u. Gartenbau; ma. Stadtbild; Weinbau u. -handel.
6) *N. bei Coburg* (D-96465), Gr.Krst. im Rgbz. Oberfranken, 16 931 E; Spielwarenind., Kabelherstellung u. Drahtseilwerk.
7) → *Titisee-Neustadt.*
8) *N. in Holstein* (D-23730), Ostseebad i. Kr. Ostholstein a. d. Lübecker Bucht, Schl-Ho., 14 886 E; AG; Hafen; Garnisonst.
9) in Oberschlesien, *Prudnik*, St. i. der poln. Woiwodschaft Opole an der Prudnik, 24 600 E.
Neustettin, *Szczecinek*, St. i. d. poln. Woiwodschaft Koszalin in Pommern, 39 200 E.
Neustrelitz (D-17235), Krst. i. M-V., am Zierker See, 25 532 E; Schloß, Landestheater; div. Ind.
Neustrien, der NW des merowing. Frankenreiches; ab 561 zeitweise selbständiges Teilreich.
Neusüdwales [-weilʒ], engl. *New South Wales,* südöstl. Gliedstaat Australiens, 801 600 km², 5,76 Mill. E; Ausfuhr: Wolle, Lebensmittel, Metalle u. Metallwaren; Hptst. *Sydney.*
Neutitschein, tschech. *Nový Jinčín*, in NO-Mähren, Tschech. Rep., im „Kuhländchen", 32 900 E.
Neutra, Richard J. (8. 4. 1892–16. 4. 1970), am. Architekt u. Städteplaner östr. Herkunft; e. Hptvertr. d. Internationalen Stils in d. USA.
Neutra, slowak. *Nitra*, St. in d. Slowakei, an d. *N.,* l. Nbfl. d. Waag, 89 000 E; röm.-kath. Bistum.
Neutraer Gebirge, Teil d. W-Karpaten (*Vtáčnik* 1346 m).
neutral [l.], unparteiisch.
neutrale Zone,
1) Gebiet, wo nach Vereinbarung keine feindl. Kampfhandlungen stattfinden.
2) bei Gleichstrommaschinen das Gebiet ohne Magnetfeldwirkung a. d. Ankerleiter; hier erfolgt Stromwendung.
Neutralisation [nl.],
1) *völkerrechtlich:* die einem Staat vertraglich zuerkannte Verpflichtung zu neutraler Politik, keine Bündnis- u. Garantieverträge abzuschließen; für die Garantiestaaten Pflicht, die Integrität d. Gebietes d. neutralisierten Staates zu schützen; Verletzung d. N. ist Völkerrechtsdelikt; dauernd neutralisierte Staaten bis zum 1. Weltkr.: Belgien, Luxemburg, Schweiz; heute Schweiz u. Österr. u. Schweden.
2) Schutz einer Person oder Personengruppe v. Kriegseinwirkungen.

3) *chem.* Umsetzung einer Säure mit einer Base, bis ein *Indikator* weder saure noch basische Reaktion anzeigt, d. h. bis gleiche Mengen H- u. OH-Ionen vorhanden sind.
4) *Radsport:* im 6-Tage-Rennen Unterbrechung bei Zwischenfällen bzw. Fahrt ohne Wertung zu best. Tageszeiten.
Neutralität [l.],
1) pol. Haltung d. bündnisfreien Staaten, i. kalten Krieg zw. N. nicht teilzunehmen; → blockfreie Staaten.
2) Nichtteilnahme eines Staates an einem kriegerischen Konflikt Dritter; *bewaffnete N.,* wenn der Staat sich durch Kriegsbereitschaft nur gg. ein Übergreifen des Krieges auf sein Gebiet schützt od. sich zum Zeitpunkt der Kriegsteilnahme vorbehält; *wohlwollende N.,* durch Einwirkung zugunsten eines an einem Kriege Beteiligten; mit strenger N. nicht vereinbar; *immerwährende N.,* permanente.
Neutrino, *s.,* → Elementarteilchen m. Ruhmasse Null od. sehr kleiner Masse, el. ungeladen (neutral); zunächst von → Pauli postuliert, um d. Gültigkeit d. → Erhaltungssätze beim radioaktiven Beta-Zerfall zu retten, 1956 experimentell nachgewiesen. *Sonnen-Neutrino-Rätsel:* Messungen zeigen weniger N.s als bei → Fusion in der Sonne erzeugt werden sollten.
Neutrinoastronomie, ein junger Zweig d. Physik, Astrophysik u. Astronomie, der sich mit d. Erforschung von → Neutrinos aus kosm. Quellen beschäftigt, z. B. aus der Sonne (Neutrino-Rätsel), aus Sternexplosionen (→ Supernova 1987 A) od. durch → kosm. Strahlung in der Erdatmosphäre erzeugt. Große Experimente in Eur., Japan, Kanada, Rußland, USA.
Neutron, *s.,* el. ungeladenes → Elementarteilchen, Masse wenig größer als die des → Protons, zus. m. Proton Bestandteil jedes Atomkern (→ Ausnahme: *Wasserstoff*).
Neutronenbombe, Bombe mit hohem Anteil an Neutronenstrahlung bei relativ kleiner Explosionswucht u. geringem radioaktivem Fallout; dadurch Vernichtung von Lebewesen bei geringer materieller Zerstörung u. Verstrahlung von Gelände.
Neutronenstern, Überrest e. Sterns nach e. → Supernova-Explosion; Masse von 1–2 Sonnenmassen u. e. Radius von nur 10 km, Dichte im N. höher als in Atomkernen. Ein Kubikzentimeter N.-materie wiegt 1 Mrd. Tonnen. Rotierende N. mit Magnetfeldern sind → Pulsare.
Neutrum, *s.* [l.], das sächliche Geschlecht.
Neutsch, Erik (* 21. 6. 1931), dt. Schriftst.; *Bitterfelder Geschichten, Spur der Steine.*
Neu-Ulm (D-89231–33), Gr.Krst. an d. Donau, gegenüber der St. Ulm, Bay., 47 852 E; AG; div. Ind.
Neuweltgeier, am. Ordnung geierähnl. Vögel; größte Art der → Kondor, in Nordamerika verbreitet der *Truthahngeier,* in Südamerika der farbenprächtige *Königsgeier.*
Neuwied (D-56564–67), Krst. im Rgbz. Koblenz, RP, 63 318 E; AG; Rheinhafen, Schloß; Stahl-, Masch.- u. Bimsind.
Neuzeit, der auf d. → MA folgende

NEUSEELAND	
Staatsname:	Neuseeland, New Zealand
Staatsform:	Konstitutionelle Monarchie im Commonwealth
Mitgliedschaft:	UNO, APEC, Commonwealth, OECD, Colombo-Plan, Südpazifik-Forum
Staatsoberhaupt:	Königin Elizabeth II., vertreten durch Generalgouverneurin Catherine Tizard
Regierungschef:	Jenny Shipley
Hauptstadt:	Wellington 325 700 Einwohner
Fläche:	270 534 km²
Einwohner:	3 531 000
Bevölkerungsdichte:	13 je km²
Bevölkerungswachstum pro Jahr:	⌀ 1,24% (1990–1995)
Amtssprache:	Englisch
Religion:	Protestanten (46,9%), Katholiken (15,3%)
Währung:	Neuseeland-Dollar (NZ$)
Bruttosozialprodukt (1994):	46 578 Mill. US-$ insges., 13 190 US-$ je Einw.
Nationalitätskennzeichen:	NZ
Zeitzone:	MEZ + 11 Std.
Karte:	→ Australien

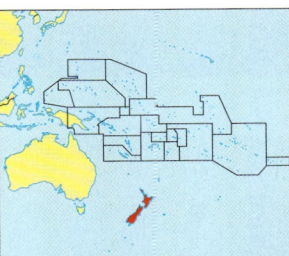

Neuseeland

Geschichtsabschnitt, seit etwa 1450 (Buchdruck) bzw. 1492 (Entdeckung Amerikas) bis z. Frz. Revolution 1789; seitdem: *Neueste Zeit.*
Neuzüchtungen, in d. letzten Jahrzehnten durch Kreuzung von *(Vitis-)Vinifera*-Rebsorten in Versuchsanstalten (z. B. in Weinsberg od. Veitshöchheim) entstandene neue Rebsorten, die dank ihrer hohen Erträge u. frühen Reife in manchen Gebieten Dtlds alteingesessene Rebsorten verdrängt haben, aber heute wieder auf d. Rückzug sind. Bes. erfolgreiche N. u. a. → *Kerner,* → *Scheurebe,* → *Optima,* → *Faber, Huxelrebe* u. → *Zweigelt.*
Nevada, Abk. *Nev.,* W-Staat der USA, 286 352 km², 1,33 Mill. E; größtenteils wüstenhaft (Versuchsgelände f. Atombomben), Landwirtsch. durch künstl. Bewässerung; Gold-, Kupfer-, Zink-, Quecksilberlager; Hptst. *Carson City* (40 443 E).
Nevermann, Paul (5. 2. 1902–22. 3. 79), SPD-Pol.; 1961–65 Bürgerm. v. Hamburg, s. 1967 Vors. d. Dt. Mieterbundes.
Nevers [nə'vɛːr], Hptst. des frz. Dép. *Nièvre,* an der Nièvre u. Loire, 45 000 E; s. 506 Bischofssitz; Porzellanind. (Fayence), Weinhandel.
Neviges, Wallfahrtsort; s. 1975 Stadtteil v. → Velbert.
Nevis, Insel der Kleinen Antillen, → Saint Kitts und Nevis.
Newa, Abfluß des Ladogasees in den Finn. Meerbusen, 74 km lang; im Newadelta Petersburg.
New Age, *s.* [engl. nju: eɪdʒ], Schlagwort f. neues Zeitalter, d. esoterisches Gedankengut i. d. Wirklichkeitsverständnis einbezieht.
Newark ['njuːək], Ind.st. westl. New York, im US-Staat New Jersey, 275 221 E; Juwelierwarenfabriken, Lederindustrie, Hafen.
New Bedford [njuː 'bɛdfəd], Hafenst. i. US-Staat Massachusetts, 99 000 E; Baumwoll- u. Kautschukind.
New Brutalism → *Brutalismus.*
Newcastle ['njuːkɑːsl],
1) *N.-upon-Tyne* [-ə'pɔn 'taɪn], Hptst. d. engl. Gft Northumberland, am Tyne, 259 541 E; Colleges; Hafen, Schiffbau, Eisengießereien, chem. Ind., Steinkohlenbergbau u. -export.
2) Hafenstadt an der O-Küste v. Neusüdwales, Australien, 432 600 E; anglikan. Bistum; Steinkohlenbergbau u. -ausfuhr.
Newcomb ['njuːkəm], Simon (12. 3. 1835–11. 7. 1909), am. Astronom; *Bewegung d. Mondes u. gr. Planeten.*
Newcombe ['njuːkəm], John (* 23. 5. 1944), austral. Tennisspieler; 1967 als Amateur u. 1970 u. 71 als Profi Wimbledon-Sieger, 1974 Profi-WM.
Newcomen ['njuːkʌmən], Thomas (28. 2. 1663–5. 8. 1729), engl. Ing.; erbaute e. d. ersten atmosphär. Kolbenmasch. (Vorläufer von J. Watts Dampfmaschine); nach ihm 1920 *N. Society,* engl. Ges. zur Pflege der Technikgeschichte.
Newcomer, *m.* [engl. 'njuːkʌmə], Neuling.
New Deal ['njuː 'diːl], Bez. für die von Roosevelt 1933 eingeschlagene Wirtschafts- u. Sozialpolitik, Kreditausweitung, Dollarabwertung, Staatsdarlehen,

staatl. Preisregelung für Agrarprodukte, Staatsaufsicht der Banken, Arbeitsbeschaffung (→ Tennessee Valley Authority), Sozialreformen (Regelung der Arbeitszeit u. des -lohnes, Streikrecht, allg. Sozialversicherung); → Fair Deal.
New Hampshire [nju:ˈhæmpʃə], Abk. *N. H.,* Staat im NO der USA, bewaldetes Bergland (White Mountains); Baumwollind., 24 032 km², 1,1 Mill. E; Hptst. *Concord* (36 000 E). – 1623 zuerst besiedelt.
New Haven [nju:ˈheɪvn], St. im US-Staat Connecticut, Hafen am Long-Island-Sund, 126 000 E; Yale-Uni. (1701 gegr.); Fischerei, Holz, Gummi.
New Jersey [nju:ˈdʒəːzɪ], Abk. *N. J.,* nordöstl. Staat d. USA (s. 1787), 20 169 km², 7,7 Mill. E; Acker-, Gartenbau, Viehzucht, Fischerei, Bergbau; chem., Nahrungsmittel-, Elektro-, Fahrzeug-, Metallind.; Hptst. *Trenton.*
New Look [engl. ˈnju: ˈlʊk „neues Aussehen"], Bez. f. e. neue Moderichtung.
Newman [ˈnju:mən],
1) *Barnett* (29. 1. 1905–4. 7. 70), am. Maler u. Bildhauer; Vertr. d. Farbfeldmalerei.
2) *John Henry* (21. 2. 1801–11. 8. 90), engl. (anglikan., später kath.) Theol.; Kardinal, rel.-kultureller Denker; führend in der → Oxfordbewegung.
3) *Paul* (* 26. 1. 1927), am. Filmschausp.; *Cat on a Hot Tin Roof; Butch Cassidy and the Sundance Kid; The Sting; The Verdict; The Color of Money.*
New Mexico [nju: ˈmɛksɪkoʊ], Abk. *N. M.,* Staat der USA, am oberen Rio Grande del Norte; tiefe Cañons, Ackerbau, Bergbau: Kohle, Gold, Silber; 314 925 km², 1,5 Mill. E; Hptst. *Santa Fé.* – 1846 Loslösung von Mexiko, 1848 zu den USA.
New-Orleans [nju: ɔˈliːnz], Hpthandelshafen des US-Staates Louisiana, im sumpfigen Mississippidelta, 497 000 E; Schiffbau, Öl- u. chem. Ind., Baumwollausfuhr. – 1718 v. Franzosen gegr.
New-Orleans-Jazz [-ˈdʒæz], erster Stil des Jazz; 3 melodietragende Instrumente u. Rhythmusgruppe; Kollektivimprovisationen.
Newport [ˈnju:pɔ:t],
1) engl. Hafenst. in d. Gft Gwent, 106 000 E; Kohlenausfuhr, Eisenind., Schiffbau.
2) Hptst. der engl. Insel Wight, 23 000 Einwohner.
Newport News [-ˈnju:z], Hafenst. in Virginia (USA), 170 000 E; Werften.
Newton [nju:tn], *Sir Isaac* (4. 1. 1643 bis 31. 3. 1727), engl. Naturforscher, bahnbrechend f. d. neuere Math., Physik u. Astronomie durch Erfindung d. Differential- u. Integralrechnung, Entdeckung d. Gesetzes d. Gravitation, d. Spektrums, Erklärung d. Gezeiten, d. Planeten- u. Mondbewegung, d. Rückstoßprinzips; *Philosophiae naturalis principia mathematica* (1687).
Newton, *s.,* Abk. *N, phys.* Maßeinheit f. Kraft, ersetzt s. 1970 Kilopond; 1 kp = 9,80665 N.
New Wave [engl. ˈnju: ˈweɪv „neue Welle"], als Gegenreaktion auf d. hochtechnisierte, vorwiegend kommerziell ausgerichtete → Rock-Musik d. 70er Jahre entstandene angloam. Musikströmung, die 1976/77 gleichzeitig m. d. → Punk auftrat, aber kompliziertere u.

Isaac Newton

New York, *Manhattan*

New York, *Manhattan*

Niagarafälle

experimentellere Harmonie- und Textstrukturen verwendete *(Siouxsie & The Banshees, Wire, XTC; Talking Heads, Residents);* zunächst wurden d. meisten Schallplatten v. unabhängigen Firmen vertrieben, aber in d. 80er Jahren rasche Kommerzialisierung u. fast vollständige Integrierung der meisten New-Wave-Bands in d. bestehende Plattenindustrie. In d. BR Anfang d. 80er Jahre Entsprechung durch d. kurzlebige *Neue Deutsche Welle:* Loslösung v. angloam. Vorbildern, dt. Texte, teilweise Orientierung am Vorkriegsschlager *(Ideal, Deutsch-Amerikanische Freundschaft, Trio).*
New York [ˈnju: ˈjɔ:k],
1) Staat der USA, Abk. *N.Y.,* am Atlantik, 127 190 km², 18,1 Mill. E; Hptst. *Albany.*
2) St. an der Hudsonmündung, auf beiden Seiten des Meeresarms East River, größte Stadt Amerikas; 5 Bezirke (Boroughs): *Manhattan* (das urspr. N. Y.) auf einer Strominsel des Hudson, *Bronx* (nördl. vom Harlemfluß), *Brooklyn* u. *Queens* (ggüber Manhattan auf Long Island) u. *Richmond* (westl. v. Brooklyn auf Staten Island), insges. 850 km², 7,3 Mill. E, m. Vororten *(Metropolitan Area)* 8,5 Mill. E, als *Großraum N.Y.* (einschließl. Teilen des Staates New Jersey) 18,01 Mill. E; Bevölkerungsgruppen verschiedenster kultureller u. nat. Herkunft, vor allem aus Italien, Rußld, Dtld, Polen u. Irland; ca. 15% sind Juden, über 20% sind Schwarze (v. a in Harlem). – N. Y. ist erstes Finanz- u. Handelszentrum der Erde, Börsen in der *Wall Street;* ferner der größte Hafen (ca. 3000 Piers) u. das größte Industriezentrum der USA: u. a. Metall-, Elektro-, Bekleidungs-, Nahrungsmittel- u. chem. Industrie, Werften, Druckereien; Mittelpunkt d. Baumwollhandels, Verlagszentrum; Sitz der → Vereinten Nationen; viele Hochhäuser *(World Trade Center* 521 m); Opern-, Theater- u. Musikzentrum *Lincoln Center* m. Metropolitan-Oper u. Philharmonic Hall; zahlr. Brücken u. Tunnels verbinden Manhattan m. d. and. Bezirken; längste Hängebrücke der Erde (→ *Verrazano-Narrows-Brücke)* verbindet Brooklyn u. Richmond; auf der Libertyinsel *Freiheitsstatue;* Columbia-, Fordham- u. N.Y.-Uni., über 30 Colleges u. Fach-HS, über 50 Museen, u. a. Metropolitan Mus., Mus. of Modern Art, American Mus. of Natural History; 2 Flughäfen *(La Guardia* und *J. F. Kennedy Airport).* – 1626 von Holländern als *Neu-Amsterdam* gegr.; 1664–1783 brit.
Nexus, *m.* [l.], Verbindung, Zusammenhang.
Ney,
1) *Elisabeth* (26. 1. 1833–29. 6. 1907), dt. Bildhauerin d. Neoklassizismus, s. 1873 in d. USA; Porträts u. Statuen bed. Persönlichkeiten *(Schopenhauer, Garibaldi, Houston).*
2) *Michel,* Fürst v. d. Moskwa (10. 1. 1769–7. 12. 1815), Marschall Napoleons; erschossen.
Neydharting (A-4654), *Bad Wimsbach–Neydharting,* östr. Moorbad, 2300 E; Moorforschungs-Inst., Moortrinkkuren, Intern. Moormuseum.
NGC, Abk. f. *New General Catalogue,* Katalog von extragalakt. Nebeln u. → Emissionsnebeln; 1888 von *Dreyer* herausgegeben.
Ngorongoro-Krater, in Tansania, 22 km Durchm.; zweitgrößter Krater der Erde.
Nguyen Van Thieu (* 5. 4. 1923), südvietnames. Gen. u. Pol.; 1967–75 Staatspräs.
Ngwana → Swasiland.
Ni, chem. Zeichen f. → Nickel.
Niagara, Verbindungsfluß zw. Erie- u. Ontariosee, 56 km l.; bildet die *N.fälle,* die infolge leicht zersetzl. Schiefertone u. Sandsteine jährl. etwa 1 m zurückweichen; durch die Ziegeninsel in den 51 m hohen *Am. Fall* (umgangen v. Eriekanal) u. den 49 m hohen kanad. *Hufeisenfall* (Wellandkanal) geteilt; Kraftwerke mit einer Kapazität bis 2,19 Mill. kW versorgen einen Umkreis von 350 km in Kanada und den USA; an den N.fällen die beiden Städte **N. Falls** [-ˈfɔ:ls]:
1) im US-Staat New York, 64 400 E; Uni.; elektrotechn. Ind.; Fremdenverkehr;
2) i. d. kanad. Prov. Ontario, 72 200 E; Elektrizitätswerke, Fremdenverkehr.
Niamey [njaˈmɛ], Hptst. der Rep. Niger, 399 000 E.
Niam-Niam, hellfarbiges Mischvolk aus Negern u. Hamiten in Zentralafrika.
Nibelungen, urspr. Zwergengeschlecht der dt. Sage; Hüter des *N.horts,* an den ein Fluch gekettet ist; Siegfried wird nach Bezwingung des Zwerges Alberich Besitzer des Schatzes; Hagen versenkt ihn im Rhein f. d. Burgunderkg Gunther, auf dessen Geschlecht der Fluch N. übergeht.
Nibelungenlied, mhdt. Heldengedicht (12. Jh.), z. Sagenkreis um Siegfried, v. s. Werbung um Kriemhild bis zu s. Ermordung durch Hagen, Kriemhilds Rache u. d. Kampf der Hunnen gg. d. Burgunder; s. 18. Jh. wieder in der ma. Fassung bekannt; Drama Hebbels; Musikdrama Wagners.
Nicäa, *Nikäa, Nizäa,*
1) antike St. in Bithynien, 325 n. Chr. *Konzil v. N.;* Ruinen bei der heutigen türk. St. Isnik (4000 E).
2) alter Name f. → Nizza.
Nicänisches Symbol, auf d. 1. allg. Konzil zu Nicäa 325 angenommene Glaubensformel d. christl. Kirche.
Nicäno-Konstantinopolitanum, d. zweite ökumen. Symbol; auf dem Konzil von Konstantinopel 381 verfaßt (das „fi-

lioque" wichtigster Streitpunkt zw. Ost- und Westkirche).
Nicaragua, Rep. Mittelamerikas, gebirgig u. waldreich; fruchtbarer Boden; Bev.: ca. 70% Mestizen, 14% Weiße, Schwarze u. Indianer 13 %. **a)** *Wirtsch.:* Hptzweige: Ackerbau mit Kaffee und Baumwolle, Viehzucht; durch jahrelange Ausbeutung unter Somoza u. Bürgerkrieg zerrüttet; v. d. Bodenschätzen nur Gold, Silber u. Kupfer abgebaut. **b)** *Außenhandel* (1991): Einfuhr 759 Mill., Ausfuhr 363 Mill. $. **c)** *Verf.* v. 1995: Präsidialrep., Nat.vers. **d)** *Verw.:* 16 Departementen in 3 Zonen. **e)** *Gesch.:* Von Spaniern s. 1523 kolonisiert; 1838 unabhängig; 1909–39 Kontrolle d. USA; Befreiungsbewegung unter Augusto César Sandino (→ FSLN); 1936 Machtübernahme durch Somoza-Clan; 1977 bis 79 Bürgerkrieg; 1979 Machtübernahme d. Sandinist. Befreiungsbewegung; 1983 Invasion rechtsgerichteter Rebellen v. Honduras aus; 1984 demokr. Wahlen; anhaltende Kämpfe m. antisandinist. Contras (1989 aufgelöst); seit 1990 stellt das Oppositionsbündnis UNO die Regierung.
Nicaraguasee, See in Nicaragua, 31 müM, 8029 km², 72 km breit, bis 70 m tief.
NiCd-Akkus, *Nickel-Cadmium-Batterien,* wiederaufladbar, b. regelmäßiger Wiederaufladung nahezu unbegrenzt verwendbar; umweltfreundlich, da kein Sondermüll entsteht.
Nichiren, *Nitschiren,* (1222–1282), jap. Buddhist, Stifter e. n. ihm benannten buddhist. Religion, d. sich allein auf d. Lotos-Sutra bezieht u. Werkheiligk. ablehnt.
Nicholson [ˈnɪkəlsn],
1) Sir William (5. 2. 1872–16. 5. 1949), engl. Maler u. Graphiker; Landschaften, Porträts; Holzschnitt *Königin Victoria;* s. Sohn.
2) Ben (10. 4. 1894–6. 2. 1982), abstrakter Maler; verheiratet m. B. → Hepworth.
3) Jack (* 22. 4. 1937), am. Filmschausp.; *Easy Rider; Chinatown; One Flew Over the Cuckoo's Nest; Terms of Endearment; The Witches of Eastwick.*
nichteheliche Kinder, gemäß d. reformierten Kindschaftsrecht sind nichtehel. Kinder und ehel. Kinder rechtlich gleichgestellt. Es gelten u. a. folgende Bestimmungen: Nichtverh. Eltern erhalten auf Antrag ein gemeinsames Sorgerecht. Falls die Mutter hierzu nicht bereit sein sollte, behält sie das alleinige Sorgerecht. Beide Elternteile erhalten das Recht auf Umgang mit dem nichtehel. Kind. Eine Einschränkung dieses Rechts erfolgt nur, wenn das Wohl des Kindes es erfordert. Ein innerhalb von 302 Tagen nach der Scheidung der Eltern geborenes Kind gilt nicht mehr zwingend als ehel. Ist der geschiedene Ehemann der Vater des Kindes, kann er die Vaterschaft anerkennen. Auch im Sinne des Abstammungs-, Namens- und Erbschaftsrechts sind nichtehel. Kinder den ehel. weitgehend gleichgestellt. Die Amtspflegschaft wird durch das neue Kindschaftsrecht aufgehoben; die Behörde unterstützt im Bedarfsfall die Mutter des nichtehel. Kindes bei der juristischen Feststellung des Vaters sowie bei der Eintreibung der Unterhaltszahlungen.

nichteuklidische Geometrie
→ Raum.
Nicht-Ich, Grundbegriff Fichtes; indem d. Ich als sittl. schöpfer. Aktivität sich selber setzt, setzt es dadurch das N.-I. als d. gegenständl., teilbare Welt.
Nichtigkeit, tritt rechtl. bei Verträgen, Verw.akten u. a. Willenserklärungen als Folge v. persönl. Mängeln (z. B. Geisteskrankheiten, Minderjährigkeit) oder Formmängeln (auch durch → Anfechtung) ein; ferner wegen Verstoßes gg. gesetzl. Verbote od. die guten Sitten.
Nichtigkeitsklage,
1) auf Wiederaufnahme eines rechtskräftig abgeschlossenen Zivilprozesses (bei best. formellen Mängeln, wie fehlerhafte Gerichtsbesetzung, möglich).
2) auf Nichtigkeitserklärung einer Ehe.
3) auf Löschung eines Patents.
4) auf Feststellung d. Nichtigkeit eines Hauptversammlungsbeschlusses einer AG u. a.
Nichtleiter, Stoffe, die Elektrizität praktisch nicht leiten (isolieren); Gütemaßstab: Durchschlagsspannung; **a)** feste Stoffe wie Glimmer, Glas, Porzellan und Sinterzeuge usw.; **b)** Faserstoffe wie Papier in allen Formen, Preßspan usw.; **c)** flüssige Stoffe wie Öl usw.
Nichts, *phil.* d. Fehlen bzw. Nichtdasein jeden Seins. Dialektik von Sein u. Nichtsein ist v. Parmenides u. Platon bedacht u. v. a. v. Hegel behandelt. In d. neuzeitl. Phil. (Heidegger u. Sartre) ist d. N. Ausgangspunkt anthropolog. Spekulationen.

NICARAGUA	
Staatsname:	Republik Nicaragua (Nikaragua), República de Nicaragua, Nikaragua
Staatsform:	Präsidiale Republik
Mitgliedschaft:	UNO, OAS, SELA, SICA
Staatsoberhaupt und Regierungschef:	Arnoldo Aleman
Hauptstadt:	Managua 682 000 Einwohner
Fläche:	130 000 km²
Einwohner:	4 275 000
Bevölkerungsdichte:	33 je km²
Bevölkerungswachstum pro Jahr:	⌀ 3,74% (1990–1995)
Amtssprache:	Spanisch
Religion:	Katholiken (88,3%), Protestanten
Währung:	Córdoba (C$)
Bruttosozialprodukt (1994):	1395 Mill. US-$ insges, 330 US-$ je Einw.
Nationalitätskennzeichen:	NIC
Zeitzone:	MEZ – 7 Std.
Karte:	→ Nordamerika

Nickel
Bergwerksproduktion 1993 in 1000 t Nickelinhalt von Erzen und Konzentraten

Land	t
Russ. Föderation	196
Kanada	188
Neukaledonien	98
Indonesien	66
Australien	65
VR China*	32
Kuba	29
Südafrika	29
Domink. Republik	24

*Schätzung
Welt-Bergwerksproduktion 1993: 826000 t

Nickel, s., Ni, chem. El., Oz. 28, At.-Gew. 58,71, Dichte 8,91; Schwermetall, gediegen nur in Meteoreisen, sonst als *N.glanz, -kies* und *-blüte* meist m. Kupfer u. Cobalt, aus denen es gewonnen wird; eisenhart, sehr dehnbar u. politurfähig; Hauptverwendung zum Vernickeln u. Plattieren von Eisen u. Stahl u. in Legierungen: *N.stahl* (sehr harter „Panzerstahl"), *Neusilber, N.bronze, Nickelin* (für el. Widerstände); wichtigste Vorkommen: Kanada, Rußland (Pet-

Nicaragua

Nidwalden

schenga-Gebiet, Ural, Mittelsibirien), Neukaledonien, Cuba.
Nickelblüte, grünliches Mineral, Nickelarsenid; zu Nickel verarbeitet.
Nickeleisenkies, *Pentlandit* (Ni,Fe)₉S₈, wichtigstes Nickelerz.
Nickfänger, *Nicker,* Messer zum Abstechen (*Abnicken*), Öffnen und Zerteilen des Wildes.
Nickhaut, lidartige Augenhaut bei Vögeln.
Nicolai,
1) Friedrich (18. 3. 1733–8. 1. 1811), dt. Buchhändler u. Schriftst. d. Aufklärung; Romane, Reiseberichte; Zeitschriften; *Briefe, die neueste Literatur betreffend; Allg. dt. Bibliothek.*
2) Otto (9. 6. 1810–11. 5. 49), dt. Komp.; wirkte in Wien und Berlin; Oper: *Die lustigen Weiber von Windsor.*
Nicolle [-ˈkɔl], Charles (21. 9. 1866 bis 28. 2. 1936), frz. Bakteriologe; wies Fleckfieberübertragung durch Läuse nach; Nobelpr. 1928.
Nicolsches Prisma, aus zwei doppelbrechenden Kalkspatprismen m. Kanadabalsam zus.gekittetes P., für Polarisationsapparate; ben. n. dem engl. Physiker William *Nicol* (1768–1851).
Nicosia → Nikosia.
Nicotin, *s., Nikotin* (C₁₀H₁₄N₂), Alkaloid d. Tabaks; wird b. Rauchen (z. T. von d. Schleimhäuten) aufgenommen; Nerven- u. Gefäßgift.
Nicotinsäureamid, ein Vitamin d. B₂-Komplexes (→ Vitamine, Übers.).
Nicotinvergiftung, bei übermäß. Tabakgenuß, Verschlucken von Zigaretten (Kinder); Symptome: Speichelabsonderung, Schweißausbrüche, Schwindelgefühl, Übelkeit, Erbrechen u. Durchfälle; in den schlimmsten Fällen Krämpfe, Koma (→ Erste Hilfe, Übers.); 50 bis 60 mg N. auf einmal resorbiert wirken tödlich.
Nidation, Einnistung des sich entwickelnden Eies in die Gebärmutterschleimhaut.
Nidda (D-63667), St. i. Wetteraukr., im SW d. Vogelsberges, Hess., 17 788 E; AG; Fremdenverk.; *N.-Talsperre* s. 1970.
Nidwalden, Halbkanton von → Unterwalden.
Niebelschütz, Wolf v. (24. 1. 1913 bis 22. 7. 60), dt. Dichter; Roman: *Der blaue Kammerherr; Die Kinder der Finsternis.*
Niebergall, Ernst Elias (13. 1. 1815 bis 19. 4. 43), hess. Mundartdichter; Darmstädter Lokalposse: *Datterich.*
Niebuhr,
1) Barthold Georg (27. 8. 1776 bis 2. 1. 1831), dt. Gesch.forscher; preuß. Gesandter in Rom; *Röm. Geschichte.*
2) Carsten (17. 3. 1733–26. 4. 1815), dt. Arabienforscher.
Niebüll (D-25899), St. i. Kr. Nordfriesld, in Schl-Ho., 7015 E; AG.
Niederaichbach (D-84100), Gem. i. Kr. Landshut; Bay., 2749 E; stillgelegtes Kernkraftwerk, i. Abbau.
Niederbayern, ostbayr. Rgbz. zw. unterer Isar u. Böhmerwald, 10 331 km², 1,09 Mill. E; Hptst. Landshut.
Niederdeutsch → deutsche Mundarten.
Niederdruck, Gas- oder Dampfdruck bis 0,5 bar Überdruck (z. B. *N.dampfheizung*).
niedere Gerichtsbarkeit, vom MA bis 19. Jh. d. m. geringfügigeren Verge-

NIEDERLANDE

Staatsname: Königreich der Niederlande, Koninkrijk der Nederlanden
Staatsform: Konstitutionelle Erbmonarchie
Mitgliedschaft: UNO, EU, Europarat, EWR, OSZE, NATO, OECD, WEU, Benelux-Land
Staatsoberhaupt: Königin Beatrix
Regierungschef: Wim Kok
Hauptstadt: Amsterdam 713 000 (Agglom. 1,08 Mill.) Einwohner
Regierungssitz: Den Haag (s'-Gravenhage) 445 000 Einwohner
Fläche: 40 844 km²
Einwohner: 15 341 000
Bevölkerungsdichte: 376 je km²
Bevölkerungswachstum pro Jahr: Ø 0,72% (1990–1995)
Amtssprache: Niederländisch, Friesisch
Religion: Katholiken (36%), Protestanten (26,9%)
Währung: Holländischer Gulden (hfl)
Bruttosozialprodukt (1994): 338 144 Mill. US-$ insges., 21 970 US-$ je Einw.
Nationalitätskennzeichen: NL
Zeitzone: MEZ
Karte: → Mitteleuropa

NIEDERLÄNDISCHE ANTILLEN

Name des Territoriums: Niederländische Antillen, De Nederlandse Antillen
Regierungsform: Konstitutionelle parlamentarische Monarchie, auton. Teil der Niederlande
Staatsoberhaupt: Königin Beatrix, vertreten durch den Gouverneur Jaime M. Saleh
Regierungschef: Miguel Arcangel Pourier
Hauptstadt: Willemstad (auf Curaçao) 43 600 Einwohner
Fläche: 800 km²
Einwohner: 202 000
Bevölkerungsdichte: 252 je km²
Bevölkerungswachstum pro Jahr: Ø 0,89% (1990–1995)
Amtssprache: Niederländisch
Religion: Katholiken (85%), Protestanten (5%)
Währung: Niederld.-Antillen-Gulden (NAf)
Bruttosozialprodukt (1988): 1407 Mill. US-$ insges., 7395 US-$ je Einw.
Nationalitätskennzeichen: NA
Zeitzone: MEZ − 5 Std.
Karte: → Antillen

hen u. Rechtsstreitigkeiten befaßte Gerichtsbarkeit.

Niederfinow [-no], (D-16248), Gem. i. Kr. Eberswalde, Bbg., 640 E; großes Schiffshebewerk, Oder-Havel-Kanal (Groß-Schiffahrtsweg).

Niederfrequenz, in der Fernmelde- u. Elektrotechnik allg. Frequenzen unter 20 kHz.

Nieder-Kalifornien, *Baja California,* 900 km lange, 100–250 km breite gebirgige Halbinsel (bis 3090 m) im W Mexikos; trennt Kaliforn. Golf vom Pazifik; sehr trocken.

Niederkassel (D-53859), St. im Rhein-Sieg-Kr., NRW, rechtsrhein. zw. Bonn u. Köln, 30 300 E; div. Ind.

Niederlahnstein → Lahnstein.

Niederlande, Kgr. zw. Ems- u. Scheldemündung. **a)** *Geogr.:* Tiefland (davon fast ⅔ u. M. gelegenes grünes Marschland; führend in Landgewinnung u. Moorkultivierung), nördl. u. südl. des 1920 z. T. trockengelegten Zuidersee (jetzt → Ijsselmeer), mit zahlr. Deichen gg. Meeresüberflutungen; N u. W alluvialer Boden (Flachmoor, Meerton), O u. S diluvialer Sand- u. Kiesboden. **b)** *Landw.:* Viehzucht (Molkereiprodukte); Gemüsebau, Blumenzucht (Haarlem). **c)** *Ind.:* chem., elektrotechn., elektron., Nahrungs- u. Genußmittel-, Textil-, Metallind., Schiffbau; Erdgas- u. Erdölförderung; bed. Seehandel. **d)** *Verkehr:* Eisenbahnen 2780 km; Binnenwasserstraßen 5032 km (davon 2400 km f. Schiffe m. über 1000 t Tragfähigkeit); Hpthäfen: *Rotterdam* u. *Amsterdam;* Handelsflotte 4,2 Mill. BRT (1992). **e)** *Außenhandel* (1991): Einfuhr 125,84 Mrd., Ausfuhr 133,53 Mrd. $. **f)** *Verf.* v. 1983: Konstitutionelle parlamentarische Erbmonarchie (Haus Nassau-Oranien); Zweikammerparlament (bilden die *Generalstaaten*), Staatsrat. **g)** *Verw.:* 12 Prov., je m. Parl. **h)** *Überseegebiete:* → Niederländische Antillen, → Aruba. **i)** *Gesch.:* Urspr. Bewohner german. Bataver, z. Z. d. Völkerwanderung Friesen u. Franken; 870 zum Ostfränk. Reich, dann dt. Reichsland 1477 habsburg., 1555 durch Philipp II. an Spanien, 1566 bis 1648 Freiheitskriege (→ Wilhelm v. Oranien); Zus.schluß der 7 nördl. Prov. zur Utrechter Union (1579), dann zur Rep. der *Vereinigten N.* (1581), im Westfäl. Frieden 1648 anerkannt; 1602 Gründung d. Ostind. Kompanie, Aufschwung zur 1. See- u. Kolonialmacht, Kulturblüte (bes. Malerei); im 17. Jh. Kriege gg. England, im 18. Jh. Handels- u. Seekriege gg. Frkr. u. Spanien; 1795–1806 zu Frkr. (*Batavische Rep.),* 1806 Kgr. (Ludwig Bonaparte); 1815 Vereinigung m. Belgien unter Wilhelm I. v. Oranien; 1830 Loslösung Belgiens; 1940 trotz Neutralitätspol. vom Dt. Reich besetzt; schwere Kriegsschäden durch Zerstörung d. Deiche im Krieg, 1949–56 → Niederländ. Union; 1947 Zollunion u. 1958 Wirtschaftsunion m. Belgien u. Luxemburg (→ Benelux-Union); 1957 Beitritt zur EWG; s. 1980 Königin Beatrix nach Abdankung d. Königin Juliane.

Niederländische Antillen, die Inseln der Kl. Antillen: Curaçao, Bonaire, St. Martin (S-Teil), St. Eustatius, Saba. Außenhandel (1991): Einfuhr 1,8 Mrd., Ausfuhr 1,6 Mrd. $; Tourismus; s. 1954 innere Autonomie; s. 1986 Sonderstatus f. → Aruba.

niederländische Literatur, *12. Jh.:* Heinrich v. Veldeke (Minnesang u. höf. Epik). *13. Jh.:* „Van den Vos Reinaerde" (Reineke Fuchs), Jakob Maerlant. *14. Jh.:* Johann v. Ruysbroek, Dirk Potter. *15. Jh.:* Schauspiele d. Rederijkers. Volksstücke: *Lanzelott u. Sanderein, Mariechen von Namwegen. 16. Jh.:* Erasmus v. Rotterdam *(Lob d. Narrheit). 17. Jh.:* Joost van den Vondell. *19. Jh.:* Multatuli (Antikolonialromane: *Max Havelaar,* Kindheitsroman: *Kleiner Walther).* Willem Kloos. Albert Verwey, Fred van Eeden (Lyriker). *20. Jh.:* L. Couperus, A. van Schendel, C. u. M. Scharten-Antink, de Vries, Danker, Gossaert, Lulofs, Jo van Ammers-Küller, Jan de Hartog.

niederländische Musik, auch *franko-flämische Musik,* vorherrschend i. Europa um 1430–1550; Hptvertr.: Dufay, Binchois, Ockeghem, Obrecht, Josquin Desprez, Isaac, Willaert, Lasso.

niederländisches Dankgebet → Musik (Übers.).

niederländische Sprache → Sprachen (Übers.).

Niederländische Union, Zus.schluß (1949) d. Niederlande u. Indonesiens zur freundschaftl. Zus.arbeit auf d. Grundlage d. Freiwilligkeit, Gleichheit und Unabhängigkeit; 1956 aufgehoben.

Niederländisch-Neuguinea → Neuguinea.

Niederländisch-Westindien, heute → Niederländische Antillen.

Niederösterreich, flächenmäßig größtes Bundesland v. Östr., 19 172 km², 1,5 Mill. E; im S Alpenland, Kohlenbergbau, Erdöl (Zistersdorf u. Matzen), an d. Donau Acker-, Obst- u. Weinbau; Hptst. *St. Pölten* (seit 1986).

Niedersachsen,
1) Bez. für d. Ur- u. Ausdehnungsgebiet d. german. Stammes d. Sachsen, mit wechselnden Abgrenzungen.
2) ab 1512 dt. Reichskreis v. der Weser bis einschl. Holstein u. Mecklenburg.
3) dt. *Land,* 1946 gebildet aus Hannover (ehem. preuß. Prov.), Oldenburg, Braunschweig u. Schaumburg-Lippe, 47 344 km², 7,52 Mill. E (153 je km²); Rel.: 74% ev., 19% kath.; Hptst. *Hannover;* Landesfarben: Schwarz-Rot-Gold mit weißem Roß im roten Feld. **a)** *Geogr.:* Reicht im S bis zum Weserbergland u. westl. z. Harz, im NO u. N bis zum Unterlauf d. Elbe und zur Nordsee, im W bis zur ndl. Grenze; zw. Aller u. Unterelbe d. Lüneburger Heide. **b)** *Wirtsch.:* Ackerbau, Viehzucht; Salz-, Kali-, Braunkohlen-, Eisenerz-, Erdölgewinnung; Eisen- u. Hüttenwerke, vielseitige Industrie. **c)** → Hochschulen. **d)** *Verw.:* 4 Rgbz.: Braunschweig, Hannover, Lüneburg, Weser-Ems. **e)** *Regierung:* Min.präs. u. Min.; Landtag.

Niederschlag,
1) *chem.* ein Stoff, der aus seiner Lösung, meist durch e. zweiten gelösten Stoff, ausgefällt wurde.
2) *meteorologisch:* durch Abkühlung erfolgende flüssige oder feste Ausscheidung des Wasserdampfes der Luft als Nebel, Tau, Regen, Schnee oder Hagel; Messung in mm (Wasserhöhe), entsprechend der gleichen Anzahl Liter pro m².
3) *galvanischer N.* → Galvanisieren.
4) *sportlich:* Zubodenbringen des Gegners b. Boxen, auch → Knockout.

Niederlande

Niederländische Antillen

Niederlande

Niederl. Antillen

Niederösterreich

Niedersachsen

Niederschlagen,
1) svw. (Gebühren) außer Ansatz bringen, (Verfahren) einstellen.
2) → Niederschlag 4).

Niederschlesien → Schlesien.

Niederwald, Bergrücken (349 m) am SW-Rand d. Taunus, bei Rüdesheim, mit **N.denkmal,** zur Erinnerung an d. Gründung d. Dt. Reiches.

Niederwald, aus Wurzel- u. Stockausschlag entstehender niedriger, bis höchstens 40 Jahre alter Wald zur Gewinnung v. Gerbrinde, Brenn- u. Kohlholz.

Niederwild, Bez. f. alles Wild, das nicht zum → Hochwild zählt (z. B. Reh, Hase, Fasan).

Niednagel, *Neidnagel,* Hauteinriß am Nagelfalz.

Niehans, Paul (21. 11. 1882–1. 9. 1971), schweizerischer Arzt; entwickelte → Zellulartherapie.

Niekisch, Ernst (23. 5. 1889–23. 5. 1967), dt. Pol., Hg. der nationalrevolutionären Zeitschrift *Widerstand;* 1937 zu lebensläng. Zuchthaus verurteilt, 1948 bis 54 Prof. in Ostberlin.

Niello [it.], schwarze Schmelzmasse, als Einlage in Metall benutzt; → Tula, Verzierung bes. v. Silberwerk durch Einschmelzen e. dunklen („schwärzlichen") Legierung in vorgezeichnete Eintiefungen; Verfahren: *niellieren.*

Nielsbohrium, künstl. chem. Element (Transactinoid) m. d. Ordnungszahl 105.

Nielsen, Asta (11. 9. 1885–25. 5. 1972), dän. Stummfilm- u. Bühnenschausp.in; *Die freudlose Gasse.*

Nielsengebiete, benannt n. d. am. *A. C. Nielsen company;* marktorientierte Zusf. v. Territorien nach sozio-kulturellen Merkmalen.

Niemeyer, Oscar Soares Filho (* 15. 12. 1907), brasilian. Architekt; Entwürfe f. d. wichtigsten öff. Bauten in → Brasília; Mondadori-Gebäude in Mailand.

Niemöller, Martin (14. 1. 1892–6. 3. 1984), dt. ev. Theol.; gründete 1933 d. → Bekennende Kirche, 1938–45 im KZ; nach 1945 führend bei d. Neuordnung d. → evangelischen Kirche in Dtld; 1947 bis 64 Kirchenpräs. v. Hessen u. Nassau; s. 1961 einer der 6 Präs. d. Weltkirchenrats.

Nienburg (Weser) (D-31582), Krst. im Rgbz. Hannover, Nds., 31 081 E; AG; Erdöl; Glas-, Metall-, Holz-, chem. Ind.

Niepce [njɛps], Joseph (7. 3. 1765–5. 7. 1833), frz. Techniker; erfand mit Daguerre die → Daguerreotypie.

Nieren, beiderseits in Höhe der 12. Rippe gelegen, sondern d. Harn aus dem Blut ab; wichtigste Ausscheidungsorgane f. Gifte und Stoffwechselschlacken. *Künstliche N.* → extrakorporale Dialyse.

Nierenbecken, trichterförm. Sammelbecken d. Niere, mündet i. d. schlauchförmigen Harnleiter. *N.entzündung, Pyelonephritis,* fieberh. Eiterung i. N. meist durch Kolibazillen u. Harnstauung.

Nierenentzündung, *Nephritis,* durch Infektion hervorgerufene entzündl. Erkrankung der Nieren mit Eiweiß- u. Blutausscheidung im Harn, Ödemen, Blutdrucksteigerung.

Nierenkolik, schmerzhafter Krampf i. d. Nierengegend bei Nierensteinkrankheit.

Nierenschrumpfung, *Schrumpfniere,* infolge Durchblutungsstörungen (z. B. Verkalkung) oder Nierenentzündung; mit hohem Blutdruck und Störung der Nierentätigkeit.

Nierensenkung, *Wanderniere, Nephroptose,* meist rechtsseitig bestehende Lockerung der Niere.

Nierensteine, aus Harnsäurekristallen oder Kalziumoxalat, durch Veranlagung, Infektion, Stoffwechselkrankheit u. a. Faktoren, i. d. Niere bzw. im Nierenbecken, auch in d. Harnblase (*Blasensteine*) entstehend.

Nierentransplantation, Übertragung einer Spenderniere (v. totem od. lebendem Spender).

Aufbau der Niere:
Auf die äußere Bindegewebskapsel folgen Rindensubstanz, Marksubstanz und Nierenkelche; diese vereinigen sich zum Nierenbecken, das in den Harnleiter mündet.

Nierstein (D-55283), Gem. i. Kr. Mainz-Bingen, RP, am Rhein, 6401 E; Weinbau.

Niesky (D-02906), Krst. i. Sa., 12 028 E; Fahrzeugbau, Masch.ind.; 1742 Gründung d. *Herrnhuter* → *Brüdergemeine.*

Nießbrauch, dingliches Recht auf Nutzung einer Sache od. eines Rechts, weder übertragbar noch vererblich (§§ 1030 ff. BGB).

Nieswurz, Hahnenfußgewächse mit ledrigen Blättern u. großen Blüten, meist im Gebirge (z. B. *Schwarze N.* → Christrose).

Niet, Maschinenelement; ein mit Kopf (*Setzkopf*) versehener Metall-, Eisenbolzen, dient z. Verbindung v. Blechen, Profileisen usw. (**nieten**); der erhitzte Niet wird durch gestanzte od. gebohrte Löcher der übereinandergreifenden Bleche gesteckt u. das freie Schaftende z. *Schließkopf* durch **N.maschine** od. Hämmern v. Hand zusammengedrückt.

Niete [ndl. „nichts"], Lotterielos ohne Gewinn.

Martin Niemöller

Nietzsche, Friedrich Wilhelm (15. 10. 1844–25. 8. 1900), dt. Philologe u. Phil., beeinflußt v. Schopenhauer u. R. Wagner, bekämpfte d. bürgerl. Vorurteile seiner Zeit, stellte gg. d. Christentum m. s. „Sklavenmoral" den freien Menschen; forderte z. Überwindung d. → Nihilismus die vorurteilslose Bejahung d. Willens zur Macht; Lehre v. → Übermenschen, → Herrenmoral u. der ewigen Wiederkehr; oft mißinterpretiert; Lyriker; s. 1889 geisteskrank; *Die Geburt der Tragödie aus dem Geiste d. Musik; Menschliches, Allzumenschliches; Also sprach Zarathustra; Jenseits von Gut u. Böse; Zur Genealogie der Moral;* Nachlaßwerk: *Der Wille zur Macht;* Gedichte.

Nietzsche-Archiv (→ Förster-Nietzsche), s. 1950 im Goethe-Schiller-Archiv, Weimar.

Nièvre [njɛːvr], mittelfrz. Dép., 6817 km², 235 000 E; Hptst. *Nevers.*

Niflheim, kaltes Nebelreich der nord. Sage.

Niger,
1) afrikan. Strom, v. Guinea, 4184 km l., i. riesigem Delta in d. Golf v. Guinea; l. Nbfl.: *Benuë.*

Friedrich W. Nietzsche

Landtagswahlen Niedersachsen (Stimmen in %)

Jahr	CDU	SPD	FDP	Grüne
1947	19,9	43,4	8,8	
1951	23,8	33,7	8,4	
1955	26,6	35,2	7,9	
1959	30,8	39,5	5,2	
1963	37,7	39,9	10,8	
1967	41,7	43,1	6,9	
1970	45,7	46,3	4,4	
1974	48,9	43,0	7,1	
1978	48,7	42,2	4,2	
1982	50,7	36,5	5,9	6,5
1986	44,3	42,1	6,0	7,1
1990	42,0	44,2	6,0	5,5
1994	36,4	44,3		7,4

2) Rep. in Westafrika, v. der Rep. Nigeria im S bis in d. Sahara im N, Steppenlandschaft; Bev.: Haussa (54 %), Fulbe (10 %) und Tuareg (9 %) u. a. **a)** *Wirtsch.:* Landw. (Viehzucht, Ackerbau); Hptausfuhrprodukte: Uranerze, Zinn, Erdnüsse, Vieh, Leder u. Häute. **b)** *Außenhandel* (1991): Einfuhr 407 Mill., Ausfuhr 241 Mill. $. **c)** *Verf.* v. 1996; Präsidialrepublik; Nationalvers. (Parlament), z. Zt. aufgelöst; oberstes Staatsorgan Nat. Heilsrat aus Offizieren. **d)** *Verw.:* 8 Départements. **e)** *Gesch.:* Ab 1904 Teil v. *Frz.-Westafri-*

Nillandschaft, *Ägypten*

ka; 1958 autonome u. 1960 unabhängige Rep.; 1974 Mil.reg.; 1993 freie Wahlen; 1995 Friedensabk. zw. Reg. u. Tuaregs; Jan. 1996 Mil.putsch u. Selbsternennung d. Anführers z. Präs., jedoch Bild. eines zivilen Kabinetts.

Nigeria, Rep. am Golf v. Guinea; Bev.: Sudanneger, Fulbe, Ibos (volkreichstes Land Afrikas). **a)** *Geogr.:* Im S trop. Regenwald, i. Inneren Monsunwald, i. N Savannen, Dornbuschsteppen. **b)** *Wirtsch.:* Wichtigster Zweig i. d. Landw., Hptprodukte Kakao (1991: 100 000 t), Palmerzeugnisse u. Erdnüsse; an Bodenschätzen i. d. Erdöl (1992: 97 Mill. t) v. Bedeutung (größter Erdölproduzent Afrikas), daneben Zinn, Kohle, Eisenerz. **c)** *Außenhandel* (1991): Einfuhr 7,6 Mrd., Ausfuhr 12,2 Mrd. $. **d)** *Verf.* v. 1989 (noch nicht in Kraft), Zweikammerparlament (s. 1993 aufgelöst). **e)** *Verw.:* 30 B.staaten u. Terr. d. Hptst. **f)** *Gesch.:* Ehem. brit. Kolonie, s. 1960 unabh.; 1961 Anschluß v. N-Kamerun, 1963 Rep.; Spannungen zw. d. in Rel. u. Tradition versch. Bevölkerungsgruppen i. N u. i. S führten s. 1964 mehrfach zu blutigen Unruhen, 1966 z. Sturz d. Reg.; Abspaltung d. Ostprov. (Staat Biafra) führt im Mai

NIGER
Staatsname: Republik Niger, République du Niger
Staatsform: Präsidiale Republik
Mitgliedschaft: UNO, AKP, ECOWAS, OAU
Staatsoberhaupt: Ibrahim Barré Maïnassara
Regierungschef: Amadou Boubacar Cissé
Hauptstadt: Niamey 398 300 (Agglom. 550 000) Einwohner
Fläche: 1 267 000 km²
Einwohner: 8 846 000
Bevölkerungsdichte: 7 je km²
Bevölkerungswachstum pro Jahr: Ø 3,37% (1990–1995)
Amtssprache: Französisch
Religion: Muslime (80,5%), Naturreligionen
Währung: CFA-Franc
Bruttosozialprodukt (1994): 2040 Mill. US-$ insges., 230 US-$ je Einw.
Nationalitätskennzeichen: RN
Zeitzone: MEZ
Karte: → Afrika

NIGERIA
Staatsname: Bundesrepublik Nigeria, Federal Republic of Nigeria
Staatsform: Präsidiale Bundesrepublik
Mitgliedschaft: UNO, AKP, Commonwealth, ECOWAS, OAU, OPEC
Staatsoberhaupt und Regierungschef: Sani Abacha
Hauptstadt: Abuja 379 000 Einwohner
Fläche: 923 768 km²
Einwohner: 108 467 000
Bevölkerungsdichte: 125 je km²
Bevölkerungswachstum pro Jahr: Ø 3,00% (1990–1995)
Amtssprache: Englisch
Religion: Muslime (50%), Protestanten (29%), Katholiken (13%)
Währung: Naira (N)
Bruttosozialprodukt (1994): 29 995 Mill. US-$ insges., 280 US-$ je Einw.
Nationalitätskennzeichen: WAN
Zeitzone: MEZ
Karte: → Afrika

Nike-Tempel, *Athen*

1967 z. Bürgerkrieg; i. Jan. 1970 Beend. d. Krieges mit d. Kapitul. Biafras; 1975 Putsch; 1979 Wiederherst. d. Demokratie; s. 1983 Mil.reg.; 1993 Annullierung d. Präsidentschaftswahlen; Sturz d. Übergangsreg.; erneut Militärreg.

Nightingale [ˈnaɪtɪŋgeɪl], Florence (15. 5. 1820–13. 8. 1910), engl. Krankenpflegerin, organisierte brit. Kriegskrankenpflege.

Nihilismus [l. „nihil = nichts"], Leugnung jeder Offenbarung u. Erkenntnismöglichkeit; moralisch: Entwertung aller Werte (Nietzsche); Lebens- u. Weltverzweiflung; pol.: Negierung jegl. Gesellschaftsordnung (→ *Anarchismus*); Bez. populär durch Turgenjews *Väter und Söhne.* – Im zarist. Rußland politisch terroristische Richtung: **Nihilisten.**

nihil obstat [l. „nichts steht entgegen"], die Genehmigungsformel im kath. Kirchenrecht.

Nihongi, *m.* [jap. „Annalen v. Nihon (= Japan)"], erste jap. Reichsgeschichte (720 n. Chr.), zugleich Quellenschrift d. Schintoismus.

Niigata, Hpt. d. jap. Präfektur N., an der W-Küste Honshus, 476 000 E.; Erdölraffinerien, Textil- u. Eisenind.; größter Überseehafen Japans.

Nijasow, Saparmurad (* 12. 2. 1940), s. 1990 Staats- u. s. 1992 Min.präs. v. Turkmenistan.

Nijinskij [-ʒinski], Waslaw (28. 2. 1890–11. 4. 1950), russ. Ballettänzer u. Choreograph.

Nike, griech. Siegesgöttin, lat. *Victoria;* berühmte Darstellungen von Paionios (5. Jh. v. Chr., Olympia) u. v. Samothrake (2. Jh. v. Chr., heute i. Paris).

Nikias, athen. Feldherr im → Peloponnes. Krieg, schloß 421 v. Chr. Frieden mit Sparta.

Nikisch, Arthur (12. 10. 1855–23. 1. 1922), dt. Dirigent (Leipziger Gewandhaus- u. Berliner Philharmon. Orchester).

Nikobaren → Andamanen und Nikobaren.

Nikodemus, Pharisäer u. Mitgl. des jüdischen Hohen Rates, Anhänger Jesu (Joh. 3).

Nikolaiten,
1) syr.-gnost. Bewegung d. 2. Jh. m. angebl. sexuellem Libertinismus.
2) Bez. nicht i. Zölibat lebenden Kleriker d. MA.

Nikolajew, ukrain. *Mykolajiw,* Gebietshptst. in der Ukraine, Hafenst. an der Mündung des Bug ins Schwarze Meer; Maschinenind., Werft; 508 000 E.

Nikolaus,
a) *Päpste* (insges. 5):
1) N. I. 858–867; Trennung der morgenländ. von der abendländ. Kirche 867 (→ Photius), bediente sich zuerst der → pseudoisidorischen Dekretalen.
2) N. II., 1058–61, entzog das Papsttum der kaiserl. Macht durch Übertragung der Papstwahl auf die Kardinäle (nur noch kaiserl. Bestätigungsrecht).
3) N. V. (15. 11. 1397–24. 3. 1455), Papst 1447–55, rettete durch Vergleich mit Baseler Konzil Einheit der Kirche; begr. Vatikanische Bibliothek.
b) *russ. Zaren:*
4) N. I. Pawlowitsch (6. 7. 1796–2. 3. 1855), Zar s. 1825, unterdrückte 1825 Dekabristenaufstand, warf Polenaufstand 1830/31 nieder, veranlaßte den Krimkrieg.
5) N. II. Alexandrowitsch (18. 5. 1868 bis 16. 7. 1918), Zar s. 1894, regte 1899 die Haager Friedenskonferenz an; mußte 1905 (Revolution) Rußland e. Verfassung geben; Abdankung 1917; 1918 mit seiner Familie in Jekaterinburg (heute Swerdlowsk) erschossen.

Nikolaus (um 350), Schutzhlg. der Schiffahrt.

Nikolaus [gr. „Sieger im Volk"], m. Vn.

Nikolaustag, Geschenkfest für Kinder (6. 12.).

Nikolaus von der Flüe, *Bruder Klaus* (1417 bis 21. 3. 87), schweiz. Nationalheiliger; Bauer, Richter und Ratsherr, später Einsiedler.

Nikolaus von Kues, [-kuːs], *Cusanus* (1401 bis 11. 8. 64), Phil., Theol., s. 1448 Kardinal; lehrte den Zusammenfall aller Gegensätze im Unendlichen (Gott).

Nikolaus von Verdun [-ˈdœ̃], lothring. Emailmaler u. Goldschmied, tätig 1181–1205; schuf *Klosterneuburger Al-*

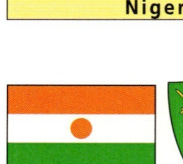

Niger

Nigeria

tar, wesentlich beteiligt am Dreikönigsschrein des Kölner Doms.
Nikolsburg, tschech. *Mikulov*, St. im südmährischen Bez. d. Tschech. Rep., 7000 E. – Preuß.-östr. Vorfriede 1866.
Nikomedia, heute *Izmid*, i. Altertum Hptst. Bithyniens; Residenz d. röm. Kaisers Diokletian.
Nikopol, ukrain. *Nykopil*, ukrain. St. am Dnjepr, 158 000 E; Manganerzlager.
Nikosia, *Nicosia*, griech. *Levkosia*, *Leukosia*, türk. *Lefkoşa*; seit 1974 zw. Griechen und Türken geteilte Hauptstadt Zyperns, griech. Teil 167 000 E; türk. Teil 37 000 E; griech.-orthod. Erzbistum.
Nil, längster Strom der Erde, 6671 km l., entspringt als *Kagera* westlich des Victoriasees, entfließt diesem als *Victoria-Nil*, verläßt den Albertsee in *Bahr el Djebel*; Nebenflüsse: v. links *Gazellenfluß (Bahr el Ghasal)*, von rechts *Sobat*; dann *Weißer Nil (Bahr el Abiad)*; von rechts (bei Khartum) der *Blaue Nil (Bahr el Asrak)*; nach Durchbruch durch die Wüstentafel (Katarakte, 250 m Höhenunterschied) durchfließt er das durch sein schlammreiches Wasser fruchtbare Ägypten u. mündet mit 270 km breitem Delta u. den Hptarmen *Rosette* u. *Damiette* in das Mittelmeer. Regelung d. Wasserführung u. Energiegewinnung durch gr. Stauwerke (z. B. bei → Assuan).
Nilgau, ind. rinderähnl. Antilope; hoher Widerrist, Weibchen bräunlich, Bulle blaugrau mit kurzen Hörnern.
Nilpferd, svw. → Flußpferd.
Nils [skandinavische Kurzform zu → Dionysius], m. Vn.
Nilsson, Birgit (* 17. 5. 1918), schwed. Sopranistin (Wagnersängerin).
Nimbus, *m.* [l. „Wolke"],
1) → Wolken.
2) → Heiligenschein, in der antiken Kunst bei Göttern, Kaisern u. a., in d. christlichen bei Christus u. den Aposteln; übertragen: Ruhmesglanz, Ruf, Ansehen.
Nîmes [nim], Hptst. des frz. Dép. *Gard*, 138 000 E; röm. Amphitheater, antiker Tempel *(Maison carrée)*; Seidenfabrikation; Weinhandel. – Kelt.-röm. Gründung; um 400 n. Chr. Bistum; 1629 *Edikt v. N.* (Hugenotten).
Nimmersatt, Storchvogel trop. Länder.
Nimrod, „gewaltiger Jäger" im A. T.
Nimrud, heute *Kalach*, s. von Mosul, bed. Stadt, im 13. Jh. v. Chr. von Salmanassar I. gegr.; Tempelanlagen der Gottheiten Ninusta, Ištar, Nabu u. mehrere Paläste.
Nimwegen, ndl. *Nijmegen*, St. in d. ndl. Prov. Geldern, an der Waal, 147 000 E; kath. Uni., Reste e. Karolingerpfalz; Metall-, Elektro-, Kunstseiden- u. keram. Ind. – 1678/79 Friede zu Nimwegen.
Nin, Anaïs (21. 2. 1903–14. 1. 77), am. Schriftst.in; surrealist.-psych. Romane: *Haus d. Inzests*; *D. Delta d. Venus*; *D. Tagebücher d. A. N.*
Ningbo, Hafenst. der chin. Prov. Zhejiang, 1,07 Mill. E; Holz-, Baumwoll-, Schiff-, Motorenind.
Ningxia-Huizu [niɲɕaxueidzu], autonome Region in Mittelchina am Huang He, 70 000 km², 4,7 Mill. E; Hptst. *Yinchuan*; Landw., große Bewässerungsanlagen i. Bau.
Ninive, Hptst. d. Assyrerreiches seit 8. Jh. v. Chr., am Tigris, gegenüber dem heutigen Mosul, von Medern und Babyloniern 612 v. Chr. zerstört.
Niobe, sagenhafte Kgn v. Theben, Tochter d. Tantalus, prahlte m. d. Zahl ihrer 14 Kinder vor Leto; deren Kinder, Apollo u. Artemis, töten Niobes Söhne u. Töchter, u. **Niobiden**, vor d. Augen d. Mutter, die Zeus in e. Fels verwandelt. – *N.gruppe* i. Florenz.
Niobium, *Nb*, chem. El., Oz. 41, At.-Gew. 92,906, Dichte 8,58; seltenes Metall, meist in Verbindung m. Tantal *(Kolumbit)*.
Nipkow, Paul (22. 8. 1860–24. 8. 1940), dt. Ing.; erfand 1884 d. **N.scheibe** zur Abtastung eines Bildes mit Hilfe einer sich schnell drehenden Spiral-Lochscheibe; → Fernsehen.
Nippel, Gewindestück zur Verbindung von Rohrmuffen u. a.
Nippes [frz. nɪp], *Nippsachen*, kleine Zierfiguren.
Nippflut, niedrige Flut während des ersten u. letzten Mondviertels, wenn Mondflut u. Sonnenebbe zusammentreffen.
Nippon [jap. „Sonnenursprung"], Name f. Kaiserreich Japan u. Hptinsel Hondo.
Nirenberg [-bəːg], Marshall Warren (* 10. 4. 1927), am. Biochem.; Nobelpr. 1968 (Erbvorgänge).
Nirosta®, nichtrostender Stahl (hoher Chromgehalt).
Nirwana, s., „das Auslöschen", in der ind. Philosophie, bes. im Buddhismus, das höchste Ziel des Menschen, die „ewige Befreiung v. Schmerz der Existenz"; durch höchste Erkenntnis u. Tugend erreichbar, Verlust der Besonderung, der Quelle allen Leids, Aufgehen im All.
Nisan, *Nissan*, jüd. Ostermonat (März, April).
Nisch, serb. *Niš*, St. i. Serbien, a. d. Nischawa, 231 000 E; orthodoxes Bistum.
Nischawa, r. Nbfl. d. südl. Morava, 231 000 E; orthodoxes Bistum.
Nischnij-Nowgorod, 1932–90 *Gorkij*, russ. St. am Zus.fluß von Oka u. Wolga. 1,44 Mill. E; Uni., Hafen; Ind.: Autowerke, Flugzeuge, Masch., Eisen, Kupfergießereien, Mühlenind. – Altes Handelszentrum, 1524–1927 russ. Messe.
Nischnij Tagil, russ. St. im Ural, 440 000 E; Kupfererzlager; Platinvorkommen, metallverarbeitende u. chem. Ind., Waggonfabrik.
Nissen, die Eier der Läuse.
Niterói [-ˈrɔi], brasilian. St., 477 000 E; Hafen, Tabak- u. Baumwollind.
Nitrate, Salze der → Salpetersäure.
Nitride, Verbindungen d. Stickstoffs, insbes. m. Metallen; nach d. Bindungsverhältnissen lassen sich salzartige N., die sehr harten N. von Elementen d. 3. u. 4. Hauptgruppe u. die ebenfalls sehr harten metall. N. v. Übergangsmetallen unterscheiden.
nitrieren, Behandlung organ. Stoffe mit konzentriertem Salpetersäure-Schwefelsäure-Gemisch, wodurch Verbindungen mit der Nitrogruppe NO_2, entstehen (z. B. Nitrotoluol); *Nitroverbindungen* m. mehreren Nitrogruppen (Trinitrophenol = Pikrinsäure, Trinitrocellulose = Schießbaumwolle) sind hochexplosiv.
Nitrifikation, Verwandlung von Ammoniak u. organ. Stickstoffverbindungen (im Boden) in Salpeter durch *Nitrobakterien*.
Nitrite, Salze der salpetrigen Säure (giftig); als Lebensmittelzusatz zur Schönung u. Geschmacksverbesserung im Fleisch i. d. BR begrenzt erlaubt; zus. m. Aminen mögl. Krebsursache (→ Nitrosamine).
Nitrobenzol, $C_6H_5NO_2$, bittermandelähnlich riechend, durch Behandlung von Benzol mit Salpetersäure-Schwefelsäure als „Mirbanöl" zur Parfümierung billiger Seifen; vor allem zur Herstellung von Anilin.
Nitroglycerin, ein Ester der Salpetersäure u. des Glycerins, explosibel; *med.* als gefäßerweiterndes Mittel gebraucht; → Dynamit.
Nitrophosphat, Kunstdüngergemisch aus Chilesalpeter u. Superphosphat.
Nitrosamine, Sammelbez. f. N-Nitrosoverbindungen v. Aminen m. der Gruppe >N–NO; kanzerogene Stoffe; können sich unter d. Einfluß v. Nitrit, das als Nitritpökelsalz zugesetzt wurde, bilden.
Nitroverbindungen → nitrieren.
Niue, Koralleninsel im S-Pazifik, ab 1901 b. Neuseeld, 1974 innere Selbstverwaltung in freier Assoziation m. Neuseeland.
Niveau, *s.* [frz. -ˈvoː],
1) *techn.* Libelle, → Wasserwaage.
2) ebene Fläche.
3) Stufe der Höhe, auf der sich etwas (Mensch, Diskussion, Kunst) befindet.
Niveaulinien, Höhenlinien i. Karten.
nivellieren [frz.],
1) i. d. *Geodäsie:* Feststellung d. Höhenunterschieds v. versch. Punkten i. Gelände durch **Nivellierinstrument**, Fernrohr m. Wasserwaage (Libelle, Niveau).
2) gleichmachen, auf gleiche Höhe bringen.
Niven [nɪvən], David (1. 3. 1910–29. 7. 83), engl. Filmschausp.; *Around the World in Eighty Days*; *Separate Tables*; *Death on the Nile*.
Nixe, *Wasserjungfrau*, im Volksglauben Wassergeist: weibl. Wesen m. grünem Haar u. Fischschwanz; in d. german. Mythologie auch männl. Wassergeist *(Nix)*.

Nîmes, *Maison carrée*

NIUE	
Name des Territoriums:	Niue
Regierungsform:	Freie Assoziierung mit Neuseeland
Regierungschef:	Frank F. Lui
Hauptstadt:	Alofi 900 Einwohner
Fläche:	263 km²
Einwohner:	2300
Bevölkerungsdichte:	9 je km²
Amtssprache:	Englisch
Religion:	Christen
Währung:	NZ$
Bruttosozialprodukt (1980):	3 Mill. US-$ insges., 1080 US-$ je Einw.
Zeitzone:	MEZ ± 12 Std.
Karte:	→ Australien und Ozeanien

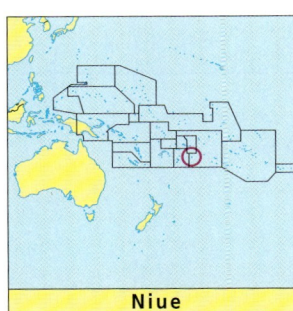

NIUE BESITZT KEIN WAPPEN

Niue

Nixon [nɪksn], Richard Milhous (9. 1. 1913–23. 4. 94), am. republikan. Pol.; 1953–60 Vizepräs., 1969–74 37. Präs. d. USA; Rücktritt wegen → Watergate-Affäre.

Nizäa, Konzil von, 1. von Kaiser Konstantin 325 n. Chr. einberufenes ökumen. Konzil, verkündete d. erste allg. gültige christl. Glaubensbekenntnis.

Nizami, *Nisami* (12. Jh.), pers. Dichter; Epen.

Nizänokonstantinopolitanum, *s.,* trinitar. Glaubensbekenntnis, d. auf d. ersten beiden Konzilien von Nizäa (325) u. Konstantinopel (381) zurückgeht. Als Credo i. d. Meßfeier verwendet.

Nizon, Paul (* 19. 12. 1929), schweiz. Schriftst., Dozent f. Architektur, vieldiskutierte Romane: *Das Jahr der Liebe; Im Bauch des Wals.* Zahlreiche theoret. Schriften.

Nizza, frz. *Nice* [nis], Hptst. d. frz. Dép. *Alpes-Maritimes,* an der frz. Riviera, 346 000 E; Winter- u. Luftkurort; s. 1969 Buchmesse.

Njassaland → Malawi.

Njemen, dt. *Memel,* litauisch *Nemunas,* osteuropäischer Strom. Quellgebiet in Weißrußland, durchfließt das südliche Litauen, 937 km l., mit 2 Mündungsarmen, r. *Ruß* u. l. *Gilge,* ins Kurische Haff; Holzflößerei; v. Grodno ab schiffbar; Kanäle zu Dnjepr, Pregel u. Weichsel.

Nkrumah, Kwame (21. 9. 1909–27. 4. 72), ghanes. Pol.; 1957–61 Min.präs., 1961–66 Staatspräsident.

NKWD → MWD.

NMR, Kernspintomographie, → Tomographie.

NN, Abk. f. → *Normalnull.*

N. N., Abk. f. **N**omen **N**escio [l.], ,,den Namen weiß ich nicht'' oder = nomen nominandum, ,,der zu nennende Name''.

No,
1) *s., No-Spiele,* jap. feierliche Schauspiele, mit kunstvollen Gesichtsmasken, **No-Masken,** d. Darsteller; seit 15. Jh.
2) *chem.* Zeichen f. → *Nobelium.*

noachitische Gebote, für d. ganze Menschheit gült. Urgebote Gottes an Noah n. d. Sintflut (1 Mos 9,4–6); i. 17. Jh. als Grundlage f. d. Begründung d. modernen Völkerrechts benutzt.

Noack, Ulrich (2. 6. 1899–14. 11. 1974), dt. Historiker; führend im *Nauheimer Kreis;* f. pol. Neutralisierung Dtlds.

Noah, einer der bibl. Urväter, seine Söhne: Sem, Ham u. Japhet; nach dem A.T. rettete er u. s. Familie vor der Sintflut in die *Arche N.*

Nobel, Alfred Bernhard (21. 10. 1833 bis 10. 12. 96), schwed. Ingenieur; erfand d. Dynamit; Begründer d. → Nobelstiftung.

Nobel, Löwe als Kg der Tiere in dt. Tiersage.

Nobelgarde, fürstl. Leibgarden, u. a. die *päpstl. Ehrengarde,* Leibwache des Papstes im Vatikan.

Nobelium, *No,* 1957/58 in Schweden entdecktes künstl. chem. El., Oz. 102; radioaktiv (→ Transurane).

Nobelpreis, Auszeichnung der *Nobelstiftung* für hervorragende Leistungen ohne Rücksicht auf Nationalität; Sitz: Stockholm; jährlich 6 (bis 1968 5) Preise: *Wirtschaft, Physik, Chemie, Medizin u. Physiologie, Literatur* (verteilt durch Akademie in Stockholm), *Friedenspreis* (verteilt durch Ausschuß d. norweg. Storting); erste Preisverteilung 1901; Höhe jedes Preises: zur Zeit ca. 1,6 Millionen DM (→ Übers.).

Nobilität, Kreis der altröm. Familien, aus denen die leitenden Beamten kamen (Amtsadel); daher im MA i. d. it. Stadtrep.en **N**obili: d. herrschenden Kreise.

Nobility, engl. hoher Geburtsadel.

Noblesse, *w.* [frz. noˈblɛs(ə)], vornehme Denkweise.

Noblesse oblige [-ɔˈbliːʒ], Adel verpflichtet.

Richard Nixon

Alfred Nobel

Nofretete

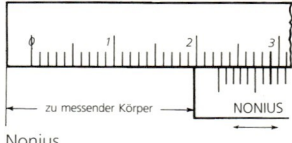
Nonius

Noetik [gr.], Erkenntnislehre.

Nofretete, *Nefretete* (14. Jh. v. Chr.) altägypt. Kgn, Gattin v. → Amenophis IV.; Kalksteinbüste im Berliner Museum.

Nogat, östl. Weichselmündungsarm.

Nohl, Herman (7. 10. 1879–27. 9. 1960), dt. Phil. u. Pädagoge.

NOK, Abk. f. → **N**ationales **O**lympisches **K**omitee.

Noland [ˈnoʊlənd], Kenneth (* 10. 4. 1924), am. Maler, e. Hptvertr. d. Farbfeldmalerei; *Purple in the Shadow of Red; Yellow Half.*

Nobelpreisträger 1993
stehend l.–r.: Michael Smith (Chemie), Richard J. Roberts (Medizin), Philip A. Sharpe (Medizin), Russell A. Hulse (Physik), Joseph H. Taylor (Physik), Douglass C. North (Wirtschaft);
sitzend l.–r.: Kary B. Mullis (Chemie), Toni Morrison (Literatur), Robert W. Fogel (Wirtschaft)

Nelson Mandela
(Friedensnobelpreis 1993)

Frederik de Klerk
(Friedensnobelpreis 1993)

Nocke, rundliche Erhebung (z. B. auf der Nockenwelle).

Nocturne [frz. -ˈtyrn], it. *Notturno,* ,,Nachtstück'' träumer. Inhalts f. mehrere Instrumente; auch f. Klavier allein (*Chopin*).

Noel-Baker [ˈnoʊəlˈbeɪkə], Philip (1. 11. 1889–8. 10. 1982), englischer Politiker (Labour); Friedensnobelpreis 1959.

Noësis [gr. ,,Gedanke, Sinn''], *Noëma,* sinnverleihender Akt u. d. dadurch konstituierte Sinneinheit e. Wahrnehmung (n. Husserl).

Nolde, Emil (7. 8. 1867–15. 4. 1956), dt. expressionist. Maler u. Graphiker; farbstarke Blumen- u. Landschaftsgemälde; bibl. Themen; *Abendmahl.*

nolens volens [l.], wohl oder übel.

Noli me tangere [l. ,,rühre mich nicht an''], in d. bild. Kunst (hpts. Malerei) Darstell. d. auferstandenen Christus vor Maria Magdalena (lt. Joh. 20,14–18); ältestes erhaltenes Zeugnis auf e. Reliquienschrein d. 4. Jh. in Brescia.

Nolte, Ernst (* 11. 1. 1923), dt. Historiker u. Politologe, zahlreiche Publikationen z. Faschismus.

Nobelpreisträger

Die eingeklammerten Abkürzungen hinter den Namen geben die Staatsangehörigkeit zur Zeit der Preisverleihung an. Bei veränderter Staatsangehörigkeit ist die frühere *kursiv* an zweiter Stelle genannt. Die Abkürzungen bedeuten:
Arg = Argentinien; Aus = Australien; Be = Belgien; Bu = Bulgarien; Chil = Chile; Chin = China; Dä = Dänemark; Dt = Deutschland; Fin = Finnland; Fr = Frankreich; Gb = Großbritannien; Gr = Griechenland; Gu = Guatemala; Ind = Indien; Ir = Irland; Isl = Island; Isr = Israel; It = Italien; Ju = Jugoslawien; Jap = Japan; Ka = Kanada; Ko = Kolumbien; Mex = Mexiko; Nd = Niederlande; No = Norwegen; Ö = Österreich; Ot = Osttimor; Pol = Polen; Port = Portugal; R = Rußland; SA = Südafrika; Sp = Spanien; Su = Sowjetunion; Swd = Schweden; Swz = Schweiz; Tsch = Tschechoslowakei; Ung = Ungarn; US = USA.

PHYSIK 1901: W. C. Röntgen (Dt); 1902: H. A. Lorentz (Nd), P. Zeeman (Nd); 1903: H. A. Becquerel (Fr), M. Curie (Fr, *Pol*), P. Curie (Fr); 1904: Lord Rayleigh (Gb); 1905: Ph. Lenard (Dt); 1906: J. J. Thomson (Gb); 1907: A. A. Michelson (US); 1908: G. Lippmann (Fr); 1909: F. Braun (Dt), G. Marconi (It); 1910: J. D. v. d. Waals (Nd).
1911: W. Wien (Dt); 1912 G. Dalén (Swd); 1913 H. Kamerlingh Onnes (Nd); 1914 M. v. Laue (Dt); 1915: Sir Wm. Henry Bragg (Gb); Wm. Lawrence Bragg (Gb); 1916: –; 1917: Ch.G. Barkla (Gb); 1918: M. Planck (Dt); 1919: J. Stark (Dt); 1920: Ch. E. Guillaume (Swz).
1921: A. Einstein (Dt); 1922: N. Bohr (Dä); 1923: R.A. Millikan (US); 1924: K.M.G. Siegbahn (Swd); 1925: J. Franck (Dt), G. Hertz (Dt); 1926: J.B. Perrin (Fr); 1927: A.H. Comton (US), Ch.Th.R. Wilson (Gb); 1928; O.W. Richardson (Gb); 1929: L.V. de Broglie (Fr); 1930: Ch.V. Raman (Ind).
1931: –; 1932: W. Heisenberg (Dt); 1933: P. A. M. Dirac (Gb), E. Schrödinger (Ö); 1934: –; 1935: J. Chadwick (Gb); 1936: C. D. Anderson (US), V. F. Heß (Ö); 1937: C. J. Davisson (US); G. P. Thomson (Gb); 1938: E. Fermi (It); 1939: E. O. Lawrence (US); 1940: –.
1941: –; 1942: –; 1943: O. Stern (US); 1944: I. I. Rabi (US); 1945: W. Pauli (US); 1946: P. W. Bridgman (US); 1947: Sir E. V. Appleton (Gb); 1948: P. M. S. Blackett (Gb); 1949: H. Yukawa (Jap); 1950: C. F. Powell (Gb).
1951: Sir J. D. Cockcroft (Gb), E. Th. S. Walton (Ir); 1952: F. Bloch (US), E. M. Purcell (US); 1953: F. Zernike (Nd); 1954: M. Born (Gb, *Dt*); W. Bothe (Dt); 1955: P. Kusch (US), W. E. Lamb (US); 1956: J. Bardeen (US), W. H. Brattain (US), W. Shockley (US); 1957: T. D. Lee (Chin), Ch. N. Yang (Chin); 1958: I. M. Frank (Su), I. J. Tamm (Su), P. A. Tscherenkow (Su); 1959: O. Chamberlain (US), E. Segre (US, *It*); 1960: D. A. Glaser (US).
1961: R. Hofstadter (US), R. Mößbauer (Dt); 1962: L. D. Landau (Su); 1963: Maria Goeppert-Mayer (US, *Dt*), H. D. Jensen (Dt), E. P. Wigner (US, *Ung*); 1964: A. Bassow (Su), N. Prochorow (Su), Ch. Townes (US); 1965: R. P. Feynman (US), J. Schwinger (US), S. Tomonaga (Jap); 1966: A. Kastler (Fr); 1967: H. Bethe (US, *Dt*); 1968: L. W. Alvarez (US); 1969: M. Gell-Mann (US); 1970: H. Alvén (Swd), L. Néel (Fr).
1971: D. Gabor (Gb); 1972: J. Bardeen (US), L. N. Cooper (US), J. R. Schrieffer (US); 1973: L. Esaki (Jap), I. Giaever (US, *No*), B. Josephson (Gb); 1974: M. Ryle (Gb), A. Hewish (Gb); 1975: A. Bohr (Dä), B. Mottelson (Dä), J. Rainwater (US); 1976: B. Richter (US), S. Ting (US); 1977: Ph. W. Anderson (US), J. v. Vleck (US), N. F. Mott (US); 1978: P. L. Kapiza (Su), A. Penzias (US), R. Wilson (US); 1979: S. L. Glashow (US), S. Weinberg (US), A. Salam (Pakistan); 1980: J. W. Cronin (US), V. L. Fitch (US).
1981: N. Bloembergen (US), A.L. Schawlow (US), K.M. Siegbahn (Swd); 1982: K.G. Wilson (US); 1983: S. Chandrasekhar (US); W.A. Flower (US); 1984: C. Rubbia (It), S. van der Meer (Nd); 1985: K. v. Klitzing (Dt); 1986: E. Ruska (Dt), G. Binnig (Dt), H. Rohrer (Swz); 1987: Joh. Georg Bednorz (Dt), Karl Alex Müller (Swz); 1988: Leon Max Lederman (US), Melvin Schwartz (US), Jack Steinberger (US); 1989: Wolfgang Paul (Dt); Hans Georg Dehmelt (US, Dt), Norman Foster Ramsey (US); 1990: Jerome I. Friedman (US), Henry W. Kendall (US), Richard I. Taylor (Ka).
1991: Pierre-Gilles de Gennes (Fr); 1992: Georges Charpak (Fr); 1993: J. H. Taylor (US), R. Hulse (US); 1994: B. N. Brockhouse (Ka), C. G. Shull (US); 1995: F. Reines (US), M. L. Perl (US); 1996: D. M. Lee (US), D. D. Osheroff (US), R. C. Richardson (US); 1997: Steven Chu (US), Claude Cohen-Tannoudji (Fr), William Phillips (US).

CHEMIE 1901: J. H. van't Hoff (Nd); 1902: E. Fischer (Dt); 1903: S. A. Arrhenius (Swd); 1904: Sir W. Ramsay (Gb); 1905: A. v. Baeyer (Dt); 1906: H. Moissan (Fr); 1907: E. Buchner (Dt); 1908: E. Rutherford (Gb); 1909: W. Ostwald (Dt); 1910: O. Wallach (Dt).
1911: Marie Curie (Fr, *Pol*); 1912: V. Grignard (Fr), P. Sabatier (Fr); 1913: A. Werner (Swz); 1914: Th. W. Richards (US); 1915: R. Willstätter (Dt); 1916: –; 1917: –; 1918: F. Haber (Dt); 1919: –; 1920: W. Nernst (Dt).
1921: F. Soddy (Gb); 1922: F. W. Aston (Gb); 1923: F. Pregl (Ö); 1924: –; 1925: R. Zsigmondy (Dt, *Ö*); 1926: Th. Svedberg (Swd); 1927: H. Wieland (Dt); 1928: A. Windaus (Dt); 1929: H. v. Euler-Chelpin (Swd, *Dt*), A. Harden (Gb); 1930: H. Fischer (Dt).
1931: F. Bergius (Dt), C. Bosch (Dt); 1932: I. Langmuir (US); 1933: –; 1934: H. C. Urey (US); 1935: F. Joliot (Fr), I. Joliot-Curie (Fr); 1936: P. J. W. Debye (Dt, *Nd*); 1937: W. N. Haworth (Gb), P. Karrer (Swz); 1938: R. Kuhn (Dt); 1939: A. F. J. Butenandt (Dt), L. Ruzicka (Swz); 1940: –.
1941: –; 1942: –; 1943: G. de Hevesy (Ung); 1944: O. Hahn (Dt); 1945: A. I. Virtanen (Fin); 1946: J. H. Northrop (US), W. M. Stanley (US), J. B. Sumner (US); 1947: Sir R. Robinson (Gb); 1948: A. Tiselius (Swd); 1949: W. F. Giauque (US); 1950: K. Alder (Dt), O. Diels (Dt).
1951: E. M. McMillan (US), G. Th. Seaborg (US); 1952: A. J. P. Martin (Gb), R. L. M. Synge (Gb); 1953: H. Staudinger (Dt); 1954: L. C. Pauling (US); 1955: V. du Vigneaud (US); 1956: Sir C. N. Hinshelwood (Gb), N. N. Semjonow (Su); 1957: Sir A. R. Todd (Gb); 1958: F. Sanger (Gb); 1959: J. Heyrovsky (Tsch); 1960: W. F. Libby (US).
1961: M. Calvin (US); 1962: J. C. Kendrew (Gb), M. F. Perutz (Gb, *Ö*); 1963: G. Natta (It), K. Ziegler (Dt); 1964: D. Crowfoot-Hodgkin (Gb); 1965: R. B. Woodward (US); 1966: R. Mulliken (US); 1967: M. Eigen (Dt), G. Porter (Gb), R. G. W. Norrish (Gb); 1968: L. Onsager (US, *No*); 1969: O. Hassel (No), D. H. Barton (Gb); 1970: L. Leloir (Arg).
1971: Gerh. Herzberg (Ka) 1972: Chr. Anfinsen (US), St. Moore (US), W. Stein (US); 1973: E. O. Fischer (Dt), G. Wilkinson (Gb); 1974: P. Flory (US); 1975: J. Cornforth (Gb), V. Prelog (Swz, *Ju*); 1976: W. Lipscomb (US); 1977: I. Prigogine (Be); 1978: P. Mitchell (Gb); 1979: G. Wittig (Dt), H. C. Brown (US); 1980: P. Berg (US), W. Gilbert (US), F. Sanger (Gb).
1981: K. Fukui (Jap), R. Hoffmann (US); 1982: A. Klug (US); 1983: H. Taube (Ka); 1984: R. B. Merrifield (US); 1985: H. Hauptmann (US), J. Karle (US); 1986: J. Polanyi (Ka), D. Herschbach (US), J. T. Lee (US); 1987: D. J. Cram (US), C. J. Petersen (US), J.-M. Lehn (Fr); 1988: J. Deisenhofer (Dt), R. Huber (Dt), H. Michel (Dt); 1989: S. Altman (Ka), T. R. Cech (US); 1990: Elias J. Corey (US).
1991: Richard E. Ernst (Swz); 1992: Rudolph A. Marcus (Ka); 1993: K. B. Mullis (US), M. Smith (Ka); 1994: G.A. Olah (US); 1995: F. S. Roland (US), M. J. Molina (US), P. Crutzen (Nd); 1996: R. F. Curl (US), H. W. Kroto (Gb), R. E. Smalley (US); 1997: Paul D. Boyer (US), John E. Walker (Gb), Jens C. Skou (Dä).

MEDIZIN UND PHYSIOLOGIE 1901: E.A. v. Behring (Dt); 1902: Sir R. Ross (Gb); 1903: N.R. Finsen (Dä); 1904: I.P. Pawlow (R); 1905: R. Koch (Dt); 1906: C. Golgi (It), S. Ramón y Cajal (Sp); 1907: Ch.L.A. Laveran (Fr); 1908: P. Ehrlich (Dt), I. Metschnikow (Fr, R); 1909: Th. Kocher (Swz); 1910: A. Kassel (Dt).
1911: A. Gullstrand (Swd); 1912: A. Carrel (US, *Fr*); 1913: Ch. Richet (Fr); 1914: R. Bárány (Ö); 1915: –; 1916: –; 1917: –; 1918: –; 1919: J. Bordet (Be); 1920: A. Krogh (Dä).
1921: –; 1922: A. V. Hill (Gb), O. Meyerhof (Dt); 1923: F. G. Banting (Ka), J. J. R. Macleod (Ka); 1924: W. Einthoven (Nd); 1925: –; 1926: J. Fibiger (Dä); 1927: J. Wagner-Jauregg (Ö); 1928: Ch. Nicolle (Fr); 1929: Chr. Eijkman (Nd), Sir F. G. Hopkins (Gb); 1930: K. Landsteiner (US, Ö).
1931: O. H. Warburg (Dt); 1932: Ch. S. Sherrington (Gb), E. D. Adrian (Gb); 1933: Th. H. Morgan (US); 1934: G. R. Minot (US), W. P. Murphy (US), G. H. Whipple (US); 1935: H. Spemann (Dt); 1936: Sir H. H. Dale (Gb), O. Loewi (Ö); 1937: A. Szent-Györgyi von Nagyrapolt (Ung); 1938: C. Heymans (Be); 1939: G. Domagk (Dt).
1941: –; 1942: –; 1943: H. Dam (Dä), E. A. Doisy (US); 1944: J. Erlanger (US), H. S. Gasser (US); 1945: E. B. Chain (Gb, *Dt*), Sir A. Fleming (Gb), Sir H. W. Florey (Gb); 1946: H. J. Muller (US); 1947: Carl F. u. Gerty T. Cori (US, *Tsch*), B. Houssay (Arg); 1948: P. Müller (Swz); 1949: W. R. Hess (Swz), A. Egas Moniz (Port); 1950: Ph. S. Hench (US), E. C. Kendall (US), T. Reichstein (Swz).
1951: M. Theiler (US, *DT*); 1952: S. A. Waksman (US, *R*); 1953: H. A. Krebs (Gb, *Dt*), F. A. Lipmann (US, *Dt*); 1954: J. F. Enders (US), F. C. Robbins (US), Th. H.

Weller (US); 1955: H. A. T. Theorell (Swd); 1956: A. F. Cournand (US, *Fr*); W. Forssmann (Dt), D. W. Richards (US); 1957: D. Bovel (It, *Swz*); 1958: G. W. Beadle (US), J. Lederberg (US), E. L. Tatum (US); 1959: A. Kornberg (US), S. Ochoa (US, *Sp*); 1960: Sir P. M. Burnet (Aus), P. B. Medawar (Gb).
1961: G. v. Bekesy (US, *Ung*); 1962: F. H. C. Crick (Gb), J. D. Watson (US), M. Wilkins (Gb); 1963: Sir J. C. Eccles (Aus), A. L. Hodgkin (Gb), A. F. Huxley (Gb); 1964: K. Bloch (US, *Dt*), Feodor Lynen (Dt); 1965: F. Jacob (Fr), A. Lwoff (Fr), J. Monod (Fr); 1966: C. B. Huggins (Ka), F. P. Rous (US); 1967: R. Granit (Swd), H. K. Hartline (US), G. Wald (US); 1968: R. W. Holley (US), H. G. Khorana (US), M. W. Nirenberg (US); 1969: M. Delbrück (US, *Dt*), A. Hershey (US), S. Luria (US); 1970: B. Katz (Gb), U. S. v. Euler-Chelpin (Swd), J. Axelrod (US).
1971: W. Sutherland (US); 1972: G. M. Edelman (US), R. Porter (Gb); 1973: K. v. Frisch (Ö), K. Lorenz, N. Tinbergen (Nd); 1974: A. Claude (Be), Ch. de Duve (Be), G. E. Palade (US); 1975: D. Baltimore (US), R. Dulbecco (US), H. Temin (US); 1976: B. Blumberg (US), D. C. Gajdusek (US); 1977: R. Guillemin (US), A. Schally (US), R. Yalow (US); 1978: W. Arber (Swz), D. Nathans (US), H. Smith (US); 1979: A. M. Cormack (US), G. N. Hounsfield (Gb); 1980: B. Benacerraf (US), G. Snell (US), J. Dausset (Fr).
1981: R. W. Sperry (US), D. H. Hubel (US), T. N. Wiesel (Swd); 1982: S. K. Bergström (Swd), B. I. Samuelsson (Swd), J. R. Vane (US); 1983: B. McClintock (US); 1984: N. K. Jerne (Dä), G. F. K. Köhler (Dt), C. Milstein (Arg); 1985: M. F. Brown (US), J. L. Goldstein (US); 1986: St. Cohen (US), R. Levi-Montalcini (It-US); 1987: S. Tonegawa (Jap); 1988: Sir J. W. Black (Gb); G. B. Elion (US), G. H. Hitchings (US); 1989: Michael J. Bishop (US); Harold E. Varmus (US); 1990: Joseph E. Murray (US), E. Donnall Thomas (US).
1991: E. Neher (Dt), B. Sakmann (Dt); 1992: Edmond H. Fischer (US), Edwin G. Krebs (US); 1993: R. Roberts (US, *Gb*), P. A. Sharp (US); 1994: A.G. Gilman (US), M. Rodbell (US); 1995: Chr. Nüsslein-Volhard (Dt.), E. B. Lewis (US), E. Wieschaus (US); 1996: P. C. Doherty (Aus), R. Zinkernagel (Swz); 1997 Stanley Prusiner (US).

LITERATUR 1901: R. F. A. Sulley Prudhomme (Fr); 1902: Th. Mommsen (Dt); 1903: B. Björnson (No); 1904: J. Echegaray (Sp), F. Mistral (Fr); 1905: H. Sienkiewicz (Pol); 1906: G. Carducci (It); 1907: R. Kipling (Gb); 1908: R. Eucken (Dt); 1909: S. Lagerlöf (Swd); 1910: P. Heyse (Dt).
1911: M. Maeterlinck (Be); 1912: G. Hauptmann (Dt); 1913: R. Tagore (Ind); 1914: –; 1915: R. Rolland (Fr); 1916: V. v. Heidenstam (Swd); 1917: K. Gjellerup (Dä), H. Pontoppidan (Dä); 1918: –; 1919: C. Spitteler (Swz); 1920: K. Hamsun (No).
1921: A. France *(J. A. Thibault)* (Fr); 1922: J. Benavente (Sp); 1923: W. B. Yeats (Ir); 1924: W. Reymont (Pol); 1925: G. B. Shaw (Gb); 1926: Grazia Deledda (It); 1927: H. Bergson (Fr); 1928: Sigrid Undset (No); 1929: Th. Mann (Dt); 1930: S. Lewis (US).
1931: E. A. Karfeldt (Swd); 1932: J. Galsworthy (Gb); 1933: I. A. Bunin (Fr, *R*); 1934: L. Pirandello (It); 1935: –; 1936: E. O'Neill (US); 1937: R. Martin du Gard (Fr); 1938: Pearl S. Buck (US); 1939: F. E. Sillanpää (Fin); 1940: –.
1941: –; 1942: –; 1943: –; 1944: Johannes V. Jensen (Dä); 1945: Gabriela Mistral *(L. Godoy y Alcayaga)* (Chil); 1946: H. Hesse (Swz, *Dt*); 1947: A. Gide (Fr); 1948: T. S. Eliot (Gb, *US*); 1949: W. Faulkner (US); 1950: Lord B. A. W. Russell (Gb).
1951: P. Lagerkvist (Swd); 1952: F. Mauriac (Fr); 1953: Sir W. Churchill (Gb); 1954: E. Hemingway (US); 1955: H. K. Laxness (Isl); 1956: J. R. Jiménez (Sp); 1957: A. Camus (Fr); 1958: B. Pasternak (Su); 1959: S. Quasimodo (It); 1960: Saint-John Perse *(A. Léger)* (Fr).
1961: I. Andric (Ju); 1962: J. Steinbeck (US); 1963: G. Seferis (Gr); 1964: J.-P. Sartre (Fr); 1965: M. Scholochow (Su); 1966: S. J. Agnon (Isr, Ö), N. Sachs (Swd, *Dt*); 1967: M. A. Asturias (Gu); 1968: Y. Kawabata (Jap); 1969: S. Beckett (Ir); 1970: A. Solschenizyn (Su).
1971: P. Neruda (Chil); 1972: H. Böll (Dt); 1973: P. White (Aus); 1974: E. Johnson (Swd), H. Martinson (Swd); 1975: E. Montale (It); 1976: S. Bellow (US); 1977: V. Aleixandre (Sp); 1978: I. B. Singer (US); 1979: O. Elytis (Gr); 1980: C. Milosz (Pol).
1981: E. Canetti (Gb, *Bu*); 1982: G. Garcia Marquez (Ko); 1983: W. G. Golding (Gb); 1984: J. Seifert (Tsch); 1985: Cl. Simon (Fr); 1986: W. Soyinka (Nigeria); 1987: J. Brodsky (US); 1988: N. Mahfuz (Ägypten); 1989: C. J. Cela (Sp); 1990: Octavio Paz (Mex).
1991: N. Gordimer (SA); 1992: Derek Walcott (Sant Lucia); 1993: T. Morrison (SA); 1994: Kenzaburo Oe (Jap); 1995: S. Heaney (Ir); 1996: W. Szymborska (Pol); 1977 Dario Fo (It).

FRIEDEN 1901: H. Dunant (Swz), F. Passy (Fr); 1902: E. Ducommun (Swz), A. Gobat (Swz); 1903: Sir W. R. Cremer (Gb); 1904: Inst. f. internationales Recht, Genf; 1905: Bertha v. Suttner (Ö); 1906: Th. Roosevelt (US); 1907: E. T. Moneta (It), L. Renault (Fr); 1908: K. P. Arnoldson (Swd), F. Bajer (Dä); 1909: A. M. E. Beernaert (Be), Baron P. H. B. d'Estournelles de Constant (Fr); 1910: Internat. Friedensbüro, Bern.
1911: T. M. C. Asser (Nd), A. H. Fried (Ö); 1912: E. Root (US); 1913: H. La Fontaine (Be); 1914: –; 1915: –; 1916: –; 1917: Internat. Rotes-Kreuz-Komitee; 1919: W. Wilson (US); 1920: L. Bourgeois (Fr).
1921: K. H. Branting (Swd), Chr. L. Lange (No); 1922: F. Nansen (No); 1923: –; 1924: –; 1925: Sir A. Chamberlain (Gb), Ch. G. Dawes (US); 1926: A. Briand (Fr), G. Stresemann (Dt); 1927: F. Buisson (Fr), L. Quidde (Dt); 1928: –; 1929: F. B. Kellog (US); 1930: N. Söderblom (Swd).
1931: Jane Addams (US), N. M. Butler (US); 1933: Sir N. Angell (Gb); 1934: A. Henderson (Gb); 1935: C. v. Ossietzky (Dt); 1936: C. de Saavedra Lamas (Arg); 1937: Lord Cecil of Chelwood (Gb); 1938: Internat. Nansen-Amt f. Flüchtlinge, Genf.
1944: Internat. Rotes-Kreuz-Komitee, Genf; 1945: C. Hull (US); 1946: Emily G. Balch (US), J. R. Mott (US); 1947: The Society of Friends (Quäker); 1948: –; 1949: Lord J. Boyed Orr (Gb); 1950: R. J. Bunche (US).
1951: L. Jouhaux (Fr); 1952: A. Schweitzer (Fr); 1953: G. C. Marshall (US); 1954: Büro des Hohen UN-Kommissars für Flüchtlinge, Genf; 1955: –; 1956: –; 1957: L. B. Pearson (Ka); 1958: D. G. Pire (Be); 1959: Ph. J. Noel-Baker (Gb); 1960: A. J. Luthuli (SA).
1961: D. Hammarskjöld (Swd); 1962: L. C. Pauling (US); 1963: Internat. Rotes Kreuz und Int. Liga der Rotkreuzgesellschaften; 1964: M. L. King (US); 1965: Internat. Kinderhilfsfonds (UNICEF); 1966: –; 1967: –; 1968: R. Cassin (Fr); 1969: I. L. O. (International Labour Org.); 1970: N. E. Borlaug (US).
1971: W. Brandt (Dt);: 1972: –; 1973: H. Kissinger (US), Le Duc Tho (Nordvietnam); 1974: S. MacBride (Ir), E. Sato (Jap); 1975: A. Sacharow (Su); 1976: B. Williams, M. Corrigan (beide Nordirland); 1977: Amnesty International; 1978: M. Begin (Isr), A. el Sadat (Ägypten); 1979: Mutter Teresa; 1980: P. Esquivel (Arg).
1981: Büro d. UN-Hochkommissars f. Flüchtlinge, Genf; 1982: A. Myrdal (Swd), A. Garcia Robles (Mex); 1983: L. Walesa (Pol); 1984: D. M. Tutu (SA); 1985: Internationale Ärztevereinigung zur Verhinderung eines Atomkrieges (IPPNW); 1986: F. Wiesel (US); 1987: O. Arias Sanchez (Costa Rica); 1988: UN-Friedenstruppe; 1989: Dalai Lama (Tibet); 1990: M. Gorbatschow (Su).
1991: Aung San Suu Kyi (Birma); 1992: Rigoberta Menchú (Gu); 1993: F. de Klerk (SA), N. Mandela (SA); 1994: I. Rabin (Isr); S. Peres (Isr), J. Arafat (Pa); 1995: Int. Pugwash-Konferenz, J. Rotblat (Gb); 1996: C. F. X. Belo (Ot), J. Ramos-Horta (Ot); 1997: Internat. Kampagne zum Verbot von Landminen.

WIRTSCHAFTSWISSENSCHAFT 1969: J. Tinbergen (Nd), R. Frisch (No); 1970: P. A. Samuelson (US).
1971: S. Kusnez (US, *Su*); 1972: J. R. Hicks (Gb), K. J. Arrow (US); 1973: W. Leontief (US); 1974: F. A. Hayek (Ö/US); K. G. Myrdal (Swd); 1975: T. Koopmans (US), L. Kantorowitsch (Su); 1976: M. Friedman (US); 1977: B. Ohlin (Swd), J. Meade (Gb); 1978: H. A. Simon (US); 1979: T. W. Schultz (US), A. Lewis (Gb); 1980: L. R. Klein (US).
1981: J. Tobin (SA); 1982: G. J. Stigler (US); 1983: G. Debreu (US); 1984: Sir R. Stone (Gb); 1985: F. Modigliani (It-US); 1986: J. Buchanan (US); 1987: R. M. Solow (US); 1988: M. Allais (Fr); 1989: T. Haavelmo (No); 1990: H. Markowitz (US), M. Miller (US), W. Sharpe (US).
1991: Ronald H. Coase (Gb/US); 1992: Gary S. Becker (US); 1993: R. W. Fogel (US), D. C. North (US); 1994: R. Selten (Dt), J. F. Nash (US), J. Harsanyi (US); 1995: R. E. Lucas (US); 1996: J. A. Mirrlees (Gb), W. Vickrey (US); Robert C. Meston (US), Myron S. Scholes (US).

Nomaden [gr.], Wanderhirten m. jahreszeitl. Wohnwechsel: Beduinen, Mongolen, Indianerstämme.

Nomen, s. [l. „Name"], Nennwort: Haupt-, Eigenschafts-, Fürwort.

nomen et (est) omen [l.], „im Namen schon liegt eine Vorbedeutung", „der Name hat Bedeutung".

Nomenklatur, w. [l.], einheitl., intern. festgelegte wiss. Benennung, bes. in d. Naturwiss.

nominal, nominell, dem Namen nach.

Nominaldefinition, Erkl. e. Wortes nur nach seiner Wortbedeutung.

Nominalismus, phil. Richtung, die die Allgemeinbegriffe (Universalien) für bloße Worte ohne wirkliche Entsprechung erklärt; von Roscellinus (11. Jh.) begr.; Hauptvertr.: Occam, Buridan; → Scholastik; Ggs.: → Realismus.

Nominallohn → Lohn.

Nominalzinsfuß, bei Anleihen der auf die Wertpapiere aufgedruckte Zinsfuß (bezogen auf d. Nennwert) in Ggs. zu der effektiven Verzinsung (Beziehung zw. Zins u. Kurswert).

Nomination, w. [l.], Ernennung.

Nominativ, m. [l.], Nennfall, 1. Kasus, antwortet auf Frage wer?

nominieren [l.], be-, ernennen.

Nomismus [gr. „nomos = Gesetz"], rel. Grundauffassung, d. dem Gesetz u. s. genauen Erfüllung gr. Bedeutung beimißt.

Nomographie, ein math. Verfahren, durch zeichnerische Darstellung math. Probleme zu lösen.

Nomokratie [gr.], Herrschaft d. (kodifizierten) Rechts, Machtausübung im Namen d. Gesetze.

Nomos, m. [gr.], Sitte, Ordnung, Gesetz.

Nomos, Name e. griech. Verwaltungsbezirks.

Non-books [engl. -bʊks „Nichtbücher"], in Verlag u. Buchhandlung Spielzeug, Schallplatten, Videorecorder u. ä.

Nonchalance, w. [frz. nõʃaˈlãːs], Formlosigkeit, lässiges Betragen.

nonchalant [nõʃaˈlãː], ungezwungen.

Non-cooperation, w. [engl. -ˈreɪʃən], Nicht-Mitarbeit, von Gandhi propagierter Boykott aller brit. Einrichtungen während des Kampfes um die Selbständigkeit in Indien.

None, w. [l.],
1) die 9. Tagesstunde (15 Uhr), eine d. klösterl. Gebetsstunden.
2) mus. 9. Stufe der Tonleiter; entsprechendes Intervall.

Nonenakkord = 4 Terzen übereinand. b. zur None.

Nonius [l.], Zusatzmeßvorrichtung, ermöglicht Maßteilungen v. großer Genauigkeit, z. B. N. von Schublehre, eine am Maßstab verschiebbare Teilung, bei der 9 Teile des Maßstabes in 10 gleiche Teile geteilt sind, also jeder Teil des N. $^9/_{10}$ mm lang (aus Abb. ersichtl., daß der gemessene Gegenstand über 22 mm stark ist; der 7. Strich des N. stimmt mit einem Strich des Maßstabes überein, also Gesamtstärke 22,7 mm).

Nonkonformismus [l.], das Streben, ohne Rücksicht auf vorherrschende Bräuche u. Auffassungen ausschließlich der eigenen Erkenntnis gemäß zu handeln.

Nonne [spätl. „Mutter"], Angehörige e. weibl. kath. Ordens.

Nonne, zu d. Wollspinnern gehörender Schmetterling, weißgrauschwarz; Raupen (schwarz, später graugrün); gefährlicher Forstschädling.

Nono, Luigi (29. 1. 1924–9. 5. 90), it. Komp.; serielle Kompositionstechnik; Il Epitafio per F. G. Lorca.

non olet [l.], „es stinkt nicht", nämlich das bei unsauberem Geschäft verdiente Geld (Vespasian, als man ihm Gewinne aus e. Abtrittsteuer vorwarf).

Nonpareille [frz. nõpaˈrɛːj], Schriftgrad von 6 (typograph.) Punkten.

non plus ultra [l.], „nicht darüber hinaus", unübertrefflich.

Nonproliferation [l.-engl.], Nichtweitergabe von Atomwaffen durch die Atommächte.

Nonsens, m. [l.], Unsinn.

nonstop [engl.], ohne Unterbrechung, ohne Aufenthalt.

Nonvaleurs [frz. nõvaˈløːr],
1) Wertpapiere, d. nur geringen, ungewissen Wert haben.
2) übertragen: wertlose Dinge und Menschen.

Nooteboom, Cees (* 31. 7. 1933), ndl. Schriftst., streng aus kath. Tradition um Wahrheitsfindung bemüht. Bekannt neben Gedichten d. Romane: Das Paradies ist nebenan; Rituale; Die folgende Geschichte.

Noppen, N.zwirn od. -garn, m. knotenartigen Erhöhungen u. Wülsten.

Noradrenalin, s., Arterenol, Hormon d. → Nebennierenmarks u. als Überträgerstoff in sympath. Nerven u. im Gehirn.

Norbert [ahdt. „berühmter Nordlandfahrer"], m. Vn.

Norbert von Xanten, (etwa 1080 bis 1134), Hlg., Gründer des → Prämonstratenserordens.

Nord [nɔːr], Dép. in N-Frkr. a. d. belg. Grenze, 5742 km², 2,50 Mill. E; Landwirtschaft u. landwirtschaftl. Ind., Steinkohlenlager; Hptst. Lille.

Nordamerika, nördl. Teil des Doppelkontinents Amerika (→ Karte), reicht (einschließl. Mittelamerika) als Kontinent bis zur Landenge v. Panamá; v. Südamerika durch d. Am. Mittelmeer getrennt; 24,7 Mill. km² m. 436 Mill. E. **a)** Gestalt u. Gliederung: gliedert sich in das Faltengebirgsland der Kordilleren im W (Mount McKinley im Alaska-Gebirge 6198 m) mit gr. Erzvorräten, das große Hochländern (Großes Becken) umschließt; die großen Ebenen in der Mitte mit mächtigen Stromsystemen (Missouri-Mississippi, Mackenzie), in S. m. riesigen Erdöl- u. Erdgasfeldern, und das Schollengebirgsland im O (Appalachen) mit gewaltigen Vorräten an Kohle. Nördl. der 5 Großen Seen u. des St.-Lorenz-Stromes der von Urwald u. Tundren bedeckte „Kanadische Schild", dessen Mitte d. Hudsonbay einnimmt u. der sich im N in den Arktischen Archipel auflöst; das westl. Faltengebirgsland setzt sich in Mexiko u. Mittelamerika fort, wo ihm hohe, z. T. tätige Vulkane aufgesetzt sind (Pik von Orizaba 5700 m). **b)** Klima: im N arktisches, in d. Mitte kontinentales Klima m. heißem Sommer u. strengem Winter; i. S subtrop. b. trop. Klima. **c)** Pflanzenwelt: Tundren u. Nadelwälder im N; Laubwälder in den östl. Staaten, von den Nadelwäldern der Kordilleren durch Prärien getrennt; Kakteensteppe i.

Nordamerikanebel

NATO

Mexiko; trop. Regenwald i. Mittelamerika. **d)** Bev.: über 80% Weiße, 10% Schwarze (bes. i. d. SO-Staaten der USA u. in Westindien); d. Rest Indianer, Mischlinge, Eskimos.

Nordamerikanebel, diffuser Gasnebel i. Sternbild d. Schwans, so ben. wegen seiner Form.

nordamerikanische Kunst u. Literatur → Vereinigte Staaten von Amerika, Kunst, Literatur.

Nordatlantikpakt, NATO, Abk. für **N**orth **A**tlantic **T**reaty **O**rganization, Verteidigungsabkommen zur Sicherung der Territorien der Beteiligten in Europa u. Nordamerika; am 4. 4. 1949 unterzeichnet. 16 Mitgl.: Belgien, BR (seit 1955), Dänemark, Frkr. (1966–96 aus d. integrierten mil. Kommandos herausgelöst), Griechenland (s. 1952, Austritt a. d. mil. Integration 1974–80), Großbritannien, Island, Italien, Kanada, Luxemburg, Ndl., Norwegen, Portugal, Türkei (s. 1952), USA, Spanien (s. 1982). Mit der Durchsetzung d. v. UNO-Sicherheitsrat verhängten Flugverbots über Bosnien-Herzegowina (April 1993) erfüllte die N. erstmals e. Kampfauftrag; → flexible response – Zivile Organe: Nordatlantikrat u. Generalsekretariat, Sitz seit 1967 Everbe b. Brüssel, früher Paris; Nordatlant. Versammlung, nordatlant. Kooperationsrat (NAKR), Ausschuß f. Verteidigungsplanung (DPC), Euro-Group, Nukleare Planungsgruppe. Oberste mil. Organe: Militärausschuß, Sitz seit 1967 Brüssel, früher Washington; ihm unterstellt das Europa-Kommando (SACEUR) mit Hauptquartier (SHAPE), Sitz s. 1967 Casteau i. Belgien. Dem Europa-Kommando unterstehen seit Umgliederung am 1. 7. 1993 die Bereiche Nordwest (AFNORTHWEST in High Wycombe/Großbrit.), Europa Mitte (AFCENT in Brunssum/Niederlande mit den Kommandos AIRCENT in Ramstein, LANDCENT in Heidelberg,

BALTAP in Karup/Dänemark), Europa Süd (AFSOUTH in Neapel/Italien). NATO-Oberbefehlshaber seit 1993: General George A. Joulwan, Generalsekretär seit 1995 Javier Solana. 27 „neutrale" u. Reformstaaten haben 1994/95 mit d. N. e. Partnerschaft f. d. Frieden abgeschlossen. 1996: Stärkung d. → Westeur. Union innerhalb d. N.

Nordaustralien, *Nordterritorium,* Gebiet des Commonwealth von Australien, 1 346 200 km², rd. 156 000 E; trop. Steppengebiet; Uranerz; Hptst. *Darwin.*

Nordborneo, ehem. brit. Kronkolonie, seit 1963 als → Sabah Teil d. Föderation → Malaysia.

Nordbrabant, ndl. Prov. → Brabant.

Nordcarolina, engl. → North Carolina.

Norddakota → North Dakota.

Norddeich, Ortsteil v. → Norden.

Norddeutscher Bund, 1866–70, bundesstaatl. Vereinigung der (22) Staaten nördl. der Mainlinie (außer Limburg u. Luxemburg) unter preuß. Führung (Bismarck); Vorstufe zum Dt. Reich v. 1871.

Norden (D-26506), St. i. Kr. Aurich, an d. ostfries. Nordseeküste, Nds., 24 100 E; Kornbrennerei; St.teil *Norddeich,* Seeheilbad u. Hafen; AG.

Norden, Himmelsrichtung, Schnittpunkt d. Horizontes mit d. → Meridian eines beliebigen Erdortes in Richtung Nordpol; die geograph. Nordrichtung weicht von der magnet. Nordrichtung um die magnet. Deklination ab (→ Erdmagnetismus); *Nordpol* d. Himmels nahe dem → Polarstern.

Nordenham (D-26954), St. i. Kr. Wesermarsch, Nds., an d. Wesermündung, 29 100 E; Überseehafen; AG, chem., Flugzeug-, Kabel-, Elektroind.

Nordenskiöld [ˌnuːrdənføld]

1) Adolf Erik Frhr. (18. 11. 1832–12. 8. 1901), schwed. Polarforscher, entdeckte d. → Nordöstliche Durchfahrt; sein Sohn

2) Erland (19. 7. 1877–5. 7. 1932), schwed. Ethnologe; erforschte d. Indianer in S-Amerika.

3) Otto (7. 12. 1869–3. 6. 1928), Leiter d. schwed. Polarexpedition 1901–03.

Nordenskiöld-Meer, *Laptew-See,* Randmeer d. Nördl. Eismeeres zw. der sibir. Taimyrhalbinsel u. den Neusibirischen Inseln; bis 3347 m t.

Norderney (D-26548), *Nordseeheilbad N.,* ostfries. Insel, Kr. Aurich, Nds., 26,3 km²; St. N. 6362 E; Seebad, Leuchtturm (54 m), Kinderheilstätte.

nordische Kunst

Norderstedt (D-22844–51), St. i. Kr. Segeberg, Schl.-Ho., 69 600 E; AG; div. Ind.

Nordfriesland, Marschlandschaft a. d. Westküste Schleswig-Holsteins, mit den vorgelagerten **Nordfries. Inseln:** *Nordstrand, Pellworm, Halligen, Amrum, Föhr, Sylt;* zu Dänemark: *Rømø, Fanø.*

Nordhausen (D-99734), Krst. am Südharz, Thür., 45 200 E; Dom (13. Jh.); Ind.: Tabak, Kornbranntwein, Maschinen. – 1220–1802 Freie Reichsstadt.

Nordholland, *Noord-H.,* ndl. Prov. → Holland.

Nordhorn (D-48527–31), Krst. d. Kr. Gft Bentheim, Nds., 50 700 E; AG; Textil-, Baustoff-, Nahrungsmittelind.

Nordirland, engl. *Northern Ireland,* Bestandteil des Vereinigten Kgr.s von → Großbritannien und N., im NO d. Insel Irland, 14 121 km², 1,59 Mill. E; hügelig, vorwiegend Weiden; Viehzucht; Leinenind., Schiffbau; Hptst. *Belfast.* – Gesch.: in → Irland; blieb nach Bildung des Irischen Freistaates 1921 Bestandteil des United Kingdom; 1969 Unruhen u. brit. Truppen in N. 1972 Verlust der Selbstverwaltung; 1973 neue Verf. mit Machtteilung zw. kath. Minderheit u. protestant. Mehrheit. Abkommen über Bildung eines „Gesamtirischen Rates", kompromißlose Haltung der protestant. Mehrheit, zunehmende Terroranschläge durch → IRA u. → UDA; 1976 „Friedensbewegung" v. protestant. u. kath. Frauen; 1982 Wahl eines nordir. Parlaments, das schrittweise wieder d. pol. Verantwortung übernehmen soll; 1992 Verbot d. protest. UDA; 1994 IRA u. d. prot. Untergrundorg. erklären Einstellung aller mil. Operat.; Aufnahme offiz. Gespräche zw. brit. Reg. u. d. versch. Org.; 1995 Großbrit. u. Irland vereinbaren Allparteienverhandl. ü. N.; 1996 neue Anschlagserie d. IRA.

nordische Kombination, beim Skilauf Gesamtwertung aus Skisprung und 15-km-Langlauf.

nordische Kunst, im german. Altertum, Völkerwanderungs-, Wikingerzeit; abstrahierende Ornamentik mit Tiermotiven, Kunsthandwerk (Gerät, Schmuck, Waffen).

Nordischer Krieg, 2. N. K. 1700 bis 21: Schwed. (Karl XII.) gg. Dänemark, Polen-Sachsen (August II.), Rußland (Peter d. Gr.), (ab 1715) Preußen u. Hannover; Frieden zu Nystad. *Schweden* verliert Vormachtstellung in N-Europa; *Preußen* bekommt Stettin, das östl. Vorpommern, Usedom, Wollin, *Rußland* e. großen Teil d. schwed. Ostseeprovinzen.

Nordischer Rat, 1951 gegr. gemeins. beratendes Organ d. Parlamente von Dänemark, Schweden, Norwegen, Island, Finnland (s. 1955), der Färöer u. der Ålandinseln (s. 1970) für zw.staatliche Zusammenarbeit.

Nordkanal, engl. *North Channel,* Meerenge zw. Schottland u. Irland; 20 km br., bis 267 m t.

Nordkap, Küstengebirge auf der norwegischen Insel Magerøy, 307 m hoch, nördlichstes Vorgebirge Europas unter 71° 8′ nördlicher Breite.

Nordkorea → Korea.

Nordland,

1) *Sewernaja Semlja,* früher *Kaiser-Nikolaus-II.-Land,* russ. Inselgruppe im Nördl. Eismeer, 37 000 km², hochpola-

res Klima, unbewohnt; seit 1930 Wetter- u. Funkstation.
2) Fylke (Verw.bez.) in N-Norwegen, 38 327 km², 240 000 E; Land- u. Waldwirtschaft, Industrie, Fischfang; Hptst. *Bodø* (36 000 E).
Nördliche Marianen → Marianen.
Nordlicht → Polarlicht.
Nördlingen (D-86720), Gr.Krst. im Donau-Ries-Kreis, Rgbz. Schwaben, Bay., 19 091 E; AG; ma. Bauten u. Stadtmauer. – Ehem. Freie Reichsst.; 1634 Sieg d. kaiserl. Truppen über die dt. Protestanten u. Schweden, 1803 zu Bay.
Nordöstliche Durchfahrt, Seeweg längs d. N-Küste Eurasiens vom Atlantik zum Pazifik, zuerst Nordenskiöld 1878/79 gelungen; s. 1936 im Sommer befahren.
Nord-Ostsee-Kanal, früher Kaiser-Wilhelm-Kanal, erbaut 1887–95; verbindet Ostsee mit Nordsee, 98,7 km l., 11 m t.
Nordpolargebiet, *Arktis,* nach S durch die 10°-Juli-Isotherme begrenzt: d. Küstenraum Nordsibiriens u. d. nördl. Skandinavien, Island, Grönland, N-Labrador u. NW-Kanada; umfaßt zus. ca. 26 Mill. km², davon etwa 8 Mill. km² Landfläche, schätzungsweise 1–1,5 Mill. E: Eskimos (in der Polarsteppe), am. u. norweg. Arktiker, Tschuktschen, Tungusen (Fischer, Jäger, Sammler, Rentierzüchter); Jagdtiere: Seehund, Wal, Walroß, Moschusochse, Eisbär u. a. Pelztiere (→ Karte).

Nordrhein-Westfalen

Nördlingen, *St. Georg*

Nordrhein-Westfalen, *NRW,* westdt. Land, 1946 aus d. nördl. Teilen der ehem. preußischen Rheinprovinz, der ehem. preuß. Prov. Westfalen u. dem Lande Lippe gebildet; 34 071 km², 17,5 Mill. E (514 je km²); Rel.: 53% kath., 42% ev.; Hptst. *Düsseldorf;* Landesfarben: Grün-Weiß-Rot. **a)** *Wirtsch.:* Stein- u. Braunkohle, Eisen-, Zink-, Blei-, Kupfererzgewinnung; Eisen- u. Stahlwaren, Chemikalien, Textilien; das → Ruhrgebiet ist d. bedeutendste Industriegebiet Europas. **b)** → *Hochschulen.* **c)** *Verw.:* Rgbz. Arnsberg, Detmold, Düsseldorf, Köln, Münster.
Nordrhodesien → Sambia.
Nordschleswig, dän. *Sønderjylland (Südjütland),* der ehemals nördl. Teil Schleswig-Holsteins (3992,6 km²), 1919 an Dänemark; *Geschichte:* → Schleswig.
Nordsee, engl. *North Sea,* zw. Großbrit. und NW-Eur., ca. 580 000 km²; im N in breiter Verbindung mit d. Atlantik, im SW durch d. 32 km breite Straße v. Dover m. d. Kanal, im O durch d. Kattegat m. d. Ostsee; Flachsee, mittlere Tiefe 93 m, senkt sich allmählich v. S (Doggerbank 20–24 m) nach N auf 150–200 m; vor der norweg. Küste d. *Norweg. Rinne* (725 m); Fluthöhe in der Dt. Bucht 2–4 m, an der frz. Küste bis 11 m; Salzgehalt 3,0–3,5‰. Bed. Fischerei (Doggerbank); 1962 u. 1974 bed. Erdgasfunde, bes. im Gebiet der Doggerbank, 1974/75 bed. Erdölfunde vor d.

Normannenschiff

Küste Norwegens (Ekofisk) u. d. Shetlandinseln; stark durch Umweltverschmutzung belastet.
Nordseekanal, Großschiffahrtsweg Amsterdam–Nordsee, 24 km l., 15,5 m tief, 250 m br. Fahrrinne; größte Sperrschleuse der Welt bei Ijmuiden.
Nordstrand (D-25845), nordfries. Insel an der W-Küste Schleswigs, 50,1 km², Gem. *N.* (2431 E).
Nordterritorium → Nordaustralien.
Nordtiroler Kalkalpen, zw. Fernpaß und Saalach, bes. das Wetterstein- (*Zugspitze* 2963 m), Mieminger-, Karwendel- u. Kaisergebirge.
Nordwestliche Durchfahrt, *Nordwestpassage,* Seeweg längs d. nordam. Küste vom Atlantik z. Pazifik.
Nordwestliche Grenzprovinz, engl. *North-West Frontier Province,* in NW-Pakistan, Bergland am oberen Indus; 74 521 km², 12 Mill. E (Moslems); Hptst. *Peschawar.*
Nordwestterritorien, engl. *North West Territories,* kanad. Gebiete nördl. d.

60. Breitengrads zw. *Yukon-Terr.* u. *Hudsonbai,* 3,426 Mill. km², 57 649 E; Verw.sitz *Ottawa.*
Nordwig, Wolfgang (* 27. 8. 1943), dt. Leichtathlet; Olympiasieger 1972 im Stabhochsprung, Olympiadritter 1968, Europameister 1966, 69 u. 71.
Noreja, Hptst. der röm. Prov. → *Noricum,* 113 v. Chr. 1. Sieg der Kimbern über die Römer.
Norén, Lars (* 9. 4. 1944), schwed. Schriftst. in d. Tradition Strindbergs; Roman: *Die Bienenväter;* Dramen: *Dämonen; Chaos ist nahe bei Gott.*
Norfolk [ˈnɔːfək],
1) engl. Gft an d. Nordsee, 5372 km², 746 000 E; Hptst. *Norwich.*
2) St. im US-Staat Virginia, 262 000 E; Marinestützpunkt, Werften, Baumwollhandel.
Norfolk-Insel, austral. Verw.gebiet im Pazifik, 36 km², 2300 E.
Noricum, im Altertum die Landschaft zw. Donau, Inn, den Karnischen Alpen u. dem Wienerwald von den kelt. **Norikern** bewohnt; 16 v. Chr. röm. Hptst. *Noreja* (heute Neumarkt in d. Steiermark).
Norilsk, russ. St. in d. Reg. Krasnojarsk (Sibirien), 174 000 E; Nickel-, Kupfer-, Kobalterze, Steinkohlebergbau.
Norische Alpen, Teil der östl. Zentralalpen, meist aus Gneis u. Glimmerschiefer, südl. d. Mur.
Norito [jap. „Gebet"], altjap. 27 Ritualgebete d. Shintoismus, i. Engischiki (927 n. Chr.) enthalten.
Norm, *w.* [l.],
1) Richtmaß, -schnur; Vorschrift, Muster; allg. phil. Regel.
2) in der *Ind.:* nach Größe, Gewicht, → Toleranz, Material usw. einheitl. (genormte) Ausführungsform der verschiedensten (normierten) Massenerzeugnisse; *Normung;* in Dtld → DIN.
3) beim *Buchdruck:* Buchtitel (meist abgekürzt) am unteren Bogenanfang.
normal, regelrecht, vorgeschrieben; allg. üblich; geistig gesund.
Normale, *w.,* Senkrechte auf gerader Linie; N. auf Kurve ist die Senkrechte auf d. Kurventangente im Berührungspunkt beider; N. auf Flächen steht senkrecht auf der Tangentialebene.
Normalnull, *NN,* Ausgangsfläche für geodätische Höhenangaben: *N.punkt* = mittlerer → Meeresspiegel.
Normalprofil, Umgrenzung des lichten Raumes f. Haupt- u. vollspurige Nebenbahnen, die d. Abmessungen d. Fahrzeuge samt Ladung nicht überschreiten dürfen.
Normalspur → Spurweite.
Normalton, svw. → Kammerton.
Normandie, Landschaft N-Frkr.s, ehem. Prov.; Hptst. *Rouen,* Handelshafen *Le Havre,* Wiederaufbereitungsanlage radioakt. Stoffe bei *Cherbourg.* – Im 1. Jh. v. Chr. röm. Prov., 911 an die Normannen (nach ihnen ben.), 1204 frz.
Normannen, *Nordmannen,* Wikinger, nordgerman. Seefahrerscharen auf Beute- und Handelsfahrt; s. 787 an der Küste Englands, bald auch des Frankenreiches, plünderten Aachen, Köln, Metz, Mainz, Paris; s. 859 im Mittelmeerraum. Seit Mitte 9. Jh. Übergang zu Dauersiedlung und Staatengründung; 862 gründeten schwed. N. (*Waräger*) das Reich v. Nowgorod am Ilmensee, später den Staat von

Kiew; s. 874 wird von Norwegen
v. da 986 Grönland besiedelt, um 1000
N-Amerika erstmals entdeckt; 2. Hälfte
9. Jh. norweg. Eroberungen in W-Schottland u. O-Irland, dän. in O-Engld; 1013
bis 42 ganz Engld unter dän. Herrschaft;
911 d. frz. Normandie an d. N. abgetreten, von hier aus letzte Staatsgründungen d. sprachl. nunmehr frz. N.: 1066 in
England (→ Hastings), 1016–1140 in
Unteritalien (→ Guiscard) u. Sizilien.
Normannische Inseln → Kanalinseln.
normannischer Stil, in d. Baukunst
d. Normandie ausgeformte Stilrichtung
d. Romanik (z. B. Mont St-Michel), gelangte m. normann. Eroberungen 2.
Hälfte 11. Jh. nach England (anglo-n.
Stil; z. B. Kathedrale v. Durham) bzw.
Unteritalien u. Sizilien (z. B. Dom v.
Monreale); schuf als grundlegende Voraussetzungen f. d. Entwickl. d. got.
Baustils d. Deckenwölbung durch Rippen u. d. Wandverstärkung durch Dienste u. Streben.
normativ [nl.], als → Norm geltend.
Normenkontrolle, Überprüfung v.
Rechtsnormen (Gesetzen u. VOen) auf
Rechtsgültigkeit hinsichtl. Zustandekommens u. Inhalts, insbes. auch auf
Vereinbarkeit mit Verfassung od. vorrangigen Gesetzen (Landesrecht gegenüber
Bundesrecht); ausgeübt v. Bundesverfassungsgericht u. Verf.gerichten d. Länder; insoweit ist das richterl. Prüfungsrecht der ordentl. Gerichte beschränkt.
normieren [l.], als (oder nach) Norm
festsetzen.
Nornen, Nornir, drei Schicksalsgöttinnen der nord. Sage: Urd, Verdandi u.
Skuld (Ursprung, Werden, Schuld); spinnen u. weben d. Fäden d. Schicksals.
Norrbotten → Luleå.
Norrish ['nɔrɪʃ], Ronald George
Wreyford (9. 11. 1897–7. 6. 1978), engl.
Chem.; Nobelpr. 1967 (Untersuchungen
extrem schneller chemischer Umwandlungen).
Norrköping ['nɔrɕø:p-], schwed. St. a.
d. Ostseebucht Bråviken, 120 800 E;
Textil-, Holz-, Elektroind.
Norstad, Lauris (24. 3. 1907–12. 9.
88), US-General. N. war im Zweiten
Weltkrieg maßgeblich an der Organisation der Luftoffensiven der Westalliierten
im Mittelmeer gg. Deutschland u. im
Pazifik gg. die Japaner beteiligt. Er baute
auch das Bomberkommando d. USA auf,
das im August 1945 die Atombombe auf
Hiroshima u. Nagasaki warf. N. war von
1956 bis 1962 NATO-Oberbefehlshaber
in Europa.
North [nɔ:θ], Douglass Cecil (* 5. 11.
1920), am. Wirtschaftshistoriker, Anwendung v. Wirtschaftstheorie u. quantitativer Methoden z. Erklärung wirtsch.
u. institutioneller Veränderungen; Nobelpr. Wirtsch. 1993.
Northampton [nɔ:'θæmptən], Hptst.
d. mittelengl. Gft N.shire (562 000 E),
157 000 E; Metallwareind.
North Atlantic Treaty Organization [engl. nɔ:θ ət'læntɪk 'tri:ti ɔ:gənai'zeiʃn], → NATO.
North Carolina [nɔ:θ kærə'lainə],
Nordcarolina, Abk. N. C., Staat der östl.
USA, von den Appalachen bis zur buchtenreichen Küste, 136 413 km², 6,8 Mill. E,
ca. 1,5 Mill. Schwarze u. Mulatten;
Ackerbau (bes. Mais, Tabak, Baumw.),
Viehzucht, Fischerei; Tabak-, Baumwollind.; Hptst. Raleigh.
Northcliffe ['nɔ:θklɪf], Alfred Viscount
(15. 7. 1865–14. 8. 1922), engl. Journalist; 1896 Gründer d. konservative
Daily Mail, kaufte 1906 die Times; im 1.
Weltkrieg Propagandamin.
North Dakota [nɔ:θ də'koutə], Norddakota, Abk. N. D., Staat d. USA an d.
kanad. Grenze, beiderseits des Missouri,
183 022 km², 639 000 E; Landw., größte
Braunkohlenlager d. USA, Erdöl; Hptst.
Bismarck (49 300 E).
Northeim (D-37154), Krst. i. Rgbz.
Braunschweig, Nds., an Leine u. Rhume,
31 000 E; AG; Gummi-, Schuh-, Textil-,
Papier-, Masch.ind.
Northrop Corporation ['nɔ:θrəp-],
am. Luftfahrtunternehmen, 1939 gegr.
Northumberland [nɔ:'θʌmbələnd],
nordengl. Gft (304 007 E) m. gr. Kohlenlagern; Ind.zentrum; Landw.; Hptst.
Newcastle.
North West Territories ['nɔ:θwest
'terɪtərɪz], → Nordwestterritorien.
North Yorkshire [nɔ:θ 'jɔkʃiə], engl.
Gft, im NO v. England, 1974 aus Teilen
d. ehem. Gft → Yorkshire gebildet, 8317
km², 702 000 E; Hptst. Northallerton.
Norwegen, Kgr. an d. W-Küste d.
skandinav. Halbinsel, nur im äußersten
N u. S breitere Landfläche. **a)** Geogr.:
Nur Küstenraum u. Täler bewohn- u.
kultivierbar; 27% Wald, 2,6% landw.
Nutzfläche, 70,1% unbebaubar, da im
Innern unwirtl. Hochland, „Fjeld": die
Hochgebirge d. Küste durch zahlreiche,
oft tiefe Fjorde gegliedert; zerstreut viele
u. große Seen (15 963 km² Wasserfläche); Nebenland Svalbard, → Spitzbergen. **b)** Wirtsch.: Land- u. Forstwirtsch.,
Vieh- u. Pelztierzucht; Ind. (bes. Aluminiumprod. u. elektrochem. Ind.) gefördert
durch Ausbau d. reichl. Wasserkraft; Bergbau: Kohle, Schwefel, Roheisen, Blei,
Aluminium, Kupfer, Zink, Nickel; bed.
Erdöl- u. Erdgasvorkommen (Förderung
1992: 106 Mill. t. Erdöl, 28 Mrd. m³ Erdgas). Wal- und Fischfang (1990: 1,75 Mill.
t), Schiffahrt. **c)** Außenhandel (1991):
Einfuhr 25,52 Mrd., Ausfuhr 33,89 Mrd.
$. **d)** Verkehr: Handelsflotte: 22,6 Mill.

Nostradamus

NORWEGEN	
Staatsname:	Königreich Norwegen, Kongeriket Norge
Staatsform:	Konstitutionelle Monarchie
Mitgliedschaft:	UNO, EFTA, Europarat, EWR, OSZE, NATO, Nordischer Rat, OECD
Staatsoberhaupt:	König Harald V.
Regierungschef:	Kjell Hagne Bondevik
Hauptstadt:	Oslo 467 000 Einwohner
Fläche:	323 895 km²
Einwohner:	4 318 000
Bevölkerungsdichte:	13 je km²
Bevölkerungswachstum pro Jahr:	Ø 0,45% (1990–1995)
Amtssprache:	Norwegisch
Religion:	Protestanten (88,5%)
Währung:	Norwegische Krone (nkr)
Bruttosozialprodukt (1994):	114 328 Mill. US-$ insges., 26 480 US-$ je Einw.
Nationalitätskennzeichen:	N
Zeitzone:	MEZ
Karte:	→ Skandinavien

Norfolkinsel

Norwegen

Norfolkinseln

Norwegen

BRT (1992); Eisenbahn 4044 km. **e)**
Verf. v. 1814 (mehrfach geändert):
Konstitutionelle Erbmonarchie (Haus
Schleswig-Holstein-Sonderburg-Glücksburg); Parlament (Storting) wählt ¼ seiner Mitglieder als Oberhaus (Lagting),
die übrigen bilden d. Unterhaus (Odelsting). **f)** Verw.: 19 Fylker (Prov.). **g)**
Gesch.: 1000 Einführung d. Christentums; Thronfehden bis 1240, Sieg d.
Kgtums; Vereinigung m. Dänemark
(1380) u. Schweden (1397 Kalmarer
Union); 1523 Loslösung Schwedens,
1814 Dänemarks, dafür wieder in Personalunion m. Schweden, aber mit eigener
Verf.; 1905 Auflösung d. Union u. Wahl
d. Prinzen Karl v. Dänemark als Håkon
VII. zum Kg v. Norwegen; 1925 wurde
Spitzbergen einverleibt, 1931 O-Grönland (Erich d. Roten Lund), dieses 1933
wieder an Dänemark abgetreten; trotz
Neutralitätspol. 1940–45 v. Dt. Reich
besetzt. Die s. 1970 geführten Verhandlungen über Vollmitgliedschaft z. EWG
scheitern 1972 durch ablehnenden
Volksentscheid; Verbleib i. d. EFTA u.
1973 Teilnahme an d. erweiterten Europäischen Freihandelszone; s. 1968
Entdeckung v. bed. Erdöl- u. Erdgasvorkommen vor der norweg. Küste (Ekofisk, Eldfisk, Valhall, Tor, Cod, Heimdal,
u. a.); 1993 Beitritt zum EWR; 1994 erneut Referend. gegen EU-Beitritt.
norwegische Literatur, im Mittelalter: Verbindung zur altisländ. Skalden-
u. Sagaliteratur. 16.–18. Jh.: Lit. in
dän. Sprache. 19. Jh.: Henrik Wergeland, Joh. S. C. Welhaven (Lyrik), Andreas Munch, Olavsson Vinje (Lyrik),
Arne Garborg; Dramatiker: Henrik Ibsen
u. Bjørnstjerne Bjørnson, Gunnar Heiberg; Epiker: Jonas Lie, Alexander Kielland. 20. Jh.: Knut Hamsun, Gabriel
Scott, Sigrid Undset, Olaf Duun, Joh.
Bojer, Nordahl Grieg, Joh. Falkberget,
Ronald Fangen, Trygve Gulbranssen,
Tarjei Vesaas.
Norwich ['nɔrɪdʒ], Hptst. der engl. Gft
Norfolk, 122 000 E; alte normann.
Kathedrale; Schuh-, elektrotechn.,
Masch.ind.; Nahrungsmittelfabriken.
Nossack, Hans Erich (31. 1. 1901 bis
2. 11. 1977), dt. Schriftst., surrealist.-
existentialist. Prosa; Nekyia; D. Fall
d'Arthez.
Nostalgie, w. [gr.], Heimweh; Sehnsucht nach Vergangenem.
Nostradamus, Michel de Notre-Dame
(14. 12. 1503–2. 7. 66), frz. Astrologe;
Centuries (umstrittene Prophezeiungen
bis 3000 n. Chr.).
Nostroguthaben [it. „unser"], Guthaben d. Banken bei anderen Banken.
Nota, w. [l.], (kaufmänn.) Rechnung; in
N. nehmen, vormerken; in N. geben, einen Auftrag erteilen.
Notabeln [frz.], angesehene, vornehme Personen; in Frkr. Mitglied d. kgl.
Ratsversammlung.
Notabelnversammlung, v. Kg berufene Vers.: Adel, Klerus u. 3. Stand
(Bürgertum) in Frkr. 1369–1788.
notabene [l. „merke wohl"], → NB.
Notar [l.], unabhängiger Träger eines
öff. Amts f. d. Beurkundung v. Rechtsvorgängen u. a. Aufgaben d. vorsorgenden Rechtspflege; führt Amtssiegel.
notariell, f. bes. wichtige Rechtsgeschäfte vorgeschriebene Form: Abgabe
der Erklärungen v. Notar (Grundstücks-,

Erbverträge, Gründung von AG, GmbH u. a.).

Notaufnahme, Erlaubnis z. ständigen Aufenthalt in BR u. West-Berlin für Dt.e aus d. SBZ/DDR aufgrund des N.-Gesetzes (NAG) vom 22. 8. 1950. Im N.-Verfahren ca. 2,3 Mill. aufgenommen, davon s. 13. 8. 1961 (Mauer in Berlin) 175 000 (ohne 165 000 *Übersiedler,* meist Alte, im Rahmen d. Familienzusammenführung). Laut Volkszählung 1961 kamen s. 1945 aus d. SBZ/DDR insges. 5,9 Mill. in d. BR; dav. 2,8 Mill. Vertriebene, die nach Zwischenaufenthalt weiterwanderten, ferner 3,1 Mill. *Deutsche aus der SBZ.* Nur 0,8 Mill. als *SBZ-Flüchtlinge* nach dem B.vertriebenengesetz anerkannt; Fluchtgrund bes. pol. Zwangslage; Hilfe aus d. Härtefonds d. → Lastenausgleichs.

Notbremse, meist mit Luftdruck betriebene Vorrichtung in Eisenbahn-, U-Bahn-Wagen u. ä.

Notdiebstahl, Diebstahl od. Unterschlagung geringwert. Gegenstände aus Not; wird in d. Regel nur auf Antrag verfolgt; mildere Bestrafung (§ 248a StGB).

Note [l.],
1) im *diplomat. Verkehr:* Eingabe, förml. Schriftstück; *Verbal-N.,* formlose, einfache sachl. Mitteilung diplomat. Charakters an eine fremde Reg.
2) svw. Banknote.
3) Prüfungsprädikat.
4) kaufmänn. Rechnung (→ Nota).
5) *Musik-N.,* Ton-Kennzeichen (→ Notenschrift, → Musik, Übers.).
6) Anmerkung (bes. *Fuß-N.*).

Notebook [engl. ′noutbʊk], PC, kleiner als e. → Laptop.

Notenbanken, Zentralbanken m. d. Recht d. Ausübung d. → Banknotenmonopols; regulieren die *Währungskurse* und den *Geldumlauf* durch Anpassung des Zahlungsmittelumlaufs an die Bedürfnisse der Wirtschaft, hpts. durch Ausweitung des Diskontkredits (Erhöhung od. Herabsetzung d. Diskontsätze: *Diskontpolitik*), ferner durch Kauf u. Verkauf v. Wertpapieren (→ *Offenmarktpolitik*) u. durch → *Mindestreserven.* Kreditbanken unterhalten Giroguthaben bei den N. *(Giralgeld),* sie können außerdem bei N. Rediskontkredit in Anspruch nehmen; dadurch N. zur „Bank der Banken" geworden, auf die als Liquiditätsquelle im Notfall zurückgegriffen werden kann; → Deutsche Bundesbank.

Notenmonopol → Banknotenmonopol.

Notenreserve, der Differenzbetrag an Banknoten zw. d. tatsächl. ausgegebenen u. d. gesetzl. zugelassenen Höchstmenge.

Notenschrift, Tonschrift d. Musik, besteht aus Notenschlüssel, Linien, Noten, Taktstrichen, Erhöhungs- u. Erniedrigungszeichen, Pausen usw.

Notenumlauf, Summe d. v. d. Notenbanken ausgegebenen, im Verkehr befindl. Banknoten; ergibt zus. m. d. Münzumlauf u. d. Giralgeld das Geldvolumen einer Volkswirtschaft (→ Geldmarkt, Schaubild).

Notenwechsel, Austausch v. → Noten zw. den Staaten.

Notfallsreaktion, Reaktion d. sympath. Nervensystems u. des Nebennierenmarks (Adrenalin-Ausschüttung) auf äußere Reize.

Notgemeinschaft der deutschen Wissenschaft, 1920 zur Förderung d. dt. Forschung u. d. wiss. Nachwuchses gegr.; 1951 m. Dt. Forschungsrat zur → Deutsche Forschungsgemeinschaft vereinigt.

Nothelfer, 14 kath. Hlge, d. in bes. Nöten angerufen werden: *Achatius, Ägidius, Barbara, Blasius, Christophorus, Cyriakus, Dionysius, Erasmus, Eustachius, Georg, Katharina, Margareta, Pantaleon, Vitus,* auch andere Zusammensetzungen mögl. → Rochus. Durchscheinen eines früheren Götterhimmels.

notieren [l.], aufzeichnen.

Notierung, an der *Börse:* Feststellung d. amtl. Kurse f. Wertpapiere und Devisen durch vereidigte Kursmakler.

Notifikation, förml. Mitteilung an anderen Staat.

Nötigung, zu einer Handlung, Duldung od. Unterlassung; strafbar, falls sie widerrechtl. durch Gewalt oder Drohung mit e. empfindl. Übel erfolgt (§ 240 StGB).

Notke, Bernt (um 1435–1509), dt. Maler u. Bildschnitzer d. Spätgotik im Ostseeraum; *Totentanz* (Tallinn); *St. Jürgen-Altar* (St. Nikolai, Stockholm).

Notker, Mönche v. St. Gallen:
1) *N. d. Stammler, Balbulus* (um 840 bis 6. 4. 912), alemann. Dichter; führte d. Sequenzen in den Kirchengesang ein.
2) *N. d. Deutsche, Labeo* (um 950–29. 6. 1022), dt. Übersetzer antiker Schriften; erste Orthographieregeln.

notleidende Forderungen, überfällige Forderungen mit zweifelhafter Einlösung. *Wechsel* sind notleidend, wenn Annahme od. Zahlung verweigert wird; *Aktien,* wenn mehrere Jahre die Dividende ausfällt; *Kupons* v. festverzinsl. Wertpapieren, wenn Einlösung nicht od. nur z. T. erfolgt.

Notopfer Berlin, bis 1957 erhobene steuerl. Abgabe z. Finanzierung v. Hilfsleistungen f. Berlin.

notorisch [l.], allgemein bekannt; berüchtigt.

Notre-Dame [frz. nɔtrə′dam „unsere (liebe) Frau (Maria)"], bes. Name der ihr geweihten Kirchen, z. B. in Paris, Rouen.

Notre-Dame-Schule, Mittelpkt d. mehrstimm. Kirchenmusik um 1200 in Paris; Hauptmeister: Leoninus und Perotinus.

Notsignal, Hilferuf,
1) in Bergnot durch regelmäßig sicht- u. hörbare Zeichen; in Luftnot → Mayday.
2) Zeichen eines in Not geratenen Schiffes (Raketen, Knallsignale, Signalflaggen, SOS m. Scheinwerfer od. Funk).

Notstand,
1) *staatsrechtl.* Katastrophenfälle, wie Krieg, Bürgerkrieg u. a., sowie die i. solchen Fällen z. Schutz d. Bevölkerung u. zur Erhaltung der Funktionsfähigkeit d. Staatsapparates getroffenen Sondermaßnahmen (z. B. Suspension best. Verfassungsartikel u. Grundrechte sowie Gesetzgebung durch Verordnungen). – In d. BR bes. **N.sverfassung** v. 1968 in Kraft, ermächtigt Regierung u. Behörden zur Abwehr drohender Gefahr f. d. Bestand od. d. freiheitl. Grundordnung d. Bundes oder eines Landes od. bei Naturkatastrophen zu entsprechenden Maßnahmen in allen Bereichen: durch Notstandsverf. alliierte Vorbehaltsrechte v. 1955 abgelöst. 4 sogen. einfache N.gesetze *(Wirtschafts-, Verkehrs-, Ernährungs- u. Wassersicherstellungsgesetz)* u. 2 Schutzgesetze (Selbstschutz, Schutzbau) bereits s. 24. 8. 1965 i. Kraft.
2) *strafrechtl.* an sich rechtswidrige Handlung zur Beseitigung einer nicht anders abwendbaren gegenwärtigen Gefahr für wichtige Rechtsgüter (z. B. Leben, Gesundheit, Freiheit, Eigentum) einer Person; straffrei, wenn N.shandlung in angemessenem Verhältnis zur Gefahr f. geschädigtes Rechtsgut steht (§§ 34 ff. StGB).
3) *zivilrechtl.* eine einer Person drohende Gefahr darf durch Beschädigung od. Zerstörung einer fremden Sache abgewendet werden, wenn d. Schaden nicht außer Verhältnis zu der Gefahr steht; Täter ist schadenersatzpflichtig, es sei denn, Gefahr drohte durch die Sache selbst: z. B. Hund *(jur.* eine Sache) fällt einen Menschen an; auch hier Schadenersatzpflicht, wenn N. (durch Reizen d. Hundes) selbst verschuldet (§§ 228, 904 BGB).

Notstandsarbeiten, Arbeitsbeschaffungsmaßnahmen (ABM) werteschaffende Arbeiten aus öffentl. Mitteln z. Verringerung d. Arbeitslosigkeit; f. Empfänger v. Arbeitslosenunterstützung Teilnahmepflicht auf Anordnung d. Arbeitsamtes.

Nottaufe, auch durch Laien vollziehbare Taufe bei Lebensgefahr eines Neugeborenen.

Nottestament → Erbrecht.

Nottingham [-ŋəm], Hptst. d. mittelengl. Gft *N.shire* (1,007 Mill. E), 274 000 E; Uni.; div. Ind.

Notturno [it.], → Nocturne.

Notverkauf, *Selbsthilfeverkauf,* bei Beanstandung der übersandten Ware kann Käufer, Spediteur od. Kommissionär Ware, falls sie dem Verderb ausgesetzt u. Gefahr im Verzug ist, öffentlich versteigern lassen.

Notverordnung, nach d. Weimarer Verfassung auf Grund v. Art. 48 Abs. 2 nur in Notzeiten zulässige VO des Reichspräs., ohne Mitwirkung d. Kabinetts; Reichstag hat das Recht, ihre Aufhebung zu verlangen; 1930–32 (Brüning) wiederholt angewendet.

Notwehr, d. zur Abwendung eines gegenwärtigen rechtswidrigen Angriffs gg. den Bedrohten oder einen anderen erforderl. Verteidigung; schützt vor Strafe u. Schadenersatzpflicht; *Putativ-N.* [l. „putare" = annehmen"], irrtüml. Annahme der Voraussetzung d. N.; Bestrafung wegen fahrläss. Tat, wenn Irrtum selbst auf Fahrlässigk. beruht; verpflichtet z. Schadenersatz, soweit Irrtum nicht entschuldbar.

Notwehrexzeß, Überschreitung d. Notwehr nicht strafbar, wenn er auf Verwirrung, Furcht od. Schrecken beruht; Schadenersatzpflicht, wenn Verschulden feststellbar (§§ 33 StGB, 227 BGB).

Notwendigkeit, *phil.* Bez. f. etwas, was aus d. Bereich d. Möglichk. heraus durch Hinzutreten weiterer Bestimmungsstücke ins Dasein gezwungen wird. Die N. verhält sich zur Möglichkeit wie d. Sosein zum Dasein.

Notzucht, svw. → Vergewaltigung.
Nouakchott [nuakʃ-], Hptst. d. Rep. Mauretanien, 600 000 E.
Nougat [frz. 'nu:-], → Nugat.
Nous → Nus.
Nouveau Réalisme [frz. nu'vo rea'lism „neuer Realismus"], in d. bild. Kunst um 1960 in Paris u. Mailand geogr. Richtung z. Wiederbelebung d. Dadaismus aufgrund e. neudefinierten Realismus; z. B. Verwendung wirkl. Abfallprodukte statt ihrer bildner. Darstell. in objektkünstler. Assemblagen; Vertr.: F. Dufrêne, Y. Klein, D. Spoerri, J. Tinguely. Ggs.: → Neuer Realismus.
Nouveau roman, m. [nu'vo rɔ'mã], nach 1945 in Frkr. entwickelte Form d. Romans, entstanden aus d. Mißtrauen gg. d. Tragfähigkeit einer erzählten Geschichte; kameramäßig eingefangene Bilder werden m. neuen erzählerischen Mitteln zu e. in sich geschlossenen Welt arrangiert; Hauptvertr.: *Robbe-Grillet, Sarraute, Butor, Simon, Mauriace.*
Nouveauté, s. [frz. nuvo'te:], Neuheit.
Nouvelle vague [frz. nu,vɛl 'vag], *Neue Welle,* Erneuerungsbewegung in frz. Film Ende der 50er Jahre; meist m. kleinen Budgets gemachte persönl. Filme einer Reihe junger Regisseure (z. B. *Le beau Serge,* 1959, v. Chabrol; *Les quatre cents coups,* 1959, v. Truffaut; *À bout de souffle,* 1960, v. Godard).
Nova, w. [l.], *astronom.* „neuer" Stern, der plötzlich aufflammt, sehr hell wird u. dann allmählich mit Schwankungen wieder schwächer wird; beruht auf explosionsartiger Aufblähung e. sehr entfernten, daher sehr schwachen oder unsichtbaren Sterns, dessen Helligkeit bis z. 100 000fachen d. Sonnenhelligkeit ansteigen kann; eine *Supernova* ist das Ergebnis gewaltiger Atomkern-Kettenreaktionen; Helligkeit übertrifft die der Sonne um das Hundertmillionenfache; im Milchstraßensystem bisher etwa 100 Novae und 3 Supernovae beobachtet; spektakulärstes Ereignis: die „Jahrhundert-Supernova" SN 1987a in der großen → Magellanschen Wolke.
Novalis, eigtl. *Friedrich Leopold Frh. v. Hardenberg* (2. 5. 1772–25. 3. 1801), dt. Dichter d. Frühromantik; Liebe zu Sophie v. Kühn *(Hymnen an d. Nacht),* von seinen Studienheften und Niederschriften nur *Fragmente* veröffentlicht, grundlegend für Phil., Staatsauffassung u. Weltgefühl der Romantik; Roman: *Heinrich v. Ofterdingen* (m. d. Symbol der „blauen Blume").
Novara, Hpst. der oberit. Provinz *N.,* 103 000 E; Textil-, chem.- u. Masch.ind. – Kirche S. Gaudenzio mit Kuppelturm (1844–88).
Nova Scotia ['noʊvə 'skoʊʃə], → Neuschottland.
Novation [l.], Aufhebung eines Schuldverhältnisses unter Begründung eines neuen, das an die Stelle des alten treten soll.
Novecento [nove'tʃɛnto „neunhundert", it. Bez. f. d. 20. Jh.]; 1919 v. Chirico, Carrà, Sironi u. a. gegr. Vereinigung it. Künstler z. Rückbesinnung auf d. traditionellen Wertvorstellungen der it. Kunst *(disciplina, serenità, compostezza,* „Ordnung, Klarheit, Anstand"); f. konventionelle Formen im neoklassizist. Stil (m. Neigung z. Monumental-Heroischen); zwar ideell teils v. Faschis-

mus beeinflußt, aber o. Bereitschaft z. künstler. Propaganda.
Novelle, w. [it. „kleine Neuigkeit"],
1) *Recht* u. *Politik:* Gesetzesnachtrag.
2) i. d. *Literatur* s. dem 14. Jh. (Boccaccio) Erzählgattung; nach Goethe Darstellung einer „unerhörten Begebenheit", meist beruhend auf e. zentralen Konflikt; aus d. N. Entwicklung zur Kurzgeschichte.
November, im altröm. Kalender 9. [l. „novem = neun"], heute 11. Monat (30 Tage); altdt.: *Nebelung.*
Novembergruppe, in d. Künsten u. d. Architektur Dtlds 1918 bis (z. gewaltsamen Auflösung) 1933 loser Zus.-schluß künstler. radikaler Vertr. versch. Gattungen z. Förderung zeitgenöss. Strömungen; Initiatoren M. Pechstein, C. Klein; Mitgl. u. a. Feininger, Kandinsky, Klee, Gropius, Mies van der Rohe.
Novemberrevolution, Rev. in Dtld im Nov. 1918; nach d. mil. Zus.bruch durch d. Meuterei d. Marine in Kiel ausgelöst, führte z. Ausrufung d. Republik (→ deutsche Geschichte, Übers.).
Novi Sad → Neusatz.
Novität, w. [l.], Neuigkeit, Neuerscheinung.
Noviziat, s. [nl.], (mindestens) 1jähr. Probezeit in kath. Klöstern für Neulinge *(Novizen),* vor Ablegung der Mönchsod. Nonnengelübde.
Novotný, Antonín (10. 12. 1904–28. 1. 75), tschech. Pol.; 1957–68 Präs. und Erster Sekr. d. KPČ.
Novum, s. [l.], etwas Neues, Erstmaliges.
Nowaja Semlja, russ. Doppelinsel im Eismeer, zw. Barentssee u. Karischem Meer, 82 619 km²; durch *Matotschkinstraße* in N-Insel (48 904 km²) und S-Insel (33 275 km²) geteilt; meteorolog. Stationen; Atomversuche; Pelztierjagd, Lachsfang; Pyrit- und Kupfervorkommen. – 1594–97 v. Barents erforscht.
Nowgorod, St. am Wolchow, Hptst. d. russ. Gebiets *N.,* 229 000 E; im 9. Jh. v. Warägern gegr. Hptst. d. Staates *N.,* im 13. u. 14. Jh. Hansest.
Nowokusnezk, 1932–61 *Stalinsk,* russ. Ind.st. in W-Sibirien, Mittelpkt des Kusnezker Kohlenbeckens, 600 000 E; Hüttenwerke, Aluminiumwerke.
Nowomoskowsk, bis 1962 *Stalinogorsk,* russ. Stadt im Gebiet Tula, 146 000 E; Braunkohlenbergbau, chem. Ind.
Noworossijsk, russ. Hafenst. a. d. NO-Küste d. Schwarzen Meeres, 186 000 E; Erdölraffinerie.
Nowosibirsk, Hptst. d. russ. Gebietes *N.,* am r. Ob-Ufer, 1,44 Mill. E; Kfz-, Textilind.
Noxe, w. [l.], Schädlichkeit, Krankheitsursache.
Np, *chem.* Zeichen f. → *Neptunium.*
NPD, Abk. f. = **N**ationaldemokratische **P**artei **D**eutschlands.
NPG, Nukleare **P**lanungs**g**ruppe der NATO, bestehend aus d. Verteidigungsmin. d. NATO-Länder.
NRT, Abk. f. **N**etto- → **R**egister**t**onne.
NSDAP → Nationalsozialismus.
N. T., Abk. f. **N**eues **T**estament.
NTSC, am. Farbfernsehverfahren, **N**ational **T**elevision **S**ystem **C**ommittee entwickelt, von Japan und Kanada übernommen (→ Fernsehen).

Novalis

Nuance, w. [frz. ny'ās], Abstufung.
Nubien, Nilland zw. Khartum u. Assuan; Ruinen aus altägypt. bis röm. Kaiserzeit; z. T. die *Nubische Wüste.* – Seit 6. Jh. christl. Reich, um 1300 mohamm., 1820 ägypt., 1900 zw. Ägypten u. Sudan aufgeteilt.
Nubier, *Nuba,* bronzefarbenes Volk im O-Sudan v. → äthiopidem Rassentypus, Mohammedaner.
Nubuk [engl.], wildlederähnl. Rindsoder Kalbsleder.
Nudismus, m. [l.], Freikörper-, Nacktkultur.
Nudist, Anhänger des Nudismus.
Nudität, w. [l.], Nacktheit.
Nugat, m. od. s., frz. *Nougat,* Konfekt aus Nuß-, Mandelstückchen in Honig u. Schokoladenmasse.
Nugget, s. [engl. 'nʌgɪt], reine Goldklumpen.
Nujoma [-'dʒo-], Sam (* 12. 5. 1929), s. 1990 Staatspräs. v. Namibia.
nukleare Strategie, *Nuklearstrategie,* im Zeitalter des → kalten Krieges f. d. atomaren Konflikt entwickelte Strategien d. „massiven Vergeltung"; → Flexible response.
Nuklearmedizin, Theorie und Praxis der Diagnose u. Therapie mit radioaktiven → Isotopen.
Nukleinsäuren, bes. im Zellkern *(Nukleus)* vorkommende hochmolekulare stickstoff- u. phosphorhaltige Verbindungen; chem. unterschieden als Mono- u. Poly-→ Nukleotide sowie → Nukleoside; wichtig f. → Vererbung, → Desoxyribonukleinsäure, f. Synthese v. → Eiweiß (RNA).
Nukleolus, *Kernkörperchen,* kugelige Gebilde, die einzeln od. zu mehreren i. ruhend. (nicht i. Teilung begriffenen) Zellkern eingeschlossen sind; enthalten Ribonukleinsäuren.
Nukleonen, Bez. für → Elementarteilchen, die im Atomkern *(Nukléus)* auftreten.
Nukleoproteide, aus → Nukleinsäuren u. Eiweiß zusammengesetzte Stoffe; wichtigste Bestandteil d. Zellkerne, ferner i. Zellplasma u. Sekreten (→ Vererbung, Übers.).
Nukleoside, aus Pyrin- od. Pyrimidinbase u. Kohlenhydrat bestehende Verbindungen; → Nukleinsäuren.
Nukleosynthese, *Elemententstehung,* Bildung der Elemente, die schwerer als Wasserstoff sind; *primordiale N.:* Entstehung von → Deuterium, Helium, Lithium während d. frühen Phasen des Universums; *stellare N.:* Aufbau schwerer Elemente durch Kernreaktionen in Sternen.
Nukleotide, aus Purin- od. Pyrimidinbase, Kohlenhydrat u. Phosphorsäure bestehende Verbindungen; → Nukleinsäuren; die aus vier *Mononukleotiden* zusammengesetzten *Polynukleotide* Ribonukleinsäure u. → Desoxyribonukleinsäure haben wichtige biol. Funktionen (→ Zellkernteilung, → Vererbung, Synthese v. → Eiweiß).
Null [l. „nullus = keiner"], die Zahl, welche, zu and. Zahlen addiert (subtrahiert), diese ergibt; mit einer Zahl multipliziert, gibt sie wieder Null.
Nullhypothese, Arbeitshypothese bei statistischer Auswertung eines Experiments; besagt, daß zwei Meßdaten nur zufällig unterschiedlich hoch sind.

Nullmeridian, *m.,* der → Meridian v. Greenwich.
Nullpunkt, Anfangspunkt einer Skala, trennt positive u. negative Werte. Auch → *absoluter Nullpunkt.*
Nulltarif, d. unentgeltl. Benutzung d. Nahverkehrsmittel.
nullum crimen sine lege, *nulla poena sine lege* [l.], „kein Verbrechen ohne Gesetz"; „keine Strafe ohne Gesetz", Grundsatz des Strafrechts, daß eine Tat nur dann bestraft werden kann, wenn sie zur Zeit ihrer Begehung gesetzl. mit Strafe bedroht war (Verbot d. Rückwirkung v. Strafgesetzen, Grundsatz des Rechtsstaats).
Numantia, alte iberische St. i. Spanien, 133 v. Chr. von Scipio d. J. zerstört.
Numa Pompilius, 2. d. sagenhaften 7 röm. Kge.
Nümbrecht (D-51588), Gem. u. Luftkurort im Oberbergischen Kreis, NRW, 14 684 E; Fremdenverkehr.
Numea, *Nouméa,* früher *Port-de-France,* Hptst. d. frz. Insel Neukaledonien, 65 000 E.
Numeiri, Jaafar Mohammed al (* 1. 1. 1930), sudanes. Gen. u. Pol.; s. 1969 Staatspräs., im April 1985 v. Gen. Dahab gestürzt.
Numen, *s.* [l.], Gottheit; göttl. Wesen u. Wirken.
Numeri [l.], 4. Buch Mose im A. T. (Volkszählung u. Gesetzestexte).
numerieren [l.], fortlaufend zählen, beziffern.
numerisch, zahlenmäßig.
numerische Steuerung, *NC,* Werkzeugmaschinensteuerung; → Steuerung d. Bewegungsabläufe einer Werkzeugmaschine durch digitale Informationen, aus Datenträgern (z. B. Magnetband, Lochstreifen) od. direkt eingebauten → Mikrocomputern (→ CNC; flexiblere Anwendung); extra geschaffene → Programmiersprachen (z. B. APT, EXAPT).
numerische Wettervorhersage, Forschungszweig der synopt. Meteorologie; beschäftigt sich m. d. math. Vorhersage des Wetters m. Hilfe v. Elektronenrechnern.
Numerus [l. „Zahl"], *math.* → Logarithmus.
Numerus clausus [l. „geschlossene Zahl"], zahlenmäßige Beschränkung v. Anwärtern f. Ämter od. einzelne Studiengänge.
Numidien, altes Kgr. in N-Afrika (Algerien), 46 v. Chr. röm. Prov.
Numismatik, *w.* [gr.], Münzkunde.
Nummulitenkalk, besteht aus scheibenförm. Gehäusen tertiärer einzelliger Meerestiere (Foraminiferen).
Nunatak, *m.,* Mz. *Nunatakker,* in Grönland u. Antarktis aus dem Inlandeis herausragender Berg.
Nuntius [l. „Bote"], diplomat. Vertreter d. Vatikans b. auswärt. Regierungen; im Rang e. Botschafters.
Nuragen, *Nuraghs,* vorgeschichtl. kegelförm. Wohn- u. Verteidigungstürme aus Stein auf Sardinien (um 1500–500 v. Chr.); ähnl. auf den Balearen *(Talayoten)* u. in Schottland *(Brochs).*
Nürburgring, Auto- u. Motorradrennstrecke in der Eifel *(Ruine Nürburg.*
Nurejew, Rudolf (17. 3. 1938–6. 1. 93), russ. Ballettänzer u. Choreograph.
Nurmi, Paavo (13. 6. 1897–2. 10.

Rudolf Nurejew

1973), finn. Langstreckenläufer; siebenfacher Olympiasieger 1920–28.
Nürnberg (D-90402–91), krfreie St. i. Mittelfranken, an der Pegnitz, Bay., 493 131 E; z. T. ma. Stadtbild, berühmte Bauten d. Gotik und Renaissance (Albrecht-Dürer-Haus, Mauthalle, Burg, Stadtbefestigung, Sebaldus-, Lorenz-, Frauenkirche); berühmtes Rathaus; German. Nat.museum, Spielzeugmus., Stadtbibliothek, Archive, Theater, Tiergarten, Verkehrsmuseum, Planetarium, Wirtsch.-, Sozialwiss. u. Erz.wiss. Fak. d. Uni. Erlangen-N., PH, Akad. d. bildenden Künste u. f. angewandte Technik; Bundesanst. für Arbeit, IHK, Arbeitsger., Landesgewerbeanstalt, OLG, LG, AG; O.finanzdir., BD, OPD; Ind.: Elektro-, Masch.-, Fahrzeugbau, Spielwaren, Lebkuchen, Bleistifte, Brauereien, Flughafen, Intern. Spielwarenmesse. Hafen a. Rhein-Main-Donau-Kanal. – Seit 1050 erwähnt; seit d. 13. Jh. Reichsstadt. (Reichstage: 1424–1796 u. 1938–45 Reichskleinodien i. N.). Kämpfe um d. Unabhängigkeit gg. d. Burggrafen v. N., d. 1427 St. ihre Burg verkauften; im 15. u. 16. Jh. Blüte v. Kunst u. Wissenschaft (Dürer, Krafft, Stoß, Vischer, Beham, Pirckheimer, Hans Sachs); s. 1524 führend i. d. Reformation; 1806 bayr.; 1835 1. Dt. Eisenbahn v. N. nach Fürth; U-Bahn seit 1972.
Nürnberger Eier [„örlein = kl. Uhr"], Name der eiförmigen, im 16. Jahrhundert in Nürnberg hergestellten Taschenuhren.
Nürnberger Gesetze, die vom Dt. Reichstag in Nürnberg 1935 beschlossenen Ausnahme-(Rassen-)Gesetze:
1) *Ges. zum Schutze d. dt. Blutes,* stellte Eheschließungen sowie jeden Verkehr zw. Juden u. Staatsangehörigen „dt. oder artverwandten Blutes" unter schwere Strafen;

Nürnberg, *Burg*

Nürnberg, *Dürerhaus*

2) *Reichsbürgerges.,* ließ als Reichsbürger nur Staatsangehörige („dt. oder artverwandten Blutes") gelten, Grundlage f. den Zwang des Nachweises „arischer" Abstammung; 1945 außer Kraft gesetzt.
Nürnberger Prozesse, nach dem 2. Weltkr. gemäß Abkommen zw. den 4 Besatzungsmächten i. Dtld aufgrund ei-

nes eigens aufgestellten Verfahrensstatuts durchgeführte Prozesse gg. Kriegsverbrecher (→ Kriegsverbrechen).
1) vor dem Intern. Mil.-Tribunal *(IMT)* 1945/46 gg. die oberste Führerschaft des Nat.-Soz. sowie gg. Reichsreg., Gen.stab u. Oberkommando d Wehrmacht, SS, SA u. einige weitere NS-Organisationen; von 22 Angeklagten wurden verurteilt: 12 zum Tode durch den Strang, 7 zu Gefängnisstrafen (v. 10 J. bis lebenslängl.), 3 freigesprochen; zu verbrecher. Organis. erklärt: Führerkorps d. NSDAP, Gestapo, Sicherheitsdienst (SD) u. SS.
2) weitere Prozesse bis April 1949 vor am. Mil.gerichten gg. bestimmte Gruppen: Ärzte (Mißbrauch u. Tötung von Menschen zu Versuchszwecken), Juristen, Industrielle, Generale, Diplomaten.
Nürnberger Trichter, scherzhaft für eine Lehrweise, bei der dem Schüler der Lehrstoff stumpfsinnig „eingetrichtert" wird (nach *Poet. Trichter* vor. → Harsdörffer, 17. Jh.).
Nurse [engl. nə:s], Amme, Krankenpfleger(in).
Nürtingen (D-72622), St. i. Kr. Esslingen, am Neckar, Ba-Wü., 38 990 E; AG; IHK; Strickwaren-, Masch.ind.; Heilquelle.
Nus, *m.* [gr. Geist, Intellekt], Bez. der Weltseele bei Anaxagoras; bei Platon u. Aristoteles d. „denkende Seele" d. Menschen; b. Aristoteles auch Bezeichnung f. Gott.
Nuß, trockenschalige, nicht aufspringende Frucht (z. B. *Haselnuß*).
Nußbaum, Felix (11. 12. 1904–9. 8. 44), dt. Maler u. Graphiker; z. teils vom Stil d. Neuen Sachlichk. beeinflußtes Werk (u. a. im Mus. s. Geburtsstadt Osnabrück) zeugt auch autobiograph. v. Schicksal e. jüd. Künstlers in Dtld.
Nußbaum, Bäume m. Fiederblättern, männl. Kätzchenblüten u. grünschaligen Steinfrüchten; *Walnuß* aus Asien, versch. Spielarten; Nüsse eßbar, Holz sehr wertvoll, ebenso des *Am. N.*
Nüstern, Nasenlöcher, bes. des Pferdes.
Nut, rinnenförmige, meist durch Nutenfräser hergestellte Vertiefung bei Maschinenbau od. Holzfabrikation, in die der dazugehörige Teil (Keil od. Feder) eingepaßt wird.
Nutation [l.], Unregelmäßigkeit i. d. Kreiselbewegung (→ Präzession) d. Erdachse m. e. Periode v. 18,6 Jahren u. e. Amplitude v. 9,6 Bogensek.; Ursache: Drehung d. Mondbahnebene; der Präzession überlagert, aber viel kleiner als diese.
Nutria, *w., Biberratte, Sumpfbiber,* südam. Nagetier, halb so groß wie Biber; Felle mit dichter Unterwolle (hpts. am Bauch).
Nutzeffekt, svw. → Wirkungsgrad.
Nutzlast, die für Transportzwecke nutzbare Ladefähigkeit, oft größer als d. Eigengewicht eines Fahrzeuges.
Nutzleistung, bei Motoren die wirklich verwendbare Kraftleistung; *indizierte Leistung:* Leistung am Zylinder einer Kraftmaschine (= Nutzleistung + Reibungsverluste).
Nützlinge, Lebewesen, die sich von Schädlingen ernähren, → biologische Schädlingsbekämpfung.
Nutznießung, früher das gesetzl. dem

Nürnberg, *Schöner Brunnen*

Ehemann am eingebrachten Gut der Frau u. dem Vater am Vermögen des Kindes zustehende Recht.
Nutzungsdauer, Verwendungsdauer e. betriebl. Anlageguts.
Nutzungsrecht, d. Recht, eine fremde Sache od. Recht zu eigenem Vorteil zu benutzen (→ Nutznießung, → Nießbrauch).
Nuuk, dän. *Godthåb,* Hptort v. Grönland, a. d. W-Küste, 12 000 E.
NVA → Nationale Volksarmee.
NWIO, Abk. f. **N**eue **W**elt**i**nformations**o**rdnung, auch *Neue Intern. Informationsordnung (NIIO),* Forderung d. Entwicklungsländer, die d. Struktur d. Informationsaustausches m. d. Industrienationen als einseitig ausgerichtet empfinden (z. B. Nachrichten, TV-Programme, Bücher etc.); erstmals auf d. Gipfel d. → blockfreien Staaten 1973 in Algier Forderung n. freiem u. ausgewogenem Informationsfluß durch staatsbürokratisch organisierte Eigenkontrolle d. Medien in d. Entwicklungsländern.
NWWO, Abk. für **N**eue **W**elt**w**irtschafts**o**rdnung, Forderung d. Entwicklungsländer nach e. Änderung d. Wirtschaftsbeziehungen zw. Industrieländern u. Entwicklungsländern, m. d. Ziel e. größeren Teilhabe am Nutzen d. Weltwirtschaft (z. B. Ausgleichsforderungen v. Kolonialismusschäden, Abschaffung von Handelshemmnissen, technolog. Zusammenarbeit).
Nyborg [ˈnybɐ'], dän. Hafenst. an der O-Küste Fünens, 18 000 E; Eisenbahnfähre nach Korsør (Seeland).
Nyerere, Julius Kambarage (* März 1922), afrikan. Pol.; s. 1962 Staatspräs. von Tanganjika, 1964–85 Präs. v. Tansania.
Nyíregyháza [ˈnjiːrɛdjhaːzɔ], Hptst. des ungar. Komitats Szabolcs-Szatmár in der oberen Theiß-Tiefebene, 119 000 E; griech.-kath. Bistum; Maschinen- u. Zementfabriken; Ölmühlen.
Nykänen, Matti (* 17. 7. 1963), finn. Skispringer; fünfmal. Olympiasieger (1984 Großschanze u. Mannschaft, 1988 Normal-, Groß- u. Mannschaft), Skiflug-Weltrekordhalter m. 191 m (1985 in Planica).
Nykøbing, Stadt auf der dänischen Insel Falster, an der W-Küste, 25 000 E.
Nyköping [ˌnyːç-], Hptst. d. schwed. Län Södermanland, 65 000 E; Baumwollspinnereien, Sägewerke.
Nykturie [gr.], vermehrte Harnausscheidung während der Nacht, Zeichen für Diabetes, Herz-, Nierenkrankheit.

Walnuß

Nylon®, s. [ˈnaɪ-], synthet. Faserstoff (→ Chemiefasern) aus der Gruppe der Polyamide.
Nymphe, letztes Larvenstadium b. Insekten m. unvollkomm. Verwandlung.
Nymphen, weibl. Naturgottheiten der griech. u. röm. Mythologie; versch. Erscheinungsformen: *Meer-, Quell-, Berg-, Wald-, Baum-N.*
Nymphenburg, Stadtteil von München mit barockem Lustschloß (1663 bis 1728) und Park; Porzellanmanufaktur s. 1761.
Nymphenburger Porzellan, aus d. 1747 gegr., s. 1761 in Nymphenburg angesiedelten Manufaktur; Produkte im jew. Zeitstil, später auch Nachbildungen v. Stücken aus d. Rokoko (z. B. d. Komödienfiguren nach Entwürfen F. A. Bustellis).
Nymphomanie [gr.], krankhaft gesteigerter Geschlechtstrieb bei Frauen.
Nystad, finn. *Uusikaupunki,* kl. Hafenst. am Bottn. Meerbusen. – 1721 Friedensschluß d. → Nord. Kriegs.
Nystagmus, unwillkürliches Augenzittern bei Schwachsichtigkeit, Krankheiten u. Schädigungen d. Gehirns.
Nyx, w. [„die Nacht"], griech. Göttin d. Nacht, aus d. Chaos entstanden u. Mutter d. Todes u. d. Schlafes.

Schloß Nymphenburg

O,
1) *geograph.* = Osten.
2) *chem.* Zeichen f. → *Sauerstoff* (lat. *oxygenium*).

O', in irischen Namen Enkel, Abkömmling, Sohn (z. B. *O'Neill*, Sohn des Neill).

OAE → OAU.

Oahu, Hawaii-Insel, 1564 km², 838 500 E; Hptst. *Honolulu.*

Oakland ['ouklənd], Hafen- u. Ind.st. in Kalifornien (USA), am O-Ufer der Bucht von San Francisco, 372 000 E; Werften, Erdölraffinerien, Kfz- u. Flugzeugind.; durch 13 km lange Brücke mit → San Francisco verbunden.

Oak Ridge ['ouk 'rɪdʒ], 1942 gegr. St. im O d. US-Staates Tennessee, 28 000 E; Atomforschungszentrum.

OAPEC, Abk. f. *Organization of Arabian Petroleum Exporting Countries,* Organisation d. arab. Erdölländer in der → OPEC.

OAS,
1) *Organization of American States,* auch *Rio-Pakt,* 1948 gegr. Organis. z. Sicherung d. rechtl. u. territorialen Unverletzlichkeit des am. Kontinents; 35 Mitgliedstaaten; → Panamerikanische Union.
2) *Organisation de l'Armée Secrète,* rechtsextremist. frz.-alger. Geheimorganisation, versuchte mit Terrorakten das Verbleiben Algeriens im frz. Staatsverband zu erzwingen.

Oasen, Vegetationsinseln in der Umgebung von Süßwasservorkommen in Wüsten (z. B. *Biskra*).

OAU, Abk. f. *Organization of African Unity,* → Organisation für Afrikanische Einheit (OAE).

Oaxaca [oa'xaka], Staat i. S Mexikos, am Pazifik; 93 952 km², 3,02 Mill. E; Anbau von Weizen, Mais, Tabak, Kaffee; Hptst. *O. de Juárez* (212 943 E).

Ob, größter Fluß u. wichtigste Wasserstraße W-Sibiriens, mit Irtysch 5410 km l. (3500 km schiffbar), mündet ins Nördl. Eismeer.

Obazda [bayr. „Angebatzter"], zerdrückter Camembert m. rohen Zwiebeln.

Obduktion [l.], svw. Sektion, Autopsie, Leichenöffnung zur Feststellung der Todesursache.

O-Bein, O-förmige Verbiegung eines od. beider Beine; b. Innenknöchelschluß verschieden großer Kniebinnenabstand; angeboren od. erworben durch Belastung od. Fehlwachstum.

Obelisk, *m.* [gr. „Bratspieß"], pyramidenförmig zugespitzter Granitpfeiler, urspr. v. ägypt. Tempeln als Sonnensymbol, oft m. hieroglyph. Inschriften; auch → Monolith.

Oberammergau (D-82487), Gem. i. Kr. Garmisch-Part., Oberbay., 5339 E; Luftkurort, Wintersportpl., Staatl. Holz- u. Bildhauerschule. – Seit 1634 (als Dank für Befreiung v. d. Pest) alle 10 Jahre v. Einwohnern aufgeführte *Passionsspiele.*

Oberamtsrat → Amtmann.

Oberbau, im Eisenbahnbau Gleise, Schwellen u. ihre Bettung (→ Tafel Eisenbahn).

Oberbayern, Rgbz. Bayerns, Alpenvorland u. Alpengebiet, 17 529 km², 3,85 Mill. E; Hptst. *München.*

Oberbergischer Kreis, Ldkr. i. Rgbz. Köln, NRW, m. Krst. Gummersbach.

Oberbruch-Dremmen, s. 1972 zu → Heinsberg.

Oberbundesanwalt, Vertreter d. öff. Interessen in Verfahren beim B.verw.gericht.

Oberdeutsch → deutsche Mundarten.

Oberer See, engl. *Lake Superior,* der westlichste der Großen Seen, auf der Grenze zw. USA u. Kanada, größter Süßwassersee der Erde, 82 103 km², 183 müM, bis 393 m tief, an den Küsten Kupfer- und Eisenerzlager; bedeutendster Hafen *Duluth.*

oberflächenaktiv, Stoffe, welche die Oberflächen- (in Systemen Flüssigkeit/Gas) oder d. Grenzflächenspannung (in Systemen Flüssigkeit/Flüssigkeit) herabsetzen; o.e Lösungen (Wasch-, Spül-, → Netzmittel) benetzen feste Flächen besser als reines Wasser.

Oberflächenspannung, Wirkung d. Molekularkräfte an der Grenze von Flüssigkeiten, bewirkt stets e. resultierende Kraft nach innen, auf Verkleinerung d. freien Oberfläche hinzielend (z. B. Tropfenbildung, → Meniskus).

Oberfranken, bayr. Rgbz., zw. Frankenwald, Steigerwald u. Fichtelgebirge, 7231 km², 1,10 Mill. E; Hptst. *Bayreuth.*

Obergaden → Lichtgaden.

Oberhaus, *House of Lords,* 1. Kammer des engl. Parlaments; Vertreter des Hochadels, der hohen Geistlichkeit, höchste Justizbeamte u. bes. vom Kg ernannte Mitglieder; bei Budgetfragen lediglich aufschiebendes Vetorecht.

Oberhausen (D-46045–149), krfreie St. an d. Ruhr, NRW, 224 563 E; AG; Theater, Schloß; Bergbau, Eisen-, Stahl-, Maschinen-, Apparatebau- u. chem. Ind.; Intern. Kurzfilmtage seit 1955.

Oberhessen, Landschaft: östliche Taunusausläufer, Wetterau, Gießener Becken, Vogelsberg.

Oberhof (D-98559), heilklimat. Kurort u. Wintersportplatz im Thüringer Wald, Kr. Suhl, 825 müM, 2288 E.

Oberkochen (D-73447), St. im Ostalbkr. (D-73447), St. im Ostalbkr., Ba-Wü., 496 müM, 8551 E; Werkzeugind., nach 1945 opt. Werke Carl Zeiss (Jena) mit Museum.

Oberkommando der Wehrmacht, *OKW,* von 1938–45 in der dt. Wehrmacht oberste Kommando- u. Verwaltungsbehörde, entstand aus dem Wehrmachtsamt im Reichskriegsmin.

Oberkreisdirektor, in Nds. u. NRW neben dem gewählten Landrat oberster kommunaler Beamter eines Landkreises.

Oberlahnstein, St.teil v. → Lahnstein.

Oberländer, Adolf (1. 10. 1845–29. 5. 1923), dt. Karikaturist *(Fliegende Blätter).*

Oberlandesgericht, *OLG,* Kollegialgericht mit Zivil- und Strafsenaten (→ Rechtspflege, Übers.).

Oberleitungsbetrieb, Speisung el. Fahrzeuge aus *Fahrdraht* über der Fahrbahn.

Oberlin, Johann Friedrich (31. 8. 1740 bis 1. 6. 1826), ev. Pfarrer im Steintal (Elsaß), gründete als erster eine Kinderbewahranstalt („Kleinkinderschule").

Obermeister, Vorstand einer Innung.

Obernburg a. Main (D-63785), St. i. Kr. Miltenbg., Unterfranken, Bay., 8047 E; AG; Mus. „Römerhaus", ma. Türme u. Tore; Textil- u. chem. Ind.

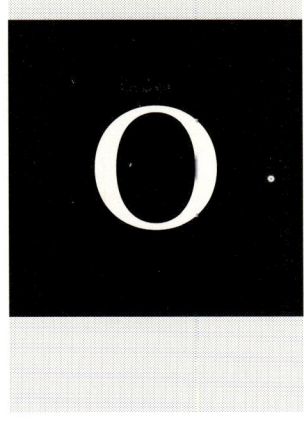

Trichteroase bei El Quec, Sahara

Obelisk, *Istanbul*

Oberammergau, *Passionsspiele*

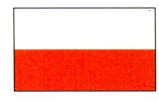

Oberösterreich

Oberon, Elfenkönig, Gestalt der altfrz. Dichtung d. 12. Jh.; später bei Shakespeare *(Sommernachtstraum)* u. Wieland; Oper von Weber.

Oberösterreich, östr. Bundesland, von d. Donau durchflossen, teilweise gebirgig: i. S Alpenvorland u. Teil der Nördl. Kalkalpen, zahlreiche Seen im S; im N (nördl. der Donau) Böhm. Massiv. Ackerbau, Viehzucht, Holz, Eisen-, Textilind.; Salzgewinnung (Hallstatt), Fremdenverkehr; 11 980 km², 1,39 Millionen E; Hptst. *Linz.*

Oberpfalz, bayr. Rgbz., vom Fichtelgebirge bis zur Donau, zw. Fränk. Jura u. Böhmerwald, 9691 km², 1,02 Mill. E; Hptst. *Regensburg.*

Oberpfälzer Wald, nordw. Teil d. Böhmerwaldes (zw. Furth im Wald u. Fichtelgebirge), um 900 m.

Oberpräsident, im ehem. Preußen Leiter der Verwaltung einer Provinz.

Oberrealschule, frühere Bez. für Naturwissenschaftl. Gymnasium; Schwerpunkte: Deutsch, Math., Naturwiss. u. neuere Fremdsprachen (→ Schulwesen, Übers.).

Oberrheinisches Tiefland, Grabenbruch zwischen Schwarzwald u. Odenwald i. O, Vogesen u. Hardt i. W, 300 km l., 30 km br.; wärmstes Gebiet Dtlds.

Obers, östr. f. Rahm, süße Sahne; *Schlagobers.*

Obersalzberg, dem Hohen Göll vorgelagerter Berg, 1000 m, bei Berchtesgaden.

Oberschlema, früher *Radiumbad O.,* jetzt Vorort v. Schneeberg, im sächs. Erzgebirge, Uranbergbau.

Oberschlesien, *Górny Śląsk,* der südöstl. Teil Schlesiens; zerfällt in:
1) das fruchtbare Tiefland an der Oder;
2) die Sudetenvorberge;
3) das Hügelland am W-Rand d. Poln. Platte m. d. Tarnowitzer Platte u. dem Schles.-Poln. Landrücken, dazwischen die Beuthener Kohlenmulde; Flüsse: *Ruda, Birawka, Klodnitz, Malapane, Stober* sind rechte, *Zinna, Glatzer Neiße* linke Nebenflüsse d. *Oder;* reiche Bodenschätze: Steinkohle, Zink-, Blei-, Brauneisenerze, Galmei.

Oberschule, svw. höhere Schule, Gymnasium, in NS-Dtld Bezeichnung f. → Oberrealschule (→ Schulwesen, Übers.).

Oberst, *Oberstarzt,* höchster mil. Dienstgrad d. Stabsoffiziere; Marine: Kapitän zur See.

Oberstadtdirektor, i. Nds. u. NRW neben gewähltem Oberbürgermeister oberster Gemeindebeamter.

oberständig,
1) *Botanik:* Stellung des Fruchtknotens oberhalb des Kelchs, von Blütenkrone eingehüllt.
2) *Zoologie:* bei Fischen: m. vorspringendem Oberkiefer.

Oberstdorf (D-87561), Markt i. Kr. Oberallgäu, Bay., heilklimat. Kneipp- u. Schroth-Kurort, Wintersportplatz, 843 müM, 10 674 E; Nebelhorn, Fellhorn- u. Söllereckbahn. B.leistungszentrum f. Eiskunstlauf, Skiflugschanze.

Oberste Heeresleitung, *OHL,* im 1. Weltkr. d. mil. Oberkommando d. Feldheeres, zuletzt bei P. v. Hindenburg.

Oberster Sowjet, s. 1936 höchste gesetzgebende Körperschaft d. ehem. Sowjetunion, besteht aus 2 Kammern: d.

Unionsrat u. d. *Nationalitätenrat* (m. je 271 Mitgliedern); 1989–91 vom Kongreß der Volksdeputierten als ständig tagendes Parlament gewählt.

Oberth, Hermann (25. 6. 1894–28. 12. 89), dt. Math., Phys. u. Raketentechniker; Theorie d. Weltraumfahrt m. Raketen.

Obertöne, mit dem Grundton gleichzeitig mitklingende höhere Töne, haben mehrf. Schwingungszahl d. Grundtons; bestimmen Klangfarbe e. Musikinstruments.

Oberursel (Taunus) (D-61440), St. im Hochtaunuskr., 40 800 E; Luth. Theol. HS, DGB-B.jugendschule, Neuform- u. Reform-Fachakad.; Elektro-, Motoren-, Textil-, Chemie- u. Glasind.

Oberviechtach (D-92526), St. i. Kr. Schwandorf, Bay., 4906 E; AG; Ind.

Obervolta, s. 1984 umbenannt in → Burkina Faso.

Oberwesel (Rhein) (D-55430), St. im Rhein-Hunsrück-Kr., RP, 4333 E; gotische Stiftskirche, ma. Stadtbefestigung, Weinbau u. -handel. – Ehem. Freie Reichsstadt.

Oberwiesenthal (D-09484), sächs. Kurort u. Wintersportplatz im Erzgebirge, höchstgelegene St. Dtlds (914 müM), 3717 E; Spitzenfabrik., Wetterwarte.

Obesitas, Adipositas, svw. → Fettsucht.

Obi, *m.,*
1) langer, sehr breiter (Brokat-)Gürtel (in Japan z. Kimono getragen).
2) Gürtel, den Judokämpfer trägt.

Object Art, *Objektkunst,* in d. Kunst d. 20. Jh., schafft od. verwendet Gegenstände außerhalb d. klass. Kunstgattungen (z. B. kinet. Objekte, Lärmmaschinen, Abfall usw.).

Objekt, *s.* [l.],
1) Gegenstand.
2) *grammat.* Ergänzung des Zeitworts (im Wen-, Wem- od. Wesfall); Gegenstand, auf den sich d. Handlung bezieht.

objektiv, auf das Objekt bezüglich, gegenständlich, sachlich, nicht persönlich (subjektiv) gesehen.

Objektiv, *s.,* die dem zu beobachtenden Gegenstand zugewendete Linse bei opt. Instrumenten (z. B. bei → Fernrohr, → Mikroskop, Kamera).

Objektive, aus optischen Gläsern bestehende Aufnahmesysteme. Das Abbild der Wirklichkeit (Motiv) wird d. Objektiv „gesehen" u. am Film scharf abgebildet. Heute hochwertige, computerberechnete Objektive: Tele-, Normal-, Weitwinkel-Objektive; außerdem Makro-Objektive, Spezial-Objektive für Architektur (PC-Shift-Objektive). Sehr beliebt die Zoomobjektive (früher auch: Vario-Objektiv, Gummilinse). Dank veränderl. Brennweite erhöhte Anpassung an d. Motiv; ersetzen in einem Objektiv mehrere andere. Heutige Objektive bestehen (besonders Zooms) aus mehreren bis sehr vielen Linsen. Grundsätzlich erzeugt jedes Objektiv ein kreisrundes Bild; erst durch das Filmfenster entsteht daraus ein rechteckiges oder quadratisches Bild am Film. Das einfachste Objektiv ist eine einlinsige Leselupe mit vierfacher Vergrößerung. Legen wir darauf einen rechteckigen Papierrahmen mit innerem Ausschnitt, so sehen wir ein genau begrenztes Bild (Bildausschnitt).

objektiver Geist, *phil.* n. Hegel d.

Obwalden

Geist, sofern er als Recht, Moral u. Staat auftritt; n. Dilthey d. Gesamth. d. Objektwerdungen d. gesellschaftl.-kulturellen Lebens, u. a. Sprache, Sitte, Kunst.

objektives Strafverfahren, ist auf Einziehung v. Sachen (z. B. Schriften, Abbildungen strafbaren Inhalts) gerichtet od. hat die Unterbringung eines schuldunfähigen Täters in eine psychiatr. od. sozialtherapeut. Anstalt zum Gegenstand.

Objektivismus, phil. Richtung, die dem Erkennen d. Erfassung realer Gegenstände zuschreibt; bzw. objektive Werte u. Richtlinien anerkennt; Ggs.: Subjektivismus.

Objektivität, *w.,* Sachlichkeit, Gegenständlichkeit.

Objektivprisma, vor d. O. d. Fernrohrs gesetztes Prisma, f. fotograf. Aufnahmen d. Spektren v. Sternen.

Oblate, *w.* [l. ,,Dargebrachtes"], dünne Scheibe aus ungesäuertem Weizenmehl.
1) → Hostie.
2) früher verwendet zum Einnehmen pulverförm. Medizin.
3) Unterlage für Lebkuchen u. a., auch mit Zucker und Gewürzen (z. B. *Karlsbader O.*).

Oblate,
1) Siegelblättchen alter Urkunden.
2) früher Siegelscheibchen zum Zukleben v. Briefen; Klebebild.

Obliegenheit, Rechtspflicht bei bestehenden Vertragsverhältnissen (z. B. im Versicherungswesen).

obligat [l.],
1) *mus.* selbst. Stimme, die nicht weggelassen werden darf; Ggs.: → ad libitum.
2) *allg.* verbindl., unvermeidl.

Obligationen → Schuldverschreibungen.

Obligationenrecht, schweiz. Bez. für das Recht der Schuldverhältnisse.

obligatorisch [l.], bindend, nicht freigestellt; Ggs.: fakultativ.

Obligo, *s.* [it. ,,Schuld"], svw. Verpflichtung, Verbindlichkeit; als Freizeichnungsklausel ,,ohne Obligo".

oblong [l.], länglichrund.

Obmann, Vertrauensmann oder Wortführer einer Gruppe (z. B. O. der Arbeiter eines Betriebes); von 2 Parteien gewählter Schiedsmann.

Oboe, *w.* [frz. ,,hautbois"], *Hoboe,* hohes Holzblasinstrument von schalmeiähnl., leicht nasalem Klang (Abb. → Orchester).

Obolus, *Obolos,* altgriech. Silber- u. Bronzemünze.

Obote, Apollo Milton (* 1925), afrikan. Pol.; 1962–71 Premiermin. (1966 bis 71 auch Staatspräs.) v. Uganda; v. → Amin Dada gestürzt, s. 1980 Staatspräs.; 1985 durch Mil.putsch gestürzt.

Obotriten, *Abotriten,* slaw. Stamm in N-Mecklenburg; v. Heinrich d. Löwen um 1160 unterworfen.

Obra, l. Nbfl. der Warthe, 253 km l., durchfließt den *O.bruch* (330 km², 60 km l.), mündet bei Schwerin; *O.kanal* (28 km l.) zur Warthe.

Obrecht, Jacob (nach 1450–1505), franko-fläm. Komponist; Messen, Motetten.

Obrenović [-vitc], serb. Herrschergeschlecht: *Miloš,* 1817–39 u. 1858–60

Fürst v. Serbien; *Milan,* 1868–82 Fürst und bis 1889 Kg von Serbien; mit → Alexander I. 8) starben 1903 die O. aus.

Obrigheim (D-74847), Gem. im Neckar-Odenwald-Kr., Ba-Wü., 5378 E; Kernkraftwerk.

Obrigkeitsstaat, Bez. für die Auffassung, daß der Staat im Gegensatz zur → Demokratie höchste Autorität d. sozialen u. pol. Ordnung d. Volkes sei, die Bevölkerung zerfällt in ,,Obrigkeit" (Souverän u. Berufsbeamte) u. ,,Untertanen".

Obsequien [l.], svw. Seelenmessen.

Observanten [l.], bei Franziskanern u. Karmelitern die Mönchsverbände, an der urspr. strengen Ordensregel, *Observanz,* festhalten; Ggs.: Konventualen.

Observanz, *w.,*
1) → Observanten.
2) *jur.* örtl. begrenztes Gewohnheitsrecht.

Observatorium, *s.* [nl.], Stern-, Wetterwarte; wiss. Beamter auf O.: **Observator.**

Obsidian, *m.,* natürl. Glasstein, rasch erstarrte saure Lava, meist dunkel.

obskur [l.], dunkel, unbekannt.

obsolet [l.], veraltet, ungebräuchlich.

Obst, eßbare Früchte von Bäumen u. Sträuchern: *Kern-O.* (Äpfel, Birnen), *Stein-O.* (Kirschen, Pflaumen), *Beeren-O.* (Stachel-, Erdbeeren); wegen Vitamin- u. Nährsalzgehalt wichtige Ergänzung der menschl. Nahrung. Ernte i. d. BR 1994: 1,097 Mill. t.

obstinat [l.], widerspenstig.

Obstipation [l.], Darmverstopfung, Darmträgheit.

Obstruktion [l.], *pol.* Widerstand, der auf Verschleppung oder Verhinderung eines Beschlusses abzielt.

obszön [l.], unzüchtig, unanständig, unflätig.

Obus, Trolley-Bus, Oberleitungsomnibus m. el. Antrieb; nicht schienengebunden.

Obwalden, Halbkanton von → Unterwalden.

OCAM, Abk. f. **O**rganisation **c**ommune **A**fricaine et **M**auricienne, Gemeinsame Afrikan.-Mauritianische Organisation (GAMO), 1965 hervorgegangen aus d. → Afro-Madagassischen Union für Wirtschaftliche Zusammenarbeit; Mitglieder (9) sind hpts. d. → Brazzaville-Staaten; Ziele: pol., wirtsch., techn. u. kulturelle Zus.arbeit; *Gemeinsamer Arabischer Markt,* Wirtschaftsorganisation der → Arabischen Liga; Ziele: gegenseitige Zollsenkung u. gemeinsamer Außenzolltarif.

O'Casey [oʊˈkeɪsɪ], Sean (30. 3. 1884 bis 18. 9. 1964), irischer Dramatiker; *Der Preispokal; Juno u. d. Pfau.*

Occam, [ˈɔkəm], Ockham, Wilhelm v. (1290 bis 1349), engl. Scholastiker, Franziskaner, Vertr. d. → Nominalismus; ,,Der Wille ist d. Wesen v. Mensch u. Gott"; Ggs. zw. Phil. u. Theol.; nach O. können Papst und Konzilien irren.

Ochlokratie [gr.], ,,Herrschaft der Menge", des Pöbels; Entartung d. → Demokratie.

Ochoa [oʊˈtʃoʊa], Severo (24. 9. 1905 bis 1.11.93), am. Biochemiker (Nukleinsäuren); Nobelpr. 1959.

Ochotskisches Meer, vom Pazifik durch Kamtschatka u. Kurilen getrenn-

tes ostasiat. Randmeer; 1,39 Mill. km², bis 3520 m tief.
Ochrana, w., pol. Geheimpolizei im zarist. Rußland.
Ochse, kastriertes männliches Rind.
Ochsenauge, bräunlicher Wiesenschmetterling mit schwarzen Augenflecken.
Ochsenfrosch → Frösche.
Ochsenfurt (D-97199), St. a. M., i. Kr. Würzburg, Unterfranken, 11 705 E; ma. St.bild m. Fachwerkbauten u. got. Rathaus; div. Ind.
Ochsenzunge, Borretschgewächs m. blauen Blüten; Feldränder in trockenen Gebieten.
Öchslegrad, in Dtld übl. Maßeinheit für das spezif. Gewicht des Mostes, gemessen mit der v. dem Mechaniker *Öchsle* erfundenen *Ö.waage;* gibt den Zuckergehalt an.
Ochtrup (D-48607), St. i. Kr. Steinfurt, NRW, 17 746 E; Feinmechanik- u. Textilindustrie.
Ockeghem [-xəm], Johannes (um 1425–um 95), fläm. Komp. in Frkr.: Messen, Motetten, Chansons.
Ocker, durch Eisenoxidzusatz rotgelb gefärbte, durch Brennen gerötete Tonerde; Malerfarbe.
O'Connel, Daniel (6. 8. 1775–15. 5. 1847), irischer Pol., setzte die Aufhebung der → *Testakte* durch.
OCR, Abk. f. **O**ptical **c**haracter **r**ecognition, opt. Zeichenerkennung, durch OCR-Lesemaschine; OCR-Schriften sind opt. lesbare Schriftarten (Digitalschriften).
Octanzahl → Klopffestigkeit.
Octavia, Schwester d. → Augustus u. Gemahlin d. Marcus → Antonius, der sie wegen Kleopatra verließ.
Octavianus → Augustus.
Odal [schwed.], urspr. das Ererbte, dann Bauernbesitz, d. freie Landbesitz.
Odaliske, w., weiße Haremssklavin.
Odd Fellows [engl. -louz], weltweite humanitäre Bruderschaft eines Ordens mit Großlogen u. Logen; gebildet um 1750 in England, offiz. Gründung 1819 in den USA.
Odds [engl.], Quote, zu der Wetten b. Rennsport angenommen werden.
Ode, w. [gr. „Gesang"], festl., reimloses Gedicht, meist i. ö. griech., bes. auch vom Horaz benutzten alkäischen Strophe; seltener sapphische, asklepiadeische Strophe; dt. Vertr.: *Klopstock, Hölderlin, Platen, George, Schröder, Werfel, Weinheber.*
ODECA, Abk. f. **O**rganización **de E**stados **C**entro**a**mericanos, Organisation d. zentralam. Staaten, für wirtsch., pol. u. kulturelle Zus.arbeit v. Costa Rica, El Salvador, Guatemala, Honduras, Nicaragua u. Panama; gegr. 1951; Sitz: San Salvador.
Odelsting [ˈuː-], das norweg. Unterhaus; → Storting.
Ödem, s. [gr.], *Wassersucht,* krankhafte Gewebswasseransammlung im Unterhaut-Zellgewebe, bes. bei Entzündungen, Herz-, Leber-, Nieren- und Schilddrüsenkrankheiten; auch → Myxödem; *Hungerödem* durch Unterernährung; → *Quincke-Ö.*
Ödenburg, ungar. *Sopron,* Grenzst. im Komitat *Raab-Ö.,* südw. des Neusiedler Sees, 132 000 E.
Odense, Amt u. Hptort der dän. Insel Fünen, durch den **O.kanal** (8 km l.) mit dem **O.fjord** (Kattegat) verbunden, an der **O.-Aa** (Seekanal, 22 km l.); 174 900 E; Uni.; Seehafen, Schiffswerft, Metall-, Lebensmittel-, Textilind.; H. C. *Andersens* Geburtshaus.
Odenthal (D-51519), Gem. im Rhein.-Bergischen Kreis, NRW, 13 344 E.
Odenwald, Bergland zw. Rheinebene und Main, im W Kristallin, im O Buntsandstein; *Katzenbuckel* 626 m h.; am W-Fuß die Bergstraße.
Odenwaldschule, Landerziehungsheim in Oberhambach, 1910 v. *Geheeb* gegr., bes. Zus.arbeit v. Lehrern u. Schülern; s. 1945 Entwicklung zur → Gesamtschule; Modellschule d. UNESCO.
Odeon, svw. → Odeum.
Oder, poln., tschech. *Odra,* ein Hauptfluß i. ö. Mitteleuropa, vom **O.gebirge** in Mähren, durchfließt d. mähr.-oberschles. Industriegebiet, b. Frankfurt d. **O.bruch** (640 km², bebaut), mündet durch den Oder-(Stettiner) Haff in die Ostsee in 3 Armen: *Peene, Swine, Dievenow;* 912 km l. (bis Swinemünde), bis zur Einmündung l. Oderhaff (Papenwasser) 860 km l., von Ratibor schiffbar; mit der Havel durch den O.-Havel-Kanal verbunden, mit der Spree durch den O.-Spree-Kanal (91 km l., v. Fürstenberg n. d. Seddinsee); Nebenflüsse: l.: *Oppa, Glatzer Neiße, Ohle, Weistritz, Katzbach, Bober, Görlitzer Neiße,* r.: *Klodnitz, Malapane, Bartsch, Warthe* (mit *Netze*).
Oder-Havel-Kanal, früher Berlin-Stettiner Großschiffahrtsweg, Teil der Verbindung Ruhr–Berlin–Stettin, 70 km lang.
Odermennig, staudiges Rosengewächs; an Wegen.
Oder-Neiße-Linie, *Oder-Görlitzer Neiße,* westl. Grenze der nach d. → Potsdamer Abkommen v. Verw. Polens unterstellten „Dt. Ostgebiete unter fremder Verwaltung" (N-Teil Ostpreußens als „Gebiet Kaliningrad" unter Verw. der UdSSR). Über 7 Mill. Deutsche ausgewiesen. – Anerkennung d. O.-N.-L. als endgültige „Friedensgrenze" durch d. DDR im Warschauer Abkommen 1950; 1970 Bestätigung des Grenzverlaufs durch d. BR im dt.-poln. Vertrag; endgültige Anerkennung im dt.-poln. Grenzvertrag v. 14. 11. 1990.
Odessa, ukrain. Gebietshptst. u. Hafen am Schwarzen Meer; 1,1 Mill. E; Uni., HS, Museen; Werften, Schwer-, Maschinen-, chem., Erdölind.
Odeum [l.], griech. *Odeion,* im Altertum große (vielfach runde) u. überdeckte Gebäude f. Gesangsvorführungen u. Rezitationen; danach auch in der Neuzeit Bez. für Konzertsäle usw.: *Odeon.*
Odilienberg, Berg i. d. mittleren Vogesen, 826 m, mit Kloster, 680 gegr. zu Ehren der hl. *Odilia,* Schutzpatronin des Elsaß.
Odin, westgerman. *Wodan,* Ase der nord. Götterwelt; Meister d. Zauberei; s. Begleiter d. Raben; Gott d. Krieger; s. Roß Sleipnir, s. Speer Gungnir.
Ödipus, Gestalt d. griech. Sage: theban. Königssohn, vollzieht ohne eigenes Wissen und eigenes Verschulden das bei seiner Geburt ausgesprochene Orakel, seinen Vater zu erschlagen u. seine Mutter zu heiraten; befreit seine Vaterstadt durch Lösung d. Rätsels, die ihm d.

Kleines Ochsenauge

Organisation der zentralam. Staaten

Kleiner Odermennig

Odin, nach einem schwed. Fund des 7. Jh. n. Chr.

Sphinx stellt; Trauerspiel v. Sophokles.
Ödipuskomplex, psychoanalyt. Bez. d. libidinösen Bindung des Kindes an den andersgeschlechtl. Elternteil m. zunächst feindseligen Affekten gegenüber d. gleichgeschlechtl. Elternteil, später wieder Identifikation.
Odium, s. [l.], Feindschaft, Haß, Makel.
Ödland, Bodenflächen, die nicht in land- oder forstwirtsch. Nutzung stehen; Unland (z. B. Fels), Heide, Moor; Urbarmachung durch → Moorkultur, schwieriger ist Heidekultur, da meist schlechter Sand- od. Moorboden, oft mit wasserundurchlässiger → Ortstein-Schicht (durch Tiefkultur aufzubrechen); bei dünner Humusdecke nur flach zu pflügen, starke Düngung m. Kali u. Phosphorsäure erforderlich; meist sehr kalkarm, als erste Kulturpflanze Lupine, die i. d. Regel als Gründüngung untergepflügt wird.
Odoaker, german. Heerkg.; stürzte 476 n. Chr. d. letzten weström. Kaiser; 493 von → Theoderich ermordet.
Odontologie [gr.], Zahn(heil)kunde.
Odyssee, Heldengedicht Homers in Hexametern, handelt v. d. Irrfahrten des *Odysseus,* d. listenreichen Kgs v. Ithaka, auf der Heimkehr v. Trojan. Krieg u. s. Rache a. d. Freiern s. Gattin Penelope.
OECD, Abk. f. **O**rganization for **E**conomic **C**ooperation and **D**evelopment, Organisation f. wirtsch. Zus.arbeit u. Entwicklung, s. 1961 Nachfolgeorganisation d. → OEEC; Hptaufgaben: Planung u. Förderung d. wirtsch. Wachstums d. Mitgl.staaten, Förderung d. Welthandels, Sicherung der Währungsstabilität, Koordinierung der Wirtschaftshilfe für Entwicklungsländer durch Ausschuß f. Entwicklungshilfe *(Development Assistance Committee, DAC);* 28 Mitgliedstaaten; Sitz Paris (→ Karte Europa, wirtsch. Zusammenschlüsse).
OEEC, Abk. f. **O**rganization for **E**uropean **E**conomic **C**ooperation, Organisation für eur. wirtsch. Zusammenarbeit der → ERP-Länder, 1948 gegr.; Nachfolgeorganisation s. 1961 → OECD mit z. T. neuen Aufgaben; Hauptaufgabe der OEEC bestand in der Koordinierung d. Verwendung d. ERP-Hilfe durch d. Mitgliedstaaten.
Oehlenschläger, Adam Gottlob (14. 11. 1779–20. 1. 1850), dän. romant. Dichter; dramat. Märchen *Aladdin.*
Oehme, Ernst Ferdinand (23. 4. 1797 bis 10. 9. 1855), dt. Maler d. Romantik am Dresdner Hof; einfluß. f. d. Entwickl. der spätromant.-märchenhaften Tendenz i. d. Landschaftsschilderung; *Schloß Scharffenberg bei Mondschein.*
Oelde (D-59302), St. i. Kr. Warendorf, NRW, 28 051 E; AG; Metall-, Textil- u. Möbelind.
Oels, *Oleśnica,* St. i. d. poln. Woiwodschaft Wrocław; Schloß, 37 500 E.
Oelsnitz,
1) Oe. i. Erzgebirge (D-09376), St. i. Kr. Stollbg., Sa., 11 151 E; Steinkohlebergbau.
2) Oe. im Vogtland (D-08606), sächs. Krst. an d. Weißen Elster, 12 624 E; Textil- u. Masch.ind.; Talsperre *Pirk* mit 3,8 km l. Speicherbecken (10 Mill. m³).
Oelze, Richard (29. 6. 1900–27. 5. 80), dt. surrealist. Maler in Worpswede.

Oer-Erkenschwick (D-45739), St. i. Kr. Recklinghausen, NRW, 28 462 E; Steinkohlenbergbau u. Metallind.

Oerlinghausen (D-33813), St. im Kr. Lippe, am Teutoburger Wald, NRW, 15 859 E; AG; Segelflugplatz, Hünenkapelle u. Sachsenlager.

Oersted, Ørsted Hans Christian (14. 8. 1777–9. 3. 1851), dän. Phys.; entdeckte 1820 Zus.hang zw. Elektrizität u. Magnetismus; nach ihm. Maßeinheit d. magnet. Feldstärke, Abk. *Oe*.

Oertel, Curt (10. 5. 1890–1. 1. 1960), dt. Dokumentarfilmer; *Es war ein Mensch* (1950).

Oeser, Adam Friedrich (17. 2. 1717 bis 18. 3. 99), dt. Maler und Bildhauer d. Frühklassizismus.

Œuvre, *s.* [frz. œ:vr], Werk; Bez. f. d. Gesamtwerk e. Künstlers.

OEZ, Abk. für **O**steuropäische **Z**eit (→ Zeit).

Ofen, Feuerungsanlage,
1) f. Ind.zwecke zur Gewinnung, Veredelung v. Eisen, Stahl, Metall (Hochofen, Martinofen, → Kupolofen, → Schmelzofen, → Eisen- u. Stahlgewinnung, Übers.), zum Glühen, Brennen, Härten, Schmieden, Trocknen usw. (Brenn-, Glüh-, Muffel-, Schmiede-O. usw.), zur Gewinnung von Gas (Gasgenerator).
2) zur Raumerwärmung: **a)** direkte Wärmeabgabe; eiserner Ofen (Kanonenofen, Alles-, Dauerbrenner); → Kachelofen; el. Heizgerät als → Radiator oder Speicherofen; **b)** indirekte Wärmeabgabe: im Sammelofen (Heizkessel) erwärmtes Wasser od. Dampf wird durch Heizkörper geleitet; auch → Luftheizung.

Offenbach, Jacques (20. 6. 1819 bis 5. 10. 80), frz. Komp.; parodist.-zeitkrit. Operetten: *Orpheus in der Unterwelt; Die schöne Helena;* Oper: *Hoffmanns Erzählungen.*

Jacques Offenbach

Offenbach am Main (D-63065-75), krfreie St., bed. Ind.st. in Hess., 115 790 E; Renaissanceschloß (16. Jh.), Dt. Ledermus./Dt. Schuhmus., Klingspor-Mus.; HS f. Gestaltung; Bundesmonopolverw., Dt. Wetterdienst; Intern. Lederwarenmesse, AG, IHK; Leder-, Masch.-, chem. Ind.; Hafenanlage; Natron-Lithium-Quelle.

Offenbarung, eine auf höhere Macht zurückgeführte rel. Enthüllung, auf d. sich Religionsgründer berufen; nach christl. Anschauung d. Selbstmitteilung Gottes a) in d. Schöpfung (natürl. O.), b) durch sein Wort im A. T. (Moses u. die Propheten), c) im N. T. durch s. Sohn.

Offenbarung des Johannes, Buch im N. T., → Apokalypse.

Offenbarungseid → Offenbarungsversicherung, eidesstattliche.

Offenbarungsversicherung, eidesstattliche,
1) im Zwangsvollstreckungsverfahren die v. Schuldner auf Antrag des Gläubigers vor dem AG abzugebende und durch eidesstattl. Versicherung zu bekräftigende Darlegung seiner Vermögensverhältnisse (§ 807 ZPO).
2) die auf Verlangen v. einem Schuldner, der zur Auskunfterteilung oder Rechnungslegung verpflichtet ist, abzugebende eidesstattl. Versicherung, daß alle Angaben vollständig u. richtig sind.

Offenburg (D-77652-56), Gr.Krst. d. Ortenaukr., Ba-Wü., 58 873 E; LG, AG; Eisenbahnknotenpunkt, Chemie-, Metall- u. Textilind., Druckereien. – Ehem. Freie Reichsstadt.

Offenburg, *Rathaus*

Ohrwurm

offene Abkommen, frz. *conventions ouvertes,* völkerrechtl. Abkommen, denen dritte Staaten beitreten können.

offene Handelsgesellschaft, *OHG,* Personengesellschaft, Ges. v. Vollkaufleuten unter gemeinschaftl. Firma zum Betrieb eines Handelsgewerbes; entsteht mit Geschäftsbeginn, bei Sollkaufleuten (→ Kaufmann) erst mit Eintragung im Handelsregister; jeder Gesellschafter hat Einzelvertretungsbefugnis f. OHG, haftet unbeschränkt f. Geschäftsschulden (§§ 105 ff. HGB); d. OHG ist keine jur. Person.

Offener Himmel [engl. „Open Skies"], ein 1992 von 25 Mitgl. d. → KSZE unterzeichnetes Abkommen z. gegenseitigen Luftüberwachung (Rüstungskontrollmaßnahme); zur Beobachtung militär. Aktivitäten (z. B. Truppenkonzentrationen) und Abrüstungsvereinbarungen d. Teilnehmerstaaten vom Flugzeug aus.

offene Tür, i. Handelsverkehr: Grundsatz, nach dem e. Land allen i. gleicher Weise offensteht.

Offenmarktpolitik, An- u. Verkauf festverzinsl. Wertpapiere a. freien Markt durch Notenbank; dient als konjunkturpol. Instrument z. Steuerung des Geldumlaufs; → Notenbanken.

offensiv [l.], angreifend, verletzend.

Offensive, *w.,* Angriff mit operativen Zielen.

öffentliche Anleihen, langfristige Kreditaufnahmen öffentl. Körperschaften (Länder, Kommunen, Bundespost, Bundesbahn).

öffentliche Hand, die öffentl.-rechtl. Verbände (Staat, Gemeinden usw.), bes. in ihrer Eigenschaft als Unternehmer d. gewerbl. Betriebe (Verkehrs-, Kraftbetr. u. a.), → öffentliche Unternehmungen.

öffentliche Meinung → Meinungsforschung.

öffentlicher Glaube, der Umstand im Rechtsverkehr, wonach jedermann auf d. Inhalt bestehender öffentl. Urkunden (z. B. Erbschein) und Register (z. B. Grundbuch, Handelsregister) vertrauen darf.

öffentlicher Haushalt, die Gesamtheit der Maßnahmen einer → *öffentlich-rechtlichen Körperschaft* zur Erfüllung ihrer Verw.saufgaben; im Ggs. zum privaten Wirtschaftsbetrieb zum größten Teil aus Steuern finanziert. – Im *engeren Sinne* die Rechnungslegung über Einnahmen u. Ausgaben d. öff. Körperschaften. Die Festsetzung der (Soll-) Einnahmen u. der (Soll-)Ausgaben erfolgt im voraus für das nächste → Rechnungsjahr *(Fiskaljahr),* durch *Etat* oder *Budget;* die nachträgliche Bilanzierung der tatsächlichen Einnahmen und Ausgaben durch die *Haushaltsrechnung.* Im öffentl. *Haushaltsplan* werden nach dem äußeren Aufbau *Hoheits-* od. *Kämmereiverw., Betriebsverw.* und *Kapital- u. Vermögensverw.* unterschieden, der Art nach die laufenden, *ordentl.* Einnahmen und Ausgaben sowie die einmaligen, *außerordentlichen;* Gesamthaushaltsplan gliedert sich in Einzeletats d. Ministerien, diese in Kapitel u. Titel (Filiation).

öffentliche Sachen, Verwaltungsvermögen (z. B. Dienstgebäude, Strafanstalten, Büroeinrichtungen) eines Verwaltungsträgers (z. B. Staat, Gemeinde, Anstalt d. öff. Rechts) sowie Sachen im Gemeingebrauch (z. B. Parkanlagen, Straßen, Sportplätze).

öffentliches Recht, Rechtsnormen, die die Beziehungen zw. dem einzelnen u. den ihm übergeordneten Verbänden (Staat usw.) sowie die Verbände untereinander regeln; umfaßt Staats-, Völker-, Straf-, Verw.-, Steuer-, Prozeß-R. u. a.; Ggs.: → Bürgerliches Recht.

öffentliche Unternehmungen, als Wirtschaftsbetriebe des Staates, der Länder, Kommunen ohne unmittelbaren Zus.hang mit den Hoheitsaufgaben der öff.-rechtl. Körperschaften; Erträge fließen in die *öffentl. Kassen;* Formen: **a)** *Regiebetriebe,* bilden unmittelb. Teil d. Verw.; **b)** ö. U. *im engeren Sinne* gehören der öff. Hand, werden aber als selbst. Unternehmungen nach *kaufmännischen* Grundsätzen geführt; als *gemischtwirtsch. Unternehmungen* b. Beteiligung privater Firmen.

Öffentlichkeitsarbeit, svw. → Public Relations.

öffentlich-rechtliche Körperschaft, → juristische Person, die zu öff. Zwecken mit bes. Rechten ausgestattet ist (z. B. Staat, Gemeinde, Kirche, Landeszentralbank, Versicherungsanstalt).

öffentlich-rechtliche Kreditanstalten, Kreditbanken u. Kreditinstitute der Länder und Kommunen; Staats- u. Landesbanken, Dt. Genossenschaftskasse u. Sparkassen.

öffentlich-rechtlicher Vertrag, vertragliche Regelung eines Rechtsverhältnisses zw. einer Behörde u. einem Dritten auf d. Gebiet der hoheitl. Verwaltung, oft anstelle eines → Verwaltungsaktes.

Offergeld, Rainer (* 26. 12. 1937), SPD-Pol.; 1978–82 B.min. f. wirtsch. Zus.arbeit.

offerieren [l.], anbieten.

Offerte, *w.,*
1) *Vertragsantrag,* ist für d. Antragenden bindend, falls nicht d. Bindung ausdrücklich ausgeschlossen wird, z. B. durch die Klauseln „freibleibend", „unter Vorbehalt"; Preislisten, Kataloge, Inserate sind keine O.
2) *Anzeige* in Druckschriften, ist rechtl. nur Aufforderung zur Abgabe von Vertragsangeboten.

Offertorium [l.], 1. Hptteil der kath. Messe.

Office, *s.* [engl.], Amts-, Geschäftsraum; aber auch Amt selbst.

Offizialdelikte [l.], Straftaten, die im Ggs. z. d. *Antragsdelikten* von der Staatsanwaltschaft von Amts wegen *(Offizialprinzip)* verfolgt werden.

Offizialverfahren, ein v. → Legalitätsprinzip beherrschtes Verfahren, so d. Strafprozeß (Ausnahme: → Privatklage-Delikte u. → Opportunitätsprinzip); im Zivilprozeß in best. Fällen ein beschränktes O., so in Ehe- u. Entmündigungssachen.

Offizialverteidiger, muß im Strafprozeß seitens des Gerichts einem Angeschuldigten von Amts wegen od. auf Antrag im allg. nur bei best. schweren Straftaten bestellt werden; in allen anderen

offiziell [frz.], amtlich, gesellschaftlich, förmlich.
Offizier [frz. v. l. „officium = Amt"],
1) höhere u. hohe mil. Dienstgrade mit der Aufgabe der Ausbildung der Mannschaften u. taktischen u. operativen Führung im Kriege; Berufs-, Zeit- und Reserve-O.e. Einteilung in Dienstgradgruppen: *Leutnante:* Lt. u. OberLt.; *Hauptleute:* Hauptmann, Kapitänleutnant, Stabsarzt, Stabsveterinär, Stabsapotheker; *Stabs-O.e:* Major bis Oberst (Korvettenkapitän bis Kapitän zur See; Oberstabsarzt bis Oberstarzt); *Generale (Admirale);* mil. Dienstgradabzeichen → Bundeswehr.
2) auch Bez. bei der Polizei.
3) bei der Handelsmarine üblicher Titel für Steuermann (I. bis IV. Offizier = I. bis IV. Steuermann).
Offizin, w. [l.], „Werkstätte", bes. Apotheke, Buchdruckerei.
offizinell, Bez. f. die in der → Pharmakopöe aufgeführten Arzneien (im Ggs. z. d. Geheimmitteln).
offiziös [l.], halbamtlich, von höherer Stelle veranlaßt oder beeinflußt.
off limits [engl.], (f. Soldaten) Zutritt verboten.
off line [engl. -'lain „nicht angeschlossen"], in d. *EDV:* Ein- u. Ausgabegerät nur indirekt od. zeitweise m. → Zentraleinheit gekoppelt; Ggs.: → *on line.*
Öffnungsfunken, Lichtbogen, der beim Öffnen eines Stromkreises (z. B. Schalter) durch Selbstinduktionsspannung entsteht.
Offsetdruck, ein Flachdruck, erfolgt indirekt, erst von der Druckform, einem die Druckplatte tragenden Zylinder, auf Gummituch, das auf 2. Zylinder aufgespannt ist, von diesem auf Papier.
Off-shore-Aufträge [engl. 'ɔfʃɔː „von d. (eigenen) Küste weg"], am. Bez. für US-finanzierte, an andere Länder vergebene Aufträge.
Off-shore-Bohrungen, Nutzung v. Meeres-Bodenschätzen in Küstennähe (Erdöl, Erdgas u. a.).
O. F. M., Abk. f. **o**rdo **f**ratrum **m**inorum (Orden d. Minderbrüder), → Franziskaner.
Ofnethöhlen, Höhlen in der Nähe von Nördlingen mit zwei mittelsteinzeitl. Bestattungen von 27 bzw. 6 Schädeln (Kopfbestattung).
Ogbomosho [-'moʊʃoʊ], St. in SW-Nigeria, 644 000 E; Pädagog. Seminar; div. Ind., bes. f. landw. Produkte; Handelsplatz.
Ohain, Pabst von (* 14. 12. 1911), dt. Ing.; entwickelte das erste Strahltriebwerk He S 1 (1937) der Welt; m. dem ebenfalls von ihm entwickelten Triebwerk He S 3 B wurde der erste TL-Flug (Flugzeug: He 178) 1939 durchgeführt.
O'Hara, John (31. 1. 1905–11. 4. 70), am. gesellschaftskrit. Erzähler; *Butterfield 8; Eine leidenschaftliche Frau; Diese zärtlichen wilden Jahre.*
OHG, Abk. f. → **O**ffene **H**andels**g**esellschaft.
Ohio [oʊ'haɪoʊ],
1) l. Nbfl. des Mississippi, aus den Flüssen Allegheny u. Monongahela b. Pittsburg, schiffbar, 1579 km l.
2) Staat der USA, Abk. *Oh.,* zw. Eriesee u. O.-Fluß, 107 044 km², 10,86 Mill. E (9% Schwarze); Eisen-, Stahlerzeugung, Bergbau, Erdöl, Landw., Viehzucht; Hptst. *Columbus.*
Ohlin, Bertil (23. 4. 1899–30. 7. 1979), schwed. Handelstheoretiker; (zus. m. J. E. Meade) Nobelpr. 1977 (f. Arbeiten zur Theorie des Intern. Handels).
Ohm,
1) früheres Flüssigkeits-, bes. Weinmaß: 137,4–155 l.
2) Maßeinheit des el. Widerstandes, Zeichen Ω. Ein Widerstand e. el. → Leiters beträgt 1 Ω, wenn bei Anliegen e. → Spannung von 1 Volt e. Strom von 1 Ampere fließt; ben. n. dem dt. Physiker Georg Simon *Ohm* (1787–1854).
Ohmsches Gesetz, gibt Beziehung zw. Strom *I,* Spannung *U* u. Widerstand *R* in d. Elektrotechnik an; bei Gleichstrom: $U = R \cdot I$.
Ohnmacht, Schwächeanfall mit leichter Bewußtlosigkeit, Übelkeit, durch Blutmangel i. Gehirn, z. B. bei niedrigem Blutdruck, auch psychisch bedingt; → Kollaps.
Ohr, d. Gehörorgan. Der Schall wird v. d. *O.muschel* aufgenommen, durch den *Gehörgang* zum *Trommelfell* weitergeführt. Dieses gerät in Schwingungen, die, auf der inneren Seite vom Hammer über Amboß und Steigbügel, die *3 Gehörknöchelchen,* fortgeleitet, auf d. ovale Fenster des Labyrinths zur *Schnecke* übertragen werden und sich auf die hierin befindliche Flüssigkeit fortpflanzen, wodurch der hier einmündende Gehörnerv erregt wird. Die Gehörknöchelchen liegen in d. *Paukenhöhle* des Schädels u. bilden das *Mittel-O.* Die Paukenhöhle steht durch d. *Eustachische Röhre (O.trompete)* mit d. Rachen in Verbindung. Die ebenso wie d. Schnecke zum *Innen-O. (Labyrinth)* gehörigen 3 Bogengänge dienen den Gleichgewichtssinn u. der Lageempfindung im Raum. – Die *O.speicheldrüse (Parotis),* vor dem Ohr gelegen, mündet in d. Schleimhaut der Wangen; deren infektiöse Entzündung heißt → *Mumps (Parotitis epidemica)* u. ist sehr ansteckend.
Ohrenrobben, Robbenfamilie (z. B. *Seelöwen, Seebären, Mähnenrobben*) mit langflossigen Gliedmaßen u. deutl. gekennzeichneten Ohrmuscheln; im nördl. u. südl. Polarmeer; Herdentiere; polygam.
Ohridsee, See an d. alban.-mazedon. Grenze, 250 km²; vielfältige Tierwelt.
Öhringen, (D-74613), St. i. Hohenlohekr., Ba-Wü., 18 947 E; Schloß, Rathaus, Stiftskirche, Zinnmus.; AG; div. Ind.
Ohrmuschel-Stil, Dekorationsstil in d. hpts. dt. u. ndl. Baukunst d. 16. u. 17. Jh., dessen Hptmotiv e. Ohr ähnelt; verwandt d. → Knorpelwerk.
Ohrwurm, Insekt, Geradflügler, Zange am Hinterleibsende; harmloser Pflanzenfresser.
Ohu, Ortsteil d. Gem. *Essenbach,* Kr. Landshut, Bay. (D-84051), 7957 E; Kernkraftwerk.
Oidium [gr.], niedere Pilzart (z. B. *Milchschimmel, Soorpilz*); auch Entwicklungsform des → Mehltaus.
OIRT, Abk. f. frz. **O**rganisation **I**nternationale de **R**adiodiffusion et **T**élévision, Intern. Rundfunk- u. Fernsehorganisation.

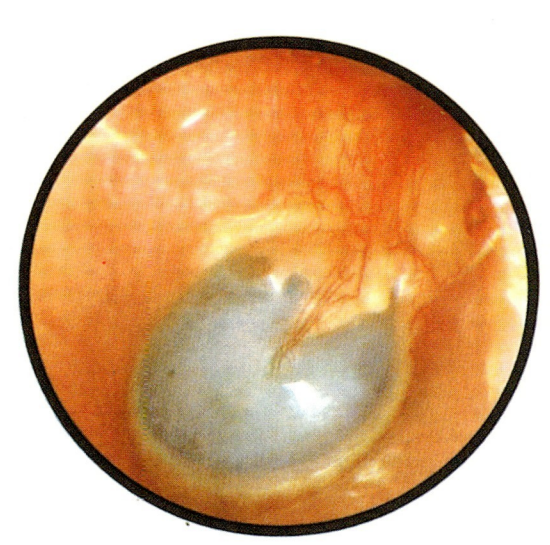

Normales Trommelfell

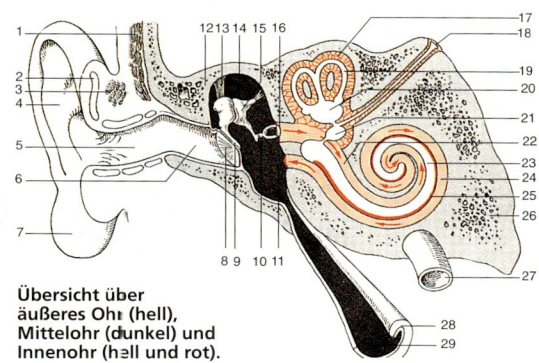

Übersicht über äußeres Ohr (hell), Mittelohr (dunkel) und Innenohr (hell und rot).

1 Schläfenmuskel
2 Ohrknorpel
3 Ohrmuschel
4 Ohrmuschel
5 Knorpeliger Teil des äußeren Gehörganges
6 Knöcherner Teil des äußeren Gehörganges
7 Ohrläppchen
8 Trommelfell
9 Hammergriff
10 Steigbügel
11 Rundes Fenster
12 Schläfenbein
13 Oberes Band des Hammerkopfes
14 Paukenhöhle
15 Amboß
16 Steigbügelplatte im ovalen Fenster
17 Perilymphatischer Raum
18 Endolymphatischer Gang
19 Häutiger Bogengang
20 Großes Vorhofsäckchen
21 Kleines Vorhofsäckchen
22 Vorhoftreppe
23 Schneckenkanal
24 Paukentreppe
25 Cortisches Organ
26 Markräume im Knochen
27 Gehirnkarotis
28 Knorpel und
29 Schleimhaut der Ohrtrompete

Oise [wa:z],
1) r. Nbfl. der Seine, aus den Ardennen, 302 km l., mündet bei Conflans-Sainte-Honorine nw. v. Paris.
2) nordfrz. Dép.; 5861 km^2, 724 000 E; Hptst. *Beauvais* (52 000 E).
Oistrach,
1) David (30. 9. 1908–24. 10. 74) u. s. Sohn
2) Igor (* 27. 4. 1931), russ. Violinisten.
O. K. [engl. ′oʊ ′keɪ], in Ordnung; Amerikanismus, verballhornte Abk. v. „a. c." = *all correct*.
Oka,
1) r. Nbfl. der Wolga, 1480 km l., mündet bei Nischnij-Nowgorod.
2) l. Nbfl. d. Angara, 630 km l., in O-Sib.
Okajama, Hptst. d. Präfektur *O.*, auf der jap. Insel Honshu, 594 000 E; Daimonschloß m. berühmtem Park; Flugplatz.
Okapi, *s.*, eine bis pferdegroße, kurzhalsige braune Giraffe mit zebrastreif. Schenkeln; Kongo-Urwald.

Okapi

Okarina, *w.*, it. Schnabelflöte aus gebranntem Ton od. Porzellan.
Okawango, *Kubango,* afrikan. Fluß, 1800 km l., v. Hochland von Bihé zum O.becken im n. Botswana.
Okeanos, griech. Gottheit, die Welt umschließender Urstrom *(Ozean)*, Vater von 6000 Kindern **(Okeaniden).**
Oken, Lorenz (1. 8. 1779–11. 8. 1851), dt. Naturforscher u. -phil.; *Lehrbuch d. Naturphilosophie.*
Oker, Nbfl. der Aller, a. d. Oberharz (Bruchberg); 105 km l., m. gr. Talsperre.
Okinawa, Hptinsel d. Ryukyu-Inseln, 1254 km^2, 1,2 Mill. E, Hptst. *Naha;* 1945–72 mil. US-Stützpunkt; 1972 an Japan zurückgegeben.
Okkasion, *w.* [l.], (günstige) Gelegenheit.
Okkasionalismus, phil. Theorie, wonach Gott zw. Leib u. Seele vermitteln muß, weil zw. beiden keine Wechselwirkung möglich sei (Geulincx, Malebranche).
Okklusion, *w.* [l.],
1) *meteorolog.* Emporheben eines Warmluftsektors durch rasches Vorrücken der Kaltfront; → Wetterfronten.
2) Ein-, Umschließung.
Okklusivverband, dicht abschließender Verband.
okkult [l. „occultus = verborgen"], geheim(nisvoll).
Okkultation [l.], *astronom.* Bedeckung.
okkultes Blut, nicht sichtbare Mengen Blut im Stuhl, mit Tests auf o. B. nachweisbar, Hinweis auf Darmkrankheiten.
Okkultismus, Bez. f. d. Gesamtheit der okkultist. od. Geheimlehren, die sich mit den v. d. heutigen Wiss. meist als Parapsychologie zus.gefaßten physischen (→ Telekinese, → Materialisation, Spuk usw.) od. psychischen (→ Telepathie, Hellsehen, Prophetie, → Spiritismus) Erscheinungen befassen, oft auch Lehre v. Mystisch-Übersinnlichen.
Okkultist, Anhänger d. → Okkultismus.
Okkupation [l.]
1) Besitzergreifung eines herrenlosen Gebietes mit od. ohne Gewalt u. Unterstellung unter d. eigene Staatshoheit.
2) mil. Besetzung u. Verw. e. Gebietes fremder Staatshoheit; *occupatio bellica* (kriegerische Besetzung) in Haager Landkriegsordnung geregelt.

Oklahoma [oʊklə′hoʊmə], Abk. *Okla.,* Staat der USA, in den Prärien westl. d. Mississippi; im O Wiesen, im W Steppen, Viehzucht, Weizen, Mais, Baumwolle, Erdöl, Naturgas; 181 186 km^2, 3,2 Mill. E, ca. 7% Schwarze; Hptst. *O. City* (441 000 E); Maschinen-, Baumwollind.
Öko-Audit, Instrument z. Überprüfung der Funktionsfähigkeit des betriebl. Umweltmanagements. Geprüft wird in allen umweltrelevanten Bereichen: Beschaffung, Produktion, Absatz, Transport, Entsorgung. Nutzen: Einsparung von Rohstoffen, Wasser u. Energie, Abfallvermeidung, schnellere Genehmigung von Produktionsanlagen sowie bessere Chancen bei d. Vergabe öff. Investitionshilfen und Aufträge. Die EU führt seit 1995 e. Audit-Verfahren auf freiwilliger Basis durch; nach erfolgreicher Überprüfung Vergabe eines Umweltzertifikats.
Ökologie [gr.], Wissenschaft von den Beziehungen zw. den Lebewesen unter sich sowie zw. diesen u. der Umwelt, z. B. der Pflanzen u. Tiere zu ihren Lebensbedingungen (Klima, Boden, Nahrung, anderen Lebewesen).
Ökologischer Landbau, in der → Landwirtschaft e. Anbausystem, b. dem auf d. Einsatz v. chem. Mitteln (b. Düngung u. Pfl.-Schutz) verzichtet wird. D. natürl. Bodenfruchtbarkeit wird gefördert u. d. Abwehrkräfte v. Pfl. u. Tieren gestärkt. Schädlingsbekämpfung erfolgt mechan. od. m. natürl. Mitteln. Die EG-VO ist s. 22. 7. 91 festgelegt, daß d. Teilbereich d. Landw. m. spezif. u. bes. umweltschonender Wirtschaftsweise als Ö. L. bezeichnet u. durch Mindestnormen f. d. landw. Produktion definiert wird. BR 1992: 4003 anerkannt ökolog. wirtschaftende Betriebe m. 98 621 ha Fläche, davon 25 Betriebe m. 3757 ha Fläche i. den neuen Bundesländern. Produkte a. Ö. L. tragen u. a. d. Bez. Demeter, Bioland, Biodyn, Naturland, Anog.
Ökonom [gr.], Landwirt, Gutsverwalter.
Ökonomie, Wirtschaftlichkeit; Wirtschaftskunde, *Makroökonomie* (Volkswirtschaft) i. Ggs. z. *Mikroökonomie* (Betriebswirtschaft); Landwirtschaft.
ökonomisches Prinzip, Wirtschaftlichkeitsprinzip, mit gegebenem Aufwand den höchstmögl. Ertrag *(Maximalprinzip)* od. m. geringstmögl. Aufwand einen gegebenen Ertrag *(Minimalprinzip)* zu erzielen.
Okopenko, Andreas (* 15. 3. 1930), östr. Schriftst.; satir. Gedichte u. Nonsensverse: *Warum sind die Latrinen so traurig?;* Erzählungen: *Warnung vor Ypsilon.*
Ökosystem, Wechselbeziehung zwischen Organismen u. Umwelt.
Ökotrophologie, Haushalts- u. Ernährungswiss. (Abschluß Diplom).
Okra, *Gumbo,* schleimreiche grünlichgelbe Schotenfrucht (f. Gemüse).
Okroschka [russ.], kalte Suppe u. → Kwas u. Sauerrahm m. Gurken, hartgekochten Eiern, Kräutern u. Fleisch od. Fisch u. Krebsen.
Oktaeder, *s.* [gr. „Achtflächner"], regelmäßiges Polyeder, von 8 gleichseitigen Dreiecken begrenzt.

Oktant, *m.* [l.],
1) *astronom.* Instrument, ähnlich dem → Sextanten, aber mit einem Achtel-Vollkreis als Skala.
2) → Sternbilder, Übers.
3) achter Teil eines Kreises.
Oktav, *s.* [l.], 8°, Buchformat; Buchhöhe bei *Klein-O.:* 10–18,5 cm, *Groß-O.:* 22,5–25 cm.
Oktave, *w.* [l.], 8. Stufe der Tonleiter u. entsprechendes Intervall.

Oktave

Oktett, *s.*, Tonstück f. 8 Instrumente od. Singstimmen.
Oktjaberskij, russ. Stadt in Baschkirien, 95 000 E; Erdöl.
Oktober, im altröm. Kalender 8. [l. „octo = acht"], heute 10. Monat (31 Tage); altdt.: *Gilbhard.*
Oktoberfest, bayr. *Wiesn,* s. 1810 gefeiertes Münchner Volksfest, 15 Tage i. Spätseptember (Ende 1. Oktobersonntag).
Oktoberrevolution, Revolution der Bolschewisten in Rußland 25./26. 10. 1917 (nach Julian. Kalender, d. i. 7./8. 11. nach Gregorian. Kalender); Sturz → Kerenskijs.
Oktode, *w.,* → Elektronenröhre mit 8 Elektroden, in Rundfunkgeräten als Mischröhre (2 Funktionen).
Oktogon, *s.* [gr.], regelmäßiges Achteck. In d. Architektur e. der wichtigsten geometr. Figuren f. d. Grundrißbildung d. Zentralbaus u. f. d. Entwicklung v. Ornamenten.
oktroyieren [frz.], aufzwingen.
oktroyierte Verfassung, Bez. f. d. vom Staatsoberhaupt gegebene (nichtdemokrat.) Verfassung, z. B. preuß. Verf. (1848–1918).
Okular, *s.,* die dem Auge [l. „oculus"] zugekehrte Linse opt. Instrumente m. Linsensystem (z. B. beim → Fernrohr, → Mikroskop).
Okuli [l.], „Augen", 3. Sonntag in der Fastenzeit.
okulieren → Veredlung.
Ökumene, *w.* [gr.],
1) der bewohnte Teil der Erde.
2) Einigungs- u. Sammlungsbewegung der Christenheit; Ursprünge in der Weltmissionskonferenz Edinburgh 1910 u. i. Weltbund der Christl. Vereine junger Männer (YMCA); 1925 Weltkirchenkonferenz in Stockholm *(Life and Work);* Vorkämpfer → Söderblom; 1927 Weltkonferenz Lausanne *(Faith and Order);* 1948 Weltkirchenkonferenz in Amsterdam: Zus.fassung der beiden Zweige durch d. Konstituierung des Ökumen. Rates d. Kirchen *(Weltkirchenrat)* mit Sitz in Genf; 1954 Weltkirchenkonferenz in Evanston, 1961 in Delhi, 1968 in Uppsala. Angeschlossen 218 ev., anglikan. u. orthodoxe Mitglieds- u. 8 beigeordnete Kirchen mit 350 Mill. Christen in 80 Ländern.
ökumenisch, weltumfassend, allgemein.
ökumenische Bewegung, Bestrebungen d. christl. Kirchen, d. e. Einigung im Leben u. Wirken *(Life and Work)* u. i. Glauben u. Verfassung *(Faith and Order)* anstreben. Beide Richtungen sind im ökumen. Rat d. Kirchen (s. 1937) zus.gefaßt.
Ökumenische Konzile, allg. Konzile; die röm. Kirche zählt 21 Ö. K., die morgenländ. Kirche erkennt nur d. ersten 7 an; erstes Ö. Konzil zu Nicäa 325.

Oleander

Ökumenischer Rat der Kirchen — Oligophrenie

Nach heutiger röm.-kath. Kirchenverf. ist das Ö. K. eine Versammlung der höchsten Würdenträger der Kirche, vom Papst berufen u. geleitet. Das 20. Ö. K. (1869–70) und das 21. Ö. K. (1962–65) werden n. ihrem Tagungsort → Vatikanische Konzile genannt.

Ökumenischer Rat der Kirchen, Abk. *ÖRK*, aus d. ökumen. Bewegung hervorgegangene Gemeinschaft christl. Kirchen (s. 1948), d. ca. 300 Mitgliedskirchen (ca. 90% aller nichtröm.-kath. Christen) angehören; Gen.sekretariat i. Genf.

OKW, **O**ber**k**ommando d. **W**ehrmacht (1938–45).

Okyo, (12. 6. 1733–31. 8. 95), jap. Maler; frühester u. Hptvertr. d. realist. Schule, die m. d. Verbindung chin.-naturalist. u. eur.-realist. Stilmittel e. stilbildende Richtung d. jap. Malerei schuf; bis heute einfluß. auch f. Bildwirkerei u. Kunstgewerbe.

Okzident, *m.* [l.], Abend oder Westen; das → Abendland.

okzipital, das Hinterhaupt betreffend.

ö. L., *geograph.* östl. Länge, von → Greenwich aus.

Ölabscheider → Koaleszenzabscheider.

Olaf [altnord. „Nachkomme d. (verehrten) Ahns"], *Kge v. Norwegen:* **1)** O. I. Trygvasson, unterlag auf Eroberungszug 1000 den Dänen u. Schweden. **2)** O. II. der Hlge, reg. 1015–28, mußte b. Versuch d. Christianisierung fliehen, fiel beim Kampf um Wiedereroberung des Landes. **3)** O. V. (2. 7. 1903–17. 1. 91), seit 1957 Kg von Norwegen.

Öland, schwed. Ostseeinsel, 1344 km² (137 km l., 15 km br.), 24 000 E; Hptort *Borgholm* (11 000 E).

Ölbaum, Baum m. immergrünen Blättern; Mittelmeergebiet, frühzeitig nach Amerika gebracht; wild u. kultiviert; Alter bis 700 Jahre; aus d. Fleisch der Steinfrüchte *Oliven,* Oliven-(Speise-)*Öl; Olivenholz* f. Schnitz- u. Drechslerarbeiten.

Ölberg, **1)** Berg östl. v. Jerusalem, 3 Gipfel, bis 828 m h.; mehrere Kirchen; *in der bild. Kunst:* die Darstellung d. Seelenkampfes Jesu im Garten Gethsemane. **2)** *Gr. Ö.,* höchster Berg (460 m) im Siebengebirge.

Olbernhau (D-09526), sächs. St. im Kr. Marienberg, Erzgebirge, 11 338 E; Holz-, Kunstglas-, Spielwarenind.

Olberssches Paradoxon, 1826 v. dt. Astronomen H. W. M. Olbers aufgeworfene Frage, warum d. Nachthimmel trotz d. riesigen Anzahl von Sternen dunkel ist. Wird heute durch d. endl. Größe u. d. Ausdehnung d. Weltalls (→ Rotverschiebung) sowie durch d. endl. Lebensdauer der Sterne erklärt.

Olbrich, Joseph Maria (22. 12. 1867 bis 8. 8. 1908), östr. Baumeister, e. Hptvertr. d. → Jugendstils; Mitbegr. der Wiener Secession u. d. Dt. Werkbunds; *Secessionsgebäude* (Wien), *Mathildenhöhe* (Darmstadt) u. a.

Olbricht, Friedrich (4. 10. 1888–20. 7. 1944), dt. General, Chef d. Allg. Heeresamtes; als Mitgl. d. Widerstandsbewegung hingerichtet.

Oldenburg [ˈoʊldənbəːg], Claes Thure (* 28. 1. 1929), am. Objektkünstler schwed. Herkunft; teils m. Stilmitteln d. Pop Art, hpts. ironisierende Verfremdungen; z. B. Monumentalisierung banaler Alltagsgegenstände, *soft objects* (m. weichen Materialien gefüllte Stoffmodelle v. Gebrauchsstücken).

Oldenburg, 1) bis 1978 Verw.bez. des Landes → Niedersachsen, an d. Nordsee; bis 1946 Land des Dt. Reiches; die oldenburg. Landesteile Lübeck u. Birkenfeld gingen 1. 4. 1937 auf das Land Preußen über, hinter der Küste Marschen mit Wiesen (Viehzucht, bes. Pferde); im S Geestboden mit Heiden, Mooren u. Ackerland. – Im 11. Jh. Gft, 1448 Gf Christian Kg v. Dänemark, 1667 Aussterben der dt. Linie, O. an Dänemark, 1773 Haus Holstein-Gottorp überlassen, 1777 Hzgt., 1815–1918 Großhzgt.; 1946 als Verw.bez. O. im Lande Nds. aufgegangen. **2)** (D-26121–35), krfreie St. i. Rgbz. Weser-Ems, Nds., 151 299 E; Schloß (17. Jh.), Museen, Staatstheater, Weser-Ems-Halle, OLG, LG, AG, IHK, HWK, Verw.- u. Wirtsch.-Akad., Ing.-Akad., FHS, Uni.; Motorenwerke, Eisengießerei, Glashütte, Spinnerei, Fleischwarenfabrik, Umschlaghafen, Schiffswerft. **3)** *O. in Holstein* (D-23758), St. i. Kr. Ostholstein, Schl.-Ho., 9293 E; AG; 952 bis 1163 Bistum.

Oldham [ˈoʊldəm], Fabrikst. im engl. Metrop. Cty Greater Manchester, 95 000 E; Baumwoll-, Masch.ind.

Oldoway, *Oldowai,* wichtiger Fundplatz der Altsteinzeit Afrikas in Tansania.

Öldruck, Imitation von Ölgemälden durch Steindruck mit Ölfarben.

Oldtimer, *m.* [engl. ˈoʊldtaɪmə], altes, bewährtes Mitgl. einer Sportmannschaft od. eines Vereins; auch altbewährter Gegenstand, insbes. ein altes Kraftfahrzeug.

Öle [l. „oleum"], organ. Verbindungen, spezif. leichter als Wasser, löslich in Ether u. Benzin (nicht in Wasser), brennbar; *pflanzl. Ö.* aus Früchten (Kokos-, Öl- u. Babussapalme, Oliven- u. Tungbaum), Ölsaaten (Erdnüsse, Sojabohnen, Sesam, Sonnenblumen, Raps) u. Pflanzen (Baumwolle, Lein, Hanf); *tier. Ö.:* Waltran (→ Walfang), neuerdings auch Haifischtran, für Margarineherstellung u. techn. Zwecke verwendet; in der Welterzeugung von Olivenöl steht Europa mit ca. 73% an der Spitze (→ Schaubild). → Mineralöl, → ätherische Öle, → Schmieröle.

Oleander, giftige Sträucher od. Bäume mit ledrigen Blättern, duftreichen weißen od. roten Blüten; Mittelmeergebiet, Asien.

Oleanderschwärmer, Nachtschmetterling; grüne Raupe an Oleander.

Olearius, Adam, eigtl. *Oehlschläger* (um 1599–23. 2. 71), dt. Schriftst. u. Orientreisender; Übersetzer islamischer Schriften.

Olefine, *Alkene,* Kohlenwasserstoffe m. einer od. mehreren Doppelbindungen zwischen Kohlenstoff im Molekül; wegen ihres ungesättigten Charakters sehr reaktionsfähig (→ Additionsreaktionen, → Polymerisationen); Kennz.: Endsilbe *-en* (z. B. *E*thylen, *P*ropylen, *B*utylen).

Oleg († 912), Waräger, 1. Großfürst v. Kiew.

Oleïnsäure, *Ölsäure,* ungesättigte Fettsäure, an Glycerin gebunden (O.-Ester) in fetten Ölen; Nebenprodukt bei der Stearinfabrikation; zur Herstellung v. Schmierseifen u. Spinnölen.

Oleomargarine, der leicht schmelzende Teil des Rindertalges, durch Abpressen gewonnen, zur Margarineherstellung verwendet; d. hoch schmelzende Preßrückstand: **Oleostearin.**

Oleum [l.-leum], **1)** rauchende Schwefelsäure. **2)** pharmakolog. Bez. für Öl.

Ölfeuerung, Verfeuerung v. flüssigem Brennstoff; Öl wird unter Druck durch Düse zugeführt u. mit Luft zerstäubt: stationäre Kesselanlagen in Gebäuden: *Ölheizung,* b. Schiffen, Lokomotiven.

Olga, getauft (955) *Helena* († 969), Heilige d. russ. Kirche; Gemahlin d. Großfürsten Igor v. Kiew.

Ölgas, aus Mineral- u. Teerölen durch Zersetzung in der Hitze gewonnenes Gas.

Olifant, *m.,* **1)** das Wunderhorn → Rolands. **2)** Jagdhorn d. Adels aus Elfenbein i. 11. u. 12. Jh.

Oligarchie [gr.] „Herrschaft der Wenigen", n. d. pol. System des Aristoteles: Entartung d. Aristokratie, Beschränkung der Staatsgewalt auf wenige.

Oligophrenie, Schwachsinn.

Ölberg, von Riemenschneider

Öle und Fette

Olivenölproduktion 1990 in 1000 t

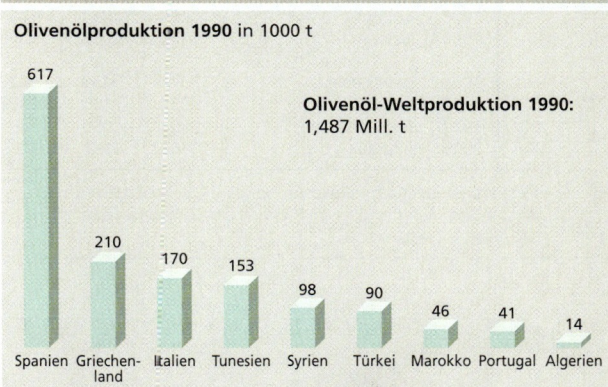

Olivenöl-Weltproduktion 1990: 1,487 Mill. t

Spanien 617; Griechenland 210; Italien 170; Tunesien 153; Syrien 98; Türkei 90; Marokko 46; Portugal 41; Algerien 14

Butter- und Margarineproduktion 1994 in 1000 t

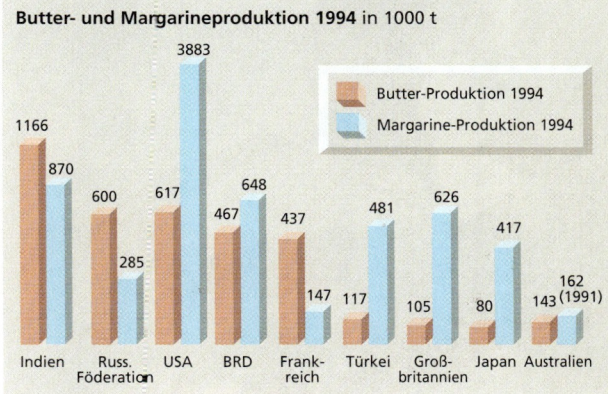

Butter-Produktion 1994 / Margarine-Produktion 1994

Indien: 1166 / 870; Russ. Föderation: 600 / 285; USA: 617 / 3883; BRD: 467 / 648; Frankreich: 437 / 147; Türkei: 117 / 481; Großbritannien: 105 / 626; Japan: 80 / 417; Australien: 143 / 162 (1991)

Olympische Sommerspiele

Olympiade	Jahr	Ort	Teil-nehmer	Männer	Frauen	Olympia-komitees[1]	Sport-arten	Wett-bewerbe	Goldmedaillen
I	1896	Athen	295	295		13	10	42	USA 11, Griechenland 10, Dtld u. Frkr. 5
II	1900	Paris	1077	1066	11	21	14	97	USA 26, Frkr. 23, Großbritannien 18
III	1904	St. Louis	554	546	8	12	17	102	USA 84, Dtld u. Kuba 5
	1906	Athen**	884	877	7	20	11	77	USA 9, Frkr. 9, Großbritannien 4
IV	1908	London*	2034	1998	36	22	24	109	Großbritannien 56, USA 23, Schweden 9
V	1912	Stockholm	2504	2447	57	28	13	106	Schweden 24, USA 23, Großbritannien 10
VI	1916	Berlin (nicht ausgetragen)							
VII	1920	Antwerpen*	2591	2527	64	29	22	154	USA 41, Schweden 19, Belgien 15, Finnland 15, Großbritannien 15
VIII	1924	Paris	3075	2939	136	44	18	131	USA 46, Finnland 14, Frkr. 14
IX	1928	Amsterdam	2971	2708	263	46	15	122	USA 22, Dtld 10, Finnland 8
X	1932	Los Angeles	1331	1297	134	38	15	126	USA 42, Italien 12, Frkr. 10
XI	1936	Berlin	3980	3652	328	49	20	144	Dtld 33, USA 24, Ungarn 10
XII	1940	Tokio (nicht ausgetragen)							
XIII	1944	Helsinki (nicht ausgetragen)							
XIV	1948	London	4062	3677	385	58	18	150	USA 38, Schweden 16, Frkr. 10
XV	1952	Helsinki	5867	5350	517	69	17	149	USA 40, UdSSR 20, Ungarn 16
XVI	1956	Melbourne/Stockholm	3342	2958	384	67	17	151	UdSSR 37, USA 32, Australien 13
XVII	1960	Rom	5348	4738	610	83	17	150	UdSSR 43, USA 34, Italien 13
XVIII	1964	Tokio	5140	4457	683	93	19	163	USA 36, UdSSR 30, Japan 16
XIX	1968	Mexiko City	5531	4750	781	112	18	172	USA 45, UdSSR 29, Japan 11
XX	1972	München	7147	5848	1299	122	21	195	UdSSR 50, USA 33, DDR 20
XXI	1976	Montreal	6085	4834	1251	92	21	198	USA 47, DDR 40, USA 34
XXII	1980	Moskau	5343	4265	1088	81	21	203	UdSSR 80, DDR 47, Bulgarien, Kuba u. Italien 8
XXIII	1984	Los Angeles	7078	5458	1620	141	21	221	USA 83, Rumänien 20, BRD 17
XXIV	1988	Seoul	9581	7105	2476	160	23	237	UdSSR 55, DDR 37, USA 36
XXV	1992	Barcelona	9864	7059	2805	172	25	257	GUS 45, USA 37, Dtld 33
XXVI	1996	Atlanta	10361	6582	3779	197	26	271	USA 44, Rußland 26, Dtld 20

[1] nicht immer identisch mit der Anzahl der teilnehmenden Länder
* Wintersport-Wettbewerbe im Rahmen der Sommerspiele
** Olympische Zwischenspiele

Olympische Sommerspiele

1 Gail Devers (USA)
1996 Gold über 100 m Hürden

2 Michael Johnson (USA)
1996 Gold über 400 m

3 Heike Henkel (Deutschland),
1992 Gold im Hochsprung

4 Carl Lewis (USA),
1988 Gold im Weitsprung

5 Silke Renk (Deutschland),
1992 Gold im Speerwerfen

6 Astrid Kumbernuss (Deutschland)
1996 Gold im Kugelstoßen

7 Udo Quellmalz (Deutschland)
1996 Gold im Judo

8 Daniela Silivas (Rumänien),
1988 Gold im Turnen,
Schwebebalken

9 Lu Li (China),
1992 Gold im Turnen, Barren

10 Andreas Wecker (Deutschland)
1996 Gold im Turnen, Reck

11 Shuwei Sun (China),
1992 Gold im Turmspringen

12 Franziska von Almsick
(Deutschland),
1992 beim Butterfly-Schwimmen

13 Thorsten Gutsche (l.) und Kay Bluhm (r.; Deutschland) 1996 Gold beim Kajakfahren

14 Kerstin Koeppen, Katrin Boron, Katrin Rutschow und Jana Sorgers (v.r.n.l.; Deutschland) 1996 Gold im Frauendoppelvierer

15 Jörg Rosskopf (l.) und Steffen Fetzner (r.; Deutschland), 1992 Silber im Tischtennis

16 Boris Becker (l.) und Michael Stich (r.; Deutschl.), 1992 Gold im Tennis

17 Thorsten Weidner (r.; Deutschland), 1992 Gold im Florett-Fechten

18 Hidehiko Yoshida (stehend; Japan), 1992 Gold im Judo

19 Thorsten May (l.; Deutschl., Gold) und Rostislaw (r.; GUS, Silber), 1992 beim Boxen

20 Christian Klees ʼ(Deutschland) 1996 Gold im Kleinkaliber, liegend

21 Michael Glöckner, Jens Lehmann, Stefan Steinweg und Guido Fulst (Deutschl.), Gold im Radfahren, Bahnvierer

22 Ulrich Kirchhoff (Deutschland) 1996 Gold im Springreiten

23 Isabell Werth (Deutschland) 1996 Gold im Dressurreiten

Die Medaillengewinne von Deutschland, Österreich und der Schweiz (Gold/Silber/Bronze)

Sommerspiele von 1896 bis 1996

Jahr	Ort	Deutschland	Österreich	Schweiz
1896	Athen	7/ 5/ 3	2/ 0/ 3	1/ 2/ 0
1900	Paris	3/ 2/ 2	0/ 3/ 3	6/ 2/ 1
1904	St. Louis	4/ 4/ 6	1/ 1/ 1	1/ 0/ 1
1906	Athen**	4/ 6/ 4	3/ 3/ 2	5/ 4/ 2
1908	London*	3/ 5/ 5	0/ 0/ 1	+++
1912	Stockholm	5/13/ 7	0/ 2/ 2	–++
1920	Antwerpen*	+++	+++	2/ 2/ 7
1924	Paris	+++	0/ 3/ 1	7/ 8/10
1928	Amsterdam	10/ 7/14	2/ 0/ 1	7/ 4/ 4
1932	Los Angeles	4/12/ 5	1/ 1/ 3	0/ 1/ 0
1936	Berlin	33/26/30	4/ 6/ 3	1/ 9/ 5
1948	London	+++	1/ 0/ 3	5/10/ 5
1952	Helsinki	0/ 7/17	0/ 1/ 1	2/ 6/ 6
1956	Melbourne/Stockholm	6/13/ 7	0/ 0/ 2	+++
1960	Rom	12/19/11	1/ 1/ 0	0/ 3/ 3
1964	Tokio	10/21/18	+++	1/ 2/ 1
1968	Mexiko City	14/20/17	0/ 2/ 2	0/ 1/ 4
1972	München	33/34/39	0/ 1/ 2	0/ 3/ 0
1976	Montreal	50/37/42	0/ 0/ 1	1/ 1/ 2
1980	Moskau (nur DDR)	47/37/42	1/ 2/ 1	2/ 0/ 0
1984	Los Angeles (nur BRD)	17/19/23	1/ 1/ 1	0/ 4/ 4
1988	Seoul	48/49/45	1/ 0/ 0	0/ 2/ 2
1992	Barcelona	33/21/28	0/ 2/ 0	1/ 0/ 0
1996	Atlanta	20/18/27	0/ 1/ 2	4/ 3/ 0

Winterspiele von 1924 bis 1994

1924	Chamonix	+++	2/ 1/ 0	1/ 0/ 1
1928	Sankt Moritz	0/ 0/ 1	0/ 3/ 1	0/ 0/ 1
1932	Lake Placid	0/ 0/ 2	1/ 1/ 0	0/ 1/ 0
1936	Garmisch-Partenkirchen	3/ 3/ 0	1/ 1/ 2	1/ 2/ 0
1948	Sankt Moritz	+++	1/ 3/ 4	3/ 4/ 3
1952	Oslo	3/ 2/ 2	2/ 4/ 2	0/ 0/ 2
1956	Cortina d'Ampezzo	1/ 0/ 1	4/ 3/ 4	3/ 2/ 1
1960	Squaw Valley	4/ 3/ 1	1/ 2/ 3	2/ 0/ 0
1964	Innsbruck	3/ 2/ 3	4/ 5/ 3	– – –
1968	Grenoble	3/ 4/ 5	3/ 4/ 4	0/ 2/ 4
1972	Sapporo	7/ 4/ 8	1/ 2/ 2	4/ 3/ 3
1976	Innsbruck	9/10/10	2/ 2/ 2	1/ 3/ 1
1980	Lake Placid	9/ 9/10	3/ 2/ 2	1/ 1/ 3
1984	Sarajevo	11/10/ 7	0/ 0/ 1	2/ 2/ 1
1988	Calgary	11/14/ 8	3/ 5/ 2	5/ 5/ 5
1992	Albertville	10/10/ 6	6/ 7/ 8	1/ 0/ 2
1994	Lillehammer	9/ 7/ 8	2/ 3/ 4	3/ 4/ 2
1998	Nagano			

* Wintersport-Wettbewerbe im Rahmen der Sommerspiele
** Zwischenspiele
+++ Ausschluß od. Boykott
– – – ohne Medaille

Olympische Winterspiele

Olympiade	Jahr	Ort	Teil-nehmer	Männer	Frauen	Olympia-komitees	Sport-arten	Wett-bewerbe	Goldmedaillen
VIII	1924	Chamonix	294	281	13	16	5	14	Finnland 4, Norwegen 4, Östr. 2
IX	1928	Sankt Moritz	495	468	27	25	6	13	Norwegen 6, Finnland 2, Schweden 2, USA 2
X	1932	Lake Placid	306	274	32	17	5	14	USA 6, Norwegen 3, Finnland 1, Frkr. 1, Kanada 1, Östr. 1, Schweden 1
XI	1936	Garmisch-Partenkirchen	755	675	80	28	5	17	Norwegen 7, Dtld 3, Schweden 2
XIV	1948	Sankt Moritz	713	636	77	28	6	22	Norwegen 4, Schweden 4, Schweiz 3, USA 3
XV	1952	Oslo	732	623	109	30	5	22	Norwegen 7, USA 4, Dtld 3, Finnland 3
XVI	1956	Cortina d'Ampezzo	818	686	132	32	5	24	UdSSR 6, Östr. 4, Finnland 3, Schweden 3, Schweiz 3
XVII	1960	Squaw Valley	655	521	144	30	5	27	UdSSR 7, Dtld 4, Schweden 3
XVIII	1964	Innsbruck	1186	986	200	36	7	34	UdSSR 11, Östr. 4, Dtld 3, Finnland 3, Frkr. 3, Norwegen 3, Schweden 3
XIX	1968	Grenoble	1293	1081	212	37	7	35	Norwegen 6, UdSSR 5, Frkr. 4, Italien 4
XX	1972	Sapporo	1232	1015	217	35	7	35	UdSSR 8, DDR 4, Ndl. 4, Schweiz 4
XXI	1976	Innsbruck	1128	900	228	37	7	37	UdSSR 13, DDR 7, USA 3, Norwegen 3
XXII	1980	Lake Placid	1067	833	234	37	7	37	UdSSR 10, DDR 9, USA 6
XXIII	1984	Sarajevo	1278	1002	276	49	7	38	DDR 9, UdSSR 6, Finnland 4, USA 4, Schweden 4
XXIV	1988	Calgary	1445	1128	317	57	7	46	UdSSR 11, USA 9, Schweiz 5
XXV	1992	Albertville	1808	1318	490	64	7	57	Dtld 10, GUS 9, Norwegen 9
XXVI	1994	Lillehammer	1847	1302	545	67	8	61	Rußland 11, Norwegen 10, Dtld 9
	1998	Nagano							

Olympische Winterspiele

1 Marina Klimowa und Sergej Ponomarenko (GUS), 1992 Gold im Eistanz
2 Oksana Bajul (Ukraine), 1994 Gold im Eiskunstlauf
3 Karin Enke (DDR), 1984 Gold im Eisschnellauf
4 Gustav Weder und Donat Acklin (Deutschland), 1992 Gold im Bobfahren
5 Eishockey 1992, Goldmedaillengewinner Deutschland (6: Jörg Mayr, 19: Andreas Niederberger u. Torhüter Joseph Heiss) gegen Schweden
6 Marina Kiehl (BRD), 1988 Gold im Abfahrtslauf
7 Rosi Mittermaier (BRD), 1976 Gold im Slalom
8 Markus Wasmeier (Deutschland), 1994 Gold im Super-G
9 Anton Innauer (Österreich), 1980 Gold im Skispringen
10 Björn Dählie (Norwegen), 1992 Gold im Langlauf
11 Ljubow Jegorowa (GUS), 1992 Gold im Langlauf
12 Mark Kirchner (liegend; Deutschland), 1992 Gold im Biathlon
13 Antje Misersky (Deutschland), 1992 Silber im Biathlon

Olympia-Zeltdach, *München*

Olympia

Oligopol, *s.* [gr. „oligos = wenig"], → Marktformenlehre, → Monopol.
Oligospermie, Verminderung der Spermienzahl im Ejakulat.
oligotroph [gr.], nährstoffarm (z. B. v. Seen).
Oligozän, *s.* [gr.], → geologische Formationen, Übers.
Oligurie, Verminderung der täglichen Harnausscheidung auf 100–500 ml.
olim [l.], einst; daher scherzhaft: *seit Olims Zeiten,* seit undenkl. Zeiten.
Oliva, poln. *Oliwa,* westl. Vorort von Danzig, nahe der Ostsee, Luftkurort; Zisterzienserkloster (s. 1173–75). – *Friede zu O.* 1660 beendete d. schwed.-poln.-brandenburg.-dän. Krieg, Preußen souverän; s. 1945 *Oliwa,* Sitz der s. 1946 vereinigten Diözesen Danzig und Kulm.
Olive, Olivenholz, Olivenöl → Ölbaum.
Oliver [l. „Ölbaumpflanzer"], m. Vn.
Olivier, dt. Maler d. Romantik;
1) *Ferdinand* (1. 4. 1785–11. 2. 1841), hpts. Landschaften, teils m. klassizist. Elementen; s. Brüder
2) *Friedrich* (23. 4. 1791–5. 9. 1859), zeitw. Mitgl. d. Nazarener, u.
3) *Heinrich* (1783–3. 3. 1848), auch Bildnisse im klassizist. Stil.
Olivier [ɔli'vje], *Lord* (s. 1970; s. 1947 *Sir*) *Lawrence* (22. 5. 1907–11. 7. 89), engl. Schausp. u. Regisseur; Shakespeare-Darsteller; *Hamlet* (1948); *The Prince and the Showgirl* (1957); *Sleuth; The Marathon Man; The Boys from Brazil.*
Ölkäfer, *Maiwurm,* e. Art d. Kantharidinen, Käfer mit kurzen, klaffenden Flügeldecken; sondern bei Gefahr aus Beingelenken gelben, giftigen Saft *(Kantharidin)* ab, das auf Haut Blasen hervorruft (Blasenkäfer); Larven schmarotzen in Bienennestern.
Ölkuchen, Ölschrot, Rückstände bei der Erzeugung pflanzl. → Öle; wichtige eiweiß- und fetthaltige Kraftfuttermittel.
olla podrida [span. 'ɔlja-],
1) span. Nationalgericht. Fleischstücke u. Gemüse.
2) *allg.:* svw. Mischmasch.
Ollenhauer, *Erich* (27. 3. 1901–14. 12. 63), SPD-Pol.; vor 1933 führend i. d. sozialist. Arbeiterjugend; 1933–46 emigriert; 1946–52 stellvertr., s. 1952 SPD-Vors.
Ölmalerei, durch die v. den ndl. Brüdern van Eyck entwickelte Mischtechnik (Auftrag v. Ölfarben über Tempera) Anfang 15. Jh. eingeführt, verbesserte die vordem übliche *(Tempera-)*Malweise; techn. Verfahren: trockene Farben werden mit Öl angerieben; dadurch mögl. langsames Trocknen. Ölfarben sind deckend od. lasierend vermalbar: b. Auftrag dünner Lasuren Durchscheinen des Grundes u. damit erhöhte Leuchtkraft; das getrocknete Bild wird durch Firnisüberzug geschützt.
Olme, Familie d. → Amphibien; *Grottenolm,* in den Höhlen des Karstes, bis 30 cm l., zurückgebildete Augen, weiße Hautfarbe.
Olmeken, *olmek. Kultur,* ca. 1200–400 v. Chr., Höhepunkt e. Indianerkultur in Mittelam., bes. in Mexiko; Tempelanlagen, monumentale Menschenköpfe, Kalender u. Schrift.
Ölmühlen, verarbeiten Ölsaaten zu Ölen und Ölkuchen bzw. Ölschrot.
Olmütz, tschech. *Olomouc,* St. in Mähren, an der March, 107 000 E; kath. Erzbistum; theol. Lehranst.; Metall-, Malz- u. Zuckerind.
Ölpalme, hohe afrikan. Palme mit Fiederblättern, auch sonst in den Tropen angepflanzt; aus dem Fleisch der Früchte *Palmöl* (Seifen), aus den Kernen *Palmfett* (Speisefette, Seifen), Rückstände Mastfutter; *Palmwein* aus d. Saft.
Olpe (Biggesee), (D-57462), Krst. am Biggesee (Talsperre mit 172 Mill. m³ Stauinhalt), im Sauerland, NRW, 24 059 E; AG; Eisenind., Fremdenverkehr.
Ölpest, die Verschmutzung d. Küstengewässer durch ausgelaufene od. ausgepumpte Öle d. Schiffe; führt z. Schädigung d. Meeresfauna (-flora, bes. d. Massentötung v. Seevögeln. Größte Ö. durch Tankerunglücke: *Exxon Valdez* (1989), verschmutzte den Prince-William-Sound/Alaska m. 40 Mill. l Rohöl.
Ölpflanzen, Kulturpfl. versch. Arten, a. denen → Öle gewonnen werden, z. B. Erdnuß, Sonnenblume, Raps, Mohn, Sojabohne, Lein, Sesam, Rübsen, Senf.
Olsa, r. Nbfl. d. Oder i. Nordmähren, 90 km l.
Ölschalter, Schalter für el. Hochspannungsleitungen; Trennkontakte liegen in Gefäß mit Ölfüllung, die Öffnungsfunken erstickt.
Ölschiefer, bitumenhaltiger Schiefer, Öl durch Erhitzen (Destillation) gewonnen; Vorkommen: USA (Colorado), UdSSR (Estland), Australien, Jugoslawien, Spanien, Schweden, Schottland; Dtld: Messel bei Darmstadt.
Olten (CH-4600), St. i. schweiz. Kanton Solothurn, an der Aare, 19 000 E; div. Ind.; schweiz. Bücherzentrum; Eisenbahnknotenpunkt.
Olymp,
1) höchstes Gebirge Griechenlands, an der Grenze v. Mazedonien u. Thessalien, 2911 m; in d. griech. Mythologie Sitz d. Götter.
2) *mysischer O., Uludağ,* jetzt *Keschisch-Dagh,* Berg in nw. Kleinasien, 2543 m, Weinbau.
Olympia, altgriech. Nationalheiligtum auf d. Peloponnes, i. d. von 776 v. Chr. bis 393 n. Chr. zu Ehren des Zeus in vierjähr. Rhythmus sportl. Wettkämpfe ausgetragen wurden.
Olympiade, Zeitspanne (4 Jahre) zw. zwei olymp. Festen; antiker → Zeitrechnungsbegriff; heute auch Bez. für → Olympische Spiele.
olympische Flagge, s. 1920 Flagge der → Olympischen Spiele (→ Tafel); die Farben d. fünf Ringe auf weißem Feld symbolisieren die fünf Kontinente: blau = Europa, schwarz = Afrika, rot = Amerika, gelb = Asien, grün = Australien.
Olympische Spiele, im *Altertum:* Nationalfeste in → Olympia, entstanden aus mykenischen Fruchtbarkeitsfesten; alle 4 Jahre (belegt s. 776 v. Chr., 393 n. Chr. verboten); Wettkämpfe: versch. Laufwettbewerbe, Faustkampf; Wagenrennen, Reiten, Fünfkampf; Auftreten von Künstlern u. Rednern. – *Neuzeit:* Wiederbelebung der O. S. durch Baron Pierre de Coubertin (→ Übersicht); oberste Instanz f. alle olymp. Angelegenheiten: *Intern. Olymp. Komitee (IOC),* Sitz Lausanne, gegr. 1894; → Tafeln Olymp. Sommer- u. Winterspiele.
Ölzeug, wasserdichte Kleidung des Seemanns.
Om [sanskr.], myst. Silbe i. hinduist. u. buddhist. Texten f. e. numinosen Urlaut, als Hilfe z. Befreiung i. d. Meditation gesprochen.
Omaha ['oʊmahaː], St. im US-Staat Nebraska, am Missouri, 335 800 E; Uni.; Schlachthäuser, Nahrungsmittelind.
Omaijaden, Kalifen 661–750, von den Abbasiden aus dem Orient vertrieben, gründeten das Kalifat von Córdoba (756–1030).
Oman,
1) Sultanat im O d. Arab. Halbinsel, längs d. Küste d. Golfes von O.: Bev.: Araber (88 %), Inder, Belutschen, Schwarze; trockenes Küstenland, im Innern Gebirge. **a)** *Wirtsch.:* Landw., Fischerei; Datteln; Erdöl (1992: 36,99 Mill. t). **b)** *Außenhandel* (1991): Einfuhr 3,3 Mrd., Ausfuhr 7,2 Mrd. $. **c)** *Verw.:* 41 Wilayate. **d)** *Gesch.:* Im 16. u. 17. Jh. v. Portugiesen besetzt; 1890 brit. Protektorat; 1970 v. *Maskat u. Oman* in O. umbenannt; 1977 Abzug d. brit. Truppen. Wirtsch. Reformen unter Sultan Kabus (s. 1970); Einsetzung einer Beratenden Vers.
2) *Golf von O.,* Meerbusen zw. d. Küste v. O. (Ostarabien) u. Iran.
Omar I., (ca. 580–644), ermordet, zweiter Kalif (634–644) nach Mohammeds Tod.
Omar-i-Khajjam, *der Zeltmacher* († um 1123), pers. Dichter.
Ombudsman [schwed.], **Ombudsmand** [norweg., dän.], Sachwalter, Bevollmächtigter, Behörde (d. Rechtsanwendung u. Rechtsschutz d. einzelnen überwachen).
Omdurman, St. im Sudan, am Weißen Nil, gegenüber Khartum, 526 000 E; Kamelmärkte, Elfenbein- u. Silberverarbeitung; 1898 Niederlage d. → Mahdi.
Omecihuatl [aztek. „Herrin d. Zweiheit"], Schöpfergöttin d. Azteken u. Personifikation d. weibl. Zeugungskraft.
Omega, *s.*
1) Zeichen f. → Ohm (Ω).
2) langes O, im griech. Alphabet der letzte Buchstabe (Ω, ω).
Omen, *s.* [l.], Vorzeichen; gute u. böse.
Ometecutli [aztek. „Herr d. Zweiheit"], oberster Himmelsgott d. Azteken, d. zus. m. Omecihuatl e. Elterngottheit bildet.
ominös, unheilverkündend, bedenklich.
Om mani padme hum [sanskr. „Om, du Edelstein im Lotus, hum"], rel.

OMAN	
Staatsname:	Sultanat Oman
Staatsform:	absolute Monarchie (Sultanat)
Mitgliedschaft:	UNO, Arabische Liga
Staatsoberhaupt und Regierungschef:	Sultan Kabus Bin Said
Hauptstadt:	Maskat 38 000 Einwohner
Fläche:	212 457 km²
Einwohner:	2 077 000
Bevölkerungsdichte:	10 je km²
Bevölkerungswachstum pro Jahr:	Ø 4,23% (1990–1995)
Amtssprache:	Arabisch
Religion:	Muslime (75%), Hindus (25%)
Währung:	Rial Omani (R. O.)
Bruttosozialprodukt (1994):	10 779 Mill. US-$ insges., 5200 US-$ je Einw.
Nationalitätskennzeichen:	OM
Zeitzone:	MEZ + 3 Std.
Karte:	→ Asien

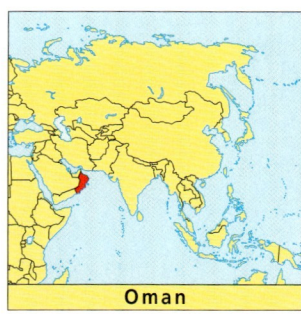

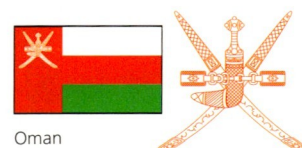
Oman

Gebetsformel (*Mantra*) d. lamaist. Buddhismus.
omne vivum e vivo [l.], „Jedes Lebewesen stammt von e. Lebewesen", Ausspruch v. W. Harvey.
Omnibus [l. „für alle"], vielsitziges Fahrzeug z. Personenbeförderung.
Omnipotenz, w. [l.], Allmacht.
Omnium, s. [l. „aller"], Pferderennen m. Gewichtsausgleich, Bahnradrennen mit verschiedenartigen Wettbewerben.
Omnivoren, Tiere, die *jederlei* Nahrung zu sich nehmen, „Allesfresser".
Omphale, sagenhafte Königin von Lydien, für die Herkules weibliche Sklavendienste verrichten mußte.
Omphalos [gr. „Nabel"], halbeiförm. Stein i. Tempel d. Apollon v. Delphi, d. als rel.geograph. Mittelpunkt d. Erde galt.
Omsk, westsibir. St. an der Mündung des Om in den Irtysch, Hptst. des russ. Gebietes O., 1,2 Mill. E; Vieh- und Getreideplatz; Masch.bau; Uni.
Onanie, w., *Masturbation*, geschlechtliche Selbstbefriedigung.
Onassis, Aristoteles (15. 1. 1907–15. 3. 75), griech. Großreeder.
Oncken,
1) Hermann (16. 11. 1869–28. 12. 1945), dt. Historiker; *Lassalle*.
2) Wilhelm (19. 12. 1838–11. 8. 1905), dt. Historiker.
Ondit, s. [frz. õ'di; „man sagt"], Gerücht; *einem Ondit zufolge*, nach einem Gerücht.
ondulieren [frz.], Haare wellen.
Onegasee, in Karelien (russ. Föd.), 9549 km² groß, 120 m tief, Abfluß zum Ladogasee.
O'Neill [oʊˈniːl], Eugene (16. 10. 1888 bis 27. 11. 1953), am. Dramatiker; *Trauer muß Elektra tragen; Eines langen Tages Reise i. d. Nacht;* Nobelpr. 1936.
Onestep, m. [engl. ˈwʌn-], Gesellschaftstanz in schnellem ²/₄-Takt.
Onex (CH-1213), schweiz. Gem., Vorort v. Genf, 17 000 E.
Ong Teng Cheong (* 22. 1. 1936), s. 1993 Staatspräs. v. Singapur.
Onkel, Bruder d. Vaters bzw. d. Mutter.
Onkelehe, volkstüml. f. Zusammenleben e. Witwe od. geschiedenen Frau u. ihrer Kinder mit e. Mann, den sie wegen Aufrechterhaltung ihrer Versorgungsansprüche nicht heiratet.
Onkologie [gr.], Lehre von den Geschwülsten.
on line, *EDV:* direkte Verbindung, Ein- u. Ausgabegeräte sind direkt mit → Zentraleinheit gekoppelt; Ggs.: → off line.
Önologe, Fachkundiger f. Weinbau, Weinbereitung; Weinkenner.
Önologie [gr.], Wein(bau)kunde.
onomatopoetisch [gr.], klangmalend (z. B. „Das Wasser rauscht', das Wasser schwoll").
on parle français [õparl frɑˈsɛ], „man spricht (hier) Französisch."
Onsager, Lars (27. 11. 1903–5. 10. 76), norweg.-am. Physikochemiker; Nobelpr. 1968 (Arbeiten zur Thermodynamik irreversibler Prozesse).
Ontario [ɔnˈtɛəriou], Prov. am N-Ufer der Kanad. Seen; im SO Weizenfelder, gut besiedelt, im NO Nadelwälder; reiche Vorkommen an Eisen, Nickel, Kupfer, Gold, Silber, Platin, Uran, Zink u. Asbest, 1,07 Mill. km², 9,1 Mill. E; Hptst. *Toronto*.

Ontariosee, kleinster der Großen Seen, 19 544 km², 236 m tief.
Ontogenese, Ontogenie, w. [gr.], Entwicklungsgeschichte d. Organismus v. d. befruchteten Eizelle bis zur Reife; → Abstammungslehre.
Ontologie [gr.], Lehre vom Sein, den Eigenschaften des Seienden und dessen Arten; Grunddisziplin d. → Metaphysik.
Onychomykose, Nagelpilzerkrankung.
Onyx, m., Abart des → Achats; schwarz-weißgestreifter Schmuckstein.
Oolith, m. [gr. „Eierstein"], Sedimentgestein, bestehend aus kleinen Kugeln (Ooide), meist Kalk, auch Eisen-O.
Oologie, *Eierkunde,* Lehre v. d. verschiedenen Eitypen (bes. d. Vögel).
Ooortsche Wolke, nach d. Theorie d. ndl. Astronomen J. H. Ooort wird d. Sonne im Abstand von 20 000 bis 70 000 → astronom. Einheiten von kugelförmiger Wolke aus → Kometen umkreist.
op., Abk. f. *Opus* = Werk.
O. P., Abk. f. **o**rdo **p**raedicatorum, → Dominikaner.
opak [l.], dicht, undurchsichtig.
Opakglas, farbig getrübtes Glas f. Glasfliesen u. Glaswandplatten.
Opal, m.,
1) sprödes, glasartiges Mineral, oft von prächtigem Farbenspiel (**opalisierend**); viele Abarten; der *edle* O. weiß, wasserhell, der *Feuer*-O. rot; chem. ist O. wasserhaltiges, nicht kristallines Siliciumdioxid.
2) durch Veredlungsverfahren milchig-opalisierend gemachtes Batist f. Wäsche.
Opalglas, schwach milchiges, opalisierendes Glas; durch Zusatz von Knochenasche oder Silberchlorid zur Glasschmelze.
Opallampe, entweder mit 75 Watt od. mit 150 Watt, Lichtquelle f. gerichtetes Licht v. Schwarzweiß-Vergrößerern.
Opanke, w. [serb.], absatzlose geflocht. Sandale.
Op Art [engl. „optical art = optische Kunst"], s. um 1955 Bez. f. e. Form d. darstellenden Kunst, die m. geometr. rhythm. visuellen Experimenten arbeitet; knüpft an Erfahrungen d. → konkreten Kunst an; Hptvertr.: *Vasarély,* Mitgl. d. *Groupe de Recherche d'Art Visuel.*
Opatija, it. *Abbazia,* kroat. Seebad am Golf v. Quarnero, auf d. Halbinsel Istrien, 13 000 E.
Opazität, i. d. *Optik:* Kehrwert der Durchlässigkeit oder Transparenz, d. h. das Verhältnis d. einfallenden (Licht-)Intensität zur durch das absorbierende Mittel hindurchgehenden Intensität (z. B. bei „Schwärzung" fotograf. Schichten); *optische Dichte.*
OPEC, Abk. f. engl. **O**rganization of the **P**etroleum **E**xporting **C**ountries, 1960 gegr., Zus.schluß erdölexportierender Länder (Algerien, Abu Dhabi, Ecuador, Gabun, Indonesien, Irak, Iran, Kuwait, Libyen, Qatar, Saudi-Arabien, Venezuela und andere), Sitz Wien; → OAPEC.
Opel, Adam (9. 5. 1837–8. 9. 95), dt. Industrieller; begr. 1862 in Rüsselsheim eine Nähmaschinenfabrik, dann die noch heutige Adam Opel AG (seit 1929 Tochtergesellschaft von General Motors) als

Eugene O'Neill

Victor Vasarely, *Tridim-M*

bedeutendes dt. Automobilunternehmen, das inzw. weltweit bekannt ist.
open shop [engl. 'oʊpn 'ʃɔp „offene Arbeitsstelle"], *am. Arbeitsrecht,* Arbeitsplatz ohne Gewerkschaftszwang; Ggs.: → closed (union) shop.
Oper [it.], Bühnenwerk mit Instrumentalbegleitung, entstanden um 1600 (→ Musik, Übers.); *durchkomponierte O.,* in der alles gesungen wird; *Spiel-O.,* in der die Musik- u. Gesangsnummern durch Sprechtext unterbrochen werden; *große O.:* heroische Stoffe m. Pomp u. Massenszenen; *romantische O.:* Fabelstoffe; löst sich b. Wagner v. d. früher übl. Nummernform, b. der d. Szenen aus in sich abgeschlossenen Stücken (Arie, Duett, Finale usw.) bestehen, u. führt z. → Musikdrama; moderne Oper → Strawinski, Hindemith, Orff, Egk, Fortner, Britten, Henze.
Opera buffa [it.], heitere, komische Oper.
Opera seria, ernste Oper.
Operateur [frz. -ˈtøːr], operierender Arzt (Chirurg).
Operation [l.],
1) psych. Leistung, Handlung.
2) Unternehmen (z. B. mil. unter Einsatz größerer Verbände).
3) chirurg. Eingriff.
Operationsgebiet, Teil des Kriegsschauplatzes, in dem gekämpft wird.
Operations Research [engl. ɔpəˈreɪʃnz rɪˈsɜːtʃ], entstand während des 2. Weltkriegs: math. Methode mittels linearer Optimierung z. Rationalisierung d. Logistik zw. d. einzelnen Truppeneinheiten; = Unternehmensforschung.
operative Planung, wirtsch. Planung f. d. gesamten Unternehmensbereiche bis zu 5 Jahren mit e. Detailplanung des Folgejahres; im Ggs. z. → strategischen Planung in Zahlen ausdrückbar.
Operette, w. [it.], eigtl. kl. Oper: Gesangsnummern (Solo, Ensemble) wechseln mit Sprechtext; volkstüml.-heitere Stoffe, leichte Mus. (Schlager); Blüte Ende d. 19. Jh.; Offenbach, Joh. Strauß, Millöcker, Suppé, Zeller, Lehár.
Operon, genet. Funktionseinheit, d. aus mehreren *Cistrons* (Strukturgenen) u. Regulationsabschnitten (*Operator* u. *Promotor*) besteht.
Opfer,
1) schmerzlich empfundene freiwillige Aufgabe e. Gutes zugunsten anderer.
2) rel. Handlung; meist Gabe an eine Gottheit *(Versöhnungs-O.).*
Opferentschädigungsgesetz, vom 11. 5. 1976, regelt die Versorgung von Personen, die infolge eines gegen sie od. einen anderen gerichteten vorsätzl. tätl. Angriffs gesundheitl. Schäden erlitten haben.
Opfikon (CH-8152), schweiz. Gem. bei Zürich, 11 800 E.
Ophikleïde, Baßhorn des 19. Jh. mit Klappen.
Ophiolith, m. [gr.], submarin geförderte basische → Magmatite in → Geosynklinalen.
Ophir, im A. T. erwähntes sagenhaftes Goldland.
Ophiten [gr. „ophis = Schlange"], gnost. Richtungen d. 2. bis 5. Jh., denen d. Schlange d. Paradieses als Vermittlerin d. Gnosis galt, die d. Demiurg d. AT (1 Mos 3,5) d. Menschen vorenthalten wollte.

Ophthalmologe [gr.], Augenarzt.
Ophthalmologie, Augenheilkunde.
Ophthalmoskop, *s.,* der → Augenspiegel.
Ophthalmoskopie, Augenuntersuchung mit Ophthalmoskop.
Ophüls, Max eigtl. *Max Oppenheimer* (6. 5. 1902–26. 4. 57), dt. Filmregisseur; *Liebelei* (1932); *La ronde* (1950); *Lola Montez* (1955).
Opiate, opiumhaltige narkotische Mittel.
Opinion leader [engl. ə'pɪnjən 'liːdə], Meinungs-, Wortführer.
Opisthotonus, svw. → Nackenstarre.
Opitz, Martin (23. 12. 1597–20. 8. 1639), dt. Dichter; *Buch von der Dt. Poeterey* (grundlegend f. Entwicklung d. dt. Barockdichtung).

Martin Opitz

Opium [gr.], aus d. Saft unreifer Mohnkapseln (Papaver somniferum) bes. in Asien gewonnenes narkotisches Mittel mit 10–15% Morphium, außerdem noch Narkotin, Narzeïn, Codeïn u. a. Alkaloide; wird im Orient als Genußmittel geraucht, seltener gegessen; erzeugt schädl. Rauschzustand, leicht Gefahr d. Gewöhnung *(Rauschgiftsucht);* hat schwere Schädigungen bes. des Nervensystems zur Folge.
Opiumgesetz → Rauschgifthandel.
Opiumkrieg, engl.-chin. Krieg 1840 bis 42: England erzwang Öffnung der chin. Häfen f. Freihandel u. für die Opiumeinfuhr.
Opladen, s. 1975 St.teil v. → Leverkusen.
Opossum, nordam. Beutelratte; Fell weißlich, vermag sich am Schwanz aufzuhängen; Kulturfolger, frißt auch Geflügel.
Oppa, tschech. *Opava,* l. Nbfl. d. Oder im Gesenke, 121 km l.
Oppano®, *s.,* thermoplast. Kunststoff aus Polyisobutylen; verarbeitet zu Klebstoffen, Kautschuksorten u. zur Elektro- u. Bautenisolierung.
Oppeln, *Opole,* St. i. d. poln. Woiwodschaft *O.* in Oberschlesien, an d. Oder, 128 000 E; Bischofssitz; Umschlaghafen, Zement- u. Eisenind.
Oppenheim,
1) Max Freiherr von (15. 7. 1860 bis 15. 11. 1946), Forschungsreisender in Afrika u. Vorderasien, entdeckte 1899 d. → Tell Halaf.
2) Meret (6. 10. 1913–15. 11. 85), dt.-schweiz. surrealist. Malerin u. Objektkünstlerin; Ready Mades *(Frühstück im Pelz),* Assemblagen, Collagen, Bilder m. iron. Verfremdungen v. Gegenständen u. Materialien.
Oppenheim (D-55276), St. i. Kr. Mainz-Bingen, RP, 6212 E; Lehr- u. Versuchsanstalt f. Wein- u. Obstbau, Dt. Weinbaumus.
Oppenheimer,
1) Franz (30. 3. 1864 bis 30. 9. 1943), dt. Nationalökonom u. Soziologe; Begr. d. liberalen Sozialismus; *System der Soziologie.*
2) Joseph → Jud Süß.
3) Robert (22. 4. 1904 bis 18. 2. 67), am. Phys.; wesentl. beteiligt an der Entwicklung der Atombombe.
opponieren [l.], Widerstand leisten.
opportun [l.], der Gelegenheit folgend, günstig.
Opportunismus, Einstellung, die nur das gerade Erreichbare anstrebt; insbes.

Opuntien

Orang-Utan

nicht v. Idealen geleitete Zweckmäßigkeitspolitik.
opportunistische Erreger, Bakterien u. a. Mikroben („Opportunisten"), die normalerweise keine Krankheitszeichen hervorrufen, bei Abwehrschwäche (Immunsuppression, AIDS usw.) aber zu gefährl. Infektionen führen können.
Opportunität, *w.,* Zweckmäßigkeit.
Opportunitätsprinzip, Grundsatz i. Strafprozeßrecht, wonach Staatsanwalt bei Verneinen von öffentl. Interesse von Anklage absehen kann. Im dt. Strafprozeß → Legalitätsprinzip die Regel; nur bei kl. Delikten (z. B. Beleidigung) O., evtl. dann → Privatklage d. Verletzten möglich.
Opposition, w. [l.],
1) *pol.* im parlamentar. Regierungssystem Partei(en), die an der Regierung nicht beteiligt sind. In England ist die O. eine staatl. Einrichtung („His Majesty's opposition"), ihr Führer Inhaber eines besoldeten öffentl. Amtes.
2) *astronom. Gegenschein,* Gegenüberstellung zweier Gestirne v. d. Erde aus gesehen (z. B. Vollmond–Sonne).
3) *allg.* Gegensatz, Widerstand; Gegensätzlichkeit, log. od. tatsächl. Widerspruch.
4) *sprachwiss.* Entgegensetzung zweier sich durch ein Merkmal unterscheidender Zeichen im Sprachsystem, z. B. phonolog. O. B*und* – B*and;* morpholog. O.: füg*lich,* füg*sam;* lexemat. O.: *blondes Haar* – *rotes Haar.* O. beruht auf der Differenzierung sprachl. Phänomene in sog. Minimalpaare.
Oppression [l.], Beklemmung.
Optativ, *m.* [l.], Wunschform des Zeitworts.
Opticus [gr.-nl.], der Sehnerv.
optieren [l.], → Option.
Optik, *w.* [gr.], Lehre vom → Licht, umfaßt d. phys. Erscheinungen, d. auf Gesichtssinn wirken; *geometrische O.,* Erscheinungen, die mit Hilfe d. vereinfachenden Vorstellung geradliniger Strahlenausbreitung beschrieben werden können, ohne Rücksicht auf Wellennatur des Lichts: Eigenschaften von Spiegeln u. Linsen, Reflexion, Brechung, Zustandekommen optischer Bilder, Abbildung durch Spiegel und Linsen (reelle Bilder können auf Schirm aufgefangen werden, virtuelle Bilder, die aus e. best. Punkt zu kommen *scheinen,* dagegen nicht), Konstruktion der Bilder durch „ausgezeichnete" Strahlen, Strahlengang in opt. Instrumenten; *Wellen-O.,* Erscheinungen, die durch die Wellennatur des Lichts erklärt werden: → Interferenz, → Beugung, opt. → Doppler-Effekt, → Polarisation, Spektroskopie (→ Spektrum); *Quanten-O.:* erklärt Entstehung des Lichts, Wechselwirkungen mit Atomen, Molekülen u. elementaren Gebilden, Umsetzungen von Energie u. Impuls in elementarem Maßstab. Moderne O. besteht aus Wellen- *und* Quanten-O.; geometr. O. erscheint als Grenzfall beider unter bes. Bedingungen; sie umfaßt auch Erscheinungen, die außerhalb des sichtbaren Bereichs liegen (z. B. infrarote, ultraviolette und Röntgenstrahlen). → Tafel Optik.
Optima, in Dtld angebaute → Neuzüchtung (aus → *Silvaner,* → *Riesling* u. → *Müller-Thurgau),* die elegante, fein-

frucht. Weißweine liefert und sich f. d. → Edelfäule eignet.
optimal [l.], bestmöglich, sehr gut.
Optimaten, Adelspartei der spätröm. Republik, im Gegensatz zu den *Popularen,* der Volkspartei.
Optimismus [von l. „optimum = das Beste"],
1) bejahende, zukunftsfreud. Lebensauffassung.
2) *phil.* die Überzeugung, daß die bestehende Welt d. bestmögl. ist (Leibniz); Ggs.: → Pessimismus.
Optimum, *s.* [l.], d. Beste, Höchstmaß.
Option, *w.,* von optieren [l.], „wählen",
1) bei Gebietsabtretung den Einwohnern gewährtes Recht, zu erklären, daß sie die alte Staatsangehörigkeit beibehalten wollen; *O.*serklärung schließt grundsätzlich Pflicht zur Auswanderung ein, nicht dagegen Eigentumsverlust.
2) Kaufvertragsangebot, an das sich d. Anbietende f. e. best. Zeit bindet.
opulent [l.], üppig, reichlich.
Opuntie, *w., Opuntia, Feigenkaktus, Fackeldistel,* Kakteengattung d. warmen Amerika, i. d. Trockengebiete d. ganzen Erde verschleppt; Früchte z. T. genießbar: Kaktusfeigen u. d. Früchte d. Stachelbirne.
Opus [l. „Werk"], Kunst-, bes. Musikwerk.
Opus Dei, *s.* [l. „Werk Gottes"], kath. Organisation, v. d. seliggesprochenen Priester J. Escrivá de Balaguer i. Madrid 1928 gegr.; ca. 74 000 Mitgl. i. über 80 Ländern.
Ora, lokaler Tageswind am Gardasee u. im Gebirgstal der Etsch.
Oradour-sur-Glane [ɔra,duːr-syr'glan], Ort bei Limoges in Südfrkr., 2000 E; 1944 v. SS niedergebrannt, 1945 Nationalheiligtum.
ora et labora [l.], „Bete und arbeite!".
Orakel, *s.* [l.], Weissagungsstätte im klassischen Altertum (Delphi, Dodona); auch Bez. f. d. O.spruch selbst.
oral [l.], mit dem Mund zusammenhängend; *(per)oral eingeben (per os),* svw. durch den Mund.
Oran, *Wahran,* Hptst. des Bez. *O.* in Algerien, Hafen a. d. *Bucht von O.,* 917 000 E; Ausfuhr v. Getreide, Wein, Wolle. – Röm. Gründung.
Orange [ɔ'rãːʒ], St. im frz. Dép. *Vaucluse,* unweit der Rhône, 27 000 E; antikes Theater, röm. Triumphbogen. – Im MA u. bis 1713 Hptst. des Fürstentums Oranien.
Orange, *w.* [o'rãːʒə], *Apfelsine,* gelbrote, süßsauer schmeckende Citrusfrucht, urspr. aus SO-Asien.
Orangeat [ɔrã'ʒaːt], *m.* Zucker eingekochte (kandierte) Fruchtschalen d. Pomeranze; Backzutat.
Orange Pekoe [engl. 'ɔrɪndʒ 'piːko], Gütegrad. b. Tee, zarte erste u. zweite Blätter.
Orangerie [frz. orãʒə'riː], Gewächshaus z. Überwintern von Orangenbäumen u. südländ. Pflanzen, oft bei Barockschlössern.
Orang-Utan, Menschenaffe Sumatras und Borneos, Baumbewohner; rötl. Haare; Männchen mit Kehlsack und Wangenwülsten.
Oranien [frz. *Orange*], Zweig d. Hauses → Nassau, besaß 1530–1702 das frz. Fürstentum Orange (→ Wilhelm III. v. Oranien).

Oranienburg (D-16515), Krst. i. Bbg., an der Havel, 28 587 E; chem. Ind., Maschinenfabr.
Oranje, nicht schiffbarer südafrikan. Fluß v. d. Drakensbergen, 2092 km l., N-Grenze der Kapprovinz u. zu Namibia, mündet in den Atlantik b. Oranjemund; an s. Oberlauf der **O.-Freistaat,** engl. *Orange Free State,* Prov. d. Rep. Südafrika, 127 993 km², 1,93 Mill. E (372 000 Weiße, sonst Kaffern, Betschuanen u. Hottentotten); Steppenland (Viehzucht), bed. Bergbau (Steinkohle, Diamanten-, Gold- u. Uranegewinnung); Hauptausfuhr: Wolle, Diamanten, Häute; Hptst.: *Bloemfontein,* 233 000 E. – 1842 als Burenrepublik gegr., Teile 1848 v. England annektiert, 1854 als selbst. Freistaat anerkannt; 1899–1902 Burenkrieg gg. Gr.britannien, brit. Kolonie; s. 1910 Prov. von Südafrika.
Orator, *m.* [l.], Redner.
Oratorianer, kath. Gemeinschaft v. Weltpriestern, d. v. hl. Philipp Neri i. Rom 1575 gegr. wurde.
oratorisch, rednerisch.
Oratorium [l.],
1) episch-lyr. od. dramat. Tonstück f. Solostimmen, Chor u. Instrumentalbegleitung, ohne Schaubühne, entstanden um 1600; Hauptmeister: *Carissimi, Händel, Bach, Haydn, Mendelssohn;* i. d. Moderne: *Strawinski, Honegger, Penderecki.*
2) im Kirchenbau Betraum f. Klerus od. weltl. Würdenträger, auch Hauskapelle.
Orbis, *m.* [l.], Kreis.

Orden

Orbis pictus [l. „gemalte Welt"], Anschauungslesebuch v. *Comenius* (1657), der mit diesem Buch die moderne Pädagogik begründete.
Orbis terrarum, Erdkreis.
Orbit [engl.], Bez. f. die Bahnen der Himmelskörper u. Erdsatelliten.
Orbita, Augenhöhle.
Orcagna [or'kaɲa],
1) Andrea (um 1308–25. 8. 68), it. Baumeister, Bildhauer, Maler d. Florentiner Gotik; bes. Reliefdarstellung: *Tabernakel* d. Kirche Or San Michele (Florenz); s. Brüder
2) Jacopo di Cione (tätig 1368–98) u.
3) Nardo di Cione (tätig 1343–65), Maler.
Orchester [gr.], im antiken Theater der Platz für d. Chor; heute Sitz der Musiker; auch d. Gesamtheit der Musikinstrumente (→ Tafel).
Orchestrion, *s.,* mechan. Musikinstrument; ahmt ein Orchester nach.
Orchideen, *Knabenkrautgewächse,* artenreiche Pflanzenfamilie mit speziell ausgebildeten, meist farbenprächtigen Blüten; die Mehrzahl in trop. u. subtrop. Erdteilen als *Epiphyten* auf Bäumen wachsend, die einheimischen alle auf der Erde; wertvolle Gewächshauspflanzen; als Gewürz die Vanille; in Dtld rund 30 Arten, alle ♦ (z. B. *Frauenschuh, Knabenkraut*).
Orchis, *m.* [gr.],
1) → Knabenkraut.
2) der Hoden.
Orchitis, Hodenentzündung.
Ordal, *s.* [l.], svw. → Gottesurteil.
Orden,
1) [l. „ordo = Ordnung"], männl. od. weibl. Gemeinschaften, deren Mitgl. freiwillig u. für dauernd unter e. Orden in geistl. Häusern zur Erreichung d. christl. Vollkommenheit zusammenleben; *Arten:* O. i. strengen Sinn m. feierl. ewigen Gelübden (Armut, Keuschheit, Gehorsam); O. mit ewigen, aber nicht feierl. Gelübden; O. mit zeitl. Gelübden. Errichtung von O. dem Papst vorbehalten. Verfassung entweder zentralisiert, meist in Rom, mit *O.sgeneral,* od. monastisch (jedes Kloster selbständig); die alten O. haben *O.stracht,* von d. neueren viele männl. O. nicht mehr; geistl. Orden auch in Islam, Buddhismus u. Lamaismus.
2) urspr. Abzeichen *(Ordenszeichen)* d. Mitgl. *(Ordensritter)* von → Ritterorden, dann äußeres Ehrenzeichen in versch. Form (Stern, Kette, Band, Tracht) u. Abstufung (mehrere Klassen), zuweilen mit persönl. oder Erbadel verbunden; *Haus-O.,* urspr. nur an Mitglieder d. Fürstenhauses, *Verdienst-O.* allg. verliehen; BR: **a)** *Verdienstorden der BR Dtld* (Abb., 1), 8 Unterteilungen u. 4 Stufen: Verdienstmedaille, Verdienstkreuz (VK) am Band, VK I. Kl., Gr. VK (Halskreuz), Gr. VK m. Stern, Gr. VK m. Stern u. Schulterband, Großkreuz mit Stern und Schulterband, Sonderstufe des Großkreuzes; **b)** *Grubenwehr-Ehrenzeichen* (Abb., 2) (Gold u. Silber); **c)** *Silbernes Lorbeerblatt* für sportl. u. mus. Leistungen; **d)** *Verdienstorden* d. B.länder: Ba-Wü., Bay., Nds., Rh-Pf. u. Saarland. – Östr.: *Ehrenzeichen für Verdienste* (Abb., 3). – Schweiz: keine Orden.

Optik

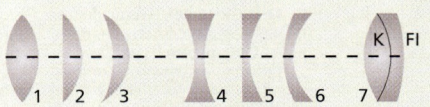

Linsenformen Sammellinsen: 1 bikonvex, 2 plankonvex, 3 konkavkonvex; Zerstreuungslinsen: 4 bikonkav, 5 plankonkav, 6 konvexkonkav; 7 achromatische Linse, meist zusammengesetzt aus Flintglas Fl und Kronglas K

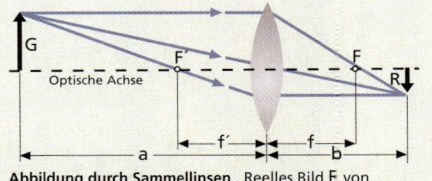

Abbildung durch Sammellinsen Reelles Bild F von Gegenstand G (a Gegenstandsweite, b Bildweite)

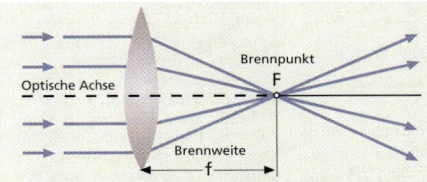

Sammellinse Parallel einfallendes Licht wird im Brennpunkt F gesammelt. Abstand Linse zum Brennpunkt: Brennweite f. Kehrwert der Brennweite: Brechkraft

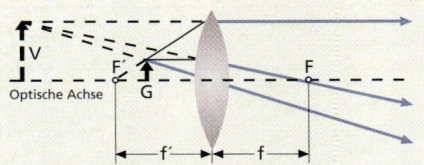

Ein virtuelles Bild V vom Gegenstand G wird erzeugt, wenn die Gegenstandsweite kleiner als die Brennweite ist

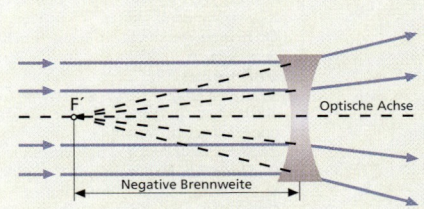

Zerstreuungslinse Parallel einfallendes Licht wird so gebrochen, daß es scheinbar (virtuell) von einem Punkt (negativer Brennpunkt F') der Gegenstandsseite ausgeht

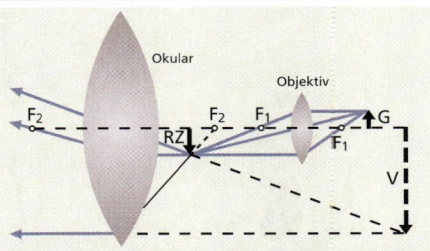

Strahlengang im Mikroskop Vom Gegenstand G entsteht durch Objektiv (mit Brennpunkten F_1) ein reelles Zwischenbild RZ, das der Beobachter durch Okular (mit Brennpunkten F_2) als stark vergrößertes virtuelles Bild V sieht

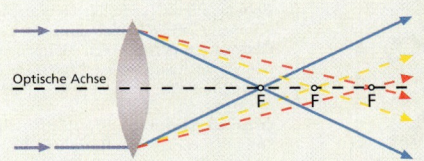

Beispiel für einen Abbildungsfehler: Chromatische Aberration
Licht von verschiedener Wellenlänge (Farbe) wird verschieden stark abgelenkt. Das Bild erscheint also unscharf, bzw. mit Farbrändern. Vermeidbar durch achromatische Linse (siehe Linsenformen)

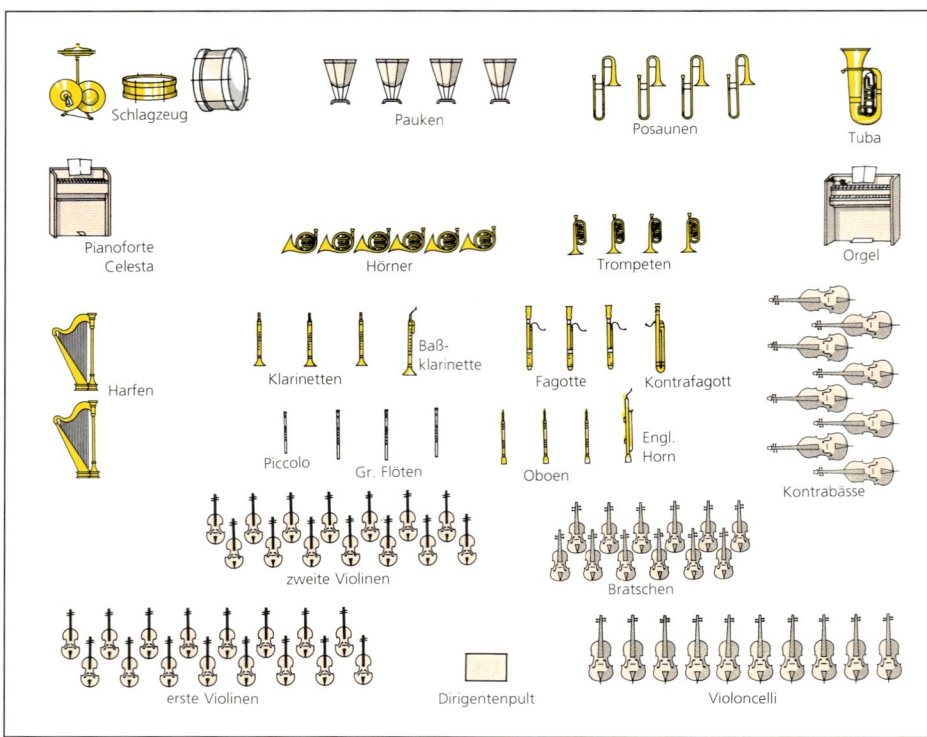
Sitzordnung des großen Symphonieorchesters (vom Publikum aus gesehen)

Sumpfwurz

Bienenragwurz

Herbstwendelähre

Rotes Ordensband

Ordensband, Schmetterling der Eulenfamilie, bunt gebänderte Hinterflügel; blau gezeichnet: *Blaues O.*, rot: *Rotes O.*
Ordensburg,
1) Burgen d. → Dt. Ordens in Preußen; Sonderform in Verbindung m. e. Kloster, Vierflügelanlage mit starker Turmbewehrung; *Marienburg*.
2) NSDAP-Hochschulen zur Heranbildung d. „arischen" Führernachwuchses.
Ordensstern → Stapelie.
ordentlicher Haushalt → öffentlicher Haushalt.
Orderklausel, Vermerk „an Order" auf Wertpapier; nötig nur bei gekorenen → Orderpapieren, da diese sonst nicht Orderpapier; *negative O., Rektaklausel:* „nicht an Order", verbietet bei Scheck, Wechsel, Übertragungen durch → Indossament, nur gewöhnl. → Abtretung zulässig.
Orderpapier, Wertpapier, das eine best. Person als berechtigt bezeichnet, durch → Indossament u. Übergabe des Papiers übertragbar; kann auch durch gewöhnl. → Abtretung übertragen werden, dann aber kein Gutglaubensschutz hinsichtl. etwaiger Einreden. O. kraft Gesetzes *(geborenes O.):* Wechsel, Orderscheck, Namensaktie; O. kraft privater Bestimmung, → Orderklausel *(gekorenes O.):* Papiere des § 363 HGB (z. B. Lagerschein, Ladeschein).
ordinär [l.], gewöhnlich, gemein.
Ordinariat, *s.* [l.],
1) oberste Behörde der kath. Bischöfe, zur Leitung ihrer Bistümer.
2) ordentl. Professur an Hochschulen: *Ordinarius;* seltener im Schulwesen: Klassenvorstand, -leiter.
Ordinate, senkrechte Achse der → Koordinaten.
Ordination [l.],
1) in der *kath.* Kirche: die *Weihe* zum geistl. Amt; in der *ev.* Kirche: Übertragung des geistl. Amtes.
2) ärztl. Verordnung u. Sprechstunde.
Ordines [l.], die 7 Weihegrade (4 niedere, 3 höhere) d. kath. Priesteramtes.
Ordnung, biol. Kategorie d. Systems, zw. Familie u. Klasse (z. B. Fam.: Schweine, O.: *Paarhufer,* Klasse: Säugetiere).
Ordnungsmittel, vom Gericht gg. Parteien, Beschuldigte, Zeugen, Sachverständige, Beisitzer u. a. Personen bei Säumnis, ungebührl. Benehmen od. zur Erzwingung v. Handlungen festzusetzen (Ordnungsgeld oder Ordnungshaft).
Ordnungsrecht, Rechtsnormen der Länder zur Ausfüllung u. Ergänzung der Bestimmungen des → Hochschulrahmengesetzes.
Ordnungswidrigkeit, Verstoß gg. Ordnungsvorschriften der Verw.behörden, bei dem im Ggs. z. Straftat d. kriminelle Gehalt fehlt. Die O. wird von d.

Ordnungszahlen

zuständigen Verw.behörde (z. B. Amt f. öffentl. Ordnung, Landratsamt) durch Bußgeldbescheid geahndet; d. Bußgeld beträgt i. d. Regel 5–1000 DM; eine O. kann in Bagatellfällen (wenn es d. einschlägigen Vorschriften zulassen) z. B. durch den Polizeibeamten mittels eines Verwarnungsgeldes geahndet werden (5–75 DM). Gg. d. Bußgeldbescheid ist jeweils binnen 1 Woche Einspruch beim AG, gg. dessen Entscheidung ist Rechtsbeschwerde beim OLG möglich. Als O.en werden insbes. nicht mit Strafe bedrohte Verstöße gg. Verkehrsvorschriften sowie Tatbestände nach landesrechtl. Vorschriften (z. B. feuerpolizeil., lebensmittelrechtl.) behandelt. Die fahrlässige Begehung einer O. u. der Versuch werden nur in den in den Gesetzen ausdrücklich bestimmten Fällen geahndet. O. verjährt je nach der Höhe des Bußgelds in 6 Monaten bis 3 Jahren.

Ordnungszahlen,
1) → Periodensystem.
2) *Ordinalzahlen:* der (die, das) erste, zweite usw.

Ordoliberalismus, aus der Freiburger Schule hervorgegangene neoliberale Wirtschaftsbewegung; Vertreter des O.: → Eucken, Böhm.

Ordonnanzen [frz.],
1) früher die kgl. Erlasse in Frkr.
2) früher *mil.* Mannschaften zur persönl. Dienstleistung b. Offizieren u. z. Überbringung v. Meldungen; heute: Casinopersonal.

Ordschonikídse, früher *Dsaudschikau,* Hptst. von russ. Nordossetien, am Terek, N-Kaukasus; 300 000 E.

Öre → Währungen, Übers.

Oreaden [gr.], Bergnymphen.

Örebro, St. im schwed. Län Ö., westl. d. Hjälmarsees; 121 000 E; Papier-, Metallind., Schuhfabrik; Schloß.

Orechowo-Sujewo, Ind.st. östl. von Moskau, 137 000 E; Textilind.

Oregano [it.], wilder Majoran, kretischer Hopfen, Gewürz f. Pizza, Wildfleisch u. ä.

Oregon, Abk. *Ore.,* Staat der USA, am Pazifik, 251419 km², 2,97 Mill. E.; Hptst. *Salem;* Holzwirtsch., Getreide- u. Baumwollanbau (z. T. künstl. bewässert), Viehzucht, Fischfang; Titanvorkommen, Aluminiumschmelzen.

Orël [arˈjɔl], russ. Gebietshptst. an der Oka, 337 000 E; HS, Hafen; Metallindustrie.

Orenburg, 1938–56 *Tschkalow,* russ. Gebietshptst. am Uralfluß, 552 000 E; Masch.bau-, Nahrungsmittelind.

Orenda, *s.,* indian. Bez. für e. übernatürl., unpersönl. vorgestellte Kraft in Menschen, Tätigkeiten u. Naturerscheinungen b. d. Irokesen.

Orestes, in d. griech. Sage Sohn d. Agamemnon u. d. Klytämnestra; vollzieht an seiner Mutter Blutrache wegen der Ermordung d. Vaters, von d. Furien verfolgt, durch Rückführung s. Schwester Iphigenie aus Tauris entsühnt.

Orestie, Dramen, die das Schicksal des Orest behandeln von: *Äschylus, Sophokles, Euripides, Goethe, Hauptmann, O'Neill.*

Öresund → Sund.

Orfe, svw. → Aland.

Orff, Carl (10. 7. 1895–29. 3. 1982), dt. Komp.; neuart. Bühnenstil, szenische Kantate; *Carmina burana; Catulli Carmina;* Opern: *Die Kluge; Antigonae; Prometheus;* vielbändiges *Schulwerk.*

Organ, *s.* [gr.].
1) arbeitender Teil e. Gemeinschaft (Vollzugs-O.).
2) Körperteil mehrzelliger Lebewesen, das durch entsprechenden Aufbau best. Funktionen ausübt (z. B. Leber, Auge, Laubblatt).
3) menschliche Stimme, daher auch: Zeitung od. Zeitschrift (einer Körperschaft, Partei usw.).

Organdy, *r.,* feines, durchsichtiges, steifes Baumwoll- od. Reyongewebe.

Organellen, bes. Struktur bei *Einzellern,* die funktionell dem Organ der *Vielzeller* entspricht (z. B. → Vakuole).

Organisation [frz.], a) institutionaler O.sbegriff: Institutionen werden als O. bezeichnet (Krankenhaus, Gewerkschaft, Militär); b) instrumentaler O.sbegriff: O. ist ein Instrument zur Erreichung einer best. Zielsetzung (Erfüllung d. Managementaufgabe); c) Ablauf-O.: O. der Arbeitsabläufe; d) Aufbau-O.: O. des inneren Aufbaus einer Unternehmung.

Organisation Amerikanischer Staaten → OAS.

Organisation Consul, 1920 von H. Ehrhardt gegr. rechtsradikale Geheimorganisation, Attentate gg. Politiker d. Weimarer Rep.

Organisation der Erdölexportländer → OPEC.

Organisation der Zentralamerikanischen Staaten → ODECA.

Organisation für Afrikanische Einheit, OAE, engl. OAU, 1963 gegr.; Sitz: Addis Abeba; Hptaufgaben: Förderung d. Einheit u. Solidarität d. Staaten Afrikas, Beseitigung d. Reste kolonialer Macht in Afrika, Koordinierung der funktionellen Arb. in Wirtschafts- u. Verteidigungspol., Erfahrungsaustausch f. d. Entwicklung Afrikas; 53 Mitgl.staaten.

Organisation für europäische wirtschaftliche Zusammenarbeit → OEEC, s. 1961 → OECD.

Organisation für wirtschaftliche Zusammenarbeit und Entwicklung → OECD.

organisch,
1) → Chemie.
2) der belebten Natur zugehörig; Ggs.: → anorganisch.
3) auf körperl. Veränderungen beruhend (z. B. o. Krankheit); Ggs.: → psychisch od. funktionell.

Organismus [gr.], ein in seinen Teilen zweckdienlich geordnetes Ganzes, insbes. ein Lebewesen.

Organon, *s.* [gr. „Werkzeug"], Organ; Orgel.

Organ(o)therapie, *w.* [gr.], die Behandlung mit Mitteln aus tier. Organen, Organextrakten, -säften u. -sekreten, bes. der innersekretor. Drüsen; Überpflanzung lebensfrischer Organe.

Organsin, *m.* od. *s., Organzin,* beste Naturseide, Kettenfaden für gute Seidenstoffe.

Organum, *mus.* älteste Form der Mehrstimmigkt., 9.–13. Jh., anfängl. zweistimmig in parallelen Quarten u. Quinten, in d. → Notre-Dame-Schule erweitert bis z. vierstimmigen Satz.

Organza, dünnes, steifes, durchsicht. Seidengewebe.

Carl Orff

Organisation für Afrikan. Einheit

Hildebrandt-Orgel, *Naumburger Stadtkirche*

Orgasmus [gr.], Höhepunkt der geschlechtl. Erregung.

OR-Gate [engl. ɔ:geɪt], *ODER-Gatter,* → Boolesche Verknüpfung, die am Ausgang Spannung führt, wenn an mind. einem Eingang Spannung liegt. Die exklusive ODER-Schaltung (EXOR-Gate) weist Spannung auf, wenn an genau einem Eingang Spannung anliegt (→ AND-Gate).

Orgel, Tasteninstrument m. durch Luftdruck betätigtem Pfeifenwerk, vornehmlich in Kirchen; bei Niederdrücken d. Tasten m. Händen *(Manuale)* u. Füßen *(Pedal)* pressen Bälge Luft in die zahlr. Pfeifen v. mannigfachen Klangfarben *(Register)* u. bringen so z. Tönen; in neuester Zeit *Konzert-O.,* auch *Kino-O., el.* Orgeln v. Jörg Mager u. *elektron., elektroakust.* Orgeln, v. Laurens Hammond m. durch Kondensator (Kapazität), Spule (Selbstinduktion), Elektronenröhre (Erreger) erzeugtem Schwingungskreis. – Älteste griech. O. (Wasser-O.) im 3. Jh. v. Chr., dann in Rom u. Byzanz; Blütezeit 17. u. 18. Jh.; größte Kirchen-O. im Passauer Dom.

Orgelprospekt, *m.,* (künstler. gestaltete) Schauseite d. Orgel, hpts. in Kirchen d. südöst.-alpenländ. Barock u. Rokoko als Teil der Innendekoration; in d. Gegenwart hpts. d. schlichte *offene* O. m. harmon. Anordnung d. Pfeifen.

Orgelpunkt, lang angehaltener Baßton, über dem Melodien u. Harmonien sich fortbewegen.

Orgiasmus [gr.], zügellose Ausschweifung bei Götterkulten des Altertums.

Orgie, *w.,* geheimnisvolle rel. Handlung (bei griech. Dionysosfesten); auch svw. wüstes Gelage.

Orient, *m.* [l.], Morgen oder Osten, *Vorderer O.,* Naher Osten; das → Morgenland; Ggs.: → Okzident.

Orientalide, Unterart der Europiden im Orient (→ Rasse, Übers.).

Orientalis, Tiergeographie.

orientalisch, morgenländisch.

Orientalist, Erforscher morgenländ. Sprachen.

Orientbeule, *Aleppobeule,* geschwürige Hautpapeln infolge Infektion mit → Leishmanien.

Orientierungsstufe, in der Regel 5. u. 6. Jahrgangsstufe, in welchen sich der Übergang zu weiterführenden Schulen entscheiden soll; nicht in allen Bundesländern; → Gesamtschule.

Oriflamme, *Auriflamme, Goldflamme,* so benannt wegen ihrer rot-goldenen Farbe u. ihrer flammenförm. Zipfel an d. Flugseite. Seit Karl d. Gr. Kaiserfahne, s. 1124 Kriegsfahne Frankreichs; letztmals in d. Schlacht v. Azincourt 1415 geführt.

Origami, jap. Papierfaltkunst.

Origenes (185–254 n. Chr.), einer d. größten christl. Theologen; → Logos, die zweite göttl. Person, ist Mittelpunkt seines Denkens; nach seiner Lehre werden am Ende d. Zeiten alle Wesen erlöst und kehren zu Gott zurück.

Original, *s.* [l.].
1) das Urbild eines Dinges.
2) eigentümlicher Mensch.

Originalität, *w.* [frz.], Eigenart.

original [l.], ursprünglich.

originell, urwüchsig, sonderbar.

Orinoco, Strom im nördl. S-Amerika, a. d. Bergland v. Guayana (Sa. Parima),

2575 km l., durchfließt d. *Llanos* (Grasebene), mündet mit flachem d. Atlantik; ab Ciudad Bolívar schiffbar. Verbindung (Bifurkation) üb. Casiquiare u. Rio Negro mit Amazonas.

Orion, Sternbild, nach d. Jäger O. d. griech. Sage benannt; → Sternbilder, Übers.

Orissa, ind. Staat am Bengal. Meerbusen, 155 707 km², 26,37 Mill. E; Hptst. *Bhubaneswar.*

Orkan, *m.,* (karaibisch), Sturm der → Windstärke 12 und mehr.

Orkneyinseln [ˈɔːknɪ-], Gruppe v. 67 Inseln an der N-Spitze v. Schottland, 976 km², 20 000 E; Hptinsel Mainland, mit Hptst. *Kirkwall* u. der Bucht Scapa Flow; kelt. Bev.; Fischerei, Schafzucht.

Orkus [l.], Unterwelt, Totenreich der Antike (griech.: Hades).

Orlando di Lasso → Lasso.

Orléanisten, Anhänger des Hauses Orléans, vertreten Thronansprüche der Nachkommen.

Orléans [-ã], Herzöge v., seit 1344:
1) Karl, Gf v. Angoulême (24. 11. 1394 bis 5. 1. 1465), Führer der Adelspartei, s. Sohn als Ludwig XII. frz. Kg.
2) Philipp I. (21. 9. 1640–9. 6. 1701), Bruder Ludwigs XIV., vermählt mit Elisabeth Charlotte v. d. Pfalz; sein Sohn
3) Philipp II. (2. 8. 1674–2. 12. 1723), Regent f. d. minderjähr. Ludwig XV.
4) Ludwig Philipp Joseph, *Philippe Egalité* (13. 4. 1747–6. 11. 93), in der Frz. Revolution Mitgl. d. Jakobiner, stimmte im Konvent für Tod des Königs, wurde dann selbst hingerichtet; sein Sohn
5) Ludwig Philipp → Louis Philippe.

Orléans [-ã], Hptst. d. frz. Dép. *Loiret,* an der Loire, 108 000 E; Nahrungsmittel-, Textil- u. Metallind., Fahrzeugbau. – 1429 befreite *Jeanne d'Arc (Jungfrau v. O.)* die von den Engländern belagerte Stadt.

Orléansville [ɔrleãˈvil], → El Asnam.

Orlik, Emil (21. 7. 1870–28. 9. 1932), dt. Maler, Graphiker u. Bühnenbildner (u. a. f. M. Reinhardt) d. Spätimpressionismus, dann d. Jugendstils.

Orlow,
1) Grigorij (17. 10. 1734–24. 4. 83), Günstling Katharinas II., Haupt der Palastrevolution 1762, bei der sein Bruder
2) Alexej G. (5. 10. 1737–5. 1. 1808) Peter III. ermordete.

Orlow, sehr großer Diamant (193 Karat), am Zepter des ehem. russ. Zaren.

Orłowski, Aleksander (9. 3. 1777 bis 13. 3. 1832), poln. Maler d. Romantik; sehr populär u. a. wegen s. Vorliebe f. exot. Motive; führte die Lithographie in Rußland ein (s. 1802 in St. Petersburg tätig).

Orly [-ˈli], interkontinentaler Flughafen v. Paris.

Ormuzd, *Ahura Mazda,* altiran. Lichtgott u. Weltschöpfer, d. höchste Gott d. Lehre d. → Zoroaster.

Ornament, *s.,* [l.], Verzierung, Schmuck.

Ornat, *m.* [l.], (geistl.) Amtstracht.

Orne [ɔrn]
1) Fluß in der Normandie, mündet in d. Kanal, 158 km l.
2) nordfrz. Dép., 6103 km², 294 000 E; Hptst. *Alençon.*

Ornithologie [gr.], Vogelkunde.

Großer Orion-Nebel

Ornithose, *w.* [gr.], identisch m. d. → Papageienkrankheit.

Orogenese, *w.* [gr.], Gebirgsbildung.

Orographie, *w.* [gr.], i. d. Geographie d. Landformenkunde.

Orozco [-ˈɔsko], José Clemente (23. 11. 1883–7. 9. 1949), mexikan. Maler, e. Vertr. d. → Muralismo; Hptthema d. monumentalen Wandbilder: Geschichte u. Schicksal s. Heimat u. ihrer Menschen, doch o. moralisierende od. pol. agitierende Tendenzen.

Orpheus, sagenhafter griech. Sänger, bezaubert durch seine Musik die Natur; nach Mißlingen d. Heimführung s. Gattin Eurydike a. d. Unterwelt v. Bacchantinnen zerrissen u. getötet; die *orphischen Kulte,* *Orphizismus,* ben.: ihre Anhänger, *Orphiker,* lehrten Unsterblichkeit der Seele. – Oper von Gluck.

Orphismus [frz. „orphique = geheimnisvoll"], in d. Malerei 1912 v. G. Apollinaire gepr. Bez. f. e. Richtung d. Kubismus m. d. Ziel d. Abstraktion durch Zerlegung d. Lichts; Begr. R. Delaunay; Vertr. S. Delaunay-Terk, P. H. Bruce, F. Kupka, F. Picabia; verw. m. d. → Blauen Reiter u. d. → Rayonismus.

Orplid, v. → Mörike u. s. Freund L. Bauer erdachtes Märchenland in d. Südsee.

Orsini, röm. Adelsgeschlecht; aus ihm: Papst *Nikolaus III.* 1277–80 u. *Benedikt XIII.* 1724–30.

Orsini, Felice Gf (18. 12. 1819–13. 3. 58), Attentat auf → Napoleon III.; hingerichtet.

Orsk, russ. Ind.st. a. S-Rand d. Ural, 271 000 E; Nickel-, Kupfergruben; Ölraffinerien, Maschinenbau.

Ort, bergmänn. Arbeitsstelle am Stollenende; *vor Ort.*

Ortband, unterer Abschluß d. Schwertscheide.

Ortega y Gasset [ɔrˈteɣa i ɣaˈset], José (9. 5. 1883 bis 18. 10. 1955), span. Kulturphil., Essayist und Soziologe; *Der Aufstand der Massen; Das Wesen geschichtlicher Krisen;* gründete in Madrid das *Instituto de Humanidades.*

Ortelsburg, *Szczytno,* St. i. d. poln. Woiwodschaft Olsztyn im ehem. Ostpreußen, 26 000 E; Holzind.; Burg (1350).

Ortenau, bad. Landschaft bei Offenburg, bed. Obst- u. Weinbaugebiet, bekannt durch die Ortenauer Weine.

Orthikon, *s.* [gr.], *Orthikonoskop,* Bildaufnahmeröhre (1939), Weiterentwicklung d. → Ikonoskop. Gebräuchlich d. *Zwischenbild-O. (Super-O.):* Szene wird über opt. System (Linse) auf Fotokathode (–300 V) durchscheinend projiziert. Dabei werden entsprechend den Helligkeitswerten der einzelnen Bildpkte Elektronen emittiert u. vom Glasschirm (0 V) angezogen. Durch das über die ganze Röhre herrschende homogene axiale Magnetfeld der Fokussierspule werden d. Fotoelektronen genau auf den Glasschirm fokussiert, auf dem sie beim Aufprall → Sekundärelektronen emittieren. Vor d. Glasschirm feinmaschige Metallgaze (+1 V), die Sekundärelektronen anzieht. Da v. Glasschirm mehr Sekundärelektronen emittiert werden, als Photoelektronen ankommen, entsteht auf d. Glasschirmoberfläche e. positives Ladungsmosaik *(Zwischenbild).* Dieses Mosaik wird von der anderen Seite durch Elektronenstrahl abgetastet, der durch Ablenkspulen zeilenförmig bewegt wird. Die Elektronen d. Abtaststrahls bewegen sich so langsam, daß sie das Ladungsbild auf dem Glasschirm auswischen, jedoch beim Sekundärelektronen emittieren können. Die nicht zur Entladung des Mosaiks benötigten Elektronen des Abtaststrahls kehren kurz vor d. Glasschirm um u. fliegen mit großer Geschwindigkeit zu den im Umgebung des Elektronenstrahlwerfers befindl. Plättchen zurück, wo sie bei Aufprall Sekundärelektronen emittieren. Der Elektronenstrahl hat gleichen Hin- u. Rückweg und ist rückkehrend mit d. Bildsignal moduliert. Die Sekundärelektronen werden auf d. → Elektronenvervielfacher geleitet, der das Ausgangssignal (Bildsignal) 200- bis 500mal gegenüber der zurückkehrenden Elektronenstrahl verstärkt. Empfindlichkeit des Zwischenbild-O. 100- bis 1000mal größer als beim Ikonoskop. Anwendung: Fernsehen usw.

ortho- [gr.], als Vorsilbe: gerade..., recht...

orthochromatisch [gr.], bei fotograf. Platten u. Filmen: farbempfindlich (außer für Rot) m. gedämpfter Blau- u. erhöhter Gelbempfindlichkeit; Ggs.: → panchromatisch.

orthodox,
1) rechtgläubig.
2) starr an Dogmen festhaltend.

orthodoxe Kirche → morgenländische Kirche.

Ornamente (von oben nach unten).
mykenisch,
griechisch (geometrischer Stil),
griechisch (klassischer Stil),
pompejisch,
altgermanisch,
romanisch,
gotisch,
deutsche Renaissance (Dürer),
Barock,
Romantik (Runge).

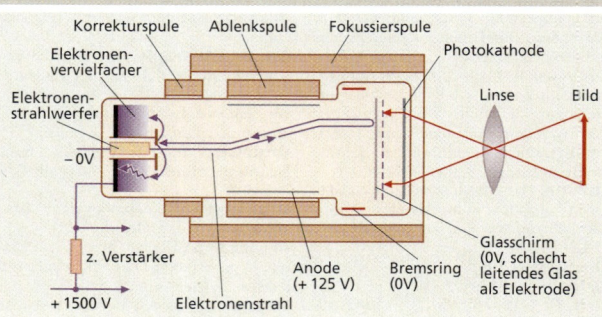

Orthodoxie, protestantische, ev.-theol. Richtung d. „Rechtgläubigkeit", die d. Erbe d. reinen Lehre Luthers u. Calvins i. d. Zeit v. 1555 bis 1700 zu bewahren suchte u. zu e. Lehrgebäude ausbaute.

Orthodrome, w. [gr. „geradläufige Linie"], Linie der kürzesten Entfernung zw. zwei Punkten auf der Erdkugel, zugleich Bogen eines größten Kugelkreises, schneidet die Meridiane unter ungleichen Winkeln; wichtig in der Navigation (i. Ggs. z. → Loxodromen Kursänderungen erforderlich).

Orthogesteine, aus → Magmatiten entstandene → Metamorphite (z. B. Orthogneis aus Granit).

Orthogon, s. [gr.], Rechteck.

Orthographie, w., Rechtschreibung.

Orthopädie, Lehre von den Form- u. Funktionsstörungen bzw. Leiden der Stütz- u. Bewegungsorgane sowie ihrer Behandlung, *Orthopädik*, z. B. durch **orthopädische** Apparate, orthopädisches Turnen, Massage usw.

Orthopnoe, sitzende Haltung bei schwerster Atemnot.

Orthopteren [gr.], Insektenordnung, svw. → Geradflügler.

Orthoptist [gr.], Lehrer für Sehschulung, insbes. in der Schielbehandlung.

orthostatische Dysregulation, *Orthostase,* Schwäche d. Kreislaufregulation im Stehen, schneller Puls, Schwindel usw.

Ortleb, Rainer (* 5. 6. 1944), FDP-Pol.; seit 1990 stellvertr. Parteivors., 1990 B.min. für bes. Aufgaben, 1991–94 B.min. f. Bildung und Wissenschaft.

Ortlergruppe, Massiv der Zentralalpen in Südtirol; höchster Gipfel der *Ortler,* 3899 m.

Ortnit, mittelhochdt. Epos, ostfränkisch, um die Mitte d. 13. Jh.; handelt vom Sohne Alberichs, Ortnit, u. seiner Brautfahrt nach Montabaur.

Ortolan, *m., Gartenammer,* einheim. Singvogel; unterseits zimtfarben, Kehle gelb, Schnabel rötlich.

Ortoli, François-Xavier (* 16. 2. 1925), frz. Pol. (Gaullist); 1973–77 Präs., ab 1977 Vizepräs. d. EG-Kommission.

Ortsbestimmung, Festlegen eines Erdoberflächenpunktes durch Angabe seiner geograph. Länge und Breite, geschieht durch *astronom. O.;* f. Breite Höhenmessung v. Sternen im Meridian, f. Länge Bestimmung der Ortszeit u. Vergleich m. d. Zeit v. Greenwich durch Chronometer, jetzt meist durch drahtl. Zeichen.

Ortskrankenkassen, öffentl.-rechtl. Körperschaften, Träger d. gesetzl. Krankenversicherung (Entgegennahme der Krankmeldungen, Auszahlung des Krankengeldes, für Nachuntersuchungen u. a.).

Ortstein, dunkler, verfestigter Horizont im Unterboden, in saurem Milieu (Heide, Nadelgehölze) durch Auswaschung aus dem Oberboden entstanden; → Podsol.

Ortszeit, die für alle Orte desselben Meridians geltende gleiche → Zeit; gilt oft auch für ganzes Staatsgebiet.

Ortung → Navigation.

Oruro, Hptst. d. Dep. *O.* in Bolivien, 3700 müM, 184 000 E; Uni.; Bahnknotenpunkt, Zinngewinnung.

Orvieto [-ˈvie̯-], St. in der it. Prov. Terni (Umbrien), 22 800 E; got. Dom; Weinbau.

Orwell, George, eigtl. *Eric Arthur Blair* (25. 6. 1903–21. 1. 50), engl. Schriftst. u. Journalist; *Farm der Tiere; 1984.*

Os [l.], *anat.,*
1) [oːs], der Mund.
2) [ɔs], der Knochen (das Bein).

Os, chem. Zeichen f. → Osmium.

Osaka, St. u. Hafen an der S-Küste der jap. Insel Honshu, an der *Bai von O.,* wichtigster Handelsplatz Japans, 2,65 Mill. E; Textil-, Stahlind., Schiffbau, Erdölraffinerien; intern. Großflughafen; Weltausstellung 1970.

O. S. B., Abk. f. **O**rdo **S**ancti **B**enedicti, Benediktinermönche.

Osborne [-bən], John (12. 12. 1929 bis 24. 12. 1994), engl. Dramatiker; *Blick zurück im Zorn; D. Unterhalter; Richter in eigener Sache.*

Oscar, Bez. f. d. seit 1928 jährl. von d. am. Filmkunstakad. in Hollywood verliehenen Preis für hervorragende Leistungen im Filmschaffen.

Oschatz (D-04758), St. i. Sa., 18 577 E; Bauten der Gotik und Renaissance; Schuh- u. Filzind.

Oschersleben (Bode) (D-39387), Krst. i. S-A., 16 445 E; Süßwaren-, Pumpen- und Bekleidungsfabrik.

Oseberg, norweg. Ort am Oslofjord; 1903 Grabhügel einer norweg. Kgn (9. Jh. n. Chr.) ausgegraben, mit zahlreichen Geräten, Schlitten, Wagen und dem **Osebergschiff,** einem 21 m langen, mit Tierornamenten reich verzierten Holzschiff.

Ösel, estn. *Saaremaa,* Ostseeinsel v. d. Bucht v. Riga mit Halbinsel Sworbe; 2714 km², 72 000 E; Hptort: *Kingisepp* (fr. *Arensburg*) (25 000 E); Fischerei, Ackerbau.

Oshima, Nagisa (* 31. 3. 1929), jap. Filmregisseur; *Im Reich der Sinne* (1976); *Im Reich der Leidenschaften* (1978); *Furyo – Merry Christmas, Mr. Lawrence* (1982).

Oshogbo [əˈʃ-], St. in SW-Nigeria, 420 000 E; Bischofssitz; Textil- u. Nahrungsmittelind.

Osiander, Andreas (19. 12. 1498 bis 17. 10. 1552), Reformator in Nürnberg u. Königsberg; zeitweise d. Lehre kath. Dogmen bezichtigt; *O.streit.*

Osiris, ägypt. Gott d. untergehenden Sonne u. d. Totenreiches, Bruder u. Gemahl d. Isis.

Oskar [altnord. „Asenspeer"], Kge von Schweden und Norwegen:
O. II. (21. 1. 1829–8. 12. 1907), mußte 1905 auf den Thron von Norwegen verzichten.

Oskisch, ausgestorbene altitalische Sprache, altertümlicher als Latein (→ Sprache, Übers.).

Oslo, Hpt- u. Residenzst. d. Kgr.s Norwegen, am N-Ende d. *O.fjords,* 459 300 E; Uni.; norweg. Nobelinst.; Museen (darunter Folket- u. Bymuseum); Nationaltheater; intern. Flughafen; Hpthandelshafen, Schiffbau, Masch.-, Papier-, Textilind. – 1050 gegr., s. etwa 1300 Hptst.; 1624–1924 in Kristiania umbenannt.

Osmanen, herrschendes Volk in d. Türkei, gen. nach **Osman I.,** Sultan 1288 bis 1326, d. Kleinasien eroberte.

Osmanisches Reich → Türkei.

Osmium, *Os,* chem. El., Oz. 76, At.-Gew. 190,2, Dichte 22,61 (zweitschwerstes El.); dem Platin verwandt, m. ihm zus. vorkommend, blaugrau, spröde.

Osmose, w. [gr.], Konzentrationsausgleich ungleich starker Lösungen durch → Diffusion von Lösungsmittel-Molekülen (z. B. Wasser) durch eine feinporige, halbdurchlässige Wand *(semipermeable Membran)* (Pergament, Schweinsblase, unglasierter Ton u. a.), d. h., die konzentriertere Lösung nimmt Wasser auf *(Endosmose);* wenn die Membran nur reines Wasser durchläßt, nicht dagegen den gelösten Stoff, entsteht in der Lösung, wenn sie sich in einem abgeschlossenen System befindet, durch das eindringende Wasser ein meßbarer Druck, d. der Mol-Menge d. gelösten Stoffes proportional ist **(osmotischer Druck);** Stofftransport d. lebenden Zelle erfolgt durch O.; *Elektro-O.* → Kataphorese.

Osnabrück (D-49074–90), krfreie St. i. Rgbz. Weser-Ems, Nds., 161 934 E; ma. Kirchen, spätgot. Rathaus (Ratsschatz), Barockschloß; kath. Bistum, Mus., Uni., FHS, Konservatorium; IHK, LG, AG; Automobil-, Papier-, Eisen- u. Stahl-, Drahtind. – Ehem. Mitgl. der Hanse; 1648 in O. (u. Münster) Westfäl. Friede.

Osning, der mittlere Teil des Teutoburger Waldes zw. Bielefeld und Oerlinghausen.

OSO, Abk. f. **O**rbiting **S**olar **O**bservatory, s. 1965 durchgeführte am. Satellitenversuchsreihe z. Beobachtung der

Oslo, Königliche Residenz

José Ortega y Gasset

George Orwell

Osaka, Haupttor zur Shitennoiji-Tempelanlage

Osebergschiff

Sonne, bes. d. Ultraviolett-, Röntgen- u. Korpuskularstrahlung.
Ösophagitis, Speiseröhrenentzündung, oft durch Rückfluß von Magensaft: *Refluxösophagitis*.
Ösophagus [gr.], Speiseröhre; *Ösophagitis*, deren Entzündung.
Ösophagusvarizen, Krampfadern der Speiseröhre bei Leberzirrhose, Gefahr lebensbedrohl. Blutungen.
Ossa,
1) Gebirge in der griech. Landschaft Thessalien, 1978 m, vom Olymp durch das Tempetal getrennt.
2) r. Nbfl. der Weichsel, 105 km l.
Osservatore Romano [it. „Römischer Beobachter"], seit 1873 offiziöse Tageszeitung des Vatikans.
Ossetien, Landschaft im mittleren Kaukasus, gebirgig; Mais-, Obstbau; zerfällt in die autonome russ. Rep. *Nord-O.*, 8000 km², 643 000 E, Hptst. *Ordschonikidse*, u. das autonome Gebiet *Süd-O.*, 3900 km², 99 000 E, Hptst. *Zchinwali* (34 000 E); bewohnt von **Osseten,** iran. Volk, wohl Reste d. Alanen.
Ossetische Heerstraße, Gebirgsstraße über den Zentralkaukasus, 2825 m h., nach Kutais, 293 km lang.
Ossian, kelt. Sagenheld, Krieger (3. Jh.), im Alter erblindet; glorifiziert s. Vater (Kg d. Kaledonier) in Liedern u. Dichtungen; wurde bekannt durch Macpherson, der eigene Dichtungen als Lieder des O. herausgab (1765); von Einfluß auf Herder und Goethe.
Ossietzky, Carl v. (3. 10. 1889–4. 5. 1938), dt. Journalist; Hg. der linksliberalen u. pazifist. *Weltbühne*; 1935 Friedensnobelpr.; nach 1933 im KZ.
Ost, Friedhelm (* 15. 6. 1942), dt. Wirtschaftsjournalist, 1985–89 Reg.sprecher.
Ostade,
1) Adriaen van (get. 10. 12. 1610–begr. 2. 5. 85), ndl. Maler u. Radierer; Bauernszenen; sein Bruder
2) Isaak (get. 2. 6. 1621–begr. 16. 10. 49), ndl. Genrebilder, Landschaften.
Ostafrikanisches Grabensystem, im Jungtertiär entstandenes Bruchsystem v. Simbabwe (Rhodesien) bis zum Roten Meer.
Ostasien, Randgebiete Asiens zw. Golf von Siam u. Ochotskischem Meer u. östl. vorgelagerte Inselgruppen: Hinterindien, das östl. China mit Mandschurei, Korea, Vietnam, Laos, Kambodscha, Gebietsteile d. ehem. UdSSR (mit Amurgebiet), Philippinen, Formosa, Japan, Sachalin.
Ostblock, ehem. zusammenfassende Bez. f. d. Sowjetunion u. d. „Volksdemokratien" unter deren Einfluß; früher zus.geschlossen durch zahlr. Bündnisverträge, insbes. im COMECON u. Warschauer Pakt: Bulgarien, ČSSR, DDR, Mongolei, Polen, Rumänien u. Ungarn.
Ostchinesisches Meer, chin. *Dong Hai*, Randmeer, im O durch Taiwan, die Ryukyu-Inseln u. Kyushu begrenzt: 1 249 200 km²; bis 2719 m tief.
Osten, *O*, intern. *E (ast)*, Himmelsrichtung, bei Blick nach N „rechts"; Gestirne gehen im O auf.
Ostende, *Oostende*, belg. Hafenst. u. Seebad an der Nordsee, Fährverkehr nach Großbritannien, 68 000 E; Austern- u. Hummernzucht.

Osterinsel, *Statue*

ÖSTERREICH	
Staatsname:	Republik Österreich
Staatsform:	Parlamentarisch-demokratische Bundesrepublik
Mitgliedschaft:	UNO, EU, Europarat, EWR, OSZE, OECD
Staatsoberhaupt:	Thomas Klestil
Regierungschef:	Viktor Klima
Hauptstadt:	Wien 1,53 Mill. Einwohner
Fläche:	83 853 km²
Einwohner:	8 006 000
Bevölkerungsdichte:	95 je km²
Bevölkerungswachstum pro Jahr:	⌀ 0,67% (1990–1995)
Amtssprache:	Deutsch
Religion:	Katholiken (78%), Protestanten (5%), Muslime
Währung:	Österr. Schilling (S)
Bruttosozialprodukt (1994):	197 475 Mill. US-$ insges., 24 950 US-$ je Einw.
Nationalitätskennzeichen:	A
Zeitzone:	MEZ
Karte:	→ Österreich

Österreich

ostentativ [l.], offensichtlich; herausfordernd.
Osteodensitometrie, Methoden z. Bestimmung d. Knochendichte bei → Osteoporose.
Osteodystrophia deformans → Pagetsche Krankheit.
Osteodystrophia fibrosa cystica → Recklinghausensche Krankheit.
Osteogenesis imperfecta, *Glasknochenkrankheit*, angeborene mangelhafte Knochenbildung mit wiederholten Brüchen u. Verkrüppelung.
Osteologie, w. [gr.], die Lehre von d. Knochen.
Osteomalazie, Knochenerweichung durch Kalkverarmung, z. B. bei → Rachitis; → Osteoporose.
Osteomyelitis, w., Knochenmarkentzündung.
Osteopathie, Knochenkrankheit.
Osteoporose, Schwund der organ. Knochenmasse (sekundär des Mineralgehalts), bei Ruhigstellung, Hormonstörungen (Frauen nach den Wechseljahren) u. a.
Osteosynthese, operative Knochenbruchbehandlung, bei der d. Bruchstücke mittels Nägeln, Draht, Schrauben od. anderen Hilfsmitteln vereinigt werden.
Österbotten, *Pohjanmaa,* finn. Landschaft a. Bottnischen Meerbusen.
Osterholz-Scharmbeck (D-27711), Krst. d. Kr. Osterholz, Nds., 25 300 E; AG; Eisen-, Maschinen-, Fahrzeug- u. Tabakind.; Teufelsmoor.
Osteria, w., it. Schenke.
Osterinsel, *Rapanui,* östlichste polynesische Insel, 162,5 km², 1800 E; vulkan. Bergland, bis 597 m hoch; zu Chile gehörig; Ostern 1722 von Holländern entdeckt; Steinfiguren unbekannten Ursprungs, Schrifttafeln 1955 von Th. Bartel entziffert.
Osterluzei, *Aristolochia,* aufrechte Pflanze mit großen, herzförmigen Blättern u. eigenartigen Blüten, deren Bestäubung durch Fliegen erfolgt; *Pfeifenstrauch,* O.gewächs aus N-Amerika, Schlingpflanze.
Ostermarsch, seit Mitte d. 1960er Jahre zur Osterzeit in d. BR Dtld u. Östr. veranstalteter Demonstrationszug für Frieden u. Abrüstung.
Ostermond, altdt. Name für April.
Ostern, Fest d. Auferstehung Jesu; am 1. Sonntag nach Frühjahrsvollmond, entspr. d. jüd. Passahfest.
Osterode,
1) *O. am Harz* (D-37520), Krst. im Rgbz. Braunschweig, Nds., 230 müM, 27 163 E; AG; div. Ind., Fremdenverkehr; Sösestausee mit 200 km Fernwasserleitung.
2) *Ostróda,* St. i. d. poln. Woiwodschaft Olsztyn im ehem. Ostpreußen, 33 000 E.
Osterregel, *Osterrechnung,* a. d. Konzil v. → Nicäa festgelegte Regel z. Berechnung d. kirchl. Osterfestes; einfache Formel hierfür von → Gauß.
Österreich, Bundesrep. v. neun Ländern: Wien, Nieder-, Oberöstr., Salzburg, Steiermark, Kärnten, Tirol, Vorarlberg, Burgenland; Alpen- u. Donaustaat (⅔ Gebirgsland); Hptreichtum Wälder.
a) *Landw.:* Roggen, Weizen, Hafer, Kartoffeln, Zuckerrüben, Mais; Obst- u. Weinbau (Niederöstr., Burgenland, Steiermark); Viehzucht u. Milchwirtsch. im

Alpenraum. **b)** *Ind.:* Hptgebiete: Wien, N-Steiermark, Steyr u. Linz (Oberöstr.); in d. Steiermark Eisen- (1991: Förderung 3,4 Mill. t) u. Bleierz-, im Salzkammergut Salzlager, Erdöl b. Zistersdorf u. Matzen; Kohlenmangel wird z. T. durch d. alpine Wasserkraft u. d. Braunkohlenlager ersetzt. **c)** *Außenhandel* (1991): Einfuhr 50,69 Mrd., Ausfuhr 41,08 Mrd. $. **d)** *Verf.* v. 1920 (in d. Fassung von 1929): Bundespräs. (auf 6 J. vom Volk gewählt, ernennt Bundesreg. und Bundeskanzler); Nat.rat, gesetzgebendes Organ (auf 4 Jahre gewählt); Bundesrat m. Vetorecht. **e)** *Gesch.:* Aus der von Karl d. Gr. errichteten Ostmark entstanden; 976–1246 unter d. Babenbergern, die

Österreich

Steiermark u. Krain dazu erwarben, dann im Besitz Ottokars von Böhm.; 1282 an die Habsburger, 1335 Kärnten, 1363 Tirol, 1526 Böhmen-Mähren-Schlesien u. Westungarn dazu. Das habsburg. Ö., das 1440–1806 den dt. Kaiser stellte, 1519–21 mit d. span. Weltmacht in Personalunion verbunden war, wurde in der Reformationszeit zur Vormacht des Katholizismus in Dtld, zugleich zur Schutzmauer des Abendlandes gg. die Türken u. zum Verteidiger Dtlds gg. Frkr.; s. 1683 Eroberung Ungarns u. Beginn des ö. östr.-ungar. Doppelmonarchie; 1714 im Span. Erbfolgekrieg Erwerbung der Ndl., eines großen Teils von Italien; 1740 Aussterben der männl. Habsburgerlinie; unter Maria Theresia Verlust Schlesiens an Preußen, Beginn des preuß.-östr. Kampfes um Vorherrschaft in Dtld; 1772 u. 1795 Galizien, 1774 d. Bukowina erworben; 1806 legte Franz I. dt. Kaiserkrone nieder; nach gr. Landverlusten in d. Napoleon. Kriegen im Wiener Kongreß 1815 Salzburg, Dalmatien, Venetien u. d. Lombardei behauptet, Ö. noch einmal in Europa führend (Hl. Allianz, Metternich) u. Vorkämpfer d. Reaktion gg. d. Revolution v. 1848; 1859 Niederlage gg. Frkr.-Sardinien, 1866 gg. Preußen-Italien (Verlust d. it. Besitzungen), nach gleichem Kampf Ausgleich m. Ungarn (Beust): 1868 östr.-ungar. Monarchie; 1908 Annexion v. Bosnien u. Herzegowina; 1914 Ermordung d. Thronfolgers in Sarajewo, Ausbruch d. 1. Weltkr.: 1918 Zusammenbruch d. im Nationalitätenkampf zersetzten Staates. Vertreter der dt. Kronländer riefen am 12. 11. 1918 die Republik Dt.-Ö. aus; 1919 Friedensverträge von Trianon (Ungarn) u. *St-Germain-en-Laye* (Östr.): Verlust von u. a. Südtirol, Südsteiermark, Südkärnten, Miestal an Jugoslawien, Kanaltal an Italien; 1920 Aufnahme i. d. Völkerbund; als Folge d. Weltwirtschaftskrise Anschwellen d. Austrofaschismus u. d. NS; 1933 christl.-autoritäre Reg. unter Dollfuß; 1934 Bürgerkrieg; bei NS-Putschversuch Dollfuß ermordet; sein Nachfolger Schuschnigg

ÖSTERREICH

Die Hoheitszeichen der Bundesländer Österreichs

Burgenland

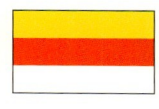
Kärnten

Niederösterreich

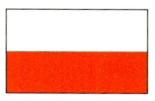
Oberösterreich

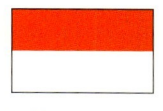
Salzburg

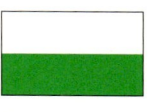
Steiermark

Tirol

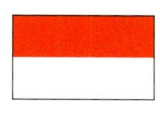
Vorarlberg

Wien

konnte steigenden Zulauf zum NS nicht abdämmen; 1938 Einmarsch dt. Truppen, ,,Anschluß''; 1945 von alliierten Truppen besetzt. 1955 Staatsvertrag: Souveränität, Anschlußverbot an Dtld, Abzug der Besatzungstruppen; Neutralität; s. 1973 Freihandelsabkommen mit d. EG; 1995 Mitgl. d. EU; NATO-Partnerschaft unter Wahrung d. Neutralität.

Österreichischer Erbfolgekrieg, 1740–48, um die Erbfolge in den habsburgischen Ländern zwischen Spanien, Bayern und Sachsen, unterstützt von Frankreich und Preußen (→ Schlesische Kriege), gg. → Maria Theresia (verbündet mit England, Ndl. u. Rußland); *Aachener Friede*: → Pragmatische Sanktion anerkannt, Östr. verlor (außer Schlesien an Friedr. d. Gr.) d. Hzgtümer Parma, Piacenza u. Guastalla an Spanien.

Österreichische Volkspartei, ÖVP, → Parteien, Übers.

Österreich-Ungarn, die *östr.-ungarische Monarchie* 1868–1918, bestand aus:
1) den im Reichsrat vertretenen Königreichen u. Ländern (Nieder- u. Oberöstr., Salzburg, Steiermark, Kärnten, Krain, Triest, Görz u. Gradisca, Istrien, Tirol, Vorarlberg, Böhmen, Mähren, Schlesien, Galizien, Bukowina, Dalmatien);
2) den Ländern der ungar. Krone (Ungarn, Kroatien u. Slawonien) u.
3) den 1878 besetzten, 1908 annektierten Bosnien u. Herzegowina. – Gesamt: 677 000 km², 55,6 Mill. E (1913), davon 23,5% Dt.e.

Ostia Antica, *Ceres-Tempel*

Osteuropa-Bank → Europäische Bank f. Wiederaufbau u. Entwicklung.
osteuropäische Zeit → Zeit.
Ostfalen, südöstl. Teilstamm der → Sachsen.
Ostfriesland, Küstenlandschaft zw. Oldenburg u. Holland, von Friesen bewohnt, bildet seit 1866 den Rgbz. Aurich; Marschen, Geest und kultiviertes Moorgebiet. – Vom 14. Jh. bis 1744 unter d. Hause Cirksena, 1654 Reichsfürstentum, 1744 preuß., 1815–66 bei Hannover, seit 1946 bei Nds.
Ostgebiete, deutsche, die 1945 östl. d. → Oder-Neiße-Linie an Polen oder Sowjetunion gefallenen ehem. Reichsgebiete, 114 296 km² d. ehemal. Prov. Brandenburg, Ostpreußen, Pommern, Schlesien mit (1939) 9,56 Mill. E (24,3% des Reichsgebietes v. 1937, 13,9% der Bevölkerung v. 1939); im Warschauer Vertrag 1972 u. endgültig im dt.-poln. Grenzvertrag 1990 erkannte d. BR die Unverletzlichkeit d. Oder-Neiße-Linie an.
Ostgoten → Goten.
Osthaus, Karl Ernst (15. 4. 1874 bis 27. 3. 1921), dt. Kunstwiss. u. -sammler; Förderer d. Jugendstils u. Expressionismus; 1902 Begr. d. Folkwang-Mus. in Hagen (s. 1921 in Essen); nach ihm ben. d. städt. Mus. in Hagen.
Ostia, Hafenst. des alten Rom, a. d. Tibermündung, jetzt St.teil *O. Antica* v. → Rom.
Ostinato, s. [it. ,,hartnäckig''], beharrl. wiederkehrende Tonfiguren; meist im Baß: *basso ostinato*.
Ostindien, Name für Vorder- u. Hinterindien und den Malaiischen Archipel.
Ostindische Kompanie,
1) in England gegr. 1599, privilegierte Gesellschaft zur wirtsch. Erschließung Indiens, die die engl. Besitznahme vorbereitete; 1858 aufgelöst.
2) die Ndl.-Ostindische K., 1602 gegr. u. 1795 aufgelöst; wurde Staatsbesitz.
ostische Rasse → Rasse, Übers.
Ostitis, *w.*, Knochenentzündung.
Ostjaken, westsibir. Rentierzüchtervolk.
Ostkirchen → morgenländische Kirche.
Ostkolonisation, dt. Siedlung in osteur. Gebieten seit der Völkerwanderung. Seit 7. Jh. bayr. Landnahme in den Ostalpen. Unter den Sachsenkaisern mil. Sicherung der Nordostgrenze durch → Markgrafschaften. Im 12.–14. Jh. Wanderung dt. Bauern u. Stadtbürger über d. Elbe–Saale, im Markengürtel unter Führung dt. Fürsten: Adolf II. v. Schaumburg u. Heinrich der Löwe in Holstein u. Mecklenburg, Askanier in der Mark Brandenburg, Wettiner in der Mark Meißen. Seit 1150 Berufung dt. Grenzsiedler durch die Könige Ungarns (Burgenland, Siebenbürgen, Zips), s. 1200, unter Zusicherung ,,dt. Rechtes'', durch die slaw. Herrscher v. Mecklenburg, Pommern, Böhmen-Mähren, Schlesien u. Polen. Seit Ende 13. Jh. Erschließung Ostpreußens durch den → Dt. Orden. Dt. Stanlagen, m. planmäß. Schachbrettgrundriß, bis Narwa, Wilna, in d. Ukraine, Moldau u. den Balkan. Im 15. Jh. Stillstand d. O. u. Slawisierung d. vorgeschobenen Inseln. Seit 1500 Neubeginn durch holländ. Mennoniten u. Pommern im nördl. Po-

Österreich, Wirtschaft

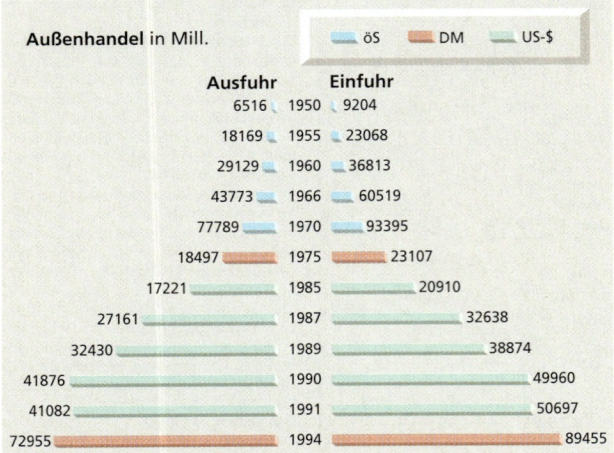

Gold- und Devisenbestand 1995
Gold: 12,0 Mill. troy oz (1 Troy ounce = 31,1 Gramm) Devisen: 12020 Mill. SZR (Sonderziehungsrechte, 1 SZR am 31.12.1995 = 1,4865 US-$ bzw. 2,1309 DM)

len. Im 18. Jh. staatl. O. d. Hohenzollern im östl. Preußen, d. Habsburger in Ungarn u. Galizien, Berufung dt. Bauern an d. Wolga und nach Südrußland.
Ostmark, *Bairische O.,* alter Name für die dt. Grenzmark Östr.; v. Karl d. Gr. gg. d. Awaren errichtet, im 7.–10. Jh. von Bajuwaren besiedelt.
Ost-Pakistan → Bangladesch.
Ostpolitik, Pol. d. BR, initiiert durch d. Kabinett Brandt/Scheel 1969–73, gegenüber d. osteur. Staaten auf d. Grundlage westl. Sicherheit; führte zu den → Ostverträgen.
Ostpreußen, Landschaft u. ehem. nordostdt. Prov., 36 992 km² (1939: 2,48 Mill. E); v. d. Weichsel u. Nogat im W b. z. Memel im NO; umfaßt e. Teil d. Baltischen Höhenrückens, viele Seen u. große Kiefernwaldungen; Produkte: Roggen, Hafer, Kartoffeln; Pferdezucht (Hauptgestüt Trakehnen), Forstwirtschaft, Fischerei u. Bernsteinind. (Samland); ehem. Hptst. *Königsberg.* – Urspr. von → Pruzzen bewohnt, 13.–16. Jh. Gebiet d. → Dt. Ordens; 1526 weltl. Hzgt. mit Herrschern aus dem Haus Hohenzollern, unter poln.

Ottobeuren, *Klosterkirche*

Lehnshoheit; 1618 an d. brandenburg. Hohenzollern. 1920 O. durch d. Poln. Korridor v. übrigen Dtld abgetrennt; s. 1945 durch Potsdamer Abkommen nördl. Teil (m. Königsberg) russ., südl. Teil poln.
Ostpunkt, *Morgenpunkt,* Schnittpunkt von Horizont u. Himmelsäquator, 90° rechts von N.
Östradiol, ein Follikelhormon (→ Keimdrüsen).
Ostrakismos, seit 509 v. Chr. i. Athen Volksabstimmung zur Verbannung pol. Unbequemer (Aristides, Themistokles u. a.), *Scherbengericht* (v. griech. *ostraka* = Scherben, auf die ihre Namen geschrieben wurden).

Oszillator

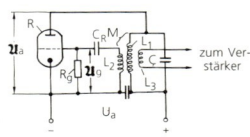

a) *Meißner-Oszillator-Schaltung*
U_a Anodenwechselspannung
U_g Gitterwechselspannung
M Kopplungsinduktivität
C Schwingungskreiskapazität
C_R Rückkopplungskapazität
L_1 Schwingungskreisinduktivität
L_2 Rückkopplungswicklung

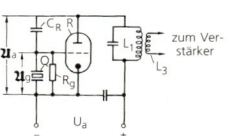

b) *Quarzgesteuerter Oszillator*
L_3 Ankopplungswicklung zum Abnehmen der erzeugten Wechselspannung
R Röhre
U_a Anodengleichspannung
R_g Gitterableitwiderstand
Q Quarz

Ostrakon [gr. „Scherbe"], im alten Ägypten als Schreibmaterial f. Notizen, Skizzen, Briefe, Abrechnungen o. ä. benutzt. Im alten Griechenland auch Mittel zur Abstimmung b. Klageeinreichung, sog. „Scherbengericht".
Ostrau, tschech. *Ostrava* (bis 1945 *Mährisch-O.*), St. an d. Ostrawitza im Nordmährischen Bez. d. Tschech. Rep., 331 000 E; Steinkohle; Eisenhütten u. Walzwerke, chem. u. Metallind.
Östrogene [gr.], svw. Follikelhormone (→ Keimdrüsen).
Oströmisches Reich → Byzantinisches Reich.
Ostrowskij, Alexander Nikolajewitsch (12. 4. 1823–14. 6. 86), russ. naturalist. Dramatiker; *Das Gewitter; Der Wald.*
Ostrumelien, fruchtbare Balkanlandschaft i. Stromgebiet d. Mariza; bildete den N-Teil von → Rumelien, durch Berliner Kongreß 1878 autonome türk. Prov., 1885 v. Fürsten v. Bulgarien regiert, 1908 ganz z. Bulgarien.
Ostsee, *Baltisches Meer,* Binnenmeer, m. d. Nordsee durch Skagerrak u. Nord-O.-Kanal, m. Nördl. Eismeer durch Weißmeer-Ostsee-Kanal verbunden; 422 300 km², mittlere Tiefe 55 m, größte 459 m (n. Gotland); besteht aus mehreren Becken: Kattegat, Beltsee, Arkona-, Bornholm-, Gotlandbecken, Rigaer, Finn., Bottn. Meerbusen; Salzgehalt nimmt von W nach O ab: Kieler Bucht 1,5‰, ö. Rügen 0,8‰; im äußersten N u. O der Bottn. u. Finn. Meerbusen fast ausgesüßt. Gezeiten wenig bemerkbar (Fluthöhe in Kiel 7 cm), dafür Wasserstandsschwankungen durch Stürme; im Winter an den Küsten häufig, im NO regelmäßig zugefroren. Nach der Eiszeit war die O. viel größer als heute, ihre damaligen Ablagerungen bezeichnet durch die Muschel Yoldia arctica: *Yoldiazeit;* danach O. ein großer Süßwasserbinnensee: d. wärmere *Ancyluszeit* (nach einer Schnecke ben.); danach wieder Verbindung mit d. Meer: *Litorinazeit* (Bez. nach e. Strandschnecke).
Ostseeprovinzen, die ehem. russ. Gouvernements Kurland, Livland u. Estland; gehören seit 1918 zu Lettland u. Estland.
Ostung, beim antiken Kultbau Orientierung d. Längsachse nach O (zur aufgehenden Sonne); übernommen (zuerst in d. Ostkirche), im Kirchenbau s. dem 4. Jh. in Italien.
Ostverträge, Vertragswerk d. BR m. d. osteur. Staaten z. Beginn d. 70er Jahre: Gewaltverzichtsvertrag m. d. UdSSR v. 12. 8. 1970, Grundlagenvertrag m. Polen (7. 12. 1970), Grundlagenvertrag m. d. DDR (21. 12. 1970), Vertrag über d. Beziehungen m. d. ČSSR (11. 12. 1973), Aufnahme diplomat. Beziehungen zu Bulgarien u. Ungarn (21. 12. 1973).
Ostwald,
1) Wilhelm (2. 9. 1853–4. 4. 1932), dt. Chem.; theoret., phys. u. Elektrochemie, Ionentheorie u. Thermodynamik: Nobelpr. 1909; *D. Farbenlehre.* – Sohn
2) Wolfgang (17. 5. 1883–22. 11. 1943), dt. Chem.; *Grundriß d. Kolloidchemie.*
Ostzone, Bez. f. → SBZ, ehem. DDR.
Oswald, Richard (5. 11. 1880–11. 9. 1963), östr. Filmproduzent u. Regisseur; Aufklärungsfilme; *Alraune* (1930). *Der Hauptmann v. Köpenick* (1931).
Oswald v. Wolkenstein, (1377–2. 8. 1445), östr. spätma. Minnesänger; Liebes-, polit. u. geistl. Lyrik.
OSZE, → KSZE.
Oszillation, w. [l.], Schwingung.
Oszillator, m., el. Schaltanordnung von → Elektronenröhren od. → Transistoren, Kondensatoren u. Spulen (Induktivitäten), die durch Selbsterregung ungedämpfte sinusförmige Schwingung erzeugen; Selbsterregung durch Rückführen e. Teils d. verstärkten Energie v. der Anode auf das Steuergitter, beim Transistor von Kollektor auf Basis; zahlreiche Schaltungen (Spule/Kondensator, Widerstand/Kondens.), → Klystron; Erzeugung v. period. nicht sinusförmigen Schwingungen → Multivibrator; Anwendung z. B. bei Sendern u. Überlagerungsempfängern.
oszillieren, schwingen.
Oszillograph, m., *Schwingungsschreiber,*
1) mit mechan. schwingenden Saiten.
2) *Oszilloskop,* in d. Elektro- und Fernmeldetechnik mit → Braunscher Röhre (Kathodenstrahlröhre), wobei d. Elektronenstrahl durch elektromagnet. od.

elektrostat. Kraftfeld entsprechend d. zu messenden Schwingungen gesteuert wird u. diese dabei auf d. Leuchtschirm aufzeichnet *(Oszillogramm);* Anwendung: in Forschung u. Meßtechnik.

Otaru, jap. Hafenst. a. der W-Küste v. Hokkaido, 172 000 E; Fischerei- u. Handelshafen.

Otaviberland, Landschaft in N-Namibia; Blei, Vanadium, Kupfer.

o tempora, o mores! [l.], „O Zeiten, o Sitten!" (nach Cicero), Ausdruck sittlicher Entrüstung.

Otfried v. Weißenburg (um 800 bis nach 870), elsässischer Mönch; schuf erste ahdt. (Reim-)Fassung der Evangelien.

Othello, „der Mohr v. Venedig", maurischer Feldherr in Venedig; s. Eifersucht sprichwörtl.; Tragödie Shakespeares, Opern von Rossini u. Verdi *(Otello).*

Otitis, *w.* [gr.], Ohrenentzündung.

Otitis media, Mittelohrentzündung.

Otologie, Ohrenheilkunde.

Otorhinolaryngologie, Hals-Nasen-Ohren(HNO)-Heilkunde.

Otosklerose, *w.,* erbl., zu fortschreitender Schallleitungsschwerhörigk. führende knöcherne Fixation d. Steigbügels i. ovalen Fenster (→ Ohr); Behandlung evtl. durch Steigbügelplastik.

Otranto, it. Hafenst., Prov. Lecce, an der Meerenge zwischen Adriat. u. Ionischem Meer *(Straße von O.,* 71 km breit), 5000 E; kath. Erzbistum.

OTS, Abk. f. *Orbital Test Satellite,* experimenteller, geostationärer Nachrichtensatellit d. ESRO (1978).

Ottaverime, *w.,* italienische Versform, → Stanze.

Ottawa, B.hpst. v. Kanada, in d. Prov. Ontario, 301 000 E, m. Vororten 863 900 E; 2 Uni.; Papier- u. Holzind.

Ottawa River, l. Nbfl. d. St.-Lorenz-Stromes, 1270 km l., Holzflößerei.

Otterhund, englischer Jagdhund zur Fischotterjagd.

Ottern,
1) *m.,* z. B. *Fischotter,* Mardergattung m. Schwimmhäuten u. Ruderschwanz, Fischräuber, geschätzter Pelz; → Seeotter.
2) *w.,* Giftschlangen, svw. → Vipern.

Otto [ahdt. „ot = Besitz"],
a) *dt. Kge u. Kaiser:*
1) O. I., d. Gr. (23. 11. 912–7. 5. 73), Sachse, d. 936 Kg, warf Fürstenaufstände nieder, gründete die Kgsgewalt auf kirchliche Würdenträger (Ottonische Reichskirche), siegte 955 über die Ungarn auf dem Lechfeld (bei Augsburg), 962 erster Kaiser des *Hl. Röm. Reiches Dt. Nation,* gekrönt in Rom; stärkte den dt. Einfluß im Osten.
2) O. II. (955–7. 12. 83), s. 961 Kg, d. 967 Kaiser, reg. seit 973.
3) O. III. (980–24. 1. 1002), s. 983 Kg, s. 996 Kaiser, stiftete 1000 das Erzbistum Gnesen.
4) O. IV. (1182–19. 5. 1218), Sohn Heinrichs d. Löwen, 1198 als Gegenkg gg. Philipp v. Schwaben gewählt, mußte 1214 Friedrich II. weichen.
b) *Bayern:*
5) O. v. Wittelsbach (1120–11. 7. 83), rettete Friedrich I. Barbarossa auf dem Rückzug aus Italien, wurde 1180 Hzg v. Bayern u. Ahnherr der Wittelsbacher.
c) *Griechenland:*
6) O. I. (1. 6. 1815–26. 7. 67), von England, Rußland, Frkr. 1832 zum Kg erhoben, 1862 durch Aufstand vertrieben.
d) *Habsburg:*
7) O. (* 20. 11. 1912), östr. Kronprätendent, Sohn v. → Karl 18).
e) *Pfalz:*
8) O. Heinrich (10. 4. 1502–12. 2. 59), Kurfst seit 1556, erweiterte das Heidelberger Schloß d. d. *Ottheinrichsbau.*
f) *Bischöfe:*
9) O. (1060–1139), Bischof v. Bamberg, der Apostel von Pommern, Hlg.
10) O. (1111–58), Bischof von Freising, Oheim Barbarossas, Geschichtsschreiber.

Otto,
1) August Nikolaus (14. 6. 1832–26. 1. 91), dt. Ing.; erfand m. E. Langen d. Gasmotor; 1876 Entwicklung zum Viertaktmotor *(Ottomotor),* → Verbrennungskraftmaschinen.
2) Berthold (6. 8. 1859–29. 6. 1933), dt. Pädagoge; *Volksorgan. Denken.*
3) Frei (* 31. 5. 1925), dt. Architekt; Pionier d. Hängedachkonstruktion (Seilnetzkonstr.); u. a. Überdachung d. Hptsportstättenbereichs i. Olympiapark München (m. Behnisch u. a.).
4) Kristin (* 7. 2. 1966), dt. Schwimmerin; sechsmal. Olympiasiegerin 1988 (100 m. 50 m Freistil, 100 m Rücken, 100 m Delphin, 4 x 100 m Lagen, 4 x 100 m Freistil), siebenmal. Weltmeisterin, 1982 u. 86, neunmal. Europameisterin 1983, 87 u. 89.

Ottobeuren (D-87724), Markt (Kneippkurort) i. Kr. Unterallgäu, Bay., 7722 E; Benediktinerkloster (764 gegr.), Basilika (barocke Wallfahrtskirche).

Ottobrunn (D-85521), Gem. b. München, 19 122 E; Flugentwicklungszentrum.

Ottokar II., Přemysl, (1233–78), Kg v. Böhmen, erwarb Östr., Steiermark, Kärnten, Krain, verlor sie im 2. Schlacht a. d. Marchfelde (in d. er fiel) gg. → Rudolf v. Habsburg.

Ottomane, *w.,* niedriges Liegesofa.

ottonische Kunst, Periode dt. Kunst i. 10.–11. Jh. z. Zt. d. Kaiser Otto I.–Otto III. (919–1024): strenger vor- bzw. frühroman. Ausdrucksstil m. karolingischen, später auch byzantinischen Elementen. – Baukunst: z. B. Dome in Magdeburg u. Halberstadt, Stiftskirche Gernrode, → Hildesheim. – *Plastik:* Gero-Kreuz (Köln); „Goldene Madonna" (Essen); (Dom-)Türen, Bernward-Säule (Hildesheim). – *Malerei:* Buchmalerei: Reichenauer Schule (Bamberger Apokalypse, Evangeliar Ottos III.); Wandmalerei: St. Georg i. Reichenau-Oberzell.

Ottweiler (D-66564), St. i. Kr. Neunkirchen, Saarland, a. d. Blies, 15 622 E; AG; Ind.

Ötztal, Seitental des Inn in N-Tirol, im unteren Teil fruchtbar u. warm (Maisfelder), Quelltäler sind das Venter u. das Gurgler Tal (1900 m).

Ötztaler Alpen, Gruppe der Zentralalpen, stark vergletschert *(Wildspitze* 3774 m, *Weißkugel* 3739 m) 1991 Fund einer ca. 5000 Jahre alten Mumie im Similarngletscher („Ötzi").

Ouagadougou, *Wagadugu,* Hptst. d. Rep. Burkina Faso, 442 000 E; div. Ind.; Fernsehsender; Flughafen.

Oud [ǝut], Jacobus Johannes Pieter (9. 2. 1890–5. 4. 1963), ndl. Architekt; Mitbegr. De Stijl u. e. wicht. Vertr. d. Rationalismus; u. a. Wohnsiedlungen in

Ottawa, *Parlamentsgebäude*

Fischotter

Otto I. und seine Gemahlin, *Dom zu Meißen*

Kristin Otto

Rotterdam u. Hoek van Holland; teils auch Elemente e. dekorat. Bauweise (*Shell-Gebäude* im Haag).

Oudenaarde [ˈoʊdə-], *Audenaarde,* St. in der belg. Prov. O-Flandern, a. d. Schelde, 28 000 E; Textil- u. Spitzenind. – 1708 Sieg Prinz Eugens u. der Engländer (Marlborough) über d. Franzosen.

Oudry [uˈdri], Jean-Baptiste (17. 3. 1686–30. 4. 1755), frz. Maler u. Radierer d. barocken Klassizismus u. Rokoko; Hofmaler (Tier- u. Jagdbilder) u. Direktor d. Gobelinmanufaktur in Beauvais.

Oulu, schwed. *Uleåborg,* Hptst. des finn. Läns O., a. d. NO-Küste d. Bottnischen Meerbusens, 102 300 E; Uni. m. Forschungszentrum für arkt. Medizin; Leder-, Stickstoff- u. Holzind..

Ourthe [urt], r. Nbfl. der Maas, entspringt i. d. Ardennen, 166 km l., mündet bei Lüttich.

Outback [ˈaʊtbæk], d. austral. Wildnis, Hinterland.

outen [engl. ˈaʊ-], öff. bloßstellen.

Outfit [engl. ˈaʊt-], mod. Ausstattung, Kleidung.

Output, *m.* [engl. ˈaʊtpʊt],
1) *allg.* Ausstoß, Produkt.
2) *techn.* abgegebene Nutzleistung; Daten/Informationen u. a.; Ggs.: → Input.

Friedrich Overbeck, *Josef wird von seinen Brüdern verkauft*

outrieren [frz. uˈt-], übertreiben.

Outsider, *m.* [engl. ˈaʊtsaɪdǝ], Außenseiter; im Sport: Teilnehmer m. geringer Aussicht auf Erfolg.

Ouvertüre, *w.* [frz. uver-], Orchester-Einleitungsstück zu einem Bühnenwerk; auch Konzertstück.

Ouzo [ˈuːso], griech. Anisschnaps.

oval [nl.], länglichrund.

Ovambo, *Ovamboland,* Landschaft u. s. 1973 autonomes Gebiet im N → Namibias, 51 800 km², 615 000 E; Hptort *Ondangua;* Hackbau, Viehzucht.

Ovambo, *Ambo,* Bantunegervolk, 276 000, i. n. ö. u. südl. Angola; vorwiegend Ackerbauern.

Ovarialinsuffizienz, Unterfunktion der Eierstöcke.

Ovarium [l.], Eierstock, weibliche → Keimdrüse.

Ovation, *w.* [l.], Huldigung, festliche Ehrung.

Overall, *m.* [engl. ˈoʊvǝrɔːl], einteiliger Schutzanzug.

Overath (D-51491), Gem. i. Rheinisch-Bergischen Kr., NRW, 24 413 E; Metall-, Kunststoff-, Stein- u. Papierverarbeitung.

Overbeck,
1) Franz (16. 11. 1837–26. 6. 1905), dt. ev. Theologe; Freund Nietzsches; *Briefwechsel.*
2) Fritz (15. 9. 1869–7. 6. 1909), dt. Maler, Mitgl. der Künstlerkolonie in Worpswede.

3) Johann Friedrich (3. 7. 1789–12. 11. 1869), Mitbegr. d. Lukasbunds, → Nazarener 2); Wandgemälde u. a. im Casino Massimo (Rom); *Italia und Germania.*

Overdrive [engl. 'ouvədraɪv], Zusatzgetriebe b. Kraftwagen, durch Fliehkraftregler automatisiert; setzt Motordrehzahl bei gleichbleibender Wirkung herab, schont d. Motor.

Overhead-Projektor, *m.* [engl. 'ouvəhed-], Gerät z. Projektion von Folien i. nicht-verdunkelten Raum.

Overijssel [-'eɪsəl], *Oberijssel,* ndl. Grenzprov. m. fruchtbaren Marschen (Ijsselmündung); wichtiges Industriegebiet; 3420 km², 1 Mill. E; Hptst. *Zwolle.*

Overspray [engl. 'ouvəspreɪ], bei technischer Oberflächenbeschichtung (Lackierung) geht ein Teil d. gesprühten Lackes als O. verloren u. belastet als Abluft d. Umgebung.

Ovid|ius Naso, Publius (43 v. Chr. bis um 17 n. Chr.), röm. Dichter; *Metamorphosen* („Verwandlungen"); *Ars amatoria* („Liebeskunst").

Oviedo [o'βjeðo], Hptst. d. Auton. Gemeinschaft → Asturien, in Spanien, 195 000 E; Bischofssitz, got. Kathedrale, Uni.; Metall-, Textilind.

Oviparie, Befruchtung der abgelegten Eier erfolgt später außerhalb des „Mutterkörpers" (Fische u. Lurche) oder während der Eiablage (Insekten u. Spinnen), Ggs., → Viviparie.

ÖVP, Abk. f. **Ö**sterreichische **V**olks**p**artei, → Parteien, Übers.

Ovulation [l.], die bei der Frau alle 4 Wochen erfolgende, hormonell gesteuerte Ausstoßung eines reifen Eies aus einem Graafschen Follikel *(Follikelsprung)* des Eierstocks; auch → Menstruation.

Ovulationshemmer, z. B. Anti-Baby-Pille, → Kontrazeption.

Ovulum [l.], die Eizelle; auch Arznei in Form e. kleines Eis, z. B. für Anwendung i. d. Scheide.

Owen [ouɪn], Robert (14. 5. 1771 bis 17. 11. 1858²), engl. Unternehmer; Vertreter d. utopischen Sozialismus; *Neue Ansicht der Gesellschaft; Die neue Moral;* d. v. O. begründeten Konsumgenossenschaften haben bis heute Bestand.

Owens ['ouɪnz], Jesse, eigtl. *James Cleveland* (* 12. 9. 1913–31. 3. 80), am. Leichtathlet; viermal. Olympiasieger 1936 (100 m in 10,3 Sek., 200 m in 20,7 Sek., Weitsprung: 8,06 m, 4 x 100 m-Staffel d. USA: 39,8 Sek.).

Oxalis, *w.,* → Sauerklee.

Oxalsäure, HOOC-COOH, organ. Säure vieler Pflanzen, bes. des Sauerklees, daher auch *Kleesäure;* ihre Salze *(Oxalate),* bes. das Kaliumoxalat, werden gebraucht in Färberei, Kattundruckerei, Fotografie sowie zur Beseitigung von Rost-, Tinten-, Obstflecken; giftig.

Oxenstierna [‚uksənʃœrna], schwed. Adelsgeschlecht: *Axel O.* (6. 7. 1583 bis 7. 9. 1654), Kanzler Gustav Adolfs u. nach dessen Tod Leiter der schwedischen Politik.

Oxer [engl.], Hindernis im → Parcours eines Jagdspringens; 2 Balkenzäune mit eingef. Hecke.

Oxford [-fəd], Hptst. der engl. Gft *Oxfordshire,* an der Themse, 115 000 E; Kathedrale (8. Jh.), berühmte Uni. (1214

Oviedo, *Santa Maria del Naranco*

Ozelot

Oxford, *All Soul's College*

gegr.) m. zahlr. Instituten, 2 Sternwarten, Druckerei (Clarendon Press), Bodleyan- u. Radcliffe-Bibliothek.

Oxfordbewegung,
1) *Traktarianismus,* engl. kirchl. Reformbewegung im 19. Jh.; urspr. protestant., dann stark katholisierende Tendenz unter Einfluß der Neuentdeckung d. MA u. dem Verlangen nach Autorität u. hl. Formen; Führer: *Newman, Keble, Pusey.*
2) *Gruppenbewegung,* → Moralische Aufrüstung.

Oxhoft [niederdt.], → Maße u. Gewichte, Übers.

Oxid, *s.,* die Verbindung eines Elementes m. Sauerstoff; Entstehung meist durch → Verbrennung.

Oxidation, chem. Prozeß, Elektronenabgabe und Erhöhung der → Oxidationszahl; viele Verbrennungen sind O.en; → Oxid; Ggs. → Reduktion; Entdeckung der O. durch → Lavoisier.

Oxidationszahl, chem. Oxidationsstufe, Ladungswert, elektrochem. Wertigkeit. Verbindungen werden formal entsprechend der → Elektronegativität in Kationen und Anionen getrennt, dann gibt die O. die positive Formalladung des kationischen Teils bzw. die negative Formalladung des anionischen Teils an (z. B. Kochsalz $NaCl$ Na = +1 u. Cl = −1; Wasser H_2O H = +1 u. O = −2); Elemente haben immer die O. Null.

Oxus, im Altertum Name des → Amudarja.

Oxy- [gr.], als Vorsilbe: Sauerstoffverbindung.

Oxydasen, sauerstoffübertragende → Enzyme.

Oxydul → Metalloxide.

Oxymoron, *s.* [gr. „scharfsinnigdumm"], witzige Verbindung widerstreitender Begriffe (z. B. „alter Knabe").

Oxytocin, *s.* [gr.], wehenerregendes Hormon des → Hypophysenhinterlappens.

Oxyuren [gr.], → Madenwürmer.

Oybin,
1) Sandsteinfelsen, 518 m hoch, im Zittauer Gebirge, bewaldet; Klosterruinen.
2) (D-02797), Luftkurort i. Kr. Zittau, Sa., 391 müM, 1181 E.

Oz, Amos, eigtl. *Amos Klausner* (* 4. 5. 1939), israelischer Schriftst.; Friedenspr.

des Dt. Buchhandels 1993; *Black Box, Eine Frau erkennen.*

Özal [œ'zal], Turgut (1927–17. 4. 93), türk. Pol. (Mutterland-Partei); 1983–89 Min.präs.; 1989–93 Staatspräs.

Ozäna, *w.* [gr.], *Stinknase,* Nasenschleimhautentzündung mit bakterieller Zersetzung u. dadurch stinkender Absonderung.

Ozean, *m.* [gr.], → Meer.

Ozeanboden, *Meeresboden,* Teil d. Erdkruste (→ Erde) von → sialischer Zus.setzung; Material d. O.s wird an ozeanischen Rücken (→ Mittelatlantischer Rücken) durch Aufstieg von → Magma neu gebildet.

Ozeanien, im Pazifik gelegene Inseln u. Inselgruppen östlich von Australien (→ Neuseeland, Mela-, Mikro- u. Polynesien), Oberfläche meist hochgebirgig mit noch tätigen Vulkanen, Geysiren (heißen Springquellen) u. trop. Urwald; sonst Korallenriffe, die nur wenig aus dem Wasser ragen, mit trop. Flora: Brotfruchtbaum, Kokos- u. Sagopalme, Bananen, Yams- u. Tarowurzeln; 60 000 Ureinwohner (dunkle *Melanesier,* körperlich urtümlichste der noch lebenden dunklen Rassen; *Papua,* hellere *Polynesier;* Totemismus verbreitet.

ozeanische Sprachen, *polynes.* u. *melanes.* Sprachen, bilden mit den malaiischen d. *austrones.* Sprachgruppe.

Ozeanographie [gr.], *Ozeanologie,* Meereskunde; Teilgebiet d. → Geographie.

Ozelot, *m.,* luchsgroße Wildkatze d. nördl. S-Amerika u. Mexikos, leopardenähnl. Fell.

Ozenfant [ozã'fã], Amédé (15. 4. 1886–3. 5. 1966), frz. Maler u. Kunstschriftst.; *Nach dem Kubismus* (1918).

Ozokerit, *m.,* Erdwachs, natürl. mineral. Wachs, meist mit Kohlenflözen u. Steinsalzlagern zusammen vorkommend; durch Destillation von O. Gewinnung v. Zeresin u. hochwertigen Paraffinen.

Ozon, *s.,* O_3, Modifikation d. Sauerstoffs; farbloses, sehr giftiges Gas, ist im flüssigen Zustand tiefblau u. außerordentl. reaktionsfähig; Entstehung aus O_2 durch stille el. Entladungen u. ultraviolette Strahlung; techn. Herstellung: Sauerstoffstrom zw. Elektroden m. stiller Entladung; Verwendung z. Bleichen u. z. Trinkwasserreinigung; → O.-Schicht.

Ozonloch → Ozon-Schicht.

Ozon-Schicht, Schicht der Stratosphäre in 15–50 km Höhe, in d. sich 90% des Ozons d. → Atmosphäre befindet. Ohne den Schutz der O.-S. wäre kein höheres Leben a. d. Erde möglich, denn sie filtert fast 99% der schädl. UV-B-Strahlung. Die O.-S. wird z. Z. bes. durch → FCKW zerstört; v. a. bei tiefen Winter-Temp.en. Das *Ozonloch* wurde erstmals 1985 über d. Antarktis entdeckt. 1993 betrug dort d. Ozonschwund zeitw. über 60%. Auch über d. Mitteleuropa ist d. O.-S. bereits um 20% ausgedünnt. Folgen: Zunahme von Hautkrebs weltweit, Grauer-Star-Erkrankungen, Schwächung der Immunabwehr, Pflanzenschädigungen, Erkrankungen bei Tieren. Weltweiter FCKW-Verbrauch bis 1994 um über 40% vermindert, in Dtld um 90%. Der Ausstieg aus d. Produktion u. Vermarktung von FCKW wurde v. d. EU 1995 u. d. USA 1996 realisiert.

P,
1) Abk. für → *Papa* und für → *Pater*.
2) chem. Zeichen f. → *Phosphor*.

p,
1) phys. Zeichen f. → *Proton*.
2) auf Gemälden Abk. f. → *pinxit*.
3) *mus.* = piano [it.], leise.
4) bei Zitaten Abk. f. → *pagina* [l.], Seite.

pa., Abk. f. *prima* [l.], beste Sorte.

p. a., Abk. f. *pro anno* [l.], jährlich; auf Briefen = per Adresse, svw. bei (m. folgendem Namen).

Pa,
1) chem. Zeichen f. → *Protactinium*.
2) Abk. f. → *Pascal*.

Päan, *m.,* griech. Preis- oder Jubellied zu Ehren des Apollo, später Kriegs- u. Siegesgesang.

Paarerzeugung, Verwandlung eines sehr energiereichen Lichtquants (etwas mehr als 1 MeV) bei Begegnung m. einem Atomkern in ein Elektron-Positron-Paar (→ Elementarteilchen); bei Zusammentreffen von 1 Elektron u. 1 Positron kommt es zu **Paarvernichtung** *(Materiezerstrahlung)* unter Bildung eines Lichtquants.

Paarzeher, *Paarhufer,* Huftiere, Säugetiere mit stark verlängerten, 3 u. 4 huftragenden Zehen (Wiederkäuer einschl. Kamele, Schweine einschließl. Flußpferde.

Paasikivi, Juho Kusti (27. 11. 1870 bis 14. 12. 1956), finn. Pol.; Vertr. Finnlands b. Friedensverhandlungen mit Rußland 1920 u. 1944; Min.präs. 1918 u. 1944, 1946–56 Staatspräs.

Pablo, span. Form zu → *Paul*.

Pabst, Georg Wilhelm (27. 8. 1885 bis 29. 5. 1967), östr. Regisseur, sozialkrit. u. Antikriegsfilme; *Die freudlose Gasse* (1925); *D. Büchse d. Pandora* (1928); *Westfront 1918* (1930); *Die Dreigroschenoper* (1931).

Pace,
1) [engl. peɪs], „Schritt", im *Sport:* Gang-, Laufgeschwindigkeit; *P.maker* [ˈpeɪsmeɪkə], Schrittmacher.
2) [it. ˈpaːtʃe], Frieden.

Pacelli [paˈtʃ-], Eugenio → Pius XII.

Pacemaker [ˈpeɪsmeɪkə], svw. → Schrittmacher.

Pachacamac [patʃakaˈmak „Weltenschöpfer"], indian. Schöpfer-, Mond- u. Windgott sowie Kulturheros d. Inka.

Pachamama [patʃ- „Weltenmutter"], indian. Hochgöttin, Allmutter sowie Erd- u. Fruchtbarkeitsgöttin.

Pacheco del Rio [paˈtʃeko-], Francisco, eigtl. *F. Pérez* (get. 3. 11. 1564 bis 1654), span. Maler d. Spätrenaiss. u. d. Manierismus, Dichter u. Kunstschriftst., e. Meister d. Porträts.

Pachelbel, Johann (1. 9. 1653–3. 3. 1706), dt. Orgelkomp. in Thüringen u. Nürnberg; Vorläufer Bachs; *Fugen; Toccaten.*

Pacher,
1) *Friedrich, Lebenpacher* (um 1450 bis um 1508), s.-tirol. Maler d. Spätgotik, Leiter d. gr. Werkstatt; Schüler u. nicht m. ihm verwandten
2) *Michael* (um 1435–98), dt. Bildschnitzer u. Maler d. Spätgotik; *Altar in St. Wolfgang* (bei Salzburg).

Pachomius (292–346), Gründer d. ersten Klosters (Tabennisi am Nil).

Pacht, Vertrag, gerichtet auf Überlassung des Gebrauchs u. d. Ertrage e. Sache oder eines Rechts gg. Entgelt, bes. von Landwirtschaften, Grundstücken u. Gewerbebetrieben.

Pachtforderungen, Verpächter hat ein Pfandrecht an d. eingebrachten Sachen d. Pächters; *Kündigungsfrist* bei Pacht von Grundstücken u. Rechten halbjährlich nur zum Schluß eines Pachtjahres (§§ 581 ff. BGB). → Miete.

Pachtschutz, Schutz gg. Entziehung verpachteten Landes ohne wichtigen Grund; evtl. entscheidet → Bauerngericht.

Pachydermie, bindegewebige Verhärtung der Haut nach Entzündungen.

Packard [ˈpækəd], Vance (22. 5. 1914 bis 12. 12. 96), am. Schriftst.; zeitkrit. Sachbücher: *Die geheimen Verführer; Die wehrlose Gesellschaft; Die Pyramidenkletterer.*

Packeis, aufeinandergeschobenes Meereis.

Packung,
1) *med.* Einhüllen des ganzen Körpers oder einzelner Teile, *Ganz-* bzw. *Teilpackung,* in kaltes, feuchtes oder trockenes Laken; darüber Wolldecke: schweißtreibend.
2) Dichtungsmaterial bei → Stopfbuchsen usw. im Maschinenbau; besteht aus Metall- oder Kunststoffringen, in Mennige getauchten Hanfstricken, Ledermanschetten usw.

Pädagoge [gr. „Knabenführer"], Erzieher, Lehrer; auch Lehrer der Pädagogik; im Altertum meist Sklave zu Begleitung u. später auch Unterrichtung der Knaben.

Pädagogik, *w.* [gr.], Lehre v. d. Erziehung; *theoret.* od. *allg. P., Erziehungswiss.,* umfaßt d. phil. Grundlagen, Sinn u. Ziel der Erziehung (Didaktik); *prakti-sche P.* (Methodik) untersucht d. bestmögl. Methoden d. geist. u. körperl. Erziehung d. jugendl. Menschen. *Geschichte* d. P. zugleich Abbild der sich wandelnden Kulturideale; P. der Griechen Teil der Staatslehre, auf sittl. u. körperl. Ideale gerichtet (Sokrates, Platon); in Rom: Erziehung zur Mannhaftigkeit; im MA Herausbildung der rel. Werte (Klosterschulen) sowie der ritterl. Tugenden (höfische P.); Humanitätsideal des 15. u. 16. Jh. (Agricola, Melanchthon) abgelöst durch Reformpädagogik (Ratke, Comenius), später Philanthropismus (Rousseau, Basedow); an Pestalozzis „allg. Emporbildung der inneren Kräfte der Menschennatur" anknüpfend die Vertreter des Neuhumanismus (Fröbel, Sailer, Willmann). Seit d. Jahrhundertwende: Erlebnis- u. Arbeits-P., Werkunterricht, Berufsschule, Sozial- und experimentelle P., Landerziehungsheime (Lietz), Ausweitung auf Erwachsenen- u. Volksbildung; später starker Einfluß weltanschaul. Richtungen: Kultur- u. Wert-P. *(Kerschensteiner, Spranger, Litt),* dialekt.-materialist.-sozialist. P.

pädagogisch, erzieherisch.

pädagogische Hochschule, *PH,* Ausbildungsstätte f. Grund- u. Hauptschullehrer (früher: Volksschullehrer); Aufnahmebedingung Abitur; heute teilweise integriert i. d. Uni. (als erziehungswiss. Fakultät); → Hochschulen.

pädagogische Psychologie, erforscht die psych. Abläufe beim Lehren u. Lernen theoretisch u. in realen Erziehungssituationen, die durch pädagog. Institutionen, Techniken u. das Verhalten der Schüler gegeben sind.

Michael Pacher, *Maria*

Niccolò Paganini

Pädagogium [gr.], seltene Bez. für private Lehranstalt mit Pensionat (Internat).

Padang, indones. Prov.hptst. an der SW-Küste von Sumatra, 730 000 E; Tabak- u. Kaffeeausfuhr; Flughafen.

Paddel, kurzes, frei geführtes Ruder; *Einfach-P. (Stech-P.)* f. Kanadier, *Doppel-P.* f. Kajak.

Paddock, *m.* [engl. ˈpædək], Gehege f. (Zucht-)Pferde.

Päderastie [gr.], Knabenliebe, geschlechtl. Liebe von Männern zu Knaben; → Homosexualität.

Paderborn (D-33098–106), Krst. an der Pader, NRW, 125 730 E; Dom (v. Karl d. Gr. gegr.), Bartholomäus-Kapelle (älteste Hallenkirche Dtlds), ma. Kirchen u. profane Bauten, Museen; Uni., theol. Fak., IHK, LG, AG; kath. Bistum (s. 8. Jh.; Erzbistum s. 1929); div. Ind.

Paderewski, Ignacy Jan (18. 11. 1860–29. 6. 1941), poln. Pianist, Klavierkomp. u. Pol.; 1919 Min.präs.

Pädiater [gr.], Kinderarzt.

Pädiatrie, Kinderheilkunde.

Padmasambhava [sanskr. „der aus d. Lotos Geborene"], (2. H. 8. Jh.), ind., buddhist.-tantr. Gelehrter, d. den Buddhismus i. Tibet brachte u. m. magi. Praktiken d. Bon-Rel. verband.

Padua, it. *Padova,* Hptst. d. oberit. Prov. P., 218 000 E; Grabkirche des hl. Antonius; Arenakapelle m. Giottofresken, Reiterstandbild Gattamelata (Donatello); Uni. (1222 gegr.); Maschinenbau.

Paella [span. paˈeja], Reispfanne m. Meeresfrüchten u. a.

Padua, *Antonius-Basilika*

pag., Abk. f. *pagina* [l.], Buchseite.

Paganini, Niccolò (27. 10. 1782–27. 5. 1840), it. Geigenvirtuose u. Komp.; Capricci; Violinkonzerte; Werke f. Gitarre.

Paganismus, *m.* [spätl. „paganus = heidnisch"], Heidentum.

pagatorisch [l. „pagare = zahlen"], mit Zahlungsvorgängen zus.hängend.

Page, *m.* [frz. ˈpaːʒə], im MA Edelknabe; svw. uniformierter Botenjunge.

Pageants [engl. ˈpædʒənts], zunächst d. einzelnen Szenen i. engl. geistl. Drama d. MA, später auch die nacheinander auffahrenden Bühnenwagen, auf denen d. verschied. Szenen gespielt wurden.

Pagetsche Krankheit [ˈpædʒɪt-],
1) *Osteodystrophia deformans,* Knochenkrankheit mit Verformungen, manchmal sehr schmerzhaft.
2) seltene Krebsform der Brustdrüse, mit Krusten um die Brustwarze, diese wird eingezogen.

paginieren, *m.* Seitenzahlen versehen.

Pagnol [paˈnɔl], Marcel (28. 2. 1895 bis 18. 4. 1974), frz. Dramatiker u. Filmregisseur; *Marius; Fanny; César; Die Tochter des Brunnenmachers.*

Pagode, w., süd- u. ostasiat. Stockwerkbau d. buddhist. Kunst m. vorspringenden od. vorkragenden Dächern; auch Reliquienschrein; als → Chinoiserie in eur. Gärten nachgeahmt.

Pahang, Gliedstaat d. → Malaiischen Bundes, zu → Malaysia, 35 960 km², 978 000 E; Hptst. *Kuantan*.

Pahlewi [ˈpax-], pers. Kaiserhaus, **1)** *Reza P.* (1878–1944), Offiz. e. Kosakenbrigade, Chan, 1925–41 Schah n. Sturz d. alten Dynastie, erneuerte das pers. Staatswesen. **2)** *Mohammed Reza P.* (26. 10. 1919 bis 27. 7. 80), Schah s. 1941, nach innenpolit. Schwierigkeiten 1979 entmachtet und zum Verlassen des Landes gezwungen (→ Khomeini).

Pahr, Willibald (* 5. 6. 1930), östr. Pol.; 1976–83 Außenmin.

Paideuma, s. [gr.], Kulturseele, nach Frobenius Bez. für d. Seelenhafte einer bestimmten Kultur.

Päijänne, 1090 km² großer See d. finn. Seenplatte.

Paik, Nam June (* 20. 7. 1932), korean. bild. Künstler u. Komponist; e. Hptvertr. d. Fluxus, Mitbegr. d. Videokunst.

Paillette, w. [frz. paˈjɛt], Flitter.

Paine [peɪn], Thomas (29. 1. 1737–8. 6. 1809), am. revolutionärer Schriftst. u. Pol.; begeisterte 1776 mit s. Flugschrift *Common Sense* d. am. Kolonien z. Kampf gg. d. Mutterland.

Paionios (5. Jh. v. Chr.), griech. Bildhauer; *Nike* in Olympia.

Pairs [frz. pɛːr, v. l. „pares = Gleiche"], der hohe, bis 1789 bes. pol. Vorrechte genießende Adel in Frkr. (in England → *Peer*); 1815–48 *Pairskammer*, 1851 durch Senat ersetzt.

Paisiello, *Paesiello*, Giovanni (9. 5. 1740–5. 6. 1816), it. Komp.; Vertr. der Opera buffa; über 100 Opern; Messen, Sinfonien, Kammermus.

Paisley [ˈpeɪzlɪ], St. in Schottland, westl. v. Glasgow, 85 000 E; Abtei (12. Jh.), Textil- u. a. Ind. – Danach *P.-Muster* benannt.

Pak, w., Abk. f. **P**anzer**a**bwehr**k**anone.

Paka, s., rotbraunes Nagetier mit gelben Flecken, bis 70 cm lang, lebt in S-Amerika.

Pak Choi, schnellwachsendes Kohlgemüse a. Asien.

Pakistan, Rep. in Vorderindien, am Arab. Meer; Bev.: Pandschabi (65 %), Sindhi (13 %), Paschtunen, Urdu u. Belutschen. **a)** *Wirtsch.:* Agrarland, meist künstl. Bewässerung, Anbau v. Weizen, Baumwolle, Reis, Zuckerrohr; Erdgas. **b)** *Außenhandel* (1991): Einfuhr 8,43

Pakistan

Mrd., Ausfuhr 6,5 Mrd. $. **c)** *Verf.* v. 1973: Föderative Rep.; Zweikammerparlament m. Senat u. Nat.vers. **d)** *Verw.:* 4 Prov., Hptst.-Territorium u. 6 zentral verwaltete Stammesgebiete. **e)** *Gesch.:* Bis 1947 Teil v. Brit.-Indien; s. 1947

Pagoden, *Kaohsiung, Taiwan*

PAKISTAN	
Staatsname:	Islamische Republik Pakistan, Islami Jamhuriya-e-Pakistan
Staatsform:	Föderative Islamische Republik im Commonwealth
Mitgliedschaft:	UNO, SAPTA, Commonwealth, Colombo-Plan
Staatsoberhaupt:	Faruk A. K. Leghari
Regierungschef:	Nawaz Sharif
Hauptstadt:	Islamabad 236 000 (Agglom. 370 000) Einwohner
Fläche:	796 095 km²
Einwohner:	126 284 000
Bevölkerungsdichte:	159 je km²
Bevölkerungswachstum pro Jahr:	Ø 2,83% (1990–1995)
Amtssprache:	Urdu u. a.
Religion:	Muslime (96%), Christen (2%), Hindus
Währung:	Pakistanische Rupie (pR)
Bruttosozialprodukt (1994):	55 565 Mill. US-$ insges., 440 US-$ je Einw.
Nationalitätskennzeichen:	PAK
Zeitzone:	MEZ + 4 Std.
Karte:	→ Asien

Pakistan

unabhängig; Streit mit Indien wegen → Kaschmir; 1971 nach Proklamation v. Bangladesch in Ost-P. mil. Eingreifen der Zentralreg., Bürgerkrieg, Krieg zw. Indien u. Pakistan, Kapitulation d. westpakistan. Truppen in Ost-P.; 1972 Austritt aus d. Commonwealth (bis 1989); 1977 Militärputsch; 1985 Aufhebung des Kriegsrechts, Wiedereinführung d. Verf. v. 1973; 1988 Benazir Bhutto als erste Frau Min.präs. eines islam. Staates, 1990 Absetzung, 1993 Wiederwahl; 1996 erneute Absetzung Bhuttos wegen Korruption.

PAL, Abk. f. **P**hase **A**lternation **L**ine, Farbfernsehverfahren, v. W. → Bruch auf d. Grundlage des am. → NTSC-Verfahrens weiterentwickelt, in der BR, Großbrit., Ndl., Italien, Östr., Portug., Schweiz, Skandinavien, Spanien, arab., südam. u. asiat. Ländern eingeführt (→ Tafel Farbfernsehen).

Paläarktis w. Tiergeographie.

Palacio Valdés [-θɪo baˈl-], Armando (4. 10. 1853–3. 2. 1938), spanischer Schriftst.; biograph. Romane: *Martha und Maria*.

Palacký [-tski:], František (14. 7. 1798 bis 26. 5. 1876), tschech. Historiker; Panslawist: *Gesch. v. Böhmen*.

Palade [pəlɑːdɪ], George E. (* 12. 11. 1912), am. Biochem.; Forschungen zur Struktur d. Zelle; Nobelpr. f. Medizin 1974.

Paladin [l. „palatium = Pfalz"], Gefolgsmann u. Ratgeber eines Fürsten im MA.

Paladino, Mimmo (* 18. 12. 1948), it. Maler u. Plastiker, e. Vertr. d. Arte Cifra u. d. Transavanguardia; *Non avrà titolo*.

Paladon®, s., thermoplast. Kunstharz, leicht form- und färbbar, Werkstoff für Zahnprothesen.

Palais, s. [frz. paˈlɛ:], Palast, Prachtbau.

Palais Royal [-rwaˈjal], Palast d. Kardinal Richelieu in Paris (1629–45 v. Lemercier) erweitert im 18. Jh.) u. nahe dem Louvre; jetzt Sitz von Behörden u. Theaters Comédie Française.

Palais Schaumburg, Bonn, Amtssitz d. Bundeskanzlers.

Palamas, **1)** *Gregorios* (um 1296 bis 1359), griech.-orthodoxer Mystiker; Erzbischof v. Thessalonike. **2)** *Kostis* (13. 1. 1859–27. 2. 1943), griech. symbolist. Dichter.

Palämon, griech. Hafengott, bei Römern *Portunus*.

Palankin, m., ostasiat. Tragsessel, Sänfte.

paläo- [gr.], als Vorsilbe: alt... (urzeitlich).

Paläoasiaten, *Paläosibirier*, sibir. Altstämme wie → Tschuktschen, Jukagiren, Giljaken u. Ainu in N-Japan.

Paläogeographie, das geograph. Bild der Meere u. Festländer in früheren geolog. Zeitaltern.

Paläographie, e. histor. Hilfswiss.; Hand- u. Inschriftenkunde des Altertums u. MA.

Paläolithikum, svw. Altsteinzeit, → Vorgeschichte, Übers.

Paläologen, letztes Herrscherhaus des → Byzantin. Reiches (1261–1453).

Paläontologie, Wissenschaft von den Lebewesen vergangener Erdzeitalter.

Paläopathologie, befaßt sich mit Krankheiten d. Vorzeit; vor allem Knochenkunde.

Paläozoikum, Erdaltertum → geologische Formationen, Übers.

Palas, m., *Palast*, Herrenhaus, Hptteil der ma. Burg m. Saal u. Wohnräumen.

Palästina, „Land d. Philister", i. A. T. *Kanaan*, das *Gelobte Land;* vorderasiat. Gebiet an der SO-Küste d. Mittelmeeres; i. W Küstenstreifen, im O der tiefe, vom Jordan durchströmte Grabenbruch, der von N zw. Libanon u. Antilibanon sich

Palästina

südwärts zum See Genezareth (212 muM) u. zum Toten Meer (394 muM) senkt; dazw. Kalksteinhochland (Horst) bis 1000 m hoch; im N *Galiläa;* vom Karmel u. d. Ebene Jesreel nach S *Samaria;* im S, etwas v. Tel Aviv-Jaffa, *Judäa* (mit Negev); subtrop. Klima mit Winterregen, quellenarm, Fruchtland meist künstlich bewässert; Anbau: Getreide (Weizen, Gerste, Mais), Citrusfrüchte (Hptausfuhr: Apfelsinen), Aprikosen, Oliven und Feigen, Öl- und Nußbäume, Wein; Kali- u. Bromgewinnung. – P. zerfällt pol. in Israel, den östl. arab. Teil (Westjordanien), seit 1949 zu Jordanien, s. 1967 zus. m. d. Küstenstreifen v. Gaza (bis 1967 v. Ägypten besetzt) v. Israel besetzt; 1923–48 brit. Mandat; nach → Balfour-Deklaration (1917) starke jüd. Einwanderung (→ Zionismus) unter wachsendem arab. Widerstand; 1948 Abzug d. brit. Besatzungstruppen u. Teilung P.s aufgrund eines UN-Beschlusses, Bildung d. Staates → Israel; 1 Mill. arab. Flüchtlinge in Nachbarländer, Krieg zw. d. Arab. Liga u. Israel. UN-Vermittlung; s. 1949 Waffenstillstand, ohne endgültige Festsetzung der Grenzen; weitere Kriege 1956, 1967 u. 1973; 1978 Vorschlag zur Errichtung eines palästinens. Staates i. Westjordanien u. i. Gazastreifen, v. Israel abgelehnt; 15. 11. 1988 Proklamation eines unabhängigen Staates P. m. Altjerusalem als Hptst. durch Palästinens. Nat.rat; 1991 Beginn d. internat. Nahost-Friedensgespräche; 1993 gegenseitige Anerkennung Israels u. d. PLO; Grundsatzabkommen über Teilautonomie in den besetzten Gebieten; 1994 Selbstverwalt. i. Gazastreifen u. Jericho; s. 1995 schrittw. Einführung der Autonomie i. Westjordanland; 1996 Wahl Y. → Arafats z. Vors. d. Autonomierats.

Palästra, w. [gr. „Ringschule"], altgriech. Übungsstätte für Ringen, Faustkampf u. → Pankration.

Palastrevolution, Sturz eines Herrschers durch Intrige in s. Umgebung, ohne Volkserhebung.

Palatal, m. [l.], **1)** Markenbez. f. härtbaren Kunststoff; Polyesterharze, vernetzen u. Wirkung e. „Härters" zu festen Körpern; Verarbeitung auch zu Bootskörpern, Wellplatten. **2)** Gaumenlaut (z. B. *g, k, ch*).

Palatin, m.,
1) einer d. sieben Hügel Roms, *Mons Palatinus*, auf ihm älteste röm. Siedlung; Ruinen röm. Kaiserpaläste.
2) seit Corvinus Titel des Stellvertreters des Königs von Ungarn.
Palatina, ehem. kurpfälz. Bibliothek Heidelberg; 1623 als Geschenk f. d. Papst n. Rom, teilweise 1816 zurück.
Palatschinken [ungar.], Bez. f. süße, dünne (meist süß gefüllte) Eier- od. Pfannkuchen in Östr. u. Ungarn.
Palau, *Belau,* Inselgruppe Mikronesiens, im W der Karolinen, von Korallenriffen umgeben, Tropenwald, vulkan.; größte Insel *Babelthuap;* Phosphatausfuhr; Tourismus. – 1543 entdeckt; 1886 span., 1899 dt., 1919–45 jap. Mandat; 1947–94 US-Treuhandgebiet; ab 1981 innere Autonomie m.; freie Assoziierung m. d. USA 1993 beschlossen; s. 1. 10. 1994 unabhängige Republik.
Palaver, s. [portugies.], langes, überflüssiges Gerede (urspr. Verhandlung zw. Weißen u. Eingeborenen).
Palawan, Philippineninsel n. v. Borneo, 14 896 km², 400 000 E.
Palazzo, m. [it.], Palast.
Palazzo Farnese, Renaissancepalast (16. Jh.) i. Rom f. Papst Paul III.; u. a. v. Michelangelo erbaut.
Palembang, indones. Prov.hptst. auf Sumatra, 903 000 E.
Palencia [-ϑĭa], nordspan. Provinz, 8029 km², 188 000 E; Hptst. *P.,* 77 000 E.
Palenque, kulturelles Zentrum der → Mayas in Chiapas (Mexiko).
Paleozän → geologische Formationen, Übers.
Palermo, Hptst. d. it. Prov. *P.* u. d. auton. Region Sizilien, an d. *Bucht von P.* („Goldene Muschel") an Monte Pellegrino, 702 000 E.; kath. Erzbistum, Dom (Gräber d. Kaiser Heinrich VI. u. Friedrich II.), Uni., TH, Masch.- u. Eisenind.; Handelshafen (Ausfuhr v. Wein, Südfrüchten, Schwefel). – Phöniz. Gründung, s. 254 v. Chr. röm., 830 arab., 1072 v. → Normannen, 1194 v. Heinrich VI. erobert, 1282 span., 1860 v. Garibaldi eingenommen.
Palestrina, eigtl. *Giovanni Pierluigi da P.* (um 1525–2. 2. 94), it. Komp.; vorbildl. für kath. Kirchenmusik; über 100 Messen; *(Missa Papae Marcelli);* Improperien, Motetten.
Palette, w. [frz.],
1) genormte Hubplatte für den Transport von Gegenständen mit Gabelstaplern; wichtig auch im Bahnverkehr (*P.nverkehr*).
2) Malerbrett zum Farbenmischen.
Pali, s. [ind. „hl. Schrift"], mittelind. → Sprache (Übers.); hl. Sprache der Buddhisten, noch als Kirchensprache v. d. Mönchen in Sri Lanka, Myanmar u. Thailand gebraucht.
Palimpsest, m. od. s. [gr.], Handschrift auf Pergament, auf dem d. urspr. Schrift (vielfach wertvolle antike Texte) verschwunden ist od. beseitigt wurde; kann heute durch bes. photograph. und Durchleuchtungsverfahren wieder lesbar gemacht werden.
Palindrom, s. [gr.], Wort, das vor- u. rückwärts *gleich* zu lesen ist (z. B. *Anna, Reliefpfeiler*).
Palisaden [frz.], bei Befestigungen Hindernis aus zugespitzten, senkrecht dichtgereihten Pfählen.

Palisadenwürmer, Haarwürmer: Schmarotzer und Krankheitserreger i. Menschen u. i. Säugetieren.
Palisander, Edelhölzer versch. südam. Baumgattungen: rötlichbraun.
Palla, w. [l.],
1) steife viereckige Kelchbedeckung in der kath. Messe.
2) mantelart. Obergewand d. röm. Frau.
Palladio, Andrea (30. 11. 1508–19. 8.

Palau

80), it. Baumeister d. Hochrenaissance bes. in Vicenza u. Venedig; Lehrbücher über Architektur; *Villa Rotonda.* – **Palladianismus,** v. Werk P.s geprägte klassizist. Stilrichtung d. 17.–18. Jh., in England u. USA bis Ende 19. Jh.
Palladium,
1) *Pd,* chem. El. der Platingruppe, Oz. 46, At.-Gew. 106,4, Dichte 12,02; Vorkommen zusammen mit Platin, auch mit Gold; weiß, schmiedbar, mit Gold legiert zu Schmuck.
2) Kultbild der griech. Göttin *Pallas Athene;* Schutzbild.
Pallas [gr.],
1) Beiname d. → Athene.
2) Planetoid.
Pallasch, *m.* [russ.], schwerer, gerader Reitersäbel.
palliativ [l.], nur Symptome einer Krankheit lindernd; Ggs.: *kurativ* (heilend).
Pallium [l.],
1) Schulterschmuck d. Papstes, schmales Band aus weißer Wolle m. schwarzen Kreuzen; vom Papst nach Abgabe der *Palliengelder* auch an Erzbischöfe verliehen.
2) weißwollener weiter Überwurf bei d. Römern.
3) im MA kaiserl. (Krönungs-)Mantel.
Pall Mall ['pæl 'mæl], Straße mit vielen Klubhäusern in W-London.
Pallottiner, latein. Abk. *SAC,* i. d. kath. Kirche 1825 v. V. Pallotti gegr. Priestergemeinschaft o. Ordensgelübde; i. Seelsorge u. Mission tätig, s. 1834 auch weibl. Mitgl.
Palm, Johann Philipp (18. 12. 1766 bis 26. 8. 1806), dt. Buchhändler, verlegte

Palladio, Villa Rotonda in Vicenza

PALAU	
Staatsname:	Republik Palau (Belau), Republic of Palau (Belau)
Staatsform:	Präsidiale Republik
Mitgliedschaft:	UNO
Staatsoberhaupt und Regierungschef:	Kuniwo Nakamura
Hauptstadt:	Koror 10 500 Einwohner
Fläche:	508 km²
Einwohner:	17 000
Bevölkerungsdichte:	32 je km²
Amtssprache:	Mikronesische Dialekte, Englisch
Religion:	Christen
Währung:	US-$
Zeitzone:	MEZ + 9 Std.
Karte:	→ Asien

Palmsonntag, *Einzug in Jerusalem, von T. Riemenschneider*

Palmyra, *Stadttor*

Dtld in s. tiefsten Erniedrigung; auf Befehl Napoleons erschossen.
Palma,
1) *il Vecchio,* eigtl. Jacopo Negreti (um 1480–30. 7. 1528), venezian. Maler d. Hochrenaiss.; s. Großneffe
2) Jacopo P. *il Giovane* (1544–1628), Schüler Tizians; Maler d. Spätrenaiss. u. des Manierismus in Venedig, Urbino, Rom.
Palma,
1) eine der span. → Kanarischen Inseln.
2) *P. de Mallorca,* Hptst. der Balearen, auf Mallorca, befestigter Hafen, 321 000 E; biol. Station, Schiffbau u. Weberei; Fremdenverkehr.
palmar, *volar,* auf die Handfläche bezogen.
Palmarum → Palmsonntag.
Palmas, *Kap P.,* westafrikan. Vorgebirge zw. Elfenbeinküste und Liberia.
Palm Beach ['pɑ:m 'bi:tʃ], Seebad an der SO-Küste von Florida (USA), 11 000 Einwohner.
Palme, Olof (30. 1. 1927–1. 3. 86), schwed. Pol. (Sozialdemokrat); 1969 bis 76 u. s. 1982 Min.präs.; s. 1969 Parteivors.
Palmen, zu den *Monokotylen* gehörende Holzgewächse mit gefiederten oder fächerartigen Blättern (*Palmwedeln*), bes. i. d. Tropen; in Eur. (Italien, Spanien) die Zwerg-P., darunter Kulturpflanzen (z. B. Dattel-, Kokos-, Öl-, Sago-P.).
Palmer, Lilli (24. 5. 1914–28. 1. 86), dt. Schausp.in u. Schriftst.in; *Teufel in Seide; Montparnasse 19;* Autobiographie: *Dicke Lilli – gutes Kind;* Romane: *Um eine Nasenlänge.*
Palmerston ['pɑ:mǝstǝn], Lord Henry (20. 10. 1784–18. 10. 1865), engl. Pol.; 1830–51 Außenmin., 1855–58 u. 1859 bis 65 Premiermin., f. Unabhängigkeit Belgiens u. Zus.schluß d. Westmächte; Gegner d. Restauration i. Europa.
Palmesel, i. MA b. d. Prozessionen a. Palmsonntag mitgeführte Holzfigur d. einziehenden Jesus a. d. Esel.
Palmette, w., (antikes) Palmblattornament.
Palmitinsäure, $CH_3(CH_2)_{14}COOH$, feste Fettsäure; Vorkommen als Alkohole gebunden in Palmöl, außerdem in Bienenwachs u. Walrat; zus. m. Stearinsäure an Glycerin gebunden als *Palmitin* in vielen Fetten; Verwendung in der Kerzen- u. Seifenfabrikation.
Palmlilie → Yucca.
Palmnicken, *Jantarnyj,* russ. Ostseebad im ehem. Ostpreußen (Samlandküste), 8000 E; Bernsteingewinnung.
Palmöl → Ölpalme.
Palmroller, Schleichkatze, Raubtier, auch Aufnahme pflanzl. Kost, Verbreitung: SW-Europa, Afrika u. Asien.
Palmsonntag, *Palmarum,* 6. Sonntag d. Fastenzeit; Sonntag vor Ostern, z. Gedächtnis an d. Einzug Jesu in Jerusalem, bei dem ihm Palmenzweige auf den Weg gestreut wurden.
Palmwein, alkohol. Getränk aus Palmensaft.
Palmyra, Ruinenst. in einer Oase der Syrischen Wüste: Residenz der Fürstin Zenobia (3. Jh. n. Chr.): Baaltempel, Theater, Säulenstraße, Grabtürme.
Palolowurm, Borstenwurm d. Südsee; Zeitpunkt der Fortpflanzung wird durch Mondhelligkeit zu e. best. Jahreszeit gesteuert; d. mit Geschlechtszellen gefüllte

hintere Teil des Wurms löst sich dann ab, gelangt an die Wasseroberfläche u. platzt zur Befruchtung auf.

Paloma [span. „Taube"], w. Vn.

Palomino [pælou'mainou], urspr. US-Bez. f. isabellfarbenes Pferd m. weißer Mähne.

palpabel [l.], *med.* fühlbar, tastbar.

Palpation, Betastung (ärztl. Untersuchungsmethode).

Palucca, Gret (8. 1. 1902–22. 3. 93), dt. mimische Tänzerin u. Tanzpädagogin; 1925 Begründerin d. *P.-Schule* in Dresden.

Pamir, „Dach der Welt" gen. Gebirgsstock in Innerasien (Kungur), bis 7495 m h., von dem mächtige Gebirge ausgehen: Tian Shan, Kunlun Shan nach O, Karakorum, Himalaja nach SO, Hindukusch nach SW, eine Fülle: Ak-su, Amu-darja u. a.; der größte Teil zu Tadschikistan und Kirgisien, O-Kette zu Xinjiang, der S reicht bis Afghanistan u. Pakistan.

Pampas, Weidesteppen in S-Amerika, bes. Argentinien.

Pampasgras, *Silbergras*, bis 5 m hohes Gras der Pampas; bei uns auch Zierpflanze.

Pampashase, svw. → Mara.

Pampasindianer, Pueltschen, Kerandi, Tehueltschen, Araukaner u. andere Stämme S-Amerikas.

Pampelmuse, w., *Grapefruit*, zitronenart. Baum, urspr. Ostindien, mit bis kopfgroßer, bittersüßer Frucht.

Pampero, *m.*, *Pampaswind*, kalter, böiger SW-Wind in Argentinien.

Pamphlet, *s.* [engl.], Schmäh-, Flugschrift; ihr Verfasser: **Pamphletist**.

Pamphylien, antike Küstenlandschaft i. südl. Kleinasien.

Pamplona, Hptst. der span. Prov. Navarra, am Arga, befestigt, 180 000 E; Erzbischofssitz, got. Kathedrale; Textilind.

pan- [gr.], als Vorsilbe: all…, ganz…

Pan,

1) griech. Naturgottheit (der *Große Pan*), bocksbeinig, mit Hörnern dargestellt (lat. *Faun*), erfand nach der Sage die *Panflöte* der Hirten; Urheber des Schreckens; auch → Panik.

2) *m.* [russ., tschech., poln.], Herr.

PAN, Abk. f. *P*ol*y*acryl*n*itril (→ Acrylnitril), e Chemiefasern.

Panaitios, von Rhodos (um 180–110 v. Chr.), griech. Phil. u. Leiter des Stoa i. Athen, d. d. Begriff „Humanität" prägte.

Pan-Am ['pænæm], Abk. f. **Pan Am**eri**c**an **W**orld **A**irways, **I**nc., auch PAA, größte intern. Luftverkehrsges., 1927 gegr.

Panama,

1) mittelam. Rep. auf d. *Landenge v. P.* (50 km breite Verbindung zw. N- u. S-Amerika). Bev.: Mestizen (60 %), Schwarze u. Mulatten (20 %), Weiße (10 %), Indianer. **a)** *Geogr.:* Bergland m. feuchten trop. Wäldern auf der atlant. u. trockenen Savannen auf der pazif. Seite. **b)** *Wirtsch.:* Weitgehend durch d. → Panamakanal bestimmt; über 50% d. Landeseinkommens durch Schiffs- u. Fremdenverkehr, Dienstleistungen, Arbeitslöhne u. a. in d. Kanalzone; Hptausfuhr: Südfrüchte, Kaffee, Kakao, Rohzucker, Garnelen; Bodenschätze: bed. Eisentechnik. **c)** *Außenhandel* (1991): Einfuhr 1695 Mill., Ausfuhr 260 Mill. $. **d)** *Verf.* v. 1983: Präsidiale Rep.; Nationalvers.

PANAMA	
Staatsname:	Republik Panamá; República de Panamá
Staatsform:	Präsidiale Republik
Mitgliedschaft:	UNO, OAS, SELA, SICA
Staatsoberhaupt und Regierungschef:	Ernesto Pérez Balladares
Hauptstadt:	Panamá-Stadt 625 000 Einwohner
Fläche:	77 082 km²
Einwohner:	2 585 000
Bevölkerungsdichte:	34 je km²
Bevölkerungswachstum pro Jahr:	⌀ 1,86% (1990–1995)
Amtssprache:	Spanisch
Religion:	Katholiken (84%), Protestanten (6%), Muslime (5%)
Währung:	Balboa (B/.)
Bruttosozialprodukt (1994):	6905 Mill. US-$ insges., 2670 US-$ je Einw.
Nationalitätskennzeichen:	PA
Zeitzone:	MEZ – 6 Std.
Karte:	→ Nordamerika

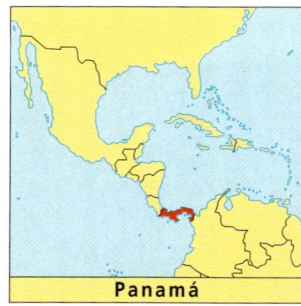
Panamá

Pandur

e) *Verw.:* 9 Prov. u. 3 auton. Indianerterr. **f)** *Gesch.:* Seit 16. Jh. span. Kolonie, 1821 Prov. d. Rep. Kolumbien; 1903 unabhängig, Abtretung d. → P.kanalzone an die USA, 1977 Vertrag über die gemeinsame Verw. u. Rückgabe bis 2000, s. 1982 weitgehende Souveränität f. P.kanalzone; ab 1988 Spannungen m. USA um Gen. Noriega, d. Oberbefehlshaber d. Nat.garde, am. Wirtschaftssanktionen; Ende 1989 Einmarsch am. Truppen (Febr. 1990 Abzug) und Verhaft. Noriegas; 1994 freie Wahlen, Ges. z. Abschaff. d. Armee; 1995 Niederschlag. e. Staatsstreichs d. Policia National.

2) *Ciudad de P.*, Hptst. von P., am Golf von P. des Pazifik, 625 000 E; Uni.

Panamaholz, *Panamarinde*, svw. → Quillajarinde.

Panamahüte, aus Blattstreifen v. Kolbenpalmen.

Panamakanal, Schleusenkanal durch die Landenge von Panama, vom Atlantik zum Pazifik, zw. den Städten Colón u. Balboa, in nordw.-südö. Richtung; 81,3 km l., 13,7 m t., mittlere Breite 198 m; im N führen die Schleusentreppe von Gatun, im S die Schleusen von Pedro Miguel u. Miraflores zur Scheitelhaltung 26 müM., Breite 38,5 m; Durchfahrtszeit 7–9 Std., maximale Verkehrskapazität etwa 50 Schiffe durchschnittl. Größe pro Tag: 9/1988–9/1989 passierten 11 989 Schiffe mit 151,6 Mill. t Ladung d. Kanal; Gebühreneinnahmen: 330 Mill. $. Der Kanal hat von strategischer und wirtsch. Bedeutung für die USA, denen die **P.zone** zu beiden Seiten des Kanals (je 8 km breit) gehört (1977 Vertrag zw. Panama u. USA über die Abtretung d. P.zone bis 2000; s. 1982 unter jurist. Hoheitsgewalt v. Panama. – Bau 1881 von v. Lesseps begonnen, 1889 wegen mangelh. Verwaltung (*P.skandal*) eingestellt; 1900–14 unter am. Leitung von *Goethals* vollendet; für die Weltschiffahrt erst seit 1920 frei.

Panamastoffe, Baumwoll-, Wollstoffe, durch mehrfädige Leinwandbindung wie geflochten.

Pan-Amerika, Panamerikanismus, Zusammenschlußbestrebung aller am. Staaten gg. außeram. Beeinflussung der kleineren Staaten. → Monroedoktrin.

Panamerikanische Union, ständiges Sekretariat d. *Organisation Am. Staaten* (→ OAS); Sitz Washington; 1910 entstanden aus d. *Intern. Büro am. Republiken*, Abhaltung von *Panam. Konferenzen* (erste 1826): 1947 in Rio de Janeiro (Verteidigungsabkommen), 1948 in Bogotá (Bogotá Charter): Regionalabkommen, 1951 in Washington.

panarabische Bewegung, Zusammenschlußbestrebungen d. Völker d. arab. Sprachgebiets; → Arabische Liga.

Panaritium [gr.-l.], *Umlauf*, Nagelentzündung, an anderer Stelle an Finger u. Hand, d. Infektion m. Eitererregern.

Panasch, *m.* [frz.], Federbusch (bes. am Helm).

panaschieren [frz.], bei nicht listengebundener Verhältniswahl Stimme für Kandidaten versch. Listen abgeben.

Panaschierung [frz.], weißstreifige od. -fleckige Buntblättrigkeit, *Albicatio, Variegatio*, als Folge fehlenden Blattgrüns.

Panathenäen, größtes athen. Fest zu Ehren der Göttin Athene.

Panavia Aircraft GmbH, internationales Konsortium f. d. Herstellung d. Kampfflugzeugs → Tornado.

Panazee, *w.* [gr.], Allheilmittel, Wundermittel.

panchromatisch [gr.], bei fotograf. Platten u. Filmen: farbempfindlich (auch für Rot); Ggs.: → orthochromatisch.

Pandämonium, *s.* [gr.], Vereinigung aller (bösen) Geister; bei J. *Milton* svw. Hölle.

Pandas, 2 Arten altweltl. Kleinbären: *Katzenbär (Panda)*, fuchsrot, Gebirgswälder d. S- u. O-Himalaja; *Bambusbär (Riesenpanda)*, weißlichgelb mit schwarzen Beinen, Schultern und Ohren, Bambuswälder von Sichuan.

Pandekten [gr. „die alles Enthaltenden"], *Digesten*, Teil d. → *Corpus iuris civilis*, Sammlung v. Auszügen aus d. Schriften d. klass. röm. Juristen.

Pandemie, weltweit seuchenartig auftretende Infektionskrankheit.

Pandit, ind. Gelehrtentitel, aus dem Kastenwesen stammend, bes. von Brahmanen geführt.

Pandora [„Allgeberin"], griech. Erdgöttin, 1. Menschenfrau u. Ursache allen Übels auf d. Erde; dargestellt m. e. Krug voller Übel, d. sog. *Büchse d. Pandora*.

Pandschab, engl. *Punjab*, „Fünfstromland" im Stromgebiet des Indus (Chenab, Jhelum, Ravi, Beas, Satlej); bis 1947 brit.-ind. Prov.; aufgeteilt in westl. Teil: *P.*, 205 344 km², 54 Mill. E, Hptst. *Lahore*, s. 1956 Teil von Pakistan, u. östl. Teil: *P.* (Bharat), Staat d. Rep. Indien, 50 362 km², 17 Mill. E, u. *Haryana*, 44 212 km², 13 Mill. E; gemeinsame Hptst. *Chandigarh*; Weizenanbau, vielfach mit künstl. Bewässerung.

Pandschabstaaten, 34 ehem. Fürstenstaaten, sämtl. Sikhdynastien.

Panduren, östr. (aus S-Ungarn stammende) Truppe des 17. u. 18. Jh.

Paneel, *s.* [ndl.], hölzerne Wandtäfelung.

Panegyrikus, *m.* [gr.], Lobrede, Lobgedicht.

Panel [engl. pænl], meist mehrmalige Befragung von repräsentativen Teilgruppen, die die gleichen Merkmale aufweisen wie die Gesamtheit (z. B. *Verbraucherpanel*), häufig in der Marktforschung eingesetzt, um Verbrauchertrends aufzuzeigen.

panem et circenses [l.], „Brot u. Zirkusspiele" verlangte d. Pöbel im alten Rom (Zitat v. → Juvenal).

Panentheismus, phil. Lehre, daß das All in Gott ist, ohne in ihm aufzugehen.

Paneuropäische Bewegung, strebt Zusammenschluß der eur. Staaten an, 1923 v. Gf Coudenhove-Kalergi gegr., 1952 als „Volksbewegung" in Lausanne neu konstituiert. → Europäische Bewegung.

Pangwe, *Fang*, Bantuvolk (Kamerun, Äquatorialafrika); bed. Eisentechnik.

Panholib-Länder, zus.fassende Bez. f. **Pan**amá, **Ho**nduras und **Lib**eria als die „Länder d. billigen u. neutralen Flaggen", die Schiffseigentümern viele Vergünstigungen gewähren; einige der größten Umweltskandale wurden durch solche Schiffe verursacht (→ Ölpest).

paniberisch, Bewegung zur Zusammenarbeit der iberischen Staaten (Portugal, Spanien); in erweitertem Sinne auch

zw. den lat.-(ibero-)am. Staaten S-Amerikas untereinander u. mit d. eur. Mutterländern, bes. auf kulturellem Gebiet.
Panier, *s.,* Heerfahne; Wahrzeichen.
panieren, Fleisch, Fisch u. a. vor d. Braten in Ei und Mehl od. geriebenem Brot [lat. *panis*] wälzen.
Panik, *w.,* besinnungsloser, *panischer* Schrecken (der der griech. Gott *Pan* einflößte), d. in einer Menschenmasse ausbricht.
Panislamismus, Bewegung f. den Zusammenschluß aller Mohammedaner, urspr. religiös bestimmt (Pilgerfahrten nach Mekka), heute v. a. politisch.
Panje, russ. Bauer (abwertend).
Panjepferd, *Konik,* kleines, genügsames, zähes Landpferd aus O-Europa (Polen, Rußland).
Pankhurst ['pæŋkəːst], Emmeline (14. 7. 1858–14. 6. 1928), engl. radikale Frauenrechtlerin (→ Suffragetten).
Pankok,
1) Bernhard (16. 5. 1872–5. 4. 1943), dt. Maler, Graphiker, Innenarchitekt u. Kunsthandwerker d. Jugendstils.
2) Otto (6. 6. 1893–20. 10. 1966), dt. expressionist. Maler, Graphiker u. Bildhauer.
Pankow, nördl. Stadtteil von Berlin.
Pankration, *m.* (gr. „Allkampf"), i. d. Antike Kombination von Box- u. Ringkampf.
Pankratius, kath. Hlg. (Eisheiliger).
Pankreas, *s.* [gr.], svw. → Bauchspeicheldrüse.
Panlogismus [gr.], die phil. Lehre: „Alles, was wirklich ist, ist vernünftig" (Hegel).
Panmixie, *w.* [gr.], zufallsgemäße Paarung und Fortpflanzung innerhalb einer *Population.*
Panne [frz.],
1) Defekt an einem Fahrzeug während der Fahrt.
2) Seidensamt mit Oberflächenfäden, hochglänzend.
Pannikulitis, schmerzhafte Entzündung der Unterhaut.
Pannikulose, svw. → Zellulitis.
Pannini, *Panini,* Giovanni Paolo (1691/2–21. 10. 1765), it. Maler d. Rokoko; Dekorations- u. Architekturmaler u. e. Chronist d. ges. Lebens s. Zeit.
Pannonien, röm. Prov. a. d. Donauebene (s. 9 v. Chr.); Städte: Wien (Vindobona), Deutsch-Altenburg (Carnuntum), Steinamanger (Savaria), Semlin (Taunanum) u. a.
Pannus, *a.,* Gewebewucherung, z. B. in der Hornhaut des → Auges, im Gelenk bei echtem → Rheuma.
Pannwitz, Rudolf (27. 5. 1881–23. 3. 1969), dt. neuromant. Kulturphil. u. Schriftst.; gab (m. Otto zur Linde) die Zeitschrift *Charon* heraus; Gedichte: *Urblick.*
Panoptikum, *s.* [gr.], Sammlung v. Sehenswürdigkeiten, meist Wachsfiguren.
Panorama, *s.* [gr.], Gesamtansicht einer Landschaft; Rundblick.
Panoramakameras, bilden Motiv m. gr. Bildwinkel bei natürl. Sichtweise ab.
Panpsychismus, Lehre, daß alles beseelt sei.
Pansen, Hptteil d. Magens d. Wiederkäuer.
Pansenacidose, b. Wiederkäuern, b. Übersäuerung d. Pansens, verursacht durch Überfütterung m. rohfaserarmem Kraftfutter, bewirkt Panseninaktivität, endet z. T. tödlich.
Pansenstich, mit *Trokar* bei Blähungen v. Rindern.
Panslawismus, unter dem Eindruck des bes. in der Mitte des 19. Jh. sich entwickelnden Nationalbewußtseins entstandene Bewegung mit dem Ziel des kulturellen und pol. Zusammenschlusses der Slawen, wurde vor allem von den Tschechen im Kampf gg. die östr.-ungar. Monarchie getragen u. von Rußland unterstützt, wo er unter Führung der Slawophilen seit 1830 zunächst rel. gefärbt war, dann unter Alexander II. u. Alexander III. im Sinne einer imperialist. Balkanpolitik genutzt wurde. 1. Panslawist. Kongreß 1848 in Prag; 1867 in Moskau. Nach 2. Weltkr. v. d. Sowjetunion f. d. Durchdringung der unter ihrer Vorherrschaft stehenden osteur. Völker von neuem stark gefördert (Panslawist. Tagung Belgrad 1946).
Panspermie [gr.], *Allbesamung,* Hypothese von d. Entstehung d. irdischen Lebens durch einfachste Keime v. anderen Sternen.
panta rhei [gr.], „alles ist im Flusse", d. h. ein Zustand ist immer ein Werden (Heraklit).
Pantalons [pɑ̃ta'lɔ̃], die z. Z. der Frz. Revolution aufkommenden langen Männerbeinkleider.
Pantanal, zeitweise v. Rio Paraguay überschwemmte Landschaft i. SW-Brasilien, ca. 100 000 km²; Viehzucht, bes. vielfält. Tierwelt (intern. Schutzforderung).
Pantelleria, it. Insel südwestl. von Sizilien, 83 km², 9000 E.
Pantheismus [gr.], phil. Anschauung der **Pantheisten,** daß Gott alles u. alles Gott sei.
Pantheon, *s.* [gr.],
1) runder, „allen Göttern" geweihter Kultbau in Rom aus d. 1. Jh. v. Chr.; seit 7. Jh. christl. Kirche (Santa Maria Rotonda), darin Gräber Raffaels u. it. Könige.
2) danach in Paris ben. klassizist. Kirche Ste-Geneviève (1756–90), s. 1791 nat. Ehrenmal mit Gräbern berühmter Franzosen (u. a. Voltaire).
Panther, svw. → Leopard.
Pantherpilz, giftiger Wulstling, graubraun m. feinen weißen Flocken auf d. Hut.
Pantoffelblume, *Calceolaria,* östr. *Froschgoscherl,* Zierpflanze mit schönen, pantoffelähnl. Rachenblüten; aus S-Amerika.
Pantoffeltierchen, einzellige Wimpertierchen *(Infusorien);* u. a. in faulendem Süßwasser.
Pantograph, *m.* [gr.], *Storchschnabel,* Apparat, um Zeichnungen zu übertragen, auch in anderer Größe.
Pantokrator [gr. „Allherrscher"], im AT Bez. f. Gott, auch im NT f. Christus verwendet, oft i. röm. u. byzant. Kirchen dargestellt.
Pantomime, *w.* [gr.], Theater- od. Tanzvorführung, bei welcher der künstler. Ausdruck nur im stummen (Gebärden- u. Mienen-)Spiel liegt.
Pantothensäure, ein → Vitamin, zur Gruppe der B₂-Vitamine gehörend.
Pantry, *w.* [engl. 'pæntrɪ], *seem.* Bez. für Anrichteraum (neben d. Messe), auch i. Flugzeugen.
Pantschatantra [sanskr. „Buch in 5

Pantheon, *Rom*

Gedrungener Wulstling, l. Pantherpilz ††, r.

Pantokrator, *Buchmalerei, 14. Jh.*

Abschnitten"], altind. Fabelbuch, vor 500 n. Chr.; Geschichten in fast allen eur. Fabel- u. Märchensammlungen.
Pantschen-Lama, Panchen Rinpoche, Abt d. Klosters Tashi Lhunpo bei Shigatse, → Lamaismus; 10. P.-L. seit 1943 *Lhamo Dhondup* (1937 bis 29. 1. 89), 1959 v. der VR China als tibet. Regierungschef eingesetzt, 1964 abgesetzt; → Dalai-Lama.
Panzer, Einrichtung zum Schutz gg. äußere Einwirkungen verschiedenster Art; → Harnisch; auch svw. → Panzer(kampf)wagen.
Panzerabwehrkanone, *Pak,* heute auch Panzerabwehrraketen.
Panzerechsen → Krokodile.
Panzerfaust, im 2. Weltkrieg dt. Kampfmittel (Raketengeschoß) z. Bekämpfung feindl. Panzerwagen; rückstoßfreie Panzerabwehrhandwaffe, deren Geschoß als Hohlladung wirkt u. Panzerung bis 375 mm durchschlägt. Die leichte P. wird v. einem, die schwere P. v. 2 Soldaten bedient; wiegt mit Munition etwa 10 kg *(leichte P.)* bzw. 18,5 kg *(schwere P.).* Kampfentfernung der leichten P. gg. haltende Ziele bis 300 bzw. gg. fahrende Ziele bis 200 m, der schweren P. jeweils 50 m weiter.
Panzerfische, *Placodermata,* älteste Wirbeltiere v. Silur bis Devon; urtüml. Fische m. panzerartig verknöchertem Hautskelett des Vorderkörpers; z.T. wie d. heutigen → Neunaugen noch ohne Kiefer.
Panzergrenadiere, mit gepanzerten Fahrzeugen (Schützenpanzerwagen) ausgerüstete Infanterie.
Panzerhaubitze 2000, Waffe d. Artillerie, wird 1995 bei d. Bundeswehr eingeführt, kann Feuerkommandos selbst errechnen u. 30 sec. nach Feuerhalt schießen, Reichweite 30 km.
Panzerjägertruppe, vernichtet feindl. Panzer mit Lenkflugkörpern ihrer Jagdpanzer.
Panzerkampfwagen → Panzerwagen.
Panzerkreuzer, svw. Schwere Kreuzer.
Panzerplatte, aus höchstwertigem Chromnickelstahl, für Kriegsschiffe, Panzerwagen; auch als Schutzschild an Geschützen usw.
Panzerschiffe, durch Panzerung der Seitenwände u. der Decks geschützte Kriegsschiffe: *Kreuzer, Schlachtschiffe.*
Panzerspähwagen → Panzerwagen.
Panzersperren, künstl. angelegte Geländehindernisse z. Sicherung gg. feindl. Panzerkampfwagen.
Panzertruppe, motorisierte Waffengattung d. Heeres, ausgerüstet mit → Panzerwagen.
Panzerturm, drehbarer, auch versenkb. Turm aus Panzerplatten.
Panzerwagen, durch Panzerplatten geschützte Kraftwagen, im allg. mit Panzerturm, Schnellfeuergeschützen u. Maschinengewehren: **a)** mit Raupenantrieb als *Kampfpanzer* (früher *Tank*) zum Kampf bestimmt, voll geländegängig, auch als *Amphibien-* oder *Schwimm-Panzer* zum Durchwaten od. Durchschwimmen von Flüssen od. für Landungsunternehmen; **b)** auf Rädern als gepanzertes Rad-Kfz für den Personentransport, als Führungsfahrzeug, als Erkundungs- u. Aufklärungsfahrzeug

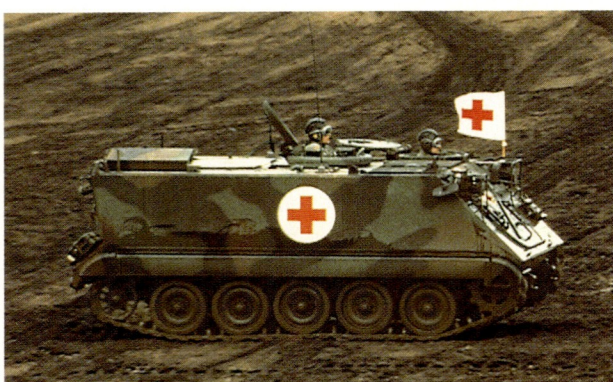

Panzer, *Mannschaftstransportwagen*

(*Panzerspähwagen*) oder als *Spür-Panzer* mit ABC-geschütztem Innenraum u. ABC-Heck zur Bestimmung der Kampfstoffe. – Auftreten von Panzerkampfwagen (Tanks) zuerst im 1. Weltkrieg, bes. in den sog. *Tankschlachten* bei Cambrai 1917 und an der Ancre 1918.

Paoli, Pasquale (26. 4. 1725–5. 2. 1807), Führer des korsischen Unabhängigkeitskampfs gg. Genua u. Frkr.

Paolo, it. Form zu → Paul.

Päonie, w., *Pfingstrose*, hohe Stauden des wärmeren Europa u. Asien m. großen meist roten Blüten; beliebte Zierpflanze.

Papa [l.], Papst.

Papabile, Kardinal, d. Aussicht hat, Papst zu werden.

Papadopoulos, Georgios (* 5. 5. 1909), griech. Offizier u. Pol.; durch Militärputsch 1967–73 Min.präs. u. Verteid.min.; gestürzt.

Papageien, bunte Tropenvögel mit gebogenem, kräftigem Oberschnabel;

Päonie

Papagei, *Ara*

Baumkletterer; beliebte Käfigvögel, lernen Worte nachsprechen und Melodien pfeifen (z. B. *Kakadus, Loris, Sittiche, Aras*).

Papageienbuch, *Tutinameh*, türkische Märchensammlung des 17. Jh., aus Indien stammend.

Papageienkrankheit, *Psittakose, Ornithose, atypische Pneumonie* (Lungenentzündung), durch Papageien (oft Wellensittiche), aber auch andere Vögel auf d. Menschen übertragen; anzeigepflichtig; Anzeichen bei Vögeln: Ausfluß aus Nase u. Augen, gesträubtes Gefieder, Atemnot, Appetitlosigkeit.

Papageifische, bunte Korallenriffbewohner m. papageischnabelförmigem Kiefer.

Papalismus, m. [it. „papa = Vater, Papst"], Bez. f. d. Oberhoheit d. Papstes i. d. gesamten Kirchenleitung; Ggs.: → Episkopalismus, → Konziliarismus.

Papandreou [-'ôrεu],
1) Andreas (5. 2. 1919–23. 6. 96), griech. Pol. u. Wirtsch.wiss.; Führer d. Panhellen. Sozialist. Bewegung (PASOK), 1981–89 u. s. 1993 Min.präs.; s. Vater
2) George A. (13. 2. 1888–1. 11. 1968), griech. Pol.; mehrfach Min., 1964/65 Min.präs.

Papanicolaou-Abstrich, Abk. *Pap*, mikroskop. Untersuchung d. Gebärmutterhalses auf Krebs.

Papaverin, s., Alkaloid i. Opium; f. Arzneizwecke (gg. Krämpfe innerer Organe usw.) verwendet.

Papaya, svw. → Melonenbaum.

Papel, w. [l. „papula"], Knötchen, entzündl., etwa reiskorngroße Hauterhebung, besonders bei Syphilis.

Papen, Franz von (29. 10. 1879–2. 5. 1969), dt. Pol. (Zentrum); 1932 Reichskanzler; 1933 Vizekanzler, 1934 bis 38 Sondergesandter u. Botschafter in Wien, 1938–45 Botschafter in Ankara.

Papenburg (D-26871), St. i. Kr. Emsland, Nds., 30 740 E; AG, div. Ind., Seehafen; älteste Fehnkolonie Dtlds.

Paperback [engl. 'peɪpəbæk „Papierrücken"], kartoniertes Buch, hergestellt i. → Lumbeck-Verfahren.

Paphos, im Altertum 2 Städte auf der Insel Zypern; eine berühmt durch Aphroditetempel.

Papier, meist aus Pflanzenfasern hergestellter Werkstoff. *Rohstoffe:* Holz (Halbstoffe *Holzschliff* u. *Zellstoff* durch mechan. bzw. chem. Zerfaserung; Abb. → Holz), Stroh (als Strohzellstoff), Zellstoffe als Halbstoff, Lumpen (→ Hadern, auch Hanf), Altpapier, ferner Kaolin, Calciumkarbonat, Titandioxid u. a. (als *Füllstoff* bzw. Pigment) sowie Farben, Leim u. versch. Chemikalien (*Hilfsstoffe*). P.sorten: Fein-, Schreib-, Druck-P. (*holzfreie* P.e); Zeitungsdruck- u. a. *holzhaltige* P.e; Cellulose-, Pergamentersatz-, Seiden-, Stroh-, Schrenz- u. a. *Pack*-P.; Natron- u. Sack-P.; sonstige *Spezial*-P.e (z. B. Kabel-, Isolier-, Tapetenroh-P., Chromoersatzkarton); *gestrichene* P.e (mit Streichfarben beschichtete Papiere f. hochwertige Drucke). Heute auch Chemiefasern zur Herstellung v. P. verwendet; Vorzüge dieses vollsynthet. P.s: vereinfachte Herstellung, hohe Festigkeit u. Lichtbeständigkeit.

Papierchromatographie, Verfahren z. Trennung in Lösung befindl. Stoffe (z. B. versch. Zucker- od. Eiweißarten aus Pflanzensäften); man läßt d. Mischung in saugfähigem Papier aufsteigen; Trennung durch verschiedene Wanderungsgeschwindigkeiten.

Papierformate, vom → DNA festgesetzte Abmessungen von Akten, Briefen, Büchern; beruhen auf d. Verhältnis d. Seitenlängen $1 : \sqrt{2}$; gebräuchlichste P.: DIN A 2 (Bogen) 420 : 594 mm, DIN A 3 (Halbbogen) 297 : 420 mm, DIN A 4 ($\frac{1}{4}$-Bogen) 210 : 297 mm, DIN A 5 (Blatt) 148 : 210 mm.

Papiergarn, aus Papierstreifen gesponnen, bes. z. Umkleiden v. Kabelseelen u. z. P.geweben als Dekorations- u. Verpackungsstoffe.

Papiergeld, aus Papier hergestellte Geldzeichen, vor allem die v. d. Notenbanken ausgegebenen Banknoten; ältestes eur. P. Anfang 18. Jh. in Frkr.; dann Ende 18. Jh. die → Assignaten; allg. Verbreitung seit Anfang 19. Jh.; bes. gesteigert in allen Staaten s. 1. Weltkr.

Papierherstellung, Vorstufen: Aufbereitung d. Halbstoffe, bei → Hadern durch Reinigen, Sortieren, Zerreißen, Kochen m. Laugen, Waschen, Bleichen in *Hadernschneidern, Kugelkochern, Wasch-* und *Bleich-Holländern;* bei → Cellulose durch Zerkleinern in *Kollergängen,* sodann einheitl. Mahlen unter evtl. Zusatz v. Farben, Leim (Alaun), Füllstoffen (Kaolin) in *Mahl-Holländern;* darauf starke Verdünnung des Papierstoffes mit Wasser, Reinigung von Fremdteilen (Sand, Knoten), dann Verflechtung des im Wasser fein verteilten Stoffes auf schnellaufend. *Papier-* od. *Pappemaschinen* (*Maschinenpapier*), auf deren *Naßpartie* b. d. P. durch *ein* Laug-, b. d. Pappenherstellung durch *mehrere* Rundsiebe (sehr engmasch. Metalltücher) das Wasser abläuft, während sich d. zurückbleibende Papierstoff zur Papierbahn verfilzt, auf deren *Pres-*

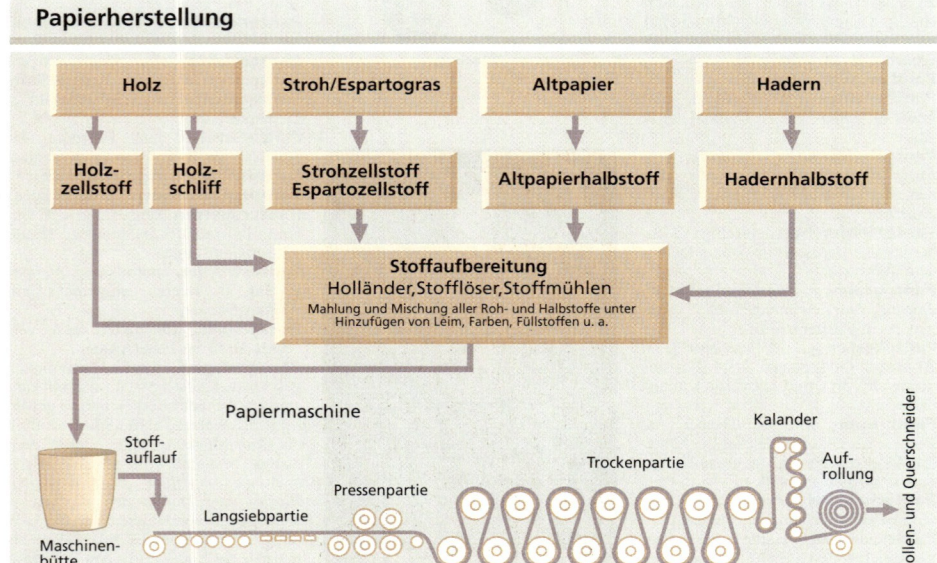

senpartie sodann durch mechan. Druck schwerer Walzen, zw. denen d. Papierbahn hindurchgeführt wird, diese weiter entwässert wird, bei Pappen zugleich mehrere Schichten aufeinander-*gegautscht* werden, schließlich auf deren *Trockenpartie* durch Umführung über dampfgeheizte Zylinder getrocknet, evtl. auf *Kalandern* geglättet u. anschließend auf bes. Umrollern, Quer- u. Formatschneidern z. Versand od. z. Weiterverarbeitung zugerichtet wird. *Handpapier (Büttenpapier)* wird mit Sieben von Hand geschöpft, wie vor der Erfindung des Maschinenpapiers (18. Jh.).

Papierindustrie, Herstellung von Holzschliff, Zellstoff, Papier, Pappe; Erzeugung an Papier u. Pappe 1993 in Mill. t: USA 76,5, Japan 28,3, VR China 20,0, Kanada 17,5, BR 12,8, Finnland 9,9.

Papiermaché [frz. -ma'ʃe:], in Formen gepreßter Papierbrei mit Leimzusatz für Schachteln, Spielzeug u. a.

Papiernautilus, Tintenfischart; Weibchen in dünner, gekammerter Schale.

Papierpresse, eignet sich nur zum Trocknen v. konventionellen Barytpapieren.

Papiertextilien, aus Papier hergestellte Ware für Bekleidung u. Ausstattung.

Papilionaceae, svw. → Schmetterlingsblütler.

Papille, w. [l.], warzenart. Erhebung, z. B. Brust- und Zungenwarze (letztere m. Geschmacksknospen).

Papillenödem, svw. → Stauungspapille.

Papillom, gutartige Geschwulst von Haut oder Schleimhaut, z. B. Harnblasen-P.

Papillote, w. [frz. -'jot(ə)], Lockenwickel.

Papin [-'pɛ̃], Denis (22. 8. 1647–1712), frz. Physiker; erfand den **P.schen Topf** mit Schraubendeckel u. Sicherheitsventil zum Kochen unter Druck sowie das Prinzip der atmosphär. Dampfmaschine.

Papinianus, Aemilius (140–212 n. Chr.), röm. Rechtsgelehrter; *Quaestiones* u. *Responsa.*

Papisten, i. d. Zeit d. Glaubensspaltung abfällig Bez. f. päpstlich Gesinnte.

Pappatacifieber, *Sandflyfever*, durch *Pappatacimücken* übertragene Virusinfektion mit 3tägigem Fieber, Glieder- u. Muskelschmerzen (Balkan, Mittelmeerländer, Amerika).

Pappe, dickeres oder mehrlagiges Papier, auf Pappenmaschinen od. durch Zus.kleben oder Zus.pressen (Gautschen) hergestellt; *Rohstoffe:* Holz (als weißer oder brauner → Holzstoff, weniger als Zellstoff), Stroh, Altpapier. P.sorten: Dach-, Grau-, Buchbinder-, Schuh-, Koffer-, Matrizen-, Voll-, Well-P. Handpappenherstellung sehr verzweigt in Kleinbetrieben, Masch.pappenherstellung meist in Großbetrieben mit eigener Weiterverarbeitung (→ Papierherstellung).

Pappel, den Weiden verwandte → zweihäusige Bäume m. Kätzchenblüten; *Schwarz-P.* u. ihre südeur. Abart, d. *Pyramiden-P.* (bei uns nur häufig ♂ Exemplare); *Zitter-P. (Espe)* überall verbreitet; *Silber-P.,* Blätter auf d. Unterseite weißhaarig; andere Arten aus Amerika als Zierbäume; weiches Holz d. P. zu Kisten, Papier usw., das der Zitter-P. zu Streichhölzern.

Pappenheim, Gottfried Heinrich Gf zu (29. 5. 1594–17. 11. 1632), kaiserl. Reitergeneral; fiel b. Lützen.

Pappos (4. Jh. n. Chr.), griech. Math.; Beiträge zur metrisch-projektiven Geometrie *(Satz des Pappos);* Hptwerk: *Synagoge mathematike.*

Paprika, m., rotes Würzpulver der Beeren v. → Capsicum (z. B. milder *Rosen-Paprika,* scharfer *Kirsch-Paprika);* großfrüchtige (grüne, gelbe) Schoten als Gemüse, Salat.

Papst [l. „papa = Vater"], Oberhaupt d. röm.-kath. Kirche als Nachfolger Petri, mit *Matth. 16, 18 ff.* begründet; oberster Lehrer, Gesetzgeber u. Richter der Katholiken, Haupt d. Bischofskollegiums, gilt als unfehlbar, wenn er in feierlicher Weise eine endgültige Entscheidung in Glaubens- u. Sittenfragen fällt. Der P. wird durch die Kardinäle in geheimer Abstimmung m. Zweidrittelmehrheit (+1 Stimme) im Konklave gewählt. Neben manchen unwürdigen Gestalten auf dem päpstl. Thron, vor allem im 10. u. 15.–16. Jh., findet eine große Zahl überragender u. sittl. hochstehender Persönlichkeiten in der Reihe der Päpste. Päpstl. Tracht: weißer Talar, Brustkreuz, rote Schuhe, roter Mantel u. Hut, beim Gottesdienst als Erzbischof mit Pallium gekleidet.

päpstliche Insignien, d. Amtsabzeichen: → Tiara, → Fischerring, → Pallium.

Päpstlicher Stuhl, lat. *sedes apostolica,* → Apostolischer Stuhl.

Papsttum, i. Christentum geschichtl. entwickelte Lehre, daß der Papst als Nachfolger d. Apostelfürsten Petrus d. oberste Autorität i. allen kirchl. Belangen beansprucht. Auf d. 1. Vatikan. Konzil 1869/70 Dogma v. d. Unfehlbarkeit d. Papstes (→ Infallibilität).

Papstwahl, urspr. durch Geistlichkeit u. röm. Volk; seit Otto I. Bestätigung, später oft Einsetzung durch den Kaiser, s. 1059 durch die Kardinäle im Konklave; → Stephan III. u. Nikolaus II.; s. 1970 aktives u. passives Papstwahlrecht d. Kardinäle bis zum 80. Lebensjahr.

Papua, Bez. d. Urbevölkerung der ozean. Inseln (Neuguinea usw.); schokoladenbraune Haut, dunkles, stark gekraustes Haar, Wulstlippen, untersetzter Körperbau; Kultur noch jetzt etwa auf Steinzeitstufe.

Päpstliches Wappen

Papstthron, *Peterskirche, Rom*

Zitterpappel, l., Silberpappel, r.

Papua-Neuguinea, Staat im W-Pazifik, auf der Insel Neuguinea, umfaßt d. Gebiet Papua (1906 v. Australien erworben) u. d. ehem. Mandatsgebiet Neuguinea m. NO-N. (bis 1920 *Kaiser-Wilhelm-Land),* dem *Bismarckarchipel* (einschließl. Admiralitätsinseln) und einer Inselgruppe d. *Salomoninseln* mit Buka u. Bougainville. **a)** *Wirtsch.:* Export v. Kupfererz, Gold, Kaffee, Kakao u. Kopra. **b)** *Außenhandel* (1991): Einfuhr 1,4 Mrd., Ausfuhr 1,3 Mrd. $. **c)** *Verf.:* Parlamentar.-demokr. Monarchie m. Einkammerparlament. **d)** *Verw.:* 19 Prov. u. Hptst.distrikt. **e)** *Gesch.:* 1949 Vereinigung d. austral. Territorien; 1973 innere Autonomie; 1975 Unabhängigkeit; s. 1988 separatist. Bestrebungen auf d. Insel Bougainville.

Papyrus,
1) *Papyrusstaude,* bis 3 m hohes → Zypergras in Sümpfen Afrikas, Kleinasiens u. Siziliens; aus im Streifen übereinandergepreßten Mark der dicken Schäfte gab im Altertum d. Schreibmaterial („Papier").
2) *P.rollen, Papyri,* alte, urspr. ägypt. Handschrift auf Papyrus, um Rollen gewickelt; in P.rollen wichtige Überreste d. ägypt. u. griech. Literatur erhalten.

Papyrussäule, der Form der Papyrusstaude ähnl. ägypt. Säule.

Par, *Golf:* f. jedes Loch festgelegte Anzahl v. Schlägen.

PAR, Abk. f. **P**recision **A**pproach **R**adar (Präzisions-Anflug-Radar), → Radargerät mit pendelnden Richtstrahlen z. Erfassung v. Landung ansetzenden Flugzeugen; in 2 Ebenen: Höhe u. Ort über Grund.

para- [gr.], als Vorsilbe: bei..., neben..., entgegen...

PAPUA-NEUGUINEA	
Staatsname:	Papua-Neuguinea, Papua New Guinea
Staatsform:	Parlamentarische Monarchie im Commonwealth
Mitgliedschaft:	UNO, APEC, Commonwealth, Colombo-Plan
Staatsoberhaupt:	Königin Elizabeth II., vertreten durch Generalgouverneur Wiwa Korowi
Regierungschef:	John Giheno
Hauptstadt:	Port Moresby 145 000 Einwohner
Fläche:	462 840 km²
Einwohner:	4 205 000
Bevölkerungsdichte:	9 je km²
Bevölkerungswachstum pro Jahr:	Ø 2,27% (1990–1995)
Amtssprache:	Englisch
Religion:	Protestanten (55%), Katholiken (31%)
Währung:	Kina (K)
Bruttosozialprodukt (1994):	4857 Mill. US-$ insges., 1160 US-$ je Einw.
Nationalitätskennzeichen:	PNG
Zeitzone:	MEZ + 9 Std.
Karte:	→ Australien und Ozeanien

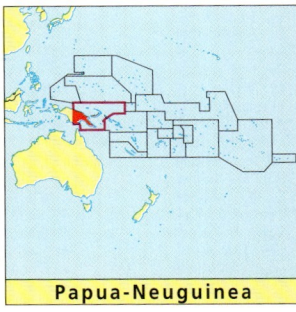
Papua-Neuguinea

Papua-Neuguinea

Pará,
1) *Rio P.,* Mündungsarm des Tocantins (2699 km lang) an der brasilian. Küste; 320 km l.
2) brasilian. Staat am Amazonas u. Rio P., Urwälder u. Savannen, 1,25 Mill. km², 5,0 Mill. E; Hptst. *Belém;* Ausfuhr von Gummi, Kakao, Paranüssen.

Päpste

Die Jahreszahlen geben Zeit des Pontifikats an. Gegenpäpste sind kursiv gesetzt.

Papst	Jahre
Petrus (Palästina) gest.	64 od. 67
Linus (Toscana, Italien)	67– 76
Anacletus oder Cletus (Römer)	76– 88
Klemens I. (Römer)	88– 97
Evaristus (Grieche)	97–105
Alexander I. (Römer)	105–115
Sixtus I. (Römer)	115–125
Telesphorus (Grieche)	125–136
Hyginus (Grieche)	136–140
Pius I. (Italiener)	140–155
Anicetus (Syrer)	155–166
Soterus (Italiener)	166–175
Eleutherius (Grieche)	175–189
Viktor I. (Afrikaner)	189–199
Zephyrinus (Römer)	199–217
Calixtus I. (Römer)	217–222
Hippolytus	217–235
Urban I. (Römer)	222–230
Pontianus (Römer)	230–235
Anterus (Grieche)	235–236
Fabianus (Römer)	236–250
Cornelius (Römer)	251–253
Novatian	251
Lucius I. (Römer)	253–254
Stephan I. (Römer)	254–257
Sixtus II. (Grieche)	257–258
Dionysius (unbekannt)	259–268
Felix I. (Römer)	269–274
Eutychianus (Italiener)	275–283
Caius (Dalmatiner)	283–296
Marcellinus (Römer)	296–304
Marcellus I. (Römer)	308–309
Eusebius (Grieche)	309–309
Melchiades (Afrikaner)	311–314
Silvester I. (Römer)	314–335
Marcus (Römer)	336–336
Julius I. (Römer)	337–352
Liberius (Römer)	352–366
Felix II.	355–365
Damasus I. (Spanier)	366–384
Ursinus	366–367
Siricius (Römer)	384–399
Anastasius I. (Römer)	399–401
Innozenz I. (Italiener)	401–417
Zosimos (Grieche)	417–418
Bonifaz I. (Römer)	418–422
Eulalius (unbekannt)	418–419
Coelestin I. (Italiener)	422–432
Sixtus III. (Römer)	432–440
Leo I. (Italiener)	440–461
Hilarius (Sardinier)	461–468
Simplicius (Italiener)	468–483
Felix III. (II.)(Römer)	483–492
Gelasius I. (Afrikaner)	492–496
Anastasius II. (Römer)	496–498
Symmachus (Sardinier)	498–514
Laurentius	498–505
Hormisdas (Italiener)	514–523
Johannes I. (Italiener)	523–526
Felix IV. (III.) (Italiener)	526–530
Bonifaz II. (Römer)	530–532
Dioscurus	530
Johannes II. (Römer)	533–535
Agapet I. (Römer)	535–536
Silverius (Italiener)	536–537
Vigilius (Römer)	537–555
Pelagius I. (Römer)	556–561
Johannes III. (Römer)	561–574
Benedikt I. (Römer)	575–579
Pelagius II. (Römer)	579–590
Gregor I. (Italiener)	590–604
Sabinianus (Italiener)	604–606
Bonifaz III. (Römer)	607–607
Bonifaz IV. (Italiener)	608–615
Deusdedit oder Adeodatus I. (Römer)	615–618
Bonifaz V. (Italiener)	619–625
Honorius I. (Italiener)	625–638
Severinus (Römer)	640–640
Johannes IV. (Dalmatiner)	640–642
Theodor I. (Grieche)	642–649
Martin I. (Italiener)	649–655
Eugen I. (Römer)	654–657
Vitalianus (Italiener)	657–672
Adeodatus II. (Römer)	672–676
Donus (Römer)	676–678
Agatho (Sizilier)	678–681
Leo II. (Sizilier)	682–683
Benedikt II. (Römer)	684–685
Johannes V. (Syrer)	685–686
Conon (unbekannt)	686–687
Theodor II.	687
Paschalis I.	687–692
Sergius I. (Syrer)	687–692
Johannes VI. (Grieche)	701–705
Johannes VII. (Grieche)	705–707
Sisnius (Syrer)	708–708
Konstantin (Syrer)	708–715
Gregor II. (Römer)	715–731
Gregor III. (Syrer)	731–741
Zacharias (Grieche)	741–752
Stephan II. (Römer)	752–752
Stephan III. (Römer)	752–757
Paul I. (Römer)	757–767
Constantin II.	767–768
Philipp	768
Stephan IV. (Sizilier)	768–772
Hadrian I. (Römer)	772–795
Leo III. (Römer)	795–816
Stephan V. (Römer)	816–817
Paschalis I. (Römer)	817–824
Eugen II. (Römer)	824–827
Valentin (Römer)	827–827
Gregor IV. (Römer)	827–844
Johannes VIII.	844
Sergius II. (Römer)	844–847
Leo IV. (Römer)	847–855
Anastasius III.	855
Benedikt III. (Römer)	855–858
Nikolaus I. (Römer)	858–867
Hadrian II. (Römer)	867–872
Johannes VIII. (Römer)	872–882
Marinus I. (Römer)	882–884
Hadrian III. (Römer)	884–885
Stephan VI. (Römer)	885–891
Formosus (Italiener)	891–896
Bonifaz VI. (Römer)	896–896
Stephan VII. (Römer)	896–897
Romanus (Italiener)	897–897
Theodor II. (Römer)	897–897
Johannes IX. (Italiener)	898–900
Benedikt IV. (Römer)	900–903
Leo V. (Italiener)	903–903
Christophorus	903–904
Sergius III. (Römer)	904–911
Anastasius III. (Römer)	911–913
Lando (Italiener)	913–914
Johannes X. (Italiener)	914–928
Leo VI. (Römer)	928–928
Stephan VIII. (Römer)	928–931
Johannes XI. (Römer)	931–935
Leo VII. (Römer)	936–939
Stephan IX. (Römer)	939–942
Marinus II. (Römer)	942–946
Agapet II. (Römer)	946–955
Johannes XII. (Römer)	955–964
Leo VIII. (Römer)	963–965
Benedikt V. (Römer)	964–966
Johannes XIII. (Römer)	965–972
Benedikt VI. (Römer)	973–974
Bonifaz VII.	974
Benedikt VII. (Römer)	974–983
Johannes XIV. (Italiener)	983–984
Johannes XV. (Römer)	985– 996
Gregor V. (Deutscher)	996– 999
Johannes XVI.	997– 998
Silvester II. (Italiener)	999–1003
Johannes XVII. (Römer)	1003–1003
Johannes XVIII. (Römer)	1004–1009
Sergius IV. (Römer)	1009–1012
Benedikt VIII. (Italiener)	1012–1024
Gregor VI.	1012
Johannes XIX. (Römer)	1024–1032
Benedikt IX. (Italiener)	1032–1044
Silvester III. (Römer)	1045–1045
Benedikt IX. (zum zweiten Mal)	1045–1045
Gregor VI. (Römer)	1045–1046
Klemens II. (Deutscher)	1046–1047
Benedikt IX. (zum dritten Mal)	1047–1048
Damasus II. (Deutscher)	1048–1048
Leo IX. (Deutscher)	1049–1054
Viktor II. (Deutscher)	1055–1057
Stephan X. (Lothringer)	1057–1058
Benedikt X.	1058–1059
Nikolaus II. (Franzose)	1059–1061
Alexander II. (Italiener)	1061–1073
Honorius. II.	1061–1072
Gregor VII. (Grieche)	1073–1085
Klemens III.	1080–1100
Viktor III. (Italiener)	1086–1087
Urban II. (Franzose)	1088–1099
Paschalis II. (Italiener)	1099–1118
Theodorich	1100–1102
Albert	1102
Silvester IV.	1105–1111
Gelasius II. (Italiener)	1118–1119
Gregor VIII.	1118–1121
Calixtus II. (Franzose)	1119–1124
Cölestin II.	1124
Honorius II. (Italiener)	1124–1130
Innozenz II. (Römer)	1130–1143
Anacletus II.	1130–1138
Viktor IV.	1138
Coelestin II. (Italiener)	1143–1144
Lucius II. (Italiener)	1144–1145
Eugen III. (Italiener)	1145–1153
Anastasius IV. (Römer)	1153–1154
Hadrian IV. (Engländer)	1154–1159
Alexander III. (Italiener)	1159–1181
Viktor IV.	1159–1164
Paschalis III.	1164–1168
Calixtus III.	1168–1178
Innozenz III.	1179–1180
Lucius III. (Italiener)	1181–1185
Urban III. (Italiener)	1185–1187
Gregor VIII. (Italiener)	1187–1187
Klemens III. (Römer)	1187–1191
Coelestin III. (Römer)	1191–1198
Innozenz III. (Römer)	1198–1216
Honorius III. (Römer)	1216–1227
Gregor IX. (Italiener)	1227–1241
Coelestin IV. (Italiener)	1241–1241
Innozenz IV. (Italiener)	1243–1254
Alexander IV. (Italiener)	1254–1261
Urban IV. (Franzose)	1261–1264
Klemens IV. (Franzose)	1265–1268
Gregor X. (Italiener)	1271–1276
Innozenz V. (Savoyer)	1276–1276
Hadrian V. (Italiener)	1276–1276
Johannes XXI. (Portugiese)	1276–1277
Nikolaus III. (Römer)	1277–1280
Martin IV. (Franzose)	1281–1285
Honorius IV. (Römer)	1285–1287
Nikolaus IV. (Italiener)	1288–1292
Coelestin V. (Italiener)	1294–1294
Bonifaz VIII. (Italiener)	1294–1303
Benedikt XI. (Italiener)	1303–1304
Klemens V. (Franzose)	1305–1314
Johannes XXII. (Franzose)	1316–1334
Nikolaus V.	1328–1330
Benedikt XII. (Franzose)	1334–1342
Klemens VI. (Franzose)	1342–1352
Innozenz VI. (Franzose)	1352–1362
Urban V. (Franzose)	1362–1370
Gregor XI. (Franzose)	1370–1378
Urban VI. (Italiener)	1378–1389
Bonifaz IX. (Italiener)	1389–1404
Innozenz VII. (Italiener)	1404–1406
Gregor XII. (Italiener)	1406–1415

Päpste in Avignon:

Papst	Jahre
Klemens VII.	1378–1394
Benedikt XIII.	1394–1423
Klemens VIII.	1423–1429
Benedikt XIV.	1425–1430

Päpste in Pisa:

Papst	Jahre
Alexander V.	1409–1410
Johannes XXIII.	1410–1415
Martin V. (Römer)	1417–1431
Eugen IV. (Italiener)	1431–1447
Felix V.	1439–1449
Nikolaus V. (Italiener)	1447–1455
Calixtus III. (Spanier)	1455–1458
Pius II. (Italiener)	1458–1464
Paul II. (Italiener)	1464–1471
Sixtus IV. (Italiener)	1471–1484
Innozenz VIII. (Italiener)	1484–1492
Alexander VI. (Spanier)	1492–1503
Pius III. (Italiener)	1503–1503
Julius II. (Italiener)	1503–1513
Leo X. (Italiener)	1513–1521
Hadrian VI. (Niederländer)	1522–1523
Klemens VII. (Italiener)	1523–1534
Paul III. (Römer)	1534–1549
Julius III. (Römer)	1550–1555
Marcellus II. (Italiener)	1555–1555
Paul IV. (Italiener)	1555–1559
Pius IV. (Italiener)	1560–1565
Pius V. (Italiener)	1566–1572
Gregor XIII. (Italiener)	1572–1585
Sixtus V. (Italiener)	1585–1590
Urban VII. (Römer)	1590–1590
Gregor XIV. (Italiener)	1590–1591
Innozenz IX. (Italiener)	1591–1591
Klemens VIII. (Italiener)	1592–1603
Leo XI. (Italiener)	1605–1605
Paul V. (Römer)	1605–1621
Gregor XV. (Italiener)	1621–1623
Urban VIII. (Italiener)	1623–1644
Innozenz X. (Römer)	1644–1655
Alexander VII. (Italiener)	1655–1667
Klemens IX. (Italiener)	1667–1669
Klemens X. (Römer)	1670–1676
Innozenz XI. (Italiener)	1676–1689
Alexander VIII. (Italiener)	1689–1691
Innozenz XII. (Italiener)	1691–1700
Klemens XI. (Italiener)	1700–1721
Innozenz XIII. (Römer)	1721–1724
Benedikt XIII. (Römer)	1724–1730
Klemens XII. (Italiener)	1730–1740
Benedikt XIV. (Italiener)	1740–1758
Klemens XIII. (Italiener)	1758–1769
Klemens XIV. (Italiener)	1769–1774
Pius VI. (Italiener)	1775–1799
Pius VII. (Italiener)	1800–1823
Leo XII. (Italiener)	1823–1829
Pius VIII. (Italiener)	1829–1830
Gregor XVI. (Italiener)	1831–1846
Pius IX. (Italiener)	1846–1878
Leo XIII. (Italiener)	1878–1903
Pius X. (Italiener)	1903–1914
Benedikt XV. (Italiener)	1914–1922
Pius XI. (Italiener)	1922–1939
Pius XII. (Italiener)	1939–1958
Johannes XXIII. (Italiener)	1958–1963
Paul VI. (Italiener)	1963–1978
Johannes Paul I. (Italiener)	1978
Johannes Paul II. (Pole)	seit 1978

Parabase, w. [gr.], Aufhebung d. Illusion eines Theaterstücks durch direkte Ansprache an d. Publikum (Teil der älteren attischen Komödie).

Parabel, w. [gr.],
1) *analytische Geometrie:* symmetr. ins Unendliche verlaufende Kurve (→ Kegelschnitte), deren Punkte *P* (Abb.) gleichen Abstand von einer festen Geraden *L* (Leitlinie der P.) u. einem festen Punkt *F* (Brennpunkt der P.) haben; die Normale zur Leitlinie durch den Brennpunkt ist die Achse; die Sehne *GH* durch *F* heißt Parameter; d. halbe Parameter *GF* ist gleich dem Abstand des Brennpunktes v. d. Leitlinie: *FO*.
2) Lehrdichtung, die ein Gleichnis enthält; auch dieses selbst.

parabolisch [gr.], von d. Form einer Parabel.

parabolische Geschwindigkeit, etwa 11 000 m/s, die Geschwindigkeit, die ein Körper (z. B. Rakete) erreichen muß, um die Erdanziehung zu überwinden und die Erde auf einer Parabelbahn zu verlassen; auch → Fluchtgeschwindigkeit.

Paraboloid, s., gekrümmte Fläche ohne Mittelpunkt, als *Rotations-P.* durch Drehung einer Parabel um die Achse entstehend; außerdem *hyperbolisches* und *elliptisches P.*

Parabraunerde, → Sol lessivé.

Paracel-Archipel, chin. *Xisha Qundao,* Inselgruppe im Südchin. Meer, von VR China, Taiwan, Philippinen u. Vietnam beansprucht (Erdölvorkommen vermutet), 1974 v. VR China besetzt.

Paracelsus, eigentl. *Aureolus Theophrastus Bombastus von Hohenheim* (10. 12. 1493–24. 9. 1541), dt. Arzt, vielseit. Naturforscher u. Renaissance-Phil., Begr. der neueren Heilmittellehre; erkennt die Bedeutung der phys. u. chem. Grundlagen d. Lebendigen; *Paragranum; Volumen paramirum; Vom seligen Leben.*

Parade, w. [frz.],
1) Truppenschau, Schaugepränge.
2) Anhalten u. Ablenken eines Angriffs beim Fechten, Boxen, Ringen u. a.; *in die P. fallen:* abwehren.

Paradeiser, östr. f. → Tomate.
Paradentose → Parodontose.

Paradies,
1) [pers. ,,Garten"], Ort der Seligen als Anfangs- und Endzeitvorstellung; im A.T.: der *Garten Eden,* P.vorstellungen in fast allen Religionen.
2) im frühchristl. u. ma. Kirchenbau oft v. Säulenhallen umgebener Vorhof od. umfriedeter Vorraum; bis 8. Jh. svw. → Atrium; z. B. vor *S. Ambrogio* in Mailand u. d. *Dom* in Münster.

Paradiesfische, svw. → Makropoden.
Paradiesvogel → Sternbilder, Übers.
Paradiesvögel, d. Rabenvögeln nahestehende Vögel Australiens u. Neuguineas; Männchen mit prächtigem Federschmuck.

Paradigma, s. [gr.], Vorbild, Musterbeispiel, Gleichnis.
paradox [gr.], widersinnig.
Paradoxon, s. [gr.], widersprüchl. Behauptung.

Paraffine, gesättigte aliphat. → Kohlenwasserstoffe (Übers.), → Alkane; verzweigte od. unverzweigte Ketten, reaktionsträge.

Paraffinöl, klares, farbloses, ölartiges Gemisch aus Kohlenwasserstoffen; Schmieröl.

Paragesteine, aus → Sedimenten entstandene → Metamorphite (z. B. Paragneis aus Grauwacke).

Paraglider [engl. -glaidə], doppelbödiger Gleitschirm (f. Freizeitsport).

Paragraph, m. [gr.],
1) Gesetzesabschnitt.
2) Zeichen: §, Mehrzahl: §§.
3) Abschnitt einer Schrift.

Paraguay,
1) Fluß in S-Amerika, größter Nbfl. d. Paraná, entspringt im Bergld v. Mato Grosso; 2549 km l., schiffbar.
2) Rep. in S-Amerika zw. dem Paraná u. P. (Fluß). Bev.: Mestizen (95 %), Indianer (2 %), Weiße u. Asiaten. **a)** *Geogr.:* Im SO bewaldetes Hügelland, im W fruchtbare Ebene m. Seen u. Sümpfen. **b)** *Wirtsch.:* Landw. vorherrschend, bes. Viehzucht; Hptausfuhrprodukte neben Baumwolle u. Fleischerzeugnissen d. forstwirtsch. Produkte Quebrachoholz u. Matetee; Bodenschätze (Kupfer, Mangan, Eisenerz) kaum genutzt. **c)** *Außenhandel* (1991): Einfuhr 1335 Mill., Ausfuhr 737 Mill. $. **d)** *Verkehr:* Eisenbahn 441 km. **e)** *Verf.* v. 1992: Präsidiale Rep. m. Zweikammerparlament. **f)** *Verw.:* 19 Dep. u. Hptst. **g)** *Gesch.:* Ab 1535 span. Kolonie, 1608–1768 Jesuitenstaat mit staatssozialist. Organisation; 1811 Unabhängigkeitserklärung; wiederholt Revolutionen; 1932–35 Krieg m. Bolivien wegen des Chacogebiets, *Chaco Boreal* an P.; s. 1951 Ausnahmezustand, s. 1953 autoritäres Regime (Mil. als stärkster Machtfaktor); 1989 Sturz v. Diktator Stroessner; s. 1992 neue Verf.; 1993 Präsidentschafts- u. Parlamentswahlen.

Paragummi, Gummi aus der Gegend des Amazonas; ben. nach der Handelsstadt Pará.

Paraiba, Küstenstaat NO-Brasiliens, 53 958 km², 3,2 Mill. E; Viehzucht; Baumwolle; Eisen, Hptst. *João Pessôa.*

Paralipomena [gr.], Nachlaß, Nachträge.

parallaktische Aufstellung, ermöglicht b. einem Fernrohr, daß dieses der teägl. Bewegung des Sterns mit Hilfe eines Uhrwerks folgen kann.

Parallaxe, w. [gr.], Winkeldifferenz zw. d. Richtungen nach einem Punkt v. den beiden Endpunkten einer Basislinie aus,
1) i. d. *Astronomie:* **a)** im *Sonnensystem:* Unterschied d. Richtungen nach e. Gestirn, gesehen v. Erdmittelpunkt u. v. Beobachtungspunkt auf d. Erdoberfläche aus; beobachteter Ort wird also je nach Ort u. Zeit der Beobachtung verfälscht; *Sonnen-P.:* Winkel, unter welchem v. der Sonne aus, mit mittlerem Abstand Erde–Sonne, d. Halbmesser d. Erde erscheint (= 8,79 Bogensek.); **b)** im *Fixsternsystem:* Winkel, unter dem v. Fixstern aus der Halbmesser der Erdbahn erscheint; erste Bestimmung einer Fixstern-P. durch *Bessel* 1838 am Stern 61 im Schwan; größte Fixstern-P. 0,76 Bogensek.; P. dient auch als Maß der Entfernung von Sternen (neben → Lichtjahr und → Parsec).
2) b. Meßinstrumenten Winkel (Abb.), der Falschablesung bei schräger Betrachtung von Zeiger u. Skala angibt.

parallel [gr.], gleichlaufend; Geraden und Ebenen, die stets gleichen Abstand voneinander haben.

Parallelepipedon, geometr. Körper, begrenzt von drei Paaren paralleler Flächen.

Parallelismus, m.,
1) psychophysischer P., phil. Lehre n. *Leibniz;* nimmt an, daß psych. u. phys. Vorgänge unabhängig voneinander sind, aber parallel verlaufen; keine ursächl. Beziehung zw. physiolog. u. psych. Erscheinungen (→ Fechner, → Wundt).
2) *der Versglieder* durch gleichartg. Satzbau, Kunstform der german. u. althebräischen Dichtung; als Stehmittel auch in d. Prosa (Klimex).

Parallelkreis, geograph. anderer Ausdruck f. Breitenkreis.

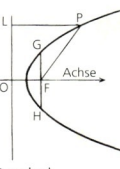
Parabel

Paraboloid

Paracelsus

Großer Paradiesvogel

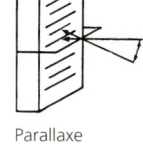
Parallaxe

Paraguay

PARAGUAY	
Staatsname:	Republik Paraguay, República del Paraguay
Staatsform:	Präsidiale Republik
Mitgliedschaft:	UNO, OAS, SELA, MERCOSUR
Staatsoberhaupt und Regierungschef:	Juan Carlos Wasmosy Monti
Hauptstadt:	Asunción 608 000 Einwohner
Fläche:	406 752 km²
Einwohner:	4 830 000
Bevölkerungsdichte:	12 je km²
Bevölkerungswachstum pro Jahr:	⌀ 2,78% (1990–1995)
Amtssprache:	Spanisch, Guaraní
Religion:	Katholiken (96%), Protestanten (2%)
Währung:	Guaraní (₲)
Bruttosozialprodukt (1994):	7606 Mill. US-$ insges., 1570 US-$ je Einw.
Nationalitätskennzeichen:	PY
Zeitzone:	MEZ – 5 Std.
Karte:	→ Südamerika

Parallelogramm, Viereck mit parallelen Seitenpaaren; gegenüberliegende Seiten und Winkel sind gleich.
Parallelogramm der Kräfte → Resultierende.
Parallelrechner, Computer m. mehreren → Prozessoren, in denen gleichzeitig unterschiedl. Teile eines Computerprogramms ablaufen können; dadurch resultiert insgesamt e. erhöhte Verarbeitungsgeschwindigkeit; spez. Typen: → *Vektorrechner,* → Matrixrechner.
Parallelschwung, beim alpinen Skilauf schwunghafte Richtungsänderung durch beidbeinigen Drehabstoß; wird als Hochschwung (Schwerpunkt wird durch Streckung aktiv nach oben gelenkt) od. Tiefschwung (Schwerpunkt wird durch Tiefgehen aktiv nach unten abgelenkt) gefahren.
Parallelslalom, Wettbewerb im alpinen Skisport; 2 Läufer bestreiten e. nebeneinander gesteckten Slalom-Kurs.
Paralleltonarten, (terzverwandte) Tonarten jeweils gleicher Vorzeichen (z. B. C-Dur u. a-Moll).
Paralogismus [gr.], Fehlschluß.
Paralympics, Olymp. Spiele der Behinderten; s. d. Olympiade 1960 in Rom finden in d. jeweiligen Land als Äquivalent die P. statt; s. 1988 in Seoul an gleicher Stätte rund 4 Wochen später.
Paralyse, w. [gr.],
1) vollständige Lähmung.
2) svw. *progressive P.,* syphilitische Gehirnerweichung; Heilerfolge durch Fieber(behandlung).
3) *Paralysis agitans, Parkinsonsche Krankheit,* Schüttellähmung mit Schüttel- u. Zitterbewegungen, bes. v. Kopf u. Armen.
4) *Landrysche P.* → Kinderlähmung.
paralysieren [gr.],
1) *med.* unwirksam machen.
2) lähmen, schwächen.
paramagnetisch → Permeabilität 1).
Paramaribo, Hptst. v. Suriname, am Atlant. Ozean, Hafen, 192 000 E; Ausfuhr v. Bauxit, Holz, Kaffee.
Paramente [nl.], i. d. ev. Kirche die im Gottesdienst verwendeten Stoffe: Altar- u. Kanzelbekleidung; in der kath. Kirche auch noch die liturg. Gewänder; im weiteren Sinne alle kirchlichen Utensilien u. Geräte.
Parameter, m. [gr.],
1) konstante od. veränderl. Hilfsgröße b. math. Funktionen.
2) d. senkrecht z. Achse durch den Brennpunkt d. → Parabel gelegte Sehne.
3) *mus.* Komponenten des Klangs (Tonhöhe, Tondauer, Lautstärke, Klangfarbe).
paramilitärisch, svw. halbmil., militärähnlich.
Paraná,
1) südam. Fluß aus Río Paranaíba u. Río Grande; 3780 km l.; mit Río de la Plata 4264 km l.; bis zur Einmündung des Paraguay schiffbar.
2) brasilian. Staat im Hochland v. Brasilien, 199 324 km², 8,9 Mill. E; Anbau v. Kaffee, Zuckerrohr, Baumwolle; Hptst. *Curitiba.*
3) Hptst. d. argentin. Prov. Entre Ríos, a. Paraná, Hafen, 162 000 E.
Paranoia, w. [gr.], Geisteskrankheit m. Wahnideen (Verfolgungswahn) u. Sinnestäuschungen.

Parallelogramm

Paralympics 1992, Rollstuhlfahren

Riesenschirmling

Paris, *Notre-Dame*

paranoid, von Wahnideen befangen (z. B. *p.e* → Psychose).
Paranomie, w. [gr.], Gesetzwidrigkeit.
Paranuß, dreikantiger, hartschaliger Samen eines brasil. Baumes; wohlschmeckend, z. Ölgewinnung.
paraphieren [frz.], mit Handzeichen (Anfangsbuchstaben), Namenszug od. Amtssiegel *(Paraphe)* zeichnen.
Paraphierung, bei diplomat. Verhandlungen die Abzeichnung d. Ergebnisses durch den Verhandlungsführer unter Genehmigungsvorbehalt der Regierung, → Ratifizierung.
Paraphrase, w. [gr.],
1) *mus.* Phantasie über ein gegebenes Thema.
2) Umschreibung.
Parapluie, m. od. s [frz. -'ply:], Regenschirm.
Parapsychologie [gr.], untersucht d. psych. Erscheinungen, die naturwiss. (noch) nicht zu erklären sind (z. B. Hellsehen, Telepathie u. ä.).
Parasiten [gr. „Mitesser"], Schmarotzer, Lebewesen, die sich zum Schaden ihres Wirtstieres in oder an diesem aufhalten (z. B. Flöhe, Bandwürmer, Zecken); → Symbiose u. → Synökie.
Parasol,
1) m. [frz.], *Schirmling,* Blätterpilz m. bis 30 cm Hutdurchmesser; Hüte können wie e. Schnitzel gebraten werden.
2) m. od. s. [frz.], Sonnenschirm.
Parästhesie, krankhaft abnorme Empfindung (Kribbeln, Taubsein).
Parasympathikus [l.], *Nervus p.* (einschließlich *Nervus vagus),* Teil des vegetativen → Nervensystems.
parat [l.], bereit, gerüstet, fertig.
Parathormon, Hormon d. → Nebenschilddrüsen; → innere Sekretion.
Parathyreoidea, svw. → Nebenschilddrüsen.
Paratyphus [gr.], typhusartige übertragb. Darminfektion durch *P.bakterien;* anzeigepflichtig.
Paravasat, in das Gewebe außerhalb e. Vene gelaufene Flüssigkeit bei Injektion od. Infusion.
Paravent, m. od. s. [frz. -'vā], Wind-, Wandschirm.
Parazentese, Schnitt in das Trommelfell bei Mittelohrvereiterung.
Pärchenegel, trop. Saugwürmer, bei denen die Weibchen stets in der röhrenartig geformten Unterseite der Männchen leben, Parasiten (z. B. Erreger der → Bilharziose).
Parchim (D-19370), Krst. i. M-V, 22 349 E; Nahrungsmittelind.
Parcours, m. [frz. -'ku:r], Hindernisbahn beim Springreiten.
par distance → distance, par.
Pardon, m. [frz. -'dõ], Verzeihung(!).
Pardubitz, tschech. *Pardubice,* St. im Ostböhmisch. Bez. d. Tschech. Rep., an der Elbe, 96 000 E..
Pardune, w., *seem.* Tau aus Hanf od. Draht, zum Stützen v. Masten.
Parenchym, s. [gr.], d. Gesamtheit d. charakterist. Zellen eines Organs; das Leber-P., z. B. sind also die eigentlichen Leberzellen.
parenteral [gr.], d. Magen-Darm-Kanal umgehende Einverleibung von Arzneien (z. B. Einspritzung).
Parenthese, w. [gr.], Satzeinschiebsel oder das einschließende Zeichen: ( ), [ ], – –.

Parerga [gr.], „Nebenwerke", Anhang; gesammelte kleine Schriften.
Parerga u. Paralipomena, Schriftensammlung von Schopenhauer.
Parese [gr.], unvollständige Lähmung; → Paralyse.
Paretti, Sandra, eigtl. *Irmgard Schneeberger* (5. 2. 1935–12. 3. 94), dt. Schriftst.in; *Der Winter, der e. Sommer war; Der Wunschbaum; Das Zauberschiff; Taraculese.*
par excellence [frz. -'lã:s], in vorzügl. Maße, im wahrsten Sinne des Wortes.
par exemple [frz. -εg'zã:pl], zum Beispiel.
par force [frz. -'fɔrs], mit Gewalt.
Parforcejagd, Hetzjagd m. Hunden.
Parfüm, s. [frz.], alkoholische Lösung d. → Riechstoffe; von Spezialindustrie hergestellt.
pari [it. „gleich"], Kurswert eines Wertpapiers ist gleich dem Nennwert; bei Devisen: Kurs entspricht der Goldparität (→ Parität).
Paria, m., niedrige Kaste in Indien; auch Bez. für (aus d. menschl. Gesellschaft) Ausgestoßene; 1950 gesetzl. Aufhebung d. Unberührbarkeit d. P.
parieren [l.],
1) *b. Fechten:* Stoß, Hieb des Gegners mit eigener Waffe z. Abgleiten bringen.
2) gehorchen.
Parinirwana, s. [sanskr.], i. Buddhismus vollständ. Erlöschen, → Nirwana.
Paris, sagenhafter Prinz von Troja, Sohn d. Priamos, entschied im berühmten Schönheitsstreit der Göttinnen Hera, Athene, Aphrodite (Venus) für d. letztere, verursachte durch Raub der Helena d. Trojan. Krieg (→ Troja).
Paris, Hptst. von Frkr., im *Dép. Paris,* an der Seine, 2,18 Mill. E, Groß-P. 9,88 Mill. E; im 19. Jh. großzügiger Bebauungsplan: sternförm. Ausfallstraßen, verbunden durch Ringstraßen auf ehem. Festungswällen (Boulevards); Altstadt (Insel *Île de la Cité*) m. der got. Kathedrale *Notre-Dame;* auf dem l. Seineufer, im Quartier Latin, Uni. (*Sorbonne,* 1255 gegr.) u. Académie française; Industriebez. der O, Villenviertel der W (m. *Bois de Boulogne);* berühmte Friedhöfe (*Montmartre* und *Père-Lachaise);* viele bed. Bauten: *Panthéon, Invalidendom, Elysée* (Wohnsitz des Präs. der Rep.), *Eiffelturm* auf dem Marsfelde; zahlreiche wiss. u. Kunstanstalten (*Große Oper, Opéra de la Bastille, Comédie-Française, Nationalbibl., Arsenalbibliothek),* Museen (*Louvre, Nationalmus. f. moderne Kunst, Nationalmus. f. Technik, Mus. d'Orsay, Cluny),* Kulturzentrum *Centre Georges-Pompidou,* Erzbischofssitz; Sitz des OECD-Sekretariats u. der UNESCO. Div. Ind.: Luxus- u. Modeartikel, Kleidungs-, Parfümerie-, Schmuckwaren-, Porzellanind., in Vororten Masch.bau-, Auto-, Flugzeugbauind. Mittelpunkt d. frz. Eisenbahn- und Straßennetzes; Flughäfen: *Orly, Charles-de-Gaulle* u. *Le Bourget;* Untergrundbahn (Métro, 205 km); Fluß- u. Kanalschiffahrt, Mustermesse. Verwaltet durch Präfekten d. Dép. *Paris* u. d. *Polizeipräfekten;* 20 Verw.bez. *(Arrondissements);* s. 1976 bildet P. m. d. Dép. *Seine-Saint-Denis, Val de Marne, Val d'Oise, Essonne, Yvelines* u. *Seine-et-Marne* die Region *Île-de-France.* – Urspr. Wohnsitz d. kelt. Parisii; bed.

Handelsst. zu Cäsars Zeiten *(Lutetia Parisiorum);* nach 500 Hptst. des Frankenreiches, s. 987 Frkr.s; im 16. Jh. Prachtbauten (Louvre u. a.); 1572 → Bartholomäusnacht; im 17. u. 18. Jh. kultureller Mittelpunkt Europas; 1814 von d. Verbündeten (→ Befreiungskriege), 1871, 1940–44 von Dtld besetzt. – 1. u. 2. *Pariser Friede* 1814, 1815, *Pariser Kongreß* 1856 (Krimkrieg); 1855, 1867, 1878, 1889, 1900, 1910, 1937 Weltausstellungen; 1947 Friedensverträge der Alliierten mit Finnland, Bulgarien, Rumänien, Ungarn, Italien.

Pariser Verträge, Bez. für d. 1954 in Paris unterzeichneten, 1955 ratifizierten Verträge über d. Beendigung d. Besatzungsregimes i. d. BR, → Deutschlandvertrag, Aufenthalt brit. frz. u. am. Truppen i. d. BR, Beitritt d. BR zur Westeuropäischen Union u. z. → Nordatlantikpakt sowie über Statut d. → Saarlands.

Pariser Vorortverträge, die Friedensverträge 1919/20 zur Beendigung d. 1. Weltkriegs: Versailles (→ Versailler Vertrag) mit Dtld, St-Germain-en-Laye mit Östr.; Trianon mit Ungarn, Neuilly m. Bulgarien, Sèvres mit d. Türkei.

Parität, w. [l. „Gleichheit"],
1) Gleichstellung (z. B. versch. Religionsgesellschaften) durch den Staat.
2) *Goldparität:* das feste Austauschverhältnis zw. zwei Währungseinheiten aufgrund des gesetzl. festgelegten Goldwertes der Münzen.
3) *Kursparität* besteht, wenn die Kurse versch. Währungen gleichmäßig v. Goldparitätskurs abweichen.

paritätisch, gleichgestellt, gleichberechtigt.

paritätische Kirchen, svw. → Simultankirchen.

Park,
1) Gesamtheit an Fahrzeugen *(Fuhr-P.)*.
2) gr. Gartenanlage.

Parka, *m.,* meist grüne Baumwolljacke a. festem Stoff (u. Schulterstücken, auch m. Kapuze).

Park and ride ['pɑːk ənd 'raɪd], am. Bez. für ein in Großstädten z. Verkehrsentlastung gefördertes kombiniertes System d. Selbstfahrens u. Gefahrenwerdens; Bewohner d. Vororte parken Kfz am Stadtrand und nehmen öffentl. Verkehrsmittel.

Parkbahn, *Wartebahn,* Anfangsbahn eines Erdsatelliten, von der aus ein später Start auf eine größere Bahn od. in d. interplanetaren Raum erfolgt.

Parker, Dorothy (22. 8. 1893–7. 6. 1967), am. Schriftst.in u. Kritikerin; satir.-witzige Kurzgeschichten und Gedichte.

parkerisieren, Oberflächenveredlung von Eisen durch Eisenphosphat (Rostschutz).

Parkett, *s.* [frz.],
1) holzgetäfelter Fußboden.
2) offizieller Börsenverkehr in amtl. zugelassenen Werten durch Vermittlung der Kursmakler; Ggs.: → Kulisse.
3) *Theater:* Sitze im Parterre.

parkieren, schweiz. Bez. für parken.

Parkinson ['pɑːkɪnsn],
1) Cyril N. (30. 7. 1909–9.3.93), engl. Historiker u. Schriftst.; von ihm die *Parkinsonschen Gesetze.*
2) James (1755 bis 1824), engl. Nervenarzt. – **P.sche Krankheit** → Paralyse. –

Parkinsonismus, Erscheinungen ähnlich wie bei Paralysis agitans, versch. Ursachen.

Parkplatz, Ort zum Abstellen eines Fahrzeugs.

Parkscheibe, dient z. Kontrolle bei best. Parkmöglichkeiten m. begrenzter Parkdauer.

Parlament, *s.* [ml. „parlamentum = Gespräch"], Volksvertretung, Abgeordnetenhaus (Erste, Zweite *Kammer,* Ober-, Unterhaus); Erste Kammer gewählt oder ernannt, Zweite nur gewählte Mitglieder; Vollversammlung *(Plenum)* u. Ausschüsse für bes. Fragen *(P.sausschuß; auch parlamentar. Untersuchungsausschuß).* Entstanden im 13. Jh. in England; in Frkr. Versammlung zunächst nur des Adels und der Geistlichkeit, seit der Frz. Revolution (1790) Nat.vers.; in Dtld bes. Frankfurter P. (1848), Erfurter (1850) u. Zoll-P.; 1870–1945 Dt. Reichstag; Länder-P.e; s. 1949 Bundestag d. BR; in den einzelnen Bundesländern Landtage bzw. Senate.

Parlamentär [frz.], Unterhändler, Vermittler; im Krieg völkerrechtlich geschützt (mit weißer Flagge od. Binde); bevollmächtigt, mit dem Gegner in Verhandlungen zu treten.

Parlamentarier, Abgeordneter (Parlament).

parlamentarischer Geschäftsführer, Geschäftsführer einer Fraktion im Parlament.

Parlamentarischer Rat, Versammlung zur Ausarbeitung des Grundgesetzes für die BR vom 1. 9. 1948 bis 23. 5. 1949 in Bonn.

parlamentarischer Staatssekretär → Staatssekretär.

parlamentarisches System, demokrat. Reg.form, bei der das Parlament als Vertretung des Volkes (das die Staatsgewalt trägt) die Regierung wählt u. kontrolliert; diese ist vom Vertrauen d. Parlaments abhängig (→ Demokratie, Übers.).

parlando [it.], *mus.* im Sprechgesang.

Parler, hpts. südd. Baumeister- u. Bildhauerfamilie; bes. Peter (1330–13. 7. 99), schuf in d. Plastik d. f. Böhmen, Dtld, Östr. u. Ungarn einflußreichen *P.-Stil;* Chor d. Veitsdoms u. *Karlsbrücke* in Prag.

Parma, Hptst. der oberit. Prov. P. i. d. Region Emilia-Romagna (3449 km², 394 600 E), 194 000 E; Bischofssitz, Uni. (1502 gegr.), Kunstakad.; Metall- u. Holzind., Käsefabr. (Parmesankäse). – Seit 1545 (mit Piacenza) selbst. Hzgt. (Haus Farnese) 1735 östr., 1802 frz., 1860 zum Kgr. Italien.

Parmenides (6./5. Jh. v. Chr.), griech. Philosoph; Hptvertr. der Eleatischen Schule; lehrte im Ggs. zu Heraklit das bleibende, ewig unendliche *Sein,* das Sichverändernde sei Schein; Lehrgedicht: *Über die Natur.*

Parmesankäse, nach der it. St. Parma ben. Hartkäse, gerieben als Speisewürze.

Parmigianino [-midʒa'ni-], eigtl. *Francesco Mazzola* (11. 1. 1503–28. 8. 40), it. Maler d. Manierismus; leicht überlängte Figuren in elegant-virtuosen Kompositionen u. meist kristalliner Farbgebung; *Selbstbildnis vor dem Spiegel; Madonna mit dem langen Hals.*

Parnaß, Gebirge in Mittelgriechenland, 2457 m h.; war Apoll u. den Musen heilig; übertragen svw. das Reich der Dichtung.

Parnassiens [-'sjɛ̃], frz. Dichtergruppe d. 19. Jh.; Gegner der Romantik; Vertr.: *Leconte de Lisle, Baudelaire, Gautier, Banville, Hérédia, Coppée.*

Parochie [gr.], Kirchspiel; Sprengel; Pfarrei.

Parodie, w. [gr. „Nebengesang"],
1) *mus.* Form d. Bearbeitung: Umwandlung einer vorhandenen Komposition in ein neues Werk, meist mit Hilfe d. Umod. Neutextierung d. Vorlage.
2) Verspottung eines Kunstwerks, indem d. gleiche künstler. Form m. einem unpassenden Inhalt versehen wird; P. z. B. Nestroys *Judith u. Holofernes* auf Hebbels *Judith;* anders die → Travestie.

Parodontose, w. [gr.], *Paradentose,* nichtentzündlich, durch eine Störung der Gewebsernährung auftretender Schwund d. Zahnfleisches, d. Wurzelhaut u. d. Knochenfaches m. Lockerung u. Ausfall d. Zähne.

Parole, w. [frz.], militärisches Erkennungswort, Losung; Kennwort.

Parole d'honneur [frz. pa'rɔl dɔ-'nœːr], Ehrenwort.

Paroli, *s.* [span.], im Pharaospiel Karte, deren Gewinn nicht eingezogen wird u. d. i. Spiel bleibt.

Paroli bieten, Widerstand entgegensetzen.

Paronychie, Nagelbettentzündung.

Paros, griech. Kykladeninsel, 194 km², 8500 E; gebirgig; Marmorbrüche *(Parischer Marmor).*

Parotitis, w. [gr.], Entzündung d. Ohrspeicheldrüse *(Parotis);* epidemische P. svw. → Mumps.

Paroxysmus [gr.], anfallartiges Auftreten eines Krankheitszustandes.

Parricida, *m.* [l.], Vater-, Verwandtenmörder, Beiname v. *Johann v. Schwaben* (†1313), Sohn Hzg. Rudolfs v. Östr.; tötete 1308 seinen Onkel, den dt. König Albrecht I.

Parrot [-ro], André (* 15. 2. 1901), frz. Archäologe, grub in Lagasch (Tello), Larsa (Irak) u. Mari (Syrien); 1968–72 Direktor des Louvre.

Parry ['pæri], William Edward (19. 12. 1790–8. 7. 1855), engl. Seefahrer; erforschte die am. Arktis; nach ihm ben. die kanadischen *P.inseln,* 145 000 km².

Parsberg (D-92331), St. im Kr. Neumarkt i. d. Opf., Bay., 5933 E; AG; Brauerei.

Parsec, Par*allaxen- Sec*unde, Abk. *pc,* Entfernungseinheit in d. Astronomie (neben d. → Lichtjahr), entspricht d. Entfernung eines Sterns, dessen → Parallaxe 1 Bogensekunde beträgt; 1 pc = 30,84·10¹² km = 30,84 Billionen km = 3,26 Lichtjahre; 1 kpc = 10³ pc, 1 Mpc = 10⁶ pc.

Parseier Spitze, höchster Gipfel der Lechtaler Alpen, b. Landeck, 3038 m.

Parsen, *Parsi,* Nachkommen der → Parther, im 8. Jh. in O-Indien (bes. Bombay u. Singapur) eingewandert; etwa 100 000 Anhänger der Lehre des → Zoroaster.

Parsenn, Skigebiet bei Davos (Schweiz).

Parseval, August v. (5. 2. 1861–22. 2. 1942), dt. Ingenieur; erfand mit Bartsch v. Sigsfeld den Drachenballon; baute später Prall-Luftschiffe.

Parsifal → Parzival.

Parsing, *s.,* Sprachanalyse v. geschrieb. Sprache od. → Programmiersprachen.
Parsismus, ursprüngl. polytheistische Volksreligion d. Parsen (Perser), seit → Zoroaster Monotheismus.
pars pro toto [l.], rhetorische Figur, bei der ein Teil das Ganze bezeichnet (z. B. *Kiel* für *Schiff*).
Parteien,
1) auf freier Werbung beruhende Vereinigung Gleichgesinnter, die pol. Geltung im Staate erstreben, um durch ihren Einfluß ihre Ziele durchsetzen zu können; Zus.schluß nach materiellen Interessen *(Ständische* bzw. *Klassen-P.)* od. geistigen Überzeugungen *(Weltanschauungs-P.);* meist jedoch Mischform, *Volksparteien,* auf breiter Basis beruhend (→ Parteien, Übers.).
2) gegner. Gruppen in Streitigkeiten, insbes. im Zivilprozeß.
Parteiengesetz vom 24. 7. 1967 i. d. Fassung v. 3. 3. 1989 regelt gemäß Artikel 21 Grundgesetz die Rechtsstellung der pol. Parteien, enthält Bestimmungen über ihren organisator. Aufbau und schreibt u. a. vor, daß jede Partei ein schriftlich niedergelegtes Programm aufweisen muß; enthält ferner Bestimmungen über das Finanzgebaren sowie über Erstattung d. Wahlkampfkosten aus öffentl. Mitteln u. über d. Annahme v. Spenden.
Parteifähigkeit, Fähigkeit, in einem Zivilprozeß klagen oder verklagt werden zu können; meist gleich → Rechtsfähigkeit (§ 50 ZPO).
Parteistreitigkeit, Verw.rechtsstreit

Partiturausschnitt Mozarts, *„Entführung aus dem Serail"*

Blaise Pascal

zwischen gleichgeordneten Rechtsträgern (z. B. Gemeinden).
Parteivernehmung, außerordentl. Beweismittel im Zivilprozeß auf Antrag einer Partei od. auf Anordnung d. Gerichts (§§ 445 ff. ZPO).
Parteiverrat, gemäß § 356 StGB strafbares Vergehen eines Anwalts, der in e. Rechtssache pflichtwidrig beiden Parteien dient.

Parthenonfries, Detail:
Poseidon, Apollo, Artemis

Parterre, *s.* [frz.],
1) regelmäßig geformtes Gartenbeet.
2) Erdgeschoß.
3) im Theater die hinteren Zuschauerplätze zu ebener Erde.
Parthenogenese, *w.* [gr.], *Jungfernzeugung,* Fortpflanzung ohne Befruchtung, besonders bei Gliederfüßlern, Algen u. einigen Blütenpflanzen.
Parthenon, *m.,* Tempel d. jungfräul. *(parthenos)* Göttin Athene auf der Akropolis zu Athen.
Parthenonfries, m. berühmten → Reliefs (Abb.) aus dem 5. Jh. v. Chr.; im Brit. Museum, London.
Parther, iran. Volk, das unter den *Arsakiden* (250 v. Chr.–226 n. Chr.) alle Länder zw. Europa u. Indus eroberte.
partial [nl.], *partiell,* teilweise.
partiarisches Darlehen, Beteiligung des Darlehengebers am Umsatz od. Verlust e. Unternehmens anstelle von Zinszahlungen; Ausschluß e. Verlustbeteiligung.
Partie, *w.* [frz.],
1) Gesangsrolle in Oper usw.
2) Teil, Anzahl, Gruppe (z. B. *Waren-Partie*).
3) Ausflug (z. B. *Land-P.*).
4) Heirat, z. B. *gute P.*
5) Runde bei best. Spielen (z. B. *Schach-P.*).
Partikel, *w.* [l.], Teilchen; auch unveränderlicher Redeteil (z. B. *nun*).
Partikelstrahlung → Korpuskularstrahlung.
partikulär [l.], abgesondert, besonders, einzeln.
Partikularismus, *Regionalismus,* pol. Bestreben z. B. der Länder eines Bundesstaates, die Eigeninteressen über das Ganze zu stellen; aus P. entspringendes Verhalten: **partikularistisch**.
Partikulier, Kapitän, d. gleichzeitig Schiffseigner ist.
Partisan [frz. „Parteigänger"], Angehöriger einer im Rücken des Feindes operierenden, nicht zur regulären Streitmacht gehörenden Gruppe; P.en durch Haager Abkommen v. 1949 nur als Teil d. bewaffneten Macht unter Schutz d.

Parteien — Zusammensetzung des Deutschen Bundestages

Wahljahr	Parteien (Stimmen in Tsd.; Sitze)										insgesamt (Stimmen in Tsd.; Sitze)
	CDU/CSU	SPD	FDP	BP	ZP	DP	WAV	KPD	DRP/DKP	SSW	
1949	7359; 139	6935; 131	2830; 52	968; 17	728; 10	940; 17	682; 12	1362; 15	429; 5	75; 1	23761; 402
1953	12444; 244	7945; 151	2629; 48	466; –	217; 2	896; 15	GB/BHE 1617; 27	608; –	DRP 296; –	45; –	27540; 487
1957	15008; 270	9496; 169	2307; 41		FU 254; –	DP/FVP 1007; 17	1374; –		309; –	32; –	29892; 497
1961	14298; 242	11427; 190	4029; 67				871; –	DFU 610; –	263; –		31536; 499
1965	15524; 245	12813; 202	3097; 00					434; –		NPD 664; –	32614; 496
1969	15195; 242	14066; 224	1903; 30					ADF 198; –		1422; –	32953; 496
1972	16806; 225	17175; 230	3130; 41							207; –	37460; 496
1976	18395; 243	16099; 214	2995; 39								37822; 496
1980	16889; 226	16261; 218	4031; 53		Grüne 570; –						37947; 497
1983	18998; 244	14866; 193	2707; 34		2167; 27						38926; 498
1987	16762; 223	14026; 186	3441; 46		3126; 42						37881; 497
1990	20352; 319	15539; 239	5123; 79	1788; –*	B 90/Grüne 558; 8	PDS 1129; 17				REP 985; –	46432; 662
1994	19516; 294	17141; 252	3257; 47		B 90/Grüne 3423; 49	PDS 2067; 30				REP 875; –	47104; 672
im BT vertretene Parteien	CDU/CSU	SPD	FDP		B 90/Grüne	PDS					

* Zusammenschluß von westdeutschen Grünen und ostdeutscher Bürgerbewegung Bündnis 90 im Mai 1993

Parteien

Parteibildungen zu allen Zeiten des pol. Geschehens (z. B. in Rom Patrizier u. Plebejer, im MA Guelfen u. Ghibellinen). – Moderne P. mit organisierten Mitgliedern u. durch Werbung gewonnenen Wählern entwickelten sich zuerst in England, wo sich mit fortschreitender Demokratisierung des Wahlrechts Adelsparteien (Tories, Whigs seit Ende des 17. Jh.) u. bürgerl. Honoratiorenclubs allmählich zu festen Organisationen mit eigenen Beamten u. Funktionären umwandelten. Mit dem Aufkommen des Parlamentarismus im 19. Jh. P. auch in anderen Ländern; zunächst neben *konservativen* (vorwiegend Adel, Großgrundbesitz), die Bestehendes (Vorrechte ihres Standes, ihrer Klasse) verteidigen, *liberale* (vorwiegend im. Groß- u. Kleinbürgertum), die pol. Gleichberechtigung, zugleich nationale Ziele (in Dtld nat. Einheit) erstreben. In der 2. Hälfte des 19. Jh., mit Entstehen des Sozialismus, *sozialistische P.* – Nach ihrer Sitzordnung im Parlament Bez. der Konservativen als *Rechts-P.*, der Liberalen als *Mitte* (urspr. Links-P.), der Sozialisten als *Links-P.* (vom engl. Parlament übernommen, wo bereits im 17. Jh. die „liberalen" Whigs links von den „konservativen" Tories saßen). In England u. USA praktisch noch heute Zweiparteiensystem: Regierungspartei u. Opposition. Im Mehrparteiensystem zur Bildung tragfähiger Reg. häufig Parteikoalitionen erforderlich. Das Einparteiensystem (Nationalsozialismus, Faschismus, Kommunismus) widerspricht d. Grundgedanken des Parlamentarismus.

Deutsche Parteien, im 19. Jh. entstanden, zunächst innerhalb des Bürgertums als demokratische, liberale u. fortschrittliche, dann auch als konservative Parteien. Anfangs nur lose Gruppenbildungen in den Landtagen, dauerhaftere Gruppierungen seit 1866: in Preußen *National-Liberale*, *Fortschrittspartei* und *Konservative*. Das *Zentrum* (1870) faßte sozial sehr verschieden geschichtete Volkskreise (Hochadel, Bürgertum, christl. Gewerkschaften) auf der gemeinsamen Grundlage der kath. Weltanschauung zus. Hinzu trat im letzten Drittel des Jh. die pol. Vertretung der Arbeiterschaft. August Bebel seit 1867 der einzige Sozialist im Norddt. Bundestag; 1877 errang Sozialistische Arbeiterpartei (1869 gegr.) 12 Reichstagsmandate. Seit 1891 *Sozialdemokratische Partei Dtlds*, SPD (→ Sozialismus, Übers.), 1912 mit 110 Mandaten stärkste Fraktion im Reichstag. 1917 Abspaltung d. *Unabhängigen Sozialdemokraten*.

Nach 1918. Neugruppierung der Parteien mit Ausnahme der *SPD* und des *Zentrums*, von dem sich die *Bayerische Volkspartei (BVP)*, betont föderalistisch, abspaltete. *Deutsche Volkspartei, DVP*, aus National-Liberalen, von Stresemann 1919 gegr. – *Deutsche Demokratische Partei (DDP)* aus den Freisinnigen u. der Fortschrittlichen Volkspartei hervorgegangen, erster Führer Friedrich Naumann: ging 1930 in der *Staatspartei* auf. – *Deutsch-Nationale Volkspartei (DNVP)*, konservativ, zunehmend nationalistisch, mit starken Beziehungen zu Landwirtschaft und Industrie (Führer Alfred Hugenberg). – Gründung und Anfänge der *Kommunistischen Partei Deutschlands (KPD)* und der *Nationalsozialistischen Deutschen Arbeiterpartei (NSDAP)*. – Durch das Verhältniswahlrecht (→ Wahlsysteme), *Listensystem*, der Weimarer Verfassung, zunehmende Zersplitterung der bürgerl. Mitte (nach 1930 bis 35 Parteivorschläge b. d. Reichstagswahlen). Anwachsen d. radikalen Parteien: KPD und NSDAP. **Nach 1933** Verbot d. KPD u. Auflösung d. Parteien; NSDAP einzige Partei.

Parteien nach 1945. Lizenzierungszwang für Parteien seitens der Besatzungsmächte; in d. Sowjetzone Parteilizenzierung auf Zonenbasis, in d. W.-Zonen zunächst regional, dann auf Länderbasis; Zusammenschluß d. regionalen Parteien auf Bundesbasis erst s. 1948; Aufhebung d. Lizenzierungszwanges in d. US-Zone 1949, in der brit. u. frz. Zone 1950. In der Sowjetzone bzw. DDR *Sozialistische Einheitspartei Deutschlands*, **SED**, marxist. Arbeiterpartei, durch Verschmelzung d. **KPD** (seit 1945; 1956 in BR verboten; 1968: **DKP** neu gegr.) m. Teilen d. SPD 22. 4. 1946 entstanden, Staatspartei der DDR (bis 1990; Dez. 1989 Umbenennung in **SED-PDS**, s. Febr. 1990 **PDS**, *Partei d. Demokratischen Sozialismus*), 114 940 Mitgl. (1995); bis 1989 von ihr abhängig die 1948 gegründeten **NDPD**, *National-Demokratische Partei*, u. **DBD**, *Bauerndemokratische Partei Dtlds*, dazu d. 1945 gegr. **LDPD**, *Liberal-Demokratische Partei Dtlds* (1945 gegr., s. 1990 **LDP**, Vereinigung m. FDP u. DFP zu *Bund Freier Demokraten*, Zus.schluß m. West-FDP); **FDP,** *Freie Demokratische Partei* (1990 gegr., Vereinigung m. LDP u. DFP zu *Bund Freier Demokraten*, Zus.schluß m. West-FDP), **DFP,** *Deutsche Forumpartei* (1990 gegr., Vereinigung m. LDP und FDP zu *Bund Freier Demokraten*, Zus.schluß m. West-FDP) u. **CDU,** (1945 gegr., 1990 Zus.schluß m. West-CDU), **DSU,** *Deutsche Soziale Union* (1990 gegr., Schwesterpartei der bayr. CSU), **SDP,** *Sozialdemokratische Partei* (1989 gegr., 1990 Umbenennung in **SPD**, Zus.schluß m. West-SPD), **NF,** *Neues Forum* (1989 gegr., Vereinigung m. Demokratie Jetzt u. Initiative Frieden u. Menschenrechte zu **Bündnis 90**, Wahlbündnis m. Ost-Grünen), **Grüne Partei** (1990 gegr., Bündnis m. **UFV,** *Unabhängiger Frauenverband*, Zus.schluß m. West-Grünen).

Auf d. Boden d. späteren BRD entstanden: **SPD,** *Sozialdemokratische Partei Dtlds*, 1945 in allen Zonen neu gegr., 804 561 Mitgl. (1996). – *Christlich-Demokratische Union*, **CDU:** 20. 10. 1950 Zusammenschluß aller Landesverbände i. d. BR, 653 884 Mitgl. (1996); Arbeitsgemeinschaft mit der organisator. selbständigen *Christlich-Sozialen Union*, **CSU,** in Bayern, gegr. 8. 1. 1946, 176 647 Mitgl. (1996); im Bundestag CDU/CSU-Fraktion. Beide „Volksparteien der Mitte". – *Freie Demokratische Partei*, **FDP:** In den 3 Westzonen Zusammenschluß d. Landesverbände (in den einzelnen Ländern mit unterschiedl. Namen) am 12. 12. 1948 zur FDP, 77 462 Mitgl. (1996). – **Die Grünen,** als Bundespartei am 1. 1. 1980 gegr., entstanden aus regionalen Wählervereinigungen („grüne", d. h. ökologisch orientierte, u. „bunte", basis-demokr. Listen). Auf dem Vereinigungsparteitag in Leipzig (14.–16. 5. 93) schlossen sich die Grünen u. das aus der ostdt. Bürgerbewegung hervorgegangene Bündnis 90 zu einer neuen Partei **Bündnis 90/Die Grünen** zusammen; 46 410 Mitgl. (1996). – Eine pol. Rolle spielen in d. BR nur die o. g. Parteien; weder die rechtsextremen wie NPD noch die linksextremen wie DKP sind im Bundestag vertreten; doch konnten die *Republikaner* (**REP**), gegr. 1983, ca. 16 000 Mitgl. (1995), in einigen Bundesländern Einzug in den Landtag halten. Auch die übrigen Gruppierungen führen nur ein pol. Schattendasein od. sind bereits eingegangen: *Wirtschaftl. Aufbauvereinigung*, **WAV,** in Bayern, 1945–51; mittelständisch. – *Bayern-Partei*, **BP,** in Bayern gegr. 1947; bürgerl.-liberal-föderalistisch. – *Deutsche Zentrumspartei (Zentrum)*, **ZP,** 1945 in d. brit. Zone gegr. – *Deutsche Partei*, **DP,** seit 1947, als *Niedersächs. Landespartei (NLP)*, 1946 gegr., konservativ; 1957 m. FVP vereinigt; GDP. – *Dt. Reichspartei*, **DRP,** vorwiegend in Niedersachsen; rechtsradikal; 1965 in d. → NPD aufgegangen. – *Südschleswigscher Wählerverbund*, **SSW,** im nördl. Schleswig-Holstein. – *Bund der Heimatvertriebenen u. Entrechteten*, **BHE,** seit 1950, s. Sept. 1952 *Gesamtdeutscher Block (GB/BHE)*; GDP. – *Gesamtdt. Volkspartei*, **GVP,** 1952–57, m. *Bund d. Deutschen*, **BdD,** gegr. 1953, gg. Einbeziehung d. BR in westl. Verteidigungssystem. – *Föderalist. Union*, **FU,** Zusammenschluß d. Zentrumspartei m. der Bayernpartei für d. Bundestagswahlen 1957. – *Dt. Friedensunion*, **DFU,** gegr. 1960; f. neutralist. Dtld. – *Gesamtdt. Partei*, **GDP,** 1961 aus DP u. BHE gebildet. – *Nationaldemokratische Partei Dtlds*, **NPD,** 1964 gegr., rechtsgerichtet, von ihr abgesplittert 1967 d. *Nationale Volkspartei*, **NVP.** – *Deutsche Kommunistische Partei*, **DKP,** 1968 neu gegr. nach Verbot der KPD von 1956, ca. 6000 Mitgl. (1994) – *Deutsche Union*, **DU;** *Deutsche Volkspartei*, **DV;** *Europa-Partei*, **EP** (s. 1969 *Europ. Föderalistische Partei*, **FP**); *Grüne Liste Umweltschutz*, **GLU;** *Ökologisch-Demokratische Partei*, **ÖDP;** *Liberale Demokraten*, **LD.** Weitere Parteien u. politische Vereinigungen, d. ihre Parteiunterlagen b. Bundeswahlleiter hinterlegt haben: *Aktuelle Demokratische Partei*, **ADP;** *Autofahrer- u. Bürgerinteressen Partei*, **APD;** *Bund f. Gesamtdeutschland*, **BGD;** *Bund Westdeutscher Kommunisten*, **BWK;** *Christliche Liga*, **Liga;** *Christliche Mitte*, **CM;** *Christlich Soziale Rechte – Partei Deutscher Demokraten*, **CSR-PDD;** *David gegen Goliath/Umweltliste unabhängiger Bürgerinnen und Bürger*, **DaGG;** *Demokratie 2000*, **D-2000;** *Demokratische Republikaner Deutschlands*, **DRD;** *Deutsche Demokratische Vereinigung*, **DDV-Politik 2000;** *Deutsche Familien-Partei e. V.*, **Familie;** *Deutsche Heimat Partei*, **DHP;** *Deutsche Jugendpartei*, **DJP;** *Deutsche Liga für Volk u. Heimat*, **Deutsche Liga;** *Deutsche Soziale Union*, **DSU;** *Deutsche Volksunion*, **DVU;** *Deutsche Zentrumspartei*, **Zentrum;** *Die Blauen „Freiheit die wir meinen";* **Die Bürger;** *Demokraten;* **Graue Panther, Graue;** *Mündige Bürger;* **Die Naturgesetzpartei, Naturgesetz;** *DMark-Partei*, **DM-Partei;** *Freie Wähler;* *Freiheitliche Deutsche Arbeiterpartei*, **FAP;** *Freiheitliche Volkspartei*, **FVP;** *Freiheitlich-Sozialistische Deutsche Volkspartei*, **FSDVP;** *Freisoziale Union*, **FSU;** *Hamburger Liste für Ausländerstopp*, **HLA;** *Statt-*

Partei, Liberale Demokraten, **LD;** *Linke Liste/Partei des Demokratischen Sozialismus,* **PDS;** *Mensch Umwelt Tierschutz,* **MUT;** *Nationale Alternative,* **NA;** *Nationale Liste,* **NL;** *Nationale Offensive,* **NO;** *Nationalistische Front,* **NF;** *Neues Bewußtsein,* **Bewußtsein;** *Neues Forum,* **Forum;** *Ökologisch-Demokratische Partei,* **ÖDP;** *Ökologische Linke,* **ÖkoLi;** *Partei Bibeltreuer Christen,* **PBC;** *Senatspartei Deutschland e. V.,* **Senatspartei;** *Unabhängige Arbeiter-Partei (Deutsche Sozialisten),* **UAP;** *Unabhängige Wählergemeinschaften Niedersachsen,* **UWN;** *Unabhängige Wählergemeinschaft Schleswig-Holstein,* **UWSH;** *Vereinigte Sozialistische Partei,* **VSP.** Jugendgruppen der im Bundestag vertretenen Parteien: Arbeitsgemeinschaft der Jungsozialistinnen u. Jungsozialisten in der SPD, 116 137 Mitgl. (1996); Junge Union Deutschlands, 150 578 Mitgl. (1996), davon Junge Union Bayern, 36 705 Mitgl. (1996); Junge Liberale, 7213 Mitgl. (1996). **Parteien in Österreich:** Östr. Volkspartei, **ÖVP,** 1945 gegr., bürgerlich. – *Sozialdemokratische Partei Östr.,* **SPÖ,** 1945 neu gegr. (früher Sozialistische Partei); 1966 Abspaltung der *Demokratischen Fortschrittlichen Partei,* **DFP.** – *Die Freiheitlichen,* **F** (bis 1995: *Freiheitliche Partei Östr.,* **FPÖ,** 1956 gegr.), nationalliberal; 1994 Abspaltung des *Liberalen Forums,* **LF.** – *Kommunistische Partei Östr.,* **KPÖ,** 1945 neu gegr.; *Österreich-Partei;* „Ausländer-Halt-Bewegung", **AUS;** *Alternative Liste Östr.,* **ALÖ;** *Vereinte Grüne Östr.,* **VGÖ.** **Parteien in d. Schweiz:** *Freisinnig-Demokratische Partei,* **FDP,** 1847 gegr., liberal. – *Christlich-Demokratische Volkspartei,* **CVP** (bis 1970 *Konservativ-christlich soziale Volkspartei,* 1847 gegr.). – *Sozialdemokratische Partei,* **SPS,** 1888 gegr. – *Schweizerische Volkspartei,* **SVP** (s. 1971 Bez. f. d. frühere *Bauern-, Gewerbe- u. Bürgerpartei,* 1919 abgespalten v. d. FdP). – *Liberale Partei,* **LP** (1961–77 *Liberal-Demokratische Union,* vorher *Liberal-Demokratische Partei,* 1911 gegr.); *Landesring der Unabhängigen,* 1935 gegr.; *Evangelische Volkspartei,* **EVP,** 1919 gegr.; *Schweizer Demokraten,* 1961 gegr. als *Nationale Aktion für Volk und Heimat; Grüne Partei der Schweiz,* **GPS.**

Kriegsrechts, wenn sie als organisierte Gruppen unter verantwortl. Führer, mit kenntl. Abzeichen, offen geführten Waffen u. unter Achtung d. Kriegsbräuche auftreten.
Partisane, w., Spieß mit Doppelschneide u. zwei Zacken (16./17. Jh.).
Partita → Suite.
Partitur, w. [it.], übersichtl. Zusammenstellung aller taktweise übereinandergeschriebenen Stimmen eines Musikstücks.
partizipieren [l.], teilhaben, teilnehmen.
Partizip|ium, s. [l.], Mittelwort; Wort, das halb Zeitwort, halb Eigenschaftswort ist (*P. Präsens,* Mittelwort der Gegenwart: *brennend; P. Perfekt,* Mittelwort der Vergangenheit: *gebrannt*).
Partnach, r. Nbfl. d. Loisach, Oberbayern, entspringt a. d. Zugspitze, bildet *P.klamm,* mündet bei Garmisch-Partenkirchen.
Partner, m., Teilhaber, Gegenspieler, Gefährte.
partout [frz. -'tu: „überall"], dt. im Sinne von „durchaus" gebraucht.
Partus, m. [l.], svw. Geburt.
Partwork [engl. 'pɑːtwɑːk], in Lieferungen oder Einzelbänden erscheinendes Buch od. Buchreihe.
Party [engl.], gesell. Zusammensein.
Parusie, w. [gr.], Ankunft; Wiederkunft Christi am Jüngsten Tag.
Parvenu [frz. -ə'ny], Emporkömmling.
Parzelle, w. [frz.], Teil eines Baulandes od. eines Abbaugebietes für Schürfungen (z. B. Goldgräber-P.); auch kleines landw. Grundstück.

Passau, Altstadt mit Dom

Louis Pasteur

Parzen [gr. „Moiren"], die (antiken) Schicksalsgöttinnen; *Klotho* spinnt, *Lachesis* reicht den Lebensfaden zu, *Atropos* schneidet ihn ab.
Parzival, *Parsival,* kelt. Sagenheld, nach pers. Motiven, im altfrz. Epos des Chrestien de Troyes m. d. *Gralssage* verknüpft, d. Wolfram v. Eschenbach Sinnbild des ritterl. Jünglings, dessen Reinheit sich i. d. Welt bewähren muß; Bühnenweihfestspiel v. R. Wagner: *Parsifal.*
Pas, m. [frz. pɑ], Schritt, Tanzschritt.
PAS, Abk. f. *P*ara-*A*mino-*S*alicylsäure, ein → Tuberkulostatikum.
Pasadena [pæsə'diːnə], St. im südl. Kalifornien (USA), 132 000 E; Uni.; Technolog. Inst.; n. v. P. d. Mt. Wilson mit Observatorium.
Pascal, Blaise (19. 6. 1623–19. 8. 62), frz. Phil., Math., Begr. der Wahrscheinlichkeitsrechnung; betonte den Vorrang des Glaubens vor d. Wissen, Jansenist (→ Jansen); *Lettres provinciales; Gedanken über die Religion.*
Pascal, Abk. **Pa,** Maßeinheit f. → Druck, 1 Pa = 1 N/m², 100 Pa = 1 hPa (→ Hektopascal) = 1 mbar.
Pasch, m., Wurf im Würfelspiel, bei dem mehrere Würfel gleiche Augenzahl zeigen.
Pascha, m., Titel hoher türk. u. ägypt. (Militär-)Beamter; hinter dem Namen, z. B. Kemal-Pascha.
Paschalis, 3 *Päpste:*
1) P. I., 817–24.
2) P. II., 1099–1118, setzte nach erfolglosem Reformversuch den Investiturstreit gegen Heinrich IV. u. V. fort.
3) P. III., 1164–68, Gegenpapst Alexanders III., sprach Karl d. Gr. 1166 heilig.
paschen, schmuggeln.
pascholl? [russ.], marsch! vorwärts!
Pascoli, Giovanni (31. 12. 1855–6. 4. 1912), it. Lyriker; *Myricae.*
Pas de Calais [pɑdkɑ'lɛ],
1) engste Stelle des → Ärmelkanals, 32 km breit.
2) frz. Dép. an der Kanalküste, fruchtbares Tiefland, 6672 km², 1,42 Mill. E. Hptst. *Arras.*
Pas de deux [pɑdə'dø], im Ballett Paartanz.
Pasewalk (D-17309), St. in M-V, 15 189 E; Mühlen- u. Holzind.
Pasigraphie, w. [gr.], *Ideographie,* Zeichenschrift, die Begriffe durch Symbole ausdrückt.
Paso, El ['pæsoʊ], St. im US-Staat Texas, am Rio Grande del Norte, nahe der mexikan. Grenze, 515 000 E; Textilind., Hüttenwerke, Ölraffinerien.
Pasodoble, m. [span. „Doppelschritt"], urspr. ein Marsch; lebhafter Tanz im 2/4- od. 3/4-Takt.
Pasolini, Pier Paolo (5. 3. 1922–1. 11. 1975), it. Regisseur u. Schriftst.; sozialkrit. Filme, christl. u. marxistisch beeinflußt; *Accatone* (1961); *Mama Roma* (1962); *Il vangelo secondo Matteo* (1964); *Teorema* (1968); *Medea* (1970).
Paspel, m. [frz. „passepoil"], schmaler andersfarbiger Nahtbesatz an Uniformen und Kleidern.
Pasquill, s. [it.], (anonyme) Schmäh-, Spottschrift.
Paß,
1) Personenausweis, insbes. f. Überschreitung v. Staatsgrenzen (in BR Ges. v. 4. 3. 1952). → Nansenpaß.
2) in d. got. Baukunst Kreisbogen d. Maßwerks; *Dreip., Vierp., Vielp.* nach d. Zahl d. in ihrem Durchmesser gleichen Kreisbögen.
3) *Reitsport:* Gangart d. Pferdes, bei der die seitengleichen Beine gleichzeitig dieselbe Bewegung ausführen.
4) niedrigster Übergang über e. wasserscheidenden Gebirgskamm; Durchgang durch eine Talschlucht: *Engpaß.*
5) Zuspiel bei Mannschaftssportarten.
passabel [frz.], leidlich.
Passacaglia [-'kalja], instrumentale Variationskette über einem → Ostinatobaß, in getragenem 3/4-Takt; vgl. → Chaconne.
Passage, w. [frz. -'saːʒə],
1) *astronom.* Durchgang e. Gestirns durch d. Meridian, beobachtet mit **P.ninstrument** od. Meridiankreis.
2) Über(see)fahrt.
3) *mus.* schnelle Tonfolge.
4) Durchfahrt; überdachter Durchgang (meist durch Gebäude).
Passah, s. [hebr. „pesach"], jüd. 7tägiges Fest zur Erinnerung an den Auszug aus Ägypten.
Passameter, Instrument f. präzise Außenmessungen.
Passarge, poln. *Pasłęka,* Fluß im ehem. Ostpreußen, 171 km lang; ins Frische Haff.
Passarowitz, *Požarevac,* serb. St. südöstl. Belgrad, 33 000 E; 1718 Friede zw. Östr. u. Türkei: Banat, N-Serbien, Kl. Walachei an Östr.
Passate, ständig wehende trockene Winde (Schönwettergebiet) auf den Meeren der heißen Zone: zw. 10° und 30° nördl. Br. aus NO, zw. 0° u. 25° südl. Br. aus SO; zw. ihnen der windstille, regenreiche sog. *Kalmengürtel* (innertrop. Konvergenzzone).
Passau (D-94032-36), krfreie St. an Donau, Inn u. Ilz, Bay., 51 000 E; spätgot. Rathaus, Dom (15.–17. Jh.); größte Kirchenorgel der Welt), Veste Oberhaus; Nibelungenhalle; kath. Bistum, kath. Philos.-Theol. HS, IHK, HWK, LG, AG, Arbeits-Ger.; Uni.; Brauereien; Donaukraftwerke *Kachlet* u. *Jochenstein.*
passé [frz.], vergangen, vorbei.
Passeiertal, Alpental b. Meran.
Passepartout, m. [frz. paspar'tu],
1) auswechselbarer Schutzrahmen um ein Bild oder ein Lichtbild.
2) Dauereinlaßkarte.
3) Hauptschlüssel.
Passer, *Drucktechnik:* d. Zus.stimmen beim Übereinanderdruck von Farbplatten.
Paßgang, Schaukelgang von Vierfüßern, d. beide Füße einer Seite gleichzeitig heben u. senken, z. B. Kamele; i. MA Damenpferden (→ Zeltern) andressiert.
Passiergewicht, Gewicht, das Münzen auch nach Abnutzung noch haben müssen, um gesetzl. Zahlungsmittel zu sein.
Passion [l. „passio = Leiden"],
1) das Leiden Christi, aufgezeichnet in der *Passionsgeschichte* der Evangelien. *P.sandachten* u. *P.sgottesdienst* in der *P.szeit* (Fastenzeit) von Aschermittwoch bis Karsamstag. Die P. vielfach gestaltet in der bildenden Kunst u. Musik (*Matthäus-* u. *Johannes-P.* v. Bach), als geistl. Dramen: **Passionsspiel,** v. MA (→ Mysterienspiele) bis heute in regelmäßig wiederholten Aufführungen an

passionato 721 **Pasticcio**

versch. Orten erhalten: Oberammergau, Erl (Tirol).
2) svw. Hang, Leidenschaft, Liebhaberei.
passionato, *s.* [it.], *appassionato*, *mus.* leidenschaftlich.
passioniert, leidenschaftlich auf etwas erpicht.
Passionsblume, Rankenpflanze des wärmeren Amerika; bei uns Zierpflanze; im Bau d. Blüte wurden Abbilder d. Marterwerkzeuge Christi gesehen; bis melonengroße Beeren b. einigen Arten eßbar (*Grenadillen*).
passiv [l. „leidend"], untätig.
Passiva [l.], Eigen-, Fremdkapital, passive Rechnungsabgrenzung e. Unternehmens; auf der *rechten* Seite der → Bilanz (Übers.) aufgezeichnet.
passive Handelsbilanz → Handelsbilanz.
passive Rechnungsabgrenzung → Rechnungsabgrenzung.
passiver Widerstand, *passive Resistenz*, duldender Widerstand gegen übermächtigen Gegner, durch systemat. Verweigerung der Mitarbeit, Boykott, auch Sabotage; in Dtld 1923 im Ruhrgebiet gg. die Franzosen versucht, im ind. Freiheitskampf → Non-cooperation (Gandhi); heute → *Go-in, Sit-in, Menschenkette, Blockade* u. ä.
Passivgeschäfte, Bankengeschäfte, bei denen Banken selbst Kredit *aufnehmen* (Depositengeschäfte, Pfandbriefausgabe, Banknotenausgabe bei Notenbanken); Ggs.: *Aktivgeschäfte*.
Passiv|um, *s.* [l.], Leideform d. Zeitworts, m. Hilfszeitwort *werden* gebildet (z. B. *er wird geschlagen*).
Passung, genormte Maßordnung f. d. Ineinanderpassen v. Werkteilen (z. B. Welle u. Lager); 4 Grade: *Edel-P.* f. Feinmechanik, *Fein-P.* f. Masch.- u. Motorenbau, *Schlicht-P.* f. Kraftwagen-, Kesselbau usw., *Grob-P.* f. Landmasch.-, Waggonbau u. a.
Passus, *m.* [l. „Schritt"], Stelle in einem Text.
Pasta, Paste, *w.* [it.],
1) künstl. Glasstein.
2) Abdruck v. geschnittenen Steinen in erstarrender Teigmasse.
3) teigige, zähe Masse (häufige Form v. Salben od. Genußmitteln, z. B. *Zink-P.*, *Fleisch-P.*).
Pastell, *s.* [it.], Trockenmalerei mit farbigen Kreiden, s. 16. Jahrhundert; Blüte im 18. Jahrhundert: Carriera, Qu. de la Tour, Liotard, Mengs; im 19. Jahrhundert Degas u. Renoir.
Pasternak, Boris (10. 2. 1890–30. 5. 1960), sowj. Dichter; Lyrik; Verserzählungen u. Übertragungen; Nobelpr. 1958 f. Roman *Dr. Schiwago* abgelehnt.
Pasterze, bedeutendster Gletscher d. Hohen Tauern (Glocknergruppe), 19 km², 8 km lang.
Pasteur [-'tœːr], Louis (27. 12. 1822 bis 28. 9. 95), frz. Chem. u. Bakteriologe; Schutzimpfung gg. Milzbrand 1881 u. Tollwut 1885.
pasteurisieren, Haltbarmachung bes. flüssiger Lebensmittel (→ Milchkonservierung) durch Abtöten d. Bakterien u. Schädigung d. Bakt.sporen bei Erhitzung auf 58–90 °C.
Pasticcio [it. -'titʃo „Pastete"], aus Einzelteilen zus.gesetztes Gemälde, Musikstück, Filmwerk.

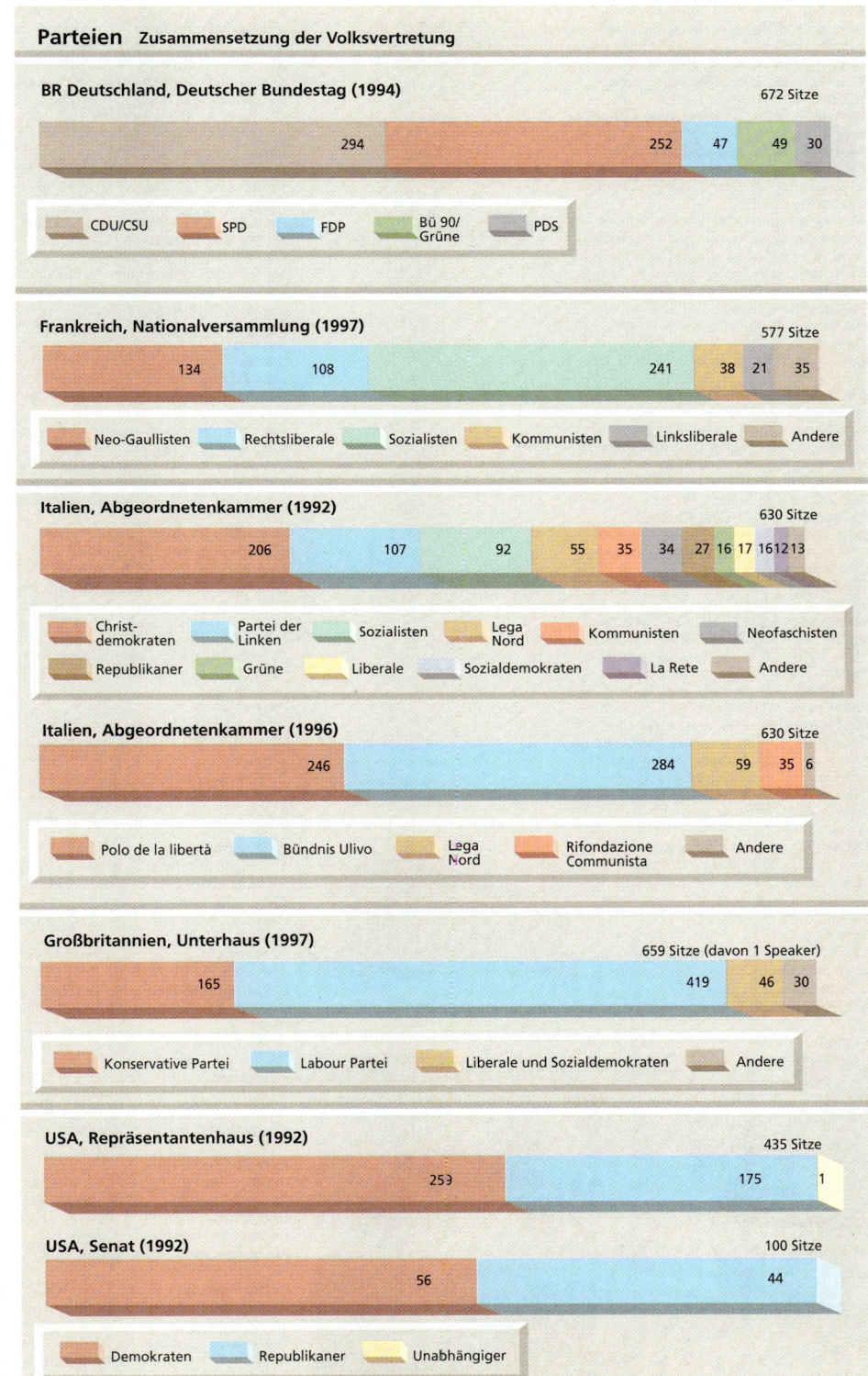

Pastille, w. [frz.], Tablette mit Zucker oder anderen Bindemitteln als Träger des Arzneistoffes.
Pastinake, *Pasternak,* gelb blühender Doldenblütler; junge Wurzeln Suppengemüse, Viehfutter.
Pastor [l. „Hirt"], Pfarrer, (ev.) Geistlicher.
Pastoralbriefe, i. christl. NT d. sog. *Paulusbriefe* a. Timotheus u. Titus; heute: a. d. Leiter von Gemeinden gerichtet.
Pastorale, s. [it.].
1) *mus.* Szenen m. bukolischem Kolorit (Pastoraloper), instrumentale Einzelsätze od. Werke (6. Sinfonie Beethovens).
2) Hirtenpoesie, Schäferspiel.
Pastoralring, Bischofs- u. Abtring.
Pastoraltheologie, Teil der praktischen kath. Theologie, bes. Wiss. v. d. Seelsorge.
Pastorat, Amt u. Amtswohnung e. Geistlichen.
pastos [it.], dicker Farbauftrag bei Ölmalerei.
Pästum, gr. *Poseidonia,* v. Griechen um 600 v. Chr. gegr. Kolonie an d. W-Küste Unteritaliens südlich Neapel, im 9. Jh. v. Sarazenen zerstört; drei gutterhaltene dorische Tempel.
Patagonien, südl. Landschaft S-Amerikas. Steppenhochland mit kühlem und trockenem Klima; O-P. argentinisch, W-P. chilenisch.
Patagonier, Indianer S-Amerikas, Nomaden und Jäger.
Patchwork [engl. ˈpætʃwəːk], aus bunten Resten zus.genähte Decke, Stoffbahn.
Pate, *Gevatter,* Zeuge u. Bürge b. Taufe u. Firmung.
Patella, w. [l.], Kniescheibe.
Patellarreflex, *m., Patellarsehnenreflex = PSR,* Kniesehnenreflex: Muskelzuckung mit ruckartiger Streckbewegung d. gebeugten Unterschenkels b. Beklopfen d. Kniesehne unterhalb d. Kniescheibe; fehlt bei manchen Nervenkrankheiten.
Patene, w. [l.], Metallteller für Hostie, Abendmahloblate (-brot).
Patenschaft, Patenamt bei Täuflingen; auch übertragen (z. B. P. einer Stadt für ein Schiff).
Patent, s. [l.],
1) die v. Staate verliehene Befugnis, d. Gegenstand e. Erfindung allein gewerbsmäß. herzustellen, in Verkehr z. bringen, feilzuhalten od. zu gebrauchen; wird er-

Pästum, *Poseidontempel*

Patmos, *Blick auf das Kloster Hagios Joannis*

teilt f. neue Erfindungen, die e. gewerbl. Verwertung gestatten; ausgeschlossen sind gesetz- od. sittenwidrige Erfindungen sowie Erfindungen v. Nahrungs-, Genuß- u. Arzneimitteln u. Stoffen, die auf chem. Wege hergestellt werden.
2) früher Anstellungsurkunde d. Beamten u. Offiziers (bes. auf Schiffen); *Kapitänsp.*
Patentamt, staatl. Behörde, zuständig f. Prüfung, Erteilung, Nichtigkeitserklärung u. Zurücknahme v. Patenten, zwangsweise Erteilung von Lizenzen, für das Gebrauchsmuster- u. Warenzeichenwesen; auch Erstattung von Gutachten. *Reichspatentamt* bis 1945 in Berlin; *Bundespatentamt* in München, Zweigstelle in Berlin. Seit 1949 wieder Möglichk. der Anmeldung v. Patenten, zunächst Erteilung ohne Prüfungsverfahren, s. 1952 wieder Neuheitsprüfung; Entscheidungen d. P.s können b. Bundespatentgericht (München) angefochten werden.
Patentanwalt, akad. Beruf zur Vertretung anderer Personen v. d. Patentamt; Voraussetzung: abgeschlossenes Studium, Nachweis techn. Befähigung, Ablegung einer Prüfung über die erforderl. Rechtskenntnisse.
Patentrecht, die d. gesamte Patentwesen betreffenden Bestimmungen des → *gewerblichen Rechtsschutzes;* in Dtld Patentges. vom 5. 5. 1936, in d. BR in d. Fassung v. 16. 12. 1980. Erste Regelung in England 1624, in USA 1790, Frkr. 1791, Preußen 1815, i. Dt. Reich 1877; versch. intern. Abkommen u. zwischenstaatl. Verträge; MPI f. Patentrecht in München.
Pater [paˈtɛːr]
1) Jean-Baptiste (29. 12. 1695–25. 7. 1736), frz. Maler d. Rokoko; Watteau-Schüler.
2) Walter (4. 8. 1839 bis 30. 7. 94), engl. Schriftst.; *Renaissance, Plato.*
Pater [l. „Vater"], Mz. *Patres,* kath. Ordensgeistlicher.
Paternität, w.,
1) Anrede des Ordensgenerals d. Jesuiten (u. a. Orden).
2) svw. → Vaterschaft.
Paternò, St. in der it. Prov. Catania auf Sizilien, 46 000 E.
Paternoster, s. [l.], *Vaterunser,* Gebet Jesu, nach jüd. Vorbild.
Paternosteraufzug, Personenaufzug mit ständig umlaufenden Fahrkörben (Kabinen).
Pater patriae [l. „Vater d. Vaterlandes"], altröm. Ehrentitel.
Paterson [ˈpætəsn], St. im US-Staat New Jersey, am Passaic, 138 000 E; Seiden- u. Eisenind.
pathetisch [gr.], leidenschaftlich; feierlich.
Pathet-Lao → Laos.
-pathie [gr.], in zus.gesetzten Wörtern: -krankheit, -leiden (z. B. *Hepatopathie,* Leberleiden).
pathogen, krankheitserregend.
Pathogenese, Entstehung einer Krankheit.
Pathologie [gr.], Lehre v. den Krankheiten, bes. ihren Ursachen.
pathologisch, krankhaft.
Pathos, s. [gr. „Leiden"], Leidenschaft, feierlich-schwungvolle Ausdrucksform.
Patience, w. [frz. paˈsĩːs], Kartengeduldspiel.

Patient [l.], Kranker.
Patina, w. [l.], *Edelrost,* Kupfercarbonat od. Kupfersulfat als grünliche Schicht auf Kupfer durch atmosphär. Einwirkung v. Kohlen- od. Schwefeloxid; auch künstl. hervorgebracht; fälschl. oft → *Grünspan* genannt.
Patini(e)r, Joachim (um 1475/80–vor 15. 10. 1524), ndl. Maler u. Zeichner d. Frührenaiss.; Wegbereiter der Landschaftsmalerei.
Patisserie [frz.], feines Gebäck; Feinbäckerei.
Patmos, griech. Insel (Sporaden), 34 km², 3000 E; Johanneskloster (1088 gegr.).
Patna, Hptst. d. ind. Staates Bihar, am Ganges, 916 000 E; Uni.; Teppichind.
Patois, s. [paˈtŏa], von der frz. Schriftsprache abweichende mundartliche Sprechweise.
Patras, *Patrā,* Hptst. des griech. Nomos Achaia u. Elis, Ind.st. u. Hafen am *Golf v. P.,* 154 000 E.
Patria, s. [l.], das Vaterland.
patriarchalisch,
1) altväterlich, altehrwürdig.
2) vaterrechtlich.
3) als Mann seine Autorität (bes. i. d. Familie) geltend machend.
Patriarchat, s. [gr.],
1) Patriarchenwürde.
2) Gesellschaftsform: Herrschaft d. Vaters, Sippen- u. Stammesältesten; auch svw. Männerherrschaft.
Patriarchen [gr.],
1) im *A. T.* die Stamm-(Erz-)Väter Israels: *Abraham, Isaak, Jakob.*
2) in der christl. Kirche die Bischöfe mit Vorrangstellung in Konstantinopel, Alexandria, Antiochia, Jerusalem; noch jetzt in d. morgenländ. Kirchen.
3) in der röm.-kath. *Kirche* Titel einiger Erzbischöfe.
Patrick [ˈpæ-] (um 389 bis 461), Apostel u. Nationalheiliger Irlands.
Patrimonialgerichtsbarkeit, bis 1877 niedere Gerichtsbarkeit, *Erbgericht* der Gutsherren auf Rittergütern.
Patrimonialstaat, svw. Erbmonarchie.
Patrimonium [l.],
1) väterl. Erbteil.
2) Rechtsgewalt des Vaters über die Kinder.
3) Erbgut des röm. Kaisers u. später der Kirche.
Patrimonium Petri, der → Kirchenstaat.
Patriot, Flugabwehrraketensystem gg. Luftangriffe aus mittl. bis sehr großen Höhen. Ein phasengesteuertes Multifunktionsradar ermöglicht den gleichzeitigen Einsatz von bis zu 8 Flugkörpern pro Batterie. Der nichtnukleare Lenkflugkörper fliegt mit mehrfacher Schallgeschwindigkeit u. erreicht Spitzengeschwindigkeiten von 1,6–2,2 km/Sek. Der Flugkörper hat einen Abfangradius von mehr als 80 km. Jede Rakete wiegt 0,9 t, hat eine Länge von 5,30 m u. einen Durchmesser von 39 cm. Eine Feuereinheit (mit Feuerleit- und Kommandofahrzeug sowie mit ausfahrbarer Radaranlage) besteht aus 6–8 Startgeräten mit jeweils 4 Raketen. Kosten für die Einheit rd. 100 Mill. Dollar. Wurde im 2. → Golfkrieg gg. irak. → Scud-B-Raketen eingesetzt.
patriotisch [l.], vaterlandsliebend.

Patriotismus, *m.,* Vaterlandsliebe, -gefühl; *Lokal-P.,* auf die engste Heimat beschränkter P.

Patristik, *Patrologie,* [gr.], Wissenschaft, die die Lehre der Kirchenväter behandelt.

patristische Philosophie, Phil. der → Kirchenväter.

Patrize, *w.* [l. „pater = Vater"], in Stahl geschnittene Type, die zur Vervielfältigung in Kupfer abgeformt wird (→ Matrize).

Patrizier, i. alten Rom die Mitgl. der i. Senat vertretenen Familien; im MA die pol. einflußreichen bürgerl., an d. Verwaltung der Städte beteiligten Geschlechter; heute Bezeichnung f. altangesehene Familien (z. B. in den Hansestädten).

Patroklos, Achills Freund in Homers *Ilias.*

Patron [l.], Schutzherr, Schutzheiliger; auch Inhaber eines **Patronats,** d. h. d. Rechte u. Pflichten des Schutzherrn einer Kirche (z. B. Besetzung d. Ämter, Unterhaltung).

Patrone, *w.* [l.-frz.], Hülse mit Pulverladung u. eingepaßtem Geschoß bei Hand- u. Schnellfeuerwaffen; bei *Platz-P.* Geschoß aus Holz od. Papiermasse, geringe Pulverladung.

Patronymikon, *s.* [gr.], nach d. Vaternamen gebildeter Eigenname (z. B. *Petersen, Gunnarsson*).

Patrouille, *w.* [frz. -'trulja], Spähtrupp, Streife.

Patrozinium, *s.* [l.], i. d. kath. Kirche Schirmherrschaft e. Heiligen über e. Kirche; auch Kirchenfest.

Patt,
1) pol. oder mil. Gleichgewicht der Kräfte (atomares P.).
2) beim *Schach:* Zugzwang f. den sich nicht angegriffenen König, ohne daß er auf ein unbedrohtes Feld rücken kann; Partie unentschieden.

Patte, *w.* [frz. „Pfote"], aufgesetzter schmaler Stoffteil.

Pattern Painting ['pætən 'peintiŋ], Richtung d. hauptsächlich amerikanischen Malerei um 1980; Betonung d. Dekorativen u. Ornamentalen bei kräft. Kolorit u. z. T. m. Stilmitteln d. Jugendstils, der ostasiatischen Kunst u. Volkskunst; Vertr. u. a. R. Kushner, N. Smyth, M. Shapiro, B. Davis.

Patterson ['pætərsn], Percival James (* 1935), s. 1992 Premierminister von Jamaika.

Patton [pætn], George Smith (11. 11. 1885–21. 12. 1945), US-General d. Panzertruppe; im 2. Weltkr. Landung m. 7. Armee auf Sizilien, 1944/45 Befehlsh. d. 3. Armee in Frkr. u. Südtld.

Pau [po], Hptst. des frz. Dép. *Pyrénées-Atlantiques,* 86 000 E; Schloß Heinrichs IV. (14. Jh.).

Paukboden, Fechtboden.

Pauke, *Kessel-Pauke,* Schlaginstrument; Kupferkessel, m. Tierhaut bespannt, durch Spannen in versch. Tonhöhen zu stimmen, an modernen Instrumenten mittels Pedals (Abb. → Orchester).

pauken, (student.) fechten; (Schülersprache) angestrengt lernen.

Paukenhöhle, Sitz des Mittelohrs, → Ohr.

Paukwichs, Schutzbandagen b. d. student. Mensur.

Paul,
a) *Päpste* (insges. 6):
1) P. III., *Alessandro Farnese* (1468 bis 10. 11. 1549), Renaissancepapst, 1534 bis 49, trieb Familienpolitik, Mäzen Michelangelos; 1545 Konzil v. Trient.
2) P. IV., *Gian Pietro Caraffa* (28. 6. 1476–18. 8. 1559), Papst 1555–59, Erlaß des ersten Index der verbotenen Bücher.
3) P. VI., *Giovanni Battista Montini* (26. 9. 1897–6. 8. 1978), s. 1954 Erzbischof v. Mailand, 1958 Kardinal, s. 1963 Papst; schloß 1965 das II. Vatikan. Konzil.; unternahm u. a. 1964 Pilgerfahrt n. Palästina u. z. Eucharist. Weltkongreß n. Bombay.
b) *Fürsten:*
4) P. I. (1. 10. 1754–24. 3. 1801, ermordet), Zar v. Rußld s. 1796.
5) P. I. (14. 12. 1901–6. 3. 64), Kg von Griechenld s. 1947.

Paul,
1) Bruno (19. 1. 1874–17. 8. 1968), dt. Zeichner, Maler, Designer d. Jugendstils, dann Architekt d. Intern. Stils.
2) Hermann (7. 8. 1846–29. 12. 1921), dt. Sprachforscher.
3) Wolfgang (10. 8.1913–7. 12. 93), dt. Experimentalphysiker, Untersuchung v. Elementarteilchen mit Ionenkäfigtechnik, Nobelpr. 1989 zus. m. F. Ramsay u. H. Dehmelt.

Pauli,
1) Johannes (um 1452 bis um 1533), elsäss. Franziskaner u. Schriftst.; volkstüml. Prediger; Schwänke: *Schimpf u. Ernst.*
2) Wolfgang (25. 4. 1900–15. 12. 58), schweiz.-am. Atomphys. östr. Herkunft; Nobelpr. 1945 f. d. quantenphys. *P.-Prinzip,* das d. Elektronenschalenbau der Atome u. das → Periodensystem erklärt.

Paulick, Richard (7. 11. 1903–4. 3. 79), dt. Architekt u. Stadtplaner; 1. Generalbebauungsplan f. Shanghai, dann wesentl. beteiligt am Wiederaufbau versch. Städte d. ehemal. DDR nach d. 2. Weltkr.

Pauling, Linus Carl (28. 2. 1901 bis 19.8.94), am. Chem.; Mitbegr. d. Quantenchemie; Arbeiten über chem. Bindung, Kristallchemie, Vitamin C, Struktur d. Proteine; 2 Nobelpreise: 1954 f. Chem., 1962 f. Frieden, Kampagne gegen Kernwaffentests; Leninpr. 1970.

Paulinzella (D-07422), Gem. i. Kr. Rudolstadt, Thür., 250 E; Benediktinerabtei in frühroman. Basilika (12. Jh., s. 1525 Ruine).

Paulizianer, n. d. Apostel Paulus benannte, ostkirchl. Bewegung (Mitte 7. bis 12. Jh.) m. ausgeprägt dualist. Auffassungen v. Gut u. Böse.

Paulsen, Friedrich (16. 7. 1846–14. 8. 1908), dt. Pädagoge u. Phil.; *System d. Ethik; Einleitung in die Philosophie.*

Paulskirche, in Frankfurt a. M. (1786 bis 1833), Tagungsstätte der 1. dt. Nationalversammlung 1848/49.

Paulus, Heidenapostel, aus Tarsus, Kleinasien, zuerst jüd. Schriftgelehrter und Christenverfolger *(Saulus),* dann (um 32) vor Damaskus durch Christusvision bekehrt u. z. Apostel berufen; 3 Missionsreisen nach Kleinasien u. Griechenland; auf d. Apostelkonvent Vertr. d. Heidenchristen gg. die Judenchristen; in Rom um 67 enthauptet.

Paulus, Friedrich (23. 9. 1890–1. 2. 1957), dt. Feldm.; kapitulierte bei Stalingrad als Oberbefehlshaber d. dt. 6. Armee.

Paulusbriefe, im N.T., nach kirchl. Tradition 14 Briefe d. Apostels P. an d. *Römer, Korinther* (2), *Galater, Philipper, Thessalonicher* (2), *Epheser, Kolosser,* an *Titus, Timotheus* (2), *Philemon* u. an d. *Hebräer;* Echtheit ab *Thess.* 2 sehr umstritten bzw. nicht echt.

Paulus Diaconus, (um 720–799?), langobard. Gelehrter am Hof Karls d. Gr., Geschichtsschreiber: *Historia Langobardorum.*

Paumann, Conrad (23. 10. 1409 bis 24. 1. 73), dt. Organist in Nürnberg u. München.

Paumgartner, Bernhard (14. 11. 1887–27. 7. 1971), östr. Dirigent u. Komp.; 1960–71 künstler. Leiter d. Salzburger Festspiele.

Pauperismus, *m.* [l.], (allgemeine) Verarmung.

Pausanias,
1) spartan. Feldherr in den → Perserkriegen (479 v. Chr. Sieg bei Plataiä), Tyrann in Byzanz, um 467 v. Chr. verurteilt und getötet.
2) griech. Reiseschrifst. d. 2. Jh. n. Chr.; *Beschreibung Griechenlands.*

Pauschale, *s., Pauschalsumme,* einmal. Gesamtvergütung anstelle v. Einzelvergütungen.

Pause, *w.,* Durchzeichnung, Vervielfältigung; Durch*pausen,* Durchzeichnen einer Vorlage für durchsichtiges *Pausleinen* od. *-papier;* auch auf photochem. Wege (Licht-*P.*).

Flugabwehrraketensystem *Patriot*

Papst Paul VI.

Mantel-Pavian

Paulskirche, *Frankfurt a. M.*

Bekehrung des Paulus, *Gemälde von Caravaggio*

Pavane, w., it. gravität. „Pfauentanz" im $^4/_4$-Takt.
Pavarotti, Luciano (* 12. 10. 1935), it. Opernsänger; Verdi-Tenor.
Pavia, Hptst. der oberit. Prov. *P.,* am Tessin, 81 000 E; Kathedrale, Bischofssitz, Uni., Technikum; Masch.-bau. – Ehem. Hptst. des Langobardenreichs (6.–8. Jh.); 1525 Niederlage u. Gefangenschaft v. Franz I. von Frkr. durch Karl V. – Nördl. davon *Certosa di P.,* Kartäuserkloster, 1396 gegr.
Paviane, bodenbewohnende Affen Afrikas, m. hundeähnlichem Kopf, Gesäßschwielen; leben in Herden; *Anubis-, Bären-, Mantel-P.;* verwandt: *Dschelada* Äthiopiens.
Pavillon, *m.* [frz. -vi'(l)jõ], Gartenhäuschen; Rundbau für Musikkapelle; Einzelbau als Teil e. Gebäudegruppe (z. B. Schul- od. Ausstellungskomplex).
Pawlow, Iwan Petrowitsch (14. 9. 1849–27. 12. 1936), russ. Physiologe; Entdecker d. bedingten → Reflexe; Nobelpr. 1904.
Pawlowa, Anna (31. 1. 1882–23. 1. 1931), russ. Ballettänzerin.
Pax, *w.* [l.], Friede.
Pax Christi, intern. kath. Friedensbewegung, 1944 gegr. f. Völkerverständigung.
Pax Romana, intern. kath. Organisation; Zus.schluß 1921 v. Studentenvereinigungen u. seit 1947 auch von Akademikerverbänden der Welt.
Paxton, ['pækstən], Sir Joseph (3. 8. 1801–8. 6. 65), engl. Architekt, Konstrukteur u. Gartengestalter; *Glaspalast* (f. d. 1. Weltausstellung, London 1851) m. erstmals seriell vorfabrizierten u. am Bauplatz montierten Standardelementen.
Pax vobiscum [l. „Friede sei mit euch"], das jüd. Schalomaleichem u. arab. Salam aleicum; Gruß Christi an seine Jünger (Joh. 20, 19); später allg. christl. Gruß, in der röm.-kath. Messe nur vom Bischof gebraucht.
Payer, Julius v. (1. 9. 1842–29. 8. 1915), östr. Polarforscher u. Maler; entdeckte mit Carl *Weyprecht* 1873 d. Franz-Joseph-Land (→ Lomonossowland).
Pay-TV [engl. pei ti'vi:], Fernsehprogramm privater Anbieter, das m. einem Decoder gegen Gebühr empfangen werden kann.
Paz [paθ], Octavio (* 31. 3. 1914), mexikan. Lyriker; Gedichte, Essays, Erzählungen; *D. Labyrinth d. Einsamkeit;* 1984 Friedenspr. d. Dt. Buchhandels; Nobelpr. 1990.
Paz, La [-paθ], Reg.sitz Boliviens, am Flusse *L. P.,* 3800 m hoch, 1,93 Mill. E; Uni.
Pazifik, *Pazifischer, Stiller, Großer Ozean* (äquatorialer u. südl. Teil auch: *Südsee),* größte Wasserfläche d. Erde, etwa 166,2 Mill. km² (ohne Nebenmeere), zwischen Asien, Australien u. Amerika, mittlere Tiefe 3940 m, größte Tiefen: Galathea-Tief 10 540 m, Cape-Johnson-T. 10 497 m, beide i. Philippinengraben, Challenger-T. 10 899 m und Witjas-T. 11 034 m im Marianengraben; zahlreiche Inseln; Rand- u. Nebenmeere: Bering-, Ochotsk-, Japan-, Ostchin-, Gelbes Meer, Golf v. Kalifornien u. Australasiat. Mittelmeer. – Entdeckt von → Balboa, der Name *Stiller Ozean* stammt von Ma-

galhães, der d. Ozean zuerst befuhr, ohne Sturm zu erleben.
Pazifikpakt, Beistandspakt 1951 für Sicherheit im Pazifik zw. USA u. Australien, Neuseeland sowie den Philippinen und Japan; → ANZUS-Pakt.
Pazifismus [l.], svw. → Friedensbewegung.
Pazifist, Anhänger der Friedensbewegung.
Pazyryk, Gruppe v. ca. 40 Gräbern im Hohen Altai mit bestens erhaltenen Bestattungen aus d. 5.–3. Jh. v. Chr. Bei d. Grabinhabern handelte es sich wohl um hohe Angehörige eines d. Skythen verwandten Nomadenvolkes.
Pb, *chem.* Zeichen f. → *Blei* (lat. *plumbum).*
p. Chr. (n.), Abk. f. → p*ost* Ch*ristum (natum).*
PCR, *p*olymerase *c*hain *r*eaction, Methode der Gen-Forschung u. zur Labordiagnostik von Infektionserregern, extrem hohe Nachweisempfindlichkeit.
Pd, *chem.* Zeichen f. → *Palladium.*
PDS, Abk. f. **P***artei d.* **D***emokratischen* **S***ozialismus,* → *Parteien, Übers.*
Peak-flow-Meter [engl. pi:kflou-], Handgerät zur Überprüfung d. Atemwege bei Asthma.
Peale [pi:l], am. Malerfamilie, bedeutend bes. in d. Porträtistik;
1) *Charles Willson* (15. 4. 1741–22. 2. 1827), auch (Kunst-)Handwerker u. Naturforscher, Begr. d. ersten am. Kunstschule (später Pennsylv. Acad. of the Fine Arts); v. seinen elf Kindern u. a.
2) *Raphaelle* (17. 2. 1774–5. 3. 1825), Begr. d. am. Stillebenmalerei.
3) *Rembrandt* (22. 2. 1778–3. 10. 1860); s. Bruder
4) *James* (1749–24. 5. 1831).
PEARL, Abk. f. *p*rocess and *e*xperiment *a*utomation *r*ealtime *l*anguage, in Dtld entwickelte u. genormte Programmiersprache (problemorientiert) f. d. Einsatz v. → Prozeßrechnern; ausgerichtet auf zeitkrit. Aufgaben u. d. techn. oft recht unterschiedl. Peripherie d. → Prozeßsteuerung (→ Aktoren u. → Sensoren).
Pearl Harbor ['pə:l 'ha:bə], US-Kriegshafen auf der Hawaii-Insel Oahu. – 7. 12. 1941 jap. Luftangriff; Beginn des am.-jap. Krieges.
Pears [piəs], Sir Peter (22. 6. 1910–3. 4. 86), engl. Tenor.
Pearson [piəsn], Lester Bowles (23. 4. 1897–27. 12. 1972), kanad. Pol.; 1963 bis 68 Min.präs.; Friedensnobelpr. 1957.
Peary ['piəri], Robert (6. 5. 1856–20. 2. 1920), am. Polarforscher; erreichte 1909 das Nordpolgebiet.
Peary-Land, Halbinsel i. N Grönlands.
Pebble tools [engl. 'pεbl 'tu:lz], *Geröllgeräte,* einfache Steingeräte d. frühesten Altsteinzeit.
Pecannuß, Frucht d. → Hickory.
Pech, Rückstände d. Teer- u. Harzdestillation; zur Herstellung v. Dachpappe, Briketts, P.fackeln; schwarzes Schuster-P. aus Steinkohlenteer, das weiße Faß-P. der Brauer wird aus Fichtenharz gewonnen.
Pechblende, Mineral *Uranpecherz (UO₂),* Ausgangsstoff zur → Uran- u. Radiumgewinnung.
Pechel, Rudolf (30. 10. 1882–28. 12. 1961), dt. Publizist *(Dt. Rundschau);* 1942–45 im KZ; *Dt. Widerstand; Dt. Gegenwart.*

Pechblende

Pechkohle, Mineral *Gagat,* → Jett.
Pechnase, *Maschikulis,* im ma. Burgenbau Gußerker f. heißes Pech od. Öl z. Verteidigung.
Pechnelke, rot blühende Waldnelke mit klebriger Ausscheidung am Stengel.
Pechstein, Max (31. 12. 1881–29. 6. 1955), deutscher expressionistischer Maler; Mitgl. der „Brücke", Mitbegr. d. „Berliner Sezession"; Landschaften, Aquarelle.
Peck, Gregory (* 5. 4. 1916), am. Filmschauspieler; *Duel in the Sun; Moby Dick; To Kill a Mockingbird.*
Peckinpah, Sam (21. 2. 1925–28. 12. 84), am. Regisseur; *The Wild Bunch* (1969); *Bring Me the Head of Alfredo Garcia* (1974); *The Osterman Weekend* (1984).
Pecorino, Schafskäse (z. Reiben).
Pécs [pe:tʃ], → Fünfkirchen.
Pedal, *s.* [l.], *Fußhebel,*
1) am Kraftfahrzeug für Bremse, als Gashebel (Fußgas) u. f. Kupplung; beim Fahrrad für d. Antrieb.
2) *mus.* an der Orgel Fußtasten, am Klavier den P., l. z. Abschwächung d. Tonstärke, r. z. Nachklingen d. Töne; b. d. Harfe (Pedalharfe) z. Veränderung d. Stimmung.
Pedant, *m.* [it. „Schulmeister"], kleinlicher, peinlich genauer (auf Unwesentl. Wert legender) Mensch.
Pedanterie, *w.,* peinl. (oft engstirnige) Genauigkeit.
Peddigrohr → Rotangpalme.
Pedell [ml.], Aufsichtsbeamter für den Sachbereich einer Hochschule (früher auch Schuldiener).
Pedersen, Charles J. (13. 10. 1904 bis 26. 10. 89), am. Chemiker, Supermoleküle mit Hohlräumen zur Einlagerung kleinerer Ionen und Moleküle; Nobelpr. 1987.
Pedigree, *m.* [engl. -gri:], Stammbaum, -zeugnis für Tiere.
Pediküre, *w.* [frz.], Fußpflege(rin).
Pedologie [gr.], svw. → Bodenkunde.
Pedro,
a) *Kaiser v. Brasilien:*
1) P. I. (12. 10. 1798–24. 9. 1834), reg. 1822–31, 1. Kaiser nach Trennung von Portugal.
2) P. II. (2. 12. 1825–5. 12. 91), reg. 1831–89; gestürzt durch Militärputsch; seitdem Brasilien Rep.
b) *Könige v. Portugal:*
3) P. II., reg. 1683–1706, schloß als Regent 1668 Frieden m. Spanien.
4) P. III. v. Aragonien.
Peel [pi:l], Sir Robert (5. 2. 1788–2. 7. 1850), engl. Staatsmann; Premiermin. 1834/35 u. 1841–46, Vertr. des → Freihandels; Einführung der Einkommensteuer, Bankakte *(Peelsakte* 1844), Aufhebung d. Getreidezölle.
Peene,
1) Fluß i. Mecklenburg-Vorpomm., 112 km l., ö. v. Anklam in d. *Stettiner Haff.*
2) d. westl. Mündungsarm d. Oder, v. Kl. Haff z. Ostsee.
Peenemünde (D-17449), Fischerdorf i. Kr. Wolgast, M-V., i. NW d. Insel Usedom, 658 E; 1936–45 dt. Versuchsanstalt f. Raketen u. → V-Waffen.
Peep-show, *w.* [engl. pi:p ʃou], Striptease-Show, d. nach Münzeinwurf aus e. Kabine beobachtet werden kann.
Peer [piə], hoher, erblicher brit. Adel mit Sitz im Oberhaus; Reihenfolge:

Duke (Herzog), *Marquess* (Marquis), *Earl* (Graf), *Viscount* (Baron); → Pairs.
Pegasus,
1) → Sternbilder, Übers.
2) geflügeltes (Musen-)Roß der griech. Sage; *den P. besteigen:* dichten.
Pegel,
1) Wasserstandsanzeiger, meist Skala an Ufermauern od. Brückenpfeilern; durch Übertragung von einem Schwimmer auch als **P.uhr.**
2) *Fernmeldetechnik* u. *Akustik:* Angabe über die Größe eines el. od. akust. Zustandes (Schwingungen) an einer unter beliebigen Stelle, bezogen auf eine best. Leistung (z. B. auf 1 Milliwatt); wird wie das Dämpfungs- u. Verstärkungsmaß in → Neper od. → Bel gemessen.
Pegnitz,
1) Fluß in Franken, vom Fränk. Jura, vereinigt sich bei Fürth mit der Rednitz zur Regnitz; 85 km lang.
2) (D-91257), St. i. Kr. Bayreuth, Bay., 13 294 E; AG; Eisenerzbergbau, Metall-, Textilind.
Pegnitzorden, 1644 von → Harsdörffer in Nürnberg gegründete Sprachgesellschaft.
Péguy [pe'gi], Charles (7. 1. 1873–5. 9. 1914), frz. kath. Schriftst.; rel. Lyrik: *Notre jeunesse.*
Pehlewi, s. ['pεçlevi], *Pahlawi,* pers. Schriftsprache, 3.–7. Jh. n. Chr.; *Pahlawik* u. *Parsik* (in den rel. Schriften der Parsen).
Pei, Ieoh Ming (* 26. 4. 1917), am. Architekt chin. Herkunft, Vertr. d. Intern. Style m. monumentalist. Tendenzen auf d. Grundlage stereometr. Formen; u. a. *O-Flügel d. Nat. Gall. of Art* (Washington); *Glaspyramide im Grand Louvre* (Paris).
Peichl, Gustav (* 18. 3. 1928), östr. Architekt; Erweiterungsbau d. Städel-Museums in Frankfurt/M.; Bundeskunsthalle in Bonn; auch Karikaturzeichner m. d. Pseudonym *Ironimus.*
peilen, *seem.* beobachten, messen; Richtungen bestimmen *(anpeilen);* auch Wassertiefe loten.
Peilung, Richtungsbestimmung durch Anvisieren (optisch od. durch Funk) fester Orientierungspunkte.
Peine (D-31224-28), Krst. i. Rgbz. Braunschweig, am Mittellandkanal, Nds., 47 225 E; Stahlwalzwerk; Schuh-, Textil-, feinmechan. Ind..
peinliche Befragung, svw. → Folter.
peinliche Gerichtsordnung → Carolina.
Peipussee, russ. *Osero-Tschudskoje,* im estnisch-russ. Grenzgebiet, 3550 km² (mit Pleskauer See); durch Narwa Abfluß zum Finnischen Meerbusen.
Peirce [pɪəs], Charles (10. 9. 1839 bis 19. 4. 1914), am. Phil.; begr. → *Pragmatismus;* Einfluß auf math. Logik.
Peisistratos, *Pisistratus,* 560–527 v. Chr. Tyrann von Athen, Förderer d. Kunst u. Wissenschaft.
Peißenberg (D-82380), Markt i. Kr. Weilheim-Schongau, Bay., am Fuße des *Hohen P.* (988 m hoher Voralpenberg m. meteorolog. Observatorium), 11 392 E.
Peitschenkaktus → Schlangenkaktus.
Peitschenschlange, auf Bäumen lebende, sehr dünne grüne Schlange des südlichen Asien.

Peitschenwurm, Fadenwurm, Dickdarmschmarotzer d. Menschen, in Massen auftretend gefährlich (→ Anämie).
Pekaris, schweineähnl. Paarzeher m. Rücken-Drüsentasche; S-Amerika bis südlichste USA, z. B. *Halsbandpekari.*
Pekinese, chin. Hunderasse; klein, kurzbeinig, Mopsgesicht und buschiger Schwanz.
Peking → Beijing.
Pekingmensch → Sinanthropus pekinensis.
pektanginöse Beschwerden, Herzenge bei → Angina pectoris.
Pektin, geruch- und geschmacklose, nicht kristallisierende, gallertartige chem. Verbindung (Kohlenhydrat); stark quellend; in Früchten u. Rüben.
pektoral [l. „pectus = Brust"], mit der Brust zus.hängend.
Pektorale,
1) Brustschild od. -kreuz f. Bischöfe u. Äbte.
2) Bruststück von Rüstungen.
pekuniär [l. „pecunia = Geld"], svw. geldlich, Geld betreffend.
pelagisch:
1) im küstenfernen Hochseebereich gebildete → Sedimente.
2) im freien Meer lebend.
Pelagische Inseln, ital. Inselgruppe 200 km südl. v. Sizilien: *Lampedusa* u. *Linosa,* 28 km², 4600 E.
Pelagius,
1) brit. Mönch (um 400), begründete m. Caelestius die Lehre des *Pelagianismus* (jeder könne aus eigener Kraft selig werden; Leugnung der Erbsünde).
2) Name zweier Päpste.
Pelargonie, Pflanzengattung d. Geraniaceae, bes. als Zierpflanzen; aus S-Afrika.
Pelasger, die Ureinwohner Griechenlands.
Pelé, eigtl. *Edson Arantes do Nascimento* gen. „schwarze Perle" (* 21. 10. 1940), brasilian. Fußballspieler; 78 Länderspiele (1958–70), dreimal WM mit Brasilien (1958, 62 u. 70); 1962 u. 63 Weltpokalsieger, mit FC Santos mehrfacher Meister u. Pokalsieger; bester Fußballer d. Welt 1959.
Pelerine, w. [frz.], urspr. Schulterumhang der Pilger; weiter ärmelloser (Wetter-)Mantel.
Peleus, d. Vater d. **Peliden** Achilles.
Pelias, i. d. griech. Mythologie Oheim des *Iason,* wurde v. s. Töchtern auf Anstiften d. Medea, die vorgab, er werde dadurch verjüngt werden, zerstückelt u. in kochendes Wasser geworfen.
Pelikane, langhalsige große Schwimmvögel; Kehlsack für Beute (Fische) am Schnabel; SO-Europa, Asien, Afrika, Amerika.
Pelion, Waldgebirge a. d. O-Küste Thessaliens, umrahmt d. *Golf von Wolos,* 1651 m.
Pellagra, s. [l.], Mangelkrankheit durch Fehlen von → Nicotinsäureamid (Vit. B₂); schwere Hautveränderungen u. Schädigungen d. Verdauungskanals u. Nervensystems.
Pellegrini, Giovanni Antonio (29. 4. 1675–5. 11. 1741), it. Maler; durch s. intern. Tätigk. wesentlich beteiligt an d. Verbreitung d. venezian. Rokokomalerei in Eur.
Pellico, Silvio (25. 6. 1789–31. 1. 1854), it. Dichter u. Freiheitskämpfer;

Pegasus

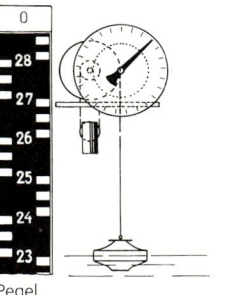
Pegel

Pekinese

Pele

Pelikan

über seine Gefangenschaft i. d. östr. Kasematten berichtet er in *Le mie prigioni.* Erfolgreiches Drama: *Francesca da Rimini.*
Pellworm (D-25849), nordfries. Insel, a. d. W-Küste Schleswigs, 37,4 km², 1099 E; Viehzucht, Fremdenverkehr.
Pelopidas († 364 v. Chr.), thebanischer Feldherr, Befreier → Thebens.
Peloponnes, m. od. w. [„Insel des → Pelops"], südgriech. Halbinsel u. Region, 15 490 km², 606 000 E; im N das Hochland v. Arkadien (*Kyllene* 2374 m), im S der Taygetos u. Parnon, fruchtbare Ebenen von Sparta; Waldwirtschaft, Obst-, Weinanbau, Ölbäume.
Peloponnesischer Krieg, 431–404 v. Chr., zw. Athen und Sparta; vernichtete Athens Macht.
Pelops, sagenhafter Stifter der → Olympischen Spiele, Sohn des Tantalus.
Pelota, w., Nationalspiel d. Basken zw. 2 Parteien zu 2 Mann; ein kleiner Ball wird m. e. geflochtenen Korbschaufel gg. eine hohe Wand geschleudert, nach Rückprall v. d. anderen Partei wieder zurückgeschlagen usw.; Punktwertung nach Fehlern.
Peloton, s. [frz. pɔlɔ'tõ], frühere Bez. f. eine kleinere mil. Einheit.
Pelotte, w. [frz.], Polsterkissen (z. B. am → Bruchband).
Peltier-Effekt [-'tje-], 1834 beobachtet, die der → Thermoelektrizität entgegengesetzte Erscheinung: Änderung d. Temp. d. Lötstelle e. Thermoelements, wenn diese von el. Strom durchflossen wird (Verwendung in Klimaanlagen).
Peltonrad, Wasserturbine (→ Turbine).
Pelviskopie, Bauchspiegelung (→ Endoskop) zur Betrachtung der weibl. Geschlechtsorgane zur Diagnosestellung bei unklaren Beschwerden.
Pelvoux [-'vu], Berggruppe i. d. frz. Dauphiné-Alpen, *Barre des Écrins* 4102 m.
Pelzbienen, einzeln lebende Bienen, groß, pelzig, mit gr. Saugrüssel; Lehmnester.
Pelzflatterer, Säugetierordnung, den Insektenfressern nahestehend, mit nur 2 Arten in SO-Asien; *Flattermaki,* katzengroß, mit fallschirmartiger Flughaut; springen im Flatterflug (bis über 50 m weit) von Baum zu Baum.
Pelzfresser, *Haarlinge, Federlinge, Mallophagen,* kleine, lausähnl. Insekten auf Säugetieren u. Vögeln; fressen Hautschuppen, Haare u. Federn.
Pelzkäfer, *Attagenus, Speckkäfer,* Larve ernährt s. v. Keratinmaterialien (Haare, Wolle, Federn, Felle, Pelze, Horn).
Pelztiere, Säugetiere m. dichtem, wärmendem Haarwuchs, bes. im hohen N; Felle werden mit anhaftendem Haar gegerbt; z. T. heute in Pelztierfarmen gezüchtet.
Pelzwaren → Rauchwaren.
Pemba, Koralleninsel vor Ostafrika, nördl. Sansibar; 984 km², 270 000 E; Teil v. → Tansania.
Pembroke [-bruk], brit. Hafenst. in der Gft Dyfed in SW-Wales, 15 000 E; Seearsenal.
Pemphigus [gr.], Blasenausschlag, Virusinfektion.
PEN, englische Abkürzung f. **p**oets and playwrights, **e**ditors and essayists, **n**ove-

lists [auch engl. „pen = Feder"], intern. Schriftstellerverband mit nat. Gruppen (PEN-Zentren) in d. einzelnen Ländern; 1921 in London gegr.

Penalty shot [engl. ˈpɛnltɪ ˈʃɔt], Strafschuß im Eishockey; wird als Angriffsaktion eines Spielers gg. den Torwart vom Mittelanspielpunkt aus durchgeführt.

Penang, Insel an d. W-Küste Malakkas, zus. mit Prov. Wellesley Gliedstaat d. → Malaiischen Bundes (→ Malaysia); zus. 1033 km², 955 000 E; Hptst. u. -hafen *George Town*, Gummi-, Gewürzausfuhr.

Penaten, röm. Schutzgottheiten des Hauses.

Pence [engl. pɛns], Mz. von → Penny.

Penck, A. R. eigtl. *Ralf Winkler* (* 5. 10. 1939), dt. Maler d. Neoexpressionismus; Mitbegr. d. neuen figurat. Malerei.

Pencz [pɛnts], Georg (um 1510/15–50), dt. Maler u. Kupferstecher d. Renaissance, Schüler Dürers; Bildnisse.

Pendant, s. [frz. pãˈdã],
1) (Ohr-)Gehänge.
2) ergänzendes Gegenstück.

Pendel, s. [l.], ein außerhalb seines Schwerpunktes drehbar aufgehängter Körper, der um seine Ruhelage schwingt; *Sekunden-P.*: Schwingungsdauer = 2 Sek., seine Länge in Berlin 994,24 mm; *Schwere-P.* sind Halbsekunden-P. zu bes. genauer Bestimmung der Schwingungszeit u. daraus d. Fallbeschleunigung am Beobachtungsort; deren Werte wichtig f. Bestimmung d. Erdgestalt u. geolog. Erforschung des Untergrundes; wird in Zus.wirken mit einer → Hemmung als mechan. Gangregler verwendet (z. B. bei Uhren).

Pendelgesetze, entdeckt v. Galilei 1609 u. Huygens 1673, Schwingungsdauer proportional der Quadratwurzel aus → Pendellänge, umgekehrt proportional der Quadratwurzel aus Schwere-(Fall-)Beschleunigung, wenig abhängig von Schwingungsweite, unabhängig v. Material u. Gewicht; Pendelversuch v. → Foucault.

Pendellänge, Abstand zw. Aufhängepkt u. Schwerpkt; Schwingungsdauer: Zeit für Hin- u. Rückgang.

pendeln → siderisches Pendel.

Pendeluhr → Sternbilder, Übers.

Pendentif, s. [frz. pãdãˈtiːf], in der *Baukunst*: Gewölbezwickel (sphär. Dreieck), verbindet über quadratischem Grundriß errichtete Räume mit d. Kreis d. Rundkuppel; Ggs.: d. nischenförm. → Trompe.

Penderecki [-ˈrɛtski], Krzysztof (* 23. 11. 1933), poln. Komp.; Erweiterung d. Klangfarbenskala bis hin z. Geräusch; *Lukaspassion*; Oratorium: *Dies irae*; Opern: *The Devils of Loudun, Ubu Rex.*

Pendüle, w. [frz.], Pendel-, Wanduhr.

Penelope, griech. Sagengestalt, treue, häusliche Gattin des Odysseus.

penetrant [l.], durchdringend, aufdringlich.

Pengö, m., frühere ungar. Währungseinheit, 1946 durch d. → Forint abgelöst.

penibel [frz.], peinlich (genau).

Penicillin, s., 1928 v. → Fleming entdecktes, von → Florey u. Chain in die Heilkunde eingeführtes → Antibiotikum gewisser Schimmelpilze (Penicillium), d. bes. auf d. eitererregenden Staphylo-, Strepto-, Gono-, Meningo- u. Pneumokokken wachstumshemmend wirkt; Heilmittel gg. viele Infektionen: Eiterungen (Wunden, Knochenmark), Lungen-, Hirnhautentzündung, Tripper u. a. Durch häufige Anwendung auch in Bagatellfällen sind zahlr. Bakterienstämme *penicillinresistent* geworden. Versch. abgewandelte P.e, z. B. *Breitspektrum-P.e*, wirken gegen eine größere Zahl von Bakterienarten als das urspr. P.

Penis, m. [l.], das männliche Glied.

Penn, William (14. 10. 1644–30. 7. 1718), engl. → Quäker; erwarb v. Karl II. in N-Amerika e. Landstrich *(Pennsylvanien)* u. gründete hier den Quäkerstaat.

Pennal, s. [l. „penna=Feder"], geläufiger *Penne*, Ausdruck aus Schülersprache: höhere Schule.

Pennäler, Schüler, im MA junger Student.

Penninische Alpen, *Walliser Alpen*, Teil der W-Alpen vom Großen St. Bernhard zum Simplon, stark vergletschert; *Monte Rosa* 4637 m (Dufourspitze), *Weißhorn* 4506 m, *Matterhorn* 4478 m.

Penninisches Gebirge, Gebirge im mittleren Nordengland, *Cross Fell* 893 m.

Pennsylvania [pensilˈveinjə], *Pennsylvanien*, Abk. *Pa.*, nordöstl. Staat der USA, von d. Alleghanies u. d. Cumberlandgebirge durchzogen; 117 348 km², 12 Mill. E; ertragreiche Landw., Bodenschätze: Kohle, Eisen; Schwer-, Textil- (Strickwaren-), Leder-, Tabak- u. chem. Ind.; Hptst. *Harrisburg*, größte St. *Philadelphia*, wirtsch. Mittelpunkt *Pittsburgh*. – 1681 v. William Penn als Quäkerkolonie gegründet.

Penny, m., engl. Münze, früher 240., s. 1971 100. Teil d. Pfunds; bis 1971 Abk. *d (denarius)*, jetzt *p*.

Pensa, St. a. d. Mündung d. Flusses *P.* in die Sura (bis P. schiffb. Nbfl. d. Wolga), Hptst. d. russ. Gebietes *P.*, 548 000 E; Papier- u. Holzind.

Pension, s. [frz.],
1) Ruhegehalt.
2) Fremdenheim.
3) Wohnung u. Kost.

Pensionat, s., Erziehungsheim f. junge Mädchen.

Pensionsberechtigung → Beamte.

Pensionskassen, vielfach b. größeren Unternehmungen; sie bieten d. beschäftigten Arbeitnehmern einen Rechtsanspruch auf Alters-, Invaliden- u. Hinterbliebenenversorgung.

Pensum [l. „das Zugewogene"], d. Lehraufgabe, bes. bei Schulen d. Lehrstoff für e. best. Zeit.

penta- [gr.], in Zusammensetzungen: fünf . . .

Pentagon,
1) Bez. für das Verteidigungsmin. d. USA in Washington (als Fünfeck gebaut).
2) *math.* Fünfeck.

Pentagramm, s., *Drudenfuß*, fünfstrahliger Stern; seit den Pythagoräern Schutzzeichen gg. Geister, magisches Zeichen d. MA.

Pentameter, m., 5füßiger Vers, aus Daktylen u. Spondeen; verwendet in Distichen.

Pentagon, *Washington*

Pentagramm

Pentan, s., C_5H_{12}, Kohlenwasserstoff aus der Reihe d. → Alkane (→ Kohlenwasserstoffe, Übers.).

Pentateuch, m. [gr.], im A.T. das in d. sog. 5 Büchern Mose v. versch. Verfassern niedergeschriebene Gesetz: *Genesis* (Ursprung), *Exodus* (Auszug), *Leviticus* (Priesterkodex), *Numeri* (Volkszählung), *Deuteronomium* (Wiederholung d. Gesetze).

Pentatonik, w. [gr.], fünfstufige Tonreihe ohne Halbtöne; i. d. Antike, in exot. Musikkulturen u. i. d. modernen Musikerziehung.

Pentelikon, jetzt *Pendeli*, Marmorberg auf der Grenze von Böotien und Attika, 1109 m.

Penthesileia, i. d. griech. Sage Amazonenkönigin, von Achill vor Troja getötet; Drama von Kleist.

Penthouse [engl. -haus], Apartmentwohnung auf d. Dach eines (Hoch-)Hauses.

Pentode, w., → Elektronenröhre mit 5 → Elektroden.

Pentosen → Kohlenhydrate.

Penumbra, w. [l.], helleres Randgebiet um einen Sonnenfleck.

Penzberg (D-82377), St. im Kr. Weilheim-Schongau, Bay., 13 970 E; Masch.bau, Metallverarbeitung, Musikinstrumentenherstellung, biochem. Werk.

Penzias [ˈpɛnziəs], Arno A. (* 26. 4. 1933), am. Phys.; (zus. m. P. → Kapitza u. R. W. → Wilson) Nobelpr. 1978 (Entdeckung d. kosm. Hintergrundstrahlung).

Penzoldt, Ernst (14. 6. 1892–27. 1. 1955), dt. Schriftst., Bildhauer u. Maler; *Die Powenzbande; Der arme Chatterton; Kleiner Erdenmann.*

Peoria [pɪ-], St. im US-Staat Illinois, am *P.see*, 114 000 E; bed. Spirituosenbrennerei, Masch.ind.

PE-Papier, fotograf. Vergrößerungspapier in Farbe od. Schwarzweiß; die lichtempfindl. Schicht (Emulsion) ist nicht auf e. herkömml. Papier, sondern auf e. Trägermaterial aus Kunststoff aufgetragen.

Pepiniere, w. [frz. -ˈnɪɛːrə], Baum-, Pflanzschule.

Peplos, ärmelloses altgriech. Frauen- u. Männergewand.

Pepping, Ernst (12. 9. 1901–2. 2. 81), dt. Komp. u. Musikpädagoge; Orgelwerke, Choräle, Messen, Konzerte.

Pepsin, s., Enzym d. Magensaftes für die Eiweißverdauung, nur wirksam mit Magensäure.

Peptide, biologische Moleküle, die aus wenigen → Aminosäuren aufgebaut sind; → Eiweiß.

Peptidhormone, → Hormone, die chem. → Peptide darstellen, im Ggs. zu Hormonen mit Eiweißstruktur.

Peptone, die Abbaustoffe der Eiweißspaltung durch Verdauung, auch künstlich durch Säurespaltung, wasserlöslich; zur künstl. Ernährung Kranker.

Pepusch, Johann Christoph (1667 bis 20. 7. 1752), dt. Komp. in London; *Die Bettleroper* (als Travestie d. it. Oper).

per [l.], durch, für, mit, je zu (z. B. *per saldo* = z. Ausgleich).

Perak, Gliedstaat d. → Malaiischen Bundes (→ Malaysia), 21 005 km², 1, Mill. E; Zinngewinnung u. -ausfuhr; Hptst. *Ipoh* (310 000 E).

Percheron [pɛrʃə'rõ], frz. Pferderasse, 170 cm Widerristhöhe; Zugpferd (bei Festumzügen).

Perchtenspiel, brauchtümliches Volksspiel, am 6. Januar im Salzburgischen zu Ehren der Frau Holle (*Berchta*) durch Umzüge gefeiert. → Teufelsmaske.

Perchtoldsdorf (A-2380), niederöstr. Marktgem. s. v. Wien, 14 051 E; ma. Altst.; Weinbau.

Percier, Charles, → Fontaine, Pierre François Léonard.

Percussion [engl. pəˈkʌʃən], alle Schlaginstrumente (o. Schlagzeug).

Percy ['pə:sɪ], Thomas (13. 4. 1729 bis 30. 9. 1811), Bischof, als Sammler engl. Balladen bed. f. die dt. Lyrik.

pereat! [l.], „er (sie, es) gehe zugrunde", nieder!

Perekop, 6–7 km breite Landenge, verbindet die Krimhalbinsel mit dem russ. Festland.

peremtorisch [l.],
1) *jur.* p.e Einreden, schließen die Geltendmachung d. Rechts aus (z. B. Einrede der Verjährung).
2) unbedingt, endgültig.

perennierend [l.], ausdauernd; Pflanzen v. mehrjähr. Lebensdauer.

Peres, Shimon (* 15. 8. 1923), isr. Pol. (Arbeiterpartei); versch. Min.ämter, 1977 u. 1984–86 Min.präs., 1986–88 Außenmin. unter → Shamir, 1989–90 Finanzmin., 1992–95 Außenmin., 1995/ 96 Prem.min.

Perestrojka, *Perestroika* [russ. „Umbau"], Umgestaltung i. soz. u. ökonomischen Bereich.

Pérez ['perεθ], Carlos Andrés (*27. 10. 1922), v. 1974–79 u. 1989–93 Staatspräs. v. Venezuela.

Pérez de Cuéllar [-θ de 'kŭeʎar], Javier (* 19. 1. 1920), peruan. Diplomat; 1982–91 Gen.sekr. d. UN.

perfekt [l.], vollendet; abgemacht.

Perfektionismus, Lehre von mögl. oder notwendiger Vervollkommnung; auch vermeintl. Vollkommenheit.

Perfekt|um, s. [l.], Zeitform d. in d. Vergangenheit vollendeten Handlung (z. B. *er hat gelacht*).

perfid [l.], treulos, heimtückisch.

Perforation [l.],
1) Durchbruch z. B. e. Magengeschwürs i. d. Bauchhöhle.
2) geburtshilfl. Operation.

perforieren, durchlöchern, bes. Papier, damit es längs einer Linie leicht abzureißen ist.

Performance Art [engl. pəˈfɔːməns a:t], zeitgenöss. Kunstrichtung, um 1970 in d. USA entstanden; anders als d. → Happening e. Aktionskunst m. Vorstell. gg.seitiger Durchdringung v. Kunst u. Leben, weshalb Künstler u. Publikum auf versch. Ebenen bleiben.

Perfusion, Durchströmung, Durchblutung.

Pergament, s., (nach Pergamon benannt) enthaarte ungegerbte, geglättete Tierhaut (Schaf, Ziege, später auch Kalb); seit dem Hellenismus bis zur Papiererfindung gebräuchl. Schreibmaterial, heute nur noch für Bucheinbände u. Trommeln.

Pergamentpapier, *pflanzliches P.,* mit Chlorzink oder Schwefelsäure behandeltes Papier, durchscheinend, dauerhaft für Urkunden, als Membran zur Dialyse (→ Diffusion), zum Abschluß von Gefäßen im Haushalt usw.

Pergamon, Hptst. d. *Pergamen. Reiches* in Kleinasien (281–133 v. Chr.), dann der röm. Provinz Asia. – Dt. Ausgrabungen s. 1878: *P.altar,* wohl als Dankmonument des Königs Eumenes II. von P. errichtet zur Erinnerung an den Sieg über die Galater (um 180 v. Chr.); dargestellt: Kampf der Giganten mit den Göttern auf einem 120 m langen Relieffries; zählte zeitweise zu den Sieben Weltwundern; 1930 im **P.museum** (Berlin) wiederaufgebaut.

Pergamos, Burg von Troja.

Pergola, w. [it.], offener, meist v. Pflanzen umrankter Laubengang mit Säulen oder Pfeilern.

Pergolesi, Giovanni Battista (4. 1. 1710–16. 3. 1736), it. Komponist in Neapel; Opern: *La serva padrona* (erste Opera buffa); Messen; *Stabat Mater*; Kammermusik.

Perhydrol, 30% starke Lösung von → Wasserstoffperoxid.

peri- [gr.], als Vorsilbe: (rings)um...

Peri, Jacopo (20. 8. 1561–12. 8. 1633), it. Komp.; erste Opern: *Dafne* (1598) u. *Euridice* (1600).

Periander, (7./6. Jh. v. Chr.), Tyrann v. Korinth; unter die → Sieben Weisen gerechnet.

Periarteriitis nodosa, entzündl. Arterienkrankheit mit Fieber, Geschwüren usw.

Periastron, s. [gr. „Sternnähe"], → Apsiden bei Doppelsternbahnen.

periculum in mora [l.], „Gefahr (liegt) im Verzug" (nach Livius).

Periduralanästhesie → Anästhesie.

Perigäum [gr. „Erdnähe"], → Apsiden bei Satellitenbahnen od. Mondbahn.

Périgueux [-'gø], Hptst. d. Landschaft *Périgord* (P.-Trüffel) u. d. frz. Dép. *Dordogne,* an der Isle, 35 000 E; röm. Ruinen; Lebensmittel-, Tabakind.

Perihel|ium [gr. „Sonnennähe"], → Apsiden bei Planetenbahnen.

Perihel|ium|verschiebung, Drehung der Apsidenlinie (Verbindung Perihel–Aphel), teils durch Störungen d. anderen Planeten, teils durch Effekt d. → Relativitätstheorie.

Perikard, s. [gr.], Herzbeutel.

Perikarditis, Herzbeutelentzündung; Folge oft Herzwassersucht.

Perikles, (um 495/90–429 vor Chr.), größter Staatsmann d. alten Athen, das er 15 Jahre regierte; pol. u. kulturelle Blüte Athens (*Perikleïsches Zeitalter*).

Perikopen [gr.], „Abschnitte", die n. der Gottesdienstordnung z. Verlesung kommenden Evangelien und Epistelabschnitte.

Perimeter, s. [gr.],
1) *med.* Instrument zur Gesichtsfeldbestimmung.
2) Umfang geradliniger math. Figuren (Summe d. Seiten).

perinatal, Zeit um d. Geburt (*Perinatalperiode,* 29. Schwangerschaftswoche bis 7. Lebenstag) betreffend, auf das Kind bezogen; entsprechend *peripartal* auf die Mutter bezogen.

Perinatologie, svw. perinatale Medizin.

Perineum, anatomisch der Damm.

Periode, w. [gr.],
1) *astronom.* die Umlaufzeit eines Gestirns.
2) *physische* Dauer einer Schwingung; *Periodenzahl,* svw. Schwingungszahl, → Frequenz.
3) *Physiologie:* svw. → Menstruation.
4) Zeitabschnitt; in regelmäß. Zeitabstand erfolgende Wiederkehr e. Vorganges.
5) *Grammatik:* Satzgefüge aus Hpt- u. Nebensätzen.
6) *Metrik:* Verbindung mehrerer Verse.

Periodensystem, 1869 v. D. J. Mendelejew u. L. Meyer unabhängig voneinander vorgenommene tabellar. Anordnung d. chem. → Elemente in d. Reihenfolge steigender *Atomgewichte* u. verwandter Eigenschaften. Die chem. u. phys. Eigenschaften ändern sich gesetzmäßig v. Glied zu Glied i. d. Tabelle u. kehren periodisch wieder, wobei chem. ähnl. Elemente in Gruppen u. Untergruppen (a u. b) untereinander stehen. Diese Anordnung ermöglichte Voraussage noch nicht entdeckter Elemente. Anordnung in d. urspr. Form enthielt noch Unstimmigkeiten, da manche Elemente nicht d. Platz erhielten, der ihnen gemäß ihren chem. u. phys. Eigenschaften zukam; später behoben durch Einführung d. *Ordnungszahl,* die mit d. Kernladungszahl (→ Atom) identisch ist. Dies beruhte auf d. Erkenntnis, daß nicht das Atomgewicht, sondern d. Kernladungszahl für d. Eigenschaften der Elemente maßgebend ist (→ Übersicht). Heute werden die Elementgruppen nach einer internationalen Vereinbarung von 1 bis 18 durchnumeriert.

Periodika [l.], Mz., in regelm. Abständen erscheinende Veröffentlichungen (Zeitung, Zeitschrift, Jahrbuch u. a.).

Periodontium, svw. → Wurzelhaut.

Periöken [gr. „Umwohner"], in Sparta freie Einwohner von Außengebieten, d. zwar kriegsdienstpflichtig waren, aber kein Bürgerrecht besaßen.

Periost, s. [gr.], die Knochenhaut.

Peripatetiker [gr.], Schüler des Aristoteles.

Peripetie, w. [gr.], Umschwung (des Schicksals); im Drama Wendung zum Untergang des Helden.

peripher [gr.], außen, am Rande liegend, nebensächl.; Ggs.: zentral, in der Mitte liegend.

periphere arterielle Verschlußkrankheit, Abk. *pAVK,* svw. → Raucherbein; → Claudicatio intermittens.

Peripherie, Umrandung math. Figuren, d. durch gekrümmte Linien begrenzt sind (z. B. Kreis, Ellipse).

Peripheriegeräte, Geräte v. EDV-Anlagen, die an d. Zentraleinheit angeschlossen sind (z. B. Tastatur, Drucker, externe Speicher).

Periskop, s. [gr.], ausziehbares Sehrohr d. U-Boote. Bild d. Wasseroberfläche durch Prismen i. Beobachtungsstand unter Wasser sichtbar.

periskopische Brillengläser, von konkav-konvexer od. konvex-konkaver Form (→ Linsen); scharfes Bild auch bei nicht durch die Mitte gehender Blickrichtung.

Peristaltik, w. [gr.], die rhythm. Bewegungen bes. d. Magen- u. Darmwand, treiben d. Inhalt weiter.

Peristase, w. [gr.], Gesamtheit der Umwelteinflüsse, die zusammen mit den Erbanlagen die Entwicklung eines Lebewesens bestimmen.

Pérez de Cuéllar

Pergamonaltar

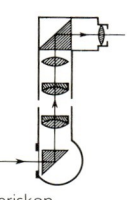
Periskop

Peristyl, s. [gr.], Säulengang um Innenhof d. griech. u. röm. Hauses.
Peritonealdialyse, Form d. → extrakorporalen Dialyse.
Peritoneum [gr.], Bauchfell.
Peritonitis, w., Bauchfellentzündung, meist durch bakterielle Infektion.
Perkal, m., gebleichter od. bedruckter Baumwollstoff.
Perkin [′pə:k-], Sir William Henry (12. 3. 1838–14. 7. 1907), engl. Chem.; Entdecker u. Fabrikant d. ersten Teerfarbstoffes Mauveïn (1856).
Perkussion [l.],
1) Anschlagvorrichtung beim Harmonium.
2) von Auenbrugger 1761 erfundene diagnost. Beklopfung d. Körperoberfläche, bes. d. Rumpfwände, Brustkorb; Beurteilung nach Schall u. Widerstandsgefühl; a) *unmittelbare P.,* direkt mit Finger od. *P.shammer;* b) *mittelbare P.,* mit Finger od. P.shammer auf Finger od. Plessimeter.
Perleberg (D-19348), Krst. i. Bbg., an d. Stepenitz (Nbfl. d. Elbe), 13 297 E; Konservenind.
Perlèche [pɛr′lɛʃ], → Faulecke.

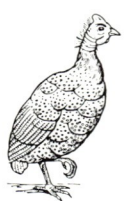
Perlhuhn

Perlen, Perlmuttergebilde, die von den → Perlmuscheln um eingedrungene Fremdstoffe oder Schmarotzer abgeschieden werden; harte runde od. eiförmige Gebilde; auch gezüchtet (Japan); künstl. P. entweder Hohlkugeln aus Glas oder Kunstmasse, innen perlenähnl. gefärbt, od. massive Kugeln, außen m. lackähnl. Schicht aus irisierendem Farbstoff d. Schuppen von Weißfischen.
Perlhühner, Steppenhühner Afrikas; auch als Haus- und Ziergeflügel.
Perlis, Gliedstaat d. → Malaiischen Bundes (→ Malaysia), 795 km², 148 000 E; Hptst. *Kangar.*
Perlit, m., Gemenge aus Eisen u. Eisenkarbid, Verwendung für Kolbenringe und Zahnräder.
Perlmuscheln, Muscheln warmer Meere; in ihnen häufig die → Perlen, daher durch Taucher gefischt; in Mengen auf unterseeischen „Perlbänken" *Perlenfischerei* vor allem im Pers. Golf, Kaliforn. Golf, in der Südsee u. bei Sri Lanka; Perlen zuweilen auch in eur. und nordam. Flußmuscheln u. Eßaustern.
Perlmutter, *Perlmutt,* Innenschicht vieler Weichtierschalen mit irisierendem Glanz.
Perlmutterfalter, Tagesschmetterling, rotgelbe Flügeloberseite, unten silbrig perlmutterglänzend; u. a. *Kleiner P.* und *Kaisermantel.*
Perlon®, s., synthet. Faserstoff aus der Gruppe der Polyamide (→ Chemiefasern).
Perls, Fritz Salomon (1893–1970), dt. Arzt u. Psychoanalytiker; Begründer der → Gestalttherapie.
Perlsucht, Rindertuberkulose, früher häufig auf Menschen übertragen (Tbc, Typus bovinus), heute in Dtld praktisch ausgerottet.
Perlzwiebel, Lauchart mit eßbaren Blütenstandzwiebelchen (in Essig).
Perm, 1940–57 *Molotow,* russ. Gebietshptst. a. d. Kama, 1,09 Mill. E; Uni.; Polytechnikum; Superphosphatwerke, Masch.ind., Schiffbau.
Perm → geologische Formationen, Übersicht.
permanent [l.], ununterbrochen; in *Permanenz,* ständig (tagen).
Permanentweiß, chem. Bariumsulfat; weiße Anstrichfarbe.

Periodensystem der Elemente

1* IA																	18 VIII A
¹₁H Wasserstoff 2,2	2 II A											13 III A	14 IV A	15 V A	16 VI A	17 VII A	⁴₂He Helium
⁷₃Li Lithium 1,0	⁹₄Be Beryllium 1,5											¹¹₅B Bor 2,0	¹²₆C Kohlenstoff 2,5	¹⁴₇N Stickstoff 3,1	¹⁶₈O Sauerstoff 3,5	¹⁹₉F Fluor 4,1	²⁰₁₀Ne Neon
²³₁₁Na Natrium 1,0	²⁴₁₂Mg Magnesium 1,2	3 III B	4 IV B	5 V B	6 VI B	7 VII B	8	VIII B 9	10	11 I B	12 II B	²⁷₁₃Al Aluminium 1,5	²⁸₁₄Si Silicium 1,7	³¹₁₅P Phosphor 2,1	³²₁₆S Schwefel 2,4	³⁵₁₇Cl Chlor 2,8	⁴⁰₁₈Ar Argon
³⁹₁₉K Kalium 0,9	⁴⁰₂₀Ca Calcium 1,0	⁴⁵₂₁Sc Scandium 1,2	⁴⁸₂₂Ti Titan 1,3	⁵¹₂₃V Vanadium 1,5	⁵²₂₄Cr Chrom 1,6	⁵⁵₂₅Mn Mangan 1,6	⁵⁶₂₆Fe Eisen 1,6	⁵⁹₂₇Co Cobalt 1,7	⁵⁸₂₈Ni Nickel 1,8	⁶³₂₉Cu Kupfer 1,8	⁶⁴₃₀Zn Zink 1,7	⁶⁹₃₁Ga Gallium 1,8	⁷⁴₃₂Ge Germanium 2,0	⁷⁵₃₃As Arsen 2,2	⁸⁰₃₄Se Selen 2,5	⁷⁹₃₅Br Brom 2,7	⁸⁴₃₆Kr Krypton
⁸⁵₃₇Rb Rubidium 0,9	⁸⁸₃₈Sr Strontium 1,0	⁸⁹₃₉Y Yttrium 1,1	⁹⁰₄₀Zr Zirconium 1,2	⁹³₄₁Nb Niobium 1,2	⁹⁸₄₂Mo Molybdän 1,3	*₄₃Tc Technetium 1,4	¹⁰²₄₄Ru Ruthenium 1,4	¹⁰³₄₅Rh Rhodium 1,5	¹⁰⁶₄₆Pd Palladium 1,4	¹⁰⁷₄₇Ag Silber 1,4	¹¹⁴₄₈Cd Cadmium 1,5	¹¹⁵₄₉In Indium 1,5	¹²⁰₅₀Sn Zinn 1,7	¹²¹₅₁Sb Antimon 1,8	¹³⁰₅₂Te Tellur 2,0	¹²⁷₅₃I Iod 2,2	¹³²₅₄Xe Xenon
¹³³₅₅Cs Cäsium 0,9	¹³⁸₅₆Ba Barium 1,0	¹³⁹₅₇La Lanthan 1,1	¹⁸⁰₇₂Hf Hafnium 1,2	¹⁸¹₇₃Ta Tantal 1,3	¹⁸⁴₇₄W Wolfram 1,4	¹⁸⁷₇₅Re Rhenium 1,5	¹⁹²₇₆Os Osmium 1,5	¹⁹³₇₇Ir Iridium 1,6	¹⁹⁵₇₈Pt Platin 1,4	¹⁹⁷₇₉Au Gold 1,4	²⁰²₈₀Hg Quecksilber 1,5	²⁰⁵₈₁Tl Thallium 1,4	²⁰⁸₈₂Pb Blei 1,6	²⁰⁹₈₃Bi Bismut 1,7	*₈₄Po Polonium 1,8	*₈₅At Astat 2,0	*₈₆Rn Radon
*₈₇Fr Francium 0,9	*₈₈Ra Radium 1,0	*₈₉Ac Actinium 1,1	*₁₀₄Ku Kurtschatovium	*₁₀₅Ha Hahnium													

Massenzahl des häufigsten Isotops
Ordnungszahl = Kernladungszahl
³²₁₆S Schwefel 2,4
Elementsymbol fett = fest kursiv = flüssig weiß = gasförmig
Elektronegativität nach Allred und Rochow

Grenze Nichtmetalle Metalle
Schwermetalle
Alkalimetalle · Erdalkalimetalle · Borgruppe · Kohlenstoffgruppe · Stickstoffgruppe · Chalkogene · Halogene · Edelgase

Lanthaniden Seltenerdmetalle

¹⁴⁰₅₈Ce Cer 1,1	¹⁴¹₅₉Pr Praseodym 1,1	¹⁴²₆₀Nd Neodym 1,1	*₆₁Pm Promethium	¹⁵²₆₂Sm Samarium 1,1	¹⁵³₆₃Eu Europium 1,0	¹⁵⁸₆₄Gd Gadolinium 1,1	¹⁵⁹₆₅Tb Terbium 1,1	¹⁶⁴₆₆Dy Dysprosium 1,1	¹⁶⁵₆₇Ho Holmium 1,1	¹⁶⁶₆₈Er Erbium 1,1	¹⁶⁹₆₉Tm Thulium 1,1	¹⁷⁴₇₀Yb Ytterbium 1,1	¹⁷⁵₇₁Lu Lutetium 1,1
*₉₀Th Thorium 1,1	*₉₁Pa Protactinium	*₉₂U Uran 1,2	*₉₃Np Neptunium	*₉₄Pu Plutonium	*₉₅Am Americium	*₉₆Cm Curium	*₉₇Bk Berkelium	*₉₈Cf Californium	*₉₉Es Einsteinium	*₁₀₀Fm Fermium	*₁₀₁Md Mendelevium	*₁₀₂No Nobelium	*₁₀₃Lr Lawrencium

Actiniden Transurane   Massenzahl = * = alle Isotope radioaktiv

* Numerierung von 1 bis 18 nach IUPAC-Empfehlung 1988

Permanenztheorie, geht im Ggs. z. → Kontinentalverschiebung v. d. Konstanz d. Verteilung d. Kontinente u. Meere auf d. Erde aus.

Permanganat, *s.,* Salz der Permangansäure; bes. gebraucht das Kalium-P. *(KMnO₄),* rotviolette, intensiv färbende Kristalle, Oxidations- und Desinfektionsmittel.

permeabel [l.], durchlässig (z. B. eine Membran).

Permeabilität [l. „Durchlässigkeit"], **1)** b. *Magnetismus: absolute P.,* Verhältnis v. magnet. → Induktion zu magnet. → Feldstärke, im Vakuum sind Induktion u. Magnetfeld proportional verknüpft durch d. magnet. Feldkonstante; bei Anwesenheit von Materie kommt als weiterer Proportionalitätsfaktor d. *relative P.* dazu; dabei ist d. relative P. der paramagnet. Stoffe (z. B. Aluminium) größer, d. diamagnet. Stoffe (z. B. Wasser) kleiner als 1, der ferromagnet. (z. B. Eisen, Nickel) sehr hoch (v. Feldstärke abhängig), Eisen 400–8000, Sonderlegierungen für Transformatorenkerne bis über 1 Mill. **2)** *chem.* Durchlässigkeit feinporiger Wände (bei → Osmose). **3)** P. für Erdöl, Gase, Wasser bei Gesteinen.

Permeke, Constant (31. 7. 1886–4. 1. 1952), belg. Maler u. Bildhauer, e. Hptvertr. d. belg. Expressionismus; im Spätwerk Stilwandel z. helleren Farben u. leichteren Formen.

per mille [l.], ‰ = auf das Tausend.

Permission, *w.,* Erlaubnis.

Permoser, Balthasar (get. 13. 8. 1651 bis 20. 2. 1732), dt. Barockbildhauer u. Holzschnitzer; *Figuren am Dresdner Zwinger.*

Permutation, permutieren [l.], in der *Math.* eine geordnete Folge v. Elementen umordnen.

Permutit®, umfangreiches Sortiment von Anionen- u. Kationenaustauschern; → Ionenaustauscher.

Pernambuco, Staat N-Brasiliens am Atlantik, 101 023 km², 7,2 Mill. E; Hauptausfuhr: Baumwolle, Tabak, Zucker; Hptst. *Recife.*

Pernik, früh. *Dimitrowo,* bulgar. Gebietshptst., 99 000 E; Kohlenbergbau.

Pernionen, svw. → Frostbeulen.

perniziös [l.], bösartig (z. B. *p.e* → Anämie).

Pernod, *m.* [frz. -'no], hochalkohol. frz. Aperitif aus Wermut, Anis u. Kräutern.

Perón, Juan Domingo (8. 10. 1895 bis 1. 7. 1974), argentin. Gen. u. Pol.; 1946 bis 55 u. 1973/74 Staatspräs.; s. zweite Frau *Evita* (1919–52) leitete Sozialhilfswerk; 1974–76 war seine dritte Frau *Isabel* (* 5. 2 1931) Nachfolgerin.

Peronospora, *w.,* Schmarotzerpilz auf Pflanzen, erzeugt z. B. b. Weinstock d. falschen → Mehltau.

peroral, *oral,* durch den Mund (Medikamenteneinnahme).

Perpendicular style [engl. pə:pən-'dɪkjʊlə 'staɪl], Spätstufe der engl. Gotik (ca. 1350–1520): z. B. Kathedrale v. Gloucester.

Perpendikel, *s.* od. *m.* [l.], svw. Uhrenpendel.

perpetuell [l.], **perpetuierlich,** unaufhörlich, fortwirkend.

Perpetuum mobile, *s.,* Maschine, die dauernd Arbeit leisten soll, ohne daß neue Energie zugeführt wird; Ausführung physikalisch unmöglich, widerspricht dem Satz von d. Erhaltung d. Energie.

Perpignan [-pi'ɲã], Hptst. d. frz. Dép. *Pyrénées-Orientales,* 108 000 E; Bischofssitz; maurische Zitadelle.

perplex [l.], verblüfft, ratlos.

Perrault [pε'ro], **1)** Charles (12. 1. 1628–16. 5. 1703), frz. Dichter; Märchensammlung: *Contes de ma mère l'Oye.* **2)** Claude (25. 9. 1613–8./9. 10. 88), frz. Architekt, e. Hptvertr. d. barocken Klassizismus; *O-Fassade d. Louvre* u. *Observatorium* in Paris.

Perret [pε'rε], Auguste (12. 2. 1874 bis 4. 3. 1954), frz. Architekt, e. Pionier d. Stahlbetonbaus u. Erfinder neuer Konstruktionsformen; *Wohnbau* Rue Franklin 25 u. (m. H. van de Velde) *Théâtre des Champs-Elysées* in Paris, Wiederaufbau v. Le Havre nach d. 2. Weltkr.

Perrin [-'rɛ̃], Jean (30. 9. 1870–17. 4. 1942), frz. Phys. u. Chem.; Arbeiten über die diskontinuierl. Struktur der Materie; Nobelpr. 1926.

Perron, *m.* [frz. -'rõ:], Bahnsteig, Plattform.

Persante, poln. *Parsęta,* pommerscher Fluß, in die Ostsee bei Kolberg, 127 km lang.

per se [l. „durch sich"], in der Scholastik für das, was durch die eigene Natur d. betreffenden Seienden best. ist; im Unterschied zu *per accidens* („durch Zufallendes"), was durch äußere Umstände best. wird.

Perseiden, Meteorstrom aus dem Sternbild Perseus (vom 20. Juli bis 19. Aug.); → Meteore.

Persenning, *w.,* wasserdichte Leinwand als Wasser- und Wetterschutz an Deck von Schiffen u. Bootsabdeckung.

Persephone, griech. Unterweltsgöttin, lat. *Proserpina;* Tochter der Demeter u. des Zeus, von Hades *(Pluto)* geraubt; darf später zwei Drittel d. Jahres i. d. Oberwelt bleiben.

Persepolis, Ruinen d. 332 v. Chr. zerstörten Hptst. des altpers. Reichs (50 km nördl. von Schiras).

Perserkatze, svw. → Angorakatze.

Perserkriege (492–449 v. Chr.), zuerst Angriffskriege d. Perser gg. d. Griechen, bes. d. Athener, deren Macht sich nach Kleinasien (griech. Kolonien) erstreckte; 490 griech. Sieg bei Marathon; 480 Seesieg d. Griechen bei Salamis; 479 bis 449 Angriffskrieg d. Griechen: alle griech. Städte v. pers. Herrschaft befreit; Beschreibung d. P. durch Herodot.

Perseus,
1) → Sternbilder, Übers.
2) griech. Sagenheld, Sohn des Zeus u. der Danae, tötete die Medusa, eine d. Gorgonen, u. befreite Andromeda.

Perseveranz, *w.* [l.], Beharrlichkeit, Ausdauer.

Perseveration, Klebenbleiben an e. Erlebnis- bzw. Gedächtnisinhalt (z. B. Nichtloskommen v. e. Melodie).

Pershing 1-a ['pə:ʃɪŋ-], taktischer Boden-Boden-Flugkörper mit Feststoffantrieb für mobilen Einsatz u. ausschließl. nuklearem Sprengkopf; Reichweite: über 700 km; wurde aufgrund des INF-Vertrages bis Mai 1991 abgebaut.

Persianer, schwarzlock. Pelz wenige Tage alter Lämmer von Karakulschafen.

Persien, bis 1934 Name d. Kaiserreichs → Iran. Perser als indoeur. Volk v. Norden eingewandert. Um 700 v. Chr. Lehre des *Zoroaster* (Zarathustra). *Altpers.*

Balthasar Permoser, *St. Augustinus*

Raub der Persephone, *Bernini*

Persischer Würdenträger, *5. Jh. v. Chr.*

Perserkriege, *Persischer Krieger*

Persepolis, *Ruinen des Königspalastes*

Perseus, *Canova*

Kge: *Cyrus II.*, 559–529 v. Chr., entreißt den Medern die Herrschaft; *Kambyses II.*, 529–522 v. Chr.; *Darius I.* (Blütezeit) u. *Xerxes I.* führen Kriege gg. die Griechen: → Perserkriege. 330 v. Chr. Eroberung durch Alexander d. Gr.; bis 240 v. Chr. Seleukiden (Hellenisierung), bis 224 n. Chr. Arsakiden. *Neupers. Reich der Sassaniden* 224–651. Danach Herrschaft der Araber, Mongolen, Türken; 1501 wieder selbständig; s. 1794 Dynastie der Kadscharen. 1907 Teilung in eine brit. u. russ. Interessensphäre; 1921 Schutzvertrag mit Rußland (1949 gekündigt), 1925 Absetzung der alten Dynastie durch Reza Chan (s. 1925 Schah) Pahlewi, der einschneidende Reformen durchführte.

Persiflage, w. [frz. -'fla:ʒ(ə)], (geistreiche) Verspottung.

persische Literatur, *vorislamisch:* Zarathustra (zw. 1000 u. 650 v. Chr.), Schriftenmasse d. Avesta, darin *Gathas* (Preislieder des Z.); *nachislamisch:* Firdusi (10. Jh.), *Königsbuch* (Chronikalisches Epos); Omar der „Zeltmacher" *(Sinnsprüche)*, 11. Jh.; nach Firdusi noch sechs Dichter als klassische „Siebengestirn" anerkannt: Enweri, Nisam, Dschellal ed-Din, Rumi, Saadi, Hafis (14. Jh.), Dschami. Umfangreiche Er-

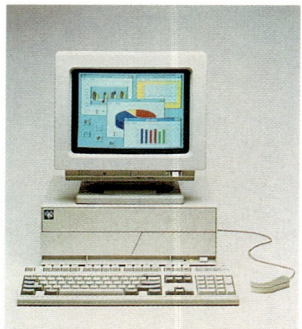

Personalcomputer

zählungsliteratur, u. a. Papageienbuch (auch in türkischer Fassung).

Persischer Golf, flaches Binnenmeer des Ind. Ozeans zw. Arab. Halbinsel u. Iran, 240 000 km², bis 170 m tief; Perlenfischerei; bed. Erdölförderung.

Persius, Aulus P. Flaccus (34–62 n. Chr.), röm. Satiriker.

Person [l.], in der Rechtswiss.: **1)** *physische* (natürl.) *P.:* jeder Mensch; **2)** *juristische P.:* Vereine, Gesellschaften, Anstalten oder Stiftungen, die nach Gesetz rechtsfähig sind.

Persona grata, w. [l.], „beliebte", erwünschte Persönlichkeit; Ggs.: *P. ingrata*.

Personalcomputer [engl. 'pɑːsənl „personal = persönlich"], *PC*, für den persönl. Gebrauch entwickelter → Mikrocomputer; ausbaufähige Systeme (Speicherkapazität, Peripherie); teilweise bereits für Datenübertragung u. d. Verbund in Netzwerken ausgelegt; zahlreiche Anwenderprogramme für private u. betriebl. Nutzung, auch Eigenprogrammierung möglich, → Programmiersprachen, vor allem BASIC, PASCAL.

Personalhoheit, Staatsgewalt greift über die Staatsgrenzen hinaus und erfaßt auch im Ausland sich aufhaltende Staatsbürger.

Personalien, Angaben über Alter, Beruf usw. e. Person.

Personalismus, *phil.* Lehre: Alles Wirkliche ist personaler Natur, alles Leben Selbstbewußtsein in versch. Graden der Vollkommenheit.

Personalpronomen, s. [l.], persönliches Fürwort (z. B. *ich, du, er*).

Personalsteuern, *direkte Steuern,* f. deren Berechnung die persönl. Verhältnisse des Steuerpflichtigen maßgebend sind; Ggs.: → Realsteuern.

Personalunion, Vereinigung mehrerer Staaten unter *einem* Fürsten (z. B. August d. Starke: Kurfürst v. Sachsen u. Kg v. Polen); *übertragen:* gemeinsame Leitung getrennt verwalteter Unternehmungen od. Ämter.

Personalvertretung, dem Betriebsrat entsprechende Vertretung (*Personalrat*) der Arbeitnehmer des öffentl. Dienstes (Ges. vom 15. 3. 1974).

Personenbeförderungsgesetz, v. 21. 3. 1961, regelt Zulassung u. Ausübung d. Personenbeförderung auf d. Land (ausgenommen Eisenbahnen).

Personenkonten, Namenskonten d. Kunden (→ Debitorenkonten) u. Lieferer (→ Kreditorenkonten).

Personenrecht, die Person betreffende Rechtsnormen (z. B. Namensrecht, Volljährigk., Minderjährigk., Entmündigung).

Personenstand, familienrechtl. Beziehung e. Person zu einer dritten (Eltern, Kinder, Ehegatte usw.); beim Standesamt anzumelden; willkürl., den wahren Zustand verschleiernde Änderungen strafbar (z. B. Kindesunterschiebung).

Personenstandsbücher, die vom Standesbeamten gemäß *Personenstandsgesetz* v. 8. 8. 1957 geführten Heirats-, Familien-, Geburten- u. Sterbebücher.

Personenversicherung, Versicherung v. Pers. (z. B. *Lebens-, Kranken-, Unfall-, Invalidenversicherung*); Ggs.: Sachversicherung.

Personifikation, w. [l.], Vermenschlichung, Verkörperung.

persönlich haftender Gesellschafter, haftet mit seinem ganzen Vermögen unmittelbar, unbeschränkt u. solidarisch f. die Verbindlichkeiten der Gesellschaft; jeder Gesellschafter einer → offenen Handelsgesellschaft, ferner die p. h. G. (*Komplementäre*) einer → Kommanditgesellschaft u. Kommanditgesellschaft auf Aktien.

Persönlichkeit,
1) Person, bei der Gemüt u. Verstand außerordentlich gut harmonieren.
2) *psych.* seelisch-geistige Eigenart e. Menschen.

Persönlichkeitsrecht, *Individualrecht,* schützt kraft Gesetzes bestimmte Gebiete d. Persönlichkeitssphäre (z. B. freie Entfaltung der Persönlichkeit, soweit Rechte anderer nicht verletzt werden; Art. 2 GG), Namensschutz (§ 12 BGB), Recht am eigenen Bild, Urheber- u. Erfinderschutz.

Persönlichkeitstypen, Zus.fassung charakterist. psych. Merkmale zu „Eigenschaftsbündeln": z. B. Extraversion – Introversion (C. G. Jung u. H. J. Ey-

senck) od. Zuordnung zu Körperbautypen (E. Kretschmer): leptosom – schizothym, pyknisch – zyklothym.

Perspektiv, s. [l.], ausziehbares Fernrohr.

Perspektive, Darstellung eines Gegenstandes od. Raums m. räuml. Wirkung auf der ebenen Bildfläche; Erfindung der *Zentralp.* in der Frührenaiss. durch Brunelleschi um 1420.

Perspektivismus, Lehre, daß die Auffassung der Wirklichkeit vom jeweiligen Gesichtspunkt abhängig u. daher nur relativ berechtigt sei; → Relativismus.

Perth [pəːθ],
1) Hptst. d. Bundesstaates W-Australien, am Schwanenfluß, mit Hafenvorst. *Fremantle,* 1,12 Mill. E; anglikan. u. röm.-kath. Bistum; Wolle- u. Weizenausfuhr.
2) schott. St. an der Mündung der Tay in den Firth of Tay, 42 000 E; bis 1437 Residenz d. schott. Könige.

Perthes,
1) Friedrich Christoph (21. 4. 1772 bis 18. 5. 1843), dt. Buchhändler; Verlagsgründer in Hamburg; Mitbegr. des Börsenvereins der dt. Buchhändler; s. Onkel
2) Justus (11. 9. 1749–1. 5. 1816), begr. in Gotha d. *Verlagsanst. J. P.;* Verlag s. 1953 in Darmstadt.

Pertinax® [l. „zäh"], Hartpapier, Handelsbez. f. Elektroisolierstoff.

Pertini, Sandro (25. 9. 1896–24. 2. 1990), it. Pol. (SPI); 1968–76 Präs. d. Abgeordnetenkammer, 1978–85 Staatspräs.

Pertubation, Eileiterdurchblasung bei Verwachsungen.

Perturbation, w. [l.], → Störung.

Pertussis, w. [l.], svw. → Keuchhusten.

Peru, Republik S-Amerikas, am Pazifik. **a)** *Geogr.:* Wüstenhafte Küste, Andenketten (*Cordillera Blanca* 6760 m hoch) und wald- u. regenreiche Osthänge d. Kordilleren. **b)** *Landw.:* 48% d. Bev., Anbau v. Baumwolle, Zuckerrohr, Kaffee. **c)** *Bodenschätze:* Große Vorkommen; Kupfer, Antimon, Blei, Zink, Silber, Gold u. Erdöl wichtig. **d)** *Außenhandel* (1991): Einfuhr 2,48, Ausfuhr 3,38 Mrd. $. **e)** *Verkehr:* Eisenbahn 1672 km. **f)** *Verf.* v. 1993: Präsidiale Rep., Einkammerparlament. **g)** *Verw.:* 25 Dep. **h)** *Gesch.:* Urspr. → Inkareich, v. Pizarro 1529–35 erobert; 1821 Unabhängigkeitserklärung; 1879–84 Niederlage im Salpeterkrieg; 1929 Vertrag mit Chile; Erwerb d. Prov. Tacna; 1968 Mil.putsch; 1980 Rückkehr z. Demokratie; 1992 Staatsstreich u. Auflösung d. Parlaments durch Präs. A. K. Fujimori; Kampf gegen den Terrorismus („Leuchtender Pfad"); s. 1993 neue Verf.; 1995 bewaffn. Grenzkonfl. m. Ecuador.

peruanische Kunst → altamerikanische Kunst.

Perubalsam, in der Medizin, Mikroskopie u. Parfümind. verwendeter pflanzlicher → Balsam a. d. Schmetterlingsblütler Myroxylum balsamum.

Perücke [frz.], Kopfbedeckung aus Haaren; zur Vortäuschung v. Haarwuchs.

Perugia [-'ruːdʒa], im Altertum *Perusia,* Hptst. d. mittelit. Prov. *P.,* nahe d. Tiber, 150 000 E; Dom (14./15. Jh.), *Fontana Maggiore* (1275); kath. Erzbischof, Uni., Kunstakad., Etruskermus.; Textilind.

PERU	
Staatsname:	Republik Peru, República del Perú
Staatsform:	Präsidiale Republik
Mitgliedschaft:	UNO, ALADI, OAS, SELA
Staatsoberhaupt:	Alberto K. Fujimori
Regierungschef:	Alberto Pandolfi Abulu
Hauptstadt:	Lima 6,4 Mill. Einwohner (Agglom.)
Fläche:	1 285 216 km²
Einwohner:	23 331 000
Bevölkerungsdichte:	18 je km²
Bevölkerungswachstum pro Jahr:	Ø 1,93% (1990–1995)
Amtssprache:	Spanisch, Ketschua
Religion:	Katholiken (95%)
Währung:	Neuer Sol (S/.)
Bruttosozialprodukt (1994):	44 110 Mill. US-$ insges., 1890 US-$ je Einw.
Nationalitätskennzeichen:	PE
Zeitzone:	MEZ – 6 Std.
Karte:	→ Südamerika

Peru

Peru

Perugino [-'dʒi:-], Pietro, eigtl. *di Christoforo Vannucci* (um 1445/8–Febr. od. März 1523), it. Maler d. Renaissance; Lehrer Raffaels; Fresken in Perugia.

Perutz,
1) Leo (2. 11. 1884–25. 8. 1957), östr. Autor, stand dem Prager Kreis nahe; spannende u. phantast. Erzählungen u. Romane. Als Jude verfolgt, wird sein Werk heute neu entdeckt: *Der Marques de Bolobar; Nachts unter den steinernen Brücken.*
2) Max Ferdinand (* 19. 5. 1914), engl. Chem.; Erforschung d. Struktur gr. Eiweißmoleküle; Nobelpr. 1962.

Peruzzi, Baldassare (get. 7. 3. 1481 bis 6. 1. 1536), it. Baumeister u. Maler d. Hochrenaiss.; u. a. *Palazzo Massimo alle Colonne* u. *Ausmalung d. Ponzetti-Kapelle* in S. Maria della Pace (Rom).

Pervaporation, techn. Verfahren z. Stofftrennung, bei d. flüssige (Teil-)Phase verdampft u. durch Membran abgetrennt wird.

pervers [l. „verkehrt"], widernatürl., geschlechtl. entartet.

Perversion, *w.,* Abweichung v. Normalen, bes. in sexueller Hinsicht.

Perzent → Prozent.

Perzeption [l.], geistige Wahrnehmung, Vorstellung.

perzipieren, begreifen; wahrnehmen.

Pesaro, Hptst. der mittelit. Prov. *P. e Urbino,* am Adriat. Meer, 90 000 E; Keramik-, Motorrad-, Seidenind.; Geburtsort → *Rossinis.*

Pescadores, *Fischerinseln,* chin. *Penghu,* 64 kl. Inseln in der Formosastraße, 127 km², 125 000 E.

Pescara, Hptst. der it. Prov. *P.,* Adriahafen, 129 000 E; chem. Ind.

Peschawar, Hptst. d. pakistan. Nordwestl. Grenzprovinz, 566 000 E; Uni.; beherrscht den → Khaiberpaß.

Peschita, *w.* [„die Einfache"], syr. → Bibelübersetzung aus d. 2. Jh.

Pesel, *Pösel,* ebenerdiger, von Diele abgetrennter Wohnraum des schlesw.-holst. u. nieders. Bauernhauses; hpts. Pracht- u. Besuchsstube.

Peseta, *w.,* → Währungen, Übers.

Pesne [pɛn] Antoine (23. 5. 1683–5. 8. 1757), frz. Hofmaler d. Rokoko in Berlin; bes. Bildnisse d. kgl. Familie (*Friedrich d. Gr.*) u. d. preuß. Ges.; Wand- u. Deckengemälde.

Peso, *m.,* → Währungen, Übers.

Pessar, *s.* [l.], Scheideneinlage.
1) *Ring-* und *Schalen-P.* aus Kunststoff, Hartgummi u. a. Material zum Stützen einer gesenkten Gebärmutter.
2) *Okklusiv-P.,* Schutzkappe zum Abschluß der Gebärmutter zwecks Empfängnisverhütung (→ Kontrazeption); auch *Diaphragma-P., Intrauterin-P.* u. a.

Pessimismus [l. „pessimum = d. Schlechteste"],
1) Gemütsverfassung od. Anschauung, die d. Welt für unverbesserlich schlecht hält u. vom Leben immer nur das Schlimmste erwartet.
2) phil. die Lehre, daß die Welt die schlechteste der möglichen Welten sei (Schopenhauer).

Pessimist, Schwarzseher.

Pest [pɛst], Stadtteil v. → Budapest.

Pest, durch *P.bakterien* verursacht (u. v. Ratten durch Flöhe übertragene) ansteckende, lebensgefährl. Infektionskrankheit, bes. als *Beulen-P.* mit eitriger Lymphdrüsenentzündung oder *Lungen-P.* mit tödl. Lungenentzündung. In Europa fast verschwunden. Große P.-Seuchen im MA (*Schwarzer Tod*).

Pestalozzi, Johann Heinrich (12. 1. 1746–17. 2. 1827), schweiz. Jugend- und Volkserzieher; v. Rousseau u. Herder beeinflußt, trotzdem Pflege der Gemeinschaft; Verbindung v. Unterricht m. Handarbeit; Erziehungsromane: *Lienhard u. Gertrud; Wie Gertrud ihre Kinder lehrt.* – *P.-Fröbel-Verband e. V.,* *PFV,* sozialpädagog. Fachverband. Neugründung 1948, 1873–1938 *Dt. Fröbel-Verband.*

Pestilenz, *w.* [l.], Pest, Seuche.

Pestizide, Sammelbegriff f. Mittel gegen pflanzl. u. tier. Schädlinge.

Pestwurz, Korbblütler mit fleischiger Blütentraube (im Frühling); an feuchten Stellen.

Pétain [-'tɛ̃], Philippe (24. 4. 1856 bis 23. 7. 1951), verteidigte 1916 Verdun; 1917 frz. Gen.stabschef, 1918 Marschall; 1934 Kriegsmin.; 1940–44 frz. Staatschef (Vichyreg.); 1945 wegen Zus.arbeit mit Dtld z. Tode verurteilt, z. lebenslängl. Haft begnadigt.

Pétanque [frz. pe'tɑ̃k], d. Boule, Boccia ähnl. Wurfspiel (auf unvorbereitetem Platz).

Petechien, Hautblutungen.

Petent, *m.* [l.], Bittsteller.

Peter [griech. „Fels"],
a) *Aragon:*
1) *P. (Pedro) III.* (1239–2. 11. 85), Kg seit 1276, vereinigte nach d. → Sizilianischen Vesper (1282) Sizilien m. Aragonien.
b) *Serbien:*
2) *P. I.* Karageorgewitsch (11. 7. 1844 bis 26. 8. 1921), Kg 1903–18, dann Kg der Serben, Kroaten u. Slowenen bis 1921.
c) *Jugoslawien:*
3) *P. II.* Karageorgewitsch (6. 9. 1923 bis 3. 11. 70), Kg v. 1934–41 (Regentschaftsrat unter Prinz Paul), lebte in der Emigration.
d) *Rußland:*
4) *P. I., d. Gr.* (9. 6. 1672–8. 2. 1725), Zar seit 1682, 1689 Alleinherrscher, reformierte Heer u. Flotte, bereiste unerkannt Europa (in Holland Schiffszimmermann, → Lortzings *Zar u. Zimmermann*), verbreitete eur. Kultur in Rußland, förderte Bildung u. Gewerbe, gründete 1703 Petersburg. Siegreicher Krieg gg. Karl XII. von Schweden (Erwerb der Ostseeprovinzen); s. Enkel
5) *P. III.* (21. 2. 1728–18. 7. 62, ermordet), vermählt m. Katharina II., 1762 Zar, schloß Frieden mit Friedrich dem Großen.

Peter-I.-Insel, s. 1929 norweg. Besitz in d. Antarktis, 249 km²; Walfangstation.

Petermann, August (18. 4. 1822 bis 25. 9. 78), dt. Geograph u. Kartograph, langjähr. Hg. der 1855 begründeten *P.s Geographische Mitteilungen.*

Petermännchen, *Großes P.,* europäischer Küstenfisch, bis 50 cm lang; giftige Flossenstacheln; genießbar.

Petermann-Spitze, Berg i. O-Grönland, 2940 m.

Peters, Carl (27. 9. 1856–10. 9. 1918), dt. Afrikaforscher u. bed. Kolonialpionier; gründete 1884 d. Kolonie Dt.-Ostafrika u. d. Dt.-Ostafrikan. Ges.; *England u. die Engländer.*

Perugino, *Madonna mit Kind und Heiligen*

J. H. Pestalozzi

Peter der Große

Petersplatz und -kirche, *Rom*

Petersberg,
1) Basaltkuppe (331 m) des Siebengebirges b. Königswinter, mit Hotel „P.", 1946–51 Sitz d. Alliierten Hohen Kommissare.
2) (D-36100), Gem. i. Kr. Fulda, Hess., 13 735 E; in d. Krypta karoling. Wandmalerei (9. Jh.).

Petersburg → Sankt Petersburg.

Petersen, Wolfgang (* 4. 3. 1941), dt. Filmregisseur; *D. Konsequenz* (1977); *D. Boot* (1980); *D. unendl. Geschichte* (1984); *Enemy Mine* (1985).

Petershagen (D-32469), St. i. Kr. Minden-Lübbecke, NRW, 24 716 E; Möbel- und Ziegelind., Energieerzeugung; Renaissanceschloß.

Petersilie, Doldengewächs, Küchenkraut aus dem Mittelmeergebiet; ähnlich *Hunds-P. (Gleiße),* hohes, giftiges Unkraut mit widerl. Geruch.

Peterskirche, Papstkirche in Rom, Vatikan, Grabkapelle d. Apostel Petrus (Bronzestatue); Neubau (1506–1629) unter Bramante, Raffael, Michelangelo, Bernini (*Kolonnaden*) u. a.

Peterspfennig, bis zur Reformation regelmäßige Abgabe der kath. Hausstände an den Papst; in neuerer Zeit freiwillige Liebesgabensammlung für den päpstl. Hofstaat.

Peterwardein, serb. *Petrovaradin,* Stadtteil v. → Neusatz, auf einem Donaufelsen; 1716 Sieg Prinz Eugens über die Türken.

Petit [pə'ti], Alexis Thérèse (2. 10. 1791–21. 6. 1820), frz. Physiker; Arbeiten über Wärmeausdehnung, → Dulong-Petitsches Gesetz.

Petit *w.,* → Schriftgrade.

Petit fours [frz. pəti'fu:r], viereckiges Kleingebäck.

Petition, *w.* [l.], Bittschrift, Eingabe.

Petition of rights [pɪˈtɪʃən əv ˈraɪts], „Bitte um Rechte", in Engld 1628 v. Karl I. bewilligt; keine Abgaben ohne Befragung d. Parlaments, keine Verhaftung od. Verurteilung ohne richterl. Entscheidung.

Petitionsrecht, als Grundrecht in demokr. Verfassungen anerkannt.

petitio principii [l.], in der Philosophie „Erschleichung des Beweises" durch Voraussetzung des erst zu Beweisenden; *Zirkelschluß;* → Circulus vitiosus.

Petőfi, Sándor, eigtl. *Petrovič* (1. 1. 1823–31. 7. 49), ungar. Lyriker u. Revolutionsdichter, fiel im ungar. Freiheitskampf; Versepos: *Held János.*

Petra, bed. Handelsstadt der → Nabatäer im s. Jordanien aus d. 3. Jh. v. Chr., bekannt durch ihre prächt. Felsnekropole, ab 106 n. Chr. röm. Kolonie. Die Stadt verlor später ihre Bedeutung an → Palmyra.

Petrarca, Francesco (20. 7. 1304–19. 7. 74), it. Dichter u. Humanist; durch sein an der Antike entzündetes Nationalgefühl für eine einheitl. Italien v. Einfluß auf beginnende Renaissance; verherrlicht s. Geliebte Laura in Sonetten: *Canzoniere.*

Petrefakt, *s.* [gr.-l.], Versteinerung, Fossil.

Petri, Olaus (6. 1. 1493–19. 4. 1552), schwed. Reformator; Schüler Luthers.

Petrie, Sir William Matthew Flinders (3. 6. 1853–28. 7. 1942), Archäologe in Palästina u. Ägypten.

Petrischalen, für Bakterienkulturen verwendete Glasschalen mit übergreifendem Glasdeckel.
Petrochemie, Zweig d. techn. Chemie, Verwendung v. Erdgas u. Erdöl als Rohstoffe zu chem.-techn. Synthesen (z. B. Acetylen aus Erdgas-Methan zur Bunasynthese).
Petrogenese [gr.], Entwicklung(sgesch.) der Gesteinsbildung.
Petrographie [gr.], Gesteinskunde, Lehre von d. aus Mineralien zusammengesetzten Gesteinen; nach ihrer Entstehung: → Magmatite, → Sedimentgesteine, → Metamorphite.
Petrolether, Leichtöl, farblose, leicht brennbare Flüssigkeit, Erdöl-Destillat von sehr niedrigem Siedepunkt zur Fettextraktion, chem. Reinigung (→ Kohlenwasserstoffe, Übers.).
Petroleum → Erdöl, → Kohlenwasserstoffe, Übers.
Petropawlowsk,
1) Hptst. des Gebiets N-Kasachstan, 241 000 E.
2) *P.-Kamtschatskij,* Hptst. d. russ. Gebiets Kamtschatka, 269 000 E; Winterhafen; Fischverarbeitung.
Petrópolis, St. in Brasilien, im Staat Rio de Janeiro, 285 000 E; Ind.
Petrosawodsk, Hptst. der Karelischen ASSR, am Onegasee, 270 000 E; Sägewerke.
Petrucci [-'truttʃi], Ottaviano (18. 6. 1466–7. 5. 1539), it. Musikverleger; Erfinder d. Notendruckes mit bewegl. Lettern.
Petrus [gr. ,,Fels"], *Simon,* Apostel, Fischer a. See Genezareth, n. Berufung v. Jesus *Kephas* [aramäisch ,,Fels"] gen.; bevorzugte Stellung; nach Jesu Tod Judenmissionar; die röm.-kath. Kirche verehrt in ihm den 1. Bischof von Rom.
Petrus,
1) *P. Damiani* (1007–72), Kirchenlehrer, versöhnte in päpstl. Auftrag Kaiser Heinrich IV. m. seiner Gemahlin, Verfechter d. Papstgedankens.
2) *P. de Vinea* (um 1190–1249, Selbstmord), Kanzler → Friedrichs II.; Neuorganisator Siziliens.
3) *P. Lombardus* (um 1100–1164), scholastischer Theologe, dessen Schriften zum Elementarbuch d. ma. Theologie u. Philosophie wurden.
4) *P. Waldus* → Waldenser.
Petrusbriefe, 2 Schriften im N.T., wahrscheinlich n. v. Petrus selbst verfaßt.
Petsamo → Petschenga.
Petschaft, s. [slaw.], Stab od. Ring mit gravierter Platte z. Siegeln.
Petschenga, russ. Gebiet am Nördl. Eismeer am eisfreien *P.fjord;* 1920–44 finn. *(Petsamo).*
Petschora, nordruss. Fluß, fließt vom Ural in die **P.bucht** des Nördlichen Eismeers, 1809 km lang; schiffbar; große Kohlenlager: **Petschorsker Kohlenbecken.**
Petten, ndl. Ort nw. Alkmaar, Reaktorzentrum d. Ndl. *(RCN).*
Pettenkofer, Max von (3. 12. 1818 bis 10. 2. 1901), dt. Hygieniker und Chemiker; Begr. d. experimentellen Hygiene; Seuchentheorie u. Sozialhygiene.
Petticoat, [engl. -kout], reifrockähnl. Taillenunterrock, m. a. versteiftem Perlon.
Petting, s. [engl.], Liebesspiele mit sexuell erregenden Berührungen, aber ohne Geschlechtsverkehr.

Standbild des hl. Petrus, *Rom*

Petunie

Pfahlbauten, *Unteruhldingen*

Pfau

Pfefferstrauch

Petunie, Nachtschattengewächs, Zierpflanze aus S-Amerika.
Petze, *Betze,* weiblicher Hund, Fuchs, Wolf.
peu à peu [frz. pøa'pø], nach und nach.
Peugeot [frz. pø'ʒo], bed. frz. Automobilwerk (1896 gegr.), 1974 Zus.schluß m. Citroën u. Michelin.
Peutinger, Konrad (15. 10. 1465 bis 28. 12. 1547), dt. Humanist; nach ihm d. **Peutingersche Tafel,** e. spätröm. Weltkarte mit d. Straßen des Römischen Reiches.
Pevsner [pɛv'snɛːr], Antoine (18. 1. 1886–12. 4. 1962), Bruder von N. → Gabo; russ.-frz. Maler u. Plastiker; abstrakter Konstruktivist.
Peyotl, mexikan. Kaktusart, liefert die Rauschdroge Mescalin.
Peyrefitte [pɛr'fit], Roger (* 17. 8. 1907), frz. Schriftst.; *Diplomaten; Amerikaner.*
Pfadfinder, nach Art der v. Gen. *Baden-Powell* 1907 in England gegr. Boy-Scouts (Späher) 1911 geschaffene dt. Jugendorganisation.
Pfäfers (CH-7312), Gem. im schweiz. Kanton St. Gallen, 1800 E, mit *Bad P.* (685 müM); warme Quellen.
Pfaffe, Pfarrer; urspr. ohne veräcktl. Nebensinn.
Pfaffenhofen a. d. Ilm (D-85276), Krst. in Oberbayern, 19 973 E; AG; div. Ind., Hopfenanbau.
Pfaffenhütchen, svw. → Spindelbaum.
Pfahlbauten, Häuser auf Pfählen in Uferzonen, z. B. auf den trop. Inseln der Südsee, in Neuguinea usw.; *vorgeschichtl.:* Pfahl- u. Siedlungsreste d. Jungstein- u. Bronzezeit im Bodensee u. d. Schweizer Seen stammen wahrscheinlich n. Häusern auf moorigem, zeitweise überschwemmtem Untergrund.
Pfahlbürger, *Schutzbürger,* außerhalb d. Mauern, aber innerhalb d. Bann- u. Gerichtspfähle e. Stadt wohnende Bürger.
Pfahlrost, aus eingerammten Pfählen bestehendes Fundament für Bauwerke bei ungenügender Tragfähigkeit des Baugrundes (Moor, Triebsand).
Pfalz, bis 1968 Rgbz. d. Landes Rh.-Pf., links am Rhein, jetzt Teil d. Rgbz. → Rheinhessen-Pfalz. – *Gesch.:* Rhein- *und Unterpfalz,* zu beiden Seiten des Rheins s. 1155 nachgewiesen, 1214 bis 1918 unter Wittelsbachern; 1329 mit Teilen der bayr. Nordmark *(Oberpfalz)* eigene Linie, von 1410 an vielfach geteilt (Kurpfalz, Simmern, Zweibrücken, Neuburg usw.). Die *Kurpfalz* unter Friedrich III. Vormacht des Calvinismus in Dtld. Friedrich V. (1619/20 Kg v. Böhmen, verliert 1623 die Oberpfalz an Bayern; 1689 nach Zurückweisung frz. Erbansprüche (Elisabeth 4) Verwüstung der P. durch Mélac; unter Karl Theodor 1777 Pfalz u. Bayern vereinigt; 1803 d. rechtsrhein. P. an Baden u. Hessen, 1801 die linksrhein. an Frkr., 1815 an Bayern (bayr. Rgbz.). 1849 *Pfälzer Aufstand.* Durch Versailler Vertrag d. W-Zipfel zum Saarland; 1945 zu → Rheinland-Pfalz; 1947 durch Verfügung der frz. Mil.reg. weitere kleinere Gebietsteile zum Saarland; 1956 Volksbegehren auf Wiedervereinigung m. Bayern erfolglos. → *Oberpfalz.*
Pfalz, im MA Schloß dt. Kaiser u. Könige, wo sie Gericht abhielten; Pfalz bei → Kaub a. Rhein, Burg (13. Jh.) auf einem Felsenriff; auch das umliegende, einem *P.grafen* unterstellte Gebiet.
Pfälzer Wald → Haardt.
Pfälzer Weine, meist Weißweine aus der Rheinpfalz vom Osthang der Hardt, z. B. Deidesheimer, Dürkheimer (Rotwein).
Pfand, Gegenstand, den ein Schuldner d. Gläubiger als Sicherstellung seiner Forderung überläßt.
Pfandbriefe, festverzinsl. Schuldverschreibungen der Bodenkreditanstalten (Hypothekenbanken usw.), d. durch Hypotheken gedeckt sind; werden an der Börse gehandelt.
Pfandentstrickung → Verstrickungsbruch.
Pfänder, Berg über dem Bodensee bei → Bregenz, 1064 m h.
Pfandkehr, strafbare Wegnahme e. Sache zugunsten des Eigentümers, die ein Pfandgläubiger, Nutznießer, Gebrauchsod. Zurückhaltungsberechtigter besitzt.
Pfandleihen, gewähren nach d. → Pfandrecht gegen Faustpfand Darlehen; meist gemeinnützige öffentl. Körperschaft, auch private Unternehmungen.
Pfandrecht, dingl. Recht an einer beweglichen Sache, *Faustpfand* (oder einem Recht); entsteht durch Vertrag u. Übergabe der Sache, kraft Gesetzes (z. B. Vermieterpfandrecht, → Miete) od. als *Pfändungspfandrecht* bei → Zwangsvollstreckung; bezweckt Sicherung e. Forderung u. berechtigt den Gläubiger, bei Fälligkeit der Forderung Pfand zu verwerten u. sich aus Erlös zu befriedigen. *Pfandverkauf,* durch öff. Versteigerung nach vorhergehender Benachrichtigung d. Verpfänders u. Pfandeigentümers. Für bestimmte Gegenstände (z. B. Börsenpapiere) anderweitige Verwertung zulässig (§§ 1204 ff. BGB).
Pfandschein, dem Darlehensnehmer ausgestellte Bescheinigung über d. hinterlegte Pfand.
Pfändung, Beschlagnahme v. Sachen od. Rechten zum Zweck der Sicherung od. Befriedigung v. Geldforderungen; → Zwangsvollstreckung.
Pfarramt, das einem Pfarrer übertragene Amt; außer dem Gemeindepfarramt auch Anstalts-P., Kreis- und Provinzial-P. (Jugend-P.; Sozial-P.).
Pfarrer [gr.-l. ,,parochus = Inhaber"], Inhaber eines Pfarramtes, in kath. Kirche v. Bischof berufen; in ev. Kirche teils Berufung durch Kirchenbehörde oder Patron, teils Gemeindewahl.
Pfarrernotbund, 1933 von Martin Niemöller organisierter Zusammenschluß ev. Pfarrer (→ Bekennende Kirche), Widerstand gg. die am NS orientierten Dt. Christen.
Pfarrkirchen (D-84347), Krst. des Kr. Rottal-Inn, Niederbay., 10 885 E; Pfarrkirche (um 1500).
Pfarrschulen, Elementarschulform des MAs, ähnlich den Kloster- und Domschulen v. der Kirche geleitet.
Pfau → Sternbilder, Übers.
Pfauen, Hühnervögel Südasiens; Männchen m. prächtig metallisch gefärbten, aufrichtbaren Schwanzfedern: ,,Rad"; bei den Griechen und Römern Tafel-, bei uns Ziervogel; heiliger Vogel der Hindus.

Pfauenauge, meist Kurzbez. für das Tagpfauenauge, ein Tagfalter, auch Abend- u. → Nachtpfauenauge.

Pfeffer, Frucht des asiat. P.strauchs, einer Kletterpflanze; unreif als *grüner P.,* halbreif, gemahlen *schwarzer P.,* geschält gemahlen d. mildere *weiße P.;* auch Bez. f. Teile and. Pflanzen, z. B. → Cayenne-P. oder rosa P.

Pfefferfresser, svw. → Tukane.

Pfefferkorn, Johannes (1469–1524), dt. Schriftst.; konvertierter Jude; verlangte Vernichtung aller hebr. Schriften; Gegenschriften: → *Epistolae obscurorum virorum.*

Pfefferküste,
1) Küste v. Liberia (Westafrika), Teil der Ober-Guinea-Küste.
2) svw. → Malabarküste.

Pfefferminze, Art der → Minze.

Pfefferminzöl, äther. Öl aus Blättern der Pfefferminze, mentholhaltig; heute meist synthet.; angenehm kühlend, für Bonbons, Mundwässer, Parfüme.

Pfefferrohr,
1) Triebe eines mexikanischen Pfefferstrauchs.
2) Handelsbez. für dunkel gefleckten → Bambus.

Pfeife,
1) *Orgel-P.* → Orgel.
2) Rohr des Glasbläsers zum Formen geschmolzenen Glases.
3) Instrument zur Lauterzeugung; Rohr m. Querspalt *(Lippen-P.)* od. federnder mechan. Zunge, dessen Luftsäule durch Anblasen in Schwingung kommt *(Zungen-P.).*

Pfeifenstrauch → Osterluzei; auch → Jasmin.

Pfeiffer, Alois (25. 9. 1924–1. 8. 1987), dt. Gewerkschafter; s. 1985 Mitgl. d. EU-Kommission.

Pfeiffersches Drüsenfieber → Mononukleose.

Pfeifhasen, Pikas, kl., kurzohrige Hasenverwandte in Steppen der nördl. Erdhälfte; stoßen typische Pfiffe aus.

Pfeil → Sternbilder, Übers.

Pfeiler, in d. Architektur senkrechte, mehr- (meist recht)eckige Stütze von Lasten: Brücken-, Eck-, Grund-P. – *Strebe-P.* zur Mauerverstärkung od. seitlichen Ableitung des Gewölbeschubs; auch zur Zier. → Bündelpfeiler; → Pilaster.

Pfeilflügel, pfeilförmig stark (über 30°) abgewinkelte Stellung d. Tragflügel (u. meist auch d. Höhenleitwerks) b. Hochgeschwindigkeitsflugzeugen.

Pfeilhechte, bis 3 m lang werdende räuberische Knochenfische tropischer Küsten (z. B. *Barracuda*); z. T. gefährlich für Taucher.

Pfennig, kleinste dt. Münze; im MA urspr. *Silberpfennig;* s. um 1300 nur → Scheidemünze; s. 16. Jh. *Kupferpfennig;* der *dicke P.,* im Ggs. zu dem Hohlpfennig (→ Brakteaten), nach der 1. Münzstätte Tours „Gros tournois" (lat. *grossus turonensis*), in Dtld *Groschen* genannt.

Pfennigkraut, gelb blühendes, kriechendes Primelgewächs m. pfennigrunden Blättern; feuchte Wiesen u. Gräben.

Pferch, bewegl. Einzäunung, in die (Schaf-)Herden eingepfercht werden.

Pferd, Turngerät f. Sprünge u. Schwünge; 1,60 m langes Holz- od. Metallgestell m. Lederpolsterung, 2 Handgriffen (Pauschen) u. 4 ausziehbaren Beinen od. einer Mittelsäule.

Pferdchen → Füllen.

Pferde, Einhufer, wild noch in Zentralasien *(Przewalskipferd),* verwildert in Amerika, Australien u. SO-Europa. Männl. Pferd: *Hengst,* kastriert *Wallach;* weibl. P.: *Stute,* junges P.: *Fohlen, Füllen.* Man teilt die P.rassen ein in: **a)** *Warmblut: Vollblut* (bes. Araber u. verwandte orientalische Rassen sowie das engl. Vollblut als Zucht-, Reit- und Dressur-P.) u. *Halbblut* (Reit- u. leichtere Zug-P.), **b)** *Kaltblut* (schwere Zug-P.), **c)** *Klein-P.* (Haflinger i. d. Alpen) u. *Ponys* (Shetlandpony).

Pferdeböcke, große afrikan. Horntiere („Antilopen") m. langen, gestreckten *(Säbel-)* oder nach hinten gebogenen Hörnern *(Rappenantilope).*

Pferdebremse, *Magenbremse* → Dasselfliegen.

Pferderennen, schon seit vorgeschichtl. Zeit; als Rennsport in England s. 16. Jh., auf d. Festland im 19. Jh. eingeführt; Zweck: Prüfung d. Vollblutpferdes für d. Pferdezucht; Arten: → Galopp- (Flach-, Hindernis-) u. → Trabrennen.

Pferde (von oben nach unten)
Hannoveraner Warmblut
Schwarzwälder Fuchs, leichtes Kaltblut
Araber Vollblut
Trakehner Warmblut
Haflinger Pony
Englisches Vollblut

Pferdesport, Freizeitreiten bzw. Fahren mit Pferden, Hochleistungssport-Disziplinen: Trab-, Galopp- u. Hindernisrennen, Spring- u. Dressurreiten, Vielseitigkeitsprüfung (Military), Jagdreiten.

Pferdestärke, Abk. *PS,* veraltetes techn. Maß der Leistung; 1 PS = 75 mkp/s = 736 Watt; 1 P. in engl. Maß: 1 HP

Pferdesport, *Springen, Barcelona 1992, Ludger Beerbaum (D) auf „Classic Touch"*

Pfennigkraut, Feld-Täschelkraut

Das Pfingstwunder, *Buchmalerei, 1476*

Pfifferling

Pflanzen unter Naturschutz

1 Alpenanemone.
2 Frauenschuh.
3 Edelweiß.
4 Rostblättrige Alpenrose.
5 Alpenveilchen.
6 Türkenbund.
7 Christrose.
8 Stengelloser Enzian.
9 Aurikel.
10 Kohlröschen.
11 Seerose.
12 Akelei.
13 Seidelbast.

Philatelie

1 Volksrepublik China, 8 Fen (1956)
2 Deutschland/Kaiserreich, 1 Groschen (1874)
3 DDR, 5 DM (1951)
4 BR Deutschland, 1 DM (1993)
5 Frankreich, 1 Franc (1849)
6 Fidschi, 1/2 Penny (1892)
7 Gibraltar, 40 Centimes (1889)
8 Großbritannien, 2 Pence (1840)
9 Iran, 50 Rial (1992)
10 Japan, 45 Sen (1877)
11 Jungferninseln, 1/2 Penny (1899)
12 Lagos, 6 Pence (1884)
13 Mauritius, 2 Pence (1847)
14 Mauritius, 1 Penny (1847)
15 Neuseeland, 1,80 Dollar (1992)
16 Österreich, 7 Schilling (1993)
17 San Marino, 10 Lire (1973)
18 Schweden, 7 Kronen (1985)
19 Schweiz, 10 Franken (1961)
20 Seychellen, 36 Cents (1896)
21 Spanien, 45 Pesetas (1992)
22 Sowjetunion, 5 Rubel (1939)
23 Tschechoslowakei, 1 Krone (1990)
24 USA, 2 Cents (1930)
25 Vatikan, 20 Centimos (1867)
26 Vereinte Nationen (Amt in Wien), 5 Schilling (1994)

(horsepower) = 1,0139 PS = 76 mkp/s; ersetzt durch → Watt.
Pferdmenges, Robert (27. 3. 1880 bis 28. 9. 1962), dt. Bankier; Berater Adenauers.
Pfifferling, östr. *Eierschwamm*, eigelber Leistenpilz m. festem, angenehm riechenden Fleisch; meist in Nadelwald.
Pfingstbewegung, geistl. Erweckungsbewegung (seit 1906) m. d. Ziel unmittelb. ekstat. Erfahrung d. Hl. Geistes.
Pfingsten [gr. „pentekoste = 50. (Tag)"], christl. Fest am 50. Tag nach Ostern zur Erinnerung an die Ausgießung des Hl. Geistes; urspr. jüdisches Erntedankfest, 50 Tage nach Passah.
Pfingstrose, svw. → Päonie.
Pfirsich, *Pfirsichbaum*, Steinobstbaum m. rosa Blüten; aus O-Asien; gr., behaarte Früchte m. rauhem Kern.

Pfitscher Joch, Paßübergang zw. Zillertal u. Pfitscher Tal; östr.-it. Grenze, 2251 m.
Pfitzner, Hans (5. 5. 1869–22. 5. 1949), dt. spätromant. Komp. u. Dirigent; Lieder, Kantate: *Von dt. Seele;* Kammermusik; Opern: *Palestrina; D. Rose v. Liebesgarten; D. arme Heinrich; Das Christ-Elflein.*
Pflanzen, Lebewesen, die im allg. → Chlorophyll besitzen und damit unter Lichteinwirkung (→ Assimilation, → Photosynthese) körpereigene Stoffe aus der Kohlensäure der Luft sowie unter Aufnahme von Wasser und Salzen aufbauen, sich also von anorgan. Stoffen ernähren; abweichend die nichtgrünen Bakterien, Pilze u. einige höhere P., die auf organ. Nahrung (wie die Tiere) angewiesen sind. → Botanik; → Züchtung.

Pflanzenklärsysteme, Kläranlagen, die sich des Reinigungspotentials best. (Sumpf-)Pflanzen f. d. Abwasseraufbereitung bedienen; Nachteil: sehr flächenintensiv.
Pflanzenmilch, weißer od. gelbl. Saft mancher Pflanzen (z. B. Wolfsmilch, Mohngewächse).
Pflanzenschutz, Verhütung u. Bekämpfung v. Krankheiten u. Schädlingen (Kartoffelkäfer, Reblaus u. a.) an Kulturpflanzen; gesetzlich geregelt, obliegt Pflanzenschutzdienst; → integrierter Pflanzenschutz, → biologische Schädlingsbekämpfung, → Kontaktgifte, → Wein.
Pflanzenzucht, auf vererbungswiss. Grundlagen beruhende Auslese u. systemat. → Züchtung ertragreicherer, besser verwertbarer und widerstandsfähiger

  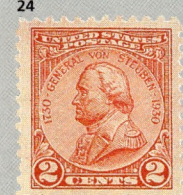  

Nutzpflanzen. MPI für Pflanzengenetik in Ladenburg b. Heidelberg.
Pflaster, klebendes Verbandmittel, z. B. aus Zinkkautschuk (Heftpflaster); mit hautreizenden Mitteln bestrichen: *Zugpflaster* bei Entzündungen usw.
Pflasterkäfer → Kanthariden.
Pflaumen, Steinobst unbekannter Herkunft; *gemeine P.* (Zwetschgen) mit blauen Früchten; diese wie die *Kriechen-P.* und die *Kirsch-P.* (beide aus O-Europa u. Asien) sind die Stammpflanzen zahlreicher Kulturrassen, wie der *Rund-, Oval-P.* (Damaszener), *Eier-, Edel-P.* (Reineclauden od. Renekloden, östr. Ringlotten), *Wachs-P.* (Mirabellen).
Pflegegelder, *Unterhaltsgelder,* Unterhaltsbeträge für Insassen von öff. oder priv. Fürsorgeanstalten.
Pflegekinder, gg. Entgelt in fremden Familien untergebrachte Kinder.
Pflegeversicherung, → Sozialpolitik u. Sozialversicherung, Übers.
Pflegschaft, Bestellung einer Person *(Pfleger)* durch das Vormundschaftsgericht z. Wahrnehmung der rechtl. Interessen von Minderjährigen, falls gesetzl. Vertreter an der Vertretung verhindert, von Verschollenen in Vermögensangelegenheiten, von unbekannten Beteiligten (z. B. noch nicht ermittelten Erben) u. a. → Vormund (§§ 1909 ff. BGB).
Pflicht, Nötigung, den eth. Forderungen zu entsprechen u. demgemäß zu leben.
Pflichtexemplar, *Pflichtstück,* gesetzl. angeordnete Ablieferung v. Büchern, Zeitschriften durch d. Verleger, Drucker an öff. Bibliotheken.
Pflichtschulen, in BR Grund- u. Hauptschulen (9 Jahre, Vollzeitunterricht) u. Berufsschulen (3 Jahre, Teilzeitunterricht); → Schulpflicht.
Pflichtteil → Erbrecht.
Pflichtübung, i. sportl. Wettbewerb i. d. Ausschreibung verbindl. festgelegte Übung (z. B. beim Kunstturnen od. Eiskunstlauf); Ggs.: → Kür.
Pflichtverteidiger, svw. → Offizialverteidiger.
Pflug, s. d. Endsteinzeit Ackergerät zum Wenden u. zur Auflockerung d. Bodens, auch z. Häufeln u. zur Unkrautbeseitigung: *Häufel-, Hackpflug.*
Pfordten, Ludwig Frh. von der (11. 9. 1811–18. 8. 1880), sächs. u. bayr. Politiker; 1849–59 u. 1864–66 bayr. Min.präs.
Pforr, Franz (7. 4. 1788–16. 6. 1812), dt. Maler; Mitbegr. des Lukasbunds → Nazarener). nach stilist. Vorbild altdt. Meister Darstellungen aus d. ma. Geschichte u. Legende; *Graf v. Habsburg und der Priester.*
Pfortader, Blutader der Leberpforte, sammelt das aus d. Verdauungsorganen abfließende Blut.
Pförtner, griech. *Pylorus,* → Magenpförtner.
Pforzheim (D-75172–81), Stkr. am N-Rand d. Schwarzwaldes, am Zus.fluß v. Enz, Nagold u. Würm, 115 547 E; IHK, AG; Schmuck- u. Uhrenind., Schmuckmus.; Geburtsort *Reuchlins.*
Pfronten (D-87459), Gem. i. Kr. Ostallgäu, Bay., Luftkurort und Wintersportpl., 7722 E; feinmechan. und Masch.ind.
Pfropfen → Veredlung.
Pfropf-Polymerisation, Verlängerung v. → Makromolekülen durch „An-polymerisieren" weiterer Molekülbausteine.
Pfründe, in d. kath. Kirche Kirchengut, dessen Ertrag d. Pfründeninhaber (geistl. Personen) zugute kommt; in d. ev. Kirche Pfarrstellen mit Nutznießung aus Landbesitz; auch Nutznießung aus säkularisierten Kirchengütern (Stiften).
Pfullingen (D-72793), St. i. Kr. Reutlingen, Ba-Wü., am Fuß der Schwäb. Alb, 17 247 E; Trachtenmus.; Textil-, Holz-, Kunststoff- u. Papierind.
Pfund,
1) *P. Sterling* (£), bis 1971: 1 £ = 20 Schilling = 240 Pence, jetzt: 1 £ = 100 Pence (→ Währungen, Übers.).
2) früher Gewicht (500 g) = ½ kg, in Dtld 1935 als gesetzl. Maß abgeschafft; das engl. u. am. P. (Abk. *lb*) = 453,59 g.
Pfungstadt (D-64319), St. i. Kr. Darmstadt-Dieburg, Hess., 24 082 E; Brauerei, Maschinen- u. Apparatebau.
Phäaken, gastl. Volk in der *Odyssee.*
Phädra, in der griech. Sage Gattin des Theseus, veranlaßte Tod ihres Stiefsohns Hippolyt, da ihre Liebe nicht erwidert; Drama v. Racine.
Phädrus, (1. Jh. v. Chr.), röm. Fabeldichter.
Phaeton, Sohn d. griech. Sonnengottes Helios, stürzt als Lenker des Sonnenwagens ab.
Phagen, svw. → Bakteriophagen.
Phagozyten [gr.], „Freßzellen" (bestimmte weiße Blutkörperchen), Mikro- u. Makrophage.
Phagozytose, die. → Metschnikoff entdeckte Fähigkeit d. weißen Blutkörperchen, Fremdkörper (z. B. Bakterien) in sich einzuschließen u. unschädlich zu machen, zu „fressen".
Phalanx, w. [gr.], in d. griech. Antike dichtgeschlossene, mehrere Glieder tiefe Schlachtordnung.
Phaleron, Athens ältester Hafen, im 5. Jh. v. Chr. durch eine 3,5 km l. Mauer mit Athen verbunden.
Phallus, m. [gr.], das erigierte männl. Glied als Sinnbild der zeugenden Naturkraft.
Phalluskulte in zahlreichen Religionen des Altertums; auch bei heutigen Naturvölkern.
Pham Van Dong (* 1. 3. 1906), vietnames. Pol.; Mitbegr. der Vietminh, 1955, 1976 Min.präs. v. Nord-Vietnam, 1976–92 Min.präs. d. vereinigten Vietnam.
Phanerogamen [gr.], Pflanzen mit aus Staub- u. Fruchtblättern als wichtigsten Teilen bestehenden Blüten; Ggs.: → Kryptogamen.
Phanerozoikum, s. [gr.], geolog. Bez. f. d. vom unt. → Kambrium bis heute durch Fossilien belegten Zeitabschnitt (Übers. Geol. Formationen).
Phänokopie, die durch Außenfaktoren bewirkte, nicht erbl. Nachbildung *phänotypischer* Merkmale eines *Genotypus* durch einen anderen.
Phänologie [gr.], Teilgebiet d. Biologie, Lehre v. d. Erscheinungen d. Pflanzen- u. der Tierwelt innerhalb des Jahresablaufs.
Phänomen, s. [gr.],
1) *phil.* das Erscheinende, was sich d. Sinnen bietet.
2) etwas Großartiges.
Phänomenologie [gr.],
1) Lehre von den Erscheinungen.
2) von Edmund *Husserl* begr. Methode, die von der bewußtseinsunabhängigen Wirklichkeit der Dinge absieht u. die reinen Intentionen, d. h. nur die Formen des erkennenden Bewußtseins, beschreibt.
Phänotypus, m. [gr.], Erscheinungsbild eines Lebewesens, das durch Zus.wirken v. Erbfaktoren (→ Genotypus) u. Umweltbedingungen entsteht.
Phantasie, w. [gr.],
1) *mus.* → Fantasie.
2) Einbildungskraft, Vorstellungsvermögen.
Phantasma, s., Bild der Phantasie, Trugbild.
Phantasmagorie, w., (optische) Vorspiegelung v. Trugbildern.
Phantast, m., Schwärmer, Träumer.
phantastisch, unwirklich.
Phantastischer Realismus, s. Mitte d. 50er Jahre Bez. f. eine Gruppe Wiener Künstler m. realist.-phantast. Werken; v. Surrealismus beeinflußt, i. d. 60er Jahren auch v. Jugendstil; sog. „Wiener Schule des Ph. R.", die myth. Naturparadiese u. alttestamentar. Zyklen entwirft; Vertr.: *Gütersloh, Hausner, Brauer, Hutter, Lehmden, Fuchs.*
Phantom,
1) das Waffensystem *F Phantom II* kann aufgrund seiner konstruktiven Auslegung als Aufklärungsflugzeug (RF-4 Phantom II; versch. Bildaufklärungsanlagen, Geschwindigkeit bis 2,2 Mach = 2600 km/h), als Jagdflugzeug u. als Jagdbomber (F-4 F, Einsatzgeschw. 660–1100 km/h, Aktionsradius 185–550 km) eingesetzt werden. Bewaffnung/Mun.: Bordkanone 20 mm, Spreng- u. Streubomben sowie Lenkflugkörper.
2) modellartige Nachbildung eines Körperteils zu Lehr- u. Übungszwecken, bes. in der Geburtshilfe.
3) Hirngespinst, Wahnvorstellung.
Phantombild, Zeichnung einer gesuchten Person nach Zeugenaussagen (z. B. *Picbild*).
Phantomschmerzen, Schmerzempfindung in nicht mehr vorhandenen (z. B. amputierten) Gliedmaßen.
Phäochromozytom, Tumor des → Nebennieren-Marks, produziert Kreislaufhormone (→ Katecholamine), dadurch Bluthochdruck.
Pharao [„das große Haus"],
1) Kartenglücksspiel *(Pharo).*
2) Titel d. altägyptischen Könige.
Pharisäer [hebr. „die Abgesonderten"], jüd. Partei, entstanden im 2. Jh. v. Chr.; Vertr. strenger jüd. Gesetzesfrömmigkeit, Gegner der Sadduzäer, die nicht wie sie an Engel u. Auferstehung glauben.
pharisäisch, svw. selbstgerecht, heuchlerisch.
Pharmaka → Arzneimittel.
Pharmakodynamik, Analyse d. Wirkungsbedingungen, Angriffspunkte u. Wirkungsmechanismen v. Arzneimitteln.
Pharmakogenetik [gr.], befaßt sich mit d. erbl. bedingten Unterschieden in d. Ansprechbarkeit d. Organismus auf Arzneimittel; hierdurch können auch manche Zwischenfälle u. Nebenwirkungen v. Arzneimitteln aufgeklärt werden.
Pharmakognosie [gr.], Lehre von d. Gewinnung u. v. d. Kennzeichnung der Arzneimittel.

Pharmakokinetik, Lehre v. d. quantitativen Auseinandersetzung zw. Organismus u. zugeführtem Arzneimittel; umfaßt vor allem d. Prozesse d. Aufnahme u. Verteilung im Körper sowie d. Ausscheidung v. Arzneimitteln.
Pharmakologie, Arzneimittellehre; MPI f. biochem. Ph. in Göttingen.
Pharmakopöe, w., amtl. Arzneibuch, enthält die Vorschriften über die Zusammensetzung der (→ offizinellen) Arzneimittel.
Pharmakotherapie, Anwendung d. Arzneimittel zu Heilzwecken.
Pharmazeut, Apotheker.
Pharmazie, Apothekerkunst.
Pharos, lat. *Pharus,* im Altertum Insel (jetzt Halbinsel) bei Alexandria (Ägypten), mit berühmtem *Leuchtturm;* eines der → Sieben Weltwunder.
Pharsalus, *Pharsalos,* heute *Fersala,* St. in Thessalien; 48 v. Chr. Pompejus bei Ph. von Cäsar entscheidend geschlagen.
Pharyngitis, Rachenentzündung.
Phase, w. [gr.],
1) *astronom.* Lichtgestalt von Mond od. Planeten.
2) bei *Wellenbewegung:* Schwingungszustand eines Teilchens in einem best. Augenblick; in der *Elektrotechnik:* **Ph.nverschiebung,** bei Wechselstrom, wenn Strom u. Spannung einander vor- bzw. nacheilen, also nicht im gleichen Augenblick durch den Nullpunkt gehen.
3) *chem.* durch Grenzflächen getrennte Stoffe (z. B. Eis als feste Ph. u. Wasser als flüssige Ph.).
4) Abschnitt im Ablauf einer Erscheinung.
Phasenkontrastmikroskopie, von → Zernike 1934 erfundenes Verfahren, kontrastlose mikroskop. Strukturen ohne Färbung oder dergleichen sichtbar zu machen. Prinzip: Nur e. Teil d. beleuchtenden Lichtes wird durch d. Objekt geleitet, wobei dem Licht e. d. jeweiligen Objektstruktur entsprechende Phasenveränderung aufgeprägt wird; d. and. Teil geht am Objekt vorbei durch ein sog. Phasenplättchen, in dem e. leicht inszes. e. konstante Phasenverschiebung erfährt; beide Anteile werden dann zur → Interferenz gebracht, die aus d. Phasenunterschieden Helligkeitsunterschiede macht, die mit d. Auge beobachtet werden können.
Phasenwinkel, *astronom.* der Winkel beim Planeten in dem Dreieck Sonne–Erde–Planet.
Phenanthren → Kohlenwasserstoffe, Übers.
Phenole, Hydroxyverb. der Benzolreihe; Vorkommen im Steinkohlen-, Braunkohlen- u. Holzteer; z. B. *Kresol, Thymol, Hydrochinon* und bes. *Phenol* (C_6H_5OH): Hauptverwendung zur Herstellung v. Farbstoffen, Arzneimitteln, Sprengstoffen *(Pikrinsäure = Trinitrophenol),* zur Holzkonservierung u. zu **Phenolharzen,** *Phenoplasten,* vollsynthet. härtbaren Kunststoffen aus Phenolen u. Formaldehyd (z. B. *Bakelite).*
Phenylketonurie, rezessiv vererbte Störung des Stoffwechsels d. Aminosäure Phenylalanin, nachweisbar mittels → Guthrie-Test, führt b. nicht rechtzeitiger (Säuglingsalter) Therapie (Diät) zu Schwachsinn.

Pheromone, Soziohormone, → Wirkstoffe, die v. einem Individuum nach außen abgeschieden u. von anderem Individuum gleicher Art aufgenommen werden u. spezif. Reaktion auslösen (z. B. Sexuallockstoffe der Schmetterlinge); Anwendung i. → integrierten Pflanzenschutz.
Phiale, w. [gr.], altgriech. flache Opferschale.
Phidias (5. Jh. v. Chr.), bedeutendster griech. Bildhauer d. klass. Antike; wesentlich beteiligt am Figurenschmuck d. Akropolis in Athen; *Zeusstatue* in Olympia (eines der 7 Weltwunder; zerstört).
phil-, -phil, philo- [gr.], in Zusammensetzungen: . . . freund- (z. B. *anglophil* = englandfreundlich).
Philä, Nilinsel bei Assuan; Ruinen d. Isistempels (wegen Stauwerk Assuan) auf Nachbarinsel Agilkia versetzt.
Philadelphia, St. im US-Staat Pennsylvania, 1,58 Mill. E, Agglomeration 5,89 Mill. E; Uni., Kunstakad.; Lokomotiven-, Waggon-, Schiffsbau, Textilind.; Hafen. – 4. 7. 1776 Erklärung d. am. Unabhängigkeit.
Philanthropen [gr. „Menschenfreunde"], Gruppe von Pädagogen in der 2. Hälfte des 18. Jh. in Dtld; vertraten eine Erziehung im Sinne der Aufklärung u. Empfindsamkeit (Pietismus).
Philatelie [gr.], *Briefmarkenkunde,* Sachkunde über Entstehung, Verwendung u. Entwertung v. → Postwertzeichen als Gegenstand der Sammelliebhaberei seit Mitte des 19. Jh.), unterschieden werden die Briefmarken nach Art, Farbe, Ausgabewert, Überdruck, Wasserzeichen usw.; Bewertung n. ihrer Seltenheit; bes. gesucht auch Fehldrucke.
Philemon und Baucis, glückl. altes Ehepaar d. griech. Sage, das Zeus Obdach gewährt *(Ovid).*
philharmonisch [gr.], musikliebend, tonkunstpflegend (z. B. *Ph.es Orchester, Ph.e Gesellschaft).*
Philhellenen, „Griechenfreunde" aus ganz Europa, unterstützten den Freiheitskampf Griechenlands gegen die Türken 1821–29 (u. a. → Byron).
Philipe [-'lip], Gérard (4. 12. 1922 bis 25. 11. 59), frz. Theater- u. Filmschausp.; *Le diable au corps; Fanfan la tulipe.*
Philipp [gr. „Pferdefreund"],
a) *Burgund:*
1) P. d. Kühne (17. 1. 1342–27. 4. 1404), Herzog 1363; Burgund unter ihm Großmacht.
2) P. d. Gütige (31. 7. 1396–15. 6. 1467), Hzg s. 1419, kämpfte mit England um Besitz von Frkr.; Förderer d. Künste (Brüder van Eyck).
b) *Dt. Könige:*
3) P. von Schwaben (um 1177–21. 6. 1208), Sohn Friedrich Barbarossas, s. 1198 König.
c) *Frkr.:*
4) P. II. August (21. 8. 1165 bis 14. 7. 1223), Kg s. 1180, drängte England v. Kontinent, verstärkte durch Kriege u. innere Reformen die Macht Frkr.s; Albigenserkreuzzüge.
5) P. IV., der Schöne (1268 bis 29. 11. 1314), führte 1309 d. Papst i. d. Gefangenschaft nach Avignon; hob 1312 → Tempelherrenorden auf.

Philipp II. mit Familie, *Escorial*

PHILIPPINEN	
Staatsname:	Republik der Philippinen, Republica ng Pilipinas, Republic of the Philippines
Staatsform:	Präsidiale Republik
Mitgliedschaft:	UNO, ASEAN, Colombo-Plan, APEC
Staatsoberhaupt und Regierungschef:	Fidel Ramos
Hauptstadt:	Manila 1,5 Mill. (Agglom. 7,2 Mill.) Einwohner
Fläche:	300 000 km²
Einwohner:	66 188 000
Bevölkerungsdichte:	221 je km²
Bevölkerungswachstum pro Jahr:	⌀ 2,12% (1990–1995)
Amtssprache:	Filipino, Englisch
Religion:	Katholiken (84,1%), Protestanten (3,9%), Muslime
Währung:	Philippin. Peso (P)
Bruttosozialprodukt (1994):	63 311 Mill. US-$ insges., 960 US-$ je Einw.
Nationalitätskennzeichen:	RP
Zeitzone:	MEZ + 7 Std.
Karte:	→ Asien

Philippinen

6) P. VI. (1293–22. 8. 1350), erster Valois, reg. s. 1328, Beginn des 100jährigen Krieges gg. England.
7) P. → Orléans.
d) *Hessen:*
8) P. d. Großmütige (13. 11. 1504–31. 3. 67), Landgf s. 1509, führte 1526 die Reformation ein; Haupt des → Schmalkaldischen Bundes.
e) *Mazedonien:*
9) P. II. (382–336), Kg s. 359 v. Chr., unterwarf Griechenld, Vater → Alexanders d. Gr.
f) *Spanien:*
10) P. II. (21. 5. 1527–13. 9. 98), Sohn Karls V., Kg s. 1556; Spanien unter ihm kath. Vormacht; Inquisition, 1568 Unterdrückung d. Ndl., 1588 Verlust d. Armada.
Philipperbrief, im N.T. Brief d. Paulus an d. Gemeinde zu Philippi (erste eur. Christengem.).
Philippeville, früherer Name von → Skikda.
Philippi, antike St. in Mazedonien; 42 v. Chr. Siege Octavians u. d. Antonius über d. Cäsarmörder.
Philippika, w., leidenschaftl. angreifende Rede (nach den Reden des Demosthenes gegen Philipp II. von Mazedonien); Bez. für Strafpredigt.
Philippinen, nördl. Inselgruppe d. Malaiischen Archipels u. Rep.; Bev.: „Filipinos", Ureinwohner Negritos, zugewanderte Malaien u. Chinesen, Japaner, Kreolen, Amerikaner, Eur. **a)** *Geogr.:* Von d. 7103 Inseln sind 860 bewohnt, die größte: Luzon (im N); viele erloschene u. noch tätige Vulkane (z. B. der Pinatubo; letzter Ausbruch: 1991); trop. Klima, gefährliche Taifune. **b)** *Wirtsch.:* Landw. vorherrschend, bed. Weltlieferant f. Kopra, daneben von Bedeutung: Kaffee, Ananas, Zuckerrohr, Manilahanf; Bodenschätze: Gold, Silber, Chrom, Nickel, Kupfer. **c)** *Außenhandel* (1991): Einfuhr 12,94 Mrd., Ausfuhr 8,84 Mrd. $. **d)** *Verkehr:* Eisenbahnen 499 km, gutes Autostraßennetz. **e)** *Verf.* v. 1987: Präsidiale Rep. m. Zweikammerparlament (Abgeordnetenhaus u. Senat). **f)** *Verw.:* 13 Regionen, 73 Prov. **g)** *Gesch.:* 1521 v. Magalhães entdeckt, 1543 nach Philipp II. v. Spanien benannt; Ende 16. Jh. span., 1898 zu USA; 1946 unabhängig; s. 1972 Autonomiebestrebungen d. muslimischen Bev.gruppe auf d. Südphilippinen, 1996 wurde mit den muslimischen Rebellen ein Friedensvertrag geschlossen. 1972 bis 81 Ausnahmezustand. 1986 unblutiger Sturz von Präs. Ferdinand Marcos; 1986–92 Reg. C. → Aquino, wiederholte Putschversuche; 1990 Kündigung des Stützpunktabkommens m. d. USA; s. 1992 F. Ramos Präsident; 1991 schwerer Vulkanausbruch *(Pinatubo).*
Philippinenadler, Greifvogel auf Luzon, Mindanao; über 1 m gr., erbeutet Affen; ca. 200 Ex. in Freiheit.
Philippopel → Plovdiv.
Philippsburg (D-76661), St. i. Kr. Karlsruhe, Ba-Wü., 11 958 E; Ind., Reifenwerk; 2 Kernkraftwerke (900 MW, 1349 MW); Reifenwerk.
Philippus, Apostel Jesu u. Hlg.
Philister,
1) übertragen: engherziger Spießbürger m. beschränktem Gesichtskreis.

Philosophie

Wissenschaft vom Wissen u. seinen Grundlagen, allgemeiner von den Urgründen alles Seins, Geschehens u. Erkennens; untersucht die Möglichkeit des Wissens, der Grundbegriffe, Gesetze u. Formen des Denkens u. der Erkenntnis, auch die Formen des Bewußtseins und der Sprache. Ihre Werkzeuge und ihr Material sind Vernunft u. Erfahrung und die Erkenntnisse der Wissenschaften.
Hauptzweige: Logik, Erkenntnistheorie, Metaphysik, Ethik, Ästhetik, Geschichts-, Gesellschafts-, Rechts-, Moral-, Religions-, Kultur-, Natur-, Sprach-Ph.

Geschichte:
Bei den Ägyptern u. den Völkern des vorderasiat. Kulturkreises gab es eine Ph. nur in enger Verbindung mit Religion u. Theologie: Priester-Ph., Magie, Astrologie.
Die **indische Ph.**, zunächst mythisch bestimmt *(Rigveda)*, entwickelt *(Upanischaden)* die Lehre vom Weltgrund u. v. dem Dualismus zw. Seele u. Materie; sie läuft in sechs brahman. phil.-theol. Systemen aus: *Vaisesika-, Mimâmsa-, Sankhja-, Joga-, Nyaya-, Vedanta-System*, u. hat wie die **chin. Ph.**, Hauptblüte 600–500 v. Chr., *Kong Fuzi* u. *Laodse*, erst spät einen Einfluß auf die abendländ. Entwicklung.
Die **griechische Ph.** schafft die Grundlagen abendländ. Denkens. Die mythisch-rel. Elemente in ihr *(Orphiker)* treten allmählich zurück, die Frage nach der bleibenden Substanz u. dem Gesetz des Kosmos drängt sich vor: der Nus des *Anaxagoras*, der Logos seit *Heraklit*. *Sokrates*, einer der ersten großen Ethiker, ist zugleich der Entdecker des Begriffs u. damit der Erkenntnislehre. Sein Schüler *Platon* bündelt indische, iranische und ägyptische Einflüsse u. wird durch die Ideenlehre richtunggebend für die gesamte Ph. *Aristoteles* begründet die Logik u. gibt der Ideenlehre die logisch-naturwiss. Erdung: die Ideen nicht mehr über den Einzeldingen, sondern in ihnen real wirkend. Nach Aristoteles entwickelt sich das phil. Denken in sittlich-praktischer *(Stoiker, Epikureer)* u. rel.-mystischer *(Neuplatoniker, Philo)* Richtung. Platon, Aristoteles u. die Stoa wirken bis in Neuzeit nach; oriental. Einflüsse durch arab. Ph. u. Neuplatonismus.
Das neue **christliche** Weltbild bildet s. zunächst philosoph. in d. Patristik, wird v. *Augustinus* entscheidend geprägt u. in der *Scholastik* mit griech. Denkmitteln ausgebaut. Platon beherrscht Patristik, Aristoteles die in *Thomas von Aquino* gipfelnde Scholastik. Im Streit zw. Nominalismus *(Roscellinus, Occam)* u. Realismus *(Anselm v. Canterbury, Albertus Magnus, Thomas v. Aquino)*, in dem das Denken seinen Wirklichkeitsgehalt prüft, gewinnt der Nominalismus allmählich die Oberhand u. bahnt der theologiefreieren Ph. der folgenden Jahrhunderte (Individualismus, Empirismus, Subjektivismus) den Weg.
Die **Renaissance** wiederholt auf späterer Stufe das Erwachen des Denkens in früherer Zeit. Das Verhältnis von Ich u. Welt, Subjekt u. Objekt wird phil. Grundproblem. Vorbereitet durch naturwiss. Erkenntnisse *(Nikolaus v. Kues*, 15. Jh., u. *Kopernikus*, 16. Jh.), durch eine mystische Natur-Ph. *(Giordano Bruno, Campanella)* u. den induktiven Kritizismus (Empirismus) *Bacons*, begründet der Rationalismus des *Descartes* (1596–1650) die **neue Ph.**: das menschliche Selbstbewußtsein („cogito ergo sum") wird Ausgangspunkt der Ph. Von hier aus begreift *Spinoza* den Menschen als Teil des unendlichen göttlichen Seins. *Leibniz* sieht ihn als individuelle Monade in der prästabilierten Harmonie der Welt. An Bacon knüpft der Empirismus von *Hobbes* an, ein Sensualismus *(Locke*, 1632–1704, u. *Hume*, 1711–76), dessen erkenntnistheoret. Skepsis stark auf die Enzyklopädisten *(Voltaire)* u. Materialisten *(Lamettrie:* der Mensch eine Maschine) wirkt. Von hier ausgehend allg. geistige Bewegung der „Aufklärung". Daneben wirkt Rousseaus Lebensgestaltung in Staat u. Familie (Erziehung) weltanschaulich revolutionierend. Rationalismus u. Empirismus werden von Kant kritisch zusammengefaßt u. zur Synthese verbunden; Kritik der reinen Vernunft (1781) grundlegend für alle Erkenntnistheorie: Die Wendung vom Objekt zum erkennenden Subjekt (von ihm selbst mit der Tat des Kopernikus verglichen) schafft neue Grundlagen für das eur. Denken. Auf Kant fußen die Systeme des dt. Idealismus: Fichte (Ph. der Freiheit), Schelling (romant. Natur-Ph.) u. Hegel (Staats- u. Geschichts-Ph., Ästhetik), daneben Schleiermacher (Religions-Ph.), Baader, Herbart (Psychologie), Fries u.a., während Schopenhauers Willenslehre ihre großen geistesgeschichtl. Wirkungen erst in späterer Zeit entfalten kann (pessimist. Lebens-Ph.).
Das 19. Jh. bringt die Vorherrschaft des naturwiss. Denkens. Neben dem Positivismus *(Comte, Mill)* u. später dem Pragmatismus *(James, Peirce, Dewey)* entwickelt sich der Materialismus verschiedener Prägung: der ebenso auf Hegels Geschichts-Ph. wie auf *Feuerbach* zurückgehende „dialektische Materialismus" *(Marx)* und der naturwiss. Monismus *(Büchner, Haeckel, Ostwald).* – Seit der 2. Hälfte des 19. Jh. fordert die Lebens-Ph. den Vorrang des Lebens vor dem Erkennen: *Nietzsche* (Umwertung aller Werte: Kampf des Irrationalen gg. die Alleinherrschaft des Intellekts), *Dilthey,* später *Bergson* (élan vital) u. *Klages* (Geist als Widersacher der Seele). Sie steht in der Nachbarschaft des Vitalismus von *Driesch* u. der Errungenschaften der Psychologie (Entdeckung des Unbewußten als Triebkraft des Lebens: *E. v. Hartmann, Freud, Jung)* u. leitet bereits zu der neuen, von *Scheler* geforderten Anthropologie hinüber.
Der Beginn des **20. Jh.** sieht die Ph. in einer Krise. Auf der einen Seite dringen mystisch-okkultist. Lehren (z. B. *Theosophie, Anthroposophie)* vor, auf der anderen Seite stellen die neuen Ergebnisse der Naturwissenschaft (z. B. *Plancks* Quantentheorie, *Einsteins* Relativitätstheorie) neue Probleme. In der Logistik *(Russell, Whitehead)* macht die Mathematik ihren Anspruch geltend. Zugleich erfolgt die Neuaufrollung des Erkenntnisproblems: vom Neukantianismus (Versuch, die Eigengesetzlichkeit des Geistigen nachzuweisen) ausgehend, eröffnet *Husserls* Phänomenologie (Forderung wirklich voraussetzungslosen Erkennens) neue Wege. Sogar das aristotel.-thomist. Lehrgebäude d. Scholastik wird weitergeführt *(Mercier).* Von Husserl ausgehend, kommt *N. Hartmann* zur Behandlung aller phil. Probleme als Seinsprobleme (Schichtenbau der realen Welt). Im Rückgriff auf *Kierkegaard* stellt sich neben die atheistische Existenzphil. *Heideggers* (Urphänomen der Angst) u. *Sartres* (Postulat der heroischen Haltung) eine rel., die den Begriff der Transzendenz verficht *(Jaspers, Marcel).* Die anthropologische Fragestellung macht sich nicht nur in der Wertlehre als neuer phil. Disziplin geltend, sondern auch in der modernen, die Gesellschaft als „Mitwelt" des Menschen wertenden Soziologie *(Max u. Alfred Weber, Röpke,* frz. *Solidaristen* u. a.) u. in der Geschichts-Ph. Gesellschaftstheoret. orientiert ist auch d. neomarxist. *kritische* od. *Frankfurter Schule (Horkheimer, Adorno).* Gegen die herrschende Untergangs-Ph. *(Burckhardt, Spengler, Dawson, Toynbee)* wird mehr u. mehr der Persönlichkeitsgedanke ins Feld geführt: der Personalismus *(Mounier)* oder ein neuer, mit christl. Geist erfüllter Humanismus *(Sorokin, Maritain, Berdjajew).* Als besonders einflußreich auf das philosophische Denken hat sich der Kritische Rationalismus *(Popper)* erwiesen, der auf dem logischen Prinzip der permanenten Fehlerkorrektur beruht. Zwei extreme Gegenpositionen bestimmen somit die Ph. des 20. Jh.: einerseits radikaler Rückzug aus der Wissenschaft (Existenz-Ph.), andererseits völlige Beschränkung auf Wissenschaftslogik bzw. auf Analyse der Wissenschaftssprache *(Carnap).*
Die Ph. der **Gegenwart** wird von zwei gegensätzlichen Strömungen beherrscht: zum einen von einer Rückbesinnung auf das ursprüngliche Interesse an der Wissenschaft, vor allem im Bereich der Logik, der Sprach-Ph. und der Wissenschaftstheorie, und zum anderen vom Versuch, das ethische Handeln neu zu begründen. Während die Wissenschaftstheorie (die auch als allgemeine philosophische Grundlagendisziplin verstanden werden kann) primär mit wissenschaftsimmanenten Problemen befaßt ist, aber heute auch zunehmend Wechselwirkungen zwischen Wissenschaft, Gesellschaft und Geschichte untersucht, bemüht sich die moderne Sprach-Ph. in der Weiterentwicklung der mathematisch-logischen Aussagenanalyse von *Frege* und der analytischen Sprachkritik von *Wittgenstein* um eine Erklärung des Funktionierens von künstlichen (Logik-) und natürlichen Sprachen bzw. von deren Teilaspekten Syntax, Semantik und Pragmatik *(Montague, D. Lewis, Putnam* und andere). Bei der Analyse des ethischen Handelns interessiert vor dem Hintergrund ökologischer, politischer und gesellschaftlicher Krisen der postindustriellen beziehungsweise postmodernen Zivilisation vor allem die Verbindlichkeit von ethischen Normen.

2) nichtsemit. Nachbarvolk d. Israeliten, davon abgeleitet: Palästina.

philiströs, ohne höheren Gedankenflug, engherzig.

Philodendron, s., Gärtnerbez. für → Monstera.

Philoktet[es, griech. Sagenheld, erbte Bogen d. Herakles, auf der Fahrt nach Troja mit übelriechender Wunde ausgesetzt.

Philologie, w. [gr. „Liebe zum Wort"], Wissenschaft, die sich mit Sprache u. Literatur beschäftigt, z. B. *alte* od. *klass. Ph.* (griech. u. lat.), *neuere* (dt., frz., engl., slaw. usw.), *oriental. Ph.*

Philomele, griech. Sagenfigur, wurde in e. Nachtigall verwandelt.

Philo[n von Alexandrien (ca. 15 v. Chr. bis 45 n. Chr.), jüd. Phil.; verband Lehre v. → Logos mit jüd. Theologie.

Philosemitismus, Bez. f. e. positive Haltung gg.über dem Judentum; Ggs. → Antisemitismus.

Philosophia perennis [l. „immerwährende Phil."],
1) Bez. d. überall u. zu allen Zeiten bleibenden Grundwahrheiten (Aug. Steuchus).
2) d. von den Alten überlieferte Wahrheit (Leibniz).
3) d. Gespräch d. wenigen großen Phil. über d. Zeiten hinweg (Jaspers).

Philosophie → Übersicht.

Phimose, w. [gr.], Vorhautverengung.

Phiole, w. [gr.], langhalsige, bauchige Glasflasche (der Alchimisten).

Phlebitis, w. [gr.], Venenentzündung; häufig folgt → Thrombose (*Thrombophlebitis*).

Phlebographie, Röntgenuntersuchung von Venen mit Kontrastmittel.

Phlegma, w. [gr. „Schleim"], Trägheit (als Temperamentsmerkmal); unerschütterl. Ruhe; *phlegmatisch* → Temperament.

Phlegmone, w. [gr.], fortschreitende bakterielle Weichteilentzündung und -eiterung.

Phlobaphene, Oxidationsprodukte d. Gerbstoffe, die die Herbstfärbung des Laubes verursachen.

Phloem [gr. flo'e:m, zu *phloos* „Rinde"], Teil d. → Gefäßbündels b. Pfl.

Phlogiston, n., nach Theorie v. G. E. *Stahl* (1660–1734) in jedem brennbaren Stoff vorhandener Wärmestoff v. negativem Gewicht, d. bei Verbrennung entweichen sollte; *Ph.theorie,* durch → Lavoisiers Erkenntnis d. Wesens der Verbrennung (1770) widerlegt.

Phlox, w. od. m., *Flammenblume,* Gartenstaude mit vorwiegend weißen oder roten Blüten, aus N-Amerika.

Phnom Penh → Pnompenh.

Phöbe [gr.], Beiname der *Artemis.*

Phobie [gr.], übersteigerte Furcht vor Tieren, Personen od. best. Situationen ohne reale Gefahr (z. B. Platz-, Spinnenangst).

Phobos, m. [gr.], der innere d. beiden Marsmonde.

Phöbus, griech. *Phoibos,* Beiname des *Apoll.*

Phoenix ['fi:nıks], Hptst. von Arizona (USA); 983 000 E; Obst u. Gemüse, Landw., div. Ind.

Phokis, antike Landschaft in Mittelgriechenland um Delphi; heute Teil d. Nomos Phtiotis u. Ph.

Phon, s. [gr.], Maß z. Festlegung v. → Lautstärken; je 10 Ph. mehr = zehnmal größere Schallstärke; über 120 Ph. werden als Schmerz empfunden.

Phonetik, w. [gr.], (Sprach-)Lautkunde.

phonetisch, lautgemäß, die Aussprache wiedergebend (z. B. fo'ne:tıʃ); auch als eingebürgerte Schreibung von Fremdwörtern (z. B. *Büro* v. frz. *bureau*).

Phönix,
1) ägypt. Sagenvogel; stürzt sich b. Todesahnung ins Feuer, geht verjüngt aus d. Asche hervor.
2) → Sternbilder.
3) botan. svw. → Dattelpalme.

Phönizier, semit. Handelsvolk am Libanon; frühe Seestädtegründungen (um 1500 v. Chr.): *Sidon, Tyrus;* verbreiteten ägypt. u. babyl. Kultur (Glasbereitung, Glasarbeiten, Metallgeräte mit Einlegearbeit; *Buchstabenschrift*) im Mittelmeergebiet, wo sie zahlr. Handelsplätze und Stadtkolonien (Zypern, N-Afrika → Karthago, S-Spanien) gründeten; Fahrten bis Britannien; 332 v. Chr. von Alexander d. Gr. unterworfen, 63 v. Chr. röm.

Phonograph, m. [gr.], Apparat z. Aufnahme u. Wiedergabe v. akust. Wellen (Tönen), erfunden v. → *Edison* 1877; zeichnete Tonwellen auf Wachswalzen auf. → Sprechmaschine.

Phonokardiogramm [gr.], Registrierung d. Herzschalls auf elektroakust. Wege.

Phonolith, m., *Klingstein,* graugrünes, vulkan. Gestein; Platten klingen beim Anschlagen.

Phonologie, w., Lehre von den Lauten einer Sprache; untersucht deren Vorkommen, Kombinierbarkeit und strukturelle Funktion.

Phonotypistin [gr.], Spezialschreibkraft, die nach Diktergerät schreibt.

Phosgen, s., *Kohlenoxidchlorid* ($COCl_2$), farbloses, stechend riechendes, sehr giftiges Gas; für Synthese von Triphenylmethanfarbstoffen und von Urethanen wichtig.

Phosphane, *Phosphine,* Phosphor-Wasserstoffverbindungen.

Phosphate, Salze d. Phosphorsäure H_3PO_4; für Ernährung v. Tier u. Pflanze; als Phosphatgestein bes. in N-Afrika (einstiger Meeresboden); mineralisch als Apatit (Halbinsel Kola), Natur-Ph., auch Rohphosphate, als Düngemittel; hochwertiger, wenn mit Schwefelsäure zu Superphosphat verarbeitet.

Phosphatide, phosphorhaltige, fettartige Stoffe i. tierischen u. pflanzlichen Körper (z. B. *Lecithin*).

Phosphide, Verbindungen d. Phosphors m. Metallen und Nichtmetallen.

Phosphite, Salze der phosphorigen Säure H_3PO_3.

Phosphor, m., *P,* chem. El., Oz. 15, At.-Gew. 30,9738, Dichte 1,82 (weißer Ph.); Nichtmetall, natürl. Vorkommen nur in Verbindungen, mineral. als Phosphorit, Apatit, außerdem in Knochen u. Eigelb; drei Arten: weißer od. gelber, roter u. schwarzer Ph.; Herstellung d. Ph. aus Phosphaten od. Knochenasche; *weißer Ph.* ist giftig, leuchtet im Dunkeln durch Oxidation in d. freien Luft; deshalb unter Wasser aufbewahrt (Verwendung als Rattengift); *roter Ph.* für Reibflächen an Zündholzschachteln;

Philister-Krieger, *12. Jh v. Chr.*

Phlox

metallisch glänzender *schwarzer Ph.* guter Leiter f. Wärme u. Elektrizität.

Phosphorelimination, Abbau phosphorhaltiger Verbindungen im Abwasser (z. B. Phosphate aus Waschmitteln).

Phosphoreszenz, w., → Lumineszenz, die noch längere Zeit nach d. Bestrahlung durch Licht, Elektronenstrahlen u. a. anhält (z. B. Zinksulfid); Nachleuchtoszillographen.

Phosphorit, s., Mineral, Sammelbegriff f. sedimentären → Apatit; Düngemittel.

Phosphormetalle, Phosphorzusatz ändert d. Eigenschaft vieler Metalle und ihrer Legierungen, macht z. B. Bronze dünnflüssiger u. härter, Eisen u. Stahl dagegen brüchig, deshalb Entfernung aus d. Roheisen durch Thomas- od. Martinprozeß (→ Eisen- u. Stahlgewinnung, Übers.).

Phosphoros, m. [gr. „Lichtbringer"], lat. *Luzifer,* der Morgenstern (→ Abendstern) d. Alten.

Photius (um 820 bis 891), griech. Theologe, Patriarch von Konstantinopel; kirchenpol. Streit gg. den Primat Roms (Papst → Nikolaus I.).

Photo, svw. → Foto.

Photochemie, Lehre von den chem. Wirkungen des Lichts (z. B. Bildung des Blattgrüns durch Sonnenlicht; Zersetzung v. Silbersalzen, → Fotografie).

Photodiode → Fotodiode.

Photogrammetrie [gr.], *Meßbildverfahren, Luftbild,* Vermessen u. Kartieren v. topograph. Objekten mittels Erd- u. Luftbildaufnahmen, bes. bei Landvermessung u. b. Kulturdenkmälern (Gebäuden).

Photokina, die größte Foto- und Kinoausstellung der Welt, alle zwei Jahre in Köln (z. B. 1996). Heute auch bedeutende Weltmesse für TV, Video, Audiovision.

Photolithographie → Fotolithografie.

Photometer, s. [gr.], Vorrichtung z. Vergleichung der Lichtstärke versch. Lichtquellen.

Photometrie, Sammelbez. für alle Arten v. Helligkeitsmessungen.

Photon, s., Bez. f. d. Energiequanten des Lichts (Lichtquanten), → Quantentheorie, Übers.

Photonenrakete, v. E. *Sänger* vorgeschlagenes Antriebsverfahren f. Weltraumraketen durch Ausstoß v. Photonen; könnte theoretisch Geschwindigkeiten nahe der Lichtgeschwindigkeit erreichen u. Raumflüge außerhalb d. Planetensystems ermöglichen, in naher Zukunft nicht zu verwirklichen; nach d. Relativitätstheorie ist der Zeitablauf innerhalb u. außerhalb der Ph. verschieden (z. B. 10 Jahre in d. Ph. entsprächen auf d. Erde 80 Jahren, wenn die Ph. mit 99,2% der Lichtgeschwindigkeit fliegt).

Photooxidantien, bei → Smog entstehende Stoffe m. hoher Oxidationswirkung (→ Oxidation); können Lungengewebe schädigen; z. B. → Ozon.

Photosphäre [gr.], die leuchtende Sonnenoberfläche (→ Sonne).

Photosynthese, Aufbau von Stärke u. Zucker in grünen Pflanzen aus Kohlendioxid u. Wasser mit Hilfe der Sonnenlichtenergie.

Phototypie → Fototypie.

Phrase, w. [gr.],
1) *mus.* geschlossene Tonfolge.
2) Redewendung, bloße Redensart.
Phraseologie, w., Lehre od. Sammlung v. Redensarten.
Phrasierung, Gliederung (Bindung od. Trennung) d. mus. Sinneinheiten.
Phrenologie [gr.], Versuch, aus der Kopfform den Charakter zu deuten (→ Gall).
Phryne, schöne Hetäre im Athen des 4. Jh., Geliebte und Modell des Bildhauers → Praxiteles.
Phrygien, um 1200 v. Chr. v. indoeur. Phrygern besiedelte kleinasiat. Landschaft, im 4. Jh. v. Chr. mazedonisch, s. 116 v. Chr. Teil d. röm. Prov. Asia.
phrygisch → Kirchentonarten.
phrygische Mütze → Jakobinermütze.
Phthalopale [gr.], Phthalsäureester mehrwertiger Alkohole; Kunstharze.
Phthisis, *Phthise,* w. [gr.], Lungenschwindsucht, Tuberkulose (→ Tuberkel).
pH-Wert, negativer dekadischer Logarithmus der Wasserstoffionen-Konzentration; Kennzahl für den Säuregrad einer wäßrigen Lösung; pH = 7 ist der Neutralpunkt; kleinere Zahlen: saure Reaktion, größere: alkal. Reaktion.
Phyllit [gr. „phyllon = Blatt"], weitverbreiteter Metamorphit m. den Mineralen → *Quarz,* → *Muskovit* u. → *Chlorit;* unterste Metamorphosezone.
Phyllochinon, *s.,* Bez. für Vitamin K (→ Vitamine, Übers.).
Phyllokaktus, *Blattkaktus,* Kakteen mit blattartig verbreiterten Stengeln; große rote Blüten.
Phylogenese, w. [gr.], Stammesentwicklung, Umwandlung der Organismen in der Folge der Generationen.
phylogenetisch, stammesgeschichtlich.
Physik, w. [gr.], exakte Wissenschaft, sucht Gesetzmäßigkeiten v. Vorgängen, die in der Natur unbeeinflußt od. im Laboratorium als Experiment ablaufen; **a)** Einteilung: *klassische Ph.* (Mechanik, Akustik, Optik, Wärmelehre, Elektrizitätslehre), *Ph. der Atome und Elementarteilchen* (Quanten-, Relativitätstheorie, Wellenmechanik). – **b)** *Gesch.:* Erste Gesetze der Ph. bei *Aristoteles* (Hebelges.) u. *Archimedes* (Wasserauftrieb). Neuzeit: *Galilei,* Pendel- u. Fallgesetze, *Kepler,* Planetengesetze (beide um 1600); *Newton,* Gravitationsges. (1686), Emanationstheorie des Lichts, Spektralfarben; *Huygens,* Pendeluhr, Wellentheorie des Lichts (1678); *Faraday,* Elektrolyse, Induktion, Feldbegriff (um 1830); *Maxwell,* elektromagnet. Lichttheorie, kinet. Gastheorie (um 1860); *Helmholtz,* Energieprinzip (1847); *Hertz,* el. Wellen (1888). Damit sog. klass. Ph. abgeschlossen. Beginn der modernen Ph.: Versagen d. klass. Physik bei Vorgängen in atomaren u. subatomaren Dimensionen führt zu neuartigen Ideen über Materie, Raum u. Zeit; Begriff der Kausalität bei einatomaren Gebilden sinnlos u. nicht anwendbar, an seine Stelle tritt für den Einzelfall statist. Wahrscheinlichkeit; für die Masse v. sehr vielen Elementarteilchen geht Wahrscheinlichkeit wieder in Kausalitätsprinzip u. Gesetze d. klass. Ph. über. *Planck,* Quantentheorie (1900); *Ein-*

Pablo Picasso, *Frauenbüste mit Hut*

Pablo Picasso

Auguste Piccard

stein, Relativitätstheorie (1905); *Bohr,* Atomtheorie (1913); Quantenmechanik: *Heisenberg* (1925), *de Broglie, Schrödinger.* In den 70er und 80er Jahren Physik der subatomaren Strukturen (→ Quarks) und Hochenergiephysik. MPI für Ph. in Heidelberg, Stuttgart u. München.
physikalische Therapie, *Physiotherapie,* Heilmethoden mit phys. Mitteln (z. B. Wasser, Licht, Elektrizität, Krankengymnastik, Massagen).
Physikalisch-Technische Bundesanstalt, *PTB,* für Eich-, Prüf- u. Zulassungswesen auf dem Gebiet der techn. Physik zuständig; Behörde der BR, Sitz Braunschweig, hervorgegangen aus der *Ph.-T. Reichsanstalt, PTR,* gegr. 1887.
Physikalismus, phil. Anschauung, n. d. alles, was nicht m. d. Methoden d. Physik erfaßbar u. darstellbar ist, sinnlos ist.
Physikotheologie, phil.-theolog. Richtung i. 18. Jh., wonach d. zweckmäß. Ordnung i. d. Natur als Gottesbeweis dient.
Physikus [gr.], veralt. Bez. f. Kreisarzt.
Physiognomie [gr.], Gesicht (od. Gesamterscheinung) als Spiegel der Seele.
Physiognomik, w., Ausdrucksforschung, Charakterbestimmung an den Gesichtszügen u. Mienenspiel (Lavater, Carus, Klages, Lersch).
Physiokratismus [gr.], *Naturherrschaft,* erstes geschlossenes volkswirtsch. System, im 18. Jh. in Frkr. von den Physiokraten *Quesnay* und *Turgot* begr.; weist auf die grundlegende Bedeutung des Bodens hin u. vertritt die Ansicht, daß auch das gesellschaftl. u. wirtsch. Leben d. Menschen v. *Naturgesetzen* beherrscht ist.
Physiologie, Wiss. v. d. Funktionen u. Leistungen d. Lebewesen, ihrer Organe, Gewebe u. Zellen.
physiologisch, *med.* nicht krankhaft.
physiologische Kochsalzlösung, von etwa gleichem Salzgehalt wie Blut (0,95%), zu Einspritzungen bei Blutverlust usw.
physiologische Uhr, Zeitmessung der Tiere u. Pflanzen mit Hilfe ständig wiederkehrender Prozesse ihres Stoffwechsels; zur Aufrechterhaltung der ph. U. sind Außenreize (z. B. Hell-Dunkel-Wechsel) notwendig.
Physiologus [gr. „Naturkundiger"], spätantikes Tierbuch (auch sagenhafter Wesen), Verf. anonym, auf älteren Samml. fußend; im MA verbreitetstes Buch außer d. Bibel, e. Hptquelle d. christl. Ikonographie.
Physis, w. [gr.], Natur; Naturkraft, naturordnung; Ggs.: → Psyche.
physisch, natürlich, körperlich.
Phyto- [gr.], als Vorsilbe: Pflanzen...
Phytohormone, Wuchsstoffe, Antiwuchsstoffe, Blühhormone, organbildende Stoffe.
Phytologie, Pflanzenkunde.
Phytophagen, biol. Bez. f. pflanzenfressende Tiere.
Phytophthora, Gattung schmarotzender Pilze aus der Familie der Peronosporazeen; *Ph. infestans* verursacht Kraut- und Knollen-(Braun-)Fäule der Kartoffel.
Phytotherapie, Pflanzenheilkunde.
Pi,
1) *math.* Zahl π → Ludolfsche Zahl.
2) Π, π, griech. Buchstabe.

Piacentini [piatʃen-], Marcello (8. 12. 1881–19. 5. 1960), it. Architekt u. Städtebauer d. Neoklassizismus; u. a. *Piazza della Vittoria* (Brescia); *Palazzo dello Sport* in Rom (m. P. L. Nervi).
Piacenza [-'tʃɛntsa], Hptst. d. oberit. Prov. *P.,* am Po, 104 000 E; got. Rathaus; Masch.-, Textilind. – 1545–1860 (m. Parma) selbst. Hzgt.
Piaf, Edith (19. 12. 1915–11. 10. 63), frz. Chansonnette.
Piaffe, w. [frz.], *Reitsport:* Lektion d. Dressurprüfung; Trab auf der Stelle mit schwunghaftem hohem Heben d. Beine.
Piaget [pja'ʒɛ], Jean (9. 8. 1896–16. 9. 1980), schweiz. Entwicklungspsych.: *Psychologie der Intelligenz.*
Pianino, „kleines → Piano".
piano, *mus.* leise, Abk.: *p.; mp* = mezzop. = ziemlich leise; *pp* = pianissimo = sehr leise; *fp* = fortep. = stark und sofort wieder leise.
Piano [it.], *Pianoforte* (weil auf ihm leise = piano und laut = forte zu spielen); früher Klavichord (Saiten wurden mit Metalleisten angeschlagen), und → Cembalo; s. 1709 → *Hammerklavier* (Cristofori): Ton wird durch selbsttätig nach dem Anschlag zurückspringende Hämmer erzeugt; P. mit senkrecht stehenden Saiten *Klavier,* mit waagerecht liegenden Saiten *Flügel.*
Piaristen, latein. Abk. *SP,* kath. Orden, 1617 gegr. v. J. v. Calasanza; i. d. schul. Jugenderziehung tätig.
Piassava, w., Palmfaser zur Herstellung v. Seilen, Matten, Bürstenwaren.
Piasten, ältestes poln. Herrscherhaus, 10. Jh. bis 1370, in Masowien bis 1526, Schlesien bis 1675.
Piaster, *m.* [it. „Metallplatte"], → Währungen, Übers.
Piave, Fluß in N-Italien, aus den Karnischen Alpen ins Adriatische Meer, 220 km lang.
Piazetta, Giovanni Battista (13. 2. 1682–28. 4. 1754), venezian. Maler d. Spätbarock; s. Altar- u. Genrebilder wirkten stark auf d. künstler. Entwicklung G. B. → Tiepolos.
Piazza, w. [it.], Platz, bes. Marktplatz.
Picabia, eigtl. *F. Martinez de P.* Francis (22. 1. 1879–30. 11. 1953), frz. Maler u. Dichter span. Herkunft, Zus.arbeit mit → Duchamp; Mitgl. der New Yorker u. Pariser Dada-Gruppen, dann e. Vertr. d. Surrealismus, dann Rückkehr z. Abstraktion.
Picadores [span.], berittene, mit Lanzen bewaffnete Stierkämpfer.
Picard [-'ka:r], Max (5. 6. 1888–3. 10. 1965), schweiz. christl. Kulturphil.: *Das Menschengesicht; Die Flucht vor Gott.*
Picardie, ehem. frz. Prov., die heutigen Dép.s *Somme, Oise* u. *Aisne;* Hptst. *Amiens.*
Picasso, Pablo, eigtl. *Pablo Ruiz y P.* (25. 10. 1881–8. 4. 1973), span. Maler, Graphiker u. Bildhauer in Frankreich; vielseitiger Pionier u. Protagonist d. modernen Kunst; Gemälde (wandbildartig: *Guernica*), Zeichnungen, Radierungen, Lithos, Linolschnitte, Plastiken, bemalte Keramik (→ Kubismus). *P.-Museen* in Barcelona u. Paris.
Picbild → Phantombild.
Piccard [-'ka:r],
1) Auguste (28. 1. 1884–25. 3. 1962), schweiz. Meteorologe u. Physiker; Freiballonhöhenflüge (1932: 16 940 m) u.

Piccoli 741 **Pilgermuschel**

Tauchunternehmen mit → Bathyscaph (1953: 3150 m); s. Sohn
2) Jacques (* 28. 7. 1922), schweiz. Tiefseetaucher; tauchte m. Bathyscaph 1960 im Marianengraben 10 900 m tief.
Piccoli, Michel (* 27. 12. 1925), frz. Schauspieler; *Le journal d'une femme de chambre; Belle de Jour; La grande bouffe.*
Piccolomini, it. Geschlecht,
1) Enea Silvio, Papst → Pius II.
2) Octavio (11. 11. 1599–11. 8. 1656), Gen. Wallensteins.
Piccolo teatro, Mailand, bed. it. Schauspielbühne, 1947 gegr. v. G. → *Strehler* u. P. *Grassi.*
Pic du Midi de Bigorre [pik dy-], Gipfel in den mittleren Pyrenäen, Dép. *Hautes-Pyrénées,* 2865 m.
Pichelsteiner, Kartoffel-Gemüse-Eintopf m. Rind-, Kalb- u. Schweinefleisch.
Pickelhaube, ehemals preuß. Infanteriehelm.
Pickelhering, *Salzhering,* der *Hanswurst* der engl. Komödianten im 16./17. Jh.
Pickford [-fəd], Mary (8. 4. 1893–29. 5. 1979), am. Filmschausp.in; Stummfilmstar u. Mitbegr. der United-Artist-Filmproduktion.
Picknick, *s.* [engl.], Mahlzeit i. Freien b. Ausflügen.
Pick-up, *m.* [engl. ˈpɪkʌp],
1) el. → Tonabnehmer an → Plattenspielern;
2) ein Auto mit kleiner Ladefläche.
Pico, Giovanni Gf v. Mirandola (1463 bis 94), it. Humanist u. Neuplatoniker.
Pico- [it.], abgek. *P,* Vorsilbe für Maßeinheiten: ein Billionstel (10⁻¹²).
Pico de Aneto, höchster Pyrenäenberg, 3404 m.
Pictogramm, *s.,* Bildzeichen, allg.verständl. Symbole, d. auch f. sprachunkundige Ausländer zu verstehen sind.
Pictor, *Maler,* → Sternbilder, Übers.
Pidgin-English [ˈpɪdʒɪn ˈɪŋlɪʃ], vereinfachte Mischsprache aus Engl. u. einheim. Sprachen in Ostasien u. Schwarzafrika.
Pièce, *s.* [frz. pjɛs], Stück, bes. Tonstück.
Pièce de résistance [-tãːs], Rückhalt.
Pieck, Wilhelm (3. 1. 1876–7. 9. 1960), 1918 Mitbegr. des Spartakusbundes u. 1919 der KPD, 1942 Mitbegr. d. Komitees „Freies Dtld" 1945 Vors. der KPD der SBZ, 1946 d. SED; 1949–60 Präs. der DDR.
Piedestal, *s.* [frz.], *Postament,* Sockel von Säulen, Bildwerken u. Vasen.
Piemont [piĕ-], it. *Piemonte,* it. Region am oberen Po, 25 399 km², 4,36 Mill. E; Getreide, Reis, Mais, Gemüse, Wein u. Obst; Mineralquellen; Fahrzeugbau, Masch.ind.; Hpst. *Turin.* – 1424 Fürstent. (Haus Savoyen), Teil des Hzgt.s Savoyen, 1720 des Kgr.s Sardinien, 1802 zu Frkr., 1814 wieder zu Sardinien, Kernland der nat. Einigung Italiens.
Pieper, lerchenähnliche Singvögel; *Wiesen-P., Baum-P., Brach-P.*
Pier, *m.* [engl.], Hafendamm, Landungsbrücke.
Piero della Francesca, (1410/20 bis 92), it. Maler u. Hptmeister d. Frührenaiss.; s. bedeutendstes erhaltenes Werk: Freskenzyklus (in S. Francesco zu Arezzo) *Szenen aus der Kreuzeslegende*

(die u. a. dargestellte Episode *Konstantins Traum* gilt als erste Nachtszene in d. it. Malerei).
Pierre [pjɛːr], frz. Form zu → Peter.
Pierrot [frz. pjɛˈro „Peterchen"], komische (Diener-)Figur d. it. Theaters i. Frkr. (Comédie italienne); weibl. *Pierrette.*
Pietà, *w.* [it. „Frömmigkeit"], in der bildenden Kunst, Darstellungen Mariä m. Jesu Leichnam (meist auf d. Schoß); im dt. Sprachraum auch *Vesperbild.*
Pietät, *w.* [l. piĕ- „pietas"], ehrfürchtiges Verhalten gg. göttl. und menschl. Autoritäten, achtungsvolle Rücksicht, Frömmigkeit.
Pietermaritzburg, Hptst. der Prov. Natal d. Rep. Südafrika, 192 000 E, davon 60 000 Weiße; anglikan. Bischofssitz, Uni.
Pietismus [piĕ-], ev. kirchl. Reformbewegung d. 17. Jh. für ein auf persönl. Heilserfahrung beruhendes Christentum; Abkehr v. d. Welt; urspr. in reformierten Holland; in Dtld → Spener, Forderung e. prakt. Herzenschristentums; mehr lehrhafte Ausprägung b. → Francke in Halle (Bußkampf, Gnadendurchbruch). Auch → Brüdergemeine.
Pietro da Cortona, eigtl. *P. Berrettini* (1. 11. 1596–16. 5. 1669), it. Maler u. Baumeister d. Barock; seine → illusionist. Wand- u. Deckengemälde (z. B. in Rom: in der Kirche S. Maria in Vallicella; im Palazzo → Barberini) prägten die barocke Konzeption d. Innenraums als Einheit aus Architektur u. Malerei; Bauwerke in Rom: u. a. S. Maria della Pace (Fassade); SS. Luca e Martina.
Piezo-Elektrizität, Druck auf best. Kristall (z. B. Quarz) erzeugt Trennung d. pos. u. neg. el. Ladungen in diesem u. damit e. el. Spannung, period. Druck also Wechselspannung; wird umgekehrt Wechselspannung an Kristall gelegt, so führt der Kristall mechan. Schwingungen aus (Anwendung: Kristallmikrophone, → Quarzuhr).

Pietà, Bartolomeo Montagna

Pietà, Michelangelo

Kleine Pilgermuschel

Pigage [-ˈgaːʒ], Nicolas de (2. 8. 1723 bis 30. 7. 96), frz. Architekt an d. Schwelle v. Rokoko z. Klassizismus, s. 1749 in Dtld tätig; u. a. *Schloß Benrath* b. Düsseldorf.
Pigalle [-ˈgal], Jean-Baptiste (26. 1. 1714–21. 8. 85), frz. Rokokobildhauer; *Merkur; Grabmal d. Moritz v. Sachsen* (Straßburg, St. Thomas).
Pigment, *s.* [l.],
1) tierischer u. pflanzl. Farbstoff besonders in Haaren und Haut; das Haut-P. bräunt die Haut und vermehrt sich durch Ultraviolettbestrahlung (Sonne).
2) techn. unlösliche Farbmittel, Mineralfarbpulver (z. B. Titandioxid als Weißpigment) od. organ. chem. P. (z. B. Indigo, Phthalocyanine).
Pigmenthormon, in d. → Hypophyse gebildetes Hormon, das die Pigmentzellen (Melanophoren) stimuliert.
Pik,
1) *s.* [frz. *pique*], Spielkarte, entspricht der dt. Farbe Grün.
2) *m., Pic, Piz,* Spitze eines Berges.
pikant [frz.], scharf gewürzt; anzüglich.
Pikas → Pfeifhasen.
Pike, *w.* [frz.], langer Spieß der Landsknechte. – *Von der P. auf,* von unten herauf (dienen).
Pikeniere, Truppengattung d. Fußvolkes im 16. u. 17. Jh., die den → Pike als Hauptwaffe trug.
Pikett, *s.* [frz.],
1) frz. Kartenspiel, 2 Spieler, 32 Blatt P.karte.
2) kl. Abteilung berittener Soldaten.
pikieren, Verpflanzen junger Samenpflanzen, um ihnen bessere Entwicklungsmöglichkeiten zu geben, in *Pikierkästen* oder ins freie Land.
pikiert, gekränkt, verletzt.
Pikkolo, *m.* [it. „Kleiner"], Kellnerlehrling; auch Bez. f. kl. Sektflasche.
Pikkoloflöte, kleine Flöte v. hellem Klang (Abb. → Orchester).
Pik Kommunismus, früher *Pik Stalin,* höchster Berg Tadshikistans, 7495 m; im „Gebirge d. Akademie d. Wissenschaften" im nördl. → Pamir.
Pikör [frz.], die Meute beaufsichtigender Jäger bei der → Parforcejagd.
Pikrinsäure, Trinitrophenol, gelbe Kristalle; als *Lyddit, Melinit* Sprengstoff; auch als Farbstoff.
Pikten, Ureinwohner Schottlands, wahrscheinl. keltisch.
Piktenwall, röm. Grenzbefestigung in Britannien, erbaut unter Hadrian i. 2. Jh. n. Chr.
Pilaster, *m.* [it.], in der Architektur flacher Wandpfeiler mit Basis und Kapitell.
Pilatus, Pontius, 26–36 n. Chr. röm. Prokurator (Landpfleger) in Judäa; unter ihm der Prozeß gegen → Jesus.
Pilatus, Kalkmassiv am Vierwaldstätter See, 2120 m; Zahnradbahn auf den *P.kulm.*
Pilaw, *m., Pilaf,* oriental. Gericht: gedämpfter Reis m. (Hammel-)Fleisch.
Pilcomayo, r. Nbfl. d. Paraguay (S-Amerika) aus den bolivian. Anden (Wasserfälle), 2500 km lang, bildet Grenze zw. Argentinien u. Paraguay.
Pilger, *Pilgrim,* Wallfahrer zu heiligen Stätten.
Pilgermuschel, eine → Kammuschel; Symbol der Firma Shell.

Pilgerväter, die ersten Puritaner, die 1620 von England nach Massachusetts (N-Amerika) auswanderten; ihr Schiff: *Mayflower*.

Pilgram, Anton (um 1450/60–1515), dt. Bildhauer u. Baumeister auf d. Schwelle z. W. Spätgotik u. Frührenaiss. in SW-Dtld, s. 1511 in Wien als Leiter d. Dombauhütte, Selbstporträt als *Fenstergucker* (an d. Dom-Kanzel).

Neue Pinakothek in München

Meister Anton Pilgram, „Fenstergucker"

Pilica, l. Nbfl. d. Weichsel, 319 km lang.

Pillau, *Baltijsk,* russ. Hafenst. u. Seebad im nördl. Teil Ostpreußens, am **P.er Tief** (Verbindung d. Frischen Haffs mit Danziger Bucht u. Ostsee), 17 000 E; Schiffsreparaturwerkstätte; Fischerei; Vorhafen Königsbergs.

Pillendreher, ein Blatthornkäfer der Mittelmeerländer („hl. *Skarabäus*" d. Ägypter); verfertigt aus Mist Kugeln zur Belegung mit Eiern (Brutpillen).

Pillnitz, bed. barocke Schloßanlage a. d. Elbe bei Dresden, v. *Pöppelmann* 1720–23.

Pillow-Lava, *w.* [engl. 'piloʊ-], kissenförm., submarin erstarrte Lavenblöcke, b. 1 m Durchmesser; glas. Oberfläche durch rasches Erstarren im Wasser.

Pilon [-'lõ], Germain (um 1536–3. 2. 90), frz. Bildhauer, e. Hptmeister d. Renaiss.; *Grabmal Heinrichs II. u. d. Katharina Medici* (St-Denis bei Paris).

Pilot [it.], Lotse, Hochseesteuermann; Flugzeugführer; auch: Formel-1-Fahrer.

Pilotballon, kl. unbemannter Luftballon ohne Registrierapparate, wird während d. Aufstiegs vom Erdboden mit *Ballon-Theodolit* od. Radar anvisiert, um Richtung u. Stärke des Windes in höheren Luftschichten festzustellen; teilweise m. selbsttätigen Sendegeräten ausgerüstet..

Piloty, dt. Maler:
1) Ferdinand (9. 10. 1828–21. 12. 95), histor. Themen u. Buchillustr.; s. Bruder.
2) Karl Theodor v. (1. 10. 1826–21. 7. 86), Hptvertr. d. realist. Historienmalerei in Dtld.

Pilsen, tschech. *Plzeň,* St. im Westböhmischen Bez. d. Tschech. Rep., im Tale d. Beraun, 175 000 E; got. Kirche, Museen, Theater; Kohlenbergbau, Eisen- u. Stahl-, Auto- u. Waffenind. (Škoda-Werke), Steingutfabriken; *Pilsner Bier.*

Piłsudski [piu-], Józef (5. 12. 1867 bis 12. 5. 1935), poln. Marschall; 1918–22 Staatschef, siegte 1920 an d. Weichsel über die UdSSR; durch Staatsstreich 1926–28 u. 1930 Min.präs. mit diktator. Vollmachten.

Pilum [l.], speerartiges antikes Wurfgeschoß, ca. 2 m lang.

Pilze, chlorophyllfreie, niedere Pflanzen, in organ. Resten als feinverzweigte Fadensysteme *(Myzelien)* wuchernd; an ihnen entstehen als Vermehrungszellen die *Sporen,* bei den höchsten Pilzen in oder an bes. auffallenden Behältern bzw. Trägern (Fruchtkörpern, umgangssprachl. „Pilze" gen.), von denen manche, in Dtld etwa 40 Arten, eßbar, viele ungenießbar u. giftig sind. Viele mikroskop. kleine P. sind Erreger von *Pilzkrankheiten (Mykosen),* vor allem der Haut (z. B. → Aktinomykose, → Soor, Epidermophytie); von Pflanzenkrankheiten (z. B. *Rost, Brand);* andere verderben Nahrungsmittel *(Schimmel)* od. zerstören Holz; einige, wie der sehr einfache Hefepilz, bewirken *Gärungen.* Alle wirken mit am Abbau der organ. (bes. pflanzl.) Reste im Boden *(Vermoderung).*

Pilzvergiftung → Erste Hilfe.

Pimentbaum, Myrtenbaum des trop. Amerika; unreife, getrocknete Beeren: *Nelkenpfeffer.*

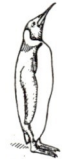

Kaiserpinguin

Pinscher, *Mittelschnauzer*

Pimpinelle, svw. → Bibernelle.

Piña Colada, Cocktail a. Ananas-, Limonensaft, Kokossirup u. weißem Rum.

Pinakothek, *w.* [gr.], Gemäldesammlung; *Alte* u. *Neue P.,* Museen in München.

Pinasse, *w.* [frz.], Beiboot eines Kriegsschiffes.

Pinatubo, Vulkan i. N v. → Luzon, 1475 m; Ausbruch 1991 m. 20 km hoher Rauchsäule trug zum Treibhauseffekt bei.

Pincenez, *s.* [frz. pɛ̃s'ne:], „Nasenklemmer", Kneifer, Zwicker.

Pindar, (um 522–nach 446 v. Chr.), griech. Lyriker; Oden auf d. Sieger in d. griech. Nationalspielen.

Pinder, Wilhelm (25. 6. 1878–13. 5. 1947), dt. Kunsthistoriker; *Dt. Plastik v. Ausgang d. MA bis z. Ende d. Renaissance.*

Pindos, Gebirgskette in NW-Griechenld., Karstcharakter; *Smolikas* 2637 m.

Ping-Pong-Infektion, wiederholte gg.seitige Infektion von Mann u. Frau im Bereich der Harn- u. Geschlechtsorgane, z. B. bei → Trichomoniasis.

Pinguine, flugunfähige, aufrecht gehende Schwimm- u. Tauchvögel des Südpolargebietes mit zum Rudern geeigneten umgewandelten Flügeln; Koloniebrüter.

Pinie, Kiefer der Mittelmeerländer, große Samen *(Piniennüsse)* m. wohlschmeckendem Kern.

Pinne, *seem.* Hebelarm am Steuerruder v. Schiffen.

Pinneberg (D-25421), Krst. in Schl-Ho., nw. v. Hamburg, 37 918 E; AG; Ind., Baum- u. Rosenschulen.

Pinochet Ugarte [-'tʃet-], Augusto (* 25. 11. 1915), chilen. Gen. u. Pol.; 1973–90 (nach dem Militärputsch gg. → Allende Gossens) Führer der Militär-Junta, 1981–89 zugleich Staatspräs. u. Reg.chef, s. 1989 Oberbefehlshaber d. Heeres.

Pinotage [engl. 'pinətidʒ], in Neuseeland u. Südafrika angebaute Rotweinrebe, die aromat., kernige Weine liefert; entstanden durch Kreuzung v. → *Pinot Noir* u. *Hermitage* (and. Name f. → Cinsault).

Pinot Blanc [frz. pi'no: 'blã:], *Weißer Burgunder,* in vielen Ländern angebaute Weißweinrebe, die milde, gehaltvolle Weine liefert.

Pinot Grigio ['pino'gridʒo], → Pinot gris.

Pinot Gris [frz. pi'no: 'gri:], *Grauer Burgunder, Ruländer,* in vielen Ländern angebaute Weißweinrebe, die kräft., körperreiche Weine liefert; eine Mutation d. → *Spätburgunders* u. wird in Östr. f. bes. gelesene Weine (→ Auslesen, → Beeren- u. → Trockenbeerenauslesen u. → Eisweine) verwendet.

Pinot Meunier [frz. pi'no: mœ'nje], in Frkr., Dtld (als *Schwarzriesling* od. *Müllerrebe*) u. Östr. angebaute Rotweinrebe, die körperreiche, aber säurearme Weine liefert; in d. → Champagne wird sie m. → Pinot Noir u. *Blanc de Noirs* u./od. → Chardonnay zur Herstell. v. → Champagner verschnitten.

Pinot Noir [frz. pi'no: 'nwa:r], *Spätburgunder, Blauer Burgunder,* in fast allen Erdteilen angebaute, hochwert. Rotweinrebe, die vollmund., samtig-würzige Weine m. sortentyp. Bukett liefert; sie ist u. a. f. d. roten Spitzenburgunder verantwortl. u. wird b. → Champagner m. → Pinot Meunier (→ *Blanc de Noirs*) u./od. Chardonnay verschnitten.

Pinscher, Hunderasse, kupierte Ohren und Rute, rauhhaarig und bärtig (Schnauzer) oder glatthaarig (Dobermann).

Pinseläffchen, kleine, baumbewohnende → Krallenaffen S-Amerikas; Lebensweise eichhörnchenähnl.

Pinselschwein, Wildschwein Ostafrikas, pinselförmige Ohren.

Pinsk, weißruss. St. in d. Polesje, Sumpfgebiet d. *P.er Sümpfe,* an d. z. Pripet schiffb. Pina, 109 000 E.

Pint, *s.,* → Maße u. Gewichte, Übers.

Pinter, Harold (* 10. 10. 1930), engl. Dramatiker; *Hausmeister; Niemandsland.*

Pinturicchio [-'rikkio], Bernardino (um 1454–11. 12. 1513), it. Maler der Renaiss.; bes. Fresken, u. a. in d. röm. Kirchen S. Maria d'Aracoeli u. S. Maria del Popolo.

Pin-up, *s.* [engl. -ʌp, „anheften"], Bild eines leichtbekleideten Mädchens: *Pin-up-Girl.*

pinxit, pinx., pxt., p. [l.], „hat (es) gemalt", bei Gemäldesignaturen Zusatz zum Namen des Malers.

Pinzette, *w.* [frz.], V-förmiges Instrument; spitz od. mit Häkchen, zum Fassen feinster Teile (Ärzte, Uhrmacher, Schriftsetzer).

Pinzgau, Tal der Salzach, zw. Tauern im S und Kitzbüheler Alpen im N (700 bis 1000 m); Hptort: *Zell am See;* hochwertige Viehzucht, Pferdezucht: „Pinzgauer".

Piombo → Sebastiano del Piombo.

Pioneer [engl. paɪə'nɪə], am. Raumsondentyp (→ Raumsonde).

Pinot Blanc

Pinot Gris

Pinot Noir

Pionier|e [frz.],
1) *mil.:* techn. Truppe des Heeres; Brückenbau u. Fährbetrieb mit Pontons u. Sturmbooten, Minierarbeiten, Bau von Befestigungen, Sprengarbeiten usw. **2)** Vorkämpfer, Bahnbrecher.
Pionierprodukte, neue Produkte od. Dienstleistungen, d. b. Unternehmensführung durch ihren hohen *Innovationswert* konkurrenzlos sind u. Marktführung übernehmen.
Pionierunternehmer, dynamische Unternehmer, die mittels neuer Produktions-, Vertriebs-, Produktstrategien Marktführer werden.
Piontek, Heinz (* 15. 11. 1925), dt. Schriftst.; Prosa, Lyrik, Hörspiele, Essays; *Die mittleren Jahre.*
Pipa, svw. → Wabenkröte.
Pipeline, *w.* [engl. 'paɪplaɪn], Erdölleitung.
Piper Aircraft Corporation ['paɪpə-], am. Flugzeugfirma; gehört zu den größten Herstellern v. Schul-, Sport-, Reise- u. Kleinflugzeugen d. Welt.
Piper & Co., R., Verlag, München (1904); Literatur, Kunst, Kultur- u. Geistesgeschichte.
Pipętte, *w.* [frz.], ein Stechheber; geeichte, bauchig erweiterte Glasröhre z. Abmessen v. Flüssigkeiten.
Pippin, fränk. → Hausmeier unter den → Merowingern:
1) P. v. Heristal († 714), vereinigte d. fränk. Teilreiche; s. Enkel
2) P. d. Jüngere (714–24. 9. 68), Vater Karls d. Gr., beseitigte Merowinger, wurde mit päpstl. Zustimmung 751 Kg, zerstörte german.-langobard. Vormacht in Italien, schenkte Papst Stephan II. seine langobard. Eroberungen: **Pippinsche Schenkung** (→ Kirchenstaat).
Piqué, *m.* [frz. pi'ke], rautenförmig gemusterte Stoffe durch Doppelgewebe aus grobfäd. Untergewebe u. feinfädigem Obergewebe.
Pirandẹllo, Luigi (28. 6. 1867–10. 12. 1936), it. Schriftst.; Dramen: *Sechs Personen suchen einen Autor;* Romane: *Die Wandlungen d. Mattia Pascal;* Nobelpr. 1934.
Piranęsi, Giambattista (4. 10. 1720 bis 9. 9. 78), it. Architekt u. hpts. Kupferstecher d. Barock u. Klassizismus; *Römische Veduten; Le carceri.*
Piranha, *m.* [-nja], *Piraya,* in Flüssen S-Amerikas in Schwärmen lebende Fische mit sägeartigem Gebiß, sehr gefräßig; zerfleischen auch Menschen u. große Säugetiere.
Pirat [l.], Seeräuber.
Piraten- oder Vertragsküste
→ Vereinigte Arabische Emirate.
Piräus, *Peiraieus,* neugriech. *Pireefs,* griech. Hafenst., Hptst. d. Nomos *P.* an der NO-Küste des Golfs v. Ägina, 196 000 E; Ind.; bed. Handels- u. Kriegshafen. – Hafen Athens, von Themistokles um 492/93 v. Chr. befestigt u. m. Athen durch die Langen Mauern verbunden.
Pirckheimer, Willibald (5. 12. 1470 bis 22. 12. 1530), dt. Patrizier u. Diplomat; Humanist, Freund Dürers; *Bellum Helveticum.*
Pire [pi:r], Dominique (10. 2. 1910 bis 30. 1. 69), belg. Dominikaner; Begr. d. „Europa-Dörfer"; Friedensnobelpreis 1958.
Pirmasens (D-66953–55), krfreie St. in RP, 47 801 E; AG; bed. Maschinenbau-, Schuh- u. chem. Ind., intern. Messestadt.

Pioneer-Aufnahme des Saturn mit der Erde als Größenvergleich

Pirna (D-01796), Krst. an der Elbe (Elbsandsteingebirge), Sa., 41 081 E; Steinbrüche, Papier-, Kunstseide-, Glasind.
Piroge, *w.,* indian. u. ozean. Einbaum m. überhöhten Bordwänden.
Pirogge, *w.,* russ. längl. Hefeteig- od. Mürbeteig-Pastete m. Fleisch-, Käse-, Fisch-, Pilz-, Gemüsefüllung u. a.
Pirol, *Goldamsel,* prächtig gefärbter Singvogel, amselgr., Männchen goldgelb, flötender Ruf; Weibchen grünlich; Mai bis August in Dtld, kunstvolles Nest.
Pirouette, *w.* [frz. -'rü-], rasche Kreisdrehung b. Tanzen (auch beim Eiskunstlauf); b. Reiten Kreiswendung im Galopp; auch Kunstflugfigur.
Pirquet [-'ke], Clemens Frh. v. (12. 5. 1874–28. 2. 1929), östr. Kinderarzt; **P.sche Reaktion,** *Tuberkulinreaktion,* stellt durch Hautimpfung Tuberkulose (frische od. auch ausgeheilte) fest.
Pirsch, *Birsch* [ml. „birsare = jagen"], Einzeljagd.
Pisa, Hauptstadt der italienischen Provinz *Pisa,* am Arno und nahe dem Mittelmeer, 102 000 Einwohner; romanischer Dom mit schiefem Glockenturm,

Pinseläffchen

Pinturicchio, *Krönung Mariens*

Pirouette

Pirol

Pisa, *Dom*

Baptisterium (12. Jahrhundert); Campo Santo (13. Jahrhundert), Universität, landwirtschaftliches und tierärztliches Institut; Woll-, Glasindustrie. – Im Altertum Hafenstadt an der Mündung des Arno (heute 11 km vom Meer entfernt); im Mittelalter bedeutende See- und Handelsstadt.
Pisanęllo, eigentl. *Antonio Pisano* (Nov. 1395–Okt. 1455), it. Maler u. Medailleur, Pionier d. oberit. Frührenaissance.
Pisano, it. Künstlerfamilie:
1) Andrea (um 1292–26. 8. 1348), Bildhauer, Goldschmied u. Baumeister, *Südtür* des Baptisteriums in Florenz.
2) Antonio → Pisanello.
3) Giovanni (um 1250–um 1315), Bildhauer u. Baumeister, *Kanzel* im Dom u. *Madonna* im Campo Santo zu Pisa; sein Vater
4) Niccolò (um 1225–um 1280), bahnbrechender Wegbereiter d. it. Bildhauerkunst, *Kanzel* (Baptisterium des Doms in Pisa).
5) Nino (um 1315–Dez. 68), Baumeister, Goldschmied u. Bildhauer; Sohn v. 1).
Piscator, Erwin (17. 2. 1893–30. 3. 1966), dt. Theaterregisseur u. -leiter; „proletar. Theater" n. russ. Vorbild in Berlin als polit. Kampfmittel; Vorwegnahme v. → Brechts epischem Theater, Einbeziehung v. dokumentar. Elementen.
Pischpek → Bischkek.
Pisẹndel, Johann Georg (26. 12. 1687 bis 25. 11. 1755), dt. Violinist u. Komponist.
Pisis, Filippo de (11. 5. 1896–2. 5. 1956), it. Maler u. Lyriker; Vertr. d. vom Neo-Impressionismus geprägten → pittura metafisica; Stilleben, Landschaften.
Pissạrro, Camille (10. 7. 1830–13. 11. 1903), frz. Maler d. Impressionismus; Landschaften.
Pistazie, versch. Bäume d. Mittelmeerländer; *Mastix-P.,* schwitzt Mastixharz aus, *Terpentin-P.,* liefert zypr. Terpentin

Pisanello, Hl. Georg und die Prinzessin

für Salben u. Pflaster; mandelähnl. Samen der *echten P.* als Gewürz u. z. Ölbereitung.

Piste, w. [frz. „Fährte"], Umrandung d. Zirkusmanege; Rodelbahn, präparierte Skiabfahrt; Start- und Landebahn für Flugzeuge.

Pistill, s. [l.], Reibkeule z. Zerkleinern u. Pulverisieren v. Stoffen im Mörser.

Pistoia, Hptst. d. it. Prov. *P.,* i. d. Toscana, 88 000 E; Dom (13. Jh.), Bischofssitz; Eisenwaren.

Pistole, w. [it.].
1) Handfeuerwaffe; heute *Selbstladepistole* m. Magazin, nach abgegebenem

Echte Pistazie

PITCAIRNINSEL	
Name des Territoriums:	Pitcairn
Regierungsform:	Britisches Territorium
Staatsoberhaupt:	Königin Elizabeth II., vertreten durch Gouverneur Robert J. Alston
Hauptort:	Adamstown
Fläche:	5 km²
Einwohner:	54
Amtssprache:	Pitcairn-Englisch
Religion:	Adventisten
Währung:	NZ$
Zeitzone:	MEZ – 9½ Std.
Karte:	→ Australien und Ozeanien

Pittsburgh

Schuß vollzieht Rückstoß das Auswerfen d. Hülse u. Einführen einer neuen Patrone in das Patronenlager.
2) Goldmünze (16.–19. Jh.); urspr. außerhalb Spaniens übliche Bezeichnung f. die Dublone; dann in Frkr. als → Louisdor = 5 Taler in Dtld.

Pistoletto, Michelangelo (* 25. 6. 1933), it. Maler u. Aktionskünstler; *Venus in Lumpen.*

Piston ['pɪstən], Walter (20. 1. 1894 bis 8. 11. 1976), am. Komp.; neoklassizist. Instrumentalwerke.

Piston, s. [frz. -'tõ:].
1) Pumpventil a. Blechblasinstrumenten.
2) svw. *P.kornett,* → Kornett.

Pišťan, slowak. *Piešťany,* Kurort im Waagtal (Slowakei), 33 700 E; radioaktive Schwefelquellen.

Pitaval, Sammlung v. Kriminalfällen; erste Sammlung von *François de P.* (1673–1743); dt. Auswahl v. Schiller, „Neuer P." v. Hitzig u. Alexis.

Pitcairninsel [-kən-], brit. Insel im südl. Pazifik; 1790 v. meuternden Matrosen d. brit. Kriegsschiffes „Bounty" besiedelt; 1838 brit. Kolonie.

Pitchpine, w. [engl. 'pɪtʃpaɪn], mittelhartes, sehr dauerhaftes Nutzholz fr. am. Pechkiefer, für Fußböden, Wagen- und Schiffbau usw.

Pithecanthropus → Mensch, *Abstammung.*

Pitotrohr [l.], Staurohr, mit dem (über den Staudruck) d. Geschwindigkeit v. strömenden Flüssigkeiten u. Gasen od. in Flüssigkeiten u. Gasen bewegter Körper (z. B. Flugzeug) gemessen wird.

Pitt, engl. Staatsmänner:
1) William der Ältere (15. 11. 1708 bis 11. 5. 78), Min. 1757–61 u. 1766–68, unterstützte Friedrich d. Gr. im 7jähr. Krieg, zerstörte frz. Kolonialmacht, bekämpfte den Pariser Frieden von 1763; sein Sohn

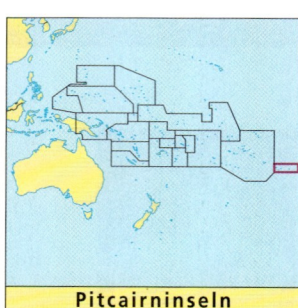
Pitcairninseln

Pitcairninseln

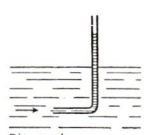
Pitotrohr

2) William der Jüngere (28. 5. 1759 bis 23. 1. 1806), Min.präs. 1783–1801 u. 1804 bis 1806, stärkte Englands Macht als Hpt d. Koalition gg. Frkr.; Reformen im Empire.

Pittermann, Bruno (3. 9. 1905 bis 19. 9. 83), östr. Pol.; 1957–67 Vorsitzender der SPÖ; 1964–76 Präsident der Sozialist. Intern.

Pitti, *Palazzo P.,* Renaissancegebäude (2. Hälfte 15. Jh.) in Florenz m. Gemäldegalerie.

Pittoni, Giovanni Battista (1687 bis 17. 11. 1767), it. Maler; intern. tätiger Hptmeister d. venezian. Rokoko.

pittoresk [it.], malerisch.

Pittsburgh ['pɪtsbə:g], St. i. US-Staat Pennsylvania, am Alleghany, 369 400 E, Agglomeration 2,3 Mill. E; Carnegie-Inst., Uni.; reiche Erdöl- u. Kohlenfelder, Stahl- u. Glasind.

Pittura metafisica, w. [it., „metaphysische Malerei"], 1910–20 Richtung d. it. Malerei v. intern. Wirkung; Voraussetzung für d. Entwicklung d. Surrealismus durch überraschende Kombination einzelner Elemente d. Wirklichkeit zu traumbildhaften Kompositionen; scharfe Konturen, perspektivische Bildtiefe; Hptvertr.: *Carrà, Chirico, De Pisis.*

Pityriasis, eine Hautpilzerkrankung.

Pityusen, südwestl. Inselgruppe der span. Balearen, 700 km², ca. 30 000 E; Hauptinseln *Ibiza* u. *Formentera.*

Pitztal, in d. westl. Ötztaler Alpen, 28 km l., m. d. Pitzbach und Mittelberggletscher; Hauptort *St. Leonhard.*

Pius [l.], *Papstname* (insges. 12):
1) P. II., *Enea Silvio Piccolomini* (18. 10. 1405–15. 8. 64), 1458–64, Humanist; berühmte Bulle: Exsecrabilis, die jede Berufung gg. Papst an ein Konzil verbietet (gg. Konziliarismus).
2) P. IV., *Giovanni Medici* (31. 3. 1499 bis 9. 12. 1565), 1559–65, berief 1562 Tridentin. Konzil.
3) P. V. (17. 1. 1504–1. 5. 72), 1566–72, Ausgabe des *Catechismus Romanus,* 1570 Absetzungserklärung gg. die protestant. Elisabeth v. England; Hlg.
4) P. VI. (25. 12. 1717–29. 8. 99), 1775 bis 99, starb als frz. Gefangener in Valence.
5) P. VII. (14. 8. 1740–20. 8. 1823), 1800–23, salbte 1804 Napoleon I., verlor 1809 Kirchenstaat an Napoleon (1809 bis 14 in frz. Gefangenschaft).
6) P. IX., *Mastai-Feretti* (13. 5. 1792 bis

Max Planck

7. 2. 1878), 1846–78, 1848 Revolution in Rom gg. ihn; Verlust d. Kirchenstaates an Italien; Dogma von der Unbefleckten Empfängnis Mariä 1854, erstes Vatikan. Konzil 1869–70, das d. päpstl. Lehrfehlbarkeit ausspracht (Protest d. Altkatholiken).
7) P. X., *Giuseppe Sarto* (2. 6. 1835 bis 20. 8. 1914; 1954 heiliggesprochen), 1903–14, Enzyklika über Trennung von Staat u. Kirche in Frkr.; Kampf gg. → Modernismus (Borromäus-Enzyklika).
8) P. XI., *Achille Ratti* (31. 5. 1857 bis 10. 2. 1939), 1922–39, Konkordat mit it. Staat (→ Lateranverträge), Enzykliken zu Arbeiterfrage u. Ehe, gg. Bolschewismus, 1937 gg. den Nationalsozialismus.
9) P. XII., *Eugenio Pacelli* (2. 3. 1876 bis 9. 10. 1958), Nuntius in Berlin 1920 bis 30, s. 1939 Papst; Botschaften zur soz. Frage; 1950 Verkündigung d. Dogmas von der Himmelfahrt Mariä.

Piz → Pik 2).

Pizarro [pi'θ-], Francisco (1478–26. 6. 1541), span. Konquistador; entdeckte und eroberte 1524–35 Ecuador und Peru.

Piz Palü, Gipfel der Berninagruppe, 3905 m.

Pizza [it.], flaches neapolitan. Gebäck (Hefeteig mit Tomaten, Käse, Schinken u. a.), meist heiß serviert.

pizzicato [it.], *mus.* auf den Saiten (z. B. Geige) gezupft, nicht mit dem Bogen gestrichen.

Pjatigorsk, russ. St. nördl. des Kaukasus, 129 000 E; warme Schwefelquellen.

PKK, militante kurd. Untergrundorganisation in der Türkei.

Placebo, s. [l.], Schein-, Leermedikament, dient in wissensch. Studien zum Vergleich mit geprüftem Medikament (*Verum*).

Placet, s. [-tsɛt], *Plazet,* Genehmigung (Vermerk auf Erlassen); auch → Exequatur; Ggs.: Veto.

Plädoyer, s. [frz. -'dŏa:je:], Schlußvortrag vor Gericht durch Partei, Rechtsanwalt od. Staatsanwalt.

Plafond, m. [frz. -'fõ:], mit Stuck oder Malerei verzierte Zimmerdecke.

plagal, *mus.* Nebenartonten d. Kirchentöne; Ggs.: → authentisch.

Plagiat, s., Diebstahl geist. Eigentums: *jur.* vorsätzl. Verletzung des → Urheberrechts durch unbefugte Vervielfältigung oder Verbreitung eines Werkes, durch Mißbrauch des Zitatrechts, durch Unterlassung d. Quellenangabe u. a.; der *Plagiator* ist schadenersatzpflichtig. Auf Antrag strafbar.

Plaid, m. od. s. [plɛɪd], großkarierte Wolldecke; auch großkarierter Wollstoff f. Kleider, Name u. Muster aus Schottland („Schotten").

Plakat, s., öffentl. angebrachtes Werbeblatt oder -bild (Reklame); oft künstlerisch ausgeführt.

Plakette, w. [frz.], kl. Metallplatte mit erhabener bildl. Darstellung, bes. in d. Renaiss., Gedenktafel, -münze.

Planarien → Strudelwürmer.

Planck,
1) Gottlieb (24. 6. 1824–20. 5. 1910), dt. Rechtsgelehrter; Mitarbeit am Entwurf des BGB.
2) Max (23. 4. 1858–4. 10. 1947), dt. Phys.; trug neben Einstein zur Umgestaltung des Weltbildes durch s. → *Quantentheorie* (Übers.) bei; Forschungen

über Wärmelehre u. Strahlung; Nobelpr. 1918; n. ihm ben. → Max-Planck-Gesellschaft.
Plancksches Wirkungsquantum, *Plancksche Konstante,* nach Max Planck benannte u. von ihm entdeckte universelle Konstante *h* der → Quantentheorie; im Ggs. zur klass. Physik, der zufolge Strahlung v. e. Temperaturstrahler kontinuierlich abgegeben wird, werden den Schwingungen jeweils definierte Energiebeträge *(Energiequanten)* zugeordnet, d. h., Strahlung wird in Quanten abgegeben.
Plạne, *w.,* groblein. Wetterschutzdecke f. offene Wagen *(Planwagen).*
Planetarium [nl.], Vorrichtung z. Veranschaulichung des Planetenlaufs am Himmel; mechan. od. opt. *(Zeiss-P.);* Projektion der Himmelskörper u. ihrer Bewegung an e. halbkugeliger Kuppel; konstruiert von → *Bauersfeld.*
Planẹten [gr.], *Wandelsterne,* Himmelskörper gleich der Erde, nicht selbstleuchtend, bewegen sich um die Sonne u. werden von ihr beleuchtet; unterscheiden sich von den funkelnden Fixsternen durch ihr ruhiges Licht, erscheinen im Fernrohr scheibenförmig. – Neun *große P.,* nach wachsendem Sonnenabstand: Merkur, Venus, Erde, Mars, Jupiter, Saturn (sämtl. schon im Altertum bekannt), Uranus (1781), Neptun (1846), Pluto (1930 entdeckt); → Tafeln Himmelskunde. Zwischen Mars und Jupiter der Gürtel der *kleinen P.,* → Planetoiden. Innerhalb der Erdbahn *innere P.* (Merkur, Venus), außerhalb *äußere P.;* außer b. Merkur u. Venus bei allen P. Monde *(Satelliten)* bekannt. *P.bahnen:* kreisähnl. Ellipsen, f. d. Halbachse, Umlaufzeit und Bahnbewegung aus d. *Keplerschen Gesetzen* folgen. Gegenseitige Anziehung (→ *Gravitation*) d. großen P. erzeugt kl. Abweichungen *(Störungen)* v. d. *Keplerschen Bewegung.* Genaue Örter d. großen P. zu errechnen aus *P.tafeln* v. Newcomb.
Planetengetriebe, Rädergetriebe m. umlaufenden Zahnrädern *(Umlauf)* z. Veränderung d. Übersetzung (z. B. b. Fahrrädern).
Planetoiden, *Asteroiden, kleine Planeten,* kleine Körper, die sich im wesentl. in d. Lücke zw. Mars u. Jupiter in ellipt. Bahnen um d. Sonne bewegen; erster kl. Planet 1801 v. Piazzi entdeckt; P.durchmesser: 400 km bis weniger als 1 km.
planieren [frz.], ebnen, glätten.
Planierraupe, Baumaschine, z. Einebnen v. Gelände.
Planimẹter, *s.* [gr. „Flächenmesser"], math. (geodät.), auf Integralrechnung beruhendes Instrument z. mechan. Ausmessung ebener, auch krummlinig begrenzter Flächen (auf Landkarten); Faden- u. Umfahrungs-P.
Planimetrie, Geometrie d. Ebene.
plankonkav, plankonvex → Linsen, → Tafel Optik.
Plankostenrechnung, *betriebliches Rechnungswesen:* Berechnung zukünftiger Gesamtkosten nach Kostenarten, -stellen, -trägern.
Plankton, *s.* [gr.], Gesamtheit kl. niederer Lebewesen im Wasser; geringe od. fehlende Eigenbewegung.
Plantage, *s.* [frz. -'ta:ʒə], Großpflanzung in den Tropen; auch in bezug auf → Monokulturen.

Plantagenet [plätaʒ'nɛ], engl. Königsgeschlecht *(Anjou-Pl.),* regierte 1154 bis 1485, zwei (feindliche) Linien Lancaster u. York; u. a. Richard Löwenherz, Eduard I.–III., Richard II.
Plantagenet-Stil, in d. frz. Architektur spätroman.-frühgot. Baustil um 1150–1250 in Westfrkr. (während d. Regentsch. d. engl. Dynastie d. P.); hpts. Hallenkirchen; *Kathedrale v. Poitiers.*
plantar, die Fußsohle betreffend.
Planwirtschaft, Zentralverwaltungswirtschaft; Entscheidungen über wirtschaftl. Zielsetzungen u. Aufstellung von Gesamtwirtschaftsplänen sowie Einzelplänen erfolgen zentral von einer staatlichen Behörde.
Planzeichnung, Geländegrundrißzeichnung ohne Angabe von Höhenunterschieden.
Plaque *w.* [frz. plak „Fleck"],
1) Belag an den Zähnen.
2) atherosklerotische P. in Arterien, Frühstadium d. → Arteriosklerose.
Pläsier, *s.* [frz.], Vergnügen.
Plạsma, *s.* [gr.],
1) *astronom.* von Magnetfeldern durchzogenes interstellares Medium.
2) *phys.* vierter Aggregatzustand der Materie. Bei hohen Temperaturen werden d. Zus.stöße d. Atome e. Gases so heftig, daß Elektronen aus ihren Hüllen herausgerissen werden können u. d. Atome als pos. geladene Ionen weiterfliegen. Besteht e. wesentl. Teil des Gases aus Ionen u. Elektronen, dann zeigt es ein ganz anderes Verhalten als das neutrale Gas, da es jetzt überwiegend von elektromagnet. Wechselwirkungen bestimmt wird, man bezeichnet es als P. Je höher d. Temp., desto höher d. Ionisierungsgrad; 90% aller Materie d. Weltalls ist im P.zustand, teilw. bei so hohen Temperaturen, daß keine Atome u. Moleküle, sondern nur Atomkerne u. freie Elektronen existieren; durch dauernde Zus.stöße entstehen Kernreaktionen.
3) svw. → Protoplasma.
4) svw. → Blutplasma; auch → Trockenplasma.
Plasmabrenner, techn. Verfahren z. Hochtemperaturverbrennung schwer abbaubarer Substanzen; Einsatz z. B. bei d. Vernichtung chem. Kampfstoffe.
Plasmaexpander, Blutersatzmittel z. Auffüllung d. Blutkreislaufs nach Blutverlusten u. bei → Schock.
Plasmapherese, apparative Entfernung von Substanzen od. Zellen aus dem Blut, z. B. von Cholesterin bei schwerster → Arteriosklerose.
Plasmịd, genet. Material außerhalb des Zellkerns einer Bakterienzelle; ringförmige → DNA trägt wichtige Gene z. B. gegen Antibiotika; in d. Gentechnik (→ Übers.) als Vektor f. Gentransfer eingesetzt.
Plasmodium, Mz. *Plasmodien,*
1) Schleimpilze.
2) Gattung d. → Sporentierchen; *Malaria-P.* ruft Wechselfieber hervor.
Plasmon, *s.,* die Gesamtheit d. im Protoplasma, nicht in d. Chromosomen liegenden Erbfaktoren.
Plasmozytom, *multiples Myelom, Kahlersche Krankheit,* bösartige Wucherung antikörperbildender Plasmazellen, Ausbreitung im Knochenmark, im Blut starke Vermehrung von Gammaglo-

bulinen *(monoklonale Gammopathie),* im Spätstadium Nierenversagen.
Plaste, svw. → Kunststoffe.
Plastịden [gr.], *Chromatophoren,* die Farbträger in → Protoplasma pflanzl. Zellen (grüne: *Chloroplasten;* gelbe bis rote: *Chromoplasten;* farblose: *Leukoplasten).*
Plastifizierung, vorübergehende oder dauernde Weichmachung von Kunststoffen z. Überführung harter Produkte in lederartig-zähe bis gummi-elast. Massen (→ Weichmacher).
Plạstik, *w.* [gr.],
1) svw. → plastische Operation.
2) svw. → Kunststoffe.
3) Bildhauerkunst (Gattungsbegriff); auch einzelnes Werk derselben (bes. aus modellierbarem Material: Ton, Wachs u. a.); auch → Skulptur.
Plastilịn, *s.,* **Plastilịna,** *w.,* wachsähnl. Modellierstoff.
plạstisch, körperhaft hervortretend, greifbar.
plastische Operation, Überpflanzung v. Haut, Muskeln u. anderen Organteilen z. Deckung v. Gewebslücken u. nichtverheilenden Wunden sowie zu kosmet. Zwecken.
Plastomere = Thermoplaste.
Plastron, *m.* od. *s.* [frz. -rõ],
1) vorgewölbte breite Krawatte.
2) gepolsterter Brustschutz des Fechters.
Plạta, La → La Plata.
Platạ̈ạ̈, griech. *Plataiai,* antike griech.

Pius XII.

Ahornblättrige Platane

Planetarium, *Deutsches Museum*

Daten der Planeten

	Sonne	Merkur	Venus	Erde	Mond	Mars	Jupiter	Saturn	Uranus	Neptun	Pluto
Durchmesser am Äquator in km	1 392 200	4878	12 104	12 756	3476	6794	142 984	120 536	51 118	49 528	2246
Masse (Erde = 1)	333 400	0,055	0,815	1	0,012	0,107	317,9	95,2	14,5	17,1	0,002
Volumen (Erde = 1)	1 306 000	0,06	0,88	1	0,020	0,150	1,319	751	62	54	0,005
Dichte (Wasser = 1)	1,41	5,43	5,24	5,52	3,34	3,94	1,33	0,70	1,24	1,67	2,0 ?
Abplattung	0	0	0	0,003	0	0,007	0,065	0,098	0,023	0,017	?
Schwerkraft an der Oberfläche (Erde = 1)	27,9	0,37	0,88	1	0,16	0,38	2,64	1,15	1,17	1,18	0,45 ?
Zahl der Satelliten	–	0	0	1	–	2	17	25	15	8	1
Größte Entfernung von der Sonne in Mill. km	–	69,7	109	152,1	–	249,1	815,7	1507	3004	4537	7375
Kleinste Entfernung von der Sonne in Mill. km	–	57,9	108,2	149,6	–	227,9	778,3	1427	2869,6	4496,6	5900
Rotationsperiode	25,38 Tage	58,65 Tage	243 Tage (rückläufige R.)	23 Std., 56 Min., 4 Sek.	27,32 Tage	24 Std., 37 Min., 23 Sek.	9 Std., 55 Min., 30 Sek.	10 Std., 39 Min., 22 Sek.	17 Std., 14 Min.	16 Std., 6 Min.	6 Tage, 9 Std., 18 Min.
Umlaufzeit	–	88 Tage	224,7 Tage	365,26 Tage	–	687 Tage	11,86 Jahre	29,46 Jahre	84,01 Jahre	164,8 Jahre	247,7 Jahre
Mittlere Bahngeschwindigkeit in km/sec	–	47,9	35	29,8	–	24,1	13,1	9,6	6,8	5,4	4,7
Neigung des Äquators gegen die Bahnebene	–	7°	177°24′	23°27′	–	23°59′	3°05′	26°44′	97°55′	28°48′	>50°
Bahnneigung gegen die Ekliptik	–	7,00°	3,39°	0,01°	5,15°	1,85°	1,31°	2,49°	0,77°	1,77°	17,15°

Planetoiden

Name	Mittlerer Abstand zur Sonne (AE*)	Umlaufszeit (Jahre)	Bahnneigung (Grade)	Durchmesser (km)
Ikarus	1.08	1.12	23.0	1
Apollo	1.47	1.78	6.3	1
Hermes	1.64	2.10	6.2	0.5
Melpomene**	2.30	3.48	10.1	130
Ceres	2.77	4.60	10.6	1003
Achilles	5.21	11.90	10.3	53
Hidalgo	5.82	14.04	42.5	16
Chiron	13.69	50.68	6.9	150–650 ?

Eine typische Auswahl von Planetoiden
* AE = Astronomische Einheit
** Melpomene hat einen eigenen Satelliten

Kometen

Name	Umlaufszeit (Jahre)	Bahnneigung (Grade)	Abstand zur Sonne (AE) min.	Abstand zur Sonne (AE) max.	Nächste Rückkehr
Brooks 2	6.9	5.6	1.8	5.4	1987
Encke	3.3	11.9	0.3	4.1	1986
Tuttle	13.8	54.7	1.0	10.3	1995
Finlay	6.9	3.4	1.1	6.2	1988
D'Arrest	6.2	18.0	1.4	4.7	1988
Crommelin	27.9	28.9	0.7	18.0	2012
Giacobini-Zinner	6.5	31.7	1.0	6.0	1985
Halley	76.1	162.2	0.6	18.0	1986

Eine Auswahl kurzperiodischer Kometen

St. im südl. Böotien; 479 v. Chr. griech. Sieg üb. die Perser.

Platane, Zierbaum m. großen Blättern, abblätternder Borke und kugeligen Fruchtständen; aus Asien u. N-Amerika.

Plateau, s. [frz. -'to:], Hochebene.

Platen, August Gf v. (24. 10. 1796 bis 5. 12. 1835), dt. Dichter; Formkünstler; Lyrik (Sonette, Oden, Hymnen; frühe Balladen).

Platereskenstil, Schmuckstil d. span. Baukunst (15./16. Jh.), Verschmelzung spätgot., maurischer u. it. Frührenaiss.-Elemente.

Platin, *Pt,* chem. El., Oz. 78, At.-Gew. 195,09, Dichte 21,45; silberweißes, hämmerbares, zähes Edelmetall, Vorkommen gediegen, oft m. anderen Metallen derselben Gruppe, den P.metallen: *Rhodium, Ruthenium, Palladium, Iridium, Osmium;* vielseitige Verwendung i. d. chem. Industrie, zu Schmelztiegeln, thermo-el. Meßapparaten, Elektroden, Schmuck; *P.asbest, P.schwamm* od. *P.mohr* (fein verteiltes P.) als → Katalysatoren.

Platine, svw. → gedruckte Schaltung.

Platini, Michel (* 24. 6. 1955), frz. Fußballspieler; 1984 EM m. frz. Nat.mannschaft, 1986 WM-Dritter; m. Juventus Turin 1985 Eur.pokalsieger d. Landesmeister.

Platitüde, w. [frz.], Plattheit, nichtssagende Bemerkung.

Platon (427–347 v. Chr.), griech. Phil., Schüler des Sokrates, Lehrer des Aristoteles; s. Schule in Athen die → Akademie; Begr. des Idealismus durch die **Platonische Ideenlehre:** Die wahre, eigentliche Welt ist eine geistige Welt der Urbilder (Ideen); die wahrnehmbaren Dinge sind Abbilder der Ideen; höchste Wirklichkeit ist sog. „Idee d. Guten"; die Seele ist unsterblich, weil sie nicht aus der Abbild-, sondern aus der Urwelt stammt; Wissen ist Wiedererinnerung an vorgeburtl. Sein; drei Seelenteile: Vernunft, Mut, Begierde. Platos Staatsideal wird von der Erziehungsidee beherrscht; Beherrscher des Staates sei der Philosoph. Schriften: *Dialoge* (35); bedeutendste: *Phaidros* (Ideenlehre), *Symposion* („Gastmahl") u. *Phaidon* (über d. Unsterblichkeit der Seele).

Platoniker, Anhänger des Plato.

platonische Liebe, metaphys. *Eros,* von der Idee des Schönen entzündete Begeisterung für das Übersinnliche; rein geistige Neigung.

platonisches Jahr → Jahr.

Plattdeutsch, *Niederdeutsch,* → deutsche Mundarten.

Plattensee, ungar. *Balaton,* flacher, fischreicher See in W-Ungarn, größter Mitteleuropas, 592 km², bis 11 m t., 78 km l.; zahlreiche Bade- u. Kurorte.

Plattenspieler, Abspielgerät für → Schallplatten, Weiterentwicklung d. Grammophons (→ Sprechmaschine); kombiniert m. Radiogerät: *Phonogerät;* m. Radiogerät u. Cassettenrecorder als *Kompaktanlage* od. *Hi-Fi-Turm;* Plattenwechsler: autom. P. mit Wechselvorrichtung f. mehrere Platten; Hi-Fi-P.: hochwertiges Gerät m. bes. Konstruktionsmerkmalen (Rumpelfreiheit, konstante Drehzahl, höchster Bedienungskomfort etc.). → Tonabnehmer.

Plattentektonik, auf d. Grundlagen v. A. Wegeners → Kontinentalverschie-

bungs-Theorie aufbauendes modernes Modell d. Bewegungsmechanismus d. Kontinentalplatten. Sechs große und mehrere kleine → Lithosphäre-Platten schwimmen auf der zähflüssigen → Asthenosphäre. Sie bewegen sich horizontal zu- bzw. auseinander od. schieben sich aneinander vorbei. Das Abtauchen e. Platte unter d. and. wird als Subduktion bezeichnet. Es entstehen Tiefseegräben, Gebirge u. → Inselbögen. Als Ausgleich f. d. in die Asthenosphäre versenkte Gestein wird am mittelozeanischen Rücken neues Krustenmaterial gefördert. Hier driften die → Lithosphäreplatten auseinander (Sea-Floor-Spreading). Bewegungen d. Plattengrenzen sind oft Auslöser starker Erdbeben u. vulkanischer Tätigkeit. Als Antrieb der Lithosphärenbewegungen gelten → Konvektions-Ströme im Erdmantel.

Platterbse, rankende Schmetterlingsblütler m. flachen Stengeln; einige m. eßbaren Samen, andere als Futterpflanzen; auch Zierkräuter.

Plattfische, Fischordnung, abgeplatteter Körper, bodenlebend (z. B. → Schollen).

plattieren, *doublieren,* Überziehen eines unedlen Metalls m. e. dünnen Schicht Edelmetall f. billigen Schmuck, Bestecke, Löffel usw.: *Doublé.*

Platzangst, *Agoraphobie,* übermächtige Scheu, einen freien Platz zu betreten bzw. zu überschreiten; → Phobie.

Platzwechsel → Wechsel.

Platzwette, beim Pferderennen Wette, daß ein best. Pferd unter den 3 (bzw. 2 od. 4) ersten ist.

Plauen im Vogtland (D-08523–29), Stkr. i. Sa., an der Weißen Elster, 70 856 E; Spitzen- u. Stickereiind., Werkzeugmasch.bau.

plausibel [l.], einleuchtend.

Plautus († 184 v. Chr.), röm. Lustspieldichter; *Miles gloriosus; Menaechmi; Mostellaria.*

Playback ['pleɪbæk], Verfahren zur Magnetbandaufnahme z. B. v. Gesangs- u. Sprechszenen; zuerst Tonaufnahme, bei der Bildaufnahme werden nur die Lippen synchron bewegt.

Playboy, *m.* [engl. 'pleɪbɔɪ], reicher junger Mann, dessen Hauptbeschäftigungen sportl. u. gesellschaftl. Vergnügungen bilden.

Play-off [engl. pleɪ'ɔf], Entscheidungsrunde i. K.-o.-System (bes. Eishockey-Liga).

Plazenta,
1) Bildungsgewebe f. d. Samenanlagen an best. Stellen d. Fruchtblattes.
2) → Mutterkuchen.

Plazierung,
1) gebräuchl. Bez. i. Börsenwesen, das Unterbringen von neuen Wertpapieremissionen auf dem Markt bedeutet;
2) Erscheinungsplatz einer Anzeige in Druckmedien.

Plebejer, im alten Rom bis um 287 v. Chr. der Volksteil minderen pol. Rechts, die *Plebs.*

Plebiszit, *s.,* Beschluß der Versammlung d. Plebejer; heute svw. → Volksentscheid.

Plechanow, Georg Walentinowitsch (11. 12. 1856–30. 5. 1918), russ. Pol. u. Schriftst.; Mitbegr. d. russ. Sozialdemokr. u. Wegbereiter d. materialist. Marxismus.

Platon

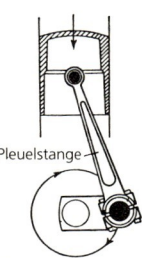
Pleuelstange

Pleinairmalerei [plɛ'nɛːr-], svw. → Freilichtmalerei.

Pleinpouvoir, s. [frz. plɛpu'vwaːr], unumschränkte Vollmacht.

PL/1, Abk. f. *Programming Language No. 1,* problemorientierte → Programmiersprache für die → DVA, vereinigt Vorteile anderer Programmiersprachen (→ ALGOL, → COBOL, → FORTRAN); für techn.-wiss. u. kommerzielle Anwendung geeignet.

Pleiotropie, *Polyphänie,* die gleichzeitige Beeinflussung mehrerer Merkmale d. *Phänotypus* durch ein einziges *Gen.*

Pleiße, r. Nbfl. d. Weißen Elster, 90 km l., mündet bei Leipzig.

Pleistozän, *s.,* → geologische Formationen, Übers.

Plejade, frz. Dichterschule um 1550; erstrebte Hebung der Nationalliteratur nach antikem Vorbild (Ronsard, Du Bellay u. a.).

Plejaden,
1) Siebengestirn, offener *(galaktischer)* Sternhaufen im Stier, über 100 Sterne, 7 mit bloßem Auge erkennbar, bewegen sich nach gemeinsamem Zielpunkt i. Raum; nördl. → Sternhimmel B.
2) in d. griech. *Mythologie* die 7 Töchter des Atlas, an den Himmel versetzt, bilden das Gestirn.

Plektron, *s.* [gr.], Plättchen v. Schildpatt od. Metall zum Schlagen d. Saiten v. Mandoline, Zither usw.

Plenar- [l.], als Vorsilbe: Voll-, Gesamt- (z. B. *P.sitzung*), öff. Parlamentssitzung aller Abgeordneten.

Plenterhieb, *Femelhieb,* e. → Plenterwald Einzelstämme entnehmen.

Plenterwald, *Femelwald, Blenderwald,* stufig aufgebauter Waldbestand, i. dem Bäume aller Altersklassen, e. od. mehrerer Baumarten nebeneinander stehen.

Plenum, *s.* [l.], Gesamtheit e. (beratenden) Körperschaft; Vollversammlung.

Plenzdorf, Ulrich (* 26. 10. 1934), dt. Schriftst., wurde international bekannt mit *Die Leiden des jungen W.,* das an Goethes Briefroman Werther anknüpft.

Pleonasmus, *m.* [gr.], Hptwort mit gleichbedeutendem (überflüssigem) Beiwort (z. B. falscher Irrtum).

Plesiosaurus, Meeresreptil der Jura- u. Kreidezeit, bis 7 m lang, langer Hals und kl. Schädel.

Pleskau, russ. *Pskow,* nordruss. St. am P.er See (südl. Teil des Peipussees), Hptst. d. Gebietes P., 204 000 E. – Handelsplatz d. Hanse.

Pless, poln. *Pszczyna,* St. in der poln. Woiwodschaft Katowice, ehem. Schlesien, 39 000 E, s. 1921 poln.; ehem. Residenz d. Fürsten v. P.

Plettenberg, Walter von (um 1450 bis 28. 2. 1535), Deutschordensmeister in Livland; besiegte 1502 die Russen.

Plettenberg (D-58840), St. i. Märk. Kr., i. Sauerland, NRW, 29 335 E; AG; div. Ind.

Pleuelstange, *Kurbel-, Schubstange,* Verbindungsstange zw. Kolben bzw. Kreuzkopf u. Kurbel; geradlinige Bewegung wird in rotierende umgewandelt.

Pleura, *w.* [gr.], Brustfell, dazu zählen d. *Rippenfell* (überzieht d. Brustkorbinnenwand) u. d. *Lungenfell* (überzieht d. Lungenflügel).

Pleureuse, *w.* [frz. plø'røːzə], geknüpfte Straußfeder.

Pleuritis, w., Brustfellentzündung.
Pleven, René (13. 4. 1901–13. 1. 93), frz. Pol.; 1950 u. 1951/52 Min.präs., 1969–73 Justizmin., nach ihm *P.plan* (→ Europäische Verteidigungsgemeinschaft).
Plewna, *Pleven,* bulgar. Bez.st. nördl. d. Balkangebirges, 138 000 E; Webereien, Tabakind.
Plexiglas, Handelsname f. glasklare → Kunststoffe aus Polymethacrylaten (PMMA), z. B. organ. Glas, Acrylglas, auch farbig; leicht verarbeitbar.
Plexus [l.], Geflecht, netzförmige Verbindung von Nerven, Lymph- oder Blutgefäßen.
Pleydenwurff, Hans (um 1420–9. 1. 72), dt. Maler; bedeutendster Meister d. Nürnberger Malerschule vor Dürer.
Pleyel, Ignaz Joseph (1. 6. 1757 bis 14. 11. 1831), östr. Komponist; Klaviermusik.
Pli, *m.* [frz. „Falte"], äußerer Schliff.
Plievier [‘vi̯e:], Theodor (12. 2. 1892 bis 12. 3. 1955), dt. Schriftst.; *Des Kaisers Kulis;* Romane: *Stalingrad; Moskau; Berlin.*
Plinius, röm. Schriftst.,
1) P. d. Ä. (23–79 n. Chr.), umgekommen bei Vesuvausbruch; *Naturalis historia* („Naturgeschichte"); sein Neffe
2) P. d. J. (62–um 113 n. Chr.), *Briefe.*
Plinthe, *w.* [gr.], rechteckige, meist quadrat. Fußplatte unter Säulen und Pfeilern.
Pliozän, *s.,* → geologische Formationen, Übers.
Plissee, *s.* [frz.], gleichmäßig gelegte (*plissierte*) Falten in Stoffen.
PLO, Abk. f. *P*alestinian *L*iberation *O*rganization, Palästinens. Befreiungsorganisation, 1964 gegr. Dachorganisation der palästinens. Befreiungsbewegungen; → Arafat.
Plochingen am Neckar (D-73207), St. i. Kr. Esslingen, Ba-Wü., 12 845 E; Verkehrsknotenpunkt, Hafen, Elektro- u. Kunststoffind.
Płock [pu̯otsk], poln. St. r. d. Weichsel, 123 000 E; kath. Bistum.
Plöcken, it. *Passo di Monte Croce,* Paß in den Karnischen Alpen, 1360 m hoch.
Plöckenstein, Gipfel im Böhmerwald, 1378 m.
Ploiești [plo‘i̯eʃtj], Hptst. d. Kr. Prahova, Rumänien, 252 000 E; Zentrum d. rumän. Erdölind.
Plombe, *w.* [frz.],
1) Bleisiegel (z. B. an Ware als zollamtl. Verschluß zur Sicherung der Nämlichkeit).
2) künstl. Zahnfüllung aus Gold, Amalgam, Porzellan u. a.
Plön (D-24306), Krst. in Schl-Ho., an den **P.er Seen** (*Gr. P.er See* 29 km², bis 60 m tief); 12 383 E; Schloß, AG; MPI f. Limnologie.
Plot, *m.* [engl.], Bez. für Handlung, Fabel in Roman u. Drama.
Plotin|os (205–270 n. Chr.), Begründer des Neuplatonismus: höchstes Ziel d. Philosophie die Ekstase u. Rückkehr zu Gott, dem ungeschiedenen *Einen,* aus dem Geist, Seele u. Materie (durch Emanation) hervorgegangen sind.
Plotter [engl.], mechanisches Zeichengerät mit verschiedenfarbigen Stiften, Peripheriegerät einer → Datenverarbeitungsanlage z. Ausgabe v. → Daten in Form von Einzelpunkten, Kurven und Zeichnungen.

Pneumatik

Pnom-Penh, *Alter Königspalast*

Plötze, norddt. für → Rotauge.
plötzlicher Kindstod → Säuglingstod, plötzlicher.
Plovdiv, früher *Philippopel,* bulgar. Gebietshptst. an d. Maritza, 379 000 E; Tabakhandel; Konserven-, Textil-, Metall- u. a. Ind.; jährl. Messen. – 341 v. Chr. v. Kg Philipp II. v. Mazedonien gegr.
Plumeau, *s.* [frz. ply‘mo:], kleines Federdeckbett.
Plumpudding [‘plʌm-], engl. (Weihnachts-)Mehlspeise m. Rindernierenfett, Weißbrot u. vielen Gewürzen; mit Rum begossen.
Plünderung,
1) widerrechtl. Wegnahme v. Sachen an Orten, die v. d. Bewohnern wegen bes. Umstände (z. B. Unruhen, Überschwemmung) vorübergehend verlassen sind.
2) Beraubung der Bewohner besetzter Feindgebiete, früher als Entschädigung f. fehlenden Sold auf Zeit gestattet; durch Art. 47 der Haager Landkriegsordnung verboten.
Pluraletantum, *s.* [l.], nur in der Mehrzahl gebrauchtes Hptwort (z. B. *Geschwister*).
Plural|is, *m.* [l.], die Mehrzahl.
Pluralis majestatis, [l.], der Majestät", in der Hochgestellte von sich sprechen (z. B. *Wir haben geruht . . .*).
Pluralismus,
1) *allg.* der Mehrheits- oder Vielheitsstandpunkt, nach dem der Wirklichkeit eine Vielheit von Prinzipien zugrunde liegt (W. James); Ggs.: → *Monismus* u. → *Dualismus.*
2) *soziolog.* das Nebeneinander versch. gleichberechtigter sozialer Gruppen (*pluralist. Gesellschaft*).
Pluralwahlsystem, Mehrstimmenwahlrecht, teilt d. Wähler eine nach Einkommen, Besitz u. a. Vorrechten unterschiedl. Stimmenzahl zu.
Plus [l. „mehr"], *math.* das Additionszeichen (+) u. die Bezeichnung *positiver* Zahlen im Ggs. zu *negativen* (–).
Plüsch, Gewebe, durch Aufschneiden der Kett- od. Schußfäden, mit aufrechtstehendem Flor.
Plusquamperfekt|um, *s.* [l.], Zeitform der Vorvergangenheit; bezeichnet den Abschluß einer Handlung in d. Vergangenheit (z. B. *ich hatte gedacht*).
Plutarch, (um 45–120 n. Chr.), griech. Schriftst.; Biographien berühmter Griechen und Römer.
Pluto,
1) → *Hades.*
2) äußerster der 9 großen Planeten (1930 entdeckt); 247,7 Jahre Sonnenumlaufzeit, 5904 Mill. km mittlerer Sonnenabstand (sehr exzentrische Bahn), Helligkeit 15. Größe, Durchmesser: 2240 km, Rotationsdauer 6,4 Tage, Temperatur ca. –220 °C; 1 Mond namens *Charon* (1978 entdeckt), ca. 1120 km Durchmesser.
Plutokratie [gr.], Herrschaft der Reichen; Geldherrschaft.
Pluton, größerer Gesteinskörper (oft Granit) aus erstarrtem → Magma; im Randbereich häufig Vererzungen; → Batholith.
Plutonismus,
1) Lehre von der Entstehung der Gesteine aus flüssigem Magma; begr. von → *Hutton; Ggs.* → Neptunismus.
2) alle magmat. Vorgänge i. d. Tiefe d. Erdkruste.
Plutonite, *Tiefengesteine,* in tieferen Zonen der Erdkruste erstarrte → Magmatite (z. B. Granit, Syenit, Diorit, Gabbro).
Plutonium, *Pu,* künstl. chem. El., Oz. 94; radioaktiv, Element u. Verbindungen äußerst giftig (→ Transurane).
Pluviale, *s.* [l.], vorn offener Chormantel (Rauchmantel) kath. Priester, bei Prozessionen u. a. feierlichen Anlässen getragen.
Pluvialzeit, der einer Eiszeit entsprechende Zeitabschnitt mit stärkeren Niederschlägen in den nicht vergletscherten Gebieten (z. B. in Afrika).
Pluvius [l.], Regenspender; Beiname *Jupiters.*
Plymouth [‘plɪməθ], Kriegs- u. Handelshafen an d. S-Küste Cornwalls, Engl., 258 000 E; Schiffbau.
Plymouth-Brüder, *Darbysten,* eine christl. Bewegung d. 19. Jh. m. naher Endzeiterwartung; n. Plymouth, d. Stadt ihrer Zus.künfte, benannt.
p. m., Abk. f.
1) *pro mille* [l.], f. das (je) Tausend;
2) *post meridiem* [l.], nachmittags, b. engl. Angaben d. Uhrzeit;
3) *pro memoria* [l.], zum Gedächtnis.
Pm, chem. Zeichen f. → *Promethium.*
Pneuma, *s.* [gr. „Hauch"], Geist, (Welt-)Seele.
Pneumatik,
1) Teilgebiet der Mechanik, betrifft Verhalten der Gase.
2) → Luftreifen.
pneumatisch, Luft oder Gase betreffend; durch Luftdruck angetrieben.
pneumatische Kammern, luftdicht abschließbare Räume für kürzeren Aufenthalt, in denen die Luft durch Pumpoder Saugvorrichtungen verdichtet od. verdünnt werden kann; *Überdruck-* oder *Unterdruckverfahren* bei Krankheiten der Atemwege, bes. Bronchialasthma. Auch zur Prüfung von Tauchern u. Fliegern.
Pneumocystis carinii, Einzeller, Erreger von Lungenentzündungen v. a. bei → AIDS.
Pneumokokken, oft Erreger der Lungenentzündung (*Pneumonie*), aber auch der Entzündung u. Vereiterung anderer Organe.
Pneumokoniosen, Staublungenkrankheiten, z. B. im Bergbau, mit Lungenschrumpfung.
Pneumologie [gr.], Lehre v. d. Lungenkrankheiten.
Pneumothorax, *m.* [gr.], abnorme Luftansammlung in d. Brustfellhöhle durch äußere Verletzung oder spontan; früher künstl. erzeugt zur Stillegung der Lunge bei Tuberkulose.
Pnompenh, *Phnom Penh,* Hptst. v. Kambodscha, am Mekong, 800 000 E; Seiden- u. Baumwollweberei.
Po, größter Strom Italiens, vom Nordhang des Monte Viso in den Cottischen Alpen, durchfließt die oberit. Ebene (*P.ebene*), ab Turin schiffbar, im Unterlauf zw. hohen Deichen, mit einem Delta (7 Arme) in d. Adria, 652 km l.; Nbflüsse: l. *Dora Riparia, Dora Baltea, Tessin, Adda, Mincio;* r. *Tanaro, Trebbia.*
Po, chem. Zeichen f. → *Polonium.*

Pocci ['pɔtʃi], Franz Graf von (7. 3. 1807–7. 5. 76), dt. Zeichner u. Schriftst. d. Biedermeier, auch Musiker; Buchillustrationen u. satir. Zeichnungen f. d. „Fliegenden Blätter" u. d. „Münchner Bilderbogen".

pochieren [frz. pɔʃ-], schonend garziehen lassen.

Pöchlarn (A-3380), St. in Niederöstr., an d. Donau, 3523 E; das „Bechelaren" d. Nibelungenlieds; Dokumentation im Geburtshaus O. *Kokoschkas*.

Pochwerk, Zerkleinerungsmaschine, taktmäßig fallende Stempel (*Pochhämmer*) zerstampfen das auf *Pochrosten* liegende Gut.

Pocken, *schwarze P., Blattern,* sehr ansteckende, schwere Infektionskrankh. m. narbenbildenden Hautpusteln; gilt heute weltweit als ausgerottet, früher gesetzl. Pockenimpfung.

Pocket-book, *s.* [engl. 'pɔkɪtbʊk], Taschenbuch in billiger Massenauflage.

Pocketkamera, beliebte Taschenkamera mit einlegbaren Filmkassetten.

Pockholz, hartes, schweres Nutzholz (spez. Gew. 1,23); zu Maschinenlagern, Kegelkugeln usw.

poco [it.], *mus.* ein wenig; *p. a p.* nach u. nach.

Podagra, *s.* [gr. „Fußweh"], Fuß- → Gicht.

Podestà, im MA oberster Amtsträger d. it. Stadtrepublik; 1926–45 Bürgermeister it. Städte.

Podgorica, früher *Titograd,* Hptst. v. Montenegro, nördl. v. Skutarisee, 96 100 E; Eisenbahn nach Dubrovnik.

Podgorny, Nikolai Viktorowitsch (18. 2. 1903 bis 11. 1. 83), sowj. Pol.; 1965 bis 77 Staatspräs.

Podiebrad ['pɔdjɛ-], Georg v. (6. 4. 1420–22. 3. 71), s. 1458 Kg v. Böhmen, Haupt d. → Utraquisten, später kath.

Podium, *s.* [l.], svw. Bühne.

Podolien, ukrain. Landschaft, westl. des Bug bis zum Dnjestr; fruchtbare, von Tälern zerschnittene, lößbedeckte Steppenplatte.

Podsol, *m.* [russ.], *Bleich-, Grauerde,* mit fahlgrauem, ausgelaugtem Oberboden u. mit durch → Ortstein gekennzeichnetem Unterboden; feuchtkühle Klimazone, auch sekundär auf Nadelholz-Monokulturen.

Poe [pou], Edgar Allan (19. 1. 1809 bis 7. 10. 49), am. Dichter; Gedichte; phantast. Novellen u. Detektiverzählungen; Essays; *D. Untergang d. Hauses Usher; D. seltsame Geschichte d. Arthur Gordon Pym aus Nantucket.*

Poel, Ostseeinsel i. Mckb. n. d. Wismarer Bucht, 37 km², 300 E.

Poelzig, Hans (30. 4. 1869–14. 6. 1936), dt. Architekt d. Expressionismus (*Großes Schauspielhaus,* Berlin) u. d. Neuen Sachlichkeit (*Rundfunkhaus Berlin; Verw.gebäude d. IG-Farben,* Frankfurt a. M.).

Poëm, *s.* [gr.], Gedicht.

Poesie, *w.* [gr.], Dichtung; Dichtkunst; bes. die rhythm. gebundene Dichtung; Ggs.: → Prosa.

Poëta [l.], Dichter.

Poeta laureatus, lorbeergekrönter (Hof-)Dichter, jetzt noch in England.

Poëtik, *w.* [gr.], Teil d. Ästhetik, der sich mit der Dichtung befaßt, begr. von *Aristoteles;* Lehre von den Form- u. Strukturelementen, der Wirkung und Rezeption der Dichtkunst.

poetisch, dichterisch, voll Poesie.

Pogrom, *m.* [russ.], (Juden-)Verfolgung, → Juden.

Pöhl, Karl Otto (* 1. 12. 1929), Wirtsch.wissenschaftler; 1977–79 Vizepräs., 1980–91 Präs. d. Dt. Bundesbank.

Pohnpei, *Ponape,* größte Insel der Karolinen, am östl. Ende der Inselreihe, 344 km², 33 000 E.

Poil, *m.* [frz. pɔal], Haar, Haarseite v. Samt od. Tuch.

Poilu [frz. pɔa'ly:], „Behaarter", Spitzname der frz. Soldaten.

Poincaré [pwɛ̃-],
1) Henri (29. 4. 1854–17. 7. 1912), frz. Math., Himmelsmechanik; *Wiss. und Hypothese.*
2) Raymond (20. 8. 1860 bis 15. 10. 1934), 1913–20 Präs. d. frz. Rep.; 1922 bis 24 u. 1926–29 Min.präs.; Ruhrbesetzung 1923.

Point, *m.* [frz. põẽ:], Punkt; Stich; Spitze; bei Würfeln u. Spielkarten: Auge.

Point d'honneur [pwɛ̃ dɔ'nœ:r], Punkt, in dem sich jemand in seiner Ehre getroffen fühlt.

Pointe, *w.* [frz. põẽ:tə], „Spitze", in d. e. Witz ausläuft, sein eigentl. Sinn.

Pointer, *m.* [engl.], Vorstehhund.

Pointeur [põẽ'tø:r], in Spielbanken Gegenspieler des Bankhalters; Spieler, der gegen d. Bankhalter setzt, *pointiert.*

pointiert, (witzig) zugespitzt.

Pointillismus [frz. põẽtij'ɪs-], → Divisionismus, → Neoimpressionismus.

Poisson [pwa'sõ], Siméon Denis (21. 6. 1781–25. 4. 1840), frz. Math. u. Phys.; Beiträge zur Theorie der Differentialgleichungen u. zu d. Theorien der Elastizität u. der Wärme.

Poitier [pwa'ti:e], Sidney (* 20. 2. 1927), am. Filmschauspieler u. Regisseur; *Lilies of the Field; In the Heat of the Night; Buck and the Preacher* (1971).

Poitiers [pwa'tje], Hptst. d. frz. Dép. Vienne, 83 000 E; got. u. roman. Kirchen, Bischofssitz, Uni., Ackerbauschule. – 732 Sieg Karl Martells über die Araber.

Poitou [pwa'tu], Landschaft u. ehem. Prov. in W-Frkr. m. Hptst. *Poitiers;* heute Dép.s Vendée, Deux-Sèvres, Vienne.

Pokal, *m.* [it.], prunkvoller Trinkbecher m. Fuß; oft Sportpreis.

pökeln, Fleisch konservieren durch Salpeter- oder Salzlake.

Poker, *s.* am. Glücksspiel, 52 Karten und → Joker.

pokulieren [l.], zechen.

Pol, *m.* [gr.],
1) *phil.* ein Glied der → Polarität.
2) *astronom.* Himmels-P.e, die gedachten Schnittpunkte d. verlängerten Drehachse d. Erde mit dem Himmelsgewölbe; auch P.e d. Ekliptik u. d. Milchstraße.
3) *phys.* die Stelle eines Magneten, die die stärkste Anziehung bzw. Abstoßung ausübt (Magnetende), die Stelle der Fläche, durch die d. Resultierende aller ein- bzw. austretenden Kraftlinien hindurchgeht; auch die Klemmen zur Stromentnahme an el. Gleichstromquellen.
4) *geograph.* Schnittpunkt d. Drehachse d. Erde mit ihrer Oberfläche u. auch aller Meridiane (Längenkreise); die Richtung nach *geograph.* Erdpolen ist die astronom. N- oder S-Richtung, verschieden v. d. Richtung zu den magnetischen Polen der Erde; → Erdmagnetismus.

Polanyi, John Charles (* 23. 1. 1929), am. Chemiker, entwickelte Infrarot-Chemilumineszenz; Nobelpr. 1986.

Polardiagramm, graph. Darstellung des Verhältnisses von Auftrieb zu Widerstand eines Flugzeuges.

Polarfront, n. V. *Bjerknes* d. Grenzlinie d. → Luftmassen d. Polargebiets m. denen d. Subtropen bzw. der gemäßigten Breiten; nach der **P.theorie** ist diese Grenzlinie, die große Schwankungen zeigt, Entstehungszentrum von Tiefdruckgebieten; an d. Vorderseite d. wandernden Tiefdruckgebiets strömt wärmere Luft weit in Norden, während auf d. Rückseite Polarluftmassen äquatorwärts bis z. d. gemäßigten Breiten vordringen, an d. P. treten intensive Wettererscheinungen auf.

Polarfuchs, *Eisfuchs,* Raubtier d. arkt. Gebiete; Pelz graubraun, i. Winter weiß (*Weißfuchs*) od. rauchfarben bläulich (*Blaufuchs*).

Polargebiete → Karten Nord- u. Südpolargebiet.

Polarimeter, *s.* [l.-gr.], Meßapparat f. → Polarisation.

Polaris, Raketentyp der am. Streitkräfte; Start von getauchten → Unterseebooten.

Polarisation des Lichts, Aussondern einer festen Schwingungsebene aus d. bei natürl. (z. B. Sonnen-)Licht regellosen Transversalschwingungen; das so in feste Schwingungsrichtung gebrachte Licht heißt *linear* polarisiert; Ebene senkrecht zu den schwingenden heißt *P.sebene.* Nach dem *Brewsterschen Gesetz* ergibt Reflexion P., wenn reflektierter u. gebrochener Strahl einen rechten Winkel bilden (bei Glas z. B. beim Einfallswinkel 55°); dieser heißt daher *P.swinkel* (Abb. a). Die bei Doppelbrechung (Kalkspat) entstehenden zwei gebrochenen Strahlen sind polarisiert. Polarisiertes Licht ergibt das aus zwei zusammengekitteten Kalkspatprismen bestehende *Nicolsche Prisma,* das Licht nur in einer Ebene durchläßt (Abb. b); es wird verwendet z. Untersuchung von Kristallen; Zuckerlösungen drehen die P.sebene, die Stärke der Drehung gibt Maß f. Zuckergehalt; wichtig bei Harnanalyse.

Edgar Allan Poe

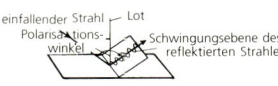
a Polarisation des Lichtes durch Spiegelung

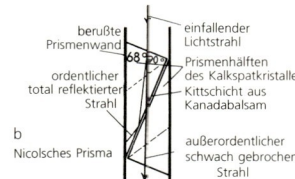
b Nicolsches Prisma

Polarisation des Lichts

Polarisationsfilter, *s.,* dient zur Minderung od. Auslöschung v. Reflexen auf spiegelnden Oberflächen in der Fotografie; schafft bei SW-Fernaufnahmen mehr Kontrast u. klarere Sicht; erhöht bei Farbdiafilm den Kontrast, schafft mehr Plakativität.

Polarisator, Teil eines Polarisationsgerätes, dient zur Erzeugung linear polarisierten Lichtes, i. allg. identisch aufgebaut wie → Analysator.

Polarität, wesenhafte Zusammengehörigkeit zweier gegensätzlicher Pole, die sich in ihrer Gegensätzlichkeit bedingen (z. B. Licht und Dunkel, Leben und Tod).

Polaritätsprofil, *psych.* Meßmethode zur Analyse v. Begriffen, Vorstellungen u. Meinungen (entwickelt v. C. E. *Osgood* u. P. R. *Hofstätter*); Versuchsperson soll z. ihnen einen Begriff in ein System von gegensätzlichen Begriffen (z. B. *traurig-froh*) einstufen; *semantisches Differential.*

Polarkreise, die um 23° 27′ (Schiefe der Ekliptik) von den Polen entfernten, dem Äquator parallelen Breitenkreise der Erd- oder Himmelskugel; sie trennen gemäßigte Zone und *Polarzone;* beide P.zonen zus. = 8¼% der Erdoberfläche; innerhalb der P.zonen verweilt die Sonne im Sommer (Winter) mehr als 24 Stunden ununterbrochen über (unter) dem Horizont (→ Mitternachtssonne, → Polarnacht).
Polarländer, das → Nordpolargebiet u. d. → Südpolargebiet.
Polarlicht, Nordlicht, rötlich, grünlich od. weiß leuchtende Erscheinung, teils flächenförmig, teils strahlen- oder büschelförmig, schnell veränderlich in Form u. Helligkeit, tritt vorwiegend über nördl. u. südl. Breiten *(Südlicht)* oberhalb 60° auf, wird von den Atomen od. Molekülen d. Gase Sauerstoff, Stickstoff u. Natrium in Höhen zw. 80 und 800 km durch → Rekombinationsleuchten hervorgerufen, wenn → Korpuskularstrahlung d. Sonne (z. B. bei → Eruptionen) in d. Erdatmosphäre gelangt.
Polarmeer, svw. → Eismeer.
Polarnacht → Polarkreise.
Polaroidverfahren, *P.film, P.kamera,* v. Dr. Edwin Land (USA) erfundener Film für Sofortbilder; d. belichtete Film entwickelt sich sofort von selbst.
Polarroute, planmäßige Luftverkehrsstrecken zw. Europa u. O-Asien beziehungsweise Los Angeles über die Arktis.
Polarstern, *Nordstern, Polaris,* hellster Stern 2. Größe i. *Kleinen Bär,* vom nördl. Himmelspol etwa 1° entfernt; Doppel- u. veränderlicher Stern; zur nächtl. Orientierung d. Nordrichtung b. Horizonts geeignet; nördl. → Sternhimmel B.
Polarzone → Polarkreise.
Polański, Roman (* 18. 8. 1933), poln. Filmregisseur (1965); *Dance of the Vampires* (1967); *Rosemary's Baby* (1968); *Chinatown* (1974); *Frantic* (1987).
Polybios, griech. Historiker des 2. Jh. v. Chr.; *Universalgeschichte.*
Polder, *m.* [ndl.], svw. → Koog.
Polemarch, mit d. Leitung d. Militärwesens beauftragter Beamter der altgriech. → Polis.
Polemik, *w.* [gr.], wiss. Streit, „Federkrieg"; unsachl. Kritik.
Polen, Republik in Osteuropa, zw. Karpaten u. Ostsee. **a)** *Geogr.:* Im S d. waldreichen Karpaten, im Zentrum d. südpoln. Hügelland, im N eine Tiefebene. **b)** *Wirtsch.:* 1944 Bodenreform, 1946 Verstaatlichung v. Ind., Handel, Bankwesen, 1989 Übergang zur freien Marktwirtschaft; Abbau von Steinkohle (1991: 140 Mill. t); Braunkohle, Kupfer u. Eisenerz; Stahlproduktion (10,4 Mill. t); Erdöl-, Textil-, Zement-, Papierind., Maschinen-, Fahrzeug- u. Schiffbau. In der Landw. Anbau v. Zuckerrüben, Getreide, Kartoffeln, Flachs, Viehzucht; Fischfang. **c)** *Außenhandel* (1991): Einfuhr 17,89 Mrd., Ausfuhr 15,80 Mrd. $. **d)** *Handelsflotte:* 3,16 Mill. BRT (1992). **e)** *Verf.* v. 1992: Parlamentar. Staat, 2 Kammern (Sejm u. Senat), Direktwahl d. Präs. **f)** *Verw.:* 49 Woiwodschaften. **g)** *Gesch.:* 966 Annahme des Christentums unter Mieszko I., großpoln. Reich unter Bolesław Chrobry (992–1025), zerfällt nach seinem Tode; im 13. Jh. starke dt. Einwanderung, zahlr. Städtegründungen nach dt. (Magdeburger) Recht; Kasimir d. Gr., 1333–70, ist um den inneren Aufbau des wieder geeinten P. bemüht; durch die Ehe seiner Enkelin Jadwiga m. dem litau. Großfürsten Jagiello Władysław II. (1386) Personalunion m. Litauen; 1410 Sieg über den Dt. Orden bei Tannenberg; 1466 Ordensland unter poln. Lehnshoheit; Westpreußen in Personalunion mit P. vereint; Blüte unter den Jagiellonen; Ausdehnung nach NO (Livland, Kurland) u. O (Ukraine). 1569 → Lubliner Union. Mit dem Aussterben der Jagiellonen (1572) Wahlkönigreich m. Adelsherrschaft *(Liberum veto);* unter den Polen kam aus dem Hause Wasa Verlust Livlands an Schweden, die Ukraine an Rußland, Preußens an Brandenburg; Teilnahme an den Türkenkriegen (Sobieski 1683 vor Wien); Anarchie unter sächs. Kgen August II. d. Starken u. August III.; letzter Kg Stanislaus Poniatowski (bis 1795); Teilung P.s zw. Rußland, Preußen u. Östr. 1772, 1793 u. 1795; Reformversuche, Konstitution v. 3. Mai 1791 u. die Aufstände des Freiheitshelden Kościuszko kamen zu spät; 1807–15 Hzgt. Warschau (durch Napoleon); Aufstände 1830, 1846, 1848, 1863; 1918 Wiedererstehen als Rep. Am 1. 9. 1939 Einmarsch dt. Truppen; Dtld. u. der Sowjetunion aufgeteilt; 1945 Wiedererrichtung P.s; Ostgebiete P.s vor 1939 an die Sowjetunion (→ Curzonlinie), dt. Ostgebiete östlich der → Oder-Neiße-Linie (ohne N-Teil Ostpreußens) unter poln. Verw. gestellt bis zur Regelung durch Friedensvertrag (s. 1974 sind dt. Ostgebiete für d. BR Ausland); 1945 Ausweisung nahezu der ges. dt. Bevölkerung auch aus den Gebieten östl. d. Oder-Neiße-Linie; 1947 Volksdemokr.; 1956 Arbeiteraufstand in Posen u. darauffolgende Milderung v. Zwangsmaßnahmen; 1968 Kursverhärtung, Intervention i. d. ČSSR. 1970 Rücktritt v. Gomułka u. Cyrankiewicz wegen Unruhen, Gierek 1. Parteisekr.; Gewaltverzichtsabkommen m. d. BR 1972 ratifiziert; u. 1980 Arbeiterstreiks in Danzig u. Gründung d. unabhängigen Gewerkschaft „Solidarność" (Solidarität) durch L. → Wałęsa, 1980 Abberufung v. Gierek, 1981 Rücktritt seines Nachfolgers Kania, Armeegen. Jaruzelski 1981 bis 85 Reg.chef u. 1985–90 Staatschef, 1981 Verhängung d. Kriegsrechts (bis 1983) u. Verbot d. Solidarność (bis 1989); 1983 Massendemonstrationen u. Protestaktionen; 1984 Ermordung des oppositionellen Priesters Jerzy Popiełuszko; 1987 pol. u. wirtsch. Reformen eingeleitet; 1989 Tadeusz Mazowiecki erster nichtkommun. Min.präs. nach dem 2. Weltkrieg; Gespräche am Runden Tisch zw. Reg. u. Opposition; Einigung zu pol., wirtsch. u. soz. Reformen, u. a. Einführung einer zweiten Kammer (Senat m. Vetorecht), freie Parlamentswahlen (bis Ende 1991), Umbenennung in Rep. Polen, Streichung d. Führungsanspruchs d. KP aus Verf.; 1990 dt.-poln. Grenzvertrag (Anerkennung d. Oder-Neiße-Grenze durch BR Deutschland); Wahl d. ehem. Gewerksch.führers Wałęsa zum Präs.; 1993 Privatisierung v. Staatsbetrieben; 1993 Wahlsieg des Bündnis der Demokrat. Linken; 1995 Wahl A. Kwaśniewskis zum Präs.; Partnerschaftsvertrag mit der NATO; Sieg der Wahlaktion Solidarität (AWS) bei den Parlamentswahlen 1997.
Polenta, *w.* [it.], Brei aus Maismehl oder -grieß, erkaltet in Stücke geschnitten.
Polesje [russ. „Waldland"], Wald- und Sumpfgebiet in der südl. Weißrußland u. der nordw. Ukraine, 270 000 km², im Einzugsgebiet d. Pripjet: *Pripjetsümpfe (Pinsker Sümpfe, Rokitnosümpfe).*
Polhöhe, Bogen des Meridians zw. Horizont und Himmelspol; die P. ist gleich der geograph. Breite.
Poliakoff, Serge (8. 1. 1906–12. 10. 69), russ.-frz. abstrakter Maler.
Police, *w.* [frz. -sə], Versicherungsurkunde.
Polier, *Parlier,* bei Bauten aufsichtführender Werkmeister.
polieren [l.], durch Reiben, Schleifen (oft mit Poliermittel) glatt u. glänzend machen; P. von Metallen maschinell durch rotierende *Polierscheiben.*
Poliklinik [gr.], Krankenanstalt zur ambulanten Diagnostik u. Therapie, bes. in Universitäten.
Poliomyelitis, *w.* [gr.], spinale → Kinderlähmung.
Polis, *w.,* altgriech. Stadtstaat, seit 8. Jh. v. Chr.
POLISARIO, *ugs. f.* → FPOLISARIO.
Politbüro, Abk. f. *Politisches Büro* als leitendes Organ d. Kommunist. Parteien; in d. UdSSR 1953–66 „Präsidium d. Zentralkomitees".
Politesse, *w.* [frz.],
1) Bez. für weibl. Verkehrspolizisten.
2) Höflichkeit, gutes Benehmen.
Politik, *w.* [gr. „politeia = Bürgerrecht, Gesamtheit der Bürger"],
1) Lehre u. Ausübung d. Kunst, Gemeinschaften, insbes. Staaten zu führen.
2) in übertragenem Sinne: alle auf Gemeinschaftswirkung abzielenden Tätigkeiten (z. B. Familien-, u. Preis-P.); *Innenpolitik:* Verwaltung, Sozial-, Kultur-, Handels-, Finanz-P., *Außenpolitik:* Beziehungen d. Staaten untereinander.
Politische Bildung, *Bundeszentrale für P. B.,* 1952 gegr., überparteil. Inst., die d. demokr. u. eur. Gedanken i. Wort u. Bild verbreitet; Sitz Bonn.
politische Delikte, Straftaten gg. Staat od. s. verfassungsmäßige Ordnung (z. B. Landes- od. Hochverrat); i. d. BR strafbar nach §§ 80 ff. StGB.
politische Ökonomie, Konzept e. polit. Ökonomie; Ggs. zu einer „reinen Ökonomie".
Politische Union, aus d. → Europäischen Union sollen einmal die pol. u. wirtsch. geeinten „Vereinigten Staaten von Europa" werden. In d. → Maastrichter Verträgen wurden durch d. Verankerung d. → Subsidiaritätsprinzips u. d. schrittweisen Übergangs zu Mehrheitsentscheidungen in der Umwelt-, Bildungs-, Verbraucherschutz- u. Gesundheitspolitik wichtige Fortschritte hinsichtlich der P. U. erzielt. Eine Unionsbürgerschaft ist vorgesehen, so u. a. jeder EU-Bürger am jeweil. Wohnort an Kommunalwahlen und an Eur.wahlen teilnehmen können. Der Vertrag über die P. U. trat am 1. 11. 93 in Kraft.
Politoffizier, oft geänd. Bez. für den früher in allen bewaffneten Organen der ehem. DDR tätigen Politkommissar, der

Polen

– neben den Kommandeur u. Truppenoffz. gestellt – für die politische Ausrichtung u. Durchführung der Politschulung verantwortlich war. In der ehem. NVA stand jedem Kommandeur bis zum Kompaniechef abwärts ein P. zur Seite.
Politologie [gr.], Wiss. v. d. Politik.
Polizei [gr.], mit d. Aufrechterhaltung d. öff. Sicherheit u. Ordnung befaßter Teil der Staats- bzw. Gemeindeverwaltung; die P. ist Hilfsorgan d. Justiz. In der BR:
1) *Bundes-P.:* **a)** *Bundesgrenzschutz* z. Sicherung d. Grenzen d. BR u. d. Überwachung d. Grenzverkehrs; **b)** *Bundeskriminalamt* (Wiesbaden) z. überregion. u. (als nat. Zentralbüro d. → Interpol) intern. Verfolgung best. Verbrechen, z. T. im Zus.wirken m. d. Kriminalbehörden d. Länder u. m. Interpol.
2) *Länder-P.:* **a)** *Land(es)-P.,* bestehend aus uniformierter P. (bezeichnet als Schutz-P., Land-P. od. Gendarmerie) u. aus der → Kriminalpolizei (in Zivilkleidung); **b)** *Sonder-P.en: Bereitschafts-P.* zur Unterstützung d. ordentl. P., bes. bei größeren od. überörtl. Einsätzen; *Grenz-P.* (z. Z. nur in Bayern) zur Grenzsicherung u. Überwachung d. Grenzverkehrs;
3) *Gemeinde-P.* (Stadt-P.): in einigen Bundesländern unterhalten größere Gemeinden eine eigene (Schutz-)P., einzelne Großstädte sogar e. eigene Kriminal-P. Im Verband d. uniformierten P. bestehen f. bestimmte Aufgaben besondere Abteilungen (z. B. Verkehrs-P., Wasserschutz-P.). Die P. hat neben d. Verfolgung strafbarer Handlungen auch deren Verhütung zu bewirken und sonstige Maßnahmen z. Aufrechterhaltung oder Wiederherstellung d. öffentlichen Sicherheit und Ordnung zu treffen. Das Aufgabengebiet d. früheren Verwaltungs-P. (z. B. Bau-, Gewerbe-P., Meldewesen) obliegt heute in den meisten Ländern der BR sonstigen Verwaltungsbehörden (Ordnungsämtern). In der ehemaligen DDR: → Volkspolizei → Bahnpolizei. → Verfassungsschutz.
Polizeihund, Gebrauchshund, der Verbrecherspuren verfolgt, Flüchtige stellt usw.; bestimmte Rassen: Deutscher Schäferhund, Dobermann, Bloodhound u. a.
Polizeiinstitut, v. d. Ländern der BR u. d. Bund getragene u. gemeinsam unterhaltene Einrichtung; dient als Lehranstalt der einheitl. Schulung der oberen Beamten d. P., als Forschungsanst. der Pflege polizeil. Wissenschaften.
Polizeischule, Einrichtung zur Heranbildung d. Nachwuchses der P.
Polizeistaat, im Gegensatz z. Rechtsstaat ein Staatswesen, das seine gesamten Machtmittel zur Aufrechterhaltung der öffentlichen Ordnung einsetzt, wobei Staatsbürger gg. Übergriffe nicht geschützt sind.
Polka, w., Paartanz i. lebhaften 2/4-Takt.
Polke, Sigmar (* 13. 2. 1942), dt. experimenteller Künstler; arbeitet teils m. d. Stilmitteln d. Pop Art in unterschiedl. Techniken, oft iron. Auseinandersetzung m. d. geistigen Strömungen d. Gegenwart.
Polkörper, *Richtungskörper,* neben dem Ei entstehende Teilungsprodukte bei der → Meiose weibl. Tiere.

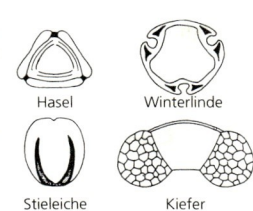

Hasel   Winterlinde
Stieleiche   Kiefer
Pollen

Pollen-Kalender
Blütenstaub ist bei über zwei Millionen Einwohnern der Bundesrepublik Deutschland die Ursache einer Allergie. Bei etwa einem Drittel dieser Patienten entwickelt sich neben e nem allergisch bedingten Schnupfen und Bindehautentzündung nach 2–10 Jahren ein Pollen-Asthma.
Unter den verschiedenen Po lenarten spielen die Gräserpollen die bedeutendste Rolle. Für Behandlung und Prognose ist von Wichtigkeit, ob eine Sensibilisierung gegenüber Pollen von verschiedenen Pflanzenfamilien vorliegt (z. B. Gräser, Bäume, Kräuterpollen) oder nur gegen Pollen einer einzigen Familie.

Jackson Pollock, *Blaue Pfähle*

Pollaiuolo, it. Maler, Bildhauer, Goldschmiede, Kupferstecher d. Renaissance
1) Antonio del (17. 1. 1433–4. 2. 98), s. Bruder.
2) Piero (1443–96).
Pollakisurie, vermehrter Harndrang.
Pollen, *Blütenstaub,* männl. Fortpflanzungszellen der Blütenpflanzen; können Heuschnupfen hervorrufen.
Pollenanalyse, Bestimmung d. Pflanzengesellschaften vorgeschichtl. Zeiten aus d. in d. einzelnen Moorschichten abgelagerten Blütenstaub; z. Altersbestimmung v. Moorschichten u. Funden in diesen.
Poller, pflockartiger Klotz zum Festmachen v. Trossen auf Schiffen.
Pollock, Jackson (28. 1. 1912–11. 8. 56), am. abstrakter Maler; e. Hptvertr.: → Action-painting.
Pollution [l.],
1) Umweltverschmutzung, → Umweltschutz.
2) unwillkürlicher Samenerguß.

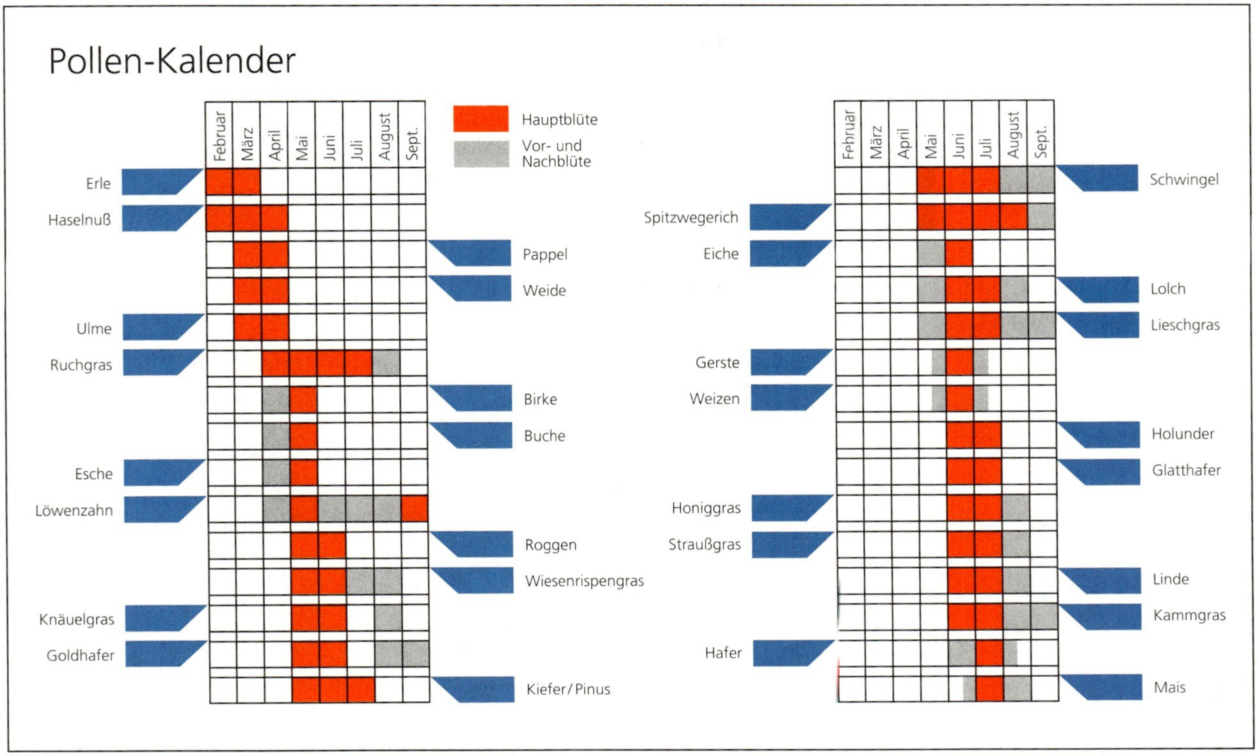

Pollen-Kalender

Hauptblüte (rot) — Vor- und Nachblüte (grau)

Pflanze	Februar	März	April	Mai	Juni	Juli	August	Sept.
Erle	■	■						
Haselnuß	■	■						
Pappel		■	■					
Weide			■	■				
Ulme		■	■					
Ruchgras			■	■	■			
Birke			■	■				
Buche			■	■				
Esche			■	■				
Löwenzahn			■	■	■			
Roggen				■	■			
Wiesenrispengras				■	■	■		
Knäuelgras				■	■	■		
Goldhafer				■	■	■		
Kiefer/Pinus				■	■			

Pflanze	Februar	März	April	Mai	Juni	Juli	August	Sept.
Spitzwegerich				■	■	■	■	
Eiche				■	■			
Schwingel				■	■	■		
Lolch				■	■	■		
Lieschgras				■	■	■		
Gerste					■	■		
Weizen					■	■		
Holunder					■	■		
Glatthafer					■	■		
Honiggras					■	■		
Straußgras					■	■	■	
Linde					■	■		
Kammgras					■	■		
Hafer					■	■	■	
Mais						■	■	

Pollux [l.], griech. *Polydeukes*,
1) Stern im Bild der → Zwillinge.
2) einer der → Dioskuren, Bruder des Castor; Faustkämpfer.
3) Eisgipfel (4091 m) bei Zermatt.

polnische Literatur, *16. Jh.:* Erste Blüte unter d. Einfluß v. Reformation (Nikolaus Rej) u. Humanismus: Jan Kochanowski *(Psalmen; Treny).* 18. Jh.: Aufklärung: Krasicki *(Fabeln).* 19. Jh.: Romantik d. klass. Zeitalter: Juljan Niemcewicz (patriot. Lyrik); Adam Mickiewicz *(Herr Thaddäus; Totenfeier)*, Julyusz Słowacki (Dramen *Maria Stuart; Kordjan; Legende Anhelli*), Zygmunt Krasinaiguski *(Ungöttliche Komödie)*; Lustspieldichter: Fredro; Erzähler: J. Kraszewski, Eliza Orzeszkowa, B. Prus *(Pharao)*, H. Sienkiewicz *(Quo vadis?).* 20. Jh.: Erzähler: Reymont *(Die Bauern)*, St. Żeromski, Sieroszewski, Kaden-Brandowski, M. Dombrowska *(Tage und Nächte)*, Kruczkowski, Gombrowicz, Mrożek (Satiren), Nowakowski, Hlasko, Andrzejewski, Lem; Dramatiker: Wyspianaiguski *(Hochzeit)*; Lyriker: Kasprowicz, Tetmajer, Staff, Asnyk.

Polnischer Korridor, durch → Versailler Vertr. 1919 geschaffener Gebietszugang Polens zur Ostsee, zw. Pommern und der Weichsel.

Polnischer Thronfolgekrieg, 1733 bis 38 zw. Rußland u. Östr. gg. Frkr., Spanien u. Sardinien nach der strittigen Wahl Augusts III. v. Sachsen u. Stanislaus Leszczyńskis in Polen.

Polo, hockeyähnl. Reiterspiel pers. Ursprungs; vom Pferd (**P. pony**) aus wird ein kleiner Ball m. einem P.schläger (110 cm lang) zum gegner. Tor getrieben.

Polohemd, Sporthemd m. offenem Kragen u. kurzen Ärmeln.

Polo, Marco → Marco Polo.

Polonaise, *w.* [frz. -'nɛːzə], „polnischer" Tanz im $\frac{3}{4}$-Takt, bei d. d. Paare hintereinander schreiten.

Polonium, *Po*, chem. El., Oz. 84; radioaktiv.

Poloty, dt. Maler Ferdinand (9. 10. 1828–21.12.95), histor. Themen u. Buchillustr.; s. Bruder.

Polowzer, *Kumanen, Komanen,* 1240 von d. Mongolen unterworfenes Nomadenvolk in S-Rußland.

Polschwankungen, *Breitenschwankungen,* geringfügige Schwankungen (bis 0,3") des Rotationspols d. Erde um e. mittleren Pol; Hauptperiode 433 Tage; Ursache: Massenverlagerungen auf u. in d. Erde.

Poltawa, ukrain. Gebietshptst. an der Worskla (l. Nbfl. d. Dnjepr), 315 000 E; Zucker- u. Mühlenind. – 1709 Sieg Peters d. Gr. über Karl XII. v. Schweden.

Polter, waldwirtsch. Bez. f. e. Zwischenlagerplatz f. Langholz.

poly- [gr.], als Vorsilbe: viel …

Polyaddition, Bildung von Makromolekülen durch Aneinanderlagerung verschiedenartiger → Monomere, insbes. durch Umsetzung v. Polyisocyanaten m. mehrwertigen Alkoholen.

Polyamide, durch → Polykondensation aus Diaminen u. Dicarbonsäuren aufgebaute thermoplast. Kunststoffe; als synth. Fasern (→ Nylon, → Perlon), Kunststoffe, Folien, Lackrohstoffe, Treibriemen, Förderbänder, Angelschnüre, Kunstleder verwendet.

Polo

Polyandrie, Vielmännerei (→ Eheformen).

Polyarthritis, *w.* [gr.], Entzündung mehrerer Gelenke, meist als Gelenkrheumatismus → Rheuma.

Polycarbonate, makromolekulare Kunststoffe von hoher Wärmefestigkeit (z. B. *Makrolon®*).

Polychromie, *w.* [gr.], Vielfarbigkeit, bunte Bemalung von Bau- u. Bildwerken. Ggs.: → Monochromie.

Polycythämia vera, bösartige Vermehrung d. roten Blutkörperchen.

Polydaktylie, überzählige Finger u. Zehen; Erbkrankheit.

Polyeder, *s.* [gr. „Vielflächner"], von Vielecken begrenzter Körper; 5 regelmäßige P. gleichen, regelmäßigen Vielecken begrenzt, jede P.ecke mit gleich vielen Kanten: → Tetraeder, → Hexaeder (Würfel) → Oktaeder, → Dodekaeder, → Ikosaeder.

Polyester, durch Polykondensation aus mehrwertigen Säuren u. mehrwertigen Alkoholen entstandene hochmolekulare Produkte; *gesättigte P. f.* synth. Wachse, Weichmacher, Weichharze; *ungesättigte P. m.* polymerisierb. Verbindungen (z. B. Styrol) i. Niederdruckpreßverfahren zu unschmelzb., unlösb. P.harzen härtbar (→ Kunststoffe).

Polyethylen, *s.,* durch → Polymerisation v. Ethylen erhaltener Kunststoff v. hartwachsart. bis paraffinartigem Charakter; elastisch, hervorragend chemikalienbeständig, elektr. isolierend; Verwendung f. Folien, Flaschen, Kabelisolierungen, Spritzgußteile, Korrosionsschutz (→ Kunststoffe).

Polygamie, *w.* [gr. „Mehrehe"], → Eheformen.

polygen, svw. → polymer.

Polygenie, Beteiligung mehrerer *Gene* an d. Ausprägung (→ Phänotypus) eines scheinbar einfachen Erbmerkmals.

Polyglobulie, gutartige Vermehrung d. roten Blutkörperchen.

polyglott, vielsprachig.

Polyglotte, mehrsprachige Texte, bes. Bibeln.

Polygon, svw. → Vieleck.

Polygynie, Vielweiberei (→ Eheformen).

Polyhistor, Vielwisser (auf vielen Wissensgebieten bewandert).

Polyhymnia, griech. Muse des (ernsten) Gesangs; (übertragen:) d. Musik.

Polyisobutylen, durch → Polymerisation v. Isobutylen gewonnener gummielast. Kunststoff (*Butylkautschuk*); für Kabelisolierung, Schläuche, Bautenschutzmittel, Klebstoffe, Streichzwecke (→ Kunststoffe).

Polykarp († um 156), Bischof von Smyrna, Märtyrer u. Hlg. (Tag: 26. 1.).

Polyklet, *Polykleitos*, griech. Bildhauer,
1) d. Ä. (5. Jh. v. Chr.); s. Bronzeplastiken sind z. T. noch durch röm. Marmorkopien überliefert (z. B. *Speerträger*).
2) d. J. (4. Jh. v. Chr.), auch Baumeister; *Theater* in Epidauros.

Polykondensation, Molekülvergrößerung d. chem. Umsetzung u. Abspaltung kleinerer Moleküle, meist Wasser.

Polykrates, (6. Jh. vor Chr.), Tyrann von Samos.

Polykristall, besteht aus zahlreichen ungeordneten Kristallen (z. B. Silicium nach der chem. Reinigung).

Polyklet, *Diadumenos*

polymer, in der *Vererbungswissenschaft*, durch *mehrere* Erbanlagenpaare bedingt.

Polymer, *s.,* Bezeichnung v. chem. Verbindungen, deren Moleküle ein Mehrfaches einer einfacheren Verbindung (→ Monomer) sind.

Polymerisation, Vereinigung von vielen niedermolekularen Molekülen (→ Monomer) zu neuen makromolekularen Molekülketten; i. d. chem. Technik bes. zu Poly-Verbindungen als → Kunststoffe u. → Chemiefasern.

Polymorphismus [gr. „Vielgestaltigkeit"],
1) Eigensch. v. Stoffen, bei gleicher chem. Zus.setzung in versch. Erscheinungsformen aufzutreten (z. B. Kohlenstoff als Graphit u. Diamant).
2) *Genetik:* gleichzeitiges Auftreten v. zwei od. mehr genetisch unterschiedl. Formen innerhalb e. Population.
3) *Botanik:* Aufeinanderfolge mehrerer ungeschlechtl. Formen b. versch. niederen Pflanzen.
4) *Zoologie:* Vielgestaltigkeit v. Angehörigen derselben Art bei Arbeitsteilung (Tierstaaten: Bienen-, Ameisen-, Termitenstaat; Tierstöcke: Staatsquallen).

Polynesien [„Vielinselgebiet"], die Inselketten im östl. Pazifik, teils Korallen-, teils vulkan. Eilande.

Polynesier, hellbraune Ureinwohner d. polynes. Inseln, den Malaien verwandt; im 13. u. 14. Jh. teils eingewandert, teils auf Seefahrten durch Stürme aus d. Malaiischen Archipel nach Polynesien verschlagen.

Polyneuritis, Form der → Neuritis, oft gleichbedeutend mit *Polyneuropathie*, meist an den Beinen beginnende Nervenstörungen (Mißempfindungen, Lähmungen), z. B. bei Alkoholismus oder → Diabetes mellitus.

Polynom, *s., math.* Summe oder Differenz aus mehr als 2 Gliedern (z. B. $a + b - c + d$).

Polypen [gr.],
1) kleine, festsitzende Formen der → Zölenteraten.
2) gestielte Schleimhautwucherungen, besonders im Nasenrachenraum, behindern das Atmen; auch im Darm und in der Gebärmutter, wo sie Blutungen verursachen können.

Polypeptid, *s.,* aus mehreren bis vielen → Aminosäuren aufgebauter Eiweißstoff.

Polyphänie → Pleiotropie.

Polyphemos, in d. griech. Sage einäugiger, menschenfressender Zyklop; von Odysseus geblendet.

polyphon [gr.], vielstimmig; jede Stimme hat melod. Bedeutung.

Polyphonie, *mus.* Mehrstimmigkeit, aus kontrapunkt. Satztechnik hervorgehend.

Polyploidie, Vervielfachung des → Chromosomensatzes im Zellkern.

Polypol, Marktform, bei der auf der Angebots- u./od. Nachfrageseite jeweils viele Anbieter bzw. Nachfrager m. einem jeweils kleinen Marktanteil untereinander konkurrieren; dabei kann kein Marktteilnehmer die Marktsituation zu seinen Gunsten beeinflussen, → Marktformenlehre.

Polyptychon [gr.], Altaraufsatz m. mehreren Flügeln, nach ihrer Anzahl auch → Diptychon bzw. → Triptychon.

Polyrhythmik, *mus.* Überlagerung versch. Rhythmen in gleichzeitig geführten Stimmen.
Polysaccharide → Zucker.
Polystyrol, *s.,* thermoplast. → Kunststoff; verarbeitet im Spritzguß zu techn. u. a. Massenartikeln; als Folie (*Styroflex*) i. d. Elektrotechnik.
Polytechnikum, früher: gehobene techn. Fachschule; heute: Fachhochschule (→ Schulwesen, Übers.).
Polytetrafluorethylen, aus Tetrafluorethylen durch Polymerisation entstandener Kunststoff; hervorragende Chemikalienbeständigkeit, Lösungsmittelresistenz, el. Eigenschaften.
Polytheismus [gr.], Glaube an viele Götter; Ggs.: → Monotheismus.
Polytonalität, *mus.* Gleichzeitigkeit mehrerer Tonarten.
Polytrauma, Verletzungen mehrerer Körperregionen.
Polyurethane, durch Polyaddition aus Isocyanaten und Polyalkoholen bzw. Polyestern gewonnene → Kunststoffe.
Polyurie, krankhafte Mehrausscheidung von Harn.
Polyvinylchlorid, Abk. *PVC,* thermoplast. Kunststoff; *Hart-PVC* bes. i. d. chem. Apparate-Ind., *Weich-PVC* i. d. Kabelind., als Bodenbelag, Kunstleder, Regenbekleidung u. ä.
Pomeranze, *w.,* der Orange verwandter Südfruchtbaum; bittere Schale in d. Kochkunst verwendet, Blüten f. *Neroli,* e. Duftöl.
Pomerium, *s.* [l.], alte Stadtgrenze Roms, hinter d. Mauerbefestigung umlaufende Straße mit sakraler Bed.: jenseits d. P. Geltung d. Kriegsrechts u. Erlaubnis d. Totenbestattung.
Pomesanien, fruchtbares Gebiet zw. Elbing u. Graudenz in Polen.
Pommer, *m.,* Holzblasinstr. d. Renaissance mit Doppelrohrblatt; auch: Bombarde, vgl. → Schalmei.
Pommerellen, poln. *Pomorze,* Landschaft westl. der unteren Weichsel, 1919 an Polen.
Pommern, Landschaft an der Ostsee, bis 1945 zum Dt. Reich, dann zur DDR u. Polen; durch Oder in W-(Vor-) und O-(Hinter-)Pommern geteilt; seenreich, *Pommersche Seenplatte,* in O-P. waldreiche Hügel, *Pommerscher Landrücken* (*Schimmritzberg* 256 m) mit weiten Heideflächen; Landwirtschaft, Viehzucht; Ind. bei Stettin. — *Gesch.:* Slaw. Stamm der P. reichte ursprünglich im O bis zur Netze u. Weichsel. Um 1100 eigener Staat, 1124–28 durch Otto v. Bamberg christianisiert; das westliche, eigtl. P. 1181 dt. Reichsfürstentum, Brandenburg erhielt Lehnshoheit bzw. Erbanwartschaft; das östl. P. 1308 als Westpreußen größtenteils an den Dt. Orden; 1648 P. westlich der Oder an Schweden, das östliche Hinter-P. als P. an Brandenburg-Preußen, das 1720 auch Stettin und Vorpommern bis zur Peene, 1815 den Rest P.s erwarb. Seit 1945 W-P. zu → Mecklenburg, dann Bezirk Rostock, Neu-Brandenburg, Frankfurt/O.; O-Pommern poln. (31 432 km², 1939: 1,895 Mill. E; → Ostgebiete); 1990 W-P. u. Mecklenburg Bundesland Mecklenburg-Vorpommern (23 598 km², 1,89 Mill. E; Hptst. *Schwerin*).
Pommersches Haff → Stettiner Haff.

Pommersfelden (D-96178), oberfränk. Gem. i. Kr. Bamberg, 2372 E; Barockschloß *Weißenstein* d. Gfen Schönborn (erbaut v. J. Dientzenhofer u. a. 1711–18), berühmte Gemäldesammlung.
Pommes frites [frz. pɔm 'frit], in Öl schwimmend gebackene rohe Kartoffelstreifen.
Pomodoro, it. Bildhauer:
1) Arnaldo le (* 23. 6. 1926), e. Vertr. teils d. Informellen Kunst; Reliefs u. monumentale Plastiken; s. Bruder
2) Giovanni le (* 17. 11. 1930), e. Vertr. d. Movimento Nucleare; abstrakte u. figürl. Plastiken.
Pomologie [l.-gr.], Obstkunde.
Pomona, röm. Göttin d. Gartenfrüchte.
Pomoranen, westslaw. Stamm im frühen MA zw. Weichsel u. Oder; Vorfahren d. → Kaschuben.
Pomp, *m.* [l.], Pracht(entfaltung), Prunk.
Pompadour [pɔ̃pa'du:r], Jeanne Marquise de (29. 12. 1721–15. 4. 64), Mätresse Ludwigs XV.; nach ihr *P.,* beutelartige Handtasche.
Pompeji, St. am Vesuv; 79 n. Chr. durch Erdbeben u. Vesuvausbruch mit Herculaneum u. Stabiä zerstört; seit 18. Jh. ausgegraben.
Pompejus, Gnäus (106–48 v. Chr.), röm. Staatsmann und Feldherr, bildete 60 mit → Cäsar und Crassus d. erste → Triumvirat; im Kampf um Alleinherrschaft Gegner Cäsars, 48 bei Pharsalos geschlagen, auf der Flucht in Ägypten ermordet.
Pompidou [pɔ̃pi'du], Georges (5. 7. 1911–2. 4. 74), frz. Pol.; 1962–68 Min.präs., s. 1969 Staatspräs.
Pompon [pɔ̃'pɔ̃], François (9. 5. 1855 bis 6. 5. 1933), frz. Modelleur u. Bildhauer d. Realismus; hpts. Tierplastiken.
Poncelet [pɔ̃s'lɛ], Jean Victor (1. 7. 1788–22. 12. 1867), frz. Math.; *Projektive Geometrie; Hydrodynamik.*
Poncho, *m.* [-tʃo], südam. ärmelloser Mantel; urspr. Umhang der Gauchos m. Schlitz od. Loch für d. Kopf.
Pond, Abk. *p,* veraltete Maßeinheit für → Kraft; 1 kp = 1000 p = 9,80665 N (→ Newton).
Ponderation, *w.,* in d. Bildhauerkunst Ausgewogenh. d. körperl. Gewichtsverhältnisse d. Statue; bei d. stehenden menschl. Figur hpts. durch d. → Kontrapost.
Pondicherry [-'tʃɛri], ind. Unionsterritorium, 492 km², 808 000 E; Hptst. *P.* (163 000 E); bis 1954 frz.
Pongau, Tallandschaft in Salzburg, Salzachtal.
Pongé, *m.* [pɔ̃'ʒe:], dünner Seidentaft f. Kleider, Ausputzmaterial (Lampenschirme), Futter.
Poniatowski,
1) Joseph Fürst (7. 5. 1763–19. 10. 1813), poln. General in Napoleons Heer.
2) Stanislaus P. (1732–98), letzter Kg Polens 1764–95.
Pönitent [l.], Beichtender, Büßer.
Pönitenz, vom Beichtvater auferlegte Buße.
Pont-Aven [pɔ̃ta'vã], *Schule v.,* nach ihrem Wirkungsort (Gemeinde im frz. Département Finistère) ben. Künstlergemeinschaft, die 1886 dem Impressionismus entgegentrat durch klar definierte Formen und Farben; Vertr. u. a. *Gauguin, Bernard;* auch → Nabis.

Pommersfelden, *Schloß Weißenstein*

Marquise de Pompadour

Pompeji, *Teatro Grande*

Georges Pompidou

Ponten, Josef (3. 6. 1883–3. 4. 1940), dt. Schriftst.; Novellen; Romane: *Volk auf dem Wege.*
Ponti, Gio(vanni) (18. 11. 1891–16. 9. 1979), it. Architekt u. Designer; e. Hptvertr. d. Rationalismus in Italien; *Math. Institut* d. Uni. Rom; *Pirelli-Hochhaus* in Mailand; *P.-Stuhl.*
Pontianak, indones. Prov.hptst. u. Hafen (Borneo), 355 000 E.
Pontifex maximus [lat. „Oberster Brückenbauer"], Titel des obersten Priesters im alten Rom, später des röm. Kaisers, seit 5. Jh. des Papstes.
Pontifikalamt, feierliche, vom Bischof oder v. einem höheren Prälaten (Abt) zelebrierte Messe.
Pontifikalien, die Insignien (Stab, Mitra usw.) des Bischofs od. höherer Prälaten.
Pontifikat, *s.* oder *m.,* Regierungszeit des Papstes oder Bischofs.
Pontinische Inseln, it. *Isole Ponziane,* vulkan. Inselgruppe im Tyrrhen. Meer; größte *Ponza* (4000 E).
Pontinische Sümpfe, it. *Paludi Pontine, Agro Romano,* früher 700 km² große Sumpfebene südöstl. v. Rom; Entwässerung schon im Altertum (Cäsar, Augustus) und von vielen Päpsten versucht; erneute Urbarmachung s. 1900 erfolgreich; Anlage neuer Städte (z. B. *Latina, Sabaudia*).
Pont l'Évêque [põle'vɛk], frz. Weichkäse a. d. Normandie.
Ponto,
1) Erich (14. 12. 1884–4. 2. 1957), dt. Schauspieler.
2) Jürgen (17. 12. 1923–30. 7. 77), dt. Bankier; v. Terroristen d. → RAF ermordet.
Ponton, *m.* [frz. põ'tõ:], hochbordiger Eisenkahn der Pioniere, zum Übersetzen und als schwimmender, verankerter Tragteil für **P.brücke.**
Pontoniere, bis 1918 Bez. f. e. zu den → Pionieren gehörende Truppengattung, d. über schnell gefertigtes, schwimmfähiges Gerät (Pontons) verfügte.
Pontoppidan [-dæn], Henrik (24. 7. 1857–21. 8. 1943), dän. realist. Dichter; Nobelpr. 1917 (m. Gjellerup).
Pontormo, eigtl. *Jacopo da Carrucci* (24. 5. 1494–2. 1. 1557), it. Maler d. Hochrenaissance u. d. Manierismus.
Pontresina (CH-7504), Sommer- u. Winterferienort in Graubünden, im Oberengadin, 1800 müM, an der Berninastraße, 1900 E.
Pontus, *Pontos,* im Altertum Staat am Schwarzen Meer; Kriege gg. Rom, → Mithridates IV.
Pontus Euxinus [gr.-l. „gastl. Meer"], antiker Name f. Schwarzes Meer.
Pony, *s.* [engl.], kleine Pferderassen unter 132 cm Höhe (z. B. *Shetland-P.*).
Pool, *m.* [engl. pu:l], Vereinbarung einer wirtschaftlichen Interessengemeinschaft, die Bedingungen, Preise, Angebots- u. Produktionsmengen ganz oder teilweise regelt u. die Gewinne nach einem Schlüssel verteilt; *allg.* vereinbartes Zus.wirken i. Geschäftsangelegenheiten, z. B. bei Ausübung des Stimmrechts f. Aktien (*Stimmrechtspoole*).
Poolbillard [engl. 'pu:l-], am. Billardvariante; 15 farb. Nummernkugeln werden m. weißer Spielkugel in Bandenlöcher gestoßen.

Poole, Elijah, *E. Muhammad* (1897–1975), Gründer v. → Black Muslims.
Poole [pu:l], engl. Hafenst. a. Kanal i. d. Gft Dorset, 133 000 E; Schiffbau.
Poona → Pune.
pop, Abk. f. engl. *point of purchase,* „Ort des Verkaufs", → Verkaufsförderung.
Popanz, *m.* [tschech.], Schreckgespenst, Strohpuppe.
Pop Art [engl. „popular art = volkstümliche Kunst"], Bez. f. e. Kunstrichtung d. 50er u. 60er Jahre i. USA u. Großbritannien, die Motive aus der Werbung u. Konsumwelt entlehnt u. banale Gegenstände des tägl. Hausgebrauchs attrappenmäßig nachbildet bzw. in Collagen od. Skulpturen verwendet; Vertr.: *Lichtenstein, Rauschenberg, Segal, Warhol, Wesselmann.* R. → Hamilton.
Pope [poup], Alexander (21. 5. 1688 bis 30. 5. 1744), engl. klassizist. Dichter; satir. Epos: *Lockenraub.*
Pope [gr.], Geistlicher d. morgenländ. Kirche.
Popeline, *w.* [frz.], feingeripptes Gewebe in Leinwandbindung.
Pop-Musik, im engeren Sinne aus angloam. Beat- u. Rockmusik hervorgegangene Musikrichtung, die sich elektrisch verstärkter u. elektron. Instrumente bedient; im weiteren Sinne (als *populäre Musik*) jegl. Unterhaltungsmusik.
Popocatépetl, tätiger Vulkan in Mexiko, 5452 m.
Popol Vuh, *s.* [„Buch d. Matte (= Herrschaft)"], hl. Buch d. Maya-Indianer (entstanden Mitte 16. Jh.) m. Schöpfungsbericht u. histor. Daten; 1721 v. d. span. Dominikaner Francisco Ximenéz übersetzt u. veröffentl.
Popow, Alexander (4. 3. 1859–31. 12. 1905), russ. Physiker; Erfinder der Antenne.
Pöppelmann, Matthäus Daniel (3. 5. 1662–17. 1. 1736), dt. Baumeister d. Barock; *Zwinger* (Abb. → Dresden).
Popper, Sir Karl Raimund (28. 7. 1902–17. 9. 94), östr. Phil. u. Soziologe, Begr. d. *kritischen Rationalismus; Logik der Forschung; Die offene Gesellschaft und ihre Feinde.*
Poprád,
1) dt. *Popper,* Fluß in d. Zips, 170 km l.; in d. Dunajec.
2) dt. *Deutschendorf,* slowak. St. in d. Zips, 51 000 E; dt. St.gründung des 12. Jh.
populär [l. „populus = Volk"], volkstümlich, allgemeinverständlich.
Popularklage, in einzelnen Verfassungen gewährte Beschwerde e. Bürgers, der zufolge Verf.gerichtshof über Verfassungsmäßigkeit eines Gesetzes od. einer Rechtsvorschrift entscheidet; Nachweis einer Beschwerde od. eines Rechtsschutzinteresses nicht erforderlich.
Popularphilosophie, allg.verständl. Philosophie, bes. die der f. e. breites Publikum schreibenden Aufklärer (J. J. Engel, Nicolai u. a.).
Population [l.],
1) Bevölkerung.
2) *astronom.* Gruppen v. verwandten Sternarten, insbes. ähnl. Alters, ähnl. chem. Zus.setzung od. ähnl. Anordnung (von W. → *Baade* definiert).
3) *Biol.:* Bestand, Gesamtzahl der Individuen in einem Lebensraum.
Populorum Progressio [lat. „Der

Porree

Portal Royal, *Chartres, 1170*

Porto

Fortschritt der Völker"], Sozialenzyklika Papst Pauls VI. (1967) über wirtsch. Programme u. Entwicklungshilfe.
Populus Romanus, *m.* [l.], das röm. Volk.
Pordenone, eigtl. *Giovanni Antonio de' Sacchi* (1483/4–begr. 14. 1. 1539), it. Maler; Vorläufer d. venezian. Barock.
Poren, die Mündungen der Schweißdrüsen i. d. Haut.
Porkkala, *Porkula,* finn. Halbinsel südwestl. v. Helsinki, 250 km².
Porlinge, Baumschwämme mit feinlöcheriger Hutunterseite, z. B. *Schwefel-Porling.*
Pornographie [gr.], extrem einseit. Darstellung d. Sexuellen in Schriften, Bildern, Filmen etc.; i. d. BR Überlassung an Jugendliche verboten, → Kinderpornographie.
Porphyr, → Vulkanit m. feinkörniger Grundmasse u. großen eingesprengten Mineralen; *Bozener Quarz-P.*
Porphyrie, versch. Formen v. Störungen des Stoffwechsels des Blutfarbstoffs, mit Erscheinungen seitens d. Leber, d. Nervensystems usw.
Porphyrios von Tyros (ca. 232–304), griech. neuplaton. Phil., schrieb 15 Bücher „gg. die Christen", d. Theodosius II. öff. (448) verbrennen ließ.
Porpora, Nicola (17. 8. 1686–3. 3. 1768), it. Komponist d. Neapolitanischen Schule; Opern.
Porree, *m.,* Lauchart, als Suppengrün u. Gemüse.
Porridge, *s.* od. *m.* [-rɪdʒ], schott. Nationalgericht, (Hafermehl-)Brei.
Porsche, Ferdinand (3. 9. 1875–30. 1. 1951), dt. Kraftwagenkonstrukteur; Kompressor-Rennwagen, VW, Porsche.
Porsena, *Porsenna* (um 500 v. Chr.), etrusk. König.
Porst, Heidekrautgewächs, Torfmoorstrauch in N-Dtld; immergrün, giftig.
Port, *m.* [portugies.], Hafen.
Porta, Giacomo della (um 1540–1602), it. Architekt d. röm. Spätrenaiss. (Kuppel d. Peterskirche n. abgeändertem Entwurf Michelangelos) u. Wegbereiter d. Frühbarock: s. Fassade v. Il Gesù wurde vorbildl. f. d. eur. Jesuitenkirchen.
Porta [l.], Tor.
Portal, *s.* [frz.], Eingang e. Gebäudes, durch architekton. Gliederung od. Schmuck hervorgehoben.
Portamento, *s.* [it.], *mus.* Hinüberschleifen v. e. Ton zum anderen.
Port Arthur [-'ɑ:θə], chin. *Lüshun,* Teil von → Lüda. – 1898 v. Rußland gepachtet, 1905 in Russ.-Jap. Krieg v. Japan übernommen, 1945 sowj., 1955 an China.
Portativ, *mus.* kleine tragbare Orgel s. 12. Jh.; im 16./17. Jh. von → Positiv abgelöst.
Port-au-Prince [pɔrto'prɛ̃:s], Hptst. von Haïti, Hafen am *Golf von P.,* 800 000 E; Erzbischof.
Porta Westfalica,
1) *Westfälische Pforte,* d. vom Wiehen- u. Wesergebirge gebildete, 650 m breite Austrittspforte d. Weser ins Tiefland bei Minden.
2) (D-32457), St. i. Kr. Minden-Lübbecke, NRW, 35 382 E; Luftkurort, Kneippkurort.
Portechaise, *w.* [frz. -'ʃɛ:z(ə)], Sänfte.
Portefeuille, *s.* [frz. -'fœ:j],
1) allg. Mappe f. Briefschaften (Briefta-
sche).

2) *Wechsel-P.,* svw. d. Gesamtheit d. i. Besitz e. Bank befindl. Wechsel, entsprechend *Effekten-P.*
3) Mappe f. Dokumente *(Minister-P.),* daher svw. Ministerposten; *Minister ohne P.:* „Minister ohne Geschäftsbereich".
Port Elizabeth [-ɪ'lɪzəbəθ], Hafenst. i. d. Kapprovinz, Republik Südafrika (an der Algoabai), 652 000 Einwohner; Maschinen- u. Schiffbau; Diamanten- u. Wollhandel.
Portemonnaie, *s.* [frz. -mɔ'ne:], Börse, Geldbeutel.
Porten, Henny (7. 1. 1890–15. 10. 1960), dt. Schausp.in; *Das Liebesglück einer Blinden; Hintertreppe.*
Portepee, *s.* [frz.], früher Bez. f. meist geschlossene, silbern-/goldgeflochtene Quaste an der Seitenwaffe der *P.träger,* Offiziere bzw. Unteroffiziere.
Porter,
1) Cole (9. 6. 1891–15. 10. 1963), am. Komp. zahlreicher Songs u. Musicals; *Kiss me Kate.*
2) George (* 6. 12. 1920), engl. Chem.; Nobelpr. 1967 (Untersuchungen d. Geschwindigk. sehr schneller chem. Umwandlungen).
3) Katherine Anne (15. 5. 1894–18. 9. 1980), am. Schriftst.in; *Das Narrenschiff;* Pulitzerpr. 1966.
4) Rodney (8. 10. 1917–7. 9. 85), engl. Biochem. (Forschungen über Immunkörper); Nobelpr. f. Medizin 1972.
5) William Sydney, Pseudonym: *O. Henry* (11. 9. 1862–5. 6. 1910), amerik. Schriftst.; Kurzgeschichten.
Porter, *m.,* engl. dunkles Bier.
Porterhouse-Steak [engl. 'pɔ:təhaus steɪk], Ochsenkotelett m. Filet u. Knochen.
Portici [-titʃi], it. St. am Golf v. Neapel, an d. Stelle des verschütteten Herculaneum, 75 000 E; Hafen; Seebad; Landw. Hochschule.
Portier, *m.* [frz. -'tĭe:], Pförtner, Hauswart.

Pop Art, *Andy Warhol, Campbell's Soup*

Portikus [l.], säulengetragener Vorbau vor d. Hpteingang e. Gebäudes.
Portio, in der Scheide gelegener Teil d. Gebärmutterhalses.
Portland ['pɔ:tlənd],
1) *Isle of P.*, Halbinsel in der engl. Gft Dorset, am Kanal; Kalksteinbrüche mit berühmtem sehr hartem Kalk (*P.stein*).
2) Ind.- u. Handelsst. im US-Staat Oregon, 437 000 E; Metall- u. Textilind.; Getreide- u. Holzausfuhr.
3) Hafenst. im US-Staat Maine, am Atlantik, 61 000 E; Handelszentrum, Maschinenind.
Port Louis, [engl. 'pɔːt 'lʊɪs, frz. pɔr'lwi], Hptst. d. Inselstaats Mauritius (Ind. Ozean), a. d. NW-Küste, 142 000 E.
Portman ['pɔ:tmən], John Calvin (* 4. 12. 1924), am. Architekt, entwickelte d. typenbildenden Hotelbau m. gr. überdachtem Innenhof f. Läden, Restaurants u. als interurbaner Kommunikationspunkt; z. B. versch. Bauten d. Hyatt Regency-Kette.
Portmann, Adolf (27. 5. 1897–28. 6. 1982), schweiz. Zoologe u. Verhaltensforscher; *Das Tier als soz. Wesen.*
Port Natal [-nə'tæl], → Durban.
Porto [-tu], *Oporto*, portugies. St. am Douro, 350 000 E; Uni.; Flußhafen, Metall-, Textilind.; *Portwein.*
Porto, s. [it.], Entgelt für Beförderung v. Postsendungen.
Pôrto Alegre, Hptst. d. brasilian. Staates Rio Grande do Sul, am Guayba-Mündungstrichter, 1,4 Mill. E, Agglomeration 2,7 Mill. E; Uni.; Masch.-, Textilind., Schiffswerften.
Portoferraio, Hptst. d. it. Insel Elba, 11 000 E.
Port of Spain [-'speɪn], Hptst. von Trinidad u. Tobago, 58 000 E; Ausfuhr v. Kakao u. Asphalt.
Portoghesi [-'geːsi], Paolo (* 2. 11. 1931), it. Architekt, e. Hptvertr. d. intern. Postmoderne; (m. V. Gigliotti) Kirche d. *Sacra Famiglia* in Salerno, *Moschee* u. *Islam. Kulturzentrum* in Rom.
Pôrto Novo, Hptst. v. Benin, 164 000 E.
Pôrto Rico → Puerto Rico.
Port-Royal [pɔrrwa'jal], Zisterzienserinnenkloster bei Paris, i. 17. Jh. Zentrum des → Jansenismus.
Port Said [-'zaɪt], *Bur Said*, ägypt. Hafenst. am nördl. Eingang zum Suezkanal, 454 000 E.
Pörtschach (A-9210), Kurort am Wörther See in Kärnten, 440 müM, 2619 E.
Portsmouth [-məθ], St. in S-England, brit. Hauptkriegshafen auf der Insel *Portsea* (vor der engl. S-Küste), 175 000 E; Schiffbauschule; Werften, Schwerind., Flottenankerplatz *Spithead*.
Portugal, Rep. im W der Pyrenäenhalbinsel, mit Azoren u. Madeira. **a)** *Geogr.:* Hpts. Hochland, i N regenreich, südl. der Serra da Estrella (1991 m) trocken; 30% Wald (Korkeichen). **b)** *Landw.:* 49% Ackerland; Anbau v. Kartoffeln, Getreide, Hülsenfrüchten, Wein, Oliven, Baumwolle; Viehzucht; Fischerei. **c)** *Bodenschätze:* Wolfram, Eisen, Kupfer, Zinn, Mangan. **d)** *Außenhandel* (1991): Einfuhr 26,33 Mrd., Ausfuhr 16,33 Mrd. $. **e)** *Verkehr:* Handelsflotte 718 000 BRT (1992); Eisenbahn 3126 km. **f)** *Verf.* v. 1976 (mehrfach geändert): Parlamentar. Rep. **g)** *Verw.:* 18 Distrikte u. 2 auton. Regionen (Azoren u. Madeira). **h)** *Überseegebiete:* Macao (innere Autonomie s. 1976, 1999 an China); die übrigen portugies. Überseebesitzungen wurden 1974/75 unabhängig; ehem. Portugies.-Timor ist s. 1976 indones. Prov. **i)** *Gesch.:* 1139 Kgr.; die Entdeckungsfahrten im 15. Jh. (Westküste Afrikas, Weg nach Indien) machten P. für kurze Zeit zum reichsten Handelsstaat; 1580–1640 m. Spanien verbunden; Verlust d. Weltmachtstellung, größter Teil der ostind. Kolonien an Holland; unter d. Haus Bragança (1640) wieder selbst., aber immer stärker unter engl. Einfluß; 1910 Vertreibung d. Kgs Manuel, 1911 Rep.; 1926 mil. Staatsstreich, Min.präs. 1932–68 Salazar: autoritäres Regime; 1968–74 Caetano; Staatspräs. 1958–74 A. Tomás; 1943 Iber. Pakt mit Spanien; 1961 Annexion v. Goa durch Indien; 1974 nach Militärputsch unter Gen. Spinola Beendigung d. Diktatur u. 1975 freie Wahlen; Staatspräs. 1974 Spinola (nach Konflikt m. Offiziersjunta zurückgetreten), danach Gomes, 1976–86 Eanes; 1986–96 Soares (1976–78 u. 1983–85 Min.präs.); s. 1996 Sampaio.
portugiesische Literatur, *15. Jh.:* Gil Vicente (Dramatiker); *16. Jh.:* Luís de Camões (Lusiaden. Lyrik); *17. Jh.:* Marianne Alcoforado (Briefe, übersetzt v. Rilke). *19. Jh.:* Almeido-Garret, Brage, Queiroz. Dantas. *20. Jh.:* de Pascoães, Pessôa, Dias, de Figueirede, Ribeiro, Dantas, Targe.
Portugiesisch-Guinea → Guinea-Bissau.
Portugiesisch-O-Afrika → Mosambik.

China-Porzellan, *K'ang-hsi*

Porzellanmarken:
Meißen, Fürstenberg, Höchst, Berlin-Frankenthal, Nymphenburg, Ludwigsburg, Sèvres

PORTUGAL	
Staatsname:	Republik Portugal, República Portuguesa
Staatsform:	Parlamentarische Republik
Mitgliedschaft:	UNO, EU, Europarat, EWR, OSZE, NATO, OECD, WEU, CPLP
Staatsoberhaupt:	Jorge Sampaio
Regierungschef:	António Guterres
Hauptstadt:	Lissabon (Lisboa) 830 000 (Agglom. 2,13 Mill.) Einwohner
Fläche:	92 389 km²
Einwohner:	9 868 000
Bevölkerungsdichte:	107 je km²
Bevölkerungswachstum pro Jahr:	Ø –0,09% (1990–1995)
Amtssprache:	Portugiesisch
Religion:	Katholiken (95%), Protestanten, Muslime
Währung:	Escudo (Esc)
Bruttosozialprodukt (1994):	92 124 Mill. US-$ insges., 9370 US-$ je Einw.
Nationalitätskennzeichen:	P
Zeitzone:	MEZ – 1 Std.
Karte:	→ Spanien

Portugal

Portugiesisch-W-Afrika → Angola.
Portwein, meist roter, mit Branntwein verschnittener Süßwein aus d. Gegend v. → Porto; → gespritete Weine.
Porz, s. 1975 zu Köln.
Porzellan, aus Kaolin (**P.erde**) mit Feldspat u. Quarz auf der Töpferscheibe naß geformt u. in Brennöfen zweimal (das 2. Mal mit Glasur) gebrannt; *Hart-P.* enthält viel Kaolin; Verwendung v. P. f. Geschirr, Geräte u. in der Elektrotechnik zu Isolationszwecken. – Porzellan in China s. 7. Jh. n. Chr. bekannt; in Europa s. Anfang 18. Jh.: → *Böttger*, zuerst rotes Steinzeug (Böttger-P.), dann 1708 weißes P. gemeinsam mit → *Tschirnhaus;* berühmte Manufakturen: Meißen, Fürstenberg, Nymphenburg, Frankenthal, Ludwigsburg, Höchst, Selb (Rosenthal), Berlin; Kopenhagen; Wien; i. Frkr. Sèvres; i. Italien Capodimonte; zur Bestimmung d. P.s dienen **P.marken** (Abb.).
Porzellanmalerei, erfolgt *unter* der Glasur, also vor dem 2. Brennen, dazu Farben von Metallen: Kobalt, Chrom, Uran, Gold usw.; *auf* d. Glasur auch andere Farben.
Porzellanschnecken, Schnecken warmer Meere mit eiförmiger, runder Schale, Mündung schlitzartig; → *Kauri*, weiße Schale; *Tigerschnecke*, bunt gefleckt.
pos, Abk. f. engl. **p**oint **o**f **s**ales (,,Ort des Umsatzes"), → Verkaufsförderung.
Posamenten, *Passementen*, Borten, Fransen, Schnüre u. a.; auch Knöpfe, Litzen u. Tressen.
Posaune, Blechblasinstrument von tiefem, vollem Klang (Abb. → Orchester).
Pose, *w.* [frz.], (gemachte, gezierte) Haltung.
Poseidon, der griech. Meergott, lat. → Neptun.
Poseidonios (135–51 v. Chr.), einflußreichster Philosoph der mittleren Stoa.
Poseidonrakete, am. Fernlenkrakete mit atomaren Vielfachgefechtsköpfen (→ MIRV); Start von getauchten → Unterseebooten.
Posen, poln. *Poznań*,
1) Landschaft u. Woiwodschaft i. Polen, 8151 km², 1,32 Mill. E; Flachland, viele Seen (Goplosee); Flüsse: *Warthe* u. *Netze:* Anbau: Hopfen, Getreide, Kartoffeln, Zuckerrüben; Pferde- u. Schafzucht; Solquellen (b. Hohensalza) u. Torflager (Brüche). – Früher zu Großpolen; 1772, 1793–1806 u. s. 1815 preuß.; 1919 poln.
2) Hptst. d. poln. Woiwodschaft P., a. d. Warthe, 589 000 E; seit 10. Jh. Bischofssitz; Sitz des kath. Erzbistums P.-Gnesen (s. 1821), Uni., Dom, Museen. Ind.- u. Handelsplatz, intern. Messe, Sender, Flughafen.
Poseur, *m.* [frz. -'zœ:r], Wichtigtuer, Mensch, der sich in Posen gefällt.
posieren, gekünstelte Stellung einnehmen.
Posilipo, *Posilipo*, Hügelzug sw. v. Neapel, 148 m hoch; Weinbau; *Vergils* Grab.
Position [l.],
1) Stellung im Beruf.
2) Stellung, Lage (z. B. eines Punktes auf dem Globus).
3) Posten in einer Warenliste.
Positionierung, *Product-Placement*, d. Plazierung v. Produkten am Markt;

ausgerichtet a. d. Meinungsbildung d. → Zielgruppe u. in Abgrenzung z. Konkurrenz.
Positionslichter, die gesetzl. vorgeschriebenen Lichter aller Wasserfahrzeuge bei Dunkelheit: grün an *Steuerbord,* rot an *Backbord,* weißes *Topplicht* am Fockmast, weißes *Hecklicht* am Heck; größere Schiffe am Großmast zweites Topplicht (vorausleuchtend), mindestens 4 m höher als d. vordere; bei Manövrierunfähigk. zwei rote Kugellampen übereinander. Auch bei Flugzeugen.
positiv [l.],
1) *positive Zahlen,* Zahlen größer als Null, werden durch davorgesetztes + bezeichnet.
2) tatsächlich; Ggs.: negativ.
Positiv,
1) naturgetreue Abbildung der Wirklichkeit; z. B. im Diapositiv, am farbigen oder schwarzweißen Papierbild; → Negativ.
2) *s., mus.* kleine feststehende Orgel o. Pedal; Ggs.: tragbares → Portativ.
3) *m.,* Grundform d. → Komparation v. Adjektiven u. Adverbien (z. B. *gut*).
positives Recht, das im Staate od. in anderer Gemeinschaft kraft Gesetzes od. Gewohnheit geltende Recht; Ggs.: Naturrecht, Freirecht, Billigkeitsrecht.
positive Vertragsverletzung, schuldhafte Zufügung eines Schadens, der außerhalb des eigtl. Vertragsbereichs liegt (z. B. Friseur beschädigt bei seiner Arbeit Brille d. Kunden); verpflichtet zum Schadenersatz.
Positivismus,
1) phil. Richtung, lehnt jede → Metaphysik ab, nur das Wahrgenommene ist Grundlage d. Erkenntnis; *Comte,* J. St. *Mill,* B. *Russell;* → Neupositivismus.
2) in der Theologie Betonung von Offenbarung u. Überlieferung; Ggs.: theol. Rationalismus.
3) *jur.* einzige Rechtsquelle ist d. → positiven Rechts.

Poseidon von Melos, *140 v. Chr.*

Postkutsche

Post
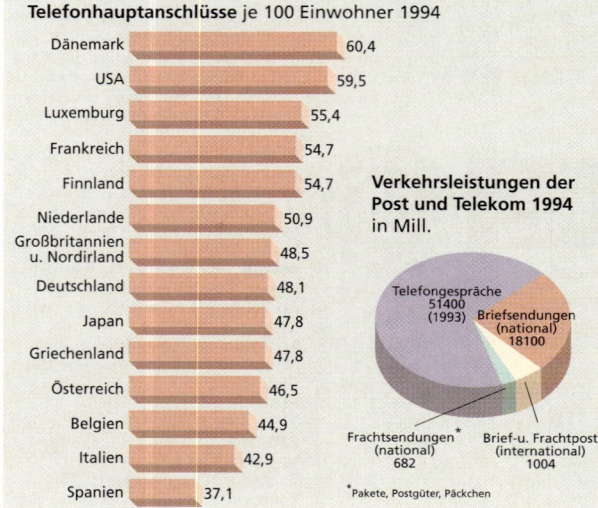

Positivprozeß, d. Herstellung e. Papierbildes od. e. Diapositivs, die ein Motiv wirklichkeitsgetreu zeigen.
Positron, *s.,* → Elementarteilchen, Antiteilchen des Elektrons (gleiche Masse, jedoch positive Elementarladung); vorausgesagt durch *Dirac* (1928), entdeckt durch *Anderson* (1932).
Posse, *w.,* derb-komisches Theaterstück.
possessiv [l.], besitzanzeigend.
Possessivpronomen, *s.,* besitzanzeigendes Fürwort (z. B. *mein, dein*).
Pößneck (D-07381), thür. Krst., an der Kotschau, 16 512 E; div. Ind., Druckereien.
post- [l.], als Vorsilbe: nach...
Post, Verkehrsanstalt z. Übermittlung v. Nachrichten (Briefe, Telegraph, Fernsprecher), ferner für den Versand kleinerer Güter u. die Leistung u. Einziehung von Zahlungen sowie f. den Personenverkehr (Postautos, 1982 an Dt. Bundesbahn abgetreten). Seit dem 16. Jh. bes. Recht des Staates, Post einzurichten (*Postregal*); 1520 J. B. v. Taxis Gen.postmeister, Postregal später der Familie → *Thurn und Taxis* erblich für das Dt. Reich verliehen; daneben Landesposten. Im 19. Jh. übernahm der Staat den Postverkehr, 1871: *Dt. Reichspost;* 1945 Dt. P.; s. 1950 in BR *Dt. Bundespost* m. B.min. f. Post- u. Fernmeldewesen, in d. ehemaligen DDR bis 1990 *Dt. P.* m. Min. für P.- u. Fernmeldewesen; Einteilung in Oberpostdirektionen; → Weltpostverein. Seit 1. 1. 1995 privatisiert: Dt. Post, Dt. Postbank, Telekom.
Postament, *s.* [nl.], *Piedestal,* Sockel, Unterbau e. Statue.
Postanweisung, Formular zur Überweisung eines Geldbetrages durch die Post (Bareinzahlung – Barauszahlung).
post Christum (natum) [l.], nach Christi Geburt.
Posten,
1) Warenmenge.
2) *mil.* Soldat oder kleiner Trupp zur Bewachung, Sicherung, Beobachtung usw.; Wach-P., Horch-P.
3) einzelner Ansatz in einer Aufstellung, Rechnung.
Poster [engl. ′poʊstə], kunstreich gestaltetes Plakat.
poste restante [frz. ′pɔst rɛs′tã:t], postlagernd.
Postfach, nur für die Mieter zugängliches abschließbares Fach b. Postämtern.
post festum [l. ,,nach dem Fest"], hinterher.
Postgiro, *Postbank,* bis 1995 Dienstzweig d. P. z. Durchführung d. bargeldlosen u. halbbargeldl. Zahlungsverkehrs; bargeldlose Zahlung mit *Postüberweisung,* Bareinzahlung auf *Postscheckkonten* m. *Zahlkarte,* Barausz. v. P.scheckkonten m. *P.scheck;* Führung der P.scheckkonten durch P.giroämter.
Posthaftung, Verpflichtung der Post zum Schadenersatz in best. Umfang f. Beschädigungen od. Verluste von Postsendungen.
posthum [l.], *postum,* nachgeboren, nachgelassen (nach dem Tode des Verfassers erschienen).
Postille, *w.* [l. ,,post illa (verba sacrae scriptura)" = nach jenen (Worten d. Hl. Schrift)"], volkstüml. Erklärung von Bibeltexten, auch Sammlung von Predigten für die Hausandacht.

Postillion, *m.* [frz. -l′jo:n], Postkutscher, -reiter.
Postillon d'amour [-′muːr], Liebesbote.
postlagernd, Vermerk auf Postsendungen, die durch d. Adressaten v. Postamt selbst abgeholt werden sollen.
Postleitzahlen, bis Juni 1993 vierstellige, seither fünfstellige Ortskennzahlen für d. Leitwege d. Postsendungen; gegliedert nach Verteilerstellen, dienen d. beschleunigten Verteilung v. Postsendungen u. ermöglichen Verwendung v. → Briefverteilanlagen.
Postludium [l.], *mus.* Nachspiel; Ggs.: → Präludium.
Postmenopause, Zeit nach dem → Klimakterium *(Menopause).*
Postmoderne, aus d. Literatur- u. hpts. Architekturtheorie übernommener (1976 v. Ch. Jencks geprägter) Begriff, der die Kunstströmungen s. den 60er Jahren (in d. Architektur s. 1972) bezeichnet; formal bestimmt durch (ironisch-spieler.) Zitieren tradierter Stile u. e. eklektizist. Stilmixtur od. durch radikale Vereinfachung d. Strukturen (Minimalismus: → Minimal Art, → Minimal Music) u. Rückgriff auf überkommenes Material. In d. Architektur Strömung gg. Funktionalismus u. Rationalismus.
postmortal [l.], *post mortem,* nach dem Tode.
postnumerando [l.], nachträgl. (zahlen); Ggs.: pränumerando.
Postskriptum, *s.* [l.], Nachschrift, abgek.: PS.
Postsparkasse, Einrichtung d. Post z. Annahme e. Verzinsung u. Rückzahlung von Spareinlagen (P.nämter Hamburg u. München); in Dtld s. 1939.
Postulat, *s.,* Forderung; *phil.* unbewiesene Voraussetzung, die als notwendig angesehen wird.
postum → posthum.
Post- und Fernmeldegeheimnis, im Art. 10 GG festgelegtes Grundrecht, das nur durch Gesetze beschränkt werden kann; Schutz der im Post-, Postscheck-, Postsparkassen- u. Fernmeldeverkehr übermittelten Nachrichten. Einzahlungen gg. Einsichtnahme bzw. Abhören durch Unberechtigte (auch Beamte); Verstoß strafbar (§§ 299, 354, 355 StGB). Im Strafprozeß u. Konkurs kann Beschlagnahme angeordnet werden. Bei Verdacht best. schwerer Straftaten (z. B. Landesverrat) kann Überwachung des Fernmeldeverkehrs angeordnet werden; i. Völkerrecht für Botschafter u. Gesandte uneingeschränkt auch im Kriegsfall.
Postwertzeichen, Ersatz für Barzahlung von Postgebühren; lose P. seit 1840 (Erfinder Chalmers, engl. Buchhändler), in Dtld s. 1849; größte staatl. Sammlungen: British Museum u. Bundespost. Privates Sammeln → Philatelie.
Pot, *Pot rauchen,* Haschisch oder Marihuana rauchen; Pot-Party.
Potemkin [pa′tjɔm-], Grigorij (24. 9. 1739–16. 10. 91), russ. Fürst, Günstling Katharinas II., zeigte ihr auf einer Reise durch Rußland zum Schein aufgebaute Dörfer; daher **P.sche Dörfer,** svw. Vorspiegelungen.
Potentat, *m.* [l.], Machthaber, Fürst.
Potential, *s., phys.* Maß für die Stärke eines magnet. oder el. Kraftfeldes in einem Punkt.
Potentialdifferenz, *P.gefälle,* besteht

zw. Orten e. Kraftfeldes m. unterschiedl. Potential; bei e. Maß f. d. aufzuwendende Energie, um e. Körper von e. Punkt zum and. zu befördern. Bsp.: Gravitationsfeld d. Erde; Ort über d. Boden hat höheres Potential als Boden, es kostet Energie, Körper vom Boden dorthin zu bringen.
potentiell [frz.], möglich.
potentielle Energie → Energie.
Potentilla → Fingerkraut.
Potentiometer, regelbarer el. Widerstand, Schleifkontakt auf Widerstandsbahn.
Potenz, w. [l.]
1) *phil.* (b. Schelling) svw. Seinsform, Stufe der Entwicklung.
2) Fähigkeit d. Mannes z. Geschlechtsverkehr.
3) In der → Homöopathie Verdünnung des Medikaments (z. B. D 3 = 1:1000).
4) *math.* Produkt einer Anzahl gleicher Faktoren (z. B. $10^3 = 10 \cdot 10 \cdot 10 = 1000$, $10^2 = 10 \cdot 10 = 100$, $10^1 = 10$, $10^0 = 1$, $10^{-1} = \frac{1}{10}$, $10^{-2} = \frac{1}{10} \cdot \frac{1}{10} = \frac{1}{100}$, $10^{-3} = \frac{1}{10} \cdot \frac{1}{10} \cdot \frac{1}{10} = \frac{1}{1000}$); Anzahl ist der *Exponent* (Hochzahl), der erhöht hinter der *Grundzahl* (Basis) steht, also 10^3 (sprich: 10 hoch 3); erste P. ist gleich der Grundzahl, zweite P. = Quadrat, dritte P. = Kubus; eine Zahl hoch 0 ist als 1 definiert worden.
potenzieren, *math.* in die Potenz erheben.
potenzierte Narkose → Narkose.
potenzierte Wirkung, *med.* Wirkungserhöhung durch Kombination mehrerer Behandlungsverfahren od./u. -mittel, die größer ist als d. Summe der Einzelwirkungen.
Potestas, Amtsgewalt d. Beamten im antiken Rom.
Potiphar, im A. T. hoher ägypt. Beamter; seine Frau wollte Joseph verführen (Gen. 39, 1 ff.).
Potomac [-mæk], Fluß in N-Amerika von den Alleghenies, 642 km, in die Chesapeakebai.
Potosí, Hptst. des bolivian. Dep. *P.,* am Cerro de *P.* (4829 m), 113 000 E; Uni.; Zinngruben.
Potpourri, s. [frz. -puri],
1) Mischgericht aus Fleisch und Gemüsen.
2) Tonstück aus versch. Melodien.
3) Gefäß mit getrockneten Blumenblättern.
Potsdam (D-14467–82), Hptst. d. Landes Brandenburg (29 053 km², 2,5 Mill. E), auf einer von Havelseen u. der Havel umschlossenen Insel (**Potsdamer Werder),** 139 500 E; Schlösser Sanssouci, Charlottenhof, Marmorpalais, Neues Palais (s. 1992 Weltkulturerbe); Akad. für Staats- u. Rechtswiss., FH, meteorolog. u. hydrol. Dienst, HS für Filmkunst. – Neben Berlin Residenz d. brandenb. Kurfürst. u. preuß. Könige.
Potsdamer Abkommen, Übereinkommen zw. USA, England, UdSSR v. 2. 8. 1945 über eine gemeinsame Politik nach der Kapitulation des Dt. Reiches. *Beschlüsse:* Vorbereitung d. Friedensverträge; Aufteilung Dtlds in 4 Besatzungszonen bei Wahrung der wirtsch. Einheit unter Kontrolle aller bis zu einer festgelegten Kapazitätsgrenze zugelassenen Industrien; Abtretung der ostdt. Gebiete östl. d. → Oder-Neiße-Linie unter poln. bzw. (N-Teil Ostpreußens) sowj. Verw. mit ausdrückl.

Vorbehalt d. endgült. Grenzfestlegung bei e. abzuschließenden Friedensvertrag; Entmilitarisierung, Reparationen, Demontagen, Dekartellisierung, Demokratisierung, Bestrafung der Kriegsverbrecher, Ausweisung d. dt. Bevölkerung aus Polen, der ČSR u. Ungarn (darunter fallen auch d. dt. Ostgebiete); nur z. T. realisiert.
Pottasche, Kaliumcarbonat (K_2CO_3), früher durch Auslaugen v. Holzasche u. Eindampfen der Lauge, heute aus Rübenmelasse od. Kaliumchlorid; z. Herstellung v. Seife u. Glas.
Potter,
1) Paulus (get. 20. 11. 1625–begr. 17. 1. 54), ndl. Tiermaler; lebensgroßer *Junger Stier.*
2) Philip (* 19. 8. 1921), ev. Theologe; 1972–1984 Generalsekr. d. Weltkirchenrats.
Pottwal, Zahnwal wärmerer Meere, bis 20 m l.; Kopf ⅓ d. Körperlänge, enthält s. → Walrat; wegen Speck und → Ambra gejagt.
Poularde, w. [frz. pu-], kastriertes Masthuhn.
Poulenc [pu'lãːk], Francis (7. 1. 1899 bis 30. 1. 1963), frz. Komp.; neoklassizist. Opern u. Kammermusik.
Poulsen ['pɔulsən], Valdemar (23. 11. 1869–23. 7. 1942), dän. Funkingenieur; erfand → Magnetbandgerät (1898) u. Lichtbogenfunksender.
Pound [paund], Ezra (30. 10. 1885 bis 1. 11. 1972), am. Lyriker; Gedichtzyklus: *Cantos;* Essays.
Pound, s. [engl. paund], → Pfund; → Maße u. Gewichte, Übers. u. Währungen, Übers.
Pourbus ['purbys], ndl. Malerfamilie; bes. Frans d. J. (1596–begr. 19. 2. 1622), intern. begehrter (Hof-)Porträtist.
Pour le mérite [frz. pur lə me'rit „für das Verdienst"], höchster preuß. Kriegsorden, von Friedrich d. Gr. 1740 gestiftet; s. 1842 Friedensklasse (*P. l. m. f. Wissenschaften u. Künste),* höchstens 30 dt. (je 10 Geisteswissenschaftler, Naturwiss. u. Künstler) u. 30 ausländ. Inhaber; 1952 als freie Vereinigung durch d. letzten lebenden Inhaber erneuert.
Poussin [pu'sɛ̃],
1) Nicolas (15. 6. 1593–19. 11. 1665), frz. Maler d. Klassik; s. Werke v. zunehmender inhaltlicher Dichte, tiefsinnigem Bildaufbau u. zurückhaltendem Kolorit prägten auch von seiner Wahlheimat Rom aus den klass. Zeitgeschmack Frankreichs; Themen aus d. bibl. Gesch., Antike, Mythologie; *Parnaß, Triumph der Flora, Die Hirten v. Arkadien;* s. Schwager
2) Gaspard, eigtl. *G. Dughet* (7. 6. 1615 bis 25. 5. 75), Landschaftsmaler in Rom.
Powell ['pauəl], Cecil F. (5. 12. 1903 bis 9. 8. 69), engl. Kernphys.; Nobelpr. 1950.
Power [engl. 'pauə], ugs. f. Aktivität, Kraft; *powern:* sich einsetzen; *Powerplay:* Ansturm aufs gegner. Tor.
Powidl-Tascherl, *P.-Tatschkerl,* süße böhmisch-östr. Spezialität; mit Pflaumenmus gefüllter Mehl-Kartoffel-Eier-Teig, gegart in Salzwasser.
Pozzo, Andrea (30. 11. 1642–31. 8. 1709), it. Maler, Dekorationskünstler u. Architekt; durch s. virtuose Technik d. perspektiv. Gestaltung ein Meister d. → illusionist. Malerei; Deckengemälde

in S. Ignazio (Rom) u. d. Jesuitenkirche Wien.
Pozzuoli, it. St. in der Prov. Neapel, am Golf von Neapel, 76 000 E; röm. Ruinen; Kur- u. Badeort. – 1970 Erdbeben m. Anhebung d. Hafens.
pp, Abk. f. *pianissimo* [it.], *mus.* sehr leise.
pp, ppa, Abk. f. per → Prokura.
P. P., Abk. f. *praemissis praemittendis* [l.], das Vorauszuschickende (d. h. der gebührende Titel) vorausgeschickt (statt Anrede i. Brief).
p.p.c., Abk. f. *pour prendre congé* [frz., pur prãdr kõ'ʒe], um Abschied zu nehmen (auf Besuchskarten).
Pr, chem. Zeichen f. → Praseodym.
PR, Abk. f. **P**ublic **R**elations.
prä- [l.], als Vorsilbe: vor…; *ein Prä haben,* etwas vorausheben.
Präambel, w. [l.],
1) Eingang, Einleitungsformel, insbes. bei Gesetzen.
2) *mus.* svw. → Präludium.
Präbendar, Inhaber einer → Präbende.
Präbende, w. [l.], Pfründe; Einkünfte aus kirchl. Gütern.
Prachtfinken, bunte tropische → Webervögel; Ziervögel.
Prachtstück, in der Heraldik das dekorative, nicht zwingend nötige Wappenbeiwerk, wie Wappenmantel, Schildhalter, Kronen, Orden, Wahlspruch (→ Tafel Heraldik).
Prädestination [l.], „Vorherbestimmung" des menschl. Schicksals durch Gott; bibl. Begründung: Paulus (Röm. 8, 29–30).
Prädestinationslehre bei Augustinus, Luther u. den Reformatoren am strengsten ausgebildet; Zwingli: auch d. Sünde von Gott gewirkt (Gegenposition: → Pelagius).
Prädeterminismus, Lehre, daß alle Handlungen im voraus (durch Naturgesetz od. Gott) bestimmt sind.
Prädikabilien, [l. praedicare = aussagen],
1) n. Aristoteles u. Porphyrios die 5 logischen Begriffe: Gattung, Art, Unterschied, wesentl. und zufälliges Merkmal.
2) n. Kant d. aus d. Kategorien abgeleiteten Verstandesbegriffe, z. B. Kraft, Leiden; Ggs.: Prädikamente.
Prädikant [l.], Prediger, Hilfsprediger.

Ezra Pound

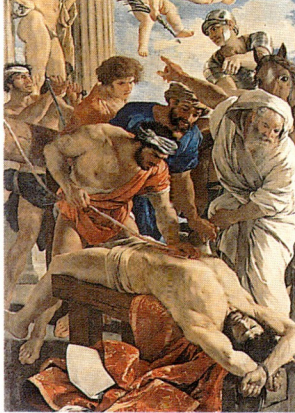
N. Poussin, *Das Martyrium des heiligen Erasmus*

Pozzuoli, *Hafen*

Potsdam, *Orangerieschloß*

Prädikat, s. [l.]
1) Beurteilung, Zensur bei Prüfungen.
2) Satzaussage; das von d. Satzgegenstand durch ein Zeitwort Ausgesagte (z. B. er *lacht*).
3) Titel.
prädisponieren [nl.], vorbereiten, empfänglich machen.
prädisponiert, geeignet; anfällig für.
Prado, Park in span. Städten.
Prado-Museum, berühmtes span. Nationalmuseum f. Malerei u. Skulptur in Madrid, eröffnet 1819.
prädynastische Zeit, in der altägypt. Geschichte Zeit vor d. → Reichseinigung.
Praeceptor Germaniae [l.], „Lehrer Deutschlands"; → Hrabanus Maurus u. → Melanchthon.
Präeklampsie → Eklampsie.
praeter propter [l.], ungefähr, etwa.
Praetorius, Michael, eigtl. *Schultheiß* (15. 2. 1571–15. 2. 1621), dt. Komp. u. Musiktheoretiker; *Es ist ein' Ros' entsprungen;* vielstimmige Kirchenmusik; Instrumentenkunde *Syntagma musicum.*
Präexistenz, w. [l.], das Leben der Seele vor ihrem Eintritt in die irdische Existenz.
Präfation, w. [l. „Vorrede"], Einleitung d. liturg. Hochgebets der katholischen Messe.
Präfekt, im alten Rom hoher Verw.beamter; im modernen Frkr. oberster Verw.beamter eines → Departements.
Präferenzzölle, svw. → Vorzugszölle.
präfinal, dem tödlichen Ende nahe.
Präfix|um, s. [l.], Vorsilbe (z. B. *vor-*).
Präformationstheorie, Theorie, nach der d. Entwicklung d. Lebewesen nur in der Entfaltung des in d. Ei- (*Ovulisten-*) od. Samen-(*Animakulisten-*) Zelle vorgebildeten Organismus besteht; bis Mitte d. 18. Jh. vorherrschend.
Prag, tschech. *Praha,* Hptst. d. Tschechischen Republik, beiderseits der Moldau, m. Umgebung 1,21 Mill. E; links der Moldau d. *Hradschin* (d. i. Burgbezirk); Sitz d. Präs. d. Tschech. Rep., Burganlage m. St.-Veits-Dom, St.-Georgs-Basilika, St. Nikolaus; in der *Alt-* u. *Neustadt* r. d. Moldau; zahlr. got. u. Barockbauten d. Baumeister; Karlsbrücke; Parlament, Klementinum, Uni.; Akademie u. wiss. Inst.; Theater, Museen; kath. Fürsterzbistum, Patriarchat der tschech. Nationalkirche, orthodoxer Metropolit; Textil-, Papier-, Leder-, Metallind. — Schon um 1000 pol. Mittelpunkt Böhmens, 1255 dt. St.recht; unter Karl IV. Hptst. des Reichs, großzügiger Ausbau z. „Stadt der Paläste", 1348 Gründung der ersten Uni. des Dt. Kaiserreiches (tschech. Uni. 1882); 1618 Prager Fenstersturz: Anlaß d. → Dreißigjähr. Krieges.
Prager Fenstersturz, Beginn des Böhm. Aufstandes (23. 5. 1618) durch d. Hinauswurf zweier kaiserlich östr. Statthalter aus d. Hradschin.
Prager Frühling, Bez. f. d. im Jan. 1968 in d. ČSSR begonnene Politik e. „Sozialismus mit menschl. Antlitz", → Dubček.
präglazial [l.], voreiszeitlich.
pragmatisch [gr.], praktisch, nützlich handelnd.

pragmatische Geschichtsschreibung, weist den ursächl. Zusammenhang d. histor. Vorgänge auf; meist z. Belehrung f. Gegenwart und Zukunft.
Pragmatische Sanktion von 1713: Kaiser Karls VI. Erbfolgeges.; Unteilbarkeit der östr. Lande, weibl. Erbfolge zugelassen.
Pragmatismus, *phil.* Lehre (bes. in Amerika), die Denken vom Standpunkt der Brauchbarkeit beurteilt (Vertr.: *Peirce, James, Dewey*).
prägnant [l.], kurz treffend.
Prägnanz, w., Gedrängtheit, Treffsicherheit d. Ausdrucks.
Prägung,
1) *Verhaltensforschung:* erworbene Verhaltensformung i. d. Kindheit, Jugendphase, die normalerweise nicht rückgängig zu machen ist, z. B. Tiere, die einem Menschen u. nicht den Artgenossen folgen; *sexuelle P.* auf einen bestimmten Typ des anderen Geschlechts (beim Menschen).
2) Herstellung erhabener od. vertiefter Formen auf Metall, Papier, Pappe, Holz, Kunststoff m. Prägestempel u. -presse.
Praha → Prag.
Prähistorie [nl.], svw. → Vorgeschichte.
Prahm, m., Schute, Kahn f. Lasten (z. B. Kohlen).
Prähominiden → Australopithecinae.
Prajapati, *Pradschapati,* m. [sanskr. „Herr d. Geschöpfe"], i. Vedismus zweigeschlechtl. Schöpfergottheit od. männl. Weltprinzip; brahman. Urgott u. Personifikation d. Priestertums.
Prajna, *Pradschna,* w. [sanskr. „Weisheit, Bewußtsein"], i. Buddhismus wichtiger Begriff f. d. intuitive, nicht durch d. Verstand gewonnene Erleuchtung.
Präjudiz, s. [l.], Vorentscheidung, Vorurteil; gerichtl. Entscheidung, die f. spätere Rechtsfälle richtungweisend od. verbindlich ist.
Präjudizfall, ein bereits früher entschiedener gleichartiger Fall.
Präkambrium [l.], erdgeschichtl. Zeit vor dem → Kambrium; → geologische Formationen, Übers.
Präkanzerosen, Vorkrebskrankheiten, die bei genügend langem Bestehen und Weiterwirken der Schädlichkeit zu → Krebs führen; zum Beispiel Papillome (Zottengeschwülste), Magen- und Dickdarmpolypen, Verbrennungs-

Prag, *Altstadt*

narben, blauschwarzes Muttermal, Lichtschäden der Haut u. a.
Präkeramikum, früheste jungsteinzeitl. Kulturen, noch ohne Tonware, in Vorderasien u. Südeuropa.
Präklusion, w. [l.], Ausschließung.
Präkonisation [nl.], Namensverkündung des gewählten Bischofs im Kardinalskollegium.
Prakrit, s. [sanskrit. „naturwüchsig"], Bez. f. altind. Volkssprache mit vielen Dialekten, auch in der (weltl.) Literatur oft verwendet; → Sanskrit.
Praktik, w. [gr.], Ausübung, Anwendung, Verfahren; Kunstgriff.
praktikabel, ausführbar, gangbar.
Praktikant, Studierender in der prakt. Ausbildung; steht in keinem regulären Arbeitsverhältnis, auch Teilnehmer an e. → Praktikum.
Praktikum, Unterweisung v. Studenten in d. paxisorientierten Anwendung des Gelernten.
praktische Theologie, i. d. kath. Kirche Zweig d. theol. Wiss. m. d. Bereichen d. Liturgie, Seelsorge, Rel.unterricht u. a.
praktizieren, Praxis ausüben, Betätigung als *prakt. Arzt.*
Prälat [l.],
1) kath. Würdenträger.
2) in der ev. Kirche Hessens, Badens u. Württembergs Geistlicher in gehobener Stellung.
Präliminarien [nl.], Vorverhandlungen; bes. b. Friedensverhandlungen.
Praline, w. [frz.], Süßware m. Schokoladenüberzug.
Präludium [l.], frz. *Prélude* [-'lyd], Vorspiel; als mus. Form bes. i. 18. Jh. (Bach).
Prämedikation, vor e. Eingriff, z. B. Narkose, verabreichte Medikamente.
prämenstruelles Syndrom, Beschwerden vor der Menstruationsblutung, z. B. Kopfschmerzen, Depressionen usw.
Prämie [l.], Belohnung, Vergütung. *Versicherungs-P.,* Gegenleistung d. Versicherungsnehmers für d. Übernahme der Versicherung, Beitragszahlung (einmalige od. laufende P.); *Ausfuhr-P.:* **a)** Zollrückvergütung, wenn für die Einfuhr des Rohstoffs der angeführten Ware Zoll erhoben wurde; **b)** Preisnachlaß v. gebundenem Preis auf Gütermengen, die für die Ausfuhr bestimmt sind; *Umsatz-P.,* Preisnachlaß od. Rückvergütung, falls e. gewisse Umsatzhöhe in einem best. Zeitraum erzielt wird; **c)** Zusatzvergütung zum Lohn (Leistungsprämie).
Prämienanleihen, *Prämienlose,* Anleihen, bei denen die Zinsen ganz od. teilweise zur Bildung v. „Prämien" (Treffern) Verwendung finden, die durch Lotterie verlost werden.
Prämiengeschäfte → Börsengeschäfte.
Prämienlohnsystem, nach Qualität od. Menge der Arbeitsleistung, nach Ersparnis an Material od. unter Kombination mehrerer Faktoren wird ein *Zuschlag* zum Grundlohn gewährt.
Prämienreserve, vorgeschriebene Teilrücklage der Versicherungsprämien in der Privatversicherung, als Deckungsfonds f. jeweils fällig werdende Versicherungsansprüche (Deckungsstock).

Prämiensparen, z. Förderung d. langfristigen Kapitalbildung zahlt d. Staat dem P.sparer eine Prämie.

prämiieren, auszeichnen, preiskrönen.

Prämisse, w. [l.], Voraussetzung.

Prämolaren [l.], d. vorderen Backenzähne.

Prämonstratenser, kath. Chorherrenorden, gegr. 1120 durch *Norbert v. Xanten* (Stammkloster *Prémontre*); weiße Tracht, daher: „Weißer Orden".

Pränataldiagnostik, Untersuchungen, die evtl. Schäden und Erbkrankheiten des werdenden Kindes abklären sollen, z. B. mittels → Chorionzottenbiopsie.

Prand(t)auer, Jakob (15./16. 7. 1660 bis 16. 9. 1726), Tiroler Architekt u. führender östr. Klosterbaumeister d. Barock; *Stift* → Melk a. d. Donau.

Prandtl, Ludwig (4. 2. 1875–15. 8. 1933), dt. Physiker; Begr. d. modernen Strömungslehre.

Pranger, *Schandsäule, Schandpfahl,* an ihm wurden im MA Übeltäter zur Schau gestellt.

Pränomen, s. [l.], Vornamen.

pränumerando [l.], im voraus zahlbar, bes. bei Mietzahlungen, Zinsen; Ggs.: → postnumerando.

Präparat, s. [l.], aufgrund wiss. Verfahren zubereiteter Stoff bzw. Pflanzen- od. Tierkörper.

Präponderanz, w. [l.], Übergewicht.

Präposition, w. [l.], (meist vorangestelltes) Verhältniswort, bezeichnet Verhältnis eines Wortes zu einem andern (z. B. *mit, gegen*).

präpotent, östr. f. überheblich, unverschämt.

Präputium [l.], svw. → Vorhaut.

Präraffaeliten, Gemeinschaft engl. Maler (gegr. 1848 v. Millais, Rossetti, Hunt); hielt auf Anregung durch die → Nazarener 1) die schlichte Beseelthheit der it. Kunst „vor Raffael" für mustergültig; Vertr.: *Burne-Jones, Brown, Morris;* literar. Wortführer: *Ruskin.*

Prärie [frz.], Steppengebiet N-Amerikas zw. Rocky Mountains u. Mississippi; im W wüstenhaft, im O sehr fruchtbar, Graswuchs (Hptviehzuchtgebiet) u. z. T. Mais- und Weizenanbau.

Präriefuchs, in der Prärie lebende kleine Fuchsart.

Präriehund, murmeltierähnl. Nager der Prärie; Stimme bellend.

Prärogative, w. [l.], Vorrecht.

Prasad, Radschendra (3. 12. 1884 bis 28. 2. 1963), ind. Pol.; 1950–62 erster Präs. d. Rep. Indien.

Präsens, s. [l.], Gegenwartsform d. Zeitworts (z. B. *er geht*).

präsent [l.], anwesend; zur Hand.

Präsent, s., Geschenk.

Präsentation,
1) Vorlage eines Wechsels od. Schecks zur Annahme d. Zahlung;
2) Konzept-P. der Werbeagentur, Unternehmensberatung b. ihrem Kunden.

präsentieren,
1) vorzeigen; anbieten.
2) *Gewehr p.,* G. senkrecht vor den Körper halten (als Ehrenbezeigung).
3) zur Annahme einreichen, bes. Wechsel.

Präsenz, w. [l.], Anwesenheit.

Präsenzbibliothek, Büchereien, deren Bestände nicht entliehen, sondern nur eingesehen werden können.

Präsenzzeit, Zeitraum, in dem e. Empfindung noch gegenwärtig ist u. nicht aus dem (Langzeit-)Gedächtnis abgerufen werden muß (zw. 0,5 u. 7 Sek.).

Praseodym, s., *Pr,* chem. El., Oz. 59, At.-Gew. 140,91; Dichte 6,48; Seltenerdmetall.

Präsepe [l.], *Krippe,* offener *(galakt.)* Sternhaufen im Sternbild Krebs.

Präservativ, s. [l.], svw. → Kondom; Verhütungsmittel.

Präses, m. [l.], Vorsitzender.

Präsident, Vors. eines Parlaments, Vereins od. e. Körperschaft; Titel f. Staatsoberhaupt u. Vorsitzende vieler Behörden (z. B. *Polizei-P., Regierungs-P.* u. ä.).

präsidieren [l.], den Vorsitz führen, das **Präsidium** innehaben.

prästabilierte Harmonie [l. „vorher-feststehend"], phil. Bez. f. im voraus angelegten Übereinstimmung der Individuen (Monaden; n. Leibniz).

Präsumtion, w. [l.], Wahrscheinlichkeitsvoraussetzung.

präsumtiv, als wahrscheinlich angenommen.

Prätendent, m. [l.], jemand, der auf etwas Anspruch erhebt, bes. *Kron-P.*

prätendieren, vorgeben; beanspruchen.

prätentiös [-'tsiø:s], anspruchsvoll, anmaßend.

Prater [it. „prato = Wiese"], Wiener Wald- und Parkgelände mit Prater-Stadion und Vergnügungsstätte („Riesenrad").

Präteritum, s. [l.], Vergangenheitsform: → *Perfekt,* → Imperfekt, → Plusquamperfekt.

Prätext, m. [l.], Vorwand.

Prätigau, *Prättigau,* Hochtal d. *Landquart* (Nbfl. d. Rheins) im schweiz. Kanton Graubünden.

Prato it. St. in der Prov. Florenz, 165 000 E; Dom (13. Jh.) m. Außenkanzel (Donatello); Metall- u. Textilind.

Prätor, höchster Richter im alten Rom.

Prätorianer, kaiserl. Leibwache im alten Rom, einflußreich bei Kaiserwahlen; 312 n. Chr. aufgelöst.

Pratteln (CH-4133), schweiz. Gem. im Kanton Basel-Land, 15 800 E; spätgot. Pfarrkirche, Schloß; div. Ind.

Prävalenz, w. [l.],
1) med. Anzahl der an einem Stichtag in d. betreffenden Krankheit Erkrankten im Verhältnis z. Bevölkerung.
2) Übergewicht, Vorrang.

Prävention [l.],
1) im kath. Kirchenrecht Befugnis höherer Geistlicher, in die Rechte der Untergebenen einzugreifen.
2) Maßnahme, künftige Rechtsbeugungen, Straftaten oder Nachteile abzuwenden.
3) svw. → Prophylaxe.

präventiv [l.], verhütend.

Präventivkrieg, Krieg zur Abwehr e. drohenden Überfalls.

Präventivmedizin, sucht die Entstehung von Krankheiten zu verhindern, durch Impfungen gg. Infektionskrankheiten, durch Erforschung u. Bekämpfung d. Ursachen (z. B. Frühbehandlung bei vererbter Neigung od. Ausschaltung von Umwelteinflüssen).

Präriehund

Praxiteles, *Hermes mit Dionysoskind*

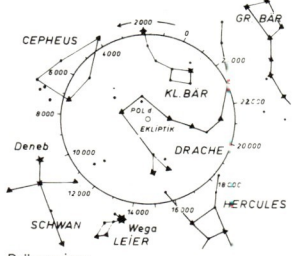

Präzession

Präventivmittel, Vorbeugungsmittel.

Prawda [„*Wahrheit*"], russ. Zeitung (→ Presse, Übers.).

Praxiteles, att. Bildhauer des 4. Jh. v. Chr.; vermenschlichte Darstellung der Götter; *Hermes mit Dionysoskind; Aphrodite von Knidos.*

Präzedenzfall, „vorangegangenes" Geschehnis, das für künftige (Rechts-)Fälle beispielgebend ist.

Präzeptor [l.], früher Bez. f. Lehrer.

Präzession [l.], Kreiselbewegung d. Erdachse m. e. Periode v. ca. 25 800 Jahren, erzeugt durch Anziehung von Sonne, Mond u. Planeten a. Äquatorwulst der Erde, bewirkt rückläufige Bewegung d. Frühlingspunktes, des Schnittpunktes zw. Himmelsäquator und Ekliptik; Wanderung des aufsteigenden → Knotens in westl. Richtung.

präzis [l.], genau, treffend.

präzisieren, genau bestimmen.

Präzision, w., Genauigkeit.

Predeal, Paß zw. S- u. O-Karpaten, 1040 m hoch; südl. von Kronstadt.

Predella, w. [it.], mit künstler. Darstellungen geschmücktes Sockelstück e. Altaraufsatzes.

Predigermönche, svw. → Dominikaner.

Prediger Salomonis, *Kohelet, Ekklesiastes,* Schrift im A.T., geläuterter Pessimismus, Weisheitslehren.

Predigerseminar, theoret. u. prakt. kirchl. Vorbildungsstätte für Kandidaten der ev. Theologie.

Predigt [l. praedicare = öff. bekanntmachen, verkünden], i. d. christl. Kirchen Teil d. Gottesdienstes als Vermittl. d. göttl. Botschaft durch d. Erklärung d. Bibel, u. a. bezogen auf Fragen d. Gegenwart.

Preetorius, Emil (21. 6. 1883–27. 1. 1973), dt. Graphiker u. Bühnengestalter; Sammler ostasiat. Kunst.

Preetz (D-24211), St. i. Kr. Plön, Schl-Ho., 15 206 E; AG; Kloster; div. Ind.

Pregel, Fluß in Ostpreußen, aus Inster und Angerapp, ins Frische Haff bei Königsberg, 127 km lang, schiffbar ab Insterburg.

Preis,
1) Auszeichnung für eine hervorragende wiss., künstler., wirtsch., sportl. u. ä. Leistung (Diplom, Medaille u. a.); auch → Pokal.
2) der in Geld ausgedrückte Tauschwert eines Gutes; bei Zusammentreffen von Angebot u. Nachfrage unter Wettbewerbsbedingungen entsteht der *Markt-P.;* in s. Höhe durch Angebotstransparenz begrenzt; durch → Kartelle, → Syndikate oder → Trusts entstehen *Monopolpreise, Kartellpreise;* man unterscheidet ferner: *Erzeuger-, Großhandels-* u. *Kleinhandels-P.;* außerdem amtl. festgesetzte *Fest-, Richt-* od. *Höchst-P.;* ferner: *Schleuder-, Liebhaber-, Weltmarkt-P.*

Preisbindung zweiter Hand, Verpflichtung d. Handels gegenüber einem Hersteller, dessen Erzeugnisse zu vertraglich festgesetzten Preisen zu verkaufen (vertikale P.); in der BR nur für → Markenartikel u. Verlagserzeugnisse zulässig; jede P.svereinbarung muß b. Bundeskartellamt angemeldet werden.

Preiselbeere, an Moorrändern, in Heiden wachsender Zwergstrauch; rote Beeren eßbar.

Preise

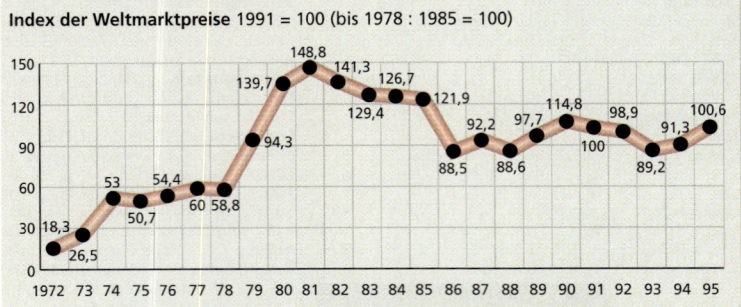

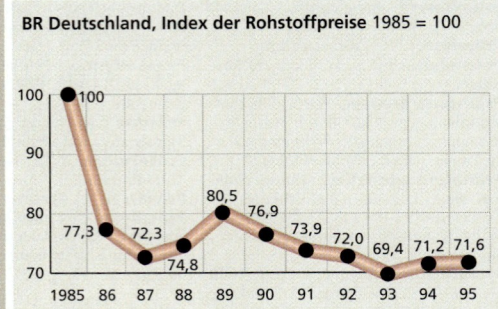

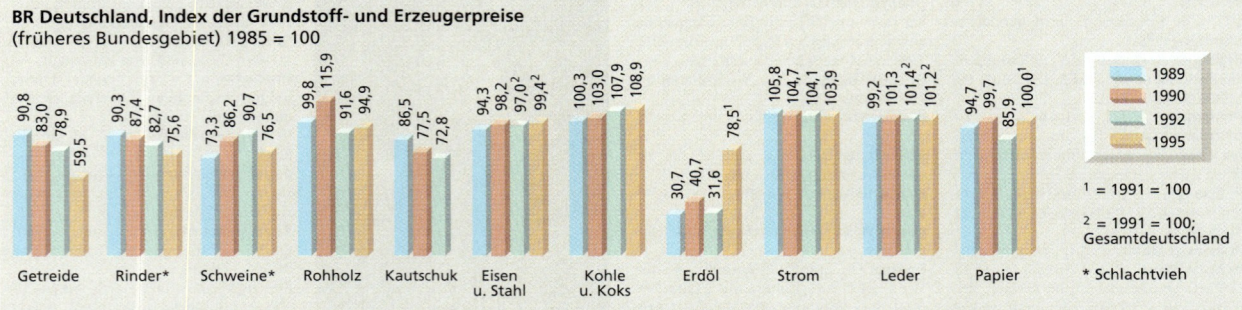

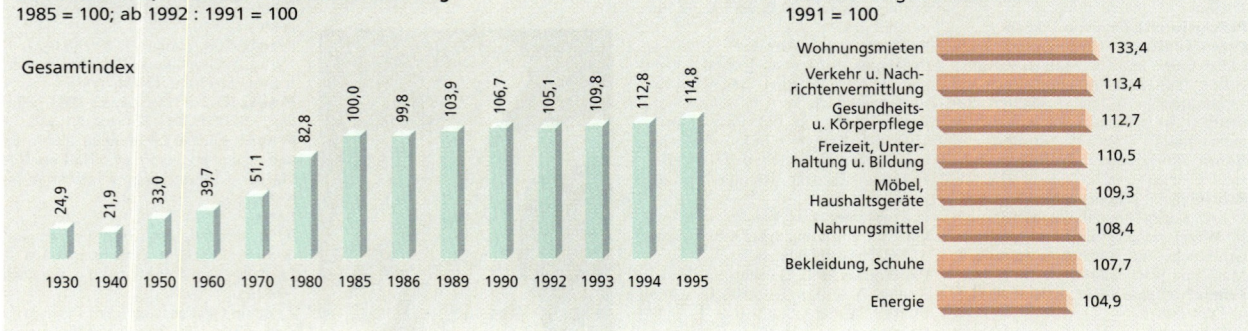

Preisentwicklung → Preise, Schaubild.
Preis für die Wirtschaftswissenschaft, 1968 von d. Schwed. Reichsbank z. Erinnerung an Alfred → Nobel gestiftet, ab 1969 verliehen (→ Nobelpreis, Übers.).
Preiskonvention, *Preiskartell,* Zusammenschlüsse zwecks einheitl. Preisbildung.
Preislisten, Kataloge mit Angaben über Preise, Beschaffenheit von Waren sowie → Zahlungs- u. Lieferbedingungen.
Preisnachlaß → Rabatt.
Preispolitik, absatzpolit. Instrument e. Unternehmens, → Marketing-Mix; Marktpreisbildung (Obergrenze) unter Berücksichtigung d. Selbstkosten (Untergrenze) u. Wettbewerbspreise; Instrumente: Preisdifferenzierung, Rabattpolitik, Lieferungs- u. Zahlungsbedingungen.
Preisschere, bildhafter Ausdruck für d. Sachverhalt, daß die Preisindizes zweier Güter im zeitl. Vergleich voneinander abweichen.
Preisschleuderei, Verkauf zu Preisen unter den Selbst- bzw. d. Wiederbeschaffungskosten, verstößt gg. die guten Sitten (→ Wettbewerbsrecht).
Preisstopp, gesetzl. Preiserhöhungsverbot.
Preistreiberei, *Preiswucher,* gemeinschaftsschädl. Hinaufschrauben d. Preise, bes. bei verknapptem Warenangebot; rechtl. → Wucher; nur noch strafbar in erhebl. eingeschränktem Rahmen gemäß Neufassung Wirtsch.strafgesetz v. 9. 7. 1954.

Preisüberwachung, staatl. Kontrolle der amtl. festgesetzten Preise.
Preiswerk, Handwerksform, bei der der Handwerker eig. Material verarbeitet; → Lohnwerk.
prekär [frz.], schwierig, peinlich.
Prellbock, Absperrvorrichtung am stumpf endenden Eisenbahngleis; stoßdämpfend gebaut.
prellen,
1) von straff gespanntem Tuch hochschnellen u. wieder darauf aufprallen lassen.
2) betrügen (z. B. *Zechpreller*).
Preller, dt. Landschaftsmaler,
1) Friedrich *d. Ä.* (25. 4. 1804–23. 4. 78) u. s. Sohn
2) Friedrich *d. J.* (1. 9. 1838–21. 10. 1901).
Prelog, Vladimir (* 23. 7. 1906),

schweiz. Chem. jugoslaw. Herkunft; Nobelpr. 1975 (→ Stereochemie).
Premier [frz. prə'mǐe:], *P.minister,* Bez. f. Ministerpräsident (z. B. in Großbritannien).
Premier Cru [frz. prəmje 'kry „erstes Gewächs"], in Frkr. Bez. f. Spitzenlagen (u. Weine bzw. Weingüter) innerhalb des → AOC-Systems, in → Burgund zweithöchste Stufe unter d. → *Grand Cru,* i. → Bordeaux-Gebiet oberste Stufe (*P. C. classé*).
Premiere, *w.* [frz. prə'mǐɛ:rə], Erstaufführung.
Preminger, Otto (5. 12. 1906–23. 4. 86), am. Filmregisseur östr. Herkunft; *Carmen Jones* (1954); *The Man With the Golden Arm* (1955); *Porgy and Bess* (1959); *Anatomy of a Murder* (1959).
Prenzlau (D-17291), Krst. i. Bbg, 22 744 E; Marienkirche (13./14. Jh.); div. Ind.
Prerau, tschech. *Přerov,* St. in Mähren, an der Betschwa, 52 000 E; Metall-, Kunstdüngerind.
Prerow → Darß.
Presbyopie, svw. → Weitsichtigkeit.
Presbyter [gr.],
1) Ältester, Vorsteher der urchristl. Gemeinde.
2) *ev. Kirche:* Mitglied des Gemeindekirchenrats.
3) *kath. Kirche:* Priester.
Presbyterialverfassung → Synodalverfassung.
Presbyterianer, Anhänger versch. engl. und am. reformierter Kirchengemeinschaften.
Presbyterium [gr.], Raum für die Priester in einer Kirche (meist der Chor); in d. ev. Kirche auch anderes Wort f. Kirchenvorstand.
Presley [-lı], Elvis (8. 1. 1935–16. 8. 77), am. Sänger (Rock 'n' Roll) u. Schauspieler.
Preßburg, slowak. *Bratislava,* Hptst. der Slowakei (s. 1919), l. der Donau, an der Porta Hungarica, 435 000 E; ungar. Krönungsdom, Schloß, Kirchen, Paläste; Bistum der reformierten Kirche, Uni., TH; Ind.zentrum; Erdölraffinerien; Flugplatz. – 1526–1784 ungar. Haupt- u. Krönungsstadt, 1805 östr.-frz. Friede.
Presse, Maschine zur Erzeugung v. Druck; vielfältige Verwendung: **a)** *Kelter* für Fruchtsäfte; **b)** *Buchpresse;* **c)** *Druckpresse* z. Zusammenpressen v. sperrigem Gut; **d)** *Schmiedepresse* zur Formung des Eisens; **e)** *Kümpelpresse* z. Biegen v. Blechen; **f)** *Ziehpresse* z. Ziehen v. Stangen u. Rohren; Unterscheidung nach Antriebsart: Spindel-P., Exzenter-P., → hydraulische Presse, Dampf-P. usw.
Presse, von der Buchdruckpresse abgeleitete Bez. d. *Gesamtheit* des Zeitungs-, Zeitschriften- u. d. dazugehörigen Nachrichtenwesens (Übers.).
Pressefreiheit, eines d. → Menschenrechte, gewährleistet jedem freie Meinungsäußerung i. Wort, Schrift u. Bild (Art. 5 GG); → Presserecht.
Presseorganisationen, Zeitungsverleger- u. Journalistenverbände in Dtld: *Dt. Journalistenverband,* Sitz Bonn, *Berufsgruppe Journalisten i. IG Medien,* Sitz Köln; *Bundesverband Dt. Zeitungsverleger,* Sitz Bad Godesberg; *Verband Dt. Zeitschriftenverleger,* Sitz

Frankfurt/M.; *Internat. Journalistenverband* 1952 von 22 Ländern gegr., Sitz: Brüssel.
Presserecht, Gesamtheit d. Bestimmungen über Freiheit, Verantwortlichkeit u. Beschränkungen d. Presseberichterstattung; in BR Rahmenvorschrift Art. 5 GG, die Pressefreiheit im Rahmen der demokr. Ordnung gewährleistet, außerdem Landesgesetze in einzelnen Ländern der BR. Presseges. v. 7. 5. 1874 ist

Preßburg, *Burg*

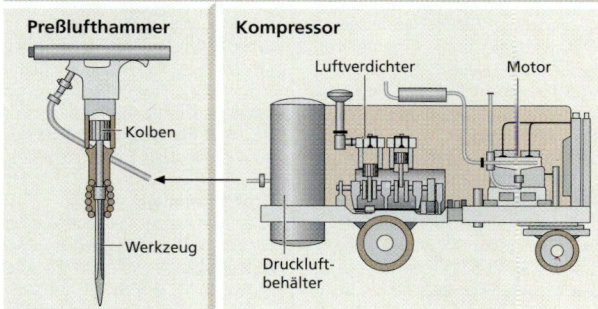

Pretoria, *Regierungsgebäude*

wieder Bundesrecht. – Bundes-Pressegesetz in Vorbereitung. – Unrichtige Presseberichterstattung gibt Anspruch auf Berichtigung od. Gegendarstellung durch den Verletzten.
Pressevergehen, liegt vor, wenn Inhalt einer Druckschrift einen strafbaren Tatbestand darstellt (z. B. Beleidigung).
Preßglas, Glas v. bed. Festigkeit f. Oberlichte usw.; durch Pressen in Eisenformen hergestellt; kann nicht mit Diamant geschnitten werden; daher Bestellung nach Maß erforderlich.
pressieren [frz.], ugs., bes. südd. f. drängen, Eile haben.
Preßkohle → Brikett.
Preßluft, durch Pumpen (→ Kompressoren, auch durch Gebläse) verdichtete Luft; verwendet zum Antrieb von **P.hämmern:** Arbeitsmaschinen i. Berg-, Maschinen-, Schiffbau (Niethämmer), zum Aufschlagen von Pflaster (Beton); zum Mörtel- u. Farbspritzen; für Rohrpostbetrieb; für Senkkasten, Gebläseluft für Feuerungen, Wetterführung in Bergwerken, → Sandstrahlgebläse.
Preßmassen, unter Druck u. Hitze härt- u. formbare, aus einem Kunstharz u. einem Füllstoff bestehende Massen (→ Kunststoffe).
Preßspan, harte Pappe; Isolationsmaterial in der Elektrotechnik.
Preßstoffe, Werkstoffe von Erzeugnissen, die aus → Preßmasse hergestellt sind (→ Kunststoffe).
Pressure Group, *w.* [engl. 'preʃə gru:p], svw. Lobbyisten (→ Lobby).
Prestige, *s.* [frz. -'ti:ʒ(ə)], Ansehen; etwas zur **P.frage** machen: als entscheidend für die allg. oder persönliche Geltung u. Macht hinstellen.
presto [it.], *mus.* schnell; *prestissimo,* äußerst schnell.
Preston ['prestən], engl. St. in d. Gft Lancashire, 126 000 E; Eisen- u. Baumwollind.
Preti, Mattia, *il Cavaliere Calabrese* (24. 2. 1613–13. 1. 99), it. Maler, e. führender Vertr. d. Barock; Ausschmückung d. Malteser Kathedrale S. Giovanni.
Pretiosen [l.], *Preziosen,* Kostbarkeiten, Edelsteine.
Pretoria, Hptst. d. Prov. Transvaal, Reg.sitz d. Rep. Südafrika, 823 000 E (432 000 Weiße); Uni., Bergakad.; in der Nähe Diamanten-, Gold- u. Silbergruben, Platin, Eisen. – Genannt nach dem Burenführer A. *Pretorius,* 1855 gegr.
Preuß, Hugo (28. 10. 1860–9. 10. 1925), dt. Jurist, 1919 Reichsinnenmin.; entwarf Weimarer Verfassung v. 1919.
Preussag, *Preußische Bergwerks- u. Hütten-AG,* 1923 gegr., umfaßt Erz- u. Kohlenbergbau, Hütten, Erdöl- u. Erdgasgewinnung u. -verarbeitung, Kali; → Volksaktien.
Preußen,
1) urspr. das Land der → Pruzzen, → Ostpreußen.
2) Land P., ehem. (größter) Staat des Dt. Reichs, (1937) 293 796 km², 40,2 Mill. E; bestand (1945) aus d. Prov. Ostpreußen, Brandenburg, Berlin, Pommern, Nieder- u. Oberschlesien (zeitweise zus. in Prov. Schlesien), Sachsen, Schl-Ho., Hannover, Westfalen, Kurhessen u. Nassau (bis 1944 Hessen-Nassau), Rheinprovinz, Hohenzollernsche Lande. Hptst. *Berlin.* – *Geschichte:* Kern d. späteren Kgr.s P. bildete d. Mark → Brandenburg; 1614 Vertrag zu Xanten: Cleve, Mark u. Ravensberg zu Brandenburg; *Friedrich Wilhelm,* der *Gr. Kurfürst* (1640–88), erhält im Westfäl. Frieden Hinterpommern, Bistümer Halberstadt, Minden, Magdeburg; Frieden zu Oliva 1660 Hzgt. P. souverän; *Friedrich III.,* Kurfürst von Brandenburg 1688, läßt sich 1701 als *Friedrich I.* zum König in Preußen krönen, *Friedrich Wilhelm I.,* d. „Soldatenkönig" (1713–40);

Presse

Deutschland.
Zeitungen: Differenzierte Pressestruktur entsprechend der landschaftl. u. gesellschaftl. Vielfalt. **1932:** 4073 Tageszeitungen (einschl. Neben- u. Maternblättern), davon 82 % unter 10 000 Auflage, etwa 50 % parteilich festgelegt. – Blätter v. Weltruf: Berliner Tageblatt, Vossische Zeitung, Frankfurter Zeitung, Hamburger Fremdenblatt, Kölnische Zeitung u. a. – Konzentration: Parteikonzerne der SPD, KPD, NSDAP u. d. Zentrums, dt.-nat. Scherl-Konzern (Hugenberg); Familienunternehmen: Mosse, Ullstein; ca. $^1/_3$ aller dt. Zeitungen arbeiten m. Matern (→ Materndienst). **1933–45** gewaltsame Liquidierung u. Uniformierung d. Zeitungen (→ Völkischer Beobachter). Bestand 1944: 977 Tageszeitungen, 82 % der Auflage im Parteibesitz.

Deutschland nach 1945:
Einführung d. Lizenzpresse durch die Besatzungsmächte. **1949:** Aufhebung des Lizenzzwangs (in Westdeutschland → Presserecht) f. d. ges. Bundesgebiet (1955 f. W-Berlin). Durch Neu- u. Wiedergründungen steigt Gesamtzahl der Zeitungen in BR u. W-Berlin auf 755. Die Zahl der selbständigen Zeitungsredaktionen verringerte sich jedoch, u. vom „Zeitungssterben" wurden selbst namhafte Zeitungen betroffen. Anfang 1970 hatten von den insgesamt nur noch 489 Hauptausgaben 48 eine Auflage von mehr als 100 000 Stück. Die 48 Zeitungen konnten mehr als $^2/_3$ der ges. Verkaufsauflagen aller Tageszeitungen auf sich vereinigen. Die Zahl d. selbst. Vollredaktionen betrug Anfang 1991 in den alten Bundesländern 118. Die durchschnittl. verkaufte Auflage in (Gesamt-)Dtld für alle Tageszeitungen beläuft sich auf 30,7 Mill. Exemplare pro Tag, der Auflagenboom nach der Wende ist rückläufig. **a)** *Zeitungen* (verkaufte Auflage in 1000; 1996): Aachener Zeitung u. Nachrichten (166,3); Abendzeitung, München (173,8); Allgemeine Zeitung, Mainz (k.A.); Augsburger Allgemeine (253,6); Badische Neueste Nachrichten, Karlsruhe (165,5); Badische Zeitung, Freiburg (174,3); Berliner Morgenpost (170,4); Bild, Hamburg (460,6); Braunschweiger Zeitung (166,1); Weser-Kurier, Bremen (177,2); BZ, West-Berlin (313,4); Donau-Kurier, Ingolstadt (84,7); Express, Köln (272,2); Flensburger Tageblatt (165,2); Frankenpost, Hof (100,9); Frankfurter Allgemeine (378,2); Frankfurter Rundschau (174,8); Frankfurter Neue Presse (86,9); Fränkischer Tag, Bamberg (75,8); Hamburger Abendblatt (297,3); Hamburger Morgenpost (154,7); Handelsblatt, Düsseldorf (129,3); Hannoversche Allgemeine Zeitung (261); Hessische Allgemeine/Niedersächsische Allgemeine, Kassel (189,2); Kieler Nachrichten (165,3); Kölner Stadtanzeiger (284,7); Kölnische Rundschau (155,1); Lübecker Nachrichten (115,1); Main-Echo, Aschaffenburg (91,4); Main-Post, Würzburg (153); Mannheimer Morgen (152,5); Mittelbayerische Zeitung, Regensburg (129,4); Münchner Merkur (197,3); Neue Osnabrücker Zeitung (78,8); Der neue Tag, Weiden (87,4); Neue Westfälische, Bielefeld (266,9); Niedersächsisches Tageblatt, Lüneburg (141,3); Nordseezeitung, Bremerhaven (75,5); Nordwest-Zeitung, Oldenburg (129,9); Nürnberger Nachrichten (141); Passauer Neue Presse (181,8); Recklinghauser Zeitung (77,3); Rhein-Neckar-Zeitung, Heidelberg (104,6); Die Rheinpfalz, Ludwigshafen (245,8); Rhein-Zeitung, Koblenz (246,1); Rheinische Post, Düsseldorf (400,8); Ruhr-Nachrichten, Dortmund (215,4); Saarbrücker Zeitung (195,3); Schwäbische Zeitung, Leutkirch (195,3); Schwarzwälder Bote, Oberndorf (138,4); Süddeutsche Zeitung, München (374,5); Südkurier, Konstanz (142,6); Stuttgarter Zeitung u. Nachrichten (204,3); Der Tagesspiegel, Berlin (129,4); Trierischer Volksfreund (100,4); tz, München (145,3); Die Welt, Hamburg (207,6); Westdeutsche Allgemeine Zeitung (einschl. Neue Ruhr-Zeitung, Westfälische Post und Westfälische Rundschau), Essen (1172,9); Westdeutsche Zeitung, Düsseldorf (176,8); Westfalenblatt, Bielefeld (147,4). **b)** *Wochenzeitungen:* Die Zeit, Hamburg (477,6); Rheinischer Merkur, Bonn (110,1); Die Woche, Hamburg (116,9); Wochenpost, Berlin (102,9); Bayern-Kurier (CSU), München (156,3). **c)** *Zeitschriften:* 1993 gab es 9203 Zeitschriften m. 397 Mill. Gesamtauflage (davon 252 Mill. verkaufte Auflage); 1710 Publikumszeitschriften, 3662 Fachzeitschriften, 102 politische Wochenblätter, 349 konfessionelle Zeitschriften, 130 Kundenzeitschriften, 1352 amtliche Blätter und 1898 sonstige Zeitschriften (z.B. Anzeigenblätter).

Deutschland, Neue Bundesländer:
Seit der politischen Wende im Herbst 1989 gibt es auch im Osten Deutschlands eine freie Presse. Die meisten ostdeutschen Zeitungen sind aus früheren Organen der SED und der Blockparteien hervorgegangen. *Zeitungen* (verkaufte Auflage in 1000; 1996; Auswahl):
Berliner Kurier (173,8)
Berliner Morgenpost (170,4)
Berliner Zeitung, B. Z. (224,1)
Freie Presse, Chemnitz (92,9)
Freies Wort, Suhl (k.A.)
Lausitzer Rundschau, Cottbus (191,7)
Leipziger Volkszeitung (229,7)
Märkische Allgemeine Zeitung, Potsdam (173,7)
Märkische Oderzeitung, Frankfurt/Oder (120,9)
Meininger Tageblatt (einschl. Ostthüringer Zeitung, Thüringer Allgemeine, Thüringer Landeszeitung), Erfurt (534,6)
Mitteldeutsche Allgemeine, Eisenach (66,5)
Mitteldeutsche Zeitung, Halle (416,0)
Morgenpost für Sachsen, Dresden (126,7)
Neues Deutschland, Berlin (74,2)
Nordkurier, Neubrandenburg (141)
Ostsee-Zeitung, Rostock (214,3)
Sächsische Zeitung, Dresden (410,6)
Schweriner Volkszeitung (162,5)
Volksstimme, Magdeburg (316,9)

Frankreich:
Seit 1944 völlige Umwälzung der traditionellen Pressestruktur: Umwandlung d. parteinahen in unabhängige Meinungspresse (presse d'opinion) od. überparteil. Nachrichtenblätter (presse d'information). Die Pariser Tagespresse macht etwa $^1/_3$ d. Gesamtauflagen der frz. Tageszeitungen aus. 1991: 77 Tageszeitungen mit 11,7 Mill. Auflage. **a)** *Zeitungen:* Paris: Parteipresse: L'Humanité (kommunist.), Le Populaire (sozialist.), La Nation (gaullist.). Unabh. Zeitungen: Le Parisien Libéré (rechts), Le Figaro (konservativ), L'Aurore (rechts), France-Soir (gemäßigt), Le Monde (republikan.), La Croix (kath.). Provinz: Ouest-France, Rennes; Le Dauphiné Libéré, Grenoble (unabh.); La Voix du Nord, Lille (gemäßigt); Le Progrès du Lyon (links unabh.); Sud-Ouest, Bordeaux (gemäßigt); La Dépêche du Midi, Toulouse (radikalsozialist.). **b)** *Führende Wochenblätter:* Paris-Match (Illustrierte); L'Express, Paris (oppositionelles Nachrichtenmagazin); Le Canard Enchaîné, Paris (Satireblatt); Figaro Littéraire, Paris (Literaturzeitung).

Großbritannien:
Alte Tradition des Pressewesens (zahlreiche Blätter seit 18. Jh. bestehend). Etwa 105 Tageszeitungen m. 24 Mill. Auflage. 65 % aller Auflagen brit. Zeitungen kontrollieren die 3 größten Konzerne. **a)** *Zeitungen:* Seriöse Tageszeitungen (Quality dailies): The Daily Telegraph, London (unabh., pro-konservativ); The Times, London (unabh., gemäßigt konservativ); The Guardian, Manchester (unabh., liberal). Populäre Tageszeitungen: Daily Mirror, London (unabh., seit 1962 liberale Tendenz); Daily Express, London (unabh., pro-konservativ); Daily Mail, London (unabh., pro-konservativ); Morning Star, London (kommunist.); The Sun, London (unabh.). Seriöse Sonntagszeitungen: The Observer, London (unabh.); The Sunday Times, London (unabh., konservativ). Populäre Sonntagszeitungen: News of the World, London (unabh.); The People, London (unabh.); Sunday Mirror, London (unabh., links); Sunday Express, London (unabh.). Provinz: Western Mail, Cardiff (unabh.); Sunday Mail, Glasgow und London (unabh.); The Yorkshire Post, Leeds (unabh., konservativ). **b)** *Führende Wochenschriften:* The Economist, London (Wirtsch.); Spectator, London (unabh.).

Österreich:
Neuaufbau der Presse nach 1945. 1994: 17 Tageszeitungen, 156 regionale u. lokale Wochenzeitungen, 2460 Zeitschriften (einschl. Fachpresse). *Tageszeitungen:* Wiener Zeitung (überparteil., hg.: Die Rep. Österreich); Neue Kronenzeitung, Wien (unabh.); Kurier, Wien (unabh.); Die Presse, Wien (unabh.); Salzburger Nachrichten (unabh.); Oberösterreich. Nachrichten, Linz (unabh.); Tiroler Tageszeitung, Innsbruck (unabh.); Kleine Zeitung,

Graz (unabh.); Arbeiter-Zeitung, Wien (Zentralorgan der Sozialist. Partei Österreichs); Neue Zeit, Graz (SPÖ); Volksblatt, Wien (Sprachrohr der ÖVP); Südost-Tagespost, Graz (ÖVP); Volksstimme, Wien (Zentralorgan der KPÖ); Neue Front, Wien (FPÖ).

Schweiz:
Struktur d. Presse seit 1914 unverändert. 97 Tageszeitungen (1994), 5275 Zeitschriften (1990), – Zeitungen von intern. Ruf; ausgedehnte Auslandsberichterstattung, lebhafte Polemik. **a)** *Tageszeitungen:* Der Bund, Bern (liberal); Neue Zürcher Zeitung (liberal-freisinnig); Basler Zeitung (unabh., liberal); Journal de Genève (liberal); Gazette de Lausanne/Journal Suisse (liberal); Vaterland, Luzern (konservativ-christl.-soz. Zentralorgan f. d. deutschsprachige Schweiz); La Liberté, Fribourg (kath., unabh.; d. christl.-demokrat. Partei nahestehend); Die Tat, Zürich (unabh.); Berner Tagblatt (bürgerl., unabh.); La Suisse, Genf (neutral); Berner Tagwacht (sozialist.); Blick, Zürich (Boulevardblatt); Tages-Anzeiger f. Stadt u. Kanton Zürich (pol. ungebunden). **b)** *Wochenzeitungen u. Zeitschriften:* Die Weltwoche, Zürich (unabh.); Schweizerischer Beobachter, Basel; Schweizer Illustrierte, Zofingen; Nebelspalter, Zürich.

Rußland:
Mehr als 10 000 Periodika sind eingetragen. Angesichts der russischen Wirtschaftslage ändern sich die Erscheinungshäufigkeiten und Auflagenhöhen oft. **a)** *Tageszeitungen:* Trud („Arbeit"; ehem. Organ der Zeitungsgewerkschaft), Auflage 1,8 Mill.; Rossijskaja Gaseta („Russische Zeitung"), Auflage 1,2 Mill.; Iswestija („Nachrichten"; bis 1991 Regierungsorgan), Auflage 0,65 Mill.; Komsomolskaja Prawda (Jugendzeitung, ehem. Organ des kommunist. Jugendverbandes), Auflage 1,6 Mill. **b)** *Wochenzeitungen:* Argumenty i Fakty („Argumente und Fakten"), Auflage 6,25 Mill.; Ekonomika i Shisn („Wirtschaft und Leben"), Auflage 1,1 Mill. **c)** *Zeitschriften:* Ogonjok, Nowoje Wremja, Sdorowje, Rabotniza, Echo Planety, Smena, Nowy Mir, Snamja, Newa.

USA:
Presse mit lebendiger (human interest) Berichterstattung u. Aufmachung; strikte Trennung v. Nachricht (news) u. redaktionellem Kommentar (editorial) sowie Gastpublizisten (columnists). 1992: ca. 1570 englischsprachige Morgen- u. Abendzeitungen m. einer Gesamtauflage v. 60,164 Mill. Exemplaren u. ca. 590 Sonntagszeitungen (1990) m. einer solchen v. ca. 49,7 Mill. Exemplaren. Presse teilweise konzentriert in Gruppen, die fast die Hälfte d. Auflage kontrollieren, jedoch keine mehr als 3% d. Gesamtauflage, wie z. B. Chicago Tribune Comp., Hearst, Newhouse u. Scripps-Howard. **a)** *Bedeutende Zeitungen:* New York Times (unabh.); Washington Post (unabh.); Christian Science Monitor, Boston (unabh.); Chicago Tribune (unabh. republikan.); Times, Los Angeles (republikan.); darunter zahlr. Tageszeitungen in Fremdsprachen, darunter in Deutsch: Staatszeitung u. Herold, New York (unabh.); Abendpost, Chicago. Deutsches Wochenblatt: Der Aufbau, New York. **b)** *Zeitschriften:* ca. 9400 mit ca. über 200 Mill. Aufl., 15 Blätter mehr als 4 Mill., darunter: Reader's Digest (ca. 17,9 Mill.); National Geographic Magazine (ca. 10,6 Mill.); Time (Nachrichtenmagazin, 4,6 Mill.); TV Guide (ca. 17 Mill.); alle New York.

Nachrichtenagenturen, Telegraphen-Agenturen:
Deutschland: dpa (Deutsche Presseagentur), Hamburg: ddp (Deutscher Depeschendienst GmbH), Bonn; VWD (Vereinigte Wirtschaftsdienste), Frankfurt a. M.; ADN (Allgemeines Deutsches Nachrichtenbüro), Berlin; Frankreich: AFP (Agence France-Press), Paris; England: Reuters Ltd. (Reuters Telegraphenbüro), London; Italien: ANSA (Agenzia Nazionale Stampa Associata), Rom; Österreich: APA (Austria Presse Agentur), Wien; Schweiz: SDA/ATS (Schweizerische Depeschenagentur; Agence Télégraphique Suisse), Bern; Rußland: ITAR-TASS (Amtliche Nachrichtenagentur Rußlands), RIA (Russische Nachrichtenagentur), nichtamtliche Agenturen: Interfax, Postfactum, IMA-Press, PAL-Inform, ANI; USA: AP (Associated Press) u. UPI (United Press International), beide i. New York.

Primzahlen

von 1 bis 1000

	2	3	5	7
11	13	17	19	23
29	31	37	41	43
47	53	59	61	67
71	73	79	83	89
97				
101	103	107	109	113
127	131	137	139	149
151	157	163	167	173
179	181	191	193	197
199				
211	223	227	229	233
239	241	251	257	263
269	271	277	281	283
293				
307	311	313	317	331
337	347	349	353	359
367	373	379	383	389
397				
401	409	419	421	431
433	439	443	449	457
461	463	467	479	487
491	499			
503	509	521	523	541
547	557	563	569	571
577	587	593	599	
601	607	613	617	619
631	641	643	647	653
659	661	673	677	683
691				
701	709	719	727	733
739	743	751	757	761
769	773	787	797	
809	811	821	823	827
829	839	853	857	859
863	877	881	883	887
907	911	919	929	937
941	947	953	967	971
977	983	991	997	

sparsame Verwaltung, Organisation u. Erziehung v. Heer u. Beamtentum Grundlage für Politik seines Sohnes → *Friedrichs II., d. Gr.,* der P. zur Großmacht erhob; Erwerb Schlesiens, W-Preußens u. des Netzedistrikts; bei den Teilungen Polens erhält P. Posen, Danzig u. Thorn, Südpreußen mit Warschau. 1806/07 Niederlage (Napoleon) bei Jena u. Auerstedt; Frieden von Tilsit: erhebl. Gebietsverlust; innere Reformen durch *Stein, Hardenberg, Scharnhorst* (allg. Wehrpflicht); Bewährung in d. → Befreiungskriegen. 1848 Märzrevolution; 1849 Ablehnung der dt. Kaiserkrone durch Friedrich Wilhelm IV., 1850 Olmützer Vertrag und Verfassung; 1863/64 Dt.-Dänisch. Krieg, 1866 Preuß.-Östr. Krieg; Bismarck gründete als Min.präs. 1867 d. *Norddt. Bund* u. im Dt.-Frz. Krieg 1870/71 d. *Dt. Reich* (kleindeutsche Lösung unter Preußens Vormacht); Kg v. P. Vorsitz im Bundesrat d. dt. Fürsten u. Titel *Deutscher Kaiser;* 1918 Rep.; erhebl. Gebietsverluste durch → Versailler Vertrag; 1945 Auflösung P.s durch KRG Nr. 46 v. 25. 2. 1947.

Preußischblau, Farbstoff, svw. → Berliner Blau.
preußische Reformen, nach 1807 in Preußen durchgeführte Politik d. Erneuerung d. Agrarverf. (v. Stein, v. Hardenberg), d. Städte: Selbstverwaltung d. Heeres (Scharnhorst, Gneisenau) u. d. Bildung (Humboldt).
Preußischer Kulturbesitz → Stiftung Preußischer Kulturbesitz.
preußischer Verfassungskonflikt, *Heereskonflikt,* in Preußen v. 1860–66 ausgefochtener Streit zw. Reg. u. Abgeordnetenhaus über d. Finanzierung d. Heeresverstärkung.
Preußisch-Eylau, *Bagrationowsk,* russ. St. im nördl. ehem. Ostpreußen, 4300 E. – 1807 Schlacht zw. d. Verbündeten (Preußen u. Russen) u. Napoleon.
Preußler, Otfried (* 20. 10. 1923), dt. Kinderbuchautor, verbindet Phantastik, Sage u. pädagog. Momente; intern. bekannt: *Der kleine Wassermann; Die kleine Hexe; Der Räuber Hotzenplotz.*
Prévert [preˈvɛːr], Jacques (4. 2. 1900 bis 11. 4. 77), frz. Dichter; *Gedichte u. Chansons;* Filmdrehbücher: *Kinder des Olymp.*
Previn [ˈprɛvɪn], André (* 6. 4. 1930), am. Komp. u. Dirigent; Filmmusiken.
Prévost [-ˈvo],
1) Abbé, eigtl. *Antoine-François P.-d'Exiles* (1. 4. 1697–23. 11. 1763), frz. Benediktinerpater u. Schriftst.; Memoiren, darin: *Manon Lescaut.*
2) Marcel, eigtl. *Eugène Marcel* (1. 5. 1862–8. 4. 1941), frz. Romanschriftst.; *Halbjungfern.*
Prey, Hermann (* 11. 7. 1929), dt. Bariton (Lieder).
preziös [frz.], kostbar, wertvoll; geziert.
Priamus, *Priamos,* bei Homer Kg von Troja.
Priapismus, krankhafte Dauererektion des Penis, oft mit Schmerzen.
Priapus, griech.-röm. Gott der Fruchtbarkeit, mit riesigem → Phallus dargestellt.
Pribylowinseln, *Pribilof Islands,* zu Alaska gehörige Inselgruppe; Robbenschutzgebiete.
Priel, seichte, durch Strömungen offen gehaltene Fahrwasserrinne des Wattenmeeres (Nordsee).
Priem, *m.* [ndl.], Kautabak.
Prien, Günther (16. 1. 1908–7. 3. 41), dt. Kapitänleutnant u. U-Boot-Kommandant (U 47); versenkte 1939 i. d. Bucht v. Scapa Flow (Orkney-Inseln) d. engl. Schlachtschiff Royal Oak.
Priesand, Sally (* 27. 6. 1946), jüd. Theologin u. Rabbinerin (s. 1972) in Tinton Falls/NJ; 1. ordinierte Rabbinerin i. liberalen Judentum d. USA.
Priester [gr. „der Älteste"], ein fast allen Religionen eigener Stand, der in bes. Weise den äußeren Vollzug d. Religion, vor allem das Opfer, ausübt u. so als Vermittler zw. Gott u. den Menschen wirkt. *Kath. Kirche:* durch eigenes Sakrament, die *P.weihe* (→ Ordination), Geweihter, der in d. Vollmacht Christi dessen Heil in Wort u. Sakrament spendet; neben dem Amts-P.tum gibt es auch das allg. P.tum aller Getauften. In d. *ev. Kirche,* die nur das allg. P.tum anerkennt, ist der Geistliche Beauftragter der Gemeinde.
Priestley [ˈpriːstlɪ],
1) Sir John Boynton (13. 9. 1894–14. 8. 1984), englischer Schriftst.; Romane:

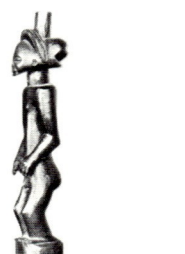

Mehlprimel

Primitive Kunst, *Negerplastik*

Die guten Gefährten; Dramen: *Ein Inspektor kommt.*
2) Joseph (13. 3. 1733–6. 2. 1804), engl. Naturforscher u. Phil.; entdeckte 1755 d. Sauerstoff, ferner d. Schwefeldioxid, Stickstoffmonoxid u. Kohlenmonoxid.
Prignitz, Landschaft in Brandenburg, nordöstl. zw. Elbe u. Havel; Kreise Ostprignitz (Krst. *Kyritz*) und Westprignitz (Krst. *Perleberg*).
Prigogine [-ˈʒin], Ilya (* 25. 1. 1917), belg. Chemiker; Nobelpr. 1977 (Beiträge zur Erforschung der Thermodynamik irreversibler Prozesse).
Prilep, mazedon. St., 64 000 E; Teppichind.
Prim, *w.* [l.],
1) Morgengebet (bes. bei Sonnenaufgang) im kath. → Brevier.
2) beim Fechten: Hieb von oben nach unten.
3) in Zusammensetzungen: Erst-.
4) musikalisches Intervall, Tonabstand.
5) Morgengebet im Kloster.
Prima, *w.* [l. „erste"], *Unter-* u. *Ober-P.,* früher: vorletzte u. letzte bzw. 8. u. 9. Klasse der Höheren Schule.
Primadonna [it.], erste Sängerin einer Bühne.
primär [frz.], anfänglich, ursprünglich.
Primäraffekt → Syphilis.
primäre biliäre Zirrhose, *PBC,* eine → Autoaggressionskrankheit, Form der → Leberzirrhose.
Primär-Radar → Radar.
Primarschulen, Volks- u. Elementarschulen (in Frkr., Belgien, der Schweiz).
Primas, [l. „der Erste"],
1) Titel einiger Erzbischöfe.
2) erster Geiger, Vorgeiger einer Zigeunerkapelle.
Primat, *m.* u. *s.* [l.],
1) Vorrang, insbes. des Papstes als kath. Oberhaupt.
2) Erstgeburtsrecht.
Primaten, *Herrentiere,* höchste Ordnung d. Säugetiere (Halbaffen, Affen, Menschenaffen, Menschen).
Primaticcio [-ˈtitʃo], Francesco (30. 4. 1505–70), it. Maler, Bildhauer u. Architekt; s. 1532 frz. Hofmaler; Wegbereiter d. italienisch geprägten Spätrenaiss. in Frankreich; mit Rosso Fiorentino (→ Rosso, Giovanni Battista) Führer d. Schule v. Fontainebleau.
prima vista [it. „auf den ersten Blick"], *mus.* vom Blatt.
Primawechsel → Wechsel.
Prime, *w.* [l.], 1. Stufe der Tonleiter.
Primel, Wald- u. Wiesenblume, zahlreiche Zierformen; Blattrosette mit Blüten in Dolden (z. B. *Himmelsschlüssel, Mehlp.*), Drüsenhaare der Becher-P. können einen harmlosen Hautausschlag erzeugen (*P.krankheit*).
Primeur [priˈmøːr], frz. Bez. f. e. jungen Wein, der schon kurz nach d. Lese verkauft wird und fruchtig-frisch schmeckt, aber aufgrund s. Tanninarmut nicht lange gelagert werden kann. P.-Weine werden mittels spezieller → Vinifizierungsverfahren (→ *Macération carbonique*) hergestellt. Am bekanntesten ist d. *Beaujolais P.,* der am 3. Donnerstag im Nov. nach d. Lese auf d. Markt kommt.
Primgeige, erste Geige.
Primipara, Erstgebärende.
primitiv [l.], ursprünglich, einfach, geistig schwach entwickelt.

primitive Kunst, *Kunst d. Naturvölker,* im Dienst d. Magie (Bildzauber), myst. Symbolik (Götzen), des Totenkults (Ahnenbilder), des Totemismus (Tierdarstellungen); starke Neigung zu kubisch-geometr. Elementarformen; bes. die Plastik d. afrikan. Neger u. Polynesier wird wegen ihrer naiven Formkraft v. am. u. eur. Künstlern u. Kennern bewundert.
Primitivismus, *Neoprimitivismus,* in d. Malerei d. russ. Ausformung d. Expressionismus s. etwa 1910; Hptvertr. N. Gontscharowa, M. Larionow.
Primitivvölker → Naturvölker.
Primiz [l.], erste Messe eines neugeweihten kath. Priesters.
Primo de Rivera [-ˈβe-],
1) José Antonio Marquis de Estella (24. 4. 1903–20. 11. 1936), span. Pol., gründete d. → Falange; im Bürgerkrieg wegen Vorbereitung einer faschist. Diktatur hingerichtet.
2) Miguel (8. 1. 1870–16. 3. 1930), Vater v. 1), span. General, errichtete 1923 Militärdiktatur.
Primogenitur, *w.* [l.], monarch. Erbfolge; der Erstgeborene erhält die ungeteilte Herrschaft.
Primus [l.], (Klassen-)Erster.
Primus inter pares [l.], Erster unter Gleichberechtigten.
Primzahl, jede nur durch 1 u. durch sich selbst teilbare Zahl, also 2, 3, 5, 7 usw. Anzahl der P.en unendlich groß; bis 100 Mill.: 5 761 460 P.en.
Prince of Wales [ˈprɪns əv ˈweɪlz], Titel des brit. Thronfolgers.
Princeps [l. „der Erste"], Titel der röm. Kaiser.
Princeton [ˈprɪnstən], St. i. US-Staat New Jersey, 14 000 E; Uni. (gegr. 1746), zahlr. Forschungsinst.
Príncipe → São Tomé und Príncipe.
Principe [it. -tʃ-], Fürst, Prinz.
principiis obsta [l. „Widerstehe den Anfängen!"], d. h.: Beuge Gefahren rechtzeitig vor! (Ovid).
Printen, Backware aus Pfefferkuchenteig.
Prinz, Sohn; *Prinzessin,* Tochter fürstl. Familien.
Prinz-Eduard-Insel, *Prince Edward Island,* kanad. Prov., 5660 km², 130 000 E; Hptst. *Charlottetown* (16 000 E); Fischind., Fremdenverkehr. – 1534 von J. *Cartier* entdeckt, s. 1873 zu Kanada.
Prinzgemahl, Gatte einer herrschenden Königin od. Fürstin, der selbst keine Herrschergewalt innehat.
Prinzip, *s.* [l.], Grundsatz; Ausgangspunkt, Urgrund.
Prinzipal [l.],
1) *mus.* Hauptstimme d. Orgel.
2) (veraltet) Geschäftsinhaber, -leiter(in) einer (reisenden) Schauspieltruppe (z. B. Caroline *Neuber,* J. *Velthen*).
Prinzipat, die von Kaiser Augustus eingeführte neue Herrschaftsweise e. ersten Bürgers.
Prinzregent, Fürst als Vertreter d. Monarchen, z. B. bei Minorität.
Prion, evtl. ident. mit *slow virus,* hypothet. Erreger von Krankheiten des Gehirns mit sehr langer Inkubationszeit (→ Kuru, → Jakob-Creutzfeldt-Krankheit beim Menschen, → Traberkrankheit beim Schaf, → bovine spongiforme Enzephalopathie beim Rind).

Prior [l.], Ordensoberer; Stellvertreter d. Abtes, Leiter eines Klosters.
Priorität, w. [l.], zeitlicher Vorrang.
Prioritätsaktien → Vorzugsaktien.
Pripet, ukrain. *Pripjat,* r. Nbfl. des Dnjepr, 775 km l.; durchfließt → Polesje, bis Pinsk schiffbar.
Priscillianismus, christl. Reformbewegung d. 4. Jh. in Spanien; begr. v. d. span. Märtyrer Priscillian; gg. d. Verweltlichung d. Klerus.
Prise, w. [frz.],
1) kleine, zw. zwei Fingern greifbare Menge (z. B. eine *P. Salz*).
2) im Seekrieg weggenommenes feindliches oder neutrales Handelsschiff mit Ladung; über die Rechtmäßigkeit der Wegnahme entscheidet das *P.ngericht*.
Prisma, s. [gr.],
1) *Optik:* mit dreieckigem Querschnitt, benutzt für Lichtzerlegung im Spektroskop (→ Spektrum); → Fernrohr.
2) geometr. Körper m. 2 parallelen, kongruenten Vielecken als Grundflächen; gerade u. schief.
Prismenglas, Fernglas, bei dem d. Aufrechtstellen des Bildes durch totalreflektierende Glasprismen erfolgt; Verstärkung des körperhaften Sehens durch größeren Abstand der Objektivlinsen.
Priština, Hptst. d. Prov. Kosovo, Serbien, 210 000 E; Moschee; Uni.
privat [l.], die Einzelperson angehend; Ggs.: öffentlich, staatl.
Privatdiskonten [l.], Akzepte erstklassiger Banken über hohe Beträge mit einer Laufzeit v. maximal 90 Tagen; wichtiges Papier des Geldmarkts.
Privatdozent [l.], früher nichtbeamteter Hochschullehrer, zugelassen aufgrund einer Habilitationsschrift; jetzt *Dozent*.
Privateigentum, das → Eigentum einer natürl. oder privaten jur. Person; durch GG Art. 14 geschützt, Enteignung nur durch Gesetz und bei angemessener Entschädigung erlaubt.
Privatier, m. [-'tje:], meistens Rentner, der von den Zinsen seines Vermögens lebt, *privatisiert.*
privatim [l.], nicht-amtlich, vertraulich.
Privation, w. [l. „Beraubung"], i. d. Logik e. Negation, bei der d. (negierende) Prädikat d. Aussage dem Subjekt s. Inhalt u. s. Wesen nimmt, z. B. „diese Uhr geht heute nicht".
Privatisierung, Umwandlung von Staatseigentum in Privatvermögen; → Volksaktien.
Privatissimum (nämlich: *collegium*,) Hochschulvorlesung (-übung) nur für kleinen Hörerkreis, der persönlich v. Prof. eingeladen wird.
Privatklage, *Strafklage,* wird b. geringeren Straftaten (z. B. leichter Körperverletzung, Beleidigung) vom Verletzten zur Bestrafung des Täters erhoben; wegen derartiger Vergehen Strafverfolgung durch Staatsanwaltschaft nur b. *öffentl. Interesse* (§§ 374 ff. StPO).
Privatrecht, → Bürgerliches Recht; MPI f. ausländ. und intern. P. in Hamburg.
Privatschulen, nichtöffentl., privaten Trägerschaften gehörige Schulen; man unterscheidet *staatl. anerkannte* (mit Prüfungsrecht) u. *staatl. genehmigte* (ohne Prüfungsrecht). P. Träger können

Kirchen, Verbände, Vereine u. Privatpersonen sein.
Privileg, s. [l.], Sonderrecht, Vorrecht.
Prix [frz. pri:], Preis.
pro [l.], für; je; *p. u. contra,* für und wider.
probabel [l.], glaubwürdig, wahrscheinlich.
Probabilismus [l. „probabilis = wahrscheinlich"], Moralsystem, nach dem e. Handlung als erlaubt gilt, wenn stichhaltige Gründe gg. ein Verbot vorhanden sind; *phil.* Lehre, daß man i. d. Wiss. nicht zu sicheren Erkenntnissen, sondern immer nur zu e. Wahrscheinlichk. kommen könne.
Proband, m. [l.],
1) *jur.* eine der Bewährungsaufsicht unterstellte (verurteilte) Person.
2) eine Person, f. die m. erfolgtem Nachweis d. adligen Abstammung *(Ahnenprobe)* d. → Ahnentafel aufgestellt wird.
3) Testperson b. wiss. Versuchen.
probat [l.], erprobt, vortrefflich.
Probeexzision, Form der → Biopsie.
Probierglas, svw. → Reagenzglas.
Probierkunst, im Bergbau u. Hüttenwesen Verfahren z. Bestimmung der Zusammensetzung von Erzen u. Metallen.
Problem, s. [gr.], (ungelöste) wiss. oder prakt. Aufgabe.
Problematik, w., die einem Problem innewohnende Frage.
problematisch, zweifelhaft.
Probst, Christoph → Weiße Rose.
Probstzella (D-07330), Luftkurort im Thüringer Wald, Kr. Saalfeld, 350 müM, 2036 E; Schieferbrüche.
Procain, meistgebrauchtes Mittel zur → Lokalanästhesie.
Prochorow, Alexander (* 11. 7. 1916), russ. Physiker; Nobelpr. 1964 (→ Laser u. → Maser-Strahl).
Procynosuchus, *Cyonodontia Procynosuchidae,* vor 230 Mill. Jahren lebende Hundezähneechse, Vorläufer der Säugetiere; ältester Fossilienfund in Westeuropa, 1991 in d. Korbacher Spalte, Nordhessen, entdeckt.
Prodrom, *m.* [gr.], Vorläufer, Vorzeichen.
Produkt, s. [l.],
1) *math.* Multiplikationsergebnis.
2) Erzeugnis.
Produktbudget, absatzpolit. Instrument e. Unternehmens, → Marketing-Mix; Prognoserechnung v. Plankosten u. -gewinn von Produkten; Form: dreifache Deckungsbeitragsrechnung, Amortisationsrechnung.
Produktdiversifikation, absatzpolit. Element d. → Produktpolitik e. Unternehmens.
Produktenbörsen, svw. → Warenbörsen.
Produkthaftungsgesetz, vom 15. 12. 1989 regelt d. Haftung d. Herstellers, Vertreibers u. auch d. Lieferanten für Personen- u. Sachschäden, die auf e. fehlerhaftes Produkt zurückzuführen sind. Bei Sachschäden hat d. Beschädigte einen Schaden bis zu 1125 DM selbst zu tragen.
Produktion [l.], Erzeugung, im allg. Herstellung, aber auch Verarbeitung, Umformung von Gütern u. Dienstleistung; wertebildende wirtsch. Tätigkeit, meist zur Gewinnerzielung; man unterscheidet: a) *Ur-P.* (landw., fortwirtsch. u. bergbauliche P.), b) *gewerbl.*

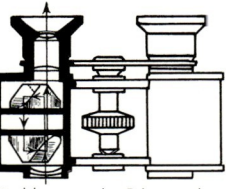
Strahlengang im Prismenglas

P. (Industrie, Handwerk), c) Verteilung d. P. (Handel u. Verkehr).
Produktionsfaktoren, notwendig f. die Leistungserstellung: a) betriebswirtsch.: Arbeit (Arbeitskraft), Werkstoffe (Roh-, Hilfs- u. Betriebsstoffe), Betriebsmittel (Maschinen, Gebäude etc.); b) volkswirtsch.: Arbeit, Boden, Kapital (produzierte P.mittel).
Produktionsformen, *Betriebsformen,* unterschieden nach Art d. P. Maschinen- u. Handbetriebe, auch → Betrieb.
Produktionsgüter, svw. → Produktivgüter.
Produktionskosten, Kosten, bezogen auf die Herstellung eines Gutes; → Kosten.
Produktionsmittel → Produktionsfaktoren.
produktiv, ertragreich; schöpferisch; *Produktivität:* Kennzahl, die d. Relation zw. Faktoreinsatz u. Ausbringungsmenge ausdrückt.
Produktivgüter, Produktionsfaktoren, die i. Wirtschaftsprozeß Erträge schaffen.
Produktivkapital,
1) Geldkapital, das für die Gütererzeugung verwendet wird (Investitionen).
2) Inbegriff aller Güter, die der ferneren Produktion dienen.
Produktivkredit, wird zur produktiven Anlage (Erzeugung v. Gütern) gewährt; Ggs.: *Konsumtivkredit* (dient dem Erwerb v. Verbrauchsgütern).
Produkt-Lebenszyklus, d. Lebensdauer u. Entwicklung v. Produkten im Markt; versch. Phasen: Einführung, Wachstum, Reifezeit, Sättigung, Niedergang.
Produktpolitik, absatzpolit. Instrument e. Unternehmens, → Marketing-Mix; Entwicklung neuer, Optimierung bestehender Produkte, Sortimente unter Berücksichtigung d. Komplementarität; Werkzeuge d. P.: → Unique Selling Proposition, Verpackung, Produktdifferenzierung, -diversifizierung, Sortimente, Marke, gewerbl. Rechtsschutz.
Produzent, Erzeuger, Hersteller.
produzieren, hervorbringen, Güter erzeugen, schaffen; *sich p.,* sich zur Schau stellen, sein Können zeigen.
profan [l. „vor dem Tempel"], weltlich.
Profanation, w., *Profanierung,* Entweihung, Mißbrauch.
Profanbau, in d. Architektur e. Bauwerk o. kult. Bestimmung; Ggs.: → Sakralbau.
Profeß, m. [nl.],
1) Ablegung der Ordensgelübde.
2) Mönch, der das Gelübde abgelegt hat.
Profession, w. [l.], Beruf, Gewerbe.
Professional [engl. -'fɛʃənəl], Abk.
Profi, jeder, der eine Tätigkeit, bes. Sport, gegen Entgelt betreibt; Ggs.: → Amateur.
Professor [l.], Hochschullehrer; an Uni. u. TH/TU etatmäßiger P.: ordentl. öff. P., *Ordinarius,* Inhaber e. ordentl. Professur (Lehrstuhl); außerordentl. P., *Extraordinarius,* Inhaber einer außerordentlichen Professor; außeretatmäß. P.: außerplanmäß. P., Titel e. Privatdozenten nach langjähr. Tätigkeit; *Honorar-P.,* ehrenhalber verliehener Titel (meist f. d. Dauer d. Lehrtätigkeit); Honorar-P. steht im Rang einem Ordinarius gleich, gehört

aber nicht z. engeren Fakultät; P. als Titel f. Lehrer an staatl. Akademien u. HS (z. B. HS f. Musik).
Profil, *s.* [frz.],
1) bei Autoreifen → Reifenprofil.
2) Seitenansicht (z. B. des Gesichts); Längs- oder Querschnitt.
Profileisen, Walz-(Stab-)Eisen m. bes. Querschnittsgestaltung; *Normalprofileisen* mit genormtem Querschnitt, z. B. ⌐, T, ⌐, L, I = C-, T-, U-, L-, Doppel-T-Eisen usw.
Profit, *m.* (frz.), Nutzen, auch ältere Bez. für Kapital- und Unternehmergewinn.
profitieren, Nutzen ziehen, verdienen.
Profitrate, Gewinn im Verhältnis zum Kapitalaufwand.
pro forma [l.], (nur) zum Schein.
Profoß, (bis um 1800) Militärpolizist u. Vollstrecker der verhängten Militärstrafen.
profund [l.], tief, gründlich.
profus [l.], sehr stark (z. B. eine Blutung.)
Progenie [gr.], Vorstehen des Unterkiefers.
Progenitur, *w.* [l.], Nachkommenschaft.
Progesteron [l.-gr.], svw. Gelbkörperhormon; → Keimdrüsen, → Kontrazeption.
Prognathie [gr.], Vorstehen des Oberkiefers.
Prognose, *w.* (gr.), Voraussage (über Krankheitsverlauf, Wetter, Wirtschaftsentwicklung usw.).
Prognostikon, *s.,* Anhaltspunkt f. e. → Prognose.
Programm, *s.* [gr.], Verzeichnis von Darbietungen oder Personen (z. B. Theater-P.); Plan (z. B. *Arbeits-P., politisches P.*).
Programmautomatik, d. Verschluß elektron. Kameras wählt von selbst d. zum Motiv jew. passende Kombination v. Blende u. Verschlußzeit u. stellt diese Belichtungskombination automat. ein; dieser gesamte Vorgang geschieht in Millisekunden.
programmieren, in der → EDV das Aufstellen v. Rechenprogrammen durch Formulieren gegebener (z. B. techn., wiss. od. kaufmänn.) Probleme in einer → Programmiersprache → Informatik, Übers.).
Programmiersprache, von → Maschinensprache weitgehend unabhängige Sammlung symbol. Befehlselemente f. → Datenverarbeitungsanlagen.
programmierter Unterricht, zuerst in den USA entwickelte Unterrichtsform, s. 1963/64 in der BR eingeführt; Kern des p. U. ist das *Programm,* das nach lerntheoret., programmiertechn. u. didakt. Prinzipien aufgebaut ist; der Lernende wird beim Durcharbeiten des Programms bei eigenem Lerntempo auf individueller Basis v. einer (Wissens- od. Problem-)Stufe auf eine vorher genau determiniertes Lehr- bzw. Lernziel zugeführt; → Lernmaschinen.
Programmusik, stellt durch Überschrift od. vorangesetzten Text („Programm") best. seel. od. äußere Vorgänge als Leitgedanken f. d. betreffende Werk hin; benutzt als Mittel bes. die Tonmalerei (Berlioz, Liszt, R. Strauss).
progredient, *med.* fortschreitend (Krankheit).

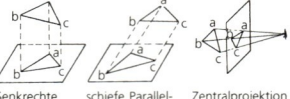
Senkrechte Projektion — schiefe Parallel- — Zentralprojektion
Projektion

Prophet Sacharja, *Michelangelo*

Prophet, *Jona wird von einem Fisch verschlungen, Buchmalerei, 14. Jh.*

Progreß, *m.* [l.], Fortschritt.
Progression, *math.* svw. → Reihe.
progressiv, fortschreitend; fortschrittlich.
Progressive Jazz, sinfon. Jazz m. gr. Klangkörper, eingeschränkter Improvisation u. abstrakter Thematik.
Progressivsteuer, svw. Steuerprogression, → Steuern, Übers.
prohibieren [l.], verhindern.
Prohibition [engl. -'bɪʃn], Herstellungs- u. Ausschankverbot alkohol. Getränke; nationale P., 1920–33 in d. USA, 1916–26 in Norwegen, 1922–32 in Finnland.
Prohibitivzölle [l.], hohe Schutzzölle, die prakt. Einfuhr verhindern.
Projekt, *s.* [l.], Plan, Vorschlag.
Projektil, *s.* [frz.], (Wurf-)Geschoß.
Projektion, *w.* [l.],
1) *Optik:* vergrößerte Bildwiedergabe auf Leinwand mittels Lichtstrahlen.
2) *darstellende Geometrie:* abbildendes Übertragen e. Körpers auf e. Ebene, benutzt b. techn. Zeichnen; *Parallel-P.:* die projizierenden Geraden sind parallel; *Zentral-P.:* die projizierenden Geraden gehen von e. Zentrum aus.
3) *allg.* Hinausverlegung, z. B. der Empfindungen in d. Außenwelt.
Projektionsapparat, *Bildwerfer,* opt. Instrument zur Vorführung von Bildern in vergrößertem Maßstab; helle Lichtquelle wirft d. zu vergrößernde Bild durch Linse(nsystem) auf Wandschirm; → Epidiaskop.
Projektionsobjektiv, speziell berechnet u. korrigiert f. kürzere Entfernungen in Räumen. Je nach Größe d. Raumes u. Projektionsentfernung (zw. Projektor u. Leinwand) werden P. unterschiedl. Brennweite eingesetzt.
projizieren, auf einer Fläche darstellen.
Proklamation, *w.* [l.], amtl. Bekanntmachung, Verkündigung, öffentlicher Aufruf.
Proklos (410–485), griech. Philosoph, Vollender d. → Neuplatonismus.
Prokofjew, Sergej Sergejewitsch (23. 4. 1891–5. 3. 1953), sowj. Komp.: Opern: *Die Liebe zu den drei Orangen;* Ballette; sinfon. Dichtungen.
Prokonsul, im alten Rom: gewesener → Konsul, der als Statthalter i. eine Provinz geht.
Prokop der Große (1380–1434), Anführer der → Hussiten.
Prokopios (6. Jh. n. Chr.), griech. Geschichtsschreiber am Hof Justinians; *Gotenkrieg.*
Prokopjewsk, Ind.st. im Kusnezker Kohlenbecken; 274 000 E; Kohlen-, Hüttenind.
Prokrustes, Unhold der griech. Sage, der seine Opfer auf e. Marterbank, *P.bett,* zu Tode quält.
Proktoskopie, Enddarmspiegelung.
Prokura, *w.* [l.], im Umfang gesetzl. festgelegte Vollmacht, die im Inhaber (Vollkaufmann) eines Unternehmens (z. B. Vorstand einer AG) einem anderen, dem *Prokuristen,* z. Vertretung seines Handelsgeschäftes erteilt; ist in d. → Handelsregister einzutragen. Beschränkung der P. gegenüber Dritten (ausgenommen: Unterzeichnung v. Bilanzen, Veräußerung d. Unternehmens, Erteilung der P.) bis auf Veräußerung u. Belastung von Grundstücken unwirk-

sam. Nach Zahl der P.erteilungen: *Einzel-* od. *Gesamt-P. (Kollektiv-P.).* Bei Beschränkung der P. auf eine Zweigstelle: *Filial-P.* – Prokurist zeichnet mit d. Zusatz *pp* od. *ppa (per procura).*
Prokuraindossament, Wert, zum Einzug in P. u. ä. Sonderform d. → Indossaments, das d. Indossatar nur zum Einzug d. Forderung u. zur Protesterhebung f. d. Indossanten ermächtigt; bewirkt keine Übertragung des verbrieften Rechts.
Prokurator [l.],
1) Bevollmächtigter, Syndikus.
2) leitender Beamter d. kaiserzeitl. röm. Finanzverwaltung.
3) früher Titel d. höchsten Staatsbeamten Venedigs.
Prokurazien, ehem. Reg.bauten d. 15.–16. Jh. am Markusplatz in Venedig.
Prokurist → Prokura.
Prokyon, hellster Stern 0. Größe i. Kl. Hund; → Sternhimmel C.
Prolaktin, *s.* [l.], → Laktationshormon; → Hypophyse.
Prolaps, *m.* [l.], der → Vorfall e. inneren Organs, einer Herzklappe usw.
Prolegomena [gr.], Vorrede, Vorwort.
Prolepsis, *w.* [gr. „Vorwegnahme"],
1) natürl. unmittelbar der 1. Wahrnehmung gebildeter Begriff (Stoiker).
2) Allg.vorstellung als Gedächtnisbild, das d. Erinnerung gleichart. Wahrnehmungen desselben Gegenstandes in sich schließt (Epikureer).
Prolet, verächtl. Abk. v. *Proletarier,* svw. ungehobelter Mensch.
Proletariat, Proletarier, im alten Rom der ärmste Teil des Volkes, der nicht mehr die Vermögensstufe der niedrigsten Steuerklasse erreichte (nur durch seine zahlreiche Nachkommenschaft [lat. *proles*] dem Staate nützte). Bez. für die im Zuge der Industrialisierung wachsenden besitzlosen u. ausgebeuteten Arbeitermassen, für die sich der → Sozialismus s. Marx einsetzte („P. aller Länder, vereinigt euch").
Proliferation,
1) Erhöhung der Zahl d. Kernwaffenstaaten.
2) Zellwucherung durch *mitotische* Zellvermehrung.
Prolog, *m.* [gr.], Vorrede; Vorspiel im Theater.
PROLOG, *m.,* *Pro*grammieren in *Log*ik, → Programmiersprache, Anfang d. 70er Jahre in Frankreich u. England entwickelt. Verwendung hpts. in der → Künstlichen Intelligenz.
Prolongation [l.], Verlängerung von Fristen, z. B. beim → Wechsel durch *P.swechsel* (Erneuerungswechsel), beim *Börsengeschäft* durch Hinausschiebung der → Liquidation eines Engagements, meist im Wege des → Reportgeschäfts.
PROM, Abk. f. *P*rogrammable *R*ead *O*nly *M*emory, Festwertspeicher in → DVA; vom Anwender einmal zu programmieren.
Promemoria, *s.* [l. „zur Erinnerung"], Denkschrift.
Promenade, *w.* [frz.], Spaziergang, -weg.
Promesse, *w.* [frz. „Versprechen"], Urkunde, bes. im Effektengeschäft, mit dem Versprechen zu einer Leistung (z. B. Lieferung v. Wertpapieren).
Prometheus, einer der *Titanen,* brachte nach der griech. Sage den Menschen

das Feuer; wurde zur Strafe von Zeus an einen Felsen geschmiedet, wo ihm ein Adler täglich die Leber zerfleischte; Drama v. Äschylos, Gedicht v. Goethe.

Promethium, *Pm,* chem. El., Oz. 61; Dichte 7,22; Seltenerdmetall, bis 1949 als *Illinium* bezeichnet; radioaktiv.

pro mille [l.], für je tausend; Zeichen: ‰.

Promille, Tausendstel.

prominent [l.], bedeutend, maßgebend, einflußreich.

Promiskuität → Eheformen.

Promoter [engl.], Organisator (v. Rockkonzerten, Sportveranstaltungen).

Promotion [l. „Beförderung"],
1) [am. -'moʊʃn], bes. Verkaufsförderung (z. B. b. d. Buchwerbung).
2) Verleihung des Doktorgrades.

promovieren, den Doktortitel erwerben.

prompt, sofort, unverzüglich.

Promptgeschäft svw. Lokogeschäft.

Pronghorn → Gabelbock.

Pronomen, *s.* [l.], Fürwort.

prononciert [frz. -nõ's-], scharf ausgeprägt.

Pronunziamento, *s.* [span.], (meist rebell.) Kundgebung.

Propädeutik, *w.* [gr.], Vorschulung, Einführung; *phil. P.,* Einleitung in phil. Denken.

Propaganda [l. „propagare = verbreiten"], Werbung (z. B. für pol. oder kulturelle Forderungen, Ideale usw.); für wirtsch. Zwecke: → *Reklame;* auch → Wirtschaftswerbung.

Propan, *s., C₃H₈,* Brenngas v. hohem Heizwert; Nebenprodukt der Erdölverarbeitung; als Flüssiggas in Stahlflaschen f. Haushalte u. Verbrennungskraftmaschinen; *P.gas.*

Propeller, *m.* [engl.], → Luftschraube, → Schiffsschraube.

Propellerturbine, *Turboprop, Propeller-Turbinen-Luftstrahl-Triebwerk* (PTL), Flugzeugantrieb, bei dem e. Gasturbine unter Zwischenschaltung eines Getriebes e. Luftschraube antreibt; Leistung 80% Propeller, 20% Rückstoß (→ Tafel Luftfahrt).

Propergeschäft, *Eigengeschäft,* wird in eigenem Namen u. für *eigene* Rechnung getätigt; Ggs.: Kommissionsgeschäft.

Properz, *Propertius Sextus* (um 50 bis nach 16 v. Chr.), röm. Elegiendichter.

Prophase, Stadium der → Mitose od. → Meiose.

Propheten [gr. „Vorhersager"], Seher in vielen alten Rel.; im A.T. Künder des Gotteswillens, Warner vor Katastrophen, strenge sittliche Forderungen. Älteste Art die *P.zunft* (Nabis); Ekstatiker, derwischähnlich; später 4 große *P. (Jesaja, Jeremia, Hesekiel, Daniel),* 12 kleine *P. (Hosea, Joël, Amos, Obadja, Jona, Micha, Nahum, Habakuk, Zephanja, Haggai, Sacharja, Maleachi).*

Prophylaxe, *w.* [gr.], vorbeugende Maßnahmen gg. Entstehung od. Ausbreitung v. Krankheiten.

proponieren [l.], vorschlagen, anbieten.

Propontis [gr.], im Altertum d. Marmarameer.

Proportion, *w.* [l.],
1) *allg.* Verhältnis.
2) *math.* Gleichung von Verhältnissen, meist geschrieben in Form *a : b = c : d.*

3) *Kunst:* Verhältnis der einzelnen Teile zueinander; z. B. *P.enlehre* d. menschlichen Körpers i. Antike, MA, Renaissance.

proportional, in gleichem Verhältnis stehend.

Proportionalsteuer, svw. Steuerprogression (→ Steuern, Übers.).

Proportionalwahl → Wahlsysteme.

Proportionen, reine chem. Verbindungen enthalten Elemente in definiertem konstantem Gewichtsverhältnis (Proustsches Gesetz der *konstanten P.*); bilden zwei Elemente verschiedene Verbindungen, so stehen die Gewichtsanteile im Verhältnis ganzer Zahlen zueinander (Daltonsches Gesetz der *multiplen P.,* z. B. Stickstoffoxide N₂O, NO, NO₂, N₂O₃, N₂O₅).

proportioniert, ebenmäßig; in wohlabgemessenen Maßverhältnissen.

Proporz, *m.,* svw. Proportionswahl, → Wahlsysteme.

Proposition [l.], Satz, Urteil, Behauptung; i. d. Sprachwiss. semant. Gehalt e. Satzes.

Proprium, *s.* [l.], i. d. kath. Kirche wechselnde Texte u. Gesänge f. d. versch. Feste d. Kirchenjahres.

Propst [l. „praepositus"], nach d. Benediktinerregel Vertr. d. Abtes, später selbständ. Klosteroberer, auch Dignitär eines Domkapitels oder Kollegiatsstiftes; auch svw. der Superintendent.

Propyläen,
1) Torbauten antiker Gebäude, z. B. am Zugang zu d. *Akropolis* in Athen (5. Jh. v. Chr.); Stilnachbildung in *München* (1846–62).
2) Kunstzeitschrift, 1798–1800 in Weimar v. Goethe hg.

Prorektor [l.], stellvertr. (Kon-)Rektor einer Hochschule, Amtsvorgänger des Rektors an der Uni.

Prorogation, *w.,*
1) Parteivereinbarung, wonach ein an sich unzuständiges Gericht 1. Instanz zur Entscheidung eines Rechtsstreites zuständig wird.
2) Aufschub, Verlängerung einer Frist.

prorogativ, aufschiebend.

Prosa, *w.* [l.], Sprache in (rhythm.) ungebundener Form; Ggs.: Poesie.

Prosaiker, *m.,* Prosaschriftsteller.

prosaisch [-'zaï-], svw. phantasiearm, trocken.

Prosecco [-'sɛkko], it. Weißweinrebe, die liebl. u. trockene Weine erzeugt u. v. a. für d. Herstellung d. gleichnam. → Schaum- u. Perlweine verwendet wird.

Prosektor [l.], Leiter der *Prosektur,* Abt. in Krankenhäusern für Sektionen (Leichenöffnungen).

Proselyt [gr.], der zu einer Religionsgemeinschaft (ursprüngl. d. Judentum) Hinzugetretene.

Proserpina → *Persephone.*

PRO SILVA, eur. Vereinigung f. naturnahe Waldwirtsch., v. 33 Forstleuten a. zehn eur. Ländern am 22. 9. 89 i. Ljubljana gegr., um die Erkenntnisse d. naturnahen Waldwirtsch. intern. z. verbreiten u. Erfahrungen auszutauschen.

prosit [l. „es möge nützen"], wohl bekomm's!

proskribieren, Proskription [lat.], Ächten von pol. Gegnern durch öffentl. Anschlag.

Proskynese, *w.* [gr. „Hinhundung"], Fußfall, Ehrenbezeigung.

Propyläen, *München*

Prosna, l. Nbfl. der Warthe, 229 km lang.

Prosodie, *w.* [gr.], Lehre von d. Sprachbehandlung im Vers.

Prospekt, *m.* [l.],
1) Pflichtveröffentlichung: Bericht mit den zur Beurteilung der Lage eines Unternehmens sowie der Ausstattung der Wertpapiere notwendigen Angaben; dem Börsenvorstand bei Zulassung von Wertpapieren einzureichen.
2) Schauseite d. Orgel.
3) gemalter aufrollbarer Vorhang od. Hintergrund d. Bühne.
4) Ankündigung, Preisliste.
5) Ansicht (v. Gebäuden, Straßen u. a.).

Prospektion, Suche nach Lagerstätten u. Bodenschätzen.

prosperieren [l.], gedeihen, blühen.

Prosperität, *w.* [l.], **Prosperity** [engl.], Gedeihen, Wohlstand (bes. e. Staates u. seiner Wirtschaft).

Prößnitz, tschech. *Prostĕjov,* St. i. Südmähr. Bez., Tschech. Rep., 51 900 E; Webereien, Maschinenind.

Prost, Alain (* 24. 5. 1955), frz. Rennfahrer; viermal Formel I-WM 1985, 86, 89 i. 93; 51 Grand Prix-Siege.

Prostaglandine, Gewebshormone, d. in geringsten Konzentrationen vielfältige Wirkungen ausüben. Das Prostaglandin F₂ bewirkt Wehen i. d. Gebärmuttermuskulatur u. wird zur Geburtseinleitung u. zur Herbeiführung e. → Aborts verwendet. Andere P. werden zur Erweiterung von Arterien bei Durchblutungsstörungen eingesetzt. P. sind auch an Entzündung und Schmerz beteiligt; viele Mittel dagegen (Antiphlogistika, Analgetika) hemmen die Produktion der P.

Prostata, *w.* [gr.], Vorsteherdrüse d. Mannes vor d. Harnblasenmündung; bei krankhafter Vergrößerung (*P.hyperplasie, P.hypertrophie, P.adenom*) erschwerte Harnentleerung (→ Geschlechtsorgane, Abb.).

prostituieren [l.], sich preisgeben; für Bezahlung zum Sexualverkehr bereit sein.

Alain Prost auf McLaren-Honda

Prostitution, gewerbsmäßige Ausübung sexueller Handlungen.

Proszenium [gr.], Vorbühne, Teil zwischen Vorhang u. Orchester; seitl.: **P.slogen.**

Protactinium, *Pa,* chem. El., Oz. 91; radioaktiv.

Protagonist [gr.], Wortführer; einer der drei ersten Schauspieler d. griech. Bühne; heute: Hptdarsteller; auch Vorkämpfer einer Idee.

Protagoras (ca. 480–421 v. Chr.), griech. Phil., Hptvertr. d. → Sophistik; „Der Mensch ist das Maß aller Dinge"; nur sinnliche Wahrnehmung gibt Gewißheit.

Protégé, *m.* [frz. -'ʒe:], Schützling.

protegieren [-ʒ-], beschützen, begönnern.

Proteïde, zus.gesetzte Eiweißkörper; enthalten neben Proteïnen noch andere Moleküle (z. B. ein Kohlenhydrat, Phosphorsäure).

Proteïne → Eiweiß.

Protektion [l.], Schutz, Gönnerschaft.

Protektionismus, Schutzzollsystem.

protektionistisch, schutzzöllnerisch.

Protektionswirtschaft, Vetternwirtsch., Besetzung von Stellen aufgrund bes. Beziehungen.

Protektor, *m.*, Beschützer, Gönner; *Lord-P.*, Regent f. minderjähr. engl. Kg.

Protektorat, *s.*,
1) Ehrenvorsitz.
2) Schutzherrschaft über e. Land.

Protest, *m.* [l.], Einspruch, Verwahrung,
1) im *Wechselrecht* amtl. Bescheinigung, daß eine Wechselverpflichtung nicht erfüllt wurde, Voraussetzung für den → Regreß; Hptarten: *P. mangels Zahlung*, *P. mangels Annahme* (Verweigerung des Akzepts).
2) *völkerrechtl.* → Einspruch.

Protestant, seit der „Protestation" zu Speyer 1529 Bez. für luth. u. reformierte Christen.

Protestantismus [l.], i. ev. Christentum Bez. f. d. ev. Reichsstände, seit d. i. e. „Protestation" auf d. 2. Reichstag zu Speyer (1529) gg. d. kath. Reichsstände erklärten, v. denen jede Reform verweigert wurde; heute allg. f. christl., aus d. Reformation entstandene Glaubensgemeinschaften: z. B. Lutheraner, Reformierte, Baptisten, Quäker.

Protestsong, balladenhaftes Lied mit sozialkrit. Text.

Proteus, griech. Meergott; konnte jede Gestalt annehmen; Symbol rascher Wandlungsfähigkeit.

Prothese, *w.* [gr.], künstlicher Ersatz eines verlorenen Körperteils (z. B. Gliedmaße, Zähne, Auge).

Protisten, niederste Organismen d. Tier- *(Protozoën, Urtiere)* u. d. Pflanzen- *(Protophyten-)* Reiches.

Protohamiten, vorgeschichtl. Bev. O- u. SO-Afrikas; aus Mischung mit Sudannegern die Bantus.

Protokoll, *s.* [gr.].
1) Referat in Außenministerien, bes. z. Wahrung der intern. diplomat. Förmlichkeiten; Leiter ist der *Chef des P.s*.
2) schriftl. Wiedergabe mündl. Aussage; Sitzungsbericht.

Protokolle der Weisen von Zion, angeblich jüd. Weltherrschaftsplan; als Fälschung erwiesen.

Proton, *s.* [gr.], → Elementarteilchen mit positiver Ladung, bildet d. Kern d. Wasserstoffatoms und ist wichtigster Bestandteil aller Atomkerne, da d. Anzahl d. Protonen den chem. Charakter d. Atome bestimmt, während d. → Neutronen im Kern darauf keinen Einfluß haben (→ Isotope).

Protonotar [gr.-l.],
1) ehem. 1. Notar i. e. fürstl. od. kaiserl. Kanzlei.
2) i. d. kath. Kirche Ehrentitel röm. Prälaten.

Protophyten → Protisten.

Protoplasma, *s.* [gr.], die lebende Substanz d. tier. u. pflanzl. → Zellen außerhalb d. → Zellkerns.

Prototyp, *m.* od. *s.* [gr.], Urbild, Muster.

Protozoon, Mz. **Protozoën** → Protisten.

protrahiert [l.], verzögert, verlangsamt (z. B. die Wirkung eines Medikaments).

Protuberanzen [nl.], (Abb. → Tafel Himmelskunde I), Ausbrüche glühender Gase, bes. Wasserstoff, bis 1,6 Mill. km über die Sonnenoberfläche hinaus u. mit Eruptivgeschwindigkeiten bis zu 700 km/s, sichtb. früher nur b. Sonnenfinsternissen, heute jederzeit mit *P.spektroskop* u. im → Koronograph; P. sind im Licht bestimmter Linien auch vor d. Sonnenscheibe sichtbar *(Filamente)*.

Protze, früher Bez. f. Vorderwagen v. zweiteil. Kriegsfahrzeugen z. Anhängen von Geschützen u. a.

Proudhon [pru'dõ], Pierre (15. 1. 1809–19. 1. 65), frz. utopist. sozialist. Schriftst. u. Anarchist („Eigentum ist Diebstahl").

Proust [prust], Marcel (10. 7. 1871 bis 18. 11. 1922), frz. Dichter; Gesellschaftsschilderer; Romane: *Auf der Suche nach der verlorenen Zeit* (7 Bde).

Proutsche Hypothese [praut-], 1815 v. d. engl. Arzt William *Prout* aufgestellte Hypothese, daß das Atomgewicht jedes Elementes ganzzahlig sei und ein Vielfaches d. Wasserstoffatoms betrage. Die Ganzzahligkeit mußte nach genaueren Messungen aufgegeben werden. Durch den Begriff der Protonen und Neutronen (→ Atom) bestätigte sich aber der richtige Kern d. P. H.

Prouvé [pru've], Jean (8. 4. 1901 bis 23. 3. 1984), frz. Ingenieur, Architekt u. Designer, e. Pionier d. Metallbauweise (Leichtkonstruktionen aus Stahlrohren) u. d. Fertigbaus.

Provence [-'vã:s], frz. Landschaft u. ehem. Prov. am Mittelmeer, Dép.s Alpes-de-Haute-Provence, Var, Vaucluse u. Bouches-du-Rhône; v. Alpenausläufern durchzogen u. v. Rhône, Durance u. Var durchströmt, im S bei mildem Klima äußerst fruchtbar; Hptst. *Marseille;* Bewohner d. eigener Sprache u. Literatur. – Im 6. Jh. Teil d. Frankenreichs, im 10. Jh. unter d. Gfen v. Arles, 1032 an d. Dt. Reich, 1481 durch Karl VIII. an Frkr.

Provenienz, *w.* [nl.], Herkunft (bes. von Waren).

Proverbium, *s.* [l.], Sprichwort.

Proviant, *m.* [it.], Vorrat an Lebensmitteln.

Providence ['prɔvɪdəns], Hptst. des US-Staates Rhode Island, an der Narragansettbai (Atlantik) u. am **P. River**, 160 800 E; Uni., Hafen; Textilind., Juwelierwesen, Maschinenbau.

Providentia [l.], (göttl.) Vorsehung.

Provinz, *w.* [l.], im Röm. Reich außeritalischer Gebietsteil, von einem Prokonsul od. Proprätor verwaltet; heute in einigen Ländern größter Verw.bez.

Provinzial [l.], bei einigen, insbes. neueren kath. Orden der Vorsteher einer Ordensprovinz.

Provinzialismus, mundartl., nur in einem best. Gebiet gebräuchl. Ausdruck.

Provision [l.],
1) die dem Handelsvertreter od. Kommissionär für die Vermittlung v. Geschäften, dem Spediteur für d. Bewirkung d. Versendung zustehende Vergütung.
2) d. meist nach dem erzielten Umsatz bemessene, variable Einkommensteil eines Angestellten (Reisenden, Verkäufers).

Provisor [l.], früher staatl. approbierter Apotheker.

provisorisch [l.], vorläufig, einstweilig.

Provisorium, *s.*, vorläuf. Einrichtung, Regelung, Verfügung.

Provokateur [l.-frz. -'tø:r], Parteigegner, der unter der Maske des Gesinnungsgenossen zu Unbesonnenheiten (Gewalttaten) aufreizt; auch → Agent.

Provokation, *w.*, Herausforderung.

Provos, Bez. für ndl. (aus der Studentenbewegung entstandene) Protestbewegung.

proximal, anatom. rumpfwärts gelegen (Ggs.: *distal*).

Prozedur, *w.* [l.], Verfahren.

Prozent, *s.* [l.], **Perzent**, Zeichen: %, vom Hundert (v. H.); z. B. 4% Zinsen = 4 DM für 100 DM.

prozentual, im Verhältnis zum Hundert.

Prozeß, *m.* [l.],
1) gerichtl. Verfahren, in dem sich zwei Parteien zur Entscheidung widerstreitender Interessen gegenüberstehen; *Zivil-P.* zur Entscheidung bürgerl. Rechtsstreitigkeiten (Regelung d. Verfahrens durch Zivilprozeßordnung). *Straf-P.* zur Verfolgung des Strafanspruchs (Strafprozeßordnung); → Offizialverteidiger.
2) Vorgang, Verlauf.

Prozeßfähigkeit, Möglichkeit, selbst als Partei vor Gericht aufzutreten od. Bevollmächtigten hierzu zu bestellen; Vorbedingung: → Geschäftsfähigkeit (§ 52 ZPO).

prozeßhindernde Einreden, im Zivilprozeß geltend gemachte Angriffe d. Beklagten (Unzuständigkeit d. Gerichts, Unzulässigkeit d. Rechtswegs, Rechtshängigkeit, mangelnde Vertretungsberechtigung u. a.); müssen vor Verhandlung zur Hauptsache werden (§ 274 ZPO).

Prozession [l.], feierlicher Aufzug, Bittgang, in der kath. Kirche unter Gesang u. Gebet; bei der *Fronleichnams-P.* wird die Monstranz unter einem Baldachin mitgeführt; Buß- u. Bitt-P.en.

Prozessionsspinner, Nachtschmetterlinge, deren gesellig lebende, sehr schädl. Raupen in langen Zügen z. neuen Futterplätzen wandern.

Prozessionsspinner und -raupen

Prozeßkosten → Rechtspflege, Übers.

Prozeßkostenhilfe, früher *Armenrecht*, teilweise od. vollständige od. auch nur einstweilige Übernahme der Prozeßkosten durch die Staatskasse bei Bedürftigkeit des Klägers od. des Beklagten u. begründeter Aussicht auf Prozeßerfolg; erforderlichenfalls auch Beistellung eines Anwalts.

Prozessor [engl.],
1) *Hardware:* elektron. Schaltung, die funktionell e. → Zentraleinheit entspricht.
2) *Software:* Programm, das → Compiler-, → Assembler- u. verwandte Funktionen f. e. best. Programmiersprache enthält.
Prozeßordnung, Vorschriften über d. gerichtl. Verfahren; f. zivilrechtl. Streitigkeiten → ZPO, f. Strafverfahren → StPO.
Prozeßrechner, → DVA, die Daten direkt v. techn. Abläufen mit installierten Meßeinrichtungen (→ Sensorik) erhalten, diese Daten aufgrund vorgegebener → Programme verarbeiten u. d. Ergebnisse als Steuerdaten über geeignete Geräte u. Prozeß abgeben (→ Aktorik); geschlossener → Regelkreis; P. kann → Analog-, → Digital- od. Hybridrechner sein; Peripherie: sehr schnelle externe Speicher u. Protokolldrucker; verwendet werden maschinenorientierte → Programmiersprachen u. → PEARL.
Prozeßsteuerung, → Steuerung v. techn. Prozessen durch → Datenverarbeitungsanlagen (→ Prozeßrechner).
Prozeßverschleppung, verspätetes Vorbringen v. Beweismitteln in d. Absicht, den Prozeß zu verschleppen; kann zurückgewiesen werden.
Prschewalski, Nikolai M. (12. 4. 1839–1. 11. 88), russ. Forschungsreisender in Tibet, d. Mongolei u. China.
Prschewalski-Pferd, *Equus ferus przewalskii,* Przewalski-P., urspr. a. d. Mongolei vorkommendes kompaktes Wildpferd, d. i. Zoos gehalten wird u. als Wildform d. heutigen Pferdes gilt.
Prudentius, Aurelius Clemens (4. Jh. n. Chr.), bedeutendster christl. Dichter des lat. Altertums; Gedicht: *Der Kampf d. Seele* (die zwischen Tugenden u. Lastern steht).
Prüderie, w. [frz.], Ziererei, Zimperlichkeit, übertriebene Schamhaftigkeit.
Prud'hon [pry'dõ], Pierre-Paul (4. 4. 1758–14. od. 16. 2. 1823), frz. (Porträt-)Maler u. Formgestalter d. Klassizismus; wirkte auf d. Empirestil; *Kaiserin Josephine.*
Prüfungstermin → Konkurs.
Prüm (D-54595), St. i. Kr. Bitburg-P., in der Eifel, RP, 5254 E; Luftkurort; AG; div. Ind.
Prünelle, geschälte, trockene Pflaume; auch Fruchtlikör; Pflaumensorte.
Prurigo, w. [l.], juckende Hautknötchen, Juckflechte.
Pruritus [l.], Hautjucken.
Prus, Bolesław, eigtl. *Aleksander Głowacki* (20. 8. 1847–19. 5. 1912), poln. Romanschriftst.; *Pharao.*
Pruskiene, Kazimiera Danute (* 26. 2. 1943), litau. Wirtschaftswiss. u. Pol., Feb. 1990–Jan. 91 Ministerpräs. Litauens.
Pruth, l. Nbfl. der unteren Donau, von d. Waldkarpaten; Grenzfluß zw. Rumänien und Moldawien; 950 km l., 270 km schiffbar.
Pruzzen, *Preußen,* ostbalt. Volk, seßhaft östl. der unteren Weichsel, dem späteren Ostpreußen; 1230–83 v. Dt. Orden unterworfen u. christianisiert, Reste im Deutschtum aufgegangen.
Przemyśl [ˈpʃɛmɨɕl], Hptst. d. poln. Woiwodschaft P., am San, 60 000 E. – 1772–1918 östr. Festung, dann poln.

Przemysliden [pʃɛmɨs-], Přemysliden, 936–1306, böhm. Herzogsgeschlecht, seit 1212 Kge.
Przybyszewski [pʃiˈbiˈʃ-], Stanislaw (7. 5. 1868–23. 11. 1927), poln. Schriftst.; *Totenmesse; Satanskinder; Homo sapiens.*
PS,
1) Abk. f. → **P**ferde**s**tärke.
2) Abk. f. → **P**ost**s**kriptum.
Psalmen [gr. „Gesänge"], rel. Gesänge im A.T. u. N.T. (Loblied der Hanna, 1. Sam. u. a.); bes. die im *Psalterbuch* gesammelten 150 Lieder, aus versch. Zeiten.
Psalmist, Psalmendichter.
Psalmodie, w., Psalm im Wechselgesang: *psalmodieren.*
Psalter, *m., Psalterium,*
1) Buch der Psalmen
2) altes Saiteninstrument.
Pseudarthrose, Knochenbeweglichkeit an abnormer Stelle, meist nach Knochenbrüchen.
Pseudepigraphen, Bez. f. Schriften, die i. späten Juden- u. frühen Christentum unter d. Namen bekannter, aber falscher Verf. erschienen sind.
pseudo- [gr.], als Vorsilbe: falsch..., unecht...
pseudoisidorische Dekretalen, e. Sammlung w. meist unechter kirchenrechtl. Urkunden aus d. 9. Jh.
Pseudokrupp, plötzlich auftretende Entzündung v. Kehlkopf u. Luftröhre, ausgelöst durch best. Bakterien u. Viren (Streptokokken, Grippeviren etc.), die zu (bes. b. Kleinkindern) lebensgefährl. Erstickungsanfällen führen kann; Anzeichen: Heiserkeit, bellender Husten, pfeifendes Geräusch beim Ein- u. Ausatmen; möglicherweise durch Reizstoffe i. d. Atemluft (bes. b. Luftverschmutzung in Ind.gebieten) begünstigt.
Pseudonym, *s.* [gr.], Deckname (z. B. *Molière* f. Poquelin), wird vorzugsweise v. Künstlern u. Schriftst. angenommen; rechtl. geschützt.
Pseudopodien [gr.], Scheinfüßchen, Protoplasmafortsätze d. Einzeller, bes. der → Wurzelfüßer; zur Fortbewegung und Nahrungsaufnahme.
PSI, Abk. f. *parapsychisch* (nach J. B. Rhine), Begriff f. den krit. Kern der parapsych. Phänomene.
Psittakose, w. [gr.], svw. → Papageienkrankheit.
Pskow, russ. St. → Pleskau.
Psoriasis, w. [gr.], svw. → Schuppenflechte.
Psychagogik [gr.], Menschenführung durch seelische Einwirkung.
Psyche [gr. „Seele"],
1) *psych.* Gesamtheit der geistigen Vorgänge u. Verhaltensweisen sowie deren Beweggründe; Ggs.: → Physis, Körper.
2) in d. griech. Sage Geliebte des Eros (Amor).
psychedelic [gr.-engl. saɪkəˈdɛlɪk „die Seele offenbarend"], *psychedelisch,* Bez. für durch Halluzinogene (LSD, Meskalin, Peyotl usw.), opt., akust. u. a. Mittel herbeigeführten rauschähnl. Zustand u. für in diesem Zustand geschaffene Kunst; Vertr.: Isaac *Abrams,* Tom *Blackwell,* Ernst *Fuchs;* → Rock-Musik.
Psychiater [gr.], Facharzt für Nervenkrankheiten u. Gemütsleiden.
Psychiatrie, Lehre von den seel. Stö-

Psalter, *Illustration aus dem 14. Jh.*

Amor und Psyche

rungen abnormer od. kranker Persönlichkeiten.
psychisch, Bez. für alle bewußten u. unbewußten Vorgänge des Erlebens u. Verarbeitens.
Psychoanalyse, w. [gr.], Tiefenpsychologie, Behandlungsmethode, Forschungsmethode u. theoret. System (Begr.: → Freud), wonach unbewußte Inhalte (z. B. verdrängte Konflikte) d. (gestörte) Verhalten bestimmen; Behandlung durch Bewußtmachung u. Nacherleben verdrängter Erfahrungen.
Psychobiologie, Anwendung biol. Methoden (Anatomie, Physiologie, physiolog. Chemie) z. Erforschung von Verhalten u. Erleben.
Psychochirurgie [gr.], chirurg. Eingriffe i. d. Gehirn, um schwere psych. Störungen zu beheben; Methode u. Erfolge umstritten.
Psychodrama, Form d. → Gruppen(psycho-)therapie, bei der Konflikte spontan in Stegreifspielen mit verteilten Rollen durchgearbeitet werden (*Moreno* 1959).
psychogen [gr.], seelisch verursacht.
Psychokinese, angeblich geistige Einwirkung des Menschen auf materielle Dinge.
Psycholinguistik, Teildisziplin der Sprachwiss., die d. Bedingungen des Spracherwerbs u. der Anwendung d. Sprache untersucht u. sich mit d. Abweichungen vom „normalen" Sprachgebrauch – etwa Stottern – beschäftigt. Psychoanalyt. P.; Experimentelle P.
Psychologe [gr. „Seelenscher"], diplomierter Wissenschaftler m. vorgeschriebenem Hochschulstudium der *Psychologie.*
Psychologie, Wiss. v. Verhalten u. dessen seelisch-geistigen Voraussetzungen. Die Methoden der P. reichen von Introspektion (Selbstbeobachtung) bis zu statistisch ausgewerteten Experimenten; damit steht d. moderne P. zw. Natur- u. Geisteswissenschaft. Spezialgebiete: Entwicklungspsychologie, Persönlichkeitsforschung, pädagogische, klinische, Sozial- u. Werbepsychologie, medizinische P., Arbeitspsychologie.
psychologische Kriegführung, propagandistische Arbeit z. Zweck d. Schwächung d. moral. Widerstandskraft eines gegnerischen Staates.
Psychologismus, phil. Richtung, die die Psychologie z. Grundlage aller Philosophie macht (*Hume, Mill, Brentano*).
Psychopath, abwertende Bezeichnung für Menschen, die sich ungewöhnlich od. psych. krank verhalten.
Psychopathologie, Lehre von d. seel. Ursachen d. Verhaltensstörungen, aber auch wiss. Grundlage d. → Psychiatrie.
Psychopharmaka, Arzneimittel m. Wirkung auf d. → Psyche u. psych. Phänomene; dazu gehören u. a. Schlafmittel, → Tranquilizer, → Thymoleptika.
Psychophysik, Teilgebiet d. experimentellen Psych., das Beziehungen zw. Reizen u. Empfindungen (Reaktionen) untersucht (z. B. Lichtstärke u. Helligkeitsempfindung); Begr.: → Fechner.
Psychose, Geistes- u. Gemütsstörung mit z. T. fehlender Realitätskontrolle, die erhöhte Abnormität u. Zerrüttung d. Persönlichkeit beinhaltet; ohne organ. Ursache; Hauptsyndrome: Erregungszustand, Verfolgungswahn, Größenwahn,

Wahrnehmungsstörungen, tiefsitzende Ängste, versch. geist. Störungen u. Haltungsanomalien.

psychosomatische Medizin, Richtung d. Med., die d. Leib-Seele-Wechselbeziehungen im Krankheitsfall berücksichtigt.

Psychotherapie, Behandlung seelisch Kranker durch Neuorientierung v. Erlebnis- u. Auffassungsweisen (→ Psychoanalyse, Gruppenp.), Veränderung emotionaler Zustände, Reaktionen u. körperl. Sensitivität (→ Hypnose, → autogenes Training) od. Verhaltensänderung (→ Verhaltenstherapie).

Pt, *chem.* Zeichen f. → *Platin.*

PTA,
1) Abk. für **p**harmazeutisch-**t**echnische(r) **A**ssistent(in).
2) Abk. f. **p**erkutane **t**ransluminale **A**ngioplastie, Erweiterung v. verengten od. verschlossenen Blutgefäßen m. e. in das Gefäß eingeführten Ballonkatheter; z. B. b. → Koronararterien, hier **PTCA** genannt.

Ptah, *Phtha,* ägypt. Schöpfergott, Stadtgott von Memphis; sein Abbild: der hl. Apisstier.

Pterosaurier [gr.], Flugsaurier.

Ptolemäer, mazedon.-griech. Herrschergeschlecht in Ägypten:
1) **Ptolemäus I.** *Soter,* Heerführer unter Alexander, beherrschte Ägypten s. 323 v. Chr., Diadoche, Kg s. 305.
2) **P. II.** *Philadelphus,* reg. 285–246 v. Chr., begr. Museum u. Bibliothek in Alexandria. – Mit Kleopatra (30 v. Chr.) ausgestorben.

Ptolemäus, Claudius (2. Jh. n. Chr.), Astronom u. Geograph (Weltkarten mit Ortsangabe in Längen- u. Breitengraden) in Alexandria; Hptwerk: *Almagest,* enthält **Ptolemäisches System:** Erde als Mittelpkt der Welt; vom heliozentr. Weltsystem des → *Copernicus* abgelöst.

Ptose, Herabhängen, z. B. des Oberlides bei Lidlähmung.

Ptyalin, *s.,* Stärke spaltendes Enzym d. Speichels.

Pu, *chem.* Zeichen f. → *Plutonium.*

Pubertas praecox [l.], sexuelle Frühreife.

Pubertät, Bez. f. d. Entwicklungsphase (bei Jungen ca. 12–18 J., bei Mädchen ca. 10,5–16 J.), in der sich d. sekundären Geschlechtsmerkmale, Geschlechtsreife (Beginn der → Menstruation, erste → Pollution) sowie geistige u. emotionale Unabhängigkeit entwickeln; Merkmale: Stimmungs- und Gefühlsschwankungen, Kontaktscheu, Negativismus, Auseinandersetzung mit Werten d. Erwachsenen.

Pubes, Schamhaare, Schamgegend.

Publicity, *w.* [engl. pʌˈblɪsɪtɪ], Öffentlichkeit, (Eigen-)Propaganda.

Public Relations [engl. ˈpʌblɪk rɪˈleɪʃənz], planmäßige Pflege d. Beziehungen zur Öffentlichkeit; angewandt in der Wirtschaft, in Politik und Kulturleben, um die ideellen Grundlagen f. d. Vertrauen der Öffentlichkeit zu schaffen.

Public Schools [engl. ˈpʌblɪk ˈskuːlz], ,,öffentl. Schulen", tatsächl. aber private Schulen in Großbrit., meist mit Internat (z. B. Eton).

publik [l.], öffentl., bekannt.

Publikation, *w.,* Veröffentlichung (bes. im Druck).

Publikationsbefugnis, bei öff. begangener Beleidigung, im Strafurteil dem Beleidigten zuerkannte Befugnis, Verurteilung d. Beleidigers auf dessen Kosten öff. bekanntzumachen (§ 200 StGB).

Publikum, *s.,*
1) Zuhörer-, Leser- u. Zuschauerschaft.
2) gebührenfreie, öff. Hochschulvorlesung; heute sind in der BR d. Vorlesungsgebühren abgeschafft.

publizieren, veröffentlichen.

Publizist, *m.,* Schriftst., der über (pol.) Tagesfragen schreibt.

Publizität, *w.,* Öffentlichkeit, Bekanntheit.

Publizitätspflicht, Veröffentlichungspflicht der AG u. KGaA, Genossenschaften, Bausparkassen etc. für ihre Bilanzen u. Geschäftsberichte; gesetzlich geregelt.

Puccini [-ˈtʃiːni], Giacomo (22. 12. 1858–29. 11. 1924), it. Komp.; melod. Einfallskraft, musikal. Vitalität, farbenreicher Orchesterklang; Opern: *Manon Lescaut; La Bohème; Tosca; Madame Butterfly.*

Giacomo Puccini

PUERTO RICO

Name des Territoriums:	Puerto Rico, Commonwealth of Puerto Rico, Estado Libre Asociado de Puerto Rico
Regierungsform:	Autonomer, mit den USA assoziierter Staat
Gouverneur:	Pedro Rosselló
Hauptstadt:	San Juan 437 800 (Agglom. 1,09 Mill.) Einwohner
Fläche:	8897 km²
Einwohner:	3 674 000
Bevölkerungsdichte:	413 je km²
Bevölkerungswachstum pro Jahr:	⌀ 0,80% (1990–1995)
Amtssprache:	Spanisch, Englisch
Religion:	Katholiken (81%)
Währung:	US-$
Bruttosozialprodukt (1994):	26600 Mill. US-$ insges., 7294 US-$ je Einw.
Zeitzone:	MEZ – 5 Std.
Karte:	→ Antillen

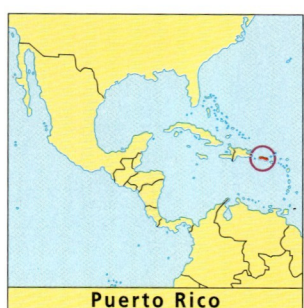

Puerto Rico

Puck,
1) in der german. Überlieferung schelmischer Kobold.
2) schwarze Hartgummischeibe im → Eishockey.

Pückler-Muskau, Hermann Fürst zu (30. 10. 1785–4. 2. 1871), dt. Schriftst. u. Gartengestalter: Muskau u. Branitz; *Briefe eines Verstorbenen; Andeutungen über Landschaftsgärtnerei.*

Pud, *s.,* altes russ. Gewicht = 16,381 kg.

puddeln [engl.], Verfahren zur Gewinnung von Schweißeisen; in **Puddelöfen** wird Roheisen unter Zusatz v. sauerstoffreichen Schlacken bis zur Oxidation der schädl. Nebenbestandteile verrührt (*gepuddelt*); Erzeugnis: *P.eisen,* bei geringerer Entkohlung *Flußstahl* (→ Tafel Eisen- u. Stahlgewinnung).

Pudel, schwarz, weiß oder braun behaarte Hunderasse m. wollig-krausem Haar; gelehrig.

Pudowkin, Wsewolod (28. 2. 1893 bis 30. 6. 1953), sowj. Filmregisseur u. -theoretiker; *Sturm über Asien* (1928).

Puebla de Zaragoza, Hptst. des mexikan. Staates *P.* (Vulkangebiet zw. Popocatépetl u. Orizaba, 4,1 Mill. E) 2162 müM, 1,05 Mill. E; Textilind.

Pueblo [span. ,,Dorf"], Indianerstämme in Arizona u. New Mexico, USA, mehrstöckigen Lehmhäusern, Agrarkultur u. reicher Mythologie.

Puelche [-tʃ-], nomadisierende Indianer in Argentinien.

pueril [l.], knabenhaft, kindisch.

Puerperalfieber, svw. → Kindbettfieber.

Puerto, *m.* [span.], Hafen.

Puerto Montt, südchilen. Prov.hptst. am Golf v. Reloncavi, 113 000 E; Hafen; S-Ende der chilen. Längsbahn.

Puerto Rico, Insel d. Gr. Antillen Westindiens, gebirgig (1130 m); mit den USA assoziierter auton. Staat; Verf. v. 1952, Zweikammerparlament (Abgeordnetenhaus, Senat), Direktwahl des Gouverneurs (alle 4 J.). Hauptausfuhr: Zucker, Tabak, Kaffee, Früchte; Nahrungsmittel-, elektronische, petrochem. u. pharmazeutische Ind.; Fremdenverk. – 1508 span., 1898 an die USA, 1952 innere Autonomie, Außen- u. Sicherheitspolitik werden v. d. USA bestimmt. 1993 Referendum für die Beibehaltung d. Assoziierung an die USA.

Puerto-Rico-Graben, tiefste Senke im Atlantischen Ozean, 9219 m (Milwaukeetiefe), nördlich der Insel Puerto Rico.

Pufendorf, Samuel Frh. v. (8. 1. 1632 bis 26. 10. 94), dt. Rechtsforscher u. Staatsphil. (Natur- u. Völkerrecht).

Puffbohne, *Saubohne,* die Ackerbohne → *Bohne.*

Puffer,
1) *chem.* Substanzen z. Aufrechterhaltung d. → Wasserstoffionenkonzentration in Reaktionssystemen.
2) Vorrichtung zum Abfangen von Stößen bei Schienenfahrzeugen.

Pufferbatterie, Akkumulatorenbatterie z. Ausgleich v. Belastungsstößen in el. Betrieben.

Pufferstaat, kl. St. zw. Großmächten od. Einflußsphären (z. B. Afghanistan, Bhutan, Nepal).

Pufferzone, entmilitarisierte Zone zw. zwei Staaten.

Puffotter, afrikan. Giftschlange; über 1 m lang, gelbbraun.

Puffs [engl. pʌfs ,,Wölkchen"], *Balbianiringe,* aufgelockerte Abschnitte eines → Riesenchromosoms als aktive Genorte mit → RNA-Synthese.

Puget [pyˈʒɛ], Pierre (16. 10. 1622 bis 2. 12. 94), frz. Barockbildhauer; dynam. bewegte Kompositionen lebensvoller Figuren.

Pugetsund [ˈpjuːdʒɪt-], Pazifikbucht im NW des US-Staats Washington; Häfen Seattle u. *Tacoma.*

Pugin [ˈpjuːdʒɪn], engl. Architektenfamilie; u. a. Augustus Welby Northmore (1. 3. 1812–14. 9. 52), auch als Formgestalter e. Verfechter d. Neugotik (versch. Kirchenbauten; d. Entwürfe f. d. Fassaden, Einrichtung u. Ausstattung d. Parlamentsgebäudes in London).

Puja, *Pudscha,* w. [sanskr.], i. → Hinduismus u. → Buddhismus feierl.-festl. Handlungen z. Verehrung e. Gottheit, z. B. durch Darbringung v. Opferspeisen.

Pula, it. *Pola,* kroatische Hafenst. an der Südspitze v. Istrien, 56 000 E; röm. Bauten. – 1850–1919 östr. Kriegshafen; bis 1946 it.

Pulcinella [it. -tʃ- ,,Hähnchen"], *Polichinelle* [frz.], komische Gestalt (frecher, verschlagener, rüpelhafter Diener) in den südit. Volkspossen; Ende des 16. Jh. in die → Commedia dell'arte aufgenommen.

Pulheim (D-50259), St. im Erftkreis, NRW, 49 551 E (durch Zus.schluß m. *Brauweiler* u. *Stommeln*).

Pulitzerpreise *für Zeitungswesen und Literatur* der USA, gestiftet v. Joseph *Pulitzer* (10. 4. 1847–29. 10. 1911); s. 1917 jährl. verliehen durch die Columbia-Uni., New York.

Pulkowo, Berg 15 km südl. v. St. Petersburg, 78 müM, 30° 19' 40'' östl. Länge, mit bedeutendstem Observatorium Rußlands.

Pull [engl.], ,,Zug, Ruck"; z. B. *Pullring,* Zugvorrichtung an Deckeln luftdicht abschließender Dosen.

pullen,
1) *seem.* rudern.
2) b. *Reiten:* starkes Vorwärtsdrängen u. gg. die Zügel drücken (,,auf die Hand gehen") eines Pferdes; beim Ren-

Pullman [-mən], George Mortimer (3. 3. 1831–19. 10. 97), am. Eisenbahnindustrieller; baute 1863 d. ersten **P.wagen,** mit Salonausstattung.
Pullover, *m.* [engl. „Zieh über!"], *Pulli,* über den Kopf zu ziehende kurze Strickjacke.
Pully [py'ji], (CH-1009), schweiz. Gem. b. Lausanne, Kanton Waadt, am Genfer See, 15 000 E; Metall- u. chem. Ind.
Pulmo, *m.* [l.], Lunge.
pulmonal, d. Lunge betreffend.
Pulmonalarterie, Lungenschlagader (→ Herz, Abb.).
Pulpa, *w.* [l.],
1) Markraum in der Milz, Produktion roter Blutkörperchen.
2) gefäß- u. nervenhaltiges Zahnmark, → Zähne.
Pülpe,
1) Rückstände der Kartoffelstärkefabrikation od. b. d. Verarbeitung v. → Maniok; getrocknet z. Kraftfutter.
2) auch der Pulp, das Mark der Rüben in d. Zuckerfabrikation.
Pulque, *m.* [span. -kə], Nationalgetränk d. Mexikaner aus gegorenem Saft der Agave atrovirens.
Puls, *m.* [l.], die durch d. Schlagadern entsprechend dem Herzschlag fortgeleitete Blutwelle, fühlbar an versch. Körperstellen (z. B. der P.ader, Speichenarterie an der Daumenseite d. Handgelenks); normal bei Männern ca. 70, Frauen 75, Kindern 90 u. Neugeborenen ca. 140 Schläge in der Min.
Pulsare, pulsierende Radioquellen im Weltraum, d. in Abständen von ca. 1 Sek. Stöße von Radiostrahlung aussenden.
Pulsation, period. Ausdehnung und Zusammenziehung eines Körpers (z. B. eines Fixsterns).
pulsieren, schlagen.
Pulsometer, *s.,* kolbenlose Dampfpumpe f. Flüssigkeiten, die durch Kondensation von Dampf angesaugt, durch Zuführung von Frischdampf weitergedrückt werden.
Pulsotriebwerk → Schmidt-Rohr.
Pulver → Schießpulver.
Pulvermetallurgie, Verfahren zur Formung von Metallteilen aus Metallpulvern, die verpreßt und dann durch *Sintern* fest vereinigt werden; zuerst für Teile aus unschmelzbaren Metallen oder Verbindungen, auch z. Massenverarbeitung v. Eisen, Stahl u. and. Legierungen zu Lagern, Waffen u. ä.; da die Metalle nicht geschmolzen, sondern wie keram. Material heiß geformt werden, auch *Metallkeramik* genannt.
Pulververschwörung, mißlungener Versuch der kath. Partei in England, 1605 den calvinist. Kg Jakob I. und das Parlament in die Luft zu sprengen (Guy → Fawkes).
Puma, *m., Silberlöwe, Berglöwe,* Raubkatze Amerikas, einfarbig rötlichgrau.
Pumpe, Arbeitsmaschine, **a)** zur Verdichtung oder Verdünnung von Gasen *(Luftpumpe,* od. **b)** z. Förderung v. Flüssigkeiten:
1) *Dampfstrahlpumpe,* meist für Kesselspeisung; Dampfstrahl aus Düse erzeugt Vakuum und reißt Wasser mit (Schornsteinwirkung); bei Inbetriebnahme läuft Wasser durch *Schlabberventil* ab, bis Kesseldruck erreicht; Leistung bis 250 l/min; ähnl. arbeitet *Wasserstrahlpumpe;*
2) *Kolbenpumpe,* Antrieb von Hand oder langsam laufend. Kraftmaschine; durch Hinundhergang des Kolbens Saug- u. Druckwirkung. *Windkessel* z. Vermeidung v. Wasserschlägen.
3) *Kreiselpumpe* f. hohe Umlaufzahlen: Wasser tritt in Mitte d. Schaufelrades ein u. wird in Druckstutzen geschleudert; z. besseren Wasserführung → Leitapparat; für große Druckhöhen mehrere Einzelpumpen in einem Gehäuse (mehrstufige Pumpen); höchste Druckhöhe 1250 m; Saughöhe bis 8 m bei kaltem Wasser; Saug- + Druckhöhe = Förderhöhe. → Pulsometer. → Quecksilberluftpumpe.
Pumpernickel, aus Westfalen stammendes sehr dunkles, süßliches Brot aus Roggenschrot.
Pumps [engl. pʌmps], Halbschuhe, die ohne Klappen u. Schnürung unmittelbar mit dem Ausschnitt am Fuß anliegen.
Punas, trockenkalte Hochebenen Perus und Boliviens, mit harten Gräsern und Kakteen.
Punch [pʌntʃ],
1) satirische engl. Zeitschrift seit 1841.
2) Hanswurst des engl. Puppenspiels.
Punchingball [engl. 'pʌntʃ-], luftgefüllter birnenförmiger Lederball, der an einer Plattform *(Plattformball)* in Augenhöhe hängt zum Training der Treffsicherheit u. Schlagschnelligkeit des Boxers.
Punctum saliens [l. „springender Punkt"], svw. Kern-, Hauptpunkt.
Pune, Puna, Poona, St. im westl. Dekhan, 1,7 Mill. E; Felsentempel; HS; Gold- u. Silberind.
Punier, svw. Bez. für die Karthager.
Punische Kriege, 264–146 vor Chr., Kämpfe Roms mit → Karthago um d. Vorherrschaft im westl. Mittelmeer, endeten mit Sieg der Römer über die Karthager: 1. P. Kr. 264–241 v. Chr., Rom gewinnt Sizilien; 2. P. Kr. 218–201 v. Chr., Hannibals Übergang über d. Alpen n. Italien, → Cannä; Scipio erobert Spanien, siegt bei → Zama; 3. P. Kr. 149–146 v. Chr., Karthago wird zerstört.
Punjab, svw. → Pandschab.
Punk [engl. pʌŋk „Schund"], Bez. auf d. einen Seite f. um 1976 im anglosam. Raum aufkommende Richtung der → Rock-Musik (urspr. bereits f. den am. *Garagen-Rock* 1966/67 verwendet), charakterisiert durch kurze, extrem schnell gespielte Hard-Rock-Stücke m. wenigen Akkorden u. aggressiven Texten *(Sex Pistols, Dead Kennedys),* andererseits f. Jugendliche *(Punks* od. *Punker),* die sich unter d. Eindruck v. sozial u. wirtschaftl. Problemen (bes. Jugendarbeitslosigkeit) v. d. Gesellschaft abwenden u. durch betont provozierende Aufmachung (gefärbte od. verklebte Haare, zerrissene Kleidung, Sicherheitsnadeln u. Rasierklingen etc.) schockieren wollen *(No-Future*-Bewußtsein).
Punkt,
1) math. Grundelement d. Geometrie, durch zwei verschiedene Punkte ist eine Gerade eindeutig bestimmt, zwei nichtparallele Geraden schneiden sich in genau einem Punkt.
2) kleinste typographische Einheit (0,376 mm) z. Größenbestimmung d. Schrift (→ Schriftgrade).

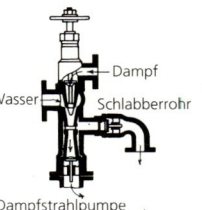
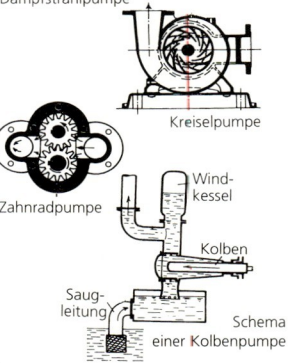

Pumpen

Punktalgläser, Brillengläser, die d. → Astigmatismus f. d. normalen Blickwinkel beheben.
Punktation, *w.,* Gliederung nach Hauptpunkten bei Vertragsentwurf, Erklärung u. a.
Punktierbücher, bes. im 17. u. 18. Jh. Lehrbücher über d. **Punktierkunst,** abergläub. Wahrsageverfahren an Hand von Punkten in Sand oder auf Papier.
Punktion [l.], *med.* Anstich von Blutgefäßen od. einer Körperhöhle mittels Hohlnadel z. Ablassen von Blut, Eiter oder anderer Flüssigkeiten (z. B. → Lumbalpunktion usw.); **punktieren,** eine P. vornehmen.
Punsch, *m.* [hindostan. „fünf"], heißes oder kaltes Getränk aus 5 Bestandteilen: Rum (Arrak), Zucker, Zitrone, Tee, Wasser.
Punta Arenas → Magallanes.
punzen, Einschlagen v. Zeichen od. Mustern mit Stempeln *(Punzen),* z. B. in Leder, Metall (Kennzeichnung d. Feingehalts v. Gold- u. Silberwaren.
pupillarisch [l.], veraltet f. → mündelsicher.
Pupille, *w.* [l.], das Sehloch in der Iris d. → Auges.
Pupillenreflex, Verengung der P. auf Lichteinfall und bei Nah- → Akkommodation.
Pupin, Michael (4. 10. 1858–12. 3. 1935), serb. Ing.; erfand die **P.spulen:** Induktionsspulen, die in Abständen von z. B. 2 km in Fernkabeladern eingeschaltet werden, um die → Dämpfung auf einen techn. tragb. Wert herunterzusetzen: ermöglicht Fernsprechen im Kabel auf Entfernungen bis über 70 km ohne Verstärker.
Puppe,
1) scheinbares Ruhestadium zw. Larve u. fertigem Insekt; bei Insekten mit vollkommener Verwandlung; → Holometabolie. → Metamorphose.
2) auf dem Felde zus.gestellte Garben.
Puppenräuber, großer Laufkäfer mit goldgrünen Flügeldecken. ♦
Puppenspiel, Theater m. Handpuppen (z. B. *Kasperletheater),* Stabpuppen od. Marionetten u. Handschuhpuppen.
Puppis [l.], → Sternbilder, Übers.
pur [l.], rein, lauter, unvermischt.
Puranas [sanskr. „alte Erzählwerke"], i. Hinduismus d. (36) mytholog. Schriften über d. Götter.
Purcell [pə:sl],
1) Edward Mills (30. 8. 1912–7. 3. 97), am. Kernphysiker; (zus. mit F. Bloch) Nobelpr. 1952.
2) Henry (1659–21. 11. 95), engl. Komp.; Oper: *Dido und Aeneas;* Schauspielmusik u. geistl. Musik.
Püree, *s.* [frz.], dicker Brei aus Kartoffeln, Erbsen oder Kastanien usw.
Purgatorium, *s.* [l.], svw. → Fegefeuer.
purgieren [l.], *med.* abführen.
Puri, St. i. ind. Staat Orissa; 125 200 E; berühmter Wallfahrtsort d. Hindu.
Purifikation [l.], allg. Reinigung; i. d. kath. Kirche d. rituelle Reinigung d. bei d. Meßfeier verwendeten Altargefäße.
Purimfest, *Losfest,* jüd. Frühlingsfest zur Erinnerung an die Errettung der Juden durch Esther.
Purin, *n.,* organ. Verbindung; Grundsubstanz der Harnsäure, d. Zellkernsubstanzen sowie d. Coffeïns u. Theobromins.

Purismus, *m.*,
1) in der *Kunst* z. B.: → Le Corbusier.
2) Streben nach Sprachreinheit; fremdwortfreie Ausdrucksweise; *Purist*, Sprachreiniger.
Puritaner, seit Ende des 16. Jh. streng calvinist. Bewegung in England, sucht im Ggs. zur engl. Staatskirche die reformatorischen Prinzipien in ihrer Reinheit *(puritas)* wiederherzustellen; Sittenstrenge; in versch. Freikirchen weiterlebend.
Purpur, *m.*,
1) purpurfarbiges, prächtiges Gewand.
2) *chem. Dibromindigo*, rotvioletter Farbstoff, schon v. d. Phöniziern aus d. Saft v. Purpurschnecken erzeugt.
Purpura, Hautblutungen.
Purpurschnecke, Raubschnecke warmer Meere; erzeugt die Purpurflüssigkeit; im Altertum als Farbstoff sehr begehrt.
Purrmann, Hans (10. 4. 1880–17. 4. 1966), dt. Maler, Matisseschüler u. Fauvist; Landschaften, Stilleben, Porträts.
Purtscheller, Ludwig (6. 10. 1849 bis 3. 3. 1900), östr. Alpinist; bestieg 1700 Gipfel, 1899 d. Kilimandscharo.
purulent, eitrig.
Purús, r. Nbfl. des Amazonas in Brasilien, v. d. peruanischen Anden, 3211 km lang, schiffbar.
Pusan, Hafenst. i. S-Korea, 3,8 Mill. E; Ind. u. Handel.
Puschkin, Alexander Sergejewitsch (26. 5. 1799–29. 1. 1837), russ. Schriftst. d. Romantik; umfangr. lyrisches Werk; Epos: *Eugen Onegin;* Schauspiel: *Boris Godunow.*
Pushball, *m.* [engl. 'pʊʃ-], Schiebeball, am. Ballspiel zw. zwei Mannschaften: luftgefüllter Ball von 1,80 m Durchmesser wird zum Mal des Gegners gestoßen u. gerollt.
Pusher, *m.* [am. 'pʊʃə], Rauschgifthändler.
Puszta, Flachlandschaft Ungarns, Weide- u. Ackerland, verstreut viele kleine Bauminseln (Pappeln, Akazien, Obst); Rinder- u. Pferdezucht, Weizen-, Mais- u. Rübenanbau. Durch Staustufen a. d. Theiß u. künstl. Bewässerung Ausdehnung der Anbauflächen.
Pustel, *w.* [l. „pustula"], Eiterbläschen.
Pustertal, it. *Val Pusteria*, Gebirgstal im N der Dolomiten, Längstal der Rienz u. oberen Drau, 100 km l.; westl. Teil it., östl. östr.
putativ [l.], vermeintlich, irrtümlich.
Putativnotwehr → Notwehr.
Putbus (D-18581), Luftkurort u. Seebad a. Rügen, M-V., 4419 E.
Puter, svw. → Truthahn.
Putsch, *Staatsstreich*, pol. Umsturz, gewaltsame Änderung d. Rechts- od. Verf.sordnung im Staat durch einzelne Personen bzw. kleine Gruppen (z. B. Militär). → Coup d'état, → Staatsstreich.
Putter [engl. 'pʌtə], *Golf:* Schläger z. Einlochen.
Puttgarden, Ortsteil v. Bannesdorf auf der Insel Fehmarn; Fährbahnhof der → Vogelfluglinie.
Püttlingen (D-66346), Ind.stadt im Stadtverband Saarbrücken, Saarld., 20 849 E.
Putto, [it. „Knabe"; Mehrz. Putti, dt. Putten], kl., nackte, oft geflügelte Kinderfiguren in d. (Renaissance- u. Ba-

Alexander S. Puschkin

Putto

Pyramiden, *Gizeh*

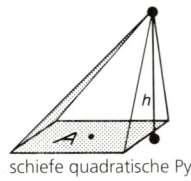
schiefe quadratische Pyramide

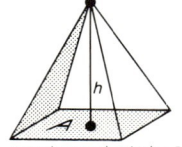
gerade quadratische Pyramide

rock-)Kunst, nach Vorbild d. antiken → Eroten.
Putumayo, *Içá*, l. Nbfl. des Amazonas, entspringt i. d. Ostkordilleren, Grenze zw. Kolumbien, Ecuador u. Peru, 1852 km lang, schiffbar, mündet als Içá in NW-Brasilien.
Putz, Mörtelauftrag auf Wänden u. Decken z. Ausgleich v. Unebenheiten u. Schutz d. Rohbauteile v. Witterungseinflüssen; z. Wärmedämmung Zuschlag v. Kunststoffgranulat, höhere Witterungsbeständigk. b. Dispersionsmitteln u. filmbildenden Zusätzen; Bewehrungen bei schlechten Untergründen (Decken, Kanten).
PUVA, Behandlung der → Schuppenflechte mit e. Medikament (Psoralen) u. Bestrahlung mit längerwelligem UV-Licht (UV-A).
Puvis de Chavannes [py'vi ʃa'van], Pierre (14. 12. 1824–24. 10. 98), frz. Maler; Wandbilder, u. a. *Genoveva-Zyklus* (Pantheon, Paris).
Puy, Le [lə 'pɥi], *Le Puy-en-Velay*, Hptst. des frz. Dép. *Haute-Loire*, in der vulkan. Landschaft der Auvergne, 26 000 E; Kathedrale; Bischofssitz; Spitzenherstellung.
Puy-de-Dôme [pɥidə'do:m],
1) höchster Vulkangipfel der Auvergne, 1465 m, Bergbahn, meteorolog. Observatorium.
2) mittelfrz. Dép., 7970 km², 598 000 E; Hptst. *Clermont-Ferrand.*
Puzo ['pu:zoʊ], Mario (* 15. 10. 1920), am. Schriftst.; Romane, Drehbücher; *Der Pate.*
Puzzle, *s.* [engl. pʌzl], Rätsel, insbes. Geduldspiel: aus verschieden geformten Klötzchen werden Bilder od. Figuren zusammengesetzt.
PVC-Faser, erste vollsynthetisch hergestellte Chemiefaser aus → Polyvinylchlorid.
pxt., Abk. f. → *pinxit*.
Pyämie [gr.], Blutvergiftung durch Eiter.
Pyelitis, *w.* [gr.], *Pyelonephritis*, Nierenbeckenentzündung, z. T. mit Beteiligung d. Niere selbst, durch Eitererreger.
Pygmäen [gr. „Fäustlinge"], Zwergvölker Mittelafrikas; → Zwergwuchs.
Pygmalion, sagenhafter König von Zypern, verliebt sich in ein von ihm geschaffenes weibliches Standbild; durch die Göttin Aphrodite wird es lebendig, worauf er es zur Frau nimmt. Titel eines Bühnenstücks von Shaw; Musical *My Fair Lady.*
Pyjama, *m..* [pers. pi'dʒ-], Schlafanzug.
pyknisch, untersetzter → Körperbau.
Pyknometer, *s.* [gr.], Vorrichtung z. Dichtebestimmung von Flüssigkeiten und Pulvern.
Pylades, treuer Freund des → Orest.
Pylon
1) v. Türmen flankiertes Tor ägypt. Tempel.
2) Seiltragpfeiler e. Hängebrücke.
Pylorus [gr.], svw. → Magenpförtner.
Pylos → Navarino.
Pynchon ['pɪntʃən], Thomas (* 8. 5. 1937), am. Schriftst.; phantast.-humorist. Romane m. komplexen Erzählstrukturen; *D. Versteigerung v. No. 49; V.; D. Enden d. Parabel.*
Pyodermie, Eiterung der Haut.
Pyongyang, *Pjöngjang* → Nord-Korea.

Pyramide|n [gr.],
1) geometrischer Körper: hat als Grundfläche ein beliebiges Polygon, die Seitenflächen bilden den Mantel, der Abstand der Spitze von der Grundfläche ist die Höhe; der Rauminhalt der P. beträgt $\frac{1}{3}$ der Grundfläche A mal Höhe h.
2) Grabmäler altägypt. Könige d. 3.–2. Jtds v. Chr. (älteste um 2600 v. Chr. f. → Djoser in → Sakkara; Cheops, Chephren, Mykerinos); quadrat. Unterbau mit 4 dreieckigen, an der Spitze zusammentreffenden Wänden.
Pyramidentexte, Sammlung ägypt. Religionstexte in d. kgl. Pyramiden der 5. u. 6. Dynastie, die sich auf d. Bestattung u. das jenseits. Leben des toten Pharao beziehen.
Pyramus und Thisbe, antikes Liebespaar, durch Feindschaft der Eltern getrennt, nimmt sich das Leben (P. als erster in der irrtüml. Annahme vom Tod der Th.).
Pyrenäen,
1) Kettengebirge zw. dem Golf v. Biscaya u. d. Mittelmeer, 450 km l., bis 110 km breit; im *Pico de Aneto* (Maladettamassiv) 3404 m hoch, m. steiler N-Flanke u. breiter S-Abdachung, trennt das steppenhafte Aragonien v. feuchteren südl. Frkr.; Paß von Roncesvalles (1057 m) einziger niedriger Übergang; Umgehungsbahnen im W und O; 2 Durchstichbahnen.
2) *Pyrénées*, Name v. 3 Départements auf frz. Seite: a) *Pyrénées-Atlantiques*, 7645 km², 573 900 E, Hptst.: *Pau*; b) *Hautes-Pyrénées*, 4464 km², 232 000 E, Hptst.: *Tarbes*; c) *Pyrénées-Orientales*, 4116 km², 364 000 E, Hptst.: *Perpignan*. – Im östlichen Teil liegt die Zwergrepublik → Andorra.
Pyrenäenfriede, beendet d. Krieg Frkr.s (Ludwig XIV.) m. Spanien (1635 bis 59), Frkr. bricht die Vorherrschaft d. span. Habsburger in Europa.
Pyrenäenhalbinsel, *Iberische Halbinsel*, umfaßt Spanien, Portugal, Andorra und Gibraltar.
Pyrethrum, *s.*, *Persische Wucherblume*, Kontaktinsektizid, Herstellung aus den Blüten von Chrysanthemum-Arten, vornehmlich z. Bekämpfung v. Haushaltsungeziefer; für Menschen u. Haustiere weitgehend unbedenklich.
Pyrheliometer, Instrumente zur absoluten Messung der direkten Sonnenstrahlung.
Pyridin, *s.*, stickstoffhaltige organ. Verb., ähnl. Benzol, C_5H_5N, übelriechend; zum → Denaturieren von Spiritus.
Pyrimidin, i. → Purinen u. → Nukleïnsäuren vorkommendes Ringsystem m. 2 Stickstoff-Atomen.
Pyrit, *m.*, svw. → Eisenkies.
Pyrmont,
1) Teil des Rgbz. Hannover, Nds., bis 1625 Gft, dann zu Waldeck, 1807 Fürstent., 1922 zu Preußen.
2) → *Bad Pyrmont.*
Pyrogallol, *s.*, *Pyrogallussäure*, ein Trihydroxybenzol, $C_6H_3(OH)_3$, weiße Kristalle; als fotograf. Entwickler u. zur Sauerstoffabsorption (Gasanalyse).
Pyrolyse, therm. Zersetzung v. (Abfall-)Stoffen bei höheren Temperaturen.
Pyromanie [gr. „Feuerwahnsinn"], Brandstiftungstrieb.
Pyrometallurgie, Lehre von d. Ge-

winnung v. Metallen aus Erzen bei sehr hohen Temperaturen.

Pyrometer, s. [gr.], Meßinstrument f. hohe Temperaturen (über 500°); Messung *optisch:* durch Vergleich d. Helligkeit der Glut m. geeichter Lichtquelle (*Holborn-Kurlbaum*); *el.* Widerstandsmessung; *thermoel.* Thermoelement.

Pyromorphit [gr.], ein Bleierz, fettglänzende Prismen.

Pyrophor, *m.* [gr.], feinstverteiltes, i. Verbindung mit Sauerstoff selbstentzündl. Metall (z. B. Cer-Eisen-Legierung).

Pyrotechnik [gr.], Herstellung u. Anwendung v. Feuerwerkskörpern, milit. d. Umgang mit Sprengkörpern, v. a. deren Entschärfung.

Pyroxene, Gruppe der → Silicate, in → Magmatiten, → Metamorphiten (z. B. *Augit*).

Pyrrhon von Elis (360–270 v. Chr.), griech. Phil. u. Begr. d. älteren Schule d. Skeptiker u. d. Pyrrhonismus. Da alles ununterschieden sei, soll man sich jeden Urteils enthalten u. „Unerschütterlichkeit" anstreben.

Pyrrhus, König von Epirus 306–272 v. Chr., errang im Kampf gegen Rom sehr verlustreiche Siege, daher sprichwörtl. **Pyrrhussieg.**

Pyrrol, s. [gr.], chem. Verbindung, C_4H_5N; im Steinkohlenteer, Chlorophyll u. Blutfarbstoff.

Pythagoras (ca. 570–497 v. Chr.), griech. mystischer Phil. u. Math., erklärte d. *Zahlen* (als Ausdruck der Verhältnisse der Natur u. ihrer Harmonie) für die Grundbegriffe des Seins, lehrte die Sphärenharmonie, die Seelenwanderung; gründete in Unteritalien e. sittl.-rel. Bund **(Pythagoreer).**

pythagoreischer Lehrsatz, fundamental für die Geometrie: Im rechtwinkligen Dreieck ist (arithmet.) das Quadrat über d. Hypotenuse gleich der Summe der Quadrate über den beiden Katheten: $c^2 = a^2 + b^2$.

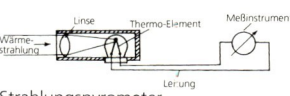
Strahlungspyrometer

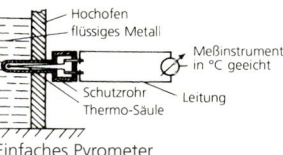
Einfaches Pyrometer

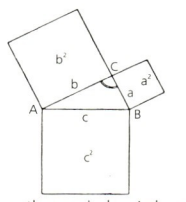
pythagoreischer Lehrsatz

Pytheas von Massilia (Marseille), griechischer Astronom, Geograph und Mathematiker, bereiste um 330 v. Chr. Britannien, Thule u. das „Bernsteinland" (erste bestimmte Kunde von den Germanen).

Pythia, Apollopriesterin, die zu Delphi, auf einem Dreifuß sitzend, im Zustand der Verzückung weissagte: **Pythisches Orakel;** durch Priester in metrische Spruchform gebracht; bis zur Mitte des 5. Jh. v. Chr. von gr. Bedeutung für pol. Entscheidungen in ganz Griechenland.

Pythische Spiele, alle 4 Jahre bei Delphi zu Ehren des *pythischen* Apollo gefeiert.

Python, *m.,*
1) → Riesenschlangen.
2) i. d. griech. Sage Drache am Parnaß, von Apollo getötet.

Pyxis, *w.* [gr.], in d. kath. Kirche Gefäß z. Aufbewahrung d. Hostien im → Tabernakel.

Q, q, Zeichen bei Maßen f. *Quadrat* (z. B. qm = Quadratmeter, heute: m²).
Qatar → Katar.
QbA, Abk. f. **Q**ualitätswein **b**estimmten **A**nbaugebietes; nach dem dt. Weingesetz v. 1971 Bez. f. Weine der mittleren Stufe der 3 amtl. Güteklassen (→ *Tafelwein*, → *QmP*), die e. Mostgewicht zw. 50 und 72° Oechsle besitzen. Dabei müssen 85% der Trauben aus e. der 13 gesetzl. festgelegten „best. Anbaugebiete" (→ *Wein*) stammen. In Östr. höhere Anforderungen hinsichtl. des Mindestmostgewichts.
Qeqertarsuaq, dän. *Godhavn*, Hafenort auf d. grönländ. Insel Deqertarsuag (Disko), 1000 E; Arktisstation u. geophys. Observatorium.
Q-Fieber (Abk. f. engl. *query* = Frage[zeichen]), *Queenslandfieber, Balkanfieber*, durch → Rickettsien übertragbare Infektionskrankheit.
Qian Qichen [dʒjɛn dʒitʃɛn] (* 1928), s. 1988 chin. Außenmin.; s. 1993 stellvertr. Min.präs.
Qingdao [tɕɪŋdaʊ], früher *Tsingtau*, chin. Hafenstadt an der Tiaozhou-Bucht (Gelbes Meer), 1,3 Mill. E; Kriegs- u. Handelshafen; Seidenind.
Qinghai [tɕɪŋxaɪ], früher *Tschinghai*, chin. Prov. in O-Tibet, gebirgig, 721 000 km², 4,4 Mill. E; Hptst. *Xining*.
Qiqihar [tɕitɕixʌr], früher *Tsitikar*, St. i. d. chin. Prov. Heilongjiang, 1,26 Mill. E; Ind.- u. Verkehrszentrum.
QmP, Abk. f. **Q**ualitätswein **m**it **P**rädikat, oberste Qualitätsstufe nach dem dt. Weingesetz, nach d. → Mostgewicht in 6 Gruppen unterteilt: → *Kabinett*, → *Spätlese*, → *Auslese*, → *Beerenauslese*, → *Trockenbeerenauslese* u. → *Eiswein*. In Östr. kommt d. → *Ausbruch* hinzu, während *Kabinett* nicht zu den Prädikatsweinen bzw. den *Weinen bes. Reife* od. *Leseart* zählt.
Qomolangma, *Tschomolungma*, → Mount Everest.
QUABI, i. Lehrerjargon f. *Qualifizierter beruflicher Bildungsabschluß*, d. h. → QUALI plus Berufsabschlußprüfung.
Quacksalber, svw. Kurpfuscher.
Quaddeln, juckende Hauterhebungen (z. B. nach Insektenstichen), Flüssigkeitsaustritt aus den Lymphgefäßen in die Haut.
Quaden, westgerman. Volk in Böhmen u. Mähren seit 1. Jh. v. Chr., mit → Markomannen verbündet; im 1.–4. Jahrhundert Kämpfe mit den Römern.
Quader,
1) großer, rechteckig behauener Stein.
2) *math.* ein von 6 (mit je 2 gegenüberliegenden gleichen) Rechtecken begrenzter Körper; Rauminhalt = Produkt der 3 Seitenkanten.
Quadflieg, Will (* 15. 9. 1914), dt. Film- u. Bühnenschausp.; *Faust*; Autobiographie: *Wir spielen immer*.
Quadragesima, *w.* [l.], 40tägige Fastenzeit vor Ostern.
Quadragesimo anno, „im 40. Jahre nach" (d. Enzyklika Rerum novarum) = Enzyklika v. Pius XI. zur soz. Frage, 1931.
Quadrant, *m.* [l.]
1) im MA Instrument z. Messen v. Gestirnshöhen.
2) vierter Teil eines Kreises (u. d. Windrose).
Quadrantiden, Meteorstrom (→ Meteore) aus d. nördl. Teil d. Sternbildes des Bootes (3. Januar).

Quadrat, *s.* [l. „quattuor = vier"], *math.* Viereck mit 4 gleichen Seiten (*a*) und 4 rechten Winkeln; Inhalt = $a \cdot a = a^2$; auch die zweite Potenz einer Zahl; *magisches Q.,* in kleinere Q.e unterteiltes, m. Zahlen versehenes Q., wobei waagerechte u. senkrechte (oft auch diagonale) Summen d. gleiche Zahl ergeben.
quadratische Gleichung, svw. → Gleichung 2. Grades.
Quadratur, *w.* [l.].
1) Stellung zweier Gestirne im Längenabstand v. 90°.
2) Verwandlung einer Figur in ein Quadrat; Q. d. Kreises mit Zirkel u. Lineal (alte Aufgabe d. Mathematik) ist unmöglich.
3) in d. Integralrechnung die Ausführung d. Integration.
Quadraturmalerei illusionist. Architekturmalerei nach d. Gesetzen d. Perspektive z. Raumerweiterung, wobei d. Entwurf durch → *Quadrierung* 2) auf d. zu bemalende Fläche übertragen wird; hpts. i. d. it. Renaiss. u. im Barock (Deckengemälde v. A. Pozzo in S. Ignazio, Rom), s. 18. Jh. auch n. d. Alpen: Hptmeister P. Troger (Deckenfresken z. B. in d. Stiftskirchen v. Altenburg u. Göttweig), C. D. Asam (z. B. Deckenfresken in St. Maria de Victoria, Ingolstadt; St. Joh. Nepomuk, München); → illusionist. Malerei; → Trompe-l'œil.
Quadratwurzel, geschrieben √ oder $\sqrt{\ }$ in der *Arithmetik:* zweite → Wurzel einer (math.) Größe.
quadrieren, eine Zahl in d. 2. → Potenz erheben.
Quadrierung,
1) in d. Architektur Imitation v. Quadermauerwerk durch Aufmalen od. Einritzen e. Musters aus Scheinfugen in e. Wandfläche.
2) in d. (Fresko-)Malerei hpts. s. d. Renaiss. Übertragung e. Entwurfszeichnung auf kariertes Papier für ihre maßstabsgerechte Projektion auf d. Malgrund (z. B. Wandfläche).
Quadriga, *w.* [l.], Viergespann u. v. ihm gezogener zweiräd. Renn- od. Siegeswagen d. Antike, in freiplast. Darstellung in d. Antike u. s. d. Renaissance (z. B. in Berlin auf d. Brandenburg. Tor, 1945 zerstört, 1958 Neuguß, 1991 restauriert).
Quadrille, *w.* [frz. ka'drilja], Gruppentanz für je vier (frz. *quatre*) Paare.
Quadrillion [l.], eine Eins mit 24 Nullen (1 Mill. Trillionen od. 10²⁴).
Quadrivium → freie Künste.
quadrupel [l.], vierfach, vier zusammengehörende Kräfte oder (pol.) Mächte.
Quagga, *s.,* ausgerottete Steppenzebra-Art S-Afrikas.
Quaglio ['kuaʎo], Künstlerfamilie d. it. Barock, s. Ende 18. Jh. hpts. in München als Architekten, dann Architekturmaler (bes. Domenico, 1. 1. 1787–9. 4. 1837) u. Theatermaler (zuletzt Eugen, 3. 4. 1857–25. 9. 1942, tätig in Berlin).
Quai, *m.* [frz. ke;] → Kai.
Quai d'Orsay [-dɔr'sɛ], Kai am südl. Seineufer in Paris, m. d. danach benannten frz. Außenministerium.
Quakenbrück (D-49610), St. i. Kr. Osnabrück, Nds., 10 738 E; histor. Bauten; Fahrradind.
Quäker [engl. „Zitterer"], ursprüngl. Spottname f. „Gesellschaft d. Freunde",

ev. Religionsgemeinschaft, von George *Fox* 1652 gegr., von William *Penn* in Amerika organisiert; rein geistl. Gottesdienst unter Ablehnung äußerer Formen; unbedingt friedensliebend (Friedensnobelpr. 1947); verwerfen Eid u. Kriegsdienst; unermüdl. i. intern. Hilfstätigkeit.
QUALI, i. Lehrerjargon f. *Qualifizierender Hauptschulabschluß* (→ QUABI).
Qualifikation, *w.* [nl.], Befähigung, Eignung.
qualifizieren, nach den Eigenschaften kennzeichnen; tauglich machen.
qualifiziert, geeignet, befähigt.
qualifizierte Delikte, an sich schon strafb. Handlungen (z. B. Hehlerei), z. denen weitere belastende Tatsachen hinzukommen (*Gewerbsmäßigkeit* der Hehlerei).
qualifizierte Mehrheit → Mehrheit.
Qualität, *w.* [l. „qualis = wie (beschaffen)"], Beschaffenheit, Güte einer Sache.
qualitativ, der Beschaffenheit, der Güte nach.
Quallen, *Medusen,* frei schwimmende, glocken- od. schirmförmige →Zölenteraten; haben sich meist von einer festsitzenden Generation (Polyp) abgelöst,

Spanische Galeere
Kompaßqualle
Leuchtqualle
Ohrenqualle

Quagga   Quallen

Quadriga *auf dem Brandenburger Tor, Berlin*

Quantentheorie

Obwohl die Quantentheorie im Widerspruch zur Denkweise der klassischen Physik steht, ist sie e. notwendige Erweiterung letzterer für den Bereich des Mikrokosmos, d. h. für Gebilde mit atomaren od. subatomaren Abmessungen. Sie wurde aus dem Zwang heraus entwickelt, Ergebnisse aus versch. Ansätzen zur Atomforschung in Einklang zu bringen, die auf der Basis der bis dahin so erfolgreichen klassischen Physik (v. a. Elektromagnetismus) zu Widersprüchen führten. So wußte man z. B., daß die Atome Lichtstrahlung aussenden, aber nur bei ganz bestimmten, für die Atomart typ. Wellenlängen. Andererseits ergaben Experimente um 1900, insbes. die von → *Rutherford*, daß die Atome ähnl. e. Miniatur-Sonnensystem aufgebaut sein mußten: Um einen winzigen, schweren, el. positiv geladenen Kern bewegen sich el. negativ geladene Elektronen wie Planeten um die Sonne. Mit solchen Atomen ließ sich d. beobachtete Strahlungsverhalten nicht erklären (sie konnten nach klass. Vorstellung nur kontinuierlich strahlen, ähnl. dem Licht von Glühlampen); noch schlimmer war, daß solche Atome nicht stabil sein konnten, da die Elektronen durch die Ausstrahlung Energie verlieren und nach kurzer Zeit in den Kern stürzen müßten. Diese und andere grundlegende Widersprüche stürzten das physikalische Weltbild in eine tiefe Krise. Sie wurde in zwei Schritten überwunden: Zunächst modifizierten *Bohr* (1913) und *Sommerfeld* (1915) das planetare Atommodell durch zwei Postulate: 1) *Strahlungslose* Umläufe der Elektronen auf best. stabilen Bahnen; 2) nur wenn ein Elektron von e. Bahn auf eine andere, energetisch niedriger gelegene Bahn wechselt, sollte die Energiedifferenz in Form e. Strahlungsquants $E=h\cdot v$ mit der festen Frequenz v ausgestrahlt werden (h ist dabei das von *Planck* 1900 aus der Hohlraumrechnung abgeleitete Wirkungsquantum $h=6{,}624 \cdot 10^{-27}$ erg. s, eine Naturkonstante). Mit dieser Mischung aus klass. Vorstellung u. Quantenpostulaten war zunächst die Stabilität der Atome verifiziert und zugleich der Weg gewiesen, auf dem man e. konsistente Atomtheorie suchen mußte: Sie konnte nur in einer konsequenten Quantisierung der phys. Größen (Quantenzahlen) im Bereich der mikrokosmischen Dimension liegen. 1925 Ausbildung der „Göttinger" Quantenmechanik (*Heisenberg, Born, Jordan*), 1926 der *Wellenmechanik* (*De Broglie, Schrödinger*), die sich als äquivalent erwiesen (*Schrödinger, Dirac*). Durch die „Kopenhagener Deutung" (1927 *Bohr, Heisenberg*) wurde die für unsere ganze Naturerkenntnis grundlegende Q. abgeschlossen.

Die Quantentheorie ist e. math. widerspruchsfreie, in sich geschlossene Theorie; sie muß aber für das Geschehen im Bereich der → Elementarteilchen erweitert werden. Quantentheorie enthält Dualitätsprinzip, wonach Licht und alle Materie je nach den Versuchsbedingungen als Korpuskel od. als Welle erscheint. Wellennatur der Materie eindeutig durch Versuche (1926 *Davisson, Germer*) bewiesen. Die Vielfalt der quantenhaften Erscheinungen der Natur wird durch wenige, grundlegende Quantengesetze geregelt. Vielleicht das wichtigste ist die sog. *Heisenbergsche Unschärferelation*, nach der best. (klass. unabhängige) physikalische Größen wie z. B. Ort u. Geschwindigkeit (genauer: Impuls) sowie Energie u. Zeit eines Teilchens so miteinander verkoppelt sind, daß ihr Produkt nicht kleiner als das Plancksche Wirkungsquantum h werden kann. Das bedeutet einerseits, daß quantenmechan. Teilchen nicht ruhen können (Ruhe würde bedeuten: fester Ort u. gleichzeitig Geschwindigkeit Null, damit Produkt $< h$), also stets, auch bei Temperaturen am absoluten Nullpunkt, eine Restenergie, die sog. Nullpunktenergie haben. Aus diesem Verhalten resultiert die Stabilität der Atome sowie die einheitl. Größe der Atome einer Sorte; es ist d. Grundlage der Chemie, da es die Existenz stabiler Verbindungen von Atomen zu Molekülen und damit letztl. d. Aufbau aller Materie ermöglicht. Die Kopplung von Energie und Zeit andererseits ermöglicht den Teilchen die Überwindung eigtl. zu hoher Energiebarrieren, bekannt als sog. Tunneleffekt; ohne ihn wäre die Kernfusion in der Sonne (u. in and. Sternen) und damit die Ausstrahlung der für uns lebensnotwendigen Sonnenenergie nicht möglich. Die Q. hat der Biologie e. neuartige Betrachtungsweise eröffnet: Für Organismen entscheidende Vorgänge spielen sich an den Gebilden atomarer od. molekularer Feinheit (z. B. Genen, Viren) ab, die durch e. einzelnes Quant spontan verändert od. getötet werden können.

---

hauchzart und farbenprächtig; *Scheibenquallen* (Discomedusen) mit flachem, achtteiligem Schirm (z. B. Ohren-Q.).

Qualtinger, Helmut (10. 8. 1928 bis 29. 9. 86), östr. Kabarettist, Schausp. u. Schriftst.; *Der Herr Karl.*

Quantentheorie → Übersicht.

Quantenzahlen → Quantentheorie.

Quantifizierung, *Quantifikation,* d. Zurückführung d. Qualitäten auf Quantitäten, z. B. Farben u. Klänge auf Schwingungszahlen u. Wellenlängen; wurde v. Descartes in d. Physik eingeführt.

Quantität, w. [l. „quantum = wieviel"], Menge, Anzahl; in d. *Verslehre:* Silbenmaß (Kürze, Länge).

quantitativ, nach Menge, Größe, Zahl.

Quantitätstheorie, Geldtheorie: Geldmengenveränderung bewirkt e. gleichgerichtete Veränderung d. Preisniveaus. Schwäche d. Theorie liegt i. d. Dichotomisierung (Trennung von Güter- u. Geldwirtschaft).

Quantité négligeable [frz. kāti'te negli'ʒabl], unbedeutende, nicht zu beachtende Größe.

Quantum, s. [l.], Menge.

Quantz, Johann Joachim (30. 1. 1697 bis 12. 7. 1773), dt. Komp.; Flötenlehrer u. Hofkomp. Friedrichs d. Gr.; Verf. e. Flötenschule.

Quappe,
1) Aalraupe, einziger Vertreter der Dorschartigen i. Binnengewässern.
2) svw. → Kaulquappe.

Quarantäne [frz.], Absonderung ansteckungsverdächtiger Personen bis z. Beendigung d. Ansteckungsgefahr; auch Sperre für Schiffe.

Quarenghi [kua'reŋgi], Giacomo (20./21. 9. 1744–18. 2. 1817), it. Architekt, s. 1779 in St. Petersburg; Begr. d. klassizist. Architektur in Rußland.

Quark,
1) aus Milch durch natürl. od. Labsäurerung bereiteter *weißer Käse;* Ausgangsprodukt aller Käsearten.
2) *techn.* z. Appretur, Klebstoff, Galalith.

Quarks [engl., Mz., 'kwɔːrks Phantasiename aus („Finnegan's Wake" von J. Joyce], 1964 v. Gell-Mann u. G. Zweig postulierte kleinste (unteilbare) Elementarteilchen, aus denen alle schweren Elementarteilchen aufgebaut sein sollen. Es gibt 6 Arten: *Up, Down, Charm, Strange, Bottom, Top* (Top-Quark noch nicht experimentell nachgewiesen); jede Art kann als Teilchen oder Antiteilchen und mit einer von drei Farbladungen erscheinen; jedes (schwere) Elementarteilchen besteht aus 2 oder 3 Quarks, die durch sog. Gluonen so stark miteinander verbunden sind, daß bis heute nicht gelungen ist, durch Beschußexperimente in modernen → Beschleunigern selbst bei höchsten Energien freie Quarks zu erzeugen. Während alle Elementarteilchen ganzzahlige (od. keine) → Elementarladungen tragen, sollen d. Quarks Ladungen von ⅓ bzw. ⅔ e. Elementarladung aufweisen.

Quarnero, kroat. *Mali Kvarner,* Meerbusen der Adria an der Ostseite der Halbinsel Istrien, im S mit den **Quarnerischen Inseln:** u. a. Cres (it. *Cherso*), 404 km², Lošinj (*Lussino*), 74 km², Krk (*Veglia*), 410 km², kroatisch.

Quart, s. [l. quartus „der vierte" (Teil)],
1) altes dt. Flüssigkeitsmaß u. engl. Hohlmaß (→ Maße und Gewichte, Übers.).
2) Papier- bzw. Buchformat, 4°, Bogen zählt 4 Blätter bzw. 8 Seiten.
3) Fechthieb bei Säbel u. Schläger, trifft d. linke Seite d. Gegners: Hoch-Q., Brust-Q., Tief-Q.

Quarta, w. [l. „vierte"], früher: 3. Klasse d. höheren Schule (entspr. der 7. Klasse).

Quartal, s. [l.], Vierteljahr.

Quartalssäufer, *Dipsomane,* → Alkoholismus.

Quartär → geologische Formationen, Übers.

Quarte, w. [l.], *mus.* 4. Stufe d. Tonleiter u. entsprechendes Intervall (1: *reine,* 2: *verminderte,* 3: *übermäßige* Quarte).

Quarter, m. [engl. 'kwɔːtə „Viertel"],
1) Handelsgewicht.
2) Hohlmaß in Großbritannien u. USA (→ Maße und Gewichte, Übers.).

Quartett, s. [it.], Kompositionsform für 4 Instrumente oder Singstimmen.

Quartier, s. [frz.], Stadtviertel; Unterkunft.

Quartier Latin [kar'tje la'tɛ̃], Stadtteil links der Seine (Studentenviertel) in Paris.

Quarz, m., häufiges, sehr hartes, schwer schmelzb. Mineral, Kristallform hexagonal; chem. ist Q. *Siliciumdioxid* (SiO_2); Hauptvorkommen als Sand, aber auch Felsmassen (z. B. **Quarzit**), durchsichtig farblos, durch Spurenelemente bildet Q. viele Edel- u. Halbedelsteine, Verwendung des Q.es in der Porzellan- u. Steingutfabrikation u. zu **Q.glas,** aus reinem geschmolzenem Q.; für chemische Gefäße, unempfindlich gegen plötzliche Temperaturunterschiede, säurefest; durchlässig für ultraviolette Strahlen.

Quarzlampe, elektr. Bestrahlungs- (Quecksilberdampf-)Lampe, die reichlich ultraviolette Strahlen aussendet; künstl. *Höhensonne.*

Quarzporphyr, feinkristalliner → Vulkanit mit hohem Quarz- und Feldspatgehalt; → Magmatite, Übers.

Quarzsendersteuerung, Oszillator, beruht auf vollkommener Konstanthaltung d. Frequenz v. piezoelektrisch schwingenden Quarzkristallen (→ Piezo-Elektrizität); benutzt i. der **Quarzuhr,** e. Präzisionsuhr mit einer Ungenauigkeit v. maximal 1 Sek. in 3 Jahren.

Quasar, Abk. f. engl. **Quasi**-Stell*ar Radio Sources,* Bez. f. sternförmig erscheinende, weit entfernte → Galaxien; senden intensive Radiostrahlung aus und zeigen starke → Rotverschiebung; 10- bis 100fache Leuchtkraft gewöhnl. Galaxien; über 100 Quasare bekannt.

quasi [l.], gleichsam, fast wie.

Quasimodo, Salvatore (20. 8. 1901 bis 14. 6. 68), it. Lyriker; *Die unvergleichl. Erde;* Nobelpr. 1959.

Quasimodogeniti [l. „wie Neugeborene"], 1. Sonntag nach Ostern.

Quastenflosser, *Crossopterygier,* altertüml. Ordnung d. Fische, m. Verbindungsformen zu den ältesten Lurchen; galten als s. 60 Mill. Jahren ausgestorben; lebende Exemplare s. 1938 um Madagaskar gefangen.

Quästor, im ältesten Rom Titel der zwei Beamten, denen die Blutgerichts-

barkeit oblag; später oberste Finanzbeamte.
Quästur, w., Universitätskasse.
Quatember, m. [l.], Bußtage in der kath. Kirche zur Heiligung der vier Jahreszeiten; je ein Mittwoch, Freitag u. Sonnabend d. 4 Q.wochen.
Quaternionen, math. erweitertes Zahlensystem, über die gewöhnl. → komplexen Zahlen hinaus, m. 4 Basiselementen.
Quaternio terminorum [l. ,,Vervierfachung der Begriffe"], ein log. Fehlschluß, bei d. ein Begriff doppeldeutig gebraucht wird, z. B. ,,Meier ist ein Fuchs – alle Füchse haben rote Haare – also hat Meier rote Haare".
Quattrocento, s. [it. -'tʃɛnto ,,vierhundert"], it. Bez. f. d. 15. Jh. (Frührenaissance).
Quayle, James Danforth (* 4. 2. 1947), am. Pol. (Republikaner); 1980–88 Senator v. Indiana; 1989–93 US-Vizepräs.
Quebec [engl. kwɪ-, frz. ke-],
1) kanad. Prov. zw. Hudsonbai u. St.-Lorenz-Golf, 1 540 680 km², 6,9 Mill., darunter 60% Frz. sprechende E (Frz. s. 1974 Amtssprache); Obst u. Getreide, Gold, Kupfer, Asbest, Eisenerz; durch intensive Nutzung d. reichen Wasserkräfte zweitgrößte Aluminiumind. der Welt; Textil-, chem. Ind., Fahr- u. Flugzeugbau.
2) Hptst. der Provinz Q., am Mündungstrichter des St.-Lorenz-Stroms, 168 000 E, Agglomeration 645 000 E; Uni., Seehafen.
Quebracho-Holz [ke'bratʃo-], südam. Hartholz: *Q. colorado* (rot), harzreicheres Bauholz, auch f. Gerberei; *Q. blanco* (weiß) als *Q.rinde* gg. Asthma.
Quęcke, dem Weizen verwandtes Grasgewächs; hartnäckiges Unkraut mit langen Ausläufern des Wurzelstockes.
Quęcksilber, *Hg,* chem. El., Oz. 80, At.-Gew. 200,59, Dichte 13,55; silberweißes Metall, bei gewöhnl. Temperatur flüssig, an Luft nicht oxidierend, aus dem Mineral Zinnober (Q.sulfid) gewonnen; benutzt zur Extraktion v. Gold u. Silber aus ihren Erzen, die es mit vielen Metallen leicht legiert (*amalgamiert*); Q.dämpfe sehr giftig; techn. Verwendung → Thermometer, Q.batterien (insbes. Knopfzellen); wichtigste Verbindungen: *Q.chlorid,* od. *Sublimat* ($HgCl_2$), starkes Gift z. Desinfizieren, weiße Kristalle, im Handel als Tabletten mit Eosinzusatz (gg. Verwechslungen); *Kalomel* (Hg_2Cl_2), früher innerl. in sehr kleinen Dosen als Abführmittel u. äußerlich gg. Syphilis; früher auch Anwendung v. metall. Q. i. d. Medizin.
Quęcksilberdampfgleichrichter, evakuiertes Glasgefäß; unten Quecksilber als Kathode, oben Graphit als Anode, dazu unmittelbar bei Kathode Hilfs- od. Zündanode. Nach Anlegen v. Wechselspannung an Anoden u. Eintauchen der Hilfsanode in Q. entsteht b. Herausnehmen ein ruhiger Lichtbogen, dadurch wird verdampft Q. u. gibt Elektronen ab; liegt nun an der Anode negative Spannung, so erfolgt kein Stromfluß, weil Graphit bei niedriger Temperatur keine Elektronen aussendet. Anwendung: Gleichrichtung großer Ströme u. Spannungen.
Quęcksilberdampflampe, el. Lampe in Röhrenform, deren eine Elektrode aus Quecksilber besteht; grünl. Licht, in

dem Farbengegensätze hervortreten; Verwendung zur Reklame, in der Ind. u. zur Erzeugung ultravioletter Strahlen in der Höhensonnenlampe (z. B. zur Vorbeugung u. Behandlung d. Rachitis).
Quęcksilberdampfturbine, mit Qecksilber statt m. Wasserdampf arbeitende Kraftmaschine; bes. hoher (b. 38%) Wirkungsgrad.
Quęcksilberluftpumpe, nach Gaede, → Luftpumpe zur Erzeugung hohen Vakuums bis 10⁻⁶ mm Quecksilbersäule; Wirkung durch Diffusion.
Quędlinburg (D-06484), Krst. an der Bode, a. O-Harz, S-A., 27 100 E; Schloß, Stiftskirche (frühroman.), Wipertikirche m. Krypta (ältester Steinbau, 961); Samen- u. Blumenzucht. – 922 erstm. erwähnt; s. 1994 Weltkulturerbe.
Queen, w. [engl. 'kwiːn], Königin.
Queen Anne Style [kwiːn 'æn stail], Baustil in d. engl. Architektur d. späten 17.–frühen 18. Jh. m. Elementen d. Palladianismus (→ Palladio) u. Barock. Hptvertr. C. Wren, J. Vanbrugh.
Queensland ['kwiːnzlənd], austral. Bundesstaat, im NO, m. Halbinsel York, 1,73 Mill. km², 3,0 Mill. E; von d. bis 1800 m hohen *Great Dividing Range* durchzogen; an der Küste trop. Landw., landeinwärts Wald, Weide u. Steppe; Bauxitlager, Kohlen, Uran, Kupfer, Zinn, Blei, Zink, Silber, Erdgas u. Erdöl; Hptst. *Brisbane.*
Queis, poln. *Kwisa,* l. Nbfl. des Bober in Schlesien, Polen, vom Isergebirge, 127 km l., mündet bei Sagan.
Quęlle, Herkunft, Ursprung; jede natürliche Austrittsstelle v. Grundwasser aus d. Erde; n. Art d. geolog. Untergrunds oft m. gelösten Bestandteilen versehen (Mineral-, Schwefel-, Solquelle usw.); nach d. Tiefe versch. Temperatur (Thermal-, Springquellen od. → Geysir).
Quęllenangabe, Hinweis auf benutzte Literaturstellen in e. Schriftwerk; zum → Urheberrecht vorgeschrieben.
Quęller, Gänsefußgewächs, tritt als Erstbesiedler d. Salzschlickböden im Wattenmeer auf; wichtig z. Festigung d. verlandenden Küstenstreifen.
Quęllkuppe → Vulkane.
Quęllzement, bei Trocknung sein Vol. vergrößernder → Zement.
Quęmoy [ke-], chin. *Jinmen Dao,* nat.-chin. Insel i. d. Formosastraße, Mittelpunkt d. Formosakrise 1958.
Quempas, *m.,* Abk. v. mittellat. **Quem pas***tores laudavere* ,,den die Hirten lobten", an den Anfangsworten weihnachtl. Wechselgesänge; dann f. diese selbst.
Quęndel, svw. → Thymian.
Queneau [kə'no], Raymond (21. 2. 1903–25. 10. 76), frz. Schriftst.; *Stilübungen; Zazie in der Metro.*
Quent, Quentchen, *s., Quint,* Handelsgewicht bis Mitte 19. Jh. (→ Maße und Gewichte, Übers.).
Quęrcia [-tʃa], Jacopo della (um 1374 bis 20. 10. 1438), it. Bildhauer; Wegbereiter d. Renaiss., der die erste Freifigur schuf; *Fonte Gaia* (Siena); Grabmal d. *Ilaria del Carretto* (im Dom v. Lucca); Fassaden-Figuren v. S. Petronio (Bologna).
Querétaro [ke-], mexikan. Staat, 11 449 km², 1,04 Mill. E; Hptst. *Q.,* 454 000 E, in der Kaiser Maximilian 1867 erschossen wurde.

Quarte

Quastenflosser

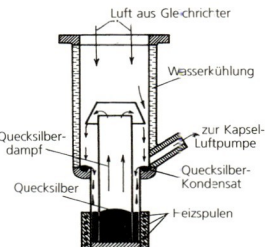
Quecksilberluftpumpe

Quedlinburg, *Schloß*

Quetzalcoatl, *Tlotihuacan*

Quebec, *Hotel Château Frontenac*

Querfurt (D-06268), Krst. i. Quernetal, S-A., 9298 E; Burg, Wehrbauten, Rathaus; Zucker-, Kalkind.
Queri, Georg (30. 4. 1879–21. 11. 1919), bayr. Volksschriftst. u. Sammler v. Brauchtum; *Kraftbayrisch; Die weltl. Gesänge des Egidius Pfanzelter.*
Querlage, erfordert b. Fetus in der Gebärmutter vor der Geburt geburtshilfliche Lageänderung: Wendung auf Kopf oder Fuß.
Querpfeife, kleine Flötenart (in d. Militärmusik), eine Oktave höher als die → Flöte.
Querschiff, den längsgerichteten Hptraum e. Kirche senkrecht durchschneidender Querraum.
Querschläger, durch An- od. Aufschlag aus normaler Flugbahn abgelenkt auftreffendes Geschoß.
Querschnitt, Schnitt durch einen Körper zur zeichner. Darstellung d. inneren Beschaffenheit.
Querschnittslähmung, eine durch Verletzung eines Teils od. des ganzen Rückenmarkquerschnitts verursachte Lähmung meist der Beine, d. Blase u. d. Mastdarms.
querschreiben, einen Wechsel akzeptieren; unterschreiben, quer auf d. Vorderseite d. Wechsels.
Quersumme, Summe aller Einzelziffern einer Zahl (z. B. Q. von 312 = 3 + 1 + 2 = 6).
Querulant, *m.* [nl.], unverträglicher, streitsüchtiger Mensch, der *queruliert,* sich dauernd beschwert.
Quesal, *m.,* → Quetzal.
Quesnay [kɛ'nɛ], François (4. 6. 1694 bis 16. 12. 1774), frz. Volkswirtschaftler, Arzt u. Phil., Begr. des → Physiokratismus; *Tableau économique.*
Quételet [ke'tlɛ], Lambert (22. 2. 1796–17. 2. 1874), belg. Astronom; Begr. der wiss. Statistik.
Quetta [kɛ-], *Ketta,* St. in Belutschistan (Pakistan), 285 000 E; 1600 müM, Bahnknotenpunkt.
Quetzal,
1) mittelam. Vogel (Trogon), Hahn mit überlangen goldgrünen Schwanzfedern.
2) *m.* [kɛ-], *Quesal,* Währungseinheit in Guatemala (→ Währungen, Übersicht).
Quetzalcoatl ['kɛts], Gott der Azteken; *quetzal* = Feder, *coatl* = Schlange, daher sein Symbol eine Federschlange.
Queue [frz. køː],
1) *s.,* Billardstock.
2) *w.,* Schwanz, Q. machen, ,,Schlange stehen".
Quevedo y Villegas [ke'βeðo i βi'ʎeyas], Francisco de (27. 9. 1580–8. 9.

1645), span. Dichter; *Der abenteuerliche Buscón.*

Quezaltenango [keθal-], St. in Guatemala, 246 000 E; Spinnerei, Weberei.

Quezon City [ke'ɘn-], 1950–76 Hptst. d. Philippinen, nordöstl. v. Manila, 1,7 Mill. E.

Quiche [frz. kiʃ, v. dt. ,,Küchle''], warmer Speck-Käse-Fladen, *Quiche lorraine.*

Quickborn, dt. kath. Jugendbund, gegr. 1909.

Quicktest, Kontrolle der Blutgerinnung, u. a. zur Kontrolle der Therapie mit Antikoagulanzien.

Quidde, Ludwig (23. 3. 1858 bis 5. 3. 1941), dt. Historiker u. Pol.; Friedensnobelpr. 1927; *Caligula.*

Quiddität, *w.* [l. ,,Washeit''], d. Wesen e. Dinges i. d. Scholastik. Ggs.: Entität.

Quierschied (D-66287), Ind.gem. i. Stadtverband Saarbrücken, Saarland, 15 558 E; Steinkohlenbergbau, Kraftwerk.

Quiëtismus [l. ,,quies = Ruhe''], phil. Verzicht auf tätige od. andere als *kontemplative* Teilnahme am Leben (Buddhismus, Schopenhauer); auch mystische kath. Richtung (Franz v. Sales, Suso, Molinos).

Quiëtisten, Anhänger des Quiëtismus.

quieto [it. kvi'e:to], *mus.* ruhig.

Quillaja, *w.,* Seifenbaum, Chile; Rinde saponinhaltig; gegen Bronchitis und zum Waschen.

Quincke-Ödem, lokale Schwellung (→ Ödem) v. a. im Gesicht, bis 2 Tage anhaltend, aufgrund eines erblichen biochemischen Defekts.

Quinn, Anthony (* 21. 4. 1916), mexikan.-am. Filmschauspieler; *The Ox-Bow Incident; Zorba the Greek.*

Quinquennium, *s.* [l.], Zeitraum von fünf Jahren.

Quinta, *w.* [l. ,,fünfte''], früher: 2. Klasse d. höheren Schule (entspr. der 6. Klasse).

Quintal, *m.* [span.], Abk. q, Gewichtseinheit, 46,01 kg, vorwiegend i. mittel- u. südam. Staaten.

Quinte, *w.* [l.], *mus.* 5. Stufe d. Tonleiter, entsprechendes Intervall (1: *reine,* 2: *verminderte,* 3: *übermäßige* Quinte).

Quinte

Quintessenz, *w.* [l. ,,fünftes Element''], svw. Kraftauszug, Wesenskern, Kernpunkt.

Quintett, *s.* [it.], Kompositionsform für 5 Instrumente oder Singstimmen.

Quintilianus, M. Fabius (um 30–96 n. Chr.), nach Cicero bedeutendster röm. Redetheoretiker; *Institutio oratoria.*

Quintillion [l.], Eins mit 30 Nullen (1 Million Quadrillionen od. 10^{30}).

Quintus [l.], röm. Vorname.

Quiproquo, *s.* [l.], Verwechslung, bes. von Personen im Lustspiel.

Quipu [ˈki-], bei d. Ketschuas im vorspan. Peru zur Aufzeichnung v. astronom. Daten u. rechner. Angaben; mehrere Meter lange Hauptschnur m. bunten Fransen, auf bes. Art geknotet u. gedreht; Wortzeichenschrift; → Inka.

Quirinalis, einer der sieben Hügel des alten Rom, nach dem Heiligtum des *Quirinus,* des alten röm. Nationalgottes. *Quirinalien,* d. ihm geweihte Fest; Quirinalspalast 1870–1946 Residenz d. it. Königs, s. 1947 d. Staatspräs.

Quirinus, röm. Stammes- u. Kriegsgott, auch Schutzherr d. Bauern; nach ihm benannt ist d. *Quirinal-Hügel* i. Rom.

Quiriten, bürgerlicher Ehrenname der alten Römer.

Quisling, Vidkun (18. 7. 1887–24. 10. 1945), norwegischer faschistischer Politiker; kollaborierte 1940–45 mit NS-Dtld; hingerichtet. – ,,Quisling'' svw. Kollaborateur.

Quisquilien [l.], Kleinigkeiten, Läppereien.

Quito [ˈki-], Hptst. der Rep. Ecuador, 2850 müM, 1,14 Mill. E; Uni., Polytechnikum; Baumwollind.; heiße Mineralquellen.

Quittenbaum, Obstbaum, behaarte, birnen- od. apfelförmige Früchte, zu Marmelade u. Gelee; *Japanischer Q.* m. scharlachroten Blüten, Zierstrauch.

Quittung, schriftliche Bescheinigung d. Empfanges einer Leistung, die Leistungsempfänger auf Verlangen zu erteilen hat; der Überbringer einer (echten) Q. gilt als ermächtigt, die Leistung zu empfangen (§§ 368 ff. BGB).

Quiz, *s.* [engl. kvɪz], Rätselart; Frage- und-Antwort-Spiel, meist in heiterer Form.

Qumrân, *Kumran,* Tal nahe d. Toten Meeres; seit 1947 Höhlenfunde von *Schriftrollen* einer jüd. Bruderschaft d. 2. u. 1. Jh. (Essener), früheste Originale d. A.T.; dort auch Ruinen einer klosterähnl. Siedlung dieser Gemeinschaft.

quod erat demonstrandum [l.], ,,was zu beweisen war''; regelmäßiger Schlußsatz Euklids.

Quodlibet, *s.* [l. ,,was beliebt''],
1) Kartenspiel.
2) *mus.* e. Art → Potpourri.
3) Allerlei, Mischmasch.

quod licet Iovi, non licet bovi [nl.], ,,was Jupiter sich leisten kann, das steht doch nicht dem Ochsen an''; eines schickt sich nicht für alle.

Quote, *w.* [l.], Teilbetrag, Verhältnisteil, festgesetzter Anteil (z. B. bei Schuldenregulierung *Zahlungs-Q.,* bei Rennen *Gewinn-Q.*).

Quotenregelung der EU, rechner. Vereinbarung, nach d. e. Ganzes (z. B. Abliefermenge b. Milch u. Zuckerrüben) auf verschiedene einzelne (z. B. Länder, Landwirte) aufgeteilt wird; so soll verhindert werden, daß d. Angebot d. Nachfrage i. d. EU nicht übermäßig übersteigt.

Quotient, *m.* [l. -'tsiɛnt], → Division.

quousque tandem? [l.], ,,Wie lange noch?'' (soll dieser unhaltbare Zustand dauern), Anfang d. 1. Rede Ciceros gegen Catilina.

Quo vadis? [l. ,,Wohin gehst du?''], nach d. Legende Frage des vor Neros Christenverfolgungen fliehenden Petrus an Christus (als Erscheinung) auf d. Via Appia b. Rom, der ihm antwortete: ,,Ich gehe nach Rom, wieder gekreuzigt zu werden'', was Petrus zur Umkehr u. Erduldung des Märtyrertodes bewog (Roman v. Sienkiewicz).

q. v., Abk. f. *quantum vis* [l.], auf Rezepten: soviel du (nehmen) willst.

Qwaqwa, ehem. autonomes Bantu-Homeland in Südafrika, 1994 aufgelöst, 655 km², 352 000 E; Hptort *Phuthaditjhaba.*

R,
1) ® = intern. Kennzeichen für Wörter u. Namen, die als Warenzeichen geschützt sind.
2) Abk. f. d. veraltete Temperatureinheit *Reaumur.*
3) *phys.* Zeichen f. → Röntgen.
4) *math.* Abk. f. rechter Winkel (90°).
5) bei Uhren Zeichen f. *retarder* [frz.], langsamer werden.
r, *math.* Zeichen f. → Radius.
Ra, *chem.* Zeichen f. → Radium.
Râ, *Rê,* ägypt. Sonnengott.
Raa, svw. → Rahe.
Raab, Julius (29. 11. 1889–8. 1. 1964), östr. Pol. (ÖVP); 1938 Handelsminister; 1945 Präs. d. Wirtschaftsbundes; 1953 bis 61 östr. B.kanzler.
Raab,
1) ung. *Rába,* r. Nbfl. der Donau, aus d. Steirisch. Alpen, 398 km l., mündet bei R. (Györ) i. d. kl. Donau.
2) ungar. *Györ,* St. am Zus.fluß von R. u. Donau, 132 000 E; Maschinenind.
Raabe, Wilhelm (8. 9. 1831–15. 11. 1910), dt. Dichter d. Realismus; Pessimismus, aber iron. Humor; Romane: *Der Hungerpastor; Abu Telfan; Der Schüdderump; Chronik der Sperlingsgasse; Stopfkuchen;* Erzählungen: *Die schwarze Galeere; Horacker; Krähenfelder Geschichten; Das Odfeld.*
Rab, it. *Arbe,* kroat. Insel (Quarnerische Inseln, Adriat. Meer), Seebad, 10 000 E.
Rabat, *Ar Ribat,* Hptst. von Marokko, 519 000 E, mit Salé 1,03 Mill. E; Erzbischofssitz, Flugplatz; Leder-, Teppichind.
Rabatt, *m.* [it. „Abschlag"], Preisnachlaß, Rabatte in der Industrie u. im Großhandel: *Barzahlungs-R.* svw. → Kassenskonto; *Mengen-R.* b. Bezug größerer Mengen (*Bar-R.*), unmittelb. Abzug; *Natural-R.,* z. B. 11 Tuben Zahnpasta z. Preis v. 10); *Umsatz-R.* f. innerh. eines best. Zeitraumes bemessene Mengen; *Treue-R.* f. stetige Geschäftsbeziehungen; *Saison-R.,* Anreiz z. Bezug außerhalb der Saison; *Branchen-R.* (*Stufen-R.*), Preisnachlaß f. Großhandel, wenn Einzelhandel auch direkt v. Produzenten beliefert wird; *Muster-R.,* Nachlaß f. *Muster;* bei preisgebundenen Artikeln *Waren-R.* = Bruttonutzen des Groß- bzw. Einzelhandels; *Personal-R.* f. d. Arbeitnehmer eines Betriebes beim Kauf eigener Waren.
Rabattmarken, Nachlaß beim Kauf im Einzelhandel in Form von Gutscheinen; geregelt durch R.gesetz.
Rabatz, *m.,* latein. Lehnwort, svw. Lärm, Unfug.
Rabbani, Burhanuddin (* 1940), s. 1992 Staatspräs. v. Afghanistan.
Rabbi [hebr. „mein Lehrer", „Meister"], Titel für jüdischen Gesetzeslehrer.
Rabbiner, Leiter u. Seelsorger jüdischer Gemeinden, auch Religionslehrer.
Rabe,
1) d. *Kolk-R.,* einfarbig schwarz, bes. in den Alpen, in Afrika d. *Schild-R.*
2) → Sternbilder, Übers.
Rabelais [-'blɛ], François (um 1494 bis 9. 4. 1553), frz. Dichter, Humanist, Geistl. u. Arzt; satir. Romane über Kirche, Staat u. Leben: *Gargantua u. Pantagruel.*
Rabenschlacht, Sage des 13. Jh. über Theoderichs (Dietrich v. Berns) Kämpfe m. Odoaker: „Ravennaschlacht".
Rabenvögel, Familie der Singvögel; → *Rabe,* → Krähen, → Elster, → Dohle, → Häher, → Alpendohle.
Rabi, Isidor Isaac (29. 7. 1898–11. 1. 1988), am. Phys.; Arbeiten über magnet. Eigenschaften d. Atomkerne; Nobelpr. 1944.
rabiat, rasend, tollwütig, jähzornig.
Rabies [l. -bĭɛs], *Lyssa,* Wutkrankheit, svw. → Tollwut.
Rabin, Yitzhak (1. 3. 1922–4. 11. 1995), isr. Pol.; 1974–77 und 1992–1995 Min.-präs. (ermordet).
Rabitzwand, *Rabizgitter,* von Karl *Rabitz* 1878 erfunden; 3–5 cm starke, freitragende Gipswand mit Drahtgeflechteinlage.
Rabulist, *m.* [l.], spitzfindiger Wortverdreher.
Rachel, Berg im Bayer. Wald, 1453 m, mit **R.see** (1071 müM).
Rachen, die Hinterwand der Nasen- u. Mundhöhle.
Rachenblütler, *Scrophulariaceae,* Pflanzen m. rachenförm. Blüten (z. B. *Löwenmaul, Fingerhut);* ähnl. d. Lippenblütlern.
Rachenbräune → Diphtherie.
Rachenkatarrh, Rachenschleimhautentzündung bei Erkältung.
Rachenmandel, Lymphknötchen an d. oberen u. hinteren Rachenwand.
Rachitis, *w.* [gr.], schwere Störung d. Kalk- u. Phosphorstoffwechsels infolge Vitamin-D- und Lichtmangels, früher b. Kindern; durch Kalkverarmung erweichen u. verkrümmen die Knochen.
Rachmaninow, Sergej Wassiljewitsch (1. 4. 1873–28. 3. 1943), russ.-am. Pianist u. Komp. neuromant. Stils; wirkte in Moskau u. nach 1917 in den USA; Klavier-, Orchester- u. Kammermusik.
Racine [-'sin], Jean Baptiste (21. 12. 1639–21. 4. 99), frz. klass. Tragödiendichter; Geschichtsschreiber Ludwigs XIV.; *Andromache; Phädra; Athalie.*
Racine [-'sin], Hafen und Bad am Michigansee im US-Staat Wisconsin, 86 000 E; div. Ind.
Rackelhuhn, Bastard zw. → Auerhuhn u. → Birkhuhn.
Rackenvögel, *Rakenvögel,* Baumvö-

Wilhelm Raabe

Yitzhak Rabin

Rabenvögel

Radar

Abk. für engl. **ra**dio **d**etecting **a**nd **r**anging, d. h. Auffinden und Messen durch Funkwellen. Frühere Bez.: „Funkmeßtechnik"; entwickelt während des 2. Weltkrieges.

Durch Dunkelheit, Wolken und Nebel nicht und durch Niederschläge kaum beeinträchtigt, ist die Messung der Entfernung und Richtung von Objekten, die Funkwellen reflektieren, mit hoher Genauigkeit auch auf große Entfernungen möglich. Vom Radarsender wird ein sehr kurzer Hochfrequenz-Impuls (z. B. 1 GHz), der sich mit Lichtgeschwindigkeit ausbreitet, über eine stark bündelnde Antenne abgestrahlt. Trifft d. Funkstrahl ein reflektierendes Objekt, so entsteht ein Funkecho, das von der Antenne aufgenommen, im Empfänger verstärkt u. in dem Sichtgerät angezeigt wird. Eine el. Weiche schaltet die Antenne nur für die Abgabe d. Impulses an die Sender u. dann wieder an den Empfänger.
Die *Entfernung* d. Objektes ist der Zeit zwischen dem Senden des Impulses und dem Empfang des Echos proportional und wird mit dem Kathodenstrahlrohr (→ Braunsche Röhre) gemessen. Die *Richtung* wird durch Maximumpeilung des Echosignals bestimmt. Der nächste Sendeimpuls wird z. B. bei einem Gerät mit 100 km Reichweite nach 1 Tausendstelsekunde ausgestrahlt, damit auch die Echos aus der maximalen Entfernung empfangen werden können. Über Land sind Flugziele wegen der Fülle der angezeigten Bodenziele oft nur schwer zu beobachten. Mit Hilfe des → Doppler-Effekts können die Echos der sich bewegenden Flugzeuge unterschieden u. die feststehenden Bodenziele unterdrückt werden (Festziellöschung).
Primär-Radar: P.-R.-Geräte werten das passive Echo eines reflektierenden Zieles aus. *Sekundär-Radar:* In der zivilen und militärischen Luftfahrt sendet das Bodengerät (*Interrogator*) eine bestimmte Impulsfolge auf 1030 MHz, die im Flugzeug empfangen und ausgewertet wird. Daraufhin sendet das Bordgerät (*Transponder*) eine Impulsfolge auf 1090 MHz zurück, die als Antwort Freund-Feind-Kennung, Flugzeug-Kennung oder -Rufzeichen, Höhe u. weitere (codierte) Daten enthalten kann. Abfrage geschieht periodisch mit 450 Hz. 1962 von der intern. Zivilluftfahrtorganisation (ICAO) genormt. Meist mit Primärradar kombiniert. Anwendung: Flugsicherungs- u. Überwachungsdienst (zivil u. mil.), Schiffsnavigation, Astronomie, Geschwindigkeitsüberwachung, Ortung von Fischschwärmen, Wetterbeobachtung.

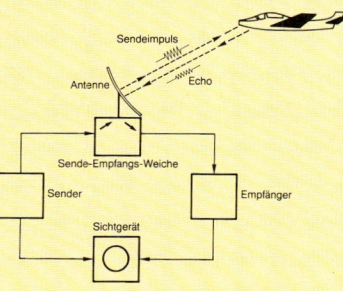

gel, Vogelordnung zw. Kuckucks- u. Sperlingsvögeln, m. buntem Gefieder; → *Bienenfresser*, → *Eisvogel*, → *Wiedehopf*, → *Nashornvögel*.
Racket, s. [engl. 'rækɪt].
1) → Rakett.
2) am. Bez. für Gaunerei, Erpressung.
Raclette [frz. -'klɛt], geselliges Essen, b. d. Käse i. e. speziellen Gerät geschmolzen wird.
Rad, Maschinenelement z. Übertragung von Kräften (z. B. Handrad) u. Bewegungen, besonders bei Fahrzeugen (Felge, Speiche, Nabe); als Getriebeteil: *Zahnräder, Reibräder, Riemenscheiben;* bei Kraft- und Werkzeugmaschinen: *Schwungrad.*
RAD, Abk. f. **R**eichs**a**rbeits**d**ienst → Arbeitsdienst.
Radar → Übersicht, S. 799; → Teleran.
Radarastronomie, Anwendung der Radarmethode (→ Übers.) auf d. Messung der Entfernungen, Bewegungen u. Oberflächenbeschaffenheit der Planeten, bisher erfolgreich auf Mond, Merkur u. Venus angewendet; ferner Beobachtung v. Erdsatelliten durch Radaranlagen.
Radaune, poln. *Radunia,* Nbfl. d. Mottlau (l. Nbfl. d. Weichsel), 98 km l.,

Jean Baptiste Racine

Josef W. v. Radetzky

durch alten Kanal nach Danzig abgeleitet.
Radball, 2 Mannschaften auf Fahrrädern versuchen einen Ball mit Rädern oder Körper in d. gegner. Tor zu treiben; als Hallen-R. (2 Spieler) u. Rasen-R. (6 Spieler) mit unterschiedl. Regeln gebräuchlich.
Raddampfer, erster Dampfertyp; Antrieb durch Schaufelräder, entweder m. Heckrad od. m. zwei seitl. Rädern.
Raddatz, Fritz Joachim (* 3. 9. 1931), dt. Schriftst., Journalist u. Dozent für Lit.wiss.; *Pyrenäenreise im Herbst; Wolkentrinker.*
Radeberg (D-01454), St. i. Kr. Dresden, Sa., 14 330 E; Glasind., Bierbrauerei, Eisengießerei.
Radebeul (D-01445), Gartenst. i. Kr. Dresden, Sa., 30 596 E; Indianer-Museum; Masch.ind.; Obst-, Wein-, Spargelanbau.
radebrechen,
1) urspr. beim „Rädern" (aufs Rad flechten) dem so Gestraften die Glieder brechen.
2) heute: sich unvollkommen, unzusammenhängend in fremder Sprache ausdrücken.
Radek, Karl, eigtl. *Sobelsohn* (1885 bis ca. 1939), sowj. Pol.; bis 1927 führend in der Kommunist. Partei Rußl.; 1937 zu 10 J. Gefängnis verurteilt.
Rädelsführer, Funktionäre einer verbotenen Partei od. Vereinigung werden, wenn sie ihre Tätigkeit illegal fortsetzen, als R. bestraft; bei Anführern v. kriminellen, terrorist. Vereinigungen wirkt R.schaft strafverschärfend.
Rädertiere, *Rotatorien,* meist mikroskop. kleine Wassertiere aus der Würmerverwandtschaft mit strudelndem Wimperkranz („Rad") u. z. T. mit fußartigem Haftorgan am Körperende.
Radetzky, Josef Wenzel Gf v. (2. 11. 1766–5. 1. 1858), östr. Feldm.; 1848 Sieg über die Italiener bei Custozza.
Radetzkymarsch, komponiert v. Joh. Strauß (Vater).
Radevormwald (D-42477), St. im Oberbergischen Kr., NRW, 425 müM, 23 813 E; Landessportschule, Ev. Jungakademie; div. Ind.
Radfenster, kreisrunde Fenster mit speichenförmiger Maßverzierung an roman. u. frühgot. Kirchen.
Radhakrishnan, Sarvepalli (5. 9. 1888–17. 4. 1975), ind. Phil. u. Pol.; 1962–67 ind. Staatspräs.
radial [l.], *math.* strahlig, strahlenartig; auf den → *Radius* bezogen.
Radialarterie, sog. Pulsader.
Radialgeschwindigkeit, Geschwindigkeit eines Gestirns in der Blickrichtung *(radius)* (gemessen mit Hilfe des → Doppler-Effektes der Spektrallinien).
Radialis, *med. Nervus radialis,* der Speichennerv, Lähmungsbild: Fallhand.
Radiant → Meteore.
Radiästhesie [l.-gr.], Ruten- und Pendelkunde.
Radiator, *m.* [nl.], Wärmestrahler, bei Zentralheizungen guß- od. schmiedeeiserner Hohlkörper zum Ausstrahlen der Dampf-, Wasser- od. Gaswärme; ein- od. mehrsäulig, aufgesetzte Rippen z. Oberflächenvergrößerung.
Radicchio [-'dikjo], Chicorée-Variante, rote Blattspreiten m. weißen Rippen; hoher Bitterstoffgehalt.
Radierung, graph. Verfahren, Abart des Kupferstichs; Zeichnung wird durch Einritzen in Ätzgrund mit der Radiernadel u. nachfolgendem Ätzen auf Kupferplatte übertragen; auch „Kaltnadelradierung"). – **Radierer,** die Technik der R. ausübender Künstler.
Radieschen → Rettich.
radikal [l. „radix = Wurzel"],
1) pol. svw. bis zum Äußersten gehend; in Frkr. u. Dänemark Bez. v. bürgerl., entschieden demokr. Parteien.
2) v. Grund auf, gründlich, entschieden.
Radikal, meist instabile Atomgruppierung m. kurzer Lebensdauer, enthält ungepaartes Elektron, daher chem. aktiv.
Radikalismus [l.], kompromißloses Verfechten einer Idee oder Sache.
Radikaloperation, umfassende Operation, meist bei Krebs; → Totaloperation.
Radikand, *m.* [l.], in der *Arithmetik:* → Wurzel.
radikulär, Rückenmarksnervenwurzeln betreffend.
Radio [l. „radius = Strahl"], → Rundfunk.
Radioaktivität → Übers.
Radioastronomie, junger Zweig d. Astronomie, beobachtet die aus dem

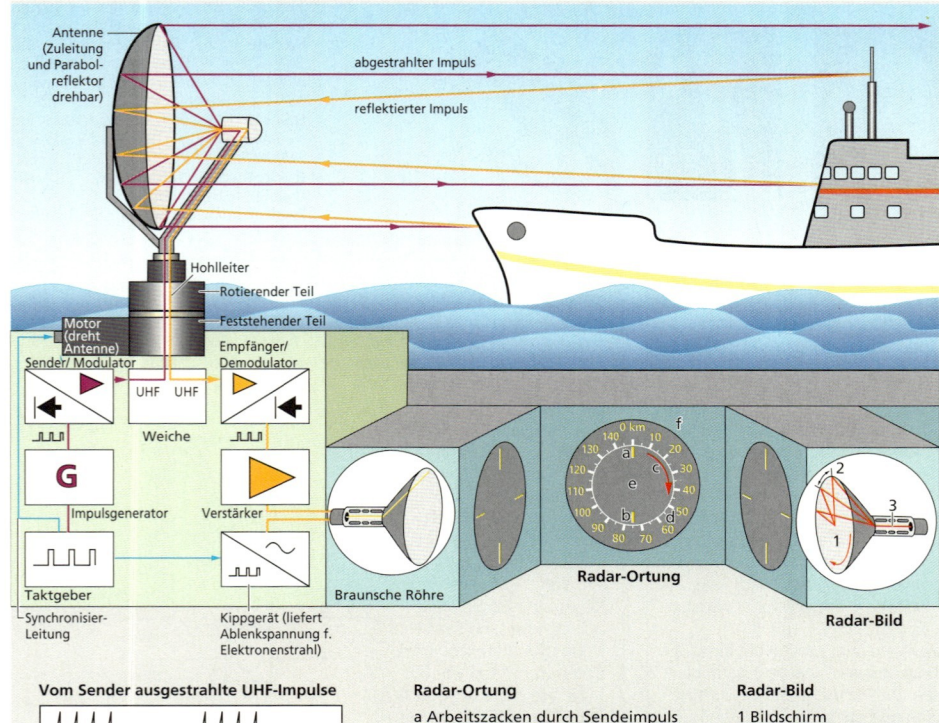

Schema einer Radaranlage

Radar-Ortung
a Arbeitszacken durch Sendeimpuls
b Zacken durch reflektierten Impuls
c Bahn des Elektronenstrahls
d Skala
e Bildschirm (Braunsche Röhre)
f Oszillograph

Radar-Bild
1 Bildschirm
2 Winkel, um den sich die Antenne während der Impuls-Zeitabstände dreht, z. B. 0,24°
3 Elektronenstrahl

Radioaktivität

Eigenschaft bestimmter Atomkerne, sich spontan unter Aussendung von Strahlung in Kerne anderer Atomarten zu verwandeln; zeitl. Ablauf durch *keinerlei* Mittel beeinflußbar. Da die Hüllenelektronen hieran unbeteiligt sind, ist R. nicht nur an reinen radioaktiven Elementen, sondern auch in ihren chem. Verbindungen unverändert nachweisbar. Die Umwandlung der Kerne erfolgt rein statistisch, d. h., es ist völlig unbestimmt, wann ein bestimmter Kern sich umwandelt. Eine gesetzmäßige Aussage über das Umwandlungsverhalten kann nur für ein größeres Kollektiv von radioaktivem Material einer Sorte gemacht werden. Der Zeitraum, in dem die Hälfte eines Kollektivs von Kernen umgewandelt ist, heißt *Halbwertzeit*; diese ist eine charakteristische Konstante für jeden radioaktiven Stoff (z. B. Thorium $1,8 \cdot 10^{10}$ Jahre, Radium 1580 Jahre, Actinium 13,5 Jahre, Radon 3,85 Tage). Untersuchungen ergaben, daß von radioaktiven Stoffen 3 versch. Strahlenarten ausgehen können, die man α-, β- und γ-Strahlen nannte: α-Strahlen sind nackte Heliumkerne mit großer Geschwindigkeit, etwa 20 000 km/s; β-Strahlen sind Elektronen mit großer Geschwindigkeit (mit 99 % der Lichtgeschwindigkeit mögl.); γ-Strahlen sind sehr kurzwellige elektromagnet. Wellen (bis $4,7 \cdot 10^{-11}$ cm). Einheitliche radioaktive Stoffe senden entweder α-Strahlen oder β-Strahlen aus, beide häufig von γ-Strahlen begleitet; niemals sendet ein einheitl. Stoff α- und β-Strahlung aus. *Geschichtliches:* A. H. Becquerel fand heraus, daß Uranmineralien äußerst durchdringende Strahlung aussenden (1896); das Ehepaar *Curie* trennte aus Joachimsthaler Pechblende, einem Uranerz, ein neues Element ab, das *Radium* genannt wurde (1898). Rutherford erkannte 1903, daß R. spontane innere Umwandlung unstabiler Atomkerne ist. Außerdem wurde aus den Ergebnissen langjähriger Forschungen allmählich deutlich, daß sich die meisten der natürl. Umwandlungen in drei Zerfallsreihen einordnen lassen: Uran-Radium-Reihe mit Uran I, Actinium-Reihe mit Actinium-Uran, Thorium-Reihe mit Thorium als Muttersubstanzen, die sich über zahlreiche Zwischenstufen in drei versch. stabile Blei-Isotope (→ Kernphysik, Übers.) umwandeln. Von dieser natürlichen R. sind *künstliche* Kernumwandlungen zu unterscheiden, die erstmals Rutherford gelangen (1919). Dabei werden außer den genannten Strahlungen *Protonen, Deuteronen, Neutronen* u. *Positronen* als Geschosse auf die umzuwandelnden Kerne gelenkt, die im Falle eines Treffers in die Kerne eindringen und ihre Umwandlung hervorrufen. Das Ehepaar *Joliot-Curie* entdeckte (1934), daß bei künstl. Kernumwandlungen neue radioaktive Isotope fast aller Elemente entstehen, die in der Natur nicht vorkommen, z. B. $^{10}_{6}C$ (Kohlenstoff) mit 8,8 Sek., $^{11}_{6}C$ mit 21 Min., $^{14}_{6}C$ mit 10^1 Jahren Halbwertzeit. Von wenigen Ausnahmen abgesehen, strahlen künstl. radioaktive Kerne nur Elektronen oder Positronen aus.

Künstliche R. wird in Medizin u. Biologie zur Behandlung best. Krankheiten, z. B. Krebs (durch kontrollierte Zellzerstörung), u. zur Verfolgung biochem. Vorgänge eingesetzt: Versuchsperson erhält mit Nahrung Spuren künstl. radioaktiver Elemente (*Indikatoren*), die sich auf ihrem Weg durch den Körper mit Geiger-Müller-Zähler leicht verfolgen lassen. → Radiocarbonmethode. Gefährliche Freisetzung von R. bei Reaktorunfällen (z. B. → Tschernobyl).

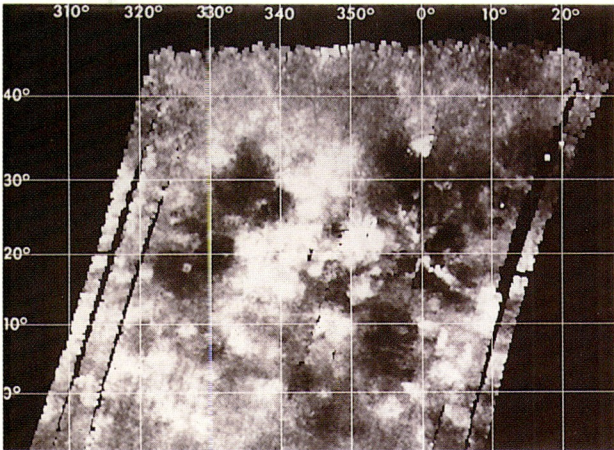
Radarbild der Venus vom Pioneer-Orbiter

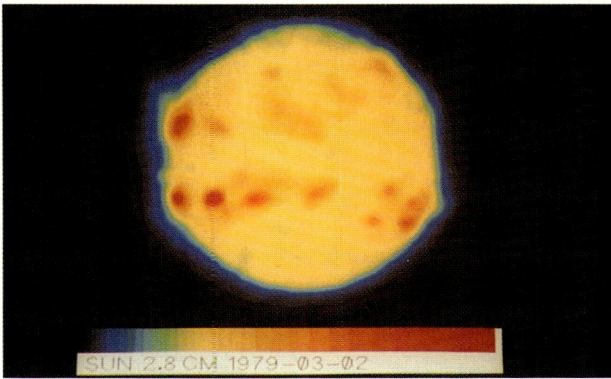
Radio-Sonne

Radiocarbonmethode, z. → Altersbestimmung v. Holz u. a. kohlenstoffhaltigen Produkten, deren Gehalt an radioaktivem Kohlenstoff C-14 m. dem Alter meßbar (Geiger-Zählrohr) abnimmt.
Radio Free Europe, am. Rundfunkstation m. Richtungssendung nach Osteur.; Sitz München.
Radiogalaxien, extragalakt. Sternsysteme, die Synchrotronstrahlung aussenden.
Radioheliograph, → Radioteleskop für Sonnenforschung.
Radiointerferometer → Aperturs.
Radiokompaß, elektron. Bordinstrument (Mittelwellen-Rahmenpeiler) für Flugzeugnavigation.

Radiolarien, svw. → Strahlentierchen.
Radiolarit, in der Tiefsee aus Kieselskeletten der → Radiolarien gebildetes Gestein.
Radiologie [l.-gr.], Strahlenkunde.
Radiometer, 1874 v. Crookes erfundene „Lichtmühle"; in fast luftleerem Glasgefäß auf einer Nadelspitze drehbares Flügelrädchen aus einseitig geschwärzten Aluminium- oder Glimmerblättchen, dreht sich bei Bestrahlung mit Licht; Grund: d. schwarzen Seiten d. Flügel werden durch vermehrte → Absorption d. Lichtes heißer als d. anderen; von ihrer Oberfläche werden d. auftreffenden Gasmoleküle daher mit höherer Energie weggeschleudert u. sorgen so f. e. höheren Rückstoß, der d. Rädchen in Drehung versetzt.
Radioquellen, Quelle v. Hochfrequenzstrahlung aus dem Weltraum (z. B. *Radiosterne*, oft Fixsterne).
Radiosonde, meteorolog. Gerät, das an Ballon bis 30 km Höhe aufsteigt, mißt Luftdruck, Temperatur, Luftfeuchtigkeit; Meßergebnisse durch Kleinsender an die Bodenstation gegeben; R.nstationen d. Dt. Wetterdienstes in Dresden,

Radioteleskop

Essen, Greifswald, Hannover, Lindenberg, Meiningen, München, Schleswig u. Stuttgart; weltumspannendes *R.nnetz*; Grundlage für Höhenwetterkarte (→ Wetter, Übers.), durch Anpeilen bzw. Radar a. Windangabe.
Radioteleskop, *s.*, d. → Radargeräten ähnl. Antenne z. Empfang d. Radiowellen aus d. Weltraum (größtes bewegliches R. d. Welt (∅ 100 m) bei Effelsberg in der Eifel; größtes unbewegl. R. (∅ 305 m) bei Arecibo auf Puerto Rico).
Radiotherapie, Behandlung m. radioaktiven Stoffen, z. B. radioaktivem Iod bei Schilddrüsenüberfunktion, oder mit Röntgenstrahlen (→ Strahlenbehandlung).
Radio Vaticana, Rundfunkstation des Vatikanstaates, sendet in die ganze Welt; 1931 gegr.
Radium, *Ra*, chem. El., Oz. 88; Dichte 5,50; weißglänzendes Erdalkalimetall, radioaktiv, Zerfallsprodukt des Urans (→ Radioaktivität, Übers.).
Radius [l.],
1) *med.* Speichenknochen der Unterarme.
2) *Kreis:* Abstand d. Punkte eines Kreises vom Mittelpunkt; *Kugel:* Abstand der Kugeloberfläche vom Mittelpunkt.
Radiusvektor,
1) *astronom.* in der Bahnbewegung der Himmelskörper die Verbindungslinie dieser mit dem Brennpunkt der Bahn, d. h. mit dem Zentralkörper.
2) *Leitstrahl,* (veränderl.) Abstand eines beweglichen v. einem festen Punkt; → Koordinaten.
radizieren [l.], *arithmetisch:* eine Wurzel ziehen.
Radolfzell am Bodensee (D-78315), Gr.Krst. i. Kr. Konstanz, Ba-Wü., 27 128 E; Kneipp- u. Heilsport-Kurort; i. St.teil *Möggingen* Vogelwarte (früher Rossitten); Textil-, Maschinenind.
Radom, Hptst. d. poln. Woiwodschaft *R.*, 224 000 E; Gerbereien, Lederind.
Radon, *Rn*, chem. El., Oz. 86; Dichte 9,23 g/l bei 1013 hPa; bei Zerfall des Radiums entstehendes Edelgas, radioaktiv.
Radpolo, ein dem Pferde-→ Polo ähnl. Spiel; 2 Mannschaften von je 2 Spielern auf Fahrrädern versuchen einen Ball mit einem Schläger ins gegner. Tor zu spielen.
Radrennbahn, ellipsenförmig, 150 bis 500 m l., aus Zement od. Holz mit bis zu 48° erhöhten Kurven.
Radrennsport, die Renndisziplinen des → Radsports: Bahnrennen (auch hinter Motorrädern), Straßenrennen, Querfeldeinrennen.
Radscha, engl. *Raja,* indischer Fürst, *Maha-R.,* Großfürst.
Radschastan, *Rajasthan,* ind. Bundesstaat, 342 239 km², 44 Mill. E; umfaßt die Landschaft Radschputana; Hptst. *Jaipur*; im NW Wüste, im SO Baumwoll- u. Getreideanbau.
Radschloß, altes Handfeuerwaffenschloß; gibt durch Eisenrad u. Feuerstein Zündfunken.
Radschputen, *Rajputen,* Volk u. Krieger-(Kschatriya-)→ Kaste im nw. Indien (**Radschputana**).
Radsport, Sammelbegriff für alle m. d. Fahrrad betriebenen Sportarten; → Radrennsport, → Radball, → Radpolo, Kunstradfahren.
Radsturz → Sturz 2).
Radziwill, altes litauisch-preuß. Fürstengeschlecht.
Raeburn ['rɛɪbɜːn], Henry (4. 3. 1756 bis 8. 7. 1823), schott. Maler; gab in s. sachlich schildernden Bildnissen (oft vor romant. Landschaftshintergrund) e. Spiegel d. zeitgenöss. schott. Gesellschaft.
Raeder, Erich (24. 4. 1876–6. 11. 1960), dt. Großadmiral; 1935–43 Ober-

Raffaël, *Selbstbildnis*

Raffaël, *Krönung Mariens*

befehlsh. d. Kriegsmarine; 1946 zu lebensläng. Gefängnis verurteilt, 1955 entlassen.
RAF,
1) *Rote Armee Fraktion,* terroristische Gruppe in der Bundesrepublik, seit den 70er Jahren durch Terroranschläge hervorgetreten.
2) Abk. f. → *Royal Air Force.*
Raffaël, eigtl. *Raffaello Santi* (6. 4. 1483–6. 4. 1520), it. Maler u. Architekt d. Renaissance; richtungsweisend in d. Tafelmalerei (Altarbilder, Bildnisse), ornamentalen u. mytholog. Wanddekoration u. im allegor. u. histor. Wandbild (in den Loggien u. Stanzen d. Vatikans; Fresken d. röm. Villa Farnesina) teils bis ins 19. Jh. (→ Nazarener 2); Gemälde: → *Sixtinische Madonna; Madonna di Foligno; Papst Leo X.;* Architektur: Entwürfe f. Einzelbauten in Rom (*S. Eligio degli Orefici, Palazzo Madama*), s. 1515 Oberaufsicht beim Bau d. Peterskirche (Rom) u. über d. röm. Altertümer.
Raffiafaser, Blattfaser von der → Raphiapalme, hanfähnlich; als Einschluß für Möbelstoffe, Decken u. a.; als *Raffiabast* in der Gärtnerei zum Binden.
Raffinade, *w.* [frz.], in Zuckerraffinerie geläuterter → Zucker.
Raffinement, *s.* [frz. -'mã], *Verhalten* od. *Einrichtung* von höchst verfeinerter, *raffinierter* Zweckdienlichkeit; auch svw. Durchtriebenheit.
raffinieren, Reinigen u. Läutern von Rohstoffen (z. B. Kupfer, Eisen, Erdöl, Holzstoff).
Rafflesia, *Riesenblume,* Schmarotzer-

Öl-Raffinerie, *Texas*

pflanze der Sundainseln; große, fleischige → **Aasblume** (bis 1 m Durchmesser u. 7,5 kg Gewicht), sitzt auf den Wurzeln anderer Pflanzen.

Rafsanjani [-'dʒa-], Ali Akbar Hashemi (* 25. 8. 1934), iran. Pol.; 1980 bis 1989 Parlamentspräs.; 1989–1997 Staats- u. Min.präs.

Rafting [engl.], Floßfahren (als Freizeitsport).

Raga [sanskr.], in d. indischen Musik verwendetes Tonleitermodell, das nach Intervallverhältnissen bestimmt ist; gekennzeichnet durch Anfangs-, Zentral- u. Schlußton, Steigen u. Fallen d. Melodie sowie Anzahl d. verwendeten Töne; 72 Skalen *(Melas)* kombinierbar zu 64 848 mögl. Ragas m. jeweils spezif. Stimmung u. Bedeutung; dazu existieren 360 rhythm. Grundmodelle *(Talas)*, die in *Mantras* (metr. Grundformen) v. 3 bis 108 Schlägen unterteilt sind.

Rage, *w.* [frz. 'ra:ʒǝ], leidenschaftliche Wut.

Raglan, *m.* ['ræglǝn], weiter Mantel mit am Schulterteil angeschnittenen Ärmeln, ben. nach engl. Feldmarschall Lord *R.* (1788–1855).

Ragnarök, *Göttergeschick*, in der nord. Mythologie der Kampf der Götter mit den feindl. Mächten; Weltuntergang, auf den ein neues Weltall folgt.

Ragout, *s.* [frz. -'gu:], Fleisch oder Fisch, kleingewürfelt in pikanter Soße; *R. fin*, Blätterteigpasteten- od. Muschelfüllung aus feinem Kalbs- od. Hähnchen-R.

Ragtime, *m.* [engl. 'rægtaɪm], *Rag*, Klavierstil i. USA um 1900; synkopierter Rhythmus zu volksliedhafter Melodie; eine der Quellen des → Jazz.

Ragusa,
1) (früherer) it. Name d. kroat. Hafenst. → Dubrovnik.
2) Hptst. d. sizilian. Prov. *R.*, 69 000 E; got. Kathedrale; Textilind., Asphaltgewinnung.

Rahe, *Raa, seem.* quer an den Masten angebrachte Rundhölzer z. Befestigung d. Segel (→ Takelung).

Rahel, im A.T. die jüngere Tochter des Laban, Frau Jakobs, Mutter Josephs u. Benjamins.

Rahm, *Sahne, Schmant*, die an der Oberfläche der Milch sich absetzende Fettschicht (Milchfett).

Rahman [rax-], Scheich Mujibur (17. 3. 1920–15. 8. 75), ostpakistan. Pol., 1966 bis 74 Vors. d. um Autonomie Ost-Pakistans kämpfenden Awami-Liga, 1972 bis 75 Reg.chef v. Bangladesch, 1975 auch Staatspräs. (bis z. Militärputsch); ermordet.

Rahmenantenne, Loop-, Ring- od. Schleifenantenne; flache Spule, deren gesamte Drahtlänge normalerweise unter einer halben → Wellenlänge liegt; wird häufig (durch Drehung des Rahmens) für → Funkpeiler verwendet.

Rahmenarbeit, in der Schuhfabrikation Bez. für Befestigung von Oberleder, Brand- u. Laufsohle durch schmalen Lederrahmen (anstatt Nagelns).

Rahmengesetz, enthält nur allg. Richtlinien, die durch weitere Ges.e ausgeführt werden sollen.

Rahmentarif, → *Manteltarif*, enthält allg. Bestimmungen über Regelung d. Arbeitsbedingungen, nicht dagegen der Lohnbemessung.

Rahner, Karl (5. 3. 1904–30. 3. 84), kath. Theol., Jesuit; als Dogmatiker beeinflußte er d. Entscheidungen d. II. Vatikan. Konzils wesentlich mit.

RAI, Abk. f. **R**adio**t**elevisione **I**taliana, it. staatl. Rundfunk- u. Fernsehgesellschaft.

Raiffeisen, Friedrich Wilhelm (30. 3. 1818–11. 3. 88), dt. Sozialreformer; suchte der Not der Landwirte durch Gründung von → Genossenschaften (Übers.) zu steuern: **R.genossenschaften**, die auch intern. weite Verbreitung fanden.

Raimondi, Marcantonio (um 1480–um 1532), it. Kupferstecher d. Renaiss.; arbeitete u. a. n. Graphiken u. Zeichnungen Dürers u. Raffaels.

Raimund, Ferdinand, eigtl. *Raimann* (1. 6. 1790–5. 9. 1836), östr. Dramatiker u. Schauspieler; Zauberspiele v. ethischdidakt. Gehalt; Zeitkritik in Märchenform: *Der Diamant des Geisterkönigs; Der Alpenkönig u. der Menschenfeind; Der Bauer als Millionär; Der Verschwender.*

Rain, *m.*, unbebauter Streifen zw. 2 Äckern als Grenze.

Rainaldi, Carlo (4. 5. 1611–8. 2. 91), it. Architekt u. Hptmeister d. röm. Hochbarock; Kirchenbauten (z. B. *S. Maria in Campitelli*), kirchl. Ausstattungsstücke, Festdekorationen.

Rainald von Dassel, Erzbischof von Köln 1159–67 und Kanzler Kaiser → Friedrichs I.; für kaiserliche Machtpolitik gegen d. Papst.

Rainer,
1) Arnulf (* 8. 12. 1929), östr. Künstler; Übermalungen von Bildern, → Décollage.
2) Roland (* 1. 5. 1910), östr. Architekt u. Stadtplaner; Stadthallen u. a. in Bremen (m. M. Säume u. G. Hafemann) u. Ludwigshafen.

Rainer (ahdt. „Berater im Heer"], m. Vn.

Rainfarn, Korbblütler mit gelben Köpfchen und wohlriechenden Blättern.

Rainier III. (* 31. 5. 1923), s. 1949 Fürst v. Monaco.

Rainwater ['reɪnwɔ:tǝ], James (9. 12. 1917–31. 5. 86), am. Physiker; Nobelpr. 1975 (Beiträge zur Erforschung des Atomkerns).

Rainweide, svw. → Liguster.

Raiser, Konrad (* 25. 1. 38), dt. ev. Theologe, seit 1992 Gen.sekr. d. Ökumenischen Rates d. Kirchen.

Raisting (D-82399), Gem. i. Kr. Weilheim-Schongau, Oberbayern, südl. d. Ammersees, 1677 E; Erdfunkstelle d. DBP (s. 1964), 5 Antennenanlagen (s. 1981) f. intern. Kommunikationsaustausch über Satelliten.

rajolen, *rigolen*, den Boden (ungefähr 1 m) tief umgraben.

Rake → Raki.

Rakel, *w.*, beim Tiefdruck eine Schabevorrichtung an Druckmaschinen z. Abstreifen *(abrakeln)* der überflüssigen Druckfarbe v. Druckzylinder; Gummirakel b. → Siebdruck.

Rakete, *w.*, Flugkörper v. meist zylindr. Gestalt m. konischer Spitze u. *Raketenantrieb*, bei Großraketen meist schwenkbar (→ Raketenführung); Verwendung z. B. als Höhenraketen, Trägerraketen zum Start von Erdsatelliten u. → Raumsonden; mil. Anwendung: Kurz- (bis

Raisting, *Erdfunkstelle*

Ferdinand Raimund

Rakete Ariane *beim Start*

500 km), Mittel- (bis 3000 km), Langstrecken- (bis 12 000 km), Interkontinentalrakete (Träger von Atomsprengsätzen). – *Raketenantrieb*, alle Antriebe, die Impulsträger (Masse, die die nach dem Grundprinzip *actio–reactio* auftretende, der Antriebskraft entgegenwirkende gleich große Kraft aufnimmt, → Rückstoß) mitführen u. während des Betriebes ausstoßen; dadurch ist der R.nantrieb unabhängig von der ihn umgebenden Materie, d. h. der Betrieb ist auch im materiefreien (Welt-) Raum möglich. Die erreichte Geschwindigkeit (Antriebsvermögen) ist abhängig v. der Anfangs- u. Endmasse des Fahrzeuges (Massenverhältnis) u. der Geschwindigkeit des ausgestoßenen Mediums. – *Typen:* **1)** Energieträger u. Impulsträger identisch u. im Fahrzeug mitgeführt (z. B. chemischer Raketenantrieb); **2)** Energieträger u. Impulsträger verschieden, beide im Fahrzeug mitgeführt (→ Rückstoß); best. el. Raketenantriebe; **3)** Energieträger außerhalb, Impulsträger innerhalb d. Fahrzeuges (z. B. best. el. Raketenantriebe) od. Antrieb, bei dem Sonnenstrahlung zur Aufheizung des Impulsträgers verwendet wird; sonst wie chem. Raketenantrieb. *Chem. Raketenantrieb*, heute am weitesten entwickelt u. am meisten angewendet. Zwei Hauptarten: *1. Festtreibstoff*, meist energiereiche Kohlenwasserstoffe u. Sauerstoffträger gemischt, direkt in Brennkammer; *2. Flüssigtreibstoff* (Brennstoff meist energiereiche → Kohlenwasserstoffe; Hochleistung: flüssiger Wasserstoff; Sauerstoffträger: z. B. Salpetersäure, meist aber flüssiger Sauerstoff) aus getrennten Tanks in Brennkammer gefördert durch Druckgas (Helium, Stickstoff) od. Pumpe mit gesondertem Antrieb (z. B. Preßstickstoff od. Wasserdampfturbine) od. Nebenstromturbine, Zufluß durch Regler geregelt (nach vorgegebenem Programm od. durch Funkbefehl vom Boden aus). Die in *Brennkammer* erzeugten Heißgase strömen durch Düse aus; dabei wird ihre Wärmeenergie in Geschwindigkeitsenergie umgewandelt (→ Impuls). – *El. Raketenantrieb*, ein „Strahl" el. geladener Teilchen (→ Ionen) wird in einem el. Feld be-

schleunigt u. ausgestoßen (Impulsträger); nach der Art der Primärenergiequelle gehörig zu Typ 2 (z. B. el. Energie wird aus → Kernreaktor erzeugt) od. Typ 3 (z. B. el. Energie wird aus Sonnenstrahlung über → Fotozellen erzeugt). – *Stufenrakete*, 2–5 Raketenantriebsstufen zusammengekoppelt brennen in best. Folge ab, jede ausgebrannte Stufe wird abgeworfen; Massenverhältnis des Restkörpers u. damit dessen Endgeschwindigkeit (= Summe aus Anfangsgeschwindigkeit u. Antriebsvermögen der Restrakete) wird erhöht; z. B. notwendig zum Start von Erdsatelliten; alle Stufen, die nicht → Kreisbahngeschwindigkeit erreichen, fliegen in ballist. Kurve zur Erde zurück; letzte Stufe der Trägerrakete erreicht mit Satellit die Umlaufbahn (→ Tafel Weltraumforschung). – *Bremsrakete*, brennt entgegen der Flugrichtung (z. B. Abbremsen der Geschwindigkeit eines Erdsatelliten f. d. Wiedereintritt, od. b. weicher Landung einer → Mondsonde, um Zerstörung durch ungebremsten Aufprall zu verhindern). – *Stabilisierungsraketen* halten od. richten Raketen od. Satellit in gewünschter Lage (z. B. vor Landung bemannter Kapseln).

Raketenastronomie, Bez. für mit unbemannten Raketen durchgeführte astronom. Forschungen. Insbes. wichtig in Wellenlängenbereichen d. → Spektrums außerhalb von 300 nm bis 1000 nm, da dort d. Erdatmosphäre für elektromagnet. Strahlung so gut wie undurchlässig ist.

Raketenführung, Lenkung v. Raketen beim Aufstieg in d. Umlaufbahn (bei Satelliten) oder in d. ballist. Flugbahn (bei interkontinentalen Raketen) durch Kontrolle d. Lage d. Roll-, Kipp- u. Gierachse mittels → Gyroskopen; Übertragung d. Korrekturen auf Schwenkdüse oder Schwenken des Raketenantriebes.

Rakett, s. [engl.], *Racket*, Tennisschläger.

Raki, *m.*, türk. Branntwein a. Feigen od. Rosinen m. Anisgeschmack.

Rákóczi [-ko:tsi], altes ungar. Adelsgeschlecht,
1) *Franz II.* (27. 3. 1676–8. 4. 1735), Anführer der ungar. Freiheitsbewegung 1703–11; nach ihm *R.-Marsch*, ungar. Nationalmarsch.
2) *Georg I.* (8. 6. 1593–11. 10. 1648), Fürst von Siebenbürgen, im 30jähr. Krieg gg. d. Kaiserlichen, sicherte die Glaubensfreiheit der Protestanten in Ungarn.

Rákosi [-ʃi], *Mátyás* (9. 3. 1892–5. 2. 1971), ungar. Pol.; s. 1945 Gen.sekr. d. KP u. stellvertr. Min.präs.; 1952/53 Min.präs.

RAL, Abk. f. *Reichs-Ausschuß f. Lieferbedingungen*, gegr. 1925.

Raleigh [ˈrɔːli], *Sir Walter* (1552 bis 29. 10. 1618), engl. Seefahrer u. Schriftst.; Eroberungs- u. Entdeckungsfahrten nach N- u. S-Amerika; Gründer der am. Kolonie Virginia, verfaßte *Weltgeschichte*; ab 1603 i. Gefängnis.

Raleigh, Hptst. d. US-Staates North Carolina, 208 000 E; Baumwollind. u. -handel.

Ralf, Kurzform zu Radolf, altdt. „Wolf als Ratgeber", m. Vn.

Rallen, *Sumpf-, Wasserhühner*, Vogelordnung, vorwiegend Sumpf- und Wasservögel, etwa hühnergroß, kurzflügelig u. -schwänzig, hohe Beine, langzehige Füße; in Europa u. Vorderasien d. *Wasserralle* m. roten Beinen u. langem rotem Schnabel; → Teichhuhn, → Bläßhuhn, → Wachtelkönig.

rallentando [it.], Abk. *rall.*, *mus.* verlangsamend.

Rallye, s. od. w. [frz. ˈrali, engl. ˈræli], im Automobilsport Zuverlässigkeitsprüfung für Serienfahrzeuge über Strecken von 500 km bis zu mehrtägigen Fahrten mit Etappenzielen; Wertung nach Punkten.

RAM, Abk. f. *Random Access Memory* [engl. ˈrændəm ˈæksəs ˈmeməri], beschreib- u. lesbarer Halbleiterspeicher in → DVA.

Rama, Verkörperung d. Gottes Wischnu, Held des indischen Nationalepos *Ramayana* von *Valmiki* (3. od. 4. Jh. v. Chr.).

Ramadan, *m.* [arab.], *Ramasan* [türk.], 9. Monat des moh. Mondjahrs, Fastenmonat.

Ramakrishna (20. 2. 1834–16. 8. 86), ind. Sektengründer; Erneuerung der Vedantaphilosophie (→ Vedanta).

Raman, *Sir Chandrasekhara Venkata* (7. 11. 1888–21. 11. 1970), ind. Phys.; entdeckte d. *R.-Effekt* bei der Lichtstreuung an Molekülen (Änderung der Wellenlänge des eingestrahlten Lichts); Nobelpr. 1930.

Ramat Gan, St. westl. von Tel Aviv, 116 000 E; Uni.; div. Ind.

Ramayana, *Ramajana*, s. [sanskr. „Lebenslauf d. Rama"], bedeut. ind. Nationalepos (4. Jh. v. Chr.) d. legendären Dichters u. Heiligen Valmiki; Hauptgestalten: Rama als Verkörperung d. Gottes → Wischnu und Sita, s. Gattin.

Rambouillet [rãbuˈjɛ], *Cathérine Marquise de* (1588–2. 12. 1665), 1620 in ihrem Schloß, *Hotel de R.*, südwestl. von Versailles, der erste frz. Salon; *Schloß R.* jetzt Sommersitz des frz. Staatspräsidenten.

Rameau [-ˈmo], *Jean-Philippe* (get. 25. 9. 1683–12. 9. 1764), frz. Komponist in Diensten Ludwigs XV.; Schöpfer des klass. frz.-nat. Musikdramas; Begr. d. modernen Harmonielehre; *Dardanus*.

Ramie, *w.*, *Chinagras*, Nesselpflanze O-Asiens; Bastfasern zu seidenartig glänzenden Geweben.

Ramin, *Günther* (15. 10. 1898–27. 2. 1956), dt. Organist u. Komp.; s. 1940 Thomaskantor in Leipzig.

Ramme, *Rammbär*, *Rammklotz*, schweres Fallgewicht, das durch sein Gewicht Pfähle, Steine usw. i. d. Erdboden treibt; Handrammen u. automat. Rammen (Druckluft, Verbrennungsmotor usw.) b. Straßenbau.

Rammelsberg,
1) Berg i. Oberharz m. Erzgruben, b. Goslar, 636 m.
2) Berg i. westl. Erzgebirge, 936 m.

Rammler, männl. Hase od. Kaninchen.

Ramos, *Fidel Valdez* (* 18. 3. 1928), s. 1992 Staatspräs. d. Philippinen.

Rampe,
1) schräge Auffahrt, auch *Lade-R.*, zum Niveauausgleich (z. B. beim Umladen v. Eisenbahngütern).
2) unterer Bühnenrahmen mit Beleuchtungsanlage; auch die Bühne selbst.

ramponiert [frz.], beschädigt, stark mitgenommen.

Bläßhuhn (Rallen)

Wasserralle

William Ramsay

Ramses II.

Rangun, Shwe-Dagon-Pagode

Sir Walter Raleigh

Ramsar-Konvention, Übereinkommen über → Feuchtgebiete, insb. als Lebensraum f. Wasser- u. Watvögel v. intern. Bed., v. Dtld mitunterzeichnet.

Ramsay [ˈræmzɪ], *Sir William* (2. 10. 1852–23. 7. 1916), engl. Chem.; entdeckte d. Argon 1894 (bei Stickstoffbestimmung der Luft) zus. mit Rayleigh; ferner Helium, Neon, Krypton, Xenon; Nobelpr. 1904.

Ramsch, *m.*,
1) Alt-, Ausschußware.
2) ein Kartenspiel; auch eine Spielart beim Skat.

Ramses, mehrere ägypt. Kge zw. 1330 u. 1085 v. Chr.; am bedeutendsten: *R. II.*, reg. 1290–23, ließ u. a. das Ramesseum (Heiligtum) bei → Theben erbauen.

Ramsey [ˈræmzɪ], *Sir Allan* (13. 10. 1713–10. 8. 84), engl. Porträtist u. Hofmaler Georgs III., Mitbegr. d. Royal Acad.; Entwicklung vom effektvollen Bildnistyp d. Spätbarock zur feinen Zeichnung d. Gesichtszüge, die er m. dem zarten Kolorit d. Rokoko verband.

Ramsgate [ˈræmzgɪt], engl. Hafenst. und Seebad in der Gft Kent, 37 000 E; Yachthafen.

Ramstein-Miesenbach (D-66877), St. i. Kr. Kaiserslautern, RP, 7906 E; bed. NATO-Flugplatz.

Ramuz [raˈmy], *Charles Ferdinand* (24. 9. 1878–23. 5. 1947), schweiz. Romanschriftst., in frz. Sprache: *Die Geschichte vom Soldaten* (v. Strawinski vertont).

Ranch, *w.* [ræntʃ], nordam. Farm, Viehwirtschaft.

Rancheros [rantʃ-], mexikan. Viehzüchter span.-indian. Abkunft.

Ranchi, ind. St. im Staat Bihar, 598 000 E; metallverarb. Ind.

Rand [rænd], s. 1961 Währung der Rep. Südafrika (→ Währungen, Übers.).

Randers [ˈranərs], St. im dän. Amt R. auf Jütland, nahe dem *R.fjord*, 61 000 E; div. Ind., Waggonbau, Handel m. landw. Produkten.

Ranger [engl. ˈreɪndʒə „Umherstreifer"], am. Raumsonde → Mondsonden.

Rangers [engl. reɪndʒəz], s. 1942 bestehende Sondereinsatzkräfte des US-Heeres mit Fallschirmsprungausbildung u. bes. f. Kommandoangriffe u. d. Kampf im bebauten Gelände geeignet. Erkennungszeichen: schwarzes Barett.

Rangordnung, soziale Reihenfolge gemäß der Stellung bei in Gemeinschaft

Rasse

Unterart, Subspecies, auch *Varietät,* bezeichnet in den biol. Wissenschaften, Botanik, Zoologie u. Anthropologie eine Gruppe von urspr. raumgebundenen Lebewesen mit gemeinsamem *Typus.* Ein solcher setzt sich aus jeweils kennzeichnenden erblichen Einzelmerkmalen von Form u. Verhalten zusammen; deren natürliche Streuung *(Variabilität)* führt aber zu Übergängen innerhalb wie außerhalb der einzelnen Verbreitungskreise. Die willkürliche Bewertung der menschl. Rassen führte zum Entstehen von pol. Rassenlehren oder Rassenfragen (als Teil der Machtpolitik) neben der wiss. Rassenkunde (als Teil der → Anthropologie). Die ursprüngliche Raumgebundenheit der Rassen wird durch Wanderungen der Pflanzen u. Tiere u. durch Verpflanzungen bei den → domestizierten Lebewesen, also Haustieren u. Menschen, oft gesprengt. Da zw. Rassen keine natürl. Kreuzungsschranken bestehen, kommt es zu Rassenmischungen.

Beim Menschen unterschied man anfangs nur 3 (mitunter 4–5) Großrassen oder Unterarten, *Subspecies:* die weiße, gelbe und schwarze (Europide, Mongolide, Negride), so Bernier 1684, Linné 1735, Kant 1775, Blumenbach 1775, Cuvier 1817 u. a., wobei Übergangs- u. Primitivformen wie die eigtl. lokale Typenspaltung noch nicht erkannt wurden. Die heute übliche Rassengliederung für die Unterart der *Europiden* geht auf Deniker 1889 u. Ripley 1900 (z. T. umgedeutscht von Günther) zurück, die der Außereuropäer auf Deniker 1889 und von Eickstedt 1932. An die Rassennamen pflegt man oft die Endung *-id* anzuhängen, um Verwechslungen der natürlichen rassischen Formeneinheiten mit den aus vielen Rassentypen zusammengesetzten, sprachlich gebundenen Völkern u. pol. gebundenen Nationen zu vermeiden (z. B. orientalid – orientalisch).

Europide: Die Rassen des hellhäutigen, schlichthaarigen, rundgesichtigen europiden Hauptstammes (Subspecies) sind **in Europa:** die *Nordischen:* hoch, blond, schmalnasig, mittelköpfig – in Nordeuropa; die *Dalischen, Fälischen:* massig, groß, blond, breitgesichtig – in Zentral- u. Nordeuropa; die *Osteuropiden, Ostbaltischen:* untersetzt, blond, stupsnasig, kleinäugig – in Osteuropa; die *Alpinen, Ostischen:* untersetzt, braun, rundgesichtig – in den westeur. Gebirgen; die *Dinarier:* hoch, braun, hakennasig, kurzköpfig – in den südosteur. Gebirgen; die *Mediterranen, Westischen:* klein, grazil, schwarzhaarig, bräunlich, langköpfig – um d. Mittelmeer; **außer-** **halb Europas** die *Berberiden:* klein, breitgesichtig, schwarzhaarig, bräunlich – in Nordafrika; d. *Armeniden, Vorderasiaten:* untersetzt, kolbennasig, braun, kurzköpfig – ir Vorderasien; die *Orientalen:* mittelhoch, grazil, mandeläugig, hellbraun – im Orient; d. *Indiden:* grazil, lotosäugig, dreiecksnasig, bräunlich – n N-Indien; d. *Polynesiden:* hellbraun, breitnasig, großäugig – Pazifik. Eine kindhaft primitive Altform der Europiden bilden schließlich die *Wedditen* – Innerindien, Sri Lanka und Hinterindien; eine tierhaft-primitive Altform, der der Aurignac-Schicht verwandt, die langbeinigen *Australiden* – Urbewohner Australiens. Die Übergangsform der *Äthiopiden:* schlank, schwarz, lockerkraushaarig, langgesichtig – in der Sahara und Abessinien – führt zur Subspecies der Negriden.

Negride: *Westnegrider Hauptstamm:* dunkelhäutig, kraushaarig, breitnasig, mit wulstigen Lippen – in Afrika. Gürtel der *Graslandneger* mit *Sudaniden, Nilotiden* u. *Kafriden* u. den *Palänegriden* sowie *Pygmiden,* d. h. den kleinen, untersetzten, schrumpelgesichtigen *Bambutti* (Akka) – im Urwald. *Ostnegrider Hauptstamm* – in Neuguinea u. auf den Inseln des Westpazifik. Zw. West- u. Ostnegriden vermitteln die *Melaniden* (Tamil u. *Munda*) – in Südindien, sowie die kleinen wohlproportionierten *Zwergnegerformen* in den Urwäldern Südasiens: *Minkopi* – Andamanen; *Semang* – Malaysia; *Aëta* – Philippinen.

Mongolide: *Tungide:* hellgelbbraun, straffhaarig, flachgesichtig, untersetzt, schlitzäugig – Mongolei; *Sinide:* größer, bräunlicher u. weniger flachgesichtig als die Tungiden – China; *Palämongolide* (Hinterinder, Malaien): braun, weicher u. abermals weniger mongolid als Sinide u. Tungide – Südasien u. Indonesien.

Zwischen Europiden und Mongoliden stehen die bräunlichgelben, aber nicht flachgesichtigen *Indianiden* Nordamerikas mit den wuchtigen *Pazifiden* des Nordwestens, den typischen harten hakennasigen *Silviden* (Prärieindianer), den *Zentraliden (Azteken, Maya)* Mittelamerikas u. in Südamerika den untersetzten *Andiden* (Ketschua, Aymara), *Pampiden* der Pampa u. *Brasiliden* bzw. *Lagiden* der Urwälder. Zw. Europiden u. Mongoliden vermitteln auch die *Sibiriden,* die *Eskimiden* der Arktis u. *Ainuiden* Nordjapans.

Zwischen den Negriden und Mongoliden stehen die *Khoisaniden* (eingeborene Bevölkerung S- u. SW-Afrikas) mit kindhaftem Wuchs u. urspr. Merkmalen (→ Buschmänner u. → Hottentotten). Manche Forscher betrachten sie als eigene Großrasse.

---

lebenden Menschen od. Tieren einer Art; bei Hühnern auch „Hackordnung".

Rangun, *Rangoon,* Hptst. v. Myanmar, am R., dem östl. Mündungsarm d. Irawadi, 2,5 Mill. E; bedeutendster Hafen Myanmars; buddhist. Shwe-Dagon-Pagode; Uni.; Baumwoll-, Erdöl-, Teakholz-, Reisausfuhr.

Rangvorbehalt, die grundbuchl. eingetragene Befugnis des Grundeigentümers, ein best. dingl. Recht später eintragen zu lassen, das im Rang einer schon vorherigen Belastung vorgeht (§ 881 BGB).

Rank [ræŋk], Lord J. Arthur (22. 12. 1888–29. 3. 1972), engl. Filmindustrieller; Gründer u. Leiter der *R.-Organisation* (Filmproduktion, -verleihges., -theater).

Ranke,
1) Johannes (23. 8. 1836–26. 7. 1916), dt. Anthropologe; Forschungen über Schädelformen in S-Dtld; *Der Mensch;* s. Onkel.
2) Leopold v. (21. 12. 1795–23. 5. 1886), dt. Historiker, Begr. der objektiven, quellenkrit. Geschichtsschreibung; *Dt. Geschichte im Zeitalter der Reformation; Zwölf Bücher preuß. Geschichte; Die röm. Päpste in den letzten vier Jh.en; Weltgeschichte.*

Ranken, umgebildete Zweige od. Blät- ter b. Kletterpflanzen, dienen als Klammerorgane.

Rankenfußkrebse, *Cirripedia,* als erwachsene Tiere stets festgewachsen oder als Parasiten an anderen Tieren lebend; sehr häufig an unseren Küsten auf Steinen oder Muscheln: die → Seepocken.

Ranküne, w. [frz. „rancune"], Feindschaft, Rachsucht.

Rantzau, *Rantzow,* 1226 erstm. datiertes holstein. Adelsgeschlecht, s. 1650 Reichsgrafen.

Ranunkel, *Hahnenfuß,* Wiesen-, Wasser- u. Zierpflanzen, meist gelbe Blüten.

Ranz, Paarungszeit des Haarraubwildes.

ranzig, werden v. a. Öle und Fette mit ungesättigten Fettsäuren. Durch die Oxidation an der Luft entstehen unangenehm riechende Abbauprodukte; Verhinderung durch kühle Lagerung oder → Antioxidanzien, z. B. Vitamin E.

Rao, Pamulaparti Venkata Narasimha (* 18. 6. 1921), 1991–96 Premiermin. v. Indien.

Rap [engl. ræp „klopfen"], bes. Form d. rhythm. Sprechgesangs in d. → Rock-Musik, wobei eine längere Geschichte monoton-abgehackt u. m. einfachen Reimen über einen simplen Grundrhythmus improvisiert wird; urspr. v. schwarzen → Diskjockeys in New York während

Ranunkel

Kriechender Hahnenfuß Knolliger Hahnenfuß

des *Scratchens* v. Schallplatten (Wiederholung v. Passagen durch erneutes Aufsetzen d. Diamantnadel) benutzt, dann z. Rap-Musik kommerzialisiert u. in Diskotheken als Hintergrund f. → Break-Dance gespielt; auch als HipHop bezeichnet; häufig Verwendung d. Sampling-Methode (Benutzung v. Sound- und Rhythmusfragmenten bereits vorhandenen Fremdmaterials, die in einem Computer gespeichert werden).

Rapacki [-tski], Adam (24. 12. 1909 bis 10. 10. 70), poln. Pol.; 1956–68 Außenmin.; 1957 *R.plan* (atomwaffenfreie Zone in Mitteleuropa).

Rapallo, it. St. in der Provinz Genua, am *Golf v. R.*, Hafen, 30 000 E; Winterkurort, Spitzenind.

Rapalloverträge,
1) Grenzvertrag zw. Italien u. Jugoslawien 1920; Fiume (Rijeka) u. Zara (Zadar) mit Nachbarinseln zu Italien (1945 wieder jugoslaw.).
2) zw. Dtld u. UdSSR 1922: Wiederaufnahme d. diplomat. u. wirtsch. Beziehungen.

Raphaël [hebr. „Gott heilt"], einer der vier biblischen Erzengel.

Raphael, Günter (30. 4. 1903–19. 10. 60), dt. Komp.; Kammermusik, Orchester- u. Chorwerke.

Raphiapalme, niedrige Palme O-Afrikas mit riesigen Blättern; → *Raffiafaser* u. *Raffiabast*.

Rapid Deployment Force [ˈræpɪd dɪˈplɔɪmənt ˈfɔːs], *RDF*, 1979 aus mehreren Teilstreitkräften gebildete am. Eingreiftruppe f. Konflikte i. d. dritten Welt bzw. z. Wahrung amerikan. Interessen i. Mittleren u. Nahen Osten.

rapide [l.], reißend schnell.

Rapid Reaction Corps [ˈræpɪd rɪˈækʃn kɔːr], *RRC*, → NATO-Eingreiftruppe.

Rapier, *s*. [frz.], Fechtwaffe mit gerader Klinge.

Rappbodetalsperre, Staudamm der Rappbode i. Unterharz bei Wendefurth.

Rappen, *m*., Schweizer Münzeinheit (→ *Währungen*, Übers.).

Rapperswil (CH-8640), Gem. im schweiz. Kanton St. Gallen, am Zürichsee, 8000 E; Schloß; Ind., Fremdenverkehr.

Rapport, *m*. [frz.],
1) *in R.*, in Beziehung (stehen).
2) mil. Berichterstattung, dienstl. Meldung.
3) Wiederholung eines Webmusters.

Raps, Kohlart; Ölpflanze, liefert → Rüböl, auch Viehfutter u. zur Gründüngung.

Rapsglanzkäfer, metallisch glänzender kl. Käfer, der die Blüten des Rapses zerstört.

Rapskuchen, Rückstände bei der Rapsölbereitung, Kraftfutter; ein → Ölkuchen.

Raptus, *m*. [l.],
1) Raub, Entführung.
2) Anfall von Raserei, Zornausbruch.

Rapunzel, *Feldsalat, Valerianella*, Baldriangewächs, rosettenartig längl. Blätter; zu Salat.

rar [l.], selten.

Rarität, *w*., Seltenheit.

Ras, *m*. [arab. „Kopf"],
1) Häuptling.
2) Kap, Vorgebirge.

rasant [frz.], flach verlaufend (Flugbahn); ugs.: sehr schnell.

Grigorij Rasputin

Walther Rathenau

Hausratte

Raschdorff, Julius (2. 7. 1823–13. 8. 1914), dt. Architekt d. Historismus; Stadtbaumeister in Köln, dann Erbauer d. neubarocken Doms in Berlin.

Ras Daschan, höchster Berg in Äthiopien, 4620 m.

Ras el Chaima, arab. Scheichtum u. Hafen am Pers. Golf, → Vereinigte Arabische Emirate.

Raseneisenerz, braunes bis schwarzes, manganhaltiges Eisenhydroxid; zu Eisen verhüttet.

Rasenkraftsport, Sammelbegriff für Steinstoßen, Gewichtwerfen u. einem aus diesen Sportarten u. Hammerwerfen bestehenden Dreikampf.

Raser, engl. **r**adio **a**mplification by **s**timulated **e**mission of **r**adiation, Gerät z. Erzeugung u. Verstärkung kohärenter elektromagnet. Schwingungen im Bereich 40–900 MHz; → Maser.

Rask, Rasmus Kristian (22. 11. 1787 bis 14. 11. 1832), dän. Sprachforscher; mit F. *Bopp* Begr. der vergleichenden Sprachwiss.

Raskolniki [„Abtrünnige", v. russ. „raskol = Spaltung"], Sektierer, spalteten sich im 17. Jh. von der russ.-orthodoxen Kirche wegen liturg. Fragen ab; oft verfolgt.

Rasmussen,
1) Knud (7. 6. 1879–21. 12. 1933), dän. Grönland- u. Eskimoforscher.
2) Poul Nyrup (* 15. 6. 1943), s. 1993 dän. Min.präs.

Räson, *w*. [frz. raison, -'zõː], Vernunft.

Räsoneur, *m*. [-'nøːr], Klugredner.

räsonieren, nörgeln; auch laut nachdenken.

Raspe, Heinrich → Heinrich 24).

Raspel, grobe Feile für Holz- u. Steinbearbeitung.

Rasputin, Grigorij (um 1864–30. 12. 1916), ungebildeter sibir. Bauer, als „Mönch" u. Wundertäter bed. Einfluß am Hof Nikolaus' II.; ermordet.

Rasse, in d. Zoologie heute meist Unterart genannt, R. bezeichnet die Typen eines Haustiers; in der Anthropologie auch Varietät; allg. ist R. eine geograph. definierte Untergruppe der Art; → Übers.

Rassenfrage, die pol. Auseinandersetzung zw. Weißen u. Farbigen in Kolonien u. Schutzgebieten sowie in rassisch bzw. zusammengesetzten Staaten; in den USA (ca. 10% Neger) Negerproblem; in d. Südafrikan. Union → Apartheid.

Rassenhygiene, Anwendung von Erkenntnissen d. → Anthropologie auf rassische nat. Fragen; → Eugenik.

Rassentheorie, die Annahme, daß best. Kulturen wesentl. od. ausschließl. von e. best. menschl. Typus geschaffen seien; unzulässig vereinfachend angewandt hauptsächl. für d. nordische (fälschlich „arische") Rasse: Gobineau, Chamberlain, Günther; die pol. Anwendung z. Herabsetzung u. Verdrängung fremdrassiger Völker (Juden, Neger u. Farbiger) wird **Rassismus** genannt. → Arier.

Rastatt (D-76437), Krst. in d. Rheinebene, an der Murg, Ba-Wü., 42 728 E; AG; Barockschloß, Schloß-, Stadtkirche u. a. barocke Bauten; Wehrgeschichtl. Museum; div. Ind. – Bis 1771 Residenz d. Markgf. v. Baden; 1714 Friede zw. Östr. u. Frkr.

Rastede (D-26180), Gem. im Kr. Ammerland, Nds., Luftkurort, 18 632 E; Schloß; Radiatorenwerk, Schaumgummi- u. a. Ind.

Rastel, *s*., Gitter, Drahtgeflecht (bes. um Töpfe); *R.binder*, Kesselflicker.

Rastenburg, *Kętrzyn*, St. i. d. poln. Woiwodsch. Olsztyn im ehem. Ostpreußen, 30 000 E; Ordensburg.

Raster, *m*. [l. „rastrum = Harke"], Gittersystem v. Linien, löst die Helligkeitswerte eines Halbtonbildes zur Druckproduktion in kleinste Flächen (versch. große Punkte) auf; → Klischee.

Raster-Tunnel-Mikroskop → Tunnelmikroskop.

Rastral, *s*., Gerät zum Ziehen v. Notenlinien.

Rastrelli,
1) Bartolomeo Carlo Graf (1675 bis 29. 11. 1744), russ. Architekt u. Bildhauer it. Herkunft in St. Petersburg; s. Sohn.
2) Bartolomeo Francesco Graf (um 1700–71), russ. (Hof-)Architekt; Begr. d. russ. Spätbarock; prägend f. d. Stadtbild v. St. Petersburg; Andreas-Kathedrale in Kiew.

Ratakinseln, nordöstl. Gruppe der Marshallinseln.

Ratatouille [frz. 'tuj], Auberginenauflauf.

Rat der Europäischen Union, abgek. *Rat, Ministerrat*, s. 1993 offizielle Bez. f. d. EG-Min.rat; er ist d. gesetzgebende Instanz d. EU u. repräsentiert d. Interessen d. EU-Mitgl.staaten; setzt sich je nach Sachthema aus den zuständigen Fachministern od. deren Staatssekretären zusammen. Der Vorsitz wird von d. Mitgl.staaten nacheinander für jeweils 6 Monate ausgeübt.

Rat der Volksbeauftragten, provisor. Regierung v. Nov. 1918 bis Febr. 1919 nach d. → Novemberrevolution i. Dtld.

Ratekau (D-23626), Großgem. i. Kr. Ostholstein, Schl.-Ho., 14 441 E; Feldsteinkirche (12. Jh.). – Kapitulation Blüchers am 7. 11. 1806.

Räterepublik, kommunist. Staatsform; beruhend auf d. **R.system**, erstmals 1917 in Rußld durchgeführt als Aufbau von zentralen Staatsorganen aus Arbeiter- u. Soldatenräten, die die gesamte Staatsgewalt auf sich vereinigen (→ Sowjetunion); 1919 kurz auch in Bayern und Ungarn.

Rat für gegenseitige Wirtschaftshilfe, *RGW*, engl. **C**ouncil of **M**utual **Econ**omic **A**id, *COMECON*, 1949 unter Führung d. UdSSR gegründeter Wirtschaftsrat der Ostblockstaaten, 9 Mitgliedstaaten (bis 1990 auch DDR); Ziel: Verflechtung d. Volkswirtschaften d. Ostblocks z. Rationalisierung d. Industrieproduktion; Sitz Moskau; 28. 6. 1991 aufgelöst.

Rathenau, Walther (29. 9. 1867–24. 6. 1922), s. 1915 Präs. der AEG; 1921 Reichsmin. für Wiederaufbau, 1922 Außenmin. (schloß → Rapallovertrag m. Rußland); v. Rechtsradikalen ermordet.

Rathenow [-'no:], Lutz (* 22. 9. 1952), dt. Schriftst., stand in Opposition zur SED in d. DDR, war dort aus pol. Gründen inhaftiert; *Jeder verschwindet so gut er kann; Zärtlich kreist die Faust*.

Rathenow (D-14712), Krst. i. Bbg., an der Havel, 29 221 E; opt. Ind. (Brillen), Wiss.-Geräte-Bau.

Ratibor, *Racibórz,* poln. St. in Oberschlesien, an der Oder, 63 000 E; Industrie, Gemüseanbau.

Rätien, *Raetia,* von 15 vor Chr. bis ins 5. Jh. röm. Prov.: Graubünden, Tirol u. Südbayern.

Ratifikation, *Ratifizierung,* Zustimmung der verfassungsmäß. befugten Organe zu Staatsverträgen, die d. Austausch (wenn mehrseitig durch Hinterlegung) der R.surkunden in Kraft treten.

ratifizieren, (einen Vertrag) anerkennen, genehmigen; → Paraphierung, Unterzeichnung.

Rätikon, *Rhätikon,* Schiefer- und Kalkgebirge zw. Prätigau (Schweiz) und Montafon (Vorarlberg); *Schesaplana* 2965 m.

Ratingen (D-40878–85), St. i. Kr. Mettmann, NRW, 90 879 E; AG; histor. St.kern; Textil-, Papier-, Eisen-, Glas-, Elektro- u. a. Ind.

Ratio, *w.* [l.], Vernunft, Grund.

Ration, *w.* [l.], zugeteilte Menge.

rational [l.], durch Vernunftschlüsse abgeleitet, durch Denken gewonnen; Ggs.: irrational.

Rationale Architektur, in d. Architekturtheorie v. A. Rossi 1973 gepr. Bez. f. d. intern. angestrebte Überwindung d. Entfremdung zw. Mensch u. (der als wiss. eigenständ. betrachteten) Baukunst; Vertr. u. a. M. Botta, J. P. Kleihues, L. u. R. Krier, F. Reinhart.

rationale Zahlen, alle positiven u. negativen ganzen Zahlen u. Brüche einschließlich Null.

Rationalisierung,
1) *psych.* nachträgl. vernunftgemäße Begründung von unbewußt motivierten Handlungen, „innere Ausrede".
2) *wirtsch.* Maßnahmen z. Steigerung d. Produktivität e. Unternehmens zu größtmögl. Nutzen bei kleinstmögl. Einsatz: meistens Ersatz v. Arbeitskräften durch Maschinen u. dadurch Einsparung v. Arbeitsplätzen.

Rationalismus,
1) phil. Richtung, die
 a) alles als vernünftig erklärt od.
 b) eine eigene geistige Erkenntnisquelle neben den Sinnen annimmt; Ggs.:
  a) → Irrationalismus,
  b) → Empirismus.
2) Denkweise (u. Lebensführung) mit einseitiger Voranstellung des Verstandes u. Zweckwillens.
3) vernunftorientierte geistige Bewegung bes. d. 18. Jh. (Aufklärung); *Baukunst:* funktionsorientierte Strömung, 1. Hälfte 20. Jh. gg. → Jugendstil u. → Expressionismus.

rationell, zweckmäßig.

rationieren, e. beschränkten Vorrat planmäßig verteilen.

Rätische Alpen, *Albula-Alpen, Graubündner A.,* schweizer. Ostalpen nw. des Oberengadins; *Piz Kesch* 3418 m.

Ratke, *Ratichius Wolfgang* (18. 10. 1571–27. 4. 1635), dt. Unterrichtsreformer; Begr. d. → Didaktik.

Rätoromanen, roman. Volksgruppen in den Alpen (*Romanen, Engadiner, Ladiner, Friauler*); ihre Sprache **Rätoromanisch,** aus d. Vulgärlatein des röm. Rätien entstanden: in *Graubünden Romauntsch,* als Nationalsprache 1938 in der Schweiz verfassungsmäßig anerkannt; in *Tirol: Ladinisch;* in *Friaul: Friaulisch (Furlanisch).*

Ratten, Nagetiere (Mäuse); *Hausratte,* braunschwarz, Körper 16 cm, Schwanz 19 cm l.; fast ausgerottet von der *Wander-R.,* braungrau, Körper 24 cm, Schwanz 19 cm l., kam im 18. Jh. aus Asien nach Europa, von hier durch Schiffe nach allen Erdteilen verschleppt, überträgt die Pest; Vorratsschädling.

Rattenfänger von Hameln, nach d. dt. Volkssage ein Pfeifer, der (1284) d. Ratten aus Hameln an die Weser lockt, um den Lohn für s. Arbeit geprellt wird u. deshalb die Kinder m. seinem Spiel in den Koppenberg entführt, wo sie für immer verschwinden.

Rattengifte,
1) → Antikoagulanzien, die d. Tiere innerlich verbluten lassen.
2) Meerzwiebelpräparate, an denen d. Tiere ersticken.
3) anorgan. Gifte (z. B. *Thalliumsulfat, Bariumcarbonat*).

Rattenkönig, mit d. Schwänzen verklebte Ratten (infolge Krankheit); *ugs.* f. eine Folge von Verwirrung stiftenden (unangenehmen) Angelegenheiten.

Rattigan ['rætigən], Terence (10. 6. 1911–30. 11. 77), engl. Dramatiker; *D. Fall Winslow; Lockende Tiefe.*

Ratzeburg,
1) ehem. Fürstentum in Mecklenburg. 1154 als Bistum v. Heinr. d. Löwen gegr., 1648 säkularisiert und 1701 an Mecklenburg-Strelitz.
2) (D-23909), Krst. des Kr. Hzgt. Lauenburg, Schl.-Ho., auf einer Insel im **Ratzeburger See** (14 km^2), Luftkurort, 12 237 E; AG; spätroman. Dom (12. Jh.); Ernst-Barlach- u. A.-Paul-Weber-Haus; Konzerte, Ruderakad., intern. Sportveranstaltungen.

Ratzel, Friedrich (30. 8. 1844–9. 8. 1904), deutscher Geograph und Völkerkundler; *Anthropogeographie; Pol. Geographie.*

Ratzinger, Joseph (* 16. 4. 1927), dt. Theologe; 1977–81 Erzbischof v. München-Freising u. Kardinal, s. 1981 Kurienkardinal u. Präfekt d. Glaubenskongregation i. Rom.

Rau, Johannes (* 16. 1. 1931), SPD-Pol.; s. 1978 Min.präs. v. NRW, s. 1982 stellvertr. SPD-Vors.

Raub, in rechtswidr. Aneignungsabsicht erfolgte Wegnahme fremder bewegl. Sachen, verbunden m. Gewalt gg. e. Person od. unter Anwendung v. Drohungen m. gegenwärtiger Gefahr f. Leib u. Leben; strafbar m. Freiheitsstrafe, in schweren Fällen nicht unter 5 Jahren; wird durch d. R. der Tod eines anderen verursacht, Freiheitsstrafe nicht unter 10 Jahren od. lebenslängl. (§§ 249 ff. StGB).

Raubbau, *Raubwirtschaft,* in Land-, Forstwirtschaft u. Bergbau; Ausnutzung zu möglichst hohem Gegenwartsertrag ohne Vorsorge f. die Zukunft bzw. f. die Sicherheit.

Raubdruck, vom Verfasser u. Verleger nicht genehmigter Nachdruck.

Raubkopie, unter Verletzung des → Copyright hergestellte Kopie v. Software, Schallplatten u. a.

Raubmord, → Mord, der begangen wird, um das Opfer zu berauben.

Raubtiere, Ordnung der Säugetiere, Fleischfresser; Katzen, Schleichkatzen, Hyänen, Hunde, Bären, Kleinbären, Marder, Robben.

Johannes Rau

Raubvögel, veraltete Bez. d. → Greife.

Raubzeug, *weidm.* alle freilebenden Tiere, die v. a. dem → Niederwild schaden, meist nicht dem Jagdrecht unterliegen u. auch n. d. Naturschutzrecht keinen bes. Schutz genießen (z. B. Bisamratte), sowie verwilderte Hunde u. Katzen.

Rauch, Christian Daniel (2. 1. 1777 bis 3. 12. 1857), dt. Bildhauer e. realist. betonten Klassizismus m. idealist. Zügen; Grabdenkmal d. *Kgn Luise* (Charlottenburg) Büste *Goethes.*

Raucherbein, Durchblutungsstörung der Beine, häufig bei chron. Nikotinmißbrauch, e. Form d. → Arteriosklerose.

Rauchfang, trichterförmig erweiterte Abzweigung am Schornstein bei offenem Herd (in Schmieden, Küchen auf dem Lande) zum Einfangen des Rauches.

Rauchgasentschwefelung, d. Entzug v. schwefelhaltigen Verbindungen, v. a. mittels → Katalysatoren, aus Rauchgasen (Kraftwerke, Müllverbrennung); z. Vermeidung schädl. Emissionen.

Rauchgasprüfer, Meßgerät zur Feststellung einer einwandfreien Verbrennung (richtiges Verhältnis v. Kohlendioxid, Kohlenoxid u. Wasserstoff).

Rauchhelm, Feuerwehrhelm, in den Luft, meist aus einem auf d. Rücken getragenen Atemgerät, zugeleitet wird.

rauchloses Pulver → Schießpulver.

Rauchmüller, Matthias (get. 11. 1. 1645–15. 2. 86), dt. Maler, Architekt u. hpts. Bildhauer d. Barock; s. Reliefs *Hl. Nepomuk* (Prag) wurde zum Prototyp f. die Darstellung v. Brückenheiligen.

Rauchquarz, grauer bis schwarzbrauner Bergkristall; vielfach für Schmuck verwendet.

Rauchvergiftung → Erste Hilfe, Übers.

Rauchwaren [mhdt. „rûch = struppig"], *Rauchwerk,* Pelzwaren oder Felle.

Räude, durch R.milben (Krätzmilben) hervorgerufene Hautkrankheit bei Haustieren, mit Haarausfall; bei Pferden anzeigepflichtig.

Rauhblattgewächse, *Boraginaceae,* borstig behaarte Kräuter, selten Sträucher, wie Borretsch (Bienenfutterpflanze), Lungenkraut u. Vergißmeinnicht.

Rauhe Alb, mittlerer Teil der *Schwäbischen Alb.*

Rauhes Haus, in Hamburg; 1833 von Wichern begr. Diakonenbildungsanst., v. dort *Innere Mission.*

Rauhfaser, festes, holzartiges Papier, Oberfläche durch Zusatz v. Holzfasern strukturiert (R.-Tapete).

Rauhfußhühner, Familie d. Hühnervögel; Zehen u. Läufe befiedert; 18 Arten auf d. Nordhalbkugel, u. a. Auer-, Birk-, Hasel-, Schneehuhn.

Rauhnächte, *Rauchnächte,* in S-Dtld u. Östr. die 12 Nächte zw. Weihnachten u. Dreikönig, in denen nach altem Volksglauben Geister umgehen, die m. Lärm gebannt werden müssen.

Rauhreif, *Rauhfrost, Rauheis,* gefrorener Nebelniederschlag, vor allem auf der Windseite; auch → Reif.

Rauhwacke, *Rauchwacke,* zellig-poröse Kalke u. Dolomite.

Raum, urspr. Bez. für dreidimensionales (Länge, Breite, Höhe) Ordnungssystem. Von griech. Philosophen *mythischrel.* als begrenzt u. belebt aufgefaßt, durch die euklidische Geometrie anschaulich geordnet. Gestaltete Räume (Kirchen, Klöster, Burgen) als Abbilder des Alls. – R.auffassung d. *Physik* seit Galilei u. Newton: R. wird als unbegrenzt u. prakt. leer vorgestellt. Der bildhafte u. mystische Charakter der R.gestaltung geht verloren u. wird allmählich durch Gesichtspunkte zivilisatorischer Vollkommenheit u. der Zweckmäßigkeit verdrängt. Die R.anschauung wird abhängig v. Beobachter. Die idealist. Philosophie sieht in R. eine *subjektive Anschauungsform,* die uns die Erfahrung äußerer Dinge ermöglicht u. daher allgemeingültig u. nicht wegdenkbar ist, die realistische Phil. eine *objektive Erscheinungsform* der Wirklichkeit. Die Apriorität der R.anschauung ist nach Kant d. Voraussetzung d. euklidischen Geometrie: *Euklidischer R.;* im Verein mit der Apriorität der Zeitanschauung schafft sie die Voraussetzung f. d. exakte Naturwiss., die das raumzeitl. Geschehen math. festlegt. Heute tritt neben d. euklid. (flache) Geometrie die Geometrie des **gekrümmten R.s,** der unbegrenzt, aber endlich sein kann. Die → Relativitätstheorie (Übers.) faßt R. u. Zeit zus. in einen einzigen vierdimensionalen R., dessen Krümmung die Gravitationskraft bedingt. Laut → Quantentheorie ist der R. nicht leer, sondern gefüllt mit kurzlebigen virtuellen Teilchen. Zur Rechnung und Darstellung von phys. Beziehungen benutzt die moderne Physik abstrakte, vieldimensionale Räume.

Raumakustik, Teil der → Akustik; untersucht die Schallausbreitung in geschlossenen Räumen u. die Bedingungen für gute Hörsamkeit von Sprache u. Musik (wichtig z. B. für Konzert-, Theater-, Vortragssäle).

Raumbild → Stereoskop.

Raumbühne, vorhanglose, in d. Zuschauerraum hineinragende Szene, die nicht das Gegenüber v. Spiel u. Publikum anstrebt, sondern beide ohne illusionist. Absicht in einem Raum gleichordnet.

Raumfähre → Space Shuttle.

Raumfahrt → Weltraumforschung.

Raumgehalt → Registertonne.

Raumgewicht, Gewicht der Raumeinheit e. Stoffes, berücksichtigt bei porigen Körpern die eingeschlossene Luft.

Raumkunst, künstlerische, zweckmäßige u. wohnliche Ausgestaltung von Innenräumen.

Raummeter, Kubikmeter, m³; Würfel, dessen sämtliche Kanten (Breite, Tiefe, Höhe) 1 m lang sind.

Raumordnung, Maßnahmen z. Erhaltung u. Ausweitung d. natürl. wirtsch. u. soz. Möglichkeiten eines best. Gebietes: Landesplanung, Landesentwicklung; Akad. f. R.forschung, Hannover.

Raumsonde, durch mehrstufige → Rakete in d. freien Weltraum gebrachte automat. Station, die mittels wiss. Nutzlast d. Weltraum od. bei Vorbeiflügen an od. Landung auf Himmelskörpern diese erforscht u. Bilder u. Meßdaten zur Erde funkt. Freiflug im Weltraum dann, Sonde unterliegt d. → Keplerschen Gesetzen d. Planetenbewegung. Bisher größte Erfolge: **a)** *USA: Pioneer-Serie:* Erforschung v.

Apollo 11, *Start*

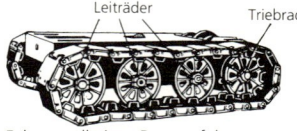
Fahrgestell eines Raupenfahrzeugs

Maurice Ravel

Ravenna, *Mausoleum der Galla Placidia*

Weltraum u. Sonne, 1. geglückter Start P.-5, 1960; P-10 u. P.-11, 1973 u. 1974 erste Nahaufnahmen v. Jupiter, 1979 v. Saturn; 1978 zwei P-Sonden f. Venuserforschung (Orbit m. topograph. Radarabtastung der Venusoberfläche bzw. harte Landung in Gestalt v. 5 Instrumententrägern); *Mariner-Sonden:* Erforschung der nahen Planeten, Venus-Vorbeiflüge: M.-2, 1962, M.-5, 1967, erste Messung d. Oberflächentemperatur 425 °C; Mars-Vorbeiflüge: M.-4, 1964, erste Marsfotos aus 10 000 km Entfernung 1965, M.-6 u. M.-7, 1969, Marsbilder m. 300 m Auflösung, M.-9, 1971, Umlaufbahn um d. Mars, 100% d. Marsoberfläche fotograf. erfaßt, M.-10, 1974 u. 1975, Aufnahmen v. Merkur; *Viking-Sonden:* 1976 weiche Landung v. V.-1 u. V.-2 auf d. Mars, Nahaufnahmen v. d. Marsoberfläche u. chem. Untersuchung d. Atmosphäre sowie v. Bodenproben; *Voyager-Sonden:* Erforschung d. äußeren Planeten b. Nahaufnahmen b. Vorbeiflug (1979 Jupiter, 1980 u. 1981 Saturn, 1986 Uranus, 1989 Neptun); **b)** ehem. UdSSR: *Zond-Serie:* Erforschung des Weltraums; *Venera-Venussonden:* V.-4, 1967, erste weiche Landung auf d. Venus am 18. 10. 67, V.-5–7 Landungen m. Messungen: ca. 500 °C Bodentemp., 100 atm Bodendruck, 90% CO_2 Atmosphäre; V.-9 u. V.-10, 1975 erste Aufnahmen v. d. Venusoberfläche; *Mars-Serie:* M.-2 u. M.-3 (erste weiche Landung auf dem Mars am 2. 12. 71), 1971, Untersuchung des Mars u. seiner Umgebung; **c)** *Europa:* Raumsonde Giotto (benannt nach d. ital. Maler Giotto di Bondone, ca. 1267–1337), gestartet 2. 7. 1985 mit einer Ariane-1-Rakete, Begegnung mit dem → Halleyschen Kometen, am 14. 3. 1986 kürzester Abstand (596 km) zum Kometenkern.

Raumton → Stereo.

Raumtransporter → Space Shuttle.

Räumungsklage, auf Zwangsräumung eines Mietraumes abzielender Teil eines Zivilprozesses wegen Mietaufhebung.

Räumungsverkauf, svw. → Ausverkauf.

Raumwellen, der Teil der elektromagnet. Strahlen, der in den Raum abgestrahlt wird: LW, MW, KW, UKW (Ggs.: Bodenwellen); Anteil der R. bei Langwelle sehr gering, bei Mittelwelle ca. 50%, bei Kurzwelle 90 bis 95% der Strahlungsleistung. R. werden in der → Ionosphäre reflektiert, wenn sie auf ionisierte Schicht treffen (bei LW ab 50 km, KW bis ca. 400 km Höhe); UKW nicht od. ganz gering reflektiert; bei Kurzwellen über sehr weite Strecken mehrmalige Reflexion zw. Ionosphäre u. Erde, dadurch weltweite Funkverbindung möglich. Bei Dunkelheit werden auch R. im Mittelwellenbereich in der Ionosphäre reflektiert, so daß nachts beachtl. Reichweiten erzielt werden können.

Raupen, die Larven der Schmetterlinge; *After-R.,* die der Blattwespen.

Raupenfahrzeug, geländegängiges, langsam fahrendes Nutzfahrzeug m. **Raupenketten** (in einzelne Platten geteilte Bänder), über Leit- u. Triebräder laufend; Lenkung durch einseit. Bremsen (z. B. Bagger, Planierraupe, Panzer).

Rauschbeere → Krähenbeere.

Rauschbrand, Viehseuche, Bazillen-Infektionskrankheit in der Haut und Muskulatur; anzeigepflichtig.

Rauschenberg, Robert (* 22. 10. 1925), amerikanischer Maler u. Plastiker; führender Vertr. der → Pop Art u. kinet. Kunst.

Rauschgift, pflanzl. od. chem. Produkt mit od. dämpfender Wirkung mit erregender od. auf das Zentralnervensystem, ruft Rauschzustand (m. Unterdrückung v. Schmerzen, euphorischer Stimmung od. Halluzinationen) hervor u. führt b. Gewöhnung leicht zu psych. od. körperl. Abhängigk. (*R.sucht*): Marihuana, Haschisch, LSD, Opium, Kokain, Morphium, Heroin, Ecstasy usw.; strenge Regelung auch für ärztl. Verordnungen von R. durch Betäubungsmittelverschreibungs-VO.

Rauschgifthandel, zu seiner Bekämpfung wurden mehrere intern. (Opium-)Abkommen getroffen, die Beschränkungen d. Herstellung, Einfuhr u. d. Handels m. Rauschgiften, bes. mit Opium, Morphium, Kokain, f. d. beteiligten Staaten, auch für Inland, enthalten. – Das Ges. über den Verkehr mit Betäubungsmitteln (früher Opiumges.) regelt den inländ. Handel für versch. Rauschgifte.

Rauschgold, *Flittergold,* dünn ausgewalztes Messingblech, zu Dekorationszwecken.

Rauschpegel, Intensität des durch el. Schaltglieder (Elektronenröhren, Widerstände usw.) entstehenden Rauschens b. Rundfunkgeräten usw.

Rauschtat, mit Strafe bedrohte Handlung, die im Rauschzustand begangen wird, sofern Täter sich vorsätzlich oder fahrlässig in einen Zustand der Unzurechnungsfähigkeit versetzt; Strafe: Freiheits- od. Geldstrafe (§ 330a StGB). Gewohnheitsmäßige Täter können in Entziehungsanstalt zwangsweise eingeliefert werden (§ 64 StGB).

Raute,
1) *Garten-, Wein-R.,* balsam. Staude; Gewürz- und Arzneipflanze.
2) *math.* svw. → Rhombus.
3) *Heraldik:* Rhombus, aufrecht, stehend od. liegend; mehrere Rauten: *gerautet,* z. B. i. d. Wappen v. Monaco u. Bayern.

Rautengewächs, *Rutazeen,* trop. Bäume, Sträucher od. Kräuter; Bildung v. äther. Ölen in Sekretbehältern d. Blätter; → Diptam; → Citrus.

Ravel [ra'vεl], Maurice (7. 3. 1875 bis 28. 12. 1937), frz. Komponist d. Impressionismus, span.-bask. Einflüsse; Klaviermusik: *Miroirs; Jeux d'eau;* Orchesterwerke: *Boléro; La valse;* Ballett: Daphnis et Chloé; Opern: *L'heure espagnole, L'enfant et les sortilèges;* Klavierkonzerte; Kammermusik.

Ravenna, Hptst. d. oberit. Prov. R., 136 000 E; alte Kirchen, Grabmäler Theoderichs d. Gr. u. Dantes, Nat.-Mus., Kunstakad.; Förderung v. Erdöl u. Erdgas; Weinbau. – Residenz d. weström. Kaiser u. Ostgotenkönige im 5.–6. Jh.

Ravensberg, ehem. Gft in Westfalen.

Ravensburg (D-88212–14), Krst. a. d. Schussen, Ba-Wü., 47 100 E; ma. Stadtbild, IHK, LG, AG; FHS; Masch.-, Textil-, Feinmechanik. – Freie Reichsstadt bis 1802.

Ravioli [it.], Ez. *Raviolo,* Nudelteigta-

Robert Rauschenberg, *Black market (Schwarzmarkt)*

Ronald Reagan

schen i. versch. Formen, gefüllt m. Fleisch- od. Gemüsefarce.
Rawalpindi, St. in Pakistan (bis 1966 Hptst.), 928 000 E; Sitz einiger Reg.organe.
Ray [reı],
1) Man (27. 8. 1890–18. 11. 1976), am. Maler, Fotograf, Film-Graphiker; Mitbegr. der New Yorker Dada-Gruppe; schuf sog. Photogramme (Fotos, die ohne Objektiv erzielt wurden).
2) Nicholas (7. 8. 1911–17. 6. 79), am. Filmregisseur; *Johnny Guitar* (1954); *Rebel Without a Cause* (1955).
3) Satayit (2. 5. 1921–23. 4. 92), ind. Filmregisseur; gesellschaftsanalytische Filme; → *Apu*-Trilogie (1952/59).
Raygras, Futtergräser (z. B. → *Lolch*).
Raymond, Fred, eigtl. *Raimund Friedrich Vesely* (20. 4. 1900–1. 54), öst. Operettenkomp.; *Maske in Blau.*
Raynaud-Krankheit, Durchblutungsstörung d. Hände, meist b. Frauen, Finger werden anfallsweise blaß – blau – rot, ohne sonstige Krankheit. Wenn solche Anfälle im Rahmen von anderen Leiden (z. B. → Arteriosklerose, → Neuritis) auftreten, spricht man von **Raynaud-Phänomen.**
Rayon, *m.* [frz. rɛˈjõː], Bezirk, Vorgelände einer Festung; auch → Reyon.
Rayonchef, Abteilungsleiter.
Rayonismus [frz. „rayon = Strahl"],
Bez. f. e. Richtung d. russ. Malerei um 1910–14, begr. v. M. Larionow, beeinflußt durch d. spätimpressionist. Farbentheorie u. kubist. Flächenzergliederung; Zerlegung d. Bildelemente in strahlenförm. Lichtbündel.
Rayski, Louis Ferdinand von (23. 10. 1806–23. 10. 90), Nachfahre L. Cranachs u. Vetter Friedrich Wilhelms III.; dt. Maler d. Realismus; Porträts, Jagd- u. Tierbilder.
Razzia, *w.* planmäßige polizeil. Durchsuchung best. Gebäude oder Gegenden nach Verbrechern.
Rb, chem. Zeichen f. → *Rubidium.*
RC, Abk. f. **R**adio **C**ontrolled, im Modellbau intern. Bez. für ferngesteuerte Flugmodelle.
RCDS, Abk. f. **R**ing **C**hristl. **D**emokr. **S**tudenten.
RC-Papier → PE-Papier.
re- [l.], als Vorsilbe: wieder…, rück…, neu…
Re, chem. Zeichen f. → *Rhenium.*
Ré, *Île de Ré,* Insel vor der frz. W-Küste, zum Dép. Charente-Maritime, 85 km², 10 700 E; Hptorte *Ars-en-Ré* u. *St-Martin-de-Ré* (2400 E). Seebäder, Austernfischerei.
Rê → Râ.
REA, Abk. f. **R**auchgas**e**ntschwefelungs**a**nlage, → Rauchgasentschwefelung.

Read [riːd],
1) Grantly D. (1890–1959), engl. Frauenarzt; *R.methode* der natürl. Geburt durch Entspannung; *Mutter werden ohne Schmerz.*
2) Sir Herbert (4. 12. 1893–12. 6. 1968), engl. Lyriker u. Kunstschriftst.; *Geschichte d. modernen Malerei.*
Reading [ˈrɛd-],
1) St. i. England, Verw.sitz d. Gft Berkshire, 123 000 E; Uni.; Maschinen-, Schiffbau, Eisengießereien, Töpferei.
2) St. im US-Staat Pennsylvania, am Schuylkillfluß, 79 000 E; Uni.; Textil- u. Eisenind.
Ready-made [engl. ˈrɛdımeıd „gebrauchsfertig"], in d. zeitgenöss. Kunst 1913 erstmals v. → *Duchamp* (→ Dadaismus) ausgeführte Verfremdung industriell gefertigter Gebrauchsgegenstände (z. B. Urinoir, Fahrrad), die ohne od. nur m. geringen Veränderungen ihrer Form z. Kunstwerk erklärt wurden, um durch Verneinung d. herkömmlichen Kunstbegriffs eine neue Ästhetik zu schaffen.
Reagan [ˈreıgən], Ronald (* 6. 2. 1911), am. Filmschausp. u. republikan. Pol.; 1967–75 Gouverneur v. Kalifornien, 1981–89 Präs. d. USA.
Reagens, *s.* [l.], jeder chem. Stoff, der b. Zufügen zu einem zweiten durch Farbumschlag od. Bildung eines Niederschlags eine den zweiten identifizierende, typische Reaktion auslöst.
Reagenzglas, Probierglas f. chem. Versuche.
Reagenzpapier, mit → Indikator getränktes Fließpapier, das bei Benetzung charakterist. Färbung od. Farbänderung zeigt (z. B. *Schwarz*färbung v. Bleiacetatpapier durch Schwefelwasserstoff, *Rot*färbung v. *blauem* Lackmuspapier durch Säuren, *Blau*färbung v. *rotem* Lackmuspapier durch Alkalien).
reagieren [l.], auf eine Beeinflussung durch Gegen- od. Folgewirkung antworten; auf etwas eingehen.
Reaktion, Gegenwirkung,
1) *geschichtsphil.* Rückwirkung einer Entwicklung.
2) *psych.* Antwort eines Organismus auf einen Reiz als physiolog. od. Verhaltensänderung.
3) *pol.* u. *sozial* Rückwärtsbewegung: Wiederherstellung veralteter Rechte.
4) *chem.* Stoffumwandlung
5) *physiolog.* Zeitdauer der Reizleitung von einem Sinnesorgan zum od. vom Gehirn zu einem motorischen Körperelement..
Reaktor, *m.* [l.], → Kernreaktor.
real [l.], sachlich, tatsächlich, wirklich.
Realeinkommen, das an den Preisen von Sachgütern und Dienstleistungen gemessene Einkommen.
Realenzyklopädie, *w.* [l.-gr.], Sachwörterbuch.
Realinjurie [l.], Beleidigung durch eine Handlung (z. B. körperl. Angriff); Ggs.: → Verbalinjurie.
realisieren,
1) eine Sache in Geld umsetzen (z. B. Gewinnrealisation).
2) verwirklichen.
Realismus,
1) *phil.* Lehre **a)** von d. Wirklichkeit der sinnlich wahrnehmbaren Umwelt; Ggs.: → Idealismus; *naiver R.,* ohne Zweifel an der Gültigkeit der eigenen Wahrneh-

mungen, *kritischer R.*, prüft unmittelbare Erfahrung auf Wirklichkeitsgehalt; **b)** nicht zu verwechseln mit *Begriffs-R.* bes. in der → Scholastik, Lehre von der Wirklichkeit der Gattungsbegriffe; Ggs.: → Nominalismus.
2) *Kunst* u. *Literatur:* wirklichkeitsnahe Darstellung in versch. Epochen; insbes. im 19. Jh. zw. Romantik u. Naturalismus, Vertr.: → Courbet *(Malerei),* → Meunier *(Plastik),* d'Albert *(Musik),* Balzac *(Literatur).* Auch → Sozialistischer Realismus.
Realist, Wirklichkeitsmensch, auch Vertr. der **realistischen** Lehren u. Richtungen.
Realität, *w.,* Wirklichkeit, Tatsache d. Erfahrung.
realiter [l.], in Wirklichkeit.
Realkonkurrenz, Zus.treffen mehrerer selbständiger Straftaten; die verwirkten Freiheitsstrafen sind in eine Gesamtstrafe umzuwandeln; Erhöhung d. verwirkten schwersten Strafe (§§ 53 f. StGB); Ggs.: → Idealkonkurrenz.
Realkredit → Kredit.
Reallast, im Grundbuch eingetragenes dingl. Recht, von jeweiligen Grundstückseigentümer best. wiederkehrende Leistungen zu verlangen (§ 1105 BGB).
Reallohn → Lohn.
Realpolitik, setzt ihre Kraft z. Erreichung greifbarer Ziele ein; arbeitet m. prakt., unmittelbaren Erfolg versprechenden Methoden.
Realsteuern, *Sachsteuern, Objektsteuern,* nehmen als Grundlage d. Besteuerung ein best. Objekt (z. B. einen Betrieb, ein Grundstück); Ggs.: → Personalsteuern u. → Verkehrssteuern.
Realunion, Vereinigung zweier Staaten durch Staatsgrundgesetz od. Vertrag unter Wahrung ihrer Selbständigkeit, meist gemeinsame Institution (z. B. östr.-ungar. Doppelmonarchie).
Reanimation, *w.* [l.], Wiederbelebung, künstliche Atmung, Herzmassage (→ Erste Hilfe, Übers.).
Réaumur [-oʹmyːr], René (28. 2. 1683 bis 17. 10. 1757), frz. Physiker u. Zoologe; erfand 1730 ein → Thermometer mit 80-Grad-Skala.
Rebecca, *Rebekka* [hebr. ,,die Zauberhafte, Bestrickende"], w. Vn.
Rebekka [hebr.], Frau Isaaks, Mutter Jakobs u. Esaus im A.T.
Rebell, *m.* [frz.], Aufrührer.
Rebellion, *w.,* Aufruhr.
Rebhuhn, *Feldhuhn,* erdfarben, Unterseite gefleckt; im Frühling paarweise, später i. ,,Völkern" auf Feldern.
Reblaus, zu d. Pflanzenläusen gehörender Schädling d. Weinrebe, i. 19. Jh. aus N-Amerika nach Europa eingeschleppt; Fortpflanzung im → Generationswechsel; Bekämpfung auf chem. Wege od. durch Anpflanzung widerstandsfähiger Rebstöcke.
Rebmann, Kurt (* 30. 5. 1924), dt. Jurist; 1977–1990 Generalbundesanwalt, Nachfolger → Bubacks.
Rebschnitt, Herausschneiden der Triebe des Rebstocks *(Ruten)* bis auf diejenigen *Fruchtruten,* die im Frühjahr darauf austreiben sollen; nur e. begrenzte Zahl v. ,,Augen" (Knospen) wird angeschnitten, um d. Qualität u. Ertragsmenge festzulegen (je mehr Trauben an e. Stock, desto geringer ihre Qualität). Die → *Erziehungsart* bestimmt d. Form des R.:

Rebhuhn

Rechtspflege

1. Außerordentliche Gerichtsbarkeit: a) Verfassungsgerichte. In den Ländern je ein *Verfassungsgerichtshof;* zuständig für Klagen wegen Verletzung eines Grundrechts, Feststellung der Verfassungsmäßigkeit von Landesrecht. *Bundesverfassungsgericht* (Sitz Karlsruhe) zuständig für Streitigkeiten zw. Bund u. Ländern u. zw. einzelnen Ländern, Feststellung der Verfassungsmäßigkeit von Bundesrecht, Vereinbarkeit von Landes- mit dem Bundesrecht, Verwirkung von Grundrechten, Verfassungswidrigkeit von Parteien. Entscheidungen haben in bestimmten Fällen Gesetzeskraft.
b) Verwaltungsgerichte und ein *Oberverwaltungsgerichtshof* in den Ländern, *Bundesverwaltungsgericht* in Berlin. Zuständig: Verwaltungsgericht für → Anfechtungsklagen, → Verpflichtungsklagen u. → Parteistreitigkeiten. Gegen Entscheidung d. Verwaltungsgerichtes Berufung an Oberverwaltungsgericht (unter best. Umständen sofort Revision an Bundesverwaltungsgericht), gegen dessen Entscheidung Revision zum Bundesverwaltungsgericht, das in bestimmten Sachen d. Bundesverwaltung auch in erster und letzter Instanz entscheidet.
c) Finanzgerichte. In den Ländern Finanzgerichte, die u. a. über öffentl.-rechtl. Streitigkeiten, über Abgaben nach Bundesgesetzen sowie über Verwaltungsakte d. Finanzbehörden nach der Abgabenordnung entscheiden, Revision zum *Bundesfinanzhof* in München. Finanzrechtsweg nur nach Vorverfahren (Einspruch, Beschwerde) möglich.
d) Arbeitsgerichte. *Arbeitsgerichte* (1. Instanz), 1 Richter, 2 ehrenamtl. Richter (je 1 Unternehmer u. 1 Arbeitnehmer), Anwälte zugelassen, zuständig f. bürgerl. Rechtsstreitigkeiten zw. Tarifvertragsparteien bzw. über Tariffragen, zw. Arbeitgebern u. Arbeitnehmern über Fragen aus dem Arbeitsverhältnis u. a. sowie in best. Fällen des Betriebsverfassungsgesetzes; *Landesarbeitsgerichte,* 1 Richter, 2 Laien (je ein Unternehmer u. 1 Arbeitnehmer), Anwaltszwang, zuständig f. Berufung gegen Urteile der Arbeitsgerichte, wenn Streitwert über 800 DM od. Rechtsstreit von grundsätzlicher Bedeutung; *Bundesarbeitsgericht* (Sitz Kassel), zuständig für Revisionen gegen Urteile der Landesarbeitsgerichte.
e) Sozialgerichte. *Sozialgerichte* (1. Instanz), 1 Richter, 2 ehrenamtl. Richter, Anwälte zugelassen, zuständig für Streitigkeiten auf Gebiet d. Sozialversicherung, Arbeitslosenversicherung, Kriegsopferversorgung, zugewiesene ähnliche Angelegenheiten; Berufung an *Landessozialgerichte,* 3 Richter, 2 ehrenamtl. Richter, Revision an *Bundessozialgericht* (Kassel), dieses auch zuständig in 1. Instanz f. Streitigkeiten zw. Bund u. Ländern u. zw. Ländern auf Gebiet Sozialversicherung u. Arbeitslosenversicherung.
2. Ordentliche Gerichtsbarkeit: Aufbau: *Amtsgericht* (AG), *Landgericht* (LG), *Oberlandesgericht* (OLG), *Oberstes Landesgericht* (ObLG) z. Z. nur in Bayern; oberste Instanz für BR *Bundesgerichtshof* (BGH) in Karlsruhe.
a) Zuständigkeit im Zivilprozeß: *AG* (1 Richter) für Ansprüche bis 10 000 DM sowie Miet-, Ehe-, Kindschafts-, Unterhaltssachen (Familiengericht), Aufgebotsverfahren usw. Gegen Urteile Berufung (Berufungssumme über 1500 DM), gg. Beschlüsse Beschwerde zum LG. – *LG* (3 Richter) für Rechtsmittel gg. AG-Entscheidungen sowie in 1 Instanz für Ansprüche über 5000 DM, ferner für Ansprüche gg. Fiskus, Beamte u. Richter. Gegen erstinstanzliche Urteile Berufung zum OLG, vereinzelt auch (Sprung-)Revision zum BGH; gg. Beschlüsse Beschwerde zum OLG. Im Bedürfnisfalle bei LG *Kammern für Handelssachen* (1 Richter, 2 ehrenamtliche Richter) für Entscheidungen über kaufmännische Rechtsstreitigkeiten. – *OLG-Zivilsenat* (3 Richter), zuständig für Berufung u. Beschwerde gegen Entscheidungen des LG sowie solcher d. AG in Kindschafts- u. Familiensachen. – *ObLG* (z. B. nur Bayern) 5 Richter, zuständig für Entscheidungen über Revision gg. Urteile der Bayer. OLG, wenn Landesrecht betroffen. – *BGH-Zivilsenat* für Revision gg. Endurteil der OLG u. der LG bei (Sprung-)Revision (Revisionssumme über 40 000 DM), für Beschwerde gg. Entscheidungen d. OLG bei als unzulässig festgestellter Berufung.
b) Zuständigkeit in Strafsachen: *AG-Einzelrichter,* kleinere Vergehen, Strafe bis 2 Jahre Freiheitsentzug. – *AG-Schöffengericht* (1 Richter, 2 Schöffen), mittelschwere Vergehen, Strafe bis 4 Jahre Freiheitsentzug, keine Sicherungsverwahrung. – Gegen Urteile d. AG Berufung, gg. Beschlüsse Beschwerde zum LG. – *LG Kleine Strafkammer* (1 Richter, 2 Schöffen) für Berufung gg. Urteil des AG-Einzelrichters. – *LG Große Strafkammer*

(3 Richter, 2 Schöffen) für Berufung gg. Urteil des AG-Schöffengerichts u. d. Schöffengerichts, in 1. Instanz f. Verbrechen u. solche Straftaten, die Staatsanwalt dort anklagt, ferner f. best. → politische Delikte, wenn nicht Generalbundesanwalt Verfolgung übernimmt. – Gegen Urteile d. Kleinen u. Großen Strafkammer Revision zum OLG, evtl. mit Vorlagepflicht zum BGH; gg. erstinstanzliche Urteile d. Großen Strafkammer Revision zum BGH, bei Verletzung v. Landesrecht nur zum OLG. Gegen Beschlüsse d. Kleinen u. Großen Strafkammer Beschwerde zum OLG. – *Schwurgericht* (besondere Kammer des LG, meist zuständig f. mehrere LG-Bezirke, 3 Richter u. 2 Schöffen) f. bestimmte schwerste Verbrechen (Kapitalverbrechen). Gegen Urteil Revision zum BGH, b. Verletzung v. Landesrecht zum OLG. – *OLG-Strafsenat* in 1. Instanz (5 Richter) f. best. pol. Verbrechen u. solche pol. Delikte, deren Verfolgung d. Generalbundesanwalt übernommen hat, ferner (3 Richter) f. Revision gg. die m. Berufung nicht anfechtbaren Urteile des AG-Einzelrichters, gg. Berufungsurteile d. Kleinen u. Großen Strafkammern des LG, gg. Urteile d. OLG sowie Urteile d. Schwurgerichts bei Verletzung v. Landesrecht; weiter zuständig f. Beschwerde, soweit andere Zuständigkeit (LG-Strafkammer, BGH) nicht begründet. Bei Abweichung v. neuer oberster Rechtsprechung Vorlage d. Sache bei BGH. – *BGH-Strafsenat* (5 bzw. 3 Richter) f. Revision gg. erstinstanzliche Urteile des OLG sowie Urteile d. Gr. Strafkammern 1. Instanz, soweit nicht OLG zuständig. Bei Abweichungen v. Entscheidungen anderer BGH-Senate entscheidet d. *Große Senat* (9 Richter) od. d. *Vereinigten Großen Senate* (1 Präsident u. sämtliche Mitglieder des Großen Straf- u. d. Gr. Zivilsenats) über d. Rechtsfrage. (BGH ist im Gebiet d. BR Nachfolge des Reichsgerichts.)
c) Zuständigkeit in Sachen der freiwilligen Gerichtsbarkeit (Nachlaß-, Vormundschafts-, Registerwesen usw.): 1. Instanz stets das *AG* (1 Richter). Gegen dessen Entscheidung Beschwerde zum *LG* (3 Richter). Gegen Entscheidung des LG weitere Beschwerde an *OLG* (3 Richter), in Bayern an Oberstes Landesgericht, in Rheinland-Pfalz an OLG Zweibrücken.
Einheitlichkeit der Rechtsprechung der fünf oberen Bundesgerichte wird gewahrt durch einen *Gemeinsamen Senat* (bestehend aus d. Präs. d. obersten Gerichtshöfe, d. Präs. u. je einem weiteren Richter d. beteiligten Senate) mit Sitz i. Karlsruhe.
1. Prozeßkosten in der ordentlichen Gerichtsbarkeit:
a) Gerichtskosten: Höhe der vollen Gebühr bestimmt sich bei vermögensrechtl. Streitigkeiten nach dem Streitwert, sonst Annahme eines Wertes von 600 bis 2 000 000 DM, in Ehesachen nicht unter 4000 DM. *Prozeßgebühr* fällt mit Erhebung der Klage an (1 volle Gebühr; wenn Mahnverfahren vorausgegangen ist, eine halbe Gebühr), *Urteilsgebühr* für End- oder Zwischenurteil nach streitiger Verhandlung (bis zu 2 volle Gebühren). In *Berufungsinstanz* Prozeßgebühr 1½ d. vollen Gebühr; Urteilsgebühr bis zu 2 volle Gebühren, in *Revisionsinstanz* Prozeßgebühr 2 volle Gebühren, Urteilsgebühr bis zu 2 Gebühren. – *Rücknahme der Klage* vor erster Terminbestimmung läßt Prozeßgebühr wegfallen. – Im *Mahnverfahren* fällt die Hälfte der Gebühr an; wird Widerspruch eingelegt und soll verhandelt werden, ist weitere Hälfte der Gebühr zu zahlen. – Grundsätzl. Vorleistungspflicht d. Antragstellers (meist durch Kleben v. Gerichtsgebührenmarken a. d. Antrag), Befreiung gemäß § 65 Gerichtskostengesetz. In Strafsachen bemessen sich die Gerichtskosten für alle Instanzen nach der rechtskräftig erkannten Strafe. Bei Strafbefehlen nur die Hälfte der Gebühr.
b) Anwaltsgebühren: *Im Zivilprozeß:* Bestimmung der vollen Gebühr nach Streitwert; bei nicht vermögensrechtl. Streitigkeiten Annahme eines Wertes von 300 bis 1 000 000 DM; im Regelfall 6000 DM Prozeßgebühr für das Betreiben des Geschäfts einschließl. Information, Verhandlungsgebühr f. d. mündl. Verhandlung, Beweisgebühr f. d. Vertretung bei der Beweisaufnahme, Erörterungsgebühr f. d. Erörterung im Rahmen eines Einigungsversuchs. – In Berufungs- und Revisionsinstanz erhöhen sich die Gebühren um 30%. – Im *Mahnverfahren* werden fällig: Gebühr für Einreichung des Mahnbescheids, Gebühr für Vollstreckungsbescheid (⁵⁄₁₀), Widerspruchsgebühr (³⁄₁₀). – Der Anwalt darf einen angemessenen Vorschuß fordern. – Im Strafprozeß erhält der Anwalt vor AG-Einzelrichter u. Schöffengericht 80–1060 DM, vor Strafkammern 100–1240 DM, vor Schwurgerichten, OLG, BGH 140–2060 DM für den ersten Verhandlungstag, für weitere Verhandlungstage ermäßigt sich die weitere Gebühr, ebenso bei reiner Tätigkeit im Vorverfahren. Im Berufungsverfahren vor Gr. Strafkammer 100–1240 DM, vor Kl. Strafkammer 80–1060 DM. In der Revision vor BGH 140–2060 DM, vor OLG 100–1240 DM. Auch hier ermäßigen sich die Gebühren für die weiteren Verhandlungstage.

Zivilprozeß-Gebührenstaffel (jeweils einfache Gebühren) in DM:		
Wert bis	Ordentliches Gericht	Anwaltsgebühr
200	50	50
300	50	50
500	50	50
1 000	70	90
2 000	110	170
5 000	160	320
10 000	235	595
20 000	385	945
50 000	655	1425
100 000	955	2125

z. B. *Bogen-, Kordon-, Gobelet-, Guyotschnitt.*
Rebus, *m.* od. *s.* [l. „durch Dinge"], Bilderrätsel.
Recall Test, [engl. ri′kɔ:l- „Erinnerungstest"], Methode, den Erinnerungswert v. Werbebotschaften zu ermitteln.
Récamier [-′mje], Julie (4. 12. 1777 bis 11. 5. 1849), Gattin d. Pariser Bankiers R.; sammelte in ihrem literar.-pol. Salon die Gegner Napoleons.

David, *Madame Récamier*

Rechenmaschine, führt Operationen durch, für die es ein allg. anwendbares mechan. Verfahren gibt (z. B. Addition, Subtraktion, Multiplikation u. Division); mechan. R. zahnrad- u. hebelgesteuert, erste funktionstüchtige Modelle im 17. Jh. von W. Schickard, → Leibniz u. → Pascal, Antrieb von Hand od. el. (auch → Buchungsmaschine); elektron. R. verarbeitet el. Impulse, seit 1941 d. → Zuse (→ Informatik).
Rechenschieber, Instrument zur einfachen Berechnung von Zahlen-Produkten oder -Quotienten, auch Potenzen u. Wurzeln; beruht auf Verwendung gegeneinander beweglicher logarithm. Skalen. Erster R. v. Edmund *Gunter* 1624 erfunden.
Rechenwerk, Teil der → Zentraleinheit einer → Datenverarbeitungsanlage; führt Rechenoperationen durch, verarbeitet die → Daten.
Recherche, *w.* [frz. -′ʃɛrʃ(ə)], Nachforschung.
Rechnungsabgrenzung, periodengerechter Erfolgsausweis auf d. Aktiv- u. Passivseite d. Bilanz durch Abgrenzung d. tatsächl. Aufwendungen u. Erträge zweier aufeinander folgender Geschäftsjahre. **a)** *Aktiva: transitorische R.,* Ausgabe jetzt – Aufwand später (z. B. vorausbezahlte Löhne), *antizipative R.,* Ertrag jetzt – Einnahme später (z. B. noch zu erhaltende Miete); **b)** *Passiva: transitorische R.,* Einnahme jetzt – Erträge später (z. B. im voraus gezahlte Miete), *antizipative R.,* Aufwand jetzt – Ausgabe später (z. B. noch zu zahlende Löhne).
Rechnungshof, oberste Behörde mit

richterl. Unabhängigkeit zur Kontrolle der R.legung über die gesamte Finanzgebarung u. Haushaltsführung innerhalb best. Verwaltungsbereiche. In Dtld: bis 1945 R.hof des Dt. Reichs in Potsdam; BR: *Bundes-R.hof*, s. 1950 in Frankfurt a. M., überwacht d. gesamte Haushalts- u. Wirtschaftsführung d. Bundesorgane u. -verwaltungen, d. Bundesbahn, d. öff. bezuschußten Sozialfürsorge u. a.; Zentralorgan des Bundes-R.hofs u. d. Länder-R.höfe ist d. *Vereinigte Senat* zur Entscheidung grundsätzl. Fragen (Ges. v. 27. 11. 1950).

Rechnungsjahr, Laufjahr d. Haushaltsplanes (→ öffentlicher Haushalt), entspricht i. d. BR ab 1961 dem Kalenderjahr.

Rechnungslegung, Erteilung e. Abrechnung, z. B. gegenüb. d. Vertragspartner b. Beteiligung an Erlösen (Rechenschaft über Einnahmen u. Ausgaben), bei Behörden gegenüb. d. vorgesetzten Stelle (Staatshaushaltsrechnung des Finanzmin. an Volksvertr.).

Rechnungsprüfung,
1) durch Parlament zur Entlastung der Regierung.
2) Prüfung d. Rechnungen innerhalb e. Unternehmens.
3) durch R.hof z. Entlastung d. Verw.organe, insbes. auf Übereinstimmung mit d. Haushaltsplan.
4) Kontrolle der Staatshaushaltsrechnung auf Gesetz-, Zweckmäßigkeit u. Wirtschaftlichkeit d. Finanzgebarens.

Recht,
1) im *objektiven* Sinne: die durch den Willen einer Gemeinschaft mit Pflicht zur Befolgung geschaffene Ordnung der Lebensverhältnisse; das R. gliedert sich in: *Öffentl. R.* u. *Bürgerl. R.* (→ Rechtspflege, Übers.).
2) *subjektiv* (Berechtigung): einer Gemeinschaft od. einem einzelnen v. d. Rechtsordnung eingeräumter Anspruch.

Rechteck, ein Parallelogramm mit 4 rechten Winkeln. Sonderfall des R.s ist das Quadrat (4 gleiche Seiten).

Rechtfertigung, theol. Begriff, der ein Hauptgegenstand d. Auseinandersetzung zw. Luther u. d. kath. Kirche war; nach *kath. Lehre* das sündentilgende Wirken d. Gnade Gottes in Verbindung mit d. tätigen Mitwirkung des Menschen durch Glauben, Reue u. Liebe zu Gott; nach der *ev. Lehre* die Freisprechung d. Sünders ohne sein eigenes Mitwirken, lediglich auf seinen Glauben hin.

Rechtfertigungsgründe, *jur.*, nehmen einer d. strafbaren Handlung d. Rechtswidrigkeit u. schließen so Strafe und Schadenersatzpflicht aus (z. B. Notwehr).

rechtläufige Bewegung, b. Himmelskörpern von West nach Ost (d. Planeten u. die meisten Monde); Ggs.: → rückläufige Bewegung.

Rechtsanwalt, als unabhängiges Organ der Rechtspflege der berufene, unabhängige Vertr. u. Berater in allen Rechtsangelegenheiten. Zulassung z. *Rechtsanwaltschaft* erfordert Fähigkeit zum Richteramt (Ablegung d. großen jur. Staatsprüfung) u. einen unbescholtenen Lebenswandel; Standesvertretung und Ehrengerichtsbarkeit durch d. R.s-kammer (Selbstverw.körperschaft).

Rechtsanwaltsgebühren
→ Rechtspflege, Übers.

Rechtsbehelfe, alle durch Gesetz eingeräumten Mittel, die es den Parteien ermöglichen, Entscheidung d. Gerichts od. e. Verwaltungsbehörde herbeizuführen od. ihre Nachprüfung bzw. Abänderung zu erreichen. R. im engeren Sinn sind u. a.: *Einspruch, Widerspruch, Restitutionsklage;* im weiteren Sinn Rechtsmittel: *Beschwerde, Berufung, Revision.*

Rechtsbeistand,
1) berufsmäß. Vertreter fremder Rechtsangelegenheiten.
2) auch svw. → Rechtskonsulent.

Rechtsbeugung, bewußt falsche Anwendung bzw. bewußte Nichtanwendung von Rechtssätzen durch Richter, Amtsträger od. Schiedsrichter; strafbar nach § 336 StGB.

Rechtschreibung, *w.,* Orthographie, einheitlich festgelegte Schreibordnung; 1901 für das Deutsche Reich geregelt, später mehrf. in Einzelheiten geändert.

Rechtsfähigkeit, die Fähigkeit, Träger von Rechten u. Pflichten zu sein; zu unterscheiden von Geschäftsfähigkeit; R. haben **a)** alle lebenden Personen; **b)** Gesellschaften, Vereine, Stiftungen, Anstalten privaten Rechts, die jur. Personen sind; **c)** Körperschaften u. Anstalten des öffentl. Rechts (z. B. Staat, Gemeinden, Kirchen, Uni.en).

Rechtsgang, Ordnung, nach d. eine Rechtssache behandelt wird, Prozeßverfahren-Instanzenweg.

Rechtsgeschäfte, zwecks Herbeiführung eines Rechtszustandes abgegebene Willenserklärungen; *einseitige* (z. B. Kündigung, Vertragsanfechtung, Testament, Auslobung), *zwei-* od. *mehrseitige R.* (Verträge usw.).

Rechtshängigkeit, Schweben eines Prozesses über e. best. Anspruch bei Gericht; beginnt m. Klageerhebung u. endet mit endgültiger Erledigung d. Prozesses; Wirkungen: unterbricht Verjährung, setzt Prozeßzinsen in Lauf; die Zuständigk. des angerufenen Gerichts wird durch nachträgl. Veränderung der sie begründenden Umstände nicht berührt; Klageänderung im anhängigen Prozeß nur beschränkt zulässig (§§ 263 ff. ZPO).

Rechtshilfe, gerichtl. Handlung nur Ersuchen eines anderen Gerichts durch *ersuchten Richter,* der das Ersuchen (z. B. um Zeugenvernehmung) des Prozeßgerichts erledigt. Die dt. Gerichte sind zur gegenseitigen R. verpflichtet (§ 156 Gerichtsverfassungs-Gesetz). In*tern. R.* bestimmt sich nach den abgeschlossenen intern. Verträgen.

Rechtskonsulent, Person, die, ohne Rechtsanwalt zu sein, berufsmäßig fremde Rechtsinteressen vor d. Amtsgerichten vertritt; bedarf Zulassung durch d. Justizverwaltung.

Rechtskraft, die von vornherein od. durch Fristablauf eingetretene Unanfechtbarkeit gerichtl. Entscheidungen durch ordentl. Rechtsmittel *(formelle R.)* u. die damit eingetretene Gebundenheit d. Gerichtes u. d. Parteien an d. gefällte Entscheidung *(materielle R.).*

Rechtsmängel, an einer Kaufsache bestehende Rechte Dritter; sind v. Verkäufer zu vertreten, es sei denn, daß Käufer sie kannte (§§ 434 ff. BGB).

Rechtsmittel, svw. → Rechtsbehelfe.

Rechtsnachfolge, der durch Rechts- geschäft (Vertrag) od. kraft Gesetzes (z. B. Erbfall) eintretende Übergang einzeln. Rechte od. der gesamten Rechtsstellung vom Rechtsvorgänger auf d. Rechtsnachfolger; *Rechtsnachfolger* tritt grundsätzl. völlig in d. rechtl. Position d. *Rechtsvorgängers* ein.

Rechtsnorm, svw. Gesetzesbestimmung.

Rechtspflege, die Tätigkeit der Gerichte (→ Übers., S. 789).

Rechtspfleger, Justizbeamter des gehobenen Justizdienstes, seit 1921 aufgrund gesetzl. Ermächtigung z. selbst. Wahrnehmung einfacher Geschäfte des Richters od. Staatsanwaltes an deren Stelle u. in richterl. Unabhängigkeit berufen; ist meist zugl. auch Urkundsbeamter d. gerichtl. Geschäftsstelle; Tätigkeitsgebiete: Grundbuch-, Register-, Vormundschafts- u. Nachlaßsachen, Mahnverfahren (Mahn- und Vollstreckungsbescheide), Zwangs- u. Strafvollstreckung u. a.

Rechtsphilosophie, Wiss. v. Wesen, Ursprung u. Sinn des Rechts.

Rechtsquelle,
1) hinsichtlich eines best. Tatbestandes diejenige Rechtsnorm, die ihn juristisch regelt (Gesetz, Rechtsverordnung od. Gewohnheitsrecht).
2) d. Institution, die Recht setzt (Parlament).

Rechtsritter, stimmberechtigtes Mitglied d. Kapitels eines Ritterordens.

Rechtsschutz, Schutz, den das Recht (Gesetz, Gewohnheitsrecht) gewährt.

Rechtsstaat, Staat, dessen verfassungsmäß. Organisation und Gesetze, die nicht im Widerspruch zum allg.-menschlichen Rechtsempfinden stehen dürfen, tatsächlich ausreichenden Schutz gg. Willkür der Behörden u. Gerichte gewährleisten; Ggs.: → Polizeistaat.

Rechtstitel, der Rechtsgrund, auf den sich ein Recht oder Anspruch stützt (z. B. Eigentum).

Rechtsverordnung, aufgrund ausdrückl., in betreffendem Gesetz eingeräumter Befugnis von Verw.behörden (Reg., Min.) erlassene allg. verbindl. Anordnung (z. B. Durchführungsverordnung von Gesetzen); Ggs.: → Verwaltungsverordnung.

Rechtsweg, Weg der Rechtsverfolgung vor den Gerichten; *ordentlicher Rechtsweg:* ordentl. Gerichte entscheiden in Zivil- und Strafsachen, soweit nicht Verwaltungsbehörden od. -gerichte zuständig sind od. durch Bundesgesetz bes. Gerichte bestellt sind (z. B. Arbeitsgerichte); *Verwaltungsrechtsweg:* Verwaltungsgerichte entscheiden nach Vorverfahren grundsätzl. in allen sich aus d. öff. Verwaltungstätigkeit ergebenden Streitigkeiten; Ausnahmen (z. B. Zuständigkeit d. Zivilgerichte bei Schadenersatzpflicht aus Amtspflichtverletzung) sind gesetzl. festgelegt; Kompetenzkonflikt.

Rechtswidrigkeit, unerlaubte Zuwiderhandlung gegen das Recht, Voraussetzung d. Strafbarkeit u. Schadenersatzpflicht.

Rechtswissenschaft, Jurisprudenz, d. wiss. Bearbeitung des Rechts nach d. versch. Zweigen:
1) *phil. Rechtslehre* (Rechtsphil.), ergründet Wesen u. Sinn d. Rechts;

2) *Rechtsgeschichte,* Darstellung der histor. Entwicklung des Rechts.
3) *Dogmatik des Rechts,* system. Darstellung u. Auslegung d. → positiven Rechts.
Recife [-'sifi], früher *Pernambuco,* Hptst. d. brasilian. B.staates Pernambuco, 1,4 Mill. E, Agglomeration 2,8 Mill. E; Uni.; Hafen, Zucker-, Textil-, Zementind.
recitando [it. -tʃi-], *mus.* erzählend.
Reck, Turngerät aus 2 Säulen u. einer an ihnen zu befestigenden waagerechten Stange von 2,40 m Länge.
Recke, ahdt. Held, Krieger.
Recklinghausen (D-45657–65), Krst. a. Rhein-Herne-Kanal im nördl. Ruhrgebiet, NRW, 121 666 E; AG; Volkssternwarte und Planetarium, Ikonenmus., Kunsthalle, Ruhrfestspiele; Maschinen-, Kunststoff-, Textil-, Baustoff-, Bergbau-Ind.
Recklinghausensche Krankheit, *Osteodystrophia fibrosa cystica,* Knochenkrankheit mit Brüchigkeit bei Überfunktion der → Epithelkörperchen.
Reclam, *Philipp R. jun.,* Buchverlag in Leipzig, gegr. 1828; **R.-Verlag** GmbH, Stuttgart, gegr. 1947, Buchverlag; *R.s Universal-Bibliothek,* gegr. von Anton Philipp R. (1807–96), Verleger, Drucker, u. s. Sohn Hans Heinrich R. (1840 bis 1920).
Reconquista [span. 'kista], Bez. f. d. Rückeroberung der v. d. mohammedanischen Mauren besetzten Iber. Halbinsel durch christl. Truppen, beendet 1492 mit d. Befreiung Granadas.
Recycling, *s.* [engl. 'ri:saɪk-], Wiederaufbereitung, Wiederverwendung von Rohstoffen aus Abfällen, Nebenprodukten und verbrauchten Endprodukten (→ Umweltschutz, Übers.).
Redakteur [frz. -'tø:r], v. lat. *redigere* = ordnen, Schriftleiter in **Redaktion** (v. Zeitung, Zeitschrift, Verlag), prüft, wählt u. formt Manuskripte für den Druck u. schreibt eigene Artikel; auch *Bild-R.,* bei illustrierten Zeitschriften; *redigieren,* Text in endgültige Form bringen, druckfertig machen. – An d. Spitze d. Redaktion steht d. *Chefredakteur;* d. einzelnen Redaktionsabteilungen (Sparten) einer Zeitung werden v. Fach- oder Ressortredakteuren geleitet (Politik, Wirtsch., Kultur u. Feuilleton, Sport, Lokales usw.). → Journalismus.
Redaktionsgeheimnis, Zeugnisverweigerungsrecht v. Redakteuren, Verlegern, Herausgebern, Druckern u. a., die b. Herstellung od. Veröffentlichung e. period. Druckschrift mitgewirkt haben, hinsichtl. d. Person d. Verfassers, Einsenders od. Gewährsmanns e. Veröffentlichung strafbaren Inhalts, wenn e. Redakteur der Druckschrift wegen dieser Veröffentlichung bestraft wurde od. seiner Bestrafung keine Hindernisse entgegenstehen (§ 53/I Nr. 5 StPO). → Zeugnisverweigerung.
Redemptoristen [l. „redemptor" = Erlöser"], kath. Orden zur Pflege streng kirchl. Lebens; von *Alfons von Liguori* 1732 gegr.
redigieren → Redaktion.
Rediskontierung, Weiterverkauf von angekauften (diskontierten) Wechseln (→ Diskontgeschäft); Banken *rediskontieren* Wechsel bei d. Landeszentralbanken bzw. bei der Deutschen Bundesbank

zum jeweiligen Diskontsatz; Mittel der Kreditinstitute zur Geldbeschaffung.
redivivus [l.], wiedererstanden.
Redon [rə'dõ], Odilon (22. 4. 1840 bis 6. 7. 1916), frz. Maler u. Graphiker des Symbolismus.
Redon®, *w.,* synth. Faserstoff aus der Gruppe der Polyacrylnitrile (→ Chemiefasern).
Redoute, *w.* [frz. rə'dut],
1) Maskenball.
2) geschlossene mehrseitige Feldschanze.
Red River [„Roter Fluß"],
1) r. Nbfl. des Mississippi in Louisiana, aus Texas, 1966 km l.
2) *R. R. of the North,* aus Minnesota, 1200 km l., in den Winnipegsee.
Reduktion, *w.* [l.], Zurückführung, Herabsetzung, Minderung,
1) *phys.* Umrechnung v. Meßwerten auf einen Normzustand (z. B. R. des Luftdrucks an beliebigen Orten auf Meereshöhe).
2) *chem.* Prozeß unter Elektronenaufnahme und Verminderung der → Oxidationszahl (z. B. 3wertige Eisenverbindungen in 2wertige oder weiter zum metall. Eisen); Reduktion von Metalloxiden (Erzen) mit Kohle als Reduktionsmittel führt zu Metallen (z. B. im Hochofen; Ggs.: → Oxidation.
Reduktionsteilung, → *Meiose,* b. der Bildung v. Geschlechtszellen eintretende Zellteilung, wobei d. Zahl d. → Chromosomen halbiert wird.
Reduktionszirkel, z. Vergrößern bzw. Verkleinern v. Abmessungen (z. B. b. Zeichnungen u. Modellen); auch verstellbar zur Veränderung des Reduktionsverhältnisses.
Redundanz, *w.* [l.], Überfluß, Weitschweifigkeit; in der Nachrichtentechnik Maß des Signalanteils einer Nachricht, der keine (neue) Information trägt.
Reduplikation, *Replikation,* Selbstverdopplung von → Chromosomen und → Nukleinsäuren.
reduzieren [l.], zurückführen, herabmindern.
Reed,
1) *Sir* Carol (30. 12. 1906 bis 25. 4. 76), engl. Filmregisseur; *Odd Man Out* (1947); *The Third Man* (1949); *Oliver!* (1968).
2) *Lou* (* 2. 3. 1943), am. Rocksänger, 1966–70 b. „Velvet Underground", dann Solokarriere; *I'm Waiting for the Man; Walk on a Wild Side.*
Reede, offener Ankerplatz vor einem Seehafen.
Reeder, der Eigentümer eines ihm zum Erwerb dienenden Schiffes (§ 484 HGB).
Reederei, die vertragsmäßige Vereinigung mehrerer Personen, die ihnen gemeins. gehörende Schiffe z. Erwerb durch Seefahrt f. gemeinschaftl. Rechnung verwenden (§ 489 HGB).
Reeducation, *w.* [engl. 'ri:ɛdju'keɪʃən], Umerziehung.
reell [frz.], wirklich; redlich; gediegen.
reelles Bild → Tafel Optik.
reelle Zahlen, lassen sich als Grenzwert von Folgen rationaler Zahlen darstellen, endliche od. unendliche Dezimalbrüche; die ganzen, rationalen und irrationalen Zahlen sind Teilmengen der reellen Zahlen.
Reep, *s.,* Schiffstau, Seil (Fallreep).

REFA, *Verband für Arbeitsstudien, REFA, e. V.,* tätig auf allen Gebieten des Arbeits- u. Zeitstudiums; Pflege d. Beziehungen zu verwandten Wissenschaften; auch → Rationalisierung.
Refektorium, *s.* [l.], Speisesaal eines Klosters.
Referat, *s.* [l.], Bericht, Vortrag; auch das Sachgebiet, svw. → Dezernat, über das jemand Berichterstatter (**Referent**) ist.
Referendar, im Vorbereitungsdienst befindl. Akademiker (z. B. Gerichts-, Studien-, Forstreferendar) nach dem Staats- u. vor dem Assessorexamen.
Referendum, *s.,* Volksentscheid; in der Schweiz ständige Anwendung bei Erlaß von Gesetzen (unmittelbare Demokratie).
Referenz, *w.* [l.], Person, auf die man sich für Auskunftserteilung beruft; Empfehlung.
reffen, *seem.* die Segelfläche verkleinern durch Einrollen od. mit *Reffbändsel* (kurze Tauenden), mit denen die gereffte Segelfläche an d. Rahe bzw. dem Großbaum festgemacht wird.
Refinanzierung, Geldbeschaffung der Kreditinstitute aus nicht eigenen Mitteln durch → Rediskontierung, Wertpapierverkauf, Lombardierung.
Reflektant, *m.* [l.], Bewerber.
reflektieren [l.],
1) *phys.* zurückwerfen; → Reflexion 1.
2) anstreben, beanspruchen; nachdenken.
Reflektor, *m.* [l.],
1) → Fernrohr.
2) parabolischer Spiegel im → Scheinwerfer z. Sammlung d. Lichts.
3) Leitergebilde bei → Richtantenne (bei Dezimeterwellen Parabolspiegel), die, hinter d. Antenne angebracht, elektromagnet. Schwingungen empfangen u. reflektieren; dadurch b. Sende- u. Empfangsantenne Richtwirkung (wie beim Scheinwerfer).
Reflex, *m.* [l.], auf Nervenreiz erfolgende Bewegung; *unbedingter* R., ohne Mitwirkung des Gehirns (z. B. → Lidschlußreflex, → Patellarreflex, → Bauchdeckenreflex); *bedingter* R. (nach → *Pawlow*) bei Auftreten eines Reizes, der mit dem eigtl. auslösenden gewohnheitsgemäß zusammen auftritt (z. B. Speichelabsonderung bereits beim Geruch einer Speise).
Reflexion, *w.* [l.],
1) Beobachtung eigener seel. Vorgänge.
2) *phys.* Zurückwerfen v. elektromagnet. (Licht- od. Radio-) od. Schallwellen an Grenzflächen versch. Ausbreitungsmedien. Auch für d. Zurückwerfen v. Teilchen beim Aufprall auf Oberflächen verwendet.
reflexiv [l.], rückbezüglich.
Reflexivum, *s.,* rückbezügliches Fürwort (z. B. er freute sich).
Reflexzonen, Körperoberflächenbereiche, durch deren Reizung an best. inneren Organen Reaktionen ausgelöst werden.
Reflexzonenmassage → Massage.
Refluxösophagitis → Ösophagitis.
Reform, *w.* [l.], Umgestaltung bzw. Verbesserung bestehender Einrichtungen auf friedl. Wege.
Reformatio in peius [l. „Änderung zum Schlechten"], in Strafsachen nachteil. Abänderung des Urteils in höherer

Instanz; hat nur Angeklagter oder die Staatsanwaltschaft zu seinen Gunsten Rechtsmittel eingelegt, Verbot der R. i. p.; anders bei → Strafbefehl, an den e. auf d. Einspruch hin e. Verurteilten tätig werdendes Gericht nicht gebunden ist.
Reformation [l. „Wiederherstellung"], d. durch die Reformatoren *Luther* (1517 in Wittenberg), *Zwingli* (1522 in Zürich) u. *Calvin* (1536 in Genf) hervorgerufene Bewegung zur Reinigung u. Erneuerung der Kirche; zuerst als R. innerhalb der Kirche gedacht, führte die Entwicklung in der sozial und wirtsch. unruhigen Zeit (Bauernkriege) u. bei der Ablehnung jeder päpstl. Autorität z. Glaubensspaltung und Bildung ev. Landeskirchen unter weltl. Fürsten. Neues rel. Bewußtsein, Freiheit des einzelnen von Bevormundung i. Glauben; zugleich innere Reformen der kath. Kirche (Tridentiner Konzil), deren Erstarkung die → *Gegenreformation* ermöglichte. Vorläufige Anerkennung der *Lutheraner* im Augsburger Religionsfrieden 1555; endgültige Anerkennung, auch d. *Reformierten*, i. Westfäl. Frieden 1648.
Reformationsfest, evangel. Feiertag (31. 10. od. nächstfolgender Sonntag), zur Erinnerung an d. Anschlag der 95 Thesen Luthers (1517).
Reformator [l.]. Durchführer einer Reform, besonders auf kirchlichem Gebiet.
reformierte Kirchen, die ev., von → Zwingli in der Schweiz begr. Kirche u. die calvinist. Kirchen bes. in Frkr., den Ndl., England, Dtld, zusammengefaßt im *Reformierten Weltbund* (Sitz Genf; ca. 60 Mill. Gläubige); Kennzeichen: schlichte Form des Gottesdienstes, keine Bilder u. Altäre, Presbyterialverfassung; → helvetische Konfessionen.
Reformkatholizismus → Modernismus.
Reformkleid, nach der Jh.wende entstandenes, lose herabhängendes Kleid mit Schwerpunkt auf Natürlichkeit u. Zweckmäßigkeit f. d. oft arbeitende Frau. Wurde erstmals ohne Korsett getragen.
Reformkommunismus, Bewegungen in kommunist. Staaten, bes. im ehem. Jugoslawien, Polen, Ungarn u. d. ehem. Tschechoslowakei, den Kommunismus sowj. Prägung durch einen mehr nat. Kommunismus abzulösen.
Reformkonzile, *Reformkonzilien,* erstrebten in Verfallszeiten des Papsttums und des kirchl. Lebens Reform der Kirche „an Haupt und Gliedern": Konzile zu Konstanz 1414–18, Basel 1431–48, Laterankonzil 1512–17 und das → Tridentiner Konzil (1545–63); auch II. → Vatikanisches Konzil.
Refrain, *m.* [frz. -'frɛ̃], *Kehrreim,* Wiederholung v. Lied- od. Gedichtzeilen; meist am Schlusse des Gedichtes.
Refraktion, *w.* [l.],
1) atmosphär. Strahlenbrechung; Winkel, um d. Gestirne infolge Brechung gehoben erscheinen.
2) → Brechung d. Lichts.
3) *med.* Abhängigkeit des Brechungszustands sämtl. opt. Teile d. Auges zu dessen Achsenlänge.
Refraktionsfehler, fehlerh. Strahlenvereinigung i. Auge, bei Alterssichtigkeit u. zu langer (Kurz-) od. zu kurzer (Weitsichtigkeit) Augenachse.

Reformation, *Titelblatt der Schrift Luthers „An den Christlichen Adel"*

Segelregatta

Regensburger Dom

Refraktometer, *s.,* Apparat zur Bestimmung der Lichtbrechung bei flüssigen und festen Körpern..
Refraktor, *m.* [l.], astronom. Linsenfernrohr.
Refugiés [frz. -fy'ʒje], „Flüchtlinge", die um d. reformierten Glaubens willen nach Aufhebung d. *Ediktes v. Nantes* (1685) aus Frkr. geflüchteten Hugenotten; fanden zahlr. in Dtld Aufnahme (zu unterscheiden v. d. 1789 ausgewanderten frz. Aristokraten: *Emigranten*).
Refugium, *s.* [l.], Zufluchtsort.
refüsieren [frz.], verweigern, ablehnen.
Regal, *s.,*
1) Brettergestell für Bücher, Waren.
2) kleine tragbare Orgel mit → Zungenpfeifen; auch Orgelregister.
Regalien, niedere nutzbare Hoheitsrechte der Staatsgewalt; bilden in der Geschichte der Finanzen den Übergang von der Domänen- zur Steuerwirtsch. (z. B. Forst-, Post-, Jagd-, Münz-, Berg-, Fischereiregal usw.).
regalieren [frz.], reichlich bewirten, beschenken.
Regatta, *w.* [it.], Wettfahrt a. d. Wasser: Ruder-, Segel-, Kanu-, Motorbootrennen.
Regel [l. „regula"],
1) Richtschnur, gleichförm. Sichwiederholen e. Erscheinung, e. Geschehnisses; während das *Gesetz* keine Ausnahmen zuläßt, gelten bei der Regel Ausnahmen („keine Regel ohne Ausnahme").
2) *med.* svw. → Menstruation.
Regelation, Erniedrigung des Schmelzpunktes von Eis durch Druck; wirkt bei d. Gletscherwanderung u. beim Schlittschuhlauf.
Regeldetri [l. „regula de tribus = Regel von drei (Größen)"], Rechnungsart, um eine Größe zu finden, die sich zu einer zweiten so verhält wie eine dritte Größe zu einer vierten.
Regelfläche, e. Ebene, die durch d. gesetzmäßige Bewegung e. Geraden entsteht; z. B. Zylinder od. Kegel (durch Rotation e. Geraden um eine Achse, die von ihr geschnitten wird); → Rotation.
Regelkreis, prinzipielles Strukturschema f. sich automatisch regelnde Systeme u. Prozesse (z. B. ind. Produktion, biol. Organismen); Grundmodell d. Kybernetik; stellt ein gegenüber äußeren u. inneren Einwirkungen relativ stabiles, geschlossenes Rückkopplungssystem dar; bestehend aus dem zu regelnden Objekt *(Regelstrecke)* u. der regelnden Einrichtung *(→ Regler).* → Regelung, → Steuerung, → Automation.
Regelung, Vorgang, bei dem e. best. phys. Größe *(Regelgröße),* z. B. el. Spannung, Temp., Drehzahl, Druck, auf e. gewünschten Wert *(Sollwert)* gebracht od. auf diesem gehalten wird; dies geschieht, indem d. Regelgröße gemessen, mit d. Sollwert in d. Regelanlage verglichen u. bei Abweichung auf diesen korrigiert wird. Der einzelnen Glieder d. Regelanlage bilden einen geschlossenen Wirkungskreis *(→ Regelkreis).* Anwendung: z. B. bei Kraftmaschinen aller Art (Dampf-, Wasser-, Elektro-, Gaskraftmaschinen u. a.) durch R. d. Energiezufuhr; bei Funkempfangsgeräten zur automat. R. des Schwundausgleichs; bei Strom- oder Spannungs-Konstanthaltern u. a.

Regen,
1) l. Nbfl. der Donau aus dem Hint. Bayer. Wald, 165 km l., mündet bei Regensburg.
2) (D-94209), Krst. im Bayr. Wald, 11 740 E; Fremdenverkehr.
Regen, aus wasserdampfreicher Luft durch Abkühlung erfolgende Verdichtung der Luftfeuchtigkeit zu Wassertropfen, *künstl.* durch Einwirkung von Kohlensäureschnee od. Silberiodid a. wasserdampfreiche Luft od. Wolken vom Flugzeug aus; Methode u. Erfolg umstritten; → R.verteilung; → saurer Regen.
Regenanlage, zur künstl. Bewässerung von Feldern und Wiesen; auch Vorrichtung in Räumen, für Feuerlöschzwecke, meist mit automat. Auslösung b. krit. Temperatur.
Regenbogen, atmosphärische Lichterscheinung durch Brechung, Spiegelung und Beugung der Sonnenstrahlen in Regentropfen zus.; mit Interferenzerscheinungen; Farbenfolge wechselnd, etwa Rot, Orange, Gelb, Grün, Blau, Indigo (innen); außen schwächerer R. (Nebenbogen) m. umgekehrter Farbenfolge.
Regenbogenforelle → Forellen.
Regenbogenhaut → Auge.
Regenbogenschüsselchen, kelt. (Gold-)Münzen in Schüsselform; 2. bis 1. Jh. v. Chr.
Régence, *w.* [re'ʒɑ̃:s], Stil der frz. Kunst z. Z. der Regentschaft Philipps v. Orléans (1715–23); vom Barock-Klassizismus (Stil Louis-Quatorze) zum Rokoko (Louis-Quinze) überleitend.
Regency ['ri:dʒənsi], Stil d. engl. bild. Kunst um 1810–30 (z. Zt. d. *Regentschaft* d. Prinzen v. Wales u. späteren Königs Georg IV.) zw. Klassizismus u. Historismus.
Regeneration [l.],
1) *chem.* Zurückführung benutzter Stoffe in deren Ausgangszustand; Rückgewinnung v. Stoffen.
2) *biol.* Ersatz der durch Verletzung od. natürl. Abnutzung verlorengegangenen Strukturen, z. B. Körperteile bei Pflanzen u. (bes. den niederen) Tieren; (menschl.) Gewebe bei Wundheilung.
Regenerativfeuerung, nach F. *Siemens,* techn. Gasfeuerung, bei der von zwei *Regeneratoren* (gemauerte Kammern m. Steingitterwerk) wird jeweils einer durch die abströmenden verbrannten Gase erhitzt u. gibt nach Umschaltung Wärme an Heizgas od. Verbrennungsluft ab; Heizwert des Gases wird besser ausgenützt.
Regenkarten, Karten, die die jährl. Menge des Niederschlags veranschaulichen (→ Regenverteilung).
Regenmesser, nach Hellmann: zylindrisches Gefäß mit 200 cm² Auffangfläche u. mit Sammeltrichter, der den Niederschlag in e. Meßglas leitet, an dem die *Regenhöhe* in Millimetern abzulesen ist.
Regenpfeifer, kl. Schnepfenvögel; z. B. *Fluß-* u. (an Küsten) *See-R.*
Regenrückhaltebecken, Teil e. Kanalisationssystems, in dem Regenwasser gesammelt wird, bevor es i. d. → Kläranlage geleitet wird.
Regensburg (D-93047–59), krfreie St., Hptst. d. bayr. Rgbz. Oberpfalz, Donauhafen (Ges.umschlag 1991: 1,3 Mill. t), 123 002 E; Kirchen (St.-Peter-

Dom 13.–15. Jh.) und Klöster, Bischofssitz, Uni.; got. Altes Rathaus m. Reichssaal; Museum im Minoritenkloster u. Schloß Thurn u. Taxis, Steinerne Brücke (12. Jh.); LG, AG, Arbeitsger., OPD; chem.-pharmazeut., Elektro-, Maschinen-, Lebensmittelind. In der Nähe → *Walhalla*. – In röm. Zeit *Castra Regina;* 739 Bistum, 1245 Reichsst., 1663 bis 1806 Sitz d. Immerwährenden Reichstags, 1810 bayr.

Regent, *m.* [l.], svw. Herrscher; auch Regierungsverweser für verhinderten Herrscher bei Minderjährigkeit, geistiger od. körperl. Behinderung.

Regenversicherung → Reisewetterversicherung.

Regenverteilung, Verteilung d. Niederschläge auf der Erdoberfläche: *regenreiche Gebiete* (über 1000 mm jährl. Niederschlag): Amazonastiefland, Äquatorialafrika, Bengalen und Assam, Malaiischer Archipel, Hawaii; *regenarme Gebiete* (unter 250 mm): Wüstenregionen N-Afrikas, Indiens, Australiens u. W-Südamerikas; regenärmste Station d. Erde: Iquique in Chile mit 3 mm; in Deutschland fallen d. meisten Niederschläge auf den Alpenkamm (ca. 3000 mm), in Europa in S-Dalmatien (4560 mm).

Regenwürmer, erdbewohnende Ringelwürmer, fressen Erde und Pflanzenresten, daher wichtig für Humusbildung und Durchlüftung des Bodens.

Regenzauber, i. d. Rel. mag. Handlungen z. Herbeiführung v. Regen, z. B. durch Ausgießen v. Wasser.

Regenzeit, in niederen Breiten (25° nördl. bis 25° südl. des Äquators) zur Zeit des höchsten Sonnenstandes (Zenitalregen), dann Trockenzeit; in Mittelmeerländern, Kalifornien, SAustralien u. Chile Winterregen (Etesiënklima).

Reger, Max (19. 3. 1873–11. 5. 1916), dt. Komponist; polyphone Orgelmusik: *Phantasie u. Fuge über B-A-C-H;* Orchesterwerke: *Mozart-, Hiller-Variationen;* Kammer- u. Klaviermusik; Lieder, Chorwerke: *Der 100. Psalm.*

Regesten [l.], zeitl. geordnetes Urkundenverzeichnis i. Auszug.

Reggae [engl. 'rεgei], jamaikan. Richtung der Rockmusik m. eigentüml. verlangsamtem Rhythmus.

Reggio di Calabria ['reddʒo-], St. in d. it. Prov. *R. d. C.,* an der Straße v. Messina, 179 000 E; Wein- u. Olivenbau, Seidenhandel.

Reggio nell'Emilia, Hptst. der it. Prov. *R. n. E.* am Nordhang d. nördl. Apenninen (am Crostolo), 131 000 E; Bischofssitz; Seidenind.

Regie, w. [-'ʒi:], Spielanleitung bei Theater u. Film (→ Regisseur).

Regiebetriebe → Eigenbetriebe.

Regierung, Leitung eines Staates, auch die regierenden Organe od gewisse Einzelbehörden (Bezirksreg.); → Exekutive.

Regierungsbezirk, mittlere Verwaltungsbezirke in versch. dt. Ländern.

Regierungspräsident, Leiter eines Regierungsbezirks.

Regime, s. [frz. -'ʒi:m], eine Regierung(sform); abfällig: nicht demokrat. legitimiertes pol. System.

Regiment, s. [l.],
1) mil. Einheit aus 2–4 Bataillonen (Abteilungen).
2) Herrschaft, Regierung.

Regina [ri'dʒainə], Hptst. v. → Saskatchewan.

Regina, w. [l.], Königin.

Regiolekt, *m.,* innerhalb e. Region auftauchende Spracheigentümlichkeit.

Regiomontanus [l.], „Königsberger" (nach s. Geburtsort K. bei Haßfurt), eigtl. *Johannes Müller* (6. 6. 1436–6. 7. 76), dt. Math. u. Astronom; verfaßte Kalender u. Ephemeriden, förderte d. Trigonometrie.

Region, w. [l.], Gegend; Bereich.

regionär, med. örtl. begrenzt, in e. Krankheitsregion liegend.

Regisseur [frz. -ʒi'søːr], *Spielleiter,* hat beim Theater die Aufgabe, ein Stück einzustudieren, d. h. die Rollen zu verteilen, den Schauspielern auf der Probe ihre Aufgabe zu erklären, evtl. vorzuspielen, den Ort des Auftretens anzugeben, Beleuchtung abzustimmen, d. Bühnenbild (mit dem Bühnenmaler) zu entwerfen usw.; R. auch beim Rundfunk; b. Film ist R. d. eigentliche Schöpfer.

Register, *s.* [ml.],
1) *mus.* Orgelpfeifenreihe von gleicher Klangfarbe (z. B. Flöten-R.); Orgel hat viele R., ihre Verwendung („registrieren") liegt im künstler. Ermessen des Spielers.
2) b. *Gesang:* Tonlage der Stimme (Brust-, Kopfstimme).
3) (alphabet. Inhalts-)Verzeichnis.

registered [engl. 'redʒistəd], in ein Register (z. B. Patentregister) eingetragen u. somit gesetzl. geschützt.

Registergericht, Abteilung des Amtsgerichts, bei der die öff. Register (z. B. Handels-, Vereins-, Güterrechtsregister) geführt werden.

Registertonne, Raummaß: 2,8316 m³, zur Berechnung der Raumgehalts v. Schiffen; *Bruttoregistertonnen* (BRT) umfassen sämtl. Schiffsräume einschl. der Räume f. d. Schiffsmannschaft usw., im Ggs. zu *Nettoregistertonnen* (NRT), die nur die Räume f. d. Ladung u. d. Passagiere berücksichtigen.

Registratur, w., Einrichtung f. Aufbewahrung v. Geschäftskorrespondenz u. Akten.

Registrierballon, Ballon mit selbsttätigen → Registrier- bzw. Meßgeräten, steigt unbemannt zu großer Höhe (bis 46 500 m) auf; jetzt → Radiosonde.

registrieren, verzeichnen, eintragen; *mus.* Stimmkombinationen (bei Orgel u. Harmonium) einschalten.

Registrierkasse, Apparat zur Aufnahme, Ausgabe, Addition und Aufzeichnung von Kasseneinzahlungen.

Reglement, s. [frz. -'mã:], Richtschnur, Dienstvorschrift, Geschäftsordnung.

reglementieren, durch Vorschriften regeln, anordnen.

Regler, *Regulator,*
1) Bestandteil eines → Regelkreises, der durch Regelgröße mitgeteilte Informationen zu Befehlen verarbeitet, die als Stellgröße auf d. Regelstrecke zurückwirken;
2) b. *Dampfmaschine:* zwei umlaufende Fliehgewichte (Gewichtsregler) an Gelenken; ändert sich die Geschwindigkeit, so heben od. senken sich d. Kugeln infolge d. Zentrifugalkraft u. betätigen d. Stellzeug z. Regelung d. Dampfzufuhr.

3) auf dem Führerstand der *Lokomotive* d. große Hebel z. Öffnen u. Schließen d. Dampfzufuhr zu d. Zylindern.

4) an el. Maschinen: Apparate, die Drehzahl, Spannung usw. auf d. gewünschten Höhe halten.

5) → Prozeßrechner.

Regletten [frz.], i. Druckereiwesen Bez. f. Metallplättchen verschiedener Stärke u. Länge, m. denen man im Satz d. Zeilenabstand reguliert.

Regnitz, l. Nbfl. des Mains, Zusammenfluß v. Pegnitz u. Rednitz, 65 km l.

Regreß, *m.* [l.], *Rückgriff,* Inanspruchnahme einer Person u. Schadloshaltung:
1) des Dienstherrn gg. Beamten (auch Angestellten od. Arbeiter im öff. Dienst), d. vorsätzl. od. grob fahrlässig durch Amtspflichtverletzung einem Dritten einen Schaden zugefügt hat, f. d. Dienstherr gemäß Art. 34 GG einzustehen hatte;
2) d. Inhabers gg. Aussteller od. Indossanten eines Wechsels od. Schecks unter best. Voraussetzungen (z. B. Protest mangels Zahlung u. a.); R. erstreckt sich auf d. Summe (soweit nicht eingelöst), auf Zinsen und Kosten;
3) d. Versicherers, d. dem Versicherungsnehmer od. Versicherten Entschädigung geleistet hat, gg. Schadenverursacher (z. B. Brandstifter);
4) d. Kraftfahrzeugversicherers gg. Fahrer od. Halter d. versicherten Fahrzeugs, wenn dieser Obliegenheiten im Schadensfall vorsätzl. od. grob fahrlässig (z. B. durch Unfallflucht) verletzt hat.

Regression, w. [l.],
1) *geolog.* Rückzug des Meeres; Ggs.: → Transgression;
2) *psych.* Rückbildung, Rückkehr zu Zielen u. Wünschen früherer Entwicklungsphasen.

regressiv, rückwirkend, rückschreitend.

Regula falsi [l.], *math.* Näherungsverfahren, wird zur Lösung v. Gleichungen angewendet.

Regula fidei [l. -dei „Glaubensregel"], kurze Zus.fassung d. (früh)christl. Glaubenslehre.

regulär [l.], regelmäßig, regelrecht.

Regularen, kath. Geistliche, die in einem Orden oder einer Kongregation nach bestimmter Regel leben, svw. *Regulierte;* Ggs.: → Weltgeistliche.

Regulation, Fähigkeit von Organismen, Störungen des Normalzustandes bei (entwicklungs)physiolog. Vorgängen auszugleichen.

regulativ, regelnd.

Regulativ, *s.* [l.], Anordnung, Ausführungsbestimmung.

Regulator, *m.* [l.],
1) Pendeluhr m. regulierbarem Pendel.
2) *techn.* → Regler.

regulieren [l.], regeln, in Ordnung bringen.

Regulierung,
1) Bezahlung (einer Rechnung).
2) Eindämmen eines Flußbettes.

regulinisch [l.], aus reinem Metall bestehend.

Regulus,
1) Hauptstern 1. Größe im Löwen am nördl. → Sternhimmel D.
2) metallurgisch ausgeschmolzener Metallklumpen.

Reh, Gattung der → Hirsche Europas und Asiens; meist dreisprossiges Ge-

Regenwürmer
a Maul
b Kopf
c Regenwurm, der moderne Stoffe in den Erdboden zieht

Max Reger

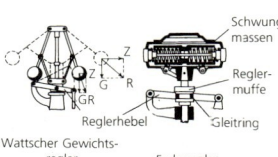

Wattscher Gewichtsregler Federregler
Regler

Ricke und Kitz

Reichskanzler des Kaiserreichs:

Fürst Bismarck	20. 3. 1871–18. 3. 1890
v. Caprivi	20. 3. 1890–26. 10. 1894
Fürst Hohenlohe	29. 10. 1894–17. 10. 1900
Fürst Bülow	17. 10. 1900–14. 7. 1909
v. Bethmann-Hollweg	14. 7. 1909–14. 7. 1917
Michaelis	14. 7. 1917– 1. 11. 1917
Graf Hertling	1. 11. 1917– 3. 10. 1918
Prinz Max von Baden	3. 10. 1918– 9. 11. 1918

Reichskanzler der Republik 1919–33:

Scheidemann (SPD)	13. 2. 1919–20. 6. 1919
Bauer (SPD)	21. 6. 1919–26. 3. 1920
Hermann Müller (SPD)	27. 3. 1920– 8. 6. 1920
Fehrenbach (Zentrum)	21. 6. 1920– 4. 5. 1921
Wirth (Zentrum)	10. 5. 1921–14. 11. 1922
Cuno (parteilos)	22. 11. 1922–12. 8. 1923
Stresemann (DVP)	13. 8. 1923–23. 11. 1923
Marx (Zentrum)	30. 11. 1923–15. 12. 1924
Luther (parteilos)	15. 1. 1925–12. 5. 1926
Marx (Zentrum)	17. 5. 1926–12. 6. 1928
Hermann Müller (SPD)	29. 6. 1928–27. 3. 1930
Brüning (Zentrum)	31. 3. 1930–30. 5. 1932
v. Papen (Zentrum)	1. 6. 1932– 2. 12. 1932
v. Schleicher (parteilos)	2. 12. 1932–30. 1. 1933

Reichskanzler des NS-Regimes:

Adolf Hitler	30. 1. 1933–30. 4. 1945
Führer und Reichskanzler	2. 8. 1934–30. 4. 1945

weih (,,Gehörn''); Männchen: *Bock;* Weibchen: *Schmalreh,* später *Ricke* od. *Geiß; Junges: Kitz.*
Rehabilitation [l.],
1) Ehrenrettung: Wiederherstellung des guten Rufes e. in ihrem Ansehen geschädigten Person.
2) *med.* Wiederherstellung d. körperl. u. seel. Leistungsfähigkeit von Kranken und Versehrten zum Zwecke der sozialen und beruflichen (Wieder-)Eingliederung.
Rehau (D-95111), St. i. Kr. Hof, in Oberfranken, Bay., 10 385 E; Bekleidungs-, Leder- u. Porzellanind.
Rehburg-Loccum (D-31547), St. i. Kr. Nienburg (Weser), Nds., 10 193 E; → Loccum.
Rehfisch, Hans José (10. 4. 1891–9. 6. 1960), dt. Bühnenschriftst.; Mitbegr. der Piscator-Bühne; *Die Affäre Dreyfus; Wer weint um Juckenack?*
Rehm, Walther (8. 11. 1901–6. 12. 1963), dt. Literarhistoriker; literarhistor. Untersuchungen der dt.-antiken Literaturbeziehungen.
Rehmke, Johannes (1. 2. 1848–23. 12. 1930), dt. Phil.; *Philosophie als Grundwissenschaft.*
Reibahle, Schabewerkzeug z. Ausreiben v. Löchern in Metallgegenständen.
Reibung, Widerstand zweier sich berührender Körper gegen Veränderung ihrer relativen Lage, gemessen durch Kraft, die bewegten Körper in gleichförm. Bewegung erhält; bei Bewegung zweier Körper *gleitende R.,* bei rollendem *rollende R.*
Reibungskoëffizient, Reibungswi-

Reichsapfel, *nach 1175*

Reichenau, *Mittelzell*

derstand geteilt durch senkrechten Druck des Körpers auf Unterlage.
Reibungskupplung, *Friktionskupplung* (z. B. bei Kraftwagen u. a.), zum Verbinden und Trennen antreibender und angetriebener Teile auch während des Laufens; Kraftübertragung durch Ausnutzung der Reibung zweier aufeinandergepreßter Teile, z. B. *Konus-* u. *Einscheibenkupplung* (mit bes. Kupplungsbelag z. Erhöhung der Reibung) od. → *Lamellenkupplung.*
Reich [raik],
1) Steve (* 3. 10. 1936), am. Komp.; Vertr. d. → Minimal Music, beeinflußt v. ethn. Musik u. jüd. Kultgesang; *Music for 18 Musicians; Tehillim; The Desert Music.*
2) Wilhelm (24. 3. 1897–3. 11. 1957), östr. Psychoanalytiker u. Psychiater; strebte e. Verbindung zw. Psychoanalyt. u. marxist. Gedanken an; Begr. d. Orgonomie (*Orgon* = biophys. Grundenergie) *Die Funktion d. Orgasmus; Massenpsychologie des Faschismus; Die sexuelle Revolution.*
Reicha, Anton (26. 6. 1770–28. 5. 1836), französischer Komponist tschechischer Herkunft; Opern; Instrumentalmusik.
Reichardt, Johann Friedrich (25. 11. 1752–27. 6. 1814), dt. Kapellmeister, Komp. u. Schriftsteller, einer der bedeutendsten Musikkritiker u. -schriftsteller des 18. Jh.
Reichenau, Walter von (8. 10. 1884 bis 17. 1. 1942), dt. Gen.feldm.; 1939 Oberbefehlsh. d. 10., später d. 6. Armee, ab Dez. 1941 Oberbefehlsh. d. Heeresgruppe Süd.
Reichenau,
1) (D-78479), Insel im Untersee (Bodensee), durch 1 km langen Damm mit d. Festland verbunden, 4,4 km², 4646 E; ehem. Benediktinerkloster (m. drei Kirchen, 8.–10. Jh.), Kulturmittelpunkt im frühen MA; berühmte Bibliothek u. Schule.
2) (A-2651), Kurort in Niederöstr., am Fuß der Raxalpe, 485 müM, 4100 E.
Reichenbach, Hans (26. 9. 1891–9. 4. 1953), dt. Phil. u. Wissenschaftstheoretiker; Mitbegr. des → Wiener Kreises, Hptvertr. des → Neupositivismus; *D. Aufstieg d. wiss. Phil.*
Reichenbach,
1) *R. i. Eulengebirge, Dzieroniów,* poln. St., 38 600 E; Textilind.
2) *R. i. Vogtland* (D-08468), Krst. i. Sa., 25 663 E; Textil-, Masch.ind.; Höhere Fachschule f. Textilind.
Reichenberg, tschech. *Liberec,* nordböhm. St. am Oberlauf der Görlitzer Neiße, 104 000 E; Schloß m. berühmter Kapelle; Industrie (bes. Textilind.).
Reichensperger, August (22. 3. 1808 bis 16. 7. 95), dt. kath. Pol., Gründer u. Führer des Zentrums.
Reich Gottes, i. christl. NT wicht. Begriff i. d. Lehren Jesu v. d. erlösenden Herrschaft Gottes. T. schon auf Erden, v. a. aber im himml. Jenseits.
Reich-Ranicki [-nits-], Marcel (* 2. 6. 1920), dt. Kritiker, Gastprof. versch. Hochschulen, machte Kritik im Lit.betrieb e. breiten Öffentlichkeit durch das sog. *Literarisches Quartett* bekannt; *Deutsche Literatur in West und Ost; Literarisches Leben in Dtld.*
Reichsabgabenordnung, *RAO,* v.

13. 12. 1919, Gesetz des Steuerrechts; jetzt → *Abgabenordnung.*
Reichsabschied, *R.tagsabschied,* → Abschied.
Reichsacht → Acht.
Reichsadel, ehem. reichsunmittelbare R.ritterschaft.
Reichsadler, Wappentier d. Dt. Reichs, zweiköpfig bis 1806, seit 1871 u. von 1919–45 einköpfig; heute Bundesadler.
Reichsapfel, (Welt-)Kugel mit Kreuz, Symbol kaiserlicher Weltherrschaft → Reichskleinodien.
Reichsarbeitsdienst → Arbeitsdienst.
Reichsarchiv, in Potsdam, verwaltete bis 1945 geschichtl. wertvolle Akten u. Urkunden des Reichs; nach dem 1. Weltkr. besondere Abt.: Weltkriegsarchiv; → Bundesarchiv.
Reichsarmee, im 16.–18. Jh. Heer des Dt. Reichs, von den Reichsständen und -fürsten gestellt.
Reichsbahn → Eisenbahn.
Reichsbank, 1875–1945 Zentralnotenbank des Dt. Reichs; regulierte den Währungskurs u. Geldumlauf, regelte Kreditbedarf; R.leitung: *R.direktorium* mit *R.präs.;* dem Interessenkreis der R. gehörten an: *Golddiskontbank* u. *Dt. Rentenbank* (beide 1945 geschlossen); in den W-Zonen Übernahme (nicht Rechtsnachfolge) der Gebäude sowie der bankgeschäftl. Verbindungen der R. durch die Landeszentralbanken.
Reichsbanner Schwarz-Rot-Gold, 1924–33, demokr. Wehrverband zum Schutz der Weimarer Rep.
Reichsdeputationshauptschluß, zu Regensburg (1803), bestimmte Entschädigungen d. durch d. Abtretung d. linken Rheinufers an Frkr. im Frieden v. Lunéville (1801) um ihren Besitz gebrachten Fürsten durch d. eingezogenen (säkularisierten) geistl. Fürstentümer u. Freien Reichsstädte.
Reichseinigung, Vereinigung des antiken Ober- u. Unterägyptens unter e. einzigen Herrscher. Beginn der dynast. Zeit; von da an bis in d. Spätzeit war d. R. Bestreben jedes Pharao, entweder real in Zeiten pol. Wirren od. als symbol. Herrscherakt.
Reichsexekution, nach der Weimarer Verf. konnte Reichspräs. ein Land zur Erfüllung der ihm nach den Reichsgesetzen obliegenden Pflichten anhalten, auch mit Waffengewalt. Heute Bundeszwang nach Art. 37 G.
Reichsfinanzhof in München, 1918 bis 45 oberste dt. Finanzrechtsprechungsbehörde.
Reichsfreiherr → Freiherr.
Reichsfürsten, im alten Dt. Reich d. unmittelbar vom Kaiser Belehnten; Mitgl. des Reichsfürstenrats.
Reichsgericht, 1879–1945 höchster dt. Gerichtshof (Leipzig) in Zivil- und Strafsachen; Sammlung der Entscheidungen.
Reichsgraf → Graf.
Reichshof (D-51580), Gem. i. Oberberg. Kreis, Rgbz. Köln, NRW, 16 834 E; entstanden aus *Denklingen* u. *Eckenhagen* („Reichshof E."), Luftkurort.
Reichskammergericht, höchster Gerichtshof im alten Dt. Reich (1495 bis 1806), Sitz Speyer, später Wetzlar.
Reichskanzlei, 1871–1945, vermittel-

Reichskanzler

te für den Reichskanzler den Verkehr mit d. übrigen Reichs- u. Staatsorganen u. besorgte die Geschäfte des Gesamtministeriums.

Reichskanzler, Leiter d. Reichspolitik; urspr. Erzkanzler (Erzbischof von Mainz bis 1806), von 1871–1918 der einzige dem Kaiser, nicht dem Reichstag verantwortl. Minister; nach d. Weimarer Verf. Vorsitzender des Reichsministeriums (Kabinetts), ernannt u. entlassen vom Reichspräsidenten, dem er die Ernennung und Entlassung der Reichsminister vorschlug und den er bei vorübergehender Behinderung vertrat.

Reichskleinodien, Krönungstracht u. Krönungsinsignien der dt. Kaiser u. Kge des Hl. Röm. Reichs Dt. Nation: Krone, Zepter, → Reichsapfel, Schwert, Krönungsmantel, hl. Lanze (in Wien aufbewahrt); Kopien z. B. auf Burg → Trifels u. im Hist. Mus. Frankfurt a. M..

Reichskonkordat, Bez. f. d. am 20. 7. 1933 zw. d. Dt. Reich u. d. Vatikan unterzeichnete Abkommen; R. diente der Absicherung kath. kirchl. Rechte gg. d. NS-Staat.

Reichskreise, territoriale Neugliederung des Reiches in 6 (später 10) Kreise durch die Reichsreform Kaiser Maximilians I.

Reichslande,
1) das bis 1806 aufgrund der Reichsreform Maximilians I. zum Dt. Reich gehörende Gebiet.
2) 1871–1918 Bez. für Elsaß-Lothringen.

Reichsmark, *RM,* → Mark.

Reichsnährstand, 1933 unter dem NS-Regime zwangsweise gebildete öffentl.-rechtl. Gesamtkörperschaft der dt. Landwirtschaft. Sie umfaßte alle freiwilligen Verbände d. Landwirtschaft u. d. Landwirtschaftskammern; durch Kontrollratsdirektive Nr. 50 (1947) aufgelöst.

Reichspost → Post.

Reichspräsident, Oberhaupt des Dt. Reichs 1919–33 (1945), nach Weimarer Reichsverfassung v. ganzen Volk auf 7 Jahre gewählt; Befugnisse: völkerrechtl. Vertretung des Reichs, Ernennung des Reichskanzlers u. auf dessen Vorschlag d. Reichsmin., Auflösung d. Reichstags, Notverordnungen; die Reichswehr ihm unterstellt; Begnadigungsrecht; 1. R.: → Ebert (1919–25), 2. R.: → Hindenburg (1925–34); nach Hindenburgs Tod vereinigte Hitler das Amt des R.en mit dem des → Reichskanzlers.

Reichsrat, 1921–33 die Vertretung der Länder bei Gesetzgebung u. Verwaltung d. Reichs: Länder hatten je 1 Stimme für 700 000 E, doch mindestens ein, höchstens zwei Fünftel aller Stimmen (Preußen); insgesamt 66 Stimmen.

Reichsregierung, *Reichskabinett,* Kollegium der Reichsminister unter dem Vorsitz des Reichskanzlers.

Reichsritter, unmittelbar unter Kaiser u. Reich stehende Ritter im alten Deutschen Reich (bis 1806).

Reichsstädte, *Freie Städte,* im alten Dt. Reich die → reichsunmittelbaren, nicht unter landesherrlicher Hoheit stehenden Städte; seit 1648 als Reichsstand auf dem Reichstag vertreten; 1806–15 → mediatisiert mit Ausnahme der Hansestädte Hamburg, Bremen, Lübeck (1937 preuß.) u. Frankfurt (1866 preuß.).

Reichsstände, bis 1806 Stände des Hlg. Röm. Reiches Dt. Nation, die den Reichstag bildeten (über 300). *Geistliche R.:* die geistl. Kurfürsten von Mainz, Köln, Trier sowie die anderen Erzbischöfe u. Vertr. der hohen Geistlichkeit, die Hochmeister d. Ritterorden (Johanniter usw.); *weltliche R.:* d. übrigen Kurfürsten, Landesherren, Reichsgrafen, -freiherren, -ritter sowie seit dem → Westfäl. Frieden 1648 die Reichsstädte. d. R. waren reichssteuerpflichtig u. hatten z. Reichsheer Truppenteile zu stellen.

Reichsstatthalter, am 7. 4. 1933 durch Gesetz geschaffenes Amt z. Kontrolle d. Landesregierungen, zumeist Gauleiter der NSDAP.

Reichssteuern, die Steuern, 1920–45, die das Reich z. Unterschied gegenüber den Steuern der Länder u. Kommunen erhob (etwa ⅔ des gesamten Steueraufkommens); einen Teil davon erhielten die Länder.

Reichstadt, Hzg v. (20. 3. 1811–22. 7. 32), „König von Rom"; einziger Sohn v. → Napoleon I. aus s. Ehe mit d. östr. Kaisertochter Marie Louise; als Napoleon II. 1815 erfolglos zum Kaiser ausgerufen.

Reichstag
1) seit Ausgang des MA Versammlung der → Reichsstände unter kaiserl. Hoheit, seit 1663 ständiger Gesandtenkongreß in Regensburg; 1803 aufgelöst.
2) seit 1871 parlamentarische Vertretung des dt. Volks (Vorläufer: Norddt. R. seit 1867), durch allg., gleiche, direkte u. geheime Wahl, nach Verfassung, seit 1919 durch Verhältniswahl (→ Wahlsysteme) gewählt; Mitgliederzahl bis 1918: 397, in der Weimarer Republik wechselnd: 1 Abgeordneter auf 60 000 Stimmen. Nach der Weimarer Verfassung lag beim R. die gesamte dt. Gesetzgebung, die Genehmigung des Haushalts, der Staatsverträge. Nach 1933 formeller Weiterbestand des R.s mit der NSDAP als einziger Partei (5. 3. 1933 Parteienverbot).

Reichstagsabgeordneter, *MdR.*

Reichstein, Tadeus (20. 7. 1897–1. 8. 1996), poln.-schweiz. Chemiker; entdeckte gleichzeitig mit *Kendall* das Cortison; Nobelpr. 1950.

reichsunmittelbar, im alten Deutschen Reich unmittelbar d. Kaiser unterstehend; → Reichsfürsten, -grafen, -freiherren, -ritter, -städte.

Reichsversicherungsordnung, *RVO,* v. 19. 7. 1911; grundlegendes Gesetz für die Sozialversicherung; umfaßt u. a. Kranken-, Unfall- u. Arbeiterrentenversicherung (mehrfach ergänzt).

Reichsverweser,
1) im alten Dt. Reich Verwalter des Reichs anstelle des minderjährigen oder durch Krankheit verhinderten Kaisers.
2) d. 1848 v. d. Frankfurter Nat.vers. als Inhaber d. Zentralgewalt gewählte östr. Erzhzg → Johann (b. Dez. 1849).

Reichswehr, 1920/21 aufgrund der Bestimmungen der Versailler Vertrags geschaffen; bestand aus *Reichsheer* (100 000 Mann Berufssoldaten einschließl. 4000 Offiziere) u. *Reichsmarine* (15 000 Mann einschließl. 1500 Offiziere) Die R. wurde 1935 v. d. Wehrmacht abgelöst.

Reid [ri:d], Thomas (26. 4. 1710–7. 10. 96), schott. Philosoph; Begründer der → schottischen Schule.

Reif, gefrorener → Tau; → Rauhreif.

Reifengröße, die Größe eines Fahrzeugreifens (→ Luftreifens) wird in Zoll der größten Breite u. des größten Durchmessers angegeben (z. B. für einen Pkw: 5,6–15).

Reifenprofil, das Muster der Nuten u. Stollen in der Laufsohle eines Reifens; nur auf nassen Straßen u. weichem Gelände erforderlich; Rennreifen ohne Profil; bei starkem Regen u. geringer Profiltiefe Gefahr v. → Aquaplaning.

Reifeprüfung, svw. *Abitur,* berechtigt zum Besuch von Fachhochschulen, TH u. Uni.

Reifeteilung, svw. → Meiose.

Reifglätte, entsteht durch Festfahren od. Festtreten von Reif, d. sich an besonders exponierten Straßenlagen (z. B. Brücken, Wald) gebildet hat.

Reifrock, durch Gestell gebauschter Frauenrock: zuerst um 1600 in Spanien, im 18. Jh. frz. u. allg. europäische Hoftracht; Mitte 19. Jh. bürgerl. Tracht als → Krinoline.

Reihe,
1) Folge von Zahlen bzw. v. endl. Summen von Zahlen; *arithmetische R.,* je zwei aufeinanderfolgende Zahlen haben dieselbe Differenz; *geometrische R.,* je zwei aufeinanderfolgende Zahlen haben denselben Quotienten; ferner *Potenz-, Fourier-, hyperbolische Reihen* usw.
2) *mus.* Bezeichnung f. Tonfolge, die alle 12 Halbtöne d. temperierten Systems enthält u. in deren Intervallproportionen u. Spiegelformen d. Material einer Zwölftonkomposition bilden.

Reihengräber, aus der Völkerwanderungszeit bekannte Totenfelder mit Gräbern, die in Reihen angeordnet sind.

Reiher, Stelzvögel, brüten meist auf Bäumen in größerer Gesellschaft; in Dtld bes. *Grau-R.,* in S-Eur. (n. bis zum Neusiedler See) *Purpur-, Silber-R.*

Graureiher

Reim, *m.,* Gleichklang, älteste german. Form der Stabreim; seit dem 9. Jh. i. d. ahdt. Lit. Silben- oder Endreim, Gleichklang einer od. mehrerer Silben bei versch. Anlaut d. ersten Reimsilbe; bei genauer Übereinstimmung: *reiner Reim* (z. B. Nacht : Macht), bei Verschiedenheit *unreiner Reim* (z. B. leiten : meiden); nach der Zahl der reimenden Silben gibt es 1) einsilbige, *männliche, stumpfe* (Land : Wand), 2) zweisilbige, *weibl., klingende* (sagen : klagen) u. 3) dreisilbige, *gleitende Reime* (fragende : ragende), 4) *rührende Reime* (Tag : Tag); nach d. Stellung am Versende: *paarende:* aa bb cc, *gekreuzte:* ab ab, *umarmende:* ab ba u. *unterbrochene:* a b c b (eine Zeile ohne Reim) *Reime;* → Binnenreim.

Reimann,
1) Aribert (* 4. 3. 1936), dt. Komp.; Opern: *Ein Traumspiel; Melusine; Lear; Troades;* Orchesterwerke, Vokalkompositionen.
2) Max (31. 10. 1898–18. 1. 1977), dt. kommunist. Politiker, ab 1948 Vors. d. KPD.

Reimarus, Hermann Samuel (22. 12. 1694–1. 3. 1768), dt. Phil.; Anhänger von Christian → Wolff.

Reimlexika, seit 16. Jh., verzeichnen R.möglichkeiten.

Reims [rɛ̃s], St. im frz. Dép. *Marne* am Aisne-Marne-Kanal in der Champagne,

Reims, *Kathedrale*

185 000 E; Erzbischofssitz, gotische Kathedrale Notre-Dame, Standbild d. Jeanne d'Arc; Textilind., Schaumweinfabr. – Seit 1179 Krönungsort der frz. Könige; 7. 5. 1945 Unterzeichnung der dt. Kapitulation.

Reinecke Fuchs, *Titelseite von 1572*

Reinach (CH-4153), Vorort von Basel (Schweiz), 17 800 E.
Reinbek (D-21465), St. i. Kr. Stormarn, bei Hamburg, Schl.-Ho., 24 678 E; AG; Masch.-, Papierind.
Reinecker, Herbert (* 24. 12. 1914), dt. Schriftst., Drehbücher f. spannende Filme u. Kriminalserien; *Der Kommissar; Derrick.*
Reineclaude, w. [frz. rɛːn(ə)'kloːdə], → Pflaumen.
Reineke Fuchs, Tierepos, niederdt., 1498 in Lübeck gedruckt; hochdt. Nachdichtung v. *Goethe* (1794).
Reinette, w. [frz. rɛ-], *Renette*, eine Apfelsorte.
Reinfektion [l.], Neuinfektion nach Abheilen einer gleichen vorausgegangenen Infektion; → Rezidiv, → Superinfektion.
Reinhardswald, wald- u. wildreicher Höhenzug zw. Weser u. Diemel (*Staufenberg* 472 m).
Reinhardt,
1) *Django* (23. 1. 1910–6. 5. 53), frz. Jazzgitarrist, verwendete Stilelemente d. Zigeunermusik.
2) *Hans Georg* (1. 3. 1887–22. 11. 1963), dt. Gen.oberst, v. Aug. 44–Ende Jan. 45 Oberbefehlsh. der Heeresgruppe Mitte.
3) *Max* (9. 9. 1873–30. 10. 1943), östr. Schausp. u. Regisseur; Begr. e. neuen Aufführungsstils; 1905–32 Direktor des Dt. Theaters, Berlin, s. 1924 auch des Theaters in der Josefstadt, Wien; Schöpfer der *Salzburger Festspiele* (zus. mit H. v. Hofmannsthal); gründete nach seiner Emigration e. Theaterschule in Hollywood; Film: *A Midsummer Night's Dream* (1935).
Reinheim (D-64354), Stadt im Kreis Darmstadt-Dieburg, Hess., 16 863 Einwohner.
Reinheitsgebot, älteste, heute noch gültige lebensmittelrechtl. Bestimmung: Zur Bierherstellung dürfen nur Gerste, Hopfen, Hefe u. Wasser verwendet werden (Bayern, 1516); bei Herstellung aller Biersorten in Bayern und Baden-Württemberg streng beachtet; s. 1906 auch für d. übrigen dt. Länder, aber nur bei d. Herstellung untergär. Biere.
Reinig, *Christa* (* 6. 8. 1926), dt. Schriftst., Gedichte, Hörspiele u. Romane; *Die Steine von Finisterre; Hantipanti* (Kinderbuch); *Der Wolf und die Witwen; Entmannung.*
Reinkarnation [l.], „Wiederfleischwerdung", → Seelenwanderung; → Karma.
Reinke, *Johannes* (3. 2. 1849–25. 2. 1931), dt. Botaniker u. Naturphil.; Mitbegr. des Neovitalismus.
Reinkultur, isolierte Züchtung eines best. Bakterienstammes, erstmals 1877 v. → Pasteur.
Reinmar,
1) *R. der Alte* (*R. v. Hagenau*) (12. Jh.), elsäss. Minnesänger a. Hof d. Babenberger i. Wien; Lehrer W.s v. d. Vogelweide.
2) *R. von Zweter* (13. Jh.), mhdt. Spruchdichter.
Reinshagen, *Gerlind* (* 4. 5. 1926), dt. Schriftst., schildert in Hörspielen u. Dramen d. Arbeitswelt der Gegenwart; *Nachtgespräch; Sonntagskinder; Eisenherz.*
Reis, *Philipp* (7. 1. 1834–14. 1. 74), dt. Phys.; erfand 1861 ersten → Fernsprecher.

Reinmar der Alte, *Manessische Handschrift*

Reisanbau, *Indonesien*

Reis, Rispengras aus dem tropischen Asien und Afrika, in warmen Ländern auf überrieselten Feldern angebaut (*Wasserreis*); formenreichste Getreidepflanze (über 100 Arten), in S- u. O-Asien Hauptnahrungsmittel; Körner werden geschält u. poliert verarbeitet; zerbrochene Körner zu *R.mehl* (nicht backfähig); *Berg-R.* auf trockenem Boden; aus verzuckerter Reisstärke *Arrak* u. in Japan *R.wein (Sake);* Stroh zu Flechtwerk u. Papier. Wichtigste Produktionsgebiete: China, Indien, Indonesien; in Europa fast nur Italien; Welterzeugung 1994: 534,7 Mill. t, davon rund 90% in Asien, die nicht exportiert werden (→ Schaubild); verwandt der am. *Indianerreis.*
Reisebuchhandel, -buchhändler, Vertrieb v. meist teuren Werken durch Reisende, die Bestellungen, meist auf Ratenzahlungen, direkt b. Kunden anwerben.
Reisekrankheiten, svw. → Bewegungskrankheiten.
Reisekreditbrief, Kreditinstrument f. Reisezwecke, das von den in der Urkunde genannten Korrespondenten der ausgebenden Bank eingelöst wird.
Reisender, → Absatzhelfer.
Reiseruf, dringende Mitteilung an Kraftfahrer über d. Verkehrsfunk.
Reiseschecks, *Travellerschecks*, Reisezahlungsmittel i. Form v. Schecks, die auf runde Summen lauten u. gg. Verlust versichert sind.
Reisewetterversicherung, private Versicherung gg. verregneten Urlaubs- oder Kuraufenthalt; Schadensregulierung nach amtl. Niederschlagsmenge.
Reisige, schwerbewaffnete Reiter im MA.
Reislaufen, Kriegsdienste v. Schweizern in fremdem Sold; svw. Söldnerdienste; Bez. im 13.–16. Jh. übl.
Reispapier, *Japanpapier*, aus dem Mark jap. Pflanzen, für Aquarellmalerei und Holzschnitte.
Reißbrett, ebenes Brett mit rechtwinkligen Rändern als Unterlage f. techn. Zeichnen.
Reißen,
1) *R.*, ugs. svw. → Rheuma.
2) fangen u. niederschlagen von Vieh oder Wild durch Raubtiere.
3) Diszipl. d. Gewichthebens: Gewicht wird mit einem Zug zur Hochhalte gebracht.
Reißlänge, die Länge, bei der ein freihängender Faden, Stab usw. von gleichbleibendem Querschnitt durch sein Eigengewicht reißen würde.
Reißschiene, Lineal mit Querleiste, das, an den Rand des Reißbretts angelegt, das Ziehen von Parallelen und Senkrechten ermöglicht.
Reißverschluß, Vorrichtung zum schnellen Aneinanderfügen u. Trennen v. Stoffrändern durch Schieben (*Reißen*) eines Verschlußstücks; 2 zusammenhörige, ineinandergreifende Gliederketten werden durch Schieber, der sie klammerartig umfaßt, geschlossen od. geöffnet.
Reißzahn, vergrößerter scharfzack. letzter Lückzahn im Oberkiefer u. erster Mahlzahn im Unterkiefer d. Raubtiere.
Reißzeug, Besteck für techn. Zeichnen (versch. Zirkel, Reißfedern).
Reiter,
1) versetzbares Findezeichen in Karteien.
2) verschiebbares Gewicht auf Balken empfindlicher Waagen.
3) *m.*, Gestell zum Heutrocknen.
4) *w.*, grobes Getreidesieb.
Reitersche Krankheit, Kombination von Gelenkentzündung, Harnröhrenentzündung u. Bindehautentzündung, Ursache unklar.
Reitgras, Rispengras der gemäßigten und kalten Zonen in sehr vielen Arten; in Dtld *Sand-R., Rohr-R., Ufer-R., Strandhafer* u. a.
Reitz, *Edgar* (* 1. 11. 1932), dt. Filmregisseur; *Cardillac* (1968); *Stunde Null* (1976); *Heimat* (1984); *Die zweite Heimat* (1991).
Reiz,
1) *physiolog.* energetische Veränderung innerhalb oder außerhalb eines Organismus, die einen → Rezeptor aktiviert.
2) *psych.* bestimmte Umweltveränderung, die in einem Organismus eine Reaktion erzeugt (z. B. Umschalten d. Verkehrsampel – Gasgeben).
Reizker, Pilzart, *echter R. (Blut-R., Fichten-R.)* eßbar; beim Zerbrechen roter Saft, der bald grün wird; *Gift-R.* (z. B. *Zottiger R.*) ungenießbar, beim Zerbrechen weißer Saft.
Reizstreifen, *Reizzone*, Bereiche, wo

Reizstromtherapie 799 **Religion**

ortsgebundene äußere Einflüsse (→ Erdstrahlen) einen → Rutengänger zu Ausschlägen seiner → Wünschelrute anregen und das Auftreten gewisser Gesundheitsstörungen (Standortkrankheiten) begünstigt sein soll.

Reizstromtherapie, Behandlung mit Gleichstromstößen versch. Intensität, Anstiegssteilheit der Impulse, Impuls- u. Pausendauer; bes. bei Nervenverletzungen.

Reiztherapie, Behandlung mit *Reizmitteln* (ohne unmittelbare Heilwirkung) zur Steigerung d. natürl. Heilkräfte, z. B. als *Reizkörpertherapie, Proteinkörpertherapie,* Einspritzung artfremden Eiweißes.

rekapitulieren [l.], wiederholen; zus.fassen.

Reken (D-48734), Gemeinde im Kreis Borken, NRW, 11 958 E; Nahrungsmittelind.

Reklamation, w. [l.], Beanstandung, Mängelanzeige.

Reklamationsfrist,
1) beim *Handelskauf* ist der Käufer verpflichtet, Mängel unverzügl. nach Ablauf der z. ordnungsmäß. Untersuchung erforderl. Zeit anzuzeigen (§ 377 HGB).
2) bei sonst. Käufen Verjährung binnen 6 Monaten nach Erwerb (§§ 459 ff. BGB).

Reklame, Empfehlung, → Werbung (zur Vergrößerung d. Absatzes), mündl. od. durch Brief, Prospekt, Plakat, Anzeige, Rundfunk, Fernsehen, Ausstellung; wiederholte R. wirkt suggestiv u. steigert Werbewirksamkeit.

rekognoszieren [l.],
1) *vor Gericht:* Echtheit einer Person oder Sache anerkennen.
2) *mil.* auskundschaften.

Rekombination, die Bildung neuer *Gen*kombinationen während der *Meiose* (selten *Mitose*) durch Neuverteilung der → Chromosomen u. → Faktorenaustausch.

Rekombinationsleuchten, Aussendung von Licht durch Rückgängigmachung (*Rekombination*) der Ionisation und Dissoziation von atmosphärischen Atom- bzw. Molekülgasen, die mit ultraviolettem Licht der Sonne bestrahlt wurden.

rekonstruieren [l.], wiederherstellen.

Rekonvaleszent [nl.], Genesender.

Rekonvaleszentenserum, v. einem Menschen nach überstandener Infektionskrankheit gewonnenes → Serum; enthält die während der Krankheit erzeugten Abwehrstoffe; daraus gewonnene Präparate (*Immunglobuline* bzw. *Hyperimmunglobuline*) dienen zur Vorbeugung bzw. Behandlung von Infektionskrankheiten.

Rekonvaleszenz, Genesungsstadium.

Rekonziliation [l. „Wiederherstellung, Versöhnung"], n. kath. Kirchenrecht d. Versöhnung d. Büßer u. Kirche, z. B. im Bußsakrament; od. Aufhebung d. Kirchenbanns.

Rekord, m. [engl.], absolute u. objektiv meßbare Höchstleistung in d. Sportart, die auf der Welt (*Weltrekord*) od. in einem Lande (*Landesrekord*) erzielt wurde; Rekorde müssen von d. zuständigen Sportbehörden anerkannt sein. **R.versuche** bei diesen angemeldet, unter kontrollierten Bedingungen durchgeführt sein.

Rekrut [frz. „recrue = Nachwuchs"],

der noch nicht fertig ausgebildete, neu eingestellte Soldat.

rekrutieren, Soldaten ausheben.

Rektaklausel, svw. negative → Orderklausel.

rektal [l.], den Mastdarm betreffend; *rektale Untersuchung:* Austastung d. Mastdarms.

Rektapapier, Wertpapier (Namenspapier), das den Berechtigten namentl. bezeichnet, aber nicht selbständ. übertragen werden kann; folgt stets dem meistens unabhängig v. ihm übertragbaren Recht, das es verbrieft (z. B. Sparkassenbuch).

Rektaszension, w. [nl.], *gerade Aufsteigung,* der Bogen auf dem Himmelsäquator zw. Frühlingspkt u. Deklinationskreis e. Gestirns.

Rektawechsel → Wechsel.

Rektifikation [nl.],
1) *chem.* Reinigung e. Stoffs durch wiederholte Destillation.
2) *math.* Bestimmung d. Länge e. Bogens (durch Verwandlung in eine gleich lange Gerade).

rektifizieren, berichtigen.

Rektor [l. „Lenker"], Leiter einer Volks- oder Hochschule; R. ist nicht weisungsberechtigt u. nicht Dienstvorgesetzter (Ggs. → Direktor); der Hochschul-R. wird jährl. aus der Professorenschaft gewählt: *Rector magnificus; Rektorat,* Amtszeit(raum) d. Hochschul-R.s.

Rektorenkonferenz → Westdeutsche Rektorenkonferenz.

Rektoskopie, w. [l.-gr.], innerl. Mastdarmuntersuchung mit Mastdarmspiegel (*Rektoskop*).

Rektum, s. [l.], svw. → Mastdarm.

Rekuperativfeuerung, Feuerungsanlage bei Industrieöfen, mit Luftvorwärmer (**Rekuperator**); ähnl. wie bei → Regenerativfeuerung, nur getrennte Kammern f. Abgase u. Verbrennungsluft.

Rekurs, früher Rechtsmittel gg. best. Verw.akte.

Relais, s. [frz. rəˈlɛː], urspr. ein Umspannposten f. frische Reit- u. Wagenpferde; in d. Elektro- u. Fernmeldetechnik: **a)** *allg.* Einrichtung, bei der Strom eines Kreises durch den eines anderen Kreises gesteuert wird (m. Elektronenröhren, Transistoren oder magnet.-el. Schalter); **b)** *speziell:* Magnetspule m. Anker (Stromkreis I), zieht diesen b. Stromdurchfluß an, läßt ihn bei Stromunterbrechung ab, dabei öffnet od. schließt Anker Kontakt f. Stromkreis II; viele Bauformen, auch miniaturisierte Formen f. direktes Auflöten auf Leiterplatten.

Relaps, svw. → Rezidiv.

Relation, w. [l.], Beziehung (z. B. *Kausal-, Größenrelation*).

Relationspathologie, nach G. Ricker: Krankheitslehre, wonach Krankheitserscheinungen von äußeren Reizen durch Vermittlung des Nervensystems entstehen.

relativ, im Verhältnis zu einem anderen gedacht; bedingt; Ggs.: absolut.

relative Mehrheit → Mehrheit.

Relativismus,
1) *phil.* R. lehrt, daß Erkenntnis nie objektiv u. absolut ist, sondern immer relativ z. best. Beziehungspunkten gilt.
2) *eth.* R., daß Gut und Böse von den Umständen abhängen.

Fichtenreizker

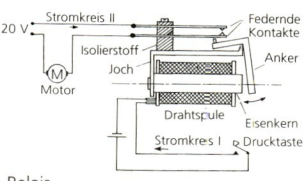
Relais

Relief, *Heiligtum Borobudur, Java*

Grabrelief der Hegeso, *400 v. Chr.*

relativistisch, den Relativismus vertretend.

Relativität, w. [l.], Bezogenheit.

Relativitätstheorie → Übers.

Relativ|um, s., (rück)bezügl.; Für- od. Umstandswort, leitet e. *Relativsatz* ein (z. B. d. Mann, *welcher*...).

Relaxanzien [l.], der Erschlaffung, Entspannung dienende Mittel, → Muskelrelaxanzien.

Releasing-Hormone → Hypothalamus.

Relegation, w. [l.], Strafverweisung v. d. Uni. od. Schule: **relegieren.**

relevant [l., frz.], erheblich, wichtig; Ggs.: irrelevant.

Relevanz, w., Wichtigkeit, Bedeutung; Ggs.: Irrelevanz.

Reliabilität, Zuverlässigk. e. psycholog. Meßmethode, statist. ermittelt durch → Korrelationsrechnung.

Relief, s. [frz. -ˈljɛf],
1) aus e. Fläche herausgearbeitete Bildhauerarbeit an Sarkophagen, Grabmälern, Gebäuden, Denkmälern, auch aus Metall (Medaille, Plakette); hoch: *Haut-R.,* flach: *Bas-R.*
2) Oberflächengestalt der Erde.

Reliefbühne, breite Bühne mit geringer Tiefe.

Reliefdruck,
1) Verfahren für das Bedrucken v. Stoffen mit erhaben gemusterten Walzen.
2) Prägedruckverfahren, um Schrift od. Bild erhaben aus Papier usw. herauszuarbeiten.

Religion [l.], Sichhinwenden d. Menschen an überirdische Macht od. irdische Lebenskräfte, die irgendwie personenhaft wirkend vorgestellt werden; schafft sich Ausdruck in Gebärde, Symbol u. Kultgegenstand. Verschiedene Stufen der R.: *Animismus,* Glaube an Lebensmächte oder Geister u. ihre Verehrung; *Totemismus,* Glaube an Verwandtschaft der Gruppe m. einem mächtigen Naturgegenstand bzw. Tier; *Magie u. Zauberei,* Glaube, durch Manipulation gefährl. od. hilfreiche Mächte in seinen Dienst bringen bzw. bannen zu können; *Polytheismus,* Glaube an eine Vielzahl übermenschl. Götterwesen; *Monotheismus,* Glaube an einen einzigen Gott; → Theismus, → Deismus, → Pantheismus, → Panentheismus u. atheist. R. s. reine Form des Buddhismus. *Dualistische R.,* Annahme zweier Weltprinzipien, eines guten u. eines bösen; *natürliche R.* gründet auf die Erkenntnis Gottes in Natur u. Geschichte; *Offenbarungs-R.* gründet sich auf die Mitteilung Gottes in s. an

Wichtige Religionen der Erde	
Zahlen in Millionen	
Katholiken	1058
Protestanten	391
Orthodoxe	174
Anglikaner	78
Juden	13
Muslime	1033
Hindus	764
Konfuzianer	6
Schamanisten	11
Buddhisten	338
Schintoisten	3

Relativitätstheorie

Die R. ist eine Erweiterung der klassischen Physik, kein Bruch mit ihr. Würde sich ein Körper mit Lichtgeschwindigkeit bewegen, könnte nach Anschauung der klass. Physik nach vorn kein Licht ausgestrahlt werden, da der Körper den gerade ausgesendeten Lichtstrahl sofort einholt; bei geringeren Geschwindigkeiten des Körpers muß Lichtgeschwindigkeit relativ zum Körper nach vorn geringer sein als nach hinten. Negativer Ausfall des *Michelson-Versuchs* (1881) zeigt indessen, daß sich Licht relativ zu bewegtem Körper (Erde) nach allen Richtungen gleich schnell fortpflanzt: Widerspruch mit klassischer Physik. Erster Lösungsversuch gleichzeitig durch *Lorentz* u. *Fitzgerald* (1892): Annahme, daß sich Dimensionen bewegter Körper im Maße der Geschwindigkeit verkürzen („Lorentz-Kontraktion"), aber nur in Richtung der Bewegung; damit negativer Michelson-Versuch erklärt, aber aus klass. Physik nicht ableitbar. Nach *Poincaré* erkannte *Einstein* (1904), daß diese Schwierigkeit nur durch grundsätzliche Erweiterung der klass. Physik lösbar ist: Da geradlinig-gleichförmige Bewegungen durch keinen phys. Vorgang erkannt werden können, sind nur relative Bewegungen beobachtbar. *Spezielle R.* fordert, daß phys. Gesetze beim Übergang von einem System in ein relativ dazu geradlinig-gleichförmig bewegtes anderes unverändert bleiben müssen. So ist die Lorentz-Kontraktion unschwer ableitbar. Folgerungen: *Länge* ist ein relativer Begriff, da Richtungen senkrecht zur Bewegungsrichtung unverändert bleiben u. nicht der Lorentz-Kontraktion unterliegen. Da außerdem die Gleichzeitigkeit zweier beobachteter Ereignisse vom Bewegungsstand des Beobachters abhängt, ist *Zeit* ebenfalls ein relativer Begriff. Schließlich folgt die Relativität der *Masse*, die bei Lichtgeschwindigkeit (der einzigen konstanten Größe in allen denkbaren Bezugssystemen) unendlich groß wird; daher ist die Lichtgeschwindigkeit die oberste Grenzwert der Geschwindigkeit einer Masse. Damit sind die drei phys. Grundeinheiten d. CGS-System ihres absoluten Charakters entkleidet.
Wichtigste Forderung aus d. Relativität d. Masse ist die *Äquivalenz* v. *Masse und Energie*; Energiebetrag von Geschwindigkeit d. Masse abhängig. 1 kg ruhender Masse *(Ruhmasse)* ist äquivalent $9 \cdot 10^{16}$ J ($E = mc^2$). Anwendung: → Kernphysik (Übers.), *Massendefekt*.
Allgemeine R. (Einstein 1917) ist Erweiterung auf beschleunigte Bezugssysteme; sagt aus, daß die Wirkung eines → Feldes u. einer beschleunigenden Kraft auf Massen grundsätzlich nicht unterschieden werden kann. Folgerung: Lichtstrahlen werden nicht nur in beschleunigtem Bezugssystem, sondern auch in Schwerefeld aus der Geraden abgelenkt; bei Sonnenfinsternissen tatsächlich beobachtet. Allgemeine R. führt zum Gravitationsgesetz in Form einer unendlichen Reihe, deren erstes u. überwiegend größtes Glied mit Newtonschem Gravitationsgesetz identisch ist; Einfluß übriger Glieder nur in sehr starken Gravitationsfeldern (z. B. im sehr sonnennahen Planeten Merkur) bemerkbar (→ Perihelverschiebung, 43″ in 100 Jahren). Allgemeine R. faßt → Raum u. Zeit zu einem nichteuklidischen, vierdimensionalen Kontinuum zusammen u. versteht den Raum als gekrümmt unbegrenzt, aber endlich (in sich zurücklaufend); aus der Geometrie des Raumes folgt die Theorie der → Gravitation als Nahwirkung. Aus der Verallgemeinerung d. Gravitationsgleichungen suchte Einstein schließlich zu einer *Allgemeinen Feldtheorie* zu kommen, die gleichzeitig Gravitation und Elektrodynamik (nicht aber Quanten u. Kernkräfte) in sich einschließt.

Menschen gesprochenem Wort (A.T. u. N.T.).
Religionsedikt, Verordnung der Landesherren in Religionssachen (Wormser Edikt 1521: Reichsacht über Luther).
Religionsfreiheit, *Kultusfreiheit,* Freiheit d. Bürgers, seine Religion frei zu wählen, ohne daß ihm daraus irgendein Nachteil erwachsen darf. → Menschenrechte.
Religionsgeographie, Begr. f. d. Einfluß d. Rel. auf Kulturlandschaften, z. B. durch Errichtung v. Kultbauten u. Anlage v. Straßen dorthin, Einführung v. rel. bedeutsamen Pflanzen, veränderte Grenzbildungen.
religionsgeschichtliche Schule, e. in d. ev. Theol. zw. 1880 u. 1920 entwickelte Richtung, die d. AT u. d. NT i. Zus.hang m. d. allg., nichtchristl. Geschichte erforschte.
Religionsgespräche, Unterredungen von Theologen verschiedener Konfessionen zum Austrag der Meinungsverschiedenheiten (Marburger R. 1529 zw. Luther, Zwingli u. a.).
Religionskriege, bewaffnete Auseinandersetzungen zw. Anhängern versch. Rel. u. Konfessionen, oft in welt. m. d. Absicht, Land u./od. pol. Einfluß zu gewinnen, z. B. Kreuzzüge, 30jähr. Krieg, i. 20. Jh. z. B. Konflikt in Nordirland, zw. isr. u. arab. Bev., zw. Sikhs u. Hindus usw.
Religionskritik, krit. Auseinandersetzung m. d. geltenden Religionen u. mit d. Phänomen d. Rel. überhaupt von d. frühgriech. Phil. (Xenophanes, Anaxagoras, Demokrit) bis Nietzsche u. S. Freud.
Religionspädagogik, wiss. begr. Lehre (s. Anfang 20. Jh.) v. d. rel. Unterweisung u. Erziehung.
Religionsphilosophie, Wiss. v. Ursprung, Wesen u. Wahrheitsgehalt d. Rel. u. ihrer Beziehung z. Phil., begr. v. Kant, Schleiermacher u. Hegel.
Religionsvergehen, Straftaten gegen Religion und Weltanschauung.
Religionswissenschaft, Erforschung u. Vergleich d. verschiedenen Religionen durch *Religionsgeschichte, -philosophie, -psychologie* u. *-soziologie.*
religiös [frz.],
1) fromm, gläubig.
2) zum Bereich der Religion gehörend.
religiöse Musik, umfassender Begriff f. alle Musik, die aus e. dem Metaphysischen oder Göttlichen verbundenen schöpfer. Grundhaltung entsteht (z. B. Bruckners *IX. Symphonie*); zur rel. Musik gehören die *geistl. Musik,* die sich inhaltlich auf einen best. rel. Gedanken bezieht, u. die *Kirchenmusik,* z. Gebrauch im Gottesdienst u. f. liturg. od. sonstige kirchl. kult. Zwecke; auch Gemeindegesang (→ Kirchenlied), Chorgesang.
Religiosen [l.], Mitgl. geistl. Orden.
Religiosität [l.], Frömmigkeit, Gläubigkeit.
Relikt, *s.* [l.], Überbleibsel.
Relikte, zerstreute Reste einer ehemals allgemein verbreiteten Tier- u. Pflanzenwelt (z. B. Eiszeit-R. im Hochgebirge u. auf Mooren, wie etwa die Zwergbirke).
Reling, *w., seem.* gitterförmiges Geländer als Begrenzung freiliegender → Decks.
Reliquien [l. „Überbleibsel"], in der kath. Kirche u. i. Buddhismus verehrte Überreste von heiligen Personen u. Gegenständen; *Reliquiarium,* Behälter für R.
rem, Abk. f. **r**oentgen **e**quivalent **m**an, Dosiseinheit f. d. biol. Wirksamkeit einer ionisierenden Strahlung; 1 Millirem (mrem) = $\frac{1}{1000}$ rem. Ersetzt durch neue Einheit Sievert (Sv); 1 rem = $\frac{1}{100}$ Sv.
Remagen (D-53424), St. i. Kr. Ahrweiler, RP, links am Rhein, 15 460 E; Textil-, Nahrungsmittel- u. Lederind.
Remake [ˈriːmeɪk], Neuverfilmung; Zweitfassung (e. künstler. Produktion).
remanenter Magnetismus, nach Abschalten des Stromes verbleibender Magnetismus in ferromagnet. Stoff (z. B. Eisen), der durch stromdurchflossene Spule od. ähnl. magnetisiert wurde (→ Hysteresis).
Remarque [rəˈmark], Erich Maria, eigtl. E. Paul Remark (22. 6. 1898–25. 9. 1970), dt. Schriftst.; *Im Westen nichts Neues; Triumphbogen; Schatten im Paradies.*
Rembourskredit [rãˈbuːr-], *Bankrembours,* Akzeptierung von → Dokumententratte durch eine Bank, der die Dokumente als Sicherheit für den Eingang der Deckung dienen; diese Bevorschussung schwimmender Güter ist eines d. wichtigsten Finanzierungsmittel i. Handel m. Übersee.
Remboursregreß, → Regreß, den e. Regreßpflichtiger, der bereits gezahlt hat, gg. e. anderen Indossanten od. den Aussteller nimmt.

Rembrandt, *Das kleine Selbstbildnis*

Rembrandt, eigtl. R. Harmensz van Rijn (15. 7. 1606–4. 10. 69), ndl. Maler, Radierer u. Zeichner; Porträts u. Gruppenbilder (*Selbstbildnis* mit Saskia, *Bürgermeister Jan Six* u. *Nachtwache*); rel. Bilder: *Der Jakobssegen;* Ges.werk: etwa 700 Gemälde, darunter 100 Selbstbildnisse; Radierungen: Szenen aus d. bibl. Gesch., Landschaften; *Faust; Ecce homo;* über 1500 Zeichnungen. – *R.sches Helldunkel:* Konturierung durch Licht u. Schatten bei teils leuchtender Farbgebung.
Remedium, *s.* [l.],
1) Heilmittel.
2) bei Münzen: zulässiges Mindergewicht.
Remedur, *w.* [l.], Heilung.
Remington [ˈremɪŋtən], Frederic (4. 10. 1861–26. 12. 1909), am. Maler u. Bildhauer; detailtreue Darstell. d. Lebens im Wilden Westen.
Reminiscere [l. „gedenke"], 2. Sonntag in der Fastenzeit.
Reminiszenz, *w.* [l.], Erinnerung; Stelle in einem Kunstwerk, die an ein anderes anklingt.
remis [frz. -ˈmiː], unentschieden.
Remise, *w.* [frz.], Unterstellraum für Wagen.
Remission, *w.* [l.],
1) *med.* vorübergehendes, u. U. jahrelanges Nachlassen v. Krankheitserscheinungen.
2) „Rücksendung".

Remittende, w. [l.], dem Verleger v. Buchhändler zurückgesandtes unverkauftes Druckwerk.
Remittent, im → Wechsel bezeichneter 1. Wechselnehmer; derjenige, an den gezahlt werden soll.
remittierendes Fieber → Fieber.
remonstrieren [l.], Einwendungen machen.
Remonte, w. [frz.], jung eingestelltes Militärpferd; *junge R.* meist 4jährig, *alte R.* 5jährig.
Remoulade, w. [-mu-], frz. Soße a. Mayonnaise m. Gewürzen, Kräutern, Gurken, Kapern, Senf etc.
REM-Phase, phasenhaft auftretendes physiolog. Stadium während d. Schlafs, gekennzeichnet durch rasche, ruckartige Augenbewegungen (engl. **r**apid **e**ye **m**ovements); → Traum.
Remscheid (D-42853–99), krfreie St. i. Rgbz. Düsseldorf, NRW, 123 618 E; AG; IHK; Akad. f. Werkzeugbildung; Dt. Werkzeugmus., Dt. Röntgenmus., Textil-, Werkzeugind.; 1. Trinkwassertalsperre v. Dtld.
Remter, Speisesaal i. Burgen bes. d. Dt. Ritterordens.
Remuneration, w. [l.], Vergütung, Belohnung.
Remus, mit → Romulus sagenhafter Gründer Roms.
Ren,
1) svw. → Rentier.
2) [l.], med. die Niere.
Renaissance, w. [frz. rənɛ'sã:s „Wiedergeburt", it. *rinascimento*],
1) allg. Wiedererweckung v. Vergangenem (z. B. e. Kultur od. einzelner Strömungen u. Phänomene).
2) hpts. R. d. Antike im 15. u. 16. Jh. in ganz Eur.; löste, v. Italien ausgehend, das MA ab; Beginn der Neuzeit, bedeutete Erweckung der weltbewußten Persönlichkeit; Hauptträger waren die Fürstenhöfe (Medici in Florenz, Sforza in Mailand, Este in Ferrara, Gonzaga in Mantua, Rovere in Urbino) u. d. Papsttum in Rom. Die R. brachte in d. Wiss. ein neues Weltbild (→ Copernicus, → Galilei, → Kepler), Erweiterung d. Erkenntnis durch Entdeckungsfahrten, in d. Phil. Loslösung v. d. Scholastik (Bruno, N. v. Kues u. a.), in d. Malkunst lebendige plast. Darstellung d. menschl. Körpers u. d. Porträts, Perspektive; in d. Plastik Loslösung aus d. Architektur; in d. Baukunst klare, streng ausgewogene Gliederung d. Raum-, Bau- u. Schmuckformen; in der Dichtkunst Ausdruck des persönl. Empfindens, z. T. in Anlehnung an antike Schriftst., u. d. nat. Volksforschung. Wesentlich die Einteilung: *Früh-R.* (Quattrocento, 15. Jh.) u. *Hoch-R.* (Cinquecento, 16. Jh.); *Spät-R.* u. Manierismus (Vorbereitung des Barock). → Humanismus.
3) Epochenbegriff (geprägt hpts. v. J. Burckhardt: *Kultur d. R. in Italien,* 1860) für d. Zeit um Mitte 14.–Anfang 16. Jh.; die bes. f. d. richtungsweisende it. Kultur vorgenommene Einteilung in Früh-, Hoch- (um 1490–um 1530) u. Spätr. (m. Manierismus) verschiebt sich zeitlich teils in den andern europ. Ländern; dort wurden bestimmt v. den geistigen Umwälzungen in Wissenschaft (u. a. Erfindung d. Zentralperspektive durch Brunelleschi um 1420; Wiederentdeckung d. Antike durch d. it. Humanismus im 15. Jh., dann Menschenbild (individuelles Porträt) u. Religion (Reformation). It. Zentren: Toskana (Florenz), Rom, Venedig. In jeweils mehreren Bereichen bahnbrechend tätige, geniale it. Künstler: bes. Leonardo da Vinci, Michelangelo, Raffaël. – **a)** *Baukunst:* α) *Dtld:* Rathäuser v. Leipzig, Rothenburg; westf. Wasserschlösser; Bürgerhäuser; Ottheinrichsbau d. Heidelberger Schlosses; Schloß v. Aschaffenburg; β) *Italien:* L. B. Alberti, Brunelleschi (Kuppel d. Doms in Florenz), Bramante, Palladio (Redentore, Venedig), Michelangelo (Kuppel d. → Peterskirche); γ) *Frkr:* Loire-Schlösser; Lescot; Delorme; **b)** *Plastik:* α) *Dtld:* im Übergang von d. Spätgotik → Riemenschneider, Pilgram, Peter → Vischer d. Ä., Peter Vischer d. J., Meit, Flötner; β) *Italien:* Verrocchio, Ghiberti, Donatello, Michelangelo, Cellini, Giovanni da Bologna; γ) *Frkr:* A. Juste, Goujon, Pilon; **c)** *Malerei:* α) *Dtld:* Dürer (→ Maximilian I., Melanchthon, Pirckheimer), Baldung Grien, Grünewald, Holbein, → Cranach, Altdorfer; β) *Italien:* landschaftl. verschieden: *Schule v. Toscana* m. ausgeprägtem, härterem Umriß; *Frührenaissance:* Masaccio, Fra Angelico, Botticelli, Signorelli, Piero della Francesca; *Hochrenaissance* (hpts. Rom): → Raffaël, Michelangelo; die *Venezian. Schule:* m. sinnl. gesteigerten Farben u. weicher Lichtmodellierung; *Frührenaissance:* Giovanni Bellini, Carpaccio, Giorgione; *Hochrenaissance:* → Tizian, Veronese, Tintoretto, Lombardei: → Mantegna (Padua), Cossa (Ferrara). *Schule v. Mailand:* m. verschwimmender Luftperspektive, → Leonardo da Vinci, Correggio; γ) *Frkr.:* Rosso, Primaticcio, Cousin, Clouet, Caron; δ) *Ndl.:* Brüder Gossaert, Massys, Lombard, Floris, Goltzius.
Renate [l. „die Wiedergeborene"], w. Vn.
Renault [rə'no], Louis (12. 5. 1843 bis 8. 2. 1918), frz. Völkerrechtslehrer; Mitgl. d. Haager Schiedshofes; Friedensnobelpr. 1907.
Renault, *Régie Nationale des Usines,* größtes frz. Automobilunternehmen, 1899 gegr.
Rendant, m. [frz.], Kassenverwalter, Zahlmeister.
Rendezvous, s. [frz. rãde'vu:], Verabredung.
Rendezvous-Technik, Zusammentreffen u. Zusammenkoppeln zweier Raumflugkörper während ihrer Bewegung i. einer Freiflugbahn, mehrfach verwirklicht; → Satelliten, → Weltraumforschung.
Rendite, w. [it.], Ertrag d. angelegten Kapitals (Dividende, Zins).
Rendsburg (D-24768), Krst. i. Kr. R.-Eckernförde, am Nord-Ostsee-Kanal, Schl-Ho., 31 123 E; AG; 2 Seehäfen; Eisen- u. Autobahn-Hochbrücke über d. Kanal (42 m hoch); Werften, Masch.bau- u. Elektroind., Baugewerbe.
Renegat, m. [ml.], Abtrünniger, Verleugner seiner früheren rel. oder pol. Anschauung.
Renens [rə'nã], (CH-1020), schweiz. Gem. bei Lausanne, 17 000 E.

Guido Reni, *Kreuzigung des hl. Petrus*

Blaufelchen

Rennes, *Palais de Justice*

Pierre-Auguste Renoir, *Frauenkörper in der Sonne*

Renger, Annemarie (* 7. 10. 1919), SPD-Pol.in; 1972–76 Präs.in, 1976–90 stellvertr. Präs.in d. B.tages.
Reni, Guido (4. 11. 1575–18. 8. 1642), it. Maler d. Frühbarock; Tafelbilder u. Fresken relig. und mytholog. Inhalts (Deckengemälde *Aurora*); s. Spätstil m. teils sentimentalem Ausdruck wirkte typenbildend weit über d. Barock hinaus f. die Darstellung v. Heiligen.
renitent [l.], widerspenstig.
Renken, *Felchen,* lachsartige Fische, meist in tiefen Seen, geschätzte Speisefische; *Weißfelchen,* in schweiz. u. bayr. Seen; *Blaufelchen* u. *Gangfisch* im Bodensee; *Maräne,* norddt. Seen u. Ostsee; *Schnäpel,* Nord- u. Ostsee, laicht in Flüssen.
Renkontre, s. [frz. rã'kõtr], (feindl.) Begegnung.
Renner, Karl (14. 12. 1870–31. 12. 1950), östr. sozialist. Pol., 1919/20 Kanzler, 1931–33 Präs. des Nat.rats; 1945–50 Bundespräs.
Rennes [rɛn], Hptst. des frz. Dép. *Ille-et-Vilaine,* i. d. Bretagne, 204 000 E; Erzbischofssitz, Uni.; Eisengießerei, Automobil-, Textilind.
Rennfeuer, offenes Feuer mit Handblasebälgen zur Eisengewinnung direkt aus Erz; veraltet.
Rennsteig, alter Grenzweg auf d. Kamm des Thüringer Waldes, Mundartgrenze zw. Ostfränkisch u. Thüringisch.
Rennwettsteuer, von Wetten an Totalisatoren u. bei Buchmachern bei *Pferderennen* und sonstigen öff. Leistungsprüfungen (Reitturnieren) f. Pferde erhobene Steuer (Rennwett- u. Lotteriegesetz v. 1922).
Reno ['ri:no], St. i. Nevada, 115 000 E; Bischofssitz, Uni.; Spielhallen, Scheidungsparadies.
Renoir [rə'nwa:r],
1) Pierre-Auguste (25. 2. 1841–3. 12. 1919), frz. impressionist. Maler; auch Plastiken; s. Sohn
2) Jean (15. 9. 1894–12. 2. 1979), frz. Filmautor und -regisseur; *Une partie de campagne* (1936); *La grande illusion* (1937); *La règle du jeu* (1939); *Le journal d'une femme de chambre* (1946).
Renommage, w. [frz. -'ma:ʒə], *Renommisterei,* Prahlerei.
Renommee, s. [frz.], Ruf e. Menschen, Leumund.
renommieren, prahlen, aufschneiden.
renommiert, angesehen.
Renommist, m., Prahlhans.
Renonce, w. [frz. -'nõ:sə], Fehlfarbe i. Kartenspiel.
Renouvier [rənu'vje], Charles (1. 1. 1815–1. 9. 1903), frz. Phil., Begr. d. frz. Neukantianismus.
renovieren, e. Gebäude (teilweise) erneuern; → restaurieren.
rentabel [l.], gewinnbringend.
Rentabilität, der im Verhältnis des Gewinns zum eingesetzten Kapital gemessene Erfolg eines Unternehmens.
Rente, das nicht auf e. Arbeitsleistung begründete laufende Einkommen (z. B. aus angelegtem Kapitalvermögen, staatl. od. privater Versicherung), auch bei → Körperverletzung u. f. → Kriegsbeschädigte R.nzahlung (Zeit-, Leib-, Versicherungs-, Versorgungs-, Kapitalrente).
Rentenbanken,
1) im 19. Jh. gegr. staatl. Banken zur

Ermöglichung der Grundlastenablösung; dann auch zur Förderung d. Siedlung, in Preußen 1928: 10 R., in der *Preuß.*, s. 1939 *Deutschen Landes-Rentenbank* zusammengefaßt.
2) *Dt. Rentenbank*, 1923/24 (Einführung der Reichsmark) als Trägerin der Rentenmark geschaffen; Kapital u. Reserven (urspr. 3200 Mill. Rentenmark) durch Belastung der gesamten Wirtschaft mit Grundschulden; nach 1924 im wesentl. Liquidierung des Rentenmarkumlaufs.
3) *Landeskulturrentenbanken* für Meliorationskredite.
Rentenbankgrundschuld, Belastung der landw., forstwirtsch. u. gärtner. Zwecken dienenden Grundstücke bei Errichtung der Dt. Rentenbank; in der BR 1949 zugunsten der *Landw. Rentenbank* umgewandelt in eine zehnjährige Reallast von 0,15% (R.zinsen) bei allen Betrieben mit einem Einheitswert über 6000 DM; davon werden grundsätzl. nicht betroffen öff. Körperschaften, Religionsgemeinschaften u. gesetzl. Berufsvertretungen in Selbstverwaltung.
Rentenbriefe, von R.banken ausgegebene Schuldverschreibungen.
Rentenmark → Mark, → Rentenbanken.
Rentenschuld, dingliche Belastung eines Grundstücks, durch die der Berechtigte Anspruch auf regelmäßig wiederkehrende Geldleistung aus d. Grundstück erwirbt; R. muß gegen Kapitalzahlung ablösbar sein (§§ 1199 ff. BGB).
Rentenversicherung → Lebensversicherung, → Sozialversicherung.
Rentier, *Ren*, Hirsch arktischer Gebiete, beide Geschlechter schaufelartiges Geweih, lebt in Herden; von Polarvölkern auch gezähmt: Zug-, Reit-, Milch- u. Fleischtier; Pelz, Knochen, Geweih werden verarbeitet; am. Unterarten werden → Karibu genannt.
Rentier, *m.* [frz. -'tĭe:], (veralt.) Rentner.
Rentiere, *w.* [-'tĭe:rə], (veralt.) Rentnerin.
Rentierflechte, *Rentiermoos, Cladonia*, Flechte auf Tundren u. Heiden; Hptnahrung der Rentiere.
reorganisieren [frz.], neu-, umgestalten.
Reparationen, seit dem *Friedensvertrag v. Versailles* Bez. für die versch. Formen d. *Wiedergutmachung* d. Kriegsschäden; 1921 im *Londoner Abkommen* auf 132 Mrd. Mark festgesetzt. 1924 *Dawes-Abkommen*: keine Festsetzung der Gesamtschuldsumme, Neuregelung der Jahresleistungen u. Art ihrer Aufbringung; 1930 *Young-Plan*: kapitalisierte Schuld auf ca. 60 Mrd. RM festgesetzt, mit Verzinsung sollten 1930–88 114,5 Mrd. RM gezahlt werden. 1931 auf Initiative d. US-Präs. Hoover einjähriges *Hoover-Moratorium; Lausanner Abkommen* 1932 setzt Reparationsschuld auf 3 Mrd. RM fest. Von 1924–31 wurden insgesamt 11,2 Mrd. RM gezahlt. – Februar 1945 im Abkommen von *Jalta* R. in Höhe von etwa 20 Mrd. $, davon 50% für die Sowjetunion, in der Form von *Demontagen*, Lieferungen aus laufender Produktion und Verwendung dt. Arbeitskräfte vorgesehen; im *Potsdamer Abkommen* 1945 Festsetzung d. Dtld zu belassenden Industriepotentials; durch Pariser Reparationskonferenz 1945 Aufteilung der in den W-Zonen zur Demontage vorgesehenen Industrieanlagen auf 18 Länder; Wert d. dt. R. 1945–48 (ohne Gebietsfortnahme, jedoch einschließl. beschlagnahmter Patente und Betriebsgeheimnisse) auf ca. 90 Mrd. DM (Preisniveau 1936) geschätzt. Ende der R. für BR durch → Pariser Verträge 1954, für DDR am 1. 1. 1954.

Rentier

Reparatur, *w.* [l.], Ausbesserung.
repartieren [l.],
1) bei Überzeichnung v. Wertpapieremissionen Herabsetzung d. Zuteilung.
2) b. Börsengeschäft infolge d. Ungleichheit v. Angebot u. Nachfrage Zuteilung v. Teilbeträgen z. Börsenkurs.
repatriieren, in den Heimatstaat wiederaufnehmen; Kriegsgefangene in die Heimat entlassen.
Repellents [engl. i-], abstoßend wirkende Mittel (z. B. best. Geruchsstoffe, die Insekten od. andere Tiere fernhalten); auch feuchtigkeitsabstoßende Chemikalien z. Imprägnieren von Textilien.
Repertoire, *s.* [frz. -'twa:r], die v. wiedergebenden Künstlern od. e. Ensemble einstudierten Rollen od. Stücke.
Repertorium, *s.* [l.], Verzeichnis, Nachschlagewerk.
Repetent [l.],
1) Lehrer an theol. Seminaren.
2) svw. → Repetitor.
3) veraltet: sitzengebliebener Schüler.
repetieren, wiederholen, einüben.
Repetieruhr, Taschenuhr mit Schlagwerk.
Repetition, Wiederholung (bes. von etwas Gelerntem).
Repetitor, Einüber („Einpauker") e. Lehrstoffes vor Prüfungen.
Repetitorium, *s.*, Wiederholungsunterricht, -buch; bes. vor juristischen Prüfungen.
Repin, Ilija Jefimovič (5. 8. 1844 bis 29. 9. 1930), russ. Maler d. Realismus, s. 1917 in Finnland; gestaltete bes. histor. u. soziale Themen m. intensiver Dynamik d. Ausdrucks; Porträts (u. a. *Mussorgski; Tolstoi*).
Replik, *w.*, in d. bild. Kunst eigenhänd. Wiederholung e. Werks durch d. Künstler o. Abänderung; dagg.: Wiederholung m. Abänderung = Fassung; Nachbildung v. Werks v. fremder Hand → Kopie.
Replikation, svw. → Reduplikation.
replizieren, entgegnen.
Report, *m.* [engl.],
1) Zinssatz für das **Reportgeschäft,** Prolongation v. → Termingeschäftes durch Verkauf u. gleichzeit. Rückkauf v. Wertpapieren (Stücken) z. nächsten Ultimo; bei Terminnotierung über → Kassakurs, erhält d. Verkäufer Zinssatz: *Deport*.
2) Bericht.
Reportage, *w.* [frz. -'ta:ʒə], Berichterstattung in Wort u. Bild bes. für Presse u. Funk, durch den **Reporter;** auch lebendige Darstellung v. Vorgängen u. Wissensgebieten in *Tatsachenberichten* u. *-romanen*.
Repräsentantenhaus, Volksvertretung, bes. d. Zweite Kammer d. Kongresses d. USA.
repräsentativ [l.], etwas würdig vertretend.
repräsentieren, in amtl. Eigenschaft auftreten; auch svw. gesellschaftlich d. Ansprüchen gewisser Standesanschauungen Rechnung tragen; Abgeordnete repräsentieren das Volk.
Repressalie [l.], Erwiderung e. völkerrechtswidrigen Maßnahme durch eine gleichartige, gg. Angehörige d. verletzenden Staates gerichtete Maßnahme.
Repression, *w.* [l.], Unterdrückung, Hemmung.
repressiv, hemmend.
Reprint, *m.* [engl. 'ri:-], fotomechan. Neudruck alter u. (z. B. als Quellen) wertvoller Druckwerke.
Reprise, *w.* [frz.], *mus.* Wiederholung; *Film oder Theater:* Wiederaufnahme eines Films oder Stückes in den Spielplan (oft überarbeitet).
Reprivatisierung, Rückführung verstaatlichter Untern. in Privatbesitz.
Reproduktion, *w.* [l.], Wiedergabe, Vervielfältigung v. Bildern u. Schrift, z. B. durch Druck.
Reproduktionskosten, die zur Wiederherstellung (Wiederbeschaffung) eines Sachguts notwendigen Kosten; in normalen Wirtschaftszeiten meist annähernd gleich d. Produktionskosten.
Reprostativ, besteht aus Grundbrett, Standsäule u. Beleuchtungseinrichtung; Tragearm f. Kamera ist in d. Höhe verstellbar; zur Anfertigung v. Duplikaten nach Dokumenten, von Nahaufnahmen usw.
Reptilien, Kriechtiere, wechselwarme Wirbeltiere; atmen durch Lungen, legen meist Eier mit kalkiger Schale, Körper mit Horn- oder Knochenschilden bedeckt; *Eidechsen, Krokodile, Schildkröten, Schlangen* ebenso wie die fossilen *Saurier* (Jura- u. Kreidezeit).
Reptilienfonds, urspr. Fonds Bismarcks zur Bekämpfung geheimer Staatsfeinde durch regierungsfreundl. Zeitungen; heute Bez. für Geldfonds, über deren Verwendung hohe Reg.stellen keine Rechenschaft geben müssen.
Republik, *w.* [l. „res publica = Gemeinwesen"], Staatsgewalt geht v. einem größeren Personenkreis aus, v. Ständen (Geschlechtern) in d. *aristokrat. R.*, vom ganzen Volk in d. *demokr. R. (Volksstaat);* entweder *unmittelbare Demokratie,* wenn die Volksversammlung selbst d. Entscheidungen fällt (mögl. nur i. kleineren Gemeinwesen, z. B. in antiken Stadtstaaten wie Athen u. urspr. Rom), od. wie in d. modernen Großstaaten *mittelbare Demokratie;* Herrschaft durch volksgewählte Organe: Parlament i. d. *parlamentar. R.* (Frkr., BR), Präsidenten i. d. *Präsidentschafts-R.* (USA); Volks-R. → Volksdemokratie.
Republikaner,
1) Anhänger d. republikan. Staatsform.
2) Anhänger der 1854 i. d. USA gegr. *Republikan. Partei.*
3) REP, → Parteien, Übers.
Republikanischer Schutzbund, 1923 als paramil. Gg.gewicht z. d. Heimwehren gegr. Wehrverband d. SPÖ.
Republikflucht, unerlaubtes Verlassen der ehem. DDR, nach dortigem, mehrfach geändertem Gesetz 1954–89 mit zunehmend erhöhten Freiheitsstrafen bedroht.
Republikschutzgesetz, am 21. 7. 1922 nach d. Attentat auf W. Rathenau erlassenes Gesetz z. Schutz d. Rep.
Repunze, Feingehaltsstempel bei Edelmetallen.

Reputation, w. [l.], Ruf, Ansehen einer Person.
reputierlich, achtbar.
Requiem, s. [l. -'kvi̯ɛm], kath. Seelen- u. Totenmesse, gen. nach dem Anfang des → Introitus: „R. aeternam dona eis" („Die ewige Ruhe gib ihnen"); auch (mus.) Kunstwerk (Palestrina, Mozart); *Ein dt. R.* von Brahms (m. bibl. Text).
requiescat in pace [l.], abgekürzt: *R. I. P.,* „er ruhe in Frieden"; Schlußwort der kath. Totenmesse *(Requiem).*
requirieren [l.], herbeischaffen.
Requisit, s. [l.], für Theateraufführung notwendiger Gegenstand (z. B. Kaffeetasse, Dolch usw.).
Requisition, Natural- od. Dienstleistungen der Bev. für die Bedürfnisse des Besatzungsheeres.
Rerum novarum [l. „angesichts der neuen Lage"], nach den Anfangsworten ben. Enzyklika Leos XIII. zur Arbeiterfrage, 1891; → Quadragesimo anno.
R.E.S., Abk. f. *retikuloendotheliales System.*
Resartglas → Acrylharze.
Reschef, *Reshef,* phönik.-ugarit. Seuchen- u. Fieber-, Brand- u. Blitzgott sowie Kriegsgott u. Herr d. Unterwelt.
Reschen-Scheideck, *Reschenpaß, it. Passo di Resia,* Paß in S-Tirol; verbindet Etsch- und Inntal, 1504 m ü. M.
Reschke, Karin (* 17. 9. 1940), dt. Schriftst. u. Journalistin; emanzipator. u. gesellschaftskrit. Texte; *Texte zum Anfassen; Verfolgte des Glücks; Margarete.*
Rescht, *Rascht,* Hptst. d. iran. Prov. Gilan, in d. Küstenebene an d. Kasp. Meeres, 291 000 E; Seidenhandel.
res cogitans [l. „denkendes Ding"], nach Descartes die denkende Substanz am Seienden (Geist, Seele) im Unterschied zur *res extensa* („ausgedehnte Substanz"; Materie, Leib).
Reseda, *wohlriechende R.,* mit grünlichgelben Blütentrauben; Gartenpflanze aus N-Afrika; wild bei uns: *Färber-R. (Wau),* früher zum Gelbfärben.
Resektion, w. [l.], operative Entfernung e. Gewebestückes od. Organteils.
Reserva, in Spanien u. Portugal Bez. f. e. gesetzl. vorgeschriebene Mindestdauer der Lagerung v. Weinen im Tank, Holzfaß u. i. d. Flasche. Eine noch längere Zeit des → Ausbaus bezeichnen *Gran Reserva* (span.) u. *Garrafeira* (portugies.).
Reservat, s. [l.], Vorbehalt, Verwahrung; auch svw. → Naturschutzgebiet (Reservation).
Reservatio mentalis [l.], svw. → geheimer Vorbehalt.
Reservationen, die den Resten der indian. Urbevölkerung N-Amerikas zugewiesenen ca. 300 *Indianer-Territorien;* auch svw. Naturschutzparks.
Reserve, w. [frz.],
1) Rücklage.
2) *mil.* für bes. Einsatz zurückgehaltene Truppen; die ausgedienten, f. d. Kriegsfall verfügbaren Soldaten, *Reservisten.*
3) Zurückhaltung.
Reservefonds, veraltet für → Rücklage.
reservieren [l.], aufbewahren, vorbehalten.
reserviert, zurückhaltend; belegt.
Reservoir, s. [frz. -'vŏaːr], Behälter.
Residenz, w. [ml.], Wohnsitz v. regierenden Fürsten; Sitz der Reg.

Residenzpflicht, Verpflichtung von Beamten u. a., ihre Wohnung in od. nächst dem Dienstort zu nehmen.
Residuum, s. [l.], Rückstand, Rest.
Resignation, w. [l.], Verzichtleistung; Fügung in das Schicksal.
resignieren, verzichten, entsagen.
Resinate, *Harzseifen* (→ Harze); zu farbigen, durchsichtigen Überzügen auf Glas u. Leder.
Résistance, w. [frz. -'tãs], Bez. der → Widerstandsbewegung i. Frkr. während d. 2. Weltkrieges.
Resistenz, w. [l.], Widerstand; auch d. natürl. (konstitutionelle) Widerstandsfähigk. gg. Krankheiten sowie d. angeborene od. erworbene Unempfindlichkeit v. Krankheitserregern bzw. Schädlingen gg. Arznei- bzw. Schädlingsbekämpfungsmittel; auch der Widerstand e. verhärteten Organs od. e. Tumors bei der → Palpation – *R.test:* Prüfung v. Bakterien auf geeignete → Antibiotika.
Reskript, s. [l.], amtl. Zuschrift, Verfügung.
Resnais [rɛ'nɛ], Alain (* 3. 6. 1922), frz. Filmregisseur; *Hiroshima mon amour* (1959); *L'année dernière à Marienbad* (1961); *La guerre est finie* (1966); *Stavisky* (1974); *Mélo* (1986).
resolut [l.], entschlossen, beherzt.
Resolution, w., abschließende Meinungsäußerung e. Versammlungsmehrheit.
Resonanz, w. [l.], *Mitschwingen,* tritt bei allen Schwingungserscheinungen auf, wenn schwingfähige Gebilde gleiche Eigenfrequenz haben wie die anregende Schwingung (Anwendung in der Radiotechnik → Schwingkreise); *R.erscheinungen* bei bewegten Maschinenteilen (bei krit. Drehzahl) können Schäden verursachen.
Resonanzboden, Boden der Schallkörper bei Saiteninstrumenten.
Resopal®, s., Platten aus kratzfestem u. gg. Feuchtigkeit u. Hitze unempfindl. Melaminharz; Verwendung vor allem f. Möbel.
resorbieren [l.], aufsaugen.
Resorcin, *Dihydroxybenzol,* $C_6H_4(OH)_2$, med. verwendet als Antiseptikum u. Salben gegen Ausschläge; Ausgangsstoff vieler Synthesen.
Resorption, Aufsaugung von Flüssigkeit, gelösten Stoffen oder Gasen durch Schleimhäute, Haut, Unterhautzellgewebe u. a. sowie Stoffaufnahme (u. a. aus dem Darm) in die Lymph- und Blutbahn.
resp., Abk. f. *respektive* = beziehungsweise, oder.
Respekt, m. [l.], Achtung, Ehrfurcht.
respektabel, angesehen.
Respektfrist, meist vertragl. vereinbarte → Nachfrist.
respektieren, (be)achten.
Respighi, Ottorino (9. 7. 1879–18. 4. 1936), it. Komp.; Opern: *Versunkene Glocke;* sinfon. Dichtung: *I pini di Roma.*
Respiration, w. [l.], Atmung.
Respirator, m. [l.], Vorrichtung zum Einatmen von gas- oder dampfförmigen Arzneimitteln (→ Aërosolen); auch Schutzvorrichtung gg. das Einatmen kalter und staubiger Luft.
Responsorium [l.].
1) Wechselgesang im Gottesdienst zw. Geistlichen und Gemeinde (Chor).

2) Wechselgesang zw. Solist u. Chor im gregor. Gesang (Form aba od. acbc).
Ressentiment, s. [frz. -sãti'mãː], „Gegengefühl", Gefühlsrückstand eines Erlebnisses (meist feindl.), Vergeltungstrieb (z. B. Rachegefühl, Minderwertigkeitsgefühl, Neigung zum Entwerten).
Ressort, s. [frz. -'soːr], Amtsbereich, Fach.
Ressource, w. [frz. 'rəsurs(ə)],
1) meist Pl.: Vorkommen, Vorräte, z. B. an natürlichen Energieträgern.
2) Hilfsquelle.
Restaurant, s. [frz. -to'rãː], Speise-Gaststätte.
Restauration, Wiedereinsetzung einer abgesetzten Dynastie (z. B. der Stuarts in England, der Bourbonen in Frkr.), in Europa Periode zw. 1815 u. 1848.
restaurieren [l.], wiederherstellen in d. früheren Originalzustand (z. B. eines Kunstwerkes); dagg. → renovieren.
Restharn, Urinmenge, die z. B. bei vergrößerter Prostata nach dem Wasserlassen in der Blase zurückbleibt.
restieren [l.], übrig sein.
Restif de la Bretonne [-brə'tɔn], Nicolas (23. 11. 1734–3. 2. 1806), frz. erot. Sittenschilderer; Autobiographie: *Monsieur Nicolas.*
restituieren [l.], zurückerstatten, ersetzen.
Restitutio in integrum, svw. → Wiedereinsetzung in den vorigen Stand.
Restitution [l.],
1) *völkerrechtl.* Rückerstattung der im Kriege beschlagnahmten od. entwendeten Gegenstände.
2) *biolog.* svw. → Regeneration.
Restitutionsedikt, von Ferdinand II. 1629 erlassen, bestimmte:
1) d. Einziehung d. v. protestant. Fürsten in Besitz genommenen geistlichen Güter;
2) Ausschließung d. Reformierten v. d. Religionsfreiheit.
Restitutionsklage → Wiederaufnahme des Verfahrens.
Restkaufgeldhypothek, → Hypothek über den Rest des Kaufpreises eines Grundstückes.
Restquote, letzter Teilbetrag, der bei Konkurs od. Vergleich an die Gläubiger zur Auszahlung gelangt.
Restriktion, w. [l.].
1) *Kreditrestriktion,* Einschränkung der Kreditgewährung, besonders durch Notenbank, durch Einschränkung d. Wechselrediskonts u. Erhöhung d. → Mindestreserven.
2) Einschränkung.
Restriktionsenzym, i. d. Gentechnik zum Fragmentieren von → DNA verwendet (→ Übers. Gentechnik).
Restsüße, *Restzucker,* unvergorener Zucker im Wein, der diesem häufig e. liebl. od. süßen Geschmack verleiht; sie kann natürl. entstehen, wenn d. Most aufgrund des hohen Zuckergehalts der voll- od. überreifen Trauben (ab etwa 100° Oechsle → Mostgewicht) nicht vollständig durchgärt, der Gärvorgang durch Zusatz v. Alkohol (→ gespritete Weine) od. Schwefeldioxid od. durch Druck bzw. Kälte unterbrochen wird od. e. → Süßreserve hinzugegeben wird. Die meisten Weine in Dtld u. Östr. bis hin

zu → Auslesen sind nur dank e. Süßreserve od. Gärunterbrechung *restsüß*.
Resultante, w. [l.], svw. → Resultierende.
Resultat, s., Ergebnis.
resultieren, sich aus etwas ergeben.
Resultierende, Ergebnis verschieden gerichteter Bewegungen oder Kräfte; z. B. die Diagonale im Parallelogramm der Kräfte gibt Richtung u. Größe der zusammengesetzten Kraft an; ein senkrecht zur Strömung gerudertes Boot wird gleichzeitig vom Fluß abgetrieben; die resultierende Bewegung erfolgt dann schräg zum Flußufer.
Resümee, s. [frz.], zusammenfassende kurze Übersicht.
resümieren, zusammenfassen.
Resurrektion, w. [l.], Auferstehung.
Retabel, s., im Kirchenbau s. 11. Jh. Altaraufsatz hinter bzw. auf d. Altartisch; meist reich verziert (z. B. durch Malerei od. Schnitzwerk), in Renaiss. u. Barock auch architektonisch gestaltet.
retardieren [l.], verzögern, hemmen.
Retard-Medikament, Arznei mit Langzeitwirkung.
Retention, Zurückhalten (z. B. von Exkrementen), Behalten.
Rethel, Alfred (15. 5. 1816–1. 12. 59), deutscher Maler u. Zeichner d. Spätromantik; Fresken im Aachener Rathaus; *Der Tod als Freund* (→ Tafel Holzschnitt).
retikuloëndotheliales System, *RES,* d. Gesamtheit bestimmter Endothelzellen (z. B. der Leber, Milz, Lymphknoten u. des Knochenmarks) sowie best. Bindegewebszellen, die an Abwehr- u. Stoffwechselvorgängen beteiligt sind; auch als *retikulohistiozytäres System, RHS,* bez.
Retina, w. [l.], Netzhaut des → Auges.
Retirade, w. [frz..], *mil.* Rückzug; auch Gang z. Toilette.
retirieren, sich zurückziehen.
Retorsion, w. [l.], *völkerrechtl.* Vergeltung einer unbilligen od. unfreundl. Maßnahme eines Staates.
Retorte, w. [frz.], früher verwendetes Destillationsgefäß, in Laboratoriumsbetrieb Hohlkörper aus Glas m. angesetztem Hals, in techn. Betrieben aus Metall, Mauerwerk, Ton (z. B. Gasretorte in d. Leuchtgaserzeugung).
Retortenbaby → In-vitro-Fertilisation.
retour [frz. -'tu:r], zurück.
Retoure, w. [rε'tu:rə], zurückgesandte Ware; R. erfolgt vor allem infolge Mängelrüge u. Unverkäuflichkeit; im Bankverkehr nicht eingelöster Wechsel oder Scheck.
retournieren, zurücksenden.
Retraite, w. [frz. rə'trε:t(ə)], Rückzug; Zapfenstreich.
Retraktion, *med.* Schrumpfung.
Retro- [l.], als Vorsilbe: rück(wärts)...
retrograd, rückläufig.
retrospektiv [l.], rückblickend.
Retsina, griech. Tafelwein (Weißwein od. seltener Rosé), dem etwas Harz (von d. Alep-Pinie) zugesetzt wird (höchstens 1000 g pro hl), um s. Oxidierung zu verhindern.
Rettich, Kreuzblütler mit dicker Wurzel; *Garten-R.* in verschiedenen Formen mit violetten Blüten; *Radieschen; Acker-R. (Hederich),* weiß, hellila od. gelb blühendes Unkraut.

RÉUNION
Name des Territoriums:	Réunion
Regierungsform:	Französisches Überseedépartement
Präfekt:	Robert Pommies
Hauptstadt:	Saint-Denis 122 000 Einwohner
Fläche:	2512 km²
Einwohner:	653 000
Bevölkerungsdichte:	248 je km²
Bevölkerungswachstum pro Jahr:	Ø 1,6 % (1980–1991)
Amtssprache:	Französisch
Religion:	Katholiken
Währung:	Frz. Franc
Bruttosozialprodukt (1992):	8800 US-$ je Einw.
Zeitzone:	MEZ + 3 Std.
Karte:	→ Staaten und Territorien der Erde

Resultierende

Hederich, *farbliche Variationen*

Rettungsboje, aus Kork, z. B. bei Strandung i. Küstennähe an mit Rakete auf das Wrack geschossener Schleppleine wird e. Transporttau nachgezogen; an diesem läuft mittels Rolle d. R.; Korkring, auch mit Segeltuchhose, *Hosenboje;* dient dazu, Schiffbrüchige ans Land zu ziehen.
Rettungsboote, bes. stark gebaut, mit Luftkästen, die Sinken verhindern.

Réunion

Rettungsmedaille, Ehrenzeichen für eine unter Einsetzung des eigenen Lebens erfolgreich durchgeführte Rettung aus Lebensgefahr.
Rettungsring, meist aus Stoff mit Korkfüllung, wird Ertrinkenden zugeworfen, Tragfähigkeit 14,5 kg; auch → Rettungsboje.
Rettungsschwimmen, Verfahren zur Rettung Ertrinkender.
Return on Investment [engl. ri'tə:n ɔn in'vεstmənt „Rückfluß der Investition"], betriebswirtsch. Rentabilitätsrechnung v. investiertem Kapital in e. Unternehmen.
Retusche, w. [frz.], die nachträgl. Überarbeitung fotograf. Negative od. Positive: mit Retusche-Pinsel und -Farben werden Flächen überdeckt, Unsauberkeiten „ausgefleckt" etc. Heute auch elektron. mittels Scanner-System durchführbar.
Reuchlin, Johann (22. 2. 1455–30. 6. 1522), dt. Humanist; erster Lehrer des Griechischen u. Hebräischen in Dtld.
Reue,
1) *theol. Begriff:* Schmerz u. Scham über eine begangene Sünde.
2) *tätige Reue, juristische* Abwendung des Erfolges einer versuchten strafbaren Handlung; macht stets straffrei (§ 24 StGB); bei Vollendung der Tat nur ausnahmsweise strafbefreiend oder strafmildernd.
Reugeld,
1) Geldsumme, deren Zahlung zum Rücktritt v. Vertrag berechtigt (§ 359 BGB).
2) von e. Rennpferdbesitzer dafür zu zahlende Summe, daß er ein für ein Rennen genanntes Pferd nicht laufen läßt.
Reunion, w. [frz. re-y'njõ:], gesellige Versammlung.
Réunion [re-y'njõ:], westl. Insel der Maskarenen, frz. Überseedépartement, vulkan., gebirgig (bis 3069 m), fruchtbarer Boden; Ausfuhr v. Zucker, Rum, Vanille, Parfümessenzen; Bev.: Kreolen (45 %), Inder, Europäer, Chinesen; intern. Flughafen b. St.-Denis, Hptafen:

Pointe-des-Galets. – 1505 v. Portugiesen entdeckt; s. 1638 französisch; bis 1848 Île de Bourbon.
Reunionskammern, frz. Gerichtshöfe (1679–83), von → Ludwig XIV. in Metz, Breisach, Besançon und Tournay eingesetzt, um festzustellen, was zu den ihm seit 1648 abgetretenen Gebieten jemals gehört hat; Ludwig XIV. vollstreckte mit Waffengewalt d. Beschlüsse (1681 Besetzung Straßburgs).
Reuse, Fischereigerät aus Geflecht (oft Weiden) oder Netzwerk.
Reuß, r. Nbfl. der Aare, v. St. Gotthard, durchfließt Vierwaldstätter See, 159 km lang.
Reuß, bis 1918 zwei dt. Fürstentümer aus der Nachfolge des Herrn von Weida (um 1120); s. 1920 zu Thüringen.
Reußen, svw. Russen.
reüssieren [frz.], Erfolg, Glück haben.
Reuter,
1) Christian (um 1665–um 1712), dt. Schriftst.; satir. Abenteuerroman: *Schelmuffsky.*
2) Ernst (29. 7. 1889–29. 9. 1953), SPD-Pol.; 1947 Oberbürgermeister, s. 1950 Reg. Bürgermeister v. W-Berlin.
3) Fritz (7. 11. 1810–12. 7. 74), plattdt. Dichter; *Ut de Franzosentid; Ut mine Stromtid; Ut mine Festungstid; Kein Hüsung.*
Reuters Telegraphenbureau, *R. Limited,* 1849 von Paul Julius Frh. v. *Reuter* in Aachen gegr., 1851 nach London übergesiedelte engl. Nachrichtenagentur.
Reutlingen (D-72760–70), Gr.Krst. in Ba-Wü. am Fuß der Achalm, 107 600 E; Marienkirche (13. Jh.), alte Fachwerkhäuser u. Stadttore; FHS f. Technik u. Wirtsch. mit staatl. Technikum u. Textil-FS; Westdt. Gerberschule, PH; IHK; HWK, AG; Textil-, Masch.- u. Metallind. – 1240–1803 Freie Reichsstadt.
Reutter, Hermann (17. 6. 1900–1. 1. 85), dt. Komp.; Versuch e. Verbindung modern-linearen Stils m. volkstüml. Elementen; Opern: *Dr. Johannes Faust; Odysseus; Die Witwe v. Ephesus.*
Reval, estn. *Tallinn,* Hptst. u. -hafen v. Estland, a. Finn. Meerbusen, 502 400 E; Domberg, steil z. Meere abfallend, m. Dom u. alter Burg; Kirchen (St. Olai, 13. Jh., Nikolai); Gartenanlage und Schloßpark; Holz-, Papier-, Textil- u. Schiffbauind. – Im MA Sitz des Schwertbrüderordens, um 1300 Hansest., 1712 an Rußland; 1918 u. s. 1991 Hptst. v. Estland.
Revanche, w. [frz. -'vã:ʃ], Vergeltung, Rache.
revanchieren, sich, sich erkenntlich zeigen; sich rächen.
Reveille, w. [frz. -'vε:j(ə)], mil. Wecksignal.
Reverdy [-'di], Pierre (13. 9. 1889 bis 21. 6. 1960), frz. surrealist. Lyriker (Picasso-Kreis); *Main-d'Œuvre.*
Reverend ['rεvərənd], Ehrwürden, Titel der engl. Geistlichen.
Reverenz, w. [l.], ehrfurchtsvolle Verbeugung, Verehrung.
Reverie, w. [frz. rεvə'ri:], Träumerei; Name von Tonstücken (Schumann).
Revers, m. [frz. rə'vε:r],
1) schriftliche Verpflichtung.
2) Aufschlag an Mänteln u. Jacken.
3) Rück-, Wappenseite einer Münze; Ggs. → Avers.

reversibel [l.],
1) *phys.* Vorgänge, die auch umgekehrt verlaufen können (z. B. kann gefallener Stein wieder gehoben werden); Ggs.: → *irreversibel.*
2) *med.* heilbar; Ggs.: → *irreversibel.*
revidieren [l.], nachprüfen.
Revier, *s.* [-'viːr], Bezirk (z. B. *Jagd-R., Polizei-R.*).
Revirement, *s.* [frz. -virˈmã], Wechsel in der Besetzung von Ämtern, bes. im diplomat. Dienst.
Revision [l.], Nachprüfung,
1) *jur.* Rechtsmittel gegen Urteil, das nur eine Überprüfung, ob Gesetze richtig angewendet sind, zur Folge hat; der vom Vordergericht festgestellte Sachverhalt bleibt bindend (→ *Rechtspflege,* Übers.).
2) *völkerrechtl.* Abänderung von Verträgen.
3) genaue Überprüfung, z. B. *drucktechnisch:* von Druckbogen vor der endgültigen Druck od.
4) einer Rechnungslegung (z. B. d. Bilanz) durch einen Sachverständigen.
Revisionismus, gemäßigte Richtung d. Sozialdemokratie seit den 1890er Jahren, begr. v. Eduard Bernstein; wollte Marxens Lehre der Gegenwart anpassen, lehnte insbes. Verelendungstheorie ab, erstrebte allmähliche wirtschaftliche Besserstellung d. Arbeiterschaft, nicht Revolution.
Revisor [l. „Nachprüfer"], mit Überwachung von Betrieben usw. betraute Person; auch *Bücher-R.*
Revokation, *w.* [l.], Widerruf; → *revozieren.*
Revolte, *w.* [frz.], Empörung, Aufruhr, Aufstand.
Revolution,
1) *astronom.* Umlauf eines Himmelskörpers um ein Hauptgestirn; Ggs.: *Rotation* (Drehung der Himmelskörper um sich selbst).
2) *pol.* gewaltsame Umgestaltung der staatl. Ordnung, oft lange vorher durch gesellschaftliche u. geistige Wandlungen angebahnt, die schließlich zur Sprengung der alten Formen führen; von umwälzender histor. Bedeutung in der neuesten Zeit: *Französische R.* 1789: Heraufkommen d. 3. Standes (*Bourgeoisie*); ihre Ideen (Menschenrechte, Nationalstaat) entscheidend für die geschichtliche Entwicklung des 19. Jh.; *Russische (Oktober-)R.* 1917: Sieg des Kommunismus (Bolschewismus).
Revolutionsarchitektur, Richtung in d. frz. Architektur um 1773 bis 1806; strebte in Abkehr v. gleichzeit. Rokoko einen schmucklos-nüchternen Klassizismus auf d. Grundlage streng geometr. Formen b. express. Gestaltung an; auch Entwürfe f. e. utop. Architektur (v. teils gigant. Ausmaßen). Die R. war ausschließl. künstler. revolutionär, o. Bezug auf d. pol. Zielsetzungen d. Frz. Revolution (1789); Hptvertr. C.-N. Ledoux, E.-L. Boullée, J.-J. Le Queu.
Revolutionskriege, *Frz.,* auch *Koalitionskriege* der eur. Staaten gg. die Frz. Republik, 1792–1801.
Revolutionstribunal, frz. Volksgerichtshof, 1793–95; Instrument d. Jakobiner b. ihrer Terrorherrschaft gg. alle Gegner d. R.
Revolver, *m.* [engl.],
1) mehrschüssige Feuerwaffe, deren Trommel durch Spannen des Hahns gedreht wird; Erfinder: u. a. *Samuel Colt* (1814–62).
2) bei Werkzeugmaschinen drehbare Einspannvorrichtung für mehrere Werkzeuge.
Revolvingkredit [engl.], kurzfrist. Gelder, die z. B. durch Finanzmakler über fortlaufende → *Prolongation* in längerfristige Kredite umgewandelt werden.
revozieren [l.], widerrufen, zurücknehmen.
Revue, *w.* [frz. rəˈvyː],
1) Zeitschrift.
2) Theaterstück aus lose zusammenhängenden Bildern.
3) Heerschau, Parade.
Rex [l.], König.
Rexisten, belg. kath. Oppositionspartei mit faschist. Tendenzen, im 2. Weltkr. auf dt. Seite; 1930 gegr. von *Léon Degrelle* (* 1906), in Belgien zum Tode verurteilt; lebt in Spanien.
Rexrodt, Günter (* 12. 9. 1941), FDP-Pol.; seit Jan. 1993 Bundeswirtschaftsmin.
Rey [rɛ], Jean (15. 7. 1902–19. 5. 83), belg. Pol.; 1967–70 Präs. d. EWG-Kommission.
Reykjavík [„Rauchbucht"], Hptst. Islands, an der SW-Küste, 99 600 E; Uni., ev.-luth. Landesbistum, röm.-kath. Bistum; Fischerei u. Fischind.; heiße Quellen der Umgebung ermöglichen Treibhauskulturen u. dienen als Fernheizwerk; Großflughafen.
Reymont, Władysław (7. 5. 1867 bis 5. 12. 1925), poln. Schriftst.; Roman: *Die Bauern;* Nobelpr. 1924.
Reynaud [rɛˈno], Paul (15. 10. 1878 bis 21. 9. 1966), frz. Pol.; 1940 Min.präs.
Reynolds [ˈreinəldz]
1) Albert (* 3. 11. 1932), 1992–1994 Prem.min. v. Irland.
2) Sir Joshua (16. 7. 1723–23. 2. 92), engl. (Porträt-)Maler (2000 Bildnisse) d. Rokoko u. Klassizismus, Kunstschriftst.
3) Osborne (23. 8. 1842 bis 21. 2. 1912), engl. Physiker; stellte die *R.sche Zahl* auf, die d. den Strömungscharakter in zähen Flüssigkeiten charakterisiert; → *Stromlinien.*
Reyon, engl. *Rayon,* → *Chemiefasern.*
Rezensent [l.], Beurteiler v. Schriftod. Kunstwerken.
rezensieren, kritisch besprechen.
Rezension, *w.,* (kritische) Besprechung eines literar. Werks, einer Theateraufführung od. e. Films.
rezent [l. „neu, frisch"], gegenwärtig lebend (bei Tier- u. Pflanzenarten); Ggs.: → *fossil.*
Rezepisse, *s.* [l.], Empfangsschein.
Rezept, *s.* [l.],
1) *med.* Anweisung, Vorschrift, insbes. schriftl. ärztl. Arzneiverordnung nach vorgeschriebenen Regeln; muß vor der Verordnung die Buchstaben *Rp.* oder *R. (Recipe,* „nimm!"), ferner genaue Dosierung und Gebrauchsanweisung, Namen des Empfängers, Ausstellungsort und -datum, Name u. Anschrift sowie Unterschrift des Arztes tragen.
2) Anweisung zur Bereitung von Speisen.
Rezeption, *w.* [l.], Aufnahme; auch in *Wiss.* u. *Kunst; pol.* Bez. f. d. allmähl. Übernahme röm. Rechts in Dtld vom 16. Jh. an; *R.forschung* und *R.ästhetik* heute

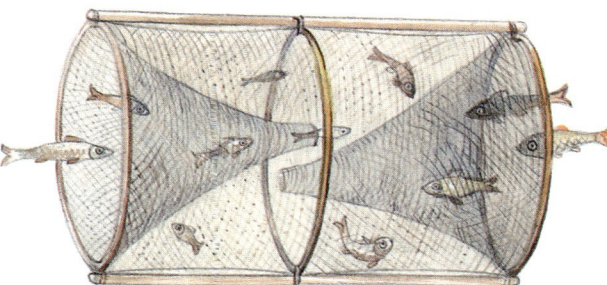

Reuse

zentrale Arbeitsgebiete aller Kulturwissenschaften; Ggs. zu Produktionsforschung u. Produktionsästhetik.
rezeptiv [l.], (bloß) empfangend oder aufnehmend.
Rezeptivität, *w.,* Empfänglichkeit, Aufnahmefähigkeit, -zustand; Ggs.: Produktivität.
Rezeptoren, Übermittlungseinrichtungen von Zellen, an denen z. B. Hormone od. Medikamente wirksam werden; i. Sinne.
Rezeptpflicht, gesetzl. Bestimmung, weil bestimmte Medikamente (z. B. Betäubungsmittel u. a. stark wirkende Arzneien) v. Apotheken nur auf ärztl. Rezept und vielfach nur je einmal abgegeben werden dürfen; seit 1964 sind ferner alle neuen Arzneimittel mit nicht allg. bekannten Wirkungen automat. 3 Jahre lang rezeptpflichtig.

Ernst Reuter Fritz Reuter

Rezeß, *m.* [l.], das schriftl. niedergelegte Ergebnis v. Verhandlungen; berühmt die *Hanserezesse.*
Rezession, *w.* [l.], Abschwungphase d. Konjunktur; Volkseinkommen nimmt absolut zu, Wachstumsrate sinkt.
rezessiv [l.], → *Vererbung.*
Rezidiv, *s.* [l.], Rückfall (z. B. bei Krankheiten).
Rezipient, *m.* [l.],
1) Empfänger; jemand, der einen kommunikativen Inhalt aufnimmt.
2) *phys.* Glasglocke, die ausgepumpt werden kann; meist mit Ansatzrohr für Luftpumpe.
rezipieren [l.], auf-, an-, einnehmen.
reziprok [l.], umgekehrt.
reziproke Zahlen, Zahlen, die, miteinander multipliziert, eins ergeben (z. B. $\frac{1}{2} \cdot 2 = 1$).
Rezitation, *w.* [l.], kunstvoller Vortrag, bes. v. Dichtungen.
Rezitativ, *s.* [it.], in Oper u. Oratorium die Arien od. Ensemblesätze verbindender „erzählender" Sprechgesang, von Cembalo bzw. Orgel *(recitativo secco)* od. v. Orchester *(rec. accompagnato)* begleitet.
rezitieren, kunstvoll vorlesen, vortragen.
Rezniček [ˈrɛsnitʃɛk], Emil Nikolaus Frh. v. (4. 5. 1860–2. 8. 1945), östr. nachromant. Komponist; Opern: *Till Eulenspiegel; Donna Diana; Holofernes;* Sinfonien, Kammermusik.
Rezzori, Gregor v. (* 13. 5. 1914), dt. Erzähler u. Schausp.; *Maghrebin. Geschichten.*
RGW, Abk. f. → **R**at für **g**egenseitige **W**irtschaftshilfe.
Rh, *chem.* Zeichen f. → *Rhodium.*
Rhabarber, *m., Rhēum,* m. gr. Blättern,

Reval, St. Nikolai

hohen Blütenständen u. fleischigen Wurzeln; *Echter R.,* Innerasien, Wurzel als Abführmittel; *pontischer R.,* Gartenpflanze.
Rhamnaceae, *Kreuzdorngewächse,* kl. Bäume und Sträucher m. kl., glockenförmigen Blüten u. schwarzen Beeren; z. B. *Faulbaum,* Holz für Holzkohle, zu Schießpulver („Pulverholz"), aus Rinde Abführmittel; → Kreuzdorn.
Rhapsode, im antiken Griechenland (seit 6. Jh. v. Chr.) Vortragender oder Sänger epischer Gedichte.
Rhapsodie, w.,
1) *mus.* Vokal- od. Instrumentalkomposition o. feste Form, gern unter Einbeziehung auf folkloriot. Melodiengut (Liszt: Ungar. Rhapsodien).
2) Gedichte in freiem Rhythmus.
rhapsodisch, bruchstückhaft.
Rhätikon, svw. → Rätikon.
Rheda-Wiedenbrück (D-33378), St. i. Kr. Gütersloh, NRW, 38 967 E; AG; Schloß, ma. Fachwerkhäuser u. Kirchen; div. Ind.
Rhede (D-46414), St. i. Kr. Borken, i. westl. Münsterland, NRW, 17 168 E; Wasserschloß; div. Ind.
Rheia, Rhea, i. d. griech. Mythologie Schwester u. Gattin d. → Kronos.
Rheiderland, Marschland an der unteren Ems und am Dollart, Rinder- u. Pferdezucht.
Rhein, größter dt. und verkehrsreichster eur. Strom, 1320 km l., entspringt am St. Gotthard aus dem Tomasee in d. *Vorder-R.,* vereinigt sich bei Reichenau mit dem *Hinter-R.,* durchfließt den Bodensee, bildet bei Schaffhausen den 21 m hohen *R.fall;* von Basel aus als *Ober-R.,* durch die Oberrhein. Tiefebene in geregeltem (korrigiertem) Lauf bis Mainz, durchbricht das Rhein. Schiefergebirge u. tritt b. Bonn als *Nieder-R.* in das Norddt. Flachland; in 800 m Breite Eintritt in ndl. Gebiet bei Emmerich; Spaltung in 2 Arme: l. Hauptarm *Waal,* mit d. Maas vereint mehrfach wechselnd (*Merwede, Oude* und *Nieuwe Maas*), mündet bei Hoek van Holland in die Nordsee; der r. Arm gabelt sich in *Lek* (parallel zur Maas) u. d. *alten Rhein,* d. westl. v. Leiden mündet. Nebenflüsse: l. *Thur, Aare, Ill, Lauter, Nahe, Mosel, Ahr, Erft, Maas;* r. *Kinzig, Murg, Neckar, Main, Lahn, Sieg, Wupper, Ruhr, Lippe;* wichtigste Häfen: Straßburg, Mannheim, Köln, Duisburg-Ruhrort, Rotterdam; Großschiffahrt bis Rheinfelden. – *Zentralkommission für die R.schiffahrt,* 1868 von den R.uferstaaten gebildet (Dtld Mitgl. bis 1936 u. seit 1950) zur einheitl. Regelung von Fragen der Schiffahrt, Schiffahrtstechnik, Polizei u. des Verkehrs für d. R.: Sitz Straßburg. 1976 Abschluß des sog. Rheinsalzvertrags zw. den Anrainerstaaten zum Schutz des R. gegen Verunreinigungen.
Rheinbach (D-53359), St. i. Rhein-Sieg-Kr., NRW, 23 123 E; AG; ma. Stadtkern, Glasmus.
Rheinberg (D-47495), St. bei Moers im Kr. Wesel, NRW, 28 307 E; AG.
Rheinberger, Joseph Gabriel (17. 3. 1839–25. 11. 1901), dt. Komponist; Instrumental- u. Kirchenmusik.
Rheinbund, 1806 unter d. Protektorat v. → Napoleon I. zur Stützung seiner imperialen Pläne gegr., umfaßte, von S-Dtld ausgehend, allmählich alle dt. Staa-

Rheinfall bei Schaffhausen

Rheinland-Pfalz

ten außer Preußen, Braunschweig, Kurhessen u. Östr.; 1813 aufgelöst.
Rheine (D-48429–32), St. i. Kr. Steinfurt, NRW, 71 808 E; AG; Verkehrsknotenpunkt; Textil- u. Masch.ind.
Rheinfelden,
1) *R. in Baden* (D-79618), St. r. am Rhein, Kreis Lörrach, Ba-Wü., 29 530 E; 287 müM, Rheinkraftwerk, Textil-, chem. Ind., Aluminiumwerk; gegenüber
2) (CH-4310), schweiz. Bez.hptst., Solbad, im Kanton Aargau, l. am Rhein, 275 müM, 10 000 E; Salinen, Textil-, Faß-, Zigarrenind., Brauerei.
Rheingau, Landschaft zw. Taunus u. Rhein, von Niederwalluf bis Lorchhausen; *R.weine* (z. B. Rüdesheimer, Johannisberger).
Rheinhausen, s. 1975 St.teil v. Duisburg.
Rhein-Herne-Kanal, Teilstrecke des Mittellandkanals, Verbindungskanal Ruhrort–Herne (38 km l.), hier Anschluß an den Dortmund-Ems-Kanal; ausgebaut für Schiffe bis 1250 t Tragfähigkeit.
Rheinhessen-Pfalz, Rgbz. i. RP, 1968 aus d. ehem. Rgbz. Rheinhessen u. Pfalz gebildet, 6830 km², 1,9 Mill. E; Hptst. *Neustadt/Weinstr.*
Rheinhessische Weine, am Rhein von Worms bis Bingen auf e. Rebfläche v. ca. 16 000 ha erzeugt (z. B. *Liebfrauenmilch, Niersteiner, Scharlachberger*).
Rheinisch-Bergischer Kreis, im Rgbz. Köln, NRW; 438 km², 263 165 E.
Rheinischer Merkur,
1) erste große dt. pol. Tageszeitung, 1814 v. *Görres* gegr., Mitarbeiter *Arndt,* *Frh. v. Stein* u. a.; 1816 wegen ihrer freiheitl. Haltung verboten.
2) christl.-soz. Wochenzeitung (seit 1946).
Rheinisches Schiefergebirge, Rumpfgebirge → variszischen Alters mit ausgedehnten Hochflächen zu beiden Seiten des steil eingeschnittenen Rheintals unterhalb Mainz; rechtsrhein.: Taunus, Westerwald mit Siebengebirge, Sauerland u. Haar; linksrhein.: Hunsrück mit Soonwald, Eifel (Schneifel), Hohes Venn; *Feldberg* (im Taunus) 879 m.
Rheinische Zeitung, am 1. 1. 1842 in Köln gegr. Tageszeitung v. radikaldemokr. Tendenz, leitender Redakteur (bis zum Verbot 1843) K. Marx.
Rheinkamp, s. 1975 St.teil v. Moers u. Duisburg.
Rheinland, Landschaft am Rhein, v. Rhein. Schiefergebirge im S bis zur ndl. Grenze im N; Obst- u. Weinbau am Rhein u. Mosel; Industriezentren an der Ruhr (Steinkohlen- u. Eisenerzgruben); bed. Industrie: Eisen- u. Stahlwaren (Solingen), Maschinenbau (Essen); Uni. in Bonn u. Köln; TH in Aachen. Bis 1945 die preuß. *Rheinprov.,* Hptst. *Koblenz;* Rgbz.e Koblenz u. Trier, jetzt → Rheinland-Pfalz; Rgbz.e Düsseldorf, Köln u. Aachen, jetzt → Nordrhein-Westfalen.
Rheinländer, Tanz im langsamen ²/₄-Takt; polkaartig (auch *Rheinische Polka* genannt).
Rheinland-Pfalz, dt. Land am Rhein; Verfassung durch Volksentscheid v. 18. 5. 1947; aus der Pfalz, dem

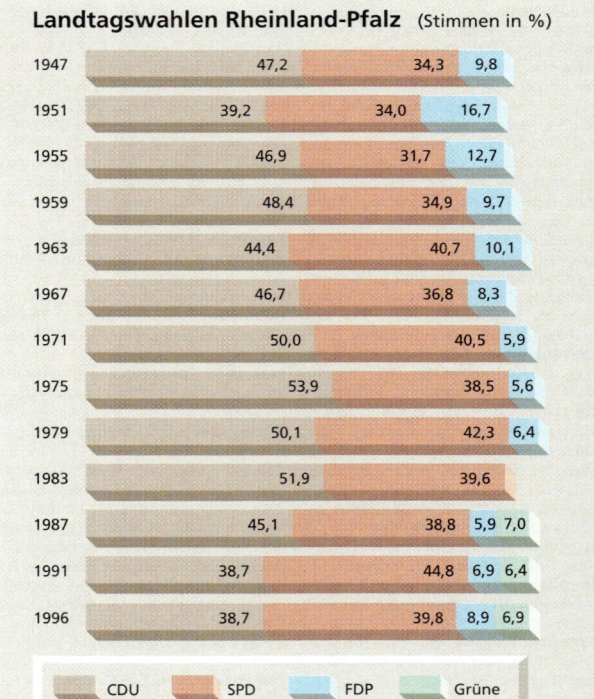

Landtagswahlen Rheinland-Pfalz (Stimmen in %)

Jahr	CDU	SPD	FDP	Grüne
1947	47,2	34,3	9,8	
1951	39,2	34,0	16,7	
1955	46,9	31,7	12,7	
1959	48,4	34,9	9,7	
1963	44,4	40,7	10,1	
1967	46,7	36,8	8,3	
1971	50,0	40,5	5,9	
1975	53,9	38,5	5,6	
1979	50,1	42,3	6,4	
1983	51,9	39,6		
1987	45,1	38,8	5,9	7,0
1991	38,7	44,8	6,9	6,4
1996	38,7	39,8	8,9	6,9

linksrhein. Teil d. ehem. Volksstaates Hessen, Teilen d. ehem. preuß. Rheinprov. (Rgbz.e Koblenz u. Trier) und einem Teil der ehem. preuß. Prov. Hessen-Nassau (nassauischer Teil) geschaffen (i. wesentl. d. Kernland d. 3 früheren dt. Kurfürstentümer: Kurmainz, Kurtrier u. Kurpfalz), 19 846 km², 3,82 Mill. E (193 je km²); Rel.: 55,7% kath., 40,7% ev.; Hptst. *Mainz;* Landesfarben: Schwarz-Rot-Gold. **a)** *Wirtsch.:* Fast alle Ind.- u. Wirtschaftszweige vertreten: Chemie, Steine u. Erden, Keramik, Maschinenbau, Eisen u. Stahl, Metallwaren, Fahrzeugbau, Diamantschleiferei, Lebensmittel-, Schuhind., Sägereien u. Holzbearbeitung, Druck-, Textilind., Tabakverarbeitung, Obst- u. Weinbau (70% der dt. Rebfläche, 68,5% d. dt. Weinmosternte). **b)** → *Hochschulen.* **c)** *Verw.:* 3 Rgbz.e: Koblenz, Trier, Rheinhessen-Pfalz.
Rhein-Main-Donau-Großschiffahrtsweg, *Europakanal,* Verbindung für 1500-t-Schiffe zw. Rhein bei Mainz u. Donau bei Passau unter Benutzung d. Mains u. der Altmühl; wichtige Verbindung des Westens mit SO-Europa; gleichzeitig Ausnutzung der Gefällestufen zur Krafterzeugung.
Rhein-Main-Flughafen, Flughafen Frankfurt/M., größter dt. u. drittgr. eur. Flughafen.
Rhein-Marne-Kanal, Kanal v. Straßburg (Ill) zum Seitenkanal d. Marne b. Vitry-le-François; Tunnel durch d. Zaberner Steige; 314 km l.
Rheinpfalz → Pfalz.
Rhein-Rhône-Kanal, Kanal zwischen dem Rheinseitenkanal bei Niffer (südöstl. v. Mülhausen) u. Saint-Symphorien-sur-Saône, 230 km l, 112 Schleusen; Neubau für Euroschiffe u. gleichzeitig Reduzierung auf 24 Schleusen geplant.
Rheinriesling, Bez. f. → *Riesling,* zur besseren Abgrenzung gegenüber d. → Welschriesling.
Rheinsberg (Mark) (D-16831), St. im Kr. Neuruppin, Bbg., am **Rh.er See,** 5394 E; Rokokoschloß (kronprinzl. Residenz Friedrichs d. Gr.); Kernkraftwerk.
Rheinseitenkanal, frz. *Grand Canal d'Alsace,* linksrheinische Schiffahrtsstraße zwischen Basel und Straßburg, leitet den Rhein unterhalb Basel auf frz. Gebiet; Gesamtlänge 112 km.
Rhein-Sieg-Kreis, im Rgbz. Köln, NRW, 1,15 Mill. km², 511 Mill. E.
Rheinstein, Burg l. am Rhein, gegenüber Aßmannshausen; 1825–29 wiederhergestellt.
Rheinstetten (D-76287), Gem. i. Kr. Karlsruhe, Ba-Wü., 19 489 E.
Rheinwaldhorn, höchster Gipfel der Adula-Alpen, 3402 m, Quellgebiet des Hinterrheins, über dem **Rheinwaldtal.**
Rhenium, *Re,* chem. El. der Manganreihe, Oz. 75, At.-Gew. 186,2; Dichte 12,41; (spektroskopisch) entdeckt 1925 v. Noddack, Tacke u. Berg.
Rhens (D-56321), früher *R(h)ense,* St. a. Rhein, i. Kr. Mayen-Koblenz, RP, 2836 E; *Rhenser Sauerbrunnen;* Weinbau; St.mauer (14. Jh.); in Nähe d. Königsstuhl. – 1338 *Kurverein v. R.* (→ deutsche Geschichte, Übers.).
Rheologie, Teilgebiet der Physik, befaßt sich mit dem Verhalten bei der Deformation u. beim Fließen materieller Körper, wobei auch nichtmechan. Erscheinungen einbezogen werden (z. B. Phänomene aus der Elektrodynamik).
Rheostat, *m.* [gr.], dekadisch durch Stöpsel od. Kurbel zus.schaltbare el. Widerstände; nur für Laboratoriumszwecke.

Stöpsel-Rheostat

Rhesus, mittelgr. Affenart, grünlichrote Gesäßschwielen; Heimat Asien.
Rhesusfaktor, *Rh-Faktor,* kennzeichnendes, dominant vererbbares Blutkörperchenmerkmal, ben. nach seiner Entdeckung (*Landsteiner* u. *Wiener,* 1940) bei Überimpfen von R.affenblut auf Versuchstiere. R. enthaltendes Blut = Rhesus-positiv, *Rh;* Rhesusfaktor nicht enthaltendes Blut = Rhesus-negativ, *rh;* bei Zusammentreffen mit rhesusgruppengleichen Blutes Bildung v. Antikörpern im rh-Blut, die durch Agglutination der Rh-Blutkörperchen zu deren Schädigung bzw. Auflösung führen. Dadurch entstehen: **a)** Bluttransfusionsschäden, **b)** Schädigung des Kindes während der Schwangerschaft, die zu Aborten, Totgeburten und Neugeborenenkrankh., *Erythroblastose* (Blutarmut, schwere Gelbsucht, Wassersucht), führt, wenn Mutter rh u. Frucht Rh ist. Behandlung bes. durch Austauschtransfusion mit rh-Blut. – Das Rhesussystem wird untergliedert werden in die Unterfaktoren C, c, D, E und e. Maßgeblich ist meist d. Hauptfaktor D. Mittels *Anti-D-Prophylaxe* bei d. Mutter kann der Erythroblastose d. Kindes vorgebeugt werden.
Rhetor, *m.* [gr.], Redner.
rhetorisch, (schön)rednerisch.
rhetorische Frage, (Schein-)Frage, auf die kein wahre Antwort erwartet.
Rheuma [gr.], *Reißen,* verschiedene Krankheiten der Gelenke (*Gelenk-R.*), der Muskeln (*Muskel-R.*) u. der Nerven (*Neuralgie, Ischias* usw.): **a)** *echtes Gelenkrheuma (chronische Polyarthritis, cP; rheumatoide Arthritis, RA),* wahrscheinlich eine Autoaggressionskrankheit, befällt überwiegend kleine Gelenke (z. B. Hände), Schmerzen, Entzündung, Schwellungen, später Gelenkzerstörung; meist → Rheumafaktor nachweisbar; Blutsenkung beschleunigt. **b)** *Arthrose (Arthrosis deformans),* Gelenkverschleiß, meist in fortgeschrittenem Alter, überwiegend große Gelenke betroffen (z. B. Hüfte, Knie), Schmerzen, aber selten Entzündung; Gelenkersatz (z. B. Hüftendoprothese) möglich. **c)** *nichtentzündlicher Weichteilrheumatismus, Fibromyalgie,* Schmerzen an versch. Stellen in Muskeln, Sehnen u. Gelenken, typische Druckpunkte, psychosomatische Krankheit. **d)** *entzündlicher Weichteilrheumatismus,* z. B. *Myositis, Dermatomyositis,* Autoaggressionskrankheiten. **e)** Zum *rheumatischen Formenkreis* werden noch viele weitere Krankheiten des Bewegungsapparates gerechnet, u. a. die *Bechterew-Krankheit* (Befall d. Wirbelsäule), → *Gicht* usw.
Rheumafaktor [gr.-l.], vor allem im echtem Gelenkrheuma im Blutserum nachweisbare Eiweißkörper (Globulin).
Rheydt, s. 1975 Stadtteil v. Mönchengladbach.
Rhin,
1) r. Nbfl. der Havel, 105 km l., durchschneidet als **R.kanal** u. **R.luch** (bei Fehrbellin, v. Friedrich d. Gr. entwässert).
2) [rɛ̃], frz. Name für d. Rhein.

3) [rɛ̃], Dép.s im Elsaß: **a)** *Bas-R.,* 4755 km², 946 000 E; Hptst. *Strasbourg;* **b)** *Haut-R.,* 3525 km², 668 000 E; Hptst. *Colmar.*
Rhinitis, Nasenentzündung.
Rhinologie, Nasenheilkunde.
Rhinozeros, *s.* [gr.], svw. → Nashorn.
Rhizom, *s.* [gr.], *Wurzelstock,* bei ausdauernden Pflanzen d. überwinternde unterird. Sproß, m. farblosen Blattansätzen im Ggs. z. → Wurzel.
Rhizopoden [gr.], svw. → Wurzelfüßer.
Rhodan, *s., Schwefelcyan (CNS),* bildet die *R.wasserstoffsäure;* Salze: **Rhodanide;** *Rhodanammonium,* verwendet in der Kattundruckerei, Fotografie u. für Kältemischungen.
Rhode Island [rouˈdailənd], Abk. *R. I.,* kleinster Staat d. USA, am Atlantik, 3144 km², 1 Mill. E; Masch.- u. Textilind., Bijouteriefabrik; Graphit- und Kalklager; Hptst. *Providence.*
Rhodes [roudz], Cecil (5. 7. 1853 bis 26. 3. 1902), engl. Kolonialpol., einflußreich durch Besitz südafrikan. Diamantenminen; erwarb Rhodesien (heute → Simbabwe); 1890–96 Min.präs. der Kapkolonie.
Rhodesien, seit 1980 umbenannt in → Simbabwe.
Rhodium, *Rh,* chem. El., Oz. 45, At.-Gew. 102,91, Dichte 12,41; platinähnl. Metall, in Platinerzen vorkommend, sehr widerstandsfähig; Galvanoplastik.
Rhododendron, *s., Alpenrose, Almrausch,* Sträucher d. Hochgebirge m. Blüten in mehreren Farben; viele Zierpflanzen; → Azaleen. ●

Rhododendron

Rhodopegebirge, Schollengebirge in SW-Bulgarien, sehr waldreich, zerschluchtet, im *Perelik* 2191 m h.
Rhodos,
1) griech. Hauptinsel d. Dodekanes, vor der SW-Küste Kleinasiens, 1398 km², 87 000 E; gebirgig.
2) Hptst. und -hafen, 41 000 E; orthodoxer Erzbischof, Uni.; Wein-, Traubenausfuhr. – Im Altertum Zentrum des Mittelmeerhandels, → *Koloß v. Rhodos;* 1310–1522 Sitz d. Johanniterordens; 1911–47 it.

Rhodos, *Akropolis von Lindos*

Rhombendodekaeder, *s.,* Kristallform d. regulären Systems: von 12 Rhomben begrenzter Körper.
rhombisches System → Kristalle.
Rhomboëder, *s.* [gr.], Kristallform d. hexagonalen Systems: von 6 kongruenten Rhomben gebildeter Körper.
Rhombus, *m.* [gr.], *Raute,* schiefwinkliges, gleichseitiges Parallelogramm; *Rhomboid:* schiefwinkliges Parallelogramm mit 2 ungleichen Seitenpaaren.
Rhön, rauhes, waldarmes v. Basaltdecken u. Kuppen gebildetes Mittelgebirge mit Buntsandsteinsockel zw. Werra u. Fulda; Segelflugelände; *Wasserkuppe* 950 m, *Kreuzberg* 928 m; Viehzucht, Kalibergbau, Heimarbeit.
Rhondda [ˈrɒndə], Ind.st. in Wales, 82 000 E; Kohlengruben, Eisenindustrie.
Rhône [ro:n],
1) Fluß i. d. Schweiz u. Frkr., vom **R.gletscher** (10 km l.) in den Berner Alpen, durchfließt den Genfer See, durchbricht den Jura, mündet ins Mittelmeer (Golfe du Lion); Kanalverbindung mit Marseille; 812 km l., 490 km schiffbar; am Unterlauf Großstauwerke,

20 Staustufen, jährl. Leistung 13 Mrd. kW; Nebenflüsse: l. *Isère, Drôme, Eygues, Durance;* r. *Saône;* Kanäle zu Rhein, Seine u. Loire.
2) frz. *Dép.,* 3249 km², 1,5 Mill. E; Hptst. *Lyon.*
Rhönrad, Turngerät mit e. doppelten Eisenreifen m. verschiedenen Griff- u. Standmöglichkeiten; *R.-Turnen:* Dt. Meisterschaften s. 1960.
Rhovyl®, *s.,* Chemiefaser aus Polyvinylchlorid.
Rhus → Sumach.
Rhythm and Blues [riəm ənd 'blu:z], durch Rock'n'Roll-Elemente weiterentwickelter Blues.
Rhythmik, *w.* [gr.], Lehre vom → Rhythmus.
rhythmisch, gegliederte, wiederholende Bewegung eines Sprach-, Musik- od. Bewegungsablaufs.
Rhythmische Sportgymnastik, Wettkampf-Gymnastik eve. 12 x 12 m gr. Mattenfläche; Einzel-, Mehr- u. Gruppenkämpfe in den 5 Disziplinen *Reifen, Keule, Seil, Ball* u. *Band;* s. 1963 alle zwei Jahre WM, s. 1984 olymp.
Rhythmus, *m.* [gr. „Takt(mäßigkeit)"], period. Wiederkehr, taktmäßige Gliederung, Eigentümlichkeit e. lebendigen Bewegung; in d. *Dichtkunst* bestimmt durch d. Versmaß; in d. *Musik* d. zeitl. Bewegungsablauf in Längen u. Kürzen.
Rhyton, altorient. Trinkgefäß in Form e. Hornes, am unteren Ende oft in Tiergestalt.
RIA, **R**adio**i**mmuno**a**ssay, Labortestmethode.
Riad, *Ar Rijad,* Hptst. von Saudi-Arabien u. v. Nedschd, m. Vororten ca. 2 Mill. E.
Rial → Währungen, Übers.
Rialtobrücke, berühmte Brücke (1588–91 v. A. da Ponte u. A. Contin) m. Kaufläden über den „Großen Kanal" *(Canal grande)* im Rialot-Viertel Venedigs.
RIAS, Abk. f. **R**undfunk(ges.) **i. a**m **S**ektor, 1946 v. d. am. Militärverw. gegr.; 1992 teilweise privatisiert als r.s.2.
Ribbentrop, Joachim v. (30. 4. 1893 bis 16. 10. 1946), NS-Pol., 1936–38 Botschafter in London, 1938–45 Reichsaußenmin.; in Nürnberg hingerichtet.
Ribeiro [-beiru], João Ubaldo (* 23. 1. 1941), brasilian. Schriftst., setzt sich m. soz. Problemen d. Landes auseinander; *Sargento Getulio; Brasilien, Brasilien.*
Ribera, Jusepe (José) de, gen. *Lo Spagnoletto* (17. 2. 1591–2. 9. 1652), span. Maler d. Barock; Märtyrerszenen.
Ribisel, öst. f. → Johannisbeere.
Ribnitz-Damgarten (D-18311), Krst. am R.er Bodden, M-V., 16 822 E; 2 Kirchen (13. u. 14. Jh.); Fischerei, Holzind.
Riboflavin, *s.,* Laktoflavin, Bez. f. Vitamin B₂ (→ Vitamine, Übers.).
Ribonukleinsäure, *RNS,* engl. *Ribonucleic Acid, RNA,* → Nukleinsäuren; Synthese d. → Eiweißes; → Vererbung.
Ribosomen [gr.], aus *Ribonukleinsäure* u. Eiweiß aufgebaute Strukturen d. Zellplasmas (→ Zelle), in denen die von d. → Desoxyribonukleinsäure der → Chromosomen gesteuerte Synthese d. Eiweißstoffes stattfindet.
Ricardo [n'ka:dou], David (19. 4. 1772 bis 11. 9. 1823), engl. Nationalökonom; Mitbegr. der klass. Nationalökonomie

Rhythmische Sportgymnastik

Rialtobrücke, *Venedig*

Hzg. v. Richelieu

Adrian Ludwig Richter, *Johannisfest*

(auch → Smith, Adam), R. geht v. d. Menschen als „homo oeconomicus" aus.
Ricci [ritʃi], it. Maler d. Barock, bes. in Venedig:
1) Sebastiano (get. 1. 8. 1659–15. 5. 1734), u. a. auch in Parma, Wien, London tätig; s. Neffe
2) Marco (5. 6. 1676–21. 1. 1730), Meister d. Landschaftsmalerei; arbeitete u. a. auch in London.
Riccio [-tʃo], Andrea (um 1470–1532), it. Bildhauer d. Renaiss.; Tier-Kleinbronzen; Grabmäler.
Rice [rais], Elmer, eigtl. *E. Reizenstein* (28. 9. 1892–8. 5. 1967), am. Dramatiker; *Straßenszene; Menschen am Broadway.*
Ricercar, *s.* [it. ritʃ- „ricercare = suchen"], Vorform der Fuge, bes. bei Frescobaldi.
Rich [ritʃ], Adrienne (* 16. 5. 1929), am. Schriftst. u. Feministin, sucht bes. die weibl. Weltsicht zu gestalten; *Der Traum einer gemeinsamen Sprache; Von Frauen geboren.*
Richard [ahdt. „der Reiche und Starke"],
a) engl. Kge aus d. Haus der Plantagenet:
1) R. Löwenherz (8. 9. 1157–6. 4. 99), Kg s. 1189, Teilnehmer am 3. Kreuzzug, b. d. Heimkehr von Leopold V. v. Östr. gefangen u. an Kaiser Heinrich VI. ausgeliefert, der ihn nur gg. Lehenshuldigung freiließ.
2) R. II. (6. 1. 1367–14. 2. 1400), 1377 bis 99, zur Abdankung gezwungen.
3) R. III. (2. 10. 1452–22. 8. 85), Kg s. 1483.
b) Dt. Kg:
4) Graf R. v. Cornwallis (5. 1. 1209 bis 2. 4. 72), 1257 als Gegenkg gewählt.
c) Normandie:
5) R. Ohnefurcht (933–96), Hzg; unterstützte d. Kapetinger im Kampf um d. frz. Thron.
Richards ['rɪtʃədz],
1) Dickinson Woodruff (30. 10. 1895 bis 23. 2. 1973), am. Mediziner; Herzkatheterisierung, traumatischer Schock; Nobelpr. 1956.
2) Theodore William (31. 1. 1868–2. 4. 1928), am. Chem.; Bestimmung v. Atomgewichten; Nobelpr. 1914.
Richardson ['rɪtʃədsn],
1) Henry Hobson (29. 9. 1838–27. 4. 86), am. Architekt; Hptvertr. d. Neuromanik, in d. USA v. weitreichender Wirkung im Profan- u. Sakralbau.
2) Sir Owen Williams (26. 4. 1879 bis 15. 2. 1959), engl. Phys.; Elektronentheorie d. Metalle; Nobelpr. 1928.
3) Samuel (1689–4. 7. 1761), engl. Schriftst.; empfindsame Romane: *Pamela; Clarissa.*
Richelieu [riʃə'ljø], Armand Jean du Plessis, Hzg v. (9. 9. 1585–4. 12. 1642), s. 1622 Kardinal, s. 1624 leitender frz. Min.; brach Adelsmacht, besiegte die Hugenotten, verschaffte Frkr. durch Eingreifen in 30jähr. Krieg gg. Habsburg eur. Vormachtstellung, begr. d. Académie française 1635; unter s. Staatsführung Vollendung d. *Absolutismus* in Frkr.
Richet [-ʃɛ], Charles (26. 8. 1850–4. 12. 1935), frz. Physiologe (Serumtherapie); Nobelpr. 1913.
Richier [ri'ʃje],
1) Germaine (16. 9. 1904–31. 7. 59),

frz. Malerin, Graphikerin u. hpts. Bildhauerin; in ihrem plast. Werk teils surrealist. Elementen abstrahierende Tendenzen z. Auflösung des Körperlichen.
2) Ligier (1500–67), frz. Bildhauer d. Renaiss., griff später auch it. Stilelemente auf; *Grabmal für René de Châlons.*
Richmond ['rɪtʃmənd],
1) R.-on-Thames, St.bez. in SW-London, an der Themse, 160 000 E; Park, Sternwarte.
2) Hptst. d. US-Staates Virginia, am James River (mündet in d. Chesapeakebai), 203 000 E; 3 Uni.; Kohlengruben, Masch.-, chem., Textil-, Tabakind.
Richtantenne, Antennensystem m. mehreren Elementen (z. B. → Dipol, → Reflektor und Direktor); erhält dadurch beim Abstrahlen od. Empfangen Richtwirkung ähnlich der eines Scheinwerfers; Anwendung: UKW-, Fernseh-, Dezimeter-Antennen usw.
Richtcharakteristik, Richtungsabhängigkeit der von einer → Antenne erzeugten → Feldstärke in konstantem Abstand; man unterscheidet → Amplituden- und Phasen-Charakteristik.
Richter,
1) Adrian Ludwig (28. 9. 1803–19. 6. 84), dt. spätromant. Maler u. (Märchen-)Illustrator; *Lebenserinnerungen.*
2) Burton (* 22. 3. 1931), am. Physiker; Nobelpreis 1976 (Erforschung der → Quarks).
3) Franz Xaver (1. 12. 1709–12. 9. 89), böhm. Komponist; Mannheimer Schule.
4) Friedrich → Jean Paul.

Gerhard Richter, *Abstraktes Bild*

5) Gerhard (* 19. 2. 1932), dt. Maler; abstrakte farbige Malerei; Verwendung von Fotos als Vorlagen seiner meist in Grau gehaltenen Bilder.
6) Hans (4. 4. 1843–5. 12. 1916), dt. Dirigent; 1876 erste Gesamtaufführung v. Wagners „Ring" in Bayreuth.
7) Hans (6. 4. 1888–1. 2. 1976), dt. Maler des Futurismus u. Dadaismus; experimentelle Filme; *Rhythmus 21, 22, 23* (1923); *Vormittagsspuk* (1927); *Acht mal acht* (1958); filmtheoret. Schriften.
8) Hans Werner (12. 11. 1908–23. 3. 93), dt. Schriftst.; Mitbegr. u. Mentor d. → Gruppe 47; Romane: *Die Geschlagenen; Sie fielen aus Gottes Hand.*
9) Karl (15. 10. 1926–15. 2. 81), dt. Organist u. Dirigent.
10) Swjatoslaw (20. 3. 1915–1. 8. 97), russ. Pianist.

Richter, im A.T. Führer des Volkes Israel bis König Saul *(Buch der R.).*
Richter, Amtsperson, der v. Staat d. Rechtsanwendung, insbes. Rechtsprechung, d. h. d. Entscheidung v. Rechtsfällen gemäß d. Gesetz übertragen ist; Befähigung z. R.amt wird erworben nach Ablegung zweier Staatsprüfungen mit dazwischenliegendem Vorbereitungsdienst. Der R. ist Beamter des Staates; nach 3 Jahren R.dienst auf Lebenszeit (Altersgrenze 65 Jahre) ernannt, *unabsetzbar* und *unabhängig* in seinen Entscheidungen. – Zur Ergänzung in d. Rechtspflege auch *Laien-R.:* Schöffen (b. Strafsachen), Handels-, Arbeits- u. Sozial-R.
Richterskala zur Messung d. Erdbebenstärke; beginnt bei Null, nach oben hin offen.
Richterwahl, bes. Form d. Bestellung zum Richter d. oberen Bundesgerichte: *Richterwahlausschuß,* bestehend a. d. zuständ. Landesmin. (Mitgl. kraft Amtes) u. d. gleichen Anzahl v. Bundestag wählb. Mitgl. (kraft Wahl), entscheidet über Berufung z. Bundesrichter zuständ. B.min. kann zustimmen u. Ernennung d. Gewählten b. Bundespräs. beantragen, dieser ernennt endgültig (Ges. v. 25. 8. 1950).
Richtfest, festl. Aufrichten des Dachstuhls m. R.kranz, -baum am Dachfirst und R.schmaus d. Bauleute.
Richtfunk, Verwendung v. Antennen m. hoher Richtwirkung (parabol. Reflektoren), d. h. starker Bündelung in einer Vorzugsrichtung; zur Übertragung werden → Zentimeter-, → Dezimeter- und → Millimeterwellen benützt; Reichweite auf opt. Sicht, also Zwischenstellen erforderlich (alle 50 km); in bes. Fällen können Überreichweiten auftreten; analoge *(FM =* Frequenzmodulation, *ESB =* Einseitenbandamplitudenmodulation) u. digitale (z. B. Phasenumtastung, *PSK)* Übertragungsverfahren; Antennen müssen sehr genau ausgerichtet sein, Hindernisse durch Umlenkspiegel umgehbar.
Richtgeschwindigkeit, empfohlene, aber nicht vorgeschriebene Höchstgeschwindigkeit, bes. auf Autobahnen.
Richthofen,
1) Ferdinand Frh. v. (5. 5. 1833–6. 10. 1905), dt. Geograph; Begr. d. neueren wiss. Geographie u. Forschungsreisender i. O- u. S-Asien; *China* (5 Bde).
2) Manfred Frh. v. (2. 5. 1892–21. 4. 1918), dt. Jagdflieger im 1. Weltkrieg.
Richthofengebirge, nördl. Kette des Nan-schan-Gebirges (5700 m).
Richtkreis, Winkelmeßgerät zum Einrichten von Geschützen.
Richtscheit, langes Lineal mit kleiner Wasserwaage; Gerät z. Ermittlung d. Waagerechten.
Richtstrahlsystem, e. zus.gesetztes Antennengebilde, strahlt zugeführte Energie hpts. nach einer best. Richtung ab.
Richtungskörper → Polkörper.
Ricke, weibliches Reh.
Rickert, Heinrich (25. 5. 1863–25. 7. 1936), dt. Phil., Vertr. der „Wertphilosophie"; *Geschichtsphilosophie.*
Rickettsien, zw. Bakterien u. Viren eingeordnete, unbewegl. kugel- od. stäbchenförm. Organismen, die v. Insekten übertragen zu d. Rickettsiosen

führen (z. B. Fleckfieber, Fünftagefieber, Q- und wolynisches Fieber).
Ridgway ['rɪdʒweɪ], Matthew B. (* 3. 3. 1895), am. General; 1951 Oberbefehlshaber in Korea, 1952 d. NATO-Streitkräfte.
ridikül (frz.), lächerlich.
Ridinger, Johann Elias (16. 2. 1698 bis 10. 4. 1767), dt. Maler, Kupferstecher u. Radierer; 1300 Tier- u. Jagdstiche.
Riechstoffe, *natürl.* (tierische, z. B. Moschus; pflanzl., → ätherische Öle) od. künstl., *synthet.* (z. B. Steinkohlenteerprodukte u. a.).
Ried, *s.,* Schilfgras; Sumpf-, Moorland.
Riedböcke, Gruppe der → Pferdeböcke.
Riedenburg (D-93339), St. i. Kr. Kelheim, a. d. Altmühl, Bay., 5603 E.
Ried im Innkreis (A-4910), östr. Bez.st., 11 260 E; größte Skifabrik der Welt; Östr. Landw.messe, Viehzucht.
Ri(e)dinger, Georg (24.? 7. 1568 bis n. 1628), dt. Renaissance-Baumeister; *Schloß in Aschaffenburg.*
Riefenstahl, Leni (* 22. 8. 1902), dt. Schauspielerin, Filmregisseurin u. Fotografin; *Das blaue Licht* (1932); *Triumph des Willens* (Dokumentation über den Reichsparteitag der NSDAP, 1934); *Olympia* (1938).
Riege, *w.,* von F. L. → Jahn eingeführte Gruppierung von Turnern.
Riegelsberg (D-66292), Gem. i. Stadtverband Saarbrücken, Saarld, 14 375 E.
Riehen (CH-4125), schweiz. Ort im Kanton Basel-Stadt, 20 500 E; Spielzeugmus.
Riehl,
1) Alois (27. 4. 1844–21. 11. 1924), östr. Phil., Mittler zw. Realismus u. Idealismus.
2) Wilhelm Heinrich v. (6. 5. 1823 bis 16. 11. 97), dt. Kulturhistoriker; Begründer der wiss. dt. Volkskunde.
Riemann,
1) Bernhard (17. 9. 1826–20. 7. 66), dt. Math.; nichteuklidische Geometrie, Funktionentheorie; nach ihm ben.: *R.sche Fläche, R.scher Raum.*
2) Hugo (18. 7. 1849–10. 7. 1919), dt. Musikforscher; *Musiklexikon.*
Riemchen, schmale (8–70 mm), längl. Zierelemente aus Ziegel, Klinker od. Fliesen.
Riemen,
1) Lederstreifen z. Befestigung u. Verbindung, bes. in der Maschinentechnik als *Treib-R.;* auch aus Faserstoffen u. Gummi hergestellt.
2) im Rudersport das beidhändig gefaßte Einzelruder; Ggs.: → Skull.
Riemenboot, Fahrzeug, in dem jeder Ruderer e. Riemen handhabt (Ggs.: Skuller).
Riemenfisch, bis 6 m l. Tiefseefisch.
Riemenscheibe, bei → Riementrieben, aus Eisen od. Holz, ein- od. mehrteilig m. breitem glattem Kranz zur Aufnahme des Treibriemens.
Riemenschneider, Tilman (um 1460–7. 7. 1531), dt. Bildhauer u. Bildschnitzer zw. Spätgotik u. Renaiss.; *Altäre* in Rothenburg o. d. T., Dettwang, Creglingen; *Grabmal Heinrichs II., Bamberger Dom; Adam u. Eva,* Würzburg.
Riementrieb, *techn.* Übertragung der Drehbewegung von einer Welle zu einer andern mittels endlosen Riemens, der

durch *Spannrolle* in richtiger *Spannung* gehalten werden kann; Stillegung des Antriebs durch Ablenkung des Riemens auf eine seitl. Los- und Leerscheibe; Arten des R.s: 1 offener, 2 gekreuzter R., 3 R. mit Spannrolle, 4 halbgeschränkter, 5 wie 4, aber m. Spannrolle.
Riemerschmid, Richard (20. 6. 1868 bis 15. 4. 1957), dt. Maler, Designer u. Architekt d. Jugendstils; Mitbegr. d. Münchner Vereinigten Werkstätten u. d. Dt. Werkbunds; *Schauspielhaus* in München; Gesamtplan f. d. 1. dt. Gartenstadt *Hellerau* b. Dresden.
rien ne va plus (frz. rjɛ̃ nə va 'ply], „nichts geht mehr", Ankündigung d. Croupiers (b. Roulettspiel), daß nicht mehr gesetzt werden darf.
Rienzi, Cola di, eigtl. *Rienzo* (1313 bis 8. 10. 54), Gegner d. röm. Adels, suchte als Volkstribun die alte röm. Rep. wiederherzustellen; wurde bei e. Volksaufstand erschlagen (Oper R. Wagners).
Ries,
1) *s.,* Papierzählmaß, → Ballen.
2) durch Meteoriteneinschlag entstandener Kessel (Durchmesser ca. 23 km) zw. Fränk. und Schwäb. Alb, durchflossen von der Wörnitz, westlich des Flusses fruchtbare Lößböden mit Weizen- und Zuckerrübenanbau, östlich Sandböden, Roggen- u. Kartoffelanbau; Hauptort *Nördlingen.*
Riesa (D-01587–91), Krst. an der Elbe, Sa., Umschlaghafen, 44 393 E; Stahlind., Großmühlen.
Riese, Adam (1492–30. 3. 1559), Bergbeamter zu Annaberg, Verf. der ersten dt. Rechenbücher.
Riese, *w.,* Gleitbahn, aus Holz od. in d. Erde graben, zur Talbeförderung v. Baumstämmen.
Rieselfelder, Ländereien, auf die früher d. Kanalisationsgewässer d. Großstädte geleitet wurden; die festen Stoffe werden in → Kläranlagen zurückgehalten, das *Rieselwasser* z. Düngung verwertet.
Riesen, i. d. Rel., i. Sagen u. Märchen Bez. f. menschenähnl. u. übermenschl. Wesen v. gewaltiger Größe u. Stärke, meist menschenfeindl. u. Gegner von Gottheiten; z. B. → Giganten.
Riesenchromosomen, abnorm große, gestreckte, in der *Interphase* sichtbare Chromosomen in den Zellkernen bestimmter Gewebe von Zweiflüglerlarven (Fruchtfliegen) u. einigen Pflanzen; erlauben wichtige Aufschlüsse über Chromosomenstruktur.
Riesengebirge, höchster Teil d. Sudeten, zw. Isergebirge u. Waldenburger Bergland, 40 km l.; zahlr. Granitgipfel, höchster die *Schneekoppe* (1603 m); Waldgrenze 1250 m, darüber Kniehölz, Moore und Sumpfwiesen; Sennwirtschaft, Bauden.
Riesenhuber, Heinz (* 1. 12. 1935), CDU-Pol.; 1982–93 B.min. f. Forschung u. Technologie.
Riesenmuschel, größte Muschel, 1–2 m lang, bis 200 kg schwer; Ind. Ozean.
Riesensalamander, → Schlammteufel.
Riesenschlangen, nicht giftige Schlangen der Tropen, töten ihre Beute durch Umschlagen (zuweilen große Säugetiere) u. Erdrosseln; *Python,* versch. Arten in S-Asien, Afrika; *Boa,* S-Amerika, bes. die wasserbewohnende

Richtfunk-Reportageanlage

Tilman Riemenschneider, Hl.-Blut-Altar in Rothenburg

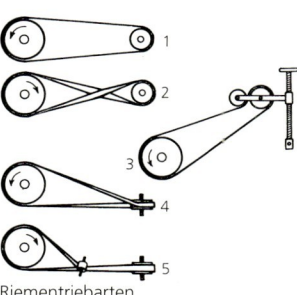
Riementriebarten

Riesengebirge, *Hirschberger Tal*

Anakonda u. die *Königsschlange*, in trockenen Wäldern.

Riesenslalom, alpiner Skirennwettbewerb auf einer Strecke mit einem Höhenunterschied v. 250–500 m (Herren) bzw. 250–450 m (Damen) u. einer Mindestzahl von 30 Toren mit 4–8 m Breite; olymp. Wettbewerb.

Riesensterne, *Giganten,* Sterne, die bei sehr geringer Dichte die Sonne an Größe und Leuchtkraft um Vielfaches übertreffen (z. B. → Beteigeuze, Antares, Rigel); → Russell-Diagramm.

Riesenwuchs, b. Pflanzen u. Säugern in best. Erdperioden gehäuft auftretend; menschl. ,,Urriesen" *(Gigantropus)* a. d. Diluvium hatten nur riesige Kiefer und Zähne; individueller R. bei Hypophysenstörungen als *Gigantismus* oder als *Akromegalie: Spitzenwachstum,* ungewöhnl. Größenwachstum hervorstehender Teile wie Hände, Füße, Nase, Kinn; auch bei hormonalen Störungen der → Keimdrüsen u. → Nebennierenrinde, daneben hochwüchsige Völker (Mittel um 175–180 cm): Massai, Niloten, Patagonier; → Hochwuchs.

Rieslaner, v. a. in Franken angebaute → Neuzüchtung (aus → *Riesling* u. → *Silvaner*), die harmon., fruchtig-rassige Weißweine liefert.

Riesling, hochwert., in vielen Ländern u. Erdteilen angebaute Weißweinrebe, die trockene od. leicht süße Weine m. feinem Sortenbukett u. ausgeprägter Säure liefert; v. a. in relativ kühlen Anbauzonen wie Dtld kann sie rassige Spitzenweine (bes. auch → Auslesen, → Beeren- u. → Trockenbeerenauslesen) erzeugen, eignet sich aber auch f. d. Produktion v. Spitzensekt.

Riesling

Rietberg (D-33397), St. i. Kr. Gütersloh, NRW, 24 544 E; ma. Stadtbild; div. Ind.

Rieth, *Ried,* Benedikt (um 1454 bis 30. 10. 1534), dt. Baumeister u. bedeutendster Wölbungstechniker d. Spätgotik, hpts. in Diensten d. böhm. Königs; u. a. *Wladislaw-Saal* u. Teile d. Veitsdoms auf d. Hradschin in Prag.

Rietschel, Ernst (15. 12. 1804–21. 2. 61), dt. Bildhauer; Vertr. e. idealisierenden Realismus; *Goethe-Schiller-Denkmal* (Weimar).

Rietveld, Gerrit Thomas (24. 6. 1888 bis 26. 6. 1964), ndl. Möbeldesigner u. Architekt, Mitgl. d. Gruppe De Stijl, Mitbegr. d. C. I. A. M.; entwickelte im Wohnbau wegweisend d. Aufhebung d. Grenzen zw. Innen- u. Außenraum b. fließenden Raumübergängen im Innern (erstm. 1924 im *Haus Schröder* i. Utrecht, m. T. Schröder-Schräder).

Rif, schluchtenreiches Gebirge an der Küste des Mittelmeeres in Marokko; Bewohner: **R.kabylen.**

Rifampicin, Antibiotikum gg. Tuberkulose.

Riff,
1) [engl.], *Jazz, Rock:* ständig wiederholte Melodiefigur.
2) schmale Bank oder Klippe im Meer; *Korallen-R.,* in trop. Meeren aus d. Kalkskeletten d. → Korallentiere aufgebaut.

Riga, lett. *Riga,* Hptst. u. -hafen v. Lettland, beiderseits d. Düna, 915 000 E; lettische Uni., Schwarzhäupterhaus (14. Jh., zerstört); Gummi-, Textil-, Metallind., Brauereien. – Dt. Stadtgründung 1201, im MA Hansest., 1582 poln., 1621 schwed., 1710 russ., 1918 u. s. 1991 Hptst. Lettlands.

Rigaer Bucht, flacher Meerbusen d. Ostsee nw. Riga, 19 000 km², bis 51 m t.; Dez.–März eisbedeckt.

Rigatoni, it. Röhrennudeln, kleiner als → Cannelloni u. ungefüllt.

Rigaud [-'go], Hyacinthe, eigtl. *Jacinto Rigau y Ros* (get. 18. 7. 1659–29. 12. 1743), führender frz. Bildnismaler (katalan. Herkunft) d. Barock-Klassizismus; schuf d. Typ des prunkvollen Porträts (u. a. *Ludwig XIV.*).

Riga

Rigel [arab..], Hauptstern 0,3. Größe des Orion-Sternbilds am südl. → Sternhimmel G; Riesenstern, 18 000fache Sonnenhelligkeit, 540 Lichtjahre entfernt.

Rigg, *seem.* Bez. d. → Takelung eines Schiffes od. Bootes.

Rigi, Bergstock zw. Vierwaldstätter u. Zuger See; **R.-Kulm,** 1798 m; 2 Zahnradbahnen.

rigid [l.], *med.* starr, steif.

rigolen → rajolen.

Rigorismus, *m.,* starre Anwendung e. grundsätzlichen Standpunkts, bes. in der Moral.

rigoros [l.], streng.

Rigorosum, *s.,* ,,strenge" mündl. (bes. Doktor-)Prüfung.

Rigveda → Veda.

Rijeka, it. *Fiume,* kroat. Hafenst. u. Seebad an d. Adria, m. Vorst. (u. Hafen) *Susak* 168 000 E; Umschlag v. Erdöl, Getreide; Werften, Masch.bau- u. a. Ind.; Uni. – 1471 östr., 1779 ungar., 1920 unabh., 1924 it., 1947 jugoslaw.

Rijksmuseum [rɛɪks-], ,,Reichsmuseum", große Kunstsammlung, bes. (niederländ.) Malerei u. Graphik, Skulpturen, Kunsthandwerk, asiat. Kunst; in Amsterdam.

Rijswijk ['rɛɪsʋɛɪk], ndl. St., südl. Vorort von Den Haag; 47 000 E. – 1697 Friede zw. Frkr., Ndl., England, Spanien, Dtld (Frkr. behält d. Elsaß).

Rikscha, *w.,* in Ostasien leichter zweirädrig. Wagen mit 1 oder 2 Sitzen; von → Kulis gezogen.

Riksmål, *s.* [-mo:l], *Reichssprache,* alter Name der hpts. aus d. dänisch-norweg. Stadtsprache entstandenen norweg. Schriftsprache, jetzt: *Boksmål;* gleichrechtigt m. → Landsmål.

Riesenslalom 810 Ring

Rilagebirge, bulgar. *Rila,* im *Musala* 2925 m hoch; berühmt das *Rilakloster.*

Rilke, Rainer Maria (4. 12. 1875 bis 29. 12. 1926), dt. Lyriker; impressionist. Anfänge; aus lyrisch-myst. Versenkung zu eigenem, unverwechselbarem Ton; im Dinggedicht Versuch, eine objektive Kunst zu schaffen; Lyrik: *Stundenbuch; Buch der Bilder; Sonette an Orpheus; Duineser Elegien;* dichter. Übertragungen; lyr. Romanze: *Die Weise von Liebe und Tod des Cornets Christoph Rilke;* Roman: *Aufzeichnungen des Malte Laurids Brigge; Briefe.*

Rainer Maria Rilke

Rimbaud [rɛ̃'bo], Jean Arthur (20. 10. 1854–10. 11. 1891), frz. Dichter; Vers- u. Prosagedichte; m. 19 Jahren endgültige Abwendung v. d. Literatur; *Une saison en enfer; Illuminations.*

Rimesse, *w.* [it.], gezogener → Wechsel, der meist unakzeptiert vom Aussteller in Zahlung gegeben wird.

Rimini, it. St. in d. Prov. Forlì, an der Adria, 131 000 E; Dom; naut. Institut, Hafen, Seebad.

Rimskij-Kors(s)akow, Nikolai Andrejewitsch (18. 3. 1844–21. 6. 1908), russ. Komp.; tonmaler. Instrumentierung u. nat.russ. Musik; Opern: *Der goldene Hahn; Sadko; Schneeflöckchen;* Orchesterwerke: *Scheherazade-Suite.*

Rinaldi, Antonio (um 1710–10. 4. 94), it. Architekt d. Spätbarock, dann Tendenz z. frühen Klassizismus; Hofbaumeister in St. Petersburg; *Marmorpalast* (m. erstmal. Anwendung v. Eisenträgern in d. Architektur).

Jean Arthur Rimbaud

Rinaldo Rinaldini, edler Räuber, Hauptfigur des gleichnam. Romans v. → *Vulpius;* Vorbild zahlreicher Räuberromane.

Rinckart, Martin (23. 4. 1586–8. 12. 1649), dt. Dichter geistl. Lieder; ev. Pfarrer; *Nun danket alle Gott.*

Rinde,
1) äußere Gewebeschicht höherer Pflanzen.
2) *med.* äußere Zellschichten versch. Organe, z. B. Gehirnrinde.

Rinder, gehörnte, paarhufige, wiederkäuende gr. Säugetiere; zu den *Wild-R.n* gehören neben eur. *Ur (Auerochs,* ausgestorben) u. eur.-asiat. *Wisent:* am. *Bison,* afrikan. *Büffel* sowie versch. asiatische Arten. *Hausrind,* viele Rassen, Stammform vorwiegend Ur; männl.: *Bulle* (kastriert *Ochse*); weibl.: *Kuh* (jüngeres: *Färse*), junges Tier: *Kalb*.

Rinderpest, gefährlichste Seuche d. Rinderarten, fast stets in der 1. Woche tödlich; anzeigepflichtig; in Dtld seit 1881 nicht mehr aufgetreten.

Rinderwahnsinn, 1985 erstmals in Großbritannien beobachtete tödliche Rinder-Viruskrankh. mit Gehirnstörungen; die Erreger, Bovine spongiforme Enzephalopathie (BSE), lassen sich auf 50 Tierarten übertragen; wahrscheinlich auch dem Menschen.

Rindt, Jochen (18. 4. 1942–5. 9. 70), dt. Automobil-Rennfahrer m. östr. Lizenz; verunglückte 1979 tödlich in Monza/Italien; wurde postum Formel I-Weltmeister.

Ring,
1) Reif aus verschiedenstem Material als Hals-, Arm-, Bein-, Ohr-, Nasenschmuck, bes. als *Fingerring* seit alters bei allen Völkern verwendet, oft mit bes.

Rikscha-Kulis

Ring, Der   811   Río Salado

Rotbuntes Tiefflandvieh

Rotes Anglerrind
Deutsches Braunviehrind

Schwarzbuntes Ostfriesenrind

Bedeutung (Ringzauber, Ewigkeitszeichen), bei Griechen u. Römern nur von Freien getragen, bei Germanen aus Gold u. Bronze als Siegespreis verteilt, im MA als Zeugnis für Treuegelöbnis (noch heute: Ehe-R.), Bischofs-R., Zeichen der Investitur.
2) Zusammenschluß v. Lieferanten zur Erzielung höherer Preise; an d. Börse svw. → Corner.
3) Kampfplatz für Boxkämpfer; eine quadrat. Fläche (Seitenlänge durchschnittl. 6 m), durch drei an d. 1½ m hohen Eckpfosten befestigte Seile umgrenzt, meist erhöht.
Ring, Der, 1925 in Berlin gegr. Architektenvereinigung (bis 1931) z. Lösung d. Bauaufgaben (bes. im Siedlungsbau) durch d. Mittel moderner Techniken u. Baustoffe unter Verzicht auf traditionelle Formgebung; Mitgl. O. Bartning, P. Behrens, W. Gropius, L. Hilberseimer, E. Mendelsohn, L. Mies van der Rohe, B. u. M. Taut u. a.
Ringblitzgerät, wird vorne am Objektiv befestigt; d. ringförm. Blitzröhre ergibt u. völlig gleichmäßige Ausleuchtung v. schwierigen Makro-Motiven; Einsatz auch in d. med. Fotografie.
Ringelblume, *Calendula,* Korbblütler S-Europas; Garten- u. Heilpflanze.
Ringelechsen, fußlose, schlangenähnl. Eidechsen wärmerer Länder.
Ringelnatter, ●, einheimische Schlange, 2 gelbe Flecken auf dem Kopf; nicht giftig.
Ringelnatz, Joachim, eigtl. *Hans Bötticher* (7. 8. 1883–17. 11. 1934), deutscher Dichter (ernster u. grotesker Lyrik), Maler u. Kabarettist; *Kuttel Daddeldu.*
Ringelröteln, *Erythema infectiosum,* durch ein Virus hervorgerufene Kinderkrankheit mit Hautausschlag.
Ringelspinner, Gluckenschmetterling; Eiergelege ringförmig um Zweige; Raupe an Obstbäumen; → Glucken.
Ringelwürmer, Würmer, deren Körper aus aneinandergereihten Abschnitten

Ringnebel *im Sternbild Leier*

besteht; äußerlich geringelt (z. B. *Regenwurm*).
Ringen, uralter sportlicher Zweikampf, Gegner ist mit Hilfe von Griffen aus dem Stand- oder Bodenkampf für eine Sekunde auf beide Schultern zu legen. Einteilung in Gewichtsklassen. Im griech.-röm. *R.* sind im Ggs. zum *Freistil-R.* nur Griffe vom Scheitel bis zur Hüfte erlaubt. Olympischer Wettbewerb.
Ringerlösung, Salzlösung m. ähnl. Zus.setzung wie Blutserum.
Ringnebel, *astronom.* planetarischer Nebel mit heißem Zentralstern; bekanntester in der → Leier.
Ringofen, ringförmiger Ofenbau f. ununterbrochenen Brennbetrieb; Verwendung bei Ziegeleien, Kalköfen, Zementherstellung.
Ringrichter, im Boxkampf der für die Leitung d. Kampfes u. f. d. Regelbeachtung zuständige Kampfrichter.
Ringwall, vor- u. frühgeschichtliche Befestigung, bes. auf Bergen u. an Flußschleifen.
Rinser, Luise (* 30. 4. 1911), dt. Schriftst.in; Erzählungen, Romane, Es-

Ringelnatter

Antike Ringergruppe

says; *Mitte d. Lebens; Abaelards Liebe; Gefängnistagebuch; Baustelle.*
Rinteln (D-31737), St. i. Kr. Schaumburg, an d. Weser, Nds., 27 541 E; altes Stadtbild, Kirche u. Kloster (beide 13. Jh.); AG; Glasfabrik, Textilind.; 1621 bis 1809 Uni.; FHS f. Verw. u. Recht.
Río [span.], **Rio** [portugies. Prriu], Fluß; Abk. für → Rio de Janeiro.
Rio Branco, l. Nbfl. des Rio Negro im brasilian. Amazonastiefland, vom Hochland von Guayana, 1430 km l.
Rio de Janeiro [ˈrriu di ʒaˈneĭru],
1) Küstenstaat i. SO-Brasilien, 43 653 km², 13,8 Mill. E; Anbau v. Kaffee u. Zuckerrohr, Baumwollind.; Hptst. *R. de J.*
2) Hpthafen v. Brasilien an d. *Bai v. R.,* Hptst. d. Bund.staates R. de J., 9,6 Mill. E, Agglomeration 11,1 Mill. E; Erzbischofssitz; Uni., techn., landw., tierärztl. HS, Museen, Nat.bibliothek; div. Industrie u. Handel, Kaffee-Export; Flughafen, Werften. – 1531 v. Portugiesen besiedelt.
Río de Oro → Sahara 2).
Rio Grande, l. Quellfluß des Paraná in Brasilien, 1430 km l., zur Hälfte schiffbar.

Rio de Janeiro,
Stadt und Bucht mit Zuckerhut

Rio Grande del Norte, in Mexiko *Río Bravo del Norte,* am. Strom aus den Rocky Mountains, Grenzfluß zw. Mexiko u. USA, 3030 km l., in den Golf von Mexiko; seit 1953 durch 8 km l. Falcon-Damm zu einem 600 km² großen See aufgestaut.
Rio Grande do Norte, gebirgiger Küstenstaat NO-Brasiliens, 53 167 km², 2,4 Mill. E; Baumwolle, Zuckerrohr, Sisal, Tabak; Hptst. *Natal.*
Rio Grande do Sul, S-Staat Brasiliens; hpts. Viehzucht; 280 674 km², 9,13 Mill. E; Baumwollproduktion; Hptst. *Pôrto Alegre.*
Rioja [riˈɔxa], schwerer span. Wein.
Río Muni, *Mbini* (seit 1973), ehem. span. Überseeprov. am Golf v. Guinea, 26 017 km², 241 000 E; umfaßt das Festlandsgebiet *R. M.* u. mehrere kl. Inseln; Hptst. *Bata* (17 000 E); Ausfuhr: Kakao, Kaffee, Südfrüchte, Kopra, Holz; jetzt zu → Äquatorialguinea.
Rio Negro [„Schwarzer Fluß"],
1) l. Nbfl. des Amazonas in Brasilien, aus O-Kolumbien, 2253 km l.; durch d. Casiquiare mit dem Orinoco verbunden.
2) argentin. Prov., 203 013 km², 467 000 E.
Río Salado [„Salzfluß"], r. Nbfl. des Paraná, aus d. argentin. Kordilleren als

Juramento, 1300 km l., mündet unterhalb Santa Fé.
R. I. P., Abk. f. → *requiescat in pace*
Riposte, *w.* [it.], sofortiges Nachstoßen (nach Abwehr) beim Fechten.
Rippe, in d. Architektur tragendes Konstruktionselement f. Decke od. Gewölbe; stabförmiger Grat zw. Gewölbekappen.
Rippelmarken, Wellenfurchen in Sand, Schlamm usw. am Strand oder Boden von Seen.
Rippen, b. Menschen Teil des Brustkorbs, 7 Paar „wahre" (direkt mit d. Brustbein verbunden) u. 5 Paar „falsche" (→ Tafel Mensch).
Rippenfell → Brustfell.
Rippenquallen, frei schwimmende, durchsichtige *Zölenteraten* d. Meeres; meist 2 lange, mit Klebzellen besetzte Fangfäden; auch leuchtend (z. B. *Venusgürtel,* bis 1 m lang).
Rips, *m.,* Gewebe (meist aus Seide od. Baumwolle) mit starken Längs- oder Querrippen.
Ripuarier, fränk. Teilstamm am Mittelrhein.
Risalit, *m.* [gr.], vorspringender Gebäudeteil.
Riserva, it. Prädikats-Bez., die bei → DOC-Weinen f. e. längere Faß- u. Flaschenreifung als übl. steht; kann nach Anbaugebiet unterschiedl. lang sein. Eine noch längere Dauer des → Ausbaus bezeichnet *Riserva speciale.*
Risiko, *s.* [it.], Wagnis; Gefahr (z. B., daß ein Geschäft mit Verlust abschließt).
Risikofaktoren, Faktoren, die für die Gesundheit bzw. bestimmte Krankheiten ein erhöhtes Risiko bilden (z. B. Rauchen, Bluthochdruck, erhöhter Blutfettgehalt für Angina pectoris).
Risikoprämie, Wagniszuschlag bei Unternehmungen, die mit größerem R. arbeiten (z. B. Einfuhr von Obst, bes. Südfrüchten); a. Bestandteil d. Zinses.
riskant [frz.], gewagt, gefährlich.
riskieren, wagen, Gefahr laufen.
Risorgimento, *s.* [it. -dʒi- „Wiedererhebung"], Einigungsbewegung i. → Italien, 1815–70.
Risotto, *m.* [it.], in Fett gedünsteter Reis, weichgekocht in Fleischbrühe.
Rispe, mehrtraubig verzweigter Blütenstand.
Rispengras, *Poa,* Grasgattung; wertvolle Futtergräser d. Wiesen; *gemeines R.,* Unkraut auf Wegen.
Riß, *w.,* r. Nbfl. d. Donau i. Württemberg, 60 km l., nach ihr ben. die *Rißeiszeit;* → Eiszeitalter.
Rißpilz, *ziegelroter R.,* einheim., tödl. giftiger Pilz.
Rist, Johann (8. 3. 1607–31. 8. 67), dt. ev. Pfarrer u. geistl. Liederdichter, Dramatiker; Begr. d. Elbschwanenordens zur Pflege der dt. Sprache.
Rita [it. Kurzform zu Margarete], *w.* Vn.
ritardando [it.], Abk.: *rit., mus.* verlangsamend.
rite [l.], in herkömml. Weise; geringstes Prädikat bei akad. Prüfungen, svw. genügend.
Ritenkongregation, Kardinalsausschuß f. liturg. Fragen u. Heiligsprechungen.
Rites de passage [frz. ritdəpa'sa:ʒ], → Initiation.
Ritomsee, schweiz. Stausee i. St.-Gotthard-Massiv, 1829 müM.

Ziegelroter Rißpilz ††

Carl Ritter

Tiger-Ritterling ††

Ritornell, *s.,* kl. it. Volkslied, dreizeilig, 1. u. 3. Zeile gereimt; kurzer, wiederkehrender Instrumentalsatz.
Ritschl, Albrecht (25. 3. 1822–20. 3. 89), ev. Theologe; *Die Lehre von der Rechtfertigung u. Versöhnung.*
Rittberger, im Eiskunstlauf Sprungform; benannt nach dem vielf. dt. Meister W. *Rittberger.*
Ritten, it. *Renon,* Porphyrhochfläche bei Bozen, im *Rittnerhorn* 2260 m; Orte: *Oberbozen* (1221 müM) und *Klobenstein* (1156 müM).
Ritter,
1) Carl (7. 8. 1779–28. 9. 1859), dt. Geograph; Begr. d. allg. vergleichenden Erdkunde; *Die Erdkunde im Verhältnis zur Natur u. Geschichte des Menschen.*
2) Johann Wilhelm (16. 12. 1776 bis 23. 1. 1810), dt. Phys. u. Chem.; entdeckte 1801 die ultravioletten Strahlen, begr. die Elektrochemie.
Ritter [svw. Reiter], im alten Rom urspr. Bevölkerungsklasse, die den Kriegsdienst zu Pferde leistete, später Stand der höheren Steuerzahler. – Im MA aus den Gefolgs- u. Lehnsleuten hervorgegangener Kriegerstand, seit 1000 n. Chr. Ausbildung fester Formen (Erziehung als Knappe; → Ritterschlag, → Wappen); Träger d. Kreuzzugsidee. Verloren in den Kämpfen d. 15. und 16. Jh. gegenüber dem disziplinierten Fußvolk (→ Landsknechte) nach d. Erfindung d. Feuerwaffen an Bedeutung. Weiterlebend im Adel als → Ritterschaft.
Ritterakademien, Erziehungsanstalten f. d. Adel im 17. u. 18. Jh.; z. T. später als Gymnasien weiterbestehend.
Rittergüter, bis zum Beginn d. 19. Jh. Güter im Besitz v. Angehörigen d. Ritterstandes, mit bes. Vorrechten (Begünstigung bei Besteuerung, Landtagsfähigkeit u. a.); später in Preußen allg. auch Bez. für größere Landgüter.
Ritterkreuz des → Eisernen Kreuzes, Halsorden des 2. Weltkriegs, versch. Stufen.
Ritterlinge, *Tricholoma,* gr. Blätterpilze mit weißen Sporen auf fleischigem Stiel; einige Speisepilze; *Tiger-R.* (grau) giftig.
Ritterorden, seit d. Zeit d. → Kreuzzüge, urspr. zur Pflege d. Kranken u. zum Schutz d. Pilger im Hl. Land; Verbindung v. weltl. u. geistl. Dienst: *Johanniterorden, Tempelherren, Deutscher Orden;* später Adelsvereinigung.
Ritterschaft, im MA allg. die Gesamtheit der Ritter, später der niedere Adel, in einz. Landschaften mit bes. Rechten i. d. ständischen Vertretung.
Ritterschlag, *Schwertleite,* Aufnahme in den R.stand: Schlag mit flachem Schwert auf Nacken d. knienden Edelknappen.
Rittersporn, zwei Gattungen d. Hahnenfußgewächse, meist blaue, gespornte Blüten; wegen wilder Arten; durch Kreuzungen *Garten-R..*
Ritter von, (bis 1918 verliehener) zweiter Adelsgrad in Östr. u. Bayern.
Rittmeister, urspr. Anführer e. mil. Einheit v. Berittenen, bis 1945 bei Kavallerie Führer e. Schwadron.
Ritual, *s.* [l.], feste Ordnung der Gottesdienstbräuche e. Religion, oft in *Ritualbüchern* aufgezeichnet.
Ritualmord, kultisches Menschenopfer, auf Blutopferaberglauben beruhend; böswillig bis d. neueste Zeit v. Antisemiten den Juden nachgesagt.
Ritus, *m.* [l.], Mz. *Riten,* durch Herkommen geheiligter (relig.) fester Brauch.
Ritzel, *s.,* Zahnrad mit kleiner Zahnzahl (z. B. bei Getrieben für Kraftwagen u. Dampfturbinen).
Riva, St. und Kurort am Gardasee in der it. Prov. Trient, 13 000 E; Wallfahrtskirche.
Rivale, *m.* [frz.], Nebenbuhler.
rivalisieren, wetteifern.
Rivalität, *w.,* Eifersucht, Wettstreit.
Rivel [rri'βɛl], Charlie, eigtl. *José Andreo* (23. 4. 1896–26. 7. 83), span. Clown.
River, *m.* [engl. 'rɪvə], Fluß.

Diego Rivera, *Das alte Tenochtitlán*

Rivera [rri'βera], Diego (8. 12. 1886 bis 25. 11. 1957), mexikanischer Maler, ein Hauptvertreter des Muralismus; expressiver Realismus; verheiratet mit F. Kahlo.
Riverside [-saɪd], St. im US-Staat Kalifornien, 226 000 E; Masch.-, Flugzeug-, Waffenind.; Obstbau, Flughafen.
Riviera [it. „Küstenland"], die Mittelmeerküste v. La Spezia bis Marseille; östl. von Genua bis La Spezia: **R. di Levante** mit den Badeorten Nervi u. Rapallo; westl. von Genua: **R. di Ponente** mit San Remo u. Bordighera in Italien u. der frz. **R.** (Côte d'Azur), mit Mentone, Monte Carlo, Nizza u. Cannes, Verbindungsstraße La Corniche, geschützt vor N-Wind durch Seealpen u. Ligur. Alpen; üppige subtrop. Vegetation, Blumenzucht; Fremdenverkehr.
Riyadh → Riad.
Rizinusstaude, trop. Wolfsmilchgewächs, bei uns als strauchige Zierpflanze, sonst baumartig („Wunderbaum"), m. großen Blättern; aus d. großen Samen das *Rizinusöl,* Abführmittel u. techn. Schmiermittel.
Rizzo, Antonio (um 1430–99/1500), it. Architekt u. Bildhauer, e. Pionier d. venezian. Frührenaiss.; Plastiken *Adam* u. *Eva.*
Rjasan, St. südöstl. Moskau, an der Oka, Hptst. d. russ. Gebiets *R.,* 522 000 E; Holz-, Masch.-, Elektroind.
RKW, Abk. f.
1) Reichs**k**uratorium für **W**irtschaftlichkeit;
2) Rationalisierungs-**K**uratorium d. dt.

Roboter in der Automobilindustrie

Mary Robinson

Feldrittersporn

M. de Robespierre

Robinie

Wirtschaft; i. Dtlds. 1945 Zentralstelle f. → Rationalisierung.
Rn, chem. Zeichen f. → Radon.
RNA, *RNS,* Abk. f. → Ribonukleïnsäure.
Rönne, Hptort d. dän. Insel Bornholm, 16 000 E.
Roanne [rwan], frz. St. an der Loire, 50 000 E; Textil-, Eisenind.
Roastbeef, *s.* [engl. ′roʊstbiːf], Rinderbraten a. Mittelrippen- od. Lendenstück (→ Fleisch, Übers.), innen noch rötlich.
Robakidse, Grigol (1. 11. 1884–21. 11. 1962), georg. Dichter; schrieb in dt. Sprache; Romane: *Die gemordete Seele; Ruf d. Göttin;* Erzählungen u. Dramen: *Malström.*
Robbe-Grillet [rɔbgri′jɛ], Alain (* 18. 8. 1922), frz. Schriftst. d. → Nouveau roman; *Der Augenzeuge; Jalousie;* Drehbuch: *Letztes Jahr in Marienbad.*
Robben, Meeresraubtiere m. flossenart. Schwimmfüßen; kleine äußere Ohrmuschel nur bei den *Ohren-R.* (→ Seal, → Seelöwe, Haar-R.); R.arten auch → Seehunde, → See-Elefant, → Walroß.
Robbia, della, it. Bildhauerfamilie d. Florentiner Renaiss.;
1) Luca (1400–10. 2. 82), bes. Reliefs aus gebranntem Ton (Terrakotta), m. weißer u. farbiger Glasur; unter s. Neffen
2) Andrea (20. 10. 1435–4. 8. 1528) u. dessen Söhnen in Eur. führender Werkstattbetrieb.
Robbins,
1) Frederic C. (* 25. 8. 1916), am. Arzt; Forschungen über Kinderlähmung; Nobelpr. 1954.
2) Harold (* 21. 5. 1912), am. Schriftst.; *D. Wilden; D. Traumfabrik; D. Playboys.*
3) Jerome (* 11. 10. 1918), am. Tänzer u. Choreograph.
Robe, *w.* [frz.], Kleid, Gewand, Amtstracht der Geistlichen, Richter u. Anwälte.
Robert [ahdt. ,,ruhmreicher Ratgeber''],
1) R. v. Anjou (1278–19. 1. 1343), Kg von *Neapel* s. 1309, Gegner Heinrichs VII. u. Ludwigs d. Bayern; Dichter.
2) der Teufel (um 1006–35), Hzg d. *Normandie,* Vater Wilhelms d. Eroberers.
3) R. II., 1371 Kg v. *Schottland,* begr. d. Haus Stuart.
4) R. → Guiscard.
Robert [rɔ′bɛːr], Hubert, *R. des Ruines* (22. 5. 1733–15. 4. 1808), frz. Maler u. Gartenkünstler d. Rokoko u. Vorläufer d. romant. Landschaftsdarstell.; trat f. d. Einrichtung d. Louvre-Schlosses als Mus. ein; hpts. Ruinenlandschaften in d. Art d. Capriccio; *Die Große Galerie als Ruine.*
Roberts,
1) Kenneth (8. 12. 1885–21. 7. 1957), am. Erzähler; *Arundel; Nordwest-Passage.*
2) Richard J. (*6. 9. 1943), britischer Chemiker u. Genforscher, Nobelpr. (Med.) 1993 zus. m. P. A. → Sharp.
Robespierre [-′pjɛːr], Maximilien de (6. 5. 1758–28. 7. 94), frz. Rechtsanwalt, führender Jakobiner in der Frz. Revolution; übte 1793/94 als Vors. des Wohlfahrtsausschusses eine Terrorherrschaft aus; vom Konvent angeklagt und hingerichtet.
Robin Hood [-′hʊd], altengl. Sagenheld, Räuberhauptmann u. Beschützer der Armen.
Robinie, *falsche Akazie,* Schmetterlingsblütler, aus N-Amerika eingeführt; meist weiße Blüten.
Robinson,
1) Edwin Arlington (22. 12. 1869–6. 4. 1935), am. Lyriker u. Epiker; Versepos: *Merlin. Lancelot. Tristram.*
2) Henry Morton (7. 9. 1898–13. 1. 1961), am. Schriftst.; *Der Kardinal.*
3) Mary (* 21. 5. 1944), s. 1990 Staatspräsidentin v. Irland.
Robinson Crusoe [-′kruːsoʊ],
1) Held eines Romans v. → *Defoe* (1719); Europäer, allein auf einsamer Ozeaninsel (Matrose Alexander Selkirk als histor. Vorbild); literarisch häufig nachgeahmt: **Robinsonaden.**
2) Insel im südl. Pazifik, zählt m. d. Alejandro-Selkirk-Insel zu den z. Chile gehörenden Juan-Fernández-Inseln.
Robles, Alfonso García (20. 3. 1911 bis 2. 9. 91), mexik. Diplomat u. Rüstungskritiker; Friedensnobelpr. 1982 (zus. m. A. → Myrdal).
Roborạnzien [l.], *roborierende,* stärkende Arzneimittel.
Robot, *w.* od. *m.* [tschech.], Frondienst, Arbeit.
Roboter, Bez. f. e. automatisierte Maschine (→ Automation), die körperl. Tätigkeit ersetzt u. bei der Menschen nicht unmittelbar in d. Ablauf eingreifen; frühe Automaten schon im Altertum; im 18. Jh. oft i. menschl. Gestalt konstruiert (Maschinenmensch); Steuerung d. R. durch Programme; breite Anwendung in ind. Prozessen (Fertigung); → Mikroprozessor.
Roca, Kap, in Portugal, westlichster Punkt des europäischen Festlands.
Rocaille, *w.* [frz. rɔ′kaːj], Muschelwerk, z. B. aus Muscheln u. Steinen, typ. Verzierung d. danach benannten Rokoko.
Rocha [′rrɔʃa], Glauber (14. 3. 1938 bis 22. 8. 81), brasilian. Filmregisseur des ,,Cinema Nuovo''; *Deus e o diabo na terra do sol* (1964); *Antonio das Mortes* (1969).
Rochade, *w.* [rɔ′ʃ-, v. pers. ,,roche = Turm''], einziger Doppelzug im Schachspiel, von König und Turm.
Rochdale [′rɔtʃdeɪl], engl. St. nördl. v. Manchester, 202 000 E; Masch.-, Baumwollind.; Kohlengruben.
Rochefort-sur-Mer [rɔʃfɔːrsyr′mɛr], frz. Stadt im Dép. *Charente-Maritime,* an der Charente, 28 000 E; div. Ind.
Rochelle, La [-rɔ′ʃɛl], Hpst. des frz. Dép. *Charente-Maritime,* am Atlant.

Ozean, 78 000 E; Fischerei, Schiffbau; befestigter Hafen, Seebäder. – Im 16. u. 17. Jh. Hauptfestung d. Hugenotten.

Rochen, Knorpelfische m. d. Haifischen verwandt, Raubfische m. abgeplattetem, blattförmigem Körper, leben am Meeresboden u. wühlen sich in den Schlamm; oft mehrere Meter lang, manche Arten mit gefährlichem Stachelschwanz *(Stechrochen),* Fleisch z.T. geschätzt. *Zitter-R.* teilt el. Schläge aus. *Manta,* bis 7 m breit.

Rocher de bronze [frz. rɔ'ʃe d'brõ:z „eherner Fels"], Ausspruch, mit dem Friedrich Wilhelm I. die unerschütterl. Festigkeit seines Königtums kennzeichnete.

Rochester ['rɔtʃistə],
1) engl. St. in d. Gft Kent, grenzt an Chatam, 56 000 E; Ölraffinerie, div. Ind.; Hafen.
2) St. im US-Staat New York, am Erie-Kanal, 232 000 E; baptist. Uni.; Hafen, div. Ind.
3) St. im US-Staat Minnesota, 58 000 E; Mayo-Klinik.

Rochus (um 1295 bis 16. 8. 1327), frz. Heiliger; Patron d. Pestkranken; einer d. 14 Nothelfer (Tag: 16. 8.).

Rockefeller ['rɔkifelə],
1) John Davison (8. 7. 1839–23. 5. 1937), am. Großindustrieller; gründete d. Standard Oil Company (Petroleum-Welttrust); s. Enkel
2) Nelson A. (8. 7. 1908–26. 1. 79), am. republikan. Pol.; 1959–73 Gouverneur d. Staates New York, 1974–77 Vizepräs. d. USA.

Rockefeller-Stiftung, 1913 gegr., gab seitdem über ¾ Mrd. $ für wiss., karitative, pädagog. u. philanthrop. Zwecke.

Rocken, svw. → Spinnrocken.

Rocker [engl.], jugendl. Banden, meist in Lederkleidung u. m. Motorrädern.

Rock-Musik, Sammelbegriff f. d. seit den frühen 60er Jahren nach d. → Rock 'n' Roll aus → Blues, Skiffle, → Jazz u. Mainstream entstandene angloam. Musik; Merkmale: elektrisch verstärkte bzw. elektron. Instrumente (Melodieinstrumente: Gitarre, Keyboards, Synthesizer; Rhythmusinstrumente: Baß, Schlagzeug, Rhythmusgitarre) meist kl. Besetzung (3–5 Mann: *Band*), Hauptgewicht auf durchlaufendem, einfachem Rhythmus, traditionelle Liedstrukturen m. knappen solist. Instrumentaleinlagen, Orientierung am Bluesgesang; vielfältige mus. Einflüsse; Ausnutzung modernster Studiotechnik. Vielzahl v. rasch wechselnden Stilrichtungen (m. charakterist. Vertretern): in d. 60er Jahren: *Surf* (Beach Boys), *Mersey Beat* (Beatles), *Rhythm & Blues* (Rolling Stones), *British Beat* (Who), *Experimental R & B* (Yardbirds), *Folk Rock* (B. Dylan), *Blues Rock* (J. Mayall), *Acid Rock* (Jefferson Airplane), *Underground* (Mothers of Invention), *Psychedelic Rock* (Pink Floyd), *Soul* (Temptations), *Classics-Rock* (Nice), *Country-Rock* (Byrds); in d. 70er Jahren: *Jazz Rock* (Mahavishnu Orchestra), *Pomp Rock* (Genesis), *Hard Rock* (Deep Purple), *Glamour Rock* (D. Bowie), *Art Rock* (Henry Cow), *Space Rock* (Hawkwind), *Heavy Metal* (Motörhead), *Electronic Rock* (Tangerine Dream), *Disco* (Bee Gees), *Reggae* (B. Marley), *Pub Rock,* → *Punk,* → *New Wave;* in d. 80er Jahren: *Funk, New Romantics, Positive Punk, New Progressive Rock, Neopsychedelia, Synthi-* od. *Techno-Pop, Noise-Pop, Grebo, Gothic Rock, No Wave, Speed Metal, Hardcore,* → *Rap, HipHop, Acid House, Rave, Ethno-Pop* u. *Sixties Revival.* – R.-M. wird wegen d. techn. Aufwands primär auf Tonträgern realisiert, live in Clubs, Konzertsälen u. als Open-Air-Veranstaltungen; Nutzung auch in anderen Medien: als Film (Konzert- u. Spielfilme, z. B. Beatles-Filme d. 60er Jahre), Multimedia-Show (z. B. *The Wall* v. Pink Floyd) u. Video (→ Video-Clips, Video-Filme, z. B. v. M. → Jackson in d. 80er Jahren).

Rock 'n' Roll [engl. 'rɔkn 'roʊl], stark rhythmischer Tanz- u. Musikstil; beeinflußt v. afroam. Folklore; → Rock-Musik.

Rockwell International, am. Luft- u. Raumfahrtunternehmen, 1973 gegr. durch Zus.schluß v. *North American* u. *Rockwell Manufacturing;* stellt u. a. Überschallbomber „B 1" her.

Rocky Mountains [-'maʊntɪnz], svw. → Felsengebirge.

Rocky Mountains

Rodin, *Der Denker*

Rodin, *Selbstbildnis*

Roggen

Roda Roda, Alexander, eigtl. *Sándor Friedrich Rosenfeld* (13. 4. 1872–20. 8. 1945), öster. humorist.-satir. Schriftst.: Mitarbeiter des Simplicissimus; *Der Schnaps, der Rauchtabak und die verfluchte Liebe.*

Rodbertus-Jagetzow, Carl (12. 8. 1805–6. 12. 75), dt. Volkswirtsch.; Begr. d. wiss. Sozialismus in Dtld.

Rødbyhavn [rýðby'havn], dän. Fährbahnhof d. → Vogelfluglinie an der Südküste v. Lolland.

Rodel, *m.,* flacher Handschlitten, mit Füßen gesteuert, als *Rennrodel* auch Gerät für sportl. Wettbewerbe.

roden, Waldland durch Fällen der Bäume u. Entfernen der Wurzelstöcke urbar machen.

Rodenbach, Georges (16. 7. 1855 bis 25. 12. 98), belg. Dichter; *Das tote Brügge.*

Rodenkirchen, s. 1975 zu Köln.

Rodeo [span.-engl.], Reiterspiele d. → Cowboys.

Roderich, span. *Rodrigo,* letzter König d. Westgoten (710/11), fiel im Kampf gegen die Araber.

Rodewisch (D-08228), St. i. Kr. Auerbach, Sa., 8059 E; Leichtind., Satellitenbeobachtungsstation.

Rodgers ['rɔdʒəz], Richard (28. 6. 1902–30. 12. 79), am. Musical-Komponist; *Oklahoma; South Pacific; The King and I.*

Rodin [rɔ'dɛ̃], Auguste (12. 11. 1840 bis 17. 11. 1917), frz. impressionist. Bildhauer; *Die Bürger von Calais; Denkmal Victor Hugos; Der Denker; Balzac; Der Kuß.*

Roding (D-93426), St. i. Kr. Cham, am Regen, Bay., 10 830 E; Fremdenverkehr.

Rodomontade, nach u. Ariosts Helden *Rodomonte* [„Bergewälzer"], svw. Prahlerei.

Rodriguez [roʊ'driːɡəs], Insel der Maskarenen im Ind. Ozean, zu Mauritius, 104 km², 36 500 E; Viehzucht, Fischfang.

Rodtschenko, Aleksandr Michailowitsch (23. 11. 1891–3. 12. 1956), russ. Maler, (Gebrauchs-)Graphiker, Designer u. Bildhauer; e. Hptvertr. d. Konstruktivismus; Innenausstattungen, Kostümentwürfe, Fotoarbeiten, Agitationskunst (hpts. Plakate).

Rodung, w., Abholzung v. Bäumen od. e. ganzen Waldes, um die Fläche e. and. Nutzung zuzuführen.

Roebling, Johann August (12. 6. 1806 bis 22. 8. 69), dt. Ing.; Brücken: Niagara, East River (New York).

Roeder, Emy (30. 1. 1890–7. 2. 1971), dt. Bildhauerin (zeitweise auch in Rom u. Florenz tätig); bei vereinfachend dichter Ausformung Betonung charakterist. Bewegungen u. Details; Gruppen, Einzelfiguren, Bildnisse *(Der Maler Hans Purrmann).*

Roemheldscher Symptomenkomplex → Aerophagie.

Roer [ru:r], ndl. Name d. Flusses → Rur.

Roermond ['ru:r-], ndl. St. in d. Prov. Limburg, 42 000 E; Bischofssitz; Ind., gr. eur. Eiermarkt.

Roeselare ['ru:sələrə], früher *Rousselaere,* frz. *Roulers,* belg. St. in W-Flandern, 52 000 E; Textil-, Nahrungsmittelind., Binnenhafen.

Rogate [l. „bittet"], 5. Sonntag nach Ostern, Betsonntag.

Rogen, *m.,* Eier der Fische; → Kaviar.

Roger [-'ʒe],
1) R. I. (1031–22. 6. 1101), Bruder Robert Guiscards, eroberte Sizilien, folgte diesem 1085 in d. Herrschaft über Unteritalien; s. Sohn
2) R. II. (22. 12. 1095–26. 2. 1154), s. 1130 Kg v. Neapel u. Sizilien, schuf festen Staat u. Seeherrschaft im Mittelmeer.

Rogers,
1) Bernard William (* 16. 7. 1921), US-General; 1979–86 NATO-Oberfehlsh. in Eur.
2) William Pierce (* 23. 6. 1913), am. Pol.; 1968–73 Außenmin.; *R.-Plan* als Grundlage d. Waffenstillstandes v. 1970 am Suezkanal.

Roggen, Grasgewächs, Brotgetreide, wild in SO-Europa; als *Sommer-* u. *Winter-R.* in versch. Sorten; anspruchslos; Mehl zu Schwarzbrot (Erzeugung → Getreide, Schaubild).

Rogier van der Weyden → Weyden.

Rogner, *m.,* d. w. Fisch m. Eiern *(Rogen).*

Rohan [rɔ'ã], Henri Hzg v. (21. 8. 1579 bis 13. 4. 1638), Anführer d. → Hugenotten gg. → Richelieu.

Roheisen, Eisensorte, mehr als 1,7% Kohlenstoff, spröde, nicht mechan. kalt od. warm streckb.; als **a)** *weißes R.,* b. d. Kohlenstoff als Eisenkarbid gebunden ist, hart, silberweiß, wird zur Umwandlung in schmiedb. Eisen hergestellt; **b)** *graues R.,* größerer Teil d. Kohlenstoffs in Form v. Graphit od. Temperkohle; grau, weicher u. zäher als weißes R.; dient z. Herstellung v. Gußeisen, auch zur Umwandlung in schmiedb. Eisen (→ puddeln); im Hochofen erzeugt (→ Eisen- u. Stahlgewinnung, Übers.).

Rohkost, Ernährung mit rohen Früchten u. Pflanzenprodukten; arm an Eiweiß, fast kochsalzfrei, reich an Mineralstoffen und Vitaminen; auf Dauer droht Eiweißmangel.

Rohlfs,
1) Christian (22. 12. 1849–8. 1. 1938), dt. Maler; Entwicklung v. Impressionismus über Neoimpressionismus zu ex-

pressionist. Altersstil; Stilleben, Landschaften.
2) Gerhard (14. 4. 1831–2. 9. 96), dt. Afrikaforscher, durchquerte als erster d. Sahara (1865–67).
Röhm, Ernst (28. 11. 1887–1. 7. 1934), NS-Funktionär, Stabschef d. SA; auf Befehl Hitlers erschossen (sog. „**R.-Putsch**" am 30. 6. 1934: zugleich Beseitigung oppositioneller Kräfte inner- u. außerhalb der Partei; u. a. wurden ermordet: Gen. von Schleicher, Gregor Strasser, Gustav v. Kahr u. Edgar Jung.
Rohöl, noch nicht destilliertes → Erdöl.
Rohölmotor, svw. → Dieselmotor.
Rohr,
1) Bez. für versch. große Gräser mit geradschäftigem, meist hohlem Stengel; → Schilf, → Bambus, → Zuckerrohr.
2) zylindr. Hohlkörper z. Transport v. Flüssigkeiten u. Gasen od. Schutz v. elektr. Leitungen; aus Metall, Kunststoff, Keramik, Zement etc.
Rohracher, Hubert (24. 4. 1903–18. 2. 72), östr. experimenteller Psych.; *Einführung i. d. Psychologie*.
Rohrblatt → Zunge.
Rohrdommeln, plumpe, kurzhalsige Reiher, nur in dichtem Schilf; tiefer Rufton; *Große Rohrdommel*, bis 75 cm hoch; *Zwergdommel*, bis 45 cm hoch.
Röhren,
1) s., Brunstschrei der Hirsche.
2) → Elektronenröhre, → Verstärker.
Röhrenlampe, Glühlampe in Röhrenform m. Glühfaden; auch mit Quecksilberdampf oder indifferentem Gas als Glimmlampe.
Röhrenquallen, *Siphonophoren*, im Meere schwimmende Stöcke (Kolonien) von → Zölenteraten.
Röhrenwürmer, leben in selbstgebauten Röhren auf dem Meeresboden.
Rohrer, Heinrich (* 1933), schweiz. Phys. Entwickelte das Raster-Tunnel-Mikroskop (Elektronen-Raster-Mikroskop); Nobelpr. 1986, zus. m. G. → Binnig.
Rohrkolben, *Teichkolben,* schilfähnl. Pflanzen m. walzigen Blütenkolben.
Röhrl, Walter (* 7. 3. 1947), dt. Auto-Rallye-Fahrer; 2facher Rallye-WM zus. m. Christian Geistdörfer (1980 u. 82); 4facher Sieger der Rallye Monte Carlo (1980, 82–84).
Röhrlinge, Ständerpilze m. (im Unterschied zu Porlingen) ablösbarer Röhrenschicht der Hutunterseite, viele Speisepilze (z. B. *Stein-, Butter-, Maronen-, Birkenpilz, Schönfuß-R.*); giftig: *Satanspilz.*
Rohrpalme, svw. → Rotangpalme.
Rohrpflug → Dränierung.
Rohrpost, mit Saug- od. Preßluft betriebene Beförderungsanlage f. Kleinsendungen (in Büchsen); entweder f. einzelne Unternehmungen in großen Geschäftsgebäuden oder als Stadtrohrpostanlagen zur Beförderung v. Briefen u. Postkarten.
Rohrrücklauf, bei *Geschützen:* Das Rohr gleitet infolge d. Rückstoßes b. Schuß auf einem Schlitten nach hinten, wird dabei gebremst und durch starke Federn wieder nach vorn geholt.
Rohrsänger, kleine Singvögel, in

Zwergrohrdommel

Rolands Ritt durch die Pyrenäen

Schilf und Getreide nistend, schöner Gesang; *Drossel-, Sumpf-, Teich-R.*
Rohrzucker → Zucker.
Rohseide, die v. Kokon d. Maulbeerseidenspinners abgehaspelte Seide; auch → Grège.
Rohstoffe, Naturprodukte zur Fabrikation von *Halb-* u. *Fertigfabrikaten,* in steigendem Maße auch technisch (→ Kunststoffe) hergestellt.
Rohwedder, Detlev Karsten (16. 10. 1932–1. 4. 91), dt. Industriemanager u. Wirtsch.pol. (SPD); 1969–78 beamteter Staatssekretär im B.wirtsch.min.; 1980 bis 90 Vorstandsvors. d. Hoesch AG, s. Mitte 1990 Vorstandsvors. d. Berliner → Treuhandanstalt; bei Terroranschlag umgekommen.
Roi Soleil [frz. rwaso'lɛːj „Sonnenkönig"], Beiname → Ludwigs XIV. von Frankreich.
Rokitnosümpfe → Polesje.
Rökk, Marika (* 1. 11. 1913), dt. Tänze-

Schönfuß-Röhrling †

Flugabwehrraketenpanzer Roland

Romain Rolland

Breitblättriger Rohrkolben

rin u. (Film-)Schausp.in ungar. Herkunft; *Maske in Blau.*
Rokoko [v. frz. „rocaille"], künstler. Stilstufe zw. Barock u. Klassizismus in Eur. (etwa 1730–75), bes. in Frkr. u. Dtld. Stilmerkmale: Auflösung d. gr. barocken Geste in leichte, unpathet. Bewegtheit; Aufwertung der sog. Kleinkunst in **1)** *Literatur* (geistreiche Sinnsprüche, galante Gedichte, sinnenfrohe Schäferidyllen) und **2)** *bildende Kunst* (Miniaturen, Bildnisse, Porzellanfiguren); Hinwendung z. Dekorativen; stärkere Betonung der Fläche durch ornamentale Gliederung; Hauptleistungen in der Innenraumgestaltung; **a)** *Baukunst:* α) *Dtld:* bayr. Rokoko, → Wies, Brüder → Asam, J. M. Fischer, D. Zimmermann, Neumann, Thumb; β) *Frkr.:* Trianon in Versailles; γ) *Italien:* Villa Albani, Spanische Treppe, Fontana di Trevi (Rom). – **b)** *Plastik:* α) *Dtld:* Meißner Porzellan (→ Kändler) u. Elfenbeinplastik; Günther, Feichtmayr; β) *Frkr.:* Falconet, Houdon. – **c)** *Malerei:* α) *Dtld:* J. B. Zimmermann, Chodowiecki, Graff; β) *Frkr.:* Watteau, Boucher, Fragonard; γ) *England:* Reynolds, Hogarth; δ) *Spanien:* Frühwerk Goyas; ε) *Italien:* Canaletto, Guardi. – **d)** *Möbelbau:* Brustolon, Roentgen, Chippendale.
Rokossowski, Konstantin (21. 12. 1896–3. 8. 1968), sowj. Marschall, i. 2. Weltkr. Oberbefehlshaber b. Stalingrad; 1949 poln. Verteid.min.; 1952–56 stellvertr. poln. Min.präs.
Roland, Paladin Karls des Gr., gefeierter Sagenheld, 778 bei → Roncesvalles (Spanien) im Kampf gegen die Mauren gefallen; unweit die **Rolandsbresche,** *Brèche de R.,* Pyrenäenpaß nach Frkr.
Roland, voll mobiles Flugabwehrraketensystem f. den Schutz wichtiger Flugplätze vor Angriff feindlicher Luftstreitkräfte; Reichweite: 6 km.
Rolandseck, Luftkurort am Rhein, südl. v. Bonn; Ruine *Rolandsbogen.*
Rolandslied, frz. Heldenepos von Roland (11. Jh.); dt. umgearbeitet vom Pfaffen Konrad (um 1170).
Rolandssäulen, Bildsäulen mit Gewappnetem, bes. auf Märkten norddt. (Hanse-)Städte (z. B. in Bremen); Symbol städtischer Unabhängigkeit.
Rolladen → Rouleau.
Rolland [-'lɑ̃], Romain (29. 1. 1866 bis 30. 12. 1944), frz. Schriftst.; Vorkämpfer f. Völkergemeinschaft u. Frieden; Roman: *Jean-Christophe;* Biographien: *Michelangelo; Beethoven; Tolstoi;* Dramen: *Spiel von Tod und Liebe;* Nobelpr. 1915.
Rollbahn,
1) im 2. Weltkrieg Bez. für Hauptnachschubstraße.
2) *Rollfeld,* Auslauffeld für Start und Landung von Flugzeugen auf Flugplätzen.
Rollbild, in d. ostasiat. Kunst meistverwendete Bildgattung; Querrolle (älteste chin. Bildform s. etwa 3. Jh. n. Chr.) od. hpts. vertikale Hängerolle.
Rolle,
1) *soziale R.,* Position in der Gruppe, die durch die Gesamtheit v. Rollenerwartungen der Gruppenmitglieder bestimmt wird.
2) runde Scheibe, Masch.element zur Umleitung einer Zugrichtung; auf od. mit der Achse drehbar.

3) *Plättwalze, Mangel.*
4) Aufgabe eines Schauspielers (gen. nach seinem aus dem Stück [früher auf Papierrollen] aufgeschriebenen Text).
Rollenfries, in der roman. (hpts. → normann.) Baukunst Ornamentstreifen aus kl. waagerechten Zylindern, versetzt in übereinanderliegenden Streifen angeordnet.
Rollenhagen, Georg (22. 4. 1542 bis 20. 5. 1609), dt. Schriftst. und Schulmann; lehrhaftes Epos: *D. Froschmeuseler.*
Rollenlager, Wellenlager mit zylindr. Rollen zw. konzentr. Wälzflächen; mit geringem Reibungswiderstand (rollende statt gleitende Reibung); → *Kugellager.*
Rolling Stones [ˈroʊlɪŋ ˈstoʊnz], engl. Rockgruppe um Mick Jagger (* 1943) u. Keith Richard (* 1943); ab 1962, musikal. am einprägsamsten bis 1969.
Rollo, als Christ: *Robert* († 932); Normanne, erster Hzg der Normandie.
Rollsport, Begriff für alle Rollschuh-Sportarten: *Rollkunstlauf, Rollhockey, Rollschnellauf.*
Rolls-Royce Ltd. [ˈroʊlz ˈrɔɪs], engl. Konzern, 1906 gegr. v. C. S. *Rolls* u. H. *Royce;* produziert u. a. Autos u. Flugzeugtriebwerke.
Rolltreppe, Steigband zur Beförderung von Personen; meist bis 30° Steigung, 0,45 m/s Fördergeschwindigkeit.
Rom, it. *Roma,* Hptst. von Italien, 2,8 Mill. E; Mittelpunkt der kath. Christenheit; am Tiber, urspr. auf 7 Hügeln erbaut (Aventin, Caelius, Palatin, Kapitol, Esquilin, Viminal, Quirinal), später Ausdehnung auf weitere Hügel (Vatikan, Pincius, Janiculus u. a.), zahlreiche kirchliche Bauwerke (→ Peterskirche, größte Kirche d. Welt) u. weltl. Monumentalgebäude; *Vatikan* (Residenz des Papstes), *Quirinal, Palazzo Venezia, Engelsburg;* antike Reste: → *Forum Romanum,* → *Kolosseum,* Konstantinsbogen (Abb.) u. *Triumphbogen,* → *Pantheon;* zahlreiche Plätze m. berühmten Brunnen; Uni. (1303 gegr.), Akad. d. Wiss. u. v. a. Akad., HS, Forschungs- u. Lehrinst. (z. B. das intern. Landw.-Inst.), MPI, Bibliotheca Hertziana, Museen, Observatorien; Ind.- u. Handelszt., 2 Flughäfen (*Leonardo da Vinci, Fiumicino*). – Der Sage nach 753 v. Chr. (von Romulus u. Remus) gegr.; in der Kaiserzeit prachtvoll ausgebaut; Weltstadt; Verfall in der Völkerwanderung (→ *Römisches Reich*); ma. R. aufgebaut aus Bauresten der Antike; neue Blüte in Renaissance u. Barock; 1871, nach Aufhebung des Kirchenstaates, Hptst. Italiens.
Röm, dän. *Rømø,* Nordfries. Insel nördl. v. Sylt, seit 1920 dän., meist Dünen, im O Marschland, 145 km²; Hptort *Kirkeby.*
Roma, Selbstbez. d. Zigeuner außerhalb Mitteleuropas (→ *Sinti*).
Romadur, *Romadour, Ramadur,* in den Pyrenäen hergestellter Schafskäse; Allgäuer Fettkäse aus Kuhmilch.
Romagna [-ɲa], oberit. histor. Landsch., heute d. Ostteil d. → *Emilia Romagna.*
Romains [-ˈmɛ̃], Jules eigtl. *Louis Farigoule* (26. 8. 1885–14. 8. 1972), frz. Schriftst.; führend i. d. Bewegung „Unanimismus"; Lyrik: *La vie unanime;* Romanzyklus: *Die guten Willens sind.*
Roman [l. „der Römer"], m. Vn.
Roman, *m.,* urspr. in roman. Ländern,

Rom, *Spanische Treppe*

Giulio Romano, *Hl. Familie*

Römer, *Frankfurt a. M.*

Römische Kunst – *Reiterzug, 161 n. Chr.*

in lingua romana, „in Volkssprache" geschriebene (Prosa-)Dichtung; gibt im Ggs. zur kürzeren Novelle ein Zeit- od. Weltbild. Arten: Erziehungs- u. Bildungs-, Entwicklungs-, Geschichts-, Abenteuer-, Sitten-, Sozial-, Tatsachen-, Heimat-, Familien-, Tendenzroman usw.
Romancier, *m.* [frz. -maiˈsje], Romandichter.
Romanen, Bez. der Völker, die auf das Italische bzw. Lateinische zurückgehende, also romanische Sprachen (→ *Sprachen*, *Übers.*) sprechen.
romanische Kunst (auch *Romanik*), zw. karoling. Kunst u. Gotik, um 950 bis 1250: **a)** *Baukunst:* aus röm., byzantin., karoling. Voraussetzungen auf frz. Boden z. Reife entwickelt, in Dtld, England, Italien, Spanien umgebildet; Rundbogenreihen, Wandpfeiler, zunächst Flachdecken, dann Wölbungen: Kreuzgrat-, Rippen- u. Tonnengewölbe sowie Kuppeln; Außenbau: Staffelchöre, Vierungstürme, Bereicherung durch flächengerechte Ornamentik, Gesimsbänder, Blendarkaden, Figurenkapitelle, Reliefdarstellungen, Portalplastik. – *Normandie:* Caen; *Burgund:* Cluny, Autun, Vézelay; *Südfrkr.:* Toulouse, Angoulême, St-Gilles; *Dtld:* Klosterkirchen Hirsau, Alpirsbach, Königslutter, Dome in → Speyer, Worms, Mainz; Kaiserpfalzen Goslar, Gelnhausen; **b)** *Plastik:* Hildesheimer Taufbecken, → Braunschweiger Löwe, Halberstädter Triumphkreuz, Bamberger Georgenchorschranken); **c)** *Malerei:* Fresken, Buchmalerei, in Italien durch byzantin. Einfluß Mosaik: Venedig, S. Marco; Rom, S. Maria in Trastevere; Monreale, Dom.)
romanische Sprachen → Sprachen (*Übers.*).
Romanismus, Stilrichtung in d. ndl. Malerei d. 16. Jh., angeregt durch d. Kunst d. klass. röm. Antike u. d. it. Renaiss.; Vertr. u. a. J. Gossaert, M. van Heemskerk, J. van Scorel, F. Floris.
Romanist, *m.,* Forscher d. roman. Sprachen od. d. röm. Rechts.
Romano, Giulio (1499 bis 1. 11. 1546), it. Baumeister u. Maler d. → Manierismus; Schüler Raffaels; *Palazzo del Tè,* Mantua.
Romanow, 1613–1762 Herrscherhaus in Rußland, bedeutendster Zar → Peter I., d. Gr.; 1730 Mannesstamm erloschen, gefolgt von dem deutschen Haus Holstein-Gottorp-R. bis 1917.
Romanshorn (CH-8590), schweiz. Ort im Kanton Thurgau, am Bodensee, 8300 E; Ind.; Verkehrsknotenpunkt.
Romantik, *w.,* geist. Strömung um 1760–1830 (Spätromantik bis 2. Hälfte d. 19. Jh.), bes. in Dtld; Bez. v. d. Lit. auch auf and. Künste übertragen; Abkehr vom Rationalismus d. Aufklärung; neuart. (hpts. empfindsames bzw. pantheistisches) Naturerleben (m. gr. Einfluß auf d. Entwickl. der Landschaftsmalerei); Unendlichkeitsdrang, Betonung des Gefühls, des Volkstümlichen, Nationalen, Religiösen; Rückwendung z. MA; Bezug auf d. roman. Kulturen (Calderón, Cervantes, Dante) u. Wiedererweckung des dt. Altertums (Brüder Grimm); R. als geist. Bewegung erstreckt sich auf viele Gebiete: **a)** Dichtung (→ dt. Literatur); **b)** in d. Baukunst bes. → Neugotik (*Dtld:* Schinkel) u. Pflege ma. Bausub-

stanz (→ Viollet-le-Duc); **c)** hpts. i. d. Malerei, *Dtld:* Ph. O. Runge, C. D. Friedrich, Blechen, Overbeck u. a. Nazarener, M. v. Schwind, Richter. – *Frkr.:* Géricault, Delacroix. – *England:* Blake, Turner. – *USA:* Cole; **d)** Musik (Mendelssohn-Bartholdy, Schumann, Chopin, Schubert, Liszt, Brahms); auch Klassizismus, → Neuromantik, → Nationalromantik.
Romanze, *w.,* urspr. span., im Volkston abgefaßte lyrisch-epische Dichtform.
Rombach, Otto (22. 7. 1904–19. 5. 84), dt. Schriftst.; histor. Romane: *Adrian der Tulpendieb; Der junge Herr Alexius.*
Romberg, Moritz (11. 1. 1795–16. 6. 1873), dt. Nervenarzt.
Rombergsches Zeichen, starkes Schwanken beim Stehen mit geschlossenen Augen u. Beinen, z. B. bei Gleichgewichtsstörungen.
Romeo, der Geliebte der Julia in Shakespeares Trauerspiel *R. und Julia.*
Römer [ˈryːmə], Olaus (25. 9. 1644 bis 19. 9. 1710), dän. Astronom; bestimmte 1675 d. Geschwindigk. d. Lichts a. d. Verfinsterungen d. Jupitermonde.
Römer,
1) kelchförmiges Weinglas m. hohem Fuß.
2) *der,* Rathauskomplex in → Frankfurt a. M. (Abb.), in dem seit 1562 die dt. Kaiser gekrönt wurden.
Römerbrief, im N. T. Schreiben d. Paulus an d. röm. Gemeinde: gg. jüd. Gesetzlichkeit; Rechtfertigung vor Gott (→ *Barth, Karl*).
Römerschanze, häufig: vorgeschichtliche Befestigung.
Römerstraßen, Reste der von den Römern seit Julius Cäsar mit hochentwickelter Technik gebauten Heerstraßen (z. B. Via Appia, Via Flaminia).
Rominte, l. Nbfl. der Pissa im ehem. Ostpreußen, 80 km lang, aus der **Rominter Heide** (210 km²).
Römische Kollegien, katholische Bildungsanstalten in Rom f. Kleriker aller Länder.
römische Kunst, in d. Antike (etwa 2. Jh. v. Chr.–4. Jh. n. Chr.) u. Spätantike (bis 2. Hälfte 6. Jh.) in Rom u. s. Herrschaftsbereich; v. griech.-hellenist. u. etrusk. Vorbildern geprägt; pragmat. orientiert: dient d. Repräsentation (Paläste, Triumphbögen, Siegessäulen), dem prakt. Bedarf (z. B. Aquädukte u. Straßenbau; Thermen, Zirkus, Theater), d. Wiedergabe d. Lebens (Porträt, Wandmalerei), d. Religion u. d. Kultur (Tempel u. Standbilder); Pantheon, → Kolosseum, Trajanssäule, Reiterstandbild d. → Marcus Aurelius; Denkmäler auch in den eur., asiat. u. afrikan. Provinzen.
römische Literatur, **a)** *3./2. Jh. v. Chr.:* Ennius, Begr. d. röm. Kunstpoesie; histor. Epos (*Annalen);* Dramen; Plautus' u. Terenz' *Komödien* (Nachahmungen des Menander); daneben Volksdramen, d. zur Gattung des Mimus gehören. – **b)** *1. Jh. v. Chr.:* Historiker Sallust (*Verschwörung Catilinas* und *Jugurthinischer Krieg*). Cäsar, Muster eines persönl. Rechenschaftsberichts (*Gallischer* u. *Bürgerkrieg*); Cicero (Anwaltsreden, phil. Werke; vorbildl. für klass. lat. Stil); Lukrez (phil. Lehrgedicht); Catull (Liebeslieder); Vergil (*Äneis,* Heldenepos d. Römertums); Ovid (*Metamorphosen,* d.

Die römischen Kaiser

Julisch-Claudisches Haus

Augustus	27 v. Chr. b. 14 n. Chr.
Tiberius	14–37
Caligula	37–41
Claudius	41–54
Nero	54–68

Dreikaiserjahr

Galba	68–69
Otho	69
Vitellius	69

Flavier

Vespasian	69–79
Titus	79–81
Domitian	81–96

Adoptivkaiser

Nerva	96–98
Trajan	98–117
Hadrian	117–138
Antonius Pius	138–161
Mark Aurel	161–180
Lucius Verus	161–169
Commodus	180–192

Fünfkaiserjahr

Pertinix	193
Julian	193
Pescennius Niger	193–194
Clodius Albinus	193–197
Septimius Severus	193–211

Severische Dynastie

Septimius Severus	193–211
Caracalla	(198) 211–217
Geta	(209) 211–212
Macrinus und	217–218
Diadumenianus	218
Heliogabal	218–222
Alexander Severus	222–235

Soldatenkaiser

Maximus Thrax	235–238
Gordian I.	238
Gordian II.	238
Pupienus	238
Balbinus	238
Gordian III.	238–244
Philippus Arabs	244–249
Decius	249–251
Trebonianus Gallus	251–253
und Volusianus	251–253
Aemilianus	253
Valerianus	253–260
Gallienus	253–268
Claudius II.	268–270
Quintillus	270
Aurelianus	270–275
Tacitus	275–276
Florianus	276
Probus	276–282
Carus	282–283
Carinus	283–285
Numerianus	283–284

Tetrarchie

Diokletian	284–305
Maximian	286–305
Galerius	305–311
Constantinus I. Chlorus	305–306
Flavius Severus	306–307
Maxentius	306–312
Licinius	308–324
Maximinus Daia	309–313

Kaiser von Konstantin bis Theodosius

Konstantin der Große	306–337
Konstantin II.	337–340
Constantius II.	337–361
Constans	337–350
Julian Apostata	361–363
Jovianus	363–364
Valentinian I.	364–375
Valens	364–378
Gratian	375–383
Valentinian II.	375–392
Theodosius der Große	379–395

Weströmische Kaiser

Honorius	(393) 395–423
Constantius III.	421
Valentinian III.	425–455
Petronius Maximus	455
Avitus	455–456
Maiorianus	457–461
Libius Severus	461–465
Anthemius	467–472
Olybrius	472
Glycerius	473–474
Julius Nepos	474–480
Romulus Augustulus	475–476

Hieronymus, Vulgata. – **e)** *Lateinisch* im dt. MA: Vagantenlieder; *Carmina Burana;* Geschichtsschreibung, Philosophie u. Lyrik; Drama *Antichrist;* ma. Lit. überwiegend lateinisch; Humanistenlyrik (letzte Blüte i. Barock: Fleming, Simon Dach).

römisches Recht, hochentwickeltes Rechtssystem des Röm. Reichs (→ Corpus iuris civilis); gelangte durch → Rezeption auch nach Dtld; hat das heute in Dtld geltende Recht stark beeinflußt.

Römisches Reich, 753 v. Chr. sagenhafte Gründung Roms durch Romulus u. Remus, bis um 510 v. Chr. Zeit der (ungeschichtl. 7) *Kge,* dann bis um Chr. Geburt *Republik,* ca. 500–300 v. Chr. innere Kämpfe zw. Patriziern u. Plebejern bis zur rechtl. Gleichstellung der letzteren; gleichzeitig allmähl. Unterwerfung Italiens; Kämpfe gg. die Etrusker 6.–4. Jh. v. Chr. Nach 300 bis etwa 150 v. Chr. Ringen mit Karthago um die Vormacht im westl. Mittelmeer (→ Pu-

Grabrelief eines Ehepaares, 1. Jh. v. Chr.

Die Kapitolinische Wölfin mit Romulus und Remus

Römische Kaiser, *Lucius Verus*

alten Mythen als Vorwurf für artist. Spiel; *Liebeskunst*); Properz (Liebesgedichte an *Cynthia*); Tibull (Liebesgedichte an *Sulpizia*); Horaz (*Oden* an Geliebte, Gönner, Zeitgenossen; erste Poetik); Livius (erster Versuch einer Weltgeschichte Roms in Anlehnung an d. Griechen Polybios). – **c)** *1. Jh. n. Chr.:* Römische Satiren: Petronius (Zeitroman m. lebendiger Sittenschilderung, *Satyricon*), später (um 125) Apulejus (*Der goldene Esel*); Martial (bissige *Epigramme*) u. Juvenal (*Satiren*); Geschichtsschreibung: Tacitus (*Annalen; Historien; Germania,* kulturkrit. Geschichtsschilderung, in klass. knapper Form) u. Sueton (intime Hofgeschichten); Seneca (rhetorische Dramen, moralphil. Schriften); *wiss. Literatur:* Plinius u. später Galen; Ausläufer Ausonius (4. Jh., *Mosellied*) u. Boëthius (6. Jh.). – **d)** *Übergang zur christl.* Literatur; Ambrosius, *Hymnen,* Augustinus, *Konfessionen,* erstes großes Selbstbekenntnis der Weltliteratur, geschult an klass. röm. Rhetorenbildung; Bibelübersetzung d.

Römische Kaiser, *Mark Aurel*

nische Kriege); verstärkter Einfluß im O (Mazedonien, Griechenland) u. im W (Numantia, Spanien unterworfen); mit Zerstörung Karthagos u. Korinths 146 v. Chr. war Roms Alleinherrschaft gesichert u. mit der Überlassung Kleinasiens (Erbschaft des Attalus v. Pergamon) 133 v. Chr. der Ring röm. Besitzes um das Mittelmeer geschlossen. 133–121 v. Chr. Kämpfe um soziale Reformen zw. Senat u. dem v. d. Gracchen geführten Volk; Parteikämpfe zw. Volkspartei (Marius) u. Optimaten (Sulla), bis mit Cäsar (44 v. Chr. ermordet) u. Augustus der *Prinzipat* entstand. Eroberung von Gallien, Südgermanien, Ägypten, Dalmatien, Britannien; wechselnde Herrschergeschlechter; größte Ausdehnung unter Trajan (um 100 n. Chr.): von Schottland bis Mesopotamien; nach 200 (Verteilung des Reiches unter vier Regenten, Verwaltungs- u. Finanzreformen) innere Wirren unter den *Soldatenkaisern;* neue Grundlage unter Diokletian 284–305 u. Konstantin 306–337 (Duldung d. Christentums 313; 330 Verlegung der Residenz von Rom nach Byzanz). Im Jahre 395 wurde d.

Gesamtreich in O- u. W-Rom geteilt, das W-Reich 476 von den Germanen übernommen, das O-Reich bestand als → *Byzantinisches Reich* bis 1453.

Römisches Reich Deutscher Nation → Heiliges Römisches Reich Deutscher Nation.

Römische Verträge, beeinhalten d. Gründungsverträge d. → Europäischen Wirtschaftsgemeinschaft und d. Eur. Atomgemeinschaft u. deren Zusatzprotokolle; wurden am 25. 3. 1957 v. d. Mitgl.staaten unterzeichnet u. traten am 1. 1. 1958 in Kraft.

römische Zahlen, I = 1, V = 5, X = 10, L = 50, C = 100, D = 500, M = 1000; alle anderen Zahlen durch Zus.stellung wie III = 3, XX = 20, CCC = 300 od. durch zwei Zahlen, wobei die erste von d. zweiten abgezogen wird (es darf jedoch nur stehen: I vor V u. X, X vor L u. C, C vor D u. M), z. B. IX = 9, XL = 40, XC = 90, CD = 400, CM = 900; MCMXCIII = 1993.

römisch-katholische Kirche, die kath. Kirchen sehen i. → Papst als d. Bischof v. Rom d. Nachfolger d. Apostels Petrus u. ihr universales Oberhaupt. D. meisten Katholiken gehören z. latein. Kirche. Wegen d. röm. Ritus wird sie auch als r.-k. K. bezeichnet; oriental.-kath. Kirchen bzw. unierte Kirchen, da sie d. Jurisdiktionsprimat d. Papstes anerkennen, bilden d. anderen, kleineren Teil d. kath. Kirchen m. ihrem oriental. Ritus. Zahl d. Katholiken beträgt heute 1058 Mill., d. h. sie stellen m. 56% über d. Hälfte d. Christenheit, r.-k. K. in Dtld: 5 Kirchenprovinzen, 23 Bistümer, 4 Apostolische Administraturen. Deutsche Bischofskonferenz, Sitz d. Sekretariats: Bonn; → katholische Kirche, Karte.

Rommé, s., Kartenspiel; zweimal je 52 Karten und Joker, beliebige Spielerzahl.

Rommel, Erwin (15. 11. 1891–14. 10. 1944), dt. Feldm.; Kommandeur d. dt. Truppen in Afrika 1941–43; zum Selbstmord gezwungen.

Romney [-nɪ], George (15. 12. 1734 bis 15. 11. 1802), engl. klassizist. Bildnismaler; *Lady Hamilton*.

Romulus, sagenhafter Gründer und erster Kg Roms; Sohn der Rea Silvia, mit Zwillingsbruder *Remus* von Wölfin gesäugt.

Romulus Augustulus, der letzte (16jährige) Kaiser von W-Rom, 476 n. Chr. v. → Odoaker gestürzt.

Roncesvalles [span. rrɔnθez'βaʎes],

Mosaik aus der Villa Hadrians

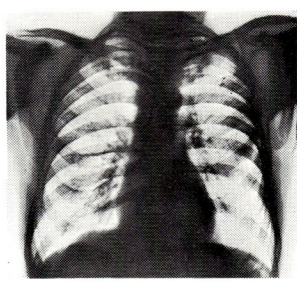
Röntgenbild eines menschlichen Brustkorbes

Wilhelm C. Röntgen

Franklin D. Roosevelt

Bodenmosaik: Kampfrichter, 3. Jh. n. Chr.

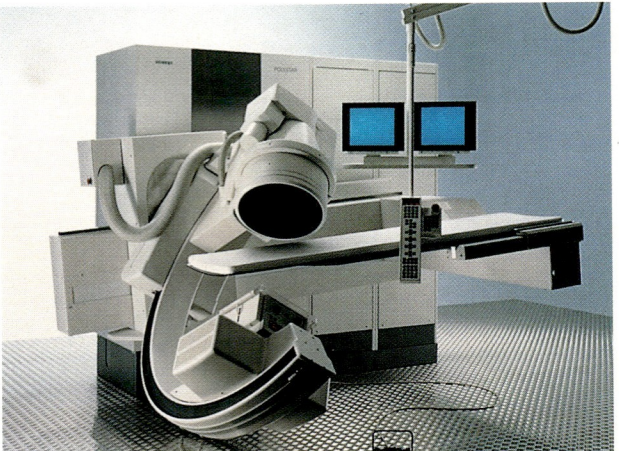
Röntgensystem

frz. *Roncevaux* [rõs'vo], Dorf in der span. Prov. Navarra, in einem Tal der Pyrenäen, mit Frkr. verbunden durch die *Rolandsbresche (Brèche de Roland),* wo 778 → Roland im Kampf gegen die Mauren fiel.

Ronchamp [frz. rõ'ʃã], frz. Wallfahrtsort nordwestl. v. Belfort (Vogesen), 3100 E; Wallfahrtskirche v. Le Corbusier.

Ronde, w. [frz.], Rundgang zur Kontrolle der Wachen.

Rondeau, s. [frz. rõ'do:], frz. Tanzlied des MA und daraus entwickelte Gedichtform.

Rondell, *Rundell,*
1) Scheibe, Halbfabrikat d. Metallind.
2) rundes Beet, Rasenstück.

Rondo, s. [it.], Tonstück, dessen Hauptthema nach Zwischenthemen (Couplets) als Refrain immer wiederkehrt.

Ronkalische Felder, im MA Heerlager der dt. Kaiser von ihren Romzügen (Reichstage), nahe dem it. Dorf *Roncaglia,* Prov. Piacenza.

Ronneburg (D-07580), St. i. Kr. Gera, Thür., 6952 E; Textilind.; dazu *Bad R.,* Eisen- u. Schwefelquellen.

Ronnenberg (D-30952), St. i. Kr. Hannover, Nds., 22 300 E; Landwirtschaft.

Ronsard [rõ'sa:r], Pierre de (11. 9. 1524–27. 12. 85), frz. Dichter, Vorbereiter d. Klassizismus; Epos: *La Franciade;* Lyrik.

Rönsch, Hannelore (* 12. 12. 1942), CDU-Pol.in, 1991–94 B.min.in f. Familie u. Senioren.

Röntgen, Wilhelm Conrad (27. 3. 1845–10. 2. 1923), dt. Phys.; entdeckte 1895 d. *R.strahlen, X-Strahlen,* kurzwellige elektromagnet. Strahlung, wesensgleich dem Licht; Nobelpr. 1901.

Röntgen, Abk. *R* (früher *r*), intern. Einheit d. R.strahlenenergie.

Röntgenastronomie, Zweig der Astronomie (s. 1949), der sich d. Untersuchung der von kosm. Objekten ausgesandten → Röntgenstrahlen widmet; diese kann nur außerhalb der Erdatmosphäre beobachtet werden, weshalb die R. mit Raketen u. Satelliten betrieben wird. Bekannteste Projekte: Sonnenbeobachtung durch → Skylab u. d. Solar Maximum Mission der NASA, Satelliten Uhuru, Einstein (beide NASA), EXOSAT (ESA), → ROSAT.

Röntgenkater → Strahlenkrankheit.

Röntgenquellen, m. Höhenballons, Raketen od. Erdsatelliten feststellbare Quellen v. Röntgenstrahlung im Weltraum (zumeist Sterne).

Röntgenspektrum → Spektrum.

Röntgenstrahlen, Erzeugung v. R. b. Aufprall von → Elektronen hoher Energie auf Metall. Beugung bei Durchgang durch Kristalle (v. Laue 1912), daher wichtig zur Erforschung d. Materie (innerer Aufbau d. Kristalle); ihre hohe Durchdringungskraft wird techn. zur Materialprüfung, med. zur Durchleuchtung d. menschl. Körpers verwendet. Scharfe Schattenbilder von Knochen (f. Hohlorgane → Kontrastmittel), sichtbar auf Leuchtschirm, doppelseitig gegossenem Film od. fotograf. Platte (*Röntgenbild, Radiogramm, Röntgenfotografie*). Die Wirkung an Gewebszellen dient zur Heilung v. Entzündungen u. Geschwülsten (*Röntgentherapie);* da bei Übermaß Gefährdung (*R.verbrennung*), bes. d. Haut, bedient man sich der *Pendel-, Rotations-* oder *Konvergenzbestrahlung;* sonst Bleiplattenabschirmung. *Röntgenreihenuntersuchungen* bes. zur Bekämpfung der Lungentuberkulose mit *Schirmbildverfahren,* fotografische Aufnahme d. auf einem Fluoreszenzschirm entstehenden Röntgenbildes. Fortlaufende Aufnahmen am Lebendigen sind *Röntgenkinematogramme.* Weitere Sondermethoden: → Kymographie; → Tomographie (Röntgenschichtverfahren).

Röntgenteleskop, Teleskop z. Beobachtung von Photonen des Röntgenspektrums. Die Bündelung v. Röntgenstrahlen erfolgt durch Reflexion an Metalloberflächen bei streifendem Einfall mit weniger als ca. 2° Einfallswinkel.

Rooming-in [engl. 'ru:m-], Aufenthalt der Mutter i. d. Entbindungsstation beim Neugeborenen.

Roon, Albrecht Gf v. (30. 4. 1803 bis 23. 2. 79), preuß. Feldm.; Heeresreformen als Kriegsmin. 1859–73 unter König Wilhelm I.

Roosevelt ['roʊzvɛlt],
1) Franklin Delano (30. 1. 1882–12. 4. 1945), am. demokr. Pol. u. Staatsmann;

1928–32 Gouverneur d. Staates New York; 32. Präs. der USA 1933, Wiederwahl 1936, 1940, 1944, Bekämpfung d. Wirtschaftskrise durch → New Deal; im 2. Weltkr. Unterstützung der Alliierten, Unterzeichnung der Atlantikcharta, Kriegseintritt d. USA; bereitete die Gründung der UN vor; Teilnahme u. a. 1945 an der Konferenz von Jalta.
2) Theodore (27. 10. 1858–6. 1. 1919), am. republikan. Staatsmann, 26. Präs. d. USA 1901–09; Friedensnobelpr. 1906.
Röpke, Wilhelm (10. 10. 1899–12. 2. 1966), dt. Nationalökonom u. Soziologe; Verfechter d. Neoliberalismus.
Rops, Félicien (7. 7. 1833–23. 8. 98), belg. Maler u. hpts. Graphiker d. Symbolismus; Buchillustrationen.
Roquefort [rɔk'fɔːr], frz. Dorf im Dép. *Aveyron* (S-Frkr.), 900 E; Fabrikation v. **R.käse** (fetter Schafkäse unter Zusatz v. Schimmelpilzen).
Roraima [rru'raima], nordbrasilian. Staat, 225 017 km², 215 800 E; Hptst. *Bôa Vista*.
Rore, Cipriano de (1516–65), frankofläm. Komponist in Italien; geistl. Musik; Madrigale.
Rorschach, Hermann (8. 11. 1884 bis 2. 4. 1922), schweiz. Psychiater; entwickelte projektiven Persönlichkeitstest (*R.test*): Deutung von Tintenklecksen.
Rorschach (CH-9400), schweiz. Bez.hptst. am Bodensee, Kanton St. Gallen, 400 müM, 9900 E; Handels- u. Fremdenverkehrsort, Ind.
Rosa [l. „Rose"], w. Vn.
Rosa, Salvator (20. 6. od. 21. 7. 1615 bis 15. 3. 73), it. Maler d. Barock (Schlachten, Landschaften) u. Dichter (Satiren).
Rosario, St. in der argentin. Prov. Santa Fé, am Paraná, 876 000 E; Uni.; Hafen, Ind.
ROSAT, dt.-engl.-am. Röntgensatellit, gestartet Ende Mai 1990 mit e. Delta-II-Rakete, Erdumlaufbahn in 580 km Höhe, 2,2 m Durchmesser, 4,4 m Länge, 2,4 t Gewicht, Himmelsdurchmusterung im Röntgenbereich des elektromagnet. → Spektrums, Vergrößerung der Zahl d. bekannten kosm. Röntgenquellen von 840 auf mehr als 60 000.
Rosazea, *Rotfinnen, Kupferrose,* Hautkrankheit mit Rötungen u. Schuppungen im Gesicht.
Roscellinus (um 1100 n. Chr.), frz. Phil.; Begründer des → Nominalismus.
Rose,
1) Wund-R., *Erysipel,* Streptokokkeninfektion der Haut mit hohem Fieber, oft Blasenbildung; Neigung zum Fortschreiten.
2) → Gürtelrose.
3) unterster, dem Rosenstock aufsitzender Teil des Hirschgeweihs.
Rosegger, Peter (31. 7. 1843–26. 6. 1918), östr. Heimatdichter; *Schriften des Waldschulmeisters; Jakob der Letzte; Der Gottsucher*.
Roseggletscher, in d. Berninaalpen südl. v. *Piz Roseg* (3937 m), 4,7 km l.
Rosen, meist stachlige Sträucher m. großen Blüten u. meist roten Sammelfrüchten (Hagebutten, reich an Vitamin C); zahlreiche Wild-R. in Dtld (z. B. die Hecken-R.); auf der nördl. Halbkugel ca. 100 Arten; Stammpflanzen der *Provinz-R., Monats-R., Moos-R.* u. *Zentifolien* sind die (auch bei uns wilden) *Essig-R.* u. die *Moschus-R.* (N-Afrika bis N-Indi-

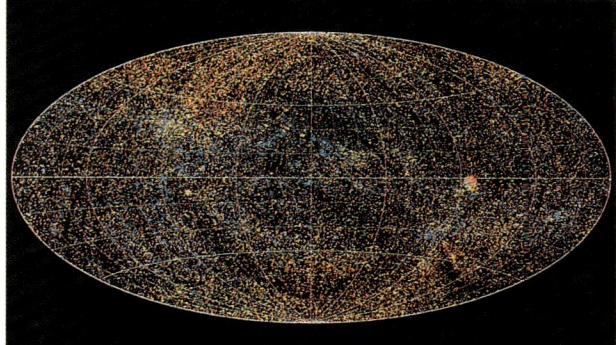

ROSATs neuer Röntgenhimmel im Energiebereich 0,1 – 2,4 keV

en); die *Tee-R., Bengal-R.* u. *Remontanten* stammen von d. *ind. R.* u. von den *Moschus-R.* ab; *Edel-R.* sind stark *gefüllt*, d. h. ein Teil der Staubblätter ist zu Blumenblättern umgestaltet.
Rosenberg, Alfred (12. 1. 1893 bis 16. 10. 1946), dt. NS-Pol. u. Schriftst.; *Der Mythus des 20. Jh.:* ideolog. Grundlage f. d. NS-Rassentheorie; hingerichtet in Nürnberg.
Rosenberg,
1) *Olesno,* poln. St. i. d. Woiwodschaft CzȨstochowa, 9500 E.
2) *Susz,* poln. St. im ehem. Westpreußen, 4000 E.
3) slowak. *Ružomberol,* St. in d. nördl. Slowakei, an der Waag, 30 000 E; Papier-, Holzind.
Rosengarten,
1) Titel einer Liedersammlung von Löns.
2) dt. Heldengedichte des 13. u. 14. Jh.: *großer R.* (die Kämpfe d. Nibelungen mit den Helden Dietrichs von Bern) u. *kleiner R.* (→ Laurin).
3) größte Gebirgsgruppe der westl. Dolomiten; *Kesselkogel* 3004 m, *Rosengartenspitze* 2984 m, *Schlern* 2564 m.
Rosenheim (D-83022–26), krfreie St. am Inn, Bay., 56 704 E; AG; FHS (Holztechnikum); Bekleidungs-, Holz- und Elektroind.
Rosenholz, wohlriechende Hölzer verschiedener Herkunft.
Rosenkäfer, metallisch glänzender grün-goldener Blatthornkäfer; auf Rosen u. anderen Pflanzen; Larven in vermoderndem Holz.
Rosenkohl, Kohlart, in deren Blattachseln „Röschen" stehen, die als Gemüse verwendet werden.
Rosenkranz, lat. *Rosarium,*
1) Gebetform, bei der man 50 Ave Maria u. 5 Vaterunser bei gleichzeit. Betrachtung eines Geheimnisses aus d. Leben Jesu betet; jeweils 1 Vaterunser u. 10 Ave Maria auf 1 Geheimnis (z. B. „den du, o Jungfrau, geboren hast").
2) Perlenschnur, in fünfmal je 10 Perlen gegliedert, zum Zählen d. Ave Maria d. R.gebets; ähnl. Gebetsschnüre auch in anderen Religionen (z. B. Buddhismus, Islam).
Rosenkreuzer, theosoph. Geheimgesellschaften, bes. im 17. u. 18. Jh., benannt nach d. legendären Christian Rosenkreuz (angebl. 1378–1484); erstrebten eine *Generalreformation* d. Welt, d. h. im persönlichen und im gesell-

Peter Rosegger

Bibernellrose

Stacheldrahtrose

Heckenrose

Alpenheckenrose

Feldrose

schaftlichen Leben, auf religiös-christlicher Grundlage.
Rosenkriege, 1455–85: Kampf des Hauses York *(Weiße Rose)* gg. Lancaster *(Rote Rose)* um den engl. Thron, beendet mit Niederlage und Tod Richards III. durch Heinrich Tudor.
Rosenmontag, eigtl. „rasender Montag" vor Fastnacht; karnevalist. *Rosenmontagszüge*.
Rosenöl, mit Wasserdampf aus Rosenblütenblättern destilliert, 3–5 g aus 10 kg Blättern (insbes. Persien, Balkan) zur Parfümherstellung.
Rosenplüt, Hans, *der Schnepperer* (um 1400 bis um 1470), dt. Dichter; Nürnberger Meistersinger.

Rosenquist, James (* 29. 11. 1933), am. Maler u. Graphiker d. → Pop Art.
Rosenstock, Knochenzapfen am Schädel der Hirsche, auf dem die → Rose sitzt.
Roseola, w. [l.], *Roseole,* kleinfleckiger rosen- bis violettroter Hautausschlag (z. B. b. Syphilis, Typhus u. a. Infektionskrankheiten).
Rosette, arab. *Raschid,* St. Unterägyptens, 1 am *R.arm* des Nils, 50 000 E; Hafen. – *Stein v. R.,* 1799 gefunden, dreisprachig (→ Hieroglyphen, ägypt. Volksschrift, griech.).
Rosette, w. [frz. „Röschen"],
1) in Baukunst u. Kunsthandwerk stilisiertes Blattornament.
2) → Fensterrose.
3) Edelstein m. glatter Grundfläche u. 2 Reihen dreieckig geschliffener Facetten, d. oben spitz zus.laufen.
Rosi, Francesco (* 15. 11. 1922), it. Regisseur sozialkrit. Filme; *Salvatore Giuliano* (1962); *Le mani sulla città* (1963); *Cristo si è fermato a Eboli* (1978).
Rosinante, d. erbärmliche Pferd d. → Don Quixote.
Rosinen, getrocknete Weinbeeren aus Mittelmeerländern u. Kleinasien: Trauben-R., Beeren-R.: groß, hell, kernlos (*Sultaninen*), länglich; span. (*Zibeben*), klein, dunkel; griech. (*Korinthen*).
Roskilde [ˈrɔskilə], dän. Hafenst. auf Seeland an der **Roskilder Förde,** 48 756 E; Fischerei; i. d. Nähe Atomenergieanlage Risø. – Bis 1443 kgl. Residenz (in der Domkirche, 1170 erbaut, Königsgräber); 1658 *Friede v. R.* (Dänemark verliert S-Skandinavien an Schweden).
Roslin [rus-], Alexander (15. 7. 1718 bis 5. 7. 93), schwed. Maler d. Rokoko, als Porträtist internat. tätig; verheiratet m. d. Pastellmalerin M. S. Giroust; *Kaiserin Katharina II.*
Rosmarin, *m.,* Lippenblütler m. aromat. riechenden Nadeln; Gewürz (u. a. f. Geflügel); *R-Öl* als Badezusatz.
Rösrath (D-51503), Gem. im Rheinisch-Bergischen Kr., NRW, 23 141 E; Wasserburg *Eulenbroich;* Radiatoren-, Elektrogerätebau.
Ross,
1) Sir James Clarke (15. 4. 1800–3. 4. 62), engl. Konteradmiral; leitete eine Südpolarexpedition 1839–43, entdeckte u. a. Südvictorialand u. → Rossmeer; erste Tiefseelotung; sein Neffe
2) Sir John (24. 6. 1777–30. 8. 1856), engl. Seefahrer; entdeckte 1831 den magnetischen Südpol auf der Halbinsel Boothia Felix (Nördl. Eismeer).
3) Sir Ronald (13. 5. 1857–16. 8. 1932), engl. Med., entdeckte Vorgang der Verbreitung der Malaria durch Anopheles-Stechmücke; Nobelpr. 1902.
Roßbach (D-06618), Gem. im Kr. Merseburg, S-A., 1937 E; Braunkohlegruben. – 1757 Sieg Friedrichs d. Gr. über Franzosen und Reichsarmee.
Roßbreiten, die Gebiete hohen Luftdrucks zw. 25° u. 35° Breite nördl. u. südl. des Äquators, mit d. Sonnenstand jahreszeitlich sich verlagernd, meist windschwach bis windstill; Wurzelgebiete d. Passate; niederschlagsarm.
Rössel, s. Pferd, Springer im Schachspiel, überspringt ein Feld in gerader Linie u. wird auf das nächste r. oder l. gestellt.
Rossellini, Roberto (8. 5. 1906–3. 6.

Rosette „Rose von Frankreich", Chartres, Nordportal

Große Rosette, Reims, 13. Jh.

Rosmarin

Gioacchino Rossini

77), it. Filmregisseur d. Neorealismus; *Roma, città aperta* (1945).
Rösselsprung, *Rätsel:* auf quadrat. Felder verteilte Silben sind dem Sprung des Rössels gemäß zu ordnen.
Rössen, bei Merseburg, Gräberfeld der Jungsteinzeit mit Beigaben reich verzierter Tongefäße; danach bez. *Rössener Kultur* (mitteleur. Bandkeramik).
Rossetti, Dante Gabriel (12. 5. 1828 bis 9. 4. 82), engl. Maler u. Dichter it. Herkunft; Hptvertr. d. Präraffaeliten, e. Vorläufer d. Symbolismus u. Wegbereiter d. Jugendstils; verheiratet m. E. E. Siddal; rel. u. sozialkrit. Themen, Stoffe aus d. MA; Bildnisse.
Rossi,
1) Aldo (* 3. 5. 1931), it. Architekt; Begr. u. Hptvertr. d. → Rationalen Architektur; *Piazza Segrate* in Mailand; *Friedhof S. Cataldo* in Modena (m. G. Bragieri).
2) Giovanni Antonio de' (1616–9. 10. 95), it. Architekt d. späten Hochbarock hpts. in Rom; plast. durchgeformte Sakralbauten ü. meist ovalem Grundriß (*Sta Maria* in Campo Marzo) u. Profanbauten (*Palazzo Altieri*).
3) Karl Iwanowitsch (29. 12. 1775 bis 18. 4. 1849), russ. Architekt it. Abstammung u. Städtebauer d. Klassizismus in Moskau u. hpts. St. Petersburg (u. a. *Michail-Palast,* jetzt Russ. Mus.; *Puschkin-Theater*).
Rossini, Gioacchino Antonio (29. 2. 1792–13. 11. 1868), it. Komp.; Opera buffa: *D. Barbier v. Sevilla, D. diebische Elster, D. Graf Ory; Wilhelm Tell* (große Oper); Oratorium: *Stabat mater*.
Ross-Insel, 2 antarkt. Inseln:
1) im R.meer mit d. Vulkanen *Erebus,* 3795 m und *Terror,* 3280 m;
2) *James-R.-I.,* im → Weddellmeer, bis 2150 m hoch.
Rossitten, *Rybatschi,* poln. Dorf u. Ostseebad auf der Kurischen Nehrung, im ehem. nördl. Ostpreußen; frühere Vogelwarte jetzt in → Radolfzell am Bodensee.
Roßkäfer, häufigster Mistkäfer.
Roßkamm, *Roßtäuscher,* Spottname für Pferdehändler.
Roßkastanie → Kastanie.
Roßlau (Elbe) (D-06862), Krst. a. d. Elbe, S-A., 14 453 E; sog. „festes Haus" (11. Jh.), Schloß; Museum f. Schiffbau u. Schiffahrt; versch. Ind.; Schiffswerft.
Roßleben (D-06571), Gem. a. d. Unstrut, Thür., 5444 E; ehem. Klosterkirche (1474).
Rossmeer, große Meeresbucht des Südl. Eismeeres, zw. König-Eduard-VII.- u. Südvictorialand; Ausgangspunkt mehrerer S-Polar-Expeditionen; trägt die *Rosseisplatte* (340 000 km²) mit der 750 km langen *Rossbarriere,* dem schwimmenden, 20–75 m hohen senkrechten Eisrand.
Rosso,
1) Giovanni Battista, gen. *R. Fiorentino* (8. 3. 1494–14. 11. 1540), it. Maler d. Manierismus; s. 1530 frz. Hofmaler: bes. Fresken im Schloß von Fontainebleau; auch → Primaticcio.
2) Medardo (21. 6. 1858–31. 3. 1928), it. Bildhauer d. Impressionismus; Porträt d. *Yvette Guilbert; Paris bei Nacht*.
Roßtrappe, Granitfelsen im Unterharz, über die Bode b. Thale, 200 müM; i. d. Sage Hexentanzplatz.

Roßwein (D-04741), Ind.st. i. Kr. Döbeln, Sa., 7462 E; Ing.schule; Metallind.
Rost,
1) *chem.* kein einheitl. Oxid, sondern ein Gemisch versch. hydratisierter Eisenoxide u. Eisenhydroxide a. d. Oberfläche v. Eisen, verursacht durch gemeinschaftl. Einwirkung v. Sauerstoff u. Feuchtigkeit (auch → Korrosion); *R.schutz:* Überzüge aus Metallen, Farben, Fetten, Oxidschichten; → parkerisieren.
2) *R. bei Pflanzen* durch → Rostpilze hervorgerufen.
3) bei Feuerungsanlagen durchbrochenes Auflager für d. Brennmaterial; Horizontal-R., Schräg-R., je nach Beschaffenheit des Brennstoffs; aus feuerbeständigem Material: Hartguß, Stahl, auch Schamotte; Ketten-R. beweglich für mechan. Feuerungen; Wander-R., Plan-R.
4) aus Trägern bestehender Unterbau für Bauwerke; *Schwell.* R. liegend, *Pfahl-R.* stehend.
Rostand [-ˈtã], Edmond (1. 4. 1868 bis 2. 12. 1918), frz. Dramatiker; *Cyrano von Bergerac*.
rösten,
1) bei der *Metallgewinnung:* Prozeß zur Austreibung von Schwefel, Arsen u. a. Stoffen aus Erzen durch Erhitzen; *oxidierendes R.:* bei hoher Temperatur u. Luftzufuhr; *sulfatierendes R.:* Verbrennung von Sulfiden zu Sulfaten; *chlorierendes R.:* in Gegenwart v. Chlornatrium (Kochsalz).
2) bei *pflanzl.* Stoffen: Stadium d. Flachsbearbeitung; Zerstören des Pflanzenleims zw. Bast und Stengel durch mikrobielle Zersetzung.
3) bei Lebensmitteln Bildung von charakterist. Röstaromen, insbes. bei Kaffee und Kakao.
Rostock (D-18055–147), Krst. i. M-V, an der Warnow (Stadtteil Warnemünde: Ostseebad), 224 571 E; Marienkirche u. Rathaus (13. Jh.); Uni. (seit 1419), Ing.-HS; Werften, Überseehafen.
Rostow am Don, Hptst. des russ. Gebiets R., 1,02 Mill. E; 50 km von der Mündung des Don in d. Asowsche Meer; Hafen (Kohleausfuhr); Uni. (s. 1917), 4 HS; Landmaschinen-, Fahrzeugbau, Werften, Textil-, Nahrungsmittelind.
Rostpilze, Schmarotzerpilze, deren Sporen gelbl. oder braunrote Flecken an den befallenen Pflanze hervorrufen; sehr schädlich (z. B. die *Schwarz-R.* d. Getreidearten, die *Kronen-R.* d. Hafers, die *Kiefernblasen-R., Birnen-R.*).
Rostra, *w.,* altröm. Rednertribüne mitten auf dem Forum, mit erbeuteten Schiffsschnäbeln (lat. *Rostra*) geziert.
Rostropowitsch, Mstislaw (* 27. 3. 1927), russ. Cellist; s. 1977 Chefdirigent des National Symphony Orchestra in Washington.
Rosvænge, Helge (29. 8. 1897–19. 6. 1972), dän. Tenor.
Röt, *s., geolog.* oberste Schicht des Buntsandsteins, meist roter Schieferton.
Rotalgen, *Rhodophyceae,* zierl. Meeresalgen m. meist rötl., durch Phykoerythrin hervorgerufener Färbung.
Rotangpalme, *Calamus rotang,* trop. asiat. Kletterpalme m. sehr langem, dünnem Stamm (*Peddigrohr* für Flechtwerk).
Rota Romana, oberster Gerichtshof der Röm. → Kurie.

Rotaryklubs, *Rotarier,* Weltvereinigung von Geschäftsleuten, Gewerbetreibenden u. Angehörigen freier Berufe; ihre Devise: Beruf als Dienst; 1905 gegr.; Leitung: *Rotary International* in Chicago.

Rotation, *w.* [l.],
1) *pol.* bei den Grünen (→ Parteien, Übers.) früher in d. Landesparlamenten u. im Bundestag angewendetes Verfahren, daß d. Abgeordnete nach d. Hälfte d. Legislaturperiode ihr Mandat an sog. *Nachrücker* (von d. Basis gewählte Ersatzleute) übergeben müssen; in d. Partei umstritten u. v. einzelnen Abgeordneten nicht vollzogen; erstmals 1985 f. d. Landtagswahl in NRW ausgesetzt.
2) d. Drehung eines Körpers, einer Fläche oder einer Geraden um eine Achse, wobei jeder Punkt des rotierenden Stückes eine Kreislinie beschreibt; durch R. von Flächen entstehen die **Rotationskörper** (z. B. gerader Kreiskegel durch R. eines rechtwinkl. Dreiecks um eine Kathete, der Zylinder durch R. des Rechtecks um eine Seite, die Kugel durch R. eines Halbkreises um den Durchmesser); → Hyperboloid, Paraboloid, Ellipsoid.

Rotationsdruckmaschinen, R.druck auf „endlose", schnell hindurchlaufende Papierrolle; Schneiden u. Falzen mit Maschine vereinigt.

Rotatorien, svw. → Rädertiere.

Rotauge, *Plötze,* einheim. Weißfisch, ähnl. der → Rotfeder, aber mit orangeroten Augen und anderer Flossenstellung.

Rotbarsch, *Goldbarsch,* lebendgebärender, zu den Drachenköpfen gehörender (Speise-)Fisch d. N-Atlantik.

Rotbleierz, Mineral, Bleichromat.

Rotbruch, Brüchigkeit des rotglühenden Eisens infolge Schwefelgehaltes.

Rotbuche → Buche.

Rotdorn → Weißdorn.

Rote Armee, früher Name der sowj. Streitkräfte.

Rote Erde, Bez. f. Westfalen, svw. „gerodetes" Land.

Rote Grütze (norddt. *Rode Grütt*), rote Beeren m. Saft, Sago u. Milch.

Roteisenerz, svw. → Hämatit.

Rote Kapelle, NS-Bez. f. versch. Organisationen d. antifaschist. Widerstands (m. Spionage f. UdSSR) gg. d. Hitlerregime.

Rote Kirche, *Rotmützen,* → Lamaismus, Bez. f. d. tibetan.-buddhist., v. → Padmasambhava gegr. Mönchsgemeinschaften i. roter Gewandung o. Zölibat, im Ggs. z. d. reformierten *Gelben Kirche* bzw. den *Gelbmützen* m. strengem Zölibat.

Rote Liste, in 5 Gefährdungsstufen eingeteiltes Inventar der gefährdeten Tier- u. Pflanzenarten i. Dtld.

Röteln, harmlose ansteckende Kinderkrankheit (Virusinfektion); masernähnl. roter fleckiger Hautausschlag; können in der Frühschwangerschaft zur Fruchtschädigung *(Embryopathie)* führen; Rötelnimpfung schützt vor Röteln-Embryopathie.

Rötelzeichnung, Zeichnung m. meist ziemI. weicher, kreideähnl. Stange aus erd. Roteisenstein.

Rotenburg,
1) *R. an d. Fulda* (D-36199), St. i. Kr. Hersfeld-R., Luftkurort, Hess., 14 264 E; AG; Fachwerkhäuser; Orgelbau.

2) *R. (Wümme)* (D-27356), Krst. im Rgbz. Lüneburg, Nds., 19 689 E; AG.

Rotenturmpaß, rumän. *Turnu Roşu,* Engpaß in d. Südkarpaten, 352 müM, mit Eisenbahn, v. Siebenbürgen in d. Walachei.

Roterde, humusarmer Boden in den Subtropen *(Terra rossa)* u. Tropen *(Laterit)*, dessen Farbe von rotem Eisenoxidhydrat herrührt.

roter Faden, durchlaufender, leitender od. strukturierender Gedanke; urspr. bei der engl. Marine ins Tauwerk eingedrehter roter Faden als Kennzeichen.

Roter Fluß → Song-koi.

Roter Frontkämpferbund, *RFB,* 1924 gegr. u. v. E. Thälmann geleitete Wehrgruppe d. KPD.

roter Hahn, Symbol für Feuer und Licht.

Roter Halbmond, islamische Krankenpflegeorganisation, entspricht dem → Roten Kreuz.

Roter Riese, Stern mit geringer Temp. u. großem Durchmesser (→ Riesensterne).

Roter Sand, Sandbank vor der Wesermündung, Leuchtturm.

rote Rübe, *rote Bete, Rahne,* Abart der Runkelrübe; dunkelrote Wurzel zu Salat.

Roter Veltliner, nur mehr in geringem Umfang in Östr. (v. a. Niederöstr.) angebaute Weißweinrebe, die spritzige, fruchtige Weine von langer Lagerfähigk. liefert.

Rotes Kreuz, *RK,* Abzeichen: rotes Kreuz auf weißem Grunde, intern. Kenn- und Neutralitätszeichen für den Sanitätsdienst; insbes. gesetzlich geschütztes Kennzeichen der aufgrund der → Genfer Konventionen arbeitenden nationalen RK-Gesellschaften. Urheber → Dunant. Aufgabe: Aufstellung u. Ausbildung freiwill. Helfer für Notstände aller Art, Krankenpflege, Sanitätsdienst, Naturkatastrophen, bes. zur Durchführung der Bestimmungen der Genfer Konventionen: Verwundetenpflege bei Neutralität der Ärzte und Pfleger, Gefangenen- u. Zivilinterniertenfürsorge, Betreuung und Schutz ziviler Kriegsopfer (Flüchtlinge), Vermißtensuchdienst und Versehrtenbetreuung. Größte freiwillige Hilfsorganisation der Welt: über 210 Mill. Mitglieder in den nationalen RK-Gesellschaften. – *Internationales RK:* Bez. für die Weltgemeinschaft vom RK, *Intern. Komitee vom RK, IKRK,* gegr. 1864, Sitz Genf, intern. Sachwalter für RK-Idee, -Recht und -Werk; neutraler Vermittler zwischen kriegführenden Mächten, Gefangenennachrichten, Suchdienst, Hilfssendungen für Kriegsgefangene, Inspektion von Kriegsgefangenenlagern. *Liga der RK-Gesellschaften* (gegr. 1919, 122 Mitgliedstaaten, BR seit 1952, Sitz Genf), zentrales Organ aller nat. RK-Gesellschaften, bes. zur Förderung der Friedensarbeit (intern. Beistandsaktionen); alle 4 Jahre Intern. RK-Konferenz; 8. Mai Intern. RK-Tag; Friedensnobelpr. 1963. – *Deutsches Rotes Kreuz.*

Rotes Meer, 2240 km langes Nebenmeer des Ind. Ozeans zw. Afrika u. Arabien, bis zu 2604 m tief; durch Algen rötlich gefärbt, wärmstes Meer der Erde; Grabenbruch mit zahlreichen Korallenbauten auf beiden Seiten. Zugänge: im N der Suezkanal, im S die 25 km breite Meer-

Roter Halbmond

Roter Veltliner

Rotes Kreuz

Rotes Meer, *Buchmalerei, 14. Jh.*

Rotgipfler

enge Bab-el-Mandeb; bedeutende Verkehrsstraße zw. Europa, Asien u. Australien.

Rote Spinne, *Spinnmilbe,* kl. rotgefärbte, an Pflanzen saugende Milben; Schädlinge.

Rotfäule, *Wurzelschwamm,* durch d. R.-Pilz verursachte Baumkrankheit b. Nadelbäumen, bes. Fichten, d. Pilz befällt d. Kernholz, was z. flaschenförm. Aufquellen in unteren Stammbereich u. z. Entwertung d. Holzes führt.

Rotfeder, einheim. Weißfisch, ähnl. → Rotauge.

Rotfeuerfisch, großköpfig, rotschwarz geringelt; Rückenstacheln m. Giftkanälen; in Korallenriffen.

Rotgipfler, östr. Weißweinrebe, die vollmundige, kräft. Weine liefert u. häufig m. d. → Zierfandler verschnitten wird.

Rotglut → Glühen.

Rotgültigerz, Mineral: *dunkles R.,* Antimonsilberblende; *lichtes R.,* Arsensilberblende.

Rotguß, Legierung, ca. 85% Kupfer, Rest vorwiegend Zink u. Zinn; rötlich; zäh u. je nach Zus.setzung hart; für hochbeanspruchte Masch.teile (z. B. Achslager).

Roth,
1) Eugen (24. 1. 1895–28. 4. 1976), dt. Schriftst.; heitere Lyrik: *Ein Mensch; Tierleben;* Erzählungen.

2) Friederike (* 6. 4. 1948), dt. Schriftst., bekannt durch Hörspiele: *Nachtschatten; Klavierspiele;* Prosa: *Das Buch des Lebens. Ein Plagiat.*

3) Joseph (2. 9. 1894–27. 5. 1939), östr. Schriftst. u. Journalist; Romane: *Hiob; Radetzkymarsch; Kapuzinergruft; Hundert Tage.*

Roth (D-91154), Krst. i. Mittelfranken, Bay., a. d. Rednitz, 22 323 E; Schloß *Ratibor* (Museum); Fachwerkbauten.

Rothaargebirge, im östl. Sauerland zw. Eder u. Lenne; im *Kahlen Asten* 841 m h.

Rothacker, Erich (12. 3. 1888–11. 8. 1965), dt. Phil. u. Psych.; *Logik u. Systematik der Geisteswissenschaften; Die Schichten der Persönlichkeit.*

Rothaut, svw. (nordam.) Indianer.

Röthenbach an der Pegnitz (D-90552), St. i. Kr. Nürnberger Ld, Bay., 13 183 E.

Rothenberger, Anneliese (* 19. 6. 1926), dt. Sängerin (Sopran).

Rothenburg ob der Tauber (D-91541), St. i. Kr. Ansbach, Bay., 11 771 E; ma. St.bild m. kompletter Wehranlage, Jakobskirche (Altar v. → Riemenschneider), Gotik- und Renaissance-Giebelhäuser; Fremdverkehr. – 1274 Freie Reichsst., 1802 bayr.

Rother, *König R.,* dt. Spielmannsdichtung (um 1150); behandelt Brautwerbung u. Entführung der Tochter des morgenländ. Königs Constantin durch König Rother.

Rotherham ['rɔðərəm], St. i. N-England, 252 000 E; Eisen- u. Stahlind.

Rothko, Mark (25. 9. 1903–25. 2. 70), am. Maler; → Color-field painting.

Rotholz, Bez. für versch. Farbhölzer u. d. Holz d. → Mammutbaumes.

Rothschild, Maier Amschel (1743 bis 1812), Gründer d. Frankfurter Bankhauses; seine Söhne gründeten bedeutende Bankhäuser: *James* in Paris, *Nathan* in

Rothenburg ob der Tauber

a Rotkehlchen
b Rotschwanz/Gartenrotschwanz

London, *Salomon* in Wien, *Karl* in Neapel.
Rothuhn, südwesteur. → Steinhuhn.
Rotkappe, Röhrling mit ziegelrotem Hut u. weißem, schwarz geschupptem Stiel; Speisepilz, z. B. Birken-R.
Rotkehlchen, kl. graubrauner Singvogel m. roter Kehle.
Rotkupfererz, *Cuprit, chem.* Kupfer(I)oxid (Cu_2O).
Rotlauf, auf Menschen übertragbare, bei Schweinen oft tödl. Krankheit durch Bakterien (*Erysipelothrix*); *Erysipeloid*, weil ähnlich wie Wundrose = → *Erysipel*; Antibiotika-, Serumbehandlung, vorbeugend Impfung.
Rotliegendes, roter Sandstein u. Tone des Perm (→ geologische Formationen, Übers.).
Rotor, *m.* [nl.],
1) umlaufender Teil einer el. Masch.; Ggs.: *Stator.*
2) Bez. f. Hubschraube.
Rotschwänzchen, kleine Singvögel, Garten- u. Haus-R.
Rotspießglanz, *Antimonblende* (Sb_2S_2O), Mineral; nadelförm. Kristalle von kirschroter Farbe.
Rotspon, svw. Rotwein.
Rott am Inn (D-83543), Gem. i. Lkr. Rosenheim, 3000 E; Rokokokirche m. Werken v. I. → Günther; Grabmal v. F. J. Strauß.
Rottanne → Fichte.
Rotte, i. d. Jägersprache eine Gruppe Wildschweine od. Wölfe.
Rotteck, Karl von (18. 7. 1775–26. 11. 1840), liberaler dt. Historiker u. Politiker, Mitgl. d. bad. Kammer; *Staatslexikon* (15 Bde.; zus. m. K. T. → Welcker).
Rottenburg a. Neckar (D-72108), Gr.Krst. i. Kr. Tübingen, Ba-Wü., 37 186 E; AG; Bischofssitz Diözese R.-Stuttgart; Sanatorium *Bad Niedernau.*
Rotterdam, Hpthafen der Ndl. an der Neuen Maas, Prov. S-Holl., 590 000 E; Agglomeration 1,06 Mill. E; Uni.; Maschinenbau-, Seefrachtschule; Kunstmus. *Boymans van Beuningen*; Großind., Schiffbau; größter Hafen u. größtes Erdölverarbeitungszentrum d. Welt; Bi-

Rotterdam, *Börse und World Trade Center*

Jean-Jacques Rousseau

schofssitz. – 1940 durch dt. Luftangriff stark zerstört; großzügiger, moderner Wiederaufbau, neuer Seehafen *Europoort.*
Rottmann, Carl Anton Joseph (11. 1. 1797–7. 7. 1850), dt. Maler d. (Spät-)Romantik u. d. Klassizismus; hpts. it. u. griech. Landschaften; *Griechische Küste bei Sturm.*
Rottmayr, Johann Michael, Frhr. *R. von Rosenbrunn* (get. 11. 12. 1654 bis 25. 10. 1730), kaiserl. Hofmaler oberbayr. Herkunft, Hptmeister d. östr. Spätbarock; rel. u. weltl. Allegorien; Deckenmalereien in Melk u. Klosterneuburg, in St. Peter u. d. Karlskirche in Wien.
Rottmeister, bis ins 17. Jh. übl. Bez. für Unteroffiz. (dann → Korporal).
Rottweil (D-78628), Krst. am ob. Neckar, Ba-Wü., 24 515 E; ma. Bauten; IHK, LG, AG; Kunstfaserprod., Metall- u. Uhrenind.; histor. Narrensprung.
Rottweiler, urspr. Metzgerhund, kurzhaarig, schwarz-gelb, kräftig, mit Stummelschwanz.
Rotunde, *w.* [l.], Rundbau od. runder Saal.
Rotverschiebung, infolge des → Doppler-Effektes eintretende Verschiebung der Spektrallinien von entfernender leuchtender Körper zum Rot hin; aus R. des Spektrums der → Galaxien wird auf ein expandierendes Weltall geschlossen.
Rotwelsch, *s.,* → Gaunersprache.
Rotwild → Hirsche.
Rotz, bakterielle Infektionskrankheiten d. Pferde u. Katzen m. eitrigen Geschwüren d. Nasenschleimhaut u. Luftwege; auch auf Menschen übertragbar.
Rouault [rwo], Georges (27. 5. 1871 bis 13. 2. 1958), frz. Maler u. Graphiker d. Fauvismus u. Expressionismus; soziale u. rel. Themen; auch Glasmalereien u. Keramiken.
Roubaix [ru'bɛ], St. i. frz. Dép. *Nord,* 98 000 E; Hptsitz der nordfrz. Textil- u. chem. Ind.
Roué, *m.* [frz. rüe:], Lebemann, Lüstling.
Rouen [rwã], Hptst. d. frz. Dép. *Seine-Maritime,* an der Seine, starke Kriegsschäden, 105 000 E; kath. Erzbischof, Kathedrale (12.–16. Jh.), Uni.; got. Justizpalast; Baumwoll- und Spitzenind., Schiffbau, Hafen. – 1431 Verbrennung der → *Jeanne d'Arc.*
Rouge, *s.* [frz. ru:ʒ], Rot; roter Puder o. Schminke f. Gesicht.
Rouge et noir [frz. ruʒ e 'nwa:r] „Rot u. Schwarz"], Glücksspiel m. 6 Whistspielen (312 Karten) auf einem Tisch m. roten u. schwarzen Feldern.
Rouget de Lisle [ruʒɛ 'dlil], Joseph (10. 5. 1760–26. 6. 1836), frz. Dichter u. Komp. d. → *Marseillaise* (1792).
Rough [engl. rʌf], *Golf;* hohes Gras; Ggs.: → Fairway.
Rouleau, *s.* [frz. ru'lo:], *Rollo,* aufrollbarer Vorhang aus Holzstäben oder Geweben.
Roulett, *s.* [frz. ru'lɛt], *Roulette, w.,*
1) Glücksspiel; Drehscheibe mit roten u. schwarzen numerierten Feldern (0 bis 36) u. umlaufender Kugel; Zahl, bei der sie anhält, hat gewonnen.
2) fein gezahntes Rädchen an Handgriff, Werkzeug des Kupferstechers zur Musterung der Kupferplatte.
Round-table-Konferenz [engl.

Rottmayr, *Anbetung der Könige*

'raʊnd 'teɪbl], Beratung „am runden Tisch", unter gleichberechtigten Mitgliedern.
Rourkela [ruə-], ind. Industriest. im Staat Orissa, 215 000 E; Stahlwerk.
Rous [raʊs], Francis Peyton (5. 10. 1879–16. 2. 1970), am. Pathologe; Arbeiten z. Krebsentstehung durch Viren; Nobelpr. 1966.
Roussanne [ru'san], frz. Weißweinrebe, die körperreiche, feurige Weine m. Veilchenbukett liefert; im Rhônetal oft m. → *Marsanne* verschnitten.
Rousseau [ru'so],
1) Henri (21. 5. 1844–2. 9. 1910), nach s. urspr. Beruf genannt *le Douanier;* frz. Zollbeamter u. autodidakt. Maler; Vertr. d. → naiven Malerei; gab d. Moderne wesentl. inhaltliche u. künstlerische Impulse z. B. durch Traumbilder u. exotisch-magische Landschaften.
2) Jean-Jacques (28. 6. 1712–2. 7. 78), frz. Phil. u. Schriftst. aus Genf, Gesellsch.kritiker („Der Mensch ist gut, aber durch Kultur verdorben"), forderte Rückkehr z. Natur, natürl. Lebensweise u. Erziehung in den Romanen *Émile* und *Die neue Héloïse;* seine Gesellschaftslehre war von entscheidendem Einfluß auf die Frz. Revolution: → *Contrat social* (Gesellschaftsvertrag); autobiograph. *Bekenntnisse.*
3) Théodore (15. 4. 1812–22. 12. 67),

Henri Rousseau

frz. Maler; e. d. Hptvertr. d. Schule v. → Barbizon.
Roussel [ru'sɛl], Albert (5. 4. 1869 bis 23. 8. 1937), frz. Komp.; Sinfonien, Kammermusik.
Rousselaere ['ru:sələrə], → Roeselare.
Roussillon [rusi'jõ], fruchtbare Landschaft in S-Frkr., am Mittelmeer (Weinbau), ehem. frz. Prov. u. Gft., kam 1659 an Frkr.; heute das Dép. Pyréneées-Orientales; Hptst. *Perpignan*.
Route, w. [frz. 'ru:tə], Weg, Reiserichtung.
Routine, w. [frz. ru-], durch Übung erworbene Fertigkeit.
Rovereto, it. St. im Etschtal, 33 000 E; Textilind.
Rovigo, Hptst. der oberit. Prov. R., zw. Unterlauf des Po u. der Etsch, 52 000 E; Lederind.
Rovuma, ostafrikan. Strom, 1100 km l., z. Ind. Ozean.
Rowland ['roʊlənd], Henry (27. 11. 1848–16. 4. 1901), am. Physiker; Spektralanalyse.
Rowland-Effekt, magnet. Wirkung stat. Elektrizität bei Bewegung des m. ihr geladenen Körpers.
Rowno, ukrain. Gebietshptst. in Wolynien, 228 000 E; Holzind. u. -handel. – 1920 zu Polen, 1939 zur UdSSR.
Rowohlt,
1) *Ernst* (23. 6. 1887–1. 12. 1960), deutscher Verleger; *R.-Verlag*, Hamburg; moderne Literatur, *rororo*-Taschenbücher; s. Sohn
2) *Ledig-Rowohlt, Heinrich Maria* (12. 8. 1908–27. 2. 92), dt. Verleger.
Roxane, († 311 vor Chr.), Gemahlin Alexanders d. Gr.
Royal Air Force, w. [engl. 'rɔɪəl 'ɛə fɔ:s], *RAF*, die engl. Luftstreitkräfte.
Royalisten [rŏajа], Anhänger des (absoluten) Königtums; bes. i. Frkr. (Partei der Bourbonen).
ROZ, Abk. f. **R**esearch-**O**ctan**z**ahl (→ Klopffestigkeit).
Różewicz [ru'ʒɛvitʃ], Tadeusz (* 9. 10. 1921), poln. Lyriker; *Formen der Unruhe; Offene Gedichte*.
Rozier [rɔ'sje:], Pilâtre de (1754–85), frz. Physiker u. Ballonfahrer; unternahm 1783 als erster Mensch Aufstiege mit → Montgolfieren.
RP, Abk. f. *réponse payée* [frz., re'põs pɛ'je], auf Telegrammen: Rückantwort bezahlt.
Rp, auf Arztrezepten Abk. f. *recipe* [l.], nimm.
RPR, Abk. f. **R**assemblement **p**our la **R**épublique, 1976 aus der gaullist. Sammelbewegung → UDR hervorgegangene pol. Bewegung.
RR, Abkürzung für → Blutdruck, ben. n. *Riva-Rocci* (7. 8. 1863–15. 3. 1937), Erfinder des Blutdruckmeßapparats mit Oberarmmanschette u. Quecksilbermanometer (1895).
RRC, Abk. f. **R**apid **R**eaction **C**orps, → NATO-Eingreiftruppe.
RRF, Abk. f. **R**apid **R**eaction **F**orces (Schnelle Reaktionskräfte), → NATO-Eingreiftruppe.
Rschew, russ. St. im Gebiet Kalinin, an d. oberen Wolga, 75 000 E; Eisenbahnknotenpunkt; Ind.
RSFSR, Abk. f. **R**uss. **S**ozialist. **F**öderative **S**owjet-**R**epublik, → Rußland.
RTL plus, privater deutsch-sprachiger Fernsehsender, seit 1984, v. der Rundfunkanstalt RTL (Radio Télé Luxembourg).
Ru, chem. Zeichen f. → Ruthenium.
Ruanda, *Rwanda*, Rep. in Ostafrika, nördl. Teil des früheren belg. Treuhandgebiets → Ruanda-Urundi; Bev.: hpts. Bahutus (Hutus), etwa 10% → Watussi (Tutsi) als bisher herrschende Schicht u. 1 % Pygmäen (Twa). **a)** *Wirtsch.:* Bergland m. agrar. Struktur; Anbau v. Kaffee, Tee. **b)** *Außenhandel* (1991: Einfuhr 213 Mill., Ausfuhr 203 Mill. $. **c)** *Verf.* v. 1995: Präsidialsystem, Nationalsammlung (s. 1994 aufgelöst). **d)** *Verw.:*

RUANDA	
Staatsname:	Republik Ruanda (Rwanda), République Rwandaise, Republika y'u Rwanda
Staatsform:	Präsidiale Republik
Mitgliedschaft:	UNO, AKP, OAU
Staatsoberhaupt:	Pasteur Bizimungu
Regierungschef:	Pierre-Celestin Rwigema
Hauptstadt:	Kigali 232 700 Einw.
Fläche:	26 338 km²
Einwohner:	7 750 000
Bevölkerungsdichte:	294 je km²
Bevölkerungswachstum pro Jahr:	Ø 2,59% (1990–1995)
Amtssprache:	Französisch, Kinyaruanda, Englisch
Religion:	Katholiken (64,9%), Protestanten (9%), Muslime (9%)
Währung:	Ruanda-Franc (F.Rw.)
Bruttosozialprodukt (1993):	1499 Mill. US-$ insges., 210 US-$ je Einw.
Nationalitätskennzeichen:	RWA
Zeitzone:	MEZ + 1 Std.
Karte:	→ Afrika

Rübezahl, *Illustration von J. Loukota*

Peter Paul Rubens

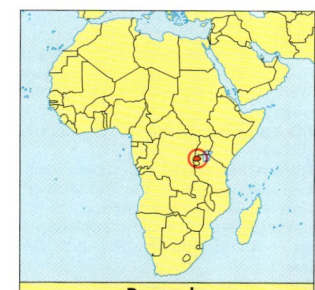
Ruanda

Andrej Rubljow, Dreifaltigkeit

10 Präfekturen. **e)** *Gesch.:* 1962 selbständig, blutige Stammesfehden; 1973 Staatsstreich, Suspendierung d. Parlaments u. d. Parteien; 1993 Beendigung des s. 1990 anhaltenden Bürgerkriegs; Einführung eines Mehrparteiensystems; April 1994 Ermordung v. Präs. u. Minister.präs.; erneut Bürgerkrieg zw. Hutus u. Tutsis (ca. 1 Mill. Tote); Mill. Flüchtlinge lösen i. d. Lagern d. weltweit schlimmste humanitäre Krise aus; seit 1995 „Regierung der nat. Einheit".
Ruanda-Urundi, Gebiet in Zentralafrika; früher Teil von Deutsch-Ostafrika, 1920–62 unter belg. Verwaltung, 1962 selbständig; → Ruanda u. → Burundi.
rubato [it.], *mus.* nicht im strengen Zeitmaß.
Rubbia, *Carlo* (* 31. 3. 1934), it. Phys.; (zus. m. S. v. d. → Meer) Nobelpr. 1984 (Entdeckung d. Feldpartikeln, die d. schwache Wechselwirkung vermitteln; schwache Kraft).
Rübe, fleischige Wurzel (z. B. → Mohrrübe, Runkelrübe).
Rubel, *m.*, russ. Geldeinheit, als Münze s. 1704 (→ Währungen, Übers.
Rübeland (D-38889), Gem. i. Kr. Wernigerode, i. Harz, a. d. Bode, S-A., 1411 E; Höhlenmuseum; in d. Nähe Tropfsteinhöhlen; *Hermanns-, Baumanns-, Bielshöhle*.
Rubens, *Peter Paul* (28. 6. 1577–30. 5. 1640), fläm. Barockmaler; an versch. eur. Höfen tätig (z. T. m. diplomat. Aufgaben); lebensfreudige Farbenpracht, z. T. monumentale Figurenkompositionen; über 600 Gemälde; rel. Stoffe: *Kreuzabnahme; Das Jüngste Gericht*; mythol.: *Amazonenschlacht*; histor.: *Medici-Zyklus*; Landschaften; Porträts: (s. Gattinnen) *Isabella Brant* u. *Hélène Fourment*; unterhielt gr. Werkstatt m. zahlr. Schülern. Abb. ← Satyrn.
Rübenzucker → Zucker.
Rubeolen, svw. → Röteln.
Rübezahl, Berggeist des Riesengebirges, erscheint in vielerlei Gestalt; seine oft hilfreichen Neckereien von *Musäus* erzählt.
Rubidium, *Rb*, chem. El., Oz. 37, At.-Gew. 85,47, Dichte 1,53; Alkalimetall, Vorkommen als Salz in Sol- u. Mineralwässern und in Abraumsalzen; R.verbindungen färben die Flamme rotviolett.
Rubikon, lat. *Rubico*, Grenzfluß zw. Italien u. dem alten zisalpinen Gallien (wahrscheinl. d. s. 1932 in „Rubicone" umbenannte Fiumicino), mit dessen Überschreitung v. Cäsar 49 v. Chr. der Bürgerkrieg begann (→ alea iacta est).
Rubin, *m.*, roter Edelstein; *echter R.* ist roter → Korund; die roten Spinell-Arten u. roter Topas (brasilian. R.) heißen R.; *Böhmischer R.* u. *Kap-R.* sind → Granatsorten; auch synthet. hergestellt.
Rubinglas, versch. rote Glassorten; echtes R. durch kolloidales Gold, unechtes durch Kupfer- od. Silberverbindungen gefärbt.
Rubinstein,
1) *Anton* (28. 11. 1829–20. 11. 94), russ. Pianist und Komp.; Klavierkonzerte, Opern, Oratorien, Lieder.
2) *Arthur* (28. 1. 1887–20. 12. 1982), am. Pianist poln. Herkunft.
Rubljow, *Andrej* (um 1360/70–zw. 1427 u. 30), größter altruss. (Ikonen-) Maler.

Rüböl, Öl aus d. Samen v. → Raps u. Rübsen; Speiseöl, Brennöl, Schmiermittel.

Rubrik, w. [l.], urspr. rot gemalte Überschrift in ma. Handschriften; dann Abteilung, (Buch-)Spalte.

rubrizieren, mit Überschriften versehen, einordnen.

Rubruk, *Ruysbroek,* Wilhelm v. (um 1210 bis um 70), fläm. Franziskaner; Asienreisender (erreichte 1254 Karakorum).

Rubrum [l. „das Rote"], in gerichtl. Entscheidungen der (früher nur geschriebene) Anfang, der d. Angabe d. Parteien, ihrer Vertreter, d. Richter, d. letzten Verhandlungstages und des Streitgegenstandes enthält.

Rübsame, *Rübsen,* rapsähnlich; liefert → Rüböl.

Ruchgras, duftendes Wiesengras, minderwertiges Futter.

Rücken, s., forstwirtsch. Bez. f. d. Transport e. Baumstammes v. Ort d. Fällung b. z. nächsten Holzabfuhrweg.

Rückenmark, lat. *Medulla spinalis,* vom Gehirn ausgehender Strang innerhalb des Wirbelkanals, enthält Nervenbahnen und Nervenzentren (Zentral-→ Nervensystem), sendet 31 Paar (periphere) R.nerven aus und endet im Bereich des 2. Lendenwirbels in Nervenauffaserungen (sog. *Pferdeschwanz*).

Rückenmarksschwindsucht, Rückenmarksdarre → Tabes dorsalis.

Rückenschwimmer → Wasserwanzen.

Ruckers ['rykərs], fläm. Cembalomacher-Familie des 16. u. 17. Jh.s.

Rückert, Friedrich (16. 5. 1788–31. 1. 1866), dt. Lyriker; formvollendete Nachdichtung morgenländ. Dichtung; *Geharnischte Sonette; Liebesfrühling, Weisheit des Brahmanen.*

Rückfall,
1) wer eine vorsätzl. Straftat begeht u. schon mindestens zweimal wegen eines Verbrechens od. vorsätzl. Vergehens verurteilt wurde u. deswegen mindestens 3 Monate Freiheitsstrafe verbüßte, wird, wenn frühere Verurteilungen eine Warnung für ihn waren, mit Freiheitsstrafe v. mindestens 6 Monaten bestraft (§ 48 StGB).
2) neuer Ausbruch einer abgeklungenen Krankheit, *Rezidiv.*

Rückfallfieber, lat. *Febris recurrens,* durch Spirochäten hervorgerufene, meist durch Läuse, Flöhe u. Wanzen übertragene Infektionskrankheit; nach Fieberabfall e. fünf- bis zehntägiger Pause Rückfall mit Fieber.

Rückgrat, svw. → Wirbelsäule.
Rückgriff, svw. → Regreß.
Rückhandschlag, *Backhand,* Schlagart bei Tennis, Tischtennis u. Badminton; Handrücken zeigt i. Schlagrichtung; Ggs.: → Vorhandschlag.

Rückkaufsrecht, *Wiederkaufsrecht,* vertraglich vorbehaltenes Recht eines Verkäufers, d. verkauften Gegenstand v. Käufer zurückzuerwerben (§§ 497–503 BGB).

Rückkopplung,
1) psych. → Feedback.
2) biol. charakterist. Merkmal der Selbstregelung in lebenden Systemen (z. B. Wärmeregelung im menschl. Körper, analog Thermostate in der Technik).
3) allg. Ausgangssignal e. Systems wird

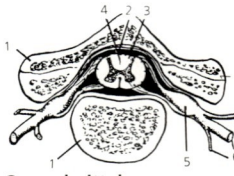

Querschnitt des menschlichen Rückenmarks
1 Wirbelknochen
2 R.häute
3 R.flüssigkeit
4 Rückenmark (weiße Substanz: Nervenbahnen; graue Substanz: Nervenzellen)
5 Spinalganglion
6 periphere Nerven

Friedrich Rückert

Rudern, Peter Michael Kolbe (D) im Einer

Kaiser Rudolf II.

an Eingang d. Systems zurückgegeben u. dort z. Systemsteuerung verwendet.
4) *Rundfunktechnik:* Rückführung e. Teils d. verstärkten Wechselspannung an d. Anode e. Elektronenröhre auf d. Steuergitter derselben oder e. davorgeschalteten Röhre (ebenso auch bei Transistoren); dadurch weitgehende Entdämpfung d. Anordnung bis zur Entstehung v. Eigenschwingungen möglich; in Niederfrequenzverstärkern bei best. Frequenzen bemessen, *Gegenkopplung* (Baßanhebung, Höhenanhebung).

Rückkreuzung, die Kreuzung eines *Bastards* der 1. Generation mit einem seiner Elterntypen; genetische Methode bei Pflanzen- u. Tierzüchtung.

Rücklage,
1) *gesetzliche R.* (z. B. bei AG.en), bis d. R. 10% oder e. in der Satzung bestimmten höheren Teil des Grundkapitals erreicht hat, sind mindestens 5% des Reingewinns zu sammeln; ferner ist das → Agio zuzuführen.
2) *freiwillige R.* durch Gesellschaftssatzung od. Beschluß d. Generalversammlung i. d. Regel höchstens die Hälfte des Jahresüberschusses, der bereits um einen evtl. Verlustvortrag u. die Zuführung zur gesetzl. R. vermindert sein muß. Obergrenze: die f. R. darf nicht mehr als die Hälfte des Grundkapitals erreichen. 1) u. 2) bilden die *offenen Reserven,* darüber hinaus können *stille Reserven* durch Unterbewertung v. Vermögensteilen, Überbewertung von Schuldteilen, Bilanzierungswahlrechte etc. vorhanden sein, die aus der Bilanz nicht ersichtlich sind.

rückläufige Bewegung, retrograde B., eines Himmelskörpers, von Ost nach West gerichtet; Ggs.: → rechtläufige Bewegung.

Rückprämiengeschäft → Börsengeschäfte.

Rückschlagventil, selbsttätig wirkendes Absperrorgan f. Flüssigkeiten od. Gase, das die Rückwärtsbewegung der Strömung verhindert; vorgeschrieben z. B. an Wasserzuleitungen v. Waschmaschinen.

Rückstellung, Kapitalreserven e. Unternehmung f. best. Verpflichtungen, die noch keine Verbindlichkeiten darstellen (z. B. schwebender Prozeß); erscheint in der → Bilanz auf der Passivseite; zu unterscheiden von → Rücklage.

Rückstoß, phys. jede Kraft erzeugt gleich große Gegenkraft (z. B. R. bei einem Geschütz, wenn das Geschoß abgefeuert wird); in der Raketentechnik Beschleunigungswert minus Schubleistung geteilt durch Gewicht.

Rücktritt,
1) jur. kann bei Verträgen gemäß vertragl. Abmachung od. wegen Vertragsverletzung erfolgen; hebt Vertrag rückwirkend auf u. berechtigt zur Rückforderung d. bereits Geleisteten (§§ 346 ff. BGB).
2) *tätige* → Reue.
3) svw. Amtsniederlegung, Demission.

Rückversicherung, Weitergabe, meistens eines Teiles der Versicherung durch den Erstversicherer an andere (Rückversicherer) zwecks Risikoverteilung.

Rückversicherungsvertrag, gegenseit. Neutralitätsvertrag zw. Dtld und Rußland, 1887 von Bismarck abgeschlossen; Nichterneuerung 1890 durch Caprivi gab Rußland frei zum Bündnis mit Frkr.

Rückverweisung, jur. Maßnahme der Instanzgerichte, die erneute Klärung des Sachverhalts durch die Vorinstanz veranlaßt.

Rückwechsel → Wechsel.
Rückwirkung, bestimmte Rechtsfolge kraft gesetzl. Norm; Gesetzen kann R. beigelegt werden (aber → nullum crimen sine lege) oder bei Rechtsgeschäften (z. B. → Anfechtung, Genehmigung, § 184 BGB).

Rudbeckie, nordam. Korbblütler m. gr. Blütenständen; Gartenpflanze.

Rude [ry:d], François (4. 1. 1784–3. 11. 1855), frz. Bildhauer d. Spätklassizismus; *Marseillaise* (am Arc de Triomphe, Paris); *Napoleon erwacht zur Unsterblichkeit.*

Rüde, männl. Tier der Hunde u. Marder.
rüde [frz.], roh, ungehobelt.

Rudel, Hans Ulrich (2. 7. 1916–18. 12. 82), erfolgreichster dt. Kampfflieger im 2. Weltkr.; erhielt als einziger d. höchste dt. Tapferkeitsauszeichnung.

Rudel, i. d. Jägersprache Lebensverband best. gesellig lebender Tierarten (z. B. Elch-, Rot-, Dam-, Muffel-, Gems-, Sika-, Steinwild, Wölfe u. Seehunde).

Rudelsburg, Burgruine (aus d. 30jähr. Krieg) bei Bad Kösen a. d. Saale; westl. Ruine *Saaleck.*

Ruder,
1) seem. Steuer-R.
2) Bootsruder, sportl. *Riemen,* zur Fortbewegung kleiner Boote.

Ruderfüßer,
1) winzige Krebstierchen des Meeres u. Süßwassers (z. B. *Hüpferling*).
2) Wasservogelordnung, ausschließlich Fischnahrung; kurzläufig, Schwimmhäute; → *Fregattvogel,* → Pelikane, → Kormorane, Tropikvogel, → Schlangenhalsvogel, → Tölpel.

Rudergänger, der Mann am Steuerrad eines Schiffs.

rudern, Vorwärtsbewegen eines Bootes mittels Ruder (→ Skull, → Riemen); zum Sportrudern leichte, schmale Rennboote m. Rollsitzen f. 1, 2, 4 u. 8 Mann Besatzung; Zweier u. Vierer werden mit u. ohne, Achter nur m. Steuermann gefahren.

Rüdersdorf bei Berlin (D-15562), Gemeinde im Kreis Fürstenwalde, Bbg., 11 380 E; mit den *R.er Kalkbergen* (Muschelkalk); Kalksteinbrüche, Zementind.

Rüdesheim am Rhein (D-65385), St. im Rheingau-Taunus-Kr., Hessen, 9969 E; AG; Weinbau, Wein- u. Sektkellereien, Weinbrennereien; Seilbahn, Fremdenverkehr.

Rüdiger, Markgraf von Bechelaren (→ Pöchlarn), Gestalt der Nibelungen- u. Dietrichsage.

rudimentär [l.], unausgebildet, verkümmert, *r.e Organe,* rückgebildete u. funktionslos gewordene Organe (z. B. Wurmfortsatz des Blinddarms, Reste der Hintergliedmaßen der Wale).

Rudolf [ahdt. „ruhmreicher Wolf"],
a) dt. Kge und Kaiser:
1) R. v. Schwaben, s. 1057 Hzg, 1077 bis 80 Gegenkg Heinrichs IV.
2) R. v. Habsburg (1. 5. 1218–15. 7. 91), s. 1273 erster Kg nach dem Interregnum, legte durch Sieg über Ottokar v. Böhmen

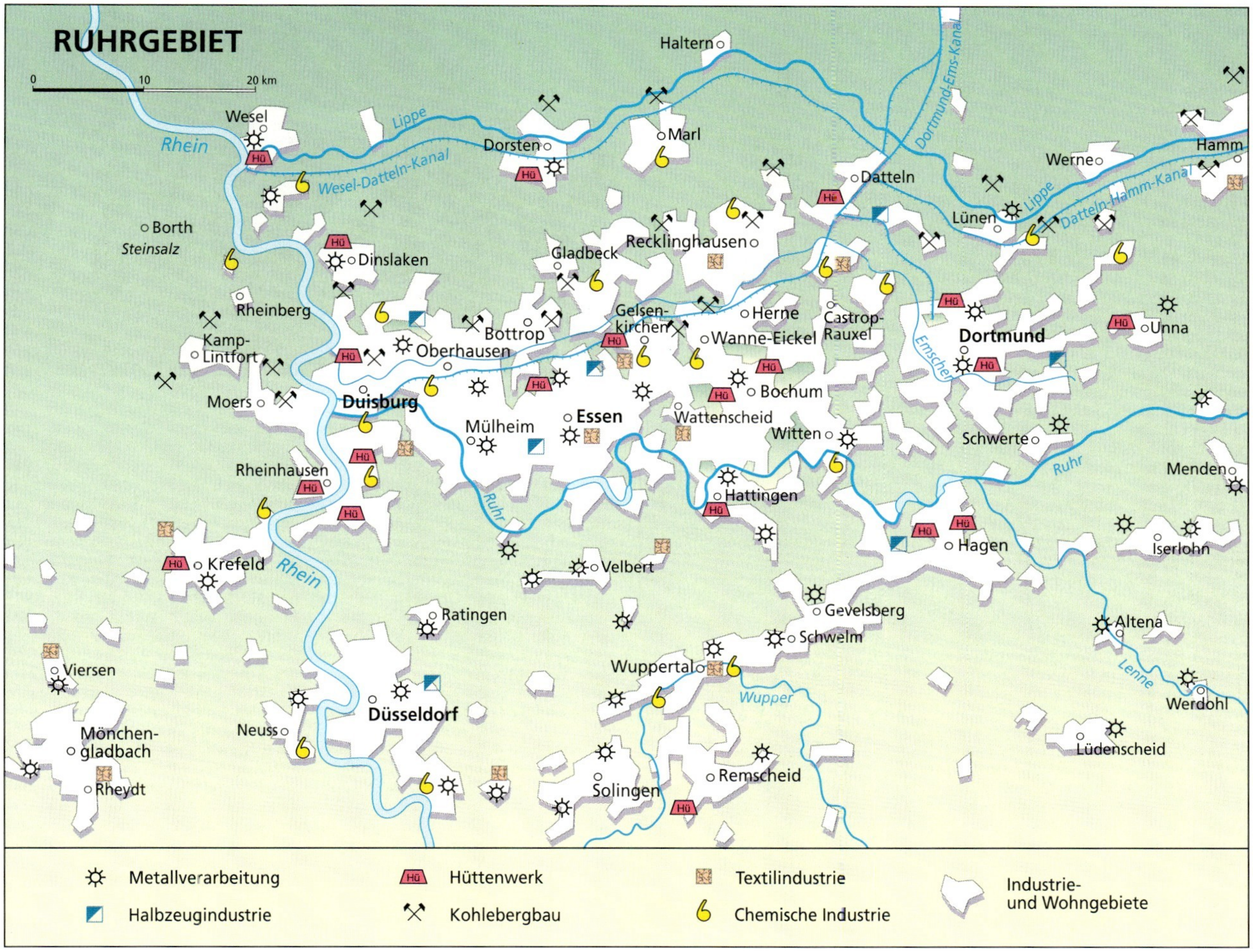

RUHRGEBIET

Symbol	Bedeutung
☼	Metallverarbeitung
◨	Halbzeugindustrie
Hü	Hüttenwerk
⚒	Kohlebergbau
▦	Textilindustrie
🌶	Chemische Industrie
⬜	Industrie- und Wohngebiete

d. Grund zur habsburgischen Hausmacht (Schiller: *Graf von Habsburg*).
3) R. II. (18. 7. 1552–20. 1. 1612), Sohn Maximilians II., s. 1572 Kg von Ungarn, 1575 von Böhmen, 1576 dt. Kaiser.
b) mehrere *Erzherzöge von Östr.:*
4) R. Franz Karl Joseph (21. 8. 1858 bis 30. 1. 89), Kronprinz; Selbstmord (Tragödie von Mayerling).
Rudolf von Ems (dichtete 1215–54), mhdt. Epiker; *Der gute Gerhart; Weltchronik.*
Rudolstadt (D-07407), thür. Krst. a. d. Saale, ehem. Hptst. des Fürstentums Schwarzburg-R., 29 790 E; Schlösser Heidecksburg (Rokoko-Säle) u. Ludwigsburg; div. Ind.
Rue, w. [frz. ry], Straße.
Ruf, Sep (9. 3. 1908–29. 7. 82), dt. Architekt; Wiederaufbau d. *Germanischen Nationalmuseums,* Nürnberg; *Kanzlerbungalow,* Bonn.
Rufmord, den guten Ruf zerstörende Verleumdung.
Rugby [ˈrʌgbɪ], engl. St. i. d. Gft Warwickshire, a. Avon u. Oxford-Kanal, 59 000 E; altberühmte Lateinschule.
Rugby [ˈrʌgbɪ], *s.,* altes, in d. Schule von Rugby begr. Ballspiel; wird von zwei Parteien zu je 15 Mann mit einem eiförmigen Ball gespielt, der zur Wertung („Versuch" = 3 Punkte) mit Händen, Füßen u. Körper in das gegner. Malfeld befördert werden muß; für „Treffer" 5, für „Straftritt" u. „Sprungtreffer" 3 Punkte; Vorwerfen des Balles unerlaubt, daher Rückwärtsstaffelung der Spieler; Aufstellung: 8 Stürmer, 2 Halb-, 4 Dreiviertel- u. ein Schlußspieler; Spielzeit: 2×40 Minuten.
Ruge, Arnold (13. 9. 1803–31. 12. 80), dt. Pol. u. Schriftst. d. Jungen Dtld; gr. 1838 die *Halleschen Jahrbücher;* 1848 Mitgl. d. Frankfurter Nationalvers.
Rüge, Ausdruck d. Mißfallens; → Mängelrüge.
Rügen, größte dt. Insel, vor der meckl.-vorp. Küste, 926, m. Nebeninseln 973 km², 85 000 E; durch tiefeingehende „Bodden" reich gegliedert; Halbinseln: Wittow, Jasmund, die Granitz und Mönchgut; im O Steilküste (Kreidefelsen von Kap Arkona und Stubbenkammer; *Königsstuhl* 118 m); prächtiger Buchenwald; zahlr. Seebäder: Binz, Göhren, Putbus, Saßnitz, Sellin, Baabe. –

Rügen, *Stubbenkammer*

Urspr. von Ostgermanen (Rugiern), dann Slawen bewohnt, 1168 dän. unter Waldemar I., 1325 zu Pommern, 1648 bis 1807 schwed., 1807–13 frz., 1815 preuß., s. 1945 zu Mecklenburg-Vorpommern.
Rügendamm, 2½ km lang, verbindet Rügen (Altefähr) mit Festland (Stralsund).
Rugier, ostgerman. Stamm, seit dem 2. Jh. v. Chr. in Pommern und Rügen; im 5. Jh. in den Goten aufgegangen.
Rühe, Volker (* 25. 9. 1942), CDU-Pol., 1989–92 Gen.sekr. d. CDU, s. 1992 B.verteidigungsmin.
Ruhepotential, elektrische Spannungsdifferenz zw. dem Zellinneren u. -äußeren.
Ruhestörung, zur Störung d. Ruhe des Publikums geeignete, unberechtigte u. das Maß des Erlaubten erhebl. überschreitende Erregung v. Lärm; kann als → Ordnungswidrigkeit geahndet werden.
Ruhestrom, ständig fließender el. Strom, durch dessen Unterbrechung ein Mechanismus (z. B. Meldesignal) betätigt wird.

Ruhla (D-99842), St. i. Kr. Eisenach, Thür., Sommerfrische im nordwestl. Thüringer Wald, 350–450 müM, 5237 E; Uhren-, Elektroind.

Rühm, Gerhard (* 12. 2. 1930), östr. Schriftst.; experimentelle Lyrik u. Prosa; *Fenster. Texte 1955–66.*

Rühmann, Heinz (7. 3. 1902–3. 10. 1994), dt. Bühnen- u. Filmschauspieler; *Der Mustergatte; D. Hauptmann von Köpenick; D. brave Soldat Schwejk.*

Ruhmasse → Relativitätstheorie, Übers.

Rühmkorf, Peter (* 25. 10. 1929), dt. Schriftst.; gesellschaftskrit. Lyrik, Dramen, Essays; 1993 Büchner-Preis; *Irdisches Vergnügen in g; Gemischtes Doppel.*

Ruhpolding (D-83324), Luftkurort u. Wintersportpl. i. Kr. Traunstein, Oberbayern, im Trauntal, 650 müM, 6421 E.

Ruhr, r. Nbfl. des Rheins, durchfließt das → Ruhrgebiet, 213 km lang, mündet bei Duisburg-Ruhrort; bis Mülheim f. 1700-t-Schiffe befahrbar.

Ruhr, *Dysenterie,*
1) *Bakterien-R.,* durch R.bakterien, Infektionskrankheit m. blutig-schleimigen Durchfällen (Dickdarmgeschwüre); meldepflichtig.
2) *Amöben-R.* (bes. i. d. Tropen) durch → Amöben.

Ruhrgebiet, Rhein.-Westfäl. Ind.gebiet, größtes Industriegebiet Europas, nördl. d. Ruhr b. z. Lippe reichend, dicht besiedelt, reiche Kohlenlager (Fett-, Mager-, Gas- u. Gasflammkohle), Zentrum der dt. Schwerindustrie (Eisen- und Stahlerzeugung); zahlreiche Großstädte und seit 1929 große Siedlungsgemeinschaften; „Ruhrschnellverkehr" der Eisenbahn, engmaschiges Straßennetz, Kanäle (Rhein-Herne-, Dortmund-Ems) als Verbindungen der Bez.e in der „Riesenstadt" von Hamm bis Duisburg (→ Karte).

Rührmichnichtan, svw. → Springkraut.

Ruhrstatut, vom 28. 12. 1948 in London: *intern. Behörde* (USA, Gr.-Brit., Frankr., Benelux, BR) z. Kontrolle d. Kohle- u. Stahlproduktion d. Ruhrgebiets; 1952 bei Inkrafttreten d. Montanunionvertrages aufgehoben.

Ruin, *m.* [l.], Verfall, Untergang, Zerrüttung, besonders wirtschaftliche Verhältnisse.

Ruine, *w.,* Reste eines verfallenen Bauwerks.

ruinieren, zugrunde richten.

Ruisdael ['rœizdaːl], ndl. Malerfamilie, hauptsächl. Landschaften; bes.:
1) Jakob van R. (1628/29–begr. 14. 3. 82), auch Arzt; s. Gemälde v. zunehmend dramat., später auch schwermütiger Stimmung beeinflußten die (Landschafts-) Malerei d. Romantik, s. Onkel
2) Salomon van R. (zw. 1600/03–begr. 3. 11. 1670).

Ruiz [rrüiθ], Juan gen. *Erzpriester v. Hita* (um 1283–um 1350), span. Dichter des MA.

Ruiz de Alarcón y Mendoza [rrüiθ- -θa], Juan (1581–4. 8. 1639), span. Barockdramatiker.

Ruländer, dt. Bez. f. → *Pinot Gris.*

Rule Britannia ['ruː brı'tænjə „herrsche, Britannien"], engl. Nationallied; Text v. *Thomson,* Musik v. *Arne* (1738).

Rum, *m.,* alkoholisches Getränk aus Zuckerrohrsaft u. Melasse (*Jamaika-R.*); *dt. R.* aus Rübenzucker u. echter *Rumhefe.*

Rumänien, Rep. im Donau-Karpaten-Raum (Osteuropa); Bev.: 89% Rumänen, 7% Ungarn, 0,5% Deutsche. **a)** *Geogr.:* Im Zentrum von dem bewaldeten Karpatenbogen umgeben, das Siebenbürgische Hochland (reich an Erdgas, Buntmetallen, Getreide); an den Außenseiten d. Flachländer der Walachei (Erdöl, Getreide), der N Dobrudscha m. Donaudelta u. Haupthafen am Schwarzen Meer *Constanța;* Moldauhochebene (Weinbau); im W Anteil am Banat (Kohle); andere Bodenschätze: Salz, Gold, Uran, Kupfer, Bauxit. **b)** *Ind.:* Hptanteil d. Nationaleinkommens; wichtige Zweige: chem., Stahl- u. Nahrungsmittelind.; (1991): Erdöl 6,8 Mill. t, Erdgas (1992) 25 Mrd. m³, Stahl 7,1 Mill. t. **c)** *Landw.:* 29% d. Bev.; Weizen, Mais, Gerste, Roggen, Kartoffeln, Zuckerrüben; Viehzucht: Rinder, Schweine, Schafe (1991: 14 Mill.); nach d. 2. Weltkrieg wurden Ind. u. Handel verstaatlicht, die Landw. weitgehend kollektiviert; 1990 Beginn der Privatisierung u. Umstellung d. Plan- zur Marktwirtschaft. **d)** *Außenhandel* (1991): Einfuhr 5,6 Mrd., Ausfuhr 4,1 Mrd. $; wichtigste Handelspartner: Dtld, Rußland, Italien. **e)** *Verkehr:* Eisenbahn 11 340 km. **f)** *Verf.* v. 1991: Rep. m. Zweikammerparlament (Senat u. Deputiertenvers.). **g)** *Verw.:* Municipium Bukarest u. 40 Kreise. **h)** *Gesch.:* 1. Jtd v. Chr. v. Dakern bewohnt, 106–271 n. Chr. röm. Provinz Dakien; 7.–10. Jh. Bildung d. rumän. Volkes, 10.–13. Jh. d. ersten rumän. Fürstentümer; 11. Jh. Siebenbürgen v. Ungarn erobert; 14. Jh. Gründung d. unabhängigen Fürstent. Walachei u. Moldau, die im 16. Jh. unter türk. Herrschaft gelangten (m. eingeschränkter Autonomie). 1859 Vereinigung d. Walachei u. d. Moldau unter d. Namen Rumänien durch den Fürsten Cuza; nach seinem Sturz 1866–1914 Carol I. von Hohenzollern-Sigmaringen; 1877 unabhängig, 1881 Kgr.; 1917–27 Ferdinand I. Kg. 1916 Kriegserklärung an Östr.-Ungarn; 1917/18 ⅔ d. Landes v. Mittelmächten besetzt; 1918 Friede v. Bukarest. 1918 Vereinigung v. Siebenbürgen u. Banat (bis dahin ungar.) u. v. Bukowina (s. 1775 östr.), Angliederung v. Bessarabien (s. 1812 russ.), durch d. Friedensverträge v. St-Germain u. Trianon anerkannt; 1927–30 Michael I. unmündig, 1930–40 Carol II., der 1938–40 diktatorisch regierte; 1940 Abtretung v. Bessarabien u. d. N-Bukowina an die Sowjetunion, der S-Dobrudscha (s. 1913 rumän.) an Bulgarien, N-Siebenbürgen an Ungarn; 1940–44 Militärdiktatur Marschall Antonescus (Abdankung Carols II., Michael I. wieder Kg); 1941 Eintritt in den 2. Weltkr. auf d. Seite Dtlds; 1944 Staatsstreich Michaels, Sturz Antonescus, Waffenstillstand m. den Alliierten. In Pariser Frieden (1947) Bestätigung d. Gebietsabtretungen v. 1940 bis auf N-Siebenbürgen, das wieder zu R. kam; Dez. 1947 (nach Abdankung Kg Michaels) R. Volksrep.; 1965 Sozialist. Rep.; 1967 Aufnahme diplomat. Beziehungen mit d. BR; 1968 keine Teilnahme a. d. Intervention i. d. ČSSR (Hinweis auf Souveränität jeden Landes), seitdem außenpol. Neutralitätskurs; Mitte d. 80er Jahre Verschlechterung d. Wirtsch.lage, 1988 umstrittene Landreform (Einebnung v. 8000 Dörfern); 1989 Spannungen m. Ungarn; Ende 1989 Protestdemon. gg. Reg., Volksaufstand m. blutigen Unruhen; am 1989 Sturz von → Ceaușescu (s. 1967 Staatspräs.) durch Mil., nach Flucht hingerichtet; 1990 Bildung eines Provisor. Rats d. Nat. Einheit, Mai 1990 erste freie Wahlen (FNR-Kandidat Iliescu zum Staatspräs. gewählt); anhaltende Demonstrationen gegen Reg.; 1992 Iliescu b. Präs.-Wahlen im Amt bestätigt; 1993 Assoz.abk. m. d. EU; 1996 Wahl Constantinescus zum Präs. (erster Präs., der kein kommunist. Funktionär war).

rumänische Literatur, bis ins 17. Jh. fast nur altslaw. Literatur; Anfänge unter d. Einfluß hussit. Propaganda, dann d. Reformation; s. 16. Jh. rel. Literatur: Cadicele Voronetzean, Chroniken, Annalen. 19. Jh.: Alecsandri (Lyrik u. Lustspiele), Eminescu (bedeutendster Dichter), Creangă u. Slavici (Erzählungen), Caragiale (Theater), Maiorescu (Literaturkritik). 20. Jh.: Roman: Sadoveanu, Rebreanu, Camil Petrescu; Lyrik: Arghezi, Blagă, Barbu, Bacovia; Literaturkritik: Lovinescu, Vianu, Calinescu; Rel.forschung: M. Eliade.

rumänische Sprache → Sprachen (Übers.).

Rumba, *m.,* Tanz (aus Cuba), ⅛-Takt (3+3+2).

Rumänien, *Volkstanz*

Rumänien

Jakob van Ruisdael, *Der Judenfriedhof*

Rundfunktechnik

Technik der ungerichteten Übermittlung von Zeichen, Gesprochenem, Musik, Bildern, bewegten Szenen durch elektromagnetische Wellen, aus phys. Theorie vorhergesagt von J. C. Maxwell, erstmalig dargestellt durch H. Hertz 1888. Erste technische Auswertung durch Marconi, Slaby, Braun um 1900. Erster dt. Nachrichtensender 1915, erster dt. Hörfunksender 1923, erster dt. Fernsehsender 1932. – Im Anfang **Funkentelegraphie:** Sender mit → Funkeninduktor u. Funkenstrecke, Empfänger mit → Fritter; nur Übermittlung von Morsezeichen möglich, da gedämpfte Wellen nicht mit Mikrophonströmen moduliert werden können. Reichweite durch kleine Antennenenergie anfänglich (1895) wenige Kilometer, bis etwa 1916 auf 20 000 km (halber Erdumfang) gesteigert. – Durch Entwicklung geeigneter → Elektronenröhren *moderner Ton-***Rundfunk** *(Fernseh-***Rundfunk** → *Fernsehen):* **a)** *Senderseite:* Im Studio werden akustische Darbietungen durch Mikrophon in niederfrequente (16–20 000 Hz) Wechselströme (NF) umgewandelt, die unmittelbar oder vom Magnetband bzw. von der Schallplatte über → Kabel od. auch → Richtfunk zu den Sendestationen geleitet werden. Beim Sender erzeugt ein → Oszillator ungedämpfte Hochfrequenz-Wechselstromschwingungen (HF), die *Trägerfrequenz.* In der Modulationsstufe wird die HF mit der NF moduliert (→ Modulation). Nach ein- od. mehrmaliger Verstärkung in der nachfolgenden End- od. Leistungsstufe wird die modulierte HF der Antenne zugeführt, nach allen Richtungen als elektromagnetische Welle abgestrahlt u. pflanzt sich dann im Raum mit Lichtgeschwindigkeit fort. Sendeantenne bei Mittel- u. Langwellen meist als selbststrahlender Eisenmast (auf ¼ der abzustrahlenden Wellenlänge abgestimmt), bei Kurz- u. Ultrakurzwelle meist ein od. mehrere → Dipole (halbe Länge der abzustrahlenden Wellenlänge) an Holz-, Eisen- od. Betonmast befestigt. Wellenenergie wird dem Wege zum Empfänger stark geschwächt. **b)** *Empfänger:* In der Empfangsantenne erzeugen die auf dem Weg zum Empfänger stark gedämpften (geschwächten) Wellen schwache HF-Ströme. Da gleichzeitig mehrere Sender auf die Empfangsantenne einstrahlen, entsteht dort ein Gemisch v. HF-Strömen m. versch. Frequenzen. Durch d. Abstimmungseinrichtung i. Empfangsgerät wird d. gewünschte HF herausgefiltert u. verstärkt, u. d. NF wird durch Demodulation (z. B. → Detektor, → Audion) wieder v. d. HF getrennt, nochmals verstärkt u. dem Lautsprecher zugeführt. Grundsätzlich gibt es zwei Arten v. Empfängern: → Geradeaus- u. → Überlagerungsempfänger (Superhet); letztere sind heute die am weitesten verbreiteten Geräte. Leistung durch moderne Bauelemente (Halbleiter, Ferrite u. ä.) u. viele sinnreiche Schaltungsverfeinerungen sehr bedeutsam: automat. → *Fadingausgleich,* d. nahezu gleichmäßige Lautstärke trotz heftiger Schwankungen d. Antennenspannung ergibt; *automat. Scharfabstimmung,* die b. Empfängern m. Drucktasten z. Senderwahl unvermeidliche Unschärfen selbsttätig ausgleicht; *Baßanhebung* zur nachträglichen Berichtigung des verfälschten Klanges; *Dynamikentzerrung* zur Erweiterung d. ebenfalls verfälschten Verhältnisse v. lauten u. zu leisen Musikstellen (Übertragung ist immer zu "flach"); *gespreizte Kurzwellenbänder,* wodurch Abstimmung im Kurzwellenbereich merklich erleichtert wird, u. v. a.
Seit etwa 1949 Rundfunkübertragungen auf dem *UKW-Band.* Während Lang-, Mittel- und Kurzwelle amplitudenmoduliert, ist UKW-Rundfunk frequenzmoduliert (→ Frequenzmodulation). Vorteil: größere Bandbreite als bei Amplitudenmodulation, dadurch bessere Klangtreue (Hi-Fi) und Stereoeffekt ermöglicht. Grobe Charakterisierung der Empfängerentwicklung: Detektor-, Röhren-, Transistor-Empfänger, moderne → Hi-Fi- und → Stereoanlagen. Digitalisierung der Rundfunk-Signale geplant.

Rumelien, bis 1864 Name einer türk. Statthalterschaft, die ganze südöstl. Balkanhalbinsel umfassend; → Ostrumelien.

Rumeln-Kaldenhausen, s. 1975 zu → Duisburg.

Rumford [ˈrʌmfəd], Sir Benjamin Thompson (26. 3. 1753–21. 8. 1814), engl., dann bayr. Staatsmann; führte d. Kartoffel i. Bayern ein, reorganisierte d. Heer u. legte Engl. Garten i. München an; beschäftigte sich als Phys. m. d. Entstehung v. Reibungswärme.

Rumor, Mariano (* 16. 6. 1915), it. Pol. (DC); 1968–70 u. 1973/74 Min.präs.

Rumor, *m.* [l.], Lärm, Gepolter.

Rumpfgebirge → Gebirge.

Rumpfparlament, Rest e. Parlaments (z. B. d. Frankfurter Nat.vers. 1849 in Stuttgart).

Rumpler, Edmund (4. 1. 1872–7. 9. 1940), dt. Flugzeug- u. Autokonstrukteur; Tropfenauto-Konstruktion; baute erstes Kabinenflugzeug.

Rumpsteak, *s.* [engl. ˈrʌmpsteɪk], Scheibe Rinderlende, gebraten oder gedämpft.

Run, *m.* [engl. rʌn „Bestürmung"], durch besondere Umstände (Gerüchte, Krieg) veranlaßter Ansturm (z. B. auf die Kassen einer Bank).

Rundbogen, bes. in der röm., roman. u. Renaissance-Baukunst → Bogen 1).

Runde, *b. Sport:*
a) im → Boxen Kampfabschnitt v. 3 Min. Dauer;
b) einmaliges Durchmessen e. in sich geschlossenen Lauf- od. Rennstrecke.

Rundfunk, drahtlos auf Funkweg durch → Modulation von hochfrequenten elektromagnet. Wellen übertragene Darbietungen *(Sendungen)* des *Ton-* oder *Fernsehrundfunks* (Übersichten → Rundfunktechnik u. → Fernsehen); wird auf versch. Wellenbereichen (→ Rundfunkfrequenzbereiche) v. Sendern ausgestrahlt u. v. R.-Empfangsgeräten empfangen. Entstehen der ersten Ton-R.-Sender nach dem 1. Weltkrieg, in Dtld 1923/24, Entwicklung des Fernseh-R.s in Deutschland 1934, durch 2. Weltkrieg unterbrochen, ab 1950 wieder Versuchssendungen u. s. 1953 allg. Fernseh-R. *Programmgestaltung* d. Ton- u. Fernseh-R.s richtet sich teils nach Publikumswünschen, teils nach den Programmrichtlinien v. ARD (Programmgrundsätze) u. ZDF (Staatsvertrag), etwa je zur Hälfte Wort- u. Musikdarbietungen. Rechtsverhältnisse: In der BR die Gestaltung der Programme Sendegesellschaften übertragen; diese sind → öffentlich-rechtliche Körperschaften u. in der Programmgestaltung unabhängig von Staat oder Regierung; 1984 Gesetzgebung z. Zulassung privater R.gesellschaften. Im Ausland Staats-R. und durch Werbung finanzierte kommerzielle R.gesellschaften. Die Übertragung der Programme von den Studios zu den Sendern erfolgt über → Kabel od. → Richtfunk (auch Nachrichtensatelliten). Die Sender werden teils v. d. Sendegesellschaften in Lizenz oder von d. Dt. Bundespost betrieben. Betrieb von Ton- u. Fernseh-Empfangsgeräten ist genehmigungspflichtig u. unterliegt einer monatl. zu zahlenden Gebühr. Gebühreneinzug durch *GEZ* (Gebühreneinzugszentrale). In d. BR 1995 Ton-R.-Genehmigungen: 36,572 Mill., Fernseh-R.-Genehmigungen: 32,634 Mill.; Privatsender seit Ende 80er Jahre. – Zur Ausschaltung von gegenseitigen Störungen *Aufteilung der Wellenlängen* durch intern. Abkommen; erstmalig Genf 1926; → Wellenplan.

Rundfunkfrequenzbereiche, die nach intern. Vereinbarungen speziell für Rundfunkübertragungen zur Verfügung stehenden Wellenlängen: Langwellenbereich *(LW):* 140–350 kHz; Mittelwellenbereich *(MW):* intern. 535–1605 kHz, in Mitteleur. 510–1602 kHz, „Europa-Welle" 1415–1629 kHz; Kurzwellenbereich *(KW)* intern. 5,95–26,1 MHz, tatsächlich genutzt 5,93–26,55 MHz; Ultrakurzwellenbereich *(UKW):* Fernseh-

Weg einer Ton-Rundfunksendung vom Studio zum Empfänger

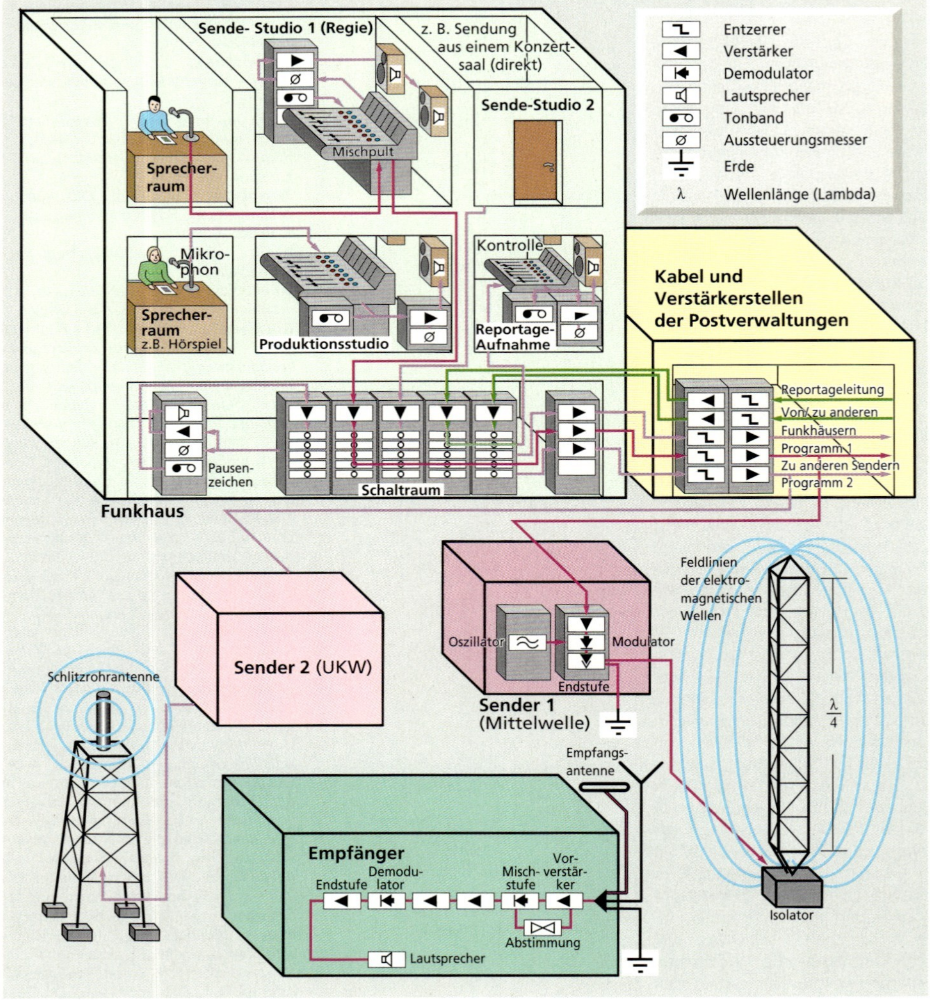

band I (*VHF*) 48–68 MHz, Band II, Tonfunk 87,5–104 MHz, Fernsehband III (*VHF*) 175–223 MHz, Fernsehband IV (*UHF*) 471–605 MHz, Fernsehband V (*UHF*) 607–789 MHz.

Rundhöcker, v. Gletscher b. seiner Vorwärtsbewegung zu runden Buckeln abgeschliffene Unebenheiten des Felsenuntergrundes, d. Stoßseite sanft ansteigend und geschrammt, d. gegenüberliegende Abfall steil; vielfach in Schweden und N-Dtld.

Rundköpfe, Bez. (wegen Haartracht) f. O. Cromwells Anhänger während d. Puritan. Revolution (1642–52).

Rundling, Kleindorf m. regelmäßiger Anordnung d. Gehöfte um einen Rundplatz, d. nur nach einer Seite hin geöffnet ist; Form im alten dt.-slaw. Grenzraum (Mecklenburg, Brandenburg, Sachsen, Böhmen).

Rundmäuler, mit einer → Chorda ausgerüstete niedere Wirbeltiere (z. B. → Neunaugen).

Rundstedt, Gerd v. (12. 12. 1875 bis 24. 2. 1953), dt. Gen.feldm.; 1942–45 Oberbefehlsh. a. d. Westfront.

Runen [got. „rûna = Geheimnis"], älteste german., v. allen Germanenstämmen vom 2./3.–11. Jh. verwendete, in Stäbe geritzte Schriftzeichen, urspr. Symbole f. kult. Zwecke; älteste R.inschriften: *gotisch; R.alphabet* in O-Europa u. Skandinavien: *Gemeingerman. R.alphabet* aus 24 Buchstaben auf Gedenk- u. Grabsteinen aus d. Wikingerzeit bis weit in die christl. Zeit; wichtigster Fund: *Eggjumstein* (in Norwegen), Grabsteinplatte m. über 200 Zeichen; *jüngeres nord. Alphabet* auf 16 Buchstaben gekürzt.

Runge,
1) Erika (* 22. 1. 1939), dt. Filmregisseurin u. Autorin; sozialkrit. Porträts u. literar. Protokolle; *Bottroper Protokolle*.

Philipp Otto Runge, *Selbstporträt*

2) Friedlieb Ferdinand (8. 2. 1795 bis 25. 3. 1867), dt. Chem.; Entdecker des Anilins (1834), Coffeïns, Atropins, Phenols u. a.
3) Philipp Otto (23. 7. 1777–2. 12. 1810), dt. Maler d. Romantik u. Schriftsteller; *Die vier Tageszeiten; Die Hülsenbeckschen Kinder; Eltern des Künstlers*.

Runkelrübe, *Beta vulgaris*, Gänsefußgewächs, Kulturpfl. (Wurzel Viehfutter); Abarten: → Mangold, Zuckerrübe, rote Rübe.

Runse, *Runz*, Rinnen an Berghängen; auch kleines Seitental und s. Gewässer.

Ruodlieb, erster dt. Roman (11. Jh.) in mittellat. Sprache (leoninische Hexameter), aus Kloster Tegernsee.

Rupiah → Rupie.

Rupie, *Rupiah,* → Währungen, Übers.

Rupprecht, Kronprinz v. Bayern (18. 5. 1869–2. 8. 1955), im 1. Weltkr. Führer einer Heeresgruppe.

Ruprecht, *Knecht R.,* der Begleiter des hl. Nikolaus, oft auch mit ihm gleichgesetzt.

Ruprecht v. d. Pfalz, dt. Kg 1400 bis 1410.

Ruptur, w. [l.], Riß (z. B. eines Blutgefäßes).

Rur, *Roer,* r. Nbfl. der Maas bei Roermond, vom Hohen Venn; 208 km lang.

Runenstein, *Schweden*

Rurik, Warägerfürst (→ Rußland, Geschichte).

Rus, Bez. f. ostslaw. Stämme im Kiewer Reich (9./10. Jh.).

Rüsche, w. [frz.], gefältelter Kleiderbesatz.

Rushdie, [ˈrʊʃdi], Salman (* 19. 6. 1947), brit.-ind. Schriftst., Romane: *Mitternachtskinder; Scham und Schande*; wurde wegen rel. Äußerungen in dem Roman *Die Satanischen Verse* vom iran. Revolutionsführer zum Tode verurteilt u. lebt seither im Untergrund.

Rusika, Kiewer Gesetzsammlung; ältestes slaw. Gesetzbuch (11.–13. Jh.).

Rusk [rʌsk], Dean (9. 2. 1909–20. 12. 1994), am. Rechts- u. Staatswissenschaftler, 1961–69 Außenmin. d. USA.

Ruska, Ernst (25. 12. 1906–27. 5. 88), dt. Ingenieur, Erbauer d. ersten → Elektronenmikroskops.

Ruskin [ˈrʌskɪn], John (8. 2. 1819–20. 1.

1900), engl. Kunstkritiker, histor. Schriftst. u. Sozialreformer (Volksbildung); Wortführer d. Arts and Crafts-Bewegung u. d. Präraffaëliten; *Moderne Malerei*, *Steine v. Venedig*.

Ruß, sehr feiner Kohlenstoff, aus leuchtenden Flammen bei schneller Abkühlung ausgeschieden; f. Druckerschwärze, Malerfarben, Elektroden, Kautschuk- u. Sprengstoffind.

Russe, türk. *Rustschuk,* bulg. Donau-Hafenstadt, 190 000 E; Getreide-, Tabakausfuhr.

Rüsselkäfer, Käfer mit rüsselartig verlängertem Kopf z. Durchbohren v. Pflanzenteilen.

Russell [rʌsl]
1) Bertrand Earl (18. 5. 1872–2. 2. 1970), engl. Math. und Philosoph; *Principia mathematica* (mit → Whitehead); Nobelpr. f. Lit. 1950.
2) Henry Norris (25. 10. 1877–18. 2. 1957), am. Astronom; Erforschung der Entwicklung der Sterne.

Russell-Diagramm, *Hertzsprung-R.-D.,* 1907 u. 1914 aufgestellt, ordnet den Spektraltyp u. d. absolute Helligkeit d. Sterne einander zu; Sterne ordnen sich im wesentlichen in 2 Gruppen ein: Riesenast u. Hauptreihe (Hauptserie u. Zwergast).

Rüsselsheim (D-65428), St. i. Kr. Groß-Gerau, Hess., am Main, 59 996 E; Opel-Werke.

Rüsseltiere, der Elefant und verwandte ausgestorbene Arten wie *Mastodon* u. *Dinotherium.*

Russen, slaw. Volk mit mongol. u. finn. Einschlag (129 Mill.), urspr. im Mittel-

und N-Teil der eur. Sowjetunion; von nat.russischer Seite *Groß-R.* genannt, um die Ukrainer, fälschl. *Klein-R.* genannt, als Teil des russischen Volkes hinzustellen.

Russi, Bernhard (* 20. 8. 1948), schweiz. alpiner Skirennläufer; 1972 Olympia-Sieger i. d. Abfahrt, Olympia-Zweiter 1976, Weltcup-Sieger i. d. Abfahrt 1970–72.

russische Kirche, Teil d. orthodoxen anatolischen Kirche, → morgenländische Kirche.

russische Literatur, Chronik d. Mönchs Nestor (um 1115), Igorlied (um 1200), Bylinen (ep. Volksdichtungen), Stagnierung z. Z. d. Tatareneinfälle. 18. Jh.: erste selbst. Literaturentwicklung, Lomonossow (erster Bühnendichter), Kaiserin Katharina II. (histor. Bühnenwerke, frz.), Fonwisin (Komödien); Derschawin (Oden), Karamsin (russ. Gesch.). 19. Jh.: Krylow (Fabeln), Gribojedow (erste klass. russ. Komödie: *Verstand schafft Leiden);* Puschkin (Nationaldichter: *Boris Godunow),* Lermontow, Gogol (Komödie: *Der Revisor,* Roman: *Die toten Seelen)* begr. d. neue russ. Literatur, Erzähler: Turgenjew (*Väter und Söhne),* Gontscharow (*Oblomow),* Saltykow-Schtschedrin (Satiriker), Graf L. N. Tolstoj (*Krieg und Frieden),* Dostojewskij (*Schuld und Sühne),* Lesskow; Dramatiker: Ostrowski, Tschechow (*Die Möwe,* auch Kurzgesch.). 20. Jh.: Gorkij (marxist. Erzähler u. Dramatiker, später führender „sozialist. Realist"); lyr. Symbolisten: Blok (*Die Zwölf,* erste Revolutionsdichtung), Brjussow, Iwanow, Belyi, die später d. Revolution bejahten wie Jessenin); lyr. Futuristen: Majakowskij, Chlebnikow, Bagrizkij; Lyriker: Pasternak (auch Roman: *Dr. Schiwago),* Kazin, Mandelstam, Bednyi, Tichonow, Selvinskij (Konstruktivist), Inber, Bergholz, Achmatowa, Twardowskij, Kirssanow, Wosnessenskij, Jewtuschenko; Erzähler: Serafimowitsch, Fadejew (*Die Neunzehn),* Furmanow, Fedin (*Städte u. Jahre),* Pilnjak, Babel, Romanow, Gladkow (*Zement),* Katajew (auch Dramatiker), Ehrenburg (*Die Traumfabrik),* Paustowskij, Sostschenko (Satiriker), Solschenizyn (*Archipel GULAG);* Kollektiv.: Scholochow (*D. stille Don),* Ostrowski (*Wie d. Stahl gehärtet wurde),* Schaginjan (*Hydrozentrale),* Leonow; Heldischer Roman: Nekrassow (*Stalingrad),* K. Simonow; histor. Roman: A. Tolstoj (*Peter I.);* ,,Tauwetterperiode" nach Stalins Tod: Dudinzew (*Der Mensch lebt nicht v. Brot allein);* Dramatiker: Tretjakow (auch Lyrik), Wischnewskij, Bulgakow, Pogodin (auch Lyrik); pol. Literatur: bestimmt v. Lenin, Trotzki, Stalin; exilruss. Literatur: Bunin, Kuprin, Merschkowskij, Andrejew, Berdjajew, Rachmanowa, Stepun, V. Nabokov, Troyat.

russisches Alphabet → Tabelle.

russische Schrift, Abart der → kyrillischen, a. der griechischen entstandenen Schrift, der lat. im 17. Jh. angeglichen.

russische Sprache → Sprachen (Übers.).

Rußland,
1) bis 1917 Bez. f. d. Russ. Reich (März 1917 Abdankung d. Zaren; 1922 Bildung d. → Sowjetunion).

RUSSLAND

Staatsname: Russische Föderation – Rußland, Rossijskaja Feceracija – Rossija
Staatsform: Föderative Republik mit Präsidialsystem
Mitgliedschaft: UNO, GUS, GIS, Europarat, OSZE
Staatsoberhaupt: Boris N. Jelzin
Regierungschef: Wiktor Stepanowitsch Tschernomyrdin
Hauptstadt: Moskau 9,0 Mill. Einwohner
Fläche: 17 075 400 km²
Einwohner: 147 340 000
Bevölkerungsdichte: 9 je km²
Bevölkerungswachstum pro Jahr: ⌀ 0,12% (1990–1995)
Amtssprache: Russisch
Religion: Russ.-Orthodoxe
Währung: Rubel (Rbl)
Bruttosozialprodukt (1994): 392 496 Mill. US-$ insges., 2650 US-$ je Einw.
Nationalitätskennzeichen: RUS
Zeitzone: 11 Zeitzonen; Moskau, St. Petersburg MEZ + 2 Std.
Karte: → Rußland

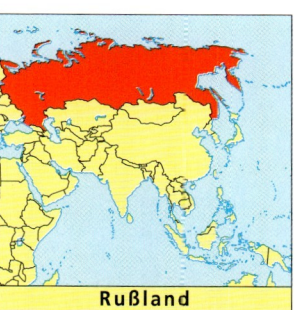
Rußland

Rußland

Bertrand Russell

Bernhard Russi

Russell-Diagramm

2) Russische Föderation – Rußland (bis 1991 Russ. Soz. Föd. Sowjetrep., RSFSR). **a)** *Geogr.:* Das eur. R. umfaßt gr. Teile des östl. Europa u. erstreckt sich im W bis an d. Ostsee, im S bis an d.

russisches Alphabet			
Zeichen	Wert	Zeichen	Wert
А а	a	Р р	r
Б б	b	С с	ss, s
В в	w	Т т	t
Г г	g	У у	u
Д д	d	Ф ф	f, ph
Е е	je	Х х	ch⁴
Ё ё	jo	Ц ц	tz, c
Ж ж	sh, ž¹	Ч ч	tsch, č
З з	s, z²	Ш ш	sch
И и (й)	i (j)	Щ щ	schtsch,šč
К к	k	Ъ ъ	³
Л л	l, l³	Ы ы	y⁵
М м	m	Ь ь	j⁶
Н н	n	Э э	e
О о	o	Ю ю	ju
П п	p	Я я	ja

1 wie in Journal, Genie. 2 wie im Worte „sie". 3 fast = u, wie rhein. Aussprache von „Köln". 4 wie bei ach. 5 dumpfes ü. 6 vorhergehender Konsonant weich gesprochen.

Schwarze Meer; der Ural im O scheidet es vom asiat. R., das im wesentl. aus dem nördl. Teil Asiens (Sibirien) besteht u. im O bis an den Pazifik, im S bis zum Altaigebirge reicht; im N grenzt R. an das Nördl. Eismeer. **b)** *Bev.:* Russen (83 %), über 100 nat. Minderheiten: Tataren (3 %), Ukrainer (2,7 %), Tschuwaschen (1,2 %), Dagestaner, Baschkiren u. a. **c)** *Verw.:* Gliederung in 21 autonome Republiken, 1 Auton. Gebiet, 10 auton. Kreise, 6 Regionen, 49 Gebiete u. 2 Bundesstädte (Moskau, St. Petersburg). **d)** *Wirtsch.:* 1991 Einführung der freien Marktwirtschaft, Privatisierungsprogramm; Landw.: Anbau v. Weizen, Mais, Kartoffeln, Sonnenblumen, Obst, Wein u. Gemüse; Viehzucht; Holzwirtsch.; Bodenschätze: vor allem Gold, Kohle, Erdöl u. Erdgas, Eisenerz; Ind.: Schwer- u. Rüstungsind., chem. Ind., Maschinen- u. Fahrzeugbau, Holz-, Textil- und Nahrungsmittelind. **e)** *Außenhandel* (1992): Einfuhr 35 Mrd. $, Ausfuhr 38,1 Mrd. $. **f)** *Verkehr:* Eisenbahn 87 000 km. **g)** *Verf.* v. 1993: Staatspräs. (auf 4 J. v. Volk gewählt, einmalige Wiederwahl), ernennt m. Zustimmung d. Föderalen Vers. Ministerpräs. und Min., Föderale Vers. aus Volksvertretung (Staatsduma, auf 4 J. gewählt, 450 Abgeordnete) u. Föderationsrat, beschließt Gesetze. **h)** *Gesch.:* Anfang 9. Jh. Vordringen d. Wikinger-(Waräger-) Stammes „Rus" v. Schweden aus bis Nowgorod; Rurik gründete 862 als Vorläufer d. Russischen Reiches den Staat Nowgorod, 864 das Reich von Kiew (→ Ukraine, *Gesch.);* Haus Rurik bis 1598, aber Spaltung in Teilreiche. Anfang 13. Jh. Mongoleneinfall, Befreiung 1480 durch Iwan III.; inzwischen Verlagerung des politischen Schwerpunktes nach Moskau, Großfürstentum

v. 14.–17. Jh., das d. übrigen Fürstentümer unter s. Oberhoheit zwang; Annahme d. Zarentitels 1547 durch Iwan d. Schrecklichen, 1613–1762 Haus Romanow; unter Peter d. Gr. (1689–1725) Gewinn d. Ostseeküste, Aufstieg z. eur. Großmacht: *Russ. Reich;* Peters Tochter Elisabeth (1741–62) erwarb SO-Finnland; seit Peter III. (1762) Haus Holstein-Gottorp-Romanow; Katharina II. (1762–96) gewann Kurland u. Teile Polens (poln. Teilung) sowie durch russ.-türk. Kriege Zugang z. Schwarzen Meer; Teilnahme a. d. Koalitionskriegen gg. Frkr.; gg. Alexander I. (1801–25) Zug Napoleons 1812 (Brand Moskaus, Rückzug); erhielt im Wiener Kongreß Polen u. verband sich näher m. Preußen u. Östr. durch die Hl. Allianz; Versuche, d. Stellung am Schwarzen Meer auszubauen, führten z. Krimkrieg (1854–56) u. Russ.-Türk. Krieg (1877/78), blieben aber ohne Erfolg; Erkaltung d. Beziehungen zu Östr. u. Dtld u. Annäherung an Frkr.; Versuch, ein Tor zum Pazifik zu öffnen (Sibir. Bahn, Korea, Port Arthur, Besetzung d. Mandschurei), mißlang im Russ.-Jap. Krieg (1904/05). Seit 1905 innere Unruhen; Verf. (Duma) Agrarreform, Zurückstellung asiat. Pläne, Verständigung m. Japan u. Engl., erneuter Ggs. zu Östr. in Balkanfragen, engere Zusammenarbeit m. Frkr.; 1914 → Weltkrieg; März 1917 Revolution: Abdankung d. Zaren; demokr. Kerenskij-Reg., Oktoberrevolution:, Sowjet-(Räte-)Rep. unter → Lenin, Trotzki; Kämpfe mit weißgardist. Armeen (Koltschak, Denikin); 1918 Ermordung d. Zarenfamilie; 1922 Bildung d. → Sowjetunion. 1990 der Kongreß d. russ. Volksdeputierten erklärt die Souveränität d. Russ. Föderation; 1991 Boris Jelzin wird zum russ. Staatspräs. gewählt; Volksdeputiertenkongreß beschließt die Umwandlung der Sowjetunion in einen Bund unabhängiger Republiken; Gründung der Gemeinschaft Unabhängiger Staaten (GUS); Rücktritt des sowj. Präs. Gorbatschow; Auflösung der Sowjetunion; 1992 Föderationsvertrag zw. Moskau u. den auton. Rep. u. Gebieten der Russ. Föderation; neuer Staatsname „Russische Föderation – Rußland"; Einigung m. d. Ukraine im Streit um die Schwarzmeerflotte; 1993 START-II-Vertrag zw. Rußland u. d. USA über eine weitere Reduzierung der Atomwaffen; 1993 Staats- u. Verfassungskrise endet mit Vertrauensvotum f. Jelzin u. seine Wirtschaftspolitik; die Auflösung des Obersten Sowjets u. des Volksdeputentenkongresses führt zu einem bewaffneten Aufstand (Niederschlagung durch die Armee); erste freie Parlamentswahlen, Sieg d. rechtsextremen Liberal-Demokr. Partei (LDPR) v. W. Schirinowski; 58,4 % d. Wähler stimmen für den neuen Verfassungsentwurf Jelzins; 1994–96 milit. Intervention i. Tschetschenien; 1995 polit. Krise durch Mißtrauensvotum d. Duma u. Regierungsumbild.; Kommunisten siegen bei den Wahlen zur Staatsduma; 1996 Beitritt z. Europarat.

Rustawi, St. in Georgien, 30 km v. Tiflis entfernt, 159 000 E; metallurg. Werk (größte Anlage Europas z. Erzeugung nahtloser Rohre).

Rüster, svw. → Ulme.

Rustika, *w.* [it.], roh behauenes Quader-

Ernest Rutherford

mauerwerk, z. Fassadengestaltung bes. in Renaissance und Barock; svw. Bossenwerk.

rustikal [l.], ländlich, bäuerisch.
Rustschuk → Russe.
Rüstung,
1) Schutz des Kriegers gg. Nah- u. Fernwaffen; schon im Altertum vielf. verziert; im Mittelalter nur aus Leinen od. Leder, v. 13. Jh. an ärmellose kurze *Panzerjacke* (aus Ringen, Ketten od. Platten), d. als *Panzerhemd* d. Ritter Ärmel u. Schenkelschutz bekam (→ Harnisch); daneben schon s. 11. Jh. d. *Schuppenpanzer.*
2) techn. Hilfsgerüst (Lehrgerüst), trägt Verschlag für Gewölbebauten.
Rute,
1) altes dt. Längen- u. Flächen-(Quadrat-R.)Maß (→ Maße u. Gewichte, Übers.).
2) Penis der Tiere.
3) Schwanz von Haarraubwild (außer Bär, Dachs, Fuchs), Hund u. Eichhörnchen.
Rutengänger, in best. Weise empfindliche Menschen, die auf ortsgebundene äußere Reize (→ Erdstrahlen) m. Ausschlägen der → Wünschelrute reagieren.
Ruth, Buch des A. T., Geschichte d. Moabiterin R. (Vorfahrin Davids).
Ruthenen, ältere u. von ihnen selbst abgelehnte Bez. der westl. → Ukrainer im ehemaligen Östr.-Ungarn (Ostgalizien, Bukowina, N-Ungarn).
Ruthenium, *Ru,* chem. El., Oz. 44, At.-Gew. 101,07, Dichte 12,45; hartes, sehr schwer schmelzbares Edelmetall; kommt mit Platin zus. vor; in d. Legierung (5%) m. Palladium (95%) Verwendung in d. Schmuckwarenind. und für Spitzen von Füllfederhaltern.

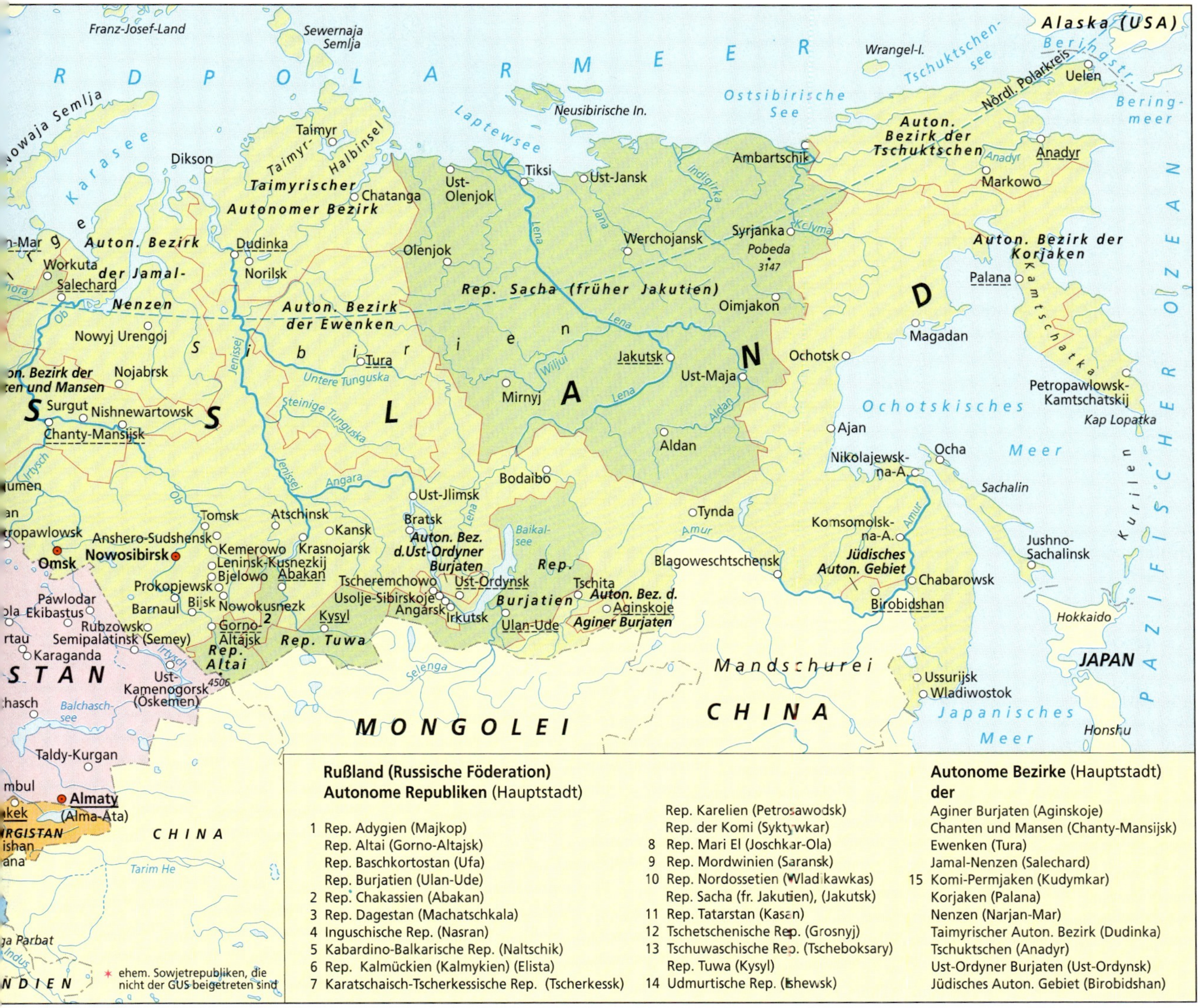

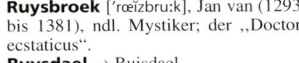

Rußland (Russische Föderation)
Autonome Republiken (Hauptstadt)

1. Rep. Adygien (Majkop)
   Rep. Altai (Gorno-Altajsk)
   Rep. Baschkortostan (Ufa)
   Rep. Burjatien (Ulan-Ude)
2. Rep. Chakassien (Abakan)
3. Rep. Dagestan (Machatschkala)
4. Inguschische Rep. (Nasran)
5. Kabardino-Balkarische Rep. (Naltschik)
6. Rep. Kalmückien (Kalmykien) (Elista)
7. Karatschaisch-Tscherkessische Rep. (Tscherkessk)

Rep. Karelien (Petrosawodsk)
Rep. der Komi (Syktywkar)
8. Rep. Mari El (Joschkar-Ola)
9. Rep. Mordwinien (Saransk)
10. Rep. Nordossetien (Wladikawkas)
Rep. Sacha (fr. Jakutien), (Jakutsk)
11. Rep. Tatarstan (Kasan)
12. Tschetschenische Rep. (Grosnyj)
13. Tschuwaschische Rep. (Tscheboksary)
Rep. Tuwa (Kysyl)
14. Udmurtische Rep. (Ishewsk)

Autonome Bezirke (Hauptstadt) der

Aginer Burjaten (Aginskoje)
Chanten und Mansen (Chanty-Mansijsk)
Ewenken (Tura)
Jamal-Nenzen (Salechard)
15. Komi-Permjaken (Kudymkar)
Korjaken (Palana)
Nenzen (Narjan-Mar)
Taimyrischer Auton. Bezirk (Dudinka)
Tschuktschen (Anadyr)
Ust-Ordyner Burjaten (Ust-Ordynsk)
Jüdisches Auton. Gebiet (Birobidshan)

* ehem. Sowjetrepubliken, die nicht der GUS beigetreten sind

Rutherford [ˈrʌðəfəd], Ernest Lord of Nelson (30. 8. 1871–19. 10. 1937), engl. Phys.; erforschte d. Aufbau d. Atoms u. d. Radioaktivität (Alpha- und Betastrahlen), schuf d. Grundlage f. d. mod. Kernphysik; 1919 erste künstliche Atomumwandlung; Nobelpr. f. Chemie 1908.
Rutherfordium, andere Bez. f. → Kurtschatovium.
Rutil, *m.*, Erzmineral, rotbraun, bes. in kristallinen Schiefern u. in → Seifen 2); *chem.:* Titandioxid (TiO₂), spez. Gew. 4,3, Härte 6,5.
Rutin, *s.,* Glykosid in zahlr. Pflanzen, setzt Durchlässigkeit der → Haargefäße herab.
Rütli, Waldwiese am Urner (Vierwaldstätter) See, im Schweizer Kanton Uri. – 1291 sollen hier die Urkantone gegen die habsburgischen Vögte ihren Freiheitsschwur geleistet haben (Schillers *Tell*).

Rutsche, Transportvorrichtung, schiefe Ebene, auch als *Wendel-R.* u. mit Rollbahnen ausgebildet; Last gleitet selbsttätig nach unten; *Schüttel-R., Stauscheiben-R.,* je nach d. ,,Einfallen" bes. in Bergwerken.
Rutte, *Aalraupe, Quappe, Trüsche,* einheimischer Fisch, einziger Süßwasserdorsch.
Rüttgers, Jürgen (* 26. 6. 1951), deutscher Politiker (CDU) und Jurist; seit 1987 MdB; seit 1994 Bundesminister für Bildung, Forschung und Technologie.
Ruwenzori, *Runsoro,* vergletschertes Gebirge (Granit, Gneis) in O-Afrika, Grenzgebiet zwischen Zaïre und Uganda, zwischen Mobutu-Sese-Seko-(Albert-) und Edwardsee; *Margherita-Spitze* 5109 m.
Ruwer, *m.,* r. Nbfl. d. Mosel, 40 km l., mündet bei Trier; Weinbau.

Rutte

Ruysbroek [ˈrœizbruːk], Jan van (1293 bis 1381), ndl. Mystiker; der ,,Doctor ecstaticus".
Ruysdael → Ruisdael.
Ruyter [ˈrœitər], Michiel de (1607–76), ndl. Admiral u. Seeheld in d. Kriegen gg. Frkr. u. England; bei Messina tödl. verwundet.
Ružička [ˈruʒitʃka], Leopold (13. 9. 1887–26. 9. 1976), schweiz. Chemiker kroatischer Herkunft; Nobelpr. 1939 (Beiträge zur Erforschung d. Steroide u. Sexualhormone).
Rwanda → Ruanda.
RWM, Abk. f. **R**ead-**W**rite-**M**emory [engl. riːd raɪt ˈmeməri], Schreib-Lese-Speicher in DVA, gebräuchlicher: → RAM.
Rybinsk, 1946–57 *Schtscherbakow,* 1957–84 *Rybinsk,* 1984–88 *Andropow,* russische Stadt und Hafen an der oberen

Rußland (Russische Föderation)

Autonome Republiken	Fläche (km²)	Einwohner	Hauptstadt	Einwohner
Rep. Adygien	7 600	437 000	Majkop	149 000
Rep. Altai	92 600	196 000	Gorno-Altajsk	39 000
Rep. Baschkortostan	143 600	3 984 000	Ufa	1 083 000
Rep. Burjatien	351 300	1 056 000	Ulan-Ude	353 000
Rep. Chakassien	61 900	577 000	Abakan	154 000
Rep. Dagestan	50 300	1 854 000	Machatschkala	315 000
Inguschische Rep.*	–	–	Nasran	
Kabardino-Balkarische Rep.	12 500	777 000	Naltschik	235 000
Rep. Kalmückien	75 900	328 000	Elista	120 000
Karatschaisch-Tscherkessische Rep.	14 100	427 000	Tscherkessk	113 000
Rep. Karelien	172 400	791 000	Petrosawodsk	270 000
Rep. der Komi	415 900	1 265 000	Syktywkar	233 000
Rep. Mari El	23 200	758 000	Joschkar-Ola	242 000
Rep. Mordwinien	26 200	964 000	Saransk	312 000
Rep. Nordossetien	8 000	643 000	Wladikawkas	300 000
Rep. Sacha	3 103 200	1 109 000	Jakutsk	187 000
Rep. Tatarstan	68 000	3 679 000	Kasan	1 094 000
Tschetschenische Rep.*	–	–	Grosnyj	401 000
Tschuwaschische Rep.	18 300	1 346 000	Tscheboksary	420 000
Rep. Tuwa	170 500	307 000	Kysyl	153 000
Udmurtische Rep.	42 100	1 628 000	Ishewsk	635 000
Autonome Bezirke der				
Aginer Burjaten	19 000	78 000	Aginskoje	8 000
Chanten und Mansen	523 100	1 304 000	Chanty-Mansijsk	25 000
Ewenken	767 600	25 000	Tura	4 000
Jamal-Nenzen	750 300	493 000	Salechard	22 000
Komi-Permjaken	32 900	160 000	Kudymkar	26 000
Korjaken	301 500	40 000	Palana	3 000
Nenzen	176 700	55 000	Narjan-Mar	17 000
Taimyrischer Auton. Bez.	862 100	54 000	Dudinka	20 000
Tschuktschen	737 700	154 000	Anadyr	8 000
Ust-Ordyner Burjaten	22 400	138 000	Ust-Ordynsk	11 000
Autonomes Gebiet				
Jüdisches Auton. Gebiet	36 000	220 000	Birobidshan	82 000

* ehem. Rep. der Tschetschenen und Inguschen 19 300 km², 1 307 000 Einwohner

Wolga, 252 000 Einwohner; Maschinen-Schiffbau, Fischerei, Wasserkraftwerk; oberhalb davon Stausee v. R. (4580 km²).

Rybnik, St. i. d. poln. Woiwodschaft Katowice im ehem. Schlesien, 140 000 E; Hütten- u. a. Ind., Kohlengruben. – 1922 zu Polen.

Rychner, Max (8. 4. 1897–10. 6. 1965), schweiz. Schriftst. u. Literaturkritiker; Übersetzer Valérys; *Bedachte u. bezeugte Welt.*

Ryle [raɪl], Sir Martin (27. 9. 1918 bis 16. 10. 84), engl. Astrophys.; Forschungen z. Radioastrophysik; (zus. m. A. → Hewish) Nobelpr. 1974.

Ryukyu-Inseln, *Riukiu-Inseln,* Inselgruppe zwischen Kyushu (Japan) u. Taiwan, 98 größere, davon 47 bewohnte Inseln, 4600 km², 1,3 Mill. E; Ausfuhr von Fischereierzeugnissen, Phosphat; größte Insel Okinawa (1254 km²); Hptst. *Naha.* – Bis 1945 jap., v. US-Truppen erobert; 1953 Amamioshima, 1971 Abkommen über Rückgabe der R.-I.; USA behalten Benutzungsrecht der Stützpunkte.

Rzeszów [ˈʒɛʃuf], poln. St. u. Hptst. der Woiwodschaft *R.,* SO-Polen, 153 000 E; div. Ind.

S,
1) vor Namen Abk. für → *San* od. → *Sankt.*
2) *chem.* Zeichen f. → *Schwefel* (lat. *sulfur*).
3) *geograph.* Süd(en).

s,
1) Abk. f. → *Sekunde.*
2) *phys.* Zeichen f. *Strecke* (Weg der wirkenden Kraft).

Sa, Abk. f. *Summa* [l.], Summe.

SA, *Sturm-Abt.,* Kampfverband der NSDAP, 1920 als Saalschutz geschaffen; erster Führer → *Göring,* seit 1931 → *Röhm,* der eigentliche Organisator, Stabschef; verlor nach dessen Ermordung („Röhm-Putsch") an Bedeutung gegenüber der → SS.

S. A., *Société Anonyme,* in Frankreich svw. AG.

Saadi, Nusslih ed-Din Scheich (um 1213–9. 12. 1292), meistgelesener pers. Klassiker; *Bustân* („Fruchtgarten"); *Gulistân* („Rosengarten").

Saalach, l. Nbfl. der Salzach bei Freilassing aus d. Kitzbüheler Alpen, 104 km l.

Saalburg, Römerkastell des → *Limes* bei Homburg v. d. Höhe, Ende d. 1. Jh. begonnen, von Hadrian vergrößert; 1868 ausgegraben; Museum.

Saale,
1) *Fränkische S.,* r. Nbfl. d. Mains, berührt Kissingen, mündet bei Gemünden, 142 km l.
2) *Thüringer* od. *Sächs. S.,* l. Nbfl. der Elbe, vom Fichtelgebirge, 427 km lang, davon 175 (v. Naumburg an) schiffb.; Talsperren: u. a. Bleilochsperre bei Saalburg; Nebenflüsse: r. *Weiße Elster;* l. *Schwarza, Ilm, Unstrut, Wipper, Bode.*

Saalfeld a. d. Saale (D-07318), Krst. an der Saale, Thür. 32 641 E; farb. Tropfsteinhöhlen *(Feengrotten).* – 1806 frz. Vorpostengefecht m. den Preußen (Tod Prinz Louis Ferdinands).

Saaltochter [schweiz.], svw. Kellnerin.

Saanen (CH-3792), frz. *Gessenay,* Kurort i. Berner Oberland. an der Saane, 1021 müM, 5700 E; Herstellung von *S.käse* (Hartkäse); Musikfestival.

Saar, Ferdinand v. (30. 9. 1833–24. 7. 1906), östr. Schriftsteller; *Herbstreigen; Wiener Elegien.*

Saar, frz. *Sarre,* r. Nbfl. d. Mosel aus d. Vogesen, 246 km l., mündet bei Konz; ab *Saargemünd* d. **S.kohlenkanal,** 63 km l., zum Rhein-Marne-Kanal.

Saarbrücken (D-66111–33), Hptst. d. Saarlandes, Verw.sitz d. Stadtverbandes *S.,* 189 483 E; Mittelpunkt der Saarkohlen- und Saareisenind., Textil-, Papier- u. a. Ind., Uni., PH, Mus.-HS; Handelszentrum, Bergwerksverw., BD, OPD, IHK, OLG, LG, AG; Landeszentralbank; Saarmesse; Flughafen.

Saarburg,
1) (D-54439), St. im Kr. Trier-S., an der Saar, RP, 5789 E; AG; Weinbau, Glockengießerei; Kunststoff-, Metall- u. Holzverarbeitung.

2) frz. *Sarrebourg,* St. in Lothringen, frz. Dép. *Moselle,* an der Saar, 15 000 E.

Saargemünd, frz. *Sarreguemines,* Ind.st. Lothringens, Dép. *Moselle,* Endpunkt des Saarkohlenkanals, 24 000 E; Keramikfabrikation.

Saarinen,
1) Eero (20. 8. 1910–1. 7. 61), am. Architekt finn. Herkunft; u. a. *US-Botschaft* in London u. Oslo; s. Vater
2) Eliel (20. 8. 1873–1. 7. 1950), finn. Architekt; Initiator d. Neuen Bauens in Finnland (Hptbahnhof v. Helsinki); später in USA (*Cambrook Academy of Art* in Bloomfield Hills).

Saarkohlenbecken, Steinkohlenlager zw. Saar, Nahe u. Blies; bis 1500 m Tiefe, etwa 2,8 Mrd. t.

Saarland, südwestdt. Land an d. mittleren Saar, 2570 km², 1,08 Mill. E (419 je km²); Rel.: 73,8% kath., 24,1% ev.; Hptst.: *Saarbrücken;* Landesfarben: Schwarz-Rot-Gold. **a)** *Geogr.:* Waldreichtum: 30% der Bodenfläche; → *Saarkohlenbecken.* **b)** *Wirtsch.:* Grundlage der Ind. bildet der Steinkohlenbergbau; Eisengewinnung u. -verarbeitung, Masch.-, Glas-, chem. Industrie, Keramik. **c)** *Verw.:* 5 Landkreise u. 1 Stadtverband. **d)** *Geschichte: Saargebiet,* 1920 durch → Versailler Vertrag aus den südl. Kreisen der preuß. Rheinprov. u. dem Westzipfel der bayr. Pfalz (Rheinpfalz) gebildet u. auf 15 Jahre der Verw. des Völkerbundes unterstellt; nach Abstimmung 1935 (90,5% für Dtld) Wiedervereinigung mit dem Dt. Reich. 1945 durch VO d. frz. Mil.reg. eigene Verw.einheit; 1946/47 Angliederung v. Teilen versch. Kreise d. ehem. Rheinprov. u. der Pfalz; 1948 Zoll- u. Währungsunion mit Frkr.; 1950 Abkommen mit Frkr. über Verpachtung der Saargruben an Frkr.; erweiterte Autonomierechte; assoziiertes Mitgl. d. Europarates. Saarstatut, das Europäisierung d. Saarlandes vorsah, 1955 durch Volksabstimmung abgelehnt; durch d. Saarvertrag (1956) zw. Dtld u. Frkr. wurde d. Saarland am 1. 1. 1957 wieder m. Dtld vereinigt u. als 10. Bundesland in die BR eingegliedert; wirtschaftl. Rückgliederung 1959 abgeschlossen; Sonderregelung für den Warenverkehr zw. Frkr. u. d. Saarland.

Saarlouis [-ˈlʊi], (D-66740), Krst. i. Saarld, an d. unteren Saar, 38 265 E; AG; Automobilherst. und Stahlverarbeitung; Holz-, Papier-, Eisen-, Tabakind., Hafen.

Saas, Schweiz, Alpental im Kanton Wallis, mit Kurorten **S.-Fee** (1798 müM) u. **S.-Grund** (1562 müM).

Saat, Einbringen des Samens in den Boden; *breitwürfige S.* mit Hand gestreut, in unregelmäßiger u. verschiedener Tiefe; *Reihen-, Drill-S.,* m. → Drillmaschine, regelmäßig u. gleichmäßige Reihen u. gleichmäßige Tiefe; *Dibbel-S.* hält außerdem Abstand von Pflanze zu Pflanze ein.

Saatbeizen, Beizen v. Körnerfrüchten m. chem. Mitteln vor d. Aussaat zum Schutz gegen Schädlinge u. Krankheitserreger, das S. m. Quecksilber ist in BR Dtld verboten.

Saatgutwechsel, Anbau wirtschaftsfremden (nach Möglichkeit Original-) Saatguts, um Abbauerscheinungen entgegenzuwirken.

Saatkrähe, Rabenvogel, Schnabel-

Saarland

Saaleschleife bei Ebersdorf

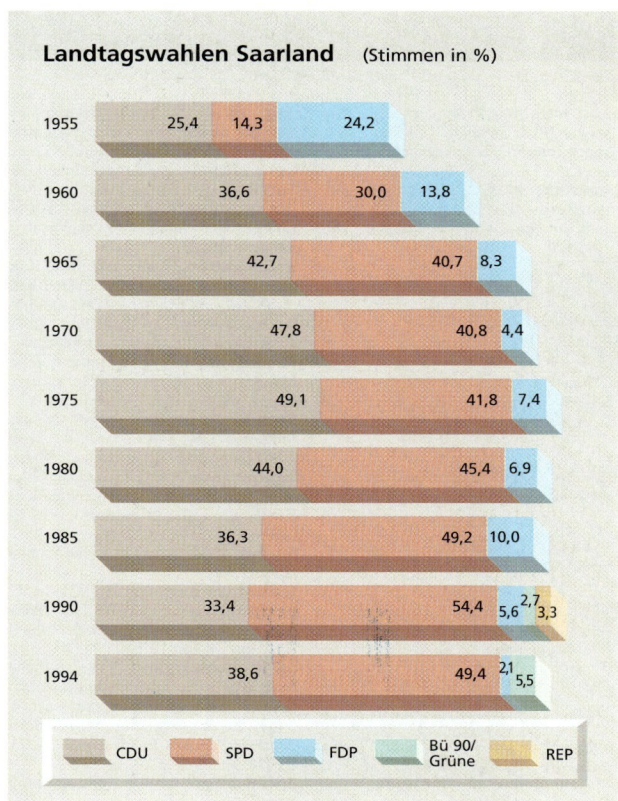

Landtagswahlen Saarland (Stimmen in %)

Jahr	CDU	SPD	FDP	Bü 90/Grüne	REP
1955	25,4	14,3	24,2		
1960	36,6	30,0	13,8		
1965	42,7	40,7	8,3		
1970	47,8	40,8	4,4		
1975	49,1	41,8	7,4		
1980	44,0	45,4	6,9		
1985	36,3	49,2	10,0		
1990	33,4	54,4	5,6	2,7	3,3
1994	38,6	49,4	2,1		5,5

wurzel beim erwachsenen Vogel kahl; große Kolonien, nützlich.
Saaz, tschech. *Žatec*, St. an d. Eger, 23 000 E; alte dt. Gründung (13. Jh.), Stadtbefestigung; Mittelpunkt des Hopfenbaus; Brauereien, Zuckerfabrik.
Saba, hebr. *Scheba*, im Altertum südarabische Landschaft, Kgr. der Sabäer. Die *Kgn von Saba* (Kgn *Bilkis*) im A. T.
Sabadell [saβa'ðɛl], St. in Katalonien (Spanien), 184 000 E; Textil- u. Papierind.
Sabadill, *m.*, mexikan. Liliengewächs; sehr giftiger Samen zu *S.essig*, gegen Kopfläuse.
Sabah, ehem. *Britisch-Nordborneo*, im N der Insel Borneo; s. 1963 Teilstaat v. → Malaysia, 73 613 km², 1,4 Mill. E; vorwiegend Malaien, 164 000 Chin.; Kautschukplantagen; Hptst. *Kota Kinabalu* (56 000 E).
Sabata, Victor de (10. 4. 1892–11. 12. 1967), it. Dirigent u. Komponist; 1927 bis 57 an d. Mailänder Scala.
Sabatier [-'tje], Paul (5. 11. 1854 bis 14. 8. 1941), frz. Chemiker: *S.verfahren*, zur Hydrierung von organ. Verbindun-

Saatkrähe

Säbelantilope

Andrej Sacharow

Die Königin von Saba und Salomo, *Tafelmalerei, 15. Jh.*

gen in Gegenwart von metall. Katalysatoren; Nobelpr. 1912.
Sábato [-β-], Ernesto (* 23. 6. 1911), argentin. Schriftst.; experimentelle Romane: *Über Helden u. Gräber*; Essays.
Sabbat, *m.* [hebr.], der jüd. Ruhetag.
Sabbatisten, *Sabbatarier*, Anhänger verschiedener christl. Sekten, die statt des Sonntags den Sabbat feiern: ein Teil der *Baptisten, Adventisten* u. a.
Säbel, gebogene Hiebwaffe z. Fechten.
Säbelantilope, *Spießbock, Oryx*, Antilope N- und Mittel-Afrikas mit langen säbelart. Hörnern; Unterart: *Beïsa*, N-Afrika, Nutztier der alten Ägypter.
SABENA, Abk. f. *Société Anonyme Belge d'Exploitation de la Navigation Aérienne*, 1923 gegr. belg. Luftfahrtgesellschaft.
Sabin ['sæbɪn], Albert Bruce (26. 8. 1906–3. 3. 93), am. Bakteriologe u. Virologe; entwickelte Serum gg. Kinderlähmung zur Schluckimpfung (Lebendviren).
Sabiner, antiker Volksstamm Mittelitaliens, schon früh mit den Römern verschmolzen (*Raub d. Sabinerinnen* nach d. Sage v. → Romulus veranlaßt, um Frauen in die neugegr. Stadt Rom zu bringen).
Sabinergebirge, westl. Parallelzug der Abruzzen in Mittelitalien, *Monte Pellecchia*, 1368 m.
Sabotage, *w.* [frz. -'ta:ʒə], absichtl. Zerstörung od. Beschädigung von Maschinen, Werkzeugen u. Betriebsmitteln als Kampfmittel; allg. heiml. Unterbindung, böswillige Vereitelung des Erfolges von Maßnahmen.
Saccharasen, zuckerspaltende Enzyme.
Saccharimeter, Apparat zur Mengenbestimmung von Zucker in Lösungen (z. B. im Harn) durch Bestimmung des spez. Gew. (→ Aräometer), durch Messung der Drehung der Polarisationsebene (Polarimeter) od. der durch Gärung entwickelten Menge Kohlensäure.
Saccharin, *s.*, künstl. Süßstoff, *Ortho-Benzoësäuresulfimid;* 550mal süßer als Zucker, ohne Nährwert; Zuckerersatz f. Zuckerkranke.
Saccharosen, Zuckerarten (→ Kohlenhydrate), bes. Rohrzucker, durch Säure in Glukose (Traubenzucker) spaltbar.
Sacco di Roma, Plünderung Roms 1527 durch dt. u. span. Landsknechte.
Sacerdotium [l. „Priestertum"], im MA Bez. f. geistl. Gewalt (Papsttum) im Ggs. z. weltl. Gewalt (Imperium).
Sachalin, russ. Insel an der O-Küste Sibiriens, im Ochotskischen Meer, 76 400 km², 660 000 E; reich an Bodenschätzen (Kohle, Erdöl, Erdgas); Ölleitung nach Komsomolsk (600 km lang); Fischerei; Hptst. *Juschno-Sachalinsk* (157 000 E).
Sacharja, einer der 12 kleinen Propheten im A.T.
Sacharow, Andrej (21. 5. 1921–14. 12. 89), sowj. Atomphysiker; 1980–86 in Verbannung lebender Systemkritiker; Friedensnobelpr. 1975.
Sachbeschädigung, (vorsätzliche) rechtswidrige Beschädigung od. Zerstörung fremder Sachen, strafbar nach §§ 303 ff. StGB; verpflichtet zum → Schadensersatz; auch b. Fahrlässigkeit (§ 823 BGB).
Sachbezüge, svw. → Naturaleinkommen.

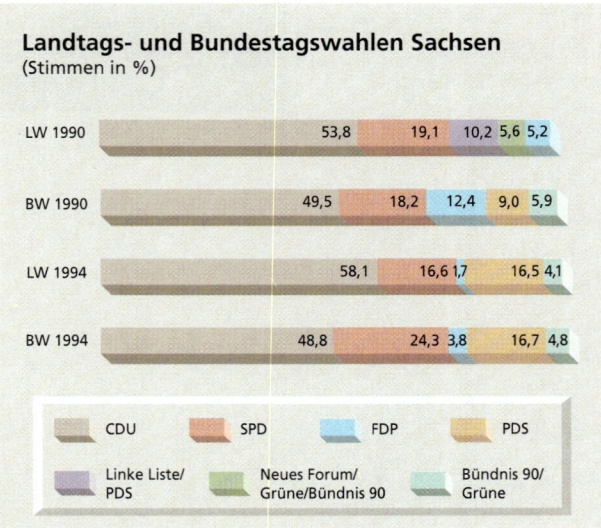

Sacheinlagen, die bei Gründung einer Unternehmung, insbes. AG u. GmbH, eingebrachten Sachwerte (z. B. Maschinen, Vorräte, Rechte usw.).
Sachenrecht, svw. → dingliches Recht.
Sacher, Paul (* 28. 4. 1906), schweiz. Dirigent u. Mäzen zeitgenöss. Mus.
Sacher-Masoch, Leopold Ritter v. (27. 1. 1836–9. 3. 95), östr. Schriftst.; erot. Romane (nach ihm → Masochismus ben.); *Venus im Pelz.*
Sachkonten, in Buchhaltung Bestands- u. Erfolgskonten, aus denen Gewinn- u. Verlustrechnung u. Bilanz abgeleitet werden (z. B. Waren-, Kassa-Konto); Ggs. zu *Personenkonten.*
Sachmangel → Gewährleistung.
Sachs,
1) Hans (5. 11. 1494–19. 1. 1576), Nürnberger Schuhmacher u. Dichter; Meistersinger; Anhänger d. Reformation (Gedicht auf Luther: *Die Wittembergisch Nachtigall*); Fastnachtsspiele in Knittelversen.
2) Nelly (10. 12. 1891–12. 5. 1970), dt.-jüd. Dichterin; Gedichtsammlungen: *In den Wohnungen des Todes; Flucht und Verwandlung;* Nobelpr. 1966.
Sachsen,
1) westgerman. Volksstamm in NW-Dtld, im S bis zum Harz u. Niederrhein; um 450 n. Chr. zog ein Teil mit den → Angeln nach Britannien; im 8. Jh. in Westfalen, Ostfalen, Engern u. Nordalbingier geteilt; von Karl d. Gr. unterworfen (→ Widukind). Im 9. Jh. Erwerb Thüringens; Hzg Heinrich wird 919 dt. König; 919–1024 sächsische Kaiser (→ deutsche Geschichte); Otto I. übertrug herzogl. Gewalt in S. an die Billunger; 1137 Heinrich der Stolze von Bayern Hzg von S.; dessen Sohn Heinrich der Löwe 1142–80 Hzg von S., besiegte Slawen u. leitete die NO-Siedlung ein; mit seinem Sturz 1180 Auflösung des Hzgtums, Name u. Würde auf die Gebiete *S.-Lauenburg* u. *S.-Wittenberg* übertragen. S.-Lauenburg bis 1689, 1702 an Kurbraunschweig, S.-Wittenberg 1423 an die Wettiner (→ Sachsen, *Geschichte*).
2) Bundesland s. 1990, 18 337 km², 4,7 Mill. E, 83% ev., 8% kath. Hptst. *Dresden.* **a)** *Geogr.:* Gebiet nördl. des Elbsandstein-, Erz- u. Lausitzer Gebirges mit den Landschaften: Vogtland im S, Oberlausitz im O u. einem Teil Nd.schlesiens. **b)** *Wirtsch.:* Hochintensive Landw. im N. Reich an Bodenschätzen: Stein- u. Braunkohle, Kupfer, Eisen u. a., auch Uranerze; rege *Ind.:* Textilind. im Raum v. Chemnitz, im Vogtland u. in d. Oberlausitz, Masch. bes. in Chemnitz, Porzellan in Meißen, Buchgewerbe u. Rauchwaren in Leipzig, Zigaretten in Dresden; Holzind., auch Möbel, Spielwaren u. dgl., in d. waldreichen Gebirgsgebieten; bed. Handelsplatz: *Leipzig* (Leipz. Messe); **c)** *Verw.:* 3 Reg.bez. (Chemnitz, Dresden, Leipzig), 7 kreisfreie Städte u. 23 Landkreise. **d)** *Gesch.:* Hervorgegangen aus der alten niedersächs. Mark Meißen; s. 1089 Haus Wettin, das 1247 Thüringen, 1423 Kurfürstentum *S.-Wittenberg* (namengebend) erwarb; 1485 Teilung in *Ernestinische* (Kurlande, Thüringen) u. *Albertinische* (Meißen) Linie. Ernestiner: Friedrich d. Weise, Kurfürst 1486–1525, Beschützer Luthers; Johann Friedrich verlor nach der Schlacht bei Mühlberg (Schmalkald. Krieg) 1547 Kurwürde an den Albertiner Moritz; aus dem Gebiet der *Ernestinischen Linie* entstanden in mannigfachen Teilungen die thür. Staaten. Spätere Kurfürsten aus der *Albertinischen Linie:* Friedrich August *(August der Starke),* reg. 1694–1733, 1697 kath. u. als August II. Kg von Polen; Friedrich August II. *(August III. v. Polen),* 1733–63, Gegner Friedrichs d. Gr. im 2. Schles. u. im 7jähr. Krieg (Min. Gf Brühl). 1763 unter Friedrich Christian Verbindung mit Polen gelöst; sein Sohn Friedrich August III., 1763–1827, trat 1806 dem Rheinbund bei, seit 1806 als Kg Friedrich August I., erhielt von Napoleon Hzgt. Warschau; verlor im Wiener Kongreß die Hälfte S.s an Preußen; diese bildete mit W-Teilen Brandenburgs Prov. S. (Hptst. *Magdeburg*), 1866 mit Östr. Krieg gg. Preußen; dann Mitglied des Norddt. Bundes. 1918 Freistaat; 1945 aus dem früheren Land S. u. den westl. der Lausitzer Neiße gelegenen Nd.-Schlesiens gebildetes Land der DDR; 1952 durch Aufteilung in die Bez. Leipzig, Karl-Marx-Stadt u. Dresden wieder aufgelöst.
Sachsen-Altenburg, S.-Coburg-Gotha, S.-Meiningen u. S.-Weimar-Eisenach, Hzgtümer u. Freistaaten des Deutschen Reichs bis 1918; 1920 zu Thüringen; Coburg zu Bayern.
Sachsen-Anhalt, dt. Bundesland s. 1990, 20445 km², 2,97 Mill. E, Hptst. *Magdeburg.* **a)** *Wirtschaft:* S.-A. ist landwirtschaftlich u. industriell geprägt; Bodenschätze: Braunkohle, Kali- u. Steinsalz, Kupferschiefer u. Kalk. *Ind.:* v. a. im südl. Teil; chem. Ind., Maschinen- u. Schwermaschinenbau, Eisenmetallurgie, Tourismus. **b)** *Verw.:* 3 Reg. bez. (Dessau, Halle, Magdeburg), 3 kreisfreie Städte u. 21 Landkreise. **c)** *Geschichte:* in der SBZ wurde 1945 aus d. Provinzen Magdeburg u. Halle-Merseburg, dem Freistaat u. W-Teilen d. ehem. Landes Braunschweig die Provinz Sachsen gebildet (ab 1947 S.-A.

Hans Sachs

Sachsen

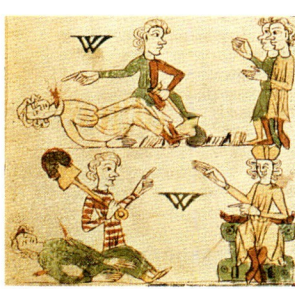
Sachsen-Anhalt

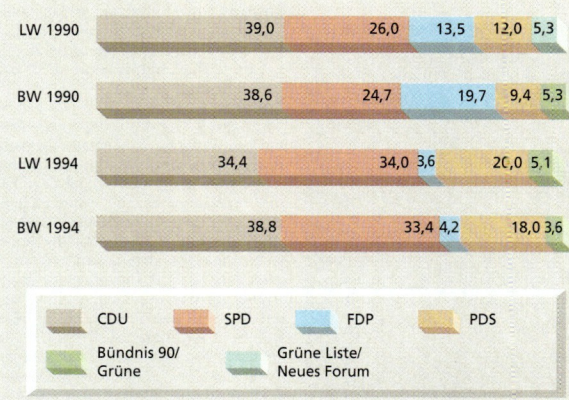
Illustrationen aus dem Sachsenspiegel

Landtags- und Bundestagswahlen Sachsen-Anhalt
(Stimmen in %)

	CDU	SPD	FDP	PDS	Bündnis 90/Grüne	Grüne Liste/Neues Forum
LW 1990	39,0	26,0	13,5	12,0		5,3
BW 1990	38,6	24,7	19,7	9,4	5,3	
LW 1994	34,4	34,0	3,6	20,0	5,1	
BW 1994	38,8	33,4	4,2	18,0	3,6	

genannt); wurde 1952 in die DDR-Bezirke Magdeburg u. Halle aufgelöst, Teile wurden den Bez. Leipzig u. Cottbus angegliedert.
Sachsenhausen,
1) Stadtteil v. Frankfurt a. M., südl. des Mains.
2) KZ bei Oranienburg.
Sachsenspiegel, umfassendes Rechtsbuch des 13. Jh., von *Eike v. Repkow (Repgow),* erst lat., dann in niedersächs. Sprache.
Sachsenwald → Friedrichsruh.
sächsische Kaiser → deutsche Geschichte, Übers.
Sächsische Schweiz → Elbsandsteingebirge.
Sachverhalt, i. d. Logik d. Zugehörigkeit zu e. Beschaffenheit (Eigenschaft, Beziehung) zu e. Sachgebilde (Gegenstand); z. B. d. Zugehörigk. v. Weiß z. Schnee.
Sachverständige, auf best. Gebieten bes. bewanderte Personen, erstatten Gutachten; öff. Bestellung u. Beeidigung durch Landesreg. oder Gericht.
Sachwerte, Gegenstände od. Besitztitel mit mutmaßl. gesicherter Wertbeständigkeit.
Säckingen → Bad Säckingen.
Sackpfeife → Dudelsack.
Sackträger, kleine Schmetterlinge ohne Rüssel; Weibchen flügellos, in selbstgesponnenen, sackförmigen Gehäusen.
Sacra Conversazione, *Santa Conversazione* [it. ,,heilige Unterhaltung"], in d. Malerei d. Renaiss. hpts. in Italien beliebte Darstell. d. Madonna im Gespräch m. Heiligen; z. B. von G. Bellini (1505) i. d. Kirche S. Zaccaria, Venedig.
Sacramento [sækrəˈmentou],
1) Hptfluß Kaliforniens, aus der Sierra Nevada, 615 km lang, in die San-Francisco-Bai.
2) Hptst. d. US-Staates Kalifornien, am Fluß *S.,* 369 000 E; Konservenfabrikation, Mühlen.
Sacré-Cœur [frz. sakrəˈkœːr ,,Herz Jesu"],
1) berühmte Kirche (1876–1919) auf dem Montmartre in Paris.
2) kath. rel. Genossenschaften.
Sacrificium intellectus [l. ,,Opfer des Verstandes"], Unterordnung der persönl. Überzeugung unter e. Glaubensautorität oder ein → Dogma.
Sadat, Anwar es (25. 12. 1918–6. 10. 81), ägypt. General u. Pol.; 1970 Staatspräs., 1973/74 u. s. 1980 auch Min.präs.; (zus. m. → Begin) Friedensnobelpr. 1978; ermordet.
Sadduzäer, jüd. Partei von Priestern u. Wohlhabenden z. Z. Christi, konservativ, erkannten nur die 5 Bücher Mose an; Gegner der → Pharisäer.
Sade [sad], Donatien Alphonse François Marquis de (2. 6. 1740–2. 12. 1814), frz. Schriftst.; Darsteller sexueller Exzesse (→ Sadismus); *Justine; D. 120 Tage v. Sodom.*
Sadebaum, Wacholderart d. Alpen, giftig; junge Zweige enthalten äther. Öl.
Sadhu, Ehrentitel frommer Inder, die als Heilige gelten (Wandermönche, Wahrsager).
Sadismus, m., nach → Sade benannte geschlechtl. Verirrung (Sexualbefriedigung durch körperl. od. seelisches Quälen d. anderen); Ggs.: → Masochismus.

Sadoul [sa'dul], Georges (4. 2. 1904 bis 13. 10. 67), frz. Filmhistoriker.
Saenredam ['sa:n-], Pieter Janszoon (9. 6. 1597–begr. 31. 5. 1665), holl. Maler, u. Hptvertr. d. ndl. Architekturbilds; effektvolle Nahsicht, oft m. starken Randüberschneidungen; *Inneres der St. Jacobskerk in Utrecht.*
Safari, w. [arab.], Reise mit Trägerkarawane in S- und O-Afrika; heute auch tourist. Rundreise (z. B. *Foto-S.*).
Safe, m. [engl. seif], gesicherter, feuerfester Raum (Stahlfach) z. Aufbewahrung v. Wertgegenständen in Banken u. Sparkassen; wird auch an Kunden vermietet (Mitverschluß d. Bank).
Safer Sex, Risikoverminderung beim Geschlechtsverkehr durch Verwendung v. → Kondomen zur Verhütung von Geschlechtskrankheiten, besonders von → AIDS.
Saffian, m. [pers.], meist mit → Sumach gegerbtes, häufig bunt gefärbtes Ziegen- oder Schafleder.
Saflor, *Färberdistel*, wilder od. *falscher Safran*, bes. in Ostindien kultiviert; aus Blüten gelber u. roter Farbstoff (wenig lichtecht).
Safran, m., die getrockneten gelbroten Blütennarben kultivierter Krokusarten; z. Gelbfärben u. z. Würzen v. Speisen; *Ind. S.*, Ingwergewächs, gelbrote, gepulverte Kurkuma-Wurzel als Färbemittel f. Backwaren u. als Gewürz.
Saga, pl. Sögur (auch Sagas), w., [altnord. ,,segja = sagen''], altisländ. od. norweg. Prosaerzählungen, i. 12. u. 13. Jh. aufgezeichnet, behandeln d. Besiedlung Islands (930–1030); im 20. Jh. Bez. für gr. Sippenromane.
Sagan,
1) Carl [sæɡn] (9. 11. 1934–20. 12. 96), am. Astronom u. Weltraumwiss.; Mitarbeiter am Viking-Projekt; Pulitzerpr. 1978; *Unser Kosmos; Der Komet; Contact.*
2) Françoise [-'gã] (* 21. 6. 1935), frz. Schriftstellerin; *Bonjour tristesse; Lieben Sie Brahms?; Blaue Flecken a. d. Seele; Die Lust zum Leben.*
Sagan, Żagań, poln. St. i. d. Woiwodschaft Zielona Góra, Textil-, Keramikind.; Schloß (17./18. Jh.) m. Park, 27 000 E. – Das ehem. *Lehnsfürstentum S.* gehörte s. 1628 Wallenstein.
Sage, volksläufige, zunächst mündl. Erzählung objektiv unwahren, phanta-

WESTSAHARA	
Staatsname:	Demokratische Arabische Republik Sahara, Westsahara (UN-Bezeichnung)
Staatsform:	Republik
Mitgliedschaft:	OAU
Staatsoberhaupt:	M. Abdel Aziz
Regierungschef:	Mahfoud Ali Beiba
Hauptstadt:	El-Aaiún 139 000 Einwohner (Hptst.-Distrikt) Sitz der Exilregierung in Algier
Fläche:	266 769 km²
Einwohner:	208 000
Bevölkerungsdichte:	1 je km²
Bevölkerungswachstum pro Jahr:	∅ 2,8% (1980–1986)
Amtssprache:	Arabisch
Religion:	Muslime (Sunniten)
Nationalitätskennzeichen:	DARS
Zeitzone:	MEZ – 1 Std.
Karte:	→ Afrika

Westsahara (Sahara)

Sägefisch

Mittelsäger

siegeborenen Inhalts, aber als wahre Begebenheit berichtet; handelt von Göttern (→ Mythos), Elfen, Menschen m. übernatürl. Kräften, Heiligen (→ Legende), Helden, geschichtl. Ereignissen (oft in eine S. eingebaut).
Säge, Schneidewerkzeug mit gezahn-

Sahara, Sanddünen

Sahara (West-)

tem Sägeblatt zur Zerlegung von Holz, Eisen, Metall, Stein usw.; von Hand betätigt: *Fuchsschwanz, Bügel-, Spann-, Schrot-, Stich-, Laub-S.;* für masch. Betrieb: *Kreis-, Band-S., Sägegatter;* Ausführung aus hartem, zähem Stahl.
Sägedach = *Dach.*
Sägefisch, Rochen m. langem, plattem, bezahntem Mundfortsatz (,,Säge''); Atlantischer Ozean, Mittelmeer.
Säger, fischfangende Entenvögel mit gezähntem, vorn hakenartig gebogenem Schnabel; *Gänse-S.*, an Seen und Flüssen, *Mittel-S.* in N-Dtld.
Saginaw ['sæɡɪnɔ:], St. im US-Staat Michigan, an *S. River;* 77 000 E; Kohlenbergbau, Ind.
Sagittarius [l.], → Schütze.
Sago, m., gekörntes Stärkemehl aus dem Mark der ostind. *S.palmen* sowie eines Palmfarnes (→ *Cycas*); ähnlich Tapioka (→ Maniok).
Sagorsk = Sergijew Possad.
Saguaro, Riesensäulenkaktus, kandelaberartig verzweigt, b. 15 m h.; Arizona, Mexiko.
Sagunt, span. *Sagunto*, St. i. d. Prov. Valencia, 55 000 E; Eisenwalzwerk. – Um 1500 v. Chr. als *Saguntum* 219 v. Chr. v. Hannibal erobert (Anlaß zum 2. Pun. Krieg).
Sahara,
1) größte Wüste der Erde, etwa 9 Mill. km², in N-Afrika, zw. Atlant. Ozean u. Rotem Meer, vom Atlas bis zum Sudan; regenarmes (teilweise regenloses) Klima, vegetationsarm (nur wenige Oasen mit Dattelpalmen); größtenteils Felswüste (*Hammada*), im Innern die hohen Gebirgsmassive von *Tibesti* (3400 m) u. *Ahaggar* (3003 m); Bewohner im O Araber, im Innern → Tuareg, im W Mauren; Kamel- und Schafzucht; Erdöl u. Erdgas in Algerien u. Libyen, Uran im Niger; Karawanenstraßen und Kraftwagenlinien; fortschreitende Bewässerung.
2) *Westsahara*, ehem. *Span. Sahara*, Rep., an d. nordwestafrikan. Atlantikküste, v. Marokko annektiert; Bev.: berberisch-arab. Mischbev. **a)** *Geogr.:* Trockenes Sahara-Randgebiet, überwiegend Sanddünen, im NO höhere Bergländer. **b)** *Wirtsch.:* Phosphatabbau, Viehzucht, Oasenwirtsch., Küstenfischerei, Salzgewinnung. **c)** *Gesch.:* 1885 span. Protektorat Río de Oro, 1946 mit Ifni als Span. Westafrika; 1958 Überseeprovinz Span. Sahara; 1976 nach Abzug d. span. Truppen unter Marokko u. Mauretanien aufgeteilt; Ausrufung d. ,,Arab. Demokr. Republik Sahara'' (DARS), getragen v. Befreiungsbewegung FPOLISARIO (v. Algerien unterstützt), nach links-sozialist. Vorbild aufgebaut; s. 1979 ganz von Marokko annektiert; ab 1982 Kampf nach vergebl. Vermittlungsversuchen; 1989 erstes Treffen zw. marokkan. Kg u. FPOLISARIO-Vertretern; s. Sept. 1991 Waffenstillstand, s. 1992 Referendum üb. Unabhängigkeit unter UNO-Aufsicht immer wieder verschoben.
Saharanpur, St. in Uttar Pradesh (Indien), 375 000 E; Nahrungsmittelind., Bahnknotenpunkt.
Sahel, Landschaftsgürtel am Südrand d. Sahara, Übergangszone zw. Wüste und Savanne; zunehmende Dürre-Katastrophen.
Sahib [hindostan. ,,Herr''], in Indien Anrede für Europäer u. Eingeborene in hohen Stellungen.
Saibling, Lachsart tiefer Gebirgsseen.
Saida, *Seida*, im Altertum *Sidon*, Hafenst. im Libanon, an Mittelmeer, 38 000 E; Endpunkt einer 1700 km langen Ölleitung aus Saudi-Arabien (Dharan).
Said Pascha, Mohammed (17. 3. 1822 bis 18. 1. 63), Vizekönig von Ägypten; unter ihm der Bau des Suezkanals, nach ihm *Port Said* benannt.
Saier, Oskar (* 12. 8. 1932), dt. kath. Theologe; seit 1978 Erzbischof v. Freiburg.
Saiga, mittelgroße, herdenbildende Antilope der asiat. Gebirgs- u. Salzmückensteppe, m. aufgewulsteter Ramsnase; Bock m. kurzem Leiergehörn.
Saigon, seit 1975 → Ho-Tschi-Minh-Stadt.
Sailer,
1) Johann Michael (1751–1832), dt. kath. Theologe und Pädagoge; 1829 Bischof v. Regensburg.
2) Toni, eigtl. *Anton* (* 17. 11. 1935), östr. alpiner Skirennläufer; 1956 Olympia-Sieger in d. Abfahrt, Slalom u. Riesenslalom, WM in d. Kombination; 1958 WM in d. Abfahrt, Riesenslalom u. Kombination; Trainer der östr. Ski-Nationalm. 1972–76.
Saima, See m. zahlr. Inseln in SO-Finnld., 1460 km², durch den *Vuoksi* z. Ladogasee u. den **S.kanal** (59 km l., 1947–1962 v. UdSSR, s. 1962 v. Finnland auf 50 Jahre gepachtet, 1968 wiedereröffnet) zum Finn. Meerbusen.
Saint Christopher und Nevis → Saint Kitts und Nevis.
Saint-Cloud [sɛ̃'klu], westl. Vorort von Paris, im Dép. *Hauts-de-Seine*, 27 000 E; Schloß m. Park.
Saint-Denis [sɛ̃də'ni],
1) frz. St. nördl. v. Paris, 91 000 E; got. Kathedrale (gegr. 625) m. Königsgräbern; Maschinen- u. chem. Ind.
2) Hptst. u. Haupthafen d. Insel → Réunion, 122 000 E.

ST. KITTS UND NEVIS	
Staatsname:	Föderation St. Kitts und Nevis, Federation of St. Kitts and Nevis
Staatsform:	Konstitutionelle Monarchie im Commonwealth
Mitgliedschaft:	UNO, AKP, CARICOM, Commonwealth, OAS, OECS
Staatsoberhaupt:	Königin Elizabeth II., vertreten durch General-gouverneur C. Arrindell
Regierungschef:	Denzil Douglas
Hauptstadt:	Basseterre (auf St. Kitts) 18 500 Einwohner
Fläche:	261 km²
Einwohner:	41 000
Bevölkerungsdichte:	157 je km²
Bevölkerungswachstum pro Jahr:	Ø 2,30% (1990–1995)
Amtssprache:	Englisch
Religion:	Anglikaner (36%), Methodisten (32%), Katholiken (10,7%)
Währung:	Ostkarib. Dollar (EC$)
Karte:	→ Antillen

St. Kitts u. Nevis

St. Kitts und Nevis

Saint|e [frz., mask. sɛ̃, fem. sɛ̃t, engl. seɪnt], vor mask. u. fem. Eigennamen snt], Abk. *St-, Ste-* u. *St.,* heilig.
Saint-Étienne [sɛ̃teˈtjɛn], Hptst. des frz. Dép. *Loire,* 201 600 E; Kohlengruben, Textil-, Waffen-, Masch.ind.; Fahrzeugbau; Uni.
Saint-Exupéry [sɛ̃tɛgzypeˈri], Antoine de (29. 6. 1900–31. 7. 44), frz. Dichter u. Flieger; *Nachtflug; Wind, Sand u. Sterne; Der kleine Prinz.*
Saint-Germain-en-Laye [sɛ̃ʒɛrˌmɛ̃ɑ̃ˈlɛ], frz. St. im Dép. *Yvelines,* an der Seine, nordw. v. Paris, 41 000 E; Renaissanceschloß, im NO Terrasse über der Seine (2400 m lang); im Wald v. St-G.

Rennplatz. – 10. 9. 1919 *Friedensvertrag* zw. Entente u. Österreich.
Saint Helens [sntˈhɛlɪnz], St. im nordengl. Merseyside, 178 800 E; Glas-, Kupfer- u. Eisenind.
Saint John [sntˈdʒɔn],
1) kanad. Fluß in die Fundybai des Atlant. Ozeans, 718 km l.
2) St. in Kanada, Prov. Neubraunschweig, an der Mündung d. S. J., 76 000 E; eisfreier Ausfuhrhafen (Holz u. Getreide).
Saint-John Perse [sɛ̃dʒɔn ˈpɛrs], eigtl. Alexis Léger (31. 5. 1887–20. 9. 1975), frz. Lyriker u. Diplomat; *Anabase; Seemarken;* Nobelpr. 1960.
Saint John's [sntˈdʒɔnz], Hptst. d. kanad. Prov. Neufundland, 96 000 E; Bischofssitz; Fischfang, Schiff- und Maschinenbau.
Saint-Just [sɛ̃ˈʒyst], Antoine (25. 8. 1767–28. 7. 94), frz. Revolutionär; führte im Elsaß ein Blutregiment; mit Robespierre hingerichtet.
Saint Kitts und Nevis [snt-], bis 1987 *Saint Christopher and Nevis,* föderativer Inselstaat d. Kleinen Antillen; Bev.: Schwarze (86 %), Mulatten (11 %). – Verf. v. 1983: Einkammerlament; Nevis m. eigenem Parl. u. Premier. – Landw. (Zuckerrohr, Baumwolle, Erdnüsse); Tourismus; Nahrungsmittel u. elektron. Ind. – 1493 v. Kolumbus entdeckt, 1783 brit., s. 1983 unabhängig.
Saint Laurent [sɛ̃ lɔˈrɑ̃], Yves (* 1. 8. 1936), frz. Modeschöpfer.
Saint Laurent [sɛ̃ lɔˈrɑ̃], frz. Rotweinrebe, die trockene, oft vollmundige Weine m. feinem Bukett liefert u. wahrscheinlich e. Spielart d. → *Pinot Noir* ist.
Saint-Louis,
1) [sntˈluːɪs], St. im US-Staat Missouri, am Mississippi, 396 700 E; Erzbischofssitz, 3 Uni., TH, Kunstakad.; Stahl- u. Schuhind., bed. Getreidemarkt, Großschlächtereien. – 1764 gegr. u. Ludwig XV. zu Ehren ben.
2) [sɛ̃ˈlwi], St. auf Réunion, 32 000 E.
Saint Lucia [sntˈluːʃə], karib. Inselstaat. Bev.: Schwarze (90 %), Mulatten (6 %), Asiaten, Weiße. – Verf. v. 1979: Zweikammerparlament. – Landw. (Bananen, Kakao, Kokosnüsse); Tourismus; Textilu. elektron. Ind. – s. 1814 brit., 1967 m. Großbrit. assoziiert, s. 1979 unabhängig.
Saint-Malo [sɛ̃-], frz. Hafenst. an d. N-Küste der Bretagne, am *Golf von Saint-Malo,* im Dép. *Ille-et-Vilaine,* 49 000 E; alte Stadtbefestigungen; Schiffbau, Fischerei; Seebad; bei St-M. → Gezeitenkraftwerk.
Saint-Maur-des-Fossés [sɛ̃ˌmɔrdeˈfoˈse], frz. St. a. d. Marne, 81 000 E.
Saint-Maurice [sɛ̃mɔˈris], (CH-1890), Hpt.ort d. Bez. *St-M.* i. schweiz. Kanton Wallis, 3700 E; i. 9. Jh. Residenz der burgund. Könige. Augustinerabtei; Thermalbad.
Saint-Michel [sɛ̃miˈʃɛl], *Le Mont St-M.,* kl. Felseninsel vor d. Küste der Normandie (frz. Dép. *Manche),* mit d. Festland durch Damm verbunden, 260 E; ehem. Benediktinerkloster (709 gegr.).
Saint-Nazaire [sɛ̃naˈzɛːr], frz. St. im Dép. *Loire-Atlantique,* a. d. Loiremündung, 66 000 E; Schiffswerften, Flugzeug-, Konserven-, Metallind.; Seebäder.
Saint-Omer [sɛ̃tɔˈmɛːr], frz. St. im Dép. *Pas-de-Calais,* Hafen (am Kanal nach

St. Laurent

Toni Sailer

Saint-Malo, *Tour Solidor*

Mont St-Michel

ST. LUCIA	
Staatsname:	Saint Lucia
Staatsform:	Konstitutionelle Monarchie im Commonwealth
Mitgliedschaft:	UNO, CARICOM, Commonwealth, OECS, OAS, AKP
Staatsoberhaupt:	Königin Elizabeth II., vertreten durch Generalgouverneur Stanislaus A. James
Regierungschef:	Kenny Anthony
Hauptstadt:	Castries 52 000 Einwohner
Fläche:	622 km²
Einwohner:	145 000
Bevölkerungsdichte:	233 je km²
Bevölkerungswachstum pro Jahr:	Ø 1,35% (1990–1995)
Amtssprache:	Englisch
Religion:	Katholiken (82%), Protestanten
Währung:	Ostkaribischer Dollar (EC$)
Bruttosozialprodukt (1994):	501 Mill. US-$ insges., 3450 US-$ je Einw.
Nationalitätskennzeichen:	WL
Zeitzone:	MEZ – 5 Std.
Karte:	→ Antillen

St. Lucia

St. Lucia

Calais), 16 000 E; got. Kathedrale; Papierfabr., Gemüsebau.
Saint Paul [sntˈpɔːl], Hptst. d. US-Staates Minnesota, am Mississippi, 272 200 E; kath. Erzbischof; Uni.; div. Ind., Verkehrsknotenpkt.
Saint Petersburg [sntˈpiːtəzbəːg], St. an d. Westküste Floridas, 238 600 E.
Saint Phalle [sɛ̃ ˈfal], Niki de (* 29. 10. 1930), frz. Künstlerin; u. a. grellbunte Polyester-Figuren.
Saint-Pierre [sɛ̃ˈpjɛːr], Jacques Henri

ST. PIERRE UND MIQUELON	
Name des Territoriums:	Saint-Pierre-et-Miquelon
Regierungsform:	Französische Gebietskörperschaft („Collectivité territoriale")
Präfekt:	Jean-François Poncet
Hauptstadt:	Saint-Pierre 5680 Einwohner
Fläche:	242 km²
Einwohner:	6000
Bevölkerungsdichte:	25 je km²
Amtssprache:	Französisch
Religion:	Katholiken
Währung:	Französischer Franc
Zeitzone:	MEZ – 4 Std.
Karte:	→ Nordamerika

Bernardin de (19. 1. 1737–21. 1. 1814), frz. Schriftst.; Schüler v. Rousseau; Roman: *Paul u. Virginie.*
Saint-Pierre-et-Miquelon [sɛ̃pjɛrəmi'klõ], kl. Inselgruppe (8 Inseln) im S v. Neufundland, 1635 frz.; s. 1985 frz. Gebietskörperschaft; Hochseefischerei.
Saint-Quentin [sɛ̃kã'tɛ̃], frz. St. im Dép. Aisne, an d. Somme, 65 000 E; Textilind. – 1557 Sieg Egmonts über Franzosen; 1871 dt. Sieg; im 1. Weltkr. umkämpft.
Saint-Saëns [sɛ̃'sã:s], Charles-Camille (9. 10. 1835–16. 12. 1921), frz. Komp.; Schüler v. Gounod; Oper: *Samson et Dalila;* sinfon. Dichtung: *Danse macabre;* Sinfonien; Konzerte; *Der Karneval d. Tiere.*
Saint-Simon [sɛ̃si'mõ],
1) Claude-Henri Gf (17. 10. 1760–19. 5. 1825), frz. Phil. u. rel. Sozialist; *Die Neuordnung der eur. Gesellschaft; Neues Christentum.*
2) Louis de Rouvroy Duc de (16. 1. 1675–2. 3. 1755), frz. Schriftst.; schrieb Memoiren (über d. Zeit Ludwigs XIV.)
Saint-Tropez [sɛ̃trɔ'pe], frz. Seebad a. d. Côte d'Azur, Dép. Var, 5800 E.
Saint Véran [sɛ̃ veˈrã], höchstgelegenes (2046 m) Dorf Europas in d. Hautes Alpes (Frkr.), 275 E.
Saint Vincent und die Grenadinen [snt'vınsənt], Inselstaat d. Kleinen Antillen; Bev.: Schwarze (82 %), Mulatten (14 %), Inder; Verf. v. 1979: Einkammerparlament; Landw. (Bananen, Kokosnüsse, Gewürze); Tourismus; s. 1763 brit., s. 1979 unabhängig.
Saipan, Hauptinsel d. nördl. → Marianen, 122 km², 12 000 E; Hptort Susupe.
Saïs, altägypt. St. am Nilarm Rosette.
Saison, *w.* [frz. sɛˈzõ], Jahreszeit m. regstem Betrieb in Badeorten, im Geschäfts- u. gesellingen Leben.
Saisonarbeiter, Arbeiter, die nur für eine im allg. jahreszeitl. bedingte Zeit, also kurzfristig, benötigt werden; Bauarbeiter (nicht während der Frostperiode), Arbeiter in der Landw., früher vielfach Wanderarbeiter.
Saisonbetriebe, Geschäfts- und Industriebetriebe, die nur während best. Jahreszeiten tätig sind.
Saisonkrankheiten, in best. Jahreszeiten bes. häufig auftretende Krankheiten.
Saite, für Musikinstrumente, aus gedrehten Schafdärmen (auch metallübersponnen) oder Metall; auch silberumwickelte Seidenfäden od. Kunststoffe (Nylon, Perlon).
Saitenwürmer, *Nematomorpha,* Klasse der Schlauchwürmer mit etwa 250 Arten; 2–160 cm lang; erwachsen im Wasser, als Larven parasitisch in Insekten und Meereskrebsen lebend.
Sajanisches Gebirge, östlich des Altai, südliches Grenzgebiet Sibiriens zwischen Tuwa und der Mongolei; Kohle, Eisen, Asbest, Gold, Kupfer; *Munku Sardyk,* 3491 m.
Sakai, Hafenst. der jap. Insel Honshu, Vorst. von Osaka, 808 000 E; Textilind. (Seide, Teppiche).
Sakai, *Senoi,* weddide Völker in Hinterindien (Senoi) u. Sumatra; an der Küste Ackerbauer, im Inneren Jäger (vergiftete Pfeile in Blasrohren).
Sake, *m.,* jap. Reiswein; wird warm getrunken.
Sakis, *Schweifaffen,* schlanke, lang behaarte kapuzinerart. Affen S-Amerikas.
Sakkara, Dorf in Unterägypten, im Niltal oberhalb Kairo, nahe dem alten Memphis, mit Totenfeld u. Stufenpyramide.
Sakko, *m.* od. *s.* [it.], kurzes Herrenjackett.
Sakmann, Bert (* 12. 6. 1942), dt. Zellphysiologe; (zus. mit Erwin → Neher) Nobelpr. 1991 f. Medizin (Funktion einzelner zellulärer Ionenkanäle).
sakral [l.],
1) d. rel. Kult betreffend, heilig.
2) Anatomie: zum Kreuzbein (lat. *Os sacrum*) gehörig.
Sakralbau, in d. Architektur Bez. f. dem Kult dienende Gebäude (z. B. Kirche, Tempel, Grabbauten); Ggs.: → Profanbau.
Sakrament, *s.* [l. „sacramentum = Eid"], sichtbares, i. Jesus Christus begründetes Zeichen des Glaubens, der Nähe u. Liebe Gottes zu den Menschen. *Kath. Kirche* 7 S.e: Taufe, Firmung, Buße, Eucharistie, Krankensalbung, Priesterweihe, Ehe; *ev. Kirche* 2 S.e: Taufe, Abendmahl. *Sakramentalien,* i. d. kath. Kirche: heilige Handlungen (Segnungen, Weihen), geweihte Dinge (Weihwasser, Öl, Brot, Salz).
Sakramentsaltar, vom → Tabernakel überdachter Altar.
Sakramentshäuschen, Monstranzbehälter (z. B. in Nürnberg in der Lorenzkirche).
Sakrifizium [l.], Opfer.
Sakrileg|ium [l. „Tempelraub"], Vergehen gg. geweihte Personen u. Dinge.
Sakristan [l.], Mesner, Küster.
Sakristei, Nebenraum der Kirche zur Aufbewahrung von Kirchenbüchern u. -geräten.
sakrosankt [l.], unantastbar.
säkular [l.], hundertjährig, alle 100 Jahre; weltlich (Ggs.: geistlich).
Säkularfeier, Jahrhundertfeier.
Säkularinstitute, i. d. kath. Kirche ordensähnl. Gemeinschaften v. Laien od. Klerikern, deren Mitgl. i. weltl. Umgebung leben u. i. weltl. Berufen arbeiten; o. kennzeichnende Ordenskleidung.
Säkularisation [lat.], Umwandlung geistl. Besitztümer, Einrichtungen usw. in weltl. durch Landesfürsten (Reformationszeit) und durch → Reichsdeputationshauptschluß 1803 (Napoleon).
Säkularisierung, *w.* [l.], Verweltlichung, bes. des gesellsch. u. priv. Lebens; Übernahme geistlicher Besitzungen durch den Staat.
Säkulum, *s.* [l.], Jahrhundert.
Saladin, (1137–93), Sultan v. Ägypten u. Syrien; schlug d. Kreuzfahrer, eroberte Jerusalem (1187), Akka, Askalon.
Salam, Abdus (29. 1. 1926–21. 11. 96), pakistan. Phys.; (zus. mit S. → Weinberg u. S. L. → Glashow) Nobelpr. 1979 (Erkenntnisse z. schwachen u. elektromagnet. Wechselwirkung, → Kraft).
Salam [arab.], *Salem, Selam,* „Friede".
Salam aleikum! „Friede sei mit euch!"
Salamanca, mittelspan. Prov. nördl. d. Kastilischen Scheidegebirges, 12 336 km², 358 000 E; Hptst. *S.* am Tormes (Nbfl. d. Duero), 162 500 E; Uni. (1239 gegr.), Bischofssitz; alte Bauwerke; Textil-, Metall-, chem. Ind.
Salamander, Schwanzlurche (Amphibien); erwachsene Tiere stets auf d. Lande; *Feuer-S.* bis 25 cm, lackschwarze Färbung mit auffällig gelber Fleckenzeichnung, in feuchten Wäldern Europas; Eiablage in Bächen; aus ihnen schlüpfen kiementragende, wasserbewohnende Larven; Hautdrüsensaft giftig; *Alpen-S.,* schwarz, b. 16 cm lang, im Gebirge, lebendgebärend; → Schlammteufel.
Salamander reiben [v. lat. „Exercitium Salamandri"], alte student. Zutrinksitte (Ehrenbezeigung), die Biergläser auf Kommando auf d. Tisch zu reiben, zu leeren u. niederzusetzen.
Salami, *w.* [it.], dt., ital., frz., ungar. Dauerwurst m. Knoblauch.
Salamis, griech. Insel im Golf von Ägina (Saronischer Meerbusen), 95 km², 29 000 E; Haupt- u. Hafenst. *S.* – 480 v. Chr. Seesieg der Griechen (Themistokles) über d. Perser.
Salandra, Antonio (13. 8. 1853–9. 12. 1931), it. Staatsmann, führte Italien 1915 auf Seiten der → Entente i. d. Krieg; Min.präs. 1914–16.

ST. VINCENT und die GRENADINEN	
Staatsname:	Saint Vincent and the Grenadines
Staatsform:	Konstitutionelle Monarchie im Commonwealth
Mitgliedschaft:	UNO, AKP, CARICOM, Commonwealth, OAS, OECS
Staatsoberhaupt:	Königin Elizabeth II., vertreten durch Generalgouverneur David Jack
Regierungschef:	James F. Mitchell
Hauptstadt:	Kingstown (auf St.Vincent) 15 670 Einwohner
Fläche:	388 km²
Einwohner:	111 000
Bevölkerungsdichte:	286 je km²
Bevölkerungswachstum pro Jahr:	⌀ 1,2% (1990–1995)
Amtssprache:	Englisch
Religion:	Anglikaner (47%), Methodisten (28%), Katholiken
Währung:	Ostkaribischer Dollar (EC$)
Bruttosozialprodukt (1994):	235 Mill. US-$ insges., 2120 US-$ je Einw.
Nationalitätskennzeichen:	WV
Zeitzone:	MEZ – 5 Std.
Karte:	→ Antillen

St. Vincent u. Grenadinen

St.Vincent u.Grenadinen

Salamanca, Neue Kathedrale

Saladin

Feuersalamander

Salmanassar II. auf seinem Streitwagen

Salome mit dem Haupt des Täufers, *Gemälde von Caravaggio*

Salbei

Salangane, schwalbenähnl. Seglervögel der südostasiat. u. ozean. Küsten; Speichelnester an Felswänden als „Vogelnestersuppe" chin. Delikatesse.

Salär, s. [l.], urspr. Salzzuteilung an die röm. Soldaten u. Beamten; dann [frz.] svw. Gehalt.

Salat, m. [it. „gesalzen"], mit Essig, Öl, Gewürzen angerichtetes kaltes Gericht aus rohen od. gekochten Pflanzenteilen (Latticharten: z. B. Kopf-S., Endivie); auch Fleisch-, Gurken-, Tomaten-S.

Salazar [-'sar], Antonio de Oliveira (28. 4. 1889–27. 7. 1970), portug. Pol.; 1932–68 Min.präs., autoritäres Regime.

salbadern, salbungsvoll schwatzen.

Salband, s.,
1) Grenzfläche zw. einem Erzgang u. d. Nebengestein.
2) **Salkante, Salleiste,** schmale (andersfarbige) Webkante.

Salbei, *Salvia,* aromat. duftend, Wiesen u. Wälder; auch Gartenpflanzen: *Garten-S.* u. *Scharlachkraut; S.-Tee* bei Halsschmerzen.

Salbung, allg. Mittel d. Körperpflege u. Krankenheilung; i. vielen Rel. m. mag. Zeremonien verbunden; i. d. jüd. u. christl. Rel. e. Ritus d. Weihe als Übertragung göttl. Kraft auf Menschen od. Dinge; i. d. kath. Kirche sakramentale Bed., z. B. bei Taufe od. Firmung.

Salchow, m. [-o], im Eiskunstlauf Sprungfigur; nach d. mehrf. schwed. Weltmeister Ulrich *Salchow* benannt.

saldieren [it.], in der → Buchführung den **Saldo** ziehen: Unterschiedsbetrag, der sich durch Aufrechnung der beiden Seiten eines Kontos ergibt.

Saldovortrag, der S. des letzten Abschlusses als S.vortrag der neuen Geschäftsperiode.

Saleh, Ali Abdullah (* 1942), s. 1990 Staatspräs. v. Jemen.

Salem,
1) St. in Tamil-Nadu, S-Indien, 364 000 E; Textilind.
2) ('seɪləm), Hptst. des US-Staates Oregon, am Willamette (l. Nbfl. des Columbia-Flusses), 108 000 E; Uni.; Obst-, Hopfenhandel.
3) (D-88682), Gem. i. Bodenseekreis, Ba-Wü., 9600 E; bed. Gymnasium m. Internat i. Schloß, 1920 gegr.

Salep, m., Wurzelknollen versch. Orchideen; Salepschleim früher gg. Durchfall.

Saleph → Gök-su nehir.

Salerno, it. Hptst. der Provinz S. u. Hafen am *Golf v. S.,* 152 000 E; Erzbischof; Dom; Seebäder, Baumwollind. – Im MA berühmte med. Fakultät.

Sales [sal], Franz v. (1567–1622), kath. Hlg., Bischof v. Genf, nach ihm gen. die **Salesianer,** Kongregation von Weltpriestern, gegr. 1859, Fürsorgearbeit an der gefährdeten männl. Jugend. – **Salesianerinnen,** kath. Orden *(Visitantinnen),* zur Erziehung der weibl. Jugend, bes. höherer Stände; über 22 000 Mitgl.

Salesmanager ['seɪlz ˌmænɪdʒə], am. Bez. für Verkaufsleiter.

Salespromotion [-prəˈmoʊʃ_ə_n], engl. Bez. f. → Verkaufsförderung.

Salford ['sɔːlfəd], engl. St. in d. Gft Gr. Manchester, 98 000 E; Baumwoll-, Eisen-, chem. Ind..

Salicylsäure, $C_6H_4(OH)(COOH)$, wichtige organ. Säure (Hydroxybenzoësäure), natürl. in d. Weide *(Salix);* fäulniswidrig, gärungshemmend z. Darstellung v. Farbstoffen u. Arzneimitteln gg. Fieber (Aspirin® = Acetyl-S.), Rheumatismus u. z. Konservierung, bes. als Natriumsalicylat.

Salier [-fiər], Teil der → Franken; den Saliern entstammen die *salischen Kaiser,* 1024–1125 (→ deutsche Geschichte, Übers.).

Salieri [saˈfi-], Antonio (18. 8. 1750 bis 7. 5. 1825), it. Komp.; Kapellmeister in Wien; Schüler Glucks, Gegner Mozarts, Lehrer v. Beethoven, Schubert u. Liszt; 39 Opern.

Salinas de Gortari, Carlos (* 3. 4. 1948), 1988–94 Staatspräs. v. Mexiko.

Saline, w. [l.], Anlage zur Gewinnung von Salz (Kochsalz) aus natürl. wäßrigen Lösungen (Sole) als Rohmaterial durch Sieden in Salzpfannen, Ausfällen oder durch → Gradieren (Konzentrieren).

Salinger ['sælɪndʒə], Jerome David (* 1. 1. 1919), am. Erzähler; *Der Fänger im Roggen; Franny und Zooey.*

Salisbury ['sɔːlzbərɪ], Robert Marquess of (3. 2. 1830–22. 8. 1903), engl. Pol. (Konservativer); zw. 1885 u. 1902 wiederholt Premierm., dreibundfreundl., schloß 1887 Vertrag m. Frkr. über die Neutralität des Suezkanals.

Salisbury [sɔːlzbərɪ],
1) Hptst. der engl. Gft Wiltshire, an Avon, Wiley, Nadder u. Bourne, 37 000 E; Kathedrale; Landw.; Märkte; röm. Ruinen, unweit → Stonehenge.
2) → Harare.

Salisches Gesetz (Recht), altes Volksrecht der salischen Franken, unter Chlodwig um 500 n. Chr. niedergeschrieben (schließt weibl. Erbfolge v. Grundbesitz aus).

Salivation, Speichelabsonderung.

Saljut, Bez. f. sowj. Raumstationen, die s. 1971 unbemannt in Erdumlaufbahnen gebracht werden (→ Weltraumforschung).

Salk [sɔːk], Jonas Edward (28. 10. 1914 bis 23. 6. 1995), am. Bakteriologe; entwickelte S.serum als Schutzimpfung gg. → Kinderlähmung.

Sallustius, Gaius S. Crispus (86–35 v. Chr.), röm. Historiker; *Verschwörung Catilinas; Jugurtha.*

Salm → Lachse.

Salmanassar, 5 assyr. Kge zw. 1300 u. 700 v. Chr.

Salman und Morolf, dt. Spiel-

mannsdichtung des 15. Jh., Vorlage stammt aus dem 12. Jh.
Salmiak, *m., Ammoniumchlorid (NH₄Cl),* farbloses Salz; entsteht durch Einwirkung v. Salzsäure auf Ammoniak.
Salmiakgeist, Lösung v. Ammoniakgas in Wasser.
Salmonellen, Gruppe bewegl., gramnegativer, stäbchenförmiger Bakterien; Enteritis-, Typhus-, Paratyphuserreger.
Salome, Tochter der Herodias, erbittet als Lohn für einen Tanz vor Herodes Antipas das Haupt Johannes' des Täufers (Oper von Richard Strauss, nach Text von Oscar Wilde).

Das Salomonische Urteil, *Buchillustration, 14. Jh*

Salomo, Kg von Israel im 10. Jh. v. Chr., Tempelerbauer; gerühmt wegen seiner Weisheit *(Salomon. Urteil); Sprüche S.s.*
Salomon, Ernst v. (25. 9. 1902–9. 8. 72), dt. Schriftst.; *Der Fragebogen.*
Salomoninseln, engl. *Solomon Islands,* 2 Inselgruppen i. Pazifik, 1885 u. 1899 zw. Dtld u. Großbrit. geteilt; dt. Teil 1920–73 austral. Treuhandgebiet, 1973 zu → Papua-Neuguinea; brit. Teil Protektorat, s. 7. 7. 1978 unabhängig: **Salomonen,** Inselstaat m. über 920 Inseln; Hauptinseln (vulkan. Ursprungs, gebirgig, bewaldet): Guadalcanal, Malaita, New Georgia, San Cristóbal (Makira), Santa Isabel, Choiseul u. d. Santa-Cruz-In.; Verf. v. 1978: Einkammerparlament; Bev.: Melanesier (94 %), Polynesier (4 %); Fischfang, Holznutzung; Gold-, Silber- u. Kupfergewinnung, Bauxit- u. Phosphatvorkommen.
Salomonssiegel, *Weißwurz,* Liliengewächs der Laubwälder.
Salon, *m.* [frz. sa'lõ], Gesellschaftszimmer, „gute Stube"; auch Bez. für gesellschaftl. u. pol. Zirkel (z. B. Madame → Récamier um 1810); Pariser Kunstausstellung.
Saloniki, griech. *Thessaloniki,* Hptst. des griech. Nomos *S.* u. Hafen am *Golf v. S.,* 406 000 E, Gr.-*S.* 706 000 E; Uni.; Freihafen. – 315 v. Chr. gegr., 1430 bis 1912 türk.
salopp [frz.], ungezwungen, nachlässig.
Salpausselkä, doppelter bis dreifacher, 550 km l. Haupt-Endmoränenwall in S-Finnland; begrenzt Finn. Seenplatte im Süden.
Salpen, im Meere frei schwimmende

SALOMONEN

Staatsname:	Salomoninseln, Solomon Islands
Staatsform:	Parlamentarische Monarchie im Commonwealth
Mitgliedschaft:	UNO, AKP, Commonwealth
Staatsoberhaupt:	Königin Elizabeth II., vertreten durch Generalgouverneur Moses Pitakaka
Regierungschef:	Solomon Mamaloni
Hauptstadt:	Honiara (auf Guadalcanal) 35 300 Einwohner
Fläche:	28 896 km²
Einwohner:	366 000
Bevölkerungsdichte:	13 je km²
Bevölkerungswachstum pro Jahr:	⌀ 3,4% (1990–1995)
Amtssprache:	Englisch
Religion:	Christen (95%)
Währung:	Salomonen-Dollar (SI$)
Bruttosozialprodukt (1994):	291 Mill. US-$ insges., 800 US-$ je Einw.
Zeitzone:	MEZ + 10 Std.
Karte:	→ Australien und Ozeanien

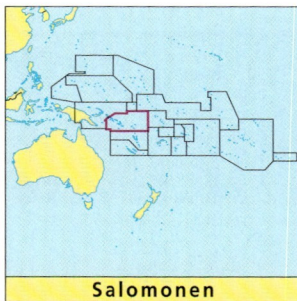

Salomonen

Eingeborenenhaus auf einer der Salomoninseln

Manteltiere, tonnen- od. walzenförmig, glashell; mit → Generationswechsel.
Salpeter, *m.,* histor. Trivialnamen f. einige techn. wichtige anorgan. Nitrate (z. B. *Ammon-S., Ammoniumnitrat, Chile-S.,* Natriumnitrat, *Kali-S.,* Kaliumnitrat).
Salpetersäure, HNO_3, anorgan. Säure; gebunden in ihren Salzen, den Nitraten, aus denen sie durch Destillation mit Schwefelsäure gewonnen wird; ind. Herstellung durch Oxidation von Ammoniak; früher *Scheidewasser* gen., da sie Silber, aber nicht Gold löst; Hauptverwendung z. → Nitrieren.
Salpingitis, svw. → Eileiterentzündung.
Salsa [span. „Würzsoße"], sehr rhythm. lateinam. Rock-Musik.
SALT [engl. sɔːlt], S*trategic* A*rms* L*imitation* T*alks,* sowj.-am. Verhandlungen über die Begrenzung strategischer Waffen; Abkommen v. 26. 5. 1972 mit Vertrag über Begrenzung d. Antiraketensysteme u. über fünfjähriges Einfrieren d. Offensivraketen *(SALT I);* Abkommen v. 18. 6. 1979 m. Vertrag über Beschränkung der ges. strateg. Waffen *(SALT II),* v. US-Senat bisher nicht ratifiziert; abgelöst durch → START.
Saltarello, it. u. span. schneller Tanz.
Salten, Felix, eigtl. *Siegmund Salzmann* (6. 9. 1869–8. 10. 1945), östr. Schriftst.; Tiergeschichten: *Bambi.*
Salt Lake City [ˈsɔːlt ˌleik ˈsiti], Hptst. d. US-Staates Utah, am Jordan nahe Gr. Salzsee, 160 000 E; Sitz d. → Mormonen, Uni.; Eisenind., Erdöl- u. Salzraffinerie, Schwefelthermen, Flughafen.
Salto, St. in Uruguay, an d. Uruguay, 81 000 E; Orangenanbau, Viehzucht.
Salto, *m.* [it.], freier Überschlag, kann gehockt, gehechtet od. gestreckt gesprungen werden; je nach Zahl d. Drehungen 1-, 1½-, 2- u. 2½facher Salto.
Saluën, *Salween,* chin. *Nu Jiang,* Fluß in Hinterindien aus Tibet, fließt durch die chin. Prov. *Yunnan,* mündet b. Moulmein (Myanmar) in den Golf v. Martaban, 2414 km lang.
Saluki, pers. Windhundrasse; kurzhaarig m. langen, seidigen Ohrfell.
Saluretika, moderne → Diuretika, vorwiegend Abkömmlinge d. → Sulfonamide, schwemmen Natrium u. Chlorid aus d. Organismus u. senken d. Blutdruck; zur Behandlung v. Ödemen u. Hypertonie.
Salut, *m.* [l.], Ehrengruß (bes. v. Kriegsschiffen) durch *S.schüsse* od. Hochziehen u. Dippen d. Flagge; bei Staatsoberhäuptern: 21 S.schüsse.
salutieren [l.], militärisch grüßen.
Salvador, Hptst. d. brasilian. Staates Bahia, 1,5 Mill. E, Agglomeration 2,5 Mill. E; Uni., kath. Erzbistum, zahlr. Kolonialbauten; Erzausfuhr (Mangan).
Salvarsan, *s.,* von Paul Ehrlich u. Hata nach über 600 Versuchen *(Ehrlich-Hata 606)* dargestelltes Arsenpräparat (salzsaures Dioxydiaminoarsenobenzol) gg. Syphilis u. andere Spirochäten-Erkrankungen, heute durch Penicillin u. andere Antibiotika ersetzt.
Salvator, *m.* [l.], Erlöser.
Salvatorianer, *Ges. v. göttl. Heiland (SDS),* kath. Ordenskongregation, 1881 gegr. v. J. Jordan; s. 1888 auch weibl. Angehörige; i. Mission, Seelsorge u. Jugendarbeit tätig.

salve! [l.], „sei gegrüßt!"
Salve, gleichzeitiges Feuern aus Gewehren oder Geschützen; urspr. als Ehrengruß *(Ehren-S.).*
salvieren [l.], in Sicherheit bringen.
Salz, allg. d. → Kochsalz; Gewinnung i. → Salinen; auch durch Eindampfen in Salzgärten a. d. Küste. → Salze.
Salzach, r. Nbfl. des Inn, v. d. Kitzbühler Alpen, durchfließt Pinzgau u. Pongau, durchbricht Kalkalpen, mündet nö. v. Burghausen, 225 km lang.
Salzbildner → Halogene.
Salzburg.
1) östr. Bundesland, 7154 km², 506 080 E; Hochgebirgsland: S.er Kalkalpen, Schieferalpen, Hohe Tauern, O-Teil Niedere Tauern; zahlreiche Höhlen, Eisriesenwelt (größte Eishöhle der Erde); stärker besiedelt: Alpenvorland (Flach-, Tennengau), Pongau, Pinzgau; Vieh- u. Milchwirtsch., Mineralquellen u. Thermen (Gastein); Bergbau; Salz (Hallein), Kupfer (Mitterberg), Marmor (Adnet, Untersberg); Aluminiumwerk (Lend); Glas-, Papier-, chemische und Holzindustrie.

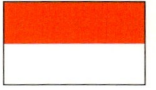

Salzburg

2) (A-5020), Hptst. des Landes *S.,* 143 910 E, a. d. Salzach zw. Kapuziner-, Mönchsberg, Erzbischofssitz, zahlr. Kirchen; Mozarts Geburtshaus m. Mozartmuseum; Uni. (1622–1810, s. 1962 neu aufgebaut); HS f. Musik *(Mozarteum);* Sommerfestspiele (seit 1920), Osterfestspiele, Salzburger Kulturtage, Kur- u. Kongreßst., Flugplatz; Residenz m. Residenz-Galerie, Mus. Carolino Augusteum; Haus der Natur; nahebei Schlösser *(Hellbrunn, Leopoldskron, Kleßheim* u. a.); über der Stadt Festung *Hohensalzburg* m. Burgmuseum. – Röm. Munizipalstadt *Iuvavum;* Bistum gegr. 700 v. Rupert, Erzbistum 798, fürstet um 1225; bedeutendster Fürst der Barockzeit: Wolf Dietrich (1587–1612); 1731/32 Emigration der Protestanten unter Erzbischof Firmian (angesiedelt hpts. in Ostpreußen; ein Teil nach Georgia, USA, ausgewandert); 1805, endgültig 1816 an Östr.
Salzburger Kalkalpen, Teil der nördl. Kalkalpen (Ostalpen): *Waidringer Alpen* (Birnhorn 2634 m), *Berchtesgadener A.* (Hochkönig 2941 m, Watzmann 2713 m), *Ausseer A.* (Dachstein 2995

Salzburg

m), *Wolfganger A.* (Höllenkogel 1862 m), *Ennstaler A.* (Hochtor 2369 m).
Salzburger Schieferalpen, Teil des Ostalpen: *Tuxer Tonschiefergebirge* (Reckner 2886 m), *Kitzbüheler A.* (Katzenkopf 2535 m).
Salze, chem. Verbindungen, aufgebaut aus → Kationen und → Anionen (z. B. Kochsalz, Natriumkation und Chlorid-Anion); entstehen bei der Umsetzung von Säuren mit Basen.
Salzgitter (D-38226–59), kreisfreie St. i. Rgbz. Braunschweig, Nds., 224 km², 117 100 E; Eisen- u. Stahlerzeugung sowie -verarbeitung, Fahrzeugbau, Ma-

Der barmherzige Samariter, *Buchmalerei, 14. Jh.*

schinen-, Elektro-, Pharma-, Papier-, Kunststoff- u. Nahrungsmittelind.; Heilbad SZ-Bad m. Naturthermalsolquelle.
Salzkammergut, Kalkalpenlandschaft in Oberöstr., Salzburg und Steiermark, von der Traun durchflossen, mit zahlreichen Seen (Traun-, Hallstätter, Atter-, Wolfgang-, Mond-See); Dachstein, Totes Gebirge; Salzwerke in Hallstatt, Ischl, Ebensee, Aussee.
Salzmann, Christian Gotthilf (1. 6. 1744–31. 10. 1811), dt. Pädagoge; *Ameisenbüchlein; Krebsbüchlein.*
Salzpflanzen, *Halophyten,* versch. salzhaltigen Böden angepaßte Pflanzen, bes. am Meeresstrand.
Salzsäure, Lösung des Gases Chlorwasserstoff *(HCl)* in Wasser; konzentrierte S. m. etwa 38% HCl; wird aus Kochsalz u. Schwefelsäure od. aus Chlor u. Wasserstoff hergestellt; vielfache Verwendung in chem. Ind.; Salze: *Chloride.*
Salzsee, Großer, *Great Salt Lake,* in Utah, USA, 1280 müM, 4000–6000 km² (je nach Wasserstand), 18–27% Kochsalz (Salzgewinnung); Zuflüsse: Bärenfluß u. Jordan; ohne Abfluß.
Salzseen, abflußlose Seen mit durch Verdunstung steigendem Salzgehalt (z. B. Totes Meer 23% Salz).

Salzkammergut, *Wolfgangsee*

Salzstraßen, Bezeichn. f. d. Handelsstraßen, auf d. das Salz von den Salinen befördert wurde (Innerasien, Nordafrika); Salzstraßen auch in Deutschland: von Halle, Reichenhall usw. ausgehend.
Salzwasser, d. → Meerwasser u. d. → Wasser von salzigen Binnenseen (→ Salzseen); → Brackwasser, → Süßwasser.
Salzwedel (D-29410), Krst. i. S-A., 22 200 E; alte Fachwerkb.; Zucker- u. chem. Ind. – 1263–1514 Mitgl. d. Hanse.
Samaden → Samedan.
Samadhi, *m.* [sanskr. „festmachen"], i. Hinduismus Bez. f. e. Zustand, i. dem d. Bewußtsein eins wird m. d. Gegenstand d. Meditation.
Samara,
1) l. Nbfl. des Dnjepr bei Dnjepropetrowsk, 341 km l.
2) l. Nbfl. der Wolga bei S., 587 km l.
3) 1935–91 *Kujbyschew,* russ. Gebietshptst. u. Ind.st. an d. Mündung d. Samara in d. Wolga, 1,3 Mill. E; Binnenhafen, Ind., Ölraffinerie; Ölleitung n. Polen u. Schwedt an d. Oder; 60 km oberhalb **Samaraer** *(fr. Kujbyschewer)* Stausee, 6450 km², 5 km lange Stauanlage, Großkraftwerk mit jährl. Stromerzeugung von 10,9 Mrd. kWh.
Samaranch [-rantʃ], Juan Antonio (* 17. 7. 1920), span. Diplomat, s. 1980 Präs. d. IOC, 1993 für weitere 4 Jahre gewählt, war 1977–80 span. Botschafter in Moskau.
Samarang, svw. → Semarang.
Samaria,
1) Landschaft in Palästina, zw. Galiläa im N und Judäa im S; Hptort *Nablus* (Sichem).
2) Hptst. d. alten Reiches Israel; 722 v. Chr. von Assyrern erobert.
Samariter,
1) *der barmherzige S.,* bibl. Gestalt (aus → Samaria).
2) freiwillige Hilfskräfte zur Erste-Hilfe-Leistung bei Unglücksfällen usw.
Samarium, *Sm,* chem. El., Oz. 62, At.-Gew. 150,35, Dichte 7,54; Seltenerdmetall.
Samarkand, Hptst. d. Gebiets S., Usbekien, das alte *Marakanda,* 366 000 E; Zitadelle, Moscheen mit Mausoleen; Herstellung v. Teppichen, Seidenwaren. – 329 v. Chr. v. Alexander d. Gr. u. 1220 n. Chr. v. Dschingis-Chan erobert; um 1369–1404 Residenz Timurs, im 15. Jh. berühmte Sternwarte, 1868 russisch.

SAMBIA	
Staatsname:	Republik Sambia, Republic of Zambia
Staatsform:	Präsidiale Republik
Mitgliedschaft:	UNO, AKP, Commonwealth, OAU, SADC
Staatsoberhaupt und Regierungschef:	Frederick J. T. Chiluba
Hauptstadt:	Lusaka 982 000 Einwohner
Fläche:	752 618 km²
Einwohner:	9 196 000
Bevölkerungsdichte:	12 je km²
Bevölkerungswachstum pro Jahr:	⌀ 2,97% (1990–1995)
Amtssprache:	Englisch
Religion:	Christen (72%), Muslime, Naturreligionen
Währung:	Kwacha (K)
Bruttosozialprodukt (1994):	3206 Mill. US-$ insges., 350 US-$ je Einw.
Nationalitätskennzeichen:	Z
Zeitzone:	MEZ + 1 Std.
Karte:	→ Afrika

Sambia

Juan Antonio Samaranch

Samarra, Ruinenst. am Tigris (Irak); Abbasidenresidenz (9. Jh. n. Chr.).
Samaveda → Veda.
Samba, *w.,* brasilian. Tanz im ⁴⁄₄-Takt.
Sambal, indones. Würzpaste.
Sambesi, *Zambesi,* größter südafrikan. Strom, aus dem NW v. Sambia (von Livingstone erforscht); Grenzfluß zw. Sambia und Simbabwe, bildet die → Victoriafälle, mündet n. 2736 km in den Ind. Ozean; durch den → Karibadamm u. → Cabora-Bassa-Damm zu großen Seen aufgestaut.
Sambia, Rep. im S Afrikas; Bev.: hpts.

Sambesi, *Victoriafälle*

Bantustämme. **a)** *Geogr.:* Fruchtb. Tafelland südl. d. Katangaplateaus im Einzugsgebiet des Sambesi. **b)** *Wirtsch.:* Grundlage ist Kupfer (1991: 428 000 t), daneben Blei, Zink, Kobalt, Mangan, Gold, Silber; wichtig f. d. Industrialisierung Karibastaudamm im Sambesi m. seinen Großkraftwerken; Ind.: Erzverhüttung, Metall-, Textil-, Nahrungsmittel- u. chem. Ind.; Landw. (Mais, Hirse, Zuckerrohr, Baumwolle, Tabak, Erdnüsse; Viehzucht). **c)** *Außenhandel* (1991): Einfuhr 888 Mill., Ausfuhr 1,06 Mrd. $. **d)** *Verf.* v. 1991: Präsidialsystem, Nationalvers. (1 Kammer); Mehrparteiensystem. **e)** *Verw.:* 9 Prov. **f)** *Gesch.:* Nordrhodesien s. 1911 brit. Protektorat, 1953–62 m. Südrhodesien u. Njassaland in der → Zentralafrikan. Föderation vereinigt; s. 1964 unabhängig u. umben. in S., 1990 blutige Unruhen u. Putschversuch; 1991 Zulassung v. Opp.parteien u. Aufheb. d. Ausnahmezust. (s. 1964); Wahlniederl. → Kaundas; 1994 Rückkehr Kaundas i. d. Pol., jedoch Verhinderung s. Kandidatur f. d. Präs.wahlen 1996; Wahlsieg Chilubas.
Sambin [sã'bɛ̃], Hugues (1515/20 bis 1601/02), frz. Holzbildhauer, Kunstschreiner u. Architekt d. Manierismus; entwickelte e. stark plast. Dekorationsstil *(S.stil)* f. Bauwerke u. Möbel m. reicher Oberflächengestaltung.
Sambre [sã:br], l. Nbfl. der Maas, 190 km l., mündet bei Namur, 149 km kanalisiert; *S.kanal,* Verbindung Oise-Maas, 67 km lang.
Samedan, *Samaden* (CH-7503), Hptort d. Oberengadin, i. schweiz. Kanton Graubünden, am Inn, 1728 müM, 2900 E; Luftkurort, Wintersportplatz.
Samen,
1) bei Samenpflanzen, entstehen nach

der Befruchtung aus den Samenanlagen im Fruchtknoten; enthalten den Keim (Embryo), daneben vielfach noch ein Nährgewebe; fehlt dieses, sind die Nährstoffe in den dicken Keimblättern (Kotyledonen) enthalten; der wirtschaftl. Wert vieler S. beruht auf den aufgespeicherten Nährstoffen (Eiweiß, Fett, Stärke); viele S. sind mit Anhängseln (z. B. Haaren) versehen, die die Verbreitung fördern.

2) tier. od. menschl. S. (griech. *Sperma*), die aus den männl. Keimzellen, den *Samenfäden* (→ Spermien) u. Absonderungen der → Prostata bestehende Flüssigkeit.

Samenanlage, im Fruchtknoten (z. B. d. Angiospermen) oder frei am Fruchtblatt (Gymnospermen) befindl. Organe, die sich nach Befruchtung zu → Samen entwickeln.

Samenblasen, *Bläschendrüsen,* paarige, längl. Hohlgebilde am Blasengrund d. Mannes, mit d. Samenleiter in Verbindung stehend (→ Geschlechtsorgane, Abb.).

Samenerguß, *Ejakulation,* während des Beischlafs; auch unwillkürlich im Schlaf sowie bei Harn- oder Kotentleerung, *Pollution.*

Samenleiter, ca. 55 cm l. Röhrchen, das d. Samenflüssigkeit vom Nebenhoden durch d. Leistenkanal u. sein Endstück, d. Ausspritzungskanälchen, am Samenhügel in die Harnröhre leitet (→ Geschlechtsorgane, Abb.); Unterbrechung der S.s: → Sterilisation.

Samenpflanzen, svw. → Phanerogamen.

Samenstrang, vom oberen Ende des Hodens bis zum inneren Leistenring reichende Samenleiter, Nerven u. Blutgefäße enthaltende kanalförmige Bauchwandausstülpung.

Sämischleder, *Waschleder,* Leder, das durch Gerbung mit Tranen lockere Weichheit erhält.

Samisdat, Selbstverlag verbotener Literatur i. d. ehem. Sowjetunion (meist Schreibmasch.manuskripte).

Samjatin, Jewgeni Iwanowitsch (1. 2. 1884–10. 3. 1937), russ. Schriftst.; einflußreicher utop. Roman: *Wir.*

Samkhja [sanskr.], *Samkhya, Sankhya,* phil. Richtung i. → Hinduismus, gegr. vermutl. i. 6. Jh. v. d. legendären Heiligen Kapila.

Samland, Landschaft im russ. Geb. Kaliningrad (Königsberg) zw. Frischem u. Kurischem Haff, im Galtgarben 110 m, mit prächtiger Steilküste. Bernsteingewinnung (einziges *Bernsteinbergwerk der Erde: Palmnicken*); bis 1945 bed. Bäder: *Cranz, Rauschen, Neukuhren, Pillau* u. a. – 1249 Teil d. *Bistums S.,* 1255 v. Dt. Orden erobert.

Sammartini, Giovanni Battista (1698 bis 15. 1. 1775), it. Organist u. Komponist.

Sammeldepot, Verwahrung von Wertpapieren gleicher Art durch eine Bank.

Sammelgüter, Stückgüter versch. Versender, die zu e. Wagenladung vereinigt u. auf einem Frachtbrief versandt werden, bilden eine *S.ladung* (§ 413 HGB).

Sammellinsen → Linsen.

Sammelsurium, svw. Mischmasch.

Sammelwerk, Begriff d. → Urheberrechts, enthält literarische od. künstler.

Samowar

Samoa, *Eingeborenenhaus*

SAMOA, AMERIKANISCH-	
Name des Territoriums:	American Samoa
Regierungsform:	Außengebiet der USA
Gouverneur:	A. P. Lutali
Hauptstadt:	Pago Pago 3100 Einwohner, Verwaltungssitz: Fagatogo 1300 Einwohner
Fläche:	199 km²
Einwohner:	55 000
Bevölkerungsdichte:	251 je km²
Bevölkerungswachstum pro Jahr:	⌀ 3,04% (1990–1995)
Amtssprache:	Englisch
Religion:	Protestanten (55%), Katholiken (19%)
Währung:	US-$
Zeitzone:	MEZ + 12 Std.
Karte:	→ Australien und Ozeanien

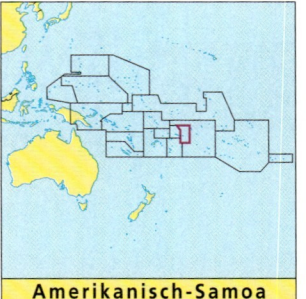
Amerikanisch Samoa

Beiträge mehrerer Autoren (z. B. Zeitschrift, Jahrbuch).

Samniter, mittelitalischer Volksstamm i. d. **S.kriegen** im 4./3. Jh. v. Chr. von d. Römern unterworfen; 82 v. Chr. v. → Sulla vernichtet.

Samoainseln, Inselgruppe östl. der Fidschiinseln, 3030 km², 204 000 E, vorwiegend Polynesier; gebirgig, vulkan., höchster Berg (1858 m) auf Savaii; fruchtbare trop. Vegetation: Kokospalme, Kakaobaum, Banane; 1899 aufgeteilt zw. den USA u. Dtld:

WESTSAMOA	
Staatsname:	Unabhängiger Staat Westsamoa, Independent State of Western Samoa, Malo Tuto'atasi o Samoa i Sisifo
Staatsform:	Parlamentarische Häuptlingsaristokratie im Commonwealth
Mitgliedschaft:	UNO, AKP, Commonwealth
Staatsoberhaupt:	Malietoa Tanumafili II.
Regierungschef:	Tofilau Eti Alesana
Hauptstadt:	Apia (auf Upolu) 33 000 Einwohner
Fläche:	2831 km²
Einwohner:	169 000
Bevölkerungsdichte:	60 je km²
Bevölkerungswachstum pro Jahr:	⌀ 1,07% (1990–1995)
Amtssprache:	Samoanisch, Engl.
Religion:	Protestanten (75%), Katholiken (23%)
Währung:	Tala (WS$)
Bruttosozialprodukt (1994):	163 Mill. US-$ insges., 970 US-$ je Einwohner
Nationalitätskennzeichen:	WS
Zeitzone:	MEZ ±12 Std.
Karte:	→ Australien und Ozeanien

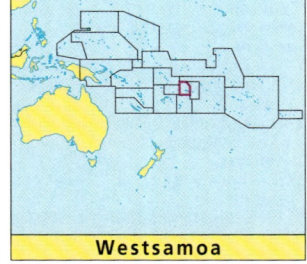

Westsamoa

1) *Amerikanisch-S.* s. 1956 Selbstverwaltung, Tutuila, Aunuu, Manua-In. u. Swains; Hpthafen: *Pago Pago,* Marinestation; Fischkonservenind.

2) *Westsamoa,* selbst. Staat, nordöstl. v. Neuseeland, bestehend aus Upolu, Savaii u. anliegenden kl. Inseln; Verf. v. 1962: Parlamentarische Häuptlingsaristokratie; Verw.: 24 Distrikte; Agrarland (Anbau v. Kokospalmen, Taro, Bananen, Kakao); 1899 dt. Kolonie, 1920–62 neuseeländ. Mandatsgebiet, 1962 unabhängig (aber bis 1982 außenpol. durch Neuseeland vertreten).

Samojeden, mongol. Stammesgruppe an der sibir. Eismeerküste; etwa 20 000, von mongol. Gesichtstypus, Rentiernomaden, Fischer.

Samos,
1) Insel d. Sporaden, 476 km², 41 800 E; gebirgig; Öl, Wein, Tabak; Hptst. u. Hafen *S.* – Blütezeit unter Polykrates 532 bis 522 v. Chr.; 1550 türk., s. 1912 griech.
2) antike St. auf *S.*; teilweise erhalten (Stadtmauer).

SAMOS, **S**atellite **a**nd **M**issile **O**bser-vation **S**ystem, am. Aufklärungssatelliten-Typ (→ Satellit).

Samothrake, griech. Insel i. Ägäischen Meer, südl. d. thrazischen Küste, gebirgig, 178 km², 2900 E; um 1874 Ausgrabungen; Standbild der *Nike von S.* (190 v. Chr.) im Louvre, Paris. – Mysterien von S. im griech. Altertum berühmt.

Samowar, *m.* [russ.], metallene Teemaschine, oft m. Holzkohle geheizt.

Sampan, *m.,* chin. Wohnboot a. Flüssen.

Samphan, Khieu (* 27. 7. 1931), kambodschan. Pol.; Führer d. Roten Khmer, 1976–78 Staatsoberhaupt.

Sampler [engl. 'sæmplə], Tonträger m. Musiktiteln aus versch. Stilräumen.

Samsara, *m.* [ind.], *Sansara,* in der ind. Weisheitslehre Kreislauf von Leben, Tod und sofortiger Wiedergeburt, Erlösung in das → Nirwana.

Samson → Simson.

Samstag, nach hebr. *Sabbat* ben., 7. Tag der Woche.

Samsun, türk. Prov.hptst. i. Kleinasien, a. Schwarzen Meer, 277 000 E.

Samt, *Sammet,* Stoff mit Grundgewebe u. aufrechtstehendem kurzem, dichtem Flor (haariger Oberfläche); *Seidensamt* ist Kettensamt, *Baumwollsamt (Velvet)* ein Köpergewebe; außerdem Woll- und Reyonsamt.

Samtgemeinde, Bez. f. e. Gemeindeverband.

Samuel [isr. „Seher"], um 1000 v. Chr., begr. d. Überlieferung nach durch Salbung Sauls d. Königtum in Israel; die 2 Bücher *Samuelis* im A.T. über S., Saul und David.

Samuelson ['sæmjʊəlsn], Paul Anthony (* 15. 5. 1915), am. Wirtschaftswiss.; Nobelpr. 1970 (Verbindung stat. u. dynam. Analyse).

Samuelsson, Bengt I. (* 21. 5. 1934), schwed. Biochem.; (zus. m. J. R. Vane u. S. K. → Bergström) Nobelpr. f. Medizin 1982 (Prostaglandin-Forschung).

Samum, *m.,* heißer, Sandstaub führender Wüstenwind N-Afrikas.

Sämund, *der Weise,* altnord. *Saemundr* (1056–1133), isländ. Bauer u. Priester in

Samuel salbt David, *Buchmalerei, 14. Jh,*

Oddi; Begr. der isländ. Geschichtsschreibung.
Samurai, altjap. Krieger- u. Adelsschicht, mit ausgeprägtem Ritterideal (→ Buschido).
san [it. u. span. Kurzform v. „santo"], heilig.
San, r. Nbfl. der Weichsel in Galizien, aus den Waldkarpaten; 444 km l.
Sana, Hptst. d. Rep. Jemen, 2350 müM, 427 000 E.
San Antonio [sæn ən'touniou], St. i. US-Staat Texas, 936 000 E, Agglomeration 1,3 Mill. E; Uni.; Erdölgebiet, Eisen- u. Stahlind., Flugplatz.
Sanatorium [nl.], Heilstätte: *Lungen-S., Nerven-S.* usw.
San Bernardino,
1) [sæn bə:nə'di:nou], St. im US-Staat Kaliforniern, 164 200 E; Uni.
2) → Bernardino.
Sancerre [sã'sεr], frz. Ort im Loiretal, der d. gleichnam. Wein hervorbringt. Am bekanntesten ist d. trockene, aromat.-frische Weißwein, der aus d. Rebsorte → *Sauvignon Blanc* erzeugt wird.
Sánchez de Lozada ['santʃεθ ðe lo'θaða], Gonzalo (* 1. 7. 1930), s. 1993 Staatspräs. v. Bolivien.
Sancho [-tʃo], Name mehrerer Könige v. Kastilien, Navarra u. Portugal: **S. III.,** d. Gr., 970–1035 Kg von Navarra, eroberte N-Kastilien.
Sancho Pansa, Begleiter des → Don Quijote bei Cervantes.

sancta simplicitas [l. „heilige Einfalt"], für Unschuld o. Beschränktheit; Wort v. *J. Hus* auf d. Scheiterhaufen.
Sanctus [l.], heilig, Heiliger; Lobgesang in der katholischen Messe.
Sand,
1) [sã:d] George, eigtl. *Aurore Dupin-Dudevant* (1. 7. 1804–8. 6. 76), frz. Romanschriftst.in; Freundin Mussets u. Chopins; *Lélia; Consuelo.*
2) Karl Ludwig (5. 10. 1795–20. 5. 1820), dt. Student u. Burschenschafter; erstach → Kotzebue; enthauptet. Sein Attentat war Anlaß zur Unterdrückungspolitik Metternichs (→ Karlsbader Beschlüsse).
Sand, Verwitterungsprodukt von Gesteinen; Korngröße v. 0,02–2 mm; → Sedimente.
Sandaale, aalähnl. Knochenfische an sand. Meeresküsten der Arktis u. d. Tropen (z. B. *Tobiasfisch*).
Sandale, w. [gr.], Fußbekleidung in Form einer unter den Fuß gebundenen Sohle.
Sandarak, Harz e. nordafrikan. zypressenartigen Nadelholzes; Bestandteil v. Klebepflastern u. Räucherpulvern.
Sandbad,
1) in der *Chemie:* Schalen mit Sand zu langsamer, gleichmäßiger Erwärmung von Gefäßen.
2) *med.* Ganz- oder Teilbad in heißem Sand, bes. bei Rheumatismus, Neuralgie.
Sandblatt, unterste Blätter der Tabakpflanze: bevorzugt als Deckblätter für Zigarren.
Sandburg ['sændbə:g], Carl (6. 1. 1878–22. 7. 1967), am. Volksdichter; *Chicago Poems; Abraham Lincoln.*
Sandby ['sændbi],
1) Paul (1725–9. 11. 1809), engl. Maler; s. topograph. Aquarelle waren richtungweisend für d. engl. Landschaftsmalerei d. Romantik; s. Bruder
2) Thomas (1721–98), Architekturzeichner.
Sanddorn, einheimisches Ölweidengewächs; Dornstrauch mit silbergrünen Blättern; Beeren orange, reich an Vitamin-C (f. Saft).
Sandelholz, von versch. ostind. Bäumen: a) *Rotes S.* (Kaliaturholz), von einem Schmetterlingsblütler; Farbholz u. f. Tischlerei; b) *Weißes S.,* vom Sandelbaum, auch kultiviert f. Schnitzereien,

Sancho Pansa

K. L. Sand ermordet A. v. Kotzebue

Sandelholz, *Blüte (rechts,*

Räucherstäbchen u. zur Herstellung v. *Sandelöl* (Parfüm u. Heilmittel).
Sander [isländ.], Sand-, Schotterfläche vor d. Gletscher-Endmoräne.
Sandhose, trichterförmiger, sandführender Luftwirbel; bis 1500 m hoch.
San Diego [sæn di:'eɪgou], St. im US-Staat Kalifornien, nahe der mexikan. Grenze, wichtiger Transit- u. Verschiffungshafen, am *Golf v. S. D.,* 1,1 Mill. E, Agglomeration 2,3 Mill. E; Flottenstation, Luftfahrtind.; Seebäder.
Sandinisten, revolutionäre nat. Bewegung i. → Nicaragua; → FSLN.
Sandlaufkäfer, räuberisch lebende, metallisch glänzende Laufkäfer; Larven lauern in Erdröhren auf Beute.
Sandpilz, genießbarer Röhrling.
Sandra, w. Vn., urspr. Kurzform zu Alexandra.
Sandrart, Joachim von (12. 5. 1606 bis 14. 10. 88), dt. Maler, Kupferstecher u. Kunstschriftst.; s. Abhandlung *Teutsche Academie der edlen Bau-, Bild- und Malerei-Künste* wurde e. Grundlage d. dt. Kunstgeschichtsschreibung.
Sandschak [türk.],
1) bis 1921 türk. Verw.bez. (z. B. *S. v.* Alexandrette), → Iskenderun.
2) Fahne.
Sandstein, durch natürl. Bindemittel verbundener Quarzsand mit unterschiedl. Beimengungen: Mergel-, Ton-, Kalk-, Glimmer-S. u. a.; → Sedimentsteine.
Sandstrahlgebläse, schleudert Sandkörner mit hohem Druck (Preßluft) aus Düse; verwendet u. a. z. Reinigung von Fassaden; Muster werden durch Abdecken d. auszusparenden Stellen m. Farbe, Papier usw. erzielt.
Sanduhr, markiert den Ablauf eines bestimmten Zeitabschnitts durch Ausrinnen einer entsprechenden Menge feinen Sandes aus einem oberen in ein durch enge Öffnung mit ihm verbundenes unteres Glasgefäß (z. B. *Eieruhr, Logglas*).
Sandwespen, eine Gattung der → Grabwespen.
Sandwich, s. [engl. 'sæn(d)wɪtʃ],
1) belegte Weißbrotschnitte (auch geröstet).
2) zwei fotograf. Papier- od. Filmbilder werden übereinander gelegt u. ergeben ein neues Bild.
Sandwichinseln ['sæn(d)wɪtʃ],
1) → Hawaii-Inseln.
2) *Süd-S.,* brit. Inseln i. Südpolargebiet.
Sandwurm, *Pier,* im Sande der eur. Küsten eingegraben lebender Borstenwurm m. roten Kiemen; in Mengen gefangen: als Angelköder.
San Fernando, span. Hafenst. in der Prov. Cádiz, auf der Insel León, 83 000 E; Kriegshafen.
sanforisieren, Handelsbez. für Behandlung v. Baumwoll- und Baumwollmischgeweben mit feuchter Hitze, um deren nachträgl. Einlaufen in d. Wäsche zu verhindern.
San Francisco [sæn frən'sɪskou], St. in Kalifornien (USA), auf e. Landzunge zw. Pazifik u. d. *San-Francisco-Bai,* südl. d. beide verbindende Meeresstraße d. „Golden Gate" *(Goldenes Tor),* 724 000 E; Agglom. 6 Mill. E; Erzbischofssitz, Uni.; bedeutendster Hafen u. Handelsplatz an der W-Küste der USA; Zuckerfabrik, chem., Eisen-, Nahrungs-

Sanddorn, *Früchte*

Sandlaufkäfer

mittelind.; Masch.-, Schiffbau; Erdölraffinerien. – 1776 v. Franziskanern (daher Name S. F.) gegr.; 1906 durch Erdbeben u. Feuer stark zerstört; 1945 konstituierende Versammlung d. → UN.
Sänfte, von Menschen oder Tieren getragener Sessel, meist mit Dach und Seitenwänden.
Sangallo, it. Baumeisterfamilie d. Renaissance,
1) Antonio da, *d. Ä.* (um 1455–17. 12. 1534), s. Neffe
2) Antonio da, *d. J.* (1483–3. 8. 1546), Palazzo Farnese (Rom) begonnen; Bauleiter an d. Peterskirche; Festungsbau
3) Giuliano da (1455–20. 10. 1516), Bruder v. 1), Madonna delle Carceri (Prato).
Sänger, Eugen (22. 9. 1905–10. 2. 64), dt. Raketenkonstrukteur; Grundlagenforschung f. Flugzeug- u. Raketenantrieb.
Sanger ['sæŋə], Frederick (* 13. 8. 1918), engl. Chem.; Struktur des Insulin-Moleküls u. Reihenfolge d. Nukleotide in d. DNA; Nobelpr. 1958 u. 1980.
Sangerhausen (D-06526), Krst. am NO-Rand der Goldenen Aue, S-A.,

San Francisco, *Golden-Gate-Brücke und Skyline*

31 300 E; Rosarium (über 7300 Rosenarten); div. Ind., Kupfer- u. Schieferbergbau.
Sängerkrieg auf der Wartburg, zw. dt. Minnesängern 1207, behandelt in einem Gedicht vom Ende des 13. Jh.; R. Wagners *Tannhäuser.*
Sangha, *Samgha, m.* [sanskr. „Schar, Menge"], buddhist. Ordensgemeinschaft v. Mönchen od. Nonnen.
San Gimignano [-dʒimiɲ-], Gem. in der it. Prov. Siena, 7300 E; im MA selbst. Rep., 1353 an Florenz; alte Mauern, Wohntürme erhalten.
Sangiovese [sandʒo've:se], hervorragende it. Rotweinrebe, die trockene, körper- u. alkoholreiche Weine mit leicht bitterem Nachgeschmack liefert; in d. → Toskana ist sie u. a. für d. → *Chianti,* → *Vino Nobile di Montepulciano* u. d. → *Brunello di Montalcino* verantwortl.
Sanguiniker, lebhafter Mensch; → Temperament.
Sanhedrin, *m., Synhedrion (Hoher Rat),* höchster jüdischer Gerichtshof in der Römerzeit.
Sanherib, Kg von Assyrien 704–681 v. Chr., zerstörte 689 Babylon, erweiterte Ninive.
sanieren [l.], gesund, lebensfähig machen.
Sanierung,
1) betriebl., meist finanzielle Maßnahmen zur Wiederherstellung gesunder

Altdeutsche Sänfte

Sangiovese

St. Florian, *Stiftskirche mit Bruckner-Orgel*

St. Gallen

Grundlagen e. Unternehmens; Gründe: mangelnde Liquidität, sinkende Rentabilität, Unterbilanz, Überschuldung.
2) *med.* Schaffung gesunder Lebensverhältnisse.
sanitär [l.], svw. hygienisch, gesundheitsgemäß.
Sanitärtechnik, Bez. f. baul. u. Installationsmaßnahmen im Bereich v. Bädern u. Toiletten; Verlegung v. Fliesen, Einbau u. Wasch- u. Toilettenbecken, Abwasserentsorgung etc.
Sanitäts-, zum Gesundheitsdienst gehörig; z. B. **S.kolonnen** mit **Sanitätern** für Kranken- u. Verwundetentransport u. Erste Hilfe.
Sanitätsamt der Bundeswehr, dem Bundesministerium der Verteidigung unmittelbar nachgeordnet; Kommandobehörde f. d. Zentralen Sanitätsdienststellen der Bw., Spezialstab der Inspektion des Sanitätsdienstes u. Höhere Kommandobehörde f. d. Aufgaben des mil. Sanitäts- und Gesundheitswesens.
Sanitätskompanie, mil. Einheit zum Sanitätsdienst an der Front und in Lazaretten.
San José,
1) [san xo'se], *S. J. de Costa Rica,* Hptst. der Rep. Costa Rica, 285 000 E; Uni., Museum.
2) [sæn hou'zeɪ], St. im US-Staat Kalifornien, 782 000 E, Agglom. 1,4 Mill. E; Uni.
San-José-Schildlaus, von Kalifornien eingeschleppter, sehr gefährl. Obstschädling.
San Juan [san 'xŭan],
1) mittelam. Fluß aus dem Nicaraguasee, 190 km l., ins Karibische Meer.
2) Hptst. der argentin. Prov. *S. J.,* am Fluß S. J., am O-Hang d. Kordilleren, 118 000 E.
San Juan de Puerto Rico, Hptst. v. Puerto Rico, an der N-Küste, auf einer Insel, 431 000 E; befestigter Hafen (Ausfuhr v. Kaffee, Zucker).
Sankhja → Samkhja.
Sankt [l.], auch *St.* oder *S.,* Abk. für *sanctus „*heilig".
Sankt Andreasberg (D-37444), Bergst. im Oberharz, Kr. Goslar, Nds., 600–894 müM, 2776 E; heilklimat. Kurort; 1520–1910 Silberbergwerk.
Sankt Anton (A-6580), östr. Wintersportpl. am Arlberg, Tirol, 1304 müM, 2188 E.
Sankt Augustin (D-53757), St. i. Rhein-Sieg-Kr., NRW, 53 400 E; Computer-, Masch.ind.; Sitz d. → Konrad-Adenauer-Stiftung.
Sankt Bernhard, zwei Alpenpässe:
1) *Großer S. B.,* an der it. Grenze, im Schweizer Kanton Wallis, Verbindung zw. Rhônetal (Martigny) u. Tal der Dora Baltea (Aosta); 84 km l., 2472 m hoch; auf der Höhe das **S.-B.-Kloster** (962 gegr.), Hospiz der Augustinerchorherren; Zucht von → Bernhardinerhunden:
2) *Kleiner S. B.,* 2188 m, Verbindung Dora-Baltea-Tal-Isèretal, 32 km l. – **S.-B.-Tunnel,** 1964 fertiggestellter 5,85 km l. Autotunnel durch den *Großen S. B.;* i. Innern das S.-B.-T.-Wasserkraftwerk mit jährl. Leistung v. 5 Mill. kWh u. Erdölleitung Genua–Rhônetal.
Sankt Blasien (D-79837), St., heilklimat. Kurort i. südl. Hochschwarzwald, Kr. Waldshut, Ba-Wü., 800 müM, 4642 E; AG; Heilklima f. Erkrankung der

Atmungsorgane, Kreislauf; 958–1806 Benediktinerabtei, jetzt Jesuitenkolleg; Dom (drittgrößte eur. Kuppelkirche).
Sankt Florian (A-4490), Markt in Oberöstr., 5116 E; Augustinerchorherrenstift, bekannte Orgel, darunter Grabmal *Bruckners;* Jagdmuseum Schloß Hohenbrunn.

Stiftsbibliothek St. Gallen, *Irische Handschrift, um 750*

Sankt Gallen,
1) Schweizer Kanton, im S mit Sardonagruppe (3056 m), Churfirsten (2309 m) und Säntisgruppe (2504 m), im N Hügelland; Landw., Masch.-, Textilind.; 2026 km², 442 700 E.
2) (CH-9000), Kantonshptst. an der Steinach, 75 000 E; Bischofssitz, Klosterbau m. berühmter Bibliothek (Nibelungenhandschrift), s. 1983 Weltkulturerbe, Handelshochschule, dt. Konsulat; Maschinenstickerei. – Stadt 612 v. dem Mönch Gallus gegr., ab 740 Benediktinerkloster, 9.–11. Jh. Mittelpunkt abendländ. Literatur u. Kunst (*Notker der Stammler und der Dt., Ekkehart*); Aufhebung d. Klosters 1805.
Sankt Georgen im Schwarzwald (D-78112), St. i. Schwarzwald-Baar-Kr., Ba-Wü., 14 515 E; feinmechan. Ind., Fremdenverkehr.
Sankt Goar (D-56329), St. im Rhein-Hunsrück-Kreis, RP, l. a Rhein, 3149 E; AG; Stiftskirche, Burgruine *Rheinfels.*
Sankt Goarshausen (D-56346), St. i. Rhein-Lahn-Kr., r. am Rhein, RP, 1759 E; Weinbau.
Sankt Gotthard, Gebirgsstock der Schweizer Alpen mit den Quellen von Rhein, Rhône, Reuß, Tessin, durch den *S.-G.-Paß* (2108 m) in zwei Teile geteilt, westl. der *Pizzo Rotondo,* 3192 m, östl. der *Pizzo Centrale,* 3001 m; über den Paß die *S.-G.-Straße,* v. Reußtal ins Tessintal, mit Hospiz; seit 1882 *S.-G.-Bahn,* mit 15 km langem Tunnel u. seit 1980 AB-Straßentunnel (16,3 km) zwischen Göschenen und Airolo.
Sankt Helena, brit. Insel im südl. Atlantik; vulkan. Bergland; Bev.: Schwarze u. Mulatten; Kartoffelanbau, Fischfang. – 1502 v. Portugiesen entdeckt, 1659 v. d. brit. Ostind. Kompanie erworben, s. 1834 brit. Kronkolonie. Mitverwaltet werden → Ascension u. → Tri-

stan da Cunha. – 1815–21 Verbannungs- u. Sterbeort *Napoleons*.
Sankt Ingbert (D-66386), Stadt im Saar-Pfalz-Kr., Saarland, 41 100 E; AG; Masch.-, Textil-, Baustoffind., Brauerei; Weisgerber-Sammlung.
Sanktion, *w.* [l.], Zustimmung d. verfassungsmäßigen Organe zu Gesetzen; früher svw. Staatsgesetz (z. B. Pragmatische Sanktion).
Sanktionen, Zwangsmaßnahmen z. Herstellung des Rechts; in d. Politik wirtsch. Maßnahmen od. mil. Vorgehen gg. einen unter Verletzung seiner Vertragspflichten kriegführenden Staat; V. Möglichk. v. S. war im Statut d. Völkerbundes im Art. 16 u. im Statut d. UNO in Art. 41, 42 vorgesehen.
sanktionieren, bestätigen, billigen.
Sankt Joachimsthal, tschech. *Jáchymov,* St. im böhm. Erzgebirge, 3300 E; Radiumbad; früher Silberbergbau (→ Joachimsthaler Groschen).
Sankt Johann,
1) *St. J. im Pongau* (A-5600), Bez.ort i. Land Salzburg, an der Salzach, 585 müM. 8855 E; Liechtensteinklamm; Ferienort, Wintersportplatz.
2) *St. J. in Tirol* (A-6380), Marktgem., Wintersportplatz u. Sommerfrische am Kaisergebirge, 660 müM, 7180 E.
Sankt-Lorenz-Strom, schiffbarer Abfluß der Kanadischen Seen (f. Seeschiffe befahrbar), 1287 km l., bildet die „Tausend Inseln", Grenzfluß zw. Kanada und USA, mündet in den **St.-Lorenz-Golf.** Der 1959 fertiggestellte **St.-Lorenz-Seeweg,** der den St. Lorenz u. die Großen Seen umfaßt u. diese mit dem Atlantik verbindet, ist der längste für Ozeanschiffe befahrbare Binnenwasserweg; durch Kanäle u. 16 Schleusen (Höhenunterschied insges. 177 m), sind Ind.zentren im Herzen d. USA u. Kanadas für Überseefrachter m. einem Tiefgang von 7,60 m erreichbar; Länge v. Duluth an der W-Spitze des Oberen Sees bis zum Atlantik 3775 km.
Sankt Moritz (CH-7500), Luftkurort, Heilbad, Sommer- u. Wintersportplatz i. Oberengadin (Schweizer Kanton Graubünden), am *St. Moritzer See* (0,78 km², 44 m tief), 1856 müM, 5400 E; Austragungsort d. Olymp. Winterspiele 1928 u. 1948.
Sankt Peter (D-79271), Gem. u. Höhenluftkurort im Kr. Breisgau-Hochschwarzwald, Ba-Wü., 722–1200 müM, 2294 E; ehem. Benediktinerabtei (berühmte Rokokobibliothek), s. 1842 Priesterseminar.
Sankt Peter-Ording (D-25826), Nordseeheil- u. Schwefelbad i. Kr. Nordfriesland, Schl-Ho., auf der Halbinsel Eiderstedt, 3962 E.
Sankt Petersburg, 1914–24 *Petrograd,* 1924–91 *Leningrad,* zweitgrößte

Sankt Moritz, *Oberengadin*

ST. HELENA
Name des Territoriums:	Sankt Helena, Saint Helena
Regierungsform:	Britische Kronkolonie
Staatsoberhaupt:	Königin Elizabeth II., vertreten durch den Gouverneur D. L. Smallman
Hauptort:	Jamestown 1500 Einwohner
Fläche:	122km²
Einwohner:	6000
Bevölkerungsdichte:	49 je km²
Bevölkerungswachstum pro Jahr:	Ø 0,0% (1990–1995)
Amtssprache:	Englisch
Religion:	Protestanten
Währung:	St. Helena-Pfund (SH£)
Zeitzone:	MEZ – 1 Std.
Karte:	→ Afrika

St. Rußlands, als Agglomeration 5 Mill. E; an d. Mündung d. Newa; bis 1917 kaiserl. russ. Residenz; ältester Teil der Peter-Pauls-Festung auf einer Newainsel, 1703 v. Peter d. Gr. gegr. Uni., Arkt. Inst., Gemäldegalerie („Eremitage"); frühere Paläste; Masch.bau, Holz-, Textil-, Elektro-, Gummiind.; durch Seekanal nach Kronstadt auch für Seeschiffe zugänglich; Flughafen. – 1825 Dekabristenaufstand, 1905 Revolution, 7. Nov. 1917 → Oktoberrevolution.
Sankt Pölten (A-3100), Landeshptst. v. Niederöstr., 50 026 E; Bischofssitz; Barockbauten; Masch.-, Textil-, Papier-, Kunstseide- u. Büromöbelfabriken.
Sankt Thomas,
1) engl. *Saint T.,* eine der Jungferninseln, Antillen, US-Besitz, 83 km², 48 000 E; Herstellung von Bayrum;

SAN MARINO
Staatsname:	Republik San Marino, Repubblica di San Marino
Staatsform:	Parlamentarische Republik
Mitgliedschaft:	UNO, Europarat, OSZE
Staatsoberhaupt:	2 „Regierende Kapitäne" (für 6 Monate)
Hauptstadt:	San Marino 4185 Einwohner
Fläche:	61 km²
Einwohner:	25 000
Bevölkerungsdichte:	410 je km²
Bevölkerungswachstum pro Jahr:	Ø 1,50% (1990–1995)
Amtssprache:	Italienisch
Religion:	Katholiken (95%)
Währung:	Italienische Lira (Lit)
Nationalitätskennzeichen:	RSM
Zeitzone:	MEZ
Karte:	→ Italien

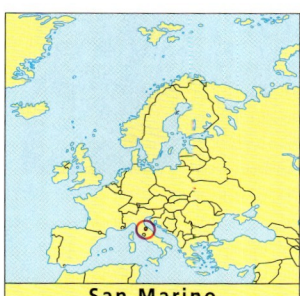

St. Helena

San Marino

Sankt Petersburg, *Peter-Pauls-Kirche*

Hptst. *Charlotte Amalie* (12 300 E); Freihafen; Kohlen- u. Kabelstation. – 1493 v. Kolumbus entdeckt, 1671 dän., 1917 an USA verkauft.
2) ehem. portugies. → São Tomé und Príncipe.

St. Wolfgang, *Pacher-Altar, Detail*

Sanktuarien, Heiligtümer.
Sankt Ulrich, it. *Ortisei,* Kurort im Grödner Tal (Dolomiten), 1227 müM, 4000 E.
Sankt Wendel (D-66606), Krst. im Saarland, a. d. Blies, 27 500 E; got. Wallfahrtskirche; Bosenberg-Kurklinik.
Sankt Wolfgang (A-5360), Luftkurort in Oberöstr. am **Wolfgangsee** (13 km l., bis 2 km br., 114 m tief; Abfluß d. *Ischl*), a. Fuße d. Schafbergs, 539 müM, 2708 E; got. Kirche m. Flügel-Altar v. M. *Pacher.*
San Luis Potosí, mexikan. Staat, Gold-, Silber- u. Kupfervorkommen; 63 068 km², 2,02 Mill. E; Hptst. *S. L. P.,* 525 000 E; Erzbischofssitz; Schmelzwerke, Baumwoll-, chem. Ind.
San Marino, Rep. in Mittelitalien; Verf. beruht auf d. 1939 u. 1971 modernisierten Statut v. 1599 (Großer u. Generalrat, Staatsrat u. Rat der Zwölf; zwei regierende Staatsoberhäupter, „Capitani Reggenti", regieren in ½jährlichem Turnus); Tourismus; eigene Briefmarken, Salz- u. Tabakmonopol. – Seit dem 13./14. Jh. unabhängig, 1862 Zollunion, s. 1897 Freundschaftsvertrag m. Italien (1971 erneuert).
San Martín, José de (25. 2. 1778 bis 17. 8. 1850), südam. Freiheitskämpfer; führte im Freiheitskampf Argentiniens den Oberbefehl, befreite Chile von der span. Herrschaft (Sieg bei Chacabuco, 1817, u. Maipo, 1818), führte den Kampf in Peru vor → Bolívar.
San Martino di Castrozza, Luftkurort im Cismonetal d. Palagruppe (Dolomiten), 1444 müM.
Sanmicheli [sammi′kɛːli], Michele (1484–Sept. 1559), it. Baumeister d. Hochrenaissance; hpts. Paläste in Verona u. Venedig; Festungswerke f. d. Venezian. Republik.
Sannazaro, Jacopo (28. 7. 1456–24. 4. 1530), it. Dichter; sein Roman *Arcadia* (1504) wurde zum Vorbild des eur. Hirtenromans.

Sanssouci

Sannyasin, Jünger → Bhagwans.
San Remo, it. klimat. Kurort i. d. Prov. Imperia, am Golf von Genua (Riviera di Ponente), 60 000 E; Spielbank.
San Salvador, Hptst. der mittelam. Rep. *El Salvador,* am Fuß des Vulkans *S.* (1967 m), 1,48 Mill. E; Uni., Erzbischofssitz; Textil- u. a. Ind.
Sansanding, Staudamm am mittleren Niger (Afrika), 1948 fertiggestellt, bewässert Fläche v. 1 Mill. ha zum Anbau von Baumwolle und Reis.
Sansara → Samsara.
Sansculotten [sãsky-], ,,die ohne Kniehosen", im Ggs. zu den Kniehosen (culottes) tragenden Aristokraten die lange Hosen tragenden Bürger in der Frz. Revolution von 1789.
San Sebastián, Hptst. d. span. Prov. Guipúzcoa, am Golf v. Biscaya, 184 000 E; Hafen, Seebad.
Sansevieria, ostind. u. afrikan. Liliengewächse; Blattfasern wertvoll für die Seilerei.
sans façon [frz. sã fa'sõ], ohne Umstände, ohne weiteres.
sans gêne [sã ʒɛn], zwanglos.
Sansibar, *Zanzibar,* Teilstaat der Vereinigten Republik → *Tansania,* umfaßt die Insel *S.,* Pemba und mehrere kl. Inseln vor der Küste O-Afrikas; Hauptinsel *S.,* 1660 km², 376 000 E; insgesamt 2461 km², 640 600 E; an der W-Küste die Hptst. *S.,* 158 000 E; Hptprodukte: Gewürznelken, Öle, Kopra, Zuckerrohr. – 1885 dt. Schutzgebiet, 1890 als engl. Protektorat von Dtld u. Frkr. anerkannt (dafür Helgoland an Dtld, Madagaskar an Frkr.); s. 1963 unabhängiges Mitgl. d. Commonwealth; 1964 m. Tanganjika vereinigt zu → Tansania.
Sanskrit, *s.,* Kultur- u. Bildungssprache Indiens (Ggs: Volkssprache → Prakrit); schon im 3. Jh. v. Chr. vor allem Gelehrtensprache, doch in Dramen (*Sakuntala,* von Kalidasa), Epen (*Ramayana*) u. in den rel. Werken der Jaïna u. Mahayana-Buddhisten auch weiten Kreisen zugänglich; im 4. Jh. strenges Regelsystem durch Panini; wichtige Sprachvergleiche f. die german. Sprachen dadurch möglich (→ Sprachen, Übers.).
Sansovino, it. Bildhauer u. Baumeister d. Renaiss.,
1) Andrea (um 1460–1529), nach ihm ben. s. Schüler
2) Jacopo, eigtl. *J. Tatti* (2. 7. 1486 bis 27. 11. 1570), Werke in Venedig: z. B. *Markusbibliothek* u. *Loggetta* des Campanile v. S. Marco; Monumentalskulpturen *Mars u. Neptun* auf der Freitreppe d. Dogenpalasts.
Sanssouci [frz. sãsu'si ,,sorgenfrei"], Lustschloß mit Park bei Potsdam; 1745 bis 47 v. Knobelsdorff n. Plänen Friedrichs d. Gr. erbaut.
San Stefano, Vorort v. Istanbul, am Marmarameer, Seebäder. – 1878 Präliminarfriede zw. Rußland u. Türkei.
Santa [it., span. u. portugies.], ,,heilig" (vor weiblichen Namen); auch → Santo.
Santa Ana ['sæntə 'ænə],
1) St. in d. Rep. El Salvador, am Fuße des Vulkans *S. A.* (2381 m), 208 000 E; Bischofssitz, Kathedrale.
2) St. in Kalifornien (USA), 294 000 E; Konservenind., Flughafen.
Santa Catarina, Staat S-Brasiliens, 95 318 km², 4,4 Mill. E; Viehzucht, Kohle; dt. Kolonien: *Blumenau, Joinville, Pomerode* u. a.; Hptst. *Florianópolis.*
Santa Clara, Hptst. d. Prov. *Villa Clara* auf Mittelkuba, 205 000 E; Uni.
Santa Conversazione → Sacra Conversazione.
Santa Cruz [-'kruθ],
1) Prov. in Argentinien (S-Patagonien), 244 000 km², 148 000 E; Viehzucht u. Bergbau (Kohle, Salz); Hptort *Río Gallegos.*
2) *S. C. de la Palma,* Hptst. d. Insel → Palma.
3) *S. C. de la Sierra* [-sĭɛ-], St. in Bolivien, a. Osthang d. Kordilleren, 529 000 E.
4) *S. C. de Tenerife,* Hptst. der span. Prov. *S. C.* der Kanar. Inseln, an der O-Küste v. Teneriffa, 189 000 E; Hafen.
Santa-Cruz-Inseln [-'kruθ], Inselgruppe d. Salomoninseln; vulkanisch, wald- u. wasserreich; 958 km², 4000 E; Hauptinsel *S. C.*
Santa Fé,
1) Prov. Argentiniens am Paraná, 133 007 km², 2,8 Mill. E; Rinder- u. Schafzucht, Weizenanbau; Hptst. *S. F.* am Salado (r. Nbfl. des Paraná), 292 000 E; Uni.
2) Hptst. d. US-Staates New Mexico, 59 000 E (Indianer u. Mexikaner); Erzbischofssitz
Santa Isabel → *Malabo.*
Santa Margherita Ligure, Kurort an der it. Riviera di Levante, Prov. Genua, 11 000 E.
Santa Maria, Flaggschiff v. C. Kolumbus, mit d. er am 12. 10. 1492 die Antilleninsel Guanahani erreichte.
Santander, Hptst. der span. Region Kantabrien, an der Ria (Bucht) *von S.* am Golf v. Biscaya, 194 000 E; befestigter Hafen, Schiffswerften; Eisengießereien, Erzausfuhr; Seebäder, Mineralquellen.
Santayana, George (16. 12. 1863 bis 26. 9. 1952), am. Schriftst. u. Phil. span. Herkunft; Studien über Plato u. dt. Phil. sowie über den am. Charakter; *The Life of Reason; Der letzte Puritaner* (Roman).
Sant'Elia, Antonio (30. 4. 1888 bis 10. 10. 1916), it. Architekt u. Stadtplaner; v. Jugendstil ausgehender Hptvertr. d. Futurismus; wegweisend f. d. Rationalismus durch s. visionären (nicht verwirklichten) Entwürfe.
Santer, Jacques (* 18. 5. 1937), s. 1984 Staatsmin. v. Luxemburg; s. 1994 Präs. d. Eur. Kommission.

Santiago,
1) *S. de Chile,* Hptst. v. Chile, am Mapocho, Agglomeration 4,9 Mill. E; Erzbischofssitz, 2 Uni. (gegr. 1842); pol. u. geist. Mittelpunkt Chiles; namhafte Ind.
2) *S. de Compostela,* span. St. in der Prov. Coruña, 87 000 E; Erzbischofssitz, roman. Kathedrale m. Grab d. Apostels Jakobus d. Ä., Wallfahrtsort; Uni.
3) *S. de Cuba,* St. auf Cuba, an der S-Küste, 974 000 E; Erzbischofssitz; Ausfuhrhafen f. Tabak, Kaffee, Zucker.
4) *S. del Estero,* Hptst. der argentin. Prov. *S.* (135 254 km², 641 000 E, Urwälder und Salzsteppen, Holzausfuhr), 149 000 E.
5) *S. de los Caballeros,* St. in d. Dominikan. Rep., 279 000 E.
Säntis, höchster Berg der **S.gruppe** (Alpsteingebirge), NO-Schweiz, 2502 m; Wetterwarte.
Santo [it.], ,,heilig" (vor ital. männl. Namen, die mit Sp oder St beginnen); auch → Santa.
Santo Domingo,
1) früherer Name der Insel Hispaniola (Haïti).
2) 1936–61 *Ciudad Trujillo,* Hptst. d. Dominik. Rep., als nat. Distrikt 1,31 Mill. E; Hafen an der Südküste v. Hispaniola.

São Paulo

Santonin, *Santoninum,* Arzneimittel gegen Spulwürmer; aus Beifußgewächsen hergestellt.
Santorin, svw. → Thera.
Santos ['sɒntus], brasilian. Hafenst. im Staat São Paulo, auf e. Küsteninsel, erster Kaffee- (*S.kaffee*) u. Baumwollausfuhrhafen Brasiliens, 429 000 E.
Santos-Dumont, Alberto (20. 7. 1873– 23. 7. 1932), brasilian. Luftfahrtpionier; 1906 erster Motorflug in Europa m. selbstkonstruiertem Flugzeug.
São [portugies. seũ], ,,heilig".
São Francisco [sõu frõ'sisku], *Rio S. F.,* Fluß in O-Brasilien aus dem Hochland von Minas Gerais, zahlr. Stromschnellen, 2900 km l., in den Atlant. Ozean.
São Luís, Hptst. u. Hafen des brasilian. Staates Maranhão, 696 000 E; Textil- u. Zigarrenind.
São Miguel [-mi'γɛl], größte der Azoreninseln, Portugal, 759 km², 160 000 E; Hptort *Ponta Delgada.*
Saône [soːn],
1) r. Nbfl. d. Rhône bei Lyon, v. d. Monts Faucilles (westl. der Vogesen), 445 km lang.
2) *Haute-S.,* frz. Dép.; 5360 km², 234 000 E; Hptst. *Vesoul.*
3) *S.-et-Loire,* frz. Dép. in Burgund,

Jacopo Sansovino, *Sakristeitür in San Marco*

Santiago de Chile

Santiago de Compostela

São Paulo 8575 km², 572 000 E; Steinkohlenbergbau, Eisen- und Baumwollind.; Hptst. *Mâcon*.

São Paulo [ˈsēʉmˈpaʊlu],
1) brasilian. Staat, 248 256 km², 32 Mill. E; Kaffee- u. Baumwolldistrikt.
2) Hptst. v. *S. P.*, 950 000 E, Agglomeration 17 Mill. E; dt. Siedlungen; modernste Stadt Brasiliens; div. Ind.
3) *S. P. de Loanda*, Hptst. v. Angola, Loanda.

São Salvador → Bahia.

Saoshyants, *Sauschjants*, [awest.], i. → Parsismus d. 3 nachgeborenen Söhne Zarathustras als endzeitl. Rettergestalten.

São Tomé und Príncipe, Inselstaat im Golf v. Guinea, an der W-Küste Afrikas, bestehend aus der Hauptinsel São Tomé u. d. Insel Príncipe; ab 1735 portug. Kolonie, 1951–75 Überseeprov., s. 1975 unabhängig; 1995 Príncipe autonom; gescheiterter Mil.putsch. Bev.: hpts. Bantu, Mulatten, gebirgig, trop. Wälder; Hptausfuhr: Kaffee, Kopra, Kakao.

Saphir, *m.*, Edelstein, blaue Varietät des → Korund.

Saponine, seifenähnl. Pflanzenstoffe, in d. Quillajarinde; auch → Seifenkraut.

Saporoger, *S. Kosaken*, unabhängige. ukrain. Kosakenstaat am unteren Dnjepr vom Ende 15.–18. Jh.

Saporoschje, früher *Alexandrowsk*, ukrainische Stadt am Dnjepr, 891 000 E; Metallverhüttung; Dnjeprstaudamm m. gr. Kraftwerk u. Aluminiumfabrik.

Sapote, trop. am. Bäume mit eßbaren, weichen Früchten; andere Arten liefern beste → Guttapercha.

Sappe, *w.* [frz.], Annäherungsgraben feindwärts i. Stellungskrieg; *Sappeure*, früher svw. Pioniere.

Sappeur [frz. -ˈpø:r], früh. Bez. f. Soldaten, die Laufgräben (Sappen) anlegten.

sapphische Strophe, vierzeiliger, in Oden abgefaßter griech. Vers.

Sappho (um 600 v. Chr.), griech. Dichterin auf Lesbos; Liebesgedichte; *Gebet an Aphrodite*; Drama v. Grillparzer.

Sapporo, Hptst. der nördl. jap. Insel Hokkaido, 1,67 Mill. E; Uni.; Masch.-, Textil- und Mühleind.; Flugzeugbau; Winterolympiade 1972.

Saprobien, Kleinlebewesen des Faulschlamms, bauen d. organ. Gehalt des Wassers ab, tragen zur biol. Selbstreinigung d. Gewässer bei.

Saprophyten [gr.], Organismen, die organ. Reste bewohnen bzw. sich v. den Zersetzungsprodukten ernähren, bes. Bakterien u. Pilze; auch einige chlorophyllfreie Blütenpflanzen (Fichtenspargel, etl. Orchideen).

Sara [hebr. „Herrin"],
1) w. Vn., auch *Sarah*.
2) im A.T. d. Frau Abrahams.

Sarkophag *aus dem 3. Jh. n. Chr., Vatikan*

Sarabande, gravität. span. Tanz, 3/4-Takt, Teil d. → Suite.

Sarafan, ärmelloses Gewand der russ. Bäuerin.

Saragat, Giuseppe (19. 9. 1898–11. 6. 1988), italienischer Pol.; 1957–63 und 1976 Gen.sekr. d. PSDI; 1964–71 Staatspräs.

Saragossa → Zaragoza.

Sarajevo, *Sarajewo*, Hptst. von Bosnien-Herzegowina, (im Miljačkatal), 380 000 E; Uni., Erzbischofssitz; Tabak-, Teppich- u. Tuchind.; Winterolympiade 1984. – Ermordung d. östr. Thronfolgers Franz Ferdinand u. seiner Gemahlin 28. 6. 1914. 1992/3 im bosn.-serb. Krieg schwer zerstört.

Saramugo [-ˈmuyo], José (* 16. 11. 1922), portugies. Schriftst., gestaltet in Romanen histor. u. soz. Probleme seines Landes; *Hoffnung im Alentejo; Das steinerne Floß*.

Saran, Handelsbez. f. Chemiefaser aus Vinylidenchlorid.

Sarasate, Pablo de (10. 3. 1844–20. 9. 1908), span. Geiger u. Komp.; *Zigeunerweisen*.

Saraswati, ind. Göttin der Gelehrsamkeit, i. d. Mythologie der Gattin Brahmas; auch der hl. Name des Indus.

Saratoga Springs [særɛ-], Badeort im US-Staat New York, 24 000 E; zahlr. Mineralquellen. – 1777 Sieg der Amerikaner über d. Engländer.

Saratow, Hptst. d. russ. Gebiets *S.*, a. d. Wolga, 909 000 E; Uni., HS; Binnenhafen; Erdölraffinerie, Maschineind., Erdgas.

Sarawak, ehem. brit. Kronkolonie an der NW-Küste der Insel Borneo, 124 449 km², 1,6 Mill. E (Malaien, Chinesen, Dajaks); s. 1963 Teilstaat d. Föderation → Malaysia; Kautschuk, Erdöl, Sago, Pfeffer, Holz; Hptst. *Kuching* (74 000 E). – 1888–1946 brit. Schutzstaat (Fürstentum).

Sarazene, im MA aufgekommene Bezeichnung für Mohammedaner, bes. Araber.

Sardanapal, sagenhafter letzter Kg Assyriens, im 7. Jh. v. Chr.; wahrscheinlich mit dem histor. → Assurbanipal identisch.

Sardelle, *w.*, gesalzene Heringsfische im Handel:
1) echte S. von An(s)chovis, bis 15 cm langer Heringsfisch im Mittelmeer und Atlantik;
2) *unechte S.*, eingesalzene junge Sardine, Sprotte und Hering.

Sardes, in Kleinasien, westl. Smyrna, bis 547 v. Chr. Hptst. d. lydischen Reiches, bis 498 v. Chr. Residenz der lydischen Satrapen der pers. Kgs; mehrmals zerstört, war es unter syrischer Herrschaft, dann unter Pergamon, unter Rom blühende Handelsstadt; 1402 von Timur vernichtet, Ruinen.

Sardine, *w.*, der *Pilchard*, kleiner Heringsfisch d. Mittelmeeres u. Atlant. Ozeans; als Fischkonserve.

Sardinien, it. Insel u. Region im Mittelmeer, Gebirgsland (bis 1834 m h.); 24 090 km², 1,7 Mill. E; Silber-, Blei- u. Zinkerzgruben; Ziegen- u. Schafzucht; Getreide, Ölbäume, Wein, Südfrüchte; Hptst. *Cagliari*.

Sardinische Monarchie, Kgr. in Italien, 1720 aus Sardinien, Savoyen, Piemont, Aosta, Montferrat, Nizza unter

SÃO TOMÉ und PRÍNCIPE

Staatsname:	Demokratische Republik São Tomé und Príncipe, República Democrática de São Tomé e Príncipe
Staatsform:	Präsidiale Republik
Mitgliedschaft:	UNO, OAJ, AKP, CPLP
Staatsoberhaupt:	Miguel Trovoada
Regierungschef:	Raul Bragança
Hauptstadt:	São Tomé 25 000 Einwohner
Fläche:	964 km²
Einwohner:	130 000
Bevölkerungsdichte:	135 je km²
Bevölkerungswachstum pro Jahr:	Ø 2,20% (1990–1995)
Amtssprache:	Portugiesisch
Religion:	Katholiken (81%)
Währung:	Dobra (Db)
Bruttosozialprodukt (1994):	31 Mill. US-$ insges., 250 US-$ je Einw.
Nationalitätskennzeichen:	STP
Zeitzone:	MEZ
Karte:	→ Afrika

São Tomé u. Príncipe

São Tomé u. Príncipe

Sarkophag *aus Hagia Triada, um 1400 v. Chr.*

Viktor Amadeus I. von Savoyen entstanden; seit 1796 schrittweise Frkr. einverleibt, 1814 wiederhergestellt u. durch Genua vergrößert; unter Viktor Emanuel II. (Kg s. 1849, s. 1861 auch Kg v. Italien) u. dessen Min. Cavour Verdrängung der Österreicher aus Oberitalien u. Vereinigung ganz Italiens (1861 zunächst ohne Venetien u. Rom); dafür mußten 1860 Nizza u. Savoyen an Frkr. abgetreten werden.

sardonisches Lachen (von dem auf Sardinien vorkommenden Giftkraut *Sardonia*, das Gesichtszuckungen bewirkt), verkrampftes, bitteres Lachen; auch b. Wundstarrkrampf.

Sardonyx, *m.*, Halbedelstein, weißrotschichtiger Achat; häufig zu Gemmen verarbeitet.

Sardou [-ˈdu], Victorien (7. 9. 1831 bis 8. 11. 1908), frz. Bühnenautor; *Fedora; Madame Sans-Gêne*.

Sargassomeer, Teil des Nordatlant. Ozeans, zw. 20° u. 40° n. Br., 35° u. 75° w. L., nach dem dort häufig vorkommenden *Sargassotang* (Meeralgen mit „Beerenfrüchten") ben.; Laichgebiet der eur. Aale, v. d. Schiffahrt wegen Tang gemieden.

Sargent [ˈsɑːdʒənt], John Singer (12. 1. 1856–15. 4. 1925), am. Maler; dekorativ-effektvolle Porträts d. engl. Aristokratie u. d. am. Großbürgertums.

Sargon, Kge v. Assyrien: **S. II.,** 721 bis 705 v. Chr., eroberte Samaria und Babylonien, gründete Chorsabad.

Sari, *m.* [arab. „gelb"], Kleidungsstück der Inderin, gewickeltes langes Tuch.

Sarkasmus, *m.* [gr.], schneidender Spott.

sarkastisch, höhnisch, beißend.

Sarkis, Elias (* 20. 7. 1924–27. 6. 85), libanes. Pol.; 1976–82 Staatspräs.

Sarkoidose → Boecksche Krankheit.

Sarkom, *s.* [gr.], bösart. Bindegewebsgeschwulst.

Sarkophag, *m.* [gr. „Fleischverzehrer"], meist reich verzierter, steinerner Sarg, dessen Platte oft das Liegebild des Verstorbenen trägt.

Sarmaten, im Altertum iran., nomadisierendes Reitervolk an der N-Küste d. Schwarzen Meeres, östl. vom Don; im 3. Jh. n. Chr. untergegangen.

Sarmatien, zur röm. Kaiserzeit das Gebiet O-Europas zw. Weichsel u. Wolga.

Sarnen (CH-6060), Hptort des Schweizer Halbkantons Obwalden, Luftkurort am *Sarner See* (fischreich, 7,5 km²), 8500 E; 476 müM.

Sarntal, it. *Val Sarentina*, r. Seitental der Eisack in S-Tirol, von der Talfer durchflossen.

Sarong, *m.*, malaiisches, gebatiktes (→ Batik) Gewand, um die Hüften geschlagen.

Saroszyklus [chaldäisch „Saros = Periode"], der Zeitraum v. 6585½ Tagen (18 Jahre 11 Tage) zw. Wiederkehr gleichartiger Sonnen- od. Mondfinsternisse.

Saroyan [səˈrɔɪən], William (31. 8. 1908–18. 5. 81), amerik. impressionist. Schriftst. armen. Herkunft; Dramen, Romane, Kurzgeschichten; *Pariser Komödie; Wir Lügner*.

Sarrasani, von dem Tierbändiger Hans (v.) *Stosch* (1872–1934) 1901 gegründeter gr. Wanderzirkus.

Sarraute [sa'ro:t], Nathalie (* 18. 7. 1902), frz. Schriftst.in russ. Herkunft; Wegbereiterin des → Nouveau roman; *Das Planetarium; Die goldenen Früchte.*
Sarsaparille, *w., Stechwinde,* Wurzelstock eines kletternden mittelam. Liliengewächses; harn- u. schweißtreibende Droge.
Sarstedt (D-31157), St. i. Kr. Hildesheim, Nds., 17 552 E; HS f. Gartenbau; Herd- und Ofen-, Wäscherei-, Großkochanlagen- u. a. Ind.
Sarten, iran.-turktatar. Volksstamm; seßhaft im Gebiet d. mittleren Amu-darja u. Syr-darja.
Sarthe [sart],
1) frz. Fluß, Quellfl. der Maine, 285 km lang.
2) westfrz. Dép., 6206 km², 515 000 E; Hptst. *Le Mans.*
Sarto, Andrea del (16. 7. 1486–29. 9. 1530), florentin. Maler d. Renaiss.; Tafelbilder u. Fresken relig. Inhalts, Bildnisse.
Sartre, Jean-Paul (21. 6. 1905–15. 4. 80), frz. Phil., Bühnenautor u. Romanschriftst.; Hptvertr. des atheist. Existentialismus; zeigt immer wieder die Tragik der in Konflikte gestellten Willensfreiheit, die sich selbst einen Sinn setzen muß; phil. Abhandlungen; Dramen: *Die Fliegen; Die ehrbare Dirne; Die schmutzigen Hände; Die Eingeschlossenen;* Film: *Das Spiel ist aus;* Romantrilogie: *Die Wege der Freiheit;* Flaubert-Biographie: *D. Idiot d. Familie;* 1964 Nobelpreis abgelehnt.
Sartzetakis, Christos (* 1929), griech. Jurist; März 1985–90 Staatspräs.
Sarx [gr. „Fleisch"], phil. Begriff i. Gnostizismus, nach dem d. Welt d. Materie erlöst werden muß; Gqs.: → Pneuma (Geist, Seele).
SAS, Abk. f. **S**candinavian **A**irlines **S**ystem [engl. skændɪˈneɪvjən ˈɛəlaɪnz ˈsɪstɪm], 1946 gegr. staatl. Luftfahrtsges. d. 3 skandinav. Länder.
Sasan, it. *Saseno,* alban. Insel, 5,7 km²; 1921–45 it.
Sascha, m. Vn.; urspr. russ. Kurzform zu Alexander.
Sasebo, *Saseho,* jap. St. an der W-Küste der Insel Kyushu, 249 000 E; Hafen, Schiffbau.
Saskatchewan [səsˈkætʃɪwən],
1) schiffbarer Fluß in Kanada von den Rocky Mountains, 547 km, entsteht aus North S. (1287 km) u. South S. (1392 km), in den Winnipegsee.
2) mittelkanad. Prov., 570 113 km², 1,09 Mill. E; Prärie m. intensiver Landw., Viehzucht, im N gr. Waldgebiete, Erdöl, Erdgas, Kohle, Uranerz (am Athabasca-See); Hptst. *Regina* (179 000 E).
Sassafras, *m.,* hoher Lorbeerbaum im östl. N-Amerika; Wurzelholz, *Fenchelholz,* als Heilmittel; sein Öl z. Parfümieren v. Seifen, Getränken, Tabak.
Sassaniden, Herrscherdynastie des pers. Reiches (227–651 n. Chr.).
Sassari, Hptst. der it. Prov. *S.* auf Sardinien, 120 000 E; Erzbischofssitz, Uni.; Hafen *Porto Torres.*
Saßnitz (D-18546), St. u. Ostseebad a. Rügen, M-V., 12 831 E; Eisenbahnfähre n. Trelleborg; Fischerei- u. Fährhafen; Kreidebrüche.
Sastre, Alfonso (* 20. 2. 1926), span.

Jean-Paul Sartre

Andrea del Sarto, *Opferung Isaaks*

Satanspilz ††

Satellit Kopernikus

Dramatiker u. sozialist. Kulturkritiker; Drama: *Der Tod des Toreros.*
Satan [hebr. „Widersacher"], im A.T. der Strafengel; später Teufel.
Satansaffe, kohlenschwarzer, zottig behaarter, langbärtiger brasilianischer Schweifaffe; → Breitnasen.
Satanspilz, giftiger Röhrling, hellgrauer Hut, dicker Stiel m. rotem Netzmuster, orangerote Röhren. ♦
SAT 1, von privaten Programmveranstaltern (hpts. Verlegern) seit Anfang 1985 i. d. BR betriebenes kommerzielles Fernsehen; über d. Satelliten ECS 1 ausgestrahlt u. über Antennenanlagen d. DBP empfangen u. in bestehende Kabelnetze eingespeist; ausschließlich durch Werbung finanziert.
Satellit, *m.* [l.]
1) *astronom.:* **a)** natürl. S.: Planetenmonde (→ Weltraumforschung); **b)** künstl. S. durch mehrstufige → Raketen od. → Raumtransporter in d. freien Weltraum auf s. Umlaufbahn um d. Erde od. Himmelskörper gebrachtes bemanntes od. unbemanntes Gerät für versch. Zwecke: – *unbemannt:* **1)** *wiss. S.:* Erforschung d. Himmelskörpers, seiner nahen u. fernen Umgebung; z. B. USA: Explorer, Erdsatellitenserie zur Strahlungsmess., el.-magn. Feldmess., Vermess. d. oberen Atmosphäre; OSO, Sonnen-Observatorium; OGO, geophys. Observatorium; OAO, astron. Observatorium; alle in Erdumlaufbahnen; BIO-S., Erdrückkehrgerät f. Weltraumexperimente mit Pflanzen u. Tieren; Lunar-Orbiter, 1966–67, S.en d. Erdmondes zu dessen Kartographie; ehem. UdSSR: Kosmos-S. (Serie); Eur.: ESRO-S. (Serie); **2)** *Anwendungs-S.:* **a)** meteorolog. S. zur Wolkenbeobachtung, Wettervorhersage, Sturmwarnung; USA: Tiros, Nimbus, Vanguard; ehem. UdSSR: Meteor; **b)** Nachrichten-S.: Relays in Weltraum für Nachrichtenfernübertragung, USA: Telstar, Syncom (in Synchronbahn); → Comsat; Intelsat; ehem.

Satellitenbild der Region Köln/Düsseldorf, *aufgenommen aus ca. 700km Höhe*

UdSSR: Molnya; c) Erdbeobachtungs-S.: USA: Geos für Erdvermessung; d) mil. S.: *Aufklärungs-S.:* USA: Discoverer (Erdrückkehr), Vela, Entdeckung v. nuklearen Explosionen, Samos, Midas; *Navigations-S.:* USA: Secor, Navsat, GPS; ehem. UdSSR: Kosmos; *Nachrichten-S.:* USA: Idcsp, Dscs, TDRS; *Weltraumbombe:* ehem. UdSSR: → FOBS; – *bemannt:* biol. Experimente, Erdbeobachtung, Vorbereitung eines Weltraumlaboratoriums; USA: Mercury (1 Astronaut), Gemini (2 Astronauten in Erdumlaufbahn), → Apollo (3 Astronauten, kopplungsfähig, Vorbereitung u. Verwendung für Mondflug); ehem. UdSSR: Wostok (1 Kosmonaut), Woschod, Sojus (mehrere Kosmonauten, kopplungsfähig, Saljut, Raumstation Mir.
2) Leibwächter, Begleiter, Trabant.
Satellitenstaaten, Staaten, deren Politik nach der eines führenden Staates ausgerichtet ist.
Satemsprachen → Sprachen, Übers.
Sati [sanskr. „treue Frau"], → Witwenverbrennung.
Satie, Erik (17. 5. 1866–1. 7. 1925), frz. Komp.; Vorbild d. „Groupe des → Six"; Klaviermusik, Orchesterwerke, Ballette.
Satin, *m.* [frz. -'tɛ̃], glattes, glänzendes Gewebe in Atlasbindung.
Satinage, *w.* [frz. -'naːʒə], Glätten (**Satinieren**) des Papiers zw. Walzen, d. Leders zw. Pressen.
Satire, *w.* [l. „gefüllte Schüssel"], Literaturgattung, die menschl. Unzulänglichkeiten in spött. oder bissiger Weise kritisiert; bed. Satiriker: *Lukian, Cervantes, Voltaire, Swift, Heine, Shaw.*
Satisfaktion, *w.* [l.], Genugtuung (bes. durch Ehrenerklärung oder Zweikampf).
Satledsch, engl. *Sutlej,* größter Strom d. Pandschab, 1450 km l., aus Tibet, durchbricht den Himalaja, mündet als Panjnad in den Indus; *Bhakradamm,* 226 m hoch.
Sato, Eisaku (27. 3. 1901–2. 6. 75), jap. liberaldemokr. Pol.; 1964–72 Min.präs.; Friedensnobelpr. 1974.
Satori, Begriff d. jap. Zen-Buddhismus f. „Erleuchtung"; e. Zustand, in dem d. Meditierende d. wahre Natur allen Seins plötzlich u. o. begriffl. Denken erkennt.
Satrap, altpers. Statthalter. **Satrapie,** seine Statthalterschaft und Verwaltungsprov.
Satsuma, a. Japan stammende Zitrusfrucht.
Sattel,
1) Sitzvorrichtung für Reiter oder Tragvorrichtung für Lasten auf dem Rücken von Reit- od. Tragtieren, z. B. *Bock-S.* (ungar. S.), *Pritschen-* od. *engl. S., Renn-S., Pack-S., Damen-S.*
2) geolog. konvexe Auffaltung *(Antiklinale)* v. Gesteinen.
3) sattelähnl. Fleck auf Tierrücken.
4) *geograph.* Einsenkung im Gebirgskamm, Paß.
Satteldach → Dach.
Sattelpferd, im Zweigespann d. linke Pferd (rechts das *Handpferd*).
Sattelschlepper, Zugmaschine, auf deren hinterem Teil das Vorderteil des Anhängers (ohne Vorderräder) aufgesetzt wird.
Sättigung, *chem.* der Zustand einer Lösung, in dem s. d. bei einer best. Temperatur größtmögl. Menge eines

Stoffes (Gas, Flüssigkeit oder Festkörper) gelöst enthält.
Sättigungsdruck, Dampfdruck in einem geschlossenen Raum, der bei gleichbleibender Temp. keine weitere Verdampfung zuläßt.
Sättigungsstrom e. Elektromagneten: Stromstärke, bei deren Vergrößerung keine Steigerung der magnet. Wirkung mehr eintritt.
Saturation [l.], svw. Sättigung.
saturiert, gesättigt.
Saturn,
1) dritter der äußeren Planeten (Abb. → Tafel Himmelskunde), mittlerer Sonnenabstand 1426 Mill. km, Äquatordurchmesser 120 600 km, Polardurchmesser 109 000 km, Sonnenumlauf in 29,4577 Jahren, Rotation in 10 Std. 39 Min., Dichte 0,12 d. Erddichte; 25 *Monde: Janus, Mimas, Enceladus, Tethys, Dione, Rhea, Titan, Hyperion, Japetus, Phöbe,* 15 *kleinere Trabanten: S 1–S 15;* dichte Atmosphäre aus Methan u. Ammoniak. Freischwebendes Ringsystem aus 500–1000 Einzelringen, die jeweils aus Materie- u. Eisbrocken (0,1–10 m Durchmesser) bestehen, ca. 20 km dick, 278 500 km Durchmesser; neue Erkenntnisse d. Vorbeiflug d. am. Raumsonden Voyager 1 u. 2 (1980 bzw. 1981).
2) am. Rakete; *S. V;* Trägerrakete d. → Apollo-Raumkapsel.
Saturnalien, altröm. Winterfest mit karnevalistischem Treiben, bes. Rollentausch der Herren und Sklaven.
Saturn|us, altröm. Saatengott (wie der griech. *Kronos*).
Satyr, Ez. *Satyr,* i. d. griech. Mythologie Feld- u. Waldgeister im Gefolge des → Dionysos, m. Bocksohren u. Pferdeschwänzen.
Satyrspiel, Nachspiel der antiken Tragödie, behandelt ihr Thema burlesk-komisch.
Satz, *m.,*
1) eine Reihe zus.gehöriger od. gleichartiger Dinge (z. B. ein S. *Töpfe, Briefmarken*).
2) Rückstand e. Flüssigkeit, *Boden-S.*
3) *mus.* Abschnitt e. größeren Komposition.
4) im *Buchdruck* die aus den einzelnen Typen bzw. Typenreihen zus.gesetzte Druckform.
5) *Sprachlehre:* einen Gedanken ausdrückende Wortfolge; unabhängiger *S.: Haupt-,* abhängiger *S.: Neben-S.*
Satzung, Verfassung, z. B. eines Vereins, einer Körperschaft d. öffentl. Rechts; → Vereinsrecht.
Satz vom ausgeschlossenen Dritten, log. Grundsatz: wenn d. e. von zwei kontradiktor. Urteilen falsch ist, dann muß d. andere wahr sein; e. dritte Möglichkeit gibt es nicht.
Sau,
1) *w.,* i. d. Jägersprache Bez. f. Wildschwein.
2) svw. → Save.
Saudi-Arabien, Königreich auf d. Arabischen Halbinsel. **a)** *Geogr.:* Umfaßt m. d. beiden Kgr.en Nedschd bzw. Hedschas u. Asir den Hptteil der Halbinsel Arabien, fällt vom Roten Meer mit dem Küstenrandgebirge (1500–2500 m) bis zum Pers. Golf langsam ab; in die Sandwüste Große Nefud mit d. Oase Dschof; Kernstück von S.-A. das *Hochland v. Nedschd,* das Land der *Wahhabi-*

SAUDI-ARABIEN

Staatsname:
Königreich Saudi-Arabien,
Al-Mamlaka Al'Arabiya As-Sa'udiya
Staatsform: Absolute Monarchie
Mitgliedschaft: UNO, Arabische Liga, OPEC
Staatsoberhaupt und Regierungschef:
König Fahd Ibn Abdul-Asis al-Saud
Hauptstadt:
Riad (Riyadh)
1,98 Mill. Einwohner
Fläche: 2 149 690 km²
Einwohner: 17 451 000
Bevölkerungsdichte: 8 je km²
Bevölkerungswachstum pro Jahr: ⌀ 2,16% (1990–1995)
Amtssprache: Arabisch
Religion: Muslime (98%), Katholiken
Währung: Saudi Riyal (S. Rl.)
Bruttosozialprodukt (1994):
126 597 Mill. US-$ insges., 7240 US-$ je Einw.
Nationalitätskennzeichen: KSA
Zeitzone: MEZ + 2 Std.
Karte: → Asien

Saturn, *Aufnahme der Raumsonde Voyager*

Satyrn, *Gemälde von Rubens*

Ferdinand Sauerbruch

ten, ein Steppengebiet. **b)** *Wirtsch.:* Viehzucht (Kamele, Schafe); bed. Erdölproduktion (1992: 420,2 Mill. t) u. Erdgasförderung (1992: 33 Mrd. m³). **c)** *Außenhandel* (1991): Einfuhr 34,59 Mrd., Ausfuhr 51,72 Mrd. $. **d)** *Verf.:* Monarchie m. Islam als Basis, Kg höchste Gewalt u. geistl. Oberhaupt. **e)** *Verw.:*

Saudi-Arabien

5 untergliederte Prov. (Iqlim) m. Gouverneuren: Nedschd, Hedschas, Asir, El Hasa u. Nachschran. **f)** *Gesch.* (auch → Arabien): Nedschd im 18. Jh. unabhängiger Staat, dann unter türk. Herrschaft, 1913 Abd el Asis Ibn Saud Wali Statthalter, nimmt 1921 den Titel eines Sultans von Nedschd an, 1924/25 Eroberung v. Hedschas, 1926 Kg; Asir 1926 unter Oberhoheit v. Nedschd, 1932 Einführung der Bez. Kgr. S.-A.; 1953 bis 64 Saud Ibn Abdul Asis Kg, Nachfolger sein Bruder Faisal (1964–75); in Dharan am Pers. Golf Erdölkonzession d. USA, Ausgangspunkt d. 1700 km langen Erdölleitung, „Tap-Line", nach Saida (Libanon), 1973 Einsetzung d. Erdöls als Waffe im isr.-arab. Konflikt; 1975–82 Kg Khaled; 1980 Unterstützung d. Irak im Krieg m. Iran; s. 1982 bisheriger Kronprinz Fahd Kg; 1991 Ausgangspunkt f. d. Befreiung → Kuwaits u. d. Luftangriffe auf → Irak durch multinat. Truppen, an denen auch S.-A. beteiligt war; 1992 Ankündigung pol. Reformen; Bildung d. Beratenden Versammlung m. 60 Mitgl. (Ernennung f. 4 J. durch den König); das Islam. Recht (Scharia) wird Basis des Grundgesetzes.
Saud Ibn Abdul Asis (15. 1. 1902 bis 23. 2. 69), Sohn des Königs Ibn Saud v. Saudi-Arabien, nach dessen Tod 1953 Kg, 1964 abgesetzt.
Sauer, l. Nbfl. der Mosel, 173 km l., aus den Ardennen, fließt durch Luxemburg.
Sauerampfer → Ampfer.
Sauerbruch, Ferdinand (3. 7. 1875 bis 2. 7. 1951), dt. Chirurg, Förderer d. Lungenchirurgie; Sauerbruch-Prothese.
Sauerbrunnen, *Säuerlinge,* Mineralwässer, die mehr als 1 g freie Kohlensäure je Liter enthalten.

Entwicklung im 1. Lebensjahr

Gewicht (g)									Länge (cm)
10 000	ziellose Bewegung	stabiler Blick, Kopfheben in Bauchlage	Fixieren willkürl. Kopfbeweg.	Drehung in Bauchlage, Anheben des Kopfes und der Schulter in Rückenlage	freies Sitzen, Rollen aus Bauch in Rückenlage	Stehversuche, Kriechen	Gehen an der Hand Kuckuck u. Versteckspiele, Kind hört auf seinen Namen, versteht »nein, nein« Wortschatz ca. 7 Worte, Gedächtnis 2 Wochen mit 1 Jahr		
9 000									
8 000					Lallen: Weinen, wenn Mutter das Zimmer verläßt	Silbensprechen, kurze Gedächtnisleistungen, »Fremdeln«			75
7 000			Kopf wenden nach Licht und Schall Wiedererkennen häufiger Bilder						70
6 000		Lächeln Laute der Lust und Unlust							65
5 000				grobes Greifen, Fingerspiele					60
4 000					untere Schneidezähne				
3 000					obere Schneidezähne				55
2 500							obere Eckzähne	untere Eckzähne	50
	1.	2.	3.	4.	5.	6.	7.	8.	9.	10.	11.	12. Monat

Ernährung

Der Säugling erhält am 1. Lebenstag 2 Mahlzeiten: die erste ca. 8 Std. nach der Geburt, die zweite nach weiteren 8 Std. Sie besteht aus Muttermilch oder 10- bis 15%iger Traubenzuckerlösung. Ab dem 2. Tag füttert man sehr kleine Säuglinge 6mal pro Tag, alle 4 Std., größere 5mal pro Tag mit 8stündiger Nachtpause etwa um 6, 10, 14, 18, 22 Uhr. Im 4. Monat stellt man auf 4 Mahlzeiten um, die man um 8, 12, 16 und 20 Uhr geben kann. Um den 10., 11. Monat kann das Kind bei Tisch mitessen, wenn die Nahrung zerkleinert wurde. Insgesamt soll die Tagesmenge nie 600 g Vollmilch oder 1 Liter Flüssigkeit überschreiten.

Künstliche Ernährung

A Frischmilch
    a) Vorzugsmilch
    b) Markenmilch
B Trockenmilchpulver
    c) Kuhmilch-Wasser-Verdünnung mit Kohlenhydrat- und Fettanreicherung
    d) adaptierte Kuhmilch, Herabsetzung des Eiweiß- u. Mineralgehaltes, Anreicherung mit Kohlenhydrat und Fett
C Milchkonserven

Milchart	Alter des Säuglings	Zusätze	Zubereitung
A	bis zur 5. Woche	Wasser : Milch = 1 : 1 4% Kochzucker oder 1 Teelöffel Blütenbienenhonig pro 200 g Nahrung, 2,5% Mondamin oder Haferflocken (1,5% Keimöl)	Haferschleim mit dem Wasseranteil kochen, Zucker bzw. Honig zusetzen, Milch im Wasserbad auf 40°C erwärmen und dazugeben
B a) b)	ab 6. Woche besonders für junge Säuglinge	Wasser : Kuhmilch = 1 : 2 Zusätze s. o. alle im Fertigpräparat enthalten	siehe Packungsanweisung

Ernährungsplan

Anzahl der Brust- bzw. Flaschenmahlzeiten	5	5	5	5	5	5	5	3 od. 4	2	2/1	1	1	1
einzelne Trinkmengen bis	90 g	120 g	130 g	140 g	160 g	200 g	200 g	200 g	200 g	200 g	200 g Vollm.	200 g Vollm.	200 g Vollm.
Woche/Monat	1. Wo	2. Wo	3. Wo	4. Wo	1.	2.	3.	4.	5.	6.	7.	8.	9.	10.
Anzahl der Breie								1	2	2/3	3	3	3
Art und Menge des Zusatzes zur Milch	Muttermilch, bzw. künstliche Ernährung												
				500–1000 IE Vitamin D$_3$ tägl.								über das 1. Jahr
					6 Teelöffel Karottensaft und 4 Teelöffel Obstsaft							
								(Milch), Obst, Zwieback, Brei (180–200 g)				
							Gemüsebrei mit Fleisch (7., 8. Monat), Ei (ab 7. Monat, bis 200 g)					
									Vollmilchbrei (bis 200 g)			
										Vollmilchflasche oder Brei (bis 200 g)		

Impfplan

Impfung gegen	Zeitpunkt
Diphtherie-Pertussis-Tetanus, Hib, Polio	ab 3. Lebensmonat
Masern, Mumps, Röteln, Diphtherie-Pertussis-Tetanus, Hib, Polio	im 2. Lebensjahr

Hib = → Haemophilus influenzae Typ b, Pertussis = → Keuchhusten, Polio(-myelitis) = → Kinderlähmung, Tetanus = → Wundstarrkrampf

Sauerdorn, svw. → Berberitze.
Sauerklee, *Oxalis,* kleeähnl. Kraut d. Wälder m. weißen Blüten.
Sauerkraut, feingehobelter, durch Milchsäuregärung gesäuerter Weißkohl.
Sauerland, Mittelgebirgslandschaft in Westfalen zw. Sieg u. Ruhr; bewaldet; nördl. Teil d. Rhein. Schiefergebirges: Rothaargebirge (*Kahler Asten* 841 m), Lennegebirge, Ebbe u. Arnsberger Wald; Textil- und Eisenindustrie.
Säuerlinge → Sauerbrunnen.
Sauerstoff, *O,* chem. El., Oz. 8, At.-Gew. 15,994; Dichte 1,33 g/l bei 1013 hPa; geruchloses Gas, etwa $\frac{1}{5}$ der → Luft; gleichzeitig entdeckt v. Scheele u. Priestley (1773); auf d. Erdoberfläche am meisten verbreitetes Element, bildet etwa $\frac{1}{5}$ der Atmosphäre; kommt an Wasserstoff gebunden als Wasser, sonst gebunden in fast allen Gesteinen vor; technisch hergestellt durch stufenweise Destillation flüssiger Luft als bläul. Flüssigkeit, die bei –183 °C siedet (Fp. –218 °C); S. ist unentbehrl. f. d. tier. u. pflanzl. Leben; → Lavoisier.
Sauerstoffapparat, sauerstoffgefüllte Metallflaschen mit angeschlossener Inhalationsmaske; zur künstl. Sauerstoffzuführung bei Gas- u. Rauchvergifteten u. schwer Herzkranken; auch für Höhenflieger.
Sauerstoffgebläse, Vorrichtung zum Zerschneiden od. Schweißen von Eisen od. Stahl durch Anwendung hoher Temperaturen; diese werden in einem → Schneid- oder Schweißbrenner (→ schweißen) durch Zus.führen von Sauerstoff u. Brenngas, meist Wasserstoff (→ Knallgas-Gebläse) od. Acetylen aus Stahlflaschen unter hohem Druck.
Sauerteig, gärender alter Brotteig, als Treib- u. Lockerungsmittel f. frischen Brotteig; → Milchsäuregärung.
Sauerwurm, Raupe des Traubenwicklers (Kleinschmetterling), zerstört die Beeren u. als „Heuwurm" die Blüten des Weinstockes.
Säugetiere, *Säuger,* höchste Klasse der Wirbeltiere, lebend gebärend (mit Ausnahme der Kloakentiere), ernähren Junge durch Absonderungen aus Milchdrüsen. Äußeres Kennzeichen: das meist gut ausgebildete Haarkleid; von den Gliedmaßen nur bei Walen u. Sirenen die hinteren verkümmert, Füße vielfach den besonderen Bedürfnissen angepaßt (Greiforgane, Hufe, Grabschaufeln, Flossen, Flügel); Schädel nur aus wenigen Knochen gebildet; Gebiß fehlt nur selten (infolge Rückbildung); gut ausgebildetes Zwerchfell; Tragzeit bis zu 20½ Monaten (Elefant), am kürzesten bei Beuteltieren und einigen Nagern. *Ordnungen:* Kloakentiere, Beuteltiere, Insektenfresser, Pelzflatterer, Fledermäuse, Primaten, Zahnarme, Schuppentiere, Hasenartige, Nagetiere, Wale, Raubtiere m. Robben, Unpaarhufer, Paarhufer, Seekühe, Rüsseltiere, Klippschliefer.
Säugling, das Kind im 1. Lebensjahr.
Säuglingsernährung → Säuglingspflege, Übers.
Säuglingsfürsorge, Maßnahmen zur Erhaltung von Gesundheit u. Leben der Säuglinge; bildet einen Teil der Jugendfürsorge; besteht in Hausbesuchen durch Fürsorgerinnen, in ärztlich geleiteten Mütterberatungs- u. Säuglingsfürsorgestellen, Krippen, Säuglingsheimen und -krankenhäusern.
Säuglingspflege → Übersicht.
Säuglingssterblichkeit, durch die Fortschritte der Hygiene u. Medizin in den letzten Jahrzehnten allg. stark zurückgegangen (in Dtld von 24,1 Todesfällen bei 100 Lebendgeborenen i. J. 1890 auf 0,6 Todesfälle 1992, BR).
Säuglingstod, plötzlicher, *SIDS,* Abk. f. *S*udden *I*nfant *D*eath *S*yndrome, unerwarteter u. unerklärlicher plötzlicher Tod v. Säuglings od. Kleinkindes im 1. Lebensjahr. Es handelt sich um d. Versagen d. zentralen Regulation v. Atmung u. Kreislauf. Es gibt Säuglinge m. erhöhtem Risiko (z. B. Frühgeborene, drogenabhängige Mütter, ,,Schlaf-Schwitzkinder" usw.). Vorbeugung durch Monitorüberwachung im Schlaf.
Saugwirkung, auf zwei versch. Arten zu erzielen: 1) durch Luftdruck (Abb. 1, b), wenn ein Kolben (a) emporgezogen wird (Saugpumpen); 2) b. plötzl. Querschnittserweiterung in rasch strömenden Flüssigkeiten od. Gasen (Abb. 2, S = Saugwirkung): Wasser- u. Dampfstrahlpumpen; → Pumpe (Abb.).
Saugwürmer, schmarotzende Plattwürmer (z. B. → Leberegel).
Saul, (um 1030–1010 v. Chr.), 1. König Israels.
Säule, senkrechte runde Stütze aus Stein, Mauerwerk, Beton, Eisen, zur Aufnahme des vertikalen Druckes, besonders an Bauwerken; Kopfstück: *Kapitell;* Fußstück: *Basis;* m. Fußplatte (Plinthe); Mittelstück: *Schaft;* d. ältesten S. in d. ägypt. Kunst; in den einzelnen Kunstepochen verschiedene S.nformen: in d. griech. Kunst unterscheidet man: **a)** *dorische S.,* ohne Säulenfuß, mit dicker Rundung, breiten, scharfkantigen Kanneluren, m. S. u. Gebälk *Kapitell* aus Igelwulst (*Echinus*) u. Deckplatte (*Abakus*); **b)** *ionische S.,* höher u. schlanker kanneliert, m. Basis, *Kapitell* besteht aus Eierstab u. Schneckenpolster, (*Voluten*); **c)** *korinth. S.,* verfeinert noch d. ion. Formen u. hat 16 *Akanthus*blätter am *Kapitell,* das, (röm.) *Kompositkapitell* m. Voluten u. Akanthus.
Säulen des Herakles, antike Bez. d. Meerenge von Gibraltar und Ceuta.
Säulenheilige, *Styliten,* asket. christliche Einsiedler in Syrien (4./5. Jh.); leben auf hohen Säulen.
Säulenkaktus, *Fackeldistel,* über 200 Arten, mit aufrechten, selten verzweigten Stämmen; *Cereus giganteus, Schlangenkaktus, Königin der Nacht.*
Säulenordnung, antikes Architektursystem, das Säulen, Kapitelle, Architrave u. Gesims in e. feste Formen- u. Proportionsordnung fügt; 3 Hptordnungen: *dorische S., ionische S., korinthische S.*
Saulgau (D-88348), St. i. Kr. Sigmaringen, Ba-Wü., 15 819 E; AG; Thermalbad; div. Ind.
Saulus [hebr. ,,Schaul"], Name von → Paulus vor seiner Bekehrung.
Saum, *m.,*
1) früher für Traglast eines Tieres; *S.pfad,* schmaler Gebirgsweg für Lastenbeförderung durch *S.tiere,* Tragtiere mit Packsattel, bes. Maulesel u. Maultiere.
2) frühere Gewichtseinheit.
3) doppelter Stoffrand.

Sauerklee

Patient unterm Sauerstoffzelt

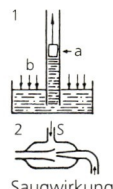
Saugwirkung

Sauls Salbung, *Buchmalerei 14. Jh.*

ägyptisch · dorisch · ionisch · korinthisch
Säulen

Saumur [so'my:r], St. im frz. Dép. *Maine-et-Loire,* 34 000 E; Schaumwein- u. Likörherstellung.
Sauna, *w.,* Schwitzbad, abwechselnd trockene Hitze und Dampf durch Übergießen erhitzter Steine mit Wasser; durch Beklopfen des Körpers mit Ruten, Abreibungen u. kalte Duschen wird intensive Durchblutung des Körpers erreicht.
Saura, Carlos (* 4. 1. 1932), span. Filmregisseur; *Ana y los lobos* (1972); *Cria cuervos . . .* (1975); *Las dulces horas* (1981); *Carmen* (1983); *El amor brujo* (1986).
Säuregrad → pH-Wert.
Säuren, chem. (organ. und anorgan.) flüssige, feste od. gasförmige Verbindungen, gekennzeichnet durch die Fähigkeit, Wasserstoffionen abzugeben; organ. S. z. B. enthalten die Carboxygruppe COOH; Wasserstoff der S. durch Metallionen ersetzbar; bei Neutralisation von S. m. Basen entstehen = Salze; Verbindungen der S. m. Alkohol unter Wasseraustritt sind *Ester.*
saurer Regen, durch chem. Verbindung v. Schwefeloxiden (hpts. aus Emissionen v. Industrieanlagen u. Kraftwerken) u. Stickoxiden (hpts. aus Kfz-Abgasen) m. Luftsauerstoff u. Regenwasser kommt es zu einer drastischen pH-Wert-Senkung d. Regenwassers (normal 5–6,5 pH, heute 4–4,6 pH, d. h. 10–100fach erhöhte Wasserstoffionen-Konzentration u. damit starke Zunahme d. Säuremenge); bedingt Versauerung d. Bodens u. d. Gewässer u. führt dadurch z. einer Zerstörung d. biol. Gleichgewichts u. z. erhöhtem Absterben von Pflanzen (→ Waldsterben); in d. BR eingeleitete Gegenmaßnahmen: gesetzlich verordnete Entschwefelung v. Kraftwerksemissionen, Verminderung v. Stickoxidabgabe b. Kfz (durch Verwendung v. → Katalysatoren), verstärkte Nutzung v. schadstoffreien bzw. -armen → Alternativenergien.
Saurier [-riər], ausgestorbene echsenartige Reptilien der Trias-, Jura- und Kreidezeit; z.T. riesenhafte Formen (→ *Dinosaurier, Ichthyosaurier, Pterosaurier*). Ihr Aussterben wird mit Veränderungen des Weltklimas in Zusammenhang gebracht.
Sauropsiden, die infolge ihrer stammesgeschichtl. Verwandtschaft zu einer Gruppe vereinigten Reptilien und Vögel.
Sauternes [so'tɛrn], frz. Weinbaugemeinde im → Bordeaux-Gebiet, die berühmte süße Weißweine hervorbringt. Erzeugt werden die Weine aus spät gelesenen, von d. → Edelfäule befallenen Trauben der Rebsorten → *Sémillon* u. → *Sauvignon Blanc;* am berühmtesten u. teuersten ist d. als → Premier Cru Supérieur eingestufte Wein *Château d'Yquem.*
sautieren [frz. so-], i. e. flachen Stielkasserolle schwenkend in Öl braten.
Sauvignon Blanc [frz. sovi'ɲɔ̃'blã], hervorragende, in vielen Erdteilen angebaute Weißweinrebe, die sowohl trockene als auch süße Weine liefert; sie ist weltweit d. populärste Rebe f. trockene Weißweine u. erzeugt in Frkr. v. a. die Graves-Weine u. die frischen, frucht.rassigen Weine aus → Sancerre u. Pouilly-Fumée. In → Sauternes wird sie m. → *Sémillon* zu ausgezeichneten Süßweinen verschnitten.

Sava, „der Heilige" (um 1152 bis 1236), Begründer u. erster Patriarch der serb. Nationalkirche.
Savaii, *Sawaii,* größte der westl. → Samoa-Inseln, 1708 km², 45 000 E; Gebirge, bis 1858 müM; Ausfuhr: Kopra.
Savannah [səˈvænə], nordam. Fluß aus den Alleghenies, 505 km l., in den Atlantik; an ihm die St. *S.,* Hpthafen (befestigt) v. Georgia (USA), 138 000 E.
Savanne, w. [span.], Hochgrassteppe mit einzelnen Bäumen od. Baumgruppen (z. B. am Orinoco *Llanos,* in Brasilien *Campos* genannt).

Sauvignon Blanc

Savart [saˈvaːr], Félix (30. 6. 1791 bis 16. 3. 1841), frz. Physiker; zus. m. → Biot *Biot-S.sches Gesetz.*
Save, *Sau,* südslaw. *Sava,* r. Nbfl. der Donau, mit zwei Quellflüssen aus den Julischen Alpen, mündet bei Belgrad, 945 km l.; 586 km schiffbar.
Savigny [-i], Friedrich Karl v. (21. 2. 1779–25. 10. 1861), dt. Rechtsgelehrter; *D. Recht des Besitzes; Geschichte des röm. Rechts im MA.*
Savoie → Savoyen.
Savoir-faire, *s.* [frz. savwarˈfɛːr], „etwas zu tun wissen", Gewandtheit.
Savoir-vivre [frz. -ˈviːvr], „zu leben wissen", feine Lebensart.

F. K. v. Savigny

Savona, Hptst. der it. Reg.- Ligurien an der Riviera di Ponente, 67 000 E; Eisen- u. Stahlwerke, Hafen.
Savonarola, Girolamo (21. 9. 1452 bis 23. 5. 98), Dominikaner in Florenz, Prediger u. Reformer; eiferte gg. die weltl. Kunst; demokrat. Gegner der Medici; errichtete in Florenz strenges Kirchenregiment; als Häretiker u. Schismatiker verbrannt.
Savoyen,
1) Landschaft im SO Frkr.s (Kalkvoralpen im W, Montblanc-Kette, 4807 m, im O); Viehzucht, Eisen- und Kohlengewinnung. – Ehem. Hzgt. (seit 1416), 1720 → Sardinische Monarchie, 1860 an Frkr. abgetreten; seitdem die frz. Dép.s
2) *Savoie,* 6028 km², 349 000 E; Hptst. *Chambéry* (55 000 E), u.
3) *Haute-Savoie,* 4388 km², 539 000 E; Hptst. *Annecy* (52 000 E).

Savonarola

Savu-Inseln, *Savoe,* indones. Inselgruppe sw. Timor, zu den Kleinen Sunda-Inseln.
Sawallisch, Wolfgang (* 26. 8. 1923), dt. Dirigent, 1982 Leiter der Bayr. Staatsoper, München, ab 1993 Orchesterchef in Philadelphia.
Saxnot, altsächs. Kriegsgott.
Saxo Grammaticus, (um 1150 bis 1220), dän. Chronist; *Geschichte Dänemarks.*
Saxophon, *s.,* Blasinstrument (aus Blech), erfunden 1840/41 v. d. Belgier Adolphe *Sax* (1814–94), mit Klarinettenmundstück; typisch für Jazzmusik (→ Jazzband), auch für Militärmusik u. zeitgenöss. Musik.

Grab der Scaliger, *Verona*

Sb, *chem.* Zeichen für → *Antimon.* (lat. *stibium).*
S-Bahn, Stadtschnellbahn d. öff. Personenverkehrs, Triebwagenzüge m. Geschwindigkeiten bis zu 120 km/h, teils auf Tunnel- od. Hochbahnstrecken.
Sbirren [it.], bis 1809 mil. organisierte Polizeibeamte in Italien.
SBZ, *Sowjetische Besatzungszone,* Gebiet der ehem. → Deutschen Demokratischen Republik.

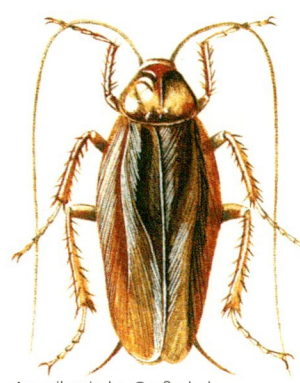
Amerikanische Großschabe

Sc, chem. Zeichen f. → *Scandium.*
Sc.,
1) Abk. f. → *sculpsit.*
2) Abk. f. *scilicet* [l.], nämlich, das heißt.
Scala, *Teatro alla S.,* Mailänder Oper, 1775–78 erbaut v. G. Piermarini.
Scálfaro, Oscar Luigi (* 9. 9. 1918), s. 1992 Staatspräs. v. Italien.
Scaliger, *Scala,* it. Fürstengeschl., besaß 1259–1387 d. Stadtherrsch. v. Verona; *Cangrande I.* (1291–1329) Führer der → Ghibellinen, förderte *Dante* und *Giotto; S.gräber* in Verona.
Scaliger,
1) Joseph Justus (5. 8. 1540 bis 21. 1. 1609), frz. Philologe it. Herkunft; Begr. d. wiss. Chronologie.
2) Julius Cäsar (23. 4. 1484 21. 10. 1558), it. Dichter u. Humanist; Gegner des Erasmus; grundlegende Poetik (1561).
Scampi, it. Bez. f. kl. Tiefsee-Krebstiere.
Scandium, *Sc,* chem. El., Oz. 21, At.-Gew. 45,956; Dichte 2,99; Seltenerdmetall.
Scanner, *m.* [ˈskænə] Gerät zur zeilenweisen optischen Abtastung von Vorlagen mit Laserlicht, Röntgen- od. Elektronenstrahl.
Scapa Flow [ˈskæpə ˈfloʊ], Bucht in d. Orkney-Insel Mainland; engl. Flottenstation; 1919 Selbstversenkung von 70 internierten dt. Kriegsschiffen.
Scarborough [ˈskɑːbrə], engl. St. in der Gft North Yorkshire, m. Hafen a. d. Nordsee, 43 000 E; Seebad.
Scarlatti,
1) Alessandro (2. 5. 1660–22. 10. 1725), it. Komp.; Begr. d. neapolitan. Opernschule; 115 Opern, Konzertmusik, s. Kirchenmusik.
2) Giuseppe Domenico (26. 10. 1685 bis 23. 7. 1757), it. Komp.; bereicherte Klavierstil durch technische Neuheiten; Cembalosonaten.

Waldschachtelhalm   Ackerschachtelhalm

Scarron [-ˈrõ], Paul (4. 7. 1610–7. 10. 60), frz. Schriftst.; satir. Zeitromane; burleske Komödien; *Roman comique.*
Scat [engl. skæt], *Jazz:* Singen bedeutungsloser, lautmalender Silben.
Scelsi [ʃ-], Giacinto (* 8. 1. 1905), it. Komp., Vertreter d. Monodie, avantgardist. Orchester- u. Kammermusik; *Quattro Pezzi per Orchestra* (1959); *Anahit* (1965); *Hymno* (1963); *Uaxuctum* (1966).
Schaaf, Johannes (* 7. 4. 1933), dt. Theater- u. Filmregisseur; *Tätowierung* (1967); *Trotta* (1971); *Traumstadt* (1973).
Schaben, *Kakerlaken,* käferähnl. → Geradflügler m. fädigen Fühlern; Körper platt; legen ihre Eier zu Paketen vereinigt ab; lichtmeidendes, lästiges Ungeziefer in Küchen, Backstuben usw., schwer zu vertilgen; *Küchenschaben* (schwarzbraun) u. *Deutsche Schaben* (schmutziggelb).
Schabkunst, *Mezzotinto,* Technik des Kupferstichs, 1642 erfunden v. Ludwig v. Siegen; im Abdruck hell beabsichtigte Stellen werden mit d. Schabeisen wieder geglättet, nachdem d. Kupferplatte zuvor mit e. feingezahnten Eisenschneide gleichmäßig aufgerauht wurde zur Gewinnung e. samtartig schimmernden Tons; somit entstehen statt Linien (wie beim Stich) nun ineinander übergehende Flächen u. sehr nuancenreiche Tonabstufungen; bes. geeignet f. Bildnisse u. Gemäldereproduktionen.
Schablone, *w.,* flache od. plastische, das Original negativ wiedergebende Form, zur mechan. Vervielfältigung.
Schabracke, *w.* [türk.], verzierte Satteldecke.
Schach, *s.* [pers. „schah = König"], sehr altes, wahrscheinlich aus Indien stammendes Spiel zu zweit auf 64 Felder geteiltem quadrat. *Sch.brett,* mit je 16 weißen u. schwarzen Figuren: 8 „Bauern" u. 8 „Offiziere" (König,

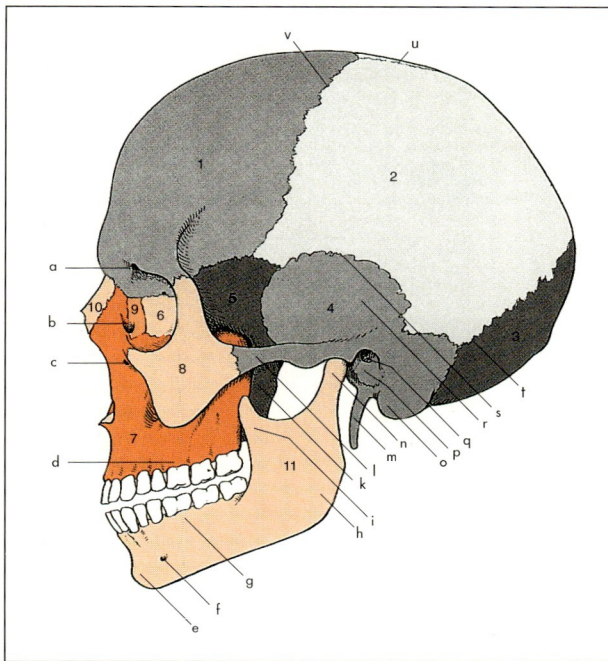

Schädel eines Erwachsenen in Seitenansicht
1 Stirnbein
2 Scheitelbein
3 Hinterhauptschuppe
4 Schläfenbein
5 Großer Keilbeinflügel
6 Augenhöhlenblatt des Siebbeins
7 Oberkiefer
8 Jochbein
9 Tränenbein
10 Nasenbein
11 Unterkiefer
a Stirneinschnitt
b Grube für den Tränensack
c Infraorbitalloch
d Zahntragender Fortsatz des Oberkiefers
e Kinn
f Kinnloch
g Zahntragender Fortsatz des Unterkiefers
h Kieferwinkel
i Muskelfortsatz des aufsteigenden Kieferastes
k Äußeres Blatt des Flügelfortsatzes
l Jochbogen
m Dolchförmiger Fortsatz.
n Gelenkfortsatz des aufsteigenden Kieferastes
o Warzenfortsatz
p Knöcherner Gehörgang
q Äußerer Gehörgang
r Schuppe des Schläfenbeins
s Schuppennaht
t Lambdanaht
u Pfeilnaht
v Kranznaht

Dame, 2 Türme, 2 Läufer, 2 Springer; Ziel: König d. Gegners → *matt* zu setzen.
Schachblume, Liliengewächs feuchter Wiesen. ♦.
Schachbrettfries → Würfelfries.
Schächer, (die beiden mit Christus gekreuzigten) Übeltäter.
Schacht, Hjalmar (22. 1. 1877 bis 3. 6. 1970), dt. Wirtsch.pol., 1923–30 und 1933–39 Reichsbankpräs., 1934–37 Reichswirtsch.min.; gründete 1952 Außenhandelsbank in Düsseldorf.
Schacht → Bergbau (Tafel).
Schachtelhalm, *Equisetum,* Gefäßkryptogamen m. kriechendem Wurzelstock u. meist einjährigen, oberird. Stengeln aus hohlen, ineinandergeschachtelten Gliedern; zur Steinkohlenzeit wichtiger Bestandteil d. Vegetation, z. T. hohe, baumähnl. Formen; heute nur wenige kleinwüchsige Arten, meist auf Sumpfboden in d. nördl. gemäßigten Zone; auf trockenerem Boden häufig der *Acker-Sch., Zinnkraut,* Heilkraut.
schächten, nach jüd. Ritus schlachten: d. Durchschneiden der Halsschlagader ohne Betäubung; auch i. Islam üblich.
Schachten [bayr.], svw. → Hutewald.
Schachtofen, Schmelzofen f. Metalle mit stehendem Schacht zur Aufnahme des Schmelzgutes und des Brennstoffes; Füllung oben durch Gicht; Entleerung unten durch Abstich; → Hochofen, → Kupolofen.
Schachty, bis 1925 *Alexandrowsk-Gruschewski,* russ. St. i. Donezbecken, 224 000 E; Kohle.
Schack, Adolf Friedrich Gf v. (2. 8. 1815–14. 4. 94), dt. Übersetzer span. u. morgenländ. Lyrik: *Lotosblätter;* Gemäldesammlung in München: *Sch.-Galerie* mit Werken Schwinds, Spitzwegs,

Böcklins u. a.; s. 1938 im Besitz des bayr. Staates.
Schädel, der knöcherne Teil des Kopfes (Abb.); auch → Tafel Mensch.
Schädelindex, Maßgrundlage zur Feststellung körperl. Rassenmerkmale u. für d. Konstitutionsforschung: **a)** *Längen-Breiten-Index,* Maß d. Verhältnisses d. Schädel- od. Kopfbreite zur Schädelod. Kopflänge (Breite gerechnet in Prozent d. Länge): überlang- bzw. langschädelig, *dolichokran* bzw. *dolichokephal* (langköpfig) bis 65 bzw. 75; mittellang, *mesokran, mesokephal,* 75–79,9; kurz(rund-)schädelig, *brachykran,* bzw. *brachykephal,* bzw. überkurzschädelig, 80–90 bzw. über 90; **b)** *Längen-Höhen-Index:* entsprechend aufgestelltes Längen-Höhen-Maß.
Schädellage, normale Lage des Kindes im Mutterleib mit vorangehendem Schädel, der zuerst geboren wird; Ggs.: *Steißlage.*
Schaden, durch Verletzung von Rechtsgütern entstandene Einbuße; zu unterscheiden sind *materieller Sch. (Vermögens-, Sachschaden)* u. *immaterieller Sch.* (→ Schmerzensgeld).
Schadenersatz, Wiederherstellung des Zustandes vor Eintritt des schädigenden Ereignisses (*Naturalherstellung*) bzw. Ausgleich des Nachteils durch Geld (§§ 249 ff. BGB); Verpflichtung zu Sch. beruht i. d. Regel auf Vertragsverletzung oder → unerlaubter Handlung.
Schadenversicherung, schützt gg. Ereignisse, d. einzelne Vermögensgegenstände (Sachversicherung, z. B. gg. Feuer, Hagel, Transportschäden, Einbruch, Diebstahl) od. das Vermögen als Ganzes (Vermögensversicherung, z. B. gg. Haftpflicht) nachteilig treffen können.

Schädlich, Hans-Joachim (* 8. 10. 1935), dt. Schriftst., trat in Opposition zur DDR-Kulturpolitik u. emigrierte 1977 i. d. BRD; *Versuchte Nähe, Ostwestberlin, Schott.*
Schädlinge, Tiere (Insekten, Raupen, Larven, Käfer usw.), die der Forst-, Garten- und Landwirtschaft schaden.
Schädlingsbekämpfung, in der *Land- u. Forstwirtschaft* (auch → Pflanzenschutz): *mechan.* durch Absuchen, Fallen, Leimringe; *chem.* durch Atem-, Magen- u. bes. früher → Kontaktgifte (z. T. vom Flugzeug aus); *indirekt:* durch Vogelschutz, natürl. Feinde u. Bodenpflege (→ biologische Schädlingsbekämpfung); im Haus: → Ungeziefer.
Schadow,
1) Johann Gottfried (20. 5. 1764–28. 1. 1850), dt. Bildhauer, Hptmeister d. Klassizismus; *Siegeswagen* (Brandenburger Tor, Abb. → Quadriga); *Goethe; Prinzessinnengruppe* (→ Tafel Bildhauerkunst); s. Söhne
2) Rudolf (9. 7. 1786–31. 1. 1822), klassizist. Bildhauer in Rom; u.
3) Wilhelm v. (7. 9. 1788–19. 3. 1862), Maler u. wegweisender Direktor d. Düsseldorfer Akademie (→ Düsseldorfer Malerschule).
Schaeffer, Albrecht (6. 12. 1885–5. 12. 1950), neuromant. Dichter; Erzählungen: *Das Prisma;* Romane: *Helianth; Josef Montfort;* Epos: *Parzival.*
Schäfchenwolken, Zirro- u. Altokumulus, → Wolken.
Schafe, Gattung der Horntiere mit meist spiraligen Hörnern; viele im Gebirge heimisch (z. B. *Dickhornschaf,* → *Mufflon); Hausschaf,* verschiedene Rassen, in Herden gehalten; Männchen heißt *Bock* od. *Widder* (kastriert *Hammel* oder *Schöps),* das Junge *Lamm;* liefert Wolle, Fleisch, Milch (für Käse); → *Merino-Schafe,* → *Heidschnucke.* In Europa sind Schafe seit der Steinzeit bekannt.
Schäfer, Hans (26. 1. 1910–6. 5. 80), FDP-Pol.; 1971–78 Präs. des B.rechnungshofes.
Schäferdichtung, feiert d. ländl. Leben d. Hirten und Schäfer; in Griechenland: *Theokrit* (3. Jh. v. Chr.), in Rom: *Vergil;* in der it. Renaissance: *Petrarca, Boccaccio, Tasso;* zuletzt **Schäferspiele** als Mode in allen Kulturländern während des Rokokos.
Schäferhunde, Hunderassen, auch Polizei- und Wachhunde; *Dt. Sch.* glatt- und langhaarig, meist bräunlich; *Schottischer Sch. (Collie),* meist langhaarig mit starker Mähne an Hals u. Brust, weißgelb-braun.
Schäffer, Fritz (12. 5. 1888–29. 3. 1967), CSU-Pol.; 1949–57 B.finanzmin., 1957–61 B.justizmin.
Schaffhausen,
1) nördl., fast ganz rechtsrheinisch liegender Kanton der Schweiz, 298 km², 74 100 E; stark entwickelte Industrie, Ackerbau, Weinbau u. Viehzucht; Hptst.:
2) Sch. (CH-8200), Kantonshptst. am Rhein, oberhalb d. Rheinfalls (Abb. → Rhein), 34 000 E; Masch.-, Uhren-, Präzisionsapparate-, Nahrungsmittel- u. chem. Ind.
Schäffler, svw. Böttcher.
Schäfflertanz, Umzug u. Tanz d. Schäffler. in alter Tracht, alle 7 Jahre in München.

Schäferszene

Schaffhausen

Schaffner, Martin (1478/9–1546/9), dt. Bildschnitzer u. Maler zw. Spätgotik u. Renaiss., Hptmeister d. Ulmer Malerei z. Dürerzeit; Darstell. rel. u. allegor. Themen, Bildnisse.
Schafgarbe, Korbblütler m. weißen Blüten; aus ihr Heiltee; *Garten-Sch.* höher u. m. gelber Blüte.
Schafkälte, i. Mitteleuropa ziemlich regelmäßig wiederkehrender Kälterückfall zwischen d. 10. u. 20. Juni (z. Z. d. Schafschur); kühle, feuchte → Luftmassen dringen vom Nordmeer her auf das Festland vor.
Schafkopf, dt. Kartenspiel.
Schafott, *s.,* Gerüst f. Hinrichtungen.
Schafstelze, wiesenbewohnende Stelze m. gelber Unterseite und grünl. Oberseite.
Schah [pers.], Kaiser; Titel f. pers. Fürsten.
Schakale, hundeartige Raubtiere Afrikas und Südasiens; gehen nachts auf Aassuche; nächtl. Geheul.
Schal, *m.,* engl. *Shawl* [ʃɔːl], Hals-, Umschlagtuch.
Schale, Krongelenkserkrankung bei Pferden.
Schalen, Hufe des **Schalenwildes** (Elch-, Rot-, Dam-, Reh-, Gems-, Muffel-, Sika-, Stein- u. Schwarzwild).
Schalenverarbeitung, klassische Methode des Ausarbeitens von schwarzweißen Bildern bei Dunkelkammerbeleuchtung.
Schalksmühle (D-58579), Gem. im Sauerland, Märkischer Kreis, NRW, 12 375 E; Elektro-, Kunststoffind.
Schall, von menschl. u. tier. Gehörorganen aufgenommene → longitudinale Wellen d. Luft; gehen von einem Erregungszentrum (*Schallquelle*) aus; normale Geschwindigkeit: 333 m/s (ca. 1200 km/Std.) in Luft; in Wasser u. festen Körpern größer; Sch. zeigt Eigenschaften aller → Wellen.
Schallaufzeichnung, 3 Verfahren zur Speicherung d. Schalls: **a)** *mechanisch* (→ Schallplatten, Schallband), **b)** *magnetisch* (→ Magneton) u. **c)** *optisch* (→ Tonfilm); gegenüber diesen analogen Verfahren beginnt sich ein → digitales auf dem Markt durchzusetzen: → Compact Disc.
Schallblasen, Hauteinstülpungen vieler Froschlurche, die beim Quaken hervortreten können u. als Resonanzkörper dienen.
schalldämpfender Belag, für Fußböden, Wände usw., wird aus Korkplatten, Linoleum, Filz, Watte, Kunststoffen u. ä. hergestellt.
Schalldämpfer, an Kraftwagen, Motorrädern usw., auch Flugmotoren, der sog. Auspufftopf mit Zwischenwänden, zur Lärmverminderung und Verhinderung von Brandgefahr.
Schallmauer, der bei Überschreiten der Schallgeschwindigkeit sprunghaft auf etwa das 3fache ansteigende Luftwiderstand.
Schallmeßverfahren, z. Ermittlung d. Stellung feindl. Geschütze durch Zeitmessung d. Mündungsknalls v. versch. Stellen.
Schallöcher, *f*-förmige Ausschnitte in der Decke des Resonanzkörpers der Streichinstrumente, dadurch Verstärkung der Töne ohne Nachklingen; bei Zupfinstrumenten bewirkt kreisrunde Form der Sch. Verlängerung des Klanges durch Nachhallen.
Schallplatten, kreisrunde Scheiben, die Schallereignisse speichern in Form einer spiralförmigen, vom äußeren Rand nach innen verlaufenden, wellenförmigen Rille; Töne als seitl. Auslenkungen (Berliner-Schrift) od. verschieden starke Vertiefungen d. Rille (Edison-Schrift) eingeprägt. Plattenarten: Man unterscheidet nach Material (Kunststoff, früher Schellack), Umdrehungsgeschwindigkeit (78, 45, 33⅓ und 16⅔ U/min), Schriftart (Tiefen-, Seitenschrift; 45°-Stereoschrift: linker u. rechter Kanal je eine Flanke, Rillenbreite, Durchmesser (30, 25 u. 17 cm) u. zw. Mono- u. Stereo-Sch. *Aufnahme:* Ton wird in el. Signal umgewandelt u. entweder direkt überspielt (Direktschnitt-Sch.) od. auf Magnetband zwischengespeichert (läßt Bearbeitung zu); entsprechend d. tonfrequenten el. Schwingungen prägt e. Schneidstichel die Rille in d. Aufnahmematerial (Lack, Wachs o. ä.); in mehreren Herstellungsstufen wird Matrize zum massenweisen Pressen d. Sch. gefertigt. *Wiedergabe:* Eine von d. Rille geführte Nadel überträgt die Auslenkungen auf einen Wandler (→ Tonabnehmer), der die mechan. Schwingungen in el. umsetzt; dieses Signal wird verstärkt u. z. B. über e. → Lautsprecher in Schall umgewandelt. Digitale Speicherung u. Abtastung m. Laserstrahl b. → Compact Disc. → Plattenspieler, → Sprechmaschine.
Schallück, Paul (17. 6. 1922–29. 2. 76), dt. Schriftst. u. Journalist; *Engelbert Reineke, Harlekin hinter Gittern.*
Schally [ˈʃæli], Andrew (* 30. 11. 1926), am. Mediziner; Nobelpr. 1977 (Isolierung, Strukturaufklärung u. Synthese v. Peptidhormonen).
Schalmei, altes Holzblasinstrument, Vorläufer der → Oboe.
Schalom [hebr.], „Frieden".
Schalotte, Lauchart, mehrteilige Zwiebeln.
Schalter, Vorrichtung zum Ein- und Ausschalten el. Leitungen; bei Niederspannung: *Dosenschalter* (Zimmer), bei höherer Leistung: *Hebelschalter;* Hochspannung: automat. → *Ölschalter;* hinter Sammelschiene: *Trennschalter;* in bes. Fällen: *Schnellschalter.*
Schaltjahr, durch Einschalten des 29. Feb. um einen Tag verlängertes Jahr; → Kalender, → Jahr.
Schaltplan, zeichnerische Darstellung (→ Schaltung) von zusammengeschalteten Bauelementen oder Apparaten bei el. Anlagen, der Gas- u. Wasserversorgung u. a.; Wirkungsweise der Anlage kann durch entsprechende Symbole abgelesen werden.
Schaltung,
1) *elektrotechn.:* **a)** Verbinden v. Apparaten, Leitungen usw. miteinander; **b)** Stromlaufplan, nach dem d. einzelnen Bauelemente von el. Geräten zus.gebaut werden.
2) bei *Maschinen:* Vorrichtung zum Betätigen v. Getrieben (z. B. bei Kraftfahrzeugen).
Schalung, Bretterverkleidung z. Bildung d. rohen Wand-, Decken- u. Dachflächen, an die Balkenlagen angenagelt, z. Aufnahme v. Putz, Tapeten, Anstrich, Dachdeckungsmaterial; auch b. Betonbau als vorläuf., nach d. Erstarrung zu entfernende Hohlform d. Betongusses; ähnlich als Unterlage b. Bau von Wölbungen.
Schaluppe, *w., Schlup(p)e, Slup,* kleineres Hilfsboot m. Ruder u. Segel (einmastig); auch Küstenboot, etwa 40 t.
Schalwar, *m.,* oriental. lange weite Hose, ursprünglich nur von Frauen getragen.
Schamade, *w.* [frz.], Trommel- oder Trompetenzeichen zur Einstellung der Feindseligkeiten.
Schamanismus, magische Kulte bes. bei mongolischen Völkern, auch bei Indianern mit **Schamanen** [tungus.], Zauberpriestern, Medizinmännern; bekämpfen die bösen Geister, die sie nach ihrer Vorstellung in Ekstase (Rauschgift, Musik, Tanz) in sich aufnehmen.
Schamasch, *Shamash,* [„Sonne"], akkad. Sonnengott.
Schambein, der vordere Bogen des knöchernen Beckenringes.
Schamlippen, Hautfalten, bedecken d. Eingang z. weiblichen Scheide; *große*

Schaffhausen

Schäfflertanz

Schakal

Gemeine Schafgarbe

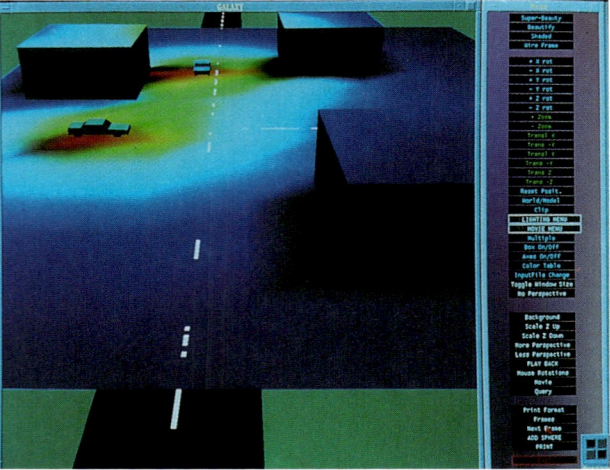
Schallwellenausbreitung an einer Kreuzung (Computersimulation)

äußere, *kleine* innere (→ Geschlechtsorgane, Abb.).
Schamotte, feuerbeständige, scharf gebrannte Mischung von ungebranntem m. schon gebranntem, gemahlenem Ton: *Sch.mörtel, Sch.steine, Sch.ziegel,* zur Ausmauerung von Öfen usw.
Schan, mongol. Volk mit.Thai-Sprache, bewohnt die **Sch.staaten,** halbselbständige Staaten i. Grenzgebiet vorwiegend von O-Myanmar (gebirgiges, waldreiches Gebiet mit viel Teebau, Hptort *Laschio*), außerdem von Laos (Indochina) und der Prov. Yunnan (China).
Schandpfahl, svw. → Pranger.
Schändung, Verletzung hoher transzendentaler od. menschlicher Güter (z. B. von Gegenständen der Religion, der Geschlechtsehre); besonders Mißbrauch einer Person z. sexuellen Handlungen.
Schanker(-Geschwür),
1) *harter Sch.* → Syphilis.
2) *weicher Sch.* (Ulcus molle), flache Hautgeschwüre an den Genitalien; übertragbare, nichtsyphilitische Geschlechtskrankheit durch Bakterien (Haemophilus ducreyi).
Schantungseide, Rohseidengewebe aus chin. Tussahseide.
Schanze, bis Ausgang des 19. Jh. stark ausgebauter Stützpunkt einer befestigten Stellung.
Schanzkleid, Schutzwand um das Schiffsdeck.
Schapel, *s, Schappel,* im MA reifartiger Kopfschmuck; i. d. süddt. Volkstracht: *Brautkrone.*
Schaper, Edzard (30. 9. 1908–29. 1. 84), dt. Schriftst. u. Übersetzer skandinav. Literatur; Romane: *Die sterbende Kirche; Der Henker.*
Scharade, *w.* [frz.], Silbenrätsel; zerlegt d. Rätselwort in für sich sinnvolle Silben (auch durch „lebende Bilder" darstellbar).
Scharang, Michael (* 3. 2. 1941), östr. Schriftst., steht stark unter d. Einfluß der sog. Wiener Gruppe u. Handkes; *Der Sohn eines Landarbeiters; Harry; Die List der Kunst.*
Scharbe → Kormorane.
Scharbockskraut, gelb blühende Frühlingspflanze m. Wurzelknollen.
Schardscha u. Kalba → Vereinigte Arabische Emirate.
Schären, kleine, von Gletschereis abgeschliffene Felsinseln an den skandinav. Küsten.
Scharf, Kurt (21. 10. 1902–28. 3. 90), ev. Theol., 1961–67 Vors. d. Rats d. EKD, 1966–76 Bischof v. Berlin, 1966 bis 72 auch von Brandenburg.
Schärf, Adolf (20. 4. 1890–28. 2. 1965), östr. Jurist u. Pol. (SPÖ); 1945–57 Vors. d. SPÖ u. Vizekanzler, 1957–65 B.präs.
scharfbrennen, zweites Brennen des → Porzellans im **Scharffeuer.**
Scharfeinsteller, opt. Gerät, um im Fotolabor d. Vergrößerungsapparat auf Negativ oder Dia phys. scharf einstellen zu können.
Schärfenautomatik, viele Autofokus-Objektive lassen sich inzw. f. best. Schärfenbereiche vorwählen, d. Objektiv stellt dann nur f. d. vorgewählten Bereich automat. scharf (z. B. für den Nahbereich).
Schärfentiefe, fälschlich auch *Tiefen-*

schärfe; die Zone scharfer Abbildung innerhalb eines Bildes.
Scharff, Edwin (21. 3. 1887–18. 5. 1955), dt. Bildhauer u. Graphiker; Porträtbüsten: *Hindenburg, Wölfflin;* Tierplastiken.
Scharfrichter, *Nachrichter,* Vollstrecker der Todesstrafe.
Scharhörn, eine Cuxhaven vorgelagerte Düneninsel; Vogelschutzgebiet.
Schari, *Chari,* Strom in Zentralafrika, ca. 1400 km l., mündet in d. Tschadsee.
Scharia, *w.* [arab.], islam. Gesetz, umfaßt d. gesamte rel., soz., pol. u. individ. Leben d. Muslime; regelt alle Beziehungen z. Gott u. z. menschl. Gemeinschaft.
Scharl, Josef (9. 12. 1896–6. 12. 1954), dt. Maler u. Buchillustrator, s. 1938 in d. USA; expressionist. Elemente; Darstellungen sozialkrit. Themen, Landschaften, Stilleben, Bildnisse (u. a. seines Freundes *A. Einstein*).
Scharlach, *m.* [l.], akute fieberhafte Infektionskrankheit; die Erreger sind → Streptokokken, die durch Kontakt mit Kranken oder gesunden Keimträgern (meist als sog. Tröpfcheninfektion) übertragen werden; → Inkubationszeit 1–7 Tage; Beginn mit hohem Fieber, Erbrechen, Kopf- und Schluckschmerzen, weitere Anzeichen: Angina, „Himbeerzunge", kleinfleckiger, roter Ausschlag an Rumpf und Extremitäten; in der 2.–3. Krankheitswoche Hautschuppung an Händen und Füßen; Komplikationen: Gelenkrheumatismus, Herzmuskelentzündung, Lymphknotenentzündung, Mittelohrentzündung, Nierenentzündung; Behandlung: → Penicillin.
Scharlatan, *m.* [frz.], Aufschneider, Betrüger.
Scharmützel [it. „scaramuccia"], kurzes Gefecht, Geplänkel.
Scharmützelsee, sö. von Berlin, 14 km².
Scharnhorst, Gerhard Johann David von (12. 11. 1755–28. 6. 1813), preuß. General; leitete die Reform des Heereswesens (u. a. allg. Wehrpflicht, 1813 eingeführt) mit d. Ziel der Schaffung eines Volksheeres (auch → Krümpersystem).
Scharnhorst-Orden, mil. Auszeichnung d. ehem. DDR, gestiftet 1966 in einer Klasse.
Scharnier, *s.* [frz.], drehbares Gelenk f. Türen, Deckel usw.
Scharoun, Hans (20. 9. 1893–25. 11. 1972), dt. Architekt d. Expressionismus, dann e. Hptvertr. d. Neuen Bauens; *Siedlung Siemensstadt* in Berlin, *Berliner Philharmonie, Dt. Botschaft* in Brasilia.
Schärpe, breite Leib- oder Schulterbinde, früher zur Paradeuniform der Offiziere.
Scharping, Rudolf (* 2. 12. 1947), SPD-Pol.; 1991–1994 Min.präs. v. RP, 1993–1995 Parteivors., s. 1994 Fraktionsvorsitzender der SPD.
Scharte,
1) *Färberdistel,* Korbblütler; früher zum Gelbfärben.
2) in d. Baukunst, → Zinne.
Scharteke, *w.,*
1) altes wertloses Buch.
2) ältliches Frauenzimmer.
Scharwache, nächtliche Wachtrunde.
Scharwerker → Instleute.
Schasar, Salman (6. 10. 1889–5. 10. 1974), isr. Pol.; 1963–73 Staatspräs.
schassieren [frz. „chasser"], mit kur-

Adolf Schärf

G. J. D. v. Scharnhorst

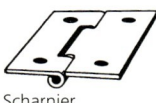
Scharnier

Rudolf Scharping

Wolfgang Schäuble

zen Tanzschritten ohne Drehung geradlinig dahingleiten.
Schatt el-Arab, Vereinigung von → Euphrat u. → Tigris, 110 km, 2 Mündungsarme i. d. Pers. Golf.
Schattenbaumart, *Schattenholzart,* Baumart, d. relativ viel Schatten verträgt, z. Gedeihen nur $1/10$ b. $1/100$ d. Außenlichts benötigt, z. B. Tanne, Buche, Eibe, Linde; → Lichtbaumart, → Halbschattenbaumart.
Schattenkabinett, *Gegenregierung* d. Opposition in Großbritannien, jedes Mitgl. ist Sprecher f. best. Ressort.
Schattenmorellen, dunkelrote Sauerkirschen (als Kompott).
Schattenreich, Reich der Toten, Unterwelt.
Schattenriß → Silhouette.

Schattenspielfigur, *Westchina*

Schattenspiele, Theateraufführungen von kleinen Bühnenstücken m. schwarzen Papp-, Leder-, Pergamentfiguren; urspr. im Orient: China, Türkei *(Karagöz),* Java *(Wajangspiele,* mit bunten Figuren), Birma; gelangten im 17. Jh. über Italien nach Dtld, hier bes. v. d. Romantikern gepflegt.
Schatulle, *w.* [ml. „scatola"], Schatzkästchen; Privatkasse eines Fürsten *(Privatsch.).*
Schatz,
1) Vermögen, Geld, Kostbarkeiten.
2) jur. verborgene u. nun entdeckte Sache, deren Eigentümer nicht mehr zu ermitteln ist; Entdecker erwirbt Miteigentum z. Hälfte zus. mit dem Eigentümer der verbergenden Materie (z. B. Acker); § 984 BGB.
Schatzanweisungen, kurz- und mittelfrist. Schuldverschreibungen d. öffentl. Hand z. Finanzierung eines vorübergehenden Geldbedarfs.
Schaube, *w.,* weiter, vorn offener mantelartiger Überrock f. Männer u. Frauen (15.–17. Jh.); vielfach mit Pelzbesatz.
Schaubild, *Diagramm,* zeichner. (Kurven-)Darstellung statist. Zusammenhänge, phys., techn., med. u. a. Vorgänge.
Schäuble, Wolfgang (* 18. 9. 1942), CDU-Pol.; 1984–89 B.min. f. bes. Aufgaben u. Chef d. B.kanzleramts, 1989 bis 91 B.innenmin.; s. Nov. 1991 Fraktionsvors. d. CDU/CSU.
Schaubrote, 12 Brotkuchen, i. jüd. Tempel auf *Schaubrottisch,* an jedem Sabbat erneuert.
Schaudinn, Fritz (19. 9. 1871–22. 6.

1906), dt. Zoologe; entdeckte mit E. Hoffmann d. Erreger d. → Syphilis.
Schauerleute, *Stauerleute,* Hafenarbeiter für das Laden und Löschen (Entladen) der Schiffe.
Schaufeln, die verbreiterten Geweihenden bei Elch- u. Damwild: **Schaufler.**
Schaufelrad, Rad, dessen Felge mit Schaufeln besetzt ist; zur Energieübertragung drehbar (Läufer), zur Dampf-, Wasserführung fest auf Welle (Leitrad) bei Turbinen; auch Antriebsorgan der → Raddampfer; hierbei Schaufeln d. Krafterpsarnis wegen verstellbar.

Weser (*Burg S.* bei Rintelm), s. 1932 als Landkreis dem Rgbz. Hannover eingegliedert.
2) ehem. Standesherrschaft im preuß. Rgbz. Wiesbaden an der Lahn.
Schaumburg-Lippe, bis 1946 Land im NW Dtlds; Hptst. *Bückeburg;* ehem. Gft, 1807 Fürstentum, 1946 zu Rgbz. Hannover, Nds.; 1956 Volksbegehren, 1975 Volksentscheid auf Lösung v. Nds.
Schaumgummi, durch schäumende, blasenbildende Zusätze aufgelockerter natürl. od. künstl. Gummi.
Schaumkraut, Kreuzblütlergattung,

z. B. d. *Wiesen-Sch.* m. weißen bis violetten Blüten u. oft → Kuckucksspeichel.
Schaumkunststoffe, *Schaumstoffe,* porös hergestellte Kunststoffe v. geringer Dichte (z. B. Moltopren®, Styropor®, Iporka®), als therm., akust., el. Isoliermaterial u. zu Polsterzwecken.
Schaumlöschgeräte → Feuerlöscher.
Schaumwein, *moussierender Wein, Sekt,* unter Zuckerzusatz in der Flasche vergorener Wein; starker Kohlensäuregehalt (bei minderen Sorten zusätzlich

Schaumkraut

Schaufensterkrankheit, svw. → Claudicatio intermittens.
Schäuffelein, Hans Leonhard (um 1480/85–um 1538/40), dt. Maler u. Holzschneider d. Renaiss.; Altarbilder (früher Dürer zugeschr.), Porträts; Wandgemälde i. Rathaus v. Nördlingen.
Schauinsland, Gipfel im Schwarzwald südöstlich Freiburg i. Br., 1284 m, Seilschwebebahn, Autostraße mit Sch.-Bergrennen.
Schaulen, lit. *Šiauliai,* St. in N-Litauen, 145 000 E; Landw.masch.- u. Holzind.
Schaumann, Ruth (24. 8. 1899–13. 3. 1975), dt. Dichterin, (Porzellan-)Malerin, Bildhauerin u. Illustratorin; Gedichte: *Arsenal.*
Schaumburg,
1) eigtl. *Schauenburg,* ehem. Gft an der

Schauspielkunst I
Abbildungen von links nach rechts.
1. Reihe: Griechische Komödianten, pompejanisches Mosaik, 2. Jh. v. Chr. – Antiker Schauspieler mit Maske – Hanswurst, 17. Jh. – Schauspieler der Shakespearezeit.
2. Reihe: Italienische Stegreifkomödie – Schauspieler der Comédie-Française, 18. Jh. – Ludwig Devrient als Falstaff.
3. Reihe: August Wilhelm Iffland als Franz Moor – Sarah Bernhardt als Kameliendame – Josef Kainz als Hamlet – Alexander Moissi als Hamlet.
4. Reihe: Die Meininger in „Wallensteins Lager" – „Ödipus", Reinhardt-Inszenierung, mit Eduard von Winterstein als Kreon (links unten) und Paul Wegener als Ödipus (rechts oben).

eingepreßt); stark zuckerarmen Sch. nennt man „sehr trocken", *brut* (naturherb), *extra sec, extra dry;* mäßig zuckerhaltiger *Sch.* heißt „trocken", *sec, dry;* die berühmtesten Sch.e sind die der Champagne *(Champagner);* in Dtld bes. am Mittelrhein und an der Mosel.

Schauspiel → Drama.

Schauspielkunst → Theater, Übers. und Tafel.

Schawlow, Arthur (* 5. 4. 1921), am. Phys.; (zus. m. N. → Bloembergen u. K. M. → Siegbahn) Nobelpr. 1981 (Laserspektroskopie).

Schdanow, bis 1948 *Mariupol,* ukrain. Hafenst. am Asowschen Meer, 517 000 E; Hüttenind., Ausfuhrhafen f. Steinkohle u. Getreide.

Scheck, Scheckges. v. 14. 8. 1933, Anweisung an Kreditinstitute, aus dem Guthaben des Ausstellers eine Summe an den Vorlegenden zu zahlen; Sch. muß enthalten: Bez. als Sch. im Text, Anweisung zur Zahlung einer Summe („gegen diesen Sch. zahlen Sie . . ."), Name dessen, der zahlen soll (Bezogener), Angabe des Zahlungsortes, Ausstellungsortes u. -tages sowie Unterschrift d. Ausstellers.

Walter Scheel

Order-Sch. (→ Orderpapier) und *Inhaber-Sch.* (Inhaberpapier) möglich. Im Inland nur Inhaber-Sch. gebräuchlich (Zusatz „oder Überbringer"). Bei Sch. kein Akzept; wird bei Vorlegung nicht eingelöst, entsprechender Vermerk der Bank auf Sch., dann Rückgriff gg. Indossanten, Aussteller. Bei *Verrechnungs-Sch.* (Vermerk: „nur zur Verrechnung" auf Sch.) darf Sch. nur mittels Gutschrift auf Konto eingelöst werden. Ggs.: *Bar-Sch.*, bei dem Barauszahlung erfolgen kann. In intern. Sch.recht weitgehende Vereinheitlichung durch intern. Abkommen. → Postgiro.

Scheck|e, *m.,* geflecktes Tier (z. B. Pferd od. Rind).

Scheckkarte, auf ein oder zwei Jahre ausgestellte, mit Nummer versehene Karte, bei der die Bank die Einlösung des m. d. Sch.nummer versehenen Schecks (bis zu 400 DM) garantiert, → EC.

Schede, Paul → Melissus.

Schedel, Hartmann (13. 2. 1440 bis 28. 11. 1514), dt. Arzt; schrieb lat. *Weltchronik* (1493 gedruckt).

Schedir [arab. „Brust"], hellster Stern 2. Größe in d. Cassiopeia; nördl. → Sternhimmel A.

Scheel, Walter (* 8. 7. 1919), FDP-Pol.; 1961-66 B.min. für wirtsch. Zus.arbeit, 1968-74 Vors. der FDP, 1969-74 B.außenmin. u. Vizekanzler; 1974-79 B.präs.

Scheele, Carl Wilhelm (9. 12. 1742 bis 21. 5. 86), schwed. Chem.; entdeckte d. Elemente Sauerstoff, Stickstoff, Chlor u. Mangan, d. Glycerin, die Arsen-, Wein-, Oxal- und Blausäure; nach ihm ben.: **Scheelesches Grün,** Kupferarsenit, Malerfarbe; **Scheelesches Süß,** Glycerin; Mineral **Scheelit,** *Tungsten,* Calciumwolframat $(CaWO_4)$.

Scheer, Reinhard (30. 9. 1863-26. 11. 1928), dt. Admiral, Flottenführer (Skagerrak 1916).

Scheffel, Joseph Viktor v. (16. 2. 1826 bis 9. 4. 86), dt. Schriftst.; histor. Roman: *Ekkehard,* Versepos: *Trompeter von Säckingen;* Studentenlieder.

Scheffel → Maße u. Gewichte, Übers.

Scheffler, Johannes → Angelus Silesius.

Schéhadé [ʃeaˈde], Georges (* 2. 11. 1910), libanes. surrealist. Dichter; Lyrik

Schauspielkunst II
Abbildungen von links nach rechts.
1. Reihe: Werner Krauss in „Der Hauptmann von Köpenick" – Albert Bassermann als Attinghausen in „Wilhelm Tell" – Paul Wegener in „Galgenfrist" – Elisabeth Bergner in „Was ihr wollt".
2. Reihe: Gustaf Gründgens in „Wallensteins Tod" – Paula Wessely in „Port Royal" – Ewald Balser in „Othello" – Fritz Kortner in „Herodes u. Mariamne".
3. Reihe: Peter Mosbacher u. Käthe Dorsch in „Die Ratten" – Thomas Holtzmann in „Hamlet" – Maria Wimmer in „Iphigenie auf Tauris" – Martin Held in „Endspurt".
4. Reihe: O. E. Hasse als Napoleon Bonaparte in „Majestäten" – Therese Giehse in „Salz und Tabak" – Will Quadflieg in „Gyges und sein Ring" – Josef Meinrad als „Liliom".

und Dramen in französischer Sprache: *Die Reise.*
Scheherezade [-zaːdə], d. Märchenerzählerin v. → *Tausendundeine Nacht.*
Scheibe,
1) Emil (* 23. 10. 1914), dt. Maler u. Graphiker, Begr. d. Strukturellen Realismus; rel. u. zivilisationskrit. Themen, später auch abstrahierende Stilmittel.
2) Richard (19. 4. 1879–6. 10. 1964), dt. Bildhauer; *Der 20. Juli.*
Scheibenquallen → *Quallen.*
Scheich [arab. „Greis"], oriental. Ehrentitel, Oberhaupt eines Stammes oder einer rel. Gemeinschaft.
Scheidbogen, im Kirchenbau Bogen zw. Mittel- u. Seitenschiff d. Langhauses.
Scheide, lat. *Vagina,* Schleimhautrohr der inneren weibl. Geschlechtsteile, in deren hinteren Abschnitt die Gebärmutter *(Portio)* ragt; → Jungfernhäutchen (→ Geschlechtsorgane, Abb.).
Scheidegg, Alpenpässe in der Finsteraarhorngruppe (Schweiz. Kanton Bern); die *Große Sch.,* 1961 m, verbindet Meiringen mit Grindelwald; die *Kleine Sch.,* 2061 m, mit Alpenbahn von Grindelwald nach Lauterbrunnen.
Scheidekunst, alter Name f. *Chemie.*
Scheidemann, Philipp (26. 7. 1865 bis 29. 11. 1939), SPD-Pol., 1918 Staatssekretär, 1919 Reichskanzler; 1933 emigriert.
Scheidemünzen, nicht aus Gold geprägte Münzen, auf kleinere Beträge lautend; Metallwert liegt unter dem Nennwert.
Scheidewasser, alter Name f. → Salpetersäure.
Scheiding, altdt. für *September.*
Scheidt,
1) Kaspar (um 1520–65), dt. Dichter u. Lehrer (v. → Fischart); *Grobianus.*
2) Samuel (get. 4. 11. 1587 bis 24. 3. 1654), dt. Komp. u. Orgelmeister in Halle/Saale.
Scheidung, *Ehescheidung,* → Eherecht.
Schein, Johann Hermann (20. 1. 1586 bis 19. 11. 1630), dt. Komp. u. Kantor an der Thomaskirche in Leipzig; weltl. Lieder; *Venus Kräntzlein;* Kammermusik, Choräle.
Scheiner,
1) Christoph (25. 7. 1575–18. 7. 1650), dt. Astronom; erfand d. → Pantographen, bestimmte die Sonnenrotationszeit aus Fleckenbeobachtungen, zeichnete die erste Mondkarte.
2) Julius (25. 11. 1858–20. 12. 1913), dt. Astrophys.; n. ihm ben. **Scheinergrade,** in der Lichtbildtechnik Maß für die Lichtempfindlichkeit der Negative; ersetzt durch DIN-Grade z. Kennzeichnung d. Kopierempfindlichkeit.
Scheinfeld (D-91443), St. im Steigerwald, Bay., 4557 E; spätgot. Pfarrkirche.
Scheinfrucht, Frucht, an deren Bildung sich außer dem Fruchtknoten andere Blütenteile beteiligt haben (z. B. die Blütenachse, wie bei der Erdbeere).
Scheingeschäft, nicht ernst gemeintes Rechtsgeschäft (§ 117 BGB); wird durch ein Sch. ein ernstl. Rechtsgeschäft verdeckt (z. B. scheinbare Schenkung, in Wirklichkeit aber Kauf), so gilt das ernst gemeinte Rechtsgeschäft (§ 117 BGB).
Scheintod, todähnl. Zustand tiefster Bewußtlosigkeit mit nur schwachen Le-

Schellfisch

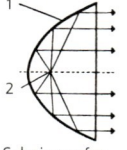
Scheinwerfer
1 Reflektor, 2 Lichtquelle

F. W. J. von Schelling

Scheurebe

benszeichen, vom Arzt durch sichere Anzeichen v. Tode zu unterscheiden.
Scheinwerfer, optischer Apparat, der das Licht einer Lichtquelle durch Spiegel und/oder Linsen in bestimmter Weise richtet (bündelt bzw. streut).
Scheitel, bei einer Kurve: der → Sch.punkt; bei e. Winkel: die Spitze.
Scheitelbeine, zu beiden Seiten des Scheitels gelegene Schädelknochen (Abb. → Schädel).
Scheitelpunkt, der Punkt der höchsten Erhebung einer Kurve; auch der → Zenit.
Scheits, Matthias (um 1625/30–um 1700), dt. Maler; Hptmeister des Hamburger Barock; ndl. Einfluß.
Schelde, frz. *Escaut,* frz.-belg.-ndl. Fluß, gabelt sich bei Antwerpen in *Hont* oder *Wester-Sch.* und *Ooster-Sch.,* 430 km l., 340 km schiffbar (für Seeschiffe bis Gent).
Scheler, Max (22. 8. 1874–19. 5. 1928), deutscher Phil., Vertr. der Phänomenologie u. Wertethik; *Der Formalismus in der Ethik u. die materiale Wertethik.*
Schelf, v. Meer überfluteter Rand der Kontinente; Wassertiefe bis 200 m.
Schell,
1) Maria (* 5. 1. 1926), schweiz. Filmschausp.in; *Gervaise, D. Schinderhannes;* ihr Bruder
2) Maximilian (* 8. 12. 1930), schweiz. Schausp. u. Filmregisseur; *Judgement at Nuremberg; Geschichten aus d. Wienerwald* (1979); *Marlene* (1984).
Schellack, Harz, von der auf ostind. Bäumen lebenden Lackschildlaus ausgeschieden; zu Lack, Firnis, Siegellack, Kitt usw. verarbeitet, früher auch f. Schallplatten.
Schellenbaum, (urspr. türk.) Wahrzeichen der Militärmusik: Stange, Halbmond mit Glöckchen, Roßschweife und Adleraufsatz.
Schellfisch, beliebter Speisefisch, im Atlant. Ozean u. in der Nord- und Ostsee, bis 100 cm lang; dem Dorsch verwandt.
Schelling, Friedrich Wilhelm Joseph v. (27. 1. 1775–20. 8. 1854), dt. Natur- u. Religionsphil.; Entwicklung vom Fichteschen Standpunkt über die Transzendentalphilosophie z. → Identitätsphilosophie u. zuletzt zur positiven Phil., d. h. zur Deutung von Mythologie u. Offenbarung (Theosophie); bed. Einfluß auf die Romantik; *Ideen zu einer Phil. der Natur; System d. transzendentalen Idealismus.*
Schellong-Test, Kreislauffunktionsprüfung in liegender u. aufrechter Position.
Schelmenroman, *m.,* Bez. für die im 16. Jh. aufkommenden gesellschaftskrit. Abenteuerromane (meist satirisch); zuerst in Spanien, *Lazarillo de Tormes,* in Dtld bes. → *Simplicissimus.*
Schelsky, Helmut (14. 10. 1912–24. 2. 84), dt. Soziologe; *D. Mensch i. d. wiss. Gesellschaft.*
Schema, *s.* [gr. „Gestalt"], Darstellung e. grundsätzlichen Aufbaus; Muster; *kath.:* Entwurf, über den ein Konzil zu beschließen hat.
schematisch, nach Entwurf; auch svw. üblich, ohne Berücksichtigung von Einzelheiten (= bürokratisch, schablonenhaft).

Schemen, *m.,* Schatten, leeres Truggebilde.
Schenk → Mundschenk.
Schenkelhalsbruch, Oberschenkelbruch nahe der Hüfte.
Schenkendorf, Max v. (11. 12. 1783 bis 11. 12. 1817), dt. Jurist u. Freiheitsdichter; *Freiheit, die ich meine.*
Schenkung, unentgeltliche, vertragl. Übertragung von Vermögenswerten auf einen anderen, kann bei späterer Bedürftigkeit des *Schenkers* sowie wegen groben Undanks des Beschenkten zurückgefordert werden.
Schenkungssteuer → Steuern, Übers.
Schenkungsversprechen, bedürfen gerichtlicher oder notarieller Beurkundung (§§ 516 ff. BGB).
Scherbengericht → Ostrakismos.
Scherbenkobalt, Mineral, gediegenes → Arsen.
Scherenfernrohr, Prismen- → Fernrohr; Objektive an 2 seitl. auseinander u. nach oben schwenkbaren Armen; zum Beobachten aus Deckung; plastische Bildwirkung.
Scherenschnabel, regenpfeiferartige Vögel trop. Küsten, durchkämmen mit ihrem verlängerten Unterschnabel die Wasseroberfläche nach Kleinfischen.
Scherer, Wilhelm (26. 4. 1841–6. 8. 86), dt. Literarhistoriker; *Geschichte d. dt. Literatur bis zu Goethes Tod.*
Scherfestigkeit, Widerstandsfähigkeit e. Materials gegenüber Scherkräften.
Scherflein, alte dt. Kupfermünze; kl. Geldspende.
Scherge, Gerichtsdiener, Häscher.
Scheria, *Scharia, w.* [arab. „Weg, Richtung"], das religiöse, d. Leben d. Menschen regelnde Gesetz d. Islam.
Scherif [arab. „scharif = adlig"], Abkömmling des Propheten Mohammed.
Scherkraft, Verformung e. Materials durch zwei parallel zueinander in entgegengesetzter Richtung wirkende Kräfte.
Schermaus → Wühlmäuse.
Scherrer, Paul (3. 2. 1890–25. 9. 1969), schweiz. Physiker; mit Debye Arbeiten über Röntgeninterferenzen an Kristallen.
scherzando [it. skɛr-], *mus.* scherzend.
Scherzo, heiterer Tonsatz.
scherzoso, heiter, scherzend.
Schesaplana, *Scesaplana,* höchster Gipfel d. Rätikon zwischen Schweiz u. Vorarlberg, 2964 m.
Scheuermannsche Krankheit, Schäden an Brustwirbelkörpern, meist bei Jugendlichen.
Scheurebe, in Dtld u. Östr. angebaute Neuzüchtung (aus → *Silvaner* u. → *Riesling*), die körperreiche, rassige Weißweine m. intensivem Johannisbeerbukett liefert.
Scheveningen [ˈsxeː-], ndl. Seebad, Vorort v. Den Haag.
Schewardnadse, Eduard Amwrosijewitsch (* 25. 1. 1928), sowj.-georg. Pol.; 1965–72 Min. f. Innere Angelegenheiten der Georg. SSR; s. 1972 Parteichef v. Georgien; 1976–90 Mitgl. d. Zentralkomitees der KPdSU; 1985–90 u. 11/91 Außenmin. d. UdSSR; seit 1992 Staatspräs. Georgiens.
Schewtschenko, Taras Grigorjewitsch (9. 3. 1814–10. 3. 61), ukrain. Dichter; Lyrik, Balladen, Verserzählun-

Schi 859 **Schiefer**

gen; Ges. Werke: *Der Kobsar* (Lautenspieler).
Schi, svw. → Ski.
Schiaparelli [skĭa-], Giovanni (14. 3. 1835–4. 7. 1910), it. Astronom; Marsforscher (Marskanäle).
Schichau, Ferdinand (30. 1. 1814 bis 23. 1. 96), dt. Ing.; Begr. der **Sch.-Werft** in Elbing; Erbauer d. ersten dt. Schrauben-Seedampfers, d. ersten Dreifachexpansionsdampfmaschine d. Kontinents, des ersten Hochsee-Torpedoboots.
Schicht, svw. Arbeitszeit; Abschnitt eines Arbeitstages, auch die in diesem beschäftigte Belegschaft; urspr. beim Bergbau, später auch in der Industrie, zur besseren Ausnutzung der Anlagen mit *Sch.wechsel*.
Schichtaufnahme → Tomographie.
Schichtenlehre,
1) phil. Auffassung v. d. Wirklichk. als e. Ordnung v. Seinsschichten. N. Aristoteles gibt es 5 Schichten: Materie, Dinge, Lebewesen, Seele, Geist.
2) psycholog. Auffassung (n. E. Rothacker) v. d. Persönlichkeit mit 3 Hauptschichten: Leben, Es, Ich.

Schichtgesteine → Sedimentgesteine.
Schichtlinien, *Niveaulinien, Isohypsen,* auf Landkarten d. Linien, die alle Orte gleicher Höhe über dem Meeresspiegel verbinden.
Schichtlohn, *Zeitlohn,* Zahlung nach geleisteter Arbeitsschicht.
Schichtmeister, Rechnungsführer i. Bergbau.
Schichtpreßstoffe → Kunststoffe.
Schichtvulkane → Vulkane.
Schichtwolke → Wolken.
Schick, Gottlieb (15. 8. 1776–11. 4. 1812), dt. Maler d. Klassizismus; bes. Bildnisse (u. a. Mitgl. der Fam. Humboldt).
Schickele, René (4. 8. 1883–31. 1. 1940), elsäss. expressionist. Dichter; Gedichte; Romane: *Das Erbe am Rhein* (Trilogie); Drama: *Hans im Schnakenloch;* Hg. d. *Weißen Blätter.*
Schicksal, Bez. f. e. übergeordnete Macht, d. d. Lebensweg d. Menschen beeinflußt u. bestimmt, aber nicht v. Menschen selbst geändert werden kann.
Schicksalsdramen, Schauspiele, in

denen d. Mensch dem Verhängnis wehrlos ausgeliefert ist (z. B. Schillers *Braut von Messina,* Grillparzers *Ahnfrau*); im engeren Sinne Dramen, in denen der bloße Zufall die Handlung mechanisch bestimmt.
Schidsuoka, *Shizuoka,* jap. St. auf Honshu, 470 000 E; Ausfuhr: Tee, Lacku. Bambuswaren.
Schiebebühne, eine auf Rädern laufende brückenartige od. versenkte Tragekonstruktion; z. Verschieben v. Schienenfahrzeugen auf parallelen Gleisen.
Schieber, Absperrvorrichtung für Gase (Dämpfe) und Flüssigkeiten, von Hand, bei außergewöhnl. Dimensionen maschinell betätigt; auch mechan. *Steuerungsvorrichtung,* z. B. für den Ein- u. Austritt von Dampf (→ Tafel Dampfmaschine), Preßluft und dgl. in Maschinen und Motoren.
Schiedam [sxi-], St. in S-Holland, an der Mündung der Schie in d. Neue Maas, 70 000 E; große Werften u. Trockendocks; chem. Ind.
Schiedsgerichtsbarkeit,
1) Vereinbarung (Vertrag) zw. Parteien, daß ein gegenwärt. u. künft. Rechtsstreit nicht von staatl. Gerichten, sondern vom *Schiedsgericht* entschieden werden soll; Verfahren ZPO §§ 1025 ff. geregelt. Falls nicht anders bestimmt, ernennt jede Partei einen Schiedsrichter, die dann Schiedsspruch fällen; hat Wirkung eines rechtskräft. Urteils; bei Entscheidung ist Schiedsrichter i. d. Regel nicht an Ges. gebunden. In Tarifverträgen sehr oft Schiedsgericht vorgesehen.
2) *völkerrechtl.* vertragl. Vereinbarung zw. Staaten, Streitigkeiten einem Schiedsgericht zur Entscheidung zu übertragen; die Satzung des Völkerbundes sah als Mittel der Friedenssicherung obligator. schiedsrichterl. Streitbeilegung vor (Haager Schiedshof).
Schiedsgerichtsklausel, Bestimmung in Verträgen, daß Streitigkeiten über Auslegung und Anwendung des betreffenden Vertrages durch ein Schiedsgericht entschieden werden sollen; zwischen Nichtkaufleuten nur gültig, wenn in gesondertem Vertrag, also nicht als einfacher Vertragsbestandteil, vereinbart (§ 1027 ZPO).
Schiedsmann, Friedensrichter, ehrenamtl. Vergleichsbehörde in Gemeinden bei Beleidigungsklage u. ä.
Schiedsrichter,
1) *Rechtsfragen:* von Partei zur Entscheidung vermögensrechtlicher Streitigkeiten ernannt (→ Schiedsgerichtsbarkeit).
2) *Sport:* Unparteiischer, beaufsichtigt bei Wettkämpfen Einhaltung der Regeln u. wertet die Leistungen.
Schiedsverfahren, Schiedsvertrag, Schiedsurteil → Schiedsgerichtsbarkeit.
Schiefblatt, svw. → Begonie.
Schiefe der Ekliptik, Neigung der → Ekliptik gegen den Himmelsäquator beträgt 23° 27'.
schiefe Ebene, *phys.* gegen die Waagerechte geneigte Ebene; Höhe durch Länge = *Steigung;* Fall längs der sch. E. erreicht gleiche Endgeschwindigkeit wie der Fall durch die Höhe der sch. E. (ohne Reibungseinflüsse). → Keil u. → Schraube.
Schiefer, allgem. für spaltbare Gestei-

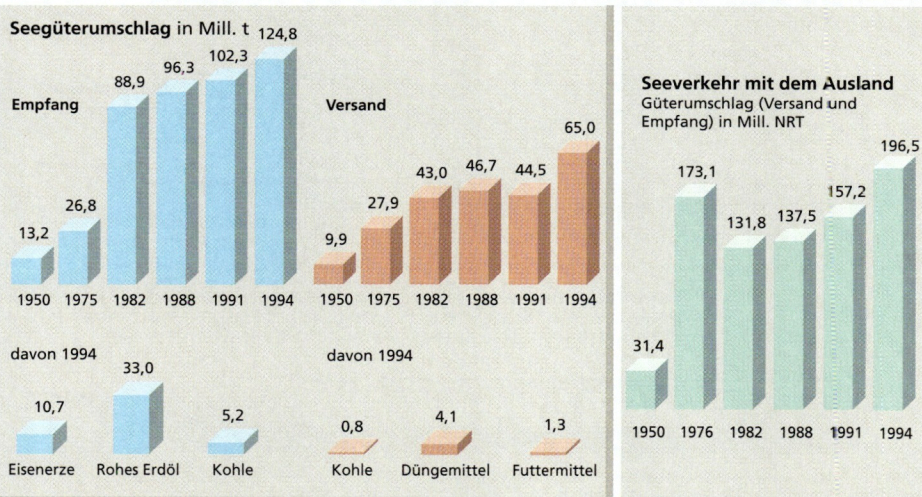

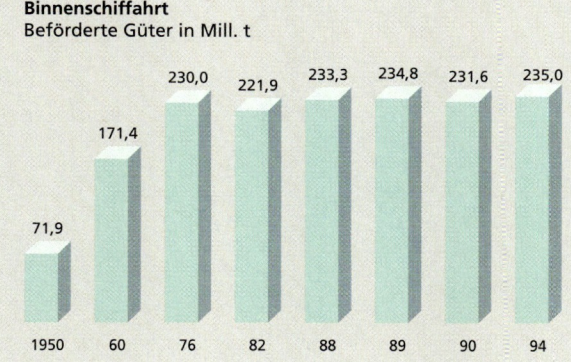

ne, *kristalline Sch.,* → Metamorphite niedrigen Umwandlungsgrades (z. B. *Chlorit-Sch.*); → Tonschiefer.
Schiele, Egon (12. 6. 1890–31. 10. 1918), östr. Maler u. Zeichner; Entwicklung vom Jugendstil z. Expressionismus.
Schielen, *Strabismus,* Abweichen eines Auges nach innen oder außen durch Kurz- oder Weitsichtigkeit. Augenmuskelschwäche oder Nervenlähmung; auch an beiden Augen.
Schienbein, der stärkere der beiden Unterschenkelknochen, mit scharfer Vorderkante.
Schiene,
1) *med.* Stützen zur Ruhigstellung verletzter oder entzündeter Glieder.
2) dient zur Führung der Räder v. Fahrzeugen; bei Eisenbahnen sind Schienenprofile nach Querschnitt u. Länge (bis 30 m) genormt; man unterscheidet breitfüßige (Vignoles-)Schienen (z. B. in Dtld), Stuhl-Sch. mit Doppelkopf (z. B. in England); Befestigung auf Schwelle durch Schwellenschrauben; Verbindung in Längsrichtung durch Stahllaschen; mit Rücksicht auf Ausdehnung durch Wärme früher mit Zwischenräumen (**Sch.nstoß**); heute meist durchgehend geschweißt u. auf Betonschwellen verlegt, um die Wärmedehnung zu unterdrücken.
Schienenomnibus, svw. → Triebwagen.
Schieren, *s.,* d. Durchleuchten von Bruteiern, um festzustellen, ob sie befruchtet bzw. bebrütet sind.
Schierke (D-38879), heilklimat. Kurort u. Wintersportplatz im Harz, Kr. Wernigerode, S-A., am S-Fuß des Brockens, 640 müM, 1069 E.
Schierling, giftige Doldenpflanze (alkaloidhaltig: Koniin): *gefleckter Sch.,* hohes Kraut m. rotgefleckten Stengel von unangenehmem (Mäuse-)Geruch; *Wasser-Sch.,* giftigste Sumpfpflanze mit hohlem, fleischigem, quergefächertem Wurzelstock; *Sch.ssaft* (als Getränk) war in Alt-Athen Mittel zur Hinrichtung (→ *Sokrates*).
Schierlingstanne, *Hemlocktanne,* nordam. Nadelbaum, verwandt der Douglasie.
Schießarbeit, bergmänn. Bez. für Sprengung im Bergbau.
Schießbaumwolle, durch Salpeter-Schwefelsäure-Gemisch nitrierte → Cellulose; zu Schießpulver, auch als Bindemittel f. Nitrolacke (→ Zaponlacke) niedriger nitriert: *Collodium;* mit Kampfer: *Celluloid.*
Schießpulver, explosive Stoffe zum Schießen, Sprengen und zur Feuerwerkerei; früher *Schwarzpulver* (Kohle-Schwefel-Salpeter-Gemisch), heute fast ausschließlich rauchloses Blättchenpulver (f. Handfeuerwaffen) und Prismenod. Röhrenpulver (für Geschütze) aus → Schießbaumwolle; schwarzpulverähnl. Gemenge bereits v. Chr. in China bekannt; angebl. Neuerfindung durch den Franziskanermönch Berthold *Schwarz* um 1300.
Schießsport, wettkampfmäßiges Schießen auf feststehende oder bewegl. Scheiben bzw. Wurftauben; Sportwaffen: Luftgewehr, Zimmerstutzen, Kleinkalibergewehr, Freigewehr, Luftpistole, Freie Pistole, Sportpistole, Schnellfeuerpistole, Standardpistole, Schrotflinte.

Schiffahrt

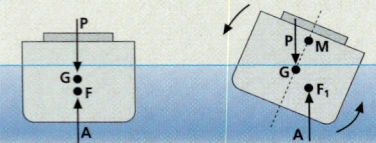

Schwimmfähigkeit
Der eingetauchte Schiffskörper verdrängt Wasser, das in seine Ausgangslage zurückkehren will und den Auftrieb erzeugt.
Archimedisches Prinzip: Schiffsgewicht **P** = Auftrieb **A** = Gewicht der verdrängten Wassermenge.

Stabilität
oder die Fähigkeit des Schiffes, sich aus einer um die Quer- oder Längsachse geneigten Lage wieder aufzurichten. **MG** ist die metazentrische Höhe, ein Maß zur Beurteilung der Stabilität.

G Gewichtsschwerpunkt, **F, F₁** Formschwerpunkte, d. h. Schwerpunkte des verdrängten Wassers

Stromlinien-Balance-Ruder zum Steuern des Schiffes durch den vom Fahrstrom herrührenden, als Über- und Unterdruck auf die Ruderblattseiten wirkenden Ruderdruck.

Schwimmdock
zu Ausbesserungsarbeiten am Schiffskörper. Heben und Senken durch Leerpumpen und Fluten von Ballastzellen.

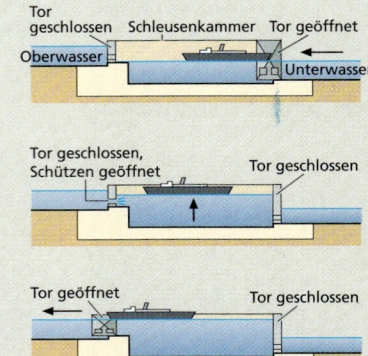

Schleuse
Wasserbauwerk in Wasserstraßen zur Verbindung verschieden hoher Wasserspiegel und in Häfen zum Schutz gegen Gezeitenschwankungen. Ausgleichskammer mit Stemmtoren nach beiden Seiten. Leitung des Füllwassers durch Schützen.

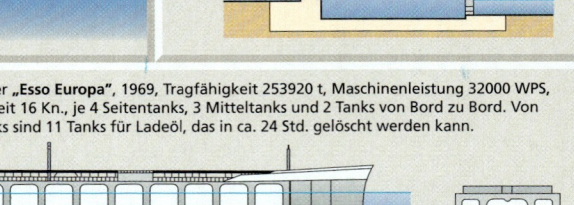

Turbinentanker „Esso Europa", 1969, Tragfähigkeit 253920 t, Maschinenleistung 32000 WPS, Geschwindigkeit 16 Kn., je 4 Seitentanks, 3 Mitteltanks und 2 Tanks von Bord zu Bord. Von diesen 13 Tanks sind 11 Tanks für Ladeöl, das in ca. 24 Std. gelöscht werden kann.

Der Hamburger Hafen (Ausschnitt)

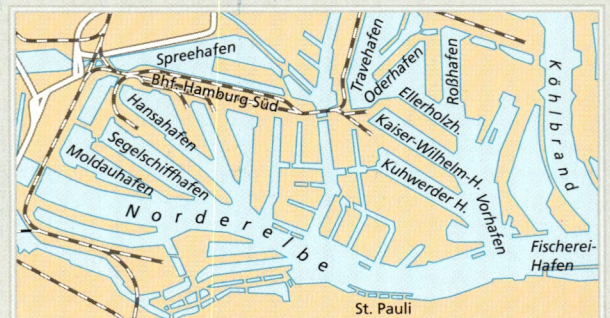

Größter deutscher Hafen. Gesamtausdehnung rund 50 qkm. 35 Häfen für Seeschiffe und 23 für Binnenschiffe, 56 km Kailänge, Liegeplätze für 300 Schiffe. Jahresgüterumschlag etwa 35 Millionen t.

Schiffahrt

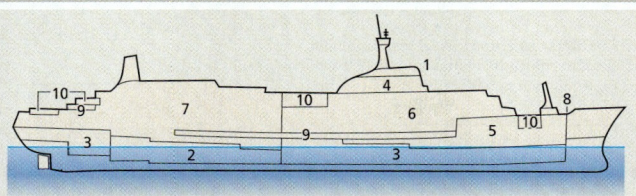

1 Kommandobrücke
2 Maschinenraum
3 Laderäume, Gepäck und Öltanks
4 Wohnräume für Kapitän und Offiziere
5 Wohnräume der übrigen Besatzung
6 Fahrgasträume 1. Klasse
7 Fahrgasträume Touristenklasse
8 Promenadendeck
9 Restaurants und Küche
10 Schwimmbäder

Längsschnitt durch britisches Fahrgastschiff „Canberrra", 1960. Länge 249 m, 45270 BRT, 68000 PS, 27,5 Kn. Bei der Indienststellung mit 2238 Fahrgästen an der Spitze aller Fahrgastschiffe der Welt.

Die wichtigsten Schiffstypen aus Vergangenheit und Gegenwart

 Ägyptisches Seeschiff, 2600 v. Chr. Relief im Grabmal des Königs Sahu-re. Länge etwa 29 m, Wasserverdrängung um 90 t.

 Wikingerschiff, um 800. 21 m, 10 t, Segelfläche 70 qm, 30 Riemen.

 Schwedisches Kriegsschiff „Wasa", Stapellauf 1626. 49 m, 64 Kanonen.

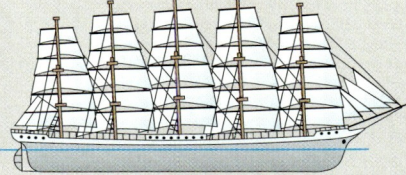 Fünfmast-Vollschiff „Preußen", 1902. 133 m, 11150 t, Segelfläche 5500 qm.

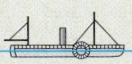 Schaufelrad-Dampfer „Clermont", 1807. 41 m, 102 t, 20–24 PS, 4,7 Kn.

 Schraubendampfer „Great Britain", 1843. 98 m, 3270 BRT, 986 PS, 1421 qm Segelfläche, 11 Kn, 360 Fahrgäste.

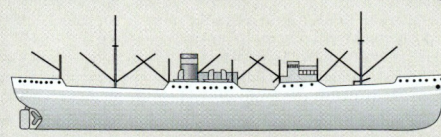
Frachtmotorschiff, 1959, 162 m, Tragfähigkeit 13658 t, 7550 PS, 16,5 Kn.

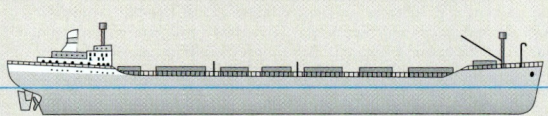
Massengutfrachter, 1963, 199 m, 35000 t, 10800 PS, 15 Kn.

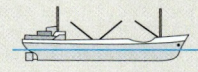 Küstenmotorschiff, 1960, 61 m, 1029 t, 800 PS, 11,5 Kn.

 Hafen- und Seeschlepper, 1954, 28 m, 1140 PS, 12,4 Kn, 13,5 t, Zugkraft geradeaus.

 Frischfisch-Hecktrawler, 1963, 64 m, Tragfähigkeit 500 t, 1750 PS, 15,5 Kn.

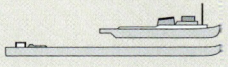 Rhein-Dieselschlepper, 1954, 43 m, 1200 PS, und Schleppkahn.

 Motorgüterschiff Typ Gustav Koenigs. 67 m, 912 t, 600 PS, 18 km/h.

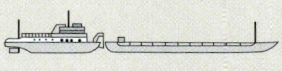 Schubeinheit, 1957. Schubschlepper: 36 m, 1250 PS, 8 km/h. Schubleichter: 64 m, 1310 t. Tragfähigkeit insgesamt 5240 t.

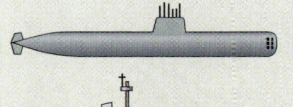 USA-Unterseeboot „Nautilus" mit Kernenergie-Antrieb, 1954, 98 m, 3180 t, 15000 PS, 20 Kn, 70000 Sm, 109 Mann.

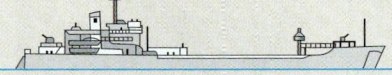
USA-Landungsschiff „Suffolk County", 1957. 135 m, 4300 t, 13700 PS, 18 Kn, 124 Mann.

 Torpedo-Schnellboot „Pfeil", 1961. 26 m, 75 t, 7500 PS, 50 Kn, 14 Mann.

 Zerstörer „Hamburg", 1960. 134 m, 3400 t, 68000 PS, 35 Kn, 280 Mann.

 Geleitboot „Köln", 1958, 110 m, 2090 t, 36000 PS, 30 Kn, 200 Mann.

USA-Flugzeugträger „Enterprise" mit Kernenergie-Antrieb, 1960. 336 m, 75000 t, 360000 PS, 36 Kn, Fahrstrecke 30000 Sm, 110 Flugzeuge, 4600 Mann.

Schiff,
1) *Argo,* → Sternbilder, Übers.
2) *Wasserfahrzeug;* Form des Schiffs hängt v. d. gewünschten Eigenschaften (Stabilität, Tragfähigkeit, Seetüchtigkeit, Geschwindigkeit, Raumgehalt, Transporteinsatz) ab, die durch Berechnung u. Schleppversuche am Modell ermittelt werden; wichtigste Schiffsformen: → Tafel Schiffahrt; Segelschiff → Takelung (Abb.).
3) Kirchenraum, Mittel-, Seiten-, Quer-Sch.

Schiffahrt, *Handels-Sch.* (im Ggs. zur Kriegs-Sch.), dient der gewerbsmäßigen Beförderung v. Gütern u. Personen auf d. Wasser; es wird unterschieden in. *See-, Küsten-* u. *Binnen-Sch.*, bei d. See-Sch. außerdem → Linienverkehr (nach Fahrplan) u. → Trampschiffahrt. Dtld verblieben nach dem 2. Weltkrieg nur 120 000 BRT (Vorkriegstonnage 4,5 Mill. BRT); s. 1951 Wiederaufbau der dt. Handelsflotte; 1. 1. 1995: 5,4 Mill. BRT (→ Schaubild und → Tafel).
Schiffahrtsakte → Acts of Navigation.
Schiffchen,
1) unterer Teil der Blüte der Schmetterlingsblütler.
2) schiffsförmiges Werkzeug, in Weberei zur Führung der Schußfäden durch Kettfäden; bei → Nähmaschinen zur Schlingenknüpfung (Träger d. Unterfadens).
Schiffchenarbeit → Frivolitäten.
Schifferstadt (D-67105), St. i. Kr. Ludwigshfn., RP, 18 056 E; div. Ind.; Rathaus v. 1558.
Schiffsbohrwurm *Schiffswurm,* → Bohrmuscheln.
Schiffshalter, Fisch trop. u. gemäßigter Meere, bis 1 m l., mit Haftscheibe (umgebildete vorderste Rückenflosse) z. Festhaften an anderen Fischen usw.
Schiffshebewerk, zur maschinellen Überwindung großer Höhenunterschiede zw. zwei Wasserspiegeln; Bewegung des den Sch.körper aufnehmenden Troges hydraulisch od. mittels el. bewegter Schraubenspindeln, Zahnrädern, Ketten, Seilen. Größtes Sch.hebewerk Europas im Dortmund-Ems-Kanal in d. Nähe v. Henrichenburg (für Schiffe bis 1350 t).
Schiffshypothek, dingl. Belastung e. Schiffes, i. d. → Schiffsregister einzutragen.
Schiffsjunge, Lehrling im Seemannsberuf.
Schiffskreisel, schwerer Kreisel m. senkrechter Achse, in d. Mittelebene des Schiffes frei schwingend, dämpft d. Schlingern des Schiffes; erfunden v. → Schlick.
Schiffsmakler, Vermittler v. Frachtverträgen zw. Reeder u. Verlader.
Schiffsregister, die AGen d. Heimatorte geführte Verzeichnisse für private Seeschiffe, die d. Bundesflagge führen müssen od. dürfen, u. Binnenschiffe über 10 t Tragfähigkeit od. 50 PS Maschinenleistung; enthalten Eintragungen über Rechtsverhältnisse d. Schiffe, auch zur Belastung mit dingl. Rechten *(Schiffshypotheken),* ähnl. d. Grundbuch (Ges. v. 26. 5. 1951).
Schiffsrolle, in der Handelsflotte Musterrolle (Urkunde üb. d. abgeschloss. Heuerverträge).
Schiffsschraube, *Schraubenpropel-*

Garbenschiefer

Schierling

Schiffshebewerk *Ronquières*

Schildläuse

ler, zwei- bis fünfflügliges Antriebsorgan moderner Schiffe (Schraubendampfer) aller Größen; besteht aus Kopf mit angesetzten verwundenen Treibflächen (Flügeln); erfunden von Ressel.
Schiffstagebuch, *Logbuch,* muß auf jedem Schiff über alle wesentlichen Begebenheiten geführt werden (§§ 519 bis 521 HGB).
Schiffsvermessung, behördl. Ermittlung des abgabenpflichtigen Laderaums nach Registertonnen.
schiften,
1) *Schiftung,* schräg aufeinanderstoßende Hölzer (z. B. Dachsparren, durch Einzapfung verbinden).
2) *seem.* auf die andere Seite nehmen (z. B. den Großbaum beim → Halsen); auch Verschiebung d. Ladung bei Seegang.
Schiiten, mosl. Sekte, die nur Ali, den Schwiegersohn des Propheten, u. seine Nachkommen als Kalifen anerkennt; → Islam.
Schikane, *w.* [frz.], Ausübung eines Rechts, das nur den Zweck haben kann, einem anderen Schaden zuzufügen; unzulässig nach § 226 BGB (sog. Sch.paragraph).
Schikaneder, Emanuel (1. 9. 1751 bis 21. 9. 1812), östr. Theaterdirektor; Librettist f. Mozarts *Zauberflöte.*
schikanieren, quälen, ärgern.
Schi King, alte chin. Volksliedersammlung, von Konfutse 500 v. Chr. redigiert.
Schilcher, in d. Steiermark erzeugter Rosé, der aus d. Rebsorte → *Blauer Wildbacher* erzeugt wird u. e. spritzigen, leicht herben Geschmack besitzt.
Schild,
1) *s.,* svw. Firmentafel.
2) *m.,* alte Schutzwaffe v. versch. Form u. versch. Material zum Abhalten feindl. Hiebe, Stiche u. Geschosse; vielfach m. Rang- und Familienabzeichen geschmückt, daher in der → Heraldik verwendet.
Schildblume, svw. → Aspidistra.
Schildbürger, urspr. Satire auf die Gläubigkeit der Katholiken, Volksbuch v. 1598; schreibt d. Sch. Narrenstreiche zu und macht sie zu Bürgern v. Schilda i. Thüringen; urspr. *Lalenbuch* (1597), Slg. von elsäss. Schwänken.
Schilddrüse, *Thyreoidea,* vor d. Kehlkopf (→ Nase, Abb.) u. d. obersten Luftröhrenabschnitt gelegene Drüse mit → innerer Sekretion; bildet iodhalt. → Hormone Thyroxin u. Triiodthyronin, wird v. d. → Hypophyse gesteuert, reguliert den Stoff-(Energie-)Umsatz, nimmt Einfluß auf das Wachstum, d. Wasserhaushalt, die Wärmeregulation, die Ansprechbarkeit des nervösen Apparates u. a. seelischen Funktionen. Ihre Vergrößerung heißt *Kropf* (mit od. ohne Überfunktion); bei Überfunktion Hyperthyreose, → *Basedowsche Krankheit;* bei Unterfunktion Grundumsatzsenkung, → *Myxödem,* im Jugendalter zudem Zwergwuchs, Schwachsinn, Fettsucht, Kretinismus.
Schildfarn, svw. → Wurmfarn.
Schildknorpel, der größte Knorpel d. Kehlkopfs (Adamsapfel); → Nase, Abb.
Schildkröten, Reptilien mit knöchernem Rücken- und Bauchpanzer, unter den Kopf und Gliedmaßen eingezogen werden können; über dem dicke Hornschichten, *Schildpatt;* die Eur. Sumpf-Sch.,

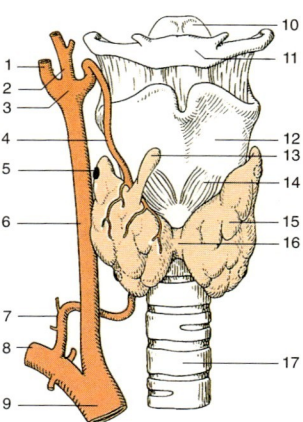

Schilddrüse, Nebenschilddrüsen, Kehlkopf und rechte Halsschlagader

1 Gehirnkarotis
2 Gesichtskarotis
3 Karotissinus
4 Obere Schilddrüsenarterie
5 Rechtes oberes Epithelkörperchen
6 Gemeinsame Halsschlagader
7 Untere Schilddrüsenarterie
8 Rechte Schlüsselbeinarterie
9 Gemeinsamer Stamm für Hals- und Armschlagader
10 Kehldeckel
11 Zungenbein
12 Schildknorpel
13 Unregelmäßig vorkommender pyramidenförmiger Fortsatz
14 Ringschildknorpelmuskel
15 Linker Lappen der Schilddrüse
16 Isthmus der Schilddrüse
17 Knorpelspange der Luftröhre

etwa 25 cm lang, einzige Art in Dtld sehr selten, ♦ ; die Mehrzahl in warmen Erdteilen, Land- u. Wasserbewohner (z. B. die *Riesen-Sch.* der Galápagosinseln oder die über 2 m lange Lederschildkröte warmer Meere).
Schildläuse, Pflanzenläuse mit oft schildförmigem Körper, auffallenden Geschlechtsunterschieden, sehr schädlich; viele liefern Farbstoffe (z. B. *Cochenillelaus*) oder veranlassen durch ihren Stich das Ausfließen pflanzlicher Säfte (z. B. *Schellack-Schildlaus*); besonders obstbaumschädigend die *San-José-Schildlaus* aus Kalifornien.
Schildpatt → Schildkröten.
Schilf, hohe Gräser an Seen und Teichen mit brauner Rispe; Halme (Röhricht) vielfach verwendet: f. Reetdächer, in Pflanzen-Kläranlagen.
Schilfsänger, svw. → Rohrsänger.
Schilka, Quellfluß des Amur im ostsibirischen Gebiet Tschita, v. Jablonoi-Gebirge, 555 km l.; ab Nertschinsk schiffbar.
Schill, Ferdinand v. (6. 1. 1776–31. 5. 1809), Major in Berlin, versuchte 1809 Erhebung gegen Napoleon; fiel in Stralsund, elf seiner Offiziere in Wesel erschossen.

Schiller,
1) Friedrich v. (* 10. 11. 1759 in Marbach, † 9. 5. 1805 in Weimar), dt. Dichter; besuchte die Karlsschule in Stuttgart u. erwarb eine Ausbildung in Jura, dann Medizin, schrieb dort heimlich sein erstes Drama *Die Räuber* (1777), in Mannheim, wo er auch *Fiesco* schrieb, mit gr. Aufsehen 1782 aufgeführt; Konflikt mit dem Herzog; Flucht zu Frau v. Wolzogen nach Bauerbach b. Meiningen: Drama *Kabale und Liebe* (1783); aus fruchtloser Tätigkeit als Theaterdichter in Mannheim befreit ihn Einladung Gottfried Körners nach Gohlis bei Leipzig (1785/86); *Der Geisterseher; Don Carlos; Lied an die Freude*; 1787 vorübergehend in Weimar, 1790 außerplanmäßiger Professor für Philosophie an der Uni. Jena, liest über histor. Stoffe; Heirat mit Charlotte v. Lengefeld, Geschichtswerke: *Abfall der Niederlande; Dreißigjähr. Krieg*. Phil. Schriften, bes. über Fragen der Ästhetik (unter starkem Einfluß Kants): *Über naive und sentimentalische Dichtung*; 1794 Freundschaft mit Goethe, 1799 Übersiedlung nach Weimar; *Xenien* (mit Goethe); Monatsschrift: *Die Horen*, *Balladen*, *Lied von der Glocke*; Höhepunkt des histor.-idealist. Dramas in *Wallenstein* (1800), *Maria Stuart* (1800), *Jungfrau von Orleans* (1801); Schicksalsdrama *Die Braut von Messina* (1803), Drama der Freiheit *Wilhelm Tell* (1804); *Demetrius* (unvollendet).
2) Karl (24. 4. 1911–26. 12. 1994), dt. Wirtschaftspol. (SPD, 1972–80 ausgetreten); 1966 bis 72 B.wirtsch.min., 1971/72 auch B.finanzmin.
Schillerfalter, Tagschmetterling, das Männchen blauviolett irisierend, das Weibchen braun; in Waldlichtungen.
Schillergesellschaft, Deutsche, 1895 gegr. zur Förderung des Wissens um Schiller und schwäb. Dichter durch Veröffentlichungen u. des Sch.-Nationalmuseums Marbach am Neckar, gegr. 1903 von Otto v. Güntter.
Schillerlocke, Blätterteigrolle oder -tüte, m. Schlagsahne gefüllt u. oft m. Schokoladenrand.
Schillerlocken, geräucherte Bauchlappen des Dornhais.
Schillerstiftung, Deutsche, 1859 gegr. zur Unterstützung bedürftiger Schriftst. u. ihrer Hinterbliebenen.
Schillerwein, *Rosé*, aus blauen Trauben gekelterter hellroter Wein, aus Württemberg u. d. Schweiz.
Schilling → Währungen, Übers.
Schillings, Max v. (19. 4. 1868–24. 7. 1933), dt. spätromant., Komp.; Dirigent; Opern: *Mona Lisa; D. Pfeifertag*.
Schiltigheim, frz. St. im Unterelsaß, bei Straßburg, an Ill u. Rhein-Marne-Kanal, 32 000 E; Lebensmittel-, Maschinen-, chem. Ind., Brauereien.
Schily, Otto (* 20. 7. 1932), dt. Jurist u. Pol. (→ Parteien, Übers.), 1983–86 u. 1987 MdB f. d. Grünen (→ Parteien, Übers.), 1983/84 (zus. m. M.-L. Beck-Oberdorf u. P. → Kelly) Sprecher der Bundestagsfraktion; s. 1990 MdB f. d. SPD.
Schimäre → Chimäre.
Schimmel, *Schimmelpilze*, auf organ. Stoffen wachsende kl. Pilze, bilden dort dichte Überzüge; manche auch als Schmarotzer auf Pflanzen; → Penicillin.
Schimmelreiter, unheilverkündende Gestalt d. dt. Volkssage; Novelle von Th. Storm.
Schimonoseki, St. u. Seezollhafen auf der SW-Spitze der jap. Insel Honshu, 260 000 E. – Friede v. Sch. beendete 1895 d. Jap.-Chin. Krieg.
Schimpanse, Menschenaffe Äquatorialafrikas, Fruchtfresser; gelegentl. Jäger, Werkzeuggebrauch; bis etwa 1,7 m hoch.
Schindanger, früher: Platz zum Vergraben toter Tiere; heute: Tierkörperbeseitigung.
Schindeln, dünne schmale Brettchen aus Tannen- o. Lärchenholz zur Dachdeckung, auch zur Bekleidung von Gebäudeaußenwänden.
Schinderhannes, Beiname des Räuberhauptmanns *Johannes Bückler* (25. 5. 1783–21. 11. 1803), Bühnenstück von Zuckmayer.
Schinkel, Karl Friedrich (13. 3. 1781 bis 9. 10. 1841), dt. Baumeister, im klassizist. Stil: *Schauspielhaus*, *Altes Museum*, *Neue Wache* in Berlin, im romant. (neugot.): *Friedrichswerdersche Kirche*; auch Formgestalter u. romant. Maler (u. a. *Bühnenentwürfe* zu Mozarts *Zauberflöte*, Landschaften).
Schintoismus [chin. „Shinto = Weg der Götter"], jap. Naturreligion mit Geister-, Ahnen- u. Heroenkult; Verehrung d. Naturkräfte, von Sonne u. Mond, von Bergen u. Gewässern, Pflanzen u. Tieren, Ahnen u. Helden als Gottheiten. Auf d. Sonnengöttin Amaterasu als Stammutter wurde das jap. Kaiserhaus zurückgeführt; zur Verehrung der zahlreichen Gottheiten Schreine oder Tempel. Älteste Quellen: *Kojiki* (712 n. Chr.) u. *Nihongi* (720 n. Chr.).
Schipkapaß, Balkanübergang v. Tarnovo nach Kasanlak in Bulgarien, 1185 müM.
Schippen, *Schüppen,* d. Grün d. deutschen Spielkarte.
Schirach, Baldur v. (9. 5. 1907–8. 8. 74), NS-Pol., 1933–40 Reichsjugendführer, 1940–45 Gauleiter u. Reichsstatthalter von Wien; 1946 in Nürnberg zu 20 Jahren Gefängnis verurteilt.

Gemeines Schilfrohr

Friedrich v. Schiller

Schiras, *Grabmal des Dichters Saadi*

Schiras, Hptst. der iran. Prov. Fars, 848 000 E; Baumwoll-, Seiden-, Gold- u. Silberwarenind., Rosenölfabrikation; im MA Zentrum pers. Kunst u. Wiss.; Geburtsort d. Dichters → *Hafis;* Grab d. Dichters → *Saadi*.
Schire, *Shire,* l. Nbfl. d. Sambesi, Abfluß des Malawisees, 600 km l.
Schirinowskij, Wladimir (* 25. 4. 1946), russ. Jurist u. Pol., gründete 1989 in Rußland die rechtskonservativ-nationalist. Liberal-Demokratische Partei (LDP), kandidierte 1991 gg. Jelzin für d. Amt d. russ. Präs.
Schirmbild → Röntgenstrahlen.

Schimpanse

Karl Friedrich Schinkel

Schirmgitter, Elektrode zw. → Anode u. Steuergitter bei → Elektronenröhren mit mehr als 3 Elektroden, fast gleiche Spannung wie Anode; schirmt bei Hochfrequenzverstärkung Steuergitter gegen Anode ab (sonst → Rückkopplung); bei Niederfrequenzverstärker (Endröhre) als Schutzgitter bezeichnet, verhindert Anodenrückwirkung; Schirm- oder Schutzgitterröhren haben große Verstärkung.
Schirmling, svw. → Parasol.
Schirmpalme, *Talipotpalme,* hohe asiat. Fächerpalme.
Schirokko [it. „scirocco"], i. Mittelmeergebieten, bes. in S-Italien, warmer Wind aus südl. Richtung.
Schirrmann, Richard (15. 5. 1874 bis 14. 12. 1961), dt. Pädagoge; Gründer der Jugendherbergsbewegung.
Schirting, *m.* [engl. „shirt = Hemd"], glatter Wäschestoff aus Baumwolle.
Schisgal, Murray (* 25. 11. 1926), am. Dramatiker, verwendet in Boulevardkomödien Stilmittel des absurden Theaters; *Liebe; Dr. Fish; Pokins*.
Schisma [gr. „Trennung"], Kirchenspaltung; *Abendländ.* Sch. (1378–1417): gleichzeitig mehrere Päpste. *Morgenländ.* Sch. (1054): Trennung der Ostkirche v. der röm.-kath. Kirche.
Schismatiker, Anhänger einer getrennten Kirche.
Schitomir, Gebietshptst. in der Ukraine, am Teterew, 292 000 E.
Schivelbein, *Świdwin,* poln. St. in Pommern, 14 000 E; ehem. Deutschordensschloß.
Schiwa, ein Hauptgott des → Hinduismus.
Schiwkoff, Todor (* 7. 9. 1911), bulgar. Pol.; s. 1954 1. Sekretär des ZK der BKP; 1962–71 Min.präs., s. 1971 Vors. des Staatsrats; Ende 1989 gestürzt.
Schizophrenie, *w.* bezeichnet verschiedene extreme Verhaltensstörungen. Hauptkennzeichen: Denk-, Wahrnehmungs-, Gefühls- und Bewegungsstörung, soziale Isolation; → Psychose.
Schkeuditz (D-04435), St. im Kr. Leipzig, a. d. Weißen Elster, Sa., 13 985 E; Flughafen, Brauerei, Flugzeugbau, Papier- u. Pelzind.
Schkopau (D-06258), Gem. i. Kr. Merseburg, S-A., 3346 E; Bunawerk.
Schlabrendorff, Fabian v. (1. 7. 1907–30. 9. 1980), dt. Jurist u. Widerstandskämpfer gg. NS-Diktatur.
Schlachta, der niedere Adel im alten Polen; *Schlachtschitzen,* seine Mitglieder.
Schlachtgewicht, Gewicht d. geschlachteten Tieres, ohne Haut, Knochen, Eingeweide, Kopf usw.; Ggs.: Lebendgewicht.
Schlachtschiffe, größte Kriegsschiffe schwerer Panzerung u. stärkster Bestückung, bilden neben Flugzeugträgern den Kern einer Schlachtflotte.
Schlacke, in Feuerungen bei Brennmaterial, im Hochofen aus den Erzbeimischungen u. Zuschlägen sich bildender Abfallstoff, meist kieselsaure Salze; Hochofenschlacke wird verarbeitet zu **Schlackensteinen** für Pflasterung, **Sch.nwolle** zur Wärmeisolation, **Sch.nzement,** bes. für Bauten unter Wasser; Thomasschlackenmehl dient als phosphorsäurehaltiges Düngemittel (→ Thomasprozeß).

Schladming (A-8970), St. in der Steiermark, an der Enns, 4377 E; Fremdenverkehr.
Schladminger Tauern, Teil der Niederen → Tauern.
Schlaf, Johannes (21. 6. 1862–2. 2. 1941), dt. Schriftst.; Skizzen: *Papa Hamlet;* Drama: *Familie Selicke* (beide m. A. → Holz; Theorie d. Naturalismus); Drama: *Meister Ölze,* Landschaftsdichtungen: *In Dingsda; Frühling;* Romane.
Schlaf, durch relative Bewegungslosigkeit u. reduzierte Bewußtseinstätigkeit gekennzeichneter Zustand. 5 Stadien: Tiefsch., mittletiefer Sch., Leichtsch. (mit → REM-Phase), Einsch.stadium, Wachzustand. *Sch.störungen* bedingt durch externe Faktoren (Lärm; Schichtarbeit) oder (häufig) psych. Natur.
Schlaf-Apnoe-Syndrom, Zustände von Atemstillstand *(Apnoe)* im Schlaf, Gefahr von Herzschäden; → Narkolepsie.
Schläfer, Schlafmäuse → Bilche.
Schlafkrankheit, schwere Infektion bes. in Zentralafrika; Erreger: Trypanosoma gambiense u. T. rhodesiense, durch Stich der Tsetsefliege übertragen, mit schweren Schlafzuständen; Gegenmittel Germanin.
Schlafkurve, Kurve, die die wechselnde Tiefe des Schlafes vom Einschlafen bis zum natürlichen Erwachen aufzeichnet.
Schlafmittel, *med. Hypnotikum,* Arzneimittel, das durch Beruhigung oder zeitweise Ausschaltung bestimmter Gehirntätigkeiten Schlaf hervorruft (Gewöhnungsgefahr).
Schlaftherapie, medikamentöse Herbeiführung eines längeren Schlafzustands zwecks Ausnutzung der heilenden Wirkung des Schlafs.
Schlafwandeln, svw. → Nachtwandeln.
Schlagabraum, *m.,* b. Fällen v. Bäumen anfallender Abfall (Rinde, Reisig).
Schlagadern, Arterien, → Adern.
Schlaganfall, *Schlagfluß,* svw. → Apoplexie.
Schlagbaum, Sperrschranke, bes. b. Zollhäusern.
Schlagbolzen, Teil des Gewehr- und Pistolenschlosses; bringt durch Aufschlagen auf Zündhütchen die Pulverladung zur Entzündung.
Schlägel, Hammer des Bergmanns; früherer Abbau der Kohle mit **Sch. und Eisen** (gekreuzt: Bergmannswappen; ⚒).
schlagen, bei rotierenden Maschinenteilen: ungleichförm. Laufen infolge unsymmetr. Masseverteilung.
schlagende Wetter, *Schlagwetter,* Mischung von Methan (Grubengas) u. Luft (bei 15% Methan größte Explosionsgefahr); durch *Schlagwetterexplosionen* werden Kohlenstaubexplosionen initiiert; → Schlagwetteranzeiger.
Schlager, textl., melod. u. rhythm. eingängiges (Tanz-)Lied, das breiteste Publikumsschichten ansprechen soll; im Ggs. zum Volkslied wird der Sch. gewerbsmäßig hergestellt und international verbreitet, aber in d. Regel rasch vergessen; b. kommerziellem Erfolg auch als → Hit bezeichnet.
Schlagintweit, Brüder,
1) Adolf (9. 1. 1829–26. 8. 57), dt. Alpi-

Schlammpeitzger

Schlangenhalsvogel

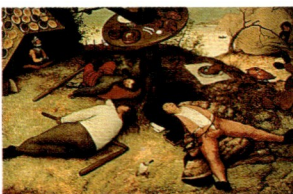
Schlaraffenland, *Gemälde von Brueghel*

August Wilhelm v. Schlegel

Friedrich v. Schlegel

nist (Erstbesteigung des Monte Rosa); ermordet;
2) Emil (1835–1904),
3) Hermann von (1826–82) u.
4) Robert (1833–85), Forschungsreisende nach Indien und Zentralasien.
Schlagmann, der dem Heck am nächsten sitzende Ruderer; gibt Schlagzahl an (Zahl d. Schläge pro Min.).
Schlagring, (meist) vier miteinander verbundene Ringe mit Spitzen u. ä., als Schlagwaffe f. d. Faust.
Schlagschatz, *Münzgewinn,* Spanne zw. Nennwert einer Münze u. Metallwert einschl. Prägekosten.
Schlagseite, Schräglage (eines Schiffes).
Schlagwetteranzeiger, Sicherheitsvorrichtung z. Verminderung d. Schlagwettergefahren (→ schlagende Wetter) durch Anzeige d. Anwesenheit v. explosiven Gasen (Methan, Kohlenwasserstoffen) in Kohlengruben; Davy-Sicherheitslampe, **Schlagwetterlampe** von Fleißner, **Schlagwetterpfeife** v. Haber.
Schlagzeug, Musikinstrumente, durch Anschlagen zum Tönen gebracht: Pauke, Becken, Triangel und and. (Abb. → Jazzband u. → Orchester).
Schlamassel, *m.* [jidd.], Unglück; Ggs.: → Massel.
Schlamm, Heilschlamm, → Fango.
Schlammbehandlung → Klärschlamm.
Schlammfieber, *Feldfieber,* grippeähnliche Krankheit durch Infektion mit → Leptospiren; besonders häufig in schlammigen Gegenden.
Schlammfliege, bienenähnliche Schwebfliege („Mistbiene"); graue Larve mit schwanzförmiger Atemröhre („Rattenschwanzmade"), in Schmutzgewässern, Jauche usw.
Schlämmkreide, durch Aufschlämmen in Wasser von sandigen Teilen befreites Calciumcarbonat; als Zahnpulver, Malerfarbe, Poliermittel.
Schlammpeitzger, bis 30 cm langer, walzenförmiger Fisch m. Seitenstreifen; lebt im Schlamm modriger Gewässer; Darmatmung.
Schlammteufel, *Hellblender,,* Riesensalamander des Mississippi- u. Missourigebietes N-Amerikas.
Schlammvulkane → Vulkane.
Schlange → Sternbilder, Übers.
Schlangen, Reptilienordnung, fußlos, langgestreckt; bis 400 bewegl. Rippen, Oberhaut mit Schuppen oder Schildchen in regelmäßigen Abständen abgeworfen, Fortbewegung durch Schlängeln des Körpers, Auf- und Niederlegen der bes. großen Bauchschilder; Kiefer- u. Gaumenknochen nur durch dehnbare Bänder verbunden (dadurch Verschlingen gr. Beutetiere als Ganzes möglich). Erd-, Baum- u. Wasserbewohner; töten Beutetiere durch Biß (→ Giftschlangen) oder Umschlingen (→ Riesenschlangen); alle nichtgiftigen heimischen Sch. ♦
Schlangenbad, (D-65388), Staatsbad im Rheingau-Taunus-Kr., Hess., 300 müM, 5889 E; alkal. Mineralquellen (bis 32 °C; Rheuma u. Nervenleiden).
Schlangengift → Giftschlangen.
Schlangenhalsvögel, kormoranähnl. Tauchvögel der Tropen.
Schlangenkaktus, *Peitschenkaktus,* Kaktus mit hängenden Ästen und roten Blüten.

Schlangenmoos, ein → Bärlapp. ♦
Schlangensterne, Seesterne, mit meist 5 dünnen, bewegl. Armen; in allen Meeren.
Schlangenträger → Sternbilder, Übers.
Schlangenwurz → Kalla.
Schlankaffen, große, schlanke und langschwänzige Affen Afrikas u. Asiens, ernähren sich v. Blättern u. Früchten; zu den Sch. gehören die *Guerezas,* schwarz m. weißer Schultermähne (Afrika); *Hulmans,* bräunlichgrau mit dunklem Gesicht (S-Asien), in Indien als heilig verehrt; → Nasenaffe.
Schlaraffenland, Märchenland, in dem man ohne Arbeit in Überfluß u. Genuß lebt; Gedicht v. Hans Sachs.
Schlaraffia, Vereinigung zur Pflege v. Geselligkeit u. Kunst; gegr. 1859 in Prag.
schlauchlose Reifen → Luftreifen.
Schlauchpilze, Askomyzeten, Klasse der höheren Pilze, bei denen die *Sporen*bildung in Zellschläuchen *(Askus)* stattfindet.
Schlaun, Johann Conrad (5. 6. 1695 bis 21. 10. 1773), dt. Baumeister d. westfäl. Barock; Erbdrostenhof; Schloß *Clemenswerth;* Residenz in Münster.
Schlechtwettergeld, Zahlungen an Bauarbeiter aus Mitteln der Arbeitslosenversicherung für die infolge schlechter Witterung während d. Wintermonate November bis März ausgefallene Arbeitszeit; Anspruch nur bei bestehendem Beschäftigungsverhältnis.
Schlegel,
1) August Wilhelm v. (5. 9. 1767–12. 5. 1845), dt. Dichter u. Gelehrter; grundlegende Übersetzung Shakespeares (v. Tieck beendet); *Vorlesungen über dramat. Kunst u. Literatur;* Drama: *Ion;* s. Gattin
2) Caroline, geb. Michaelis (2. 9. 1763 bis 7. 9. 1809), spätere Gattin Schellings; *Briefe.*
3) Dorothea v. (24. 10. 1763–3. 8. 1839), dt. Schriftst.in; Tochter von Moses Mendelssohn, Gattin v.
4) Friedrich von (10. 3. 1772–12. 1. 1829), Bruder von 1), dt. Phil., Dichter u. Historiker der Frühromantik; Roman: *Lucinde;* Zeitschrift *Athenäum;* Fragmente u. ästhet. Schriften; Begr. der indogerm. Sprachforschung.
Schlegeler, *Schleglerbund,* im 14. Jh. schwäb. Ritterbund; Bundeszeichen: Schlegel (Keulen).
Schlehe, *Schwarzdorn,* dorniger Steinobststrauch mit weißen Blüten; in Hecken u. an Waldrändern; Früchte ähneln kl. Pflaumen, sehr gerbsäurereich.
Schlei,
1) Ostseeförde an d. O-Küste v. Schl.-Ho., 42 km l., bis zur St. Schleswig.
2) Schleie.
Schleich, Carl Ludwig (19. 7. 1859 bis 7. 3. 1922), dt. Chirurg u. Schriftst.; Erfinder d. Infiltrationsanästhesie, einer Form d. Lokal-→ Anästhesie.
Schleichen, Eidechsen mit rückgebildeten Füßen (z. B. → Blindschleiche).
Schleicher, Kurt v. (7. 4. 1882–30. 6. 1934), dt. General, 2. 12. 1932–29. 1. 33 Reichskanzler; 1934 b. → Röhm-Putsch ermordet.
Schleichkatzen, Familie der Raubtiere, marderähnl., z.T. äußerlich den Katzen ähnelnd; leben von Fleisch, In-

sekten, Früchten; Südeuropa, Afrika, Asien; → *Zibetkatze*, → Ginsterkatzen, → *Ichneumon* u. → *Mungo*.
Schleichwerbung, Werbung durch Nennung von Firmen od. Produkten bei Funk- u. Fernsehsendungen (z. B. Sportveranstaltungen, Dokumentarberichte).
Schleiden, Matthias Jakob (5. 4. 1804 bis 23. 6. 81), dt. Botaniker; entdeckte zelligen Aufbau der Pflanzen (1838).
Schleiden (D-53937), St. i. Kr. Euskirchen, in der Eifel, NRW, 13 324 E; Fremdenverkehr.
Schleie, *Schlei,* Karpfenfisch schlammiger eur. Gewässer, Speisefisch.

Schloß Schleißheim

Schleierdame, der Stinkmorchel verwandter, bizarr geformter, seltener Pilz.
Schleierkraut, *Gipskraut,* schleierartig fein verzweigt, Schnittpflanze; Wurzel lieferte früher Waschmittel.
Schleiermacher, Friedrich (21. 11. 1768–12. 2. 1834), dt. Theol., Prediger u. Phil., vertrat e. religiös-romantischen Idealismus; *Über die Religion: Reden an die Gebildeten unter ihren Verächtern; Erziehungslehre.*
Schleierschwanz → Goldfisch.
schleifen,
1) Abtragen von Festungsmauern.
2) Bearbeitung v. Oberflächen mit → *Schleifmitteln,* a) zum Schärfen v. Schneiden od. Werkzeuge (z. B. Messer, Scheren, Bohrer, Drehstähle, Fräsen), von Hand od. maschinell, trocken od. mit Flüssigkeiten: *Trocken-Schliff, Naß-Schliff;* b) zur Erzielung einer gewünschten Form; *Schliff* bei Edelsteinen, auch von eingeschnittenen Verzierungen in Glas; c) zur Glättung metallener Oberflächen *Trocken-Schliff, Naß-Schliff;* d) zur Erzielung genau Maß haltender Dimensionen im modernen Maschinenbau.
Schleifkontakt, bei el. Maschinen, dient zur Stromabnahme oder -zuführung zw. feststehendem u. bewegl. Leitungsteil (in Bürstenform: *Schleifbürsten,* auch Platinspitzen).
Schleifmittel, harte, die Oberfläche der zu schärfenden (schleifenden) Gegenstände (*Schleifgüter*) angreifende mineral. Rohstoffe oder keram. Substanzen (z. B. Sandstein, Schiefer, Diamantstaub, Korund, Schmirgel, Karborundum, Glaspulver, Sand); je nach der Verwendungszwecke werden die Sch. als körnige *Schleifpulver,* als runde oder stabförmige *Schleifsteine* od. als profilierte *Schleifscheiben* angewendet; Kühlung und Reinhaltung durch Luftstrom oder Wasser.
Schleifringe, bei el. Maschinen isolierte umlaufende Metallringe, auf denen Bürsten zur Stromabnahme oder -zuführung schleifen.
Schleifstein → Schleifmittel.
Schleim, dickflüssige Absonderung von *Schleimdrüsen;* auch bei Pflanzen als Speicherstoff (z. B. in Zwiebeln), als Umbildung von Zellwandcellulose bei Bakterien, Algen (z. B. bei → Agar-Agar u. Flechten, nicht bei → Schleimpilzen).
Schleimbeutel, *Bursa,* mit Schleim gefüllte Säckchen zur Polsterung d. Gelenke, zwischen Knochen, Sehnen und Muskeln bzw. Sehnen und Haut.
Schleimhaut, Überzug einer Körperhöhle bzw. eines Hohlorgans (z. B. der Luftröhre, des Darms usw.), mit Schleimdrüsen bedeckt, daher immer feuchte Oberfläche.
Schleimpilze, *Myxomyzeten,* formlose, amöbenähnl. kriechende Protoplasmamassen (*Plasmodien*), die sich später m. e. Haut umhüllen u. in Fortpflanzungskörper (Sporen) zerfallen; auf faulendem Holz u. a. Pflanzenteilen.
Schleißheim, zwei Schlösser nw. v. München, m. Gemäldegalerie u. Kunstsammlung: *Altes Schloß* (erb. 1598 bis 1623, Wiederaufbau n. 1944), *Neues Schloß* (1701–27); im Park Schlößchen *Lustheim* (1684–88).
Schleiz (D-07907), Krst. i. Thür., 7427 E; div. Ind.; intern. Rennstrecke für Motorräder: *Sch.er Dreieck.*
Schlemihl [hebr. „Pechvogel"], Peter *Sch.,* d. Mann ohne Schatten; Erzählung von Chamisso.
Schlemmer, Oskar (4. 9. 1888–13. 4. 1943), dt. abstrahierender Maler, Bildhauer u. Bühnenkünstler; lehrte 1920 bis 29 am → Bauhaus; Wandbilder in stark vereinfachtem, architekturverbundenem Stil; Bühnenstück *Triad. Ballett.*
Schlempe, Rückstände der Spiritusfabrikation (*Kartoffel-Sch., Getreide-Sch.*); wertvolles Viehfutter; *Melasse-Sch.* als Düngemittel benutzt.
Schlenke, *Flußschleife,* auch abgeschnittene Flußschleife (Altwasser) m. Verbindung z. Fluß.
Schleppangel, *Darre,* hinter dem fahrenden Schiff nachschleppende Schnur mit totem Köderfisch od. blinkendem künstl. Köder zum Fang schnell schwimmender Fische (z. B. Raubfische).
Schlepper,
1) in d. *Gaunersprache:* Helfershelfer als Zuführer von Opfern.
2) motor. Vorspann, → Traktor.
3) m. starken Antriebsmaschinen ausgerüstetes Motorschiff, das auch größere Schiffe od. schwimmfähige Körper ohne eigenen Antrieb (z. B. Bohrplattformen) in günstiges Fahrwasser, zum Bestimmungsort oder einer → Havarie zieht; operiert (je nach Typ) in Binnen-, Küstengewässern oder auf hoher See; Ziehen erfolgt mittels *Schlepptrossen;* Hochseeschlepper bis 2200 BRT.
Schleppnetz, hinter einem Schiff hergeschlepptes, durch besondere Vorrichtungen offengehaltenes Fangnetz (Abb. → Fischerei).
Schleppschiffahrt, zugweiser Schiffahrtsbetrieb, wobei ein Dampfer od. Motorschiff (*Schlepper*) die *Schleppkähne* zieht (in der Binnen-, Küsten- u. Tankschiffahrt).
Schlern, steilwandiges Bergmassiv (Dolomiten) aus „Schlerndolomit" m. Hochfläche bei Bozen, 2564 m.
Schlesien, Landschaft beiderseits d. oberen Oder, im SW u. S die Sudeten als Grenzgebirge, im SO (am W-Rand d.

Schleihe

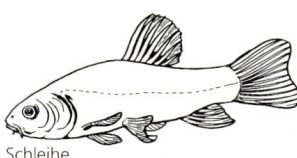
Friedrich Schleiermacher

Schlehdorn

Schlemihl

Schlesien, *Riesengebirge*

Poln. Platte) Hügelland, sonst Flachland, im NO an d. poln. Flachland grenzend, nördlich Breslau durchzogen vom Katzengebirge (Schles. Landrücken), 253 m; südwestl. der Oder sehr fruchtbar (Weizen, Zuckerrüben), östlich der Oder neben Roggen- u. Kartoffelfeldern weite Kiefernwälder auf Sandboden; dichtbesiedeltes Industriegebiet in Waldenburg u. → Oberschlesien: Steinkohle, Eisen-, Zink-, Bleierzbergbau, auf die sich eine hochentwickelte Hütten-, Metall-, Glas-, chem. Industrie aufbaut; wichtige Städte: *Breslau, Oppeln, Liegnitz, Görlitz, Beuthen, Kattowitz, Königshütte.* – *Geschichte:* Im 12. Jh. Hzgt. der schles. → Piasten (förderten dt. Besiedlung). Vielfach geteilt; Teilgebiete seit 1327 an Böhmen und mit diesem 1526 an Östr.; 1537 Erbverbrüderung des Hzgs von Liegnitz, Brieg u. Wohlau mit Joachim II. von Brandenburg, aufgrund deren Friedrich d. Gr. 1740 Ansprüche an Sch. erhob, die er in den → Schlesischen Kriegen durchsetzte. Sch. zerfiel in *Preußisch-Sch.* (Hptst. *Breslau*) und *Östr.-Sch.* (Troppau, Jägerndorf, Teschen, Bielitz). Nach 1. Weltkrieg Teile v. Preuß.-Sch. durch → Versailler Vertrag zu Polen u. der Tschechoslowakei, Östr.-Sch. durch Vertr. v. St-Germain vorwiegend an die Tschechoslowakei, Teil d. Teschener Gebiets an Polen; Preuß.-Sch. 1919 eingeteilt in d. Prov.en *Nieder-Sch.* im NW u. *Ober-Sch.* im SO; 1945 im Potsdamer Abkommen die dt. Teile Sch.s (mit Ausnahme d. Westzipfels westl. d. → Oder-Neiße-Linie) unter poln. Verwaltung gestellt; 1970 im Gewaltverzichtsabkommen zw. BR u. Polen poln. Westgrenze bestätigt, 1990 Deutsch-Polnischer Grenzvertrag (Eingliederung S.s in poln. Territorium).
Schlesinger, Helmut (* 4. 9. 1924), Finanz- u. Wirtschaftsfachmann, 1979 bis 91 Vizepräs., 1991–93 Präs. d. Dt. Bundesbank.
schlesische Dichterschule, überholte Bez. f. die literar. Richtung d. Barockdichtung v. *Opitz, Dach, Fleming, Gryphius, Logau* bis *Hofmannswaldau* u. *Lohenstein.*
Schlesische Kriege, die drei Kriege Friedrichs II. von Preußen um Sch. u. d. Besitz Schlesiens: 1. Schl. Kr. 1740 bis 42 (Schlacht b. *Mollwitz,* Friede von *Berlin;* Preußen erwirbt Schlesien u. Glatz); 2. Schl. Kr. 1744/45 (*Hohenfriedberg, Soor, Kesselsdorf;* Friede v. *Dresden;* Preußen behauptet seinen Gewinn); 3. Schl. Kr. 1756–63, → Siebenjähriger Krieg.
Schleswig,
1) ehem. Hzgt., N-Teil des Landes Schl.-Ho., 1386 Vereinigung mit Holstein zu Schl.-Ho.
2) (D-24837), Krst. d. Kr. Schleswig-Flensburg, an d. Schlei, Schl.-Ho., 26 938 E; Wirtschaftshafen, Zucker-, Alkohol-, Fleischwarenind.; got. Dom m. Bordesholmer Altar (v. H. *Brüggemann* geschnitzt); Schloß *Gottorp* (1244–1711 Sitz d. Herzöge, jetzt Schl.-Ho. Landesmus. u. Landesarchiv); OLG, AG, Landesverw.- u. Sozialger.
Schleswig-Holstein, seit 23. 8. 1946 Land mit unverändertem Gebietsstand der ehem. preuß. Prov. Schl.-Ho., 15 731 km², 2,65 Mill. E (168 je km²); Rel.: 74,1% ev., 19,7 % kath.; Bev.: in den

Schlettstadt 866 **Schlöndorff**

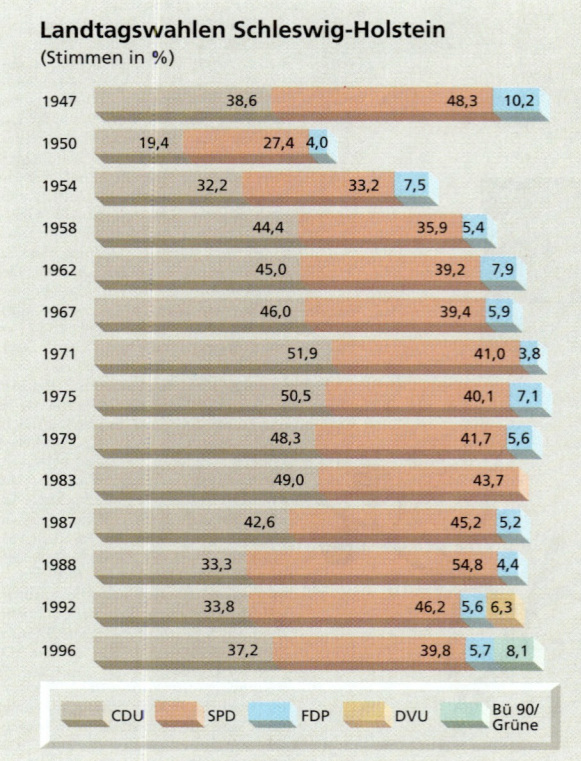

Landtagswahlen Schleswig-Holstein
(Stimmen in %)

Jahr	CDU	SPD	FDP	DVU	Bü 90/Grüne
1947	38,6	48,3	10,2		
1950	19,4	27,4	4,0		
1954	32,2	33,2	7,5		
1958	44,4	35,9	5,4		
1962	45,0	39,2	7,9		
1967	46,0	39,4	5,9		
1971	51,9	41,0	3,8		
1975	50,5	40,1	7,1		
1979	48,3	41,7	5,6		
1983	49,0	43,7			
1987	42,6	45,2	5,2		
1988	33,3	54,8	4,4		
1992	33,8	46,2	5,6	6,3	
1996	37,2	39,8	5,7		8,1

nördl. Kreisen kl. dänische Volksgruppen, kulturell organisiert in d. Südschlesw. Vereinigung (SSV), pol. in Südschlesw. Wählerverband (SSW). Hptst. Kiel; Landesfarben: Blau-Weiß-Rot. **a)** *Geographie u. Wirtsch.:* Im O baumreiches Hügelland mit fruchtb. Boden (Ackerbau u. Meiereiwirtsch.), an d. Küste Förden (Schiffahrt u. Schiffbauind.); im SO die seenreiche Holstein. Schweiz (→ Holsteinische Seenplatte) in d. Mitte Endmoränenlandschaft, sandige Geest mit Mooren u. Heiden; im W ebene Marsch mit schweren Schlickböden (Mastviehzucht), vorgelagert i. Wattenmeer Nordfries. Inseln mit bed. Seebädern; Nord-Ostsee-Kanal bed. intern. Wasserstraße. **b)** → *Hochschulen.* **c)** *Verw.:* 11 Landkreise u. 4 Stkr. **d)** *Gesch.:* 1386 Vereinigung d. Hzgtums Schleswig mit Gft (ab 1474 Hzgt.) → Holstein; nach Aussterben der Schauenburger 1460 durch Wahl d. Stände Christian I. v. Dänemark neuer Landesherr; dän. Erbges. (mit weibl. Erbfolge)

Heinrich Schliemann

Schleswig-Holstein

schlingern

Schlingnatter

wurde 1846 von Christian VIII. durch „Offenen Brief" auf Schleswig ausgedehnt; Schleswigsche Erhebung von Preußen unterstützt (1848–50); auf Annexionsversuch 1863 Eingreifen des Dt. Bundes 1864 unter preuß. Führung (Düppeler Schanzen); Friede v. Wien: Schl.-Ho. unter preuß.-östr. Verw., 1866 Einverleibung in Preußen. 1920 N-Schleswig (3993 km²) mit 166 348 E zu Dänemark.

Schlettstadt, frz. *Sélestat,* St. i. Unterelsaß, a. d. Ill, 16 000 E; Textilind.; Weinbau.

Schleuder, alte Wurfschwungwaffe; auch svw. → Zentrifuge.

Schleuderbeton, in rotierenden Formen zu Hohlzylindern od. -kegeln erstarrender Beton (Herstellung v. Betonrohren etc.).

Schleuderguß, hergest. durch Eingießen d. Schmelzgutes (z. B. Eisen, Weißmetall) in schnell umlaufende Gießformen (Kokillen) zur Erzielung dichten, scharfen Gusses (z. B. für Röhren, auch für Hohlkörper aus Beton u. ä.).

Schleudermühle, Zerkleinerungsmaschine für Mineralien, Erz, Kohle, die zw. Stahlstiften der Mahlscheiben zerschlagen werden.

Schleudersitz, Rettungsgerät in Militärflugzeugen, wird im Notfall am Rumpf ausgestoßen u. mittels Fallschirm zu Boden gebracht.

Schleuderstart → Katapult.

Schleudertrauma, *Peitschenschlagphänomen,* Überstreckung der Halswirbelsäule, v. a. bei Verkehrsunfällen.

Schleuse, Wasserbauwerk zu zeitweiliger Trennung bzw. Verbindung zweier verschieden hoher Wasserspiegel; Ausgleichskammer m. Stemmtoren nach beiden Seiten; Leitung des Füllwassers durch aufziehbare Schützen; bei gr. Niveauunterschieden *Schachtschleusen,* auch mehrere aufeinanderfolgende Einzelschleusen als **Sch.ntreppe** (→ Tafel Schiffahrt). → Schiffshebewerk.

Schleyer, Hanns-Martin (1. 5. 1915 bis 18. 10. 77), dt. Unternehmer, 1973–77 Vors. d. Bundesvereinigung d. Dt. Arbeitgeberverbandes, 1976/77 auch Präs. d. BDI; v. Terroristen d. → RAF ermordet.

Schlichte, *w.,* Klebstoff (Leim, Gummi usw.) zum Glätten der Kettenfäden in der Weberei.

Schlichter, Rudolf (6. 12. 1890–3. 5. 1955), dt. Maler d. Neuen Sachlichkeit, später auch d. Surrealismus.

Schlichtung, Verfahren zur Beilegung der Streitigkeiten nach d. Scheitern v. Tarifverhandlungen; schlägt die Sch. fehl, kommen Urabstimmung und Arbeitskampfmaßnahmen zum Zug.

Schlick,
1) Arnold (um 1455–um 1525), dt. Organist u. Komponist in Heidelberg.
2) Ernst Otto (16. 6. 1840–10. 4. 1913), dt. Schiffsing.; Erfinder des → Schiffskreisels.
3) Moritz (14. 4. 1882–22. 6. 1936), dt. Phil., Begr. des → Wiener Kreises, → Neupositivismus.

Schlick, feinkörnige → Sedimente des Meeresbodens mit organischen Resten; nach Farbe u. Entstehung: blauer, roter, grüner u. Korallen-Schlick.

Schliefer, → Klippschliefer.

Schlieffen, Alfred Gf v. (28. 2. 1833 bis 4. 1. 1913), preuß. Gen.stabschef 1891–1905; Aufmarschplan f. Zweifrontenkrieg *(Schlieffen-Plan);* Studie *Cannä* (Prinzip d. Vernichtungskrieges durch Umfassung).

Schliemann, Heinrich (6. 1. 1822 bis 26. 12. 90), dt. Kaufmann, dann Archäol., Ausgrabungen i. Ithaka, Troja (mit W. Dörpfeld), Mykene, Orchomenos, Tiryns.

Schlieren (CH-8952), schweiz. St. bei Zürich, 12 900 E.

Schlieren, Streifen in Glas oder in konzentrierten Lösungen bei Verdünnung infolge ungleichmäßiger Dichtigkeit der Glasmasse bzw. Lösung; auch in Luft, die infolge Erwärmung ungleiche Dichte aufweist: **Sch.methode** zur Sichtbarmachung von Bewegungen bei Strömungsversuchen in Luft (→ Windkanal) u. Flüssigkeiten.

Schliersee (D-83727), Markt im Kreis Miesbach, Luftkurort und Wintersportplatz, 6587 Einwohner; am Sch. (See in Oberbayern, 783 müM; 2,2 km², 39 m tief).

Schließkopf → Niet.

Schließmuskel, *Musculus sphincter,* ringförmiger Muskel z. willkürlichen Abschluß e. Hohlorgans nach außen: After, Lippen usw.

Schliff,
1) in *übertragenem Sinn:* Verfeinerung; betont wohlerzogenes Benehmen.
2) → schleifen.
3) in der Metallurgie die durch Schleifmittel erzeugte glatte Oberfläche einer Eisen-, Metallegierung zur Untersuchung des Gefüges (Gefügebilder).

Schlingerkreisel, svw. → Schiffskreisel.

schlingern, bei Schiffen: nach der Seite um die Längsachse schwanken; gedämpft durch → Schiffskreisel od. **Schlingertank,** bei dem d. Dämpfung der Schlingerbewegungen durch entsprechende automat. Füllung u. Leerung von seitl. angebrachten Wasserbehältern erzielt wird.

Schlingnatter, *Glattnatter,* ♦, harmlose, bis 75 cm lange eur. Schlange von brauner Grundfärbung; Rückenschuppen glatt; umschlingt die Beutetiere (Eidechsen) vor dem Herabwürgen.

Schlingpflanzen, winden sich um fremde Körper (z. B. *Winden, Hopfen, Bohnen).*

Schlitten,
1) in Nuten geführter Teil v. Werkzeugmaschinen.
2) auf Schnee u. Eis gleitendes Fahrzeug, meist mit 2 Kufen: *Pferde-, Rodel-, Motor-, Segel-Sch.*
3) beim Stapellauf Gestell, in dem d. Schiff wie in einem (auf Schmierplanken abgesetzten) Sch. ruht; Neigung der Ablaufbahn 1:12 bis 1:20.

Schlittschuh, in vorgeschichtl. Zeit aus Knochen, heute Stahlsohle mit Schiene zum Eislauf; dieser nur mögl., weil sich durch Druck des Körpergewichts unter d. Schiene Schmelzwasser als dünne Schmierschicht bildet.

Schlitzverschluß → Fotografie.

Schlöndorff, Volker (* 31. 3. 1939), dt. Film- und Opernregisseur; *Der junge Törless* (1966); *Die verlorene Ehre der Katharina Blum* (1975); *Die Blechtrommel* (1978/79); *D. Fälschung* (1981);

Eine Liebe v. Swann (1984); *Ein Aufstand alter Männer* (1987).

Schloß,
1) Sicherungsvorrichtung bei Verschlüssen, besteht im wesentlichen aus *Riegel* (Sperrorgan), *Sicherungen* (zur Verstellung des Sperrorgans) u. *Schlüssel* (zur Lösung der Verstellung u. Betätigung des Riegels); Vermehrung der Sicherungen am häufigsten durch „Zuhaltungen"; Schlüssel entsprechend der Anordnung u. Zahl d. Zuhaltungen; ohne Schlüssel: *Buchstaben-Sch.*, auch *Vexier-Sch.*: Einstellung der einzelnen drehbaren Zuhaltungen erfolgt v. Hand nach best. Buchstabenmerkmalen od. Zahlen; für Geldschrank- u. Tresoranlagen auch *Zeitschlösser;* mehrere Uhrwerke blockieren d. Riegelwerk bis zu einem best. Zeitpunkt.
2) repräsentativer Wohnsitz (meist m. Park) e. weltl. od. geistl. Landesfürsten, auch des Adels u. Großbürgertums; entwickelte sich statt d. → Burg ab 15. Jh.
Schloß Holte-Stukenbrock (D-33758), Gem. i. Ldkr. Gütersloh, NRW, 21 628 E; Wasserschloß, Safari-Tierpark; Textil-, Masch.ind.

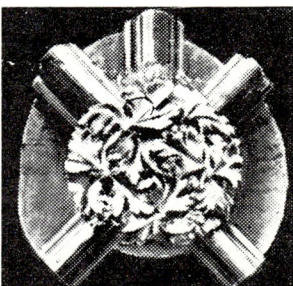

Schlußstein, gotisch

Schloß Neuhaus, s. 1975 St.teil von → Paderborn; Schloß m. ältesten Teilen a. d. 14. Jh.
Schlot → Schornstein.
Schlözer,
1) August Ludwig v. (5. 7. 1735–9. 9. 1809), dt. Historiker; *Briefwechsel; Staatsanzeigen;* s. Enkel
2) Kurd v. (5. 1. 1822–13. 5. 94), dt. Diplomat, beendete als Gesandter beim Päpstl. Stuhl d. Kulturkampf.
Schluchsee, im bad. Schwarzwald, 900 müM, aufgestaut 108 Mill. m^3, 5 km^2; Abfluß durch Schwarza zum Rhein.
Schluchseekraftwerk, 620 m Fallhöhe in 3 Stufen; Gesamtleistung jährl. etwa 750 Mill. kWh.
Schlüchtern (D-36381), St. u. Luftkurort i. Main-Kinzig-Kr., Hess., a. d. Kinzig, 14 839 E; AG, Forstamt.
Schluckimpfung, aktive → Immunisierung durch Schlucken v. → Lebendimpfstoff, z. B. z. Vorbeugung gegen → Kinderlähmung (Schluckvakzine nach → Sabin).
Schlupf, d. Zurückbleiben des angetriebenen Teils e. Maschine gegenüber d. treibenden Teil.
Schlupfwespen, Hautflügler mit Legebohrer, legen ihre Eier in Eiern und Larven anderer Insekten ab; daher nützlich als Feind v. Schadinsekten.

Schluß,
1) *Logik:* Ableitung eines Urteils aus anderen Urteilen; → *Syllogismus;* auch → *Deduktion* u. → *Induktion.*
2) *Börse:* Mindestnominalbetrag für Geschäftsabschluß.
Schlüssel,
1) *techn.* → Schloß.
2) *mus.* Zeichen am Anfang der Notenlinien, gibt die Tonhöhe an; gebräuchlichste jetzt → G- u. F-Schlüssel.
3) → Chiffre-Schrift.
Schlüsselbein, S-förmiger Verbindungsknochen zw. Brustbein u. Schulterblatt (→ Tafel Mensch).
Schlüsselblume, svw. → Primel.
Schlüsselburg, russ. *Petrokrepost,* Inselfestung am S-Ende d. Ladogasees; bis 1917 pol. Gefängnis; jetzt Museum.
Schlüsselgewalt,
1) nach kath. Lehre die dem Papst verliehene höchste Autorität als Lehrer u. Lenker d. Kirche.
2) im früheren Eherecht die Befugnis d. Ehefrau, Geschäfte, die innerhalb ihres Wirkungskreises liegen, mit Wirkung f. d. Mann abzuschließen.
Schlüsselkind, Bez. f. ein Kind, das regelmäßig für einen Teil des Tages unbeaufsichtigt sich selbst überlassen bleibt u. daher den Wohnungsschlüssel bei sich trägt.
Schlüsselreiz, *Signalreiz,* spezifischer Reiz, der eine best. Verhaltensreaktion auslöst; bes. bei angeborenen Auslösemechanismen.
Schlüsselroman, in dem wirkliche Personen unter erfundenen oder historischen Namen wiedererkennbar behandelt sind.
Schlußkurse, a. Schluß d. Börsenzeit festgestellte letzte Kurse fortlaufend gehandelter Wertpapiere, amtliche Kurse.
Schlußnote → Makler.
Schlußstein, Stein im Scheitel e. Bogens od. Gewölbes; oft verziert; als herabhängender Knauf: *Abhängling.*
Schlüter,
1) Andreas (um 1660–1714), dt. Barockbildhauer und -baumeister in Berlin; *Schloß; Reiterstandbild des Großen Kurfürsten;* 22 Masken sterbender Krieger am Zeughaus.
2) Poul (* 3. 4. 1929), dän. Pol. (Konservative Volkspartei); s. 1974 Parteivors.; 1982–93 Min.präs.
Schma [hebr.], jüd. Bekenntnis u. Hauptgebet, ben. n. d. Anfangswort „Schma, Israel ..." („Höre, Israel ...") n. dem AT (5 Mos 6,4–9).
Schmalband-Kommunikation, d. Übertragungsweg gestattet Übermittlung v. Kommunikationsdiensten mit „schmalen" Bandbreiten (bis etwa 10^5 Hz od. Bit/s), z. B. *Fernschreiben, Fernsprechen, Datenübertragung, Tonprogramme;* Ggs.: → Breitband-Kommunikation.
Schmalfilm, ist durch Video ersetzt worden, → Fotografie.
Schmalkalden (D-98574), Krst. u. Kurort i. Thür., am SW-Hang des Thür. Waldes, 16 483 E; Solquelle; Schloß Wilhelmsburg; Eisenindustrie.
Schmalkaldische Artikel, nach d. Ort Schmalkalden benannte Bekenntnisschrift → Luthers (1536) f. d. beabsichtigte Konzil i. Mantua (1537).
Schmalkaldischer Bund, von protestant. Fürsten u. Reichsstädten 1531 zur

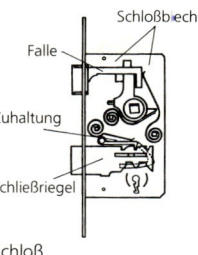

Schloß

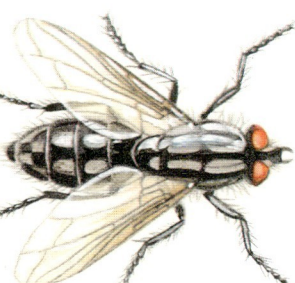

Rautenfleckige Fleischfliege

Blaue Schmeißfliege

Kaisergoldfliege

Wahrung ihrer rel. (u. territorialen) Ziele gg. Kaiser Karl V. geschlossen, 1535/36 erweitert; aufgelöst n. d. Sieg Karls V. bei Mühlberg, 1547, im **Schmalkaldischen Krieg,** 1546/47.
Schmallenberg (D-57392), St. im Hochsauerlandkreis, NRW, 25 725 E; Wallfahrtskapelle auf d. Wilzenberg; Fremdenverkehr.
Schmalnasen, Affen d. Tropen u. Subtropen d. Alten Welt, schmale Nasenscheidewand, Schwanz nie als Greifschwanz ausgebildet; zu den Sch. gehören die → *Schlankaffen,* → *Meerkatzenartigen,* → *Gibbons* u. → *Menschenaffen.*
Schmalstich, Clemens (8. 10. 1880 bis 14. 7. 1960), dt. Pianist u. Komp.; *Carneval-Suite; Peterchens Mondfahrt.*
Schmalte, svw. → Smalte.
Schmaltier, weibl. Tier d. Hirscharten i. 2. Lebensj.
Schmalz-Jacobsen, Cornelia (* 11. 11. 1934), FDP-Pol.in, 1985–89 Senatorin für Jugend u. Familie in West-Berlin; 1989–91 Gen.sekretärin d. FDP, s. 1991 Beauftragte d. B.regierung f. Ausländerfragen.
Schmankerl [bayr.], Delikatesse, Leckerbissen.
Schmant, svw. → Rahm.
Schmarotzer, *Parasiten,* Tiere und Pflanzen, d. in oder auf e. anderen Organismus leben u. sich von ihm ernähren.
Schmätzer, Singvögel mit pfriemförmigem, an der Spitze etwas abgebogenem Schnabel, kurzem, breitem Schwanz und langen, dünnen Beinen; bei uns *Stein-Sch.,* Braun- u. Schwarzkehlchen, (→ Drosseln, Abb.).
Schmeil, Otto (3. 2. 1860–3. 2. 1943), dt. Naturforscher u. Pädagoge; zoolog. u. botan. Lehrbücher.
Schmeißfliege, blauschwarze große Fliege; legt Eier an Fleisch ab.
Schmeling, Max (* 28. 9. 1905), dt. Boxer; 1931/32 Weltmeister im Schwergewicht.
Schmelz, oberste Schicht d. → Zahns, überzieht die Zahnkrone; → Email.
schmelzen, Überführen fester Stoffe in flüssigen Zustand d. Wärmezuführung.
Schmelzfarben, *Emailfarben,* durch Metalloxide gefärbte Glasflüsse f. Glasur v. Metall, Glas; b. Porzellanmalerei werden die Sch. eingebrannt.
Schmelzkäse, m. Schmelzsalzen i. Spezialverfahren geschmolzene Käse.
Schmelzofen, zum Einschmelzen von Metallen: mit Kessel (aus Eisen oder Stahl) für niedrigschmelzende Metalle, mit → Schmelztiegel für Eisen-, Gelboder Rotguß, auch tiegellos mit direkter Ölfeuerung, nach el. Sch.
Schmelzpunkt, *Fließpunkt,* bei Stoffen d. Temp. des Übergangs vom festen zum flüssigen Zustand.
Schmelzschupper, *Ganoiden,* Fischgruppe mit schmelzüberzogenen Schuppen, in früheren Erdperioden sehr formenreich (jetzt z. B. *Stör, Knochenhecht*).
Schmelzsicherung, in el. Leitungen eingebaute Schwachstelle, z. B. in Porzellanpatrone eingelassener Draht (oder Metallband), der bei zu hohem Strom u. unzulässig lang andauerndem Strom abschmilzt u. damit den betreffenden → Stromkreis unterbricht.
Schmelztiegel, Gefäß aus feuerfe-

stem Ton, auch Graphit, zum Schmelzen von Metallen.
Schmelzwärme, b. einem Stoff die Wärmemenge (in J), die notwendig ist, um beim → Schmelzpunkt 1 kg eines Stoffes bei konstanter Temp. vom festen in den flüssigen Zustand überzuführen.
Schmer, (Bauch-)Fett.
Schmerfluß → Seborrhoe.
Schmerlen, *Gründeln,* schlanke Karpfenfische m. 3 Bartelpaaren, altweltl. Süßwasserbewohner (bei uns z. B. *Steinbeißer*).
Schmerling, Anton Ritter v. (23. 8. 1805–23. 5. 92), östr. Pol., Führer d. Österreicher und Großdt.en im Frankfurter Parlament 1848, Gegenspieler Bismarcks.
Schmerling, *Schälpilz, Körnchen-Röhrling,* ein eßbarer Röhrling (Haut muß abgezogen werden).
Schmerzensgeld, Geldentschädigung für nichtmateriellen Schaden bei Körperverletzung, Freiheitsberaubung, Sittlichkeitsverbrechen (§ 847 BGB).
Schmerzensmann, im MA häufige Darstellung d. gefolterten Jesus m. blutenden Wunden u. Dornenkrone; Andachtsbild.
Schmerzensmutter → Mater dolorosa.
Schmetterlinge, *Lepidopteren,* Insektenordnung, ca. 150 000 Arten; 2 Paar Flügel, die mit farbigen Schuppengebilden besetzt sind; Saugrüssel; Larve, *Raupe,* m. kauenden Mundwerkzeugen.
Schmetterlingsblütler, weit verbreitete Pflanzenfamilie; Blüte schmetterlingsförmig; Hülsenfrüchte.
Schmetterlingsleitwerk → Leitwerk.
schmettern, dynam. Angriffsschlag im Tennis, Tischtennis, Badminton u. Volleyball.
Schmid, Carlo (3. 12. 1896–11. 12. 1979), dt. Staatsrechtslehrer u. SPD-Pol.; 1948/49 Mitgl. d. Parlamentar. Rates, 1949–72 u. 1969–72 Vizepräs. d. B.tages, 1966–69 B.ratsmin.
Schmidl, Ulrich (um 1510–81), dt. Landsknecht; beschrieb s. Reise nach S-Amerika zu Anfang des 16. Jh. (1534 Entdeckung des La Plata).
Schmidt,
1) Arno (18. 1. 1914–3. 6. 79), dt. Schriftst; Sprachexperimente u. neue Erzählformen; Romane: *Das steinerne Herz; Die Gelehrtenrepublik; Kaff auch Mare Crisium; Zettels Traum;* Novellenkomödie: *D. Schule der Atheisten.*
2) Bernhard (1879–1935), dt. Optiker; konstruierte den nach ihm benannten → *Schmidtspiegel.*
3) Birgit, geb. *Fischer* (* 25. 2. 1962), dt. Kanutin; viermal. Olympiasiegerin (1980 u. 92 im Einer-Kajak, 1988 im Zweier- u. Vierer-Kajak), 20 WM-Titel im Einer-, Zweier- u. Vierer-Kajak.
4) Franz (22. 12. 1874–11. 2. 1939), östr. Komponist; Sinfonien u. Opern: *Notre-Dame; Fredigundis;* Oratorium: *Das Buch mit 7 Siegeln.*
5) Helmut (* 23. 12. 1918), SPD-Politiker; 1967–69 Fraktionsvors.; 1969–72 B.verteid.min., 1972 B.wirtschafts- u. B.finanzmin., 1972–74 B.finanzmin.; 1974–82 B.kanzler.
6) Renate (* 12. 12. 1943), s. 1991 Landesvors. der bayr. SPD, 1990–94 Bundestagsvizepräsidentin.

Birgit Schmidt

Helmut Schmidt

Schmidt-Rottluff, *Selbstporträt*

schmiedeeisernes Portal, *Würzburg*

Schnabeltier

7) Wilhelm (16. 2. 1868–10. 2. 1954), dt. Ethnologe; Begr. der „Wiener Schule"; *Der Ursprung der Gottesidee.*
Schmidtbonn, Wilhelm (6. 2. 1876 bis 3. 7. 1952), dt. Dichter: *Der dreieckige Marktplatz.*
Schmidt-Jorzig, Edzard (* 8. 10. 1941), FDP-Pol., s. 1996 Bundesminister der Justiz.
Schmidt-Rohr, *Argus-Schmidt-Rohr,* ben. nach d. Erfinder P. *Schmidt;* Verpuffungs-Strahlrohr mit zeitweilig aussetzender Verbrennung; durch Druckwellen werden Relativbewegungen zw. den Sauerstoff- u. den Treibstoffpartikeln erzeugt (→ Resonanz einer schwingenden Gassäule); zum erstenmal als Antrieb der dt. „V 1"-Rakete eingesetzt.
Schmidt-Rottluff, Karl, eigtl. *K. Schmidt* (1. 12. 1884–10. 8. 1976), dt. expressionist. Maler; 1905–13 Mitgl. d. Künstlervereinigung „Die Brücke"; Figurenbilder, Stilleben, Porträts, Landschaftsaquarelle.
Schmidtspiegel, opt. System, aus Hohlspiegel mit Kugelfläche (statt übl. parabol. Fläche) und einer entsprechenden Korrekturplatte, die absolut punktförm., unverzerrte Abb. mit einem Sehwinkel von etwa 30° ermöglicht; sehr lichtstark, wird verwendet bei modernen Spiegelteleskopen und bei Großprojektionen v. Fernsehbildern.
Schmiedeberg, *Kowary,* poln. St. i. d. Woiwodschaft Jelenia Góra (Hirschberg), Luftkurort am Fuße der *Schneekoppe,* 450–650 müM, 12 000 E.
Schmiedeeisen, schmiedbares Eisen mit Kohlenstoffanteilen bis 1,6%, zäh, biegsam; jetzt Bez. allgemein → Stahl.
Schmiedeherd, offene Feuerstelle, mit Blasebalg od. Preßluft-Zuführung (zur intensiven Wärmeentwicklung) u. offenem Rauchfang; dient zum Erwärmen des zu schmiedenden Eisens; transportabler Sch., *Feldschmiede,* für Montagen.
schmieden, das Formen des glühenden Schmiedeeisens u. a. Metalle von Hand durch Hämmern auf Amboß; maschinell durch *Schmiedehammer, -presse, -maschine;* auch → Gesenk.
Schmiege, Winkelmaß mit Gelenkschenkeln, auch Maßstab aus gelenkig verbundenen Teilstücken.
Schmiele, Gattung der Süßgräser; z. B. auf Waldblößen.
Schmiergelder, Bestechung im geschäftl. Verkehr; als unlautere Wettbewerbshandlung strafbar.
Schmiermittel, Stoffe zur Verringerung der Reibung und Verhütung der Erwärmung von aufeinander gleitenden Maschinenteilen; *Schmieröle, -fette;* Erfordernis: Reinheit, Säurefreiheit, Unveränderlichkeit, Wasserfreiheit, genügende Adhäsion an gleitenden Flächen; vielseitig anwendb. auch Graphitpulver, meist in Öl suspendiert.
Schmieröle, pflanzl. Sch.: *Rüböl, Olivenöl;* tier. Sch.: raffiniertes Knochenöl für Uhren; meist Mineralöle, aus Erdöl durch Destillation gewonnen: *leichte Sch.* f. empfindl. Maschinenteile (Nähmaschinen); *zähflüssige Sch.* für gr. u. schwere Maschinen; *Heißdampföle* (Mineralöl mit Zusatz von tier. Fetten) für Zylinderschmierung.
Schmierseife, weiche Kaliseife.
Schminke, (farbstoffhaltiges) Mittel zur Veränderung bzw. Verschönerung der Haut, aus Talk, Reismehl; mit Fetten: *Fett-Sch.*
Schmirgel, *Smirgel,* Gemisch von Korund u. Hämatit, Vorkommen i. Ägäischen Meer, Türkei, Ural; als Schleifmittel; auf Papier geleimt: **Sch.papier;** mit Klebstoff und keramischen Beimischungen gepreßt: **Sch.scheibe.**
Schmitt, Carl (11. 7. 1888–7. 4. 1985), dt. Staatsrechtler, Ablehnung d. Parteienzersplitterung d. Weim. Rep. u. Rechtfertigung d. NS-Herrschaftsform („Führerprinzip").
Schmitthenner, Paul (15. 12. 1884 bis 11. 11. 1972), dt. Architekt; Vertr. e. materialgerechten u. sachl. Bauens.
Schmitz,
1) Bruno (21. 11. 1858–27. 4. 1916), dt. Architekt des Historismus und Jugendstils; bes. Denkmalbauten; *Deutsches Eck* in Koblenz; *Kyffhäuser, Porta Westfalica, Völkerschlachtsdenkmal.*
2) Sybille (2. 12. 1909–13. 4. 55), dt. Schausp.in; *Trenck, der Pandur; Vampyr; Titanic.*
Schmock, nach e. Figur in Gustav Freytags *Journalisten:* charakterloser Zeitungsschreiber.
Schmöker, *m.* [niederdt. „smöken = schmauchen"], wertloses Buch (aus dem man sich s. Fidibus zum Pfeifenanzünden herausreißen kann).
Schmoller, Gustav v. (24. 6. 1838 bis 27. 6. 1917), dt. Volkswirtschaftler; leitete 1890–1917 d. v. ihm mitbegr. Verein f. Sozialpol., Kathedersozialist; *Grundriß der allg. Volkswirtschaftslehre.*
Schmölln (D-04626), Krst. in Thür., 12 039 E; got. Stadtkirche, Rathaus (15. Jh.); Knopf-, Schuh- u. Masch.ind.
Schmone Esre [hebr. „achtzehn"], ältestes jüd. Gemeindegebet (ca. 100 n. Chr.), genannt *Achtzehngebet* nach d. urspr. 18 (heute 19) Benediktionen.
Schmücker, Kurt (10. 11. 1919 bis 6. 1. 1995), CDU-Pol.; 1963–66 B.wirtschaftsmin.; 1966–69 B.schatzmin.
Schmucksteine, svw. Halb- → Edelsteine.
Schmude, Jürgen (* 9. 6. 1936), dt. SPD-Pol.; 1978–81 B.min. f. Bildung u. Wiss., 1981/82 B.justizmin..
Schmuzer, dt. (Kirchen-)Baumeister- u. Stukkateurfamilie d. Barock u. Rokoko, im 17. u. 18. Jh. tätig in S-Dtld, Tirol u. d. Schweiz.
Schnabel,
1) Artur (17. 4. 1882–15. 8. 1951), östr. Pianist u. Komp.
2) Ernst (26. 9. 1913–25. 1. 86), dt. Schriftsteller; Hörspiele u. Erzählungen.
3) Franz (18. 12. 1887–25. 2. 1966), dt. Historiker; *Deutsche Geschichte im 19. Jh.; Europa im 18. Jh.*
4) Johann Gottfried (7. 11. 1692–1752), dt. Dichter zw. Barock u. Aufklärung; zeitkrit.-utop. Robinsonade: *Die Insel Felsenburg.*
Schnabel,
1) die mit Hornscheiden überzogenen Unter-, Ober- und Zwischenkiefer sowie Nasenbeine der Vögel, je nach Ernährungsweise mannigfaltig gestaltet.
2) die mit Horn bekleideten zahnlosen Kieferränder der Schildkröten.
3) die mit Hornplatten bedeckten Kiefer des Schnabeltiers.
4) der Saugapparat d. → Schnabelkerfe.
Schnabeligel, svw. → Ameisenigel.

Schnabelkerfe, *Rhynchoten,* wanzenartige Insekten mit stechenden und saugenden Mundwerkzeugen; zwei Gruppen:
1) Gleichflügler, *Homoptera,* z. B. Zikaden, Blattflöhe, Blattläuse, Schildläuse;
2) Halbflügler, *Hemiptera,* z. B. → Wanzen.
Schnabelschuh, ma. Schuh mit (bis ½ m) langer, oft aufgebogener Spitze.
Schnabeltier, eierlegendes Säugetier (Kloakentier) Australiens, entenschnabelähnliche Schnauze.
Schnack,
1) Anton (21. 7. 1892–26. 9. 1973), dt. Dichter; Gedichte; heiter-versonnene Prosa; Romane: *Der finstere Franz;* s. Bruder
2) Friedrich (5. 3. 1888–6. 3. 1977), dt. Schriftst.; Gedichte; Romane: *Die brennende Liebe;* Tierbücher; Reisebücher; *Große Insel Madagaskar;* Kinderbücher.
Schnadahüpfel, *s.,* lustig-derbes, vierzeilig gereimtes Stegreifliedchen d. Alpenländer.
Schnaken, große, langbeinige Mücken (stechen nicht); Larven in feuchtem Boden; auch Bez. für → Stechmücken.
Schnalle,
1) Hure.
2) Verschluß v. Riemen; *schnallen,* e. Hund vom Riemen lösen.
3) Geschlechtsteil b. Hündin u. Haarraubwild.
4) süddt. svw. Türklinke.
Schnalzlaute, charakterist. Laute der Buschmänner- u. Hottentottensprachen in Südafrika.
Schnäpel → Renken.
Schnapphahn, Wegelagerer.
Schnauzer, versch. Hunderassen m. langem Schnauzbart u. buschigen Brauen; z. B. *Riesen-Sch., Zwerg-Sch.*
Schnebel, Dieter (* 14. 3. 1930), dt. Komp. neuer Musik.
Schnecke,
1) Teil d. Labyrinths, → Ohr.
2) schraubenförmige, konische Kettentrommel in alten Uhren.
3) schraubenförmiges → Zahnrad, bildet mit dem *Schneckenrad* zus. das *Schneckengetriebe;* Anwendung für sich kreuzende Wellen; hohe *Schneckenradübersetzung,* deshalb häufig angewendet zur Herabminderung der Umlaufzahl bis auf etwa ¹⁄₂₀.
Schnecken, *Gastropoden,* Weichtiere, m. od. ohne Schale („Haus") im Meer, im Süßwasser u. auf d. Lande; Kiemen- und Lungenatmer, Pflanzenfresser und Raubtiere, zwittrig und getrenntgeschlechtlich; → Wellhornschnecke.
Schnee, Eiskristalle aus dem Wasserdampf der Luft bei Temperaturen unter 0 °C, vereinigen sich zu **Sch.flocken.**
Schneeammer, Finkenvogel, b. uns mitunter Wintergast a. d. Norden.
Schneeball, Waldstrauch mit weißen Blüten u. roten Beeren; der „*gefüllte Sch.*" beliebte Gartenpflanze.
Schneeballsystem, *Hydra-, Gellasystem,* Warenabsatz mit Versprechen v. Preisnachlaß od. sonstigen Vorteilen bei Werbung neuer Kunden; in Dtld gesetzl. verboten.
Schneebeere, Geißblattgewächs, häufiger Zierstrauch aus N-Amerika m. kl. rötl. Glockenblüten u. weißen Früchten.

Schneeberg,
1) höchster Gipfel d. Fichtelgebirges, 1051 m.
2) *Großer Sch.,* höchster Gipfel des Glatzer Schneegebirges, 1425 m.
3) *Hoher Sch.,* höchster Pkt des Elbsandsteingebirges, 723 m.
4) *Krainer Sch.,* nördl. von Rijeka (Fiume), 1796 m.
5) Gipfel in den Niederöstr. Kalkalpen, 2076 m, Zahnradbahn.
6) (D-08289), sächs. St. i. Kr. Aue, i. Erzgebirge, 19 615 E; Ind.: Elektromotoren, Möbel, Textilien, Lederwaren, Metallwaren; erzgebir. Volkskunst.
Schneeblindheit, meist vorübergehend, infolge Entzündung der Augenhorn- u. -bindehaut bei übermäßiger Ultraviolettstrahlen-Reflexion an Schnee; als Schutz dagegen: **Schneebrille** mit getönten Gläsern.
Schnee-Eifel → Schneifel.
Schneefloh, flügelloses Insekt (zu den Springschwänzen), bis 2 mm l., ähnlich dem Gletscherfloh.
Schneeglätte, festgefahrener od. festgetretener Schnee auf Straßen.
Schneeglöckchen, Narzissengewächs; blüht bereits im Vorfrühling; langgestreckte weiße Blütenblätter; oft angepflanzt; → Märzenbecher. Beide ♦.
Schneegrenze, untere Grenze der dauernden Schneeflächen im Gebirge. Höhe der Sch.: Spitzbergen 400 m, Feuerland 500–1000 m, S-Norwegen 1500 m, Alpen 2600–3200 m, Kaukasus 2800–3800 m, die Vulkane Mexikos 4600 m, Himalaja 4900–6000 m, Kilimandscharo 5600 m, Nordchilenische Anden 6100 m.
Schneehuhn, rebhuhnähnliches Wildhuhn des hohen Nordens und der Alpen; im Winter fast weiß; verwandt d. nordischen *Moor-Sch.*
Schneeketten, um die Gummibereifung gelegtes Kettengeflecht zur Erhöhung der Griffigkeit auf verschneiten Straßen; besonders bei großen Steigungen notwendig.
Schneekoppe, poln. *Śnieżka* höchster Berg des Riesengebirges, 1602 m; Wetterwarte.
Schneeleopard, *Irbis,* gr. Katzenart i. Hochgebirge Z-Asiens, selten.
Schneemensch, *Yeti,* angeblich riesenhafter, wilder Bewohner des Himalaja; vermutlich Verwechslung mit Bär u. Hochgebirgsaffen.
Schneepflug, Vorrichtung zur Schneebeseitigung auf Fahrstraßen u. Bahnen, keilförmiger Verdrängungsrahmen; oft auch in Form von **Schneeschaufelwagen,** e. Schleudermaschine mit umlaufenden Schaufeln u. Schleudergebläse.
Schneerose, svw. → Christrose.
Schneesonde, zur Feststellung der Schneehöhe, bei Lawinenunglücken zur Suche nach Verschütteten.
Schneewittchen [„die Schneeweiße"], dt. Märchengestalt, in Grimms *Kinder- u. Hausmärchen.*
Schneezäune, neben Verkehrswegen errichtete Zäune zum Schutz gegen Schneeverwehungen.
Schneeziege, weiß behaarte Gemse der nordamer. Felsengebirge.
Schneidemühl, *Piła,* Hptst. der poln. Woiwodschaft Piła, 72 000 E. – 1922–45

Kohlschnake

Schneeball

Schneebeere

Schneeglöckchen

Schneehuhn

Wasserschnecken

Posthornschnecke

Schlammschnecke

Flußschwimmschnecke

Landschnecken

Weinbergschnecke

Garten-Bänderschnecke

Vierzähnige Vielfraßschnecke

Hptst. d. preuß. Prov. Grenzmark Posen-Westpreußen.
schneiden, b. Metallbearbeitung:
1) mittels Metall- (z. B. Blech-)Schere;
2) *autogen* durch → Sauerstoffgebläse mittels **Schneidbrenner:** nach Erhitzen zur Weißglut Verbrennen des Metalls durch weiteres Zuführen von nur Sauerstoff.
3) *elektrisch,* ähnl. d. el. → Schweißen.
Schneider,
1) Oscar (* 3. 6. 1927), CSU-Pol.; 1982–89 B.wohnungsbaumin.
2) Reinhold (13. 5. 1903–6. 4. 58), dt. kath. Dichter; histor. Darstellungen: *Philipp II.; Las Casas vor Carl V.; Macht und Gnade;* Essays, Gedichte.
3) Rolf (17. 4. 1932–25. 5. 82), dt. Schriftst.; *Tage in W.; Der Tod der Nibelungen;* Dramen.
4) Romy (23. 9. 1938–29. 5. 82), östr. Filmschausp.in; *Sissi; Les choses de la vie; César et Rosalie; Gruppenbild m. Dame.*
5) Vreni (* 26. 11. 1964), schweiz. Skirennläuferin; dreimalige Olympiasiegerin (1988 Slalom u. Riesenslalom, 1994 Slalom), zweimal. Slalom-Weltmeisterin 1987 und 89, Weltcup-Gesamtsiegerin 1989.
Schneider,
1) Verlierer im Kartenspiel, der nicht die Hälfte der zum Gewinn nötigen Punkte erreicht.
2) svw. → Weberknecht.
3) Ukelei, d. Karpfenfisch m. ausgeprägter Seitenlinie („Schneidernaht").
4) geringer, junger Hirsch, Auer- u. Birkhahn.
Schneiderhan, Wolfgang (* 28. 5. 1915), östr. Geiger.
Schneidervögel, kleine Vögel Südasiens, bauen kunstvolle Nester aus Blättern, die sie am Rand mit dem Schnabel durchlöchern und durch feine Pflanzenfasern verbinden.
Schneidkluppe, svw. → Kluppe.
Schneifel, *Schnee-Eifel,* Höhenzug in d. NW-Eifel, bis 698 m.
Schneise, *w., Gestell,* abgeholzter Waldstreifen z. Abgrenzung d. → Jagen.
Schnell, Karl (* 18. 12. 1916), dt. General; 1975–77 Oberbefehlsh. der NATO-Streitkräfte Eur.-Mitte.
Schnelläufer, *astronom.* kleine Zahl relativ zur Sonne schnell bewegter Fixsterne.
Schnellbahn, meist el. betriebenes, schienengebundenes Verkehrsmittel in Großstädten, mit großer Anfahrtsbeschleunigung u. hoher Geschwindigkeit; verkehrt als S-, U- od. Hochbahn.
Schnellboot, kl., schnelles Kriegsschiff (Geschwindigkeit bis 50 Seemeilen), meist Torpedo- und Artillerie- oder Raketenbewaffnung.
Schnelldrehstahl, svw. Schnellstahl.
Schneller Brüter, *Schneller Brutreaktor,* natriumgekühlter → Kernreaktor, der beim Betrieb spaltbares Plutonium 239 erzeugt, dadurch effektivere Nutzung d. Ausgangsstoffs Uran 238; umstritten wegen Gefahrenpotentials d. Plutoniumtechnologie.
Schnellkäfer, bes. an Baumstümpfen lebende Käfer, können sich aus der Rückenlage in die Höhe schnellen; Larven → Drahtwürmer.
Schnellot, *Weichlot,* Legierung aus Zinn u. Blei.

Uferschnepfe (Brutkleid)

Schnittlauch

Arthur Schnitzler

Schnellpresse → Druckmaschine.
Schnellrichter, Schnellverfahren.
Schnellschnitt, svw. → Gefrierschnitt.
Schnellstahl, durch Gehalt an Wolfram, Molybdän und sonstigen stahlhärtenden Zusätzen veredelter Hochleistungsstahl zur Herstellung von Werkzeugen.
Schnellverfahren, in Strafsachen vor Amtsgericht *(Schnellrichter)* zulässig, falls Sachverhalt einfach und sofortige Aburteilung möglich ist; auf Antrag des Staatsanwalts; Anklageerhebung mündlich.
Schnepfen, Stelzvögel mit langem, dünnem Schnabel; *Waldschnepfen Rotschenkel, Kampfläufer, Limosen,* auch → Brachvögel, → Bekassine, → Wasserläufer, → Strandläufer.
Schnepfenstrauß, svw. → Kiwi.
Schnepper, ärztl. Instrument mit kl. vorschnellbarem Messer zur Blutentnahme aus Finger oder Ohrläppchen.
Schneuß, *m.,* in d. got. Baukunst e. Grundform d. Maßwerks, ähnl. e. Fischblase; im spätgot. Flamboyant-Stil überlängt z. Flamme.
Schneyder, Werner (* 25. 1. 1937), östr. Kabarettist (u. a. 5 Programme mit Dieter → Hildebrandt), Regisseur u. Schriftst.: *Gelächter vor dem Aus, Wut und Liebe* u. a.
Schnirkelschnecken, Familie der Landlungenschnecken; bei uns z. B. *Hainschnecke, Weinbergschnecke.*
Schnitger, Arp (9. 7. 1648–24. 7. 1720), deutscher Orgelmacher in Hamburg.
Schnittlauch, Lauchart; kugelige rote Blütenstände; schlauchartige Blätter, kleingeschnitten als Brotauflage, in Salaten.
Schnittwaren, Gewebe, die im Einzelverkauf nach gewünschtem Maß von Ballen oder Stücken geschnitten werden.
Schnitzel, Fleischscheibe a. d. Keule des Kalbs od. d. Schinken d. Schweines geschnitten (→ Fleisch, Übers.).
Schnitzeljagd, Geländespiel zwischen „Fuchs" und „Jäger" (mit Papierschnitzeln als Fährte); auch mit Jagdreiten.
Schnitzer, Eduard → Emin Pascha.
Schnitzler, Arthur (15. 5. 1862–21. 10. 1931), östr. naturalistisch-impressionist. Dichter u. Arzt; Dramen: *Anatol; Liebelei; Reigen;* Novellen: *Leutnant Gustl; Fräulein Else;* Romane: *Der Weg ins Freie.*
Schnorchel → Unterseeboot.
schnorren, *schnurren,* im übertragenen Sinn: betteln, auf Kosten anderer leben.
Schnorr v. Carolsfeld,
1) Julius (26. 3. 1794–24. 5. 1872), dt. Maler u. Illustrator; → Nazarener 2); *Nibelungen*-Fresken, Bibel in Bildern; s. Sohn
2) Ludwig (2. 7. 1836–21. 7. 65), dt. Heldentenor.
Schnupfen, gewöhnlich Erkältungskatarrh der Nase (Virusinfektion) oder → Heuschnupfen, teilweise auch nervöser Schleimfluß (vasomotor. Schnupfen).
Schnupftabak, fein gemahlener, fermentierter und durch versch. Beimischungen aromatisierter Tabak.
Schnur, *w.,* veraltet: Schwiegertochter.

Schnürboden,
1) im Schiffbau gr. überdachter Raum m. hell gestrichenem Fußboden, auf den d. Schiff zur Feststellung der Größe des Kiels u. der Spanten in natürl. Größe gezeichnet wurde.
2) *Rollenboden,* oberer Teil d. Bühne z. Aufhängen der Dekorationsstücke und Rundhorizonte.
Schnürbrust, den Körper schmal zus.pressendes Korsett, das d. weibl. Körperform für e. unnatürl. Stilisierung verleugnet. Ausdruck der starren Formen im Spanien d. 16. Jh.s.
Schnurkeramiker, in d. Jungsteinzeit (3.–2. Jtd v. Chr.) innerhalb des euras.-indoeur. Gebiets aus den Steppen Südrußlands teils in Mittelrußland (Fatjanowokultur), teils über die Ukraine und S-Polen (Hockergräberkultur) in Mitteldtld und weiter bis z. Neckar u. Rhein sowie bis z. Nordsee verbreitete Bevölkerung (Streitäxte, gezähmte Pferde [?], Grabhügelkult, Kenntnis v. Kupfer), benannt nach ihren Tongefäßen mit Verzierungen durch eingepreßte Schnurmuster (→ Tafel Vorgeschichte).
Schnurre, Wolfdietrich (22. 8. 1920 bis 9. 6. 89), dt. Schriftst.; Romane, Kurzgeschichten, Lyrik; *Das Los unserer Stadt; Kassiber; Steppenkopp; Der Schattenfotograf.*
Schoch, Johannes (um 1550–1631), dt. Baumeister der Renaissance; *Friedrichsbau des Heidelberger Schlosses.*
Schock, Rudolf (4. 9. 1915–13. 11. 86), dt. Tenor.
Schock,
1) *s.,* Zählmaß: 60 Stück.
2) *m.* [frz. „choc"; engl. „shock"], *med.* Gesamtheit d. nach schweren Verletzungen, Verbrennungen, Schmerzen, Vergiftungen, Allergie oder Herzinfarkt eintretenden Kreislaufveränderungen; Anzeichen: Kälte u. Blässe der Haut, schneller, kaum tastbarer Puls, Blutdruckabfall; Erste Hilfe: Blutstillung, Schocklage (Kopf tief, Beine hoch), Zudecken.
Schockbehandlung bei seelischen oder Geisteskrankheiten (Psychosen, Schizophrenie), beruht auf künstl. Erzeugung einer Bewußtlosigkeit mit oder ohne Krampfanfall durch el. Ströme *(Elektroschock)* oder Arzneimittel (Insulin).
Schockemöhle,
1) Alwin (* 29. 5. 1937), dt. Springreiter; Olympiasieger 1976 im Einzelsprin-

J. Schnorr von Carolsfeld, *Ave Maria*

gen; 1960 m. d. Mannschaft, EM 1975 in Einzel u. Mannschaft; Pferde: Donald Rex, Ferdl, Winzer u. Warwick; sein Bruder
2) Paul (* 22. 3. 1945), dt. Springreiter; EM 1981 u. 83, EM Mannschaft 1981, Olympia-Zweiter 1976 u. Olympia-Dritter 1984 mit d. Mannschaft; Pferde: Talisman, El Paso, Deister.

Schoeck, Othmar (1. 9. 1886–8. 3. 1957), schweiz. Komponist; Kammermusik; Liederzyklen; Opern: *Don Ranudo; Penthesilea; D. Schloß Dürande.*

Schoeps, Hans-Joachim (30. 1. 1909 bis 8. 7. 80), dt. Historiker u. Religionsphil.; *Jüdische Geisteswelt; Preußen – Geschichte eines Staates.*

Schöffen, ehrenamtl. Richter in Strafsachen b. AG; *Sch.gericht* (1 Richter u. 2 Sch.) u. beim Landgericht kleine u. große → Strafkammer; Auswahl d. Sch. durch beim Amtsgericht zu bildenden Ausschuß aus der v. den Gemeinden aufgestellten Liste (→ Rechtspflege, Übers.).

Schogun, in Japan früher Titel d. Kronfeldherren; hatten als „Hausmeier" der Kaiser bis 1867 die tatsächliche Regierungsgewalt inne (**Schogunat**).

Schokolade, w. [frz.], Nahrungs- u. Genußmittel aus Kakaomasse u. Zucker, oft m. Zusätzen (Kakaobutter, Milch, Vanille, Mokka); s. 1520 in Europa.

Scholapur, ind. St. im Staate Maharaschtra, 604 000 E; Baumwollind.

Scholar [l.], *Scholast,* alte Bez. f. fahrenden Schüler od. Studenten.

Scholastik, w. [l. „Schulkunst"], *scholastische Philosophie u. Theologie* (ihre Vertreter **Scholastiker**), ma. Phil., entstanden unter augustin., neuplaton. u. aristotel., über die Araber gekommenem Einfluß; versuchte d. Glaubenslehre d. Kirche phil. u. theol. soweit als mögl. zu durchdringen u. v. Ganzen her zu durchleuchten; Blütezeit im 13. Jh. Albertus Magnus, Thomas v. Aquin, Bonaventura (Uni. Paris); versch. Schulen: *Ältere Franziskanerschule* (Alexander v. Hales, Bonaventura) mehr auf Augustinus u. Plato aufbauend; *Dominikanerschule* (Albert, Thomas v. Aquin) Aristoteles bevorzugend; *jüngere Franziskanerschule,* auch Skotismus genannt (Joh. Duns Scotus). → Neuscholastik.

Scholem Alejchem, eigtl. Schalom Rabinowitsch (2. 3. 1859–13. 5. 1916), Klassiker d. jidd. Literatur: *Menachem Mendel, der Spekulant; D. Geschichte Tewjes d. Milchhändlers,* Weltruhm als Musical *Anatevka.*

Scholien [gr. -ī̌en], Anmerkungen alter Grammatiker (*Scholiasten*) zu altgriech. u. lat. Schriften.

Paul Schöckemöhle auf „Deister"

Scholl, Geschwister,
1) Hans (22. 9. 1918–22. 2. 43) u.
2) Sophie (9. 5. 1921–22. 2. 43), führend in einem christlich geprägten Widerstandsstudentenkreis gg. Hitler in München (→ Weiße Rose); hingerichtet.

Schollen, Familie d. Plattfische, deren eine Seite dem Boden angedrückt ist; beide Augen und Mund daher auf die „Oberseite" gerückt; geschätzte Speisefische: *Scholle,* Nord- u. Ostsee; ebenso: *Heilbutt, Flunder* (*Butt,* auch im Süßwasser), *Rotzunge.*

Schollengebirge → Gebirge.

Schöllkraut, gelb blühendes Unkraut; dunkelgelber Milchsaft; altes Hausmittel gegen Warzen, wegen seiner Giftigkeit aber problematisch.

Scholochow, Michail (24. 5. 1905 bis 21. 2. 84), sowj. Schriftst.; *Der stille Don; Neuland unterm Pflug;* Nobelpr. 1965.

Scholz,
1) Heinrich (17. 12. 1884–30. 12. 1956), dt. protestant. Religionsphil. u. Vertr. der modernen math. Logik.
2) Rupert (* 23. 5. 1937), dt. Jurist u. CDU-Pol.; 1988/89 B.verteid.min.
3) Werner (23. 10. 1898–5. 9. 1982), dt. Maler u. Graphiker; e. Vertr. d. späten Expressionismus; sozialkrit. u. später hpts. rel. Themen.
4) Wilhelm v. (15. 7. 1874–29. 5. 1969), dt. Dichter; Erzählungen; Romane: *Perpetua;* Dramen: *Der Jude von Konstanz.*

Schomburgk,
1) Hans (28. 10. 1880–26. 7. 1967), dt. Afrikaforscher, Afrika-Filme: *Mein Afrika; Das letzte Paradies.*
2) Robert Hermann (5. 6. 1804–11. 3. 65), dt. Forschungsreisender; Reisen, auch gemeins. mit s. Bruder
3) Richard (5. 10. 1811–25. 3. 91), nach Guayana u. dem Orinoco-Gebiet.

Schön, Helmut (15. 9. 1915–23. 2. 1996), Bundestrainer d. dt. Fußballnationalmannschaft 1964–78 (1966 Vizeweltmeister, 1972 Europameister, 1974 Weltmeister).

Schönbein, Christian Friedrich (18. 10. 1799–29. 8. 1868), dt. Chem.; entdeckte Ozon, Schießbaumwolle u. Collodium.

Schönberg, Arnold (13. 9. 1874–13. 7. 1951), östr. Komp.; e. Begr. der Zwölftontechnik; *Verklärte Nacht; Gurrelieder; Pierrot Lunaire;* Oper: *Moses u. Aron.*

Heilbutt

Scholle

Flunder

Arnold Schönberg

Schönberg (D-23923), St. i. Kr. Grevesmühlen, M-V.; bis 1918 Hptst. d. Fürstent. Ratzeburg; 4570 E.

Schönborn, rheinisches Uradelsgeschlecht, s. 18. Jh. reichsunmittelbare Grafen in Franken, Bauherren zahlreicher Kirchen u. Schlösser (Bruchsal, → Pommersfelden); Förderer v. Kunst u. Wissenschaft. – *Friedrich Karl v. Sch.* (1674–1746), Würzburger Fürstbischof, Vollender d. Würzburger Residenz (Abb. → Barock).

Schönbrunn, Lustschloß in Wien, ab 1695 zunächst n. Plänen Fischer v. Erlachs barock begonnen, 1749 klassizistisch vollendet, Innenausstattung d. Rokoko (1765–80); m. berühmtem Park im Versailler Stil u. Tiergarten. – 1809 verlor Östr. im *Frieden von Sch.* (mit Napoleon) Salzburg, Kärnten, Istrien, Krain, Galizien.

Schöndruck, der Druck, der als erster auf einer beiderseits zu bedruckenden Fläche aufgedruckt wird; d. Druck auf d. Rückseite heißt *Widerdruck.*

Schönebeck a. d. Elbe (D-39218), Krst. i. S-A., 41 331 E; Hafen; Metallind., Salzbergbau.

Schönefeld (D-12529), Gem. i. Kr. Königs Wusterhsn, Bbg., s. v. Berlin, 1805 E; Flughafen Berlin-Sch.

Schöneiche bei Berlin (D-15566), Villenvorort bei Berlin, i. Kr. Fürstenwalde, Bbg., 8169 E.

Schöne Madonnen → Intern. Gotik.

Schönemann, Anna Elisabeth (1758 bis 1817), „Lilli", Goethes Verlobte, später Freifrau v. Türckheim.

Schonen, (schwed. *Skåne,* südl. Teil v. Schweden (Läne Kristianstad u. Malmöhus), 11 028 km², ca. 1,5 Mill. E; *Kornkammer Schwedens, Land der Schlösser.* – Urspr. dän., 1658 (Friede v. Roskilde) schwed.

Schönen, des Weins, svw. enttrüben, klären.

Schoner, Segelschiff mit 2, 3 od. mehr Masten u. längsschiffs stehenden Gaffelsegeln.

Schönerer, Georg Ritter von (17. 7. 1842–14. 8. 1921), östr. antiklerikaler, antisemit., alldt. Pol.; Haupt der „Los-von-Rom-Bewegung".

Schöner Stil → Intern. Gotik.

Schönfeld, Johann Heinrich (23. 3. 1609–82/3), dt. Maler u. Radierer d. Barock; *Ecce homo; Der Schwur Hannibals.*

Schongau (D-86956), St. i. Kr. Weilheim-Sch., Oberbay., am Lech, 11 109 E; AG; gegr. 1253, Stadtmauer.

Schongauer, Martin (vor 1450–2. 2. 91), dt. Maler u. Kupferstecher d. Spätgotik; Dürer-Vorb.; *Maria im Rosenhag.*

Schönheitspflästerchen [frz. „mouche"], schwarzes, rundes Taftpflästerchen zur Verdeckung v. Hautflecken od. Betonung der Weiße der Haut (Mode im 17./18. Jh.).

Schönhengstgau, böhm.-mähr. Grenzgebiet um den Berg Schönhengst, Tschech. Rep., etwa 1180 km², ehemals dt. Sprachinsel, mit den Städten *Zwittau, Landskron, Mähr.-Trübau, Hohenstadt, Müglitz, Brüsau.*

Schönherr,
1) Albrecht (* 11. 9. 1911), 1973–1981 ev. Bischof von Berlin-Brandenburg (DDR); bis 1981 Vors. d. Kirchenleitung d. Bundes EK i. d. DDR.

Schönbrunn

2) Karl (24. 2. 1867–15. 3. 1943), östr. Bühnenschriftsteller; *Erde; Glaube und Heimat; Weibsteufel*.
Schönhuber, Franz (* 10. 1. 1923), dt. Journalist u. Pol., 1990 (m. Unterbrechung von Mai–Juli 1990)-94 Vors. der „Republikaner".
Schöningen (D-38364), 1200jährige St. am Osthang d. Elms, i. Kr. Helmstedt, Nds., 15 065 E; AG; ehem. Kloster (12./13. Jh.) u. Schloß; Bergbau, Maschinenind.
Schönkopf, Anna Katharina (22. 8. 1746–20. 5. 1810), „Käthchen", Goethes Leipziger Freundin.
Schönthan, Franz v. (20. 6. 1849 bis 2. 12. 1913), östr. Bühnenautor; *Der Raub der Sabinerinnen.*
Schonung, junge Waldanpflanzung.
Schonzeit, gesetzlich bestimmter Zeitraum, in dem Jagd oder Fang von Wild und Fischen verboten ist (meist z. Z. der Fortpflanzung); auf dem Jagdschein (→ Jagd) angegeben.
Schopenhauer,
1) Arthur (22. 2. 1788 bis 21. 9. 1860), dt. Phil.; Grundthesen: a) Die Welt ist meine Vorstellung (kein Objekt ohne Subjekt); b) D. Welt ist Wille, vernunft- u. erkenntnisloser Trieb, der erst auf der höchsten Stufe bewußt u. sehend (erkennend) wird; pessimistische Welt- und Lebensanschauung; buddhistischer Einfluß; Quiëtismus. *Die Welt als Wille u. Vorstellung;* Aufsätze u. Aphorismen in vorbildl. Stil: *Parerga u. Paralipomena;* seine Theorie der Kunst von großem Einfluß auf Wagner u. Nietzsche; Sohn von
2) Johanna (9. 7. 1766 bis 17. 4. 1838), dt. Schriftst.in; Novellen, Romane.
Schopfheim (D-79650), Stadt im Kreis Lörrach, Ba-Wü., 17 228 E; AG; div. Ind.
Schopfhuhn, *Hoatzin,* schlanker Hühnervogel im N v. S-Amerika, mit Federhaube u. zum Klettern dienenden Krallen an den Daumen und Mittelfinger des Flügels der Nestjungen.
Schöpfrad, Wasserhebemaschine mit am Radkranz befestigten Gefäßen; Antrieb v. Hand, durch (unterschlächt.) Wasserrad od. tier. Kraft; bereits i. d. Antike.
Schöpfung,
1) *allg.* d. Schaffen e. Sache bzw. d. Geschaffene (z. B. e. Kunstwerk).
2) i. *Rel.* u. *Mythen* d. Erschaffung d. geordneten Weltalls durch Gottheiten entweder aus sich selbst u./od. aus e. uranfängl. Chaos.
3) i. d. *phil. Metaphysik* wicht. Begriff u. Fragestellung nach d. Verhältnis v. Sein u. Nichtsein; Kosmogonie.
Schöps, *m.,* svw. → Hammel.
Schorf,
1) Pflanzenkrankheit, befällt Obstbäume, Weinstöcke.
2) durch Blut und Sekretgerinnung entstandene Kruste auf Wunden.
Schorfheide, großes Wald- u. Jagdgebiet in Brandenburg am Werbellinsee, nordwestl. von Eberswalde.
Schorle, Mischgetränk aus Mineralwasser u. Wein od. Apfelsaft.
Schorlemmer, Friedrich (* 16. 5. 1944), dt. ev. Theologe, Mitgl. der Bürgerbewegung in der ehem. DDR, Mitbegründer des „Demokratischen Aufbruchs". 1993 Friedenspreis des dt.

Arthur Schopenhauer   Dmitri Schostakowitsch

Buchhandels; schrieb Predigten, Aufsätze, Reden.
Schorndorf (D-73614), Gr.Krst. im Rems-Murr-Kr., Ba-Wü., a. d. Rems, 37 883 E; AG; Ind.; Geburtsort von G. *Daimler;* histor. St.kern m. Fachwerkhäusern.
Schörner, Ferdinand (12. 6. 1892–2. 7. 1973), dt. Gen.feldm.; im 2. Weltkr. zuletzt Oberbefehlsh. der Heeresgruppe Mitte.
Schornstein, *Esse, Schlot,* Abzugskanal für die Abgase bei Feuerungsanslagen; bewirkt infolge Auftriebs der heißen Abgase Unterdruck über dem Rost, so daß Frischluft für die Verbrennung durch Rost u. Brennstoffschicht gesaugt wird; Saugkraft nimmt mit der Höhe des Sch.s zu.
Schortens (D-26419), Gem. i. Kr. Friesland, Nds., 19 796 E; div. Ind.
Schostakowitsch, Dmitri (25. 9. 1906–9. 8. 75), sowj. Komp., zuerst expressionist., dann neuklassizist.; 15 Sinfonien, Kammermusik; Opern: *Die Nase; Lady Macbeth von Mzensk.*
Schot, *w.* [niederdt.], Segelleine.
Schote, Frucht, gebildet aus zwei Fruchtblättern, in der Mitte Scheidewand.
Schott,
1) Anselm (5. 11. 1843–23. 4. 96), dt. Benediktiner, lat.-dt. „Meßbuch d. hl. Kirche" (Schott).
2) Friedrich Otto (17. 12. 1851 bis 27. 8. 1935), dt. Chem.; schuf die glastechn. Voraussetzungen f. d. 1884 m. → Abbe u. → Zeiss gegr. *Glaswerk Sch.* in Jena.
Schott, *Sbakh,* Salzseen in NW-Afrika, besonders in Algerien.
Schottelius, *Schottel Justus Georg* (23. 6. 1612–25. 10. 76), dt. Dichter u. Sprachgelehrter. Mitgl. der Fruchtbringenden Gesellschaft i. Weimar; *Teutsche Sprachkunst.*
Schotten, *m.* maschinell schließbaren *Sch.türen,* wasserdichte Innen- u. Zwischenwände in Schiff zum Abfangen eindringenden Wassers bei Beschädigung der Außenwand.
Schotter, Anhäufung von Geröllen, → Kies.
schottische Kirche, nach calvinist. Grundsätzen durch *J. Knox* begr.; Bekenntnisbuch: *Confessio scotica* (1560).
Schottisch|er, *Ecossaise,* Tanz, $2/4$-Takt.
schottische Schule, schott. *Philosophie,* von schott. Philosophen begr. (18. Jh.), bekämpfte d. → Skeptizismus *Humes';* inn entwickelte sich die sog. *Common-sense*-Philosophie; Hptvertr.: *Reid, Hutcheson,* W. *Hamilton.*
Schottisches Hochlandrind → Highland-Cattle.
Schottland, der N-Teil v. → Großbritannien; 78 762 km², 4,96 Mill. E; Hptst. *Edinburgh* → Karte Großbritannien. Im N Hochland (*Northern Highlands*) m. Heiden, Mooren u. zahlr. Seen; im S Bergland (*Southern Uplands*); dazw. die *Schottische Senke,* Tieflandstreifen zw. Firth of Clyde u. Firth of Forth mit intensiver Landw., Bergbau u. Ind., dicht besiedelt; höchste Erhebung *Ben Nevis,* 1343 m; Flüsse (*Tweed, Clyde, Forth, Tay*), Heiden, Seen (*Lochs*) u. Wälder; Steinkohlen-, Blei-, Eisen-, Kupfererzbau; wichtige Häfen: *Glasgow* (größte schott. St.), *Greenock, Leith* (Hafen von

Edinburgh), *Dundee, Perth;* bed. Fischerei, Viehzucht (Schafe), Woll- u. Eisenind., Schiffbau. – Bev. gemischt aus Pikten, irischen *Skoten* (5. Jh., daher Name), Angelsachsen (6. Jh.), Normannen (9. Jh.). Seit etwa 1000 Bildung eines Feudalstaates; infolge innerer Wirren seit 11. Jh. abhängig v. England, s. 1371 (Haus Stuart) nicht mehr lehenspflichtig; im 16. Jh. Reformation, → schottische Kirche. Seit 1603 durch Jakob I. Personalunion mit England. 1707 Vereinigung Englands u. Sch.s durch gemeins. Parlament (Großbritannien).
Schott's Söhne, B., dt. Musikverlag in Mainz, gegr. 1770.
Schragen, veraltet: Holzgestell aus gekreuzten Pfählen.
Schram, im Bergbau Schlitz im Gestein in Schichtrichtung, hergestellt mit Keilhaue oder **Schrämmaschine,** stoßend od. fräsend, um das Herausbrechen d. Kohle durch Spannungslockerung zu erleichtern.
Schramberg (D-78713), Gr.Krst. im Ldkr. Rottweil, Ba-Wü., 19 596 E; Uhren-, Majolika-, Möbelindustrie.
Schrammelmusik, nach d. Brüdern *Johann* (1850–93) u. *Josef Schrammel* (1852–95) ben. Wiener Volksm.; Violine(n), Gitarre, Ziehharmonika.
Schranze, *m.* [mhdt. „Riß"], urspr. Geck m. geschlitzten Kleidern, später abfällig f. Höfling (*Hof-Sch.*), Liebediener.
Schrapnell, Artilleriegeschoß mit Kugelfüllung, Sprengladung u. Zeitzünder; veraltet.
Schrapper, Abschürf- u. Fördergerät; hpts. im Bergbau verwendet.
Schrat, *m.,* Waldteufel, Kobold, Poltergeist.
Schratten, *Karren* (→ *Karst*), die tiefen, vom Wasser herausgelösten Rinnen im Kalkstein.
Schraube,
1) *Mechanik:* eine sog. einfache Maschine, entstanden durch Umwickeln einer schiefen Ebene auf e. Zylinder; dabei *Ganghöhe* = Vorschub bei einer vollen Umdrehung, *Steigung* = Ganghöhe geteilt durch Umfang.
2) Maschinenelement zur Herstellung lösbarer Verbindungen, zum Heben von Lasten, zum Ausüben eines Drucks (Pressen), zum Übertragen von Bewegungen (Sch. „ohne Ende" in Verbindung mit e. Zahnrad); Schrauben bestehen aus Schrauben- → Gewinde, spitz- u. flachgängig, trapezförmig, rund; aus Holz, Eisen u. a. Metall; weitgehende Normung nach DIN.
3) Drehung um die Körperlängsachse i. Turnen, Wasserspringen, Trampolinturnen.
Schraubendampfer → Schiffsschraube.
Schraubenpropeller, svw. → Luft-, → Schiffsschraube.
Schraubenschlüssel, Werkzeug z. Anziehen u. Lösen von Schraubenmuttern.
Schraubstock, Vorrichtung zum Einspannen v. Werkstücken f. d. Bearbeitung von Hand (durch Meißeln, Feilen usw.), auch f. maschinelle Bearbeitung durch Werkzeugmaschinen.
Schrebergärten, *Laubenkolonien, Kleingärten,* Pachtgärten, bis zu 500 m²;

Befestigungs-, Bewegungs-, Holz-Schraube

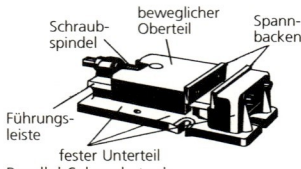
Parallel-Schraubstock

Rotflügelige Ödlandschrecke

meist auf staatl. oder städt. Gelände; Obst-, Gemüse-, Blumenanbau, Kleintierzucht. Bewegung geht auf den Arzt Daniel Gottlob Moritz *Schreber* (1808 bis 61) zurück; Gründung d. ersten nach ihm benannten *Schrebervereins* durch Schulleiter Ernst Hauschild (1808–66).

Schrecken, Ordnung d. Geradflügler: Heuschrecken u. Grillen.

Schreckenstein, tschech. *Střekov,* Burgruine u. Stadtteil von Aussig, in N-Böhmen, an der Elbe.

Schreckhorn, *Gr.* und *Kl.,* 4078 und 3494 m, zwei Gipfel d. Finsteraarhorngruppe, bei Grindelwald.

Schredder → Shredder.

Schreiberhau, *Szklarska Poręba,* polnischer Luftkurort und Wintersportplatz in Niederschlesien, zwischen Riesen- und Isergebirge im Zackental, 450–800 müM, 8000 E; Glasind. (Josephinenhütte).

Schreibfeder, früher aus Vogelfederkielen (z. B. von Gänsen), im Orient meist aus bestimmten Rohrarten (Rohrfeder); seit ca. 1830 aus Stahlblech; für Füllfederhalter aus Gold mit Iridiumspitze.

Schreibmaschine, handbetätigtes Gerät z. Schreiben mit Vervielfältigungsmöglichkeit; *Hauptteile:* Tastatur mit Typenhebeln u. -stangen, Farbband, Wagen mit Walze. Niederdrücken der Taste bewirkt: 1) Schlag des Typenhebels auf Farbband. Übertragung des Schriftzeichens auf das Papier; 2) Vorschieben des Farbbandes; 3) Auslösen des Wagens, der um Buchstabenbreite vorrückt. Moderne Sch.: geräuschlose elektr. od. elektronische Sch., Buchungsmaschine, rechnende Sch. u. Stenographiermaschine; elektron. Sch. m. *Typenrad* u. eingebautem Datenspeicher. – Mehrere Erfinder in versch. Ländern, u. a. der Südtiroler Mechaniker Peter *Mitterhofer;* in d. USA v. *Remington* 1873 in d. Handel gebracht.

Schrein, Lade, Kasten, oft mit Schnitzwerk verziert; als zusammenklappbarer Flügelaltar: *Altar-, Heiligen-Sch.;* → Schintoismus.

Schreiner, Klaus Peter (* 7. 4. 1930), dt. Satiriker u. Kabarettautor für die ,,Münchner Lach- und Schießgesellschaft'' und die Fernsehsendungen *Notizen aus der Provinz* und *Scheibenwischer.* Schriftst.: *Ins Schwarze geschrieben* u. a.

Schreker, Franz (23. 3. 1878–21. 3. 1934), östr. Opernkomp. u. Textdichter; *Der ferne Klang; Der Schatzgräber.*

Schrey, Ferdinand (19. 7. 1850–2. 10. 1938), dt. Stenograph; 1887 *Vereinfachte dt. Stenographie* (1897 ,,System Stolze-Sch.''), 1928 *Volksverkehrs-Kurzschrift.*

Schreyvogl, Friedrich (17. 7. 1899 bis 11. 1. 1976), östr. Schriftst.; Dramen u. Romane; *D. kluge Wienerin.*

Schrieffer [ˈʃriːfə], John R. (* 31. 5. 1931), am. Physiker; Arbeiten z. Theorie d. Supraleitung; Nobelpr. 1972.

Schrift, *w.,* sichtbare, geformte Zeichen zur Wiedergabe der Sprache; ursprünglich → Bilderschrift, dann Wort-Schrift, aus der Silben- u. Buchstaben-Schrift hervorgehen; → Hieroglyphen, → Keilschrift. Aus den Hieroglyphen entwickelten sich phöniz. u. aramäische Schrift, erstere von den Griechen zur

Lautschrift umgebildet; aus der westgriech. Schrift d. Schrift Wulfilas, die kyrillische (slaw.) Schrift; aus der lat. Kapital-Schrift die Unzial-Schrift (→ Unziale) zu handschriftl. Gebrauch; aus dieser alle späteren lat. Schriftformen Westeuropas. Seit der Erfindung → Gutenbergs um 1450 Verfahren, Schriftwerke aus Lettern (Typen) zus.zusetzen und von diesem Satz nach Auftragen einer Farbe (Druckerschwärze) beliebig viele Abdrucke herzustellen. Gebräuchl. **Schriftarten:** → *Fraktur, Antiqua,* die lat. Druckschrift, mit verschiedenen Formen, z. B. der Bodoni-Schrift. Man unterscheidet → Majuskeln u. → Minuskeln sowie geradestehende gewöhnl. u. schrägstehende *(kursive)* Buchstaben. Zur Auszeichnung (Hervorhebung) u. zum Schmuck des Satzes dienen Initialen, Versalien, Grotesk-Schriften, Linien und Ornamente; ferner **fette** Buchstaben, g e s p e r r t e r Satz u. Durchschuß, d. mehr od. minder großen Zeilenabstand bewirkt; kompresser Satz: ohne Durchschuß; Ggs.: splendider Satz.

Schriftform, bei gesetzlich vorgeschriebener Sch. muß Aussteller einer Urkunde diese eigenhändig unterschreiben (§ 126 BGB).

Schriftgießerei, Betrieb zur vorwiegend maschinellen Herstellung v. Buchdrucklettern durch Einguß v. Letternmetall in Matern (Matrizen) aus Kupfer od. Messing.

Schriftgrade, z. B.:
Petit 8 Punkte:Spätzchen
Borgis 9 Punkte:Spätzchen
Korpus 10 Punkte:Spätzchen
Cicero 12 Punkte:Spätzchen
nach e. typograph. Punktsystem eingeteilt z. Größenbestimmung d. Schriften (1 *Punkt* = 0,376 mm); der Grad bzw. Kegel bezeichnet die Buchstabenhöhe.

Schriftmetall, svw. → Letternmetall.

Schriftsatz, im *Zivilprozeß:* von einer Partei dem Gericht zur Vorbereitung der mündl. Verhandlung gesandte Eingabe; soll u. a. enthalten: Beweismittel, begründeten Antrag u. Erklärung auf gegner. Vorbringen (§ 130 ZPO).

Schrimpf, Georg (13. 2. 1889–19. 4. 1938), dt. Maler; e. Hptvertr. der Neuen Sachlichkeit.

Schrittmacher,
1) *med.* künstlicher Sch. des Herzens, el. ,,Taktgeber'' mit Batterieantrieb, wird bei Reizleitungs- u. Schlagfolgestörungen unter der Haut eingesetzt; → Herzschrittmacher.
2) Läufer oder Fahrer, der für einen anderen das Tempo angibt; im Radrennsport, bei Steherrennen, auch zur Wegnahme des Luftwiderstandes auf Spezialmotorrädern.

Schrittzähler, taschenuhrförmiges Instrument mit Zahnradschaltung durch schwingenden Gewichtshebel zur Zählung der zurückgelegten Schritte.

Schrobenhausen, (D-86529), St. i. Kr. Neuburg-Sch., Oberbay., 14 669 E; Geburtsort F. v. *Lenbachs;* Lenbach-Mus.; div. Ind.

Schröder,
1) Friedrich Ludwig (3. 11. 1744–3. 9. 1816), dt. Theaterleiter i. Hamburg (um d. Durchsetzung Shakespeares in Dtld verdient) u. Schauspieler.
2) Gerhard (11. 9. 1910–31. 12. 89),

L. Richter, *Schreckenstein*

Speicherschreibmaschine

Schrotblatt

CDU-Pol.; 1953–61 Innen-, 1961–66 Außenmin., 1966–69 Verteid.min.
3) Gerhard (* 7. 4. 1944), SPD-Pol., 1978–80 Juso-Vors., s. 1990 Min.präs. v. Niedersachsen.
4) Rudolf Alexander (26. 1. 1878–22. 8. 1962), dt. Dichter u. Übersetzer; Lyrik: *D. weltl. Gedichte; Mitte des Lebens; Geistl. Gedichte.*

Schrödinger, Erwin (12. 8. 1887–4. 1. 1961), östr. Phys.; Schöpfer d. wellenmechan. Atomtheorie (Schrödingergleichung); → Quantentheorie, Übers.). Nobelpr. 1933.

Schroeter, Werner (* 7. 4. 1945), dt. Film- u. Theaterregisseur; *Der Tod d. Maria Malibran* (1971); *Neapolitan. Geschwister* (1978); *Palermo od. Wolfsburg* (1980); *Malina* (1990).

Schröffer, Joseph (20. 2. 1902–7. 9. 83), dt. Theologe; 1948–67 Bischof v. Eichstätt, s. 1968 in d. röm. Kurie, s. 1976 Kurienkardinal.

schröpfen, Blut entziehen (aus der Haut) od. ableiten (in die Haut) durch Anlegen von Blutegeln oder Schröpfkopf (Saugnäpfe aus Gummi od. Glas) mit bzw. ohne vorherige Hautritzung.

Schrot,
1) kleine Stahl- od. Bleikugeln (½–6 mm) für Jagdpatronen.
2) grob gemahlenes Getreide, meist als Viehfutter u. bei der Bierbrauerei u. Kornbrennerei verwendet.

Schrotblätter, Metalldrucke des 15. u. 16. Jh.; auf dunklem Grund weiße Zeichnung.

Schröter, Corona (14. 1. 1751–23. 8. 1802), dt. Sängerin u. Schauspielerin.

Schroth-Kur, n. dem naturheilkund. Landwirt *J.* Schroth ben. Diätkur, u. a. werden trockene Semmeln u. Rotwein eingenommen (bes. in Oberstaufen i. Allgäu praktiziert).

Schrotmühle, Zerkleinerungsmaschine z. Herstellung von → Schrot durch Zerquetschen u. Zerreißen *(Schroten)* d. Korns.

Schrott, Alteisen, Altstahl, als Zusatz zu Roheisen (z. B. im Siemens-Martin-Stahlofen).

Schrumpfen, Verfahren z. Befestigen ringförmiger Metallteile (z. B. Radreifen) in erhitztem Zustand auf einen Kern (Felge); ziehen sich beim Erkalten zusammen (schrumpfen fest).

Schrumpfniere → Nierenschrumpfung.

Schruns, (A-6780), östr. Marktgem. u. Kurort i. Vorarlberg, 689 müM, 3843 E; nahebei Kraftwerke u. Speicherseen.

Schub,
1) mechan. Kraft, *Scherung,* die unmittelbar benachbarte Querschnitte e. Körpers gegeneinander verschiebt oder verdreht.
2) Vortriebskraft e. *Schubdüse* in → Strahltriebwerken, gemessen in Kilo-→ Pond; Leistung e. Strahltriebwerks in PS = 0,85 × Schub in kp (Faustformel).

Schubart, Christian Friedrich Daniel (24. 3. 1739–10. 10. 91), dt. Dichter; zehn Jahre auf d. Hohenasperg gefangen; Zeitung *Deutsche Chronik;* pol. Lyrik.

Schubert, Franz (31. 1. 1797–19. 11. 1828), östr. Komponist der Romantik; Schöpfer des Liedes als selbständiger Kunstform (über 600 Lieder nach Texten von Goethe, Klopstock, Heine, Uhland, Rückert u. a.); Zyklen: *Die schöne Mül-*

Christian Schubart

Franz Schubert

Schulwesen

Deutschland, BR: Das Sch. ist Angelegenheit d. Bundesländer, der Bund kann seit 1969 bei der Bildungsplanung mitwirken. Die allg. Schulpflicht ist i. d. Regel auf 12 Jahre festgesetzt. **Grundschule** i. d. Regel 4 Jahre, in Stadtstaaten 6 Jahre; *Primarbereich.* – **Förderstufe** *(Orientierungsstufe)* 5. u. 6. Schuljahr an der Gesamtschule. – **Sekundarstufe I** 3 Schularten: Hauptschule, Real-/Mittelschule, Gymnasium/höhere Schule, sofern nicht zusammengefaßt in Gesamtschule; 5.–10. Schuljahr. – **Sekundarstufe II** allgemeinbildende Schulen 11.–13. Schuljahr (Gymnasium, 2. Bildungsweg) sowie berufliche Schulen (Berufsschule, Berufsgrundschule, Berufsfachschule, Berufsaufbauschule, Fachoberschule/Fachgymnasium, Fachakademie und Berufsoberschule nur in Baden-Württemberg und Bayern), in der Regel 11.–12. Schuljahr. **Hauptschule** 5.–9. Schuljahr, in Stadtstaaten 7.–9.; Pflichtschule für alle, die keine andere Schule besuchen; Aufbau eines z. Z. noch freiwilligen 10. Schuljahres; in mehreren Ländern besonderer *qualifizierender Hauptschulabschluß,* der Übergang in Aufbauklassen ermöglicht; danach Sekundarstufe II: allgemeine oder berufliche Schulen. – **Realschule** *(Mittelschule)* 5.–10. bzw. 7.–10. Schuljahr; Abschluß: mittlere Reife. – **Gymnasium** 5.–13. bzw. 7./8.–13. Schuljahr, in den neuen Bundesländern z. T. nur bis 12. Schuljahr; führt zur allgemeinen Hochschulreife *(Abitur);* Schultypen: altsprachl., neusprachl., math.–naturwiss., musisches, sozialwiss., wirtschaftswiss. Gymnasium; nach dem 10. Schuljahr Oberstufenreife (im Gegensatz zur mittleren Reife schließt Oberstufenreife mit 2 Fremdsprachen ab). – **Gesamtschule** 5.–10. Schuljahr (in Berlin 7.–10.) u. 11.–13. (je nach Ausbau); 2 Hauptformen: *integrierte Gesamtschule,* gegliedert nicht nach Schulart u. Schultyp, sondern das Unterrichtsangebot richtet sich nach Leistung u. Eignung der Schüler (Grundkurse, Intensivkurse, Neigungskurse); *kooperative (additive) Gesamtschule,* nach der Orientierungsstufe getrennte Schulzweige Haupt-, Realschule, Gymnasium; Abschluß je nach erreichtem Kenntnisstand; Entwicklung von Gesamtschulmodellen unterschiedlicher Art und Zahl in einzelnen Ländern. – **Hochschulen,** Universitäten, Technische Universitäten/Hochschulen, Gesamthochschulen, Fachhochschulen, Pädagogische bzw. Erziehungswissenschaftliche Hochschulen, Kunst-, Musik- und Sport-hochschulen; Zulassung (je nach Art) mit allgemeiner Hochschulreife (Abitur), fachgebundener Hochschulreife oder Fachhochschulreife. – **2. Bildungsweg** für Jugendliche und Erwachsene Möglichkeit zum nachträglichen Erwerb von Schulabschlüssen: Abendhauptschule, Abendrealschule, Berufsaufbauschule, Abendgymnasium, Berufsoberschule, Institut zur Erlangung der Hochschulreife (Kolleg), Sonderreifeprüfungen (Fernstudium, Fernsehunterricht), Volkshochschulen. – Die Durchführung einer auf einen Plan von 1955 zurückgehenden Vereinheitlichung des Schulwesens in der BR wurde 1964 von den Min.präs. der Länder beschlossen. Der Plan sieht im einzelnen folgendes vor: **a)** einheitl. Festlegung des Schuljahrbeginns in allen Bundesländern auf den 1. August (seit 1967); **b)** Festsetzung der Pflichtschulzeit auf mindestens 9 Jahre; Ausdehnung auf ein 10. Jahr steht den Ländern frei; **c)** einheitl. Bezeichnung u. Gliederung der Schultypen, beginnend mit der gemeinsamen Unterstufe, der *Grundschule,* auf der die *Hauptschule* (bisher Volksschuloberstufe), die *Realschule* u. das *Gymnasium* aufbauen; **d)** ein für alle Schüler gemeinsames 5. u. 6. Schuljahr kann die Bezeichnung *Förder-* od. *Beobachtungsstufe* tragen; **e)** die Jahrgänge werden, beginnend mit dem 1. Grundschuljahr, durch alle Schultypen von eins bis dreizehn durchgezählt; **f)** die Einrichtung von *Abendrealschulen* u. *-gymnasien* für die Fortbildung Berufstätiger; **g)** an den Hauptschulen soll vom 5. Jahrgang an eine Fremdsprache gelehrt werden; **h)** das Gymnasium soll erst von der 9. Klasse an in versch. Schultypen aufgegliedert werden; als zweite Fremdsprache sind Latein, Französisch od. Englisch vorgesehen; frühestens in der 9. Klasse folgt eine dritte Fremdsprache; **i)** vorgesehen ist ferner die allg. Einführung gymnasialer Aufbaustufen von den Haupt- u. Mittelschulen her. **Frankreich:** Schulpflicht vom 6.–16. Lebensjahr. **Volksschule** (Ecole primaire): dauert 8 Jahre u. ist in 2 Zyklen mit je 4 Jahren gegliedert. Parallel z. 1. Zyklus läuft d. vierjährige Vorschule z. Höheren Schule; parallel z. 2. Zyklus, aber 6jährig, laufen Förderklassen z. Vorbereitung auf Fachschulen od. Lehrerseminare. Volksschulreife berechtigt z. Eintritt i. e. Fachschule (meist Lehrlingsfachschulen). **Höhere Schulen** teilen sich i. staatl. Lycées mit Latein u. Griechisch; Latein u. 2 moderne Sprachen; od. Latein, 1 moderne Sprache u. Naturwiss.; u. d. privat., kirchl. od. kommunalen Collèges, d. neben sprachlichen auch technische u. landwirtsch. Züge haben. Reifezeugnis nach d. 7. Schuljahr. Danach **Hochschule:** Universitäten, sehr viele Fachhochschulen.
England: Schulgeldfreiheit. **Volksschule:** sechsjährig. Danach Einweisung d. Volksschüler nach Ausleseverfahren in eine d. 3 **Höheren Schultypen:** *Modern School* (prakt. Zweig), *Technical School* (techn. Zweig) u. *Grammar School* (klassischer Zweig). Der Besuch dieser Schulen ist bis zum 15. Lebensjahr Pflicht. In d. Modern School schließt d. Schüler nach d. 16. Lebensjahr, in d. Technical School nach d. 18. Lebensjahr mit d. Reifezeugnis ab. Die Grammar School dauert v. 11.–18. Lebensjahr u. bereitet hauptsächl. auf d. Universitätsstudium vor. Außerdem bestehen zahlreiche private Schulen, wie z. B. d. Public Schools von Eton u. Harrow. **Hochschulen:** Uni., Fachhochschulen.
USA: 6. od. 8jährige Grundschule, *Elementary School,* beginnend mit dem 6. Lebensjahr; darauf aufbauend *Junior High School,* 3jährig (Oberstufe d. Grundschule u. zugleich Unterstufe der höheren Schule), (bei 8jähriger Grundschule) 4jährige *High School.* Im Anschluß an die Junior High School eine 3jährige *Senior High School* (entspricht unserer Mittel- u. teilweise Oberstufe der höheren Schule); darauf aufbauend das *College,* 2- od. meist 4jährig (zw. unserer höheren Schule u. Hochschule), welches vielfach einer Uni angegliedert ist. Die High School ist bezüglich ihres inneren Aufbaus sehr differenziert; umfaßt vor allem auch zahlreiche handwerkliche u. kaufmännische Fächer.

---

lerin; Winterreise; Schwanengesang; 8 Sinfonien; 6 Messen, Bühnenmusiken; 15 Streichquartette, Kammermusiken, Klavierwerke.
Schublehre, Längenmeßwerkzeug: die gesuchte Abmessung kann auf einer Maßteilung zwischen den beiden (auch durch Mikrometerschraube gegeneinander) verschiebbaren Meßschneiden abgelesen werden; → Nonius erhöht die Genauigkeit d. Ablesung.
Schubstange, svw. → Pleuelstange.
Schuch, Carl (30. 9. 1846–13. 9. 1903), östr. Maler; Entwicklung v. d. Spätromantik zum Impressionismus, zuletzt abstrahierende Elemente; Landschaften, Stilleben.
Schuckert, Siegmund (18. 10. 1846 bis 17. 9. 95), dt. Industrieller; begr. 1873 in Nürnberg eine elektrotechn. Werkstatt, später vereinigt zu d. Siemens-Sch.werken.

Schudra → Çudra.
Schuh, Oscar Fritz (15. 1. 1904–22. 10. 84), dt. Theaterleiter u. Regisseur.
Schuhmacher, Eugen (4. 8. 1906–8. 1. 73), dt. Zoologe; bekannte Naturschutzdokumentationen, Fernsehreihen.
Schuhplattler, bayr. Volkstanz: Tänzer umtanzt Tänzerin, sich auf Schenkel u. Absätze schlagend („plattelnd").
Schuhschnabel, großer Schreitvogel der Papyrussümpfe Innerafrikas, Schnabel erinnert an einen klobigen Holzschuh.
Schuhwarenindustrie, Hauptstandorte in BR: Pirmasens, Stuttgart, Offenbach, Berlin, Nürnberg.
Schu-king [chin. „Buch der Schrift"], hl. Buch der Chinesen; von Konfutse herausgegeben.
Schukow, Georgi (2. 12. 1896–18. 6. 1974), sowj. Marschall; verteidigte im 2. Weltkr. Moskau u. Stalingrad, eroberte

1944 d. Ukraine zurück, nahm 1945 Berlin ein; 1945/46 Oberbefehlshaber d. sowj. Besatzungstruppen i. Dtld, 1955 bis 57 Verteid.min.
Schulberatung, wird v. ausgebildeten Beratungslehrern wahrgenommen, die Eltern u. Schüler über d. unterschiedl. Bildungswege informieren.
Schuld, e. Vorwurf e. unrechtmäßigen Verhaltens, daß e. Täter sich f. d. Unrecht u. gg. d. Recht entschieden hat.
Schuldanerkenntnis, Vertrag zw. Gläubiger u. Schuldner, durch den d. Bestehen eines Schuldverhältnisses anerkannt wird (§ 781 BGB).
Schuldbuch, amtl. Register, in d. Darlehnsforderungen an d. Staat aus dessen Anleihen als Buchforderungen (statt → Schuldverschreibungen) eingetragen werden.
Schuldfähigkeit, verminderte, durch Geistesschwäche, seel. Krankhei-

Schuldknechtschaft — **Schuppe**

ten od. Bewußtseinsstörung beeinträchtigte Fähigkeit, das Unrecht e. Straftat einzusehen; kann zur Strafmilderung führen (§ 21 StGB).
Schuldknechtschaft, in d. griech. Antike u. im MA Knechtschaft e. zahlungsunfähigen Schuldners.
Schuldner, d. gegenüber einem anderen (Gläubiger) zu einer Leistung Verpflichtete.
Schuldnerverzug, tritt ein, wenn Schuldner nach Fälligkeit trotz Mahnung nicht leistet, Wirkungen: Schadenersatzpflicht, Zinszahlungspflicht (§§ 284 ff. BGB).
Schuldramen, geistl. Stücke des 16. u. 17. Jh., an Schulen u. Universitäten v. Schülern aufgeführt, meist lat.; Kampfmittel d. Gegenreformation.
Schuldrecht, *Recht d. Schuldverhältnisse,* Teil des Bürgerl. u. Handelsrechts, regelt die Rechtsbeziehungen aus Verträgen, aus → ungerechtfertigter Bereicherung u. → unerlaubter Handlung (2. Buch BGB, HGB).
Schuldschein, schriftl. Bestätigung, eine bestimmte Leistung zu schulden.
Schuldtitel, svw. → Vollstreckungstitel.
Schuldübernahme, Verpflichtung, die Schuld eines Dritten zu erfüllen; bedarf der Zustimmung des Gläubigers; tritt gesetzl. ein, wenn jemand *vertragl.* das Vermögen eines anderen übernimmt (§§ 414 ff. BGB).
Schuldumwandlung, svw. → Novation.
Schuldunfähigkeit, liegt vor, wenn Straftäter wegen einer krankhaften seel. Störung oder Abartigkeit oder wegen Schwachsinns nicht in d. Lage war, d. Unrecht d. Tat einzusehen u. nach dieser Einsicht zu handeln (§ 20 StGB).
Schuldverhältnis, d. sich aus Ges. od. Vertr. ergebende Rechtsbeziehung zw. Schuldner u. Gläubiger.
Schuldverschreibungen, auf d. Inhaber (§§ 793 ff. BGB), Wertpapiere, d. e. Forderungsrecht (keinen Anteil) darstellen, in d. Regel festverzinsl.; Hptarten: *Anleihen, Industrieobligationen, Pfandbriefe;* staatl. Genehmigung erforderlich.
Schuldversprechen, ein vom Rechtsgrund unabhängiges Versprechen e. Leistung, Schriftform nötig (§ 780 BGB).
Schule,
1) künstlerische, phil. Richtung, die sich von einem tonangebenden, *Schule machenden* Meister herleitet.
2) öffentl. oder private Anstalt für Unterricht u. Erziehung, → Schulwesen.
3) kl. Rudel v. Walen, Tümmlern, Delphinen od. Fischen.
Schulenburg, Friedrich Werner Gf v. d. (20. 11. 1875–10. 11. 1944), dt. Diplomat, 1934–41 Botschafter i. Moskau; als Widerstandskämpfer nach dem 20. Juli 1944 z. Tode verurteilt.
Schülerselbstverwaltung, *Schülermitverwaltung,* Beteiligung der Schüler an d. Gestaltung d. Schullebens z. Einübung v. Eigeninitiative u. Verantwortungsbewußtsein sowie Wahl d. Klassen- u. Schulsprecher, Hilfs- u. Ordnerdienste, Schülerzeitungen.
Schulgeld, wurde in Dtld für Besuch mittlerer und höherer Schulen sowie gehobener Fachschulen erhoben; heute Schulgeldfreiheit i. allen Bundesländern (außer private Schulen), z. T. auch Lehrmittelfreiheit.
Schulgemeinde, *Schulgemeindeforum;* Zusammenschluß von Lehrern, Schülern, u. Eltern einer Schule z. gemeinsamen Beratung u. Durchführung von Schulangelegenheiten.
Schulhygiene, Zweig d. Hygiene als Wissenschaft u. ihre praktische Anwendung in Schulen (z. B. durch bes. Schulärzte).
Schulkindergarten, Vorklasse für Kinder, die schulpflichtig, jedoch entwicklungsmäßig noch nicht schulfähig sind.
Schullandheim, Landheim z. period. Erholungsaufenthalt der Klassen einer Schule unter Aufsicht von Lehrern.
Schulleiter, an mehrklassigen Volksschulen der → *Rektor;* an höheren Schulen der *Oberstudiendirektor;* trägt der Schulaufsichtsbehörde gegenüber die Verantwortung f. die äußere u. innere Ordnung des Schulbetriebs.
Schulmedizin, die offizielle, an den Uni. en gelehrte wiss. Heilkunde im Ggs. zur Volksmedizin u. anderen inoffiziellen diagnost. u. therapeut. Sondermethoden (Außenseiterverfahren, *Paramedizin*).
Schulp, *Sepiaschale,* kalkige innere Rückenschale der Kopffüßergattung → Sepia, „weißes Fischbein" als Schleifmittel u. Kalkspender für Käfigvögel.
Schulpflicht, allgemeine, nach d. Gesetz müssen in Dtld Kinder u. Jugendliche vom 6. bis zum vollendeten 18. Lebensjahr die Schule (Grundschule, Hptschule od. Ersatzschule, z. B. Gymnasium, Berufsschule) besuchen.
Schulpforta, einst berühmtes Gymnasium mit Internat bei Naumburg a. d. Saale, in d. früheren (1137–1543) Zisterzienserkloster *Pforta;* jetzt in Meinerzhagen als „Landesschule zur Pforte".
Schulrat, Amtsbez. für hauptamtl. angestellte Schulaufsichtsbeamte; meist f. Volksschulen (Grund-, Hpt- u. Sonderschulen) zuständig; Stadt- od. Kreis-Sch.
Schulreform, pädagog. Bestrebungen zu zeitnaher Ausgestaltung d. Schulwesens; wandte sich zuerst gg. die „Lernschule"; Kunsterziehungs-, Arbeitsunterrichtsbewegung, Forderung eines lebensnahen Lehrplans, Schülerselbstverwaltung u. a.; → Schulplan.
Schulschiffe, meist Segelschiffe z. Ausbildung d. Nachwuchses d. Kriegs- und Handelsmarine (z. B. die Gorch Fock).
Schulte, Dieter (*13. 1. 1940), s. 1994 Bundesvors. d. DGB.
Schulter-Arm-Syndrom, Beschwerden in diesem Bereich bei Wirbelsäulenerkrankungen mit Nervenreizung.
Schultheiß → Bürgermeister.
Schultz,
1) Johannes H. (20. 6. 1884 bis 19. 10. 1970), dt. Psychiater; Begr. des → Autogenen Trainings.
2) Theodore W. (* 30. 4. 1902), am. Agrarökonom; (zus. m. A. → Lewis) Nobelpr. 1979 (Bedeutung d. Landwirtschaft f. d. wirtsch. Entwicklung in Entwicklungsländern).
Schultze, Bernhard (* 31. 5. 1915), dt. Maler u. Objektkünstler; → Tachismus.
Schultze-Naumburg, Paul (10. 6.

Kurt Schumacher

Michael Schumacher

Robert Schuman

Robert Schumann

1869–19. 5. 1949), Baumeister, Kunstschriftst.; *Das Gesicht des dt. Hauses.*
Schultz-Hencke, Harald (1892 bis 1953), dt. Psych.; hatte maßgebenden Einfluß auf d. → Gestalttherapie.
Schulwesen → Übersicht.
Schulze, Franz Josef (* 18. 9. 1918), dt. Gen.; 1977–79 Oberbefehlsh. d. NATO-Streitkräfte Eur.-Mitte.
Schulze-Delitzsch, Franz Hermann (29. 8. 1808–29. 4. 83), Begr. der dt. Genossenschaftsbewegung; *Entwicklung d. Genossenschaftswesens.*
Schumacher,
1) Emil (*29.8.1912), dt. tachist. Maler.
2) Fritz (4. 11. 1869–5. 11. 1947), dt. Baumeister u. bed. Stadtplaner; Generalbebauungspläne f. Köln u. Hamburg; *Der Geist der Baukunst.*
3) Kurt (13. 10. 1895–20. 8. 1952), SPD-Pol.; 1930 MdR, 1933–43 u. 1944/45 im KZ, s. 1946 Vors. d. SPD.
4) Michael (* 3. 1. 1969), dt. Autorennfahrer; 1992 WM-Dritter, 1993 WM-Vierter, 1994 u. 1995 Formel-1-Weltmeister.
Schuman,
1) Robert (29. 6. 1886–4. 9. 1963), frz. Pol.; Min.präs. u. mehrf. Außenmin.; Vorkämpfer der eur. Einigungsbewegung nach dem 2. Weltkr.; auf seine Initiative 1950 d. *Sch.plan;* Europäische Gemeinschaft für Kohle und Stahl.
2) William Howard (4. 8. 1910–15. 2. 92), am. Komponist; Sinfonien; Kammermusik.
Schumann,
1) Clara, geb. *Wieck* (13. 9. 1819–20. 5. 96), dt. Pianistin; *Briefwechsel mit Brahms;* Frau v.
2) Robert (8. 6. 1810–29. 7. 56), dt. Komp. d. Romantik; *Frauenliebe u. -leben, Dichterliebe;* Meister bes. der kurzen Formen der Klaviermusik: *Papillons, Carnaval, Kreisleriana, Kinderszenen;* Kammermusik, 4 Sinfonien; Chorwerke: *Das Paradies u. die Peri; Der Rose Pilgerfahrt;* auch Musikschriftst. u. Kritiker.
Schummerung, Kennzeichnung des Geländes für d. Karten durch abgetönte Hell- u. Dunkelfärbung.
Schumpeter, Josef Alois (8. 2. 1883 bis 8. 1. 1950), östr. Nationalökonom; neben → Keynes d. bedeutendste Nationalökonom dieses Jh.; *Theorie d. wirtsch. Entwicklung,* neue Kombinationen (→ Innovationen) durch dynamische Unternehmer bewirken Konjunkturaufschwung.
Schund- u. Schmutzschriften, minderwertige oder anstößige, insbes. die Jugend sittl. gefährdende Schriften; werden lt. *Gesetz über die Verbreitung jugendgefährdender Schriften* vom 9. 6. 1953 durch *Bundesprüfstelle* in öffentl. Liste aufgenommen u. dürfen dann nicht mehr Kindern od. Jugendlichen unter 18 J. durch Verkauf, Versandhandel od. Werbung zugänglich gemacht werden; für Schriften, d. Gewalttätigkeiten verherrlichen, → Pornographie u. sonstige sittl. schwer gefährdende Schriften Verbreitungsverbot auch ohne Aufnahme in die Liste.
Schünzel, Reinhold (7. 11. 1888–12. 9. 1954), dt. Schausp., Produzent u. Filmregisseur; Komödien; *Viktor u. Viktoria* (1933); *Amphitryon* (1935).
Schuppe, Wilhelm (5. 5. 1836–29. 3.

Schußwaffen

9 mm SIG-Pistole
Korn, Lauf, Schlagbolzen, Visier, Sicherung, Hahn, Schließfeder, Abzug, Zubringerfeder, Magazinhalter, Magazin

Aufbau einer Infanteriepatrone
Panzerbrechendes Geschoß (Hartkern), Vollgeschoß (Bleikern), Vollgeschoß Leuchtspur, Panzerbrechendes Brandgeschoß, Geschoß, Patronenhülse, Treibladung, Zündhütchen

Einläufiges Winchester-Jagdgewehr mit Kugellauf
Korn, Lauf, Visier, Schlagbolzen, Schlagbolzenfeder, Kolben, Schaft, Zubringerfeder, Kastenboden, Abzug

Maschinengewehr 42 (MG 42)
Feuerdämpfer, Korn, Gehäuse, Visier, Kimme, Zuführer, Feder, Bodenstück, Lauf, Patronenlager, Verriegelungsstück, Schloß, Schlagbolzen, Abzug, Sicherung, Kolben

Geladen und gesichert — Stellung beim Schuß — Auswerfen der Patronenhülse

---

1913), dt. Phil., Vertr. e. extremen Immanenzphil.: „Sein ist Bewußtsein, Objekt ist Wahrnehmung."

Schuppen,
1) schützende hornige Hautgebilde, bes. der Reptilien u. Fische; Knochenplatten bei Knochenfischen, Chitingebilde bei Insekten. → Lepidodendron.
2) *Schinnen,* trockene Abschilferungen d. Haut, bes. d. Kopfhaut.
Schuppenflechte, *Psoriasis,* Hautkrankheit m. weißlich abschuppenden, trockenen Entzündungsherden, bes. an den Streckseiten der Extremitäten.
Schuppentanne, svw. → Araukarie.
Schuppentiere, Säugetierordnung, S-Asien und Afrika; Körper mit starken Hornschuppen bedeckt, Grabkrallen, dünne, lange Zunge; Termitenfresser, rollen sich bei Gefahr zusammen.
Schuppenwurz, chlorophylloser Schmarotzer auf Wurzeln v. Waldbäumen m. roten Rachenblüten, schuppenartigen Blattresten.
Schur, Gustav Adolf (* 23. 2. 1931), dt. Radsportler; 1958 u. 59 WM im Straßen-Einzel, 1956 u. 60 Olympiazweiter im Einzel u. Bronze in der Mannschaft.
schürfen, im Bergbau das Ausfindig- u. Zugänglichmachen von Minerallagern, die an der Erdoberfläche liegen.
Schuricht, Carl (3. 7. 1880–7. 1. 1967), dt. Dirigent (bes. Bruckner u. d. neue Musik).

Carl Schurz

Schurz, Carl (2. 3. 1829–14. 5. 1906), dt.-am. Pol., flüchtete 1852 wegen Beteiligung am badischen Aufstand (1848) in die USA; Gen.major der Nordstaaten im → Sezessionskrieg; 1877–81 am. Innenmin.; förderte die Verschmelzung d. Nationalitäten i. d. USA.
Schuschnigg, Kurt Edler v. (14. 12. 1897–18. 11. 1977), östr. christl.-soz. Pol.; Bundeskanzler 1934–38 (autoritärer Nachfolger v. → Dollfuß); trat 1938 vor Einmarsch dt. Truppen zurück; bis 1945 im KZ.
Schuß,
1) das Abfeuern od. Auslösen eines Geschosses aus einer → Schußwaffe.
2) einmal. Weg d. Schiffchens mit dem **Schußfaden** in der → Weberei.
Schußwaffen, Sammelbez. für Feuerwaffen, insbes. Handfeuerwaffen, wie Pistole, Revolver, Gewehr, Maschinenpistole, Maschinengewehr u. a.; auch f. Armbrust, Pfeil u. Bogen u. a. (→ Tafel Schußwaffen).
Schute,
1) Frauenhut der Biedermeierzeit.
2) kleines Lastschiff geringen Tiefgangs.
Schütt, zwei von Donauarmen zw. Preßburg und Komorn gebildete fruchtbare Inseln: *Große Sch.,* tschech., *Kleine Sch.,* ungarisch.
Schüttelfrost, starkes Kältegefühl mit Gänsehaut, Zähneklappern, Zittern und

Heinrich Schütz

rasch steigendem Fieber; bei Infektionskrankheiten.
Schüttellähmung → Paralyse 3).
Schüttelreim, Reim m. vertauschten Anfangsbuchstaben d. reimenden Wörter od. Silben (*Es zückt d. Zorn das Hackebeil – Der Zahnarzt macht d. Backe heil*).
Schütz,
1) Heinrich (14. 10. 1585–6. 11. 1672), dt. kirchl. Komp.; erste dt. Oper: *Dafne* (nur Text erhalten); Passionen: *Die 7 Worte Christi am Kreuz; Markus-, Matthäus-, Lukas-, Johannes-Passion; Weihnachts-Historie;* Psalmen, Motetten, Madrigale.
2) Klaus (* 17. 9. 1926), dt. SPD-Pol., 1967–77 Reg. Bürgermeister von West-Berlin; 1977–81 Botschafter in Israel; 1981–86 Intendant d. Dt. Welle.
3) Stefan (* 19. 4. 1944), dt. Dramatiker, arbeitete beim Berliner Ensemble, im Dt. Theater u. in Wuppertal; Moralist, der sich gg. gesellschaftl. Zwänge stellt; *Die Amazonen; Kohlhaas;* Roman: *Medusa.*
Schutzbrief, *Geleitbrief,* im MA vom Gebietsherrn gegebene schriftl. Zusicherung persönl. Schutzes.
Schütze,
1) neuntes Zeichen d. → Tierkreises: ↦; → Sternbilder, Übers..
2) an → Schleusen od. Wehren bewegl. Eisen- od. Holztafeln z. Regelung d. Wasserdurchlaufs.
3) automatisch (mechan., pneumat., elektromagnet.) betätigter Schalter in d. Elektrotechnik (z. B. *Schützensteuerung*).
4) in d. Weberei das Schiffchen, das d. Schußfaden durch d. Kette zieht.
Schützenfisch, ind. Süßwasserfisch, 15–20 cm lang, ernährt sich von Insekten, die er mit gezieltem Wasserstrahl von Pflanzen herabspritzt, die über d. Wasseroberfläche ragen.
Schutzengel, d. jedem Menschen u. Volk als Beschützer beigegebene Engel, n. kath. Lehre (Mt 18,10), aber auch i. jüd. u. islam. Glauben; Fest: 2. 10.
Schützenpanzer, Kettenfahrzeug d. Panzergrenadiere m. starker Feuerkraft u. hoh. Beweglichkeit.
Schutzfärbung, die durch Selektion entstandene Färbung v. Tieren i. Einklang m. ihrer Umwelt; z. B. weiße Polar- u. fahlgelbe Wüstentiere, Schutz gg. Feinde u. Vorteil gg. Beutetiere; → Mimikry.
Schutzfrist, zeitliche Begrenzung d. → Urheberrechts u. best. gewerblicher Schutzrechte (→ gewerblicher Rechtsschutz).
Schutzgas, sauerstoffreies, nicht brennb. Gas (Kohlensäure, Stickstoff), das entzündliche od. leicht verdampfende Flüssigkeiten (Treibstoff) v. d. Luft abschließt u. v. Entzündung od. Oxidation schützt; ebenso beim Schweißen mit Argon als Schutzgas.
Schutzgebiet, frühere amtl. Bez. für eine dt. Kolonie; auch Gebiet, über das unter Schutzherrschaft (Protektorat) unter Belassung gewisser Selbstverwaltungsrechte ausgeübt wird.
Schutzgewahrsam, kurzzeitige Festnahme einer Person zu ihrem eigenen Schutz (z. B. wegen Vollrausches, Selbstmordgefahr) u. zur Aufrechterhaltung v. Sicherheit u. Ordnung.

Schutzgitter → Schirmgitter.
Schutzheiliger, *Schutzpatron,* in der kath. u. orthodoxen Kirche Heiliger als Beschützer eines Ortes, Landes, Standes usw.
Schutzherrschaft, *Protektorat,* völkerrechtl. Vertragsverhältnis, wonach die stärkere Macht den Schutz über eine schwächere übernimmt und dafür gewisse Vorrechte bei letzterer genießt.
Schutzimpfung → Immunisierung.
Schutzmantelmadonna, in d. bild. Kunst s. 13. Jh. Darstell. d. Maria als „Mutter d. Barmherzigkeit", die d. Gläubigen schützend m. ihrem Mantel umhüllt.
Schutzmarke → Warenzeichen.
Schutzpolitik, *Protektionismus,* staatl. Maßnahmen zur Förderung und zum Schutz der heimischen Produktion (auch → Schutzzollsystem).
Schutzpolizei, im Dt. Reich nach 1920 gebildete uniformierte Ordnungspolizei.
Schutzraumbau, nach d. Schutzbaugesetz i. Rahmen d. zivilen Bevölkerungsschutzes vorgesehene Maßnahmen für d. Bau von Schutzräumen zum → Selbstschutz der Zivilbevölkerung sowie z. Schutz verteidigungswichtiger Anlagen u. Einrichtungen.
Schutzstaffel → SS.
Schutztruppen, die Truppen in den ehem. dt. Kolonien.
Schutzverband Deutscher Schriftsteller, 1909–35, **Sch.verband Deutscher Autoren,** 1933 bis Anfang d. 2. Weltkrieges, Vereinigungen dt. Schriftsteller zur Wahrung ihrer geistigen u. wirtsch. Interessen.
Schutzwald, Wald, d. e. best. Schutzfunktion erfüllt, z. B. v. Wind, Lawinen, Bodenerosion.
Schutzzölle → Zölle.
Schutzzollsystem, Mittel der → Schutzpolitik; Ggs.: → Freihandel.
Schwab, Gustav (19. 6. 1792–4. 11. 1850), dt. Schriftst.; *D. schönsten Sagen des klass. Altertums; Dt. Volksbücher.*
Schwabach (D-91126), krfreie St. i. Mittelfranken, am Fluß *Sch.* (Nbfl. d. Rednitz), Bay., 37 200 E; AG; Blattgold-, Nadel-, Schrauben- u. a. Ind.
Schwaben,
1) nach der Völkerwanderung von Alemannen (deren Hauptteil die namengebenden → Sweben) bewohntes Gebiet zw. Franken, Lech und Vogesen; 496 unter fränk. Herrschaft; seit 7. Jh. christianisiert, unter d. letzten Karolingern Hzgt.; 1096–1268 staufisch, danach Zerfall; 1331 Kämpfe zw. *Schwäb. Städtebund* u. Württemberg, 1488 Bildung des *Schwäb. Bundes* (Württemberg, schwäb. Reichsritter u. Reichsstädte, Tirol); Württemberg gewinnt seitdem Vormacht in Schwaben.
2) Rgbz. in SW-Bayern, mit Allgäuer Alpen im S, Hptfluß die *Donau,* Ostgrenze der *Lech;* 9993 km², 1,66 Mill. E; Hptst. *Augsburg.*
Schwabenspiegel, im 13. Jh. verfaßtes Rechtsbuch des in OberdtId geltenden Land- u. Lehnrechts, auf der Grundlage des Sachsenspiegels.
Schwabing, Stadtteil, Künstlerviertel in München.
Schwäbische Alb, *Schwäbischer Jura,* Höhenzug, vorwiegend wellige Hochfläche zw. Rhein u. Wörnitz, im N

zum Neckar steil, im S zur Donau flach abfallend; verkarstet (Höhlen, Trockentäler, Dolinen); Teile: Klettgau, Baaralb, Heuberg, Rauhe Alb; im *Lemberg* 1015 m.
Schwäbischer Bund u. Schwäbischer Städtebund → Schwaben.
Schwäbische Türkei, Bez. f. d. ehem. dt. Siedlungsgebiet zw. Donau u. Drau.
Schwäbisch Gmünd (D-73525–29), Gr.Krst. i. Ostalbkr., Ba-Wü., 63 500 E; PH, FHS, AG; roman., got. u. barocke Kirchen, Fachwerkhäuser; Edelmetall-, Glas-, Uhrenind. – Ehem. Freie Reichsstadt.
Schwäbisch Hall (D-74523), Krst. in Ba-Wü., am Kocher; 33 800 E; AG; ma. Stadtbild; Ev. Diakoniewerk; Solbad. – 1276 Reichsst. mit eigener Münze (daher „Heller"), 1802 württemberg.
Schwabmünchen (D-86830), St. i. Kr. Augsburg, Bay., am Lechfeld, 11 443 E; AG; div. Ind..
Schwachsinn, Intelligenzdefekt, *Debilität* (IQ = 50–70), *Imbezillität* (IQ = 25–50), *Idiotie* (IQ unter 25); → IQ.
Schwachstrom, im allg. Sprachgebrauch für Fernmelde- u. Kleinverbraucherspannungen (bis 60 V) bzw. -ströme.
Schwachstromtechnik → Fernmeldetechnik.
Schwaden,
1) Reihen gemähten Grases od. Getreides.
2) *Glyceria,* hochwüchsige Gräser feuchter Standorte, z. B. *Wasser-Sch.*
Schwadron, w., *Eskadron* [it.], Einheit bei Kavallerie u. Fahrtruppen, der Kompanie entsprechend.
Schwadroneur, m. [-'nœːr], Schwätzer, Großmaul.
Schwaetzer, Irmgard (* 5. 4. 1942), FDP-Pol.in; 1982–84 Gen.sekretärin d. FDP, 1984–87 Bundesschatzmeister der FDP, 1987–91 Staatsmin. im AA, 1991 bis 1995 B.min. f. Raumordnung, Bauwesen u. Städtebau.
Schwägerschaft, familienrechtl. Verhältnis eines Ehegatten zu den Verwandten des anderen.
Schwaiger, Brigitte (* 6. 4. 1949), östr. Autorin; Theaterstücke: *Büroklammern; Liebesversuche;* Romane: *Wie kommt das Salz ins Meer; Lange Abwesenheit; Schönes Licht.*
Schwalben, Sperlingsvögel, oft mit Gabelschwänzen, m. Sichelflügeln u. weiter Schnabelspalte; vorzügliche Flieger, Insektenfänger; in Dtld (April bis September): *Rauch-Sch.,* Kehle rostbraun, nistet in Ställen usw. (offene Nester); *Mehl-Sch.,* ganze Unterseite weiß, baut bis aufs Flugloch geschlossene Nester an Außenwänden von Gebäuden; *Ufer-Sch.,* Nester in Erdröhren an Sandhängen (nicht verwandt: Mauersegler, Nachtschwalbe).
Schwalbennester, eßbare Nester d. → Salangane.
Schwalbenschwanz,
1) großer Tagschmetterling mit geschwänzten Hinterflügeln.
2) trapezförmige Leiste zur fester od. beweg. Verbindung im Maschinenbau, in d. Schreinerei (→ Gehrung).
Schwalm, r. Nbfl. d. Eder, 80 km l., vom Vogelsberg, durchfließt den **Sch.grund.**
Schwalme, nachtschwalbenartige Vögel S-Asiens und Australiens.

Höckerschwan

Donaudurchbruch durch die Schwäbische Alb

Rauchschwalbe

Schwalbenschwanz

Schwalmstadt (D-34613), St. im Schwalm-Eder-Kr., Hess., an der Schwalm; 1970 entstanden durch Zus.schluß v. *Treysa, Ziegenhain* u. 11 weiteren Gem., 17 940 E; histor. Stadtkerne.
Schwamm, Bez. für konsolenartig wachsende Baumpilze u. den → Hausschwamm; mundartl. für Pilze allgemein.
Schwämmchen → Soor.
Schwämme, niedrige mehrzellige Tiere, ohne Sinnesorgane; bilden im Meer und Süßwasser festsitzende Kolonien. Feine Stützskelette aus Kalk, Kieselsäure oder Horn (Badeschwamm).
Schwammspinner, Nachtschmetterling; Raupe ist Obstbaumschädling.
Schwan,
1) → Sternbilder, Übers.
2) Entenvogel; *Sing-Sch.,* hoher Norden; *Höcker-Sch.,* auf rotem Schnabel schwarzer Höcker, N-Europa, bei uns als Parkvogel häufig; andere Arten: *Trauer-Sch.,* Australien, u. a.
Schwandorf (D-92421), Krst. i. d. Oberpfalz, an der Naab, Bay., 26 900 E; AG; Großkraftwerk, Tonwaren-, Porzellanfabr., Aluminiumwerk.
Schwanenblume, hohe Uferstaude m. rosa Blüten.
Schwanengesang, letztes Werk eines Dichters (nach sagenhaftem Sterbegesang d. Schwans).
Schwanenjungfrau, in d. german. Sage (z. B. im Wielandslied) Walküre im Schwanenkleid; im german. Märchen Jungfrauen, die die Sterblichen eine Weile beglücken u. sie dann wieder verlassen.
Schwangerschaft, *Gravidität,* Zustand der Frau vom Zeitpunkt der Befruchtung (Empfängnis) bis zur Geburt des Kindes; normale Dauer: 280 Tage (= 10 Mond-Monate).
Schwangerschaftsabbruch, Beendigung d. Schwangerschaft durch Abtötung d. Leibesfrucht (Abtreibung); bis zum 3. Monat durch Ausschabung oder Absaugung des Gebärmutterinhalts, in späteren Schwangerschaftsstadium durch Operation. Der Sch. ist strafbar nach § 218 StGB; Strafbarkeit entfällt bis zur 12. Woche der Schwangerschaft mit Bescheinigung einer Beratungsstelle; straffrei u. rechtmäßig ist d. Sch. bei Schwangerschaft infolge Verbrechen, bei einer eugenischen Indikation und

bei schwerwiegender körperlicher und seelischer Gefährdung der Schwangeren.

Schwangerschaftszeichen, *sichere:* positive immunolog. Schwangerschaftsteste, Ultraschalldiagnostik, kindl. Herztöne, Kindsbewegungen; *wahrscheinliche:* Änderungen in Aussehen u. Form der Geschlechtsorgane; *unsichere:* Ausbleiben der → Menstruation, Zunahme des Bauchumfangs, Pigmentablagerungen, morgendl. Erbrechen. Bei manchen Frauen stärkere **Schwangerschaftsbeschwerden:** Schwangerschaftserbrechen; nervöse Reizzustände, bei Veranlagung sogar *Schwangerschaftspsychose,* Haut-, Nierenkrankheiten, → Gestose, → Eklampsie. Normale Schwangerschaft bei gesunder Frau braucht Leistungsfähigkeit in ersten 5 Monaten nicht herabzusetzen; in der zweiten Hälfte der Schwangerschaft aber ist eine gewisse Schonung nötig. In den ersten Schwangerschaftsmonaten sind Anstrengungen und Erschütterungen unbedingt, Medikamente möglichst zu vermeiden, da sonst Fehlgeburten (u. Mißbildungen) nicht selten; kräftige u. ausreichende, aber mäßige Ernährung; Vermeidung von Infektionen u. Genußgiften. – Vom 5. Monat an Kindsbewegung zu spüren u. Herztöne d. Kindes zu hören. – *Fehlerhafte Schwangerschaft:* Eileiter- oder Bauchhöhlen-Schwangerschaft *(Extrauteringravidität).*

Schwank, *m.,* derbkomische Erzählung; Lustspiel, dessen Humor auf Situationskomik beruht; Mittel der Satire.

Schwanthaler, Ludwig v. (26. 8. 1802–14. 11. 48), dt. Bildhauer d. Klassizismus, z. T. m. romant. Elementen; *Bavaria* (München); *Mozart* (Salzburg); *Goethe* (Frankfurt/M.); neugot. Arbeiten f. d. Kölner Dom.

Schwanzlurche, Ordnung d. Amphibien (Molche u. Salamander).

Schwärmer,
1) Nachtschmetterlinge mit schmalen Vorderflügeln u. langem Rüssel; saugen, vor Blüten schwebend, Honig; Raupen mit Horn am Körperende (z. B. *Totenkopf, Oleander-Sch., Liguster-Sch., Wolfsmilch-Sch.*), Raupe des Kiefernschwärmers frißt Kiefernnadeln.
2) *Schwarmgeister,* spiritualist., kommunist. Sektierer der Reformationszeit: *Karlstadt, Münzer.*

Schwarz, Berthold, eigtl. *Konstantin Anklitzen* (um 1300), Franziskanermönch; angebl. Erfinder des Schieß- („Schwarz"-)Pulvers, wahrscheinl. nur Konstrukteur von Schußwaffen.

Schwarza,
1) l. Nbfl. der Saale i. Thüringen, durchfließt das idyll. **Sch.tal,** 45 km lang, mündet bei Sch.
2) Sch., St.teil zu Rudolstadt, Thür.

Schwarzarbeit, gewerbl. oder handwerkl. Tätigkeit unter gesetzl. Anmelde- u. Anzeigepflicht u. der Steuergesetze; strafbar (auch der Auftraggeber) nach Gesetz vom 30. 3. 1957 u. a. Bestimmungen; bei Arbeitslosenunterstützungs- oder Sozialhilfeempfängern als Betrug bestraft.

Schwarzburg (D-07427), Luftkurort i. Kr. Rudolstadt, i. Thüringer Wald, 283 müM; 807 E; Schloß (Stammsitz der Fürsten v. Sch.).

Schwarzburg,
1) Sch.-Sonderhausen, zwei ehem. dt. Fürstentümer, seit 1920 zu Thüringen.
2) Sch.-Rudolstadt.
3) ehem. mitteldt. Fürstenhaus.

Schwarzdorn, svw. → Schlehe.

Schwarze Hand, 1911 gegr. serb. Geheimorg., verfolgte großserb. Ziele, verantwortl. f. d. Attentat v. → Sarajevo (28. 6. 1914).

schwarze Listen,
1) Listen pol. nicht genehmer Personen od. Veröffentlichungen.
2) v. Wirtschaftsverbänden als Selbstschutzeinrichtung d. Wirtschaft geführte Listen von kreditunwürdigen Personen u. Firmen.

schwarze Magie → Magie.

Schwarzenbach a. d. Saale (D-95126), St. i. Kr. Hof, Oberfranken, 8372 E; Porzellan-, Stein-, Masch.-, Textilind.; *Förmitztalsperre.*

Schwarzenbach-Talsperre, im Schwarzwald bei Forbach; Stauraum 14,3 Mill. m³, Wasserkraftwerk, s. 1926 in Betrieb.

Schwarzenbek (D-21493), St. am Sachsenwald, i. Kr. Hzgt. Lauenburg, Schl-Ho., 11 485 E; AG; Werkzeugmasch.ind.

Schwarzenberg, urspr. fränk. Adelsgeschlecht, später in Bayern, Böhmen u. Östr.
1) Felix Fürst zu (2. 10. 1800–5. 4. 52), östr. Min.präs. s. 1848, nötigte Preußen zum Olmützer Vertrag (1850).
2) Karl Philipp Fürst zu (15. 4. 1771 bis 15. 10. 1820), östr. Oberbefehlsh. d. Verbündeten in d. Befreiungskriegen.

Schwarzenberg (Erzgebirge) (D-08340), Krst. i. Sa., 20 218 E; Metallverarbeitung, Handklöppelspitze.

Schwarzenfeld (D-92521), Mkt. i. Kr. Schwandorf, i. d. Oberpfalz, 6117 E; Flußspatvorkommen, Braunkohlen- u. Tonergruben; Schamottewerk, keram. Betriebe; Schloß, Kloster.

schwarze Pocken, echte → Pocken.

Schwarze Pumpe, Braunkohlenkombinat bei Hoyerswerda, Bez. *Cottbus,* Kraftwerk, Kokerei.

Schwarzer, Alice (* 3. 12. 1942), dt. Journalistin u. Schriftst.in; s. 1977 Hg.in d. feminist. Zeitschrift „Emma".

Schwarzerde, russ. *Tschernosjom;* fruchtbare Böden in der Ukraine u. S-Sibirien.

Schwarzer Freitag, allg. Bez. für Tage gewaltiger Kursverluste an d. Börse, z. B. nach Kurssturz vom Freitag, 25. 10. 1929, in d. USA.

schwarzer Humor, Form des Humors, erzielt kom. Wirkung durch anscheinend selbstverständl. Hereinnahme des Unheimlichen u. Grauenvollen in d. Alltagswelt.

schwarzer Körper, *phys.* ein Körper, der die ges. auftreffende Strahlung absorbiert u. in Wärme verwandelt (fast sch. K. z. B. Kohlenruß).

Schwarzer Prinz, Eduard Prinz von Wales (1330–76), ben. nach seiner schwarzen Rüstung, siegte über Frkr. 1346 bei Crécy u. 1356 bei Poitiers.

schwarzer Star → Star 3).

Schwarzer Tod, svw. → Pest.

Schwarzes Loch, engl. *Black Hole,* i. der Astrophysik von K. *Schwarzschild* postuliertes Endstadium f. sehr massereiche Sterne; solche Sterne stürzen nach Beendigung d. Fusionsprozesse in ihrem Inneren unter d. Wirkung ihrer eigenen Schwerkraft (Gravitationskollaps) einschließl. d. umgebenden Raums in sich zusammen; ihre Zentralbereiche mit Massen größer als etwa 3fache Sonnenmasse können nicht stabilisiert werden, und die gesamte Masse konzentriert sich auf kleinstem Raum, so daß weder Lichtstrahlen noch Materieteilchen entweichen können; nur indirekt beobachtbar durch d. Gravitationswirkung auf d. umgebende Materie.

Schwarzes Meer, im Altertum *Pontus Euxinus,* zw. Europa und Kleinasien gelegenes nordöstl. Nebenmeer des Mittelmeers, mit ihm durch Bosporus, Marmarameer u. Dardanellen (Hellespont) verbunden, 423 000 km²; wenig gegliederte Küste, im NW Limane (Lagunen), im NO das Nebenbecken des Asowschen Meeres (Verbindung durch die Straße von Kertsch); 2245 m tief, salzarme, etwa 200 m starke Oberschicht (1,8 bis 1,9%), darunter salzreiches Mittelmeerwasser (2 bis 2,3%), in d. sich aufgrund Sauerstoffarmut Schwefelwasserstoff anreichert; häufig Sturm u. Nebel; Zuflüsse: *Donau, Dnjestr, Dnjepr, Don, Kizil-Irmak.*

Schwarzfahrt, Benutzung e. Kfz ohne Einwilligung d. Halters bzw. Benutzung öff. Verkehrsmittel, ohne d. Fahrpreis zu entrichten.

Schwarzkopf,
1) Elisabeth (* 9. 12. 1915), dt. Sopranistin u. Liedsängerin (Mozart- u. Strauss-Interpretin).
2) H. Norman (* 1934), US-General, Oberkommandierender der Alliierten im 2. → Golfkrieg.

Schwarzkreide, kohlereicher Tonschiefer; zu Zeichenstiften verarbeitet.

Schwarzkümmel, Hahnenfußgewächse, zerschlissene Blätter, meist blaue Blüten (z. B. *Jungfer im Grün,* Zierpflanze).

Schwarzkupfererz, Mineral, Kupferoxid.

Schwarzpulver → Schießpulver.

Schwarz-Schilling, Christian (* 19. 11. 1930), CDU-Pol.; 1982–92 B.min. für Post- u. Fernmeldewesen.

Schwarzsender, Funksender ohne Genehmigung (Sendelizenz); strafbar.

Schwarzwald, Mittelgebirge in SW-Dtld, 160 km l; 50–60 km breit, mit Steilabfall zur Rheinebene, sanfter Abdachung nach O zum Schwäb. Stufenland; durch die Kinzig geteilt in 2 *nördl. Sch.,* Buntsandsteintafel mit Hornisgrinde (1164 m), Seen (Mummelsee, Wildsee); rege Holzind.; 2) *südl. Sch.,* Granit, mit *Feldberg* (1493 m) u. *Belchen* (1414 m), Seen (Titi-, Schluch-, Feldsee); zahlreiche Mineralquellen (Baden-Baden, Badenweiler, Wildbad), berühmte Holzschnitzerei und Uhrenind. (Triberg, Schramberg); Wasserkraftwerke an d. Murg und am Schluchsee.

Schwarzwaldbahn Offenburg–Singen, *Höllentalbahn,* Freiburg–Donaueschingen.

Schwarzwälder Schinken, knochenloser kerniger Hinterschinken vom Schwein, trocken gepökelt, mit Schwarzwaldhölzern kalt geräuchert.

Schwarzwasserfieber, Komplikation d. trop. Malaria mit Blutzerfall; durch

Schwarza

Schwarzwald-Haus

Blutfarbstoff dunkler Urin, bes. nach Chiningebrauch.
Schwarzweiß-Chemikalien, Entwickler, Unterbrecherbad, Fixierbad zur Ausarbeitung von schwarzweißen Filmen od. Bildern.
schwarzweiße Filmentwicklung, klassisches Verfahren d. Fotografie; 3 Bäder: Entwickler, Unterbrecherbad, Fixierbad; ergibt bei richtiger Anwendung Negative, die unbegrenzt archivsicher sind.
Schwarzweiß-Filter, um Farben bei d. schwarzweißen Aufnahme zu unterdrücken od. zu betonen; Wolken, das Licht des Himmels u. ä. werden bildwirksam verstärkt, Kontraste werden gesteigert.
Schwarzweiß-Fotografie, die Farben d. sichtbaren Spektrums werden in d. Tonwerte d. schwarz-grau-weißen Skala „übersetzt", also umgewandelt. Ergibt bildwirksame Reduktion u. Abstraktion. Im Ggs. zu Farbbildern entstehen Papierbilder (Kulturdokumente) von großer Haltbarkeit.
Schwarzwild → Schweine.
Schwarzwurzel, Korbblütler mit Pfahlwurzeln, spargelähnl. Gemüse.
Schwaz (A-6130), östr. St. am Inn, Tirol, 11 839 E; Tabak-, Steingut-, Farben- u. Lackind., Schleifmittel.
Schweb, Feinsedimente auf d. Seegrund d. Seemitte; sie scheinen z. schweben u. können leicht aufgewirbelt werden.

Schwebebahn, *Wuppertal*

Schwebebahn, einspurige Bahn m. hängenden Wagen, deren Laufwerke a. einer aufgeständerten Schiene (z. B. in Wuppertal) od. einem Drahtseil rollen (Seilbahn); f. Personen u. Lasten; bei ortsfestem Antrieb Überwindung großer Steigungen möglich; verhältnismäßig geringe Anlagekosten, große Sicherheit.
Schwebebalken, eines d. 4 Geräte d. Frauenturnens; 5 m langer u. 10 cm breiter Holzbalken, Oberkante 1,10 m (intern. 1,20 m) vom Boden entfernt; olymp. Wettbewerb (Einzel- u. Mehrkampf).
schwebende Schuld, *flottierende Sch.* (→ Schatzanweisungen), kurzfristige Staatsschulden; Rückzahlung nach Vorlegung des Schuldtitels, aber spätestens innerhalb eines Jahres.
Schwebfliegen, bienen- u. wespenähnliche Fliegen, im Flug oft stillstehend; Larven einiger Arten Blattlausvertilger.
Schwebstoffe, in flüssigen od. gasförm. Medien fein verteilte Stoffe, die nicht absinken.
Schwebungen, *phys.* Überlagerung (→ Interferenz) zweier Töne (allg. Schwingungen) m. fast gleicher Frequenz; führt zu period. Schwankungen d. Amplitude (Lautstärke), wobei diese Periode wesentl. größer als d. Periode d. beiden Schwingungen ist.
Schwechat (A-2320), St. a. d. Sch. (r. Nbfl. d. Donau), Niederöstr., 14 669 E; div. Ind., Raffinerie; Flughafen v. Wien.
Schweden, Monarchie im N u. O-Teil d. skandinav. Halbinsel. **a)** *Geogr.:* 64% Wald, 7,3% landw. Fläche; *Nord-Sch. (Norrland):* umfaßt 58% d. Gesamtgebiets, aber nur ¼ d. Bev.; 64% Wald, 9% Acker- u. Weideland, 27% Ödland; im W Hochgebirge (*Kebnekaise* 2111 m) m. bed. Eisenerzlagern (60–70% Eisengehalt), u. a. bei *Kiruna* u. *Gällivare*, Luossavaara; Kupfer, Gold, Blei, Zink, Silber; Holzflößerei, Großkraftwerke (Harsprånget), Sägewerke u. Cellulosefabriken; Fremdenverkehr bes. i. Jämtland; *Mittel-Sch.* (*Svealand*): 65% Wald, 16% Acker- u. Weideland, 19% Gebirge, Ödland, Mälar- u. Hjälmarsee; Eisenerzabbau, Hüttenwerke, Holz- u. Papierind., d. Kulturlandschaften am Vätter- u. Vänersee; Inseln Öland u. Gotland; Hafenstädte *Göteborg* u. *Malmö*; Glasind., Möbelfabr.; Schonen „Schwedens Kornkammer"; Landw., Eisen-, Stahl-, Masch.-, Elektro- u. chem. Ind. **b)** *Außenhandel* (1991): Einfuhr 49,7 Mrd., Ausfuhr 55,01 Mrd. $. **c)** *Verkehr:* Handelsflotte 3,08 Mill. BRT (1992); Eisenbahnen 10 970 km. **d)** *Verf.* v. 1809 (mehrfach geändert, zuletzt 1975): Konstitutionelle Erbmonarchie (Haus Bernadotte; Beschränkung d. Monarchen auf Repräsentationsaufgaben); Reichstag (*Riksdåg*), Ministerrat (*Statsråd*). **e)** *Verw.:* 24 Verw.bez. (*Län*). **f)** *Gesch.:* Um 500 n. Chr. Reichsgr. v. Uppsala aus; 800–1000 Ostlandfahrten d. Waräger; 11. Jh. Christianisierung; Erwerb Finnlands im 12. Jh.; 1397–1521 durch → Kalmarer Union m. Dänemark u. Norwegen vereinigt; 1523–1654 unter Haus Wasa beherrschende Ostseemacht; Reformation; unter Gustav Adolf entscheidendes Eingreifen in → Dreißigjährigen Krieg; Erwerb v. Ingermanland, Karelien, Estland u. Livland, im Westfäl. Frieden 1648 von Vorpommern, Wismar, Bremen u. Verden; Karl X. Gustav (Haus Pfalz-Zweibrücken) erwirbt im Frieden v. Roskilde die süd- u. westschwed. Küstengebiete; 1675 Niederlage bei Fehrbellin. Nach dem → Nordischen Krieg (1700–21) unter Karl XII. Verlust der Ostseeprovinzen, von Bremen u. Verden u. damit der Großmachtstellung; 1719 neue Verf.; 1751–1818 Haus Holstein-Gottorp, 1773–1809 Gustavianische Zeit: Kg Gustav III. stellt Königsmacht wieder her; 1809 tritt Sch. im Frieden v. Fredrikshamn Finnland u. Ålandinseln an Rußland ab; neue Verf., 1810 wählt Sch. den frz. Marschall Bernadotte als Thronfolger (Kronprinz), erhält 1814 Norwegen von Dänemark gegen Vorpommern u. Rügen (Schwed.-

SCHWEDEN
Staatsname: Königreich Schweden, Konungariket Sverige
Staatsform: Konstitutionelle Monarchie mit parlamentarischem Regierungssystem
Mitgliedschaft: UNO, EU, Europarat, EWR, OECD, OSZE, Nordischer Rat
Staatsoberhaupt: König Carl XVI. Gustav
Regierungschef: Göran Persson
Hauptstadt: Stockholm 685 000 (Agglom. 1,67 Mill.) Einwohner
Fläche: 449 964 km²
Einwohner: 8 745 000
Bevölkerungsdichte: 19 je km²
Bevölkerungswachstum pro Jahr: ⌀ 0,51% (1990–1995)
Amtssprache: Schwedisch
Religion: Ev.-Lutherische Schwed. Kirche (89,8%), Katholiken (1,7%)
Währung: Schwedische Krone (skr)
Bruttosozialprodukt (1994): 206 419 Mill. US-$ insges., 23 630 US-$ je Einw.
Nationalitätskennzeichen: S
Zeitzone: MEZ
Karte: → Skandinavien

Schweden

Schwebfliege

Norweg. Union); 1905 Auflösung der Union m. Norwegen; 1950–73 Gustav VI. Adolf Kg, s. 1973 Carl XVI. Gustav; 1992 reg. Regierung führt z. Abbau d. Sozialleist.; 1993 Einleitung einer Wirtschaftsreform; 1995 EU-Beitritt nach Referendum.
Schwedenmilch, trinkbare Sauermilch.
Schwedenplatte, *schwed. Schüssel,* kalte Platte mit belegten Broten u. kleinen Gerichten.
schwedische Gardinen, scherzhaft für Gefängnisgitter.
schwedische Literatur, 15. Jh.: Thomas v. Strängnäs (*Lied v. Engelbrecht*). 18. Jh.: E. Swedenborg, Carl Michael Bellman, Thomas Thorild. 19. Jh.: Phosphoristen (Romantiker): Lars Hammarsköld, Pehr Atterbom; Götischer Bund: Erik Gustaf Geijer, Esaias Tegnér (*Frithjofsage*); K. J. L. Almquist (*Buch Dornrose*); Viktor Rydberg, August Strindberg; Gustaf af Geijerstam (*Buch vom Brüderchen*), Verner v. Heidenstam (*Karl XII. u. seine Krieger; Folke Filbyter*); S. Lagerlöf, P. Hallström. 20. Jh.: P. Lagerkvist (Lyrik, Roman, Drama); vorwiegend Lyriker: G. Fröding, K. Ek, K. Boye, A. Lundkvist, K. Vennberg, G. Ekelöf, J. Edfelt, E. Lindegren, H. Martinson; vorwiegend Erzähler: M. Stiernstedt, H. Dixelius, F. G. Bengtsson, V. Moberg, O. Hedberg, H. Bergman, B. Berg (Tierbücher), G. Hellström, Lo-Johansson, E. Johnson, S. Stolpe; A. Lindgren.
Schwedt (Oder) (D-16303), Krst. i. Bbg., 50 100 E; Schloß (17. Jh.); Tabakind.; Erdölleitung aus d. Wolgagebiet.
Schwefel, S, chem. El., Oz. 16, At.-Gew. 32,066, Dichte 2,07; gelbes sprödes Nichtmetall, sublimierbar zu pulvriger *Sch.blüte, -blume*; löslich in Benzol u. Sch.kohlenstoff; rein in vulkan. Gebieten (Sizilien); bed. Vorkommen im S der USA u. im Golf v. Mexiko; gebunden in vielen Mineralien: Kies, Glanz, Blende; Hauptverwendung: Gewinnung v. Sch.säure, dann zu Explosivstoffen, Schädlingsbekämpfung, z. Vulkanisieren v. Kautschuk u. zur Zündholzfabrikation; *med.* bes. i. Salbenform bei Hautkrankh., zu Bädern; verbrennt z. *Sch.dioxid* (SO_2), e. stechend riechenden, bleichenden, keimtötenden Gas.
Schwefelbäder, Bäder mit Schwefelquellen; bes. bei Hautkrankheiten.
Schwefelblume, Schwefelblüte → Schwefel.
Schwefeldioxid, SO_2, wird z. B. freigesetzt in Autoabgasen, b. Verbrennen fossiler Brennstoffe, b. der Erdölraffination; spielt eine Rolle bei der Bildung v. → Smog u. „saurem Regen"; Beseitigung des SO_2 durch Entschwefelung.
Schwefelkies, *Pyrit,* → Eisenkies.
Schwefelkohlenstoff, CS_2, feuergefährl., stark lichtbrechende Flüssigkeit; durch Leiten von Schwefeldampf über glühende Kohle gewonnen; unpolares Lösungsmittel für Schwefel, Iod, Phosphor, Öle, Fette, Gummi.
Schwefelköpfchen, Blätterpilz an Baumstrünken mit schwefelgelbem Hut; z. T. bitter, giftverdächtig.
schwefeln, Ausräuchern durch das bei der Verbrennung von Schwefel entstehende Schwefeldioxid; zum Bleichen oder zur Keimtötung.

Schwefelregen, vom Wind verwehter Blütenstaub von Nadelhölzern.
Schwefelsäure, H_2SO_4, Dichte 1,836; bildet als wichtigste anorgan. Säure eine d. Grundlagen d. chem. Industrie (Bleichen, Färben, Ölmühlen u. -raffinerien, Beizen v. Metallen, Explosivstoffe); Salze: *Sulfate;* Herstellung früher durch d. *Bleikammerverfahren:* Oxidation d. durch Rösten von Sch.erzen (→ *Eisenkies*) gewonnenen Sch.dioxidgases durch Salpetersäuredämpfe in m. Blei ausgekleideten Räumen; heute durch das *Kontaktverfahren:* katalyt. Oxidation v. gasförmigem Schwefeldioxid zu Schwefeltrioxid, das m. Wasser Schwefelsäure bildet; wirkt stark ätzend u. verkohlt organ. Substanz durch Wasserentziehung; Verwendung auch z. Superphosphatgewinnung.
Schwefelwasserstoff, H_2S, farbloses, übel riechendes giftiges Gas; natürl. in Schwefelquellen u. Vulkangasen, entsteht bei Fäulnis schwefelhaltiger Eiweißstoffe; techn. aus Schwefelmetallen u. Säure; chem. schwache Säure; Salze heißen → *Sulfide.*
schweflige Säure, H_2SO_3, Lösung von *Schwefeldioxid* (→ Schwefel und Schwefelsäure) in Wasser; Salze heißen *Sulfite* (Bleichmittel).
Schweidnitz, Świdnica, poln. St. a. d. Weistritz, Niederschlesien, 63 300 E.
Schweifaffen → Sakis.
Schweigepflicht → Berufsgeheimnis.
Schweikart, Hans (1. 10. 1895–1. 12. 1975), dt. Theaterleiter u. Regisseur.
Schweine, paarzehige Säugetiere mit rüsselartiger Wühlschnauze und gekrümmten Eckzähnen, europäisches *Wildschwein (Schwarzwild),* in dichten Wäldern, zerwühlt Äcker; Männchen heißt *Keiler,* Weibchen *Bache,* Junge *Frischlinge.* Von ihm stammt d. *Hausschwein,* zahlreiche Rassen, starke Ausbildung von Fleisch *(Dt. weißes Edelschwein)* und Fett *(Veredeltes Landschwein)* sowie Rückbildung der Knochen. Schweinebestand in Dtld 26 Mill. (1993). – Andere wilde Schweine: → Pekaris, afrikan. *Flußschwein* u. *Warzenschwein; Hirscheber* (Celebes).
Schweinefinne, *Schweine-Hakenbandwurm,* im Schweinefleisch, erzeugt → Bandwurm.
Schweinepest, infektiöse Dickdarmentzündung der Schweine durch Viren, auch mit Entzündung der Lunge.
Schweineseuche, Infektionskrankheit d. Schweine durch Bakterien, m. Lungenentzündung (beide anzeigepflichtig).
Schweinfurt, (D-97421–24), krfreie St. in Bay., Rgbz. Unterfranken, a. Main, 55 200 E; LG, AG; spätgot. Rathaus; Geburtsort Rückerts, Theater; Motoren-, Kugellager-, Farbenfabr.; Motorenbau; Weinbau; Hafen.
Schweinfurter Grün, Arsen-Kupfer-Acetat.
Schweinfurth, Georg (29. 12. 1836 bis 19. 9. 1925), dt. Afrikaforscher; bereiste bes. d. Nilländer, drang 1870/71 bis ins Kongogebiet vor; *Im Herzen von Afrika.*
Schweinsohr,
1) Speisepilz (Gelbling) mit ohrförmigem Hut.
2) Blätterteiggebäck.

Schweinsohr

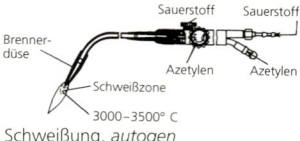
Schweißhund

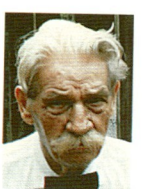
Albert Schweitzer

Schweiß,
1) Absonderung von salziger Flüssigkeit durch die Haut infolge Temperatursteigerung, Muskelarbeit, Flüssigkeitsaufnahme, Krankheit; reguliert d. Wärmehaushalt d. Körpers. – *Sch.absonderung* b. Tieren beschränkt. Die knäuelförmigen *Sch.drüsen* (→ Haut, Abb.), Austrittsorgane für Sch., sind für Infektionen empfängl. *(Sch.drüsenabszeß).*
2) i. d. *Jägersprache* svw. Blut.
Schweißeisen, *Schweißstahl,* nicht härtbares Eisen, kohlenstoffarm, schmied- und schweißbar; bes. für Kesselblech, Nieten, Muttern usw.
schweißen, das Zusammenfügen schweißwarmer (glühender) Metallstücke; a) *Feuerschweißung:* Zusammendrücken od. -hämmern d. im (Schmiede-)Feuer erhitzten Schweißstellen (-nähte); meist unter Zufügung v. Flußmitteln; b) *Gasschweißen:* Erhitzen nahe aneinander liegender Schweißstellen durch **Schweißbrenner,** z. B. Sauerstoffgebläse; dadurch Zusammenfließen der Schweißränder (evtl. mit zusätzlichem Metall) zu einem Stück; *autogenes Sch.;* ähnl. Sch. mit Thermit (Aluminium-Mischung); c) *elektrisches Sch.:* Einschalten d. Schweißstelle in einen Stromkreis als Widerstand oder Sch. im el. Flammbogen.
Schweißhund, *Spürhund,* ein Jagdhund, der d. **Schweißfährte** (Blutspur) v. angeschossenem Schalenwild verfolgt.
Schweißtuch der Veronika, in d. bild. Kunst Darstell. d. Tuchs m. d. unauslöschl. eingeprägten Gesicht d. Christus, das ihm d. legendäre V. zuvor z. Erfrischung gereicht habe; erst s. 14. Jh. hpts. in Verbindung m. d. Kreuztragung.
Schweitzer, Albert (14. 1. 1875–4. 9. 1965), ev. Theologe, Privatdozent in Straßburg, Musikforscher (Werke über *J. S. Bach* u. Orgelbau), Orgelspieler, Phil.; s. 1913 Missionsarzt in Lambarene (Gabun); 1952 Friedensnobelpr.; *Zwischen Wasser u. Urwald; Aus meiner Kindheit u. Jugendzeit; Geschichte der Leben-Jesu-Forschung; Kultur u. Ethik; Die Weltanschauung d. ind. Denker.*
Schweiz, Bundesstaat in Mitteleuropa. a) *Geogr.:* Im S und O Alpenland (nördl. Kette: Savoyer Kalkalpen, Berner, Glarner Alpen; südl. Kette: Walliser, Tessiner, Adula-, Rätische Alpen); zw. Genfer See u. Bodensee d. hügelige Mittelland; dichtbesiedeltes Kulturland; 9,5% Ackerland, 39,5% Wiesen u. Weiden, 26% Wald; im W u. N der *Schweizer Jura,* ein ziemlich rauhes, langgestrecktes Faltengebirge. b) *Wirtsch.:* Viehzucht u. Milchwirtschaft (1991: 1,8 Mill. Rinder), Obstbau; Maschinen-, Apparate- u. Fahrzeugbau, Metall-, Uhren-, chem. u. pharmazeut. Ind., Textil- u. Pa-

SCHWEIZ	
Staatsname:	Schweiz, Schweizerische Eidgenossenschaft; Suisse, Confédération Suisse; Svizzera, Confederazione Svizzera
Staatsform:	Parlamentarischer Bundesstaat
Mitgliedschaft:	EFTA, Europarat, OECD, OSZE
Bundespräsident:	jährlich wechselnd
Regierung:	Bundesrat (7 Mitglieder)
Hauptstadt:	Bern 134 400 Einw.
Fläche:	41 295 km²
Einwohner:	7 131 000
Bevölkerungsdichte:	173 je km²
Bevölkerungswachstum pro Jahr:	⌀ 1,05% (1990–1995)
Amtssprache:	Deutsch, Französisch, Italienisch, Rätoromanisch
Religion:	Katholiken (46,1%), Protestanten (40%), Muslime (2,2%)
Währung:	Schweizer Franken (sfr)
Bruttosozialprodukt (1994):	264 974 Mill. US-$ insges., 37 180 US-$ je Einw.
Nationalitätskennzeichen:	CH
Zeitzone:	MEZ
Karte:	→ Schweiz

Schweiz

Schweißung, autogen

Die Wappen der Kantone der Schweiz

Aargau

Appenzell-Außerrhoden

Appenzell-Innerrhoden

Basel-Landschaft

Basel-Stadt

Bern

Freiburg

Genf

Glarus

Graubünden

Jura

Luzern

Neuenburg

Nidwalden

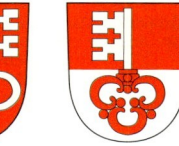
Obwalden

St. Gallen

Schaffhausen

Schwyz

Solothurn

Tessin

Thurgau

Uri

Waadt

Wallis

Zug

Zürich

Aargau

Die Flaggen zeigen das Wappenbild in quadratischem Tuch. Luzern aber waagerecht weiß-blau, Tessin waagerecht rot-blau. Das Schwyzer Kreuz steht an der Mastseite.

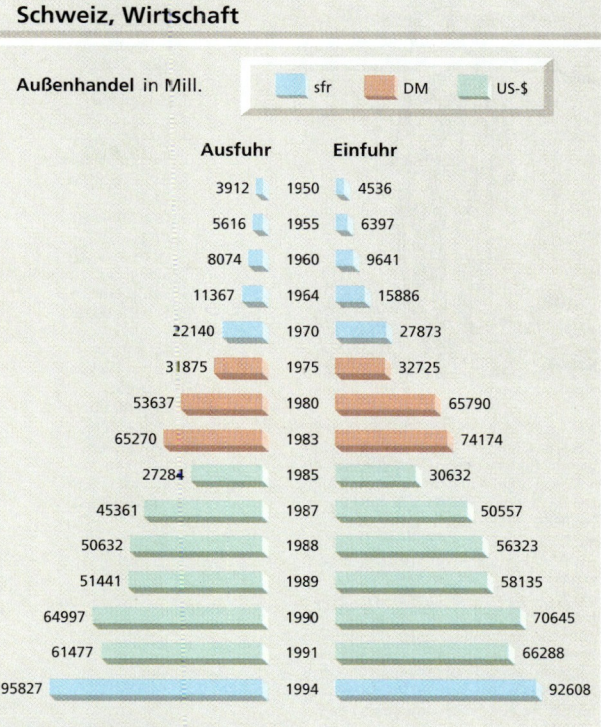

Schweiz, Wirtschaft

Außenhandel in Mill. (sfr, DM, US-$)

Ausfuhr	Jahr	Einfuhr
3912	1950	4536
5616	1955	6397
8074	1960	9641
11367	1964	15886
22140	1970	27873
31875	1975	32725
53637	1980	65790
65270	1983	74174
27284	1985	30632
45361	1987	50557
50632	1988	56323
51441	1989	58135
64997	1990	70645
61477	1991	66288
95827	1994	92608

Gold- und Devisenbestand 1995
Gold: 83,28 Mill. troy oz (1 Troy ounce = 31,1 Gramm) Devisen: 23333 Mill. SZR (Sonderziehungsrechte, 1 SZR am 31.12.1995 = 1,4865 US-$ bzw. 2,2193 DM)

pierind., Nahrungs- u. Genußmittelind.; Ausnutzung der Wasserkraft, Fremdenverkehr. **c)** *Außenhandel* (1991): Einfuhr 66,29 Mrd., Ausfuhr 61,48 Mrd. S. → Schaubild. **d)** *Verkehr:* Eisenbahn 5031 km. **e)** *Verf.* v. 29. 5. 1874: Parlamentar., direktdemokr. Bundesstaat m. Kollegialreg., 20 Voll-, 6 Halbkantone: Aargau (s. 1803), Appenzell Außer- und Innerrhoden (1513), Basel-Landschaft u. -Stadt (1501), Bern (1353), Freiburg (1481), St. Gallen (1803), Genf (1815), Glarus (1352), Graubünden (1803), Jura (1979), Luzern (1332), Neuenburg (1815), Unterwalden (Nid- u. Obwalden, 1291), Schaffhausen (1501), Schwyz (1291), Solothurn (1481), Tessin (1803), Thurgau (1803), Uri (1291), Waadt (1803), Wallis (1815), Zug (1352), Zürich (1351); Bundesvers. m. 2 Kammern: Ständerat (46 Mitgl.), Nationalrat (200 Mitgl.); Bundesrat (7 durch Bundesvers. auf 4 J. gewählte Mitgl., darunter d. Bundespräs., jährl. gewählt), ausführende Gewalt; Wahlrecht: seit 1971 Frauenstimm- u. -wahlrecht eingeführt; s. 1982 Überarbeitung d. Verf. **f)** *Gesch.:* Osthälfte v. Anfang an, Westhälfte (→ Burgund) s. 1033 beim Dt. Reich; 1291 Ewiger Bund d. drei Waldstätte Uri, Schwyz u. Unterwalden, erweitert bis 1353 durch Beitritt von Luzern, Zürich, Glarus, Zug und Bern zur Sicherung der Unabhängigkeit; erfolg-

Schweizer 882 Schwertbrüder

Schweizergarde

Kantone
1 Aargau
Appenzell:
2 Außerrhoden
3 Innerrhoden
Basel:
4 Basel-Stadt
5 Basel-Landschaft
6 Bern
7 Freiburg (Fribourg)
8 Genf (Genève)
9 Glarus
10 Graubünden
11 Jura
12 Luzern
13 Neuenburg (Neuchâtel)
14 Sankt Gallen
15 Schaffhausen
16 Schwyz
17 Solothurn
18 Tessin (Ticino)
19 Thurgau
Unterwalden:
20 Obwalden
21 Nidwalden
22 Uri
23 Waadt (Vaud)
24 Wallis (Valais)
25 Zug
26 Zürich

reicher Widerstand gg. habsburgische Unterwerfungsversuche: 1315 bei Morgarten, 1386 bei Sempach; gg. burgundische Karls des Kühnen: 1476 bei Grandson u. Murten; 1499 Anerkennung d. Unabhängigkeit durch Kaiser Maximilian. Reformatoren: → Zwingli in Zürich, → Calvin in Genf. Im Westfäl. Frieden (1648) endgültige Lösung v. Reich, 1798 die *Helvetische Republik* als frz. Vasallenstaat; 1803 durch *Mediationsakte* Napoleons Staatenbund unter frz. Schutzherrschaft, 1815 durch neuen *Bundesvertrag* ersetzt; d. Wiener Kongreß (1814/15) sicherte der Sch. ewige Neutralität zu; 1847 → Sonderbundskrieg u. 1848 Umwandlung des Staatenbundes in Bundesstaat; seit Mitte des 19. Jh. als neutraler Staat Gastland für intern. Kongresse (Berner u. Genfer Konvention, Locarnopakt u. a.) u. Sitz intern. Organisationen; in beiden Weltkriegen Wahrung der Neutralität. Die Sch. ist zwar nicht Mitglied der Vereinten Nationen, beteiligt sich jedoch an intern. Einrichtungen wie z. B. UNESCO. 1960 Gründungsmitgl. der EFTA; 1992 in je einer Volksabstimmung gegen die Teilnahme am Eur. Wirtschaftsraum (EWR) u. für d. Mitgliedsch. bei d. Weltbank u. dem Intern. Währungsfonds (IWF).
Schweizer,
1) i. d. Landw.: *Melker.*
2) Küster, Türhüter.
3) Aufseher in kath. Kirchen.
4) gebürtiger Sch., der in fremdem Heer dient; z. B. *Sch.garde* d. frz. Könige; jetzt noch im Vatikan als päpstl. Wachsoldaten.
Schweizer Degen, buchgewerbliche Arbeiter; gleichzeitig Setzer und Drucker.
Schweizer Garde, Schweizer Söldnertruppe, heute noch als Teil der päpstl. Ehrenwache im Vatikan.
Schweizer Jura, Frz.-Schweizer J., waldreiches Faltengebirge, von der Isère-Rhône bis zum Rhein, *Crêt de la Neige* 1718 m, im N Hochebene; s. 1979 Kanton.
Schwelerei, trockene Destillation der *Schwelkohle* (Braunkohle, reich an wachsart. Bitumen) im *Schwelofen* bei 500–600 °C unter Luftabschluß, z. Gewinnung v. *Schwelteer* (reich an Solaröl und Paraffin) und *Grudekoks* (Rückstand in den Schwelzylindern).

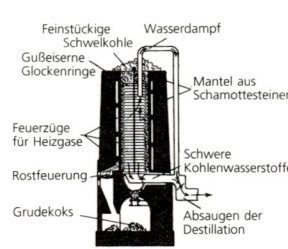
Schwelerei

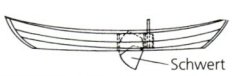
Schwert, *am Boot*

Schwelle,
1) unteres Brett der Türeinfassung.
2) Querträger der Eisenbahnschienen.
Schwellenwert, d. unterste Stärke eines → Reizes, auf den eben noch eine Reaktion erfolgt.
Schwellkörper, Organe, deren Umfang, Länge und Konsistenz durch starke Blutgefäßfüllung zunehmen (z. B. Penis und Klitor).
Schwelm (D-58332), Krst. d. Ennepe-Ruhr-Kr., NRW, 30 589 E; AG; Pianofabrik, Masch.-, Eisen-, Textil- u. Kunststoffind.; Haus Martfeld, Wasserburg (16. Jh.).
Schwemmsteine, hochporöse Mauersteine aus Schlacke od. Bimskies mit Zusätzen.
Schwenckfeld, Kaspar v. (1489 bis 10. 12. 1561); dt. ev. Sektierer; Taufe u. Abendmahl nur symbol. Handlungen, Anhänger (*Schwenckfelder*) bes. in Schlesien, wegen Verfolgung s. 1734 Auswanderung nach N-Amerika (Pennsylvania).
Schwenningen am Neckar, s. 1972 → Villingen-Schwenningen. – Nahebei das *Schwenninger Moos* ● m. Neckarursprung.
Schwerbehinderte, Invaliden, durch gesundheitl. Schädigung mindestens zu 50% arbeitsunfähige Personen; bevorzugter Anspruch auf Arbeitsplatz durch Verpflichtung der Arbeitgeber, zu einem best. Prozentsatz d. Belegschaft (öff. Verwaltung mind. 10%, öff. u. priv. Betriebe mindestens 6%) Sch. zu beschäftigen. Pflicht z. Beschäftigung v. mindestens 1 Sch. beginnt in d. Verwaltung bei 10, in öff. u. priv. Betrieben b. 16 Arbeitsplätzen. Kündigung nur nach Zustimmung der Hauptfürsorgestelle; jährl. Zusatzurlaub von mindestens 6 Arbeitstagen; bevorzugte Berufszulassung, frühere Verrentung (Ges. vom 16. 6. 1953 u. v. 29. 4. 1974); auch → Kriegsbeschädigte.
Schwerefeld, *phys. Gravitationsfeld,* Gebiet (eines Himmelskörpers), in dem auf Körper (Anziehungs-)Kräfte ausgeübt werden.
Schwerelosigkeit, Aufhebung der Schwerkraftwirkung i. Erdsatelliten infolge der durch die hohe Bahngeschwindigkeit erzeugten Fliehkraft; bei Raumflügen Schwerelosigkeit während jedes antriebslosen Fluges.

schweres Wasser, enthält → Deuterium, ist also D_2O statt H_2O; Verwendung in Kernreaktoren als Bremssubstanz.
Schwergewicht, Gewichtsklasse beim Boxen über 81 kg, Ringen 90–100 kg, Gewichtheben 82,5–110 kg, Judo über 93 kg, Rasenkraftsport über 90 kg.
Schwerhörigkeit, Verminderung d. Hörvermögens, Begleit- u. Folgeerscheinung aller Krankheiten des inneren, auch des mittleren Ohres, b. Trommelfellzerreißungen (infolge Explosion, starken Schlages), auch dauernder Lärmeinwirkung; → Otosklerose. Abhilfe in geeigneten Fällen durch Operation, auch durch el. Hörapparat.
Schwerin,
1) *Sch. in Mecklenburg* (D-19053–63), Hptst. d. Landes Mecklenburg-Vorpommern (23 589 km², 1,89 Mill. E), Stkr. am *Sch.er See* (63 km², bis 54 m tief, fischreich; Abfluß Stör zur Elbe), ehem. Residenz der Großherzöge von Mecklenburg-Sch., 125 959 E; Schloß mit got. Dom (14.–15. Jh.); Landesmus., -theater u. -bibliothek, Staatl. Konservatorium; OPD.
2) *Sch. a. d. Warthe, Skwierzyna,* St. in d. poln. Woiwodschaft Gorzów, 8000 E.
Schwerindustrie, Bez. für Stahlindustrie, Bergbau, Großanlagen- u. Großmaschinenbau.
Schwerkraft, Anziehungskraft der Erde oder anderer Himmelskörper (→ Gravitation); merkbar als Gewicht, gemessen für die Erde durch die *Schwerebeschleunigung* (in Mitteleuropa 9,81 m/s²).
Schweröle, die bei 230–270 °C siedenden Bestandteile des Erdöls od. des Steinkohlenteers (→ Kohlenwasserstoffe, Übers.); auch sonstige schwer entflammbare Öle.
Schwerpunkt, Punkt eines Körpers, in dem die gesamte Masse des Körpers vereinigt gedacht werden kann. Wird d. Körper im S. unterstützt, befindet er sich im indifferenten → Gleichgewicht.
Schwerspat, *Baryt,* Bariumsulfat ($BaSO_4$), Mineral, → Barium.
Schwert,
1) Hieb- und Stichwaffe.
2) b. kleineren Segelbooten ins Wasser zu senkende Platte aus Holz od. Eisen zur Verminderung der Abtrift.
Schwertbrüder, 1202 v. Bischof Al-

Schwimmsport, Seoul 1988, Michael Groß (D) (vorne)

bert v. Riga gestifteter Ritterorden, eroberte und kultivierte Livland, Kurland und Estland (13. Jh.); 1237 im Dt. Orden aufgegangen.
Schwerte (D-58239), Ind.st. a. d. Ruhr, i. Kr. Unna, NRW, 50 673 E; AG; Nickelwerk, Metallindustrie.
Schwertfeger, Waffenschmied im Mittelalter.
Schwertfische,
1) astron. → Sternbilder, Übers.
2) Knochenfische m. langem Oberkieferfortsatz als Waffe.
Schwertleite → Ritterschlag.
Schwertlilie, *Iris,* Stauden m. schwertähnl. Blättern u. gr. gelben od. violetten Blüten; Zierpflanzen, oft auch wild; z. B. die blau blühende *Sibirische Sch.* in Schilfgebieten.
Schwertschwänze, zwischen Krebs- und Spinnentieren stehende Meerestiere mit schildbedecktem Körper und langem Stachelschwanz; heute nur noch wenige Arten (z. B. *Pfeilschwanzkrebs*).
Schwertwal, *Killerwal,* ein Delphin, weiß-schwarz mit langer Rückenflosse; frißt Robben, andere Wale.
Schwester,
1) Angehörige christl. konfessioneller Frauenverbände (z. B. *Nonne, Diakonisse*).
2) nach fachl. Ausbildung in der Volksgesundheitspflege tätige Frau, *Kranken-Sch., Gemeinde-Sch.,* zus.gefaßt: *Rote-Kreuz-Sch.* usw.
Schwetzingen (D-68723), St. im Rhein-Neckar-Kr., Ba-Wü. (Rheinebene), 19 888 E; AG; Schloßgarten (18. Jh.), Konservenind.; Spargelanbau; Festspiele.
Schwibbogen, frei schwebender Bogen, z. B. als Verbindung zw. 2 Mauern im Kirchenbau.
Schwiebus, *Świebodzin,* St. in d. poln. Woiwodschaft Zielona Góra, 22 000 E; Eisen-, Borsten- u. Tuchind.
Schwielen, harte Verdickung d. Gewebe, vor allem der Haut, durch mechan. Druck od. nach Infarkt (Herzmuskelschwiele).
Schwientochlowitz, poln. *Świętochłowice,* Ind.st. i. d. Woiwodschaft Katowice, 60 000 E; Steinkohlenbergbau, Eisen- u. Stahlind.
Schwimmaufbereitung → Flotation.
Schwimmbadkonjunktivitis, infektiöse Bindehautentzündung.
Schwimmblase, *Fischblase,* luftgefüllter Sack (Ausstülpung des Vorderdarms); bewirkt durch Druckveränderung das Auf- u. Niedersteigen im Wasser.
schwimmen, *phys.* Gleichgewichtszustand eines festen Körpers in spezif. schwererer Flüssigk. (od. Gas), der so tief in das Medium eindringt, bis d. Masse d. verdrängten Mediums seiner Gesamtmasse entspricht. → Auftrieb; im Alltagsgebrauch bei Tieren u. Menschen Bez. f. Bewegung im Wasser durch Wassertreten od. (aktive) Schwimmbewegungen. → Schwimmsport, Rettungsschwimmen.
Schwimmer,
1) bei Wasserstandsmessern (→ Pegel) zum Anzeigen des Flüssigkeitsspiegels.
2) auf oder in Flüssigkeit schwimmender Hohlkörper zur automat. Absperrung bzw. Öffnung von Leitungen.
Schwimmkäfer, räuberische Wasserbewohner mit Ruderbeinen; z. B. der *Gelbrand,* 2–3 cm l., oben grünschwarz, unten und an den Seitenrändern gelb; Käfer und Larven leben u. a. von jungen Fischen.
Schwimmsport, Sammelbegriff für Schwimmwettbewerbe: *Brust-, Kraul-, Delphin-, Rücken-* u. *Kunstschwimmen.*
Schwimmwaage, eine Senkwaage, → Aräometer.
Schwind, Moritz v. (21. 1. 1804–8. 2. 71), östr. Maler u. Zeichner d. (Spät-)Romantik; (Märchen-)Illustrationen, Wandgemälde (u. a. auf d. Wartburg u. in d. Wiener Oper); *Die Symphonie.*
Schwindelgefühl, Gleichgewichtsstörung, durch Augentäuschungen, Blutleere im Gehirn; auch Zeichen f. Krankh. d. inneren Ohrs, Kleinhirns usw.
Schwindling, *Musseron,* sehr kleine Blätterpilze; als Gewürz (z. B. *Lauch-Sch., Nelkenschwamm*).
Schwindsucht, swv. Lungentuberkulose (→ Tuberkel).
Schwingachse, bei Personenkraftwagen: jedes Rad einzeln an einer Querfeder aufgehängt, schwingt für sich über Bodenunebenheiten.
Schwingel, Gräser mit rispenförmigen Blütenständen; z. T. Futtergräser.
Schwingen, schweiz. Form des Ringkampfs; Ringer in kurzen Leinenhosen mit Ledergurt, an denen die Gegner sich fassen; auch → Glima.
Schwinger, Julian (* 12. 2. 1918), am. Phys.; theoret. Arbeiten z. Quantenelektrodynamik; Nobelpr. 1965.
Schwingkölbchen, *Haltere,* als Gleichgewichts- und Stabilisierungsorgane umgebildete Hinterflügel der → Zweiflügler.
Schwingkreise, in der Nachrichtentechnik Schaltglieder beim Sender, beim Empfänger Resonanzkreis; bestehend aus Stromkreis v. Induktionsspule u. Kondensator (m. variabl. Kapazität), parallel ein Serie geschaltet; Erregung d. Induktionsspule erzeugt Auflading d. Kondensators, durch dessen Entladung Wiedererregung d. Spule usw. bis zum Abklingen (durch → Dämpfung); bei gleichem induktiven u. kapazitiven Widerstand e. Schwingkreises spricht man von *Resonanz; Parallelresonanz* sehr großer Widerstand, *Serienresonanz* sehr kleiner Widerstand für Resonanzfrequenz, bewirkt Abstimmungseffekt bei Rundfunkgeräten usw.
Schwingung, regelmäßiges (period.) Schwanken eines Körpers od. Zustandes um eine Ruhelage (z. B. beim → Pendel, Wechselstrom usw.); jeweilige Entfernung von der Ruhelage: *Elongation*; größte Entfernung: *Amplitude*; Zeitdauer zw. Punkten gleicher Elongation u. Sch.srichtung: *Sch.sdauer*; Zahl der vol-

Schwertlilie

Moritz v. Schwind

Nelkenschwamm

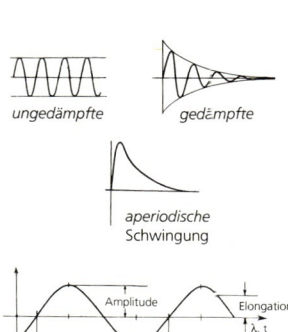
Schwingung, allgemeine Darstellung

len Sch.en je Sekunde: *Sch.szahl* od. → *Frequenz*; bei e. Energieverbrauch (→ *Dämpfung*), z. B. durch Reibung od. Ausstrahlung von Wellen, nehmen die Amplituden ab *(gedämpfte Sch.en)*, b. überstarker Dämpfung *aperiodische Sch.en* (Amplitude nimmt so stark ab, daß nicht e. einzige volle Schwingungsperiode durchlaufen wird; dagg. gleich große Amplituden *(ungedämpfte Sch.en)*, wenn keine Reibung vorhanden od. Reibungsverluste durch genügende Energiezufuhr ausgeglichen werden; räumlich sich fortpflanzende Sch.en → *Wellen*.
Schwirle, den → *Rohrsängern* nahe verwandte Singvögel mit monotonem ("schwirrendem") Gesang; bei uns u. a. Feldschwirl.
Schwirrflug, Horizontalflug m. hoher Schlagfrequenz der Flügel: *Kolibris, Mauersegler, Schwebfliegen, Schwärmer.*
Schwirrholz, Kultgerät b. austral., afrikan. u. am. Eingeborenen: ein Brettchen, an Menschenhaarschnur geschwungen, ergibt die summende "Geisterstimme".
Schwirrvögel, zus.fassende Bez. für → *Segler,* → *Nachtschwalben* und → *Kolibris.*
Schwitters, Kurt (20. 6. 1887–8. 1. 1948), dt. dadaist.-surrealist. Maler und Dichter; collagierte Materialbilder; Gedichte: *Anna Blume;* → konkrete Poesie.

Kurt Schwitters, *Collage*

Schwitzkuren, Erzeugung kräftiger Schweißabsonderung durch Hitze oder Arzneien, von heilkräftiger Wirkung, bes. bei Erkältungs-, Infektionskrankheiten und zur Entfettung.
Schwund, Einbruch d. Empfangsspannung; Signal kommt auf mehreren unterschiedl. langen Wegen zur Empfangsantenne, dadurch Amplitudenschwankungen, im ungünstigsten Fall Auslöschung des Signals; Abhilfe: Mehrfachempfang *(Diversity)* im kommerziellen Betrieb od. → *Fadingausgleich*.
Schwungkraft, Fliehkraft, die durch Drehung um (Drehungs-)Achse entsteht..
Schwungrad, schweres Rad (Scheibe) zur Aufspeicherung mechan. Energie in Form v. Bewegungsenergie; Energievorrat als Ausgleich ungleichmäß. Antriebs (Motoren) od. ungleichmäß. Energiebedarfs (z. B. Walzwerkmaschine).

Schwurgericht → Rechtspflege, Übers.
Schwyz,
1) Schweiz. Urkanton, von den **Schwyzer Alpen** (*Rigi* 1800 m) durchzogen, im W der *Zugersee*, im S der *Vierwaldstätter See,* im N der *Zürichsee;* Baumwoll-, Seiden- u. Holzind.; 908 km², 122 300 E; Hptst.:
2) *Sch.* (CH-6430), Luftkurort, 520 müM, an d. Gotthardbahn, am Fuße der *Mythen* (2 Voralpengipfel d. Sihltalbergkette), 12 900 E.
Schygulla, Hanna (* 25. 12. 1943), dt. Schausp.in; Hauptdarstellerin in vielen Faßbinder-Filmen: *Effi Briest; D. Ehe d. Maria Braun; Lili Marleen.*
Science-fiction, w. [engl. ˈsaɪəns ˈfɪkʃən ,,Wissenschafts-Dichtung''], Zukunftsromane u. -erzählungen auf techn.-naturwiss. Grundlage, überwiegend z. trivialen Unterhaltungsliteratur gehörig; bed. Vertr.: *Bradbury, Clarke, Asimov, P. K. Dick, Lem, A. & B. Strugatzki.*
Scientology [engl. saɪənˈtɔlədʒɪ], v. → Hubbard begr. angewandte rel. Phil. u. Sekte; s. 1954 *S. Church* in USA (s. 1970 in BR m. Sitz in München); angebl. Ziel: d. Menschen ,,*clear*'' (klar, rein) machen; profitorientiert; umstrittene Methoden.
scilicet [l.], abgek. *sc., scil.,* nämlich.
Scilla, *Blaustern,* Zwiebelgewächs mit blauen Blüten, in lichten Laubwäldern, Zierpflanze. ●
Scillyinseln [ˈsɪlɪ], ca. 40 Inseln im Atlant. Ozean, davon 5 bewohnt, brit., 40 km südwestl. Cornwall, zus. 16 km², 2000 E; Granit; mildes Klima, aber heftige Stürme; Blumenzucht, Frühgemüse; Hptort *Hugh Town* (auf St. Mary's).
Scipio, röm. Feldherren:
1) Publius Cornelius S. Africanus d. Ä. (*major*), eroberte Spanien, schlug 202 v. Chr. → Hannibal u. zwang Karthago zum Frieden;
2) Publius Cornelius S. Ämilianus Africanus d. J. (*minor*), zerstörte 146 v. Chr. Karthago u. 133 v. Chr. Numantia in Spanien (→ *Punische Kriege*).
Scirocco [it. ʃi-], → Schirokko.
Sckell, Friedrich Ludwig v. (13. 9. 1750–24. 2. 1823), deutscher Gartenarchitekt; *Englischer Garten in München* 1789.
Scopolamin, Alkaloid von verschiedenen Nachtschattengewächsen, wirkt ähnl. wie → Atropin.
Scorel, Jan van (1. 8. 1495–6. 12. 1562), ndl. Maler d. Renaiss.; 1521–24 als Nachfolger Raffaëls in Rom päpstl. Hofmaler u. Leiter d. Kunstsammlungen.
Scoresby [ˈskɔːzbɪ], William (1789 bis 1857), engl. Polarforscher; nach ihm ben. der **Scoresbysund,** 300 km langer, stark verzweigter Fjord i. O-Grönld.
Scorsese [ˈskɔsɪz], Martin (* 17. 11. 1942), am. Filmregisseur; *Taxi Driver* (1975); *Raging Bull* (1980); *The King of Comedy* (1982); *The Last Temptation of Christ* (1988).
Scotchterrier [ˈskɔtʃ-], → Terrier.
Scotismus, Phil. u. Schule d. Duns Scotus mit ihrer exakten Begrifflichkeit u. Vorrangstellung d. Willens v. der Vernunft; Ggs.: Thomismus.
Scotland Yard, *m.* [ˈskɔtlənd ˈjɑːd], Hptdienstgebäude d. Londoner Polizei, ben. nach s. früheren Lage, s. 1890 am Victoria Embankment; auch Bez. der Polizei, bes. der Kriminalpolizei.

Schwyz

Walter Scott

Scott,
1) Cyrill (27. 9. 1879–31. 12. 1970), engl. Komp. v. impressionist.-exot. Stil; Klavierwerke: *Dschungelbuch, Lotusland, Altchina.*
2) George Gilbert (13. 7. 1811–27. 3. 78), engl. Architekt d. Historismus; schuf hpts. im Stil d. Neugotik (u. a. *St. Nikolai* in Hamburg) u. d. Neurenaiss. (Regierungsgebäude i. London).
3) Robert Falcon (6. 6. 1868–März 1912), brit. Seeoffizier u. Südpolarforscher; entdeckte d. König-Eduard-VII.-Land, erreichte am 18. 1. 1912 (5 Wochen nach → Amundsen) den Südpol, kam auf d. Rückweg in e. Schneesturm um.
4) Samuel (1702/03–Okt. 72), bedeutendster engl. → Vedutenmaler; auch Seeschlachten.
5) Sir Walter (15. 8. 1771–21. 9. 1832), schott. Dichter; begr. d. histor. Roman: *Ivanhoe; Quentin Durward; Kenilworth; Waverley.*
Scout [engl. skaʊt ,,Späher''], → Pfadfinder: *Boy-S.*
Scrabble [engl. ˈskræbl], Buchstaben-Legespiel, ähnlich e. Kreuzworträtsel; 1948 i. d. USA erdacht.
Scranton [ˈskræntən], St. im US-Staat Pennsylvania, 88 000 E; Uni.; Anthrazitgruben, Schwerind.
Scrapie → Traberkrankheit.
Screening [engl. ˈskriːn-], Reihenuntersuchung mit einfachen Testverfahren, um z. B. unerkannte Krankheiten zu entdecken.
Scribe [skrib], Eugène (24. 12. 1791 bis 20. 2. 1861), frz. Bühnenautor; *D. Glas Wasser;* Operntexte: *Hugenotten.*
Scrip, *m.* [engl. sk-],
1) Schuldschein, bes. f. Zinsrückstände auf Anleihen.
2) in d. angloam. Ländern: Interimsschein für neu ausgegebenes Wertpapier.
Scriptgirl [ˈskrɪptˌɡəːl], Ateliersekretärin b. Filmaufnahmen.
Scrophulariaceae, svw. → Rachenblütler.
Scud-B-Raketen [ˈskʌd-], veraltete sowj. Kurzstreckenraketen (Reichweite 300 km) mit vermutlich nur konventionellen Sprengköpfen (Gefechtsköpfen) auf z. T. mobilen, auf Fahrzeugen montierten Abschußrampen. Vom Irak weiterentwickelt als Langstreckenversion Typ ,,El Abbas'' u. ,,El Hussein''. Im 2. Golfkrieg vom Irak eingesetzt. Wirkungsvolle Bekämpfung abgefeuerter S. durch das Flugabwehrraketensystem → Patriot.
Scudo, *m.,* it. Silbermünze (16.–19. Jh.).
sculpsit [l. sk- ,,hat gestochen'' bzw. ,,gemeißelt''], Vermerk zum Namen d. Stechers auf graph. Blättern bzw. d. Bildhauers auf Plastiken.
Scuol (CH-7550), schweiz. Heilbad, Klimakurort u. Wintersportplatz im Engadin, 1250 müM, 1900 E; einige Glaubersalzquellen im Alpengebiet, alkal. erd. Säuerling.
SDAJ, *S*ozialistische *D*eutsche *A*rbeiter*j*ugend.
SDI [ˈɛsdiːaɪ], Abk. f. *Strategic Defence Initiative,* Strategische Verteidigungsinitiative, ein v. d. USA 1983 initiiertes Programm zur lückenlosen weltraumgestützten Abwehr v. Atomraketen. Da technisch nicht durchführbar, wurde d. Programm von der US-Regierung im Mai 1993 aufgegeben; dafür vorauss. Entwicklung landgestützter Raketenabwehrsysteme.
SDS, Abk. f. → *S*ozialistischer *D*eutscher *S*tudentenbund.
Se, chem. Zeichen f. → Selen.
Seaborg [ˈsiːbɔːɡ], Glenn Theodore (* 19. 4. 1912), am. Chem.; entdeckte Transurane v. *Plutonium* bis *Mendelevium;* Nobelpr. 1951.
Sea-Floor-Spreading [engl. ˈsiːflɔː ˈsprɛdɪŋ], → Plattentektonik.
Seal, *m.* od. *s.* [engl. ziːl], *Seebär,* Ohrenrobbe des Pazifiks zwischen N-Asien und N-Amerika; Fell als Sealskin in Handel; in seinem Bestand bedroht; deshalb jährliche Fangquote festgesetzt; → Robben.
Sealbisam, Imitation aus Bisamrattenfell.
Sealbisamplüsch, fellartiger langfloriger, stark glänzender Plüsch.
Sealsfield [ˈsiːlzfiːld], Charles, eigtl. *Karl Postl* (3. 3. 1793–26. 5. 1864), östr.-mähr. Schriftst.; *D. Kajütenbuch.*
Séance, *w.* [frz. seˈɑ̃s], spiritistische Sitzung.
Sea Shadow [engl siː ˈʃædoʊ ,,Meeresschatten''], Prototyp e. US-Kriegsschiffes (→ Stealth-Projekte), d. wegen seiner Form u. Oberflächenbeschichtung v. gegner. Radar kaum geortet werden kann.
SEATO, *S*outh *E*ast *A*sia *T*reaty *O*rganization, Manilapakt, 1954 Sicherheitspakt in Südostasien: Australien, Frkr. (bis 1974), Gr.-Brit., Neuseeland, Pakistan (bis 1972), Philippinen (bis 1975), Thailand (bis 1975), USA; 1977 aufgelöst.
Seattle [sɪˈætl], größte Hafen- u. Industriestadt im US-Staat Washington, a. Pugetsund (Pazifik), 516 300 E; 2 Uni.; Flugzeugbau, Werften, Holzind. – Weltausstellung 1962.
Sebaldus, kath. Hlg., Patron von Nürnberg.
Sebastian, Hlg., Märtyrer, Patron der Schützen u. Pestkranken.
Sebastian [gr. ,,der Erhabene''], m. Vn.
Sebastiano del Piombo, eigtl. *S. Luciani* (um 1485–21. 6. 1547), it. Maler d. Renaiss.; verband venezian. (nuancierte Farbgebung) u. röm. (plast. Formgebung) Stilelemente; Darstellungen bibl. u. mytholog. Themen, Bildnisse (u. a. *Giulia Gonzaga*).
Sebenico → Šibenik.
Seborrhoe, *w.* [gr. -ˈrø:], *Schmerfluß,* krankhaft gesteigerte Talgabsonderung, bes. d. Kopfhaut.
SECAM, Abk. f. *séquentielle couleur à mémoire,* Farbfernsehverfahren, i. Frkr. aus d. am. → NTSC-Verfahren weiterentwickelt; Einführung der Variante *SECAM 3* 1967 in Frkr. u. d. Sowjetunion, später in anderen Ostblockstaaten; auch → Fernsehen; u. Tafel Farbfernsehen).
Secco [it. ,,trocken''],
1) *S.malerei,* auf trockener (Wand-)Fläche: *al secco* (Ggs.: → *al fresco*).
2) *mus.* → Rezitativ.
Sechmet, *Sachmet, Sechee,* ägypt. Kriegsgöttin, Gattin des → Ptah; meist löwenköpfig dargestellt.
Sechsender, *Sechser,* Hirsch od. Reh-

bock m. 6 Enden am Geweih bzw. Gehörn.
Sechstagerennen, Berufsradrennen über 145 Stunden, von Mannschaften zu je zwei sich ablösenden Fahrern bestritten; Entscheidung durch Rundengewinn od. nach Punkten.
Sechsundsechzig, dt. Kartenspiel mit (meist) 2 Spielern, 24 Blatt; Gewinn bei 66 Punkten.
Secor, am. Navigations- → Satellit.
Secret Service, m. [ˈsiːkrɪt ˈsəːvɪs], *Intelligence Service,* brit. pol. Geheimdienst.
Section d'Or [frz. sɛksjõ ˈdɔːr „goldener Schnitt"], Künstlergruppe in Paris (1912–25), d. teils i. Ggs. z. Kubismus e. absolute Malerei aus Zahlenverhältnissen u. durch e. farbl. Bildordnung anstrebte; Vertr. Gris, Gleizes, Picabia, Duchamp u. a.
SED, Abk. f. *Sozialistische Einheitspartei Deutschlands,* → PDS, → Parteien, Übers.
Sedan [səˈdã], frz. St. im Dép. Ardennes, a. d. Maas, 23 000 E; Textil-, Metallind. – 1870 dt. Sieg (Moltke), Gefangennahme → Napoleons III.
Sedativum [l.], Nervenberuhigungsmittel.
Seddin, Ort in d. Westprignitz, mit berühmtem Hügelgrab („Königsgrab") um 700 v. Chr.
Sedes Apostolica [l.], der → Apostolische Stuhl.
Sedez, s., Abk. 16°, Buchformat, bei dem der Bogen in 16 (lat. *sedecim*) Blätter geteilt ist.
Sediment, s. [l.],
1) die als Bodensatz sich sammelnden Ausscheidungen schwebender bzw. gelöster Bestandteile e. Flüssigkeit.
2) alle bei der mechan. od. chem. → Erosion freigesetzten u. anschließend abgelagerten Gesteinspartikel.
3) der durch Zentrifugieren gewonnene Bodensatz d. Harns; wichtig f. die Erkennung v. Krankh. d. Harnorgane.
Sedimentation, durch Schwerkraft hervorgerufenes Absinken von Feststoffteilchen (z. B. in Wasser).
Sedimentgesteine, *Absatz-* oder *Schichtgesteine,* Produkte der Absetzung od. Ausscheidung aus Meer- oder Süßwasser: *klastische S.* (Absatz fester Teilchen): Kies, Sand, Ton, vulkan. Asche, Lehm, Geschiebe; *chemische S.:* Steinsalz, Gips, Kalkstein (Dolomit); *organogene* od. *biogene S.:* Kalkstein, Kohle, Torf. Die S. sind der Bildungsort u. der Speicher v. Erdöl u. Erdgas.
Sedlmayr, Hans (18. 1. 1896–9. 7. 1984), östr. Kunsthistoriker; *Verlust d. Mitte; D. Entstehung d. Kathedrale; Epochen u. Werke.*
Sedów, Leonid (* 14. 11. 1907), russ. Phys.; Astrophysik, leitete erste sowj. Erdsatelliten-Projekte.
See → Seen.
Seeaal, *Meeraal,* bis zu 3 m l., in allen gemäßigten u. trop. Meeren.
Seeadler → Adler.
Seealpen → Meeralpen.
Seeamt, dt. Behörde zur Untersuchung von Seeunfällen: Oberseeamt für BR in Hamburg.
Seeanemonen → Aktinien.
Seebarben, *Meerbarben,* Stachelflosser mit zwei Bartfäden, bis 30 cm l.; Mittelmeer u. Atlantik, Speisefische.

Seelöwe

Seebären, svw. → Seal.
Seebeben, → Erdbeben unter dem Meeresboden.
Seeberufsgenossenschaft, gesetzl. Unfallvers.träger f. Seeleute, überwacht Sicherheitsvorschriften; Fahrterlaubnisscheine (Seefähigk.) f. dt. Schiffe.
Seebohm, Hans-Christoph (4. 8. 1903–17. 9. 67), dt. Pol. (DP, s. 1960 CDU); 1949–66 B.verkehrsmin.
Seeckt, Hans v. (22. 4. 1866–27. 12. 1936), dt. Generaloberst; 1920–26 Chef d. dt. Heeresleitung, Organisator der Reichswehr.
See-Elefant, Gattung d. Seehunde, bis 6,5 m l., im südl. Eismeer; größte Robbe.
Seefahrtbuch, Arbeitspapiere des Seemanns.
Seefedern → Korallentiere.
Seefeld (A-6100), Tiroler Luftkurort u. Wintersportplatz, 2751 E; am *Seefelder Sattel* (1185 m); Nord. Wettbewerbe d. Olymp. Winterspiele 1964 u. 1976.
Seegras, grasähnl. Laichkrautgewächs d. seichten Meerwassers, m. langen, schmalen Blättern; Pack- u. Polstermaterial; *Falsches S.,* eine → Segge.
Seegurken, svw. → Seewalzen.
Seehasen,
1) Küstenfische N-Europas und N-Amerikas, bis 1 m l.; Bauchflossen zu einer Saugscheibe (zum Festhalten) verwachsen; Männchen übt Brutpflege aus.
2) Meeresschnecken.
Seehofer, Horst (* 4. 7. 1949), CSU-Pol., 1989–92 Parlamentar. Staatssekr. Bundesmin. f. Arbeit u. Sozialordnung; s. 1992 Bundesmin. f. Gesundheit.
Seehunde, Familie der Robben, hundeähnlicher Kopf, Flossenfüße, auf dem Lande Sprungbewegungen des ganzen Rumpfes; Fischräuber; *Gemeiner Seehund,* gelblichgrau mit dunklen Flecken, fast 2 m l., nördl. Meere b. Ostsee; *Kegelrobbe,* grau, bis 3 m l., N- u. O-See. → See-Elefant.
Seeigel, Stachelhäuter, Bewohner des Meeresbodens; der meist kugelförmige oder ovale Körper v. dickem, stachelbesetzten Kalkpanzer umgeben, Fortbewegung durch bewegliche Stacheln und kleine Saugfüßchen; auf der Unterseite Mund und Kauapparat.
Seekadett, Seeoffiziersanwärter.
Seekanal, Kanal für die Seeschiffahrt.
Seekarten, enthalten die für alle Seefahrer wichtigen Angaben (z. B. Meerestiefe, Beschaffenheit des Meeresbodens,

Seehund

Seeigel

See-Elefant

Meeresströmungen, Gezeiten, Riffe, Lage von Wracks, → Seezeichen, Kompaßabweichung, Aufnahme d. Küste).
Seekatze, *Chimäre, Spöke,* Knorpelfisch, meist an Meeresküsten, mit eigenartigem, dickem Kopf.
Seekrankheit, Übelkeit mit Erbrechen, Schwindel; → Bewegungskrankheiten.
Seekreide, an ruhigen Stellen kalkreicher Seen z. Bänken abgelagertes Calciumcarbonat (→ Kalk).
Seekühe, *Sirenen,* wasserbewohnende Säugetiere im Meer u. in Flußmündungen, mit flossenähnl. Gliedmaßen, Pflanzenfresser; werden wegen ihres Fleisches, Fettes u. ihrer Haut gejagt; *Dugong,* Indischer Ozean, bis 4 m l., beim Männchen ein Paar Stoßzähne; *Lamantin, Manati,* im Oberlauf von südam. Flüssen, 3 m l.; *Stellersche Seekuh,* Borkentier, 1741 an der Beringstraße entdeckt und schon 1768 ausgerottet.
Seeland,
1) *Sjælland,* größte Insel Dänemarks, durch den Sund vom schwed. Festland getrennt, 7026 km², mit Nebeninseln 7518 km², 2,2 Mill. E; weite Buchenwälder, zahlreiche Seen; intensive Landw., Fischerei; Hptst. *Kopenhagen.*
2) *Zeeland,* ndl. Prov., 1793 km², 356 000 E; fruchtb. Marschland; Hptst. *Middelburg.*
Seele,
1) griech. *psyche,* lat. *anima,* i. d. wiss. Psych. umstrittener Begriff; dient z. Unterscheidung vom Körper *(soma);* Gesamtheit psychischen Geschehens; als *theolog.* Begriff: wesentl. (unstrbl.) Bestandteil d. Menschen.
2) Höhlung des Laufes bzw. Rohres von Feuerwaffen; *Seelenachse,* gedachte Mittellinie durch d. Seele.
3) *Stimme, Stimmstock,* bei Streichinstrumenten Stäbchen zur Verbindung d. Bodens m. d. Decke.
Seelenblindheit, Verlust des Erkennungsvermögens b. Sehfähigkeit des Auges durch Krankheit d. Sehzentrums im Gehirn.
Seelenmesse → Requiem.
Seelenwanderung, *Metempsychose,* Lehre von d. Läuterung der Seele durch fortgesetzte Wiederverkörperung bis zur endgültigen Erlösung. Von der S. auch in Tiere u. Pflanzen zu unterscheiden die Reinkarnation (Wiederverkörperung) im Menschen zum Ausgleich des Schicksals (Karma).
Seeleopard, bis 3,5 m lang, gefleckte Robbe der Antarktis; jagt Pinguine, Fische u. and. Robben.
Seeler, Uwe (* 5. 11. 1936), dt. Fußballspieler; 72 Lsp. (1954–70), 43 Lsp.-Tore, 4maliger WM-Teilnehmer (1958, 62, 66 u. 1970).
Seeliger, Hugo v. (23. 9. 1849–2. 12. 1924), dt. Astronom; Photometrie, Milchstraßensystem.
Seelilien, *Haarsterne,* Klasse der Stachelhäuter; kelchförmiger, mit verästelten Armen ausgestatteter Körper, sitzt meist am langem, gliedertem Stiel am Boden der Tiefsee; in früheren Erdperioden bedeutend stärker verbreitet.
Seelöwe, große Ohrenrobbe an den Küsten des Pazifiks.
Seelze (D-30926), Industriest. im Ldkr. Hannover, Nds., 31 493 E; chem. Ind.
Seemannsamt, Landesbehörde zur

Beaufsichtigung der Schiffsleute, deren An- und Abmusterung vor dem S. erfolgt; stellt das Seefahrtbuch aus, schlichtet Streitigkeiten zw. Kapitän u. Schiffsleuten, straft Ordnungswidrigkeiten nach d. *Seemannsgesetz* (→ Seerecht).

Seemäuse, *Seeraupen,* prächtig glänzende Borstenwürmer des Meeres; auch Bez. für Haifisch- und Rocheneier.

Seemeile → Maße u. Gewichte, Übers.

Seemönch, svw. → Mönchsrobbe.

Seemoos, Nesseltiere der Nordsee; Polypenstöcke bäumchenartig verzweigt.

Seen, Wasseransammlungen in der Landoberfläche.
1) *End-S.,* in Wüsten und Steppen;
2) *Glazial-S.,* in Gebieten ehem. Vergletscherung (kanadische Seen, Skandinavien u. Finnland, norddt. Flachland, südl. Alpenvorland);
3) *tektonische S.* (Grabenseen O-Afrikas, Baikal usw.);
4) *vulkanische S.* (Kraterseen, Maare);
5) *Strand-S.* durch Abtrennung von kleineren Meeresbuchten (Ostseehaffe, Adrialagunen, Limane d. Schwarzen Meers).
6) *Wärmeverhältnisse: tropische Seen,* stets über 4 °C: Temperaturabnahme von der Oberfläche zum Boden; *polare Seen,* stets kälter als 4 °C: Wärmezunahme von der Oberfläche zum Boden; *gemäßigte Seen* sind im Sommer tropisch, im Winter polar. Im Sommer gewöhnlich 3 Schichten: warmes Oberwasser, Sprungschicht (mit sprunghaft abnehmender Temperatur), kaltes Tiefenwasser. Größter See der Erde: Kaspisee (Kaspisches Meer), 423 300 km²; Deutschland: Bodensee, 538,5 km².

Seenadeln, nadelförmige Meeresfische (Büschelkiemer); zw. Pflanzen versteckt, verwandt mit → Seepferdchen.

Seenot → Deutsche Gesellschaft zur Rettung Schiffbrüchiger.

Seeotter, *Meerotter,* über 1 m l. Marder der Küsten des nördl. Pazifiks; frißt Seeigel, Krabben und losgerissene Muscheln.

Seepferdchen, Meeresfische (Büschelkiemer); stachelbesetzt, Greifschwanz, pferdeähnl. Kopf; Männchen trägt Eier bis zum Ausschlüpfen in Brusttasche.

Seepocken, festsitzende Ruderfußkrebse → Ruderfüßer; z. B. *Balanus.*

Seerecht, Gesamtheit der sich mit Regelung der Seefahrt und des Seehandels befassenden Rechtsvorschriften; für Dtld geregelt durch das HGB, für die Rechtsverhältnisse der Schiffsmannschaft Seemannsgesetz v. 26. 7. 1957 u. Schiffsbesetzungsverordnung v. 1984 (m. zahlr. Änderungen).

Seerechtskonferenz der UN, erste S. 1958, zweite S. 1960, dritte intern. S. 1973–82; Konventionen über Küstenmeer, hohe See, Fischerei, Festlandsockel u. Meeresboden; 12 Seemeilen Hoheitszone, 200 Seemeilen Wirtschaftszone.

Seerose,
1) *Wasserrose, Teichrose,* Wasserpflanze mit großen Schwimmblättern; eur. *weiße S.,* m. gr. weißen, b. Zuchtformen auch roten Blüten; *gelbe S., Mummel,* beide ♥; exotische S. → Lotosblume.
2) Bez. für Korallentiere, die → Aktinien.

Seeschaden, svw. → Havarie.

Seescheiden, *Aszidien,* festsitzende Manteltiere der Meere; i. frei schwimmenden Kolonien die leuchtenden *Feuerwalzen.*

Seeschiffahrtsstraßenordnung, 1971, regelt f. d. BR d. Küstenschiffahrt f. Sport- u. Berufsschiffer, den Fischfang u. das Wasserskilaufen.

Seeschlangen, Giftnattern im Indischen Ozean u. Pazifik; Schwanz seitl. zum Ruderschwanz abgeplattet.

Seepferdchen

Seerose

Prachttaucher

Seeschwalben, Familie möwenähnl. Vögel m. Gabelschwanz; schlank, eleganter Flug; z. T. auch an Binnengewässern (z. B. *Fluß-, Trauer-, Küsten-* und *Zwergseeschwalbe*).

Seesen (D-38723), St. i. Kr. Goslar, am Westharz, Nds., 22 323 E; AG; Blechwaren-, Konserven-, Verpackungsind.

Seespinnen, Meerkrabbe mit Stelzbeinen.

Seesterne, Klasse der Stachelhäuter, sternartiger, in fünf Arme auslaufender Körper, stachelig und mit Kalkplatten besetzt; langsame Fortbewegung durch Saugfüßchen; sie fressen Muscheln, Schnecken, Seeigel.

Seetang, große Meeresalgen, vor allem der → Blasentang.

Seetaucher, entenähnl. Wasservögel d. nord. Seen u. Meere; im Winter z.T. auch in Dtld; tauchen bis zu 30 m; *Eis-, Pracht-, Sterntaucher.*

Seeteufel, *Anglerfisch,* Fisch eur. Küsten m. weitem Rachen, üb. d. Kopf Lockfaden (als Angelrute).

Seetrift, in offener See treibendes, besitzlos gewordenes u. v. e. Schiff aus geborgenes Gut; Ggs.: → Strandgut.

Seeversicherung, gg. die Gefahren d. Seeschiffahrt; kann gelten für: Schiff (Kaskovers.), Ladung (Kargovers.), Fracht, Überfahrtsgelder, Bodmereischuld (→ Bodmerei), Havariegelder (→ Havarie). §§ 888–900 HGB und Allg. dt. S.bedingungen von 1919.

Seewalzen, *Seegurken,* schlauchförmige Stachelhäuter auf Meeresboden d. Küsten; in wärmeren Meeren; manche Arten genießbar (getrocknet a. *Trepang*).

Seewarte, *Dt.* → Hydrographie.

Seewetterdienst, Teil des meteorolog. Dienstes f. zivile Schiffahrt u. Luftfahrt über See tätig, vor allem Sturmwarnung; *Seewetteramt* Hamburg.

Seewolf, *Katfisch,* Speisefisch des nördl. Atlantik, über 1 m l., vorwiegend Muschel- u. Schneckenfresser m. gewaltigen Kiefern.

Seezeichen, Signale f. Küsten- u. Binnen-Schiffahrtswege z. Abgrenzung d. Fahrtstraße, Kennzeichnung von Fahrthindernissen (z. B. Untiefen, Wracks), zur Standortbestimmung; *feste S.* an Land- oder Unterwassergründungen (z. B. Leuchttürme, Baken, Leuchtfeuer); *schwimmende S.,* verankert (z. B. Feuerschiffe, Tonnen, Bojen); zur opt. Signalgebung z. T. nachts befeuert, auch m. automat. Zündung und Löschung; *akust. S.:* Heulbojen, Nebelhörner, Unterwasser-Schallapparate.

Seezunge, ein Plattfisch.

Seferis, Giorgios eigtl. *Georgios Seferiades* (19. 2. 1900–20. 9. 71), griech. Dichter u. Diplomat; *Poesie, Delphi;* Nobelpr. 1963.

Sefid Kuh, Kettengebirge im östlichen Afghanistan, 4816 m; v. Hindukusch abzweigend, an d. Grenze nach Pakistan (*Sikaram* 4761 m).

Segal [ˈsiːɡəl]
1) Erich Wolf (* 16. 6. 1937), am. Autor, Prof. f. Lit.wiss., hatte m. d. Drehbuch *Yellow Submarine* (f. d. Beatles) u. d. Roman *Love Story* Welterfolge.
2) George (* 26. 11. 1924), am. Bildhauer u. Graphiker d. → Pop Art.

Segantini, Giovanni (15. 1. 1858 bis 28. 9. 99), it. Maler; verband Elemente d. Symbolismus, Jugendstils u. Neoimpressionismus; bes. Alpenlandschaften.

Segel, in d. → Takelung ausgespanntes Tuch, über das d. Wind den Vortrieb eines Wasserfahrzeuges bewirkt.

Seesterne

Nordischer Kammstern

Polsterstern

Gewöhnlicher Sonnenstern

Purpur-Sonnenstern

Gemeiner Seestern

Segovia, *Panorama*

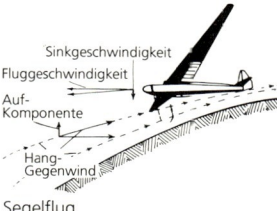
Segelflug

Segesta, *Tempel*

Chinesische Seidenmalerei, *Tangzeit*

Thymian-Seide

Segelboot, sportl. Segelfahrzeug; Einteilung in Kielboote (→ Jachten) u. Schwertboote (→ Jollen).
Segelfalter, ♦, gelblich-weißer Tagschmetterling mit schwarzen Längsstreifen; Hinterflügel geschwänzt.
Segelflosser → Skalare.
Segelflug, motorloser Flug m. S.zeug als Gleitflug in vertikalen Aufwindfeldern (*statischer S.*) u. durch Ausnutzung horizontaler Windstöße (*dynam. S.*). Als *Aufwinde* dienten anfangs bes. Hang-, Wolken- u. Frontenaufwind (vor Gewittern); R. Kronfeld nutzte 1927 die therm. Aufwinde (*Thermikflug*), d. h. die warmen emporsteigenden Luftströme, aus, z. B. über grell sonnenbestrahlten Sandflächen (→ Thermik). S.zeuge haben eine große Spannweite bei geringer Flächentiefe (Flügelverhältnis, d. h. Flügeltiefe zur Spannweite, bis 1:20); auch als Lastensegler (bis 50 m Spannweite) im Schlepp v. Motorflugzeugen od. mit leichtem Hilfsmotor (Motorensegler).
Segelleinwand, *Segeltuch,* (meist) Hanfleinwand, durch Imprägnieren wasserdicht.
Segelregatta, Wettkampfveranstaltung im Segelsport; in der Regel aus mehreren Wettfahrten bestehend u. nach Bootsklassen gegliedert.
Segelschiff, durch die Kraft d. Windes angetriebenes Schiff; Anordnung d. Segel → Takelung (z. B. *Vollschiff, Brigg, Kutter*); heute fast nur noch als Fischereifahrzeug (meist mit Hilfsmotor), Schulschiff und für Sport (→ Segelboot).
Segelschlitten, *Eisschlitten, Eisjacht,* e. auf Kufen gleitendes Fahrzeug m. Mast u. Besegelung f. Eissport; bei Normalwinden Fahrtgeschwindigkeiten v. 25–35, bei starken Brisen v. 100–125 km/h.
Segen, machthaltiges Gebetswort m. heil- u. glückbringendem Inhalt, oft begleitet v. Handlungen (u. a. Kreuzzeichen) u./od. an e. Amt (u. a. Geistlicher) gebunden; Ggs.: Fluch, Verwünschung.
Seger, Hermann (1839–93), dt. Porzellantechniker; erfand aus Silicatgemischen zur Messung hoher Temperaturen von ca. 600–2000 °C in Brennöfen.
Segesta [-'dʒ-], *Egesta,* im Altertum griech. St. in Westsizilien; berühmter, wohlerhaltener antiker (dorischer) Tempel.

Segestes, römerfreundl. Schwiegervater des → Arminius, den er verriet.
Segge, *Riedgras,* grasartige Pflanzen m. dreikantigen, knotenlosen, markgefüllten Stengeln (z. B. *Sand-S.,* mit kriechendem Wurzelstock; sonst meist in Feuchtgebieten).
Seghers,
1) Anna, eigtl. *Netty Radvanyi* (19. 11. 1900–1. 6. 83), dt. Schriftst.in; Romane: *Aufstand der Fischer von St. Barbara; Das siebte Kreuz; Transit; Die Toten bleiben jung;* Novellen.
2) Hercules (1589 od. 90–1638), ndl. Maler d. Barock; farbige Radierungen, Stilleben, Landschaften.
Segler, äußerl. schwalbenähnl. Vogelfamilie (z. B. → *Mauersegler,* → Salangane).
Segment, s. [l.], durch eine Sehne oder Sekante abgeschnittener Flächenteil einer Kurve (z. B. Kreissegment) od. durch eine Ebene abgeschnittenes Kugelstück.
Segmenttherapie, Behandlung über best. Haut-Unterhaut-Bezirke, die reflektorisch mit best. inneren Organen in Beziehung stehen (z. B. durch Wärme, Injektionen u. Massage d. → Reflexzonen).
Segni ['seɲɲi], Antonio (2. 2. 1891 bis 1. 12. 1972), it. Agrarwiss. u. Pol. (DC); 1955–57 u. 1959/60 Min.präs., 1960–63 Außenmin., 1962–64 Staatspräs.
Segovia, Andres (21. 2. 1893–2. 6. 1987), span. Gitarrenvirtuose.
Segovia, Hptst. der mittelspan. Prov. S., am N-Fuß des Kastil. Scheidegebirges, 55 000 E; Maurenschloß Alcázar, röm. Ruinen; Elektro-, Textilind.
Segrè [-'grɛ], Emilio (1. 2. 1905–22. 4. 89), it.-am. Physiker; Forschungen auf d. Gebiet d. Elementarteilchen; Nobelpr. 1959.
Segregation [l.],
1) am. Bez. für Rassentrennung.
2) Aufspaltung der *Gene* aufgrund der Chromosomenverteilung in d. → *Meiose.*
Seguidilla [seγi'ðilja], schneller spanischer Tanz, 3/8-Takt.
Segura, Fluß in SO-Spanien, von der *Sierra de S.,* südl. von Alicante ins Mittelmeer, 341 km l.
Sehne,
1) *med.* bindegewebiger, fester Strang, mit der ein Muskel am Knochen ansetzt.
2) *math.* Strecke, die zwei Punkte einer Kurve verbindet (z. B. Kreis-S., Abb. → Kreis).
Sehnenreflex, z. B. → Patellarreflex.
Sehnenscheide, die schleimgefüllte Umkleidung d. Sehne; b. Überanstrengung od. Infektion **Sehnenentzündung,** mit schmerzhaftem Sehnenknarren.
Sehnerv, leitet d. Lichteindrücke vom → Auge zum Gehirn.
Sehpurpur, lichtempfindl. Stoff (Rhodopsin) in den Stäbchen d. Netzhaut, dessen durch Licht bewirkter Zerfall Augennerven erregt und so Lichtempfindung hervorruft; Neubildung nach Verdunkelung durch *Dunkeladaptation,* d. h. durch die Empfindlichkeitssteigerung des Auges nach Verdunkelung; chem. aus Eiweiß und → Karotinoiden (bes. Vitamin A u. Luteïn) aufgebaut, deren Fehlen Nachtblindheit bedingt u. deren vermehrte Zufuhr Dunkelanpassung steigert.
Sehstoffe, lichtempfindl. Stoffe in den Sinneszellen d. → Netzhaut:
1) → *Sehpurpur* in d. Stäbchen f. lichtschwaches (farbloses) Sehen;
2) 3 *Farbsubstanzen,* verteilt auf versch. Zapfen, für Farbensehen; es bewirkt: die Zersetzung der einzelnen Farbsubstanz das Auftreten d. ihr zugehörigen Grundempfindung (rot, grün, blau), d. gleichzeit. Zerfall v. 2 Farbsubstanzen die betreffenden farbigen Mischempfindungen, d. Ausbleichen aller 3 Farbsubstanzen die Weißempfindung.
Sehwinkel, *Gesichtswinkel,* wird gebildet von den Verbindungslinien der äußersten Endpunkte eines gesehenen Objektes zur Pupille.
Seicento, s. [it. se'tʃɛnto „sechshundert"], it. Bez. f. d. 17. Jh.; in d. Kunst Stilbez. f. d. Barock d. 17. Jh.
Seiches [frz. sɛʃ], Schaukelbewegungen von Binnenseen infolge von Luftdruckunterschieden oder plötzlicher Stauung des Windes, der plötzlich nachläßt.
Seide,
1) *Teufelszwirn (Cuscuta),* blatt- u. wurzellose, fadenartige Schmarotzerpflanze, d. andere Pflanzen umwindet u. ihnen durch Saugwarzen die Säfte entzieht; schädl. auf Klee u. Flachs, auch auf zahlr. anderen Pflanzen, z. B. *Thymian-S.*
2) mittlere Schicht der Kokons der in China, Japan usw. gezüchteten Maulbeerspinnerraupen (→ Seidenspinner); ein Kokon liefert etwa 800 m Seidenfaden (aus Fibroin), der abgehaspelt u. durch Seife vom Leim (Serizin) befreit (degummiert) wird; die gewonnene → *Grège-S.* (aus mehreren S.-Fäden verzwirnt) wird durch Tränken mit Metallsalzen z. Erhöhung d. Griffigkeit beschwert; andere, nicht züchtbare Raupen (z. B. ind. u. chin. Eichenspinner) ergeben die *Tussah-S.,* die schlecht zu bleichen ist; bei d. Gewinnung d. Rohseide zurückbleibende Abfälle werden zu *Schappe-* od. *Florett-S.* verarbeitet.
Seidel,
1) Hanns (12. 10. 1901–5. 8. 61), bayr. Politiker; 1955–61 Vors. d. CSU, 1957 bis 60 Min.präs. von Bay.
2) Heinrich (25. 6. 1842–7. 11. 1906), dt. Ingenieur u. Schriftst.; *Leberecht Hühnchen;* s. Sohn
3) Heinrich Wolfgang (28. 8. 1876 bis 22. 9.1945), dt. Schriftst. und Pfarrer; s. Frau
4) Ina (15. 9. 1885–3. 10. 1974), dt.

Dichterin; Lyrik; Romane: *D. Labyrinth; D. Wunschkind; Lennacker; Das unverwesliche Erbe; Michaela.*
Seidelbast, *Daphne,* Strauch; Blüten duftend, violettrosa, erscheinen im Vorfrühling vor dem Laub; giftig. ♦
Seidenäffchen → Zwergseidenäffchen.
Seidenholz, *Satinholz,* glänzendes Naturholz von versch. asiat. Bäumen.
Seidenraupe → Seidenspinner.
Seidensamt, auch vielfach ,,echter" Samt genannt; kurzfloriges Gewebe, Flor (hochstehende) Fäden) durch die Kette gebildet, unter Verwendung v. Schappe- (auch Reyon-)Seide.

Ina Seidel

Seidenschwanz, nordischer Singvogel, Wintergast in Dtld; stargroß, braun, Flügelzeichnung gelb, rot u. schwarz, Kopfschopf; seidiges Gefieder.
Seidenspinner, Nachtschmetterlinge, wirtsch. am wichtigsten d. als Haustier gehaltene *Maulbeerspinner;* die von Maulbeerblättern lebende Raupe *(Seidenraupe)* spinnt für die Verpuppung Schutzhülle (Kokon) aus einem fortlaufenden Seidenfaden, d. abgehaspelt und zu → Seide verarbeitet wird; auch zahlreiche ,,wilde" Arten *(Tussah-Spinner* u. a.).

Seidelbast

Seidenvoile [-'vŏaːl], duftiges Gewebe aus scharf gezwirnter Schappeseide.
Seidl, dt. Architekten d. Historismus i. Bayern; zahlr. priv. (Schlösser, Villen) u. öff. Bauten *(Bayr. Nationalm., Dt. Museum* in München):
1) *Gabriel v.* (9. 12. 1848–27. 4. 1913); s. Bruder
2) *Emanuel v.* (22. 8. 1856–24. 12. 1919).
Seiende, das, etwas, was ist. Nach N. Hartmann unterscheiden sich S. u. Sein wie Wahres u. Wahrheit, Wirkliches u. Wirklichk., Reales u. Realität.
Seifen,
1) Alkalisalze der Öl- u. Fettsäuren; Herstellung durch ,,Sieden" od. Verseifen v. Ölen od. Fetten mit Natron- od. Kalilauge (Nebenprodukt Glycerin) od. durch Neutralisieren freier Säuren m. Alkalihydroxid od. Alkalicarbonat u. Eindampfen des Gemisches od. ,,Aussalzen"; Fällen der S. durch Kochsalzzusatz; Natron-S. sind fest, Kali-S. weich (Schmier-S., auch med. angewendet); Kern-S. harte Natriumseifen.
2) Sand-, Kiesablagerungen, die Metalle, Edelsteine, Erze enthalten (Gold-, Diamanten-S.).
Seifenbaum, am. Baum; kirschenähnl. Früchte *(Seifenbeeren)* früher als Waschmittel.
Seifenkraut, Nelkengewächs m. rötlichen Blüten an Rispen; saponinhaltiger Wurzelstock als Heilmittel u. Seifenersatz.
Seifenspiritus, Lösung von Schmierseife in Alkohol, hautreizendes Einreibemittel.
Seifenstein, chem. Natriumhydroxid, auch Name der Minerale Talkum u. Saponit (Schichtsilicate).
Seifenstuhl, laugenartig riechender Stuhl bei Säuglingen mit Verdauungsstörungen.
Seifert, Jaroslav (23. 9. 1901–9. 1. 86), tschech. Lyriker; moral. u. pol. engagierte Gedichte: *Im Spiegel hat er das Dunkel;* Nobelpr. 1984.
seigern, in der *Metallurgie:* Trennen

Seidenkokons einer Seidenraupenzucht

Seidenspinnerei, Sutschau/China

zweier Metalle m. versch. Schmelzpunkten durch vorsichtiges Ausschmelzen d. leichter schmelzbaren Bestandteils d. Legierung a. schräggestellten Platten im **Seigerherd.**
Seigneur, *m.* [sɛ'nœːr], *Sieur* [sjæːr], ehem. frz. Grund- u. Gerichtsherr eines erbl. Gebiets; heute vornehmer Herr; → Grandseigneur.
Seikantunnel → Tunnel.
Seilbahn, Verkehrsmittel zur Überwindung großer Höhenunterschiede, bei dem die Transportwagen entweder auf zwei Schienen (Standseilbahn) od., mit Rollen auf einem Tragseil (Seilschwebebahn) laufend, von einem Zugseil bewegt werden; bei Kleinkabinenbahnen ist d. Zugseil zugleich Tragseil.
Seiltrieb, Übertragung v. Kräften od. Bewegungen v. einer Antriebs- auf eine oder mehrere angetriebene Scheiben durch **Seilzug;** Seile aus Hanf oder Draht laufen in ausgebuchsten Rillen *(Scheibenfelgen),* bei großen Seillängen Spann- bzw. Führungsrollen.
Seiltrommel, zur Aufnahme u. Führung v. auf- und ablaufenden Seilen, bei Haspeln u. Winden.
Seim, eingedickter Saft, bes. Honig.
Sein, allgemeinster Begriff d. menschl. Denkens: d. Vorhandene, Bestehende, Wirkliche. Reales S. wird oft als Existentia (Dasein), ideales S. als Essentia (Wesen) bezeichnet; Ggs.: Nichtsein, Nichts.
Seine [sɛn],
1) größt. nordfrz. Strom, vom Plateau von Langres, 776 km l., mit Trichtermündung (9 km breit) bei Le Havre in den Kanal; Seeschiffe bis Rouen; Nbfl.: l. *Yonne, Loing, Eure;* r. *Aube, Marne, Oise;* Kanäle zur Saône, Loire, Marne, Maas, Somme, Schelde. – Frz. Dép.s:
2) *Hauts-de-S.,* 176 km², 1,37 Mill. E; Hptst. *Nanterre.*
3) *S.-Saint-Denis,* 236 km², 1,35 Mill. E; Hptst. *Bobigny.*
4) *S.-et-Marne,* 5915 km², 1,0 Mill. E; Hptst. *Melun.*
5) *S.-Maritime,* 6278 km², 1,21 Mill. E; Hptst. *Rouen.*
Seipel, Ignaz (19. 7. 1876–2. 8. 1932), östr. christl.-sozialer Pol. u. Theol.; als Bundeskanzler (1922–24 u. 1926–29) verdient um Neuaufbau Östr.
Seiser Alm, it. *Alpe di Siusi,* Wiesenhochfläche in d. Grödner Dolomiten zw. Schlern u. Langkofel, 1800 m; berühmtes Skigelände; westl. davon Kurort **Seis,** 1002 müM, 730 E.
Seismologie, *Seismik,* Erdbebenkunde.
Seismometer [gr.], *Erdbebenmesser,* zeichnet Stärke, Dauer, Anzahl u. Zeitfolge der Erschütterungen selbsttätig auf; einfacher d. *S.graph,* Erdbebenschreiber, bei dem eine schwere Masse so gelagert ist, daß sie durch Bodenbewegungen möglichst wenig beeinflußt wird und Erderschütterungen als relative Verschiebungen registriert.
Seite, Berndt (* 22. 4. 1940), CDU-Politiker, s. 1992 Min.präs. von Mecklenburg-Vorpommern.
Seitengewehr, kurze Hieb- u. Stichwaffe, dt. Bezeichn. f. → Bajonett, auf Gewehre ,,aufpflanzbar".
Seiters, Rudolf (* 13. 10. 1937), CDU-Pol., 1989–91 B.min. f. bes. Aufgaben u. Chef d. B.kanzleramts, 1991–93 B.innenmin.

Seilbahn, *Dolomiten*

Seitz,
1) *Gustav* (11. 9. 1906–27. 10. 69), dt. Bildhauer; formbetonter Realismus.
2) *Karl* (4. 9. 1869–3. 2. 1950), östr. sozialdemokr. Pol., 1919 Präs. der Konstituierenden Nat.vers., 1923–34 Bürgerm. von Wien.
Seizinger, Katja (* 10. 5. 1972), dt. Skirennläuferin; Super-G-Weltmeisterin 1993; Abfahrts-Olympiasiegerin 1994, Siegerin im Gesamt-Weltcup 1996.
Sejm, *m.,* das poln. Parlament.
Sekante, *w.* [l.], *math.* jede Gerade, die eine gekrümmte Linie ,,schneidet" (Abb. → Kreis).
Sekondi-Takoradi, Hafenst. in Ghana, 104 000 E; Technikum; div. Ind.
sekret [l.], geheim.
Sekret, *s.,* das Abgesonderte, Ausgeschiedene (z. B. von Drüsen).
Sekretär [ml.],
1) (Geheim-)Schreiber; Schriftführer bei Behörden, auch Amtstitel (z. B. *Post-S., Staats-S.),* Gehilfe einer Privatperson *(Privat-S.).*
2) hochbeiniger afrikanischer Vogel; Kopf ähnl. einem Greif, m. langen Scheitelfedern; Schlangenvertilger.
3) Schrank mit (aufklappb.) Schreibplatte.
Sekretariat, *s.,* Dienstraum eines Sekretärs; Kanzlei.
Sekretion, *w.,* Saft-(Sekret-)Absonderung z. B. durch Drüsentätigkeit; äußere S. von Haut und Schleimhäuten od. → innere Sekretion.
Sekt, *m.* [span. ,,vino seco = Trockenwein"], Wein aus halbtrockenen Weinbeeren; urspr. Bez. für sog. trockene, d. h. herbe Weine, heute allg. Bez. f. → Schaumwein; auch Spumante.
Sekten [l. ,,secta" = ,,Parteiung"], rel. Sondergemeinschaften, die sich v. einer Großkirche getrennt haben; neben christl. Sondergemeinschaften aus d. angelsächs. Raum i. d. BR heute auch zahlr. fremdrel. u. freirel. Gruppen (z. B. → Mun-Sekte, → Hare-Krishna-Bewegung, → Scientology, → Transzendentale Meditation).
Sektierer, abwertende Bez. für jemand, der an einer Sondermeinung festhält; auch Häretiker (→ Häresie).
Sektion, *w.* [l.],
1) Abteilung einer Behörde, Truppe oder Organisation.
2) Leichenöffnung.

Sektor, *m.* [l.], Kreisausschnitt, begrenzt durch zwei Halbmesser u. den eingeschlossenen Kreisbogen (Abb. → Kreis).

Sekunda, *w.* [l. „zweite"], *Unter-* u. *Ober-S.,* früher 6. u. 7. Klasse d. höheren Schule.

Sekundant [l.], von Duellanten b. Zweikampf gewählter Beistand u. Kampfzeuge; auch b. Boxkampf.

sekundär [l.], an zweiter Stelle, zweiter Ordnung, zweitklassig.

Sekundärelektronen, aus d. oberflächennahen Atomen e. Körpers herausgeschleuderte Elektronen, wenn sie mit großer Geschwindigkeit auf diesen Körper (z. B. der Anode einer Elektronenröhre) prallen.

sekundäre Pflanzenstoffe, Sammelbez. für Pflanzeninhaltsstoffe; viele von med. Bedeutung wie → Alkaloide, äther. Öle, Gerbstoffe.

Sekundarstufe, Jahrgangsstufen 5 bis 10 (*Sekundarstufe I*), Jahrgangsstufen 11 bis 13 (*Sekundarstufe II*); → Schulwesen, Übers.

Sekundawechsel → Wechsel.

Sekunde [l.],
1) Zeiteinheit im → SI, d. 60. Teil einer → Minute; *wiss.* Zeitspanne v. 9 192 631 770 Cäsium-Atomschwingungen in einer Atomuhr.

2) *Geometrie:* 60. Teil einer Bogenminute, Zeichen: ".
3) *mus.* 2. Stufe der Tonleiter und entsprechendes Intervall (1: *große;* 2: *kleine;* 3: *übermäßige S.*).

Sekundenpendel → Pendel.

Sekundenphänomen, *n. Huneke,* augenblickliches Verschwinden v. Schmerzen an fernen Körperstellen durch Injektionen i. Sinne d. → Neuraltherapie.

sekundieren [l.],
1) Beistand leisten, bes. im Zweikampf.
2) *mus.* begleiten.

Sekundogenitur, *w.,* Erbfolge, die nicht den Erstgeborenen (Primogenitur), sondern einen zweiten oder anderen Abkömmling als Erben einsetzt.

Sekurit® → Sicherheitsglas.

Seladon,
1) ostasiat. Porzellanglasur; Blüte in d. chin. Song-Zeit (960–1279) u. korean. Koryo-Zeit (12. u. 13. Jh.).
2) schmachtender Liebhaber (nach dem Helden d. frz. Schäferromans *Astrée* von Honoré d'Urfé).

Selaginella, *Moosfarne,* zierliche Bärlappgewächse; 2 Arten einheimisch. ♦

Selangor, Gliedstaat d. Malaiischen Bundes (→ Malaysia), 7956 km², 1,6 Mill. E; Hptst. *Shah Alam* (24 000 E).

Selb (D-95100), St. i. Fichtelgeb., am Fluß *S.* (Nbfl. d. Eger), Bay., 19 771 E; Berufsbildungszentrum f. Keramik, Porzellanind. (*Rosenthal, Hutschenreuther, Heinrich*).

Selbst, psycholog. Begriff f. d. unveränderl. Eigenart d. Person im Wechsel d. Zustände u. Handlungen.

Selbstbestimmungsrecht, d. Recht eines Volkes, allein über seine Eigenstaatlichkeit oder die Zugehörigkeit zu einem anderen Staatsgebilde zu entscheiden; einer der 14 Punkte Wilsons 1918. → Nation.

Selbstbucher, Post gestattet Großeinlieferern, Pakete, Wert- und Einschreibsendungen selbst zu bekleben u. zu buchen (Sendungen werden am Annahmeschalter ohne Zeitverlust abgenommen).

Selbsteintritt, erlaubtes → Selbstkontrahieren des Kommissionärs u. d. Spediteurs (§§ 400, 412 HGB).

Selbstentzündung, Entzündung leicht oxidierbarer Stoffe ohne od. bei nur geringer äußerer Wärmezufuhr durch Selbsterhitzung, u. a. infolge zu dichter Lagerung (z. B. bei Kohlen, Heu, Metallspänen, Putzwolle).

Selbsterkenntnis, die richtige Erkenntnis d. eigenen Person, des Selbst i. seiner Eigenart, s. Kräfte u. Grenzen. Sokrates sah i. d. „Erkenne dich selbst" d. Vorbedingung aller Tugend.

Selbstfinanzierung, Schaffung von Kapital aus Unternehmensgewinnen, ohne Hilfe von Kreditinstituten (vielfach durch Schaffung u. Flüssigmachung stiller Reserven u. Reservefonds).

Selbsthilfe, Wegnahme od. Beschädigung einer Sache, auch Festnahme eines fluchtverdächtigen Schuldners ist nicht widerrechtlich, wenn Gefahr im Verzuge u. obrigkeitl. Hilfe rechtzeitig nicht zu erlangen ist; gerichtl. Maßnahmen sind jedoch sofort herbeizuführen (§§ 229 ff. BGB).

Selbsthilfeverkauf, svw. → Notverkauf.

Selbsthypnose → Hypnose.

Selbstinduktion, Verhalten e. jeden el. Leiters (bes. Spulen), der Änderung e. Stromes (z. B. bei Ein- u. Ausschalten v. Gleich- od. Wechselstrom) eine Spannung entgegenzusetzen; wirkt sich wie Widerstand aus, unterschieden ist d. Induktion des Leiters auf sich selbst; Maßeinheit: *Henry* (Abk. *H*).

Selbstinstruktion, Verhaltensanweisung an sich selbst (inneres Sprechen).

Selbstkontrahieren, Abschließen von Rechtsgeschäften als Vertr. im Namen der Vertretenen mit sich selbst ist nicht gestattet, nur bei bes. Erlaubnis (§ 181 BGB).

Selbstkosten, Summe der in einem Betrieb für eine Sache oder einen Wirtschaftsvorgang entstehenden → Kosten, bezogen auf d. Leistungseinheit Stückkosten; ermittelt durch *Selbstkostenrechnung*.

Selbstlader, Schußwaffe, bei der d. Entfernen d. leeren Patronenhülse u. Betätigung des Lademechanismus durch den Rückstoß bewirkt wird (z. B. Selbstladepistole).

Selbstlaut, *Selbstlauter,* → Vokal.

Selbstmord, *m.* Tabu belegter, unter gr. psychischem Leidensdruck praktizierter Schritt, dem eigenen Leben e. Ende zu setzen.

Selbstschutz, zusammenfass. Begriff für alle im Rahmen d. → zivilen Bevölkerungsschutzes vorgesehenen Maßnahmen gg. d. Wirkung v. Angriffswaffen i. Verteidigungsfall; S.-Ges. v. 9. 9. 1965 schreibt u. a. Beschaffung u. Bereithaltung notwendiger Ausbildungsgegenstände sowie Teilnahme an Ausbildungskursen vor.

Selbstsicherheitstraining, *Assertiveness Training,* → Verhaltenstherapie, um soz. Ängste u. Defizite zu verlieren u. selbstsicher zu werden.

Seifenkraut

Katja Seizinger

Elektron mit großer Geschwindigkeit von Glühkathode
Sekundärelektronen
Sekundärelektronen

Selbstverlag, Veröffentlichung eines Werkes durch d. Autor selbst.

Selbstversicherung,
1) Sammlung von Rücklagen in einem Betrieb, die das Eingehen einer Versicherung ersetzen sollen.
2) Vertragsbedingung von Versicherungsgesellschaften, daß dem Versicherten ein Teil des evtl. Schadens nicht ersetzt wird.

Selbstverstümmelung,
1) beim Menschen Beschädigung des eigenen Körpers; strafbar, wenn begangen, um eine Versicherungssumme zu erlangen od. sich dem Wehrdienst zu entziehen.
2) bei Tieren (*Autotomie*): freiwilliges Abwerfen (bes. unter dem Druck des Zufassens) von später wieder nachwachsenden Körperteilen, als Schutzeinrichtung (z. B. „Abbrechen" des Schwanzes bei Eidechsen).

Selbstverwaltung,
1) *pol. S.:* ehrenamtl. Beteiligung von Laien an der öffentlichen Verw. (Amtsvorsteher, Handelsrichter, Schöffen).
2) *jur. S.:* Führung der öff. Verw. durch jur. Personen des öff. Rechts unter eigenverantwortl. Durchführung der Gemeinschaftsaufgaben; wichtige Form: kommunale *S.* (der Gemeinden u. Gem.verbände), erneuert durch Frh. v. Stein (Preuß. Städteordnung 1808).

Selbstwertgefühl, Bez. f. d. Gefühl d. eigenen Kraft u. d. innere Zufriedenheit e. Menschen; S. entwickelt sich der Achtung d. Persönlichkeit durch d. Umwelt; bei Nichtachtung: Minderwertigkeitsgefühle.

Selbstzünder → Diesel.

Seldschuken, türk. Stamm, der im 11./12. Jh. in Vorderasien ein großes Reich bildete (Hptstädte *Bagdad* und *Isfahan*).

Seldte, Franz (29. 6. 1882–1. 4. 1947), Führer d. 1918 gegr. antirepubl. Stahlhelms.

Selektion, *w.* [l.], nach → Darwin *Auslese* d. im „Kampf ums Dasein" am besten angepaßten Lebewesen.

selektive Belichtungsmessung, d. Belichtungsmessung mittels Handbelichtungsmesser m. kl. Meßwinkel v. meist 5° bis 15°; bewertet wird ein klar definierter/ausgewählter Teil d. Motivs.

Selektivität, *w.* [l.], *Trennschärfe,* die Eigenschaft v. z. B. Rundfunkempfängern, nicht gewünschte Frequenzen zu unterdrücken, so daß nur der gewählte Sender zu hören ist.

Selen, *s.,* chem. El., Oz. 34, At.-Gew. 78,96, Dichte 4,81 (graues Se); schwefelähnl. Nichtmetall, in Schwefelmineralien vorkommend, als Rückstand der Schwefelsäurefabrikation gewonnen; el. Leitfähigkeit bei Belichtung größer als im Dunkeln, daher techn. Verwendung in → *Selenzelle;* auch → Trockengleichrichter.

Selene [gr.], Mond(göttin), lat. *Luna.*

Selenga, Fluß in Innerasien, aus der Mongolei in d. Baikalsee, 1024 km l.

Selenographie [gr.], Beschreibung, Topographie d. Mondes.

Selenologie, Mondkunde.

Selentschukskaja, Observatorium im nördl. Großen Kaukasus mit größtem Spiegelteleskop d. Welt (6,10 m Durchmesser).

Selenzelle → Widerstandszelle.

Seleucia, *Seleukeia,* Name mehrerer Städte des Altertums; bes. *S. am Tigris,* in Mesopotamien, v. Seleukos I. gegr.; Hpthandelspl. i. 3. u. 2. Jh. v. Chr., v. d. Römern 164 n. Chr. zerstört.

Seleukos, Name mehrerer Kge von Syrien: *S. I. Nikator* (358–281 v. Chr.), Heerführer Alexanders d. Gr., erwarb als einer der → Diadochen Syrien; seine Nachfolger: d. *Seleukiden,* deren Reich anfangs Vorderasien v. d. Dardanellen bis nach Indien umfaßte; rascher Zerfall, 64 v. Chr. Kernland Syrien röm. Prov.

Selfaktor, *m.* [engl. sɛlˈfæktə ,,selbstarbeitend''], *Wagenspinner,* Spinnmaschine zur Herstellung feinster Garne: die Spindeln, auf hin- u. hergehenden Wagen gelagert, spinnen (im Vorlauf) in raschester Umdrehung den Faden u. wickeln ihn (im Rücklauf) auf.

Selfgovernment, *s.* [engl. -gʌvnmənt], Selbstverwaltung; pol. Selbständigkeit.

Selfmademan, *m.* [engl. ˈsɛlfmeɪdmæn], e. Mann, d. sich aus eigener Kraft emporgearbeitet hat.

Seligenstadt (D-63500), St. i. Kr. Offenbach, a. Main, Hess., 18 286 E; AG; 828 gegr. Abtei, Einhardsbasilika.

Seligkeit, Zustand vollendeter u. immerwährender Glückserfüllung als rel. Sinnziel.

Seligsprechung, *Beatifikation,* (in d. kath. Kirche) eines Verstorbenen durch feierlichen Akt des Papstes, Vorstufe der Heiligsprechung.

Selim, Name türk. *Sultane:*
1) *S. I.* (1470–1520), Eroberer Mesopotamiens, Syriens, Ägyptens.
2) *S. III.* (1761–1808), verlor i. Frieden z. Jassy d. Küstenland v. Schwarzen Meer b. z. Dnjestr an Rußld (1792).

Selinunt|e, lat. *Selinus,* im Altertum St. im südwestl. Sizilien, im 7. Jh. v. Chr. von Dorern gegr.

Sella, steiler Gebirgsstock der westl. Dolomiten, in d. *Boëspitze* 3151 m h.

Sella turcica, *med.* ,,Türkensattel'', Nische i. der Schädelbasis, in der d. Hypophyse liegt.

Sellerie, *Eppich,* Doldenblütler auf Salzboden, aus d. Mittelmeergebiet; Kulturformen: *Knollen-* u. *Stengel-S.,* als Gemüse, Salat, Gewürz.

Sellers, Peter (8. 9. 1925–24. 7. 80), engl. Filmschausp.: *Dr. Strangelove; Pink Panther*-Serie; *Being There.*

Sellner, Gustav Rudolf (25. 5. 1905 bis 8. 5. 90), Theaterregisseur; 1961–72 Intendant d. Deutschen Oper Berlin.

Selm (D-59379), St. im Kr. Unna, NRW, 25 098 E; Papier-, Bekleidungsind., Magnetmechanik.

seltene Erden, *Lanthanide,* das Lanthan u. d. ihm im → Periodensystem folgenden 14 Elemente v. sehr ähnl. chem. Verhalten; Anwendung: Oxide der s.n E. geben bei höheren Temperaturen weißes Licht (Gasglühlicht, Auerstrumpf, Nernstlampe).

Selterswasser, natürl. Mineralwasser mit starkem Kohlensäuregehalt aus *Niederselters* (Dorf i. Taunus); a. künstlich.

Selvas, die trop. Regenwälder am Amazonas.

Selye, Hans (26. 1. 1907–16. 10. 82), östr.-kanad. Physiologe, begr. Lehre v. Anpassungssyndrom u. → Streß.

Sem, Sohn Noahs u. Stammvater der Semiten.

Selinunte, *Tempel*

Sémillon

Semmel-Stoppelpilz

Aloys Senefelder

Semantik, *w.* [gr.],
1) Lehre v. d. Zeichen u. Symbolen u. ihren Beziehungen zum bezeichneten Denkinhalt (math. Logik); Hptvertr.: → *Carnap.*
2) Lehre v. d. Bedeutung u. v. Bedeutungswandel d. Wortes.

Semaphor, *m.* [gr. ,,Zeichenträger''], Mast mit verstellbarem Flügel zur opt. Signalübermittlung (Eisenbahn, Schiffahrt).

Semarang, *Samarang,* Hptst. d. indones. Prov. Mitteljava, Hafenst. an d. N-Küste v. Java, 1,1 Mill. E; Werften, Kaffee- u. Tabakausfuhr; Uni.

Semele, sagenhafte Prinzessin von Theben, von Zeus verführt, Mutter des Dionysos; ursprünglich phryg. Erdgottheit.

Semendria, serb. *Smederevo,* St. an der Donau, südöstl. v. Belgrad, 64 000 E. – Im 15. Jh. Hptst. des altserb. Reiches.

Semester, *s.* [l. ,,6 Monate''], Halbjahr; das Studium an den Hochschulen ist in S. eingeteilt.

Semgallen, lett. *Zemgale,* Landschaft in Lettland, südl. der Düna. – 1220 vom Schwertbrüderorden besiedelt; im 16. Jh. zu → Kurland.

semi-, als Vorsilbe: halb...

Semikolon, *s., Strichpunkt* (;), ein Satzzeichen.

Sémillon [semiˈjõ], in vielen Ländern angebaute frz. Weißweinrebe, die sowohl süße als auch trockene Weine m. typ. Aroma liefert; sie wird auch sortenrein verwendet, aber häufig (z. B. in → Sauternes m. → *Sauvignon Blanc*) verschnitten, weil sie wenig Säure besitzt.

Seminar, *s.* [l. ,,Pflanzstätte''],
1) urspr. Anstalt z. Heranbildung Geistlicher, später auch v. Lehrern.
2) *Universitäts-S.,* Arbeitsgemeinschaft v. Studenten unter Leitung v. Hochschullehrern *(Pro-S., Haupt-S.);* heute im Hochschulbereich häufig synonym m. *Institut.*

Seminom, bösartiger Krebs des Hodens.

Semiotik, *w.* [gr.],
1) Lehre v. d. Zeichen (insbes. d. Symbolen), bes. v. ihrer Struktur u. Informations- bzw. Kommunikationsfunktion (→ Peirce, C. W. Morris), untergliedert in *Syntaktik,* → *Semantik* u. *Pragmatik.*
2) *med.* → Symptomatologie.

Semipalatinsk, Geb.shptst. in Kasachstan am oberen Irtysch, 334 000 E; Schlachthäuser, Lederind.

semipermeabel [l.], halbdurchlässig (→ Osmose).

Semiramis, sagenhafte assyrische Regentin.

Semiten, (nach dem bibl. Stammvater *Sem*) Bez. f. die Völker d. semit. Sprachstammes; seit Ende 18. Jh. üblich.

semitische Sprachen → Sprachen, Übers.

Semjonow, Nikolaj Nikolajewitsch (15. 4. 1896–25. 9. 1986), sowj. Chem.; Mechanismus chem. Reaktionen; Nobelpr. 1956.

Semlin, serb. *Zemun,* St.teil v. Belgrad, Hafen an d. Save-Mündung in d. Donau; Flughafen.

Semmelpilz, ein → Porling; eßbar.

Semmelweis, Ignaz Philipp (1. 7. 1818–13. 8. 65), ungar. Frauenarzt; entdeckte Ursache d. Kindbettfiebers u. Infektionen, führte Desinfektionsmaßnahmen b. Geburtshilfe ein.

Semmering, Paß (985 m) zwischen Niederöstr. und Steiermark, Luftkurort und Wintersportpl. i. d. Straße v. Gloggnitz nach Mürzzuschlag mit **S.bahn** (1854, erste Gebirgsbahn d. Erde) mit *S.tunnel* (1431 m lang).

Semnonen, westgerman. Stamm, im heutigen Brandenburg, später in Schwaben.

Sempach (CH-6204), St. i. schweiz. Kanton Luzern, am **Sempacher See** (14,5 km², Abfluß: die Suhr zur Aare), 3200 E; Schweiz. Vogelwarte. – 1386 Sieg d. Schweizer über Leopold III. von Österreich (Sage von Arnold Winkelrieds Opfertod).

Semper, Gottfried (29. 11. 1803–15. 5. 79), dt. Architekt d. Historismus; intern. tätig; *Oper; Gemäldegalerie* Dresden u. *Burgtheater* Wien.

semper aliquid haeret [l.], ,,etwas (von bösem Gerede) bleibt immer hängen''.

semper idem [l.], immer der- od. dasselbe (sich gleichbleibend).

Sempervivum [l. ,,immer lebend''], *Hauswurz,* Dickblattgewächs aus d. Alpen.

Semprun [sãˈprœ̃], Jorge, Pseudonym: *F. Sánchez* (* 10. 12. 1923), frz.-sprachiger Autor span. Herkunft, Widerstandskämpfer, Mitarbeiter d. UNESCO, Friedenspreis des dt. Buchhandels 1994; *Die große Reise; Der weiße Berg; Netschajew kehrt zurück.*

sen., Abk. f. → Senior; Firmenzusatz zur Unterscheidung v. anderen gleichnamigen, jüngeren Firmeninhabern, Ggs. jun. (junior).

Senat [l.],
1) in Bremen, Hamburg u. Berlin Regierung.
2) in einigen Staaten mit Zweikammersystem Name einer der beiden Kammern d. Parlaments.
3) mit mehreren Richtern besetzte Spruchkammer e. höheren Gerichtes (OLG, Bundesgerichte), *Zivil-S., Straf-S., Patent-S.*
4) bei Universitäten Selbstverwaltungsorgan, in dem Professoren, Dozenten u. Studenten vertreten sein können.
5) im MA: Magistratskollegium großer Städte.
6) i. d. altröm. Republik: ,,Rat der Alten'', wichtiges pol. Organ; i. d. Kaiserzeit entmachtet.

Senator [l.], Mitglied e. Senats; auch Ehrentitel.

Senckenberg, Johann Christian (28. 2. 1707–15. 11. 72), dt. Arzt u. Naturforscher; gründete 1763 in Frankfurt d. *S.sche Stiftung,* die 1817 mit d. *S.ischen Naturforsch. Ges.* zusammengeschlossen wurde (wiss. Institute, Museum, Bibliothek), heute Bestandteil d. Uni. in Frankfurt a. M.

Sendai, jap. St. auf d. Insel Honshu, 918 000 E; Uni.; Möbel-, Spielzeug-, Lack- u. Seidenwarenfabriken.

Senden (D-89250), St. i. Kr. Neu-Ulm, a. d. Iller, Bay., 20 556 E.

Sender → Rundfunktechnik (Übers. u. Tafel).

Senderecht, Bestandteil des → Urheberrechts; Inhaber des Rechts ist zur Verbreitung des Geisteswerkes durch Rundfunk ausschließlich befugt.

Aus dem Senfkorngarten

Senderöhre, eine → Elektronenröhre, so geschaltet, daß sie (über die Sendeantenne) ungedämpfte hochfrequente Schwingungen (Wellen) aussendet, diese durch Überlagerung mit d. niederfrequenten Wellen d. Mikrophonstroms moduliert; für große Leistungen m. wassergekühlten Anoden; S.nenergien heute bis über 1000 kW (Großsender f. Lang- u. Mittelwellen), dabei meist mehrere S.n für Parallel- oder Gegentaktbetrieb zus.geschaltet; Mikrowellenröhren (z. B. → Laufzeitröhre) f. Höchstfrequenzen.
Sendespiel, Aufführung e. Bühnenwerks durch den Rundfunk in im wesentl. unveränderter Form im Ggs. zum Hörspiel.
Seneca [-ka], Lucius Annäus (4. v. Chr.–65 n. Chr.), röm. Philosoph (Stoiker) u. Dramatiker, Erzieher Neros; Tragödien; *Dialoge; Satiren; Briefe;* zum Selbstmord gezwungen.
Senefelder, Aloys (6. 11. 1771–26. 2. 1834), östr. Theaterschriftsteller u. 1797–99 Erfinder d. → Steindrucks (Lithographie); *Vollständiges Lehrbuch d. Steindruckerey.*
Senegal,
1) Fluß in W-Afrika, m. d. Quellflüssen *Bafing* u. *Bakoy,* 1430 km l., b. Saint-Louis i. d. Atlant. Ozean.
2) Rep. in W-Afrika zw. d. S.-Fluß u. dem Atlant. Ozean. **a)** *Geogr.:* Hafenarme Küste m. starker Brandung, im Innern hügeliges Savannen- u. Steppenland. **b)** *Wirtsch.:* Hptausfuhrgüter: Fisch, Erdnüsse, Baumwolle, Titan, Phosphate; Tourismus. **c)** *Außenhandel* (1991): Einfuhr 1360 Mill., Ausfuhr 740 Mill. $. **d)** *Verf.* v. 1963 (mehrfach geändert): Präsidiale Rep. m. Einkammerlament. **e)** *Verw.:* 10 Regionen. **f)** *Gesch.:* Bis 1958 frz. Kolonie, 1959 Teil d. Mali-Föderation, 1960 unabhängig; 1968 Un-

ruhen, 1976 Zulassung v. Parteien; 1982–1989 Zus.schluß mit → Gambia zur Konföderation *Senegambia* (m. d. Ziel einer zunächst wirtsch., später auch staatlichen Union); s. 1990 schwere Zusammenstöße zw. Reg.truppen u. Separatisten i. d. Casamance.
Senelogie, Wissenschaft u. Lehre v. Brustdrüsenerkrankungen d. Frau.
Seneschall [„Altknecht", dann „Oberhofmeister"], urspr. im Frankenreich Hausmin. (= Truchseß), dann Ehrentitel der Gfen von Anjou.
Senf,
1) norddt. *Mostrich,* gelbl. Würzpaste aus d. Samen ds Schwarzen Senfs; *süßer, schwarzer S.*
2) *Schwarzer Senf, Brassica nigra,* Kohlart, Samen zu Senf 1), Senfmehl (a. med. in *Senfpflaster* zur Hautreizung.
3) *Sinapis,* Kreuzblütler auf Äckern; z. B. *Ackersenf.*
Senfkorngarten, *„Lehrbuch der Malerei aus dem Senfkorngarten", Chiehtse-yuan-hua-chuan;* v. Wang Kai u. s. Brüdern verfaßte chin. Sammlung aller Maltheorien u. -techniken m. Musterbeispielen (Farbholzschnitte), 1679–1701 (seitdem zahlr. Neudrucke).
Senfl, Ludwig (um 1486 bis 1543), schweiz.-dt. Komp., Schüler → Isaacs; Messen, Motetten u. Lieder.
Senftenberg (D-01968), Krst i. d. Niederlausitz, a. d. Schwarzen Elster, Bbg, 28 840 E; Museum, Schloß (1400) Bergb.-Ing.schule, Braunkohlegruben, Glashütten, Masch.bau.
Senghor [sɛ̃'gɔːr], Léopold Sédar (* 9. 10. 1906), senegales. Pol. u. Schriftst.; 1960–80 Staatspräs., 1962–70 auch Min.präs.; zahlr. Gedichtbände.
Seni, Giovanni Battista (1600–1656), Sterndeuter Wallensteins.
senil [l.], greisenhaft.
Senilität, Altersschwäche.
Senior, m. [l.], „der Ältere gleichen Namens" (Vater, Bruder usw.); auch als Ehrentitel: Ältester; auch → sen.
Senkblei, svw. Senk-→ Lot.
Senkfuß → Fuß.
Senkgrube, svw. Abortgrube.
Senkkasten (Caisson), Arbeitsraum unter Wasser, durch Preßluft m. erhöhtem Druck versehen.
Senklot → Lot.
Senkrechte, in der Geometrie: jede Gerade, die mit einer anderen einen Winkel von 90° bildet.
Senkrechtstartflugzeug, auch als *VTOL-*(Vertical Take-off and Landing-) Flugzeug bez.; kann senkrecht starten u. landen (kein Rotorflugzeug).
Senkwaage → Aräometer.
Senna, Ayrton (21. 3. 1960–1. 5. 94), brasilian. Rennfahrer; dreimal Formel-1-WM 1988, 90, 91; 41 Grand Prix-Siege; verunglückte tödlich.
Senne, *Senner Heide,* sandige Landschaft in Westfalen, am Teutoburger Wald; Pferdezucht.
Senne I, s. 1973 zu → Bielefeld.
Senne II → Sennestadt.
Sennenhunde, schweiz. Hunderassen, z. B. *Berner S.:* ähnl. kl. Bernhardiner; schwarz m. weißem, rostgelb gesäumtem Brustlatz.
Sennesblätter, Blätter versch. afrikan. Arten d. → Kassie *(Senna),* Abführmittel: *Sennestee.*
Sennestadt, früher *Senne II,* St.teil v.

Senkrechtstarter

SENEGAL	
Staatsname:	Republik Senegal, République du Sénéga
Staatsform:	Präsidiale Republik
Mitgliedschaft:	UNO, AKP, OAU, ECOWAS
Staatsoberhaupt:	Abdou Diouf
Regierungschef:	Habib Thiam
Hauptstadt:	Dakar 1,38 Mill. Einwohner
Fläche:	196 722 km²
Einwohner:	8 102 000
Bevölkerungsdichte:	41 je km²
Bevölkerungswachstum pro Jahr:	Ø 2,52% (1990–1995)
Amtssprache:	Französisch, Wolof
Religion:	Muslime (90,4%), Christen (6%)
Währung:	CFA-Franc
Bruttosozialprodukt (1994):	4952 Mill. US-$ insges., 610 US-$ je Einw.
Nationalitätskennzeichen:	SN
Zeitzone:	MEZ – 1 Std.
Karte:	→ Afrika

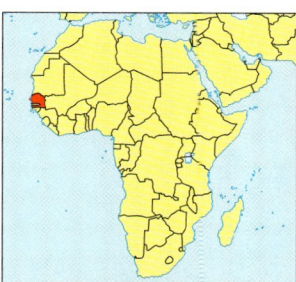
Senegal

Senf

Léopold Senghor

→ Bielefeld; ab 1955 gebaut, Truppenübungsplatz.
Sennett [sɛnɪt], Mack (17. 1. 1884 bis 5. 11. 1960), am. Produzent u. Regisseur; Grotesk- u. Slapstickfilme.
Senonen, kelt. Stamm an der oberen Seine.
Señor [span. se'ɲɔr], Herr; **Señora,** Frau; **Señorita,** Fräulein.
Sensal, m. [it.], Makler.
Sensation [l. „Wahrnehmung"], urspr.: sinnl. Empfindung; dann Nervenkitzel; aufsehenerregende Erscheinung.
Sense, landw. Gerät zum Mähen von Getreide, Gras (von Hand); gekrümmte breite Schneide an langem Schwingestiel m. Handhaben.
sensibel [l.], empfindlich, überhaupt aufnahmefähig für einen Empfindungsreiz.
sensibilisieren,
1) *med.* Überempfindlichmachen d. Organismus oder best. Organe durch wiederholtes Eindringen von gleichen spezif. Stoffen (Allergene) in den Körper; kann zu Krankheitserscheinungen wie z. B. Heufieber, Nesselsucht usw. führen (→ Allergie).
2) chemischer Vorgang; die lichtempfindl. fotograf. Schichten werden für d. Licht des sichtbaren u. unsichtbaren Spektrums „empfindlich" gemacht (sensibilisiert); dadurch können dann Lichtstrahlen bestimmter Wellenlänge in der Schicht (Emulsion) ein Bild erzeugen (hervorrufen).
Sensibilität, w. [l. „Empfindlichkeit"], Empfindungsfähigkeit; bes. Feinheit des Empfindens.
sensitiv [l.], für feinste Reize empfindlich, auch überempfindlich.
Sensitivitätstraining, psychologische Methode in der Gruppentherapie, *Selbsterfahrungsgruppe,* soll Kontakt zu anderen und Verständnis für sie fördern.
Sensorik, Sensoren, auch *Rezeptoren* (→ Kybernetik); z. B. Meßwerterfassung mit S., bei d. phys. Größen (z. B. Licht, Wärme, Druck) in el. Größen umgewandelt werden. → Regelung, → Regelkreis, → Prozeßrechner.
sensorisch [l.], Sinneswahrnehmungen betreffend.
Sensualismus, phil. Lehre: alle seelischen Erscheinungen sind aus Sinnesempfindungen abzuleiten; Erkenntnis nur durch diese bestimmt; vorbereitet v. *Locke,* begr. v. *Hume;* → Empirismus.
Sentenz, w. [l. „Meinung"], Urteil, Denkspruch.
Sentiment, s. [frz. sãti'mã:], gefühlsmäßige (unsachliche) Einstellung.
sentimental [l.], empfindsam.
sentimentalisch, Ggs. zu → naiv 2).
Sentimentalität, w., Empfindsamkeit.
sentimento [it.], *mus.* Gefühl; *con s.,* mit Gefühl.
Senussi, *Senusi,* strenger mosl. Orden, bes. in d. Kyrenaika, gegr. 1833 v. Mohammed Ibn Ali es Senussi; mit eigenem Staatswesen; Hptsitz früher die Oasengruppe Kufra; S.-Emir *Idris* 1951–69 König v. → Libyen (1969 exiliert).
senza [it.], *mus.* ohne (Dämpfer).
Seoul [ze'uːl], *Sŏul, Sôul,* Hpst. v. S-Korea, 9,6 Mill. E; Uni.; Textil-, Elektro-, Metall-, chem. Ind., Handelsplatz, Flughafen.

separat [l.], abgesondert, abgetrennt; als Vorsilbe: Einzel…, Sonder… (z. B. *Separatfriede*).
Separation, w. [l.],
1) *techn.* Trennungsverfahren, → Setzarbeit.
2) Trennung (bes. von Eheleuten).
Separatismus, *m.* pol. Bestreben, Teile eines Staates aus dem Staatsverband zu lösen und zu verselbständigen; zu unterscheiden v. → Irredenta.
Separator, svw. → Zentrifuge.
separieren, trennen, absondern.
Sephardim, Bez. f. d. spanisch-portugiesischen Juden u. ihre Nachkommen, d. i. 15./16. Jh. n. N-Afrika u. Vorderasien auswanderten, Ggs. → Aschkenasim.
Sepia,
1) Gattung der zehnarmigen Kopffüßer (*S. officinalis,* Gemeiner Tintenfisch) mit innerer Schale (→ Schulp); getrocknetes Sekret des Tintenbeutels als schwarzbraune Malerfarbe.
2) in d. Maltechnik s. 18. Jh. dunkelbrauner Farbstoff (aus d. Darmdrüse d. Tintenfischs) f. Tusche u. Aquarellfarbe; zuvor → Bister.
Sepoy [engl. ′siːpɔɪ], Eingeborenensoldat der engl. Kolonialtruppe in Indien; 1857/58 S.-Aufstand unter *Nena Sahib.*
Seppuku, *s.* [chin.-jap.], svw. → Harakiri.
Sepsis, *w.* [gr. „Fäulnis"], Blutvergiftung durch Bakterien, gefährliche Allgemeininfektion.
September, im altröm. Kalender 7., heute 9. Monat (30 Tage); altdt.: *Scheiding.*
Septennat, *s.* [l.], Zeitraum von 7 (septem) Jahren.
Septennatswahlen, 1887, auch Kartellwahlen genannt, Erfolg Bismarcks in der Festlegung der dt. Heeresstärke auf die nächsten 7 Jahre.
Septett, *s.,* Komposition f. 7 Instrumente od. Singstimmen.
Septime, *w., mus.* 7. Stufe der Tonleiter u. entsprechendes Intervall (1: *große*; 2: *kleine*; 3: *verminderte* S.).
Septimius → Severus.
Septuagesima, *w.* [l. „siebzigste"], „70. Tag", neunter Sonntag v. Ostern; in d. kath. Kirche s. 1969 aufgehoben.
Septuaginta, *w.* [l. „siebzig"], griech. Übersetzung des A.T., 3.–1. Jh. v. Chr.; nach d. Überlieferung durch 70 Gelehrte in Alexandria.
Septum, *s.* [l.], d. Scheidewand (z. B. i. Nase, Herz).
Sequaner, kelt. Stamm am Oberlauf der Seine; 58 v. Chr. v. Cäsar unterworfen.
Sequens, *w.* [l.], abgek. *seq.,* der (die, das) Folgende; *Vivat s.!* es lebe der (die, das) Nachfolgende!
Sequenz, *w.* [l.],
1) lückenlose Folge von Spielkarten.
2) Befehlsfolge in e. Programmierabschnitt (EDV).
3) Wiederholung einer Tonfolge auf anderer Tonstufe.
4) Gesang i. d. ma. Liturgie, der aus d. Alleluja nach d. Graduale entwickelt wurde u. e. hohe Kunstvollendung erreichte.
Sequester, *m.* [l.].
1) Zwangsverwalter.
2) *med.* abgestoßenes totes Knochenstückchen (z. B. nach Knochenverletzung oder -vereiterung).

Septime

Sequestration, *w.,*
1) svw. → Zwangsverwaltung.
2) *med.* Abgrenzung (Ablösung) toten Gewebes.
Sequoia, svw. → Mammutbaum.
Serail [pers.-türk.-frz. seˈraːj „Schloß"], Palastanlagen der ehem. osman. Sultane in Istanbul (*Topkapi Serai*); jetzt Museum.
Seraing [səˈrɛ̃], belg. St. in der Prov. Lüttich, an d. Maas, 61 000 E; Glashütte, Schwerind.
Seram, *Ceram,* größte Molukken-Insel, Indonesien, 18 259 km², 166 000 E; Kopra, Kaffee, Erdöl.
Serapeum [l.], unterird. Kultanlage in → Sakkara, diente als Begräbnisstätte f. d. heiligen Stiere des → Apis.
Seraph, *m.* [hebr.], Mz. *Seraphim,* Wüstenungeheuer, als geflügelte feurige Schlange gedacht; im A. T. Engelwesen (Vision des Jesaias).
Séraphine, [seraˈfiːn], eigtl. *S. Louis,* (2. 9. 1864–11. 12. 1942), frz. Malerin, e. Hptvertr. in d. naiven Malerei in Frkr.
Serapis, *Sarapis,* ägypt. Unterweltsgott, Hauptgott des griech. Ägypten, später im ganzen Röm. Reich verehrt.
Serben, südslaw. Volk in Jugoslawien, bes. in der jugoslaw. B.rep. Serbien.
Serbien, serb. *Srbija,* m. d. autonomen Prov.en Woiwodina u. Kosovo, 88 361 km², 9,8 Mill. E; bildet mit Montenegro s. 1992 die Bundesrep. → Jugoslawien; Hptflüsse: *Morava,* untere *Save*; im O, östl. d. Morava, gebirgig (*Mičkor* 2186 m), reiche Erzvorkommen (Eisen, Blei, Kupfer, Silber); i. NW, westl. d. unteren Morava, fruchtb. Hügelland; im S stark zergliederte Gebirgslandschaft m. fruchtb. Talmulden; Anbau v. Weizen, Mais, Obst, Gemüse, Tabak, Wein; Hptst. *Belgrad.* – Aus Teilfürstentümern um 1300 entstanden; Verfall unter vordringender Türkenherrschaft; 1718–39 N-Serbien östr., dann wieder türk.; nach 1800 Befreiungskämpfe, 1830 Fürstentum unter türk. Oberhoheit, volle Unabhängigkeit durch Kriege gg. Türkei 1876–78 (Berliner Kongreß); 1882 Kgtum; Anlehnung an Rußland bringt in Balkankriegen 1912/13 Gebietsgewinn (fast ganz Mazedonien) u. verschärft Ggs. zu Östr.; 1914 Ermordung d. östr. Thronfolgers in → Sarajevo Anstoß zum 1. Weltkr.; 1919 Kernprov., s. 1945 Teilrep. v. Jugoslawien; 1990 Aufhebung d.

Serenade, *Gemälde von Spitzweg*

Autonomie im Kosovo u. i. d. Woiwodina nach Unruhen; 1991 im Bürgerkrieg m. → Slowenien u. Kroatien (→ Slawonien) verwickelt; 1992 Gründung d. BR Jugoslawien; Eroberungskrieg in Bosnien-Herzegowina 1992–95; 1992 Wirtschaftsembargo u. Ausschluß aus der UNO; Nov. 1995 Friedensabkommen von Dayton zw. S., Kroatien u. Bosnien-Herzegowina.
serbische Literatur, 13. Jh.: Gesetzbuch *Zakonik.* Seit dem 18. Jh. westl. Einflüsse: Obradović, Vujić, der Erzähler Milovan Vindaković. *19. Jh. Romantik*: Karadžić u. sein Schüler Djuro Daničić; s. 1860 die Omladina v. Bedeutung; Jovanović, *Realismus*: Vojislaw Ilić (Lyrik), die Erzähler Ignjatović, Lazarević, Janko Veselinović; Brandislav Nusić (auch Dramen). *20. Jh.*: Ivo Andrić, M. Bulatović.
serbokroatische Sprache, gemeinsame Sprache der Serben u. Kroaten, jedoch versch. Schrift: die Kroaten schreiben lat., d. Serben kyrillisch.
Serenade, *w.* [it.], Abendständchen; unterhaltsames Tonstück, gewöhnlich in mehreren Sätzen.
Serengeti, Nationalpark in Tansania, Savannenlandschaft mit riesigen Beständen v. Weidetieren; 12 500 km².
Serenissimus [l.], *Durchlauchtigster,* ehemals versch. Titel regierender Fürsten.
Sereth, rumän. *Siret,* l. Donau-Nbfl., aus den Waldkarpaten, durch die Moldau, mündet b. Galatz (Galaţi), 686 km l., 416 km schiffbar.
Serge, *w.* [frz. sɛrʒ], versch. Köperware: Baumwoll-, Woll- u. Seiden-S., für Futter u. Kleider.
Sergeant [frz. zɛrˈʒant, engl. ′sɑːdʒənt], früher höherer Unteroffizier, dann: Unterfeldwebel; in der engl. u. am. Armee Unteroffiziers-Dienstgrad.
Sergel, Jan Tobias (8. 9. 1740–26. 2. 1814), schwed. Bildhauer, Hptvertr. d. Klassizismus.
Sergijew Possad, *Sagorsk,* russ. Stadt n. v. Moskau, 115 000 E; geistl. Zentrum der russ.-orthodoxen Kirche, Spielwarenind.
Sergius, Name von vier Päpsten im 7.–11. Jh.
Serie, *w.* [l. -rɪ̯a], Reihe zusammengehöriger Dinge.
serielle Musik, Weiterentwicklung d. → Zwölftontechnik durch Übertragung

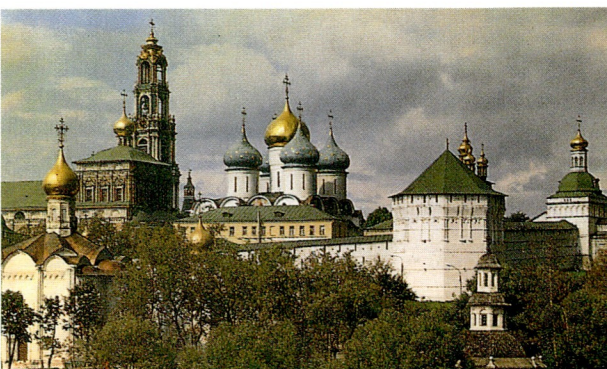
Sergijew Possad, *Dreifaltigkeitskirche*

Seriema, kranichähnl. südam. Bodenvogel; m. Bogenschnabel, Stirnfederschopf.

d. Prinzips reihenmäßiger Ordnung d. Tonhöhen auch auf andere Toneigenschaften (wie Dauer, Klangfarbe und Lautstärke); entwickelt seit etwa 1950; Vertr.: *Messiaen, Boulez, Maderna, Stockhausen, Nono.*

Serienfertigung, Reihenherstellung einer größeren Menge gleichartiger Industrieprodukte.

Serigraphie [gr.], svw. → Siebdruck.

seriös [it. „serioso"], ernsthaft, ernst zu nehmen.

Serkin ['sə:kɪn], Rudolf (28. 3. 1903 bis 8. 5. 91), am. Pianist russ. Herkunft.

Serlio, Sebastiano (6. 9. 1475–1554), it. Architekt, Bühnenbildner u. hpts. Architekturtheoretiker d. Renaiss. u. d. Manierismus; s. 1541 in Frkr. wegweisend f. d. Entwickl. d. Schloßbaus tätig; erfand d. perspektiv. System d. Renaiss.-Bühne.

Sermon, *m.* [l.], (langatmige Straf-) Predigt.

Serologie, *w.* [l.-gr.], Lehre von d. Eigenschaften des → Serums und anderer Körperflüssigkeiten, auch Teil d. Labordiagnostik (v. a. Erkennung v. Krankheiten aus d. Blutserum).

Serosa, äußere Embryonalhülle der Säugetiere, Vögel und Reptilien.

Serotonin, svw. → Hydroxytryptamin.

Serpent, schlangenförm. Blasinstrument aus Holz mit Kesselmundstück; v. 16. bis ins 19. Jh. in Gebrauch.

Serpentin, *m.,* Mineral, Bandsilicat, meist grün.

Serpentinasbest, *Chrysotilasbest,* Asbestrohstoff.

Serpentine, *w.* [frz.], in Schlangenlinie ansteigender Weg.

Serra, Richard (* 2. 11. 1939), am. Bildhauer u. Plastiker; Hptthema s. etwa 1970 d. Problem d. Schwerkraft: d. umgebenden Raum beherrschende Außenplastiken aus sorgsam ausbalancierten Stahlplatten; *Le Torque.*

Serra, *w.* [portugies.], *Sierra* [span.], „Säge", zackige Bergkette.

Serradella, *Vogelfuß,* Schmetterlingsblütler m. rosa Blüten; Futterpflanze auf Sandböden u. zur Gründüngung.

Serrano Elías, Jorge (* 26. 4. 1945), 1991–93 Staatspräs. v. Guatemala.

Sertürner, Friedrich (19. 6. 1783 bis 20. 2. 1841), dt. Apotheker, entdeckte 1804 das erste Alkaloid (Morphin).

Serum, *s.,*
1) *Blut-S.,* schwach gelbliche Flüssigkeit, die nach Blutgerinnung übrigbleibt; enthält Mineralstoffe u. Stoffwechselprodukte, Kohlenhydrate, Fette u. Eiweißstoffe in gelöster Form sowie → Antikörper.
2) *Heil-S.,* Tier-, meist Pferde-S., das nach Impfung des Tieres mit Extrakt aus abgetöteten Bakterienkulturen, d. h. nach aktiver → Immunisierung, Abwehrstoffe gegen eine bestimmte Infektionskrankheit, Antikörper, bes. Antitoxine gegen die Bakteriengifte (Toxine), enthält; bes. bei Diphtherie, Wundstarrkrampf, Genickstarre.

Serumdiagnostik, Serologie, Erkennen von Infektionskrankheiten aus Reaktionen (Agglutination, Komplementbindung usw.) d. Antikörper im Serum des Erkrankten mit diesem Serum zugesetzten, die betreffende Infektionskrankheit auslösenden Allergenen (Bakterien oder deren Gifte); u. a. bei Typhus, Paratyphus, Syphilis.

Serumkrankheit, Fieber, Ödeme, Hautausschlag, Gelenkschwellungen nach wiederholter Injektion des gleichen artfremden (Tier-)Serums; in schweren Fällen **Serumschock** mit Atemnot, Kreislaufschwäche. → Anaphylaxie; → Rekonvaleszentenserum – **Serumprophylaxe,** passive Immunisierung mit Immunglobulinen aus menschl. Serum zum Schutz vor Infektionskrankheiten.

Sérusier [sery'zje], Paul (1864–6. 10. 1927), frz. Maler u. Kunsttheoretiker, Mitbegr. d. Nabis-Gruppe, dann Anhänger d. in d. Beuroner Kunstschule entwickelten Ästhetik moderner christl. Kunst unter Beibehaltung s. Stils; Schrift *L'ABC de la peinture.*

Serval, *m.,* mittelgroße Wildkatze Afrikas, gelb mit schwarzen Flecken, große Stehohren.

Servan-Schreiber [sɛr,vãʃrɛ'bɛːr], Jean-Jacques (* 13. 2. 1924), frz. Pol. (Radikalsozialist); *D. am. Herausforderung; D. totale Herausforderung.*

Servatius, kath. (Eis-)Heiliger.

Servet, Michael (um 1509 bis 27. 10. 53), span. Arzt, entdeckte d. kl. (Lungen-) Kreislauf; Gegner Calvins; wegen „Ketzerei" (Kampf gg. d. Dreieinigkeitslehre) auf dessen Betreiben verbrannt.

Service,
1) *s.* [frz. sɛr'viːs], zusammengehöriges Tischgerät (z. B. *Kaffee-S.*).
2) *m.* [engl. 'sə:vɪs], Dienst (→ *Secret Service*); Kundendienst.

Servicewelle ['sə:vɪs-], Rundfunkprogramm bzw. -kanal m. Unterhaltungsmusik, Angaben über den Autoverkehr, Suchmeldungen u. ä.

servil [l.], kriechend unterwürfig.

Servilismus, *m.,* Servilität, kriecherische Ergebenheit.

Servis, *m.* [frz.], in *Gasthöfen:* Bedienung, Bezahlung für die Bedienung.

Serviten [l.], *Diener Mariä,* ein 1233 gestifteter kath. Bettelorden.

Servitut, *s.* [l.], svw. → Dienstbarkeit.

Servius Tullius, (577–534 v. Chr.), der 6. der sagenhaften 7 römischen Könige (Ummauerung Roms, servian. Heeresverfassung.

Servolenkung, Vorrichtung, die das Steuern eines Autos erleichtert.

Sesam, *m.,* hochwüchsiges Kraut aus Afrika und Indien; wegen der ölhaltigen Samen in warmen Ländern angebaut (Speiseöl); Weltproduktion 1990, 2,01 Mill. t.

Sesambeine, in verschiedene Sehnen der Hände (besonders Daumen) und Füße neben Gelenken eingelagerte kugelige Knöchelchen.

Sesenheim, frz. *Sessenheim,* Gem. im Unterelsaß, 1500 E; Heimat v. Goethes Jugendliebe *Friederike Brion.*

Sesostris, (um 2000 v. Chr), Name dreier ägypt. Pharaonen d. 13. Dynastie.

Sessellift, Seilbahn mit Einzel- od. Mehrfachsitzen, insbes. im Skigelände; hält beim Ein- und Aussteigen nicht an.

sessil, festsitzend (Wassertiere, z. B. Schwämme, Korallen).

Sesterz, *Sestertius, m.,* altröm. kleine Münze, erst Silber, später Bronze.

Sète [sɛt], bis 1928 *Cette,* frz. Kriegs- u. Handelshafen am Mittelmeer, Dép. *Hérault,* 42 000 E; Weinhandel, Seebad.

Seth,
1) ägypt. Gottheit (Prinzip des Bösen).
2) im A.T. Sohn Adams.

Sethos, Name zweier ägypt. Pharaonen des Neuen Reichs. S. I. war Erbauer des gr. Totentempels in → Abydos.

SETI, Abk. f. engl. **S**earch for **E**xtra-**T**errestrical **I**ntelligence, Programm zur Suche nach außerirdischem Leben; dieses soll sich durch Emission v. Radiosignalen bemerkbar machen.

Sétif, *Stif,* Hptst. d. Bez. *S.* in Algerien, im Tellatlas (N-Afrika), 187 000 E; Weizenbau.

Settecento [it. sete'tʃento „siebenhundert"], it. Abk. f. d. 18. Jh.; in d. Kunst Stilbez. f. d. Epoche d. it. Barock u. Rokoko m. d. Wende z. Klassizismus im 18. Jh.

Setter, engl. Vorstehhunde m. langem, seidigem Fell, z. B. der rote *Irish S.*

Settlement, *s.* [engl. 'sɛtlmənt], Niederlassung, Ansiedlung; auch → Straits Settlements.

Settlementsbewegung, Ansiedlung Angehöriger oberer Schichten (erstmals 1880 v. Studenten in England) in Armenvierteln der Großstädte als Versuch geist. u. soz. Annäherung; in England (Toynbeehall in London), den USA u. Dtld.

Setúbal [-łał], portugies. Distrikthptst. an der *Bucht von S.,* 77 900 E; Weinbau u. -handel, Hafen, Fischerei (Sardinen).

Setzarbeit, nasse Erz- u. Kohlenaufbereitung durch Absetzenlassen („*Separation*") d. Körner entsprechend ihrer spez. Gew. auf Sieben im Wasserstrom.

Setzen, Setzmaschinen → Buchherstellung.

Setzwaage, svw. → Wasserwaage.

Seuchen, übertragbare → Infektionskrankheiten; nach Bundes-Seuchengesetz v. 18. 7. 1961 ist jede Erkrankung, jeder Verdacht einer Erkrankung u. eines Todes an einer gefährl. Infektionskrankheit (z. B. *Tuberkulose, Cholera, Pocken, Kinderlähmung, Ruhr, Typhus*) meldepflichtig. Das Gesetz enthält grundsätzliche Vorschriften zur Verhütung und Bekämpfung übertragbarer Krankheiten.

Seume, Johann Gottfried (29. 1. 1763 bis 13. 6. 1810), dt. Schriftst.: *Spaziergang nach Syrakus; Mein Leben.*

Seurat [sœ'ra], Georges (2. 12. 1859 bis 29. 3. 91), frz. Maler. → Neoimpressionismus (Begr. d. *Pointillismus*), im geometrisierten Bildaufbau Vorläufer d. Kubismus; Landschaften; *Der Zirkus.*

Seuse, *Suso,* Heinrich (um 1295 bis 25. 1. 1366), dt. Mystiker, Schüler Eckharts, Wanderprediger; *Büchlein von d. ewigen Weisheit; Dt. Schriften.*

Severing, Carl (1. 6. 1875–23. 7. 1952), SPD-Pol., 1920–32 mehrf. preuß. (zeitweise Reichs-)Innenmin.

Severini, Gino (7. 4. 1883–26. 2. 1966), it. Maler; → Futurismus.

Severn ['sɛvən], Fluß in England, aus Wales, 354 km l., in den Bristolkanal; a. Unterlauf b. New Passage Eisenbahntertunnelung, 7,2 km l.

Severus, Lucius Septimius, erster röm. Soldatenkaiser 193–211 n. Chr.; pol. (Gleichstellung Italien-Provinzen), finanzielle u. rechtl. Reformen (Papinian, Ulpian).

Sessellift

Seveso-Gift, bei Chemieunfall im it. Ort Seveso (bei Mailand) 1976 freigesetztes → Dioxin.
Sévigné [sevi'ɲe], Marie Marquise de (5. 2. 1626–18. 4. 96), frz. Schriftst.in; gab in geistreichen Briefen an ihre Tochter, Comtesse de Grignan, ein anschaul. Bild des Lebens am Hofe Ludwigs XIV.
Sevilla [se'ʎiʎa], Hptst. d. span. Prov. S. (in d. Landschaft Andalusien) u. Hafen am Guadalquivir, 659 000 E; Erzbischofssitz, Grab d. Kolumbus, spätgot. Kathedrale m. „Giralda"-Turm, Alcázar, maur. Königspalast; Uni.; div. Ind.
Sèvres [sɛ:vr], frz. St., südwestl. Vorort von Paris, 22 000 E; Porzellanmanufaktur (urspr. in Vincennes, um 1740 gegr.),

Sevilla, *Casa Pilatos, Innenhof*

Sevilla, *La Giralda*

→ Porzellanmarken. – *Friede von S.* 1920 zw. Türkei u. Entente.
Sewardhalbinsel [ˈsjuːəd-], felsige Halbinsel Alaskas (50 000 km², bis 1500 m h.) mit Kap Prince of Wales, dem westlichsten Punkt Nordamerikas.
Sewastopol, ukrain. St. m. Kriegshafen u. Seebad auf der Krim, 356 000 E.
Sewernaja Semlja → Nordland.
Sex, *m., Sexus* [l.], Geschlecht.
Sexagesima, *w.* [l. „sechzigste"], „60. Tag" d. 8. Sonntag vor Ostern; in d. kath. Kirche s. 1969 aufgehoben.
Sexagesimalsystem [l.], *math.* Unterteilung des Grades in 60′ (Min.), der Bogenmin. in 60″ (Sek.).
Sexagon, lat. *Sexangulum, s.,* Sechseck.
Sex-Appeal, *m.* [engl. -əˈpiːl], svw. erotische Anziehungskraft.
Sexismus, Diskriminierung aufgrund der Geschlechtszugehörigkeit.
Sexta, *w.* [l. „sechste"], früher Bez. f. d. unterste, „erste" Klasse höh. Schulen.
Sextant, *m.* [l.],
1) → Sternbilder, Übers.
2) *naut.* Spiegel-S., Winkelmeßgerät zur Messung der Sonnenhöhe für Orts- u. Zeitbestimmung, besteht aus Kreissektor v. 60° mit Einteilung, zwei Spiegeln und Fernrohr.
3) *math.* 6. Teil eines Kreises, Sektor von 60°.
Sexte, *w.* [l.], *mus.* 6. Tonleiterstufe u. das entspr. Intervall (1: *große;* 2: *kleine;* 3: *verminderte;* 4: *übermäßige S.*).
Sextett, *s.,* Komposition für sechs Instrumente oder Singstimmen.
Sextillion, *w.* [l.], Eins mit 36 Nullen (1 Million Quintillionen od. 10^{36}).

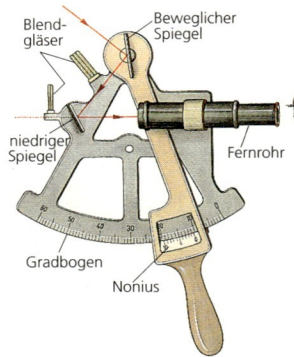
Sextant

Sexte

SEYCHELLEN	
Staatsname:	Republik Seychellen, Republic of Seychelles, République des Seychelles, Repiblik Sesel (kreol.)
Staatsform:	Präsidiale Republik im Commonwealth
Mitgliedschaft:	UNO, AKP, Commonwealth, OAU
Staatsoberhaupt und Regierungschef:	France-Albert René
Hauptstadt:	Victoria (auf Mahé) 24 300 Einwohner
Fläche:	455 km²
Einwohner:	73 000
Bevölkerungsdichte:	160 je km²
Bevölkerungswachstum pro Jahr:	⌀ 0,6% (1990–1995)
Amtssprache:	Kreolisch, Englisch, Französisch
Religion:	Katholiken (90%), Anglikaner (8%)
Währung:	Seychellen-Rupie (SR)
Bruttosozialprodukt (1994):	453 Mill. US-$ insges., 6210 US-$ je Einw.
Nationalitätskennzeichen:	SY
Zeitzone:	MEZ + 3 Std.
Karte:	→ Asien

Sexual-, sexuell [l.], zum Geschlechtsleben gehörend.
Sexualhormone → Keimdrüsen, → Hormone.
Sexualität, Geschlechtlichkeit, Geschlechtsleben.
Sexualpathologie [l.-gr.], Wissenschaft von den krankhaften Erscheinungen des Geschlechtslebens.
Sexualpsychologie, Lehre v. d. Entwicklung u. Verschiedenheit sexuellen Verhaltens.
Sexualverbrechen, svw. → Sittlichkeitsdelikte.
sexuell, geschlechtlich.
sexuelle Handlung, ersetzt s. 1973 d. Begriff „Unzucht" im Sexualstrafrecht.
sexueller Mißbrauch von Schutzbefohlenen, Vornahme sexueller Handlungen an, mit od. vor Minderjährigen, die d. Täter zur Erziehung, Ausbildung od. Betreuung anvertraut sind; strafbar nach § 174 StGB.
Seychellen, *Seschellen,* Rep. u. Gruppe von 115 Inseln und Klippen im Ind. Ozean, Hauptinsel Mahé 153 km², aus Granit und Korallenkalk; Fremdenverkehr; Ausf. v. Fisch, Kopra, Zimt, Vanille. – Gesch.: 1743 v. Franzosen, 1794 v. Briten besetzt; 1903 brit. Kronkolonie; s. 1976 unabhängig; 1977 Staatsstreich; soz. Einparteienstaat; s. 1991 wirtsch. u. pol. Reformen; Mehrparteiensystem; neue Verf. v. 1993, Einkammerparlament.
Seychellennuß, → Lodoicea.
Seydlitz, Friedrich Wilhelm Frh. v. (3. 2. 1721–8. 11. 73), preuß. Reitergeneral; Siege b. Roßbach 1757 u. Zorndorf 1758.

Seydlitz-Kurzbach, Walter von (22. 8. 1888–28. 4. 1976), dt. Gen.; übernahm 1943 in russ. Gefangenschaft den Vorsitz d. Bundes dt. Offiziere, der m. d. kommunist. Nationalkomitee Freies Deutschland den Sturz Hitlers herbeiführen wollte. 1955 Rückkehr nach Dtld.
Seyfer, *Syfer,* Hans (um 1460–1509), dt. Bildhauer der Spätgotik; *Kiliansaltar* (Heilbronn).

Seychellen

Seyß-Inquart, Arthur (22. 7. 1892 bis 16. 10. 1946), östr. NS-Pol., 1938 Innenmin. u. Bundeskanzler; betrieb d. Anschluß, 1940–45 Reichskommissar f. d. Niederlande; in Nürnberg 1946 hingerichtet.
Sezession, *w.* [l.], *Absonderung,*
1) in der *Kunst* Bez. für d. Abspaltung e. Künstlergruppe aus e. bereits bestehenden Vereinigung, meist um eigene Kunstrichtung zu vertreten (*Münchner S.,* gegr. 1892; *Wiener S.,* gegr. 1897, führte z. S.sstil; *Berliner S.,* gegr. 1898). – *S.isten,* Angehörige einer Sezession.
2) in d. *am. Geschichte* die Loslösung d. S-Staaten v. d. USA 1861, führte zum → Sezessionskrieg.
Sezessionskrieg, 1861–65 zw. den Nord- und Südstaaten der USA (Negersklavenfrage); nach Sieg der Nordstaaten Abschaffung der Sklaverei.
Sezessionsstil, östr. Ausprägung d. → Jugendstils; u. a. *Klimt* (Malerei), *Olbrich* (Architektur); → Sezession.
sezieren [l.], eine Leiche öffnen.
Sezuan → Sichuan.
Sfax, Ind.- u. Hafenst. in Tunesien, 232 000 E.
SFB, Abk. f. *Sender Freies (West-)Berlin.*
Sforza, Carlo Gf (25. 9. 1872–4. 9. 1952), it. Staatsmann, 1920/21 u. 1947 bis 51 Außenmin.; lebte 1927–43 als Gegner d. Faschismus in der Emigration.
Sforza, *it. Hzge v. Mailand* 1450 bis 1540:
1) Francesco (23. 7. 1401–8. 3. 66), Condottiere, eroberte 1464 Genua.
2) Lodovico, gen. *il Moro* (27. 7. 1452 bis 17. 5. 1508), wurde 1499 v. Kg Lud-

sforzato [it.], Abk. *sf, sfz, fz; mus.* verstärkt, stark betont.

sfumato [it. „rauchig"], malerisches Bildmittel zart verschwimmender Konturen (erstmals für d. Gemälde Leonardos da Vinci geprägter Begriff); bes. beliebt im Barock.

Sgraffito, *s*. [it. „Kratzmalerei"], Verfahren s. d. Altertum d. Keramik u. Wandmalerei; stellenweises Entfernen d. Deck- von getönten Unterschichten; z. B. Fassadendekoration bes. in d. dt. u. it. Renaiss. (14.–16. Jh.).

's-Gravenhage [sxravən'haxə], → Haag, Den.

sh, Abk. f. → *Shilling.*

Shaanxi [ʃanɕi], früher *Schensi*, chin. Prov., westl. vom Huang He, 195 800 km², 32 Mill. E; im N Getreidebau, Erdöl u. Steinkohle, im S gebirgig; Hptst. *Xi'an.*

Shaba [ʃa-], bis 1971 *Katanga*, Prov. Zaïres, 497 000 km², 4,5 Mill. E; bed. Bergbaugebiet Afrikas: Kupfer, Uran, Zinn, Zink, Eisen, Mangan, Silber, Germanium, Kohle, Kobalt; Hptst. *Lubumbashi* (543 000 E). – 1960 Unabhängigkeitserklärung Tschombés, 1963 Beendigung d. Sezession durch UN-Truppen, 1977 neuerl. Unruhen.

Shache, früher *Yarkant*, chin. Oasenstadt in Xinjiang, am *Yarkant* (Quellfluß d. Tarim v. Karakorum), 70 000 E; Teppichind., Seidenhandel.

Shackleton ['ʃæklt̩n], Sir Ernest Henry (15. 2. 1874–5. 1. 1922), engl. Südpolarforscher; gelangte 1909 bis auf 170 km a. Südpol; *21 Meilen vom Südpol.*

Shaftesbury ['ʃaːftsbəri],
1) Anthony I. Earl of (22. 7. 1621 bis 21. 1. 83), engl. Staatsmann, wirkte für Wiederherstellung des Kgtums (1660), Lordkanzler s. 1672 (→ Habeas-Corpus-Akte 1679); s. Enkel
2) Anthony Ashley Cooper, 3. Earl of (26. 2. 1671–4. 2. 1713), engl. Phil. u. Vertr. d. → schottischen Schule; s. Lehre (bes. Ästhetik: „Das Schöne erzieht z. Guten") beeinflußte u. a. Herder, Schiller.

Shag, *m.* [engl. ʃæg], fein geschnittener, kräftiger Tabak für kurze Pfeife (*Shagpfeife*).

Shake [engl. ʃeɪk],
1) alkoholfreies Mischgetränk.
2) Modetanz d. 60er Jahre.
3) *Jazz:* starkes Vibrato über einzelner Note.

Shakers [engl. 'ʃeɪkəz], „Zitterer", Sekte in Nordamerika, Abspaltung von den Quäkern durch *Anna Lee* (1736–83).

Shakespeare ['ʃeɪkspɪə], (getauft 26. 4. 1564, Stratford upon Avon, † 23. 4. 1616, ebenda), engl. Dramatiker u. Schauspieler (am Globetheater, London; später Mitbesitzer); seine Werke sind Vorbilder aller neuzeitl. Dramatik in Gestaltung d. Charaktere und Leidenschaft, sprachgewaltigem, phantasiereichem Ausdruck (wortreichster Dichter), Wucht und Reichtum der Handlung; 37 Dramen, darunter die Tragödien: *Hamlet; Macbeth; König Lear; Othello; Romeo und Julia;* Historien: *Julius Cäsar; Antonius und Kleopatra;* die Königsdramen: *Richard II.; Heinrich IV.; Richard III.;* Komödien: *Ein Sommernachtstraum; Der Kaufmann von Venedig; Der Widerspenstigen Zähmung; Was Ihr wollt; Wie es Euch gefällt; Die lustigen Weiber von Windsor; Der Sturm;* Sonette.

Shakespearebühne, dreiteilige Bühnenform d. Shakespearezeit; besteht aus dekorationsloser *Vorderbühne*, guckkastenähnl. *Hinterbühne*, die durch Vorhang abgeteilt u. während des Spiels umgebaut werden kann, und einer balkonartigen *Oberbühne* (→ Tafel Theaterbau).

Shalikashvili [ʃæli'kæfvili], John (* 17. 6. 1936), US-Gen.; Juni 1992 bis Okt. 1993 NATO-Oberbefehlsh., z. Z. US-Gen.stabschef.

Shamir, Yitzak (* 3. 11. 1914), isr. Pol. (Likud); 1980–83 Außenmin., 1983/84 Min.präs.; 1984–86 Außenmin. unter → Peres (f. die ersten 25 Monate d. 4jähr. Amtsperiode), 1986–92 Min.präs.

Shamrock, *m.* [engl. 'ʃæm-], Kleeblatt, Wahrzeichen der Iren.

Shandong [sandoŋ], früher *Schantung*, Prov. in NO-China u. Halbinsel, 153 300 km², 85 Mill. E; größtenteils Gebirgsland (z. T. mit Eisen u. Kohle), nur im N fruchtbar (Erdnüsse, Weizen, Reis, Baumwolle, Mohn, Ölfrüchte), dicht bevölkerte Ebene; Seiden- u. Glasind., Töpferei, Strohflechterei; Hptst. *Jinan.*

Shang-Dynastie, in China, 1750 bis 1100 v. Chr., nach ihr genannt die *Shang-Zeit*, Epoche der chin. Kunst, Denkmäler: steinerne Tierfiguren (14. bis 13. Jh. v. Chr.), Bronzegefäße.

Shanghai [chin. ʃaŋxaɪ], größte St. Chinas, Hafenst. der Prov. Jiangsu, südl. d. Chang-Jiang-Mündung, 6,9 Mill. E, Agglom. 13,5 Mill. E; bed. Seehandelsplatz Ostasiens; m. Vorhafen *Wusung*, Flughafen, Uni.; Ausfuhr v. Seide u. Tee. – Einer d. 5 Vertragshäfen, die 1842 für eur. (engl.) Handel geöffnet wurden; 1946 Aufhebung der Exterritorialität d. ausländ. Niederlassungen m. eigener Verw.

Shannon ['ʃænən]
1) Hptfl. Irlands, 368 km l., bildet fischreiche Seen im Mittellauf, mündet mit (bis 15 km) breitem Mündungstrichter in d. Atlant. Ozean; Großkraftwerk bei Limerick.
2) Flugpl. mit Land- u. Seeflughafen am Südufer der Mündungsbucht d. Sh. in den Atlantik.

Shantou [ʃ-], früher *Swatou*, St. in der chin. Prov. Guangdong, an der SO-Küste, 750 000 E; Fischerei, Textilind., Zucker- u. Tabakausfuhr.

Shanty, *s.* [engl. 'ʃænti], Matrosenlied, bei gemeinsamen Arbeiten gesungen.

Shanxi [ʃanɕi], Prov. in N-China, gebirgige Lößlandsch, 157 100 km², 29 Mill. E; Weizen-, Hirse-, Baumwollanbau; Kohle, chem. Ind.; Hptst. *Taiyuan.*

SHAPE → Nordatlantikpakt.

Shaped Canvas [engl. 'ʃeɪpt kænvəs „geformte Leinwand"], F. → Stella.

Shapley ['ʃæpli], Harlow (2. 11. 1885 bis 20. 10. 1972), am. Astronom; Untersuchungen über die Entfernungen der → kugelförmigen Sternhaufen u. → Galaxien.

Sharaku, Tōshūsai, jap. Holzschneider, Ende des 18. Jh.; Farbholzschnitte Bildnisse zeitgenöss. Schauspieler (→ Tafel asiatische Kunst).

Share, *m.* [engl. ʃεə], Anteilschein (Aktie).

William Shakespeare

Shanghai, *Wuh-sing-ting-Teehaus*

G. Bernard Shaw

Sharma ['ʃar-], Shankar Daya (* 19. 8. 1918), s. 1992 Staatspräs. v. Indien.

Sharon [ʃa-], israel. Weiterzüchtung d. → Kaki; kernlos m. eßbarer Schale.

Sharp,
1) Philipp A. (*6. 6. 1944), am. Chemiker u. Genforscher, Nobelpr. (Med.) 1993 zus. m. R. J. → Roberts.
2) R. J. → Roberts.

Sharpe [ʃɑːp], William (* 1934), am. Wirtschaftswiss.; (zus. m. H. → Markowitz u. M. → Miller) Nobelpr. 1990 (Arbeiten über Finanzökonomie u. Unternehmensfinanzierung).

Shar-Pei, chin. Faltenhund.

Shashi [ʃaʃi], St. in der chin. Prov. Hubei, am Chang Jiang, 262 000 E; Baumwollind.

Shaw [ʃɔː],
1) George Bernard (26. 7. 1856–2. 11. 1950), irischer Dramatiker; kämpft in seinen Dramen (u. Romanen) gg. gesellschaftl. Heuchelei u. Geschichtsverfälschung; *Helden; Frau Warrens Gewerbe; Cäsar u. Kleopatra; Candida; Mensch u. Übermensch; Die heilige Johanna;* Nobelpr. 1925.
2) Irwin (27. 2. 1913–16. 5. 84), am. sozialkrit. Schriftst.; *Die jungen Löwen.*

SHB, Abk. f. *S*ozialistischer *H*ochschul *b*und, früher *S*ozialdemokr. *H*ochschul *b*und.

Sheffield ['ʃefiːld], engl. Ind.st. i. d. Gft South Yorkshire, 501 000 E; Uni.; Stahlwarenind., Kohlengruben.

Shell [ʃ-], *Royal Dutch Shell Co.*, zweitgrößter Erdölkonzern d. Erde (London–Den Haag), gegr. 1890.

Shelley ['ʃeli],
1) Mary (30. 8. 1797–1. 2. 1851), engl. Schriftst.in; *Frankenstein od. D. neue Prometheus;* verheiratet m.
2) Percy Bysshe (4. 8. 1792–8. 7. 1822), engl. Dichter; romant. Lyrik; Dramen: *Der entfesselte Prometheus.*

Sheltie ['ʃelti], v. d. Shetlandinseln stammende Hunderasse; ähnl. e. kl. Collie.

Shenyang [ʃənjaŋ], bis 1945 *Mukden*, Hptst. d. nordostchin. Prov. Liaoning, 4,5 Mill. E; bed. Ind.- u. Handelszentrum; Uni., TH; Gräber d. Mandschu-Kaiser. – 1905 Sieg der Japaner über d. Russen.

Shepard ['ʃεpəd], Sam (* 5. 11. 1943), am. Dramatiker, Themen aus d. am. Geschichte: *Fluch der verhungernden Klasse; Goldener Westen.*

sherardisieren [ʃ-], Kontaktverzinkung v. Eisen od. Stahl m. einem Gemisch v. Quarzsand u. Zinkstaub in Drehtrommeln bei etwa 400 °C.

Sheridan ['ʃεrɪdn], Richard Brinsley (30. 10. 1751–7. 7. 1816), engl. Lustspieldichter; *D. Lästerschule.*

Sheriff ['ʃεrɪf], höchster Gerichtsbeamter einer Gft in England; Bezirkspolizeichef in den USA.

Sherlock Holmes ['ʃəːlɔk 'hoʊmz], Gestalt der Detektivgeschichten v. Sir Arthur Conan → Doyle.

Sherman ['ʃəːmən], William (8. 2. 1820–14. 2. 91), am. General der Union im → Sezessionskrieg.

Sherpa [ʃ-], mongolider Bergstamm im Himalaja.

Sherriff [ʃεrɪf], Robert Cedric (6. 6. 1896–13. 11. 1975), englischer Dichter; Kriegsdrama: *Die andere Seite.*

Sherrington ['ʃεrɪŋtən], Sir Charles

Scott (27. 11. 1857–4. 3. 1952), engl. Physiologe; Arbeiten über Funktionen d. Nervensystems; Nobelpr. 1932.
Sherry, *m.* [engl. ʃɛrɪ], Süßwein aus der Gegend von → Jérez de la Frontera; → *gespritete Weine.*
Sherry-Cobbler, nordam. Mischgetränk aus Sherry, Zitronensaft, Curaçao, Zucker und gestoßenem Eis.
's-Hertogenbosch [-xən'bɔs], → Herzogenbusch.
Sherwood [ˈʃə:wʊd], Robert Emmet (4. 4. 1896–14. 11. 1955), am. Dramatiker; satir. histor. Komödien; Biographie: *Roosevelt u. Hopkins.*
Shetlandinseln [ˈʃɛtlənd-], *Shetland,* schott. Inselgruppe (Gft) v. ca. 100 Inseln (davon 29 bewohnt) nördl. d. Orkneyinseln, kahle Gneisfelsen; Schaf- u. Ponyzucht (*Shetlandponys,* sehr klein, starker Mähnen- u. Schweifwuchs), Fischerei; 1433 km², 22 000 E; Hptst. *Lerwick* (Hptinsel Mainland).
SHF, Abk. f. *Super High Frequencies,* „superhohe" Frequenzen, svw. → *Zentimeterwellen;* Wellenlänge 1 bis 10 cm, Frequenzbereich 3 bis 30 GHz; Anwendung: Radar, Richtfunk (→ Wellenlängen, Übers.).
Shift-Objektiv, dient zum Ausgleich stürzender Linien od. perspektiv. Verzerrungen; sehr wichtig f. d. Fotografie v. Gebäuden u. f. Innenaufnahmen.
Shigellen, Erreger der Bakterien- → Ruhr.
Shiitake [jap.], braungelber Lamellen-Baumpilz (Ritterling); in Fernost Speisepilz s. 2000 Jahren; neuerdings auch in Eur.
Shikoku, die kleinste der jap. Hauptinseln, gebirgig (bis 1981 m), 17 760 km², 4,2 Mill. E; Reis, Salz; Hptst. *Matsuyama.*
Shilling, *m.* [engl. ʃ-], → *Währungen,* Übers.
Shintoismus → Schintoismus.
Shiraz [ˈʃiraz], in Australien verwendete Bez. f. d. Rotweinrebe → Syrah.
Shire-Horse [ˈʃaɪəhɔ:z], engl. Rasse, größtes Pferd (Widerrist bis 183 cm); urspr. Kriegsroß.
Shirley [ˈʃə:lɪ], James (18. 9. 1596 bis 29. 10. 1666), engl. Dramatiker der ausgehenden Renaissance.
Shit [engl. ʃɪt], ugs. f. → Haschisch.
shocking [engl. ʃɔk-], anstößig.
Shockley [ˈʃɔklɪ], William (13. 2. 1910 bis 12. 8. 89), am. Phys.; Schwerpunkt: Halbleiter u. Mitentdecker d. Transistor-Effekts; Nobelpr. 1956.
Shonekan [ˈʃɔ-], Ernest (* 9. 5. 1936), 1993 Min.präs. v. Nigeria.
Shopping Center, *s.* [engl. ˈʃɔpɪŋ ˈsɛntə], meist außerhalb der Innenstadt angelegte Einkaufszentren f. größere Wohnviertel u. Vorortsiedlungen.
Shortdrink [engl. ˈʃɔ:t-], unverdünntes, stark alkoholisches Getränk.
Shorts [eng. ʃɔ:ts], kniefreie Hose.
Short Track, Eisschnellaufen auf Kurzbahn (110 m), gleichzeit. Start von mehreren Läufern.
Show, *w.* [engl. ʃoʊ], Schauspiel, Darbietung, Vorführung; auch Ausstellung.
Shrapnel [ˈʃræpnl], Henry (1761 bis 1842), brit. Gen.; Erfinder des → Schrapnells.
Shredder [engl. „shred = zerfetzen"], *Schredder,* Verschrottungsanlage, zerkleinert u. a. Autowracks (mit Hilfe v. rotierenden Trommeln u. Hämmern) zu faustgroßen Knäueln.
Shreveport [ˈʃri:v-], St. im US-Staat Louisiana, am Red River, 199 000 E; Holz-, Metallind.; Erdöl- u. Erdgasvorkommen.
Shrewsbury [ˈʃru:zbərɪ], Hptst. der engl. Gft Shropshire, a. Severn, 60 000 E; ma. Bauten; Eisen-, Glas- u. Leinenfabriken.
Shultz, George Pratt (* 13. 12. 1920), am. Wirtschaftswiss. u. Pol.; 1982–89 Außenmin.
Shunt, *m.* [engl. ʃʌnt],
1) med. angeborene od. operativ hergestellte abnorme Verbindung zw. Blutgefäßen.
2) el. Nebenschlußwiderstand bei Amperemetern.
shunten, Anpassen des el. Widerstands eines el. Meßinstruments an zu messende Stromstärke durch parallelgeschalteten Widerstand (*Shunt*).
Shute [ʃu:t], Nevil (17. 1. 1899–12. 1. 1960), engl. Erzähler; *Im Gleitflug d. Lebens; D. letzte Ufer.*
Shylock [ˈʃaɪ-], jüd. Wucherer in Shakespeares *Kaufmann von Venedig.*
Si, chem. Zeichen f. → Silicium.
SI, Abk. f. → *Système Internationale.*
Sial, *s.,* *Silicium-Aluminium,* Name der Oberkruste d. Erde nach ihrer hpts. Zusammensetzung, unter den Kontinenten ca. 35 km stark.
Sialkot, pakistan. St. in Pandschab, 300 000 E.
Siam, früher für → Thailand.
siamesische Zwillinge, eineiige Zwillinge, deren Körper durch Bindegewebsstreifen, Hautbrücken (in schweren Fällen auch innere Organe und Knochen) teilweise miteinander verwachsen sind; entstehen durch nicht vollständige Teilung des befruchteten Eies; bei ausgedehnten Verwachsungen, sog. *Doppelmißbildungen,* meist nicht lebensfähig. S. Z. auch bei Haustieren (Schweinen).
Siamkatzen, *Siamesen,* feingliedr., kurzhaar. Edelkatzen m. blauen Augen.
Sibelius, Jean (8. 12. 1865–20. 9. 1957), finn. Komp.; 7 Sinfonien, Lieder, Kammermusik; *Karelia-Suite; Die Okeaniden; Finlandia.*
Šibenik, it. *Sebenico,* kroatische St. u. Hafen (an d. Mündung der Krka) a. d. dalmat. Küste, 33 000 E; Dom, Bischofssitz, Marinestützpunkt.

Siamkatze

Sibelius-Monument, *Helsinki*

Sibirien, das asiat. Rußland zw. Ural u. Pazifik, 12,86 Mill. km², ca. 30 Mill. E, Angehörige zahlr. Völkerschaften, urspr. aus S. stammend; u. a. Burjäten, Jakuten, Jukagiren, Tataren, Tungusen, Samojeden. **a)** *Gliederung:* West-S. (das Stromgebiet des Ob-Irtysch), Tiefebene (größte d. Erde) zw. Ural-Gebirge u. Jennissei-Altai-Gebirge, im S bis zum N-Rand der Kirgisensteppe; der N Flach- u. Hügeltundren u. menschenleeres Waldland „Taiga" (Espen, Lärchen, Birken, Kiefern, Fichten); der S (südl. v. 55° N) Steppe (Weizenbau, Milchwirtschaft); der SO ist Hochgebirge (Altai 4500 m). *Mittel-S.,* zw. Jenissei u. Lena, im S bis zum Sajanischen Gebirge u. Baikalsee: Tundren im N, Waldlandschaft, Gebirge im S; zahlr. Flüsse, Seen. *Ost-S.,* östl. der Lena u. des Baikalsees: Wald- u. Sumpftundren mit zahlr. Seen im N (kälteste Gebiete Asiens m. ewig gefrorenem Boden), südl. u. südöstl. bewaldete Gebirgs- u. Plateaulandschaften. **b)** *Hptströme:* Ob-Irtysch, Lena, Jenissei, Kolyma, Amur, monatelang durch Eis gesperrt; extremes Kontinentalklima (heiße Sommer, sehr kalte Winter); schwierige Verkehrserschließung (Eisenbahn u. Straßen i. S, Flußschiffahrt im N). **c)** *Bodenschätze:* Bes. Kohle, Erdöl, Erdgas, Mangan, Eisenerz, Kupfer, Nickel, Gold, Graphit, Blei, Asbest, Platin, Wolfram, Zinn, Silber, Diamanten. **d)** *Fauna:* Raub- u. Pelztiere: Tiger, Bären, Wölfe, Füchse, Zobel, Hermelinwiesel; Fischreichtum; Tierzucht (Rentier, Blaufuchs, Rind, Pferd, Schwein). **e)** *Gesch.:* Seit d. Vorzeit bewohnt von mongol. u. finnisch-ugrischen nomadisierenden Stämmen. Im 11. Jh. Vordringen russ. Kaufherren; im 12.–15. Jh. unter mongol. Herrschaft; im 16. Jh. Eroberung des Tatarenreichs am Irtysch durch Kosakenführer Jermak mit Hilfe Iwans des Schrecklichen; allmählich russ. Vordringen u. Besiedlung; Ende 19. Jh. durch Bau d. Sibirischen Eisenbahn weitere Erschließung; bed. Ind.zentren (z. B. → Kusnezker Kohlenbecken).
Sibirier → Paläoasiaten, Jakuten, Ostjaken.
Sibirische Eisenbahn → Transsibirische Eisenbahn.
Sibiu → Hermannstadt.
Sibylle,
1) im Altertum Seherin, weissagende Frau.
2) w. Vn.
Sibyllinische Bücher, altrömische Sammlung v. Weissagungen. – **S. Sprüche,** frühchristl. Sammlung von Weissagungen aus jüd. und christl. Bestandteilen in griech. Versen.
sic [l.], so!, tatsächlich so!
Sichel, landw. Gerät zum Mähen (Sicheln) von Gras u. Getreide.
Sichelwagen, im alten Orient Streitwagen, deren Räder u. Achsen Sicheln trugen.
sicheres Geleit, gerichtl. Zusicherung an einen abwesenden Beschuldigten, ihn mit der Untersuchungshaft zu verschonen (§ 295 StPO).
Sicherheitsglas, nichtsplitterndes Spezialglas bes. f. Kraftfahrzeuge; Arten: *Mehrschichtenglas* m. einer Kunststoffzwischenschicht; abgeschrecktes u. vorgespanntes *Einscheibenglas,* zerbricht feinkörnig.

Sicherheitsgurt, Gurt zum Anschnallen v. Insassen, bes. i. Kfz u. Flugzeugen gg. Unfallverletzungen; als Diagonal- od. 2-Punkt-Gurt u. als 3-Punkt-Gurt üblich, der aus Diagonal- u. Bauchgurt besteht (größerer Schutz); seit 1976 besteht in Dtld Gurttragepflicht.

Sicherheitslampe, Bez. für vor Schlagwetter warnende, bes. für die von Davy entwickelte → Grubenlampe.

Sicherheitsleistung, z. Vorbeugung von Vertragsbruch und Deckung von Schädigung, die in Ausübung vertragl. Rechte erfolgt (z. B. Pächter läßt das gepachtete Gut verkommen); od. zur Vornahme bzw. Abwendung der Zwangsvollstreckung; erfolgt z. B. durch Hinterlegung v. Geld, Wertpapieren od. durch Bürgschaft (§§ 232 ff. BGB, 108 ff. ZPO).

Sicherheitspolizei → Polizei.

Sicherheitsrat der UN → Vereinte Nationen, Übers.

Sicherheitsventil, gewichts- od. federbelastetes Ventil auf Druckgefäßen (Kesseln) u. Leitungen für Flüssigkeit u. Gase; bläst bei Überschreitung des zuläss. Höchstdruckes automatisch ab, bis Druck wieder normale Höhe erreicht hat; v. → *Papin* 1680 erfunden.

Sicherheitswechsel, svw. → Depotwechsel.

Sicherung, Schutzvorrichtung; in d. Elektrotechnik weitestgehend verwendet zum Schutz vor Kurzschluß u. Beschädigung von Apparaten und Maschinen; → *Schmelz-S., Überspannungs-S., Überstrom-S., Kabelschutz-S., Transformator-S.* usw.

Sicherungshypothek → Hypothek.

Sicherungsübereignung, von Gegenständen an den Gläubiger zur Sicherung einer Schuld unter gleichzeit. Vereinbarung eines konkreten Besitzmittlungsverhältnisses; nach Erfüllung d. Schuld meist Rückübereignung vereinbart.

Sicherungsverwahrung, Freiheitsentziehung nach Strafverbüßung bei Hangtätern zum Schutze der Allgemeinheit; Entlassung nur bei Besserung möglich (§ 66 StGB).

Sichtbeton, Beton, dessen Ansichtsflächen gestaltet. Funktionen haben; Gestaltung durch Durchfärbung, Schalungsabdrücke *(Strukturbeton),* Auswaschen *(Waschbeton)* etc.

Sichtvermerk → Visum.

Sichtwechsel → Wechsel.

Sichuan [stʃuʌn], früher *Szetschwan,* westchin. Provinz am oberen Chang Jiang, 569 000 km², 106 Mill. E; im W Gebirgsland (bis 5500 m), im O das *Rote Becken;* Erz-, Salzbergbau; bed. Erdölvorkommen; Reis- u. Teeanbau; Hptst. Chengdu.

Siciliano, *s.* [-tʃ-], seit 17. Jh. wiegendes Vokal- od. Instrumentalstück im ⁶/₈- od. ¹²/₈-Takt; Satz d. Suite.

Sickerwasserbehandlung, Aufbereitung v. giftigem Sickerwasser in Abfalldeponien.

Sickingen, Franz v. (2. 3. 1481–7. 5. 1523), dt. Ritter, Anhänger der Reformation, Anführer der rhein. u. schwäb. Ritterschaft; Freund Huttens; im Kampf gegen die Fürsten bei Belagerung seiner Burg bei Landstuhl gefallen.

Siddal [ˈsɪdl], Elizabeth Eleanor (1834–11. 2. 62), engl. Dichterin, Malerin u. Zeichnerin, Mitgl. d. Präraffaëliten; verheiratet m. D. G. Rossetti.

Siddhanta [sanskr. „Lehrbuch"], kurze Lehrzus.fassung u. Kanon d. hl. Schriften d. Jainismus, i. 5./6. Jh. gesammelt.

Siddharta, (Vor-)Name Buddhas; Roman von H. → Hesse.

siderisch, *sideral* [l.], die Gestirne betreffend; auch → Jahr.

siderisches Pendel, an einem Faden hängender Metallkörper; Ausschläge wie b. → Wünschelrute gedeutet.

Siderit, *m.,* svw. → Eisenspat.

Siderite [l.], *Siderolithe,* Eisenmeteorite.

Siderose, *w.* [gr.], d. Lunge, Eisen-, → Staublunge.

Sidney [-nɪ], Sir Philip (30. 11. 1554 bis 17. 10. 86), engl. Renaissancedichter; Ritter- u. Schäferroman: *Arcadia.*

Sidon, im Altertum phöniz. St.; 348 v. Chr. v. d. Persern zerstört, jetzt → Saida.

SIDS → Säuglingstod, plötzlicher.

Siebbein, kubisch geformter Knochen mit einer siebartig durchlöcherten Platte zw. vorderer Schädel- und Nasenhöhle, von Riechnervenästen durchzogen; beteiligt an Bildung d. Augen-, seitl. Nasenhöhle, Nasenscheidewand; enthält Hohlräume, *S.zellen* (→ Schädel, Abb.).

Siebdruck, *Serigraphie,* bes. in d. Moderne verbreitete Drucktechnik, bei d. Farben durch Metall-, Textil- od. Kunststoffsieb, das in den bildlosen Zonen mit entspr. Schablone abgedeckt wird, auf fast jedes Material übertragen werden können; für künstler. und Gebrauchsgraphik, auch f. gewerbl. Zwecke.

Siebenbürgen, *Transsylvanien,* rumän. *Ardeal,* Beckenlandschaft im O-Teil des Karpatenlandes, Landschaft in Rumänien, ca. 62 000 km², etwa 5,8 Mill. E (alte dt. Siedlungen im Nösnerland, Bistritz, Gebiet um Hermannstadt, Burzenland, Kronstadt); *Flüsse:* Alt, Mureș (Maros), Samo; sehr fruchtbar, Waldreichtum, Bergbau, Erdgas- und Mineralquellen; Weizen, Mais, Weinbau; Viehzucht; viel div. Ind.; Hptst. *Klausenburg* (rum. *Cluj*). – Illyr. Besiedlung im 3. Jh. n. Chr.; im 11. Jh. Teil Ungarns, im 11. u. 12. Jh. unter d. Schutz des Dt. Ordens Besiedlung durch Moselfranken.

Siebenbürger Sachsen, 1939 ca. 250 000, heute ca. 170 000 (→ Volksdeutsche). – Um 1500 unter fast unabhängigen Woiwoden (1526 Joh. Zápolya Gegenkg Ferdinands I. von Habsburg), dann Wahlfürstentum (Haus Báthory, Bethlen, Rákoczy); 1690 Teil der habsburgischen Monarchie, 1867 zu Ungarn, 1918 an Rumänien. N- u. O-Teil durch Wiener Schiedsspruch 1940 bis 1947 an Ungarn.

Sieben Freien Künste, die [l. „septem artes liberales"], d. Disziplinen d. antiken Bildung, im 5. Jh. n. Chr. v. Martianus Capella zus.gefaßt u. in weibl. Symbolfiguren personifiziert: Grammatik, Dialektik, Rhetorik, Geometrie, Arithmetik, Astronomie u. Musik; in d. bild. Kunst beliebtes Thema v. d. Karolingerzeit bis z. Rokoko.

Siebengebirge, Teil d. Rhein. Schiefergebirges, sö. von Bonn, reich an Trachyt und Basalt; dichtbewaldete Hügel; *Drachenfels* (324 m), *Gr. Ölberg* (460 m) u. a.; Naturpark.

Sieben Gemeinden, *Sette Comuni,* frühere dt. Volksinsel in d. oberit. Prov. Vicenza; bis auf geringe Reste italienisiert.

Siebengestirn → Plejaden.

Siebenjähriger Krieg 1756–1763, Kampf um den Besitz Schlesiens zw. Preußen u. Östr., Entscheidung über Herrschaft. i. Dt. Reich u. zw. Engl. u. Frkr. i. d. Kolonien: Friedrich d. Gr., im Bunde m. England gg. Östr. (→ Maria Theresia), Frkr., Spanien, bis 1762 Rußland, Sachsen-Polen, Schweden u. Reichsheer. Siege Friedrichs bei Prag, Roßbach, Leuthen, Zorndorf, Liegnitz, Torgau; Niederlagen bei Kolin, Hochkirch, Kunersdorf. *Friede von Hubertusburg* 1763: Preußens Besitzstand (Schlesien) blieb erhalten. *Friede von Paris* 1763 (beendet den Seekrieg): Frkr. verliert Kanada und Senegambien (Senegal) an England; Spanien erhält Cuba u. Philippinen, tritt Florida an England ab.

Siebenkampf, in d. *Leichtathletik* Mehrkampfdisziplin f. Damen, ersetzt s. 1979 d. früheren *Fünfkampf;* Übungen: 100-m-Hürdenlauf, Kugelstoßen, Hochsprung, 200-m-Lauf (1. Tag), Weitsprung, Speerwurf, 800-m-Lauf (2. Tag).

Siebenschläfer,
1) *S.-Tag* (27. 6.), Wetter an diesem Tag soll auch f. d. 7 nächsten Wochen bestimmend sein.

Franz v. Sickingen

2) *Bilch,* Nagetier, 16 cm l., hält Winterschlaf im Nest; kommt in Waldgegenden Mittel- und Südeuropas vor, häufig in Obstgärten.

Sieben Schwaben, derber mittelalt. Schwank (15. Jh.); später volkstüml. Abenteuergeschichte v. *Ludwig Aurbacher* (1784–1847).

siebenter Himmel, nach d. Glauben d. Babylonier oberster der übereinandergewölbten Himmel; Ort der höchsten Seligkeit.

Sieben Weisen, Die, griech. Staatsmänner u. Philosophen i. 6. Jh. v. Chr., denen best. Kernsprüche zugeschrieben wurden: *Pittakos* aus Mytilene, *Solon* aus Athen, *Kleobulos* aus Lindos, *Myson* aus Chenai (od. *Periander* von Korinth), *Chilon* aus Sparta, *Thales* von Milet u. *Bias* aus Priene.

Sieben Weltwunder, im Altertum: ägypt. *Pyramiden, Hängende Gärten* der Semiramis (Babylon), *Diana-Tempel* in Ephesus, *Zeus des Phidias* (Olympia),

Siebenschläfer

Mausoleum zu Halikarnassos, *Koloß von Rhodos, Leuchtturm* auf → *Pharos*; auch der *Pergamonaltar* wird manchmal zu den Weltwundern gezählt.

Siebs, Theodor (26. 8. 1862–28. 5. 1941), dt. Germanist; *Dt. Hochsprache (Bühnenaussprache).*

Sieburg, Friedrich (18. 5. 1893–19. 7. 1964), dt. Journalist u. Schriftst.; *Gott in Frankreich; Napoleon.*

sieden, Übergang vom flüssigen in den dampfförmigen Zustand; *Siedepunkt* (bei gleichbleibender Temperatur der Flüssigkeit) abhängig vom äußeren Druck; bei Atmosphärendruck (760 mm Quecksilber) siedet Wasser bei 100 °C, Wasserstoff bei −252,7 °C; S. d. Wassers bei 2 atm (1520 mm Quecksilber) 121 °C; bei 526 mm Quecksilber (entspricht ca. 3000 müM) 90 °C.

Siedepunkt → sieden.

Siederohre, im Dampfkessel eingebaute Rohre zur Beschleunigung der Wasserzirkulation u. Dampfbildung.

Siedeverzug, Ausbleiben der Siedeerscheinungen trotz geringfügiger Überschreitung des Siedepunktes möglich, wenn d. Flüssigkeit bes. homogen (d. h. frei v. Fremdteilchen u. Gasblasen) ist, z. B. luftfreies, reines Wasser.

Siedewasserreaktor, *SWR,* mit Wasser (71 bar, 286°C) gekühlter → Kernreaktor, Kühlmitteldampf treibt direkt stromerzeugende Turbine an (Einkreisanlage).

Siedlce, Hptst. d. poln. Woiwodschaft S., 72 000 E; röm.-kath. Bistum; landw. Ind.

Siedlung, menschl. Wohnstätte, Niederlassung, Ansiedlung; in Dtld versch. Formen: Streu-S. (Einzelhof), Straßendorf, Haufendorf, Rundling, später dt. Kolonistendörfer in Reihen- u. Angerform.

Sieg, r. Nbfl. des Rheins, vom Ederkopf (Rothaargebirge), durchfließt das *Siegerland,* mündet unterhalb Beuel; 131 km l.

Siegbahn,
1) Kai M. (* 20. 4. 1918), schwed. Phys.; (zus. m. N. → Bloembergen u. A. → Schawlow) Nobelpr. 1981 (hochauflösende Elektronenspektroskopie).
2) Karl Manne Georg (3. 12. 1886 bis 26. 9. 1978), schwed. Phys.; Forschungen über Röntgenspektren d. Elemente; Nobelpr. 1924.

Siegburg (D-53721), Krst. d. Rhein-Sieg-Kr., NRW, 36 400 E; AG; chem. u. keram. Ind.; Töpferstadt des MA (*S.er Krüge,* sog. *Schnellen*); Benediktinerabtei St. Michael (1064 gegr.).

Siegel, Abdruck eines vertieft geschnittenen Stempelbildes oder -zeichens in einer geeigneten Masse (Wachs, Metall, *S.lack*) zur Beglaubigung v. Schriftstücken od. als Beweis für unversehrten Verschluß.

Siegelbäume, *Sigillarien,* bärlappähnl. Bäume der Steinkohlenzeit.

Siegelbewahrer, im alten Dt. Reich der Kurfürst von Mainz; in England der → Lordkanzler.

Siegelbruch, unbefugte Beseitigung oder Beschädigung amtl. Siegel, strafbar mit Freiheitsstrafe (§ 136 StGB).

Siegellack, Gemenge aus Schellack, Kolophonium, Terpentin m. Mineralfarben (Zinnober, Mennige, Chromfarben) z. Siegeln.

SIERRA LEONE

Staatsname:	Republik Sierra Leone, Republic of Sierra Leone
Staatsform:	Präsidiale Republik im Commonwealth
Mitgliedschaft:	UNO, AKP, Commonwealth, ECOWAS, OAU
Staatsoberhaupt:	Jonny Paul Koroma
Regierungschef:	Jonny Paul Koroma
Hauptstadt:	Freetown 470 000 Einwohner
Fläche:	71 740 km²
Einwohner:	4 587 000
Bevölkerungsdichte:	64 je km²
Bevölkerungswachstum pro Jahr:	⌀ 2,40% (1990–1995)
Amtssprache:	Englisch
Religion:	Naturreligionen (52%), Muslime (39,5%), Christen
Währung:	Leone (Le)
Bruttosozialprodukt (1994):	698 Mill. US-$ insges., 150 US-$ je Einw.
Nationalitätskennzeichen:	WAL
Zeitzone:	MEZ – 1 Std.
Karte:	→ Afrika

Sierra Leone

Werner von Siemens

Siegen, Ludwig v. (1609–80), dt. Kupferstecher; Erfinder d. → Schabkunst.
Siegen (D-57072–80), Krst. d. Kr. S.-Wittgenstein, südl. d. Sieg, NRW, 111 800 E; LG, AG, Arbeits-Ger.; IHK, Ges.-HS; Eisenind.; Geburtsort von *Rubens;* 2 Schlösser.
Siegerland → Sieg.
Siegfried, *Seyfried, Sigurd,* Gestalt der german. Heldensage; bis auf eine Stelle zw. den Schulterblättern durch Hornhaut unverwundbar, daher der *gehörnte* S.

Preußisches Staatssiegel v. 1896

Besitzer des Nibelungenhorts, bezwingt d. Walküre Brunhild für den Burgundenkönig Gunther, heiratet dessen Schwester Kriemhild; von Hagen getötet.
Siegfriedlinie, Bez. der Alliierten im 2. Weltkr. f. d. → Westwall.
Siegfriedstellung, dt. Stellungssystem im 1. Weltkr.; errichtet 1916/17 in N-Frkr.; Gesamtlänge 150 km, Tiefe 25 km; S. verkürzte d. Front um 50 km u. verlief v. Vimy bis St. Quentin u. Chemin des Dames.
Sieglar, s. 1969 zu → Troisdorf.
Siegwurz, einheim. Gladiole.
SI-Einheiten, S*ystème* i*nternational* d'U*nités,* intern. Einheitensystem, gilt seit 1. 1. 1978 auch i. d. BR gesetzl. vorgeschrieben ist (→ Tabelle Maße und Gewichte, Übers.).
Siel, Schleuse, Entwässerungsstollen im Deich.
Sielengeschirr, Geschirr für Pferde; *in den Sielen sterben,* mitten in der Arbeit sterben.
Sielmann, Heinz (* 2. 6. 1917), dt. Buch-, Film- u. Fernsehautor z. Thema Tierverhalten u. Ökologie.
Siemens, vier Brüder, dt. Ingenieure:
1) Werner v. (13. 12. 1816–6. 12. 1892), schuf Zeigertelegraph, erste Dynamomaschine, erste elektrische Bahn u. a.; gründete mit Halske Firma *S. u. Halske,* Berlin.
2) Wilhelm, später *Sir William* (4. 4. 1823–19. 11. 83), leitete engl. Tochterfirma *S. Brothers,* London, erfand m. s. Bruder Friedrich d. S.-Martin-Stahlofen.
3) Friedrich (8. 12. 1826–24. 4. 1904), erfand Regenerativfeuerung.
4) Karl v. (3. 3. 1829–21. 3. 1906), leitete russ. Zweiggeschäft v. S. u. Halske, St. Petersburg. – *S. u. Halske,* 1847 gegr.,

älteste dt. Elektrofirma, 1897 AG; *Siemens-Schuckertwerke,* 1903 entstanden, 1907 AG; beide in Berlin-Siemensstadt u. München bzw. Erlangen.
Siemens-Martin-Verfahren, angewendet im *S.-M.-Stahlofen* (→ Eisen- u. Stahlgewinnung, Übers.).
Siemianowitz-Laurahütte, poln. *Siemianowice-Śląskie,* Ind.st. i. d. poln. Woiwodschaft Katowice (Kattowitz), 82 000 E; Steinkohlenbergbau, Hüttenwerke, Masch.-Ind.
Siena, Hptst. d. it. Prov. S., in S-Toscana, 58 000 E; got. Dom (13. Jh.), Brunnen *(Fonte Gaia);* Paläste; bed. Kunstst.; Erzbischofssitz, Uni.
Sienkiewicz [ɕ'ɛŋ'kjevitʃ], Henryk (5. 5. 1846–15. 11. 1916), poln. Schriftsteller; Roman: *Quo vadis?;* Novellen; Nobelpr. 1905.
Sierra, *w.* ['si̯ɛrra], → Serra.

Siena, *Dom*

Sierra Leone, Rep. an d. Westküste Afrikas. **a)** *Geogr.:* An d. Küste trop. Urwald, im Hinterland Busch- u. Grassteppe. **b)** *Wirtsch.:* Ackerbau, Viehzucht, Kakao, Kaffee; bed. Bodenschätze: Diamanten, Bauxit, Eisen. **c)** *Außenhandel* (1991): Einfuhr 246 Mill., Ausfuhr 145 Mill. $. **d)** *Verf.* v. 1991: Präsidiale Rep. m. Einkammerparlament. **e)** *Verw.:* 3 Prov. u. Westgebiet, 12 Distrikte u. 1 Stadtgebiet. **f)** *Gesch.:* 1787 brit. Niederlassung; 1806 brit. Kronkolonie; s. 1961 selbständig, 1971 Ausrufung d. Rep.; s. 1991 Bürgerkrieg; 1996 erneuter Staatsstreich; Präs.wahl; fragiler Waffenstillstand; 1997 Militärputsch.
Sierra Madre, Gebirgsumrandung (Kordilleren) d. mexikan. Hochlandes.
Sierra Morena, südiberisches Randgebirge, bis 1300 m, mit Despeñaperros-Paß (1009 m) (Verbindung Córdoba–Madrid), reich an Kupfer (Río Tinto), Blei, Zink (Linares), Quecksilber (Almadén).
Sierra Nevada, Schneegebirge,
1) höchstes Gebirge Spaniens, nahe der S-Küste, im *Mulhacén* 3478 m, mit den südlichsten Gletschern Europas.
2) Hochgebirgszug in Kalifornien, Teil der Kordilleren, im *Mount Whitney* 4418 m, mit Trogtälern (z. B. → Yosemitetal).
Siesta, *w.* [span. „sechste Stunde"], Ruhepause.
Sieveking, Amalie (25. 7. 1794–1. 4. 1859), Vorkämpferin d. christl. Frauenbewegung; gründete i. Hamburg 1832 d. weibl. Verein f. Armen- u. Krankenpflege.
Sievers, Eduard (25. 11. 1850–30. 3. 1932), dt. Germanist; *Altgerman. Metrik; Schallanalyse.*
Sievert, Abk. *Sv* → rem, Dosiseinheit f.

d. biol. Wirksamkeit ionisierender Strahlung; 1 Millisievert (mSv) = $\frac{1}{1000}$ Sv. Ersetzt alte Einheit rem; 1 Sv = 100 rem.

Sieyès [sje'jɛs], Emanuel Gf (3. 5. 1748 bis 20. 6. 1836), frz. Abbé, Wortführer u. Verfassungstheoretiker des 3. Standes (Bürger) in der Frz. Rev.; *Was ist der Dritte Stand?*

Sigel, *s.* [l.], feststehende Abk. f. Wörter od. Silben durch Buchstaben od. Zeichen (z. B. § = Paragraph); bes. in d. → Kurzschrift.

Sigenot, kl. mhdt. Heldenepos a. d. Dietrichsage (um 1250).

Sigillarien, svw. → Siegelbäume.

Sigill|um, *s.* [l.], Siegel.

Sigismund, *Siegmund,* Markgf von Brandenburg u. Kg von Ungarn, dt. Kg 1410–37, Kaiser s. 1433, Konzil von Konstanz 1414–1418, Hussitenkriege, 1417 Belehnung der Hohenzollern mit Brandenburg.

Sigma, *s.*, Σ, σ, ς, griech. Buchstabe S.

Sigmaringen (D-72488), Krst. in Ba-Wü., an der oberen Donau, 574 müM, 16 011 E; Schloß (16. Jh.), frühere Residenz der Fürsten v. Hohenzollern; AG; Masch.ind., Brauereien.

Signac [si'nak], Paul (11. 11. 1863 bis 15. 8. 1935), frz. neoimpressionist. Maler; Theoretiker u. Vertr. d. Pointillismus.

Signal, *s.* [l.], Zeichen,
1) *Nachrichtentechnik, Datenverarbeitung:* phys. Darstellung v. Nachrichten od. Daten (z. B. durch el. Spannung, Strom, Feldstärke u. a.) als Funktion d. Zeit, d. Orts od. beider; *Signalparameter* (z. B. Amplitude, Frequenz, Phase) sind bezügl. Wert u. Zeit/Ort kontinuierlich od. diskret.
2) meist auf (intern.) Konvention beruhendes opt. od. akust. Zeichen zur Übermittlung v. Nachrichten, bes. der Sicherung d. Verkehrs dienend; opt. S.e gesammelt in **S.buch: a)** *S.e d. Eisenbahn* zur Sicherung d. Zugfahrten; früher Formsignale, heute → Lichtsignale; auf Strecken m. dichter Zugfolge werden die S.e automat. betätigt; weitere S.e: *Läute-S.e; Wärter-S.e, S.e am Zug* usw.; **b)** *S.e zur See,* durch intern. Vereinbarung fi*Signalflaggen*-Zeichen, Funktelegraphie, Schiffslichter, Morselampe, Nebelglocke, Nebelhorn; bei *Kriegsschiffen* durch Ruder-, Fahrt- u. Stopp-Bälle, Signalraketen; auch → Seezeichen.

Signalement, *s.* [frz. -'mã:], genaue Beschreibung des Äußeren einer Person in Paß, Steckbrief usw.

Signatarmächte, Staaten, die intern. Vertrag (Abkommen) unterzeichnet haben.

Signatur, *w.* [l.],
1) Bezifferung am Fuß d. 1. Seite von Druckbogen.
2) von Kunstwerken durch Künstlerzeichen od. Namenszug.
3) Bezeichnung, Unterzeichnung von Schriftstücken.
4) (Land-)Kartenzeichen zur Unterscheidung von Bodenformen, -beschaffenheit, Wegen, Bahnen, Gebäuden usw.

Signet, *s.* [l.], künstler. gestaltetes Ursprungszeichen eines gewerbl. Produktionsstätte, insbes. v. Verlag od. Druckerei.

signieren [l.], mit Namenszeichen versehen.

signifikant, bedeutsam; auffallend.

Signifikant, in der Sprachwiss. der Name e. Gegenstandes im Ggs. zum Signifikat (Bedeutung, Sinn).

Signora [it. siˈɲ-], Frau.

Signore [it.], Herr.

Signorelli [siɲo-], Luca (um 1445/50 bis 16. 10. 1523), it. Maler d. Renaissance; Wandgemälde (Dom in Orvieto); Tafelbilder.

Signoria, *w.* [siɲɲ-], Herrschaft; i. MA Regierung italienischer Stadtstaaten.

Signorina [it. siɲ-], Fräulein.

Signum, *s.* [l.], Zeichen, Merkmal.

Sigrist [schweiz.], Küster, Sakristan.

Sihanuk, Norodom (* 31. 10. 1922), kambodschan. Pol.; 1941–55 Kg (abgedankt), 1955–70 Min.präs., 1970–75 in Peking im Exil, 1975/76 Staatsoberhaupt, 1982 Staatspräs. d. Exilreg., 1991–93 Staatspräs., s. 1993 König.

Siitonen-Schritt, spezielle Technik im *Skilanglauf,* nach d. finn. Skiläufer *Pauli S.* ben. Schlittschuhschritt, bei dem d. Läufer nur ein Bein belastet u. das andere zum Anschieben benutzt.

Sika, Hirschart Ostasiens, mit weißgeflecktem Fell und achtsprossigem Geweih; auch in Dtld angesiedelt.

Sikhs [ind. „Jünger"], monotheistische indische Sekte, erstmals 1500 von dem Hindu *Nãnak* gegr., urspr. Vereinigung zw. Hindus und Mohammedanern; blutige Kämpfe im 17. Jh.; s. 1980 Aufflammen v. gewalttätigen Ausschreitungen, v. Angst, v. Hinduismus aufgesogen zu werden, 1984 blutig niedergeschlagen (als Reaktion Attentat auf I. → Gandhi); heute 18 Mill. Anhänger; *Goldener Tempel* in Amritsar.

Sikkativ, *s.* [l.], Pulver u. Flüssigkeit z. Beschleunigung des Trocknens von Ölfarben.

Sikkim, ehem. ind. Fürstenstaat, Osthimalaja, 7096 km², 406 000 E (meist Nepalesen); Hochgebirgsland; Waldreichtum; Getreide, Obst; Wollstoffe; an der Hpthandelsstraße v. Bengalen nach Tibet; Hptst. *Gangtok.* — 1950 unter Wahrung der Eigenstaatlichkeit Protektorat von Indien; 1974 als assoziierter Staat annektiert, 1975 ind. B.staat.

Sikọrsky, Igor Iwanowitsch (25. 5. 1889–26. 10. 1972), russ.-am. Flugzeugkonstrukteur; entwickelte 1913 erstes viermotor. Flugzeug der Welt („Le Grand") 1939 erster Hubschrauber m. Heckrotor.

Sikuler, *Sikeler,* prähist. Bew. d. O-Hälfte Siziliens.

Sikyon, antike Stadt der Peloponnes; Blütezeit 7. u. 6. Jh. v. Chr.; in S. wirkten Lysipp u. Polyklet.

Silber, *Ag,* chem. El., Oz. 47, At.-Gew. 107,870, Dichte 10,49; Edelmetall, Vorkommen gediegen (oft zus. mit Gold) u. gebunden an Chlor, Schwefel, meist zus. mit Arsen, Antimon, Kupfer, Blei; Gewinnung auf nassem od. trockenem Wege od. durch Amalgamation; Hauptvorkommen: ehem. UdSSR, Mexiko, Peru; Verwendung zu Schmuck, Münzen usw.; zur Härtung mit etwa $\frac{1}{5}$ Kupfer legiert; v. den *S.salzen* werden bes. *S.chlorid (AgCl), S.bromid (AgBr)* u. *S.iodid (AgI)* als lichtempfindl. in der Fotografie verwendet, *S.nitrat (AgNO₃)* od. *Höllenstein* med. zur Ätzung, u. *Kalium-S.-Cyanid* zum galvan. Versilbern.

Silberchlorid, lichtempfindl., f. fotograf. Papier verwendet.

Silberdistel → Eberwurz.

Signet der ersten Druckerei *(Fust-Schöffer),* 15. Jh.

Silberfischchen

Silber

Bergwerksproduktion 1993
Silberinhalt der Erzförderung in t

Mexiko	2368
USA	1645
Peru	1631
Australien	1152
Chile	970
Kanada	888
Polen	767
Russ. Föderation	700
Bolivien	333

Welt-Bergwerksproduktion 1993: 13350 t

Silhouette

Silberfisch,
1) silberglänzende Abart des Goldfisches.
2) ein Lachs des Mittelmeeres, m. silbrigen Schuppen.

Silberfischchen, *Zuckergast,* flügelloses kleines Insekt mit silberglänzenden Schuppen; in dunklen feuchten Winkeln der Wohnung.

Silberfuchs, kanad. Farbvariante d. Rotfuchses, Pelz schwarz mit an d. Spitze weißem Grannenhaar.

Silberglanz, *Argentit* (Ag_2S), Silbererz.

Silbergras, svw. → Pampasgras.

Silberlöwe, svw. → Puma.

Silbermann, deutscher Orgelbauerfamilie des 17. u. 18. Jh. im Elsaß u. in Sachsen: *Gottfried S.* (14. 1. 1683–4. 3. 1753), in Freiberg u. Dresden (Frauenkirche, Hofkirche); auch Cembali u. Klaviere.

Silbernes Lorbeerblatt, von Bundespräs. Heuss 1950 gestiftete Auszeichnung f. außergewöhnl. sportl. Leistungen.

Silbersalze → Silber.

Silberschwamm, Desinfektionsmittel; aufgeblähtes, schwammig verteiltes Silber mit poröser, sehr großer Oberfläche von weißlichgrauer Farbe; keimtötende Wirkung durch Spuren gelösten Silbers (Silber-Ionen).

Silberstift, Metallgriffel mit Silberspitze, mit dem auf bes. zubereitetem Papier gezeichnet wurde (z. B. Dürer), ma. Vorläufer d. seit d. 16. Jh. gebräuchl. Bleistifts.

Silberwährung, Währung, deren Wertgrundlage das Silber ist; bis Mitte 19. Jh. üblich, außer in England; nach den reichen kaliforn. u. austral. Goldfunden (1848, 1851) setzte sich überall die Goldwährung durch, zuerst in Dtld 1871 (→ Währungssysteme).

Silberwurz, rasenbildender Zwergstrauch des hohen Nordens u. der Hochgebirge.

Silcher, Friedrich (27. 6. 1789–26. 8. 1860), dt. Liederkomp.; *Morgen muß ich fort von hier;* Volksliedsammlung.

Silen, *m.* [gr. „Stumpfnasiger"], griech. wilder Walddämon, e. Mischwesen aus Mensch u. Pferd, immer trunken, dickbäuchig, Begleiter d. Dionysos.

Silentium, *s.* [l.], Schweigen; Ruhe!

Silhouette, *w.* [frz. -ˈlŭɛtə], *Schattenriß,* ben. i. Anspielung auf d. frz. Finanzmin. *É. de Silhouette* (1709–67), dessen Sparverordnungen diese relativ preisgünstige Porträtgattung (statt Miniaturmalerei) förderten.

Silicate	
Gruppe	**Vertreter**
Inselsilikate	Olivin, Granat
Gruppensilikate	Akermanit, Epidot
Ringsilikate	Beryll, Turmalin
Kettensilikate	Augit, Diopsid
Bandsilikate	Hornblende
Schichtsilikate	Biotit, Muskovit
Gerüstsilikate	Quarz, Feldspat

Silicagel, *s.,* gekörnte kolloidale Kieselsäure; Adsorptionsmittel; bindet Feuchtigkeit; auch in Zigarettenfilterpatronen.

Silicate, *Silicatminerale,* Salze der Kieselsäure; bauen Großteil d. Minerale auf; Hptbestandteil von Glas und Porzellan.

Silicium, *Si,* chem. El., Oz. 14, At.-Gew. 28,086, Dichte 2,33; neben Sauerstoff häufigstes Element d. Erdrinde; Vorkommen bes. als Kieselsäure (SiO_2) u. als Silicate in fast allen Gesteinen; Reindarstellung durch Reduktion v. Quarz m. Kohle im el. Ofen; S. hat d. Eigenschaft, Verbindungen zu bilden, bei denen (ähnl. wie bei Kohlenstoff die C-Atome) mehrere S.atome kettenförmig miteinander verbunden sind; diese Verbindungen sind allerdings, anders als die entsprechenden C-Verbindungen, extrem empfindlich gegen Luft und Feuchtigkeit; S. hat starke Affinität zum Sauerstoff, die S.-Sauerstoff-Verbindungen neigen stark zur Polymerisation; Verwendung des Elements zu **S.legierungen,** bes. *S.bronze* mit 0,02–0,03% S. (große Festigk. u. Leitfähigk.) u. *S.-eisen* (dichter, blasenfreier Guß); *Ferrosilicium,* z. Stahlveredelung; reines S. als Detektorkristall, f. elektron. Schaltungen (Chips) u. Elemente in d. Solartechnik; S. an Kohlenstoff gebunden: *S.carbid* (Carborundum), sehr hartes Schleifmittel.

Silicium-Zelle, wandelt Licht in el. Strom um, benötigt dazu Batterieversorgung; sehr großer Meßbereich, schnellste Anzeige, größte Genauigkeit, modernstes Prinzip d. Belichtungsmessung.

Silicone, Kunststoffe aus hochpolymeren Silicium-Kohlenstoff-Verbindungen mit Silicium-Sauerstoff-Gerüst; als Öle, Pasten, feste u. elast. Produkte (Siliconkautschuk), deren Eigenschaften über einen sehr weiten Temperaturbereich gleichbleibend sind.

Silikose, w., *Steinstaub-, Steinhauer-,* → Staublunge, Lungenkrankheit, hervorgerufen durch die Einwirkung v. eingeatmetem Quarzstaub auf d. Lungengewebe; verbreitet vor allem unter Steinhauern, Bergwerksarbeitern.

Silingen, wandal. Germanenstamm, bis 5. Jh. n. Chr. in *Schlesien* (namengebend) u. Polen; Hauptmasse zog nach Spanien; → Wandalen.

Silit, Widerstandsstoff für el. Heizwiderstände bis zu 1400 °C u. Glasur f. Küchengeräte.

Sillanpää, Frans Eemil (16. 9. 1888 bis 3. 6. 1964), finn. Dichter; *Silja, die Magd; Eines Mannes Weg; Schönheit und Elend des Lebens;* Nobelpr. 1939.

Sillein, slowak. *Žilina,* St. in der Slowakei, an der Waag, 97 000 E; Textil- u. Maschinenind.

Sillitoe ['sɪlɪtoʊ], Alan (* 4. 3. 1928), engl. Schriftst., gestaltet in Romanen u. Erzählungen d. engl. Alltag: *Die Einsamkeit des Langstreckenläufers; Ein Start ins Leben; Verschollen; Pamela.*

Silo, *m.* [span.], Speicher für schüttbare Rohstoffe (z. B. Kohle, Erz, Getreide, Grünfutter); *Großraum-, Zellen-, Reihen-S.; Gärfutter-S.*

Silone, Ignazio eigtl. *Secondino Tranquilli* (1. 5. 1900–22. 8. 78), it. Dichter, Journalist u. soz. Pol.; Romane: *Fontamara; Brot und Wein; Der Same unterm*

SIMBABWE
Staatsname: Republik Simbabwe, Republic of Zimbabwe
Staatsform: Präsidiale Republik
Mitgliedschaft: UNO, AKP, Commonwealth, OAU, SADC
Staatsoberhaupt und Regierungschef: Robert Gabriel Mugabe
Hauptstadt: Harare 1 Mill. Einwohner
Fläche: 390 757 km²
Einwohner: 11 002 000
Bevölkerungsdichte: 28 je km²
Bevölkerungswachstum pro Jahr: ⌀ 2,57% (1990–1995)
Amtssprache: Englisch
Religion: Christen (55,9%), Naturreligionen
Währung: Simbabwe-Dollar (Z.$)
Bruttosozialprodukt (1994): 5424 Mill. US-$ insges., 490 US-$ je Einw.
Nationalitätskennzeichen: ZW
Zeitzone: MEZ + 1 Std.
Karte: → Afrika

Ignazio Silone

Grüner Silvaner

Johannes Mario Simmel

Schnee; Dialog: *Die Schule der Diktatoren;* Drama: *Und er verbarg sich.*

Sils im Engadin (CH-7499), schweiz. Luftkurort im Oberengadin, Kanton Graubünden, 430 E; 1809 müM, am Ausfluß des Inn aus dem **Silser See** (4,1 km², 77 m t.).

Simbabwe

Silumin®, *s.,* Leichtmetall-Legierung aus Aluminium und 11–13,5% Silicium.
Silur, *s.,* → geologische Formationen, Übers.

Silvaner, *Grüner Silvaner, Sylvaner,* v. a. in Mitteleur. angebaute Weißweinrebe, die fruchtig-würz., oft herbe Weine liefert; sie war früher in Dtld am weitesten verbreitete Rebsorte u. prägte z. B. d. Charakter des Frankenweins. Durch Kreuzung m. and. Rebsorten sind zahl. → Neuzüchtungen entstanden, z. B. *Bacchus* (m. → Riesling u. → Müller-Thurgau), *Rieslaner* (m. Riesling) od. *Morio-Muskat* (m. → Weißem Burgunder).

Silvaplana (CH-7513), schweiz. Luftkurort und Wintersportplatz im Oberengadin, Kanton Graubünden, 800 E; 1816 müM, nahe am **Silvaplaner See** (2,7 km², 77 m tief).

Silvester, *Sylvester,* 4 *Päpste:*
1) S. I., 314–35, soll die → Konstantinische Schenkung empfangen haben.
2) S. II., Gerbert v. Aurillac, 999–1003, Gelehrter; Berater Ottos III.

Silvretta, vergletscherte Gruppe der Rätischen Alpen an der Grenze von Graubünden, Vorarlberg und Tirol; *Piz Linard* 3411 m, *Piz Buin* 3312 m.

Sima, *s.,* Si*licium-* Ma*gnesium,* Name der unter der → Sial liegenden Schicht der Oberkruste der Erde nach ihrer hpts. Zusammensetzung.

Simbabwe, früher *Rhodesien* (nach C. → Rhodes ben.), Rep. im SO Afrikas; Bev. Bantu (97%), Weiße (1%) Asiaten. **a)** *Wirtsch.:* Förderung v. Asbest, Gold, Chrom, Eisen, Kupfer, Nickel, Wolfram, Kohle; Energie aus dem Großkraftwerk am Kariba-Staudamm; Nahrungsmittel-, Textil-, Metallwaren- u. chem. Ind.; Ackerbau: Mais, Weizen, Zuckerrohr,

Tabak, Baumwolle, Tee, Erdnüsse. **b)** *Außenhandel* (1991): Einfuhr 1,29 Mrd., Ausfuhr 1,54 Mrd. $. **c)** *Verkehr:* Eisenbahnverbindung nach Südafrika, Mosambik u. Sambia. **d)** *Verf.* v. 1980: Präsidialrep., Parlament m. 150 Mitgl. **e)** *Verw.:* 8 Prov. **f)** *Gesch.:* 19. Jh. engl. Kolonie; 1953 hat sich Südrhodesien mit Nord-Rh. (s. 1964 → Sambia) u. Njassaland (s. 1964 → Malawi) zur → Zentralafrikan. Föderation vereinigt, die 1963 aufgelöst wurde; 1965 einseitige Unabhängigkeitserklärung durch weiße Minderheitsreg. unter Ian → Smith, wirtsch. u. pol. Boykott durch UN (nur von wenigen Staaten durchgeführt), 1970 einseitige Ausrufung d. Rep., Abbruch der Beziehungen mit Großbrit.; 1971 Abkommen m. Großbrit. zur Regelung der Unabhängigkeit u. friedl. Entwicklung zum Mehrheitswahlrecht; 1973–80 Unabhängigkeits- u. Bürgerkrieg, Zusammenstöße v. Reg.truppen m. Befreiungsbewegungen (ZANU u. ZAPU); 1975 Verf.gespräche, 1978 Bildung eines Exekutivrats (unter Beteiligung v. schwarzen Pol.) z. Vorbereitung d. Unabhängigkeit; 1979 schwarzafrikan. Kompromißreg. unter Bischof Muzorewa (intern. nicht anerkannt); 1980 Wahlen u. offizielle Unabhängigkeit, Reg.chef Mugabe (seit 1987 auch Staatspräs.); seit 1982 innere Unruhen; Ende 1987 Verschmelzung v. ZANU u. ZAPU zu Einheitspartei ZANU-PF; 1990 Aufhebung d. s. 25 Jahren bestehenden Ausnahmezustandes; 1991/92 Jahrhundert-Dürre; 1992 Bodenreform beschlossen; 1996 Boykott d. Präs.wahlen d. Opposition.

Simbirsk → Uljanowsk.

Simenon [simə'nõ], Georges (13. 2. 1903–4. 9. 89), belg. Schriftst. v. psych. Kriminal- u. Zeitromanen; *Maigret.*

Simeon, (um 865–927), Fürst d. Bulgaren, Zar d. Bulgaren u. Griechen, beherrschte den Balkan.

Simferopol, Hptst. des ukrain. Gebiets Krim, 344 000 E; Uni.; div. Ind.

similia similibus curantur [l.], „Ähnliches wird durch Ähnliches geheilt"; Grundsatz der → Homöopathie.

Similistein, unechter Edelstein (geschliffenes Bleiglas).

Simla, Hptst. d. ind. St. Himachal Pradesch, in den Himalajavorbergen, 2160 müM, 71 000 E; kath. Bisch.sitz, Observatorium, Uni. In brit. Zeit Sommerhptst. Indiens.

Simmel,
1) Georg (1. 3. 1858–26. 9. 1918), dt. Phil., Soziologe; *Philosophie des Geldes; Soziologie; Goethe.*
2) Johannes Mario (* 7. 4. 1924), östr. zeitkrit. Schriftst.; Romane: *Es muß nicht immer Kaviar sein; Liebe ist nur ein Wort; Alle Menschen werden Brüder; Und Jimmy ging zum Regenbogen; Der Stoff, aus dem die Träume sind; Die Antwort kennt nur der Wind; Niemand ist eine Insel; Hurra, wir leben noch; Bitte laßt d. Blumen leben; Die im Dunkeln sieht man nicht; Doch mit den Clowns kamen die Tränen; Im Frühling singt zum letztenmal die Lerche; Auch wenn ich lache, muß ich weinen; Träum den unmöglichen Traum.*
3) Paul (27. 6. 1887–24. 3. 1933), dt. Zeichn. u. Karikaturist in Berlin.

Simmern/Hunsrück (D55469), Krst.

d. Rhein-H.-Kr., RP, 6603 E; AG; div. Ind.

Simon [hebr. „Erhörung"],
1) S. v. *Kyrene*, trug Christus das Kreuz.
2) S. *der Magier*, samarit. Zauberer, wollte sich den Hl. Geist durch Geld erkaufen; daher *Simonie*, käufl. Erwerb geistl. Weihen, Ämter u. damit verbundener Pfründen.

Simon,
1) Claude [-'mō] (* 10. 10. 1913), frz. Schriftst.; Vertr. d. → Nouveau roman; *Das Seil; D. Straße in Flandern;* Nobelpr. 1985.
2) Herbert A. (* 15. 6. 1916), ['saɪmən] am. Wirtschaftswiss.; Nobelpr. 1978.

Simone Martini, (1280/5–1344), it. Maler d. Gotik; Tafelbilder, Fresken (u. a. im Rathaus v. Siena; in S. Francesco zu Assisi).

Simonides, (um 556–467 v. Chr.), griech. Lyriker, feierte Helden d. Perserkriege in seinen Epigrammen.

Simonis, Heide (* 4. 7. 1943), 1988 bis 91 Bundesvorst. d. SPD; 1988–93 Finanzministerin v. Schl.-Ho.; s. 1993 Min.präs. v. Schl.-Ho.

Simonow, Konstantin (28. 11. 1915 bis 28. 8. 79), sowj. Schriftst.; *Die Lebenden und die Toten.*

Simplicissimus,
1) *Simplicius S.,* Held v. → Grimmelshausens Roman a. d. 30jähr. Krieg; Oper v. K. A. Hartmann.
2) *S., "Simpl",* satir. Zeitschrift, München 1896–1942, gegr. von A. → Langen u. T. T. → Heine; neu 1954–67 u. 1980.

simplifizieren [l.], vereinfachen.

Simplon, it. *Sempione,* Paß (2006 m) der Walliser Alpen, zwischen Rhône- u. Tocetal, mit Hospiz; *Simplonbahn* mit Tunnel (19,8 km).

Simplontunnel, s. 1905, 19,8 km lang; s. 1922 mit Paralleltunnel für zweites Gleis, 19,8 km lang.

Simpson ['sɪmpsn],
1) Sir James Young (7. 6. 1811–6. 5. 70), engl. Arzt u. Gynäkologe; Erfinder der Chloroformnarkose.
2) Thomas (1710–61), engl. Math.; *Simpsonsche Regel* zur näherungsweisen Berechnung best. Integrale.
3) William v. (19. 4. 1881–11. 5. 1945), dt. Schriftst.; Romane: *Die Barrings; Der Enkel.*

Simrock, Karl (28. 8. 1802–18. 7. 76), dt. Germanist; übersetzte Nibelungenlied, Wolfram von Eschenbach, Walther v. d. Vogelweide; *Dt. Volksbücher.*

Sims, *m.* od. *s.*, horizontal oder schräg laufendes Bauglied zum Abhalten von Aufschlagwasser.

Simse, grasähnl. Stauden (Riedgräser), auf Sumpf- u. Torfboden.

Simson, *Samson,* Heldengestalt im A.T. *(Richter 13);* durch d. List s. Geliebten *Delila* seiner Kraft beraubt, v. d. Philistern geblendet; riß deren Palast ein, unter dem er u. Delila begraben wurden.

Simson, Eduard Martin v. (10. 1. 1810–2. 5. 99), 1848 Präs. d. Frankfurter Nationalversammlung. 1879–91 erster Reichsgerichtspräsident.

SIMULA, Programmiersprache auf d. Grundlage v. → ALGOL z. Erstellung v. Simulationsprogrammen.

Simulant [l.], Heuchler, jemand, der sich krank stellt.

Simulation, Vortäuschung (z. B. v. Krankheiten) z. Erlangung persönlicher Vorteile; *simulieren*, vortäuschen; auch grübeln.

Simulator, *m.,*
1) mechan. Trainingsanlage für Ausbildung von Kraftfahrern und Flugzeugführern, Astronauten.
2) Programm, das auf e. → Datenverarbeitungsanlage ein System (z. B. eine andere DVA) nachbildet.

simultan [nl.], gemeinsam, zugleich.

Simultanbühne, im MA f. geistl. Dramen angewandte Bühnenform, bei d. alle Schauplätze nebeneinander u. gleichzeitig sichtbar aufgebaut sind.

Simultaneität, *w.* [l. „zugleich", „gemeinsam"], in der modernen Malerei:
1) Darstellung zeitl. aufeinanderfolgender Bewegungseindrücke als Bildfragmente im Nebeneinander der Bildfläche (→ Kubismus, → Futurismus);
2) die versch. Wirkung gleicher Farben in versch. Umgebung (Studien von Adolf Hoelzel).

Simultangründung, bei einer AG, wenn die Gründer alle Aktien übernehmen.

Simultanimpfung, gleichzeit. passive u. aktive → Immunisierung.

Simultankirche, Kirche z. gleichberechtigten Benutzung versch. Bekenntnisse.

Simultanschule → Gemeinschaftsschule.

Simultanspiel, im *Schachspiel:* ein Spieler spielt gleichzeitig mehrere Partien.

sin, Abk. f. → Sinus.

Sin, *m.,* akkad. Mond- u. Lichtgottheit. Sein Symbol ist d. liegende Mondsichel. Kultorte: Ur u. Harran.

Sinai, ägypt. Halbinsel i. N des Roten Meeres zw. Golf v. Suez u. Golf v. Akaba, 59 000 km²; im Innern das *S.gebirge,* höchster Gipfel *Dschebel Katherina* (2637 m) – I. isr.-arab. Krieg (1967) v. Israel besetzt (bis 1980), 1982 wieder geräumt. – Auch → Horeb.

Sinaia [-'īa], rumän. Luftkurort in den S-Karpaten (im Prahovatal), 845 müM, 14 000 E.

Sinan, (um 1489–1588), osman. Baumeister; Moscheen (Istanbul: Moschee Suleimans II.), Palastanlagen, Schulen.

Sinanthropus pekinensis, Bez. eines Urmenschen (bei Peking Schädelreste gefunden).

Sinatra [sɪŋa:trə], Frank (* 1915), am. Filmschausp. u. Sänger; *From Here to Eternity; The Man With the Golden Arm; Ocean's Eleven.*

Sinclair ['sɪŋklɛə], Upton (20. 9. 1878 bis 25. 11. 1968), am. Schriftst.; gesellschaftskrit. Romane: *Der Sumpf; Petroleum; Boston.*

Sindbad, sagenhafter Seefahrer; Erzählungen in → Tausendundeine Nacht.

Sindelfingen (D-71063–69), Ind.st. i. Kr. Böblingen, Ba-Wü., 59 514 E; Auto- (Daimler-Benz), Masch.-, Textil-, Baustoff-, Elektroind., Textilgroßhandelszentrum.

Sindermann, Horst (5. 9. 1915–20. 4. 90), DDR-Pol.; s. 1971 1. Stellvertr. d. Min.präs. d. DDR, 1973–76 Min.präs., 1976–89 Präs. d. Volkskammer.

Sinding,
1) Christian (11. 1. 1856–3. 12. 1941), norweg. Komp.; Klavierwerke u. Lieder; s. Bruder
2) Stephan (4. 8. 1846–23. 1. 1922),
norweg. Bildhauer d. Realismus; Denkmäler *Ibsens* u. *Bjørnsons* in Oslo.

sine [l.], ohne.

sine ira et studio, „ohne Zorn und ohne Eifer", d. h. unparteiisch (nach Tacitus).

Sinekure, *w.* [l. „ohne Sorge"], Pfründe; einträgl. Amt, das wenig Mühe macht.

sine tempore, pünktlich, ohne Verzögerung, ohne akademische (15 Minuten) Verspätung (wie bei Universitätsvorlesungen, die cum tempore *verspätet* beginnen).

Sinfonie, *Symphonie* [gr. „Zusammenklang"]; klassische S.: Orchesterwerk in 4 Sätzen: 1) Allegro, 2) Adagio (Andante), 3) Menuett (Scherzo), 4) Allegro; in dieser Form bei Haydn, Mozart, Beethoven; später Schubert, Schumann, Brahms, Bruckner.

sinfonische Dichtung, einsätziges Orchesterstück im Stil d. → Programmusik (bes. b. Liszt u. R. Strauss).

Singapur, *Singapore,*
1) Stadtstaat an d. S-Spitze von Malakka, umfaßt die Insel *S.* u. 58 umliegende kleine Inseln; Bev.: Chinesen (78 %), Malaien (14 %), Inder (7 %). **a)** *Wirtsch.:* Handels-, Finanz- u. Verkehrszentrum; Elektronikind., Maschinen- u. Fahrzeugbau, Stahl- u. Textilind., Werften, bed. Erdölind. **b)** *Außenhandel* (1991): Einfuhr 66,26 Mrd., Ausfuhr 59,19 Mrd. $. **c)** *Verf.* v. 1959: Präsidialsystem m. Einkammerparlament. **d)** *Gesch.:* 1867–1958 brit. Kronkolonie. 1959–63 autonomer Gliedstaat d. Commonwealth, 1963–65 Gliedstaat d. Föderation → Malaysia. s. 1965 unabh. Rep.
2) Hptst. v. 1) an d. S-Küste der Insel *S.,* 2,7 Mill. E, größter Hafen SO-Asiens.

Singen (Hohentwiel) (D-78224), Gr.Krst. i. Kr. Konstanz, am Hohentwiel, Ba-Wü., 44 227 E; Ind.- u. Handelszentrum; bed. Verkehrsknotenpunkt.

Singer,
1) Isaac Bashevis (14. 7. 1904–24. 7. 91), am. Schriftst. poln. Herkunft; schrieb in Jiddisch; *D. Zauberer v. Lublin; D. Kabbalist vom East Broadway;* Nobelpr. 1978.
2) Paul (16. 1. 1844–31. 1. 1911), dt. Sozialdemokrat; begr. die sozialdemokr. Zeitung *Vorwärts.*

Singhalesen, *Sinhalesen,* Bewohner Sri Lankas, indisch-drawidisches Mischvolk, etwa 5,7 Mill., meist Buddhisten; Ackerbauer.

singhalesische Sprache → Sprachen, Übers.

Single [engl. „einzeln"],
1) *m.,* am. Bez. f. eine alleinlebende Person.
2) *w.,* Bez. f. → Schallplatte m. 17 cm Durchmesser; wird im Unterschied z. LP m. 45 U/min abgespielt u. enthält meist nur einen Musiktitel pro Seite; bei mehreren Titeln pro Seite u. einer Abspielgeschwindigkeit von 33⅓ U/min: *EP (= Extended Play);* b. 30 cm Durchmesser u. einer Abspielgeschwindigkeit v. 45 U/min: *Maxi-Single* (meist 1 längerer Titel pro Seite).

Sing-Sing, volkstüml. Name d. Staatsgefängnisses von New York in d. Stadt *Ossining,* die früher *Sing Sing* hieß.

Singspiel, Sonderform d. Oper, Mitte d. 18. Jh. aufgekommen; Wegfall d. → Rezitative u. statt dessen gespro-

SINGAPUR

Staatsname: Republik Singapur, Republic of Singapore, Republik Singapura

Staatsform: Parlamentarische Republik

Mitgliedschaft: UNO, ASEAN, APEC, Commonwealth, Colombo-Plan

Staatsoberhaupt: Ong Teng Cheong

Regierungschef: Goh Chok Tong

Hauptstadt: Singapur, 2,7 Mill. Einwohner

Fläche: 618 km²

Einwohner: 2 821 000

Bevölkerungsdichte: 4565 je km²

Bevölkerungswachstum pro Jahr: ⌀ 1,03% (1990–1995)

Amtssprache: Englisch, Malaiisch

Religion: Buddhisten u. Taoisten (53,9%), Christen (12,6%), Muslime (15,4%), Hindus

Währung: Singapur-Dollar (S$)

Bruttosozialprodukt (1994): 65 842 Mill. US-$ insges., 23 360 US-$ je Einw.

Nationalitätskennzeichen: SGP

Zeitzone: MEZ + 7 Std.

Karte: → Asien

Singapur

Singapur

Der „Simpl"-Hund

ner Dialog; bed. Komp.: Hiller, Lortzing, Offenbach, Mozart *(Entführung aus dem Serail).*
singulär [l.], vereinzelt, einzeln.
Singular|is, *m.* [l.], *grammat.* die Einzahl.
Singultus, Schluckauf.
Singvögel, Sperlingsvögel mit bes. (fünfpaariger) Muskelbildung im unteren Kehlkopf; rund 4000 Arten.
sinister [l. „links"], unheilvoll.
Sinking → Changchun.
Sinn, Wert u. Bedeutung, die e. Sache od. e. Erlebnis wird u. für d. e. Menschen beigelegt wird. Was für d. e. Menschen sinnvoll ist, kann für d. and. sinnlos sein.
Sinne, durch Sinnesorgane vermittelte Wahrnehmung innerer u. äußerer Zustände u. Veränderungen; *Organe der Sinneswahrnehmung:* Gesicht, Gehör, Geruch, Geschmack, Gefühl (Tastsinn, Schmerz-, Temperaturempfindung); ferner: Gemeingefühle (Hunger, Durst usw.), Gleichgewichts- (statischer) Sinn. → Nervensystem, → Rezeptor.
Sinn Fein (gäl. ʾʃɪn ʾfeɪn „wir selbst"), radikale Gruppe im Unabhängigkeitskampf Irlands gg. England, 1905 von Arthur Griffith gegr.; Spaltung i. d. pol. Parteien *Fianna Fáil* u. *Fine Gael;* Alte S. F. fast identisch mit → IRA.
Sinngedicht, kurzes Spottgedicht, Epigramm.
Sinologe, Forscher d. chin. Sprache und Kultur (**Sinologie**).
Sinop, Hptst. d. türk. Wilajet S. u. Hafen a. Schwarzen Meer, 25 000 E; Ausfuhr v. Holz, Tabak, Obst, Seide u. Fellen. – Im Altertum *Sinope.*
Sinopia [gr.-it.],
1) in d. Maltechnik rote Eisenockerfarbe aus d. Stadt Sinop(e); daher
2) allg. Bez. in d. it. Freskomalerei d. 14.–16. Jh. f. d. damit im Maßstab 1:1 ausgeführte Vorzeichnung auf d. ersten Wandputz; später abgelöst durch d. (meist verkleinerten) Entwurf auf Karton.
Sinowatz, Fred (*5. 2. 1929), östr. Pol. (SPÖ); 1981–83 Vizekanzler, 1983–86 B.kanzler.
Sinsheim (D-74889), Gr.Krst. i. Rhein-Neckar-Kr., Ba-Wü., 30 234 E; AG; Metallind.
Sintenis, Renée (20. 3. 1888–22. 4. 1965), dt. impressionist. (Tier-)Bildhauerin u. Graphikerin; verheiratet m. d. Maler E. R. Weiß.
Sinter, mineral. Ablagerung aus wäßrigen Lösungen (Kalk-, Kiesel-, Eisen-S.); *metallurg.:* bei der Verarbeitung glühenden Eisens abfallende Oxidschicht (Hammerschlag, Walzen-S.).
sintern, *Sinterung,* b. feinkörnigen oder pulverigen metallischen und keram. Stoffen, svw. Zus.fritten, Zus.backen b. Teigigwerden der Masse, dicht unterhalb v. Schmelzpunkt Verschweißen der Körner durch Grenzflächenreaktion; → Pulvermetallurgie.
Sinterzeug, *Sinterware,* → Steinzeug.
Sintflut [ahdt. „sinfluot = große Flut"], die Erdüberflutung im A.T. – *S.-Mythos* b. vielen alten Völkern.
Sinti, Eigenbez. d. Zigeuner i. Mitteleuropa (→ Roma).
Sintra, St. nordwestl. v. Lissabon, an der *Sierra de S.,* 21 000 E; Schloß; Weinbau.
Sinuhe, ägypt. Beamter unter Pharao Amenemhet I., der um 1980 v. Chr. s. Autobiographie verfaßte. Der wohl älteste Roman der Welt galt bereits in d. ägypt. Antike als Lehrstoff an Schulen u. ist daher in vielen Exemplaren u. Auszügen erhalten.
Sinus,
1) *med.* Vertiefung, Höhle, z. B. Nasennebenhöhlen, auch Schlag- und Blutaderabschnitte (z. B. im Kopf).
2) *math.* trigonometrische Funktion, Abk. sin, im rechtwinkligen Dreieck das Verhältnis v. Gegenkathete zur Hypotenuse.
Sinusitis, Entzündung z. B. e. *Hirnsinus* oder e. *Nasennebenhöhle.*
Sinzig (D-53489), St. i. Kr. Ahrweiler, an Ahr u. Rhein, RP, 15 590 E; AG; Mineralquellen, Ind.
Siodmak, Robert (8. 8. 1900–10. 3. 73), dt.-am. Filmregisseur; *Menschen am Sonntag* (1929); *The Killers* (1946); *Nachts, wenn der Teufel kam* (1957).
Sion [sjõ], → Sitten.
Sioux [suː], nordam. Indianerstamm am ob. Mississippi, ca. 65 000; Hptstamm: *Dakota.*
Siphon, *m.* [gr. „Röhre"],
1) Apparat zur Aufbewahrung u. zum Ausschank kohlensäurehaltiger Getränke.
2) U-förmiges Rohr od. ähnliche Anordnung an Abwasserleitungen bei Klosetts, Ausgüssen u. dgl. gg. Austritt v. Kanalisationsgasen.
3) als *Thermo-S.* Bez. für d. Prinzip von Warmwasser-Zentralheizungen (selbsttätiger Wasserumlauf).
Siphonophoren [gr.], → Röhrenquallen.
Sippe, Geschlechtsverband aus den Mitgl. mehrerer Hausgemeinschaften, die gleichen Stammvater haben.
SIPRI, **S**tockholm **I**nternational **P**eace **R**esearch **I**nstitute, Intern. Institut f. Friedensforschung, Stockholm; 1964 begr. Stiftung, Schriftenreihe.
Siqueiros [siˈkeirɔs], José David Alfaro (29. 12. 1886–6. 1. 1974), mexikan. Maler u. Graphiker; Mitbegr. d. Muralismo.
Sir [engl. səːr], vor Taufnamen geführter engl. Adelstitel; ohne Zusatz Anrede Herr.
Sirani, Elisabetta (8. 1. 1638–28. 8. 65), it. Malerin, Modelleurin u. Kupferstecherin d. Barock in Bologna; überregionaler Einfluß d. zahlr. Schülerinnen.
Sire [frz. siːr], frz. Anrede für Herrscher.
Sirén, finn. Architekten d. Funktionalismus:
1) Heikki (*5. 10. 1918), u. s. Frau
2) Kaija (*23. 10. 1920), *Kapelle d. Techn. Hochschule* in Otaniemi; *Konzertgebäude* in Lahti u. Linz.
3) Osvald (6. 4. 1879–26. 6. 1966), schwed. Kunsthistoriker; Wegbereiter d. chin. Kunstgeschichte in Eur.
Sirene, Apparat zur Erzeugung v. (hohen) Tönen, am gebräuchlichsten *Lochsirene:* Luft wird gegen Löcher einer rotierenden Scheibe geblasen. Tonhöhe hängt v. Lochzahl u. Drehgeschwindigkeit ab.
Sirenen,
1) svw. → Seekühe.
2) in der Odyssee Meerjungfrauen, die Schiffer durch Gesang ins Verderben lockten.
Sirius, Hundsstern, hellster Stern (Größenkl. –1,6) im Großen Hund (→ Sternbilder, Übers.); hellster Fixstern, Entfernung 9 Lichtjahre, m. kl. massereichem Begleiter, e. → Weißen Zwerg (Umlaufzeit 50 Jahre). – Der S. kündete den alten Ägyptern durch s. Frühaufgang (gleichzeitig mit d. Sonne) im Juli d. Kommen der Nilflut an.
Sirk [səːk], Douglas, eigtl. *Detlef Sierck* (26. 4. 1900–14. 1. 87), Ufa- u. Hollywoodregisseur dän. Herkunft; *Zu neuen Ufern* (1937); *The Tarnished Angeis* (1957).
Sirocco → Schirokko.
Sirtaki, sich im Tempo steigernder griech. Volkstanz, b. sich d. Tänzer im Kreis an d. Schultern umfassen.
Sirup, *m.,* Nebenerzeugnis bei der Zuckerherstellung, auch Lösung von Traubenzucker (*Stärke-S.*), eingedickter Obstsaft (*Obst-S.*).
Sisalhanf, die Blattfasern einer Agave; zu versch. Gespinsten verwendet, hpts. für Seilerwaren; auch → Sanseviera.
Sisley [siˈslɛ], Alfred (30. 10. 1839 bis 29. 1. 99), frz. Maler engl. Abstammung; Impressionist; Landschaften.
sistieren [l.],
1) eine Tätigkeit, ein Verfahren einstellen.
2) polizeil. feststellen, -nehmen.
Sistrum, altägypt. Rasselinstrument.
Sisyphus, Gotteslästerer der griech. Sage; muß in der Unterwelt einen Fels bergauf wälzen, der stets zurückrollt: *S.arbeit.*
Sitar [pers.], sehr langhalsiges ind. Saiteninstrument m. birnenförmigem Resonanzkörper.
Sit-in, *s.* [engl.], Demonstrationsform des passiven Widerstands (Sitzstreik).
Sitte, Willi (*28. 2. 1921), dt. Maler u. Graphiker, Arbeiterbilder; → Sozialistischer Realismus.
Sitten (CH-1950), frz. *Sion,* Hptst. des schweiz. Kantons Wallis, im Rhônetal, 22 900 E; Bischofssitz.
Sittengesetz, d. vom sittl. Bewußtsein d. menschl. Kulturgemeinschaft (u. des einzelnen) als Pflicht empfundene Norm des Handelns (von Kant formuliert als *kategorischer* → *Imperativ*).
Sitter, Willem de (6. 5. 1872–20. 11. 1934), ndl. Astronom; entdeckte Jupitersatelliten, Veränderlichk. d. Erdrotation, Krümmung d. Weltraumes.
Sittiche, kleinere Papageienvögel mit kurzem Schnabel, langem Schwanz, langen Flügeln; buntes Gefieder; oft Käfigvögel (z. B. *Wellen-* u. *Halsband-S.*).
Sitting Bull [ˈsɪtɪŋ ˈbʊl] (um 1831 bis 15. 12. 1890), Häuptling d. Dakota-Sioux, Anführer im indian. Freiheitskampf.
Sittlichkeit, d. sittl. Verhalten, Wollen u. Tun alles dessen, was für gut gehalten wird. S. ist Gegenstand d. Ethik.
Sittlichkeitsdelikte, Straftaten gg. die sexuelle Selbstbestimmung, z. B. Mißbrauch v. Schutzbefohlenen od. Kindern, Vergewaltigung, Förderung d. Prostitution, Zuhälterei (§§ 174 ff. StGB).
Situation [frz.], Stellung, (Lebens-) Lage.
Situationsethik, besagt, daß d. allg. eth. Normen in konkreten Situationen nur bedingt anwendbar sind.
situiert, in einer Lage befindlich: *gut, schlecht s.*
Situs, Anordnung von Organen im Körper.

Fred Sinowatz

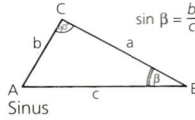
Sinus $\sin\beta = \dfrac{b}{c}$

Siphon

Renée Sintenis, *Reiter auf einem jungen Esel*

Sisalagave

Alfred Sisley, *Seine bei Saint-Cloud*

sit venia verbo [l.], „man verzeihe das Wort" (d. Ausdruck).

Sitzbein, unterer Teil des Hüftbeins.

Siut → Asiut.

Siwah, Oase in der n.libyschen Wüste, 300 km², 30–40 müM, Dattelpalmen, Wein, Getreide; in d. Antike bekannt f. d. Orakel d. Amun, das auch Alexander d. Gr. 331 v. Chr. befragte.

Siwertz, Sigfrid (24. 1. 1882–26. 11. 1970), schwed. Dichter; Gedichte, Dramen; Romane: *Die Geldjäger.*

Six, Groupe des [ˈgrupəˈsis], 1918 i. Paris gegr. Freundschaftsverband v. Milhaud, Honegger, Poulenc, Tailleferre u. Auric unter d. Einfluß v. E. → Satie; Ablehnung d. dt. Romantik (bes. R. Wagners).

Sixtinische Kapelle, f. Papst Sixtus IV. 1473 im Vatikan erbaut, mit berühmten Wand- und Deckenfresken, bes. v. Michelangelo; auch Bez. für den A-cappella-Chor des Vatikans.

Sixtinische Madonna, von Raffaël für die Mönche von San Sisto in Piacenza gemalt, in Dresden.

Sixtus, Prinz von Bourbon (1886 bis 1934), Schwager Kaiser Karls v. Österreich; 1917 *S.briefe, S.affäre,* Vermittlungsversuch zw. Österreich u. Entente.

Sixtus, 5 *Päpste:*
1) S. IV. (21. 7. 1414–12. 8. 84), 1471 bis 84, Förderer von Wiss. u. Kunst, Erbauer der Sixtinischen Kapelle.
2) S. V. (13. 12. 1521–27. 8. 90), 1585 bis 90, reformierte Kirchenstaat, unterstützte Spanien gg. das protestant. England.

Siziliane, w., achtzeilige Strophe mit Kreuzreim (aus Sizilien stammend).

Sizilianische Vesper, Ermordung aller Franzosen in Sizilien am 30. 3. 1282; Peter III. von Aragonien wird König; Oper v. Verdi.

Sizilien, it. *Sicilia,* Insel im Mittelmeer, it. Region, 25 708 km² (m. Nebeninseln), 4,99 Mill. E (Karte → Italien); von Halbinsel Italien durch die Straße v. Messina getrennt, im N gebirgig (Fortsetzung der Apenninen), im S Hügelland m. zahlreichen Schwefelgruben (Agrigento), im O d. Vulkan *Ätna* (3323 m); Fischfang (Sardinen, Thunfische); durch Latifundienbetrieb schlechte soz. Lage d. Kleinbauern; nur in d. Küstenlandschaften intensiver Anbau (z. T. m. künstl. Bewässerung): Weizen, Wein, Oliven, Südfrüchte, auch Baumwolle; Schwefel-, Erdöl-, Asphaltgewinnung; wichtigste Städte: *Palermo, Messina, Catania, Syrakus.* – Im Altertum seit d. 241 v. Chr. röm., 827 von Arabern, s. etwa 1100 von Normannen beherrscht, die S. mit Unteritalien zum *Kgr. beider S.* vereinigt; s. 1194 Hohenstauferherrschaft; 1266 v. Karl von Anjou erobert; 1282 → *Sizilianische Vesper* (Trennung v. Unteritalien); 1503–1707 von span. Vizekg. regiert; 1720 an Östr., 1738 selbst. unter Herrschern aus dem Hause Bourbon, 1860 durch Garibaldi m. d. Kgr. Italien vereint.

SJ, Abk. für *Societas Jesu,* „Gesellschaft Jesu"; Jesuitenorden.

Sjöberg [ˈʃøːbærj], Birger (6. 12. 1885 bis 30. 4. 1929), schwedischer Dichter, Humorist u. Satiriker; Roman: *Das gesprengte Quartett;* Liedersammlung: *Fridas bok.*

Skabies [l. -bĭes], die → Krätze.

Skabiose, w., meist violett blühende, korbblütlerähnliche Kardengewächse; auf Hängen und Wiesen (z. B. *Taubenskabiose).*

Skagen [ˈsgɛˈən], dänische St. auf der N-Spitze Jütlands, 15 000 E; bed. Fischereihafen, Seebad; um 1882 bis um 1910 Sitz d. *S. er Künstlerkolonie* skandinav. Maler d. Impressionismus; Hptvertr.: A. u. M. Ancher, C. Krogh, P. S. Krøyer, J. Johansen.

Skagerrak, Meeresarm der Nordsee zwischen Jütland, Norwegen u. Schweden, 100–150 km breit. – 1916 Seeschlacht zwischen dt. Hochseeflotte unter Scheer und brit. unter Jellicoe.

Skakti, *Schakti,* w. [sanskr. „Kraft"], hinduist. Personifikation d. göttl. weibl. Ur-Energie als Lebenskraft u. zugleich Muttergöttin d. Alls. Mittelpunkt d. Rel. d. Shaktismus.

Skala, w. [it. „Leiter"],
1) gesetzmäßige Markierung an Meßapparaten (z. B. die Temperaturgrade an Thermometern).
2) svw. Tonleiter.
3) allgemeine Stufenfolge (z. B. Farben-, Härte-S.).

Skalar, math.-phys. Größe, die nur durch e. Maßzahl, d. h. e. Zahlenwert u. e. Einheit beschrieben ist (z. B. d. Zeit, d. Masse, d. Dichte, d. Temperatur). Ggs.

Skalare, *Segelflosser,* sehr schmal und hoch gebaute Buntbarsche, weiß m. schwarzen Streifen; Aquarienfisch.

Skalde, altnord. Dichter u. Sänger.

Skaldendichtung, im 9./10. Jh. in Norwegen, später bis ins 13. Jh. bes. in Island gepflegt; kunstvolle Fürstenpreislieder, rel. Stoffe, → *Edda.*

Skalp, m. [engl.], Kopfhaut mit Schopf, die Indianer dem Feind abzogen (**skalpieren**) und als Trophäe am Gürtel trugen.

Skalpell, s. [l.], chirurg. Messer.

Skanda, m. [sanskr. „Ausgießung"], hinduist. Kriegs- u. Schutzgott d. Diebe, Sohn v. Schiwa u. Parvati.

Skanderbeg, eigtl. *Georg Castriota* (um 1405–68), alban. Freiheitskämpfer gg. die Türken.

skandieren [l.], Verse mit Betonung der Versfüße hersagen oder lesen.

Skandinavien, Halbinsel Europas zw. Nord-, Ostsee u. Atlantik (ca. 800 000 km²) → Karte mit d. Kgr.en Schweden u. Norwegen (pol. zählen im allg. auch Finnland, Dänemark u. Island zu S.); von S nach N durchzogen vom größten gletscherreichen Gebirgsmassiv (1700 km, im *Galdhöpig* 2469 m) Europas; Steilabfall n. W (Fjordküste), flache Abdachung nach O; zahlr. Seen; wasserreiche Flüsse infolge v. Wasserfällen nur im Unterlauf schiffbar (Holzflößerei, reiche Wasserkräfte). Klima im W mild, feucht (Golfstrom), im O kontinental; Vegetation überwiegend Nadelwald, im S Laubwald, im N Tundra.

Skapulier, s. [l. „Schulterkleid"], breiter, über Brust und Rücken getragener Tuchstreifen des Mönchsgewandes; kl. S. auch an Laien, *S.-Bruderschaften,* verliehen.

Skarabäus, Mistkäfer, → *Pillendreher,* im alten Ägypten heilig; *Siegelsteine* i. Form e. S. galten als Amulette.

Skat, dt. Kartenspiel, 32 Karten: 3 Spieler mit je 10 Karten, 2 Karten bleiben verdeckt („Skat"); versch. Spielarten; dt. Skatstadt: → Altenburg.

Skateboard [engl. ˈskeɪtbɔːd], Rollerbrett, Freizeitsportgerät aus d. USA, 55 bis 90 cm lang, 15–25 cm breit; Steuerung durch Verlagerung d. Körpergewichts.

Skating [engl. ˈskeɪ-], neue Skilanglauftechnik mit ausscherenden Schritten (ähnl. e. Schlittschuhläufer).

Skeetschießen [engl. ˈskiːt-], Tontaubenschießen; im Ggs. zum Trapschießen m. bekannter Wurfrichtung.

Skeleton, m. [engl. ˈskɛlɪtn], niedriger Sportrennschlitten; wird in Bauchlage mit Fuß gesteuert.

Skelett, s. [gr.], Knochengerüst (→ Tafel Mensch).

Skelettbau, Konstruktionsverfahren i. d. Architektur u. s. Produkt; zuerst Errichtung d. tragenden Gerüstes (Skelett), das dann z. B. mit Mauerwerk od. Beton ausgefüllt wird; → Fachwerkbau; bes. im Hochhausbau s. 19. Jh. (Stahlbeton); Ggs.: Massivbau.

Skepsis, w. [gr.], Prüfung, Zweifel, auch Zweifelsucht.

Skeptiker, Zweifler, Vertreter des Skeptizismus.

Skeptizismus, Lehre, die grundsätzl. in Zweifel zieht:
1) rel. die Wahrheit der Überlieferung oder Glaubenslehren,
2) phil. die Möglichkeit der Erkenntnis d. wahren Wesens der Dinge; begr. von *Pyrrhon* (360–270 v. Chr.); Hauptvertreter: *Skeptizisten (Montaigne, Bayle, Hume).*

Sketch, m. [engl. -tʃ „Skizze"], effektvolles (humorist.) Kurzdrama (für Kabarett u. ä.).

Ski, m. [norw. ʃiː], uraltes, bereits in der Steinzeit nachgewiesenes Gerät zur Fortbewegung auf Schnee; erst seit Ende des vergangenen Jh.s als Sportgerät; urspr. aus Holz; heute meist aus Metall od. Kunststoff, Länge u. Breite sowohl v. der Art der Verwendung (Abfahrt, Langlauf, Sprung) als auch v. den körperl. und fahrtechn. Voraussetzungen des Fahrers abhängig.

Skibob, fahrradähnl. Abfahrtgerät m. Gleitkufen.

Skien [ˌʃeːən], Hptst. der norweg. Prov. Telemark, an dem **Skienälv,** 48 000 E; Holzausfuhr.

Skierniewice, Hptst. der poln. Woiwodschaft *S.,* 43 000 E; Tuchind.; Lustschloß.

Skiff, s. [engl.], Einmannruderboot im Rudersport (→ Einer).

Skikda, frz. *Philippeville,* alger. Bez. Hptst. u. Hafen, 141 000 E.

Ski(k)jöring, s. [norwegisch ˈʃiːjøː-], schwed.: *Skidkörning,* Skifahren hinter Pferd, Motorrad usw.

Skilanglauf, Form des Skilaufs; Gleiten in einer festen Spur (→ Loipe) in der Ebene od. im hügeligen Gelände m. speziellen Langlaufskiern; diese sind bei etwa gleicher Länge leichter u. schmaler als die alpinen Skier; als Freizeit- u. Wettkampfsport betrieben (Männer: 10, 15, 30, 50 km u. 4×10-km-Staffel; Frauen 5, 10 km u. 4×5-km-Staffel); olymp. Wettbewerbe.

Skilauf, uralte, ursprüngl. in Zentralasien beheimatete Fortbewegungsart; die Wiege des modernen Skilaufs ist Skandinavien; heute als Freizeit- od.

Detail des Deckenfreskos von Michelangelo in der Sixtinischen Kapelle

Sixtinische Madonna, *Raffael*

Skabiose

Skarabäen-Armband, *Ägypten*

Skeleton

Wettkampfsport betrieben; Formen: Pistenskilauf, → Skilanglauf, Tourenskilauf.

Skilift, m., Beförderungsmittel für Skiläufer, als Schlepp-, Sessel- od. Kübellift konstruiert.

Skin-Effekt [engl. „Hautwirkung"], Wechselstrom hoher Frequenz erzeugt im Inneren des Stromleiters durch → Selbstinduktion e. starkes Magnetfeld, das d. Strom vorn dort verdrängt; der Strom strömt daher nur auf der Oberfläche eines Leiters.

Skinheads [engl. -hɛdz „Hautköpfe"],
gewalttätige Jugendbanden m. kurzgeschorenen Haaren od. m. Glatze; rechtsextremist. u. rassist. Tendenzen.

Skinke, Glattechsen, Wühleidechsen i. Sande Afrikas und S-Europas; z. T. Beine rückgebildet; Apothekerskink, früher (pulverisiert) als → Aphrodisiakum benutzt.

Skinner, Burrhus F. (20. 3. 1904–18. 8. 90), am. behaviorist. Lernpsychologe; entwickelte Lehrmaschinen (S.-Box); grundlegende Arbeiten f. d. → Verhaltenstherapie.

Skipetaren, Name d. Albaner; moh.
Bev. in Albanien, Jugoslawien, Nordgriechenland.

Skisport, alpiner S.: Slalom, Riesenslalom, Super-Riesenslalom (Super-G) u. Abfahrt sowie alpine Kombination; nordischer S.: Langlauf u. Skispringen (Skifliegen) und nord. Kombination (Springen u. 15 km Langlauf) u. Staffellauf; Biathlon.

Skisprung, Springen mit Sprungskiern (2,30–2,50 m lang, 7–10 cm breit) nach schnellem Anlauf; Wertung in Noten nach gestandener Weite u. Haltung; Wettbewerbe: Spezialspringen u. Kom-

binationsspringen; olymp. Sportarten. Springen v. bes. hohen Schanzen: *Skiflug;* m. Weiten bis über 190 m; Wertung nur nach Sprungweite.

Skizze, w. [it.], Entwurf, flüchtige (Auf-)Zeichnung, kleine Erzählung.

Sklave, m., [l. eigtl. „kriegsgefangener Slawe"], leibeigener, einem anderen wie eine Ware gehörender Mensch.

Sklavenfluß, Großer, Oberlauf (395 km lang) des → Mackenzie ins zum **Großen Sklavensee** (28 568 km², bis 614 m tief) in den kanad. NW-Territorien; **Kleiner Sklavensee** (1186 km²), in d. kanad. Prov. Alberta.

Sklavenfluß, Großerküste, Küstenstrich W-Afrikas westl. des Niger.

Sklaverei, Abhängigkeitsverhältnis d. → Sklaven von seinem Besitzer. Wirtschaftssystem des Altertums war auf S. aufgebaut; vielfach herbeigeführt durch Kriegsgefangenschaft u. Kolonisation; infolge Mißhandlung häufig Aufstände (Sklavenkriege). Im MA Entstehung des *Sklavenhandels,* vom Orient her; in der Neuzeit Schwarze nach Amerika als Arbeitskräfte in die Zucker- u. Baumwollplantagen verkauft. Verbot des Sklavenhandels in den brit. Kolonien 1808, in Frkr. 1848. In USA Sklavenfrage Anlaß zum → Sezessionskrieg; S. am 31. 1. 1864 aufgehoben.

Sklera, w. [gr.], die Lederhaut des → Auges.

Sklerodermie, eine → Autoaggressionskrankheit, zwei Verlaufsformen: auf die Haut beschränkt oder innere Organe befallend.

Sklerose [gr.], Verhärtung, z. B. → *Arteriosklerose* (Schlagaderverkalkung), → *multiple Sklerose* → *Otosklerose*.

Škodawerke, größtes tschech. Kraftfahrzeug- u. Rüstungswerk, in Pilsen, gegr. von Emil Ritter v. Škoda (1839 bis 1900).

Skolimowski, Jerzy (* 5. 5. 1938), poln. Filmregisseur; *Deep End* (1970); *The Shout* (1978); *Moonlighting* (1982).

Skoliose, w. [gr.], seitl. S-förmige Rückgratverkrümmung.

Skolopender, m., Tausendfüßler warmer Länder; Kiefer mit Giftdrüsen; Biß der größeren Arten, bes. des bis 25 cm l. *Riesen-S.,* gefährlich.

Skonto, m. od. s. [it.], Preisnachlaß bei Zahlung d. Kaufpreises in bar oder innerhalb einer bestimmten Frist.

Skontration, w. [it.], i. d. Materialbuchhaltung die laufende Bestandsermittlung (permanente Inventur) durch Fortschreibung.

Skontro, s. [it.], Hilfsbuch der Buchhaltung für mengenmäßige Verrechnung (Eintragung der Zu- u. Abgänge), z. B. *Waren-S., Effekten-S.*

Skopas, (4. Jh. v. Chr.), griech. Bildhauer.

Skopje, serb. *Skoplje,* türk. *Üsküp,* Hptst. d. Rep. Makedonien, am Warda, 563 000 E; Kultur-, Wirtsch.- u. Verkehrszentrum; Ind. – Im Altertum als *Scupi* Hptst. der röm. Prov. Dardania; 518, 1555 u. 1963 durch Erdbeben fast völlig zerstört.

Skopzen [russ. „skopzy = Selbstverstümmler"], Anhänger e. russ. asket. Gemeinschaft, um 1775 v. K. Seliwanow gegr., üben absolute Keuschheit z. T. m. Verschneidung b. Frauen u. Männern, unter Berufung auf Mt 19,12.

Skorbut, m., Krankheit m. Haut- u. Schleimhautblutungen durch schweren Mangel an Vitamin C, auf Schiffen in der Frühzeit der Seefahrt.

Skorpion, m., 8. Zeichen des Tierkreises: ♏; → *Sternbilder,* Übers.

Skorpione, krebsähnl. Spinnentiere mit Scheren u. am Körperende mit Giftstachel; in S-Europa u. heißen Erdteilen *It. Skorpion,* 3–4 cm lang; Stich größerer Arten (bis 16 cm l.) auch d. Menschen gefährl. *Wasser-S.* → *Wasserwanzen;* → *Bücherskorpion.*

Skorzeny, Otto (16. 6. 1908–6. 7. 75), SS-Obersturmbannführer u. Kommandoführer; befreite 1942 → Mussolini u. entführte 1944 d. ungar. Reichsverweser → Horthy.

Skoten, kelt. Volksstamm, urspr. in Irland, s. 4. Jh. mit d. Pikten zus. Angriffe gg. Britannien, siedelten im 6. Jh. in NW-Schottland.

Skotom, dunkle Stelle beim Sehen.

Skribent, m. [l.], (Viel-)Schreiber.

Skriptum, s. [l. „Geschriebenes"], Schriftstück.

Skrjabin, Alexander Nikolajewitsch (6. 1. 1872–27. 4. 1915), russ. Komp.; Einfluß v. F. Liszt; Idee e. Gesamtkunstwerks m. myst.-ekstat. Wirkung; Erfinder eines Farbenklaviers; *Le poème du feu;* 3 Sinfonien.

Skrofulose, w., tuberkulöse Haut-, Schleimhaut- u. Lymphknotenkrankheit d. Kinder.

Skrotum, s. [l.], Hodensack.

Skrupel, m. [l.], Bedenken, hemmende Zweifel.

skrupellos, hemmungslos.

skrupulös, veraltet f. überbedenklich.

Skuld, eine der drei → Nornen.

Skull, m. [engl. skʌl], im Rudersport das einhändig gefaßte Ruder; immer paarweise verwendet; Ggs.: → *Riemen.*

Skulptur, w. [l.], Bildhauerkunst (Gattungsbegriff); auch einzelnes Werk derselben (bes. aus hartem Material: Stein, Holz u. a.); Ggs.: → *Plastik.*

Skunks, svw. → *Stinktiere.*

Skupschtina, w. [serb.], Bundesversammlung (Volksvertretung) d. ehem. Jugoslawiens.

skurril [l.], komisch, verzerrt, sonderbar.

Skutari,
1) türk. *Üsküdar,* St.teil v. → Istanbul (auf d. asiat. Seite).
2) alban. *Shkodër,* St. in Albanien, am **S.see,** 76 000 E; Metall-, Textilind.

Skye [skaɪ], Insel der Hebriden (schottisch), 1735 km², 7500 E; Schafzucht. Hptort *Portree* (2000 E).

Skye-Terrier [ˈskaɪ-], beliebte Hunderasse; langhaarig, grau, langer Rumpf.

Skylab [ˈskaɪlæb], 1972–74 durchgeführtes am. Raumfahrtprojekt eines d. Erde umkreisenden Raumschifflabors.

Skylla, Meerungeheuer in der Odyssee (vielleicht die Klippe in der Meerenge von Messina), gegenüber ein anderes Meerungeheuer → *Charybdis;* daher: *zwischen S. und Ch.:* zw. zwei Übeln.

Skysurfer, [engl. ˈskaɪ, səːfə] Drachenflieger.

Skythen, griechischer Sammelname für die Völker v. den Steppengebieten östl. des Kasp. Meeres, nördlich des Kaukasus u. des Schwarzen Meeres bis zur Donau, die s. d. 7. Jh. v. Chr. über Rumänien u. Ungarn bis O-Dtld vordrangen. – Skythische Kunst, bes. i. Kunstgewerbe, auf hoher Stufe; Funde (Gold- u. Silberarbeiten) von der Ukraine u. S-Rußland bis in den Hochaltai.

Slalom, m. od. s. [norweg..], alpiner Skirennwettbewerb auf einer Strecke m. einem Höhenunterschied von 180–220 m (Herren) bzw. m. 130–180 m (Damen) u. einer Mindestzahl von 55 Toren (40 bei Damen) m. 4–5 m Breite; olymp. Wettbewerb.

Slang, m. [engl. slæŋ], Wortschatz der niederen am. u. engl. Umgangssprache; auch → *Jargon.*

Slapstick [engl. ˈslæp- „Narrenpritsche"], groteske Komik; Stilmittel d. Stummfilms.

Slatin, S. *Pascha* Rudolf Frh. v. (7. 6. 1857–4. 10. 1932), östr. Afrikaforscher; Reorganisator des Sudan.

Slatoust, russ. Ind.st. im Ural, 203 000 E; Stahlwerke.

Slawen, indoeur. Völkergruppe, vorwiegend v. osteuropidem (ostbaltischem) Rassentypus (→ *Rassen,* Übers.); Name (altdt. *Wenden* od. *Winden*) seit 6. Jh. bekannt: Zeit der großen slaw. Ausbreitung nach S bis zum Balkan u. W (Slawengrenze längs der Elbe, Saale, oberes Maingebiet); im MA aus O-Dtld zurückgedrängt, in der Neuzeit Ausdehnung über große Teile Sibiriens; man unterscheidet der Sprache nach *Ost-S.: Russen, Weißrussen* (griechisch-orthodox), *Ukrainer* (griech.-orthod., W-Ukrainer z. T. griech.-uniert); *Süd-S.: Bulgaren, Serben* (griech.-orthod.), *Kroaten, Slowenen* (röm.-kath.); *West.-S.: Polen, Kaschuben, Wenden (Sorben), Tschechen, Slowaken* (meist röm.-kath.).

Slawistik, w., Wiss. v. d. slawischen Sprachen u. Literaturen.

Slawjansk, St. i. d. O-Ukraine, 135 000 E; Heilbäder; chem. Ind.

Slawonien, Landschaft i. Kroatien, zw. Drau, Donau u. Save; ab Mitte 1991 Bürgerkrieg um die vielfach v. Serben bewohnten Gebiete.

SLBM, Abk. f. *Sea Launched Ballistic Missile,* seegestützte ballist. Rakete; → ICBM, → MRBM.

Sleipnir, der achtbeinige Hengst Odins (Wotans).

Slevogt, Max (8. 10. 1868–20. 9. 1932), dt. Maler u. Graphiker d. Impressionismus; Illustrationen u. a. zu Mozarts *Zauberflöte;* Landschaften, Porträts.

Slezak, Leo (18. 8. 1873–1. 6. 1946), östr. Opernsänger u. Filmschausp.; *Meine sämtl. Werke.*

Slibowitz, *Sliwowitz,* serb. Pflaumenschnaps.

Slogan, m. [ˈslougən], Werbeschlagwort; urspr. schott. Feldgeschrei.

Słowacki [suɔˈvatski], Juliusz (4. 9. 1809–3. 4. 49), poln. Dichter d. Romantik; *Jan Bielicki.*

Slowakei, Rep. in Mitteleuropa (östl. der March); überwiegend Gebirgsland (Westkarpaten: *Hohe Tatra* 2654 m, *Niedere Tatra* 2043 m, Slowak. Erz-, Neutraer Gebirge, Weiße Karpaten); im SW Flachland (Täler der unteren *March, Waag, Neutra, Donau*). – Bev.: Slowaken (86 %), Madjaren (11 %), Zigeuner, Tschechen u. a. – Wirtsch.: Bodenschätze (Kupfer, Braunkohle, Eisen, Blei, Zink), zahlr. Mineralquellen u. -brun-

Ski, *Riesenslalom,* Alberto Tomba (I)

Ski, *Abfahrt,* Petra Kronberger (Ö)

Ski, *Springen,* Jens Weissflog (D)

Skorpion

Skylab in 430 km Höhe

Skythischer Zierbeschlag

nen; Ackerbau (Getreide, Mais, Hanf, Obst, Wein, Tabak) u. Viehzucht; Hütten-, Textil-, chem. u. Steinind. – Verf. v. 1992 (s. 1. 1. 1993 in Kraft): Parlament (Nationalrat) m. 150 Mitgl., Wahl d. Staatsoberh. dch. d. Parl. (alle 5 J.). – Im 7. Jh. Einwanderung d. Slowaken; im 9. Jh. Teil d. Großmähr. Reichs, dann Ungarns; s. 1526 mit Ungarn unter den Habsburgern; 1918 z. Tschechoslowakei; 1939–45 selbst. Staat unter dt. Einfluß; s. 1945 Teil d. Tschechoslowakei;

SLOWAKEI	
Staatsname:	Slowakische Republik, Slovenská Republika
Staatsform:	Republik
Mitgliedschaft:	UNO, Europarat, OSZE
Staatsoberhaupt:	Michal Kováč
Regierungschef:	Vladimír Mečiar
Hauptstadt:	Bratislava (Preßburg) 442 000 Einwohner
Fläche:	49 036 km²
Einwohner:	5 333 000
Bevölkerungsdichte:	108 je km²
Bevölkerungswachstum pro Jahr:	⌀ 0,36% (1990–1995)
Amtssprache:	Slowakisch
Religion:	Katholiken (45%), Protestanten
Währung:	Slowak. Krone (Sk)
Bruttosozialprodukt (1994):	11 914 Mill. US-$ insges., 2230 US-$ je Einw.
Nationalitätskennzeichen:	SK
Zeitzone:	MEZ
Karte:	→ Mitteleuropa

SLOWENIEN	
Staatsname:	Republik Slowenien, Republika Slovenija
Staatsform:	Republik
Mitgliedschaft:	UNO, Europarat, OSZE
Staatsoberhaupt:	Milan Kučan
Regierungschef:	Janez Drnovšek
Hauptstadt:	Ljubljana (Laibach) 267 000 Einwohner
Fläche:	20 251 km²
Einwohner:	1 942 000
Bevölkerungsdichte:	96 je km²
Bevölkerungswachstum pro Jahr:	⌀ 0,29% (1990–1995)
Amtssprache:	Slowenisch
Religion:	Katholiken (90%), Muslime
Währung:	Tolar (SLT)
Bruttosozialprodukt (1994):	14 246 Mill. US-$ insges., 7140 US-$ je Einw.
Nationalitätskennzeichen:	SLO
Zeitzone:	MEZ
Karte:	→ Balkanhalbinsel

Max Slevogt, *Selbstbildnis*

Slowakei   Slowenien

1969 auton. Rep.; 1993 Auflösung d. Föderation aus Tschech. Rep. u. S.; s. 1. 1. 1993 unabh. Slowak.Rep; 1995 Ass.abk. m. EU; slow.-ungar. Grundl.-vertr. (nationale Minderheiten, Grenzgarantie).
slowakische Literatur, bis ins 19. Jh. tschechische Sprache, in der auch → Kollár schrieb; eigene Schriftsprache erst durch Ludovit Štúr (1815–56) und seinen Kreis: Dichterphilosoph Josef Hurban, Svetozar Hurban-Vajanský u. Martin Kukučk (Erzählungen); Janko Král und Samó Chalupka (Balladen); der größte Dichter der nat. Romantik Hviezdoslav (1849–1921), auch Shakespeare-Übersetzer. 20. Jh.: Erzähler: Hrsonský Hečko, Jesenský (auch Lyrik), Urban. Dramatiker: Tajovský, Urbánek; Lyriker: Krasko (eigtl. Botto), Rázus, Lukáč, Beniak, Fábry, Mihálik.
Slowenen, *Winden,* südslaw. Volk, etwa 1,75 Mill., fast ausschließl. röm.-kath., seit 6. Jh. Einwanderung in die Ostalpen, seit 8. Jh. unter fränk., dann dt. Herrschaft, zurückgedrängt in S-Kärnten u. d. Gebiet d. heutigen **Slowenien** (slowen. *Slovenija*), nordwestl. ehemalige Bundesrep. von Jugoslawien, 20 251 km², 1,94 Mill. E; grenzt im N an Östr. (Kärnten, Steiermark), im W an Italien; vorwiegend gebirgig (waldreich), im W Karst, vom Oberlauf der *Save* u. *Drau* durchflossen, fruchtbare Talmulden (Becken von Laibach); Hptst. *Laibach* (*Ljubljana*). 25. 6. 1991 Loslösung v. jugoslaw. Bund; Bürgerkrieg m. Bundesarmee. Auch → Krain.
Slowenien, Rep. i. SO-Europa, grenzt im N an Österreich (Kärnten, Steiermark), im W an Italien, im S an Kroatien; vorwiegend gebirgig (waldreich), im W Karst, vom Oberlauf der *Save* u. *Drau* durchflossen, fruchtbare Talmulden (Becken von Laibach). – *Wirtsch.:* Förd. v. Eisen, Blei, Zink, Kupfer, Braunkohle, Quecksilber, Erdöl; Landw.: Anbau v. Mais, Weizen, Kartoffeln, Obst u. Wein; Ind.: Metall-, Textil-, Holz-, Elektro- u. chem. Ind.; Fremdenverkehr. – *Verf.* v. 1991: Zweikammerparlament, Direktwahl d. Staatsoberhauptes. – *Gesch.:* 1946 Teilrep. v. Jugoslawien; 1991 Abspaltung u. Unabhängigkeitserkl.; bewaffnete Auseinandersetz. m. d. jugosl. Bundesarmee; 1992 erste freie Wahlen.
slowenische Literatur, *11. Jahrh.:* Freisinger Denkmäler; *16. Jh.:* Durch d. Reformation Schriftsprache: Bibelübersetzung; *19. Jh.:* Francé Prešeren, Lyriker; Josef Stritar, Schöpfer d. slowen. Prosa; Josip Jurčič (Volkserzählungen); *20. Jh.:* Ivan Cankar (Roman), Otto Zupančič (Lyrik, Dramen).

Slowfox [engl. 'sloufɔks], langsamer → Foxtrott.

slow virus [engl. slou'vairəs], → Prion.

SLT, Abk. f. **S**olid **L**ogic **T**echnology, techn. Verfahren zur Realisierung von Grundschaltungen.

Slum, m. [engl. slʌm], schmutzige, enge Gasse, Bez. der Elendsviertel der Großstädte (Engld u. USA).

Slump, m. [engl. slʌmp], an der Börse für plötzlich eintretende → Baisse; Ggs.: → Boom.

Sluter, Claus (um 1355/60–1405/06), ndl. Bildhauer d. Spätgotik; *Mosesbrunnen* (Dijon).

sm, Abk. f. *Seemeile*.

Sm, chem. Zeichen f. → *Samarium*.

S. M., Abk. f. *Seine Majestät*.

Småland ['smɔ:-], südschwed. Landschaft (Wälder u. Seen).

Smalte, w., *Schmalte*, blaue Kobaltfarbe, bes. für Porzellan.

Smaragd, m., grüner Edelstein; Berylliumverbindung.

smart [engl.], gewandt, gerissen, flott.

Smegma, talgartige Absonderung unter der Vorhaut des Penis.

Smetana, Bedřich (2. 3. 1824–12. 5. 84), tschech. Komponist in Prag; Opern: *D. verkaufte Braut; Der Kuß; Nationalfestspiel: Libussa;* sinfon. Dichtungen (6 Teile: *Mein Vaterland*); Kammermusik.

Smith [smɪθ],
1) Adam (5. 6. 1723–17. 7. 90), engl. Nationalökonom u. Moralphil., Begr. der klass. liberalen Schule der Nationalökonomie (Freihandel u. freier Wettbewerb); *Untersuchung über das Wesen und die Ursachen des Volkswohlstands.*
2) Hamilton O. (* 23. 8. 1931), am. Biochem.; (zus. m. D. → Nathans u. W. → Arber) Nobelpr. 1978 (Entdeckung d. Restriktionsenzyme).
3) Ian (* 8. 4. 1919), rhodes. Pol.; 1964 bis 79 Min.präs. von Südrhodesien (→ Simbabwe); 1965 einseitige Unabhängigkeitserklärung.
4) John (1580–1631), engl. Seefahrer u. Kartograph; beteiligt an Kolonisation Virginias und Neu-Englands.
5) Michael (*26. 4. 1932), kanad. Biochemiker, Entwicklung v. Methoden im Bereich der DNS-basierten Chemie, Nobelpr. (Chemie) 1993 zus. m. K. B. → Mullis.

Smithsonian Institution [smɪθ'souniən ɪnsti'tju:ʃn], staatl. Forschungsanstalt in Washington, 1846 als Stiftung v. James *Smithson* (1754–1829) errichtet; umfaßt naturwiss. Institute, Museen f. Geschichte, Technik u. Naturkunde; Nationalgalerie.

Smithsund ['smɪθ-], arkt. Meeresstraße zw. NW-Grönland u. Ellesmereland.

Smog, m.. [engl. „*smoke* u. *fog*"], aus Rauch u. Nebel u. a. gebildete Dunstglocke über Industriegebieten u. Großstädten; entsteht bei Wetterlage mit Inversionen, insbes. in gefährdeten Gebieten (→ Umweltschutz).

Smog, photochemischer, *Sommersmog*, Bildung bodennahen Ozons aus Stickoxiden u. Kohlenwasserstoffen, die zu 60% aus Abgasen des Autoverkehrs unter Einwirkung v. Sonnenlicht entstehen. Die Reaktion tritt bei wolkenlosem Schönwetter auf. Die natürl., max. Ozonkonzentrationen liegen zwischen 60 u. 80 µg/m³; s. d. 60er Jahren Anstieg d. bodennahen Ozongehalte in Amerika u. Eur. um 60%; jährl. Anstieg z. Z.: 2–3%. In Dtld werden im Sommerhalbjahr i. d. Städten Mittelwerte v. 100 u. 160 µg/m³, in ländl. Gebieten zw. 140 u. 190 µg/m³ gemessen, mit 2-Stunden-Höchstwerten bis zu etwa 400 µg/m³. Reinluftgebiete u. Höhenlagen haben im Mittel höhere Ozonkonzentrationen als Städte. Ab 180 µg/m³ wird in Dtld d. Bev. durch d. Behörden über d. Ozonwerte informiert u. vor körperl. Anstrengung im Freien gewarnt. Gefahren: Beeinträchtigungen der Atemfunktionen u. Schleimhautreizungen.

Smoking, m. [engl. „Rauchrock"], Gesellschaftsanzug für Herren (abendl.).

Smolensk, russ. Gebietshptst. am Dnjepr, 341 000 E; Uni.; Textilkombinat, Maschinenbau; Flugplatz. – 1812 Sieg Napoleons über das russ. Heer.

Smrkovský, Josef (26. 2. 1911–14. 1. 74), tschech. Pol. d. „Prager Frühlings"; 1968/69 Präs. der Nationalvers.

Smutje, seem. svw. Schiffskoch.

Smuts [smœts], Jan (24. 5. 1870–11. 9. 1950), südafrikan. Pol. u. Feldm., kämpfte als Burengeneral gg. England, 1919–24 u. 1939–48 Premiermin.

Smyrna, früherer Name v. → Izmir.

Sn, chem. Zeichen f. → *Zinn* (lat. *stannum*).

Snackbar, w. [engl. 'snæk-], engl. Bez. f. Imbißstube.

Snake River ['sneɪk-], l. Nbfl. d. Columbia aus dem Yellowstonepark mit Cañons, 1670 km lang; Stauseen zur Kultivierung Idahos.

Snell, George (19. 12. 1903–6. 6. 96), am. Genetiker; (zus. m. B. → Benacerraf u. J. → Dausset) Nobelpr. 1980 (Forschungen z. immunbiol. Reaktionen zellulärer Oberflächenstrukturen).

Snellius, Willebrord S. van Roijen (1580–30. 10. 1626), ndl. Math.; **S.sches Brechungsgesetz:** konstantes Verhältnis von Sinus des Einfalls- (α) u. Brechungswinkels (β) von Lichtstrahlen an der Grenze zweier Körper: $n = \sin\alpha : \sin\beta$.

Snob m., [engl., aus l. „sine nobilitate"], ohne adlige Gesinnung, svw. eingebildeter, blasierter Mensch.

Snobismus, geistige Haltung eines Snobs.

Snöhätta, *Schneehut*, höchster Gipfel (2286 m) des *Dovre-Fjelds*, Hochfläche (1000 m) in SW-Norwegen.

Snorri Sturluson [-'styrdlysɔn] (1178– 22. 9. 1241), island. Rechtsgelehrter u. Staatsmann, Hg. der jüngeren → *Edda;* Verfasser der Königsgeschichte *Heimskringla.*

Snow [snou], Sir Charles Percy (15. 10. 1905–1. 7. 80), englischer kulturhistor. Schriftst.; *Fremde u. Brüder.*

Snowboard [engl. snoubɔ:d], Kunststoffbrett z. Abfahrt auf Schneehängen; Technik ähnl. → Skateboard.

Snowdon ['snoudn], höchster Berg (1085 m) in Wales; Zahnradbahn.

SNR, Abk. f. **S**chneller **N**atriumgekühlter **Br**ut**r**eaktor, → Schneller Brüter.

Snyders ['sneɪdərs], Frans (11. 11. 1579–19. 8. 1657), fläm. Maler d. Barock, zeitweise Mitarbeiter v. Rubens; Stilleben, Tierbilder.

SO, Abk. f. Südost(en).

Soáres ['sŭarɪʃ], Mário Alberto Nobre Lopes (* 7. 12. 1924), portugies. Pol. (PSP); 1974/75 Außenmin., 1976–78 u. 1983–85 Min.präs.; 1986–96 Staatspräs.

Soave, it. trockener Weißwein.

Sobek, griech. *Suchos*, ägypt. Krokodil- u. Wassergott, d. Fruchtbarkeit bringt, krokodilgestaltig bzw. -köpfig dargestellt.

Sobięski, König von Polen, → Johann 4).

Sobięskischer Schild → Sternbilder, Übers.

Sobranje, bulgar. Parlament (seit 1879).

Societas Jesu, Abk. SJ, → Jesuiten.

Société anonyme [sɔsje'te anɔ'nim], abgek.: *S.A.,* frz. Bez. für = Aktiengesellschaft.

Soda, w. od. s., Natriumcarbonat (Na_2CO_3), natürlich vorkommend in *S.seen;* heute meist nach dem *Solvay-Verfahren* hergestellt: in konzentrierte Kochsalzlösung wird bei 40 °C Kohlensäure u. Ammoniak geleitet, wobei sich d. entstehende Ammoniumhydrogencarbonat mit dem Kochsalz z. Natriumhydrogencarbonat umsetzt, das geglüht S. ergibt, Hauptverwendung der S. zur Glas- u. Seifenherstellung; *kaustische S.* ist Natriumhydroxid (Ätznatron).

Sodbrennen, brennendes Gefühl in der Speiseröhre bei Rückfluß von Mageninhalt infolge mangelhafter Funktion der Muskulatur an der Einmündung der Speiseröhre in den Magen.

Soddy ['sɔdɪ], Frederick (2. 9. 1877 bis 22. 9. 1956), engl. Chem.; Forschungen über Radioaktivität; Nobelpr. 1921.

Söderblom [-blum], Nathan (15. 1. 1866–12. 7. 1931), schwed. ev. Theol.; Erzbischof von Uppsala, Haupt der ökumen. Bewegung; Friedensnobelpr. 1930.

Södermanland, schwed. Län südl. Stockholm, 6060 km², 257 000 E; seen- u. waldreich; Hptst. *Nyköping.*

Sodoma, eigtl. *Giovanni Ant. di Bazzi* (1477–14. 2. 1549), it. Maler d. Renaissance; Fresken in Siena u. Rom.

Sodomie, widernatürl. Unzucht zwischen Mensch u. Tier.

Bedřich Smetana

Adam Smith

Mário Soáres

Soest

Die beiden Engel vor Sodom, Buchmalerei 14. Jh.

Sodom und Gomorrha, im A. T. zwei wegen ihrer Laster durch Gott vernichtete Städte (im Toten Meer).

Soest [zo:st], (D-59494), Krst. im Rgbz. Arnsberg, NRW, in fruchtb. Ebene (**S.er Börde**), 43 063 E; roman. Patroklimünster, got. Wiesenkirche, ma. Stadtbild; div. Ind. – Im 13. Jh. Hansestadt; 1444 bis 49 **S.er Fehde** um Unabhängigk.

vom Erzbischof v. Köln; im 15. Jh. S.er Malerschule.
Sofala, seit 1976 f. → *Beira* 2).
Soffitte, *w.* [it.],
1) röhrenförmige Glühlampe.
2) vom Schnürboden herabhängende Stoffbahnen, die das Bühnenbild nach oben abschließen.
Sofia, i. Altertum *Serdica,* Hptst. v. Bulgarien, am NO-Fuß des Witosch, 1,2 Mill. E; neuzeitl. Stadtbild; Uni.; Textilind., Flughafen. – 343 n. Chr. Konzil, 1382 türk., 1878 bulgar. Hptst.
Soforthilfe → Lastenausgleich.
sofortige Beschwerde, Rechtsmittel gegen best. gerichtl. Entscheidungen, muß binnen einer *Notfrist* von 2 Wochen eingelegt werden (§ 577 ZPO).
Soft-Getränke [engl. ,,weich"], kohlensäurehaltige alkoholfreie Erfrischungsgetränke.
Software [-wɐ], Sammelbez. f. alle in e. → Datenverarbeitungsanlage gespeicherten Programme in 2 Gruppen: *Systemprogramme* d. → Betriebssystems (gehören zur techn. Grundausstattung eines DV-Systems) und Anwenderprogramme; Ggs.: → Hardware.
Sog, der am Boden des *Meeres*strandes seewärts gerichtete Rückstrom des Meerwassers, auch der Wasserwirbel hinter e. fahrenden Schiff; in d. *Luft:* z. B. Saugwirkung auf die Oberseite d. Flugzeugflügels bei Strömen d. Luft um d. Flügelprofil, erzeugt → Auftrieb.
Soglo, Nicéphore (* 29. 11. 1934), 1991–96 Staatspräs. v. Benin.
Sognefjord [ˈsɔ nəfjuːr], in die SW-Küste Norwegens 204 km einschneidender Fjord, bis 1244 m t., viele Verzweigungen; v. etwa 1800 m hohen Bergen umgeben.
Sohar, *m.,* Hauptwerk d. → Kabbala, um 1300.
Sohl, Hans-Günther (2. 5. 1906–13. 11. 89), dt. Stahlindustrieller; 1972–76 Präs. d. BDI.
Sohle, untere Begrenzung eines Grubenbaus.
Sohnrey, Heinrich (19. 6. 1859–26. 1. 1948), dt. Erzähler, Erforscher u. Pfleger bäuerl. Sitten.
soigniert [frz. zŏanˈjiːrt], gepflegt.
Soirée, *w.* [frz. swaˈre], gr. Abendgesellschaft.
Soissons [swaˈsõ], frz. St. im Dép. *Aisne,* an der Aisne, 32 000 E; Kathedrale, röm. Ruinen; Masch.- u. Gummiind., Strumpfwirkerei.
Sojabohne, krautiger Schmetterlingsblütler aus O-Asien mit stark eiweiß- (35–38%) u. ölhaltigen (13–21%) Samen; Hptanbaugebiete: USA, Brasilien, China; Welternte 1994: 136,7 Mill t (davon knapp die Hälfte i. d. USA); d. S. dient auch in Europa in zunehmendem Maße d. menschl. Ernährung, z. B. Gewinnung v. Lecithin; Rückstände b. d. Ölgewinnung als S.n Düngemittel od. in d. Form des *Sojakuchens* Viehfutter.
Sojus [russ. ,,Einheit"], sowj. bemannter → Satellitentyp (→ Weltraumforschung).
Soka Gakkai [jap. ,,Ges. z. Schaffung v. Werten"], neue jap.-buddhist. Rel., d. für e. nat. Erneuerung eintritt, ca. 20 Mill. Mitgl.
Sokol [slaw. ,,Falke"], um 1860 gegr. Turnvereine in süd- u. westslaw. Ländern; stark national.

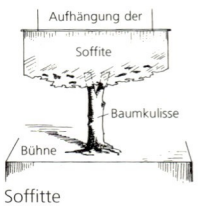
Soffitte

Sojus

Sokrates

Sokołowski, Wassilij (24. 7. 1897 bis 10. 5. 1968), sowjetischer Marschall; Armeeführer im 2. Weltkrieg, 1946–49 Oberbefehlsh. d. sowj. Bes.truppen in Dtld.
Sokrates (um 470–399 v. Chr.), griech. Phil., Lehrer des *Plato;* formal der bedeutendste Vertreter der → *Sophistik,* inhaltlich ihr Überwinder, Begr. der *induktiven Methode,* der *Definition* und der Lehre vom Gewissen (,,Erkenne dich selbst"); vom athen. Gericht als ,,rel. Freidenker und Jugendverführer" zum Tode durch den Schierlingsbecher verurteilt.
Sokratiker, Philosophen, Schüler des Sokrates.
sokratische Methode, d. auf Sokrates zurückgehende Form d. Belehrung i. Frage u. Antwort (Mäeutik).
Sol [l.], Sonne(ngott), griech. *Helios.*
Sol, *s.* [l.], → Kolloid in gelöstem Zustand.
Sola fide [l. ,,allein durch Glauben"]. Grundgedanke d. luth. Lehre v. d. Rechtfertigung allein durch d. göttl. Gnade aufgrund v. Glauben, nicht v. menschl. Werken (n. Röm 3,28).
Solanaceae, svw. → Nachtschattengewächse.
Solanin, *s.,* z. Gruppe d. Alkaloide gehörende organ. Verbindung; Vorkommen in der Kartoffel; führt gelegentl. z. Vergiftungserscheinungen.
Solari(o), it. Bildhauer u. Baumeister.
1) Cristoforo, gen. *Il Gobbo* (1460 bis 1527), in d. Lombardei.
2) Santino (1576–10. 4. 1646), Wegbereiter des geprägten Frühbarock in Östr. u. S-Dtld; in Salzburg: u. a. *Dom* u. *Schloß Hellbrunn.*
Solarisation, durch spezielle Belichtung, auch durch Zwischenbelichtung, lassen sich die Tonwerte des schwarzweißen Papierbildes umdrehen.
Solarkonstante, die von der Sonne in 1 Min. auf 1 cm^2 der Atmosphärengrenze senkrecht eingestrahlte Wärmemenge, nach Abbot 8 J (an der Erdoberfläche weniger infolge Wärmeabsorption der Atmosphäre, 5,8–6,7 J), weist geringe Schwankungen von etwa 2% auf.
Solaröl, durch trockene Destillation von Braunkohle gewonnen; für Leucht- und Schmierzwecke.
Solarplexus [l.], Sonnengeflecht, Nervenzellgeflecht hinter dem Magen; Schockwirkung b. Boxschlag auf d. S.
Solartechnik, *Heliotechnik,* Sonnenenergie wird technisch (z. B. über Kollektoren, Energiewandler) umgewandelt u. auch zur Energieversorgung verwendet (z. B. Frischwassererzeugung durch Meerwasserentsalzung, Raumheizung, Warmwasserbereitung).
Solarzellen, → Fotozellen, wandeln Licht in el. Energie um, Anwendung zur Energieversorgung v. → Satelliten u. → Raumsonden sowie f. Mikroelektronik (z. B. Taschenrechner). → Alternativenergien.
Solawechsel → Wechsel.
Solbäder, Kurorte mit kochsalzhaltigen (1,5–6%) Mineralquellen.
Sold, *m.* [l. ,,solidus = Ganzstück, Münze"], Lohn, Löhnung, insbes. der **Soldaten.**
Soldatengesetz, v. 19. 3. 1956 (19. 8. 1975), regelt die Rechtsstellung der Soldaten.

Soldatenhandel, v. a. im 18. Jh., z. B. von Württemberg, Hessen u. a. durchgeführter Verkauf v. Soldaten an ausländ. Regenten f. deren Kriegseinsätze.
Soldatenkaiser, Bez. f. d. aus d. röm. Heer hervorgegangenen Kaiser im 3. Jh. n. Chr.
Soldatenversorgungsgesetz, vom 26. 7. 1957 (5. 3. 1976), regelt Förderung u. Versorgung d. ehem. Soldaten d. Bundeswehr od. ihrer Hinterbliebenen.
Soldateska, *w.* [it.], (verrohtes) Kriegsvolk.
Söldner, Krieger, die gegen Entgelt *(Sold)* zum Dienst angeworben werden.
Sole, Kochsalzlösung oder -quelle mit mindestens 1,5% Kochsalz.
solenn [l.], feierlich, festlich; ordentlich.
Solenoid, *s.,* m. isoliertem Metalldraht bewickelte, stromdurchflossene Spule ohne Eisenkern; wirkt wie Magnetstab m. N- u. S-Pol.
Solfataren [it.], vulkan. Schwefelgasquellen; → Fumarolen.
Solfeggien [it. -ˈfɛdʒən], Gesangsübungen.
Solferino, it. Gem. südl. des Gardasees, 2100 E; 1859 Sieg der Franzosen u. Piemontesen über Östr.
Solidarhaftung, Haftung mehrerer Personen als Gesamtschuldner.
solidarisch [l.], gemeinsam, verbunden in Pflicht oder Interessengemeinschaft.
Solidarismus, sozialreformerische Richtung, fordert beschränkte Sozialisierung u. soz. Ausgleich durch staatl. Kontrolle. Hptvertr.: d. Jesuit *Pesch;* Fortbildung im personalist. Sozialismus mit echtem sozialist. Einschlag: hpts. in Frkr.; in Dtld *Bolkovac* SJ, bes. ,,Frankfurter Hefte".
Solidarität, *w.,* Zusammengehörigkeit.
Solidarność [poln. -nɔɕtɕ ,,Solidarität"], nach soz. Unruhen u. Streiks Sept. 1980 gegr. poln. Gewerkschaft (Vors. → Wałęsa); Dez. 1981 nach Ausrufung d. Kriegsrechts verboten, bis 1989 in d. Illegalität, seitdem auch als Bürgerkomitee S. pol. tätig.
Solidarobligation [l.], svw. → Gesamtschuld.
solide [l.], gediegen; dauerhaft; zuverlässig.
Soliman → Suleiman.
Solimena, Francesco (4. 10. 1657 bis 3. 4. 1747), it. (Baumeister u.) Maler d. Spätbarock bes. in Neapel.
Soling, *w.,* im Segelsport Dreimannkielboot aus Kunststoff; olymp. Bootsklasse.
Solingen (D-42651–719), krfreie St. im Rgbz. Düsseldorf, NRW, an d. Wupper; 165 187 E; AG, IHK; Schneidwarenfertigung u. a. Ind.; Dt. Klingenmuseum, Bergisches Museum Schloß Burg.
Solipsismus, *m.* [l. ,,solus = allein", ,,ipse = selbst"], phil. Lehre von der alleinigen Wirklichkeit des eigenen Ich.
Solis, Virgil (1514–1. 8. 62), dt. Zeichner u. Kupferstecher d. Renaiss.; u. a. Wappen, Buchillustrationen (Holzschnitte).
Solist [it.], Einzelspieler, -sänger, im Gegensatz zu Statisterie, Chor und Orchester.
solitär [frz..], allein, vereinzelt.
Solitär, *m.,* einzeln gefaßter Brillant.

Solitüde, w. [frz. „Einsamkeit"], Name v. Lustschlössern (z. B. bei Stuttgart; → Karlsschule).

Soll,
1) Mz. *Sölle,* durch → Toteis oder Gletscherwasser verursachte Einsackungs- oder Strudellöcher und kleine Rundseen in Norddtld.
2) Ausdruck i. d. Buchführung.

Sollen, Bez. f. die Aufforderung d. Willens durch e. anderen Willen (z. B. sittl. Normen) zu e. best. Handeln, das als gut vorausgesetzt wird. Nach Kant ist S. d. kategor. Imperativ.

Söller [l. „solarium"], nicht überdachter An- u. Aufbau an Gebäuden, urspr. für Sonnenbad; → Altan.

Sol lessivé, *Parabraunerde,* ausgewaschener Boden, → Bodentyp m. Tonverarmung im Oberboden u. Tonanreicherung im Unterboden infolge Tondurchschlämmung, z. B. grauer Waldboden.

Solling, Buntsandsteingebirge zw. Leine und Weser, *Große Blöße* 528 m; Steinbrüche bei Höxter.

Soll-Ist-Vergleich, Abgleich von → Sollkosten u. → Istkosten (→ Ist); Grundlage der betriebl. → Plankostenrechnung.

Sollkosten, Kostenermittlung f. e. erwarteten → Beschäftigungsgrad e. Unternehmens.

Solms, Hermann Otto (* 24. 11. 1940), s. Jan. 1991 Fraktionsvorsitzender der FDP.

Solnhofen (D-91807), Gem. i. Kr. Weißenburg-Gunzenhsn., Bay., i. Altmühltal, 1824 E; Zementwerk, Solnhofen-Platten-Industrie.

Solnhofener Kalk, *Lithographenschiefer,* in den Steinbrüchen von Solnhofen gebrochener dichter Plattenkalkstein; Fundort des → Archäopteryx.

solo [it.], allein.
Solo, s., Tonstück für eine Singstimme oder ein Instrument; Einzelvortrag; im *Kartenspiel:* Einzelspiel gegen die and. Partner.

Solon, (um 640–560 v. Chr.), Gesetzgeber Athens, stufte die pol. Rechte nach dem Vermögen ab (→ Plutokratie), hob die Schuldknechtschaft auf; zählte zu den → Sieben Weisen.

Solothurn,
1) schweiz. Kanton (s. 1481 zur Eidgenossenschaft) im Gebiet der Aare u. des Schweizer Jura; Uhren-, Eisen-, Schuh-, Papier- u. Textilind., Landw.; 791 km², 238 900 E; Hptst.:
2) S. (CH-4500), an der Aare, 15 400 E.

Solow [ˈsoυloυ], Robert Merton (* 23. 8. 1924), amerikanischer Wirtschaftswiss.; Nobelpr. 1987 (wirtsch. Wachstumstheorien).

Solowjew, Wladimir (16. 1. 1853 bis 31. 7. 1900), russ. Phil.; christl.-neuplaton. Metaphysik.

Solschenizyn, Alexander (* 11. 12. 1918), sowj. Schriftst., 1974 ausgewiesen, 1994 Rückkehr; *Ein Tag i. Leben d. Iwan Denissowitsch; Krebsstation; Aug. Vierzehn; Archipel GULAG;* Nobelpr. 1970.

Solstitium, s. [l.], → Sonnenwenden.

Soltau (D-29614), St. i. Kr. S.-Fallingbostel, in d. Lüneburger Heide, Nds., 20 300 E; AG; Zinngieß.; Erholungsort.

Solti [ˈʃ-], Sir Georg (21. 10. 1912–5. 9. 1997), brit. Dirigent ungar. Herkunft.

Solutréen [sɔlytreˈã:], Abschnitt der Altsteinzeit nach dem burgund. Fundort *Solutré.*

Solvay [-ˈvε], Ernest (16. 4. 1838–26. 5. 1922), belg. Chem.; erfand **S.verfahren** zur → Soda-Herstellung.

Solvens [l.]
1) *Chemie:* Syn. für Lösungsmittel;
2) in der Pharmazie schleimlösendes Mittel.

solvent [l.], zahlungsfähig; Ggs.: insolvent.

Soma, s. [gr.], der Körper eines vielzelligen Organismus ohne s. Geschlechtszellen, → Keimbahn.

Somali, Mz.: *Somal,* die hamit. Bewohner von Somalia, Viehzüchter, Nomaden.

Somalia, Rep. and. N-Spitze v. O-Afrika. **a)** *Wirtsch.:* 80% d. Bev. leben als nomadisierende Hirten v. d. Viehwirtsch.; Anbau v. Mais, Hirse, Bananen, Zuckerrohr. **b)** *Außenhandel* (1991): Einfuhr 197 Mill., Ausfuhr 106 Mill. $. **c)** *Verf.* v. 1979: außer Kraft, Übergangscharta; s. 1996 Islam. Recht. **d)** *Verw.:* 18 Prov. **e)** *Gesch.:* 1960 aus dem ehem. Brit. u. It. Somaliland als unabh. Rep. hervorgegangen; 1969 Mil.reg., 1976 sozialist. Einparteienstaat, 1977 Bruch mit UdSSR, seitdem westl. Ausrichtung; 1977 Einmarsch v. somal. Truppen i. d. äthiop. Prov. Ogaden, 1988 Grenzkrieg m. Äthiopien; Anfang 1991 Sturz d. diktator. Barre-Regimes nach blutigem Bürgerkrieg; 1991 Ausrufung d. unabh. Rep. Somaliland im ehem. brit. Protektorat; Forts. des Bürgerkriegs; 1992 das Eingreifen v. UN-Friedenstruppen (Operation „Neue Hoffnung") ermöglichte die Verteilung von Hilfsgütern an die hungernde Bev., nicht aber die Entwaffnung der Milizen; 1993 Waffenstillstand u. Bildung eines Nationalen Übergangsrats; 1993/4 Scheitern der Friedensmission; eine politische Lösung des weiterschwelenden Konflikts ist nicht absehbar.

Somalibecken, Tiefseebecken im → Indischen Ozean.

Somali-Katze, Rasse der Langhaarkatzen; Nachkommen v. Abessinern (Kurzhaarkatzen), jedoch etwas größer; normal farbig und rot, Augen grün oder golden.

Somaliland, die N-Spitze von O-Afrika am Golf v. Aden, bis 2200 m hohes Wüstenplateau, politisch geteilt in Rep. → Somalia u. → Djibouti.

somatisch [gr.], körperlich, leiblich.
Somatologie, Körperlehre, Teil d. Anthropologie.

somatotropes Hormon [gr.], *Somatotropin,* STH, svw. → Wachstumshormon; → Hypophyse.

Sombart, Werner (19. 1. 1863–18. 5. 1941), dt. Sozialökonom, Wirtsch.historiker, Soziologe; *Sozialismus u. soz. Bewegung im 19. Jh.*

Sombor, St. i. d. Woiwodina, 48 000 E.
Sombrero, m. [span.], breitkrempiger Hut, urspr. aus Palmblättern.

Somerset [ˈsʌmɔst], engl. Gft auf d. Halbinsel Cornwall, 3458 km², 458 000 E; Hptst. *Taunton;* Landw., Textil- u. Schuhind.; Fremdenverkehr.

Somerville [ˈsʌmɔvil], St. im US-Staat Massachusetts, Vorort v. Boston, 77 000 E; Metall- u. Textilind.

Somme [sɔm],
1) nordfrz. Fluß aus dem Dép. Aisne in

SOMALIA
Staatsname:
Demokratische Republik Somalia,
Jamhuriyadda Dimugradiga Soomaaliya

Staatsform: Präsidiale Republik
Mitgliedschaft: UNO, AKP, Arabische Liga, OAU
Staatsoberhaupt: Ali Mahdi Mohammed
Regierungschef: Omar Arteh Ghaleb
Hauptstadt: Mogadischu 1 Mill. Einwohner
Fläche: 637 657 km²
Einwohner: 9 077 000
Bevölkerungsdichte: 14 je km²
Bevölkerungswachstum pro Jahr: Ø 1,28% (1990–1995)
Amtssprache: Somali
Religion: sunnitische Muslime
Währung: Somalia-Schilling (So.Sh.)
Bruttosozialprodukt (1990): 946 Mill. US-$ insges., 120 US-$ je Einw.
Nationalitätskennzeichen: SP
Zeitzone: MEZ + 2 Std.
Karte: → Afrika

Solothurn

Alexander Solschenizyn

Georg Solti

den Kanal, 245 km; durchfließt das frz. Dép. S.
2) S., 6170 km², 549 000 E; Hptstadt *Amiens.*

Sommer, *astronom.* die Zeit zw. S.sonnenwende (21. 6.) u. Herbstäquinoktium (23. 9.), auf der südl. Halbkugel vom 22. 12.–21. 3.

Somalia

Sömmerda (D-99610), Krst. i. Thür., 22 723 E; Ind. (Schreib- u. Rechenmaschinen).

Sommerfeld, Arnold (5. 12. 1868 bis 26. 4. 1951), dt. Phys.; Forschung z. Theorie d. Kreisels u. zur Quanten- u. Atomtheorie, insbes. Weiterentwickl. d. v. → Bohr begr. ersten quantentheoretischen Atom-Modells → Quantentheorie, Übers.).

Sommerfeld, *Lubsko,* St. i. d. poln. Woiwodschaft Zielona Góra, 14 000 E; Tuchfabriken, Masch.ind.

Sommergetreide, Getreidegräser, kommen erst im Frühjahr in die Erde, werden bereits im Sommer geerntet; Ggs.: → Wintergetreide.

Sömmering, Samuel Thomas v. (28. 1. 1755–2. 3. 1830), dt. Arzt u. Naturforscher; erfand el. Telegraphen (1809).

Sommersprossen, Pigmentflecke d. Oberhaut, durch Sonneneinwirkung stärker hervortretend, bes. b. Rotblonden.

Sommertag, meteorolog. Bez. f. Tage mit Temp. von 25 °C und mehr.

Sommerzeit, Vorverlegung d. Stundenzählung i. d. Sommermonaten um meist eine Stunde gegenüber d. übl. Zeit, zur besseren Ausnutzung des Tageslichtes; bringt nur geringfügige Energieeinsparung; s. 1986 u. a. in 18 europ. Ländern eingeführt.

somnambul [l.], schlafwandlerisch, dem **Somnambulismus** zugänglich, einem natürl. od. künstl. (→ *Hypnose*) Schlafzustand, in dem unbewußte Handlungen ausgeführt werden; → Nachtwandeln.

somnolent [l.], schläfrig, benommen.
Somnus [l.], Schlaf(gott), svw. griech. *Hypnos.*

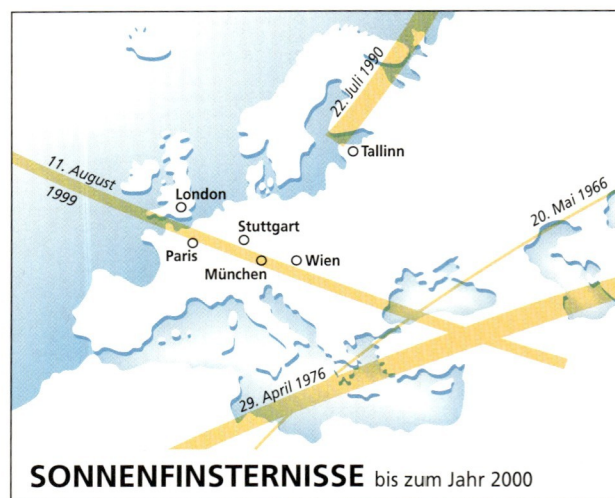

SONNENFINSTERNISSE bis zum Jahr 2000

Sonar, Gerät f. Unterwasserortung m. Ultraschallecho (→ Ultraschall).
Sonate, w. [it.], Komposition in mehreren Sätzen für ein Instrument allein (Solosonate) od. ein Blas- od. Streichinstr. m. Klavier; kleinere, leichtere S.: **Sonatine.**
Sonde, w.,
1) ärztl. Instrument (Stäbchen-, Rinnen- od. Röhrenform) zum → Sondieren von Körperhöhlen, -kanälen u. Wunden.
2) → Raumsonde.
Sonderbund-Ausstellung, 1912 in Köln 1. intern. Ausstell. d. modernen eur. Kunst durch d. ,,Sonderbund westdt. Kunstfreude u. Künstler" u. a. z. Förderung d. Expressionismus; vorbildl. f. d. → Armory Show.
Sonderbundskrieg, Krieg d. Schweizer Bundes gg. die 7 kath. Kantone, die sich 1847 von der Eidgenossenschaft lösen wollten; nach ihrer Niederwerfung Umgestaltung der Verf.: Bundesstaat m. Bundesversammlung u. Bundesrat.
Sonderburg, dän. *Sønderborg,* Hafenst. auf der Insel Alsen, 29 000 E; Maschinen-, Textilind.; Seebad. – Bis 1919 dt.; nach S. wurde 1582 die herzogl. Linie *Schleswig-Holstein-S.* benannt, die sich später in *S.-Augustenburg* u. *S.Glücksburg* spaltete.
Sondergotik, in d. Architektur e. Bez. f. d. letzte Stilstufe d. dt. Spätgotik; charakterist. f. d. Kirchenbau: schlanke Pfeiler, d. o. Kapitele in betont dekorat., komplizierte Rippengewölbe übergehen, lange diagonale Raumdurchblicke, Ausbildung d. Typs d. Hallenkirche.
Sonderschulen, allg.- u. berufsbildende Schulen f. Kinder, die aufgrund körperl. od. geist. Behinderungen od. soz. Schädigung d. normalen Unterricht nicht besuchen können (z. B. Körperbehinderten-, Schwerhörigen-, Sehschwachenschulen).
Sondershausen, (D-99706), Krst. i. Thür., 23 029 E; Kaliberwerk; früher Hptst. des Fürstentums Schwarzburg-S.
Sonderverkauf, *Sonderveranstaltung* (z. B. ,,Weiße Woche"), Verkauf von Waren zu herabgesetzten Preisen aus besonderem Anlaß; gesetzl. geregelt;

Sonnenblume

Sonnenuhr, *Braunschweiger Dom*

Bez. als Ausverkauf unzulässig; *Räumungs-(Aus-)Verkauf* nur, wenn ein von der Verkehrsauffassung als ausreichend anerkannter Grund vorliegt. *Sommer- und Winterschlußverkauf* (VO v. 13. 7. 1950): Beginn letzter Montag im Juli bzw. Januar, Dauer 12 Werktage, dienen der Räumung und Neuordnung des Lagers durch beschleunigten Absatz.
Sonderziehungsrechte, *SRZ,* 1970 im Verkehr der → IWF-Länder eingeführte Kreditlinien, auf d. Devisen gezogen werden können; die SZR sind neue Bezugsgrößen bei d. Berechnung d. Währungsparität.
sondieren, mit der Sonde untersuchen; vorsichtig ausforschen, zu ergründen suchen.
sone, Einheit d. Lautheit e. Schalls; → Phon, Einheit der Lautstärkepegels.
Sonett, s., it. Gedichtsform; klass. Form zeigt 14 Zeilen; 2 Strophen zu je vier Zeilen, die 4., 5. u. 8. auf die 1., die anderen auf die 2. gereimt, u. 2 Strophen zu je 3 Zeilen, beliebig verschlungen gereimt.
Song [engl.], i. engl. Sprachgebrauch allg. Bez. f. *Lied*; i. dt Sprachgebrauch Bez. f. e. Sonderform des Liedes m. sozialkrit., satir. Inhalt (z. B. Brecht/Weill/).
Song-Dynastie, in China, Ende 10. bis 13. Jh. n. Chr., nach ihr gen. d. *Song-Zeit,* Epoche d. chin. Kunst, Tuschmaler: *Mi Fei* (1051–1107), *Li Lung-mien* († 1106), *Mu-tschi, Liang Kai* u. a.
Songhua, *Sungari, Milchfluß,* r. Nbfl. des Amur i. d. Mandschurei, 1927 km l.
Song-koi, *Song-ka,* ,,Roter Fluß", Strom in Vietnam (Tongking), 800 km lang, aus d. südchin. Bergland, mündet in d. Golf v. Tongking; schiffbar.
Sonnabend, norddt. Bez. für Samstag.
Sonnblick, Gipfel (3105 m) i. d. Hohen Tauern, m. Wetterwarte (1886).
Sonne, Hauptkörper unseres Planetensystems (Abb. → Tafel Himmelskunde); Zeichen ☉; ein → Stern durchschnittl. Größe u. durchschnittl. Alters; mittlere Entfernung von der Erde 149,6 Mill. km (vom Licht in 499 Sek. durchlaufen); Durchmesser 1,391 Mill. km; Masse 333 000fache Erdmasse, Dichte 1,41; ges. pro Sek. auf den Querschnitt der Erde fallende Strahlungsenergie $1,7 \cdot 10^{14}$ kW; ges. von der S. ausgestrahlte Energie pro Sek. $3,8 \cdot 10^{23}$ kW; Temperatur der S.noberfläche 5950 °C, der → S.nflecke 4700 °C. Größenverhältnisse im Vergleich zur Erde (=1): Durchmesser 109,1; Oberfläche 11 945, Volumen 1,305 Mill. Rotationsdauer in versch. Breiten (u. Schichten) unterschiedl., am Äquator 25 Tage, in 70° Breite 33 Tage. Äquatorebene um 7° 15' gegen Ekliptik geneigt. Schwere an der S.noberfläche etwa 28fache Erdschwere. Oberflächenschichten der S. gasförmig, vorwiegend Wasserstoff. Zahl d. bekannten Spektrallinien etwa 22 000, davon über die Hälfte mit bekannten Linien der Elemente identifiziert. Die eigtl. Zone, die uns d. Licht sendet (*Photosphäre*), ist nur etwa 100 km dick; über ihr liegt die *Chromosphäre* (etwa 10 000 km dick), aus der sich gewaltige Eruptionen (*Protuberanzen*) bis 1,6 Mill. km hoch erheben. Äußerste Schicht der S. ist die *Korona* (Strahlenkranz), sehr dünn, von wahrscheinl. hoher Temperatur. Einfluß der von den äußeren Schichten der S. ausgehenden Strahlung nach neuen Erkenntnissen bes. für die höchsten Atmosphärenschichten (Ionosphäre) von großer Bedeutung (Nordlicht). Temperatur i. Kern d. S. etwa 20 Mill. Grad; hierbei finden Atomkernreaktionen statt, d. nach heutiger Auffassung allein imstande sind, die Energiebilanz der S. noch für etwa 5 Mrd. Jahre aufrechtzuerhalten. Bisheriges Alter der S. 4–5 Mrd. Jahre. Geschwindigkeit der S. im Raum, relativ zu d. benachbarten Fixsternen 19,5 km/s; bei der Rotation um d. Zentrum d. Milchstraße Geschwindigkeit der S. etwa 270 km/s und Umlaufperiode ca. 220 Mill. Jahre.
Sonneberg, (D-96515), Krst. i. Thür., 26 366 E; Spielwaren-, Elektro- u. Keramikind., Masch.bau; Sternwarte, Spielzeugmus.
Sonnenbarsch, aus N-Amerika in Dtld eingeführter bunter, kleiner Barsch.
Sonnenblende → Gegenlichtblende.
Sonnenblume, *Helianthus,* hochwüchsige Korbblütler m. gr. gelben Blütenscheiben; aus Amerika eingeführt, jetzt überall angepflanzt; *Gemeine S.,* 2–3 m h., einjährig, ölhaltige Samen, auch Vogelfutter; *Knollen-S.* → Topinambur.
Sonnenbrand, *Gletscherbrand,* Hautverbrennung ersten od. zweiten Grades durch die *ultravioletten* Strahlen der Sonne; auch bei übertriebener künstlicher Höhensonnenbestrahlung.
Sonnenenergie. → Solarkonstante; Ausnutzung zu techn. Zwecken durch Parabolspiegel (*Sonnenöfen*), photoel. Batterien, chem. Prozesse (bei Erwärmung schmelzende u. Energie aufnehmende Natrium-Schwefel-Verbindungen).
Sonneneruptionen, eng begrenzte Gebiete erhöhter Strahlung, bes. Ultraviolettstrahlung, treten fast immer i. Gebieten v. Sonnenflecken u. -fackeln (innerhalb weniger Minuten) auf und dauern bis zu 1 Std., werden häufig v. Protuberanzen begleitet; rufen in d. → Ionosphäre d. Erde el. Störungen hervor, die den irdischen Funkverkehr stark beeinträchtigen; Fading (→ Schwund).
Sonnenfackeln, hellere Stellen an d. Sonnenoberfläche, meist in der Umgebung der Sonnenflecke.
Sonnenferne, *Aphelium,* → Apsiden.
Sonnenfinsternis, ganze (*totale S.*) oder teilweise (*partielle S.*) Verdeckung d. Sonnenscheibe durch den um d. Neumondzeit zw. Sonne und Erde stehenden Mond; *ringförmige S.,* wenn die Spitze des kegelförmigen Mondschattens die Erde nicht erreicht. Regelmäßige Wiederkehr der S. im → Saroszyklus; nächste in Europa sichtbare, totale S.: 11. 8. 1999 (England, Frankreich, Deutschland, Balkan). → Tafel Himmelskunde.
Sonnenflecke, dunkle Stellen oder Gruppen von dunklen Stellen in der → Photosphäre der Sonne, bestehen zumeist aus dunklem Kern (Umbra) und hellerem Hof (Penumbra); kleinste sichtb. S. 1000 km, größte Fleckengruppen bis 250 000 km im Durchmesser. S. bilden sich beidseits des Sonnenäquators, Lebensdauer zw. 2 Tagen und mehreren Monaten; ihre Häufigkeit wechselt im Rhythmus von 11,3 Jahren (Sonnenfleckenzyklus); zuerst 1843 v. d. dt.

Sonnenhut, *Rudbeckia,* nordam. Korbblütler, Gartenblume; homöopath. Heilpflanze (Echinacea).

Sonnenjahr → Jahr, tropisches.

Sonnenkönig, frz. *Roi-Soleil*, Beiname Ludwigs XIV.

Sonnenkult, rel. Verehrung d. Sonne in fast allen Naturreligionen, oft Vermischung mit anderen Kulten (Feuer, Mond); Kampf des Lichts gg. die Finsternis; auch → Sonnwendfeiern.

Sonnennähe, *Perihelium,* → Apsiden.

Sonnenparallaxe, Winkel, unter dem der Äquatorradius der Erde von der Sonne aus gesehen erscheint = 8″ 79; aus der S. folgt die mittlere Entfernung Erde–Sonne; → Sonnenweite, astronomische Einheit.

Sonnenröschen, Cistrosengewächs, Halbsträucher u. Kräuter mit goldgelben Blüten; auf Sand- u. Kalkhügeln.

Sonnensegel,
1) auf *Schiffen* zeltartiges Schutzsegel gg. Sonnenstrahlen.
2) Solarzellen-Ausleger b. Raumfluggeräten.

Sonnenstich, im Gegensatz zu Hitzschlag bei intensiver Einwirkung auf den Kopf auftretendes Unwohlsein mit Übelsein, Kopfschmerzen, Schwindel, evtl. Kollaps, durch Hirnreizung u. Blutüberfüllung des Gehirns (→ Erste Hilfe, Übers.).

Sonnensystem, Bez. für die Sonne mitsamt den Planeten, Monden, Kometen und Meteoren.

Sonnentafeln, astronom. Tabellen zur Berechnung des Sonnenortes für jeden Zeitpunkt; jetzt benutzte von Newcomb (1898).

Sonnentau, *Drosera,* insektenfesthaltende Kleinstauden der Torfmoore; die rosettenförmig angeordneten Blätter (m. klebrigen Drüsenhaaren besetzt) halten Insekten fest, die durch Sekret aufgelöst und verdaut werden; Blüten weiß u. rötlich.

Sonnentierchen, *Heliozoen,* mikroskop. Urtierchen m. nach allen Seiten ausstrahlenden Scheinfüßchen (Protoplasmagebilde); bes. in fauligem Süßwasser.

Sonnenuhr, Zeitmesser mittels des Schattens eines senkrechten (Gnomon) oder der Erdachse gleichlaufenden (Polos) Stabes auf waagerechtem, senkrechtem od. dem Äquator parallelem Zifferblatt.

Sonnenvogel, bunter Sperlingsvogel S-Chinas m. rotem Schnabel; des Gesanges wegen oft als Käfigvogel *(Chin. Nachtigall)* gehalten.

Sonnenweite, beträgt 149,6 Mill. km (mittlerer Sonnenabstand d. Erde); als *astronomische Einheit* Maß für Entfernungen im Sonnensystem.

Sonnenwenden, *Solstitien,* die beiden vom Äquator am weitesten (23° 27′) entfernten Ekliptikpunkte; nördliche (Sommerpunkt) wird von der Sonne am 21. 6. erreicht, südliche (Winterpunkt) am 22. 12.

Sonnenwendigkeit → Heliotropismus.

Sonnenwind, Strom von korpuskularen Teilchen, die ständig aus der Sonne ausströmen und in den interplanetaren Raum gelangen.

Sonnino, Giorgio (11. 3. 1847–24. 11. 1924), it. Außenmin. 1914–19; erreichte die Teilnahme Italiens am 1. Weltkr.; Vertr. Italiens in Versailles.

Sonntag, letzter (7.) Tag der Woche, gesetzl. Ruhetag, *christl.* Tag der Auferstehung Christi, daher als *Tag des Herrn* Feiertag mit Gottesdienst.

Sonntagsarbeit, gewerbl. Tätigkeit an Sonn- und Feiertagen; nur in Ausnahmefällen (Gaststättengewerbe, Theater usw.) erlaubt.

Sonntagsmaler, Freizeitmaler teils m. kurzer künstlerischer Ausbildung; Vertr. bes. d. → naiven Malerei.

Sonnwendfeiern, Volksfeste bei zahlreichen indoeur. Völkern z. Z. der Sommer- u. Wintersonnenwende; → Johannisfeuer, → Jul.

Sonographie [gr.], bes. Verfahren (Impulsechoverfahren) der Diagnostik m. → Ultraschall.

sonor [l.], klangvoll, voll tönend.

Sontag, Susan (* 16. 1. 1933), am. Schriftst., Dozentin f. Phil. u. Lit.; Romane: *Der Wohltäter; Im Zeichen des Saturn*; Essays: *Krankheit als Metapher; Aids u. seine Metaphern*.

Sonthofen (D-87527), Krst. d. Kr. Oberallgäu, Bay., an der Iller, Luftkurort u. Wintersportpl., 20 916 E.

Sony Corp., jap. Unternehmen d. Unterhaltungselektronik i. Tokio.

Soor, *Schwämmchen,* kleinfleckiger weißer Belag der Mund- u. Rachenschleimhaut durch *S.pilze (Candida),* besonders bei Säuglingen, im weiteren Sinne → Candidiasis.

Sophia, *Sophie* [gr.„Weisheit"], w. Vn.

Sophie, (1824–97), Großhzgn v. Sachsen-Weimar, stiftete Goethe-Archiv; *Sophienausgabe,* Gesamtausgabe d. Werke Goethes.

Sophie-Charlotte, (30. 10. 1668 bis 1. 2. 1705), Gemahlin Friedrich I. von Preußen; nach ihr *Charlottenburg*.

Sophie-Dorothea, (26. 3. 1687–28. 6. 1757), Gemahlin Friedrich Wilhelms I., Mutter Friedrichs d. Gr.

Sophismus [gr.], durch Scheinbeweise gewonnener Trugschluß.

Sophisten [gr.], „Weise", speziell d. Vertreter d. **Sophistik,** der griech. Aufklärung d. 5./4. Jh. v. Chr.; d. Mensch als Maß aller Dinge. Kritik am bisher Geglaubten (Götter, Ethik), Betonung der Redekunst, teilweise Entartungen; daher Sophistik auch svw. Kunst trügerischer Beweise. Der Sophistik gemäß: **sophistisch.**

sophisticated [engl. -ˈkeɪtɪd], intellektuell blasiert, hochgestochen.

Sophokles, (496–406 v. Chr.), griech. Tragödiendichter, neben Aischylos u. Euripides einer der drei großen Tragiker Griechenlands; führte d. dritten Schauspieler in d. Tragödie ein; seine Dramen zeigen den Menschen im Kampf mit dem Schicksal; 130 Stücke, davon sieben erhalten: *Ajax; König Ödipus; Ödipus auf Kolonos; Antigone; Elektra; Trachinie-*

Susan Sontag

rinnen; Philoktet; Satyrspiel: *Die Spürhunde*.

Sophrosyne, w., [gr. „Besonnenheit"], b. *Plato* Tugend der Selbstbeherrschung.

Sopor, *m.* [l.], tiefe Benommenheit.

Sopran, *m.* [it.], hohe Singstimme; höchste Frauen- oder Knabenstimme; tiefer Sopran: Mezzo-S.

Sopraporte, *w.* [it.], Feld über Türrahmen, bes. im Rokoko m. Gemälden od. Reliefs ausgestattet.

Soracte, jetzt *Monte Soratte Oreste,* Berg bei Rom m. etrusk. Heiligtum des Apoll.

Sorau, *Żary,* St. i. d. poln. Woiwodschaft Zielona Góra, 35 000 E; Leinen- und Tuchind.; nahebei Braunkohlenbergwerke.

Sorben, im MA allg. Bez. für die slaw. Völkerschaften zw. Saale u. Bober, heute svw. → Wenden.

Sorbet, *m.* od. *s.* [pers. 'bɛ „Trank"], *Scherbett*, eisgekühltes Getränk m. Frucht- (urspr. Granatapfel-)Saft; Halbgefrorenes.

Sorbinsäure, Vorkommen in Vogelbeeren; verwendet als Konservierungsmittel, Lebens- u. Futtermittel.

Sorbonne [sɔrˈbɔn], 1253 v. *Robert von Sorbon* als Internat d. Uni. Paris gegr.; s. 1884 Sitz der math.-naturwiss. u. histor.-philolog. Fakultät; auch Name für die Uni Paris insgesamt.

Sordino, *m.* [it.], *mus.* Dämpfer, Vorrichtungen, die, auf Streichinstrumente gesetzt oder in Blechinstrumente geschoben, deren Klang schwächen; *con s.,* mit Dämpfer, *senza s.,* ohne Dämpfer.

Sorel, Georges (2. 11. 1847–30. 8. 1922), frz. Phil. u. Zeitkritiker, zeitweilig ein Hptvertr. d. → Syndikalismus; *Die Auflösung des Marxismus*.

Sorge, Reinhard Johann (29. 1. 1892 bis 20. 7. 1916), dt. expressionist. Dramatiker; *Der Bettler; Guntwar.*

Sorgerecht → elterliche Sorge.

Sorgho, *m., Sorghum, Sorgium,* Gräsergattung: → Hirse.

Sorrento, it. St. in der Prov. Neapel, auf der Halbinsel *S.* des Golfs v. Neapel, 17 581 E; Erzbischofssitz; Seidenind., Wein- u. Obstbau; Seebad.

Sorten, im Geldwesen: ausländ. Münzen u. Banknoten; nur im allg. Sinne: → Devisen.

Sortiment, *s.* [l.],
1) Zusammenstellung v. Waren.
2) im Buchhandel: Ladengeschäft im Ggs. zum Großhandel.

Sortimenter, Ladenbuchhändler.

Sortimentspolitik, absatzpolit. Element d. → Produktpolitik e. Unternehmens.

SOS, intern. funktelegraph. Hilferuf von Schiffen in Seenot; Morsezeichen: ···−−−···; engl. „save our souls" = „rettet unsere Seelen"; SOS-Zeichen an Kfz bedeutet: bei Unfällen f. Schwerletzte e. Priester herbeirufen. Auch → Mayday.

Soschtschenko, Michail (10. 8. 1895–22. 7. 1958), sowj. Satiriker; *Schlaf schneller, Genosse; Wovon die Nachtigall sang*.

Sosein, der Korrelatbegriff zu Dasein (Essentia), das d. wesentl. (essentiellen) Beschaffenheiten umfaßt, meist gleichbedeutend mit Wesen.

SOS-Kinderdörfer, Siedlungen für eltern- u. heimatlose Kinder u. Jugendli-

Sophokles

che, s. 1949 in zahlr. Staaten von → *Gmeiner* eingerichtet; Unterbringung in Betreuungsgruppen von je acht Kindern in einem Einfamilienhaus; in der BR 7 SOS-K.
Sosnowiec, poln. St. nordwestl. v. Krakau, 259 000 E; Kohlenbergbau, Stahl- u. Walzwerke.
sostenuto [it.], *mus.* gehalten; getragen.
Sostratos, (3. Jh. v. Chr.), griech. Baumeister, erbaute 100 m hohen Leuchtturm auf → Pharos.
Soter [gr. „Retter"], Beiname f. Erlösergestalten: bes. für Christus, auch f. hellen. Kge u. röm. Kaiser.
Soteriologie [gr.], Lehre von der Erlösung.
Sothisperiode, *Hundssternperiode,* Periode v. 1460 Jahren zu je 365¼ Tagen, schon den Ägyptern bekannt; nach Ablauf dieser Periode wiederholte sich der → heliakische Aufgang des → Sirius.
Sotie, *w.* [-'tiː], frz. Narrenspiel des 15. u. 16. Jh. satir.-pol. Inhalts.
Soto, Jesús Rafael (* 5. 6. 1923), venezolanischer Op-Art-Künstler; kinetische Kunst.
Sotschi, russische Hafenstadt und Seeheilbad am Schwarzen Meer, 337 000 Einwohner; Nahrungsmittelind., Flughafen.
Sottens [-'tã], (CH-1099), Gem. im schweiz. Kanton Waadt (Zentraljura), 458 müM, 150 E; Radiosender d. frz. Schweiz.
Sottise, *w.* [frz.], Beleidigung; Grobheit.
Sou, *m.* [su] frz. Münze (= 5 Centimes).
Soubrette [frz. su-], Oper(ette)nsopranistin f. muntere Rollen.
Soufflé, *s.* [frz. zu'fleː], leichter Auflauf, muß heiß serviert werden.
Souffleur [frz. zu'fløːr „Einflüsterer"], weibl. *Souffleuse* [-'fløːzə], sitzt b. Theater im **S.kasten** (selten) od. in der „linken" od. „rechten Gasse" der Bühne, um den Schauspielern u. Sängern durch leises Vorsprechen der Rollen Texthilfe zu leisten.
Soufflot [su'flo], Jacques-Germain (22. 7. 1713–29. 8. 80), frz. Architekt,
Begr. d. Klassizismus (*néoclassicisme*) in der französischen Baukunst; Kirche Ste-Geneviève (ab 1791 Panthéon) in Paris.
Soul [engl. soʊl „Seele"], emotionale Rockmusik-Form d. 60er Jahre, v. schwarzen US-Musikern interpretiert.
Söul → Seoul.
Soul Jazz [engl. 'soʊl 'dʒæz], stark expressive Interpretationsweise vor allem des → Blues; auch durch Soul- u. Funk-Musik beeinflußte Richtung d. → Jazz in d. 70er u. 80er Jahren.
Soundtrack [engl. 'saundtræk], Filmmusik; Tonspur.
Souper, *s.* [frz. zu'peː], Abendessen.
Source [engl. sɔːs „Quelle"], einer von drei Anschlüssen beim → Feldeffekttransistor.
Sousa ['suːzə], John Philip (6. 11. 1854 bis 6. 3. 1932), am. Komp., bes. v. Märschen; *The Washington Post; Unter d. Sternenbanner;* v. ihm d. **Sousaphon,** Blechblasinstrument.
Soutane, *w.* [frz. zu], Gewand der kath. Geistlichen; Priester: schwarz, Bischöfe: violett, Kardinäle: purpurrot, Papst: weiß.
Souterrain, *s.* [frz. sutɛˈrɛ̃], Unter-, Kellergeschoß.
South [engl. saʊθ], Süden.
Southampton [saʊθ'əmptən], Hafenst. an der S-Küste Englands, am **S. Water** (tiefe Bucht der engl. Kanalküste), 211 000 E; ma. Bauten, Uni.; wichtigster Überseeverkehrshafen, Schiffbau.
South Bend ['saʊθ-], St. im US-Staat Indiana, südöstl. des Michigansees, 109 000 E; Kfz-Ind.
South Carolina ['saʊθ kærə'aɪnə], *Südcarolina,* Abk. *S. C.*, Staat der USA, m. den Alleghanies im NW, 80 582 km², 3,6 Mill. E (40% Schwarze); Baumwolle, Mais, Reis; Textilind.; Hptst. *Columbia.*
South Dakota ['saʊθ də'koʊtə], Abk. *S. D., Süddakota,* Staat der USA, am Missouri, 199 730 km², 711 000 E; m. weiten Prärien (Getreide u. Vieh); in den Black Hills (Gebirge) Gold u. Uran; Indianerreservationen; Hptstadt *Pierre* (13 000 E).
Southend on Sea ['saʊθənd ɔn 'siː], engl. Hafenst. u. Seebad a. d. Themsemündung, 156 000 E; Flughafen.
Southey ['sʌðɪ], Robert (12. 8. 1774 bis 21. 3. 1843), engl. Dichter d. Romantik; *Das Leben Nelsons.*
Southport ['saʊθpɔːt], engl. St. u. Seebad in d. Metrop.-Gft Merseyside, 89 000 E.
South Shields ['saʊθ 'ʃiːldz], engl. St. in d. Metrop.-Gft Tyne u. Wear, an d. Mündung d. Tyne, 87 000 E; Werften, Vorhafen v. Newcastle, Eisen- u. chem. Ind.
South Yorkshire ['saʊθ 'jɔːkʃɪə], Metropolitan County in NO-England, 1974 aus Teilen d. ehem. Gft (shire) gebildet, 1560 km², 1,3 Mill. E; Hptst. *Barnsley.*
Soutine [suˈtin], Chaim (1893–9. 8. 1943), russ.-frz. Maler d. Expressionismus.
Souvannavong [su-], Prinz (* 12. 7. 1912), laot. Pol.; 1975–86 Staatspräs. (Vors. d. Obersten Volksrats) v. Laos.
Souvenir, *s.* [frz. zuv-], Andenken (Geschenk).
souverän [frz. zuvə-], unumschränkt herrschend; über alles erhaben.
Souverän, *m.,* Herrscher, Monarch.
Souveränität, Inbegriff der obersten Staatsgewalt und unabhängiger Macht.
Sovereign [engl. 'zɔvrɪn], brit. Goldmünze, s. 1489, gleich einem Pfund (£), 1814 durch Banknoten ersetzt.
Sowchosen, russ. *Sowjetskoje chosjaistwo,* Bez. für die Staatsgüter i. d. ehem. UdSSR; auch → Kolchosen.
Soweto, Abk. f. *South West Township,* Bantustadt im SW v. Johannesburg, Rep. Südafrika, 900 000 E. – 1976 Unruhen wegen Apartheid-Politik.
Sowjet, *m.* [russ.], „Rat", urspr. Bez. der Arbeiterräte z. Z. der russ. Rev. 1905; s. 1917 → Rätesystem, auch → Sowjetunion.
Sowjetstern, Symbol des Bolschewismus: fünfzackiger Stern m. Hammer u. Sichel.
Sowjetunion, *Union der Sozialistischen Sowjetrepubliken (UdSSR);* bis Ende 1991 bestehender Sowjetstaat; 22,2 Mill. km², 287,9 Mill. E (13 je km²); Bev.-Zuw.: 0,9%; Sprache: Russisch war Amtssprache, daneben gleichberechtigt die anderen Sprachen i. d. jeweiligen Unions- u. auton. Republiken.; Währung: Rubel (Rbl); Rel.: orthodoxe Christen (ca. 50 Mill.), Moslems (ca. 30 Mill.), röm.-kath., ev. Christen u. Juden (2,6 Mill.); Hptst.: *Moskau;* → Rußland Karte.

a) *Bev.:* 120 Nationalitäten versch. Abstammung u. Kulturstufe: Russen (53%), Ukrainer (16%), Weißrussen (4%), Usbeken, Tataren, Kasaken, Juden, Aserbaidschaner, Georgier, Armenier, Polen, Mordwinen, Tschuwaschen, Tadschiken, Kirgisen, Baschkiren, Turkmenen, Udmurten, Mari, Komi, Tschetschenen, Osseten, Finno-Karelier, Samojeden, Karakalpaken, Kalmücken, Jakuten, Tungusen, Rumänen, Deutsche u. a.

b) *Geogr.:* Das Gebiet der S. bedeckte etwa 1/7 der Erdoberfläche: 1) *eur. Gebiete:* umfaßten große Teile des osteur. Flachlandes und erstreckten sich im W bis zum Baltikum, im SW bis z. d. Karpaten, im S bis z. Schwarzen Meer, im

Die ehemaligen Unionsrepubliken der Sowjetunion					
Unionsrepublik	Fläche (km²)	Einw. (Mill.)	Einw./km²	Hauptstadt	Einwohner
Armenien	29 800	3,489	117	Jerewan	1 300 000
Aserbaidschan	86 600	7,283	84	Baku	1 780 000
Estland	45 100	1,582	35	Tallinn (Reval)	498 000
Georgien	69 700	5,471	78	Tiflis (Tbilissi)	1 268 000
Kasachstan	2 717 300	17,048	6	Alma-Ata	1 151 000
Kirgisien	198 500	4,518	23	Bischkek	627 000
Lettland	64 500	2,679	42	Riga	910 000
Litauen	62 200	3,755	58	Wilna (Vilnius)	598 000
Moldawien	33 700	4,362	129	Kischinau	676 000
Rußland	17 075 400	149,003	9	Moskau	9 003 000
Tadschikistan	143 100	5,587	39	Duschanbe	602 000
Turkmenistan	488 100	3,861	8	Aschchabad	517 000
Ukraine	603 700	52,158	86	Kiew	2 643 000
Usbekistan	447 400	21,453	48	Taschkent	2 094 000
Weißrußland	207 600	10,295	50	Minsk	1 613 000

SO bis z. Kasp. Meer, im O bis einschließl. z. Uralgebirge; schiffbare u. teils durch Kanalsystem verbundene Ströme zur Ostsee *(Newa, Düna, Njemen),* zum Nördl. Eismeer *(Dwina, Petschora),* z. Schwarzen Meer *(Dnjestr, Dnjepr, Don)* u. Kaspischen Meer *(Wolga, Ural);* entsprechend der Klimazonen (arktisch, kontinental-gemäßigt, subtropisch) d. Landschaftszonen (Tundra, Wald, Steppe), erstes Waldland Europas; im S, SO u. im Ural reiche Bodenschätze (Erdöl, Erdgas, Kohle, Manganerz, Eisen, Kupfer, Blei, Uran, Zink, Gold, Platin, Chrom, Nickel, Silber, Quecksilber, Wolfram, Edel- u. Halbedelsteine, Marmor, Salz, Kali); 2) *asiat. Gebiete:* bestanden aus → Kaukasien (von d. S. zum eur. Teil gerechnet), d. Turantiefebene mit ihren Randgebirgen (W-Turkestan) u. d. Kirgisensteppe sowie → Sibirien u. reichten nördl. des Armen. Hochlandes bis z. Manytschniederung, östl. d. Urals u. d. Kasp. Meeres bis z. Pazifik (Bering-, Ochotskisches, Jap. Meer) u. d. Kurilen, im S bis zu den iranischen Randgebirgen, Pamir, Tienschan, den mongol.-mandschur. Grenzgebirgen u. Wladiwostok; im W u. SW Flachland, der SO u. O gebirgig, die Gebirge im S Hochgebirge; zahlr. u. große Ströme ins Nördliche Eismeer: *Ob, Jenissei, Lena, Jana, Indigirka, Kolyma,* in den Pazifik: *Amur;* eine schmale Zone im N u. NO Tundra mit arkt. Klima; südl. davon breite Waldzone mit streng kontinentalem Klima, nach S in Steppe übergehend; Getreide- u. Baumwollanbau, Viehzucht (Rentiere, Schafe), Jagd u. Zucht v. Pelztieren, Fischfang, Goldbergbau u. -wäscherei, zahlreiche ergiebige Erzlagerstätten, Kohle-, Kupfer-, Erdgas- u. Erdölgewinnung, Holzsägewerke u. -verarbeitung, Fischkonservierung.
c) *Wirtsch.:* zentralist. Planwirtschaft (Staatssozialismus); Grundprinzip war die Vergesellschaftung (Sozialisierung) aller Produktionsmittel einschließl. des Bodens; d. „sozialist. Eigentum" war Staatseigentum, in der kollektivierten Landw. zw. *Sowchosen* (Staatsgüter ähnl. wie Ind.betriebe geführt) u. *Kolchosen* (landw. Genossenschaften m. staatlich vorgeschriebener Produktion) unterschieden; d. Wirtschaft war ein System gesteigerter Industrialisierung, u. a. durch Aufbau neuer Ind.zentren u. Erschließung neuer Rohstofflager, bes. in Mittel- u. W-Sibirien u. im Ural, ihre Lenkung erfolgte durch den Obersten Volkswirtsch.rat auf der Grundlage v. Fünfjahresplänen; unter → Gorbatschow Umstellung des Wirtsch.systems auf Leistungsprinzip u. mehr Mitverantwortung; Einführung d. Marktwirtschaft wurde geplant; seit d. Auflösung d. Sowjetunion sind d. einzelnen (souveränen) Rep.en wirtsch. selbständig, jedoch wird eine Wirtschaftsunion angestrebt.
d) *Verkehr:* Eisenbahn ca. 148 000 km (Eisenbahn über 55% der ges. Transportleistung, → Sibirische Eisenbahn), Handelsflotte 14,78 Mill. BRT (1991).
e) *Verf.* v. 1977 (1988, 1989/90 u. 1991 geändert): Bis Sept. 1991 föderativ organisierter sozialist. Staat aus 15 souveränen Rep.: Russ. Sozialist. Föderative Sowjetrep. (Rußland), Ukrainische (Ukraine), Weißrussische (Weißrußland), Armenische (Armenien), Aserbaidschan. (Aserbaidschan), Grusin. (Georgien), Turkmen. (Turkmenistan), Usbek. (Usbekistan), Tadschik. (Tadschikistan), Kasach. (Kasachstan), Kirgis. (Kirgisien), Moldauische (Moldau), Estn. (Estland), Lett. (Lettland), Litauische (Litauen) Souveräne Sowjetrepublik (SSR). Die pol. Grundlage bildeten die *Sowjets* (Räte) der Abgeordneten; an der Spitze stand als höchstes Organ d. Staatsgewalt u. d. Gesetzgebung s. 1989 der Kongreß d. Volksdeputierten (gewählt in drei Blöcken zu je 750 Abgeordneten: gesellschaftl. Organisationen, Territorialkreise u. nat.-territoriale Wahlkreise); er wählte d. *Obersten Sowjet* als ständig tagendes Parlament m. zwei Kammern zu je 271 Abgeordneten (Unions- u. Nationalitätensowjet) u. d. Staatspräsidenten (ausgestattet m. exekutiven Vollmachten, Ende 1990 erweitert, Aug./Sept. 1991 wieder eingeschränkt). Dem Präs. unmittelbar unterstellt war s. Ende 1990 ein Ministerkabinett; Ende 1990 wurde auch das Amt eines Vizepräs. geschaffen. Daneben gab es einen Föderationsrat (dem d. Präsidenten d. Republiken angehörten). Der eigtl. Machtträger im Staat war bis März 1990 bzw. Aug. 1991 die KPdSU; sie wurde beherrscht vom Zentralkomitee (ZK), Abteilungen: Politbüro, Sekretariat, Org.büro, Kommission zur Kontrolle d. Partei, Verwaltung (Machtkonzentration in d. 3 ersten Organen, bes. im Politbüro). Die Einheit von Weltanschauung, Partei u. Staat bildete die Grundlage f. d. totalen Lenkungsanspruch des Staates, der sich auf alle Gebiete des menschl. Lebens erstreckte; die Einheit von Partei u. Staat war u. a. durch eine vielfache Personalunion gesichert. Die Herrschaft d. Partei wurde gesichert durch ein urspr. terroristisches, dann prakt. allmächtiges polizeil. Kontrollsystem (Tscheka, GPU, NKWD, jetzt → MWD u. KGB); s. 1956 Einschränkung der staatspolizeil. Machtbefugnisse. Der geplante Unionsvertrag wurde nicht unterzeichnet; am 19. 8. 91 begann der Putsch. Oberstes Organ der Gesetzgebung war der *Oberste Sowjet* als Parlament der UdSSR und oberstes Verf.organ; er bestand aus zwei Kammern: dem *Unionsrat* (nach best. Quotenregelung von den Unionsrep.en ernannte Volksdeputierte), der Gesetze verabschiedete, und dem *Rat der Republiken* (20 Mitglieder aus jeder Rep., 52 aus der Russ. Föderativen Rep.).
f) *Verw.:* Innerhalb der 15 Unionsrep. bestanden außerdem 20 weitere autonome Sowjetrep. (ASSR), 8 autonome Gebiete u. 10 Nationalkreise kleinerer Völker mit bes. Rechten (Abgeordnete im Nationalitätensowjet). **g)** *Gesch.:* 1922 durch Zus.schluß von nach 1917 aus dem russ. Zarenreich entstandenen unabhängigen Sozialist. Sowjetrep. unter Lenin gebildet (→ Rußland, *Geschichte);* nach dessen Tod 1924 Stalin Nachfolger; seit 1927 laufen Fünfjahrespläne;

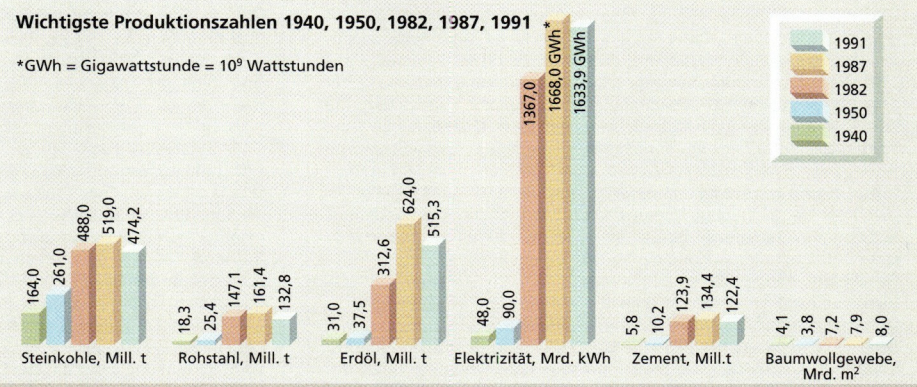

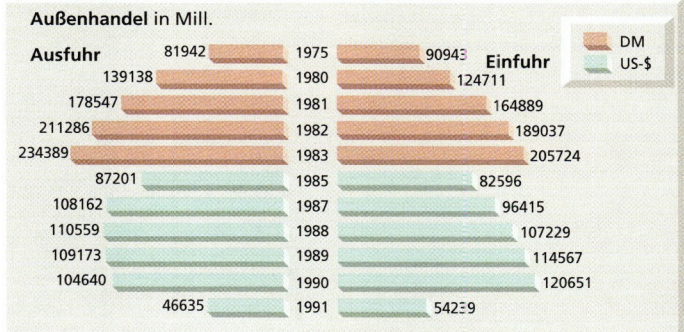

Sozialismus

Begriff: Der S. erstrebt eine gemeinwirtsch. „sozialist." Gesellschaftsordnung als Bedingung des sittl. u. kulturellen Fortschritts. In ihr sind in versch. Ausmaß u. in versch. Weise die Produktionsmittel, Boden und „produzierte Produktionsmittel" (Maschinen, Rohstoffe), „sozialisiert", d. h. vergesellschaftet (von Privateigentum in Allgemeineigentum übergegangen). Im Grenzfall ist das Privateigentum überhaupt aufgehoben: Nur Arbeits-, kein „arbeitsloses" (aus Kapitalzins, Grundrente) Einkommen. Unterscheidung zw. S. als der Vergesellschaftung der sachlichen Produktionsmittel u. „Kommunismus" als Aufhebung des Privateigentums überholt, da Sozialisierung des Konsums kaum noch angestrebt wird. Der entwickelte S. setzt die industrielle Gesellschaft u. den Ggs. zw. Kapital u. Arbeit voraus. „*Weltanschauung*" ist S. nur, wenn ein vollständiges philosophisches System zugrunde liegt. Das Wort „Sozialismus" stammt von Joncières, einem Schüler Saint-Simons (1832).

Arten des Sozialismus: *Voluntarischer* (ideologischer) Sozialismus ist entweder „religiöser" (z. B. aus Ideen des Christentums abgeleitet) oder „ethischer" S. (Gleichheit, Brüderlichkeit, Gerechtigkeit). Sozialismus sieht in der sozialist. Ordnung die endgültige Anpassung der Menschen an ihre Lebensbedingungen, z. B. der *darwinistische* Sozialismus (Woltmann). In vielen westl. Ländern wird heute als S. oft im engeren Sinn ein *evolutionärer* S. verstanden (meist durch die sozialdemokrat. → Parteien vertreten), der durch soziale Reformen erreicht werde soll (im Ggs. zum Marxismus, der den S. durch die kommunist. Weltrevolution erreichen will). Deterministisch ist im ganzen auch der **Marxismus:** wiss. begr. von Karl → Marx u. Friedrich → Engels; Grundgedanken schon im Kommunist. Manifest 1848; gründet sich auf die „materialist. Geschichtsauffassung". Die jeweilige gesellschaftl. Ordnung bestimmt sich nach d. Art, wie die Güter erzeugt u. getauscht werden. Nicht das Bewußtsein der Menschen bestimmt ihr Sein, sondern ihr gesellschaftl. Sein bestimmt ihr Bewußtsein. Die Geschichte ist „eine Geschichte von Klassenkämpfen". Mit der „industriellen Revolution" tritt der Klassenkampf zw. Proletariat u. Bourgeoisie in eine entscheidende Stadium. Die Machtstellung der Bourgeoisie beruht auf d. Abhängigkeit d. Lohnarbeiter v. Kapital, die nur einen Teil ihrer Arbeitsleistung bezahlt erhalten (→ Mehrwert). Die wirtschaftl. Entwicklung führt über die zunehmende Konzentration der Betriebe, die Akkumulation des Vermögens, die wachsende Verelendung der Arbeiter u. die ständige Verschärfung der Krisen zwangsläufig zum Zusammenbruch d. kapitalist. Gesellschaft. Die Konsequenz aus den Produktionsbedingungen für die Arbeiterklasse ist die Solidarität („*Proletarier aller Länder, vereinigt euch!*"). In einer letzten Krise (→ Revolution) wird die kapitalistische „Hülle" gesprengt. Die Arbeiterklasse übernimmt die Produktionsmittel u. errichtet nach vorübergehender „Diktatur" die „klassenlose" Gesellschaft. – *Sonderformen* des Sozialismus sind die → Wirtschaftsdemokratie, der Gilden-S., ferner der personalistische S. als Weiterentwicklung des → Solidarismus.

Geschichte. *Antike:* Phaleas v. Chalcedon (5. Jh. v. Chr.) tritt für wirtschaftl. Gleichheit ein. Plato fordert im „Staat" für die regierende Klasse („Wächter") eine kommunistische Verfassung. – *Mittelalter:* Bewegungen vorwiegend rel. Charakters mit dem Ziel der Erneuerung des Urchristentums; Chiliasmus: kommunistische Sekten: *Katharer* oder *Waldenser* (Ende des 12. Jh.); *Apostoliker* oder *Paterener* (2. Hälfte des 13. Jh.); *Böhmische Brüder* (15. Jh.); Höhepunkt: *Wiedertäufer* (Münster 1534) u. die *Mährischen Brüder.* – *Neuzeit:* Seit dem 16. Jh. sozialistische Utopien: Thomas Morus, *Utopia* (1516); Campanella, *Civitas solis* (1620), Harrington, *Oceana* (1656); Sozialisten der (bürgerlichen) Frz. Revolution: Marat u. Babeuf. Seit 1800 utopische sozialist. Theorien: Dtld: Fichte; Frkr.: Saint-Simon, Fourier, Proudhon; England: Hall. – Rodbertus-Jagetzow (1805–75), Louis Blanc u. Owen leiten über zum „wiss." Sozialismus. Das *Kommunistische Manifest* eröffnet die Epoche des pol. Sozialismus u. der sozialist. Arbeiterbewegung.

Frankreich: In den 40er Jahren sozialist. Klubs (Louis Blanc); sozialist. Experimente nach d. Februarrevolution 1848. Niederlage des Pariser Proletariats in der Junischlacht 1848. 1870/71 Pariser Kommune. 1880 Gründung der marxist. *Parti Ouvrier Français* (Guesde u. Lafargue). Alsbald Spaltung. 1905 Zusammenfassung der Sozialisten zur *Parti Socialiste*. Dezember 1920 Gründung der *Kommunistischen Partei Frankreichs*.

England: 1798 *Verein der arbeitenden Klassen*: Gründer: Thomas Hardy (1752–1832). Hauptforderung: allgemeines gleiches Wahlrecht (1792). Bewegung der Maschinenstürmer (1811/12). Seit 1832 (Wahlgesetz) antiparlamentarische Strömungen. *Chartismus* (1834–48, Volkscharta 1837/38) kämpft legal u. illegal für erweiterte Rechte der Arbeiter, bes. für Wahlrecht; mündet teils in die Bodenreform, teils in den *Trade-Unionismus*, unpolitische Gewerkschaften. 1883 marxistische *Social-Democratic Federation* durch Hyndman. 1884 *Fabian Society* mit sozialreformerischem Programm (Webbs, Wells, Shaw). 1893 *Independent Labour Party* durch Kair Hardi, 1900 *Labour Party*, sozialreformerische Tendenz.

Deutschland: Sozialistische Regungen seit 1790: *Illuminatenorden*. 1834 *Dt. Bund der Geächteten* in Paris. 1836 Abspaltung des radikaleren *Bundes der Gerechten* („Handwerksburschensozialismus": Weitling). 1839 Verlegung des Vorstands nach London. 1847 Umwandlung in *Bund der Kommunisten* unter Mitwirkung von Marx und Engels, die 1848 revolutionäre Tätigkeit in Dtld leiteten. 1863 *Allgemeiner dt. Arbeiterverein* in Leipzig, gegr. von Lassalle. Hauptprogrammpunkte: allg. gleiches Wahlrecht; Arbeiterproduktionsgenossenschaften durch Staatskredit. 1869 in Eisenach Gründung der marxistischen, intern., antipreußischen *Sozialdemokratischen Arbeiterpartei* durch August Bebel u. Wilhelm Liebknecht. 1875 Vereinigung der Lassalleaner u. Marxisten zur *Sozialistischen Arbeiterpartei Dtlds in Gotha:* Kompromißprogramm. 1878–90 Sozialistengesetz: erschwert äußere Betätigung, bewirkt aber festeren Zusammenschluß u. Radikalisierung. 1891 Erfurter Parteitag unter Kautsky: Erfurter Programm, Grundlage der *Sozialdemokrat. Partei Dtlds, SPD*. In den 90er Jahren *Revisionismus*; Hauptvertr.: Eduard Bernstein. 1917 Spaltung: *Unabhängige Sozialdemokratische Partei Dtlds, USPD*. Dezember 1918 Gründung der *Kommunistischen Partei* (Spartakusbund). 1922 Vereinigung von USPD u. SPD. 1933 Auflösung der Partei durch Naziregime. 1945 Neugründung der SPD. In der sowjetischen Zone durch Zusammenschluß mit KPD Entstehung der *Sozialistischen Einheits-Partei, SED* (kommunistisch). Nach dem Zusammenbruch der DDR Umwandlung der SED in PDS (Partei des demokrat. S.).

Rußland: 1860–90 *Bakuninismus* – anarchistisch-revolutionär, 1883 *Bund zur Befreiung der Arbeit;* Gründer Plechanow u. Axelrod (marxistisch). 1903 Kongreß in London, Spaltung in *Bolschewiki* und *Menschewiki*. 1917 bolschewist. Revolution. Danach Kommunist. Partei allein bestimmende Kraft in der → Sowjetunion.

USA: nur einzelne ausgesprochen sozialist. Gruppen. 1945 *Fortschrittspartei (Wallace)*, ohne größeren Anhang.

→ Internationale.

1964–82 Breschnew Parteichef, Kossygin Min.präs. (bis 1980); 1968 Intervention in d. ČSSR (zus. m. Warschauer-Pakt-Staaten außer Rumänien); 1969 Grenzkonflikt am Ussuri m. VR China, Beginn d. → SALT-Gespräche mit USA; 1972 dt.-sowj. Gewaltverzichtsabkommen ratifiziert; 1971 Viermächteabkommen über Berlin (→ Berlin, *Geschichte*); 1979 mil. Intervention in Afghanistan; s. 1985 Ryschkow Min.präs.; 1982–84 Andropow Gen.sekr.; nach dem Abbruch der Genfer Verhandlungen 1983 u. der Aufstellung v. am. → Pershing-Raketen u. → Cruise-Missiles abgekühlte Beziehungen z. USA (bis Anfang 1985); 1984/85 Tschernenko, s. März 1985 → Gorbatschow Gen.sekr. d. KPdSU, s. 1988 auch Staatsoberhaupt u. nach Einführung des Präsidialsystems 1990 zum ersten Präs. d. S. gewählt (m. verstärkten Machtbefugnissen); innenpol. Reformen m. den Prinzipien v. „Glasnost" (Offenheit) u. „Perestrojka" (Umgestaltung), außenpol. Ausgleich m. Westen; sowj. Reformpolitik führt im Inneren zu enormen wirtsch. Schwierigkeiten (zunehmend auf westl. Hilfe u. Kredite angewiesen) u. Unruhen in d. Republiken (ethn. Konflikte m. blutigen Zusammenstößen, z. B. in Aserbaidschan u. Armenien, u. wachsende Autonomiebestrebungen einzelner Teilstaaten, v. a. im → Baltikum, in → Moldawien u. → Georgien) u. – durch Übernahme d. Reformprinzipien in d. osteur. Staaten – zur Auflösung d. → Ostblocks (1991 Auflösung d. Warschauer Pakts), 1991 neuer Unionsvertrag m. mehr Souveränität f. die einzelnen Republiken; 19. 8. 1991 versuchter Rechtsputsch durch orthodoxe Kommunisten, Machtübernahme durch achtköpfiges sog. Notstandskomitee (bestehend aus Vizepräs. Janajew, Min.präs. Pawlow, Innenmin. Pugo, Vert.min. Jasow, KGB-Chef Krjutschkow, stellvertr. Innenmin. Gromow, Vert.ratschef Baklanow, Industrieverbandschef Titsjakow, Landw.experte Starodubzow), Ausnahmezustand, Einsatz von Militär und Kontrolle der Medien, Präs. Gorbatschow in Urlaubsort auf Krim festgesetzt; Staatsstreich scheitert am entschiedenen Widerstand des russ. Präs. → Jelzin und der Bürger v. a. in Moskau u. Leningrad (→ Sankt Petersburg), Demonstrationen, Streiks und Blockaden; nach Überlaufen v. Armee- und KGB-Einheiten auf die Seite Jelzins am 21. 8. Flucht und Verhaftung der Putschisten (Selbstmord von Pugo); Verbot der Tätigkeit der KP, 24. 8. Rücktritt von Gorbatschow als Parteisekr. der KPdSU, Entlassung zahlreicher Machtträger in Reg. und Armee; Unabhängigkeitserklärung der meisten Rep.en, endgültige Ablösung der baltischen Staaten (→ Baltikum); 5. 9. Auflösung d. UdSSR vom Obersten Sowjet beschlossen; 8. 12. 1991 nach Scheitern des Unionsvertrags zum Erhalt d. UdSSR Gründung der Gemeinschaft Unabhängiger Staaten (GUS), der mit Ausnahme Georgiens u. der baltischen Staaten alle ehem. Sowjetrepubliken beitreten; 25. 12. 1991 Rücktritt von Gorbatschow als sowj. Präs.; 26. 12. 1991 Auflösung der Sowjetunion.

Soyinka, Wole (* 13. 7. 1934), nigerian. Schriftsteller u. Bühnenregisseur;

Sozialversicherung

BR Deutschland, Versicherte und Mitglieder 1995 in Mill.

BR Deutschland, Sozialbudget in Mrd. DM
Finanzierung der Sozialleistungen 1994 ...

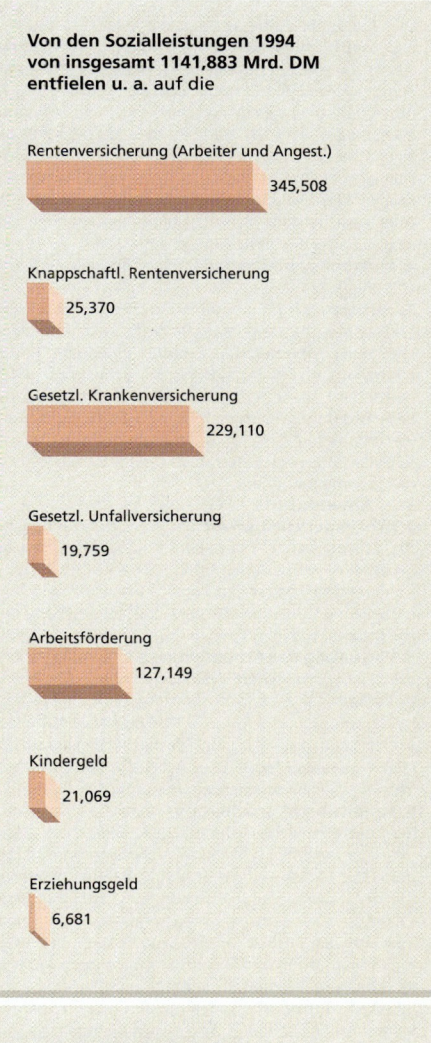

Von den Sozialleistungen 1994 von insgesamt 1141,883 Mrd. DM entfielen u. a. auf die

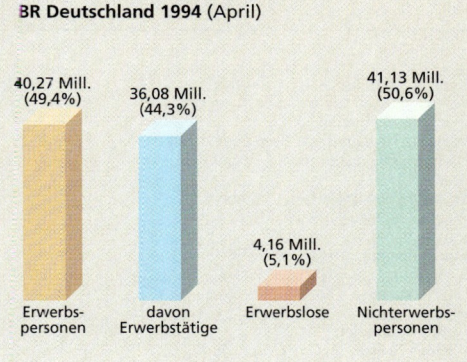

BR Deutschland 1994 (April)

Sozialpolitik und Sozialversicherung

Die Sozialpolitik umfaßt allg. alle Maßnahmen, die darauf zielen, die Lebensverhältnisse der wirtsch. schwächsten Bevölkerungsgruppen zu verbessern. Die ersten Anfänge einer planmäßigen Sozialpolitik gehen auf die Zeit des Frühkapitalismus zurück, als es notwendig wurde, Mißstände zu beseitigen, die als Begleiterscheinungen der Industrialisierung aufgekommen waren. Erste Maßnahmen in Dtld zu Beginn des 19. Jh. führten zu einer Einschränkung der Kinder- u. Frauenarbeit. Es folgten Gesetze über Fabrikinspektionen (1878) u. (m. besonderer Unterstützung Bismarcks) das Krankenversicherungsgesetz (1884) u. das Gesetz über die Invaliditäts- u. Altersversicherung (1889). Die heute bestehenden, durch sozialpol. Gesetze geschaffenen Einrichtungen umfassen:

1. → **Arbeitsvermittlung;** auch → Arbeitsverwaltung, Arbeitslosenversicherung (s. u.).

2. Arbeitsrecht: Einschränkung des an sich freien Arbeitsvertrages (→ Dienstvertrag) zugunsten des wirtsch. u. sozial schwächeren Arbeitnehmers durch: **a)** *gesetzliche Bestimmungen* über Kündigungsschutz, Lohnschutz (Urlaub, Pfändungsgrenze), Schwerbeschädigtenschutz u. → Arbeitsschutz im engeren Sinn; **b)** *Gesamtvereinbarungen* (Tarifverträge, Betriebsordnung). Die durch Gesetz oder Gesamtvereinbarung getroffenen Bestimmungen (z. B. über Arbeitszeit, Lohn, Urlaub, Kündigung usw.) schließen jede nach unten abweichende Einzelvereinbarung zw. Arbeitnehmer u. Arbeitgeber aus.

3. → **Arbeitsschutz.**

4. Arbeitsgerichtsbarkeit. Bei Streit über Auslegung des Arbeitsvertrages zw. Arbeitgeber u. Arbeitnehmer Rechtsschutz für beide Teile in Arbeitsgerichts- u. Schlichtungsverfahren (→ Rechtspflege, Übers.). Nach 1945: Dt. Arbeitsgerichtsgesetz (Kontrollratsgesetz Nr. 21) vom 9. 4. 1946, dazu ergänzende Ländergesetze; jetzt auf Bundesebene geregelt durch Arbeitsgerichtsges. v. 3. 4. 53.

5. Vertretung des Arbeitnehmers im Betrieb u. der Arbeiterschaft in der Wirtschaft. *Im Betrieb:* Arbeiterausschuß, Betriebsrat, Betriebsordnung. *Außerhalb des Betriebes:* Gewerkschaft, Tarifvertrag, Wirtschaftsdemokratie. *International:* IAO (→ Internationale Arbeitsorganisation), Intern. Arbeitsschutzgesetzgebung. Berner Arbeitsschutzkonvention 1906–10. Intern. Vereinbarungen über Arbeitslosigkeit, Mutterschutz, Berufskrankheiten, Krankenversicherung, Mindestlöhne u. a.

6. Arbeitslosenversicherung, staatliche Zwangsversicherung gg. Schaden, der dem Arbeitnehmer durch Verlust des Arbeitsplatzes erwächst. *Versicherungspflicht:* Alle krankenversicherungspflichtigen Arbeiter u. Angestellten, außerdem die angestelltenversicherungspflichtigen Angestellten, die nur wegen Überschreitung der Verdienstgrenze nicht gg. Krankheit versichert sind. *Leistungsvoraussetzungen:* Unfreiwillige Arbeitslosigkeit, aber Arbeitsfähigkeit u. Arbeitswilligkeit, Erfüllung der Anwartschaft, Nichterschöpfung des Anspruchs. *Leistungen:* Arbeitslosengeld (Hauptunterstützung u. Familienzuschläge), Versicherung gg. Krankheit (bei Arbeitsfähigkeit), Kurzarbeiterunterstützung (bei vorübergehendem Lohnausfall wegen Arbeitsmangels), Arbeitsvermittlung (s. o.), → Schlechtwettergeld; die Leistungen sind zeitlich begrenzt; nach Erschöpfung des Anspruchs auf Arbeitslosenunterstützung Gewährung v. Arbeitslosenhilfe, wenn best. Voraussetzungen (z. B. Bedürftigkeit) vorliegen. *Beiträge:* Beitragszahlung des Versicherten u. Arbeitgebers je zur Hälfte; Beiträge werden in der Regel gemeinsam mit den Beiträgen zur Krankenversicherung u. Invalidenversicherung erhoben. *Verfahren:* Antrag an das Arbeitsamt des Wohnortes, Entscheidung durch das Arbeitsamtsvorsitzenden; Widerspruch an das Arbeitsamt; Klage beim Sozialgericht. Gesetze: Arbeitsförderungsgesetz v. 1969 m. Ergänzungsbestimmungen.

7. Sozialversicherung, meist zwangsweise (Pflicht-)Versicherung, insbesondere der Arbeitnehmer (teilweise auch ihrer Angehörigen), für den Fall der Krankheit, der Berufs- oder Erwerbsunfähigkeit, des Alters u. d. Todes (Hinterbliebenenrenten) sowie eines Arbeitsunfalls (Berufskrankheit). Zweck: Schutz der erwerbstätigen Bevölkerung in Wechselfällen des persönlichen u. Arbeitslebens. Ursprünglich als Wohlfahrtsmaßnahme gedacht u. auf einzelne Berufsgruppen beschränkt, heute ges. gesetzl. errichtete Träger mit Selbstverwaltung unter Staatsaufsicht, die dem Versicherten einen Rechtsanspruch auf Leistungen, nachprüfbar durch Gerichte der Sozialgerichtsbarkeit, gewähren. Behörden: Versicherungsämter, nach Landesrecht best. Behörden (früher Oberversicherungsämter) u. Bundesversicherungsamt (Aufsicht über bundesunmittelbare Versicherungsträger). Man unterscheidet: **a) Krankenversicherung,** Versicherungsträger: Allg. Ortskrankenkassen, Betriebs-, Innungs-, Ersatzkrankenkassen; landw. Krankenkassen (nur für Landwirte). Finanzierung: Beiträge (Höhe je nach Satzung), je zur Hälfte Arbeitnehmer u. Arbeitgeber (bei Pflichtversicherung). Leistungen: Maßnahmen zur Früherkennung von Krankheiten, Krankenhilfe einschl. Krankengeld, Mutterschaftshilfe, Sterbegeld, Familienhilfe. – **b) Unfallversicherung,** Versicherungsträger: Berufsgenossenschaften, Bund, Bundesanstalt für Arbeit, Länder, Gemeinden u. Gemeindeverbände; Leistungen: Unfallverhütung u. Erste Hilfe, Heilbehandlung, Berufshilfe, Renten an Verletzte u. Hinterbliebene, Sterbegeld, Beihilfen, Abfindungen; Finanzierung: Beiträge d. Unternehmer, allg. Steuermittel; ab 1. 4. 1971 Ausdehnung der Unfallversicherung auf Kinder in Kindergärten, Schüler und Studenten. – **c) Rentenversicherung** (Rentenversicherung der Arbeiter u. Rentenversicherung der Angestellten, knappschaftl. Rentenversicherung → Knappschaft), Träger: 18 Landesversicherungsanstalten, Bundesversicherungsanstalt f. Angestellte, Bundesknappschaft; Leistungen: Maßnahmen zur Rehabilitation, Renten an Versicherte wegen Minderung der Erwerbsfähigkeit od. Alters (Männer: 63 Jahre, Frauen 60 Jahre, teilweise auch früher) u. an Hinterbliebene; Finanzierung: je zur Hälfte der Arbeitgeber u. Arbeitnehmer nach einem best. Prozentsatz v. Lohn – bei Pflichtversicherung) unterhalb einer bestimmten Grenze, Zuschuß des Bundes. Die Renten (einschl. Unfallvers.) werden jährlich der wirtschaftlichen Entwicklung angepaßt. – **d) Pflegeversicherung,** Finanzierung: je zur Hälfte Arbeitnehmer u. Arbeitgeber. Leistungen: *1. Stufe:* Leistungen für die häusliche Pflege, *2. Stufe:* Pflegeleistungen bei stationärer Betreuung (aber nicht für Unterbringung u. Verpflegung).

8. Sozialgerichtsbarkeit, eingeführt u. geregelt durch das Sozialgerichtsgesetz (SGG) vom 3. 9. 1953 (→ Rechtspflege, Übersicht).

Romane: *Der Mann ist tot; Die Plage der tollwütigen Hunde; Die Ausleger;* Literaturnobelpreis 1986.

sozial [l.], d. Gesellsch. betreffend; bes. gesellschaftl. gesinnt, d. h. voll Gemeinsinn.

Sozialanthropologie, ethnosoziale Wiss. vom Menschen als Mitgl. e. Gesellschaft.

Sozialdarwinismus, Ges.theorie u. Ideologie, d. auf Darwins Lehre v. d. natürl. Auslese *(Kampf ums Dasein)* beruhen, dient z. Rechtfertigung von → Rassentheorien.

soziale Frage, *Arbeiterfrage,* Bez. f. alle während d. Industrialisierung beim Arbeiterstand aufgetretenen Probleme: Verelendung, Frauen- u. Kinderarbeit, Wohnungsnot, Werteverfall.

soziale Fürsorgeanstalten, öffentlich-rechtliche od. private gemeinnützige Anstalten für Hilfsbedürftige, Alte und Kranke (z. B. Altersheime).

soziale Marktwirtschaft → Marktwirtschaft.

Sozialenzykliken, Bez. f. d. päpstl. Rundschreiben z. Lösung d. → sozialen Frage; sie enthalten d. Kerngedanken d. kath. Soziallehre.

soziale Symmetrie, i. d. Wirtschaftspol. zeitl. begrenztes Stillhalteabkommen zur gleichmäßigen Verteilung von Löhnen und Gewinnen.

Sozialethik, Lehre v. d. sittl. Verhältnissen u. Pflichten der Menschen, d. sich aus d. Ges.leben ergeben. Ggs.: Individualethik.

Sozialgeographie, befaßt sich mit der Gestaltung der bewohnten Landschaft durch die menschliche Gesellschaft.

Sozialgericht → Rechtspflege, Übers.

Sozialgesetzbuch, *SGB,* v. 11. 12. 1975, zus.fassendes Gesetzeswerk über gemeinsame Bestimmungen auf allen Gebieten der soz. Vor- u. Fürsorge.

Sozialhilfe, *Fürsorge,* umfassender Begriff der öffentl. → Wohlfahrtspflege nach Bundessozialhilfegesetz v. 30. 6. 1961, umfaßt Hilfe z. Lebensunterhalt u. Hilfe in bes. Lebenslagen f. Bedürftige, als persönl. Hilfe od. i. Form v. Geld- od. Sachleistungen.

Sozialisation, Einpassung eines einzelnen in die Werte, Verhaltensweisen usw. der ihn umgebenden Gruppe; *primäre S.* ist die Erziehung in der Familie.

Sozialisierung, Überführung von Privatunternehmen in die staatl. Gemeinwirtschaft; *Nationalisierung, Verstaatlichung,* wirtsch. Forderung des → Sozialismus (Übers.). *Totale S.* früher in d. UdSSR, China u. d. „Volksdemokratien"; *teilweise S.* in zahlr., bes. westeur. Ländern für einzelne Industrien u. Wirtschaftszweige, bes. Bergbau, Schwerind., Ölfelder, Transport-, Post-, Elektrizitäts-, Flugwesen, Banken u. Versicherungen; wird heute zunehmend rückgängig gemacht.

Sozialismus → Übersicht, S. 914.

Sozialistengesetz, gegen d. Sozialdemokratie von Bismarck 1878 im Anschluß an Attentate auf Kaiser Wilhelm I. erlassen; Ausweisungsrecht, Druckverbot, Auflösung von sozialist. Vereinen und Gewerkschaften; 1890 aufgehoben.

Sozialistische Internationale → Internationale.

Sozialistischer Deutscher Studentenbund, *SDS,* 1946 mit Unterstützung d. SPD gegründet, 1970 auf der Sitzung des Bundesvorstands aufgelöst.

Sozialistischer Realismus, in kommunist. Ländern v. Staat s. dem 23. 4. 1932 festgelegte Richtung in d. bildenden Kunst u. Literatur; gegenständl. Darstellung; Industrie, Landwirtschaft u. Arbeit verherrlichende Themen.

Sozialmedizin, bezweckt Erhaltung und Hebung des Gesundheitszustandes der Bev. d. Besserung der sozialen Lebensbedingungen; umfaßt soz. Hygiene, Sozialversicherung, Gewerbehygiene, Schulgesundheitspflege, Seuchenbekämpfung, Wohnungshygiene usw.

Sozialökonomie, Forschungs- u. Lehrgebiet innerhalb d. Wirtsch.wiss.; → Volkswirtschaftslehre.

Sozialpädagogik, Lehre von der Erziehung zur Gemeinschaft durch die Gesellschaft u. ihre Organe (außerhalb von Familie u. Schule).

Sozialpartner, die an Tarifverhandlungen beteiligten Vertreter der Arbeitgeber und Arbeitnehmer.

Sozialphilosophie, Zweig d. Phil., d. das Verhältnis d. einzelnen z. Gemeinschaftsleben zum Gegenstand hat.

Sozialpolitik → Übersicht, S. 916.

Sozialprodukt, die in Geld jährlich gemessene Gesamtheit aller produzierten Güter (Waren u. Dienstleistungen) einer Volkswirtschaft (*Inlandsprodukt*). Erstellt wird das SP von den Inländern, die sich sowohl innerhalb als auch außerhalb der Landesgrenzen wirtsch. betätigen (ohne Ausländer innerhalb der Landesgrenzen). Da die Messung des SP in Geld erfolgt, muß die Geldwertentwicklung bei Vergleichszwecken berücksichtigt werden. Das *nominale SP* entsteht durch die Bewertung mit den derzeit geltenden Marktpreisen des jeweiligen Erfassungsjahres. Das *reale SP* wird mit den konstanten Marktpreisen eines Basisjahres bewertet u. zu Vergleichszwecken verwendet. Die jährliche Summe aller Sach- u. Dienstleistungen, bewertet mit Marktpreisen, heißt *Brutto-SP.* Vermindert man dieses um

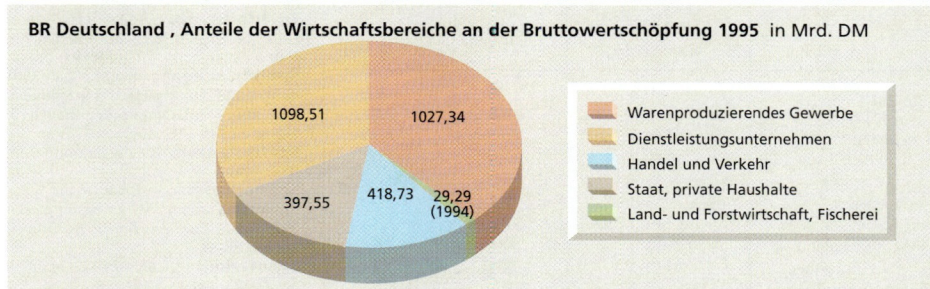

die Abschreibungen (Verschleiß an den Produktionsmitteln), so erhält man das *Netto-SP* zu Marktpreisen. Zieht man wiederum von diesem die indirekten Steuern ab (Steuern, die der Endverbraucher im Kaufpreis zahlt) und zählt die Subventionen hinzu, so erhält man das *Netto-SP zu Faktorkosten* bzw. das *Volkseinkommen* (Summe aller Löhne, Gehälter, Zinsen, Gewinne); → Übers.

Sozialpsychologie, Wiss. vom Verhalten in Abhängigkeit u. Wechselwirkung innerhalb v. Gruppen: Einstellungen, soziale Normen, → Gruppendynamik, → Rolle, Wertorientierung, Konformität, Personenwahrnehmung, soziales Lernen.

Sozialrentner, Rentenbezieher aus Angestellten-, Invaliden-, Alters- u. Knappschaftsversicherung.

Sozialstruktur, Gliederung einer Bevölkerung nach best. soz. Merkmalen.

Sozialversicherung → Übersicht S. 916, u. Statistik, S. 915.

Sozialwirt, Fachmann d. Sozialwiss.; akad. Grad: *Diplom-S.;* Studium: Soziologie, Sozialrecht und -politik, Wirtschaftswiss.

Sozialwissenschaften, die Gesellschaftswiss., Sammelbegriff für d. Wissenschaften, d. sich direkt (z. B. Soziologie, Psychologie, Politologie) oder im weiteren Sinne (z. B. Sozialmedizin, soziale Anthropologie) mit dem sozialen Verhalten befassen.

Sozietät [l.], Gemeinschaft (z. B. Anwalts-S.), früh. Bez., bes. bei Versicherungs-, Handels-Gesellschaft, Genossenschaft.

Sozinianer → Unitarier.

Space Shuttle

Soziographie, Darstellung des gesellschaftl. Lebens in best. zeitl. und räuml. Bereichen.

Soziologie, *Gesellschaftslehre,* Lehre von d. Formen u. Gesetzen menschl. Zusammenlebens, bes. Betrachtung, Wertung u. Beeinflussung d. Lebensprozesses praktisch zusammenfaßbarer Gruppen v. Menschen unter soz. u. bevölkerungspol. Gesichtspunkten; begr. durch *Comte;* weitergebildet v. *Spencer, Max Weber, Tönnies, Sombart, Vierkandt, Simmel.*

Sozius, *m.* [l.],
1) Teilhaber, Genosse.
2) Beifahrer auf Krafträdern.

Spa, belgische St. in d. Provinz Lüttich, 10 000 E; s. 16. Jh. Badeort.

S. p. A., it. Abk. f. *Società per Azione* = → Aktiengesellschaft.

Spaak, Paul Henri (25. 1. 1899–31. 7. 1972), belg. sozialist. Pol.; wiederholt Außenmin. und Min.präs.; 1957–61 Gen.sekr. d. NATO.

Spacelab [ˈspeɪslæb], von d. eur. Weltraumorg. ESA in Zus.arbeit mit d. NASA entwickeltes Raumlabor, das mit Hilfe d. Raumfähre → Space Shuttle in eine Erdumlaufbahn in 250–1000 km Höhe gebracht wird.

Space Shuttle [-ˈʃʌtl], wiederverwendbarer am. Raumtransporter, bestehend aus d. Startstufe *(Booster),* die zur Erde zurückkehrt, u. d. Flugkörper *(Orbiter),* der nach d. Aufenthalt im Weltraum wie ein Flugkörper landen kann; bisher gestartet: *Columbia* (Erstflug 12. 4. 1981), *Challenger* (4. 4. 1983–28. 1. 86), *Discovery* (30. 8. 1984). → Tafel Weltraumforschung.

Bruttosozialprodukt			
	BSP 1994 (Mrd. US $)	Ein- wohner (Mill.)	realer Zuwachs 1980–91 (%)
Ägypten	40,9	57,6	4,8
Australien	320,7	17,8	2,8
Belgien	231,0	10,1	2,2
China	630,2	1187,9	9,4
Dänemark	145,3	5,2	2,2
Finnland	95,8	5,1	2,9
Frankreich	1335,0	57,8	2,3
Griechenland	80,2	10,4	1,6
Großbritannien	1069,4	58,1	2,8
Hongkong	126,3	5,8	6,9
Indien	278,7	913,6	5,5
Iran	130,9 (1992)	65,8	2,5
Israel	78,1	5,5	3,7
Italien	1101,2	57,2	2,4
Japan	4321,1	124,8	4,3
Kanada	569,9	29,1	3,1
Korea (Süd)	366,5	44,6	10,0
Neuseeland	46,6	15,3	1,0
Niederlande	338,1	15,4	2,1
Norwegen	114,3	4,3	2,5
Österreich	197,5	7,9	2,3
Polen	94,6	38,3	1,2
Portugal	92,1	9,9	3,2
Rumänien	27,9	22,9	0,3
Russ. Föderation	392,5	147,3	2,0
Saudi-Arabien	126,6	17,5	−0,5
Schweden	206,4	8,7	2,0
Schweiz	265,0	7,1	2,2
Spanien	525,3	39,6	3,2
Türkei	149,0	60,8	5,4
Ukraine	80,9	51,5	2,7
USA	6737,4	260,6	3,1

Spachtel,
1) elast. flaches Werkzeug, i. d. Malerei z. Mischen u. Auftragen v. Farben; i. Malerhandwerk z. Verstreichen u. Kitt.
2) Füllstoff für Löcher u. Risse auf der Basis von Kunststoffdispersion, Leinöl, Polyester usw.
Spagat, *m.* [it. „spago"].
1) dünner Bindfaden.
2) akrobat. Übung, bei der bei aufrechtem Oberkörper die Beine so weit gespreizt werden, daß sie in ganzer Länge d. Boden berühren.
Spaghetti [it.], lange, dünne Nudeln.
Spahi, frühere berittene nordafrikan. Eingeborenentruppe i. frz. Heer.
Spalatin, Georg, eigtl. *Burckhardt* (17. 1. 1484–16. 1. 1545), dt. ev. Theol.; Freund Luthers, Organisator der sächs. Landeskirche.
Spalato → Split.
Spalier, *s.,*
1) *Spalier bilden,* zu Ehren einer Person sich zu beiden Seiten ihres Weges in Reihen aufstellen.
2) Gitter- u. Lattenwerk zum Hochziehen v. Zier- oder Nutzpflanzen.
Spalierobst, an Spalieren (frei oder an Wänden) gezogenes Obst; durch die flächenartige Ausbreitung bessere Reifung.
Spaltflügel, ein in verschied. hintereinanderliegende Teiltragflächen un-
terteilter Flugzeugflügel, auch als Hilfsflügel an der Vorderkante d. Tragfläche; vergrößert den Auftrieb u. setzt Landegeschwindigkeit herab.
Spaltleder, durch Aufspalten dickerer Häute gewonnen; hpts. als Futterleder u. f. Brandsohlen.
Spaltöffnungen, verschließbare Öffnungen i. d. Oberhaut v. Pflanzenteilen, bes. auf d. Blattunterseite; dienen d. Gasaustausch (Atmung).
Spaltpflanzen, Bez. für Bakterien und Blaualgen.
Spaltpilze, svw. → Bakterien.
Spandau, ehem. St. u. Festung, seit 1920 Verw.-Bez. von Berlin, m. Ortsteil *Siemensstadt.*
Spanferkel, Milchferkel, das noch an der Zitze saugt.
Spaniel, langhaarige kleine Jagdhunde aus England; stammen v. Wachtelhund ab; in zahlr. Formen gezüchtet, auch Luxushunde (z. B. *King Charles*).
Spanien, Kgr. auf d. Pyrenäenhalbinsel, mit d. Inselgruppe d. → Balearen u. den → Kanarischen Inseln. **a)** *Geogr.:* Im Innern 600–900 m hohes Tafelland (Meseta) mit Grassteppen (Merinoschafzucht), extensive landw. Nutzung (Großgrundbesitz); durch das Kastil. Scheidegebirge in das nördl. u. südl. Neukastilien zerlegt; Steilabfall zum Mittelmeer mit Berieselungsoasen (Huertas, Fruchtgärten) in den Tälern (Wein, Oliven, Orangen, Zuckerrohr, Baumwolle); gg. den Atlant. Ozean im N durch d. Kantabrische Gebirge, gg. Frkr. durch d. Pyrenäen, gg. d. Mittelmeer i. S durch d. Bergland von Granada (Sierra Nevada) abgeschlossen; fruchtbare, aber künstlich bewässerte Tiefländer: im N Aragonien, vom *Ebro* durchflossen; im S Andalusien, das Stromgebiet des *Guadalquivir.* **b)** *Wirtsch.:* Hptzweig ist d. Tourismus; wichtige Ausfuhrprodukte: Olivenöl, Südfrüchte, Wein; Ind.: Metall- u. Maschinenind., Werften, chem. u. Kfz.ind., daneben Papier-, Elektro- u. Textilind. **c)** *Bodenschätze:* Bes. Steinkohle, Braunkohle, Eisenerz, Erdöl, Zink, Blei, Silber, Zinn, Gold, Uran, Kupfer, Titan u. Quecksilber. **d)** *Außenhandel* (1991): Einfuhr 92,72 Mrd., Ausfuhr 58,59 Mrd. $. **e)** *Verkehr:* Eisenbahn 13 060 km; Handelsflotte 3,23 Mill. BRT (1992). **f)** *Verf.* v. 1978: Parlamentar.-demokr. Erbmonarchie; Staatsoberhaupt Kg, Parlament (Cortes Generales) aus Abgeordnetenhaus (Congreso) u. Senat (Senado). **g)** *Verw.:* 17 autonome Gemeinschaften m. eig. Parl., 52 Provinzen; Teile v. Prov. sind d. an d. N-Küste Marokkos gelegenen Gebiete *(Presidios)* → Ceuta u. → Melilla sowie Peñon de Velez, Alhucemas u. d. Chafariñainseln. **h)** *Gesch.:* Älteste Bewohner Iberer, Kelten; um 1100 v. Chr. phöniz. Kolonien; 206 v. Chr. röm., 409 n. Chr. Staatsgründungen der Sweben u. Wandalen, 416 n. Chr. der Westgoten, 711 von Arabern besiegt; arab. Kultur in S- u. Mittel-Spanien, Wiedervordringen der christl. Staaten Kastilien, Aragonien, Navarra (s. 1035); Kämpfe gg. den Islam enden 1492 mit der Eroberung Granadas; Inquisition, Autodafés; durch Ehe Ferdinands v. Aragonien mit Isabella v. Kastilien werden 1469 beide Staaten zum *Königreich S.* vereinigt, 1516 Karl I. v. Habsburg erster span. König (1519

SPANIEN

Staatsname: Königreich Spanien, Reino de España

Staatsform: Parlamentarische Monarchie

Mitgliedschaft: UNO, EU, Europarat, EWR, OSZE, NATO, OECD, WEU

Staatsoberhaupt: König Juan Carlos I.

Regierungschef: José María Aznar

Hauptstadt: Madrid 3,1 Mill. (Agglom. 4,9 Mill.) Einwohner

Fläche: 504 782 km²

Einwohner: 39 551 000

Bevölkerungsdichte: 78 je km²

Bevölkerungswachstum pro Jahr: ⌀ 0,18% (1990–1995)

Amtssprache: Spanisch, regional Katalanisch, Galicisch u. Baskisch

Religion: Katholiken (96,7%), Muslime

Währung: Peseta (Pta)

Bruttosozialprodukt (1994): 525 334 Mill. US-$ insges., 13 280 US-$ je Einw.

Nationalitätskennzeichen: E

Zeitzone: MEZ

Karte: → Spanien

Spanien

Spanien

als Karl V. dt. Kaiser), Mittelpunkt d. habsburgischen Weltreichs; 1492 entdeckt Kolumbus Amerika; Mexiko 1519 durch Hernando Cortez, Peru v. Pizarro 1532 erobert, sie bringen S. Vorherrschaft z. See, Blüte v. Handel u. Gewerbe; Philipp II. wird Haupt d. Gegenreformation im westl. Europa, verliert d. Armada gg. England 1588; Freiheitskrieg d. Niederlande (1566–1648); Verfall unter d. letzten Habsburgern, die 1700 aus-

sterben; Span. Erbfolgekrieg bis 1714; Aufblühen S.s unter d. späteren Bourbonen (Karl III., Kg. v. 1759–88); 1808 Napoleons Bruder Josef Kg von S., gegen ihn Volkskrieg (Wellingtons Sieg bei Vitoria 1813); freisinnige Verfassung von 1812, von Ferdinand VII. 1814 aufgehoben, Reaktion, 1816 Abfall der Kolonien in S- und Mittel-Amerika, nach Sturz der Kgn Isabella 1868 u. Kämpfen zw. Republikanern und Monarchisten 1875 wieder bourbon. Monarchie; 1898 Krieg mit den USA, weitere Besitzverluste: Cuba, Porto Rico (Puerto Rico), Philippinen, 1923–30 Diktatur Primo de Riveras; 1931 Rep.; innenpol. Kämpfe; 1936 Volksfrontreg. Azaña, Gegenrevolution unter Führung v. Gen. Franco; Bürgerkrieg 1936–39; 1939–67 Franco Min.präs., 1947 formell Wiedereinführung d. Monarchie, 1956 Span.-Marokko mit d. Kgr. → Marokko vereinigt; 1966 Verfassungsreform; 1969 Span.-Guinea als Äquatorialguinea unabhängig. 1975 innenpol. Krise, nach Francos Tod Liberalisierung; Juan Carlos I. als Kg vereidigt; Baskisch, Katalanisch u. Galicisch als Staatssprachen anerkannt; 1976 Unabhängigkeit d. Span. Sahara (→ Sahara 2); 1977 erste freie Wahl s. 1936; 1978 provisor. Autonomie f. d. Bask. Prov.; 1981 Putschversuch durch rechte Offiziere; 1982 Vereitelung eines erneuten Putschversuchs, Eintritt i. d. NATO; 1982 der Sozialist Gonzáles Reg.chef; 1983 Regionalwahlen u. Abschluß d. Autonomieprozesses; 1986 Beitritt zur EG. 1996 verlieren die Sozialisten die Parlamentswahlen; seitdem konservative Reg. Aznar.

Spaniolen, Nachkommen der aus Spanien vertriebenen Juden in Balkanländern und d. Levante.

Spanische Fliege, *Pflasterkäfer,* → Kanthariden.

Spanische Hofreitschule, 1572 gegr. Reitschule in Wien (Winterreitschule in d. Hofburg 1729–35 v. J. E. Fischer v. Erlach erb.), Pflegestätte d. → Hohen Schule (→ Lipizza).

spanische Literatur, seit 12. Jh. Vers-Chroniken u. Romanzen vom Cid Campeador. *13. Jh.:* Alfons d. Weise von Kastilien. *14. Jh.:* Erzpriester Juan Ruiz de Hita. Ritterromane, u. a. *Amadís de Gaula. 15. Jh.:* Fernando de Rojas. *16. Jh.* (das goldene Zeitalter): Garcilaso de la Vega (Lyrik), Juan de la Cruz (rel. Lyrik), Luis Ponce de León, Luis de Góngora (dekorativer Versstil „Gongorismus"), Mendoza; Schelmenroman: *Lazarillo de Tormes, Montemayor* (Schäferroman), Cervantes *(Don Quijote,* Novellen), Lope de Vega (vermutl. 1500 Dramen, Lyrik), Guillén de Castro (Cid). *17. Jh.:* Calderón (über 100 Dramen, Vorbild d. Romantiker), Tirso de Molina, Juan Ruiz de Alarcón, Moreto, Moralisten: Quevedo (nachgebildet von Moscherosch), Gracián (übersetzt von Schopenhauer), Sor Juana de la Cruz. *19./20. Jh.:* Zorilla *(Don Juan Tenorio),* Becqer, Echegaray, Pedro Antonio Alarcón, Ibáñez, Baroja, Benevente, Ruben Darío, Azorin, Perez de Ayala. Unamuno, García Lorca, Ortega y Gasset, Jiménez, Cela, Delibes, Laforet, Luis u. Juan Goytisolo, Alberti.

Spanischer Erbfolgekrieg, 1701 bis 14 zw. Frkr. u. d. Verbündeten Österreich, England, Ndl.; Siege letzterer bei Höchstädt, Oudenaarde u. Malplaquet; Frieden v. Utrecht u. Rastatt: Philipp v. Anjou wird Kg v. Spanien, der Hzg v. Savoyen Kg v. Sizilien, Österreich erhält die Niederlande u. den span. Teil Italiens, England, Neufundland, Neuschottland, Hudsonbailand, Gibraltar, Menorca.

spanischer Reiter, Stacheldrahthindernis im Stellungskrieg od. zum Objektschutz, ortsbeweglich.

Spanische Sahara → Sahara.

Spanisches Rohr, Stämme der → Rotangpalme.
Spanisch-Marokko, ehem. span. Protektorat in N-Afrika, s. 1956 zu → Marokko.
Spann, Othmar (1. 10. 1878–8. 7. 1950), östr. Soziologe u. Nationalökonom; lehrte aus kath. Grundauffassung heraus d. christl. Ständestaat (Universalismus; Staat u. Gesellschaft als übergeordnete Ganzheiten); *Der wahre Staat; Kategorienlehre.*
Spannbeton, mit hochwertigen Stählen bewehrter Beton, der durch die Stahleinlage gg. d. z. erwartende Verkehrslast derart vorgespannt wird, daß unter Belastung keine oder nur geringe Zugspannungen auftreten.
Spanner, mittelgroße oder kleine Schmetterlinge, deren Raupen beim Kriechen spannende Bewegungen ausführen; Weibchen größtenteils mit verkümmerten Flügeln od. ohne Flügel, z. T. Obstbaumschädlinge (*Stachelbeer-S. u. Frost-S.,* dessen Raupe im Frühjahr Knospen ausfrißt).
Spannung, *elektrotechn.* in Volt gemessene el. → Potentialdifferenz.
Spannungsoptik, *fotoelast. Verfahren* d. Werkstoffprüfung z. Feststellung mechan. Spannungs- und Festigkeitsverhältnisse an durchsichtigen Körpern u. Modellen bei Durchstrahlung mit polarisiertem Licht.
Spannungsreihe, Anordnung der chem. Elemente i. e. Reihe nach ihrem elektrochem. Verhalten; taucht man z. B. zwei d. folgenden Stoffe Kohle, Platin, Silber, Kupfer, Eisen, Zinn, Blei, Zink, Aluminium, Magnesium, Natrium in e. Elektrolyten (z. B. verdünnte Schwefelsäure), so entsteht zw. ihnen el. S., die um so größer ist, je entfernter d. beiden Stoffe in d. Reihenfolge (in Richtung Kohle positiv, in Richtung Natrium negativ).
Spannweite,
1) beim Flugzeug d. Maß von einem zum anderen Ende d. Tragflügel.
2) *Bauwesen:* Abstand zw. zusammengehörigen Auf- od. Widerlagern e. Gewölbe- od. sonstigen Tragkonstruktion.
Spanplatte, mit Bindemitteln zu Platten verpreßte kleine Holzteile.
Spanten, eiserne od. hölzerne Schiffsrippen, auf den durchlaufenden Kiel aufgesetzt.
Sparbrief, Urkunde über Spareinlagen mit festgesetzter Frist u. Verrechnung der Zinsen.
Spargel, *Asparagus,* hohes Liliengewächs mit nadelartigen Zweigen u. Schuppenblättern; die weißen jungen Sprosse d. Wurzelstockes werden als feines Gemüse gegessen (erst vom dreijährigen Beet ab, Kultur in besonderen S.beeten); *S.kraut,* Zierpflanze, auch in der Gärtnerei.
Spargelhähnchen, ein kl. Blattkäfer, Spargelschädling.
Spark, Muriel Sarah (* 1. 2. 1918), engl. Autorin, lebte lange in Zentralafrika; gestaltet psych. Probleme in grotesken Romanen: *Die Lehrerin; Mädchen mit begrenzten Möglichkeiten.*
Sparkassen, meist öff.-rechtl. Institute, die Spargelder annehmen, verzinsen u. verwalten sowie alle anderen bankmäßigen Geschäfte betreiben. *Wirtsch. Bedeutung:* Ansammlung v. Geldbeträgen, die der Wirtschaft (Geldmarkt) zugeführt werden können; für den *Sparer:* Möglichkeit, kleinere Geldbeträge zinsbringend anzulegen. Zur *Sicherung der Spargelder* gesetzl. Vorschriften über ihre Anlage. Auch die Banken übernehmen Spargelder *(Banksparbücher),* ebenso die Kredit- u. Konsumgenossenschaften sowie die Bausparkassen; → Zwecksparkassen. – Gesamt-Spareinlagen in Dtld Ende 1938: 23,5 Mrd. RM; 1948: 1,6 Mrd., 1952: 7,6 Mrd., 1955: 21,4 Mrd., 1976: 413,4 Mrd., 1983: 554,7 Mrd., 1989: 715,2 Mrd. DM, 1995: 1067,1 Mrd. DM.
Sparren, schräge, paarweise gegeneinandergelehnte, dachtragende Hölzer.
Sparring, *s.* [engl.], Trainingsboxkampf.
Sparta,
1) im Altertum Hptst. der griech. Landschaft Lakonien i. d. Peloponnes, i. 10./9. Jh. v. Chr. von einwandernden Doriern gegr., um 500 v. Chr. eine Hptmacht Griechenlands, Gesetzgeber Lykurg; Erziehung zu „spartan." Einfachheit u. körperl. Tüchtigkeit; Staatsaufbau mit staatssozialist. Zügen; siegreicher → Peloponnesischer Krieg gegen Athen 431–404 v. Chr.; 371 v. Theben, 221 v. Mazedonien besiegt; 146 röm.
2) *Sparti,* Hptst. d. griech. Nomos Lakonien (südl. Peloponnes), am Fuße des Taygetosgebirges, 13000 E; nahe den Ruinen d. alten Sparta.
Spartacus, Thraker, Haupt der aufständischen Sklaven; bedrohte Rom; fiel 71 v. Chr. in Süditalien im Kampf. Nach ihm benannt der **Spartakusbund,** *Spartakisten,* 1917 (schon 1916 „Spartakusbriefe") unter Führung von Karl Liebknecht und Rosa Luxemburg entstandene radikalsozialistische Bewegung mit Umsturzplänen; bildete den Grundstock der Kommunist. Partei Dtlds.
Spartakus, *MSB S.,* marxist. Studentenbund in d. BR.
Sparte, *w.* [it.], Abteilung, Fachgebiet.
Spartel, Kap, NW-Spitze Marokkos (Tangerzone), Gibraltar gegenüber, 314 m h., Leuchtturm.
Sparterie, *w.* [frz.], Gewebe aus dünner Baumwollkette, Schuß aus dünnen Holzstäbchen oder Rohr; für Rollvorhänge, Tischläufer usw.
Spar- und Darlehenskassen, ländliche Kreditgenossenschaften, Genossenschaftsbanken.
Spasmen [gr.], krampfhafte, sehr schmerzhafte Zusammenziehungen der glatten Muskulatur der Eingeweide u. Blutgefäße.
Spasmolytika [gr.-nl.], Arzneimittel gg. → Spasmen.
Spasmophilie, kindliche → Tetanie, Krampfneigung infolge Vitamin-D-Mangels (ohne Nebenschilddrüsenbeteiligung).
Spasskij, Boris (* 30. 1. 1937), frz. Schachspieler russ. Herkunft; Weltmeister 1969–72.
spastisch, durch Krampf bedingt, krampfartig, krampfhaft.
Spätburgunder, dt. Bez. f. → *Pinot Noir.*
Späth, Lothar (* 16. 11. 1937), CDU-Pol.; 1978–91 Min.präs. von Ba-Wü.
spatiieren [l. „*spatium* = Raum"], *spa*tionieren, im Druck Herstellung weiter Zwischenräume zw. den einzelnen Buchstaben: S p e r r d r u c k ; kleinstes *Spatium* zwischen Wörtern u. Buchstaben = $\frac{1}{8}$-Petit = 1 Punkt = 0,376 mm.
Spatz → Sperling.
SPD, Abk. f. **S**ozialdemokratische **P**artei **D**eutschlands, → Parteien, Übers.
Speaker [engl. 'spi:kə „Sprecher"], im engl. Unterhaus u. am. Repräsentantenhaus der Vorsitzende, d. Verhandlungsleiter.
Spechte, Vogelfamilie mit Kletterfüßen, Stützschwanz u. starkem Schnabel, mit dem Bruthöhlen ins Holz gehackt u. Insekten aus ihm herausgehämmert werden; bei uns: *Schwarzspecht,* Scheitel dunkelrot, größter dt. S.; *Grünspecht* Scheitel rot; *Buntspecht* (großer, mittlerer u. kleiner), schwarz-weiß-rot.
Spechtmeise, svw. → Kleiber.
Speckkäfer, kl. Käfer, leben von toten tierischen Stoffen u. Pelzen.
Speckle, *m.,* [engl. spekl „Fleckchen"], durch Luftunruhe ausgelöste Körnigkeit des Sternabbilds im → Teleskop.
Speckle-Interferometrie, Technik, d. sich die phys. Prinzipien dieses Phänomens für Präzisionsmessungen zunutze macht.
Speckstein, Mineral, → Talk.
Spediteur [frz. -'tøːr], Kaufmann, der Güterversendungen durch Frachtführer oder Verfrachter von Seeschiffen für Rechnung eines anderen (des Versenders) in eigenem Namen besorgt (§ 407 HGB).

Stachelbeerspanner

Frostspanner, Kleiner

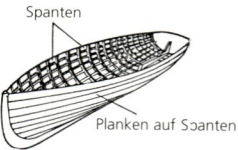
Spanten / Planken auf Spanten

Spargel

Spartaner (etwa 480 v. Chr.)

Großer Buntspecht   Grünspecht

Schwarzspecht

Spee,
1) Friedrich S. v. Langenfeld (25. 2. 1591–7. 8. 1635), dt. Jesuit u. Dichter geistl. Lieder, Gegner der Hexenprozesse; *Trutz-Nachtigall; Güldenes Tugendbuch.*
2) Maximilian Reichsgf v. (22. 6. 1861 bis 8. 12. 1914), dt. Admiral; 1914 Seesieg bei Coronel, untergegangen bei den Falklandinseln 1914.

Speech, *m.* [engl. spi:tʃ], Rede.

Speedway [engl. spi:dwei „Rennbahn"], früher *Dirt Track,* Motorradrennen auf Aschenbahnen mit 400 m-Rundkurs.

Speer, Albert (19. 3. 1905–1. 9. 81), dt. Architekt u. Politiker; 1937 Gen.bauinspektor f. d. Reichshauptst. Berlin, 1942–45 Reichsmin. f. Rüstung, 1946–66 in Spandau inhaftiert; *Erinnerungen.*

Speer, stabförmige Wurfwaffe; auch Sportgerät.

Speerwerfen, leichtathlet. Übung; Werfen eines mindestens 800 g schweren u. 2,60 m langen Speers (Damen: 600 g u. 2,20 m); Einzeldisziplin u. Übung d. Zehnkampfs bzw. Siebenkampfs; olymp. Wettbewerb.

Speiche,
1) an der Daumenseite gelegener Unterarmknochen (→ Tafel Mensch).
2) *techn.:* beim Rad starrer, stabförmiger Verbindungsteil zw. Nabe u. Felge zur Aufnahme der Druck- u. Biegebeanspruchung; *Draht-S., Tangential-S.,* auch nachstellbar, wird nur auf Zug beansprucht.

Speichel, von den **S.drüsen** (Ohrspeichel-, Unterzungen- u. Unterkieferdrüsen) abgesonderte Verdauungsflüssigkeit, dient zur Aufweichung des Bissens, enthält u. a. das kohlenhydratspaltende Verdauungsenzym *Ptyalin (Amylase);* → Bauchspeicheldrüse.

Speicherkraftwerk, Wasserkraftwerk m. hochgelegenem Stausee u. Hochdruck-Wasserturbinen, meist große Fallhöhe, jedoch relativ geringe Wassermenge; b. geringem Strombedarf wird m. überschüssigem Strom Wasser i. d. Stausee zurückgepumpt.

Speidel, Hans (28. 10. 1897–28. 11. 1984), dt. General; 1957–63 Befehlsh. d. NATO-Landstreitkräfte in Mitteleur., ab 1964 Sonderbeauftragter f. atlant. Verteidigung.

Speierling, Hausvogelbeere, *Sorbus,* Frucht birnenförmig, rötlichgelb, kirschgroß (f. Obstwein u. Marmelade); kultiviert i. Mittelmeergebiet, sehr selten wild in S-Dtld.

Speigatt, seitliche Öffnung am Oberdeck eines Schiffes zum Ablauf des Wassers.

Speik, Baldriangewächs d. Alpen, Wurzel in d. Parfümerie verwandt. ●

Speiseopfer → Opfer.

Speiseröhre, *Ösophagus,* Haut-Muskel-Schlauch, der den Schlund mit dem Magen verbindet.

Speisewasser, Wasser zur Speisung von Dampfkesseln, häufig im **S.vorwärmer** vor Eintritt in Kessel erwärmt; hat zu hohen Verdampfungsrückständen (→ Kesselstein) vorherige Reinigung nötig.

Speiteufel, *Russula emetica,* giftiger → Täubling mit 5–9 cm breitem, gefurchtem Hut und nichtgeteilten weißen Lamellen und glattem Stiel.

Spektabilität, Titel u. Anrede *(Eure S.)* d. Dekane an Universitäten.

Spektakel [l.],
1) *m.,* Lärm.
2) *s.,* Schauspiel.

Spektralanalyse → Spektrum.

Spektralklasse, *S.typ,* Zus.fassung von Sternen mit nahezu gleichen spektralen Eigenschaften; die heutige gebräuchl. Klassifikation nach der Harvardskala umfaßt die Haupttypen *W, O, B, A, F, G, K, M* sowie die Nebenklassen *R, N, S* u. bedeutet zugleich auch e. Temperaturskala (v. links nach rechts fallende Temp.); zusätzl. Klassifizierung mittels arab. Zahlen (z. B. *G 2* = Sonne) u. Kleinbuchstaben (z. B. *d* = dwarf, „Zwerg").

Spektrallinien → Spektrum.

Spektralphotometrie, Untersuchung der Intensitätsverteilung in den Sternspektren; heute überwiegend fotografisch ausgeführt.

Spektroheliograph, *Spektrohelioskop,* Apparat zur Beobachtung u. fotograf. Aufnahme d. Sonne im monochromat. Licht, d. h. im Licht eines schmalen Wellenlängenausschnittes aus dem gesamten Wellenlängenbereich der Sonne (→ Spektrum).

Spektrometer, Spektroskop → Spektrum.

Spektrum, *s., Optik;* das z. B. durch Lichtbrechung beim Durchgang durch e. Glasprisma auseinandergezogene Lichtband, das von Sonnenlicht od. weißem Licht v. Glühlampen erzeugt wird u. die *Spektralfarben* zeigt: Brechung im Glas hat für jede Farbe (Lichtwellenlänge) anderen Wert; weißes (z. B. Sonnen-)Licht enthält *alle* Spektralfarben, die im S. in

Spechtmeise oder Kleiber

Bronzezeitliche Speerspitze (Pfeilspitze) aus Saint-Theconnec, *um 1700 v. Chr.*

Spektrum des Sonnenlichtes

Rot (längste), Orange, Gelb, Grün, Blau, Violett (kürzeste sichtbare Lichtwelle) aufgelöst erscheinen; gleicher Effekt durch Beugung am Gitter (in Glasplatte geritzte parallele Striche, bis 2000 je mm); jenseits von Rot *(Infrarot)* liegen unsichtbare *Wärmestrahlen,* von Violett gleichfalls unsichtbare *Ultraviolettstrahlen.* S. selbstleuchtender Stoffe: *Emissions-S.;* feste u. flüssige Stoffe senden nach → Anregung ununterbrochene Folge aller Farben (kontinuierliches S.), Gase einzelne feine Linien, *Spektrallinien,* od. Liniengruppen aus (Linien-S.). Läßt man Licht eines Körpers mit kontinuierl. Spektrum durch ein Gas gehen, erscheinen im S. dunkle Linien an den Stellen, an denen das Gas in leuchtendem Zustand selbst Linien aussendet: Das Gas absorbiert genau diese Linien aus d. Spektrum, deshalb *Absorptions-S.:* Vom Prisma entworfenes S. des Sonnenlichts zeigt bei starker Vergrößerung e. solches Absorptionsspektrum in Form d. senkrechten dunklen Fraunhoferschen Linien (Absorption der betreffenden Wellenlängen in den Gasen der äußeren Sonnenhülle). – Emissions-

oder Absorptions-S. ist für jedes chemische Element charakteristisch; in der *Spektralanalyse* (Bunsen u. Kirchhoff, 1859) zum Nachweis chemischer Elemente benutzt, von großer Bedeutung auch für → Astrophysik. Apparat zum Betrachten eines S.s: *Spektroskop,* mit Einrichtung zur Wellenlängenvermessung der Spektrallinien: *Spektrometer.* – *Banden-S.,* Molekül-S. mit sehr vielen, gruppenweise dicht aufeinanderfolgenden Linien. – Ursache für Aussendung von Spektrallinien sind *Quantensprünge* (auch → Quantentheorie, Übers.) der Hüllenelektronen; jeder mögl. Quantensprung gibt im S. eine Linie. Außer im sichtbaren Bereich wird b. S. auch für alle and. Arten → elektromagnet. → Strahlung v. extrem langen Wellen im Radiobereich (→ Mikrowellen, → Infrarot, d. Linien im ultravioletten Bereich bis hinab zu den Wellenlängen der → Röntgen-(Röntgen-S.) u. Gamma-Strahlung (Gamma-S.) benutzt; opt. S. entsteht im äußeren, Röntgen-S. im inneren Teil der Elektronenhülle des Atoms, Gamma-S. im → Atomkern.

Spekulant [l.], jemand, der durch An- u. Verkauf aus Börsenpreisschwankungen Gewinn zu erzielen sucht; → Spekulation.

Spekulation, *w.* [l.],
1) *phil.* durch geistiges Schauen *(Mystiker)* od. reines Denken *(Hegel)* gewonnene (metaphysische) Erkenntnis, die jeden Erfahrungsbezug überschreitet; durch intuitive Evidenz od. log. Schlüssigkeit legitimiert.
2) *wirtsch.* Geschäftstätigkeit zur Gewinnerzielung aus Preisschwankungen, bes. risikoreich.

Spekulum, *s.* [l.], rinnen-, röhren- od. trichterförmiges ärztliches Instrument zur Untersuchung von Körperhöhlen (z. B. für Scheide, Gehörgang, Nase, Mastdarm usw.).

Speläologie, *w.* [gr.], Höhlenkunde.

Spelz, *Spelt,* Getreide, der → Dinkel.

Spelzen, trockenhäut. Hochblätter d. Gräserblüten.

Spemann, Hans (27. 6. 1869–12. 9. 1941), dt. Biologe; Entwicklungsphysiologie; Nobelpr. 1935.

Spencer, Herbert (27. 4. 1820–8. 12. 1903), engl. Phil. u. Soziologe, Begr. des Evolutionismus (Anwendung der Evolutionstheorie auf Soziologie): Die Formen der Erkenntnis sind vererbte Erfahrung der Gattung Mensch; absolute Erkenntnis ist nicht möglich; die Welt in dauerndem Wechsel von Entwicklung (Evolution) u. Auflösung (Dissolution); *System der synthetischen Phil.;* Pädagogik im Sinne Rousseaus.

Spener, Philipp Jakob (13. 1. 1635 bis 5. 2. 1705), dt. ev. Theologe; *Pia Desideria;* Begründer des *Pietismus.*

Spengler, Oswald (29. 5. 1880–8. 5. 1936), dt. Kulturphil.: Wachsen, Blühen u. Absterben aller Kulturen aus biolog., geograph. u. schicksalhaften Bedingungen; *Der Untergang des Abendlandes; Preußentum u. Sozialismus.*

Spenser [ˈspɛnsə], Edmund (um 1552 bis 16. 1. 99), engl. Dichter; Epos: *Feenkönigin.*

Spenzer [engl.], enganschließendes Jäckchen.

Sperber, Manès (12. 12. 1905–5. 2. 84), dt.-frz. Schriftst. u. Psychologe

poln. Herkunft; Romantrilogie; *Wie eine Träne im Ozean;* Autobiographie: *Die Wasserträger Gottes;* Friedenspr. d. Dt. Buchhandels 1983.
Sperber, Greifvogel, ähnl. d. Habicht, aber kleiner; Kleinvogeljäger.
Sperlinge, Familie d. Singvögel; bei uns *Haussperling (Spatz), Feldsperling* m. braunem Scheitel u. Ohrfleck; im Hochgebirge d. *Schneefink.*
Sperlingsvögel, Vogelordnung m. ca. 5000 Arten, weltweit verbreitet.
Sperma, s. [gr.], svw. männl. Samen.
Spermien, *Spermatozoen,* männl. Samenzellen, mit lebhafter Eigenbewegung; dringen zur weibl. Eizelle vor, um diese zu befruchten.
Spermiogramm, Untersuchung des Samens auf Menge u. Beweglichkeit der Spermien bei fragl. Fruchtbarkeit.
Sperr, Martin (* 14. 9. 1944), dt. Dramatiker u. Schausp.; *Jagdszenen aus Niederbayern; Landshuter Erzählungen;* Drehbücher.
Sperranlagen der ehemaligen DDR, erstreckten sich m. 818 Beobachtungstürmen u. Führungsstellen über 1445 km; davon 136 km Grenzmauern. Seit 1961 wurden auf ca. 660 km Grenzlänge rd. 1,4 Mill. Minen verlegt, die bis 1985 weitgehend geräumt wurden. Der Abbau der S. wurde 1993 abgeschlossen.
Sperrholz, dünne Holzplatten, die in mehreren Lagen jeweils senkrecht z. Faserrichtung verleimt sind (wasserfest) verleimt sind.
Sperrichtung, Stromrichtung, für die ein elektron. Bauelement m. Gleichrichtereigenschaften gesperrt ist.
Sperrkonto, Guthaben, das nur unter gew. Voraussetzungen freigegeben wird.
Sperrle, Hugo (7. 2. 1885–2. 4. 1953), dt. Gen.feldm., 1936 Kommandeur der „Legion Condor" in Spanien, 1944 Befehlsh. der Luftflotte.
Sperrstrom, Strom, der bei einem elektron. Bauelement in → Sperrichtung fließt.
Sperry, Roger W. (* 20. 8. 1913), am. Psychobiol. u. Hirnforscher; (zus. m. D. H. → Hubel u. T. N. → Wiesel) Nobelpr. 1981 (Arbeiten über d. Spezialisierung d. Hirnhemisphären).
Spesen [it.], Aufwand, Auslagen; Kosten, die nicht Teil d. Vergütung sind (z. B. Reise-, Bewirtungskosten).
Spessart, Teil d. südwestdt. Berglandes zw. Kinzig u. Mainviereck, setzt Odenwald fort, hpts. Buntsandstein, tafelförmig, mit viel Buchenwald u. alten Eichenbeständen, im N zunehmend Nadelwald; im *Geiersberg* 585 m.
Speyer (D-67346), kreisfreie St. a. Rhein, RP, 48 900 E; AG; roman. Kaiserdom (11. Jh., s. 1981 Weltkulturerbe), kath. Bistum, protestant. Landeskirchenrat; HS f. Verw.wiss.; Histor. Museum d. Pfalz m. Weinmus.; Metall-, Nahrungsmittel-, Elektro-, Flugzeugind., Erdölraffinerie. – Kelt. Siedlung; röm. Gauvorort, salische Kaiserpfalz; Sitz v. 50 Reichstagen; 1526 Reichstag, Aufschiebung der Ausführung des Wormser Edikts; 1529 Protestation v. S.: *Protest der ev. Reichsstände gg. reformationsfeindl. Reichstagsabschied (Protestanten);* 1527–1689 Sitz d. Reichskammergerichts.
Spezereien [it.], wohlriechende Gewürze, Gewürzwaren.

Sperber

Feldsperling

Spermatozoen, stark vergrößert
a. *Draufsicht* b. *Seitenansicht*

Einäugige Spiegelreflexkamera

Spezia, La, Hptst. der it. Prov. *S.,* am *Golf v. S.,* Ligurien, 105 000 E; Hafen, Werften; Seebad.
spezial [l.], als Vorsilbe: sonder…, einzel…
spezialisieren [frz.], einzeln angeben, auch *detaillieren* (z. B. Posten einer Rechnung); *sich s.,* sich auf bes. Fächer bzw. Arbeiten beschränken.
Spezialität, *w.,* Besonderheit, bes. Fachgebiet.
Spezifikationskauf, Kauf, bei dem sich d. Käufer d. nähere Bestimmung über Einzelheiten d. Formen od. Maße vorbehält (z. B. Bezeichnung d. Stärke i. Blechhandel).
Spezifikum, s. [l.], Arzneimittel gegen eine best. Krankheit.
spezifisch [l.], eigentümlich, kennzeichnend.
spezifischer Leitwert, Reziprokwert des spezif. Widerstandes.
spezifischer Widerstand, Materialeigenschaft, Widerstand, den e. el. → Leiter m. d. Länge 1 m u. d. Querschnitt 1 mm² einem el. Strom entgegensetzt; Einheit Ωm (→ Ohm); (z. B. Kupfer 0,017 μΩm, Eisen 0,1 μΩm).
spezifisches Gewicht, *Wichte,* charakterist. Eigenschaft d. Stoffe: Gewicht der Raumeinheit eines Stoffes auf d. Oberfläche d. Erde ist wegen d. ortsveränderl. → Schwerkraft nicht überall exakt gleich; Unterschied aber meist vernachlässigbar klein.
spezifisches Volumen, Raumgröße d. Gewichtseinheit (umgekehrtes Verhältnis wie b. spez. Gew.).
spezifische Wärme, die Wärmemenge in Joule, die notwendig ist, um 1 g eines Stoffes um 1 °C zu erwärmen.
spezifizieren [l.], einzeln aufführen, angeben.
Spezimen, s. [l.], Muster(arbeit), Probeaufgabe.
Sphagnum, svw. → Torfmoos.
Sphäre, *w.* [gr.], Erd-, Himmelskugel; Lebens-, Wirkungskreis.
sphärisch, auf einer Kugeloberfläche durch größte Kreise gebildete Figuren (z. B. sphärische Zweiecke und Dreiecke); → Trigonometrie.
Sphäroid, s. [gr.], abgeplatteter, kugelähnl. Körper, entsteht durch Rotation einer Ellipse um ihre kleinere Achse.
Sphärometer, s. [gr.], Instrument m. Mikrometerschraube z. genauen Messung d. Dicke v. Plättchen u. d. Krümmung v. Kugelflächen (z. B. bei Linsen).
Sphinkter, *m.* [gr.], lat. *Musculus sphincter,* → Schließmuskel.
Sphinx,
1) *w.* (fachspr. *m., Mz. Sphingen),* Steinfigur aus (geflügeltem) Löwenleib mit Menschen- od. Widderkopf. *Ägypt. S. v. Giseh,* z. Verherrlichung des Königs Chephren, galt im Neuen Reich als Symbol d. Sonnengottes.
2) *w.,* in d. griech. Sage weibl., menschenfressendes Ungeheuer b. Theben, gab unlösbare Rätsel auf; von → Ödipus bezwungen.
3) mitteleuropäische Schmetterlingsart (Abendpfauenauge).
Sphragistik, *s.* [gr.], histor. Hilfswissenschaft, Siegelkunde.
Spica [l. „Ähre"], hellster Stern 1. Größe in der Jungfrau, Doppelstern; nördl. → Sternhimmel E.
Spiegel,
1) Licht reflektierende Fläche; durch Metallbelag oder → Totalreflexion wirkend; erzeugt ein *virtuelles* Bild, bei dem rechts und links vertauscht ist; *halbdurchlässige S.,* z. B. zur Strahlenteilung in Farbkameras; außer ebenem S. auch → Hohlspiegel.
2) *biol.* heller Fleck am After von Reh-, Rot-, Dam-, Muffel- u. Gemswild.
Spiegel, Der, wöchentl. Nachrichtenmagazin i. Hamburg, gegr. Januar 1947, Hg. Rudolf *Augstein.*

Speyer, *Dom*

Sphinx, *Grabstele um 530 v. Chr.*

Spiegelglas → Glas.
Spiegelobjektiv, besteht aus Spiegelelementen anstelle v. Glaslinsen; leicht, kurz, preiswert; vor allem als Teleobjektiv m. 500 mm bis 2000 mm Brennweite.
Spiegelreflexkamera, das Licht gelangt vom Motiv zum Objektiv, geht durch dieses hindurch, trifft auf einen um 45° geneigten Spiegel; von hier wird das Motivbild umgelenkt zur Mattscheibe u. zum Okular. Vorteil: Absolut naturgetreues Sucherbild, das in Verbindung mit Wechselobjektiven auch die Änderung der Perspektive u. des Abbildungsmaßstabes zeigt.
Spiegelsextant → Sextant.
Spiegelteleskop → Fernrohr.
Spiekeroog (D-26474), *Nordseeheilbad S.,* eine der Ostfries. Inseln (Kr. Wittmund, Nds.), Seebad; 17,7 km², 703 E.
Spiel, Hilde (19. 10. 1911–30. 11. 90), östr. Schriftstellerin; schrieb Romane, Erzählungen, Essays, Kritiken; *Kati auf der Brücke* (1933), *Anna u. Anna* (1988), *Welche Welt i. meine Welt* (1990).
Spielart, *Variante,* Sonderform einer → Art.
Spielbanken, öffentliche, bieten gewerbsmäßig die Möglichkeit zum Glücksspiel; nur mit bes. staatl. Zulassung u. in allg. nur in Kur- u. Badeorten.
Spielbein, bei Tanz u. Gymnastik das unbelastete Bein im Stand; Ggs.: → Standbein.
Spielberg [ˈspiːlbəːg], Steven (* 18. 12. 1947), am. Filmregisseur; *Jaws* (1975); *Close Encounter of the Third Kind* (1976); *Raiders of the Lost Ark* (1980); *E. T. – The Extraterrestrial* (1982); *Indiana Jones and the Temple of Doom* (1983); *The Color Purple* (1986); *Indiana Jones and the Last Crusade* (1989); *Jurassic Park* (1993); *Schindler's List* (1994).
Spielhagen, Friedrich (24. 2. 1829 bis 25. 2. 1911), dt. Schriftst.; Roman: *Problematische Naturen;* Drama, Poetik.
Spielkarten, für alle Arten v. Kartenspielen; mit best. Figuren u. Zeichen v. versch. Rangordnung; wahrscheinl. chin. Ursprungs, seit 14. Jh. in Europa; 4 Gruppen od. *Farben:* bei *dt.* Karte (32 Blätter): *Eichel* (Eckern, Kreuz), *Grün* (Schippen), *Rot* (Herz), *Schellen* (Eckstein); bei *frz.* Karte od. *Whistkarte* (52 Blätter), *Pikettkarte* (32 Blätter): *Treff* (Kreuz), *Pique, Cœur* (Herz), *Karo; Tarockkarte* (78 Blätter): frz. Karte und 21 bezifferte Blätter, ein Harlekin (Skys) u. 4 Reiter (Kavals), Einführung v. S. in den Verkehr unterliegt d. Besteuerung.
Spielleiter → Regisseur.
Spielleute, im MA die wandernden Musikanten, Tänzer und Gaukler; im 13. und 14. Jh. zu Zünften zusammengeschlossen m. eigenem Recht (*Pfeiferrecht*).
Spielmannsdichtung, angeblich die Dichtung d. fahrenden Leute i. MA, Epen, um 1170 vermutlich von Geistlichen verfaßt: *Herzog Ernst; König Rother.*
Spier, svw. → Spiräe.
Spieren, auf Segelschiffen Ersatzrundhölzer f. Rahen und Stengen.
Spierwurm, häufiger Meeresringelwurm; Kothäufchen auf dem Watt.
Spieß,
1) alte Stichwaffe.
2) svw. Hauptfeldwebel (Kompaniefeldwebel).
3) endlose und unverzweigte Geweihstange (Gehörnstange) von Hirsch (Rehbock), *Spießer.*
Spießbürger, *Spießer,*
1) der nur mit Spieß bewaffnete, ärmere Bürger im MA.
2) heute svw. engstirniger Mensch.
Spieße, in der Drucktechnik Bez. für versehentl. abgedruckte Bleistückchen (*Ausschlußstücke*).
Spießer → Geweih, → Spieß 2).
Spießrutenlaufen, *Gassenlaufen,* mil. Strafe im 18. Jh.: Verurteilter läuft durch Doppelreihe von Soldaten, die mit Rutenhiebe geben.
Spikes [engl. spaɪks],
1) in Winterreifen von Kraftfahrzeugen eingelassene Stifte zur Verminderung d. Rutschgefahr; wegen Straßenabnützung (Fahrrillenbildung) s. 1975 in BR verboten; Ersatz: Haftreifen.
2) mit Dornen versehene Rennschuhe.
Spikulen, in großer Zahl aus d. → Chromosphäre der Sonne heraussprießende, kurzlebige „Spieße", die d. Sonnenrand e. stacheliges Aussehen geben.
Spill, *s.,* el. od. mit Dampf betriebene Winde im Schiffsbetrieb zum Einholen v. Tauen, Ketten; m. vertikaler (Gang-S.) od. horizontaler (Brat-S.) Trommel.
Spin, *m.* [engl.], Bez. v. Eigenschaft d. → Elementarteilchen, die anschaulich als Drehimpulse e. Drehung um d. eigene Achse verstanden werden kann.
Spina bifida, angeborene Mißbildung der Wirbelsäule.
spinale Kinderlähmung → Kinderlähmung.
Spinaliom, *Epithelioma spinocellulare, Stachelzellkrebs,* Form von Hautkrebs.
Spinat, Blattgemüse, Gattung der Gänsefußgewächse, Winter und Frühjahr; ähnlich, aber nicht verwandt: *neuseeländ. S., Erdbeer-Sp.,* selten auch in Europa angebaut.
Spindel,
1) Wellen bei Werkzeugmaschinen usw. (z. B. bei der *S.presse*).
2) rotierende Walze zur Aufnahme des Spinnfadens; verwendet beim Spinnrad; auch → Selfaktor.
Spindelbaum, *Euonymus, Pfaffenhütchen,* Sträucher u. Bäumchen m. giftigen, v. rotem Mantel umschlossenen Samen.
Spinelle, *m.,* Silicatminerale, durch Metalloxide rot, blau, grün, schwarz gefärbt; die roten, durchsicht. Abarten sind wertvolle Edelsteine.
Spinett, *n.* [it.], kleinere Form des Cembalo; Saiten durch Federkiele (it. *spina* „Dorn") angerissen.
Spinnaker, *m.,* großes dreieckiges Beisegel am Vormast von → Jachten.
spinnen,
1) Aneinanderlegen u. Zus.drehen mehr od. weniger kurzer u. langer Fasern zu einem beliebig langen Webfaden; mit Handspindel und Spinnrocken am → Spinnrad.
2) Herstellen v. → Chemiefasern.
Spinnen, Ordnung der Gliedertiere, Kieferfühler mit Giftdrüsen; bauen z.T. Fangnetze (Spinnwarzen am Hinterleib) verschiedenartigster Form (Rad-, Röhrennetze usw.) oder erjagen Beute im

Spielkarte (Mittelalter)

Spielleute des 16. Jh

Spindelbaum, *Europäisches Pfaffenhütchen*

Kreuzspinne

Eichenspinner

Baruch de Spinoza

Sprung u. i. Verstecken; → Kreuzspinne, → Vogelspinnen.
Spinnentiere, Klasse der Gliedertiere, in Kopfbruststück und Hinterleib gegliederter Körper; am Kopfbruststück 2 Kiefer u. 4 Beinpaare; atmen durch → Tracheen; wichtigste Ordnungen: *Spinnen, Skorpione, Milben.*
Spinner, Nachtschmetterlinge, Flügel in der Ruhe dachförmig, Körper wollig; Raupen meist behaart (Gifthaare), spinnen Kokon für Puppe. Viele Schädlinge; jedoch auch der → Seidenspinner.
Spinnerei, Fabrik zur Herstellung der zum Weben usw. nötigen Fäden aus der Rohfaser auf mechan. Wege; Rohstoff (Wolle, Flachs, Baumwolle usw.) wird gereinigt und auf *Krempelmaschine* zerfasert: glattgelegte Faser auf *Kämm-Maschinen* gekämmt, dann zu *Vorgarn* lose vereinigt (Nitscheln), dieses auf *Feinspinnmaschinen* (→ Selfaktor) zu Feingarn zus.gedreht; *Kammgarn* wird aus langen glatten Wollfäden, *Streichgarn* aus kurzen, stark gekrempelten Fäden gewonnen.
Spinnrad, durch Tretrad bewegte Vorrichtung, um von Hand durch Auszupfen und Drehen der Rohfasern diese zu Garn zu spinnen.
Spinnrocken, süd- u. westdt. *Kunkel,* ost- u. norddt. *Rocken,* Stab am Spinnrad, um den Rohfasern gewickelt werden.
Spínola, António de (11. 4. 1910–13. 8. 96), portugies. Gen. u. Pol.; nach d. Sturz → Caetanos Mai–Sept. 1974 Staatspräs.; n. mißlungenem Putsch 1975/76 im Exil.
Spinoza [-za], Benedictus de, eigtl. *Baruch Despinoza* (24. 11. 1632–21. 2. 77), Phil., aus Portugal stammender jüd. Jude, wegen rel. Freidenkertums von der jüd. Gemeinde verdammt; nach ihm ist Gott Grund u. Inbegriff aller Dinge, die mit math. Notwendigkeit aus d. Wesen Gottes folgen; → Identitätsphilosophie; pantheist. → Determinismus; *Ethik* (in math. Darstellung); *Theol.-pol. Traktat* u. *Pol. Traktat.*
spintisieren, grübeln.
Spion [it.],
1) vor d. Fenster angebrachter Spiegel z. Beobachten der Straße.
2) meist m. Linsen versehenes Guckloch i. d. Tür z. Beobachten der Vorgänge außerh. d. Raumes.
3) Späher, Auskundschafter von pol., mil. oder Geschäftsgeheimnissen i. Dienst e. pol. od. wirtsch. Gegners („Werkspionage").
Spionage [frz. -ˈnaːʒə], Auskundschaften v. Staatsgeheimnissen, strafbar nach den Bestimmungen über → Landesverrat u. verfassungsverräterischen Nachrichtendienst; völkerrechtl. erlaubt, Verurteilung des Spions nach Landesrecht. → Geheimdienst; auch → Werkspionage.
Spiräe, *w., Spier,* strauchige Rosengewächse m. meist weißen Blütenrispen; zahlr. Ziersträucher.
Spirale, *w.* [nl.],
1) ebene Kurve, die in immer weiteren Windungen um einen Punkt zieht; oft mit Schraubenlinie (→ Wendel) verwechselt, z. B. „Spiral"bohrer, -feder usw.
2) Intrauterinpessar (IUP), Mittel zur Empfängnisverhütung (→ Kontrazepti-

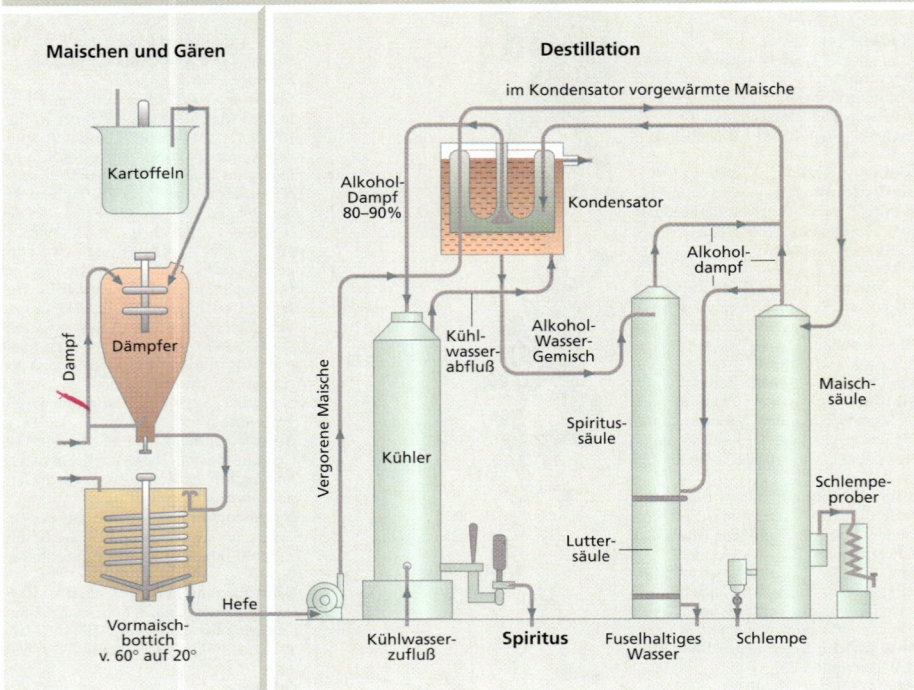

on), wird in den Uterus eingeführt; zahlreiche Modelle.

Spiralnebel, frühere Bez. für → Galaxien.

Spirant, m. [l.], Reibelaut (z. B. *s, sch, f, j, ch*).

Spirdingsee, größter der Masurischen Seen, in Ostpreußen, 23 m tief, 113,8 km²; fischreich; Abfluß Pissek zum Narew.

Spiritismus [nl.], ein okkultistischer Glaube an die Offenbarung von Geistern Toter durch Klopftöne, Schreibdiktat oder *Materialisation,* d. h. Sichtbarwerden ihrer sonst unsichtbaren „ätherischen Hülle"; oft zu Betrügereien ausgenutzt.

Spiritual, m. od. s. [engl. 'spɪntjuəl], geistl. Lied der nordam. Schwarzen, eine der Quellen des Jazz; durch eur. Beeinflussung heute dem Kunstgesang angenähert, urspr. Art noch erhalten im *Gospelsong,* der in Kirchen aus spontanen Improvisationen der Gemeinde entsteht.

Spiritualismus [l.], phil. Lehre, daß das Körperliche nur Erscheinungsform des Geistigen (*Idealismus*) oder bloße Vorstellung ist (*Berkeley*).

Spiritus, m. [l.],
1) *Ethylalkohol* (C_2H_5OH), Herstellung durch Hefegärung zuckerhaltiger Naturprodukte (auch stärkehaltiger wie Kartoffeln, Mais, Getreide usw., nach vorheriger Verzuckerung durch „Maischen") u. Abdestillieren des Roh-S., der durch bes. „Kolonnenapparate" rektifiziert wird; synthet. S. aus Ethylen, steuerbegünstigter S., denaturiert, zu Trinkzwecken unbrauchbar (Brenn-S.).
2) Hauch, Geist.

Spiritusdestillation, Ausgangsprodukte (z. B. Kartoffeln) kommen von der Waage zur Erwärmung in den Dämpfer u. von dort in die Vormaischbottiche, wo sie unter Zusatz von Malz verzuckert und auf 20 °C abgekühlt werden; Zusatz von Hefe (Gärung); aus vergorener *Maische* wird durch *Destillation* Spiritus gewonnen; Abfälle z. Schlempe (Viehfutter) u. Fuselölen (für Fruchtaromen); → Schaubild.

Spiritus rector [l. „des Geistes Lenker"], geistig treibende Kraft, Seele einer Sache.

Spirochäten, korkzieherförmige Bakterien, z. T. Krankheitserreger, z. B. *Treponema pallidum (Spirochaeta pallida),* Erreger d. → Syphilis.

Spirometer, s. [gr.], Atemmeßgerät, mißt Luftfassungsvermögen der Lunge (Atemgröße).

Spital, s. [ml.], *Spittel, Hospital,* Krankenhaus, Altersheim, Siechenhaus.

Spittal (A-9800), an d. Drau, öst. Bez.st. in Kärnten, 15 346 E; Renaissanceschloß Porcia; Holz-, Papierind.

Spitteler, Carl (24. 4. 1845–29. 12. 1924), schweiz. Schriftst.; Epen: *Olymp. Frühling; Prometheus;* Roman: *Imago;* Nobelpr. 1919.

Spitz, Mark (* 10. 2. 1950), am. Schwimmer; neunmal. Olympia-Sieger, mit 7 Goldmedaillen 1972 in München; erfolgreichster Teilnehmer e. Olympiade. Olympiasieger 1986 über 4 x 100 m u. 4 x 200 m Freistil. S. stellte 35 Weltrekorde ü. d. Freistil- u. Schmetterling-Distanzen auf.

Spitz, sehr alte Hunderasse, spitze Ohren, gekrümmter Schwanz; Haus- u. Hofhunde.

Spitzbergen, nördl. von Norwegen im Nördl. Eismeer gelegene norweg. Inselgruppe (drei größere u. mehrere kleinere Inseln); im W Steinkohlenbergbau, heiße Quellen, Gletschergebirge, Touristenverkehr; im NO vergletschert; bildet mit Bäreninsel u. anderen kl. Inseln das norweg. Nebenland Svålbard, 62 050 km², 1148 Norweger u. 1958 russ. Bergarbeiter; Ausfuhr v. Kohle aus norweg. Bergwerken 360 000 t, aus russ. Bergwerken 439 000 t (1992); 3 norweg. meteorolog. Stationen, 1 telemetrische Forschungsstation der ESRO; größte Siedlung: *Longyearbyen.* – Vermutlich schon 1194 v. Normannen entdeckt, dann 1596 v. Holländern wiederentdeckt; s. 1920 norweg.; Bergbau, Jagd, Fischerei, Handel, Verkehr stehen allen Nationen offen.

Spitzbogen, bes. f. got. Baustil kennzeichnender Bogen.

Spitzen [frz. *dentelles*], nach ihrer Zackenform benannte durchbrochene, flächige Besatzstoffe aus textilen Fäden; durch Nähen, Klöppeln, Häkeln, Stricken, Knüpfen u. m. Maschinen; bes. berühmt d. *Venezianischen, Brüsseler, Brabanter, Teneriffa-, Madeira-* u. *Valenciennes-Spitzen.*

Spitzendrehbank, Drehbank, bei der das Arbeitsstück zwischen Spitzen (Spindelstock- u. Reitstockspitze) eingespannt ist.

Spitzenentladung, stille Entladung: Elektrizität strömt von isoliertem, spitzenförmigem Leiter in die Luft ab; → Elmsfeuer.

Spitzmäuse, mausähnl. Insektenfresser; kleinste dt. Säugetiere: *Feld-, Haus-, Wald-, Wasser-, Zwergspitzmaus* (5 cm).

Spitzweg, Carl (5. 2. 1808–23. 9. 85), dt. Apotheker; dt. Maler u. Zeichner d. Biedermeier; *Der arme Poet;* → Serenade.

Spleen, m. [engl. spli:n], eigtl. „Milz", svw. Schrulle, Verschrobenheit (seltener üble Laune).

spleißen, *splissen, seem.* kunstgerechtes Verflechten v. Seilen u. Tauwerk.

splendid [l.],
1) im Buchdruck: weiträumig gehaltener Schriftsatz; Ggs.: → kompreß.
2) prächtig, glänzend, freigebig.

Splendid isolation [engl. -aɪsə'leɪʃən „glänzendes Alleinsein"], Bez. für die Unabhängigkeit Großbritanniens von jeder außenpol. Bindung im 19. Jh.

Splint, m.,
1) das noch lebende helle u. weiche Holz unter d. Baumrinde.
2) im *Maschinenbau:* Sicherungsvorstecker (z. B. bei Schraubenmuttern), meist aus halbrundem Eisendraht.

Split, *Spljet,* it. *Spalato,* kroat. Hauptafenplatz in Dalmatien, 190 000 E; röm.-kath. Bistum; Ruinen des Diokletianpalastes; Schwefelquelle.

Splitt, 5–25 mm große Bruchsteinstücke als Zuschlag f. Beton u. Straßenbelag.

Splitting [engl.], spalten, zerteilen, Einkommensteuerveranlagung bei Eheleuten; die Steuer wird aus d. Hälfte des Gesamteinkommens berechnet u. dann

Mark Spitz

Spitzen, 16. Jh.

verdoppelt; in Dtld s. 1958 eingeführt (,,Hinausschieben" d. Steuerprogression).

Splügen, Alpenpaß (2113 m) zw. Graubünden und Oberitalien, benannt nach dem Dorfe S. – **S.straße** vom Hinterrheintal zum Comer See.

SPÖ, Abk. f. **S**ozialdemokratische **P**artei **Ö**sterreichs, → Parteien, Übers.

Spoerl, Heinrich (8. 2. 1887–25. 8. 1955), dt. humorist. Schriftst.: *Die Feuerzangenbowle; D. Maulkorb.*

Spohr, Louis (5. 4. 1784–22. 10. 1859), dt. Violinist u. Komp., Generalmusikdir. in Kassel; Opern: *Faust; Jessonda.*

Spoiler, *flugtechn.* Störklappe auf d. Oberseite des Tragflügels, zur Unterstützung d. Querruder.

Spokane [spoʊ'kæn], St. im US-Staat Washington, am *Spokane River,* 177 000 E; kath. Bischofssitz, Uni.

Spökenkieker, *m.* [niederdt..], Geisterseher, Hellseher.

Spoleto, St. in der it. Prov. Perugia, 38 000 E; Erzbischofssitz, röm. Bauten: Aquädukt, Amphitheater; Dom; Braunkohlengruben.

Spolie [l. ,,Beute"], in d. Architektur wiederverwendetes Bauteil aus e. älteren Gebäude (z. B. im frühma. Kirchenbau aus antiken Tempeln).

Spolien, bei den Römern; erbeutete Waffen; im MA dem Staat oder der Kirche anheimfallender Nachlaß geistl. Fürsten.

Spondēus, *m.* [-'deŭs], griech. Versfuß, 2 lange (betonte) Silben ‒ ‒.

Spondylolisthesis, Wirbelgleiten, teilweise Verschiebung einzelner Wirbel, Kreuzschmerzen und Ischias.

Spondylōse, Arthrose der Wirbelkörper.

Sponsorsendung, Radio- od. Fernsehsendung, d. v. Anzeigenkunden bezahlt u. prakt. auch inhaltl. beeinflußt wird.

spontan [l.], einer plötzlichen Eingebung folgend, aus eigenem Antrieb.

Spontini, Gaspare (14. 11. 1774–24. 1. 1851), it. Komp., 1820–41 Gen.musikdirektor in Berlin; Opern: *Die Vestalin; Fernando Cortez; Olympia.*

Sporāden [,,die Zerstreuten"], zwei gebirgige Inselgruppen im Ägäischen Meer; überwiegend von Griechen bewohnt; die *nördl.* S. vor der O-Küste Griechenlands gehören zum Nomos Euböa, 77 Inseln, größte Skyros; die *südl.* vor der SW-Küste Kleinasiens, der → Dodekanes.

sporadisch [gr.], verstreut, vereinzelt.

Sporen, *w.* [gr. ,,Saat"], ungeschlechtl. entstehende Keim-Zellen bei Pflanzen; als S. werden auch (mehrzellige) Fortpflanzungskörper vieler Moose, Farne, Protozoen u. Bakterien bezeichnet.

Sporenschlacht → Kortrijk.

Sporentierchen, *Sporozoa,* einzellige, in anderen Tieren schmarotzende Urtiere; pflanzen sich durch (mit Schale versehene) Sporen fort (z. B. der Erreger der → Malaria).

Sporn,
1) *Mz. Sporen,* Metallvorrichtung am Reitstiefelabsatz zum Anspornen des Pferdes; im Altertum oft nur an einem Fuß getragener Stachel; seit 13. Jh. Radsporen.
2) beim *Flugzeug* gefederte Gleitkufe oder Rad (Spornrad) zum Tragen des Schwanzendes des Flugzeugs am Boden und zum Schutz des Leitwerks vor Beschädigung.

Sport, Spiel, Liebhaberei; heute im weitesten Sinne jedes Kräftemessen mit Wettkampfcharakter u. möglichst exakter Leistungswertung, ausgeübt durch Amateure u. Berufssportler (Professionals) als Individual- und Mannschaftssport zur Pflege u. Steigerung d. körperl. Fähigkeiten; Messung d. Leistungen im Wettkampf. S.arten: → Leichtathletik, Schwerathletik, Fechten, Schwimmen, Reiten, Wasser-, Motor-, Rad-, Schieß-, Winter-, Flug-S., Boxen, Ringen, Ballspiele (Fußball, Tennis usw.). Dt. Sportverbände faßt dss.geschlossen im → Deutschen Sportbund. – *Geschichte:* S. bei allen Völkern u. zu allen Zeiten; Blüte i. d. Antike in Griechenland (→ Olympische Spiele); in Europa als Volksbewegung erst im 19. Jh. (Guts-Muths, → Jahn); Ausbildung der Wettkampfformen u. -regeln zuerst in England Ende d. 19. Jh.; 1896 in Athen 1. Olymp. Spiele auf Anregung von Baron de → *Coubertin.*

Sportabzeichen, von Sportverbänden verliehene Auszeichnung für den Bedingungen entsprechende vielseitige sportl. Leistungen; meist in alters- oder leistungsmäßig differenzierten Klassen vergeben; wichtigste Arten: Dt. Sportabzeichen (DSB), Dt. Jugend-Sportabzeichen (DSB), Dt. Schülersportabzeichen (DSB), Europäisches Sportabzeichen (ESB), Sport-Leistungsabzeichen (BLSV); Sportabzeichen der einzelnen Fachverbände.

Sporteln, *w.* [l.]
1) früher: amtl. Gebühren, behielt einziehender Beamter.
2) Nebeneinnahmen.

Sportherz, *Sportlerherz,* durch Anpassung an Dauerbelastung muskulär vergrößertes Herz (vergrößertes Schlagvolumen).

Spot-Belichtungsmessung, d. Belichtungsmessung geschieht m. winzigem Meßwinkel (meist 1° bis 3°), S. ist heute in vielen Kameras eingebaut, ebenso mittels Handbelichtungsmesser erreichbar.

Spotlight, *s.* [engl. -lait],
1) (Punkt-)Scheinwerfer m. konzentriert gebündeltem Licht (in Theater, Film, Fernsehen).
2) übertragen: Rampenlicht.

spotten, Eigenschaft mancher Vögel, andere, insbes. Vogellaute nachzuahmen (z. B. Gelbspötter, Star).

S. P. Q. R., **S**enatus **P**opulus**q**ue **R**omanus [l.], ,,Senat u. Volk v. Rom", röm. Hoheitszeichen b. Inschriften.

Sprachbarriere, soziolog. Bez. f. die Kluft zw. den von versch. gesellschaftl. od. fachl. Gruppen entwickelten Sprachen.

Sprache → Übers.

Sprachgesellschaften, sorgten im 17. Jh. für Reinigung von fremdsprachigen Modewörtern u. Bereicherung der dt. Sprache: *Fruchtbringende Gesellschaft, Palmenorden, Pegnitzschäfer* u. a.

Sprachlabor, Geräteapparat f. Sprachunterricht zur Wiedergabe u. Aufnahme gesprochener Sprache; Lehrer überspielt vom Steuerpult Lehr- u. Übungsmaterialien an die Schülerplätze; der Schüler kann individuell arbeiten, der Lehrer kann kontrollieren u. sich einschalten.

Sprachlehre → Grammatik.

Sprachphilosophie, Zweig d. Phil., der d. Sprache nach Wesen, Entstehung u. Funktion in gesellschaftl. u. kulturellen Zus.hängen untersucht.

Sprachpsychologie → Psycholinguistik.

Spitzbergen

Waldspitzmaus

Sprachrohr, Trichter zur Lautverstärkung; auch Rohrleitung zur Sprachübertragung in entfernte Räume (z. B. von der Schiffskommandobrücke zum Maschinenraum).

Spranger,
1) Carl-Dieter (* 28. 3. 1939), CSU-Pol.; 1982–91 Parlamentar. Staatssekretär im B.innenmin., s. 1991 Min. f. wirtsch. Zusammenarb. u. Entwicklung.
2) Eduard (27. 6. 1882–17. 9. 1963), dt. Pädagoge u. Kulturphil.; *Psychologie des Jugendalters.*

Spray, *m. od. s.* [engl. sprei],
1) Spritzapparat od. Sprühdose z. Zerstäuben v. Flüssigkeiten; dabei verwendete Treibgase z. T. umweltschädlich (Fluorchlorkohlenwasserstoffe).
2) der durch Zerstäuben entstehende Flüssigkeitsnebel.

Carl Spitzweg

Sprechmaschine, Apparat zur Aufnahme u. Wiedergabe v. akust. Schwingungen, erfunden 1877 v. → Edison (→ *Phonograph);* Schwingungen über großen Trichter auf Membran (Metall oder Glimmer) geleitet, die Schneidenadel betätigt, geschnitten auf m. Stanniol bespannte Walze, später auf Wachswalze. S. auch unter d. Namen *Grammophon* populär; Tiefenschrift durch Seitenschrift ersetzt (Schwingungsaufzeichnung statt durch versch. Vertiefung jetzt durch seitl. Auslenkung aus d. Ruhelage). Ende der 20er Jahre Aufzeichnung el. über Mikrofon u. Verstärker durch Saphirschreibstift auf rotierende wachsüberzogene Zinkplatte, v. d. auf elektrolyt. Wege eine Kupfermatrize gefertigt wird; Vervielfältigung durch Abdrücke auf → Schallplatten, Antrieb durch Federkraft od. el.; Abspielgerät heute → Plattenspieler.

Spree, l. Nbfl. der Havel bei Spandau, aus der sächs. Oberlausitz, in vielen Kanälen durch den **Spreewald** in d. Niederlausitz (früher Sumpflandschaft, heute Weideland, Acker- u. Gartenbau; z. T. wendische Bewohner), durchfließt Neuendorfer, Schwieloch-, Müggelsee u. Berlin, 382 km l., 147 km schiffbar; Kanäle zu Oder u. Havel.

Spremberg (D-03130), Krst. i. Bbg. i. d. Lausitz, 23 846 E; Webschule, Braunkohlengruben; Großkraftwerk *Trattendorf.*

Sprengel,
1) Weihwedel.
2) Amtsbezirk, bes. e. Bischofs.
3) *Schulsprengel.*

Sprenggelatine, Dynamitpräparat; Lösung von 8 % Kollodium in 92 % Nitroglycerin.

Sprenggeschosse, Geschosse ab 20 mm; sie wirken durch Sprengstücke (Splitter), Druck u. Detonationsknall.

Sprenggiebel, Bogen über Türen u. Fenstern m. ausgespartem Scheitel.

Sprengkapsel, mit Knallquecksilber und Kaliumchlorat gefüllte Hülse zum Entzünden von Sprengstoffen; Zündung durch Zündschnur od. elektrisch mittels

Sprache

die nicht nur tierhaft-lautliche u. gefühlsgetragene, sondern die artikulierte u. logische Mitteilungsfähigkeit, die als Ausdruck einer bewußten Geistigkeit eine der schärfsten Grenzen zw. Tier u. Mensch zieht. Alle bekannten "lebenden" u. "toten", d. h. alle noch oder nicht mehr gebrauchten Sprachen sind Endergebnisse langer Entwicklungen in der Vorgeschichte bzw. z. T. auch historisch verfolgbarer Wanderungen (Indoeuropäisch), Verflechtungen (Englisch) u. Überschichtungen (Annamitisch). – Nach dem *Grad der "Verwandtschaft"*, d. h. der grammatischen Ähnlichkeit, werden die Dialekte (→ Mundarten) zu Sprachen, Sprachzweigen, Sprachästen u. endlich zu *Sprachstämmen* zusammengefaßt. Nach dem *"Typus"*, d. h. dem inneren Bau, unterscheidet man: *isolierende*, d. h. unveränderte Wörter aufreihende Sprachen (Chinesisch), *agglutinierende*, durch Vor- und Nachsilben die Bedeutung wandelnde (Türkisch), *inkorporierende*, in langen Wörtern begriffsbildende (Altmexikanisch) u. *flektierende*, den Wortstamm abwandelnde Sprachen (Griechisch). Nach der *Anwendung* werden schließlich *Volks-* (Deutsch), *Verkehrs-* (Suaheli) u. intern. *Hilfssprachen* (→ Esperanto) unterschieden. – Die Trägergruppen der Sprachen sind nicht mit Rassen zu verwechseln: Sprachen bilden Völker von gleicher Kultur und Abstammung, Rassen aber Typengruppen gleichen Aussehens u. biol. Verhaltens.

Die Sprachen der Erde
(ausgestorbene Sprachen sind durch + bezeichnet):

I. Indogermanisch.
A. Kentumsprachen (Merkmal: 100 = kentum).
GERMANISCH: a) *Ostgermanisch:* Gotisch+ (war Schriftsprache), Wandalisch+, Burgundisch+ u. a.; b) *Nordgermanisch:* Altnordisch+; daraus Isländisch, Norwegisch, Dänisch, Schwedisch; c) *Westgermanisch:* Englisch, Friesisch u. Deutsch mit Niederdeutsch, Flämisch, Niederländisch, Afrikaans. – ROMANISCH: a) *Italisch:* Oskisch+, Umbrisch+, Lateinisch(+); aus letzterem das moderne Lateinisch; b) *Romanisch:* Italienisch, Spanisch, Katalanisch, Portugiesisch, Französisch, Provenzalisch, Rumänisch, Rätoromanisch (Ladinisch). – KELTISCH: Gallisch+, Gälisch (Irisch, Schottisch), Kymrisch (Walisisch, Bretonisch). – GRIECHISCH: Altgriechisch+, Neugriechisch. – OSTGRUPPE: Hethitisch+, Tocharisch+.

B. Satemsprachen (Merkmal: 100 = satem).
SLAWISCH: a) *Ostslawisch:* Großrussisch, Weißrussisch, Ukrainisch; b) *Westslawisch:* Polnisch, Kaschubisch, Tschechisch, Slowakisch, Wendisch; c) *Südslawisch:* Bulgarisch, Serbokroatisch, Slowenisch. – BALTISCH: Litauisch, Lettisch, Prußisch (Altpreußisch)+. – ALBANISCH: vom Illyrischen+: Toskisch, Gegisch. – TURANGRUPPE: a) *Neuarmenisch:* (vom Phrygischen+), Oss(et)isch (vom Sakisch-Alanischen+); b) *Sakisch:* (mit Alanisch+, Skythisch+, Massagetisch+, Sarmatisch+ u. a.); Mitannitisch+, Kossäisch+ (= Kassitisch). – INDOARISCH: a) *Iranisch:* Avestisch+ (Altpersisch); Pahlewi+ (Mittelpersisch, Parthisch+), Medisch+, Sogdisch+, Persisch; Parsi: Kurdisch, Afghanisch, Balutschi, Galtscha; b) *Indisch:* Sanskrit+ (Altindisch); Prakrit+; Pali+ (Mittelindisch); Hindostani (= Hochindisch, Verkehrssprache, als Kommandosprache "Urdu"), Hindi, Pandschabi, Sindhi, Marathi, Bengali u. a.; Singhalesisch.

II. Japhetitisch (Kaukasisch). Iberisch+, Baskisch. – Etruskisch (Altitalisch), Pelasgisch+ (Vorgriechisch). – Kleinasiatisch+: Lydisch+; Karisch+, Kappadokisch+ u. a. – Kaukasisch: Altarmenisch+, Georgisch, Mingrelisch, Tscherkessisch, Abchasisch, Lesghisch, Tschetschenisch u. a. – Altmesopotamisch: Chaldäisch+, Elamisch+, Sumerisch+.

III. Hamito-semitischer Sprachstamm. HAMITISCH: a) *Berberisch:* Kabylisch, Libysch, Tuareg, Zenaga, Pul (Fulbe); b) *Kuschitisch:* Altägyptisch+: Bedscha, Hádendoa, Kaffa, Somali, Galla, Koptisch als Kirchensprache. – SEMITISCH: a) *Arabisch:* (Neuägyptisch, Neusyrisch, Algerisch u. a.), Amhara (vom Geez+, Abessinisch); b) Akkadisch+, Babylonisch+, Assyrisch+; c) Hebräisch (Neuhebräisch), Kanaanitisch, Phönizisch+ (Punisch), Aramäisch+, Syrisch.

IV. Innerafrikanische Sprachen. SUDANISCH: *Nigritisch:* a) in Ostafrika: Kunama, Nuba, Mangbetu, Songhai u. a.; b) in Westafrika: Kwa, Nupe, Ibo, Edo, Kru, Yóruba, Ewé u. a.; *Mandingo:* Soninké, Susu, Kpelle u. a.; *Semibantu:* Lafofa, Bamum, Benuë-Sprachen, Gur u. a.; *Innersudanisch:* Tebú, Haussa, Zaghawa, Kanuri, Wadai, Bagirmi, Sara u. a. – BANTU: a) *Ostgruppe:* Kisuaheli (Suaheli), Ganda; b) *Südgruppe:* Maschona, Soto, Zulu, Herero u. a.; c) *Westgruppe:* Lunda, Kongo, Duala u. a. – NILOTISCH: a) *Niloto-sudanisch:* Dinka, Schilluk, Nuër u. a.; b) *Niloto-hamitisch:* Massai, Turkana, Bari u. a. – KHOISAN: Buschmännisch, Hottentottisch, Sandawe, Dámara.

V. Paläoasiatischer Sprachstamm. YUKAGIRISCH: Tschuktscho-Kamtschadalisch, Ainu-Gilyakisch.

VI. Ural-altaischer Sprachstamm. URALISCH (Finno-Ugrisch): a) *Ungarisch* (Magyarisch), Finnisch (Suomi), Estnisch, Lappisch, Wogulisch, Ostjakisch; b) *Samojedisch*. ALTAISCH: a) *Türkisch* (Osmanli), Kirgisisch, Sartisch, Usbekisch, Urianchai; b) *Mongolisch:* Burjatisch, Kalmykisch, Jakutisch; c) Mandschu: Tungusisch, Solonisch u. a. – ARKTISCH: Aleutisch, Eskimo.

VII. Tibeto-chinesischer Sprachstamm. TIBETISCH mit Assamisch, Naga, Katschin, Nepalisch, Leptscha. Jenissai-Ostjakisch. Birmanisch mit Tschin. Lolo. Thai (Siam[es]isch, Lao, Schan); Karén; Annam(it)isch (mit Muong). CHINESISCH: Hochchinesisch (= Mandarin, Guanhua, Guo-yü); Nordchinesisch, Südchinesisch (= Niederchinesisch = Kantonesisch, Tschekiang, Fukien, Hakka u. a.).

VIII. Drawidischer Sprachstamm. A. SÜDGRUPPE: Tamil mit Malaialám; Kanaresisch mit Toda; Tulu. B. NORDGRUPPE: Telugu; Gond, Khond, Oraon, Brahui.

IX. Austrischer Sprachstamm. AUSTROASIATISCH: a) *Mon-Khmer:* Mon, Khmer, Moi, Kamuk; b) *Munda:* Horo, Santal, Korku, Juang, Sora u. a.; c) *Malakka-Gruppe:* Semang, Senoi, Jakun; d) *Palaung:* Wa, Riang, Khasi, Nikobar; e) *Miao:* Man (Yao). AUSTRONESISCH: a) *Indonesisch:* Malaiisch, Batak, Javanisch, Dayak, Toradja; Formosanisch, Philippinisch, Malagassi, Tcham u. a. b) *Polynesisch:* Samoa, Tonga, Hawaii, Maori u. a.; c) *Melanesisch:* Neukaledonisch, Neuhebridisch, Fidschi u. a.; d) *Mikronesisch*.

X. Indianersprachen. A. NORDAMERIKA: a) *Na-Dene* mit Atapaskisch,

---

eines Zündapparates u. Glühzünders; → Initialzündung.

Sprengöl, explosibles Öl, svw. → Nitroglycerin.

Sprengstoffe, svw. Explosivstoff (→ Explosion).

Sprengstoffverbrechen, alle Straftaten, die vorsätzlich oder fahrlässig Gefahr durch Sprengstoff herbeiführen; im engeren Sinne: Verbrechen nach Sprengstoffgesetz v. 9. 6. 1884 (13. 9. 1976).

Sprengwerk, Baukonstruktion mit Unterstützung des horizontalen Hauptträgers durch schräg angreifende, gegeneinander abgesteifte Stützen.

Sprichwort, vom Volk geprägte Formel für eine Lebenserfahrung (-weisheit); kennzeichnend für Denkweise u. Wesen eines Volkes.

Spriet, *s.,* am Mast d. Segelschiffs befestigte Querstange zum Spannen d. Segels; → Takelung.

Springbock, südafrikan. rehgroße Antilope; 5 m weite, 2 m hohe Sprünge.

Springe (D-31832), St. am Fuß d. Deisters, i. Kr. Hannover, Nds., 29 890 E; AG; ma. Gepräge; Naturschutzgeb. (Saupark, Wisentgehege).

Springer,
1) Anton (13. 7. 1825–31. 5. 91), dt. Kunsthistoriker; *Handbuch d. Kunstgeschichte.*
2) Axel Cäsar (12. 5. 1912–22. 9. 85), dt. Zeitungs- u. Zeitschriftenverleger; Gründer d. Axel Springer Verlag AG (m. Großdruckerei u. Buchverlag); *Die Welt; Bild-Zeitung; HÖRZU* u. a.
3) Julius (10. 5. 1817–17. 4. 77), dt. Verleger; begr. 1842 *S.-Verlag,* Berlin, Heidelberg, Göttingen; insbes. Naturwissenschaften.

Springer, Schachfigur, svw. → Rössel.

Springfield ['sprɪŋfiːld],
1) Hptst. d. US-Staates Illinois, 105 000 E; Getreidehandel; Uhrenfabrik; Kohlenbergbau.
2) St. in Massachusetts (USA), 157 000 E; Waffenind.
3) St. in Missouri (USA), 141 000 E.

Springflut, bes. hohe Flut, tritt auf, wenn Sonne u. Mond gleichzeitig im Meridian stehen, d. h. bei Voll- und Neumond; Ggs.: → Nippflut.

Apatschisch, Navaho, Tlinkit, Haida u. a.; b) *Algonkin* mit Kri, Delaware, Arapaho, Scheienne u. a.; c) *Penuti:* Tschinuk, Tsimshian; d) *Selisch* (Mosan) mit Nutka, Kwakiutl u. a.; e) *Irokesisch* mit Seneka, Tscheroki, Wyandot (Huron), Mohawk u. a.; f) *Muskogi:* Käddo, Haka; g) *Sioux* mit Omaha, Mandan, Dakota, Winnebago u. a.; h) *Alt-Kalifornier* u. a.
B. MITTELAMERIKA: a) *Uto-Aztekisch:* Schoschonisch mit Komantsche, Ute, Hopi, Pima, Nahua u. a., Pueblo; b) *Otomi:* Mixtekisch, Totonakisch, Zapotekisch; c) *Maya* mit Huaxtekisch; Miskito u. a.
C. SÜDAMERIKA: a) *Andengruppe:* Tschibtscha, Ketschua-Amara, Araukanisch; b) *Nordgruppe:* (Kar(a)iben; Aruak mit Goajiro und Jivaro; Tupi-Guarani; Ges mit Botokudisch; Kayapo u. a.; c) *Südgruppe:* Guaikurú und Mataco; Patagonisch (Tehueltsche, Ona); Feuerländisch (Jahgan, Alakaluf).
XI. **Isolierte Sprachen.** A. MITTELMEERRAUM U. VORDERASIEN: Rätisch+, Ligurisch+, Eteokretisch+, Eteokyprisch+, Churritisch+, Kassitisch+, Chattisch+, Urartäisch+ u. a. B. ASIEN, AUSTRALIEN U. OZEANIEN: Andamanisch, Buruschaski, Koreanisch, Japanisch, Nahali, Tasmanisch, Papuasprachen u. a.

Verbreitung der wichtigsten Sprachen
Als Muttersprache wird gesprochen von etwa

Englisch	in England, den USA, Teilen von Kanada, Australien und dem übrigen Commonwealth. Handelssprache (Pidgin-Englisch) im Fernen Osten	409 Mill.
Russisch	in den Staaten der ehemaligen Sowjetunion, bes. Rußland	280 Mill.
Deutsch	in Deutschland, Österreich, Ostschweiz, Südtirol, Elsaß, Luxemburg, Eupen-Malmédy, von den Restvolksgruppen in Mittel- u. Osteuropa; in Auswanderungsländern USA, Brasilien u. a.	118 Mill.
Spanisch	in Spanien, auf den Kanarischen Inseln, in den ehem. span. Ländern Lateinamerikas, auf Cuba, Puerto Rico u. d. Philippinen	275 Mill.
Französisch	in Frankreich, der Südhälfte von Belgien, der Westschweiz, den Überseegebieten u. den ehem. frz. Kolonien (bes. in N- u. W-Afrika), Teilen von Kanada und Haïti	110 Mill.
Portugiesisch	in Portugal, auf Madeira u. den Azoren, in der span. Provinz Galicien, den ehem. portugies. Kolonien, Brasilien	157 Mill.
Italienisch	in Italien, Schweiz (Tessin), Korsika und in den Auswanderungsländern (bes. Südamerika)	162 Mill.

Es sprechen Chinesisch (Mandarin 755 Mill.) 935 Mill., Koreanisch 63 Mill., Japanisch 121 Mill., Malaiisch-Indonesisch 122 Mill., Hindi 122 Mill., Bengali 160 Mill., Urdu 77 Mill., Arabisch 166 Mill., Türkisch 48 Mill.

Sprungschanze *in Cortina d'Ampezzo*

Springbock

Springhase

Zebra-Springspinne

Springhase, hasengroßes afrikanisches Nagetier; Bewegungen känguruhähnlich.
Springkraut, *Rührmichnichtan,* Balsaminengewächs der Laubwälder m. goldgelben, gespornten Blüten; Fruchtkapseln springen bei Berühren auf u. schleudern Samen fort; *Drüsiges Sp.* aus Indien, rosarote Blüten, verwildert derzeit vielerorts.
Springs, St. in Transvaal (Rep. S-Afrika), 154 000 E; Technikum; Goldbergbauzentrum, Maschinen- u. Waggonbau.
Springschreiber, *Start-Stop-Telegraf,* ein → Fernschreiber, bei dem jedes zu übertragende Zeichen einer Anordnung von 5 Strom- od. Nichtstromimpulsen entspricht.
Springschwänze, *Kollembolen,* hüpfende, primitive, flügellose Insekten; artenreich (z. B. → *Schneefloh,* → *Gletscherfloh).*
Springspinnen, bauen keine Netze, springen Beute (Fliegen) an u. lähmen diese durch Biß. Männchen führen vor der Begattung rituelle Tänze aus u. schalten damit den Beutetrieb der Weibchen aus; z. B. *Zebra-S.*
Sprinkleranlage, Vorrichtung zum Feuerschutz in Lagerräumen, Warenhäusern usw.; m. selbsttätiger Auslösung der Beregnungsanlage bei Erreichung gefährlicher Temperatur bzw. Rauchdichte.
Sprinter [engl.], Sportler m. d. speziellen Fähigkeit (Schnellkraft, Reizleitung, Koordination), im Laufen, Schwimmen, Eisschnellauf, Radfahren kurze Strecken i. höchstmögl. Geschwindigkeit zurückzulegen.
Spritzbeton → Beton.
Spritzgurke, wächst im Mittelmeergebiet; Früchte verspritzen bei Reife Saft mit Samen.
Spritzguß, Gießverfahren: flüssiges Kunstharz od. Metall durch Preßluft, Pumpen od. Zentrifugalkraft in Stahldauerformen gespritzt.
Sproß, *m.,* der über d. Erde ragende Teil der höheren Pflanzen: Achsenkörper (Stengel, Stamm) mit Blättern; Wurzelstöcke od. Rhizome (unterird.) sind umgebildete Sprosse, keine Wurzeln.
Sprossenrad, → Zahnrad m. Triebstöcken statt Zähnen; in mechan. Rechenmaschinen Zahnrad m. veränderlicher Zähnezahl.
Sprossenwand, leiterähnl., i. Schweden entwickeltes Turngerät f. körperbildende Übungen.
Sprosser, Zwillingsart der → Nachtigall.
Sprossung, vegetative Vermehrung bei einzelligen Pflanzen (z. B. Hefe); entspricht der → Knospung b. niederen Tieren.
Sprotte, Heringsart der Nord- u. Ostsee; geräuchert als „Kieler S." im Handel.
Spruch, *m.,* in der mhdt. Dichtung Gedicht (Ggs.: *Lied)* didaktischen Inhalts.
Sprüche Salomos, Schrift im A.T., rel. u. moral. Sprüche aus d. 8.–5. Jh. v. Chr.; Verf. unbekannt.
Spruchkammern → Entnazifizierung.
Sprue → Zöliakie.
Sprungbein, ein Fußwurzelknochen, der mit den Unterschenkelknochen das obere **Sprunggelenk** (Fußgelenk) bildet; → Fuß (Abb.).
Sprungregreß, Wechsel- oder Scheckrückgriff nach → Protest, b. dem sich der Wechselinhaber nicht an die Reihenfolge d. Wechselverpflichtungen zu halten braucht.
Sprungrevision, unter Umgehung der zunächst übergeordneten Berufungsinstanz eingelegte → Revision, zulässig nur b. best. Voraussetzungen.
Sprungschanze, Anlage f. Skispringen; bestehend aus Schanzenturm, Anlaufbahn, Schanzentisch u. Aufsprungbahn.

1. Reihe von links nach rechts:

Rhythmische Gymnastik, Ball

Kunstturnen, Ringe

Weitsprung

Hochsprung

Speerwerfen

Hürdenlauf

Gewichtheben

3. Reihe von links nach rechts:

Schwimmen, Butterfly

Canadier, Zweier

Kajak, Vierer

Rudern, Achter

Eisspeedway

5. Reihe von links nach rechts:

Judo

Fußball

Handball

Sumo-Ringen

Eishockey

Basketball

2. Reihe von links nach rechts:

Springreiten

Radfahren, Einzel

Motorsport

Free Climbing

Drachenfliegen

4. Reihe von links nach rechts:

Ski alpin, Abfahrt

Skispringen

Trickski

Eisschnellauf

Eiskunstlauf

Tennis

Fechten, Florett

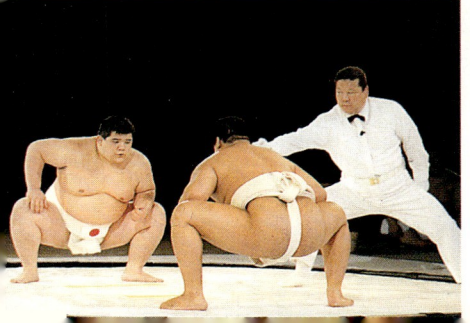

Sprungschicht, *Metalimnion,* bei stehenden Gewässern die starken Temp.schwankungen unterliegende Wasserschicht zw. d. kälteren, sauerstoffarmen Unterschicht u. d. wärmeren, sauerstoffreichen Oberflächenschicht.
Sprungtemperatur → Supraleitung.
Sprungwelle, wallart. Flutwelle, d. i. trichterförm. Mündungen gr. Flüsse eindringt.
Spule,
1) lufthaltiges Endteil d. Vogelfeder.
2) drehbare Rolle zur Aufnahme wickelbarer Materialien (z. B. Fäden u. dgl.)
3) *Elektrotechnik:* Teil von Apparaten u. Maschinen m. geschlossener Anordnung vielfacher Windungen v. Leitungsdraht z. Erzielung induktiver Wirkungen.
Spulwürmer, *Askariden,* Darmparasiten (Fadenwürmer); *Menschen-Spulwurm,* bis 40 cm lang, ähnlich *Pferde-S.;* Eier gelangen mit Kot ins Freie und werden mit Nahrung wieder aufgenommen (in größerer Zahl gesundheitsgefährdend).
Spumante, *m.,* it. Bez. f. → Schaumwein.
Spundwand, zum Umschließen der Baugrube im Grundwasser.
Spur,
1) → Spurweite.
2) *weidm.* die Abdrücke des Haarwildes (außer → Schalenwild) auf dem Boden, auch → Fährte.
Spurenelemente, f. normalen Lebensablauf v. Mensch, Tier u. Pflanze unentbehrl. Mineralstoffe; i. d. Nahrung spurenweise enthalten (z. B. Kupfer, Zink, Iod, Fluor f. Mensch u. Tier, Bor u. Mangan f. Pflanzen).
Spurt, *m.* [engl.], Tempobeschleunigung eines Rennens (z. B. Mehrschlag im Rudern).
Spurweite, bei der Eisenb.: lichte Weite zw. den inneren Fahrkanten der Schienenköpfe; *Normalspur* allg. 1435 mm; geringere S.: *Schmalspur;* abweichende S. in der ehem. Sowjetunion, Irland, Spanien; bei Kfz Abstand zw. 2 Rädern einer Achse, von der Reifenmitte aus gemessen.
Sputnik, *m.* [russ. „Begleiter"], erster künstl. Erdsatellit (UdSSR); Start: 4. 10. 1957, Masse: 83,6 kg (→ Weltraumforschung, Übers.).
Sputum [l.], durch Husten entleerter Auswurf aus den Atmungsorganen, enthält b. Infektionskrankheiten oft deren Erreger; wichtig f. Diagnose.
Spyri, Johanna (12. 6. 1827–7. 7. 1901), schweiz. Jugendschriftst.in; *Heidis Lehr- u. Wanderjahre.*
Square, *s.* [engl. skwɛə „Viereck"], Grünfläche i. e. Häuserblock; danach Bez. f. Plätze u. Anlagen (z. B. *Trafalgar Sq.* in London).
Square Dance [ˈskwɛəˌdæns], nordam. Volkstanz, je vier Paare führen Quadratfiguren aus.
Squash [engl. skwɔʃ], in England entstandenes, tennisähnl. Spiel auf einem 9,75×6,40 m großen u. auf allen Seiten v. Wänden umgebenen Spielfeld; 2 Spieler spielen sich m. e. 69 cm langen Schläger einen 23 g schweren Vollgummiball im Wechsel über d. Vorderwand zu; dabei ist man bemüht, dem Gegner d. regelrechte Rückspiel zu erschweren; auch als Doppel gespielt.

SRI LANKA

Staatsname: Demokratische Soz. Republik Sri Lanka, Sri Lanka prajatantrika samajawadi janarajaya (singh.); ilangai jananayaca socialisak kudiarasu (tamil.)
Staatsform: Präsidiale Republik
Mitgliedschaft: UNO, SAPTA, Commonwealth, Colombo-Plan
Staatsoberhaupt: Chandrika Bandaranaike Kumaratunga
Regierungschefin: Sirimavo Bandaranaike
Hauptstadt: Colombo 615 000 Einwohner
Fläche: 65 610 km²
Einwohner: 18 125 000
Bevölkerungsdichte: 276 je km²
Bevölkerungswachstum pro Jahr: ⌀ 1,27% (1990–1995)
Amtssprache: Singhalesisch, Tamilisch
Religion: Buddhisten (69%), Hindus (15%), Christen (7,6%), Muslime (8%)
Währung: Sri-Lanka-Rupie (S. L. Re.)
Bruttosozialprodukt (1994): 11 634 Mill. US-$ insges., 640 US-$ je Einw.
Nationalitätskennzeichen: CL
Zeitzone: MEZ + 4½ Std.
Karte: → Asien

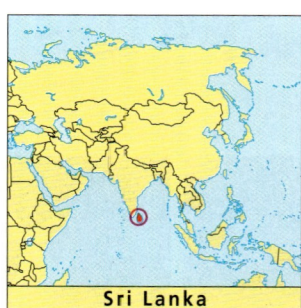

Sri Lanka

Squatter, *m.* [ˈskwɔtə], in Nordamerika Ansiedler ohne Rechtstitel; in Australien Schafzüchter.
Squaw [skwɔ:], Indianerfrau.
Squire [ˈskwaɪə], Kurzf. für → Esquire.
Sr, chem. Zeichen f. → Strontium.
Srbik, Heinrich Ritter v. (10. 11. 1878 bis 16. 2. 1951), östr. Historiker; *Metternich, d. Staatsmann u. Mensch.*
Sri Lanka, früher *Ceylon,* Inselstaat im Ind. Ozean, v. Vorderindien durch Golf von Manar und die Palkstraße getrennt (*Adamsbrücke,* 23 km); Bev.: Singhalesen (74%), Tamilen (18%), Mauren (7%), Malayen, Mischlinge (→ Wedda), einheimische Weiße („Burghers"). **a)** *Geogr.:* Im Innern gebirgig (*Adamspik* 2262 m, *Pedurutallagalla* 2538 m). **b)** *Landw.:* Grundlage d. Wirtsch., ca. 47% d. Erwerbstätigen, Plantagenanbau: bes. von Tee (50% d. Ausfuhr), daneben Kautschuk, Kokospalmen, Kakao. **c)** *Bodenschätze:* Kaum erschlossen, bed. Edelsteinvorkommen; Graphit. **d)** *Außenhandel* (1991): Einfuhr 3,16 Mrd., Ausfuhr 2,20 Mrd. $. **e)** *Verf.* v. 1978: Präsidiale Rep. (demokr.-sozialist. Rep.) m. Einkammerparlament. **f)** *Verw.:* 9 Prov. (Palat) m. 24 Distrikte. **g)** *Gesch.:* 1517–1656 portugies., dann holl.; 1802 brit. Kronkolonie, 1948 Dominion; 1978 neues Präsidialsystem; s. 1983 blutige Konflikte zw. Singhalesen u. Tamilen; 1987 Friedensabkommen zw. Reg. u. tamil. Befreiungsfront, überwacht v. ind. Schirmherrschaft, überwacht v. ind. Friedenstruppe (1990 wieder abgezogen), führt zu faktischer Zweiteilung des Staates, ohne die Kämpfe zu beenden. 1996 nach schweren Bombenanschlägen der „Liberation Tigers of Tamil Felam" Ausweitung des Ausnahmezustandes über die ganze Insel; Bürgerkrieg dauert an.
Srinagar, Hptst. d. ind. Staates Jammu u. Kaschmir, im W-Himalaja-Gebiet, 595 000 E; Kunsthandwerk.
SS, Abk. f. **S**chutz**s**taffel, urspr. Leibgarde Hitlers, errang nach dem → „Röhm-Putsch" und mit dem Aufstieg → Himmlers die vollständige Macht im Staat u. sollte „Herrenschicht" in Europa heranzüchten. – Neben allg. SS: *SS-Totenkopfverbände* als Wachverbände der → Konzentrationslager u. die *Waffen-SS* (1945 ca. 950 000 Mann). – SS im Nürnberger Prozeß zur verbrecherischen Organisation erklärt.
SSD, Abk. f. **S**taats**s**icherheits**d**ienst, pol. Polizei der ehem. DDR.
SSR, Abk. f. **S**ouveräne **S**owjet**r**ep.; **SSSR,** Abk. f. **S**ojus **S**ovetskich **S**ocialističeskich **R**espublik, → Sowjetunion.
SST, Abk. f. **S**uper**s**onic-**T**ransport-Flugzeuge, die im Überschallbereich fliegen; → Düsenflugzeug.
Ssylka [russ. „Verbannung"], Zwangsansiedlung f. best. oder unbestimmte Zeit; im sowj. Strafrecht vorgesehene Form des Strafvollzuges, oft nach der Entlassung aus Lager oder Gefängnis (Ansiedlung meist in Sibirien).
SS 20, sowj. atomare Mittelstreckenrakete; Reichweite ca. 4500 km; auch → NATO-Nachrüstung.
SS-24, Atomraketen (→ ICBM) der ehem. Sowjetunion; Reichweite rd. 10 500 km, zwei Versionen: a) m. Eisenbahn transportierbar, b) in Raketensilos stationiert; alleine die Ukraine besitzt dzt. 46 SS-24.

---

s. t., Abk. f. *sine tempore* [l., „ohne Zeit"], pünktlich, ohne akadem. Viertel; Ggs.: → c. t..
St., Abk. f. → *Sanctus;* bei Städten Abk. f. → *Saint* od. → *Sankt.*
Staat, die als pol. Einheit organisierte u. m. Herrschaftsbefugnissen ausgestattete Gemeinschaft v. Menschen innerh. eines best. räuml. begrenzten Gebietes.
Staatenbildung, hochentwickelte Lebensgemeinschaft im Tierreich, in der nach Körperbau u. Funktion unterschiedliche Organismen spezielle Aufgaben übernommen haben (Arbeiterin, Soldat, Königin bei Ameisen, Termiten); Zus.leben durch → Pheromone gesteuert.
Staatenbund, völkerrechtl. Vereinigung selbständiger Staaten (z. B. Deutscher Bund 1815); zu unterscheiden vom → *Bundesstaat.*
Staatenlosigkeit → Nansenpaß und → Asyl.
Staatenstaat, Verbindung mehrerer Staaten, bei d. souveräner Oberstaat souveräne Unterstaaten in einer Art Vasallitätsverhältnis, *Suzeränität,* beherrscht (z. B. früher die ind. Fürstenstaaten unter England).
Staatsangehörigkeit, rechtl. Zugehörigkeit einer Person zu einem best. Staat; wird erworben durch Geburt nach dem Abstammungsgrundsatz (*jus sanguinis*), wonach Staatsangehörigkeit d. Eltern bestimmend ist, od. nach d. Territorialitätsgrundsatz (*jus soli*), wonach Geburtsort maßgebend ist. Ferner Erwerb durch Eheschließung od. Einbürgerung: *Naturalisation.* Intern. nicht anerkannte Masseneinbürgerung z. B. d. Sudetendeutschen 1938 für BR durch Staatsangehörigkeitsbereinigungsgesetz 1955 nachträglich geregelt (→ Volksdeutsche). Staatsangehörigkeit d. Deutschen geregelt im mehrf. geänderten Reichs- u. Staatsangehörigkeitsges. vom 22. 7. 1913.
Staatsanleihen, a) *allg.* als Anleihen der Staaten zur Deckung außerordentl. Ausgaben; **b)** *im engeren Sinne:* zur Deckung langfrist. Geldbedarfs ausgegebene → Schuldverschreibungen.
Staatsanwaltschaft, staatliche Anklagebehörde bei Gerichten zur Verfolgung aller zu ihrer Kenntnis gelangenden Straftaten (→ Legalitätsprinzip); → Rechtspflege, Übers.
Staatsaufsicht, Kontrolle des Staates über die Gemeinden usw.; wird durch leitende Staatsbeamte d. Verwaltungsbehörden ausgeübt (z. B. Reg.-Präsidenten).
Staatsbanken, bis 1945: öffentl.-rechtl. Kreditanstalten im Besitz e. Landes; dienten der Kassenhaltung d. Länder (z. B. Preußische Staatsbank); jetzt in d. BR → Landeszentralbanken.
Staatsbankrott, *Repudiation,* vorübergehende od. dauernde Unfähigkeit e. Staates, s. Verbindlichkeiten zu erfüllen.
Staatsexamen, staatl. Prüfung bei Berufen mit vorgeschriebener Ausbildung (z. B. bei Lehrern, Medizinern, Juristen).
Staatsgarantie, Übernahme staatl. Haftung f. Schulden von staatl. Instituten (z. B. Staatsbanken), aber auch v. privaten Unternehmen.

Staatsgefährdung, Verbrechen od. Vergehen gg. Bestand, Ordnung, Verfassungsgrundsätze u. Verfassungsorgane der BR; strafbar mit Freiheitsstrafe (§§ 81 ff. StGB).

Staatsgeheimnisse, nur einem begrenzten Personenkreis zugängl. Tatsachen, Gegenstände oder Erkenntnisse, die geheimgehalten werden müssen, um schweren Nachteil für d. Sicherheit eines Staates abzuwenden; i. d. BR Offenbaren, Preisgabe od. Auskundschaften v. S.n m. Freiheitsstrafe strafbar (§§ 95 ff. StGB).

Staatsgewalt, Gesamtheit d. staatl. Herrschaftsbefugnisse.

Staatshaftung, Schadenersatzpflicht d. Staates f. schuldhafte rechtswidrige Amtspflichtverletzung seiner Beamten gegenüber Dritten, dasselbe bei öff.-rechtl. Körperschaften.

Staatshaushalt, d. Aufteilung d. Einnahmen u. Ausgaben n. einem *Haushaltsplan (Etat)*, muß v. Parlament genehmigt werden; → öffentlicher Haushalt.

Staatshoheit, die Gesamtheit d. dem Staat zustehenden Rechte.

Staatskirche, e. Kirche, die vom Staat abhängig ist, evtl. unter Ausschluß anderer.

Staatslehre, Wiss. v. Staat u. seinen Einrichtungen; *Allg. S.:* Wesen, Entstehung, Formen d. Staates; *Staatsrechtslehre;* Lehre v. den pol. Ideen u. Gesetzmäßigkeiten; wiss. *Politik.*

Staatsminister, früher die in der Staatsverw. tätigen Min., heute in Bayern d. Leiter eines Ministeriums, in d. BR s. 1973 Amtsbez. einzelner Parlamentar. Staatssekr.

Staatsmonopole, Staat nimmt die *Alleinausübung* bestimmter wirtschaftl. Tätigkeiten aufgrund von Hoheitsrechten (Post) od. neuer Gesetze (Branntweinmonopol) in Anspruch; → Monopol, → Regalien.

Staatsorgane, verfassungsmäßig berufene Institutionen zur Bildung, Äußerung u. Verwirklichung d. Staatswillens.

Staatspapiere, svw. → Staatsanleihen, → Schatzanweisungen.

Staatsphilosophie, Zweig d. prakt. Phil. u. d. Staatslehre über mögl. Formen d. Verwirklichung d. Staatsidee. Vertr.: Plato, Aristoteles, Kant, Hegel.

Staatspräsident, Oberhaupt e. Republik.

Staatsrat, in Preußen s. 1817 oberstes Beratungsorgan unter Vors. d. Kgs. s. 1920 neben Landtag u. Staatsmin. oberstes Staatsorgan z. Vertretung d. Prov.en; während des NS-Regimes nur noch Titel; auch Beamtentitel (z. B. in Bayern), 1960–90 oberstes Regierungsorgan d. ehem. DDR.

Staatsrecht, Lehre vom → positiven Recht eines Staates; die Gesamtheit der sich mit d. Verfassung eines Landes u. dessen Beziehungen zu seinen Angehörigen befassenden Rechtsnormen.

Staatsreligion, die in einigen Staaten *privilegierte* Religion gegenüber den nur *geduldeten* Bekenntnissen.

Staatsschutz, gesetzl. Sicherungen d. Staates u. s. Einrichtungen gg. verfassungswidrige Angriffe einzelner u. best. Gruppen. Nach 1919 in Dtld *Republikschutzgesetz;* gegenwärtige Rechts-grundlage hpts. §§ 80–101 u. 105 ff. StGB; auch → Verfassungsschutz.

Staatssekretär, oberster pol. Beamter, Vertreter des Ministers; in versch. Ländern (z. B. USA) svw. Minister; in der BR *beamteter S.:* höchster Beamter des Ministeriums, in der Regel Vertreter des Min. in seinem Ressort; *parlamentar. S.* (od. → *Staatsminister)*: Bundestagsabgeordneter, pol. Vertr. d. Min. („Juniorenmin.") im Amt, Bundestag, Kabinett auf Weisung des Min.

Staatssicherheitsdienst, *SSD,* pol. Geheimpolizei der ehem. DDR. Schon Ende 1945 begann der Aufbau e. geheimen Polizeiapparates zur Verfolgung pol. Gegner des SED-Regimes, als bei den Landes- u. Kreisbehörden der Volkspolizei „Kommissariate 5" (K 5) entstanden. Ende 1946 erhielt die Deutsche Verwaltung des Innern ein Referat K 5, das pol. Delikte als „Auftragsangelegenheiten der Besatzungsmacht" bearbeitete. Parallel dazu gründete die Deutsche Wirtschaftskommission am 12. 5. 1948 den „Ausschuß zum Schutz des Volkseigentums", der d. „administrative Kontrolle des ges. Volkseigentums" erhielt. Beide Stellen wurden bei Gründung der DDR am 7. 10. 1949 zunächst zu der „Hauptverwaltung Schutz der Volkswirtschaft" im Ministerium des Innern (MdI) zusammengefaßt und dann 1950 (Gesetz vom 8. 2. 1950) zum Ministerium für Staatssicherheit (MfS) verselbständigt. Erster Minister war Wilhelm Zaisser. Nach dem Juniaufstand in ein „Staatssekretariat für Staatssicherheit" umgewandelt u. erneut dem MdI unterstellt. Seit Nov. 1955 wieder MfS. Minister seit Nov. 57 war bis zur Auflösung im Jahre 1989 Generaloberst Erich Mielke als Nachfolger des damals in Ungnade gefallenen Ernst Wollweber. Der Hauptteil des MfS war in Berlin-Lichtenberg, u. a. auch die zum MfS gehörende Hauptabteilung Aufklärung unter Markus Wolf. Das MfS wurde v. einem sowjet. Beraterstab überwacht u. angeleitet.

Staatssozialismus, soz.-pol. Staatstheorie (im eigtl. Sinne kein Sozialismus), → Kathedersozialismus, e. Abart davon u. → Solidarismus; Begriff z. T. auch auf jenen echten Sozialismus angewandt, bei dem dem Staat d. entscheidende Rolle i. Aufbau der sozialist. Gesellschaftsordnung zugedacht ist *(Louis Blanc, Fichte, Rodbertus, Lassalle).*

Staatsstreich, im Ggs. zur → Revolution Überrumpelung der Regierungsorgane u. Besitzergreifung der Staatsgewalt durch eine Person od. eine kleinere Gruppe unter Verfassungsbruch.

Staatsvertrag, zwischenstaatl. Übereinkommen, wird rechtskräftig durch Austausch der Ratifikationsurkunden.

Staatswissenschaften, Gesamtheit der Wissensgebiete, d. sich auf Staat u. Gesellschaft beziehen (z. B. Staatslehre, Volkswirtschaftslehre).

Stab, mil. Führung e. Truppenverbandes (z. B. Bataillons-, Regiments-S.), bes. die dem Kommandeur zugeteilten Offiziere.

Stäbchen → Zäpfchen.

Stabheuschrecken, flügellose Gespenstheuschrecken, deren nadelförmiger Körper u. dünne Beine in Ruhestellung kaum v. d. umgebenden Ästen z. unterscheiden sind; bes. i. d. Tropen, auch i. Mittelmeergebiet.

Stabhochsprung, leichtathlet. Wettbewerb; bei dem betonten Silben; mit einem bis 5 m. Glasfiberstab schwingt sich d. Springer nach Anlauf über eine Latte; dabei werden Höhen über 6 m übersprungen.

stabil [l.], feststehend, dauerhaft.

stabiles Gleichgewicht → Gleichgewicht.

Stabilisierung e. Währung, Herstellung e. festen Geldwertes; vgl. → Währungsreform.

Stabilität, w.,
1) *seem.* Widerstand eines Schiffes gg. → Krängung.
2) Beständigkeit, Standfestigkeit.

Stabilitätsgesetz, vom 8. 6. 1967, zur Stabilisierung d. Wirtsch. auf hohem Beschäftigungs- u. Produktionsniveau bei Preisstabilität durch Kooperation v. Behörden u. Tarifpartnern z. Steuerung d. Konjunktur.

Stabkirche, Mastenkirche, in d. skandinav. Architektur s. 11. Jh. Holzkirche m. Wänden aus senkrecht stehenden Planken u. runden Eckpfosten.

Stabmagnet, stabförmiger Dauermagnet.

Stabreim, Reim der germ. Dichtung; dreimalige Wiederkehr desselben Anlauts bei betonten Silben; gliedert Langzeile in zwei Kurzzeilen: „**R**üste den **R**atern **r**eichlichen Trank" (Edda); → Alliteration.

Stabsarzt, Militärarzt, Hauptmannsrang.

Stabshauptmann, Offizier d. mil.-fachl. Dienstes (Heer/Luftwaffe) in d. Besoldungsgruppe A 13, Marine: Stabskapitänleutnant; → Hauptmann.

Stabsoffizier → Offizier.

Stabwerk, Unterteilung d. got. Fensters durch vertikale steinerne Stäbe.

staccato [it.], Abk. *stacc., mus.* kurz gestoßen; deutl. voneinander getrennte Töne: Zeichen ′ oder Punkt über oder unter der Note.

Stachanow-System, sowj. System wettbewerbsmäßiger Steigerung d. Arbeitsleistungen; ben. nach Alexej *Stachanow* (1905–77), der die Arbeitsnorm um ein Mehrfaches übertraf. → Hennecke-System.

Stachel,
1) Oberhautgebilde bei Pflanzen (z. B. b. d. Rose).
2) die stark verhornten Haare mancher Säugetiere (z. B. Igel und Stachelschwein); auch die dem Hautpanzer der Stachelhäuter durch ein Kugelgelenk aufsitzenden Hautbildungen sowie der am Hinterleibsende mancher Gliederfüßer mit einer Giftdrüse in Verbindung stehende Giftstachel (z. B. Skorpion).

Stachelbeere, stacheliger Beerenstrauch mit grünlichen Blüten u. verschieden gefärbten Früchten; in zahlr. Kulturformen, wild an Felsen und in Wäldern.

Stachelflosser, Knochenfische mit stachelartigen Flossenstrahlen (z. B. *Barsch*).

Stachelhäuter, Tierstamm der Wirbellosen; mehr oder weniger unbewegl. Bewohner d. Meeresbodens, meist fünfstrahlig gebaut, Haut m. Stachelgebilden (z. B. → *Seeigel, -sterne, -lilien, -walzen*).

Stachelpilze, Ständerpilze m. stachli-

Abkürzungen	Die Staaten und Territorien der Welt
A	Österreich
AL	Albanien
AND	Andorra
B	Belgien
BG	Bulgarien
BIH	Bosnien-Herzegowina
CH	Schweiz
CZ	Tschechische Rep.
D	Deutschland
DK	Dänemark
E	Spanien
EST	Estland
F	Frankreich
FIN	Finnland
FL	Liechtenstein
GB	Großbritannien
GBZ	Gibraltar
GR	Griechenland
H	Ungarn
HR	Kroatien
I	Italien
IRL	Irland
L	Luxemburg
LT	Litauen
LV	Lettland
M	Malta
MC	Monaco
MD	Moldau
MK	Makedonien
N	Norwegen
NL	Niederlande
P	Portugal
PL	Polen
RO	Rumänien
RSM	San Marino
S	Schweden
SK	Slowakei
SLO	Slowenien
YU	Jugoslawien

Staat, Territorium	Hauptstadt/ Verwaltungssitz	km²	Einwohner
Afghanistan	Kabul	652 090	18 879 000
Ägypten	Kairo	1 001 449	57 656 000
Albanien	Tirana	28 748	3 414 000
Algerien	Algier	2 381 741	27 325 000
Amerikanische Jungferninseln	Charlotte Amalie	342	98 000
Amerikanisch-Samoa	Pago Pago/Fagatogo	199	55 000
Andorra	Andorra la Vella	453	65 000
Angola	Luanda	1 246 700	10 674 000
Anguilla	The Valley	96	9 000
Antigua und Barbuda	St. John's	440	65 000
Äquatorialguinea	Malabo	28 051	389 000
Argentinien	Buenos Aires	2 780 400	34 182 000
Armenien	Jerewan	29 800	3 773 000
Aruba (ndl.)	Oranjestad	193	69 000
Aserbaidschan	Baku	86 600	7 472 000
Äthiopien	Addis Abeba	1 133 400	53 435 000
Australien	Canberra	7 713 364	17 853 000
Bahamas	Nassau	13 878	272 000
Bahrain	Manama	678	549 000
Bangladesch	Dhaka	143 998	117 787 000
Barbados	Bridgetown	430	261 000
Belgien	Brüssel (Brussel, Bruxelles)	30 519	10 101 000
Belize	Belmopan	22 965	210 000
Benin	Porto Novo/ Cotonou	112 622	5 246 000
Bermuda (brit.)	Hamilton	53	63 000
Bhutan	Thimbu (Thimphu)	47 000	1 614 000
Bolivien	Sucre/La Paz	1 098 581	7 237 000
Bosnien-Herzegowina	Sarajevo	51 129	3 527 000
Botswana	Gaborone	581 730	1 443 000
Brasilien	Brasília	8 511 965	159 143 000
Britische Jungferninseln	Road Town	153	17 000
Brunei	Bandar Seri Begawan	5 765	280 000
Bulgarien	Sofia	110 912	8 818 000
Burkina Faso	Ouagadougou	274 200	10 046 000
Burundi	Bujumbura	27 834	6 209 000
Caymaninseln (brit.)	George Town	259	30 000
Chile	Santiago de Chile	756 945	14 044 000
China	Peking (Beijing)	9 560 961	1 187 891 000
Christmasinsel (austr.)	Flying Fish Cove	135	1 300
Cookinseln (neuseeld.)	Avarua	240	19 000
Costa Rica	San José	51 100	3 304 000
Côte d'Ivoire	Yamoussoukro	322 463	13 780 000
Dänemark	Kopenhagen (København)	43 077	5 173 000
Deutschland	Berlin/Bonn	356 974	81 338 000
Dominica	Roseau	751	71 000
Dominikanische Rep.	Santo Domingo	48 734	7 684 000
Dschibuti	Dschibuti (Djibouti)	23 200	566 000
Ecuador	Quito	283 561	11 220 000
El Salvador	San Salvador	21 041	5 641 000
Eritrea	Asmara	124 000	3 437 000
Estland	Tallinn	45 100	1 541 000
Falklandinseln (brit.)	Stanley	12 173	2 000
Färöer (dän.)	Tórshavn	1 399	47 000
Fidschi	Suva	18 274	771 000
Finnland	Helsinki	338 145	5 078 000
Frankreich	Paris	543 965	57 800 000
Französisch-Guayana	Cayenne	90 000	150 000
Französisch-Polynesien	Papéete	4 167	212 000
Gabun	Libreville	267 667	1 035 000
Gambia	Banjul	11 295	1 081 000
Georgien	Tiflis (Tbilissi)	69 700	5 450 000
Ghana	Accra	238 533	16 944 000
Gibraltar (brit.)		6	28 800
Grenada	St. George's	344	92 000
Griechenland	Athen	131 990	10 390 000
Grönland (dän.)	Nuuk (Godthåb)	2 175 600	58 000
Großbritannien und Nordirland	London	244 100	58 088 000
Guadeloupe (frz.)	Basse-Terre	1 705	421 000
Guam (USA)	Agaña	541	147 000
Guatemala	Guatemala-Stadt	108 889	10 322 000
Guinea	Conakry	245 857	6 501 000
Guinea-Bissau	Bissau	36 125	1 050 000
Guyana	Georgetown	214 969	825 000
Haïti	Port-au-Prince	25 750	7 035 000
Honduras	Tegucigalpa	112 088	5 493 000
Hongkong (brit.)	Victoria	1 083	5 838 000
Indien	Neu-Delhi	3 287 590	913 600 000
Indonesien	Jakarta	1 904 569	189 907 000
Irak	Bagdad	438 317	19 925 000
Iran	Teheran	1 648 000	65 758 000
Irland	Dublin (Baile Átha Cliath)	70 284	3 543 000
Island	Reykjavik	103 000	266 000
Israel	Jerusalem	21 056	5 458 000
Italien	Rom (Roma)	301 268	57 154 000
Jamaika	Kingston	10 990	2 496 000
Japan	Tokio	377 801	124 782 000
Jemen	Sana	527 968	13 873 000
Jordanien	Amman	97 740	4 217 000
Jugoslawien (Serbien, Montenegro)	Belgrad (Beograd)	102 173	10 763 000
Kambodscha	Phnom Penh	181 035	9 968 000
Kamerun	Jaunde (Yaoundé)	475 442	12 871 000
Kanada	Ottawa	9 970 610	29 141 000
Kap Verde	Praia	4 033	381 000
Kasachstan	Alma-Ata	2 717 300	17 027 000
Katar	Doha	11 000	540 000
Kenia	Nairobi	580 367	26 017 000
Kirgistan	Bischkek	198 500	4 667 000
Kiribati	Bairiki	726	77 000
Kokosinseln (austr.)	Bantam	14	1 000
Kolumbien	Bogotá	1 138 914	36 330 000
Komoren	Moroni	2 235	485 000
Kongo, Dem. Republik	Kinshasa	2 344 858	42 552 000
Kongo, Republik	Brazzaville	342 000	2 516 000
Korea, Dem. Volksrep.	Pjöngjang	120 538	23 483 000
Korea, Republik	Seoul	99 263	44 563 000
Kroatien	Zagreb	56 538	4 780 000
Kuba	Havanna (La Habana)	110 861	10 960 000
Kuwait	Kuwait	17 818	1 633 000
Laos	Vientiane	236 800	4 742 000
Lesotho	Maseru	30 355	1 996 000
Lettland	Riga	64 600	2 583 000
Libanon	Beirut	10 400	2 915 000
Liberia	Monrovia	111 369	2 941 000
Libyen	Tripolis	1 759 540	5 225 000
Liechtenstein	Vaduz	160	30 000
Litauen	Wilna (Vilnius)	65 200	3 706 000
Luxemburg	Luxemburg	2 586	401 000

Staaten und Territorien

Staat, Territorium	Hauptstadt/ Verwaltungssitz	km²	Einwohner
Macao (port)	Macao	18	410 000
Madagaskar	Antananarivo	587 041	13 101 000
Makedonien	Skopje	25 713	2 142 000
Malawi	Lilongwe	118 484	10 843 000
Malaysia	Kuala Lumpur	329 758	19 695 000
Malediven	Malé	298	246 000
Mali	Bamako	1 240 192	9 524 000
Malta	Valletta	316	364 000
Marokko	Rabat	446 550	26 488 000
Marshallinseln	Dalap-Uliga-Darrit	181	52 000
Martinique (frz.)	Fort-de-France	1 102	375 000
Mauretanien	Nouakchott	1 025 520	2 217 000
Mauritius	Port Louis	2 040	1 104 000
Mayotte (frz.)	Dzaoudzi	375	101 000
Mexiko	Mexiko-Stadt	1 958 201	91 858 000
Mikronesien	Palikir	702	121 000
Moldau	Kischinau (Chişinău)	33 700	4 420 000
Monaco	Monaco	1,95	31 000
Mongolei	Ulan-Bator	1 566 500	2 363 000
Montserrat (brit.)	Plymouth	102	11 000
Mosambik	Maputo	801 590	16 614 000
Myanmar (fr. Birma)	Rangun (Yangon)	676 578	45 555 000
Namibia	Windhuk	824 292	1 534 000
Nauru	Yaren	21	11 000
Nepal	Katmandu	140 797	21 360 000
Neukaledonien (frz.)	Nouméa	18 575	181 000
Neuseeland	Wellington	270 534	3 531 000
Nicaragua	Managua	130 000	4 275 000
Niederlande	Amsterdam/ Den Haag	40 844	15 341 000
Niederländische Antillen	Willemstad	800	202 000
Niger	Niamey	1 267 000	8 846 000
Nigeria	Abuja	923 768	108 467 000
Niue (neuseeld.)	Alofi	263	2 300
Nördliche Marianen (USA)	Susupe	464	47 000
Norfolkinsel (austr.)	Kingston	36	2 300
Norwegen	Oslo	323 895	4 318 000
Oman	Maskat	212 457	2 077 000
Österreich	Wien	83 853	8 006 600
Pakistan	Islamabad	796 095	126 284 000
Palau	Koror	508	17 000
Panamá	Panamá-Stadt	75 517	2 585 000
Papua-Neuguinea	Port Moresby	462 840	4 205 000
Paraguay	Asunción	406 752	4 830 000
Peru	Lima	1 285 216	23 331 000
Philippinen	Manila	300 000	66 188 000
Pitcairninseln (brit.)	Adamstown	5	54
Polen	Warschau (Warszawa)	312 677	38 441 000
Portugal	Lissabon (Lisboa)	92 389	9 868 000
Puerto Rico (USA)	San Juan	8 897	3 674 000
Réunion (frz.)	Saint-Denis	2 512	653 000
Ruanda	Kigali	26 338	7 750 000
Rumänien	Bukarest (Bucureşti)	237 500	22 922 000
Rußland (Russische Föderation)	Moskau	17 075 400	147 340 000
St. Helena (brit.)	Jamestown	122	7 000
St. Kitts u. Nevis	Basseterre	261	41 000
St. Lucia	Castries	622	145 000
St. Pierre u. Miquelon (frz.)	Saint-Pierre	242	6 000
St. Vincent u. die Grenadinen	Kingstown	388	111 000
Salomonen	Honiara	28 896	366 000
Sambia	Lusaka	752 618	9 196 000
San Marino	San Marino	61	25 000
São Tomé u. Príncipe	São Tomé	964	130 000
Saudi-Arabien	Riad (Riyadh)	2 149 690	17 451 000
Schweden	Stockholm	449 964	8 745 000
Schweiz	Bern	41 293	7 131 000
Senegal	Dakar	196 722	8 102 000
Seychellen	Victoria	455	73 000
Sierra Leone	Freetown	71 740	4 587 000
Simbabwe	Harare	390 757	11 002 000
Singapur	Singapur	618	2 821 000
Slowakei	Preßburg (Bratislava)	49 036	5 333 000
Slowenien	Laibach (Ljubljana)	20 251	1 942 000
Somalia	Mogadischu	637 657	9 077 000
Spanien	Madrid	504 782	39 551 00
Sri Lanka	Colombo	65 610	18 125 000
Südafrika	Pretoria/Kapstadt	1 221 037	40 555 000
Sudan	Khartum	2 505 813	27 361 000
Suriname	Paramaribo	163 265	418 000
Swasiland	Mbabane	17 364	906 000
Syrien	Damaskus	185 180	14 171 000
Tadschikistan	Duschanbe	143 100	5 933 000
Taiwan (Rep. China)	Taipeh (Taibei)	36 000	20 950 000
Tansania	Dodoma/ Daressalam	945 087	28 846 000
Thailand	Bangkok	513 115	58 183 000
Togo	Lomé	56 785	4 010 000
Tokelauinseln (neuseeld.)	Fakaofo	12	2 000
Tonga	Nuku'alofa	747	98 000
Trinidad u. Tobago	Port of Spain	5 130	1 292 000
Tschad	N'Djaména	1 284 000	6 183 000
Tschechische Rep.	Prag (Praha)	78 864	10 295 000
Tunesien	Tunis	163 610	8 733 000
Türkei	Ankara	774 815	60 771 000
Turkmenistan	Aschchabad	488 100	4 010 000
Turks- u. Caicos- inseln (brit.)	Grand Turk	430	14 000
Tuvalu	Fongafale	26	9 000
Uganda	Kampala	241 038	18 592 000
Ukraine	Kiew	603 700	51 465 000
Ungarn	Budapest	93 032	10 161 000
Uruguay	Montevideo	177 414	3 167 000
Usbekistan	Taschkent	447 400	22 349 000
Vanuatu	Vila	12 189	165 000
Vatikanstadt		0,44	1 000
Venezuela	Caracas	912 050	21 378 000
Vereinigte Arabische Emirate	Abu Dhabi	83 600	1 861 000
Vereinigte Staaten von Amerika (USA)	Washington	9 363 520	260 631 000
Vietnam	Hanoi	331 689	72 931 000
Wallis u. Futuna (frz.)	Mata-Utu	274	43 800
Weißrußland (Belarus)	Minsk	207 600	10 163 000
Westsahara (Sahara)	(v. Marokko besetzt)	266 769	208 000
Westsamoa	Apia	2 831	169 000
Zentralafrika- nische Republik	Bangui	622 984	3 235 000
Zypern	Nikosia	9 251	734 000

DIE STAATEN UND TERRITORIEN DER WELT
Abkürzungen siehe Seite 931

Städtebau

Die Kunst und Wissenschaft von Planung und Bau der Stadt umfaßt das Zusammenspiel vieler wissenschaftlicher Disziplinen (u. a. Bau- und Kunstgeschichte, Medizin, Soziologie, Statistik, Verkehrswissenschaft). Vier Funktionen liegen der modernen Städteplanung zugrunde: *Wohnung, Arbeit, Erholung, Verkehr.* Anfänge des Städtebaus in Ur und Babylon. Über die Mittelmeerkulturen (Kreta, Griechenland) Ausbreitung nach West- und Mitteleuropa. Der demokratische Stadtstaat des griechischen Festlands fand seinen Ausdruck in der → *Agora,* auf der das freie Stadtbürgertum über sein Schicksal abstimmte. Das axial angelegte Forum der römischen Kaiserzeit dagegen manifestierte Machtbewußtsein. Die mittelalterliche Stadt mit ihrem Wirtschaftsmarkt als Charakteristikum kennzeichnet die starke Ausprägung des Merkantilismus. Im Zeitalter des fürstlichen Städtebaus (17. u. 18. Jh.) war die gesamte Stadtanlage auf das Schloß des Fürsten ausgerichtet, ohne ein eigentliches kulturelles und wirtschaftliches Zentrum zu besitzen. Die Industrialisierung im 19. Jh. prägte einen neuen Stadttypus: Um den Arbeitskräftebedarf der aufstrebenden Industrie zu befriedigen, wurden auf engstem Raum möglichst viele Menschen untergebracht. Das Profitstreben der Grundeigentümer und Unternehmer führte zu sozialen Spannungen. Die Schaffung und der Ausbau der Massenverkehrsmittel ermöglichten schließlich die Ausdehnung der Stadt. Durch die sozialen Forderungen der Neuzeit und durch das Kraftfahrzeug wandelte sich das Bild der Stadt im 20. Jh. erneut. Die Bebauung wurde aufgelockert u. m. Grünanlagen durchsetzt; breite Straßen wurden angelegt, um d. Bedürfnissen des steil angestiegenen Verkehrs zu genügen. Besondere Verkehrsprobleme entstanden jedoch f. die alten Kernstädte m. ihren engen, oft winkeligen Straßen, die f. d. Fußgänger- u. Gespannverkehr angelegt worden waren. Da die Existenz der Städte v. d. Wirtschaftskraft ihrer Stadtzentren abhängt, zielen vielfältige Bemühungen auf die Lösung dieser Probleme. So werden häufig Teile d. Stadtkerns als *Fußgängerzonen* vom Verkehr freigehalten; Warenanlieferung ist dort nur zu bestimmten Stunden zulässig. Der übrige Verkehr wird auf Tangentialstraßen abgeleitet, an denen Parkgaragen in fußläufiger Entfernung von d. Einkaufsstraßen bereitstehen. Die Modernisierung vorhandener u. der Neubau schnellerer und bequemerer, teilweise unterirdisch fahrender Massenverkehrsmittel tragen ebenfalls dazu bei, die Kernstädte als Wirtschaftszentren lebensfähig zu erhalten.

gen, warzigen Fruchtkörpern, z. B. Habichtspilz.

Stachelschweine, Nagetiere; *Erd-S.,* warme Länder der Alten Welt, bis 70 cm l., hintere Körperhälfte mit aufrichtbaren, bis 40 cm langen Stacheln, graben Erdhöhlen; → Baumstachler.

Stade (D-21680–84), Krst. i. Rgbz. Lüneburg, an der Mündung d. Schwinge in d. Elbe, Nds., 43 116 E; AG; IHK; Kernkraftwerk (630 Megawatt), Schiffbau, Maschinenindustrie.

Städelsches Kunstinstitut, in Frankfurt a. M., gestiftet 1816: Museum (Gemälde, Graphiken, Plastiken) u. Kunstschule (jetzt staatl. Hochschule f. bild. Künste).

Stadion, Johann Philipp Gf v. (18. 6. 1763–15. 5. 1824), östr. Minister 1806 bis 1809, Gegner Napoleons, Reformen nach Steins Vorbild.

Stadion, *s.,* bei den Griechen Bez. f. e. Strecke von 600 Fuß (192,28 m), für einen Wettlauf über diese Strecke, für eine Laufbahn v. dieser Länge; heute Bezeichnung f. e. Wettkampfanlage im Freien m. Zuschauerrängen.

Stadium, *s.* [l.], Abschnitt im Verlauf einer Sache, Entwicklungsstufe.

Stadler, Ernst (11. 8. 1883–30. 10.

Germaine de Staël-Holstein

Stachelschwein

1914), elsäss. Dichter d. Frühexpressionismus; *Der Aufbruch.*

Stadt, größere, geschlossene Wohngemeinde, Sitz von Handel u. Gewerbe, meist mit bes. Stadtrecht; nach Niedergang d. röm. Städte, in Dtld im 10.–12. Jh., als befestigte Marktorte wiederentstanden; bald bürgerl. Freiheit u. Selbstverwaltung, z. T. gänzl. Lösung von d. Hoheit des urspr. Stadtherrn (*Freie u.* → *Reichs-Städte*); s. 13. u. 14. Jh. mächtige **Städtebünde** (→ Hanse, Rhein. u. Schwäb. Städtebund); regelmäßige Teilnahme an Reichstagen s. 1489; Landstädte verloren ihre Freiheiten im Zeitalter des Absolutismus; erst seit *Steins Städteordnung* 1808 wieder Selbstverwaltung; geringer *Umfang* der Städte im MA: in Dtld kaum über 30 000 E; *Großstädte* seit 18. Jh., stärkere Entwicklung erst im Industriezeitalter (19. Jh.). – Heute statist. Einteilung (nach Einwohnerzahl), in Dtld: *Landstädte* unter 5000 E, *Kleinstädte* 5000–20 000 E, *Mittelstädte* 20 000–100 000 E und *Großstädte* über 100 000 E. → Deutscher Städtetag, → Gemeinde; → Übers.

Stadtallendorf (D-35260), St. i. Kreis Marburg-Biedenkopf, Hess., 21 341 E; Garnisonsst.; div. Ind.: Masch.- u. Gerätebau, Textil-, Holz- u. Kunststoffverarbeitung, Süßwarenherstellung.

Städtebau → Übers.

Städtebauförderungsgesetz, vom 27. 7. 1971, regelt städtebaul. Sanierungs- u. Entwicklungsmaßnahmen zur Behebung städtebaul. Mißstände u. zur sinnvollen Weiterentwicklung v. Städten u. Stadtlandschaften.

Stadtgas → Leuchtgas.

Stadthagen (D-31655), Krst. des Kr. Schaumburg, Rgbz. Hannover, Nds., 23 004 E; AG; Fachwerkbauten, got. St.-Martini-Kirche m. frühbarockem fürstl. Mausoleum u. Denkmal von A. de Vries; Schloß (16. Jh.), Rathaus (16. Jh.); Nahrungsmittel-, Textilind.

Stadtkreis, Bez. für Städte von so erhebl. Umfang, daß sie für sich einen Kreis bilden.

Stadtlohn (D-48703), St. i. Kr. Borken, NRW, 18 104 E; div. Ind.

Stadtmission, Zweig der Inneren Mission; Arbeitsgebiet: großstadtbedingte Sozialnöte.

Stadtrat, Gemeindevertretung in Städten m. Bürgermeister als Vors.

Stadtrechte, Bez. f. d. seit dem MA zu e. Stadt gehörenden Rechtsnormen u. Privilegien.

Stadtstaat, Staat, dessen Gebiet eine Stadt u. ihre unmittelbare Umgebung umfaßt.

Stadtsteinach (D-95346), St. i. Kr. Kulmbach, Bay., 3513 E; Papierind.

Staeck, Klaus (* 28. 2. 1938), dt. Graphiker; pol. Plakate u. Collagen.

Staël [stal],
1) Germaine de (22. 4. 1766–14. 7. 1817), frz. Schriftst.in; Tochter d. Ministers Necker, verheiratet m. Baron Staël-Holstein; v. Napoleon verbannt; *Über Dtld.*
2) Nicolas de (5. 1. 1914–16. 3. 55), französischer Maler russischer Herkunft; figurative Darstell. m. stark abstrahierender Tendenz bei zunächst pastosem Auftrag kräft. Farben; später fläch. Vermalung stark ausgebleichter u.

fein nuancierter Farben; *Dächer, Landschaft auf Sizilien.*

Stafette, *w.* [frz. „estafette"],
1) svw. Meldereiter.
2) svw. → Staffel.

Staffa, unbewohnte Insel d. Hebriden, m. berühmt. Basalthöhlen, → Fingalshöhle.

Staffage, *w.* [-'fa:ʒə], Figuren z. Belebung einer Landschaft in Malerei u. Graphik.

Staffel, *w.,*
1) allg. Stufe, Grad.
2) Bez. f. mil. Formationen (z. B. Fliegerstaffel).
3) b. *Sport:* auch *Staffette,* Mannschaftswettbewerb in der Leichtathletik, im Schwimmen u. Langlauf; die einzelnen Staffelmitgl. legen nacheinander einen genau festgelegten Teil der Gesamtstrecke zurück.

Staffelanleihen, Anleihen m. variabler Verzinsung nach einem bei der Emission festgelegten Plan.

Staffelchor, im roman. Kirchenbau gestaffelte Anordnung der Nebenapsiden um Mittelapsis (→ Apsis).

Staffelstein, Rathaus

Staffelei, *w.* höhenverstellbares, vertikal ausgerichtetes Gestell z. Halten d. Bilds während d. Malens.

Staffelgebet, *Stufengebet,* in der kath. Messe das an den Altarstufen verrichtete Einleitungsgebet.

Staffelkapitän, bei der Luftwaffe svw. Kompaniechef.

Staffelsee, See am Rand der Bayr. Alpen w. v. Murnau, 649 müM, 7,7 km², bis 38,1 m tief; Abfluß zur Ammer.

Staffelstein (D-96231), St. i. Kr. Lichtenfels, am Main, Bay., 10 454 E; Thermalsolbad; div. Ind.

Staffeltarif, je nach Entfernung versch. *gestaffelte* Beförderungsgebühr pro km bei öffentl. Verkehrsmitteln und Speditionen; Ggs.: Kilometertarif.

Stafford ['stæfəd], Hptst. der engl. Gft *S.* (Kohlen- u. Eisenlager), am Grand-Trunk-Kanal, 118 000 E; Lederind., Eisenwerke.

Stag, *s.,* Tau bei Segelschiffen, das e. Mast versteift; *über S. gehen,* svw. → wenden.

Stagflation [am.], Kunstwort; *Stagnation* der Wirtschaftsentwicklung plus *Inflation.*

Stagione, *w.* [it. -'dʒo:-], Spielzeit it. Opernthéater; auch Operntruppe.

Stadt und Land

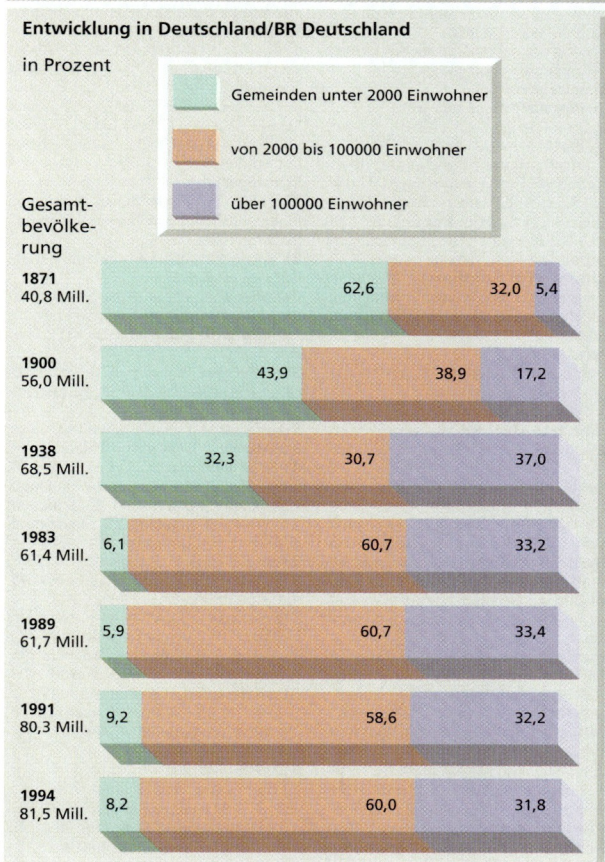
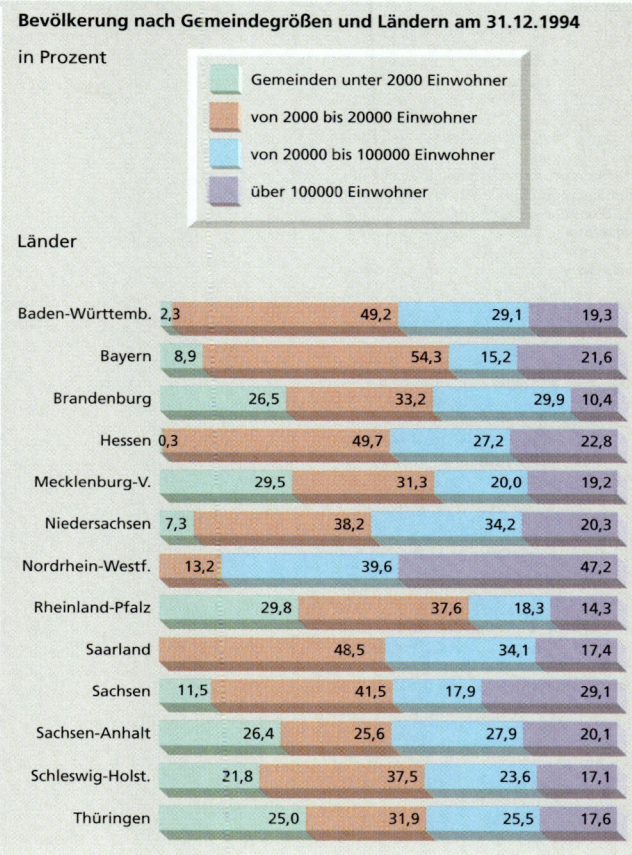

Stagira, *Stageira*, altgriech. St. auf der Halbinsel Chalkidike; Geburtsort des Aristoteles (daher sein Beiname: der *Stagirite*).

Stagnation, w. [l.], Stockung, behinderter Abfluß; allmählicher Stillstand.

Stahl,
1) Friedrich Julius (16. 1. 1802 bis 10. 8. 61), dt. Staatsrechtslehrer; Begr. der konservativen Staatstheorie auf protestant.-kirchl. Grundlagen; Verfechter des Gottesgnadentums.
2) Hermann (* 14. 4. 1908), dt. Schriftst. u. Maler; Romane u. Erzählungen; *Türen aus Wind.*

Stahl, härtbares, durch bes. mechan. Eigenschaften ausgezeichnetes → Eisen; Kohlenstoffgehalt weniger als 1,7%; Erzeugung: → Eisen- u. Stahlgewinnung, Übers.; *Guß-St.*, in Tiegeln umgeschmolzener St., durch Legieren veredelter St. (z. B. Chrom-, Nickel-, Wolfram-, Molybdän-St.) → *Schnell-St.*, *rostfreier St.* m. 18–20% Chrom u. 7–9% Nickel. Erzeugung: → Schaubild Eisen u. Stahl.

Stahlbeton → Beton.

Stahlhelm,
1) Metallener Kopfschutz der Soldaten gg. Schlag, Splitter u. Geschosse, erstm. im 1. Weltkr. eingeführt.
2) *Der Bund der Frontsoldaten*, nationalist.-halbmil. Organisation, von F. → Seldte 1918 gegr.; 1935 aufgelöst, 1951 neu gegr.

Stahlhof, *Stalhof*, Niederlassung der → Hanse in London im MA; seit Ende 16. Jh. bedeutungslos; Gebäude bis 1853 im Besitz der Hansestädte.

Stählin,
1) Karl (21. 1. 1865–29. 8. 1939), dt. Historiker; *Geschichte Rußlands; Geschichte Elsaß-Lothringens*.
2) Wilhelm (24. 9. 1883–16. 12. 1975), dt. ev. Theol.; 1945–52 Landesbischof v. Oldenburg; führend im → Berneuchener Kreis u. in d. → Michaelsbruderschaft.

Stahlpakt, 1939 zw. Hitler u. Mussolini abgeschlossener Beistandspakt (u. a. Anerkennung der Brennergrenze durch Hitler).

Stahlquellen, eisenhalt. Mineralwässer, zu Trink- oder Badekuren, Anregung der Blutbildung (z. B. in Bad Pyrmont, Bad Elster).

Stahlröhren, → Elektronenröhren mit Stahlmantel anstelle des sonst übl. Glaskolbens; i. d. Herstellung teurer; Vorteil: gute Abschirmung bei Hochfrequenzverstärkern.

Stahlsaitenbeton → Beton.

Stahlstich, Abart des → Kupferstichs durch Verwendung einer dauerhafteren (härteren) Abzugsplatte.

Staket, *s.*, Lattenzaun.

Stalaktiten [gr.], herabhängende → Tropfstein-Gebilde in Kalksteinhöhle; **Stalagmiten**, nach oben wachsend.

Stalin, Josef Wissarionowitsch, eigtl. *Dschugaschwili* (21. 12. 1879–5. 3. 1953), sowj. Staatsmann aus Gori (Georgien); besuchte bis 1899 das geistl. Seminar in Tiflis, revolutionärer Sozialist, schloß sich 1903 d. Bolschewiken an, wiederholt nach Sibirien verbannt; seit 1922 Generalsekr. d. Kommun. Partei, 1924 Lenins Nachfolger als Leiter d. sowj. Politik (→ Sowjetunion, *Geschichte*); seit 1941 Vors. des Rates d. Volkskommissare (s. 1946 Min.rat) u. Oberbefehlshaber d. Roten Armee; s. 1945 Generalissimus; s. 1952 Vors. d. Präsidiums d. ZK; 1956 Ächtung des Kultes um seine Person u. Verurteilung seiner Terrormethoden.

Josef W. Stalin

Stalingrad → Wolgograd; weitere Städte m. d. Namen *Stalin*- vgl. → Varna, → Duschanbe, → Donezk, → Nowomoskowsk, → Kattowitz, → Nowo-Kusnezk, → Eisenhüttenstadt, → Dunaújváros.

Stalinismus, Bez. für eine durch Stalin vollzogene Weiterführung d. → Marxismus u. → Leninismus: Anpassung an Erfordernisse d. intern. Lage ohne Preisgabe d. grundlegenden Ziele d. Kommunismus; seit 1956 Bez. für d. Terrormethoden u. den Persönlichkeitskult Stalins.

Stalinorgel, Bezeichnung f. sowj. Salvenraketengeschütz im 2. Weltkrieg.

Stallhase → Kaninchen.

Stambul, Stadtteil (Altstadt) von → İstanbul.

Stamford ['stæmfəd], St. im US-Staat Connecticut, nordöstl. v. New York, 108 000 E; Observatorium; Ind.

Stamitz, Johann (19. 6. 1717–27. 3. 57), böhm. Violinist u. Komp.; Gründer der → Mannheimer Schule d. Instrumentalmusik, Schöpfer d. sinfon. Orchesterstils; Sinfonien; Violinkonzerte.

Stammaktien, gewöhnliche, nicht mit bes. Vorrechten ausgestattete Aktien; Ggs.: Vorzugsaktien.

Stammbaum,
1) beim *Menschen* die Stammtafel (→ Ahnentafel), bildlich als Baum, Abstammungslinie als Zweige (veraltet).
2) beim *Tier:* Zuchtbuch, → Herdbuch.

Stammeinlage, bei der *GmbH:* Anteil eines Gesellschafters am Stammkapital, mindestens 500 DM.

Stammgüter, ehemals unveräußerl. u. nur im Mannesstamm vererbl. Familiengüter.

Stammkapital, das von den Gesellschaftern der GmbH aufgebrachte Grundkapital, mindestens 50 000 DM, Geschäftsanteil mindestens 500 DM.

Stammler, Rudolf (19. 2. 1856–25. 4. 1938), dt. Rechtsphil. (Neukantianer); *Theorie d. Rechtswiss.*

Stammprioritäten, svw. → Vorzugsaktien.

Stammrolle, Verzeichnis der Wehrpflichtigen.

Stammtafel → Ahnentafel.

Stamokap, sozialist. Abk. f. „**Sta**atsmo**nop**olist. **Kap**italismus".

Stampfbeton → Beton.

Stampfen,
1) bei Lokomotiven Drehbewegung um eine horizontale Querachse, auch *Nicken* genannt.
2) Schwankungen des Schiffes um die Querachse infolge Seegangs von vorn od. hinten.

Stams, Zisterzienserabtei im Oberinntal (Tirol), 1273 gegr., Stiftskirche von 1284.

STAN, in d. Bundeswehr verwendete Abk. für „Stärke- u. Ausrüstungsnachweisung"; Verzeichnis f. d. Personal nach Stellen u. Dienstgraden u. für d. gesamte Ausrüstung an Waffen u. Gerät f. eine mil. Einheit o. Dienststelle.

Stand, durch gemeinsame Berufsinteressen, auch durch Geburt, gemeins. Sitten oder Gebräuche verbundene Menschengruppe einer staatl. Gemeinschaft v. best. Ansehen; häufig mit eigener Auffassung in Sachen der Standesehre verbunden; *geschichtlich* → Ständewesen; auch → Dritter Stand.

Standard, *m.* [engl. 'stændəd],
1) im voraus festgestellte Muster od. Qualitätsbestimmungen für Geschäftsabschlüsse; stellen die Durchschnittsbeschaffenheit einer Warengattung (z. B. Baumwolle, Kaffee) dar. *S.gold,* $^{22}/_{24}$ fein, *S.silber,* $^{222}/_{240}$ fein.
2) Stand der Lebenshaltung bestimmter Bevölkerungsschichten.
3) engl. Holzmaß.

Standardbriefe, Länge zw. 14 u. 23,5 cm, Breite zw. 9 u. 12,5, Höhe bis 0,5 cm; ermäßigte Gebühren f. Briefe bis 20 g (im Inland, Andorra, Belgien, Dänemark [einschließl. Färöer u. Grönland], Frankreich [einschließl. überseeischer Dep.], Italien, Liechtenstein, Luxemburg, Monaco, Niederlande, Östr., Réunion, San Marino, Schweiz, Vatikanstadt).

Standard Oil Company [-'ɔɪl kʌmpəni], am. Erdölkonzern, größtes Erdölunternehmen d. Welt, s. 1972: Exxon Corporation.

Standarte, *w.,*
1) urspr. das kaiserliche Reichsbanner, dann Reiterfahne.
2) *weidm.* Fuchsschwanz.

Standartenführer, b. der früheren SA u. SS Offizier im Range eines Obersten.

Standbein, *bildende Kunst:* in d. Ruhestellung d. menschl. Körpers das belastete Bein; Ggs.: *Spielbein.* → Kontrapost.

Standbildfotografie, während ein Kinofilm gedreht wird, nimmt ein Fotograf Bilder d. Schauspieler auf (Standbilder), im Ggs. z. d. laufenden Bildern e. Films.

Stander, *m.,* 3eckige od. 2zackige Signal- od. Kommandoflagge an Schiffen; 3- u. 4eckig an Kommandofahrzeugen.

Ständerat → Schweiz *(Verfassung).*

Standesbeamter, führt zur Beurkundung der Geburten, Sterbefälle und Eheschließungen im **Standesamt** die Personenstandsbücher und vollzieht Eheschließungen.

Standesherren,
1) ehemals → reichsunmittelbare, 1803 u. 1806 → mediatisierte fürstl. und gräfl. Geschlechter.
2) früher Bez. der eidgenöss. „Tagsatzungsboten", d. Abgesandten der souveränen Orte d. Eidgenossenschaft.

Ständestaat, korporativer Staat, baut sich auf Berufsverbänden statt auf Territorialeinheiten auf; Ziel: Überwindung auf Parteien aufgebauten pol. Lebens durch echte Interessengemeinschaften; kath. Seite vertreten von Othmar Spann, auf sozialist. Seite ähnl. Begriffe im Syndikalismus u. Gildensozialismus.

Ständewesen, im MA die Berufsstände des Adels (Erbstände), der Geistlichkeit, der Bürger und Bauern. Auf diesen beruhten die *Reichsstände* u. die *Landstände,* Vertretungen der privilegierten Stände (Adel u. Geistlichkeit), die zur Steuerbewilligung in die *Landtage* berufen wurden.

Standgericht,
1) früher im Felde u. an Bord von Kriegsschiffen bestehendes unterstes Militärgericht.
2) Sondergericht bei Ausnahme- od. Belagerungszustand.

Standrecht, abgekürztes Strafverfahren vor Ausnahmegerichten im Falle des Ausnahmezustandes und zu Kriegszeiten.

Standvögel, Vogelarten, die ganzjährig am Standort bleiben (z. B. Sperlinge); Ggs.: → Zugvögel.

Stanislau → Iwano-Frankowsk.

Stanislaus, Könige von Polen:
1) S. I. *Leszczyński* [lɛʃˈtʃɨnski] (20. 10. 1677–23. 2. 1766), unter schwed. Druck 1704 zum Kg gewählt, 1709 vertrieben, 1733 wieder eingesetzt u. vertrieben, 1738 Hzg von Lothringen.
2) S. II. August *Poniatowski* (17. 1. 1732–12. 2. 98), letzter Kg, 1764–95; vor d. 3. Teilung abgedankt.

Stanislaus (1030–79), poln. Nationalheiliger, 1072 Bischof von Krakau; von Boleslaus dem Kühnen am Altar erschlagen.

Stanislawskij, Konstantin (17. 1. 1863–7. 8. 1938), russ. Schauspieler u. Theaterleiter; gründete 1898 das *Moskauer Künstler-Theater.*

Stanley ['stænlɪ],
1) Sir Henry, eigtl. *John Rowlands* (28. 1. 1841–10. 5. 1904), engl. Entdeckungsreisender; fand in O-Afrika den verschollenen Livingstone, erforschte den Victoria- u. Tanganjikasee, entdeckte d. Kongo-Quellfluß.
2) Wendell Meredith (16. 8. 1904–15. 6. 71), am. Biologe; Virusforschung, Nobelpr. 1946.

Stanley-Fälle, s. 1972 *Malebo-Fälle,* Stromschnellen a. oberen Kongo, 50 m hoch.

Stanleyville → Kisangani.

Stanniol, *s.,* papierdünn ausgewalztes Zinn für Verpackungszwecke; heute fast allgemein durch Aluminiumfolie ersetzt.

Stanze, *w.* [it. „stanza = Zimmer", svw. „Reimgebäude"],
1) in der eigtl. Bedeutung „Zimmer": bes. die im Vatikan m. d. Fresken Raffaels geschmückten Räume, *Stanzen.*
2) in Italien entwickelte Versform, *Ottaverime:* aus acht jambischen Fünftaktern, von denen d. 1. mit d. 3. u. 5., die 2. mit der 4. u. 6. u. die 7. mit der 8. gereimt ist.

stanzen, Bearbeitung v. Blechen u. ä. zw. Voll- u. Hohlstempel (Patrize u. Matrize), a) zu Prägezwecken (z. B. Eßlöffelfabrikation) od. b) zu Schneidzwecken (z. B. Lochstanzen).

Stapel,
1) die Holzklötze, auf denen das Schiff mit seinem Kiel während der Bauzeit ruht; daher **Stapellauf,** Abgleiten des Schiffes von der Helling auf einem Ab-

Stanze Raffaëls, *Begegnung Attilas mit Leo dem Großen*

laufschlitten ins Wasser (mit dem Heck nach vorn).
2) bei Textilrohstoffen: Länge der verspinnbaren Faser.
Stapelfaser, auf Länge der Baumwoll- oder Wollfaser geschnittene künstl. Spinnfaser von entsprechender *Stapellänge*; heute → Zellwolle.
Stapelie, *Ordensstern,* südafrikan. → Aasblume.
Stapelplätze, Seehandelsplätze, in denen große Warenmengen gelagert werden.
Stapelrecht, bis zur Neuzeit bestehendes Recht der Städte, die freie Durchfuhr v. Handelswaren (ohne Feilhaltung) zu verbieten.
Stapelwaren, *Stapelartikel,*
1) die großen, für Umschlagplätze charakteristischen *Welthandelsgüter.*
2) bei *Bekleidung:* billige, von der Mode unabhängige Massenwaren.
Staphylokokken [gr.], unbewegl., kugelförmige Bakterien, Erreger v. Eiterungen u. Darmvergiftungen.
Star,
1) *grauer S.,* Katarakt, Trübung d. Augenlinse, meist b. alten Leuten.
2) *grüner S.* → Glaukom.
3) *schwarzer S.* svw. Blindheit.
Star [engl. stɑː „Stern"], Bühnen-, Film- usw. -berühmtheit.
Stara Sagora, *Zagora,* bulgar. St. u. Mineralbad a. S-Hang der Sredna Gora (d. Balkan südl. vorgelagerter Mittelgebirgszug); 165 000 E; Wein- u. Getreidebau.

Zug- od. Strichvogel; graubraun bis schwarz glänzend, Höhlenbrüter, gesellig, auf Weide- u. Rasenplätzen, Nahrung: Insekten, Würmer, Früchte; in S-Europa *Rosenstar.*
Staretz [russ. „ehrwürdiger Greis"], *Starez,* asket. älterer Mönch der russ. Kirche; Erzieher d. jungen Mönche.
Starfighter ['stɑːfaɪtə], *F 104,* am. Kampfflugzeug, früher auch bei der Bundeswehr im Einsatz; viele Abstürze.
Stargard in Pommern, *Stargard Szczeciński,* poln. St. a. d. Ihna, 55 000 E; Marienkirche (14./15. Jh.); Elektroind.
Starhemberg,
1) Ernst Rüdiger Gf v. (12. 1. 1638–4. 1. 1701), Verteidiger Wiens gg. die Türken 1683.
2) Ernst Rüdiger Fürst v. (10. 5. 1899 bis 15. 3. 1956), östr. Pol., 1930 Führer der → Heimwehren, 1934–36 Vizekanzler.
Stark, Johannes (25. 4. 1874–21. 6. 1957), dt. Phys.; entdeckte den *S.-Effekt,* d. Aufspaltung von Spektrallinien im el. Feld, u. den Doppler-Effekt bei Kanalstrahlen; 1933–39 Präs. d. Phys.-Techn. Reichsanstalt; Nobelpr. 1919.
Starkbier, Stammwürzegehalt v. mindestens 16%, Alkoholgehalt 4,5–6,5% (normales Bier unter 4%). – Erstmals 1651 in München gebraut.
Stärke, Kohlenhydrat in Zellen chlorophyllhaltiger (grüner) Pflanzen, gebildet durch Kohlensäureassimilation; durch d. Ferment Diastase in Zucker verwandelt; als Reservenahrung in Form von

Staphylokokken

Star

Starfighter

Starburst-Galaxis, *ROSAT-Aufnahme*

Starburst-Galaxis ['stɑːbəːst-], die Rate der Entstehung neuer Sterne beträgt das 3- bis 20fache der normalen Rate. Diese Stadien v. Galaxien dauern typischerweise 25 Mill. Jahre. Merkmale: hohe relative Leuchtkraft im Infrarotbereich u. Röntgenstrahlung.
Stare, Singvögel d. Alten Welt; bei uns

Stärkekörnern aufgespeichert (z. B. in Getreidearten, Hülsenfrüchten, Mais, Reis).
Starkstromtechnik, Zweig der Elektrotechnik, der sich mit der Erzeugung u. Ausnutzung des el. Stroms als Energie (Leistung) befaßt (Elektrizitätswerke, Leistungsanlagen, Elektromotoren so-

Strandnelke

wie d. entsprechende Ind. usw.); Ggs.: → Fernmeldetechnik.
Starkstromverletzungen, Lähmungen, Verbrennungen, Herzflimmern od. Herztod (→ Erste Hilfe, Übers.).
Starnberg (D-82319), Krst. in Oberbay., 20 998 E; AG; Schloß, Heimatmus.; Zentrum d. Münchner Naherholungsgebiets, am **Starnberger See,** *Würmsee* (57,2 km², 584 müM; bis 128 m tief).
Starost [slaw. „Stammesältester"], Gemeindevorstand, Landeshauptmann; im ehem. Kgr. Polen: mit Krongut, **Starostei,** belehnter Edelmann.
Starrkrampf, svw. → Wundstarrkrampf.
Star-spangled Banner [engl. 'stɑː ˌspæŋgld 'bænə „Sternenbanner"], am. Nationalhymne; 1814 von F. S. Key gedichtet.
Start, m. [engl.], Ablauf oder Teilnahme bei einem Rennen; *stehender:* aus der Ruhestellung, *fliegender:* aus der Bewegung (in die vorgeschriebene Gangart).
START, Abk. f. S*trategic* A*rms* R*eduction* T*alks* (engl. „Gespräche über die Verringerung strategischer Waffen"), am 29. 6. 1982 in Genf eingeleitete Abrüstungsverhandlungen der USA u. Sowjetunion, die i. Ggs. zu → SALT nicht nur eine Begrenzung, sond. e. Reduzierung d. → strateg. Waffen anstreben. Bis Mitte 1993 ratifizierten d. USA u. die Nachfolgestaaten d. UdSSR (die Ukraine mit Einschränkungen im Nov. 93) den 1991 abgeschlossenen START-I-Vertrag (Reduzierung der Gefechtsköpfe bis 1999 um 30 %). Im Jan. 1993 unterzeichneten die USA u. Rußland in Moskau den START-II-Vertrag; Verpflichtung d. Unterzeichner auf Abrüstung von zwei Drittel ihrer Sprengköpfe bis 2003.
Starter,
1) Anlasser beim Kraftfahrzeugmotor.
2) gibt das Zeichen zum Start.
Startgeld, Meldegebühr zur Teilnahme an einem Rennen.
Startmaschine, Vorrichtung zum möglichst gleichmäß. Ablassen d. Teilnehmer bei einem Rennen; quer vor d. Startplatz gezogene Bänder werden durch el. Auslösung emporgeschnellt.
Startverbot, durch e. Sportverband (Verein) über e. Sportler f. eine best. Zeit od. für immer verhängtes Verbot, an einem Wettbewerb teilzunehmen.
Stase, *med.* Stauung, Stockung.
Stasi → Staatssicherheitsdienst.
Staßfurt (D-39418), Krst. i. S-A., an der Bode, 25 005 E; Chemieanlagen-, Fernsehgeräte-, Masch.-, Apparatebau, Sodafabrikation.
State Department ['steɪtdɪ'pɑːtmənt], das Außenministerium d. USA.
Statement, s. [engl. 'steɪtmənt], offizielle Erklärung einer Regierung.
Staten Island ['steɪtn 'aɪlənd], Insel in der New-York-Bai, 181 km²; s. 1898 als Stadtteil Richmond z. → New York.
Statice, *Widerstoß,* Grasnelkengewächse, meist an Küsten und auf Salzboden, z. B. die *Strandnelke* d. dt. Nordseeküste, bis 50 cm h., hellviolette Blüten; auch Zierpflanze.
Statik, w. [gr.],
1) Lehre v. Gleichgewicht v. an Körpern angreifenden Kräften; Ggs.: → Dynamik.
2) *St. des Landbaues,* von → Thaer

begr., von → *Liebig* erweiterte Lehre v. Nährstoffhaushalt d. Bodens (Verhältnis zw. Entziehung u. Ersatz d. Nährstoffe).
Station, *w.* [l.],
1) *freie S.,* freie Wohnung u. Kost.
2) *Kreuzweg, Prozession:* durch Heiligenbild bezeichnete Stelle, an der zur Andacht haltgemacht wird.
3) *Krankenhaus:* svw. Abteilung.
4) *Verkehrswesen:* Haltestelle.
5) *allg.* Stelle (z. B. *Tankstation*).
stationär [l.],
1) *astronom.* d. scheinbare Stillstand d. Bewegung eines Planeten od. eines Erdsatelliten, der die gleiche Umlaufzeit (24 Std.) wie die Erde hat.
2) *med.,* an eine best. Stelle gebunden; bleibend, nicht fortschreitend (z. B. Krankheitsprozesse); Behandlung im Krankenhaus.
statiös [ml.], prunkvoll, staatmachend.
statisch [gr.], *phys.* in Ruhe befindl.; Ggs.: kinetisch, dynamisch; statisches → Moment.
Statist [nl.], Nebendarsteller, b. Film oder Theater ohne Text (z. B. innerhalb einer Menschenmenge).
Statistik, *w.* [l.], Auszählung einer Gesamtheit als gleichartig betrachteter Dinge nach best. Merkmalen zur Untersuchung des Umfangs u. d. Struktur von Massenerscheinungen u. zahlenmäßigen Feststellung von Zuständen u. Vorgängen.
statistisches Amt, Behörde zur Durchführung bzw. Zusammenstellung amtl. Statistiken bei Städten, Ländern u. Bund; *Statist. Bundesamt* in Wiesbaden.
Stativ, *s.* [l.], gestellartige Vorrichtung z. Aufstellen von phys., bes. optischen Instrumenten.
Statocyste, *w.* [gr.], Schweresinnesorgan wirbelloser Tiere.
Statthalter, Stellvertr. e. Herrschers, z. B. bis 1918 des Dt. Kaisers i. d. Reichslanden Elsaß-Lothringen; in Östr. bis 1918 i. d. Kronländern.
statuarisch [l.], standbildhaft.
Statue, *w.* [l.], Bildsäule, Standbild.
statuieren [l.], festsetzen; *ein Exempel st.,* ein warnendes Beispiel aufstellen.
Statur, *w.* [l.], Wuchs, Gestalt.
Status, *m.* [l.], Stand, Zustand, Vermögenslage.
Status quo, der gegenwärtige Stand der Dinge (in übertragenem Sinne: seine Erhaltung).
Status quo ante, der frühere, bisherige Zustand.
Statut, *s.* [l.], Satzung.
Statuten, Rechtssatzungen v. Körperschaften u. Vereinigungen.
Staubgefäße, *Staubblätter,* die den Blütenstaub (→ Pollen) erzeugenden (umgebildeten) männl. Blattorgane; aus *Staubfäden* u. *Staubbeutel.*
Stäubling, svw. → Bofist.
Staublunge, *Pneumokoniose,* entsteht durch Staubeinatmung, nachfolgend Staubeinwanderung in Lymphbahnen und Lymphknoten, Zellwucherungen, narbige Gewebsschrumpfungen; als Kohlen-, Steinhauer-, Eisen-, Tabak-S. u. a., Berufskrankheiten.
Staubreinigungsanlage, Vorrichtung zur Abscheidung des Staubes aus der Luft in Fabriken usw.; meist Absaugung durch Kanäle. Niederschlag der schweren Staubkörner in Kammern, Feinabscheidung in Filtern aus Tuch,

Stechapfel

Gemeine Stechmücke

Karl Reichsfreiherr vom Stein

John Steinbeck

Drahtgitter, Holzwolle, Koks usw., auch Wasserberieselung d. Filter u. Elektrofilter.
Staudamm, *Stauwerk,* → Talsperre.
Stauden, Pflanzen, die mit unterird. Teilen ausdauern u. m. oberirdischen jährlich absterben.
Staudinger, Hermann (23. 3. 1881 bis 8. 9. 1965), dt. Chem.; Makromolekularchemie (Kunststoffe u. Chemiefasern); Nobelpr. 1953.
Staudruckmesser → Pitotrohr.
Staudte, Wolfgang (9. 10. 1906–19. 1. 84), dt. Filmregisseur; *Der Untertan* (1951); *Rosen für den Staatsanwalt* (1959); *Dreigroschenoper* (1963).
Staufer → Hohenstaufen.
Stauffenberg, Claus Gf Schenk von (15. 11. 1907–20. 7. 44), dt. Oberst im Gen.stab; leitete u. verübte am 20. 7. 1944 Attentat auf Hitler, am gleichen Tage hingerichtet.
Stauffer-Bern, Karl (2. 9. 1857–24. 1. 91), schweiz. (Porträt-)Maler (Abb. → Meyer, C. F.) u. Radierer d. Realismus.
Staupe, schwere Infektionskrankheit d. Schleimhäute (Nase, Augen, Lunge, Verdauungskanal) bei (jungen) Haustieren, bes. bei Hunden (meist im 4.–5. Monat), mit Fieber, Lähmungen.
stäupen, öffentlich mit Ruten auspeitschen.
Staupitz, Johannes v. (um 1465 bis 1524), Generalvikar der Augustiner, Theol. in Wittenberg; Gönner Luthers, distanzierte sich später von ihm.
Stauung,
1) mit Staubinde.
2) Verlangsamung d. Blutstroms durch Herzschwäche oder Abflußhindernis.
Stauungspapille, Papillenödem, Hervortreten des Sehnervs am Augenhintergrund bei der Augenspiegelung, Zeichen für erhöhten Hirndruck, oft bedrohliches Zeichen.
Stavanger, Seehafen u. Prov.hptst. an d. norweg. SW-Küste, 98 000 E; Dom (11.–13. Jh.); Schiffbau; Fischkonservenind., Erdölverarbeitung; Seefahrtsschule.
STD, Abk. f. *Sexually Transmitted Diseases,* sexuell übertragbare Krankheiten; dazu gehören neben d. klassischen → Geschlechtskrankheiten andere durch Bakterien, Viren, Pilze u. Protozoen verursachte Krankheiten.
Ste-, Abk. bei geografischen Namen, → Sainte.
Stealth-Bomber [stelθ-], am. Kampfflugzeuge vom Typ F 117 A (Jagdbomber) und B-2 (Langstreckenbomber). Können aufgrund ihrer Kunststoffbeschichtung v. gegnerischen Radar kaum erfaßt werden. Flugzeugtypen mit sog. Tarnkappentechnologie; → Sea Shadow.
Stealth-Projekte [engl. ′stɛlθ-„Heimlichkeit"], v. a. mil. Rüstungsprojekte, bei denen nichtmetallische Werkstoffe u. Lackierungen verwendet werden, die d. Radarstrahlen absorbieren. Diese werden bedingt durch d. Form der Objekte nicht gebündelt reflektiert. Folge: schwaches Radarecho u. damit erschwerte Ortung.
Stearinsäure, Fettsäure, aus *Stearin,* dem Glycerinester der S.; durch Verseifung gewonnen; m. Paraffin zus. zu Kerzen verarbeitet; Stearin findet sich in den

Jan Steen, *Die Verstoßung der Hagar*

meisten Fetten neben Palmitin, bes. reichlich im Hammeltalg.
Steat- [gr.], als Vorsilbe: Fett... (z. B. *Steatom,* Fettgeschwulst; *Steatopygie,* Fettsteiß).
Steatit, *m.,*
1) natürl. *Speckstein,* → Talk, ein wasserhaltiges Magnesiumsilicat.
2) keram. Werkstoff, aus Speckstein gebrannt, elektr. Isolierstoff von hoher mechan. Festigkeit.
Steatorrhoe → Fettstuhl.
Stechapfel, sehr giftiges Nachtschattengewächs m. stachl. Früchten, auf Schutt; Blätter med. als Asthmakraut.
Stecher, Renate (* 12. 5. 1950), dt. Leichtathletin; viermal Olympiasiegerin, 1972 Gold über 100 u. 200 m, Silber in d. 4 x 100 m-Staffel, 1976 Gold über 100 m u. 4 x 100-Staffel, Weltrekordhalterin über 100 u. 200 m.
Stechfliegen, stubenfliegenähnliche Fliegen mit Stechrüssel (Blutsauger); *Wadenstecher,* an Mensch u. Vieh, Krankheitsüberträger.
Stechheber → Heber.
Stechmücken, *Wasserschnaken,* Mückenfamilie, Weibchen saugen Blut; Entwicklung von Ei bis Puppe in stehendem Wasser. Sammelbez. für S., bes. wärmerer Länder: *Moskitos;* einige Arten Krankheitsüberträger. → Anopheles.
Stechpalme, *Ilex,* Hülse, Waldstrauch u. Baum m. immergrünen, lederartigen, dornigen Blättern u. roten Beeren; Holz zu Drechslerarbeiten; Blätter südam. Arten z. Teebereitung (→ Mate). ♦ .
Steckbrief, aufgrund eines Haftbefehls od. d. Tatsache d. Entweichens v. Richter, Staatsanwalt oder Polizei ergehende öff. Aufforderung zur Festnahme der im S. unter Angabe der strafbaren Handlung beschriebenen Person.
Stecklinge, abgeschnittene Pflanzenteile, die in die Erde gesteckt, zu neuen Pflanzen auswachsen.
Steckrübe, *Kohlrübe,* Rapsform mit gelbweißen Wurzeln, Nahrungs- u. Futtermittel.
Stedinge, *Stedinger,* freie Bauern des Stedinger Landes (Oldenburger Marschlandschaft a. d. unteren Weser); 13. Jh. Kämpfe mit den Erzbischöfen von Bremen, v. diesen schließlich unterworfen.
Steele [sti:l], Sir Richard (12. 3. 1673 bis 1. 9. 1729), ir.-engl. Dramatiker u. Essayist; m. J. Addison Herausgeber d. Wochenschriften *Spectator* u. *Tatler.*

Steen, Jan (1625/6–begr. 3. 2. 79), ndl. Genremaler d. Barock; meist m. schalkhaft-humorist. Unterton.

Steenwijk [-weik],
1) Hendrik van, *d. Ä.* (um 1550–1. 3. 1603), ndl. Maler; s. etwa 1580 i. Frankfurt a. M.; s. Sohn
2) Hendrik van, *d. J.* (um 1580–um 1649), ndl. Maler; Architekturbilder.

Steeplechase, *w.* [engl. 'sti:pl,tʃeis, „Kirchturmrennen" (d. h. mit Kirchturm als Ziel), Hindernisrennen.

Stefan, *Stephan* [gr. „Kranz, Krone"], *m.* Vn.

Stefan, Josef (24. 3. 1835–7. 1. 93), östr. Physiker; **S.-Boltzmannsches Strahlungsgesetz:** Abhängigkeit der Wärmestrahlung von der Temperatur.

Steffani, Agostino (25. 7. 1654–12. 2. 1728), it. Komp., Hofkapellmeister in Hannover; Opern, Orchestersuiten u. bes. Kammerduette.

Steffen, Albert (10. 12. 1884–13. 7. 1963), schweiz. expressionist., anthroposoph. Dramatiker u. Erzähler; *Sucher nach sich selbst.*

Steffens, Henrik (2. 5. 1773–13. 2. 1845), norweg.-dt. Phil. (Schüler v. Schelling), Naturforscher.

Steffisburg (CH-3612), schweiz. St. b. Thun, Kanton Bern, 13 000 E; Masch.-, Holzind., Töpfereien.

Steg,
1) schmale Brücke.
2) im Buchdruck Metallstücke z. Ausfüllen größerer Zwischenräume in der Druckform; die leere Außenfläche der bedruckten Seite.
3) Holztäfelchen, über das die Saiten der Streichinstrumente gespannt sind.

Stegmüller, Wolfgang (3. 6. 1923 bis 1. 6. 91), östr. Phil. u. Prof. i. Innsbruck (s. 1956) u. München (s. 1958), dessen Hauptinteresse d. Erkenntnistheorie d. exakten Wiss. galt.

Stegreif [„Steigbügel"], *aus dem S.:* unvorbereitet (= wie ein Reiter, der aus dem Steigbügel, ohne abzusitzen, etwas erledigt).

Stegreifspiel, *S.komödie,* → Commedia dell'arte.

Stehbildkamera, sieht aus wie herkömmliche Kamera; funktioniert wie Videokamera, erzeugt aber ein stehendes Einzelbild; ohne Film.

Steher, Rennfahrer (→ Radrennsport), auch Rennpferd, für lange Strecken; Ggs.: → Flieger.

Stehsatz, *drucktechnisch:* Satz, der f. späteren Nachdruck stehenbleibt.

Steiermark, östr. Bundesland im Gebiet d. Enns, Mürz u. Mur, Hochgebirge (nördl. Kalkalpen, Niedere Tauern), im S Hügelland, 15% Ackerland, 29% Wiesen u. Weiden, 52% Wald; Mineral-, Thermalquellen (Gleichenberg, Kalsdorf, Einöd u. a.); Luftkurorte u. Wintersportplätze. Haupterwerb: Viehzucht, Obstbau, Braunkohlebergbau u. Eisenverhüttung Donawitz bei Leoben, Abbau v. Spateisenstein am Erzberg im Tagebau (jährlich ca. 2 Mill. t Roherz, 90% der östr. Eisenerzförderung); Holzindustrie, 16 388 km², 1,21 Mill. E; Hptst. *Graz.* – Im Röm. Reich Teil der Prov.en Noricum u. Pannonien; 6. Jh. n. Chr. von Slawen, 8. Jh. von Baiern besiedelt; 1192 an Östr., 1282 habsburg.; 1919 südl. Teil (6039 km²) m. Marburg an der Drau an Jugoslawien.

Steigbügel,
1) zum Besteigen des Pferdes u. als Fußstütze b. Reiten, am Sattel befestigt.
2) Gehörknöchelchen → Ohr.

Steiger, Aufsichtspersonen im Bergbau unter Tage: nach 3- bis 4jähr. Grubenarbeit u. 2jähr. Kursus an → Bergschulen; *Hilfs-S., Revier-S.* (beaufsichtigt 100–150 Mann), *Schacht-S., Wetter-S., Schieß-S., Elektro-S., Maschinen-S.*; obere Klassen: *Fahr-S., Betriebsführer unter Tage (Ober-S.), Betriebsinspektor.*

Steigerwald, Sandstein-Höhenzug zw. Main- und Aischtal in Franken, *Hohenlandsberg* 498 m.

Steigrad, Uhrrad mit von der → Hemmung beeinflußter ruckweiser Drehbewegung.

Stein,
1) Charlotte Freifr. v. (25. 12. 1742–6. 1. 1827), Freundin → Goethes, Gattin des weimar. Stallmeisters Friedrich Frh. v. St.; *Goethes Briefe an Frau v. St.*
2) Edith (12. 10. 1891–9. 8. 1942), im KZ Auschwitz ermordet; Jüdin und Philosophin; 1933 Karmeliter-Ordensschwester; 1987 seliggesprochen.
3) Gertrude (3. 2. 1874–27. 7. 1946), am. Schriftst. u. Kritikerin, lebte in Paris, unterhielt einen literar. Salon; ihre „skelettierte Prosa" von großem Einfluß auf am. Prosaisten; Roman: *The Making of Americans.*
4) Karl Reichsfreiherr vom und zum S. (25. 10. 1757–29. 6. 1831), dt. Staatsmann und Diplomat, Reorganisator Preußens nach 1806, Bauernbefreiung u. Städteordnung (Selbstverwaltung); von Napoleon geächtet; 1812 pol. Berater des Zaren in Rußland, Teilnahme an den Befreiungskriegen u. am Wiener Kongreß, Begr. der *Monumenta Germaniae historica.*
5) Lorenz v. (15. 11. 1815–23. 9. 90), dt. Staatsrechtslehrer; *Gesch. der sozialen Bewegung.*
6) Peter (* 1. 10. 1937), dt. Theaterregisseur; Leiter der Berliner Schaubühne (bis 1984), Schauspielchef des Salzburger Festspiele.
7) William H. (25. 6. 1911–2. 2. 80), am. Biochemiker; Enzymforschungen; Nobelpr. 1972.

Steinach,
1) *St. (Thüringen)* (D-94377), St. i. Kr. Sonneberg, Sommerfrische u. Wintersportplatz im Thür. Wald, 5675 E; Glas- u. Spielwarenind.
2) (A-6150), östr. Gem. am Brenner, 1048 müM, Kurort und Wintersportplatz, 3104 E.

Steinadler, gr. Greifvogel Eurasiens, Flügelspannweite bis 2 m, in den Alpen.

Steinamanger, ungar. *Szombathely,* Hptst. des ungar. Komitats Vas; 87 000 E; kath. Bistum.

Steinbach → Erwin v. Steinbach.

Steinbeck, John (27. 2. 1902–20. 12. 68), am. realist. Erzähler; Romane: *Früchte des Zorns; Jenseits von Eden;* Drama: *Von Mäusen u. Menschen;* Nobelpr. 1962.

Steinbeißer, Fisch, eine Art der → Schmerlen; v. a. *Euras. S.,* in eur. u. asiat. Gewässern, auch Aquarienfisch.

Steinberg, Saul (* 15. 6. 1914), rumän.-am. Karikaturist.

Steinbock,
1) 10. Zeichen des → Tierkreises; → Sternbilder, Übers.

Alpensteinbock

Steinbrech

Steiermark

2) starkhörnige Hochgebirgsziege; *Alpen-S.,* nur noch in einzelnen Gegenden der Alpen, teils gehegt, sehr selten.

Steinbrand, eine durch Brandpilze verursachte Krankheit d. Weizens.

Steinbrech, Stauden der Hochgebirge; häufig Zierpflanze; ● : alle Formen m. Rosetten.

Steinbuch, Karl (* 15. 7. 1917), deutscher Informationstheoretiker und Sachbuchautor; *Die informierte Gesellschaft; Falsch programmiert; Kurskorrektur.*

Steinbutt, e. Art d. → Plattfische.

Stein der Weisen, soll angeblich unedle Metalle in Gold verwandeln u. alle Krankheiten heilen (→ Alchimie).

Steindruck, *Lithographie,* ein von Aloys *Senefelder* 1797–99 erfundenes Flachdruckverfahren; Zeichnung kann entweder v. Hand m. Fettusche od. fotomechan. auf Kalkschieferplatten (die gebräuchlichsten kommen aus den Steinbrüchen v. Solnhofen) übertragen werden; der dadurch entstehende Fettgrund nimmt d. Farbe auf u. gibt sie beim Druck wieder ab; anstelle d. Steine können nun auch gekörnte Zink- od. Aluminiumplatten Verwendung finden; seit Anfang 19. Jh. bes. f. künstler., Landkarten- u. Notendruck.

Steiner, Rudolf (27. 2. 1861–30. 3. 1925), östr. Goetheforscher; Begr. der → Anthroposophie; schuf das → Goetheanum in Dornach; *Die Geheimwiss. im Umriß; Wie erlangt man Erkenntnisse der höheren Welten?;* → Waldorfschulen; → biologisch-dynamische Wirtschaftsweise.

Steinernes Meer, Karsthochfläche in den Salzburger Kalkalpen, südl. vom Königssee, an der dt.-östr. Grenze; im *Selbhorn* 2655 m.

Steinfrüchte, saftige Schließfrüchte mit fleischiger äußerer Fruchtwand u. innerem harten Steinkern (z. B. *Kirsche, Pflaume, Walnuß*).

Steinfurt (D-48565), Kreisstadt in NRW, 31 911 E; 1975 entstanden durch Vereinigung von *Burgsteinfurt* und *Borghorst.*

Steingut, *Irdengut,* Tonwaren m. weißem, lichtundurchlässigem porösen Scherben u. durchsicht. Glasur; 1720 in England erfunden (→ Wedgwood); bei niedriger Temperatur gebrannt; Feldspat-S. (z. B. Fayence) und Kalk-S.

Steinhäger, Wacholderschnaps aus der westfälischen Gem. **Steinhagen,** 16 620 E.

Steinheil, Karl August (12. 10. 1801 bis 12. 9. 70), dt. Phys.; Begr. der elektromagnet. Telegraphie.

Steinheim a. Main, St.teil v. Hanau, Hessen; Schloß (15. Jh.), got. Pfarrkirche, Fachwerkhäuser.

Steinheimer Schädel, 1933 in Steinheim an der Murr, Württemb., gefundener, etwa 200 000 Jahre alter Schädel eines Frühmenschen.

Steinhoff, Johannes (15. 9. 1913 bis 21. 2. 94), Jagdflieger u. Offizier der Luftwaffe, 1960–63 dt. Vertreter im NATO-Militärausschuß, 1966–70 Inspekteur d. Luftwaffe, 1970–74 Vorsitzender des Ständ. Militärausschusses d. → NATO.

Steinholz, Kunststein aus Sägespänen und Magnesiazement für Fußböden, Wandbelag.

Steinhuder Meer, Binnensee bei Hannover, 37 müM, 29,4 km², 3 m tief, fischreich, mit Abfluß Meerbach zur Weser; künstliche Insel Wilhelmstein; am Ufer See- u. Schlammbad **Steinhude,** Ortsteil v. → Wunstorf.

Steinhuhn, fasanartiger Hühnervogel, lebhaft gefärbt, Gebirge SO-Europas und Asiens.

Steinkauz, kleine, gefleckte Eule; auch tagaktiv.

Steinklee, kleeähnl., hohe Schmetterlingsblütler; Bienenpflanzen; *gelber S., weißer S*.

Steinkohle, *Schwarzkohle,* natürl. Kohle mit 75–95% Kohlenstoff; bes. im Karbon (→ geologische Formationen, Übers.) Flöze von einigen Zentimetern bis 15 m Dicke zw. Sandstein u. Schieferton; entstanden durch langsame Inkohlung von Nadelbäumen, Palmen, Farnen, Schachtelhalmen u. (in der Devon- u. Silurformation) Seetang. *Grundstoff* des Industriezeitalters, neben Wasserkraft u. Mineralöl auch heute noch ein wichtiger Energielieferant; Förderung → Kohle (Schaubild), Rohstoff für *Leuchtgas-, Koks-* u. *Steinkohlenteer- Gewinnung,* der in Gasanstalten u. Kokereien durch Destillation bei ca. 1000 °C gewonnen wird u. bei fraktionierter Destillation (Destillation bei steigenden Temperaturen) wiederum *Grund- u. Rohstoffe* für wichtige Industriezweige liefert; Rückstand ist Pech; → Kohlenwasserstoffe, Übers. *Gasflamm-* u. *Schmiedekohle:* sehr hoher Teer- u. Gasgehalt, lange helle Flamme, blakend; *Fettkohle:* hoher Gasgehalt, kurze helle Flamme, stark blakend, daher zur Koksgewinnung; *Magerkohle:* viel Kohlenstoff, wenig Gas, geringe Flamme; *Anthrazit* über 90% Kohlenstoff, kleine bläuliche Flamme.

Steinkohleneinheit, *SKE,* der Heizwert eines Energieträgers im Verhältnis zur Steinkohle; 1 SKE = Wärmeäquivalent v. 1 kg Steinkohle.

Steinkorallen, riffbildende → Korallentiere, bes. i. d. Südsee.

Steinkühler, Franz (* 20. 5. 1937), dt. Gewerkschaftler. 1983–86 stellvertr., 1986–93 Vors. d. IG Metall.

Steinle, Edward v. (2. 7. 1810–18. 9. 86), östr. Kirchenmaler; Nazarener, s. 1839 in Frankfurt a. M. (Lehrer an d. Städel-Kunstschule); auch romant. Aquarelle, Zeichnungen.

Steinmetzhandwerk, bes. im MA von kultureller Bedeutung als Mitschöpfer dt. Kunst; jetzt neu belebt durch Hinwendung zu eigenem Gestalten statt reiner Verwendung industrieller Techniken.

Steinmetzzeichen, Werkzeichen d. Bauhandwerker im 12.–16. Jh. z. Abrechnung od. als Gütezeichen; wurde den Gesellen von der Bauhütte zur ausschließlichen Verwendung verliehen; d. S. d. Meisters *(Meisterzeichen)* wurde oft durch e. umrandetes Schild betont.

Steinnußpalme, Palmenart Mittel- u. S-Amerikas; → Elfenbeinnüsse.

Steinpilz, *Boletus,* ein Röhrling, vorzügl. Speisepilz, brauner Hut, weißgelbe Röhren; ihm ähnlich der *Gallenpilz* m. rosa Röhren, bitter, doch nicht giftig.

Steinsalz, → Kochsalz, kristallin in mächtigen Lagern vorkommend; bergmännisch gewonnen.

Steinklee

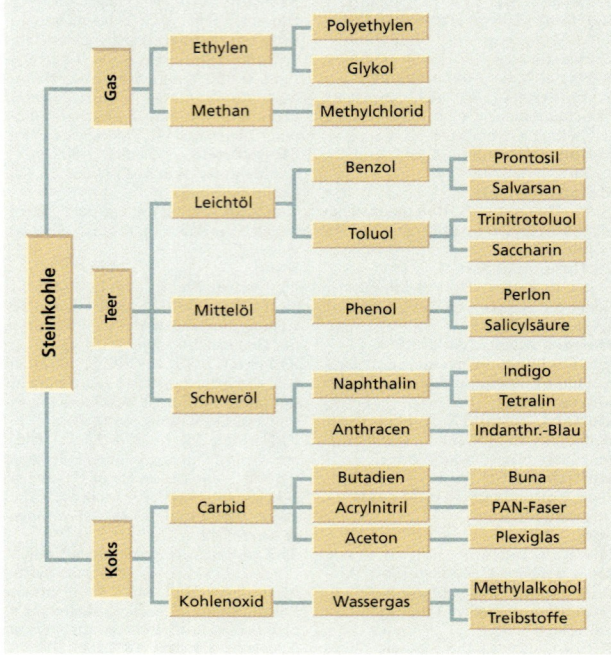

Steinmetzzeichen, Rathaus in Rothenburg

l. Steinpilz, r. Rothütiger Steinpilz

Steinschlag, Schotterungsmaterial aus zerkleinertem, natürl. oder künstl. Stein; auch Abrutschen von losen Steinmassen im Gebirge.

Steinschloßfeuerwaffen, Nachfolger der Lunten-Rad-Schnappschloßfeuerwaffen; abgelöst durch Perkussions- (= Zündhütchen-)Feuerwaffen.

Steinschneidekunst, verfertigt aus Edel- oder Halbedelsteinen → Gemmen und → Kameen, Siegel für Ringe und Platten.

Steinsetzung, Grab- od. Kultmonument der Jungsteinzeit; z. B. in Stonehenge.

Steinstoßen, Wettbewerb des → Rasenkraftsports; Stoßen eines ziegelsteinförmigen, 15 kg schweren Eisenklotzes mit Anlauf.

Steinway & Sons [ˈstaɪnweɪ ənd sʌnz], am. Pianofortefabrik in New York; gegr. 1853.

Steinzeichnung → Steindruck.

Steinzeit, Zeitabschnitt der Vorgeschichte vor Kenntnis d. Metalle, Werkzeuge u. Waffen aus Stein, Bein u. and. Materialien; Unterteilung: → Vorgeschichte, Übers.

Steinzeug, *Sinterzeug,* Tonware m. dichtem, nichtsaugfähigem, lichtundurchlässigem, hellem Scherben; bei hohen Temperaturen (auch wiederholt) gebrannt (z. B. Porzellan).

Steißbein, die Wirbel unter dem Kreuzbein, Reste des tierischen Schwanzes beim Menschen.

Steißfuß, veraltet f. → Haubentaucher.

Stele, w. [gr.], Grabsäule; auch Grabstein mit bildlicher Darstellung.

Stella,
1) Frank (* 12. 5. 1936), am. Maler u. Plastiker, Mitbegr. d. Hard Edge-Malerei; ab 1960 *Shaped Canvas*-Arbeiten (Bilder m. unregelmäßig geformtem Umriß, der m. ihrer Struktur u. Zeichenfiguration korrespondiert), später auch Reliefobjekte aus versch. Materialien; *Cones and Pillars.*
2) Joseph (13. 6. 1877–5. 11. 1946), it.-am. Maler d. Futurismus; *Brooklyn Bridge.*

Stele *des Aristion, 500 v. Chr.*

Stella [l „Stern".],
1) weibl. Vorname.
2) Stern.
Stellagegeschäft → Börsengeschäfte.
Stellarstatistik, Zweig der Astronomie d. Fixsterne, bei dem die Beobachtungen vor allem mit Hilfe der math. Statistik verwertet werden.
Stellenvermittlung, für Arbeiter u. Angestellte, erfolgt seit 1922 lt. Arbeitsnachweisgesetz unentgeltlich durch die *öffentlichen Arbeitsnachweise; die gewerbsmäßige* private S. s. 1. 1. 1931 verboten. → Arbeitsverwaltung.
Stelling, seem. an Seilen aufgehängtes Brett f. Außenbordarbeiten.
Stellingen, Stadtteil v. Hamburg mit → Hagenbecks Tierpark.
Stellit, harte Legierung von Chrom, Cobalt u. Wolfram; f. Meißelspitzen.
Stellungskrieg, Bez. f. d. Konfrontation zweier Heere, d. in Dauerstellung einander gegenüberstehen; von Bedeutung s. 1. Weltkr.
Stellwerk, bei Eisenbahn Zentralstelle mit Vorrichtungen zum Stellen von Weichen u. Signalen: *Signal-* oder *Befehls-S.; Weichen-S.;* Stellwerke für Bedienung der Signale eines durchgehenden Streckenabschnittes ohne Weichen heißen *Blockstellen;* Stellung der Weichen und Signale *mechanisch* durch Drahtzug oder als *el. Einreihen-S.;* neuerdings *Gleisbild-S.* mit automat. Registrierung d. Zuglaufs auf d. Strecke und elektronische Stellwerke. Gleisplan mit Weichen und Signalen wird grafisch auf einem Farb-Monitor dargestellt (→ Tafel Eisenbahn).
Stelzen, Holzstangen mit Trittklötzchen, bes. in Sumpfgegenden als Laufgerät benutzt; auch Kinderspielzeug.
Stelzenbäume, svw. → Mangrove.
Stelzvögel, hochbeinige Sumpfvögel.
Stemmbogen, beim Skilauf Technik z. Änderung der Fahrtrichtung.
Stemmeisen, *Stechbeitel,* meißelartiges Werkzeug des Tischlers u. Zimmermanns mit geschärfter, verschieden profilierter Schneide.
stemmen,
1) Schlitz- und Durchbrucharbeiten an Mauern.
2) Gewichtheben (ohne Schwung).
Stempel,
1) amtl. Merkzeichen für Entrichtung e. Abgabe.
2) *botanisch: Pistill,* der aus den Fruchtblättern gebildete weibl. Geschlechtsapparat der Blütenpflanzen; besteht aus *Fruchtknoten, Griffel* u. *Narbe.*
3) Gerät u. Werkzeug z. Vervielfältigung eines auf ihm angebrachten Musters durch Abdruck, Siegeln, Einpressen, Prägen.
4) *bergmänn.* Bez. für Stützholz.
Stempelsteuer, durch Verwendung von Stempelmarken erhobene Steuer (z. B. Wechsel, Spielkarten; früher auch f. Beurkundung v. Verträgen usw.
Stendal (D-39576), Krst. i. S-A., 48 360 E; Dom (12. Jh.); Marienkirche; Tore (norddt. Backstein-Gotik); Altmärk. u. Winckelmann-Museum, Roland v. 1525; Eisen-, Konserven-, Möbelind.
Stendhal [stã'dal], eigtl. *Marie-Henri Beyle* (23. 1. 1783–23. 3. 1842), frz. Schriftst.; Romane: *Rot und Schwarz; Die Kartause v. Parma; Lucien Leuwen; Armance;* Studie: *Über die Liebe.*
Stenge, *Stänge, seem.* obere Verlängerung e. Mastes.
Stenmark, Ingemar (* 18. 3. 1956), schwed. alpiner Skirennläufer; Olympia-Sieger 1980 im Slalom u. Riesenslalom, WM 1978 im Slalom u. Riesenslalom, WM 1982 im Slalom, 86 Weltcup-Siege, dreimal Sieger im Gesamt-Weltcup 1976–78.
Stenogramm, *s.* [gr.], Niederschrift in *S.graphie* (→ Kurzschrift).
Stenokardie [gr.], *Herzenge,* svw. → Angina pectoris.
Stenose, *w.* [gr.], *med.* Verengung (z. B. des Darms); auch = Striktur.
Stenotypist|in, *Daktylograph |in,* Kurzschrift- u. Maschinenschreiber(in).
Stentor, bei Homer Kämpfer von Troja, mit Stimmkraft „von 50 Männern"; *S.stimme.*
Stephan,
a) Name von 9 *Päpsten:*
1) S. II., 752–57, erbat fränk. Schutzherrschaft f. kath. Kirche, begr. den Kirchenstaat (→ Pippinsche Schenkung).
2) S. III., 768–72, Neuordnung d. Papstwahl (Wahl nur durch röm. Klerus).
b) *Fürsten v. Polen:*
3) S. IV., → Báthory.
c) *Serbien:*
4) S. Duschan 1331–55, erster serb.-griech. Zar, größte Ausdehnung Serbiens, Gesetzgebung.
d) *Ungarn:*
5) S. I. (Wojk), d. Hlg., erster Kg u. Gesetzgeber, 997–1038, führte um 1000 das Christentum ein (→ Stephanskrone).
Stephan, Heinrich v. (7. 1. 1831–8. 4. 97), dt. Gen.postmeister; Begr. d. einheitl. dt. Postwesens u. -rechts; führte Postkarte u. Fernsprecher ein, regte d. Weltpostverein an.
Stephanskrone, ungar. Königskrone → Stephans I.
Stephanus, erster christl. Märtyrer; f. Geringschätzung des Tempels v. jüd. Hohen Rat gesteinigt; Heiliger (Tag: 26. 12.).
Stephenson [sti:vnsn], George (9. 6. 1781–12. 8. 1848), engl. Ing.; baute 1814 d. erste brauchbare Lokomotive; Begr. d. Eisenbahnwesens.
Steppe, meist baumlose Ebene mit Gras-, Busch- od. Krautvegetation in period. trockenen Klimaprovinzen: SO-Europa (Pußta), Vorder- u. Zentralasien, Afrika, S-Amerika (Pampas), mittleres N-Amerika (Prärie).
steppen,
1) mit dichten Hinterstichen, *Steppstichen,* nähen, bes. säumen.
2) schnellwechselnd auf Ferse und Sohle *(Stepptanz)* tanzen.
Steppenhuhn, bis 40 cm langes lehmfarbiges, gesellig lebendes Flughuhn asiat. Steppen.
Ster, *m., Raummeter,* 1 m³ geschichtetes Holz.
Sterbegeld, Geldzuwendung an d. hinterbliebenen Angehörigen eines Versicherten (bes. in d. Sozialversicherung).
Sterbekassen, Versicherungsvereine auf Gegenseitigkeit zur Ansammlung von Begräbnisgeldern.
Sterbesakramente, in der kath. Kirche: Buße, Kommunion und → Krankensalbung.

Ingemar Stenmark

Stephanskrone

Stendhal

stereo- [gr.], als Vorsilbe: fest..., räumlich..., körperlich...
Stereo, *Raumton,* räumlich wirkende (plastische) Schallwiedergabe durch binaurales Hören; erfordert f. Aufnahme, Übertragung bzw. Speicherung u. Wiedergabe mindestens zwei separate Kanäle; Schallplatten, Magnetband u. UKW-Rundfunk f. S. geeignet.
Stereochemie, Teilgebiet d. Chemie, das sich mit räuml. Aufbau der Moleküle befaßt.
Stereofilm, *3D-Film,* 3dimensionaler, plast. → Film.
Stereofotografie, räuml. Aufnahmetechnik m. Stereokameras. Es werden zwei Aufnahmen v. einem Motiv gemacht, dieses Stereobildpaar wird dann in e. Stereobetrachter/Projektor betrachtet. Beliebt sind d. Systeme aus d. USA m. Stereobetrachter und Stereobrille. Der Betrachter sieht e. fotograf. Aufnahme genauso räuml. (3-D), wie er dieses Motiv mit beiden Augen sieht.
Stereokomparator, in der Astronomie verwendeter Meßapparat, beruht auf dem Prinzip des Stereoskops.
Stereometrie [gr.], *math.* Lehre v. Berechnung d. Körperinhalte (Volumina).
Stereoskop, *s.* [gr.], opt. Gerät mit 2 Objektiven im Abstand der menschl. Augen (etwa 63 mm); Betrachtung von 2 Teilbildern d. gleichen v. 2 versch. Stellen aus aufgenommenen Gegenstandes läßt einen dreidimensionalen Eindruck des dargestellten Gegenstandes entstehen.
stereotaktische Operation, neurochirurgischer Eingriff, bei dem auf dem Schädel des Patienten ein Gerät aufgeschraubt wird, das dem Operateur das genaue Anzielen der Operationsstelle im Gehirn ermöglicht.
stereotyp [gr.], feststehend, in der Form erstarrt.
Stereotypie [gr.],
1) *med.* krankhaft ständig wiederholte sprachliche, gedankliche od. motorische Äußerungen, auch Haltungen *(Haltungs-S.)* oder Bewegungen *(Bewegungs-S.),* z. B. bei → Katatonie.
2) Verfahren zur Anfertigung von Buchdruckplatten durch Abformung des aus einzelnen Lettern od. Zeilen zusammengesetzten Schriftsatzes in einer Papiermatrize u. Abguß in Schriftmetall (Blei-Antimon-Zinn-Legierung); *Vorteil:* ho-

Sternbilder

Name		Sternhimmel (→ Tafel)		Helle Sterne		Merkmale
deutsch	lateinisch	nördl.	südl.	(Zahl = Größenklasse)		
Adler	Aquila	G	–	α = Atair	0.9	in der Milchstraße
Altar	Ara	–	C			
Andromeda	Andromeda	A	–	α = Sirrah	2.1	A.-Nebel, 2,3 Mill. Lichtjahre entfernt
Bär, Großer	Ursa major	D, E	–	ε = Alioth	1.7	„Himmelswagen"
Bär, Kleiner	Ursa minor	E, F	–	α = Polaris	2.3	Polaris ca. 1° v. nördl. Himmelspol entfernt, schöne Doppelsterne
Bärenhüter, Ochsentreiber	Bootes	E	–	α = Arcturus	0.2	für Feldstecher
Becher	Crater	–	E			unscheinbar
Bildhauerwerkstatt	Sculptor	–	A, H			unbedeutend
Cassiopeia	Cassiopeia	A	–	α = Schedir	2.1	5 helle Sterne bilden ein W
Cepheus	Cepheus	H	–	α = Alderamin	2.6	δ Cephei → Cepheiden
Chamäleon	Chamaeleon	–	D, E			unbedeutend
Chem. Ofen	Fornax	–	H			unscheinbar
Delphin	Delphinus	G	–			kleines markantes Sternbild
Drache	Draco	D, G	–	γ	2.4	zw. Gr. u. Kl. Bär
Dreieck	Triangulum	–	C			unscheinbar, bekannt durch Spiralnebel
Dreieck, Südl.	T. australe	–	C	α	1.9	markantes Dreieck nahe α Centauri
Eidechse	Lacerta	H	–			unscheinbar
Einhorn	Monoceros	C	F			unscheinbar
Eridanus-Fluß	Eridanus	–	G	α = Achernar	0.6	α für uns unter dem Horizont
Fernrohr	Telescopium	–	B			unscheinbar, südlich vom Schützen
Fisch, Südl.	Piscis austrinus	–	A	α = Formalhaut	1.3	
Fische	Pisces	A, H	–			12. Tierkreis-Sternbild, unscheinbar
Fliege	Musca	–	D, E			südlich des Kreuzes
Fliegender Fisch	(Piscis) Volans	–	F			südlich des Kiels
Füchslein	Vulpecula	G	–			zwischen Schwan und Adler
Fuhrmann	Auriga	B	–	α = Capella	0.2	ε bedeckungsveränderlich
Giraffe	Camelopardalis	B, C	–			unscheinbar
Grabstichel	Caelum	–	G			keine hellen Sterne
Haar d. Berenice	Coma Berenices	E	–			unscheinbar, viele Spiralnebel
Hase	Lepus	–	G			unscheinbar
Heck d. Schiffes	Puppis	–	F			unscheinbar
Herkules	Hercules	F	–	α = Ras Algethi	3.1 – 3.9	2 helle = Kugelsternhaufen
Hund, Großer	Canis major	–	F	α = Sirius	– 1.6	α hellster Fixstern, 9 Lichtjahre entfernt, Begleiter Weißer Zwerg
Hund, Kleiner	Canis minor	C	–	α = Prokyon	0.5	11 Lichtjahre entfernt
Indianer	Indus	–	B			unscheinbar
Jagdhunde	Canes venatici	E	–		1.2	unscheinbar
Jungfrau	Virgo	E	D	α = Spica		6. Tierkreis-Sternbild, γ Doppelstern
Kiel des Schiffes	Carina	–	F	α = Canopus	– 0.9	α zweithellster Fixstern; 230 Lichtjahre entfernt, 10 000fache Leuchtkraft der Sonne
Kranich	Grus	–	A	α	2.2	2 helle Sterne 2. Größe
Krebs	Cancer	C	–			4. Tierkreis-Sternbild, enthält den offenen Sternhaufen Krippe = Praesepe
Kreuz	Crux	–	D	β	1.5	Kreuz des Südens
Krone, Nördl.	Corona borealis	F	–	α = Gemma	2.3	kleines markantes Sternbild
Krone, Südl.	C. austrina	–	B			unbedeutend
Leier	Lyra	G	–	α = Wega	0.1	α hellster Stern des nördlichen Fixsternhimmels
Löwe	Leo	D	–	α = Regulus	1.3	5. Tierkreis-Sternbild
Löwe, Kleiner	L. minor	D	–			unscheinbar
Luchs	Lynx	C	–			unscheinbar
Luftpumpe	Antlia	–	E			keine hellen Sterne

Sternbilder

Name		Sternhimmel (→ Tafel)		Helle Sterne		Merkmale
deutsch	lateinisch	nördl.	südl.	(Zahl = Größenklasse)		
Maler	*Pictor*	–	G			unscheinbar
Mikroskop	*Microscopium*	–	B			unscheinbar
Netz	*Reticulum*	–	H			unscheinbar
Oktant	*Octans*	–	Pol-gegend			enthält südlichen Himmelspol
Orion	*Orion*	B	G	α = Beteigeuze	0.1 – 0.2	O.-Nebel, Gasnebel, ca. 1700 Lichtjahre entfernt; a Roter Riese
Paradiesvogel	*Apus*	–	C			nahe am Himmels-S-Pol
Pegasus	*Pegasus*	H	–	α = Markab	2.6	markantes Viereck
Penduhr	*Horologium*	–	G			unscheinbar
Perseus	*Perseus*	B	–	α = Algenib	1.9	sehr sternreich; enthält d. Bedeckungsveränderlichen Algol
Pfau	*Pavo*	–	B			enthält nur 1 Stern 2. Größe
Pfeil	*Sagitta*	G	–			kleines Sternbild über d. Adler
Pferdchen, Füllen	*Equuleus*	G	–			unscheinbar
Phönix	*Phoenix*	–	H, A			unscheinbar
Rabe	*Corvus*	–	D			
Schiff	*Argo*	–	E, F			aufgeteilt in Heck, Segel, Schiffskompaß
Schiffskompaß	*Pyxis*	–	F			unscheinbar
Schlange	*Serpens*	F	C	α = Unuk	2.8	helle Sternhaufen
Schlangenträger	*Ophiuchus*	F	C	α = Ras Alhague	2.1	reich an Sternhaufen
Schütze	*Sagittarius*	–	B	ε	2.0	9. Tierkreis-Sternbild, Richtung z. Zentrum der Milchstraße
Schwan	*Cygnus*	G	–	α = Deneb	1.3	markantes Sternbild in der Milchstraße
Schwertfisch, Goldfisch	*Doradus*	–	G			enthält die Große → Magellansche Wolke
Segel des Schiffes	*Vela*	–	E			ausgedehntes Sternbild
Sextant	*Sextans*	–	D			unscheinbar, unter Regulus
Skorpion	*Scorpius*	–	C	α = Antares	1.2	8. Tierkreis-Sternbild, reich an hellen Sternen
Sobieskischer Schild	*Scutum Sobiesii*	–	B			kleines Sternbild in der Milchstraße unter dem Adler
Steinbock	*Capricornus*	–	A, B			10. Tierkreis-Sternbild, wenig auffällig
Stier	*Taurus*	B	–	α = Aldebaran	1.1	2. Tierkreis-Sternbild, auffälliges Sternbild mit den → Hyaden
Tafelberg	*Mensa*	–	F, G			unscheinbar, enthält Teil der Großen → Magellanschen Wolke
Taube	*Columba*	–	G			unscheinbar
Tukan	*Tucana*	–	A, H			enthält die Kleine Magellansche Wolke
Waage	*Libra*	–	C, D	ZubenelSchemali	2.7	7. Tierkreis-Sternbild
Walfisch	*Cetus*	–	H	β = DenebKaitos	2.2	enthält die veränderliche Mira, 1596 entdeckt
Wassermann	*Aquarius*	–	A	β	3.1	11. Tierkreis-Sternbild
Wasserschlange, Kl., Südl. od. Männl.	*Hydrus*	–	G, H			kleines Sternbild nahe dem Himmels-S-Pol
Wasserschlange Nördl. od. Weibl.	*Hydra*	–	D, E, F	α = Alphard	2.2	ausgedehntes Sternbild
Widder	*Aries*	A	–	α = Hamel	2.2	1. Tierkreis-Sternbild
Winkelmaß	*Norma*	–	C			unbedeutend
Wolf	*Lupus*	–	C			unscheinbar
Zentaur	*Centaurus*	–	D, E	α	– 0.3	α dritthellster und zweitnächster Fixstern, 4,4 Lichtjahre entfernt
Zirkel	*Circinus, Circulus*	–	C			unbedeutend
Zwillinge	*Gemini*	C	–	α = Castor β = Pollux	1.6 1.2	3. Tierkreis-Sternbild

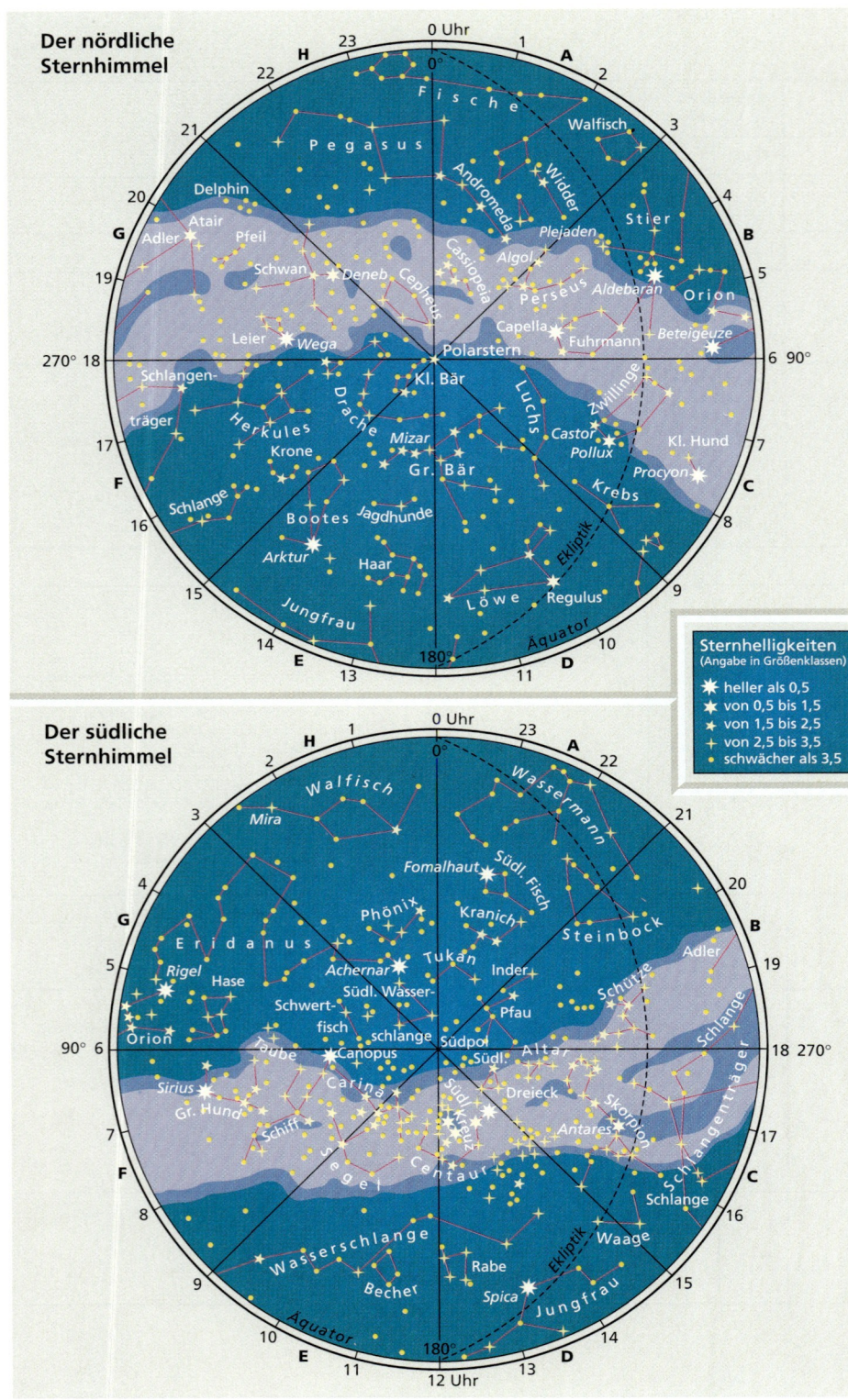

he Auflagen möglich durch Verwendung mehrerer Abgüsse.

steril [l.],
1) keimfrei (→ Desinfektion).
2) unfruchtbar, d. h. zeugungsunfähig.

Sterilisation, *Sterilisierung,*
1) Entkeimung → Desinfektion.
2) Unfruchtbarmachung (Verhinderung der Befruchtungsmöglichkeit) durch operative Unterbrechung d. Samenstränge b. Mann *(Vasektomie)*, d. Eileiter bei d. Frau *(Tubenligatur)*, wobei im Ggs. zur Kastration die für die sekundären Geschlechtsmerkmale (seel. u. leibl. f. d. Geschlecht charakterist. Eigenschaften) wichtigen Keimdrüsen mit ihrer Funktion sowie die Fähigkeit zum Geschlechtsakt erhalten bleiben. S. in manchen Ländern (Dänemark, USA) zur Ausmerzung von Erbkrankheiten (Geisteskrankheiten, erbl. Schwachsinn, erbl. Blindheit usw.) gesetzl. eingeführt.

sterilisieren,
1) keimfrei machen.
2) unfruchtbar machen.

Sterilität,
1) Keimfreiheit (durch → Desinfektion).
2) Zeugungsunfähigkeit bei erhaltener Fähigkeit zum Geschlechtsakt durch künstl. Sterilisierung, Krankheit oder Schädigung der Geschlechtsorgane, bes. der Keimdrüsen (u. a. Tripper, Morphium, Gebärmutterknickung, Entzündung und Geschwülste).

Sterine, lebenswichtige organ.-chem. Substanzen (z. B. → *Cholesterin*, → *Ergosterin*); auch → *Steroide*.

Sterlet → *Störe*.

Sterling, *m.* ['stɑː], *Pfund S.* (£), → *Währungen, Übers.*

Sterlingblock, s. 1931 Bez. für Länder, die ihre Währung stabil zum Pfund halten.

Stern,
1) Horst (* 24. 10. 1922), dt. Journalist, Schriftsteller u. Umweltschützer; Fernsehsendungen; 1981–84 Hg. d. Umweltmagazins „Natur"; *Rettet den Wald; Mann aus Apulien; Jagdnovelle*.
2) Isaac (* 21. 7. 1920), am. Geiger russ. Herkunft.
3) Otto (17. 2. 1888–18. 8. 1969), dt.-am. Phys.; Molekularstrahlen; entdeckte magnet. Eigenschaften d. Protons; Nobelpr. 1943.

Sternalpunktion, Entnahme von Knochenmark aus dem Brustbein *(Sternum)* zur Untersuchung.

Sternassoziation, Gruppe v. Sternen gemeinsamer phys. Merkmale (z. B. Bewegung, Spektraltyp).

Sternbedeckungen, Verdeckung eines Fixsterns durch d. Mond oder einen Planeten auf seiner Bahn.

Sternberg, Josef von (29. 5. 1894 bis 22. 12. 1969), östr.-am. Filmregisseur; *The Last Command* (1928); *Der blaue Engel* (1930); *Shanghai Express* (1932); *The Scarlet Empress* (1934).

Sternberger, Dolf (28. 7. 1907–27. 7. 89), dt. Historiker u. Essayist; 1964–70 Präs. d. PEN-Zentrums der BR.

Sternbilder, aus dem griech. u. babylon. Altertum stammende Zusammenfassung hellerer Sterne zu Gruppen (mit Namen belegt); innerhalb der S. Bez. d. Sterne m. griech. Buchstaben (z. B. α Kleiner Bär = Polarstern) u. arab. Ziffern (→ Übersicht).

Sterne [stəːn], Laurence, Pseudonym *Yorick* (24. 11. 1713–18. 3. 68), engl. humorist. Dichter; *Leben u. Meinungen des Tristram Shandy; Empfindsame Reise durch Frkr. u. Italien.*

Sterne,
1) *allg.* (volkstüml.) Bez. für alle Gestirne als Himmelskörper (Fixsterne, Planeten, Kometen, Monde).
2) *astronom.* nur die „Sonnen" (Tafeln → Himmelskunde u. → Sternhimmel); diese sog. „Fixsterne" sind nicht fest zueinander, sondern haben Eigenbewegung, merkbar als Ortsveränderung u. spektroskopisch als Radialgeschwindigkeit. Die Raumgeschwindigkeit der S. steigt bis etwa 500 km/s relativ zur Sonne. *Durchmesser* von 1/20 bis 2400facher Sonnendurchmesser, *Massen* von 1/7 bis 75facher Sonnenmasse. Nach ihrer scheinbaren Helligkeit werden sie in *Größenklassen* eingeteilt. Helligkeitsverhältnis zweier aufeinanderfolgender Klassen wie 2,512:1, d. h. ein S. 1. Größe ist 2,512mal heller als ein S. 2. Größe. Hellster Stern ist der Sirius (Größe –1,6); schwächste S. (auf fotograf. Himmelsaufnahmen) Größe 23; S. bis Größe 6 mit bloßem Auge sichtbar (insges. etwa 5500, in Dtld etwa 4000); alle erkennbaren einzelnen Sterne gehören zum System der → Milchstraße, die etwa 100 000 Mill. S. umfaßt. *Entfernungen:* sonnennächster Stern *Proxima Centauri* 4,3, entfernteste Milchstraßen-S. etwa 100 000 Lichtjahre. Nach ihrem Spektrum unterscheidet man 10 *Spektralklassen,* die (wie die Spektralfarben) Temperaturstufen *(Sterntemperaturen)* darstellen: davon bes. vertreten die Klassen: *M,* rot (Oberfläche 2000–4000°); *K,* orange (4000–5000°); *G,* gelblich (5000 bis 6000°); *F,* weißgelb (6000–8000°); *A,* blauweiß (8000–13 000°); *B,* blauweiß (13 000–30 000°); im Sternzentrum ca. 30 Mill. Grad; → Population, → Russell-Diagramm. Nach absoluter Helligkeit u. Durchmesser unterschieden: *Riesen-* u. *Zwerg-S.;* bei den *Veränderlichen* regel- oder unregelmäßig schwankende Helligkeit; bei den *Doppelsternen* bewegen sich 2 S. in Ellipsen um den gemeinsamen Schwerpunkt; es gibt auch 3–6fache S. *Neue S.* → Nova. *Sternströme,* Gruppen von S.n mit gleicher u. paralleler Bewegung im Raum, z. B. Gr. Bären-Strom. *Sternhaufen,* entweder offene oder Kugelsternhaufen; größter, mit bloßem Auge bei uns sichtbarer Sternhaufen ist die Plejaden (Abb. → Tafel Himmelskunde I) enthält ca. 100 000 S., Entfernung 36 000 Lichtjahre.

Sternenbanner, Flagge der USA, auch *Stars and Stripes* (Sterne u. Streifen); → Flaggen.

Sternfahrt, sportl. Auto-, Motorrad-, Radfahrt von versch. Orten nach einem Sammelpunkt zu vereinbarter Zeit.

Stettin

Sternhaufen → Sterne (→ Tafel Himmelskunde I).
Sternheim, Carl (1. 4. 1878–3. 11. 1942), dt. expressionist., zeitkrit. Dramatiker u. Erzähler; *Die Hose; Der Snob; Die Kassette; Bürger Schippel;* Roman: *Europa.*
Sternhimmel, bildl. Darstellung des nördl. und südl. S. (→ Tafel). – Darstellung der Sterne nach Stellung u. Helligkeit; infolge Überschneidung der Randzonen sind die äußeren Sterne auf beiden Karten abgebildet. Zur Orientierung halte man (in Dtld) die Karte ins nördl. S. nach Norden u. gehe beim Aufsuchen der Sternbilder vom → Polarstern aus.
Sternkarten, kartenmäß. Abb. der Sterne und Sternbilder in einem Atlas oder einzeln.
Sternkatalog, Verzeichnis v. Sternörtern für einen best. Zeitpunkt; erster S. von → Hipparch aufgestellt, enthält etwa 1000 Sternörter; 1900 gab es schon über 300 Kataloge, deren Zahl inzwischen erheblich gewachsen ist.
Sternkunde, svw. Himmelskunde.
Sternmotor, Flugmotor mit sternförmiger Zylinderanordnung um Kurbelwelle u. -gehäuse, überwiegend luftgekühlt, mit 3–9 Zylindern, für gr. Leistungen *Doppelstern* z. B. 2×7 oder 2×9, wobei der hintere Teil d. S.s versetzt angeordnet wird, so daß Zylinder zwecks guter Kühlung auf Lücke stehen; Leistungen bis ca. 3500 PS.
Sternschnuppen → Meteore.
Sternströme, Gruppe von Sternen mit gemeinsamer räuml. Bewegung.
Sternsystem, *Galaxis,* räuml. abgeschlossene Gruppe vieler Fixsterne (z. B. → Milchstraßensystem).
Sterntag → Zeit.
Sterntemperatur → Sterne.
Sternwarte, Institut für astronom. Beobachtungen (Observatorium); → Himmelskunde; Sternwarte mit größtem Teleskop in → Selentschukskaja; → Tafel Himmelskunde I; → Fernrohr.
Sternwind, Strom geladener Teilchen, der von Sternen abgegeben wird, wie → Sonnenwind; Geschwindigkeiten bis zu mehreren tausend km/s.
Sternzeit → Zeit.
Steroide, biol. wirksame, den → Sterinen verwandte organ.-chem. Substanzen, z. B. Gallensäuren, → Hormone d. männl. u. weibl. → Keimdrüsen u. der Nebennierenrinde (→ Nebenniere), Herz-→ Glykoside (→ Digitalis-Wirkstoffe), → Saponine, manche → Alkaloide.
Sterzinsky, Georg Maximilian (* 9. 2. 1936), dt. kath. Theol. u. Bischof v. Berlin (s. 1989), Kardinal (s. 1991).
Stethaimer, Hans (um 1350/60–10. 8. 1432), *Stettheimer,* dt. Baumeister, e. führender Vertr. d. Spätgotik; schuf hpts. Hallenkirchen; *St. Martin* in Landshut; *Chor d. Franziskanerkirche* in Salzburg.
Stethoskop, *s.* [gr.], ärztl. Hörrohr; → Auskultation.
Stetigkeit, *Kontinuität,* math. eine Funktion wird stetig genannt, wenn einer beliebig kl. Änderung der Variablen stets eine beliebig kleine Änderung des Funktionswertes entspricht.
Stettin, *Szczecin,* Hptst. d. poln. Woiwodschaft *S.,* bed. Ostseehafen an der Mündung der Oder; 412 000 (1939: 372 000) E; wichtiger Handels- u. Indu-

Steuer(n)

Steuer(n) sind einmalige oder laufende Geldleistungen, die der Staat (Bund, Länder u. Gemeinden) ohne Gewähr einer Gegenleistung allen Steuerpflichtigen zur Deckung seines Finanzbedarfs auferlegt, auf die der Tatbestand der von den Parlamenten (Bund od. Länder) beschlossenen Steuergesetze zutrifft.
Die Aufgaben der Finanzverwaltung werden durch die obersten Bundesbehörden (Bundesminister der Finanzen und Finanzminister der Länder), die mittleren Behörden (Oberfinanzdirektionen) und die örtlichen Behörden (Finanzämter, Zollämter, Gemeinden) wahrgenommen.
Die Steuern werden eingeteilt in **1)** *Besitzsteuern* (Einkommen-, Lohn-, Körperschaft-, Gewerbeertrag-, Kirchensteuer), **2)** *Verkehrssteuern* (Umsatz-, Kfz-, Wechsel-, Lotteriesteuer usw.) u. **3)** *Verbrauchssteuern* (Zucker, Tabak-, Mineralölsteuer usw.).
Jeder Steuerpflichtige kann sich gegen einen Verwaltungsakt der Finanzverwaltung durch **a)** *Einspruch* od. **b)** *Beschwerde* wehren. Billigkeitsmaßnahmen können v. d. Finanzverwaltung getroffen werden. Zu ihnen gehören die **Steuerstundung** u. der **Steuererlaß.** Stundung darf gewährt werden, wenn die Einziehung von Steuern mit erheblichen Härten für den *Steuerpflichtigen* verbunden ist u. der Anspruch durch die Stundung nicht gefährdet wird. Ein Erlaß von Steuern darf für einzelne Fälle gewährt werden, wenn die Einziehung unbillig wäre.
Die Festsetzung der geschuldeten Steuern erfolgt im allg. durch **Veranlagung** des Finanzamts. Wichtigstes Hilfsmittel im Steuerverfahren ist die **Steuererklärung** des Steuerpflichtigen. Die Pflicht zu ihrer Abgabe ergibt sich unmittelbar aus gesetzlichen Vorschriften (Abgabenordnung) oder aus der Aufforderung durch das Finanzamt. Die Steuererklärung muß form- und fristgerecht erfolgen. Korrelat der Wahrheitspflicht des Steuerpflichtigen ist das **Steuergeheimnis,** d. h. die durch Strafandrohung gesicherte Verpflichtung der im Steuerverfahren amtlich tätigen Personen, die ihnen zur Kenntnis gelangten Verhältnisse und Tatsachen nicht unbefugt zu offenbaren oder zu verwerten.
Steuertarif ist der Prozentsatz, mit dem die Steuer erhoben wird. Manche Steuertarife enthalten eine Progression, was besagt, daß der bei der Steuerberechnung zur Anwendung kommende Prozentsatz mit steigender Besteuerungsmenge steigt.
Für die *Einkünfte aus unselbständiger Arbeit* wird der **Lohnsteuerabzug** vom Monatslohn als Sonderform der Einkommensteuer durchgeführt. Grundlage für seine Berechnung, die der Arbeitgeber vorzunehmen hat, sind die Einkünfte und die **Steuerklasse** auf der **Lohnsteuerkarte** des Arbeitnehmers. Die Lohnsteuerkarte wird von der zuständigen Gemeindebehörde ausgestellt u. enthält die für die Steuerberechnung notwendigen persönlichen Angaben über den Steuerpflichtigen. Auf Antrag hat das Finanzamt in die Steuerkarte aus den besonderen Verhältnissen begründete **lohnsteuerfreie Beträge** einzutragen, die der Arbeitgeber vor Anwendung der Lohnsteuertabelle vom Arbeitslohn abzuziehen hat. Der Arbeitgeber hat die einbehaltene Lohnsteuer an das Finanzamt abzuführen.
Steuerhinterziehung begeht, wer zum eigenen oder eines anderen Vorteil nicht gerechtfertigte Steuervorteile erschleicht oder vorsätzlich bewirkt, daß Steuereinnahmen verkürzt werden.

Laurence Sterne

strieplatz. – Alte Hansestadt, ehem. Residenz d. pommer. Herzöge, vorübergehend unter schwed. Herrschaft; s. 1720 preuß., Hptst. Pommerns; bis 1873 Festung; s. 1945 poln.
Stettiner Haff, *Pommersches Haff, Oderhaff,* Mündungsbucht der Oder, durch die Inseln Usedom u. Wollin von d. Ostsee abgetrennt, 690 km², ausgebaggerte Fahrrinne; Ostteil (Gr. Haff) s. 1945 poln.
Steuben, Friedrich v. (17. 9. 1730 bis 28. 11. 94), preuß. Offizier; 1778 Organisator d. Armee G. *Washingtons.*

Steueramnestie, Straffreiheit für Steuervergehen für best. Voraussetzungen; Verpflichtung zur Steuernachzahlung wird durch S. nicht aufgehoben.
steuerbegünstigtes Sparen, Sparen aufgrund v. Kapitalansammlungsverträgen, bei dem Steuervergünstigungen gewährt werden.
Steuerbehörden, svw. Finanzbehörden.
Steuerberater, Steuerbevollmächtigter, freiberufl. Sachverständige, leisten geschäftsmäß. Hilfe i. Steuersachen; Zulassung nach entsprechender Ausbildung u. Prüfung durch Oberfinanzdirektion eines Landes.
Steuerbilanz, → Bilanz, Übers.
Steuerbord, in d. Fahrtrichtung rechte Schiffs- od. Flugzeugseite; grünes Farbbzw. Lichtzeichen.
Steuerdestinatar, derjenige, den d. Steuergesetzgeber mit d. Steuer belasten will.
Steuerflucht, Verlagerung v. Vermögenswerten ins Ausland, um sie d. Besteuerung zu entziehen.
Steuergutscheine, unverzinsl. staatl. Schuldverschreibungen, die für fällige Steuerzahlungen angenommen werden.
Steuermann, bei der *Handels*marine: Schiffsoffiziere des Deckdienstes: 1., 2., 3. u. 4. Offizier, muß S.sprüfung auf Seefahrtschule abgelegt haben (S.patent besitzen); bei der *Kriegs*marine: dem Navigationsoffizier beigegebener Deckoffizier.
Steuern → Übersicht; BR Einnahme Bund u. Länder 1991: 728,5 Mrd. DM.
Steuerniederschlagung, rückständige Steuern werden v. Amts wegen niedergeschlagen, wenn Vollstreckungsmaßnahmen erfolglos sind. S.en im Gegensatz zum Steuererlaß nicht endgültig; bei späterer Zahlungsfähigkeit des Schuldners kann (abgesehen b. Verjährung) Zahlung gefordert werden.
Steuerruder, meist am Heck unter Wasser angebrachte, um eine vertikale Achse drehbare Platte zur Lenkung (Steuerung) eines Schiffes; durch Handhebel (*Ruderpinne*), Seil od. Kettenzug m. Winde (*Steuerrad*) od. Dampfmaschine bzw. Elektromotor (*Rudermaschine*) betätigt.
Steuerschuldner, Person, die gesetzl. zur Entrichtung der Steuer verpflichtet ist. → Steuerträger.
Steuerstrafrecht, allg. geregelt in der → Abgabenordnung; Einteilung der Steuerdelikte in: *Steuerhinterziehung, -hehlerei, -gefährdung, Bannbruch, Schmuggel* u. *Ordnungswidrigkeiten.*
Steuerträger, derjenige, der die Steuer endgültig aus s. Einkommen od. Vermögen bestreitet. → Steuerschuldner.
Steuerüberwälzung, im Wirtschaftsleben d. Überwälzung einer Steuerlast von der einen Erzeugungs- od. Handelsstufe auf die folgende (z. B. vom Fabrikanten auf d. Großhändler, von diesem auf den Einzelhändler, von diesem auf den Verbraucher); d. S. ist z. T. durch den Gesetzgeber selbst gewollt (z. B. bei d. Umsatzsteuer), ergibt jedoch z. T. ungewollte u. unerwünschte Verschiebung zw. d. steuerl. Belastungen d. einzelnen Bevölkerungsschichten.
Steuerung, jede willkürl. Beeinflussung oder Änderung (einschließl. Ein- u. Ausschalten) von Energien, Geschwin-

Michael Stich

Otto Stich

Stichling

Ackerstiefmütterchen

Adalbert Stifter

digkeiten, Bewegungen u. a. (*Steuergrößen*). Die zu steuernde Einrichtung ist die *Steuerstrecke.* S. erfolgt, indem Steuersignale an ein Stellglied gegeben werden, das die Steuergrößen beeinflußt. Wird am Ausgang der Steuerstrecke das Steuerergebnis durch Messen festgestellt, mit anzusteuerndem Wert verglichen u. auf Sollwert nachgestellt, so liegt → Regelung vor; wird Drehsinn einer Maschine geändert, spricht man von *Umsteuern.* Anwendung: S. v. Ventilen od. Schiebern bei Wärmekraftmaschinen (Dampfmaschinen, Dieselmotoren u. a.) und Pumpen; Elektromotoren mit Schaltern; bei vielen modernen Maschinen erfolgt S. nach Programm (z. B. Waschautomaten). S. des Anodenstromes bei Elektronenröhren durch Steuergitter, eines Relais durch Magneten durch Ströme oder Stromimpulse (z. B. bei Fernsprechvermittlungsstellen), eines Wählers m. der Wählscheibe auf gewünschten Teilnehmer durch Nummernwahl. Auch → Prozeßsteuerung, → numerische Steuerung.
Steuerwerk, *Leitwerk,* Teil der → Zentraleinheit einer → Datenverarbeitungsanlage; steuert d. internen Vorgänge in d. Zentraleinheit (Befehlsausführung) u. überwacht d. Ein-/Ausgänge (→ Peripherie).
Steven, *m.* [ndl. „Stamm"], in den Kiel eingelassene Abschlußbalken (senkrecht) vorn und hinten am Schiff: Vorder- und Hinter-S.
Stevenson [stiːvnsn], Robert Louis (13. 11. 1850–3. 12. 94), schott. Schriftst.; exot. Abenteuerromane: *Die Schatzinsel;* Erzählungen: *D. seltsame Fall v. Dr. Jekyll u. Mr. Hyde.*
Stevin [stɑ-], Simon (1548–1620), ndl. Math. (Dezimalbrüche) u. Physiker (Parallelogramm d. Kräfte u. kommunizierende Röhren).
Steward|eß [engl. ˈstjuːəd, -ˈdɛs], Aufwärter|in, Kellner|in auf Passagierdampfern, Flugbegleiter|in in Flugzeugen.
Stewart [stjʊət], James (20. 5. 1908 bis 2. 7. 1997), am. Filmschausp.: *Mr. Smith Goes to Washington; The Man Who Knew Too Much; Vertigo.*
Steyr (A-4400), Bez.hptst. in Oberöstr., am Zusammenfluß der Enns (254 km) und Steyr (58 km), 39 337 E; ma. Altstadt; Gotik; Eisen- u. Autoind.
StGB, Abk. f. → St*rafgesetzb*uch.
STH, Abk. f. *somatotropes Hormon,* Wachstumshormon, der → Hypophyse.
Stich,
1) Michael (* 18. 10. 1968), deutscher Tennisspieler; 1991 Wimbledon-Sieger, 1992 Wimbledon-Sieger im Doppel mit J. McEnroe, 1992 Olympiasieger im Doppel mit B. Becker, 1993 ATP-Weltmeister, 1993 Weltranglisten-Zweiter.
2) Otto (* 10. 1. 1927), Schweizer SPS-Pol., 1988 u. 1994 Bundespräsident der Schweiz.
Stich,
1) lichte Höhe eines Gewölbes bis zum Scheitel.
2) in Tiefdruckverfahren hergestellte Drucke; → Stahlstich, → Kupferstich, → Radierung.
Stichblatt, Metallplatte am Degengriff z. Schutz der Hand; oft kunstvoll ausgeführt.
Stichel, Werkzeug d. Graveurs, Ziseleurs, Kupferstechers u. Holzbildhau-

ers zum Ausheben von Spänen aus dem Arbeitsmaterial, mit verschiedenster Formgebung für die grabende Spitze: flach, spitz, rund, rautenförmig, gerillt usw.
Stichflamme, durch starke Luft- oder Sauerstoffzufuhr (Gebläse, Lötrohr u. ä.) u. Verwendung brennbarer Gase (Wasserstoff, Acetylen) gestraffte heiße Flamme (z. B. Bunsenbrenner, Schmiedefeuer, Schweißbrenner).
Stichkappe, *w.,* → Kappe.
Stichlinge, kl. Fische mit Stachelflossen; Männchen zur Laichzeit buntfarbig, baut Nest für die Eier und bewacht es; *Drei-* u. *Neunstachliger Stichling,* bes. im Süßwasser, *See-S.* im Meer.
Stichtag, der f. Berechnungen (z. B. bei Steuererklärungen) maßgebl. Tag.
Stichwahl, engere Wahl, zw. beiden im 1. Wahlgang erfolgreichsten Kandidaten, falls die bei diesem vorgeschriebene Mehrheit nicht erreicht wurde.
Stichwort,
1) svw. → Parole.
2) letztes Wort eines Schauspielers, auf das hin sein Partner aufzutreten od. zu antworten hat.
Stickhusten → Keuchhusten.
Stickseide, besteht aus mehreren, d. schwache Drehungen auf der Maschine zu e. Faden vereinigten Seidenfäden.
Stickstoff, N, chem. El., Oz. 7, At.-Gew. 14,0067, Dichte 1,17 g/l bei 1013 hPa; farb-, geruch- u. geschmackloses Gas; bildet etwa $\frac{4}{5}$ d. Luft; gebunden als Nitrat u. in vielen tier. u. pflanzl. Stoffen, wie Eiweiß usw.; Sauerstoffverbindungen des S. (*Stickoxide*): Distickstoffoxid N_2O (Lachgas), Stickoxid NO, Stickstoffdioxid NO_2, Distickstofftrioxid N_2O_3, Distickstoffpentoxid N_2O_5; die letzten beiden sind die Anhydride der salpetrigen und der → Salpetersäure; Stickoxide in Abgasen von Industrie u. Kraftfahrzeugen enthalten, vermutlich Hauptursache des → Waldsterbens und der → Ozonbildung in Erdnähe bei starkem Sonnenschein; wichtigste S.verbindung ist NH_3 (→ Ammoniak).
Stickstoffbakterien, Bodenbakterien, erzeugen an den Wurzeln von Schmetterlingsblütlern (Lupine, Erbse, Bohne, Klee, Serradella) Wucherungen (Knöllchen), denen sie aus der Luft assimilierten Stickstoff zuführen; der so gebundene Stickstoff wird durch Gründüngung (Unterpflügen jener Schmetterlingsblütler) dem Boden angereichert u. kommt dann anderen Feldfrüchten zugute (pro ha 100–200 kg Stickstoffgewinnung). Andere S. leben frei im Boden.
Stickstoffindustrie, zur Herstellung v. Stickstoffprodukten, insbes. der stickstoffhalt. Handels-(Mineral-)Dünger.
1) *Lichtbogenverfahren* nach Birkeland u. Eyde: Bindung von S. an Sauerstoff im el. Lichtbogen bei etwa 3000 °C zur Gewinnung v. Salpetersäure u. salpetersauren Salzen.
2) *Kalkverfahren* nach Frank u. Caro: Bindung von S. an Calciumcarbid in Kanalöfen zur Gewinnung v. Kalk-S.;
3) *Ammoniakverfahren* nach Haber-Bosch (→ Abb.) und andere: direkte Vereinigung von S. u. Wasserstoff unter 200 at Druck bei etwa 500 °C zu → Ammoniak, z. Z. wichtigstes Verfahren der S.industrie; liefert die ammoniakhalti-

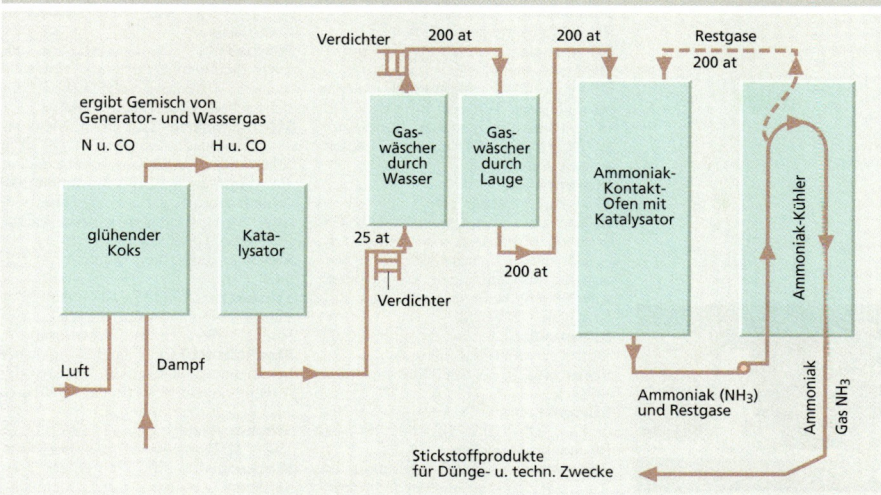

Stickstoffgewinnung aus der Luft

Stierkampf, *Fresko aus Knossos, nach 1500 v.Jh.*

Stierkampf

gen Düngemittel u. nach Umwandlung des Ammoniaks in Salpetersäure Salpetersäureester (→ Nitroglycerin) und Nitroverbindungen (→ Pikrinsäure, TNT), die auch die Grundlage der meisten Sprengstoffe sind.
Stiefmütterchen, ein auf Äckern als Unkraut wachsendes → Veilchen; in Gärten als großblütige Zierpflanze.
Stiege, w., mundartl. für: 20 Stück.
Stieglitz, *Distelfink,* prächtiger Fink, schwarz-weiß-rot-gelb.
Stieler,
1) Adolf (26. 2. 1775–13. 3. 1836), dt. Kartograph (,,Handatlas").
2) Caspar (25. 3. 1632–24. 6. 1707), dt. Barockdichter; Lyrik u. Dramen, *Teutscher Sprachschatz.*
3) Josef (1. 11. 1781–9. 4. 1858), dt. Porträtmaler; detailgetreue Darstell. m. idealisierenden Elementen. *Goethe im Alter v. 79 Jahren.*
Stier, 2. Zeichen des → Tierkreises; → Sternbilder, Übers.
Stierkampf, bei Griechen u. Römern beliebte Volksbelustigung, jetzt noch in Spanien, S-Frkr., Portugal u. Südamerika; Kampf berufsmäßiger Stierkämpfer *(Toreros)* gg. Stiere in Arena; Stier wird v. *Picadores* u. *Banderilleros* m. Lanzen u. roten Tüchern gereizt, vom *Espada* verwundet u. vom *Matador* niedergestoßen; frz. u. portugies. Form meist unblutig.
Stift, karitative Anstalt (z. B. Krankenhaus, Altersheim); im Kirchenrecht eine urspr. zu rel. Zwecken bestehende autonome Anstalt mit eigener Verfassung: Die Reichsstifte (Erzbistümer, Bistümer, Dom-, Kollegiatstifte) sowie d. Männer- u. Frauenklöster d. alten Orden waren bis zur → Säkularisation reichsunmittelbar.
Stifter, Adalbert (23. 10. 1805–28. 1. 68), östr. Schriftst.; leitet von d. Goethezeit zum Realismus d. 19. Jh. über; Erzählungen: *Studien* (darin *Der Hochwald); Bunte Steine)* ; Bildungsroman: *Der Nachsommer;* histor. Roman: *Witiko.*
Stifterreligion, Bez. e. Rel., d. auf e. histor. Einzelpersönlichkeit zurückgeführt wird, z. B. Buddha, Zarathustra, Mose, Jesus, Mohammed.
Stifterverband für die deutsche Wissenschaft, 1920 gegr., 1949 wiedererrichtet zur Förderung der Forschung, Lehre u. d. Ausbildung wiss. Nachwuchses; Zusammenarbeit mit d. → Deutschen Forschungsgemeinschaft, der → Max-Planck-Gesellschaft, der Studienstiftung des Deutschen Volkes (→ Studentenwerk), Westdt. Rektorenkonferenz, Dt. Akad. Austauschdienst (DAAD), OECD; Sitz i. Essen-Bredeney.
Stiftshütte, das heilige Zelt der Israeliten, enthielt die Bundeslade mit den Tafeln der Zehn Gebote.
Stiftskirche,
1) Kirche e. Stiftskapitels, dessen Mitgl. Weltgeistl. (d. h. keine Mönche) sind
2) verallgemeinernd svw. Klosterkirche.
Stiftung, juristische Person zur Verwirklichung dauernder *selbständiger* Zwecke, z. B. Ausübung von Wohltätigkeit (§§ 80 ff. BGB). Ohne eigene Rechtspersönlichkeit ist die *fiduziar. S.,* Vermögenszuwendung an e. Person od. Einrichtung mit der Auflage, sie zu einem best. Zweck zu verwenden.
Stiftung Preußischer Kulturbesitz, 1957 durch Bundesgesetz gegr. Organisation für die Verwaltung und Auswertung des früh. preuß. Kulturbesitzes; Sitz Berlin; zur Stiftung gehören u. a. die staatl. Museen, das Ibero-Am. Inst. u. das Inst. für Musikforschung u. die Staatsbibliothek im ehem. W-Berlin.
Stiftung Volkswagenwerk, 1962 gegr., ,,fördert Wissenschaft u. Technik in Forschung u. Lehre", bes. durch d. Finanzierung von Großprojekten.
Stigler, George J. (17. 1. 1911–2. 12. 91), am. Wirtschaftswiss.; Nobelpr. 1982 (Verbindung v. Wirtschaftswiss. u. Rechtswiss.).
Stigmatisierung, das Auftreten der Wundmale [gr. ,,stigmata"] Jesu bei einem Menschen in mystisch-unsichtbarer oder äußerl. sichtbarer Ausprägung (so z. B. bei Franz v. Assisi; neuerdings angebl. auch bei → Neumann, Therese); können nach kath. Auffassung übernatürlichen, von Gott gewirkten Ursprungs sein, aber auch auf krankhafter Veranlagung beruhen.
Stihl, Hans Peter (* 18. 4. 1932), s. 1988 Präs. d. Dt. Industrie- u. Handelstages.
Stijl [də stɛɪl], *De Stijl,* 1917 gegr. ndl. Künstlergruppe von starkem Einfluß auf d. Entwicklung d. modernen Kunst u. auf das → Bauhaus; wichtige Vertr.: *Mondrian, van Doesburg;* → Neoplastizismus. In d. Architektur dagg. → Amsterdam, Schule von.
Stil, *m.* [l. ,,Griffel"], charakterist. Ausdrucksweise bes. in d. Prägung d. Kunstwerke,
1) *allg.* Form der Lebensführung *(Lebensstil);*.
2) als *persönl.* Ausdrucksform e. einzelnen Künstlers.
3) *im S. von,* d. h. nach Art von.
4) als S. einer *Zeitepoche* (oder auch einer bestimmten Gegend) durch gemeins. Formgefühl, Ausdruckswillen, Weltanschauung u. benutztes Material bedingt (z. B. Gotik; rhein. Stil).

Stilb, (veraltete) Maßeinh. d. Leuchtdichte (→ Lichteinheiten).
Stile Liberty [staɪl-], (ben. nach e. Geschäft in London), auch *Stile floreale,* ital. Variante d. → Jugendstils; *Architektur:* Sommaruga, Basile, D'Aronco.
Stilett, *s.* [it.], kurzer Dolch.
Stilfser Joch, it. *Passo dello Stelvio,* Paß zw. Spöl- u. Ortleralpen, 2757 m, mit einer der höchsten Kunststraßen Europas, führt von Spondinig im Vintschgau in das Brauliotal nach Bormio.

Stockholm

Stilicho [l.], römisch erzogener Wandale, Feldherr und Regent Westroms 395 bis 408, schlug die eindringenden West- u. Ostgoten zurück; in Ravenna enthauptet.
Stilistik, *w.,* Lehre von Art u. Form des richtigen sprachl. Ausdrucks.
Stilleben, frz. *nature morte,* in d. Malerei bildhaft wirksame Gruppierung regungs- bzw. lebloser Gegenstände: Früchte, Blumen, Musikinstrumente, Gefäße usw.
Stille Gesellschaft, Beteiligung einer Person o. Gesellschaft a. d. Handelsgewerbe eines anderen; Einlage kann i. Geld-, Sach-, Dienstleistungen bestehen, wobei d. S. G. nach außen hin *nicht* in Erscheinung tritt, jedoch im Innenverhältnis die vollen Rechte eines Gesellschafters haben kann.
stille Reserven → Reservefonds.
Stiller Ozean svw. → Pazifik.
Stillhaltekonsortium, Zusammenschluß mehrerer Gläubigerbanken zwecks **Stillhaltung:** Stundung fälliger Zahlungen durch Gläubiger, ohne daß Schuldner formelles → Moratorium beantragt.
Stilling, Heinrich → Jung-Stilling.
Stillsche Krankheit, fieberhafte Gelenkentzündung im Kindesalter.
Stillvideo, d. Aufnahme v. stehenden Bildern, also v. Einzelbildern, mit e. Videokamera, diese können auch gedruckt werden. Gegenteil v. laufenden Bildern.
Stimmbänder → Kehlkopf.
Stimmbruch, *Stimmwechsel,* in den Pubertätsjahren der Knaben: Tieferwerden der Stimme durch Veränderung des Kehlkopfes; in d. Übergangszeit *gebrochener* Stimmklang.
Stimmen(ver)kauf,
1) strafbares Sichgewähren- oder Sichversprechenlassen bes. Vorteile dafür, nicht oder in einem best. Sinne in d. Hauptversammlung einer AG, in der Generalvers. einer Genossenschaft, im Vergleichsverfahren bei der Abstimmung über den Vergleichsvorschlag oder im Konkurs in der Abstimmungen der Konkursgläubiger zu stimmen; strafbar (bei der AG auch die Käufer einer solchen Stimme).
2) → Wahlvergehen.
Stimmgabel, gabelförmiges Instrument aus Metall (meist ungehärtetem Schmiedestahl); ergibt angeschlagen stets gleichen Ton; zur Stimmung von (Saiten-)Instrumenten S. m. Kammerton (→ a); erfunden 1711 vom englischen Lautenmeister *John Shore.*
Stimmrecht,
1) aktives → Wahlrecht.
2) Recht, i. e. Hauptgesellschafter-, General- od. Mitgliederversammlung (z. B. e. AG, GmbH, Genossenschaft od. Verein) an Abstimmungen teilzunehmen; auch S. der Gläubiger im Konkurs u. in Vergleichsverfahren.
Stimmritze, der Spalt zwischen den Stimmbändern (→ Kehlkopf).
Stimmstock, bei Streichinstrumenten: → Seele.

Stilleben, *Jean-Baptiste Chardin*

Stimpfle, Josef (25. 3. 1916–12. 9. 96), dt. kath. Theol. u. Erzbischof; 1963–92 Bischof von Augsburg.
Stimulans, *s.* [l.], Mz. **Stimulanzien,** Anreiz, Reizmittel: anregende, aufpeitschende Mittel, wie Koffein, Kampfer, Kola.
stimulieren, reizen, antreiben; anregen (Nerven, Kreislauf usw.).
Stimulus, *m.* [l.], Stachel; Ansporn.
Stingl, Josef (* 19. 3. 1919), CDU-Sozialpol.; 1968–84 Präs. d. Nürnberger Bundesanstalt f. Arbeitsvermittlung u. Arbeitslosenversicherung.
Stinkmorchel, Bauchpilz m. Verwesungsgeruch; bricht aus eiförmigem Körper (*Hexenei, Teufelsei*) hervor.
Stinknase → Ozäna.

Stinktier

Stinktiere, *Skunks,* am. Marder; spritzen Angreifer mit widerlich riechendem Afterdrüsensaft an.
Stinnes, Hugo (12. 2. 1870–10. 4. 1924), dt. Großindustrieller; baute in der Inflationszeit den *S.konzern* (Kohle, Eisen, Schiffahrt, Papier, Automobile usw.) auf.
Stinte, Lachsfische d. Küsten, laichen in Flüssen; Wirtschaftsfische.
Stipendium [l.], Unterstützungsgeld für bedürftige begabte Schüler oder Studenten.
stipulieren [l.], festlegen, festsetzen, verabreden.
Stirling, James (22. 4. 1926–25. 6. 92), engl. Architekt; Stuttgart: *Neue Staatsgalerie, Kammertheater* d. Württemberg. Staatstheater.
Stirling ['stə:-], Hptst. des mittelschott. Verw.geb. *Central Region,* am Forth, 37 000 E; Schloß, Uni.; Teppichfabr. – Ehem. Residenz schott. Könige.

Karlheinz Stockhausen

Stirner, Max, *Pseudonym f. Kaspar Schmidt* (25. 10. 1806–26. 6. 56), dt. Phil., Anarchist, radikaler Individualist („Mir geht nichts über Mich"); *Der Einzige und sein Eigentum.*
Stirnhöhlen, über dem Nasenansatz im Stirnbein des Schädels gelegene Nebenhöhlen, mit der Nase verbunden; nach Schnupfen, Grippe mitunter *S.entzündung, S.katarrh* (→ Nase, Abb.).
Stoa, *w.* [gr. „Säulenhalle"], Lehrplatz d. Phil. *Zeno* in Athen, auch die von diesem gegr. Philosophenschule selbst (3 Abschnitte: ältere, mittlere, jüngere

Stockschwämmchen

S., 3. Jh. v. Chr. bis 2. Jh. n. Chr.); danach: *stoische Philosophie* → Stoizismus.
Stobbe, Dietrich (* 25. 3. 1938), SPD-Pol.; 1977–81 Reg. Bürgermeister v. West-Berlin.
Stochastik, statist. Verfahren der Wahrscheinlichkeitsrechnung. Untersuchung v. Massenerscheinungen; stochastisch: den Zufall betreffend.
Stöchiometrie [gr.], chem. Meßkunde; Zusammenfassung der Gesetze, nach denen chem. Umsetzungen in bezug auf die Volumen- u. Gewichtsverhältnisse verlaufen; zur S. gehören die Gesetze d. Atom- u. Molekulargewichte, d. Valenz (Wertigkeit) u. a.
Stock, *m.* [engl. stɔk], Warenvorrat, Kapital.
Stockach (D-78333), St. i. Kr. Konstanz, Ba-Wü., 14 751 E; AG; Alu-Schmelz-Werk, Textil-, Elektroind.
Stockausschlag, Fähigkeit mancher Laubbäume z. vegetativen Vermehrung; Adventivknospen d. Stockes schlagen aus (→ Naturverjüngung).
Stöcker, Helene (13. 11. 1869–24. 2. 1943), dt. Frauenrechtlerin u. Pazifistin.
Stockerau (A-2000), St. in Niederöstr., nordwestl. v. Wien, 13 608 E; Metallwareind., Fremdenverkehr.
Stock Exchange, *w.* [-ɪks'tʃeɪndʒ], engl. Effektenbörse.
Stockfisch, auf Stangen gedörrter Dorsch.
Stockhausen, Karlheinz (* 22. 8. 1928), dt. Komp. elektron. Musik; „musique concrète"; *Gesang d. Jünglinge;* 7teiliges Opernwerk: *Licht.*
Stockholm,
1) schwed. → Län (Mittelschweden).
2) schwed. Landeshptst., 679 000 E (als Groß-S. m. Vororten 1,48 Mill.); auf Inseln u. Halbinseln, an der Einmündung d. Mälarsees in d. Ostsee; auf den 3 Altstadtinseln: auf *Staden* kgl. Schloß, Ritterhaus, Dt. Kirche (17. Jh.), auf *Helgeandsholmen* Reichstag, auf *Riddarholmen* Riddarholmskirche (kgl. Gruft); Stadthaus auf *Kungsholmen;* auf dem Festland *Söder-, Norr-* u. *Östermalm;* Akad., Uni., HS, Kgl. Bibliothek, Nobelinstitute u. -stiftung, Sitz d. Nord. Rats, Museen, Kgl. Oper u. Theater; Eisenbahnknotenpunkt, Sternwarte, Flughafen, Börse; Metall-, Maschinen-, Elektroind., Bierbrauereien; jährlich die *St.-Eriks-Messe;* Handels- und Kriegshafen (Werft). – 1250 St., 1520 *S.er Blutbad* (Hinrichtung v. schwed. Edelleuten u. Bürgern durch Dänenkönig Christian II.), führte zur Auflösung d. skandinav. Union. 1719/20 *Friede v. S.,* → Nordischer Krieg.
Stockport ['stɔkpɔ:t], engl. St. in d. Metropolitan County *Greater Manchester,* 284 000 E; Baumwoll-, Masch.ind.
Stockrose, Malvengewächs, Zierpflanze.
Stocks [engl.], Staatspapiere.
Stockschwamm, eßbarer Blätterpilz (Suppenpilz).
Stockton ['stɔktən], St. im US-Staat Kalifornien, b. San Francisco, 148 000 E; Hafen, kath. Bischofssitz, Uni.; Nahrungsmittelind., Masch.bau; Flughafen.
Stockton-on-Tees [-'ti:z], nordostengl. Hafenst., am Tees, 174 000 E; Schiffbau, Metall- u. chem. Ind.; 1968 bis 74 Teil v. → Teesside.

Stoecker, Adolf (11. 12. 1835–2. 2. 1909), dt. ev. Hofprediger u. konservativer Pol., wirkte für den soz. Gedanken in der ev. Kirche, gründete zur Bekämpfung der Sozialdemokratie 1878 die Christl.-Soziale Partei, mit wenig Erfolg; Antisemit.

Stoffwechsel, *Metabolismus,* Gesamtheit biochem. Umsetzungen bei Lebewesen, die dem Auf- u. Umbau v. Körpersubstanz u. Aufrechterhaltung v. Körperfunktionen dienen; b. Menschen d. chem. Umsetzung d. ins Blut aufgenommenen Nahrungsstoffe, ihre Verbrennung in d. Körperzellen u. d. Ausscheidung d. unbrauchbaren Stoffe.

Stoffwechselkrankheiten, Störungen des Stoffwechsels, u. a. Mager- und Fettsucht, Gicht, Zuckerkrankheit, Steinleiden, angeborene Enzymstörungen.

Stoiber, Edmund (* 28. 9. 1941), 1978–83 Gen.sekr. d. CSU, 1982–86 Staatssekr. u. Leiter d. Bayer. Staatskanzl., 1988–93 Bayer. Staatsmin. d. Innern, s. 1993 Bayer. Min.präs.

Stoiker, Vertreter der *stoischen Philosophie.*

Stoizismus, von → Zeno v. Kition begr. phil. Lehre, die die vernunftgemäße Lebensweise und Selbstbeherrschung zum obersten Lebensziel macht. Ethischer Idealismus; materialist. Weltbild: Gott = Natur, alles Wirkliche körperlich, Kraft ist der feinste Stoff. Der S. beherrschte die röm. Phil. *(Seneca, Marc Aurel)* u. schuf die noch heute gebräuchliche grammatische Terminologie.

Stoke-on-Trent ['stoʊk-], engl. St. in der Gft Stafford, am Trent, 245 000 E; Mittelpunkt des Potterie-Distrikts (Herstellung v. Tonwaren), Stahlind.

Stokes [stoʊks], Sir George Gabriel (13. 8. 1819–1. 2. 1903), engl. Math. u. Phys.; **S.sche Regel** über Wellenlängen des Fluoreszenzlichtes.

Stokowski, Leopold (18. 4. 1882 bis 13. 9. 1977), am. Dirigent.

STOL, Abk. f. *Short Take- off and Landing,* „Kurz-Start u. -Landung"; Bez. f. einen Flugzeugtyp, der eine Startbahn von höchstens 500 Meter benötigt.

Stola, w.,
1) i. alten Rom faltiges Obergewand d. Frau m. Ärmeln.
2) ca. 2,5 m l. u. 8–10 cm br. Streifen aus farbigem Tuch, den kath. u. anglikan. Priester bei Ausübung d. Amtes um d. Schultern tragen.

Stolberg, ehem. reichsunmittelbares Grafengeschlecht (Fürsten Stolberg-Stolberg, S.-Wernigerode, S.-Roßla):
1) **Auguste** Gfn zu (7. 1. 1753–30. 6. 1835), Freundin Goethes (Briefwechsel); ihre Brüder, die Gfen
2) **Christian** (15. 10. 1748–18. 1. 1821) u.
3) **Friedrich Leopold** (7. 11. 1750–5. 12. 1819), dt. Dichter des Hains; Freund Goethes, 1775 s. Begleiter i. d. Schweiz; *Vaterländ. Gedichte.*

Stolberg,
1) *S. am Harz* (D-06547), St. u. Luftkurort i. Kr. Sangerhsn, S.-A., 300–575 müM, 1681 E; Schloß (13. Jh.).
2) *S. i. Rheinland* (D-52222-4), St. i. Kr. Aachen, NRW, am Fuße der Eifel, 57 591 E; Burg (um 1100); älteste Messingwerke d. Welt (1485), Zink-, Bleiwerke, Textilind.

Stinkender Storchschnabel oder Ruprechtskraut — Kleiner Storchschnabel

Stolgebühren, Gebühren f. kirchl. Amtshandlungen.

Stollberg (D-09366), Krst. im Erzgebirge, Sa., 14 024 E; Strumpf-, Wirknadelind.

Stollbeule, Geschwulst am Ellbogengelenk der Pferde als Folge einer Entzündung der Schleimhäute.

Stollen,
1) an Hufeisen angebracht zur Verhütung des Ausgleitens bei Winterglätte; auch an (Fußball-)Schuhen.
2) waagerecht vorgetriebener Tunnel im Erdreich (z. B. beim Bergbau zum Aufschließen der Mineralien von der Erdoberfläche).
3) Gebäck.
4) Absatz im ma. Meisterlied.

Stolp, *Słupsk,* Hauptstadt der polnischen Woiwodschaft *S.,* in Pommern, an der Stolpe (137 km), 99 000 E; Marienkirche (15. Jh.), Schloßkirche; Seehandel.

Stolpe, Manfred (* 16. 5. 1936), dt. Kirchenjurist u. SPD-Pol.; seit 1990 Min.präs. v. Brandenburg.

Stolypin, Peter Arkadjewitsch (14. 4. 1862–19. 9. 1911), russ. Staatsmann, leitete Agrarreform ein.

Stoltenberg, Gerhard (* 29. 9. 1928), CDU-Pol.; 1965–69 B.min. f. wiss. Forschung, 1971–82 Min.präs. v. Schl-Ho., 1982–89 B.finanzmin., 1989–92 B.verteidigungsmin.

Stolz, Robert (25. 8. 1880–27. 6. 1975), östr. Operettenkomp.; zahlr. Filmmusiken.

Stolze, Wilhelm (20. 5. 1798–8. 1. 1867), dt. Stenograph; Erfinder einer Kurzschrift („Stolze", abgeändert in „Stolze-Schrey").

Stolzenfels, Schloß am Rhein, bed. Baudenkmal der Romantik, 1836–40 nach Entwurf Schinkels auf d. Ruinen e. Burg (13. Jh., zerstört 1689).

Stoma, s. [gr.], Mund, Spaltöffnung; künstl. Darmausgang (svw. *Anus praeter*).

Stommelen, Rolf (11. 7. 1943–24. 4. 83), dt. Automobil-Rennfahrer; 4 Siege beim 24-Std.-Rennen v. Daytona Beach; verunglückte tödl. b. 6-Std.-Rennen in Riverside/USA.

Stone [stoʊn],
1) **Irving** (14. 7. 1903 bis 26. 8. 89), am. Schriftst.; biograph. Romane: *Vincent van Gogh; Michelangelo; Der Seele dunkle Pfade; Der griech. Schatz.*
2) **Oliver** (* 15. 9. 1946), am. Filmregisseur u. Drehbuchautor; *Salvador* (1985); *Platoon* (1986); *Wall Street* (1987).
3) **Sir Richard** (30. 8. 1913 bis 6. 12. 91), englischer Wirtschaftswissenschaftler; Nobelpreis 1984 (Beiträge zur Entwicklung volkswirtschaftlicher Gesamtrechnungssysteme).

Stonehenge

Stonehenge ['stoʊn,hɛndʒ], vorgeschichtl. Heiligtum nahe der Südküste Englands; Schauplatz v. kult. Handlungen in Abhängigk. v. Sonnenstand.

stop! [engl.], halt!; auf Telegrammen Zeichen f. Trennung d. Sätze.

Stop-and-Go [engl. -ənd-], zähflüssiges Fahren i. Stau.

Stopfbuchse, Vorrichtung zum Abdichten einer Gefäßwand gg. einen sie durchdringenden längs- od. drehend bewegl. zylindr. Teil (Stange, Welle, Spindel).

Stoph, Willi (* 9. 7. 1914), SED-Pol.; 1956–60 Verteid.min., 1961–64 1. stellvertr. Min.präs., 1964–73 u. 1976–89 Min.präs., 1973–76 Staatsratsvors. der DDR.

Stoppard [-pəd], Tom, eigtl. *Thomas Straussler* (* 3. 7. 1937), engl. Dramatiker; absurde u. zeitkrit. Stücke: *Rosenkranz u. Güldenstern sind tot; Travesties;* Hörspiele.

Stoppelpilz, ein → Stachelpilz.

stoppen [engl.], zum Stehen bringen; im *Sport:* Zeitnahme mit → Stoppuhr.

Stoppuhr, manuell bedienter Zeitmesser m. einer Genauigkeit bis zu $1/10$ Sek.; heute meist elektron. (Genauigkeit bis zu $1/100$ Sek.).

Stör, w., *Stöhr,* Handwerksarbeit i. Haus d. Kunden um Kost u. Tagelohn.

Storax, m., *Styrax,* Harz eines kleinasiat. Baums; zu Räucherwerk u. Medikamenten.

Störche, Familie langbeiniger Vögel; in Dtld: *Weißstorch,* weiß-schwarz, Schnabel u. Beine **rot**, Nester meist auf Gebäuden. *Schwarzstorch,* sehr seltener Waldvogel, beide ●; ähnliche Arten in anderen Erdteilen; → Marabu.

Storchschnabel,
1) *Geranium,* Wiesenkräuter m. bunten Blüten; Fruchtknoten in langem Schnabel verlängert.
2) → Pantograph.

Store, m.,
1) [frz.], Fenstervorhang in ganzer Fensterbreite.
2) [engl. stɔ:], Warenlager, Kaufhaus.

Störe, Knorpelfische m. Schmelz-

Willi Stoph

Weißstorch

schuppen; Speisefische; eur. Küsten, bis 5 m lang; *Sterlet,* Schwarzes Meer u. Donau, bis 1 m lang, aus Eiern Kaviar.
Storm, Theodor (14. 9. 1817–4. 7. 88), dt. Lyriker u. Novellist; *Immensee; Pole Poppenspäler; Ein Fest auf Hadersleyhuus; D. Schimmelreiter.*
Stormarn, Geestlandschaft u. Kr. in Schl.-Ho., 766 km², 200 584 E.
Stormont [ˈstɔːmənt], die beiden Kammern, Unterhaus u. Senat, im nordir. Parlament.
stornieren [it.], in der *Buchführung:* einen (irrtümlich) eingetragenen Posten durch Gegenbuchung *(Stornierung, Storno)* ausgleichen; auch soviel wie aussetzen, unterbrechen (z. B. Stornorecht d. Banken).
Störtebeker, Klaus, Haupt der *Vitalienbrüder* (urspr. mit Kaperbriefen, bes. v. Wismar und Rostock, dann Seeräuber), 1401 hingerichtet.
Storting, s. [ˌstuːr-], d. norweg. Volksvertretung, zwei Kammern: Lagting, Odelsting.
Störung, *Perturbation,*
1) *astronom.* Abweichung eines Himmelskörpers von der berechneten (ungestörten) Bahn infolge der Anziehungswirkung anderer Körper im Sonnensystem ist der → Jupiter als größter Planet d. wichtigste störende Körper.
2) *geolog.* Trennfläche im Gestein, an der → Verwerfung od. Verschiebung stattfindet oder stattgefunden hat.
Story, *w.* [engl. ˈstɔːrɪ], kurze Geschichte, Erzählung; auch Handlung eines literar. od. journalist. Textes od. eines Films.
Stoß, Veit (um 1448–22. 9. 1533), dt. Bildhauer, Maler und Kupferstecher d. Spätgotik; *Engl. Gruß* (Lorenzkirche, Nürnberg), Hochaltar in d. Marienkirche (Krakau); Altar im Dom, Bamberg.
Stoß,
1) bergmänn. Bez. für Seitenwände eines Schachtes u. ä.
2) beim Holzbau stumpfe Verbindungsstelle von Balken; auch → Schienenstoß.
Stößel, Werkzeug oder Werkzeugträger bei Stoß- u. Stanzmaschinen.
stoßen → Kugelstoßen, → Steinstoßen, → Gewichtheben.
Stoßgenerator, → Hochspannungsgenerator, Spannungsvervielfacherschaltung zur Erzeugung sehr hoher Gleichspannungen aus Wechselstrom f. Prüfzwecke (z. B. bei Hochspannungsisolatoren); besteht aus Kombinationen v. Kondensatoren u. Gleichrichtern.
Stoßionisation, Bildung v. Ionen, d. h. geladenen Teilchen, durch Herausschlagen v. Elektronen aus d. Hüllen v. Atomen od. Molekülen beim Zus.stoß m. schnellen Elektronen od. Ionen. Wichtiger Prozeß z. B. in → Gasentladungen, → Leuchtstoff-Lampen, Geiger-Müller-→Zählrohr.
Stosskopf, Sebastian (13. 7. 1597 bis 10. 2. 1657), dt. Maler u. Kupferstecher d. Barock bes. in Straßburg; virtuos ausgeführte Stilleben.
Stoßtrupp, im Kriege bes. ausgesuchter u. ausgerüsteter Trupp v. Soldaten (bis Kompaniestärke) m. einem best. Kampfauftrag; Aufklärung, z. B. durch Gefangennahme feindl. Soldaten, Vernichtung e. feindl. Stützpunktes oder Bildung e. Brückenkopfes.
Stoßwellenlithotripsie, *extrakor-*

Stör

Theodor Storm

Geigenzettel Stradivaris

Veit Stoß, *Engelsgruß*

porale L. = ESWL, Zertrümmerung v. Nieren- u. Gallensteinen ohne Operation durch gebündelte Schallwellen in e. Wasserwanne.
stottern, durch physiolog. u. psych. Hemmungen (z. B. Angst, Minderwertigkeitsgefühle usw). bedingte Sprachstörung; Behandlung durch → Logopädie u. Psychotherapie.
Stout, *m.* [engl. staʊt], starkes, dem → Porter ähnl. engl. dunkles Bier.
StPO, Abk. f. → St*rafprozeßordnung.*
Strabismus → Schielen.
Strabon, (63 v. Chr. bis nach 23 n. Chr.), griech. Geograph in Rom, verfaßte eine *Geographie* in 17 Büchern, eine d. Hptquellen für antike Geographie.
Strachey [ˈstreɪtʃi], Lytton Giles (1. 3. 1880–21. 1. 1932), engl. Biograph; *Queen Victoria.*
Strachwitz, Moritz Gf v. (13. 3. 1822 bis 11. 12. 47), dt. (Balladen-)Dichter; *Das Herz von Douglas.*
Straddle [engl. strædl], neben dem Flop die gebräuchlichste Hochsprungtechnik; d. Körper überquert fast völlig gestreckt in horizontaler Lage die Latte (Tauchwälzer).
Stradella, Alessandro (1. 10. 1644 od. 48/49–25. 2. 82), it. Sänger u. Komp.; Opern, Oratorien.
Stradivari, *Stradivarius,* it. Geigenbauerfamilie zu Cremona:
1) Antonio (1644–18. 12. 1737), Schüler v. Nicola Amati, u. seine Söhne
2) Francesco (1671–1743) u.
3) Omobono (1679–1742), bauten die höchst vollendeten S.geigen, Bratschen u. Celli.
Straelen [ˈʃtraː-], (D-47638), St. i. Kr. Kleve, am Niederrhein, NRW, 12 517 E; Konservenfabrik.
Strafantrag, für strafrechtl. Verfolgung mancher geringfügiger Straftaten, *Antragsdelikte* (z. B. Beleidigung, leichte Körperverletzung), erforderlich; antragsberechtigt meist nur d. Verletzte; Antrag muß binnen drei Monaten nach Kenntnis v. Tat u. Person des Täters gestellt werden (§ 77 StGB).
Strafanzeige, Mitteilung einer strafbaren Handlung an Staatsanwaltschaft, Polizei od. Amtsgericht; Staatsanwaltschaft muß verfolgen, wenn öffentl. Interesse gegeben, sonst nur wenn Strafantrag gestellt ist.
Strafaufschub, auf Antrag d. Verurteilten v. Gericht verfügt; Aufschub d. Vollstreckung e. Freiheitsstrafe, wenn durch d. sofort. Vollstreckung d. Verurteilten od. s. Familie erhebl., außerhalb d. Strafzwecks liegende Nachteile erwachsen würden; Höchstdauer 4 Monate.
Strafausschließungsgründe, persönl. Gründe, die trotz Vorliegens einer strafb. Handlung d. Täter straffrei machen (z. B. Strafvereitelung zugunsten eines Angehörigen).
Strafaussetzung zur Bewährung, Aussetzung d. Reststrafe zur Bewährung, kann v. Gericht m. Zustimmung d. Verurteilten verfügt werden, wenn dieser v. einer Freiheitsstrafe zwei Drittel, mindestens jedoch 2 Monate, b. längeren Strafen d. Hälfte, mindestens 1 Jahr verbüßt hat u. erwartet werden kann, daß er sich in Zukunft bewährt (§ 57 StGB).
Strafbefehl, bei (leichteren) → Vergehen v. Amtsrichter auf Antrag d. Staats-

anwaltschl. ohne mündl. Verhandlung erlassener Strafentscheid; nur best. Strafen, Nebenfolgen u. Maßregeln zulässig; Einspruch binnen einer Woche nach der Zustellung zulässig, dann Hauptverhandlung (§§ 407 ff. StPO).
Strafe, von d. Rechtsordnung vorgesehene Sanktion für Verletzung ihrer Satzungen.
Straferlaß, → Strafaussetzung zur Bewährung, → Bewährungsfrist.
Strafgesetzbuch, *StGB,* d. Rechtsnormen für Tatbestände strafbarer Handlungen (Verbrechen, Vergehen, früher auch Übertretungen) u. d. Strafdrohungen für sie; Reichs-StGB (v. 15. 5. 1871) mehrfach abgeändert.
Strafgewalt, gesetzl. begrenzte Fähigkeit der einzelnen Gerichtsstufen, Strafen bis zu best. Höhe zu verhängen (→ Rechtspflege, Übers.).
Strafkammer → Rechtspflege, Übers.
Strafmündigkeit, tritt m. Vollendung des 18. Lebensjahres ein u. macht für Straftaten unbeschränkt verantwortlich, vom 14. bis 18. Jahr *bedingte S.;* Täter muß z. Z. der Tat nach seiner sittl. u. geistigen Entwicklung reif genug sein, das Unrecht d. Tat einzusehen u. nach dieser Einsicht zu handeln (§ 3 Jugendgerichtsges.).
Strafprozeßordnung, *StPO,* vom 1. 2. 1877, regelt das Strafverfahrensrecht; mehrfach geändert.
Strafrecht, *subjektiv:* die Befugnis des Staates zur Bestrafung von Rechtsbrechern; *objektiv:* Gesamtheit der Rechtsnormen über Rechtsbrüche u. deren Ahndung (→ nullum crimen sine lege). Zahlreiche Strafrechtsnormen in versch. Gesetzen; wichtigste gesetzl. Grundlage für Deutschland: *Strafgesetzbuch* (für d. Dt. Reich) v. 15. 5. 1871 (RStGB); Gebiet d. *Wirtschaftsstrafrechts,* bezüglich von Verstößen gg. Sicherstellungsvorschriften, Preisregelungen u. hinsichtl. Mietwuchers, Rahmengesetz v. 9. 7. 1954 i. d. F. v. 3. 6. 1975. → Wehrgesetz; MPI f. ausländ. u. intern. S. in Freiburg.
Strafrechtstheorien, wollen Sinn u. Zweck einer Bestrafung ergründen; *Abschreckungs-Theorie:* Strafe soll vor Begehung von Straftaten abschrecken; *Besserungs-T.:* will Täter erziehen; *Sicherungs-T.:* will die menschl. Gemeinschaft vor Begehung von Straftaten schützen; *Vergeltungs-T.* (Talion): will Gleiches mit Gleichem vergelten od. das Übel der Tat durch das Übel der Strafe ausgleichen.
Strafregister, Teil des → Zentralregisters; enthält die Eintragung rechtskräftige Verurteilungen, über Maßregeln d. Sicherung u. Besserung, Nebenstrafen u. d. Schuldfeststellung in best. Fällen d. Jugendgerichtsbarkeit; Grundlage sind die Ausstellung v. → Führungszeugnissen u. die Auskunftserteilung an d. Organe d. Rechtspflege u. die Behörden über Vorstrafen. Eintragungen werden nach einer Frist getilgt: nach 5 J. bei leichteren Straftaten u. Jugendstrafen, nach 10 J. bei schweren Straftaten u. Jugendstrafen, nach 15 J. in allen übrigen Fällen (schwere u. schwerste Verbrechen). Nach d. Tilgung darf d. Verurteilung im Rechtsverkehr nur in ganz best. Fällen berücksichtigt werden.

Strafstoß, *Elfmeter,* beim Fußball Freistoß im Strafraum; wird bei Foul- od. Handspiel des Abwehrspielers im Strafraum verhängt.
Straftaten gegen Religion und Weltanschauung, öffentl. od. durch Verbreitung v. Schriften bewirkte Beschimpfung des rel. od. weltanschaul. Bekenntnisses anderer; wenn öffentl. Friede dadurch gestört wird, mit Freiheitsstrafe bis zu 3 Jahren od. m. Geldstrafe bestraft; ebenso wird bestraft, wer den Gottesdienst, eine Bestattungsfeier od. die Totenruhe absichtlich stört (§§ 166 f. StGB).
Strafumwandlung, Abänderung einer uneinbringlichen Geldstrafe in eine (Ersatz-)Freiheitsstrafe.
Strafvereitelung, *persönl. Begünstigung,* absichtl. od. wissentl. Handeln, um e. Straftäter der Bestrafung oder der Vollstreckung d. Strafe zu entziehen; strafbar m. Freiheitsstrafe bis zu 5 Jahren od. m. Geldstrafe; zugunsten e. Angehörigen straffrei.
Strafvollzug, Vollstreckung v. Freiheitsstrafen in d. dafür bestimmten Anstalten (Strafanstalten, Jugendstrafanstalten).
Strafvollzugsgesetz, v. 16. 3. 1976, regelt bundeseinheitl. den Vollzug von Freiheitsstrafen in d. Justizvollzugsanstalten und von freiheitsentziehenden Maßregeln d. Besserung u. Sicherung.
Strafzumessung, freie Ermessensentscheidung des Gerichts, innerhalb d. gesetzl. Rahmens unter Abwägung aller für u. gg. d. Täter sprechenden Umstände d. Höhe d. Strafe zu bestimmen.
Stragula®, Fußbodenbelag aus imprägniertem Wollfilz, ähnlich → Linoleum.
Strahlantrieb → Düsenflugzeug, → Rakete.
Strahlapparat, durch Saugwirkung eines Dampf-, Gas- od. Wasserstrahls betriebener Apparat z. Förderung 1) von Luft bzw. Gasen *(Exhaustor),* 2) v. Flüssigkeiten u. körnigen Stoffen *(Ejektor, Elevator,* Strahl- → *Pumpe),* bes. zur Kesselspeisung (→ *Injektor).*
Strahlenbehandlung, Anwendung von Sonnenlicht, elektrischen Lichtquellen (wie Glühlicht, Bogenlicht), Quecksilberdampf-Quarzlicht; im engeren Sinne mit radioaktiven Strahlen, wie von → Radium, Radiumzerfallsprodukten, → Cobalt 60; → Röntgenstrahlen: *Radiotherapie,* zu Heilzwecken.
Strahlenbiologie, Teilgebiet d. Biologie, das sich m. d. biol. Wirkung v. Strahlen (Röntgenstrahlen, Radioaktivität) beschäftigt; bes. auch Auswirkung auf Erbsubstanz *(Strahlengenetik,* → Muller).
Strahlenbrechung, Ablenkung der Lichtstrahlen von d. geraden Richtung beim Eintritt in ein Medium v. anderer Dichte (z. B. in d. Glas v. opt. → Linsen, in Wasser od. auch in versch. Schichten der Atmosphäre); Höhe eines Gestirns erscheint vergrößert (wenn Sonnenscheibe eben über dem Horizont sichtbar wird, ist sie in Wirklichkeit noch unter ihm); auch → Snelliussches Brechungsgesetz.
Strahlenchemie, Teilgebiet d. Chemie, das die Wirkung radioaktiver Strahlen auf chem. Stoffe untersucht.
Strahlenkrankheit, akute Beschwerden kurze Zeit nach hochdosierter Strahleneinwirkung, insbesondere von Röntgen-, Radiumstrahlen u. anderen radioaktiven Substanzen *(Strahlen-, Röntgenkater).*
Strahlenpilze, *Aktinomyzeten,* Fadenbakterien m. mikroskop. dünnfädigem, pilzähnl. Geflecht; im Boden, an Getreide u. a. Pflanzen, liefern zahlr. → Antibiotika; rufen, v. Mensch od. Tier durch Kauen od. Lutschen v. Halmen u. Gräsern aufgenommen, *S.krankheit (Aktinomykose)* hervor: harte Gewebsschwellung m. Einschmelzung, Fisteln, Geschwüren, meist in Mund, Darm, Lunge, auf der Haut.
Strahlenschäden, Spätfolgen z. B. b. Atombomben-Strahlen, u. a. → Leukämie, Erbgutschäden.
Strahlenschutz, Schutz gg. Röntgenstrahlen u. Strahlung radioaktiver Stoffe, der Strahlenschäden (Verbrennungen, Knochenmarkschaden) verhindern soll; Abschirmung durch genügend dicke Schichten absorbierenden Materials (Blei), laufende Gesundheitsüberwachung d. Personals sowie Chemikalien, die die Wirkung der S auf Organe herabsetzen sollen.
Strahlenschutzverordnung, vom 13. 10. 1976, regelt d. Umgang m. radioaktiven Stoffen einschließl. der Kernbrennstoffe.
Strahlentierchen, *Radiolarien,* mikroskopisch kleine einzellige Meerestierchen m. Kieselskeletten; von Gallertschicht umschlossene Protoplasmakörper mit allseits ausstrahlenden Fang- und Schwebefäden, über 4000 Formen.
Strahlenwaffen, mit energiereichen Laserstrahlen oder mit elektrischen geladenen Elementarteilchen arbeitende Waffensysteme, d. sich zu Lichtgeschwindigkeit beschleunigen lassen; Entwicklung im Rahmen der → SDI aufgegeben.
Strahlruder, Steuerflächen f. Raketen aus nichtbrennb. Material (z. B. Graphit), die im Strahl d. ausströmenden Verbrennungsgase angeordnet sind und die Steuerung der Rakete auch im luftleeren Raum ermöglichen.
Strahltriebwerke, für Flugzeuge, versuchsweise auch für Kraftfahrzeuge u. Schiffe; Arten:
1) Verpuffungs-Strahlrohr *(Pulsojet)* → Schmidt-Rohr;
2) Turbinen-Luftstrahltriebwerk (TL), Strahlturbine, *Turbojet* → Düsenflugzeug u.
3) Staustrahltriebwerk *(Ramjet);*
4) → Propeller-Turbine(n-Luftstrahltriebwerk) (PTL), *Turboprop;*
5) Raketentriebwerk (→ Rakete, → Tafel Luftfahrt).
Strahlumlenkung, Vorrichtung zur Schubumkehrung bei Strahltriebwerken, um Bremswirkung und Verkürzung der Auslaufstrecke nach der Landung eines Düsenflugzeuges zu erreichen; durch Umlenkschaufeln am Ende der Schubdüsen od. Aufspreizen d. Düsen-Endstückes wird d. Gasstrahl nach vorn bzw. den Seiten umgelenkt.
Strahlung, jede Form von → Energie (elektromagnet. oder mechan. Wellen, kinet. Energie von Massenteilchen), die sich von *Strahlungsquelle* aus in den Raum bewegt; *Strahlen* sind gedachte, unendlich dünne, geradlinige Ausschnit-

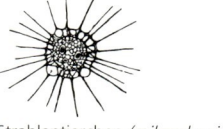
Strahlentierchen *(mikroskopisch)*

Strandläufer (im Brutkleid)

Straßburg, *Münster*

te aus *Strahlenbüschel* (kegelförmig) oder *Strahlenbündel* (parallel), z. B. Lichtstrahlen, Wärmestrahlen, Schallstrahlen, Korpuskularstrahlen.
Strahlungsdruck, v. Strahlung jeder Art auf bestrahlte Körper ausgeübter Druck, auch Lichtdruck.
Strahlungsgürtel, *Van-Allen-Gürtel,* zwei die Erde schalenförmig umschließende Zonen in 2250–5500 km u. 13 000–19 000 km Erdabstand, in denen energiereiche Teilchen d. kosm. Strahlung (Elektronen u. Protonen) d. ird. Magnetfeld festgehalten werden.
Straits Settlements ['streits 'setlmənts], „Ansiedlungen an der Meeresstraße" v. Malakka, 1867–1946 brit. Kronkolonie, seitdem zu Malaysia.
Stralsund (D-18435–39), kreisfreie St. i. M-V., in ehem. Westpommern, gegenüber Rügen *(Strelasund* m. 2500 m langem → Rügendamm), 71 618 E; Altstadt auf e. Insel; Nikolaikirche, Marienkirche (13. Jh.), Jakobikirche, alte Bürgerhäuser; Hafen, Werft, Bauind.; Theater, Museen. – Im 14. Jh. Hansestadt, 1370 Friede z. S. m. Dänemark, 1628 v. Wallenstein vergeblich belagert; 1648 schwed., 1809 Kampf u. Tod Schills, 1815 preuß., 1945 zu Mecklenburg, 1952 z. Bez. Rostock.
Stramin, *m.,* gitterartig gewebter, starkfädiger gestreifter Stoff, Untergrund für Stickereien.
Stramm, August (29. 7. 1874–1. 9. 1915), dt. Schriftst.; expressionist. Dramen u. Lyrik; *Die Haidebraut; Die Menschheit.*
Stranddistel, ein Mannstreugewächs.
Strandgut, das von d. See an od. auf d. Strand geworfene, früher herrenlose Gut; nach heutigem → Strandrecht Abgabe an Empfangsberechtigte gegen Bergelohn; auch → Seetrift.
Strandhafer, Gras der Dünen; auch ein Reitgras, zur Befestigung von Dünen angepflanzt.
Strandläufer, versch. Schnepfenvögel, meist aus dem hohen N; an dt. Küsten Wintergäste (z. B. *Knutt),* Brutvogel nur *Alpen-S.* (*Küste)* u. ... *Kampfläufer.*
Strandlinien, *Strandterrassen,* → Strandverschiebung.
Strandnelke, *Statice.*
Strandrecht, Regelung des Verfahrens bei Bergung und Hilfeleistung in Seenot sowie die Behandlung angeschwemmter Gegenstände: **Strandungsordnung** von 1874; Behörden: **Strandämter, Strandvögte.**
Strandverschiebung, durch Hebung: *positive S.,* od. Senkung: *negative S.* d. Meeresspiegels (Niveauverschiebung); in der Gegenwart nachweisbar in Skandinavien u. an der Mittelmeerküste; bei rasch wirkenden Niveauveränderungen entstehen *Strandwälle, Strandlinien* oder *Strandterrassen.*
Strangulation, *w.* [l.],
1) *med.* Abklemmung innerer Organe.
2) Erdrosselung.
strangulieren, durch Erhängen erwürgen.
Straß, *m.,* Bleiglas für Edelsteinimitationen.
Straßburg, frz. *Strasbourg,* St. im Elsaß, Hptst. des frz. Dép. *Bas-Rhin,* an d. Ill u. am Rhein-Rhône- u. Rhein-Marne-Kanal, Hafen, 256 000 E; Münster (11.–

Straßburger Eide 954 Streicher

15. Jh., 142 m hoch), ehem. Kaiserpalast (jetzt frz. Akad.), Bischofssitz; Tagungsort d. → Europarats u. d. → Europäischen Parlaments, Sitz d. Inst. f. Menschenrechte u. v. → Eureka; Uni. (s. 1621), Museen; Nahrungsmittel-, Textil-, Masch.- u. Autoind.; Flughafen. – Röm. *Argentoratum*; Reichsst. 1262; 1681 frz., 1871–1918 Hptst. d. Reichslande Elsaß-Lothringen, s. 1919 frz. (1940–44 v. Dtld annektiert).
Straßburger Eide, ältestes ahdt. u. altfrz. Sprachdenkmal; Bündnis zw. Ludwig dem Dt. u. Karl d. Kahlen 842.
Straßen, Oberbegriff für befestigte Verkehrswege; im Überlandverkehr in der BR werden unterschieden: → Autobahnen, → Bundesstraßen, Landesstraßen (in Bayern: Staatsstraßen) sowie Kreisstraßen.
Straßenbahn, *Schienenbahn* m. vielen Haltestellen für innerstädt. Personenbeförderung, meist versenkt liegende Gleise, el. Antrieb m. Stromzuführung durch Oberleitung; Spurweite 1000 mm od. 1435 mm.
Straßenbau, Anlage u. Befestigung von Verkehrswegen; versch. Befestigungsformen: → Makadamstraße mit Schotterbelag, Chaussierung m. Pack-, Zwischen- u. Decklage; Teerung der Oberfläche; Betonstraßen; in Städten Asphalt, Natur- od. Kunststeinpflaster, f. Brücken u. Rampen auch Holzpflaster.
Straßenhandel → ambulantes Gewerbe.
Straßenverkehrsgefährdung, gemeingefährl. Beeinträchtigung der Sicherheit i. Straßenverkehr durch Beschädigung v. Anlagen, Bereiten v. Hindernissen, Trunkenheit am Steuer, grob verkehrswidriges u. rücksichtsloses Fahren u. a.; wird mit Freiheitsstrafe bis zu 5 Jahren od. m. Geldbuße bestraft.
Straßenverkehrsordnung, vom 16. 11. 70, seither zahlreiche Neufassungen (neue Verkehrszeichen, neue Regeln f. Auto-, Motorrad- u. Radfahrer).
Straßenwalze, schwere eiserne oder Steinwalze zum Festdrücken des Straßenbelages (Schotter, Asphalt).
Strasser,
1) Gregor (31. 5. 1892–30. 6. 1934), NS-Politiker, ermordet (→ „Röhm-Putsch"); s. Bruder.
2) Otto (10. 9. 1897–27. 8. 1974), NS-Pol. (bis 1930); Mitbegr. d. „Schwarzen Front"; 1933–55 emigriert.
Straßmann, Fritz (22. 2. 1902–22. 4. 80), dt. Chem.; entdeckte 1938 mit → Hahn und Lisa → Meitner die Uranspaltung.
Stratege, *m.* [gr.], Feldherr.
Strategic Arms Limitations Talks [engl. strə'tedʒik a:mz limi'teiʃnz tɔ:ks], → START.
Strategic Arms Reductions Talks [engl. strə'tedʒik a:mz ri'dʌkʃnz tɔ:ks], → SALT.
Strategic Defence Initiative [engl. strə'tedʒik di'fens i'niʃieitiv], → SDI.
Strategie, Kriegskunst, Kunst der Planung u. Führung in großem Verband; auch → Taktik.
strategische Luftwaffe besteht aus Großverbänden von Bombern, Tankerflugzeugen, Aufklärern und Begleitjägern für Luftoffensiven v. größter Reichweite (über 10000 km); Ggs.: → taktische Luftwaffe.

strategische Planung, langfristige Globalplanung e. Unternehmens f. d. Zeitraum bis zu 10 Jahren; im Ggs. z. → operativen Planung nicht quantifizierbar.
strategische Waffen, Atomwaffen mit einer Reichweite über 5500 km; können v. Boden, v. U-Booten oder vom Flugzeug aus abgefeuert werden. Mit → START-II-Vertrag v. Jan. 93 Reduzierung der s. W. auf 3500 bzw. 3000 Sprengköpfe bis 2003. Landgestützte s. W. mit bis zu 10 Gefechtsköpfen werden abgebaut.
Stratford ['strætfəd],
1) nordöstl. Vorort von London.
2) *S.-on (upon)-Avon* (ə'pɔn) 'eivən], St. i. d. engl. Gft Warwickshire, am Avon, 21 000 E; Geburts- u. Sterbeort *Shakespeares.*
Stratigraphie → Geologie.
Stratioten [gr.], leichte Reiterei des Balkans; im 16. Jh. Söldner Venedigs gegen die Türken.
Stratokumulus → Wolken.
Stratosphäre, *w.,* über der Troposphäre liegende Schicht der → Atmosphäre; untere Grenze an den Polen 10 km, am Äquator 17 km hoch (Mittelwerte); MPI für Aëronomie in Katlenburg-Lindau.
Stratus, *m.* [l.], → Wolken.
Straub,
1) Jean Marie (* 8. 1. 1933), frz.-dt. Filmregisseur; *Nicht versöhnt* (1965); *Chronik der Anna Magdalena Bach* (1967); *Der Tod d. Empedokles* (1986).
2) Johann Baptist (get. 1. 6. 1704–15. 7. 84), dt. Bildhauer d. Rokoko.
Straubing (D-94315), krfreie St. a. d. Donau, Bay., 42 487 E; Stadtturm (14. Jh.), Ursulinenkirche (Brüder Asam, 1738); AG; Textil- u. Masch.ind.
Straus, Oscar (6. 3. 1870–11. 1. 1954), östr. Operettenkomponist: *Ein Walzertraum.*
Strausberg (D-15344), Krst. östl. v. Berlin, Bbg, am **Straussee** (4 km lang), 28 163 E; Pferderennen.
Strauss, Richard (11. 6. 1864–8. 9. 1949), dt. Komp.; erweiterte s. Werk den Umfang u. die Farbenreichtum des Orchesters; Schöpfer e. modernen Opernkunst auf d. Grundlage spätromant. Harmonik; Opern (in den Hptwerken Zus.arbeit mit → Hofmannsthal): *Salome; Elektra; Der Rosenkavalier; Ariadne auf Naxos; Die Frau o. Schatten; Die ägypt. Helena; Die schweigsame Frau;* sinfon. Dichtungen: *Tod u. Verklärung; Till Eulenspiegels lustige Streiche; Also sprach Zarathustra; Don Quixote; Ein Heldenleben; Sinfonia domestica;* Lieder, Ballette, Kammermusik, Konzerte, Chorwerke.
Strauß,
1) Botho (* 2. 12. 1944), dt. Schriftst.; Dramen: *Bekannte Gesichter, gemischte Gefühle; Trilogie d. Wiedersehens; D. Park;* Romane: *Rumor; D. junge Mann.*
2) David Friedrich (27. 1. 1808–8. 2. 74), dt. Phil. (Hegelianer) und freigeistiger protestant. Theol.; *Das Leben Jesu;* Bibelkritik.
3) Emil (31. 1. 1866–10. 8. 1960), dt. Erzähler; Romane, Novellen; *Das Riesenspielzeug; Der Schleier.*
4) Franz Josef (6. 9. 1915–3. 10. 88), CSU-Pol.; 1953–55 B.min. f. bes. Aufgaben, 1955/56 Min. für Atomfragen, 1956–62 Verteid.min., 1966–69 Finanz-

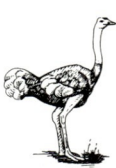
Strauß

Franz Josef Strauß

Richard Strauss

Johann Strauß, Sohn

Igor Strawinski

min., s. 1978 bayr. Min.präs., s. 1961 CSU-Vors.
5) Johann (14. 3. 1804–25. 9. 49), östr. Tanzkomp.: *Radetzkymarsch; Gabrielen-, Bajaderen-Walzer;* Vater v.
6) Johann (25. 10. 1825–3. 6. 99), östr. Komp.; Höhepunkt der Wiener Tanzmusik; 479 Walzer; Operetten: *D. Fledermaus; Eine Nacht in Venedig; D. Zigeunerbaron;* s. Bruder.
7) Josef (22. 8. 1827–21. 7. 70), östr. Kapellmeister; *Dorfschwalben aus Österreich.*
Strauß, afrikan. Laufvogelart m. mehreren Unterarten; größter lebender Vogel (Männchen bis 3 m hoch); Federn als Schmuck, daher auch gezüchtet.
Straußfarn, straußfederartig wachsender Farn dt. Wälder mit bes. Sporenblättern. ♦
Strauß und Torney, Lulu von (20. 9. 1873–19. 6. 1956), dt. Dichterin; verheiratet mit Eugen → Diederichs; Balladen u. Lieder: *Reif steht die Saat;* Roman: *Der Judashof;* Erzählungen.
Strawinski, Igor Feodorowitsch (17. 6. 1882–6. 4. 1971), am. Komp. russ. Herkunft; Entwicklung v. russ. nat.romant. Schule m. folkorist. Elementen über Impressionismus u. Neoklassizismus zu Reihentechniken; charakterist. rhythm. Motorik; Ballette: *Der Feuervogel; Petruschka; Le sacre du printemps;* melodramartig: *Die Geschichte vom Soldaten;* Opern: *Oedipus Rex; Perséphone; The Rake's Progress; Sintflut;* Sinfonien: *Psalmensinf.;* Kammermusik.
Strebbau, *Bergbau:* Abbauverfahren, bei dem abgebaute Strecken wieder zugeschüttet werden.
Strebe, schräg angeordnete Stütze. → Sprengwerk.
Strebepfeiler, Mauerverstärkung (bes. gotische Baukunst), oft verziert, zur Aufnahme des Gewölbeseitenschubs.
Strecke,
1) im *Bergbau* waagerechter Stollen, der v. Schächten aus in Lagerstätten vorgetrieben wird.
2) *math.* endl. Teil einer → *Geraden,* durch zwei Endpunkte gekennzeichnet.
Streckverband, *Zugverband,* Streckung eines gebrochenen Gliedes durch Zug am freien Ende, verhindert Verkürzung beim Zusammenheilen.
Streetworker [engl. stri:twəːkə], Sozialarbeiter, der gefährdete Jugendliche betreut.
Strega, it. Likör auf d. Basis v. Spirituosen eingelegten Kräutern; Verwendung in Cocktails u. Desserts.
Strehler, Giorgio (* 14. 8. 1921), it. Theaterregisseur; zus. mit P. Grassi Begründer des → Piccolo teatro in Mailand.
Streibl, Max (* 6. 1. 1932), CSU-Pol.; s. 1962 Landtagsabgeordneter, 1977–88 bayr. Fin.min., 1988–93 bayr. Min.präs.
streichen, *seem.,*
1) *Flagge s.,* Einholen der Flagge zum Zeichen der Ergebung.
2) rückwärts rudern durch beiderseitige Ruderschläge.
Streicher,
1) Andreas (13. 12. 1761 bis 25. 5. 1833), dt. Klavierbauer; floh 1782 mit Schiller v. der Karlsschule; Erfinder d. „dt. Mechanik".

2) Julius (12. 2. 1885–16. 10. 1946), NS-Pol.; Hg. der antisemit. Wochenzeitschrift *Stürmer*; in Nürnberg hingerichtet.

Streichgarn, aus kurzen, zerkräuselten Wollhärchen gesponnen, auch gemischt mit Baumwolle; bes. zu tuchartigen, gewalkten Geweben; → Spinnerei.

Streichholz → Zündhölzer.

Streichinstrumente, Saiteninstrumente, die mit d. Bogen gestrichen werden (z. B. Geige, Cello, Bratsche).

Streichquartett, Musiziergruppe aus vier S.instrumenten (2 Geigen, Bratsche u. Violoncello) u. für diese geschriebenes Musikstück; ebenso **S.quintett** (2 Geigen, 2 Bratschen, Violoncello) u. **S.sextett** (2 Geigen, 2 Bratschen, 2 Violoncelli); diese Kammermusikformen bes. gepflegt v. Haydn, Mozart, Beethoven, Schubert, Brahms.

Streik, *m.* [engl. „strike"], *Ausstand,* gemeinschaftliche Arbeitsniederlegung, Kampfmittel der Arbeitnehmer, um wirtsch. od. pol. Forderungen durchzusetzen; meist von den Gewerkschaften organisiert u. angeordnet, sonst *wilder S.; Bewilligungs-S.* nur in einzelnen, bes. empfindl. Betrieben ein. Ind.zweiges; *Bummel-S.:* keine Arbeitsniederlegung, sondern Verlangsamung d. Arbeitsprozesses durch „Dienst nach Vorschrift"; auch → *Generalstreik;* Kampfmittel der Arbeitgeber ist die *Aussperrung.*

Streisand ['straisænd], Barbra (* 24. 4. 1942), am. Schausp.in, Sängerin u. Regisseurin; *Funny Girl; Hello Dolly; Yentl.*

Streitaxt, in Europa bereits aus vorgeschichtl. Zeit (→ Schnurkeramiker) bekannte Wurf- u. Hiebwaffe.

Streitaxtkulturen, nach bes. markanten Funden von Streitäxten benannte Vorgeschichtsepoche (Jungsteinzeit), von Völkern Südskandinaviens und Norddtlds, auch Mittel- u. Osteuropas bis Kaukasus.

Streitgegenstand, Sache od. Recht, um die im Zivilprozeß gestritten wird; Grundlage f. d. Streitwert.

Streitgehilfe → Nebenintervention.

Streitgenossen, im Zivilprozeß mehrere Personen, die als Kläger oder Beklagte vereinigt sind.

Streitkolben, wuchtige Schlagwaffe des MAs.

Streitverfahren, das auf Urteil gerichtete Prozeßverfahren im Anschluß an erfolgloses → Sühneverfahren oder → Mahnverfahren.

Streitverkündung, im Zivilprozeß gerichtl. Erklärung einer Partei gegenüber einem Dritten, daß sie ihn im Falle d. Unterliegens auf Gewährleistung od. Schadloshaltung in Anspruch nehmen werde; Dritter kann sodann auf seiten d. Streitverkünders in d. Prozeß wie bei → Nebenintervention eintreten (§§ 72 f. ZPO).

Streitwagen, im Altertum im Kampf verwendeter 2rädriger, von 2 *(Biga)* oder 4 Pferden (→ *Quadriga*) gezogener Wagen (Abb. → Salmanassar); auch → Sichelwagen.

Streitwert, der Wert des Streitgegenstandes, wird in Rechtsstreitigkeiten vom Gericht festgesetzt z. Berechnung der Kosten; in nichtvermögensrechtlichen Streitigkeiten regelmäßig 4000 DM (→ Rechtspflege, Übers.).

Strelitz,
1) ehem. Freistaat → Mecklenburg-Strelitz, s. 1934 vereinigt mit Mecklenburg-Schwerin.
2) *Alt-S.,* ehem. St. in Mecklenburg-S., 1712 Residenz.

Strelitzen [russ. „Schützen"], im 16. u. 17. Jh. Leibwache der russ. Zaren; von Peter d. Gr. 1698 abgeschafft.

Streptokokken [gr.], kugelige, in Ketten wachsende Eitererreger, z. T. auch harmlos; → Bakterien.

Streptomycin, von einem → Strahlenpilz ausgeschiedenes Antibiotikum; fast nur noch gg. Tuberkulose eingesetzt; 1943 entdeckt v. → Waksman.

Stresa, it. St. u. Kurort am Lago Maggiore, 200 müM, 4800 E. – 1932 Konferenz der Balkanstaaten über d. wirtsch. Wiederaufbau Mittel- u. Osteuropas; 1935 Konferenz Englands, Frkr.s u. Italiens nach Einführung der allg. Wehrpflicht i. Dtld.

Stresemann, Gustav (10. 5. 1878 bis 3. 10. 1929), dt. nat.liberaler Pol.; gründete 1918 d. Dt. Volkspartei; 1923 Reichskanzler, 1923–29 Außenmin.; ermöglichte durch Annahme d. Dawes-Planes (1924) u. Abschluß der Locarnopaktes (1925) die Aufnahme Dtlds in d. Völkerbund (1926), vertrat Verständigungspol. gegenüber Frkr. und erwirkte durch Annahme des Young-Planes (1929) die Räumung des Rheinlandes (1930); (zus. m. Briand) Friedensnobelpr. 1926.

Streß, *m.* [engl.], Alarmreaktion des Organismus, verursacht durch erhebliche Belastung, Überreizung bzw. psych. Dauerüberlastung (S.-Auslöser: *Stressoren*) die zu schwankhafte Beeinträchtigung führen; zuerst v. → Selye beschrieben; → Adaptationssyndrom (Abb.). Ob organische Krankheiten wie Herzinfarkt durch S. entstehen können, ist umstritten. Bewältigter S. kann auch ein positives Lebensgefühl vermitteln: **Eu-Streß.**

Stretching [engl. 'stretʃ-], gymnast. Dehnübungen.

Stretch-Textilien [engl. -tʃ-], aus elast. Chemiegarnen od. gezwirbelten herkömml. Chemiefasern hergestellte Gewebe.

Streuobstwiese, traditionelle Form d. Obstanbaus m. unterschiedl. Obstbaumarten auf Grünland.

Streuung,
1) *Statistik:* Abweichen beobachteter Größen vom Mittelwert.
2) *Ballistik:* Abweichen d. Flugbahnen trotz gleicher Lage der Waffenmündung infolge Ungleichheiten in d. Waffe, der Munition u. den Witterungseinflüssen.
3) *Licht* → Dispersion.
4) *Technik:* die kleine Schwankung eines Massenfabrikates um den Sollwert.

Streuvels ['strø:-], Stijn, eigtl. *Frank Latteur* (3. 10. 1871–15. 8. 1969), fläm. Erzähler; *Knecht Jan; Der Flachsacker.*

Streuwiese, entstanden auf Niedermooren u. feuchten Mineralböden durch menschl. Nutzung als Wiese z. Produktion v. Einstreu; sie werden gew. im Herbst gemäht; Rückzugsgebiete f. seltene u. v. Aussterben bedrohte Tier- u. Pfl.-Arten.

Striae [l. „Streifen"], streifenförmige Hautverfärbungen, *Striae gravidarum,*

Streptokokken

August Strindberg, Porträt v. E. Munch

Schwangerschaftsstreifen an der Bauchhaut; *Striae distensae* bei hochgradiger Fettsucht.

Strich, *seem.* Einteilung d. Kompaßrose in 32 Striche = 360° (von N in der Uhrzeigerrichtung); 1 S. = 11¼°, 8 S. = 90° = 1 rechter Winkel.

Strichätzung → Klischee.

Strichfilm, e. graph. schwarzweißer Film; S. bildet nur schwarze Tonwerte ab, zeigt aber keine Halbtöne wie ein übl. Schwarzweißfilm.

Strichvögel → Zugvögel.

stricken, Handarbeit, bei der durch Handhabung mit *Stricknadeln* aus Verschlingung eines Endlosfadens maschige Wirkgebilde entstehen; auch mit Strickmaschinen hergestellt.

Stricker, der († um 1250), mhdt. Dichter; schwankhafte Verserzählungen: *Die Schwänke des Pfaffen Amis;* bes. als Verfasser von *bîspeln* berühmt.

stricte [l.], *strikt* = genau, streng; **strictissime,** aufs pünktlichste, strengste.

Stridor, pfeifendes Atemgeräusch.

Striegau, *Strzegom,* poln. St. an der **Striegauer Wasser,** Niederschlesien, 16 000 E.

Striktur, *w.* [l.], meist durch Narben entstandene Verengung (z. B. d. Harnröhre n. Tripper).

Strindberg [-bærj], August (22. 1. 1849–14. 5. 1912), schwed. Dichter; Grundproblem seiner Dichtung Kampf d. Geschlechter; Kammerspiele: *Fräulein Julie; Der Vater; Totentanz;* rel. u. myst. Dramen: *Nach Damaskus; Traumspiel;* histor. Dramen; autobiograph. Bekenntnisromane: *Sohn einer Magd; Inferno.*

stringendo [it. -'dʒendo], Abk. *string.,* *mus.* schneller werdend.

Striptease [engl.-am.. 'stripti:s], Entkleidungsvorführung (z. B. in Nachtlokalen).

Strittmatter, Erwin (14. 8. 1912 bis 31. 1. 94), dt. Schriftst.; *Katzgraben; Ole Bienkopp; Der Wundertäter.*

Strobel, Käte (23. 7. 1907–26. 3. 96), SPD-Pol.in; 1966–72 B.gesundheitsmin.

Stroboskop, *s.,* Gerät z. Beobachtung schnell drehender Maschinenteile u. Messung d. Tourenzahl.

Stroh, entkörnte, getrocknete Getreidehalme; verwendet als Streu, geschnitten als Futter; imprägniert zum Dachdecken; Rohstoff für Papier- u. Pappefabrikation usw.

Strohblumen, *Immortellen,* filzige Kompositen mit strohartigem Hüllkelch; haltbar, f. Binderei.

Strohheim, Erich v. (22. 9. 1885 bis 12. 5. 1957), östr.-am. Schausp. u. Filmregisseur; *Greed* (1924); *The Merry Widow* (1925).

Strohmann, im Geschäftsleben als Ersatzmann vorgeschobene Person, bes. bei AG, um die gesetzl. Zahl v. 5 Gründern zu erreichen; erlaubt, wenn nicht zu unlauteren Zwecken.

Strom, gr. Fluß, größtes Fließgewässer, entstanden durch Vereinigung mehrerer Flüsse.

Strom, elektrischer, gleichbedeutend mit bewegten Ladungsträgern (→ Elektronen, negative oder positive → Ionen) in einem materiellen Körper (Leiter) oder → Vakuum; in Leitern fließen nur Elektronen (Elektronenstrom ist der herkömml. techn. definierten Stromrichtung entgegengesetzt); der el. S. bewirkt u. a. → magnet. Feld um den Leiter, Joulesche Wärme; zu unterscheiden sind → Gleichstrom und → Wechselstrom; Einheit der el. Stromstärke: → Ampere (A), Milliampere (mA), Mikroampere (µA).

Stroma, bindegewebiger Anteil eines Organs; → Parenchym.

Stromabnehmer, bei el. Fahrzeugen mit → Oberleitungsbetrieb *Rollen-S.* an federndem, ausschwenkbarem Mast, auch *Bügel-S.,* breit, mit ausgegossener Kontaktfläche, bei Vollbahnlokomotiven als *Scheren-S.* ausgebildet; bei Stromnahme aus dritter Schiene *Gleitschuhe.*

Stromboli, eine der it. → Liparischen Inseln mit ständig tätigem *S.vulkan* (926 m).

Stromkreis, der in sich geschlossene Weg des el. Stroms innerhalb e. Schaltung v. el. Schaltgliedern.

Stromlinien, i. d. *Strömungslehre* gedachte Linien, die an jedem Punkt die Bewegungsrichtung einer Strömung von Flüssigkeiten oder Gasen angeben; ein Körper hat S.form, wenn Strömung ohne Wirbel- u. Wellenbildung an ihm vorbeifließt; die Lage d. Übergangspunktes bestimmt die Reynoldssche Zahl: (Geschwindigkeit × charakterist. Länge × Dichte)/Zähigkeit, angenähert bei Fahrzeugen (Kraftwagen, Motorbooten, Flugzeugen) als *Tropfenform* zur Herabsetzung des Luftwiderstandes.

Stromschnellen, bei Flüssen die Stellen, an denen das Wasser durch Verengung des Bettes oder durch Gefälle reißend schnell fließt.

Strömung, geordnete Bewegung körperl. Teilchen in e. Richtung; MPI f. S.sforschung in Göttingen.

Strömungsregler, *Fluidics,* techn. Steuerelemente (Schalter- u. Verstärkerelemente), weitgehend stoß- u. hitzeempfindlich; Anwendung: Steuerung industrieller Prozesse, z. Lenkung komplizierter Flugmanöver (als Raketenlenksystem, Navigationshilfe f. Torpedos u. Flugzeuge usw.), miniaturisiert (Reglertechnik).

Stromwärme, Wärme, die *el. Strom* im durchflossenen Leiter wegen dessen el. Widerstand erzeugt; proportional z. S.stärke, Spannung u. Zeit; Grundlage f. el. Koch- u. Heizgeräte. In d. meisten and. Elektrogeräten u. Schaltungen ist d. S. ein unerwünschter, aber nicht vermeidbarer Nebeneffekt.

Stromwender, *Kommutator,* Umschalter zur Änderung d. el. Stromrichtung.

Stromzähler, svw. → Elektrizitätszähler.

Strontium, *Sr,* chem. El., Oz. 38, At.-Gew. 87,63, Dichte 2,63; Erdalkalimetall, silberweiß, an der Luft gelblich anlaufend; natürl. nur gebunden als *S.sulfat* ($SrSO_4$) u. *Strontianit* ($SrCO_3$) vorkommend; *S.salze* färben Flamme rot; *S.nitrat,* $Sr(NO_3)_2$, f. Feuerwerkerei; *S.hydroxid,* $Sr(OH)_2$.

Strophanthus, Schlingpflanzen des trop. Afrika u. Asien, deren Samen Pfeilgift liefern; med. als wichtiges Herzmittel, daraus hergestellt das Glykosid *Strophanthin.*

Strophe, w. [gr.], Gliederung eines Gedichts (Liedes) durch Zusammenfassen mehrerer Verszeilen.

Strougal, Lubomir (* 19. 10. 1924), tschech. Pol.; 1970–88 Min.präs.

Strozzi, florentin. Geschlecht seit 13. Jh., Gegner der → Medici; *Palazzo S.* begonnen 1489.

Struck, Karin (* 14. 5. 1947), deutsche Schriftst.in; *Klassenliebe; D. Mutter; Lieben.*

Strudelwürmer, *Turbellarien,* Plattwürmer, die sich mit Flimmerhaaren fortbewegen (z. B. die *Planarien*); meist im Wasser, einige davon Schmarotzer.

Struensee ['struən-], Johann Friedrich Gf v. (5. 8. 1737–28. 4. 72); dän. Staatsmann dt. Abkunft, führte f. Christian VII. übereilt Reformen durch, Günstling d. Kgn; gestürzt und hingerichtet.

Struktur, w. [l.],
1) chem. Anordnung der Atome im Molekül (in *S.formel* ausgedrückt).
2) in der *Weberei* svw. → Bindung.
3) Art der Zusammensetzung und Beziehung von Elementen einer Menge; inneres Gefüge, Bau (von Gesteinen, Bauwerken usw., aber auch *geistiger Art:* Denkform, Kultur usw.).

Strukturalismus, [l.],
1) in d. ndl. *Architektur* s. etwa 1958 Bez. f. e. Richtung m. d. Planungsprinzip d. strukturellen Grundelemente (*Archeformen*), d. als d. gesamten Baugeschichte zugrundeliegend erkannt wurden; Vertr. A. van Eyck, H. Hertzberger, P. Blom.
2) m. Forschungsmethode, die die Wirklichkeit als geschlossenes System von Zeichen begreift und analysiert.
3) m., in der *Sprachwiss.* Untersuchung der Sprache auf ihre Struktur hin; Untersuchung d. strukturellen Gesetzlichkeit auch i. d. Soziologie, Ethologie und Anthropologie.

Strukturformel, *chem.* symbol. Darstellung der Struktur eines Moleküls unter Verwendung v. Elementsymbolen für die Atomrümpfe, Strichen für bindende Elektronenpaare und Punkten für einsame Elektronen.

Struma, griech. *Strymon,* bulgar.-griech. Fluß (Mazedonien), entspringt südl. von Sofia, durchfließt d. Tachynosee, mündet ins Ägäische Meer, 408 km lang.

Struma, w. [l.], *med.* → Kropf.

Struve, Gustav v. (11. 10. 1805–21. 8. 70), dt. Advokat u. revolutionärer Pol.; Führer d. bad. Aufstandes 1848; später Offizier im am. → Sezessionskrieg.

Struwwelpeter, Titel eines Kinderbuchs (erschienen 1847) in Bildern u. Versen von Heinrich → Hoffmann.

Strychnin, s., Alkaloid des Samens v. *Strychnos nux vomica* (Brechnußbaum), in kleinsten Mengen früher zu Heilzwecken angewandt, in größeren Mengen giftig.

Stuart [stjuət], schott. Geschlecht, erwarb 1371 den schott., 1603 durch Kg Jakob I., Sohn der → *Maria Stuart,* auch den engl. Königsthron; vertrieben durch die Revolution von 1688, Hauptlinie ausgestorben 1807.

Stuart [stjuət], Gilbert (3. 12. 1755 bis 9. 7. 1828), am. Porträtist; im Porträt-Bildnisse sog. „Chronist d. Republik"; *George Washington.*

Stubaital, Hochtal in Tirol, in den Stubaier Alpen, mit Ruetzbach; Hptort *Fulpmes* (936 müM, 3611 E).

Stubbenkammer, Kreidefelsen an der NO-Spitze Rügens, Königsstuhl 118 müM.

Stuck, Franz v. (23. 2. 1863–30. 8. 1928), dt. Maler u. Bildhauer d. Jugendstils; *Kämpfende Faune; Die Sünde.*

Stuck, m. [it.], kalk- u. gipshaltiger Mörtel f. Auftragearbeiten an Wänden u. Decken (*Stukkaturen*), auch zu Abgüssen in Formen u. Schablonen.

Stück, ältere Bez. f. Geschütz.

Stückekonto, bei Gutschrift von gekauften Effekten auf S. erhält Käufer einen Anspruch gg. d. Bank; b. → *Sammeldepot* wird Käufer Miteigentümer der v. d. Bank hinterlegten Effekten; b. Kauf für offenes Depot (auch *Streifbanddepot*) wird Käufer Eigentümer der für ihn ausgesonderten, auf ein Nummernverzeichnis eingegebenen Stücke.

Stückelung, Zerlegung einer *Emission* in einzelne *Stücke* (Wertpapiere) m. bestimmten Nennwerten.

Stückfaß, Weinmaß: etwa 12 hl.

Stückgut, einzeln verfrachtete Ware.

Stücklen, Richard (* 20. 8. 1916), CSU-Pol.; 1957–66 B.min. für Postu. Fernmeldewesen, 1966–76 Vors. d. CSU-Fraktion, 1976–79 u. s. 1983 Vizepräs., 1979–83 Präs. d. B.tages.

Stücklohn, svw. → Akkordlohn.

Stuckmarmor, it. *stucco lustro,* Marmorimitation aus Stuckbasis, durch Zugabe v. Farbpigmenten in d. Masse gefärbt u. meist m. Marmorsplittern angereichert, nach d. Erhärten poliert; hpts. im Barock u. Rokoko (17. u. 18. Jh.).

Stückzinsen, Zinsen vom Verfalltag des letzten abgetrennten Kupons bis zum *Verkaufstag;* werden bei Geschäften in festverzinsl. Wertpapieren in Rechnung gestellt.

stud., Abk. f. *studiosus* (Student), meist mit Hinzufügung der abgekürzten Fakultätsbezeichnung; z. B. *stud. jur.* (juris): Rechtswissenschaft, entsprechend der Fakultätsbezeichnung bei → Dr.

Student, Kurt (12. 5. 1890–1. 7. 1978), dt. Gen.oberst; leitete d. Eroberung v. Kreta (Mai 1941) u. d. Befreiung Mussolinis (Sept. 43).

Student [l.], vollberechtigter Besucher einer Uni od. anderer → Hochschulen.

Studentenblume, svw. → Tagetes.

Studentenförderung, geregelt im Bundesausbildungsförderungsgesetz (BAföG) v. 26. 8. 1971 (1976 revidiert, in d. Fassung v. 1. 8. 1983ff); staatl. Unterstützung bedürftiger u. geeigneter Hochschulstudenten sowie Schüler weiterführender berufsbildender Schulen u. d. 2. Bildungsweges (faßt das 1. Ausbildungsförderungsgesetz v. 1. 7. 1970 u. d. → Honnefer Modell zus.); f. Studenten als zinsloses Darlehen (m. gestaffelten Nachlässen), f. Schüler als Zuschuß geleistet.

Studentenschaft, Zus.fassung aller Studierenden einer HS; nach 1918–33 u. in BR u. W-Berlin wieder s. 1945 vertr. durch *Allg. Studentenversammlung.* *Allg. Studentenausschuß* (ASTA, i. einigen B.ländern aufgelöst), an jeder HS gewählt; Gesamtvertretung: *Verband Dt. S.en (VDS),* gegr. 1949.

Studentenverbindungen, *Korporationen,* entstanden aus den *Landsmannschaften;* aus diesen die → *Korps*

Studentenvereinigungen, *(SC),* nach den Befreiungskriegen *Burschenschaften;* im 19. Jh. entstanden rel., weltanschaul., wiss. u. sportl., nur z. T. noch farbentragende Verbindungen (z. B. *CC, CV*); Korporationsverbände zusammengeschlossen im *Convent Dt. Korporationen (CDK);* während d. NS-Regimes aufgelöst.
Studentenvereinigungen, neben den Studentenverbindungen pol. Studentenzus.schlüsse: *Ring Christl.-Demokr. Studenten* (RCDS), *Rote Zellen* d. versch. Fachschaften (aus d. SDS weiterentwickelt), *Sozialist. Hochschulbund* (SHB), *MSB Spartakus;* rel. Studentengruppen: Ev. Studentengemeinde i. Dtld, Kath. Dt. Studenten-Einigung (KDSE).
Studentenwerk, als eingetragener Verein od. staatl. Anstalt betriebene Einrichtung z. soz. Betreuung d. Studenten am HS-Ort; Hptarbeitsgebiete: **1)** finanzielle Beihilfen (Vergabe v. Mitteln d. Studentenförderung, BAföG, v. Studiendarlehen), Arbeitsvermittlung; **2)** gesundheitl. Betreuung; **3)** wirtsch. Einrichtungen (z. B. → Mensa academica od. Wohnheime).
Studie, *w.* [l.], Vorarbeit zu einem Werk.
Studienassessor, angestellter Lehrer an Höherer Schule nach zweijähriger prakt. Ausbildung als → S.referendar u. 2. Staatsexamen; heute *Studienrat z. A.* (zur Anstellung).
Studienrat, Amtsbez. für festangestellte u. im höheren Dienst beamtete Lehrer an Höheren Schulen.
Studienreferendar, Lehramtskandidat f. höhere Schulen nach d. 1. Staatsexamen.
Studienseminar, Ausbildungsstätte für den Gymnasiallehrer in dessen Referendarzeit.
Studienstiftung des dt. Volkes, 1925 gegr., 1948 erneuert, zur Förderung einer Auslese hochbegabter Studenten.
Studienstufe → Schulwesen, Übers.
Studioblitzanlage, mehrere Blitzgeräte, auf Lampenstativen montiert, reichhaltiges Zubehör, extrem hohe Lichtleistung, die beliebig reduziert werden kann; perfekte Ausleuchtung im Studio; erlaubt Probeblitzaufnahmen, Überprüfung u. individuelle Gestaltungsmöglichkeiten.
Studiosus, Studierender, Schüler, Student, Abk. *stud.*
Studium, *s.* [l.], planmäßige Beschäftigung m. Wissenschaft od. Kunst (an Hochschulen).
Stufengründung, früher schrittweise Gründung einer AG od. KGaA, bei d. nur Teile d. Aktien durch die bei d. Gründungsversammlung anwesenden Aktionäre, d. Rest durch Zeichnungsscheine übernommen werden, heute unzulässig.
Stufenklage, im Zivilprozeß Klage auf Rechnungslegung, Vorlage eines Vermögensverzeichnisses od. Leistung d. Offenbarungseides u. Herausgabe des aus d. zugrundeliegenden Rechtsverhältnis Geschuldeten, wobei Höhe d. Geschuldeten v. Kläger erst *nach* Rechnungslegung usw. beziffert zu werden braucht (= 2. Stufe d. Prozesses), § 254 ZPO.
Stuhlverstopfung, infolge zu geringer od. zu verkrampfter Darmtätigkeit, bedingt durch unzweckmäßige Lebensweise (falsche Ernährung, zu wenig Bewegung u. a.) oder durch Störungen der Darmmuskulatur.
Stuhlweißenburg, ungar. *Székesfehérvár;* Hptst. d. ungar. Komitats *Fejér,* am S-Abhang des Bakonywaldes; 114 000 E; alte Hpt.- u. Krönungsst. der ungar. Kge (Arpadengräber); kath. Bistum; Textilind.; Pferdemärkte.
Stuka, allg. übl. (auch gesprochene) Abk. f. d. dt. Sturzkampfflugzeuge im 2. Weltkr.
Stukkatur, *w.,* → Stuck.
Stülpnagel, Karl Heinrich v. (2. 1. 1886–30. 8. 1944), dt. Gen.; Militärbefehlsh. in Frkr. 1942–44; als Mitgl. d. Widerstandsbewegung hingerichtet.
Stummheit, angeboren mit Taubheit: *Taubstummheit,* oder durch Kehlkopf- u. Gehirnkrankheiten, manchmal auch hysterische Reaktion.
Stumpen, *m.,*
1) Zigarre, die an beiden Enden stumpf abgeschnitten ist.
2) kegelförmige Rohform, auf der Filz- u. Strohhüte gepreßt werden.
Stumpf, Carl (21. 4. 1848–25. 12. 1936), dt. Psych. u. Phil.; Begr. d. Musikpsych.
Stunde, Bruchteil des Tags, jetzt = $\frac{1}{24}$ des mittleren Sonnentags; im MA wechselnd lang, da Tag und Nacht in je 12 Stunden (*Temporalstunden*) geteilt waren; Abk.: h (lat. *hora*).
Stundenbuch, Sammlung v. Tagzeitengebeten f. Laien, *Laienbrevier,* im MA bes. künstler. ausgestattet.
Stundengebet → Brevier.
Stundenkreise, Kreise, die durch d. Himmelspol gehen und auf dem Himmelsäquator senkrecht stehen.
Stundenwinkel, Winkel zw. → Stundenkreis u. → Meridian, nach west und östlich vom Meridian ab gezählt.
Stundisten, v. ,,(Bibel-)Stunde''; Anhänger e. rel. Erweckungsbewegung i. Südrußland (s. 1824) unter pietist. Einfluß süddt. Siedler.
Stundung, zwischen Gläubiger und Schuldner getroffene Vereinbarung, durch welche die Fälligkeit einer Leistung hinausgeschoben wird; bewirkt Hemmung d. → Verjährung.
Stuntman [am. ˈstʌntmən], *Double,* Ersatzmann f. d. Hauptdarsteller in gefährlichen Filmszenen.
Stupa, *m.* [sanskr. ,,Reliquienbehälter''], ind.-buddhist. Kultbau z. T. für Reliquien, urspr. e. halbkugelförmiger, umzäunter Grabhügel.
stupend [l.], erstaunlich.
stupid [l.], blöde, stumpfsinnig.
Stupor, *m.* [l.], Zustand völliger geistiger u. körperlicher Regungslosigkeit b. Geisteskrankheiten.
Stuprum, *s.* [l.], Schändung, Vergewaltigung.
Sturm, meteorol. → Windstärke.
Sturmabteilung → SA.
Sturmbannführer, bei d. früheren SA u. SS Offizier im Range eines Majors; *Ober-S. = Oberstleutnant.*
Sturmboote, leichte Übersetzmittel d. Pioniere, um d. Übersetzen d. ersten Angriffswellen über breite Gewässer.
Stürmer,
1) student. käppiähnl. Mütze.
2) i. d. Mannschaftsspielen Spieler m. überwiegend Angriffsaufgaben (z. B. im Fußball).
Stürmer, Der, in Nürnberg 1923–45 von J. → Streicher hg. antisemit. NS-Wochenschrift.
Sturmgewehr, Hauptwaffe d. Infanterie; automat. Waffe f. Einzel- oder Dauerfeuer, auch z. Aufsetzen eines Bajonetts geeignet.
Sturmhaube, Helm des Fußvolks im MA, mit Nackenschutz, ohne Visier.
Sturmhut, svw. → Eisenhut.
Sturmschwalben, möwenähnliche Sturmvögel; nisten in Kolonien an Felsenküsten.
Sturm und Drang, *m.,* Epoche der deutschen Literatur, benannt nach d. Drama (1777) von F. M. *Klinger,* gegen Bindungen an d. frz. Vorbild und Rationalismus, für schöpferische Eigenart des Genius (,,Geniezeit''), angeregt von Hamann und Herder.
Sturmvögel, Meeresvögel, nur zur Fortpflanzung an Land, sonst in der Luft u. auf dem Wasser lebend; Hakenschnabel m. Röhrennase, Schwimmhäute; im Nest nur 1 Ei (z. B. → *Albatrosse,* → Sturmschwalben).

Sturmvogel

Sturmwarnungszeichen, an Signalmasten gehißte Signale (Bälle) usw. zur Warnung der Schiffahrt vor aufkommendem Sturm; S. der See- u. Luftschiffahrt auch durch Telefon u. a. übermittelt.
Sturz,
1) Neigungen der Vorderräder von Fahrzeugen nach außen um 2–3°. S. drückt Rad gg. Lager.
2) die d. darüberliegende Mauerwerk tragende *Oberschwelle* bei Türen u. Fenstern.
Sturzgeburt, ungewöhnlich schnelle, nach extrem verkürzten Geburtsvorgangsphasen erfolgende Geburt.
Stutbuch, Pferdezuchtstammbuch; verzeichnet Stammbaum, Gestalt, Leistung v. Zuchtpferden: meist von *Pferdezuchtvereinen* geführt.
Stute, weibliches → Pferd.
Stuttgart (D-70173–629), Landeshptst. v. Ba.-Wü., Hptst. d. Rgbz. S., 588 482 E; Uni., Musik-HS, Kunstakad., Staatstheat., Württemberg. Landesmuseum, Linden-Mus. für Völkerkunde, Neue Staatsgalerie, Weissenhofsiedlung, Württemberg. Landesbibliothek, Theodor-Heuss-Archiv; OLG, LG, AG; IHK, HWK, BD, OPD, Oberfinanzdirektion, MPI; U-Bahn; Elektro-, Masch.-, Fahrzeugbau-, Textil-, Papier-, Nahrungsmittel-, chem. Ind., über 170 Verlage; Süddt. Rundfunk, Fernseh-Sendeturm (217 m hoch). – Seit 14. Jh. Residenz; 6.–18. 6. 1849 Tagung des Rumpfparlaments.
Stutzen, *m.,*
1) halblanger Sportstrumpf ohne Fuß.
2) Pulswärmer.
3) kürzere Jagdbüchse.
Stützenwechsel, im hpts. roman. Kirchenbau regelmäß. Wechsel v. Pfeiler u. Säule(npaar).
StVO, Abk. f. → *Straßenverkehrsordnung.*
stygisch, zum → Styx gehörig.
Styling [engl. ˈstail-], funktionelle u. modisch gefällige Formgebung b. Industrieerzeugnissen (z. B. bei Autos).
Styliten [gr.], die → Säulenheiligen.
stymphalische Vögel, von Herakles besiegte menschenfressende Vögel der griech. Sage.
Styrol, *s.,* ungesättigter Kohlenwasserstoff; Vinylbenzol $C_6H_5-CH=CH_2$, ben-

Stuttgart, *Weissenhof-Siedlung*

zolartig riechende Flüssigkeit, die zu festem Polystyrol polymerisiert.
Styropor®, Markenbez. für Schaum-Kunststoff aus Polystyrol und einem Treibmittel; beim Erwärmen zur Zellstruktur aufschäumbar. Verwendung zur Isolierung v. Kühlschränken, f. Wärme- u. Schallschutz, f. Schwimmkörper u. Verpackungsbehälter.
Styx, w. od. m., (Toten-)Fluß d. griech. Unterwelt.
Suada, w. [l. ′zŭa:-], Redefluß.
Suaheli, mit Arabern, Persern, Indern usw. vermischte Bantuneger an der O-Küste Afrikas u. auf Sansibar; Händler; Mohammedaner; ihre Sprache *(Kisuaheli)* Verkehrssprache im äquatorialen O-Afrika (→ Sprachen, Übers.).
Suárez [′sŭarεθ].
1) Francisco de (5. 1. 1548–25. 9. 1617), span. Theologe u. Scholastiker; Begr. der jesuit. Morallehre.
2) Karl Gottlieb → Svarez.
Suárez Gonzales [-θ γɔn′θaleθ], Adolfo (* 25. 9. 1932), span. Pol. (CDS); 1976–81 Min.präs.
sub- [l.], als Vorsilbe: unter…
subaltern [l.], untergeordnet.
Subarachnoidalblutung, akute Blutung, oft spontan, i. Bereich der weichen Hirnhäute, plötzl. heftige Kopfschmerzen, Nackensteifigkeit, Bewußtseinsstörungen usw., Notfallbehandlung.
subarktische Zone, subantarktische Zone, liegen zwischen den gemäßigten und polaren Klimagebieten auf der nördl. und der südl. Erdhalbkugel.
Subdominante, *mus.* der auf der 4. Stufe der Tonleiter errichtete Dreiklang.
Subduktion → Plattentektonik.
Subduralblutung, Blutung, meist nach Unfällen, zwischen harten und weichen Hirnhäuten, Verlauf z. T. lange hingezogen; bei Druckerscheinungen muß chirurg. ausgeräumt werden.
subfebril, leicht erhöhte Körpertemperatur.
Subhastation, svw. → Zwangsversteigerung.
Subjekt, s. [l.].
1) verächtlich für Mensch.
2) *phil.* das wahrnehmende u. denkende Ich.
3) *Satzgegenstand:* Satzteil (im Werfall), von dem etwas ausgesagt wird (z. B. *Der See* ist tief).
subjektiv [l.], vom Ich aus gesehen, persönlich.
subjektiver Geist, n. Hegel d. Geist i. seiner unmittelbaren Beziehung zu sich selbst im Empfinden, Fühlen, Denken u. Wollen d. Individuen. Ggs.: objektiver Geist.
Subjektivismus, *phil.* Anschauung: alle Dinge sind durch das Ich bestimmt; leugnet Allgemeingültigkeit von Erkenntnis und Ethik; **Subjektivist,** Vertreter des S.
Subjektivität, w., alles, was zum Ich gehört, bes. d. persönliche Gefühl.
Subkultur, Lebensweise v. Gruppen m. gruppenspezif. Normensystem, das den gesamtgesellschaftl. Regeln widersprechen kann; sind häufig soziale, ethnische od. religiöse Minderheiten.
subkutan [l.], → Injektion.
sublim [l.], geistig, seelisch erhaben.
Sublimat, s. [l.], Produkt einer → Sublimation; bes. das → Quecksilberchlorid

(HgCl$_2$); in der Medizin früher äußerlich zur Desinfektion; sehr giftig, kann durch Nierenschädigung zum Tode führen.
Sublimation, w. [l.], Verdampfung eines festen Stoffs (ohne vorherige Verflüssigung) u. Verdichtung der Dämpfe zu festem *Sublimat,* bes. zur Reindarstellung (Jod, Kampfer, Schwefel).
Sublimierung, *psychoanalyt.* Entwicklung eines kulturell höher gewerteten Triebes aus einem primitiven.
submarin [l.], unterseeisch.
submers [l.], untergetaucht.
Submission, w. [l.], *Ausschreibung* von Arbeiten u. Lieferungen, insbesondere der öffentlichen Hand.
Subordination, w. [nl.], Unterordnung; Gehorsam gegen Vorgesetzte.
Subotica [-tsa], ungar. *Szábadka,* früher *Maria-Theresiopel,* St. i. d. Woiwodina, 100 000 E; Obst-, Tabak-, Weinanbau, Leinweberei.
sub rosa [l.], „unter der Rose" = dem Zeichen d. Verschwiegenheit; verblümt; Symbol der Freimaurer.
Subsidiaritätsprinzip, Grundsatz d. kath. Sozialehre, wonach staatl. od. gesellsch. Hilfen nur „subsidiär" (unterstützend) zu leisten sind.
Subsidien [l.], Unterstützung, Hilfsgelder.
sub sigillo [l.], unter dem Siegel.
Subsistenz, w. [l.], Bestand; Lebensunterhalt.
Subskription [l.], Einzeichnung **(subskribieren)** in d. s.sliste als Verpflichtung zum späteren Bezug von Druckwerken (bei Erscheinen); bei *Emission* von Wertpapieren Zeichnung zu festgesetzten Kurs nach öffentlicher Aufforderung zur S.
subsonic speed [səb′sɔnık ′spi:d], Fluggeschwindigkeit unterhalb der Schallgeschwindigkeit.
sub specie aeternitatis [l.], unter dem Gesichtspunkt der Ewigkeit.
substantiell [nl.], stofflich, wesentlich, auch bedeutsam.
Substantiv|um [l.], → Hauptwort.
Substanz, w. [l.], Stoff; das hinter der Erscheinung bleibende Wirkliche.
substituieren [l.], ersetzen; *chem.* Atome und Atomgruppen durch andere (*Substituenten*) ersetzen.
Substitut, m., svw. → Vertreter.
Substitution, w., Ersetzung.
Substitutionsgut, wirtsch. Begriff für ein Gut oder Produktionsmittel, das die Eigenschaft hat, anstelle eines anderen eingesetzt zu werden. Bei Preissteigerung eines Gutes konzentriert sich ein Teil der Nachfrage auf das andere, zum gleichen Zweck verwendbare billigere Gut. Bei Produktionsmitteln wird ein kostengünstiger produzierendes gg. ein vergleichsweise teuer produzierendes Produktionsmittel ersetzt.
Substitutionstherapie [l.], Behandlung durch Ersatz od. Ergänzung fehlender körpereigener Stoffe durch Zufuhr identischer Stoffe. Wenn *vermehrter* Bedarf gedeckt wird, spricht man auch von Supplementation.
Substrat, s. [l.], Material, auf od. in dem sich Mikroorganismen entwickeln. Reine Natur- oder Syntheseprodukte bzw. Mischung v. beiden.
subsumieren [l.], einem allg. Begriff unterordnen.
subtil [l.], fein, zart; schwierig.

Subtrahend/us [l.], die Zahl, um die eine andere verringert wird.
subtrahieren [l.], abziehen.
Subtraktion, Verminderung, zweite Grundrechnungsart, Symbol: –.
subtraktive Farbmischung, *materielle F.,* erzeugt farbiges Gesamtbild mittels Farbstoffen; jeder Farbstoff nimmt aus dem beleuchtenden weißen Licht gewisse Teile weg, *subtrahiert* sie; z. B. Palette des Malers, Dreifarbendruck mit den Druckfarben Berliner Blau + Karmin + Gelb (→ Tafel Farbe).
Subtropen, zwischen der heißen und gemäßigten Zone liegende Gebiete auf beiden Erdhalbkugeln.
sub utraque specie [l. „unter beiderlei Gestalt"], Darreichung des Abendmahls unter d. Gestalten d. Brotes u. d. Weins, Ggs.: sub una specie („unter e. Gestalt").
Subvention [l.], Zuschuß: bes. staatl. Zuschüsse f. förderungswürdige Wirtschaftszweige, allg. sozial- od. wirtschaftspol. Unterstützung aus öffentl. Mitteln.
subventionieren, mit Zuschüssen unterstützen.
subversiv [l.], umstürzlerisch, zerstörend.
Suchdienst, Organisation z. Aufhellung des Schicksals der → Vermißten: *S.-Leitstelle* beim Generalsekretariat des DRK, Bonn. – *S. München:* Wehrmachtvermißte u. verschollene Kriegsgefangene. Zentrale Namenskartei (s. 1945: 38 Mill. Unterlagen); *S. Hamburg:* Zivilgefangene, Kindersuchdienst; Familienzusammenführung u. Repatriierung Deutscher aus dem Ausland; Beratungs- u. Hilfsdienst für i. Ausland in Not geratene Deutsche; Nachforschungsstellen bei d. Kreis- u. Landesverbänden des DRK.
Suchocka, Hanna (* 5. 4. 1946), poln. Juristin u. Pol. (Demokratische Union), Juli 1992–Mai 93 Min.präs. Polens.
Suchos [gr.], → Sobek.
Sucht, übersteigerte Befriedigung e. Bedürfnisses (Essen, Arbeiten, Sexualität, Machtstreben) z. Aufhebung e. unerträglichen Zustandes innerer Spannung od. Leere. Sucht bezeichnet auch d. seelische u./od. körperl. Abhängigkeit v. Drogen (Nikotin, Alkohol, Heroin etc.).
Suchumi, Hptst. d. autonomen Republik Abchasien am Schwarzen Meer, Hafen, 122 000 E.
Sucre, Antonio José de (3. 2. 1795–4. 6. 1830), südam. Gen.; befreite Ecuador u. Peru von den Spaniern, 1826–28 erster Präs. von Bolivien.
Sucre,
1) → Währungen, Übers.
2) gesetzmäßig Hptst. von Bolivien, 101 000 E; 2600 müM.
Südafrika, Staat im südlichsten Teil Afrikas, umfaßte bis 1994 die Provinzen *Natal, Transvaal, Kapprov.* u. *Oranjefreistaat;* Bev.: 18% Weiße, 68% Bantu, 11 % Mischlinge, 3% Asiaten; Sprache: Afrikaans, Engl., Bantu- u. ind. Sprachen. **a)** *Geogr. u. Landw.:* Das durch Bergrücken gegliederte, beckenförmige Innere d. Landes ist von Falten- u. Tafelgebirgen umrahmt; in den trockenen Binnengebieten Viehzucht, in den niederschlagsreichen SO Anbau v. Südfrüchten, Wein, Mais, Baumwolle, Tabak, Kaffee, Tee u. Zuckerrohr; große Bewässerungsprojekte zur Vergrößerung der

Geschlechtsverhältnis bei suchtkranken Patienten	
Suchtmittel	Männer : Frauen
Alkohol	3 : 1
illegale Drogen	2 : 1
Medikamente (allgemein)	1 : 2
Schmerzmittel	1 : 4

Anbaufläche. Reichtum an **b)** *Bodenschätzen:* An 1. Stelle der Weltförderung bei Gold (1990: 603 t) u. Chromerz (1990: 4,21 Mill. t), an 4. Stelle bei Diamanten (1990: 8,7 Mill. Karat); ferner Silber, Eisenerz, Kohle, Mangan, Uran, Phosphat, Vanadium, Platin, Asbest, Antimon, Titan; fortschreitende Industrialisierung. **c)** *Außenhandel* (1991): Einfuhr 16,98 Mrd., Ausfuhr 17,05 Mrd. $. **e)** *Verkehr:* Eisenbahn 21 309 km. **e)** *Verf.* v. 1997 (schrittweise Umsetzung bis 1999): Zweikammerparlament m. Nationalvers. (Unterhaus, 400 Mitgl.) u. Senat (Oberhaus, in Zukunft Länderkammer, 90 Mitgl.); die Provinzversammlungen entsenden je 10 Mitgl. in d. Senat; Gesetzesverabschiedung v. beiden Kammern; der Präs. (m. exekutiven Vollmachten) wird v. d. Nationalvers. gewählt. **f)** *Verw.:* Nach Inkrafttreten d. Übergangsverf. (1994) Umwandlung in einen Bundesstaat m. 9 Prov.: Kwazulu/Natal, Nord-Kap, Nord-Transvaal, Nordwest, Oranje-Freistaat, Ost-Kap, Ost-Transvaal, Pretoria/Witwatersrand /Vaal-Gebiet und West-Kap. 1994 Auflösung der Homelands: Ansiedlung der schwarzen Bevölkerung in halbautonomen *Bantu-„Heimatländern"* („Homelands") m. Selbstverw.: erstes → Bantuheimatland für die Xhosa → *Transkei* (s. 1976 unabhängig); → *Ciskei* (s. 1981 unabhängig), → *Bophuthatswana* (s. 1977 unabhängig) u. → *Venda* (s. 1979 unabhängig); 1969: *Lebowa* (f. d. Nord-Sotho; 21 833 km², 2,1 Mill. E; Hptort *Lebowakgomo*); 1972: *Kwazulu* (f. d. Zulus; 31 000 km², 4,5 Mill. E; Hptort *Ulundi*); 1973: *Kwa Ndebele* (920 km², 0,29 Mill. E; Hptort *KwaMhlanga*); andere Heimatländer sind *KaNgwane* (f. d. Swasi; 3823 km², 0,45 Mill. E; Hptort *Kanyemanzane*); *Gazankulu* (f. d. Tsonga; 6565 km², 0,7 Mill. E; Hptort *Giyani*) und *Qwaqwa* (f. d. Südsotho; 655 km², 0,35 Mill. E; Hptort *Phuthaditjhaba*). **g)** *Gesch.:* → Buren; 1910 durch Zus.schl. d. brit. Kolonien Kapland, Natal, Transvaal u. Oranje als *Südafrikan. Union* gegr., Dominion u. später Mitgl. d. Commonwealth; Rassentrennung (→ *Apartheid*) führte 1961 z. Ausscheiden aus d. Commonwealth; seitdem neuer Name *Republik S.*, 1963 Waffenembargo d. UN (1977 verschärft); 1970 Unterstützung d. Opposition durch Moçambique, Angola, Botswana und Simbabwe, wiederholt Überfälle südafrikan. Truppen auf Flüchtlingslager in Moçambique, Lesotho u. Botswana; 1974 teilweiser Ausschluß aus UN; s. 1975 ständiger mil. Konflikt um Namibiafrage; 1975/76 Eingreifen S.s in Bürgerkrieg in Angola; 1976 durch Verschärfung d. Apartheidpol. schwere Unruhen in Soweto u. anderen Städten; 1977 Verbot d. pol. Opposition; 1983 neue Verf., die Mischlingen u. Asiaten stärkere Beteiligung an d. pol. Macht ermöglicht, aber weiterhin d. schwarze Mehrheit ausschließt (v. d. UN verworfen); 1984 Abkommen mit Moçambique über gegenseitigen Verzicht auf Unterstützung v. Oppositionsbewegungen, s. 1984 schwere Unruhen in Siedlungen d. Schwarzen m. zahlr. Toten u. Verletzten, daraufhin Ausnahmezustand in mehreren Regionen (bis Mitte 1990); 1988 Abkommen m.

SÜDAFRIKA	
Staatsname:	Republik Südafrika, Republiek van Suid-Afrika, Republic of South Africa
Staatsform:	Präsidiale Republik
Mitgliedschaft:	UNO, SADC, Commonwealth
Staatsoberhaupt und Regierungschef:	Nelson Mandela
Hauptstadt:	Pretoria (Hauptstadt u. Reg.-Sitz) 443 000 Einwohner (Agglom. 0,8 Mill. Einw.); Kapstadt (Parlamentssitz) 777 000 Einwohner (Agglom. 1,9 Mill. Einw.)
Fläche:	1 221 037 km²
Einwohner:	40 555 000
Bevölkerungsdichte:	33 je km²
Bevölkerungswachstum pro Jahr:	⌀ 2,24% (1990–1995)
Amtssprache:	Afrikaans, Englisch, mehrere Stammessprachen
Religion:	Christen (78%), Hindus, Muslime
Währung:	Rand (R)
Bruttosozialprodukt (1994):	125 225 Mill. US-$ insges., 3010 US-$ je Einw.
Nationalitätskennzeichen:	ZA
Zeitzone:	MEZ + 1 Std.
Karte:	→ Afrika

→ Angola u. Cuba über Waffenstillstand u. Rückzug aus → Namibia; innenpol. Reformen unter de Klerk (s. 1989 Staatspräs.), Freilassung v. ANC-Führern (→ Mandela), Legalisierung des ANC, Mitte 1991 Aufhebung d. wichtigsten Apartheidgesetze (Meldeges. m. Registrierung nach Rassen, getrennte Wohnsitze, Begrenzung d. Landbesitzes f. Schwarze); 1992 eine Allparteienkonferenz erarbeitet eine Verf.änderung, die den Schwarzen eine Regierungsbeteiligung einräumt; 1993 Festlegung. e. Wahltermins u. Vorlage e. Verfassungsentwurfs; Verabschiedung einer Übergangsverf. (ab 1994); Ende der Apartheid u. Auflösung der Homelands; Rückgabe d. Walfischbucht (Walvis Bay) mit 1124 km² an Namibia; der Führer d. Inkatha-Freiheitspartei M. Buthelezi u. Zulukönig G. Zwelithini fordern die Wiederherst. des Zulukönigreichs, die Konservative Partei/CP u. d. Afrikaaner-Volksfront e. unabh. Burenstaat; 1994 erste freie Wahlen; Landreformgesetz; 1996 neue Verfassung.

Südamerika, durch d. Landenge von Panama mit → Mittelamerika zus.hängend, v. N-Amerika durch das Am. Mittelmeer getrennt (→ Karte Südamerika), 17,819 Mill. km², 304 Mill. E (17 je km²); eingeborene Indianer, dazu seit dem 16. Jh. Weiße, Schwarze u. Mischlinge (Mestizen, Mulatten, Zambos). **a)** *Gliederung:* nur gering; im W von dem 7500 km langen tertiären Faltengebirge der *Anden* (→ Kordilleren) durchzogen; im O alten Rumpfgebirge von Brasilien und Guayana; dazw. die riesigen Tiefländer des Amazonas (→ *Selvas*), des Orinoco (→ *Llanos*) u. des Paraná (→ *Pampas*); im S das wellige Steppenhochland von *Patagonien* u. die Insel Feuerland, durch die Magellanstraße vom Festland getrennt; S. liegt größtenteils in der Tropenzone, ragt aber von allen bewohnten Kontinenten am weitesten nach S; Ostbrasilien, das Amazonastiefland, die Osthänge der nördl. Anden u. Westpatagonien sind sehr niederschlagsreich, Nordchile wüstenhaft trocken (Atacama, Salpeterwüste); Hptfluß: *Amazonas* m. dem größten Einzugsgebiet d. Erde (7,18 Mill. km²). **b)** *Pol. Gebiete:* Argentinien, Bolivien, Brasilien, Chile, Ecuador, Kolumbien, Paraguay, Perú, Uruguay, Venezuela, Guayana (frz.), Surinam, Guyana. **c)** *Entdeckungsgeschichte* → Amerika. In Freiheitskämpfen unter Bolívar 1810 bis 26 Loslösung v. Spanien u. Portugal, Zersplitterung in viele Einzelstaaten.

Sudan,
1) afrikan. Landschaft zw. d. Sahara im N u. dem Kongobecken im S: **a)** *Geogr.:* reicht vom Atlant. Ozean im W bis an den Westfuß d. Hochlands v. Abessinien im O: Senegalküste, S-Teil d. Westsahara, Tschadseesenke u., durch d. Darfur von diesem getrennt, d. Becken des Weißen Nil; meist Grassteppe mit Dornbüschen u. Galeriewäldern an d. Flußläufen; heißestes Klima Afrikas (Lufttemp. bis über 50 °C). **b)** *Flüsse:* Senegal, Niger, Schari, Weißer Nil. **c)** *Bev.:* Sudanneger, Aschanti, Mandingo, Haussa, Ewe, Kanuri, Tuareg, Tibbu, Niloten; ferner hellhäutige Nordafrikaner (Fulbe); überwiegend moh., auch Naturreligionen.

2) Rep. in Ostafrika, umfaßt d. Nilgebiet zw. Uganda u. d. Rep. Kongo im S u. Ägypten im N, reicht im O bis zum

SUDAN	
Staatsname:	Republik Sudan, El Dschamhurija es Sudan, The Republic of the Sudan
Staatsform:	Islamische Republik
Mitgliedschaft:	UNO, AKP, Arabische Liga, OAU
Staatsoberhaupt und Regierungschef:	Omar Hassan Ahmad El-Bashir
Hauptstadt:	Khartum 474 000 (Agglom. 1,6 Mill.) Einwohner
Fläche:	2 505 813 km²
Einwohner:	27 361 000
Bevölkerungsdichte:	11 je km²
Bevölkerungswachstum pro Jahr:	⌀ 2,67% (1990–1995)
Amtssprache:	Arabisch
Religion:	Muslime (64%), Katholiken (8%), Protestanten (4%), Naturreligionen, Kopten
Währung:	Sudanes. Dinar (sD)
Bruttosozialprodukt (1991):	10 107 Mill. US-$ insges., 400 US-$ je Einw.
Nationalitätskennzeichen:	SUD
Zeitzone:	MEZ + 1Std.
Karte:	→ Afrika

Südafrika

Sudan

Roten Meer; Bev.: im N Araber, im S Niloten- u. schwarzafrikan. Stämme. **a)** *Geogr.:* Der nördl. Teil d. Landes ist wüstenhaft trocken, i. mittleren Teil u. im S üppige Savannen, im äußersten S trop. Regenwald. **b)** *Wirtsch.:* Fast ausschließlich agrarisch; Hptprodukte: Baumwolle u. Gummi arabicum (80% d.

Welternte), Hirse, Zuckerrohr, Erdnüsse; Viehhaltung; Holzwirtschaft; gr. Bewässerungsprojekte im Zus.hang mit dem →Assuanstaudamm. **c)** *Außenhandel* (1991): Einfuhr 1,42 Mrd., Ausfuhr 358 Mill. $. **d)** *Übergangsverf.* v. 1985 seit Militärputsch v. 1989 außer Kraft; Übergangsparlament; Parteien s. 1989 verboten. **e)** *Verw.:* 9 Bundesländer. **f)** *Gesch.:* 1899–1955 unter gemeins. brit.-ägypt. Verw. (*Anglo-Ägypt. S.*) 1956 unabhängige Rep., 1955–72 Bürgerkrieg zw. arab.-moh. N u. schwarzafrikan., nichtmoh. S; ab 1968 Mil.reg.; 1972 Autonomie f. S-Region (1983 aufgehoben); 1973 Einführung d. islam. Rechtsordnung; 1985 Sturz v. Präs. Numeiri durch Mil.; nach ziviler Reg. s. Mitte 1989 Mil.reg.; anhaltender Bürgerkrieg (Sezessionsbestrebungen im zu Rebellen der Sudanesen. Volksbefreiungsfront (SPLA) beherrschten Süd-S.); 1993 Auflösung d. Mil.reg.; Grenzstreit zw. Ägypten u. Sudan um die Halaib-Region; 1994 Friedensverhandl. scheitern an Weigerung d. Reg., relig. Gleichberechtigung zu gewähren; 1996 Präs.- u. Parl.wahlen bestätigen d. Regime; fortgesetzte schwerste Menschenrechtsverletzungen.

Südaustralien, australischer S-Staat, 984 377 km², 1,45 Mill. E; größtenteils Wüste und Tafelland mit zahlreichen Salzsümpfen, im SO Tiefland, vom *Murray* durchflossen; Hauptausfuhr: Weizen, Gerste, Wolle; Phosphat, Vanadium, Platin, Asbest, Antimon, Titan; Hptst. *Adelaide.*

Südcarolina → South Carolina.
Süddakota → South Dakota.
Sudden Death [engl. sʌdn 'dɛθ], Spielentscheidung durch d. erste erzielte Tor (bes. Eishockey).
Süddeutscher Rundfunk, *SR,* Rundfunkges. in Baden-Württemberg, Sitz Stuttgart.
Sudeck-Syndrom, Ernährungsstörung von Knochen und Weichteilen nach Verletzungen, Knochenbrüchen, langer Ruhigstellung, bei Durchblutungsstörungen usw.
Süden, f. alle Orte d. nördl. Erdhalbgel: Schnittpunkt des Horizonts mit d. Meridianhälfte, in d. Gestirne ihren höchsten Stand erreichen, wegen höchsten Sonnenstands auch *Mittag* genannt.
Sudermann, Hermann (30. 9. 1857 bis 21. 11. 1928), dt. naturalist. Schriftst.; Heimat; Romane: *Frau Sorge; Katzensteg; Litauische Geschichten.*
Sudeten, Gebirgszug vom Lausitzer Gebirge bis zur Mähr. Pforte; 310 km lang; besteht aus einzelnen, versch. hoch gehobenen Schollen mit breiten Kämmen: Lausitzer, Iser-, Riesengebirge (*Schneekoppe* 1602 m), Heuscheuergebirge, Waldenburger Bergland, Eulen-, Adler-, Habelschwerdter, Reichensteiner, Glatzer, Altvater-, Odergebirge, Mährisches Gesenke; Heilquellen.
Sudetenland, *Deutschböhmen,* Bez. für die früher vorwiegend von Deutschen (*S.deutsche,* ca. 3 Mill.) bewohnten Randgebiete Böhmens u. Mährens, durch das →Münchener Abkommen 1938 von der Tschechoslowakei abgetrennt u. dem Dt. Reich angegliedert; 1945 wieder zur Tschechoslowakei; Ausweisung nahezu der gesamten alteingesessenen dt. Bevölkerung.

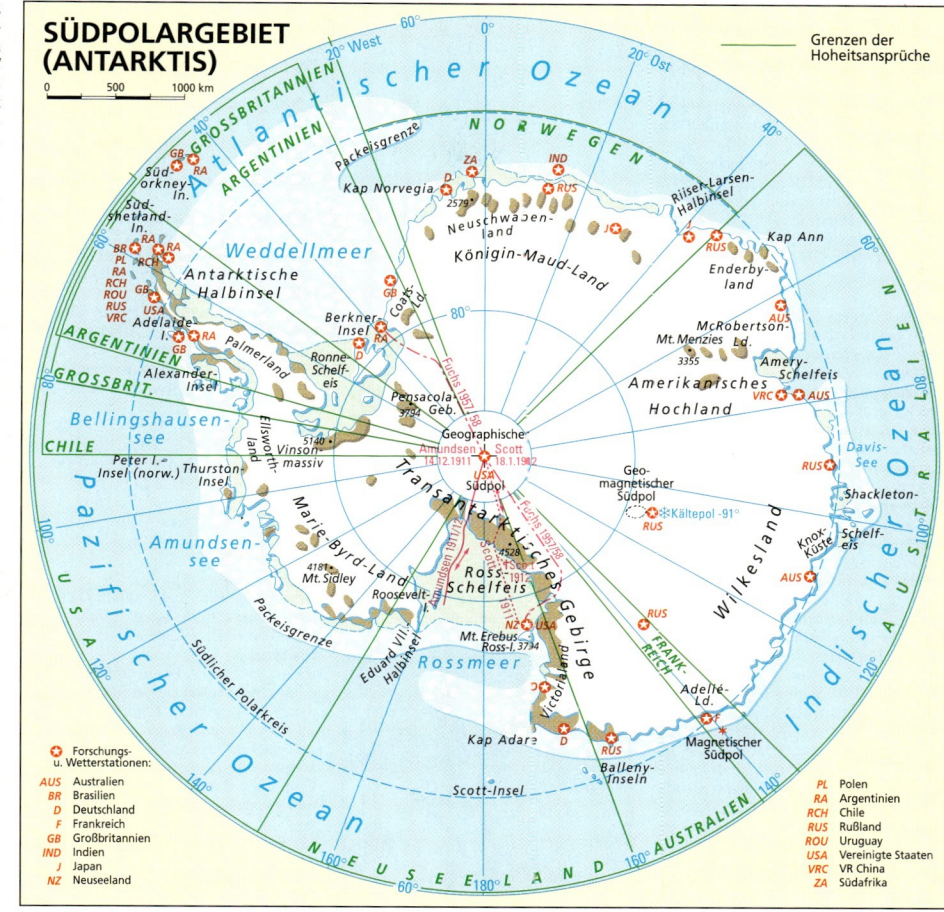

Südeuropäische Pipeline, SEPL, Mineralölfernleitung von Marseille nach Lyon, Straßburg u. Karlsruhe, 782 km, Jahreskapazität 30 Mill. t.
Südfrüchte, Früchte aus südl. Ländern: *Citrusfrüchte, Rosinen, Bananen, Kokosnüsse, Feigen, Datteln* u. a.; Einfuhr in die BR 1992: 3,03 Mill. t im Wert v. 4,39 Mrd. DM.
Südholland, *Zuid-H.,* ndl. Prov., 3446 km², 3,27 Mill. E; Hptst. *Den Haag.*
Südkorea → Korea.
Südliches Kreuz → Kreuz des Südens (Sternbild).
Südpol → Pol.
Südpolargebiet, *Antarktis,* Südpolarkontinent (→ Karte), mit Inseln u. Schelfeis etwa 14,1 Mill. km²; nur etwa 2600 km² an einigen Stellen d. Küstengebietes eisfrei; Eisdecke in Polnähe bis zu 4000 m mächtig; der Kontinent wird durch die tiefen Einbuchtungen der Weddell- u. d. Rossmeeres in *Westantarktis* u. *Ostantarktis* gegliedert; Gebirge ragen aus dem Eis (bis über 5140 m hoch, Vulkan *Erebus* 3795 m). *Südpol* zuerst 1911 von Amundsen u. 1912 von Scott erreicht. – Politisch von Argentinien, Australien, Chile, Frkr., Großbrit. u. Norwegen beansprucht; 1959 Intern. Antarktis-Vertr., verbietet mil. Stützpunkte u. Operationen auf der Antarktis.
Süd-Rhodesien → Simbabwe.
Süd-Sandwichinseln → Sandwichinseln.
Südsee, äquatorialer und südl. Teil des → Pazifiks.
Südseeinseln, svw. → Ozeanien.
Südsternwarte, *European Southern Observatory* (ESO), von d. BR, Belgien, d. Ndl., Dänemark, Frkr. u. Schweden unterhaltene Sternwarte auf dem Berg La Silla (2400 m) in Chile, mit größtem eur. Spiegelteleskop (3,6 m Durchmesser); Hauptsitz in Garching b. München.
Südtirol, it. auton. Provinz i. d. Region *Trentino-Südtirol* südl. des Brenners, an Eisack u. Etsch, die it. Prov.en Bozen (Bolzano), s. 1919 das eigtl. *S.*, Bev. überwiegend deutschsprachig, u. Trient (Trento), Bev. überwiegend it.; 13 607 km², 935 000 E; mildes, fast südländ. Talklima; Obst, Mais, Wein, Tabak; zahlr. Kurorte; Regionsparlament abwechselnd je 2 Jahre in Trient u. Bozen, je ein Landesausschuß für d. Prov.en Bozen u. Trient. – Bis 3. 12. 1918 östr., seitdem it., 1939–42 Umsiedlung von 75 000 dt.sprachigen Südtirolern nach Dtld u. Östr., nach 1945 22 000 zurück;

1948 Autonomiestatut, Gleichberechtigung d. dt. Sprache, jedoch s. 1946 starke Industrialisierung mit Vermehrung d. it. Bev.anteils; 1969 Unterzeichnung eines Abk. zw. Östr. u. Italien, das den Sonderstatus d. Region garantiert (weitgehende, auch sprachl. Autonomie f. dt. u. ladin. Bev.teil).
Südvictorialand, antarktisches Küstengebiet östl. des Rossmeeres, gebirgig (bis 4600 m), völlig vergletschert; entdeckt von James Clark Ross.
Südwestafrika → Namibia.
Südwestfunk, SWF, Rundfunkges. in Baden-Württemberg, Sitz Baden-Baden.
Sue [sy], Eugène (26. 1. 1804–3. 8. 57), frz. Romanschrifts.; *Die Geheimnisse v. Paris; Die 7 Hauptsünden.*
Sueben → Sweben.
Suetonius, (1./2. Jh.n.Chr.), röm. Geschichtsschreiber; *Kaiserbiographien.*
Suez [ˈzuːɛs], arab. *As Suweis,* ägypt. Seehafen an der nördl. Spitze des Roten Meeres, am *Golf von S.* u. südl. Endpunkt des Suezkanals, 392 000 E.
Suezkanal, durchschneidet den Isthmus von Suez zw. Mittel- u. Rotem Meer, von Port Said bis Suez, schleusenlos, 173 km l., 13,5–14 m tief, Sohlenbreite 45 m, für Schiffe bis 12 m Tiefgang; v. *Lesseps* nach d. Plänen → Negrellis erbaut, 1869 eröffnet; ehem. Hauptverbindung i. Schiffsverkehr zw. Europa u. d. Fernen Osten; bis 1956 von intern. Gesellschaft verwaltet, ebenfalls bis 1956 unter brit. Schutz, dann von Ägypten enteignet u. verstaatlicht; Aktionäre von Ägypten entschädigt. Nov. 1956 Angriff durch Großbrit., Frkr. u. Israel (*Suezkrise*); Intervention der UN; Kanal blockiert bis Frühjahr 1957; nach dem isr.-arab. Krieg im Juni 1967 erneut blockiert, teilweise versandet, Wiedereröffnung 1975. – Verkehr: 1913: 5085 Schiffe (22,2 Mill. NRT), 1937: 6635 (36,5), 1947: 5972 (36,5), 1949: 10 420 (68,9), 1951: 11 694 (80,4), 1958: 17 812 (154,5), 1961: 18 141 (187,0), 1966: 21 250 (265,4), 1980: 21 603 (281,3).
süffisant [frz.], aufreizend selbstgefällig.
Suffix, s. [l.], Nachsilbe.
Suffolk [ˈsʌfək], südostengl. Gft. an der Nordsee, im W Landwirtschaft, im O rege Industrie; 3800 km², 632 000 E; Hptst. *Ipswich.*
Suffraganbischof, kath. dem Erzbischof unterstellter Diözesanbischof.
Suffragetten, Vorkämpferinnen für das Wahlrecht [l. „suffragium"] der Frauen in England und USA; Führerin der Bewegung 1906–14 war *Emmeline Pankhurst.*
Sufismus [arab. „sûfi = wollig" (gekleidet), d. h. „Asket"], moh. myst. Lehre; aus dem S. gingen die → *Derwisch-Orden* hervor.
Sugambrer, südgerman. Stamm am Rhein.
Suganatal, it. *Val Sugana,* Tal in den Dolomiten.
suggerieren, durch seelische Beeinflussung, Überredung usw. zu etwas bestimmen.
suggestibel, beeinflußbar.
Suggestion [l.], Beeinflussung des Willens unter Ausschaltung der klaren Einsicht; kann durch Person, durch Re-

Suezkanal

Suleiman II., pers. Miniatur

Sumatra, *Haus auf der Insel Samosir*

klame usw. hervorgerufen oder selbst gegeben werden (*Autosuggestion*).
Suharto (* 8. 6. 1921), indones. Gen. u. Pol.; schlug 1965 kommunist. Putsch nieder; s. 1966 Verteid.min. u. Reg.chef, s. 1968 Staatspräs. (amtierend s. 1967).
Suhl (D-98527–29), Krst. am Südwestrand d. Thür. Waldes, Thür., 53 200 E; div. Ind.: Kleinkrafträder, Jagdwaffen, Elektrogeräte, Feinmeßwerkzeuge; Jagdwaffenmus.
Sühne, Wiedergutmachung u. Beseitigung des rel. Verschuldens (Sünde) zwecks (Wieder-)Herstellung e. friedvollen Zustandes zw. Menschen u. Gottheiten.
Sühneverfahren, in Privat-Klagesachen (§ 380 StPO) u. im Arbeitsgerichtsverfahren (*Güteverfahren*) vorgeschriebener gerichtl. Einigungsversuch zur Vermeidung des Streitverfahrens; *Sühnetermin.*
Suhr, Otto (17. 8. 1894–30. 8. 1957), SPD-Pol.; s. 1955 Reg. Bürgerm. v. West-Berlin; n. ihm ben. *Otto-Suhr-Institut* d. Freien Uni. Berlin (OSI).
Suhrkamp, Peter (28. 3. 1891–31. 3. 1959), dt. Verleger u. Publizist; S.-Verlag in Frankfurt a. M., gegr. 1950; moderne Literatur.
Suite, w. [frz. sɥit],
1) mil. Gefolge von Fürstlichkeiten; *à la suite,* im ehem. dt. Heer: Ehrenstellung von hohen Offizieren bei einer bestimmten Truppe.
2) *Architektur:* e. Folge durch Türen (in e. einzigen Achse → Enfilade) verbundener Zimmer (auch *Flucht*).
3) *mus. Partita, Partie,* älteste Form einer mehrsätzigen Komposition, eine Folge von Tanzstücken (Allemande, Courante, Sarabande, Gavotte, Gigue usw.) in gleicher Tonart (Bach: engl. und frz. Suiten).
Suizid, m. od. s. [l.], Selbstmord.
Sujet, s. [frz. sy'ʒɛ], Gegenstand einer Rede, eines Werkes.
Sukarno, Achmed (6. 6. 1901–21. 6. 70), indones. Pol.; 1949–67 Staatspräs., s. 1959 auch Min.präs., 1966 durch Gen. → Suharto entmachtet.
Sukhavati [sanskr. „d. Glückvolle"], Paradies i. Mahayana-Buddhismus, s. Schöpfer ist Amitabha; jeder, der im S. wiedergeboren wird, erreicht von hier d. → Nirwana.
Sukkade, w., → Zitronat.
Sukkubus, w. [l. „darunterliegend"], weibl. Buhldämon, der d. Männer i. Schlaf sexuell bedrängt; z. Zt. d. Hexenverfolgung wurden viele Frauen beschuldigt, e. S. zu sein; → Inkubus.
sukkulent [l.], saftig, voller Flüssigkeit.
Sukkulenten, dickblättrige Gewächse trockener Standorte, z. B. die Agave.
Sukkurs, m. [l.], Hilfe; Truppenverstärkung.
Sukzession, w. [l.], (Rechts-)Nachfolge.
sukzessiv [l.], nacheinander, allmählich.
Sukzessivlieferungsvertrag, Teillieferungsvertrag, richtet sich auf Lieferung best. Warenmengen in Raten, die jeweils zu bezahlen sind.
Sulawesi → Celebes.
Suleika, pers. Frauenname; Goethes Vorbild der S. im *Westöstl. Diwan* war *Marianne v.* → *Willemer.*

Suleiman, *Soliman,* Name türk. Sultane: **S. II.,** der Große od. der Prächtige (1495–1566), eroberte Serbien und Ungarn, drang bis Wien vor; unter ihm größte Ausdehnung des Osmanischen Reiches; bed. Gesetzgeber.
Sulfate → Schwefelsäure.
Sulfide, Salze des Schwefelwasserstoffs; als *Glanz, Kies, Blende* natürlich vorkommend.
Sulfit, Salz der → schwefligen Säure.
Sulfitlauge, *Calciumhydrogensulfit* in wäßriger Lösung; verwendet in Cellulosefabrikation, löst Lignin aus d. Holz; danach als ligninhaltige **Sulfitablauge** verarbeitet auf → Sulfitspiritus, Wasch-, Gerb-, Klebmittel sowie als Substrat für Nährhefe.
Sulfitspiritus, *Holzspiritus,* gewonnen aus *Sulfitablauge* (→ Sulfitlauge).
Sulfonamide, stickstoff- und schwefelhaltige, vom Anilin abgeleitete Arzneimittel zur → Chemotherapie bakterieller Infektionen; sie hemmen die Vermehrungsfähigkeit der Bakterien; → Antibiotika; fast nur noch in Kombinationen eingesetzt (am häufigsten: Cotrimoxazol); → Domagk. Zur chem. Gruppe der S. gehören auch Antidiabetika (→ Diabetes) u. → Diuretika.
Sulfonylharnstoffe, Mittel z. Tablettenbehandlung des → Diabetes mellitus.
Sulky, s. [engl. ˈsʌlki], leichter zweirädriger Wagen, bes. für Trabrennen.
Sulla, Lucius Cornelius (138–78 vor Chr.), röm. Feldherr u. Pol., s. 88 v. Chr. Verfechter der Senatsherrschaft (gg. → Marius), beseitigte pol. Gegner durch → *Proskriptionen,* reg. 82–79 v. Chr. als Diktator.
Sullivan,
1) Sir Arthur Seymour (13. 6. 1842 bis 22. 11. 1900), engl. Komp.; Operette: *D. Mikado.*
2) Louis Henry (3. 9. 1856–14. 4. 1924), am. Baumeister, bahnbrechend f. d. Entwicklung d. Wolkenkratzers.
Sully-Prudhomme [syˈlipryˈdɔm], eigtl. *René François Armand* (16. 3. 1839–7. 9. 1907), frz. Dichter; phil. Lyrik: *Stances et poèmes;* Nobelpr. 1901.
Sultan, islam. Herrschertitel; bes. bis 1922 für den S. der Türkei.
Sultaninen → Rosinen.
Sulzbach (Saar) (D-66280), St. im Stadtverband Saarbrücken, Saarland, 19 840 E; AG; div. Ind., früher Steinkohlenbergbau.
Sulzbach-Rosenberg (D-92237), St. i. Kr. Amberg-S., in der Oberpfalz, Bay., 20 200 E; AG; alte Herzogstadt, 1026 gegr. Herzogschloß; Eisen- u. Stahlwerk, Elektrozubehör- u. Bekleidungsind.
Sumach, m., *Rhus,* Bäume u. Sträucher wärmerer Länder mit giftigem Saft; Blätter enthalten Farbstoffe zum Gerben und Färben; *Gift-S.:* schon Berührung erzeugt Hautkrankheiten.
Sumatra, die westl. der Gr. Sundainseln, auf der westl. Seite der Malakkastraße, zu Indonesien, 425 000 km², 32 Mill. E, moh. u. animist. Malaien (Batak), Chin., Europäer; wichtige Städte: *Palembang, Padang, Medan;* in der Längsrichtung 1000–1500 m hohes Kettengebirge m. aufgesetzten Vulkanen (*Kerinci* 3800 m); flache O-Küste m. Urwäldern, zahlr. Flüssen, Sümpfen, Steilküste im W; Anbau u. Ausfuhr: Ta-

bak, Kaffee, Kopra (Gebiet um Deli), Vanille, Kautschuk; reiche Erdölvorkommen (bes. im S).

Sumerer, vorsemitische, nichtindoeur. Anwohner des Unterlaufs von Euphrat und Tigris; bed. Kultur (Stadtstaaten) im 4. u. 3. Jtd v. Chr. (Keilschrift); um 2000 v. Chr. von Babyloniern unterworfen (→ asiatische Kunst).

Summa, w. [l.], im MA (vollständige) Zus.stellung e. Wissensgebietes (z. B. Theol., Logik, Kirchenrecht).

summa cum laude → cum laude.

Summand, Glied einer Summe.

summarisch, zusammengefaßt.

summa summarum, alles in allem; Gesamtbetrag.

Summe, w. [l. „summa"], math. durch Addition gefaßter Zeichenausdruck (aus mehreren Gliedern).

Summenformel, chem. → Bruttoformel.

Summepiskopat, m. od. s. [l.], oberstes Kirchenregiment d. Landesfürsten, i. d. dt. ev. Landeskirchen bis 1918, i. d. engl. anglikan. Kirche noch heute.

Summer, Gerät zur Erzeugung eines summenden Tons; arbeitet wie → Wagnerscher Hammer, Anwendung: Fernmeldetechnik, Meßtechnik usw.

Summum bonum, s. [l. „das höchste Gute"], theol. Begriff f. d. Göttl. im Sinne e. Zus.fassung aller Werte d. Heiligen u. sittl. Guten.

Summus Episcopus [l. „oberster Bischof"], bis 1918 Bez. für den Landesherrn als Schutzherrn des ev. Kirchenregiments.

Sumner [ˈsʌmnə], James Batcheller (19. 11. 1887–12. 8. 1955), am. Chem.; entdeckte Kristallisationsfähigkeit v. Enzymen; Nobelpr. 1946.

Sumo [jap. „sich wehren"], Ringen; alter jap. ritualisierter Wettkampf. Die schwergewicht. Kämpfer (*Sumori*), die nur e. Lendenschurz tragen, müssen ihren Gegner mit festgelegten Griffen aus d. Kampfring drängen.

Sumpf, im *Bergwerk:* tiefste Stelle, an der sich das Sickerwasser sammelt, von wo es mittels Pumpen über Tage gefördert wird.

Sumpfbiber, svw. → Nutria.

Sumpfdotterblume, gelb blühendes Hahnenfußgewächs auf nassen Wiesen.

Sumpffieber → Malaria.

Sumpfgas, svw. → Methan.

Sumpfhühner, zierliche → Rallen mit gestricheltem oder getüpfeltem Gefieder; kurzem, seitlich zusammengedrücktem Schnabel und langer Mittelzehe; in Eurasien u. a. das etwa 20 cm lange *Tüpfelsumpfhuhn*.

Sumpfschnepfe, svw. → Bekassine.

Sumpfzypresse, *Sumpfzeder,* am. Nadelbäume, werfen im Winter die benadelten Zweige ab, erreichen hohes Alter, werden sehr dick u. hoch; *Virgin. S.* geschätztes Holz (weiches Zedernholz), und *Mexikanische S.*

Sund, m. [son′], *Öresund,* Meerenge zw. der dän. Insel Seeland u. der W-Küste Schwedens, im N bis 53 m, im S nur 8 m tief (Drogdenschwelle); an der schmalsten Stelle 3,8 km breit.

Sundainseln, zum Malaiischen Archipel gehörende vulkan. Inselgruppen; *Große S.:* Sumatra, Java, Borneo, Celebes; *Kleine S.* (s. 1954 *Nusa Tenggara*): Bali, Lombok, Sumbawa, Sumba, Timor, Flores u. a. östl. v. Java; Hptausfuhr: Zucker, Erdöl, Kautschuk, Zinn, Tee; größtenteils z. Rep. Indonesien.

Sundasee, *Floressee,* Teil d. austral.-asiat. Mittelmeers, zw. Celebes im N u. den Kl. Sundainseln i. S; 6961 m t.

Sünde, Handlung gg. die überlieferte rel.-moral. Ordnung; im Christentum: bewußter Widerspruch gg. den Willen Gottes. Nach den *Reformatoren* ist d. Mensch von Geburt an und auch nach der Taufe d. S. verfallen *(Erb-S.);* nach *kath. Lehre* wird der Mensch zwar in der Erb-S. geboren, diese aber durch Taufe hinweggenommen, es bleibt aber Neigung z. Bösen als Folge d. Erb-S.

Sündenfall, die Sünde Adams u. Evas (1. Mos. 3).

Sunderland [sʌndələnd], nordengl. Hafenstadt, 289 000 E; gr. Werften, Schiffsmaschinenbau.

Sündflut, fälschlich für → Sintflut.

Sundgau, Hügelland im Oberelsaß, zw. Vogesen und Schweizer Jura; Obst, Getreide.

Sundsvall, schwed. Hafenstadt am Bottnischen Meerbusen; 93 000 E; Holz- u. Papierind.

Sunion, Kap an der SO-Spitze der griech. Halbinsel Attika; mit Ruine des Poseidontempels (dorisch, 5. Jh. v. Chr.); Blei- und Silberbergwerke.

Sunna, w. [arab. „Weg"], Vorschriftensammlung nach Aussprüchen Mohammeds über sein Leben; → Islam.

Sunniten, moh. Hptrichtung; erkennt außer Koran u. → Sunna des Propheten auch die Sunna der vier ersten Kalifen an.

Süntel, waldiger Jurakalkhöhenzug zw. Deister u. Weser, *Hohe Egge* 437 m.

Sun Yat-sen, (12. 11. 1866–12. 3. 1925), chin. Staatsmann, Gründer des → Guomindang; 1912 erster Präs. der chin. Republik; 1918–25 Leiter der südchin. Gegenregierung in Kanton.

Suomi, finn. Name v. → Finnland.

Suovetaurilia, Mz., röm. Dankopfer an Mars, benannt n. d. dabei dargebrachten Opfertieren: Schwein *(sus),* Schaf *(ovis)* u. Stier *(taurus).*

super- [l.], als Vorsilbe: über- (übermäßig).

Super-8-Film, Nachfolger des 8-mm-Films; ist durch Video ersetzt worden.

superbe [frz. sy-], vortrefflich, prächtig.

Supercargo, Beauftragter d. Befrachters während e. Seereise.

Superdividende, *Bonus,* zusätzlicher Restgewinn, der auf Vorzugsaktien bei ungewöhnl. günstigem Geschäftserfolg (z. B. bei AG) gezahlt wird.

Superfizies, w. [l.], svw. → Erbbaurecht.

Superhet, Abk. f. *Superhet*erodynempfänger, svw. → Überlagerungsempfänger.

Superinfektion, „Überinfektion", neue Infektion mit anderen Erregern (z. B. erst Viren, dann Bakterien) bei noch aktiver vorangegangener Infektion an gleicher Stelle.

Superintendent [l.], der leitende ev. Geistliche eines Kirchenkreises, bes. in Norddtld; in Süddtld entspricht dem S. der Dekan.

Superior [l. „höher"], Oberer, Vorsteher einer geistl. Körperschaft, eines Klosters.

Japanische Sumo-Ringer

Sumpfdotterblume

Sündenfall, *Bibelillustration, 14. Jh.*

Superiore, it. Bez., die als Zusatz zu e. → DOC auf d. Etikett e. höheren Alkoholgehalt als üblich angibt.

Superkraftstoffe, klopffeste Kraftstoffe für Verbrennungsmotoren m. hohem → Verdichtungsverhältnis.

Superlativ, m. [l.], → Komparation.

Supermarkt, *Supermarket* [engl.], großer Selbstbedienungsladen, bes. f. Lebensmittel.

Supernova, plötzliche Helligkeitssteigerung e. Sternes bis zum 100mill.fachen der Sonne; Ursache ist Explosion des Sternes, wenn nach Aufbrauchen e. wesentl. Teiles der Kernbrennstoffe (→ Fusion) d. Kernfusion im Sterninneren erlischt u. d. dann eintretende Gravitationskollaps f. kurze Zeit zu gr. Energie- u. Materie-Ausstoß führt; passiert nur b. Sternen m. mehr als 1,4 Sonnenmassen; übrigbleibender Sternrest kollabiert zum → Neutronenstern; S. anderer Mechanismus als → Nova.

Supernova 1987 A, Jahrhundert-Supernova (→ Supernova) im Tarantelnebel in d. Großen → *Magellanschen Wolke,* entdeckt am 24. Februar 1987 durch d. kanad. Astronomen Ian Shelton v. Chile aus, erste mit freiem Auge sichtbare Supernova seit d. Keplerschen Supernova v. 1604, erstmals Vorläufersternen (blauer Überriese Sanduleak-69 202) bekannt u. beobachtet, detailliertere Daten der Lichtkurve i. allen Spektralbereichen, erstmaliger Nachweis v. Neutrinos aus e. außergalakt. Quelle.

Supernumerär, m. [l. „überzählig"], früher: Beamtenanwärter.

Superphosphat → Phosphate.

Super-Riesenslalom, Skisport; alpiner Skiwettbewerb auf e. Strecke m. e. Höhenunterschied von 500–650 m (Herren) bzw. 350–500 m (Damen). S. ist geschwindigkeitsmäßig zw. Abfahrt u. Riesenslalom angesiedelt.

supersonic speed [ˈsjuːpəˈsɔnɪk spiːd], Überschallgeschwindigkeit.

Superstition, w. [l.], Aberglaube.

Supervielle [sypɛrˈvjɛl], Jules (16. 1. 1884–17. 5. 1960), frz. Dichter; surrealist. Lyrik: *Les poèmes de l' humour triste;* phantast. Erzählungen, Romane.

Suppé, Franz v. (18. 4. 1819–21. 5. 95), östr. Komp.; Ouvertüren: *Dichter u. Bauer;* Operetten: *Die schöne Galathee; Fatinitza; Boccaccio.*

Supplement, s. [l.], Ergänzung, Nachtrag.

Supplementwinkel, *math.* Winkel, der einen anderen zu 180° ergänzt.

Supplik, w. [l.], Bittschrift.

Support, m. [l.], verschiebbarer, auch maschinell verstellbarer Werkzeugträger an Drehbänken.

Suppositorium, s. [l.], Zäpfchen, Vermengung e. Arzneimittels mit Kakaobutter o. ä. zur Einbringung in Mastdarm oder Scheide.

supra [l.], oben, oberhalb, *ut s.,* wie oben.

Supraleitung, *Supraleitfähigkeit,* von → *Maxwell* vorausgesagte, von → *Kamerlingh-Onnes* 1911 entdeckte Eigenschaft einiger Metalle u. Metallverbindungen, in der Nähe des → absoluten Nullpunktes el. Widerstand völlig zu verlieren; e. einmal induzierter Strom kann in e. Supraleiter jahrelang o. nennenswerte Schwächung fließen; Temperatur, d. bei der S. sprunghaft eintritt

(Sprungtemperatur), ist f. betreffendes Metall charakteristisch. Während die Sprungtemp. für Metalle u. Metallegierungen sämtl. unter 25 K liegen, zeigen d. erst in d. letzten Jahren entwickelten keram. Quanteneffekt. Supraleiter (*Hochtemp.-S*) d. bisher höchste Sprungtemp. v. 125 K. Die von → Bardeen, → Cooper u. Shrieffer entwickelte Theorie der Supraleitung zeigt, daß es sich um einen makroskopischen Quanteneffekt (→ Quantentheorie, Übers.) handelt.

Supramid®, *s.*, Kunststoff, → Polyamide.

supranational, überstaatlich; Ggs.: national.

Supranaturalismus, *Supernaturalismus*, Lehre von einer d. Vernunft unerreichbaren göttl. Offenbarung; theol. ev. Richtung im 19. Jh.

Suprarenin, *s.* [l.], svw. → Adrenalin.

Supremat, *m. od. s.* [l.], Überordnung, Vorrang (bes. vom S. des Papstes gebraucht).

Suprematie, *w.* [l.], Oberherrschaft, Oberhoheit.

Suprematismus, russ. Richtung e. ungegenständl., aus d. reinen Empfindung abgeleiteten Malerei m. kubistischen u. geometr. Elementen, 1913/15 begr. v. Malewitsch; Gegenströmung z. Konstruktivismus; Vertr.: Kandinsky, Lissitzky, Moholy-Nagy.

Surabaya, indones. St. auf Ostjava, an d. Straße v. Madura; 2,3 Mill. E; Ind., Hptausfuhr- u. Flughafen; Seehafen: *Tandjong Perak*.

Surakarta, indones. *Solo*, indones. St. auf Java, 470 000 E; chem. Ind., Gold-, Kupfer- u. Lederverarbeitung.

Surat, St. i. ind. Staat Gujarat, 913 000 E; Uni.; Baumwoll-, Seidenind.; Tempelbauten.

Surcot, *m.* [syrˈko], ma. eng anliegender Männerrock; auch schleppend getragenes Unterkleid d. Frauen.

Suren, Kapitel des → Koran.

Surfactant-Faktor, *Antiatelektasefaktor*, Substanz auf d. Oberfläche d. Lungenbläschen, die d. Entfaltung d. Lunge erleichtert. Diese Substanz kann vor allem b. Frühgeburten fehlen, wodurch es zu schwerer Atemnot kommt, die intensivmedizinisch behandelt werden muß.

surfen [engl. ˈsəː-], → Windsurfing.

Surikov, Wassily Iwanowitsch (12. 1. 1848–6. 3. 1916), russ. Kirchen- u. später Historienmaler; realist. Schilderungen dramatisch komponierter Massenszenen.

Suriname, früher *Ndl.-Guayana*, Rep. an der N-Küste S-Amerikas (Guayana). – Bev.: Kreolen (35 %, ab 1667 ndl. Kolonie, Indonesier (16 %), Schwarze (10 %), Indianer. – Ausfuhr v. Südfrüchten, Shrimps, Reis, Bauxit, Tonerde u. Aluminium. – Verf. v. 1987: Nationalvers. m. 51 Mitgl., Staatsrat - Gesch.: ab 1667 ndl. Kolonie, ab 1954 auton. Bestandteil der Ndl., seit 1975 unabhängig; 1980 bis 1990 mehrm. Mil.putsche u. Putschversuche; 1991 Parlamentswahlen auf internat. Druck m. mehreren Parteien; 1993 Abs. d. Militärführung d. Präs. Venetiaan.

sur lie [frz. ˈsyr ˈli; „auf der Hefe"], Angabe auf d. Etikett v. frz. Weinen, daß e. Wein direkt von d. Hefe auf Flaschen abgefüllt worden ist (z. B. → *Muscadet*).

SURINAME
Staatsname: Republik Suriname, Republiek van Suriname
Staatsform: Präsidiale Republik
Mitgliedschaft: UNO, AKP, OAS, SELA, CARICOM
Staatsoberhaupt: Jules Wijdenbosch
Regierungschef: Jules Ajodhia
Hauptstadt: Paramaribo 246 000 Einwohner
Fläche: 163 265 km²
Einwohner: 418 000
Bevölkerungsdichte: 3 je km²
Bevölkerungswachstum pro Jahr: Ø 1 10% (1990–1995)
Amtssprache: Niederländisch
Religion: Christen (42%), Hindus (27%), Muslime (20%)
Währung: Suriname-Gulden (Sf)
Bruttosozialprodukt (1994): 364 Mill. US-$ insges., 870 US-$ je Einw.
Nationalitätskennzeichen: SME
Zeitzone: MEZ – 4 Std.
Karte: → Südamerika

Suriname

Rita Süssmuth

Surrealismus [sy-], Überwirklichkeit, moderne Richtung in Literatur u. bildender Kunst; seit etwa 1925, urspr. frz.; kombiniert gegenständl. Formelemente in paradoxen Zusammenstellungen, um einen *überwirklichen* Bezug zu versinnbildlichen; Entdeckung d. Unterbewußtseins u. d. Traumlogik, Ausschaltung des Intellekts, vom → Dadaismus vorbereitet; Hptvertr.: *Dichtung*: Breton, Aragon, Éluard; *Malerei*: Magritte, Max Ernst, Tanguy, Miró, Dalí.

Surrey [ˈsʌrɪ], südengl. Gft, 1677 km²; 1 Mill. E; Hügelland; Getreide- u. Gemüseanbau; Hptst. *Kingston-upon-Thames* (135 000 E).

Surrogat, *s.* [l.], (bes. geringerer) Ersatz(stoff).

Surya, *Surja*, *m.* [sanskr. „Sonne"], wed.-hinduist. Sonnengott u. Spender v. Licht u. Wärme, dem d. Sonnentempel i. Konarak i. Orissa geweiht ist.

Susa,
1) i. Altertum Hptst. Persiens u. Elams.
2) frz. *Sousse*, tunes. Küstenst., am Golf v. Hammamet, 84 000 E; Olivenbau.
3) it. St. in der Prov. Turin a. d. Dora Riparia, 7000 E.

Susanna, im A.T. Erzählung von *S.* im Bade (von abgewiesenen Bewerbern der Untreue bezichtigt); Stoff im 16. Jh. oft dramatisiert.

Susanne [hebr. „Lilie"], w. Vn.

Süskind, Patrick (* 26. 3. 1949), dt. Schriftst., hatte Welterfolg m. d. Ein-Mann-Stück *Der Kontrabaß* u. d. Roman *Das Parfum*.

Suso → Seuse.

suspekt [l.], verdächtig.

suspendieren [l.],
1) unlösl. kleine Teilchen in e. Flüssigkeit fein verteilen.
2) vorübergehend des Amtes entheben; zeitweilig aufheben, einstellen.
3) aufhängen; hochlagern.

Suspension, *w.*,
1) Aufschwemmung unlösl. fester Teilchen i. e. Flüssigkeit.
2) einstweilige Amtsenthebung.

suspensive Rechtsmittel [l., „suspensiv = aufschiebend"], Rechtsmittel, die Eintritt der Rechtskraft u. damit Vollstreckung hindern.

Suspensorium [l.], Stützbinde f. Brüche od. Hoden.

Susquehanna [sʌskwɪˈhæna], nordam. Strom in Pennsylvania; 715 km lang, mündet in den Atlantischen Ozean.

Süß, *Süß-Oppenheimer*, → Jud Süß.

Sussex [ˈsʌsɪks], Gft in SO-England, am Kanal; bed. Viehzucht; O-S 1795 km², 690 000 E; Hptst. *Lewes*; W-S 1988 km², 703 000 E; Hptst. *Chichester*.

Süßholzwurzel, Wurzelstock einer Schmetterlingsblütlerstaude (SO-Europa, Asien), z. Hustenmitteln (Lakritze).

Süßkartoffel, svw. → Batate.

Süßlupine → Lupine.

Süßmost, unvergorener, keimfreier Frucht- od. Traubensaft.

Süssmuth, Rita (17. 2. 1937), dt. Erziehungswiss. u. CDU-Pol.in; 1985–87 B.min. f. Jugend, Familie u. Gesundheit, 87/88 B.min. f. Frauenfragen, s. 1988 Bundestagspräsidentin.

Süßreserve, unvergorener Most, der d. Wein hinzugefügt wird, um s. Süße zu erhöhen (u. liebl. od. süße Weine zu erzielen) od. um z. hohe Säure zu überdecken; ist in Dtld b. Prädikatsweinen (→ QmP) d. einzig erlaubte Form der Süßung, während → Tafel-, → Land- u. einfache Qualitätsweine (→ QbA) auch angereichert (→ Anreicherung) werden dürfen.

Süßstoff, auf künstl. Wege gewonnene Süßmittel, jedoch ohne Nährwert (*Assugrin, Cyclamat, Dulzin, → Saccharin*); Herstellung unterliegt der Lebensmittelüberwachung.

Süßwasser, → Wasser m. geringem Natrium- u. Magnesiumsalzgehalt, i. Ggs. z. → Salzwasser.

Süßwasserpolyp, svw. → Hydra.

Sustenpaß, 2224 m, Alpenstraße in d. Berner Alpen zw. Gadmen und Meiental.

Suszeptibilität, *magnet. S.*: Verhältnis der Magnetisierung eines Stoffes zu der im Vakuum vorhandenen magnet. Flußdichte; *el. S.*: Verhältnis zw. dem el. Dipolmoment je Volumen e. Stoffes u. d. Feldstärke.

Sutermeister, Heinrich (12. 8. 1910 bis 16. 3. 1995), schweiz. Komp.; Opern: *Romeo u. Julia; D. Zauberinsel; Niobe*.

Sutherland [ˈsʌðələnd],
1) Earl Wilbur (29. 10. 1915–9. 3. 74), am. Physiologe; Nobelpr. 1971 (Hormonforschung).
2) Graham (24. 8. 1903–17. 2. 80), engl. Maler; romantisierende od. surrealist. Abstraktionen.
3) Joan (* 7. 11. 1926), austral. Sopranistin.

Sutra, altind. Lehrslehrbücher.

Sutri, it. St. in Mittelitalien (Prov. Viterbo), 3000 E. – 1046 *Synode v. S.*: Absetzung dreier gleichzeitig regierender Päpste (→ Heinrich III.).

Sütterlinschrift, v. d. Berliner Graphiker L. *Sütterlin* (1865–1917) geschaffene Schreibschrift; 1935–41 als Grundschrift in d. Schulen eingeführt.

Suttner, Bertha v. (9. 6. 1843–21. 6. 1914), östr. Schriftst.in pazifist. Romane: *Die Waffen nieder*; Friedensnobelpr. 1905.

Suu Kyi, Aung San (* 1945), myanmar. (birman.) Oppositionspol.in; 1989–95 unter Hausarrest, im Mai 1990 Wahlsieg (v. Mil.reg. nicht akzeptiert); Friedensnobelpr. 1991.

suum cuique [l.], „Jedem das Seine" (nach Cicero).

Suva, Hptst. u. -hafen der Fidschi-Inseln, auf Viti Levu, 72 000 E.

Suzeränität [frz.], → Staatenstaat.

Suzhou [sudʒoʊ], früher *Sutschou*, chin. St. in der Prov. Jiangsu in O-China, am Kaiserkanal, ca. 900 000 E; Seidenind.

Sv, Abk. f. → Sievert.

Svaålbard → Spitzbergen.

Svarez, [ˈsvaːreθ], *Suárez Karl Gottlieb* (27. 2. 1746–14. 5. 98), dt. Jurist; schuf preuß. Allg. → Landrecht.

Svedberg [-bærj], Theodor (30. 8. 1884–26. 2. 1971), schwed. Chem.; → Ultrazentrifuge, Kolloidchemie; Nobelpr. 1926.

Sven [altnord. „Jüngling"], m. Vn.

Svendborg, dänische Stadt an der SO-Küste der Insel Fünen, am Nordende der *S.sund*; 41 000 Einwohner; Seehafen, Schiffbau.

Sverdrup, Otto (31. 10. 1854–26. 11. 1930), norweg. Nordpolfahrer; nach ihm *S.archipel* im arktischen N-Amerika benannt.

Svoboda, Ludvík (25. 11. 1895–20. 9. 1979), tschech. Gen.; 1968–75 Staatspräs.

Swakopmund, St. in Namibia, nördl. der Mündung des Swakop in den Atlant. Ozean, 16 000 E; Seebad.

Swansea [ˈswɔnzı], engl. St. in der Gft Glamorgan, in Wales, 172 000 E; Kohle, Verhüttung von Kupfererz und Weißblechind.; Werften.

SWAPO, *S*outh *W*est *A*frican *P*eople's *O*rganization, 1959 gegr. afrikan. Befreiungsbewegung in Namibia, stellt s. Ende 1989 Reg.

Sydney, *Opernhaus*

Swasiland, Kgr. zw. Mosambik u. d. Rep. Südafrika, Eingeborenenreservat, wald- u. wiesenreiches Bergland mit z. T. wenig erschlossenen Schätzen: Asbest, Zinn, Eisenerz u. Kohle; Hptausfuhr: Nahrungsmittel, Vieh, Holz, Asbest, Kohle, Diamanten. 1906–68 brit. Schutzgebiet, 1967 innere Autonomie, 1968 unabhängig; 1973 Aufhebung d. Verf. u. Verbot d. Parteien; 1993 Wahlen.; 1996 neue Verf. m. Zweikammerparlament.

Swastika, w. [sanskrit.], → Hakenkreuz.

Sweater, m. [engl. ˈswetə], svw. → Pullover.

Sweben, *Sueben,* auch → *Irminonen,* urspr. zw. Eider, Oder, Harz und Weser ansässige westgerman. Völkergruppe; Ausbreitung nach SW s. seit dem 2. Jh. v. Chr., im 1. Jh. nach Chr. über ganz S-Dtld (→ Schwaben).

Swedenborg, [-bɔrj], eigtl. *Emanuel Svedberg* (29. 1. 1688–29. 3. 1772), schwed. Theosoph und Naturforscher (Geologie, Physik, Math., Astronomie u. Anatomie), lehrte d. organ. u. mechan. Zusammenhang aller Dinge, schuf eine darauf aufgebaute Lehre (Anhänger die Wahrheiten aufgrund der Entsprechungen zw. Geist u. Natur, beschrieb geistige Welt, Himmel u. Hölle (Anhänger die **Swedenborgianer,** *Kirche des Neuen Jerusalem*).

Sweelinck, *Sweling, Jan Pieterszoon* (Mai 1562–16. 10. 1621), ndl. Komp. u. Organist.

Swerdlowsk → Jekaterinburg.

Swift, Jonathan (30. 11. 1667–19. 10. 1745), irischer Schriftst.; pol. Satire: *Gullivers Reisen.*

Swinburne [-bəːn], Algernon Charles (5. 4. 1837–10. 4. 1909), engl. Dichter; Lyrik; Balladen; Dramen; Prosa.

Swine, poln. *Świna,* Hptmündungsarm der Oder zw. Usedom u. Wollin, verbindet Stettiner Haff m. Ostsee.

Swinemünde, *Świnoujście,* poln. Vorhafen v. → Stettin, auf der Insel Usedom, 45 000 Einwohner; Großfischereihafen; Seebad.

Swing, *m.* [engl.],
1) wirtsch. obere Kreditgrenze bei bilateralem Handelsabkommen.
2) *mus.* Jazzstil zw. 1930 und 45 v. bes. rhythm. Spannung; enthält *swing,* rhythm. Element, bez. Spannung zw. theoret. Fundamental- u. gespieltem Melodierhythmus.

Swissair [-ɛːr], 1931 gegr. Schweizer Luftfahrtgesellschaft.

Switchgeschäft [engl. ˈswıtʃ- „Umschaltung"], ein Außenhandelsgeschäft, das zur Ausnutzung devisenrechtl. Vorteile nicht direkt m. d. Empfangsland, sondern über dritte Länder abgewickelt wird.

Syagrius, letzter röm. Statthalter in Gallien, 486 bei Soissons von → Chlodwig geschlagen.

Sybarit, Bewohner d. it. Stadt **Sybaris** (i. 8. Jh. v. Chr. gegr.), deren Schwelgerei im Altertum sprichwörtl. war, svw. Schlemmer.

Syberberg, Hans Jürgen (* 8. 12. 1935), dt. Filmregisseur; *Ludwig – Requiem für einen jungfräulichen König* (1972); *Hitler – E. Film aus Dtld* (1977); *Parsifal* (1982); *Die Nacht* (1985).

Sydney [ˈsıdnı], Hptst. des austral. Staates Neusüdwales, an der SO-Küste (Port-Jackson-Bai), 3,6 Mill. E; größte St. u. Hpthandelsplatz Australiens, Hafen, Erzbischofssitz, 2 Uni.; Schwerind., Masch.-, Papier-, Textilindustrie, Schiffbau; Flughafen; Opernhaus. – 1788 gegründet.

Sydow, Max von (* 10. 4. 1929), schwed. Schausp.; *Das siebte Siegel; Schande; The Exorcist.*

Syenit, granitähnliches Tiefengestein, → Magmatite, Übers.

Syke (D-28857), St. im Kr. Diepholz, Nds., 20 578 E; AG; Masch.ind., Metallwaren.

Sykomore, *w.,* afrikan. Feigenbaum; Holz schwer verweslich, in Ägypten zu Mumiensärgen.

SWASILAND

Staatsname:	Königreich Swasiland, Kingdom of Swaziland, Umbuso weSwatini
Staatsform:	Konstitutionelle Monarchie
Mitgliedschaft:	UNO, AKP, Commonwealth, OAL, SADC
Staatsoberhaupt:	König Mswati III.
Regierungschef:	S. E. Dlamini
Hauptstadt:	Mbabane 38 300 Einwohner
Fläche:	17 364 km²
Einwohner:	906 000
Bevölkerungsdichte:	52 je km²
Bevölkerungswachstum pro Jahr:	⌀ 2,78% (1990–1995)
Amtssprache:	SiSwati, Englisch
Religion:	Christen (75%), Naturreligionen
Währung:	Lilangeni (E)
Bruttosozialprodukt (1994):	1048 Mill. US-$ insges., 1160 US-$ je Einw.
Nationalitätskennzeichen:	SD
Zeitzone:	MEZ + 1 Std.
Karte:	→ Afrika

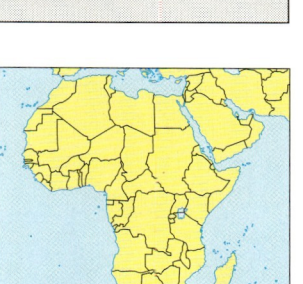

Swasiland

Jonathan Swift

Sykophant [gr.], gewerbsmäßiger Ankläger im alten Athen; svw. Denunziant.

Syllabus, *m.* [gr.], Verzeichnis mit der kath. Lehre nicht zu vereinbarender Anschauungen, 1864 von Pius IX. erlassen; verurteilte moderne Denkrichtungen.

Syllogismus [gr.], in der Logik der einfachste Schluß: aus 2 Urteilen (sog. Vordersätzen od. Prämissen) wird ein 3. abgeleitet.

Sylphen [gr.], männl. Luftgeister; weibl. Gegenstück: **Sylphiden.**

Sylt, größte d. Nordfries. Inseln, Schl.-Ho., 99,2 km², 19 700 E; Seebäder: *Westerland, Wenningstedt, Kampen, List, Rantum, Hörnum;* durch → Hindenburgdamm (Wattenmeerbahn) m. d. Festland verbunden.

Sylvenstein, 1963 fertiggestellte Talsperre an d. oberen Isar (bei Fall, oberhalb Lenggries), als Hochwasserschutz u. zur Wasserregulierung; Stauraum 104 Mill. m³, Stauhöhe 41 m; zur Energiegewinnung *S.-Kraftwerk.*

Sylt, *Südspitze*

Sylvester → Silvester.

Sylvin, *s., Leopoldit, Hövelit,* Mineral, Kaliumchlorid; in → Abraumsalzen.

sym-, syn- [gr.], als Vorsilbe: mit..., zusammen...

Symbiose [gr.], Zusammenleben zweier Lebewesen versch. Art, das für beide Teile von Vorteil ist (z. B. Einsiedlerkrebs und Seeanemone); auch → Synökie und → Parasiten.

Symbol, *s.* [gr.], ein Sinnbild, macht gleichnishaft das Gemeinte (in Religion, Pol., Wiss.) gegenwärtig,
1) *christl. S.:* Monogramm Christi, Taube, Lamm usw.; auch das sinnbildl. Zeichen beim Sakrament (Brot, Wein, Wasser); auch svw. Glaubensbekenntnis.
2) *pol. S.:* Flaggen u. Wappen.
3) *math. Symbol:* Zeichen wie +, −, ·, √ usw.
4) *künstler. S.:* Einzelgestalt, durch Vereinfachung auf ein unausgesprochenes Allgemeines deutend.

Symbolik, *w.,*
1) sinnbildl. Bedeutung.
2) Lehre von der Anwendung der Symbole, bes. der rel.

symbolische Bücher → Bekenntnisschriften.

Symbolismus, *m.* [gr.], literar. Richtung Ende 19. Jh./Anfang 20. Jh., die im Ggs. zum Naturalismus durch Verwendung von (lyrischen) Symbolen u. extreme Musikalisierung der Sprache künstler. Ausdruck erstrebt; *Symbolisten,* Anfänge i. Frankreich durch *Mallarmé* u. *Verlaine, Rimbaud,* die frz. schreibenden Belgier *Maeterlinck* u. *Rodenbach,* in Dtld Einwirkung auf *George, Rilke, Hofmannsthal;* auch *Dehmel.* – S. 1886 auch in d. eur. Malerei u. Graphik; in der Malerei: *Moreau, Redon, Burne-Jones,*

John Everett Millais, *Ophelia*

Khnopff, Rops, Ensor, Klinger, Stuck, Munch.

Symmachie [gr.], Bezeichnung für Wehrgemeinschaft zw. altgriechischen Staaten (z. B. 481 v. Chr. i. d. → Perserkriegen).

Symmetrie [gr.], Ebenmaß, Zerlegbarkeit einer Figur, e. Körpers in spiegelbildl. gleiche Hälften.

sympathetisch [gr. „mitfühlend"], mystisch-seelenverbunden, geheime Wirkung ausübend; mitleidend.

Sympathie, zwischenmenschl. Anziehung, Gefühl innerer Verwandtschaft; Ggs.: Antipathie.

Sympathikus, *m.* [l.], *Nervus s.,* „Lebensnerv"; wesentl. Teil des vegetativen → Nervensystems, versorgt mit seinem Gegenspieler *(Parasympathikus)* die inneren Organe: operative teilweise Aus- oder Durchschneidung, *Sympathektomie* (bei Durchblutungsstörungen).

sympathisch, angenehm, wesensverwandt.

Symphonie [gr.],
1) ältere Schreibung für → Sinfonie.
2) Nachrichtensatellit, v. Frkr. u. Dtld entwickelt; *S. A* am 19. 12. 1974, *S. B* am 27. 8. 1975 gestartet.

Symphyse [gr.], Knochenverbindung durch Faserknorpel, vorzugsweise gebraucht f. d. Schambeinfuge.

Symposion, *s.* [gr.], Gastmahl; Titel eines Dialogs von → Plato (über die Liebe); auch Diskussionstagung von Wissenschaftlern über ein Spezialgebiet.

Symptom, *s.* [gr.], (Krankheits-)Anzeichen.

symptomatische Behandlung, die Ursache nicht beseitigend.

Symptomatologie, *Semiotik,* Lehre v. d. Krankheitserscheinungen.

Synagoge, *w.* [gr. „Versammlung"], Gotteshaus der jüdischen Religionsgemeinschaft.

Synapse, Kontaktstelle zweier Nervenzellen bzw. Nerv-Muskelzelle, an der chemisch oder el. die Erregungssignale übertragen werden.

Synästhesie [gr.], Mitempfindung eines Sinnes b. Reizung e. anderen Sinnesorgans (z. B. Farbwahrnehmung bei e. akust. Reiz).

synchron [gr.], gleichzeitig; Ggs.: *asynchron* (zeitlich nicht übereinstimmend).

Synchronisation, Übertragung von Filmen in eine andere Sprache.

synchronisieren, versch. Vorgänge, bes. beim Tonfilm, den Bildablauf, Ton- und Geräuschfolge auf gleichzeitigen Ablauf abzustimmen, Neuvertonung fremdsprachiger Texte; *nachsynchronisieren,* nachträgl. Tonaufnahme zu schon fertiggestelltem Bildfilm.

Synchronismus, *m.,*
1) *techn.* Gleichlauf voneinander unabh. Teile e. mechan. Systems.
2) *zeitl.* Gleichlauf versch. Vorgänge od. Ereignisse.

Synchrotron, *s.* [gr.], Zirkular-→ Beschleuniger für → Elementarteilchen (→ Protonen, → Elektronen usw.); Weiterentwickl. d. Zyklotrons zum Erreichen v. sehr hohen Endenergien; im Ggs. zum Zyklotron laufen die Teilchen bei der Beschleunigung immer auf derselben Kreisbahn, die durch Erhöhung d. → magnet. Feldes mit wachsender Energie u. damit d. relativist. Massenzunahme (→ Relativitätstheorie, Übers.) erzwungen wird; die Beschleunigung d. Teilchen erfolgt durch e. el. Hochfrequenzfeld; Endenergien bis zu einigen hundert → GeV möglich.

Syncom, stationärer, d. h. mit der Rotation der Erde umlaufender amerikanischer Erdsatellit; → Satellit, → Weltraumforschung, Übers.

Syndikalismus, eine zunächst revolutionäre, spezifisch romanische sozialist. Parteirichtung, zuerst in Frkr., dann auch in Italien u. Spanien; Hauptvertreter: *Lagardelle,* (zeitweilig) Georges → *Sorel, Berth* u. *Griffuelhes;* lehnt parlamentpol. Betätigung ab; Endziel rein wirtschaftlich: Übernahme d. Unternehmungen durch die genossenschaftl. organisierten Arbeiter; fordert „action directe" der Arbeiter durch Boykott, Sabotage, Cacany-Politik (absichtl. Langsamarbeiten), Streiks; von Einfluß auf Faschismus und Bolschewismus.

Syndikat, *s.* [gr.], Kontingentierungs-u. Preiskartell, bei dem der Verkauf der Erzeugnisse der Mitglieder durch gemeinsame Verkaufsstelle erfolgt; dadurch Einschränkung d. freien Wettbewerbs; straffste Form der Kartellisierung; → Kartell.

Syndikus [gr.], verpflichteter Rechtsbeistand bei Handelskammern, wirtsch. Verbänden, Großunternehmen, Stiftungen usw.

Syndrom, *s.* [gr.], *med.* das sich aus einer zusammengehörenden Symptomengruppe ergebende Krankheitsbild.

Syndrom X,
1) → metabol. Syndrom.
2) eine Form der → koronaren Herzkrankheit, bei der e. Verengung d. Herzkranzgefäße nicht nachgewiesen werden kann.

Synedrium, *s.* [gr. synhedrion], *Hoher Rat,* oberster jüd. Gerichtshof in Jerusalem bis 70 n. Chr.

Synergie, *w.* [gr.], *med.* Wirkungssteigerung durch Zusammenwirken versch. „Kräfte" (z. B. Organe, Arzneimittel usw.).

Synergieeffekt, Ausbau des Produktangebots, ohne in zusätzl. Produktionsfaktoren investieren zu müssen.

Synergismus [gr.],
1) von Melanchthon vertretene Lehre von d. Mitverantwortung d. Menschen bei seiner Rechtfertigung; im Gegensatz zu Luther, der die Alleinwirksamkeit Gottes vertrat.
2) *techn.* Zusammenspiel v. Kräften od. Stoffen, die ihre Wirkung verstärken.

Synge [sɪŋ],
1) John Millington (16. 4. 1871–24. 3. 1909), irischer Schriftst.; Dramen: *D. Held d. westl. Welt.*
2) Richard Laurence (* 28. 10. 1914), englischer Chemiker; entwickelte die Verteilungschromatographie; Nobelpr. 1952.

Synkope, *w.* [gr.],
1) *med.* kurzdauernder Bewußtseinsverlust (z. B. bei Herzrhythmusstörungen, → Epilepsie).
2) *mus.* Zusammenziehung leichter Taktteile mit den folgenden schweren.

Synkretismus [gr.], die Religionsvermischung, bes. im griech. u. röm. Altertum.

Synod, *m.* [gr.], im zaristischen Rußland oberste Kirchenbehörde der russ. (-orthodoxen) Kirche.

Synodalverfassung, *Presbyterialverfassung,* hat in ev. Kirchen fast allg. frühere Konsistorialverfassung abgelöst; d. Kirchenregiment wird v. d. synodalen Organen ausgeübt, u. die kirchl. Verwaltung handelt in deren Auftrag.

Synode, *w.* [gr. „Zusammenkunft"],
1) *kath. Kirche:* Versammlung v. Geistlichen und Laien, *Konzil, Diözesan-S.* zur Beratung kirchl. Angelegenheiten; auch → Bischofssynode.
2) *ev. Kirche:* Körperschaft, aus Geistlichen u. Laien zusammengesetzt, mit gesetzgeber. u. leitenden Funktionen innerhalb ihres kirchl. Bereichs: Kreis-, Provinzial-, General-S.; unmittelbare geheime Wahl der Vertr.; in einem best. Prozentsatz auch Berufung.

synodischer Umlauf, beim Mond die Zeit von Neumond zu Neumond, bei Planeten die Zeit zwischen zwei → Konjunktionen oder → Oppositionen.

Synökie, *w.* [gr.], Zusammenleben zweier Lebewesen versch. Art, bei dem eines einen Vorteil, das andere zwar keinen Nachteil, aber auch keinen Vorteil hat (z. B. die Federlinge, d. sich bei Vögeln von absplitternden Federteilchen ernähren); auch → Symbiose und → Parasiten.

Synonyma, sinnverwandte Wörter, deren Bedeutungsbereiche sich weitgehend (niemals ganz) decken (z. B. *empfangen* u. *erhalten*).

Synopse, *w.* [gr. „Zusammenschau"], b. d. *Evangelien:* Nebeneinanderstellung der Paralleltexte der 3 ersten Evangelien; ihre Verfasser *(Matthäus, Markus, Lukas):* **Synoptiker.**

synoptisch, übersichtl. (zeitl. nebeneinander) geordnet; *synopt. Frage:* Frage nach der (gegens.) Abhängigkeit d. 3 ersten Evangelien.

Synovia, Gelenkschmiere.

Synovialis, Innenschicht der Gelenkkapsel.

Syntax, *w.* [gr.], Lehre vom Satzbau.

Synthese, *w.* [gr.],
1) Zusammenfassung, die schöpferische Vereinigung von Gegensätzlichem zu einem in sich ausgeglichenen Ganzen.
2) Aufbau chem. Verbindungen im Ggs. zu → *Analyse* (Zerlegung).

Synthesizer, *m.* [engl. ′sɪnθɪsaɪzə], elektron. Gerät z. Erzeugung od. Veränderung v. Tönen mittels Tongeneratoren und Oszillatoren bzw. Phasenverschiebern, Filtern, Ringmodulatoren etc.; einerseits Abruf v. fest gespeicherten Tönen, Rhythmen u. Funktionen über Tasten, Schalter, Stecker u. ä., andererseits

Span. Synagoge in Prag, *Thoraschrein*

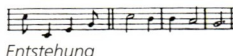

Entstehung

Schreibart

Beispiel einer Synkope

Möglichkeit zur Programmierung u. Speicherung neuer Klänge u. Rhythmen; als Instrument bevorzugt in d. modernen Pop- u. Rock-Musik sowie in d. elektron. Musik eingesetzt (z. B. *Poly-Moog; Fairlight* m. beliebigen Tönen u. Geräuschen als Klangbasis), in d. Form d. Klein-Synthesizers (z. B. *Casio*) auch zunehmend f. privates Musizieren verwendet.

synthetisch,
1) zusammenfassend, vereinigend; vom Besonderen zum Allgemeinen führend.
2) svw. künstl. (chem.) hergestellt (z. B. s.e *Edelsteine*).

synthetisches Urteil, fügt in seiner Aussage neue Bestimmungen zu einem Begriff hinzu: „Erweiterungsurteil" (z. B. Körper sind schwer); Ggs.: analytisches Urteil.

Synthi-Rock, m. → Synthesizern erzeugte Rockmusik.

Syphilis, w. [gr.], *Lues, Lustseuche,* der Erreger *Treponema pallidum* gehört zu den → Spirochäten; zumeist durch Geschlechtsverkehr übertragen. Man unterscheidet 3 Stadien: *1. Stadium (Primärstadium):* Etwa 3 Wochen nach der Infektion entsteht am Infektionsort *(Penis, Scheide, After, Lippen)* der syphilit. *Primäraffekt;* ein schmerzloses Geschwür m. harter Basis (harter → Schanker, *Ulcus durum);* Anschwellung der Lymphknoten in der Leiste; *2. Stadium (Sekundärstadium):* Durch die Verbreitung der Erreger auf dem Blut- und Lymphweg im ganzen Körper entstehen v. a. Erscheinungen an Haut u. Schleimhäuten ab der 9. Woche; etwa 5½ Monate nach der Infektion sind die Erscheinungen des 2. Stadiums geschwunden; nach einer erscheinungsfreien Zeit (Latenz) kann es zu → Rezidiven mit neuerlichen, aber spärlicheren Hauterscheinungen kommen; im *3. Stadium (Tertiärstadium),* das 2–5 Jahre nach der Infektion beginnt, sind auch die inneren Organe befallen (Muskulatur, Knochen, Hauptschlagader, Leber); noch später (5–15 Jahre nach Infektion) greift die S. auf das Nervensystem über: → *Tabes dorsalis* und *progressive* → *Paralyse.* Bei der Neugeborenen-S. gelangen die Erreger v. d. kranken Mutter über die → Plazenta in die Frucht; die Erscheinungen zeigen sich entweder gleich nach der Geburt oder erst nach mehreren Wochen od. Jahren: Hautveränderungen, Sattelnase, Tonnenzähne, Taubheit; Diagnose durch Erregernachweis im Primäraffekt und versch. Serorealkationen u. Bestätigungsreaktionen; durch intensive Therapie mit → Penicillin kann die S. geheilt werden.

Syracuse [ˈsɪrəkjuːs], St. im US-Staat New York, am Onondagasee u. Bargekanal, 164 000 E; Uni.; Verkehrs- u. Handelszentrum, Schwerind.

Syrah [siˈra], alte frz. Rotweinrebe, die tannin- u. körperreiche Weine liefert u. in Australien sehr erfolgreich unter d. Namen *Shiraz* angebaut wird; im Rhônetal ist sie u. a. f. d. berühmten *Hermitage* verantwortl.

Syrakus, it. *Siracusa,* Hptst. der it. Prov. S., auf der Insel Ortygia vor der O-Küste Siziliens (Brücke zum Festland), 125 000 E; Erzbischofssitz; Fischerei, Weinbau; antike Theater- u. Tempelruinen; Seebäder. – Als griech. Kolonie um 750 v. Chr. gegr.; im 5.–3. Jh. nach Sieg über Karthager unter Tyrannen höchste Blüte; s. 212 v. Chr. römisch.

Syr-darja, *Syr,* Fluß in Mittelasien, vom Tian Shan; durchfließt W-Turkestan, mit Naryn 2991 km lang, mündet in den Aralsee.

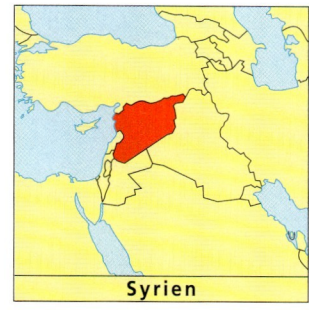

Syrien

Syrien

SYRIEN
Staatsname: Arabische Republik Syrien, El Dschamhurija el Arabija es Surija
Staatsform: Präsidiale Republik
Mitgliedschaft: UNO, Arabische Liga, OAPEC
Staatsoberhaupt: Hafiz al-Assad
Regierungschef: Mahmud az-Zu'bi
Hauptstadt: Damaskus 1,4 Mill. Einwohner
Fläche: 185 180 km²
Einwohner: 14 171 000
Bevölkerungsdichte: 76 je km²
Bevölkerungswachstum pro Jahr: ⌀ 3,43% (1990–1995)
Amtssprache: Arabisch
Religion: Muslime (87%), Christen (9%)
Währung: Syrisches Pfund (syr£)
Bruttosozialprodukt (1993): 1250 US-$ je Einw.
Nationalitätskennzeichen: SYR
Zeitzone: MEZ + 1 Std.
Karte: → Asien

Syrien,
1) Teil Vorderasiens zw. Mittelmeer im W, Kleinasien im N, Mesopotamien im O, Arabien und Palästina im S; hpts. Kalkhochland; *Libanon,* 3083 m, u. *Antilibanon,* 2629 m, dazwischen tiefer Grabenbruch El Bika (Beka) mit d. Jordan u. Orontes (Nahr el Asi), im O Syrische Wüste; fruchtbare Böden in den Flußtälern. Politisch geteilt in → Syrien 2) u. → Libanon.
2) *Arab. Rep. S.:* Bev.: Syrische Araber (88 %), Kurden (6 %), Armenier (4 %), Tscherkessen. **a)** *Wirtsch.:* Überwiegend Agrarstaat, Anbau v. Weizen, Gerste, Baumwolle, Obst, Wein, Tabak; Bodenschätze: Erdöl, Erdgas, Eisenerz, Phosphat, Asphalt, Gips. Ind.: Textil- u. Nahrungsmittelind., chem. Ind., Erdölraffinerien, Maschinen- u. Fahrzeugbau. **b)** *Außenhandel* (1991): Einfuhr 2,86 Mrd., Ausfuhr 3,70 Mrd. $. **c)** *Verkehr:* Eisenbahn 1918 km. **d)** *Verf.* v. 1973: Präsidiale (volksdemokr. u. sozialist.) Rep., Volksvers. m. 250 Mitgl. **e)** *Verw.:* 13 Prov. (Mohafazat) u. Hptst. **f)** *Gesch.:* Im 3. u. 2. Jtd v. Chr. unter babylon. Herrschaft, ab 870 v. Chr. unter assyr. Fürsten, im 6. Jh. v. Chr. pers. u. nach Alexander d. Gr. Reich d. Seleukiden, 64 v. Chr. röm. Prov.; in d. Kreuzzügen umkämpft; 1516–1918 türk.; 1920 frz. Völkerbundsmandat; s. 1944 unabhängige Rep., → Libanon abgetrennt; 1958–61 Föderation m. Ägypten u. Jemen (→ VAR); s. 1963 Baath-Partei an d. Reg.; Juni 1967 Teilnahme am arab.-isr. Krieg, Gebiet an d. Grenze (Golanhöhen) seitdem v. Israel besetzt; s. 1971 Gen. Assad Staatschef; 1973 Beteiligung am 4. isr.-arab. Krieg, 1974 Truppenentflechtungsabk. mit Israel; 1976 Intervention im Bürgerkrieg im Libanon; 1982 syr. Truppen i. N- u. O-Libanon, teilweiser Rückzug nach isr. Invasion; 1982 blutige Niederschlagung einer Revolte d. sunnit. Moslembruderschaft; 1983 Ausweisung v. → Arafat (1988 offizielle Aussöhnung); s. 1986 syr. Truppen im → Libanon als Ordnungsmacht; 1991 Unterstützung der Alliierten im Golfkrieg gegen den Irak; 1993 Liberalisierung d. Wirtschaft eingeleitet; Annäherung an Israel; Friedensgespräche nach Machtwechsel in Israel (1996) jedoch festgefahren.

Szeged, *Dom*

syrische Kirche, Kirche mit syr. Ritus, Spaltung in versch. Richtungen: *Nestorianer, Thomas-Christen, Maroniten, Jakobiten.*

syrische Sprache, Sprachart der arab. → Sprachen (Übers.).

Syrjänen, ostfinn. Volk NO-Rußlands, → Komi.

Syrlin,
1) Jörg, d. Ä. (um 1425–91), dt. Bildhauer u. Holzschnitzer; Chorgestühl im Ulmer Münster; sein Sohn
2) Jörg, d. J. (um 1455–n. 1521), dt. Bildschnitzer.

Syrmien, serbokroat. *Šrem,* Landschaft zw. unterer Save u. Donau, Hptort *Zemun* (Semlin); Mais-, Weizen- u. Weinanbau; ben. nach d. röm. *Sirmium* in Unterpannonien. Nach 1945 Vertreibung der 100 000 S. bewohnenden Deutschen.

Syrologie, w., Wiss. v. Geschichte, Sprache u. Kultur der Syrer.

Syrten, zwei flache nordafrikan. Meerbusen: *Große Syrte* (Golf von Sidra), zw. Cyrenaika und Tripolitanien; *Kleine Syrte* (Golf von Gabes), an der O-Küste von Tunesien.

Syrah

Sysran, russ. Ind.st., an der Wolga, 174 000 E; Erdölfelder.

System, s. [gr. „Zusammenstellung"], Ordnung nach einheitl. Gesichtspunkten od. Grundgedanken.

Systematik → Taxonomie.

systematisch, nach einem System geordnet.

systematische Theologie, Bez. f. die Fächer Dogmatik, Moral u. Apologetik; unterschieden davon d. histor. u. prakt. Theol.

systematisieren, zweckmäßig nach bestimmten Gesichtspunkten ordnen.

Système Internationale, internat.

Syrakus, *Griechisches Theater*

Einheitensystem, eingeführt in 1954, in der BR verbindlich seit 1969 (Übers. → Maße u.Gewichte).

systemisch, *med.* Ausbreitung e. Infektion, e. Krankheit, auf innere Organe.

systemische Mittel, Pflanzenschutzmittel, die über Blätter od. Wurzeln von d. Pflanze aufgenommen u. in d. Saftstrom geleitet werden; langsamer Abbau durch den pflanzl. Stoffwechsel; gegen saugende Insekten.

Systole, *w.* [gr. „Zusammenziehung"], rhythmische Zusammenziehung des → Herzens.

Syzygien [gr.], *astronom.:* gemeinsame Bezeichnung für Neumond u. Vollmond.

Szeged ['sɛgɛd], *Szegedin,* Hptst. d. ungar. Komitats Csongrád, an der Theiß, 178 000 E; Uni., PH, Museum; Papier-, Textil- u. a. Ind.

Székler ['se:-], magyar. Volksstamm in NO-Siebenbürgen, ca. 700 000; vorwiegend Bauern u. Viehzüchter.

Szell [sɛl], George (7. 6. 1897–29. 7. 1970), am. Dirigent u. Komp. ungar. Herkunft; s. 1946 Leiter d. Cleveland Orchestra.

Szenario, Entwurf von Zukunftsmodellen auf dem Gebiet d. Pol., Wirtsch. od. d. mil. Strategie zur Einflußnahme auf zukünftige Situationen.

Szenarium [l.], Schauplatzentwurf u. -beschreibung im Film u. Drama; Anweisung des Theaterinspizienten f. szen. Einrichtungen wie Requisiten, Auftritte, Fallen des Vorhangs usw.; auch Skizze e. Handlungsablaufs.

Szene, *w.* [gr.], Bühne; im Drama: Schauplatz e. Auftritts u. dieser selbst.

Szenerie, Bühnendekoration.

Szent-Györgyi [sɛnt'dʒɑːdʒɪ], Albert (16. 9. 1893–24. 10. 1986), am.-ungar. Physiologe; Arbeiten über Vitamine u. biol. Oxidation; Nobelpr. 1937.

Szepter, *s.,* ältere Schreibung für → Zepter.

Szeryng ['ʃɛriŋk], Henryk (22. 9. 1918 bis 3. 3. 88), mexikan. Geiger poln. Herkunft.

Szigeti ['sigɛ-], Joseph (5. 9. 1892 bis 20. 2. 1973), ungar. Geiger.

Szintigraphie [gr.], bildliche Aufnahme der räumlichen Verteilung v. radioaktiven → Isotopen in einem Organ; Methode der Diagnostik.

Szintillation [l.], Funkeln, bes. der Fixsterne (Luftunruhe), auch eines Leuchtschirms beim Auftreffen von → Alphateilchen.

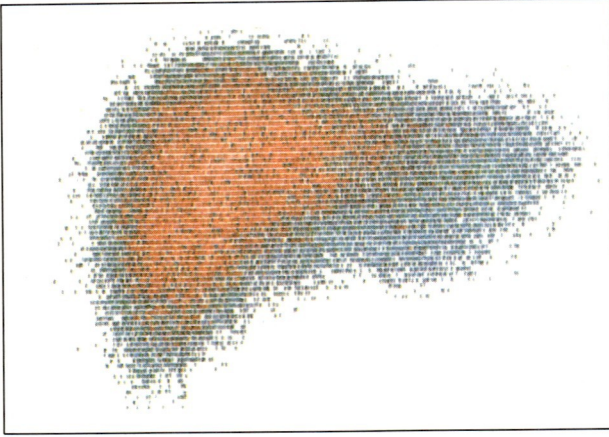

Farbszintigramm *der Leber*

Szolnok ['sol-], Hptst. des ungar. Komitats Jász-Nagykun-S., an der Theiß, 82 000 E.

Szombathely ['sombɔthɛj], → Steinamanger.

Szymanowski [ʃi-], Karol (24. 9. 1882–29. 3. 1937), poln. Komp.; Spätromantiker m. atonalen Anklängen (im Spätwerk); Opern, Sinfonien, Ballettmusiken, Klavier- u. Vokalwerke.

T,
1) Abk. f. → Tara.
2) techn. Zeichen f. → Tesla.
3) mus. Abk. f. → Tenor u. Takt.
t,
1) Zeichen f. Tonne 3).
2) mus. Abk. f. tempo [it.], Zeitmaß.
Ta, chem. Zeichen f. → Tantal.
Tabak, Nicotiana, meist einjährige, hochwüchsige Nachtschattengewächse;

Tabakpflanze

wegen der T.blätter angebaut; reife Blätter werden auf Schnüre gezogen, gebündelt, in Haufen gesetzt u. einer Selbsterhitzung (Gärung, Fermentation) überlassen, später evtl. noch durch Soßen verbessert; Arten: z. B. virgin. T. u. Bauern-T.; enthält → Nicotin. Verarbeitung zu Rauch-, Kau-, Schnupf-T., T.saft; im Tabakrauch enthalten u. a. Kohlenmonoxid, örtl. reizende Substanzen sowie d. krebserzeugende Benzpyren (→ Schaubild S. 970).
Tabakskollegium, Nicotiana, Abendgesellschaft Friedrich Wilhelms I. von Preußen.
Tabakspfeife, kam m. Verbreitung d. Tabaks v. Amerika nach Europa; auch bei d. Naturvölkern Asiens u. Afrikas.
Tabaksteuer, Verbrauchsteuer auf allen Tabakerzeugnissen; Kontrolle durch Verpackungs- u. Banderolenzwang f. d. Hersteller.
Tabaschir, svw. → Bambuszucker.
Tabatière, w. [frz. -'tiɛ:r(ə)], Schnupftabakdose; bes. im 18. Jh. kostbar verziert.
Tabellenkalkulation, w., Erstellung u. Auswertung miteinander zusammenhängender Rechenausdrücke m. Hilfe e. Computerprogramms.
Tabernakel, s. [l. ,,Zelt"],
1) Aufbewahrungsort für das Allerheiligste (→ Ciborium, → Monstranz).
2) auch überdachtes, offenes Gebäude f. Statuen, Altäre, Grabmäler usw. (bes. i. d. Gotik).
Tabes dorsalis, w. [l.], Rückenmarksschwindsucht durch → Syphilis, 5–15 Jahre nach deren Beginn mit Sensibilitäts- u. Gangstörungen.
TAB-Impfstoff, gegen Typhus, Paratyphus A u. B.
Tableau, s. [frz. -'blo:], Gemälde; malerisch gruppiertes Bühnenbild.
Table d'hôte, w. [frz. tablə 'do:t], gemeinsame Speisetafel in Gasthöfen.
Tabor,
1) Berg im Hochland v. Galiläa, 588 m.
2) Tábor, St. in S-Böhmen, Tschech. Rep., an der Luschnitz; 31 000 E; 1420 v. den → Hussiten als Lagerstadt gegründet.

Tabori, George (* 24. 5. 1914), brit. Dramatiker u. Regisseur; starker Einfluß auf d. Gegenwartstheater; Kannibalen; Mein Kampf; Weisman u. Rotgesicht.
Taboriten → Hussiten.
Täbris, Tabriz, Hptst. der iran. Prov. O-Aserbeidschan, 971 000 E; Textilind., Teppichhandel.
Tabu, s.,
1) bei Naturvölkern geltende Gebote u. Verbote, deren absichtliche oder ungewollte Verletzung als unheilbringend gilt; dazu gehört u. a. die (Ver-)Meidung best. Handlungen, Gegenständen, Stätten oder Personen.
2) davon abgeleitete Bez. für die in Gesellschaftsgruppen geltenden, meist ungeschriebenen Gebote, die die Nennung gewisser Dinge oder Personen sowie best. Handlungen verbieten.
Tabula rasa, w. [l.], im Altertum: leergeschabtes Schreibtäfelchen aus Wachs; T. r. machen, reinen Tisch machen.
Tabulator, m. [l.], Einrichtung bei Schreibmaschinen zur gleichmäßigen Weiterführung des Wagens beim Tabellenschreiben.
Tabulatur, w. [l.], alte Tonschrift, mit Buchstaben und Ziffern statt Noten, hpts. für Lauten- und Orgelmusik im 15. und 16. Jh. verwendet (Angabe der Griffe); Dicht- und Singvorschriften der → Meistersinger.
Taburett, s. [arab.-frz.], kleiner Stuhl ohne Lehne.
Tachismus [frz. ta'ʃ- ,,tache = Fleck''], 1950 v. d. frz. Kritiker Seuphor geschaffener Begriff f. e. Strömung d. Informellen Kunst; spontan, automat. vollzogene, aus Flecken und Farbspritzern bestehende ,,abstrakt expressionistische'' Malerei; Vertr.: Wols, Pollock, B. Schultze u. d. Maler d. Ecole de Paris.

TADSCHIKISTAN

Staatsname:	Republik Tadschikistan, Respublika i Tojikiston
Staatsform:	Präsidiale Republik
Mitgliedschaft:	UNO, ECO, GUS, OSZE
Staatsoberhaupt:	Ali S. Rachmanow
Regierungschef:	J. Asimow
Hauptstadt:	Duschanbe 602 000 Einwohner
Fläche:	143 100 km²
Einwohner:	5 933 000
Bevölkerungsdichte:	41 je km²
Bevölkerungswachstum pro Jahr:	Ø 2,86% (1990–1995)
Amtssprache:	Tadschikisch
Religion:	Sunnitische Muslime
Währung:	Tadschikistan-Rubel (TR)
Bruttosozialprodukt (1994):	2075 Mill. US-$ insges., 350 US-$ je Einw.
Nationalitätskennzeichen:	TJ
Zeitzone:	MEZ + 4 Std.
Karte:	→ Rußland

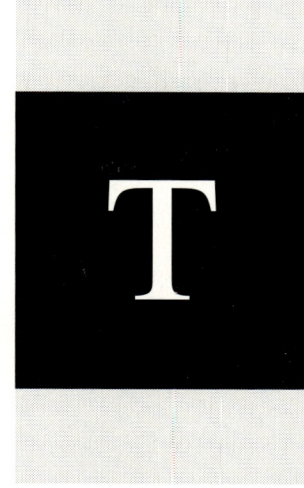

George Tabori

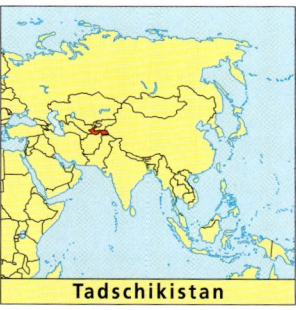

Tadschikistan

Tadschikistan

Tachometer, s., Geschwindigkeitsmesser an Maschinen, auch m. Anzeige der Stundengeschwindigkeit (z. B. bei Kraftwagen) und m. Registrierung (Tachograph → Fahrtenschreiber).
Tachykardie, w. [gr.], svw. Herzjagen: mehr als 90 Kontraktionen pro Minute.
Tachymeter, Tacheometer, s. [gr.], Entfernungsmesser, aus Fernrohr (mit netzart. Fadenkreuz) u. Kompaß bestehend, auch elektronisch-optisch mit digitaler Anzeige z. schnellen Festlegung ,,anvisierter'' Punkte; auch z. Streckenmessung im Sport u. f. d. zeichnerische Darstellung eines Geländes.
Tachypnoe, beschleunigte Atmung.
Tacitus, Publius Cornelius (um 55–um 120 n. Chr.), röm. Geschichtsschreiber; Germania; Annalen; Historien.
Tackling [engl. 'tɛk-], hartes, aber faires Angreifen (i. Fußball).
Tacoma [təˈkoʊmə], Hafenst. im US-Staat Washington, 177 000 E; Uni.; Säge-, Schmelz- u. Stahlwerke, Werften.
Tadschikistan, Rep. in Mittelasien; Hochgebirgsland (Pamir); Bev.: Tadschiken (62 %), Usbeken (24 %), Russen (8 %), Tataren, Kirgisen u. a. – Landw.: Anbau v. Baumwolle, Getreide, Obst, Wein; Viehhaltung; Seidenraupenzucht. – Bodenschätze: Kohle, Erdöl, Erdgas, Blei, Uran, Gold, Zinn. – Ind.: Textil- u. Nahrungsmittelind. – Gesch.: 1929–91 Unionsrep. d. UdSSR; s. 1991 unabh. Rep.; s. 1992 Bürgerkrieg zw. kommun. u. moslem. Gruppen; 1993 Sieg d. Reg. unter Rachmanow (m. Unterstützung v. GUS-Streitkräften unter russ. Führung); Unabhängigkeitsbestrebungen der Provinz Berg-Badachschan; 1995 Forts. d. Kämpfe; 1997 Versöhnungsabkommen zw. Reg. u. Rebellen.
Tadsch Mahal, Marmormausoleum, von dem ind. Kaiser Schahdschahan seiner Lieblingsfrau errichtet, bei Agra in Vorderindien (erb. 1631–48).
Taegu → Daegu.
Taekwondo [korean. 'tɛk-], Kampfsport; u. a. schnelle Faust-, Fußstöße, Sprünge.
Taeuber-Arp, Sophie (19. 1. 1889 bis 13. 1. 1943), schweiz. Malerin u. Bildhauerin; zeitw. Anhängerin d. Dadaismus, Mitgl. d. Gruppe ,,Abstraction-Création''; verheiratet m. H. Arp.
Tafelberg,
1) → Sternbilder, Übers.
2) plateauartiger Gipfel (1088 m) an der Tafelbai (Seilbahn).
Tafelmalerei, Malweise z. B. auf Holztafeln oder Leinwand; Ggs.: Wandmalerei.
Täfelung, Verkleidung von Decken u. Wänden durch Holztafeln.
Tafelwaage → Waage.
Tafelwein, EU-rechtlich niedrigste Qualitätsstufe f. Weine; in Dtld gibt es 4 Gebiete, in denen T. erzeugt werden darf: Rhein u. Mosel, Main, Neckar sowie Oberrhein.
Taft, m., Taffet, steifes, glänzendes Seidengewebe in Leinwandbindung, als Halb-T. mit Baumwollschuß.
Taft-Hartley Act ['tæft 'hɑ:tli ækt], 1947 erlassenes am. Gesetz zur Kontrolle u. zur Regelung des Streikrechts (nach d. Senatoren R. A. Taft u. F. A. Hartley).

Tag, Zeit, in der sich die Erde einmal um ihre Achse dreht; nach Ablauf eines *Sonnentages* steht die Sonne wieder in oberer Kulmination im Meridian; *Sterntag* → Zeit.
Taganrog, russ. Hafenst. am Asowschen Meer, 291 000 E; Stahlind., Getreideausfuhr.
Tagbogen, über dem Horizont liegender Teil der täglichen Bahn eines Gestirns.
Tag der Arbeit, *1. Mai,* als Feiertag auf intern. Arbeiterkongreß Juli 1889 beschlossen; heute in d. meisten Ländern d. Welt anerkannt, in d. USA am 1. Montag im September.
Tagebau → Bergbau, Tafel.
Tagelied, Gattung des Minnesangs, schildert den Abschied von Liebenden beim Wächterruf im Morgengrauen *(Wächterlied).*
Tagesbefehle, mil. Befehle in Angelegenheiten des inneren Dienstes, z. B. Bekanntgabe v. Anerkennungen, auch Aufrufe bei bes. Anlässen.
Tagesleuchtfarben, für Plakate und Warnschilder verwendete fluoreszierende Farbstoffe, die ultraviolettes Licht in sichtbares Licht umwandeln.
Tageslicht, hat e. Farbtemp. v. 5600° Kelvin und höher; für fotograf. Aufnahmen eignen sich Farbfilme m. Tageslichtemulsion u. Schwarzweißfilme.
Tageslichtentwicklungsdose, dient z. Einspulen e. Films bei Tageslicht, der bei Tageslicht entwickelt wird; ideal f. Expeditionen.

Tageslichtprojektor, ermöglicht d. Projektion v. Diapositiven ohne Abdunklung d. Raumes, auch im Freien.
Tagessatz, Bemessungseinheit bei d. Verurteilung zu einer Geldstrafe; wird v. Gericht nach den persönl. u. wirtschaftl. Verhältnissen des Täters festgesetzt u. beträgt mindestens 2 DM, höchstens 10 000 DM (§ 40 StGB).
Tagetes, *w.,* Korbblütler, mexikan. Samtblume, die sog. *Studentenblume;* Zierpflanze.
Tagfalter, gr. Gruppe d. Schmetterlinge, schlanker Körper, keulig verdickte

Tadsch Mahal

Fühlerenden, Fehlen von Punktaugen; fliegen mit Vorliebe im Sonnenschein. Raupen nackt oder dornig (nicht behaart).
Tagliamento [taʎʎa-], Fluß Norditaliens aus den Venezian. Alpen in die Adria, 170 km lang.
Tagliatelle [it. taʎaˈtɛle], schmale Bandnudeln.
tägliches Geld,
1) an der *Börse:* Darlehen, die innerhalb 24 Stunden kündbar sind; am → Ultimo ohne Kündigung fällig.
2) im Verkehr d. Banken mit Kundschaft: Einlagen, die ohne Kündigung abhebbar sind; Ggs.: → Festgeld.
Tagore, Thakûr Rabîndranâth (7. 5. 1861–7. 8. 1941), ind. Dichter u. Phil., leitete s. 1901 e. eigene „Schule der Weisheit"; Gedichte: *Gitanjali; Der Gärtner;* Schausp.: *Das Postamt;* Nobelpr. 1913.
Tagpfauenauge, bräunl. Schmetterlinge m. prächt. Augenflecken; schwarze, bedornte Raupe, gesellig an Brennesseln.
Tagtiere, Tiere, die tagsüber munter (tagaktiv) sind.
Tagundnachtgleiche, → Äquinoktium.
Tagwerk, Flächenmaß, → Maße u. Gewichte, Übers.
Tahin [arab.], Sesampaste.
Tahiti, größte der frz. → Gesellschaftsinseln.
Taibei → Taipeh.
Tai Chi [-ˈtʃi:], chin. Schattenboxen.
Taichung [taɪˈdʒʊŋ], *Taizhong,* St. in W-Taiwan, 715 000 E; Bischofssitz, 2 HS; Nahrungsmittelind.
Taifun, *m.* [chin.], → Wirbelsturm.
Taiga, *w.,* das sibir. Urwald- u. Waldgebiet („gelichtete T.") zw. den Tundren im N u. Steppen im S, 1000–2500 km breit, hpts. Fichten, Birken, Lärchen; tierreich (Bären, Wölfe, Füchse, Zobel, Hermelin, Ottern, Elch, Rentiere).
Tailfingen, seit 1975 Ortsteil von → Albstadt.
Tailleur, *s.* [taˈjœr], aus England kommendes zweiteil. Schneiderkostüm in Anlehnung an d. Herrenanzug. Straßenkleidung der emanzipierten Frau nach d. Jh.wende.
Taimyr, sibir. Halbinsel östl. d. Jenisseimündung; nördlichster Vorsprung Asiens mit Kap Tscheljuskin; Nickel, Platin, Kupfer, Erdgas.
Tainan, St. im S v. Taiwan, 657 000 E.
Taine [tɛn], Hippolyte (21. 4. 1828 bis 5. 3. 93), frz. (Literar-)Historiker u. Geschichtsphilosoph, Vertr. d. Milieutheorie, später d. kulturkrit. Pessimismus; *Philosophie der Kunst.*
Taipeh, *Taibei,* Hptst. v. Taiwan, auf Formosa, 2,7 Mill. E; Kampferölfabriken. – Seit 1949 Sitz der chin. National-(Guomindang-)Reg.
Taiping,
1) *Taip'ing,* chin. christl. Sekte, Mitte 19. Jh. gegr.; rief unabhängigen Staat aus, Aufstand 1851–64, dabei Nanking (zeitweise Hptst. der T.) zerstört.
2) St. in Perak (Malaysia), 146 000 E.
Taiwan, *Rep. China,* auf der Insel Formosa i. Ostchin. Meer. **a)** *Geogr.:* Im O Gebirgsketten *(Niitakajama* 4143 m), im W trop. Ebene. **b)** *Verkehr:* Eisenbahn 2438 km. **c)** *Wirtsch.:* Hauptausfuhrgüter: Textilien, elektron. Erzeugnisse, Ma-

Tabak

Welternte in 1000 t

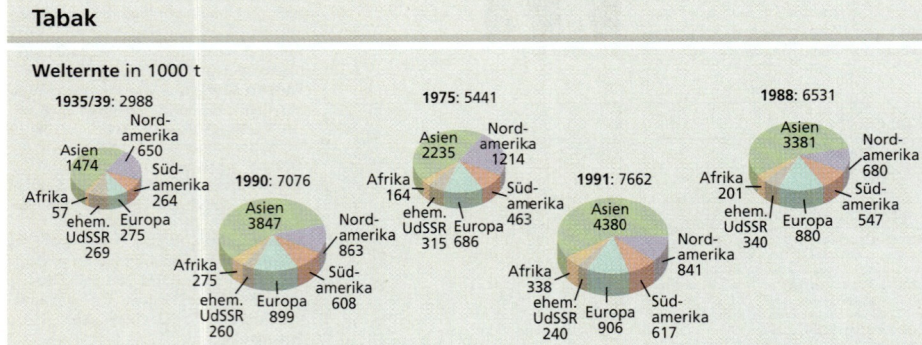

1935/39: 2988	1975: 5441	1988: 6531
Asien 1474	Asien 2235	Asien 3381
Nordamerika 650	Nordamerika 1214	Nordamerika 680
Südamerika 264	Südamerika —	Südamerika 547
Afrika 57	Afrika 164	Afrika 201
Europa 275	Europa 463	Europa 880
ehem. UdSSR 269	ehem. UdSSR 315	ehem. UdSSR 340

1990: 7076	1991: 7662
Asien 3847	Asien 4380
Nordamerika 863	Nordamerika 841
Südamerika 608	Südamerika 617
Afrika 275	Afrika 338
Europa 899	Europa 906
ehem. UdSSR 260	ehem. UdSSR 240

BR Deutschland, Einfuhr und Verbrauch
Verbrauch je Kopf und Monat

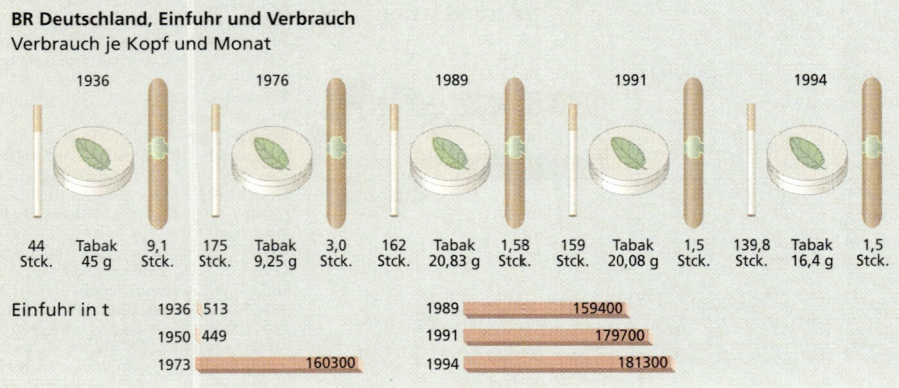

1936	1976	1989	1991	1994
44 Stck.	175 Stck.	162 Stck.	159 Stck.	139,8 Stck.
Tabak 45 g	Tabak 9,25 g	Tabak 20,83 g	Tabak 20,08 g	Tabak 16,4 g
9,1 Stck.	3,0 Stck.	1,58 Stck.	1,5 Stck.	1,5 Stck.

Einfuhr in t

1936	513	1989	159400
1950	449	1991	179700
1973	160300	1994	181300

schinen, Metallwaren, Kunststoffe u. a. (Industrieprodukte über 90% d. Exports), Holz, Zucker, Bananen, Ananas. **d)** *Außenhandel* (1991): Einfuhr 62,86 Mrd., Ausfuhr 76,18 Mrd. $. **e)** *Verf.:* Rep., Nat.vers. m. 325 Mitgl. u. Legislativ-Yuan m. 161 Mitgl. (eigentliches Parlament). **f)** *Verw.:* 2 Sonderstadtkreise, 5 St.kreise u. 16 Landkreise. **g)** *Gesch.:* 1895–1945 jap.; s. 1949 Sitz der Regierung → Tschiang Kai-schek (National-

TAIWAN	
Staatsname:	Republik China
Staatsform:	Republik
Mitgliedschaft:	APEC
Staatsoberhaupt:	Lee Teng-Hui
Regierungschef:	Lien Chan
Hauptstadt:	Taipeh (Taibei) 2,7 Mill. (Agglom. 4,2 Mill.) Einwohner
Fläche:	36 000 km²
Einwohner:	20 950 000
Bevölkerungsdichte:	582 je km²
Bevölkerungswachstum pro Jahr:	Ø 1,1% (1985–1993)
Amtssprache:	Chinesisch
Religion:	Buddhisten, Taoisten, Christen (7%), Muslime
Währung:	Neuer Taiwan-Dollar (NT$)
Bruttosozialprodukt (1994):	247 000 Mill. US-$ insges., 11 800 US-$ je Einw.
Nationalitätskennzeichen:	RC
Zeitzone:	MEZ + 7 Std.
Karte:	→ Asien

china); 1971 Ausschluß Taiwans aus d. UN (VR China als einziger legaler Vertr. Chinas in d. UN aufgenommen), seitdem außenpol. Isolierung Taiwans; 1978 Abbruch d. diplomat. Beziehungen zu USA (nach Anerkennung d. VR China durch USA); s. 1988 (Tod v. Staatschef Tschiang Tsching-Kuo) gewisse Liberalisierung u. „Taiwanisierung" d. pol. Systems; 1989 Stärkung d. polit. Opposition bei Wahlen; 1993 erste Begegnungen zw. Vertretern Taiwans u. d. VR China; Antrag auf Wiederaufnahme in die UNO.
Taiyuan [taĭ-ɣ̆en], Hptst. der nordchin. Prov. Shanxi, 2 Mill. E; Uni.; Masch.-, Textilind.
Tajo [span. 'taxo], portugies. *Tejo* ['tɑ-ʒu], längster Strom der Pyrenäenhalbinsel, 1007 km l., fließt in engem, 200 m t. Tal (nur bis Abrantes schiffbar); mündet bei Lissabon in Atlantik.
Tajumulco [taxu-], Vulkan in Guatemala, 4211 m, höchster Berg in Mittelamerika.
Takahe [maori], große neuseeländ. Ralle, galt als ausgestorben u. wurde 1948 wiederentdeckt, eigenes Schutzgebiet auf d. S-Insel.
Takelung, *Takelage,* dient bei Segelschiffen zum Abstützen v. Masten u. Stengen u. zur Handhabung d. Segel; *Rahtakelung* bei querstehenden (Rahse-

gel), *Gaffeltakelung* bei längsschiffs stehenden Segeln (Gaffel- od. Schratsegel).
Takt, *m.* [l.],
1) bei Verbrennungsmotoren svw. Hub; → Zweitaktmotor, → Viertaktmotor.
2) *mus.* Maßeinheit f. d. Rhythmus.
3) Zart-, Feingefühl; Rücksichtnahme.
Taktik, *w.* [gr.],
1) *allg.* planvoller Einsatz gegebener Kräfte zur Erreichung eines Ziels unter gegebenen Umständen (Gegner, derzeitige Lage).
2) *mil.* Kunst der Führung auf dem Gefechtsfeld, → Strategie.
taktische Luftwaffe, die dem Heer zugeteilten oder s. Operationen dienenden Luftstreitkräfte: Jagd-, Jagdbomber-, leichte Bomber-, Aufklärer- und Transportverbände; Ggs.: → strategische Luftwaffe.
taktische Waffen, Waffensysteme, die i. ihrer Reichweite u. Wirkung auf d. Kriegsschauplatz begrenzt sind.
Talar, *m.* [l.], Amtstracht der Geistlichen, Hochschullehrer, Gerichtspersonen, Rechtsanwälte.
Talbot ['tɔ:lbət],
1) John Graf von Shrewsbury (1388 bis 1453), engl. Heerführer gg. Frkr. (Jungfrau v. Orléans).
2) William Henry Fox (11. 2. 1800 bis 19. 7. 77), engl. Chem. u. Phys.; Entwicklung d. Fotografie, Spektrenuntersuchungen.
Talbotsches Gesetz, Verschmelzung schnell aufeinanderfolgender Sinneseindrücke zu einer einheitl. Empfindung (z. B. schwarz-weißer Sektoren auf sich schnell drehender *Talbotscher Scheibe* zu einheitlichem Grau).
Tal der Könige, Wüstental bei Theben m. versteckt angeordneten Felsgräbern d. ägypt. Pharaonen des Neuen Reichs, z. B. → Tut-anch-amon.
Talent, *s.,*
1) geistige Befähigung, Begabung.

Hzg. v. Talleyrand

Taiwan (Rep. China)

2) altgriech. Gewicht i. Athen (26,196 kg) u. Geldeinheit.
Taler, → „Joachimsthaler Groschen"; preuß. Taler = 3 M; „Dollar" aus *T.* entstanden.
Talg, tierisches Fett, bes. der Rinder und Schafe; Hptbestandteil: Stearin-, Palmitin- u. Oleïnsäure, an Glycerin gebunden; f. Seifen, Kerzen u. Margarine.
Talgdrüsen, in d. Haut um die Haarschaft gelegen, sondern das Hautfett ab; bei Entzündung Furunkel (→ Haut, Abb.).
Talion, *w.* [l.], *Jus talionis,* Wiedervergeltung; „Auge um Auge, Zahn um Zahn"; Rechtsgrundsatz in primitiven Rechten; heute noch → Blutrache.
Talisman, *m.* [arab.], Gegenstand, der dem Besitzer Glück bringen oder ihn schützen soll.
Talje, *w.,* Flaschenzug auf Schiffen.
Talk, Schichtsilicat (→ Silicate); zu med. Streupulvern, Gleitmittel, zu
Talk-Show, *w.* ['tɔ:k-ʃoʊ], Form d. Fernsehunterhaltung m. geladenen (prominenten) Gästen, die ein *Talk-Master* m. d. Teilnehmern unterhält.
Tallahassee [tælə'hæsi], Hptst. v. Florida/USA, 82 000 E; Uni.; Agrarzentrum.
Talleyrand [ta'lrɑ̃], Charles Hzg von (2. 2. 1754–17. 5. 1838), frz. Staatsmann, Außenmin. d. Rep., dann unter Napoleon Min.präs.; vertrat Frkr. äußerst geschickt auf d. → Wiener Kongreß (1814/15); 1830–34 Botschafter in London.
Tallinn, estn. Name v. → Reval.
Tallis ['tælis], Thomas (um 1505–23. 11. 85), engl. Organist u. Komponist; Motetten.
Talmi, *s.* [frz.], bis zu 1% Gold enthaltendes → Messing zur Herstellung goldähnl. Schmucksachen; *allg.* unecht.
Talmud, *m.* [hebr. „Lehre", um 500 n. Chr. abgeschlossenes Sammelwerk ei-

Takelung einer Bark

Talsperre, *Glen Canyon-Damm, USA*

nes Großteils der bis dahin 1000jährigen mündl. rel. Tradition der Juden; besteht aus *Mischna* und *Gemara* (Kommentar der Mischna); Einteilung: → *Halacha* u. → *Haggada*; palästinens. u. babylon. T.
Talon, *m.* [frz. -'lõ:],
1) b. *Kartenspiel:* die nach d. Geben übriggebliebenen Spiel-(Kauf-)Karten.
2) *Wertpapiere: Erneuerungsschein,* der z. Empfang eines neuen → *Kupon-*bogens berechtigt.
Talsperre, *Stauwerk,* künstl. Aufstauung von Wasserläufen z. Krafterzeugung, Trinkwassergewinnung, Hochwasserschutz durch *Staudämme;* größte dt. T.: Bleiloch-T. der Saale (Staubecken 215 Mill. m³), Eder-T. (202 Mill. m³).
TA Luft, Technische **A**nleitung zur *Reinhaltung der Luft,* 1974 als erste allg. Verwaltungsvorschrift z. → Bundesimmissionsschutzgesetz erlassen, 1986 grundlegend novelliert; enthält Vorschriften f. Genehmigungsbehörden im Zusammenhang m. Luftreinhaltung.
Talvio, Maila (17. 10. 1871–6. 1. 1952), finn. Dichterin; *Die Kraniche; Tochter d. Ostsee.*
Tamara, *Thamar,* georgische Kgn 1184–1212; unter ihr Höhepunkt der pol. Machtentfaltung Georgiens.
Tamari [jap.], dickflüssige Würzsoße a. Sojabohnenextrakt.
Tamarinde, *w.,* Tropenbaum; Nutzholz (Gerbrinde); aus dem Fruchtmark mildes Abführmittel.
Tamariske, *w.,* heideartige Sträucher u. Bäumchen des östl. Mittelmeergebiets m. rosa Blüten.
Tamatave, *Toamasina,* Prov.hptst. u. Hpthafen auf Madagaskar, 139 000 E.
Tambour [frz. -'bu:r], Trommel(schläger); in d. *Architektur* runder od. mehreckiger Unterbau e. Kuppel m. Fenstern zur Belichtung d. Kuppelraums.
Tambow, russ. Gebietshptst. im Schwarzerdegebiet, zw. Don u. Wolga, 305 000 E; Eisenind., Motor- u. Flugzeugbau.
Tamburin, *s.,* baskische Handtrommel m. Blechschellen (Abb. → Orchester).
Tamerlan → Timur.
Tamil [„Damila = → Drawida"], hochzivilisiertes Volk in S-Indien u. im Osten Sri Lankas; 22 Mill.
Tamil Nadu, bis 1968 *Madras,* Staat d. Rep. Indien, am Golf v. Bengalen, 130 058 km², 48 Mill. E, meist Hindus; Reisanbau bes. in d. Flußdeltas, z. T. künstliche Bewässerung; Textilind., Braunkohle; Hptst. *Madras,* wichtigster Hafen der O-Küste, 4,5 Mill. E; Baumwollind.; Felsenpagoden, Hindutempel; 1639 erste Niederlassung d. Ostind. Kompanie.
Tamina, l. Nbfl. d. Rheins bei Ragaz im Schweizer Kanton St. Gallen, 26 km l.; **T.schlucht** b. Pfäfers.
Tamm, Igor Jewgenjewitsch (8. 7. 1895–12. 4. 1971), sowj. Phys.; theoret. Deutung d. Tscherenkow-Effekts; Nobelpr. 1958.
Tammany Hall [engl. 'tæmənɪ 'hɔ:l], Versammlungshaus d. *T. Society* in New York; 1789 als Mittelstandsbruderschaft gegr., zeitweise als Kampforganisation d. Demokr. Partei.
Tammerfors, schwed. f. → *Tampere.*
Tammuz, *Tamuzu,*
1) babylon. Vegetations- u. Auferstehungsgott, Geliebter d. Ishtar, entspricht d. sumer. *Dumuzi.*
2) d. 10. Monat d. jüd. Jahres, d. 4. i. jüd. Festjahr.
Tampa ['tæmpə], St. im US-Staat Florida, an der **T.bai,** 280 000 E; Tabakind.
Tampere, schwed. *Tammerfors,* finn. St. an der *Tammerkoski-Stromschnelle* (Kraftwerk), 171 000 E; Metall-, Textil-, Holzind.
Tampico, Hafenst. Mexikos i. Staat Tamaulipas, 622 000 E; Erdöl-, Erzausfuhr.
Tamponade, Ausfüllen von Wund- oder Körperhöhlen mit Einlagen aus Gaze oder Watte *(Tampon),* letzterer auch zur Menstruationshygiene.
Tamtam, *s.,* Gong, ein Metall-Schlaginstrument.
tan, math. Abk. f. → *Tangens.*
Tanagra, altgriech. St. in Böotien, östl. v. Theben, 457 v. Chr. spartan. Sieg über Athen. Fundort vieler kleiner → Terrakotten.
Tanagrafiguren, hellenist. Kleinbildwerke von zierlicher Formgebung und zarter Bemalung; aus dem täglichen Leben.

Tanagrafigur

Tanagratheater, Singspiele, bei denen die hinter einer Wand verdeckt Aufführenden durch Spiegelung als lebende kleine Tanagrafiguren sichtbar werden.
Tanaka, Kakuei (* 4. 5. 1918–16. 12. 93), jap. liberaldemokr. Pol.; 1972–74 Min.präs.
Tanasee. See in Äthiopien, 3630 km², 1840 müM, 72 m t., Quellsee des Blauen Nil; zahlreiche Zuflüsse.
Tandem, *s.* [engl.],
1) Anordnung mehrerer Zylinder hintereinander m. durchlaufender Kolbenstange (z. B. **T.-Dampfmaschine**).
2) Wagenbespannung mit 2 od. mehr Pferden hintereinander.
3) zweisitziges Fahrrad mit zwei Tretkurbelpaaren.

Kamel mit Treiber, *Tang-Dynastie*

Tandschur, *m.* [tibetan. „übersetzte Lehre"], tibetan., a. d. Indischen übersetzte Kommentare, 225 Bände, d. hl. Schrift d. Lamaismus neben d. Kandschur.
Tang, gr. Meeresalgen, jodhaltig.
Tanga, Regionshptst. u. Hafen in Tansania an der **T.bai** (Ind. Ozean), 188 000 E; Ausgangspunkt der Tangabahn nach d. Kilimandscharogebiet.
Tanganjika, engl. *Tanganyika,*
1) langgestreckter Grabensee in O-Afrika, 773 müM, 32 893 km², 670 km l., 22–75 km breit, 1417 m tief; periodischer Abfluß durch den Lukuga zum Kongo.
2) früherer Name der Vereinigten Rep. → Tansania.
Tang-Dynastie, in China, 618–907 n. Chr.; nach ihr gen. d. *Tang-Zeit,* Epoche der chinesischen Kunst, Landschaftsmaler: *Wang Wei (699–759), Wu Tao-tsu* (8. Jh.).
Tangens, *m.* [nl.], Abk. *tan,* Winkelfunktion, i. rechtwinkl. Dreieck das Verhältnis der gegenüberliegenden Kathete zur anliegenden; → *Trigonometrie.*
Tangente, *w.* [l.], Gerade, berührt gekrümmte Linie (Kurve) in *einem* Punkt.
Tangentenbussole, Vorläufer d. heutigen Strom-Meßgeräte (→ Amperemeter), bestehend aus kreisförm., flacher Drahtspule m. → Magnetnadel im Zentrum, die im stromlosen Zustand d. Spule in Richtung d. Erdmagnetfeldes (→ Erdmagnetismus) zeigt; Nadelablenkung bei Stromdurchgang durch Draht (Maß der Stromstärke).
Tanger, *Tandja,* Hafenst. u. Freihafen in Marokko, an der Straße v. Gibraltar, 338 000 E; 1912–56 m. der **T.zone** internationalisiertes Gebiet; 1956 zu → Marokko. – Als *Tingis* gegr., unter d. Claudius Hptst. d. röm. Kolonie Tingitania; 682 n. Chr. v. Arabern erobert.
Tangermünde (D-39590), St. i. Kr. Stendal, a. d. Elbe, S-A., 11 427 E; Ringmauer u. Tore (14./15. Jh.), Residenz Karls IV.; Backsteinbauten; Umschlaghafen; Nahrungsmittelind.
Tanggula-Gebirge, Hochgebirge über 6000 m, in Tibet; **T.-Paß:** 4990 m.
tangieren [l.], berühren, Eindruck machen.
Tango, *m.* [span.], Gesellschaftstanz, langsamer ²/₄-Takt, aus Argentinien.
Tangshan [-ʃ-], chin. Stadt in der Prov. Hebei, 1,5 Mill. E; Steinkohlenbergbau, Schwerind.; 1976 schwere Erdbeben (ca. 100 000 Tote).
Tanguy [tã'gi], Yves (5. 1. 1900–15. 1. 55), frz. surrealist. Maler.
Tanja, Kurzform zu → Tatjana.
TANJUG, Abk. f. **T**elegrafska **A**gencija **N**ova **Jug**oslavija, Nachrichtenagentur im ehem. Jugoslawien.
Tank, *m.* [engl.],
1) Flüssigkeitsbehälter; → *Tanker, Tankwagen,* zum Transport v. Flüssigkeiten; Einfüllen u. Entleeren durch Pumpen.
2) im 1. Weltkr. gebräuchl. Bez. für → Panzerwagen.
Tanker, *m.,* Tankschiff, zum Transport v. Öl (mit eingebauten Tanks) u. komprimierten Gasen; an der Welttonnage zwar weiterhin hoher Anteil (ca. 40%), aber mehr als ein Drittel der Öltankerflotte wegen Nichtauslastung d. Kapazitäten stillgelegt oder verlangsamt fahrend; Größen bis über 300 000 tdw (→ Tafel Schiffahrt); 1993 Weltflotte 154 Mill. BRT, davon BR 0,22, Liberia 28,3, Japan 7,5, Griechenld 11,9, Norwegen 10,8, Panamá 19,7, Großbrit. 2,0, USA 5,3 und Frkr. 0,4.
Tankflugzeug, zum Betanken v. Flugzeugen während d. Fluges.
Tankgärverfahren, *Großraumgärung,* nach ihrem Erfinder Eugène Charmat auch als → *Charmat-Verfahren* bezeichnete Methode z. raschen und billigen Herstellung v. → Schaumwein, bei

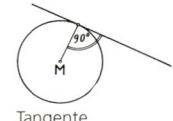
Tangente

Tankred 973 **Target**

der die 2. Gärung u. d. Reifung anders als b. → Champagner-Verfahren nicht i. d. Flasche, sondern in gr., druckfesten Tank stattfinden.

Tankred,
1) Vater Robert Guiscards u. Rogers I. von Sizilien (11. Jh.).
2) sein Urenkel Anführer im 1. Kreuzzug († 1112).
3) T. v. Lecce († 1194), s. 1189 Kg von Sizilien, Gegner Heinrichs VI.; von diesem unterworfen.

Tannaiten [aramä. ,,Lehrende"], Mz., jüd. Gesetzeslehrer a. d. Zeit d. Mischna (1.–3. Jh.).

Tanne, Nadelbäume der nördl. gemäßigten Zone mit platten Nadeln u. aufrecht stehenden Zapfen; *Edel-T.* (*Silber-, Weiß-T.*), Nadeln auf d. Unterseite m. zwei weißen Längsstreifen, bis über 60 m h., bes. in Gebirgswäldern, liefert Bauholz, Gerbrinde u. Terpentin; *Balsam-T.*, N-Amerika, liefert → Kanadabalsam; *Schuppen-T.* → Araukarie; *Douglas-T.* → Douglasie; *Rot-T.* → Fichte.

Tannenberg, Stçbark, poln. Dorf i. Ostpreußen. – 1410 poln. Sieg über den → Deutschen Orden; 1914 Sieg Hindenburgs über die Russen, dem Gedächtnis errichtetes *T.denkmal* 1945 gesprengt.

Tanner [-'nɛːr], Alain (* 1929), schweiz. Filmregisseur; *Le milieu du monde* (1974); *Jonas qui aura 25 ans en l'an 2000* (1976); *Les années lumières* (1981); *Une flamme dans mon cœur* (1987).

Tannhäuser, *Tannhuser,* Minnesänger des 13. Jh. (nach der dt. Volkssage als Ritter im ,,Venusberg", pilgert nach Rom, um Vergebung für seine Sünden zu erlangen); Oper v. R. Wagner.

Tannin, Gerbsäure; wirksam in → Gerbstoffen; med. in → Adstringenzien.

Tannu-ola, Hochgebirgszug östlich des Altai, bis 3061 m hoch.

Tannu-Tuwa → Tuwa.

Tansania, Rep. in O-Afrika m. den an d. Küste vorgelagerten Inseln → Sansibar, Pemba u. Mafia; Bev.: Bantustämme (60 %), Niloten u. Hamiten, a. d. Küste Araber u. Inder; Sprache: Suaheli, Engl., Bantu- u. nilot. Sprachen. **a)** *Geogr.:* Feuchtes Küstenland, im Inneren Hochland (Buschsteppe) mit Vulkanen (*Kilimandscharo* 5935 m), zahlr. Bruchstufen, lange Grabenseen, an d. Rändern trop. Urwald; nur *Rufidji* schiffbar. **b)** *Wirtsch.:* Viehzucht, Ackerbau, Plantagenwirtsch.; Tourismus; Ausfuhr Sisal, Kaffee, Baumwolle, Tee, Tabak, Cashewnüsse, Gold, Diamanten; wichtigstes Exporterzeugnis d. Insel Sansibar sind Gewürznelken. **c)** *Außenhandel* (1991): Einfuhr 1090 Mill., Ausfuhr 385 Mill. $. **d)** *Verkehr:* Eisenbahn 3569 km. **e)** *Verf.* v. 1977 (Änderung 1994): Präsidiale Rep. föderativen Charakters (Sansibar stellt d. Vizepräs.) mit Einkammerparlament (Nationalvers.) **f)** *Verw.:* 25 Regionen **g)** *Gesch.:* 1891 bis 1919 dt. Schutzgebiet (Kolonie): *Deutsch-Ostafrika;* bis 1961 brit. Mandatsgebiet *Tanganjika,* s. 1961 unabhängig; 1964 Föderation mit Sansibar; 1979 mil. Intervention in Uganda (Sturz Amins); 1993 Wirtschaftsabkommen m. Uganda; Privatisierung d. Staatsbetriebe eingeleitet; 1995 erste Präs.- u. Parl.wahlen s. Einf. d. Mehrparteiensystems (1992).

Tanta, unterägypt. St., 335 000 E.

Tannhäuser, *Manessische Handschrift*

TANSANIA	
Staatsname:	Vereinigte Republik Tansania, Jamhuri ya Muungano wa Tanzania, Republic of Tanzania
Staatsform:	Föderative Präsidiale Republik
Mitgliedschaft:	UNO, AKP, Commonwealth, OAU, SADC
Staatsoberhaupt:	Benjamin William Mkapa
Regierungschef:	Frederick Sumaye
Hauptstadt:	Dodoma (offiz. Hptst.) 204 000 Einwohner, Daressalam (noch fakt. Hptst.) 1,4 Mill. Einwohner
Fläche:	945 087 km²
Einwohner:	28 846 000
Bevölkerungsdichte:	30 je km²
Bevölkerungswachstum pro Jahr:	Ø 2,96% (1990–1995)
Amtssprache:	Suaheli, Englisch
Religion:	Muslime, Christen (30%), Naturreligionen
Währung:	Tansania-Schilling (TSh)
Bruttosozialprodukt (1993):	2521 Mill. US-$ insges., 90 US-$ je Einw.
Nationalitätskennzeichen:	EAT
Zeitzone:	MEZ + 2 Std.
Karte:	→ Afrika

Tansania

Tantal, *s., Ta,* chem. El., Oz. 73, At.-Gew. 180,95, Dichte 16,68; seltenes Metall, sehr hart u. zäh; wird von Säuren (m. Ausnahme v. Flußsäure) nicht angegriffen; *T.lampe* (mit Leuchtfäden aus T.) wurde durch die Wolframlampe verdrängt; zur Herstellung zahnärztlicher und chirurgischer Instrumente, ferner f. Spinndüsen d. Reyonfabrikation, als Elektrode in Elektrolytgleichrichtern.

Tantalus, sagenhafter Kg von Phrygien, Sohn des Zeus, verrät göttliche Geheimnisse; zur ewigen *(Tantalus-)Qualen* verdammt: unstillbarer Hunger u. Durst.

Tantième, *w.* [frz. tɑ̃'tjɛːmə], Bez. f. erfolgsabhängige Beteiligung am Gewinn eines Unternehmens, auch Zahlungen an Autoren durch d. Verlag.

Tantrismus [sanskr. ,,tantra = Faden, Gewebe"], ind. Erlösungslehre d. buddhist. Wadschrajana u. d. Schaktas.

Tanz → Übersicht.

Tanzania → Tansania.

Tanzschrift, → *Choreographie,* seit d. 18. Jh. z. Aufzeichnung v. Balletten; für die Schritte u. Figuren notenähnl. Zeichen.

Tanzsport, Wettbewerbe in Turnierform für Standardtänze (*Langsamer Walzer, Tango, Slowfox, Wiener Walzer, Quickstep*) u. lateinam. Tänze (*Rumba, Samba, Cha-Cha-Cha, Paso doble, Jive*).

Tao → Dao.

Taoismus → Daoismus.

Taormina, St. auf Sizilien, in der it. Prov. Messina, 11 000 E; griech. Theater; Fremdenverkehr, Filmfestspiele.

Tapet, *s.* [gr.], veraltet f. Tischdecke; *aufs Tapet bringen,* auftischen, zur Sprache bringen.

Tapete, *w.,* Wandbekleidung aus Leder, Geweben, Papier od. Kunststoff.

Tapiau, *Gwardjeisk,* russ. St. am Pregel, im nördl. Teil d. ehem. Ostpreußens; ehem. Dt.-Ordensburg.

Tàpies, Antonio, eigtl. *A. T. Puig* (* 23. 12. 1923), span. Maler des → Tachismus.

Tapioka, *w.,* → Sago aus der → Maniokwurzel.

Tapire, unpaarzehige Huftiere (vorn 4, hinten 3 Zehen) mit beweglicher, rüsselförmiger Greifnase, Pflanzenfresser, in feuchten Tropenwäldern (Amerika, *Flachland-* u. *Berg-T.,* SO-Asien, *Schabracken-T.*); d. Nashörnern u. Pferden nahestehend.

Tapisserie, *w.* [frz. -s'ri], gewirkter Bildteppich; teppichartige Kreuzstichstickerei auf → Kanevas.

Tarabulus → Tripolis.

Taragewicht [it.], Abk. *T.,* Gewicht d. Verpackung.

Tarantel, *w.,* Wolfsspinne des Mittelmeergebietes, bes. i. Italien, 4 cm l., lebt in Erdröhren; Biß schmerzhaft, aber nicht gefährl., galt früher als Ursache des Veitstanzes (,,von der Tarantel gestochen").

Tarantella, *w.,* Schnelltanz im ⁶⁄₈-Takt, aus Süditalien *(Tarent).*

Tarascon-sur-Rhône [-kɔsy'rɔːn], St. an der Rhône, Dép. *Bouches-du-Rhône,* 11 000 E; Schloß.

Tardenoisien, *s.* [tardənwa'zjɛː], Stufe der Mittelsteinzeit mit besonders kl. Gerät (*Mikrolithen*), nach Fundort *La-Fère-en-Tardenois* in Frkr.

Tarent, it. *Taranto,* Hptst. der it. Prov. *T.,* am *Golf v. T.,* 244 000 E; Erzbischofssitz; Hafen; Schiff- u. Maschinenbau. – 705 v. Chr. als griech. Kolonie gegr., 272 v. Chr. röm.

Target, *s.,* Substanz, in d. durch Beschuß m. beschleunigten Teilchen Kernreaktionen ausgelöst werden (→ Beschleuniger).

Tarantel

Tapir

Tanz

dem mimischen Bedürfnis, einem Urtrieb des Menschen, entspringende uralte Körperbewegung und Ausdruckskunst; ritualisierte oder spontanekstatische, häufig zweckfreie Bewegung im Gegensatz zur Arbeitsbewegung, meist von Musik oder rhythmischem Geräusch begleitet. In ältesten Überlieferungen (Felsenzeichnungen) als Jagd-, Waffen- u. Kriegstänze; als Volks- und Nationaltanz Spiegel aller Lebenstätigkeiten und Berufe, stoßartige Tanzbewegungen allein oder in Gruppen, Freuden-, Trauer-, Ernte- und Liebestänze; mit kultischem Zusammenhang oft nur von Eingeweihten (Priestern) ausgeführt in phantastischer Bekleidung von Körper und Haupt (Masken). Kultische und opferbeschwörende Tiertänze; Kriegstänze steigern Kampflust, Totentänze befreien von Todesgrauen.
Bei den Germanen Schreit- und Figurentänze, Massen-, Gewandtheitstänze der männlichen Jugend. Im Orient und Fernen Osten fließende Tanzbewegungen, oft monoton und symbolisch bis zur Erstarrung; Formung des *Tanztheaters* (Japan). *Griechische* Tanzkunst, beeinflußt vom ägyptischen Tanz, Chortanz in der Orchestra des griech. Theaters. Indische Tanzkunst nur aus ihrer Beziehung zur bildenden Kunst verständlich. Römische Kultur tanzfeindlich. Im MA Stilisierung (Moriskentänze) auf den verschiedenen Tanzgebieten: *kirchlicher Tanz*, Ritualtanz; *höfischer Tanz* (zeremonieller Figurenschreittanz).
National- und Volkstänze in landschaftlicher Verschiedenheit, entsprechend verschiedene Tanzformen. Nationaltänze: *Italien:* Tarantella; *Polen:* Mazurka, Krakowiak; *Spanien:* Bolero, Seguidilla, Fandango; *Ungarn:* Csárdás; *Rußland:* Kasatschok (Stiefeltanz aus der Hockstellung heraus). Charakteristische Volkstänze: *Deutschland:* oberbayerische Schuhplattler; *Frankreich:* Bourrée (Volkstänze der Bretagne und Auvergne); *Belgien:* flämische Bauerntänze; *Holland:* Holzpantinentanz.

Bolero

Entwicklung der Hauptformen eur. Tanzes: *Reigentanz,* darauf *Paartanz;* Entwicklung des Balletts: Vorform im 15. Jh. in Italien („Intermezzi" – pantomimische Zwischenspiele), Ausgestaltung in Frkr. Ausgangspunkt für das moderne Ballett: „Ballet de la Reine" (Paris 1573); 18. Jh. Nachahmung in ganz Europa. Ab Mitte des 19. Jh. in Rußland eigenständ. Ballettkunst. 20. Jh. Siegeszug des russ. Balletts: Fokin, Diaghilew, Balanchine, Lifar. Gegenbewegung gg. das Ballett: der moderne *Girltanz* (Revuen). Seit etwa 1910 in Dtld neue Bewegungskultur, moderne Gymnastik erzieht zu lebendigem Körpergefühl. Vermehrtes Interesse am Ausdrucks-Kunst-Tanz: Einzel- und Gruppentanz, ausgehend von Dalcroze, Hellerau-Schule und Rudolf von Laban: Mary Wigman; Theatertanz, Tanzpantomime. *Gesellschaftstanz:* Vor dem Ersten Weltkrieg: Walzer, Polka, Galopp, Quadrille; Lancier (Française), Cotillon; Revuetanz: Cancan. Später Gesellschaftstanz besonders von England (Boston, Twostep) u. Südamerika (Tango) beeinflußt; *erste Jazztänze* (aus Nordamerika), in Sondertänze übergehend, die nur noch rhythmische Abweichungen aufweisen (Foxtrott u. a.). Ab 1926 von Jazz stärker beeinflußte Tänze: Charleston. Neuere Tänze: Rumba, Samba, Boogie-Woogie, Mambo, Raspa, Jitterbug. Seit den 50er Jahren viele, oft nur kurzlebige Modetänze (Rock'n'Roll, Twist, Discotanz, → Breakdance u. a.).

3/4 Walzer   2/4 Tango   4/4 Foxtrott

Bekannte *Tanzkünstler* der neueren Zeit: Anna Pawlowa, Isadora Duncan, Schwestern Wiesenthal, Gret Palucca, Harald Kreutzberg, Nijinski, Margot Fonteyn, Nurejew. – Neuerer *Ballett-Tanz.* Dtld: K. Jooß (Folkwangschule, Essen), Ausdrucksballett *Der grüne Tisch,* G. Blank (Städt. Oper Berlin), Ballett des Württembergischen Staatstheaters (Stuttgart, J. Cranko, M. Haydée). England: Sadler's Wells Ballet (jetzt Royal Ballet), London; Frkr.: Ballette Roland Petit und Marquis de Cuevas (Monaco); Belgien: Ballet du XXème Siècle; Ndl.: Het Nationale Ballet; Italien: Ugo dell'Ara; bes. Pflege des klassischen Balletts in der Sowjetunion (Bolschoj-Theater Moskau u. Kirow-Theater Leningrad; Galina Ulanowa, Raissa Strutschkowa u. a.). *Zeitgenöss. Formen* d. Balletts: Handlungs-B., B.-Oper, konzertantes B., durchchoreographiertes Musical, B.-Theater, Bewegungstheater (bes. Wuppertaler Tanztheater v. P. → Bausch), Tanz-Performance (z. B. M. → Monk) u. a.
In Deutschland Pflege von Volks- und Heimattänzen; Kunst- und Gruppentanz; Jazztanz und Modern Dance, teilweise in Verbindung mit rhythmischer Gymnastik (→ Aerobic). → Tanzsport.

Târgu Mureș [ˈtîrguˈmureʃ], *Tîrgu Mureș,* rumän. Krhptst. in Siebenbürgen, an d. Mureș, 172 000 E.
Tarif, *m.* [arab.], Preissätze f. wirtsch. Leistungen.
Tarifa, span. Hafen an der Straße v. Gibraltar, Prov. Cádiz, 15 000 E; südlichste St. Europas.
Tarifabkommen, *Tarifvertrag,* ein zw. Gewerkschaften und Arbeitgeberverbänden geschlossener (kollektiver) Arbeitsvertrag; → Manteltarifvertrag; enthält Bestimmungen über Arbeitsbedingungen; Abschluß freiwillig oder d. Schlichtungsbehörde; Staat kann einen T. als allgemeinverbindlich erklären, Maximal- od. Minimallöhne vorschreiben, auch Lohn im Interesse des soz. Friedens u. eines reibungslosen Wirtschaftsablaufs für unabdingbar erklären; soweit kein T. besteht, sind *Mindestarbeitsbedingungen* verbindl., die von Fachausschüssen der einzelnen Wirtsch.zweige in Verbindung mit d. B.min. für Arbeit und Hauptausschuß f. Mindestarbeitsbedingungen erstellt werden (Ges. v. 25. 8. 1969, in d. Fassung v. 29. 10. 1974).
Tarifautonomie, Recht der Sozialpartner, Gewerkschaften u. Arbeitgeberverbände zur Aushandlung der Arbeitsverträge u. Lohnabkommen ohne Einmischung staatl. Instanzen.

Tarockkarte

Tarifkassen, kaufmänn. Ersatzkassen.
Tarik, arab. Feldherr, schlug 711 bei Jérez de la Frontera die Westgoten, auch → Gibraltar.
Tarim, Strom Mittelasiens, wichtigster Quellfluß der *Yarkant He,* 2179 km l., mündet in d. *Lop Nur;* durchfließt d. **T.becken,** O-Turkestan, zw. Pamir, Tian Shan u. Kunlun; vorwiegend Sandwüste (Taklimakan Sham), Oasen; pol. Teil v. Xinjiang.
Tarkowskij, Andrej (4. 4. 1932–29. 12. 86), sowj. Filmregisseur; *Solaris* (1971); *Stalker* (1979); *Nostalghia* (1983); *Le sacrifice* (1985).
Tarn,
1) r. Nbfl. des Mittellaufs d. Garonne (bei Moissac), aus den Cevennen, 375 km lang.
2) südfrz. Dép., 5758 km², 342 000 E; Hptst. *Albi* (48 000 E).
3) T.-et-Garonne, südfrz. Dép., 3718 km², 196 000 E; Hptst. *Montauban.*
Tarnkappe, in der german. Sage e. unsichtbar machende od. Kraft verleihende Kappe.
Tarnkappenbomber → Stealth-Bomber.
Tarnopol, ab 1939 *Ternopol,* Gebietshptst. in der W-Ukraine (O-Galizien), am Sereth, 205 000 E; Masch.fabriken; 1920 bis 1939 poln.

Tarnów [-nuf], St. i. d. poln. Woiwodschaft T., am Dunajec, 119 000 E; Holzindustrie; röm.-kath. Bistum.
Tarnowitz, *Tarnowskie Góry,* poln. St., 62 000 E; Blei- u. Eisenbergbau, Hüttenwerke. – *Tarnowitzer Platte,* südöstl. v. T.; reiche Steinkohlen- u. Erzvorkommen.
Taro, *m.,* stärkereicher Wurzelstock der ostind. → Colocasia, dient als Nahrungsmittel.
Tarock, *s.* od. *m.* [it.], Kartenspiel zu dritt mit **T.karte** (→ Spielkarten), *Östr. T.* u. *Cego* m. 54 Karten (22 T., 4 Cavalls, 28 gewöhnl. Blätter), *Großtarock* m. 78 Karten, *Bayr. T.* m. 36 Karten.
Tarpan, *m.,* Wildpferd der lichten Wälder und Steppen Europas, im 19. Jahrhundert ausgerottet; Rückzüchtungen in Zoos.
Tarpejischer Fels, Südkuppe des Kapitols, von dem im alten Rom Staatsverbrecher hinabgestürzt wurden.
Tarquinius, zwei sagenhafte röm. Kge: *T. Priscus* u. *T. Superbus* (letzter röm. König, vertrieben um 510 v. Chr.).
Tarragona, Hptst. d. nordspan. Prov. T., 110 000 E; Öl- und Weinhandel; Erzbischofssitz.
Tarsus, *Tarsos,* St. im türk. Wilajet Içel, am S-Fuß des Taurus, 169 000 E; Baumwollind.; Geburtsort d. Apostels Paulus.

Taragona, *Kathedrale*

Tauben (von oben nach unten)
Hohltaube
Ringeltaube
Turteltaube
Türkentaube

Tauberbischofsheim, *Kurmainzisches Schloß*

Tarsus, *m.* [gr.],
1) die Fußwurzel der Wirbeltiere; bei Insekten d. a. mehreren Gliedern gebildete Endabschnitt d. Beines.
2) d. Lidknorpel.
Tartarus, tiefster Teil d. griech. Unterwelt; Aufenthaltsort der gestürzten Titanen.
Tartessos, im A. T. *Tarschisch,* reiche Hafenst. des Altertums, an der Mündung des Guadalquivir, wahrscheinlich Grundlage d. Atlantissage.
Tartini, Giuseppe (8. 4. 1692–26. 2. 1770), it. Geiger u. Geigenkomp.; *Teufelstrillersonate.*
Tartsche, *w.,* im MA Schild mit Einschnitt zum Einlegen der Lanze.
Tartu, estn. Name v. → Dorpat.
Tartuffe [-'tyf], scheinheiliger Heuchler (nach Molières gleichnamiger Komödie).
Taschau, Hannelies (* 26. 4. 1937), dt. Autorin, setzt sich krit. m. Alltagsproblemen auseinander; *Die Taube auf dem Dach; Landfriede.*
Taschenkrebs → Krabben.
Taschkent, Hptst. der Rep. Usbekistan., 2,1 Mill. E; Uni., Forschungszentrum m. kernphys. Institut; Wasserkraftwerk; Landmaschinenfabr., Baumwoll- u. Seidenkombinat; Kreuzungspunkt der Turksibir. m. d. Transkasp. Eisenbahn.
Tasman, Abel Janszoon (1603–59), ndl. Seefahrer; entdeckte 1642/43 Neuseeland sowie → Tasmanien.
Tasmanien, früher *Van-Diemens-Land,* durch die Bass-Straße getrennte Insel u. Bundesstaat Australiens, 67 800 km², 469 000 E (Hauptinsel); fruchtbare Hochebenen, gemäßigtes Klima; Erze, Schafzucht; Hptst. *Hobart;* Ureinwohner *(Tasmanier)* 1876 ausgestorben.
TASS → Presse, Übers. (Nachrichtenagenturen).
Tasseln, Mantelschließe in Form zweier durch Kette od. Schnur verbundener Fibeln.
Tassilo, Hzge von Bayern: *T. III.* (um 742–94), verlor sein Hzgt. an Karl d. Gr. (788).
Tasso, Torquato (11. 3. 1544–25. 4. 95), it. Renaissancedichter am Hof von Ferrara; Epos: *Das befreite Jerusalem;* Gedichte, Dialoge. – Drama v. Goethe.
Tastatur, *w.* [it.], die Tasten eines Musikinstruments, einer Schreib- oder Setzmaschine.

Tataren, mongol. Volk, jetzt Name der turktatar. Völkerschaften der Sowjetunion (Krim-, Kaukasus-, Wolga, Ural-, sibir. T., Kirgisen und Baschkiren).
Tatarennachricht, e. unwahrscheinl. Nachricht (ein Tatar brachte 1854 die Falschmeldung von der Einnahme Sewastopols).
Tatarien, autonome russ. Rep., an der Wolga, 68 000 km², 3,68 Mill. E; Hptst. *Kasan.*
Tatbestand, Sachverhalt, Vorgang,
1) *strafrechtl.* die Summe einzelner Tatmerkmale, die e. Strafnorm für d. Bestrafung voraussetzt.
2) Teil eines → Urteils.
Tateinheit → Idealkonkurrenz.
Tathagata [sanskr. u. pali „der so Gegangene"], Beiname d. Buddha als Erfüller d. Aufgabe d. Welterleuchtung.
Tati, Jacques (9. 10. 1908–5. 11. 82), frz. Schauspieler, Autor u. Regisseur satirgrotesker Filme; *Les vacances de Monsieur Hulot* (1951); *Playtime* (1967); *Trafic* (1971).
Tatjana [russ. Erweiterung d. l. Königsnamens Tatianus], w. Vn.
Tatlin, Wladimir Jewgrafowitsch (28. 12. 1885–31. 5. 1935), ukrain. Maler, Bildhauer, Bühnenbildner u. Designer, Begr. d. → Konstruktivismus; (unausgeführter) Entwurf *Denkmal d. III. Internationale.*
Tatmehrheit → Realkonkurrenz.
Tätowierung, verballhornt aus *Tatauierung* [tahit.], Hautverzierung mit Bildern od. Zeichen b. vielen Naturvölkern u. auch Berufen d. Kulturvölker (z. B. Matrosen) durch Verreiben geeigneter Farbstoffe i. d. vorher eingeritzte Haut.
Tatra [„Vatergebirge"], zwei Parallelzüge der Karpaten:
1) *Hohe T.,* nördl., 60 km l., unwegsamer u. steilwandiger Gneis- u. Granitzug, in d. *Gerlsdorfer Spitze* 2655 m; zahlr. Hochseen (Meeraugen), Trogtäler; S z. Slowakei, kleinerer N-Teil z. Polen; Luftkurorte: *Schmecks* u. *Tatra-Lomnitz* (slowak.), *Zakopane* (poln.).
2) *Niedere T.,* südl., 75 km l., im *Ďumbier* 2043 m hoch.
Tattersall, *m.* ['tætəsɔ:l], Reitschule, nach der im 18. Jh. von *T.* in London gegr. Pferdebörse u. Reitbahn.
tat tvam asi [sanskr. „Das bist du!"], Satz des → Brahmanismus, der die Einheit des Subjektes mit dem Absoluten behauptet („Ich" und „Außenwelt" wesensgleich); bes. von Schopenhauer zitiert.
Tatum ['teɪtəm], Edward Lawrie (14. 12. 1909–5. 11. 75), am. Biologe; biochem. Genetik bei Bakterien; Nobelpr. 1958.
Tatzelwurm, *Tazzelwurm,* im Volksglauben der Alpengebiete Bergdrache.
Tau, Max (19. 1. 1897–13. 3. 1976), dt. Schriftst.; *Glaube an den Menschen.*
Tau, Tröpfchenabscheidung bei Abkühlung wasserdampfhaltiger Luft.
Taube, Henry (* 30. 11. 1915), kanad. Chem.; Nobelpr. 1983 (Arbeiten z. anorgan. Chemie).
Taube,
1) → Sternbilder, Übers.
2) bekanntestes dt. Flugzeug (Eindecker) vor dem 1. Weltkrieg; Flügel der *T.* wurde nach dem → Zanoniasamen entwickelt; Konstrukteur → Etrich.
Tauben, artenreiche Vogelfamilie; in Mitteleuropa wildlebende Arten: *Ringel-, Turtel-, Türken-T.,* Nester auf Bäumen; *Hohl-T.,* Höhlenbrüter; *Wander-T.,* traten i. N-Amerika früher in gewaltigen Schwärmen auf; *Lach-T.,* asiatische Steppen; *Felsen-T.,* Mittelmeerländer, nisten in Felsspalten; Stammform der *Haus-T.,* die in über 100 Rassen gezüchtet werden; in den Tropen sehr bunte T.arten. Auch → Brieftauben.
Taubenkropf, weiß blühendes Nelkengewächs d. Wiesen u. Wälder (Name wegen seines blasigen Kelches).
Taubenschwanz, Schwärmerschmetterling, Tagesflieger, Haarbüschel am Hinterleibsende, gelbe Hinterflügel.
Taubenstößer, svw. → Sperber.
Tauber, Richard (16. 5. 1892–8. 1. 1948), engl. Tenor östr. Herkunft.
Tauber, l. Nbfl. des Mains von der Frankenhöhe, mündet bei Wertheim, 120 km lang.
Tauberbischofsheim (D-97941), Krst. des Main-Tauber-Kr., Ba-Wü., an der Tauber, 12 366 E; AG; Holzind., Weinbau; Leistungszentr. f. d. Fechtsport.
taubes Gestein, Gestein ohne Erzmineralgehalt.
Taubheit, angeborene oder durch Krankheit erworbene Schädigung des Gehörorgans; angeborene T. bedingt **Taubstummheit** (Sprechfähigkeit bis

60% vermindert); *Taubstummenunterricht* im Lesen u. Sichverständigen, bes. durch Zeichensprache (*Fingersprache* m. Handalphabet) u. *Lautsprache* (Artikulierung).

Täubling, Blätterpilze, ohne Schleim u. Milchsaft; viele genießbar (z. B. *Speise-T., Frauen-T., grüner T.*); ungenießbar: *Spei(teufel)täubling.*

Taubnessel, *Bienensaug,* Lippenblütler mit nesselähnl. Blättern; im Wald u. auf Feldern.

Taucha (D-04425), St. im Kr. Leipzig, Sa., 11 604 E; Rauchwarenindustrie, Masch.-, chem. Fabriken.

Taucher, Wasservögel: → *Haubentaucher,* → *Seetaucher.*

Taucheranzug, zum Arbeiten unter Wasser, Gummianzug, Schuhe m. Bleisohlen u. Metallhelm mit Glasfenster; Luftzufuhr durch Schlauch od. aus mitgeführtem Sauerstoffapparat.

Taucherglocke, unten offene Kammer f. Unterwasserarbeiten; Zuführung verdichteter Luft.

Taucherkrankheit, *Caisson-, Druckluftkrankheit,* Schmerzen i. Gelenken u. Muskeln, Lähmungen, Kollaps, Blutungen inf. Nachlassen d. Außendrucks beim Verlassen des → Caissons oder bei zu raschem Aufsteigen, wodurch der im Blut befindliche Stickstoff in Bläschen frei wird.

Tauchkugel → Bathyscaph.

Tauchsport, Unterwasserschwimmen aus Abenteuerlust od. Naturinteresse; man unterscheidet zw. *Schnorcheltauchen* (10–15 m Tiefe) u. *Gerätetauchen* (bis 90 m Tiefe); spezielle Ausrüstung: Maske, Schwimmflossen, Schnorchel (ABC-Ausrüstung); für größere Tiefen: Neoprenanzug, Preßluftatemgerät.

Tauentzien, *Tauenzien,* Friedrich Bogislaw von (18. 4. 1710–21. 3. 1791), preuß. Gen., Gouverneur v. Breslau, Förderer v. Lessing.

Tauern, Gebirgszug der zentralen O-Alpen:
1) *Hohe T.,* von der Birnlücke im W bis zum Katschberg im O, zw. Pusteru. Salzachtal (seit 1971 östr. Nationalparkgebiet), Teile: *Glocknergruppe* (3797 m), *Venedigergruppe* (3674 m), *Ankogelgruppe* (3246 m).
2) *Niedere T.,* zw. Enns u. Mur, mit *Radstädter, Schladminger* (Hochgolling 2863 m), *Wölzer, Rottenmanner T.*

Tauernkraftwerk → Kaprun.

Taufe [ahdt. „Tauchen"], das grundlegende Sakrament des Christentums (Matth. 28), wird durch Untertauchen (Ostkirche) od. Übergießen mit Wasser (abendländ. Kirche) gespendet; bewirkt die Wiedergeburt im Hl. Geist zu Kindern d. Vaters u. zu Brüdern Christi u. die Eingliederung in d. Kirche; *Kinder-T.,* v. d. Baptisten u. → Wiedertäufer. verworfen.

Täufer, christl. Richtungen mit Erwachsenentaufe anstelle d. Kindertaufe, wie → Baptisten, Mennoniten. Auch → Wiedertäufer.

Taufliegen, Fliegenfamilie, darunter *Gemeine Essigfliege;* Larven in Fruchtsäften, Wein, Bier; Gattung *Drosophila* zu Vererbungsversuchen.

Tauler, Johannes (um 1300–16. 6. 61), dt. Mystiker, Schüler Meister Eckharts; Predigten u. Briefe.

Taumelkäfer, kleine blauschwarze Wasserkäfer m. Ruderbeinen; Räuber,

Speitäubling †, l., Speisetäubling, r.

Schwarzhalstaucher

Zwergtaucher

Tausendfüßer
Saftkugler, o., Schnurrfüßer, u.

Die Taufe Christi, *Miniatur von J. Columbe*

Taufbecken, *Altenkirchen/Rügen (spätrom.)*

jagen in Kreisen (taumeln) auf der Wasseroberfläche dahin.

Taumellolch, ein giftiges Gras, → Lolch.

Taunus, Quarzithöhenzug des Rhein. Schiefergebirges zw. Main, Rhein, Wetter u. Lahn; der südl. Teil die „Höhe" mit *Gr. Feldberg* (880 m); zahlr. Mineral-, Thermal- u. Solquellen (Wiesbaden, Bad Schwalbach, Homburg u. a.); Naturpark.

taupe [frz. to:p], maulwurfsfarben.

Taupunkt, der Temperaturpunkt, bei dessen Unterschreitung sich aus wasserdampfgesättigter Luft Tau abscheidet; → Kondensation.

Taurien, *Taurische Halbinsel,* altertümlicher Name der **Tauris** genannten → Krim.

Taurobolium, s. [gr.-l.], Stieropfer u. d. damit verbundene Taufe mit d. Blut e. Opferstieres i. Mysterienkulten.

Tauroggen, lit. *Taurage,* litauische Krst. nordöstl. von Tilsit, 22 000 E. → Befreiungskriege.

Taurus, Randgebirge S-Kleinasiens, zw. oberem Euphrat u. Ägäischem Meer, bis 4116 m; gegliedert in *Lykischen T., Kilikischen T., Ost-T.* u. *Anti-T.*

Taurus, astronom. → Stier.

Tausch, Umwechseln eines Gegenstandes in einen anderen; Vorschriften d. → Kaufs sind anzuwenden.

tauschieren, einlegen (einhämmern) v. Edelmetall (meist Gold- u. Silberdrähte) in Eisen-, Kupfer-, Bronzearbeiten z. Verzierung.

Tauschwirtschaft, Form der Wirtschaft, bei der nicht jede einzelne Wirtschaftseinheit ihre Bedürfnisse selbst deckt (→ Naturalwirtschaft), sondern durch Tausch eigener Erzeugnisse od. Arbeit gg. die anderer; *höhere Form* → Geldwirtschaft.

Tausendblatt, Wasserpflanze mit kammartig gefiederten Blättern.

Tausendfüßer, *Tausendfüßler,* Klasse der Gliederfüßer; Körper aus einzelnen Ringen, jeder Ring mit einem Paar (*Bandfüßer*) od. zwei Paar (*Schnurfüßer*) Füßen; Höchstzahl gegen 300 Fußpaare; leben versteckt; Nahrung: kleine Tiere oder Pflanzenteile; Giftbiß größer Arten (→ Skolopender) gefährlich.

Tausendgüldenkraut, Enziangewächse mit roten Blüten, auf Wiesen; magenstärkender Tee.

Tausendjähriges Reich → Chiliasmus.

Tausendundeine Nacht, arab. Märchensammlung, seit dem 10. Jh. entstanden; ind., pers., hellenist. u. jüd. Einflüsse; verbreitetste Fassung aus Ägypten, 15. Jh.; erste eur. Übers. durch A. Galland (frz., 1704–17), erste dt. Gesamtübers. durch E. Littmann (1921 bis 1928).

Taut,
1) **Bruno** (4. 5. 1880–24. 12. 1938), dt. Architekt d. Expressionismus, dann d. Rationalismus; intern. tätig; richtungweisend f. d. Siedlungsbau; s. Bruder
2) **Max** (15. 5. 1884–1. 3. 1967), dt. Architekt; Vorkämpfer d. Betonskelettkonstruktion u. d. Neuen Sachlichkeit; einflußr. tätig f. d. dt. Siedlungsbau nach 1945 (z. B. in Bonn, Berlin, Duisburg).

Tautologie, w. [gr.], *Pleonasmus,* Häufung gleichbedeutender Begriffe (z. B. *kleiner Zwerg*).

Tauwerk, zum Schiff gehörende Taue (*Enden*), Leinen aus Hanf u. ä., Trossen aus Stahldraht, oft m. Hanfseele.

Taverne, w. [l. „taberna"], Weinschenke, Gasthaus.

Taverner ['tævənə], John (um 1495 bis 25. 10. 1545), engl. Komponist; Messen; Motetten.

Taviani, Brüder,
1) **Vittorio** (* 20. 9. 1929) u.
2) **Paolo** (* 8. 11. 1931), it. Filmregisseure; *Padre Padrone* (1977); *Il Prato*

(1979); *La notte di San Lorenzo* (1982); *Kaos* (1984); *Good Morning Babylon* (1986).

Taxameter, Fahrpreisanzeiger eines Taxis; früher auch Bez. für das Fahrzeug selbst.

Taxator, *m.* [l.], Wertsachenverständiger, meist amtl. vereidigt.

Taxe, *w.*,
1) volkstümlich f. → *Taxameter.*
2) Wertschätzung, bes. durch Taxatoren; öff. festgesetzte Preise u. Gebühren; im Versicherungswesen d. Betrag, d. zu schneller Schadenvergütung als Versicherungswert vereinbart wird.

taxieren, den Wert (oder Preis) abschätzen.

Taxis → Thurn und Taxis.

Taxis, *w.* [gr.], Mz. *Taxien,* gerichtete Bewegung eines freibewegl. Lebewesens (Algen, Urtiere, Samenfäden) als Folge e. gerichteten Reizes *(Geo-, Chemo-, Helio-T.);* → Tropismus.

Taxkurs, geschätzter Kurs eines Wertpapiers.

Taxonomie, *Systematik,* Gebiet der Biologie, das Verwandtschaftsbeziehungen im Tier- u. Pflanzenreich feststellt u. daraus ein System der Organismen entwickelt.

Taxus, *m.,* svw. → Eibe.

Tay [teɪ], schottischer Fluß aus den Grampians, 193 km l., mündet in den Firth of T.

Taygetos, Kalkgebirge d. südl. Peloponnes *(Hagios Elias* 2407 m).

Taylor [ˈteɪlə],
1) Elizabeth (* 27. 2. 1932), am. Filmschausp.in; *Butterfield 8; Cleopatra; Who's afraid of Virginia Woolf?*
2) Joseph H. (*29. 3. 1941), am. Astrophysiker, Erforschung von Pulsaren, Nobelpr. (Physik) 1993 m. R. → Hulse.

Taylorsystem [ˈteɪlə-], v. d. Amerikaner *F. W. Taylor* (1856–1915) begr. industrielle Arbeitsmethode (sog. „Wiss. Betriebsführung"); systematische Zerlegung d. Arbeitsvorgänge; bes. Aufsichtsmethode u. Entlohnung (Prämiensystem), um Höchstleistungen zu erzielen.

Tb, chem. Zeichen f. → Terbium.

Tbc, *Tb,* med. Abk. f. *Tuberkulose* (→ Tuberkel).

Tbilissi → Tiflis.

Tc, chem. Zeichen f. → Technetium.

TCDD → Dioxine.

tdw, *dwt,* Abk. f. *tons dead weight* [engl. ˈtʌns ˈdɛdweɪt], Totgewicht, Tragvermögen eines ausgerüsteten Schiffes (Ladung, Ballast, Brennstoff, Proviant, Wasser, Mannschaft) in Tonnen.

Te, *chem.* Zeichen f. → Tellur.

Teach-in, *s.* [engl. ˌtiːtʃ-], Podiumsdiskussion, Kolloquium zum Zweck d. Demonstration, des Protestes.

Teakholz [ˈtiːk-], von einem ind., in den Tropen auch forstmäßig angebauten Baum; kieselsäurereich, dauerhaft, bestes Holz für Schiffbau.

Team, *s.* [engl. tiːm], (Sport-)Mannschaft; Gespann.

Teamwork, *s.* [-wəːk], (gute) Zusammenarbeit, im Sport gutes Zusammenspiel.

Tebaldi, Renata (* 1. 2. 1922), it. Sopranistin.

Technetium, *Tc,* chem. El. d. Manganreihe, Oz. 43; radioaktiv, im Atomreaktor gewinnbar, spurenweise natürlich vorkommend.

Technik, *w.* [gr. „Kunstfertigkeit"],
1) die Ingenieurwissenschaft zur Nutzbarmachung der natürl. Stoffe u. Kräfte.
2) Methode u. prakt. Verfahren (einschließl. Mittel), ein Werk (jeder Art) od. eine Leistung (z. B. sportl.) hervorzubringen, im 19. Jh. noch als Kunstfertigkeit *(ars)* bezeichnet.

Technikum, techn. Lehranstalt für Maschinenbau, Elektrotechnik, Bauwesen

Tausendgüldenkraut

Teehaus, *Park von Sanssouci in Potsdam*

usw.; Abschlußprüfung als Ingenieur bzw. Baumeister.

Technische Hochschulen, *Technische Universitäten,* zur Vermittlung von Kenntnissen der Technik u. verwandter Wissenszweige; verleihen Dipl.-Ing., Dr.-Ing.; Fakultäten der TH/TU: u. a. Bauwesen (Hoch- u. Tiefbau), Maschinenbau, Elektrotechnik, Mathematik, Architektur, Bergbau, Chemie, Physik; HS in d. BR: → Hochschule.

Technisches Hilfswerk, Abk. *THW,*

Tausendblatt

Teefelder, *Korea*

Teepflanze, *Blütenzweig*

gemeinnützige, freiwillige Hilfsorganisation, als unselbst. B.anstalt dem Innenmin. unterstellt; Dienst z. B. bei Katastrophenfällen; 1953 gegr.; 559 Orts- u. 11 Landesverbände.

Techno [engl. tɛkno], hektische synthet. Musik.

Technokratie [gr.], am. volkswirtsch. Lehre, nach der d. Prinzipien d. Technik für d. funktionale Ordnung d. Gesellschaft bestimmend sein sollen; Träger dieser Ordnung: **Technokraten.**

Technologie [gr.], Lehre v. d. Umwandlung d. Rohstoffe in Gebrauchsfabrikate: *mechan. T., chemische T.*

Techtelmechtel, *s.* [it. „teco meco = ich mit dir, du mit mir"], svw. Liebelei.

Teckel → Dackel.

Tecklenburg (D-49545), St. i. Kr. Steinfurt, NRW, 9059 E; AG; Luftkurort; Burgruine mit Freilichtbühne.

Tedeum, *Te deum laudamus* [l. „Dich, Gott, loben wir"], altkirchlicher (Ambrosianischer) Lobgesang; alte Choralmelodie; auch frei komponiert von Händel, Berlioz, Bruckner u. a.

Tee, *Teestrauch,* weiß blühendes immergrünes Kamelliengewächs, in Buschform gezogen, wahrscheinl. südostasiat. Herkunft. Die jüngsten, glänzenden Blätter dienen, getrocknet, zur Herstellung des T.getränks; anregende Wirkung infolge Koffeingehalts; versch. T.sorten bedingt durch Qualität u. Behandlung der Blätter: *grüner T.* schnell getrocknet, *schwarzer T.* langsam getrocknet (fermentiert). Weltproduktion 1994: 2,623 Mill. t, davon die Haupterzeugungsländer Indien ca. 27%, China ca. 23%, Sri Lanka ca. 9%. – T. auch aus den Blättern u. Blüten versch. einheim. Pflanzen als Genuß- u. Heilmittel; in Südamerika der → Mate.

Teenager, *m.* [ˈtiːneɪdʒə], amerikanische Bezeichnung für Jugendliche von 13–19 Jahren.

Teer → Braunkohlenteer, → Steinkohlenteer.

Teerfarben, aus Bestandteilen des → Steinkohlenteers.

Teerseife, aus Nadelholzteer gegen versch. Hautkrankheiten.

Teerstraßen,
1) durch T.besprengung der Oberfläche staubfrei.

2) durch teer- u. pechhaltige Stampfschicht wasserundurchlässig, leicht zu reinigen.
Teerstuhl, schwarzer Stuhl bei starken Blutungen im Magen od. Dünndarm.
Teesside ['tiːsaɪd], 1968 durch Zus.schluß v. *Middlesbrough, Thornaby-on-Tees* u. *Stockton-on-Tees* gebildete engl. Stadt; 1974 aufgeteilt auf d. Distrikte Middlesbrough, Stockton-on-Tees u. Langbaurgh.
Teflon®, s., Handelsbez. f. → Polytetrafluorethylen.
Tegel, Teil des St.bez. Reinickendorf, Berlin; Schloß, Flughafen.
Tegernsee (D-83684), St. i. Kr. Miesbach, heilklimat. Kurort u. Wintersportplatz in Oberbay., 4369 E; Klosterkirche, Schloß; Olaf-Gulbransson-Museum; T.er Bauerntheater; Benedictus-Heilquelle am T. (Moränenstausee, 725 müM, 72 m tief, 8,9 km²).
Tegetthoff, Wilhelm Frh. v. (23. 12. 1827–7. 4. 71), östr. Admiral, besiegte 1866 bei Lissa die it. Flotte.
Tegnér, Esaias (13. 11. 1782–2. 11. 1846), schwed. Dichter; Epos: *Frithjofsage*.
Tegucigalpa [-θi-], Hptst. d. mittelam. Rep. Honduras, 641 000 E; Uni.; Tabakind.
Teheran, Hptst. d. Iran, südlich des Elburs, 6 Mill. E; ehem. kaiserl. Palast, Reg.gebäude, Moscheen, 2 Uni., HS; Teppich-, Seiden-, Baumwollweberei; Zucker-, Tabak-, Leder- u. Metallind.; Flughafen *Mehrabad*. – Konferenz v. T. 1943 (Churchill, Roosevelt, Stalin).
Tehuántepec [teu-], mexikanische St. i. Staate Oaxaca, 14 000 E; auf dem *Isthmus v. T.*, 210 km breite Landenge zw. Pazifik und Golf von Mexiko.
Teichhuhn, kl. → Ralle mit roter Stirnplatte, Zugvogel.
Teichmuschel, *Anodonta,* Süßwassermuschel Mitteleuropas, bis 20 cm lang.
Teichoskopie, w. [gr. „Mauerschau"], dramaturg. Hilfsmittel, bei dem schwer darstellbare Vorgänge scheinbar hinter die Szene verlegt u. durch erhöht stehenden „Beobachter" geschildert werden.
Teilchenbeschleuniger → Beschleuniger.
Teilchenstrahlung → Korpuskularstrahlung.
Teilhard de Chardin [tɛˈjar də ʃarˈdɛ̃], Pierre (1. 5. 1881–10. 4. 1955), frz. Jesuit, Paläontologe u. Phil.; Versuch, christl. Lehre u. Evolutionstheorie sowie moderne Kosmologie zu vereinigen; von d. Kirche z. T. verworfen; *Der Mensch im Kosmos.*
Teilkostenrechnung → Deckungsbeitragsrechnung.
Teilzahlungskauf, im Einzelhandel verbreitete Art des Kreditgeschäfts, bei dem die Ware sofort ausgehändigt u. der Kaufpreis, meist unter Zuschlag v. Zinsen, in vereinbarten Raten bezahlt wird; in allg. ist eine Anzahlung m. → Eigentumsvorbehalt üblich; Finanzierung z. T. durch d. Handel, aber auch durch bes. Bankinstitute; Abzahlungsges. v. 16. 5. 1894; laut Ges.änderung v. 15. 5. 1974 wird T. erst wirksam, wenn Käufer nicht innerhalb einer Woche widerruft.
Teïn, s., *Theïn*, → Koffeïn.
Teint, m. [frz. tɛ̃:], Farbe der Gesichtshaut.

Tegernsee

Teheran, *Schah-Moschee*

Teichhuhn (Teichralle)

Tel Aviv

Teiresias, *Tiresias,* bei Homer blinder Seher.
Teja, letzter Ostgotenkg, fiel 553 am Vesuv im Kampf gegen Narses.
Tektite [gr.], glasartige Gebilde (60 bis 80% SiO$_2$) m. runzelig-wulstiger Oberfläche; vermutl. meteorit. Entstehung.
Tektonik, w.
1) *geolog.* Lehre vom Bau der Erdkruste und der Lagerung der Gesteine; *tekton.* Erdbeben → Erdbeben.
2) Lehre vom Aufbau u. v. d. Gliederung von Kunstwerken.
tektonische Gebirge → Gebirge.
Tel Aviv-Jaffa, Wirtsch.zentrum Israels, am Mittelmeer, 1949 aus den Städten Tel Aviv u. Jaffa gebildet, 320 000 E; Uni.; Hafen, (u. a. chem.) Ind.; 1909 v. Zionisten gegr.
tele- [gr.], als Vorsilbe: fern…
Telefax, svw. → Fernkopieren.
Telefon, s. [gr.], *Fernsprecher,* Apparat zur Lautübertragung durch el. Strom. Prinzip: Sender und Empfänger durch el. Leitung verbunden. Im Sender (Mikrofon) werden durch Aufnahme-→ Membran die wechselnden Tonschwingungen umgesetzt in Stromschwingungen, die, durch d. Leitung übertragen, im Empfänger ein Magnetsystem erregen. Die Magnetstöße bewegen eine Membran, die damit d. el. Schwingungen wieder in Tonschwingungen umsetzt u. so die Laute entsprechend d. Sendung wiedergibt. Erster Fernsprecher 1861 von Philipp Reis, Frankfurt a. M.: Gebermembran, durch Lautschwingungen erregt, drückt mehr od. weniger stark Platinplättchen gegen Stift, dadurch Widerstandsänderung, also Stromodulation analog den Schallschwingungen. Empfänger: Stricknadel in Drahtspule, Längenänderungen d. Stricknadel (Magnetostriktion) entsprechend d. Stromschwankungen übertragen sich auf d. Resonanzgehäuse. Graham *Bell* 1876: Fernsprecher mit Dauermagnet in Spule z. Erzeugung von *Stromschwankungen* (Induktionsstrom). *Hughes* erfand 1878 Kohle-Mikrofon u. vereinigte b. jeder Sprechstelle Sender u. Empfänger (Mikrofon u. Fernhörer), dadurch Gegensprechen möglich. Leitungen früher oberirdisch, heute meist Luft-, Erd-, Seekabel. Bei Übertragung auf größere Entfernungen → Verstärker notwendig. Drahtloses T., Übertragung der Gespräche durch elektromagnet. Wellen.
Telefonmarketing, modische Bez. für Telefonverkauf.
telegen, svw. → fotogen für das Fernsehen.
Telegrafie [gr.], Fernübertragung v. Nachrichtenzeichen; als opt. T. schon im Altertum (Feuer, Fackelzeichen); el. T. durch Übermittlung v. Zeichen über Frei- u. Kabelleitungen od. drahtlos auf dem Funkweg; Aufnahme durch Abhören od. Aufzeichnung im Empfangsgerät. Erster el. Telegraf 1809 (von → Sömmering entwickelt, chem. Stromwirkung); entscheidende Entwicklung d. el. T. durch den 1837 von Morse erfundenen u. noch teilweise verwendeten *Morseschreiber*, die intern. vereinbarte Zeichen (→ Morsealphabet) durch lange u. kurze Stromwirkung übermittelt; heute weitgehend durch → Fernschreiber verdrängt; f. Übermittlung v. Bildern → Bildtelegrafie u. → Fernkopierer.
Telegraph, m. [gr.], *Telegraf,* Apparat

zur Übermittlung v. Nachrichtenzeichen; → Telegrafie.
Telekinese, w. [gr.], Bewegung von entfernten Gegenständen durch übersinnliche Kräfte.
Telekom, Teilbereich der Dt. Bundespost, der sich mit Telekommunikation befaßt; s. 1995 privatisiert.
Telekommunikation, Kommunikation zw. räumlich getrennten Menschen, Maschinen u. anderen Systemen od. nachrichtentechn. Übermittlungsverfahren.
Telemach, Telemachos, Sohn des → Odysseus.
Telemann, Georg Philipp (14. 3. 1681–25. 6. 1767), dt. Organist u. Komponist, wirkte in Leipzig u. Hamburg; 46 Passionen, 50 Opern, 1400 Kantaten.
Telemark, Prov. (Fylke) in S-Norwegen, 15 315 km², 163 000 E; bewaldete Gebirgslandschaft mit zahlr. Flüssen u. Seen; Papierind.; Hptst. *Skien.*
Telemark, früher angewandte Richtungsänderung oder Bremsschwung im Skilauf: Außenski nach vorn, Gewicht auf Innenski. *T.-Landung* beim Skispringen.
Telemeter, s. [gr.], opt. Einrichtung zur Entfernungsmessung (z. B. als *Meßsucher* in Kameras).
Telemetrie [gr.], *Fernmeßtechnik,* drahtlose Meßwertübertragung v. e. entfernten Ort (z. B. Sender in Erdsatelliten, Flugzeugen, an Versuchspersonen) zum Empfänger (Registrier-, Bodenstation) mit Hilfe modulierter (Frequenz-, Impuls-, Phasenmodulation) hochfrequenter Wellen.
Teleobjektiv, Objektiv, dessen Brennweite wesentlich länger ist als die Normalbrennweite; zur Fernaufnahme, um weit Entferntes nahe heranzuholen als Bild.
Teleologie [gr. „Zwecklehre"], Lehre von einer ziel-(zweck-)bestimmten Ordnung des Weltlaufs.
teleologisch, ziel-(zweck-)bestimmt.
Telepathie [gr.], Gedankenübertragung.
Telephon → Telefon, → Bildtelefon.
Teleran, Tele*vision* Ra*dar* Na*vigation,* System f. Flugzeugnavigation, durch Verbindung von Radar und Fernsehen; liefert dem Flugzeugführer laufend Boden- und Wetterkarte.
Tele-Scheck-Anlage, an Bankschaltern verwendete Fernsehanlage zum Vergleich v. Unterschriften m. d. Unterschriftsproben am Kontoplatz.
Teleskop, s. [gr.], Fernrohr, → Sternwarte.
Teletex, svw. → Bürofernschreiben.
Teletext, svw. → Videotext.
Television, w. [gr.-l., engl. ˈtelɪvɪʒn], *TV,* engl. Bez. für → Fernsehen, Übers.
Telexnetz, Abk. v. engl. te*letype* ex*change,* weltweites, öffentliches Fernschreib-Teilnehmernetz; Endapparate: → Fernschreiber; Übertragungswege: vorwiegend durch → Wechselstromtelegrafie vielfach ausgenutzte Fernsprechkanäle; in Dtld s. 1933.
Telezoom [-zu:m], Objektiv mit veränderl. Brennweite im Bereich d. Teleobjektivs; meist zwischen 70 bis 210 mm Brennweite, seltener bis 300 mm Brennweite; durchweg m. Eignung f. Nah- u. Makrofotografie.
Telgte (D-48291), St. i. Kr. Warendorf, a. d. Ems, NRW, 17 725 E; Wallfahrtsort, got. Hallenkirche; div. Ind.

Telinga → Telugu.

Tell, Wilhelm, Sagenheld der Schweizer Freiheitskämpfe gegen d. Haus Habsburg im 14. Jh. (altes Motiv des Apfelschusses); Anfang 16. Jh. Urner Volksschauspiel; 1804 Drama v. Schiller; Oper v. Rossini.

Tell, *m.* od. *s.* [arab.], Bez. für vorgeschichtl. Ruinenhügel in Vorderasien.

Tell el Amarna, in Mittelägypten als Achet-Aton Residenz v. → Amenophis' IV. (Echnaton) um 1350 v. Chr.; jetzt reiche Fundstätte (→ Nofretete).

Teller, Edward (* 15. 1. 1908), am.-ungar. Phys.; Mitentwicklung d. → Wasserstoffbombe.

Tellereisen, durch Tritt auf eine Platte (Teller) ausgelöste Raubtierfalle; in Dtld verboten.

Tell-Halaf, neuzeitl. Name für Ruinenhügel der antiken Stadt Gosan (Mesopotamien).

Tellur, *s., Te,* chem. El., Oz. 52, At.-Gew. 127,60, Dichte 6,25; Halbmetall der Schwefelgruppe, Vorkommen in Verb. u. gediegen, meist m. Gold, Silber, Blei u. Wismut.

tellurisch [l. „tellus"], auf die Erde bezogen.

Tellus, röm. weibliche Erdgottheit.

Telophase, Endstadium der → Mitose u. → Meiose.

tel quel [frz. tɛl'kɛl „so-wie"], Lieferbedingungen, bei denen bei vertragsgemäßer Lieferung Mängel ausgeschlossen sind.

Telstar, am. Nachrichtensatellit, ermöglicht d. Übertragung von Farb- u. Schwarzweiß-Fernsehsendungen über 600 einseitige u. 60 zweiseitige Sprechverbindungen; *T. 1* 1962, *T. 2* 1963 gestartet.

Teltow (D-14513), St. i. Kr. Potsdam, Bbg, 14 821 E, am **T.kanal** (Verbindung Spree–Havel, 38 km l.).

Teltower Rübchen, kleine Runkelrübenform, gilt als Delikatesse.

Telugu, *Telinga,* Drawidasprache (→ Sprachen, Übers.), i. östl. Indien v. 38 Mill. gesprochen.

Temesvár → Timișoara.

Temin, Howard Martin (10. 12. 1934 bis 9. 2. 1994), am. Krebsforscher; (zus. m. R. Dulbecco) Nobelpr. 1975 (Forschungsarbeiten ü. krebserregende Viren).

Tempel [l. „abgegrenzter Bezirk"], 1) v. d. profanen Welt abgegrenzte, geweihte Wohnstätte e. Gottheit. 2) nichtchristl. Kultbau. 3) christl. Gotteshaus, z. B. d. Mormonen.

Tempelherren, *Templer, Tempelbrüder,* geistl. Ritterorden, gegr. 1119 in Akkon; nach 1291 in Zypern u. Frkr. Ordenskleid: weißer Mantel mit rotem Kreuz; Auflösung 1312.

Tempelhof, Verw.bez. v. Berlin, am Teltow-Kanal, mit **Tempelhofer Feld,** (Flughafen).

Temperamalerei, mit verdünntem Eigelb oder Leim einzeln auf Gips- oder Kreidegrund aufgetragene Farben; bis zum 15. Jh. vorwiegende Technik in der Tafelmalerei; dagg. → Ölmalerei.

Temperament, *s.* [l.], Gemütslage; klass. Einteilung: *sanguinisch* (blutvoll), *cholerisch* (aufbrausend, heftig), *phlegmatisch* (gelassen, gleichgültig), *melancholisch* (trübsinnig, schwermütig).

Temperatur, *w.* [l.], phys. Meßgröße für den Wärmezustand eines Stoffes, Bestimmung durch → Thermometer; → Wärmelehre.

Temperenz, *w.* [l.], Mäßigkeit.

Temperenzler, Anhänger der Mäßigkeitsbewegung.

Temperguß, durch Glühen mit Eisenerzen **(tempern)** nachträglich entkohltes und in schmiedbares Eisen umgewandeltes Gußeisen (weißes v. Roheisen).

temperieren [l.], mäßigen, ausgleichen; auf die richtige → Temperatur bringen.

Tempest, im Segelsport Zweimannkielboot m. → Spinnaker u. → Trapez; olymp. Bootsklasse.

Templin (D-17268), Krst. in Bbg, 14 050 E; am *T.er See* u. *T.er Kanal* (zur Havel).

Tempo, *s.* [it.], 1) *allg.* Geschwindigkeit, Schnelligkeit. 2) *mus.* Zeitmaß.

temporal [l.], zeitlich; weltlich.

Temporalien [l.], weltl. Rechte u. Einnahmen, d. m. e. Kirchenamt verbunden sind, Ggs.: *Spiritualien.*

temporär [l.], zeitweilig, vorübergehend.

Tempranillo [span. -'nijo], in SW-Eur. u. Argentinien angebaute Rotweinrebe, die elegante, buketteiche Weine von langer Lagerfähigkeit liefert; in Spanien ist sie d. qualitativ wichtigste rote Rebsorte.

Tempus, *s.* [l.], Mz. *Tempora,* die durch Gegenwarts-, Vergangenheits- u. Zukunftsform d. Zeitworts ausgedrückte Zeit.

Tendenz, *w.* [l.]. 1) Streben od. Richtung (mit Lehr- oder Bekehrabsicht), z. B. *T.stück.* 2) Trend bei Statistiken und Entwicklungen in Mode, Wirtschaft, Kultur.

Tendenzbetrieb, Betriebe mit ideeller Zielsetzung (Zeitungen u. Verlage), die im Betriebsverfassungsgesetz gewissen Einschränkungen unterliegen.

tendenziös, auf ein Ziel gerichtet, parteiisch.

Tender, *m.* [engl.], 1) fahrbarer Behälter mit Kohle u. Wasser für Dampflokomotive. 2) Begleitschiff.

tendieren [l.], zu etwas neigen.

Tendovaginitis, *w.* [l.], Sehnenscheidenentzündung.

Tenedos, türk. *Bozca Ada,* türk. Insel vor der NW-Küste Kleinasiens, 40 km², 2000 E.

Teneriffa, span. *Tenerife,* größte der Kanar. Inseln; Bergland (im erloschenen Vulkan *Pico de Teyde* 3718 m); 1928 km², 763 000 E; Winterkurorte; Hauptausfuhr: *T.spitzen,* Gemüse, Obst, Wein; Hptst. *Santa Cruz de T.*

Teneriffaspitze, sternförmig hergestellte Spitze.

Tenesmus [gr.-l.], schmerzhafter Stuhl- oder Harndrang.

Teniers [-'ni:rs], 1) *David, d. Ä.* (1582–29. 7. 1649), ndl. Maler u. Kunsthändler; sein Sohn 2) *David, d. J.* (get. 15. 12. 1610–25. 4. 90), Genremaler; Innenansichten v. Gemäldegalerien.

Tennengebirge, verkarsteter Kalkstock der Salzburger Alpen (*Raucheck* 2431 m) m. Rieseneishöhle.

Telstar

Tennessee [-si:], 1) l. Nebenfluß des Ohio, aus dem Gr. Appalachental, 1421 km l. (mit Quellfl. French Broad R.). 2) Abk. *Tenn.,* Staat der USA zw. den Alleghanies u. Mississippi, 109 152 km², 5,0 Mill. E (17% Schwarze); Viehzucht; Mais-, Baumwoll-, Weizen-, Tabakanbau, Hptst. *Nashville.*

Tennessee Valley Authority [engl. -'væli ɔː'θɒrɪtɪ „T.-Tal-Amt"], *TVA,* 1933 aufgrund des → *New Deal* gegr. öff. Körperschaft zur Ausnutzung der Wasserkräfte des T.stromtales: Dammbauten, el. Kraft- u. Stickstoffwerke, Aufforstungen, Meliorationen.

Tennis, Rückschlagspiel zw. 2 (Einzel) od. 4 (Doppel) Spielern. Ein 56,70 bis 58,47 g schwerer Hohlball aus Filz wird m. e. 67–70 cm langen Schläger üb. e. 0,915 m hohes Netz möglichst so i. d. Spielfeld d. Gegners geschlagen, daß dieser ihn nicht der Regel gemäß zurückspielen kann; Spielfeld 23,77×8,23 (im Doppel 10,97) m.

Tennisellbogen, *Epikondylitis,* Entzündung am Ellbogengelenk.

Tenno, Titel d. Kaisers v. Japan (auch → Mikado).

Tennyson ['tɛnɪsn], Lord Alfred (6. 8. 1809–6. 10. 92), engl. (Hof-)Lyriker; *Enoch Arden; Königs-Idyllen.*

Tenor, *m.* [l.], 1) Fassung, Wortlaut eines Schriftstücks, besonders die Fassung einer Urteilsformel. 2) hohe Männerstimme.

Tenrikyo [jap. „Lehre v. d. himml. Vernunft"], jap.-rel. Richtung d. Schintoismus, 1838 v. d. Bäuerin Nakayama Miki gegr., ca. 5 Mill. Anhänger.

Tenside [l.], Sammelbez. für Stoffe, welche die Oberflächenspannung von Wasser herabsetzen (z. B. → Detergenzien).

Tension, *w.* [l.], Dehnung, Spannung; bei Gasen d. Expansivkraft.

Tensor, *m.* [l.], math. Größe, geometrisch veranschaulicht durch eine Fläche 2. Grades (z. B. Ellipsoid).

Tentakel, *s.* [l.], ungegliederte Fühl- und Fangfäden oder Fangarme mancher Weichtiere, Würmer u. Pflanzentiere.

Tenuis, *w.* [l.], stimmloser Verschlußlaut (*p, t, k*).

Tepl → Johannes von Saaz.

Teplitz, früher *T.-Schönau,* tschech. *Teplice-Šanov,* St. in Nordböhm. Bez., Tschech. Rep., 56 000 E; Badeort (radioaktive Quellen); Textil-, Glas-, Eisenind.

Teppich, geknüpfter, gewirkter od. gewebter Fußbodenbelag od. Wandbehang, meist aus Wolle, farbig u. gemustert, v. Hand od. Maschine hergestellt; Technik d. T.herstellung v. Hand stammt aus dem Orient; Blütezeit in Persien im 16.–18. Jh. (Jagd- u. Tierteppiche); chin. T. m. Drachenornamenten u. symbol. Zeichen; anatol. T. (Smyrna) pflanzl. Motive, in Flandern (s. 15. Jh.) u. Frkr. (→ Gobelin) hohe Blüte; s. 19. Jh. maschinelle Herstellung.

Tequila [-'ki-], mexikan. Agavenschnaps; gereift: *brauner, weißer T.*

Tera- [gr.], abgek. *T,* Vorsilbe bei Maßeinheiten: eine Billion (10^{12}).

teratogen, Mißbildungen der Frucht in der Schwangerschaft auslösend.

Teratologie, Lehre von den Mißbildungen bei Mensch und Tier.

Teratom, Mißbildungsgeschwulst, die verschiedenartige Gewebe enthält.
Terbium, *Tb,* chem. El., Oz. 65, At.-Gew. 158,924; Dichte 8,25; Seltenerdmetall.
Terborch, Gerard (1617–8. 12. 81), ndl. Maler; Bildnisse, Genreszenen.
Terek, nordkaukas. Fluß, 623 km l., v. Kasbek in das Kasp. Meer.
Terenz, *Publius Terentius Afer* (um 190–159 v. Chr.), röm. Lustspieldichter; *Eunuch; Andria.* – Im 15. u. 16. Jh. als Schultheater wiederbelebt.
Teresa, Mutter, eigtl. *Agnes Gonxha Bojaxhio* (27. 8. 1910–5. 9. 1997), ind. Ordensgründerin alban. Herkunft; seit 1946 in d. Slums von Kalkutta tätig; Friedensnobelpr. 1979.
Tereschkowa, Walentina (* 6. 3. 1937), sowj. Kosmonautin; umkreiste 1963 in d. Raumkapsel *Wostok VI* 48mal die Erde.
Terlan, it. *Terlano,* Gem. i. d. Prov. Bozen, an der Etsch, 3100 E; Weinbau: „Terlaner".
Termin, *m.* [l.], festgesetzter Zeitpunkt; für Gerichtsverhandlung anberaumter Tag.
terminal, *med.* im Endstadium (Krankheit).
Terminal [engl. ′tə:mɪnl „Endstation"],
1) Abfertigungsgebäude, bes. an Flughäfen.
2) *DV:* Datenstation z. Erfassung u. Ausgabe v. Daten.
Termingelder, meist durch Effekten gedeckte Darlehen im Börsengeschäft auf 14 Tage, einen Monat (→ Monatsgeld) oder noch längere Fristen.
Termingeschäfte, zum Tageskurs abgeschlossene Börsengeschäfte, die i. Gegensatz zu *Kassageschäften* nicht sofort, sondern erst zu einem vereinbarten Termin zu erfüllen sind; in Dtld im Wertpapierhandel verboten, im intern. Warenu. Devisenhandel erlaubt.
Terminologie, *w.* [l.-gr.], Gesamtheit von Fachausdrücken eines Gebietes.
Terminus [l.],
1) röm. Gott d. Grenzsteine.
2) Fachbegriff.
Terminus ante quem, Zeitpunkt, *vor* dem etwas liegen muß.
Terminus a quo, Zeitpunkt, *von* dem an, **T. ad quem,** bis *zu* dem gerechnet wird (bei befristeten Geschäften).
Terminus technicus, Fachausdruck.
Termiten, d. Schaben verwandte Insektenordnung (fälschlich: *weiße Ameisen*), in d. Ameisenstaaten ähnlichen Gesellschaften, doch kein Staat mit Männchen u. Weibchen u. d. Männchen am Staatenleben u. der Kastenaufspaltung beteiligt; *T.staaten* bestehen aus Geschlechtstieren („König" u. „Königin", erstere mit von Eiern stark aufgetriebenem Hinterleib) und Arbeitern (Weibchen u. Männchen m. verkümmerten Geschlechtsorganen) mit versch. Aufgaben, z. B. den „Soldaten" mit mächtigen Kiefern; fast alle i. heißen Erdteilen; Gänge und Bauten in totem Holz oder hohe, steinharte Nester (*T.hügel*); Zerstörung von Holzbauten.
Terni, Hptst. d. it. Prov. T. in Umbrien, 110 000 E; Stahl-, Textilind.; Bischofssitz.
Ternitz (A-2630), St. an d. Schwarza, Niederöstr., 15 445 E.
Terpene, Kohlenwasserstoffe d. Pflanzenreichs; im Terpentin und anderen

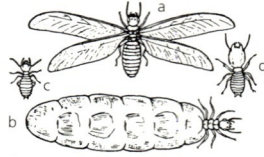

Termiten
a Geflügeltes Weibchen
b Königin
c Arbeiter
d Soldat

Terrakotta-Maske, *3. Jh.*

Welsh-Terrier

Terz

Harzen und in äther. Ölen, wie Kümmel-, Zedern-, Nelkenöl; auch Kampfer ist ein Terpen.
Terpentin, *s.,* Terpentinöl, → Harze.
Terpentinbaum, eine → Pistazie.
Ter-Petrosjan, Lewon (* 9. 1. 1945), s. 1991 armen. Staatspräs.
Terpsichore, griech. → Muse der Chorlyrik.
Terra, *w.* [l.], Erde, Land.
Terrain, *s.* [frz. -′rɛ̃], Gelände.
Terra incognita, („unbekanntes"), unerforschtes Gebiet, Neuland.
Terrakotta, *w.* [it. „gebrannte Erde"], keram. Erzeugnisse aus gebranntem, teils bemaltem, aber urspr. unglasiertem Ton f. Kunst, Kunstgewerbe u. Bauplastik s. d. Antike; → Tanagrafiguren.
Terramaren, bronzezeitl. Siedlungen in Oberitalien.
Terrarium [l.], Behälter zur Haltung und Züchtung von Reptilien und Amphibien.
Terra rossa [it.], → Roterde.
Terra sigillata [l.], Gefäße aus rotgebranntem Ton, bes. der röm. Kaiserzeit, mit *Fabriksiegeln.*
Terrasse, *w.* [frz.],
1) Fels- oder Schotterstufe, Reste des urspr. Flußbettes, Seeufers od. Meeresstrandes.
2) offene Plattform an Gebäuden, ebenerdig od. als gr. Balkon.
Terra verde [it. „grüne Erde"], in d. Maltechnik ungebrannte grüne Erdfarben (Eisensilikate), z. B. *Veroneser Grün;* durch Brennen rotbraun.
Terrazzo, *m.* [it.], Zementboden mit Einlage kleiner Steinchen (z. B. Marmor); meist geschliffen.
Terre des Hommes [frz. tɛr dɛ′ʒɔm], 1960 v. d. Schweiz. Edmond Kaiser gegr. intern. Kinderhilfsorganisation.
terrestrisch [l.], irdisch, die Erde betreffend; Ggs.: *extraterrestrisch,* außerirdisch.
Terrier [engl. -′tɛr-], Hunderassen; → Airedaleterrier, → Foxterrier; auch Irish-, Scotch- (rauhhaarig), Skye-T., Welsh-T. u. a.
territorial [l.], gebietsmäßig, zu einem *Territorium* (Staatsgebiet) gehörig. Ggs.: exterritorial (→ Exterritorialität).
Territorial Army, engl. Landwehr.
Territorialgewässer, das Seegebiet zw. Festland u. vorgelagerten Inseln sowie an Einmündungen v. Flüssen; gehören zum Hoheitsgebiet d. betreffenden Staates; → Dreimeilenzone.
Territorialheer, im Verteidigungsfall unter nat. Befehl stehender Teil d. Heeres, im Ggs. z. Feldheer mit NATO-Unterstellung; soll aber zukünftig friedensmäßig mit dem Feldheer zusammengelegt werden.
Territorialkommando → Bundeswehr.
Territorialprinzip, Gesetzgebung des über das Gebiet herrschenden Staates ist maßgebend.
Territorialreserve, früherer Name d. → Heimatschutztruppe.
Territorialstaaten, fürstl. Landesstaaten; entstanden nach d. Niedergang d. dt. Kaisertums i. MA (Ende 13. Jh.).
Territorium,
1) Gebiet, bes. Staatsgebiet.
2) *Revier,* Eigenbezirk e. Tiers od. e. Tiergesellschaft.

Terror, *m.* [l.], Schrecken(sherrschaft); pol. Gewaltmaßnahme.
terrorisieren, Schrecken verbreiten, einschüchtern.
Terrorismus, zusammenfassender Begriff f. versch. m. Gewaltanwendung (z. B. Entführung, Folterung, Mord) verbundene Aktivitäten meist ideologisch motivierter Vereinigungen od. Gruppen, die ihrer extremist. pol. Zielsetzung auf diese Weise Geltung zu verschaffen suchen; intern. Bestrebungen zur Verhinderung v. Terrorakten haben bisher kaum zu konkreten Maßnahmen geführt; z. Bekämpfung des Terrorismus am 27. 1. 1977 *Anti-Terror-Konvention,* der nach Östr. u. Schweden die BR als dritter Staat beitrat.
Tertia, *w.* [l. „dritte"], *Unter-* u. *Ober-T.,* früher 4. u. 5. Klasse höherer Schulen.
Tertiär, *s.* [l.],
1) in der *Medizin* (*T.stadium*), dritte Krankheitsperiode (z. B. der → Syphilis).
2) in der Geologie (*T.zeit*) erdgeschichtliche Epoche (Zeit der Alpenbildung) → geologische Formationen (Übers.).
Tertiarier/innen → *Dritter Orden.*
Tertium comparationis [l. „das Dritte des Vergleichs"], das Gemeinsame zweier verglichener Dinge.
tertium non datur [l. „ein Drittes gibt es nicht"], i. d. Logik d. Grundsatz, daß e. Drittes zwischen Sein u. Nichtsein desselben Sachverhaltes nicht gibt.
Tertullian (um 160 bis 220 n. Chr.), röm. Kirchenschriftst.; Begründer der lat.-christl. Literatur.
Teruel, Hptst. der nordspan. Prov. T., am Alfambra, 27 000 E; Kathedrale (arab. Ursprungs).
Terylen®, Handelsbez. für synthet. Faserstoff auf d. Basis v. Terephthalsäureglycolester (→ Chemiefasern).
Terz, *w.* [l.],
1) *mus.* 3. Stufe d. Tonleiter u. d. entsprechende Intervall (1: *große;* 2: *kleine;* 3: *verminderte;* 4: *übermäßige* T.).
2) Fechthieb; trifft die rechte Seite des Gegners.
Terzerol, *s.* [it.], kleine Taschenpistole, 19. Jh.
Terzerone, *m.,* → Mischlinge.
Terzett, *s.* [it.], Tonstück für drei Singstimmen.
Terzine, *w.* [it.], Strophe aus drei elfsilbigen jamb. Versen; 1. und 3. Vers durch Reim m. dem 2. d. vorhergehenden Strophe verbunden, der abschließende Vers mit d. 2. d. letzten Strophe.
Terzky, Adam Erdmann (1599–25. 2. 1634), kaiserl. General im 30jährigen Krieg; Vertrauter Wallensteins, zusammen mit ihm am 25. 2. 1634 in Eger ermordet.
Teschen, St. an der poln.-tschech. Grenze, poln. *Cieszyn,* rechts d. Olsa, 31 000 E; tschech. *Těšín,* links d. Olsa, 23 000 E; Holzhandel. – *T.er Gebiet* bis 1920 zu Östr.-Schlesien, zw. Polen u. Tschechoslowakei geteilt.
Tesching, *s.,* kleinkalibrige Handfeuerwaffe.
Tesla, Nicola (10. 7. 1856–7. 1. 1943), serb.-am. Phys.; Erfinder des *T.transformators,* erzeugt *T.ströme:* hochfrequente Ströme sehr hoher Spannung, physiologisch gefahrlos (→ Skin-Effekt); in der Diathermie angewendet.
Tesla, Abk. *T,* SI-Einheit f. magnet. Induktion (1 T = 1 Vs/m^2).

Tessenow, Heinrich (7. 4. 1876–1. 11. 1950), dt. Baumeister u. Designer d. Neuklassizismus; *Festspielhaus* in Hellerau; trat f. e. Reform d. Wohnbaus u. d. Arbeitersiedlung ein. Seit 1946 am Wiederaufbau Rostocks beteiligt.
Tessin, it. *Ticino.*
1) alpiner l. Nbfl. d. Po unterhalb Pavia, vom Sankt Gotthard, durchfließt Lago Maggiore, 248 km l.
2) südlichster Kanton der Schweiz, 2812 km², 305 400 E; Hptst. *Bellinzona*, Kurorte: *Lugano, Locarno.*
Test, *m.* [engl.], Probe: *psych.* Prüfverfahren, das objektive Vergleiche zuläßt; Tests als Verfahren zur Messung psych. relevanter Merkmale müssen *reliabel* (zuverlässig) u. *valide* (gültig f. festgelegtes Merkmal) sein; Intelligenztests (Ergebnisse meist als → IQ), Leistungs-, Persönlichkeitstest.
Testakte, 1673, → Großbritannien, *Geschichte.*
Testament → Erbrecht.
Testamentsvollstrecker, der mit der Durchführung des Letzten Willens Beauftragte.
Testator, der Erblasser.
testieren [l.], beurkunden, bescheinigen (z. B. Kollegbesuch); ein Testament errichten.
Testis [l.], Hoden, → Geschlechtsorgane.
Testnegativ, e. Filmstreifen m. vielen Linien, Strukturen u. grafischen Details; dient zur Scharfeinstellung mit dem Vergrößerungsapparat.
Testosteron, *s.*, in den männlichen → Keimdrüsen gebildetes Hormon.
Testpilot, Einflieger neuer Flugzeugtypen.
Tetanie, neuromuskuläre Übererregbarkeit, Muskelkrämpfe durch Unterfunktion der → Nebenschilddrüsen, Calciummangel oder Alkalienüberschuß (z. B. *Hyperventilationstetanie*), psychisch bedingtes zu schnelles Atmen).
Tetanus [gr.], → Wundstarrkrampf.
Tete, *w.* [frz. tɛːt „Kopf"], *mil.* Spitze eines Truppenverbandes.
Tête-à-tête [tɛta'tɛt], vertrauliches Zusammensein zu zweit.
Teterow (D-17166), am *T.er See* (3,6 km²), Krst. i. M-V., 11 226 E.
Tethys,
1) in d. griech. Sage Gattin d. → Okeanos.
2) *geolog.* vom Paläozoikum bis zum Alttertiär zw. den S- u. N-Kontinenten gürtelförmig d. Erde umspannendes Mittelmeer; durch Kontinentalverschiebung verschwunden.
tetra- [gr.], als Vorsilbe: vier...
Tetrachlorkohlenstoff, CCl₄, farblose, stark lichtbrechende Flüssigkeit; zur Lösung v. Lacken, Harzen, Kautschuk u. Füllung v. Handfeuerlöschern (unbrennbar); an heißen od. glühenden Körpern Zersetzung unter Bildung v. Phosgen (sehr giftig).
Tetracycline, → Antibiotika, die gg. → grampositive u. → gramnegative Erreger, a. → Rickettsien u. Protozoen wirken; reiche Fundstätte → .
Tetraeder, *s.* [gr. „Vierflächner"], regelmäß. Polyeder, von 4 gleichseitigen Dreiecken begrenzt.
tetragonal → Kristall.
Tetragramm, *s.* [gr. „vierbuchstabig"], Bez. d. 4 hebr. Konsonanten

J–H–W–H d. alttestamentl. Gottesnamens Jahwe.
Tetralin®, C₁₀H₁₂, farblose Flüssigkeit; Ersatz-(Lösungs-)Mittel f. Terpentin.
Tetralogie [gr.], Folge von vier zu einer Einheit zusammengefaßten Kunstwerken.
Tetschen, tschech. *Děčín,* nordböhm. St., rechts der Elbe gegenüber Bodenbach, 56 000 E; Hafen.
Tettnang (D-88069), St. i. Bodenseekreis, Ba-Wü., 16 412 E; AG; Neues Schloß.
Tetuán, bis 1956 Hptst. v. Span.-Marokko, marokk. Prov.hptst., 400 000 E; Lederwaren, Textilien.
Tetzel, Johann (um 1465–11. 8. 1519), päpstl. Ablaßprediger; gab Anlaß zu Luthers Thesenanschlag 1517.
Teufe, Bergbau: Tiefe, Sohle.
Teufel, Erwin (* 4. 9. 1939), CDU-Pol., s. 1991 Min.präs. v. Ba-Wü.
Teufel [gr. „diabolos = Verleumder"], Verkörperung d. Bösen; *christl.:* gefallener Engel.
Teufelsei, Hexenei, junge → Stinkmorchel.
Teufelsinsel, *Île du Diable,* eine der drei frz. Salutinseln, *T.inseln,* vor Guayana, früher frz. Deportationsort f. Schwerverbrecher.
Teufelskralle,
1) Gattung der Glockenblumengewächse, krallige Blütenköpfe; z. B. die weiße *Ährige T.* in Wäldern.
2) *Harpagophytum procumbens,* Heilpflanze aus SW-Afrika (*T.ntee*).
Teufelsmaske, b. vielen Naturvölkern als Schrecksymbol f. Kulthandlungen (Tänze usw.); in Dtld im Volksbrauch, bes. zur Fastnachtzeit (Salzburger Perchtenspiel).
Teutoburger Wald, dt. Mittelgebirge nördl. d. Oberlaufs d. Ems: *Osning* u. *Lippischer Wald* m. Barnacken (446 m), aus Kalk- u. Sandstein; nach S anschließend d. Egge. – 9 n. Chr. Sieg des Arminius über Varus (auf d. Grotenburg → Hermannsdenkmal).
Teutonen, german. Volksstamm, urspr. seßhaft an der W-Küste von Schleswig-Holstein; zogen mit den → Kimbern nach Italien.
Teutsch, ev. Sachsen-Bischöfe in Siebenbürgen,
1) Georg Daniel (12. 12. 1817–2. 7. 93) und
2) Friedrich (16. 9. 1852–11. 2. 1933), verfaßten *Geschichte der Siebenbürger Sachsen.*
Texas, Abk. *Tex.,* zweitgrößter US-Staat, am Golf v. Mexiko, m. fruchtbaren Ebenen (Prärien); 691 030 km², 17,5 Mill. E (14% Schwarze); bed. Viehzucht, Hauptbaumwollgebiet N-Amerikas, reiche Erdölvorkommen (über 30% d. am. Produktion), Petroindustrie, Heliumgewinnung (aus Erdgas); Hptst. *Austin.* – 1836 nach Aufstand gg. Mexiko Rep., 1845 Aufnahme in die USA.
Texel, ndl.-westfries. Insel v. d. N-Spitze d. Prov. N-Holland, 184 km², 12 000 E; Landw., Schafzucht; Fremdenverkehr; Hptort *Den Burg.*
Texter, Verfasser von Werbetexten.
textil [l.], die Weberei betreffend.
Textilchemie, Teil der Textilforschung, Erforschung des chem. Aufbaus u. der chem. Eigenschaften der natürl. u. künstl. Fasern sowie der „Veredelungsvorgän-

Tessin

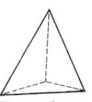
Tetraeder

William Makepeace Thackeray

ge" (Wäscherei, Bleicherei, Färberei, Druckerei, Appretur u. andere Spezialverfahren, z. B. knitterfestes bzw. schrumpffestes Ausrüsten v. Geweben) u. d. Vorgänge bei d. Erzeugung der versch. künstl. Fasern sowie der Beeinflussung ihrer Eigenschaften.
Textilfasern, → Fasern.
Textilgürtelreifen, e. etwas weicherer → Gürtelreifen.
Textilkennzeichnung, Rohstoffangabe; s. 1969 in d. BR gesetzl. vorgeschrieben.
Textkommunikation, Oberbegriff f. d. nachrichtentechn. Übermittlung v. Textnachrichten in kodierter Form (z. B. durch Fernschreiben, Bürofernschreiben, Videotext od. Bildschirmtext).
Textur, *w.* [l.], Gewebe, inneres Gefüge.
Textverarbeitung, Erstellung u. Bearbeitung v. Textdokumenten m. Hilfe e. Computerprogramms.
Th, chem. Zeichen f. → Thorium.
Thackeray [ˈθækəri], William Makepeace (18. 7. 1811–24. 12. 63), engl. realist. Schriftst. v. oft sarkast. Humor; *Jahrmarkt der Eitelkeit; Pendennis.*
Thadden-Trieglaff, Reinold v. (13. 8. 1891–10. 10. 1976), dt. Jurist, nach 1933 führend in d. Bekennenden Kirche; 1949–64 Präs. d. Dt. Ev. Kirchentages.
Thaer, Albrecht (14. 5. 1752–26. 10. 1828), dt. Landwirt; Begründer der wiss. Landwirtschaftslehre in Dtld; *Grundsätze der rationalen Landwirtschaft;* → Statik.
T(h)ai, zersprengte Völkergruppe in W-China u. Hinterindien; heutiges pol. Zentrum → .
Thailand, früher *Siam,* Kgr. in Hinterindien, beiderseits des *Menam* u. auf der malaiischen Halbinsel, am *Golf v. Siam* (Teil d. Südchin. Meeres); Bev.: Thaivöl-

THAILAND	
Staatsname:	Königreich Thailand, Prathet T'hai oder Muang T'hai
Staatsform:	Konstitut. Monarchie
Mitgliedschaft:	UNO, APEC, ASEAN
Staatsoberhaupt:	König Bhumibol Adulyadej (Rama IX.)
Regierungschef:	Chuan Leekpai
Hauptstadt:	Bangkok 5,9 Mill. (Agglom. 10 Mill.) Einwohner
Fläche:	513 115 km²
Einwohner:	58 183 000
Bevölkerungsdichte:	113 je km²
Bevölkerungswachstum pro Jahr:	⌀ 1,12% (1990–1995)
Amtssprache:	Thai
Religion:	Buddhisten (95%), Muslime (4%), Christen
Währung:	Baht (฿)
Bruttosozialprodukt (1994):	129 864 Mill. US-$ insges., 2210 US-$ je Einw.
Nationalitätskennzeichen:	THA
Zeitzone:	MEZ + 6 Std.
Karte:	→ Asien

Thailand

Thailand

ker; Siamesen, Lao u. Schan, ferner Malaien u. Chinesen. **a)** *Geogr.:* Im N gebirgig; fruchtbar; Hptflüsse: *Mekong,* gleichzeitig O-Grenze, u. *Menam.* **b)** *Wirtsch.:* Agrarstaat; landw. Produktion: Reis (1991: 20,0 Mill. t), Mais, Hirse,

Pfeffer, Sesam, Hanf, Kenaf, Tabak, Zuckerrohr, Baumwolle, Kautschuk, wertvolle Hölzer (Teakholz); Fischfang; Zinn, Zink, Antimon, Blei; Ind.: Textilind., elektron. u. chem. Ind., Maschinen- u. Fahrzeugmontage; Bergbau: Eisenerz, Mangan, Wolfram; Tourismus. **c)** *Außenhandel* (1991): Einfuhr 37,19 Mrd., Ausfuhr 28,39 Mrd. $. **d)** *Verkehr:* Eisenbahn 3861 km. **e)** *Verf.* v. 1991: Konstitutionelle Monarchie auf parlamentar.-demokr. Basis m. Senat u. Abgeordnetenhaus. **f)** *Verw.:* 73 Prov. **g)** *Gesch.:* Seit 1782 Taschakri-Dynastie (heute Rama gen.), Ende 19. u. Anfang 20. Jh. Gebietsabtretungen an Frkr. u. Großbrit., 1932 durch Staatsstreich Umwandlung der absoluten in eine konstitutionelle Monarchie; im 2. Weltkrieg v. Japan besetzt; 1950–53 Beteiligung am Koreakrieg, Mil.- u. Wirtsch.-Abk. m. d. USA, 1967–71 Unterstützung d. USA im Vietnamkrieg, 1971 u. 1976 Mil.putsch, Verf. 1976 aufgehoben, 1975/76 Abzug d. am. Truppen; 1977 Nat. Pol. Rat aus Offizieren; Febr. 1991 unblutiger Mil.putsch, Demokratisierung; 1993 Einschränkung d. Militärbefugnisse.

Thailand, *Tänzerinnen*

Thalamus, *m.* [gr.], Sehhügel im Zwischenhirn; wichtige Umschaltstelle u. Koordinationszentrum.

Thalassämie, vorwiegend im Mittelmeerraum vorkommende erbl. Krankheit mit Blutarmut durch fehlerhafte Bildung des roten Blutfarbstoffs (→ Hämoglobin).

Thalassotherapie [gr. „thalassa = Meer"], die im Rahmen d. Meeresheilkunde im Seeklima, m. Meerwasserkuren u. a. durchgeführte Behandlung.

Thale/Harz (D-06502), St. i. Kr. Quedlinburg, an der Bode, S-A., 175 müM, 16 231 E; Stahlwerk, Sägewerke; nahebei *Roßtrappe* u. Hexentanzplatz (Bodetal) m. Schwebebahn.

Thales (um 625–547 v. Chr.), griech. Phil. u. Math., einer der → Sieben Weisen; schuf Naturphilosophie, die im Wasser den Urstoff u. Ursprung aller Dinge sieht; versch. geometr. Sätze, nach ihm ben. *Thales-Kreis.*

Thalia,
1) griech. Muse d. Komödie.
2) eine der drei Chariten.
3) Zeitschrift, 1785–91 hg. v. *Schiller.*

Thalidomid, *Contergan®,* Beruhigungs- und Schlafmittel; wegen embryonaler Mißbildungen (u. a. → Dysmelie) b. Einnahme in d. Frühschwangerschaft 1961 aus dem Handel gezogen.

Thallium, *Tl,* chem. El., Oz. 81, At.-Gew. 204,37, Dichte 11,85; sehr weiches Metall, vorkommend in Spuren d. Sulfiden; T.verbindungen färben d. Flamme grün; als → Rattengift u. zur Herstellung v. stark lichtbrechendem opt. **T.glas** u. in der Feuerwerkerei.

Thalliumsulfid, z. Herstellung v. Fotozellen.

Thalliumvergiftung, durch Haarausfall u. Schweißhemmung gekennzeichnet; T. in manchen Rattengiften.

Thallus [gr.], Pflanzenkörper, der nicht in Stengel, Wurzel u. Blatt gegliedert ist, höchstens äußerlich ähnl. Gebilde entwickelt; z. B. Algen, Pilze, Flechten (*Thallophyten*).

Thälmann, Ernst (16. 4. 1886–28. 8. 1944), dt. Pol.; 1924–33 Vors. der KPD, MdR; 1933–44 im KZ Buchenwald, ermordet.

Thalwil (CH-8800), Gem. i. schweiz. Kanton Zürich, am Zürichsee, 15 000 E.

Thanatos [gr. „Tod"], griech. Gott d. Todes; Sohn d. Nyx (Nacht) u. Bruder d. Hypnos (Schlaf).

Tharandt (D-01737), St. i. Kr. Freital, Sa., 2541 E; forstwirtsch. Fakultät der TU Dresden.

Thasos, gr. Insel d. nördl. Sporaden, vor d. thraz. Küste; 379 km², 13 000 E; gebirgig; Oliven, Weinbau.

Margaret Thatcher

Thatcher [ˈθætʃə], Margaret Hilda (* 13. 10. 1925), engl. Pol.in (Konservative); 1975 Oppositionsführerin, 1979 bis 90 Premiermin.in.

Thaumaturg, *m.* [gr. „Wundertäter"], Beiname mehrerer Hl. d. orthodoxen Kirche.

Thaya, tschech. *Dyje,* r. Nbfl. der March, im niederöstr.-mähr. Grenzgebiet, 288 km lang.

THC, *Tetrahydrocannabinol,* → Haschisch.

Theater → Übersicht und → Tafel Schauspielkunst; → Schaubild Theaterbau.

Theatiner, Abk. *OTheat.,* kath. Regularkleriker, 1524 v. hl. Cajetan u. S. P. Caraffa, d. späteren Papst Pius IV., i. Rom gegr.

Theben,
1) zw. 2100 u. 1100 v. Chr. Hptst. Ägyptens, wegen seiner Größe *das hunderttorige T.* genannt, heute Ruinen: → Luxor.
2) St. in Mittelgriechenland, 16 000 E. – Nach Sieg über Sparta 371–362 v. Chr. kurze Blüte, 335 v. Chr. von Alexander d. Gr. zerstört.

Theiler, Max (30. 1. 1899–11. 8. 1972), am. Med. u. Mikrobiol.; entdeckte Virus des Gelbfiebers (1930) u. Impfstoff zu s. Bekämpfung; Nobelpr. 1951.

Theismus [gr.], Lehre von einem persönlichen Gott, der sich durch Glaube, Offenbarung, Wunder laufend als wirkend erweist; → Deismus.

Theiß, ungar. *Tisza,* größter l. Nbfl. der Donau, aus den Waldkarpaten, durch die niederungar. Tiefebene, 966 km l., 440 km schiffbar; am Unterlauf Kanal zur Donau (südlich Mohács), 123 km lang.

Thema, *s.* [gr.], Leitgedanke (in der Musik als geschlossene melod. Tonfolge); Gegenstand v. Abhandlung od. Werk.

Themis,
1) griech. Göttin der Gerechtigkeit.

Theater

[gr. „Schauspielhaus"], bei allen Völkern entstanden aus dem lebendigen Nachahmungs- u. Spieltrieb des Menschen (→ Mimus). In *Griechenland* (6. Jh. v. Chr.) Ursprung aus dem Dionysosfest; Aufführungen an rel. oder nationalen Festtagen in großen *Amphitheatern,* zu denen das ganze Volk kostenlos Zutritt hatte. Bühne („Proscenium") mit kulissenartiger Rückwand (Skene); Schauspieler nur Männer; Spiel in Gesichtsmasken; Musikbegleitung; Tanz. Theater als Unterhaltungsgewerbe seit 4. Jh.; Ausbildung stehender Rollentypen (der „Schmarotzer", der „dumme Diener"); von *Rom* übernommen. – Im *MA* geistliche Schauspiele (→ Mysterienspiele, → Passionsspiel); zuerst in Kirchen gespielt von Geistlichen, früheste Form: „Tropen" (Mönch Tutilo, St. Gallen, 10. Jh.); zunehmende Verweltlichung, Aufführungen auf Marktplätzen mit eigens gebauten Dekorationen, die die Stationen der Handlung nebeneinander wiedergeben. Bildung von Laien-Spielgesellschaften; Vorführung dauert mehrere Tage. *Renaissance* verwendet zur Wiedergabe der neuentdeckten antiken Dramen (lat. Schultheater) daneben auf einfachen Schaugerüsten mit Vorhang Volkspossen u. Fastnachtsspiele der Meistersinger. Ende des 16. Jh. die ersten Opern („Dafne" von Peri). Unter dem Einfluß des englischen Theaters u. der italienischen Commedia dell'arte im 16. Jh. Aufkommen von Wandertruppen (mit der ständigen Figur des Hanswurst) und stehenden Theatern (→ *Shakespearebühne*): *Guckkastenbühne,* nur nach einer Seite geöffnet, Kulissen u. Soffitten als Abschluß. Im Hochbarock prunkvolle architektonische Dekorationen (Galli-Bibiena); Aufkommen der Oper; hochentwickelte Maschinentechnik für Theatereffekte. Gründung der Comédie-Française (1680). Im 18. Jh. *Hoftheater* mit Rängen; als Zuschauer anfangs nur geladene Gäste (Parkett zunächst ohne Sitzplätze, für die unteren Hofbeamten). Anfänge der Theaterkritik u. Dramaturgie (Lessing). Schauspielervirtuosen (Garrik, Ekhof, Schröder). Hebung der sozialen Stellung des Berufs (Neuberin, Ackermann). Bemühungen um ein *Dt. Nationaltheater:* Hamburger Nationaltheater 1767; Mannheimer Nationaltheater 1779; Goethe als Bühnenleiter in Weimar. Im 19. Jh. das Residenz- oder Stadttheater gesellschaftlicher Mittelpunkt für Adel u. Bürgertum; im Dienste der Dichtung: Immermann (Düsseldorf). Ausbildung von schulebildenden Bühnenstilen: Burgtheater in Wien; Paris; Meiningen; später auch Moskau (Stanislawski). Gastspielreisen; Festspiele (Wagner in Bayreuth). Am Jahrhundertende erste *Volksbühnen.* Zunehmende Bedeutung der Regie: Otto Brahm (Kammerspiel), Max Reinhardt (dynamisches T.). Daneben Entwicklung der Schauspielkunst einzelner Künstler: sprachliche Vollendung (Kainz), ausdrucksvolle Gebärde (Duse), lebenswahre Menschengestaltung (Else Lehmann), Ansätze zu neuen Stilen, dem Charakter der Zeit entsprechend verstandesmäßig-experimentell, Einbeziehung von Film u. Technik (Piscator u. Tairoff); literarisches Experimentiertheater (Studio). Antiillusionistische Revolution seit 1910, grundlegend: Brechts Theorie des „epischen Theaters". Dekorationsbauten: Jessner (Treppenstil), später kubistische u. futuristische Bühnenaufbauten, erneuerte Shakespearebühne, Vorhangdekorationen, Lichtkegeleffekte. – Seit den

Thyroxin, s., eines d. Hormone der → Schilddrüse.
Thyrsos, m. [gr.], mit Efeu u. Weinlaub umkränzter, in e. Kienzapfen auslaufender Stab des Dionysos u. d. → Mänaden.
Thyssen,
1) August (17. 5. 1842–4. 4. 1926), dt. Industrieller; Begr. d. späteren T.-Konzerns (Eisen u. Kohle), nach 2. Weltkrieg aufgelöst, 1953 neu gegr.; s. Sohn
2) Fritz (9. 11. 1873–8. 2. 1951), dt. Industrieller; nach ihm ben. die F.-T.-Stiftung z. Förderung v. Wiss. u. Forschung, 1960 gegr.
Ti, chem. Zeichen für → Titan.
Tiahuanaco, indian. Ruinenstadt am Titicacasee in Bolivien, Blütezeit um 300–600 n. Chr.
Tia Maria, Likör a. Jamaika a. Rum u. Gewürzen; Verwendung i. Cocktails u. Desserts.
Tiamat, w., babyl. Urmutter d. Alls u. Personifikation d. Salzmeeres. Nach d. *Enuma elisch* bildete Gott Marduk aus ihrem Leib Himmel u. Erde.
Tianjin [tjɛndʒn], früher *Tientsin,* chin. Hafenst., am Hai He, 8,8 Mill. E; Uni.; Ind., bes. Schiffsbau; Bahnknotenpunkt.
Tian Shan [tɪɛnʃan], *Tien-schan, Himmelsgebirge,* zentralasiat. Gebirgszug (nö. Ausläufer des Pamir), im Grenzgebiet von Xinjiang u. der Sowjetunion, 2000 km lang (*Pik Pobedy* 7439 m); zahlreiche gr. Gletscher, bis 70 km lang.
Tiara, w. [gr.], urspr. hohe, spitz zulaufende Kopfbedeckung mit Goldreif (*Kidaris*) der pers. Könige; päpstl. Krone (Abb.), seit 1300 dreireifig (Hirten-, Lehr- und Priesteramt), s. 16. Jh. mit Reichsapfel und Kreuz.
Tiber, it. *Tevere,* größter Fl. Mittelitaliens, a. d. Etrusk. Apennin, durchfließt Campagna, m. Delta unterhalb Roms ins Tyrrhen. Meer, 393 km l.
Tiberias, arab. *Tabarije,* isr. St. am W-Ufer des Sees Genezareth (*T.see*), 31 000 Einwohner.
Tiberius, Claudius Nero, röm. Kaiser 14–37 n. Chr.; als Feldherr erfolgreich in Kämpfen mit Germanen; starb zurückgezogen auf Capri.
Tibet, tibet. *Bodjul,* chin. *Xizang,* größtes Hochland d. Erde, in Zentralasien, ca. 3 Mill. km². **a)** *Geogr.:* Zahlr. westöstlich ziehende Gebirgsketten d. Kunlun, Karakorum, Transhimalaja, bis 8000 m ansteigend; dazw. ausgedehnte, meist über 4000 m hohe, schuttgefüllte Hochbecken, das Hochland Changdong in Mitteltibet, mit zahlr. abflußlosen Salzseen (Nam Co, Horpat Co, Siling Co u. a.), trockenes Hochlandklima, unwirtlich, nur geringe Vegetation, im NO das Tshaidambecken (Steinwüste, Salzsumpf) u. d. Kukunor (See); im S d. Flußtäler des oberen Indus u. des Tsangpo (Brahmaputraoberlauf), im O mit tief eingeschnittenen Tälern d. Oberläufe v. Huang He, Chang Jiang, Mekong, Saluën; Wald und Matten an den Hängen. **b)** *Bev. u. Wirtsch.:* Nomadisierende und seßhafte lamaistische *Tibeter (Baddschi)* betreiben Viehzucht (Jak, Kamel, Moschusochse), in den südl. Tälern (bis 3400 m) Getreideanbau (Weizen) u. Obstbau (Aprikosen, Pfirsiche, Walnüsse); systemat. Aufbau eines Verkehrsnetzes, Bewässerungsprojekte und Erschließung der Bodenschätze. **c)** *Pol. Gliederung:* Im W d. früher lamaistische Priesterstaat T., s. 1951 autonome Region der VR China, 1,2 Mill. km², 2,03 Mill. E; Hptst. *Lhasa;* d. frühere Priesterhierarchie, in der die lamaistischen Klöster die beherrschende Rolle spielten, endete nach d. gewaltsamen chin. Annexion im Jahre 1950; der Dalai-Lama flüchtete 1959 nach e. gescheiterten Aufstand nach Indien. **d)** *Gesch.:* Im 7. Jh. mächtiges Kgr.; Einführung d. Buddhismus nach Indien, im T. zum Lamaismus entwickelte; wiederholte Beherrschung durch Mongolen und Mandschuren.
tibetische Sprache → Sprachen, Übers.
Tibia, w. [l.],
1) Schienbein.
2) röm. Doppeloboe.
Tibullus, Albius (um 50–19 v. Chr.), römischer Elegiendichter.
Tic, m. [frz.], *Tick,* unwillkürl. Gesichts- und Körperzuckung.
Ticino [tiˈtʃi-], it. Name des → Tessin.
Ticket, s. [engl.], Fahr-, Einlaßkarte.
Tie-Break, m. [engl. ˈtaibreik], *Tennis:* nach best. Regeln gekürzter Satz, um überlange Spielzeiten zu vermeiden.
Tieck,
1) Christian Friedrich (14. 8. 1776 bis 12. 5. 1851), dt. Bildhauer d. Klassizismus; u. a. *21 Büsten* (in d. Walhalla bei Donaustauf); s. Bruder
2) Ludwig (31. 5. 1773–28. 4. 1853), dt. Dichter d. Romantik; Märchen: *Phantasus;* Novellen u. Romane; übersetzte Cervantes; vollendete mit s. Tochter *Dorothea* u. → Baudissin die Shakespeare-Übertragung A. W. Schlegels.
Tief, s., svw. → Tiefdruckgebiet.
Tiefbau, Straßen-, Brücken-, Bahn-, Wasser-, Kanalisationsbau und -planung; Ggs.: Hochbau.
Tiefbohrung, zur Untersuchung geophys. u. geolog. Verhältnisse zwecks Förderung v. Erdöl, Wasser usw.: Bohrer auch mit Diamantenbesatz, mit Bohrdrehbewegung, schneiden Bohrkern m. Gesteinsproben heraus; üblich jedoch Spülbohr- und Stoßbohrung; tiefstes Bohrloch ca. 14 000 m (Erbendorf i. d. Oberpfalz).
Tiefdruck → Druck.
Tiefdruckgebiet, Gebiet mit einem barometr. Minimum; Gebiet des niedrigsten Luftdrucks heißt *Kern;* in Tief geschlossene → Isobaren, Strömung im Gegensinn des Uhrzeigers, Zusammentreffen versch. → Luftmassen; tiefster bisher auf der Erde gemessener Luftdruck 873 hPa in einem Taifun im Pazifik Sept. 1958.
Tiefengesteine, svw. → Plutonite.
Tiefenpsychologie, Begriff f. Psychodynamik (Beschreibung unbewußter Wünsche u. Konflikte); Vertr.: → Freud, → Adler, → Jung.
Tiefenschärfe → Schärfentiefe.
Tiefgang, Abstand zw. Kiel und Wasserlinie eines Schiffs.
Tiefgußstahl → (Guß-)Stahl.
Tiefschlag, beim Boxen Schlag unter die Gürtellinie; führt zur Disqualifikation.
Tiefsee, landfernes Meer von über 3000 m Tiefe außerhalb des → Kontinentalhangs (→ Bathyscaph; → Tafel Fische).
Tiefstart, im Kurzstreckenlauf Start aus Kauerstellung unter Verwendung von Startblöcken.
Tiefurt (D-99425), Vorort von Weimar, an der Ilm; Schloß (Sommersitz der Hzgn Anna Amalia) mit Park; v. Goethe häufig besucht und erwähnt.
Tiegeldruckpresse, Buchdruckmaschine, bei welcher ein Tiegel gegen die senkrecht stehende, von Walzen eingefärbte Druckform schwingt; für Akzidenzdruck.
Tien, chin. sichtbarer Himmel u. Himmelsgott, als dessen Sohn, Tien-tse („Sohn d. Himmels"), sich d. Kaiser verstand.

Tiara

Tiepolo [ˈtje-], venezian. Malerfamilie d. Rokoko:
1) Giovanni Battista (5. 3. 1696–27. 3. 1770), hatte durch s. Ölgemälde, Fresken, Zeichnungen e. starken Einfluß auf d. europ. Malerei d. 18. Jh.; tätig in versch. it. Städten, in Würzburg (Fresken in d. Residenz) u. Madrid (Fresken im Königsschloß); s. ältester Sohn
2) Giovanni Domenico (30. 8. 1727 bis 3. 3. 1804).

Ludwig Tieck

Tierarzneikunde, Tierheilkunde, *Veterinärmedizin,* umfaßt d. Lehre v. d. Krankheiten der Haustiere u. ihrer Heilung; tierärztl. Hochschule in Hannover, Fakultäten in Berlin, Gießen, Hannover, Leipzig, München; Ausübung der Praxis als **Tierarzt** nur nach staatl. Bestallung.
Tiere,
1) *jur.* gelten s. 1. 9. 1990 nicht mehr als Sachen, wenn auch d. Anwendbarkeit d. Sachenrechts bis auf Ausnahmen bestehenbleibt. Haustiere, d. nicht zu Erwerbszwecken gehalten werden, sind nicht mehr pfändbar.

Tiepolo, *Sonnenrosse*

2) *naturwiss.* die Lebewesen, die im Ggs. zu d. meisten Pflanzen (Ausnahmen: Pilze, Schmarotzer) auf organische Nahrung angewiesen sind; b. vielzelligen Tieren Oberflächenausbreitung nach innen (Leibeshöhle) statt nach außen wie b. Pflanzen. *Einteilung:* zoologisches System; auch → Art.
Tiergeographie, Einteilung d. Tierwelt in Faunenreiche, also Großregionen m. charakterist. Übereinstimmungen v. Tiergruppen. Die *Holarktis* umfaßt Eurasien u. N-Afrika (*Paläarktis*) sowie N-Amerika bis zum Rio Grande (*Nearktis*), die *Orientalis* im wesentl. S-Asien, die *Australis* den Kontinent Australien, Neuguinea und Inseln, die *Äthiopis* (*Afrotropis*) Afrika s. d. Sahara.
Tierhalter, wer einem Tier auf eine gewisse Dauer im eigenen Interesse Obdach und Unterhalt gewährt, auch wenn d. Tier fremdes Eigentum ist.
Tierhalterhaftung, Schadenersatzpflicht des Tierhalters bei Personen- od. Sachschäden durch Tiere; bei Schäden durch Haustiere nur, wenn Verschulden des Tierhalters vorliegt.

Tierkreis, *hebräische Beschriftung*

Tierkohle → Aktivkohle.
Tierkreis, *Zodiakus,* gedachter Gürtel beiderseits der → Ekliptik, in dem sich Sonne, Mond und Planeten bewegen, durch die 12 T.zeichen in gleiche Teile geteilt: *Frühlings-T.-Z.:* Widder, Stier, Zwillinge; *Sommer-T.-Z.:* Krebs, Löwe, Jungfrau; *Herbst-T.-Z.:* Waage, Skorpion, Schütze; *Winter-T.-Z.:* Steinbock, Wassermann, Fische; die T.zeichen decken sich heute nicht mehr, wie vor etwa 2200 Jahren, mit den entsprechen-

den Sternbildern (→ Präzession): z. B. das Zeichen des Widders fällt heute fast mit dem Sternbild d. Fische zusammen.
Tierkreislicht → Zodiakallicht.
Tierpsychologie, veraltete Bez. für → Ethologie; → Verhaltens-Forschung.
Tierquälerei, strafb. unnötiges Quälen od. rohes Mißhandeln eines Tieres (Tierschutzgesetz vom 24. 7. 1972).
Tierschutzvereine, in Dtld s. 1837; Ziele: Erziehung bes. der Jugend zur Achtung vor dem Leben u. Vermeidung jeder unnützen Quälerei der wehrlosen Kreatur; gg. Vivisektion u. inhumane Schlachtmethoden; s. 1971 in der BR Tierschutzgesetzgebungs-Kompetenz b. Bund.
Tiers état, m. [frz. tjɛrzeˈta], svw. → Dritter Stand.
Tierseuchen, ansteckende, leicht übertragb. Krankheiten der Haustiere od. des Wildes (Wildseuchen). Nach dem *Viehseuchengesetz* vom 26. 6. 1909 bes. Maßnahmen zur Verhütung d. Einschleppung (Untersuchung bei Grenzübertritt, amtstierärztl. Bescheinigung vom Herkunftsort) u. Weiterverbreitung (Sperre von Stall, Gehöft u. Ortschaft; Desinfektion und Kadaverbeseitigung). Anzeigepflichtig u. a.: Rauschbrand, Milzbrand, Rinderpest, Rotz, Lungenseuche (Rinder), Maul- u. Klauenseuche, Tollwut. – Gewährsfristen für folgende T. und Hauptmängel: Dämpfigkeit, Dummkoller, period. Augenentzündung, Lungenseuche, allg. Wassersucht, Räude, Trichinen, Finnen, Rotlauf, Schweinepest, Koppen, Tuberkulose, Rotz.
Tierzeichen → Astrologie (Abb.).
Tierzucht → Übersicht.
Tietz, *Dietz,* Ferdinand (get. 5. 7. 1709 bis 17. 6. 77), dt. Rokoko-Bildhauer, bes. i. Dienst d. Familie → Schönborn; Gartenfiguren in Veitshöchheim, Trier u. Brühl.
Tiffany [ˈtifəni], Louis Comfort (18. 2. 1848–17. 1. 1933), am. Maler, Designer u. Kunsthandwerker d. Jugendstils; hpts. Glasprodukte (erfand das irisierende *Favrile-Glas*).
Tiflis, *Tbilissi,* Hptst. d. Rep. Georgien an der Kura, 1,3 Mill. E; Uni.; Theater, Museum; Ind.; Mineralquellen.
Tiger, gelbbraune, schwarz gestreifte Raubkatze Asiens. Mehrere Unterarten, z. B. *Königs-* od. *Bengal-T.* (Vorderindien), *Sibir. T.* (größer u. heller).
Tigerkatzen, kleinere Katzenraubtiere (z. B. → Ozelot, → Serval).
Tigris, vorderasiat. Strom, aus dem armen. Hochland, durch Mesopotamien, 1899 km l.; vereinigt sich mit Euphrat zum → Schatt el-Arab.
Tijuana [-ˈxŭa-], St. in Mexiko, an d. kaliforn. Grenze, 743 000 E.
Tikal, Ruinen einer Stadtanlage d. *Mayas* m. Tempeln u. Palästen i. Urwald Guatemalas (600 v. Chr.–900 n. Chr.).
Tilburg, ndl. St. in d. Prov. Nordbrabant, 155 000 E; Trappistenabtei; Zoo, Museen; HS f. Volkswirtsch., Textil- u. Maschinenind., Zigarren.
Tilde, *w.,* Aussprachezeichen: ~, auf span. ñ für Aussprache ɲ od. nj, auf portugies. ã, õ für nasale Aussprache; auch õ im Estnischen f. Laut zw. *a* u. *æ*.
Tilgung → Amortisation.
Tillich, Paul (20. 8. 1886–22. 10. 1965), dt. ev. Theol. u. Phil.; systemat. Theol.

Tillier [tiˈlje], Claude (10. 4. 1801 bis 18. 10. 44), frz. Schriftst.; satir. Sittenroman: *Mein Onkel Benjamin.*
Tilly, Johann Gf v. (1559–30. 4. 1632), Feldherr der Kath. Liga → Ferdinands II. im 30jähr. Krieg; zerstörte Magdeburg 1631, von → Gustav II. Adolf bei Breitenfeld besiegt.
Tilsit, *Sowjetsk,* russ. St. an d. Memel, im nördl. Teil d. ehem. Ostpreußens, 40 000 E; Umschlaghafen; Eisengießereien, Maschinenbau, Käsefabrikation. – 1807 preuß.-frz. Friede: Preußen westl. der Elbe an Frkr.; Danzig u. die aus d. poln. Teilungen stammenden Besitzungen (außer Westpreußen) an Rußland.
Timbre, *s.* [frz. tɛ̃ːbr(ə)], *mus.* Klangfarbe d. Gesangsstimme.
Timbuktu, *Tombouctou,* Handelsst. in der Rep. Mali am S-Rand der Sahara, 15 km nördl. v. Niger (Hafen: *Kabara*), 19 000 E; Flughafen. – Im 11. Jh. gegr., 1894–1958 französisch.
Times, The [engl. ðə ˈtaɪmz „die Zeiten"], englische Tageszeitung, → Presse, Übers.
Timing [engl. ˈtaɪm-], Wahl od. Berechnung e. günstigen Zeitpunktes; *techn.* (zeitl.) Steuerung.
Timișoara [-ˈʃŏara], ungar. *Temesvár,* Hptst. d. rumän. Region Banat, 352 000 E, vor 2. Weltkrieg ca. 50% dt.; griech.-orthodoxes u. röm.-kath. Bistum; Metall- u. Textilind.; Viehhandel. – Vor 1921 ungar.
Timm [niederdt. Kurzform zu Dietmar], m. Vn.
Timmendorfer Strand (D-23 669), Gem. i. Kr. Ostholstein, Ostseeheilbad an der Lübecker Bucht, Schl.-Ho., 8639 E.
Timmermans, Felix (5. 7. 1886–24. 1. 1947), fläm. Dichter, Zeichner u. Maler; *Pallieter; Jesuskind in Flandern; Der Pfarrer vom blühenden Weinberg.*
Timokratie [gr.], Staatsverfassung d. griech. u. röm. Antike, Zuteilung v. Staatsbürgerrechten nach Vermögen bzw. Steuern.

Timur, *indische Miniatur*

Schopf-Tintling

Tintoretto, *Merkur mit den Grazien* (Palazzo Ducale, Venedig)

Tierzucht

Viehzucht, ist die Vermehrung ausgewählter Haustiere nach den Erkenntnissen der *Vererbungs*wissenschaft. Die Auswahl erfolgt im Hinblick auf ein bestimmtes Ziel: Steigerung d. Leistungen (z. B. Milch, Fleisch, Fett, Eier, Wolle). – Während aber der Pflanzenzüchter zumeist schon in wenigen Jahren sichtbare Erfolge erzielen kann, ist dies f. die Tierzucht bei der langsamen Generationsfolge u. d. verhältnismäßig geringen Zahl d. Nachkommen sehr viel schwieriger. Die künstl. Besamung, die es ermöglicht, von Vatertieren, deren Erbwert als gut erkannt worden ist, eine sehr viel größere Anzahl von Nachkommen als durch den natürlichen Deckakt zu erzielen, kann diesen Nachteil etwas verringern. Zur Erfassung d. f. die Selektion allein entscheidenden Erbwertes genügt aber keineswegs die Beurteilung des Einzeltieres, es müssen auch die Stellung innerhalb der Familie und die Leistungen der Nachkommenschaft beachtet werden. Die Gentechnologie zeigt auch in der Viehzucht neue Perspektiven auf. – Neben der Erbanlage beeinflussen die Umweltbedingungen, an erster Stelle d. Ernährung, den Leistungsstand der Tiere. Häufig sind unbefriedigende Leistungen auf Vernachlässigung der Pflege, Haltung und Unterbringung, nicht auf unzureichende züchterische Arbeit zurückzuführen.

Viehbestand BR 1994 (in Mill.): Rinder 15,962; Schweine 26,044; Schafe 2,360; Geflügel: Hühner 96,0, Gänse 0,592, Enten 1,754, Truthühner 6,391.

Tiger

Timor, größte d. Kleinen Sundainseln, 33 600 km², 2 Mill. E; Ausfuhr: Kaffee, Kopra; der W zu Ost-→ Indonesien, 18 700 km², ehem. ndl. Kolonie; Hpt.- u. Hafenst. *Kupang* (403 000 E); der O, ehem. portugies. Kolonie, 14 874 km², 698 000 E, erst s. 1976 nach blutigem Bürgerkrieg indones. Prov.; Hpt.- u. Hafenst. *Dili* (85 000 E).

Timoschenko, Semion (Febr. 1895 bis 1. 4. 1970), sowj. Marschall; 1925–40 Volkskommissar f. Verteidigung; 1941 bis 43 Armeeführer.

Timur, T.-Leng (d. h. ,,T. der Lahme"), *Tamerlan* (1336–1405), letzter großer Mongolenherrscher; dehnte in verheerenden Zügen seine Macht 1394 bis Moskau, 1398 bis Gangesmündung, 1401 bis Ägypten aus. Nach seinem Tode zerfiel das Riesenreich.

Tina [urspr. Kurzform zu Christina, Bettina u. a.], w. Vn.

Tinbergen,
1) Jan (12. 4. 1903–9. 6. 1994), ndl. Wirtschaftswiss.; (zus. m. R. Frisch) Nobelpr. 1969.
2) Nikolaas (15. 4. 1907–21. 12. 88), ndl. Zoologe; Forschungen z. Ethologie; Nobelpr. f. Medizin 1973.

Tindemans, Leo (* 16. 4. 1922), belg. Pol. (CVP); 1974–78 Min.präs.; s. 1976 Präs. d. Eur. Volkspartei.

Tinea, w. [l. ,,nagender Wurm"], Sammelbezeichnung f. Fadenpilzerkrankungen d. Haut.

Ting, Samuel Chao Chung (* 27. 1. 1936), am. Phys. chin. Abstammung; (zus. m. B. Richter) Nobelpr. 1976 (Erforschung d. → Quarks).

Tinguely [tɛ̃g'li], Jean (22. 5. 1925 bis 30. 8. 91), schweiz. Bildhauer; → kinetische Kunst, → Happening.

Tinktur, w. [l.], mit Alkohol, Aceton od. Wasser hergestellte pflanzl. od. tierische Auszüge; auch für (alkohol.) Lösungen (z. B. Iod-T.); für äußerl. od. innerl. Anwendung.

Tinnitus, Ohrgeräusche.

Tinte, *Eisengallus-T.* (Galläpfelauszug mit Eisensalzen); auf dem Papier Entstehung d. schwarzen Farbe durch Oxidation an der Luft; sehr echt im Ggs. zu Blauholz- u. Teerfarben-T.: *sympathetische T., Geheim-T.:* Schrift erscheint erst durch Erwärmen oder durch chem. Mittel; auch → *Kopiertinte.*

Tintenfische, Kopffüßer, Meeresweichtiere mit ausgebildetem Kopf, entwickelten Augen, sackartigem Körper; um den Mund 8 bis 10 z. T. m. Saugnäpfen besetzte Arme zum Festhalten v. Beutetieren; schwimmen rückwärts: Antrieb durch Ausstoßen des Atemwassers; machen sich vor Feinden unsichtbar durch Entleerung der braunen Flüssigkeit (*Sepia*) des Tintenbeutels; viele mit überwachsener kalkiger Rückenplatte (*Schulp*); kleinste Formen 20 cm, bis zu d. größten (*Kraken*) bis 18 m lang.

Tintlinge, Blätterpilze, lösen sich absterbend tintig zerfließend auf; z. B. *Schopf-Tintling.*

Tintoretto, eigtl. *Jacopo Robusti* (Sept. od. Okt. 1518–31. 5. 94), venezian. Maler d. Manierismus; *Tafelbilder* (u. a. in d. Kirchen S. Giorgio Maggiore u. Madonna dell'Orto); *Bildnisse, Fresken* (u. a. in d. Scuola di San Rocco).

Tippett ['tipit], Michael (* 2. 1. 1905), engl. Komponist; tonal gebundene Musik; Oratorium *A Child of Our Time* (1944).

TIR, Abk. f. **T**ransport **I**nternational de Marchandises par la **R**oute; intern. Abkommen über unverzollte Waren, die unter Zollverschluß durch mehrere Länder transportiert werden.

Tirade, w. [frz.], hochtrabende Phrase.

Tiramisù [it. ,,ziehe mich hinauf"], Löffelbisquits m. Espresso, Amaretto, Eigelb, Mascarpone u. Kakaopulver.

Tirana, alban. *Tiranë,* Hptst. v. Albanien, 251 000 E; Seiden- u. Teppichweberei.

Tiraspol, St. i. d. Rep. Moldawien, links am Dnjestr, 184 000 E.

Tiresias → Teiresias.

Tiro, Privatsekr. Ciceros, Sklave, später freigelassen, *stenographierte* seine Reden: **T.nische Noten** → Kurzschrift.

Tirol, Alpengebiet (Ötztaler, Stubaier, Zillertaler Alpen, Hohe Tauern, Ortler, Dolomiten) m. zahlr. Tallandsch. (Inn, Lech, Drau, Etsch, Eisack) zw. d. Nördl. Kalkalpen u. d. Südtiroler Dolomiten. – Im 11. Jh. Gft, 1363 durch Margarete Maultasch a. d. Habsburger; 1806 an Bayern; 1809 Aufstand gg. Frkr. u. Bayern unter Hofer; 1814 östr.; 1919 durch Vertrag v. St-Germain geteilt in:
1) *Nord-T.* (nördl. d. Linie Reschenscheideck–Brennerpaß–Dreiherrenspitze) u. *Ost-T.* (südl. d. Hohen Tauern), das östr. Bundesland *T.,* 12 648 km², 658 312 E; Hptstadt *Innsbruck;* hpts. Wald-, Viehwirtschaft u. Fremdenverkehr;
2) → *Südtirol.*

Tirpitz, Alfred v. (19. 3. 1849–6. 3. 1930), dt. Großadmiral u. Pol.; Schöpfer der dt. kaiserlichen Kriegsflotte.

Tirschenreuth (D-95643), Krst. im Rgbz. Oberpfalz, Bay., 10 012 E; AG; Porzellan- u. keramische Ind.

Tirso de Molina, eigtl. *Gabriel Téllez* (um 1571–12. 3. 1648), span. Dramatiker u. Theologe; *Don Juan; Don Gil mit den grünen Hosen.*

Tirthankara [sanskr. ,,Furtbereiter"], jainist. Ehrenname d. Mahavira u. aller 24 Welterleuchter.

Tiruchirapalli, St. i. südind. Bundesst. Tamil Nadu, 387 000 E; in d. Nähe *Mettar-Staudamm,* einer der höchsten d. Welt.

Tiryns, frühgeschichtlich mykenische Herrscherresidenz im östlichen Peloponnes; Reste der Burg von *Schliemann* und *Dörpfeld* ausgegraben.

Tischbein, dt. Malerfamilie, u. a.
1) *Johann Heinrich, d. Ä.* (14. 10. 1722 bis 22. 8. 89), Hofmaler (Kassel); s. Neffe
2) *Johann Heinrich Wilhelm* (15. 2. 1751–26. 6. 1829), klassizist. Maler; *Goethe in der Campagna* (Frankfurt, Städel).

Tischtennis, Rückschlagspiel zw. 2 (Einzel) od. 4 (Doppel) Spielern auf einer 274 x 152,5 cm gr. Tischplatte (Höhe 76 cm); 2,40–2,53 g schwerer weißer Celluloidball wird m. einem Holzschläger m. elastischem Belag über ein 15,25 cm hohes Netz so i. d. Feld d. Gegners geschlagen, daß dieser ihn nicht der Regel gemäß zurückspielen kann.

Tiselius, Arne Wilhelm Kaurin (10. 8. 1902–29. 10. 71), schwed. Chemiker; Elektrophorese als Analysemethode v. hochmolekularen organ. Verbindungen; Nobelpr. 1948.

Tintenfisch

Tirol

Titan, Aufnahme der Raumsonde Voyager 2

Marschall Tito

Tisza ['tisɔ],
1) *Kálmán v.* (10. 12. 1830–23. 3. 1902), 1875–90 ungar. Min.präs. (Ausgleich m. Östr.); s. Sohn
2) *Stephan Gf v.* (22. 4. 1861–31. 10. 1918), 1903–17 wiederholt Min.präs.; deutschfreundlich, ermordet.

Titan,
1) größter Mond d. Saturn, ca. 5150 km Durchmesser, Oberflächentemperatur ca. –180 °C; verfügt über e. Atmosphäre.
2) s., Ti, chem. El., Oz. 22, At.-Gew. 47,90, Dichte 4,51; sehr widerstandsfähiges Leichtmetall, i. d. Mineralien Rutil u. Anatas u. als T.eisen, ritzt Glas u. Stahl; T.verbindungen f. gelbe Porzellanfarben; die T.stahl u. a. zu Werkzeugen u. Eisenbahnrädern, T.metall wegen Hitze- u. Korrosionsbeständigkeit bes. im Flugzeug- u. Raumfahrzeugbau; Titandioxid als Weißpigment in Anstrichfarben.

Titanen, griech. Göttergeschlecht, Kinder der *Gäa* (Erde) und des *Uranos* (Himmel).

Titanic [taɪˈtænk], engl. Luxusschiff; sank 1912 auf seiner Jungfernfahrt nach Zusammenstoß mit einem Eisberg im N-Atlantik; 1503 Tote.

titanisch, gewaltig (sich empörend, aufbäumend).

Titanit,
1) → Silicatmineral, Calcium-Titan-Silicat.
2) ® → Hartmetalle.

Titankameras, Kameragehäuse aus Titan gefertigt; extrem robust, sehr leicht.

Titanweiß, pulverförmiges *Titandioxid* (TiO$_2$); weiße Anstrichfarbe.

Titel, m. [l.],
1) Amts- u. Standesbez.
2) durch T.schutz gegen unerlaubte Verwendung, Nachahmung u. verwechselbare Bez. geschützte Benennung einer Schrift oder eines Kunstwerks.
3) → Vollstreckungstitel.
4) svw. Rechtstitel (*Rechts-T.*).

Titer, m. [frz. ,,titre"], gibt in → Denier die Stärke v. Chemiefasern und Seide an (z. B. Titer 120 *den* bedeutet, daß 9000 m Garn 120 g wiegen).

Titicacasee, in den Anden von Peru u. Bolivien, 3810 müM, 8288 km², 272 m tief.

Titisee, See im badischen Schwarzwald, im Feldberggebiet, 846 müM, bis 40 m tief, 1,08 km², 1950 m lang; mit Luftkurort *T.*

Titisee-Neustadt (D-79822), 1971 vereinigt, St. i. Kr. Breisgau-Hochschwarzwald, Ba-Wü.; Kneipp- u. heilklimat. Kurort, 11 957 E; Papier-, Holz-, Metall-, Textilind.

Titius-Bodesche Reihe, Gesetz f. d. Abstände der Planeten v. d. Sonne.

Tito, eigtl. *Josip Broz* (25. 5. 1892–4. 5. 1980), jugoslaw. Marschall; nach 1941 kommunist. Partisanenführer gg. dt. Besatzung; 1945 Min.präs. u. Verteid.min., Vors. der KP der Volksrepublik Jugoslawien; s. 1953 Staatspräs.

Titograd → Podgorica.

Titration, *titrieren* [frz.], Methode der quantitativen chem. Analyse (Maßanalyse); Bestimmung durch Messen der Menge einer Lösung bekannten Gehalts, die mit dem zu bestimmenden Stoff reagiert (Neutralisation; Oxidation mit Kaliumpermanganat- oder Iod-Lösung;

Bildung eines Niederschlags, u. Feststellen des Endpunktes der Reaktion, meist d. Farbänderung eines Indikators.

Titular-, nur dem Titel, nicht dem Amt nach (z. B. *T.professor, T.bischof*).

Titurel, König und Hüter d. heiligen Grals in d. Sage; *Titurel*-Fragmente von Wolfram v. Eschenbach.

Titus, *T. Flavius Vespasianus,* röm. Kaiser 79–81 n. Chr., zerstörte im Auftrag seines Vaters Vespasian 70 n. Chr. Jerusalem; Denkmal seines Triumphs: *Titusbogen* in Rom; vollendete → Kolosseum.

Tituskopf, nach dem röm. Kaiser Titus; ganz kurz geschnittenes, gelocktes Haar.

Tityos, *m.,* griech. Riese, der sich an → Leto vergreifen wollte u. deshalb i. d. Unterwelt Qualen erdulden muß: zwei Geier zerhacken seine ständig nachwachsende Leber.

Tivoli,
1) Name v. Vergnügungsparks, z. B. in Kopenhagen.
2) it. St., nahe Rom, am Aniene (m. 96 m hohen Wasserfällen), 54 000 E; Villa d'Este.

Tizian, eigtl. *Tiziano Vecellio* (um 1477 od. 88/90–27. 8. 1576), venezian. Maler d. Hochrenaiss., Hofmaler u. a. Kaiser Karls V.; verschmolz zeitgenöss. Kompositionsprinzipien u. die charakterist. venezian. Gestaltung v. Licht u. Farbe zu grandiosen Meisterwerken v. durchgeistigter Lebenskraft u. prachtvoll leuchtendem Kolorit; s. Bildform u. bes. s. Maltechnik wirkten anregend auf die europ. Malerei auch d. Barock u. bis ins späte 19. Jh.; Altargemälde (u. a. *Mariä Himmelfahrt; Dornenkrönung; Pietà*), mytholog. und allegor. Darstellungen (u. a. *Himmlische u. irdische Liebe; Venus v. Urbino; Danaë*), Bildnisse (u. a. *Aretino; Clarice Strozzi; Papst Paul III. u. seine Neffen*).

Tjost, *w.* od. *m.,* ritterl. Einzelkampfspiel zu Pferde im MA.

Tjuringa, *Tjurunga,* austral. Seelenholz od. Schwirrholz d. Aborigines als Träger d. Lebenskraft f. Besitzer u. Ahnen.

Tl, *chem.* Zeichen f. → *Thallium.*

Tlaloc, *m.,* indian. Wasser- u. Regengott d. Azteken.

T-Lymphozyten, Untergruppe der → Lymphozyten, die zu d. weißen Blutkörperchen gehören. Von diagnost. Bedeutung sind weitere Untergruppen, T-Helfer-Zellen (T_4- oder CD4-Zellen) und T-Suppressor-Zellen (T_8- oder CD8-Zellen), bei → AIDS.

Tm, *chem.* Zeichen f. → *Thulium.*

TMax-Filme, derzeit höchster Stand der Schwarzweißfilmtechnologie, kein sichtbares Korn, extreme Kantenschärfe, volle Tonwerte u. extrem hohe Filmempfindlichkeiten. Benannt nach Struktur u. Form d. Filmkristalle in d. Emulsion; inzwischen auch auf Farbfilme übertragen.

TNF, Abk. f. **T**heatre **N**uclear **F**orces, Streitkräfte u. Nuklearwaffensysteme für od. i. e. bestimmten Kriegsschauplatz (z. B. Europa).

TNM-System, Schema zur Klassifizierung von Krebserkrankungen.

TNT, Abk. f. → **T**ri**n**itro*toluol.*

Toast, *m.* [engl. toust],
1) geröstete Weißbrotschnitte.
2) Trinkspruch (nach altengl. Sitte von dem Gast ausgebracht, der den T. in seinem Glas fand).

Tobel, Waldschlucht, Tal.

Tobias,
1) m. Vn.
2) alttestamentar. Buch, ben. nach dem gleichnamigen Helden; v. d. Protestanten als apokryph angesehen; → Apokryphen.

Tobin [ˈtoʊbɪn], James (* 5. 3. 1918), am. Wirtschaftswiss.; Nobelpr. 1981 (Analyse d. Finanzmärkte).

Toboggan, *m.* [təˈbɔgən], kanad.-indian. kufenloser Schlitten aus einem vorn aufgebogenen Brett; auch Rutschbahn auf d. Rummelplatz.

Tobolsk, russ. St. in W-Sibirien (Ural), am Irtysch, 60 000 E. – 1708–1824 Hptst. v. Sibirien.

Tobruk, Hafenst. in d. Cyrenaika, Libyen, 26 000 E.

Tocantins, südam. Strom, 2699 km l, entspringt im brasil. Staat Goiás, vereinigt sich mit dem Rio do Pará zum Mündungstrichter Baia de Marajó.

Toccata, *w.* [it.], *mus.* Tonstück für Orgel od. Klavier in freier Form; urspr.: Vorspiel.

Toch, Ernst (7. 12. 1887–1. 10. 1964), östr.-am. Komp.; Opern, Filmmusik.

Tochtergesellschaften, von Stamm-(Mutter-)Gesellschaften, meist z. Übernahme best. Arbeitsgebiete od. Vergrößerung d. Aktionsradius gegr. Unternehmungen, deren Kapital od. Anteile ausschließlich od. zum größten Teil im Besitz der Stammgesellschaft sind.

Tocqué [tɔˈke], Louis, *d. J.* (19. 11. 1696–10. 2. 1772), frz. Bildnismaler d. Rokoko; tätig auch in St. Petersburg *(Zarin Katharina II.)* u. Kopenhagen; Mitbegr. d. bürgerl. Porträts.

Tocqueville [tɔkˈvil], Alexis de (29. 7. 1805–16. 4. 59), frz. Pol. u. Historiker; 1849–51 Außenmin.; *Vorgesch. der Frz. Revolution.*

Tod, Auslöschen aller Lebensäußerungen des Organismus; sichere Todeszeichen: Totenflecke, Leichenstarre u. Fäulnisprozesse; der Tod des Menschen wird heute als Organtod des Gehirns aufgefaßt, d. h., der Todeszeitpunkt ist der Zeitpunkt, zu dem die Hirnfunktion erlischt; das gilt auch für den Fall, daß das Herz noch schlägt; Hirntod bedeutet *biolog. Tod,* Stillstand der Herzarbeit und der Atmung bedeutet *klin. Tod;* der Hirntod kann durch das → Elektroenzephalogramm und die → Angiographie nachgewiesen werden; unsichere Todeszeichen: Totenblässe, Erschlaffung der Glieder, Zurücksinken und Weichwerden der Augäpfel, weite, starre Pupillen, Fehlen sichtb. Zeichen von Atmung u. Herztätigkeit. Feststellung des Todes ist Aufgabe des Arztes, der auch die Leichenschau vornimmt und den Leichenschein unterschreibt.

Todd, Lord Alexander Robertus (* 2. 7. 1907), engl. Chem.; Arbeiten über Nukleotide u. deren Coenzyme; Nobelpr. 1957.

Toddy, *m.,* Palmwein; auch grogähnl. Getränk.

Todeserklärung, kann für Verschollene bei mindestens 10jähr. Verschollenheit u. Mindestalter v. 25 Jahren zur Zeit des Todes durch gerichtl. Aufgebotsverfahren erfolgen; bei *Krieg* 1 Jahr nach Beendigung der Kampfhandlungen, bei *Seefahrt* 6 Monate, *Flug* 3 Monate nach dem Unglück; *Kriegsvermißte* 1939–45 aus der Zeit vor 1. 7. 1948 können bei ernstl. Zweifel am Fortleben alsbald, *Kriegsgefangene* 1939–45 regelmäßig erst 5 Jahre nach letztem Lebenszeichen für tot erklärt werden. Antrag bei Gericht des letzten inländ. Wohnsitzes des Verschollenen. Neuregelung durch Verschollenheitsgesetz vom 15. 1. 1951.

Tivoli, *Villa Adriana*

Tizian, *Fußwunder*

Tizian, *Selbstbildnis*

Todesstrafe, im Reichsstrafgesetzbuch nur bei vollendetem Mord u. bei bes. schwerer Transportgefährdung, auch bei gewissen Verbrechen gg. d. Sprengstoffgesetz vorgesehen, durch Enthauptung, in d. NS-Zeit auch durch Erhängen vollstreckt; Erschießen vollstreckt; i. d. BR durch Art. 102 GG abgeschafft.
Tödi, vergletscherter Kalkgipfel der Glarner Alpen (NO-Schweiz), 3614 m.
Todoroff, Stanko (10. 12. 1920–17. 12. 1996), bulgar. Pol.; 1971–81 Min.präs.
Todsünde, nach kath. Lehre eine bewußte, schwerwiegende Übertretung des Willens Gottes, die zum Verlust der Rechtfertigung führt.
Todt, Fritz (4. 9. 1891–8. 2. 1942), dt. NS-Politiker u. Ing.; leitete d. Bau d. Autobahnen u. den Aufbau des Westwalls; gründete 1938 d. Organisation T. (OT); ab März 1940 Reichsmin. f. Bewaffnung u. Munition.
Todtmoos (D-79682), Gem. u. heilklimat. Kurort i. Kr. Waldshut, Ba-Wü., 800 bis 1263 müM, 2275 E; Wallfahrtskirche.
Tofu [jap.], Sojaquark.
Toga, w., wollenes Obergewand der freien Römer; meist weiß, bei Beamten mit Purpurstreifen: T. praetexta.
Toggenburg, das Tal der oberen Thur im schweiz. Kanton St. Gallen (s. 1803); Textilind. – Ehem. Gft, 1468 an St. Gallen.
Töging a. Inn (D-84513), St. i. Kr. Altötting, Oberbay., 8768 E; Aluminiumprod. u. Energiegewinnung (Innkraftwerke).
Togliatti [toˈʎ-], Palmiro (26. 3. 1893 bis 21. 8. 1964), it. Kommunistenführer, 1945–46 Min. (f. Justiz).
Togliatti, bis 1964 *Stawropol,* russ. St., an d. Wolga; 642 000 E; Wolga-Automobil-Fabrik.

Togo

Togo

Togo, Heihaschiro Gf (22. 12. 1847 bis 30. 5. 1934), jap. Flottenchef; Sieger bei → Tsushima.
Togo, Rep. am Golf v. Guinea; Bev.: Sudanvölker (hpts. Ewe u. Kabre). **a)** *Geogr.:* Flache Küste, im Innern gebirgig, im S trop. Urwald, im N Baum- u. Buschsteppe. **b)** *Wirtsch.:* Agrarland, Hptausfuhrprodukte: Kakao, Kaffee, Baumwolle, Palmkerne, Kopra; Phosphat, Bauxit. **c)** *Außenhandel* (1991): Einfuhr 864 Mill., Ausfuhr 302 Mill. $. **d)** *Verf.* v. 1992: Präsidiale Rep. m. Einkammerparlament. **e)** *Verw.:* 5 Regionen. **f)** *Gesch.:* 1884 dt. Schutzgebiet (Kolonie), 1922 Aufteilung in brit. u. frz. Mandatsgebiet, ersteres 1957 zu → Ghana; das frz. Gebiet wurde 1960 unabhängig; s. 1967 Mil.reg.; s. 1991 Demokratisierungsprozeß wird durch Machtkämpfe zwischen Opposition und Militär behindert; 1993/94 umstrittene Präsidentschafts- und Parlamentswahlen, Verfassungskrise.
Tohuwabohu, w. [hebr. „wüst und leer"], Urzustand der Welt (1. Mos. 1); svw. Wirrwarr, Chaos.
Tojo, Hideki (1884–23. 12. 1948), jap. Gen., 1941–44 Min.präs.; führte Überfall auf → Pearl Harbor durch; v. Intern. Gerichtshof verurteilt u. hingerichtet.
Tokaj, ungar. Ort an Zus.fluß v. Bodrog u. Theiß, 6000 E; Weinbau: **Tokajer:** *Szamorodner; Máslásер; Ausbruch* (aus Muskatellertrauben).
Tokelauinseln, neuseeländische Inselgruppe im Pazifik, bestehend aus 3 Atollen, 12,2 km², 2000 E.
Tokio, *Tokyo,* früher *Jeddo,* Hptst. v. Japan, a. d. O-Küste Honshus (*T.bucht*), 8,32, m. Umgebung 12 Mill. E; Kaiserschloß, Tempelbauten, 3 Uni., HS; Metall-, Textil-, Seiden-, Fayence-, Porzellanind. – 1703 u. 1923 durch Erdbeben fast völlig, im 2. Weltkr. durch Bombenangriffe stark zerstört; 1964 Olymp. Sommerspiele.
Tokolyse, Wehenhemmung durch Medikamente vor allem b. Gefahr v. Frühgeburten.

TOGO	
Staatsname:	Republik Togo, République Togolaise
Staatsform:	Präsidiale Republik
Mitgliedschaft:	UNO, AKP, ECOWAS, OAU
Staatsoberhaupt:	Gnassingbé Eyadéma
Regierungschef:	Kwassi Klutse
Hauptstadt:	Lomé 500 000 Einwohner
Fläche:	56 785 km²
Einwohner:	4 010 000
Bevölkerungsdichte:	71 je km²
Bevölkerungswachstum pro Jahr:	Ø 3,15% (1990–1995)
Amtssprache:	Französisch
Religion:	Christen (35%), Muslime (15%), Naturreligionen
Währung:	CFA-Franc
Bruttosozialprodukt (1994):	1267 Mill. US-$ insges., 320 US-$ je Einw.
Nationalitätskennzeichen:	RT
Zeitzone:	MEZ – 1 Std.
Karte:	→ Afrika

Tokio, Otani-Hotel

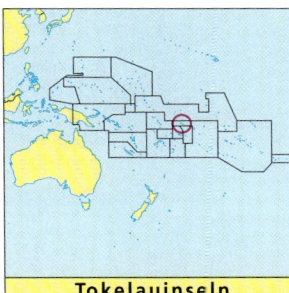
Tokelauinseln

Toledo, Kathedrale

Tollkirsche

Leo N. Tolstoi

Tokopherol, chem. Bez. f. Vitamin E (→ Vitamine, Übers.).
Tokushima, jap. St., Hptst. u. -hafen auf Shikoku, an der O-Küste, 263 000 E; Holzwaren- und Indigo-Ind.
Toland [ˈtoʊlənd], John (30. 11. 1670 bis 11. 3. 1722), engl. Religionsphil.; Deist (→ Deismus), prägte den Begriff → *Pantheismus;* Bibelkritiker (→ „Freidenker"); *Christentum ohne Geheimnis.*
Toledo,
1) Hptst. d. span. Prov. T., am Tajo, 58 000 E; Erzbischofssitz, Alcázar; Seiden-, Waffenfabrik *(T.klingen).* – Im 6. Jh. Hptst. des Westgotenreiches, 712 maurisch, 1085–1559 Hptst. Kastiliens.
2) Prov. in Zentralspanien, 15 368 km², 489 000 E.
3) St. am Eriesee, im US-Staat Ohio, 355 000 E; Uni.; Eisen-, Masch.-, Auto-, Glas-, Textil- u. chem. Ind.; Hafen.
tolerant [l.], duldsam.
Toleranz, w.,
1) Verträglichkeit gegenüber Gift, Wirkungsverlust von Arzneimitteln (Gewöhnung) usw.; → Immuntoleranz.
2) bei techn. Erzeugnissen: zuläss. Abweichung v. vorgeschriebenen Maß, bei Münzen v. Gewicht oder Feingehalt.
3) Duldsamkeit, bes. in Glaubensfragen.
Toleranzedikt, *Toleranzpatent,* Erlaß von Fürsten, das die freie Religionsausübung sicherte (z. B. in Östr. von Joseph II. für Nichtkatholiken, 1781).
Tolkien, John R. R. (3. 1. 1892–2. 9. 1973), engl. Schriftst.; myth.-phantast. Kinderbücher und Romane; *Der kleine Hobbit; D. Herr d. Ringe* (Trilogie); *Das Silmarillion.*
Toller, Ernst (1. 12. 1893–22. 5. 1939), dt. expressionist., sozialist. Dichter; Lyrik: *Schwalbenbuch;* Dramen: *Die Wandlung; Masse Mensch; Die Maschinenstürmer; Hinkemann.*
Tollkirsche, *Atropa belladonna,* Nachtschattengewächs mit schwarzen, kirschenähnlichen Beeren, sehr giftig (→ Atropin, auch med. verwendet); in Laubwäldern.
Tollwut, *Hundswut, Lyssa, Rabies,* Virusinfektionskrankheit der Hunde, Füchse, Dachse, Rehe, Kaninchen, Ratten, Mäuse, Katzen usw. (zu 80% bei Wildtieren), durch Biß auf Menschen und Haustiere übertragbar. Bei Hunden Unruhe, Schlingkrämpfe, dann Beißlust, Tod nach 5–12 Tagen; b. Menschen Ausbruch n. ca. 1–6 Monaten; Symptome: Krämpfe der Schlund-, Kehlkopf- u. Atemmuskulatur; Schutzmittel: Wunde ausbrennen, ätzen; aktive Schutzimpfung.
Tölpel, Vogelfamilie, Pelikanverwandte der trop. u. gemäßigten Meere, (in Europa: *Baßtölpel*); Guano-Erzeuger.
Tolstoj, Leo Nikolajewitsch Gf (9. 9. 1828–20. 11. 1910), russ. Dichter; predigte Abkehr von Besitz u. Gewalt nach urchristl. Vorbild; Romane: *Krieg u. Frieden; Anna Karenina; Kreutzersonate; Auferstehung;* Volkserzählungen; Dramen: *Macht d. Finsternis.*
Tölt [isländ.], bes. Form d. Paßgangs; Hufe beider Körperseiten jew. nacheinander gesetzt.
Tolteken, altmexikan. Volk, 7.–11. Jh. n. Chr.; d. Sage nach aus dem Norden eingewandert.

Toluol, s., $C_6H_5CH_3$, Benzolabkömmling i. Steinkohlenteer (→ Steinkohle, Abb.); bei Nitrierung *Trinitro-T.,* Sprengstoff.

Tom, engl. Kurzform zu Thomas.

Tom., Abk. für *tomos* [gr.], Einzelband e. mehrbänd. Schriftwerks (*Tom. I, II* usw.).

Tomahawk, m. [-hɔːk], Streitaxt der Indianer.

Tomás [tu'maʃ], Américo (* 19. 11. 1894), portugies. Admiral u. Pol.; 1958 bis 74 Staatspräs.

Tomaschow, poln. *Tomaszów Mazowiecki,* St. sö. v. Lodz, an d. Pilica, 63 000 E; Masch.-, Textilind.

Tomasi, Giuseppe Fürst v. Lampedusa (23. 12. 1896–23. 7. 1957), it. Schriftst.; Roman: *Der Leopard.*

Tomate, östr. *Paradeiser,* Nachtschattengewächs aus Peru, hochwüchs. Kraut mit gelben Blüten u. großen, saftigen, eßb. Früchten, vitaminhaltig.

Tomba, Alberto (* 19. 12. 1966), it. alpiner Skirennläufer; Olympia-Sieger 1988 im Slalom u. Riesenslalom, Olympia-Sieger 1992 im Riesenslalom u. Olympia-Zweiter Slalom.

Tombak, m., Kupfer(70–90%)-Zink-Legierung.

Tombola, w. [it.], Lotterie, Verlosung.

Tomographie [gr.], *Röntgenschichtverfahren,* bei dem im Ggs. zu den übl. Summationsröntgenbildern eine beliebig gewählte Tiefenschicht (z. B. des Brustraums) scharf abgebildet wird: *Tomogramm;* → Computertomographie, Kernspintomographie.

Tomonaga, Shinichiro (31. 3. 1906 bis 8. 7. 79), jap. Phys.; theoret. Arbeiten auf d. Gebiet d. Quantenelektrodynamik; Nobelpr. 1965.

Tomsk, russ. Gebietshptst. in W-Sibirien, am Tom-Fluß, 506 000 E; Uni., TH; Holz-, Elektroind.; im Gebiet T. Kohle, Erze.

Ton,
1) physiolog. Empfindung e. Longitudinalwelle in festen, flüssigen od. gasförmigen (Luft) Körpern; Tonhöhe durch Schwingungszahl bestimmt.
2) feinstkörniges → Sediment aus Quarz u. → Tonmineralen; Korngröße 0,02–0,002 mm; Rohstoff f. → Tonwaren.

Tonabnehmer, elektroakust. Wandler, setzt d. gespeicherten tonfrequenten Schwingungen d. → Schallplatte in entsprechende el. Schwingungen um; je nach Ansprüchen verschiedene Systeme (piezoelektrische, magnetische u. dynamische); eigentl. Abtastung erfolgt über Saphir- od. Diamantnadeln (früher auch Bambus- u. Stahlnadeln).

Tonart, mus. Bez. des Tongeschlechts (Dur od. Moll) u. Grundtons, v. dem d. Tonstufen ausgehen.

Tonbandgerät → Magnetbandgerät.

Tondern, dän. *Tønder,* Hptst. des dän. Amts *T.,* in N-Schleswig, 13 000 E. – Bis 1920 deutsch.

Tondo, s. [it.], kreisrundes Gemälde oder Relief; im Ggs. zu ovalem → Medaillon.

Ton Duc Thang, (20. 8. 1888–30. 3. 1980), nordvietnames. Pol.; seit 1969 Staatspräs. v. N-Vietnam, s. 1976 d. vereinigten Vietnam.

Tonegawa, Susumu (* 5. 9. 1939), jap. Biologe. Entdeckungen d. genetischen Grundlage für das Entstehen d. Variationsreichtums d. Antikörper. Nobelpr. 1987.

Tonerde, Aluminiumoxid (Al_2O_3), Hptbestandteil v. → Bauxit; kristallisiert als Saphir, Korund, Rubin und mit Eisenoxid als → Schmirgel.

Tonfilm,
1) *Lichttonsystem,* fotografierter Ton: Tonfrequenz wird in entsprechende Lichtschwankungen umgesetzt, die ihrerseits d. lichtempfindl. Schicht e. mit gleichbleibender Geschwindigk. vorbeigezogenen Films beeinflussen; heute allg. verbreitet, schreibt nach zwei versch. Methoden e. Tonschrift seitlich auf d. Filmband: **a)** *Intensitäts- oder Dichteverfahren,* Tonstreifen zeigt Folge hellerer u. dunklerer Striche, deren Dicke der Tonhöhe, deren Schwärzungsgrad der Lautstärke entspricht; **b)** *Amplituden- od. Zackenverfahren,* Tonstreifen enthält Lichtkurve, aus Zacken zusammengesetzt, deren Abstand der Tonhöhe, deren Länge der Lautstärke entspricht. Tonaufnahme im ersten Fall durch → Kerrzelle od. Glimmlampe, im zweiten Fall durch → Oszillograph oder Spiegelgalvanometer gesteuert (,,Lichthahn"); Tonwiedergabe in beiden Fällen durch ein am Projektor angebautes Tongerät, in welchem Lichtstrahl durch unterschiedlich geschwärzten Tonstreifen auf lichtempfindl. Bauelement (z. B. → Fotozelle) fällt; Transparenzdifferenz bewirkt Spannungsschwankungen, die nach Verstärkung im Lautsprecher wiedergegeben werden.
2) *Magnettonsystem* hat wie bei 1) seitl. Tonstreifen, der hier ein Tonband ist; Tonaufnahme u. -wiedergabe → Magnetton. – T. s. 1927, Anfänge s. 1919 (Vogt, Engl, Massolle: ,,Triergon"-Verfahren); erster dt. Tonfilm (1929): *Die Nacht gehört uns.* → Film, Übers.

Tonga, Kgr. auf d. T.inseln, *Freundschaftsinseln,* einer vulkan. Inselgruppe v. 169 In. im Pazifik, am Wendekreis des Steinbocks. – Verf. v. 1875: Konstitut. Erbmonarchie; Kronrat u. Gesetzgebende Versammlung. – Ausfuhr: Kokosöl, Kopra, Vanille, Bananen, Wassermelo-

Tomate

Alberto Tomba

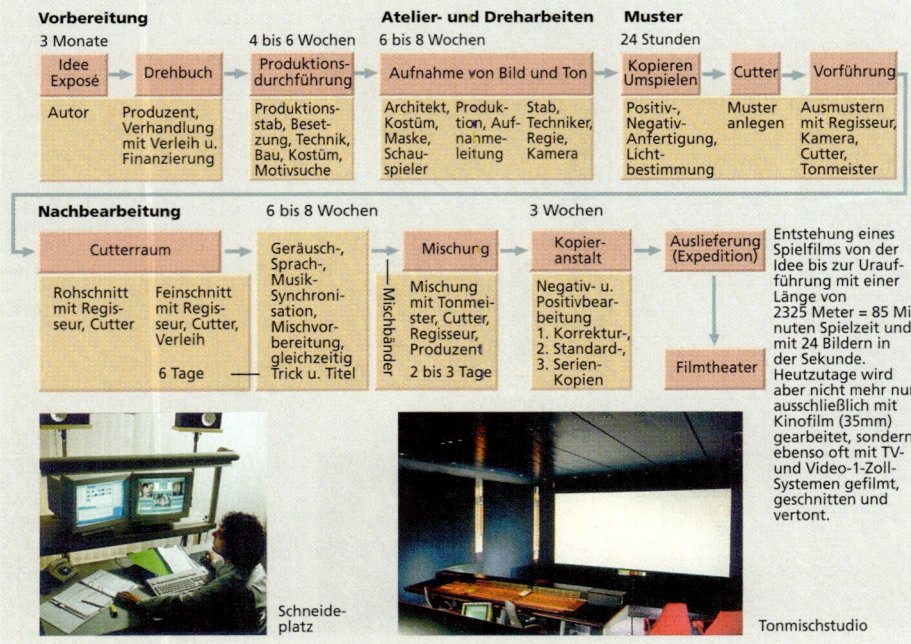
Tonfilm

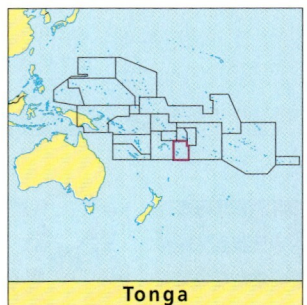
Tonga

Tonga

nen. – Gesch.: s. 1845 Kgr.; ab 1900 unter brit. Schutzherrschaft; s. 1970 unabhängig; s. 1993 Demokratisierungsbestrebungen.
Tongking, Teil von → Vietnam.
Tonhöhe, Zahl d. Schwingungen je Sek. e. akustischen Longitudinalwelle (→ Ton). Maßeinh. *Hertz;* Hörbarkeitsgrenzen etwa zw. 20 u. 20 000 Hertz.
Tonika [it.], *mus.* erster Ton jeder Tonleiter und darauf aufgebauter Dreiklang.
Tonika-Do-Methode, benutzt Buchstabenschrift zur Notierung: *Do, Re, Mi, Fa, So, La, Ti, Do.*
Tonikum, *s.* [l.], *med.* Kräftigungsmittel.
Tönisvorst (D-47918), St. i. Kr. Viersen, am Niederrhein, NRW, 26 500 E; div. Ind.
Tonkabohne, Samen eines südam. Schmetterlingsblütlers; z. Parfüms usw.
Tonleiter, Stufenfolge von Tönen in best. melod. Ordnung (z. B. in C-Dur = *c, d, e, f, g, a, h, c*).
Tonmalerei, *mus.* Nachahmung äußerer Vorgänge (z. B. Gewitter in Beethovens Pastoralsinfonie).
Tonminerale, → Silicate, die bei der chem. → Verwitterung neu gebildet werden; hohes Wasserspeichervermögen, Funktion v. Ionenaustauschern, daher wichtiger Bestandteil d. Bodens im Wasser- u. Nährstoffhaushalt.
Tonnage, *w.* [frz. -'naːʒə], Rauminhalt eines Schiffs, → Registertonne.
Tonne,
1) svw. Faß.
2) Raum- und Gewichtsmaß, Abk. *t* (→ Maße und Gewichte, Übers.).
3) verankert. → Seezeichen.
Tonnenkilometer, Abk. *tkm,* beförderte Last (t) multipliziert mit Transportweg (km).

TONGA	
Staatsname:	Königreich Tonga, Kingdom of Tonga, Puleʻanga Tonga
Staatsform:	Konstitutionelle Monarchie
Mitgliedschaft:	AKP, Commonwealth, Südpazifik-Forum
Staatsoberhaupt:	König Taufaʻahau Tupou IV.
Regierungschef:	Vaea von Houma
Hauptstadt:	Nukuʻalofa (auf Tongatapu) 21 400 Einwohner
Fläche:	747 km²
Einwohner:	98 000
Bevölkerungsdichte:	131 je km²
Bevölkerungswachstum pro Jahr:	⌀ 0,36% (1990–1995)
Amtssprache:	Tonga
Religion:	Protestanten (77%), Katholiken (15%)
Währung:	Paʻanga (T$)
Bruttosozialprodukt (1994):	160 Mill. US-$ insges., 1640 US-$ je Einw.
Nationalitätskennzeichen:	TO
Zeitzone:	MEZ ± 12 Std.
Karte:	→ Australien und Ozeanien

Tönnies, Ferdinand (26. 7. 1855–11. 4. 1936), dt. Soziologe u. Phil.; *Gemeinschaft und Gesellschaft.*
Tonschiefer, Gestein; verhärteter Ton mit winzigen Glimmerplättchen und Quarzkörnchen; grau bis schwarz; *Dach-, Tafel-, Griffelschiefer.*
Tonsillektomie [l.-gr.], vollständige operative Entf. der Mandeln *(Tonsillen).*
Tonstufen, Intervalle zw. den einzelnen Tönen d. Tonleiter: *Sekunde, Terz, Quarte, Quinte, Sexte, Septime, Oktave, None.*
Tonsur, *w.* [l.], kreisrund geschorene, kahle Stelle am Hinterhaupt bei kath. Geistlichen.
Tonus [l.], Spannungszustand (z. B. d. Muskulatur).
Tonwaren, *keramische Waren,* durch Formen des knet-, auch gießbaren Rohstoffs (Ton, Kaolin) hergestellt, zu glasiger oder poröser Struktur gebrannt, meist mit deckender oder durchscheinender Glasur; grober Ton: m. d. Strangpresse gepreßt, gesintert: → *Klinker* Auch → Steinzeug, → Steingut.
Topas, *m.,* Edelstein, → Silicat, versch. Färbungen.
Topeka [təˈpiːkə], Hptst. d. US-Staates Kansas, beiderseits des Kansas River, 120 000 E; Waggon- u. Kraftwagenind.
Topfen, südd. u. östr., svw. → Quark.
Töpfer, Klaus (* 29. 7. 1938), CDU-Pol., b. 1987 Min. f. Umwelt u. Gesundh. v. RP; 1987–1975 Bundesmin. f. Umwelt, Naturschutz u. Reaktorsicherheit; s. 1995 B.min. f. Raumordnung, Bauwesen u. Städtebau.
Töpferei, handwerkl. od. masch. Betrieb zur Herstellung von → Tonwaren durch Drehscheibe sowie Brennen u. Glasieren; uraltes Handwerk; Töpferöfen schon in d. Steinzeit.
Töpferscheibe, Drehscheibe z. Herstellung v. Tongefäßen aus e. Klumpen; seit 3. Jtd (handgetrieben), 3. Jh. v. Chr. (fußgetrieben), 15. Jh. m. Achslagerung.
Topfhelm, im MA seit 13. Jh., über Wattenkappe u. → Helmbrünne, teilweise auch über → Kesselhaube getragen.
topfit [engl.], in guter körperl. Verfassung.
Topinambur, Erdapfel, Erdbirne, eßbare Knolle e. kultiv. Sonnenblume; Viehfutter, Gemüse und zur Spiritus-, Schnapsgewinnung; Anbau in Baden.
Topmanagement [am. -ˈmænɪdʒ-], i. d. Wirtsch. Bez. f. die Spitze der Unternehmensleitung.

Verziertes Tongefäß aus Botsorbəl, um 1400 v. Chr.

Topas-Kristall

Topfhelm

Topographie [gr.], Landschaftsbeschreibung.
topographische Anatomie, Beschreibung der Lage der Körperteile und Organe zueinander.
topographische Aufnahme, genaue Vermessung und Aufzeichnung von Gelände.
Topologie, Teilgebiet der Geometrie, Lehre von Lage u. Anordnung geometrischer Gebilde im Raum.
topozentrisch [gr.], auf einen Ort an der Erdoberfläche bezogen.
Topp, *m.* [engl. ,,top"], *seem.* Mastspitze, auch für den ganzen Mast (z. B. Vortopp, Großtopp, Toppsegel).
top-secret [ˈsiːkrɪt], streng geheim.
Toque, *w.* [frz. tɔk], im 16. Jh. schmalkrempiges Barett, heute kappenartiger Damenhut.
Torbay [ˈtɔːbeɪ], St. in SW-England, Gft Devon, 119 000 E; 1969 durch Zus.schluß v. Torquay, Paignton u. Brixham entstanden.
Torberg, eigtl. *Kantor-Berg,* Friedrich (16. 9. 1908–10. 11. 79), östr. Schriftst., bekannt s. ,,Tante Jolesch"-Erzählungen.
Toreador, Torero → Stierkampf.
Torelli, Giuseppe (22. 4. 1658–8. 2. 1709), it. Violinist u. Komponist; Schöpfer d. Solo-Violinkonzerts.
Torf, in Wasser (→ Moor) aus Vermoderung von Pflanzen (erste Stufe d. Kohlebildung), durch Stechen u. Pressen gewonnen; verwendet als Brennstoff; zur *T.-Gas*-Erzeugung; als Streumaterial (*T.streu*); als Konservierungs-, Pack-, Füll-, Isoliermaterial (*T.mull*).
Torfmoos, *Sphagnum,* Laubmoose der Moore, wachsen nach oben weiter und sterben unten ab, bilden dadurch Torf.
Torgau (D-04860), Krst. i. Sa., an der Elbe, 21 200 E; got. Hallenkirche, Schloß Hartenfels (16. Jh.); Keramik- u. Glasind., Landmaschinenbau. – 1760 Sieg Friedrichs d. Gr. über Daun.
Torgelow (D-16259), St. i. Kreis Ueckermünde, M-V., 13 177 E; Gießerei- u. Masch.bau.
Torkretverfahren, zur Herstellung von Decken- und Wandputz: dünnflüssiger Beton wird durch Preßluft auf die Trägerfläche gespritzt.
Tornado, *m.* [span.].
1) *MRCA,* Abk. f. **M**ulti **R**ole **C**ombat **A**ircraft, allwetterkampffähiger schwerer Jagdbomber; Besatzung: 2 Mann; Geschwindigkeit: mehr als 2 Mach.

Sumpf-Torfmoos

Tornado

2) kurzer, heftiger → Wirbelsturm im S der USA. Der von einem T. eingeschlagene Weg *(Asgardweg)* ist meist nur schmal, oft nur wenige 100 m breit; charakteristisch f. e. T. ist der einem Elefantenrüssel ähnliche und mitunter bis zur Erde reichende Wolkenschlauch m. hohen Rotations- u. Vertikalgeschwindigkeiten; → Wirbelsturm.

Torneälv, finn. *Tornionjoki,* aus dem schwed. See Torneträsk; 375 km l., Grenzfl. zw. Schweden u. Finnland, bei Haparanda in d. Bottn. Meerbusen.

Toronto, Hptst. d. kanad. Prov. Ontario, am Ontariosee, 612 000 E (m. Vororten 3,4 Mill.); Erzbischofssitz, Uni., Observatorium; Ind.- u. Handelszentrum; 553 m hoher Fernmelde- u. Aussichtsturm.

Torpedo, *m.* [l.], Unterwassergeschoß mit eigenem Propellerantrieb (meist durch Preßluft) zum Durchschlagen des feindlichen Schiffsrumpfes unter der Wasserlinie, auch mit akust. od. magnet. Selbststeuerung.

Torpedoboot, schmales, niedriges Kriegsschiff von hoher Geschwindigkeit; bis etwa 600 t; mit mehreren Torpedoausstoßrohren; große T.e, **T.zerstörer,** bis etwa 6500 t; mit Torpedorohren, Artillerie, Flugabwehrkanonen, Raketen u. U-Boot-Abwehrwaffen bestückt.

Torr, nicht mehr zulässige Maßeinheit f. → Druck, 1 Torr = 1 mm Quecksilbersäule.

Torrance [ˈtɔrəns], St. in Kalifornien (USA), 133 000 E; Erdöl.

Torre Annunziata, it. St. u. Seebad am Golf v. Neapel, 57 000 E; Mineralquellen.

Torre del Greco, it. St. am Golf v. Neapel, 104 000 E; Korallenfischerei, Weinbau, Seebad.

Torremolinos, span. Seebad a. d. Costa del Sol, bei Málaga am Mittelmeer; Fremdenverkehr.

Torreón, St. i. mexikan. Staat Coahuila, 364 000 E; Eisenind.

Torricelli [-ˈtʃɛlli], Evangelista (15. 10. 1608–25. 10. 47), it. Phys.; n. ihm ben. → *Torr;* **T.sche Röhre:** Vorstufe des Quecksilber-→ Barometers; *T.sche Leere:* der luftleere Raum über dem Quecksilbersäule = 133,3224 Pa.

Torsion, [l.], *mechan.* Verdrehung, Drillung.

Torsionswaage → Drehwaage.

Torso, *m.* [it.], Rumpf e. zerbrochenen bzw. beabsichtigt unvollendeten Statue; Bruchstück e. Skulptur.

Torso von Belvedere, *1. Jh. v. Chr.*

Torstens(s)on, Lennart Gf (1603–51), schwed. Oberbefehlshaber im 30jähr. Krieg (1641–46).

Tort, *m.* [frz.], Unrecht; auch Ärgernis; *jemandem einen T. antun.*

Tortilla [-ˈtija], Maismehlfladen, Volksnahrungsmittel i. Mexiko.

Tory, Mz. *Tories,* seit Ende 17. Jh. engl. aristokratische parlamentar. Gruppe, Vorläufer der heutigen Konservativen.

Toscanini, Arturo (25. 3. 1867–16. 1. 1957), it. Dirigent i. den USA (Generalmusikdir. der New Yorker Philharmoniker 1933–36).

Arturo Toscanini

Toskana, it. *Toscana,* Region, Berglandschaft in Mittelitalien, ans Tyrrhen. Meer, v. Arno durchflossen; Anbau von Wein und Ölbäumen; im N Marmorbrüche bei *Carrara;* 22 992 km², 3,56 Mill. E; Hptst. *Florenz.* — Im Altertum

Tuscien od. Etrurien; im MA mehrere Stadtstaaten u. Herrschaft v. → Florenz (Medici), 1569 Großherzogtum, 1737 an Habsburg, 1859 Anschluß an Sardinien.

TOT, Abk. f. **T**ime **o**ver **T**arget, → Detonationszeit.

total [l.], gänzlich, gesamt.

Totalisator, *m.,*
1) *meteorolog.* Gerät zur Messung der Niederschlagsmenge im Gebirge.
2) Einrichtung z. Entgegennahme v. Wetten; in Dtld zulässig f. Pferderennen nach Rennwettgesetz v. 1922; → Fußball-Toto, → Lotto.

totalitärer Staat, Staatsform, deren Wesensform d. Allmacht d. Staates ist; Herrschaft *einer* Partei, einer einzigen polit. (Welt-)Anschauung; intolerantes Wertesystem; Verbot u. Verfolgung anderer pol. Anschauungen; Polizeistaat anstatt Rechtsstaat; zentrale Lenkung in Wirtschaft und Gesellschaft. → Nationalsozialismus, → Faschismus.

Totalität, *w.* [frz.], Gesamtheit.

Totaloperation, Form der chirurg. Behandlung von Gebärmutterkrebs mit Entfernung aller inneren Geschlechtsorgane.

Totalreflexion, Spiegelung eines Lichtstrahls in einem optisch dichteren Medium (z. B. Glas) an der Grenzfläche gegen dünneres Medium (z. B. Luft), wenn er unter größerem Einfallswinkel auftritt als der *Grenzwinkel der T.* (für Glas gegen Luft: 42°).

Tote Hand, Bez. für eine jur. Person (z. B. die Kirche) wegen ihres dem Geschäftsverkehr entzogenen und daher „toten" Vermögens.

Toteis, vom Gletscher abgetrennte Eismasse, die beim Abschmelzen Toteislöcher oder Seen bildet.

Totem, *s.,* Stammeszeichen bei primitiven Völkern, Darstellung d. *Totemtieres* (z. B. im Wappenpfahl).

Totemismus, *Totemkult,* Glaube an gemeinsame Abstammung und mystische Beziehungen zw. e. Menschengruppe (Sippe usw.) und einer Tierart.

Totenbücher,
1) altägypt. Samml. v. Texten m. Anleitung f. d. Leben nach d. Tod, s. d. Neuen Reich u. Toten ins Grab mitgegeben.
2) tibetan. Texte, d. dem Verstorbenen vorgelesen werden, um ihn auf Gefahren i. Jenseits aufmerksam zu machen.

Totengräber, Aaskäfer, gelb-rot mit schwarzen Flecken.

Totenkopf,
1) als bildl. Symbol: → Warnzeichen (z. B. auf Giftflaschen): Totenschädel mit gekreuzten Knochen.
2) Schwärmerschmetterling mit totenkopfähnlicher Zeichnung auf dem Rücken, bis 12 cm Spannweite; grüne Raupe an Kartoffeln.

Totenmaske, Abformung des Gesichts e. Toten (z. B. in Gips oder Wachs).

Totenmesse → Messe.

Totensonntag, *Totenfest,* in der ev. Kirche am letzten Sonntag im Kirchenjahr; 1816 urspr. z. Erinnerung an d. Gefallenen d. Befreiungskriege.

Totentanz, bildl. Darstellungen (als Einzelbild od. Zyklus) d. Allgewalt d. Todes über Menschen jeden Alters, Geschlechts u. Standes, s. 15. Jh.; z. B. G. Marchant (15. Jh.), N. Manuel, Holbein d. J. (16. Jh.), A. Rethel (19. Jh.).

Totentrompete, bis 12 cm hoher, schwärzlicher, trichterförmiger Pilz.

Totenuhr,
1) kl. Klopfkäfer, erzeugt pochende Geräusche durch Aufschlagen d. Kopfes; seine Larve: *Holzwurm.*
2) eine Staublausart.

toter Punkt,
1) *allg.* (plötzl.) Stockung bei Arbeit, Verrichtung, Verhandlung, Gespräch usw.
2) *Totpunkt, Totlage* (Stillstand) bei Kurbeltrieben, wenn Kolbenstange u. Kurbel in einer Linie liegen (äußerste Kolbenstellungen); wird durch das Schwungrad oder, bei Mehrzylindermaschinen, durch Versetzen der Kurbeln überwunden.
3) im *Sport:* vorübergehender, durch Willenskraft zu überwindender Erschöpfungszustand bei Mittel- u. Langstreckenläufern.

Totes Gebirge, Gebirgsstock im Salzkammergut; *Großer Priel,* 2515 m.

Totes Meer, abflußloser Salzsee in Palästina, 1020 km², 76 km lang; T. Grenze zw. Jordanien u. Israel, tiefste Festlandsenke: Seehöhe 396 muM, Sohle 794 muM; bis 25% Salzgehalt, Absonderung von Erdpech (Asphalt); Zufluß: Jordan; Gewinnung v. Kali, Brom u. a. Abraumsalzen durch Verdunstung des Seewassers.

Totholz, stehende od. liegende abgestorbene Bäume od. Baumteile; dienen vielen Pilzen u. Insekten als Lebensgrundlage u. zahlr. Vögeln (Spechte, Meisen etc.) als Wohnung; wicht. f. d. Erhaltung d. Artenvielfalt i. Wald.

Totila, Ostgotenkg 541–552 n. Chr., eroberte ganz Italien, fiel bei Taginae, von Narses besiegt.

Toto, *m.,* Abk. für → Totalisator, → Fußball-Toto.

Totschlag, (vorsätzl.) Tötung eines Menschen, die nicht wegen erschwerender Umstände → Mord ist; Freiheitsstrafe nicht unter 5 Jahren, in bes. schweren Fällen lebenslang; b. mildernden Umständen nicht unter 6 Mon. (§§ 212, 213 StGB).

Tottenham [ˈtɔtnəm], Teil des Londoner Vororts Haringey.

Touch, *m.* [engl. tʌtʃ], Berührung; Anflug, Hauch.

Toul [tul], frz. St. im Dép. *Meurthe-et-Moselle,* alte Festung, an der Mosel u. am Rhein-Marne-Kanal, 18 000 E; Spitzen- u. Fayencefabrikation.

Toulon [tuˈlõ], Hptst. des frz. Dép. *Var,* am Mittelmeer, 170 000 E; Kriegshafen; Getreide- u. Südfrüchtehandel; Militärflugplatz.

Toulouse [tuˈluːz], Hptst. des frz. Dép. *Haute-Garonne,* an der Garonne u. am Canal du Midi, 366 000 E; Erzbischofssitz; Uni., u. landw. HS; Lebensmittel-, Tabak-, Textil-, chem. u. Eisenind. — Im 5. Jh. Hptst. der Westgotenkönige.

Toulouse-Lautrec [tuluzloˈtrɛk], Henri de (24. 11. 1864–9. 9. 1901), frz. Maler u. Graphiker; Theater-, Varieté-, Rennbahn-Bilder; Plakate. T.-L.-Museum in Albi.

Indianischer Totempfahl, *Kolumbien*

Toulouse-Lautrec, *Selbstkarikatur*

Toupet, *s.* [frz. tuˈpeː], aufgepufftes, gekräuseltes Stirnhaar, Haareinlage.

Touraine [tuˈrɛn], frz. Landschaft an der unteren Loire; Weinbau; ehem. Prov. mit der Hptst. *Tours.*

Tourcoing [tur'kwɛ̃], frz. Ind.stadt im Dép. *Nord*, 97 000 E; Baumwoll- u. Leinenind.
Tour de France [tur də 'frãːs], jährl. intern. Etappenrennen f. Berufsradfahrer durch Frankreich (ca. 4500 km); erstmals 1903.
Touré [tu're], Achmed Sékou (9. 1. 1922–26. 3. 84), afrikan. Pol.; s. 1958 Staatspräs. v. Guinea.
Tourist Trophy [engl. 'turist 'trɔfi „Trophäe d. Reisenden"], Abk. *T. T.*, auf d. Insel Man in d. ir. See ausgetragenes Motorradrennen, das zu den schwersten der Welt zählt. Der schmale kurvenreiche Kurs (rd. 60 km) wurde erstmals 1907 ausgetragen u. kostete schon vielen Rennfahrern das Leben.
Tournai [tur'nɛ], fläm. *Doornik*, belg. St. in der Prov. Hennegau, a. d. Schelde, 67 000 E; Bischofssitz, Kathedrale (11. bis 14. Jh.); Textil-, Teppichind. – Residenz der merowing. Könige.
Tournee, w. [frz. tʊr'ne:], Gastspielreise.
Tournüre, w. [tur-], *Cul de Paris*, Accessoire der Dame der Gründerjahre. Polster aus Roßhaar, das hinten unter dem Rock getragen wurde, um ihn aufzubauschen. Mit e. hohen Mieder wurde so im Profil d. beliebte S-Linie erreicht.
Tours [tuːr], Hptst. des frz. Dép. *Indre-et-Loire* u. d. ehem. Prov. *Touraine*, an d. Loire, 133 000 E; Erzbischofssitz; ma. Bauten; Textilind., landw. Messe. – 732 Sieg Karl Martells über d. Araber.
Tower ['tauə], die Burg Londons, 11. bis 13. Jh. erb.; zeitweilig bis 1820 engl. Staatsgefängnis, jetzt Mus. (Kronjuwelen u. Waffensammlung); unterhalb davon *Tower Bridge*.
Townes [taunz], Charles (* 28. 7. 1915), am. Phys.; erforschte die → Laser- u. → Maserstrahlen; Nobelpr. 1964.
Toxikologie, Lehre v. d. Giften u. Vergiftungen.
Toxikosen, Krankheiten durch innere oder äußere Vergiftungen.
Toxin [gr.], organ. Gift, bes. Bakteriengift.
toxisch [gr.], giftig, Giftstoffe enthaltend.
toxische Waffen, biol. W., m. mit Viren u. Bakterien od. v. diesen abstammende giftige Stoffe, die Krankheit od. Tod bei Mensch, Tier u. Pflanze verursachen. Nach der Genfer B-Waffen-Konvention (angeschlossen über 118 Staaten, Stand 1993) v. 1972 sind Herstellung, Lagerung u. Verbreitung v. t.n W. verboten.
Toxoplasmose, w. [gr.], eine → Anthropozoonose; Infektion mit den → Sporentierchen *Toxoplasma gondii*, von Wild-, Haus- u. Nutztieren, meist Hunden u. blutsaugenden Insekten übertragen; sehr verbreitete Infektion (30 bis 40% aller Menschen); Übertragung von latent infizierter Mutter auf Leibesfrucht kann Tot-, Mißgeburt oder Hirn- u. Augenschäden zur Folge haben; Diagnose durch Sabin-Feldman u. andere Tests.
Toynbee ['tɔɪnbɪ], Arnold J. (14. 4. 1889–22. 10. 1975), engl. Historiker; *Der Gang der Weltgeschichte*.
Toyokuni, Utagawa, eigtl. *Kurahashi Kumakichi* (1769–1825), jap. Maler u. Holzschnittzeichner; Hptmeister d. Utagawa-Schule; bes. Darstell. v. Theaterszenen u. Schauspielern; U. → Kuniyoshi.
Trab, schnelle Gangart d. Pferdes: e. Vorderfuß u. d. entgegengesetzte Hinterfuß werden gleichzeitig aufgesetzt.
Trabant, m. [tschech.], urspr. „Fußsoldat"; Leibwächter e. Fürsten; astronom. Begleiter eines Planeten (b. der Erde: der Mond u. d. Erdsatelliten).
Traben-Trarbach (D-56841), St. an d. Mosel, i. Kr. Bernkastel-Wittlich, RP, 6057 E; Weinbau u. -handel; Fremdenverkehrsort m. Thermalheilquelle *Bad Wildstein*.
Traber, Pferd, bes. für Trab gezüchtet.
Traberkrankheit, *Scrapie*, infektiöse Hirnabbaukrankheit des Schafes, → Prion.
Trabrennen, Schnelligkeitswettbewerb d. vom → Sulky aus gesteuerten Pferde im Trabgang; man unterscheidet: Fliegerrennen (bis 1600 m), Mittelstreckenrennen (1600–2300 m) u. Steherrennen (ab 2400 m); Ggs.: → Galopprennen.
Trabzon, früher *Trapezunt*, Hafenstadt im türk. Wilajet *T.* (Erzlager), an der Schwarzmeerküste, 173 000 E; Erzausfuhr; Handel m. Vorderasien.
Tracer [engl. 'treɪsə], meist radioaktive Substanz (Isotop), die in d. Körper gebracht od. im Laborteste eingesetzt wird, um Körperfunktionen zu verfolgen od. biochem. Reaktionen nachzuweisen.
Trachea [gr.-l.], die Luftröhre.
Tracheen,
1) die wasserleitenden Röhren im Holz.
2) röhrenartige, mit Verzweigungen in d. Körperinnere eindringende Atmungsorgane der Gliederfüßer; an allen Körperteilen vorhanden.
Tracheotomie [gr.], Luftröhrenschnitt bei Kehlkopfkrupp, → Diphtherie u. a.
Trachom, s. [gr.], *Körnerkrankheit*, die → ägyptische Augenkrankheit.
Tracht, der von den (Honig-)Bienen eingetragene Nektar u. Pollen.
Trachten, durch bes. nach Zeit u. Land wechselnde Merkmale unterschiedene Kleidung, früher vielfach zur Unterscheidung der Stände; heute Volkstrachten.
Trächtigkeit, die Schwangerschaft bei Säugetieren, von versch. Dauer; Tragzeit beträgt z. B. bei Elefanten 90, Nashorn 77, Kamel 56, Pferd 48, Reh, Rind, Hirsch 40, Bär u. Gemse 30, Ziege 22, Schaf 21, Schwein 17, Hund u. Fuchs 9, Katze 8, Maus 3, Meerschweinchen 2 Wochen, Goldhamster 16½ Tage.
Trachyt, m., quarzfreier, leicht zersetzbarer → Vulkanit, bildet oft alleinstehende Berge (Siebengebirge); → Magmatite, Übers.
Tracking, s. [engl. 'træk-], Bahnvermessung bei Erdsatelliten.
Tracy ['treɪsɪ], Spencer (5. 4. 1900–10. 6. 67), am. Filmschausp.; *The Old Man and the Sea; Judgment at Nuremberg*.
Trade Mark, w. [engl. 'treɪd maːk], geschütztes Markenzeichen.
Trade Unions ['treɪd 'juːnjənz], die engl. → Gewerkschaften (Übers.); entstanden Anfang des 19. Jh. u. wurden 1868 im **Trades Union Congress** *(TUC)* zusammengeschlossen.
Trading-Up [engl. 'treɪdɪŋ ʌp „Handel aufwerten"], Maßnahmen des Handels, das Einkaufen attraktiver zu machen.
Tradition, w. [l.], Überlieferung.

Toulouse-Lautrec, *Marcelle Lender*

Tower-Bridge, *London*

Tracheen

Tragflächenboot

traditionell, herkömmlich.
Trafalgar, span. Vorgebirge zwischen Cádiz und Gibraltar, am Atlant. Ozean. – 1805 Seesieg (und Tod) Nelsons über die span.-frz. Flotte.
Trafik, m. [it.],
1) in Östr. die konzessionierten Verkaufsstellen der Tabakregie, eine Art *Kiosk* ohne Eis-, Getränkeverkauf.
2) Geschäft, Verkaufsstelle.
Tragant, m.,
1) krautiger u. strauchart. Schmetterlingsblütler (z. B. Bärenschote).
2) Gummischleim (*Gummi tragacanthae*), Ausschwitzungen verschiedener T.sträucher; Bindemittel für Konditorwaren und Pillen; in der Kattundruckerei verwendet.
Trägerfrequenz, gebräuchl. Bez. für Schwingung höherer Frequenz, die mit Schwingung niederer Frequenz moduliert ist (z. B. Frequenz eines Rundfunksenders), → Zwischenfrequenz eines → Überlagerungsempfängers.
Trägerfrequenzfernsprechen, eine oder mehrere hochfrequente Trägerschwingungen werden m. den zu übertragenden Fernsprechtönen moduliert, dadurch gleichzeitig Übertragung mehrerer Gespräche auf einer Leitung mögl. (bis zu 10 800 Gespräche).
Trägertechnologie-Kontrollsystem, engl. *MTCR*, 1987 gegr. v. d. USA, Dtld, Großbrit., Frkr., Italien, Japan u. Kanada; umfaßt heute 25 Staaten. T.-K. regelt d. Exportkontrolle f. Träger v. Massenvernichtungswaffen u. Trägerkomponenten.
Tragflächenboot, *Tragflügelboot*, m. gefederten, gg. d. Bootskörper abgestützten geraden, abgewinkelten od. gewölbten Unterwasser-Metalltragflächen, die d. Boot bei schneller Fahrt völlig aus d. Wasser herausheben.
Tragflügel, *Tragflächen, Tragwerk*, der Auftrieb erzeugende Teil des Flugzeugs, besitzt best. *T.profil* (Querschnitt); Luftkräfte an d. Oberseite d. T.s wirken als Sogkräfte, auf d. Unterseite als Druckkräfte; die meisten Flugzeuge heute Eindecker mit *freitragenden*, d. h. unverstrebten T.n; bei Sport- u. Schulflugzeugen vielfach *halbfreitragende* Flügel, die ungefähr in der Mitte durch Streben abgefangen werden.
Trägheit, *Beharrungsvermögen*, Widerstand einer Masse gegen jede Änderung ihres Bewegungszustandes.
Trägheitsgesetz, von Galilei d. Sinn nach, von Newton exakt formuliert: Massen ändern Richtung und Geschwindigkeit ihrer Bewegung nicht ohne Einwirkung v. → Kraft.
Trägheitsmoment, Maß für Widerstand eines rotierenden Körpers gegen Änderung der Rotationsgeschwindigkeit.
Trägheitsnavigation, Standortbestimmung eines sich bewegenden Fahrzeugs durch Beschleunigungsmessung an → Kreiseln.
Tragikomödie, Drama m. Mischung d. äußeren Formen, Personal u. Inhalten von Tragödie u. Komödie.
tragisch, durch schicksalhafte Wendung erschütternd.
Traglufthalle, durch inneren, geringen Luftüberdruck getragene Hallenkonstruktion aus luftdichtem Kunststoffgewebe.

Tragödie, w., Trauerspiel, neben der → Komödie Hauptgattung des Dramas; als Kunstform von den Griechen (*Äschylus, Sophokles, Euripides*) entwickelt.
Tragschrauber → Drehflügelflugzeuge.
Trailer, m. [engl. 'treɪlə „Anhänger"],
1) Transportmittel für Boote über Landstrecken.
2) Zusammenschnitt wirksamer Szenen als Werbung f. einen Spielfilm, Vorschau.
Train, m. [frz. trɛ̃], (Wagen-)Zug; frühere Bezeichnung für *Fahr-(Nachschub-)Truppen* des Heeres.
Training [engl. 'treɪnɪŋ], planmäßiges u. zielgerichtetes Verfahren zur Entwicklung von Eigenschaften in Sport u. Verhaltenstherapie.
Traiskirchen (A-2514), St. in Niederöstr., 13 852 E; div. Ind.; Weinbau.
Traja̱n|us, Marcus Ulpius, röm. Kaiser 98–117 n. Chr.; unter ihm größte Ausdehnung des Römischen Reiches (mit ihm begann Epoche d. → Adoptivkaiser). – **Traja̱nssäule** in Rom.
Trajekt, m. od. s. [l.], Fährschiff zum Übersetzen von Eisenbahnfahrzeugen.
Trake̱hner, Warmblutpferde v. dem ehem. Hptgestüt *Trakehnen* 1732–1945, im nördl. Ostpreußen, in der BR Weiterzucht auf Gut Rantzau bei Plön in Schleswig-Holstein.
Trakl, Georg (3. 2. 1887–4. 11. 1914), östr. expressionist. Lyriker; *Sebastian im Traum; Der Herbst des Einsamen.*
Trakt, m. [l.], Straßenzug, Gebäudeteil.
Traktat, m. [l.],
1) rel. Flugschrift; verbreitet durch T.gesellschaften.
2) Abhandlung; Staatsvertrag.
traktie̱ren [l.], behandeln, plagen, quälen; (veraltet f.) bewirten.
Traktor, m., *Trecker, Schlepper,* Kraftfahrzeug z. Ziehen von Lasten; Schwerpunkt weit vor der Mitte; großer Hinterraddurchmesser z. leichteren Überwindung schlechter Wege.
Trålleborg → Trelleborg.
Tram, w. [engl. -], → Straßenbahn.
Trame̱ten, schädl. Porenpilze an Bäumen, holzig (z. B. *Kiefernschwamm,* Ursache der Kernfäule).
Tramin a. d. Weinstr., it. *Termeno,* Markt in d. Prov. Bozen, Südtirol; 2900 E; Weinbau (*Gewürztraminer*).
Tramiṉer, *Roter Traminer,* sehr alte, in vielen Ländern angebaute Weißweinrebe, die vollmund., körperreiche, oft liebl. Weine m. intensivem Traubenaroma liefert; e. bes. aromat. Spielart ist d. → Gewürztraminer.
Tramp [engl. træmp], Landstreicher, herumziehender Gelegenheitsarbeiter.
Trampeltier → Kamel.
Trampoli̱n|e, s. bzw. w. [it.], i. einen Leichtmetall-Rohrrahmen eingespanntes gummidurchwirktes Nylongeflecht von großer Elastizität; als Sportart *T.turnen.*
Trampschiffahrt, im Ggs. zum Linienverkehr unregelmäßige Abstände u. wechselnde Routen, je nach Marktlage.
Tran,
1) dickflüss. Fett von Walen, Robben und Fischen; Hauptbestandteile sind: Glycerinester der Olein-, Palmitin-, Stearinsäure; verwendet zu Beleuchtung, Seifenherstellung u. Lederzubereitung; veredelt zu Fetten (Margarine): Fetthärtung.
2) med. gebraucht: d. *Leber-T.,* aus frischen Lebern von Schellfischarten (bes. Kabeljau, Dorsch), früher gegen Rachitis.
Trance, w. [engl. trɑːns, französisiert: trɑ̃ːs], psychischer Ausnahmezustand: verminderte Realitätsprüfung, Einengung des Bewußtseins (z. B. in → Hypnose, → Meditation, spiritist. Sitzungen).
Tranche, w. [frz. trɑ̃ːʃ], Teilbetrag einer Wertpapieremission, die in Zeitabständen erfolgt.
tranchie̱ren [frz. trɑ̃ːʃ-], Braten, Geflügel zerlegen.
Tranquilizer [engl. 'træŋkwɪlaɪzə], *Tranquillanzien,* Medikamente, die bei Angst-, u. Spannungszuständen dämpfend wirken.
trans- [l.], als Vorsilbe: jenseits…, über…
Transactinoide, Bez. f. künstliche chem. Elemente, die schwerer sind als → Actinoide, deren Oz. also größer als 103 ist; Namen u. chem. Zeichen: 104 *Kurtschatovium* (Ku), 105 *Hahnium* (Ha), andere T. noch ohne Namen.
Transaktio̱n [l.], geschäftl. Kaufhandlungen v. größerer Bedeutung, bes. auf finanziellem Gebiet.
transalpin [l.], jenseits der Alpen.
Transamina̱sen [l.-gr.], vor allem in Leber u. Muskulatur vorkommende → Enzyme, deren Bestimmung i. d. → Enzymdiagnostik von Bedeutung ist.
Transavantgarde, w., hpts. in d. Malerei s. Ende d. 1970er Jahre Sammelbegriff f. d. nachmodernen Strömungen, z. B. d. Neuen Wilden (Dtld), Arte Cifra (Italien), Pattern Painting (USA); strebt bei ausgeprägter Individualisierung e. „neue Sinnlichk." an m. teils neoexpressionist. Tendenzen statt d. abstrakten Minimal Art bzw. d. intellektuell konzipierten Concept Art.
Transduktion [l.], durch → Phagen bewirkte Übertragung v. Erbstrukturen einer Bakterienform auf e. andere (Lederberg u. Tatum, 1946).
Transdu̱ktor, m., bes. Form der → Drosselspule, deren Wechselstromwiderstand durch Vormagnetisierung mittels e. v. Gleichstrom durchflossenen Hilfswicklung in weiten Grenzen veränderbar ist; zum stufenlosen Steuern u. Regeln v. gr. el. Leistungen f. Motoren, als Strom- oder Spannungskontakthalter u. als magnet. Verstärker.

Trajan

Roter Traminer

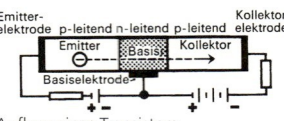
Aufbau eines Transistors

Transformator

Silizium-Transistor
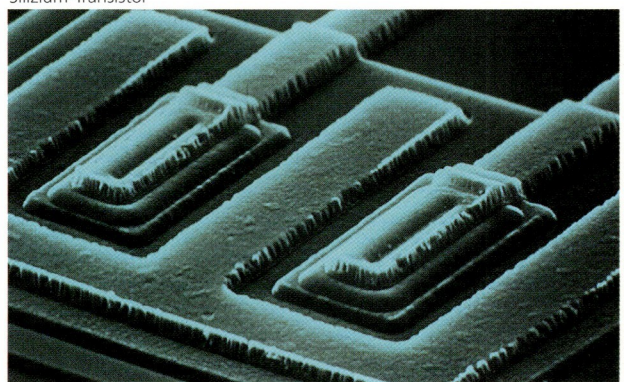

Transept [l. „jenseits d. Schranke"], im Kirchenbau svw. Querschiff.
Transfer, m. [l.], *transferie̱ren,* Überweisung, bes. von Geld in das Ausland.
Transfer-RNA, *t-RNA,* RNA-Typen, die Aminosäuren an den Ort der Eiweißbiosynthese (*Ribosomen*) transportieren, für jede Aminosäure mindestens eine t-RNA mit entsprechendem Antikodon; → genetischer Code, → Translation.
Transferstraße, *Maschinenstraße,* zentral gesteuerte halb- oder vollautom. Produktionsanlage mit reihenförmig angeordneten Arbeitsmaschinen zur durchlaufenden Bearbeitung v. Werkstücken.
Transfigurati̱on [l.], die Verklärung (Christi).
Transformation, Übertragung *genetischer Information* mit Hilfe von reiner → DNA; bisher nur bei Bakterien.
Transforma̱tor, m. [l.], Umformer für Spannung u. Strom; nur für Wechselstrom oder wechselstromüberlagerten Gleichstrom (z. B. zerhackter Gleichstrom). *Prinzip:* Wechselstromdurchflossene Wicklung (Erst-, Primärwicklung) erzeugt wechselndes Magnetfeld, das auch d. Zweit- od. Sekundärwicklung durchdringt; durch Gegen-→ Induktion entsteht in der von d. Primärwicklung isolierten Sekundärwicklung elektromotor. Kraft (EMK); induzierte Spannung direkt proportional z. Verhältnis d. Windungszahlen, Strom umgekehrt proportional, d. h. gr. Spannung u. kl.Strom in d. Primärwicklung wird zu kl. Spannung u. gr. Strom in d. Sekundärwicklung od. umgekehrt, wobei d. el. Leistung als Produkt v. Spannung u. Strom auf beiden Seiten gleich bleibt, der Wechselstromwiderstand (→ Impedanz) als Quotient v. Spannung u. Strom sich mit d. Quadrat d. Verhältnisses d. Windungszahlen ändert; der T. wird deshalb auch als Impedanzwandler benutzt. *Aufbau:* Primär- und Sekundärwicklung gemeinsam auf einem od. getrennt auf zwei Spulenkörpern; bei Niederfrequenz Eisenkern aus gegenseitig isolierten Blechen oder Drähten, bei Hochfrequenz gepreßtes Eisenpulver od. -oxid (Ferritkerne). T. für große Leistungen in Ölbad zur Kühlung u. Isolation.
Transfusi̱on [l.], svw. → Bluttransfusion.
Transgressi̱on [l.], Vorrücken d. Meeres über Festlandsgebiete; Ggs.: → Regression.
Transhimala̱ja, *Hedin-Gebirge,* Gebirgskette nördlich des Himalaja und parallel dazu, durch den Zangbo von diesem getrennt, *Nyainqêntanglha* 7088 m.
Transistor, m. [l.], wichtiges Bauelement der → Elektronik, besteht aus drei Halbleiter-Kristallschichten; je nach Schichtenfolge unterscheidet man *PNP-* u. *NPN-*T.; 3 Elektroden: Kollektor, Emitter, Basis. Bei Anlegen einer el. Spannung fließt über die p-n-Übergänge ein Elektronenstrom, der sich steuern läßt (durch die Basis); T., bei denen d. Betriebsstrom über P- u. N-Leiter fließt, heißt *bipolarer* T., im Ggs. zu *unipolarem* T. (→ Feldeffekttransistor); entweder als diskrete Bauelemente (Flächen-T., früher auch Spitzen-T.) od. in → integrierten Schaltungen. Der T. hat die → Elektronenröhre aus den meisten An-

Transithandel, durch Devisengesetzgebung geregeltes Verfahren zur Durchfuhr u. Bezahlung v. Transitware im intern. Warenverkehr.

Transitiv|um, *s.* [l.], Zeitwort m. Ergänzung im → Akkusativ (z. B. ich treffe ihn);

wendungsgebieten (z. B. Rundfunktechnik, Verstärker- u. Computertechnik) weitgeh. verdrängt, da er erhebl. kleiner, billiger u. haltbarer ist; → Transistor.

transitorisch [l.], vorüber-, hinübergehend.

transitorische Posten, in der *Bilanz:* Posten, die in das neue Rechnungsjahr hinübergenommen werden (P. der → Rechnungsabgrenzung).

Transitverkehr, Durchfahrt durch ein Land, *wirtsch.* → Transithandel.

Transjordanien → Jordanien, *Gesch.*

Transkaukasien, die Republiken Armenien, Aserbeidschan, Georgien.

Transkei, ehem. Homeland in Südafrika, am Ind. Ozean, 43 798 km², 3,5 Mill. E, 79,9 je km² (mit Xhosa-Angeh. in Südafrika); Hptst. *Umtata;* → Karte Afrika; früheres Bantu-Heimatland d. Rep. Südafrika (s. 1963), 1976 im Zuge der südafrk. Homel.-Pol. unabhängig, 1994 eingegliedert in die Prov. Ostkap.

Transkription [l.],
1) Synthese versch. → RNA-Sorten, bei der d. genet. Information der → DNA in Form d. → genetischen Codes komplementär übertragen wird; → Translation.
2) *mus.* Übertragung eines Tonstückes f. e. anderes Instrument od. f. andere Instrumente.
3) *phonet.* Verdeutlichung der Lautwerte einer Fremdsprache durch die einer anderen oder bes. Zeichen: *Show* [ʃoʊ].

Translation [l.],
1) *phys.* fortschreitende, *translator.* Bewegung; Ggs.: → Rotation (Drehung), rotator. Bewegung.
2) Übertragung des → genetischen Kodes der → Messenger-Ribonukleinsäure in die Reihenfolge d. Aminosäuren von (Enzym-)Eiweißen; erfolgt mit Hilfe v. → Transfer-RNA an den → Ribosomen; → Transkription 3).

Transmission [l.], Übertragung u. Verteilung v. Energie f. Arbeitsmaschinen durch Wellenleitung (z. B. durch → Riementrieb).

Transmissionswelle, meist an der Decke hängend, mit Riemen- u. Stufenscheiben; in modernen Anlagen durch viele kl. Elektromotoren ersetzt.

Transparent, *s.* [l.], „durchscheinendes" Bild auf Glas, durchsichtigem Papier od. ölgetränkter Leinwand, v. hinten erleuchtet; bes. f. Reklamebilder.

Transpiration,
1) Abgabe von Wasserdampf durch oberirdische Pflanzenorgane (Blätter, → Spaltöffnungen).
2) Wasserabgabe durch Schwitzen bei Mensch u. Tier.

transpirieren [frz.], schwitzen.

Transplantation, Überpflanzung v. Geweben u. Organen durch eine Operation; man unterscheidet:

Transplantation,
1) *autologe (autogene) T.:* Spender = Empfänger; körpereigenes Gewebe v. einer Körperstelle auf eine andere überpflanzt (Haut, Gefäße, Nerven, Sehnen, Knochen, Knorpel);

2) *isologe (syngene) T.:* Spender u. Empfänger genidentische (eineiige) Zwillinge;
3) *homologe (allogene) T.:* Spender u. Empfänger derselben Art angehörend (zwei Menschen), aber genetisch ungleich;
4) *heterologe (xenogene) T.:* Spender u. Empfänger v. verschiedener Art (Mensch–Tier);
5) *alloplastische T.:* Überpflanzung v. anorganischen Stoffen (Drähte, Knochenschrauben). – Schicksal des Transplantats ist von der immunbiologischen Abwehrreaktion des Empfänger-Organismus und auch des Transplantats (*graft-versus-host reaction*) abhängig, die mit Medikamenten gedämpft wird. In großem Umfang werden Nieren verpflanzt, routinemäßig auch Herz, Leber, Augenhornhaut, Blutgefäße, Nerven usw. Problematisch u. a. noch Bauchspeicheldrüse; → Barnard.

Transpluto, vermuteter äußerster (10.) Planet d. Sonnensystems.

transponieren [l.], *mus.* in eine andere Tonart versetzen.

Transportgefährdung, Gefährdung der Betriebssicherheit v. Verkehrsmitteln; wird bei Vorsatz m. Freiheitsstrafe (in bes. schweren Fällen mit lebenslanger) bestraft.

Transportschnecke, Fördermaschine; in einem Trog dreht sich eine Welle mit aufgezogenen Schraubengängen, die das Fördergut vor sich herschieben.

Transposition, *med.* Verlagerung, z. B. angeboren falsche Anschlüsse großer Gefäße.

Transrapid, magnetfeldgetragene u. -beschleunigte Einschienenbahn, auf Versuchsanlage Emsland Geschwindigkeiten über 400 km/h.

Transsexualität, b. Männern u. Frauen auftretendes Mißverhältnis zw. ihrem biol. Geschlecht u. ihrer Geschlechtsidentität (Geschlechtszugehörigkeitsempfinden); Behandlung: → Geschlechtsumwandlung durch hormonelle, operative u. kosmet. Eingriffe.

Transsexuellen-Gesetz, v. 10. 9. 1980, regelt Voraussetzungen, Personenstands- u. sonstige Folgen der Änderung d. Geschlechtszugehörigkeit.

Transsibirische Eisenbahn, *Transsib,* 1903 eröffnete Eisenbahnstrecke v. Moskau über den Ural (Swerdlowsk bzw. Tscheljabinsk) an den Pazifik (Wladiwostok); ca. 8000 km lang, 2spurig, elektrifiziert, erschloß Sibirien u. verbindet die Industriezentren.

transsonisch [nl.], Geschwindigkeitsbereich, bei dem örtlich am Flugzeug bereits Überschallgeschwindigkeiten auftreten, d. Flugzeug jedoch noch m. Unterschallgeschwindigkeit (nahe d. Schallgeschwindigkeit) fliegt.

Transsubstantiation [nl. „Verwandlung"], → Messe.

Transsudat = Exsudat.

Transsudat, *med.* Flüssigkeitsansammlung durch Stauungszustände.

Transsylvanische Alpen, geograph. Bez. der Südkarpaten (*Moldoveanu* 2543 m) zw. Siebenbürgen u. der Walachei; → Karpaten.

Transurane, durch Kernumwandlung hergestellte, also künstlich erzeugte radioaktive chem. Elemente, die schwerer sind als Uran (Oz. 92); Herstellung für

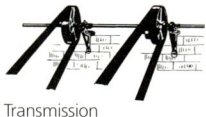
Transmission

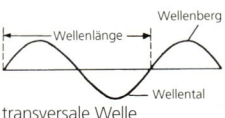
transversale Welle

Großtrappe

Forschung u. Atomenergie; Oz., Namen u. chem. Zeichen der T.: 93 *Neptunium* (Np), 94 *Plutonium* (Pu, v. Glenn Seaborg 1971 eines d. 12 Isotope dieses T. auch in der Natur nachgewiesen), 95 *Americium* (Am), 96 *Curium* (Cm), 97 *Berkelium* (Bk), 98 *Californium* (Cf), 99 *Einsteinium* (Es), 100 *Fermium* (Fm), 101 *Mendelevium* (Md), 102 *Nobelium* (No), 103 *Lawrencium* (Lw), 104 *Rutherfordium* (Rf/*Kurtschatovium* (Ku), 105 *Hahnium* (Ha); dazu gehören auch die → Transactinoide; weitere T. (ab 106) gefunden.

Transvaal [-'vaːl], bis 1994 NO-Prov. d. Rep. Südafrika, 262 499 km², 8,6 Mill. E (davon 2,5 Mill. Weiße); Hochebene m. Gras- und Buschsteppen; Hptausfuhr: Gold (erstes Goldland der Erde), Wolle, Diamanten, Häute; Hptst. *Pretoria,* größte St.: *Johannesburg.* – 1836/37 v. Buren kolonisiert, 1852 unabhängig; 1877 v. England annektiert; 1881 selbst. Rep. unter engl. Oberhoheit; 1902 engl. Kolonie; 1910 Prov. der Südafrikan. Union; 1994 aufgeteilt in die Nordprovinz, Gauteng, Mpumalanga und die Prov. Nordwest.

transversal [l.], quer-, schräglaufend.
Transversale, *w.* [l.], *math.* eine Gerade, die eine Figur durchschneidet.

transversale Wellen, Schwingungen v. Teilchen od. Kraftfeldern, d. senkrecht z. Fortpflanzungsrichtung d. Welle erfolgen, z. B. alle elektromagnet. Wellen: el. (Rundfunk-)Wellen; Wärmestrahlung, Licht, Röntgenstrahlen. Ggs.: → longitudinale Wellen.

Transvestitismus [l.], Verkleidungssucht; Neigung zum Tragen der Kleider des anderen Geschlechts.

transzendental [l. „transcendere = hinübersteigen"],
1) die Grenzen d. Erfahrung u. d. sinnl. erkennbaren Welt überschreitend (n. d. Scholastik); Ggs.: immanent.
2) unsere a priori mögl. Erkenntnisart, d. Erfahrung erst ermöglicht (n. Kant).

Transzendentale Meditation, Gründer u. Guru *Maharishi Mahesh Yogi* (* 1915); aus Indien kommende Jugendsekte; Ziel: Erschließung d. kreativen Intelligenz.

Transzendentalien, die 6 Grundbestimmungen d. über jeder Gattung liegenden Seienden (n. d. Scholastik): Ding, Eines, Etwas, Wahres, Gutes, Vollkommenes.

Transzendentalphilosophie, ein System aller Verstandesbegriffe und Grundsätze, d. sich auf erfahrbare Gegenstände beziehen (n. Kant).

Transzendenz, Jenseitigkeit (Gottes).

Trapani, Hptst. ital. Prov. *T.,* auf Sizilien, Hafen, 73 000 E; Bischofssitz; Wein-, Salzausfuhr.

Trapez, *s.* [gr.],
1) *geometr.* Figur: Viereck mit zwei parallelen, ungleichen Seiten.
2) *Turngerät:* an Seilen befestigtes Querholz für Schwungübungen; bes. im Zirkus v. Luftakrobaten verwendet.
3) im *Segelsport:* Vorrichtung zur Sicherung des Vorschotmannes beim Außenbordstellen.

Trappen, Vogelfamilie, Steppen- u. Kultursteppenbewohner; *Großtrappe,* 70 cm hoch, Männchen mit Federbart, NO-Dtld; *Zwerg-T.,* 50 cm hoch; Mittelmeerländer.

Trapper [„Fallensteller"], nordam. Pelzjäger.

Trappisten, kath. Mönchsorden; strenges Sprechverbot; vegetarisches Leben.

Trapschießen, Tontaubenschießen; im Ggs. z. Skeetschießen m. unbekannter Wurfrichtung.

Trasimenischer See, it. *Lago Trasimeno, Lago di Perugia,* See in Mittelitalien, westl. von Perugia, mit Abzugskanal zum Tiber, 128 km²; hydrobiologische Station; Fundort röm. Prunkschiffe. – 217 v. Chr. Sieg Hannibals über die Römer.

Traß, *m.,* trachytischer → Tuff 1).

Trassat [it.], der Bezogene eines → Wechsels.

Trasse, *w.* [frz. „trace"], im Gelände abgesteckte Linie für Verkehrswege.

Tratte → Wechsel.

Traube, Blütenstand: jeweils einzelne, gestielte Blüten an gemeinsamer, verlängerter Achse.

Traubenhyazinthe, Zwiebelgewächs mit kleiner blauer Blütentraube; in Weinbergen u. Zierpflanze. ●

Traubenkirsche, Steinfruchtbaum feuchter Wälder mit weißen Blütentrauben und schwarzen, nicht eßbaren Früchten.

Traubenkuren, svw. Obstkuren.

Traubenwickler, Schmetterling; seine Raupe *(Sauerwurm)* Schädling an Weintrauben.

Traubenzucker, *Glukose, Dextrose, Stärkezucker* ($C_6H_{12}O_6$), im Tier- u. Pflanzenreich weitverbreitetes Kohlenhydrat; zus. mit Fruchtzucker in süßen Früchten u. Honig; auch im Harn Zuckerkranker (bis 10%). Entstehung zus. mit Fruchtzucker durch Fermentoder Säurespaltung von Rohrzucker; technisch durch Säurespaltung aus → Stärke; als Nähr- und Kräftigungsmittel.

Trauermantel, dunkelbrauner Tagfalter mit hellem Flügelrand.

Trauerspiel, svw. → Tragödie.

Trauf, svw. → Waldmantel.

Traum, Grenzzustand des Bewußtseins, entspricht der physiologisch definierten paradoxen Schlafphase, → REM-Phase; nach → Freud: „Hüter des Schlafes".

Trauma, *s.* [gr.], Wunde, Verletzung; in der Psychopathologie und -analyse seel. Erschütterung, schmerzhafte Erfahrung eines Individuums.

Traumdeutung, e. psychotherapeut. Technik zur Bewußtmachung verdrängter Motive, Deutung bezieht sich auf d. latenten Trauminhalt; nichtgedeuteter Traumbericht gilt als manifester Trauminhalt (→ Freud); in der Antike diente d. Traumbuch des Artemidoros der Zukunftsdeutung.

Traun,
1) r. Nbfl. d. Donau unterhalb Linz, 153 km lang, durchfließt den Hallstätter u. **T.see** (25 km², 12 km l., bis 191 m tief, 422 müM), bildet den *T.fall* (m. Wasserkraftwerk) bei Gmunden.
2) r. Nbfl. d. Alz i. Oberbayern, 45 km l.
3) (A-4050), östr. St. b. Linz, 22 260 E; div. Ind.

Traunreut (D-83301), St. im Ldkr. Traunstein, Bay., 21 302 E; Elektro- u. Textilind.

Traunstein,
1) Berg im Salzkammergut, am Traunsee, 1691 m.

Weiche Trespe

2) (D-83278), Gr.Krst. in Oberbay., an d. Traun, 600 müM, 17 697 E; LG, AG.

Trautenau, tschech. *Trutnov,* nordostböhm. St. a. d. Aupa (Nbfl. der Elbe), 26 000 E.

Trautonium, v. Friedrich *Trautwein* (1889–1956) konstruiertes elektron. Musikinstrument; ermöglicht die Nachahmung vieler Musikinstrumente.

Trave, Ostseezufluß i. Schl-Ho., durch *Elbe-Lübeck-Kanal* m. Elbe verbunden, 118 km lang; mündet bei **Travemünde,** St.teil v. Lübeck, Seebad (m. Spielkasino), Hafen.

Travellerschecks [engl. ˈtrævələ-], → Reiseschecks.

Traven, Bruno, eigtl. *Traven Torsvan* (3. 5. 1890–26. 3. 1969), dt. Schriftst., lebte vermutlich in Mexiko; Romane: *Das Totenschiff.*

travers [frz. -vɛːr], quergestreift.

Traverse, Schulterwehr, Querversteifung, Ausleger.

traversieren [frz.]
1) *Fechten:* seitwärts ausfallen.
2) durchqueren, quergehen.

Travertin, *m.* [it.], streifiger Kalktuff (→ Tuff), Ausfällung warmer Quellen; Baustoff.

Travestie, *w.* [it. „Umkleidung"], literar. Verspottung einer Dichtung, wobei deren Inhalt in eine unangemessene Form gebracht wird (anders: → Parodie).

Trawler, *m.* [engl. ˈtrɔː-], m. Schleppnetz *(Trawl)* ausgerüstetes Hochseefischereischiff.

Treasure, *s.* [engl. ˈtrɛʒə], Schatz.

Treasury, *s.* [ˈtrɛʒərı], Schatzamt, Finanzministerium.

Trebbia, r. Po-Nbfl. bei Piacenza, vom Ligur. Apennin, 115 km l. – 218 v. Chr. Sieg Hannibals.

Trebbiano, sehr alte u. heute in Italien am weitesten verbreitete Weißweinrebe, die säurereiche, im Geschmack neutrale Weine liefert; sie gilt als ertragreichste Rebsorte der Welt (bis 200 hl/ha).

Treber, svw. → Trester.

Trecento, *s.* [it. -ˈtʃ- „dreihundert"], it. Bez. f. d. 14. Jh. u. Bez. für die it. Kunstepoche d. Hochgotik in dieser Zeit.

Treck, *m.* [ndl.], urspr. Bez. für Wanderungszüge der Buren mit Ochsenkarren; allg. für Fuhrwerkkolonnen ziviler Bevölkerung.

Trecking, e. *Trekking,* Wandern im Hochgebirge mit Trägern.

Treff, *s.,* frz. Spielkarte, svw. Kreuz, Eichel.

Treffertheorie, Theorie i. d. *Strahlenbiologie,* die d. Wechselbeziehung zw. ionisierender Strahlung u. biol. Wirkung beschreibt; die Effekte werden durch einen od. mehrere Treffer im Treffbereich ausgelöst.

Treibeis, *Drifteis,* äquatorwärts treibende Eismassen polaren Ursprungs als → Eisberge od. Schollenfelder → Packeis.

Treibhauseffekt, Aufheizung planetarer Atmosphären bei Einstrahlung v. Sonnenlicht, wenn d. Wärmeabgabe in d. Weltraum über Infrarotstrahlung durch Spurengase wie Kohlendioxid behindert wird.

Treibhausgase, Gase d. Atmosphäre, die am *Treibhauseffekt* beteiligt sind. Der *natürl.* Treibhauseffekt beträgt rd. 30 °C, d. h., ohne Atmosphäre läge d. mittlere Temperatur der Erdoberfläche bei −18 °C, mit Atmosphäre sind es aber +15 °C. Wichtigstes T. ist der Wasserdampf (H_2O), daneben Kohlendioxid (CO_2), tropsophär. Ozon (O_3), Lachgas (N_2O), Methan (CH_4). Der Anteil der T. am *anthropogenen* Treibhauseffekt beträgt: CO_2 (50%), FCKW (22%), CH_4 (13%), O_3 (7%), N_2O (5%), H_2O (3%).

Treibjagd, e. Gesellschaftsjagd, bei d. Treiber d. Wild vor die Schützen treiben.

Treibstoffe für Verbrennungskraftmaschinen → Abb.

treideln, ein Wasserfahrzeug vom Ufer aus ziehen.

Treitschke, Heinrich v. (15. 9. 1834 bis 28. 4. 1896), dt. nationalist. Historiker; Vertr. des preußisch-dt. Reichsgedankens; *Dt. Geschichte im 19. Jh.*

Trelleborg [-ˈbɔrj], früher *Trälleborg,* südlichste schwed. Hafenst., 35 000 E; Fähre nach Saßnitz u. Lübeck.

Trema, *s.* [gr.], zwei Punkte (¨) über Selbstlaut als Zeichen, daß er von dem danebenstehenden getrennt zu sprechen ist (z. B. naïv).

Tremolo, *s.* [it.], *mus.* Beben, schnelles Wiederholen desselben Tones: **tremolieren,** *tremulieren;* → Vibrato.

Tremor, *m.* [l.], Muskelzittern (z. B. der Hände).

Trenchcoat [engl. ˈtrɛntʃkoʊt], zweireih. Regenmantel (Popeline o. ä.) m. Schulterklappen u. Gürtel.

Trenck,
1) Franz Frhr. v. d. (1. 1. 1711–14. 10. 49), östr. Pandurenoberst, Vetter von
2) Friedrich Frhr. v. d. (16. 2. 1726 bis 25. 7. 94), angebl. Geliebter der Schwester Friedrichs d. Gr., Amalie, lange in

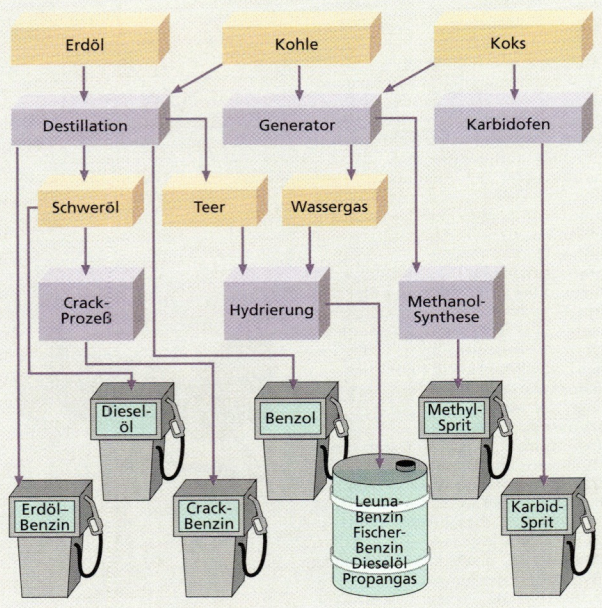
Treibstoffe

Trend 999 **Trieb**

haft; in Paris als vermeintl. Spitzel unter Robespierre hingerichtet.

Trend, m. [engl. „Verlauf"], Grundrichtung einer Entwicklung über längere Zeiträume.

Trengganu, *Terengganu,* Gliedstaat d. Malaiischen Bundes (→ Malaysia), 12 955 km², 541 000 E; Ausfuhr von Kautschuk u. Zinn; Hptst. *Kuala Terengganu.*

Trenker, Luis (4. 10. 1892–13. 4. 1990), östr. Bergsteiger, Schausp., Filmregisseur u. Schriftst.; Filme: *Der Rebell* (1932); *Der verlorene Sohn* (1934); Autobiographie: *Vom Glück eines langen Lebens.*

Trennfuge, Zwischenraum z. Vermeidung v. Spannungen bei temperaturbedingter Ausdehnung, Quell- u. Schwindvorgängen bei Baustoffen.

Trennmittel, filmbildende Hilfsstoffe z. problemlosen Entfernen v. Betonverschalungen, Gußformen etc.

Trennung von Staat und Kirche, Bez. für ein pol. System, bei dem d. Kirche vom Staat unabhängig ist (Ggs. → Staatskirche); Religionsgesellschaften gelten nur als Privatvereinigungen; zuerst in den USA, s. Anfang d. 20. Jh. in Frkr.

Trennung von Tisch und Bett, nach kath. Kirchenrecht d. dauernde Aufhebung d. ehel. Lebensgemeinschaft ohne formale Auflösung d. Ehe.

Trense, zweiteilige Beißstange für Pferde, mit Ringen für Zügel und zur Befestigung am Kopfgestell; wird zus. mit → Kandare angelegt oder als *Wasser-T.* (stärker) allein verwendet.

Trent, Fluß in England, aus der Grafschaft Stafford, 274 km l; Mündung → Humber.

Trentino, Gebiet um Trient.

Trentino-Südtirol, *Trentino-Tiroler Etschland, Alto Adige,* it. Region, → Südtirol.

Trenton [trɛntn], Hptst. d. US-Staates New Jersey, 92 000 E; Eisen- u. Porzellanwerke.

Trepanation [l.], Schädeleröffnung durch Anbohren.

Trepang → Seewalzen.

Treponemen, Gattung von spiralförmig gewundenen Bakterien; *Treponema pallidum,* Erreger der → Syphilis.

Treptow,
1) an der Rega, *Trzebiatów,* poln. St. in Pommern, 9000 E.
2) St.teil im SO v. Berlin; Sternwarte.

Tresckow, Henning von (10. 1. 1901 bis 21. 7. 1944), dt. Gen. u. Widerstandskämpfer, mehrere Attentatsversuche auf Hitler, Selbstmord nach Attentat vom 20. 7. 1944.

tres faciunt collegium [l. „drei machen ein Kollegium"], d. h., drei sind spruchfähig; Rechtsgrundsatz des Corpus iuris.

Tresor, m. [frz.], Panzerschrank, -kammer.

Trespe, w., Grasgattung, einige gute Futtergräser; Unkraut; *Roggen-T.*

Trester, *Treber,* Rückstände der Obstwein-, Wein- und Bierbereitung; Bier- und Obst-T. wertvolles Viehfutter; Wein-T. zu T-Wein u. T.-Branntwein, Obst-T. zu Branntwein u. zur Gewinnung v. → Pektin verwendet.

Trettner, Heinz (* 19. 9. 1907), dt. Gen.; 1964–66 Gen.inspekteur d. Bundeswehr.

Treuga Dei [l.], svw. → Gottesfrieden.

Treuhandanstalt, bis 31. 12. 1994 größte Holding d. Welt (zust. f. ca. 8000 Betriebe u. 4 Mill. Beschäftigte), Sitz in Berlin; m. d. Liquidierung, Sanierung u. Privatis. d. bisher volkseig. Betriebe (VEB) d. ehem. → DDR befaßt; nach Wirtschaftsunion m. BR → Deutschland durch *Treuhandgesetz* gegründet, urspr. als „Anstalt zur treuhänderischen Verwaltung des Volkseigentums" (Umwandlung in Kapitalgesellschaften) geplant; Vorstandsvors.: zunächst Rainer Gohlke, dann Detlev → Rohwedder, s. April 1991 Birgit → Breuel.

Treuhänder, privatrechtl. Person mit Rechten zur Ausübung in eigenem Namen, aber für fremdes Interesse.

Treuhandgebiete, unter Aufsicht des Treuhänderrates d. → Vereinten Nationen und in dessen Auftrag verwaltete ehem. Kolonialgebiete (darunter die nach d. 1. Weltkr. v. Mandatsgebieten d. Völkerbundes erklärten ehem. dt. Kolonien); die meisten T. wurden s. 1957 selbständig.

Treuhandgesellschaft, meist Wirtschaftsprüfungsgesellschaften (z. B. zur Vermögensverwaltung, Wirtschafts-, Steuerberatung).

Treu und Glauben, vorherrschender Grundsatz d. dt. Rechts; jedes Rechtsverhältnis ist so zu gestalten, auszulegen u. abzuwickeln, wie T. u. G. m. Rücksicht auf d. Verkehrssitte es erfordern (§§ 157, 242 BGB).

Trevelyan [tri'vɪljən], George Macaulay (16. 2. 1876–20. 7. 1962), bed. Vertreter d. liberalen brit. Geschichtsschreibung; *Geschichte Englands* (1926).

Treverer, westgerman., später stark m. Kelten vermischtes Volk, seit 3. Jh. v. Chr. an der Mosel; ihr Hauptort war → Trier.

Trevira®, s., Markenbez. für → Polyesterfaser (→ Chemiefasern).

Treviso, Hptst. der oberit. Provinz T., 84 000 E; Metall- u. Tuchindustrie; Bischofssitz.

tri- [gr. „tris = dreimal"], als Vorsilbe: drei...

Triade, w. [gr.-l. „Dreizahl, Dreiheit"], Gruppe v. 3 Gottheiten, z. B. ägypt. Osiris–Isis–Horus, ind. Brahma–Wischnu–Schiwa, röm. Jupiter–Mars–Quirinus, christl. Dreifaltigkeit: Vater–Sohn–Hl. Geist.

Triangel, m. [l.], dreieckig gebogener Stahlstab, hellklirrendes Schlaginstrument.

Triangulation [l.], Erdmessungslehre, Messung d. Winkel in großen Dreiecken auf der Erdoberfläche, zur Berechnung ihrer Seitenlängen u. damit der Größe u. Gestalt der Erde; anvisierte Eckpunkte der Dreiecke: *T.spunkte, trigonometr. Punkte.*

Trianon [-'nõ], 2 Lustschlösser (*Grand T.* 17. Jh., *Petit T.* 18. Jh.) im Park von Versailles. – 1920 Friedensvertrag zw. Entente u. Ungarn.

Triarier, im alten Rom die dritte Kampfreihe der Phalanx d. → Legionen, mit der Stoßlanze (*hasta*) bewaffnet; bestand a. d. erfahrensten Soldaten.

Trias, w. [l. „Dreiheit"], → geologische Formationen, Übers.

Triathlon, gr. Dreikampf, Ausdauer-Dreikampf aus Schwimmen, Radfahren u. Laufen. Der T. wird o. Unterbrechung

Treviso, *Piazza dei Signori*

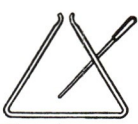

Triangel

Ironman Triathlon, *WM 1991, Mark Allen*

Trickski

der Zeitnahme durchgeführt. Ultra-T. in Hawaii („*Ironman*"): 3,8 km Schwimmen, 180 km Radfahren u. Laufen über d. Marathon-Strecke (42,195 km); davon abgeleitet *Duathlon:* Laufen – Radfahren – Laufen.

Tribadie [gr.], svw. → lesbische Liebe.

Triberg im Schwarzwald (D-78098), St. i. Schwarzwald-Baar-Kr., Ba-Wü., heilklimat. Kurort an der Gutach (Wasserfälle, 162 m hoch), 700 bis 1000 müM, 6042 E; AG; Uhren-, Metallind.

Tribunal, s., im alten Rom erhöhter Platz, von dem aus Recht gesprochen wurde.

Tribunen, i. alten Rom seit d. 5. Jh. v. Chr. *Volks-T.* als Vertreter der → Plebejer, konnten durch Einspruch, *Veto,* (zum Schutze der Plebs) Senatsbeschlüsse ungültig machen; *Militär-T.:* Offiziere in einer Legion. – Titel auch später: → Rienzi und in der Französischen Revolution.

Tribut, m. [l.], erzwungene Abgaben, bes. eines besiegten Volkes an den Sieger; im antiken Rom auch Steuer.

Trichinen [gr.], in der Muskulatur bes. des Schweines eingekapselte Fadenwürmer, entwickeln sich nach Genuß des Fleisches im menschlichen Magen und Darm u. vermehren sich in d. Darmwand; die Jungtrichinen wandern üb. Blut u. Lymphe i. d. Muskulatur, wo sie sich einkapseln u. als schwere Krankheit die *Trichinose* erzeugen. Verhütung durch → Fleischbeschau.

Trichom, pflanzliches Haar.

Trichomoniasis, Scheiden-, Harnröhren-, Darm- od. Mundbefall v. birnenförm. Geißeltierchen (*Trichomonaden*).

Trichotomie [gr. „Dreiteilung"],
1) phil. Anschauung v. d. Dreiteilung d. Menschen in Leib, Seele, Geist.
2) jur. Einteilung d. Straftaten nach ihrer Schwere in Übertretung, Vergehen, Verbrechen.

Trichterbecher-Kultur → Megalithkultur.

Trick, m. [engl.], Kniff, verblüffender Kunstgriff.

Trickfilm,
1) Film, bei d. durch fotograf. u. techn. Tricks (z. B. Doppelbelichtung, Zusammenspiegelung) verblüffende od. komische Bildwirkungen hervorgerufen werden.
2) Film aus gezeichneten Figuren, von denen jede einzelne in Teile zerlegt wird, die d. Fortschritt der Bewegung entsprechend zusammengesetzt bzw. umgezeichnet u. einzeln fotografiert werden. Auch → Disney.

Trickski, *Freestyle (skiing), Skiakrobatik;* 3 Disziplinen: Buckelpistefahren, Ballett u. Springen. Buckelpiste 1992 erstmals olymp., 1994 auch Springen olymp.

Tridentiner Konzil, *Tridentinum, Konzil zu Trient* (1545–63), tagte in 3 Perioden unter 4 Päpsten: Festlegung der gesamten kath. Kirchenlehre; Stärkung d. päpstl. Stellung, Beginn d. → Gegenreformation.

Trieb, psych. auch *Antrieb,* hypothet. Kraft der Psyche, äußert sich in zielgerichteten Handlungen, die ein Bedürfnis befriedigen (z. B. Essen befriedigt den Hungertrieb); → Freud postuliert Libido (Lebens- od. Liebestrieb) u. Destrudo

(Todestrieb) als gegensätzl. Handlungsquellen; motiviertes Verhalten u. Vorstellungen durch Triebmischung (z. B. Haßliebe) bestimmt.

Triebsand, feuchter, lockerer Sand an Flüssen, Meeresküsten, auch zw. festen Gesteinsschichten.

Triebwagen, Eisenbahnwagen mit Eigenantrieb u. Führerstand.

Triebwerk, Antrieb einer Maschine oder eines Transportmittels (z. B. → Strahltriebwerk, T. v. → Raketen).

Triel, großäugiger, nächtl. Schnepfenvogel der Brachland.

Triennium, s. [l.], Zeitraum von drei Jahren.

Trient, it. *Trento* (lat. *Tridentum*), Hptst. d. Region Trentino-Südtirol (→ Südtirol), an der Etsch, 102 000 E; Erzbistum; Handelsst., Marmor-, Holz-, Textilind. → Tridentiner Konzil.

Trier (D-54290-96), Hptst. d. Rgbz. T. (4923 km², 489 055 E); krfreie St., Rh. an d. Mosel, 99 000 E; röm. Bauten (Palastaula, Basilika, Kaiserthermen, Amphitheater, Porta Nigra, Dom (4.–12. Jh.), s. 1986 Weltkulturerbe, Museen; kath. Bistum; Phil.-Theol. HS, Uni.; LG, IHK, Intern. Moselges., Weinbau, Weinhandel; Zigaretten-, Tabak-, Maschinen-, Textil-, Lederind. – Von d. Römern als *Augusta Treverorum* um 16 v. Chr. gegr., im 3.–5. Jh. kaiserl. Residenz, 870 zum Ostfränk. Reich, 902 bis 1797 Erzbistum (s. 13. Jh. auch Kurfürstentum), 1473 bis 1797 Uni.; 1797 frz., 1814 zu Preußen; 1946 zu Rheinland-Pfalz.

Triere [gr.], im Altertum Schiff m. *drei* Ruderreihen übereinander; Kriegsschiffe hatten am Vordersteven einen Rammsporn.

Triest, it. *Trieste,* Hptst. d. Prov. T. u. Hafen am Golf v. T., 233 000 E; Dom (14. Jh.), Bischofssitz; Museen, röm. Ruinen, Uni., naut. Akad.; Schiffbau, Werften. – 1382–1919 (meist) östr., 1919–45 it., 1946–54 unter intern. Kontrolle; 1954 St. u. Hafen wieder it.; Hinterland slowen.

Trieur, m. [frz. tri'ø:r], Getreidereinigungsmaschine; dient zur Auslese fremder Samen.

Trifels, Burgruine in d. Pfalz, bis z. 14. Jh. Kaiserpfalz, in der 1193/94 Richard Löwenherz gefangen war; Wiederaufbau 1938–50. Ausstellungsort d. Kopien d. → Reichskleinodien.

Triforium, s., im Innern roman. u. hpts. got. Kirchen, unterhalb der Fenster in d. Wand integrierter Laufgang m. Bogenöffnungen.

Trift.
1) Weg zum Weideauftrieb für das Vieh.
2) wilde → Flößerei. Zutalschwemmen einzelner Stämme in Bächen u. Flüssen.

Trigeminus [l.], dreiästiger Empfindungsnerv des Gesichts, dient auch der Geschmacksempfindung und nervalen Versorgung der Kaumuskeln.

Trigeminusneuralgie, schmerzhafte Gesichtsneuralgie.

Triglaw [slaw. -glav, „Dreikopf"], slaw. Gottheit; der ihm geweihte Rappe: Orakeltier.

Triglyceride, Verbindungen des Glycerins mit Fettsäuren; bei Stoffwechselstörungen (z. B. Diabetes mellitus) im Blut erhöht.

Trigonometrie [gr. „Dreiecksmessung"], Teil der elementaren Geometrie,

Triole

behandelt die Beziehungen zw. Seiten u. Winkeln eines *ebenen* Dreiecks (*ebene T.*) oder eines *sphärischen* Dreiecks (*sphärische T.*), letzteres aus Großkreisen der Kugel gebildet; Hilfsmittel für T. die trigonometrischen (Winkel-)Funktionen, die Seitenverhältnisse im rechtwinkligen Dreieck: → *Sinus, Cosinus, Tangens, Cotangens;* trigonometrische Rechnungen früher fast nur mit → Logarithmentafel ausgeführt; Ausbildung der T. bes. durch Ptolemäus, Regiomontanus, Euler.

trigonometrische Punkte → Triangulationspunkte.

Trier, *Porta Nigra*

TRINIDAD und TOBAGO	
Staatsname:	Republik Trinidad und Tobago, Republic of Trinidad and Tobago
Staatsform:	Präsidiale Republik
Mitgliedschaft:	UNO, AKP, CARICOM, Commonwealth, OAS, SELA
Staatsoberhaupt:	Arthur N. Robinson
Regierungschef:	Basdeo Panday
Hauptstadt:	Port of Spain 51 000 (Agglom. 200 000) Einwohner
Fläche:	5130 km²
Einwohner:	1 292 000
Bevölkerungsdichte:	252 je km²
Bevölkerungswachstum pro Jahr:	Ø 1,10% (1990–1995)
Amtssprache:	Englisch
Religion:	Katholiken (34%), Protestanten (15%), Hindus (25%), Muslime (6%)
Währung:	Trinidad-u.-Tobago-Dollar (TT$)
Bruttosozialprodukt (1994):	4838 Mill. US-$ insges., 3740 US-$ je Einw.
Nationalitätskennzeichen:	TT
Zeitzone:	MEZ – 5 Std.
Karte:	→ Antillen

Trinidad u. Tobago

Trinidad u. Tobago

Triiodthyronin, w., ein Hormon der → Schilddrüse.

Trikaya [sanskr. „dreifacher Leib"], buddhist. Lehre v. d. 3 Körpern eines Buddha: Körper d. *Verwandlung,* d. *Entzückens,* d. *Lehre.*

triklines System → Kristalle.

Trikolore, w. [frz.], jede Fahne od. Flagge mit drei versch.farbigen Streifen; aufgrund der Herkunft bes. d. frz. Flagge.

Trikot, m. od. s. [frz. -'ko:], Wirkstoff, auf Kettenstühlen (aus Wolle, Baumwolle, Kunstseide) hergestellt; enganliegendes Kleidungsstück.

Trikotagen [frz. -'ta:ʒən], Strick-, Wirkwaren, bes. gewirkte Unterwäsche.

Triller, *m., mus.* Verzierungen.

Trillion [l.], Eins mit 18 Nullen (1 Million Billionen od. 10^{18}).

Trilobiten [gr.], Dreilappkrebse, ausgestorben, → geologische Formationen.

Trilogie, w. [gr.], Dreifolge (urspr. der griech. Tragödien), z. B. *Orestie.*

Trimester, s. [l.], Zeitraum von drei Monaten; Studienabschnitt. Ggs.: Studienjahr; Semester.

Trimeter, *m.,* griech. Versfuß aus drei Doppeljamben.

Trimm, *m.,* Schwimmlage eines Schiffes, definiert durch → Tiefgang an → Bug u. → Heck.

trimmen,
1) *seem.* Verändern der Schwimmlage eines Schiffes durch Verteilung d. Ladung u. d. Ballasts.
2) *seem.* Versorgung des Dampfkessels mit Kohle; → Trimmer.
3) *flugtechn.* Verändern der Fluglage durch → Trimmflächen.

Trimmer, Arbeiter auf Dampfschiffen, der d. Kohlen aus den Bunkern zu den Kesseln schafft.

Trimmflächen, Klappen an Flügel- und Leitwerk, dienen dem Piloten z. Erhaltung der Normallage d. Flugzeugs.

Trimurti w. [sanskr. „Dreigestalt"], hinduist. Einheit d. Götter aus Brahma, Wischnu u. Schiwa.

Trinidad,
1) Insel d. Kl. Antillen vor d. Mündung des Orinoco, 4821 km²; T. bildet zusammen mit d. benachbarten Insel Tobago den unabhängigen Staat:
2) Trinidad und Tobago; Bev.: 41% Schwarze, 40% Inder, 17 % Mulatten, Weiße, Chinesen. **a)** *Wirtsch.:* Ausf. v. Erdöl u. -derivaten, Erdgas, Asphalt, Kakao, Zucker; petrochem. Ind.; Tourismus. **b)** *Außenhandel* (1991): Einfuhr 1,65 Mrd., Ausfuhr 1,98 Mrd. $. **c)** *Verf.* v. 1976: Präsidiale Rep. Zweikammerparlament. **d)** *Verw.:* 8 Counties, 3 Munizipalitäten u. autonome Insel Tobago. **e)** *Gesch.:* 1498 v. Kolumbus entdeckt, im 16. Jh. v. Spaniern, im 18. Jh. v. Frz. besiedelt, 1797 v. Engl. besetzt, s. 1802 brit. Kronkolonie, 1958–62 z. → Westindischen Föderation, 1962 unabhängiger Staat im Commonwealth; 1976 Rep.; 1990 gescheiterter Putschversuch moslem. Rebellen.

Trinitarier, Abk. *OST.*
1) Bekenner d. Dreieinigkeit Gottes; Ggs.: → Unitarier.
2) kath. Angehörige e. Bettelordens (s. 1609), 1198 als Orden z. Loskauf christl. Sklaven gegr.

Trinität [l.], nach christl. Lehre: Dreieinigkeit (*ein* Gott in 3 Personen: Vater, Sohn u. Hl. Geist).

Trinitatisfest, Fest d. Dreieinigkeit; 1. Sonntag nach Pfingsten.

Trinitrophenol, svw. → Pikrinsäure.

Trinitrotoluol, *TNT,* starker Sprengstoff aus → Toluol; Detonationswert einer Tonne TNT Maßeinheit f. Sprengkraft v. → Atomwaffen.

Trinkerheilanstalt, *Entziehungsanstalt,* Einweisung in eine T. vom Gericht verhängte Sicherungs- u. Besserungs-

maßregel gg. gewohnheitsmäßige Trinker, die im Rausch eine Straftat begangen haben (§ 42c StGB).

Trino, it. St. am Po b. Vercelli, 8000 E; Kernkraftwerk (257 MW).

Trio, s. [it.], mus. Tonstück für drei Instrumente (z. B. Klavier, Violine, Cello); auch der ruhige Mittelteil von Marsch, Menuett u. Scherzo.

Triode, w., Drei-Pol-Röhre, → Elektronenröhre mit drei → Elektroden: → Kathode, Steuergitter u. → Anode.

Triole, w. [it.], mus. drei Noten mit Zeitwert v. zweien gleicher Art.

Trip [engl.], Reise, übertragen für den Rauschzustand nach Einnahme von Rauschgift.

tripel [l.], dreifach.

Tripelallianz, ein Bund dreier Mächte (z. B. 1668 England, Holland u. Schweden gegen Ludwig XIV.).

Tripel-Entente → Entente cordiale.

Tripitaka, Tipitaka, s. [sanskr. „Dreikorb"], d. aus 3 Teilen bestehende Kanon d. hl. Schriften i. Hinajana-Buddhismus.

Triplett → genetischer Code.

Tripolis, it. u. frz. Tripoli, arab. Tarabulus,
1) Hptst. Libyens, in Tripolitanien, an der Kl. Syrte, 990 000 E; röm. Bauwerke; Hafen, Ind., Messen, Karawanenhandel.
2) Hafenst. im Libanon, am Mittelmeer, 160 000 E; Endpunkt einer Erdölleitung von Kirkuk (Irak).

Tripolitanien, westl. Teil Libyens, bis 1963 libyscher Bundesstaat, mit Hinterland etwa 353 000 km²; größtenteils Steppe und Wüste; s. 1958 große Erdölvorkommen erschlossen; an der Küste Schwammfischerei und Thunfischfang; Oliven, Datteln, Südfrüchte, Gemüse, Tabak. – 46 v. Chr. röm. Provinz, 1551 türk., 1911–45 it. Kolonie.

Tripper, Gonorrhoe, Geschlechtskrankheit, eitrige Infektion der Harnröhre durch → Gonokokken, fortschreitend zur Blase, bei Frauen zu den inneren Geschlechtsteilen, beim Mann zum Nebenhoden; ansteckend (auch fürs Auge; Augen-T.); in Dtld Behandlungszwang.

Triptolemos, griech. Prinz u. Kulturbringer, Erfinder d. Pfluges u. Lehrer d. Ackerbaus i. Auftrag d. Göttin Demeter.

Triptychon, s. [gr.], dreiteiliger → Flügelaltar; → Diptychon, → Polyptychon.

Triptyk, s., Triptik, Grenzpassierschein f. Kraftfahrzeuge; in BR v. allen größeren Automobilklubs (z. B. ADAC, AvD) ausgegeben.

Tripura, Unionsstaat im NO d. Rep. Indien, ehem. Fürstenstaat, 10 486 km², 2,5 Mill. E; Hptst. Agartala (132 000 E).

Triratna s. [sanskr. „drei Juwelen"], buddhist. Bez. für Buddha, Lehre (dharma) u. Orden (sangha).

Trireme [l.], svw. → Triere.

Trishagion s. [gr. „dreimalheilig"], dreimalige Anrufung Gottes (aus Jesaja 6,3) i. d. kath. u. luth. Liturgie, auch Sanctus genannt.

Trisomie, Vorhandensein eines überzähligen → Chromosoms im normalerweise → diploiden Chromosomensatz; bei Menschen bewirkt T. des Chromosoms 21 (3 statt 2) den → Mongolismus.

Tristan, kelt. Sagenheld, liebt Isolde, die Gattin des Königs Marke; Epos Gottfrieds v. Straßburg; Oper v. R. Wagner.

Tristan da Cunha [-'kuːnə], brit. Inselgruppe im Südatlantik, 209 km²; Hauptinsel 98 km², 313 E; mit Vulkan (2329 m); meteorolog. Station; Bevölkerung nach einem Vulkanausbruch 1961 bis 63 nach Großbrit. evakuiert.

Tritium, T, künstl. radioaktives Isotop des Wasserstoffs; Masse 3, Kern: 1 Proton, 2 Neutronen.

Triton, griech. Meergott, Sohn des Poseidon und der Amphitrite: halb Mensch, halb Delphin.

Tritonshorn, Trompetenschnecke, Meeresschnecke, bis 30 cm hoch, Schale im Altertum als Trompete.

Tritonus [gr.], mus. Intervall v. drei

Triumphbogen, Konstantinsbogen in Rom

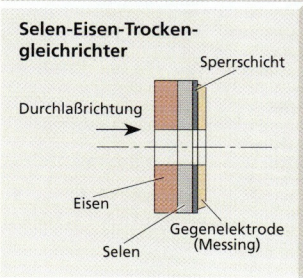

Ganztönen (z. B. f–h); übermäßige Quarte.

Triumphbogen,
1) im Kirchenbau Trennbogen zw. Chor u. Mittelschiff d. Basilika.
2) reliefgeschmückte Tore als Siegesdenkmäler: berühmt die T. des Konstantin, Septimius Severus u. Titus in Rom.

Triumvirat [l.], Bund dreier Machthaber zu gemeinsamer Herrschaft; in Rom erstes T.: 60 v. Chr. (Pompejus, Cäsar u. Crassus); zweites T.: 43 v. Chr. (Antonius, Octavianus u. Lepidus).

Trivandrum, Hptst. von Kerala, in SW-Indien, 524 000 E; Uni.; Textilind., Flughafen.

trivial [l.], alltäglich, abgedroschen.

Trivialität, w., Plattheit, Gemeinplatz.

Trivialname, Bez. chem. Stoffe mit meist einfachen Namen, die nicht der – oft umständlichen – systematischen Nomenklatur entsprechen (z. B. Weinsäure statt 2,3-Dihydroxybutandisäure).

Trivium → freie Künste.

Trochäus, m. [gr.], Versfuß aus langer (betonter) u. kurzer (unbetonter) Silbe: –⌣.

Trockenbeerenauslese, in Dtld u. Östr. oberste Stufe des Prädikatsweins (→ QmP), der nur aus eingeschrumpften, von d. → Edelfäule befallenen Trauben erzeugt werden darf u. ein best. → Mostgewicht besitzen muß.

Trockendock → Dock.

Trockeneis, gepreßte feste Kohlensäure von fast –80 °C, verdampft langsam ohne Rückstand, Sublimation.

Trockenelement, galvan. Element (→ galvan. Strom), bei dem Elektrolyt pastenförmig eingedickt ist; dadurch in jeder Lage betriebsfähig (Verwendung für Taschenlampe, Kofferradio u. a.).

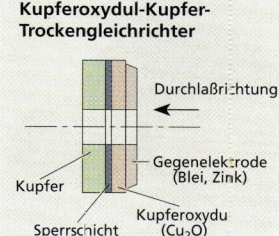
Troika

Trollblume

Blauer Trollinger

trockener Wechsel, svw. der Eigen- → Wechsel.

Trockengleichrichter, Gleichrichterwirkung beruht auf von der Stromrichtung abhängigem Widerstand, der an d. Berührungsstelle zw. einem Leiter und Halbleiter entsteht (z. B. Selen–Eisen, Kupferoxydul–Kupfer); Anwendung: z. Gleichrichtung von Wechselströmen bis über 200 Ampere; Ggs.: nasser oder Quecksilberdampfgleichrichter.

Trockenpflanzen → Xerophyten.

Trockenplasma, durch Einfrieren u. Wasserentzug pulverisiertes Plasma (→ Blut), das durch Zusatz v. destilliertem Wasser als Blutersatz z. B. bei → Schock verwendet wird.

Trockenrasen, Zus.fassung f. e. Vielzahl v. Vegetationseinheiten, deren charakterist. Standorteigenschaften Flachgründigkeit, Wasserdurchlässigkeit u. Nährstoffarmut sind.

Troeltsch, Ernst (17. 2. 1865–1. 2. 1923), dt. ev. Theol.; Soziologe, Kulturphilosoph; Die Soziallehren der christlichen Kirchen.

Troger, Paul (get. 30. 10. 1698–20. 7. 1762), östr. Maler d. Barock; Altarbilder, Deckenfresken (u. a. im Dom v. Brixen; in d. Benediktinerstiften Altenburg u. Göttweig).

Troglodyten [gr.], Höhlenbewohner.

Troika, w., russ. Wagen oder Schlitten mit Dreigespann.

Troilos, Troilus, trojanischer Prinz, fällt gegen Achilleus; T. u. Cressida, Drama v. Shakespeare.

Troisdorf (D-53840–44), St. i. Rhein-Sieg-Kr., NRW, 65 559 E; chem., kunststoffverarb., Stahl-, Masch.- u. a. Ind.

Troja, Ilion, frühgeschichtliche feste St. an d. W-Küste Kleinasiens; griech. Heldensage: Der Trojanische Krieg (→ Homers Ilias); die Überreste Trojas, bis ins 4. Jtd v. Chr. reichend, von Schliemann (1870–90) und Dörpfeld (1893/94 und 1932/33) nahe dem türkischen Dorf Hissarlik ausgegraben; gehörte d. ägäischen u. kleinasiat. Kulturkreis an.

Trojaner, besondere Gruppe v. kleinen Planeten, nach den Helden des Trojan. Krieges benannt; bewegen sich im gleichen Abstand wie der Jupiter um die Sonne derart, daß Sonne – Jupiter – T. nahezu ein gleichseitiges Dreieck bilden.

Trojanisches Pferd, als Kriegslist z. Eroberung v. Troja in d. Stadt eingeschleustes Holzpferd, in dem sich griechische Truppen versteckt hielten.

Trokar, m. [frz.], starke Nadel mit röhrenförmiger Hülse z. Ablassen v. Flüssigkeiten u. Luft aus Körperhöhlen.

Trökes, Heinz (15. 8. 1913–22. 4. 97), dt. Maler zw. Abstraktion u. Surrealismus.

Troll, Kobold der nord. Sage.

Trollblume, Trollius, Hahnenfußgewächs feuchter (Gebirgs-)Wiesen; dicke, gelbe Blütenköpfe. ●

Trolleybus, m. [engl. 'trɔlɪbʌs], svw. → Obus.

Trollhätta-Fälle des Götaälv, 5 auf 1,5 km mit 32 m Fall; Kraftwerk: durch **T.-Kanal** (28 km lang) bei **Trollhättan** (schwed. St., 51 000 E) umgangen.

Trollinger, Blauer Trollinger, in Württemberg u. Südtirol (als Großvernatsch od. Schiava Grossa) angebaute Rotweinrebe, die würz., tanninarme Weine liefert.

Trombe, w. [it.], Bezeichnung für trichterförmige Luftwirbel, wie Windhose, Wasserhose, Sandhose.

Trommel,
1) *techn.* svw. Hohlwalze.
2) Schlaginstrument, oben u. unten mit Fellen bespannter Zylinder; *große* und *kleine T.* (Abb. → Orchester).

Trommelfell → Ohr.

Trommelsucht, *Blähsucht,* Auftreibung d. Leibes b. Wiederkäuern; Ursache: Futtergärung.

Trommelverarbeitung, bewährte Methode z. Ausarbeiten v. farb. Papierbildern; bei Raumbeleuchtung sehr geringer Chemikalienverbrauch.

Trompe, w., in d. Architektur beim Kuppelbau nischenart. Wölbung über rechtwinkl. angeordneten Mauerstücken z. Überleitung e. quadrat. Raums in e. vieleck. od. runden. Dagg. Gewölbezwickel (in Form e. sphär. Dreiecks) → Pendentif.

Trompe-l'œil [frz. trɔp'lœj „täuscht d. Auge"], in Malerei u. Kunsthandwerk Versuch d. perfekten Nachahmung d. Wirklichk. z. Nachweis techn. Virtuosität od. z. Täuschung d. Betrachters: z. B. durch Licht- u. Schattenwirkung erreichte Plastizität d. dargestellten Gegenstands od. durch illusionist. Scheinarchitektur u. perspektiv. Mittel vorgetäuschte Räumlichk.; s. d. Antike (z. B. pompejan. Wandmalerei, bes. in Barock u. Rokoko (Stilleben u. Architekturmalerei), auch im Surrealismus; → illusionist. Malerei; → Quadraturmalerei.

Trompete, hohes Blechblasinstrument mit gebogener Schallröhre, Kesselmundstück u. 3 Ventilen.

Trompetenbaum, *Catalpa,* nordam. u. ostasiat. Bäume m. gr., herzförmigen Blättern, weißen Blütenrispen u. langen Schoten, häufig in Parks.

Trompetenschnecke, svw. → Tritonshorn.

Tromsø, Hptst. des norweg. Fylke Troms, auf der Insel *T.* (Polarzone), 52 000 E; geophys. Forschungsinstitut.

Trondheim [trɔnhɛĭm], im MA *Nidaros,* am eisfreien *T.-Fjord,* Hptst. d. norw. Rgbz. Sør-Trøndelag, 138 000 E; Dom; Hafen, Holzind.; TH; alte Krönungsstadt.

Trope, w. [gr.-lat. „Wendung"],
1) *Tropus,* musikal.-textl. Erweiterung (Ausschmückung) eines liturg. Textes.
2) bildhafter Ausdruck e. Wortes od. e. Wortgruppe, z. B. „fliegen" statt „eilen".

Tropen [gr.], die Erdgebiete zw. d. beiden → Wendekreisen, jetzt svw. heiße Zone (mit trop. Klima) zw. 30° nördl. u. 27° südl. Breite (mittlere Jahrestemperatur 20°), m. feuchtheißem Klima am Äquator (trop. Regenwälder usw.) u. Wüstenklima nahe d. Wendekreisen.

Tropenkoller, hochgradiger Erregungszustand m. Tobsuchtsanfällen b. Bewohnern gemäßigter Zonen nach langem Aufenthalt in d. Tropen.

Tropentag, *heißer Tag,* veraltete meteorolog. Bez. f. Tage mit Temp. von 30 °C u. mehr.

Tropfstein, in Kalkhöhlen (**T.höhlen**), Auskleidung durch den bei Verdunstung des Grundwassers ausgeschiedenen kohlensauren Kalk geformt; Stalaktiten, Stalagmiten (Abb. → Höhle).

Trophäe, w. [gr.], Siegesbeute; Siegeszeichen.

Trüffel
Weiße Trüffel, o., Sommer-Trüffel, u.

Wildtruthahn

tropischer Umlauf, Zwischenzeit zw. zwei aufeinanderfolgenden Durchgängen eines Himmelskörpers durch den Frühlingspunkt; → Jahr.

Tropismus, auf einen Reiz erfolgende Bewegung eines festsitzenden Lebewesens; *Geo-T.* durch d. Schwerkraft, *Helio-* od. *Photo-T.* durch d. Licht, *Chemo-T.* durch chem. Stoffe; Orientierung zum Auffinden d. günstigsten Lebensbedingungen; bei frei bewegl. Lebewesen → Taxis.

Tropopause, w. [gr.], obere Begrenzungslinie der Troposphäre (→ Atmosphäre); in mittleren Breiten bei ca. 12 km, an den Polen ca. 10 km, am Äquator ca. 17 km Höhe.

Troposphäre [gr.], → Atmosphäre.

Troppau, tschech. *Opava,* St. im Mähr. Gesenke, an d. Oppa, 63 000 E; Metall- u. Textilind. – 1820 Kongreß der Hl. Allianz, 1849–1918 Hptst. v. Östr.-Schlesien, 1919 zur Tschechoslowakei.

Tropsch, Hans (7. 10. 1889–8. 10. 1935), dt. Chem.; entwickelte zus. mit F. Fischer d. *Fischer-Tropsch-Verfahren* zur Synthese v. Kohlenwasserstoffen.

Tropus → Trope.

Trosse, starkes Schiffstau aus Hanf od. Stahldraht.

Trossingen (D-78647), St. im Kr. Tuttlingen, Ba-Wü., 12 919 E; HS-Inst. f. Musik.

Trotteur [frz. -'tø:r], Straßenschuh.

Trotzki, Leo, eigtl. *Leib Bronstein* (7. 11. 1879–21. 8. 1940), russ. Bolschewist; 1917 mit Lenin Führer des Umsturzes, Schöpfer der Roten Armee, Gegner Stalins; 1929 verbannt; in Mexiko ermordet.

Troubadour, *m.* ['trubadu:r], *Trobador,* Minnesänger i. d. Provence, i. Spanien u. Italien aus ritterl. Stand, im 11.–14. Jh.; bed. Vertr.: *Bernard von Ventadorn, Bertran de Born, Peire Vidal.*

Trouville-sur-Mer [tru'vilsyr'mɛ:r], frz. Seebad am Kanal westl. der Seinemündung, 6000 E.

Troyat [trwa'ja], Henri, eigtl. *Lew Tarassow* (* 1. 11. 1911), frz. Schriftst. russ. Herkunft; *Solange die Welt besteht.*

Troyes [trwa], Hptst. des frz. Dép. *Aube,* an d. Seine, 61 000 E; Bischofssitz, Kathedrale (1208 begr.), St.-Urban-Kirche (1264); Baumwollspinnerei. – 1420 *Vertrag v. T.:* Anerkennung der Rechte Heinrichs V. v. England auf den frz. Thron.

Troy-Unze, in Engl. u. USA gebräuchl. Gewichtsmaß f. Edelmetalle u. Edelsteine: 1 T.-U. = 31,1035 g.

Trübner, Wilhelm (3. 2. 1851–21. 12. 1917), dt. Maler d. Realismus u. Impressionismus; Landschaften, Porträts.

Truchseß, ursprünglich Beamter am kgl. Hof (der die Speisen darreicht u. die Tafel überwacht), ab 936 von Herzögen, später von Kurfürsten verwaltetes einflußreiches Hofamt, Pfalzgraf bei Rhein (Pfalz bei Kaub) erbl. Erztruchseß.

Truck, *m.* [engl. trʌk], moderne Bez. f. Lastwagen; *Trucker,* d. Fahrer.

Trucksystem [engl. 'trʌk-], im Zeitalter d. Frühkapitalismus gebräuchliche Entlohnung v. Arbeitern in Naturalien, wobei die Arbeitnehmer gezwungen waren, diese Waren zu verkaufen, um mit dem Erlös ihren Lebensunterhalt bestreiten zu können; seit 1855 in Dtld generell verboten.

Trudeau [try'do], Pierre Elliot (* 8. 10. 1919), kanad. Jurist u. Pol. (Liberaler); 1968–79 u. 1980–84 Min.präs.

trudeln, gefährl. Flugzustand, der entsteht, wenn d. Flugzeug „überzogen" wird u. d. Luftströmung abreißt; d. Flugzeug stürzt dabei, sich ständig in korkenzieherartiger Linie drehend, nach unten.

Truffaut [try'fo], François (6. 2. 1932 bis 21. 10. 84), frz. Filmregisseur; Vertr. d. → Nouvelle Vague; *Les quatre cents coups* (1959); *Tirez sur le pianiste* (1960); *Jules et Jim* (1961); *Fahrenheit 451* (1966); *La nuit américaine* (1973).

Trüffel, unterird., äußerl. kartoffelähnl. Fruchtkörper des Schlauchpilzes *Tuber,* im Boden von Laubwäldern; geschätzter Speisepilz.

Trugdolde, nichtdoldiger Blütenstand m. in gleicher Höhe endenden Blüten.

Trugschluß [l. „sophisma"], auf falschen Voraussetzungen oder zweideutig gebrauchten Worten beruhender, absichtl. täuschender Schluß im Gegensatz z. unbeabsichtigten Fehlschluß.

Trullanische Synoden, Bez. zweier Konzile: d. 6. allg. Konzil v. Konstantinopel (680/81) u. d. Reichssynode (691), letztere lehnte d. Zölibat d. Priester u. d. Primat d. Papstes ab. D. Ostkirchen rechnen d. letzte Synode i. 7. allg. Konzil, während d. kath. Kirche sie nicht anerkennt.

Truman [-mən], Harry S. (8. 5. 1884 bis 26. 12. 1972), am. demokr. Pol.; 1945 bis 53 33. US-Präs.; unterzeichnete Potsdamer Abkommen, verkündete → Fair Deal; strebte Stärkung d. westl. Welt mit d. Ziel eines globalen Gleichgewichts an.

Trumeau, *m.* [frz. try'mo:], Mittelpfosten e. Portals (z. B. e. got. Kirche); Fensterpfeiler; Pfeilerspiegel (z. B. im barocken Schloßbau).

Trunksucht → Alkoholismus.

Truppenausweis, Dienstausweis des Soldaten.

Truppenführer, jeder mil. Führer vom Brigadekommandeur an aufwärts.
Truppengattungen des Heeres:
1) *Kampftruppen:* Infanterie (Jägertruppe, Gebirgsjägertruppe, Fallschirmjägertruppe, Panzergrenadiertruppe), Panzertruppe (Panzerjägertruppe, Panzeraufklärungstruppe),
2) *Kampfunterstützungstruppen:* Artillerietruppe, Heeresflugabwehrtruppe, Heeresfliegertruppe, Pioniertruppe, ABC-Abwehrtruppe,
3) *Führungstruppen:* Fernmeldetruppe, Feldjägertruppe, Fernspähertruppe, Topographietruppe, Frontnachrichtentruppe, PSV-Truppe (Psycholog. Verteidigung);
4) *Logistiktruppen:* Sanitätstruppe, Technische Truppen;
5) *Sanitätstruppen.*

Trüsche, svw. → Rutte.

Trust, *m.* [engl. trʌst], kapitalmäßige Vereinigung v. Unternehmen gleicher Art zwecks Monopolisierung d. Markts entweder durch → Fusion od. durch → Holdinggesellschaften.

Truthahn, *Puter,* aus N-Amerika stammender großer Hühnervogel; Hahn mit schwellbaren Hautlappen, schlägt balzend ein Rad.

Trybuna Ludu [„Volkstribüne"], poln. Parteizeitung, 1948 gegr.

Trypanosomen [gr.], Geißeltierchen, Blutschmarotzer; durch Insektenstich übertragene Erreger gefährl. Krankheiten u. Seuchen der Tropen (z. B. Schlafkrankh., Chagaskrankh.).

Trypsin, *s.,* eiweißspaltendes Enzym der Bauchspeicheldrüse.

Tschad, Rep. in der Tschadsenke, östl. des T.sees, Zentralafrika; Bev.: Sudanneger, Araber im S **a)** *Geogr. u. Wirtsch.:* Im S Buschwald u. Grassteppe, im N Wüste; im Steppengebiet nomad. Viehzucht, im S Anbau v. Baumwolle, Hirse, Mais, Reis u. Erdnüssen. **b)** *Außenhandel* (1991): Einfuhr 158 Mill., Ausfuhr 90 Mill. $. **c)** *Verf.* v. 1996: Präsidiale Rep. m. Einkammerparlament (s. 1990 aufgelöst). **d)** *Verw.:* 14 Präfekturen. **e)** *Gesch.:* 1910–1958 frz. Kolonie, Teil v. Frz. Äquatorialafrika, 1958 autonome Rep., 1960 unabhängig; 1975 Militärputsch; s. 1974 Zusammenstöße der v. Frkr. unterstützten Reg.truppen m. d. Befreiungsbewegung FROLINAT (Front de Libération Nationale du Tchad), 1977 Putschversuch; 1978 frz. Mil.intervention; s. 1979 Bürgerkrieg zw. moh. N u. nichtislam. S; 1980/81 libysche Mil.intervention, vorübergehende Besetzung d. N-Teils; 1982 erfolglose Intervention v. OAU-Truppen; 1986/87 erneuter mil. Konflikt m. Libyen; 1990 Machtübernahme durch Idriss Déby; 1993 Nationalkonferenz zur Vorbereitung einer neuen Verf.; Übergangsparlament; ethnische Konflikte; 1994 wichtigste Rebellenbew. gibt bewaffn. Kampf auf (Anerk. als pol. Partei).

Tschadsee, flacher Süßwassersee zw. d. Rep. Tschad u. Nigeria, 239 müM, Wasserspiegel schwankt je nach Jahreszeit zw. 10 000 u. 25 000 km².

Tschaikowski, Peter Iljitsch (7. 5. 1840–6. 11. 93), russ. Komp. unter westeur. Einfluß (im Ggs. zur betont nat.-russ. Musik). 7 Sinfonien: *Pathé-*

TSCHAD	
Staatsname:	Republik Tschad, République du Tchad
Staatsform:	Präsidiale Republik
Mitgliedschaft:	UNO, AKP, OAU
Staatsoberhaupt:	Idriss Déby
Regierungschef:	Nassour Guelengdoussia Ouadio
Hauptstadt:	N'Djaména 687 800 Einwohner
Fläche:	1 284 000 km²
Einwohner:	6 183 000
Bevölkerungsdichte:	5 je km²
Bevölkerungswachstum pro Jahr:	Ø 2,71% (1990–1995)
Amtssprache:	Französisch
Religion:	Muslime (44%), Christen (33%), Naturreligionen
Währung:	CFA-Franc
Bruttosozialprodukt (1994):	1153 Mill. US-$ insges., 190 US-$ je Einw.
Nationalitätskennzeichen:	TCH
Zeitzone:	MEZ + 1 Std.
Karte:	→ Afrika

TSCHECHISCHE REPUBLIK	
Staatsname:	Tschechische Republik, Česká Republika
Staatsform:	Republik
Mitgliedschaft:	UNO, Europarat, OSZE, OECD
Staatsoberhaupt:	Václav Havel
Regierungschef:	Václav Klaus
Hauptstadt:	Prag (Praha) 1,2 Mill. Einwohner
Fläche:	78 864 km²
Einwohner:	10 295 000
Bevölkerungsdichte:	131 je km²
Bevölkerungswachstum pro Jahr:	Ø –0,02% (1990–1995)
Amtssprache:	Tschechisch
Religion:	Katholiken (30%), Protestanten (8%), Orthodoxe, Hussiten
Währung:	Tschechische Krone (Kč)
Bruttosozialprodukt (1994):	33 051 Mill. US-$ insges., 3210 US-$ je Einw.
Nationalitätskennzeichen:	CZ
Zeitzone:	MEZ
Karte:	→ Mitteleuropa

Tschad

Tschechische Republik

Tschad

Tschechische Rep.

tique; Orchestersuiten: *Der Nußknacker;* Ballette: *Schwanensee;* 10 Opern: *Eugen Onegin; Pique Dame;* Violin- u. Klavierkonzerte.

Tschako [ungar.], mil. Kopfbedeckung; früher b. Jägern u. Schützen, auch bei Polizei.

Tschechen, westslaw. Volk, im 6. Jh. n. Chr. nach Böhmen und Mähren eingewandert.

tschechische Literatur, Anfänge: Übersetzungen geistl. Inhalts, liturg. Texte; kirchenslaw. Wenzellegende. 14. Jh.: Emil Flaška (allegor. Dichtung); Prosa: Tomáš Štítný. Epos *Alexandreis.* 15. Jh.: Unter dem Zeichen der rel. u. nat. Kämpfe (Hus): Chelčický: *Im Netz des Glaubens;* die *Kralicer Bibel* der Brüdergemeinde begr. Schriftsprache; Komenský (Comenius). 19. Jh.: Aufklärung u. Romantik: Jos Dobrovský u. Jungmann (Sprachforscher), Palacký; Šafarik; Macha (Lyrik), V. Hálek, J. Neruda; Svatopluk Čech (nationale Poesien), J. Vrchlický (Lyrik, Prosa, Übers.). 20. Jh.: K. Čapek (Erzählungen, Dramen), J. Durych (*Wallenstein*); A. Sova u. O. Březina (Lyriker); J. Hašek (*Soldat Schwejk*), Ivan Olbracht, Marie Majerová, Marie Pujmanová (Romane), Julius Fučik, Jiří Wolker, V. Nezval, Petr Bezruč (Lyriker), J. Seifert (Lyrik), František Langer, Pavel Kohout, Václav Havel.

Tschechische Republik, Rep. im östl. Mitteleuropa; umfaßt Böhmen, Mähren u. schles. Randgebiete; Bev.: Tschechen (94 %), Slowaken (3 %), Ungarn, Polen, Deutsche; Wirtsch.: Bergbau (Braun- u. Steinkohle, Eisen-, Kupfer-, Blei- u. Uranerze, Silber); Hüttenwerke, Metall-, Maschinen-, Textil-, Glas- u. chem. Ind., Fahrzeugbau; Forstwirtsch., Viehzucht, Anbau v. Getreide, Kartoffeln, Zuckerrüben, Hopfen u. a.; Außenhandel (1992): Einfuhr 253 700 Mill. Kčs, Ausfuhr 230 800 Mill. Kčs; Verf. v. 1993: Abgeordnetenhaus m. 200 Mitgl. u. Senat m. 81 Mitgl.; Wahl des Staatsoberh. alle 5 J. dch. d. Parlament; Verw.: 7 Regionen u. Hptst.; Gesch.: → Tschechoslowakei; s. 1. 1. 1993 unabh. Rep.; 1993 Zoll- u. Handelsabkommen m. d. Slowakei; s. 1989 Einführung d. Marktwirtschaft u. Privatisierung d. Staatsbetriebe; 1997 Unterzeichnung d. Dt.-Tschech. Erklärung.

Tschechoslowakei, amtl. *Československá Federativní Republika, ČSFR,* bis 1. 1. 1993 föderative Rep. i. Mitteleuropa, bestand aus d. tschechischen u. slowakischen Rep., 127 876 km², 15,73 Mill. E (123 je km²); Bev.-Zuw. 0,3%; Bev.: 63% Tschechen, 32% Slowaken, 4% Madjaren, 0,3% Deutsche; Währung: tschech. Krone (Kčs); Rel.: überwiegend röm.-kath.; Hptst. *Prag;* → Karte Europa **a)** *Geogr.:* → Böhmen, → Mähren, → Slowakei. **b)** *Ind.:* Hochentwickelt; wichtigste Zweige: Hüttenind., Metall- u. Masch.bau, Kraftfahrzeugbau, chem. Elektro-, Textil-, Leder-, Glas- u. Papierind. **c)** *Bodenschätze:* Kohle (1991: 78,6 Mill. t Braunkohle), Eisenerze (Rohstahlprod. 1991: 12,07 Mill. t), Graphit, Kaolin, Salz, Erdöl, Uran, Gold, Silber, Magnesit. **d)** *Landw.:* Getreide, Zuckerrüben, Mastvieh, Milchwirtsch. **e)** *Außenhandel* (1991): Einfuhr 10,24 Mrd., Ausfuhr 10,92 Mrd. $. **f)** *Verf.* v. 1968: Staatspräs. für 5 Jahre v. Parlament gewählt; Föderation sozialist. Rep., s. April 1990 Tschech. u. Slowak. Föderative Rep.; 1993 Auflösung d. Föd. in zwei unabh. Nationalstaaten: → Tschechische Rep. u. → Slowakei. **g)** *Gesch.:* Die Tsch. wurde im Okt. 1918 als selbst., aus Teilen d. Östr.-Ungar. Kaiserreichs gebildeter Staat proklamiert, Bildung d. neuen Staates in d. Friedensverträgen v. Versailles, St-Germain u. Trianon formell bestätigt, Böhmen, Mähren, Teile v. Schlesien, d. Slowakei u. d. Karpato-Ukraine wurden d. Tsch. zugesprochen; unter d. Druck Hitlers 1938 → Münchener Abkommen:

Peter I. Tschaikowski

Anschluß des Sudetenlandes an Dtld; 1939 Unabhängigkeitserklärung der Slowakei, Einmarsch dt. Truppen in d. Restgebiet u. Errichtung des Protektorats Böhmen und Mähren; Karpato-Ukraine u. Gebiete an slowak. O-Grenze v. Ungarn besetzt. 1945 Wiederherstellung innerhalb d. Grenzen v. 1937 ohne Karpato-Ukraine (zur Sowjet-Ukraine); Vertreibung von über 3 Mill. Deutschen, Agrarreform, Sozialisierung ind. Unternehmen; enge pol. Bindung an d. Sowjetunion, 1948 Einsetzung einer vorwiegend kommunist. Regierung (Volksdemokratie); 1968 nat. Liberalisierungstendenzen (,,Prager Frühling"); Einmarsch v. Truppen v. 5 Warschauer-Pakt-Staaten, weitgehender Verzicht auf d. Reformkurs; 1973 Normalisierungsvertrag mit d. BR (stellt Nichtigk. d. Münchener Abkommens fest), 1975 Abk. mit d. BR über wirtsch. u. techn. Zus.arbeit; wiederholt Protestaktionen v. oppositionellen Gruppen (z. B. Charta '77); 1989 Bildung des oppositionellen ,,Bürgerforums", Gen.streik; Führungsanspruch d. KPČ aus Verf. gestrichen; Ende 1989 Rücktritt der kommunist. Reg., Bildung eines mehrheitl. nichtkommunist. Kabinetts; seit Dezember 1989 → Dubček Parlamentspräs., Václav → Havel Staatspräs.; März 1990 ,,Sozialistisch" aus Staatsnamen gestrichen; Juni 1990 erste freie Parlamentswahlen mit Sieg des Bürgerforums; 1991 Unabhängigkeitsbestrebungen d. → Slowakei. 1992 erklärt die Slowakei ihre Souveränität; eigene Verf.; 1. 1. 1993 Auflösung d. Tschechoslowakei in → Tschech. Rep. u. → Slowakei.

Tschechow, Anton (29. 1. 1860–15. 7. 1904), russ. Dichter; Erzählungen, Dramen: *Die Möwe; Drei Schwestern; Onkel Wanja; Der Kirschgarten.*

Tscheka → MWD.

Tscheljabinsk, russ. Gebietshptst. am Ural, 1,1 Mill. E; Handelszentrum; Hütten-, landw. Maschinenind., Panzerwerk.

Tscheljuskin, Kap der Taimyr-Halbinsel, nördlichster Punkt Festlandasiens, 77° 34′ nördl. Breite.

Tschenstochau, *Częstochowa,* poln. St. a. d. Warthe, 258 000 E; Kloster mit berühmtem Muttergottesbild (,,Schwarze Madonna"), 1382 erbaut; kath. Bischofssitz; Textilind.

Tscherenkow, Pawel A. (* 28. 7. 1904), russ. Phys.; entdeckte 1934 bei Kernprozessen den n. ihm ben. → *T.-Effekt*; Nobelpr. 1958.

Tscherenkow-Effekt, bewegen sich el. geladene Teilchen so schnell durch e. Medium (z. B. Wasser), daß ihre Geschwindigk. höher ist als d. (Phasen-)-Geschwindigk. des Lichtes i. diesem Medium, so senden die Teilchen el. magnet. Wellen aus. Der T.-E. ist den mechan. Stoßwellen von Überschallgeschwindigk. fliegenden Objekten in Luft vergleichbar.

Tscherepnin, Alexandr Nikolajewitsch (20. 1. 1899–29. 9. 1977), russ. Komp. u. Pianist; s. 1921 i. Paris u. Chicago.

Tscherkessen, kaukas. Volksstamm, im Gebiet des Kuban und Terek, größtenteils mohammedanische Viehzüchter; ca. 240 000.

Konstantin Tschernenko

Tschiang Kai-schek

Tschibuk

Tsetsefliege

Tschernenko, Konstantin Ustinowitsch (24. 11. 1911–12. 3. 85), sowj. Pol.; s. 1971 Mitgl. d. ZK, s. 1978 d. Politbüros; s. 1984 Gen.sekretär d. ZK d. KPdSU u. Vors. d. Präsidiums d. Obersten Sowjet.

Tschernobyl, St. am Pripjet, Ukraine, 17 000 E.; Kernkraftwerk; am 26. 4. 1986 schwerer Reaktorunfall.

Tschernosem, s. [russ. -'zjɔm], svw. → Schwarzerde.

Tscherokesen, *Cherokees,* zivilisierte Indianer N-Amerikas i. Staat Oklahoma.

Tschetniks, Četnici, serb. Freischärler, urspr. im Kampf gg. Türken auf d. Balkan; im 2. Weltkrieg Partisanen d. Kgr. → Jugoslawien; 1991 maßgeblich am Bürgerkrieg in → Kroatien beteiligt.

Tschetschenen, moh. Volksstamm i. Kaukasus, *Tschetscheno-Inguschische ASSR*, 19 300 km², 1,28 Mill. E; Hptst. *Grosnyj*; 1991 einseitige Unabhängigkeitserklärung v. Rußland, 1994–96 Krieg m. Rußland.

Tschiang Kai-schek, *Jiang Jieshi* (31. 10. 1887–5. 4. 1975), chin. Marschall und Pol.; 1928–31 Staatspräs., 1933–37 Min.präs. der Guomindang-(Nanjing-)Reg.; Führer des Krieges gg. die Kommunisten in China (s. 1927) u. Japan; 1943, 1949 u. s. 1950 Staatspräs. (nach Sieg Maos 1949 auf Taiwan).

Tschiang Tsching-kuo, *Chiang Ching-kuo* (18. 3. 1909–13. 1. 88), nationalchin. Pol. (Guomindang), Sohn Tschiang Kai-scheks; 1965–69 Verteidigungsmin.; 1972–78 Min.präs., 1975 Vors. d. Guomindang; ab 1978 Staatspräs. v. Taiwan.

Tschibuk, *m.,* lange türkische Tabakpfeife.

Tschirnhaus, Ehrenfried Walther v. (10. 4. 1651–11. 10. 1708), dt. Phys. u. Phil.; fand zus. m. Böttger Herstellung d. Porzellans.

Tschita, ostsibir. Gebietshptst. im Jablonoi-Gebirge, 366 000 E; Erz- u. Kohlenbergbau.

Tschitscherin, Georgi Wassiljewitsch (24. 11. 1872–7. 7. 1936), 1918–30 sowj. Volkskommissar f. Auswärtiges, schloß 1922 → Rapallovertrag.

Tschittagong → Chittagong.

Tschkalow → Orenburg.

Tschombé, Moïse (18. 11. 1919–29. 6. 69), kongoles. Pol.; 1960–62 Staatspräs. v. → Katanga, 1964/65 Min.präs. der Demokr. Rep. Kongo; in alger. Haft gestorben.

Tschou En-lai → Zhou En-lai.

Tschudi, Ägidius (5. 2. 1505–28. 2. 72), schweiz. Geschichtsschreiber; s. Chronik Grundlage f. Schillers *Wilhelm Tell.*

Tschuikow, Wassilij Iwanowitsch (12. 2. 1900–18. 3. 82), sowj. Marschall; 1949–53 Oberbefehlsh. d. sowj. Besatzungstruppen in Dtld.

Tschuktschen, mongolenähnl. Volksstamm (ca. 14 000) in SO-Sibirien auf d. **T.-Halbinsel,** östlichste Spitze des asiat. Festlandes, Rentiernomaden und Walroßjäger; *Autonomer Bezirk d. T.,* Teilrep. d. Russ. Föderation.

Tschuwaschen, türk.-finn. Volksstamm an d. mittl. Wolga, z. T. Christen, z. T. schamanistisch, bewohnen **Tschuwaschien,** autonome Republik d. Russ. Föderation, 18 300 km², 1,34 Mill. E; Hptst. *Tscheboksary*.

Tsetse, *Glossina,* afrikanische Stechfliegen, übertragen Erreger (→ Trypanosomen) d. → Schlafkrankheit auf d. Menschen, und die *Naganaseuche* (Entkräftung und Abmagerung) auf Huftiere.

T-shirt ['tiːʃəːt], Abk. für *training shirt*, Sporthemd.

TSH-Screening [-'skriːn-], Untersuchung von Blut des Neugeborenen auf TSH, Hormon der → Hypophyse, das die Schilddrüse steuert.

Tsunami, durch Tiefseebeben im Pazifik entstehende sehr schnelle (700 km/h), bis ½ m hohe, 200 km breite Wellen, die sich a. d. Küste bis zu 30 m hohen Flutwellen stauen können.

Tsushima, jap. Insel in der Koreastraße, mit Kriegshafen, 654 km², 51 000 E. – 1905 Vernichtung der russ. Flotte durch die japanische.

TTL-Blitzlichtmessung, b. Verwendung v. Blitzlicht wird durch d. Objektiv d. richtige Belichtung gemessen, Blitzlicht u. Licht and. Lichtquellen wird in d. Filmebene gemessen.

Tuamotuinseln, frz. Inselgruppe in Ozeanien, sö. der Gesellschaftsinseln; 78 Atolle, 690 km², 12 400 E; Atomwaffenversuchsgelände auf Mururoa u. Fangataufa.

Tuareg, althamit. Volk der inneren Sahara; islamisierte Nomaden, Kamelzüchter; mutterrechtl. u. altchristl. Reste, altlibysche Schrift.

Tuat, *Touat,* Oasengruppe in der NW-Sahara (Algerien), Knotenpunkt wichtiger Karawanenwege.

Tuba, *w.* [l.], Blechblasinstrument; *Baß-T.* (Bombardon) in F (Abb. → Orchester) u. *Kontrabaß-T.* in B; im röm. Heer Signaltrompete.

Tubargravidität [l.], → Eileiterschwangerschaft.

Tube, *w.* [l.], *med.* Eileiter (*Tuba uterina*) und Ohrtrompete (*Tuba auditiva*).

Tubeless [engl. 'tjuːblɪs], → schlauchlose Reifen.

Tuberkel, *m.,* typ., bis hirsekorngroßes Entzündungsprodukt im Gewebe nach Infektion durch d. 1882 v. Robert *Koch* entdeckten **T.bakterien** (*Mycobacterium tuberculosis*). Drei f. d. Menschen krankheitsauslösende Typen, ben. nach d. bevorzugten Wirtsorganismus: *Typus humanus* (Mensch), *Typus bovinus* (Rind), *Typus gallinaceus* (Huhn). Fast nur noch humaner Typ von Bedeutung, außerdem sog. atypische Mykobakterien. Ein Glycerinextrakt aus Bouillonkulturen menschl. T. ist d. **Tuberkulin,** ein nichtpathogenes Allergen, zur Erkennung (Impfung oder Einreibung) der **Tuberkulose** *(Tbc):* Infektionskrankheit d. Menschen u. Tiere. Das Haustiere: Perlsucht d. Rinder). Erreger ist d. Tuberkelbakterium. Ansteckung und Verbreitung nur durch Übertragung lebender Bakterien (→ Infektion). T. kann in allen Organen auftreten; am häufigsten *Lungen-T.*, bes. im frühen Erwachsenenalter. *Kehlkopf-* und *Darm-T.,* meist bestehender Lungen-T. *Tuberkulöse Hirnhautentzündung* und → *Miliar-T.,* sowie meist auch die bes. bei Jugendlichen auftretende *Lymphdrüsen-T.,* d. *Knochen-, Weichteil-, Nieren-, Bauchfell-, Augen-(Netzhaut-)T.* u. d. *tuberkulöse Rippenfellentzündung* entstehen auf d. Blut- od. Lymphweg bei noch nicht völlig (mit Tod d. Bazillen) abgeheiltem tuberkulösem Herd. Daneben vor allem noch

Haut- (Lupus) u. *Schleimhaut-T. Phthisis* oder *Schwindsucht (galoppierende)* ist die bei starkem körperlichem Verfall rasch zum Tode führende Form. T. Offene, ansteckende T. ist meldepflichtig. In der BR T.hilfe (Heilbehandlung, Eingliederungshilfe, wirtschaftl. u. vorbeugende Hilfe) gemäß Ges. v. 23. 7. 1959. Die sozialhygien. Bekämpfung d. T. (staatl. T.-Fürsorgestellen, Asylierungsheime) verbunden m. d. Errichtung v. Spezialinstituten (Heilstätten für Lungen- und Knochen-T., T.krankenhäuser) hat die Erkrankungs- u. Sterblichkeitsziffer erheblich gesenkt. Zunahme wieder mit der Ausbreitung von AIDS, auch vermehrt sog. atypische Mykobakteriosen. Die Behandlung der T. basiert auf d. → Chemotherapie m. **Tuberkulostatika** (Isoniazid, Rifampicin, Streptomycin, Ethambutol); Behandlungsdauer: 2 Jahre; eine chirurg. Therapie ist heute kaum noch erforderl. → Röntgenreihenuntersuchung. Bekämpfung d. Tbc-Gefährdung durch Tiere (Haustiere, besonders Rind u. Schwein); Fleischbeschaugesetze; Pasteurisierung der Kuhmilch; bei Rindern praktisch ausgerottet.
Tuberose, trop. Zierpflanze, weiße Blüten auf hohem Stengel.
Tubifex, roter Flußwurm; beliebt als Futter f. Aquarienfische.
Tübingen (D-72070–76), Hptst. des Rgbz. T., Krst., in Ba-Wü., am oberen Neckar, 82 483 E; Schloß *Hohen-T.* (16. Jh.), Uni. (s. 1477), zahlr. Kliniken u. Inst., MPI, Rathaus u. Stiftskirche (15. Jh.), Hölderlinturm, Uhlandgedenkstätten; LG, AG; Weinbau; Metall-, Holz-, Textilind. – Seit 1342 württembergisch.
Tubus [l.], Röhre, bes. bei optischen Geräten.

Tucholsky, Kurt (9. 1. 1890–21. 12. 1935), dt. pol.-satir. Journalist *(Weltbühne)* u. Schriftst. (unter 5 Pseudonymen; *Rheinsberg; Das Lächeln der Mona Lisa; Na und?; Schloß Gripsholm.*
Tucson [tu:'sɔn], Stadt im US-Staat Arizona, 405 000 Einwohner; Universität; katholischer Bischofssitz; Fremdenverkehr; Flughafen.
Tucumán, Hptst. d. argentin. Prov. T. (22 524 km², 1,1 Mill. E), am Fuße d. Anden, m. V. 393 000 E; Uni.; Zuckerind.
Tudjman [ˈtʊdʒ-], Franjo (* 14. 5. 1922), s. 1990 kroat. Staatspräs.
Tudor [ˈtjuːdə], englisches Königshaus 1485 bis 1603 (Heinrich VII. u. VIII., Eduard VI., Maria die Katholische und Elisabeth I.).
Tudorstil, engl. spätgot. Baustil (um 1480–1550); bes. Tudorbogen (gedrückter Spitzbogen); z. B. King's College Chapel in Cambridge.
Tuff, *m., Tuffstein,*
1) leicht verkittete u. zu festem Gestein erhärtete vulkan. Asche.
2) *Kalktuff*, meist poröse Ausscheidungen von Kalk aus sauerstoffreichem Grundwasser, z. T. mit Beimengungen.
Tufting, *s.* [engl. ˈtʌft-], maschinelles Verfahren z. Teppichherstellung, bei dem die Fäden des Teppichflors mit Nadeln schlingenförmig in einer Juteunterlage befestigt werden.
Tugend, Ausrichtung d. Willens auf d. Sittlich-Gute. Platon unterschied vier → Kardinaltugenden.
Tugendrose, *Goldene Rose,* päpstl. Auszeichnung.
Tuilerien [tɥilə'riːən], das Residenzschloß d. frz. Könige in Paris (im Kom-

Tübingen, *Hölderlinturm*

Kurt Tucholsky

Tukan

Tulpe

Tulpenbaum

Großer Tumulus *von Croix-Saint-Esser Botsorbel*

muneaufstand 1871 brandzerstört, 1882 abgetragen); dort heute der **T.garten.**
Tuisto, *Tuisko,* bei Tacitus als german. Gott gen.; Vater d. Mannus, d. ersten Wesens i. Menschengestalt.
Tukan → Sternbilder, Übers.
Tukane, *Pfefferfresser,* südam. Vogelfamilie m. mächtigem, aber leichtem (da luftgefülltem) Schnabel.
Tula, russ. Gebietshptst. an d. Upa, südl. v. Moskau; 543 000 E; Metallind.: *T.-Silberarbeiten,* bes. m. → Niello-Verzierungen.
Tularämie, pestähnl. bakterielle Infektionskrankheit wildlebender Nagetiere, auf Menschen übertragbar; hpts. im W d. USA, i. Europa selten; Haut-, Augen-, typhoide T.; meldepflichtig.
Tulpe, Zwiebelpflanze aus d. Orient; in vielen Arten, bes. in Holland gezüchtet.
Tulpenbaum, nordam.-chin. Baum (Magnoliengewächs) m. tulpenähnlichen Blüten, zapfenartige Fruchtstände; bei uns Zierbaum in Parks.
Tulsa [ˈtʌlsə], St. im US-Staat Oklahoma, am Arkansasfluß, 367 000 E; Zentrum eines bed. Erdölgebietes; Uni.
Tumba, *w.* [l.], *Tumbe,* sarkophagartiges Grabmal (meist in Kirchen), oft auf Stützen u. m. Baldachin.
Tumbling, *s.* [engl. ˈtʌmbl-], das Sichüberschlagen v. Raketen u. Erdsatelliten in ihrer Bahn.
Tümmler,
1) → Delphine.
2) Haustaubenrasse.
Tumor, *m.* [l.], Anschwellung, Geschwulst, Gewächs.
Tumormarker, Substanzen, die bei best. Krebserkrankungen in erhöhten Konzentrationen im Blut gefunden werden; Nachweis aber nicht beweisend für Krebs.
Tumulus [l.], vorgeschichtlicher Grabhügel.
Tundra, *w.* [russ.], *Mz. Tundren,* moos- u. flechtenbedeckte Landschaften nördl. d. Baumgrenze (Kältesteppen), in Sibirien, Lappland, Kanada.
tunen [ˈtjuː-], durch technische Veränderungen auf stärkere Leistung bringen (Motoren, Lautsprecheranlagen u. ä.).
Tunesien, Rep. in N-Afrika, am Mittelmeer; Bev.: Berber, Araber, Türken, kl. eur. Minderheit. **a)** *Geogr.:* Im N wellige Hochflächen (Atlasausläufer, bis 1600 m), im S Steppenland m. Schotts (Salzsümpfen), z. B. Schott ed-Dscherid. **b)** *Wirtschaft:* Hptausfuhrprodukte: Textilien u. Lederwaren, Getreide, Olivenöl, Wein, Zitrusfrüchte, Elektroerzeugn.; Bodenschätze: Erdöl, Erdgas, Phosphate, Eisen-, Zink- u. Bleierz; Ind.: Textil- u. Nahrungsmittelind., Metall- u. Elektroind.; bed. Tourismus. **c)** *Außenhandel* (1991): Einfuhr 5,45 Mrd., Ausfuhr 3,83 Mrd. $. **d)** *Verkehr:* Eisenbahn 2260 km. **e)** *Verf.:* Präsidiale Rep. m. Einkammerparlament. **f)** *Verw.:* 23 Gouvernorate. **g)** *Gesch.:* Im Altertum phöniz., dann karthag., 146 v. Chr. röm.; im 7. Jh. von d. Arabern erobert; 1574 türk., 1881 frz. Protektorat, von tunes. Beys regiert; 1955 innere Autonomie; 1956 unabhängig; s. 1957 Rep.; 1974 Vereinigung m. → Libyen beschlossen (nicht verwirklicht); 1977/78 soz. Spannungen nach Gen.streik; 1980 Spannungen m. Libyen; 1983 Liberalisierung; 1984 schwere Unruhen nach drast. Erhöhung d. Brot-

preises; 1987 Absetzung v. Burgiba (s. 1957 Staatschef) durch Gen. Ben Ali, seitdem Demokratisierung u. Wirtschaftsreformen; 1994 erste freie Wahlen.

Tungsten ['tʌŋ-], engl. Bez. für → Wolfram.

Tungusen, mongol. Volksstamm in Sibirien, zerfällt in die → Mandschu und die eigentl. T. (etwa 45 000), die vorwiegend als nomadische Jäger, Fischer u. Pferdezüchter zw. Nördl. Eismeer, Jenissei u. Pazifik leben.

Tunguska-Meteorit, gewaltige Explosion in Zentralsibirien am 30. 6. 1908, vermutl. durch großen → Meteoriten od. → Planetoiden von ca. 100 m Durchmesser.

Tunika, w., altröm. weißwollenes Unterkleid.

Tunis, Hptst. v. Tunesien, 45 km von d. Mittelmeerküste, durch Kanal m. Hafen *La Goulette* verbunden, 828 000 E (Agglom. 1,4 Mill. E); moh. Uni., Moscheen; Pasteur-Inst.; Seiden- u. Wollwarenind.

Tunnel, Hohlbauwerk zur Führung von Straßen, Schienenbahnen, Kanälen, Leitungen usw. unter der Erdoberfläche, unter Flußläufen, durch Gebirge: Simplon-T. I: 19,73 km, Simplon-T. II: 19,82 km, St.-Gotthard-T.: 14,98 km, Mont-Cenis-T.: 12,82 km, Montblanc-T.: 11,7 km, Huntington-Lake-T. (USA): 21,7 km lang; **Untermeerestunnels:** Seikan-T. (zw. d. jap. Inseln Honshu u. Hokkaido) 53,8 km, Euro-T. (Eisenbahn-T. zw. Frkr. u. Großbrit., Ärmelkan.) 50 km.

Tunneleffekt, nur nach d. → Quantentheorie verständl. Effekt, daß el. geladene Teilchen e. el. Potentialwall überwinden können, auch wenn ihre kinet. Energie zum Überspringen eigtl. nicht ausreichend ist; Ursache ist d. Heisenbergsche → Unschärferelation, nach der sich d. Teilchen f. e. kurze Zeit t e. genügend hohe Energie E „ausleihen" können, wobei d. Produkt $E \cdot t$ kleiner als d. → Plancksche Wirkungsquantum bleiben muß. Ist d. Wall genügend dünn, reicht d. Zeit t zur Überquerung aus, u. d. Teilchen kommt wie durch e. Tunnel auf d. and. Seite des Walles an; radioaktiver Zerfall von α-Teilchen u. Kernfusion sind nur auf d. Basis des T. verständlich.

Tunnelmikroskop, *Raster-Tunnelmikroskop,* elektronisches Instrument zur Abb. von Oberflächen mit einer Auflösung im atomaren Bereich (ca. 0,2 nm horizontal, 0,01 nm vertikal); mit Elektronen, die d. Potentialbarriere d. leeren Raumes zwischen einer Spitze u. der Oberfläche mit Hilfe d. quantenmechan. → Tunneleffektes überwinden; erfunden v. G. Binnig u. H. Rohrer (Nobelpr. 1986).

Tupamaros, linksextremist. Untergrundorganisation (Stadtguerillas) in Uruguay; Name in Erinnerung an d. Indianerhäuptling *Tupac Amaru* (1740 bis 81), Nachkommen der Inkaherrscher; T. A. war Anführer eines Indianeraufstandes (1780) in Peru; Auswirkung auf das Ende der Kolonialherrschaft.

Tüpfelfarne, zahlr. Farnarten (z. B. *Engelsüß*).

Tupi, Indianervolk im mittleren Brasilien, südlich vom Amazonas; ihre Sprache durch die Jesuiten die Verkehrssprache Zentralbrasiliens.

TUNESIEN

Staatsname:	Tunesische Republik, El Dschumhurija et Tunusija, République Tunisienne
Staatsform:	Präsidiale Republik
Mitgliedschaft:	UNO, Arabische Liga, OAU
Staatsoberhaupt:	Zine El Abidine Ben Ali
Regierungschef:	Hamed Karoui
Hauptstadt:	Tunis 828 000 Einwohner (Agglom. 1,4 Mill. Einw.)
Fläche:	163 610 km²
Einwohner:	8 733 000
Bevölkerungsdichte:	53 je km²
Bevölkerungswachstum pro Jahr:	⌀ 1,92% (1990–1995)
Amtssprache:	Arabisch
Religion:	Sunnitische Muslime (99%), Christen
Währung:	Tunesischer Dinar (tD)
Bruttosozialprodukt (1994):	15 873 Mill. US-$ insges., 1800 US-$ je Einw.
Nationalitätskennzeichen:	TN
Zeitzone:	MEZ
Karte:	→ Afrika

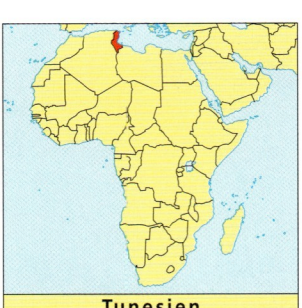

Tunesien

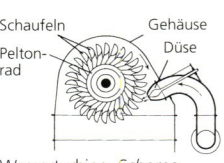
Wasserturbine, *Schema*

Tupolew, Andrej N. (10. 11. 1888 bis 23. 12. 1972), sowj. Flugzeugkonstrukteur; erstes Überschallpassagierflugzeug d. Welt (Tu 144, Erstflug 1972).

Turan, W-Turkestan, Tiefebene nördlich der das Hochland v. Iran im N begrenzenden Gebirge zw. Kasp. Meer u. Pamir, Tian Shan, m. d. Flüssen Amudarja und Syr-darja.

Turandot, sagenhafte Prinzessin von China in „1001 Nacht"; Schauspiel v. Gozzi u. danach v. Schiller, Opern v. Puccini u. Busoni.

Turban, *m.,* oriental. Kopfbedeckung in versch. Form, aus Tüchern gewickelt.

Turbine, w. [l.], Kraftmaschine zur Umwandlung v. Energieformen (Wasser-, Dampf- od. Gas-Druck) in drehende Bewegung.

1) *Dampf-T.:* Hochdruckdampf strömt

Gemeiner Tüpfelfarn

aus feststehenden Leitschaufeln seitlich gegen radial gebogene Schaufeln des Laufrades. Arten (meist mehrstufige T.): *Gleichdruck-T.:* gleicher Druck vor u. hinter Laufrad bei vollständigem Druckabfall u. entsprechender Geschwindigkeitszunahme i. Leitrad; *Überdruck-T.:* größerer Druck vor als hinter Laufrad, also Druckabfall i. Leit- u. Laufrad; *Abdampf-T.* nur mit → Abdampf, *Zweidruck-T.* mit Frisch- und Abdampf betrieben; *Gegendruck-T.:* Druckabfall in T. nur bis auf best. Dampfdruck, z. B. f. angeschlossene Heizungen (Abb. → Tafel Dampfmaschine).

2) *Wasser-T.* Strahl-(Aktions-)T. nutzt nur die Bewegungsenergie des Wassers aus, z. B. Peltonrad (über und unter Laufrad gleicher Druck, Anwendung bei großen Gefällhöhen über 150 m); bei *Überdruck-(Reaktions-)T.* wird die gesamte Gefällhöhe (auch die Saugwirkung des Unterwassers) ausgenutzt, z. B. Francis-T., Kaplan-(Flügelrad-)T.; Wasserzuführung durch Düsen od. Leitschaufeln (Leiträder), auch verstellbar; hoher Wirkungsgrad (bis 90%), Verwendung für → Wasserkraftanlagen.

3) *Gas-T.:* → Gasturbine.

Turbinenmotor, auch *Düsenmotor,* mit Strahltriebwerk, findet auch in Turbinen-Propellerflugzeugen Verwendung. Prinzip: zum stabilen Flug best. Impuls notwendig; alle Flugzeuge haben Reaktionsantrieb, indem Impuls nach rückwärts geschleuderter Luftmasse gleich großen Impuls d. Flugzeuges hervorruft. Bei Flugzeugen m. Luftschrauben gr. Luftmasse m. geringer Geschwindigkeit, b. T. geringe Luftmasse m. sehr großer Geschwindigkeit, bis 3000 km/h (→ Tafel Luftfahrt). *Turbo-Strahltriebwerke* bestehen aus Einlaufdüse (eingesaugter Luftstrom), Verdichter, Brennkammer, Kraftstoffeinspritzung, Turbine, Antriebswelle z. Übertragung d. Antriebs v. Turbine a. Verdichter u. Reaktionsdüse (abstrahlende Verbrennungsgase). Motor im einfachsten Falle *Gasturbine,* nur z. Antrieb d. Verdichters; in *Reaktionsdüse* Umsetzung d. Energieinhalts der heißen Luft (600–800°) in Geschwindigkeit. – Bei *Staustrahlrohr* (*Lorin-Triebwerk,* engl. *ram-jet*) f. hohe Fluggeschwindigkeiten (350 m/s) genügt Verdichtung in Einlaufdüse.

Turboantrieb → Strahltriebwerke.

Turbodynamo, mit hochtouriger Kraftmaschine (Turbine) gekuppelter Generator zur Erzeugung el. Energie.

Turbokompressor, Turbogebläse, (Luft-)Kompressionspumpe, die durch schnellaufendes Schaufelrad unter Ausnutzung der Fliehkraft der zu fördernden Gase Pumpwirkung erzeugt (Schleuderkompressor).

Turboprop, Bez. f. → Propellerturbine und Propellerturbinenflugzeug.

Turbostrahltriebwerk, Turbinen-Luftstrahltriebwerk, → Düsenflugzeug, Strahltriebwerke (→ Tafel Luftfahrt).

turbulent [l.], stürmisch, wirbelnd.

Turbulenz, Wirbelbildung und Durchmischung in einem strömenden Medium.

Turbulenztheorie, 1944 v. C. F. von → Weizsäcker entwickelte kosmogon. Theorie zur Bildung d. Planeten aus einzelnen Wirbeln in e. Gaskugel; gilt als überholt.

Turenne [ty'rɛn], Henry de (11. 9. 1611 bis 27. 7. 75), frz. Marschall im 30jähr. Krieg u. unter Ludwig XIV.; verwüstete die Pfalz.

Turf, *m.* [engl. tə:f „Rasen"], Begriff f. Pferderennbahn u. im weiteren Sinn f. d. Galoppsport.

Turfan, chin. Oasenst. in Xinjiang, 15 000 E; Fundstätte tochar., alttürk. u. a. mittelasiat. Sprachdenkmäler.

Turgenjew, Iwan (9. 11. 1818–3. 9. 83), russ. Dichter; *Aufzeichnungen eines Jägers; Rudin; Das adelige Nest; Väter u. Söhne;* Gedichte, Novellen.

Turgor, *m.* [l.], Spannungszustand (lebenden Gewebes).
Turgot [tyr'go], Anne Robert Jacques (10. 5. 1727–20. 3. 81), frz. Pol. u. Wirtschaftstheoretiker; versuchte d. Staatsfinanzen u. Ludwig XVI. zu sanieren, Befürworter d. → Physiokratismus.
Turin, it. *Torino,* Hptst. der oberit. Prov. *T.,* an der Mündung d. Dora Riparia in d. Po, 1,0 Mill. E; Erzbischofssitz, Kathedrale m. Gruft der Hzge von Savoyen; Uni., Polytechnikum, Akad. d. Künste u. Wiss., Museen; Textil- u. Automobilind. (Fiat-, Lanciawerke), Süßwarenfabr. – Unter Augustus röm. Kolonie, 1482 Residenz von Savoyen; 1718 Hptst. des Kgr. Sardinien, 1860–64 des Kgr. Italien.
Turing ['tjʊərɪŋ], Alan (23. 6. 1912–7. 6. 54), bedeutender engl. Mathematiker u. Computerpionier, Dechiffrierung des ENIGMA-Codes im 2. Weltkrieg.
Turingtest, v. → Turing vorgeschlagene Versuchsanordnung z. Vergleich zw. dem Verhalten eines Computerprogramms u. eines Menschen, um empirische Aussagen über d. (scheinbare) Intelligenz v. Computern machen zu können (→ Künstliche Intelligenz).
Turkanasee, früher *Rudolfsee,* abflußloser See in O-Afrika, 6405 km², 375 müM, bis 73 m tief.
Türkei, Rep. in Kleinasien u. in SO-Europa. **a)** *Wirtsch.:* Hpterzeugnisse d. Landw.: Tabak, Baumwolle, Weizen, Obst, Wolle; reiche Vorkommen an Bodenschätzen: Chromerz (1990: 1,01 Mill. t), Kohle, Erdöl, Erdgas, Eisen, Mangan, Kupfer, Quecksilber, Bauxit; Ind.: Nahrungsmittel-, Eisen- u. Stahl-, Textil- u. chem. Ind.; bed. Tourismus. **b)** *Außenhandel* (1991): Einfuhr 21,05 Mrd., Ausfuhr 13,59 Mrd. $. **c)** *Verkehr:* Eisenbahn 8429 km; intern. Flughäfen in Istanbul, Ankara u. Izmir. **d)** *Verf.* v. 1982: Rep. mit starkem Staatspräs., Nat.vers. **e)** *Verw.:* 67 Wilajets (Prov.). **f)** *Gesch.:* Seit 1000 n. Chr. Eindringen d. Türken aus Vorderasien; 1299 begr. Osman I. d. „Osmanische Reich"; 1453 Eroberung von Konstantinopel; Ende d. → Byzantinischen Reichs; Mitte 16. Jh. höchste Blüte unter Suleiman II. (westeur. Eroberungszüge; der 1529 bis Wien vorstieß; im 17. Jh. trotz erneuter Vorstöße (1683 Belagerung Wiens) Machtrückgang; 1699 Verlust Ungarns; s. 1700 wachsender Ggs. zu Rußland; wiederholte Kriege, nach 1800 Verdrängung der Türken aus den Donaufürstentümern u. Griechenland, 1877/78 russ.-türk. Krieg, Unabhängigkeit d. Balkanstaaten; 1912 Verlust v. → Tripolitanien (Balkankrieg). Im 1. Weltkrieg auf seiten der Mittelmächte: Friede von → Sèvres 1920, in Lausanne 1923 revidiert; unter → Atatürk Verlegung der Hptst. von Istanbul nach Ankara, grundlegende Reformen (Frauenemanzipation, Einehe, Umbildung des Rechts nach eur. Vorbild, Einführung des lat. Alphabets); 1936 Meerengenabkommen über Dardanellen u. Bosporus; 1960 Mil.putsch u. Sturz d. autoritären Regimes d. Staatspräs. Celâl Bayar; 1963/64 Zypernkrise; 1974 Besetzung d. türk. Teils v. Zypern, 1975/76 schwere Erdbeben, Tausende v. Toten, 1976/77 erneut Spannungen zw. Türkei u. Griechenland; 1980 innenpol. Krise, Mil.putsch, Kriegsrecht u. Aufhebung d.

TÜRKEI	
Staatsname:	Republik Türkei, Türkiye Çumhuriyeti
Staatsform:	Parlament. Republik
Mitgliedschaft:	UNO, ECO, Europarat, OSZE, NATO, OECD
Staatsoberhaupt:	S. Demirel
Regierungschef:	Mesut Yilmaz
Hauptstadt:	Ankara 2,6 Mill. Einwohner
Fläche:	774 815 km²
Einwohner:	60 771 000
Bevölkerungsdichte:	78 je km²
Bevölkerungswachstum pro Jahr:	⌀ 1,98% (1990–1995)
Amtssprache:	Türkisch
Religion:	Sunnitische Muslime (99%), Christen
Währung:	Türk. Lira (TL.)
Bruttosozialprodukt (1994):	149 002 Mill. US-$ insges., 2450 US-$ je Einw.
Nationalitätskennzeichen:	TR
Zeitzone:	MEZ + 1 Std.
Karte:	→ Asien

TURKMENISTAN	
Staatsname:	Turkmenistan
Staatsform:	Präsidiale Republik
Mitgliedschaft:	UNO, ECO, GUS, OSZE
Staatsoberhaupt und Regierungschef:	Saparmurad Nijasow
Hauptstadt:	Aschchabad (Aschgabad) 517 000 Einwohner
Fläche:	488 100 km²
Einwohner:	4 010 000
Bevölkerungsdichte:	8 je km²
Bevölkerungswachstum pro Jahr:	⌀ 2,28% (1990–1995)
Amtssprache:	Turkmenisch
Religion:	Sunnitische Muslime
Währung:	Manat (TMM)
Bruttosozialprodukt (1992):	4895 Mill. US-$ insges., 1390 US-$ je Einw.
Nationalitätskennzeichen:	TM
Zeitzone:	MEZ + 3 Std.
Karte:	→ Rußland

Parteien u. d. Parlaments; Nat. Sicherheitsrat; 1981 verf.gebende Vers., 1982 Volksabstimmung ü. Verf.; 1983 Parlamentsw. (nur drei Parteien zugel.); s. 1984 Konflikt zw. d. Kommun. Arbeiterpartei Kurdistans (PKK) u. den türk. Sicherheitskräften; Kampf der PKK f. einen unabh. soz. Kurdenstaat; s. 1987 Ausnahmezust. üb. die v. Kurden bewohnten S- u. SO-Provinzen Anatoliens; 1988 Flucht v. üb. 100 000 Kurden a. d. Irak i. d. Türkei; s. 1992 wirtsch. Zusammenarbeit mit den turksprach. Republiken d. ehem. UdSSR; s. 1992 Privatisierung staatl. Betriebe; Terroranschläge der PKK; Erstarken d. Islamist. fundamentalist. Bewegung; Islamist. Wohlfahrtspartei (RP) wird stärkste pol. Kraft u. stellt erstmals d. Min.präs; 1997 Koalitionsbruch u. Regierungswechsel.

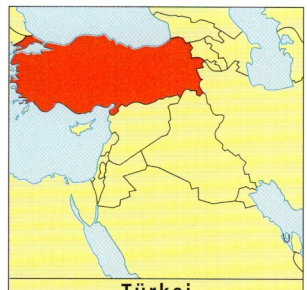
Türkei

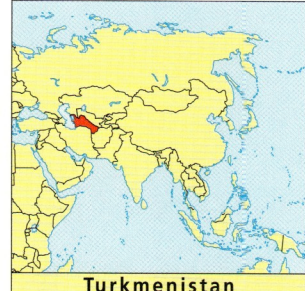
Turkmenistan

Türkei

Turkmenistan

Iwan Turgenjew

Türkenbund

Türkenbund, Lilie m. purpurroten, hängenden Blüten (→ Tafel Pflanzen unter Naturschutz). ♦
Turkestan, zentral- u. westasiatische Landschaft, durch Pamir u. Tian Shan geteilt in West-(Russisch-)Turkestan, → Turan und Ost-(Chines.-)Turkestan; → Tarimbecken.
Türkis, *m.,* undurchsichtiges blaßblaues bis grünes Mineral, durch Eisen oder Kupfer gefärbtes Aluminiumphosphat; himmelblaue Varietäten als Edelsteine.
Türkischrot, echte Baumwollfarbe, früher aus Krapp, heute künstlich aus Alizarin u. Purpurin.
Turkmenistan, Rep. in Mittelasien, östl. des Kaspischen Meeres bis zum Amu-darja; Bev.: Turkmenen (74 %), Usbeken (9 %), Russen (7,7 %), Kasachen (2,5 %), Aseri u. a.; wasserarme Sandwüsten (Karakum) u. Trockensteppen, künstlich bewässerte Oasen; Wirtsch.: Anbau v. Baumwolle, Getreide, Obst und Gemüse; Viehzucht (Karakulschafe u. a.), Seidenraupenzucht; Bergbau: Erdgasförd. (1992: 50 Mrd. m³), Erdöl, Erdwachs, Schwefel, Kohle, Magnesium, Salz; Ind.: Textilind. (Teppichherst.), Erdölverarb., Nahrungsmittel- u. Metallind.; Verf. v. 1992: Parlament u. Volksrat; Verw.: 5 Gebiete; Gesch.: 1925 Gründung der Turkmen. Soz. Sowjetrep.; s. 1991 unabh. Rep.; kaum demokrat. Ansätze; Anlehnung an die Türkei.
Turko, frz.-alger. Fußsoldat, s. 1842.
Turksib, Turkestan-Sibirische Eisenbahn, verbindet Arys nördl. v. Taschkent über Alma-Ata u. Semipalatinsk m. Nowosibirsk; 1927–30 erbaut, 2552 km l., kürz. Verb. zw. Sibirien u. Mittelasien.

Turks- und Caicosinseln 1008 Twickenham

Turks- und Caicosinseln [ˈtəːks-], brit. Inselgruppen mit über 30 Inseln (davon 6 bewohnt) sö. d. Bahamas in Westindien; Bev.: Schwarze (65 %), Mulatten; Wirtsch.: Ausfuhr v. Langusten, Muscheln, Fischen, Meersalz; Tourismus; Verf. v. 1988: Exekutiv- u. Legislativrat; s. 1776 brit.; 1799 den Bahamas, 1873 Jamaika unterstellt; s. 1973 eigene brit. Kolonie m. beschränkter innerer Autonomie.

Turktataren, mongol. Völkergruppe in O-Europa und N-Asien mit verwandten Sprachen: Tataren, Kirgisen, Kaschgarier, Usbeken, Baschkiren, osmanische Türken usw.; zus. etwa 30 Mill.

Turku, schwed. *Åbo,* finn. Winterhafen a. d. SW-Küste Finnlands, 160 000 E; finn. u. schwed. Uni.; Schiffbau, Lebensmittel-, Maschinen- u. Textilind.

Turmair, Johannes (4. 7. 1477–9. 1. 1534), *Aventinus* genannt; dt. Geschichtsschreiber, 1517 Hofhistoriograph, schrieb 1519–22 *Bairische Chronik,* die zu einem volkstüml.-humanist. Geschichtswerk wurde.

Turmalin, *m.,* Mineral, → Silicat, farblos; farbige Varietäten sind wertvolle Edelsteine.

Türme des Schweigens, niedrige Rundtürme, in denen die → Parsen die

TURKS- und CAICOSINSELN	
Name des Territoriums:	Turks- und Caicosinseln, The Turks and Caicos Islands
Regierungsform:	brit. Kolonie
Mitgliedschaft:	CARICOM
Gouverneur:	Martin Bourke
Regierungschef:	Derek Taylor
Hauptstadt:	Cockburn Town (auf Grand Turk) 2500 Einwohner
Fläche:	430 km²
Einwohner:	14 000
Bevölkerungsdichte:	33 je km²
Bevölkerungswachstum pro Jahr:	∅ 1,3% (1990–1995)
Amtssprache:	Englisch
Religion:	Protestanten
Währung:	US-$
Zeitzone:	MEZ – 6 Std.
Karte:	→ Antillen

TUVALU	
Staatsname:	Tuvalu, The Tuvalu Islands
Staatsform:	Konstitutionelle Monarchie im Commonwealth
Mitgliedschaft:	AKP, Commonwealth, Südpazifik-Forum
Staatsoberhaupt:	Königin Elizabeth II., vertreten durch Generalgouverneur Tulaga Manuella
Regierungschef:	Kamuta Laatasi
Hauptstadt:	Vaiaku (auf Funafuti)
Fläche:	26 km²
Einwohner:	9000
Bevölkerungsdichte:	346 je km²
Bevölkerungswachstum pro Jahr:	∅ 2,2% (1990–1995)
Amtssprache:	Tuvaluisch, Englisch
Religion:	Protestanten (97%)
Währung:	Austral. Dollar ($A)
Nationalitätskennzeichen:	TUV
Zeitzone:	MEZ + 11 Std.
Karte:	→ Australien und Ozeanien

nisse d. Song-Zeit (960–1279), zahlr. Stilwandlungen; japan. T. ab Ende 13. Jh.

Tusculum, alte St. in Latium, in d. Albanerbergen, i. Altertum m. Villen vornehmer Römer: Ciceros Landhaus *Tusculanum (Tusculanae disputationes);* svw. stiller Landsitz.

Tussahseide → Seide.

Tut-anch-amon, *Tut-ench-amun,* ägypt. Kg 1347–37 v. Chr. (Schwiegersohn Amenophis' IV.); sein unversehrtes Grab bei Luxor 1922 gefunden.

Tutor [l.].
1) Vormund.
2) [engl. ˈtjuːtə], Erzieher, Titel f. Studienleiter i. College.

tutti [it.], *mus.* alle (Instrumenten- u. Gesangsstimmen) auf einmal einsetzend.

Tuttlingen (D-78532), Krst. in Ba-Wü., a. d. Donau, 34 800 E; AG; Burgruine Honberg, klassizist. Rathaus; Fabr. für med.-techn. Geräte, Schuh-, Metallwarenind.

Tutu, Desmond (* 7. 10. 1931), südafrikan. (anglikan.) Bischof; Friedensnobelpr. 1984.

Tutuila, Hptinsel der am. → Samoa-Inseln.

Tutzing (D-82327), Gem. i. Kr. Starnberg, Oberbay., a. Starnberger See, 9348 E; Ev. Akad., Akad. f. pol. Bildung.

TÜV, Abk. für **T**echnischer **Ü**berwachungs**v**erein; überprüft regelmäßig Kfz u. techn. Anlagen auf Betriebssicherheit.

Tuvalu, Inselstaat im südwestl. Pazifik, aus 9 Korallenatollen bestehend, früher *Ellice-Inseln;* Ausf.: Kopra; Verf. von 1978: Parlament m. 12 Mitgl.; ab 1916 brit. Kolonie, s. 1978 unabhängig.

Tuwa, bis 1944 *Tannu-Tuwa,* autonome Republik, zw. der Äußeren Mongolei u. Sibirien: Beckenlandschaft zw. Sajanischem Gebirge und Tannu-ola (Gebirge), 170 500 km², 309 000 E (hpts. *Tuwanen*); Viehzucht; Kohle, Asbest, Uranvorkommen; Hptst. *Kysyl* (153 000 E). – Bis 1924 Teil der Mongolei (chin.), dann selbst. Räterep., 1944 zur Sowjetunion.

Tuzla [ˈtuz-], St. i. NO-Bosnien, 70 000 E; orth. Bischofssitz; Kohleind.

TVP®, Abk. f. **T**extured **V**egetable **P**rotein, faserförmiges Pflanzeneiweiß; fleischähnl. Nahrungsmittel aus Sojabohnen mit Aromastoffen, fett- u. kalorienarm, hoher Nährwert.

TWA, Abk. f. **T**rans **W**orld **A**irlines, 1930 gegr. am. Luftverkehrsgesellschaft.

Twain [tweɪn], Mark, eigtl. *Samuel Langhorne Clemens* (30. 11. 1835–21. 4. 1910), am. Schriftst.; *D. Abenteuer d. Tom Sawyer; D. Abenteuer d. Huckleberry Finn.*

Tweed [twiːd], schott.-engl. Grenzfluß, 156 km l., mündet i. d. Nordsee.

Tweed [twiːd], *m.,* kräftige Kleider- u. Mantelstoffe aus grobem Streichgarn m. Farb- u. Noppeneffekten.

Tweeter [engl. ˈtwiːtə], Lautsprecher f. hohe Frequenzbereiche.

Twens [engl. „twenty = 20"], junge Leute von ca. 20 Jahren, v. d. dt. Werbung geprägtes Kunstwort, dt. Analogiebildung zu Teenager.

Twer → Kalinin.

Twickenham [ˈtwɪknəm], Teil des Londoner St.teils Richmond-upon-Thames;

Turks- u. Caicosinseln   Tuvalu

Turmalin *(zweifarbig)*

Turks- u. Caicosinseln   Tuvalu

Leichen ihrer Angehörigen den Geiern zum Fraß geben.

Turnen, von F. L. → *Jahn* geprägter Begriff f. d. Gesamtheit d. Leibesübungen; heute nur noch f. d. *Turnen an Geräten* (Reck, Barren, Ringe, Pferd, Bock, Kasten, Schwebebalken) u. *am Boden;* olymp. Wettbewerbe.

Turner [ˈtəːnə], Joseph Mallord William (23. 4. 1775–19. 12. 1851), engl. Landschaftsmaler d. Romantik; e. Vorläufer d. Impressionismus; *T.-Museum* in London.

Turner-Syndrom [ˈtəː nə-], *Ullrich-Turner-Syndrom,* bes. Form d. → Intersexualität aufgrund e. Chromosomenaberration (X0); äußerlich meist weiblich, mit Mißbildungen: Zwergwuchs, „Flügelfell" (Hautfalte am Hals) usw.

Turnen, Seoul 1988, Dimitri Bilozertschew (UdSSR) an den Ringen

Turnier, *s.* [frz.], im MA Ritterkampfspiel m. Hieb- oder Stichwaffen; → *Buhurt* u. → *Tjost;* heute sportl. Wettkampf, z. B. Tennis-T., Schach-T.

Turniersport, z. Prüfung d. Warmblutpferde durch Spring-, Dressur-, Vielseitigkeits-, Eignungs-, Material- u. Zugleistungswettbewerbe; auch Jagd- u. Springkonkurrenzen.

Turnüre, *w.* [frz.], svw. → Cul de Paris.

Turnus, *m.* [nl.], sich wiederholende Reihenfolge.

Turnu-Severin, seit 1972 *Drobeta-T.-S.,* rumän. Donauhafenst., am O-Ende d. Eisernen Tors, 98 000 E.

Turteltaube → Tauben.

Tuschmalerei, chines. Kunst, m. wasserlösl. Tusche monochrom auf Papier u. Seide zu malen; älteste erhaltene Zeug-

im SO *Hampton Court,* brit. Königspalast, jetzt Gemäldegalerie.
Twist, *m.,*
1) baumwollenes (mehrfädiges) Garn.
2) Modetanz d. 60er Jahre.
Two-step, *m.* [engl. 'tu:-], „Zweischritt", urspr. engl. Gesellschaftstanz (²/₄-Takt).
Tyche [gr.], Schicksal, griech. Göttin d. Glücks u. d. Zufalls.
Tycho Brahe → Brahe.
Tyl, Josef Kajetán (4. 2. 1808–11. 7. 56), tschech. Dramatiker, Wanderschauspieler; schrieb tschech. Nationalhymne *(Wo ist meine Heimat?).*
Tympanon, *s.* [gr.],
1) Giebelfeld d. griech. Tempels.
2) im MA Bogenfeld über dem Portal, im Kirchenbau meist (z. B. m. Reliefs) verziert.
Tympanum [gr.-l.],
1) *med.* Paukenhöhle; → Ohr.
2) Handpauke.
Tyndall [tɪndl], John (2. 8. 1820–4. 12. 93), ir. Phys.; entdeckte den **T.-Effekt,** Zerstreuung des Lichts an den Teilchen einer kolloidalen Lösung.
Tynemouth ['taɪnmaʊθ], engl. St. i. d. Metrop.-Gft Tyne and Wear, an der Mündung des Tyne in die Nordsee, 69 000 E; Kohlenausfuhr; Seebad; Hafen.
Type, *w.,* Buchstabe; Schriftform.
Typenlehre, *Typologie,* psych. Theorie, die Einzelmerkmale zu allgemeingültigen Eigenschaftsgruppen zusammenfaßt (z. B. Eysencksche Typen: Extraversion – Introversion).
Typhus [gr.], *Bauchtyphus,* schwere Infektionskrankheit durch Typhusbakterien; hohes Fieber, Benommenheit; Durchfälle infolge von Dünndarmgeschwüren, → Roseola-Ausschlag; Darmblutung; ansteckend und meldepflichtig; Behandlung mit Antibiotika.

typisch, Gemeinsamkeit hinsichtlich einer Reihe von Merkmalen; spezifisch.
Typograph [gr.], Buchdrucker; auch Zeilensetz- u. -gießmaschine.
Typographie, Buchdruckerkunst.
Typologie, *w.,*
1) Lehre v. d. Gruppenzuordnung aufgrund e. umfassenden Ganzheit v. Merk-

Tut-anch-amon

malen, die e. Typ charakterisieren.
2) Lehre v. d. Vorbildcharakter alttestamentl. Personen, Ereignisse u. Einrichtungen für d. NT, z. B. Adam – Christus, Sintflut – Taufe.
Typus [gr.], *Typ,* Urbild, Vorbild, bestimmte Erscheinungsform mit charakterist. Merkmalen.
Tyr, *Ziu,* Sohn Odins, nord. Kriegsgott.
Tyrann, im alten Griechenland jeder Selbstherrscher nach einem Staats-

streich; heute svw. herrschsüchtiger **(tyrannischer)** Mensch.
Tyrnau, slow. *Trnava,* St. i. d. südwestl. Slowakei, 70 000 E; Atomkraftwerk.
Tyros, reiche St. des alten Phönizien.
Tyrrhenisches Meer, Teil des Mittelmeeres, zw. Sardinien, Sizilien u. d. it. Festland, bis 3758 m tief.

Tympanon, *Portal Royal, Chartres*

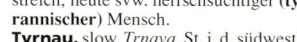

Mark Twain

Tyrtaios, (7. Jh. v. Chr.), spartan. Kriegslyriker.
Tzara, Tristan (4. 4. 1896–25. 12. 1963), rumän. Dichter u. Schriftsteller in frz. Sprache; einer der Väter des → *Dadaismus* (im Züricher „Cabaret Voltaire").
T2-Adapter, System v. ansetzbaren Adaptern, mit denen ein u. dasselbe Wechselobjektiv an verschiedensten Kameras angesetzt werden kann.

U,
1) chem. Zeichen f. → *Uran.*
2) techn. Zeichen f. *Umdrehung.*
3) Abk. f. → *Untersee(boot).*
4) Abk. f. → *Ultimo.*

UAM → *Afrikanisch-Madagassische Union.*

UAV, Abk. f. **U**nmanned **A**irborne **V**ehicle, unbemanntes ferngelenktes oder auf Ziel programmiertes mil. Fluggerät; → Drohne.

Übach-Palenberg (D-52351), Ind.st. i. Kr. Heinsberg, NRW, 23 785 E; Textil-, Masch.bauind.; Mittelzentrum.

U-Bahn, Abk. für **U**ntergrund**bahn,** el. Stadtschnellbahn; außerhalb des Citybereichs auch oberirdisch fahrend. In der BR in: Berlin (1902), Hamburg (1912), Frankfurt (1968), Köln (1969), München (1971), Nürnberg (1972); große ausländ. in London (1890), Paris (1900), Moskau (1935), Rom (1955).

Ubangi, r. Nbfl. d. Kongo, mit Uéle 2300 km l.

Ubangi-Schari → *Zentralafrikanische Republik.*

Überbein → *Ganglion.*

Überbelichtung, zu reichliche Belichtung, ergibt bei Diapositiven zu helle Aufnahmen.

Überbeschäftigung, Bez. für ein von inflationären Tendenzen begleitetes übersteigertes Stadium der → *Vollbeschäftigung.*

Übereignung, die Übertragung von → Eigentum; bei Grundstücken durch → Auflassung u. Grundbucheintragung, b. bewegl. Sachen durch → Einigung u. Übergabe.

Überfremdung,
1) massives Eindringen fremden Einflusses.
2) *wirtsch.* Beherrschung der inländ. Wirtsch. durch ausländ. Kapital (z. B. durch Erwerb inländ. Aktien).

Übergangsmetalle, Metalle, die im → Periodensystem zwischen der II. Hauptgruppe (Erdalkalimetalle) und der III. Hauptgruppe (Borgruppe) stehen; viele Schwermetalle; typisch: farbige Verbindungen, → Mineralfarben.

Überhälter, waldwirtsch. Bez. f. Baum od. Baumgruppe, d. nach e. Verjüngung stehengeblieben ist. Es werden stand- u. sturmfeste Baumarten belassen (Eiche, Kiefer, Lärche), d. d. Neuanpflanzung Schutz bieten u. z. → Naturverjüngung beitragen.

Überhangmandate, Abgeordnetensitze, die eine Partei bei Bundes- u. Landtagswahl durch Direktmandate mehr erhält, als ihr nach der prozentual errechneten Anzahl von Listenmandaten zustehen.

überhitzter Dampf, *Heißdampf,* durch besondere oder im Dampfkessel eingebaute Vorrichtung *(Überhitzer)* ohne Drucksteigerung über die normale (dem Sättigungspunkt entsprechende) Temperatur erhitzter Dampf.

überholen, *seem.* sich zur Seite neigen (b. einem Schiff).

Über-Ich, gesellschaftl. Forderungen u. Normen als psychische Kontrollfunktion d. Ich (n. S. Freud).

Überlagerung,
1) allg. die beim Zusammentreffen zweier Wellen auftretenden Erscheinungen (Interferenz, Schwebungen).
2) zur Erzeugung von Kombinationsschwingungen benutzt im **Ü.sempfänger** *(Superhet);* empfangene → Hochfrequenz wird mit einer im Rundfunkempfänger selbst erzeugten hohen Hilfsfrequenz (Oszillatorfrequenz) gemischt; dabei bildet sich eine Differenz d. beiden Frequenzen; sie ist genau wie die Empfangsfrequenz mit den Sprechströmen d. Senders moduliert; durch Bandfilterkopplung der fest abgestimmten Zwischenfrequenzkreise wird hohe Trennschärfe erreicht; Ggs.: → Geradeausempfänger.

Überlandzentrale, elektr. (Groß-) Kraftwerk zur zentralen Versorgung eines größeren Bezirks.

Überlingen (D-88662), St. i. Bodenseekr., Ba-Wü., Kurort u. Kneippheilbad am **Überlinger See** (NW-Teil des Bodensees), 20 426 E; AG; Münster (14./16. Jh., Altar v. Jörg Zürn), Rathaus (15. Jh.), Franziskanerkirche (14. Jh.), Patrizierhäuser; Weinbau. – Ehem. Freie Reichsst.

Übermensch, aus theol. Gebrauch s. 17. Jh. über Herder auf Goethe (Urfaust) überkommener Begriff; nach *Nietzsche:* höhere, ideale Stufe, zu der sich der Mensch jenseits v. Gut u. Böse emporbilden soll.

Übermikroskop → Elektronenmikroskop.

Überriesen, *Supergiganten,* Sterne großer Leuchtkraft u. Masse, die im → Russell-Diagramm über dem Ast der → Riesensterne liegen.

Übersättigung, tritt bei Salzlösungen ein, wenn sie abgekühlt mehr gelösten Stoff enthalten, als dem thermischen Gleichgewicht entspricht; → Sättigung.

Überschallflugzeug, Flugzeug, dessen Geschwindigkeit über → Mach 1 liegt, d. h. das schneller als der Schall fliegt.

Überschallgeschwindigkeit, jenseits von 330 m/s = 1200 km/h; erster Überschallflug am 14. 10. 1947 m. einem Bell-X-1-Flugzeug (→ Machzahl, → Schallmauer); f. d. Ü. gelten nicht mehr d. Gesetze d. Aerodynamik, sondern die der Gasdynamik.

Überschallknall, entsteht b. Durchbrechen der → Schallmauer.

Überschuldung, Zustand eines Unternehmens, bei dem die Schulden höher sind als das Vermögen; f. Kapitalgesellschaften Grund zur Beantragung d. Konkurses; dagegen → Zahlungsunfähigkeit.

Übersee, die Länder jenseits der Ozeane.

Übersetzung,
1) *techn.* das bei Übertragungen wirkende Größenverhältnis zw. den eingeleiteten und den abgeleiteten Kräften bzw. Geschwindigkeiten (z. B. bei Zahnrad- u. Riementrieben das Verhältnis der Umdrehungszahlen, bei hydraulischen Pressen das zw. den Kräften am Druck- u. am Arbeitsstempel).
2) *sprachl.* Übertragung e. Schriftwerkes aus einer Sprache in die andere.

Übersetzungsprogramm, Standardprogramm f. eine best. → Datenverarbeitungsanlage; übersetzt Programme aus der → Programmiersprache in die → Maschinensprache; wird → *Compiler* od. → *Interpreter* genannt, wenn eine problemorientierte Sprache, bzw. → *Assembler,* wenn eine Assemblersprache übersetzt wird.

Übersetzungsrecht, Bestandteil d. → Urheberrechts, urheberrechtl. geschützte Werke dürfen nur nach Vertragsschluß mit Urheber od. anderem Rechtsinhaber (Verlag) übersetzt werden; jede Übersetzung genießt selbst. Urheberrechtsschutz.

Übersprunghandlung, *Übersprungbewegung,* Begriff der Verhaltensforschung für Handlungen, die in d. normalen Verhaltensablauf eingeschoben werden (Gefiederputzen od. Picken ohne Nahrung bei Vögeln im Konflikt Flucht – Angriff); menschl. Verlegenheitshandlungen (Kopfkratzen).

Übertragung, Terminus aus der Psychoanalyse; bezeichnet d. Verlagerung von Gefühlen (vor allem aus frühkindlichen Erfahrungen gegenüber den Eltern oder einem Elternteil) vom Patienten auf den Psychotherapeuten.

Übertretung, im früheren Strafrecht leichteste Form der Straffälligkeit; → Ordnungswidrigkeit.

Überversicherung, Versicherungsvertrag, in dem d. Höchstbetrag d. Versicherungssumme den versicherten Wert wesentlich übersteigt; u. U. als Betrug strafbar; Ggs.: → Unterversicherung.

Überweidung, zu lange Beweidungsdauer od. zu hoher Viehbesatz auf e. best. Weidefläche.

Überweisung, Auftrag eines Kontoinhabers an seine Bank, zu Lasten seines Guthabens einen Betrag auf das Konto eines Dritten gutschreiben zu lassen; Ausführung erfolgt meist im → Giroverkehr.

überziehen, *überzogener Flug,* gefährl. Flugzustand m. unzulässig großem Anstellwinkel des Tragflügels, wobei Geschwindigkeit abnimmt, Luftströmung an der Oberseite des Tragflügels abreißt u. Auftrieb plötzlich sinkt; Flugzeug rutscht dann seitlich ab od. geht auf den Kopf und gerät ins → Trudeln.

ubi bene, ibi patria [l.], „wo (es mir) gut (geht), da (ist mein) Vaterland" (nach Cicero).

Ubier, german. Stamm am Rhein.

üble Nachrede, ehrabschneider. Behauptung über einen anderen; gemäß § 186 StGB strafbar, wenn behauptete Tatsache nicht erweislich wahr ist.

U-Boot → Untersehboot.

Ubsa-Nor, See im NW der Mongolei, 3350 km^2, 743 müM.

Uccello [ut'tʃello], Paolo, eigtl. *P. di Dono* (um 1397–10. 12. 1475), it. Maler, Mitbegr. d. Florentiner Renaiss.stils; e. Hptmeister d. Perspektive; Fresken (*Reiterbildnis John Hawkwood* im Dom v. Florenz), Tafelgemälde (*Die fünf Begründer d. Florentiner Kunst; Schlacht v. S. Romano*).

Uckermark, N-Teil der Mark Brandenburg, mit den Kreisen Prenzlau, Templin, Angermünde.

UDA, Ulster **D**efence **A**ssociation, Bez. f. d. protest. Extremistenbewegung in Irland.

Uddevalla [ɯdə-], St. i. schwed. Län Göteborg u. Bohus, am Byfjord, W-Küste Schwedens, 46 500 E; Textil- u. Zündholzind.

Udet, Ernst (26. 4. 1896–17. 11. 1941), dt. Jagdflieger i. 1. Weltkr., Kunstflieger, Gen.-Luftzeugmeister i. 2. Weltkr.

Prinzip des Überlagerungsempfängers

V Verstärker
M Mischstufe
D Demodulator
E Endverstärker
Hf Hochfrequenz
Zf Zwischenfrequenz
N Niederfrequenz

Udine, Hptst. der oberit. Provinz *U.* (Friaul), 98 000 E; Erzbischofssitz; Baumwoll-, Seidenind.

Udmurten, *Wotjaken,* ostfinn. Volksstamm, 700 000, in **Udmurtien,** autonome Sowjetrepublik, zwischen Wjatka u. Kama, 42 100 km², 1,61 Mill. E; Hptst. *Ischewsk* (635 000 E).

Udo, m. Vn., urspr. fries. Kurzform zu Udalrich, entspricht → Ulrich.

UDR, **U**nion **d**es **D**émocrates pour la Ve **R**épublique, Bez. f. d. frz. Gaullisten 1967–76.

UdSSR, Abk. f. ehem. **U**nion **d**er **S**ouveränen **S**owjet-**R**epubliken (→ Sowjetunion).

Üechtland, *Üchtland,* Schweiz. Landschaft zwischen Aare u. Saane; Hptort *Freiburg i. Ue.* (Kanton Freiburg).

Uecker, Günther (* 13. 3. 1930), dt. Maler u. Objektkünstler; e. Hptvertr. d. Gruppe Zero; kinet. Lichtkunst.

Ueckermünde (D-17373), Krst. i. M-V., 11 449 E; Baustoff-, Lebensmittelind., landw. Prod.

UEFA, Abk. f. **U**nion **E**uropéenne de **F**ootball **A**ssociation, Eur. Fußball-Verband, Sitz Bern.

U-Eisen → Profileisen.

Uelzen (D-29525), Krst. im Rgbz. Lüneburg, an d. Ilmenau u. am Elbe-Seitenkanal, Nds., 35 700 E; AG; St-Marien-Kirche (14. Jh.) m. *Goldenem Schiff*; Stein- u. Hügelgräber; Nahrungsmittel- u. a. Ind.; Binnenhafen.

Uentrop, s. 1975 zu → Hamm.

Uetersen (D-25426), St. i. Kr. Pinneberg, Schl.-Ho., 17 772 E; AG; Rosenzucht.

Uexküll, Jakob v. (8. 9. 1864–25. 7. 1944), balt. Biologe; Begr. d. → Umweltforschung; *Umwelt u. Innenwelt der Tiere; Lebenslehre; Nie geschaute Welten.*

Ufa, Hptst. der autonomen Rep. Baschkiristan, 1,1 Mill. E; Metall-, Holzind., Erdölraffinerien.

UFA, Abk. f. **U**niversum-**F**ilm **A**G, dt. Filmuntern., 1917 gegr., 1953 aufgelöst.

Ufenau, Insel im Zürichsee; Sterbeort Huttens.

Uferfiltrat, Wasser, das aus e. oberirdischen Gewässer natürl. od. künstl. durch d. Ufer od. d. Sohle in den Boden sickert. In Dtld werden rd. 5% des Trinkwassers aus U. gewonnen. Vorteile: keine spürbare Grundwasserabsenkung, geringer Einsatz v. Aufbereitungschemikalien, geringer Energieeinsatz u. gute Anpassungsfähigk. an schwankende Wasserqualitäten.

Uffenheim (D-97125), St. in Mittelfranken, Bay., 5920 E.

Uffizien, florentin. Verwaltungsgebäude (Ende 16. Jh.); s. 1852 Kunstmus. m. weltberühmter Gemäldegalerie.

UFO, Abk. f. engl. **U**nidentified **F**lying **O**bject, Bez. für nichtidentifizierbare Flugobjekte; → fliegende Untertassen.

Uganda, Rep. in O-Afrika, nördl. d. Victoriasees am Oberlauf d. Weißen Nils; Bev.: Bantu-Gruppen (50 %), west- u. ostnilot. Gruppen (je 13 %), sudan. Gruppen (5 %); fruchtbares, seenreiches Hochland. **a)** *Wirtsch.:* Wichtige Anbauerzeugnisse: Baumwolle, Kaffee, Tee, Tabak, Hirse, Mais, Zucker, Erdnüsse, Sisalhanf; bed. Viehzucht (1991: 5 Mill. Rinder, 1,95 Mill. Schafe, 3,3 Mill. Ziegen); Bergbau: Kupfer, Kobalt, Wolfram, Zinn; Ind.: Kupferhütte, Stahl- u. Walzwerke, Textil- und Nahrungsmittelind.; Tourismus. **b)** *Außenhandel* (1991): Einfuhr 464 Mill., Ausfuhr 171 Mill. $. **c)** *Verkehr:* Eisenbahn 1286 km. **d)** *Verf. v. 1995:* Präsidiale Rep. m. Einkammerparlament (Nat. Widerstandsrat). **e)** *Verw.:* 38 Distrikte. **f)** *Gesch.:* 1894 brit. Protektorat, s. 1962 unabhängig, s. 1963 föderative Rep., 1966 Staatsstreich durch → Obote, 1967 Beseitigung d. Teilmonarchien und Umwandlung von U. in Rep., 1971 Mil.putsch durch → Amin Dada, Mil.diktatur und Terrorregime; 1978 Grenzkrieg m. Tansania, 1979 Einmarsch tansan. Truppen u. Sturz Amins; 1980 Parlamentswahlen; Obote erneut Präs.; Bürgerkrieg; 1985 Mil.putsch unter Gen. Okello; 1986 Sieg d. Nat. Widerstandsbewegung NRA über Reg.truppen; im N weiter Bürgerkrieg; 1994 Verfass.gebende Vers. lehnt Mehrparteiensyst. bis 2000 ab; Parteiführer nehmen aber Reg.posten ein.

Ugrier, Zweig der mongoliden → Ural-Altaier: Magyaren, Ostjaken u. Wogulen.

ugrisch, Sprachengruppe: Ungarisch, Ostjakisch, Wogulisch. Finnisch-U. (→ Sprachen, Übers.).

Uhde, Fritz v. (22. 5. 1848–25. 2. 1911), dt. Maler; verband Elemente d. Realismus u. d. impressionist. Freilichtmalerei; bibl. Motive u. Bildnisse.

UHF [engl.], Abk. f. **u**ltra **h**igh **f**requency, Ultrahochfrequenz, svw. → Dezimeterwellen; Wellenlänge 1–10 dm, Frequenz 300 bis 3000 MHz (= 3 GHz); Anwendung: Richtfunk u. a. (→ Wellenlänge, Übers.).

Uhland, Ludwig (26. 4. 1787–13. 11. 1862), schwäb. Dichter, Volkslieder- u. Sagenforscher; Balladen (*Die Rache*) u. Lieder (*Die Kapelle*).

Ludwig Uhland

Uhlenhut, Paul (7. 1. 1870–13. 12. 1957), dt. Bakteriologe u. Hygieniker, Prof. in Straßburg, Marburg und Freiburg, Mitbegründer der Chemotherapie (Arsenbehandlung der Syphilis, Antimontherapie); Krebsforscher.

Uhlmann, Hans (* 27. 11. 1900 bis 30. 10. 75), dt. Bildhauer; Metall- u. Drahtplastiken.

Uhren, Zeitmesser u. -anzeiger; im Altertum *Sand-U., Wasser-U., Sonnen-U.; Pendel-U.* mit Regelung des Triebwerks durch konstante Pendelschwingungen, *Feder-U.* (Armband-U., Taschen-U., astronomische U.) mit Regelung durch → *Unruh/e*, Hemmung durch *Zylinder* (Zylinder-U.) od. *Anker* (Anker-U.); Uhren für bes. Zwecke: Weck-, Kontroll-, Stopp-, Normal-U.; Antrieb auch elektrisch; → Quarzuhr; → Atomuhr.

Uhrgang, in gleichen Zeitintervallen erfolgende Änderung d. *Uhrstandes,* d. augenblickl. Abweichung einer Uhr von der richtigen → Zeit.

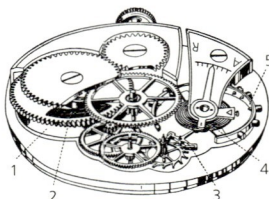

Uhrwerk
1 Federhaus
2 Zugfeder
3 Anker
4 Spiralfeder
5 Unruh

Uhu, ♦, größte mitteleur. Eulenart, bis etwa 70 cm l., weit abstehende „Ohren" (Federbüschel); nur vereinzelt i. Wäldern u. felsigen Gebieten.

U. I. C., Abk. f. **U**nion **I**nternationale des **C**hemins de **F**er, Intern. Eisenbahn-Verband, 1865 gegr., Sitz in Paris.

UIT, Abk. f. **U**nion **I**nternationale des **T**élécommunications, → Internationale Fernmeldeunion.

Ukas, m. [russ.], Erlaß, Befehl.

Ukelei, *m., Laube,* kleiner Karpfenfisch (10–20 cm l.) in Bächen und Seen; aus seinen Schuppen *Perlenessenz* zur Herstellung unechter Perlen.

Ukraine, Staat in O-Europa; Flachland mit Bodenerhebungen, im W als Grenzgebirge die Karpaten; Hptflüsse: *Dnjestr, Bug, Dnjepr;* fruchtb. Schwarzerdegebiet; Bev.: Ukrainer (73 %), Russen (22 %) u. a. **a)** *Landw.:* Anbau v. Weizen, Zuckerrüben, Roggen, Hanf, Sonnenblumen, Tabak; Viehzucht. Ausgedehnte Bewässerungskanäle u. Stauseen. **b)** *Industrie:* Eisen- u. Stahlind. (Donezbecken), chem., Textil- u. Elektroind., Fahrzeug-, Maschinen- und

Uhu

UGANDA	
Staatsname:	Republik Uganda, Republic of Uganda, Jamhuriya Uganda
Staatsform:	Präsidiale Republik
Mitgliedschaft:	UNO, AKP, Commonwealth, OAU
Staatsoberhaupt:	Yoweri Museveni
Regierungschef:	Kintu Musoke
Hauptstadt:	Kampala 773 000 Einwohner
Fläche:	241 038 km²
Einwohner:	18 592 000
Bevölkerungsdichte:	77 je km²
Bevölkerungswachstum pro Jahr:	Ø 3,42% (1990–1995)
Amtssprache:	Englisch, KiSuaheli
Religion:	Christen (78%), Muslime (6%), Naturreligionen
Währung:	Uganda-Shilling (U. Sh.)
Bruttosozialprodukt (1994):	3718 Mill. US-$ insges., 200 US-$ je Einw.
Nationalitätskennzeichen:	EAU
Zeitzone:	MEZ + 2 Std.
Karte:	→ Afrika

Uganda

Uganda

Schiffbau; Stein- u. Braunkohlebergbau, Eisen- u. Manganerzförd., Erdöl, Erdgas, Uran, Blei, Zink, Salz. **c)** *Gesch.* (auch → Rußland): Kiewer Reich 864; 988 Christentum von Byzanz, Jaroslaw der Weise 1019–54; später Teilungen; Schwerpunkt d. Reiches verschob sich nach W: Rotreußen (Ostgalizien, Wolhynien, Podolien, unterer Dnjestr u. Pruth) mit Halitsch, später Lemberg als Hptst.; 1240 Tributverhältnis zur → Goldenen Horde; 1340 West-U. an Polen, Ost-U. an Litauen; 1569 → Lubliner Union, Litauen mit U. zu Polen; 1648 selbst. Kosakenstaat; 1654 Anschluß an Rußland,

UKRAINE	
Staatsname:	Ukraine, Ukraïna
Staatsform:	Republik
Mitgliedschaft:	UNO, GUS, Europarat, OSZE
Staatsoberhaupt:	Leonid Kutschma
Regierungschef:	Walerie Pustowojtenko
Hauptstadt:	Kiew (Kiiw) 2,6 Mill. Einwohner
Fläche:	603 700 km²
Einwohner:	51 465 000
Bevölkerungsdichte:	85 je km²
Bevölkerungswachstum pro Jahr:	Ø –0,10% (1990–1995)
Amtssprache:	Ukrainisch
Religion:	Ukrain.-Orthodoxe, Russisch-Orthodoxe, Griech.-Orthodoxe
Währung:	Griwna
Bruttosozialprodukt (1994):	80921 Mill. US-$ insges., 1570 US-$ je Einw.
Nationalitätskennzeichen: UA	
Zeitzone: MEZ + 1 Std.	
Karte: → Rußland	

Ukraine

1667 Teilung der U. zw. Rußland u. Polen; 1764 russ. Provinz, 1793 2. Teilung Polens, auch West-U. bis auf Galizien an Rußland; 1919/20 Volksrepublik unter Petljura, 1922 Unionsrepublik der UdSSR; 1939 Eingliederung v. Ostgalizien u. Wolynien, 1940 der N-Bukowina, 1945 der Karpato-U., 1954 der Krim; s. 1991 unabh. Rep.; 1993 Abkommen mit Rußland üb. d. Aufteilung d. Schwarzmeerflotte; 1994 Verzicht auf Atomwaffen; vorgezogene Parlamentswahlen; 1996 neue Verf. nach frz. Vorbild, Autonomie d. Krim verankert; Privatprogr. f. d. Wirtsch. eingeleitet; NATO-Partnerschaft, Kooper. m. EU.
Ukrainer, ostslaw. Volk, 42,5 Mill., Bewohner der → Ukraine; auch → Russen.
ukrainische Literatur, 12. Jh.: *Igor*lied. 17. Jh.: Annalen über Kosaken- u. Hetmanenzeit. 18. Jh.: Erzbischof Kopyskyj, Skoworoda (Fabeln). 19. Jh.: H. Kwitka begr. moderne Prosa; A. Metlynskyj (Romantiker); größter Dichter Schewtschenko; N. Kostomarow (Lyrik, Dramen); P. Kulisch, Roman: *Die schwarze Rada;* Erzählungen: Marja Markowitsch; M. Kozjubynskyj, W. Wannztschenko; Romane: Osyp Fedkowytsch; J. Franko (auch Lyrik, Dramen). 20. Jh.: Lyriker: M. F. Rylski u. M. Bashan, Kornijtschuk (Dramen), Stelmach (Romane).
Ukulele [hawaiian.], Kleingitarre.
UKW, Abk. f. **U**ltra**k**urz**w**ellen.
UL, Abk. f. **U**ltra-**L**eichtflugzeug, motorisierter Flugapparat; unter 100 kg schwer, bes. Fluglizenz erforderlich.
Ulan [poln.], Reiter mit Lanze urspr. in Polen; U.enrock: *Ulanka,* U.enmütze (poln.): *Czapka.*
Ulan-Bator, *Ulaanbataar,* bis 1923 *Urga,* Hptst. d. Mongol. Volksrep., a. N-Rande der Gobi, 575 000 E; Haupttempel des mongol. Lamaismus; seit 1955 Eisenbahn nach Beijing u. Baikalsee; div. Ind.
Ulanowa, Galina (* 10. 1. 1910), russ. Primaballerina.
Ulan-Ude, Hptst. d. russ. Auton. Rep. Burjatien; 353 000 E; Abzweigung der Transmongol. Bahn v. d. Transsibir.
Ulbricht, Walter (30. 6. 1893–1. 8. 1973), kommunist. DDR-Pol.; 1928 MdR, 1933–45 emigriert, 1946 Mitbegr. d. SED u. stellvertr. Vors. des Zentralsekret., 1949–60 stellvertr. Min.präs., 1953–71 Erster Sekretär des ZK d. SED, 1960–73 Vors. des Staatsrats d. DDR.
Uleåborg → Oulu.
Ulema [arab.], theol. (islam.) Rechtsgelehrter.
Ulfilas, *Wulfila* (311 bis um 382), gotischer Bischof, → Arianer; Bibelübersetzung ins Gotische; → *Codex argenteus.*
Ulixes, *Ulysses,* lat. für → Odysseus.
Uljanowsk, bis 1924 *Simbirsk,* Hptst. d. russ. Gebietes U., rechts d. Wolga, 638 000 E; ben. nach dem hier geborenen *Uljanow* (*Lenin*); Kraftfahrzeug-, Metall- u. Baustoffind.; Lenin-Gedenkstätte.
Ulkus, *s.* [l.], Geschwür (z. B. Magenod. Unterschenkelgeschwür); → Schanker.
Ullmann
1) *Liv* (* 16. 12. 1938), norweg. Filmschausp.in; *Schreie u. Flüstern; Szenen einer Ehe; Herbstsonate.*
2) *Regina* (14. 12. 1884–6. 1. 1961),

Walter Ulbricht

Ulm, *Münster*

Berg-Ulme
a Frucht der Feldulme
b Frucht der Flatterulme

Ulmensplintkäfer

schweiz. Dichterin; Gedichte, Erzählungen, Prosa: *Von der Erde des Lebens.*
Ullrich-Turner-Syndrom → Turner-Syndrom.
Ullstein-Verlag, Berliner Verlagshaus, gegr. 1877 von Leopold *U.* (1826 bis 99); 1952 neu gegründet, 1960 von d. Axel Springer Verlags GmbH übernommen.
Ulm (D-89073–81) Stkr. an d. Donau, Ba-Wü., 114 700 E; Münster m. höchstem Kirchturm d. Welt (161 m); Inst. f. Umweltplanung, Uni. (Med.-Naturwiss. HS); FH; IHK, LG, AG; Nutzfahrzeugbau, Textil-, Masch.-, NE-Metall-Ind.; Dt. Brotmuseum. – Ehem. Reichsstadt u. Festung.
Ulmanis, Guntis (* 13. 9. 1939), s. 1993 Staatspräs. v. Lettland.
Ulme, *Rüster,* Waldbäume m. Blütenbüscheln u. geflügelten einsamigen Früchten; in Dtld: *Feld-U.,* mit einer Unterart, d. *Kork-U.* (korkige Äste); *Flatter-U.* mit hängenden Blüten; *Berg-U.:* beliebter Alleebaum; von epidemischer Seuche (*Ulmensterben*) heimgesucht; Ursache ist ein niederer, vom *Ulmensplintkäfer* übertragener Pilz.
Ulrich [ahdt. „mächtig in seinem Landbesitz"], m. Vn.
Ulrich von Lichtenstein, (etwa 1200 bis 75), mhdt. Minnesänger u. Epiker; *Frauendienst.*
Ulrich von Württemberg (8. 2. 1487 bis 6. 11. 1550), tyrann. Hzg., vom Schwäb. Bund 1519 vertrieben, 1534 zurückgekommen; führte i. Württ. die → Reformation ein.
Ulster [ˈʌlstə], ehem. Prov. im N Irlands; seit 1921 geteilt, wurde größtenteils → Nordirland, der Rest: *U.,* irisch *Uladh,* Prov. der Rep. Irland, 8012 km², 236 000 E.
Ulster, langer (Herren-)Mantel aus flauschartigem, oft zweiseitig gerauhtem **U.stoff.**
Ultima ratio, *w.* [l.], das letzte, äußerste Mittel.
Ultimatum [l.], *Völkerrecht:* letzte Mahnung oder (meist befristete) Forderung an den Gegner, bevor durchgreifende, meist Kriegsmaßnahmen, ergriffen werden (z. B. U. Österreichs am 23. 7. 1914 an Serbien, leitete 1. Weltkrieg ein).
Ultimo, *m.* [it.], der letzte Tag des Monats.
ultra [l.], jenseits, über ein Maß hinaus.
Ultra, *m.,* pol. Extremist.
Ultrafilter, Filter sehr kleiner Porengrößen zur Trennung kolloidaler Teilchen u. Filtration v. Viren.
Ultrakurzwellen, *UKW,* Meterwellen → VHF, Frequenzbereich d. Tonrundfunks zw. 87,5 MHz u. 104 MHz (= Band II), Fernsehen Band I u. III; unterscheiden sich v. Lang-, Mittel- u. Kurzwellen durch nahezu quasiopt. Ausbreitung, manchmal meteorolog. bedingte Überreichweiten; biol. wirksam, jedoch nicht in den im menschl. Lebensraum vorhandenen Feldern; Anwendung: Flugnavigation, Polizeifunk u. Richtfunk; → Rundfunktechnik, Übers.
Ultramarin, *s.,* blaue licht- u. seifenechte Mineralfarbe, früher durch Pulverisierung v. → Lapislazuli, heute künstl. durch Glühen v. Soda od. Glaubersalz mit Ton u. Kohle: **U.grün,** das durch Rösten mit Schwefel in **U.blau** über-

geht; Verwendung als Öl- u. Wasserfarbe zu Buch-, Stein-, Tapeten- u. Kattundruck, früher z. „Blauen" v. Wäsche, Papiermasse u. a.

Ultramid®, s., Markenbez. f. Kunststoffe aus Polyamid; je nach Herstellungsweise hornartig u. zäh bis transparent u. biegsam (Folien); verwendet u. a. für Lager u. Zahnräder in wartungsfreien Maschinen.

Ultramikroskop, Lichtmikroskop, bei dem kleinste Teilchen (bis 10 mµ) fast senkrecht zur Sehrichtung beleuchtet werden; durch → Beugung des Lichts an ihnen werden sie sichtbar (→ Tyndall-Effekt).

ultramontan [l.], Bez. des pol. Katholizismus wegen seiner Abhängigkeit von der „jenseits der Berge" (Alpen) residierenden → Kurie.

ultrarote Strahlung, *infrarote Strahlung,* unsichtbare *langwellige* (Wellenlänge über 0,0008 mm) Lichtstrahlung, schließt im → Spektrum an Rot an; Nachweis wegen starker Wärmewirkung (*Wärmestrahlung*) durch Thermoelement, z. T. auch fotografisch; da stark nebeldurchdringend, wichtig für Telefotografie, Signalübermittlung und für unsichtbare Nachtscheinwerfer, deren Strahlen durch → Bildwandler sichtbar gemacht werden.

Ultraschall, Schallschwingungen jenseits des menschl. Hörbereichs, d. h. über 16 kHz; *Erzeugung* mit bes. Pfeifen (Galtonsche Pfeifen), meist jedoch durch piezoel. Effekt mit Schwingquarzen oder durch → Magnetostriktion; höchste bisher in Luft erreichte Frequenz 200 MHz; sehr große gerichtete Schallenergien, starke mechan. Wirkungen auf kleinstem Raum in „beschallten" Stoffen (z. B. Herstellung fein verteilter Emulsionen, feinkörn. fotograf. Schichten, Werkstoffuntersuchung, Entgasung v. Schmelzen, Reinigung v. Geweben, Zerlegung hochpolymerer Stoffe wie Stärke in Dextrin; med. Anwendung → Sonographie); Fledermäuse u. a. Tiere orientieren sich mit U.-Echo.

Ultraschallmotor → Ultraschallobjektive.

Ultraschallobjektive, modernste Objektive m. eingebautem Ultraschallmotor, welcher schnellste automat. Scharfeinstellung ermöglicht.

Ultrastrahlung, *Höhenstrahlung,* durchdringendste bekannte Strahlung, noch in mehreren 100 m Meerestiefe nachgewiesen, vermutlich noch kurzwelliger als härteste Gammastrahlung (→ Radioaktivität, Übers.).

ultraviolette Strahlung, unsichtbare *kurzwellige* → Strahlung, schließt im → Spektrum an Violett an; chem. u. biolog. sehr wirksam, Nachweis fotograf. od. lichtel.; Sonnenstrahlung reich an UV-Strahlen; eine Ozonschicht der → Stratosphäre absorbiert lebenszerstörende kürzeste Wellenlängen davon.

Ultraviolettfilter, absorbiert im Hochgebirge, in Schneelandschaften, auf hoher See das dort reichlich vorhandene ultraviolette Licht, das die Qualität v. Farb- u. Schwarzweißaufnahmen verschlechtern würde.

Ultrazentrifuge, → Zentrifugen, die bis 75 000 Umdrehungen/Min. machen; z. B. z. Molekulargewichtsbestimmung.

ü. M., Abk. f. *über dem Meeresspiegel;* *u. M., unter dem Meeresspiegel* (bei Höhenangaben).

Umbanda-Kult, *m.,* brasilian. Kult, d. afrikan. u. indian. rel. Vorstellungen m. christl.-kath. vereinigt, s. 1941 öff. i. Erscheinung tretend.

Umbelliferen [l.], svw. Doldenblütler.

Umberto, *it. Kge.:*
1) U. I. (14. 3. 1844–29. 7. 1900), s. 1878 Kg, ermordet.
2) U. II. (15. 9. 1904–18. 3. 83), 1946 nach Abdankung Viktor Emanuels III., seines Vaters, wenige Tage Kg bis zur Ausrufung der Republik.

Umbra, *w.,*
1) dunkler Kern der → Sonnenflecke (auch → Penumbra).
2) braune Mineralfarbe.

Umbrer, altitalische Völkerschaft mit eigener Sprache (→ Sprache, Übersicht), um 300 v. Chr. von Rom unterworfen.

Umbrien, mittelit. Landschaft u. Re-

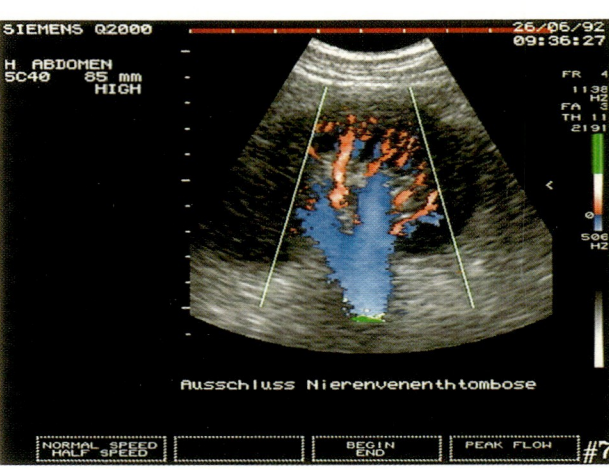

Ultraschallbild, *Niere*

gion, 8456 km², 823 000 E; Hptst. *Perugia.*

Umbruch, im *Druckwesen:* Zusammenstellen des Fahnen- bzw. Spaltensatzes zu fertigen Seiten.

Umeå [ʉmɔːə], Hptst. der schwed. Läns Västerbotten, am *Umeälv* (460 km l., in den Bottn. Meerbusen), 93 000 E; med. HS; Holzhandel.

Umformer, Vorrichtungen zur Umformung
1) von Wechselstrom in solchen anderer Spannung (→ *Transformator*).
2) von Gleichstrom in Gleichstrom anderer Spannung *(Motorgenerator);*
3) von Wechselstrom in Gleichstrom (→ *Gleichrichter)* u. umgekehrt *(Wechselrichter);*
4) Perioden-U. für Wechselstromfrequenzänderung.

Umkehrfilm, seltener ein SW-, durchwegs ein Farbumkehrfilm; durch Zwischenbelichtung u. spezielle Entwicklung erhält man ein fertiges, naturgetreues, transparentes Bild (Diapositiv).

Umkehrosmose, techn. Verfahren i. d. Abwasserbehandlung, b. d. semipermeable Membranen zum Einsatz kommen (→ Osmose).

Umkehrung, *mus.* U. der Intervalle: Oktavversetzung e. Tons über od. unter e. anderen; U. d. Akkorde: Wechsel d. Baßtons; U. d. Melodie (Inversion): Themenführung in genauer Umkehrung aller Stimmschritte.

Umlauf,
1) Fingerentzündung.
2) beim Fahrrad → Planetengetriebe.

Umlaufzeit, die Zeit, die ein Planet, Mond, Satellit od. Doppelstern benötigt, um einen Umlauf um den Zentralkörper auszuführen.

Umlaut, *m.,* Wandel von *a* zu *ä, o* zu *ö, u* zu *ü, au* zu *äu (eu).*

Umleersystem, bei der Müllsammlung wird Abfall von Behältern in Mülltransportfahrzeug umgeladen und zur Deponie gebracht; → Gefäßwechselsystem.

Umlegung → Flurbereinigung.

Umleimer, PVC- od. Furnierstreifen z. Verdecken v. Schnittkanten bei Holzprodukten.

Umma, *w.* [arab.], d. rel.-pol. Gemeinde aller Muslime.

Umm el Kaiwain → Vereinigte Arabische Emirate.

UMPLIS, Informations- u. Dokumentationssystem d. Bundesumweltamtes in Berlin; stellt öff. u. priv. Institutionen Daten über Umweltsituation, -technik u. -forschung zur Verfügung.

Umsatz, Leistungsmenge eines Unternehmens mal Verkaufspreis des Produkts.

Umsatzpotential, Absatzpotential, Gesamtheit der *möglichen* Umsätze *aller* Anbieter auf d. Markt.

Umsatzprämie, svw. *Umsatzrabatt,* → Rabatt.

Umsatzsteuer, ihr unterliegen d. Lieferungen u. sonst. Leistungen, die ein Unternehmer gg. Entgelt ausführt, sowie d. Eigenverbrauch (Naturalentnahme f. außerbetriebl. Zwecke), ferner d. Einfuhr v. Gegenständen in d. Inland (Ausgleichsteuer); Bemessungsmaßstab: vereinnahmtes Entgelt bzw. Zollwert; in Dtld versch. Steuersätze, s. 1968 → *Mehrwertsteuer;* Ertrag 1995: 198,496 Mrd. DM (nach d. Einkommensteuer ertragreichste Steuerart).

Umsatzvolumen, Absatzvolumen, Gesamtheit der *tatsächlichen* Umsätze *aller* Anbieter auf d. Markt.

Umschlag,
1) feuchte Packung zu Heilzwecken (*Prießnitz-U.,* heißer *Brei-U.* usw.).
2) Güterumladung v. Schiff in Eisenbahn u. umgekehrt.

Umschlagplätze, Brennpunkte d. Güterverkehrs mit bes. techn. Einrichtungen (Lagerhäuser, Kräne usw.).

Umsetzung, *chem.* → Reaktion.

Umsiedlung, organisierte Überführung großer Bevölkerungsgruppen in neue Wohngebiete; in neuerer Zeit als Ausweg zur Lösung der Minderheitenfrage: Bevölkerungsaustausch, 1923 erstmalig in e. Staatsvertrag (→ Lausanne) beschlossen und als solcher Vorläufer des → Potsdamer Abkommens von 1945; führte zur U. von 2 Mill. Griechen und Türken (Finanzhilfe d. Völkerbunds für Griechenland). – Die U. d. → Volksdeutschen 1939–43. *Innerdeutsche Umsiedlung:* staatlich organisierte freiwillige U. von 1 Mill. Vertriebenen innerhalb d. BR, Wohnungsbau am vorhandenen Arbeitsplatz (Ruhrgebiet); zur Beseitigung d. damaligen Arbeitslosigkeit u. zur Familienzusammenführung.

Umspannwerk, Anlage z. Umspannung v. Wechselströmen (z. B. v. d. hohen Fernleitungs- in die Gebrauchsspannung mittels Transformatoren).

Umstandsklausel, in völkerrechtl. Verträgen: „soweit die Umstände es gestatten".

Umstandswort, *grammat.* → Adverb.

Umsteigeschwung, beim alpinen Skilauf schwunghafte Richtungsänderung durch Drehabstoß vom Talski mit anschließendem „Umsteigen" auf den bogenäußeren Ski.

Umstellungsgesetz, wichtiges Ges. d. → Währungsreform 1948, regelt die Umstellung von RM-Verbindlichkeiten in DM.

Umtausch, bei gekauften Waren, die *mangelhaft* sind, nach Vorschriften über → Gewährleistung b. Kauf; aus *anderen* Gründen nur, wenn vereinbart.

Umtrieb, Zeit von der Anpflanzung eines Waldes bis zu seiner Abholzung (*Abtrieb*).

U-Musik, sog. Unterhaltungs-Musik, im Ggs. zur → E-Musik.

Umwelt,
1) *soziol.* d. soziale Umgebung d. Menschen (Milieu).
2) *biol.* d. gesamte Lebensraum e. Lebewesens, d. h. e. Teils aus d. Gesamtbereich, d. zu erleben fähig u. von d. es in seiner Existenz u. Arterhaltung abhängig ist.

Umweltbundesamt → Umweltschutz, Übers.

Umweltforschung, von J. v. → Uexküll begr. Lehre d. → Ökologie, die d. Beziehungen jedes Lebewesens zu seiner *natürl.* Umwelt untersucht.

Umwelthaftungsgesetz, vom 10. 12. 1990 regelt d. Haftung d. Betreiber best. industrieller u. gewerbl. Anlagen, von denen Gefahren f. d. Umwelt ausgehen können. Die Ursache e. schädl. Wirkung wird vermutet, sofern nicht höhere Gewalt vorliegt od. nachgewiesen ist, daß die Anlage ordnungsgemäß betrieben wurde.

Umweltschutz → Übers., S. 1016.

Umweltschutzbeauftragte, in Betrieben f. Umweltschutzbelange (Immissionen, Gewässerschutz, Abfall u. a.) zuständiges Personal, das auf Einhaltung v. entspr. Gesetzen zu achten hat.

Umweltverträglichkeitsprüfung, *UVP,* Teil e. Genehmigungsverfahrens mit d. Ziel, die Auswirkungen e. Vorhabens auf d. Umwelt zu erfassen, zu beschreiben u. zu bewerten; in Dtld durch d. Gesetz über die UVP vom 12. 2. 1990 geregelt. Anwendungsbereiche sind z. B. der Bau von Kraftwerk-, Kläranlagen. Straßen u. Änderungen in Bebauungs- od. Flächennutzungsplänen.

Umwertung aller Werte, *phil.* Umwandlung aller bisherigen (bes. christl.) Moralwerte in Werte mit entgegengesetztem Inhalt (n. Nietzsche).

UN, Abk. für *United Nations* (→ Vereinte Nationen).

Una, rechter Nbfl. d. Save, 230 km l.; mündet sö. v. Zagreb.

Unabdingbarkeit, Unzulässigkeit der Abänderung einer gesetzl. Vorschrift durch Parteivereinbarung.

Unalaska, zweitgrößte Aleuteninsel, 2750 km².

Unam Sanctam [l.], Anfangsworte d. → Bulle Bonifatius' VIII. (1302), die Anspruch auf Herrschaft des Papstes über jede Kreatur erhob.

Unam uno y Jugo [-'xuġ`o], Miguel de (29. 9. 1864–31. 12. 1936), span. Schriftst. u. Phil. (Spiritualist); Roman: *Nebel;* Essay: *Das tragische Lebensgefühl.*

Unas, ägypt. Pharao der 5. Dynastie, Pyramide in → Sakkara.

Una Sancta, Bewegung für die Einigung der Konfessionen, insbes. der ev. u. kath.; zunächst Gedankenaustausch zw. ev. u. kath. Theologen, angeregt durch die 1918 gegr. *Hochkirchl. Vereinigung des Augsburger Bekenntnisses.*

Unbefleckte Empfängnis, kathol. Dogma (1854 v. Pius IX. erlassen); lehrt, daß *Maria* v. ersten Augenblick ihrer Existenz an ohne Erbsünde war (Tag: 8. 12.).

Unbekannter Soldat, Beisetzung eines namenlosen Gefallenen als Ehrung d. Toten d. 1. Weltkriegs: 11. 11. 1920 unter dem Triumphbogen in Paris u. i. d. Westminsterabtei i. London; 8. 5. 1966 a. d. Moskauer Kremlmauer; auch in and. Ländern.

Unbestimmtheitsrelation → Unschärferelation.

unbewegliche Sache, svw. → Immobilien.

unbewußt, nicht im Bewußtsein vorhanden.

Uncle Sam [eng.. 'ʌŋkl 'sæm „Onkel Sam"], scherzhafte Deutung der Abk. *U.S.Am* = → USA.

UNCTAD, Abk. f. *United Nations Conference for Trade and Development,* Konferenz für Handel u. Entwicklung, 1964 gegr. Sonderorganisation der UNO; Sitz Genf; 188 Mitgl.staaten; ständiger Ausschuß: Trade and Development Board; Unctad VIII: 8. Welthandelskonferenz 2/1992 in Cartagena/Kolumbien.

Underground [engl. 'ʌndəgraʊnd „Untergrund"], Bewegung auf allen Gebieten der Kunst, den herkömml. Kunstbetrieb ablehnt; gesellschaftskrit. Tendenzen.

Undergroundfilm ['ʌndəgraʊnd-], seit etwa 1950 Sammelbegriff für experimentelle Filmformen außerhalb des kommerziellen Filmbetriebs.

Understatement, *s.* [engl. 'ʌndə-'steɪtmənt], untertreibender, abschwächender Ausdruck.

Undine, sagenhafte Wasserjungfrau; Novelle von *Fouqué,* Opern v. E. T. A. Hoffmann u. Lortzing.

UNDP, engl. Abk. f. *United Nations Development Programme* (UNO-Entwicklungsprogramm; tech. Zus.arbeit d. UN-Systems seit 1965).

Undset, Sigrid (20. 5. 1882–10. 6. 1949), norweg. Romanschriftst.in; kath. Konvertitin; *Kristin Lavranstochter; Gymnaderzia;* Nobelpr. 1928.

Undulationstheorie → Wellentheorie.

UND-Verknüpfung, elementare → Boolesche Verknüpfung; Funktion: d. Ausgang zeigt nur dann e. Signal, wenn zugleich an *allen* Eingängen ein Signal anliegt. Auch → AND-Gate.

unechtes Gewölbe, *falsches* G., *Kragg.,* in d. Baukunst aus vorkragenden Steinschichten gebildetes → Gewölbe m. horizontalen Fugen.

uneheliche Kinder, svw. → nichteheliche Kinder.

unehrliche Gewerbe, vom MA bis 19. Jh. Bez. f. Tätigkeiten wie z. B. Scharfrichter, Abdecker, Gaukler; Einschränkung ihrer Rechte.

unendlich,
1) in der *Philosophie:* etwas, das nicht begrenzt oder eingeschränkt gedacht werden kann.
2) in der *Mathematik* ein Grenzbegriff: größer als jede angebbare Zahl, Strecke, Funktion usw. (Zeichen: ∞); grundlegend für die → Infinitesimalrechnung.

Unendlicheinstellung, wird auf d. Entfernungsskala eines Objektivs durch e. liegende Acht gekennzeichnet.

Unendlichtaste, bei Autofokus-Kameras kann d. Objektiv f. Unendlicheinstellung m. Tastendruck arretiert werden, wichtig f. Landschaftsaufnahmen m. Autofokusobjektiven.

unerlaubte Handlung, grundsätzl. schuldhafte Verletzung des Lebens, Körpers, der Gesundheit, Freiheit, des Eigentums od. sonstigen Rechts; verpflichtet zu → Schadenersatz (§§ 823 ff. BGB).

UNESCO, United Nations Educational, Scientific and Cultural Organization, Organisation der → Vereinten Nationen (Übers.) für intern. geistige, wiss. und kulturelle Zus.arbeit, Erziehungsfragen, Kulturaustausch u. a.; gegr. 1945, Sitz Paris, 183 Mitgl.staaten; BR s. 1951 Mitglied; in Dtld: Sozialwiss. Institut Köln, Pädagog. Institut Hamburg u. Freiburg i. Br., Intern. Jugendinstitut München.

UNESCO

Unfallflucht, unerlaubtes Entfernen vom Unfallort, um sich d. Feststellung d. Person, d. Fahrzeugs od. d. Art d. Beteiligung am Unfall zu entziehen; strafbar m. Freiheitsstrafe bis zu 3 Jahren od. m. Geldstrafe; bestraft wird auch derjenige, der nach angemessener Wartezeit sich nicht m. d. Geschädigten od. d. Polizei in Verbindung setzt.

Unfallverhütung, Vorschriften prakt. Schutz- und Hilfsmaßnahmen, d. auf e. Vermeidung v. Verkehrs- od. Betriebsunfällen hinzielen; Aufgabe d. Berufsgenossenschaften u. Gewerbeaufsichtsämter.

Unfallversicherung, freiwillige od. gesetzliche Versicherung gg. Unfälle (→ Sozialversicherung, Übers.).

Unfehlbarkeit = Infallibilität.

Unfruchtbarkeit, *Sterilität,* bei Frauen meist durch mangelhafte Eierstocktätigkeit, entzündl. verklebte Eileiter u. ä. verursacht, manchmal durch Gebärmutterknickung; bei Männern durch Fehlen des Samens oder Bildung von zuwenig oder krankhaft veränderten Samenzellen; auch nach → Tripper, kriminellem → Abort, → Sterilisation.

Ungaretti, Giuseppe (10. 2. 1888–3. 6. 1970), it. Lyriker (beeinflußt von Mallarmé); *Gedichte; Reisebilder.*

ungarische Literatur, *19. Jh.:* Alexander u. Karl Kisfaludy; Vörösmarty, Alexander Petőfi (Lyrik), Arany, Madách, Vajda, Eötvös, Maurus Jókai. *20. Jh.:* Ady, Mikszáth, Móricz, Babits, Molnár, József (Lyrik), Déry, Illyés, M. Szabó, Németh.

Umweltschutz

Umweltschutz ist die Gesamtheit aller Maßnahmen, die notwendig sind, um dem Menschen eine natürliche Umwelt zu sichern, wie er sie für seine Gesundheit und für ein menschenwürdiges Dasein braucht, und um Boden, Luft, Wasser, Pflanzen- und Tierwelt vor nachteiligen Wirkungen menschlicher Eingriffe zu schützen und Schäden oder Nachteile aus menschlichen Eingriffen zu beseitigen. Es wird unterschieden zwischen *biologisch-ökologischem* U. (Naturschutz, Landschaftspflege) und *technisch-hygienischem* U. (Reinhaltung von Boden, Wasser, Luft sowie Lärm- und Strahlenschutz). Der Begriff des U. fand vor allem mit Beginn der 70er Jahre Verbreitung. Mit wachsender Einsicht in die Endlichkeit der Ressourcen und ökologische Zusammenhänge wuchs der Grundkonsens der Integration des U. in alle Lebensbereiche. Im Unterschied zur Natur, die ohne den Menschen gedacht ist, bedeutet Umwelt die zur Lebenswelt des Menschen und der Lebewesen umgestaltete Natur. *Umwelt* bezieht sich stets auf die von ihr abhängigen Lebewesen, die sie zugleich beeinflussen. Es gibt keine objektive, alle Lebewesen gleichermaßen umfassende Umwelt. Was an der Umwelt für den Menschen schützenswert ist, ist somit abhängig von dessen Umweltverständnis. Seit den 70er Jahren wird zunehmend der Begriff der *Mitwelt* im philosophischen Sinn verwendet. Aber auch er verweist auf den Wechselbezug von ökologischen Systemen. Heute sind wichtigste globale Umweltprobleme die Überbevölkerung, die vom Menschen verursachte Klimaänderung und die Verknappung der Ressourcen. Jeden Tag sterben 100–200 Pflanzenarten aus, verschwinden 55 000 ha Tropenwald, dehnen sich die Wüsten um 20 000 ha aus und werden 100 Mill. t Treibhausgase emittiert. Hinzu kommt die Vielzahl regionaler Probleme (Tschernobyl, Waldsterben, Bodenvergiftung etc.).

Die globalen Umweltprobleme sind mit dem traditionellen U. mit seiner Konzentration auf Symptombekämpfung (Filter, Kläranlagen etc.) und dem Schutz einzelner Pflanzen-, Tierarten oder Biotope nicht zu lösen. Nur länderübergreifende U.konzepte haben Aussicht auf Erfolg. Nach nationalen Anfängen wurde deshalb auf der ersten Umweltkonferenz der Vereinten Nationen, 1972 in Stockholm, das Umweltprogramm der Vereinten Nationen (UNEP) mit Sitz in Nairobi gegründet. An der Welt-Umweltkonferenz 1992 in Rio de Janeiro nahmen die Entwicklungs- und Umweltminister von 178 Staaten sowie Nichtregierungsorganisationen (NGO) teil. U. a. wichtigstes Ergebnis war die *Agenda 21* – ein Aktionskatalog bis zum Jahr 2100 – als Handlungsanleitung zukünftiger Umweltschutzes. Zwei völkerrechtliche Konventionen wurden verabschiedet: die *Klimarahmenkonvention* (Ziel: die Treibhausgaskonzentration der Atmosphäre auf einer das Klimasystem nicht gefährdenden Höhe zu stabilisieren) und die *Biodiversitätenkonvention* (Ziel: Schutz der biologischen Vielfalt). Der schwerwiegende Fehler von Rio war die Ausklammerung der Bevölkerungsproblematik. Seit 1972 ist die Weltbevölkerung um 2 Mrd. auf 5,5 Mrd. gewachsen. Zur Zeit nimmt die Bevölkerung jeden Tag um 250 000 Menschen zu – 95% davon in den Entwicklungsländern – und verschärft die Umweltprobleme sowie den Nord-Süd-Konflikt. Nach Schätzungen verhungern jährlich weltweit 800 Mill. Menschen, 1,5 Mrd. haben keinen Zugang zu Gesundheitsdiensten, und es gibt 1,5 Mill. „Umweltflüchtlinge". Die Industriestaaten (25% der Weltbevölkerung) verbrauchen 85% des materiellen Wohlstands und produzieren 90% des Abfalls.

Das Motto lautet: „Global denken – lokal handeln!" Die konkrete Handlung bestimmte pragmatische Gründe für eine Einteilung der Umwelt in die Sektoren Luft, Wasser, Boden, Tier- und Pflanzenwelt, obwohl sich die Wissenschaft im klaren ist, daß ein U.konzept für alle Bereiche gilt.

Luft: Die Verbrennung fossiler Brennstoffe (Kohle, Öl, Gas) ist die Hauptquelle der vom Menschen verursachten Luftverschmutzung. Diese tritt lokal und regional (z. B. im Erzgebirge) auf. Global wirksam wird sie durch die *Erwärmung der Erdatmosphäre*. Weltweit gesehen stellt die Klimaerwärmung (z. Zt. Jahresmittelwert um etwa 0,5–0,7°C höher gegenüber dem vorindustriellen Wert) die größte Bedrohung der Biosphäre des Planeten dar. Die Folgen: Ausbreitung der Wüsten und Steppen, Überschwemmungen der Tiefländer, Zunahme von Stürmen usw. Das für die Erwärmung mengenmäßig wichtigste Treibhausgas Kohlendioxid (CO_2) hat von 1950 bis 1994 um 4,4% pro Jahr zugenommen. Die größten CO_2-Emittenten sind die USA, die GUS, China, Japan und Deutschland. Die Ursachen der Erwärmung: zu 87% der weltweite Anstieg des Energieverbrauchs um ca. 30% in den letzten 20 Jahren, zu 11% die Entwaldung (vor allem Regenwald) und zu 2% die Zementproduktion. Mit der Klimaänderung verknüpft ist die zunehmende *Zerstörung der Ozonschicht* in der Stratosphäre durch Fluorchlorkohlenwasserstoffe (FCKW). Ohne diese vor den gefährlichen UV-B-Strahlen schützende Schicht wäre kein höheres Leben möglich. Auch die „klassischen" Luftschadstoffe Schwefeldioxid (SO_2), Stickoxide (NO_x), Kohlenmonoxid (CO), bodennahes Ozon, Schwermetalle sowie Staubpartikel wirken weltweit, besonders aber der nördlichen Hemisphäre, schädigend auf biologische Systeme. Menschen sind gefährdet als Säuglinge, Kleinkinder, Alte und bereits an Atemwegserkrankungen Leidende. Weitere Folgen: Bodenversauerung und Schädigung von Seen, Wäldern, Kultur- und Wildpflanzen etc. Allein dadurch verursachte Materialschäden in Deutschland belaufen sich auf 2 bis 3,5 Mrd. DM jährlich. Die weltweiten Emissionen betragen in Mill. Tonnen: SO_2 (99), NO_x (68), CO (177), Staubpartikel (57). In Deutschland sind dank besserer U.technik (z. B. Rauchgasentschwefelung) und schärferer U.gesetze und -verordnungen (z. B. TA Luft) die SO_2-Emissionen von fast 4 Mill. im Jahr 1970 auf unter 1 Mill. t zurückgegangen. Auch die anderen „klassischen" Luftschadstoffe folgen diesem Trend, Ausnahme: NO_x. Ansteigende Belastungswerte gibt es durch den vom Kfz-Verkehr produzierten *photochemischen Smog*. Unter Einwirkung des Sonnenlichts werden dabei Stickoxide und flüchtige organische Verbindungen (VOC) zum giftigen Reizgas Ozon umgewandelt. Die jährliche Zunahme der Ozonkonzentrationen am Boden beträgt zur Zeit 2–3%. Infolge des Schadstoff-Ferntransports sind selbst sog. „Reinluftgebiete" vom „Sommersmog" betroffen; gesundheitliche Grenzwerte werden bereits oft übertroffen.

Wasser: Der weltweite Wasserverbrauch liegt bei ca. 8% des zur Verfügung stehenden Süßwassers. Die Landwirtschaft verbraucht davon 69%, die Industrie 23% und 8% die Haushalte. Die Verunreinigung aus menschlichen Fäkalien ist am häufigsten; an verschmutztem Trinkwasser sterben jährlich etwa 12 Mill. Kleinkinder in den Entwicklungsländern.

In den Industriestaaten belasten unzureichend geklärte industrielle und häusliche Abwässer sowie Düngemittel und Pestizide aus der Landwirtschaft die Güte des Grund- und Oberflächenwassers. Nach den *EU-Grenzwerten* darf ein Liter Trinkwasser nicht mehr als 0,1 Mikrogramm (millionstel Gramm) eines Pestizids aufweisen. Die Summe aller darin enthaltenen Pflanzenschutzmittel darf 0,5 Mikrogramm/l nicht überschreiten. Die Überdüngung *(Eutrophierung)* der Gewässer mit Phosphor und Stickstoff – überwiegend aus der Landwirtschaft – führt in Gewässern zu einem übermäßigen Pflanzen- und Algenwuchs, was bei deren mikrobiologischem Abbau Sauerstoffmangel (Fischsterben) auslösen kann. Durch den Sauren Regen sind in den Industrieländern bei natürlichen Gewässern die pH-Werte bis pH 3 gesunken. Der pH-Wert des Wassers darf nach der deutschen Trinkwasserverordnung nicht unter 6,5 liegen, da das saure

---

Ungarn, Republik in Mitteleuropa. **a)** *Geogr. u. Landw.:* Ober- u. niederungar. Tiefebene, größtes eur. Tieflandbecken; im N Mátra (Mittelgebirge), im W das Plateau des Bakonywaldes, im S das Mecsekgebirge; im W der Plattensee (Balaton), 596 km², größter See Mitteleuropas, Schwemmland an d. Donau u. Theiß, viel fruchtbarer Lößboden: die → Puszta, früher Weide-, jetzt größtenteils Ackerland; Anbau v. Weizen, Mais, Zuckerrüben, Tabak, Obst u. Wein; Viehzucht. **b)** *Bodenschätze:* Braunkohle (1991: 15,3 Mill. t), Steinkohle, Bauxit, Eisenerz, Mangan, Erdöl, Erdgas. **c)** *Ind.:* Metall-, Masch.bau-, Elektro-, Textil-, Nahrungsmittelind.; Tourismus. **d)** *Außenhandel* (1991): Einfuhr 11,3 Mrd., Ausfuhr 10,5 Mrd. $. **e)** *Verf.* v. 1949 (1989 erheblich verändert): Rep. m. Einkammerparlament, das d. Staatspräs. wählt; f. 1998 Zweikammerparlament vorgesehen. **f)** *Verw.:* 19 Komitate (Megyék) u. Hptst. m. 22 Bez.

Wasser sonst gesundheitsschädliche Metallionen (Blei, Cadmium, Kupfer) aus den Leitungen löst.
Größter Wasserverbraucher z. B. in Dtld ist die Kraftwerkswirtschaft mit ca. 30 Milliarden m^3 (1991), gefolgt von der Industrie (12 Mrd. m^3), dem Kleingewerbe und den Privathaushalten (6,5 Mrd. m^3) und der Landwirtschaft (1 Mrd. m^3). In Dtld werden täglich ca. 140 l Trinkwasser pro Person im Haushalt verbraucht. Dieses wird zu 72% aus Grund- und Quellwasser, der Rest aus Oberflächenwasser und Uferfiltrat gewonnen. Die Abwassermenge öffentlicher Kläranlagen betrug 1991 8,5 Mrd. m^3, bei Industrieabwässern fielen 1991 28,5 Mrd. m^3 an. Der Einfluß der Gewässerverschmutzung auf die Kosten der Trink- und Brauchwasserversorgung beträgt jährlich rund 780 Mill. DM.
Die Meere werden durch Industrieabfälle erheblich belastet. Jährlich werden u. a. ca. 100 Mill. t Öl, 200 000 t Blei, 500 000 t Quecksilber eingeleitet. Hinzu kommen noch die Verunreinigungen aus den großen Flüssen.

Boden: Weltweit übersteigt die *Erosion* durch Wasser und Wind bei 35% der Ackerböden die Neubildung. Beispielsweise verloren die USA in den letzten 10 Jahren jährlich fast 11 t Boden je ha und Erosion, gefährdet sind 44% der Gesamtfläche. Bei den intensiv bewirtschafteten Böden Australiens werden jährlich zwischen 4 und 8 mm Boden abgetragen. Die Ausbreitung der Wüsten *(Desertifikation)* durch die Klimaänderung wird zusätzlich durch Überweidung, zu starke Wasserentnahme und Abholzung verstärkt. Mehr als 900 Mill. Menschen in über 100 Staaten sind von der fortschreitenden Austrocknung und Erosion betroffen, allein 25 Mill. ha Land in den südlichen EU-Staaten. Unzulängliche Bewässerungstechniken führen zu *Versalzung*. Durch eine intensive Landwirtschaft sowie Stoffeinträge (von Industrie, Haushalt, Verkehr) aus der Luft haben sich die Schadstoffbelastungen der Böden stark vergrößert. In Dtld sind 12% des Bodens durch Überbauung (Siedlungen, Verkehr) beansprucht. Der Flächenverbrauch setzt sich mit 90 ha pro Tag fort. 54,5% der Fläche wird landwirtschaftlich genutzt und belastet: Bodenverdichtung durch schwere Maschinen, Überdüngung und Pestizideinsatz. Im Jahr 1992 wurden in Dtld insgesamt 33 570 t Pflanzenschutzmittel verwendet. Der durchschnittliche Düngerverbrauch pro ha liegt derzeit etwa bei 125 kg Stickstoff, 50 kg Phosphat, 67 kg Kali und 120 kg Kalk.
Auf vielen Flächen in Dtld ist der Boden durch industrielle Altlasten verseucht: es gibt fast 80 000 Altlasten-Verdachtsflächen. Die jährlichen Sanierungskosten der Bodenbelastung: bis 60 Mill. DM.

Tiere und Pflanzen: Von den bekannten 500 000 Pflanzen- und 1 Mill. Tierarten sind heute weltweit mindestens ein Drittel vom Aussterben bedroht. Hauptgründe für das Artensterben sind die Zerstörung, Zersplitterung, Verkleinerung und Entwertung der Lebensräume wildlebender Tiere und Pflanzen durch den Menschen sowie die genetische Uniformität von modernen Nutztieren und -pflanzen. Mit 17 Mill. km^2 (11% der Landfläche) war bereits 1980 die Hälfte der artenreichen Tropenwälder vernichtet. Heute ist ihre Fläche auf schätzungsweise 10 Mill. km^2 geschrumpft. Von den Wirbeltieren sind 40% durch die Jagd und verbesserte Fangmethoden bedroht. Auf dem Weltmarkt werden jährlich rund 40 000 Primaten, (bis 1993) Elfenbein von mindestens 90 000 Elefanten, 4 Mill. Wildvögel, 10 Mill. Reptilienhäute, 15 Mill. Säugetierfelle, 1 Mill. Orchideen und über 35 Mill. Tropenfische im Wert von 5 Mrd. Dollar gehandelt. Unter den in Dtld geschätzten 45 000 Tierarten sind bis zu ¼ in den *Roten Listen* aufgeführt. Diese Listen sind eine Auflistung der existentiell bedrohten oder bereits ausgestorbenen Tier- und Pflanzenarten. Wegen der Anreicherung von Umweltgiften sind die „Endglieder der Nahrungskette", die Greifvögel und Raubfische, am stärksten betroffen. Von den Wirbeltieren in Dtld sind rund die Hälfte in ihrem Fortbestand gefährdet. Auch von den 8000–9000 Pflanzenarten stehen rund ein Drittel in den Roten Listen. Mit der vermehrten Ausweisung von *Schutzgebieten* versucht man in Dtld, Rückzuggebiete für gefährdete Tier- und Pflanzenarten zu schaffen. Die rund 5000 Naturschutzgebiete (NSG) umfassen knapp 2% (680 000 ha) der Landfläche Dtlds. Die Hälfte der Flächen wurde erst in den letzten 10 Jahren unter Schutz gestellt. Hinzu kommen noch – die NSG teilweise einschließend – 450 000 ha Schutzwald, 11 000 ha Naturwaldreservate und 85 000 ha Wildschutzgebiete. Die Nationalparke in Dtld nehmen eine Fläche von 700 000 ha ein. Landschaftsschutzgebiete (8 Mill. ha) und Naturparke (5,5 Mill. ha) sind weniger streng geschützt als NSG und Nationalparke. Seit 1976 werden im Rahmen des UNESCO-Programms „Der Mensch und die Biosphäre (MAB)" großflächige Biosphärenreservate ausgewiesen. Die neun deutschen Reservate umfassen etwas mehr als 2% der Fläche Dtlds.

Umweltpolitik: In Dtld entwickelte sich die Umweltschutzgesetzgebung in den 70er Jahren sehr schnell. Den Anfang machte das erste Umweltprogramm der Bundesregierung 1971. Es folgte 1976 das Bundesnaturschutzgesetz. Bis heute ist es aber noch nicht gelungen, den Schutz der Umwelt neben den Grundrechten und der Verpflichtung zur Sozialstaatlichkeit in das Grundgesetz einzufügen. Die Umwelt soll nicht nur um ihrer selbst willen geschützt werden, sondern wegen ihrer Funktion als Lebensgrundlage des Menschen. Wichtige Prinzipien der Umweltpolitik: Das *Vorsorgeprinzip* zielt zunächst auf eine Gefahrenabwehr und soll vorausschauend Umweltbelastungen verhindern. Das *Kooperationsprinzip*: Zusammenarbeit der betroffenen gesellschaftlichen Gruppen bei der Planung und Durchführung von Umweltaktivitäten. Das *Verursacherprinzip* bedeutet, daß der für eine Umweltschädigung Verantwortliche auch zur Verantwortung gezogen wird. Ist dies nicht möglich, hat die Gemeinschaft die Beseitigung und die Kosten zu übernehmen. Im Bundeshaushalt 1994 sind 9 Mrd. DM für den Umweltschutz vorgesehen, 1,35 Mrd. DM für das Bundesumweltministerium.
In Dtld gibt es ein umfangreiches umweltpolitisches Instrumentarium. Dazu gehört das Umweltrecht mit Gesetzen und Auflagen, die gesetzgebende Planung (z. B. Luftreinhalteplan), die raumbezogene Planung (Raumordnung, Landes- und Regionalplanung), die Umwelthaftung, Produktnormung und die Schaffung wirtschaftlicher Anreize. Die per Gesetz 1990 eingeführte Umweltverträglichkeitsprüfung soll bei allen Vorhaben mit erheblichen Umweltauswirkungen die Belange des U. berücksichtigen, desgleichen das sog. Öko-Audit, die betrieblichen Umweltmaßnahmen.

Umweltschutzbehörden und -verbände: Behörden und Ämter mit den Aufgaben Abfallbeseitigung, Luftreinhaltung, Lärm-, Arten- und Naturschutz, z. B. Umweltministerien (Länder- und Bundesebene) oder das Bundesumweltamt. Letzteres, 1974 in W-Berlin gegründet, berät die zuständigen Behörden zu Fragen des Umweltschutzes. Letztlich sind aber zahllose staatliche U.-Entscheidungen von den Natur- und U.verbänden angeregt, gefördert und durchgesetzt worden. Bekannte Naturschutzverbände sind der *Bund für Umwelt und Naturschutz* (BUND), Greenpeace oder der *Naturschutzbund Deutschland* (NABU). Die U.verbände sind im *Deutschen Naturschutzring* (DNR), dem Bundesverband für Umweltschutz, zusammengeschlossen. Der 1950 gegründete Verband hat heute 106 Mitgliedsorganisationen und repräsentiert 2,8 Mill. Mitglieder. Der DNR befaßt sich mit nationaler und internationaler Umweltpolitik. Seine Gesprächs- und Verhandlungspartner sind Bundesbehörden, EU, Europarat sowie internationale Organisationen.

g) *Gesch.:* Im 5. Jh. Hunnen-, dann Awarenreich, um 900 Eindringen d. Magyaren unter Arpád; 1001 christl. (→ Stephan I. d. Hlge); 1301 Wahlreich; 1370–1526 m. Polen vereinigt; 1526 Ostteil unter türk., Westteil unter östr. Herrschaft; 2 Jh. andauernde Kämpfe m. Türken, die zeitweise ganz U. besetzten; 1687 U. habsburg. Kronland, 1848/49 Unabhängigkeitskrieg unter → Kossuth, m. Hilfe Rußlands niedergeworfen; nach Ausgleich (1867) m. Östr.: 1868 eigene Verf. u. Honvédarmee innerhalb d. Habsburgermonarchie. Okt. 1918 Volksrep. (Gf Károlyi), März bis August 1919 Kommunistenherrschaft (unter Béla Kún); 1920 U. wieder Kgr. (ohne Kg), Reichsverweser Nikolaus von → Horthy, 1920 Friedensvertrag von → Trianon, U. verliert 68% s. Gebietes; 1938 u. 1940 durch Wiener Schiedssprüche (v. Dt. Reich u. Italien gefällt) Rückgabe großer Gebiete (Karpato-Ukraine, Gr. Schütt, Nordsiebenbürgen), 1947 wieder aufgehoben; 1941 Kriegseintritt auf seiten Dtlds, 1944/45 von Sowjettruppen erobert. 1946 Nat.vers., Ausrufung d. Rep., 1947 Friedensvertr. v. Paris (Wiederherstellung der Grenzen v. 1938), 1949 Verf. als Volksrep.; Kollektivierung der Landw., Verstaatlichung von Ind. u. Handel; 1956 Volkserhebung gg. Reg., v. Sowjettruppen niedergeschlagen; 1968 Beteiligung an d. Intervention in der ČSSR; s. Dez. 1973 diplomat. Beziehungen zur BR; s. 1984 Wirtschaftsreformen, s. 1987 pol. Reformen; 1989 Abbau d. Grenzbefestigungen zu Österreich, führt zur Massenflucht aus d. → DDR über U.; Mehrparteiensystem m. Opposition vereinbart; Okt. 1989 Auflösung d. kommunist. USAP (durch USP abgelöst); 1989 Proklamation d. ,,Rep. U."; 1990 freie Parlamentswahlen m. Sieg d. bürgerl. Opposition; 1994 NATO-Partnerschaft, Ass.abk. m. EU.

Unger, Johann Friedrich Gottlieb (1753–26. 12. 1804), dt. Buchdrucker; schuf die Drucktype der **U.-Fraktur.**

ungerechtfertigte Bereicherung, Erlangung eines Gegenstandes (Sache, Recht) ohne rechtl. Grund, verpflichtet zur Herausgabe (§§ 812 f. BGB).

Ungerer, Tomi (* 28. 11. 1931), elsäss. Zeichner; aggressive Karikaturen, auch Illustrationen, Kinderbücher.

Ungeziefer, Insekten und Nager als Schädlinge im Hause, bekämpft mit: Atem-, Fraß- u. Kontaktgiften. Einsatz v. hochtoxischen Wirkstoffen nur durch Kammerjäger! Bekämpft werden: *Schaben* (Kakerlaken) durch gepulverte Borsäure; *Ameisen* durch Anilinölwasser oder Tetrachlorkohlenstoff; *Wanzen* durch Karbol, Kresol, Blausäuregas (nur durch den Kammerjäger!); *Mäuse* u. *Ratten* durch Terpentinöllappen, Meerzwiebel- u. Cumarinpräparate, Fallen.

Unguentum, *s.* [l.], Salbe.
Ungulaten, svw. → Huftiere.
uni [frz.], einfarbig, ungemustert, bes. von Stoffen.

UNICEF, Abk. f. **U**nited **N**ations **I**nternational **C**hildren's **E**mergency **F**und, Intern. Kinderhilfsfonds, Spezialorganisation d. UN z. Unterstützung von Jugendlichen u. Kindern in hilfsbedürftigen Ländern; gegr. 1946, Sitz New York (BR seit 1952 Mitglied); Friedensnobelpr. 1965.

unierte Kirchen,
1) kath.: oriental. Kirchen, d. m. d. röm.-kath. e. Union eingegangen sind.
2) ev.: Vereinigung v. luth. u. reformierten Kirchen, d. d. Ev. Kirche d. Union bilden.

unierte morgenländische Christen, griech.-unierte Kirche, griech.-kath. (morgenländische) Kirche, erkennen unter Beibehaltung ihrer kirchl. Eigenheit die Oberherrschaft des Papstes an; zum orientalischen Ritus gehören die *Westukrainer,* ein Teil d. *Griechen* u. *Rumänen,* die *abessin. Kirche* u. a.

uniform, gleichförmig.
Uniform, *w.* [l.], vorschriftsmäßige, gleichförmige (Dienst-)Bekleidung.
Unikat, *s.,*
1) erste u. zugleich rechtsverbindl. Ausfertigung des Frachtbriefs.
2) einzige Ausfertigung i. Unterschied zu Duplikat.

UNGARN
Staatsname: Republik Ungarn, Magyar Köztársaság
Staatsform: Parlamentarische Republik
Mitgliedschaft: UNO, Europarat, OSZE, OECD
Staatsoberhaupt: Arpád Göncz
Regierungschef: Gyula Horn
Hauptstadt: Budapest 2 Mill. Einwohner
Fläche: 93 032 km²
Einwohner: 10 161 000
Bevölkerungsdichte: 109 je km²
Bevölkerungswachstum pro Jahr: Ø −0,49% (1990–1995)
Amtssprache: Ungarisch
Religion: Katholiken (64%), Protestanten (23%), Orthodoxe
Währung: Forint (Ft)
Bruttosozialprodukt (1994): 39009 Mill. US-$ insges., 3840 US-$ je Einw.
Nationalitätskennzeichen: H
Zeitzone: MEZ
Karte: → Balkanhalbinsel

Ungarn

Ungarn

Rotbauchunke

Unikatsprinzip, konstante Verwendung best. Gestaltungselemente in d. Werbung.

Unikum, *s.* [l.], etwas Einzigartiges.

Unio mystica, *w.* [l.], ,,mystische Vereinigung" mit Gott in der Ekstase.

Union [l.].
1) *konfessionell:* → Evangelische Union.
2) *pol.* föderativer Zusammenschluß von Ländern od. Parteien.
3) Vereinigung: Bündnis (z. B. *Protestant. U.* im 30jähr. Krieg).

Union Jack, *m.* ['ju:njən 'dʒæk], volkstüml. Bez. f. d. Flagge des Vereinigten Kgreichs v. Großbritannien und Nordirland, → Tafel Flaggen.

Unique Selling Proposition [engl. juˈniːk ˈsɪfn], ,,einzigartiger Verbraucher-/Gebrauchsnutzen" e. Produkts o. einer Dienstleistung.

Unisex, Moderichtung, die die männl. u. weibl. Mode einander angleicht (gleiche Stoffe, Muster u. Kleidungsstücke).

unisono [it.], *mus.* im Einklang (alle Stimmen haben denselben Ton).

Unitarier, Anhänger einer die Lehre von der Dreifaltigkeit verwerfenden Glaubensbewegung (bes. in England u. N-Amerika), hervorgegangen aus den Sozinianern, 1588 von Fausto *Sozzini* in Polen gegründet.

Unitarismus [l.], Bestrebungen zur Stärkung der bundesstaatl. Gewalt; Ggs.: → Föderalismus.

Unität, *w.* [l.], Einheit, *Brüder-U.* → Brüdergemeine.

United Nations [engl. juˈnaɪtɪd ˈneɪʃnz], Abk. **UN,** → Vereinte Nationen, Übers.

United States of America [juˈnaɪtɪd ˈsteɪts-], Abk. **USA,** → Vereinigte Staaten von Amerika.

universal [l.], *universell* [frz.], allgemein, allumfassend, auf eine Gesamtheit bezogen.

Universalien, *Universalbegriffe,* phil. die allgemeinen (Gattungs-)Begriffe; Wesenheiten.

Universalienstreit, beherrschende phil. Auseinandersetzung des MA über die Frage, ob den Gattungsbegriffen Realitäten entsprechen; bejahend: sog. *Begriffsrealisten,* verneinend: *Nominalisten* u. *Konzeptualisten.*

Universalinstrument, mit feingeteiltem Horizontal- u. Vertikalkreis (zur Höhenmessung v. Gestirnen), dient als → Theodolit zur astronom. → Ortsbestimmung.

Universalismus,
1) *allg.* die Betonung des Ganzen gegenüber d. Einzelnen.
2) → Spann, Othmar.
3) nach d. Auffassung des MA die organ. Verbindung der kirchl. u. staatl. Ordnung als Sinn der göttl. Gesetzordnung.

Universalzeit, Abk. *UT* (engl. *universal time*), mittlere Sonnenzeit für d. Meridian von Greenwich (Weltzeit); gebräuchlich f. alle astronom. Zeitangaben auf der Erde.

Universal-Zoom, Objektiv m. veränderl. Brennweite vom Weitwinkel- bis Telesektor (28 bis 85 mm, 28 bis 200 mm); ersetzt viele Festbrennweiten.

Universiade, Studentenweltmeisterschaft; wird seit 1925 alle 2 Jahre ausgetragen.

Universitäten [l. ,,universitas littera-rum = Gesamtheit der Wissenschaften"], Lehranstalten für wiss. Lehre, Forschung u. Erziehung; in Dtld u. den meisten Ländern vom Staat, in Engld u. USA auch v. privaten Stiftungen unterhalten; Vorlesungen und Übungen (Seminare) durch Professoren u. Dozenten; Gliederung nach *Fakultäten:* theol., jur., med., phil., an einzelnen U. 2 theol. (protestant. u. kath.), ferner naturwiss., rechts- u. staatswiss., rechts- u. wirtschaftswiss., tierärztl., forstwiss. Fakultäten; neuerdings größere Aufgliederung in *Abteilungen;* an der Spitze steht der *Rektor* (od. *Präs.*) mit dem *Senat;* Vertreter d. Fakultäten: *Dekane.* – Älteste eur. Universität: Bologna 1119; erste mitteleur. U. Prag 1348, Wien 1365, Heidelberg 1386, erste schweiz. U. Basel 1460; erste offene U. (*open U.*) in Großbrit. s. 1971 über Hörfunk u. Fernsehprogramm u. über Korrespondenzlehrgänge, sommerliche Sonderkurse. Auch → Hochschule, Bundeswehrhochschule.

Universum, *s.* [l.], das → Weltall.

Unix, auf → Workstations weitverbreitetes → Betriebssystem.

Unke, ●, Kröte mit oberseits warziger Haut; bewohnt morastige Tümpel (z. B. Rotbauch-U.); Bauchseite mit gelben oder roten Flecken; bei Gefahr wird diese dem Feinde zugekehrt (→ Warnfarben).

Unkosten → Kosten.

unlauterer Wettbewerb → Wettbewerbsrecht.

unmündig, minderjährig.

Unna (D-59423–27), Krst. in NRW, am Hellweg, 62 900 E; AG; div. Ind.

UNO, Abk. f. **U**nited **N**ations **O**rganization (→ Vereinte Nationen, Übers.).

UNO-Friedenstruppen, seit 1948 zu friedenserhaltenden oder -stiftenden Maßnahmen in Krisengeb. eingesetzte Soldaten; wegen der blauen Schutzhelme auch ugs. *Blauhelme* genannt. Bis 1996 wurden rd. 750000 Soldaten aus 70 Staaten in über 30 Krisengeb. eingesetzt. 1996 befanden sich in 16 Krisengeb. U.; in Kambodscha u. Somalia (Belet Uen) mit dt. Beteiligung. Die U. werden erst auf Beschluß d. UNO-Sicherheitsrates (→ Vereinte Nationen) u. mit Einverständnis der Konfliktparteien in d. Krisengeb. geschickt u. sollen aus unparteiischen Staaten kommen. Sie haben keinen Kampfauftrag, dürfen nur im Notfall und zur Selbstverteidigung schießen u. werden in bestimmten Abständen abgelöst. Bei Blauhelm-Aktionen starben bisher über 1444 U.-Soldaten. Zu den Blauhelmen gehören nicht nur bewaffn. Einheiten u. Friedenstruppen, sondern auch Militärbeobachter u. unbewaffnete zivile Beobachter.

UNOSOM, Abk. f. **U**nited **N**ations **O**peration in **Som**alia; Bez. f. d. Blauhelm-Mission in Somalia; → UNO-Friedenstruppen.

Unpaarzeher, *Unpaarhufer,* Säugetiere mit ungerader Zehenzahl: Pferde, Nashörner, Tapire.

Unpfändbarkeit, Ausschluß bestimmter Sachen und Rechte von d. Zwangsvollstreckung, z. B.:
1) die z. Hausgebrauch oder zur Berufsausübung d. Schuldners unentbehrl. Sachen (Betten, Kleider, Arbeitsgerät);
2) gewisse lediglich ideelle Werte (Orden, Familienpapiere);

3) noch nicht geschäftlich verwertete oder in den Verkehr gebrachte Schutzrechte, sofern der Schuldner nicht einwilligt (z. B. Urheberrechte).
4) Einkommen in bestimmter Höhe (→ Lohnpfändung), Unterhaltsforderungen, Krankengeld, Witwenpensionen u. a. in gewissen Grenzen; auch → Zwangsvollstreckungsschutz.

UNRRA, Abk. f. *United Nations Relief and Rehabilitation Administration,* von d. Alliierten d. 2. Weltkriegs gegr. Organisation z. Intern. Hilfe f. Flüchtlinge; 1945 der UN unterstellt, 1947 aufgelöst; Ausgangspunkt f. einige Organisationen d. → Vereinten Nationen: FAO, Intern. Bank, WHO, UNICEF; repatriierte 8 Mill. → *Displaced Persons;* → IRO.

Unruh,
1) *Fritz v.* (10. 5. 1885–28. 11. 1970), dt. Schriftst. u. Maler; Dramen: *Ein Geschlecht;* Romane: *Opfergang.*
2) *Walter v.* (30. 12. 1877–20. 9. 1956), dt. Gen. d. Infanterie, im 2. Weltkr. Oberbefehlsh. versch. Heeresgruppen.

Unruhe, Bez. für das in Taschen- u. Weckeruhren schwingende Schwungrädchen, verbunden mit der *Spirale* (Abb. → Uhrwerk).

Unschärferelation, e. d. zentralen Beziehungen d. Quantentheorie; best. Paare v. phys. Größen (die nach d. klass. Physik unabhängig sind, z. B. Ort u. Geschwindigkeit e. Teilchens od. Energie u. Zeit) sind quantenmechan. verkoppelt, so daß beide Größen niemals gleichzeitig exakte Werte annehmen können, sondern diese Werte mit e. minimalen Unschärfe belegt sind, so daß das Produkt der Unschärfen nicht kleiner als das → Plancksche Wirkungsquantum werden kann. U. hat fundamentale Auswirkungen auf d. Verhalten d. Materie (→ Quantentheorie, Übers.); wurde von → Heisenberg entdeckt.

Unschlitt, svw. Talg.

Unsere Liebe Frau, Abk. *U. L. F.,* die Jungfrau Maria.

Unsterblichkeit, Vorstellung v. e. Fortdauer d. Persönlichk. bzw. d. Seele über d. biol. Tod hinaus. Phil. Vertr.: Platon, Cicero, Descartes, Leibniz, Kant. Phil. Gegner: Epikur, Lukrez, Hegel, Schopenhauer, Marx.

Unstrut, l. Nbfl. der Sächs. Saale bei Naumburg, vom Eichsfeld, 192 km l.

Unterbelichtung, zu knappe Belichtung e. Fotografie, ergibt bei Diapositiven dunkle Aufnahmen.

Unterbewußtsein, ugs. (korrekt: Unbewußtes); seelisch-geistiges Geschehen unter der Bewußtseinsschwelle.

Unterbilanz, der als Differenz d. Passiven u. Aktiven i. d. Bilanz erscheinende Verlust a. d. Aktivseite.

Unterbindung, svw. → Ligatur.

Unterbrecher, Schalter z. selbsttätigen schnellen Unterbrechen und Schließen von Gleichstromkreisen. Prinzip des → Wagnerschen Hammers; wird u. a. auch bei Zündanlagen v. Vergasermotoren verwendet; auch → Wehnelt-U.

Unterfranken, bayr. Rgbz. im Maingebiet, 8533 km^2, 1,66 Mill. E; Hptst. *Würzburg.*

Untergaden → Lichtgaden.

untergärige Biere → Brauerei.

Untergrundbahn, svw. → U-Bahn.

Unterhaching (D-82008), Gem. i. Kr. München, 18 503 E.

Unterhaltspflicht, *Alimentationspflicht,* besteht nur zw. Verwandten auf- u. absteigender Linie, Ehegatten u. für d. nichtehel. Vater, nicht f. Geschwister. U. *der Eltern* gegenüber minderjähr. unverheiratetem Kind, soweit Vermögens- oder Arbeitseinkünfte des Kindes zu seinem Unterhalt nicht ausreichen, sonstige U. nur im Rahmen d. Leistungsfähigkeit, ohne Gefährdung eigenen angemessenen Unterhaltes. D. Unterhalt umfaßt d. ges. Lebensbedarf einschl. Kosten der Erziehung und Ausbildung. Vorsätzliche Entziehung des Unterhalts strafbar (§ 170b StGB).

Unterhaltssicherungsgesetz, vom 26. 7. 1957, regelt d. Unterhalt d. einberufenen Wehrpflichtigen u. ihrer Familien.

Unterhaus, *House of Commons,* Haus d. Gemeinen, 2. Kammer (Volksvertretung) im engl. Parlament, 650 Mitgl.; Reg. v. Vertrauen des U.es abhängig.

Unterlage, Bez. f. Reben, die als Träger v. Edelreisern dienen. Diese urspr. aus Nordamerika stammenden Reben (→ *Amerikaner-Reben*) sind widerstandsfähiger (u. a. reblausresistent) als die eur. Sorten der U. *Vitis vinifera,* würden aber o. d. Veredlung nur qualitativ minderwert. Weine (oft m. → *Foxgeschmack*) liefern.

Unterlassungsklage, Einleitung eines Rechtsstreites mit d. Ziel, urteilmäßiges Verbot gg. Beklagten wegen bisherigen u. künftig zu befürchtenden unerlaubten Tuns zu erlangen.

Unternehmensforschung, *Operations Research,* Anwendung wiss. Methoden (Statistik, lineare Optimierung) bei d. Führung v. Betrieben.

Unternehmer, Leiter eines Wirtschaftsunternehmens, der selbständig u. verantwortl. Zweck u. Art d. Produktion oder d. Arbeitsprozesses seines Betriebes bestimmt u. Risiko übernimmt.

Unternehmerverbände, Zus.schlüsse von U.n zur Verteidigung ihrer wirtschaftspol. Interessen.

Unternehmung, *Unternehmen,* finanziell-jurist. Einheit zur Erbringung einer wirtsch. Leistung; → Betrieb.

Unteroffiziere, Gruppe mil. Vorgesetzter, vergleichbar m. d. Beamten d. mittleren Dienstes, zuständig f. Ausbildung u. Führung d. Soldaten, zugleich Gehilfen d. Offiz.; Gruppe d. U. umfaßt d. Besoldungsgr. A 5–A 9, dabei Trennung in U. mit Portepee (→ Feldwebel) und U. ohne Portepee (U. und Stabs-U.).

unter pari, unter dem → Nennwert stehend.

Unterpfaffenhofen (D-82110, Post Germering), seit 1978 b. Germering (35 962 E), s. w. v. München.

Unterrichtswesen, svw. → Schulwesen, Übers.

Unterriese, Fixstern, der im → Russell-Diagramm knapp oberhalb d. → Hauptreihe liegt.

Untersberg, Kalkmassiv b. Salzburg, 1972 m, Höhlen (darunter d. *Kolowrathöhle,* 34 m hoch, 108 m lang) und Marmorbrüche.

Unterschlagung, rechtswidrige Aneignung einer fremden bewegl. Sache, die Täter im Besitz oder im Gewahrsam hat; strafbar nach § 246 StGB.

Unterschrift, zur Rechtswirksamkeit eines Vertrages od. einer Willenserklärung, für die gesetzl. Schriftformen vorgeschrieben sind, ist eigenhändige Unterschrift oder notariell beglaubigtes Handzeichen des Ausstellers erforderlich (§ 126 BGB), Faksimile genügt nicht; Bevollmächtigter darf mit dem Namen des Vollmachtgebers unterzeichnen.

unterschwellig, die Schwelle des Bewußten nicht erreichend.

Untersee, *Zeller See,* SW-Teil des Bodensees mit Insel Reichenau.

Unterseeboot

Unterseeboot, *U-Boot,* Tauchboot für Über- u. Unterwasserfahrt, f. Kriegszwecke; Tauchen durch Einnahme von Wasserballast und Einstellung der Tiefenruder; Antrieb durch Diesel- u. Elektromotoren, s. 1955 auch durch Atomkraft; Ausrüstung mit Torpedorohren, Geschützen, Raketen, Kreiselkompaß; → Periskop; auch m. „Schnorchel" (2 langen Rohren für Luftaustausch bei Unterwasserfahrt).

unterständig,
1) *Botanik:* Fruchtknoten, der unterhalb der Ansatzstelle der Kelch- u. Blumenblätter steht.
2) *Zoologie:* bei Fischen: m. vorspringendem Unterkiefer.

Untersuchungshaft, Festsetzung eines Straftatverdächtigen; Anordnung d. U. durch Haftbefehl des Richters bei bestehenden Haftgründen (Flucht, Fluchtgefahr, → Verdunkelungsgefahr, Verbrechen wider das Leben, Wiederholungsgefahr bei best. Sittlichkeitsdelikten). Das Gericht hat auf Antrag des Beschuldigten jederzeit zu prüfen, ob U. aufrechtzuerhalten ist, nach 3 Monaten von Amts wegen, wenn der Beschuldigte keinen Verteidiger hat (Haftprüfungsverfahren); U. darf grundsätzlich 6 Monate nicht überschreiten, §§ 112 ff. StPO. Für unschuldig erlittene U. muß od. kann, je nach d. Umständen, eine Entschädigung für eingetretenen Schaden gewährt werden.

Untersuchungsrichter, im Strafverfahren der Richter, der die Voruntersuchung führt.

Unterversicherung, vertraglicher Höchstbetrag d. Versicherungssumme ist niedriger als der versicherte Wert; Ggs.: → Überversicherung.

Unterwalden, schweiz. Kanton am Vierwaldstätter See, zerfällt in die bei-

den Halbkantone: *U. ob dem Wald* (Obwalden) im W, 491 km², 31 100 E; Hptst. *Sarnen; U. nid dem Wald* (Nidwalden), 276 km², 36 600 E; Hptst. *Stans* (5700 E). – 1291 im Bund der Urkantone.
Unterwasserarchäologie, archäolog. Untersuchungen z. B. an Schiffswracks od. versunkenen Siedlungen u. Hafenanlagen.
Unterwasserkameras, in wasserdichtem Gehäuse; einfache Modelle bis 50 m Tiefe, hochwertige Modelle für professionelle Tauchtiefen.
Unterwasserkraftwerk, Kraftwerk, unter d. Wasserspiegel gelegen; erreicht mit einem Mindestmaß v. Material, Bauzeit u. Kosten ein Höchstmaß v. Nutzwirkung; zur Erzeugung d. el. Stroms aus d. Wasserenergie sind Rohrturbinen in Strömungsrichtung aufgestellt.
Unterwassersignale, werden von d. unter Wasser befindl. Apparaten auf Feuerschiffen, in Hafeneinfahrten usw. (z. B. bei Nebel) zur Verständigung m. Schiffen auf See abgegeben; als Sender dienen Ultraschallwellen.
Unterwelt, nach d. Glauben vieler Völker d. unterird. Ort d. Toten; bei Juden: *Scheol,* bei Griechen: *Hades,* bei Römern: *Orcus,* bei Germanen: *Hel.*
Unterwerfungsklausel, Vereinbarung in notariellen Verträgen, wonach sich Schuldner bei Verzug d. sofortigen Zwangsvollstreckung unterwirft (Vertragsurkunde ist → Vollstreckungstitel).
Unterzug, *Bauwesen:* unter Querbalkenlage eingezogener Längsträger.
Untiefe, Stelle mit geringer Wassertiefe, wie Watten, Riffe und Barren.
Untreue, *jur.* vorsätzl. Mißbrauch e. eingeräumten Befugnis oder treulose Pflichtverletzung, um anvertraute Vermögensinteressen zu schädigen (§ 266 StGB).
Unverletzbarkeit, svw. → Immunität.
unverzüglich, svw. ohne schuldhaftes Zögern.
Unze, → Maße und Gewichte, Übers., die *engl. U. (ounce)* auch in Dtld zur Gewichtsbestimmung von Sportgerät, bes. Boxhandschuhen.
Unziale, *w.* [l.], abgerundete große lat. (Anfangs-)Buchstaben; seit 2. Jh. im Gebrauch.
Unzucht, zentraler Begriff des früheren Sexualstrafrechts für außereheliche geschlechtliche Betätigung.
Unzurechnungsfähigkeit, Schuldunfähigkeit, § 20 (früher § 51) StGB.
Unzuständigkeit, prozeßhindernde *Einrede der U.* des vom Kläger angerufenen Gerichts ist vor Verhandlung zur Hptsache zu erheben (§ 274 ZPO).
Upanischaden, Teil der → Veda.
Upas, versch. Pflanzen-(Pfeil-)Gifte Indonesiens.
Updating, *s.* [engl. ˈʌpdeɪt-], das Aktuelle auf den neuesten Stand bringen.
Updike [ˈʌpdaɪk], John (* 18. 3. 1932), am. Schriftst.; *Hasenherz; Ehepaare; Bessere Verhältnisse; Die Hexen v. Eastwick; Das Gottesprogramm.*
Uperisation, Ultra-Pasteurisierung, Ultrahocherhitzung, Dampfhitzung von Milch auf 150° für 2–3 s, unter weitgehend. Erhalt der wertvollen Inhaltsstoffe (H-Milch).
Uphoff, Nicole (* 25. 1. 1967), dt. Dressurreiterin; viermal. Olympiasiege-

Nicole Uphoff auf „Rembrandt"

rin 1988 u. 92 (Einzel u. Mannschaft), mehrfach Welt- u. Europameisterin.
UPI, Abk. f. *United Press International,* am. Nachrichtenagentur, 1958 gegr.; Sitz in New York.
Uppercut, *m.* [engl. ˈʌpəkʌt], b. Boxkampf kurzer Aufwärtshaken.
Uppsala, St. im schwed. Län *U.,* 171 000 E; Erzbischofssitz (s. Gustav I., ev.), Uni. (1477 gegr.) u. Bibliothek m. → Codex argentéus; Landw. HS; got. Dom (13.–15. Jh.); Eisengießereien, Maschinen- u. Tonwarenind.
up to date [engl. ˈʌp tə ˈdeɪt], auf dem laufenden, zeitgemäß.
UPU, Abk. f. *Union postale universelle,* → Weltpostverein.
Ur, *Uru, Urim,* Hptst. des sumerischen Reiches in S-Babylonien um 2500 v. Chr., bibl. Heimat Abrahams; engl.-am. Ausgrabungen.

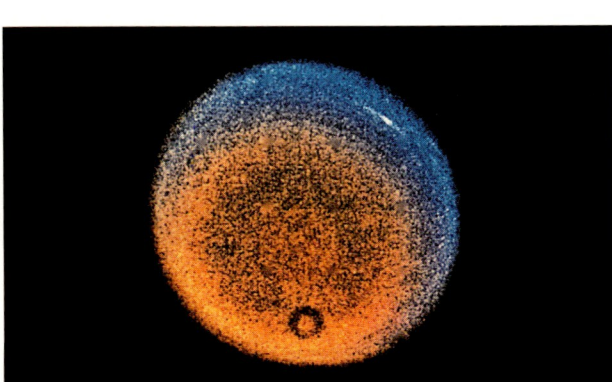

Uranus, Aufnahme der Raumsonde Voyager-2

Ur, svw. → Auerochse.
Urach → Bad Urach.
Uradel → Adel.
Ural,
1) 2534 km langer, schmaler Gebirgszug in Rußland, der als *Ostgrenze Europas* gilt (*Narodnaja* 1894 m); reich an *Bodenschätzen:* Platin, Gold, Kupfer, Eisen, Kohle, Kali, Asbest, Blei, Nickel, Chrom, Mangan, Bauxit, Edel- u. Halbedelsteine; seit dem 2. Weltkrieg verstärkter Ausbau der Ind. (bes. Hüttenwerke und metallverarbeitende Industrie); Industriezentren: *Jekaterinburg, Tscheljabinsk, Magnitogorsk, Perm* u. a.
2) Fluß aus dem Süd-*U.,* mündet bei Gurjew ins Kaspische Meer, 2428 km l., ab Uralsk schiffbar; geograph. Europa-Asien-Grenze.
Ural-Altaier, zusammenfassende Bez. für die *Altaier* (Tungusen, Mongolen, Türken) u. *Uralier* (Samojeden, Ugrier, Finnen, Ungarn); auch → Sprachen, Übers.
Uralsk, Gebietshptst. in der Republik Kasachstan, 200 000 E; Leder- u. Textilind.
Urämie, *w.* [gr.]. Harnvergiftung bei schweren Nierenkrankheiten durch Zurückhaltung des Harnstoffs und anderer giftiger Stoffwechselschlacken im Blut; Behandlung u. a. mit → extrakorporaler Dialyse.
Uran, *s., U,* chem. El., Oz. 92, At.-Gew.

238,03 (Isotope 238, 235 [spaltbar], 234), Dichte 18,97; weißes, sehr hartes Metall, Vorkommen in **Uranpecherz,** Uraninit u. a.; Hptfundorte: USA (Colorado Plateau), Kanada (Blind River), Südafrika (Witwatersrand), Namibia, Niger, Frkr. (Limoges), Australien, Gabun, Rußland (Aral- und Baikalsee), Dtld (Erzgebirge, Mansfeld und Sangerhauser Kupferschiefer, Fichtelgebirge, Schwarzwald, Odenwald, Spessart), ČSSR (St. Joachimsthal) u. a.; *U.* u. seine Erze sind radioaktiv; Verwendung in Kernkraftwerken zur Gewinnung von Kernenergie, auch als Sprengstoff in Atombomben, ferner zur Gelbfärbung von Glas (**Uran-Glas**).
Uranbrenner → Kernreaktor.
Urania, griech. Muse der Astronomie.
Uranos, der Himmel, Urgott der griech. Sage; Gatte der Gäa, Vater d. Titanen u. Zyklopen; von Kronos entmannt.
Uranus, 4. der äußeren Planeten, entdeckt 1781 von Herschel; Äquatordurchmesser 51 000 km; mittlerer Sonnenabstand 2869 Mill. km; Umlaufzeit um die Sonne 84,015 Jahre, Umdrehungszeit 17,2 Std.; 15 Monde: *Miranda, Ariel, Umbriel, Titania, Oberon,* mit Bahnebenen nahezu senkrecht auf der Uranusbahn (U 1–U 10 1985 u. 1986 entdeckt); s. 1977 bekannt, daß U. Ringe (mindestens 9) ähnlich wie → Saturn besitzt; 1986 Vorbeiflug d. am. Raumsonde Voyager 2.
Uranzentrifuge, Urananreicherungsanlage nach dem Gasdiffusionsverfahren (Urangas wird dabei durch poröse Membranen gepreßt u. mit dem Isotop U 235 angereichert).
Urartu, Staat im armen. Hochland im 9.–7. Jh. v. Chr.
Uraufführung, *Premiere,* erste öff. Darstellung eines dramat., mus. od. film. Kunstwerkes.
Uräusschlange, Giftnatter i. Afrika u. Arabien; die aufgerichtete *U.* war im alten Ägypten Symbol des Königstums.
urban [l.], städtisch, weltmännisch.
Urban, Name v. 8 Päpsten:
1) *U. II.* (um 1042–29. 7. 99), 1088–99, bannte Kaiser Heinr. IV. u. Kg Philipp II. von Frkr., rief zum Kreuzzug auf.
2) *U. IV.* (um 1200–2. 10. 64), 1261–64, setzte Fronleichnamsfest ein.
3) *U. V.* (um 1310–19. 12. 70), 1362 bis 70, vergebl. Versuch, durch Rückkehr nach Rom von Frkr. unabhängig zu werden.
4) *U. VI.* (um 1318–15. 10. 89), 1378 bis 89, verursachte d. → Schisma.
5) *U. VIII.* (5. 4. 1568–29. 7. 1644), 1623–44, verdammte Galilei u. → Jansenismus.
Urbanität, *w.* [l.],
1) feine Bildung, Lebensart.
2) Grad d. Verstädterung.
urbi et orbi [l.], der *Stadt* (Rom) u. dem *Erdkreis,* d. h. aller Welt (etwas verkünden); päpstl. Segensverteilung von der Peterskirche aus.
Urbino, St. in Mittelitalien, 15 500 E; Erzbischofssitz; Dom (15. Jh.), Palazzo Ducale (15. Jh.). Uni.; Geburtsort Raffaels; Majolika-Ind.
Urchristentum, Frühzeit des Christentums,
1) *Apostolisches* Zeitalter bis zur Zerstörung Jerusalems (70 n. Chr.).

2) *Nachapostol.* Zeitalter (d. apostol. Kirchenväter) bis 150 n. Chr.
Urd, eine der drei → Nornen.
Urdu → Hindostani.
Ureter, *m.* [gr.], Harnleiter, verbindet Niere und Blase.
Urethra, *w.* [gr.], Harnröhre.
Urey ['jʊərɪ], Harold Clayton (29. 4. 1893–6. 1. 1981), am. Chem.; Entdecker d. Deuteriums; Nobelpr. 1934.
Urfa, *Sanlurfa,* Hptst. d. türk. Wilajets S. in N-Mesopotamien, 206 000 E. – Das alte → *Edessa,* 1098–1144 Fürstentum der Kreuzfahrer, s. 1516 türk.
Urfehde, im MA Eid, keine Rache zu nehmen od. aus Verbannung nicht zurückzukehren.
Urft, r. Nbfl. der Rur, 40 km lang; bei Gemünd die **U.talsperre:** 54 m Stauhöhe, Stauraum 45,5 Mill. m³, Kraftstation bei Heimbach.
Urga, bis 1923 Name von → Ulan-Bator.
Urgemeinde, d. ersten Christen i. Jerusalem, d. sich nach d. Pfingstereignis als d. neue Gottesvolk d. Endzeit verstanden (bis 70 n. Chr.).
Urgeschichte → Vorgeschichte, → Mensch, Abstammungsgeschichte.
urgieren [l.], drängen, mahnen.
Urheberrecht, *subjektiv:* die ausschließl. Befugnis d. Urhebers einer eigentüml. geist. Schöpfung d. Literatur, Wissenschaft, Tonkunst, d. bildenden Künste u. d. Fotografie sowie v. Computerprogrammen, diese zu vervielfältigen u. zu verbreiten, d. h. anderen den Nachdruck od. die Nachbildung zu verbieten; *objektiv:* d. Rechtsnormen, die die Befugnis u. ihre Folgen regeln. In Dtld Ges. v. 1901 über d. literar. u. mus., 1907 über die künstler. U.; Neuregelung durch Ges. über U.e u. verwandte Schutzrechte v. 1965. Unterschied z. gewerbl. Rechtsschutz: Entstehung d. U.s durch Konkretisierung der schutzfähigen Gedanken (Niederschrift, Abb., Vortrag, Schreifaufführung usw.); Ende d. Schutzfrist grundsätzlich 70 Jahre nach d. Tode d. Urhebers bei Werken d. Literatur, Wissenschaft, Tonkunst u. d. bildenden Künste, 25 Jahre nach Erscheinen d. Werkes bei Fotografien; nach Ablauf d. Frist wird d. Werk *gemeinfrei.* Inhalt d. U.s: 1) unübertragbares Persönlichkeitsrecht (*droit moral,* Ehrenschutz z. B.); 2) übertragbare, vermögensrechtliche Werknutzungsrechte (z. Vervielfältigung, Verbreitung, Verfilmung, Rundfunksendung, Mikroverfilmung, Übersetzung, Dramatisierung, mus. Transposition usw.). – U.sfrei sind Gesetze u. a. amtl. Schriften; genehmigungsfrei ist die Wiedergabe von eigenen Gebrauch (Zeitungsartikel mit Quellenangabe, das Zitat, die Abbildung von Personen der Zeitgeschichte, dort → Bildnisschutz). – Intern. Regelung: versch. intern. Abkommen, bes. Berner Übereinkunft zum Schutze v. Werken d. Literatur u. Kunst v. 9. 9. 1886, revidiert in Brüssel am 26. 6. 1948; ferner Übereinkunft v. Montevideo v. 11. 1. 1889: die in einem der Mitgliedstaaten entstehenden U.e werden grundsätzl. ebenso in jedem and. Mitgliedstaat geschützt; Genfer Welturheberrechtsabkommen v. 6. 9. 1952. Den Konventionen nicht beigetreten sind u. a. d. USA (dort bes. → Copyright). MPI für U. in München.

Urheberverstragsrecht, Inbegriff d. Rechtsbeziehungen zw. Urheber und Werknutzer, die auf Erlaubnis z. Werknutzung (→ Lizenz) oder auf Übertragung von Werknutzungsrechten (z. B. Verschaffung d. → Verlagsrechts) gerichtet sind.
Uri, schweiz. Kanton zw. Gotthard u. Vierwaldstätter See; 1077 km², 35 900 E; Hptst. *Altdorf.* – 1291 im Bund der → Urkantone.
Urias, *Uria,* Feldherr Davids, mußte einen Brief überbringen, in dem David seine Tötung befahl; daher **Uriasbrief,** ein Brief, der dem Überbringer Unheil bringt.
Uriel [hebr. „mein Licht ist Gott"], einer der 4 Erzengel.
Urin, *m.* [l.], svw. → Harn.
Uris ['jʊərɪs], Leon (* 3. 8. 1924), am. Schriftst.; *Exodus; Topaz; Haddsch.*
Urkantone, die Schweizer Kantone Uri, Schwyz und Unterwalden; → Schweiz (Geschichte).
Urknall, *Big Bang,* kosmolog. Theorie, der zufolge d. Universum mit Raum, Zeit u. Materie vor ca. 15 Milliarden Jahren in e. gewaltigen Explosion entstand; d. U.-Theorie wurde aus astronom. Beobachtungen abgeleitet (→ Hubble), daß sich d. Weltall ständig ausdehnt, daher folgerichtig e. energiegeladenen Anfang ähnlich e. Explosion gehabt haben muß.
Urkunden, Dokumente zur Festlegung von Rechten od. rechtserhebl. Tatsachen.
Urkundenfälschung, Herstellung unechter od. Verfälschung echter Urkunden zur Täuschung im Rechtsverkehr, auch d. Benutzung solcher Urkunden; strafb. nach §§ 267 ff. StGB.
Urkundenprozeß, beschleunigter Rechtsstreit, nur Urkunden und Parteivernehmung als Beweismittel zugelassen (z. B. Wechsel, Scheck); sind f. Beklagten nur andere Beweismittel (Zeugen o. ä.) vorhanden, ergeht Urteil unter Vorbehalt weiterer Verfolgung im gewöhnl. Verfahren.
Urkundsbeamter, heutige Bez. für Gerichtsschreiber; → Rechtspfleger.
Urlaub, innerhalb eines Arbeitsverhältnisses bei Fortzahlung d. Bezüge gewährte zusammenhängende arbeitsfreie Werktage, durch Bundesurlaubsges. v. 8. 1. 1963 (Mindesturlaub 18 Werktage) u. Tarifabkommen geregelt.
Urmiasee, abflußloser Salzsee in W-Iran, 1274 müM, 4686 km², Größe schwankend.
Urmonotheismus, *m.,* These von W. Schmidt (1868–1954), nach d. d. Glaube an e. einzigen Gott am Anfang d. Rel.geschichte steht u. d. Vielgottglaube e. spätere Entwicklung ist.
Urne, *w.* [l.], Stein-, Ton- oder Metallgefäß f. Asche bei Feuerbestattung.
Urnenfelderzeit, Spätbronzezeit, um 1100–800 v. Chr., mit Brandbestattung in Urnenfriedhöfen (*Urnenfelderkulturen*).
Urogenitalsystem, Harn- u. Geschlechtsorgane.
Urographie, Röntgendarstellung von Nieren, Harnleiter u. Blase mit Kontrastmittel.
Urolithiasis, Harnsteinleiden.

Uri

URUGUAY	
Staatsname:	Republik Östlich des Uruguay, República Oriental del Uruguay
Staatsform:	Präsidiale Republik
Mitgliedschaft:	UNO, ALADI, MERCOSUR, OAS, SELA
Staatsoberhaupt und Regierungschef:	Julio Maria Sanguinetti
Hauptstadt:	Montevideo 1,3 Mill. Einwohner
Fläche:	177 414 km²
Einwohner:	3 167 000
Bevölkerungsdichte:	18 je km²
Bevölkerungswachstum pro Jahr:	Ø 0,58% (1990–1995)
Amtssprache:	Spanisch
Religion:	Katholiken (59,5%), Protestanten (3,4%)
Währung:	Uruguayischer Peso (urug$)
Bruttosozialprodukt (1994):	14725 Mill. US-$ insges., 4650 US-$ je Einw.
Nationalitätskennzeichen:	ROU
Zeitzone:	MEZ – 4 Std
Karte:	→ Südamerika

Uruguay

Urologie [gr.], Lehre v. d. Krankheiten d. Harnorgane.
Urproduktion → Produktion.
Ursache, e. Veränderung, d. e. and. Veränderung (Wirkung) bewirkt. Der Zus.hang zw. U. u. Wirkung ist d. Kausalkette.
Urstromtäler, breite, ostwestl. gerichtete, meist versandete Talzüge, die d. nach W zur Nordsee abfließenden Schmelzwässer der eiszeitl. skandinav. Gletscher sammelten, z. T. v. d. gegenwärtigen Strömen benutzt (z. B. *Thorn-Ebersswalder Urstromtal*).
Ursula [l. „kleine Bärin"], w. Vn.
Ursulinerinnen, *Ursulinen,* e. kath. Kongregation für Erziehung u. Unterricht; gegr. 1535.
Urteil,
1) Einheit von (mindestens drei) Begriffen, in d. ein *Prädikatsbegriff* (z. B. Eigenschaft, Seinsweise: *krank*) zu einem *Subjektsbegriff* (z. B. *Kind*) mit dem Anspruch auf Wahrheit hergesetzt wird (*ist*): das Kind ist krank.
2) im *Prozeß:* eine das Verfahren ganz (Endurteil) od. teilweise (Teilurteil) abschließende Entscheidung des Gerichts; stets vorherige mündl. Verhandlung; Aufbau: = Rubrum, Tenor (z. B.: A wird kostenpflichtig z. Zahlung verurteilt), Tatbestand (Sach- u. Streitstoffdarstellung), Entscheidungsgründe, Unterschriften der Richter.
Urtiere, *Protozoen,* mikroskopisch kleine Tiere aus nur einer Zelle: Geißeltierchen, Wurzelfüßer, Sporentierchen, Wimpertierchen.
Urtikaria, *w.* [l.], → Nesselsucht.
Uruguay,
1) Grenzfluß zw. Brasilien, Uruguay u. Argentinien, 1609 km l., vereinigt sich nahe Buenos Aires mit dem Paraná zum Río de la Plata; im Unterlauf schiffbar.
2) südam. Staat östl. des U.-Flusses. **a)** *Landw.:* Bed. Viehzucht, über 80% des hügeligen Graslandes Viehweiden (1991: 8,8 Mill. Rinder, 26 Mill. Schafe), daneben Getreide-, Reis-, Zuckerrüben-, Zuckerrohr- u. Tabakanbau, Ind.: Nahrungsmittel-, chem. u. Textilind. **b)** *Außenhandel* (1991): Einfuhr 1,63 Mrd., Ausfuhr 1,58 Mrd. $. **c)** *Verkehr:* Eisenbahn 2993 km. **d)** *Verf.* v. 1966 (geändert 1985): Präsidiale Rep. m. Zweikammerparlament. **e)** *Verw.:* 19 Departamentos. **f)** *Gesch.:* 1515 v. Spaniern entdeckt, im 17. Jh. v. Spaniern u. Portugiesen besetzt; 1821 zu Brasilien, 1828 unabhängig; 1968 Mil.putsch, 1973 Auflösung d. Parlaments; ab 1982 Redemokratisierung, erst 1984 wieder Parlaments- u. Präsidentschaftswahlen; 1984–1989 u. s. 1994 Sanguinetti Präs.
Uruk, heute *Warka,* Ruinen einer St. in S-Babylonien aus dem 4. Jtd, Sitz der Könige v. Sumer (unter ihnen → Gilgamesch).
Ürümqi [urumtci], früher *Urumtschi, Tihwa,* Hptst. v. Xinjiang-Uygur i. W-China, 1,04 Mill. E; wichtige Handelsstadt an der alten Seidenstraße.
Urundi → Burundi.
Urwald, der von keinem Eingriff des Menschen veränderte Waldzustand, hpts. in den Tropen (Kongo- u. Amazonasgebiet), dort *Regenwald* genannt; i. d. gemäßigten Zonen: i. Mitteleuropa nur noch vereinzelt kl. Reste, die Taiga Sibiriens, nordam. Urwälder usw.

Ury, Lesser (7. 11. 1861–18. 10. 1931), dt. Maler; impressionist. Elemente (Differenzierung d. Farben, Gestaltung d. Lichts); Interieurs, Landschaften, (bes. Berliner) Straßenbilder.

Urzeugung, hypothet. Entstehung der ersten Lebewesen aus anorgan. Stoffen.

USA, US, Abk. f. *United States (of America)* → Vereinigte Staaten von Amerika.

USAF, Abk. für *United States Air Force,* Bez. für die Luftstreitkräfte der USA.

Usambara, ostafrikan. Gebirgslandschaft (b. 2230 m) im NO v. Tansania.

Usance, w. [frz. y´zãːs], *Handelsbrauch,* bei der Auslegung kaufmänn. Verträge zu berücksichtigen.

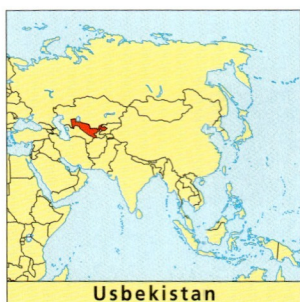

USBEKISTAN	
Staatsname:	Republik Usbekistan, Özbekiston Respublikasy
Staatsform:	Präsidiale Republik
Mitgliedschaft:	UNO, ECO, GUS, OSZE
Staatsoberhaupt:	Islam A. Karimow
Regierungschef:	U. Sultanow
Hauptstadt:	Taschkent (Toschkent) 2,1 Mill. Einwohner
Fläche:	447 400 km²
Einwohner:	22 349 000
Bevölkerungsdichte:	50 je km²
Bevölkerungswachstum pro Jahr:	⌀ 2,24% (1990–1995)
Amtssprache:	Usbekisch
Religion:	Sunnitische Muslime
Währung:	Usbekistan-Sum (U.S.)
Bruttosozialprodukt (1994):	21142 Mill. US-$ insges., 950 US-$ je Einw.
Nationalitätskennzeichen:	USB
Zeitzone:	MEZ + 4 Std.
Karte:	→ Rußland

Usbekistan, Republik i. Mittelasien; Bev.: Usbeken (74 %), Russen (5,5 %), Tadschiken, Kasachen u. a.; durch ausgedehntes Bewässerungssystem bed. Baumwollanbau; Kohle-, Erz-, Erdgas- u. Erdölförderung; 1924 Unionsrep. d. Sowjetunion; s. 1991 unabh. Rep.; Verf. v. 1992 (Einkammerparl.); Verw.: 11 Gebiete u. d. Karakalpakische Auton. Rep. (164 900 km², 1,3 Mill. E; Hptst. *Nukus*); 1995 Gewinner d. Parl.wahlen ist d. Dem. Volkspart. (Nachfolg. d. KP); opp. Parteien nicht zugelassen.

Uschebti [altägypt. „Antworter"], alt-

Usbekistan

Utamaro, *Holzschnitt*

Utrecht, *Haus Schröder, von G. T. Rietveld*

ägypt. kl. mumienförmige Dienerfiguren als Grabbeigaben, d. für d. Toten d. Aufruf d. Totengottes zu best. Arbeiten beantworten u. auch arbeiten sollten.

Usedom, pommersche Insel vor dem Stettiner Haff, 445 km², s. 1945 Ostteil längs der Swine mit Swinemünde zu Polen, Westteil, 354 km², zu M-V., Kr. Wolgast; im SW die St. *U.* (D-17406), 2193 E; Seebäder: *Ahlbeck, Heringsdorf, Bansin, Zinnowitz, Karlshagen.*

Ushuaia [u'swaja], Hptst. der argent. Prov. Feuerland, 12 000 E.

Usingen (D-61250), St. i. Hochtaunuskr., Hess., 12 554 E; AG; div. Ind.

Usinger, Fritz (5. 3. 1895–9. 12. 1982), dt. Lyriker: *Der Stern Vergeblichkeit;* Essay: *Medusa;* Übertragung von Mallarmé u. Valéry.

Üsküb, türk. Name v. → Skopje.

USP [juːɛs'piː], Abk. f. = **U**nique **S**elling **P**roposition.

Ussuri, r. Nebenfl. des Amur, Grenzfluß zw. dem russ. Fernen Osten u. der chin. Mandschurei, 909 km lang, im Sommer 750 km schiffbar.

Ustascha, *Ustaša,* 1929 gegr. kroat. rechtsradikale Unabhängigkeitsbewegung; Ziel: staatliche Selbständigkeit → Kroatiens.

Uster (CH-8610), schweiz. Bez.st. i. Kanton Zürich, 23 700 E; Masch.-, Gerätebau.

Ustinov ['juːstɪnɔf], Sir Peter (* 16. 4. 1921), engl. Dramatiker, Schausp. und Filmregisseur; *Endspurt;* Roman: *Krummnagel.*

Ustinow, Dimitri Fjodorowitsch (30. 10. 1908–20. 12. 84), sowj. Pol. u. Marschall; 1953–57 Min. f. d. Rüstungsind.; 1957–65 stellvertr. Min.präs., s. 1976 Verteidigungsmin.

Ust-Urt, Plateau zw. Kasp. Meer u. Aralsee in Kasachstan, ca. 200 müM, 170 000 km², niederschlagsarm.

Usurpation, rechtswidrige Aneignung, besonders der Staatsgewalt.

Usurpator, *m.,* Herrscher durch gewaltsame Besitzergreifung.

Usus, *m.* [l.], herkömml. Brauch, Sitte.

Utah ['juːtɑː], W-Staat d. USA, im O öde Hochebene mit d. Großen Salzsee, im O vom Colorado bewässert; 219 889 km², 1,81 Mill. E, davon 73% Mormonen; Acker-, Bergbau (Kupfer, Blei, Salz u. a.); Uranvorkommen; Hptst. *Salt Lake City.* – 1847 von Mormonen gegr., 1896 US-Staat.

Utamaro, Kitagawa (1753–31. 10. 1806), jap. Maler u. Zeichner d. Holzschnitt.

Ute, in der Nibelungensage Mutter der Kriemhild.

Utendal, Alexander (um 1530–7. 5. 81), franko-fläm. Komponist; Messen; Motetten.

Utensilien [l.], Arbeitsgerät, Gebrauchsgegenstände.

Uterus [l.], svw. → Gebärmutter.

U Thant, Sithu (22. 1. 1909–25. 11. 74), birmes. Diplomat; 1961–71 Gen.sekr. d. UN.

Utica,
1) alte phöniz. St. nahe Karthago, nach dessen Zerstörung Hptst. der röm. Prov. Afrika.
2) ['juː-], St. im US-Staat New York, am Eriekanal, 75 000 E; Milchwirtschaft, Wollind.

Utilitarismus [l. „utile = nützlich"], phil. Lehre, daß alle Handlungen nach d. Nutzen f. d. Allgemeinheit zu bewerten sind (*Bentham, Bacon, Mill;*) Glücksximierung als wichtigstes Anliegen.

UTM-Meldesystem, *U*niversal *T*ransverse *M*ercator *R*eference *S*ystem, aufgrund d. UTM-Koordinaten entwickeltes, bei d. → NATO eingeführtes Meldesystem.

Utnapischtim [akkad. „ich habe mein Leben gefunden"], akkad. Held, d. in e. v. ihm gebauten Arche d. Sintflut überlebte u. v. d. Göttern d. Unsterblichkeit erhielt. Von ihm wollte Gilgamesch d. Geheimnis des ewigen Lebens erfahren.

Utopie, nach Phantasieroman von → Morus: *Utopia* [gr. „Nirgendheim"], Bez. für nicht real verwirklichbare (pol., wirtschaftl., soziale) Ideen, die dennoch als Zielvorgabe dienen.

Utraquisten [nl. „utraque = beide (Gestalten)"], gemäßigte → Hussitenpartei.

Utrecht ['yː-], Hptst. der ndl. Prov. *U.* (1363 km², 1,0 Mill. E), am Alten Rhein, 231 000 E, Agglom. 526 000 E; Erzbischofssitz; Uni. (1636); Intern. Mustermesse (s. 1917); Metall-, graph. u. a. Ind.

Utrechter Friede, 1713, Beendigung d. → Span. Erbfolgekrieges.

Utrechter Kirche, romfreie ndl. kath. Kirche.

Utrechter Union, in den protestant. Ndl. 1579, begründete ndl. Unabhängigkeit v. kath. Spanien.

Utrillo [ytri'jo], Maurice (26. 12. 1883 bis 5. 11. 1955), frz. Maler u. Bühnenbildner, Sohn v. S. Valadon; Landschaften u. Pariser Straßenbilder.

utriusque juris [l. „beider Rechte"], (Doktor) d. röm. *und* kirchl. Rechts.

Utsunomiya, jap. Prov.hptst. n. v. Tokio, 420 000 E; Auto-, Metallind.

Uttar Pradesch, Staat im N d. Rep. Indien, 294 411 km², 139 Mill. E; Weizen-, Baumwoll-, Zuckerrohranbau; Hptst. *Lakhnau.*

UV, Abk. für → **u**ltra**v**iolett(e Strahlung).

U. v. D., Abk. f. **U**nteroffizier **v**. **D**ienst, Funktionsbez. für einen zum Ordnungsdienst eingeteilten Unteroffizier od. Gefreiten.

Uviolglas®, Glassorte, gut durchlässig für ultraviolettes Licht.

Uyl [œyl], Joop den (9. 8. 1919–24. 12. 87), ndl. sozialdemokr. Pol.; 1973–77 Min.präs.

V,
1) techn. Maßeinheit: → *Volt.*
2) chem. Zeichen f. → *Vanadium.*
3) röm. Zahlzeichen = 5.

v,
1) *phys.* Zeichen f. *velocitas* [l.], Geschwindigkeit.
2) in *Büchern* Abk. f. *vide* [l.], sieh(e) u. f. *verte* [l.], wende um!

Vaasa, schwed. *Vasa,* Hptst. d. finn. Prov. *V.,* Hafenst. an der O-Küste des Bottn. Meerbusens, 54 000 E.

va banque [frz. va'bã:k], „es geht um die Bank", um den ganzen Einsatz im Spiel; **v. b. spielen:** alles auf eine Karte setzen.

Vaculik ['vatʃu-], Ludvik (* 23. 7. 1926), tschech. Schriftst., gilt als Verf. des Manifests *2000 Worte; Das Beil; Ach Stifter.*

Vademekum, *s.* [l. „geh mit mir"], Taschenbuch, Ratgeber, Wegweiser für alles.

Vadim [-'dɛ̃], Roger (* 26. 1. 1928), frz. Filmregisseur; *Et Dieu créa la femme* (1956); *Les liaisons dangereuses* (1959); *Barbarella* (1968).

Vadodara, *Baroda,* St. im ind. Staat Gujarat, 1 Mill. E; Textilind.; Uni.

Vaduz, Hptst. des Fürstentums Liechtenstein, am Rhein, 4900 E; Schloß Vaduz (Residenz); Fürstl. Gemäldegalerie; Fremdenverkehr; div. Ind.

Vaganten, umherziehende Studenten u. Sänger des MA; ihre weltl. lat. Lieder (**V.poesie**) in Sammlungen, z. B. → *Carmina Burana,* erhalten.

vag|e [l.], unbestimmt, unklar.

Vagina, *w.* [l.], Scheide, weibl. Scheide; → *Geschlechtsorgane.*

Vaginismus, *m.,* Scheidenkrampf.

Vaginitis, *w.,* Scheidenentzündung.

Vagus [l.], *Nervus vagus,* „herumschweifender Nerv", 10. Gehirnnerv, Hauptnerv d. parasympath. → Nervensystems; *Vagotomie,* Durchschneidung des V., vermindert Magensäureproduktion, gegen Zwölffingerdarmgeschwür („Magengeschwür"); *Vagotonie,* Tonussteigerung der V., Übergewicht über s. Gegenspieler → *Sympathikus.*

Vaihingen,
1) *V. a. d. Enz* (D-71665), Gr.Krst. i. Kr. Ludwigsburg, Ba-Wü., 25 154 E; AG; div. Ind.
2) Stadtteil Stuttgarts; Brauerei, Trikot-, Maschinen- u. a. Ind.

Vaihinger, Hans (25. 9. 1852–18. 12. 1933), dt. Phil., Begr. der Als-ob-Philosophie; Kantforscher.

Vaischya, *Vaishya,* die ind. Händlerkasten, → *Kasten.*

vakant [l.], frei, unbesetzt.

Vakat, *s.* [l. „fehlt"], im *Druckwesen* Bez. f. eine leere Seite.

Vakuole, *w.,* mit Zellsaft ausgefüllter Hohlraum im Zytoplasma vieler Zellen; bei Tieren z. B. Nahrungsvakuolen, kontraktile Vakuolen (Einzeller).

Vakuum [l.], der leere, bes. der luftleere Raum, → *Leere.*

Vakuumdestillation, Destillation unter vermindertem Druck, dadurch Herabsetzung des → *Siedepunkts.*

Vakuumextraktor, hat die Geburtszange weitgehend verdrängt; besteht aus Saugglocke, Kettenzug mit Handgriff, Schlauch u. Vakuumpumpe; nach Anlegen d. Saugglocke am kindl. Schädel wird ein Unterdruck erzeugt, sodann holt der Geburtshelfer während d. einzelnen Wehen das Kind am Kopf heraus (*Vakuumextraktion*).

Vakuumpumpe, svw. → *Luftpumpe.*

Vakzination [nl.], → *Immunisierung.*

Vakzine, eigentlich Kuhpockenlymphe; Impfstoff aus toten od. lebenden Bakterien; *Autovakzine* aus körpereigenen Bakterien.

Valadier [vala'dje], Giuseppe (14. 4. 1762–1. 2. 1839), it. Architekt, Stadtplaner u. Archäologe; Hptvertr. d. klassizist. Baukunst in Italien; *S. Pantaleo* u. *Piazza del Popolo* in Rom.

Valadon [-'dõ], Suzanne (23. 9. 1865 bis 19. 4. 1938), frz. Malerin, Mutter → Utrillos; spontane Expressivität in Bildaufbau u. Farbgebung.

Valdés Leal, Juan de Nisa (4. 5. 1622 bis 15. 10. 90), span. Maler d. Spätbarock; Darstellungen aus d. bibl. Geschichte v. intensivem Ausdruck; Bildnisse.

Valdivia, Hptst. der chilen. Prov. *V.,* 117 000 E; Vorhafen *Corral* an der *V.bai* des Pazifik.

Valence sur Rhône [va'lã:s syr 'rɔ:n], Hptst. d. frz. Dép. *Drôme,* 68 000 E; Bischofssitz; Seidenspinnerei.

Valencia [ba'lenθia]
1) Hptst. der span. Prov. *V.* u. bed. Hafen am Mittelmeer, umgeben von ausgedehnten, durch den Guadalaviar bewässerten Fruchtgärten, 753 000 E; Erzbischofssitz; Uni.; Textil-, Metallind., Tabakverarbeitung, Ausfuhr von Wein u. Südfrüchten. – Die Prov. (im MA maur. Kgr.) wurde 1319 m. Aragonien verbunden, 1707 aufgelöst.
2) St. in Venezuela, westl. vom *V.see* (440 km², 410 müM), 624 000 E; Baumwollind. – 1821 Sieg Bolívars über die Spanier.

Valenciennes [valã'sjɛn], frz. St. im Dép. *Nord,* a. d. Schelde, 41 000 E; Kunstakad.; Textil- u. Metallind., früher bed. Spitzenfabrikation; Hafen.

Valens, Flavius, röm. Kaiser 364–378.

Valentin [l. „der Kräftige"], m. Vn.

Valentin, Karl (4. 6. 1882–9. 2. 1948), dt. Volkshumorist, in München (m. *Liesl Karlstadt* als Partnerin); zahlreiche Kurzfilme (z. B. *Orchesterprobe,* 1933).

Valentinianus,
1) V. I. röm. Kaiser 364–375.
2) V. III. Kaiser Westroms 425–455.

Valentino, Rudolph (6. 5. 1895–23. 8. 1926), it.-am. Stummfilmstar; *The Four Horsemen of the Apocalypse; The Son of the Sheik.*

Valenz, *w.* [l.], *chem.* → *Wertigkeit.*

Valera [vəˈlɛərə], Eamon de (14. 10. 1882–29. 8. 1975), ir. Pol.; 1916 als Führer d. ir. Aufstandes gg. England z. Tode verurteilt, 1917 amnestiert; Führer der → *Sinn Fein,* 1932–48 u. 1951–54 u. 1957–59 Min.präs., 1959–73 Staatspräs.

Valerianus, röm. Kaiser 253–260 n. Chr.

Valéry [-'ri], Paul (30. 10. 1871–20. 7. 1945), frz. Dichter; sublimierte Neuformung des Klassischen in d. Tradition Mallarmés; Verbindung von math. Präzision u. Lyrik; *Gedichte* u. *Eupalinos* (übersetzt v. Rilke); Essays: *Variété;* Drama: *Mein Faust.*

Valet, *s.* [l.], Abschied, *vale,* „lebe wohl"; *valete,* „lebet wohl"!

Valeur [frz. va'lœr], in d. Malerei Tonwert e. Farbe. Die *V.malerei* gestaltet durch feine Farbabstufungen z. B. Licht u. Schatten; f. d. Darstell. d. → Luftperspektive, im Impressionismus.

Valier, Max (9. 2. 1895–17. 5. 1930), dt. Raketentechniker; Pionier d. Raketentechnik u. d. Raumfahrt.

Valium® (Diazepam), Beruhigungsmittel, Tranquilizer (Ataraktika), auch muskelentspannend.

Valla, Laurentius (1406 bis 1. 8. 57), it. Humanist; Gegner der Scholastik, Begr. d. modernen histor. Kritik.

Valladolid [baʎaðo'lið], Hptst. d. span. Prov. *V.,* in Altkastilien (a. Pisuerga und Kastil. Kanal), 328 000 E; Erzbischofssitz; Uni. (s. 1346); Textilgewerbe.

Valletta, Hptst. d. Rep. Malta, 9000 E; 2 Häfen; Uni., ehem. Hptsitz des Johanniterordens.

Vallisneria, *Sumpfschraube,* Wasserpflanzen des südl. Europa.

Vallotton [-'tõ], Félix (28. 12. 1865 bis 29. 12. 1925), schweiz.-frz. Maler u. Graphiker des Realismus; beeinflußte → *Jugendstil* u. Expressionismus.

Valmy [-'mi], frz. Gem. im Dép. *Marne;* ergebnislose *Kanonade von V.* gegen das frz. Revolutionsheer 1792; v. *Goethe* beschrieben.

Valois [va'lwa], frz. Königsgeschlecht (1328–1589): → *Frankreich, Geschichte.*

Valona, alban. *Vlorë,* alban. Hafenst. am *Golf von V.,* 68 000 E.

Valoren, Wertstücke im Bankenverkehr.

Valori Plastici [it. va-'plastitʃi „plast. Werte"],
1) Titel e. it. Kunstzeitschr. 1918–22 (gegr. v. M. Broglio), Publikationsorgan zeitgenöss. Maler; danach ben.
2) e. Gruppe it. Maler, d. nach d. Pittura metafisica e. neoklassizist. Realismus anstrebten im Sinn d. Raumgeometrie d. florentin. Frührenaiss.; Vertr. Carrà, de Chirico, Casorati, Severini, Morandi.

Valorisation [l.], staatl. Maßnahmen, die einer Ware einen best. Preisstand sichern sollen (Aufkauf und Einlagerung, Produktionseinschränkung, auch Vernichtung).

Valparaíso [bal-], Hptst. der Region Aconcagua u. Hpteinfuhrhafen von Chile, am Pazifik, 279 000 E; Bischofssitz; TH; Maschinen- u. Schiffbau.

Valpolicella [-'tʃela], it. trockener Rotwein a. d. Gegend v. Verona.

Valuta, *w.* [it. „Wert"],
1) Gegenwert; *V. kompensiert:* Leistung erfolgt am gleichen Tag, an dem die Gegenleistung zur Verfügung steht (im Devisenhandel).
2) Tag, von dem an eine Summe zur Verzinsung gelangt oder an dem eine Zahlungsfrist zu laufen beginnt, z. B. *val (p.), Valuta (per)* 1. Okt.
3) svw. → *Währung.*

Valutakredit, wird in ausländ. Währung eingeräumt.

Vamp, *m.* [engl. væmp], durch (dämonisch-)erot. Wirkung männerverderbende Frau.

Vampyr, *m., Vampir,*
1) nach der Volkssage wiederkehrender Toter, der Schläfern Blut aussaugt; Blutsauger.
2) bluttrinkende Fledermaus Mittel- und S-Amerikas.

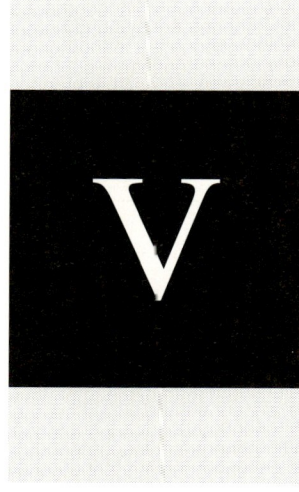

Karl-Valentin-Brunnen, *Viktualienmarkt*

Paul Valéry

Vampyr

Vanadium, *V,* chem. El., Oz. 23, At.-Gew. 50,9414, Dichte 6,09; weißes, sehr hartes Metall, natürlich im Vanadinit u. Rotbleierz vorkommend; *Ferro-V.* (Legierung mit Eisen) als Stahlzus.: **V.stahl.**
Van-Allen-Gürtel → Strahlungsgürtel.
Vanbrugh [væn'bru:], Sir John (Jan. 1664–26. 3. 1726), engl. Abenteurer, Bühnenautor u. Architekt fläm. Herkunft; glänzendster Vertr. d. engl. Barockbaukunst; *Blenheim Palace.*
Vance [væns], Cyrus Roberto (* 27. 3. 1917), am. demokr. Pol.; war mehrfach Sonderunterhändler in Krisengebieten, 1977–80 Außenmin.
Vancouver [væn'ku:və],
1) Insel an der W.-Küste Kanadas, 32 284 km², Hauptort *Victoria.*
2) Hafenst. in d. kanad. Prov. Brit.-Co-

Vanille

lumbia, 431 000 E, Agglom. 1,6 Mill.; Uni.; Maschinen-, Stahl-, Textilind., Werften; Flughafen.
Vandalen, svw. → Wandalen.
Vanderbilt ['vændə-], Cornelius (27. 5. 1794–4. 1. 1877), am. Finanzmann; Bes. d. drei Hpteisenbahnen der USA; stiftete die V.-Uni. in Nashville.
Vane [vein], John R. (* 29. 3. 1927), engl. Biochem. u. Pharmakologe; (zus. m. S. K. → Bergström u. B. I. → Samuelsson) Nobelpr. 1982 (Prostaglandin-Forschung).
Vänersee, schwed. *Vänern,* See der Mittelschwed. Senke und größter See Skandinaviens, 5584 km², bis 100 m tief; Abfluß: *Götaälv.*
Vanguard [engl. 'vænga:d „Vorhut"], am. Satellitentyp, → Satellit.
Vaňhal ['vanjhal], Johann Baptist (12. 5. 1739–26. 8. 1813), tschech. Violinist u. Komponist; Sinfonien.
Vanille, *w.* [va'nilja], Kletterorchidee aus Mexiko, in vielen Tropenländern angepflanzt; aus d. Schotenfrüchten feines Gewürz u. Parfüm; d. aromatische Stoff der V.schoten, *Vanillin,* häufig künstlich hergestellt.
van 't Hoff → Hoff.
Vanuatu, früher *Neue Hebriden,* melanes. Inselstaat in Ozeanien; 80 gebirgige Vulkaninseln, davon 67 bewohnt, Hauptinsel Espíritu Santo; Ausfuhr von Kopra, Fleisch, Fisch, Holz, Kakao, Kaffee; Tourismus; ab 1906 frz. u. brit. Kondominium; s. 1977 interne Autonomie; s. 1980 unabh. Staat; Verf. v. 1980: Einkammerparlament; Verw.: 2 Regionen, 13 Distrikte.

VANUATU	
Staatsname:	Republik Vanuatu, Ripablik blong Vanuatu, Republic of Vanuatu, République de Vanuatu
Staatsform:	Parlamentarische Republik
Mitgliedschaft:	UNO, AKP, Commonwealth, Südpazifik-Forum
Staatsoberhaupt:	Jean-Marie Léyé
Regierungschef:	Serge Vohor
Hauptstadt:	Vila 19 400 Einwohner (auf Efate)
Fläche:	12 189 km²
Einwohner:	165 000
Bevölkerungsdichte:	13 je km²
Bevölkerungswachstum pro Jahr:	⌀ 2,6% (1990–1995)
Amtssprache:	Bislama, Englisch, Französisch
Religion:	Presbyterianer (37%), Anglikaner (15%), Katholiken (15%), Naturreligionen
Währung:	Vatu (VT)
Bruttosozialprodukt (1994):	189 Mill. US-$ insges., 1150 US-$ je Einw.
Nationalitätskennzeichen:	VU
Zeitzone:	MEZ + 10 Std.
Karte:	→ Australien und Ozeanien

Var [va:r],
1) südfrz. Fluß, aus den Seealpen, westl. Nizza ins Mittelmeer, 120 km l.
2) südfrz. Dép., 5973 km², 766 000 E; Hptst. *Toulon.*
VAR, Abk. f. → **V**ereinigte **A**rabische **R**epublik.
Varangerfjord [-fju:r], tiefste Meeresbucht an der NO-Küste Norwegens, 118 km l., bis 54 km breit, eisfrei.
Varel (D-26316), St. i. Kr. Friesland, am

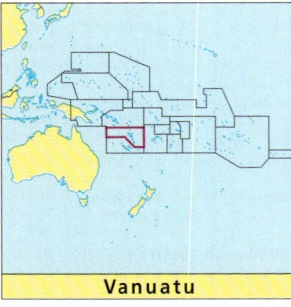

Vanuatu

Jadebusen, Nds., 24 300 E; AG; zu V. gehörig d. Nordseebad *Dangast.*
Varese, Hptst. der it. Prov. V., in der Lombardei, 88 000 E; nahe dem **V.see** (15,9 km², 238 müM); Seidenind., Fahrzeug- u. Flugzeugind.
Varèse [va'rɛ:z], Edgar (22. 12. 1884 od. 24. 12. 85–6. 11. 1965), am. Komp. frz.-it. Herkunft; Erweiterung d. Klangfarbenspektrums d. Einbeziehung v. (elektronischen) Geräuschen; *Ionisation.*
Varga ['vɔrgɔ], Tibor (* 4. 7. 1921), ungar. Geiger.
Vargas Llosa ['barg`az 'josa], Mario (* 28. 3. 1936), peruan. Schriftsteller, 1996 Friedenspreis d. Dt. Buchhandels. Romane: *D. Stadt u. d. Hunde; Das grüne Haus; Die andere Seite des Lebens.*
Vari, gr. Halbaffe Madagaskars.
Varia [l. „Verschiedenes"], Vermischtes, Allerlei.
variabel [l.], veränderlich.
Variabilität w. Rasse, Übers.
Variable w. Veränderliche.
variable Kosten → Kosten.
variable Notierung, fortlaufende N., → Kassakurs.
Variante, w. [l.], andere Les-, Spielart.
Varianz, w. [l.], *math.* statist. Maß für die Abweichung einer zufälligen Größe (z. B. Augenzahl beim Würfeln) vom Mittelwert.
Variation [l.], Veränderung; Abweichung eines Organismus in einzelnen Merkmalen von Normaltypus der Art.
Variationen, *mus.* Veränderungen einer Melodie, auch als eigene Musikform, Thema mit V. (z. B. Goldberg-V. von J. S. Bach).

Giorgio Vasari, *Martyrium des hl. Stephanus*

Variationsrechnung, math. Aufgaben der höheren Analysis, eine Funktion so zu bestimmen, daß ein von dieser abhängiges Integral ein → Maximum od. → Minimum wird.
Varieté, *s.* [frz.], Theater f. artist. Darbietungen (Akrobatik, Musik u. Tanz).
variieren, verändern, verschieden sein, wechseln.
Varikozele, Erweiterung der Hodenvenen.
Variola, w. [l.], svw. → Pocken.
Variometer, *s.,* Gerät zur Messung kleiner Luftdruckschwankungen; zeigt Steig- od. Sinkgeschwindigkeit e. Flugzeuges in m/s od. ft/min an.
Variszische Gebirgsbildung, im Erdaltertum, → geologische Formationen, Übers.; alte Rumpfgebirge W- u. Mitteleuropas, Kern der Mittelgebirge in Dtld u. Frkr; Ural, Appalachen.
Varityper, *m.* [engl. 'veritaipə], Setzmaschine mit Auswechselvorrichtung für 500 versch. Schriftgrade u. -größen; liefert automat. volle Zeilen, die, fotografiert, als Klischees dienen.
Varizellen → Windpocken.
Varizen [l.], svw. → Krampfadern.
Värmland, schwed. Län nördl. des Vänersees, 17 583 km², 284 000 E; Cellulose-, Papier-, chem., Holzind., Eisenerzbergbau; Hptst. *Karlstad.*
Varna, *Warna,* 1949–56 *Stalin,* bulgar. Gebietshptst. u. Hafenst. an d. Schwarzmeerküste, 306 000 E; Seebad.
Varnhagen v. Ense,
1) Karl (21. 2. 1785–10. 10. 1858), dt. Schriftst. u. preuß. Diplomat; *Tagebücher;* s. Frau
2) Rahel, geb. *Levin* (26. 5. 1771–7. 3. 1833), dt. Schriftst.in, pflegte schöngeist. Berliner Salon; *Briefwechsel.*
Varro, (116–27 v. Chr.), bed. röm. Grammatiker u. Enzyklopädist; *De lingua Latina.*
Varus, P. Quinctilius röm. Statthalter i. Germanien, 9 n. Chr. von → Arminius geschlagen.
Vas [vɔʃ], ungar. Komitat, → Eisenburg.
VAS, Abk. f. **V**isible Infrared Spin-Scan Radiometer **A**tmospheric **S**ounder, in geostationären am. Wettersatelliten eingesetzt; sondiert d. Erdatmosphäre vertikal, untersucht u. a. die Wasserdampf- u. Kohlendioxidabsorption.
Vasall [l.], Lehnsmann (→ Lehen).
Vasarély, Victor de (9. 4. 1908–15. 3. 1997), frz. Maler ungar. Herkunft, → Op Art.
Vasari, Giorgio (30. 7. 1511–27. 6. 74), it. Baumeister u. Maler d. Manierismus; schrieb erste Künstlerbiographien.
Vasco da Gama → Gama.
Vasektomie, *med.* operative Entfernung eines Samenleiterstückes zur → Sterilisation.
Vaseline, w., Erdöldestillationsrückstand; Verwendung in Medizin u. Kosmetik sowie als Schmiermittel.
Vasen [l. „vas = Gefäß"], antike griech., etrur., röm. Tongefäße, meist bemalt u. glasiert, schon s. 3. Jtd (Troja); als Vorratsbehälter (der griech. *Pithos*), z. Wasserholen (*Hydria* m. einem Griff, auf d. Haupt zu tragen), als Weinbehälter m. zwei senkrechten Henkeln (*Amphora*), m. zwei waagerechten Henkeln (*Stamnos*), als langhalsiges Salbölgefäß (*Lekythos*), als Mischkrug (*Krater*); im 6. Jh. v. Chr. Bemalung m. schwarzen,

Vasodilatation | 1025 | **Vecchi**

bis 4. Jh. v. Chr. m. roten Figuren; Druckfarbenmalerei auf schwarzem Hintergrund (Italien).
Vasodilatation [l.], Blutgefäßerweiterung.
Vasokonstriktion, Blutgefäßverengung.
Vasomotoren, die das Blutgefäßsystem erweiternden oder verengenden Gefäßnerven; gehören zum autonomen → Nervensystem.
Vasopressin, s., Adiuretin, vom Hinterlappen der → Hypophyse erzeugtes antidiuretisches, blutdrucksteigerndes Hormon.
Västerås [-'o:s], St. in Mittelschweden, 118 000 E; Maschinen- u. Flugzeugind.
Västerbotten, schwed. waldreiches Län am Bottn. Meerbusen, 55 401 km², 254 000 E; Hptst. Umeå.
Västernorrland, Län i. N-Schweden am Bottn. Meerbusen, 21 678 km², 261 000 E; Hptst. Härnösand.
Västmanland, schwed. Län in Mittelschweden am Mälarsee, 6302 km², 259 000 E; Hptst. Västerås.
Vatermörder, hoher Männerhalskragen mit steif hochgebogenen Ecken (Biedermeierzeit).
Vaterrecht, Patriarchat, Erbfolge von Vater auf Sohn, daher starker soz. Einfluß des Mannes; bildete sich bei Jägervölkern aller Erdteile, bes. bei Nomaden, heraus u. wurde in allen Hochkulturen herrschend; Ggs.: → Mutterrecht.
Vaterschaft, Rechtsbeziehung d. Erzeugers zu seinen ehel., nichtehel. od. adoptierten Kindern; auf Feststellung d. V. (aus Blutgruppen, Schwangerschaftsdauer, biol. Ähnlichkeit) kann geklagt werden.
Vaterunser, Paternoster, das von Jesus im N.T. gelehrte Gebet der christlichen Kirchen; s. 1968 auch in ökumen. Fassung, s. 1970 auch als Kirchenlied.
Vatikan, m., Residenz d. Papstes in Rom (seit 1378); Sixtin. Kapelle, Stanzen, Gemäldegalerie, Bibliothek; Belvedere.
Vatikanische Konzile, das I. Vatikan. Konzil 1869/70, Verkündung des Dogmas von der Unfehlbarkeit d. Papstes; das II. Vatikan. Konzil, einberufen von → Johannes XXIII., tagte v. 1962–65; wichtigste Ergebnisse: Klärung des Verhältnisses zw. Papst u. Bischöfen, Gründung einer → Bischofssynode; Neugestaltung des Verhältnisses der kath. Kirche zu den übrigen christl. Kirchen, den Juden und den and. Religionen; Stellungnahme der kath. Kirche zu sozialpol. Fragen der Gegenwart; Erneuerung der Liturgie (zunehmende Verwendung d. Landessprachen anstelle des Lateinischen).
Vatikanstadt, Stadtstaat im NW Roms; absolute Wahlmonarchie; durch Lateranvertrag m. Italien vom 11. 2. 1929 konstituiert; Vatikanpalast, → Peterskirche; Post- u. Münzhoheit, Bahnhof, Radio Vatikan; Geschichte → Kirchenstaat.

VATIKANSTADT	
Staatsname:	Staat der Vatikanstadt, Stato della Città del Vaticano
Staatsform:	Souveräner Staat (Wahlmonarchie)
Mitgliedschaft:	OSZE
Staatsoberhaupt:	Papst Johannes Paul II.
Regierungschef:	Kardinalstaatssekretär Angelo Sodano
Fläche:	0,44 km²
Einwohner:	1000
Amtssprache:	Latein, Italienisch
Währung:	Vatik. Lira
Nationalitätskennzeichen:	V
Zeitzone:	MEZ
Karte:	→ Europa

Vättersee, schwed. Vättern, zweitgrößter See Schwedens, 1899 km², bis 119 m tief; Abfluß der Motalaström, Götakanal zum Kattegat.
Vauban [vo'bã], Sébastien (11. 5. 1633 bis 30. 3. 1707), frz. Festungsbaumeister (Straßburg, Metz).
Vaucluse [vo'kly:z], frz. Dép. i. S-Frankreich, 3567 km², 468 000 E; Hptst. Avignon.
Vaudeville, s. [vod'vil], kl. Theaterstück m. heiteren Liedeinlagen, burleskes Singspiel.
Vaughan Williams [′vɔ:n ′wıljəmz], Ralph (12. 10. 1872–26. 8. 1958), engl. Komp.; Sinfonien, Musikdramen, Tubakonzert.
v. Chr., Abk. f. vor Christi Geburt.
VDE, Abk. f. Verband dt. Elektrotechniker.
VdgB, Abk. f. Vereinigung der gegenseitigen Bauernhilfe, Genossenschaft in der ehem. DDR.
VDI, Abk. f. Verein Deutscher Ingenieure, techn.-wiss. Organisation, gegr. 1856.
VDQS, frz. Abk. f. Vin Délimité de Qualité Supérieure (Begrenzter Wein gehobener Qualität), zweithöchste Stufe f. d. Weine in Frkr. unterhalb der → AOC-Weine.
VdRBw, Abk. f. → Verband der Reservisten der Deutschen Bundeswehr e. V.
VDS, Abk. f. Verband Dt. Studentenschaft(en).
VDSV, Abk. f. → Verband Deutscher Sportfischer e. V.
VDW, Vereinigung Deutscher Wissenschaftler, konzipiert 1957 von Göttinger Hochschullehrern, s. 1959 als e. V.
VEB, Abk. f. Volkseigener Betrieb, i. d. DDR Bez. f. Staatsbetrieb.
VEBA, Abk. f. Vereinigte Elektrizitäts- u. Bergwerks-AG; ehem. staatl., 1965 privatisiert; → Volksaktien; s. 1975 n. Übernahme der Gelsenberg AG größtes westdt. Unternehmen.
Vecchi [′vɛkki], Orazio (6. 12. 1550 bis

Krater, attisch, 4. Jh. v. Chr.

Etruskische Amphore, 8./7. Jh. v. Chr.

Vatikanstadt

Amphore im geometrischen Stil

Kanne, 6./5. Jh. v. Chr.

Lekythos

19. 2. 1605), it. Komponist; Madrigale; Motetten.
Vechta (D-49377), Krst. i. Rgbz. Weser-Ems, Nds., 24 500 E; AG; Abt. V. d. Uni. Osnabrück; FHS f. Sozialwesen; Landes-Reit- u. Fahrschule Weser-Ems.
Veda, s. Weda.
Vedanta, das „Ende" des Veda, eines der 6 Systeme der ind. orthodoxen Philosophie.
Vedova, Emilio (* 9. 8. 1919), it. abstrakter Maler.
Vedute, w. [it.], Ansicht e. Stadt od. Landschaft in sachgetreuer u. topograph. genauer Wiedergabe (Gemälde, Graphik); zuerst in d. ndl. Kunst s. dem 17. Jh.; Blüte im 18. Jh. in Venedig *(Carlevarijs; Canaletto u. Bellotto; Mariechi; Guardi),* damals auch Verbesserung d. perspektiv. Exaktheit durch Benutzung der Camera obscura m. Sammellinse; Sonderform *Capriccio* [-fo], it. „Laune"]: bildkünstler. Komposition aus präzise dargestellten, aber räuml. eigtl. getrennten (bzw. erfundenen) Bauwerken.
Vega Carpio [ˈbeɡ`a], Lope Félix de (25. 11. 1562–27. 8. 1635), span. Dichter; schrieb über 1500 Stücke, spielerische Degen-u.-Mantel-Stücke; rel. Autos sacramentales; *Der Richter von Zalamea; Die Jüdin von Toledo.*
Vegesack, Siegfried v. (20. 3. 1888 bis 26. 1. 1974), dt. Schriftst.; Romanreihe: *Baltische Tragödie;* südam. Erzählungen; Kinderbücher.
Vegesack, Stadtteil u. Fischereihafen von Bremen.
Vegetabilien [l.], pflanzl. Nahrungsmittel.
Vegetarier, Menschen, die nur von *vegetarischer*, d. h. pflanzl. Kost leben.
Vegetation, Pflanzenwelt eines Gebiets.
vegetativ, auf Menschen, Tieren u. Pflanzen gemeinsame, dem Willen nicht unterworfene Urlebensfunktionen bezogen: Atmung, Verdauung, Kreislauf usw.; auch → Nervensystem.
vegetative Dystonie → Dystonie.
vegetieren, kümmerlich dahinleben.
vehement [l.], heftig, ungestüm.
Vehikel, s. [l.], Gefährt (meist abwertend).
Veidt, Conrad (22. 1. 1893–3. 4. 1943), dt. Filmschausp.; *Das Kabinett d. Dr. Caligari; D. Student von Prag.*
Veilchen, Kräuter und Stauden mit gespornten Blüten (z. B. das *März-V.* mit wohlriechenden blauvioletten Blüten); auch die *Stiefmütterchen,* nicht dagegen die → Alpenveilchen.
V 1 → Schmidt-Rohr.
Veit, *Vitus*, kath. Hlg., einer der 14 → Nothelfer; Reliquien im St.-Veits-Dom in Prag (Tag: 15. 6.).
Veitshöchheim (D-97209), Weinbau-Gem. i. Kr. Würzburg, Unterfranken, am Main, 8976 E; Schloß mit schönstem Rokokogarten Europas; Landesanstalt f. Wein-, Obst-, Gartenbau.
Veitstanz, nach St. → Veit als Schutzhelfer dagegen, *Chorea,* versch. Nervenkrankheiten mit Zucken und Schleudern des Körpers; *Chorea minor,* bes. bei Kindern, gutartiger Verlauf; *Chorea Huntington,* erblich, macht sich erst im 4. Lebensjahrzehnt bemerkbar, unheilbar.
Vektor, *m.* [l.],
1) math. Größe, durch Maßzahl u. Richtung definiert, darstellbar als gerichtete Strecke; bes. für symbol. Darstellung phys. Größen, die eine best. Richtung u. einen best. Betrag haben (z. B. in der Elektrotechnik *Kraft-V., Strom-V.* oder Geschwindigkeit, Beschleunigung); die *Vektoraddition* erfolgt nach dem *Parallelogramm der Kräfte; Vektorsumme,* das Ergebnis der Addition mehrerer Vektoren ist analog der Resultierenden im Kräfteparallelogramm.
2) Vehikel für Gentransfer (Übers. → Gentechnik).
Vektorrechner, → Parallelrechner, d. für verschiedene aufeinanderfolgende Stadien d. Befehlsausführung einzelne Spezialprozessoren bereitstellt.
Velázquez [beˈlaθkeθ], Diego, eigtl. *Rodríguez de Silva y V.* (6. 6. 1599–6. 8. 1660), span. Barockmaler; *Venus mit dem Spiegel; Übergabe v. Breda;* Porträts: *Las Meninas;* Reiterbildnisse.

Diego Velázquez, *Übergabe von Breda*

Velbert (D-42549–55), Ind.St. i. Kr. Mettmann, NRW, 89 700 E (durch Zus.schluß v. *V., Neviges* u. *Langenberg);* AG; Schloß- u. Beschläge-Ind., Gießereien; Dt. Schloß- u. Beschlägemus., Wallfahrtskirche.
Velde,
1) Henry van de (2. 4. 1863–25. 10. 1957), belg. Maler i. Stil d. Neoimpressionismus, Kunstgewerbler d. Jugendstils u. Architekt (später im Stil d. Schule v. Amsterdam); Gründer d. Kunstgewerbeschule in Weimar u. Mitbegr. d. Dt. Werkbundes; Innenausstatt. des Folkwang-Mus- in Hagen; Kröller-Müller-Mus. in Otterloo.
2) Theodor Hendrik (12. 2. 1873–27. 4. 1937), ndl. Gynäkologe u. Sexualforscher; *Die vollkommene Ehe.*
Velde, van de, ndl. Malerfamilie des Barock; bes. Landschaften; u. a.:
1) Adriaen (30. 11. 1636–21. 1. 72),
2) Esaias (1590 od. 91–18. 11. 1630);
3) Willem, *d. J.* (1633–6. 4.1707), Marinemaler.
Velden am Wörther See (A-9220), Luftkurort in Kärnten, Alpenseebad, 450 müM, 7970 E.
Velebit, Karstgebirgszug an d. adriat. Küste Kroatiens, bis 1758 m.
Velin, *s.* [frz. veˈlɛ:], feines, pergamentart. Papier.
Velours, *m.* [frz. vəˈluːr „Samt"], gerauhter Baumwollstoff; Teppichart.
Velsen, ndl. St. an der Mündung des Nordseekanals, 58 000 E; Stahlind.
Velten (D-16727), St. i. Kr. Oranienburg, Bbg, 10 455 E; Kachelofen-, Keramikind.; Ofenmuseum.
Veltlin, it. *Valtellina,* it. Alpental d. oberen Adda bis zum Comer See; bed. Weinbau.
Velum, *s.* [l.], i. d. kath. Kirche: Seidentuch z. Verhüllen v. *Ciborium* u. Kelch; auch v. Priester beim Erteilen des Segens getragenes Schultertuch.
Velvet, *m. od. s.* [engl. ˈvɛlvɪt], verschiedene Arten Baumwollsamt.
Venda ehem. Bantu-Homeland f. d. Vhavenda in Südafrika, 7410 km², 550 000 E; Sprache: ciVenda, Engl., Afrikaans; Hptst.: *Thohoyando* (10 200 E); Karte Afrika; landw. Produkte; 1979 nominell unabhängig; 1994 m. Ende der Apartheitpol. wieder eingegliedert.
Vendée [vãˈdeː], frz. Landschaft u. Dép. am Atlantik südl. d. Loiremündung, 6720 km², 509 000 E; Hptst. La-Roche-sur-Yon (45 000 E). – 1793–96 Aufstand gg. die Pariser Revolutionsregierung.
Vendetta, *w.* [it.], Rache; bes. → Blutrache.
Venecianov [-netʃ-], Aleksej Gawrilowitsch (1779–5. 12. 1847), russ. Maler u. Zeichner, Bildnisse, realist. Darstellungen aus d. bäuerl. Leben; Karikaturen.
Venedig, it. *Venezia,* Hptst. der oberit. Prov. V., auf 117 Inseln in den Lagunen der Adria, Eisenbahndamm u. Straßenbrücke (3,6 km l.) zum Festland, 318 000 E; 177 Kanäle (größter d. *Canal Grande),* ca. 400 Brücken (wichtigste die *Rialto*brücke, 16. Jh.); zahlr. Kirchen, u. a. San Marco (829 beg., 11. u. 13. Jh.), Markusplatz u. Piazzetta; Dogenpalast (14./15. Jh.) u. viele andere Paläste; Reiterstandbild → Colleoni; Erzbischofssitz; Akad. d. schönen Künste, Handels-HS; Hafen; Flughafen, 2 Observatorien; Fremdenverkehr; Seebad *Lido.* – 452 n. Chr. gegr. als Zuflucht vor den Hunnen; im 11. Jh. venezian. Dogen; 1381 Vorherrschaft im Mittelmeerraum (Orienthandel); Machtminderung durch Vordringen der Türken (15. bis 17. Jh. venezian.-türk. Kriege); Erschließung d. neuen Handelslinien nach Indien; 1814 an Östr., 1866 zu Italien.
Venediger, svw. → Großvenediger.
Venen [l.], Blut-→ Adern (→ Tafel Mensch).
Veneninsuffizienz, Schwäche des Blutrückstroms aus den Beinen, v. a. bei tiefen Krampfadern und d. Gefahr von → Thrombophlebitis.
Venera [russ. vɪnˈjera „Venus"], sowjetische → Raumsonden, → Weltraumforschung.
venerisch [l.], auf die Geschlechtsorgane bezogen.
venerische Krankheiten, svw. → Geschlechtskrankheiten.
Venerologie, Lehre v. d. Geschlechtskrankheiten.
Veneter, illyr. Stämme i. Altertum:
1) nördl. der Pomündung;
2) in der heutigen Bretagne;
3) am Bodensee (lat. *Lacus Venetus).*
Venetien, *Venezien,*
1) allg. Bez. für das nordostit. Gebiet östlich der Lombardei.
2) das eigtl. V., it. *Veneto,* Region an der Adria, 18 364 km², 4,45 Mill. E; Hptst. *Venedig.*
3) d. ehem. *Tridentin. V.,* it. *Venezia Tridentina,* die heutige Region Trentino-Südtirol.
4) *Julisches V.,* it. *Venezia Giulia,* durch Pariser Frieden 1947 größtenteils (mit

Venedig, *San Marco*

Kapitolinische Venus, *Rom*

Venus Landolina, *Syrakus*

Fiume, Pola) jugoslaw.; Görz blieb it.; Triest wurde zunächst freie Stadt, 1954 wieder it.

Venezianer Alpen, Teil der Südl. Kalkalpen v. Brenta bis Tagliamento; *Cima dei Preti* 2703 m.

Venezianische Schule, Komponistengruppe im 16. Jh. in Venedig; Hptvertr.: *Willaert, Gabrieli.*

Venezuẹla, B.staat im N S-Amerikas, mit Gebirgen im NW (*Kordillere von Mérida* 5002 m) und Küstengebirgen z. Karibischen Meer, dem Guayanahochland im SO, dazw. d. weiten Llanos d. Orinoco; Bev.: 69% Mestizen u. Mulatten, 20 % Weiße, 9 % Schwarze, Indianer. **a)** *Wirtsch.:* Die Grundlage der W. bilden die Bodenschätze, insbes. das Erdöl (1992: 120,8 Mill. t); Erdgas, Eisenerz, Gold, Diamanten, Mangan, Phosphat, Kohle, Tonerde, Bauxit; in d. Landw. Kaffee- (66000 t), Kakaoproduktion, Baumwoll-, Reis-, Mais-, Zuckerrohranbau u. Viehzucht von Bed.; Ind.: Erdölraffinerien, Eisen- u. Stahlind., chem. Ind., Textil- u. Nahrungsmittelind. **b)** *Außenhandel* (1991): Einfuhr 9,46 Mrd., Ausfuhr 15,73 Mrd. $. **c)** *Verkehr:* Eisenbahn 336 km. **d)** *Verf.* v. 1961 (1973 geändert): Präsidiale föderative Rep. m. Zweikammerparlament. **e)** *Verw.:* 1 Bundesdistrikt, 20 B.staaten, 2 B.territorien u. 72 kleinere Antillen-Inseln. **f)** *Gesch.:* 1498 v. Kolumbus entdeckt, span. Kolonie, im 16. Jh. v. Karl V. der Augsburger Familie Welser verpfändet; 1811 unabhängig unter General Páez; 1819–30 Teil von Großkolumbien; s. 1846 unruhige Entwicklung, 1908–35 Juan Vicente Gomez Diktator; 1947, 1953 u. 1958 neue Verfassungen; s. 1959 demokr. Regierung; 1961 neue Verf.; 1960–65 bewaffneter Guerillakampf linker Gruppierungen; 1976 Verstaatlichung d. Erdölind.; Wirtschaftsreformen führen s. 1989 zu Bevölkerungsunruhen; 1992 Militärputsch gescheitert; 1994 dirigistisches Wirtschaftsprogramm.

Vẹnia legẹndi [l.], die Erlaubnis, an der Hochschule zu lehren (,,lesen").

Veni, creator spiritus [l. ,,Komm, Schöpfer Geist!"], Anfang e. Pfingsthymnus (9. Jh.) auf d. Hl. Geist.

vẹni, vịdi, vịci [l.], ,,ich kam, sah, siegte" meldete Cäsar s. Sieg über Pharnakes, König v. Pontus (47 v. Chr.).

Venlo, St. in der ndl. Prov. Limburg, an d. Maas, nahe d. dt. Grenze, 64 000 E.

Venn, norddt. Bez. f. → Moor.

Ventil, *s.* [l.], mechan. od. von Hand gesteuerte, absperrbare Einlaß-, Auslaß- od. Durchtrittsvorrichtung f. Gase und Flüssigkeiten.

Ventilator, mechan. betriebene Vorrichtung (z. B. Schleudergebläse, Strahlpumpen) z. Absaugung von schlechter Luft od. von Gasen aus Bergwerken, Fabrik-, Büro-, Wohnräumen, zur Entstäubung, Entnebelung, Heizung und Kühlung.

ventilieren, lüften; etwas sorgfältig erwägen.

Ventimiglia [-'miʎʎa], Badeort an der it. Riviera, 26 000 E.; alter Bischofssitz.

ventral [l.], in der Bauchregion, bauchwärts.

Ventrikel, *m.* [l. ,,Höhlung"],
1) Magen.
2) rechte u. linke Kammer d. → Herzens.
3) Gehirnkammer.

Venturirohr, düsenförmig verengtes Rohr zur Messung d. Durchflußmengen v. Flüssigkeiten od. Gasen; auch z. Messen d. Fluggeschwindigk. benutzt.

Vẹnus,
1) urspr. italische Gartengöttin, später der griech. Liebesgöttin → *Aphrodite* gleichgesetzt.
2) zweiter der inneren Planeten, Zeichen: ♀, mittlerer Sonnenabstand 108 Mill. km; Äquatordurchmesser 12 100 km; Umlauf um die Sonne 224,7 Tage; erdnächster aller Planeten, Rotationsdauer 243,16 Tage, v. geschlossener Wolkenhülle umgeben, sehr hell, oft sogar bei Tage sichtbar; Phasen wie d. Mond; Druck d. V.atmosphäre fast 100 at, Hptbestandteil (90–95%) Kohlendioxid; Temperatur nach Messungen durch → Raumsonden ca. 475 °C; neue wiss. Erkenntnisse durch am. Raumsonden Pioneer (1978 Radarsondierung d. V.oberfläche) u. russ. Raumsonden Venera (1982 Farbbilder v. d. Oberfläche u. Analysen d. V.bodens); V. ist d. Morgen- u. Abendstern d. Alten.

Vẹnusberg,
1) *med.* Schamhügel, -berg, -gegend.
2) Name f. mehrere dt. Berge (z. B. für den *Hörselberg* in Thüringen), in denen die Tannhäusersage spielt.

Vẹnusdurchgang, Vorübergang der Venus vor der Sonnenscheibe (nächster im Jahr 2004).

Vẹnusfliegenfalle, insektenfressende Sumpfpflanze N-Amerikas; Blätter klappen bei Berührung zusammen.

Vẹnussonde, → Raumsonde.

Vẹnus vulgivaga [l. ,,die Umherschweifende"], Bez. für käufl. Liebe.

Vera [russ. ,,Zuversicht"], w. Vn.

Veracruz [beraˈkruθ],
1) O-Staat Mexikos am Golf v. Mexiko; gr. Erdölvorkommen an der Küste, im Innern der *Pic von Orizaba* (5700 m); 71 699 km², 6,8 Mill. E; Hptst. *Jalapa Enríquez* (288 000 E).
2) *V. Llave,* Hafenstadt des mexikanischen Staates *V.,* am Golf v. Mexiko, 328 000 E.

Veränderliche, *Variable,* math. Zeichen für ein beliebiges Element einer bestimmten Menge.

Veränderlicher, *astronom.* Stern, dessen Licht gewissen Schwankungen unterworfen ist; erster V. 1596 entdeckt, heute weit über 10 000 meist schwache Veränderliche bekannt.

Veranlagung, Verfahren, bei dem Steuerpflicht, Bemessungsgrundlage und Höhe der Steuer festgestellt werden.

Verantwortung, eth. Verpflichtung e. Menschen zum Tun od. Unterlassen, Reden od. Schweigen u. zum Einstehen für dessen Folgen. V. *für* etwas oder jemanden u. V. *vor* jemand.

verbal, auf das → Verbum bezogen; wörtlich, mündlich.

Verbalinjurie [-riə], eine Beleidigung durch Worte.

verballhornen, verschlechtern statt verbessern, nach dem Buchdrucker Johann *Bal(l)horn* (1531–1603), der in Lübeck eine neue, aber schlechtere Ausgabe des Stadtrechts druckte.

Verbalnote → Note.

Verband, ein durch d. Kriegsgliederung festgelegter, im allg. aus e. Waffengattung bestehender Truppenkörper in Stärke eines Bataillons o. Regiments; gemischter V. besteht aus versch. Waffengattungen.

Verband der Reservisten der Deutschen Bundeswehr e. V. (VdRBw), gegr. 1960, freiwill. Zusammenschluß von dzt. rd. 130 000 Mitgl., dient als Bindeglied zw. Bundeswehr u. Gesellschaft.

Verband deutscher Schriftsteller, *V. S.,* 1969 gegr., Sitz München, s. 1974

Venezuela

Venezuela

Venus mit typischer Wolkenstruktur
Pioneer-Aufnahme, 19. 2. 1979

als Fachgruppe in d. IG Druck u. Papier (jetzt IG Medien).

Verband Deutscher Sportfischer e. V., *VDSV,* Dachorg. d. Sportangler i. d. BR, hervorgegangen a. d. Dt. Anglerbund (gegr. 1900); Zus.schluß v. Landes- u. Bezirks-Angelverbänden; Mitgl. im → Deutschen Fischereiverband.

Verbenen, meist am. Stauden u. Sträucher, bei uns an Wegrändern das *Eisenkraut* m. blauen Blüten; *Garten-V.* m. buntfarbenen Blüten aus Amerika.

Verbindung, *chem.,* kleinste Einheit eines reinen Stoffes aus verschiedenen Atomen, → Moleküle. Die → Bruttoformel einer V. gibt die Zusammensetzung an (z. B. H_2O = Wasser); es gelten die Gesetze der konstanten und → multiplen Proportionen; Ggs.: → Elemente.

Verbiß, der v. Schalenwild durch Abbeißen von Trieben u. Blättern verursachte Schaden.

Verblendsteine, zur Außenverkleidung von Mauerwerk, meist hartgebrannt, gesintert (Klinker) oder auch bunt glasiert (Engoben).

Verbrauchskoagulopathie, Überaktivierung d. Gerinnungssystems bei verschiedenen Krankheiten; schließlich drohen Schock und lebensbedrohliche Blutungen.

Verbrauchssteuern, Aufwandssteuern auf Gegenstände des täglichen Verbrauchs, nicht *unmittelbar* auf d. Verbraucher, sondern auf d. Erzeuger oder Verkäufer erhoben, der aber mittels Preissetzung die Steuerschuld wirtschaftlich auf den Verbraucher überwälzt.

Verbrechen, im Sinne des StGB eine Straftat, die im Mindestmaß m. Freiheitsstrafe von einem Jahr od. darüber bedroht ist (z. B. Mord, Totschlag, schwerer Raub u. Erpressung); § 12 StGB.

Verbrechen gegen die Menschlichkeit, → Kriegsverbrechen.

Verbrennung.
1) Verbindung eines Stoffs mit Sauerstoff (Oxidation) unter Flammenbildung.
2) Gewebsschädigung durch Hitze oder Strahlung; *V. 1. Grades:* Rötung; *V. 2. Grades:* Blasenbildung; *V. 3. Grades:* Verschorfung; *V. 4. Grades:* Verkohlung (→ Erste Hilfe, Übersicht).
3) *techn.* V. von Brennstoffen (z. B. als Feuerung, → Dampfkessel, in → Verbrennungskraftmaschinen).

Verbrennungskraftmaschinen, Motoren, die durch Verbrennung v. mit Luft gemischten Gasen (Generator-, Leucht-, Hochofengas, Methan) Antrieb erzeugen: *Gasmotor;* Leichtöle: *Benzinmotor;* Schweröle: *Schwerölmotor;* Verbrennung erfolgt im Kolbenraum, *Zylinder,* mit el. Zündung: *Ottomotor,* bei Gasen u. bei Leichtölen (Vergaserkraftstoff), bei diesen nach vorausgegangener Zerstäubung im → Vergaser: *Vergasermotor* (bei Flugzeugen z. T. auch eingespritzt); mit Kompressionszündung → *Dieselmotor* bei Schweröl. Anordnung der Zylinder stehend od. liegend; Arbeitsweise → Viertaktmotor u. → Zweitaktmotor; auch d. → *Gasturbine* gehört dazu. *Kohlenstaubmotor* arbeitet wie Dieselmotor (→ Tafel Kraftfahrzeug).

Verbrennungswärme, die bei Ver-

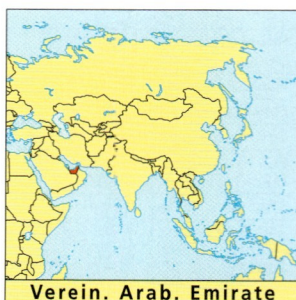

VEREINIGTE ARABISCHE EMIRATE	
Staatsname:	Vereinigte Arabische Emirate, Al-Imarat al-'Arabiya al-Muttahida, United Arab Emirates
Staatsform:	Föderation von sieben auton. Emiraten
Mitgliedschaft:	UNO, Arabische Liga, OAPEC, OPEC
Staatsoberhaupt:	Scheich Said bin Sultan al-Nahyan
Regierungschef:	Scheich Maktoum bin Raschid al-Maktoum
Hauptstadt:	Abu Dhabi 243 000 (Agglom. 798 000) Einwohner
Fläche:	83 600 km²
Einwohner:	1 861 000
Bevölkerungsdichte:	22 je km²
Bevölkerungswachstum pro Jahr:	⌀ 2,1% (1990–1995)
Amtssprache:	Arabisch
Religion:	Muslime (95%), Christen (4%)
Währung:	Dirham (DH)
Bruttosozialprodukt (1993):	38 720 Mill. US-$ insges., 21 420 US-$ je Einw.
Nationalitätskennzeichen:	UAE
Zeitzone:	MEZ + 3 Std.
Karte:	→ Asien

Ver. Arabische Emirate

brennung e. Stoffes entstehende Wärmemenge in Joule je Gramm.

Verb|um, s. [l.], Zeitwort, abwandlungsfähiger Redeteil, der aussagt, was das → Subjekt tut (Aktiv|um) od. erleidet (Passiv|um); → transitiv u. als solches → reflexiv od. → intransitiv; die dt. Verben sind stark (Ablaut in Vergangenheitsform: er *sang*) oder schwach (Imperfekt auf *-te*).

Verbundmaschine,
1) Dampfmaschine, bei der der Dampf stufenweise in mehreren Zylindern nacheinander expandiert wird (B. im Hochdruck-, Mitteldruck-, Niederdruckzylinder); auch Bez. für Mehrstufenkolben- → Kompressor.
2) Gleichstrommaschine mit Nebenschlußerregung und einer zusätzlichen Hauptstromwicklung, svw. *Compoundmaschine.*

Verbundwerkstoffe, *Kompositwerkstoffe,* Kombination mehrerer Ausgangsmaterialien (Kunststoffe, Metalle, Textilien etc.) durch Legieren od. Beschichten z. Erzielung best. Eigenschaften d. Endprodukts.

Verbundwirtschaft, technische u. organisatorische Zusammenarbeit mehrerer Unternehmen zur Steigerung der Wirtschaftlichkeit (Konzern).

Vercelli [-'tʃɛlli], Hptst. d. it. Prov. V., an der Sesia, 50 000 E; Erzbischofssitz; Reisanbau u. -handel.

verchromen, Überziehen von Metall mit Chrom.

Vercingetorix, (*um 82), Herzog der → Gallier i. Krieg gegen → Cäsar; in Rom 46 v. Chr. enthauptet.

Vercors [vɛrˈkɔːr], eigtl. *Jean Bruller*

Giuseppe Verd

Verbenen

(26. 2. 1902–12. 6. 91), frz. Schriftst.; einer d. geist. Führer d. frz. Widerstandsbewegung; *Das Schweigen des Meeres.*

Verdampfung, Übergang eines Stoffes v. flüssigen in den gasförmigen Zustand.

Verdampfungswärme, Wärmemenge in Joule, die 1 g eines Stoffes ohne Temperatursteigerung vom flüssigen in den gasförmigen Zustand überführt.

Verdandi, eine der drei → Nornen.

Verdauung, chem. Umwandlung d. Nahrungsstoffe in einfachere, lösliche, resorptionsfähige Verbindungen durch die Verdauungsfermente im Magen-Darm-Kanal u. Ausscheidung d. unverdauten Reste als Kot sowie Resorption d. verdauten Nahrung.

Verden (Aller) (D-27283), Krst. i. Rgbz. Lüneburg, Nds., 24 810 E; AG; LG, IHK; Dom (10.–15. Jh.); Pferdemus., Pferdezucht; Mus. m. Altsteinzeitfunden.

Verdi, Giuseppe (10. 10. 1813–27. 1. 1901), it. Opernkomp.; Unterordnung des Wortes unter d. Musik (Ggs. z. Musikdrama Wagners); Opern: *Rigoletto; D. Troubadour; La Traviata; D. sizilianische Vesper; Simone Boccanegra; Ein Maskenball; D. Macht des Schicksals; Don Carlos; Macbeth; Aida; Othello; Falstaff;* Requiem.

Verdicchio [-'dikkio], it. Weißweinrebe, die v. a. in Marken angebaut wird u. duftige Weine m. leicht bitterem Geschmack liefert.

Verdichtungsverhältnis, bei Ottood. Dieselmotoren das Verhältnis von Hubraumvolumen (V_H) plus Verbrennungsraumvolumen (V_C) zum Verbrennungsraumvolumen (V_C), also ($V_H + V_C)/V_C$; bei Benzinkraftwagen etwa 5:1 bis 8:1, bei Rennmotoren 8:1 bis 12:1, bei Flugmotoren (normal) 5,5:1 bis 6,5:1.

Verdienstorden der BR → Orden.

Verdikt, w. [l.], Wahrspruch, Urteil d. Geschworenen.

Verdingung, Vergabe von Aufträgen d. öffentlichen Hand, auch svw. → Submission.

Verdrängung,
1) in der psychoanalytischen Theorie unbewußte Unterdrückung eines Triebbedürfnisses; das nicht zu befriedigende Motiv wird unbewußt (Ggs.: Verzicht) Zeichen e. seel. Konflikts; V. kann zu → Neurose führen.
2) → Wasserverdrängung.

Verdun [vɛrˈdœ̃], frz. St. u. alte Festung (dt. Reichsst. bis 1552) i. Dép. *Meuse,* an der Maas; 24 000 E. – *Vertrag von V.,* 843 (Teilung des Fränkischen Reichs). Schwerste Kämpfe im 1. Weltkr. (Forts Douaumont, Vaux; Toter Mann).

Verdunkelungsgefahr, hinreichender Verdacht, daß ein Straftäter Spuren s. Tat od. Beweisstücke beseitigt od. Zeugen beeinflußt; berechtigt zur → Untersuchungshaft.

verdunsten, Übergang e. Stoffes vom flüssigen i. d. gasförm. Zustand unterhalb d. Siedetemperatur (z. B. Verdunsten v. Wasser in Wasserdampf b. normaler Lufttemperatur); Ursache der Wolkenbildung.

veredeln, bei *Metallen* durch metall. Zusätze zu Legierungen.

Veredlung, im *Gartenbau:* Verpflanzung einer Knospe (*Edelauge*) oder ei-

Veredlungsverkehr — **Vereinigte Staaten von Amerika**

VEREINIGTE STAATEN VON AMERIKA (USA)
Bundesstaaten und ihre Hauptstädte

nes Zweiges (*Edelreis*) auf eine andere, meist nahe verwandte Art (Wildling), die als Ernährungspflanze (Unterlage) dient: **a)** *Okulieren:* Einsetzen einer Knospe in Rindenschlitz des Wildlings; **b)** *Pfropfen:* Edelreis wird auf Spalt od. i. Seitenschlitz des Wildlings eingesetzt; *Umpfropfen,* Abschneiden d. Baumkronen älterer Bäume, Einsetzen v. 2–3 Edelreisern i. jeden Pfropfkopf; **c)** *Kopulieren:* m. genau aufeinander passender, schräger Schnittfläche werden Edelreis u. Wildling aufeinandergesetzt; **d)** *Ablaktieren:* Vereinigung der Schnittflächen zweier nebeneinander wachsender Pflanzen.

Veredlungsverkehr, Zollrecht, z. B. Einfuhr von Halbfabrikaten und Wiederausfuhr als Fertigfabrikate (aktiver V.); auch *passiver V.* möglich.

Vereidigung, Ablegen des Eides vor hierzu ermächtigter Stelle (Gericht), → Eidesmündigkeit.

Verein → Vereinsrecht.

Vereinigte Arabische Emirate, Föderation autonomer Emirate am Persischen Golf; 1971 gebildet aus den 7 Scheichtümern d. Piratenküste (frühere Bez. Vertragsstaaten, davor Befriedetes Oman; vorwiegend Wüste); *Abu Dhabi,* 73 548 km², 670 000 E; *Dubai,* 3750 km², 419 000 E; *Sharjah,* 2500 km², 269 000 E; *Ajman,* 250 km², 64 000 E; *Umm al Qaiwain,* 777 km², 29 000 E; *Ras al Khaimah,* 1625 km², 116 000 E; *Fujairah,* 1150 km², 54 000 E. **a)** *Wirtsch.:* Bed. Erdölförderung (1992: 112,6 Mill. t); Export v. Flüssiggas u. landw. Produkten; Ind.: Erdölraffinerien, Zement- und chem. Ind., Aluminiumumschmelze. **b)** *Außenhandel* (1991): Einfuhr 16,1 Mrd., Ausfuhr 24,3 Mrd. $. **c)** *prov. Verf.* v. 1971: Oberster Rat d. Herrscher, beratende Föderative Nat.vers. **d)** *Gesch.:* Ab 1853 unter brit. Schutzherrschaft; 1961 unabhängig.

Vereinigte Arabische Republik, VAR, 1958 aus → Ägypten u. → Syrien gebildeter Staat; 1961 aufgelöst, dann offizieller Name v. Ägypten; bildete 1958–61 zus. mit → Jemen *Vereinigte Arabische Staaten.*

Vereinigte Staaten von Amerika, Bundesstaat in Nordamerika, 50 Gliedstaaten u. 1 Bundesdistrikt (District of Columbia); Bev.: 80% Weiße, 12,1% Schwarze, 2,9% Asiaten, 0,8 % Indianer. **a)** *Geogr.:* Im O d. Mittelgebirgslandschaften d. Appalachen (2050 m), in der Mitte große Ebenen mit Mississippibecken (ausgedehnte Wälder, weite Prärien: Kornkammer d. USA), im W das Kordillerenhochland; kontinentales Klima (Florida u. Kalifornien subtropisch), im N starke Winterkälte, im S fast schneefreie Winter, am Mississippi u. im westl. Hochland trocken. **b)** *Ind. u. Bodenschätze:* Grundlagen d. Wirtsch. sind weite landw. Nutzflächen u. ein großer Reichtum an Bodenschätzen, der wesentlich zur Entwicklung des Landes zur führenden Industriemacht der Welt beigetragen hat; d. USA stehen u. a. an erster od. zweiter Stelle in d. Weltproduktion von Rohöl, Kupfer, Aluminium, Blei, Erdgas (1992: 515 Mrd. m³), Kfz, synthet. Kautschuk, Kunststoffen (14,9 Mill. t), Papier (79 Mill. t). **c)** *Landw.:* Hochmechanisiert, spezialisierter Großbetrieb ist vorherrschend; die wichtigsten Erzeugnisse sind Gemüse, Mais (1991: 189 Mill. t), Weizen (53,9 Mill. t), Baumwolle (9,9 Mill. t), Tabak u. Zitrusfrüchte; 26% der Ges.fläche sind Weideland; Viehbestand (1991): 98,9 Mill. Rinder, 54,4 Mill. Schweine, 11,2 Mill. Schafe. **d)** *Verkehr:* Handelsflotte: 18,21 Mill. BRT (1992); Eisenbahnen (in Privatbesitz): 278 245 km; Straßennetz: 6,24 Mill. km; Luftfahrt: 245 000 Flugzeuge. **e)** *Verf.* v. 1787 (mehrfach ergänzt): Präsidiale Rep.; Präs. ist Staatsoberhaupt u. Reg.chef (für 4 Jahre), ernennt seine Min. u. a. leitende Bundesbeamte (Ernennungen vom Senat zu genehmigen). Gesetzgebung durch Kongreß, 2 Kammern: Senat (100 Mitgl., je 2 auf 6 J. gewählte Vertreter jedes Staates) u. Repräsentantenhaus (435 Mitgl., allg. Volkswahl auf 2 Jahre); der Oberste Gerichtshof prüft Gesetze auf ihre Verfassungsmäßigkeit. **f)** *Verw.:* Jeder der 50 Gliedstaaten hat seine eigene Verfassung; an der Spitze Gouverneur, Volksvertretung; d. B.hptst. Washington bildet den Bundesdistrikt Columbia, abgekürzt D. C. **g)** *Außenbesitzungen:* Puerto Rico, Jungferninseln, Guam, Am.-Samoa, Panamakanalzone (s. 1982 d. Hoheitsgewalt von → Panama unterstellt). **h)** *Gesch.:* Ureinwohner Indianer; erste engl. Siedlung 1607 Jamestown (Virginia), 1608 Franzosen in Quebec (Kanada), 1614 Holländer in Neuniederland (New York); 1620 puritan. Pilgerväter i. Neuenglandstaaten; 1682 Quäkergründung Pennsylvania; 1664 geht der holländ., 1763 der frz. Besitz Kanada u. Louisiana östlich des Mississippi an England über; 1775 Unabhängigkeitskrieg gg. das engl. Mutterland (→ Washington), Unabhängigkeitserklärung am 4. 7. 1776; Frieden von Versailles 1783 bringt Anerkennung der Selbständigkeit der damals 13 Bundesstaaten; 1803 Gebiete westlich des Mississippi v. Frkr. gekauft; bis 1821 auf 26 Staaten angewachsen; Masseneinwanderung (darunter Deutsche m. etwa 25% vertreten); 1823 → Monroedoktrin; 1846–48 Gewinnung der pazif. Küste (Krieg gg. Mexiko). Wirtschaftliche Differenzen, bes. in der Sklavenfrage (→ Rassenfrage), führen z. → Sezessionskrieg 1861–65 zw. N- u. S-Staaten; Entstehung der beiden großen Parteien: *Republikaner* (bundestreu, zentralistisch) u. *Demokraten* (Hauptmacht in den Südstaaten); 1867 Erwerbung Alaskas v. Rußland; 1898 Krieg m. Spanien (Unterstützung Cubas), Erwerb der → Philippinen u. Hawaiis, Epoche wirtsch. Aufschwungs; Bau des Panamakanals; Kampf der Regierungen (Th. → Roosevelt, Taft) gg. die Trusts; 1913 Präsident → Wilson; Eingreifen in den 1. Weltkrieg (6. 4. 1917) brachte Entscheidung zugunsten der Entente; Januar 1918 Wilsons → Vierzehn Punkte. 1920 Einführung der Prohibition (1933 wieder aufgehoben) u. des Frauenwahlrechts; 1921 Sonderfriede mit Dtld, da Versailler Vertrag v. am. Senat nicht anerkannt; 1933 F. D. Roosevelt Präs. (1936, 1940, 1944 wiedergewählt), → New Deal zur Überwindung der Wirtschaftskrise, 1941 → Leih- und Pachtgesetz; im Dez. durch jap. Überfall auf d. US-Flotte in Pearl Harbor Kriegseintritt der USA, entscheidend f. Ausgang des 2. Weltkrieges; 1945 Roosevelts Tod, Entwicklung d. Atombombe, deren Einsatz 1945 die Kapitulation Japans herbeiführte. R.s Nachfolger → Truman (1948 wiedergewählt), USA maßgeblich beteiligt an Gründung der → Vereinten Nationen (Übers.); 1948 → ERP, → Fair Deal, Fortsetzung d. seit 1933 verstärkten Umgestaltung der hochkapitalist. Wirtschaftsformen, wachsender Einfluß des Staates auf die Wirtschaft; 1950–53 führend im Abwehrkampf der UN gg. den nordkorean. Angriff auf S-Korea; unter Präs. → Eisenhower (1953–60) Ausbau des Paktsystems u. des nuklearen Arsenals (Pol. der nuklearen Abschreckung); 1958 erster Erdsatellit der USA gestartet; 1959 Alaska 49., 1960 Hawaii 50. Bundesstaat; 1961 → Kennedy Präsident;

VEREINIGTE STAATEN VON AMERIKA (USA)

Staatsname: Vereinigte Staaten von Amerika, United States of America

Staatsform: Präsidiale Bundesrepublik

Mitgliedschaft: UNO, ANZUS, APEC, OSZE, NAFTA, NATO, OAS, OECD

Staatsoberhaupt und Regierungschef: Bill (William Jefferson) Clinton

Hauptstadt: Washington 606 900 (Agglom. 3,9 Mill.) Einwohner

Fläche: 9 372 614 km²

Einwohner: 260 631 000

Bevölkerungsdichte: 28 je km²

Bevölkerungswachstum pro Jahr: ⌀ 1,04% (1990–1995)

Amtssprache: Englisch (Amerikanisch)

Religion: Protestanten (52,7%), Katholiken (26,2%), sonst. Christen (7,6%), Muslime (1,9%)

Währung: US-Dollar (US-$)

Bruttosozialprodukt (1994): 6 737 367 Mill. US-$ insges., 25 860 US-$ je Einw.

Nationalitätskennzeichen: USA

Zeitzone: MEZ – 6 Std. (Washington, New York) bis – 9 Std. (Los Angeles)

Karte: → Vereinigte Staaten von Amerika

Ver. Staaten v. Amerika

Vereinigte Staaten von Amerika (USA)

Die Präsidenten der Vereinigten Staaten von Amerika

George Washington	Föderalist	1789–1797
John Adams	Föderalist	1797–1801
Thomas Jefferson	Demokrat	1801–1809
James Madison	Demokrat	1809–1817
James Monroe	Demokrat	1817–1825
John Quincy Adams	Demokrat	1825–1829
Andrew Jackson	Demokrat	1829–1837
Martin van Buren	Demokrat	1837–1841
William Henry Harrison	Whig	1841
John Tyler	Demokrat	1841–1845
James Polk	Demokrat	1845–1849
Zachary Taylor	Whig	1849–1850
Millard Fillmore	Whig	1850–1853
Franklin Pierce	Demokrat	1853–1857
James Buchanan	Demokrat	1857–1861
Abraham Lincoln	Republikaner	1861–1865
Andrew Johnson	Republikaner	1865–1869
Ulysses S. Grant	Republikaner	1869–1877
Rutherford Hayes	Republikaner	1877–1881
James Garfield	Republikaner	1881
Chester A. Arthur	Republikaner	1881–1885
Grover Cleveland	Demokrat	1885–1889
Benjamin Harrison	Republikaner	1889–1893
Grover Cleveland	Demokrat	1893–1897
William MacKinley	Republikaner	1897–1901
Theodore Roosevelt	Republikaner	1901–1909
William H. Taft	Republikaner	1909–1913
Woodrow Wilson	Demokrat	1913–1921
Warren G. Harding	Republikaner	1921–1923
Calvin Coolidge	Republikaner	1923–1929
Herbert Hoover	Republikaner	1929–1933
Franklin D. Roosevelt	Demokrat	1933–1945
Harry S. Truman	Demokrat	1945–1953
Dwight D. Eisenhower	Republikaner	1953–1961
John F. Kennedy	Demokrat	1961–1963
Lyndon B. Johnson	Demokrat	1963–1969
Richard M. Nixon	Republikaner	1969–1974
Gerald R. Ford	Republikaner	1974–1977
Jimmy (James E.) Carter	Demokrat	1977–1981
Ronald W. Reagan	Republikaner	1981–1989
George H. Bush	Republikaner	1989–1993
Bill Clinton	Demokrat	seit 1993

---

während seiner Regierungszeit intern. Krisen um Berlin, Laos, Cuba; Militär- u. Waffenhilfe an Südvietnam f. den Kampf gg. Vietkongguerillas; Kennedy am 22. 11. 1963 ermordet; sein Nachfolger → Johnson (1964 wiedergewählt); 1964 Bürgerrechtegesetz zur Beseitigung der Diskriminierung gg. Farbige; 1965–69 verstärkter mil. Einsatz in → Vietnam, s. 1968 Vorverhandlungen und Bombenstopp; 1969–74 → Nixon Präs. (trat wegen d. → *Watergate*-Affäre vorzeitig zurück); 1973 Waffenstillstandsabk. mit Nord- u. Südvietnam, 1975 vollständiger Rückzug aus Vietnam; 1974–76 → Ford Präs., 1977–81 → Carter Präs., 1977/78 Vermittlung im Nahostkonflikt; 1981–89 → Reagan Präs.; 1983 mil. Intervention auf Grenada; nach gr. wirtsch. Problemen zu Beginn d. 80er Jahre ab 1983/84 starker Aufschwung, aber riesiges Haushalts- u. Handelsdefizit; 1986 „Irangate-Affäre" (illegaler Waffenverkauf an Iran, m. Gewinnen daraus Unterstützung d. antisan-

dinist. Contras im Bürgerkrieg in → Nicaragua); ab 1986 pol. Verständigung m. UdSSR u. Entspannung trotz d. Festhaltens am → SDI-Projekt; 1989 → Bush Präs.; Ende 1989 pol. Intervention in → Panama; 1991 führende Rolle bei d. Befreiung v. → Kuwait im Krieg gegen → Irak; 1992 Rassenunruhen in Los Angeles; 1992/93 US-Militäreinsatz in Somalia (UN-Friedensmission); 1993 Abschluß des START-II-Abkommens (Verringerung der strateg. Atomwaffen) m. Rußland; s. 1993 → Clinton Präs.; 1993 das Nordamerik. Freihandelsabkommen NAFTA zw. d. USA, Mexiko u. Kanada; Kürzung der Staatsausgaben; 1994 Einführung des metrischen Systems; 1995 Vermittlung eines Friedensabkommens in Bosnien-Herzegowina; 1996 bei den Präs.wahlen Wiederwahl Clintons.

Vereinigte Staaten von Amerika, Kunst, zunächst nach eur. Vorbildern (Neugotik, Barock, Klassizismus); Moderne: Realismus (Spencer, Robinson), Expressionismus (Weber, Marin, Levine), abstrakte Kunst (Rebay, Bauer, Scarlett, Coale), Surrealismus (Ray, Calder), Baukunst (→ Wright). Die Einbürgerung vieler eur. Künstler (u. a. der Architekten Mendelsohn, Gropius, Mies van der Rohe, der Bildhauer Archipenko u. Lipchitz, der Maler Ozenfant, Moholy-Nagy, Albers, Bauer) brachte wesentliche Impulse, so daß s. d. 40er Jahren wichtige Kunstströmungen v. d. USA ausgehen.

Vereinigte Staaten von Amerika, Literatur, *19. Jahrhundert:* James F. Cooper *(Lederstrumpf),* Nathaniel Hawthorne, Washington Irving, Edgar Allan Poe, Mark Twain, Bret Harte, Henry W. Longfellow, Walt Whitman, Ralph Waldo Emerson, Henry David Thoreau, Herman Melville, Henry James. *20. Jh.:* Erzähler: F. Norris, J. London, Th. Dreiser *(Eine am. Tragödie),* U. Sinclair, F. S. Fitzgerald, J. Dos Passos, Sh. Anderson, S. Lewis, Th. Wolfe *(Schau heimwärts, Engel),* W. Faulkner *(Licht im August),* M. de la Roche *(Die Familie auf Jalna),* O. La Farge, M. Mitchell *(Vom Winde verweht),* P. S. Buck *(Die gute Erde),* E. Hemingway *(Wem die Stunde schlägt),* E. Caldwell, J. T. Farrell, J. Steinbeck *(Früchte des Zorns),* Henry Miller *(Sexus),* N. Mailer *(Die Nackten und die Toten),* J. Jones, C. McCullers, T. Capote; J. D. Salinger; Ph. Roth, S. Bellow, J. Barth, J. Heller, Th. Pynchon; Lyriker: C. Sandburg, W. C. Williams, E. Pound *(The Cantos),* R. L. Frost, E. E. Cummings, L. Hughes; Dramatiker: E. O'Neill, Th. Wilder (auch Romancier), T. Williams *(Endstation Sehnsucht),* W. Saroyan (auch Erzähler), Arthur Miller, E. Albee.

Vereinigtes Wirtschaftsgebiet, *VWG,* vom 1. 1. 1947 bis z. Aufgehen in d. BR 1949 gemeins. Wirtschaftsverw. der brit. u. US-Zone.

Vereinigungskirche, *C. A. R. P.,* antikommunist. Sekte d. selbsternannten Messias → *Mun* aus Korea, meist *Mun-Sekte* genannt.

Vereinsfreiheit, eines der → Menschenrechte.

Vereinsrecht, Gesamtheit d. Bestimmungen über Vereinsfreiheit (→ Menschenrechte) u. Vereinswesen; *privatrechtl.* (§§ 21 ff. BGB):
1) *rechtsfähige Vereine:* **a)** auf wirtsch. Zweck gerichtet: Handelsgesellschaften (Kapitalgesellschaften), Genossenschaften, Versicherungsvereine usw.; **b)** *ideelle Vereine* ohne wirtsch. Zwecksetzung (z. B. Gesangvereine), wenn in *Vereinsregister* d. Amtsgerichts eingetragen (Zusatz *e. V.* z. Vereinsnamen, Mindestmitgl.zahl 7); **c)** Vereine m. wirtsch. Geschäftsbetrieb, denen Rechtsfähigkeit durch *staatl. Verleihung* zuerkannt ist;
2) *nichtrechtsfähige Vereine:* alle übrigen. Der Verein muß selbstgewählte Satzungen haben; gerichtl. u. außergerichtl. Vertretung durch den Vorstand; *strafrechtl.* (§§ 129 f. StGB): Gründung v. Vereinigungen mit verfassungsfeindl. od. krimineller Zielsetzung strafbar m. Freiheitsstrafe (§ 129 StGB).

Vereinte Nationen s. Übers., S.1032.
Vereisung,
1) *med.* → Anästhesie.
2) Gefrieren unterkühlter Wassertröpfchen an Propeller-, Tragflächenvorderkanten u. Tragwerk v. Flugzeugen; Ver-

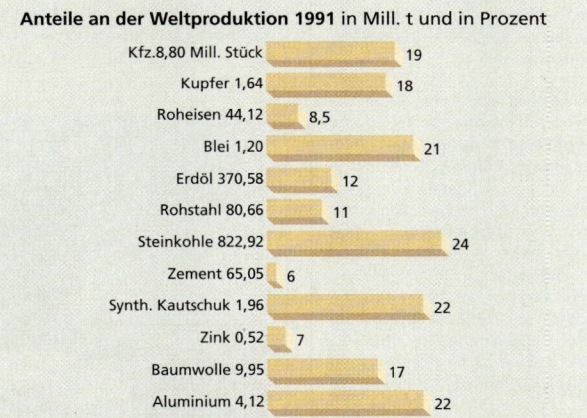

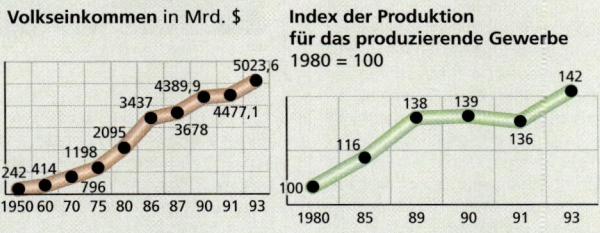

Gold- und Devisenbestand 1994
Gold: 261,7 Mill. troy oz (1 Troy ounce = 31,1 Gramm)
Devisen: 28233 Mill. SZR (Sonderziehungsrechte, 1 SZR am 31.12.1994 = 1,4599 US-$ bzw. 2,2610 DM)

hinderung durch chem. Mittel, aufblasbare Gummimembranen, Beheizung.
Verelendungstheorie, im 19. Jh. von Kritikern d. kapitalist. Formen d. Industriegs. entwickelte Lehre, wonach die Löhne d. Industriearbeiter unter deren Existenzminimum sinken.
Vererbung, Übertragung elterl. Eigenschaften bei Pflanze, Tier u. Mensch (→ Übers., S. 1033 u. 1034).

Verfallklausel, vertragsgemäße Vereinbarung des Verlusts v. Rechten bei Nichterfüllung von Verbindlichkeiten (z. B. Fälligwerden der Restschuld bei Abzahlungsgeschäften, wenn Käufer mit mindestens 2 aufeinanderfolgenden Raten im Verzug ist).
Verfassung, *Staatsverfassung,* rechtl. Grundlage für den Aufbau und die Gliederung des Staates, Festlegung einer konkreten staatsrechtl. und pol. Staatsform als Kennzeichnung des jeweiligen Verhältnisses von Staatsgewalt und Staatsvolk. V. als geschriebene V. (V.surkunde, Staatsgrundgesetz) oder durch Gewohnheitsrecht in geschichtl. Entwicklung herausgebildet. – V.en sind dem staatsrechtl. Zweck nach unterschiedlich (z. B. Bundes-V. od. V. von Einzelstaaten) u. behandeln z. T. nur institutionelle Fragen. Seit der Lehre Montesquieus herrscht d. Grundsatz der Gewaltenteilung in rechtsstaatlichen V.stypen vor; bes. Schutz genießen i. modernen V.en die Menschen-(Grund-)Rechte. – Erste V. in den USA; in Europa s. d. Frz. Revolution. Provisor. V. der BR: *Grundgesetz* (→ Verfassung, Übers., S. 1035). V. auch rechtliche Grundlage anderer Körperschaften: Satzung, Statut; aber → Kirchen-V.
Verfassungsgericht → Rechtspflege, Übers.
Verfassungsschutz, in der BR durch Gesetz v. 27. 9. 1950 eingeführt; Bund u. Länder unterhalten jeweils bes. Ämter für V., die zur Zus.arbeit u. z. Austausch v. Material verpflichtet sind. Bestrebungen, die eine Aufhebung, Änderung od. Störung d. verfassungsmäß. Ordnung i. Bund od. in e. Land od. eine unzulässl. Beeinträchtigung der Amtsführung v. Mitgliedern verfassungsmäßiger Organe zum Ziel haben, sollen gemeinschaftl. unterbunden werden; keine polizeil. Befugnisse der V.ämter.
Verflüssigung, bei Gasen bewirkt durch Abkühlung u. Druck, nur unterhalb d. → kritischen Temperatur möglich; bei Luft → flüssige Luft.
Verfolgungswahn, irrige Vorstellung, v. Widersachern od. Feinden verfolgt zu werden.
Verfremdung, Stilmittel in d. modernen Literatur, Theater u. Kunst: z. B. unterschwelliger psych. Schock-Effekt durch oft nur leichte Verrückung der Relation zw. dem Ich u. der Umwelt bzw. ausdrucksstarke Überraschung durch zeitwidriges Verlegen e. histor. Stoffs i. d. Gegenwart.
Verfügung, a) *bürgerl. Recht:* Rechtsgeschäft, durch das unmittelbar e. Recht übertragen, belastet, inhaltl. verändert od. aufgehoben wird; **b)** *Verw.recht:* behördl. Anordnung f. eine best. Angelegenheit.
Verführung, Verleitung eines noch nicht 16jähr. Mädchens z. Beischlaf; auf Antrag d. Eltern od. des Vormundes strafbar (§ 182 StGB).
Verga, Giovanni (31. 8. 1840–27. 1. 1922), it. Schriftst.; verist. Romane, sizilian. Erzählungen.
vergällen, svw. → denaturieren.
Vergaser, Zubehör zur Ausrüstung bei Zwei- u. Viertakt-Ottomotoren; dient der Aufbereitung fremdzündfähiger Benzin-Luft- oder Benzin-Benzol-Luft-Gemische. Kraftfahrzeugmotoren besitzen in

Vereinte Nationen

engl. **United Nations,** Abk. UN, auch UNO, 1945 als Nachfolgerin des gescheiterten → Völkerbundes gegründete intern. Organisation. Die Grundzüge ihrer Satzungen **(UN-Charta)** wurden 1944 in → Dumbarton Oaks von Großbritannien, USA, UdSSR u. China entworfen. Die Charta wurde am 26. 6. 1945 in San Francisco von 51 Gründernationen unterzeichnet u. trat am 24. 10. 1945 **(Tag der Vereinten Nationen)** in Kraft. Sitz der UN: **New York.** Zahl der Mitgliedstaaten: 185 (1996). **Hauptaufgaben:** Wahrung des Friedens u. der intern. Sicherheit, Beseitigung von Friedensbedrohungen durch wirksame Kollektivmaßnahmen, Entwicklung freundschaftlicher, auf dem Grundsatz der Gleichberechtigung u. Selbstbestimmung beruhender Beziehungen zw. den Völkern, intern. Zusammenarbeit zur Lösung wirtschaftlicher, sozialer, kultureller u. humanitärer Probleme u. Förderung der Achtung vor den → Menschenrechten u. Grundfreiheiten ohne Rücksicht auf Rasse, Geschlecht, Sprache oder Religion. Die Mitglieder verzichten auf Anwendung von Gewalt. Ein Staat darf, bis der Sicherheitsrat eingreift, in Selbstverteidigung zu den Waffen greifen. Die Aufnahme eines Staates in d. UN bedarf d. Zustimmung d. Vollversammlung, kann jedoch durch d. Veto eines der ständigen Mitgl. d. Sicherheitsrates verhindert werden.

Vereinte Nationen

Gliederung: Die Organe der V. N. sind die Vollversammlung, der Sicherheitsrat, der Wirtschafts- und Sozialrat, der Treuhänderrat, der Internationale Gerichtshof u. d. Sekretariat. – Die **Vollversammlung** ist das parlamentarische Forum der UN, in ihr sind sämtliche Mitgliedstaaten mit je einer Stimme vertreten. Für Beschlüsse zu wichtigen Fragen ist eine Zweidrittelmehrheit, für die übrigen Fragen einfache Stimmenmehrheit erforderlich. Die Zuständigkeit der Vollversammlung ist umfassend. Sie tagt mindestens einmal jährlich u. kann im Bedarfsfall zu Sondersitzungen einberufen werden. Sie nimmt Berichte der anderen Organe der UN entgegen, wählt die Mitglieder der übrigen Organe, beschließt über die Aufnahme u. den Ausschluß von Mitgliedstaaten u. ernennt den UN-Generalsekretär (1946–53 T. Lie; 1953–61 D. Hammarskjöld; 1961–71 U. Thant; 1971–82 K. Waldheim; 1982–91 J. Pérez de Cuéllar; 1992–96 Butros B. Ghali; s. 1996 Kofi Annan). Zahlreiche Fachausschüsse leiten der Vollversammlung ihre Empfehlungen zu.

Der **Sicherheitsrat** setzt sich aus 5 ständigen Mitgliedern (Frankreich, Großbritannien, VR China, Rußland, USA) sowie aus 10 von der Vollversammlung für je zwei Jahre gewählten nichtständigen Mitgliedern zusammen. Aufgaben: Aufrechterhaltung des Weltfriedens, friedliche Beilegung intern. Konflikte u. Verhängung militärischer Sanktionen. Für Beschlüsse über Fragen des Friedens u. der Sicherheit sind mindest. 10 Stimmen, darunter die Stimmen sämtlicher ständigen Mitglieder, erforderlich (Vetorecht). Bei Beschlußunfähigkeit in Fragen des internationalen Friedens kann die Vollversammlung einberufen werden u. mit Zweidrittelmehrheit der abstimmenden Mitglieder einen Beschluß fassen, dessen Durchführung dem Generalsekretär übertragen wird. Die BR Deutschland ist an einem ständigen Sitz im Rat interessiert; → UNO-Friedenstruppen.

Der **Wirtschafts- und Sozialrat** setzt sich aus 54 für je drei Jahre von der Vollversammlung gewählten Mitgliedern zusammen. Er hat die Aufgabe, die intern. Zusammenarbeit auf wirtsch., sozialem u. humanitärem Gebiet zu fördern. Der Rat tagt zweimal jährlich. Grundlagen seiner Beratungen sind die Arbeiten von 5 regionalen Ausschüssen für Europa **(ECE),** Asien und Pazifik **(ESCAP),** Westasien **(ESCWA),** Lateinamerika **(CEPALC)** u. Afrika **(ECA),** zahlreichen Fachausschüssen u. 14 Sonderorganisationen.

Der **Treuhänderrat** dient als Aufsichtsorgan für die den Vereinten Nationen unterstellten Treuhandgebiete. Er setzt sich aus den Mitgliedstaaten zusammen, die Treuhandgebiete verwalten, sowie aus einer gleichen Anzahl von für je drei Jahre von d. Vollversammlung gewählten Mitgliedstaaten, denen keine Treuhandgebiete unterstellt sind.

Der **Internationale Gerichtshof** ist für die Schlichtung intern. Rechtsstreitigkeiten zuständig. Er setzt sich aus 15 in getrennten Wahlgängen aus einer Vorschlagsliste vom Sicherheitsrat u. d. Vollversammlung für je 9 Jahre gewählten. Richtern zusammen. Sitz: Den Haag.

Das **Sekretariat** ist das oberste Verwaltungsorgan d. UN. Es untersteht dem von der Vollversammlung für 5 Jahre gewählten Generalsekretär, dem ein Kabinett von 11 Untersekretären und 5 stellvertretenden Generalsekretären beratend zur Seite steht.

Sonder- und Unterorganisationen der UN: Intern. Atomenergie-Agentur **(International Atomic Energy Agency, IAEA),** gegr. 1956, Sitz Wien; Intern. Arbeitsorganisation **(International Labour Organization, ILO),** gegr. 1946, Sitz Genf; Ernährungs- u. Landwirtschaftsorganisation **(Food and Agriculture Organization, FAO),** gegr. 1945, Sitz Rom; Organisation der UN für Erziehung, Wissenschaft u. Kultur **(United Nations Educational, Scientific and Cultural Organization, UNESCO),** gegr. 1945, Sitz Paris; Weltgesundheitsorganisation **(World Health Organization, WHO),** gegr. 1948, Sitz Genf; Weltbank **(World Bank),** gegr. 1944, Sitz Washington; Intern. Entwicklungsgesellschaft **(International Development Association, IDA),** gegr. 1960, Sitz Washington; Intern. Finanzgesellschaft **(International Finance Corporation, IFC),** gegr. 1956, Sitz Washington; Weltwährungsfonds **(International Monetary Fund, IMF),** gegr. 1944, Sitz Washington; Intern. Zivilluftfahrtorganisation **(International Civil Aviation Organization, ICAO),** gegr. 1947, Sitz Montreal; Weltpostverein **(Universal Postal Union, UPU),** gegr. 1874, Neugründung 1948, Sitz Bern; Intern. Organisation f. d. Fernmeldewesen **(International Telecommunication Union, ITU),** gegr. 1865, Neugründung 1947, Sitz Genf; Weltorganisation f. Meteorologie **(World Meteorological Organization, WMO),** gegr. 1951, Sitz Genf; Intern. Organisation f. Schiffahrtsfragen **(Intergovernmental Maritime Consultative Organization, IMCO),** gegr. 1948, Sitz London; Allg. Zoll- u. Handelsabkommen **(General Agreement on Tariffs and Trade, GATT),** gegr. 1947,

UN-Gebäude in New York

Sitz Genf; Konferenz f. Handel u. Entwicklung u. Welthandelsrat (→ UNCTAD), Organisation d. UN f. industrielle Entwicklung **(United Nations Industrial Development Organization, UNIDO),** gegr. 1966, Sitz Wien; Umweltprogramm der UN **(United Nations Environmental Programme, UNEP),** gegr. 1972, Sitz Nairobi; Internationaler Agrarentwicklungsfonds **(International Fund for Agricultural Development, IFAD),** gegr. 1974, Sitz Rom; Internationale Finanzgesellschaft **(International Finance Corporation, IFC),** gegr. 1956, Sitz Washington; Zentrum d. UN f. Wohn-/Siedlungswesen **(United Nations Centre for Human Settlement, UNCHS/Habitat),** gegr. 1978, Sitz Nairobi; Koordinator f. Katastrophenhilfe der UN **(United Nations Disaster Relief Coordinator, UNDRO),** gegr. 1971, Sitz Genf; Hoher Flüchtlingskommissar d. UN **(United Nations High Commissioner for Refugees, UNHCR),** gegr. 1949, Sitz Genf; Internationales Kinderhilfswerk der UN **(United Nations International Children's Emergency Fund, UNICEF),** gegr. 1946, Sitz New York; Internationales Drogenbekämpfungsprogramm der UN **(United Nations International Drug Control Programme, UNIDCP),** Institut der UN f. Ausbildung u. Forschung **(United Nations Institute for Teaching and Research, UNITAR),** gegr. 1965, Sitz New York; Palästina-Flüchtlings-Hilfswerk d. UN **(United Nations Institute and Works Agency for Palestine Refugees in the Near East, UNRWA),** gegr. 1949, Sitz Wien; Welternährungsprogramm **(World Food Programme, WFP),** gegr. 1963, Sitz Rom.

Vererbung

Vererbung, Übertragung von Anlagen zur Ausbildung bestimmter Merkmale der Eltern auf ihre Nachkommen; beruht auf der Weitergabe von Erbfaktoren (Genen) durch die Keimzellen. In den Kernen der Keimzellen sind die Gene linear auf den *Chromosomen* angeordnet u. bestehen aus einem bestimmten Abschnitt des genetischen Materials, der *Desoxyribonukleinsäure* (DNA). Die genetische Information wird über den *genetischen Kode* in der DNA gespeichert. Durch die *Reduplikation* der DNA werden die Gene über Generationen nahezu fehlerfrei weitergegeben. Die Übertragung der genetischen Information erfolgt in einem 1. Schritt *(Transkription)* auf *Ribonukleinsäure*-(RNA-)Moleküle (transfer-RNA, ribosomale RNA u. messenger-RNA). Die messenger-RNA-Typen enthalten die Information zur Bildung von *Enzym-* u. Struktureiweißkörpern (2. Schritt → *Translation*). Die Funktion eines Eiweißes hängt von der spezifischen Aufeinanderfolge seiner Bausteine *(Aminosäuren)* ab. Für jede Aminosäure gibt es in der messenger-RNA mindestens ein Kodewort *(Triplett)*, bestehend aus drei ihrer vier Bausteine *(Basen)* Uracil (U), Cytosin (C), Adenin (A) u. Guanin (G): z. B. UUU für die Aminosäure Phenylalanin, CUG für Leucin etc. Die Bedeutung aller 64 möglichen Tripletts ist bekannt. Ein messenger-RNA-Molekül mit der *spezifischen* Folge von z. B. 300 *Nukleotiden* (= 100 Tripletts) ergibt ein definiertes Eiweißmolekül mit 100 Aminosäuren. – Mit Ausnahme der Vererbung durch Komponenten des *Zytoplasmas* folgt die Vererbung den *Mendelschen Regeln* (G. → Mendel). Die zahlenmäßigen Verhältnisse beruhen auf der entsprechenden Verteilung der Chromosomen in der *Meiose*. Ausgehend von reinen *(homozygoten)* Eltern fand Mendel folgende Gesetzmäßigkeit: 1. Mendelregel *(Uniformitätsregel)*: gleiches Aussehen der 1. (F_1) Generation, 2. Mendelregel *(Spaltungsregel)*: Aufspalten in der 2. (F_2) Generation nach bestimmten Zahlenverhältnissen, nämlich 3:1 bzw. 1:2:1 bei einem Merkmalsunterschied der Eltern, 9:3:3:1 bei zwei unterschiedl. Elternmerkmalen; 3. Mendelregel *(Unabhängigkeitsregel)*: Diese Zahlenverhältnisse gelten nur für den Fall, daß die betrachteten Merkmale unabhängig voneinander (also in versch. Chromosomen liegend) in den Erbgang gebracht werden. – Wiederentdeckung der Mendelschen Regeln u. Aufstellung d. Chromosomentheorie 1900 durch Tschermak, Correns u. de Vries. In den meisten Fällen sind die Erbgänge jedoch komplizierter: Vererbung eines Merkmals durch mehrere Gene *(Polygenie)*, gekoppelte Vererbung (mehrere Merkmale in einem Chromosom liegend) → Faktorenaustausch. – Beim Menschen ist der Erbgang bisher vor allem f. eine Reihe von Krankheiten (Bluterkrankheit, Farbenblindheit, Mehrfingrigkeit) geklärt, viel weniger für das sehr komplizierte Ineinandergreifen bei den normalen Merkmalen (am besten bei Blutgruppen, auch Papillarlinien und einigen Merkmalen am Ohr). Die Erbgangsforschung wird aber beim Menschen wesentlich ergänzt durch die → Zwillingsforschung und *somatische Genetik*, die in der Lage ist, menschliche Gene bestimmten Chromosomen zuzuordnen.

Die Erbanlagen sind konstant, können sich aber von sich aus oder künstlich durch Einwirkung von ionisierender Strahlung, extremen Temperaturen oder chemischen Mitteln sprunghaft u. richtungslos verändern *(mutieren)*, wodurch neue erbliche Merkmale auftreten: → Mutation. Häufigkeit des spontanen Mutierens für Einzelgene schwankt zwischen 0,001 u. 0,00005%. Eine V. *erworbener Eigenschaften* konnte bisher nicht bewiesen werden. Der Chromosomensatz des Menschen enthält 46 Chromosomen.

Vererbungsgang: Jeder Elternteil bringt in seinen reifen, auf den halben Chromosomensatz reduzierten Geschlechtszellen einen Chromosomensatz bei der Befruchtung zu dem entsprechenden des anderen Geschlechts. Auf jedem Chromosom der beiden Eltern entsprechen sich die Orte der Erbanlagen *(allele Gene)*. Sind diese allelen Gene verschieden, so wirken sich bei der Kreuzung die Mendelschen Regeln aus. *Zygoten* (befruchtete Eizellen) mit gleichwertigen Anlagen heißen *homozygot*, solche mit verschiedenwertigen (entgegengesetzten) *heterozygot*. Jedoch braucht der *Genotyp* nicht dem *Phänotyp* (Erscheinungstyp) zu entsprechen, da bei Vorhandensein eines überdeckenden *(dominanten)* Merkmals das überdeckte *(rezessive)* nicht zur Wirkung gelangen kann. Sind beide Merkmale gleich stark, so spricht man von *intermediärer* Vererbung. (Beispiel Wunderblume auf der Tafel). Rezessive Anlagen können nur homozygot in Erscheinung treten.

Das Geschlecht wird sowohl phänotypisch wie genotypisch bestimmt. Die geschlechtsbestimmenden Chromosomen heißen Geschlechtschromosomen (XX = weiblich, XY = männlich bestimmt). Weibliche Geschlechtszellen enthalten ein X-Chromosom, männliche entweder ein X- oder ein Y-Chromosom. Je nach Kombination ergeben sich wieder XX- oder XY-Zygoten im Verhältnis 1:1. Die *Mendelschen Regeln* werden an dem **Beispiel einer Kreuzung** (→ Tafel) der Wunderblume *(Mirabilis jalapa)* dargestellt. Von dieser Blume gibt es zwei Rassen: eine weiß- u. eine rotblühende. Wir kreuzen eine rote mit einer weißen Wunderblume. Jede dieser Pflanzen ist aus der Vereinigung zweier Geschlechtszellen (rot RR u. weiß rr) entstanden, die Träger der Anlagen für rote u. weiße Blütenfarben sind. Bei der Kreuzung entsteht (linkes Bild) in der ersten Generation aus diesen RR- und rr-Pflanzen eine Pflanze mit einem ungleichen Erbanlagenpaar (Rr oder rR), die rosa blüht. Kreuzt man diese rosablühenden Bastarde weiter, so zeigt die Enkelgeneration folgendes Bild (Mendelsche Regel): je eine rot- u. weißblühende Pflanze, wie in der ersten Stammgeneration, bilden sich wieder heraus; zwei Pflanzen blühen weiter rosa, d. h., die Enkelgeneration teilt sich im Verhältnis 1:2:1 – In math. Darstellung (rechtes Bild) ist die Kreuzung der verschiedenanlagigen (heterozygoten) Pflanzen – der rosa Bastarde – wiedergegeben. In den beiden Rr-Pflanzen liegen Geschlechtszellen, die je zur Hälfte die Anlage R bzw. r haben. Stellt man die möglichen Verbindungen her, so ist das Ergebnis nach Mendel wieder wie vorher: ein Enkel RR rot, zwei Enkel Rr u. rR rosa; der vierte Enkel rr weiß.

Dominanter, *überdeckender* **Erbgang** (→ Tafel). Erstes Beispiel: beide Eltern (gleicherbiger Anlage) gesund, alle Kinder übelstens gesund. Im letzten Beispiel beide Eltern gleicherbig krank; alle Kinder krank. Dazwischen: 1 Elternteil verschiedenerbig krank, der andere gleicherbig gesund; 2 Kinder krank, 2 gesund. Entsprechend in den folgenden Beispielen. Es hat also stets ein krankes Individuum ein krankes Elternteil, während heterozygotkranke Eltern gesunde Kinder haben können. In der Ahnentafel nach rückwärts muß die Krankheit ununterbrochen zu verfolgen sein.

Rezessiver, *überdeckter* **Erbgang.** Hier wird im Ggs. zum dominanten Erbgang eine Erbanlage von dem zum gleichen Anlagenpaar gehörenden Partner überdeckt. Der Stammbaum zeigt ein anderes Bild. So können zwei Eltern, die beide verschiedenerbig gesund sind (drittes Beispiel), kranke Nachkommen haben; es erkrankt i. Durchschnitt jedes 4. Kind. Verbindet sich ein gleicherbig kranker Elternteil mit einem gleicherbig gesunden, so sind alle vier Kinder verschiedenerbig gesund. Bei gleicherbig kranken u. verschiedenerbig gesunden Eltern entstehen im Durchschnitt 2 gleicherbig kranke u. 2 verschiedenerbig gesunde Kinder.

Jedes Lebewesen entsteht aus einer Zelle. Diese Erstzelle (Zygote) bildet sich bei der Vereinigung der beiden Geschlechtszellen (Gameten): der Eizelle u. der Samenzelle. Eine Erbanlage dieser Ei- bzw. Samenzelle ist mit R bezeichnet. Beim weiteren Aufbau des Lebewesens teilt sich diese Zygote. Ein Teil bildet die Körperzellen, die zum Aufbau des Körpers dienen (Soma). Der andere Teil wird nicht weiter entwickelt und stellt die später der Fortpflanzung dienenden Geschlechtszellen dar (Erbsubstanz, *Idioplasma*, auch Erb- oder Keimplasma genannt); diese allein dienen der Vererbung.

der Regel Leerlauf- u. Vollastdüsen sowie für rasche Übergänge zu höheren Leistungen *(Drehzahlen)* eine Zusatzpumpe, ferner Starterdrosselklappe, teilweise automatisch betätigt m. d. Motortemp.; Zerstäubung des Kraftstoffes bei Brennstoffaustritt in Venturiverengung (→ Venturirohr) aus Düse im Ansaugluftstrom *(partielles Vakuum)*, bei Kompressormotoren durch Überdruckstrom *(Druckvergaser)*. Brennstoffzufluß durch Schwimmer-Nadelventil geregelt. Zündfähige Gasgemische enthalten bei Benzin 2–5%, bei Benzol 3–6,5% Brennstoff.

Vergasung, führt Kohle oder Koks durch unvollständige Verbrennung in Gas über; → Generatorgas, Wassergas.

Vergehen, im Sinne d. StGB eine m. Freiheitsstrafe od. Geldstrafe bedrohte Straftat, soweit sie nicht → Verbrechen ist.

Vergeltungstheorie → Strafrechtstheorien.

Vergesellschaftung,
1) *soziolog.* d. fortschreitende Ersetzen natürl. Gemeinschaften (Familie, Sippe usw.) durch Zweckverbände.
2) svw. → Sozialisierung.

Vergewaltigung, *Notzucht*, mit Gewalt od. Drohung für Leib od. Leben erzwungener außerehel. u. (s. 1996)

Vererbung

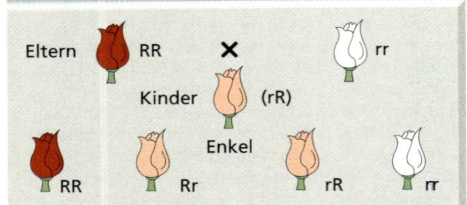

Beispiel einer Kreuzung (Mendelsches Gesetz)

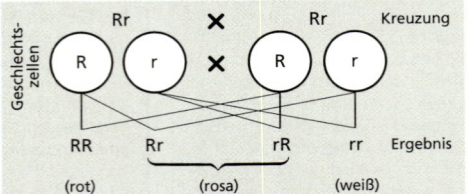

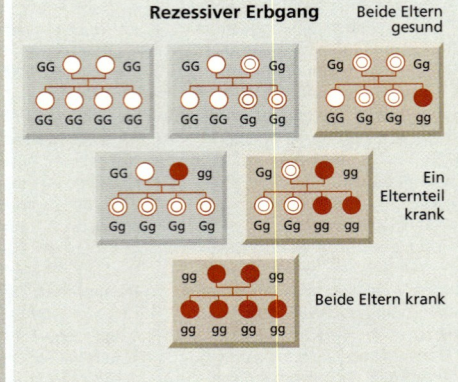

Zeichenerklärung:
- ○ Gleicherbig (homozygot) gesund
- ◐ Verschiedenerbig (heterozygot) gesund
- ◉ Verschiedenerbig (heterozygot) krank
- ● Gleicherbig (homozygot) krank
- K Überdeckende (dominante) krankhafte Anlage
- k Überdeckte (rezessive) gesunde Anlage
- G Überdeckende gesunde Anlage
- g Überdeckte (rezessive) krankhafte Anlage

ehel. Beischlaf; i. d. Regel m. Freiheitsentzug nicht unter 2 Jahren bestraft.
Vergiftungen → Erste Hilfe, Übers.
Vergil|ius, *Virgil, Publius V. Maro* (70 bis 19 v. Chr.), röm. Dichter; Nationalepos: *Äneïs; Eklogen* (die 4. galt im MA als messianische Weissagung); *Georgica* („Landbau").
Vergißmeinnicht, Kräuter mit meist blauen Blüten (z. B. *Sumpf-V.*), auch Zierarten.
Vergleich, vertragl. Regelung eines Rechtsstreits durch beiderseitiges Nachgeben (§ 779 BGB).
Vergleichsordnung, von 1935, regelt bes. Verfahren zur Abwendung eines Konkurses *(V.verfahren);* bei mindestens 35%iger Erfüllung aller Verbindlichkeiten u. Zustimmung d. Mehrheit d. Gläubiger ist Stundung od. teilweiser Schulderlaß möglich; bei Nichtzustandekommen Anschlußkonkurs.

Miniatur aus dem Vatikanischen Vergil, 5. Jh. n. Chr.

Sumpf-Vergißmeinnicht

Vergnügungssteuer, veraltete Bez. f. Gemeindesteuer auf „Vergnügungen": als Karten-, Pauschal- od. als Sondersteuer von der Roheinnahme.
Vergoldung, durch Auftragen von → Blattgold od. durch → Galvanostegie.
vergrößern, ein kleines Negativ (z. B. 24×36 mm) muß erst vergrößert werden, um ein beliebig großes Papierbild zu erhalten. Dazu dient der Vergrößerungsapparat für Farbe u. SW.
Vergrößerungsapparat, im Grunde genommen e. Projektionsapparat; e. V. besteht von oben nach unten u. a. aus: Lichtquelle, Bildbühne, Kondensor, Vergrößerungsobjektiv, Grundbrett. Dazu gehören noch d. Standsäule, d. Höhenverstellung und d. Scharfeinstellung; → vergrößern.
Vergrößerungsgläser, opt. Instrumente, wie: → Lupe, Mikroskop, Ultramikroskop, Fernrohr.
Vergrößerungskassette, liegt am Grundbrett d. Vergrößerers u. nimmt d. zu belichtende Blatt Papier auf.
Vergrößerungsobjektiv, für ganz kurze Distanz korrigiert; projiziert im Vergrößerungsapparat d. Dia od. Negativ gestochen scharf auf d. Grundbrett des Vergrößerers; Brennweite abhängig v. Filmformat.
Vergrößerungspapier, Papier, das mit einer lichtempfindl. Schicht versehen ist; mittels Vergrößerungsapparat

wird das mehr od. weniger kleine Negativ auf V. aufbelichtet; mit dieser Schicht entsteht das Papierbild mit naturgetreuer Darstellung (= Positiv).
vergüten,
1) svw. honorieren.
2) *Optik:* Antireflexbelag auf d. Oberfläche v. Linsen, um störende Reflexionen zu vermeiden (z. B. Aufbringen dünner Schichten von Metallverbindungen auf Linsen), führt z. Selbstauslöschung d. Reflexionen durch → Interferenz.
3) Verbessern der Eigenschaften von Werkstoffen (z. B. Stahl und Metallegierungen durch Härten, Wärmebehandlung, Glühen, Alternlassen oder Vibration).
Verhaeren [-'ha:rən], Emile (21. 5. 1855–27. 11. 1916), belg. Lyriker; *Hymnen an das Leben;* Dramen.
Verhaftung → Haftbefehl.
Verhaltensforschung, *Ethologie,* kausale (physiologische) Erforschung d. Verhaltensweisen v. Tier und Mensch, u. zwar d. angeborenen („Instinkte") u. d. erworbenen sowie ihrer inneren (zentralnervösen, hormonalen) u. äußeren (Umwelt-)Faktoren unter Ausschluß subjektiv-psychologischer Maßstäbe; Hauptvertreter: *Konrad Lorenz, Otto Koehler, N. Tinbergen;* MPI f. Verhaltensphysiologie in Seewiesen (Starnberg).
Verhaltenstherapie, d. Anwendung objektiv nachprüfbarer Lernprinzipien auf d. Veränderung menschl. Verhaltens; d. Patient soll zu e. besseren Kontrolle seines eigenen Verhaltens gelangen; eignet sich zur Behandlung v. → Neurosen, Situationsängsten (→ Phobien) u. Störungen d. soz. Verhaltens.
Verhältnis, *math.* svw. → Proportion.
Verhältniswahl → Wahlsysteme.
Verhältniswort → Präposition.
verholen, *seem.* den Liegeplatz d. Schiffes wechseln.
Verhüttung, svw. → Metallverhüttung.
Verifikation [l.], Bewahrheitung, Beglaubigung, Tatsachenbeweis.
verifizieren, beweisen, als wahr erweisen, beglaubigen; Ggs.: → falsifizieren 2).
Verismus, svw. → Naturalismus, bes. der Oper (Leoncavallo, Mascagni, Puccini, d'Albert).
Veritatis splendor *m.* [l. „d. Glanz d. Wahrheit"], Enzyklika v. Papst Johannes Paul II. über einige grundsätzl. Fragen d. kirchl. Morallehre, 1993.
Verjährung, Verlust eines Anspruchs infolge Zeitablaufs.
Verjährungsfrist,
1) im *Strafrecht:* a) für Verfolgung einer Straftat bei Verbrechen: 10–30 Jahre, bei Vergehen: 5 bzw. 3 J.; b) für Vollstreckung rechtskräftiger Freiheitsstrafen 5–25 Jahre, f. Geldstrafen 5 bzw. 3 J.; keine V. für Völkermord u. lebenslange Freiheitsstrafen (§ 78 StGB);
2) im *bürgerl.* Recht grundsätzl.: 30 J., f. Ansprüche d. Kaufleute, Handwerker usw.: 2 J., f. Schadenersatz a. → unerlaubter Handlung 3 J. (§§ 195 ff., 852 BGB). Sonstige V. jeweils gesetzl. geregelt.
Verjüngung,
1) *biol.* Versuche, bei Menschen und Tieren die Lebensdauer zu verlängern und die Alterserscheinungen zurückzudrängen; → Zellulartherapie.

Verfassung

Grundgesetz vom 23. 5. 1949, Verfassung d. **Bundesrepublik Deutschland** (seit 3. 10. 1990 auch f. d. Gebiet d. ehem. DDR). **I. Grundrechte** (Art. 1–19): Unverletzlichkeit u. Unveräußerlichkeit d. Menschenrechte, Freiheit d. Person, Gleichheit vor d. Gesetz, Recht auf Kriegsdienstverweigerung mit d. Waffe, Recht d. freien Meinungsäußerung, Freiheit v. Kunst u. Wissenschaft. Schutz v. Ehe u. Familie. Schulaufsicht des Staates. Recht der Eltern, über d. Teilnahme d. Kinder am Religionsunterricht zu bestimmen. Versammlungs- u. Vereinsfreiheit, Unverletzlichkeit d. Briefgeheimnisses, Freizügigkeit, freie Berufs- u. Arbeitsplatzwahl. Unverletzlichkeit d. Wohnung. Schutz des Eigentums. Verbot d. Auslieferung v. Deutschen an d. Ausland, Asylrecht f. pol. Verfolgte. – Die Grundrechte verwirkt, wer sie zum Kampf gg. die demokr. Grundordnung mißbraucht.
II. Der Bund und die Länder (Art. 20–37): Die BR Dtld ist ein demokr. u. sozialer B.staat. Alle Staatsgewalt geht v. Volke aus. Die Gründung v. Parteien ist frei, soweit sie nicht verfassungswidrig sind. Die Bundesflagge ist schwarz-rot-gold. Bundesrecht bricht Landesrecht. Der Bund kann ein Land, das seine Pflichten vor d. Grundgesetz od. einem Bundesgesetz nicht erfüllt, mit Zustimmung d. Bundesrates z. Erfüllung zwingen.
III. Der Bundestag (Art. 38–48) wird in allg., unmittelb., freier, gleicher u. geheimer Wahl auf vier Jahre gewählt; → Wahlrecht, → Immunität.
IV. Der Bundesrat (Art. 50–53) besteht aus Mitgliedern d. Regierungen d. Bundesländer u. wirkt bei d. Gesetzgebung u. Verwaltung d. Bundes mit; jedes Land hat mindestens 3, Länder mit mehr als 2 Mill. Einw. 4, Länder mit mehr als 6 Mill. 5 Stimmen.
V. Gemeinsamer Ausschuß. Verfassungsorgan, das im Verteidigungsfall gesetzgeberische Befugnisse wahrnimmt, wenn normales Gesetzgebungsverfahren infolge besonderer Umstände nicht möglich ist; setzt sich zu zwei Dritteln aus Mitgliedern d. Bundestages u. zu einem Drittel aus Mitgliedern d. Bundesrates zusammen.
VI. Der Bundespräsident (Art. 54–61) wird auf 5 J. mit einfacher Mehrheit von d. → Bundesversammlung gewählt. Er vertritt d. Bund nach außen, ernennt u. entläßt die hohen Bundesbeamten u. Bundesrichter sowie Berufssoldaten, Soldaten auf Zeit u. Reserveoffiziere. Er kann nur einmal wiedergewählt werden.
VII. Die Bundesregierung (Art. 62–69) bilden d. v. Bundespräs. vorgeschlag. u. vom Bundestag gewählte Bundeskanzler u. die Bundesminister, die auf Vorschlag d. Bundeskanzlers v. Bundespräs. ernannt u. entlassen werden. Der Bundeskanzler bestimmt d. Richtlinien der Politik u. trägt dafür d. Verantwortung. Der Bundesmin. f. Verteidigung hat Befehls- u. Kommandogewalt über d. Streitkräfte. Der Bundestag kann dem B.kanzler d. Mißtrauen nur aussprechen, wenn er gleichzeitig mit Stimmenmehrheit einen Nachfolger wählt (konstruktives Mißtrauensvotum).
VIII. Gesetzgebung des Bundes (Art. 70–82): Der Bund hat die ausschließliche Gesetzgebung u. a. über die auswärtigen Angelegenheiten, die Verteidigung, die Staatsangehörigkeit, Freizügigkeit, Ein- u. Auswanderung, Paßwesen, Währungs- u. Geldwesen, d. Einheit d. Zoll- u. Handelsgebietes, d. Eisenbahner, d. Luftverkehr, das Post- u. Fernmeldewesen, während er im Bereich der konkurrierenden Gesetzgebung (Art. 74 u. 105/II) nur ein Gesetzgebungsrecht hat, soweit ein Bedürfnis nach bundesgesetzl. Regelung besteht. Gesetze können aus d. Mitte d. Bundestages, von d. Regierung od. v. Bundesrat eingebracht werden.
IX. Die Ausführung der Bundesgesetze und die Bundesverwaltung (Art. 83–91): Die Länder führen die Bundesgesetze als eigene Angelegenheit mit ihrer Verwaltung aus. Bundeseigene Verwaltung besteht u. a. f. d. auswärtigen Dienst, die Bundeswehrverwaltung, d. Bundesfinanzverwaltung, Bundeseisenbahn, Bundespost, Bundeswasserstraßen, Schiffahrt u. Luftverkehr. Zur Abwehr einer drohenden Gefahr kann d. Bundesregierung d. Polizeikräfte d. Länder ihren Weisungen unterstellen.
X. Gemeinschaftsaufgaben: Mitwirkung u. finanzielle Beteiligung d. Bundes an bedeutenden Aufgaben der Länder, z. B. Ausbau und Neubau von Hochschulen und Kliniken, Verbesserung der Wirtschafts- und Agrarstruktur sowie des Küstenschutzes, Wasserhaushaltsrecht, Umweltschutz, Bildungsplanung und Forschung.
XI. Die Rechtsprechung (Art. 92–104) erfolgt durch das Bundesverfassungsgesetz, durch oberste Gerichtshöfe, Bundesgerichte u. d. Gerichte d. Länder (→ Rechtspflege, Übers.). Die Richter sind unabhängig u. nur d. Gesetz unterworfen. Ausnahmegerichte sind unzulässig. Niemand darf seinem gesetzl. Richter entzogen werden. Die Todesstrafe ist abgeschafft. Die Freiheit d. Person kann nur aufgrund Gesetzes durch richterliche Entscheidung beschränkt werden.
XII. Das Finanzwesen (Art. 105–115): Dem Bund fließt u. a. d. Ertrag d. Zölle, d. Monopole, d. Verbrauchs- (ohne Bier-), d. Straßengüterverkehrsteuer sowie ein Teil d. Einkommen-, Körperschafts- u. Umsatzsteuer zu; d. Bund kann f. Finanzausgleich d. Länder untereinander Zuschüsse aus d. Ländern zufließenden Steuern bestimmen.
XIII. Verteidigungsfall: Die Feststellung, daß das Bundesgebiet m. Waffengewalt angegriffen wird od. ein solcher Angriff unmittelbar droht, trifft der Bundestag m. Zust. d. Bundesrats auf Antrag d. Regierung. Unter best. Voraussetzungen trifft diese Feststellung der Gemeinsame Ausschuß. Im Verteidigungsfall geht d. Befehlsgewalt über d. Streitkräfte auf d. Bundeskanzler über; der Bund hat dann das Recht d. konkurrierenden Gesetzgebung auch auf den Gebieten, die in die alleinige Zuständigkeit d. Länder gehören. Das Gesetzgebungsverfahren ist vereinfacht. In Notsituationen hat d. Gemeinsame Ausschuß Gesetzgebungsbefugnis. Die Bundesregierung kann im Verteidigungsfall d. Bundesgrenzschutz im gesamten Bundesgebiet einsetzen u. den Regierungen u. Behörden d. Länder Weisungen erteilen. Während des Verteidigungsfalles ablaufende Wahlperioden d. Bundestages od. d. Länderparlamente enden erst 6 Monate nach Beendigung d. Verteidigungsfalls.
XIV. Übergangs- und Schlußbestimmungen (Art. 116–146): u. a. Bestimmungen über Staatsangehörigkeit, Kriegsfolgelasten, Lastenausgleich, Fortgeltung alten Rechts und Rechtsnachfolge in das Reichsvermögen.

2) *forstwirtsch.* Bez. f. d. Aufbau e. neuen Waldbestandes; → Kunstverjüngung, Naturverjüngung.
3) im *Bauwesen:* Querschnittsverkleinerung eines Baugliedes.
4) in der *Perspektive:* Kleinerwerden entfernter Gegenstände.
Verkalkung, Kalkablagerungen in Körpergeweben (z. B. Adernverkalkung, → Arteriosklerose).
Verkaufsförderung, absatzpolitisches Element der → Marktkommunikation eines Unternehmens; Maßnahmen im Handel, die den Weiterverkauf am Ort des Kaufs („point of sales") fördern; Abgrenzung z. → Werbung: kurzfristige Wirkung, weniger Streuverluste.
Verkaufsgespräch, absatzpolit. Element der → Marktkommunikation e. Unternehmens; umsatzorientiertes Gespräch zw. Verkäufer u. Käufer.
Verkehr → Übersicht, S. 1036.
Verkehrseinrichtungen → Verkehrszeichen.
Verkehrsfunk, Rundfunksender bzw. -sendungen m. Informationen über d. Straßenverkehrslage.
Verkehrshypothek, die für d. rechtsgeschäftlichen Verkehr bes. geeignete → Briefhypothek.
Verkehrssitte, wichtiger Maßstab f. Beurteilung von Rechtsverhältnissen, muß den Gepflogenheiten nach der Auffassung des billig und gerecht denkenden Angehörigen d. betreffenden Verkehrskreises entsprechen.
Verkehrssteuern, Oberbegriff des Steuerrechts nach dem Anlaß zur Besteuerung: Übertragung von Vermögenswerten (Kapitalverkehrs-, Grunderwerbs-, Lotterie-, Umsatz-, Beförderungssteuer).
Verkehrssünderkartei, volkstüml. für Verkehrszentralregister beim Kraftfahrt-Bundesamt in Flensburg; dient d. Erfassung rechtskräftiger Gerichtsentscheidungen über Verkehrsstraftaten sowie über best. schwerwiegende Ordnungswidrigkeiten im Straßenverkehr; Eintragungen werden nach best. Zeit getilgt (§ 29 Straßenverkehrsgesetz).
Verkehrsunfälle, BR 1994 392 754 Unfälle mit Personenschaden, davon 8853 Tote (Rückgang gegenüber 1991: 10 076 Tote). Etwa 98,7 % durch Fahrerfehlverhalten, 1,2 % durch techn. Mängel. Steigender Anteil an verletzten Rad- und Motorradfahrern sowie Fußgängern (1994: 14 %, 7 %, 8 %).

Verkehrszeichen,
1) *Gefahrenzeichen* mahnen, sich auf d. angekündigte Gefahr einzurichten; sie sind nur dort angebracht, wo es f. d. Sicherheit d. Verkehrs erforderlich ist;
2) *Vorschriftszeichen,* auch Schilder od. weiße Markierungen auf d. Straßenoberfläche, enthalten Gebote u. Verbote;
3) *Richtzeichen* geben bes. Hinweise zur Erleichterung d. Verkehrs; sie können auch Anordnungen enthalten; daneben gibt es *Verkehrseinrichtungen* (Schranken, Parkuhren, Geländer, Absperrgeräte, Leiteinrichtungen sowie Blink- u. Lichtzeichenanlagen), → Tafel.
Verklappen, Einleiten v. Abfällen ins Meer von fahrenden Schiffen aus.
Verklarung, protokollar. Vernehmung d. Schiffsmannschaft nach → Havarie.
Verklärung Jesu, verherrlichende Verwandlung Jesu auf e. Berg vor 3 Jüngern (Mt 17,1–9); Fest: 6. 8.
Verkleinerungswort → Diminutiv.
Verkohlung, Verwandlung organ. Stoffe in Kohle durch trockene Destillation oder Erhitzen unter Luftabschluß.
verkoken, Umwandlung von → Steinkohle in → Koks.
Verkröpfung, in d. Architektur d. horizontale Herumziehen e. Gesimses od. Gebälks um e. vorstehenden Bauteil (z. B. Pfeiler); Verfahren: *verkröpfen.* V. aus d. Horizontalen in d. Vertikale: *Aufkröpfung.*
Verkündung,
1) Bekanntmachung v. Gesetzen u. Verordnungen durch Veröffentlichung im Gesetzblatt.
2) von Urteilen u. Beschlüssen durch d. Gericht.
Verl (D-33415), Gem. i. Kr. Gütersloh, NRW, 20 135 E; Ind.
Verlag, *V.sbuchhandlung,* Vertriebsunternehmen für die Erzeugnisse der Reproduktionsgewerbe, insbes. Buch-V.; der *Verleger* erwirbt vom Verfasser od. e. andern V. (z. B. bei ausländ. Autoren oder V.en) das → *Verlagsrecht,* läßt die Werke vervielfältigen und vertreibt sie durch d. Handel und Zwischenhandel; auch Herausgabe von Sammelwerken unter Mitarbeit zahlr. Autoren; das *V.sgewerbe* umfaßt Buch-, Zeitschriften-, Zeitungs-, Musikalien- u. Kunst-V.e.
Verlagsrecht,
1) *subjektiv:* übertragbarer vermögensrechtl. Ausfluß der Werknutzungsrechte innerhalb des → Urheberrechts.
2) *objektiv:* Inbegriff der durch Abschluß eines Verlagsvertrages entstehenden u. auf d. Verleger übergehenden Rechte u. Verpflichtungen z. Vervielfältigung u. Verbreitung e. Werkes d. Literatur od. Tonkunst.
Verlagssystem, Organisationsform, bei der ein Unternehmer (der *Verleger*) gewisse Leistungen vorlegt, z. B. durch Beschäftigung v. → Heimarbeitern, deren Erzeugnisse er weiterverkauft.
Verlaine [vɛrˈlɛn], Paul (30. 3. 1844 bis 8. 1. 96), frz. Lyriker des Symbolismus; Autobiographie: *Meine Gefängnisse.*
Verlandung, allmähl. fortschreitendes Auffüllen e. Gewässers durch Pfl.-Ansiedlung u./od. d. Sickerstoffe od. durch v. Menschen verursachte Ursachen.
verlängertes Mark, zum Zentral- → Nervensystem gehörend, verbindet Gehirn u. Rückenmark.

Verkehr

Gesamtheit aller der Beförderung von Personen od. Sachen, auch Nachrichten (Post), dienenden techn. u. organisator. Einrichtungen. Bezüglich des Personen- und Gütertransports unterscheidet man 5 Verkehrsarten: Straßen-, Eisenbahn-, See-, Binnenwasserstraßen- u. Luftverkehr.
a) *Straßenverkehr:* Herstellung u. Unterhaltung des Straßenkörpers u. Hilfseinrichtungen sowie polizeiliche Regelung u. Sicherung des Straßenverkehrs (Straßenverkehrszeichen) sind Aufgaben der öffentlichen Hand (Staat, Kreis, Gemeinde). Gesetzliche Regelung u. a. durch Straßenverkehrsordnung (StVO) u. Straßenverkehrs-Zulassungsordnung (StVZO) (Führerscheinzwang, techn. Zustand u. polizeil. Kennzeichen). In den letzten Jahren stetig steigender Kfz-Bestand, seit Öffnung der Ostgrenzen ist die BR wichtigstes Transitland Europas. **b)** *Eisenbahnverkehr:* in d. BR in der Verwaltung der Deutschen Bahn zusammengefaßt; kleinere Privatbahnen nur v. lokaler Bedeutung. Klein-, Stadtschnell-, Straßen- u. Bergbahnen meist von Gemeinden od. a. öffentlichen Körperschaften betrieben; → Eisenbahn. **c)** *Seeverkehr:* Küsten- u. Hochseefahrt, Linien- u. Trampverkehr. Regelung der Seefrachten durch Reederkonferenzen: Atlantik-K., Balt.-K. (Ostsee) u. a. Interessen-Konferenzen. Hafenbetrieb regelmäßig in der Hand des Staates od. der Seestädte, einschl. Hafenanlagen sowie Schutz- und Warnanlagen (Leuchttürme, Feuerschiffe, Landmarken usw.); → Seerecht, Seeversicherung u. Seezeichen. **d)** *Binnenschiffahrt:* Bau u. Unterhalt der Binnenwasserstraßen gehören in den staatl. Aufgabenbereich, weil damit Fragen der Landeskultur, Kraftwerke, Hochwasserregelung usw. verbunden sind. Flußhäfen werden v. d. Städten betreut. Als Unternehmerform überwiegt in der dt. Binnenschiffahrt (mehr noch in d. Ndl. u. Frkr.) der Kleinbetrieb des Privatschiffers (Partikulier). Schlepperbetrieb u. Linienverkehr meist in Händen von Gesellschaften. Gesetzliche Regelung durch Binnenwasserstraßenordnung. **e)** *Luftverkehr:* Verwaltungsorganisation, wiss. Forschung sowie Bau u. Betrieb von Flughäfen Sache des Staates u. a. öffentlicher Stellen. Flugzeugbau u. Betrieb von Verkehrslinien durch private Unternehmer; in der BR als wichtigste Luftverkehrsgesellschaft Deutsche → Lufthansa.

Beförderte Personen in der BR (1995): Bahn 1570 Mill., öff. Straßenverkehrsmittel 7919 Mill., Flugverkehr 79 Mill. *Güterverkehr* (1995) in der BR: über See 181 Mill. t, über Binnenwasserstraßen 218 Mill. t, Eisenbahn 392 Mill. t, LKW-Fernverkehr 495 Mill. t, LKW-Nahverkehr 3135 Mill. t, Luftfracht 1,2 Mill. t.

Verleger,
1) → Verlagssystem.
2) → Verlag.
Verleumdung, Verbreitung od. Behauptung bewußt unwahrer Tatsachen, welche geeignet sind, einen anderen verächtl. zu machen, in d. öff. Meinung herabzuwürdigen od. seinen Kredit zu gefährden; strafbar nach § 187 StGB (auch Ges. gg. unlauteren Wettbewerb, → Wettbewerbsrecht).
Verlöbnis, wechselseitiges Versprechen, die Ehe einzugehen; Erfüllung im Klagewege nicht erzwingbar; ungerechtfertigter Rücktritt verpflichtet zu Schadenersatz und Erstattung angemessenen Aufwandes (§§ 1297 ff. BGB).
verlorene Form → Bildguß.
Vermächtnis, testamentar. Zuwendung eines Vermögensvorteiles an eine nicht z. Erben (→ Erbrecht) eingesetzte Person; *Ersatz-V.* v. Erblasser f. d. Fall einem anderen zugewendet, daß d. zunächst Bedachte d. V. nicht erwirbt; *Nach-V.* wird zunächst d. (ersten) Bedachten, nach e. best. Zeitpunkt einem anderen zugewendet (§§ 2147 ff. BGB).
Vermeer van Delft, *Jan van der Meer* (get. 31. 12. 1632–begr. 15. 12. 75), ndl. Maler; Genrebilder, Interieurs; *Allegorie d. Malerei.*
Vermehrung → Fortpflanzung.
Vermessungskunde, svw. → Geodäsie.
Vermessungsschiff, Spezialschiff f. See- u. Küstenvermessungen.
Vermeylen, August (12. 5. 1872 bis 10. 12. 1945), fläm. Schriftst.; Roman: *Der ewige Jude.*
Vermieterpfandrecht → Miete.
Vermißte, im od. nach dem Kriege verschollene Soldaten u. Zivilpersonen; der → Suchdienst des DRK forscht nach Wehrmachtsvermißten, verschollenen Kriegsgefangenen, im fremden Gewahrsam verschollenen Zivilgefangenen sowie in Haftanstalten d. SBZ/DDR Verschollenen.
Vermittlungsausschuß, in d. BR ein Ausschuß, der auf Verlangen d. Bundesrates gebildet wird, um bei Meinungsverschiedenheiten über Gesetze zu vermitteln, die der Zustimmung d. B.rats bedürfen; besteht aus je 16 Mitgl. v. B.rat u. B.tag.
Vermittlungstheologie, ev.-theol. Richtung d. 19. Jh., d. zw. Glaube u. Wissen, Konfessionalismus u. Liberalismus zu vermitteln suchte.
Vermögen, Inbegriff der Güter, der Rechte an fremden V. abzüglich der Verbindlichkeiten im Besitz einer natürlichen od. jur. Person.
Vermögensabgabe, Zahlung an den → Lastenausgleich.
Vermögensbildung, geregelt im V.sförderungsgesetz v. 1961 (1965, 1970 u. 1980 ergänzt), dient z. Förderung vermögensbildender Leistungen (624 DM jährlich, z. B. bei langfristigen Spareinlagen, Lebensversicherungsverträgen, Überlassung v. Wertpapieren, 936 DM b. Kapitalanlagen) d. Arbeitgeber für ihre Arbeitnehmer.
Vermögenssteuer, steuerpflichtig. natürl. Personen, Körperschaften, Personenvereinigungen u. Vermögensmassen, Bemessungsgrundlage das Gesamtvermögen; Steuersatz in d. BR 0,5 bzw. 0,6%.
Vermont [vəˈ-], Abk. *Vt.,* Staat im NO d. USA, i. d. nördl. Appalachen (v. d. *Green Mountains* durchzogen, nach deren frz. Namen ben.), Viehzucht und Forstw.; Feriengebiet, 24 900 km², 570 000 E; Hptst. *Montpelier* (8000 E).
Vermummungsverbot, Teilnehmer an öffentl. Versammlungen, die sich d. Feststellung ihrer Identität durch entspr. Verkleidung entziehen wollen, können mit einer Geldbuße belegt werden.
Verne [vɛrn], Jules (8. 2. 1828–24. 3. 1905), frz. Schriftst.; phantast. Romane: *Reise z. Mittelpunkt d. Erde; 20 000 Meilen unter dem Meer; Von d. Erde z. Mond.*
Vernebelung, künstl., Unsichtbarmachung von Truppen, Schiffen u. ä. im Kriege durch Entwicklung von künstlichen Nebel.
Vernet [-ˈnɛ], frz. Malerfamilie, u. a.
1) *Claude Joseph* (14. 8. 1714–3. 12. 89), bes. Küstenlandschaften, frz. Seehäfen, Ansichten v. Rom; s. Enkel
2) *Horace* (30. 6. 1789–17. 1. 1863), Schlachten-, Porträt- u. Genremaler.
Vernissage [frz. -ˈsaːʒ(ə)],
1) Überziehen e. Ölgemäldes m. Firnis (firnissen).

Gefahrzeichen

- Gefahrstelle
- Kreuzung oder Einmündung mit Vorfahrt von rechts
- Kurve (rechts)
- Doppelkurve (zunächst rechts)
- Gefälle
- Steigung
- Unebene Fahrbahn
- Schnee- oder Eisglätte
- Schleudergefahr bei Nässe oder Schmutz
- Steinschlag
- Splitt, Schotter
- Seitenwind
- Verengte Fahrbahn
- Einseitig (rechts) verengte Fahrbahn
- Baustelle
- Stau
- Gegenverkehr
- Bewegliche Brücke
- Ufer
- Lichtzeichenanlage
- Fußgänger
- Fußgängerüberweg
- Kinder
- Radfahrer kreuzen
- Viehtrieb, Tiere
- Wildwechsel
- Flugbetrieb
- Kraftomnibusse
- Bahnübergang mit Schranken oder Halbschranken
- Unbeschrankter Bahnübergang
- Dreistreifige Bake (links) (rechts)
- Dreistreifige Bake
- Zweistreifige Bake
- Einstreifige Bake

Vorschriftzeichen

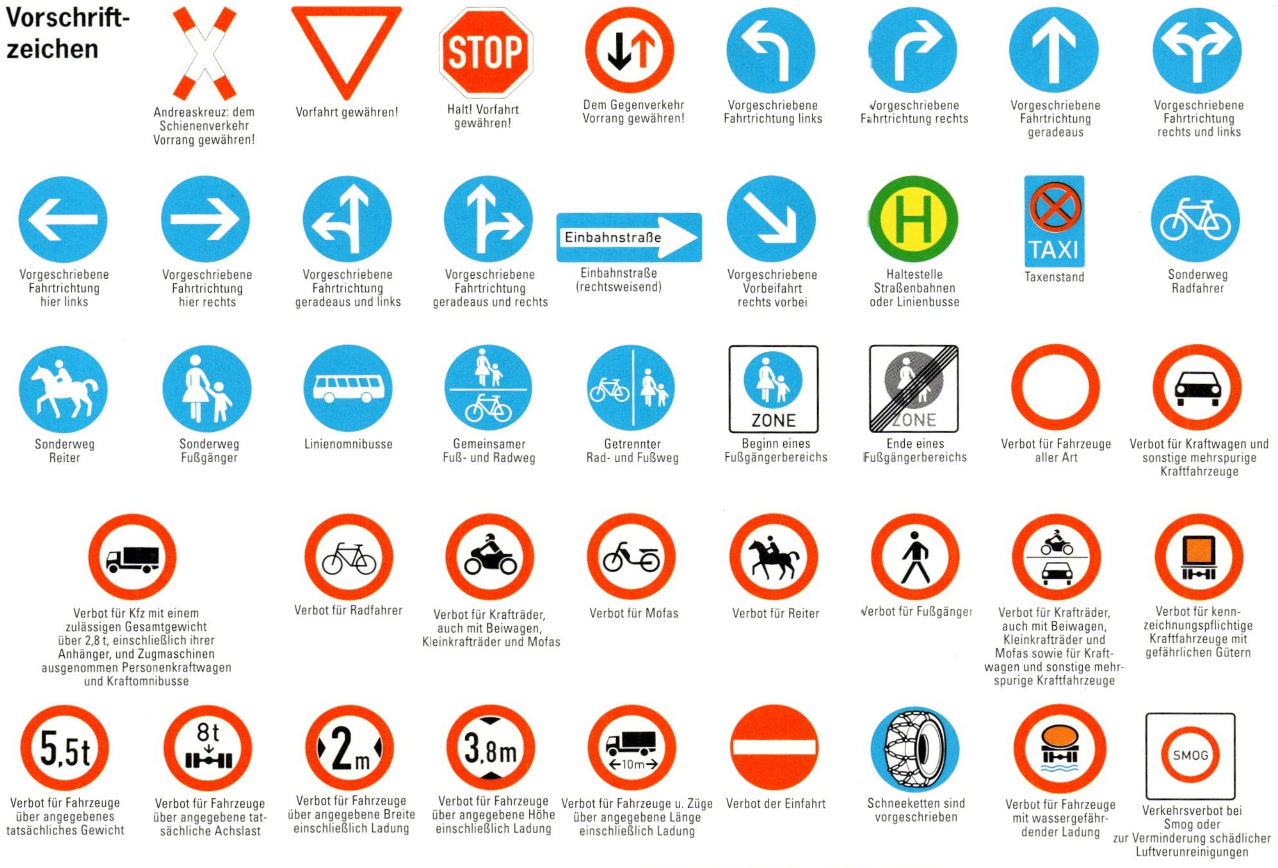

- Andreaskreuz: dem Schienenverkehr Vorrang gewähren!
- Vorfahrt gewähren!
- Halt! Vorfahrt gewähren!
- Dem Gegenverkehr Vorrang gewähren!
- Vorgeschriebene Fahrtrichtung links
- Vorgeschriebene Fahrtrichtung rechts
- Vorgeschriebene Fahrtrichtung geradeaus
- Vorgeschriebene Fahrtrichtung rechts und links
- Vorgeschriebene Fahrtrichtung hier links
- Vorgeschriebene Fahrtrichtung hier rechts
- Vorgeschriebene Fahrtrichtung geradeaus und links
- Vorgeschriebene Fahrtrichtung geradeaus und rechts
- Einbahnstraße (rechtsweisend)
- Vorgeschriebene Vorbeifahrt rechts vorbei
- Haltestelle Straßenbahnen oder Linienbusse
- Taxenstand
- Sonderweg Radfahrer
- Sonderweg Reiter
- Sonderweg Fußgänger
- Linienomnibusse
- Gemeinsamer Fuß- und Radweg
- Getrennter Rad- und Fußweg
- Beginn eines Fußgängerbereichs
- Ende eines Fußgängerbereichs
- Verbot für Fahrzeuge aller Art
- Verbot für Kraftwagen und sonstige mehrspurige Kraftfahrzeuge
- Verbot für Kfz mit einem zulässigen Gesamtgewicht über 2,8 t, einschließlich ihrer Anhänger, und Zugmaschinen ausgenommen Personenkraftwagen und Kraftomnibusse
- Verbot für Radfahrer
- Verbot für Krafträder, auch mit Beiwagen, Kleinkrafträder und Mofas
- Verbot für Mofas
- Verbot für Reiter
- Verbot für Fußgänger
- Verbot für Krafträder, auch mit Beiwagen, Kleinkrafträder und Mofas sowie für Kraftwagen und sonstige mehrspurige Kraftfahrzeuge
- Verbot für kennzeichnungspflichtige Kraftfahrzeuge mit gefährlichen Gütern
- Verbot für Fahrzeuge über angegebenes tatsächliches Gewicht
- Verbot für Fahrzeuge über angegebene tatsächliche Achslast
- Verbot für Fahrzeuge über angegebene Breite einschließlich Ladung
- Verbot für Fahrzeuge über angegebene Höhe einschließlich Ladung
- Verbot für Fahrzeuge u. Züge über angegebene Länge einschließlich Ladung
- Verbot der Einfahrt
- Schneeketten sind vorgeschrieben
- Verbot für Fahrzeuge mit wassergefährdender Ladung
- Verkehrsverbot bei Smog oder zur Verminderung schädlicher Luftverunreinigungen

Wendeverbot

Verbot des Fahrens ohne einen Mindestabstand

Zulässige Höchstgeschwindigkeit

Beginn der Zone mit zulässiger Höchstgeschwindigkeit

Ende der Zone mit zulässiger Höchstgeschwindigkeit

Vorgeschriebene Mindestgeschwindigkeit

Überholverbot für Kraftfahrzeuge aller Art

Überholverbot für Kraftfahrzeuge mit einem zul. Gesamtgewicht über 2,8 t, einschließlich ihrer Anhänger, und von Zugmaschinen, ausgenommen Personenkraftwagen und Kraftomnibusse

Ende der zulässigen Höchstgeschwindigkeit

Ende der vorgeschriebenen Mindestgeschwindigkeit

Ende des Überholverbots für Kraftfahrzeuge aller Art

Ende des Überholverbots für Kraftfahrzeuge mit einem zul. Gesamtgewicht über 2,8 t

Ende sämtlicher Streckenverbote

Haltverbot

Eingeschränktes Haltverbot

Eingeschränktes Haltverbot für eine Zone

Parkscheibe

Ende eines eingeschränkten Haltverbotes für eine Zone

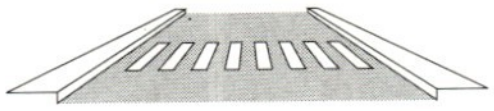

Fußgängerüberweg

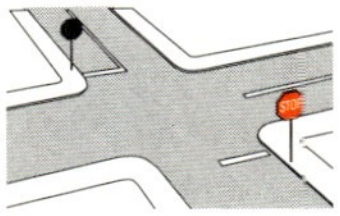

Haltlinie

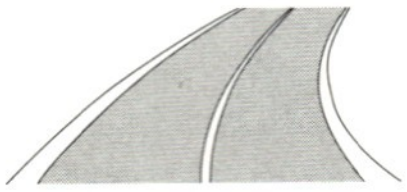

Fahrstreifenbegrenzung und Fahrbahnbegrenzung

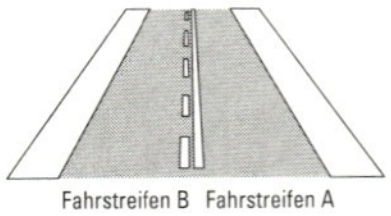

Einseitige Fahrbahnbegrenzung

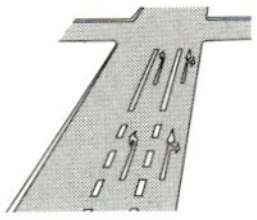

Pfeile

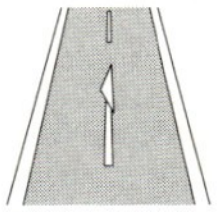

Vorankündigungs-Markierungspfeil

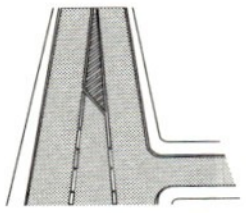

Sperrfläche

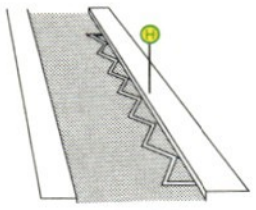

Grenzmarkierung für Halt- und Parkverbote

Richtzeichen

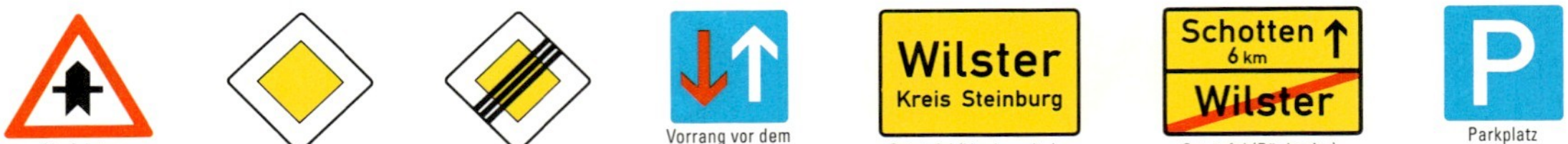

Vorfahrt

Vorfahrtstraße

Ende der Vorfahrtstraße

Vorrang vor dem Gegenverkehr

Ortstafel (Vorderseite)

Ortstafel (Rückseite)

Parkplatz

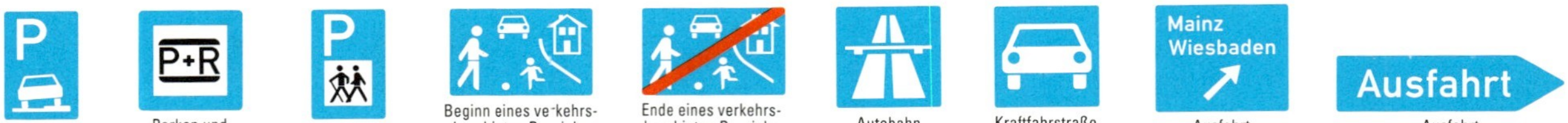

Parken auf Gehwegen

Parken und Reisen

Wanderparkplatz

Beginn eines verkehrsberuhigten Bereichs

Ende eines verkehrsberuhigten Bereichs

Autobahn

Kraftfahrstraße

Ausfahrt von der Autobahn

Ausfahrt von der Autobahn

Ende der Autobahn

Ende der Kraftfahrstraße

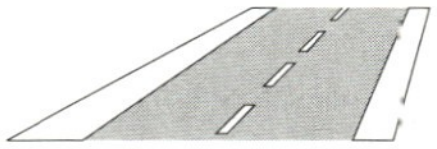

Leitlinie

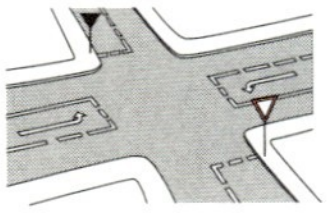

Wartelinie

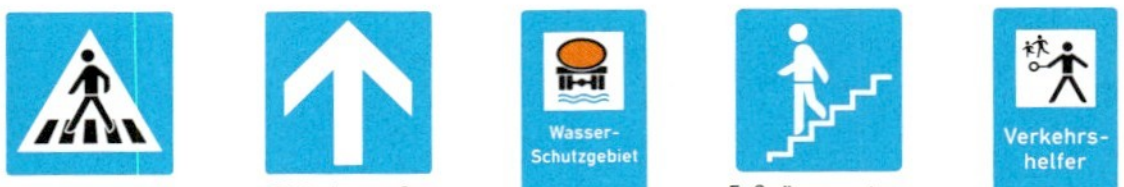

Fußgängerüberweg

Einbahnstraße

Wasserschutzgebiet

Fußgängerunter- oder -überführung

Verkehrshelfer

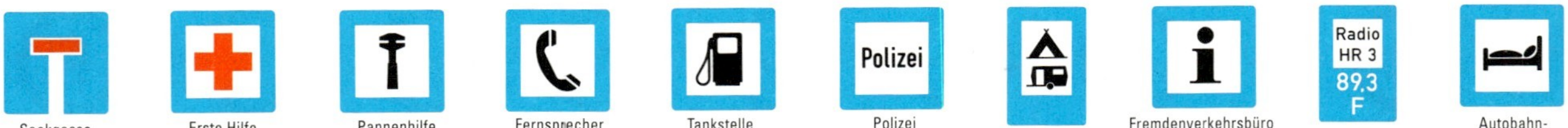

Sackgasse

Erste Hilfe

Pannenhilfe

Fernsprecher

Tankstelle

Polizei

Zelt- und Wohnwagenplatz

Fremdenverkehrsbüro oder Auskunftsstelle

Verkehrsfunksender

Autobahnhotel

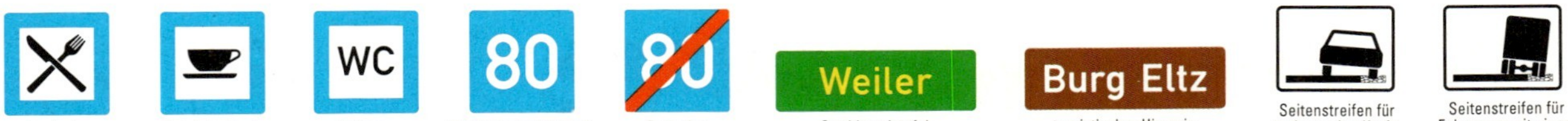

Autobahngasthaus

Autobahnkiosk

Toilette

Richtgeschwindigkeit

Ende der Richtgeschwindigkeit

Ortshinweistafel

touristischer Hinweis

Seitenstreifen für mehrspurige Kraftfahrzeuge nicht befahrbar

Seitenstreifen für Fahrzeuge mit einem zulässigen Gesamtgewicht über 2,8 t und Zugmaschinen nicht befahrbar

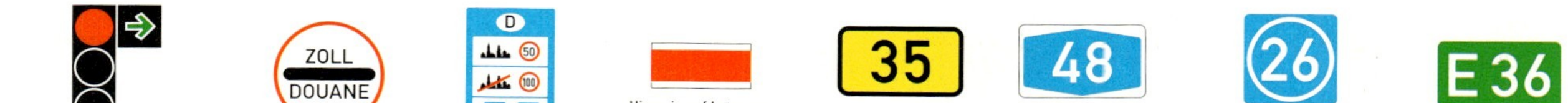
ZOLL
DOUANE
D
50
100
130
35
48
26
E 36

Grünpfeil-Schild
Erlaubt bei Lichtzeichen Rot, nach Halt, das Abbiegen aus dem rechten Fahrstreifen nach rechts

Zollstelle

Informationstafel an Grenzübergangsstellen

Hinweis auf Laternen, die nicht die ganze Nacht brennen

Nummernschild für Bundesstraßen

Nummernschild für Autobahnen

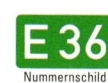

Knotenpunkte der Autobahnen (Autobahnausfahrten, Autobahnkreuze, Autobahndreiecke)

Nummernschild für Europastraßen

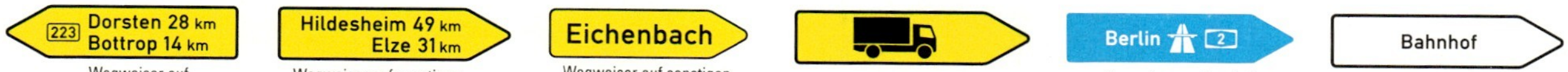
223 Dorsten 28 km
Bottrop 14 km
Hildesheim 49 km
Elze 31 km
Eichenbach
Berlin 2
Bahnhof

Wegweiser auf Bundesstraßen

Wegweiser auf sonstigen Straßen mit größerer Verkehrsbedeutung

Wegweiser auf sonstigen Straßen mit geringerer Verkehrsbedeutung

Wegweiser für bestimmte Verkehrsarten

Wegweiser zur Autobahn

Wegweiser zu innerörtlichen Zielen und zu Einrichtungen mit erheblicher Verkehrsbedeutung

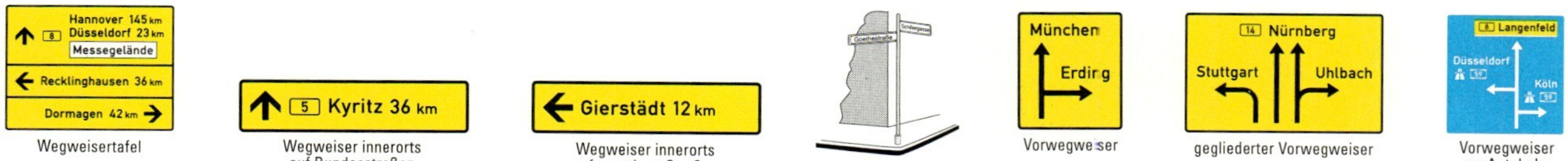
Hannover 145 km
8 Düsseldorf 23 km
Messegelände
Recklinghausen 36 km
Dormagen 42 km
5 Kyritz 36 km
Gierstädt 12 km
München
Erding
14 Nürnberg
Stuttgart
Uhlbach
Langenfeld
Düsseldorf
Köln

Wegweisertafel

Wegweiser innerorts auf Bundesstraßen

Wegweiser innerorts auf sonstigen Straßen

Straßennamensschild

Vorwegweiser

gegliederter Vorwegweiser

Vorwegweiser zur Autobahn

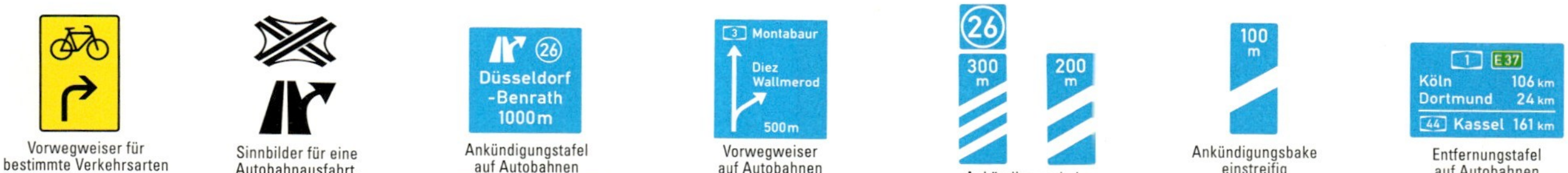
26
Düsseldorf
-Benrath
1000 m
3 Montabaur
Diez
Wallmerod
500 m
26
300 m
200 m
100 m
1 E 37
Köln 106 km
Dortmund 24 km
44 Kassel 161 km

Vorwegweiser für bestimmte Verkehrsarten

Sinnbilder für eine Autobahnausfahrt, Autobahnkreuz, Autobahndreieck

Ankündigungstafel auf Autobahnen (Nummer der Anschlußstelle im weißen Kreis)

Vorwegweiser auf Autobahnen

Ankündigungsbake dreistreifig mit Zeichen 406 (Nummer der Anschlußstelle) zweistreifig

Ankündigungsbake einstreifig

Entfernungstafel auf Autobahnen

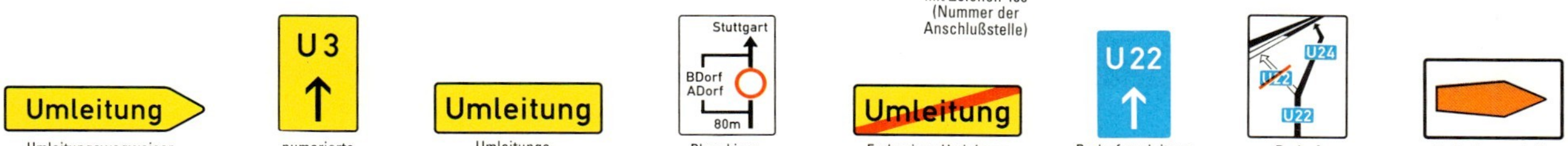
Umleitung
U 3
Umleitung
Stuttgart
BDorf
ADorf
80 m
Umleitung
U 22
U 24
U 22

Umleitungswegweiser

numerierte Umleitung

Umleitungsankündigung

Planskizze

Ende einer Umleitung

Bedarfsumleitung

Bedarfsumleitungstafel

Umlenkungspfeil

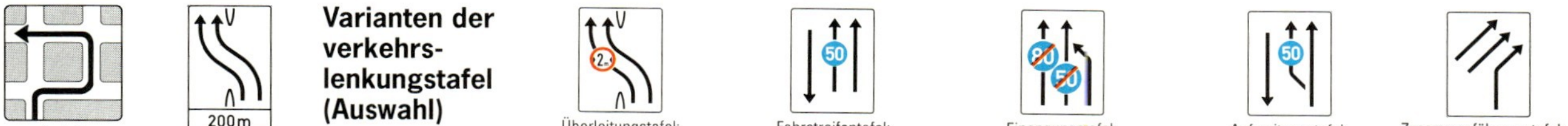
200 m
50

schwierige Verkehrsführung

Überleitungstafel

Varianten der verkehrslenkungstafel (Auswahl)

Überleitungstafel; Darstellung ohne Gegenverkehr und mit Verbot für Fahrzeuge über angegebener Breite

Fahrstreifentafel; Darstellung mit Gegenverkehr und mit vorgeschriebener Mindestgeschwindigkeit

Einengungstafel; Darstellung ohne Gegenverkehr und mit Ende der vorgeschriebenen Mindestgeschwindigkeit (außerhalb der Autobahn)

Aufweitungstafel; Darstellung mit Gegenverkehr und mit vorgeschriebener Mindestgeschwindigkeit (außerhalb der Autobahn)

Zusammenführungstafel; Darstellung ohne Gegenverkehr

Verkehrseinrichtungen

Absperrschranke

Leitbake (Warnbake)

Leitkegel

Fahrbare Absperrtafel

Fahrbare Absperrtafel mit Blinkpfeil

Leitpfosten (links) (rechts)

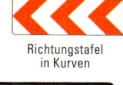

Richtungstafel in Kurven

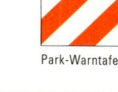

Park-Warntafel

Zusatzzeichen (Auswahl)

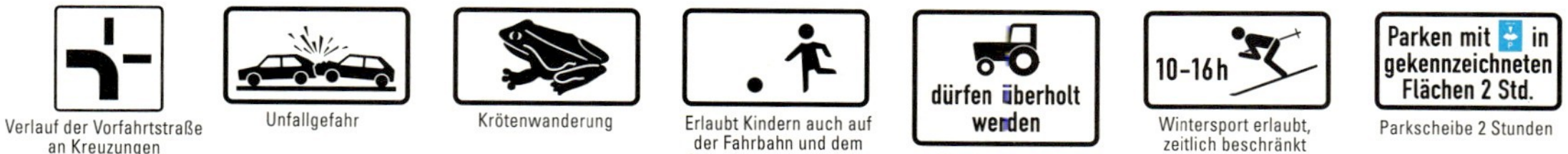
dürfen überholt werden
10–16 h
Parken mit in gekennzeichneten Flächen 2 Std.

Verlauf der Vorfahrtstraße an Kreuzungen (von unten nach links)

Unfallgefahr

Krötenwanderung

Erlaubt Kindern auch auf der Fahrbahn und dem Seitenstreifen zu spielen

Kraftfahrzeuge und Züge bis 25 km/h dürfen überholt werden

Wintersport erlaubt, zeitlich beschränkt (10 – 16 h)

Parkscheibe 2 Stunden

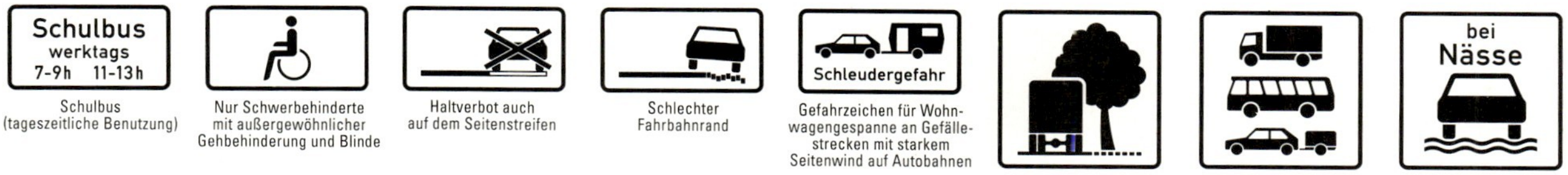
Schulbus
werktags
7-9 h 11-13 h
Schleudergefahr
bei
Nässe

Schulbus (tageszeitliche Benutzung)

Nur Schwerbehinderte mit außergewöhnlicher Gehbehinderung und Blinde

Haltverbot auch auf dem Seitenstreifen

Schlechter Fahrbahnrand

Gefahrzeichen für Wohnwagengespanne an Gefällestrecken mit starkem Seitenwind auf Autobahnen

Eingeschränktes Lichtraumprofil durch Bäume

Nur Lkw, Kraftomnibus und Pkw mit Anhänger

Bei Nässe

Vernunft 1040 verschneiden

Jan Vermeer, *Die Allegorie der Malerei*

2) Eröffnung e. Ausstellung m. Werken noch lebender Künstler; benannt nach d. Brauch d. Pariser Maler im 19. Jh., ihre Bilder am Eröffnungstag einer Ausstellung nochmals zu firnissen z. Verbesserung d. opt. Wirkung.
Vernunft, d. geistige Vermögen der Menschen, nach eigenen Grundsätzen zu urteilen *(theoret. V.)* bzw. zu handeln *(prakt. V.)*. N. Kant ist V. d. Vermögen d. Ideenbildung.
Verona, Hptst. der oberit. Prov. V., an d. Etsch, 259 000 E; ma. Gepräge, antikes Amphitheater, Kirchen (*San Zeno*, 12. Jh.), Paläste; Scaligergräber; Bischofssitz; Metall-, Papier-, Textilind.; Opernfestspiele.

Verona, *Arena*

Veronẹse, Paolo *Caliari,* gen. V. (1528–19. 4. 88), it. Maler d. venezian. Spätrenaiss.; farbenprächtige Monumentalkompositionen *(Gastmahl im Hause Levis),* Deckengemälde (u. a. im Dogenpalast v. Venedig).
Veroneser Grün = Terra verde.
Veronika, w. [gr.], Pflanzengattung; → Ehrenpreis.
Verordnung, *VO,* Anordnung einer Behörde; → Rechtsverordnung, → Verwaltungsverordnung.
Verpfändung, erfolgt bei einer *Sache* oder e. *Recht,* damit ein Gläubiger sich wegen seiner Forderung aus d. Pfandgegenstand befriedigen kann; dessen Übergabe an den Gläubiger erforderlich (§§ 1204 ff. BGB); der Verpfändung wirtsch. ähnlich ist die → Sicherungsübereignung.
Verpflichtungsklage, Klage b. Verwaltungsgericht; gerichtet auf Verurtei-

Paolo Veronese, *Der Triumph von Venedig*

lung z. Erlaß eines abgelehnten od. unterlassenen → Verwaltungsaktes.
Verpuffung, schlagartige Verbrennung m. Ausbreitungsgeschwindigkeiten unterhalb d. Schallgrenze.
Verrazano, Giovanni da (um 1480–um 1527), it. Seefahrer; erkundete 1524 d. Gegend des heutigen New York (Hudson-Mündung, Manhattan).
Verrazano-Narrows-Brücke [-'nʌrouz-], n. V. ben. Brücke über die Einfahrt d. New Yorker Hafens; längste Hängebrücke d. Erde; Mittelstützweite 1281 m; Gesamtlänge 4,1 km.
Verrechnungsabkommen, zwischenstaatl. Vereinbarung, der zufolge d. gegenseit. Zahlungsverkehr nicht durch Überweisungen v. Land zu Land, sondern über Verrechnungskonten abgewickelt wird.

Verrazano-Narrows-Brücke

Verrechnungsscheck, Bez. f. einen Scheck, der den Vermerk „nur zur Verrechnung" trägt und nur mittels Gutschrift auf Konto eingelöst werden darf; Ggs.: → Barscheck.
Verrenkung, Verschiebung, Ausspringen e. Gelenks.
Verrocchio [-'rɔkkio], Andrea del, eigtl. *A. del Cione* (1435–7. 10. 88), it. Bildhauer, Maler, Goldschmied u. Erzgießer, e. Hptmeister d. Frührenaiss., Lehrer Leonardos da Vinci; Plastiken: *David,* → *Colleoni;* Gemälde: *Maria mit Kind.*
Verruca, Mz. *Verrucae,* svw. → Warzen.
Vers, *m.* [l.], metrisch gliederte Wortreihe eines Gedichts.
Ver sacrum, *m.* [l. „Heiliger Frühling"], altitalische Sitte, Mars oder Jupiter in Zeiten der Not die ersten Früchte, aber auch die im Frühjahr geborenen Kinder und Tiere zu opfern.
Versailler Vertrag, Friedensvertrag zw. Dt. Reich u. 26 Ententemächten im Spiegelsaal zu Versailles am 28. 6. 1919 unterzeichnet, am 10. 1. 1920 ratifiziert; Bestimmungen:
1) *Gebietsveränderungen:* Abtretung von Elsaß-Lothringen an Frkr.; Moresnet, Eupen und Malmédy an Belgien; größter Teil der Provinzen Posen und Westpreußen an Polen; Hultschiner Ländchen an Tschechoslowakei; Memelgebiet an Westmächte; Danzig Freie Stadt unter dem Schutz des Völkerbundes; v. Volksabstimmung: Süddt. Ost-preußen und Teil Westpreußens blieben dt.; v. Oberschlesien (trotz einer Mehrheit für Dtld) größerer Teil des Industrie-

gebiets an Polen; N-Schleswig an Dänemark; Saargebiet bis 1935 unter Völkerbundsverwaltung; Anschluß Östr.s verboten.
2) *Auslandsinteressen:* Abtretung der Kolonien; Liquidation des dt. Privatvermögens in Kolonien u. feindlichen Ländern.
3) *Abrüstung* Dtlds als „Einleitung allg. Abrüstung": Landheer 100 000, Kriegsmarine 15 000 Mann.
4) → *Reparationen;*
5) *Sicherheiten:* die Besetzung der linksrheinischen Gebiete sowie der Brückenköpfe Köln, Koblenz, Mainz; bei Nichterfüllung dt. Verpflichtungen: Sanktionen.
6) *Völkerbundsakte* u. Intern. Arbeitsorganisation. – Der Vertrag wurde von den USA nicht ratifiziert; Sonderfriede der USA mit Dtld am 25. 8. 1921.
Versailles [vɛrˈsaːj], Hptst. d. frz. Dép. *Yvelines,* südwestl. v. Paris, 91 000 E; Schloß (v. Ludwig XIV.) m. Park v. Le

Schloß Versailles

Nôtre. – 1783 Friede der USA u. Frkr.s mit England; 1789 Eröffnung der Gen.stände; 1871 dt. Kaiserproklamation in der Spiegelgalerie; 1919 Friedensvertrag mit Dtld nach d. 1. Weltkrieg.
Versalien, die großen Buchstaben im Buchdruck; d. Kleinbuchstaben: *Gemeine.*
Versandhandel, Sonderform des → Einzelhandels; Angebot u. Kauf v. Produkten über den Postweg; übliche Werbemittel: Kataloge, Prospekte, Wurfsendungen.
Versatz, Ausfüllen von Hohlräumen (abgebauten Grubenfeldern) i. Bergbau; Hand-, Spül- u. Blas-V.
Versatzamt, öffentl. Leihhaus.
Versäumnisurteil, ergeht auf *Antrag* einer Partei, falls die andere im Termin zur mündl. Verhandlung nicht erscheint; gegen V. ist *Einspruch* binnen zwei Wochen (im AG-Prozeß einer Woche) seit Zustellung zulässig (§§ 330 ff. ZPO).
Verschaeve [vərˈsxaːvə], Cyriel (30. 4. 1874–8. 11. 1949), fläm. Dichter u. kath. Priester; Haupt der jungfläm. Bewegung; Dramen: *Maria Magdalena.*
Verschleppung, wer einen anderen durch List, Drohung od. Gewalt aus der BR verbringt, zum Verlassen der BR veranlaßt od. v. der Rückkehr in die BR abhält u. dadurch politischer Verfolgung aussetzt, wird mit Freiheitsstrafe nicht unter 1 Jahr bestraft. → Displaced Persons.
Verschmelzung, svw. → Fusion.
verschneiden,
1) svw. → Kastration.
2) bei Wein: Mischen verschiedener

Sorten; auch bei Weinbrand (Weinbrand-Verschnitt).
Verschollenheit → Todeserklärung.
Verschulden, regelmäß. rechtl. Voraussetzung f. → Schadensersatz; umfaßt *Vorsatz* (schädigender Erfolg gewollt) u. *Fahrlässigkeit* (Außerachtlassung d. im Verkehr erforderl. Sorgfalt, § 276 BGB; V. eines gesetzl. Vertreters, Erfüllungsgehilfen od. Beauftragten gilt als eigenes V. (§ 278 BGB); *Mitwirkendes V.* des Geschädigten vermindert Schadensersatzpflicht (§ 254 BGB).
Verschuldungsgrad, eines Unternehmens: Verhältnis von Eigen- und Fremdkapital; → Überschuldung, → Zahlungseinstellung und -unfähigkeit.
Versehen,
1) in d. *kath. Kirche:* Spenden d. Sakramente (Buße, Letzte Ölung, Eucharistie) an einen Sterbenden.
2) V. der Schwangeren, durch plötzlichen unangenehmen Anblick; angeblich dadurch entstandene Mißbildungen beim Kind haben andere, medizinisch erklärbare Ursachen.
Verseifung, Spaltung eines → Esters in Alkohol u. Säure (z. B. Fett in → Glycerin u. Fettsäuren).
Versetzungszeichen, *mus.* Vorzeichen erhöhen um ½ (Kreuz ♯) od. ½ (Doppelkreuz ×) den Ton od. erniedrigen ihn um ½ (Be ♭) od. ½ (Doppel-Be ♭♭). *Auflösungszeichen* ♮ löst V. auf.
Versicherung, Vertrag z. Abwälzung des Einzelrisikos des *Versicherten* auf den durch Prämien gedeckten *Versicherer* (Versicherungsgesellschaft); dieser verringert sein Risiko z. T. durch → Rückversicherung. Ermittlung der Schadenswahrscheinlichkeit durch die *V.smathematik* (Wahrscheinlichkeitsrechnung). Hauptzweige der V. → Sozial-V. (Übers.), → Lebens-V., → Schadensversicherung. *Träger der V.:* 1) bes. Organisationen d. → Sozial-V. (Übers.); 2) die öff. V.sanstalten; 3) *V.svereine auf Gegenseitigkeit,* bei denen die Gesamtheit der Versicherten für die Verluste aufkommen muß; 4) *Erwerbsunternehmen:* Einzelversicherer (i. Dtld selten) u. V.sgesellschaften, staatl. Zulassung erforderl., unterstehen d. Aufsicht durch Bundesaufsichtsamt f. d. V.swesen, Berlin (Ges. v. 31. 7. 1951); → Lloyd, → See-V..
Versicherung an Eides Statt → eidesstattliche Versicherung.
Versicherungsbetrug, Betrug zur Erzielung einer ungerechtfertigten Versicherungsleistung (z. B. durch falsche Angaben über Höhe eines Brandschadens).
Versicherungspolice, Urkunde über Abschluß eines priv. Versicherungsvertrages (Beweisurkunde).
Versicherungsprämie → Prämie.
Versicherungssteuer, Besteuerung des Versicherungsentgelts v. Versicherungsverhältnissen, außer denen der Rück- u. der Sozialvers.; Steuerschuldner: Versicherungsnehmer, Versicherer hat Steuer abzuführen.
Versiegelung, physikal. und chem. Schutz von Holz(-fußböden) durch Kunstharzlacke; im Ggs. zu → Imprägnieren kein Eindringen d. Schutzmittels in tiefere Schichten.
versiert [l.], bewandert, geübt.

versilbern, → Galvanostegie; auch durch Belegen mit Blattsilber.
Version, w. [l.], Lesart, Fassung.
Versmaß, nach bestimmten V.regeln geordnete Silbenfolge, aus Hebungen u. Senkungen od. betonten u. unbetonten Silben; oft **V.verzierung** durch Reim od. Assonanz.
Versmold (D-33775), St. i. Kr. Gütersloh, 18 000 E; Fleischind.
Versöhnungstag → *Jom Kippur.*
Versorgungsausgleich → Eherecht.
Versorgungsbetriebe → lebenswichtige Betriebe.
Verstaatlichung → Sozialisierung.
Verstand, d. geistige Vermögen des Menschen der Begriffsbildung. Nach Kant liefert d. V. der Vernunft das Material.
Verstärker,
1) in der *Elektrotechnik:* Einrichtungen (z. B. Elektronenröhren-, Transistor-, Magnet- od. Relais-V.), die m. schwachen Spannungen od. Strömen gesteuert werden u. in denen stärkere Spannungen u. Ströme v. gleicher Frequenz erzeugt werden; Verstärkung erfolgt meist über mehrere Stufen; prakt. Anwendung z. B. in d. Rundfunk-, Fernseh-, Fernsprech-, Steuerungs- u. Regelungstechnik.
2) *Fotografie:* Lösung, die „flaue", unterbelichtete Negative deutlicher macht.
Verstärkung, *psych.* zentraler Begriff der Lernforschung im Sinne von Belohnung; allg. ist jeder Reiz ein Verstärker, der die Wahrscheinlichkeit einer best. Reaktion erhöht.
Versteigerung, *Auktion,* öff. Verkauf einer Sache durch → Gerichtsvollzieher od. Auktionator an den Meistbietenden; regelmäßige V.en f. überseeische Waren; typisch für *Kunsthandel. Freiwillige V.* od. *gesetzl.* vorgeschriebene V. (Pfandverkauf); → Notverkauf, → Zwangsversteigerung.
Versteinerungen → Fossilien.
Versteppung, Austrocknung früher fruchtbarer Böden durch → Erosion und Senkung des Grundwasserspiegels.
Verstopfung, *Stuhl-V.,* svw. Obstipation.
Verstrickungsbruch, vorsätzl. Beiseiteschaffen, Zerstören od. sonst. Entziehen v. Sachen, welche durch d. zuständ. Behörden od. Beamten gepfändet od. beschlagnahmt worden sind; strafb. mit Freiheits- od. Geldstrafe (§ 137 StGB).
Versuch, wird strafrechtl. bei einer strafbaren Handlung (bei *Verbrechen* stets, bei *Vergehen* nur, falls angedroht) bestraft (§§ 22 ff. StGB); liegt b. Anfang d. Ausführungshandlung vor; straffrei, wenn Täter freiwillig zurücktritt oder Erfolg der Tat selbst abwendet (tätige → Reue).
Versuchung, i. manchen Religionen d. sittl. Erprobung menschl. Glaubens od. Gehorsams u. d. Verlockung zur Sünde.
verte, Abk. *v.,* auch *vertatur* [l.], man wende um!
vertebragen, von den Wirbeln ausgehend.
Vertebraten [l.], svw. → Wirbeltiere.
Verteidiger, Vertreter d. Angeklagten; z. V. zugelassen nur Rechtsanwälte u. Rechtslehrer an dt. Hochschulen; and. Personen bedürfen d. Genehmigung d. Gerichts; auch → Offizialverteidiger.
Verteidigung, Recht d. Angeklagten,

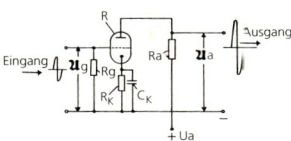

Röhrenverstärker
R Röhre
R_K Kathodenwiderstand
C_K Kathodenkondensator
R_g Gitterwiderstand
R_a Anoden- oder Außenwiderstand
u_g (zu verstärkende) Gitterwechselspannung
u_a (verstärkte) Anodenwechselspannung

im Strafprozeß seine Interessen selbst od. durch Verteidiger zu vertreten.
Verteidigungsfall, tatsächl. Zustand e. Bedrohung d. BR Deutschland durch e. äußeren Feind. Die Feststellung, ob ein V. eingetreten ist, trifft d. Bundestag mit ⅔-Mehrheit. Wenn der Bundestag nicht mehr zusammentreten kann oder nicht beschlußfähig ist, trifft d. Feststellung der Gemeinsame Ausschuß des Bundestages u. der Bundesreg. mit ⅔-Mehrheit. Der Bundespräs. verkündet d. Beschluß. Mit Verkündung d. Beschlusses geht d. Befehlsgewalt über d. Bundeswehr vom Bundesminister d. Verteidigung a. d. Bundeskanzler über.
Vertigo, Gleichgewichtsstörung, Schwindel.
vertikal [l.], senkrecht.
Vertikalkreis,
1) Höhenkreis; *erster V.* geht durch Ost- und Westpunkt.
2) auch bes. Art von Meridianinstrumenten z. Bestimmung der Höhen der Gestirne.
Vertiko, *m.* od. *s.,* kleiner Schrank mit Aufsatz, so nach dem Berliner Tischler *Vertikow* genannt.
Vertrag, erklärte Willensübereinstimmung zweier oder mehrerer Parteien über Herbeiführung eines Rechtsverhältnisses; meist formlos gültig; für gewisse wichtige Verträge ist Schriftform od. öff. Beurkundung vorgeschrieben.
Vertragsstaaten → Vereinigte Arabische Emirate.
Vertragsstrafe, Konventionalstrafe, v. den Parteien für den Fall d. Nicht- od. nicht gehörigen Erfüllung eines V. vereinbarte Zahlung einer Geldsumme.
Vertragszölle, durch zwischenstaatl. Vereinbarungen festgesetzt; Ggs.: → autonome Zölle.
Vertrauensfrage, Verlangen der Regierung an das Parlament, abzustimmen, ob sie sein Vertrauen genießt.
vertretbare Sachen (Werte), *fungible Sachen (Werte), Fungibilien,* bewegl. Sachen, die wegen ihrer Gleichartigk. im wirtsch. Verkehr nach Zahl, Maß od. Gewicht bestimmt zu werden pflegen (§ 91 BGB).
Vertreter,
1) durch Gesetz *(gesetzl. V.)* od. durch Rechtsgeschäft *(Vollmacht)* z. Abgabe v. Willenserklärungen im Namen eines anderen ermächtigte Person; Erklärungen des V.s wirken unmittelbar für u. gegen den *Vertretenen,* der auch f. Verschulden des V.s haftet; *V. ohne Vertretungsmacht* haftet selbst u. verpflichtet d. Vertretenen nur, wenn dieser genehmigt.
2) svw. → Handelsvertreter.
Vertriebene, *Heimat-V.,* → Flüchtlinge, Übers.; → Volksdeutsche.
Verve, *w.* [frz. vɛrv], seel. Schwung.
Verviers [vɛrˈvje], St. in Belgien, Prov. Lüttich, 54 000 E; Textil- u. Masch.ind.
Verwahrungsbruch, vorsätzl. Vernichten, Beiseiteschaffen od. Beschädigen v. Urkunden, Registern, Akten od. sonst. Gegenständen, die sich in amtl. Aufbewahrung befinden od. einem Beamten od. einem Dritten amtl. übergeben worden sind; strafbar m. Freiheits- od. Geldstrafe (§ 133 StGB).
Verwahrungstheorie, svw. Sicherungstheorie, → Strafrechtstheorien.
Verwahrungsvertrag, Verpflichtung d. Verwahrers, e. bewegl. Sache d. Hin-

terlegers aufzubewahren; bei unentgeltl. Verwahrung Haftung nur mit d. Sorgfalt wie in eigenen Angelegenheiten (§§ 688 f. BGB).
Verwaltung, Funktion d. Staatsgewalt (Verwaltungsbehörden u. Beamte), gerichtet auf Ausführung d. Gesetze.
Verwaltungsakademien, Anstalten zur Fortbildung von Beamten (Berlin, Speyer, Münster, Köln, Mannheim, Mainz, Karlsruhe).
Verwaltungsakt, hoheitl. Willensäußerung der öff. Verwaltung, einen konkreten Einzelfall betreffend; zentraler Begriff des Verwaltungsrechts.
Verwaltungsbezirke → Bezirk.
Verwaltungsgerichte → Rechtspflege, Übers.
Verwaltungsgerichtsordnung, *VwGO,* v. 21. 1. 1960, regelt bundeseinheitl. d. verwaltungsgerichtl. Verfahren.
Verwaltungsrecht, rechtl. Regelung d. öffentl. Verwaltung.
Verwaltungsrechtsweg, gegeben bei allen öff.-rechtl. Streitigkeiten nicht verfassungsrechtl. Art, soweit nicht durch Gesetz anders bestimmt.
Verwaltungsstreitverfahren, Prozeßverfahren v. d. Verwaltungsgerichten; Verwaltungsakte jeder Art sind (grundsätzlich erst nach Vorverfahren, → Widerspruch) durch Klage im Verwaltungsstreitverfahren nachprüfbar.
Verwaltungsverordnung, Anweisung v. Verwaltungsbehörden f. d. inneren Betrieb; nur f. d. unterstellten Behörden, nicht f. d. einzelnen Staatsbürger verbindlich.
Verwaltungszwangsverfahren → Zwangsvollstreckung.
Verwandtenehe, *Inzestehe,* Ehe zw. Nächstverwandten; verboten zw. Geschwistern, Verwandten und Verschwägerten in gerader Linie.
Verwarnung,
1) Zuchtmittel i. d. Jugendgerichtsbarkeit.
2) *gebührenpflichtige V.,* bei geringfügig. Ordnungswidrigkeiten durch Polizei od. Verwaltungsbehörde.
3) *V. mit Strafvorbehalt,* bei verwirkten Geldstrafen bis zu 180 Tagessätzen kann d. Gericht unter best. Voraussetzungen Verurteilung aussetzen, Täter verwarnen u. ihm Bewährungsauflagen erteilen (§§ 59 ff. StGB).
Verweis, Strafart im Disziplinarrecht.
verwerfen, Früh- oder Fehlgeburt bei Haustieren.
Verwerfung, Bruchfläche, längs der die Schichten d. Erdkruste gegeneinander verschoben sind, → Graben, → Horst.
Verwertungsgesellschaften, nehmen d. Rechte v. Autoren, Komponisten, Textern etc. gegenüber Buch- u. Musikverlagen, Film, Rundfunk- u. Fernsehanst. wahr; → GEMA.
Verwirkung, ein Anspruch od. Recht kann nach längerer Zeit nicht mehr geltend gemacht werden, wenn dies wegen bes. Umstände gg. Treu und Glauben verstoßen würde.
verwittern, *weidm.* e. Fläche etc. verstänkern, um Wild abzuschrecken (z. Wildschadensverhütung).
Verwitterung, Zersetzung der Gesteine durch mechan. (Frost, Hitze, Wind u. a.), chem. (Wasser, Kohlen-, Humussäure u. a.) u. biol. Einwirkungen (Pflan-

Vespasianus (re.), Ankunft in Rom

Via Appia

zenwurzeln, Tiere, Moose); Ergebnis sind Lockermassen, aus denen sich Boden bildet; *mechan.* V. am stärksten i. Polargebiet, Hochgebirge u. in Wüsten; *chem.* V. bes. in d. Tropen.
Verwoerd [fər'vu:rt], Hendrik F. (8. 9. 1901–6. 9. 66), südafrikan. Pol.; Vors. der Nationalpartei, vertrat Politik der → Apartheid, s. 1958 Min.präs.; ermordet.
verzinken → sherardisieren u. → Galvanotechnik.
verzinnen → Weißblech.
Verzug → Gläubigerverzug, → Schuldnerverzug.
Verzugszinsen, dem Gläubiger vom Eintritt d. Schuldnerverzugs zu zustehende Zinsen aus einer Geldschuld, i. bürgerlichen Recht 4%, i. Handelsrecht 5%.
Vesalius, Andreas (31. 12. 1514 bis 15. 10. 64), Leibarzt Karls V., Begr. der neueren Anatomie.
Vespasianus, Titus Flavius, röm. Kaiser 69–79 n. Chr.; erbaute das → Kolosseum in Rom.
Vesper,
1) Bernward (1. 8. 1938–15. 5. 71), dt. Schriftst.; Sohn d. NS-Dichters *Will V.* (1882–1962); Selbstmord in e. psychiatr. Klinik; autobiograph. Romanessay: *Die Reise* (postum erschienen).
2) Guntram (* 28. 5. 1941), dt. Schriftsteller, Lyriker; Hörspiele; Erzählungen.
Vesper, *w.* [l.], Abendzeit; kirchl. Abendgebet, dann auch Abendessen; → Sizilianische Vesper.
Vesperbild → Pietà.
Vesperglocke, läutet zum Abendgebet.
Vespucci [ves'puttʃi], Amerigo (9. 3. 1451–22. 2. 1512), it. Seefahrer; Reisebeschreibungen über (Süd-)*Amerika,* das nach ihm benannt ist.
Vesta [l.], griech. *Hestia,* Göttin des Herdfeuers.
Vestalinnen, jungfräuliche Priesterinnen d. *Vestatempels* in Rom, in dem sie das „ewige Feuer" des Staatsherdes unterhielten.
Vestdijk [-dɛɪk], Simon (17. 10. 1898 bis 23. 3. 1971), ndl. Schriftst.; Romane: *Das fünfte Siegel.*
Vestibül, *s.* [l.], Vorraum, Eingangshalle bzw. Treppenhalle.
Vestibularapparat, das Gleichgewichtsorgan, die drei Bogengänge im → Ohr.
Vesuv, it. *Monte Vesuvio,* tätiger Vulkan, 12 km östl. von Neapel, 1277 m hoch, der ehem. Kraterrand *(Monte di Somma)* 1132 m; Observatorium, Sesselbahn, Straße bis 1017 m; an d. unteren Hängen intensiver Weinbau. Erster bekannter Ausbruch 79 n. Chr. (Zerstörung v. *Pompeji, Herculaneum),* letzter stärkerer Ausbruch 1944.
Veszprém ['vɛspre:m], Prov.hptst. i. W-Ungarn, 55 000 E; Bischofssitz, Stadtkern auf e. Klippe.
Veteran [l.], ausgedienter Soldat oder Beamter, bes. ehem. Kriegsteilnehmer.
Veterinär [frz.], svw. → Tierarzt.
Veterinärmedizin → Tierarzneikunde, Tierheilkunde.
Veto, *s.* [l. „ich verbiete"], Recht, einen Beschluß durch Einspruch unwirksam zu machen.
Vevey [və've], (CH-1800), Kurort am Genfer See, Kanton Waadt, 16 100 E.

Vexierbild, *Vexierrätsel,* Bild, in dessen Linien e. zu erratende (Scherz-)Figur versteckt ist.
Vexillologie [l. „vexillum = Tuch, Fahne"], Fahnen-, Flaggenkunde.
Vézère [ve'zɛ:r], r. Nbfl. d. Dordogne, 192 km l.
VFR, Abk. f. engl. **V**isual **F**light **R**ules, „Sichtflugregeln" f. Flüge, bei denen nach Sicht geflogen werden kann.
VFW, Bez. für *Vereinigte Flugtechnische Werke GmbH;* 1963 gegründet durch Fusion der „Weser-Flugzeugbau GmbH" und „Focke Wulf GmbH"; 1965 Eingliederung der „Ernst Heinkel Flugzeugbau GmbH", 1969 Fusion mit Fokker.
v. Gr., Abk. f. *v. Greenwich* (0-Meridian) an gerechnet.
VHF [engl..], Abk. f. *very high frequencies,* sehr hohe Frequenzen, = *Ultrakurzwellen, Meterwellen;* Wellenlängen 1 bis 10 m, Frequenzbereich 30 bis 300 MHz; Anwendung: Hör- u. Fernsehfunk, Nachrichten-Nahverkehr (→ Wellenlänge, Übers.).
via [l. „auf dem Wege"], svw. „über" (einen Ort) fahren, befördern.
Via, *w.* [l.], Straße, Weg.
Via Appia, altröm. Straße v. Rom über Capua nach Brindisi; Bau 312 v. Chr. begonnen.
Viadana, Lodovico Grossi da (1564 bis 2. 5. 1645), it. Komponist; beteiligt an der Erfindung d. Generalbasses.
Via dolorosa [l.], Weg d. Schmerzen, Kreuzweg.
Viadukt, *m.* [l.], über ein Tal führende Brücke.
Via Mala, 600 m t. Schlucht d. Hinterrheins i. Graubünden oberhalb Thusis.
Vian [vɪ'ã], Boris (10. 3. 1920–23. 6. 59), frz. Schriftst. u. Schausp.; zeitkrit.-realist. Kriminalromane u. exot.-lyr. Romane m. drast. Erotik; *Ich werde auf eure Gräber spucken; Herbst in Peking.*
Vianden, luxemburg. St. an d. dt. Grenze, 2800 E; Pumpspeicherwerk, 2 Staubecken mit insges. 6,6 Mill. m³ Fassungsvermögen; gr. Kraftwerk (Kapazität jährl. 1,35 Mrd. kWh).
Viangchan → Vientiane.
Viareggio [-'reddʒo], Hafenst. in der it. Prov. Lucca, a. Tyrrhenischen Meer, 60 000 E; Seebad.
Viatikum [l. „Wegzehrung"], hl. Kommunion (Abendmahl) f. Kranke u. Sterbende; früher auch Almosen für Wandernde, bes. Studenten.
Viborg,
1) Hptst. des dän. Amts *V.,* auf Jütland, 40 000 E; Domkirche (12. Jh.). – Bis 1655 Wahlstätte der dän. Könige.
2) schwed. f. Viipuri (→ Wyborg).
Vibraphon, *s.,* Schlaginstrument von zartem Glockenklang.
Vibration, *w.* [l.], Schwingung, Erschütterung.
Vibrationsmassage, Erschütterungs- → Massage.
Vibrato, *s.* [it.], Vortragsart i. d. Musik; kleine, schnelle Tonschwankungen in d. Singstimme u. bei Streich- u. Blasinstrumenten.
vibrieren [l.], schwingen, zittern (bes. v. Tönen).
Vicarius Christi *m.* [l. „Stellvertreter Christi"],
1) Titel f. jeden Bischof i. Früh-MA.

Vicenza 2) alleiniger Titel d. Papstes s. d. 12. Jh.

Vicenza [vi′tʃ-], Hptst. d. oberit. Prov. V., Venetien, 109 000 E; Dom, Bischofssitz, Bauwerke Palladios (Basilika, Teatro Olimpico); Akad. d. Künste; Keramik-, Seiden-, Masch.ind.

vice versa [l.], Abk. v. v., umgekehrt.

Vichy [vi′ʃi], frz. Badeort im Allier, 31 000 E; Kohlensaures-Natrium-Quellen gg. Darm- u. Magenleiden. – 1940 bis 44 Sitz der v. Dtld gestützten **V.-Regierung** unter Marschall Pétain.

Vico, Giovanni Battista (23. 6. 1668 bis 23. 1. 1744), it. Geschichts- u. Sprachphil.; Begr. der Völkerpsychologie.

Vicomte, *m.* [frz. vi′kõt], engl. *Viscount,* it. *Visconte,* Adelstitel im Rang zw. Graf u. Baron.

Victor, *Viktor* [l. „Sieger"], m. Vn.

Victoria [bik-], Tomás Luis de (um 1548/50–27. 8. 1611), span. Komponist in Rom; Messen; Motetten.

Victoria [l.], Sieg, röm. Siegesgöttin.

Victoria,
1) Staat Australiens an der SO-Spitze, nördl. bis zum Murray-Fluß; 227 620 km², 4 Mill. E; Braunkohle; Hptst. *Melbourne.*
2) Hptst. v. → Hongkong.
3) Hptst. v. Britisch- → Columbia.

Victoriafälle, gewaltiges Wasserfallsystem des Sambesi in SO-Afrika; insges. 1,7 km br., 110 m t.; Hptfälle: *Devils Cataract* (30 m br.), *Mainfalls* (515 u. 290 m br.), *Rainbowfall* (550 m br.); 1855 von Livingstone entdeckt.

Victoriainsel, *Victorialand,* kanad. Insel im Nördl. Eismeer, 217 290 km².

Victoria regia, Seerose südam. Flüsse; Blätter (Ränder hochgebogen) bis 2 m Durchmesser; weiße, später rötl. Blüten, 40 cm gr. (nur an zwei einander folgenden Nächten im Jahre blühend).

Victoriasee, größter See Afrikas (O-Afrika), 1134 müM, 69 484 km², 81 m tief; wichtigster Zufluß: *Kagera,* Abfluß: *Victoria-Nil.*

Vicuña, *w.* [-′kun`a], *Vikunja,* südam. Lama-Art; wertvolle Wolle.

Vidal, Gore, Pseudonym: *Edgar Box* (* 3. 10. 1925), am. Schriftst. m. zeitkrit. Themen. Romane: *Williwaw; Burr; Lincoln; Empire;* Dramen: *Der beste Mann; An Evening with Richard Nixon.*

Videla, Jorge (* 2. 8. 1925), argentin. Gen. u. Pol.; n. Militärputsch 1976–81 Staatspräs.

Video, Sammelbezeichnung f. d. gesamten Fernsehbereich sowie zur Kennzeichnung d. f. diesen Bereich bestimmten Geräte u. Anlagen (z. B. *V.kamera, V.aufzeichnung*).

Video-Clip [engl.], meist wenige Minuten langer Video-Film, der (teilweise m. beträchtl. techn. und finanziellem Aufwand) einen Schallplattentitel der → Rock-Musik in Bilder umsetzt (wobei d. Interpreten häufig auch als Darsteller auftreten); v. d. Plattenindustrie zu Promotionzwecken produziert u. im Fernsehen (teilweise eigene Programme u. Sender) u. in Diskotheken vorgeführt.

Videokonferenz, Form d. Telekonferenz, bei d. speziell ausgerüstete Konferenzräume über Breitband-Stromwege zusammengeschaltet sind.

Videokunst, Gattung d. Gegenwartskunst s. d. 1960er Jahren im Zuge d. Entwickl. d. Videotechnologie, teils aus krit. Einstellung gg.über d. Medium Fernsehen; Happenings, Multi-Monitor-Installationen, Videoskulpturen; Hptvertr. N. J. Paik, W. Vostell, D. Davis, M. J. Lafontaine.

Videoplatte, *Bildplatte,* Platte, in der Bild u. Ton aufgezeichnet sind; kann über Fernsehgerät (mit Zusatzgerät Bildplattenspieler) abgespielt werden.

Videosignal, Fernsehsignal in seiner natürl. Frequenzlage; Gemisch a. Bild-, Austast- u. Synchronsignal (schwarzweiß: BAS-, farbig: FBAS-Signal). → Fernsehen, Übers.

Videospiele, *Computerspiele,* elektron. Spiele, die auf Cassetten od. Disketten gespeichert sind u. über einen speziellen Spielcomputer od. einen → Heimcomputer auf d. Fernsehbildschirm od. auf e. bes. Monitor übertragen werden; d. Spielfiguren werden v. einem od. mehreren Spielern mittels Tasten, Knöpfen u. → Joystick bewegt; neben Sport-, Geschicklichkeits- u. Schießspielen auch Abenteuerspiele, bei denen d. Spieler verbale Lösungsmöglichkeiten wählen muß.

Videotex, Textkommunikation, intern. empfohlener Oberbegriff für d. bildschirmgebundenen u. auch f. d. privaten Gebrauch entwickelten Dienste „*Interactive V.*" (in d. BR → Bildschirmtext) u. „*Broadcast V.*" (in der BR → Videotext).

Videotext, *Teletext, Broadcast Videotex;* Textkommunikationssystem d. öffentl.-rechtl. Fernsehanstalten i. d. BR; Farbfernsehgerät m. Decoder dient zur Wiedergabe; die Information (Aktuelles, Untertitel z. B. f. Gehörlose u. ä.) wird über d. Sender in d. Vertikalaustastlücke des Fernsehsignals übertragen; Einführung 1980.

Videothek, Ausleihstelle f. Videokassetten u. Videoplatten.

vidi [l.], ich habe gesehen; Abk. „V", s. Zeichen der Beglaubigung, der Einsichtnahme.

Viebig, Clara (17. 7. 1860–31. 7. 1952), dt. Schriftst.in; *Kinder d. Eifel; Unter dem Freiheitsbaum.*

Viechtach (D-94234), St. u. Luftkurort im Kr. Regen, Bayr. Wald, 8225 E; AG; Brauereien, div. Ind.; Kristallmus., Burgfestspiele.

Viehsalz, mit Eisenoxid denaturiertes Kochsalz.

Viehseuchen → Tierseuchen.

Vieleck, *Polygon,* von *n* geraden Linien begrenzte ebene Figur (*n*-Eck).

Vielfraß, großer Marder N-Eurasiens und Amerikas, braunschwarzer, langer Pelz.

Vielzeller, svw. → Metazoen.

Vienne [vjɛn],
1) l. Nbfl. d. Loire b. Saumur, 359 km l.
2) frz. Dép., 6991 km², 383 000 E; Ackerbauland; Hptst. *Poitiers.*
3) *Haute-V.,* frz. Dép., 5520 km², 359 500 E; Hptst. *Limoges.*
4) frz. St. im Dép. Isère, a. d. Rhône, 29 000 E; Woll-, Schuh-, Eisenind.; röm. Ruinen. – 450–1790 Erzbistum.

Vientiane, *Wieng tschan,* Hptst. v. Laos, am Mekong, 377 000 E.

Viereck, v. 4 Geraden gebildetes Vieleck; Sonderfälle: → Quadrat, Rechteck, Parallelogramm, Rhombus (Rhomboid), Trapez.

Viereckschanzen, spätkelt. Schanzen (100 x 100 m) in S-Frkr. und S-Bayern.

Vierländer Bauernhaus

Vierer, mit vier Ruderern bemanntes Ruder-(Riemen-)Boot, mit ode ohne Steuermann, auch als Bez. f. Vierer-Kajak (K IV).

Vierfarbendruck → Farbdruck.

Vierlande, Marschlandschaft rechts d. Elbe, zu Hamburg, Gemüse- u. Obstbau, Blumenzucht.

Viermächteabkommen, regelte strittige Fragen über → Berlin; von d. vier Besatzungsmächten ausgehandelt, 3. 6. 1972 bis zur Wiedervereinigung gültig.

Viernheim (D-68519), St. i. Kr. Bergstr., Hess., 30 889 E; Masch.ind.

Vierpaß, aus 4 Kreisen zus.gesetzte got. Maßwerkverzierung.

Viersen (D-41747–51), Krst. im Rgbz. Düsseldorf, NRW, 77 658 E; 1970 Eingemeindung *Dülken* u. *Süchteln;* AG; div. Ind.; Wildpark.

Vicenza, *Teatro Olimpico*

Viersiebziger, *470er,* im Segelsport: Kunststoff-Zweimannjolle; seit 1976 olympische Bootsklasse.

Viertaktmotor, e. → Verbrennungskraftmaschine, bei der in jedem Zylinder nur bei *einem* v. vier aufeinanderfolgenden Kolbenhüben oder *Takten* (1 Aufod. Abgehen des Kolbens = 1 Takt) Nutzarbeit geleistet wird. *1. Takt:* Ansaugen des Brennstoff-Luft-Gemisches; *2. Takt:* Verdichtung (Kompression); *3. Takt:* Zündung u. Verbrennung, Ausdehnung treibt Kolben abwärts; *4. Takt:* Ausschub (→ Tafel Kraftfahrzeug).

vierte Dimension,
1) für Erklärung angeblich übernatürl. Erscheinungen angenommen (neben Höhe, Breite u. Tiefe).
2) in d. Darstellung der → Relativitätstheorie (Übers.) werden Raum u. Zeit gleichartig behandelt, also Vereinigung Raum–Zeit in mancher Beziehung als vierdimensionale Mannigfaltigkeit aufgefaßt.

vierter Stand, im 19. Jh. Bez. der Arbeiterschaft, die zu den früheren drei Ständen (Adel, Geistlichkeit, Bürgertum) hinzutrat.

Vierte Welt, UN-Bez. f. die 25 ärmsten Staaten der Welt (→ Dritte Welt).

Vierung, im Kirchenbau viereckiger Raumteil i. d. Überschneidung v. Queru. Längsschiff, darüber oft Kuppel od. V.sturm.

Vierwaldstätter See, Schweizer Alpensee, nach den ihn umgebenden *Vier Waldstätten* (Uri, Schwyz, Unterwalden u. Luzern) genannt; 214 m tief, 114 km², 434 müM; von der Reuß durchflossen, besteht aus Luzerner, Küßnachter, Stans-

stader, Gersauer, Vitznauer u. Urner Seebecken.
Vierzehn Heilige → Nothelfer.
Vierzehnheiligen, barocke Kloster- u. Wallfahrtskirche 1743–72 v. J. B. *Neumann,* bei Staffelstein i. Oberfranken a. Main, gegenüber Schloß Banz.
Vierzehn Punkte, das vom am. Präs. Wilson am 8. 1. 1918 verkündete, a. d. Selbstbestimmungsrecht der Völker auf-

Vierzehnheiligen, *Gnadenaltar*

gebaute Friedensprogramm; forderte u. a. Öffentlichkeit aller Verträge, Freiheit der Meere, offene Tür für den Handel zw. allen Nationen, Abrüstung aller, gerechte Verteilung der Kolonien, Selbständigkeit der Völker Österreich-Ungarns, Ordnung der Balkanstaaten u. der Türkei, Errichtung des Völkerbundes; wurden im → Versailler Vertrag nicht verwirklicht, bzw. versagten dessen Lösungsversuche in der Praxis, so bes. in der → Minderheitenfrage und der allg. Abrüstung.
Vierzellenbad, elektr.-galvanisches Wasserbad für Hände u. Füße zu Heilzwecken bei Lähmungserkrankungen.
Vietinghoff-Scheel, Heinrich von (6. 12. 1887–23. 2. 1952), dt. Gen.-oberst, im 2. Weltkr. Oberbefehlshaber versch. Heeresgruppen.
Vietkong, kommunistisch orientierte Befreiungsbewegung in (Süd-)Vietnam, mil. Arm d. → FLN.
Vietminh, während des 2. Weltkrieges von → Ho Tschi Minh in Indochina gg. die jap. Besatzung gebildete Freiheitsbewegung, s. 1945 unter kommunist. Einfluß.
Vietnam, Staat in → Hinterindien, am Südchin. Meer; Bev.: 87% buddhist. Vietnamesen; Minderheiten: Tho, Chinesen, Thai, Khmer u. a. **a)** *Geogr. u. Wirtsch.:* Gebirgig u. reich an Bodenschätzen (Eisenerz, Kohle, Zinn, Zink, Phosphate, Apatit, Erdöl, Gold); Ind.: Textil-, Nahrungsmittel-, Eisen- und Stahl-, Maschinen-, chem. u. Zementind., i. d. fruchtbaren Mündungsgebieten d. *Roten Flusses* und d. *Mekong* Reisanbau, ferner Zuckerrohr-, Kautschukplantagen, Mais-, Baumwolle-, Tee- u. Tabakanbau, Seidenraupenzucht; über 30% bewaldet (trop. Edelhölzer). **b)** *Außenhandel* (1991): Einfuhr 1,84 Mrd.,

VIETNAM	
Staatsname:	Sozialistische Republik Vietnam, Cộng Hòa Xã Hội Chủ Nghĩa Việt Nam
Staatsform:	Sozialistische Republik
Mitgliedschaft:	UNO, ASEAN
Staatsoberhaupt:	Tran Duc Luong
Regierungschef:	Phan Van Khai
Hauptstadt:	Hanoi 1,1 Mill. (Agglom. 3,1 Mill.) Einwohner
Fläche:	331 689 km²
Einwohner:	72 931 000
Bevölkerungsdichte:	220 je km²
Bevölkerungswachstum pro Jahr:	⌀ 2,23% (1990–1995)
Amtssprache:	Vietnamesisch
Religion:	Buddhisten (55%), Katholiken (7%)
Währung:	Dong (D)
Bruttosozialprodukt (1994):	13 775 Mill. US-$ insges., 190 US-$ je Einw.
Nationalitätskennzeichen:	VN
Zeitzone:	MEZ + 7 Std.
Karte:	→ Asien

Vietnam

Vignette *von L. Richter*

Ausfuhr 1,57 Mrd. $. **c)** *Verf.* v. 1992: Soz. Rep. m. Einkammerparlament. **d)** *Verw.:* 3 Stadtgebiete, 36 Prov. u. 1 Sondergebiet. **e)** *Gesch.:* V. entstand 1945, wurde v. d. kommunist. Freiheitsbewegung Vietminh als Rep. ausgerufen, mit Ho Tschi Minh als Präs.; 1946 von Frkr. anerkannt; bestand zunächst nur aus Annam (mittlerer Teil) u. Tongking (nördl. Teil); Kämpfe s. 1947 um völlige Unabhängigkeit u. Umfang d. Gebiets führten 1949 zur Einsetzung von Bao Dai durch

Vigeland-Skulpturen, *Oslo*

Frkr. als Staatschef unter gleichzeit. Angliederung von Kotschinchina; nach 1950 schwere Kämpfe d. Franzosen u. Bao Dais m. der v. d. UdSSR u. d. Volksrep. China anerkannten Gegenreg. unter Ho Tschi Minh; 1954 Waffenstillstand; auf d. Genfer Indochinakonferenz Aufteilung in das kommunist. Nord-V. (Ho Tschi Minh 1954–69 Präs.) u. das westl. Süd-V. (Ngo Dinh Diem 1954–63 Min.präs.), Demarkationslinie längs des 17. Breitengrades. 1956 Weigerung Süd-V.s, die auf der Genfer Indochina-Konferenz vorgesehene Volksabstimmung über die Wiedervereinigung durchzuführen, deshalb s. 1957 zunehmende Guerillatätigkeit in Süd-V. durch die Vietkong bis zur Ausweitung zum Bürgerkrieg; Eingreifen d. USA durch die Entsendung von Militärberatern (s. 1961) u. v. Nord-V. durch reguläre Verbände; s. 1964 zunehmende Einsatz am. Truppen (1969: 543 000 Mann) u. Verbände d. SEATO; Ausweitung d. Luftkrieges (auch auf Nord-V. ausgedehnt); 1968–72 Waffenstillstandsverhandlungen zw. Nord-V. und USA, 1969 stufenweiser Rückzug d. am. Truppen u. ihrer Verbündeten; 1972 Waffenstillstandsabkommen, jedoch weiterhin Bürgerkrieg bis zur vollständigen Eroberung Süd-V.s (1975 Kapitulation Saigons); 1976 Wiedervereinigung von Nord- und Süd-Vietnam; 1977/78 Grenzkrieg mit → Kambodscha, 1979 Einmarsch vietnames. Truppen (1989 abgezogen), Grenzkonflikte mit China; s. 1987 vorsichtige Wirtschaftsreformen; 1992 neue Verfassung; Zulassung der freien Marktwirtschaft; 1994 Aufhebung der Wirtschaftssanktionen durch die USA; 1995 Wiederaufnahme diplomatischer Bezieh. m. d. USA.
Viewdata ['vju:deɪtə], bildschirmge-

bundene Textkommunikation, → Bildschirmtext.
Vigée-Lebrun [vi'ʒeləˈbrœ̃], Elisabeth-Louise (16. 4. 1755–30. 3. 1842), frz. Malerin d. Rokoko; gesuchte Porträtistin auch in d. europ. Hauptstädten; *Marie Antoinette; Die Künstlerin mit ihrer Tochter.*
Vigeland [-lan], Gustav (11. 4. 1869 bis 12. 3. 1943), norweg. Bildhauer; v. Rodin beeinflußte Monumentalplastiken (im Osloer *Vigelandspark*).

Vigilien [l. ,,Nachtwachen''], urspr. nächtl. Vorfeiern vor hohen Festtagen, heute allein d. Osternacht; sonstigen hohen Festtagen vorangehende Tage: *Vigiltage.*
Vigneaud ['vi:njou], Vincent du (18. 5. 1901–11. 12. 78), am. Biochem.; Hormonforscher; Nobelpr. 1955.
Vignette, w. [frz. vɪn'jɛtə], ,,Weinranken''; in d. Buchkunst Verzierung, auf Titelseiten, am Rand u. bei Anfangsbuchstaben im Text.
Vignettierung [frz.], i. d. *Optik:* Abschirmung seitlich einfallender Lichtstrahlen durch die Linsenfassung.
Vignola [vɪɲ-], eigtl. *Giacomo Barozzi da V.* (1. 10. 1507–7. 7. 73), it. Architekt d. Manierismus; durch d. Entwurf d. Kirche *Il Gesù* (Rom) bahnbrechend f. d. Entwickl. d. barocken Baukunst d. Gegenreformation; Verfasser weitverbreiteter Lehrbücher.
Vignon [vi'ɲõ],
1) Claude (get. 19. 5. 1593–10. 5. 1670), frz. Maler u. Radierer d. barocken Klassizismus m. Elementen d. it. Helldunkelmalerei n. Caravaggios Vorbild.
2) Pierre Alexandre (5. 10. 1763–1. 5. 1828), frz. Architekt d. Klassizismus (Néoclassicisme); *Ste-Madeleine* in Paris.
Vigny [vi'ɲi], Alfred Comte de (27. 3. 1797–17. 9. 1863), frz. Dichter d. Romantik; Balladen, Lyrik; Roman: *Cinq Mars;* Drama: *Chatterton.*
Vigo ['biɣo], span. Hafenst. am Atlant. Ozean, i. d. Provinz Pontevedra (Galicien), 275 000 E; Fischerei.
Vihara [sanskr.], buddhistisches Kloster.
Viipuri → Wyborg.
Vijayawada [vɪ'dʒa:-], St. im ind. Unionsstaat Andra Pradesh, 500 000 E; Pilgerzentrum; Metall-, Agrarind.

Vikar [l.], Stellvertreter, Hilfsgeistlicher; sein Amt: **Vikariat**.
vikariierend [nl.], gegeneinander austauschbar, einander ersetzend.
Viking, zwei am. Raumsonden z. Erforschung d. Mars; 1976 weich gelandet, bis 1978 bzw. 1980 in Betrieb.
Viktimologie, Teilgebiet d. → Kriminologie: Lehre v. d. Beziehung zw. Täter u. Verbrechensopfer.
Viktor,
a) *Päpste:*
1) V. I. (189–98), Hlg. (28. 7.).
2) V. IV. (1159–64), kaiserl. Gegenpapst zu Alexander III.
b) *Könige v. Sardinien u. Italien:*
3) V. Emanuel I. (1759–1824), vereinte Piemont, Nizza, Savoyen, Genua mit Sardinien.
4) V. Emanuel II. (14. 3. 1820–9. 1. 78), Einiger Italiens; erwarb v. Östr. die Lombardei u. Venedig, ab 1861 *König von Italien.*
5) V. Emanuel III. (11. 11. 1869–28. 12. 1947), König 1900–46 (→ *Italien, Geschichte.*)
Viktoria,
1) V. Alexandrina (24. 5. 1819–22. 1. 1901), s. 1837 Kgn v. Gr.-Brit. u. N-Irland (d. „Queen"), verheiratet mit ihrem Vetter, d. Prinzen → Albert v. Sachsen-Coburg. 1876 Kaiserin von Indien; Großmutter Kaiser Wilhelms II.; ihr Berater → Disraeli; Erweiterung d. brit. Kolonialreiches; innere Reformen *(Viktorianisches Zeitalter);* ihre Tochter
2) V. Adelheid (21. 11. 1840–5. 8. 1901), Gemahlin Kaiser Friedrichs, Gegnerin Bismarcks.
Viktorialand, svw. → Victoriainsel.
Viktorianischer Stil, engl. *Victorian Style,* in d. engl. Kunst (hpts. Architektur) Bez. f. d. Epoche d. Historismus um 1840–1910 (ben. n. d. engl. Kgn → Viktoria I.); d. Parlamentsgebäude in London u. Sakralbauten meist im Stil d. Neugotik, Verwaltungsbauten meist im Stil d. Neurenaiss.
Viktualien [l.], Lebensmittel, Eßwaren.
Vilar,
1) Esther (* 16. 9. 1935), dt.-argent. Schriftst.in; *D. dressierte Mann; Theaterstück: D. Antrittsrede d. am. Päpstin.*
2) Jean (25. 3.1912–28. 5. 71), frz. Schauspieler u. Theater-Regisseur klass. u. moderner Stücke.
Villach (A-9500), östr. Bez.st. in Kärnten, a. d. Drau, 56 668 E; Eisenbahnknotenpunkt, div. Ind.; St.teil *Warmbad V.* (radioaktive Quellen 30 °C).
Villa Farnesina, Villa in Rom (1508 bis 11) mit Raffaelfresken; → Chigi.
Villafranca di Verona, it. St. i. d. Prov. Verona, 27 000 E. – 1859 Vorfriede zw. Napoleon III. u. Franz Joseph I.
Villa Hammerschmidt, Amtssitz d. Bundespräs. i. Bonn.
Villahermosa [vijaerˈmosa], südmexikan. Prov.hptst., 300 000 E; Bischofssitz, Uni.; Agrarzentrum.
Villa Hügel, Schloß der Familie → Krupp b. Essen (erbaut 1870–72), s. 1955 Sitz e. Stiftung für kulturelle Zwecke.
Villa-Lobos, [-bus], Heitor (5. 3. 1887 bis 17. 11. 1959), brasilian. Komp. u. Dirigent.
Villard de Honnecourt, [viˈlaːrdə ɔnˈkuːr], frz. Baumeister d. Hochgotik,

nachgewiesen 1230–35; Verf. d. einzig erhaltenen ma. Bauhüttenbuchs (Mustersamml. v. Grund- u. Aufrissen, Bauschmuck, Beschreib. v. Baumaschinen u. techn. Verfahren).
Ville, Höhenrücken südw. von Köln, Braunkohleabbau im Tagebau.
Villefranche-sur-Saône [vilfrɑ̃ʃsyrˈsoːn], frz. St. im Dép. *Rhône,* 29 000 E; Textilind., Wein- u. Holzhandel.
Villiers de l'Isle-Adam [viˈlje dlilaˈdã], Philippe-Auguste Comte de (7. 11. 1838–18. 8. 89), frz. Schriftst.; *Grausame Geschichten.*
Villingen-Schwenningen (D-78048–56), Luft- u. Kneippkurort, Krst. d. Schwarzwald-Baar-Kr., a. d. Brigach, Ba-Wü., 700–1000 müM, 80 121 E; AG; feinmechan. u. a. Ind.; histor. Stadtbild.
Villon [viˈjõ]
1) François (um 1431 bis nach 5. 1. 1463), frz. Vagantenlyriker; *Das große Testament; Balladen.*
2) Jacques, eigtl. *Gaston Duchamp* (31. 7. 1875–9. 6. 1963), frz. nachkubist. Maler; Wegbereiter eines d. Gegenstand auflösenden abstrakten Stils.
Vilnius → Wilna.
Vilsbiburg (D-84137), St. im Kr. Landshut, Bay., 10 513 E; AG.
Vilshofen (D-94474), St. i. Kr. Passau, an d. Mündung d. Vils in d. Donau, Bay., 15 970 E; AG; spätgot. Kirche.
Viña del Mar [ˈbiɲa-], Ind.st. in Chile, östl. v. Valparaíso, 297 000 E; Seebad.
Vincennes [vɛ̃ˈsɛn], St. im Dép. Val-de-Marne, östl. Vorort v. Paris, 43 000 E; Rennplatz u. Park *(Bois de V.),* Schloß.
Vindeliker, kelt. Volk zw. Donau u. Alpen, in der röm. Provinz Raetia et Vindelicia.
Vin de Pays [frz. vɛ̃dəˈpei „Landwein"], zweitniedrigste Qualitätsstufe der frz. Weine m. e. best. Mindestalkoholgehalt, die aus e. speziellen Anbaugebiet (Département, Anbauzone oder Großzone) kommen müssen u. nur v. empfohlenen Rebsorten stammen dürfen.
Vin de Table [frz. vɛ̃dəˈtablə „Tafelwein"], unterste Qualitätsstufe der frz. Weine.
vindizieren [l.], für sich beanspruchen.
Vindobona, alter lat. Name v. Wien.
Vin Doux Naturel [frz. vɛ̃ˈdu natyˈrɛl „natürl. Süßwein"], mit Alkohol versetzter → *Dessertwein,* der EG-rechtl. zu d. → *Likörweinen* gehört u. zumeist aus → Muscat- od. → Grenache-Trauben erzeugt wird.
Vineta, nach der Sage versunkene Handelsst. an d. Ostsee (wahrscheinlich auf Wollin).
Vingt-et-un [frz. vɛ̃teˈœ̃ „einundzwanzig"], Kartenglücksspiel.
Vinifizierung, Herstellung von → Wein aus weißen od. roten Trauben, die d. Verarbeitung des Lesegutes (Kelterung, → Gärung), d. Behandlung des Jungweins u. d. → Ausbau des Weins umfaßt. Nach d. Art des Endprodukts unterscheidet man die V. von *Stillweinen* (Rot-, Rosé- oder Weißweine), → *Schaumweinen* u. → *gespriteten Weinen.* Durch die Auswahl der Trauben (reinsortig oder verschnitten), die Behandlung der Maische u. d. Gärführung sowie e. eventuelle Anreicherung (→ Chaptalisieren, → Süßreserve) des Mostes kann man d. Farbe (Rot- od.

Viking auf dem Mars, *Blick über die Ebene Utopia, 6. 9. 1976*

Königin Viktoria 1)

Rudolf Virchow

Roséwein) u. d. Geschmack (trocken, halbtrocken od. süß) bestimmen. Spezielle V.smethoden können auch f. e. frühe Trinkreife sorgen (v. a. → Kohlensäuremischung b.).
vinkulieren, Bindung eines Wertpapiers zur Verhinderung einer mißbräuchlichen Weitergabe.
Vinland, alter Name der v. den Wikingern unter → Leif Eriksson um 1000 n. Chr. entdeckten Ostküste Nordamerikas.
Vin Mousseux [ˈvɛ̃ muˈsøː], frz. Bez. f. → Schaumwein.
Vino da Tavola [it. „Tafelwein"], eigtl. niedrigste Qualitätsstufe der Weine in Italien o. große Beschränkungen, die aber von einigen Erzeugern genutzt wird, um d. starren DOC-Bestimmungen zu umgehen u. Spitzenweine zu erzeugen, die nicht d. Vorschriften (f. zugelassene Rebsorten, Vinifizierungs- u. Ausbaumethoden) des Anbaugebietes unterliegen (z. B. *Sassicaia* i. d. Toskana).
Vintschgau, it. *Val Venosta,* das obere Etschtal bis Meran, überwiegend dt. Bevölkerung.
Vinylharze, durch → Polymerisation erhaltener → Kunststoff der Gruppe der → Thermoplaste.
Vinzenz von Paul (24. 4. 1581–27. 9. 1660), kath. Hlg.; größter Organisator der neuzeitl. Caritasarbeit *(Lazaristen, Barmherzige Schwestern).*
Viola, w. [it.],
1) die heutige → Bratsche (Abb. → Orchester).
2) Gruppe v. Streichinstrumenten des 16. u. 17. Jh.s, mit Resonanzsaiten; **V. d'amore,** Kniegeige, → Gambe; kleiner als Violoncello; **V. da braccio,** Armviola.
Violine, w. [it.], Geige, Streichinstrument (Abb. → Orchester).
Violinschlüssel, svw. → G-Schlüssel.
Viollet-le-Duc [vjɔlɛləˈdyk], Eugène Emmanuel (27. 1. 1814–17. 9. 79), frz. Baumeister, Verf. grundlegender architekturgesch. u. -theoretischer Werke, maßgeblich f. d. Restaurierung ma. Baudenkmäler im 19. Jh.
Violoncello, s., *Cello* [it. -tʃɛlo] tiefe Kniegeige v. samtenem, dunklem Klang (Abb. → Orchester).
Violone, m., tiefes Streichinstrument; → Kontrabaß.
Viotti, Giovanni Battista (12. 5. 1755 bis 3. 3. 1824), it. Geigenvirtuose u. Komp.; Violinkonzerte.
V. I. P., Abk. f. *Very Important Person* [engl. „sehr wichtige Person"], Prominenter.
Vipern, *Ottern,* Giftschlangen, z. B. d. → *Kreuzotter,* auch die ihr ähnliche *Aspisviper,* W- u. S-Europa, und die *Sandviper,* gefährliche Giftschlange der Mittelmeerländer, die → *Puffotter* u. a.
Virämie, Auftreten von Viren im Blut.
Virchow, Rudolf (13. 10. 1821–5. 9. 1902), dt. Pathologe; Begr. der Zellulartherapie u. Vorkämpfer der Gesundheitspflege (Kanalisation, Desinfektion).
Virement, s. [frz. virˈmɑ̃:], Übertragung von Haushaltsmitteln von einem Etatposten auf den anderen.
Viren → Virus.
Virgil → Vergilius.
Virginal, engl. Cembaloinstrument im 16. Jh.
Virginia, in der röm. Sage von ihrem

Vater Virginius getötet, als der Dezemvir Appius Claudius ihre Ehre verletzte.
Virginia [vəˈdʒɪnjə], Abk. *Va.*, O-Staat d. USA, am Atlant. Ozean, 105 586 km², 6,4 Mill. E (27% Schwarze); Weizen, Mais, *Tabak*, Baumwolle; Bergbau; Holz-, Textilind.; Hptst. *Richmond.* – 1584 z. Ehren d. „jungfräul." Kgn Elisabeth v. England benannt; sehr früh starke Einfuhr v. schwarzen Sklaven.
Virginität, w. [l.], Jungfräulichkeit.
Virgo, w. [l.],
1) → Sternbilder, Übers.
2) die Jungfrau.
Virgo intacta, „unberührte" Jungfrau.
viril [l.], männlich.
Virilisierung, Vermännlichung.
Virologie, Lehre v. den Viren u. den durch Viren hervorgerufenen Krankheiten. MPI f. Virusforschung (Molekularbiologie), Tübingen.
Virostatika, Mittel, die die Vermehrung d. Viren hemmen.
Virtanen, Artturi Ilmari (15. 1. 1895 bis 11. 11. 1973), finn. Biochem.; biol. Stickstoff- u. Schädlingsproblem; Nobelpr. 1945.
virtuell [frz.], der Möglichkeit nach vorhanden, aber nicht wirksam; schlummernd.
Virtuelle Realität, *Virtual Reality,* von e. Computersystem simulierte bzw. erzeugte „Wirklichkeit", in der sich e. Benutzer über spezielle Schnittstellen *interaktiv* bewegen kann, indem der Rechner alle Bewegungen berücksichtigt u. d. Simulation dementsprechend verändert. Techn. Hilfsmittel: Helm m. stereoskop. Doppelbildschirm (z. T. mit Kopfhörern, sog. EyePhones), → Datenhandschuh bzw. → Datenanzug. Das VR-System wurde urspr. f. mil. Zwecke entwickelt; es kann f. techn.-wiss. Aufgaben (z. B. „Begehung" v. geplanten Bauwerken, Manipulation von Mikrostrukturen; vorgesehen ist d. Verwendung in für Menschen unwirtlichen Gegenden wie etwa dem Weltraum) u. f. Unterhaltungszwecke eingesetzt werden, z. B. → Cybersex.
virtueller Speicher, Erweiterung d. Arbeitsspeichers e. Computers, indem e. Teil d. Festplatte entspr. reserviert wird.
virtuelles Bild → Tafel Optik.
Virtuose [it.], Meister in der techn. Beherrschung einer Kunst, bes. Musiker.
Virulenz, w. [l.], Infektionskraft eines Bakterien- oder Virenstammes; *virulent,* besonders ansteckungsfähig.
Virus, *m. od. s.*, Mz. *Viren,* infektiöse, nur elektronenoptisch sichtbare Partikel aus Eiweiß u. Nukleinsäure (*DNA* oder *RNA*), die sich ausschließl. in lebenden Wirtszellen vermehren; dabei dringt die Nukleinsäure als genet. Information in die Wirtszelle u. benutzt deren Stoffwechsel zur Bildung neuer Viruspartikel; einige Viren (z. B. V. der Tabakmosaikkrankheit u. der spinalen Kinderlähmung) in Kristallform darstellbar; Erreger zahlr. Krankheiten *(Virosen)* wie Pocken, Masern, Tollwut, spinale Kinderlähmung, Schnupfen, Mumps, Grippe, Windpocken, Hepatitis, Röteln, Herpes, Warzen; bei Tieren Maul- und Klauenseuche, Staupe, Schweinepest u. a.; zahlr. Pflanzenkrankheiten; *Virämie* ist Blutüberschwemmung m. Viren (Behandlung m. *virostat.*; d. V.wachstum

Peter Vischer d. Ä.

hemmenden Arzneien); → Bakteriophagen.
Virushepatitis → Hepatitis.
Vis, it. *Lissa,* dalmatinische Adriainsel, 86 km², 15 000 E. – 1866 Seesieg d. Östr. über die Italiener.
Visa, am. Kreditkartenorganisation.
Visagapatam, *Vishakhapatnam,* St. u. Seebad im ind. Staat Andhra Pradesch, 750 000 E.
Visage, w. [frz. viˈzaːʒə], Gesicht (verächtlich).
vis-à-vis [frz. vizaˈvi], gegenüber.
Visby, Hptst. der Insel u. d. schwed. Läns Gotland an der W-Küste, 21 000 E; Stadtmauer u. Dom (13. Jh.), Handelshafen. – Im 12. u. 13. Jh. blühende Handels- u. Hansestadt.
Vischer, Nürnberger Bronzebildner der Renaissance,
1) Peter, *d. Ä.* (um 1460–7. 1. 1529), noch am Übergang v. d. Spätgotik, mit s. Sohn
2) Peter, *d. J.* (1487–1528), gemeinsame Erzgießerei; Hptwerk *Sebaldusgrab,* Nürnberg (mit Selbstdarstellung P. V. d. Ä.).
Vischer, Friedrich Theodor (30. 6. 1807–14. 9. 87), dt. Schriftst. u. Phil.; *Auch Einer* (Roman); *Kritische Gänge; Ästhetik.*
Visconti, lombardische Adelsfamilie, herrschte 1277–1447 i. Mailand.
Visconti, Luchino (2. 11. 1906–17. 3. 76), it. Film- u. Theaterregisseur; *Rocco e i suoi fratelli* (1960); *Il gattopardo* (1963); *Morte a Venezia* (1971); *Ludwig II* (1972).
Viscount [engl. ˈvaɪkaʊnt], → Vicomte.
Visegrad-Staaten, ben. nach d. Ort Visegrad nahe Budapest; 1991 erste Gesprächsrunde d. Präs. Ungarns, Polens u. d. Tschechoslowakei über gemeinsames Handeln bei d. Integration in Westeur. u. d. angestrebten Mitgliedschaften in EU und NATO. Wegen d. Aufteilung d. Tschechoslowakei in 2 Staaten sind weitere Gespräche fraglich.
visibel [l.], sichtbar.
Visier, *s.* [frz.],
1) am mittelalterlichen Helm aufklappbarer Gesichtsschutz, begittert oder mit Sehschlitzen.
2) Teil der Visiereinrichtung bei Schußwaffen, mit Kimme, meist verstellbar, auf dem hinteren Teil des Rohres.
Visiereinrichtung, bei Schußwaffen, besteht aus → Visier u. → Korn. Beim Zielen müssen Kimme des Visiers, Korn u. Ziel in eine Linie *(Visierlinie)* gebracht werden. Auch → Zielfernrohr. Bei Geschützen Aufsatz (für Rohrerhöhung) mit Rundblickfernrohr (feststehendes Okular, drehbarer Fernrohrkopf), Fadenkreuz zum Ausrichten, für Seitenrichtung).
visieren, zielen, aufs Korn nehmen; eichen; beglaubigen (durch → Visum.)
Vision, w. [l.], geistige Schau, Sinnestäuschung, Erscheinung in rel. od. künstler. Verzückung.
visionär, i. Geiste geschaut, traumhaft.
Visitatio liminum (Apostolorum), w. [l. „Besuch d. Schwellen (d. Apostel)"], d. Pflicht d. eur. kath. Bischöfe, alle 5. u. die der außereur., alle 10 Jahre d. Romfahrt z. Besuch d. Gräber d. Apostel Petrus u. Paulus sowie d. Papstes zu machen.

Visitation, w. [l.], amtlicher Besuch; auch → Kirchenvisitation.
Visite, *w.,* Besuch.
visitieren, besuchen.
viskos [l.], klebrig, dickflüssig.
Viskose, *w.,* → Chemiefasern.
Viskosimeter, *s.,* Apparat zur Messung der **Viskosität** (Zähflüssigkeit, Dickflüssigkeit, innere Reibung) einer Flüssigkeit.
Vis major [l.], → höhere Gewalt.
Visser 't Hooft, Willem Adolf (20. 9. 1900–4. 7. 85), ndl. ev. Theol.; 1938–66 Gen.sekr. d. Ökumen. Rats der Kirchen, s. 1968 d. Ehrenpräs.
Vista, *w.* [it.], Sicht; Vorlegung eines Wechsels.
Vistavision, Verfahren der Breitwand-Filmtechnik; arbeitet bei Aufnahme mit 75°-Weitwinkelobjektiv und größerem Negativ als üblich, das f. d. Vorführung auf Normalfilm v. 35 mm verkleinert wird; Film läuft waagerecht u. doppelt so schnell wie bisher.
visualisieren, bildlich darstellen, mit Bildern erläutern.
visuell [l.], auf Beobachtung durch das *Auge* beruhend, mit bloßem Auge sichtbar.
Visum [l.], Sichtvermerk, besonders in Pässen; für Einreise in best. Länder ist ein V. d. betreffenden Botschaft bzw. d. Konsulats erforderl.; auch Durchreise-Visa.
viszeral, die Eingeweide betreffend.
Vita, w. [l.], das Leben; Lebensbeschreibung.
vital [l.], lebenskräftig, lebenswichtig.
Vitalienbrüder, *Likedeeler* (Gleichteiler d. Beute), Seeräuber der Nord- u. Ostsee, im 14. u. 15. Jh.; → Störtebeker.
Vitalismus, philosoph. Lehre, die das Leben auf e. besondere „Lebenskraft" od. e. bes. „Lebensstoff" zurückführt.
Vitalität [l.], Lebenskraft, Lebensfrische.
Vitalkapazität, in der Lunge Volumendifferenz zw. tiefster Ein- und Ausatmung.
Vitalstoffe, unwissenschaftlicher Begriff für als biol. → Katalysatoren wirkende Substanzen (z. B. → Enzyme, Vitamine, Hormone, essentielle → Aminosäuren u. Fettsäuren, → Spurenelemente.
Vitamine, lebenswichtige, f. d. Stoffwechsel unbedingt notwendige Wirkstoffe, teils wasser-, teils fettlöslich; ihr chem. Aufbau b. d. meisten geklärt, so daß manche v. ihnen synthet. hergestellt werden können. Im Körper üben sie in kleinsten Mengen ähnl. große Wirkungen auf d. Stoffwechsel aus wie die Hormone, können jedoch v. Mensch- u. Tierkörper nur teilweise gebildet werden, so daß sie mit d. Nahrung zugeführt werden müssen. Bei nicht ausreichender Zufuhr od. Behinderung ihrer Aufnahme *(Resorption)* infolge Krankheit der Verdauungsorgane kommt es zu *Vitaminmangelkrankheiten* (Hypo-, Avitaminosen); Überdosierungen (Hypervitaminosen) können zu Vergiftungserscheinungen führen, bes. b. d. Vitaminen A, D, K. Der Vitamin-B$_2$-Komplex wird von der normalen Darmbakterienflora gebildet (→ Übers., Vitamine). → Antivitamine.
Vitellius Aulus, röm. Kaiser 69 n. Chr.

Vitamine

Vitamin	Bezeichnung	Natürliches Vorkommen	Mangelerscheinungen beim Menschen	Besondere Eigenschaften	Tägl. Bedarf
A	*Axerophthol.* Epithelschutz-V.	als Vorstufe (*Provitamin*, Carotin): Karotten, Spinat, Tomate, Kohl; als V.: Lebertran, Eigelb, Butter, Milch, Käse, Meerfisch.	Haut- u. Schleimhautveränderungen, Augendarre, Lichtscheu, Nachtblindheit.	fettlöslich, hitzebeständig sauerstoffempfindlich.	1–2 mg (bei Überdosierung Schäden)
B_1	*Thiamin, Aneurin.* Antineuritisches V.	Hefe, Reiskleie, Haselnüsse, Vollkornbrot, Weizenkleie u. -keimlinge, Spinat, Tomate, Karotte, Leber, Herz, Niere, Eigelb, Milch.	Beri-Beri-Störungen von Magen, Darm, Leber, Herz sowie des Kohlenhydrat- und Wasserstoffwechsels, zentralnervöse Schädigungen.	wasserlöslich, ziemlich hitzebeständig, sauerstoffempfindlich.	1–2 mg
B_2-Komplex	besteht aus etwa 16 Wirkstoffen, darunter B_2, B_6, P.P-Faktor, Pantothensäure, B_{12}, Folsäure, Vitamin H (siehe diese), sämtlich vorhanden in Hefe und alle wasserlöslich.				
B_2 im engeren Sinn	*Riboflavin, Laktoflavin.* Wachstums-V.	Hefe, Spinat, Kohl, Honig, Erbsen, Tomate, Banane, Apfelsine, Milch, Ei, Niere, Leber.	Unsicher. Vermutlich Haut- und Schleimhautveränderungen, Zungenschwellung, Nägelwachstumsstörung, Faulecken.	wasserlöslich, ziemlich beständig.	1,5–4 mg
B_6	*Adermin, Pyridoxin.* Pellagraschutzstoff der Ratte.	Hefe, Apfel, Birne, Kartoffel, Mais, Grüngemüse, Reis, Milch, Muskel, Fisch.	Unsicher. Vermutlich Haut- und Schleimhautveränderungen, Nervenstörungen, Eiweißstoffwechselstörungen, Nervosität, Schwäche.	wasserlöslich, ziemlich hitzebeständig, UV-empfindlich.	etwa 2–4 mg
Nicotylamid	= *Nikotinsäure-, Niacinamid.* Antipellagra-V. P. P.-Faktor.	Hefe, Reiskleie, Vollkornbrot, Weizen, Muskel, Leber, Fisch.	Pellagra, Durchfälle, Schleimhautentzündungen, nervöse und seelische Störungen.	wasserlöslich, beständig.	etwa 20–25 (bis 100) mg
B_{12}	*Cyanocobalamin.* Antiperniziosafaktor, antianämisches V.	Sojabohne, Leber, Milch, Eiweiß, Fleisch.	Anämie, vermutlich Wachstumsstörungen beim Kind.	wasserlöslich, lichtempfindlich.	etwa 0,5–1 (bis 3) γ
M	*Folsäure.* Eluatfaktor.	Blattgemüse, Leber, Niere, Muskel, Milch, Käse.	Störungen der Blutkörperchenbildung.	wasserlöslich.	schätzungsweise 0,1–0,2 mg
H	*Biotin.* Haut-V.	Hefe, Reiskleie, Pilze, Molke, Eigelb, Leber, Niere, Hirn.	Hautentzündungen, Seborrhoe, bes. der Kleinkinder.	wasserlöslich.	etwa 0,01–0,2 mg
H'	Para-Aminobenzoësäure, *Bakterienwuchsstoff*, wird durch →Sulfonamide als „Anti-Vitamin" verdrängt.				

Vitamine

Vitamin	Bezeichnung	Natürliches Vorkommen	Mangelerscheinungen beim Menschen	Besondere Eigenschaften	Tägl. Bedarf
B_x	*Pantothensäure.*	Hefe, Grünpflanzen, Früchte, Milch, Eigelb, Leber, Niere, Muskel.	Unsicher. Möglicherweise Stoffwechselstörungen, Haarausfall und -ergrauen.	wasserlöslich.	etwa 10–50 mg
C	*1-Askorbinsäure.* Antiskorbutisches V.	Hagebutten, Citrusfrüchte, Tomaten, Kartoffeln, Milch, Leber, Milz.	Skorbut, Möller-Barlowsche Krankheit, Frühjahrsmüdigkeit, Erschöpfungszustände, Zahnfleischblutungen, Infektanfälligkeit.	wasserlöslich, ziemlich hitzebeständig, sauerstoffempfindlich.	75–150 mg
$D_{(1-5)}$	D_2 *(Ergocalciferol)* durch Bestrahlung von Ergosterin. D_2 *(Cholecalciferol)* durch Bestrahlung von Dehydrocholesterin. Antirachitisches V.	Hefe, Getreidekeime, Pilze, Lebertran, Milch, Butter, Eidotter.	Rachitis, Mineralstoffwechselstörungen, Zahnschmelzdefekte.	fettlöslich, hitzebeständig.	0,01–0,02 mg (bei Überdosierung Vergiftungserscheinungen)
E	α-, β-, γ-*Tokopherol.* Antisterilitäts-V.	Salat, Leinöl, Erbsen, Getreidekeime, Gemüse, Erdnüsse, Hafer, Fleisch, Milch, Eigelb.	Unsicher. Vermutlich Hypophysen-, Zwischenhirn-, Stoffwechsel-, Nerven-, Muskelstörungen. Bei Tieren: Sterilität, Aborte u. ä.	fettlöslich, ziemlich beständig.	etwa 2–5 (–10) mg (Bei Überdosierung evtl. Beschwerden)
K	*Phyllochinon.* Antihämorrhagisches V.	Grüne Blätter, Tomate, Kohl, Muskel, Milz, Schweineleber, durch Darmbakterien gebildet.	Verlängerung der Blutgerinnungszeit, Blutungen, Anämie.	fettlöslich, hitzebeständig, lichtempfindlich.	etwa 2–5 mg (bei Überdosierung Vergiftungserscheinungen!)
P	Permeabilitätsfaktor. → Rutin.	Paprika, Zitrone, Citrusfrüchte, Apfelsine.	Unsicher. Vermutlich Erhöhung der Haargefäßwand-Durchlässigkeit.	wasserlöslich.	?

Viterbo, Hptst. d. mittelit. Prov. *V.,* am Tyrrhen. Meer, 60 000 E; Bischofssitz, ma. Türme u. Stadtmauern; Textil- u. Lederind.

Viti Levu, größte Fidschi-Insel, 10 027 km², 400 000 E.

Vitiligo, fleckförmiger Verlust der Hautfarbe, Ursache meist unbekannt.

Vitis vinifera (Sativa), wichtigste, in Eur. beheimatete Art der Gattung der Reben, *Vitis,* die zwar f. Schädlinge recht anfällig ist u. deshalb m. resistenteren, aus Amerika stammenden Vitis-Arten gekreuzt (→ Hybriden) bzw. solchen Arten aufgepfropft (→ Unterlage) wird, aber f. alle Edelrebsorten verantwortl. ist. Heute kennt man etwa 8000 durch → Mutation od. → Kreuzung entstandene Rebsorten.

Vitium, *med.* Fehler (Herzfehler).

Vitoria [bi-], bask. *Gasteiz,* Hptst. der span. Prov. Alava, 205 000 E; Bischofssitz; Töpfereien, Nährmittel-, Masch.-, Fahrzeug-, Möbelind., Brauerei. – 1813 entscheidender Sieg Wellingtons über die Franzosen.

Vitrine, *w.* [frz.], Glasschrank.

Vitriol, *s.,* alte Bezeichnung für Salze d. Schwefelsäure (Sulfate).

Vitriolöl, Vitriosäure, rauchende Schwefelsäure.

Vitruvius (1. Jh. v. Chr.), römischer Mil.ing., Baumeister und Architekturtheoretiker zur Zeit des Augustus; Schrift *De architectura* beeinflußte Renaissance.

Vitry, Philippe de (31. 10. 1291–9. 6. 1361), frz. Musiktheoretiker und Komponist; Bischof von Meaux; Lehrschrift *Ars nova;* Motetten.

Vitry-sur-Seine [vi,trisyr'sɛn], frz. St. im Dép. *Val-de-Marne,* 85 000 E; Ind.vorort v. Paris.

Vitzliputzli, entstellte Form des Namens *Huitzilopochtli,* Kriegsgott der Azteken.

Vitznau (CH-6354), Schweizer Kurort im Kanton Luzern, am Vierwaldstätter See, am Fuß des Rigi, 440 müM, 900 E; erste Bergbahn Europas.

vivace [it. -'va:tʃe], *mus.* lebhaft.

Vivaldi, Antonio (4. 3. 1678–vor 28. 7. 1741), it. Geiger u. Komponist; ca. 340 Solokonzerte; 46 Opern.

Vivarium [l.], Behälter für lebende Tiere.

vivat [l.], er (sie, es) lebe hoch!

vivat, crescat, floreat! er (sie, es) lebe, wachse, blühe!

vivat sequens! es lebe der Folgende!

Vives ['biβes], Juan Luis (6. 3. 1492 bis 6. 5. 1540), span. Humanist u. Pädagoge; Gegner der Scholastik.

Vivin [-vɛ̃], Louis (27. 7. 1861–28. 5. 1936), frz. Maler; Vertr. d. → naiven Malerei (V. war eigtl. Postangestellter); bes. Ansichten v. Einzelbauten u. Städtebilder.

Vitamin C, *mikroskopische Aufnahme*

Vitamin B$_{12}$, *mikroskopische Aufnahme*

Viviparie [l.],
1) Lebendiggebären; Ggs.: *Oviparie (Eierlegen)*.
2) bei Pflanzenkeimen Samen auf Mutterpflanze (Mangroven).
Vivisektion [l.], operativer Eingriff am lebenden Tier zu Forschungszwecken; nur zulässig, wenn der erstrebte Zweck auf *andere Weise* nicht erreicht werden kann u. Ausführung durch *Wissenschaftler* erfolgt.
Vize- [l. „vicis"], Vorsilbe z. Bez. d. Stellvertreters (z. B. *V.kanzler*).
Vkf, Abk. f. → **V**erkaufs**f**örderung.
VKS, Abk. f. **V**ereinigung **K**aribischer **S**taaten, 1994 gegr. Wirtschaftsgemeinschaft v. 37 Staaten u. Territorien d. Karibik.
VKSE, Abk. f. **V**ertrag über **k**onventionelle **S**treitkräfte in **E**uropa; → KSE.
Vlaardingen, ndl. Hafen-, Ind.- u. Fischereist., nahe Rotterdam, 74 000 E.
Vlamen → Flamen.
Vlaminck [vla'mɛ:k], Maurice de (4. 4.

1876–11. 10. 1958), frz. Maler, Graphiker u. Schriftsteller; s. expressiven Landschaften. u. Blumenstilleben im fauvistischen Stil kennzeichnen kräftig aufgetragene intensive Farben m. dynamisch komponierten Licht- u. Schatteneffekten.
Vleck, John H. van (13. 3. 1899–27. 10. 1980), am. Phys.; Nobelpr. 1977 (Arbeiten über Festkörperphys., Elektronenstruktur).
Vlies,
1) Wolldecke des Schafes.
2) lose zusammenhängendes Faserband auf der Krempelmaschine in der → Spinnerei.
Vliesstoffe, werden weder gewebt noch gewirkt, sondern aus Stapelfasern gepreßt; für Filter und Einlagen.
Vlissingen, ndl. Hafenst. auf Walcheren, Prov. Seeland, 44 000 E; Aluminiumhütte; Seebad.
Vlotho (D-32602), St. i. Kr. Herford, Luftkurort a. d. Weser, NRW, 19 748 E;

AG; histor. Stadtbild, Moor- u. Schwefelbäder.
VLT, Abk. f. **V**ery **L**arge **T**elescope [engl. „sehr großes Teleskop"], von der → ESO beschlossenes u. in Chile im Bau befindl. größtes Teleskop der Welt aus 4 Einzelreflektoren von je 8,2 m Durchmesser, die getrennt betrieben werden können od. computergesteuert zus.geschaltet einem 16-m-Teleskop äquivalent sind.
V-Mann, Verbindungs-, Vertrauensmann (d. Polizei); auch: verdeckter Ermittler.
Vöcklabruck (A-4840), Bez.st. in Oberöstr., 11 239 E; Ind.-, Handels- u. Kulturzentrum.
Vocoder, elektroakust. Gerät zum Zerlegen, Filtern, Verzerren, Mischen u. Entzerren von Lauten; benutzt zur Verschlüsselung von Telefongesprächen u. zur Erzeugung von Sprache u. „übernatürl." Klängen in Funk- u. Schallplattentechnik.
Voerde (Niederrhein) (D-46562), St. i. Kr. Wesel, NRW, 36 839 E; Kraftwerk, Behälter- u. Reaktorbau, Großmotorenwerk, Kunststoffind.
VÖEST-ALPINE STAHL AG, östr. Unternehmen d. Schwerind. i. Linz.
Vogel,
1) Bernhard (* 19. 12. 1932), CDU-Pol.; 1976–88 Min.präs. v. RP; seit 1992 Min.präs. v. Thür.; sein Bruder
2) Hans-Jochen (* 3. 2. 1926), SPD-Pol.; 1960–72 Oberbürgerm. v. München; 1972 B.städtebaumin., 1974–81 B.justizmin., 1981 Reg. Bürgerm. v. West-Berlin; 1983–91 Vors. d. SPD-Fraktion, 1987–91 Parteivors. d. SPD;
3) Dieter (* 18. 1. 1931), dt. Journalist, 1991–95 Reg.sprecher;
4) Wladimir (29. 2. 1896–20. 6. 1984); schweiz. Komp. dt.-russ. Herkunft; Zwölftonmusik; Chorwerke u. Instrumentalmusik.
Vögel, Klasse d. Wirbeltiere, Körper m. Federn bedeckt; Kiefer hornig u. zahnlos (Schnabel), Vordergliedmaßen zu Flügeln umgebildet; Knochen z. T. hohl u. luftgefüllt; Fortpflanzung durch Eier, die ausgebrütet werden; stammesgeschichtlich d. Reptilien nahestehend; viele Sänger; meist ein ausgebildetes Familienleben; zahlr. Vögel unserer Breiten sind → Zugvögel.
Vogelbeerbaum, svw. → Eberesche.
Vogeler, Heinrich (12. 12. 1872–14. 6.

Very Large Telescope (VTL)

Hans-Jochen Vogel

1942), Maler, Graphiker, Designer, Innenarchitekt u. Dichter; zunächst Vertr. d. Symbolismus u. Jugendstils, dann z. Expressionismus tendierend, schließl. (s. 1925 in d. UdSSR) Vertr. d. Sozialist. Realismus.
Vogelfluglinie, Bez. für die kürzeste Verkehrsverbindung zw. Mitteleuropa u. Skandinavien über die → Fehmarnsund-Brücke, Puttgarden–Rødbyhavn (Fähre).
vogelfrei → Acht.
Vogelherd, Stelle zum Vogelfang.
Vogelmiere, kleines Unkraut, Vogelfutter, → Miere.
Vogelnester, eßbare, → Salangane.
Vogelsand, Untiefen nördl. Cuxhaven.
Vogelsberg, hessisches Gebirge zwischen Rhön und Taunus, alter Vulkan der Tertiärzeit; *Taufstein* 773 m. 1974 Bau d. Schottenrings als Auto- u. Motorradrennbahn.
Vogelschutz, wiss. begr. durch Hans Frh. v. *Berlepsch* (1858–1933); in Naturschutzgebieten, *Vogelschutzwarten* u. z. Bekämpfung v. Schädlingen; u. a. Nistkästen, Winterfütterung, Schutz vor Nachstellungen.
Vogelspinnen, große Spinnen d. Tropen, in röhrenförmigem Wohngespinst, überfallen Insekten u. kleinere Wirbeltiere, sogar junge Vögel im Nest.
Vogelwarte, ornitholog. Station zur wissenschaftl. Beobachtung von Lebensgewohnheiten u. Vorkommen der Vögel sowie zur Erforschung des *Vogelzugs;* Kennzeichnung von → Zugvögeln durch Fußringe, dadurch Aufstellung v. Zugkarten möglich; V. „Helgoland" jetzt in Wilhelmshaven, V. „Rossitten" jetzt in Schloß Möggingen bei Radolfzell am Bodensee, V. Hiddensee; schweizerische V. Sempach.
Vogesen, *Wasgau, Wasgenwald,* frz. *Vosges,* westl. Gebirgsbegrenzung d. Oberrhein. Tiefebene; Steilabfall nach O; i. d. Tälern Textilind., auf d. entwaldeten Bergen Viehzucht u. Almwirtschaft, auf d. Vorhöhen Weinbau; *Gr.* od. *Sulzer Belchen* 1424 m.
Vogt, früher (seit Karolingerzeit) Beamter zum Schutze oder zur Verw. bes. Aufgaben oder Gebiete; *Land-Vogt, Schirm-V.* (zum Schutze von Klöstern u. Kirchen); auch niedere Beamte (z. B. *Schloß-, Armen-V.*); heute noch *Strand-V.*
Vogtei, Amtsbezirk eines Vogts.
Vogtland, Hügellandschaft beiderseits der oberen Weißen Elster, in Sachsen, Industriegebiet (Textil-, Musikinstrumentenindustrie).
Vogts, Berti, eigtl. *Hans Hubert* (* 30. 12. 1946), dt. Fußballspieler u. -trainer; WM 1974, EM-Zweiter 1976; 96 Länderspiele (1967–78), fünfmal DM mit Borussia Mönchengladbach, s. 1978 DFB-Trainer u. Assistent v. Teamchef F. Beckenbauer (WM 1990), s. 1990 Bundestrainer, 1992 EM-Zweiter u. 1996 EM-Sieger mit DFB-Team.
Vogue [frz. voɡ], (Mode-)Bewegung; *en vogue* [ãˈvoɡ], im Schwange, beliebt.
Vohenstrauß (D-92648), St. i. Kr. Neustadt a. d. Waldnaab, Oberpfalz, Bay., 7301 E; AG; Glasind.
Vöhringen (D-89269), St. i. Kr. Neu-Ulm, a. d. Iller, Bay., 12 663 Einwohner; Ind.
Voile, *m.* [frz. vŏa:l] „Schleier"], durch-

Vogelmiere

Vogelspinne

Berti Vogts

Volkach, *Rosenkranzmadonna von T. Riemenschneider*

sichtige Gewebe aus Seide. *Voll-V.:* Kette u. Schuß aus Zwirnen.
Voith-Schneider-Propeller, Propeller f. Schiffsantrieb, dient gleichzeitig zum Steuern; an senkrechter Welle drehbarer Schaufelpropeller m. entsprechend der Vortriebsrichtung verstellbaren Schaufeln.
Voitsberg (A-8570), St. i. d. Steiermark, Östr., 10 351 E; Braunkohlenbergbau.
Vojvodina, ehem. autonome Provinz innerhalb d. Rep. Serbien, an Donau u. unterer Theiß (Batschka u. jugoslaw. Banat), fruchtbarer Weizenboden, Hptst. → *Neusatz* (Novi Sad).
Vokabel, *w.* [l.], (einzelnes) Wort; bes. fremdsprachlich.
Vokabularium, *s.,* Wörterbuch.
Vokal, *m.* [l.], Selbstlaut, Sprechlaut mit eigenem Ton (Grund-V.e: *a, e, i, o, u*).
Vokalmusik, Gesang ohne und mit Instrumentalbegleitung.
Vokativ, *m.* [l.], im Lat. u. Griech. Kasus der Anrede, lautet meist wie der → Nominativ.
Vol., Abk. f. → *Volumen.*
Volant, *m.* [frz. vo'lã],
1) nur am oberen Rande angenähter, daher „flatternder" Besatz.
2) früher: Lenkrad am Kraftwagen.
Volapük → Welthilfssprachen.
Voliere, *w.* [frz. vo'liɛ:rə], großer Vogelkäfig.
Volk, Hermann (27. 12. 1903–1. 7. 88), dt. kath. Theologe; 1962–82 Bischof v. Mainz, 1973 Kardinal.
Volk,
1) Gemeinschaft zahlr. durch Sprache, gemeinsames kulturelles Erbe, Sitte u. Abstammung verbundener Menschen (→ *Nation* = Rechtsgemeinschaft und → *Rasse* = Typengemeinschaft); *Staatsvolk* nennt man in Staaten mit größeren völkischen Minderheiten das V., das pol. d. Führung innehat; in einer → Demokratie Träger verfassungs- und gesetzgebender Gewalt.
2) die Gesamtheit der Staatsbürger, die der Regierung die Führung überträgt.
Volkach (D-97332), St. i. Kr. Kitzingen, Unterfranken, Bay., 9014 E; Obst- u. Weinbau.
Volker [ahdt. „Volk, Kriegshaufe"], m. Vn.
Völkerbund, *Liga der Nationen,* erster Versuch einer Organisation aller Staaten dieser Erde mit dem Ziel, den Frieden zu sichern, gegr. 1920 von den Siegern im 1. Weltkr.; Satzung des V.s bildete Teil d. Pariser Vorort-(Friedens-)Verträge; Aufnahme Dtlds 1926; zeitweise 59 Mitgliedstaaten; Handlungsfähigkeit des V.s beschränkt, da 1) praktisch jeder Mitgliedstaat Vetorecht hatte, 2) USA und UdSSR (trat erst 1934 bei, wurde 1939 wegen d. Angriffskriege gg. Finnland wieder ausgeschlossen) nicht Mitgl. waren; löste sich 1946 offiziell auf; Nachfolgeorganisation → Vereinte Nationen.
Völkerkunde, Wissenschaft von der materiellen und geistigen Kultur der schriftlosen nichteur. Völker, insbes. der Natur- u. Halbkulturvölker; als *Ethnographie* (spezielle V.) beschreibt u. analysiert sie spezielle lokale Kulturgruppen nach Bestand, Sitte u. Lebensform, als *Ethnologie* (allg. V.) erforscht sie d. allg. Grundlagen d. menschlichen Kultur und ihr histor. und psych. Werden nach

Ursachen, Schichtung u. Beeinflussung (→ Vorgeschichte, Übers.; → Volkskunde, → Völkerpsychologie).
Völkermarkt (A-9100), östr. Bz.st., in Kärnten, 11 081 E.
Völkermord, *Genozid, Gruppenmord,* Zerstörung u. Beseitigung ganzer national, rassisch oder religiös bestimmter Volksgruppen mittels vorsätzlicher Maßnahmen; aufgrund der Ereignisse der Vergangenheit im Rahmen völkerrechtl. Konvention der UN vom 9. 12. 1948 zum bes. Verbrechenstatbestand deklariert (BR: § 220a StGB).
Völkerpsychologie, erforscht nach → *Wundt* die seelisch-geistigen Erscheinungen der Völker in deren Lebensäußerungen (Sprache, Sitte, Mythos) u. Gruppenbezügen (Sozialpsychologie).
Völkerrecht, Rechtsnormen f. d. Beziehungen zw. souveränen Staaten; Quellen d. V.s: Gewohnheit, zwischenstaatliche Verträge, allg. anerkannte Rechtsgrundsätze; *Friedens-V.* (z. B. Konsularverträge, Wirtschaftsabkommen), *Kriegs-V.* (z. B. Genfer Rote-Kreuz-Konvention, Haager Landkriegsordnung); nach Art. 25 GG sind die allg. anerkannten Regeln d. V.s Bestandteil d. Bundesrechts. MPI f. V. in Heidelberg.
Völkerrechtswissenschaft, Erforschung des Völkerrechts, begründet von H. → *Grotius.*
Völkerschlacht, Bez. der Schlacht bei Leipzig 16.–19. 10. 1813, entscheidende Niederlage Napoleons durch die Verbündeten (Preußen, Österreich, Rußland); dort *V.denkmal* (Abb. → Leipzig).
Völkerwanderung, historisch die so benannte Zeit der (meist german.) Völkerverschiebungen, begann um 250 n. Chr. infolge klimat. Veränderungen des Einbruchs d. → Hunnen (375) in die osteur. Reiche der Germanen, z. B. Zug der Westgoten durch Balkan u. Italien (410 Einnahme Roms durch Alarich) nach S-Frkr. und N-Spanien, der Ostgoten nach Italien, der Wandalen nach Afrika, d. Alemannen, Burgunder, Franken über den Rhein, der Angeln u. Sachsen nach Britannien, der Langobarden n. Oberitalien. Viele Staatsgründungen, Berührung d. Germanen mit antiker Kultur u. Christentum, damit Beginn einer neuen Geschichtsepoche (MA). Nachrücken u. Mitwandern slaw., ostbalt. u. mongol. (Hunnen, Awaren) Stämme. Am Ende d. V. i. 6. Jh. entstehen d. Grundlagen des heutigen Europa: Dtld, Frkr., England; auch Anfänge Rußlands.
Völkerwanderungskunst, Vermischung d. primitiven, geometr. u. ornamentalen Stils der bes. im 4.–6. Jh. v. N u. O nach W- u. S-Europa eindringenden Völker m. Motiven d. spätantiken Kunst; durch christl. Lebensgefühl neues, monumentales Kunstwollen; Palast und Grabmal Theoderichs d. Gr. in → Ravenna (5./6. Jh.), Königshalle in Oviedo (8. Jh.). Germanische Schmuck- (→ Goldschmiede-)Kunst (Childerichgrab in Tournai um 482), ir., merowing., nordspan. Buchmalerei; Kunsthandwerk.
Völkischer Beobachter, Zentralorgan d. NSDAP, NS-Tageszeitung zw. 1918 u. 27. 4. 45.
Völklingen (D-66333), St. i. Stadtverband Saarbrücken, Saarland, 43 900 E; AG; Eisen- u. Stahlwerke (s. 1994 Welt-

Volkmann,
1) Richard v. (17. 8. 1830 bis 28. 11. 89), dt. Chirurg u. Orthopäde; schrieb als Richard Leander die Märchen *Träumereien an frz. Kaminen.*
2) Robert (6. 4. 1815–29. 10. 83), dt. Komp.; 2 Sinfonien, Kammermusik.
Volksabstimmung,
1) *innenpol.:* → Volksentscheid.
2) *außenpol.:* V.en als Grundlage für intern. Entscheidungen (z. B. V.en in den dt. u. östr. Grenzgebieten nach d. 1. Weltkrieg über staatl. Zugehörigkeit).
Volksaktien, Bez. für die im Zuge d. Privatisierung staatl. Unternehmen in Dtld (z. B. → Preussag, Volkswagenwerk, VEBA) aus d. öffentl. Hand herausgelösten Teilanteile d. Grundkapitals; wurden in Dtld an Käufer m. best. Jahreshöchsteinkommen abgegeben.
Volksbegehren, in zahlreichen Verfassungen verankertes Recht, für einen Gesetzentwurf Stimmen zu sammeln; Parlament muß bei Erreichung einer best. Unterschriftenzahl über Vorschlag abstimmen, ihn evtl. auch einem → Volksentscheid unterwerfen.
Volksbildung, außerschul. Einrichtungen zur Förderung der Jugend- und Erwachsenenbildung: Volksbüchereien, -hochschulen (VHS), Vortragswesen, Laienspiel, Singkreise, Volksumspflege mit Betonung des Heimatgedankens; starke Bemühungen auch auf dem Lande.
Volksbücher, dt. Erzählungen, Sagen, Schwänke, die im 15. u. 16. Jh. als Drucke Verbreitung fanden: *Faust, Eulenspiegel, Schildbürger, Die Haimonskinder, Griseldis, Melusine* u. a.; gesammelt v. J. Görres im 19. Jh.
Volksbüchereien, öff. Einrichtungen z. Förderung d. Volksbildung (nicht zu verwechseln m. → Leihbüchereien); Rückhalt u. Hilfsmittel d. gesamten Erwachsenenbildung; Aufgaben: Vermittlung schöngeist., fachl.-berufl. u. allg.-wiss. Schrifttums je nach Größentyp u. örtl. soziolog. Voraussetzungen; *Dt. Büchereiverband* ist d. Zus.schluß aller öffentl. u. privaten gemeinnützigen Büchereien.
Volksbund Deutsche Kriegsgräberfürsorge → Kriegsgräber.
Volksdemokratie, Bez. für die früheren von Kommunisten beherrschten und auf eine Politik im Sinne der ehem. UdSSR festgelegten Regierungssysteme innerhalb des sowj. Einflußbereiches (Staatsform meist mit *Volksrepublik* bezeichnet); z. T. Aufrechterhaltung äußerer demokrat. Formen: Parteien in „Blocks" oder „Fronten" zusammengefaßt.
Volksdeutsche, Angehörige der dt. → Minderheiten, Volksgruppen in NO-, SO- u. O-Europa; V.r ist nach Bundesvertriebenengesetz, „wer sich in seiner Heimat zum dt. Volkstum bekannt hat". 1939 insges. 8,5 Mill. Volksdeutsche (siehe Tabelle).
Die ältesten Volksgruppen im Baltikum u. Siebenbürgen entstanden bereits im 12. Jh.; die übrigen vor allem im Zuge der Siedlungstätigkeit Maria Theresias, Josephs II., Katharinas II. im 18. Jh. Durch Umsiedlungsverträge mit der UdSSR, Rumänien u. Bulgarien 1939 bis 43 „Heim-ins-Reich-Umsiedlung", später Rückführung beim Rückzug der dt. Truppen (insges. ca. 1 Mill. V.). Wolga-, Krim- u. a. dt. Volksgruppen in d. UdSSR nach Beginn des Rußlandkriegs nach Sibirien und Zentralasien verschleppt. Aufgrund des Potsdamer Abkommens Sudeten- u. Ungarndeutsche sowie alle Deutschen aus Polen (auch aus den unter poln. Verw. gekommenen Reichsgebieten) ausgewiesen, darunter fast alle Umsiedler von 1939 bis 43, die im „Warthegau" usw. angesiedelt werden sollten. 1950 in BR 3,4 Mill. V. als Heimatvertriebene, in Berlin 30 000, in d. DDR 1,3 Mill. Soweit früher Masseneinbürgerung (z. B. Sudetendt. 1938), Staatsangehörigkeit s. 1955 für BR durch Staatsangehörigkeitsregelungsgesetz geklärt.
Volkseinkommen → Sozialprodukt.
Volksentscheid, eine Art unmittelbarer Gesetzgebung durch das Volk im Wege der Abstimmung über eine Gesetzesvorlage; in verschiedenen Ländern (z. B. Östr., Schweiz, → Referendum) vorgesehen, in BR nach dem GG nur z. Neugliederung des Bundesgebiets; nach d. Verfassung einzelner Bundesländer ist V. möglich.
Volksfront, Zusammenarbeit kommunist. Parteien mit anderen sozialist. u. demokr. Parteien gg. Faschismus u. NS 1935–38 in Frankreich, 1936–38 *Fronte Popular* in Spanien.
Volksgerichtshof, 1934–45 im NS-Reich bestehendes Sondergericht zur Aburteilung von Hoch- u. Landesverratssachen, Sitz Berlin; unter Roland Freisler bes. s. 1943 ein Schreckenstribunal.
Volkshochschulen, Form d. Erwachsenenbildung; entstanden aus d. Arbeiterbildungsbewegung im 19. Jh.; Ziel: Vertiefung des Menschen in die soz., pol. u. geist. Welt, daneben auch Vermittlung prakt. Wissens (Sprachkurse u. ä.) in zwei Arten: *Heim-V.,* bes. in Dänemark u. Schweden entwickelt (erste dän. 1844 → Grundtvig), wichtige kulturelle Mittelpunkte der Landschaft; *Städtische (Abend-)V.* m. Kursen u. Arbeitsgemeinschaften.
Volkskammer, früheres, nach Einheitslisten gewähltes Parlament der DDR.
Volkskommissar, bis 1946 dem Minister entsprechender Rang in der Sowjetunion.
Volkskunde, Wiss. von den überlieferten Lebensordnungen u. Gemeinschaftsformen, bes. in der Mutterschicht d. Kulturvölker; Realien (Siedlung, Haus, Möbel, Tracht, Gerät, Volkskunst), Sozialordnung, seelisches Volksgut (Sprache, Volksdichtung, -erzählung, -musik, -tanz, -schauspiel, -glaube, Brauch usw.).
Volkskunst, künstler. Gestaltung urspr. durch u. f. Bauern od. Kleinhandwerker in ländl. Gegenden, meist angewandt bei Möbel (bemalte Truhen u. Schränke, Ofenkacheln), Geräte (Werkzeuge, Tischgeschirr, Lebkuchenformen), Textilien (Teppiche, Trachten, Spitzen), am Hausbau (Schnitzerei), als rel. Andachtskunst (Votivbilder, Hausaltäre, Hinterglasmalerei, Holz-, Tonfiguren). In den Arbeiten der V. leben klass. Bildthemen u. Stilformen weiter als „gesunkenes Kulturgut" in originalen Abwandlungen, die fehlendes akadem. Können durch den Reiz kindl. Naivität ersetzen. Wo hochentwickelte Stile von außen (z. B. infolge v. Eroberungen) auf starke heimatl. Traditionen treffen, entstehen Mischstile, wie z. B. der spätantiken Kunstind. in röm. Provinzen u. der span.-indian. Kolonialstil in Südamerika. – Neuerdings Versuche z. Belebung des Laienschaffens durch Kunsterziehung (Werkschulen) i. Zus.hang m. den Richtungen d. Gegenwartskunst, die wieder an ursprungsnahe (primitive) Formen anknüpfen; auch → naive Malerei.
Volkslied, in breiten Volksschichten durch längere mündl. Überlieferung lebendiges Gebrauchslied, Entstehung seltener in diesen Schichten selbst (improvisierte Vierzeiler, → Schnadahüpfel), meist Schöpfung v. Dichtern d. Bildungsschicht, aber durch d. mündl. Weitergabe der persönl. Eigenart entkleidet u. der Empfindungswelt u. dem Stil des Volkes angepaßt („umgesungen"), Verf. meist vergessen; Blütezeiten in Dtld: *altes V.* der ma. Stadtkultur (14.–16. Jh.) u. *neueres V.* 1770–1850 unter dem Einfluß *Herders (Stimmen d. Völker in Liedern)* u. d. Romantik *(Des Knaben Wunderhorn)* gesammelt.
Volksmarine der NVA, Teilstreitkraft d. →Nationalen Volksarmee der ehem. DDR.
Volksmedizin, traditionelle, durch Heilkundige aus der Volksschicht geübte Krankheitsbehandlung; chirurgisch, pharmazeutisch (Kräutermedizin) und magisch (Besprechung mit Segensformeln, Übertragen der Krankheit auf außermenschl. Wesen, Amulette usw.). Manches nach wiss. Prüfung v. d. → Schulmedizin übernommen.
Volksmusikschulen, städt. Schulen f. Musikerziehung (Chor- u. Instrumentalmus.); Gründung u. Methode v. A. Greiner in Augsburg (1905).
Volkspolizei, Name der Ordnungs-, Grenz- und Transportpolizei in der ehem. DDR; daneben bis 1956 kasernierte V. → Nationale Volksarmee.
Volksrepublik, VR, → Volksdemokratie.
Volksschulen → Schulwesen, Übers.
Volkssturm, s. d. 25. 9. 1944 bestehende Kampforg., v. bisher nicht zur Wehrmacht eingezogenen Männern zw. 16 u. 60 J.
Volkstanz → Tanz, Übers.
Volkstrachten, bes. Kleidungsweise volksmäßiger Gemeinschaften (Dorf, konfessionelle u. Berufsgruppe), mit genau vorgeschriebenen Abwandlungen für Festzeiten, Trauerzeiten, nach Alter, Besitz usw., bes. beim Bauerntum u. bei einzelnen Handwerken; heutige V. entstanden aus urtrachtl. Elementen u. durch Übernahme u. Umwandlung höfischer u. städt. Modekleidung des 16.–19. Jh.; oft großer Aufwand an schweren Stoffen, Stickereien, Spitzen; heute noch in abgelegenen Gegenden Europas erhalten, in Dtld z. B. bes. in Schaumburg, Hessen, d. Alpen, im Schwarzwald, Spreewald.
Volkstrauertag, zum Gedenken an d. Toten beider Weltkriege; der 2. Sonntag vor dem 1. Advent.

Volksdeutsche	
Baltendeutsche	142000
Polendeutsche	1236000
Sudetendeutsche	3300000
Slowakeideutsche	200000
Ungarndeutsche	623000
Jugoslawiendeutsche	537000
Rumäniendeutsche in:	
Banat	350000
Bessarabien	100000
Bukowina	80000
Dobrudscha	20000
Siebenbürgen	250000
Wolga,- Krim- und Deutsche in der UdSSR	1420000

Volksvermögen, begrifflich umstrittene Bez. f. Gesamtheit der im Eigentum eines Volkes stehenden Güter zuzügl. der Forderungen an das Ausland (statistisch kaum erfaßbar).
Volksvertretung, → Parlament, Abgeordnetenhaus.
Volkswagenwerk AG, 1937 gegr. größtes dt. Kraftfahrzeugwerk; 1961 privatisiert (aus Staatsbesitz verkauft); Sitz: Wolfsburg.
Volkswagenwerk-Stiftung, vom Bund u. vom Land Niedersachsen aus ihren Aktienanteilen am Volkswagenwerk finanzierte Stiftung zur Förderung von Wissenschaft und Technik.
Volkswirtschaft, Gesamtheit der Einzelwirtschaften eines Staates in ihren Beziehungen zueinander und zum Staate.
Volkswirtschaftslehre, *Nationalökonomie,* in Frkr. u. England Einbezug d. *pol. Ökonomie,* wiss. Darstellung u. Erforschung der Probleme d. Volkswirtschaft; neben d. → Betriebswirtschaftslehre das wichtigste Teilgebiet der Wirtsch.wiss.
Volkszählungen, Hauptgrundlage d. Bevölkerungsstatistik u. -politik; schon im alten China und Rom, im MA in einzelnen Städten, seit 19. Jh. regelmäßig (in Deutschland alle 5 Jahre); → Bevölkerung, Übers.
Vollbeschäftigung, volkswirtsch. Zustand, bei dem die Zahl der freien Arbeitsplätze annähernd der Zahl der Arbeitsuchenden entspricht; formal bereits bei Absinken der Zahl d. Arbeitslosen unter 4% der Erwerbspersonen gegeben (strukturelle Arbeitslosigkeit).
Vollblut → Pferde.
Volleyball [engl. ′vɔli], Ballspiel zw. 2 Mannschaften (je 6 Mann), bei dem d. Ball mit Fingerspitzen über ein Netz gestoßen wird, ohne den Boden zu berühren (höchstens 3 Ballkontakte im eigenen Feld); gewertet nach Punkten; olymp. Wettbewerb.
Volljährigkeit, Großjährigkeit mit Vollendung d. 18. Lebensjahres (in d. BR s. 1. 1. 1975, in der ehem. DDR s. 1950), früher des 21. Lebensjahres; Folge: unbeschränkte → Geschäftsfähigkeit (§§ 2 ff. BGB).
Vollkaufmann → Kaufmann.
Vollkostenrechnung, *betriebliches Rechnungswesen:* Verrechnung aller Kosten, die bei der Leistungserstellung anfallen; Ausschluß d. Verursachungsprinzips.
Vollmacht → Vertreter.
Vollmatrose, ausgebildeter Seemann.
Vollmond → Mondphasen.
Vollsalz, mit Iod versetztes Kochsalz, zur Kropfverhütung, bes. in iodarmen Gegenden empfehlenswert.
Vollschiff, gr. Segelschiff, 3–5mastig, mit Rahsegeln (→ Takelage) an allen Masten.
vollstreckbare Ausfertigung → Vollstreckungsklausel.
Vollstreckungsbefehl → Mahnverfahren.
Vollstreckungsklausel, auf den → Vollstreckungstitel gesetzter Vermerk des Gerichtes, der die Vollstreckbarkeit des Vollstreckungstitels bestätigt; aufgrund dieser vollstreckbaren Ausfertigung des Titels → Zwangsvollstreckung; bei Arrest- u. Vollstreckungs-

Volkswagen, *Brasilien-Käfer*

Volta

Voltaire

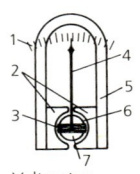

Voltmeter

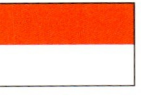

Vorarlberg

befehlen u. bei einstweil. Verfügungen bedarf es keiner Vollstreckungsklausel.
Vollstreckungsschutz, svw. → Zwangsvollstreckungsschutz.
Vollstreckungstitel, Urteile oder Urkunden, aufgrund deren Zwangsvollstreckung stattfinden kann (z. B. rechtskräftige od. für vorläufig vollstreckbar erklärte Urteile, Vergleiche); auch hier die → Vollstreckungsklausel nötig.
Vollsynchrongetriebe, erlaubt bei Kraftfahrzeugen Schalten ohne Zwischenkuppeln oder Zwischengas; Prinzip: Haupt- u. Vorlegewelle d. Getriebes wird während des Schaltens auf gleiche Drehzahl gebracht; eingebaute Sperre erlaubt Schalten nur, wenn beide Wellen gleich schnell laufen.
vollsynthetisch, chem. Produkte, bes. → Kunststoffe u. → Chemiefasern, die aus einfachen, niedermolekularen Stoffen (Wasser, Kohle, Salz) aufgebaut werden; Ggs.: halbsynthet., durch Abwandlung von Naturstoffen (z. B. Cellulose) hergestellte Produkte.
vollziehende Gewalt, *Exekutive,* die ausführende Staatsgewalt; → Gewaltenteilung.
Volo, *Volos,* griech. Hafenst. an der N-Küste d. *Golfs v. V.* (am Ägäischen Meer), 71 000 E; Bischofssitz; Zigarettenind.
Volontär [frz.], Freiwilliger; wird im Wirtschaftsleben ohne Lehrvertrag zu seiner Ausbildung unentgeltlich in kaufmänn. od. ind. Betrieb beschäftigt (§ 82a HGB).
Volsker, altitalischer Stamm, bis 329 v. Chr. von den Römern unterworfen.
Volt, *s.,* Abk. *V.* Maßeinheit der el. Spannung, die bei 1 Ohm Widerstand d. Stromstärke v. 1 Ampere erzeugt; ben. n. → Volta.
Volta, Alessandro Gf (18. 2. 1745–5. 3. 1827), it. Phys.; erfand Elektrophor, Kondensator und **V.sche Säule:** Serienschaltung (säulenförmig geschichtung) von vielen plattenförmig aufgebauten galvanischen Elementen, Kupfer u. Zink als Elektroden, schwefelsäuregetränkter Filz als Elektrolyt (→ galvanischer Strom). – **V.sche Spannungsreihe,** Ordnung d. Elemente Zink, Eisen, Zinn, Wasserstoff, Kohle usw. entsprechend ihrer abgegebenen Spannung bei Bildung v. galvan. Elementen (z. B. Kohle–Zink = 1,5 V); → Spannungsreihe.
Volta, Fluß in W-Afrika, Quellflüsse: *Schwarzer, Roter* und *Weißer V.,* 1600 km, mündet ö. v. Accra in Golf v. Guinea; durch Akosombo-Damm (141 m h.) zum **Volta-Stausee** (Stauraum 148 Mrd. m³, Fläche 8485 km²) gestaut.
Voltaire [vɔl′tɛːr], eigtl. *François Marie Arouet* (21. 11. 1694–30. 5. 1778), frz. Phil., Historiker u. Dichter, Hauptvertr. der → Aufklärung, poet. Lehrmeister Friedrichs d. Gr. (1750–53 an dessen Hof); Tragödien: *Zaïre; Mahomet* (von Goethe übersetzt), Epos: *Henriade;* satirische Romane, z. B.: *Candide.*
Voltameter, Coulombmeter, Gerät z. Messung el. Ladungsmengen.
Volte, *w.* [frz.],
1) rasche Drehung beim Fechten.
2) kleiner Kreis beim Reiten.
3) Trick beim Kartenspielen.
voltigieren [frz. -′ʒ-], Geschicklichkeitsübungen am meist an einer Longe gehenden Pferd, auch artist. Übungen v. Kunstreitertruppen.
Voltmeter, Drehspulinstrument zum Messen el. Spannung, meist als Strommesser (Amperemeter) mit hohem Widerstand (Drehspul-, Weicheisen-, Hitzdrahtinstrument); mißt nicht leistungslos, Eichung in Volt; reine V. (ohne Leistungsverbrauch) nur Multizellular-V. u. Röhrenvoltmeter für Gleichstrom (Abb.: 1 Skala, 2 Polschuhe, 3 sich drehende, stromdurchflossene Drahtspule, 4 Zeiger, 5 Dauermagnet, 6 ringförmiger Luftspalt, 7 feststehender Eisenkern).
Volturno, it. Fluß in Kampanien, aus d. Abruzzen, 175 km l., ins Tyrrhen. Meer.
Volumen, *s.* [l.], Abk. *vol.,*
1) *phys.* Rauminhalt.
2) Band eines Schriftwerks.
Volumensubstitution, Verabreichung von Blut od. Blutersatzmitteln, z. B. bei Schock; → Substitutionstherapie.
Volumenvermessung, a) *Flüssigkeiten:* in Meßfläschchen aus Glas m. geeichter Skala; b) von *festen Körpern:* durch Eintauchen in Wasser und Messung der verdrängten Wassermenge.
voluminös [l.], umfangreich.
Voluntarismus, Lehre vom Willen als Grundlage des Seelenlebens oder als Grundprinzip des Seins *(Fichte, Schopenhauer, Nietzsche).*
Vǫluspa *w.* [altnord. ,,der Seherin Weissagung"], nordgerman. Eddalied d. Seherin Völva v. d. Urzeit bis z. Untergang d. Welt (→ Ragnarök).
Volute, *w.* [l.], in der Baukunst schneckenförmig eingerollte Verzierung; in Renaiss. u. Barock auch z. dekorat. Überleitung zw. horizontalen u. vertikalen Baugliedern.
Völva *w.* [altnord. ,,Stabträgerin"], nordgerman. Seherin, Trägerin d. runden Zauberstabes, m. dem sie weissagte.
Volvulus, Darmverschlingung.
Vondel, Joost van den (17. 11. 1587 bis 5. 2. 1679), ndl. Barockdichter; humanist. Dramen, satir.-polem. Gedichte, rel. Lyrik.
Voodoo → Wodu.
Vorarlberg, östr. Bundesland im W, Gebirgsland zw. Bodensee, Rhein u. dem Arlberg; 2601 km², 343 109 E; Land- und Forstwirtschaft, Viehzucht, Milchwirtschaft; Textil-, Leder-, Metall- u. Holzind.; Verwertung d. reichen Wasserkräfte z. Stromerzeugung, Fremdenverkehr; Hptst. *Bregenz.* – 14. bis An-

		600 000	Frühmensch von Mauer bei Heidelberg (→ Mensch, *Abstammungsgeschichte*); erste Steingeräte.
Steinzeit	**Altsteinzeit** *Paläolithikum*	200 000	Vorletzte Zwischeneiszeit *(Mindel-Riß)* u. vorletzte Eiszeit *(Riß)* – Urmensch v. Swanscombe.
	Alt-Paläolithikum meist mit Faustkeil- technik		Jäger u. Sammler. Jagdtiere: Altelefant, Nashorn, Wildpferd. – Faustkeilkulturen. – Frühmenschen-(→ Stein- heimer-)Schädel.
	Mittel-Paläolithikum meist mit Abschlag- technik		Letzte Zwischeneiszeit *(Riß-Würm)* bis Anfang der letzten Eiszeit *(Würmeiszeit)*. – Neandertalrasse (→ Mensch, *Abstammungsgeschichte*): Jäger u. Sammler in kleinen Horden. Jagdtiere: Höhlenbär, Altele- fant, Nashorn, später Ren u. Mammut. Lager im Freiland u. in Höhlen.
	Jung-Paläolithikum meist mit Klingen- technik	100 000	Letzte Eiszeit *(Würmeiszeit)*. Tundra u. Steppe. Altmensch *(Homo sapiens fossilis)*. – Jäger, Sammler, Fischer. Jagdtiere: Mammut, wollhaariges Nashorn, Ren, Wildpferd. – Feuersteinklingen u. -schaber. Speerspitzen, später auch Harpunen, Nadeln, Pfeil u. Bogen. Elfenbeinschnitzereien. → Höhlenmalerei (Jagdzauber); → Tafel Vorgeschichte. Ritzungen auf Knochen.
	Mittelsteinzeit *Mesolithikum*	10 000	Zunehmende Bewaldung. Nacheiszeit: Jäger, Fischer, Sammler in wenigen kleinen Horden. Jagdtiere: Hirsch, Reh, Bär, Wildpferd, Ur, Vögel, Fische. – Kleine fein bearbeitete Feuersteingeräte u. -pfeilspitzen. Harpunen aus Bein. – Lagerstätten auf trockenen Höhen u. an Flüssen u. Seen. – Schädelbestattungen in Höhlen: Ofnethöhle.
	Jungsteinzeit *Neolithikum*	um 4500	Klima ähnlich wie heute. – Einflüsse aus dem Südosten: *Bandkeramiker* bringen Ackerbau u. Viehzucht nach Mitteleuropa. – Feste Häuser aus Holz u. Lehm bis 25 m lang. Dichte Besiedlung der Lößgebiete. – Geschliffene Steingeräte, Feuersteinmesser u. -pfeilspitzen. → Bandkeramik. – Bestattung in Hockerlage.
		um 2200	Trockenzeit zwingt zum Verlassen der Lößgebiete u. z. Auswanderung an die Moore u. Seen: Stranddörfer aus kleinen Hütten an den Voralpenseen. Im N Riesensteingräber. Zuwanderung der Glockenbecher-Leute (→ Glockenbecherkultur), vorher Kultur der Schnurkeramiker. Ent- stehung zahlreicher Mischvölker u. -stile.
Metallzeit	**Kupferzeit**	um 2000	Bevölkerung wenig zahlreich. Hockergräber. – Beile u. Nadeln aus Kupfer. Erste, noch zinnarme Bronze. Tongefäße. – Aunjetitzer Kultur im Osten, Adlerberg-Kultur in SW-Deutschland.
	Bronzezeit	um 2000	Bronze = Mischung aus Kupfer u. Zinn (9:1). Kupferbergwerke in den Salzburger Alpen (Mitterberg): Beile, Dolche, Schwerter. Schmuck aus Bronze: Nadeln, Armspiralen, Ringe, Bernsteinketten. Verzierte Keramik. – Hügelgräber mit Körperbestattung. Siedlungen in Lößgebieten.
		um 1200	Trockenzeit zwingt zu Umsiedlung u. Völkerwanderungen. Illyrier (?) aus dem Osten Europas mit hochent- wickelter Bronzetechnik u. eigenartiger Keramik breiten sich über Mittel- u. Westeuropa aus. Besiedlung der Talsohlen, des Strandes der Seen, der Moore; Moordorf Buchau am Federsee. Ringwälle auf Höhen. – Brandbestattung. Urnengräberfelder. – Schwere Armringe, Nadeln, Bratspieße, tönerne Feuer- böcke. – Nordischer, süddeutscher, Lausitzer Kulturkreis u.a.
	Eisenzeit *Frühe Eisenzeit* *Hallstattzeit*	800	Feuchtere Zeit. – Kelten. Um Nord- u. Ostsee Germanen, Vordringen gegen W u. S. Waffen, Geräte u. Wa- genbeschläge aus Eisen. Schmuck aus Bronze: Fibeln, Gürtelbleche, Ringe. – Hügelgräber (mit Skeletten) oft in großen Gruppen. Reich gestempelte u. bemalte Keramik, besonders auf der Schwäbischen Alb. – Salz- bergwerke bei Hallstatt u. Hallein. – Im späteren Abschnitt Fürstengrabhügel, bis 13 m hoch, mit reichen Beigaben an Bronzegeschirr, Wagen, Schmuck aus Gold, Glas, Bernstein, Koralle. – Fliehburgen.
	Latènezeit	400	Keltenwanderungen nach Italien, Delphi, Kleinasien. – Flachgräber. Einfache Keramik. Aufkommen der Drehscheibe. Waffen u. vielerlei Geräte aus Eisen. – Bronzene Fibeln, z. T. Koralleneinlage, u. Knotenringe. Glasarmreifen. Erstes geprägtes Geld nach griech. Vorbild: goldene Regenbogenschüsselchen. Zug der Kimbern u. Teutonen nach Süden, von röm. Heeren besiegt.
	Römische Zeit	Christi Geburt	Kastelle, Limes, Straßen, Steinbau. Steinbildwerke u. Inschriften.
	Frühmittelalter	bis 260	Germanische Stämme u. Reiche.

fang 19. Jh. an Habsburg, 1805–14 zu Bayern.
Vorarlberger Bauschule, Gruppe v. Architekten u. Handwerkern (hpts. d. Familien Beer, Thumb u. Moosbrugger) um 1660–um 1760 m. wesentl. Anteil an d. Lösung d. südt. Barock vom zuvor dominanten it. Einfluß; entwickelte f. d. Kirchenbau d. in S-Dtld u. d. Schweiz weit verbreitete *Vorarlberger Schema:* tonnengewölbtes Langhaus m. beidseit. Kapellennischen (statt Seitenschiffen) unter umlaufenden Emporen u. m. verkürztem Querschiff; z. B. *Klosterkirchen* in Kempten, Weingarten, Einsiedeln.
Voraus → Erbrecht.
Vorbehalt, *jur.* a) *Geheimer V.* bei Willenserklärung ist nichtig; b) *V. des Gesetzes, Gesetzesvorbehalt,* Eingriffe in die bürgerl. Freiheitsrechte (GG Art. 1–17) seitens d. Verw. dürfen nur aufgrund e. Gesetzes vorgenommen werden (Grundsatz des Rechtsstaates).
Vorbehaltsgut → Eherecht.
vorderasiatische Kunst → asiatische Kunst.
Vorderasien, d. Europa nächstliegende Teil Asiens: Kleinasien, Kaukasien, Armenien, Mesopotamien, Syrien, Palästina, Arabien, Iran, Turan.
Vorderindien → Indien.
Vorderlader, alte Feuerwaffe (Gewehr od. Pistole), m. Ladestock v. d. Mündung aus geladen.
Vorderrhein → Rhein.
Vorerbe → Erbrecht.
Vorfall, *Prolaps,* → Mastdarmvorfall, → Gebärmuttersenkung.
Vorflut, Abfließen des Wassers (z. B. Schmutzwassers aus Fabriken) nach tiefer gelegenem Wasserlauf (Vorfluter).
Vorgabe, im Sport svw. → Handicap.
Vorgelege, Vorrichtung z. Änderung d. → Übersetzung zw. treibender u. getriebener Welle (z. B. durch Zahnräder).
Vorgeschichte, *Prähistorie,* Menschheitsgeschichte vor der Zeit geschriebener Überlieferung. Die V. eines Landes beginnt mit Auftreten des Menschen, endet von Volk zu anderer Zeit, so in Ägypten um 3000 v. Chr., in Griechenland um 1200 v. Chr., in Nordeuropa um 1100 n. Chr. Die Urkunden der V. sind in oder über dem Boden erhalten gebliebene Kulturreste, wie Hüttenstellen, Geräte, Befestigungen, Gräber. *Relative Datierung* dieser Bodenfunde nach der Lagerung im Boden: tiefere Schicht älter als höhere (*stratigraphische Methode*) u. nach der Formentwicklung z. B. des Schmuckes (*typologische Methode*). *Absolute Datierung* (Jahreszahlen) der eur. V. zurück bis 2000 v. Chr. ergibt sich durch Handelsbeziehungen zu den damals schon geschichtl. Ländern des Mittelmeergebietes. Die Zahlen in dem Überblick für Mitteleuropa (→ Übersicht) sind, je weiter zurück, desto unsicherer, die ältesten geben nur eine rohe Vorstellung von den Zeiträumen. Die „Weltgeschichte" mit ihren etwa 5000 Jahren umfaßt nur etwa 1% der Menschheitsgeschichte (→ Übers. u. Tafel; Abb. → Höhlenmalerei).
vorgeschichtliche Kunst, *prähistorische Kunst,*
1) *Paläolithikum* (Altsteinzeit): Kunst als Ausdruck religiöser Vorstellungen; seit etwa 30 000 v. Chr. erste erhaltene

Grab der Riesen, Compeneac, Bronzezeit

Kindergrab aus Botsorhe, Bretagne, um 1200 v. Chr.

Mühlstein zum Weizenmahlen, aus Priziac, Bretagne, Bronzezeit

Werkzeuge aus Douric Eouesnant, Bronzezeit

Werkzeuge aus Pleugriffet, Bronzezeit

Glasperlen, Bronzezeit

Kunstwerke: frankokantabr. → Höhlenmalerei; Nordspanien: Altamira; Südfrankreich: Lascaux; naturnahe, polychrome Tierdarstellungen (Jagdzauber); seit etwa 10 000 v. Chr. südostspan. Felsmalerei: stilisierte Menschen- u. Tierdarstellungen, Jagd- u. Kampfszenen in Felsnischen.
2) *Neolithikum* (Jungsteinzeit): Kunst dient dem symbol. Erinnern; während im Paläolithikum lebensnahe Darstellung

Goldmond aus Saint-Potan, Bretagne, um 1700 v. Chr.

vorherrscht, setzt sich etwa seit ca. 5000 v. Chr. (Übergang von eiszeitl. Jägerkultur zu nacheiszeitl. Ackerbau u. Siedlung) im Gefolge d. Totenkultes d. abstrakte Stil durch, der d. gesamteur. Raum bis etwa 5000 v. Chr. beherrscht; Felsgravierungen u. symbol. Reliefs (z. B. Italien: Val Camonica; Frkr.: Mont Bego; iber. Halbinsel, Skandinavien); Idole, Sippenzeichen, Ahnenbilder, „Bandkeramik", geometr. Ornamente (Übergang v. d. Bronze- u. Eisenzeit). → Tafel Vorgeschichte.
Vorhandschlag, Schlagart bei Tennis, Tischtennis und Badminton; Handvorderseite zeigt in d. Schlagrichtung; Ggs.: → Rückhandschlag.
Vorhaut, Hautfalte des männl. Gliedes, überzieht die Eichel.
Vorhof → Herz.
Vorkauf, Recht, b. Verkauf e. Gegenstandes anstelle d. Käufers zu treten; kann auf *Gesetz* od. *Vertrag* beruhen; *gesetzl. V.* hat Miterbe bei Verkauf e. Erbteils (§ 2034 BGB); *vertragl. V.* (§§ 504 ff. BGB); *dingl. V.* nur b. Grundstücken (§ 1094 BGB).
vorkragen, in d. Architektur svw. herausragen (Bauteile); → Kragstein.
Vormärz, Zeit vor der Märzrevolution 1848, meist die Phase v. 1830–48.
Vormilch, *Colostrum,* eiweißhaltiges Sekret der Milchdrüsen nach d. Gebären.
Vormund, amtlich bestellter Vertreter v. Minderjährigen; bei größeren Vermögensverwaltungen auch *Gegen-V.* zulässig (§§ 1773 ff. BGB); Überwachung durch *V.schaftsgericht* (Amtsgericht); dagegen → Pflegschaft.
Vorneverteidigung, Grundsatz der militärstrategischen Konzeption der → NATO, die vorsieht, feindl. Angriffe so grenznah wie möglich abzuwehren.
Vorpfändung, durch Zustellung Benachrichtigung des Schuldners u. Drittschuldners, daß Pfändung eines Anspruchs bevorsteht (§ 845 ZPO); hat drei Wochen lang Wirkung eines (dingl.) → Arrests.
Vorprämiengeschäft → Börsengeschäfte.
Vorratsschädlinge, tier. oder pflanzl. Organismen, die an Lebensmitteln oder Material wie Holz, Felle, Stoff Schäden

verursachen (Kornkäfer, Schimmelpilze); Bekämpfung d. tier. Schädlinge heute durch Fraß-, Kontakt- u. Atemgifte, Sexuallockstoffe in Fallen.
Vorruhestand, vorzeitiges Ausscheiden aus dem Berufsleben nach entsprechender Vereinbarung der Tarifparteien. → Altersteilzeitgesetz.
Vorsatz → Verschulden.
Vorschiff, Schiffsvorderteil.
Vorschlag, *mus.* kurzer Zierton vor einem Haupton der Melodie.
Vorschlagswesen, betriebl. Einrichtung, bei der verwendbare Vorschläge von Betriebsangehörigen zur Rationalisierung u. Qualitätsverbesserung finanziell belohnt werden.
Vorschoter, im Zweimann-Segelboot segeltechn. Helfer des Steuermanns; bedient Vorschot u. → Spinnaker, steigt ins → Trapez.
Vorschulerziehung, *Elementarerziehung,* wichtiges bildungspol. Vorhaben, um eine größere Chancengleichheit im Bildungswesen zu gewährleisten; Kindergärten sollen mit entsprechendem Spiel- und Arbeitsmaterial ausgestattet, Kindergärtnerinnen für diese Aufgabe fachlich geschult werden; Ziel: Entwicklung der Persönlichkeit des Kindes; → Schulkindergarten.
Vorsehung,
1) e. vernunftmäßig über d. Welt waltende Macht (n. d. Stoa).
2) i. d. christl. Glauben d. Leitung d. Weltgeschehens u. d. Menschenschicksale durch Gott.
Vorsfelde, s. 1972 zu → Wolfsburg.
Vorsokratiker, die griech. Philosophen vor Sokrates (Naturphil., Pythagoreer, Sophisten, Eleaten).
Vorsorgemedizin, befaßt sich mit Früherkennung u. -behandlung chron. Krankheiten (Arteriosklerose, Herzinfarkt, Gehirnschlag u. Krebs, Gesundheitserziehung u. Epidemiologie.
Vorspur, an Straßenfahrzeugen Verringerung des Abstandes der Vorderräder am vorderen Felgenrand gegenüber dem hinteren, wodurch Vorderräder schräg nach innen laufen; erleichtert das Lenken, verringert Neigung zu Radflattern, vergrößert aber Reifenverschleiß.
Vorsteherdrüse → Prostata.
Vorstehhunde, Jagdhundrassen, zeigen d. Wild durch „Vorstehen" (Stehenbleiben) an.
Vorster, an, Balthasar Johannes (13. 12. 1915–10. 9. 83), südafrikan. Pol.; 1966 bis 78 Min.präs., 1978/79 Staatspräs.
Vorstrafe, wirkt bei späteren Straftaten strafverschärfend; Ordnungswidrigkeiten zählen nicht.
Vortäuschung einer Straftat, wird mit Freiheitsstrafe bis zu 3 Jahren od. m. Geldstrafe geahndet (§ 145d StGB).
Vorteilsannahme, passive → Bestechung minderen Grades im Zus.hang m. der Vornahme einer legalen Diensthandlung.
Vorteilsgewährung, → Bestechung minderen Grades, gerichtet auf Herbeiführung einer legalen Diensthandlung.
Vortizismus, engl. *Vorticism,* in d. bild. Kunst d. engl. Ausprägung d. Futurismus (um 1913–20); im *wirbelnden* Exaltation d. Gefühls d. Voraussetzung künstler. Kreativität; Theoretiker E. Pound; Hptvertr. W. Lewis, H. Gaudier-Brzeska.

Vorstehhund, *Deutsch-Stichelhaar*

Voyager-Aufnahme des Saturn

Franz Vranitzky

Vulkanausbruch *auf dem Eiland Iwogima, Japan*

Vortopp, *seem.* auf mehrmast. Segelschiffen d. Teile des vorderen (Fock-) → *Mastes.*
Vorurteil, vorgefaßte Meinung (Einstellung) gegenüber Handlungen, Meinungen, Personen u. sozialen Gruppen (z. B. Antisemitismus).
Vorverfahren,
1) Ermittlungsverfahren der Staatsanwaltschaft z. Entscheidung, ob Anklage zu erheben ist (§§ 158 ff. StPO).
2) das → Widerspruchsverfahren vor Erhebung d. → Anfechtungsklage.
Vorvertrag, bedarf zur Wirksamkeit grundsätzlich der Form des Hauptvertrags.
Vorwärmer, dienen besserer Wärmewirtschaft, z. B. bei Dampferzeugung durch Vorwärmung des Speisewassers (im Economiser) u. der zugeführten Luft.
Vorwärtsverteidigung, Militärstrategie (z. B. der ehem. UdSSR), die bei e. Angriff d. Gefecht auf d. Territorium d. Gegners führen will.
Vorwerk, selbst. Teile eines Gutsbesitzes mit eigenen Wirtschaftsgebäuden.
Vorzugsaktien, *Stammprioritäten, Prioritätsaktien,* Aktien, die gegenüber d. Stammaktien m. bes. Vorrechten ausgestattet sind.
Vorzugszölle, *Präferenzzölle,* niedrigere Zölle f. Güter aus best. Ländern (z. B. in Großbritannien f. Güter aus d. Dominions.)
Voscherau, Henning (* 13. 8. 1941), SPD-Pol., 1988–1997 Präs. d. Senats u. Erster Bürgerm. v. Hamburg.
Vosges [vo:ʒ], ostfrz. Dép., im O die → Vogesen; 5874 km², 390 000 E, Hptst. *Épinal.*
Voß, Johann Heinrich (20. 2. 1751 bis 29. 3. 1826), dt. Dichter des Göttinger Hains u. Übersetzer (Homer); Idylls: *Luise.*
Voßler, Karl (6. 9. 1872–18. 5. 1949), dt. Romanist; *Dante; Geist u. Kultur in der Sprache; Lope de Vega.*
Vostell, Wolf (* 14. 10. 1932), dt. Graphiker; e. Wegbereiter d. → Happening u. d. → Décollage in Eur.; Mitbegr. d. Videokunst.
votieren [l.], (ab)stimmen, beschließen.
votiv [l.], einem Gelübde entsprechend.
Votivgaben, Bilder, Kerzen usw. als Weihgeschenk an Gott od. Heilige.
Votivmessen, Messen, die in einem best. Anliegen gelesen werden (z. B. Brautmessen).
Votum, *s.* [l.], Wahlstimme, Stimmabgabe; Gutachten; auf Abstimmung beruhende Stellungnahme (z. B. *Mißtrauens-Votum*).
Vouet [vuˈɛ], Simon (get. 9. 1. 1590 bis 30. 6. 1649), frz. Maler; lange auch in Italien tätig, dann Hofmaler Ludwigs XIII.; verband Elemente d. frz. Klassik u. d. it. Barock zu lebhaften, farbstarken Kompositionen; durch s. dekorativen Spätstil Wegbereiter d. frz. Barock-Klassizismus.
Vox populi vox Dei [l.], „Volkes Stimme (ist) Gottes Stimme".
Voyager [ˈvɔɪdʒə], am. → Raumsonde (→ Weltraumforschung).
Voyageur, *m.* [frz. vŏaˈʒøːr], Reisender.
Voyeur [vŏaˈjøːr], sexuell abartig veranlagte Person, Befriedigung durch Beobachtung sexueller Handlungen.
VPS, Abkürzung für **V**ideo**p**rogramm**s**ystem.
Vranitzky, Franz (* 4. 10. 1937), östr. Politiker (SPÖ); 1983–86 Finanzminister, 1986–1997 Bundeskanzler.
Vrbas,
1) r. Nbfl. d. Save i. Bosnien, 240 km l.
2) Tallandschaft am V., Hptort *Banjaluka* (143 000 E).
Vrchlický [-tski:], Jaroslav, eigtl. *Emil Frida* (17. 2. 1853–9. 9. 1912), tschech. Schriftst.; Gedichte, Dramen; *Geist u. Welt.*
Vredeman de Vries, Jan (1527 bis 1606), holl. Maler, Formgestalter u. Architekt d. Manierismus; intern. tätiger Hptmeister d. ndl. Dekorationsstils; → Horror vacui.
Vreden (D-48691), St. i. Kr. Borken, NRW, nahe der ndl. Grenze, 19 926 E; AG; div. Ind.
Vreneli, in d. Schweiz 20-Franken-Goldstück, ben. nach dem Mädchenkopf auf der Münze.
Vries,
1) Adriaen de (um 1560–15. 12. 1626), ndl. Bildhauer an der Wende zum Barock; *Merkur-* und *Herkulesbrunnen* (Augsburg).
2) Hugo de (16. 2. 1848–21. 5. 1935), ndl. Botaniker; Begründer der → Mutationstheorie.
Vring, Georg v. der (30. 12. 1889–28. 2. 1968), dt. Dichter u. Schriftst.; Gedichte; Romane: *Soldat Suhren.*
VTOL-Flugzeug, → Senkrechtstartflugzeug.
Vuillard [vɥiˈjaːr], Édouard (11. 11. 1868–21. 6. 1940), frz. spätimpressionist. Maler u. Graphiker.
Vulcano, eine der Lipar. Inseln, it., 21 km², Vulkan.
vulgär [l.], alltäglich, gemein.
Vulgärlatein, *s.,* vom Volk gesprochenes Latein, aus dem die roman. Sprachen entstanden sind.
Vulgata, *w.,* meistbenutzte, seit 1546 authentische lat. → Bibelübersetzung d. Hieronymus.
vulgo [l.], gemeinhin, gewöhnlich.
Vulkan, *Vulcanus,* röm. Gott des Feuers, dem griech. → *Hephästos* gleichgesetzt.
Vulkane, meist kegelförmige Berge, von dem um den *Krater* angehäuften, aus e. *Schlot* oder Kanal a. die Oberfläche dringenden *Magma* gebildet; versch. Formen: *Kessel* bei explosionsart. Durchbruch (*Maar*), Quell- u. Staukuppen bei zähflüss., *Schild-V.* und *vulkan. Decken* bei dünnflüssiger Lava; *Schicht-V.* durch wechselnde Ausbrüche von Lava, Aschen und Schlacken; letzte Anzeichen eines erlöschenden Vulkans: die → Solfataren, → Fumarolen, → Mofetten und warmen Quellen; größte Zahl d. Vulkane an d. Küsten d. Pazifiks. *Nichtvulkanisch*: *Schlamm-V.*, bei Ausströmen organ. Fäulnisgase in Schlamm (Neuseeland).
Vulkanfiber, *Fiber,* Kunststoff, zusammengepreßte, m. Zinkchlorid pergamentierte Papierblätter; als Leder- od. Kautschukersatz.
vulkanisieren, Kautschukbearbeitung m. Schwefel u. Schwefelverbindungen; erfunden v. → Goodyear; durch Vulkanisation bilden sich aus Kautschuk → Elaste, Elastomere (→Gummi) von hoher Elastizität u. Festigkeit.
Vulkanismus, Bezeichnung f. vulkan. Tätigkeit.
Vulkanite, *Erguß-* od. *Effusivgesteine,* entstehen beim Austritt von → *Magma* an die Erdoberfläche bei dessen Erstarren (z. B. *Basalt, Andesit, Trachyt*). → *Magmatite.*
Vulkollan®, *s.,* Kunststoff aus Polyisocyanaten mit hohem Abriebwiderstand; f. Sohlen, Bereifung.
Vulnerabilität, Verletzlichkeit.
Vulpius,
1) Christian August (23. 1. 1762–26. 6. 1827), dt. Romanschriftst.; Räuber- u. Schauerromane; *Rinaldo Rinaldini;* Bruder v.
2) Christiane (1. 6. 1765–6. 6. 1816), Gattin v. J. W. v. → Goethe.
Vulva, *w.* [l.], die äußeren → Geschlechtsorgane d. Frau.
v. v., Abk. f. → vice versa.
V-Waffen, dt. „Vergeltungswaffen", seit 1944 eingesetzte Raketenwaffen (→ V 2).
VWD → Presse, Übers. (Nachrichtenagenturen).
VwGO, Abk. f. **V**erwaltungs**g**erichts**o**rdnung.
V 2, dt. Raketengeschoß d. 2. Weltkriegs; Treibstoff: Alkohol und Flüssigsauerstoff. Endgeschwindigkeit 6000 km/h, größte Höhe 160 km, Reichweite 360 km in 365 Sek. (→ Tafel Weltraumforschung.)

W,
1) *elektrotechn.* Abk. f. → Watt.
2) *chem.* Zeichen f. → Wolfram.
3) *geograph.* Westen.
Waadt, *Waadtland,* frz. *Vaud,* schweiz. Kanton zw. Neuenburger u. Genfer See, 3712 km², 606 000 E; Uhrenind.; Tabak- u. Weinbau; Fremdenverkehr; Hptst. *Lausanne.*
Waag, slowak. *Váh,* l. Donau-Nbfl. in der Slowakei, 390 km l., von der Niederen Tatra, mündet bei Komorn.
Waage,
1) *astronom.* 7. Zeichen des → Tierkreises; → Sternbilder, Übers.
2) direkte Messung durch Längung einer Feder; im Gleichgewichtsfall ist Federkraft gleich Gewicht: *Feder-W., Haushalts-W.*
3) Gerät zur Bestimmung der Masse (in d. Alltagssprache: des Gewichtes) von Körpern, durch Vergleich der Masse des Körpers mit einer geeichten Masse: *Balken-W.;* einfachste Ausführung: W.-Balken, im Drehpunkt auf Schneide gelagert, trägt an den Enden zwei Schalen; *Brücken-W.* ermöglicht Wiegen schwerer Körper mit kleinen Gewichten; b. *Dezimal-W.* verhält sich Gewicht zu Wiegegut wie 1:10; praktisch viel verwendet: *Tafel-W.,* 2 durch Gelenke parallel geführte W.-Balken, damit Wägung unabhängig von Lage der Körper auf den Schalen; für kleine Gewichte *Schnell-W., römische W.,* mit ungleichen Hebelarmen, am längeren verschiebbares Ausgleichsgewicht; *Zeiger-W.,* mit Gewicht an Winkelhebel, gibt auf einer Skala d. Ausschlag an *(Brief-W.).*
Waal, südlicher Mündungsarm des → Rheins.
Waals, Johann Diederik van der (23. 11. 1837–7. 3. 1923), ndl. Phys.; Molekularkräfte; Nobelpr. 1910.
Waben, Gesamtheit der Bauteile der Bienen- u. Wespenstöcke; z. Aufzucht d. Brut u. bei d. Bienen auch zur Speicherung v. Honig u. Pollen.
Wabenkröte, *Pipa,* Kröte d. trop. Amerika; Eier u. Larven entwickeln sich in wabenähnlichen Rückenhautwucherungen.
Wachau, Donau-Engtal zw. Melk u. Krems in Niederöstr.; Weinbau.
Wacholder, *Machandel,* Nadelholz, meist strauchartig, mit beerenähnl. Fruchtzapfen; aus ihnen Gewürze usw.; → Sadebaum.
Wachs, Absonderung der Bienen, zu Waben verarbeitet, gelblich, gebleicht weiß; bes. zu Kerzen, Bohnermasse, Salben; *Pflanzen-W.,* von gewissen Palmen und anderen tropischen Pflanzen; *Mineral-W.,* Zeresin, aus *Erd-W.* (Ozokerit) gewonnen.
Wachsausschmelzverfahren → Bildguß.
Wachsblume, *Hoya,* Porzellanblume, Klettersträucher aus S-Asien, mit wachsartigen Blüten.
Wachstum, beim Menschen reguliert durch d. → Hypophyse. Bildet d. Hypophyse im W.salter zuviel **W.shormon,** entsteht → Riesenwuchs (Gigantismus), nach der Körperausreifung dagegen → Akromegalie; bei Unterproduktion von W.shormon kommt es zu Zwergwuchs bzw. Wachstumsstillstand. In der Pubertät manchmal beschleunigtes Knochenwachstum; Abschluß d. W.s etwa im 25. Jahr. – Menschl. Wachstumshormon (*human growth hormone* = HGH; *somatotropes Hormon* = STH) auch gentechnisch herstellbar; verwendet f. Therapie bei → Zwergwuchs.
Wachtberg (D-53343), Gem. i. Rhein-Sieg-Kr., NRW, 17 514 E.
Wächte, überhängende Schneemasse im Gebirge.
Wachtel, kleinster einheim. Hühnervogel, bis 20 cm lang; Zugvogel, im Sommer in Getreidefeldern.
Wachtelhund, kleiner, langhaariger Jagdhund mit Hängeohren.
Wachtelkönig, *Wiesenknarrer,* braune, langhalsige Ralle in Feuchtwiesen; mit schnarrendem Ruf; Zugvogel.
Wachtelweizen, in Wäldern u. Wiesen wachsender meist gelb blühender, halbschmarotzender Rachenblütler.
Wachtraum, *Tagtraum,* gedankliches Durchspielen verborgener Wünsche, bes. bei Kindern u. Jugendlichen.
Wackenroder, Wilhelm Heinrich (13. 7. 1773–13. 2. 98), dt. romant. Schriftst.; *Herzensergießungen eines kunstliebenden Klosterbruders; Phantasien über die Kunst.*
Wackersdorf (D-92442), oberpfälz. Gemeinde i. Kr. Schwandorf, Bay., 4203 E; ehem. Zentrum d. bayr. Braunkohlebergbaus; der Bau der atomaren Wiederaufbereitungsanlage (WAA) wurde im Juni 1989 eingestellt.
Wade, Muskeln an der Hinterseite des Unterschenkels.
Wadenbein, der schlanke, äußere Unterschenkelknochen (→ Tafel Mensch).
Wädenswil (CH-8820), schweiz. St. am Zürichsee, Kanton Zürich, 18 500 E.
Wādi, s. [arab.] ausgetrocknetes Wüsten-Flußtal in Arabien und Nordafrika; bei starkem Regen kurzzeitig auch reißender Wasserlauf.
Wadschra, *Vajra* [sanskr. „Donnerkeil, Diamant"], buddhist. Symbol d. alldurchdringenden Erkenntnis und Macht.
Wadschrayana, *Vajrayana, s.* [sanskr. „Fahrzeug d. Wadschra"], v. Tantrismus geprägte u. nach s. Hauptsymbol Wadschra benannte 3. Richtung d. Buddhismus neben *Hinayana* u. *Mahayana.*
Wafd-Partei, ägypt. nat. Unabhängigkeitspartei, 1924 gegr., 1953 aufgelöst.
Waffengebrauch, bei Polizei-, Zoll- und anderen Beamten statthaft, wenn erforderlich; zum Schutz der eigenen od. einer anvertrauten Person, zur Verhütung strafbarer Handlungen, bei Widerstand gg. Amtshandlungen, bei Fluchtversuch Verhafteter.
Waffengesetz, i. d. BR s. 1. 1. 1973 (1978 verschärft), ordnet u. a. die Meldepflicht f. Waffen an.
Waffen-SS, Bez. f. bewaffnete Einheiten d. SS ab 1939/40; eingesetzt i. Krieg für rein mil. Einsätze, aber auch als KZ-Wachmannschaften (SS-Verfügungstruppen u. Totenkopfverbände); bis 1942 nur Freiwillige, dann auch Wehrpflichtige. In der W. dienten auch Volksdeutsche u. ausl. Freiwillige.
Waffenstillstand, Vereinbarung über Einstellung d. Feindseligkeiten, meist zur Einleitung von Friedensverhandlungen.
Waffenstillstandstag, engl. *Armistice Day,* 11. November, am. u. brit. Nationalfeiertag (Gedenktag für 1. Weltkrieg); abgelöst in d. USA durch den *Veterans Day* (23. 10.) u. in Großbrit. durch den *Remembrance Sunday* (an dem Sonntag, der dem 11. 11. am nächsten liegt).
Wagadugu → Ouagadougou.
Wagen, Großer u. Kleiner, Gruppe der 7 hellsten Sterne im *Großen* u. eine ähnliche im *Kleinen* → Bären.
Wagenburg, Verschanzung des Heerlagers aus ringsum aufgefahrenen Troßwagen.
Wagenrennen, im Altertum beliebte Form der Wettkämpfe (Zirkusspiele; Olymp. Spiele).
Wagenseil, Georg Christoph (15. 1. 1715–1. 3. 77), östr. Pianist u. Komponist in Wien; Opern; Instrumental- u. Kirchenmusik.
Waggerl, Karl Heinrich (10. 12. 1897 bis 4. 11. 1973), östr. Schriftst.; *Brot; D. Jahr d. Herrn; D. Wiesenbuch.*
Wagner, dt. Musikerfamilie:
1) Cosima (24. 12. 1837–1. 4. 1930), Tochter v. Franz Liszt, s. 1870 zweite Gattin R. Wagners; Hüterin der Bayreuther Tradition;
2) Richard (22. 5. 1813–13. 2. 83), dt. Komp.; schuf das Musikdrama als „Gesamtkunstwerk", neue Art der Instrumentation (Schöpfer des sog. gr. Orchesters); n. Teilnahme a. d. Revolution 1849 Flucht i. d. Schweiz; 1864 Berufung n. München (Freundschaft m. Ludwig II.); 1872 Begründung d. Bayreuther Festspiele; Opern (m. eigenen Texten): *Rienzi; Der fliegende Holländer; Tannhäuser; Lohengrin; Tristan u. Isolde; D. Meistersinger v. Nürnberg; Der Ring des Nibelungen* (Tetralogie); *Parsifal;* Selbstdarstellung *Mein Leben; Ges. Schriften;* s. Sohn

Wacholder

Wabenkröte

Waadt

Richard Wagner

Wachtel

3) Siegfried (6. 6. 1869–4. 8. 1930), dt. Dirigent u. Komp., s. 1909 Leiter der Bayreuther Festspiele; Opern: *Der Bärenhäuter; Schwarzschwanenreich;* s. Gattin
4) Winifred, geb. Williams (23. 6. 1897 bis 5. 3. 1980), hatte nach ihm d. Festspielleitung, die s. 1950 von ihren Söhnen
5) Wieland (5. 1. 1917–17. 10. 66) u.
6) Wolfgang (* 30. 8. 1919) übernommen wurde.

Wagner,
1) Adolph (23. 5. 1835–8. 11. 1917), dt. Nationalökonom; *Beiträge zur Lehre v. d. Banken;* Kathedersozialist.
2) Carl-Ludwig (* 9. 1. 1930), CDU-Pol., 1981–88 Finanzmin. v. RP, Dez. 1988–Mai 1991 Min.präs. v. RP.
3) Heinrich Leopold (19. 2. 1747–4. 3. 79), dt. Dramatiker d. Sturm u. Drang; *Die Kindsmörderin.*
4) Hermann (23. 6. 1840–18. 6. 1929), dt. Geograph.
5) Otto (13. 7. 1841–11. 4. 1918), östr. Architekt, Vertr. d. Historismus (Neurenaiss.), dann d. Sezessionsstils (Stationsgebäude d. Wiener Stadtbahn; Kirche am Steinhof), dann – als Wegbereiter d. Moderne – e. zweckorientierten „Nutzstils"; (*Postsparkassenamt* Wien).

Wagner-Régeny, Rudolf (28. 8. 1903–18. 9. 69), dt. Opernkomp.; *D. Günstling; Die Bürger v. Calais.*

Wagnerscher Hammer, ein el. Unterbrecher; *Arbeitsweise:* stromdurchflossene Magnetspule zieht an Feder befestigten Anker an; durch d. Bewegung d. gleichzeitig als Stromkraft fungierenden Feder wird d. Kontakt unterbrochen, damit auch d. Stromzufuhr, Spule wird wieder unmagnetisch, u. Anker schwingt in Ruhelage zurück; dadurch wird d. Stromkreis wiederum geschlossen, u. Vorgang beginnt v. neuem; *Anwendung:* in d. el. Klingel und im → Wechselrichter (Zerhacker).

Wagner von Jauregg, Julius (7. 3. 1857–27. 9. 1940), östr. Psychiater; „Malaria-Behandlung" der syphilit. Gehirnerweichung (Paralyse); Nobelpreis 1927.

Wagram (A-2232), *Deutsch-Wagram,* Marktgem. i. Marchfeld, 6111 E. – 1809 Sieg Napoleons über die Österreicher.

Wah(h)abiten, von Abd ul Wahhâb († 1787) gegr. moh. Reformbewegung, die urspr. Reinheit der → Sunna wiederherstellen will; s. 1921 unter Ibn Saud (→ Saudi-Arabien).

Wähler, in der *Fernmeldetechnik:* elektromechan. Koppeleinrichtung m. zugehörigem Steuerteil; verbindet jeweils einen Eingang m. einem od. mehreren Ausgängen od. (als Sucher) einen od. mehrere Eingänge mit e. Ausgang: zahlreiche versch. Ausführungen. → Fernsprechvermittlung.

Wahlprüfung, in Art. 41 GG angeordnete und im Ges. v. 12. 3. 1951 verankerte Überprüfung d. Bundestagswahl auf Einspruch v. Wahlberechtigten, Landesu. Bundeswahlleitern od. d. Bundestagspräs.; *W.sausschuß* bereitet Entscheidung des B.tags (Ungültigk. d. Wahl e. Abgeordneten, Mandatsverlust) vor; gg. d. Beschwerde an B.verfassungsgericht mögl. ist; W. v. Landtagswahlen meist i. d. betreffenden Landeswahlgesetzen geregelt.

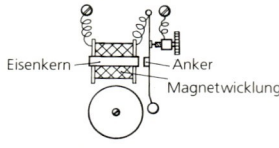
Wagnerscher Hammer
(elektrische Klingel)

Theo Waigel

Wahlrecht, Recht, zu öffentlichen Vertretungskörperschaften zu wählen (*aktives W.*) oder gewählt zu werden (*passives W.*). In der BR für Männer und Frauen aktives und passives W. vom vollendeten 18. Lebensjahr. Wahlrecht kann an Geschlecht (Frauen-W. erst in neuester Zeit u. nicht allgemein), an Standeszugehörigkeit, Besitz, Einkommen gebunden sein (z. B. Dreiklassenwahlrecht in Preußen bis 1918). Wahl *direkt* durch alle Wahlberechtigten od. *indirekt* durch Wahlmänner (z. B. Wahl d. Präs. d. USA) möglich. Das fortschrittlichste Wahlrecht sieht gleiche, geheime, allgemeine u. direkte Wahl vor. Durch das Wahlrecht sind die Wahlsysteme bestimmt.

Wahlstatt, *Legnickie Pole,* polnische Gem. bei Liegnitz, Niederschlesien. – Schlacht gg. d. Mongolen 1241; in der Nähe an der Katzbach 1813 Sieg Blüchers (*Fürst v. W.*) über die Franzosen.

Wahlsysteme,
1) *Mehrheitswahl* (od. Persönlichkeitswahl): im Wahlkreis gilt der Kandidat als gewählt, der mehr als die Hälfte (absolute Mehrheit) oder die meisten Stimmen erhält (relative Mehrheit; Großbritannien, USA); Vorteile: verhindert die Bildung kleiner Parteien, schafft klare Mehrheit und bindet Abgeordnete stärker an den Wählerwillen; Nachteile: Stimmen für die unterlegenen Kandidaten sind verloren, Minderheiten erhalten keine Vertretung, Abgeordnete sind stärker d. Einfluß örtl. Interessengruppen ausgesetzt.
2) *Verhältnis-, Proporzwahl:* d. Summe aller für eine Liste (Partei) abgegebenen Stimmen entscheidet über die Zahl der Abgeordneten einer Partei; Vorteile: bringt alle Stimmen z. Geltung, auch Minderheiten können Kandidaten durchbringen, pol. Wille des Volkes kommt klarer z. Ausdruck; Nachteile: begünstigt Bildung von Splitterparteien, verhindert häufig die Bildung klarer parlamentar. Mehrheiten (Weimarer Republik), deshalb in der BR *Fünfprozentklausel* (eine Partei muß mindestens 5% aller Wählerstimmen erhalten, um Abgeordnete i. d. Bundestag entsenden zu können). – In BR Mehrheits- u. Verhältniswahlen gekoppelt; die Hälfte d. Abgeordneten wird in direkter Wahl in den Wahlkreisen gewählt, die andere Hälfte nach d. Zahl d. f. die Parteilisten abgegebenen Stimmen ermittelt.

Wahlvergehen, Straftaten bezügl. d. Durchführung v. Wahlen (Wahlverhinderung, -fälschung, Verletzung d. Wahlgeheimnisses, Nötigung bezügl. der Stimmabgabe, Täuschung b. Stimmabgabe, Wahlbestechung u. strafb. Handlungen bei der Wahlvorbereitung (§§ 107 ff. StGB).

Wahlverwandtschaften, seelische Zuneigung aufgrund innerer Wesensähnlichkeit (Goethes Roman: *Die W.*).

Wahn, Flughafen für Bonn u. Köln, nördl. v. Bonn.

Wahnidee, *Wahnvorstellung, fixe Idee,* übermächtige Vorstellung bei unrealist. Einschätzung der Umwelt (→ Illusion, → Halluzination), häufig bei Psychotikern (z. B. → Verfolgungswahn).

wahre Sonnenzeit → Zeit.

Wahrheit, d. Übereinstimmung e. Urteils od. e. Behauptung mit d. damit gemeinten Sachverhalt. Nach Heidegger ist W. d. Offenheit d. Seins.

Wahrheitsbeweis, kann bei übler Nachrede Täter straffrei machen (§§ 186, 190, 192 StGB).

Wahrnehmung berechtigter Interessen, macht an sich strafbare beleidigende Äußerungen straffrei, sofern nicht formelle Beleidigung vorliegt (§ 193 StGB).

Wahrscheinlichkeit, math.,
1) klassische Auffassung: Verhältnis der Zahl der günstigen zur Zahl der möglichen Ereignisse (z. B. Wahrscheinlichkeit, mit einem Würfel eine 2 zu würfeln = $1/6$; 1 günstiges, 6 mögliche Ereignisse).
2) Grenzwert der relativen Häufigkeit eines Ereignisses.

Währung, *Valuta,* das in einem Staate gesetzl. bestehende Geldsystem; *harte W.* kann in jede beliebige andere W. umgetauscht werden, im Gegensatz zu *weicher W.,* bei der Umtausch nur beschränkt möglich ist; auch → Währungen, Übersicht.

Währungsreform, Neuordnung d. Geldwesens eines Landes, bes. nach einer → Inflation notwendig; in Dtld im Anschluß an beide Weltkriege (1923 u. 1948); 1948 in Westdtld: Umwechselverhältnis 10 :1, in der sowj. Zone Umwechselverhältnis bar 10 :1, RM-Verbindlichkeiten (wie Löhne, Mieten) grundsätzlich 1:1; neue Währung: *Dt.* → Mark (DM); Währungsausgleich für Sparguthaben von 2,8 Mill. Vertriebenen.

Währungssysteme, offene od. gesperrte: **a)** *reine Goldwährung;* **b)** *Goldkernwährung,* Gold ist nicht in Umlauf; Goldbestände haben nur d. Goldparität e. W. zu sichern; **c)** *Doppelwährung:* mehrere Metalle frei ausprägbar, die durch gesetzl. Wertrelation verbunden sind; daneben theoret. Systeme: *Indexwährung:* nur an der Preisbewegung orientiert, Geld soll *gleichbleibende Kaufkraft* haben; *Schwundgeld* (Freigeldbewegung, ausgehend von *Silvio Gesell*): Noten verlieren in einer best. Zeit einen Teil ihres Wertes: *Geld soll nicht gehortet* werden.

Waiblingen (D-71332–36), Krst. d. Rems-Murr-Kr., a. d. Rems, Ba-Wü., 49427 E; AG; Orchideenzucht; Masch.-, Metall-, Textilind.; ehem. Pfalz d. Hohenstaufen.

Waid, dt. *Indigo,* Kreuzblütler; früher z. Farbstoffgewinnung.

waidgerecht, *weidgerecht,* den geschriebenen und ungeschriebenen Gesetzen und Regeln entsprechend die Jagd ausüben.

Waidhofen a. d. Ybbs (A-3340), St. in Niederöstr., 11 435 E; ma. Bauten, Fremdenverkehr.

Waidmann, svw. Jäger.

Waidmannssprache, svw. → Jägersprache.

Waidwerk, svw. → Jagd.

Waigel, Theo (* 22. 4. 1939), CSU-Pol.; s. 1972 MdB, s. 1988 CSU-Landesvors., s. 1989 B.finanzmin.

Waikiki, Strand d. St. Honolulu auf Hawaii.

Wajang, s., Schattenspiel der Javaner.

Wajda, Andrzej (* 6. 3. 1926), poln. Regisseur; *Asche u. Diamant* (1958); *D.*

Währungen

ISO- oder (Intern. Währungsabkürzung)
100 WE = ... DM (Stand: August 1996)

Land	Währung	Kurs
Afghanistan	Afghani (AFA) = 100 Puls	–,–
Ägypten (V. A. R.)	Ägyptisches Pfund (EGP) = 100 Piasters	44,85
Albanien	Lek (ALL) = 100 Quindarka	1,36
Algerien	Algerischer Dinar (DZD) = 100 Centimes	2,76
Angola	Neuer Kwanza (AON) = 100 Lwei	0,001
Antigua u. Barbuda	Ostkaribischer Dollar (XCD) = 100 Cents	56,61
Äquatorialguinea	CFA-Franc (XAF) = 100 Centimes	0,29
Argentinien	Austral (ARA) = 100 Centavos	152,34
Armenien	Dram (AMD) = 100 Luma	0,37
Aruba	Aruba-Florin (AWG) = 100 Cent	85,50
Aserbeidschan	Aserbeidschan-Manat (AZM) = 100 Gepik	0,04
Äthiopien	Birr (ETB) = 100 Cents	23,97
Australien	Australischer Dollar (AUD) = 100 Cents	119,85
Bahamas	Bahama Dollar (BSD) = 100 Cents	152,95
Bahrain	Bahrain-Dinar (BHD) = 1000 Fils	406,93
Bangladesch	Taka (BDT) = 100 Paisha	3,65
Barbados	Barbados-Dollar (BBD) = 100 Cents	76,34
Belgien	Belgischer Franc (BEF) = 100 Centimes	4,85
Belize	Belize-Dollar (BZD) = 100 Cents	76,77
Benin	CFA-Franc (XOF) = 100 Centimes	0,29
Bermuda	Bermuda-Dollar (BMD) = 100 Cents	0,29
Bhutan	Ngultrum (BTN) = 100 Chetrum	4,38
Bolivien	Boliviano (BOB) = 100 Centavos	30,08
Bosnien-Herzegowina	Bosnien-herzogewinischer Dinar (BAD) = 100 Para	1,00
Botswana	Pula (BWP) = 100 Thebe	45,22
Brasilien	Cruzeiro real (BRE) = 100 Centavos	151,64
Brunei	Brunei-Dollar (BND) = 100 Cents	108,71
Bulgarien	Lew (BGL) = 100 Stótinki	0,98
Burkina Faso	CFA-Franc (XOF) = 100 Centimes	0,29
Burundi	Burundi-Franc (BIF) = 100 Centimes	0,48
Chile	Chilenischer Peso (CLP) = 100 Centavos	0,37
China (Volksrep.)	Renminbi Yuan (CNY) = 10 Jiao	18,29
Cook-Inseln	Cookinseln-Dollar (NZD) = 100 Cents	102,87
Costa Rica	Costa-Rica-Colón (CRC) = 100 Céntimes	0,73
Côte d'Ivoire	CFA-Franc (XOF) = 100 Centimes	0,29
Dänemark	Dänische Krone (DKK) = 100 Öre	25,95
Dominica	Ostkaribischer Dollar (XCD) = 100 Cents	56,61
Dominikan. Rep.	Dominikanischer Peso (DOP) = 100 Centavos	11,84
Dschibuti	Dschibuti-Franc (DJF) = 100 Centimes	0,86
Ecuador	Sucre (ECS) = 100 Centavos	0,05
El Salvador	El-Salvador-Colón (SVC) = 100 Centavos	17,45
Eritrea	Birr = 100 Cents	23,97
Estland	Estnische Krone (EEK) = 100 Senti	12,49
Falklandinseln	Falkland-Pfund (FKP) = 100 Pence	235,78
Fidschi-Inseln	Fidschi-Dollar (FJD) = 100 Cents	109,68
Finnland	Finnmark (FIM) = 100 Penniä	32,88
Frankreich	Französischer Franc (FRF) = 100 Centimes	29,54
Gabun	CFA-Franc (XAF) = 100 Centimes	0,29
Gambia	Dalasi (GMD) = 100 Bututs	15,85
Georgien	Lari (GEL) = 100 Tetri	121,27
Ghana	Cedi (GHC) = 100 Pesewas	0,09
Gibraltar	Gibraltar-Pfund (GIP) = 100 Pence	235,78
Grenada	Ostkaribischer Dollar (XCD) = 100 Cents	56,61
Griechenland	Drachme (GRD) = 100 Lepta	0,63
Großbritannien u. Nordirland	Pfund Sterling (GBP) = 100 Pence	236,47
Guatemala	Quetzal (GTQ) = 100 Centavos	24,81
Guinea	Guinea-Franc (GNF) = 100 Centimes	0,15
Guinea-Bissau	Guinea-Peso (GWP) = 100 Centavos	0,007
Guyana	Guyana-Dollar (GYD) = 100 Cents	1,09
Haiti	Gourde (HTG) = 100 Centimes	9,76
Honduras	Lempira (HNL) = 100 Centavos	13,09
Hongkong	Hongkong-Dollar (HKD) = 100 Cents	19,69
Indien	Indische Rupie (INR) = 100 Paise	4,38
Indonesien	Rupiah (IDR) = 100 Sen	0,07
Irak	Irak-Dinar (IQD) = 100 Fils	490,80
Iran	Rial (IRR) = 100 Dinars	0,09
Irland	Irisches Pfund (IEP) = 100 Pence	243,25
Island	Isländische Krone (ISK) = 100 Aurar	2,27
Israel	Neuer Schekel (ILS) = 100 Agorot	47,51

Währungen

Land	Währung	Kurs
Italien	Italienische Lira (ITL) = 100 Centesimi	0,09
Jamaika	Jamaika-Dollar (JMD) = 100 Cents	4,35
Japan	Yen (JPY) = 100 Sen	1,40
Jemen	Jemen-Rial (YER) = 1000 Fils	1,25
Jordanien	Jordan-Dinar (JOD) = 1000 Fils	214,96
Jugoslawien, Bundesrep.	Jugoslawischer Neuer Dinar (YUM) = 100 Para	30,29
Kaimaninseln	Kaiman-Dollar (KYD) = 100 Cents	185,59
Kambodscha	Riel (KHR) = 10 Kak	0,06
Kamerun	CFA-Franc (XAF) = 100 Centimes	0,29
Kanada	Kanadischer Dollar (CAD) = 100 Cents	111,49
Kap Verde	Kap-Verde-Escudo (CVE) = 100 Centavos	1,82
Kasachstan	Tenge (KZT) = 100 Tiyn	2,28
Katar	Katar-Riyal (QAR) = 100 Dirhams	41,93
Kenia	Kenia-Schilling (KES) = 100 Cents	2,63
Kirgistan	Kirgistan-Som (KGS) = 100 Tyin	12,47
Kiribati	Australischer Dollar/Kiribati (AUD) = 100 Cents	119,14
Kolumbien	Kolumbianischer Peso (COP) = 100 Centavos	0,14
Komoren	Komoren-Franc (KMF) = 100 Centimes	0,39
Kongo, Dem. Rep.	Neuer Zaïre (ZRN) = 100 Makuto	0,01
Kongo, Rep.	CFA-Franc (XAF) = 100 Centimes	0,29
Korea (Nord)	Won (KPW) = 100 Chon	152,19
Korea (Süd)	Won (KRW) = 100 Chon	0,19
Kroatien	Kuna (HRKJ) = 100 Lipa	28,18
Kuba	Kubanischer Peso (CUP) = 100 Centavos	152,19
Kuwait	Kuwait-Dinar (KWD) = 1000 Fils	508,13
Laos	Kip (LAK)	0,16
Lesotho	Loti (LSL) = 100 Lisente	35,26
Lettland	Lats (LVL) = 100 Santims	277,57
Libanon	Libanesisches Pfund (LBP) = 100 Piastres	0,09
Liberia	Liberianischer Dollar (LRD) = 100 Cents	152,19
Libyen	Libyscher Dollar (LYD) = 1000 Dirhams	419,45
Litauen	Litas (LTL) = 100 Centas	36,29
Luxemburg	Luxemburgischer Franc (LUF) = 100 Centimes	4,86
Macau	Pataca (MOP) = 100 Avos	19,14
Madagaskar	Madagaskar-Franc (MGF) = 100 Centimes	0,04
Malawi	Malawi-Kwacha (MWK) = 100 Tambala	9,99
Malaysia	Malaysischer Ringgit (MYR) = 100 Sen	61,28
Malediven	Rufiyaa (MVR) = 100 Laari	12,99
Mali	CFA-Franc (XOF) = 100 Centimes	0,29
Malta	Maltesische Lira (MTL) = 100 Cents	420,67
Marokko	Dirham (MAD) = 100 Centimes	17,39
Mauretanien	Ouguiya (MRO) = 5 Khoums	1,11
Mauritius	Mauritius-Rupie (MUR) = 100 Cents	7,62
Mazedonien	Denar (MKD) = 100 Deni	3,76
Mexiko	Mexikanischer Neuer Peso (MXN) = 100 Centavos	20,18
Moldau, Rep.	Moldau-Leu (MDL) = 100 Bani	33,08
Mongolei	Tugrik (MNT) = 100 Mongo	0,29
Mosambik	Metical (MZM) = 100 Centavos	0,01
Myanmar	Kyat (NAD) = 100 Cents	25,81
Namibia	Namibia-Dollar (NAD) = 100 Cents	35,26
Nepal	Nepalesische Rupie (NPR) = 100 Paisa	2,73
Neukaledonien	CFP-Franc (XPF) = 100 Centimes	1,63
Neuseeland	Neuseeland-Dollar (NZD) = 100 Cents	105,07
Nicaragua	Gold-Córdoba (NIO) = 100 Centavos	18,07
Niederlande	Holländischer Gulden (NLG) = 100 Cent	89,16
Niederländische Antillen	Niederl.-Antillen-Gulden (ANG) = 100 Cent	85,50
Niger	CFA-Franc (XOF) = 100 Centimes	0,29
Nigeria	Naira (NGN) = 100 Kobo	6,99
Norwegen	Norwegische Krone (NOK) = 100 Öre	23,45
Oman	Rial Omani (OMR) = 1000 Baizas	396,33
Österreich	Schilling (ATS) = 100 Groschen	14,28
Pakistan	Pakistanische Rupie (PKR) = 100 Paisa	4,34
Panama	Balboa (PAB) = 100 Centésimos	152,19
Papua-Neuguinea	Kina (PGK) = 100 Toea	118,94
Paraguay	Guarani (PYG) = 100 Céntimos	0,07
Peru	Neuer Sol (PEN) = 100 Céntimos	63,02
Philippinen	Philippinischer Peso (PHP) = 100 Centavos	5,88
Polen	Złoty (PLZ) = 100 Groszy	55,95
Portugal	Escudo (PTE) = 100 Centavos	0,97
Ruanda	Ruanda-Franc (RWF) = 100 Centimes	0,49

Währungen

Land	Währung	Kurs
Rumänien	Leu (ROL) = 100 Bani	0,05
Rußland	Rubel (RUR) = 100 Kopeken	0,03
St. Helena	St.-Helena-Pfund (SHP) = 100 Pence	235,78
St. Kitts und Nevis	Ostkaribischer Dollar (XCD) = 100 Cents	56,61
St. Lucia	Ostkaribischer Dollar (XCD) = 100 Cents	56,61
St. Vincent und die Grenadinen	Ostkaribischer Dollar (XCD) = 100 Cents	56,61
Salomonen	Salomonen-Dollar (SBD) = 100 Cents	42,95
Sambia	Kwacha (ZMK) = 100 Ngwee	0,12
Samoa	Tala (WST) = 100 Sene	62,75
São Tomé und Príncipe	Dobra (STD) = 100 Cêntimos	0,06
Saudi-Arabien	Saudi Riyal (SAR) = 20 Qirshes	40,68
Schweden	Schwedische Krone (SEK) = 100 Öre	22,99
Schweiz	Schweizer Franken (CHF) = 100 Rappen	123,13
Senegal	CFA-Franc (XOF)	0,29
Seychellen	Seychellen-Rupie (SCR) = 100 Cents	30,75
Sierra Leone	Leone (SLL) = 100 Cents	0,17
Simbabwe	Simbabwe-Dollar (ZWD) = 100 Cents	15,59
Singapur	Singapur-Dollar (SGD) = 100 Cents	108,36
Slowakei	Slowakische Krone (SKK) = 100 Hellers	4,91
Slowenien	Tolar (SIT) = 100 Stotin	1,12
Somalia	Somalia-Schilling (SOS) = 100 Centesimi	–,–
Spanien	Peseta (ESP) = 100 Centimes	1,19
Sri Lanka	Sri-Lanka-Rupie (LKR) = 100 Sri-Lanka-Cents	2,74
Südafrika	Rand (ZAR) = 100 Cents	35,17
Sudan	Sudanesischer Dinar (SDD)	0,11
Suriname	Suriname-Gulden (SRG) = 100 Cent	0,38
Swasiland	Lilangeni (SZL) = 100 Cents	35,17
Syrien	Syrisches Pfund (SYP) = 100 Piastres	13,59
Tadschikistan	Tadschkistan-Rubel (TJR)	0,55
Taiwan	Neuer Taiwan-Dollar (TWD) = 100 Cents	5,55
Tansania	Tansania-Schilling (TZS) = 100 Cents	0,25
Thailand	Baht (THB) = 100 Stangs	6,01
Togo	CFA-Franc (XOF) = 100 Centimes	0,29
Tonga	Pa'anga (TOP) = 100 Seniti	124,93
Trinidad und Tobago	Trinidad-und-Tobago-Dollar (TTD) = 100 Cents	25,78
Tschad	CFA-Franc (XAF) = 100 Centimes	0,29
Tschechische Republik	Tschechische Krone (CZK) = 100 Hellers	5,51
Tunesien	Tunesischer Dinar (TND) = 1000 Millimes	155,77
Türkei	Türkische Lira/Pfund (TRL) = 100 Kuruş	0,002
Turkmenistan	Turkmenistan-Manat (TMM) = 100 Tenge	0,04
Uganda	Uganda-Schilling (UGX)	0,15
Ukraine	Karbowanez (UAK) = 100 Kopeken	0,0008
Ungarn	Forint (HUF) = 100 Filler	0,99
Uruguay	Uruguayischer Neuer Peso (UYU) = 100 Centésimos	19,05
Usbekistan	Usbekistan-Sum (UZS) = 100 Tijin	4,04
Vanuatu	Vatu (VUV)	1,38
Venezuela	Bolivar (VEB) = 100 Céntimos	0,32
Vereinigte arab. Emirate	Dirham (AED) = 100 Fils	41,58
Vereinigte Staaten v. Amerika	US-Dollar (USD) = 100 Cents	151,87
Vietnam	Dong (VND) = 100 Hào	0,01
Weißrußland	Belarus-Rubel (BYB) = 100 Kopeken	0,01
Zentralafrikan. Rep.	CFA-Franc (XAF) = 100 Centimes	0,29
Zypern	Zypern-Pfund (CYP) = 100 Cents	325,52

gelobte Land (1974); *D. Mann aus Eisen* (1980/81); *Danton* (1982); *E. Liebe in Deutschland* (1983).

Wakayama, jap. Hafenst. auf S-Honshu, 397 000 E.

Wake [weɪk], Insel d. USA im westl. Pazifik, 7,8 km², 302 E; Marine- und Flugstützpunkt.

Wakefield ['weɪkfiːld], St. in der engl. Metrop.-Gft West Yorkshire, 311 000 E; Wollind., Bergbau; anglikan. Bischofssitz.

Waksman ['wæksmən], Selman A. (22. 7. 1888–16. 8. 1973), am. Mikrobiol.; entdeckte Streptomycin u. a. Antibiotika; Nobelpr. 1952.

Walachei, rumän. Landesteil zw. den Transsylvan. Alpen u. der Donau, von der Alt geteilt in *Kleine W. (Oltenia),* 24 078 km² (Hptst. *Craiova*) u. *Große W. (Muntenia),* 52 505 km² (Hptst. *Bukarest*).

Walachen, slaw. Name f. d. Rumänen.

Walchensee, oberbayr. Alpensee, zw. Loisach u. Isar, 802 müM, 16,1 km², bis 192 m tief. Der Niveauunterschied (200 m) z. Kochelsee wird v. **W.kraftwerk** ausgenutzt (Jahresleistung 160 Mill. kWh).

Walcheren, ehem. südwestlichste ndl. Insel, Provinz Seeland, 212 km²; Hptort *Middelburg;* durch Dämme m. Nachbarinseln verbunden.

Walcott ['wɔlkət], Derek (* 23. 1. 1930), karib. Schriftst. u. Lyriker, gestaltet seine Welt im Ggs. zur eur. Tradition

Waldsterben

Die typischen Stufen der Schädigung bei 3 Baumarten (von links nach rechts): Stufe 1 = *normal*, Stufe 2 = *schwach geschädigt* (kränkelnd), Stufe 3 = *geschädigt* (krank), Stufe 4 = *stark geschädigt* (sehr krank). 1. Reihe: *Fichte* – fast undurchsichtige Krone (1); mittlerer Kronenteil verlichtet, bis 25% entnadelt (2); „lärchenartige" Krone m. Gelbfärbung, zu 25–50% entnadelt (3); mehr Kronengerippe als Nadelmasse sichtbar, zu über 50% entnadelt (4). 2. Reihe: *Tanne* – undurchsichtige Krone mit erkennbarem Höhentrieb (1); Verlichtung v. unten u. innen heraus beginnend, Krone bis 25% entnadelt (2); „Storchennest-Krone", zu 25–50% entnadelt (3); nur oberes „Storchennest" und Wasserreiser benadelt, Krone insgesamt mehr als 50% entnadelt (4).
1. Reihe: *Buche* – gesunder Laubbaum (1); schütterer Randbereich, z. T. verfrühte Herbstverfärb. (2); obere Kronenteile dürr werdend, vorzeitiger Abwurf lederartiger Blätter (3); sehr schütter, starker, vorzeit. Laubabwurf, teilweise lösen s. Rindenteile ab (4). 2. Reihe: *Borkenkäferbefall* (1); Landschaft i. Nordschwarzwald (Katzenkopf b. Mummelsee) m. abgestorbenen Bäumen (2).

u. Kultur; Nobelpreis 1992; *Another Life; Erzählungen von den Inseln.*
Wald [wɔːld], George (18. 11. 1906 bis 12. 4. 97), am. Biol.; Nobelpr. 1967 (Entdeckungen über d. lichtempfindl. Reaktionen i. d. Sinnzellen der Netzhaut).
Wald, Laub-, Nadel-, Mischwald, wirtsch. genutzt als → Forst; beeinflußt Klima, schützt die landw. Flächen vor → Versteppung. → Urwald.
Waldaihöhen, bewaldetes Hügelland in NW-Rußland, 343 m h.; am SO-Hang Wolgaquelle.
Waldbröl (D-51545), St. im Oberbergischen Kreis, NRW, 16 700 E; AG; Industriegebiet.
Waldeck-Frankenberg, Landkreis westlich Kassel; Ackerbau u. Viehzucht; Kurorte Wildungen und Waldeck. – Ehem. Fürstentum, 1918 Freistaat, 1929 preuß., 1945 hess.
Waldemar,
a) *Brandenburg:*
1) W. d. Gr., Markgf 1308–19, kämpfte erfolgreich gg. Nachbarfürsten. Als 1323 Brandenburg a. d. Wittelsbacher kam, trat 1347 **der falsche W.** (Müllergeselle Rehbock) auf; 1348 von → Karl IV. belehnt, entsagte 1355.
b) *Dänemark:*
2) W. II. (1170–28. 3. 1241), eroberte die Ostseeküste bis Estland, verlor sie in der Schlacht bei Bornhöved 1227.
3) W. IV., *Atterdag* (um 1320–24. 10. 75), Kg s. 1340; von der → Hanse 1368 vertrieben.
Walden, Herwarth, eigtl. *Georg Levin* (16. 9. 1878–31. 10. 1941), dt. expressionist. Schriftst.; Dramen: *Sünde;* Romane: *D. Buch d. Menschenliebe.*
Waldenburg, *Wałbrzych,* poln. St. im **Waldenburger Bergland** (*Heidelberg* 936m), 141 000 E; Porzellanfabrikation, keram. Kunstanstalt, Mittelpkt d. niederschles. Kohlenreviers.
Waldenser, von *Petrus Waldus* Ende

Kurt Waldheim

des 12. Jh. gestiftete christl. Reformbewegung; noch heute in Piemont; um 1200 u. im 17. Jh. blutig verfolgt.
Waldheim, Kurt (* 21. 12. 1918), östr. Diplomat; 1968–70 Außenmin., 1972 bis 81 Gen.sekr. der UN; 1986–92 Bundespräs.
Waldheim (D-04736), St. i. Kr. Döbeln, a. d. Zschopau, Sa., 9325 E; ehem. kurfürstl. Schloß (1588), nahebei Burg *Kriebstein;* Talsperre.
Waldhühner, svw. → Rauhfußhühner.
Waldis, Burkard (um 1490–1556), dt. Franziskaner, dann luth. Pfarrer; Dichter; niederdt. Drama: *Die Parabel v. verlorenen Sohn.*
Waldkauz → Eulen.
Waldkirch (D-79183), St. i. Kr. Emmendingen, Kneipp-Kurort, Ba-Wü., 19 478 E; AG; opt., Elektronik-, Textilu. a. Ind.
Waldkraiburg (D-84478) St. i. Kr. Mühldorf a. I., Oberbay., 24 842 E; Fremdenverkehr; div. Ind.
Waldmantel, *Waldsaum, Trauf,* dichter, möglichst tief gestaffelter Abschluß e. Waldes gg. d. waldfreie Gelände hin; schützt d. Waldbäume v. Sonnenbrand u. Sturm.
Waldmeister, aromat. Kraut schattiger Laubwälder; zum Würzen v. Maibowle.
Waldmüller, Ferdinand Georg (15. 1. 1793–23. 8. 1865), östr. Bildnis- u. Landschaftsmaler d. Biedermeier; *Beethoven; Vorfrühling im Wiener Wald.*
Waldmünchen (D-93449), St. i. Kr. Cham, Bay., 7719 E; Fremdenverkehr.
Waldorfschulen, *Freie W.,* staatl. anerkannte (Privat-)Schulen auf anthroposophischer Grundlage; entwickelt v. R. → *Steiner;* konsequente Einheitsschule (Kindergarten, Volks-, höhere Schule) m. stark praktisch-künstler. Note; 12 Schuljahre ohne Auslese durch Noten, zusätzl. 13. Klasse als Vorbereitung f.

Waldmeister

offizielle Abiturprüfung; 1994 ca. 80 W. m. 35000 Schülern.
Waldrapp, bereits b. Gesner (16. Jh.) erwähnter Ibis, damals noch Brutvogel i. Dtld; heute noch i. Marokko, i. Bireçik (SO-Türkei) Anfang d. 1990er Jahre ausgestorben.
Waldrebe, *Clematis,* Kletterstrauch mit weißen Blüten.
Waldseemüller, Martin (um 1470 bis 1520), dt. Kartograph; erste Weltkarte, die Namen „Amerika" enthielt.
Waldshut-Tiengen (D-79761), Gr.-Krst. d. Kr. W., am Hochrhein, Ba-Wü., 22 040 E; 1975 durch Zus.schluß v. *Waldshut* u. *Tiengen;* LG, AG; div. Ind.; 3. Stufe des Schluchseewerks; histor. Stadtkerne.
Waldstätte, seit Ende des 13. Jh. Bezeichnung für die vier Schweiz. Kantone Uri, Schwyz, Unterwalden und Luzern am Vierwaldstätter See.
Waldstein, böhm. Uradel; einer Linie W. entstammt → Wallenstein.
Waldsterben, durch Umweltfaktoren bedingte Schäden an Nadel- u. Laubbäumen, die z. einem Absterben d. betroffenen Bäume führen (vorzeitiger Verlust v. Nadeln u. Blättern, Schädigung d. Feinwurzelsystems, Wuchsstörungen u. Rindenschäden, Beeinträchtigung d. Aufnahme v. Wasser u. Nährstoffen, erhöhte Anfälligkeit f. Schädlinge u. extreme klimat. Einflüsse); Ursachen noch nicht

Waldsterben
(Farbinfrarot-Luftbild):
Fichtenbestand m. Schadanspracheibeispielen. Schadstufe 0 = ohne Schadmerkmale (Nadelverlust ≤ 10%), 1 = schwach geschädigt (Nadelverlust 11–25%), 2 = mittelstark geschädigt (Nadelverlust 26–60%), 3 = stark geschädigt (60%), 4 = abgestorben (Nadelverlust 100%).

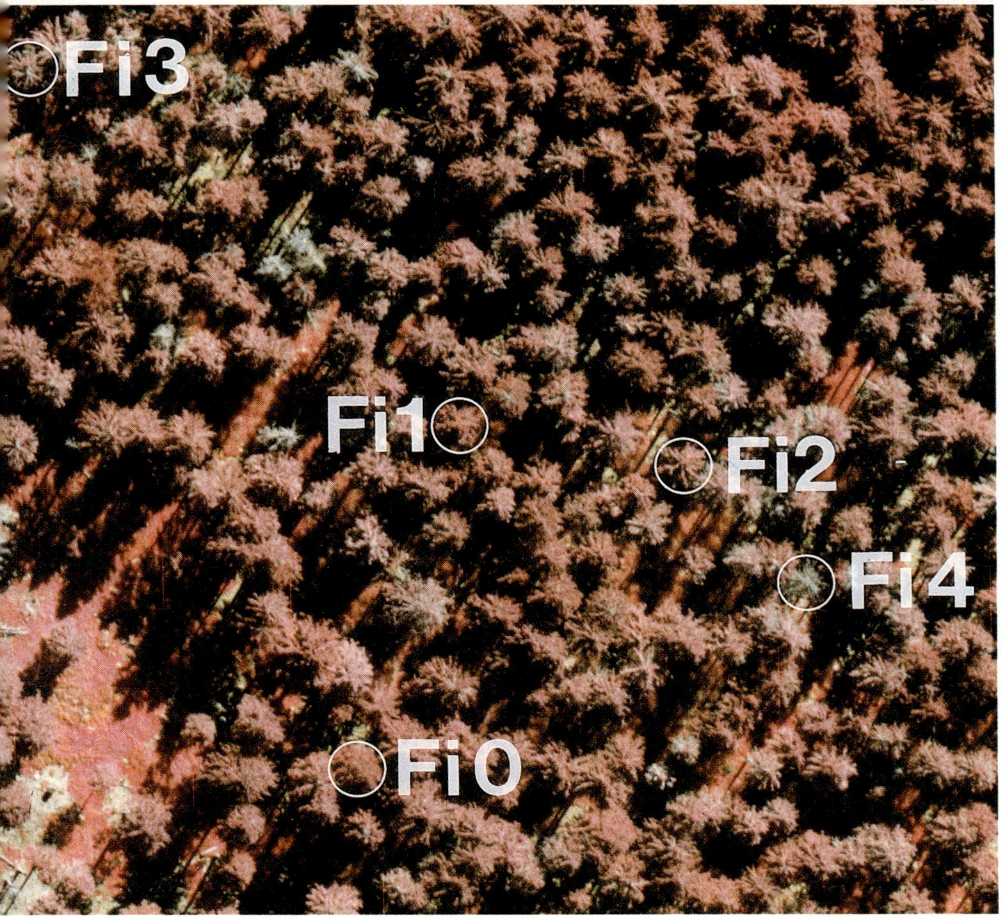

vollständig geklärt, aber wahrscheinlich Zus.wirken mehrerer Faktoren; Hptursachen: Luftverschmutzung u. → saurer Regen (Hptschadstoffe: *Schwefeldioxid, Stickoxide*, die in d. chem. Reaktion m. Kohlenwasserstoffen unter Lichteinwirkung *Photooxidanzien* wie Ozon freisetzen, *Schwermetalle* wie Blei u. Cadmium), ungünstige Witterungsbedingungen (extreme Kälte u. Trockenheit), tier. u. pflanzl. Schädlinge (Borkenkäfer u. andere Insekten, Pilze, Bakterien u. Viren); am anfälligsten Tanne, aber auch schon andere Nadel- u. Laubbäume in Mitteleur. irreversibel geschädigt (in d. BR Dtld 1991 nur 36% der Waldfläche ohne Schäden, in Bayern u. Baden-Württemberg teilweise bis zu 80% v. sichtbaren Schäden betroffen); schwerwiegende ökolog. Folgen (Beeinträchtigung d. Regulierung d. Wasserhaushalts u. d. Luftfilterung, verminderte Produktion v. Luftsauerstoff, verstärkte Bodenerosion, Einschränkung d. Lebensraums für Waldtiere und -pflanzen); Gegenmaßnahmen: drast. Verringerung d. Anteils an Schadstoffen in d. Luft (gesetzl. Verschärfung d. zulässigen Emissions- u. Abgaswerte, Verordnung v. Entschwefelungsverfahren b. Großfeuerungsanlagen, Einführung umweltfreundl. Autos m. → Katalysatoren und → bleifreiem Benzin, gezielte Schädlingsbekämpfung, Düngung des Waldbodens (mit Kalk) u. Anpflanzung widerstandsfähiger Mischwälder (→ Umweltschutz, Übersicht, → Tafel Waldsterben, Übers.).

Waldus, Petrus → Waldenser.
Waldweide, Viehweide im (lichten) Wald, bes. i. Bergwald.
Waldweiderecht, Berechtigung, in fremden Wald Vieh z. Weide einzutreiben.
Wale, irrig *Walfische*, äußerl. fischähnl. Meeres*säugetiere* mit flossenart. Vorderfüßen horizontaler Schwanzflosse und völlig zurückgebildeten Hinterbeinen; Atmung durch Lungen; Fettschicht unter der Haut; **1)** *Zahnwale*, Delphine, Pottwale, Narwal, Flußdelphine; **2)** *Bartenwale*, statt der Zähne lange Hornleisten, die *Barten* (aus ihnen Fischbein); Nahrung: kleine Meerestiere, für die die Barten als Seihapparat dienen; unter ih-

Waldrebe
Blattwerk mit Blüten, o.,
Fruchtstand, u.

nen die größten aller lebenden Tiere, z. B. *Blauwal* (bis 30 m lang u. über 100 000 kg schwer), *Finnwal,* alle in kalten Meeren.

Wales [weɪlz], brit. Fürstentum, Halbinsel an der W-Küste Englands, kahles Bergland (*Snowdon* 1085 m) mit Hochmooren; Rinder- u. Schafzucht; im S Eisen- u. Kohlenlager (Provinz Glamorgan), Stahlwerke; 8 Grafschaften, 20 761 km², 2,8 Mill. E; Hpthäfen *Cardiff,* zugleich (s. 1955) Hptst., *Newport* u. *Swansea;* Ureinwohner Kymren, mit d. Briten zu d. Volk d. *Waliser* verschmolzen (1% spricht noch heute nur **Walisisch,** 26% sprechen Engl. u. Walisisch); eigenes Erzbistum d. anglik. Kirche von W. – Von Eduard I. v. Engl. unterworfen u. 1301 seinem Sohn (Eduard II.) verliehen (seitdem *Prinz v. W.* Titel der engl. Thronerben); s. 1536 m. England vereinigt.

Wałęsa [vaˈu̯ẽsa], Lech (* 29. 9. 1943), poln. Gewerkschafter u. Pol.; gründete 1980 d. unabhängigen Gewerkschaftsbund „Solidarność" (1982–89 verboten); Ende 1990–1995 Staatspräs.; Friedensnobelpr. 1983.

Walfang, nach modernsten Methoden mit Fangflotten (Groß-Kochereischiff mit Fangschiffen, Harpunenkanonen m. Granatharpunen, Hubschrauber, Radar, Ultraschall) organisiert; ein 70 000 kg schwerer Wal liefert 30 000 kg Speck (daraus 24 000 kg Tran) u. 1600 kg Fischbein, außerdem Fleischkonserven, Hormone; Walfang durch Vereinbarungen der *Intern. W.kommission* (Fanggebiete, Abschußquoten, Schonzeiten) geregelt; Japan u. ehem. UdSSR führend; wegen drohender Walausrottung umstritten u. v. → Greenpeace bekämpft; stark im Rückgang begriffen.

Walfisch → Sternbilder, Übers.

Walfischbai, *Walvis Bay,* Bucht an d. W-Küste Namibias, m. Hafen *W.,* 21 000 E; Teil der Rep. Südafrika; Fischind.

Walhall, in der nord. Sage Ort, an dem Odin die gefallenen Helden empfängt.

Walhalla, Ruhmeshalle bei Regensburg (von *Klenze* erbaut).

walken, kneten des feuchten Wollgewebes z. Verfilzung d. Wollhaare, z. B. bei Tuch.

Walker, scheckige Maikäferart in sandigen Gegenden.

Walkie-talkie, *s.* [engl. ˈwɔːkiˈtɔːki], kl. Funksprechgerät; keine Funklizenz notwendig; auch → CB.

Walkman, *m.* [engl. ˈwɔːkmən], tragbarer Mini-Kassettenrecorder; Wiedergabe über Kopfhörer („Ohrstöpsel").

Walküren, in der nord. Sage Schlachtenlenkerinnen, geleiten auserwählte Gefallene („Helden") nach Walhall.

Wallace [ˈwɔlɪs],
1) *Alfred Russel* (8. 1. 1823–7. 11. 1913), engl. Zoologe, Tiergeograph u. Forschungsreisender; entdeckte d. *W.-Linie* als Grenze d. Tierausbreitung zw. austral. u. asiat. Region.
2) *Edgar* (1. 4. 1875–10. 2. 1932), engl. Schriftst.; Kriminalromane: *D. Hexer; Afrikaromane.*
3) *Irving* (1916–29.6.90), am. Schriftsteller; *Die drei Sirenen; Der schwarze Präsident; Die sieben Minuten.*
4) *Lewis* (10. 4. 1827–15. 2. 1905), am. Schriftst.; *Ben Hur.*

Wallach, kastrierter Hengst.

Lech Wałęsa

Walhalla

Albrecht v. Wallenstein

Wallis

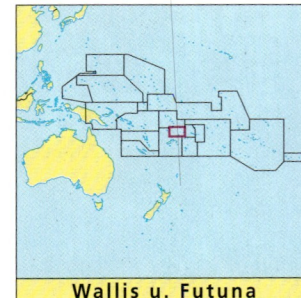
Wallis u. Futuna

Wallasey [ˈwɔləsɪ], engl. Ind.st. in der Metrop.-Gft Merseyside, NW-England, 62 000 E.

Walldorf (D-69190), St. i. Rhein-Neckar-Kr., Ba-Wü., 13 960 E.

Wallenstein, *Albrecht v.* (24. 9. 1583 bis 25. 2. 1634), Hzg von Friedland, Kaiserl. Generalissimus 1625, eroberte mit Tilly fast ganz N-Dtld, 1630 entlassen, aber nach → Gustav II. Adolfs Erfolgen 1631 zurückberufen, 1632 bei Lützen geschlagen, wurde 1634 wegen angebl. Hochverrats abgesetzt u. in Eger ermordet. – Drama nach Schiller.

Wallfahrt, Wanderung (Pilgern) zu gnadenspendenden Orten.

Wallis, frz. *Le Valais,* SW-Kanton der Schweiz, Tal der oberen Rhône, 5224 km², 271 500 E (meist kath.); Landw.; Fremdenverkehr; Hptst. *Sitten (Sion).*

Wallisellen (CH-8304), Vorort v. Zürich, 10 900 E; div. Ind.

Walliser Alpen, stark vergletscherte Gebirgsgruppe in der SW-Schweiz u. Italien zw. Gr. St. Bernhard u. Simplon, mit den höchsten Schweizer Gipfeln (*Monte Rosa* 4637 m, *Dom* 4545, *Weißhorn* 4506, *Matterhorn* 4478); zahlr. parallele Täler nach N z. Rhônetal (Saastal mit Saas Fee u. Nikolaital mit Zermatt), Gornergrat u. -gletscher.

Wallis und Futuna, frz. Überseeterritorium im Pazif. Ozean (s. 1961, s. 1842 frz.), bestehend aus d. Inselgruppen Îles Wallis u. Îles de Horn, 274 km², 13 800 E., Hptst.: Mata Utu auf Uvea.

Wallmann, *Walter* (* 24. 9. 1932), CDU-Pol.; 1977–86 OB v. Frankfurt/M., 1986–87 B.min. f. Umwelt, Naturschutz u. Reaktorsicherheit, 1987–91 Min.präs. v. Hessen.

Wallonen, frz.sprechende Bewohner v. S-Belgien (etwa 4 Mill.).

Wallraff, *Günter* (* 1. 10. 1942), dt. sozialkrit. Schriftst.; *Industriereportagen; Der Aufmacher.*

Wall Street [ˈwɔːl ˈstriːt], Straße in New York, Sitz der *New Yorker Börse* u. zahlreicher Banken, auch Bez. f. die Finanzzentrale d. USA.

Wallungen, svw. → Kongestion; bes. b. Neurasthenie u. im → Klimakterium.

Walmdach → Dach.

Walpole [ˈwɔːlpoʊl],
1) *Horace* (24. 9. 1717–2. 3. 97), engl. Schriftst.; Schauerroman: *Das Schloß v. Otranto.*
2) *Sir Hugh* (13. 3. 1884–1. 6. 1941), engl. Schriftst.; *Herries-Saga; Jeremy.*
3) *Sir Robert Earl of Oxford,* Vater v. 1) (26. 8. 1676–18. 3. 1745), Führer der Whigs, engl. Schatzkanzler u. Lordschatzmeister 1721–42.

Walpurgis, *Walpurga* († 779), kath. Heilige (Tag: 1. 5.).

Walpurgisnacht, Nacht (v. 30. 4. zum 1. 5.), i. der nach d. Sage d. Hexen zum Brocken reiten.

Walrat, fettartige weiße Masse a. d. Schädel d. Pottwals; zu Kerzen u. Salben.

Walroß, Robbe nördl. Meere, bis 3,75 m lang u. 1500 kg schwer; hauerartige, 75 cm lange obere Eckzähne, nach unten gerichtet.

Walsall [ˈwɔːlsɔːl], engl. St. in d. Metrop.-Gft West Midlands, 179 000 E; Ind., Kohlengruben.

Walser,
1) *Karl* (8. 4. 1877–28. 9. 1943), schweiz. Maler u. Graphiker; Bühnen-

bilder, Buchillustrationen, Wandgemälde; s. Bruder
2) *Martin* (* 24. 3. 1927), dt. Schriftst.; Romane: *Halbzeit; D. Einhorn; Der Sturz; Jenseits d. Liebe; Ohne einander;* Erzählungen: *Das fliehende Pferd; Jagd; Das Sofa;* Dramen, Essays.
3) *Robert* (15. 4. 1878–25. 12. 1956), schweiz. Schriftst.; Romane, Erzählungen, Gedichte; *Der Gehülfe; Jakob v. Gunten.*

Walsertal, *Großes* und *Kleines,* zwei Täler in Vorarlberg (Kleines W.: Zollunion mit der BR).

Walsrode (D-29664), St. i. Kr. Soltau-Fallingbostel, Nds., 23 300 E; AG; Kloster.

Walstatt, *w.,* Schlachtfeld i. d. german. Sage.

Walsum, s. 1975 zu → Duisburg.

Wälsungen, *Wölsungen,* in d. nord. Sage v. Odin abstammendes Geschlecht Siegfrieds, v. Wolsung begründet.

Walter,
1) *Bruno,* eigtl. *B. W. Schlesinger* (15. 9. 1876–17. 2. 1962), am. Dirigent dt. Herkunft.
2) *Johann* (1490–25. 3. 1570), dt. Kantor u. Komponist; Mitarbeiter Luthers; Passionen; Kirchenliedsätze.

Walter [ahdt. „der im Heer Waltende"], m. Vn.

Waltershausen (D-99880), St. im Kr. Gotha, Thür., 12 645 E; Puppen-, Tonind.

Walter-Triebwerk, Konstruktion v. H. *Walter;* Aufspritzen von → Wasserstoffperoxid auf e. Katalysator (*Zersetzer*); das so entstehende heiße Gasgemisch in Turbinen (2. Weltkrieg: U-Boote) u. Rückstoßdüsen (Flugzeuge) genutzt.

Waltham Forest [ˈwɔːlθəm ˈfɒrɪst], Vorort v. London, 215 000 E; Brauereien.

Waltharilied, *Waltharius manu fortis* („Walther mit d. starken Hand"), lat. Heldenepos aus d. 10. Jh., berichtet über d. Flucht zweier Geiseln (Walther v. Aquitanien u. Hildegund v. Burgund); als Verfasser galt lange → Ekkehard I.

Walther von der Vogelweide (um 1170–1230), dt. Minnesänger, bedeutendster Lyriker d. MA; v. Friedrich II. m. einem Gut bei Würzburg belehnt;

Walther von der Vogelweide, *Manessische Handschrift*

Minnelieder: *Unter der linden; Nemt frouwe disen kranz;* polit. Spruchdichtung: *Ich saß ûf eime steine.*
Walton [ˈwɔːltən],
1) *Ernest Thomas Sinton* (6. 10. 1903 bis 25. 6. 1995), engl. Atomforscher; Nobelpr. 1951.
2) *Sir William Turner* (25. 3. 1902–8. 3. 83), engl. Komp.; Oper: *Troilus und Cressida;* Chor- u. Orchesterwerke.
Waltrop (D-45731), St. i. Kr. Recklinghsn, NRW, 30 000 E; Steinkohle; Schiffshebewerk.
Walze, techn. rotierender Zylinder z. Pressen, Glätten, Strecken usw.
Walzeisen, im → Walzwerk erzeugtes *Stabeisen;* im engeren Sinne Band-, Flach-, Rund-, Quadrateisen, Winkel-, Façon- od. → Profileisen.
Walzer, dt. Rundtanz im ³⁄₄-Takt; langsam *(Schleifer, Ländler),* scharf rhythmisch *(engl. W.),* schnell *(Wiener W.);* auch frei ausgestaltet zum Konzertwalzer; W.komponisten: Lanner, J. Strauß (Vater u. Sohn), Waldteufel, Chopin.
Wälzer → Straddle.
Walzwerk, Betrieb z. Verarbeitung d. schweißwarmen Rohblöcke aus d. Stahlwerk durch *Walzenstraßen* mit versch. großen, i. d. Walzen eingeschnittenen Kalibern zu → Walzeisen, Drähten, Schienen u. ä.
Wampum, m., bei d. nordam. Indianern Schnur od. Gürtel aus Muschelscheibchen (od. Glasperlen); als Geld, Freundschaftszeichen und Vertragsurkunde.
Wams, s. [frz. „gambeson"], kurze Männerjacke.

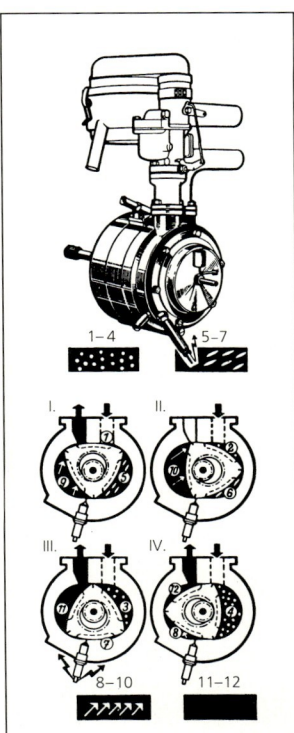
Wankelmotor

Wandalen, *Vandalen,* german. Stamm, um 100 v. Chr. aus Skandinavien, um 100 n. Chr. a. d. oberen Oder, dann im späteren Siebenbürgen; durchziehen um 400 n. Chr. Europa westwärts, gehen nach kurzem Aufenthalt in Spanien (Andalusien) nach Afrika u. gründen W.reich (429), das 534 v. Ostrom zerstört wird.
Wandalismus, Zerstörungswut (wie angeblich bei d. Eroberung Roms 455 durch d. Wandalen).
Wandelndes Blatt, ostindische Gespenstheuschrecke mit Blätter nachahmenden Flügeln und Beinen.
Wandelschuldverschreibungen, Schuldverschreibungen einer AG mit späterem Recht des Umtausches in Aktien.
Wandelsterne, Bez. f. d. → Planeten.
Wanderdünen, aus losem Flugsand, langsam vorrückend (z. B. auf Kurischer Nehrung und N-Sylt).
Wandergewerbe → ambulantes Gewerbe.
Wanderniere, svw. → Nierensenkung.
Wanderpreis, Sportpreis, erst nach mehrmaligem Gewinn endgültiger Besitz des Siegers.
Wanderschafhaltung, Schafhaltung, b. der d. Schafherde, v. e. Schäfer betreut, von e. Weidefläche z. anderen zieht.
Wandervogel → Jugendbewegung.
Wandlung,
1) *Konsekration,* in der kath. Messe Verwandlung *(Transsubstantiation)* v. Brot u. Wein in Leib u. Blut Jesu.
2) → Kauf.
Wandsbek, St.teil v. Hamburg; Denkmal v. *Matthias Claudius* (**Wandsbeker Bote**).
Wanen, *Vanen,* Mz., nordgerman. Göttergeschlecht, meist Fruchtbarkeitsgottheiten wie Njörd, Freyr u. Freyja. Ggs.: → Asen.
Wangen im Allgäu (D-88239), Gr.-Krst. u. Luftkurort i. Kr. Ravensburg, Ba-Wü., 25 700 E; AG; milchwirtsch. Lehr- u. Forschungsanstalt; Textil-, Metall-, Nahrungsmittelind. – Alte Reichsstadt.
Wangeroog|e (D-26486), *Nordseebad W.,* östlichste d. Ostfries. Inseln, 4,9 km², 1168 E.
Wang Hui (1632–1717), chin. Landschaftsmaler, bedeutendste d. teils älteren bzw. jüngeren *Vier W.*
Wankelmotor, nach d. Erfinder Felix Wankel (13. 8. 1902–9. 10. 88) ben., b. d. NSU-Werken Neckarsulm entwickelte Rotationskolbenmaschine. Viertaktmotor mit nur 2 drehenden Teilen: Kurbelwelle u. Läufer; keine Ventile, keine hin- und hergehenden Massen; sehr laufruhig, aber höherer Benzinverbrauch als bei Kolbenmotoren, wegen schlechterer Dichtung u. ungünstigerem Brennraum (Abb. oben: Kreiskolbenmotor; unten: Läufersteilungen bei je 90° Drehung; 1–4 Ansaugen, 5–7 Verdichten, Zündung, 8–10 Verbrennung, 11–12 Ausschieben. Steuerung d. annähernd dreieckigen Läufers durch eine feststehende Verzahnung).
Wanne-Eickel, 1975 Zus.schluß m. → Herne.
Wannsee, Havelsee, 3 km lang, 2,7 km², bis 9 m tief; Freibad; Villenkolonie W. im SW v. Berlin.

Walroß

Martin Walser

Walliser Alpen, *Pollux (li.) und Castor*

Streifenwanze

Waran

Wanten, seem. starke Draht- u. Hanftaue zur Stützung der Masten nach der Seite; bilden, durch „Webeleinen" verbunden, die Strickleiter.
Wanxian, früher *Wan-hien,* St. im O der chin. Prov. Sichuan, am Chang Jiang; 200 000 E.
Wanzen, Gruppe der Halbflügler mit stechenden Mundwerkzeugen; saugen Pflanzen- u. Tiersäfte; geflügelt als flügellos (→ *Bettwanze,* → Wasserwanzen, → Wasserläufer).
Wanzleben (D-39164), St. i. Sachsen-Anhalt (Magdeburger Börde), 5500 E; Agrarzentrum.
Wapiti → Hirsche.
Wappen, urspr. die Waffen (Schild, Helm) mit angebrachtem persönl. Abzeichen, daher bilden Schild, Helm, Helmdecke u. -zier (od. d. Schild allein) ein Wappen (→ Heraldik); als Zeichen einzelner Personen od. Gemeinschaften: Familien-, Herrschafts-, Städte-, Länder-, Staatswappen, Zunft-, Amts-, Bischofsw. W. sind nicht dem Adel vorbehalten, Annahme jedermann gestattet. Unbefugte Führung fremder W. untersagt. Nach § 12 BGB wie der Name geschützt.
Waräger → Normannen.
Warane, meist gr. r.äuber. Echsen Afrikas, S-Asiens und Australiens; *Komodo-Waran,* größte Art, bis 3 m lang.
Warburg,
1) *Aby* (13. 6. 1866–26. 10. 1929), dt. Kulturforscher. **W.-Institut,** aus seiner 1934 nach London geretteten Bibliothek entstandenes kunstwiss. Inst. d. Univ. London.
2) *Otto Heinrich* (8. 10. 1883 bis 1. 8. 1970), dt. Physiologe; Stoffwechselforschungen, Arbeiten über Natur u. Funktion der Atmungsfermente; Nobelpr. 1931.
Warburg (D-34414), St. i. Kr. Höxter, a. d. Diemel, NRW, 23 500 E; AG; ma. Stadtbild; Pappelfabrikation; Getreideanbau in d. fruchtbaren **W.er Börde.**
Wardar, *Vardar,*
1) Balkanfluß a. d. Šar Planina (westl. Skopje) durch Makedonien, in d. Golf v. Saloniki, 320 km l.
2) maked. Gebirgslandschaft; Hptort *Skopje.*
Wardenburg (D-26203), Gem. im Kr. Oldenburg (O.), Nds., 14 199 E; div. Ind.
Waren (D-17192), mecklenburgische Krst. u. Sommerfrische, am Müritzsee, 23 000 E; Gießerei; Mühlen.
Warenbörsen, *Produktenbörsen,* dienen d. Warenhandel mit Massengütern (Getreide, Futtermittel etc.).
Warendorf (D-48231), Krst. im Rgbz. Münster, NRW, 36 300 E; AG; Landmaschinenbau; Westfäl. Landesgestüt, Dt. Olympiakomitee f. Reiterei.
Warenkorb, Begriff für d. Zusammenfassung aller Waren, die v. e. repräsentativen Haushalt (z. B. 4-Personen-Arbeitnehmer-Haushalt) m. e. best. Monatseinkommen (Indexfamilie) für d. tägl. Bedarf benötigt werden; der W. bildet d. Grundlage f. d. Berechnung d. Preisindex, der die Lebenshaltungskosten und ihre Veränderung von Jahr/Monat zu Jahr/Monat anzeigt.
Warentests, vergleichende Prüfungen v. Ind.erzeugnissen versch. Unternehmen auf Güte, Sicherheit und Preiswürdigkeit; werden in Industriestaaten (z. B.

in Dtld) von eigens für diesen Zweck gegr. Organisationen im Interesse der Konsumenten ausgeführt; Ergebnisse werden in Zeitschriften veröffentlicht.

Warenzeichen, *Schutz-, Fabrikmarke*, dient zur Unterscheidung der Waren eines Unternehmens von solchen anderer Herkunft; nicht verwendbar sind *Prüfzeichen* (z. B. Sicherheitszeichen).

Warenzeichenrecht, Teil des → gewerblichen Rechtsschutzes; geschützt werden unterscheidungsfähige Kennzeichnungen (Wort-, Bildmarken, Signets) e. Ware od. e. Firma nach Eintragung i. d. **Warenzeichenrolle** beim Patentamt, sonst evtl. nach Grundsätzen des → Wettbewerbsrechts (Ges. vom 5. 5. 1936 in d. Fassung v. 2. 1. 1968).

Warf, *Warft*, svw. → Wurte.

Warhol ['wɔːhoʊl], Andy (6. 8. 1931 bis 22. 2. 87), am. (Werbe-)Graphiker, Künstler, Underground-Filmer tschech. Herkunft; e. Hptvertr. d. Pop Art; *Flesh* (1968); *Trash* (1970).

Warley ['wɔːli], engl. St. i. d. Metrop. Gft West Midlands, 170 000 E; Eisen-, Stahl-, Glasind.

Warmblut → Pferde.

Warmblüter, *Homöotherme*, Tiere, deren Körpertemperatur von der Außentemperatur unabhängig ist: Mensch, Säugetiere, Vögel; Ggs.: → Kaltblüter.

Wärme, *spezifische* → spezifische Wärme.

Wärmeäquivalent, früher notwendige Angabe, wie viele mechan. od. el. Energieeinheiten einer Wärmeeinheit entsprechen; heute sowohl mechan. u. el. wie auch Wärmeenergie in → Joule angegeben.

Wärmeaustausch erfolgt nach dem 2. Hauptsatz der Wärmetheorie zw. ungleich warmen Körpern, bis gleiche Temperatur hergestellt ist; Arten: *Strahlung, Konvektion* (durch Luft-, Wasserströmung), *Leitung* (z. B. in Metallen).

Wärmedämmung, Maßnahmen zur Senkung des Wärmeverlusts an Türen, Fenstern, Wänden, Decken u. Böden; wird in d. Regel durch Lufteinschluß in doppelten Wandungen, z. B. mittels Schaumstoffen oder Mineralwolle, erzielt.

Wärmeeinheit → Kalorie, → Joule.

Wärmekraftmaschinen, Arbeitsmaschinen, in denen Wärme in mechan. Arbeit verwandelt wird: Dampfmaschine, Brennkraftmaschine, Heißdampfmaschine.

Wärmelehre, *Wärmetheorie*, beruht auf den *drei Hptsätzen*:
1) Wärmemengen sind im Verhältnis d. mechan. → Wärmeäquivalents mechan. Energie gleichwertig.
2) ein Wärmestrom fließt nur vom wärmeren z. kälteren Körper, umgekehrt nur bei Energiezufuhr.
3) *Nernstsches Theorem:* d. absolute Nullpunkt d. Temperatur (−273,15 °C) ist durch keinen Vorgang erreichbar.

Wärmeleiter, *gute*: z. B. Metalle (bes. Silber); *schlechte*: Holz, Stroh, Seide usw.

Wärmepumpe, Vorrichtung z. Heizung v. Häusern mit d. Wärmevorrat in Erdboden, Seen, Flüssen; Wärmeträgerflüssigkeit (Ammoniak u. a.) verdampft unter Abkühlung d. Erdbodens usw. (Verdunstungskälte), wobei sie Wärme aufnimmt; in einem Rohrsystem ins Haus geführt u. durch Kompressor wieder verflüssigt, gibt sie die aufgenommene Wärme in Heizkörper ab; Flüssigkeit kehrt übr ein Regelventil in Erdboden usw. z. Aufnahme neuer Wärme zurück; Wärmegewinn beträgt 2- bis 3faches der f. Kompressor-Antrieb aufgewendeten Energie.

Wärmeschutz, Vorrichtung z. Verminderung v. Wärmeverlusten, z. B. in Zimmern durch doppelten Luftraum zw. Doppelfenstern, bei Heizungsrohren, Apparaten, Kesseln durch Umhüllung m. → Isolierstoffen.

Wärmespeicher, *Dampfspeicher*, Einrichtungen zur Speicherung überschüssiger Wärme (z. B. Ruthsscher Dampfspeicher).

Wärmewirtschaft, Planung u. Beurteilung der Energieverwertung durch Feststellung d. versch. Wirkungs- u. Gütegrade.

Warnblinkanlage, bei Kfz Blinkanlagen m. gelbem Licht; seit 1. 3. 1971 in der BR vorgeschrieben; Anwendung nur zur Sicherung liegengebliebener Kfz.

Andy Warhol

Warnzeichen
1 feuergefährlich
2 explosionsgefährlich
3 ätzend
4 giftig
5 Vorsicht! Radioaktivität!
6 Achtung! Gefahrenstelle!
7 Achtung! Schwebende Last!
8 Vorsicht! Laserstrahl!
9 Achtung! Verkehr von Ladefahrzeugen!

Warndt, *m.,* Waldgebiet im SW des Saarlandes, mit reichen Steinkohlenflözen.

Warnemünde (D-18119), Hafen v. → Rostock, Seebad.

Warnfarben, die Schwarz-Weiß-, Schwarz-Rot- oder Schwarz-Gelb-Zeichnung od. -Fleckung vieler Tiere, d. durch Gift- od. Ekelstoffe v. Verfolgern bes. geschützt sind (z. B. Feuersalamander, Unke, Biene, Stinktier).

Warnke, Jürgen (* 20. 3. 1932), CSU-Pol.; 1982–87 u. 1989–91 B.min. f. wirtsch. Zus.arbeit, 1987–89 B.min. f. Verkehr.

Warnow, mecklenburg. Fluß, bei Warnemünde in die Ostsee, 128 km lang.

Warnsdorf, *Varnsdorf*, St. im Nordböhm. Bez., Tschech. Rep., westl. v. Zittau, 16 000 E; Leinenind.

Warnzeichen, internationale Warnzeichen (Abb.).

Warren ['wɒrɪn], Robert Penn (24. 4. 1905–15. 9. 89), am. Dichter; *World Enough and Time*.

Warrington ['wɒrɪŋtən], engl. Fabrikst. i. d. Gft Cheshire, am Manchester-Schiffskanal, 182 000 E; div. Ind., Brauereien.

Warschau, poln. *Warszawa*, Hptst. der Republik Polen u. der Woiwodschaft W., beiderseits der Weichsel (links eigtl. Stadt, rechts Vorstadt *Praga*, zwei Brücken), 1,65 Mill. E; röm.-kath. Erzbistum, orthodoxer Metropolit, Akad., Uni., Techn. u. a. HS, Museen; Ind. (Textil- u. a.). – Seit 1550 Hptst. Polens, 1795 (3. Teilung Polens) an Preußen, 1807–13 Hptst. d. Hzgt.s W., 1815 (Wiener Kongreß) Hptst. d. zu Rußland gehörigen Kongreßpolens, s. 1918 d. Rep. Polen. 1939 von dt. Truppen erobert; 1944 Aufstand d. poln. Widerstandsbewegung niedergeworfen.

Warschauer Pakt, 1955 abgeschlossener Freundschafts- u. Beistandspakt des Ostblocks (UdSSR, ČSSR, Polen, DDR bis Okt. 1990, Ungarn, Bulgarien u. Rumänien; Albanien bis 1968) m. gemeinsamem mil. Oberkommando; Gegenstück z. → NATO; Mitte 1991 aufgelöst.

Warstein (D-59581), St. i. Kr. Soest, NRW, 29 200 E; AG; Metall-, Elektroind., Brauereien.

Warschau, *Palais Łazienki*

Warszawa → Warschau.

Wartburg, in Thür., Bergschloß (394 müM), 143 m über Eisenach, im 12.–13. Jh. erbaut, historist. Wiederaufbau im 19. Jh. (u. a. Fresken v. Schwind); Sitz d. thür. Landgrafen (→ Elisabeth, Sängerkrieg); 1521/22 Luther auf d. W.; *W.fest*, revolutionäre akademische Veranstaltung 1817 z. Erinnerung an Reformation u. Völkerschlacht b. Leipzig.

Warthe, poln. *Warta*, rechter u. größter Nbfl. der Oder bei Küstrin, entspringt s. v. Tschenstochau, durchfließt nach Aufnahme der Netze o. *W.bruch* (1765–86 durch Friedrich d. Gr. urbar gemacht u. besiedelt); 808 km lang.

Waruna, *Varuna, m.,*
1) wed. Gott u. Hüter d. sittl. Weltordnung.
2) hinduist. Gott d. Wassers.

Warve → Bändertone.

Warwick ['wɒrɪk], engl. St. am Avon, 22 000 E; Hptst. d. Gft *W.shire*, 1981 km^2, 485 000 E.

Warzen, spitze od. flache (verhornende), meist gutartige Hauterhebungen m. Verdickung d. Hornhaut; Virusinfektion; auch Haut- od. Schleimhauterhebungen (→ Papille).

Warzenschwein, Wildschwein S- u. O-Afrikas, m. großen warzenähnl. Wülsten unt. d. Augen u. starken, aufwärts gekrümmten Hauern.

Wasa,
1) schwed. Adelsgeschlecht, auf dem schwed. Kgsthron 1523–1654; → Gustav.
2) Flaggschiff Gustavs II. Adolf; 1628 im Stockholmer Hafen gesunken, 1961 gehoben (im Museum zu besichtigen).

Wasalauf, schwed. Massenveranstaltung im Skilanglauf über ca. 85 km Strecke, s. 1922.

Waschbär, nordam. Kleinbär (Pelz geschützt); „wäscht" Nahrung zuweilen im Wasser; 1934 i. Dtld ausgesetzt.

Waschbeton, Beton, bei dem durch Auswaschung d. obenliegenden Schichten d. eingelagerten Kiesel sichtbar werden (häufig als Gehwegplatten).

Waschzettel, kurze Inhaltsangabe eines Buches, Rezensionsexemplaren beigelegt (als Zettel) od. auf d. Schutzumschlag abgedruckt; auch bei Promotion v. Schallplatten (Angaben über d. Interpreten).

Wasgau → Vogesen.

Wartburg

Washington [ˈwɔʃɪntən], George (22. 2. 1732–14. 12. 99), 1775 Oberbefehlshaber i. Freiheitskrieg d. am. Kolonien gg. England; → 1789 erster Präsident d. USA, 1793 wiedergewählt; als „Vater der am. Union" Nationalheld.

Washington [ˈwɔʃɪntən],
1) Abk. *Wash.*, NW-Staat d. USA, 176 479 km², 5,14 Mill. E; Landw., Holzind., Kohlenbergbau; Hptst. *Olympia*.
2) B.hptst. d. USA, bildet den Distrikt Columbia (*D. C.*), am Potomac, 606 000 E; Sitz d. Präs. d. USA (i. *Weißen Haus*) u. der Reg.; *Kapitol* (Senat u. Repräsentantenhaus), *Pentagon* (Verteidigungsmin.); Kongreßbibliothek; John-F.-Kennedy-Zentrum für Bühnenkunst; 5 Uni. – Gegr. 1790, Bundeshptst. s. 1800.

Washingtoner Artenschutzübereinkommen, Abk. *WA*, seit 1973 internationales Abkommen mit dem Ziel, den weltweiten Handel mit bedrohten Tier- u. Pflanzenarten unter Kontrolle zu bringen. – U. a. besteht die Vorschrift → CITES (*Convention on International Trade in Endangered Species*), Bescheinigungen beim Zoll vorzulegen. Inzwischen sind fast 100 Staaten dem WA beigetreten, in Dtld gilt die Schutzkonvention seit 1976.

Wasmann, Rudolf Friedrich (8. 8. 1805–10. 5. 86), dt. Maler, s. 1838 in Meran; Entwickl. v. Biedermeier z. frühen Realismus; Landschaften.

Wasmeier, Markus (* 9. 9. 1963), dt. Skirennläufer; Doppel-Olympiasieger 1994 (Riesenslalom u. Super-G), Riesenslalom-Weltmeister 1985, 9facher Weltcup-Sieger, mehrfacher dt. Meister.

Wasmosy, Juan Carlos (* 1939), s. 1993 Staatspräs. v. Paraguay.

Wasser, bedeckt fast drei Viertel d. Erdoberfläche; bestimmend für Naturhaushalt und Lebewesen; in festem Zustand *Eis*, in gasförmigem *Dampf*; größte Dichte bei 4 °C, Ausdehnung b. Gefrieren (Eis schwimmt also auf W.); aufgrund großer spez. Wärme folgt W. Temperaturschwankungen der Luft nur langsam (z. B. im Frühling), Seeklima daher gleichmäßiger als Landklima; *chem.*: H₂O, Wasserstoff-Sauerstoff-Verbindung, enthält fast immer Verunreinigungen; chem. rein nur *destilliertes W.*; → Meerwasser bis zu 4% Salze, bes. Kochsalz, zahlreiche Spurenelemente; → Härte des Wassers. Auch → schweres Wasser.

Washington, *Kapitol*

Markus Wasmeier

Wasseraloë, svw. → Krebsschere.
Wasserball, 2 Mannschaften m. je 7 Spielern und 4 Auswechselspielern versuchen schwimmend, einen Ball in das gegnerische Tor (3 m breit, 0,90 m hoch) zu werfen; Spielfeld: 20×30 m; olymp. Wettbewerb.
Wasserblüte, rötl. od. graugrüne Verfärbung d. Wasseroberfläche, hervorgerufen durch e. starke Vermehrung best. Planktonalgen, i. nährstoffreichen (eutrophen) Seen.
Wasserbock, hirschähnliche Antilope Afrikas.
Wasserbruch → Hydrozele.
Wasserburg am Inn (D-83512), ma. St. i. Kr. Rosenheim, Oberbay., auf Halbinsel d. Inn, 425 müM, 10 289 E; Burg.
Wasserdost, *Kunigundenkraut*, Korbblütler, bis 1,75 m hoch, m. rötlichweißen Blüten.
Wasserfeder, Sumpfpflanze m. zerschlitzten Wasserblättern, Blütenstand oberhalb d. Wasserfläche.
Wasserfilter, einfaches mechan. Zubehör, das Schmutzpartikel aus d. öff. Wassernetz auf mechan. Weise, daher umweltfreundlich, herausfiltert; in d. Fotografie wichtig zum kratzerfreien Wässern v. Filmen u. Papieren.
Wasserflöhe, kleine, schalenbedeckte Krebstierchen (z. B. *Daphnia*), wichtige Fischnahrung.
Wasserfrosch, *Teichfrosch,* etwa 10 cm langer Frosch mit grünem Rücken u. gelblicher Mittellinie, in Europa verbreitet.
Wassergas, gasförm. Brennstoff (Gemisch aus Kohlenmonoxid und Wasserstoff), entsteht durch Vergasen v. Kohle od. Anthrazit im Generator mit wenig Luft unter Zuführung von Wasserdampf; Wasserstoffgehalt bewirkt hohe Zündgeschwindigkeit.
Wassergenossenschaften, öffentl.-rechtl. Körperschaften z. Unterhaltung von Gewässern, zur Herstellung und Unterhaltung wasserwirtsch. Anlagen u. a.; Mitgl.: Eigentümer der angrenzenden Grundstücke.
Wassergewinnung, für gewerbl., hygienische, Haushalts- u. Genußzwecke, durch Quellfassung, Sammelgänge und Stollen; durch Brunnen (z. B. Rohr-, Schacht-, Abessinierbrunnen); durch Entnahme aus Flüssen, Seen, Grundwasser; → Wasserwerk.
Wasserglas, Natrium- od. Kaliumsalz der Kieselsäure; durch Schmelzen von Soda (*Natron-W.*) od. Pottasche (*Kali-W.*) m. Quarzsand hergestellt; sirupdicke Flüssigkeit m. 33% (*Einfach-W.*) oder 66% (*Doppel-W.*) Silicat; zur Herstellung von Kitt, zum Konservieren von Eiern usw.
Wasserhaltung, im Bergbau zum Freihalten des Grubenbaus von Wasser durch Verdämmen, Sammeln u. Herausführen des Wassers.
Wasserheilkunde → Hydrotherapie.
Wasserhose, durch Luftwirbel (Trombe) bis zu 20 m Durchmesser u. 1000 m Höhe emporgerissenes Wasser.

George Washington

Wasserbock

Wasserfrosch

Rückenschwimmer (Raubwanze)

Wasserläufer

Wasserhühner, svw. → Rallen.
Wasserjungfern, kleine → Libellen.
Wasserkäfer, volkstüml. Bez. für d. im Wasser lebenden Käfer m. Schwimm- oder Ruderfüßen, z. B. → Kolbenwasserkäfer, → Schwimmkäfer, → Taumelkäfer.
Wasserkopf, *Hydrozephalus*, Gehirnwassersucht, krankhafte Wasseransammlung i. Schädel (starke Auftreibung), angeboren od. nach Hirnhautentzündung usw.
Wasserkraftanlagen, stationäre Kraftanlagen z. Ausnutzung d. im Gefälle v. Wasserläufen (Seen) vorhandenen Energie (z. B. durch → Elektrizitätswerke).
Wasserkuppe, höchster Berg der Rhön, 950 m; Segelflug.
Wasserläufer,
1) versch. schnepfenartige Vögel, z. B. *Bruch-*, *Waldwasserläufer.*
2) auf d. Wasseroberfläche dahinlaufende Raubwanzen.
Wasserliesch, svw. → Schwanenblume.
Wasserlilie,
1) d. weiße → Seerose.
2) e. → Schwertlilie.
Wasserlinie, Schnitt d. Flüssigkeitsspiegels m. schwimmendem Körper.
Wasserlinse, *Entenflott*, kleine, auf der Oberfläche stehender Gewässer schwimmende Pflänzchen; Nahrung f. Fische u. Wasservögel.
Wassermann,
1) August v. (21. 2. 1866–16. 3. 1925), dt. Bakteriologe; v. ihm d. → W.sche Reaktion.
2) Jakob (10. 3. 1873–1. 1. 1934), dt. Schriftst.; Romane: *Kaspar Hauser; Das Gänsemännchen; Christian Wahnschaffe; Der Fall Maurizius.*
Wassermann,
1) im Volksglauben eine Art Wassergeist.
2) 11. Zeichen des → Tierkreises; → Sternbilder, Übers.
Wassermannsche Reaktion, veralteter Test z. Erkennung der Syphilis.
Wassermelone, *Arbuse,* → Melone.
Wassermesser, Meßinstrument, mißt Menge d. fließenden Wassers einer Leitung, z. B. durch *Flügelräder;* auch durch *Volumenmessung* mit *Taumelscheiben.*
Wassernabel, kl. Sumpfpflanzen m. schildförmigen Blättern.
Wassernuß, *Trapa,* Wasserpflanze mit schwimmender Blattrosette u. hakenbesetzten, stärkereichen Früchten. ●
Wasserpest, aus Amerika nach Eur. (1836) eingeschleppte Süßwasserpflanze m. langen, verzweigten Stengeln; an ihnen quirlig angeordnete Blättchen; lästig durch Überwucherung von Teichen u. Gräben; Aquariumpflanze.
Wasserpfeife → Nargileh.
Wasserrad, Wasserkraftmaschine f. kleine Wassermengen u. niedrige Umdrehungszahlen (z. B. für Mühlen, Sägewerke); *oberschlächtiges W.* hat Wasserzuführung von oben, *unterschlächtiges W.* von unten; im *Segnerschen W.* Umdrehung durch Rückstoß.
Wasserralle → Rallen.
Wasserratte → Wühlmäuse.
Wasserrecht, Gesamtheit der die Wasserwirtschaft u. den Wasserschutz betreffenden gesetzl. Bestimmungen.

Wasserreinigung, Ausscheidung der f. Genuß- od. gewerbl. Zwecke schädlichen Beimischungen (z. B. Trink-, Wasch-, Kesselspeisewasser): Ausscheidung von Sink- und Schwebestoffen in Klärbecken und Sandfiltern, Tötung der Bakterien durch Chemikalien (z. B. Chlor), Entziehung von Eisen durch Durchlüftung (Regenbrausen und Rieseln durch Koksfilter), Enthärtung (von Kalk) durch Soda, → Ionenaustauscher.
Wasserrose, svw. → Seerose.
Wasserrübe, eine Form d. Rübsens (→ Rübsame) mit fleischigen Wurzeln; Viehfutter.
Wasserscheide, trennende Grenze v. Stromsystemen, meist Gebirgskamm.
Wasserschlange → Sternbilder, Übers.
Wasserschlauch, *Utricularia,* wurzellose Wasserpflanze m. Blasen zum Tierfang an den fadenartig zerteilten Blättern.
Wasserschloß,
1) bei Wasserkraft- u. Versorgungsanlagen Bauwerk zur Zusammenfassung, Verteilung u. Regelung d. Druck- bzw. Gebrauchswassers.
2) rings von Wasser umgebene Schloßanlagen, bes. im Münsterland u. am Niederrhein.
Wasserschutz, bes. Verkehrsüberwachung der Wasserstraßen, liegt in den Händen von bes. W.- bzw. *Strom- u. Schiffahrtspolizeibehörden.*
Wasserschwein, *Capybara,* größtes Nagetier, bis 1,3 m lang, mit Schwimmhäuten an den Füßen; S-Amerika.
Wasserskisport, Gleiten auf der Wasseroberfläche m. 1 oder 2 speziellen Skiern im Motorboot- oder Seilbahnschlepp; wettkampfmäßig als Slalom (Monoski), Figurenlauf und Springen.
Wasserskorpione → Wasserwanzen.
Wasserspeier, i. d. (bes. got.) Baukunst Plastiken (häufig phantast. Darstellungen) an den Ablauf-Enden der Dachrinne.
Wasserspinne, unter Wasser lebende Trichterspinne; baut dort luftgefüllte, glockenartige Nester, bes. in Moorgebieten; Hinterleib infolge mitgeführter Luft silberglänzend.
Wasserspringen, Springen vom 1 oder 3 m hohen Sprungbrett (Kunstspringen) oder 5 oder 10 m hohen Turm (Turmspringen) in e. je nach Absprunghöhe 3,40–5,00 m tiefes Wasserbecken; Einteilung der Sprünge nach Ausgangsstellung und Drehrichtung in 6 Gruppen; Bewertung nach Schwierigkeit u. Ausführung; olymp. Wettbewerb.
Wasserstandsanzeiger, Vorrichtung z. Kenntlichmachung d. Wasserstandes in Wasserläufen, → Pegel; bei Behältern unter Druck: d. Schaugläser (Wassergläser).
Wasserstoff, *H,* leichtestes chem. El., Oz. 1, At.-Gew. 1,00797; Dichte 0,084 g/l bei 1013 hPa; Fp. −257,1 °C, Sp. −252,6 °C; Gas, entdeckt 1781 v. Cavendish u. Lavoisier; Vorkommen frei in großen Höhen der Erdatmosphäre u. in der Atmosphäre der → Sonne, in Verbindung mit Sauerstoff im Wasser; brennbar mit bes. heißer Flamme; m. Sauerstoff oder Chlor gemischt explosiv; verwendet zum Schweißen (Knallgasgebläse), Füllen v. Luftballons, auch Luftschiffen (jetzt Helium), zur → Fetthärtung u.

Wasserschlauch

Wasserspinne

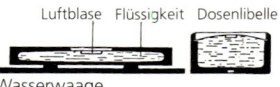
Wasserwaage

Antoine Watteau, *Gilles*

→ Hydrierung; *schwerer W.,* von dem am. Chem. Urey entdecktes W.isotop der Masse 2 *(Deuterium),* bildet m. Sauerstoff *schweres Wasser;* auch Isotop der Masse 3 (→ *Tritium).*
Wasserstoffbombe → Kernwaffen.
Wasserstoffionenkonzentration → pH-Wert.
Wasserstoffperoxid, H_2O_2, chem. Verbindung von je 2 Atomen Wasser- u. Sauerstoff; konzentriert explosiv; stark oxidierend, bleichend und keimtötend; auch → Walter-Triebwerk.
Wasserstrahlpumpe → Pumpe.
Wassersucht, → *Ödem,* krankhafte Ansammlung von Gewebswasser in u. unter der Haut sowie in der Brust- u. Bauchhöhle, bei mangelnder Wasserausscheidung, bes. infolge Herz- oder Nierenkrankheiten.
Wasserturbine → Turbine.
Wasserturm, Hochbehälter für Wasser, auf turmartigem Unterbau zur Erzeugung des erforderlichen Druckes im Wasserleitungsnetz; auch zum Mengenausgleich und für die Verteilung.
Wasseruhr,
1) svw. → Wassermesser.
2) Zeitmesser: aus Behälter durch kl. Öffnung in anderes Gefäß fließendes Wasser hebt Schwimmer mit Zeigervorrichtung (bereits im Altertum bekannt).
Wasserverdrängung, *Deplacement,* Gewicht des Schiffes = dem Gewicht d. verdrängten Wassermenge, in metr. Tonnen berechnet → Auftrieb (im Ggs. dazu Berechnung des Rauminhalts nach → Registertonnen).
Wasserwaage, *Libelle, Niveau,* Gerät m. geraden Anschlagkanten zur waagerechten (horizontalen) od. auch senkrechten (vertikalen) Einstellung v. Linien (Achsen) durch Einspielenlassen einer auf Flüssigkeit, meist Alkohol, in einem Glasrohr oder einer Glasdose schwimmenden Luftblase; f. Feldmeßinstrumente u. d. Bauhandwerk.
Wasserwanzen, im Wasser lebende, räuberische Wanzen; z. B. *Rückenschwimmer* mit langen Ruderbeinen und *Wasserskorpione* mit klappmesserartigen Fangbeinen; verwandt die *Wasserzikaden;* → Wasserläufer.
Wasserwerk, Betrieb zur Bereitstellung einer zentralen Versorgung mit Trinkwasser für gewerbl., hygienische und hauswirtsch. Zwecke.
Wasserwirtschaft, planmäßige Bewirtschaftung der natürlichen Wasservorkommen sowie Verhinderung von Hochwasserschäden, Beseitigung v. Abwässern, Schutz natürlicher Gewässer vor Verschmutzungen usw.
Wasserzeichen, in der Durchsicht erscheinende Zeichnung in Papierbogen u. Druck-Erzeugnissen (z. B. in Banknoten usw.); durch Einflechten des Zeichens in die Schöpfform bzw. d. Langsieb oder durch Einwalzen erzeugt.
Watenstedt-Salzgitter → Salzgitter.
Waterberg, Berg in Namibia, 1857 m.
Waterbury ['wɔ:təbəri], St. im US-Staat Connecticut, 109 000 E; Uhren-, Silberwarenindustrie.
Watergate-Affäre [engl. 'wɔ:təgeɪt], 1972–74 in USA: Vertuschung der Beteiligung d. US-Präs. an d. Bespitzelung d. pol. Gegners; führte zum Rücktritt → Nixons u. Verurteilung engster Mitarbeiter.

Waterloo, Ort bei Brüssel, 25 000 E; 18. 6. 1815 entscheidender preuß.-engl. Sieg (auch Schlacht bei → Belle-Alliance genannt) Blüchers u. Wellingtons über Napoleon I.
waterproof [engl. 'wɔ:təpru:f], wasserdicht.
Waters ['wɔ:təs], Muddy (4. 4. 1915 bis 30. 4. 83), Bluessänger u. -gitarrist; *Got My Mojo Workin'*.
Watford ['wɔtfəd], engl. St. nw. von London (i. d. Gft Hertford), 110 000 E; elektrotechn. und Maschinenindustrie, Druckereien.
Watlinginsel, engl. *Watling Island* ['wɔtlɪŋ 'aɪlənd], indianisch *Guanahani,* heute *San Salvador,* eine d. Bahama-Inseln, 163 km², 800 E; gilt als erste Entdeckung des *Kolumbus* (1492).
Watson ['wɔtsn],
1) James D. (* 26. 4. 1928), am. Biologe; Nobelpr. 1962 (Erforschung d. Struktur d. → Desoxyribonukleinsäure).
2) John B. (9. 1. 1878–25. 9. 1958), am. Phil. u. Psych.; Begr. d. → Behaviorismus.
Watson-Watt ['wɔtsn'wɔt], Sir Robert (13. 4. 1892–6. 12. 1973), engl. Phys.; 1928–35 Entwicklungen auf d. Gebiet d. Radartechnik (Funkmeßtechnik).
Watt [wɔt], James (19. 1. 1736–19. 8. 1819), schott. Ing., Erfinder d. Dampfmaschine.
Watt,
1) Abk. *W,* Maßeinheit d. → Leistung, 1 W = 1 J/s = 1 Nm/s; 1000 W = 1 kW = 1,36 PS = 102 mkp/s.
2) *s.,* seichte, bei Ebbe vom Meer fast ganz freie Teile der Nordsee zw. der dt. u. ndl. Küste u. den Friesischen Inseln; mit Schlick u. Schlamm bedeckt; von → Prielen durchzogen.
Watteau [-'to], Jean-Antoine (10. 10. 1684–18. 7. 1721), frz. Maler, Hptvertr. d. Rokoko; *Gesellschaften im Freien; Gersaints Ladenschild.*
Wattenscheid, seit 1975 St.teil v. → Bochum.
Watussi, *Tussi,* hamit. Völkergruppe, Rinderhirten, i. Burundi, Tansania u. Ruanda (Ostafrika).
Watzmann, 2713 m, dreigipfeliger Kalkberg d. Berchtesgadener Alpen am Königssee.
Wau → Reseda.
Waugh [wɔ:], Evelyn (28. 10. 1903 bis 10. 4. 66), engl. zeitkrit. Romanschriftst.; *Eine Handvoll Staub; Tod i. Hollywood.*
Wavell ['weɪvəl], Archibald (5. 5. 1883 bis 24. 5. 1950), brit. Feldmarschall, s. 1939 Oberbefehlsh. d. brit. Landstreitkräfte im Mittl. Osten, von 18. 6. 43 bis Feb. 47. Vizekönig v. Indien.
Wayne [weɪn], John (26. 5. 1907–11. 6. 79), am. Filmschausp.; *Stagecoach; Red River; The Man Who Shot Liberty Valance; Hatari!;* als Regisseur: *The Alamo* (1960).
WDR, Abk. f. **W**est**d**eutscher **R**undfunk, Sitz Köln.
Webb [wɛb],
1) Sir Aston (22. 5. 1849–21. 8. 1930), engl. Architekt d. Historismus, e. d. erfolgreichsten Erbauer öff. Gebäude; *Victoria und Albert-Mus.* u. Fassade d. Buckingham-Palasts in London.
2) Sidney, s. 1929 Lord Passfield (13. 7. 1859–13. 10. 1947), engl. Nationalökonom u. Pol., führend in der → Fabian

Weber,
1) Alfred (30. 7. 1868–2. 5. 1958), dt. Nationalökonom u. Soziologe; *Kulturgesch. u. -soziologie; Abschied v. d. bisherigen Geschichte.*
2) Andreas Paul (1. 11. 1893–10. 11. 1980), dt. Zeichner u. Graphiker hpts. satir. u. zeitkrit. Werke; *A. P. W.-Haus* i. Ratzeburg (s. 1973).
3) Carl Maria Frh. von (18. od. 19. 11. 1786–5. 6. 1826), dt. Komp.; repräsentativ f. d. romant. Oper; *D. Freischütz; Euryanthe; Oberon;* Instrumentalmusik; Klavier- u. Gesangswerke.
4) Ernst Heinrich (24. 6. 1795 bis 26. 1. 1878), dt. Physiologe, → Weber-Fechnersches Gesetz.
5) Friedrich Wilhelm (25. 12. 1813 bis 5. 4. 94), dt. kath. Dichter; Versepos: *Dreizehnlinden.*
6) Marianne (2. 8. 1870–12. 3. 1954), führend in der Frauenbewegung: *Frauenfragen und Frauengedanken;* Gattin von
7) Max (2. 4. 1864–14. 7. 1920), bedeutender dt. Soziologe u. Nationalökonom; Theorie der werturteilsfreien Sozialwissenschaft zur klaren Scheidung v. Sozialpolitik; *Wirtschaft u. Gesellschaft; Aufsätze zur Rel.soziologie.*
8) Max (18. 4. 1881–4. 10. 1961), am. Maler, u. Wegbereiter d. Abstraktion; verbreitete auch als Organisator v. Ausstellungen wicht. Richtungen d. mod. eur. Malerei (Fauvismus, Kubismus, Futurismus) i. d. USA.
9) Wilhelm (24. 10. 1804–23. 6. 91), dt. Phys.; Mitbegr. d. Wellenlehre; errichtete mit Gauß den ersten brauchbaren Nadeltelegraphen; einer d. „Göttinger Sieben".
Weberaufstand, 1844 in Schlesien ausgebrochene Hungerrevolte d. Handweber.
Weberdistel, svw. → Karde.
Weberei, Verarbeitung von → Garnen zu Geweben (Webware) auf von Hand, von Fuß od. maschinell betriebenen Webstühlen (→ Jacquard-Maschine): Längsfäden *(Kette, Aufzug)* je nach zu erzielendem Muster gehoben u. gesenkt; durch entstehenden Zwischenraum *(Fach)* Webespule mit Querfaden *(Schuß)* hindurchgeschleudert; kreuzweise Verschlingung *(Bindung)* v. Kette u. Schuß; glatte, geköperte (schräglaufende Streifen od. Furchen), gekreppte, atlasbindige Gewebe (Taft).
Weber-Fechnersches Gesetz, psycho-physisches Grundges. (→ Weber, → Fechner): Intensität (E) einer subjektiven Empfindung ist dem Logarithmus des phys. Reizes (R) proportional $(E = k \cdot \log R)$, z. B. die Lautstärke wächst m. d. Logarithmus der phys. Energie eines Tones (→ Phon).
Weberknecht, *Kanker, Schneider,* Spinnentier mit kleinem, birnförmigem Körper u. langen, dünnen Beinen; in seinem Nahrungsverhalten Aufräumer.
Webern, Anton v. (3. 12. 1883–15. 9. 1945), östr. Komp.; Schüler Schönbergs; v. gr. Einfluß auf moderne serielle Musik.
Webervögel, gesellig lebende Singvögel bes. d. trop. Afrika u. Asien; kunstvoll geflochtene Nester an Zweigen; massenhaftes Auftreten z. B. des Blutschnabelwebers.
Webstuhl → Weberei.
Wechmar, Rüdiger Frh. v. (* 15. 11. 1923), dt. Journalist; 1970–72 stellvertr., 1972–74 Reg.sprecher.
Wechsel, W.-Ges. v. 21. 6. 1933, schuldrechtl. → Wertpapiere, → Orderpapiere, durch → Indossament übertragbar:
1) *gezogener W., Tratte,* enthält Anweisung, an einen anderen, den Bezogenen („*gegen diesen W. zahlen sie an . . .*"), zu zahlen;.
2) *Eigen-W., Sola-W.,* Aussteller verspricht, selbst zu zahlen („*gegen diesen W. zahle ich an . . .*"). – W. muß enthalten: **a)** Bez. als W. im Text *(W.klausel);* **b)** bei d. Tratte d. unbedingte Anweisung, beim Sola-W. d. Versprechen, eine best. Geldsumme zu zahlen; **c)** bei Tratte Namen dessen, der zahlen soll (*Bezogener, Trassat*); **d)** Angabe d. Verfallzeit; möglich ist ein best. Tag, eine best. Zeit nach Ausstellung (3 Monate nach Dato, *Dato-W.*), eine best. Zeit nach Sicht (*Nach-Sicht-W.*) od. auf Sicht (bei Vorlegung, *Sicht-W.*); **e)** Angabe d. Zahlungsortes; **f)** Name dessen, an den od. an dessen Order gezahlt werden soll *(Remittent);* **g)** Angabe des Tages u. Ortes der Ausstellung; **h)** Unterschrift des Ausstellers. Bei *Blanko-W.* kann d. Empfänger einzelne Teile d. W.s mit Ausnahme d. Unterschrift selbst ausfüllen; durch das → Akzept wird Bezogener zum Akzeptanten u. zur Einlösung verpflichtet; akzeptiert Bezogener nicht, dann *Protest mangels Annahme* u. Rückgriff gg. Indossanten u. Aussteller möglich; löst Akzeptant W. bei Fälligkeit nicht ein, ist spätestens am 2. Werktag nach Fälligkeit *Protest mangels Zahlung* (durch Notar, Gerichtsvollzieher, Post) zu erheben. Weitere W.-Arten: *Deckungs-, Depot-, Kautions-W.* wird dem Gläubiger zur Sicherung übergeben; *fingierter W., Keller-W.,* gibt fingierte Namen, bes. d. Bezogenen, an, hat auch Unterschriften nicht existierender Personen, Gültigkeit bleibt im übrigen unberührt; *Prima-W.,* 1. Ausfertigung eines W.s, wenn, wie bes. im Überseehandel, mehrere Ausfertigungen ausgestellt wurden; *Sekunda-W.,* 2. Ausfertigung, dient im Überseehandel zur Einholung des Akzepts, wenn der Prima-W. inzwischen bereits diskontiert werden soll; *Prolongations-W.,* Hergabe schiebt praktisch den Einlösungstermin eines älteren W. hinaus, *Reit-W.,* wird von zwei Personen gegenseitig gezogen, ohne daß Verpflichtungsgrund besteht, kann als Betrug bestraft werden; *Rekta-W.,* enthält negative → Orderklausel; *Sola-W.,* Eigen-W., nur in einem Exemplar ausgestellter W. – *W.bürgschaft, Aval:* Dritter haftet für W.schuld nach Unterschrift auf d. W. mit Zusatz „p. a." (per aval) oder „als Bürge", auch wenn die dem W. zugrundeliegende Schuld nicht besteht. *W.steuer* durch *W.steuermarken.* – Wirtschaftl. Mittel für kurzfristige Kreditaufnahme.
Wechselbalg, im *Volksglauben:* Mißgeburt, von Zwergen anstelle e. geraubten Säuglings zurückgelassen.
Wechselbürgschaft → Wechsel.
Wechselfieber → Malaria.
Wechseljahre → Klimakterium.
Wechselkurs → Devisenkurse.

Carl Maria v. Weber

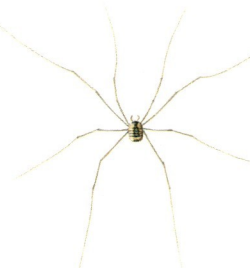

Weberknecht

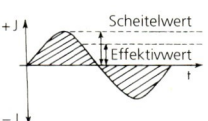

Wechselstrom, *Schema*

Wechselpari, der Goldparität entsprechender Devisenkurs (→ Parität).
Wechselreiterei → Wechsel *(Reitwechsel).*
Wechselrichter, Umwandlung von Gleichstrom in Wechselstrom; Gleichstrom wird nach d. Prinzip d. → Wagnerschen Hammers abwechselnd unterbrochen und über Primärwicklung eines Transformators geleitet; dadurch wird i. d. Sekundärwicklung Wechselstrom induziert.
Wechselsack, lichtdichter, großer Stoffbeutel; dient z. Entnahme e. Films aus d. Kamera unter lichtdichten Verhältnissen.
Wechselstrom, el. Strom, der seine Größe u. Richtung period. ändert. W. f. Licht u. Kraft meist m. Frequenz 50 Hz = 50 Schwingungen pro Sek., f. el. Bahnen meist 16⅔ Hz.
Wechselstrommaschinen, meist mit rotierenden Polen u. feststehendem Anker; je nach Anordnung d. Spulen im Anker: *2-Phasen-* u. *3-Phasen-Wechselstrom (Drehstrom)* f. Übertragung auf weite Entfernungen (Hochspannung); über Gleichrichter Gleichstrom f. Akkumulatoren u. zur Elektrolyse.
Wechselstromtelegrafie, Gleichstrom-Telegrafie-Impulse werden in Wechselstromimpulse best. Frequenz umgewandelt u. übertragen; durch Verwendung versch. Frequenzen kann eine Leitung gleichzeitig f. mehrere Telegrafie-Stromkreise genutzt werden (bis 48fach). → Telexnetz.
Wechseltierchen, svw. → Amöben.
Weckamine, Abkömmlinge des Ephedrins u. seiner Derivate; stark anregende, Ermüdung und Hunger unterdrückende Mittel; wegen Suchtgefahr dem Opiumgesetz unterworfen.
Wẹda, *m.* [sanskr. „Wissen"], Name der ältesten ind. Sprachdenkmäler (um 2500–500 v. Chr. entstanden):
1) *Sanhita,* Rig-(Götter-)Weda, 10 Bücher m. üb. 1000 Zauberhymnen (Atharwaweda) und komponierten Opferversen (Samaweda) über die Kämpfe der Inder mit der Urbev. u. gegeneinander;
2) *Brahmana,* Opfererklärungen in Prosa;
3) *Aranyoka* (höhere Mystik), darin die Upanischaden;
4) *Wedanga,* aphoristische Lehrbücher. Nach diesen benannt die **wedische Religion:** Personifizierung und Vergöttlichung, *Devas,* v. Naturerscheinungen; Kult d. hl. Feuers u. Herstellung e. Tranks aus d. unbekannten Somapflanze; Fortleben nach dem Tode; Ahnenkult.
Wedanga *s.* [sanskr. „Glied d. Weda"], 6 z. Verständnis d. Weden wicht. Wiss.: Phonetik, Ritual, Grammatik, Etymologie, Metrik u. Astronomie.
Wedanta *m.* [sanskr. „Endziel d. Weda"], ind. phil. Schule, auf d. Upanischaden beruhend, lehrt d. vollkommenen Monismus.
Wẹdda [sanskrit. „Jäger"], weddide (→ Rasse, Übers.) Ureinwohner von Sri Lanka.
Weddellmeer, große Meeresbucht im Südpolargebiet (zw. Hearst- und Coats-Land), im S durch Eisbarriere vom Festland getrennt; von *Weddell* (1823) und *Filchner* (1911–12) erforscht.
Wedding, w. Bz. v. Berlin; ehem. Mietskasernen-, Hinterhofviertel.

Wedekind, Frank (24. 7. 1864–9. 3. 1918), dt. Dichter; Vorläufer des literar. → Expressionismus; Dramen: *Frühlings Erwachen; Erdgeist* (als *Lulu* Oper v. Berg); *Marquis v. Keith;* Gedichte.
Wedel (Holstein) (D-22880), St. i. Kr. Pinneberg, an d. Unterelbe, Schl.-Ho., 31 400 E; W.er Rolandssäule (1450); Öl- u. opt. Ind., Solartechnik.
Wedemeier, Klaus (* 12. 1. 1944), 1985–1995 Bürgermeister u. Präs. des Senats d. Fr. Hansestadt Bremen.
Wedgwood [ˈwɛdʒwʊd], Josiah (12. 7. 1730–3. 1. 95), engl. Töpfer; erfand das **W.steinzeug:** hauptsächlich farbiger Grund m. weißem klassizist. Reliefdekor.
Weekend, *s.* [engl. ˈwi:kˌɛnd], Wochenende.
Wega, hellster Stern 0. Größe in der → Leier.
Wegberg (D-41844), St. i. Kr. Heinsberg, NRW, 26 700 E; Textil-, Leder-, Elektro- u. Metallind.
Wegener,
1) *Alfred* (1. 11. 1880–Nov. 1930), dt. Meteorologe u. Polarforscher; 3 Grönlandexpeditionen, Theorie d. → Kontinentalverschiebung.
2) *Georg* (31. 5. 1863–8. 7. 1939), dt. Geograph u. Forschungsreisender; *China.*
3) *Paul* (11. 12. 1874–13. 9. 1948), dt. Regisseur u. Schausp.; *Der Student v. Prag; Der Golem; Kolberg.*
Wegerecht, regelt Verwaltung, Einteilung u. Unterhaltung öff. u. privater Straßen; Einteilung in Straßen u. Wege versch. Ordnung m. unterschiedl. f. Benutzung, Eigentum u. Pflege; bes. Regelung f. Wasserstraßen.
Wegerechtschiff, braucht nach Seewasserstraßenordnung nicht auszuweichen (führt schwarzen Zylinder am → Vortopp, nachts rotes Licht).
Wegerich, Heilkräuter m. grundständigen Blattrosetten; meist rosa Blüten in Ähren.
Weggis (CH-6353), schweiz. Luftkurort im Kanton Luzern, am Vierwaldstätter See, 441 müM, 2400 E.
Wegscheid (D-94110), Markt i. Kr. Passau, Bayr. Wald, 734 müM, 5615 E; Fremdenverkehr.
Wegschnecke → Nacktschnecken.
Wegwarte, wilde → Zichorie.
Wehen → Geburt.
Wehlau, *Znamensk,* russ. St. im nördl. Teil d. ehem. Ostpreußens, 7500 E. – 1657 brandenburg.-poln. Vertrag über d. Unabhängigkeit Ostpreußens.
Wehnelt, Artur (4. 4. 1871–15. 2. 1944), dt. Physiker; erfand den **W.-Unterbrecher:** selbsttätiger Stromunterbrecher; arbeitet durch Erzeugung u. Vernichtung v. Gasbläschen in einem → Elektrolyten.
Wehner, Herbert (11. 7. 1906–19. 1. 90), SPD-Pol.; 1949–83 MdB, 1957–73 stellvertr. Vors. d. SPD, 1966–69 B.min. f. gesamtdt. Fragen, 1969–83 Vors. d. SPD-Fraktion.
Wehr, Einbau in Wasserläufe zur Anstauung bzw. Regulierung von Gefällhöhe und Wassermenge; festes Wehr: *Schuß-W., Sturz-, Stufen-W.;* bewegliches W.: *Schützen-W.; Klappen-W., Walzen-W., Nadel-W.* (dicht gestaffelte Pfähle, *Nadeln,* können bei Hochwasser u. Eisgang umgeklappt werden).

Wegerich

Trauerweide

Salweide, Palmweide

Wehrbeauftragter, *d. dt. Bundestages,* Organ z. Schutz d. → Grundrechte innerh. d. → Bundeswehr, Hilfsorgan bei d. Ausübung der parlamentar. Kontrolle (Art. 45 b GG, Ges. v. 26. 6. 1957); wird in geh. Wahl mit der Mehrheit d. Bundestagsmitgl. auf 5 J. gewählt, erstattet dem Bundestag jährl. Bericht.
Wehrbereich (WB), Teil d. Bundesgeb., in d. ein Befehlsh. im Range e. Gen.majors für d. Vorbereitung aller Maßnahmen d. bodenständigen Verteidigung verantwortl. ist. Die Grenzen d. WB. decken sich i. d. R. mit den Landesgrenzen; dzt. insg. 7 WB. Der Stab d. Befehlsh. heißt WB-Kommando, daneben gibt es in jedem WB eine Wehrbereichsverwaltung; → Bundeswehrverwaltung.
Wehrbereichskommando → Wehrbereich.
Wehrbereichsverwaltung → Bundeswehrverwaltung.
Wehrdienst, Ableistung des mil. Dienstes; in der BR Grundwehrdienst (z. Z. 10 Mon.), Wehrübungen u. unbefristeter Wehrdienst im Verteidigungsfall; → Wehrpflicht, → Wehrersatzdienst, → Bundeswehr.
Wehrdienstbeschädigung, *WDB,* eine im Wehrdienst erlittene gesundheitl. Schädigung d. Soldaten; führt ggf. zu e. verbesserten Versorgung.
Wehrdienstgerichte, Dienstgerichte f. disziplinargerichtl. Verfahren gg. Soldaten u. f. Verfahren über Beschwerden von Soldaten. Die W. bestehen derzeit aus 2 Truppendienstgerichten mit 18 Kammern u. 2 Wehrdienstsenaten des Bundesverwaltungsgerichts.
Wehrdisziplinarordnung, Ges. v. 15. 3. 1957 regelt Würdigung der Leistungen durch Anerkennungen und Ahndung von Dienstvergehen durch Disziplinarmaßnahmen u. gerichtliche Disziplinarmaßnahmen) b. Soldaten.
Wehrersatzbehörden, die Behörden d. → Bundeswehrverwaltung.
Wehrersatzdienst, v. Kriegsdienstverweigerern zu leistender Dienst am Allgemeinwohl (Dauer 13 Monate).
Wehrgerechtigkeit, *Bundeswehr,* Gleichbehandlung der Dienstpflichtigen u. Abbau v. Wehrdienstausnahmen u. -befreiungen.
Wehrhecke, *Gebück,* undurchdringl. Wehr a. Bäumen, verstärkt durch Dornbüsche, d. d. Landesverteidigung diente (z. B. ,,Rheingauer Gebück").
Wehrkirche, *Kirchenburg,* im frühen MA zur Zuflucht u. Verteidigung d. Gemeinde entwickelter Bautyp d. befestigten Kirche.
Wehrmacht, Bez. der Gesamtstreitkräfte des Dt. Reiches 1935–45.
Wehrpaß, ausweisartiges Buch, das d. Wehrpflichtigen bei d. Musterung ausgehändigt, während d. Grundwehrd. bei d. mil. Einheit verwahrt u. gegen den Truppenausweis ausgetauscht wurde. Der inzwischen abgeschaffte W. gab Auskunft über den mil. Werdegang eines Soldaten.
Wehrpflicht, gesetzliche Verpflichtung zum → Wehrdienst, besteht heute in den meisten Staaten; in BR eingeführt u. geregelt durch Gesetz vom 21. 7. 1956; → Bundeswehr.
Wehrsold, nach dem Wehrsoldgesetz erhalten Soldaten, die aufgrund der Wehrpflicht Wehrdienst leisten (auch Wehrübende), neben Sachbezügen (freie Unterkunft u. Verpflegung, freie Heilfürsorge) e. Geldbetrag z. Gestaltung d. Freizeit.
Wehrstammbuch, beim Kreiswehrersatzamt über jeden Soldaten geführtes Formularbuch; gibt Überblick über alle wesentl. Personaldaten.
Wehrstrafgesetz, WStG, ersetzte d. Militärstrafgesetzbuch v. 1872 im Jahr 1974, enthält die mil. Straftatbestände (z. B. Fahnenflucht u. Gehorsamsverweigerung); das allg. Strafrecht gilt subsidiär. Bei Soldaten, die Jugendl. od. Heranwachsende sind, gelten Vorschriften d. Jugendgerichtsgesetzes nur eingeschränkt.
Weichbild, urspr. Stadtrecht u. das ihm unterstehende Gebiet, dann svw. Stadtgebiet.
Weiche,
1) Bereich zw. unteren Rippen u. Hüfte.
2) *Filter,* Kombination v. el. Schaltgliedern, die eine Trennung v. Strömen versch. Frequenz ermöglicht, in der Fernmeldetechnik als Tiefpaß, Hochpaß od. Bandpaß; bei Richtungstrennung v. Strömen gleicher Frequenz Brückenschaltung u. ä.
3) Vorrichtung z. Überführung von Schienenfahrzeugen v. einem Gleis auf ein anderes ohne Fahrtunterbrechung; W. meist v. Stellwerk aus bedient, auch örtl. Umstellung durch Hebelwerk am *Weichenbock;* Stellung zeigt Weichenlaterne; *einfache W., Bogen-, Doppel-W., einfache u. doppelte Kreuzungs-W.*
Weicheiseninstrument, *Volt-* od. *Amperemeter* zur Messung von *Gleich-* od. *Wechselstrom;* Arbeitsweise: Weicheisenplättchen im Innern einer Spule werden b. Stromzufuhr gleichnamig magnetisch u. stoßen einander ab; abstoßende Kraft wirkt gg. Feder, Bewegung wird auf Meßwerk übertragen.
Weicher Stil, *Schöner Stil,* auch → *Intern. Gotik,* Stilstufe der eur. Kunst etwa 1380–1420; i. d. Plastik ,,Schöne Madonnen".
Weichmacher, führen hochmolekulare harte Stoffe in lederartig zähe bis gummielast. Produkte über.
Weichmann, Herbert (23. 2. 1896 bis 9. 10. 1983), SPD-Pol.; 1965–71 Erster Bürgermeister v. Hamburg.
Weichs, Maximilian Frh. v. (12. 11. 1881–27. 9. 1954), Generalfeldmarschall; führte u. a. das XIII. Armeekorps, das in Österreich u. im Sudetenland einmarschierte.
Weichsel, poln. *Wisła,* mitteleur. Strom, aus d. W-Beskiden (Barania Góra), m. weitverzweigtem Delta *(Danziger Werder)* in die Danziger Bucht (alter Lauf *Tote W.* bildet Danziger Hafen) u. mit östl. Mündungsarm *Nogat* u. *Elbinger W.* in d. Frische Haff, Hptmündung in Danziger Bucht östl. Danzig; 1047 km l., etwa 940 km schiffbar; durch Augustowo-Kanal m. Memel, durch Bromberger Kanal (Brahe–Netze) m. Oder verbunden. Nbfl.: l. *Przemsza, Nida, Kamienna, Pilica, Bzura, Brahe, Schwarzwasser, Montau, Ferse;* r. *Dunajec, Wisłoka, San, Wieprz, Bug, Drewenz.*
Weichselkirsche, südeur. Kirschenart; Früchte bitter; Holz für Drechslerarbeiten.

Weichselzopf, durch Unsauberkeit, Ausschlag (Kopfläuse) u. Kratzwundensekret verklebtes Kopfhaar.
Weichtiere, *Mollusken,* wirbellose Tiere mit weichem, schleimigem Körper: *Schnecken, Muscheln, Tintenfische.*
Weida (D-07570), St. i. Kr. Gera, Thür., 9600 E; Schloß (10. Jh.); Textil-, Leder-, Schuhind.
Weide, zweihäusige Bäume u. Sträucher mit Blütenkätzchen; Ruten als Flechtmaterial *(Korbweide).*
Weiden i. d. Oberpfalz (D-92637), krfreie St. im Rgbz. Oberpfalz, Bay., 42 552 E; LG, AG; Stadtarchiv m. Max-Reger-Zimmer; Porzellan-, Glasfabr., Textilversand.
Weidenau (Sieg), s. 1975 zu → Siegen.
Weidenbohrer, Nachtschmetterling; bis 8 cm l. Raupe, sehr schädlich durch Bohren in Laubhölzern.
Weidenröschen, rot blühende, hochwüchsige Kräuter, weidenähnl. Blätter.
Weiderich,
1) *Blut-W.,* Weiderichgewächs m. purpurnen Blütenähren.
2) *Gilb-W.,* gelb blühendes Primelgewächs.
weidgerecht, svw. → waidgerecht.
Weigel,
1) Helene (12. 5. 1900–7. 5. 71), östr. Schauspielerin; Ehefrau B. → Brechts.
2) Valentin (1533–10. 6. 88), bedeutendster Vertr. d. nachreform. protestant. Mystik.
Weihbischof, ein den kath. Diözesanbischof in Weihehandlungen vertretender → Titularbischof.
Weihe,
1) → Konsekration.
2) → Ordination.
Weihen, hochbeinige Greifvögel; schaukelnder Flug m. Flügeln in V-Haltung; *Korn-, Wiesen-* u. *Rohrweihe;* Nest am Boden.
Weihenstephan → Freising.
Weihnachten, *Christfest,* zur Erinnerung an die Geburt Jesu *(Weihnachtskrippe)* nach Adventszeit, urspr. zu Epiphanias (6. 1.), seit 4. Jh. am 25. 12. (Mithrasfest) gefeiert. Auch → Jul(fest).
Weihnachtsmann, *Sankt Nikolaus, Knecht Ruprecht,* in Norddtld seit dem 19. Jh. Gabenbringer der Weihnachtszeit.
Weihnachtsrose, svw. → Christrose.
Weihnachtsstern, *Poinsettia,* mexikan. Wolfsmilchart, gelbe Blüten mit sternartigem Kranz roter oder gelber Hochblätter.
Weihrauch, Harz des *W.baums (Boswellia).*
Weihwasser, in der kath. Kirche im *W.becken* am Kircheneingang, zum Benetzen als Symbol geistiger Reinigung; Besprengen mit *Weihwedel.*
Weil, Jiří (6. 8. 1900–13. 12. 59), tschech. Schriftst., zunächst Kommunist, dann Abwendung vom Stalinismus, doch immer gg. Faschismus u. Antisemitismus; *Leben mit dem Stern.*
Weil a. Rhein (D-79576), Gr.Krst. i. Kr. Lörrach, am Oberrhein, Ba-Wü., 27 184 E; Rheinhafen, Verschiebebahnhof.
Weil der Stadt (D-71263), St. i. Lkr. Böblingen n. des Schwarzwalds, 17 000 E; ma. Stadtbild, Geburtsort von J. → Kepler.

Weiler, Kleinsiedlung mehrerer Häuser od. Höfe.
Weilerswist (D-53919), Gem. i. Kr. Euskirchen, NRW, 14 695 E; div. Ind.
Weilheim i. Oberbayern (D-82362), Krst. d. Kr. W.-Schongau, an d. Ammer (im „Pfaffenwinkel"), 18592 E; AG; Pfarrkirche m. got. Turm; Metall-, Holzind.
Weill, Kurt (2. 3. 1900–3. 4. 50), dt. Komp. (s. 1933 i. d. USA); Opern: *D. Dreigroschenoper* (1928 n. → Brecht u. John → Gay); *Aufstieg u. Fall d. Stadt Mahagonny;* allmähl. Entwicklung zum Musical: *Lost in the Stars.*
Weilsche Krankheit, akute → Leptospirosis-Infektionskrankheit mit hohem Fieber, Gelbfärbung der Haut, Milz- und Leberschwellung.
Weimar (D-99423–27), Stkr. u. Krst. i. Thür. (bis 1952 Hptst.), a. d. Ilm, 59 106 E; Nat. Forschungs- u. Gedenkstätten d. klass. dt. Literatur mit Zentralbibl.: Goethe-Nat.mus., Schillerhaus, Goethe- und Schiller-Gruft, Schloß, Liszthaus, Kirms-Krakow-H., Wittumspalais, Goethe-Schiller-Archiv, Staatsarchiv, Mus. f. Ur- u. Frühgeschichte Thüringens, Dt. Nationaltheater, Kunstsammlungen; HS f. Architektur u. Bauwesen; HS f. Musik, FS, Institute; Landmaschinen-, Lebensmittel-, elektron., elektrooptisch. Ind.; nahebei die Schlösser → *Tiefurt* u. *Belvedere;* nördl. v. W. 1937–45 KZ Buchenwald (jetzt nat. Mahn- u. Gedenkstätte Buchenwald). – Bis 1918 Residenzst. d. Großherzogtums Sachsen-W.-Eisenach, unter Karl August Zentrum d. dt. Humanismus; erneute Blüte durch Liszt. 1919–25 Bauhaus m. *Gropius.*
Weimarer Republik, Bez. f. d. Dt. Reich v. 1919–33, erste parlamentar.-demokr. Staatsform d. dt. Geschichte.
Weimarer Verfassung, *Reichsverfassung,* Staatsgrundgesetz des Deutschen Reichs, nach Entwurf von Hugo → Preuß von d. Nationalversammlung in Weimar *(Weimarer Rep.)* beschlossen, von Reichspräs. Ebert am 11. 8. 1919 unterzeichnet; wesentl. Teile (Grundrechte, Gewaltenteilung) wurden durch das NS-Regime 1933 außer Kraft gesetzt.
Wein, gewonnen durch alkohol. Gärung aus Traubensaft vom *W.stock (Vitis),* alte Kulturpflanze Kleinasiens u. des Mittelmeergebietes, seit 3500 v. Chr. nachweisbar, enthält zw. 6 u. 15 % Alkohol; Verwandte in d. wärmeren Gegenden aller Erdteile. Hauptfeinde: Reblaus (Befall meldepflichtig), Traubenwickler, Mehltaupilze; Bekämpfung durch Spritzmittel. Auch → Wilder Wein. – 13 „Bestimmte Anbaugebiete" für → Q.b.A.-Weine in Dtld: Ahr, Baden, Hess. Bergstr., Franken, Mittelrhein, Mosel-Saar-Ruwer, Nahe, Rheingau, Rheinhessen, Sachsen (Elbfallgebiet) u. Württemberg. Weinmarktordnung der EWG (1970): Alkoholanreicherung v. Wein durch Zucker u. Beimischung v. Weinkonzentrat wird f. best. Weingebiete in einem festgesetzten Ausmaß gestattet; Verschnitt mit Weinen auch neben der Ursprungsbez. angeführt werden. Das W.gesetz d. BR v. 14. 7. 1971 ist d. EG-Bestimmungen angepaßt. In der BR W.bestand 1995: 11,9 Mill. hl, davon 0,8 Mill. hl Schaumwein; Verbrauch an Trinkwein 1995: 22,3 l pro Kopf (EG 1995: 27,5 l pro Kopf).

Schmalblättriges Weidenröschen

Rohrweihe

Weimar, *Goethes Gartenhaus*

Wein
Blüten, l., Blattwerk mit Frucht, r.

Weinberg [waɪnbəːg], Steven (* 3. 5. 1933), am. Phys.; (zus. m. S. L. → Glashow u. A. → Salam) Nobelpr. 1979 (Erkenntnisse z. schwachen u. elektromagnet. Wechselwirkung).
Weinberger, Jaromir (8. 1. 1896–9. 8. 1967), tschech. Komp.; Oper: *Schwanda, der Dudelsackpfeifer.*
Weinbrand, der dt. Kognak; aus Wein hergestellter Branntwein (36% bis 60% Alkoholgehalt).
Weinbrenner, Friedrich (29. 11. 1766–1. 3. 1826), dt. Baumeister des Klassizismus; bes. in Karlsruhe.
Weinert, Erich (4. 8. 1890–20. 4. 1953), dt. kommunist. Schriftst.; 1943 bis 45 Präs. d. Nat.komitees Freies Dtld; polit.-satir. Gedichte.
Weinessig, durch Essigbakterien aus Wein.
Weingarten (D-76356), Gr. Krst. i. Kr. Ravensburg, Ba-Wü., 23 274 E; Benediktinerabtei (1056 gegr.) m. größter Barockkirche Deutschlands (1717–24 erb.); PH; Maschinenind.
Weingartner, Felix v. (2. 6. 1863–7. 5. 1942), östr. Dirigent u. Komp.
Weingeist, *Ethylalkohol,* → Spiritus.
Weinheber, Josef (9. 3. 1892–8. 4. 1945), östr. Lyriker; *Adel u. Untergang; Späte Krone; Wien wörtlich; Kammermusik.*
Weinhefen, Vorkommen als Kultur- u. wilde Hefen, die Traubensaft vergären; oft in Form von Reinkulturen verwendet.
Weinheim (D-69469), St. i. Rhein-Neckar-Kr., an d. Bergstraße, Ba-Wü., 42 675 E; AG; Obst- u. Weinbau; Leder-, Teigwaren-, Kunststoffind.; größter Exotenwald Mitteleuropas; Wachenburg u. Burgruine Windeck.
Weinpalme, verschiedene Palmen, aus deren Säften *Palmwein* bereitet wird.
Weinsäure, *Dihydroxybernsteinsäure,* organ. Säure; große farblose Kristalle, bes. in Trauben vorkommend; verwendet zu Back- u. Brausepulvern u. als Beize in der Färberei; v. den Salzen *(Tartraten)* bes. wichtig Natrium-Kaliumsalz *(Seignettesalz)* als Abführmittel u. Antimonylkaliumsalz *(Brechweinstein),* verwendet in Färberei, Zeugdruck usw.
Weinsberg (D-74189), St. i. Kr. Heilbronn, Ba-Wü., 10 411 E; Stadtkirche (12. Jh.); Weinbau, Staatl. Lehr- u. Versuchsanstalt f. Wein- u. Obstbau. – *Die Weiber von W.* retteten bei der Belagerung durch Konrad III. 1140, indem sie sie bei dem ihnen gewährten freien Abzug auf dem Rücken hinaustrugen.
Weinstadt (D-71384), 1975 durch Gemeindezus.legung entstandene St. im Rems-Murr-Kr., Ba-Wü. 24 349 E.
Weinstein, rohe → Weinsäure u. Kaliumhydrogentartrat, in Krusten i. Weinfässern abgeschieden.
Weinstraße, Deutsche, durch die Pfälzer Weinbaugebiete am Rand der Hardt, nordsüdl. 70 km lang.
Weinviertel, n. Teil v. Niederöstr., Lößhügelland m. Weinbau.
Weise, Christian (30. 4. 1642–21. 10. 1708), dt. Dichter; *Die drei ärgsten Erznarren;* Schuldramen: *Tobias.*
Weisel, die Bienenkönigin.
Weisenborn, Günther (10. 7. 1902 bis 26. 3. 69), dt. Schriftst.; Dramen: *Die Illegalen;* Dokument: *Memorial;* Roman: *Das Mädchen von Fanö.*

Wein

Traubenernte wichtiger Länder 1993 in 1000 t

- Italien 9773
- Frankreich 6741
- USA 5117
- Spanien 4453
- Türkei 3700
- Argentinien 1821
- Südafrika 1490
- Griechenland 1400
- Rumänien 1339
- Portugal 1300
- BRD* 1296
- VR China 1285
- Chile 1200
- Australien 794
- Brasilien 782
- Ungarn 700
- Bulgarien 550
- Russ. Föderation 500
- Jugoslawien** 404

* früheres Bundesgebiet
** ohne Bosnien-Herzegowina, Kroatien, Makedonien und Slowenien

Welttraubenernte 1993: 57,165 Mill. t

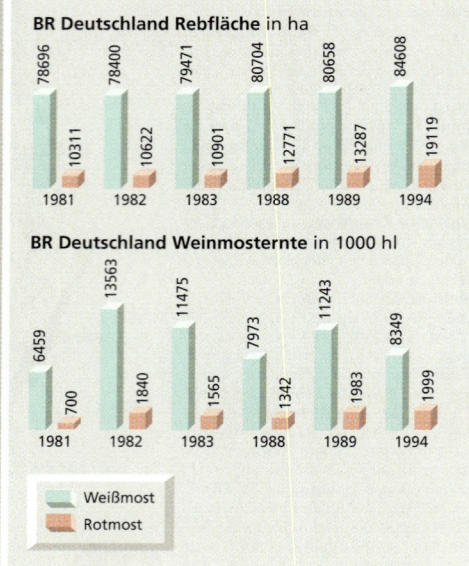

BR Deutschland Rebfläche in ha

Jahr	Weißmost	Rotmost
1981	78696	10311
1982	78400	10622
1983	79471	10901
1988	80704	12771
1989	80658	13287
1994	84608	19119

BR Deutschland Weinmosternte in 1000 hl

Jahr	Weißmost	Rotmost
1981	6459	700
1982	13563	1840
1983	11475	1565
1988	7973	1342
1989	11243	1983
1994	8349	1999

Großer Kohlweißling

Kleiner Kohlweißling

Aurorafalter

Weisgerber, Albert (21. 4. 1878–10. 5. 1915), dt. Maler d. idealist. Expressionismus; 1913 Mitbegr. d. Neuen → Sezession; *Absalom; Hl. Sebastian;* Bildnisse.
Weisheitszähne → Gebiß.
Weiskirch, Willi (1. 1. 1923–11. 9. 96), CDU-Pol., 1985–90 → Wehrbeauftragter des dt. Bundestages.
Weismann,
1) August (17. 1. 1834–5. 11. 1914), dt. Zoologe; stellte die Keimplasmatheorie als Grundlage der Vererbungslehre auf.
2) Julius (26. 12. 1879 bis 22. 12. 1950), dt. Komp.; Opern: *Schwanenweiß; Leonce und Lena.*
Weismantel, Leo (10. 6. 1888–16. 9. 1964), dt. kath. Schriftst. u. Pädagoge; Bühnenstücke; Romane: *Das unheilige Haus; Dill Riemenschneider.*
Weiß,
1) Emil Rudolf (12. 10. 1875–9. 11. 1942), dt. Maler, Buchkünstler u. Schriftschöpfer hpts. d. Jugendstils.
2) Ernst (28. 8. 1884–14. 6. 1940), dt. Schriftst. u. Arzt, mit Kafka befreundet, behandelte Hitler im Lazarett u. beschrieb dies in *Der Augenzeuge.*
3) Konrad (1. 5. 1880–4. 1. 1940), dt. kath. Schriftst.; Lyrik, Drama, Essay.
Weiss, Peter (18. 11. 1916–10. 5. 82), dt. Schriftst., Maler u. Regisseur; Dramen: *Die Verfolgung u. Ermordung Jean Paul Marats; Die Ermittlung; Viet Nam Diskurs;* Erzählungen: *Der Schatten d. Körpers d. Kutschers;* Roman: *D. Ästhetik d. Widerstands.*
Weiß, Walter (5. 9. 1890–21. 12. 1967), dt. Gen.oberst, in d. letzten Kriegsmonaten 1945 Oberbefehlsh. d. Heeresgruppe Nord.
Weissagung, Voraussagen aufgrund seherischer Fähigkeiten.
Weißbier, *Berliner Weiße, Lichtenhainer, Leipziger Gose,* kohlensäurereiches,

obergärig., säuerl. Bier aus Weizen- u. Gerstenmalz, m. Hefe u. Milchsäurebakterien vergoren, z. T. mit Hefe abgefüllt.
Weißblech, z. Schutz gg. Rost mit Zinn überzogenes Eisenblech.
Weißblütigkeit → Leukämie.
Weißbuch → Farbbücher.
Weißbuche → Buche.
Weißdorn, *Crataegus,* dornige Sträucher m. weißen Blüten u. roten kl. Früchten; Extrakte des W.s als Herzmittel; als Varietät d. rot blühende *Rotdorn.*
Weiße Frau, *Ahnfrau,* unheilbringendes Gespenst in Schlössern.
Weißenburg,
1) W. (D-91781) in Bayern, Krst. im Rgbz. Mittelfranken, am W-Hang des Fränkischen Juras, 18 029 E; AG; Römerbad, Bergfeste *Wülzburg,* Waldoper.
2) frz. *Wissembourg,* St. im Unterelsaß, im frz. Dép. *Bas-Rhin,* 7000 E.
Weißenfels (D-06667), Krst. i. S-A.,

Weingarten, *Barockkirche*

Peter Weiss

35 664 E; ehem. Residenzschloß; div. Industrie.
Weißer Berg, bei Prag, 379 m hoch; 1620 Sieg → Tillys über das böhm. Heer unter Friedrich V. (→ Dreißigj. Krieg).
Weißer Burgunder, dt. Bez. für → *Pinot Blanc.*
Weiße Rose, christl. geprägte Widerstandsgruppe Münchener Studenten gegen d. NS. Flugblattaktion gegen Hitler; führende Mitgl. 1943 hingerichtet: *Hans* u. *Sophie Scholl, Christoph Probst, Willi Graf,* Prof. *Kurt Huber.*
Weiße Schar, am Brandungsufer v. Seen d. Teil d. Uferbank, an dem d. Wellenschlag Pfl.-Wuchs nicht ermöglicht.
Weißes Haus, engl. *White House,* Amtssitz des Präsidenten der USA in Washington D.C.
Weißes Meer, flacher Meerbusen des Nördl. Eismeeres zw. den nordwestruss. Halbinseln Kola u. Kanin, bis 340 m tief;

Weißes Haus, *Washington*

Senfweißling

Rapsweißling

Baumweißling

WEISSRUSSLAND	
Staatsname:	Republik Weißrußland (Belarus)
Staatsform:	Präsidiale Republik
Mitgliedschaft:	UNO, GUS, GIS, OSZE
Staatsoberhaupt:	Alexander Lukaschenko
Regierungschef:	Sergej Ling
Hauptstadt:	Minsk (Mensk) 1,6 Mill. Einwohner
Fläche:	207 600 km²
Einwohner:	10 163 000
Bevölkerungsdichte:	49 je km²
Bevölkerungswachstum pro Jahr:	Ø –0,14% (1990–1995)
Amtssprache:	Weißrussisch u. Russ.
Religion:	Russisch-Orthodoxe (60%), Katholiken (8%)
Währung:	Weißruss. Rubel und Saitschik
Bruttosozialprodukt (1994):	21937 Mill. US-$ insges., 2160 US-$ je Einw.
Nationalitätskennzeichen:	BY
Zeitzone:	MEZ + 1 Std.
Karte:	→ Rußland

Weißrußland

fischreich, Küsten von Nov. bis Mai durch Eis gesperrt; der wichtigste Hafen ist *Archangelsk.*

Weiße Väter, Abk. *P. A.,* kath. Ges. v. Priestern u. Laienbrüdern für d. Afrika-Mission, 1868 v. Kardinal C. M. A. Lavigerie gegr., ca. 3000 Mitgl.

Weiße Zwerge, Sterne von sehr kleinem Durchmesser, aber hoher Temperatur u. abnorm hoher Dichte; liegen im → Russell-Diagramm unter der Hauptreihe i. Gebiet kleiner absoluter Helligkeiten (z. B. Begleiter d. Doppelsterns Sirius).

Weißfische, kl. Süßwasserfische (z. B. → Plötze und → Rotfeder).

Weißflog, Jens (* 21. 7. 1964), dt. Skispringer; dreimal. Olympiasieger, Weltmeister 1985, Sieger d. Vierschanzen-Tournee 1984, 85, 91 und 96.

Weißfluß → Ausfluß.

Weißgerberei → Gerberei.

Weißkohl, e. Kopfkohl; aus ihm wird *Sauerkraut* hergestellt.

Weißkopf, Gustav, auch *G. Whitehead* (1. 1. 1873–10. 10. 1927), dt.-am. Flugpionier; 1901 angeblich mehrere Motorflüge m. selbstgebautem Eindecker.

Weißlinge, Schmetterlingsfamilie, meist weiß o. gelb: *Kohlweißling,* Raupe an Kohl; *Baumweißling,* schwarzgeäderte Flügel, Raupe an Laubbäumen, Schädlinge; Aurorafalter, Senfweißling, Rapsweißling; → *Zitronenfalter.*

Weißmeer-Ostsee-Kanal, 1933 vollendete Verbindung unter Ausnutzung d. Marienkanalsystems zw. Weißem Meer (Onegabucht) u. Ostsee (Newa).

Weißmetall, Legierung aus Zinn und Blei, mit härterer Beimischung von Kupfer u. Antimon; bes. zum Ausgießen v. Lagerschalen; auch f. → Lettern.

Weißmüller, Johnny (2. 6. 1904–20. 1. 84), am. Filmschausp.; *Tarzan-*Filme.

Weißrussen, ostslaw. Volk (9,5 Mill.), Bewohner v. Weißrußland.

Weißrußland, Republik in O-Europa; waldreiches Flachland m. zahlr. Mooren u. Sümpfen; Bev.: Weißrussen (88 %), Russen (13 %), Polen (4 %), Ukrainer u. a.; Wirtsch.: Anbau v. Kartoffeln, Getreide, Flachs, Zuckerrüben; Viehzucht u. Milchwirtsch.; Nahrungsmittel-, Textil-, Holz-, Papier- u. chem. Ind., Fahrzeug- u. Maschinenbau; Erdöl- u. Erdgasförd., Torf- und Salzgewinnung; Außenhandel (1992): Einfuhr 700 Mill. $, Ausfuhr 1,1 Mrd. $; Gesch.: 1922 Unionsrep. d. UdSSR, s. 1991 unabh. Rep; 1994 marktwirtsch. Ref.progr.; 1995 NATO-Partnersch.; 1997 Unionsvertrag m. Rußland.

Weiß- oder Hainbuche mit Frucht *Carpinus betulus*

Weißdorn

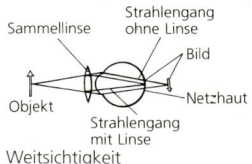
Weitsichtigkeit

Carl Friedrich Frh. v. Weizsäcker

Richard Frh. v. Weizsäcker

Weißtanne → Tanne.

Weißwasser (Oberlausitz) (D-02943), Krst. i. Sa., 33 100 E; div. Ind.; Braunkohlen; Ing.schule f. Glastechnik.

Weißwurz, svw. → Salomonssiegel.

Weistritz, poln. *Bystrzyca,* l. Nbfl. der Oder bei Breslau, vom Waldenburger Bergland, 95 km lg.: Talsperre.

Weisweiler, s. 1972 zu → Eschweiler.

Weitling, Wilhelm (5. 10. 1808–25. 1. 1871), dt. Frühsozialist; Mitarbeit am kommunist. „Bund der Gerechten" in Paris.

Weitsichtigkeit, *Übersichtigkeit, Hyper(metr)opie,* Unfähigkeit, in der Nähe scharf zu sehen infolge zu kurzer Augachse od. Nachlassen d. Akkommodationsfähigkeit u. Elastizitätsverlust d. Linse, *Alters-W., Presbyopie;* durch Brille (Konvexgläser) ausgleichbar.

Weitsprung, i. d. Regel einbeiniger Sprung v. einem i. d. Erde eingelassenen Sprungbalken nach Anlauf; die gebräuchlichsten Techniken: Hang-Technik, Laufsprung-Technik, Schrittweitsprung-Technik; olymp. Wettbewerb.

Weitwinkelzoom, Objektiv mit veränderl. Brennweite zw. Normal- u. Weitwinkelbrennweite; meist von 50 bis 24 mm, auch von 35 bis 20 mm.

Weizen, Getreidegräser, z. T. von vorderasiat. Wildformen abstammend, in zahlr. Kulturformen in gemäßigter u. subtropischer Zone angebaut. Von beschränkter Verbreitung: *Einkorn;* mit 2 Körnerreihen: *Spelz (Dinkel* u. *Emmer,* Verfütterungsverbot, beide mit zerbrechlicher Ähre); *Polnischer W.* mit langen Spelzen; wichtiger der eigtl. W.arten: *Gemeiner W.,* z. T. begrannt *(Bart-W.),* z. T. ohne Grannen *(Kolben-W.); Engl. W.* mit stark gekielten Spelzen; *Igel-W.,* mit kurzer, dicker Ähre; *Glas-(Hart-)W.* mit kleberreichen, glasigen Körnern, nur im Süden. – W.-Welternte 1991: 551,69 Mill. t, gegenüber 598,71 Mill. t 1990.

Weizman, Ezer (* 15. 6. 1924), s. 1993 Staatspräs. v. Israel.

Weizmann, Chaim Ben Ozer (27. 11. 1874–9. 11. 1952), isr. Pol.; Chemiker; Zionist; erwirkte mit anderen 1917 → Balfour-Deklaration; 1920–31 u. 1935–46 Präs. d. Zionist. Weltorganisation; Begr. u. zeitweiliger Vors. der Jewish Agency, 1948 vorläufiger, 1949 Präs. von Israel; *Trial and Error.*

Weizsäcker,
1) Carl Friedrich Frh. v. (* 28. 6. 1912), dt. Atomphys. u. Phil.; Goethepreis 1958; Friedenspr. d. Dt. Buchhandels 1963; Erasmuspreis 1989; 1970–80 Leiter d. MPI Starnberg zur Erforschung d. Lebensbedingungen in der wiss.-techn. Welt; *Zum Weltbild d. Physik;* Sohn von
2) Ernst Frh. v. (12. 5. 1882 bis 4. 8. 1951), dt. Pol., 1938–43 Staatssekr., 1943–45 Botsch. beim Vatikan, in Nürnberg 1949 verurteilt, 1950 begnadigt; *Erinnerungen.*
3) Karl v. (11. 12. 1822 bis 13. 8. 99), dt. ev. Theologe; Übersetzung des N. T.
4) Richard Frh. v. (* 15. 4. 1920), Bruder v. 1), CDU-Pol.; 1981–84 Reg. Bürgermeister v. W-Berlin, 1984–94 B.präs.
5) Viktor Frh. v. (21. 4. 1886–9. 1. 1957), Bruder v. 2), dt. Internist u. Neurologe, Vertr. d. Psychosomatik; *Körpergeschehen und Neurose.*

Welcker, Karl Theodor (29. 3. 1790 bis 10. 3. 1869), Staatsrechtslehrer u. Politi-

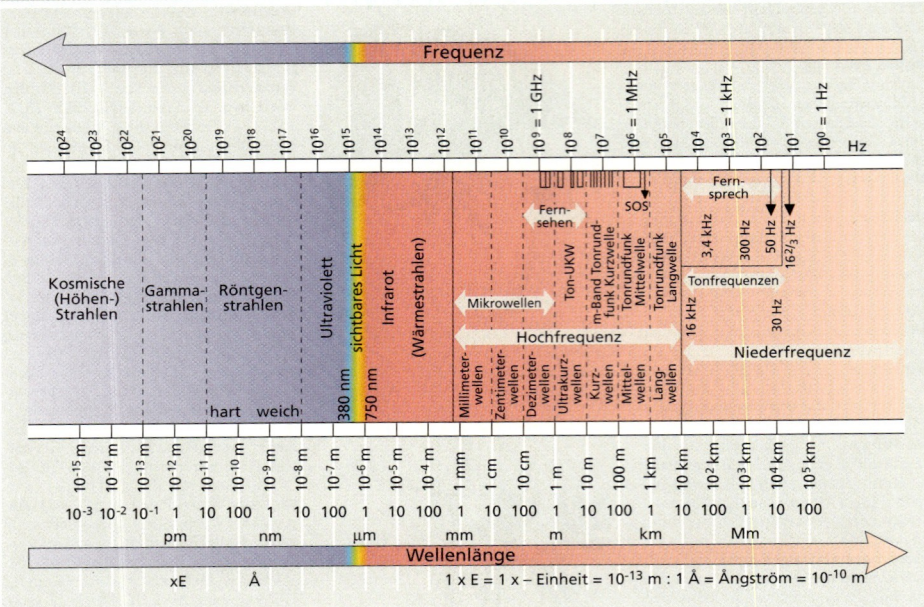

Wellenlängen

ker, zus. m. K. v. → Rotteck Hg. des *Staatslexikon* (15 Bde.; 1834 ff.).

Welfen,
1) dt. Fürstengeschlecht. Gründer Welf I., Schwiegervater Ludwigs des Frommen. Bis zum 12. Jh. Herzöge von Kärnten, Sachsen, Bayern mit Tirol; mächtige Rivalen der Staufer-Kaiser. Seit 1180 nur noch Braunschweig und Lüneburg; seit 1692 eine Linie Kurfürsten v. *Hannover,* 1714 bis 1901 engl. Könige, 1837 von Hannover getrennt. 1814–66 auch Hannoversche Königswürde.
2) *Deutsch-Hannoversche Partei,* 1867 gegr., Gegner der Angliederung des Kgr. Hannover an Preußen.
Welfenschatz, Reliquienschatz, Stiftungen d. Welfen, bed. Goldschmiedewerke des 11.–15. Jh.; ehem. im Braunschweiger Dom, m. wechselvoller Geschichte u. Teilverlusten (u. a. durch Versteigerung), jetzt i. d. Staatl. Mus. Berlin.
Wellandkanal, kanadischer Großschiffahrtsweg, verbindet Ontario- mit Eriesee, umgeht die Niagarafälle, 64 km lang, 80 m breit.
Wellblech, durch eingewalzte Wellen versteiftes Blech für Bauzwecke.
Welle, zur Aufnahme, Übertragung u. Abgabe von Drehbewegungen bzw. Drehmomenten mittels Kurbelwelle (→ Abb.), Zahnrad-, Reibrad-, Riemen-, Seil-, Ketten-W. u. ä. Trieben.
Wellen, Fortpflanzung von Schwingungen eines Mediums (feste, flüssige, gasförm. Körper) od. eines → Feldes; 2 Arten: *longitudinale Wellen,* → *transversale Wellen. Gedämpfte* und *ungedämpfte W. Überlagerung von W.:* → *Überlagerung, Reflexion* von W. an Grenzflächen nach *Reflexionsgesetz;* re-

Weizen

Wellhornschnecke

flektierte W., überlagert mit urspr. W., können *stehende W.* ergeben: gewisse Punkte völlig in Ruhe (Schwingungsknoten), andere schwingen in Entfernung der halben W.länge am stärksten (Schwingungsbauch). Auch → Meereswellen.
Wellenlänge, Entfernung zw. 2 Punkten gleichen Schwingungszustandes einer Welle (z. B. zw. 2 Wellenbergen); *Wellenlänge der elektromagnet. W.* (1 μ = $^1/_{1000}$ mm, 1 mμ = $^1/_{1000}$ μ = $^1/_{1 000 000}$ mm): Gammastrahlen: 0,0005 mμ; harte Röntgenstrahlen: 0,01 mμ; weiche Röntgenstrahlen: 50 mμ; ultraviolette Strahlen: 100 mμ; *sichtbares Licht:* 370 mμ (violett) bis 770 mμ (rot), dazwischen alle Spektralfarben; Wärmestrahlung 0,3 mm; kürzeste elektrisch erzeugte Strahlen: 3 mm; *Millimeter-W.:* 0,3–1 cm; *Zentimeter-W.:* 1 bis 10 cm; *Dezimeter-W.:* 1–10 dm; *Ultrakurz-W.:* 1–10 m; *Kurz-W.:* 10–100 m; *Mittel-W.:* 100–1000 m; *Lang-W.:* 1000–15 000 m; Niederfrequenzströme (20 kHz bis 16$^2/_3$ Hz): 15–18 000 km; 50-Hz-W.: 6000 km.
Wellenmechanik → Materiewellen.
Wellenplan, intern. Abkommen zur Aufteilung der Funkwellenbereiche; *Kopenhagener W.* (Mittel- u. Langwellen, 1948), *Stockholmer W.* (UKW, 1952); ständiger Tagungsort jetzt Genf (1984 UKW).
Wellentheorie, *Undulationstheorie des Lichts* (Huygens 1678), Licht besteht aus transversalen Schwingungen des Lichtäthers (→ Licht); zwanglose Erklärung der Wellenerscheinungen, wie Interferenz, Beugung, Polarisation usw.; heute abgelöst durch d. → Quantentheo-

rie, nach d. Licht in Portionen, d. → Lichtquanten, ausgestrahlt wird.
Weller, Thomas (* 15. 6. 1915), am. Med.; Forschungen zur Tropenmedizin, zur Hygiene und über spinale Kinderlähmung; Nobelpr. 1954.
Wellershoff,
1) Dieter (* 3. 11. 1925), dt. Schriftst.; Romane, Essays; Hörspiele: *Ein schöner Tag; Die Schattengrenze; Die Schönheit der Schimpansen; Die Sirene; Blick auf einen fernen Berg.*
2) Dieter (* 16. 3. 1933), dt. Admiral, 1981–84 Kommandeur der Führungsakademie Hamburg, 1985/86 Inspekteur der Marine, 1986–91 Generalinspekteur der Bundeswehr.
Welles [wɛlz], Orson (6. 5. 1915–10. 10. 85), am. Schausp. u. Regisseur: *Citizen Kane* (1941); *Touch of Evil* (1958); *Campañadas a medianoche* (1965).
Wellhornschnecke, *Kinkhorn,* Meeresschnecke der dt. Küsten; als Köder benutzt, auch menschl. Nahrungsmittel.
Wellington [ˈwɛlɪŋtən], Arthur Hzg v. (1. 5. 1769–14. 9. 1852), engl. Feldmarschall; vertrieb 1813 d. Franzosen aus Spanien; siegte m. Blücher 1815 bei Waterloo (Belle-Alliance) über Napoleon.
Wellington [ˈwɛlɪŋtən], Hptst. v. Neuseeland, an d. SW-Küste d. N-Insel, 403 000 E; Uni., polytechn. Institut; Ausfuhrhafen f. Fleisch, Flachs; Flottenstation.
Wells [wɛlz], Herbert George (21. 9. 1866–13. 8. 1946), engl. Schriftst.; utop. Erzählungen u. Romane: *Die Zeitmaschine.*
Welpe, junger Hund.
Wels, Otto (15. 9. 1873–16. 9. 1939), SPD-Pol., MdR; lehnte am 23. 3. 1933 als Sprecher der Fraktion das → Ermächtigungsgesetz für Hitler ab, emigrierte 1933.
Wels (A-4600), St. in Oberöstr., an der Traun (Kraftwerk), 59 800 E; div. Ind.; Landw.- und Fremdenverkehrsmesse; Stadt- u. Burgmuseum.
welsch, frühere Bez. für fremdländisch, in der Schweiz noch f. d. romanischen Bevölkerungsteile verwendet.
Welsch, Maximilian von (23. 2. 1671 bis 15. 10. 1745), dt. Architekt u. Militäring. d. Barock; auch als Festungsbaumeister u. Gartenkünstler im Dienst d. Kurfürsten Lothar Franz v. Schönborn; *Abteikirche* in Amorbach.
welsche Haube, in d. Architektur hpts. d. 16. u. 17. Jh. in Dtld u. d. Ndl. zweistufiges Turmdach, bestehend aus d. unteren (breiteren) u. oberen (schlankeren) Haube; in einfacherer Gestaltung → Zwiebelhaube.
Welschland, sww. Italien, auch für den französischsprachigen Teil der Schweiz gebräuchlich.
Welschriesling, in Östr., Italien (als *Riesling Italico*) sowie Osteur. angebaute Weißweinrebe, die frische blumige Weine m. typ. Mandelaroma liefert.
Welse, Fischordnung, meist Bodenbewohner mit Barteln, vorwiegend in Süßwasser, z. B. *Flußwels* od. *Waller,* bis 3 m, 200 kg, bes. in d. Donau; *Zitterwels,* mit el. Organ unter der Haut, in Afrika.
Welser, mächtige Augsburger kaufmänn. Patrizierfamilie, führend i. frühkapitalist. Welthandel:
1) Anton W. d. Ä. (1451–1518), gründe-

te 1498 e. Handelsgesellschaft f. d. Mittelmeerraum; s. Sohn

2) **Bartholomäus** (25. 6. 1484–28. 3. 1561), erhielt von Kaiser Karl V. 1528 bis 46 als Pfand für s. großen Darlehen Venezuela (Welser-Zug nach V.); s. Nichte

3) **Philippine** (1521–24. 4. 80), vermählt mit Erzhzg Ferdinand v. Östr.

Welt,
1) allg. d. Inbegriff alles Seienden (Weltall).
2) i. d. Relativitätstheorie d. vierdimensionale Raum-Zeit-Kontinuum.
3) geograph. Ausdruck für d. Erde.

Weltall, *Universum,* der ganze Weltraum und die Himmelskörper in; → Raum. Masse des W.s (ca. 11 000 Trillionen Sonnenmassen) ist größtenteils auf aus Millionen Sternen gebildete → *Galaxien* (Welteninseln) verteilt; Welteninseln oft zu Gruppen von manchmal mehreren tausend *Galaxien* vereint, entfernteste sichtbare kosm. Gebilde 20 Mrd. Lichtjahre entfernt; Ausdehnung des W.s durch → Doppler-Effekt wird als wahrscheinlich angesehen.

Weltalter, auf 10–20 Mrd. Jahre geschätzt.

Weltanschauung, die auf e. vorrationalen Grundhaltung (vorphilosophische Entscheidung, Standpunkt, Individualität) beruhende Gesamtheit der Vorstellungen über die Welt, den Menschen und das Leben, die ein geschlossenes u. sinnvolles *Weltbild* ergibt.

Weltausstellung, intern. Ausstellung, in der die Länder ihre wirtschaftl. u. künstler. Erzeugnisse zur Schau stellen; erste W. 1851 in London; 1958 in Brüssel, 1962 in Seattle, 1964/65 in New York, 1967 in Montreal, 1970 in Osaka, 1982 in Knoxville, 1984 in New Orleans, 1992 in Sevilla, 1993 in Taejon/Süd-Korea, 1998 voraussichtl. in Lissabon, 2000 in Hannover.

Weltbank → Internationale Bank für Wiederaufbau und Entwicklung.

Weltbevölkerung → Erde.

Weltbild → Weltanschauung.

Weltbischofssynode → Bischofssynode.

Weltcup [-kap], *Weltpokal, World Cup, Coupe du Monde;* in vielen Sportarten ausgetragene Wettkampfserie in e. Saison mit e. abschließenden Weltcup-Gesamtwertung; W. auch als Wettkampf bei e. einzigen Veranstaltung.

Welte, Bernhard (* 13. 3. 1906), dt. kath. Theologe u. Philosoph; setzte sich als einer d. führenden Religionsphilosophen in seinen Werken mit dem Denken der Gegenwart im Hinblick auf die überlieferten Formen der christl. Glaubensaussagen auseinander; *Religionsphilosophie.*

Welteislehre, Theorie v. Hanns *Hörbiger:* Eis als Weltbaustoff; von der Wissenschaft widerlegt.

Weltenburg, Benediktinerkloster an d. Donau bei Kelheim (gegr. 775); Rokokokirche, 1716–21 von d. Brüdern → Asam erbaut.

Weltergewicht, Körpergewichtsklasse in der Schwerathletik. Beim Boxen Halb-W. bis 63,5 kg, W. bis 67 kg, Ringen bis 74 kg, Judo bis 70 kg.

Welternährungsrat, 1974 durch die UN in New York gegr.; 36 Mitgl.staaten; → Vereinte Nationen.

Weltesche → Yggdrasil.

Weltformel, einheitl. Theorie d. Materie u. aller Wechselwirkungskräfte in der Natur, zentrale Bed. hat d. Vereinigung von → Gravitations- u. → Quantentheorie (→ Hawking).

Weltgeist, phil. Begriff für e. geistige Macht als Prinzip alles Wirklichen (s. Aristoteles), d. von Platons „Weltseele" beeinflußt war.

Weltgeistlicher, *Weltpriester,* kath. Kleriker, der keinem Orden angehört, Gegensatz: Ordensgeistlicher, → Regularen.

Weltgericht → Jüngstes Gericht.

Weltgesundheitsorganisation, engl. *World Health Organization, WHO,* Sonderorganisation der → Vereinten Nationen, gegr. 1948; Sitz Genf. *Aufgaben:* Förderung des Gesundheitsdienstes i. d. Mitgliedstaaten u. d. Treuhandgebieten, Bekämpfung v. Epidemien u. Krankheiten, Förderung d. Hygiene; BR s. 1951 Mitglied.

Weltgewerkschaftsbund → Gewerkschaften, Übers.

Welthandel, der Handelsverkehr der Staaten miteinander, ausgedrückt durch die Summe d. Außenhandelsumsätze der einzelnen Staaten; auch → Außenhandel (Schaubild). – Allg. Steigerung des W.s seit letztem Viertel des 19. Jh.; 1876 bis 1938 stieg W.sumsatz v. Urprodukten (Nahrungsmitteln u. Rohstoffen) auf 377%, von Fertigwaren auf 288%. Das geringere Anwachsen des W.sumsatzes von Fertigwaren trotz gleichzeitiger Ausweitung der Ind.produktion auf 744% war u. a. eine Folge des Ausbaus eigener Industrien zahlr. Länder, bes. in Übersee. Im 20. Jh. steigender Anteil Japans u. besonders der USA.

Welthandelskonferenzen → UNCTAD.

Welthilfssprachen, künstl. Hilfssprachen f. den intern. Verkehr; Vorläufer im 17. u. 18. Jh. Descartes, Leibniz; im 19. Jh. *Volapük* (Schleyer, 1879), *Esperanto* (Zamenhof, 1887); im 20. Jh. *Interlingua* (v. dem it. Math. Peano, 1903), *Ido* (reformiertes Esperanto, 1907), *Novial, Mondial, Basic-English* u. a.; nur Esperanto v. Bedeutung.

Welti, Albert (18. 2. 1862–7. 6. 1912), schweiz. Maler.

Weltkirchenrat → Ökumene.

Weltkriege, 1914–18 und 1939–45, → Übersicht.

Herzog von Wellington

Wellington

Welschriesling

Weltkrieg 1914–1918

I. Vorgeschichte und Verlauf. Die tieferen Ursachen des 1. Weltkrieges liegen in dem Ggs. zw. den großen soz. u. wirtsch. Veränderungen, die sich im Laufe des 19. Jh. vollzogen hatten, u. den ihnen nicht mehr gerecht werdenden pol. Formen u. Gesellschaftsordnungen zu Beginn des 20. Jh. Den Beteiligten stellte er sich nur als ein Aufeinanderprallen imperialer Machtinteressen dar. Von den Mächten, auf denen das eur. Gleichgewicht im 19. Jh. aufgebaut war, waren Österreich-Ungarn (Nationalitätenproblem) u. Rußland (Krise des Zarentums) innerlich geschwächt, Italien u. das Dt. Reich als neue Großmächte hinzugekommen mit Ansprüchen auf Kolonien, Anteil am Welthandel u. anderen Interessen. Bündnissysteme (Dreibund 1882, frz.-russ. Bündnis 1897, Entente cordiale 1904) versuchten, ein neues Gleichgewicht herzustellen, führten zugleich aber zu einem Wettrüsten. Eine Reihe von Konflikten (Marokkofrage, östr. u. russ. Balkaninteressen, die Frage von Elsaß-Lothringen, die dt. Flottenpolitik) führten zu Spannungen. Den Anstoß zur Entladung gab nach mehreren Krisen die Ermordung des östr. Thronfolgers am 28. 6. 1914 in Sarajewo. Dem Ultimatum Östr.s folgte die Kriegserklärung an Serbien am 28. 7. Die Mobilmachung Rußlands am 29. 7. führte zur Kriegserklärung des Dt. Reichs an Rußland am 1. 8., am 3. 8. Kriegserklärung an Frkr.; am 4. 8. Krieg mit Belgien, das Durchmarsch ablehnte; am 4. 8. Kriegserklärung Englands, 23. 8. Japans. Italien, erst neutral, trat am 23. 5. 1915 auf seiten der Entente in den Krieg. Uneingeschränkter U-Boot-Krieg (Februar 1917) führte zum Eintreten der USA in den Krieg am 6. 4. 1917. Dem Vierbund: Dtld, Östr.-Ungarn, Türkei, Bulgarien mit 155 Mill. E standen insgesamt 30 alliierte u. assoziierte Länder mit 1365 Mill. E gegenüber. – Die mil. Erfolge der Mittelmächte 1914–16 bedeuteten eine Ausdehnung der Fronten, deren Materialbedarf infolge der Blockade jedoch nur unzureichend gedeckt werden konnte. Unzureichende Ernährung in Heer u. Heimat zermürbte d. Widerstandskraft, während auf d. Seite der Entente ein immer größerer Einsatz an. Soldaten u. Kriegsmaterialien erfolgte. Oktober 1918 Auflösung der östr.-ungar. Armee, selbständiger Abmarsch der poln., tschech. u. südslew. Truppenteile in die Heimat. Östr.-Ungarn schloß Waffenstillstand. Auf dringendes Ersuchen der Heeresleitung dt. Waffenstillstandsgesuch. 9. 11. 1918 Novemberrevolution in Dtld. Ludendorff wurde durch General Groener ersetzt. Am 11. 11. 1918 Waffenstillstand Dtlds mit den Alliierten im Walde von Compiègne.

II. Die militärischen Operationen. 1914: In schnellem Vormarsch Belgien besetzt, auch gg. Frkr. rasches Vordringen. Am 5. 9. nach siegreichen schweren Schlachten die Marne überschritten; 5.–12. 9. Marneschlacht: frz. Gegenangriff; Zurücknahme der dt. Armeen durch Heeresleitung hinter die Aisne; unter gegenseitigen Überflügelungsversuchen Ausdehnung der Front bis zum Meer; allmähliche Erstarrung zu Schützengraben- u. Stellungskampf vom Oberrhein bis zur Nordsee. Letzter Durchbruchsversuch bei Ypern. Währenddessen im Osten Angriff Rußlands auf Ostpreußen, 26.–29. 8. Schlacht bei Tannenberg, russ. Narew-Armee (durch Hindenburg) vernichtet; Anfang September in Schlacht an den Masurischen Seen

auch die Njemen-Armee geschlagen: Ostpreußen frei. Gegen Östr. russische Erfolge: Kern der östr. Armee in ersten galizischen Angriffsschlachten verblutet, darauf Zurückgehen; am 3. 9. Lemberg verloren. Stellungskampf auch im Osten. **Grabenkrieg im Westen – Offensive im Osten 1915:** Im Westen vergebliche Durchbruchsversuche der Deutschen u. der Entente. Im Osten: Nach zweitem russ. Angriff auf Ostpreußen (November 1914) Winterschlacht in Masuren; Russen endgültig aus Ostpreußen zurückgedrängt (Februar 1915). Im Süden russ. Erfolge in Galizien. März Przemyśl verloren. Einsatz dt. Truppen verlieh weichender östr. Front Halt. Mai Durchbruchsschlacht bei Gorlice-Tarnow; Russen wichen aus Galizien; Lemberg u. Przemyśl zurückerobert; Festungskette Kaunas, Warschau, Brest-Litowsk erobert. **Zermürbungsschlachten 1916:** Am Jahresanfang allg. Wehrpflicht in Großbritannien. Im Westen: Schlacht um Verdun Februar bis Juni, dt. Angriff ohne Erfolg trotz Einsatz größter Truppenmassen (50 Divisionen) u. Kriegsmittel; auf beiden Seiten schwerste Verluste. Ententeoffensive: erste große „Materialschlacht" an der Somme; geringfügige Einbuchtung der dt. Linie. Am 29. 8. übernahm Hindenburg (mit Ludendorff) Oberste Heeresleitung. Im Osten: Russische Offensive gg. Bukowina u. Galizien (Brussilow); östr. Front durchbrochen. Russen auf Karpatenkamm. **Kämpfe im Westen und das Ende im Osten 1917:** Zunächst dt. Frontverkürzung: Siegfriedstellung. Kämpfe bei Arras, Soissons, Reims, an der Aisne. Meuterei im frz. Heer durch Eingreifen Clemenceaus beendet. Juni bis November Schlachten in Flandern, Tankschlacht bei Cambrai. Währenddessen im Osten: März russ. Revolution, 15. 3. Abdankung des Zaren, Juli Kerenski-Offensive. Gegenangriff: Durchbruch bei Tarnopol (19. 7.); russ. Südfront löste sich auf, Russen aus Galizien, Bukowina verdrängt. Dt. Truppen in der Ukraine, in Riga, auf Insel Ösel. 7. 11. neue (bolschewist.) Revolution in Rußland: Kerenski gestürzt. 15. 12. Waffenstillstand, 3. 3. 1918 Friede in Brest-Litowsk.
Die Entscheidung 1918: Nach Entlastung im Osten große dt. Entscheidungsoffensive (März bis Juli) im Westen. Durchbruch der Ententefront bei Amiens; im Mai an der Aisne. Vorstoß bis über die Marne. Erfolge wegen Mangels an Material u. Menschen nicht ausnutzbar. Auf Gegenseite Einsatz frischer Truppen (Amerika), unerschöpfliche Mengen Material. Am 18. 7. Fochs Gegenoffensive bei Compiègne. Am 8. 8. dt. Front durchbrochen, Zurückgehen (Abwehrschlachten) zunächst auf Siegfriedstellung; Am 29. 9. forderte Heeresleitung Friedensangebote durch die Regierung; Fortsetzung der Angriffe Fochs; Rückzug auf Antwerpen-Maas-Stellung.

11. 11. Waffenstillstand. **Kriegsschauplätze im Süden und Südosten. Italien:** 1915–17 elf Schlachten am Isonzo; in der sechsten (August 1916) Görz an Italien verloren. Oktober 1917 unter dt. Führung Durchbruch bei Tolmein-Flitsch bis zur Piave (23. 11.). Stillstand wegen engl.-frz. Verstärkung. 28. 10. 1918: Italiener durchbrachen Piavefront; 30. 10.: Östr. bat um Waffenstillstand. **Balkan:** 1914 serb. Feldzug, Belgrad erobert u. wieder verloren, Serbien geräumt. Oktober 1915: zweiter serb. Feldzug führte im November zur Eroberung Serbiens u. Montenegros (Januar 1916); Weg zur Türkei offen. Dort 28. 9. 1914 Sperrung der Dardanellen, Ende Oktober Türkei Bundesgenosse der Mittelmächte. Februar 1915 engl.-frz. Dardanellenoffensive. April Landung in Gallipoli. Ende 1915 Durchbruchsversuche aufgegeben. Gallipoli geräumt. Oktober 1915 Landung der Entente in Saloniki: Serbien von Mittelmächten gehalten. Ende 1916 zwei Drittel Rumäniens erobert. Nach Eintritt Griechenlands in Ententefront 1917 vergebliche Vorstöße der Salonikitruppen. Erst September 1918 gelang es, bulgar. Front zu durchbrechen; damit Auflösung d. östr. Armee, Beginn d. Zusammenbruchs. **Krieg in Asien:** Kämpfe im Kaukasus, Persien, Armenien. Februar 1916 Erzerum von Russen erobert, April Trapezunt (Trabzon). Englische Truppe bei Kut el Amara (Mesopotamien) gefangen. Von Ende 1916 an englische Offensive am Suezkanal; Rückzug der Türken bis Kleinasien, 30. 10. 1918 Waffenstillstand. **Kampf der Kolonien:** 7. 11. 1914 Kiautschou von Japan erobert. Togo bereits August 1914 besetzt. Deutsch-Südwestafrika bis Juli 1915, Kamerun bis Februar 1916 gehalten. Ostafrikanisches Korps kämpfte bis Kriegsende. **Seekrieg:** 1914 Störung der Ententeschiffahrt durch Auslandskreuzer. Untergang des Kleinen Kreuzers Emden 9. 11. 1914 bei den Kokosinseln, des Geschwaders Spee 8. 12. 1914 bei den Falklandinseln. In Ost- u. Nordsee nur Aufklärungsgefechte (24. 1. 1915 Doggerbank); einzige Schlacht am Skagerrak 31. 5.–1. 6. 1916 zw. dt. Hochseeflotte u. engl. Grand Fleet ohne entscheidenden Ausgang. Seekrieg hauptsächl. Kampf gg. Blockade, Unterseebootkrieg: 20 Mill. t Handelsschiffe versenkt. Hauptziel (Aushungerung Englands) nicht erreicht. 21. 6. 1919 Versenkung d. i. Scapa Flow internierten dt. Flotte unter Vizeadmiral v. Reuter. **Der Luftkrieg** beschränkte sich auf Einsätze an den Fronten u. Zeppelinangriffe auf London. 1915/16 erste Jagdflugzeuge u. Bildung v. Jagdstaffeln u. Jagdgeschwadern. **In den Pariser Friedensschlüssen** (Versailles, St-Germain, Trianon, Neuilly, Sèvres) von 1919–20 fand der 1. Weltkrieg seinen Abschluß.

Weltmodelle, Lösungen der Gleichungen der Einsteinschen allg. → Relativitätstheorie, die d. Entwicklung des Kosmos beschreiben. Danach soll d. Weltall im → Urknall entstanden sein und kann sich entweder ewig ausdehnen *(offene Welt)* oder unveränderl. sein *(Steady-State-Kosmologie)* oder nach langer Zeit wieder in sich zus.fallen *(geschlossene Welt),* abhängig von d. Gesamtmenge an Materie im Universum.
Weltperioden, zykl. aufeinanderfolgende Abschnitte d. anfangs- u. endlosen Geschehens v. Entstehen u. Zerstören d. Welt i. d. Kosmologie d. Buddhismus, Jainismus u. Hinduismus.
Weltpostverein, frz. *Union postale universelle,* UPU, Zusammenschluß fast aller Kulturstaaten zur Regelung der Postbeziehungen, 1874 auf Anregung des dt. Generalpostmeisters Stephan gegr.; der UN nach deren Gründung als Sonderorganisation angegliedert; 189 Mitgl.; Sitz Bern.
Weltpriester → Weltgeistlicher.
Weltrat d. Kirchen → Ökumenischer Rat d. Kirchen.
Weltraumforschung → Tafel u. Übers.
Weltraummüll, *Raumfahrtmüll,* überwiegend metall. Teile, die durch

Weltkrieg 1939–1945

I. Ursachen und Verlauf. Durch schnelle Wiederaufrüstung u. wachsende Macht Dtlds unter Hitler sowie dessen Führungsanspruch in Europa (Bildung der Achse Berlin–Rom–Tokio) pol. Spannungen mit Nachbarn. Weitere Verschärfung der Lage durch Anschluß v. Östr. März 1938 u. Besetzung des Sudetenlandes Oktober 1938 durch dt. Truppen. Reaktion des Auslandes beschränkte sich auf Proteste, auch nach Besetzung Prags März 1939 (Protektorat Böhmen-Mähren), die Hitlers Expansionsabsicht unverhüllt zeigte. Rückgliederung des Memellandes an Dtld im März 1939 u. dt. Drohung gg. Polen wurden Mai 1939 mit engl.-frz. Garantie für Polen beantwortet. Daraufhin von dt. Seite 22. 5. 1939 Militärvertrag mit Italien u. 23. 8. 1939 Nichtangriffspakt mit Sowjetunion, der dieser freie Hand gegenüber den balt. Staaten u. Bessarabien gab. Einmarsch dt. Truppen in Polen (1. 9. 1939) löste am 3. 9. 1939 Kriegserklärung Großbritanniens u. Frkr.s an Dtld aus. Am 10. 6. 1940 Eintritt Italiens in den Krieg. Den „Achsenmächten" traten bis März 1941 Rumänien, Ungarn, Slowakei u. Bulgarien bei. Sowjetunion suchte Rückendeckung durch Neutralitätsvertrag mit Japan (April 1941). 22. 6. 1941 Kriegsbeginn Dtlds gg. Sowjetunion. 7. 12. 1941 Beginn des Krieges Japan–USA durch Angriff jap. Luftwaffe auf USA-Flotte (Pearl Harbor), 11. 12. 1941 Kriegserklärung Dtlds u. Italiens an die USA. Bei Ausgang des Krieges 67 Staaten im Kriegszustand mit Dtld, 3,85 Mill. dt. Soldaten gefallen.

Der Zusammenbruch und seine Gründe.
Durch den Machtanspruch Hitlers, seine Überschätzung des dt. Kräftepotentials u. das Versagen dt. Außenpolitik entstand ähnliche Mächtegruppierung gg. Dtld, wie sie bereits im 1. Weltkrieg bestanden u. zur dt. Niederlage geführt hatte. Mil. u. wirtsch. Potential Dtlds 1939 für langen Krieg gg. Weltmächte nicht ausreichend. Im Laufe des Krieges führte die wachsende Spannung zw. Heeresführung u. Hitler Dezember 1941 zur Entlassung des Oberbefehlshabers des Heeres (Feldmarschall v. Brauchitsch) u. zur Übernahme des Oberbefehls durch Hitler selbst. Unter dem dann auftretenden Dilettantismus der Hitlerschen Führung u. dem Nebeneinander zweier Befehlsstellen (Oberkdo der Wehrmacht u. Oberkdo des Heeres) litt gesamte Kriegsführung. Im Kriege weitere Verschlechterung der wirtsch. Lage Dtlds durch Überorganisation der dt. Wirtschaft u. deren Schwächung durch Bombenkrieg; gleichzeitig entscheidende wirtsch. Unterstützung der Feindseite durch Lieferungen der USA vor u. nach deren Kriegseintritt (Pacht- u. Leihgesetz vom März 1941). Wirtsch. u. mil. Übermacht der Gegenseite, bes. Beherrschung des gesamten Luftraums durch die Alliierten, erdrückten Dtld; bedingungslose Kapitulation Italiens 3. 9. 1943 isolierte es. Nach alliierter Landung in Frkr. (6. 6. 1944) u. Verstärkung der sowj. Angriffe brach dt. Widerstandskraft zusammen. Nach Annahme der bedingungslosen Kapitulation am 7./8. 5. 1945 völlige Besetzung u. Abrüstung Dtlds.

II. Die militärischen Operationen. Ein förmlicher Kriegsplan bestand weder für das Zusammenspiel der Achsenmächte noch für die dt. Kriegführung; deren Ziele u. der jeweilige Einsatz der Kriegsmittel wurden von Hitler von Fall zu Fall bestimmt. **Feldzug gegen Polen** September 1939: Konzentrische dt. Angriffe aus Slowakei, Schlesien, West- u. Ostpreußen. Kämpfe bei Radom, im poln. Korridor u. bei Kutno zerschlugen poln. Widerstand; Einnahme Warschaus Ende September 1939; Besetzung Ostpolens durch sowj. Truppen. **Besetzung Dänemarks und Norwegens** April 1940: Dt. Heeres-, Marine- u. Luftstreitkräfte besetzten überraschend Dänemark u. Norwegen. Brit. Landungstruppen wurden zurückgeworfen. Dt. Nordflanke u. Erztransporte aus Norwegen u. Schweden damit gesichert. **Feldzug gegen Frankreich** Mai–Juni 1940: Drei Heeresgruppen eingesetzt. Hauptangriff der mittleren Heeresgruppe (10. 5.) mit zusammengefaßten Panzerverbänden durch Ardennen über Cambrai–St-Quentin u. Abbéville bis zur Kanalküste bei Boulogne u. Calais spaltete brit. u. frz. Streitkräfte u. erzwang Kapitulation Hollands (15. 5.) u. Belgiens (28. 5.). Brit. Armee, bei Dünkirchen eingeschlossen, entging der Vernichtung durch Abtransport nach England (29. 5.–2. 6.). – Nach schneller Umgliederung erneutes Antreten dt. Armeen am 5. 6. in breiter Front nach Süden, Besetzung der Atlantikhäfen u. von Paris (14. 6.), Ausschaltung der Maginotlinie, bes. durch Angriff von Westen, u. Vorstoß bis zur Linie nördl. Bordeaux–Vichy–Genf. Waffenstillstand von Frkr. (neu ernannter Staatschef Marschall Pétain) am 22. 6. unterzeichnet. Südfrkr. durch dt. Truppen erst November 1942 (nach Landung am. Streitkräfte in Afrika) besetzt. Der Eintritt Italiens in den Krieg (10. 6.) hatte auf Entwicklung der Lage keinen Einfluß mehr. **Luftoffensive gegen Großbritannien:** Versuch, Großbritannien i. Sommer 1940 durch fortgesetzte Angriffe d. dt. Luftwaffe niederzuzwingen u. friedensbereit zu machen, scheiterte an brit. Abwehr. Es gelang nicht, die brit. Luftwaffe auszuschalten. Die vorbereitete Landung dt. Streitkräfte i. England wurde nicht durchgeführt. **Feldzug gegen Jugoslawien und Griechenland:** Niederwerfung Jugoslawiens April 1941 durch dt. Truppen in 12 Tagen. Schneller Vorstoß motorisierter Verbände auf Belgrad, Nisch u. Skopje, Aufspaltung u. Umfassung der jugoslaw. Armee. Nach Durchbruch der Metaxaslinie (befestigte Grenzstellung in Mazedonien) Vorstoß dt. Truppen (bes. Panzerdivisionen) in Griechenland bis Patras, Athen u. Saloniki; Kapitulation griech. Truppen am 19. 4. u. Rückzug des brit. Landungskorps (30. 4.). Eroberung von Kreta Mai 1941 durch dt. Fallschirm- u. Luftlandetruppen; Rückzug der brit. Land- u. Seestreitkräfte.

Krieg mit der Sowjetunion: 1) *Der deutsche Angriff.* **a)** Dt. Angriff in 3 Heeresgruppen: Süd gg. die Ukraine, Kiew, unterstützt durch rumän. u. ungar. Verbände; Mitte gg. Minsk, Smolensk, Moskau; Nord gg. balt. Staaten, Leningrad. Schneller dt. Vormarsch: Süd erreichte den Dnjepr 21. 7. bei Kiew, schlug starke Kräfte bei Uman (1.–8. 8.) u. zusammen mit Mitte in Umfassungsschlacht bei Kiew (September), nahm Odessa, Stalino, setzte sich in Besitz der Krim u. erreichte bis Dezember Linie Rostow–Charkow–Kursk. Mitte schlug 1. Umfassungsschlacht bei Minsk (30. 6.) u. 2. Kesselschlacht bei Smolensk (20. 7.–9. 8.). Vorstoß auf Moskau erlitt Verzögerung durch notwendige Zusammenfassung der Kräfte u. Beteiligung an Schlacht bei Kiew. Nord stieß über Dünaburg, Riga (29. 6.) bis zum Ilmensee vor u. schloß Leningrad ein, dessen Einnahme nicht gelang. Finnland trat am 26. 6. auf dt. Seite dem Krieg bei. Trotz dt. Siege keine Vernichtung, nur Schwächung des sowj. Heeres, von dem starke Teile aus den Kesselschlachten entkamen. Durch späten Beginn der Ostoffensive u. Schlacht bei Kiew ging Zeit verloren. Nach neuem Vorstoß d. Heeresgruppe Mitte auf Moskau gelang zwar große Umfassungsschlacht bei Briansk u. Wjasma (2.–10. 10.), aber „Schlammperiode", russ. Winter u. sowj. Gegenoffensive (6. 12. 1941) verhinderten Erreichen von Moskau u. damit schnelle Entscheidung; **b)** 1942: Erste sowj. Gegenoffensive auf der Krim (Januar) endete in Schlacht bei Kertsch (Mai) mit dt. Sieg, das belagerte Sewastopol wurde im Juli von dt. Truppen genommen. Auch zweiter sowj. Gegenangriff bei Charkow (Mai) endete mit sowj. Niederlage. Bei dt. Sommeroffensive Zersplitterung der Kräfte durch doppeltes Ziel: Kaukasus u. Stalingrad. Durch 1. dt. Vorstoß Don bei Woronesch erreicht, der 2. drang über Rostow bis zu den Ölfeldern von Maikop vor (August). Im Anschluß an Vorstoß auf Woronesch dt. Angriff südl. des Don bis vor Stalingrad, in das zwei Angriffstruppen von NW u. SW eindrangen. Schwere Kämpfe in der Stadt, die niemals ganz eingenommen werden konnte. Die entscheidende Wende des Krieges war erreicht, die dt. Angriffskraft nach zwei siegreichen Kriegsjahren erlahmt. Gegenoffensive drängte Dtld in die Abwehr. – **2)** *Der sowj. Gegenangriff.* **a)** Sowj. Winteroffensive 1942/43: Sowj. Angriff brachte dt. Abwehr am Don zum Zusammenbruch, führte zur Einschließung von Stalingrad; Entsatzversuch (Dezember 1942) scheiterte; dt. 6. Armee kapitulierte Februar 1943 mit etwa 200 000 Mann. Russen gewannen Gebiet nördl. des Kaukasus zurück, nahmen Rostow, Charkow, Kursk, Rschew u. stießen in Richtung Leningrad vor. Weitere Erfolge wurden bis März durch die dt. Gegenangriffe u. Abwehr verhindert; **b)** Sommer 1943: Dt., mit mühsam zusammengefaßten Kräften geführter Angriff von S (Belgorod) auf Kursk konnte fortschreitenden sowj. Gegenoffensive nur verzögern, nicht verhindern. Dt. Verteidigung wurde an den Dnjepr von Dnjepropetrowsk bis östl. Mogilew zurückgedrängt (Juli bis Oktober 1943). Die Verschlechterung der dt. Personal- u. Wirtschaftslage wirkte sich zunehmend aus, zumal in Italien ein neuer Kriegsschauplatz entstanden war; **c)** Fortsetzung sowj. Angriffe auch im Winter. Dt. Gegenangriffe, fast immer mit unzureichenden Kräften unternommen, führten nicht zum Erfolg. Als die sowj. Winteroffensive Mai 1944 zum Stehen kam, waren die Krim u. Odessa, Kiew u. Gomel in sowj. Hand. Sowjettruppen bei Jassy auf rumän. Gebiet vorgestoßen; die dt. Abwehr am linken Flügel bis zum Peipus-See zurückgeworfen. Sowj. Erfolge im Südteil der Front wurden Sommer 1944 in der Mitte ergänzt; sowj. Angriff erreichte bis Juli 1944 Przemyśl, Bialystok, Kowno u. Pleskau. Die Lage Dtlds verschlechterte sich schnell auf allen Gebieten; eine Aussicht, den Feind an den alten Reichsgrenzen aufzuhalten, bestand nicht mehr.

Kriegsschauplatz in Italien: Landung der Alliierten nach ihrem Siege in Afrika auf Sizilien (10. 7. 1943) u. in Italien; bedingungslose Kapitulation Italiens folgte (3. 9. 1943). Nach Kämpfen b. Salerno, Neapel, Foggia dt. Widerstand i. Winter 1943/44 in Linie Formia–Francavilla, die trotz alliierter Landung i. Rücken dieser Front während d. Schlacht b. Cassino (Jan. b. Febr. 1944) bis Mai 1944 gehalten wurde. Vorstoß alliierter Kräfte Juni 1944 bei Rom u. Juli 1944 bei Florenz. Fortsetzung d. alliierten Angriffe zerbrach dt. Widerstand in Italien nicht u. zwang die dt. Truppen in Italien am 2. Mai zur Kapitulation. **Konzentrischer Schlußangriff auf Deutschland: 1)** *Invasion in Frkr.:* Neben Italien entstand durch alliierte Landung in der Normandie (Halbinsel Cotentin 6. 6. 1944) ein weiterer Kriegsschauplatz. Aus vergrößertem Brückenkopf traten alliierte Truppen unter starkem Luftwaffeneinsatz im Juli auf Caen u. St-Lo an, durchbrachen dt. Abwehr bei

Avranches, stießen nach Westen zu Atlantikhäfen, nach Osten an die Seine u. nach Paris (24. 8.) vor. Nach Landung alliierter Truppen auch bei Toulon (August 1944) u. deren Vormarsch nach Norden Kämpfe in ganz Frkr. zur Verfolgung der zurückgehenden dt. Truppen. Letzte dt. Gegenoffensive in den Ardennen im Dezember 1944 scheiterte an unzureichenden dt. Mitteln u. an schnellen alliierten Gegenmaßnahmen. Alliierte motorisierte Verbände stießen in breiter Front an den Rhein vor, brachen dort den letzten dt. Widerstand (Kämpfe an der Rheinfront, im Ruhrgebiet u. bei Aachen Februar bis März 1945), rollten die nicht mehr zusammenhängende dt. Front auf u. trafen Ende April bei Torgau an der Elbe mit den nach Westen vorstoßenden sowj. Verbänden zusammen. – 2) *Sowj. Angriffe im Osten:* Sowj. Großangriff im Osten traf auf härteren Widerstand als brit.-am. Angriff im Westen, war aber nicht aufzuhalten. Sowj. Vorstoß im Norden der Ostfront spaltete Ende 1944 in Kurland kämpfende dt. Truppen ab (Kurlandschlachten August 1944 bis April 1945), Ostpreußen ging Januar 1945 verloren. August 1944 schloß sich Rumänien, September Bulgarien den Alliierten an. Waffenstillstand Finnlands mit Sowjetunion September 1944 (Kriegserklärung an Dtld März 1945). Februar 1945 standen sowj. Truppen an ganzer Ostfront auf dt. Boden u. traten im März aus Niederschlesien u. bei Stettin zum umfassenden Angriff auf Berlin an, das Anfang Mai ganz in sowj. Hand fiel. 7./8. Mai 1945 bedingungslose Kapitulation.

Außereuropäische Kriegsschauplätze. Afrika: Nach Niederlage der Italiener in Afrika (September 1940 bis Februar 1941) Entsendung des dt. Afrikakorps unter Rommel. Dt. Angriff durchbrach brit. Verteidigung, Tobruk wurde eingeschlossen (April 1941), von den Briten wieder entsetzt (Dezember 1941) u. fiel bei 2. dt. Offensive, die nach Osten bis El Alamein durchstieß (Juli 1942) u. Alexandria und Kairo gefährdete. Brit. Gegenangriff warf dt.-it. Truppen über Sidi Barrani zunächst bis El Ageila (November bis Dezember 1942), später bis in das Gebiet von Tunis zurück. Nach Verstärkung auf beiden Seiten (am. Landung in Afrika) wurden die Achsenmächte durch den Angriff alliierter Truppen in der Schlacht bei Tunis (April bis Mai 1943) zur Aufgabe von Nordafrika gezwungen. – **Ferner Osten:** Jap. „Imperium" hatte sich durch schnelle u. überraschende Angriffe nach Kriegsbeginn auf ein Gebiet ausgedehnt, das sich von Hongkong, Indonesien bis zu den Salomoninseln erstreckte. Durch planmäßige, über große Entfernungen vorgetragene Angriffe von US-Luft-, See- u. Erdstreitkräften wurden die jap. Stützpunkte nacheinander bezwungen (Seeschlacht bei Midway Juni 1942, Landung auf Attu Mai 1943, Kämpfe in Burma, Schlacht bei Saipan u. auf Neuguinea 1944). Gleichzeitig Angriff am. Luft- u. Seestreitkräfte gg. Japan selbst. Dem Abwurf der beiden am. Atombomben durch US-Luftwaffe über Hiroschima u. Nagasaki folgte die bedingungslose Kapitulation Japans (14. 8. 1945). **Luftkrieg:** Neben Unterstützung der Erdtruppe durch Luftwaffen beider Seiten auch selbständiger Luftkrieg. Planmäßiger Bombenkrieg gg. Dtld begann im Sommer 1941 durch brit. Luftwaffe, ab 1942 mit Unterstützung durch US-Luftgeschwader. Alliierte Luftwaffe beherrschte von diesem Zeitpunkt an eindeutig eur. Luftraum. Dt. Industrie u. Verkehrsverbindungen wurden schwer geschädigt, z. T. lahmgelegt. Durch die bis zum Ende des Krieges gesteigerten Luftangriffe, fast ohne dt. Gegenwehr, schwere Schädigung des dt. Kriegspotentials auf allen Gebieten. **Seekrieg:** Dt. U-Boot-Krieg gg. Großbritannien erreichte 1940 Höhepunkt (3,7 Mill. t versenkt) u. schädigte die alliierte Handelsflotte 1941 u. 1942 schwer. Seit 1943 erfolgreiche Bekämpfung der dt. U-Boote durch Einführung neuer Ortungsgeräte u. Luftangriffe auf Häfen u. Werften in Dtld u. Frkr. Minenkrieg auf beiden Seiten. Die gr. u. brit. Kriegsflotten traten nicht geschlossen in Aktion, sondern unterstützten Heeresoperationen (Norwegen, Ärmelkanal, Mittelmeer, Griechenland, Kreta, Ostpreußen). Brit. Flotte erlitt erhebliche Verluste in der Schlacht bei Dünkirchen 1940.

III. 1947 in Paris wurden die **Friedensverträge** der Alliierten m. Finnland, Italien, Ungarn, Rumänien u. Bulgarien, 1951, in San Francisco, mit Japan, in Wien 1955 mit Österreich geschlossen. Mit Dtld bisher noch kein Friedensvertrag, → Potsdamer Abkommen, jedoch Gewaltverzichtsvertrag mit UdSSR 1970 u. dt.-poln. Grenzvertrag 1990 über Unverletzlichkeit der Oder-Neiße-Linie; → Ostverträge.

Weltraumforschung

(→ Tafelteil). Wissenschaft u. Technik v. d. aktiven Erforschung d. Weltraums mittels künstl. → Satelliten u. → Raumsonden, die bemannt od. unbemannt als Träger wiss. Experimente mit Hilfe v. → Raketen durch d. Atmosphäre hindurch in d. freien Weltraum gebracht, als Erdsatelliten den erdnahen Raum mittels Meßeinricht. erforschen, die Erde od. (frei von atmosphär. Störungen) Himmelskörper beob. od. als Raumsonden den freien Weltraum od. bei Vorbeiflügen an bzw. bei Landungen auf anderen Himmelskörpern diese mittels automat. Meßapparaturen erforschen, die Meßdaten zur Erde funken od. speichern u. bei Erdrückkehr mit auf die Erde bringen. Beginn der Weltraumforschung am 4. 10. 1957 durch den Start von Sputnik I durch die UdSSR. Seitdem wurden mehrere tausend Objekte in den Weltraum gebracht (einschließl. mil. u. kommerzielle Nutzlasten), hauptsächlich durch den USA u. der UdSSR, aber auch: Frkr., Japan (1. Start: 11. 2. 70), China (1. Start: 24. 4. 70) mit eigenen Trägerraketen; England, Italien, Kanada, Australien, BRD; → ESA (m. eigener, auch kommerziell genutzter Trägerrakete → Ariane).

Meilensteine: 1. Erdnahe unbemannte Raumfahrt: 1. 2. 58 Entdeckung der Strahlungsgürtel der Erde (Explorer I, USA); 3. 11. 57 erster Biosatellit (Sputnik II, UdSSR); 17. 3. 58 Entdeckung der Birnenform der Erde (USA); 7. 8. 59 erste Fernsehbilder aus dem Weltraum (USA); 10. 8. 60 erste Erdrückkehr eines Satelliten (Discoverer, USA); 26. 7. 63 erster Synchronsatellit (Syncom II, USA); 11. 7. 61 erste Farbbilder der gesamten Erde (USA); 30. 10. 67 erstes automat. Rendezvous zweier Satelliten in der Umlaufbahn (UdSSR). In den 70er und 80er Jahren zunehmende Nutzung des erdnahen Weltraums für kommerzielle u. militärische Zwecke; *kommerziell:* Wetterbeobachtungs- (z. B. Meteosat) u. Nachrichten- u. Telekommunikationssatelliten (z. B. Intelsat, USA; Astra, Eur.); *militärisch:* Spionage-, Nachrichten-, Navigationssatelliten, Entwicklung u. Test von Weltraumwaffen (Laser-, Teilchenstrahlwaffen; „Killersatelliten") im Rahmen der Strategischen Verteidigungsinitiative SDI („Krieg der Sterne"), Militärausgaben übersteigen jene für zivile u. wiss. Nutzung ganz erheblich; *wissenschaftlich:* Forschungssonden f. geophys., meteorolog. u. astronom. Zwecke; z. B.: IUE (NASA, ESA, Großbritannien; Start 26. 1. 78), Solar Maximum Mission (NASA; Start 14. 2. 80), IRAS (Großbritannien, Ndl.; Start 26. 1. 83 in d. USA), COBE (NASA; Start 18. 11. 89), Hubble-Space-Telescope (NASA; Start 24. 4. 90), ROSAT (Dtld, Großbritannien, USA; Start 1. 6. 90).

2. Erdnahe bemannte Raumfahrt (durch → Astronauten, USA, bzw. → Kosmonauten, UdSSR): 12. 4. 61 erster bemannter Flug (Gagarin, UdSSR); 18. 3. 65 erster Mensch außerhalb der Kapsel (Leonow, USA); 15. 12. 65 erstmals Rendezvous-Technik (Gemini 6 u. 7, USA); 16. 3. 66 erstes Zusammenkoppeln in der Umlaufbahn (Gemini-Raumfahrzeug u. Agena-Raketenstufe); 4. 12. 66 erster Langzeitflug (Gemini 7, 14 Tage, USA); 1. 6. 70 Dauerrekord (Sojus 9, 18 Tage, UdSSR), 1971 erste Raumstation (Saljut 1, UdSSR); in d. Folge weitere Saljut-Stationen, Kopplungen mit Sojus-Raketen (2–3köpfige Mannschaften unter Beteiligung ausländ. Raumfahrer, z. B. Sojus 31: S. Jähn, DDR; 26. 8.–3. 9. 78; bis zu mehrmonatige Aufenthalte in d. Saljut-Stationen, z. B. Sojus T-5 211 Tage, 13. 5.–10. 12. 82); 14. 5. 73 Start des am. „Himmelslabors" Skylab (1973–79 in Erdumlaufbahn in 435 km Höhe); 17. 7. 75 erstes am.-sowj. Kopplungsmanöver (Sojus 19 u. Apollo 18); 12. 4. 81 erster Testflug m. wiederverwendbarem Raumtransporter (→ Space Shuttle, USA), in d. Folge mehrere Starts m. größeren Mannschaften (unter Beteiligung ausländ. Astronauten, darunter erster bundesdt. Astronaut U. Merbold, 28. 11.–8. 12. 83, erste am. Astronautin Sally K. Ride, 18.–24. 6. 83), wissenschaftliche Tests u. Aussetzen von Satelliten (u. a. das europäische Raumlabor Spacelab, 1. Einsatz am 28. 11. 83; rein deutsche

Weltraumforschung
1 Erstes bemanntes Mondfahrzeug Rover 1 (Apollo 15, Juli 1971)
2 Astronaut N. Armstrong a. d. Mond (Apollo 11, Juli 1969)
3 Außenbordarbeiten der Discovery-Besatzung (1984)
4 Start des Space Shuttle Columbia (8. August 1989)
5 Raumstation MIR (März 1992)
6 Schwerelosigkeitsuntersuchungen der deutschen Spacelab-Mission D2 (Mai 1993)
7 Zeichnung der Galileo-Sonde
8 Zeichnung des astronomischen Satelliten ROSAT

Weltraumforschung

Weltraumforschung

Start und Fortbewegung einer Rakete sind nur möglich, wenn die Schubkraft größer als ihr Gewicht und der Luftwiderstand ist. Die ausströmenden Gase beschleunigen die Rakete in entgegengesetzte Richtung.

- Schub
- Gewicht
- Rückstoß

Trägerraketen für Meßgeräte, Satelliten, Raumsonden und bemannte Raumfahrzeuge:
1 A4 (V2) Dtld., **2** Jupiter-C USA, **3** Vanguard USA, **4** Thor-Delta USA, **5** Atlas-Agena-B USA, **6** Atlas-Mercury USA, **7** Kosmos ehem. UdSSR, **8** Wo-stock ehem. UdSSR, **9** Saturn-I USA, **10** Ariane Westeuropa, **11** Space Shuttle USA, **12** Saturn-V USA

Nachrichtensatellit „Symphonie"

1. Empfangsantenne
2. Parabolreflektor der Sendeantenne
3. Apogäumstriebwerk
4. Treibstoffbehälter
5. Solarzellenflächen
6. Gerätebehälter
7. OSR-Zellen
8. VHF-Antenne
9. Kaltgasdüse
10. Infrarotsensor

Signale:
- 6 GHz Fernmeldesignale (Fernbedienung, -messung)
- Fernmessung Fernbedienung
- Fernmeßsignale
- 4 GHz Fernmeldesignale
- 6 GHz Fernmeldesignale
- Fernseh- und Rundfunksendungen, Ferngespräche, Fernschreiben und Daten

Bodenstationen:
- Erdfunkstelle für Senden und Empfang
- SHF-Bodenstation zur Überwachung und Steuerung des Satelliten
- VHF
- Interferometer zur Bestimmung von Bahn und Position des Satelliten
- Kleine Erdfunkstelle für den Empfang
- Erdfunkstelle für Senden und Empfang

Trägerrakete „Ariane"

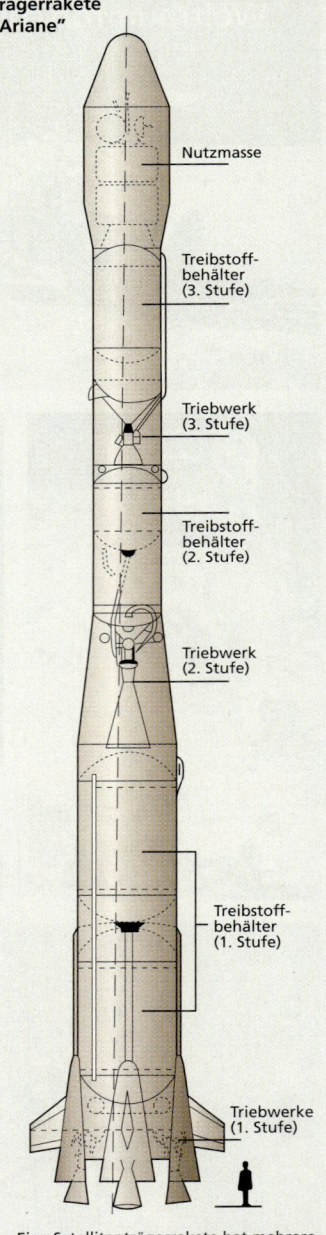

- Nutzmasse
- Treibstoffbehälter (3. Stufe)
- Triebwerk (3. Stufe)
- Treibstoffbehälter (2. Stufe)
- Triebwerk (2. Stufe)
- Treibstoffbehälter (1. Stufe)
- Triebwerke (1. Stufe)

Eine Satellitenträgerrakete hat mehrere Stufen. Die 1. Stufe beschleunigt Stufe 2 und 3 auf eine Geschwindigkeit, zu der sich nach Brennschluß die der Stufe 2 und nach deren Brennschluß die der 3. Stufe hinzuaddiert, um eine für den Satelliten vorgesehene Bahn zu erreichen.

Weltraumforschung

Aufbauschema des »Space-Shuttle«-Systems

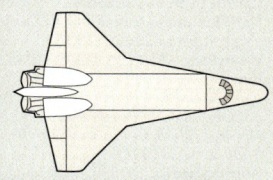
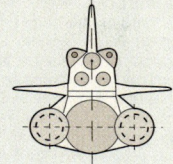
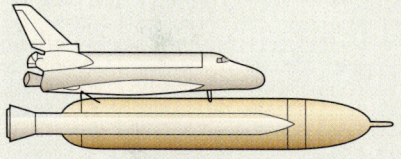

der Raumgleiter allein, Draufsicht

Der Start

① Zum Start der Raumfähre werden die Haupttriebwerke des Orbiters und die beiden Feststoffraketen gezündet.

② In 50 Kilometer Höhe werden die leergebrannten Feststoffraketen abgesprengt. Sie kehren an Fallschirmen zur Erde zurück und werden von Spezialschiffen aufgefischt.

③ Acht Minuten nach dem Start, kurz vor Erreichen der Umlaufbahn wird der leere Außenbordtank abgetrennt. Um die Trennung vom Tank zu erleichtern, fliegt die Raumfähre bis hierhin in Rückenlage. Der leere Tank verglüht in der Atmosphäre. Die Astronauten zünden die OMS-Triebwerke und erreichen damit die Umlaufbahn.

Die Landung

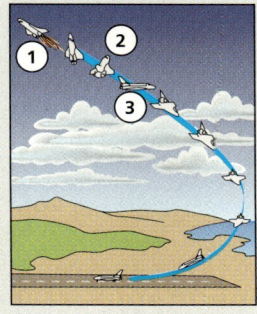

① Zur Landung wird die Raumfähre in der Erdumlaufbahn so gedreht, daß ihre Triebwerke nach vorn zeigen. Durch Zünden der OMS-Triebwerke wird die Raumfähre abgebremst, dann wird sie mit der Nase wieder nach vorn gedreht.

② Mit einem Anstellwinkel von 40 Grad taucht die Fähre in die Atmosphäre ein. An der Außenhaut des Schutzschildes treten dabei Temperaturen von über 1500 Grad auf.

③ In der letzten Phase (ab 18000 Meter Höhe) fliegt die Raumfähre als Segelflugzeug. Mit hoher Sinkgeschwindigkeit (100 Meter abwärts auf je 450 Meter Vorwärtsflug) steuert sie die Landepiste an. Mit 380 Stundenkilometern setzt die Raumfähre auf.

Ablaufschema des »Apollo«-Mondflugs:

1 Start,
2 Zündung der 2. Stufe,
3 Abtrennen der 2. Stufe,
4 Abflug aus der Parkbahn,
5 Abtrennen der 3. Stufe,
6 Flug in der Übergangsbahn zum Mond,
7 Vorbereitung des Bremsmanövers,
8 Eintritt in die Mondumlaufbahn,
9 Abtrennen der Landefähre,
10 Landung der Mondfähre,
11 Rückstart,
12 Kopplungsrendezvous in der Umlaufbahn,
13 Abtrennen des Aufstiegsteils,
14 Abflug aus der Mondumlaufbahn,
15 Anflug auf den Eintauchkorridor,
16 Abtrennen des Servicemoduls,
17 Drehen der Rückkehrkapsel,
18 Eintauchvorgang,
19 Stabilisierung durch Hilfsschirm,
20 Abstieg an Hauptschirmen,
21 Wasserung.

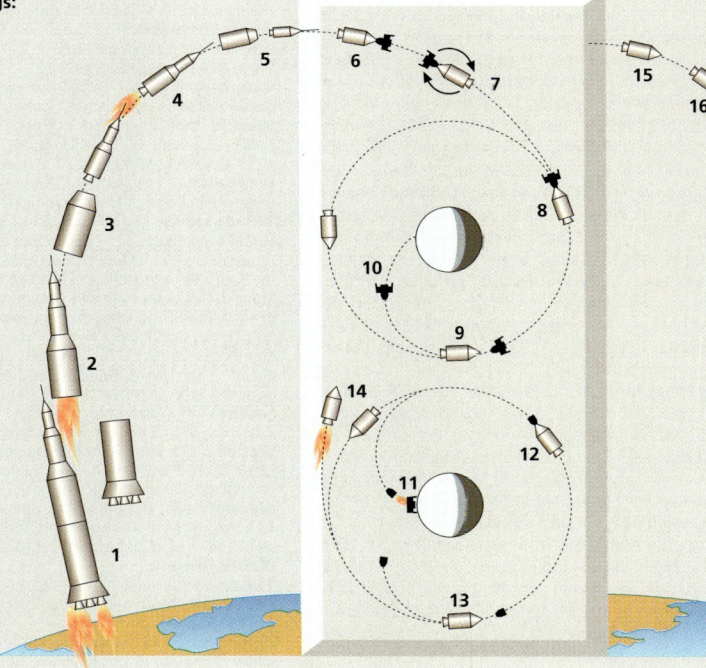
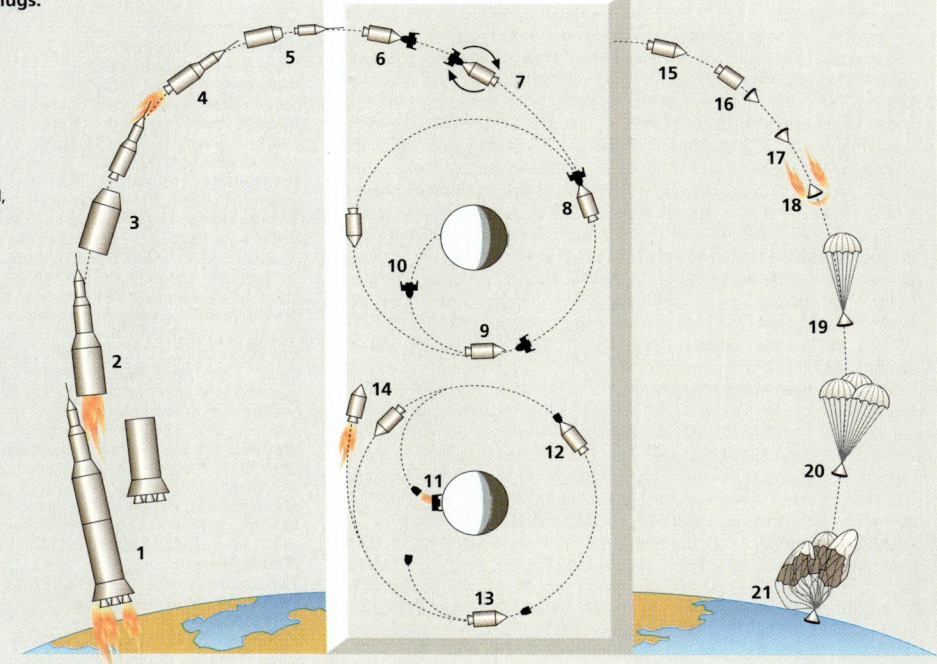

D1-Mission beim 4. Einsatz v. Spacelab am 30. 10. 85 mit Nutzlastexperten Messerschmidt u. Furrer; D2-Mission vom 26. 4.–6. 5. 93). April 84: 1. direkte Reparatur eines Erdsatelliten durch e. Menschen im Raum (Sonnensatellit Solar Maximum Mission vom Space Shuttle Challenger aus); 28. 1. 86 Explosion des Raumtransporters Challenger 73 Sekunden nach dem Start (Tod aller 7 am. Astronauten, vorläuf. Einstellung des Shuttle-Programms); 28. 1. 86 Start der russ. Raumstation Mir (Erdumlaufbahn in 350 km Höhe; Langzeitrekord durch Kosmonauten Titow u. Manarow, Rückkehr nach 364 Tagen Aufenthalt i. d. Station mit Sojus-TM-6; wiss. Experimente, z. B. Röntgenlabor Quant m. dem dt. Röntgenteleskop HEXE; Andockmöglichk. für 6 zusätzl. Module, nahezu ständig besetzte Raumstation); 17. 5. 87 Erststart der größten sowj. Rakete Energija (60 m Höhe, 3000 t Schub, 15. 11. 88 sowj. Raumfähre Buran m. Trägerrakete Energija erstmals gestartet; 29. 9. 88 Fortsetzung des am. Shuttle-Programms n. Abschluß der Untersuchung z. Challenger-Katastrophe u. techn. Veränderung am Trägersystem; 24. 4. 90 Start des Hubble-Space-Telescope der NASA; Feb. 94 erste gemeinsame am.-russ. Shuttle-Mission; bemannte Weltraummissionen dienen d. Astronomie, Sonnenphysik, Geophysik, Materialwiss., Plasmaforschung, Bio- u. Weltraummedizin; v. a. durch russ. Langzeitmissionen wurde u. wird Erfahrung über d. Folgen längerer Einwirkung von Schwerelosigk. auf den Menschen gesammelt.

3. Erdferne unbemannte Raumfahrt: 2. 1. 59 erste Nutzlast, die d. Schwerefeld d. Erde verläßt (Luna 1, UdSSR), 12. 9. 59 erster Mondtreffer (Luna 2, UdSSR); 4. 10. 59 erste Fotos von d. Mondrückseite (Luna 3, UdSSR); 27. 8. 62 erste Venussonde (Mariner 2, USA); 1. 11. 62 erster Marsvorbeiflug (Mars 1, UdSSR); 28. 7. 64 erste Nahaufnahmen d. Mondoberfläche (Ranger 7, USA); 28. 11. 64 erste Marsbilder (Mariner 4, USA); 16. 11. 65 erster Venustreffer (Venera 3, UdSSR); 31. 1. 66 erste Bilder d. Mondoberfläche von weichgelandeter Sonde (Luna 9, UdSSR), erste Bilder aus einer Mondumlaufbahn (Lunar Orbiter 1, USA); 21. 12. 66 erste Analyse der Mondoberfläche (Luna 13, UdSSR); 12. 6. 67 erste weiche Venuslandung (Venera 4, UdSSR); 10. 11. 70 erstes Mondfahrzeug Lunachod 1 (Luna 17); 2. 12. 71 erste weiche Landung auf dem Mars (Mars 3, UdSSR), Nahaufnahmen v. Jupiter u. Saturn durch Pioneer 10 u. 11 (Start: 2. 3. bzw. 6. 4. 73); 18. 7. 76 weiche Mondlandung von Luna 24 (UdSSR); Labor auf dem Mars von Viking 1 (20. 7. 76), USA, u. Viking 2 (4. 9. 76); Erkundung von Jupiter (Vorbeiflug 1979), Saturn (1981), Uranus (1986) u. Neptun (1989) durch Voyager 1 u. 2 (USA); Start Voyager 2 am 20. 8. 77, Voyager 1 am 1. 9. 77. 2. 7. 85 Start der Raumsonde Giotto der ESA m. Ariane-1-Rakete von Kourou (Frz.-Guayana), erreicht am 14. 3. 86 mit 596 km kürzestem Abstand zum Kometen Halley, trotz Beschädigung weiter funktionsfähig; 7. 7. 88 u. 12. 7. 88 Start der russ. Raumsonden Phobos 1 u. 2 zum Mars, Verlust des Kontakts zu Phobos 1 auf d. Hinflug durch fehlerhaften Funkbefehl, Phobos 2 erreicht am 29. 1. 89 die Marsumlaufbahn; am 27. 3. 89 Kontakt verloren; 4. 5. 89 Start der Venussonde Magellan m. d. Space Shuttle Atlantis, USA, m. erreicht ellipt. Umlaufbahn um d. Venus 10. 8. 90, Kartierung u. Vermessung der Venusoberfläche mit Radar; 18. 10. 89 Start d. am. Raumsonde Galileo zum Jupiter, Vorbeiflug an d. Venus am 10. 2. 90, am 29. 10. 91 am Kleinplaneten Gaspra, am 28. 8. 93 an IDA, erreichte im Dez. 95 Jupiter; 6. 10. 90 Start der Sonnensonde Ulysses (ESA; NASA), am 8. 2. 92 Vorbeiflug an Jupiter, überquert Mitte 94 den Südpol der Sonne, Mitte 95 den Nordpol; 1992 Start der Marssonde Observer, Verlust durch Aussetzen des Funkkontaktes im Aug. 93 kurz vor Erreichen des Marsorbits; Dez. 1995 Start d. eur.-am. Raumsonde SOHO zur Erforschung d. Sonne.

4. Erdferne bemannte Raumfahrt, bisher nur durch die USA bis zum Mond, Mondrakete: Saturn-5 (112 m Höhe, 3400 t Schub, größte Trägerrakete), 21. 12. 68 erste Mondumkreisung (Apollo 8: Borman, Lovell, Anders); 18. 5. 69 erste bemannte Operationen in der Mondumlaufbahn (Apollo 10: Stafford, Young, Cernan); 16. 7. 69 erste Mondlandung, 20./21. 7. auf dem Mond (Apollo 11: Armstrong, Aldrin, Collins); 19. 11. 69 zweite Mondlandung, 19./20. 11. auf dem Mond (Apollo 12); 13. 4. 70 mißglückte Mondlandung – dritte Mondumkreisung (Apollo 13); 31. 1. 71 dritte Mondlandung, 5./6. 2. auf dem Mond (Apollo 14); 26. 7. 71 vierte Mondlandung, 30. 7.–2. 8. auf dem Mond (Apollo 15); 16. 4. 72 fünfte Mondlandung, 21.–23. 4. auf dem Mond (Apollo 16); sechste Mondlandung, 11.–14. 12. auf dem Mond (Apollo 17). Mit Apollo 17 beendeten die USA ihr Apollo-Raumfahrtprogramm.

menschl. Raumfahraktivität in Erdumlaufbahn u. auf d. Oberfläche des Mondes od. der Planeten gebracht wurden; ca. 30000–70000 Trümmer mit Durchmesser größer als 1 cm in Erdnähe.

Weltraumrecht, intern. Verträge, in denen Rechte zur Nutzung d. Weltraums definiert u. durch Verbote abgegrenzt werden; erstmals begründet durch **Weltraumvertrag** *(Mondvertrag)* über d. friedl. Nutzung d. Weltraums; am 27. 1. 1967 i. London, Moskau u. Washington unterzeichnet, s. 10. 10. 1967 in Kraft, verbietet insbesondere die Verwendung v. Kernwaffen i. Weltraum.

Weltraumstation, Projekt eines großen bemannten Raumflugkörpers zunächst in Erdsatellitenbahn für → Weltraumforschung.

Weltreligionen, Religionen mit universalem Geltungsanspruch ihrer Lehre, überregionaler Verbreitung i. d. Ländern d. Erde u./od. einem prozentualen Anteil d. Weltbev., z. B. Christentum, Islam, Buddhismus; Ggs.: Stammes-, Volksreligionen.

Weltsicherheitsrat → Vereinte Nationen.

Weltuntergang, i. vielen Religionen d. Vorstellung v. katastrophalen Ende d. jetzigen Welt durch Brand, Überschwemmung, Dürre, Erdbeben u. a.

Weltwährungsfonds → Internationaler Währungsfonds.

Weltwirtschaftskrise, Zus.bruch der Wirtschaft in Europa und Amerika, vorwiegend als Folge des 1. Weltkriegs; Produktionsrückgang, Massenarbeitslosigkeit usw., ausgelöst 1929, dauerte bis ca. 1933.

Weltwunder → Sieben Weltwunder.
Weltzeit → Zeit.
Welwitschie, *Wunderpflanze,* in d. Steinwüsten SW-Afrikas, dringt m. dicken Pfahlwurzeln meterief in d. Boden; über d. Erdboden zwei je 2–4 m lange, bandförmige Lederblätter.

Wembley ['wɛmbli], Teil d. Londoner Vororts Brent m. berühmtem Stadion.

Wenck, Walther (18. 9. 1900–1. 5. 1982), dt. Gen. d. Panzertruppen, ab April 45 Oberbefehlsh. d. 12. Armee.

Wendehals, spechtartiger Klettervogel mit sehr beweg. Hals; Zugvogel.

Wendekreise, zwei gedachte, dem Äquator parallele, 23° 27′ von ihm entfernte Kreise an d. Himmelskugel; die Sonne erreicht auf ihrer jährl. scheinbaren Bahn, vom Äquator sich entfernend, d. (nördl.) *Wendekreis des Krebses* am 21. 6., den (südl.) *Wendekreis des Steinbocks* am 22. 12., „wendet" und nähert sich wieder d. Äquator; am Tag d. Sonnenwende steht sie für alle Orte d. betreffenden Wendekreises mittags im Zenit; zw. d. W.n heiße Zone (Tropen).

Wendel, schraubenförmig gebogener Draht (z. B. *Heizdraht-W.* für Glühlampe, einfach u. doppelt).

Wendelstein, Berg in d. bayr. Alpen, 1838 m; Sonnenobservatorium, Zahnradbahn (seit 1912); Kabinenseilbahn.

Wendeltreppe,
1) schraubenförmig emporgeführte Treppe, bes. kunstvoll gestaltet in Spätgotik u. Renaiss.
2) Meeresschnecke (Mittelmeer, Indischer Ozean) mit gewundener, hoher Schale.

wenden, *seem.* beim Segeln m. dem Bug durch den Wind drehen, bis dieser v. d. anderen Seite einkommt.

Wenden, *Sorben,* Slawen in d. Ober- u. Niederlausitz mit Zentrum in Bautzen, ca. 60000; *wendische Sprache* z. T. in d. Lausitz (Spreewald) erhalten; von ehem. DDR kulturelle Autonomie u. Zweisprachigkeit garantiert.

Wenders, Wim (* 14. 8. 1945), dt. Filmregisseur; *Im Lauf d. Zeit* (1976); *D. amerikanische Freund* (1977); *D. Stand d. Dinge* (1981); *Paris, Texas* (1983); *D. Himmel über Berlin* (1987); *Bis ans Ende d. Welt* (1991).

Wengernalp, 1877 m, mattenbedeckte Terrasse oberhalb des Kurortes *Wengen* (1273 m), im Berner Oberland, mit berühmter Aussicht auf *Jungfrau, Mönch* und *Eiger; W.bahn* zwischen Grindelwald und Lauterbrunnen, 18 km lang.

Wenningstedt (Sylt) (D-25996), Gem. u. Nordsee-Heilbad i. Kr. Nordfriesld, Schl.-Ho., 1554 E.

Wenzel (um 906–929), böhm. Hzg u. Hlg., Patron Böhmens; Tag: 28. 9.

Wenzel [slaw.], *Herzöge* und *Kge von Böhmen:*
W. I.–III. 1230–1306, mit W. III. Aussterben der → Przemysliden;
W. IV., „der Faule" (26. 2. 1361–16. 8. 1419), Sohn → Karls IV., s. 1378 dt. Kg, wegen Unfähigkeit 1400 abgesetzt..

Werbellinsee, langgestreckter waldumschlossener See in der Schorfheide, 8 km², bis 50 m tief.

Werbemittel, Bez. f. die Erscheinungsform d. Werbung wie Anzeigen, Prospekte, Plakate, TV- und Funkspots.

Werbeträger, Bez. f. Werbemedien wie Fernsehen, Zeitungen, Zeitschriften, Rundfunk, Plakatwände.

Werbung,
1) Anwerbung von Freiwilligen als Rekruten, 15.–19. Jh. (*Werbetrommel*).
2) *Reklame,* Beeinflussung aus wirtsch. Gründen, → Wirtschaftswerbung.

Werbungskosten, Aufwendungen zur Erwerbung, Sicherung und Erhaltung der Einkünfte (→ Einkommen), bei → Einkommensteuer absetzbar.

Werchojansk, ostsibir. St. a. d. Jana (ins Nördl. Eismeer), 2000 E; → Kältepol (durchschnittliche Jahrestemperatur $-15,9$ °C, im Januar – 48,9 °C, im Juli +16 °C, tiefste Temperatur – 68 °C).

Werdau (D-08412), Krst. i. Sa, a. d. Pleiße, 18 685 E; Textilind., Maschinenb.

Werden, phil. Grundbegriff für d. Übergang von e. Sosein zu e. and. Sosein. Alles Seiende ist geworden, u. sein Sein ist das W.; Ggs.: Sein.

Werdenfelser Land, Gebiet um Garmisch-Partenkirchen und Mittenwald, ben. n. d. *Burg Werdenfels.*

Werder (Havel) (D-14542), St. i. Bbg, an der Havel, 10 809 E; Obstbau, Nahrungsmittelind.

Werder, *Wärder, Wörth,* Flußinsel, auch fruchtbares Schwemmland (z. B. an Weichselmündung).

Werdohl (D-58791), St. i. Märk. Kr., NRW, 22 197 E; Stahl-, Draht-, Glas- u. Aluminiumindustrie.

Werefkin, Marianne Wladimirowna v. (11. 9. 1860–6. 2. 1938), russ. Malerin, Vertr. d. dt. Expressionismus; später m. abstrahierender Tendenz; Mitbegr. d. „Neuen Münchner Künstlervereinigung" u. d. Blauen Reiters.

Wereschtschagin, Wassilij (26. 10. 1842–13. 4. 1904), russ. Maler; Aufsehen erregende Schilderungen d. Greuel d. Kriegs.
Werfel, Franz (10. 9. 1890–26. 8. 1945), dt. expressionist. Dichter; Lyrik; Dramen: *Der Spiegelmensch* (Magische Trilogie); *Der Weg der Verheißung* (als *Die ewige Straße* v. Weill vertont); Romane: *Verdi; Barbara od. die Frömmigkeit; Die 40 Tage des Musa Dagh; Das Lied v. Bernadette; Der Stern der Ungeborenen.*
Werft, Fabrikanlage f. Bau u. Ausbesserung von Schiffen; Zus.bau des Schiffsrumpfes auf → Hellingen, Ausrüstung an den Kais; Überholung im → Dock; auch Anlagen zur Überholung von Flugzeugen.
Werg, Zubereitungsabfälle von Flachs, Hanf usw.; als Polstermaterial z. Abdichten, auch z. Verspinnen zu groben Garnen.
Wergeld, *Blutgeld,* zahlte nach altdt. Recht der Totschläger den Verwandten des Getöteten als Ablösung für die Blutrache.
Werkbund → Deutscher Werkbund.
Werklieferungsvertrag, → Werkvertrag, der zugleich die Lieferung des zu verarbeitenden Stoffes durch den Unternehmer beinhaltet (§ 651 BGB).
Werkmeister, Werkführer, Aufseher, Betriebsbeamter in Fabrikbetrieben.
Werkmeisterschule, mittlere gewerbl. Fachschule zur Heranbildung v. Werkmeistern; s. 1856; 2–3jähr. Lehrgang, Tages- u. Abendunterricht.
Werkspionage, Auskundschaften von Betriebsgeheimnissen zum Zwecke ihrer Verwertung in Konkurrenzbetrieben; strafbar (Gesetz gegen unlauteren Wettbewerb, §§ 17 ff.): Geheimnisverletzung durch Angestellte; Verwertung durch Dritte, auch v. Vorlagen; Verleitung und Verleitungsversuch.
Werkstudent, Student, der sich sein Studium durch außerakad. Tätigkeit verdient.
Werkunterricht, handwerkl. Unterricht an Grund- u. Höheren Schulen.
Werkvertrag, Vertrag über Herstellung oder Veränderung einer Sache oder eines anderen durch Arbeit oder Dienstleistung herbeizuführenden Erfolges.
Werkzeugmaschinen, meist Produktionsmaschinen; Ggs.: Arbeits- (Hebemaschinen, Aufzüge, Kräne, Pumpen u. Gebläse) od. Kraftmaschinen (Dampfmaschinen, Motoren u. Turbinen); *metallbearbeitende W.:*
1) spanlos formende (knetende) Gieß-, Schmiedemaschinen (Hämmer u. Pressen);
2) spanabhebende W.: Sägen, Räumnadel- oder Räummaschinen, Hobel- u. Stoßmaschinen, Drehbänke (auch automat. u. kopierende), Rohr- und Gewindeschneid-, Fräs- u. rotierende od. ziehende Schleifmaschinen; Nebengruppen: Schweiß- (Gas- od. el.), Nietmaschinen (el. od. hydraul.) u. Maschinenscheren; *W. zur Bearbeitung nichtmetall.* **Werkstücke** (Holz od. Kunststoffe): Drechselbänke, Säge-, Hobel- und Fräsmaschinen.
Werl (D-59457), St. i. Kr. Soest, NRW, 28 827 E; AG; Marien-Wallfahrtsort, Missionsmus.; Industrie.

Werlhofsche Krankheit, *Blutfleckenkrankheit,* Blutungsneigung in der Haut ohne Verletzung infolge Mangels an blutstillungsfördernden Blutplättchen im Blut.
Wermelskirchen (D-42929), St. im Rheinisch-Bergischen Kreis, NRW, 32 288 E; AG; Metallverarbeitung u. Textilind.
Wermut, südeur. Beifußart, bitteres Aroma; zu *W.wein,* Absinth, Tinkturen.
Wernau (Neckar) (D-73249), St. i. Kr. Esslingen, Ba-Wü., 11 894 E; div. Ind.
Werne (D-59368), St. im Kr. Unna, a. der Lippe, NRW, 29 716 E; AG; Großkraftwerk, div. Ind.; Sole-, Sport- u. Badezentrum.
Werner,
1) Alfred (12. 12. 1866–15. 11. 1919), schweiz. Chem.; Bindungsverhältnisse der Atome in anorgan. Komplexen; Nobelpr. 1913.
2) Anton von (9. 5. 1843–4. 1. 1915), dt. Maler u. Graphiker d. Realismus; gefeierter Historienmaler d. Wilhelminischen Kaiserreichs; *Kaiserproklamation in Versailles.*
3) Oskar (13. 11. 1923–23. 10. 84), östr. Bühnen- u. Filmschausp.; *Jules u. Jim; Fahrenheit 451.*
4) Pierre (* 29. 12. 1913), luxemburg. christl.-soz. Pol.; 1959–74 u. 1979–84 Min.präs.
5) Theodor (14. 2. 1886–15. 1. 1969), dt. Maler; Vertr. d. absoluten Kunst u. e. Wegbereiter d. abstrakten Malerei in Dtld.
6) Zacharias (18. 11. 1768–17. 1. 1823), dt. Dramatiker; *Der 24. Februar.*
Wernher der Gärtner, (13. Jh.), mittelhochdt. Erzähler; Versepos: *Meier Helmbrecht* (gestaltet die Gefährdung der Ordnung der ma. Welt durch den Menschen, der sich überhebt).
Wernigerode (D-38855), Krst. i. S-A., am Nordfuß des Harzes, 232 müM, 35 167 E; Luftkurort, Schloß, got. Rathaus, Museum; div. Ind.
Werra, r. Hptquellfluß der Weser, vom Thüringer Wald, vereinigt sich mit der Fulda bei Münden zur → Weser, 293 km lang (58 km schiffbar).
Werre, l. Nbfl. der Weser, vom Teutoburger Wald, 69 km lang.
Werre, die Maulwurfs-→ Grille.
Werschetz, serb. *Vršac,* St. i. d. Woiwodina im Banat, 34 000 E; Weinbaugebiet.
Werst → Maße u. Gewichte, Übers.
Wertberichtigung, Korrekturposten auf d. Passivseite d. → Bilanz zum Anlage- u. Umlaufvermögen e. Unternehmens; → Abschreibung.
Wertheim (D-97877), St. im Main-Tauber-Kreis, Ba-Wü., an d. Mündung d. Tauber in d. Main, 22 113 E; AG; histor. Stadtbild, Stiftskirche m. wertvollen Grabmälern.
Werther, Hauptfigur in Goethes Briefroman *Die Leiden d. jungen Werthers;* W.s Kleidung, Weltschmerz u. Empfindsamkeit wurden zu einer eur. Modeerscheinung (Wertherfieber, Selbstmordwelle).
Wertigkeit, *Valenz,* die Zahl, die angibt, wieviel Atome Wasserstoff (od. gleichwertige Elemente) ein Atom eines Elementes zu ersetzen oder zu binden vermag; manche Elemente besitzen

Wendehals

Franz Werfel

Wermut

mehrere W.en (z. B. Stickstoff u. Phosphor 3- u. 5wertig).
Wertingen (D-86637), St. i. Kr. Dillingen a. d. D., Bay., 7349 E; AG; Leichtmetallind.
Wertmüller, Lina (* 14. 8. 1928), it. Regisseurin u. Schriftst.in; *I basilischi* (1964); *Mimì metallurgio ferito nell' onore* (1972); *Film d'amore ed d'anarchia...* (1973); *Camorra* (1985).
Wertow, Dziga, eigtl. *Denis Kaufmann* (2. 1. 1896–12. 2. 1954), russ. Filmtheoretiker u. Regisseur; *Kino-Auge* (1924).
Wertpapiere, vermögensrechtl. Urkunden, bei denen das Recht an Besitz der Urkunde geknüpft ist; gliedern sich nach der *Art des verbrieften Rechts* in Geldpapiere (Wechsel, Scheck), Warenpapiere (Konnossement, Lagerschein) und W. im engeren Sinn (Effekten); nach der *Art der Besitzübertragung* in → Rekta-, Order- u. Inhaberpapiere.
Wertpapiersteuer → Kapitalverkehrssteuern.
Wertphilosophie, Lehre von den sog. Werten wie „das Schöne", „das Wahre", „das Heilige" usw., die nicht sind, wohl aber gelten; von *Lotze* begr., von *Rickert, Scheler,* N. *Hartmann* u. a. ausgebaut.
Wertschöpfung,
1) *volkswirtsch.* Wertzuwachs durch Zus.fassung der W.beiträge aller Wirtsch.bereiche (Industrie, Landw., Verkehr etc.) während einer Rechnungsperiode.
2) *betriebswirtsch.* Beitrag e. Unternehmens z. Bruttosozialprodukt.
Wertzölle → Zölle.
Wertzuwachssteuer, erfaßte d. durch d. allg. Entwicklung entstandenen Wertzuwachs bes. bei Grundstücken; 1911 eingeführt, 1944 aufgehoben.
Werwolf, in d. german. Sage Menschen v. bes. Kraft u. Wildheit, die sich in Wölfe verwandeln konnten.
Wesel (D-46483–87), Krst. a. Rhein, Lippe u. Wesel-Datteln-Kanal, NRW, 60 260 E; AG; Willibrordi-Dom (15. Jh.); Engelkirche (in einem alten Fort), Zitadelle, Denkmal d. Schillschen Offiziere (Schinkel).
Wesen,
1) ein einzelnes Ding.
2) d. Eigenart, d. Sosein e. Dings.
3) d. eigentl. Sein im Ggs. zu Schein.
4) d. Allg., Wesentliche e. Art.
Wesendonck, Mathilde (22. 12. 1828 bis 31. 8. 1902), dt. Schriftst.in; Freundin Richard Wagners, der fünf ihrer Gedichte vertonte *(W.-Lieder).*
wesentliche Bestandteile, sind bei einer Sache ohne Zerstörung od. Wesensänderung nicht voneinander zu trennen, können nicht Gegenstand v. bes. Rechten sein; Ausnahme: → Wohnungseigentum.
Weser, dt. Strom, aus der Vereinigung von Werra und Fulda bei Münden, mündet bei Bremerhaven; 440 km l., schiffbar, an der Mündung 11 km breit; Kanäle zu Ems, Elbe, Rhein und Leine (Mittellandkanal); Nbfl.: l. *Diemel, Werre, Hunte;* r. *Hamel, Aller, Lesum, Geeste.*
Weserbergland, Mittelgebirge beiderseits d. W. v. Münden b. Minden, am r. Ufer Solling, Hils, Ith, Süntel, Deister, *W.gebirge* (bis 321 m h.), a. l. Ufer Reinhardswald, Egge, Teutoburger Wald, Wiehengebirge.
Wesermünde → Bremerhaven.

Wesir, Min., *Groß-W.*, Min.präs. islam. Staaten.
Wesley ['wɛzlɪ], John (17. 6. 1703–2. 3. 91), engl. Theologe; Begründer der → *Methodisten.*
Wespen, Hautflüglerfamilie mit Giftstachel; bilden bei uns meist einsommrige Staaten, Nester (aus zerkautem Holz) frei hängend oder in Erd- und Baumhöhlen; zu ihnen gehört auch die → *Hornisse.*
Wessel,
1) Gerhard (* 24. 12. 1913), dt. Offizier; 1968–78 Präs. d. B.nachrichtendienstes.
2) Horst (9. 10. 1907–23. 2. 1930), NS-Politiker, Mitgl. v. SA u. NSDAP, Autor des NS-Horst-Wessel-Lieds.
Wesselburen (D-25764), St. i. Kr. Dithmarschen, Schl-Ho., 3194 E; Geburtsort *Hebbels;* Hebbel-Museum.
Wesseling (D-50389), Ind.st. i. Erftkr., NRW, 31 090 E; petrochem. Ind., Kunstschlossereien, Hafen.
Wessely, Paula (* 20. 1. 1907), östr. Bühnen- u. Filmschausp.in; *Episode.*
Wessex, angelsächs. Kgr. in Britannien, 5.–9. Jh.
Wessobrunn, ehem. Benediktinerabtei in Oberbayern (753 gegr.), 1803 aufgehoben); Fundort des **W.er Gebets,** ahdt. Schöpfungsgedicht (um 800), eigentl. Schöpfungshymnus, der die Entstehung der Welt aus germ. Sicht in 9 strebenden Langzeilen gestaltet.
Wessobrunner Schule, die zw. 1675 u. 1720 in Süddtld führende Werkstatt f. Stuckdekoration, zu der die Familien Feichtmayr, Schmuzer u. Zimmermann gehörten.
West,
1) Benjamin (10. 10. 1738–11. 3. 1820), am. Maler; s. 1762 in London als Hofmaler u. Präsident d. Royal Acad.; von ihr auch d. Entwicklung d. am. Malerei prägte; *Tod d. Generals Wolfe.*
2) Mae (17. 8. 1892–22. 11. 1980), am. Schausp.in u. Bühnenautorin; Filme: *Belle of the Nineties;* Stücke: *Sex.*
3) Morris L. (* 26. 4. 1916), austral. Schriftst.; *Des Teufels Advokat; Tochter d. Schweigens; In d. Schuhen d. Fischers; Der Turm v. Babel; Der Salamander; Harlekin; Proteus; In e. Welt v. Glas.*
Westalpen, die Alpen westlich der Linie Bodensee–Splügenpaß–Langensee; im *Montblanc* 4807 m.
Westaustralien, größter Staat Australiens, 2 525 500 km², 1,6 Mill. E; z. T. Wüste; Schafzucht, Weizenanb., Wälder; Gold, Kohle; Hptst. *Perth.*
Westbank [engl. -'bæŋk], früher *Samaria, Cis-Jordanien,* Gebiet am Westufer des Jordans; 1967 von Israel besetzt; s. 1994 schrittweise Umwandlung in ein autonomes Gebiet unter palästinens. Verwaltung.
West-Bengalen → Bengalen.
Westdeutsche Rektorenkonferenz, *WRK,* s. 1949 d. institutionelle Vereinigung d. durch d. Leiter vertretenen Hochschulen d. BR.
Westerburg (D-56457), St. im Westerwaldkr., RP, 5352 E; Schloß; div. Ind.
Westerland (D-25980), Nordseeheilbad auf Sylt, St. i. Kr. Nordfriesld, Schl.-Ho., 9533 E; AG; Spielkasino.
Western [am.], Bez. f. Filme od. Bücher, die zeitl. u. regional im sog. *Wilden Westen* (d. USA) spielen.

Gemeine Wespe

Westminsterabtei

Wetterkarte, Satellitenbild

Western Islands ['wɛstən 'aɪləndz], svw. → Hebriden.
Westerplatte, den Danziger Hafen im N abriegelnde Landzunge mit Seebad.
Westerstede (D-26655), St. und Verw.sitz d. Kr. Ammerland, Nds., 18 970 E; AG; Fremdenverkehr.
Westerwald, Teil des Rhein. Schiefergebirges zw. Lahn und Sieg; im *Fuchskauten* 656 m.
Westeuropäische Union, *WEU,* gegr. 23. 10. 1954; in Kraft s. 6. 5. 1955; Vorläufer: d. britisch-franz. Bündnisvertrag von Dünkirchen v. 4. 3. 1947 sowie um d. BENELUX-Staaten erweiterter „Brüsseler Pakt" vom 17. 3. 1948; lt. Präambel ein kollektiver Militärpakt gg. e. potentiellen Aggressor Deutschland. Ziele: Sicherheit d. Partner durch autom. Beistand gg. jede Aggression; eur. Kooperation auf polit., wirtsch. u. milit. Gebiet. Mitgl.: Belgien, BR, Frankr., Griechenl. (s. 11/1992), Großbrit., Italien, Luxemb., Ndl. u. (s. 1989) Spanien u. Portugal.
Westfalen, Landschaft und Teil des Landes Nordrhein-W. zw. Weser und Rhein; im S das Sauerland, im N d. Wesergebirge, im O d. Eggegebirge, in der Mitte das flache Münsterland mit Heiden, Torfmooren u. Äckern, zahlreiche Salz- u. Mineralquellen; Bodenschätze: Steinkohlen (Ruhrkohlenbecken), Eisen-, Zink-, Blei- und Kupfererze; Schwefelkies; Schwerindustrie; Brauereien i. Dortmund. – Westteil des sächs. Stammesgebiets; Teil davon 1180 nach dem Sturz → Heinrichs d. Löwen als Herzogtum W. an Köln, 1807–13 mit anderen Gebietsteilen Königreich unter Jérôme; 1815 preußisch; seit 1946 Teil von NRW.
Westfälische Pforte → Porta Westfalica.
Westfälischer Friede (Münster und Osnabrück) beendete 1648 den → Dreißigjährigen Krieg. Frkr. erhielt die habsburg. Besitzungen im Elsaß, Schweden Vorpommern, Bayern Oberpfalz und die Kurwürde, Brandenburg u. a. Hinterpommern und die Bistümer Halberstadt, Minden; Unabhängigkeit der Vereinigten Niederlande und der Schweiz anerkannt; volle Souveränität der → Reichsstände (Recht, Bündnisse zu schließen); Bestätigung des → Augsburger Religionsfriedens.
Westgoten → Goten.
West Ham ['wɛst 'hæm], Teil des Londoner Vororts Neerham; Industrien.
Westindien,
1) *Westindische Inseln,* die Großen u. Kleinen → Antillen sowie die → Bahamas.
2) *Assoziierte Staaten W.s,* amtl. *The West Indies Associated States,* s. 1967 die nach innen autonomen, mit → Großbritannien assoziierten Gebiete auf den *Leeward-Inseln* (Antigua, St. Christopher (St. Kitts)-Nevis, Anguilla) u. *Windward-Inseln* (Dominica, St. Lucia, Grenada, St. Vincent); die Assoz. endete mit der Konstituierung d. Mitgl. (ausgenommen Anguilla) als unabh. Staaten. 1973 Bildung d. „Karibischen Gemeinsamen Marktes" (CARICOM), Mitgl.: Antigua u. Barbuda, Bahamas, Barbados, Belize, Dominica, Grenada, Guyana, Jamaika, Montserrat, St. Kitts u. Nevis, St. Lucia, St. Vincent u. d. Grenadinen, Trinidad u. Tobago.
Westindische Föderation, 1958 bis 62, bestand aus Antigua, Barbados, Dominica, Grenada, Jamaika, Montserrat, St. Christopher, Nevis und Anguilla, St. Lucia, St. Vincent, Trinidad u. Tobago.
Westinghouse [-haus], George (6. 10. 1846–12. 3. 1914), am. Ing.; Erfinder d. **W.bremse,** Eisenbahn-Luftdruckbremse mit etwa 5 at Betriebsdruck.
Westmännerinseln, isländ. *Vestmannaeyjar,* Ins.gruppe bei → Island; Hpt.insel *Heimaey;* 1973 Vulkanausbruch des *Helgafell.*
Westminster, westl. Stadtteil von → London, m. Königspalast u. Reg.gebäuden, der anglikan. **W.abtei** (Krönungs- u. Begräbnisplatz der engl. Könige u. berühmter Männer) u. der röm.-kath. *W.kathedrale* (1245 beg.).
Westminster Confession, *w.* [engl. westminstə kən'fɛʃn], reformierte Bekenntnisschrift d. Westminster Synode (1643–1647), gültig f. Presbyterianer u. Kongregationalisten.
West-Neuguinea, *W-Irian,* → Neuguinea.
Weston-Element, galvan. Normalelement (Quecksilber- u. Cadmiumverbindungen); liefert bei 20° 1,01865 Volt (→ galvanischer Strom).
West Point ['wɛst 'pɔɪnt], Militärakad. d. USA, im Staate New York, 1802 gegründet.
Westpreußen, Teil d. ehem. Preußens, an der unteren Weichsel; bis 1919 preuß. Provinz, durch Versailler Vertrag mittlerer u. S-Teil an Polen *(Pommerellen),* die Weichselmündung wurde *Freistaat Danzig;* O-Teil blieb dt. (als ostpreuß. Rgbz. W., 2927 km², Hptst. *Marienwerder);* s. 1945 poln.
Westpunkt, *Abendpunkt,* Schnitt von Horizont und Himmelsäquator, 90° links von Norden.
Weströmisches Reich, 395–476 n. Chr., → Römisches Reich; → Kaiser.
Westsahara → Sahara 2).
Westsamoa → Samoa-Inseln 2).
West Virginia [-və'dʒɪnjə], Abk. *W. Va.,* Staat d. USA, südöstl. d. Ohio, 62 759 km², 1,87 Mill. E.; Hptst.

Charleston; Steinkohle, Erdöl, Getreide, Tabak; Eisen-, chem. Ind.

Westwall, *Siegfriedlinie,* 1938–40 erbaute Befestigungsanlage an der W-Grenze Dtlds; nach 1945 geschleift.

Westwerk, der frühma. Kirche anstelle e. Fassade im W vorgelagerte mehrgeschossige Querbau.

Westwinddrift, w., von ständigem Westwind verursachte nach O gerichtete Meeresströmung i. südl. Polarmeer.

Wetluga, l. Nbfl. der mittleren Wolga, 889 km lang.

Wettbewerb, → Konkurrenz, → Wettbewerbsrecht.

Wettbewerbsrecht wesentl. Teil d. → gewerblichen Rechtsschutzes; verwahrt vor allen geschäftsschädigenden Handlungen eines Dritten, die gegen die guten Sitten verstoßen, vor unzutreffender und unlauterer Werbung, vor unbefugter Benutzung u. Verrat von Geschäftsgeheimnissen (Ges. v. 7. 6. 1909); unlautere Wettbewerbshandlungen verpflichten zu Schadenersatz u. sind z. T. strafbar. MPI f. W. in München.

Wettbewerbsverbot, Verpflichtung eines Vertragspartners, den anderen für die Dauer des Arbeitsverhältnisses, evtl. auch nach dessen Beendigung *(Konkurrenzklausel)* keinen Wettbewerb zu machen.

Wetter, Friedrich (* 20. 2. 1928), dt. kath. Theol.; 1968–82 Bischof v. Speyer, s. 1982 Erzbischof v. München-Freising, s. 1985 Kardinal.

Wetter, r. Nbfl. d. Nidda, v. Vogelsberg, 55 km l., durchfließt d. **Wetterau,** fruchtb. Landschaft zw. Main, Vogelsberg u. Taunus.

Wetter (Ruhr) (D-58300), St. i. Enne-pe-Ruhr-Kr., NRW, 28 880 E; AG; Maschinen-, Stahlind.

Wetter,
1) *Bergbau:* Luft im Bergwerk; explosibles Luft-Gas-Gemisch, → schlagende Wetter.
2) → Übersicht.

Wetterbeeinflussung, 1974 UN-Konvention über Verbot d. Beeinflussung v. Wetter u. Klima f. mil. Zwecke sowie Erzeugung v. künstl. Regen; Hagel- u. Hurrikanbekämpfung.

Wetterdynamit, bergpolizeil. zugelassener Sprengstoff im Bergbau, ohne Zündwirkung auf etwaige → schlagende Wetter.

Wetterfernmeldewesen, dient dem innerdt. u. weltweiten Austausch v. Wettermeldungen über Fernschreiber, Funk u. Bildfunk; Länge d. Fernschreibnetzes des Dt. Wetterdienstes ca. 10 000 km; Weltwetterzentralen auf der Nordhalbkugel in New York, Offenbach/Main, Moskau, Neu-Delhi u. Tokio.

Wetterfronten, Grenzlinien versch. temperierter → Luftmassen, sprunghafte Änderung von Wetterelementen: *Warmfront,* wenn wärmere Luft kältere verdrängt u. dabei aufgleitet; *Kaltfront,* wenn kältere Luft im Vordringen ist u. wärmere wegschiebt; in der *Okklusion* vereinigen sich Kaltfront u. Warmfront u. heben d. Luft des Warmsektors vom Boden ab.

Wetterführung im Bergbau, Zuführung frischer und Abführung schlechter Luft zwecks *Wetterwechsels* durch *Wettermaschinen* (Gebläse und Saugmotoren), Regulierung durch *Wettertüren.*

Wetterglas, svw. → Barometer.

Wetter

Wetter, der zeitlich begrenzte Zusammenhang aller einzelnen W.elemente wie Luftdruck, Temperatur, Luftfeuchte, Wolken, Niederschlag, Sichtweite, Wind usw. zu einem bestimmten Zeitpunkt u. an einem bestimmten Ort. Das W.geschehen ist weitgehend auf die Troposphäre (→ Atmosphäre) beschränkt. Maßgeblich für die Entstehung des Wetters sind die jahreszeitlich sowie geographisch unterschiedl. Umsätze an solarer u. terrestrischer Strahlung in Verbindung mit der Rotation der Erde. Dabei entstehen Wirbel in Form von Hoch- und Tiefdruckgebieten, die teils wandern, teils stationär bleiben und mit ausgedehnten Luftmassentransporten den Temperaturausgleich zwischen hohen und niederen Breiten bewerkstelligen. Besonders aktiv in diesem Sinne und verantwortlich für den wechselhaften Witterungscharakter unserer Breiten sind die Tiefdruckgebiete. Sie entstehen meist an der Polarfront und führen mit Wetterfronten verschieden temperierte Luftmassen mit sich. In den Tiefs steigt überwiegend die Luft auf, wobei Wolken und Niederschläge entstehen. Die absinkende Luft in Hochdruckgebieten ist dagegen trocken und wolkenfrei. Die Wetterkunde, also die Erforschung der physikalischen Vorgänge in der Atmosphäre (synoptische Meteorologie), ist einer der wichtigsten Forschungszweige der Meteorologie und hat die W.vorhersage zum Ziel. Wettervorhersagedienste wurden in den europäischen Ländern in der zweiten Hälfte des vorigen Jahrhunderts eingerichtet (1876 Deutsche Seewarte in Hamburg). Heute stützen sich Forschung und Vorhersagedienste auf die aktuellen Informationen eines optimal vernetzten und organisierten weltweiten Systems von Beobachtungen und Meldungen der Wetterstationen, Radiosonden, Wettersatelliten u. m. (WWW, World Weather Watch). Die international verbindliche Sprache für Wettermeldungen ist ein Zahlencode. Koordinator für die weltweite Zusammenarbeit ist die Weltorganisation für Meteorologie, die WMO. Wichtigste Grundlage für W.vorhersagen ist heute die mathematisch-physikalische Simulation des atmosphärischen Geschehens in Großrechnern. Mit ihr kann die W.vorhersage zunehmend objektiver werden. Die größten Erfolge rechnergestützter Vorhersagen sind die größere Treffsicherheit kurzfristiger Prognosen (1. bis 3. Folgetag) und vor allem die *mittelfristigen Vorhersagen* bis zum 7. Folgetag. Das Problem der *Langfristprognose* (Monats- und Jahreszeitenvorhersagen) ist dagegen noch ungelöst. So bleiben alle Versuche mit Hilfe der *Großwetterlagenforschung* bislang weitgehend erfolglos. Das weltweit größte Zentrum für die Forschung und Anwendung von Simulationsmodellen befindet sich in Reading bei London (ECMW, *European Center for Medium Range Weather Forecast).* Hier arbeiten die Wissenschaftler der europäischen Länder zusammen an der Weiterentwicklung von Vorhersagemodellen. In Dtld nimmt der *Deutsche Wetterdienst* mit seiner Zentrale in Offenbach und Wetterämtern in den Bundesländern die meteorolog. Belange wahr.

Bodenwetterkarte vom 20. 4. 94

Erläuterungen
Schema einer Stationseintragung mit Beispielen

6. 11. 2. 3.
  10.
4. ① 12. 3.
7.   5. 12
8.   9. -1
       5,5

1. **Gesamtbedeckung** in Achteln: ◐ = 4/8.
2. **Windrichtung** in 360 Grad Einteilung: Wind aus Ost (E) gleich 90° mit 15 Knoten.
3. **Windgeschwindigkeit** in Knoten (1 Kn = 1.852 km/h): halbe Feder = 5 Knoten, ganze Feder = 10 Knoten usw., West, 5 Knoten.
4. **Gegenwärtiges Wetter:** • Nieseln, • Regen, ∗ Schnee, ▽ Schauer, ↯ Gewitter, ≡ Nebel, ∞ Dunst, ▲ Hagel, ✢ Schneetreiben (je nach Intensität mehrere Symbole bei • • •).
5. **Wetterverlauf** von 01 bis 07 h: ⊢ ≡ • • ∗ ▽
6. **Lufttemperatur** in ganzen Grad Celsius in 2m Höhe über Grund: minus 2°C = -2°C.
7. **Taupunktstemperatur** wie 6.
8. **Wassertemperatur** in zehntel Grad Celsius.
9. **Tiefe Wolken** unterhalb 2500 m: ⌒ Kumulus, --- Stratus.
10. **Mittelhohe Wolken** zwischen 2500 m und ca. 6000 m: ⌒ Altokumulus, ⌒ Altostratus.
11. **Hohe Wolken** oberhalb 6000 m: ⌒ Zirrus, ⌒ Zirrostratus.
12. **Betrag und Art der 3stündigen Luftdruckänderung** ⌒ = 12 Zehntel hPa erst gestiegen, dann gleichgeblieben. **Fronten** mit Erwärmung, Abkühlung; a) am Boden: ▲▲ Warmfront, ▲▲ Kaltfront, ▲▲ Okklusion; b) in der Höhe, ——— Konvergenzlinie, ——— Linien gleichen Luftdrucks = Isobaren.

Wetterlage für Deutschland
Über Deutschland sorgte ein von Westen heranschwenkender flacher Höhenrücken großenteils für Absinken. Während sich im Küstenbereich und südlich der Donau noch eine nahezu geschlossene Decke niedriger Bewölkung hielt, schien in den übrigen Gebieten vielfach die Sonne. Dabei konnte sich die wetterbestimmende kühle Luft nach zum Teil frostiger Nacht bis zum Nachmittag auf 12° bis 16° erwärmen.

Siehe auch Abbildung und Tafel Wolken sowie die Tabelle Windgeschwindigkeiten.

Wetterhorn, Gipfel der Finsteraarhorngruppe d. Berner Alpen, 3701 m.
Wetterkarte, Wetterkunde
→ Wetter, Übersicht.
Wetterleuchten, Blitze, deren Donner infolge großer Entfernung nicht mehr hörbar ist.
Wettersatelliten, *meteorologische Satelliten,* unbemannte → Satelliten, die durch Aufnahme von Wolkenbildern eine globale Übersicht des Wettergeschehens ermöglichen u. dabei durch Strahlungsmessungen mittels e. Infrarotspektrometers u. vertikale Temperaturschichtung der Atmosphäre erkunden; erster eur. W. → Meteosat.
Wettersäule, svw. → Windhose, → Sandhose.
Wetterschacht → Bergbau, Tafel.
Wettersteingebirge, Gruppe der bayerisch-nordtirolischen Kalkalpen, zw. Fernpaß und Mittenwald; drei hohe Kalkketten, *Zugspitze* (2962 m).
Wettervorhersage, Wetterwarte → Wetter, Übersicht.
Wettin (D-06198), St. i. Saalkr., S-A., 2122 E; Stammschloß d. **Wettiner,** dt. Fürstengeschlecht, im MA in Meißen, Thüringen, Kurfürstentum Sachsen, 1485 geteilt in Ernestiner u. Albertiner (→ Sachsen).
Wettingen (CH-5430), schweiz. St. im Kanton Aargau, 17 706 E; ehem. Zisterzienserkloster; Erholungszentrum.
Wettkampfgymnastik → Rhythmische Sportgymnastik.
Wetzikon (ZH) (CH-8620), schweiz. St. im Kanton Zürich, 16 696 E; div. Ind.; Schloß.
Wetzlar (D-35576–86), Krst. d. Lahn-Dill-Kr., an d. Lahn, Hess., 50 299 E; rom.-got. Dom, Deutschordenshof, Wohnung v. Charlotte → Buff, Ruine Kalsmunt; IHK; AG; Stahl-, Elektro- u. opt. Ind. – 1693–1806 Sitz d. Reichskammergerichts.
WEU, Abk. für **W**est**e**uropäische **U**nion.
Weyden, Rogier van der (1399 od. 1400–18. 6. 64), ndl. Maler zw. Spätgotik u. Frührenaiss.; einfluß. f. d. Entwickl. d. Malerei in S-Dtld u. N-Frkr.; *Kreuzabnahme* (Madrid, Prado); *Weltgerichtsaltar* (Beaune, Hôtel-Dieu); *Dreikönigsaltar* (München).
Weyer, Willi (16. 2. 1917–25. 8. 87), FDP-Pol.; 1962–75 Innenmin. u. stellvertr. Min.präs. v. NRW; 1974–86 Präs. d. Dt. Sportbundes.
Weyprecht, Carl (8. 9. 1838–29. 3. 81), östr. Polarforscher u. Seeoffizier; entdeckte mit → Payer 1873 das Franz-Joseph-Land.
Weyrauch, Wolfgang, Pseudonym *Joseph Scherer* (15. 10. 1907–7. 11. 80), dt. Schriftst.; zeitkrit. Erzählungen, Hörspiele, Lyrik.
WEZ, Abk. für **W**esteuropäische **Z**eit → Zeit.
Wheatstone [ˈwiːtstən], Sir Charles (7. 2. 1802–19. 10. 75), engl. Phys.; Forschungen über Optik u. Elektrizität (Stereoskop, el. Telegraph); n. ihm ben. die **W.sche Brücke,** eine Brückenschaltung zur Präzisionsmessung el. Widerstände.
Whig, Mz. *Whigs,*
1) i. 17. Jh. i. Engld entstandene Partei, Gegner d. kath. Thronfolge; i. 19. Jh. z. Liberalen Partei umgewandelt,

Wetterhorn

Walt Whitman

Zaunwicke

2) föderalist. konservative Partei in d. USA im 19. Jh.
Whip, *whipper-in,* → Einpeitscher.
Whippet → Windhunde.
Whisker [engl.], sehr dünne (ca. 10 μm ∅), hochfeste mono- od. polykristalline Metallfäden, die als gleichmäßig poröses Skelett z. Feinstzerstäubung od. als Wärmetauscher verwendet werden; billige Herstellung (Abschrecken aus d. Gasphase); erfunden von H. J. *Schladitz.*
Whisky, *m.* [ˈwɪski], urspr. schott. Branntwein aus Gerste, Roggen oder Mais; irischer W.: *Whiskey.*
Whist [engl.], Kartenspiel mit 52 Blättern, meist 4 Spieler, je 2 spielen zus.
Whistler [ˈwɪslə], James Abbot McNeill (10. 7. 1834–17. 7. 1903), am. impressionist. Maler; s. 1855 in Paris u. London; Porträts, Landschaften.
White [waɪt], Patrick (28. 5. 1912–30. 9. 90), austral. Schriftst.; *Zur Ruhe kam der Baum des Menschen nie; Der Maler; Im Auge des Sturms;* Nobelpr. 1973.
Whitechapel [ˈwaɪtʃæpəl], östl. St.teil Londons.
Whitefield [ˈwaɪtfiːld], George (16. 12. 1714–30. 9. 70), mit John → *Wesley* Begründer der *Methodisten.*
Whitehall [ˈwaɪthɔːl], Straße i. Londoner Stadtteil Westminster, Sitz vieler Ministerien.
Whitehead [ˈwaɪthɛd],
1) Alfred North (15. 2. 1861–30. 12. 1947), engl. Phil. u. Math.; *Process and Reality;* (zus. m. B. → Russell) *Principia Mathematica.*
2) Gustave → Weißkopf, Gustav.
Whitelaw [ˈwaɪtlɔː], William (* 28. 6. 1918), engl. konservativer Pol.; 1972 Nordirlandmin., 1974 Arbeitsmin. 1979 bis 83 Innenmin.
Whitlam [ˈwɪtləm], Edward Gough (* 11. 7. 1916), austral. Labourpol.; 1972–75 Premiermin.
Whitman [ˈwɪtmən], Walt (31. 5. 1819 bis 26. 3. 92), am. Dichter; besang i. s. Hymnen *Grashalme* die Freiheit u. Schönheit seiner am. Heimat.
WHO → Weltgesundheitsorganisation.
Whymper [ˈwɪmpə], Edward (27. 4. 1840–16. 9. 1911), engl. Forschungsreisender, Alpinist; bestieg 1865 als erster d. Matterhorn.
Wiborg → Viborg.
Wichern, Johann Hinrich (21. 4. 1808 bis 7. 4. 81), dt. ev. Theol.; "Vater der Inneren Mission", begr. das Rauhe Haus.
Wichita [ˈwɪtʃ-], St. im US-Staat Kansas, 279 000 E; 2 Uni.; Mühlen- u. Flugzeugind.
Wicke, mit Ranken kletternde Schmetterlingsblütler; Unkräuter und Futterpflanzen.
Wickede (Ruhr) (D-58739), Gem. i. Kr. Soest, NRW, 12 024 E.
Wickelbär, am. Kleinbär mit Wickelschwanz.
Wickert, Günter (* 14. 11. 1928), dt. Markt- u. Meinungsforscher; gründete 1952 das *Wickert-Inst. f. Meinungsforschung* in Tübingen.
Wicki, Bernhard (* 28. 10. 1919), schweiz.-dt. Schausp. u. Regisseur; *Die Brücke* (1959); *Das Wunder des Malachias* (1961); *Das falsche Gewicht* (1971, Fernsehproduktion); *Die Eroberung der Zitadelle* (1975).
Wickler, Wolfgang (* 18. 11. 1931), dt. Verhaltensforscher, Nachfolger v. K.

→ Lorenz am MPI Seewiesen; analysiert u. a. Ritualisierung, auch moralphilos. Werke: *Biologie der zehn Gebote.*
Wickler, Kleinschmetterlinge, deren Raupen Blätter zusammenwickeln; viele davon Obstschädlinge *(Sauerwurm);* → Traubenwickler.
Wickram, Jörg (um 1505–vor 1562), elsäss. Schriftst.; Schwanksammlung: *Rollwagenbüchlein.*
Wiclif [ˈwɪk-], John (um 1320–31. 12. 84), engl. Reformator; Bibelübersetzung; sein Schüler → Hus.
Widder,
1) Zeichen des → Tierkreises: ♈; → Sternbilder, Übers.
2) das männliche Schaf.
3) *hydraul. W.,* eine Art Wasserpumpe; Stoßheber unter Ausnutzung des Stoßdruckes v. strömendem Wasser.
4) *Aries,* altröm. Kriegsgerät: Stoßbalken mit Metallkopf.
Widderchen, schwärmerähnliche Tagschmetterlinge; *Blutströpfchen.*
Widderpunkt → Frühlingspunkt.
Widerklage, kann vom Beklagten in demselben Verfahren wegen seiner Gegenansprüche gegen den Kläger erhoben werden (§ 278 ZPO).
Widerlager, in d. Architektur das d. Druck u. Seitenschub v. Bogen u. Gewölben entgg.wirkende Mauerwerk.
Widerrist, *m.,* bei Huftieren, bes. Pferden, v. Rückenwirbeln z. Hals laufende Erhöhung.
Widerspruch,
1) Rechtsbehelf gegen Mahnbescheid (→ Mahnverfahren), (dingl.) → Arrest, einstweilige Verfügung u. a.
2) Rechtsbehelf im Verwaltungsrecht; leitet d. verwaltungsgerichtl. Vorverfahren ein; innerhalb eines Monats nach Bekanntgabe des beschwerenden → Verwaltungsaktes bei d. Behörde zu erheben, die den Verw.akt erlassen hat.
Widerstand, *phys.* Gegenkraft bei Bewegungen, die diese zu hemmen sucht (z. B. Trägheits-, Reibungs-W.); *W. d. el. Stromes* in e. Leiter: abhängig von Material, Leiterquerschnitt und -länge, gemessen in → Ohm.
Widerstand gegen die Staatsgewalt, Widerstandsleistung od. Tätigkeit gg. einen rechtmäßigen und berufenen Amtsträger (z. B. Polizisten) od. Soldaten während d. Diensthandlung; m. Freiheitsstrafe ahndbar (§ 113 StGB), nicht svw. Aufwiegelung gg. Gesetz oder Obrigkeit.
Widerstandsbewegung, antifaschistische Untergrundbewegung als zugleich nat. Freiheitskampf; äußerte sich im 2. Weltkrieg in den ns. Dtld besetzten Ländern als passiver Widerstand der Völker, ferner als Sabotage, Überfälle, Partisanenkämpfe bis zu offenen Aufstand (Warschau 1944); in Dtld als Versuch, d. Diktatur Hitlers zu stürzen; ging v. verschiedenen Gruppen aller Kreise u. Schichten aus u. führte 1944 z. gescheiterten Staatsstreich des → zwanzigsten Juli.
Widerstandsrecht, i. Rahmen d. Notstandsgesetze im Grundges. verankert; Recht d. Bürgers auf Widerstand bei Angriffen auf die verf.mäßige Ordnung, wenn andere Abhilfe nicht möglich.
Widerstandszelle, *elektron.:* besteht aus Halbleiter (z. B. Selen, Selen-Tellur-Verbindungen) in evakuiertem Glasge-

fäß, ändert b. Lichtbestrahlung s. Widerstand (→ fotoelektrischer Effekt 1); Anwendung: z. Steuerung v. größeren Strömen (z. B. in Elektromotoren und Regelungstechnik).
Widerton, svw. → Haarmoos.
Widia®, Legierung aus Wolframcarbid, Titancarbid und Cobalt; Hartmetall für Werkzeugschneiden.
Widmer, Urs (* 21. 5. 1938), schweiz. Schriftst., Kritiker u. Übersetzer, gestaltet Gegenwelten zur bürgerl. Realität: *Die Forschungsreise; Schweizer Geschichten; Das enge Land;* große Erfolge als Hörspielautor u. Essayist.
Widor, Charles Marie (21. 2. 1844 bis 12. 3. 1937), frz. Organist u. Komponist; berühmte *Toccata.*
Widukind, *Wittekind,*
1) Sachsenhzg., schlug 782 fränk. Heer am Süntelgebirge; ließ sich, 785 von → Karl d. Gr. unterworfen, taufen; sein Grabmal in Enger (Westfalen).
2) W. von *Corvey* (10. Jh.), schrieb *Sachsengeschichte.*
Wiebelskirchen, seit 1974 St.teil v. → Neunkirchen.
Wiechert, Ernst (18. 5. 1887–24. 8. 1950), dt. Schriftst.; *Jedermann; Das einfache Leben; Die Jerominkinder; Missa sine nomine;* Novellen.
Wied, rheinländ. Fürstengeschlecht: *Elisabeth v. W.* → armen Sylva.
Wied, r. Nbfl. d. Rheins, v. Westerwald, 140 km, mündet b. Neuwied.
Wiedehopf, taubengroßer Rackenvogel mit aufrichtbarem Federschopf und langem, gebogenem Schnabel; Insektenfresser, Höhlenbrüter; in Dtld selten geworden, da Großinsekten als Nahrung fehlen.
Wiedenbrück → Rheda-Wiedenbrück.
Wiederaufbereitung, teilweise Rückgewinnung noch nutzbaren Brennstoffs aus abgebranntem atomaren Material in speziellen Anlagen.
Wiederaufnahme des Verfahrens, auf Antrag stattfindende Erneuerung d. Prozesses trotz rechtskräftiger Entscheidung; im Zivilprozeß durch → Nichtigkeitsklage (bei schweren Verfahrensmängeln) od. Restitutionsklage (wenn Grundlagen d. Urteils durch festgestellte Straftaten v. Beteiligten od. durch aufgefundene Urkunden erschüttert sind); im Strafprozeß nur Restitutionsklage, die sich gg. Beweisgrundlagen d. Urteils richtet (§§ 578 ff. ZPO, 359 ff. StPO).
Wiederbelebung, künstliche Atmung (→ Erste Hilfe, Übers.) u. Herzmassage; Injektion.
Wiederbeschaffungswert, *Wiederbeschaffungskosten,* Tages-/Marktpreis f. d. Ersatz e. Wirtsch.guts.
Wiedereinsetzung in den vorigen Stand, auf Antrag v. Gericht gewährte Beseitigung von Rechtsnachteilen, die durch entschuldbare Fristversäumnis u. ä. entstanden waren.
Wiedergeburt, *Palingenese,* christl.: (übertragen) durch Empfang der Taufe im Hl. Geist; in außerchristl. Religionen → Seelenwanderung.
Wiedergutmachung, Sammelbez. für W. von Schäden, die Personen aufgrund rassischer, rel., pol. Verfolgung an Leben, Körper, Gesundheit, Freiheit, Eigentum, Vermögen in ursächl. Zusammenhang mit Zwangsmaßnahmen des NS erlitten haben; zerfällt in:
Wiedergutmachung,
1) *Rückerstattung* (RE) noch feststellbar vorhandener Vermögensgegenstände (Hauptfall Grundbesitz), angeordnet durch die noch heute gültigen Gesetze der Mil.-Reg.en in den W-Zonen und W-Berlin; RE-Anspruch richtet sich gegen derzeitigen Besitzer. Zwangsweise Entziehung für alle Verkäufe Verfolgter ab 1933 kraft Ges. vermutet, Vermutung nur erschwert widerlegbar, kein Schutz guten Glaubens für Erwerber. RE nur zum Zeitpunkt der Entziehung feststellbarer Schäden mit Ersatzanspruch gegen DR, Preußen, NSDAP u. a. regelt das Bundesrückerstattungsgesetz v. 19. 7. 1957;
2) eigtl. W., Entschädigung für individuelle v. Verfolgten unter d. NS durch Verfolgungsmaßnahmen (z. B. KZ-Haft, Enteignung, Juden-Abgabe) erlittene Schäden an Leben, Gesundheit, Freiheit, Berufsfortkommen, Eigentum, geregelt durch das *Bundesentschädigungsgesetz* vom 18. 9. 1953 (mehrfach ergänzt), wonach alle in der Zeit v. 30. 1. 1933 bis 8. 5. 1945 geschädigten Personen Ansprüche auf Entschädigung geltend machen können. Es werden Renten, Kapitalabfindungen, Heilbehandlung u. Ausbildungsentschädigungen gewährt; außerdem Existenzaufbaudarlehen;
3) BR schloß bis Mitte 1964 mit 12 eur. Staaten Wiedergutmachungsverträge über insges. 1 Mrd. DM, die unmittelbar an Geschädigte ausgezahlt wurden;
4) BR leistet ferner an Israel (Wiedergutmachungsabkommen BR mit Israel vom 10. 9. 1952) eine globale Eingliederungshilfe, die nicht an einzelne Geschädigte ausgezahlt wird; insges. 3,5 Mrd. DM 1952–65.
Wiederkäuer, paarzehige Huftiere (z. B. Rinder, Schafe, Ziegen, Antilopen, Hirsche, Giraffen, Kamele); Nahrung geht zunächst in den *Pansen* und Netzmagen, dann z. Wiederkäuen zurück ins Maul, von dort in den *Blätter-* u. *Labmagen.*
Wiederkaufsrecht, svw. → Rückkaufsrecht.
Wiedertäufer, *Anabaptisten,* Bewegung d. Reformationszeit mit Erwachsenentaufe, von Luther als ,,Schwarmgeister" bekämpft; gründeten in Münster (Westf.) 1534 das Reich ,,Zion" mit Gütergemeinschaft u. Vielweiberei unter *Knipperdolling* und *Johann v. Leiden (Bokkelson)* als ,,König"; nach vernichtender Niederlage 1535 bei Münster blutiges Strafgericht, Hinrichtung der Anführer.
Wiedervereinigung, im → Potsdamer Abkommen 1945 von den Siegermächten zugesagte Beseitigung d. 1945 herbeigeführten Spaltung Deutschlands; durch die Gründung der BR 1948 und der DDR 1949 sowie dem Anschluß dieser an westl. bzw. östl. Machtblock erschwert u. erst durch Umgestaltung d. sowj. Pol. unter → Gorbatschow sowie Auflösung d. → Ostblocks ermöglicht; durch Beitritt der → DDR zur BR → Deutschland am 3. 10. 1990 verwirklicht.
Wiegand, Theodor (30. 10. 1864 bis 19. 12. 1936), dt. Archäologe; Ausgrabungen u. a. in Priene, Milet, Didyma u. Pergamon; Gründer d. Pergamon-Museums in Berlin.
Wiegendrucke, *Inkunabeln, Erstlingsdrucke,* alle vor 1500 hergestellten Buchdruckerzeugnisse.
Wiehengebirge, Teil d. Weserberglands.
Wiehl (D-51674), St. im Oberbergischen Kr., Rgbz. Köln, NRW, 23 496 E; div. Ind.; Fremdenverkehr; Tropfsteinhöhle, Dahlienschau.
Wiek, a. d. dt. Ostseeküste Bez. f. flache Bucht.
Wieland,
1) Christoph Martin (5. 9. 1733 bis 20. 1. 1813), dt. Rokokodichter; Romane: *Geschichte d. Agathon; D. Abderiten;* Verserzählungen: *Oberon u. Musarion.* Übersetzer Shakespeares u. antiker Dichter; Hg. der Zeitschrift *(Neuer) Teutscher Merkur.*
2) Heinrich Otto (4. 6. 1877 bis 5. 8. 1957), dt. Chem.; Forschungen über Konstitution v. Gallensäuren; Nobelpr. 1927.
Wieland der Schmied, altgerman. Sagengestalt; gefangen u. gelähmt, schmiedet sich Flügel u. entflieht.
Wieliczka [vjɛˈlitʃ-], poln. St. südöstl. v. Krakau, 17 000 E; Kloster; Solbad, Steinsalzbergwerk.
Wien, Wilhelm (13. 1. 1864–30. 8. 1928), dt. Phys.; Wärmestrahlung; Nobelpr. 1911.
Wien (A-1010–1230), Hptst. d. BR Österreich, an d. Donau am NO-Ende d. Alpen und am Fuße des Wienerwaldes; 1,59 Mill. E; selbst. Bundesland, 415 km²; Erzbischofssitz, bed. kirchl. u. welt. Bauten: u. a. Stephansdom (13. bis 16. Jh., 137 m hoch); Hofburg, Rathaus, Parlament, Burgtheater, Staatsoper, Uni. (1365 gegr.), TU, Wirtsch.wiss. Uni., Uni. f. Bodenkultur, Veterinärmed. Uni., Akad. d. bildenden Künste, HS f. Mus. u. darstellende Kunst, HS f. angewandte Kunst; Museen; Nat.bibliothek; Sitz der Intern. Atomenergiebehörde (IAEO), d. Organisation für ind. Entwicklung (UNIDO) u. a. UN-Organisationen sowie d. OPEC u. d. IIASA; UNO-City. Zahlreiche ind. Inst.: Maschinenbau, Textil-, Bekleidungs- u. Elektroind.; U- und S-Bahn; Flughafen; Natur- u. Vergnügungspark Prater, Landschaftsschutzgebiet Lainzer Tiergarten und Lobau, Kahlenberg u. Leopoldsberg; Schlösser Schönbrunn, Belvedere, nahebei Schloß Laxenburg. – An der Stelle eines röm. Lagers *(Vindobona)* entstanden, im 12. Jh. Residenz der Babenberger, 1221 Stadtrecht; 1276–1918 Residenz der Habsburger; 1529 u. 1683 von Türken belagert; Wiener Friedensschlüsse: 1809 zw. Napoleon u. Franz I., 1864 Beendigung d. Dt.-Dän., 1866 d. Östr.-It. Krieges. 1814/15 Wiener Kongreß. 1945–55 v. alliierten Truppen besetzt; 1979 Eröffnung d. UNO-City.
Wienberg, Ludolf (25. 12. 1802–2. 1. 72), dt. Schriftsteller u. Gelehrter, gab d. ,,Jungen Deutschland" den Namen.
Wiene, Robert (16. 11. 1880–17. 7. 1938), dt. Schausp. u. Filmregisseur; *Das Kabinett des Dr. Caligari* (1919); *I.N.R.I.* (1923).
Wiener,
1) Alfred (16. 3. 1885–4. 2. 1964), Generalsekretär des Zentralvereins deutscher Staatsbürger jüdischen Glaubens

Wiedehopf

Christoph M. Wieland

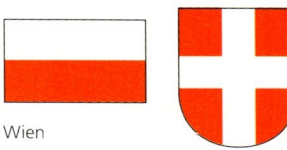
Wien

Wien, Stephansdom

(Weimarer Zeit) und Begründer der Wiener Library.
2) Norbert (26. 11. 1894–18. 3. 1964), am. Math.; entwickelte die Grundlagen für die Informationstheorie, bahnbrechende Arbeiten auf d. Gebiet d. → Kybernetik.

Wiener Becken, das niederöstr. Senkungsfeld zw. March, Alpen u. Leithagebirge; Erdöl, -gas.

Wiener Klassik, Periode i. d. Musikgesch., zw. 1781 u. 1827; Hptvertr.: *Haydn, Mozart, Beethoven.*

Wiener Kongreß, 1814/15, ordnete d. eur. Staatensystem nach d. Napoleonischen Kriegen neu nach d. Prinzipien der Restauration, Legitimität u. Solidarität; Hauptbestimmungen: die *W. Schlußakte* (auch → Deutscher Bund).

Wiener Konvention *über konsularische Beziehungen 1973,* regelt Funktionen, Rechte u. Immunität v. Konsulaten.

Wiener Kreis, nach d. 1. Weltkrieg in Wien entstandene Philosophenschule d. Logistik in Verbindung m. → Neupositivismus; Hptvertr.: R. *Carnap,* O. *Neurath,* M. *Schlick,* L. *Wittgenstein.*

Wiener Neustadt (A-2700), niederöstr. St. m. eigenem Statut; an der Eisenbahnlinie Wien–Graz, 35 134 E; Dom; Schulstadt, Handelsst., Verkehrsknotenpunkt. Militärakad., Textil- u. Metallind., Mil.- u. Zivilflugplatz.

Wiener Schule, die v. *Schönberg* u. seinen Schülern *Berg* u. *Webern* gegr. Schule d. Neuen Musik auf d. Grundlage v. Atonalität u. → Zwölftontechnik.

Wiener Sezession → Sezession.

Wienerwald, nordöstlichster Ausläufer d. O-Alpen bei Wien mit *Schöpfl,* 893 m, u. → Kahlenberg.

Wiener Werkstätte, Vereinigung v. Kunsthandwerkern (1903–32), gegr. v. J. Hoffmann, K. Moser u. F. Waerndorfer z. Erneuerung d. angewandten Künste in d. klaren (meist geometrisierenden) Formen d. Stils d. Wiener → Sezession.

Wieniawski, Henri (10. 7. 1835–31. 3. 80), poln. Geiger u. Komponist.

Wieringen, ndl. ehem. Insel nordwestl. d. Zuidersee; seit d. Trockenlegung Nordteil des ***Wieringermeerpolders*** (200 km²).

Wies, Die, Wallfahrtskirche b. Steingaden in Oberbayern, Rokokobau (1746 bis 54 v. → Zimmermann, Dominikus erbaut), s. 1983 Weltkulturerbe.

Wiesbaden (D-65183–207), Hptst. des Landes Hessen, krfreie St., am S-Hang d. Taunus. Kur- u. Badeort (Rheuma, Gicht, Ischias) m. Kochsalz-Thermalquellen bis 68 °C; Rheinhafen, große Spielkasino, Kurhaus m. Kongreßzentrum, Staatstheater, Schloß; LG, AG, Verw.ger., IHK, HWK, Statist. B.amt; BKA (Interpol); Dt. Klinik f. Diagnostik; Verlage, Filmateliers, div. Ind.; Weinhandel, Sektkellereien.

Wiese, r. Nbfl. d. Rheins bei Basel, aus dem Schwarzwald, 82 km lang.

Wiesel,
1) Elie (* 30. 9. 1928), jüd.-am. Schriftst. Kämpfer gegen Rassismus, für Frieden, Versöhnung u. Menschenrechte. Friedensnobelpr. 1986.
2) Torsten N. (* 3. 6. 1924), schwed. Neurobiol.; (zus. m. R. W. → Sperry u. D. H. → Hubel) Nobelpr. 1981 (Forschungen zu d. Sehrindenzellen).

Wies, *Blick zum Chor*

Wiesbaden, *Kurhaus*

Kleines Wiesel, Mauswiesel

Großer Wiesenknopf

Wil, *Alter Hof*

Wiesel, Gattung d. Marder; → Hermelin und Mauswiesel.

Wiesenknarrer, svw. → Wachtelkönig.

Wiesenknopf, kraut. Rosengewächs m. rotbraunen Blüten.

Wiesenschaumkraut → Schaumkraut.

Wiesenschmätzer → Schmätzer.

Wiesenthal, Simon (* 31. 12. 1908), Leiter d. Dokumentationszentrums des Bundes jüd. Verfolgter d. NS-Regimes. Autor mehrerer Bücher: *KZ Mauthausen* (1946), *Doch die Mörder leben* (1967), *Max und Helen* (1981), *Jeder Tag ein Gedenktag* (1988).

Wiesen- u. Weidewirtschaft, als Teil eines landw. Betriebes oder als Spezialbetrieb (Gebirge, Küstengebiet) unterhaltene Grünlandwirtschaft.

Wieser, Friedrich v. (10. 7. 1851–23. 7. 1926), östr. Nationalökonom; *D. natürl. Wert.*

Wieskirche → Wies.

Wiesloch (D-69168), Gr.Krst. i. Rhein-Neckar-Kr., Ba-Wü., 24 100 E; AG; Psychiatr. Landeskrankenhaus, Wein-, Obstbau; Ind.

Wiesmoor, urbar gemachtes Großmoor in Ostfriesland; torfgeheizte Kraftwerke.

Wight [waɪt], *Isle of W.,* engl. Kanalinsel, vor der S-Küste Englands, Kreidelandschaft, 381 km², 124 500 E; Seebäder; Hptort Newport.

Wigman, Mary (13. 11. 1886–19. 9. 1973), dt. Tänzerin u. Choreographin; → Laban-Schülerin; begr. *W.-Schule.*

Wigner, Eugene P. (17. 2. 1902–1. 1. 1995), ungar.-am. Kernphys.; Forschungen über die → Quantentheorie; Nobelpr. 1963.

Wigwam, *m.,* Hütte d. nordam. Indianer.

Wijtunga [ˈvidʒ-], Dingiri Banda (* 1922), 1989–93 Min.präs.; 1993/94 Staatspräs.; Sri Lanka.

Wikinger → Normannen.

Wil (CH-9500), Bez.st. i. Kanton St. Gallen, Schweiz, 16 450 E; ma. Altstadt, ehem. Residenz d. Äbte v. St. Gallen.

Wilajet, *s.,* türk. Verwaltungsbezirk.

Wilamowitz-Moellendorff, Ulrich v. (22. 12. 1848–25. 9. 1931), dt. Altphilologe; *Die Ilias u. Homer;* Übersetzung: *Griech. Tragödien.*

Wild, jagdbare Tiere, → Hoch-W., Nieder-W.

Wildbad im Schwarzwald (D-75323), St. u. Heilbad an d. Enz, i. Kr. Calw, Ba-Wü., 430–960 müM, 11 546 E; warme Quellen (35–41 °C) gg. Rheuma, Gicht, Ischias, Lähmungen, Nervenleiden; Kurmittelzentrum und Thermal-Schwimmbad.

Wildbäder, Thermalbäder (über 20 °C) mit weniger als 1 g gelöster Stoffe auf 1 l Wasser (z. B. Badenweiler, Bad Gastein, Schlangenbad, Wildbad).

Wildbahn, Jagdgebiet; *freie W.,* offenes Jagdrevier, freie Natur.

Wildbeuter, Bez. f. d. Jäger-, Fischer- u. Sammlervölker, bes. in d. Zeit vor d. Seßhaftwerdung.

Wildbret, *Wildpret,* Fleisch des Nutzwilds.

Wilddieberei, *Wilderei,* unberechtigtes Jagen, Fischen od. Zueignung; Beschädigung oder Zerstörung v. Sachen, die dem Jagd- bzw. Fischereirecht unterliegen; strafbar nach §§ 292 ff. StGB.

Wilde [waɪld], Oscar (16. 10. 1854 bis 30. 11. 1900), irischer Dichter; Gesellschaftskomödien: *Lady Windermeres Fächer;* *E. idealer Gatte;* Tragödie: *Salome* (von R. Strauss vertont); Roman: *Das Bildnis des Dorian Gray;* Märchen, Erzählungen: *D. Gespenst v. Canterville.*

Wilde Jagd, *Wildes Heer,* i. d. nord. Sage nächtl. Geisterheer, das im Sturm durch die Lüfte braust; meist von Wodan *(Odin)* angeführt.

Wildenbruch, Ernst v. (3. 2. 1845 bis 15. 1. 1909), dt. Schriftsteller; nationalhistorische Dramen: *Die Quitzows;* Novellen.

Wilder [ˈwaɪldə],
1) Billy (Samuel) (* 22. 6. 1906), am. Filmregisseur östr. Herkunft; *Double Indemnity* (1943); *Sunset Boulevard* (1950); *Some Like It Hot* (1959); *The Apartment* (1960); *The Front Page* (1974).
2) Thornton (17. 4. 1897–7. 12. 1975), am. Dichter; humanist. Romane: *Die Brücke von San Luis Rey;* *Die Iden d. März;* Bühnenstücke: *Unsere kleine Stadt;* *Wir sind noch einmal davongekommen.*

Wilderei, svw. Wilddieberei (→ Wild).

Wildermuth, Ottilie (22. 2. 1817 bis 12. 7. 77), schwäb. christl. Erzählerin u. Jugendschriftstellerin.

wilder Wein, *Parthenocissus,* Zaunrebe, nordam. u. ostasiat. Kletterstrauch; verbreitete Zierpflanzen.

wildes Fleisch, übermäßige → Granulation.

Wildeshausen (D-27793), St. u. Luftkurort i. Kr. Oldenburg (O.), Nds., 14 480 E; AG; Basilika (13. Jh.); Masch.- u. Textilind.

Wildgans, Anton (17. 4. 1881–3. 5. 1932), östr. Schriftst.; Direktor des Wiener Burgtheaters; Lyrik; soziale Dramen; *... und hätten der Liebe nicht ...; Kain.*

Wildhege, Maßnahmen d. Jägers z. Schutz u. z. Pflege d. Wildes u. dessen Lebensraum.

Wildkatze → Katzen.

Wildleder, Leder aus Hirsch-, Rentier-, auch Schaf- od. Ziegenhaut; mit Fetten gegerbt; durch Abschleifen auf d. Fleischseite samtig weich.

Wildlife Management, Wildtiermanagement, Einwirkung des Menschen, Wildtiere u. deren Lebensräume, um bestimmte Ziele zu erreichen.

Wildling → Veredlung.

Wildretter, Vorrichtung an Mähmaschinen (meist seitwärts angebrachte Taststäbe, Ketten od. Tuch), um Wild v. dem Mähtod z. schützen.

Wildschaden, durch → Wild angerichtet; verpflichtet Jagdberechtigten zum Schadenersatz (§§ 29 ff. Bundesjagdges.).

Wildschwein → Schweine.

Wildspitze, Gipfel der Ötztaler Alpen, 3774 m.

Wildwasser, v. Menschen nicht verändertes Fließgewässer m. starker Strömung u. groben natürl. Hindernissen i. Flußbett.

Wilhelm [ahdt. „der Schutzwillige"],
a) *Dt. Könige:*
1) W. v. Holland (1227–28. 1. 56), dt. Kg s. 1247, Gegenkg Friedrichs II.
b) *Dt. Kaiser, Kge v. Preußen:*

2) W. I. (22. 3. 1797–9. 3. 1888), 1857 Stellvertr., 1858 Regentschaft für Friedrich Wilhelm IV., s. 1861 Kg, berief 1862 Bismarck zum Min.präs.; 18. 1. 1871 in Versailles zum Dt. Kaiser proklamiert (→ deutsche Geschichte, Übers.).
3) W. II. (27. 1. 1859–4. 6. 1941), Kaiser 1888–1918; Sohn Kaiser Friedrichs (→ Friedrich 4); s. 1881 vermählt m. Auguste Viktoria, Prinzessin z. Schl-Ho. († 1921); entließ 1890 Bismarck; Versuche eigener Weltpolitik; angegriffen wegen seines „persönl. Regiments"; Nov. 1918 Flucht nach Holland (→ Doorn) u. Thronverzicht.
4) Friedrich W. (6. 5. 1882–20. 7. 1951), dt. Kronprinz u. Kronprinz von Preußen.
c) Kge von England:
5) W. der Eroberer (1027–9. 9. 87), Hzg d. Normandie, eroberte 1066 (→ Hastings) England.
6) W. III. v. Oranien (14. 11. 1650 bis 19. 3. 1702), 1689 nach Vertreibung der kath. Stuarts durch → Testakte auf den engl. Thron erhoben.
7) W. IV. (21. 8. 1765–20. 6. 1837), Kg s. 1830, Parlamentsreform.
d) Statthalter d. Ndl.:
8) W. v. Oranien (25. 4. 1533–10. 7. 84), Führer i. Freiheitskampf der protestant. Ndl. gg. → Philipp II. v. Spanien.
9) W., Name von Kurfürsten v. *Hessen,* Kgen d. *Ndl.,* v. *Württemberg* u. a.
Wilhelmina, (31. 8. 1880–28. 11. 1962), Kgn d. Ndl 1890–1948.
Wilhelmine Sophie Friederike, Markgräfin von Bayreuth (1709–58), Lieblingsschwester → Friedrichs d. Gr.
Wilhelm-Pieck-Stadt Guben → Guben.
Wilhelmshaven (D-26382–89), krfr. St. i. Rgbz. Weser-Ems, Nds., 91 900 E; Fach-HS, Forschungsanst. d. Senckenberg-Ges.; Vogelwarte „Helgoland" m. Museum; nds. Landesstelle f. Marschen- u. Wurtenforschung; Seewasseraquarium; Dt. Marinemus.; AG; größter Tiefwasser- u. Ölhafen Europas m. Pipeline ins Ruhrgebiet; größte Seeschleuse d. Welt; Marinegarnisonstadt; 1978 Inst. f. Meeresbiol.
Wilhelmshöhe, Schloß (1786–1803) bei Kassel mit barockem Park: Oktogon mit Kaskaden (280 m lang); 1870/71 Aufenthalt Napoleons III. als Kriegsgefangener.
Wilhelmstraße, Hptstraße d. Berliner Regierungsviertels bis 1945, mit Palais d. Reichspräs., Reichskanzlei und dem nach der Wilhelmstraße benannten Auswärtigen Amt; 1964 umben. in *Otto-Grotewohl-Straße.*
Wilkau-Haßlau (D-08112), St. im Kr. Zwickau, Sa., 10434 E; Textil- u. Leichtind., Papier-, Möbelfabrikation.
Wilke, Rudolf (27. 10. 1873–4. 11. 1908), dt. Maler u. hpts. Zeichner d. Jugendstils; als e. Hptmeister d. Karikatur Mitarbeiter a. d. Zeitschriften „Simplicissimus" u. „Jugend".
Wilkins, Maurice H. (* 15. 12. 1916), engl. Biophys.; Nobelpr. 1962 (Desoxyribonukleinsäureforschung).
Wilkinson, Geoffrey (* 14. 7. 1921), engl. Chem.; Forschungen z. metallorgan. Chemie; Nobelpr. 1973.
Willaert [-'la:rt], Adrian (um 1480/90 bis 7. 12. 1562), ndl. Komp.; Passionen, Messen, Motetten, *Vesper-Psalmen;* Begr. d. → *Venezianischen Schule.*
Wille, Bruno (6. 2. 1860–31. 8. 1928), dt. naturalist. Schriftst.; Begr. d. Volksbühne; *Die Abendburg.*
Willebrands, Jan (* 4. 9. 1909), ndl. Theol.; 1975–83 Erzbischof v. Utrecht u. Primas d. Niederlande, Kardinal.
Willemer, Marianne von, geb. *Jung* (20. 11. 1784–6. 12. 1860), Freundin → Goethes; als „Suleika" im *Westöstl. Diwan* personifiziert; darin einige Gedichte von ihr.
Willenserklärung, *jur.* jede ausdrückl. oder stillschweigende bestimmte Äußerung, die auf einen konkreten rechtl. Erfolg gerichtet ist.
Willensfreiheit, die Selbstbestimmung des Handelns durch d. Wollenden. W. ist Voraussetzung für → Verantwortung.
Willensmängel, berechtigen unter Umständen zur → Anfechtung.
Williams ['wɪljəmz],
1) Betty (* 22. 5. 1943), irische Friedenskämpferin; Mitbgr. d. nordirischen Friedensbewegung „Frauen f. d. Frieden"; Friedensnobelpr. 1976 (1977 nachträgl. zus. m. M. Corrigan).
2) Tennessee (26. 3. 1911–25. 2. 83), am. Dramatiker u. Erzähler; *D. Glasmenagerie; Endstation Sehnsucht; Die Katze auf dem heißen Blechdach; Die Nacht des Leguan; Die sieben Abstiege Myrtles.*
Willibrord (658–739), christl. Apostel der Friesen.
Willich (D-47877), St. i. Kr. Viersen, am Niederrhein, NRW, 44 300 E; Metall-, Kunststoff- u. Textilind.
Willigis (975–1011), Erzbischof von Mainz; otton. Kanzler; begann Dombau in Mainz; Hlg.
Willmann, Michael (get. 27. 9. 1630 bis 26. 8. 1706), dt. Barockmaler; Schüler v. Rembrandt u. Rubens; Altarbilder, Landschaften.
Willstätter, Richard (13. 8. 1872–3. 8. 1942), dt. Chem., Erforschung des Chlorophyll und anderer Pflanzenfarbstoffe (Anthocyane); Nobelpr. 1915.
Wilmington ['wɪlmɪŋtən], St. im US-Staat Delaware, 70 000 E; Eisen-, Stahl-, Textilind.
Wilms, Dorothee (* 11. 10. 1929), CDU-Pol.in; 1982–87 B.min. f. Bildung u. Wiss., 1987–91 B.min. f. innerdt. Beziehungen.
Wilms-Tumor, Nierenkrebsart, besonders im Kindesalter.
Wilna, lit. *Vilnius,* Hptst. Litauens, an der Wilija, 597 000 E; orthodoxes u. röm.-kath. Erzbistum, Uni., Kathedrale; Metall- u. Holzind. – Seit 1323 Hptst. d. Großfürstentums Litauen, 1795 russ., 1920–39 polnisch.
Wilnsdorf (D-57234), Gem. i. Kr. Siegen-Wittgenstein, NRW, 21 200 E; div. Ind.
Wilson ['wɪlsn],
1) Angus (11. 8. 1913 bis 31. 5. 91), engl. Schriftst.; *Späte Entdeckungen.*
2) Charles Thomson Rees (14. 2. 1869 bis 15. 11. 1959), engl. Phys.; erfand d. → *Nebel-(W.-)Kammer;* Nobelpr. 1927.
3) Sir Harold (11. 3. 1916–24. 5. 1995), engl. Pol.; 1947–51 Handelsmin., 1963–76 Vors. d. Labour Party, 1964–70 u. 1974–76 Premiermin.
4) Henry Maitland (1881–1964), brit. Feldm., 1942 Befehlsh. im ges. Mittleren Osten, 1944 oberster interalliierter Befehlsh. im Mittelmeer.
5) Kenneth G. (* 8. 6. 1936), am. Phys.; Nobelpr. 1982 (krit. Phänomene b. Phasenumwandlungen).
6) Robert (* 4. 10. 1941), am. Theaterregisseur u. Performance-Künstler; Bemühen um Gesamtkunstwerk b. gleichzeitiger Reduktion traditioneller Handlungselemente; *The CIVIL warS* (urspr. geplant f. d. Kulturprogramm d. Olymp. Sommerspiele 1984); Szenario zu *Einstein on the Beach* (Musik v. Ph. → Glass).

Wildspitze

Thornton Wilder

Wilhelm I.

Wilhelm v. Oranien

Tennessee Williams

Harold Wilson

Wilna, Glockenturm

Schloß Wilhelmshöhe, *Orangerie*

7) Robert W. (* 10. 1. 1936), am. Phys.; (zus. m. P. → Kapitza u. A. A. → Penzias) Nobelpr. 1978 (Entdeckung d. kosm. Hintergrundstrahlung).
8) Thomas Woodrow (28. 12. 1856 bis 3. 2. 1924), am. demokr. Pol.; 28. Präs. d. USA 1913–21, stellte 1918 ein Friedensprogramm (→ *Vierzehn Punkte*) auf; Friedensnobelpreis 1919.
Wilsonsche Krankheit, erbl. Kupferspeicherkrankheit, Schädigung von Gehirn und Leber.
Wimbledon ['wɪmbldən], Teil d. Londoner St.teils Merton; Tennisturniere.
Wimmer, Hans (19. 3. 1907–7.8.92), dt. Bildhauer; Porträts u. a. von Heidegger, Furtwängler, Carossa; Tierplastiken.
Wimperg, Ziergiebel über got. Portalen u. Fenstern.
Wimpertierchen, *Z(C)iliaten, Infusorien,* höchstorganisierte Klasse der → Urtiere m. organähnl. Differenzierungen (Organellen) der einzelnen Körpers (Zellmund, -after, kontraktile Vakuole, Saugtentakel); *Pantoffel-, Trompeten-, Glockentierchen, Sauginfusorien.*
Winchester ['wɪntʃɪstə], engl. St. in d. Gft Hampshire, 34 000 E; Kathedrale (10./11.–15. Jh.).
Winchester-Rifle [engl. -'raɪfl], Jagdbüchse m. gezogenem Lauf.
Winckelmann, Johann Joachim (9. 12. 1717–8. 6. 68), dt. Kunstgelehrter; Begr. der wiss. (Kunst-)Archäologie; bedeutsam f. Entwicklung d. dt. Klassizismus; *Geschichte der Kunst des Altertums.*
Winckler, Josef (6. 7. 1881–29. 1. 1966), westfäl. Volksdichter; Romane: *Der tolle Bomberg; Pumpernickel;* Schwänke: *Der Alte Fritz.*
Wind, Strömung in d. Atmosphäre, erzeugt durch Luftdruckunterschied an versch. Orten; *Boden-W.,* wegen Reibung am Erdboden langsamer als höhere Winde, auf der nördl. Halbkugel nach rechts, auf der südl. nach links abgelenkt durch d. Erdrotation.
Windau, lett. *Ventspils,* Hafenst. in Lettland (Kurland), an der Mündung der W. (213 km lang) in die Ostsee, 44 000 E; Holzind., Fischerei.
Windaus, Adolf (25. 12. 1876–9. 6. 1959), dt. Chem.; *Vitamin-* (bes. Vitamin-D-)Forschungen; Nobelpr. 1928.
Windbüchse, leichte Schußwaffe mit zusammengepreßter Luft als Triebkraft; Luftgewehr, -pistole.
Winddruck, veränderl. nach → Windstärke, Höhenlage, Flächenausbildung u. Außenform des Körpers; → Stromlinienform u. → Luftwiderstand.
Winde, Vorrichtung
1) zum Hochstemmen u. Absenken v. Lasten mittels Zahnrad, Schraube od. auch hydraul. getriebener Hubstange;
2) zur Lastenbewegung mittels Seil- (auch Ketten-)Trommel, von Hand oder mit Motoren betrieben.
Windeck (D-51570), Fremdenverkehrsgem. im Rhein-Sieg-Kr., NRW, 18 921 E.
Windelband, Wilhelm (11. 5. 1848 bis 22. 10. 1915), dt. Wertphil. (Neukantianer); *Geschichte d. neueren Phil.*
Windeldermatitis, Entzündung mit Rötung, Juckreiz, Brennen usw. an Rücken u. After von Säuglingen.
Windelen, Heinrich (* 25. 6. 1921), CDU-Pol.; 1969 B.vertriebenenmin.,

Zaunwinde

1981–83 Vizepräs. des Bundestages, 1983–87 B.min. f. innerdt. Beziehungen.
Winden, windende Pflanzen mit Trichterblüten (z. B. *Acker-W., Zaun-W.*); auch Zierpflanzen.
Winderhitzer, *Cowperscher Apparat,* i. d. Hüttentechnik Anordnung von gemauerten Zellen z. Abgabe aufgespeicherter Abgaswärme an die zugeführte Luft (→ Regenerativfeuerung, z. B. beim Martinofen, → Eisen- u. Stahlgewinnung).
Windfrischen, Durchblasen von schmelzwarmem Eisen mit Luft; → Eisen- u. Stahlgewinnung, Übers.
Windhose, Luftwirbel in trichterförmiger Gestalt, bis 1000 m hoch; kann oft Wasser oder Sand mit sich führen.
Windhuk, *Windhoek,* Hptst. von Namibia, 159 000 E (davon 50% Weiße); anglikan. Bischofssitz.
Windhunde, lang- und schmalgliedrige Hunderassen; Hetz- u. Jagdhunde, *Engl. Windhund (Greyhound),* kurzhaarig; *Russ. (Barsoi)* u. *Afghan. W.* langhaarig; Zwergformen *Italien. Windspiel* u. *Whippet.*
Windisch-Grätz, Alfred Fürst zu (11. 5. 1787–21. 3. 1862), östr. Heerführer; unterdrückte die Aufstände in Prag und Wien 1848.

Windstärken

Stärke	m/s	an Land	auf See
0	0,0 – 0,2	Windstille	Kalme
1	0,3 – 1,5	Leiser Zug	Leiser Zug
2	1,6 – 3,3	Leichter Wind	Leichte Brise
3	3,4 – 5,4	Schwacher Wind	Schwache Brise
4	5,5 – 7,9	Mäßiger Wind	Mäßige Brise
5	8,0 – 10,7	Frischer Wind	Frische Brise
6	10,8 – 13,8	Starker Wind	Starker Wind
7	13,9 – 17,1	Steifer Wind	Steifer Wind
8	17,2 – 20,7	Stürmischer Wind	Stürmischer Wind
9	20,8 – 24,4	Sturm	Sturm
10	24,5 – 28,4	Schwerer Sturm	Schwerer Sturm
11	28,5 – 32,6	Orkanartiger Sturm	Orkanartiger Sturm
12	32,7 und mehr	Orkan	Orkan

Kleiner Winterling

Windkanal, Anlage mit umlaufender Luft u. an Meßvorrichtungen befestigten Flugzeugteilen u. -modellen, deren aerodynam. Verhalten festgestellt wird; im *Überschall-W.* mehr als Schallgeschwindigkeit; auch f. d. Untersuchung v. Kraftfahrzeugen z. Verminderung d. → Luftwiderstands eingesetzt.
Windkessel → Pumpe.
Windkraftanlage, zur Gewinnung mechan. oder el. Energie, Fortentwicklung der → Windmühle; *Windrad-*Durchmesser bis 10 m, Leistung ca. 100 kWh tägl., jedoch Vollast nur bei 20%, Stilliegen bis 30% d. Gesamtzeit; nur in windreichen Gebieten (Küste) effektiv.
Windmühle, angetrieben durch Windflügelrad m. vier u. mehr hölzernen, um waagerechte Achse rotierenden Flügeln; bei d. W.n *Bock-W.,* ganze W., bei ndl. nur Kappe drehbar; die Einstellung in Windrichtung erfolgt meist selbsttätig.
Windpocken, *Varizellen, Spitz-, Schafblattern, Wasserpocken,* im allg. harmlose, fieberhafte, meist juckende, äußerst ansteckende Kinderkrankheit mit Pustelbildung der Haut; Virusinfektion; Spätfolge: → Gürtelrose.
Windröschen → Anemone.
Windrose, Aufzeichnung der hauptsächlichsten Himmelsrichtungen in kreisförmiger Anordnung.
Windschatten, Raum schwacher Luftbewegung hinter Strömungshindernissen.
Windsor ['wɪnzə],
1) St. in der Gft Berkshire an der Themse (34 km westl. v. London), 31 000 E; kgl. Schloß, Park, kgl. Grabstätten. – Das engl. Königshaus (Coburg) nennt sich s. 1917 *Haus W.; Herzog v. W.,* s. 1936 Titel des früheren engl. Kgs Eduard VIII.
2) St. in d. kanad. Prov. Ontario, a. Detroit-Fluß gegenüber Detroit (USA), 193 000 E; Kraftwagen- u. Maschinenbau.
Windstärke, gemessen (mit *Anemometer*) nach Windgeschwindigkeit oder geschätzt aus Windwirkungen in 12teiliger Beaufortskala (→ Tabelle).
Windstillen → Kalmen.
Windsurfing [-,sɜːf-], Segeln auf e. 3,5–4 m langen u. ca. 60 cm breiten Holz- od. Polyesterbrett mit Schwert u. Heckflosse; Segelfläche 5–6 m²; wettkampfmäßig auch als Tandemsurfing.
Windthorst, Ludwig (17. 1. 1812 bis 14. 3. 91), bis 1865 hannoversch. Min.; später Führer des Zentrums; Hptgegner Bismarcks, bes. im Kulturkampf.
Windward-Inseln ['wɪndwəd-], Inselgruppe d. Kleinen Antillen, der südl. Teil der *Inseln über dem Winde* (Dominica, St. Lucia, St. Vincent), → Westindien.
Winfried → Bonifatius.
Winkel, math. der Richtungsunterschied zweier Geraden; ihr Schnittpunkt heißt *Scheitel(punkt)* des W.s; *rechter W.:* die Geraden stehen aufeinander senkrecht; *spitze W.* sind kleiner, *stumpfe W.* größer als 90 → Grad.
Winkeleisen → Walzeisen.
Winkelfunktionen → Trigonometrie.
Winkelmaß → Sternbilder, Übers.
Winkelried, Arnold, sagenhafter schweizerischer Nationalheld, brach bei → Sempach (1386) mit Aufopferung

seines Lebens eine Bresche in die östr. Speerreihe und entschied damit die Schlacht.

Winkelsucher, Kamerazubehör, das am Okular befestigt wird; ermöglicht bequemen, senkrechten Blick auf d. Sucherbild von oben.

Winkler,
1) Clemens (26. 12. 1838–8. 10. 1904), dt. Chem.; Begr. der techn. Gasanalyse u. des Kontaktverfahrens zur Schwefelsäuregewinnung (1878), Entdecker d. Elements Germanium.
2) Hans Günter (* 24. 7. 1926), dt. Springreiter; fünfmaliger Olympia-Sieger (1956 in Einzel- u. Mannschaftswertung; 1960, 1964 u. 1972), WM 1954 u. 55, EM 1957; W. erzielte s. größten Erfolge auf „Halla".

Winnenden (D-71364), St. i. Rems-Murr-Kr., Ba-Wü., 24 655 E; Schloß *Winnental* m. Schloßkirche, Wehrbauten, Fachwerkhäuser; Weinbau; div. Ind.

Winnig, August (31. 3. 1878–3. 11. 1956), dt. Pol. u. Schriftst.; *Das Reich als Republik 1918–28; Das Buch Wanderschaft.*

Winnipeg ['wɪ-], Hptst. der kanad. Prov. Manitoba; 617 000 E; Erzbischofssitz, Uni.; wichtiger Getreidemarkt.

Winnipegsee, kanad. See, 24 387 km², 18 m tief, 425 km lang.

Winsen (Luhe) (D-21423), Krst. d. Kr. Harburg, Nds., 27 831 E; AG; Schloß; versch. Gewerbe; Geburtsort v. J. P. → Eckermann.

Winter, Fritz (22. 9. 1905–1. 10. 76), dt. abstrakter Maler.

Winter, astronom. d. Zeit zw. W.sonnenwende (21. 12.) bis Frühlings-Äquinoktium (21. 3.), auf der südl. Halbkugel 21. 6. bis 23. 9.

Wintergetreide, das im Herbst zur Aussaat kommende winterfeste Getreide.

Wintergrün, *Pyrola,* kleine, weiß oder rötlich blühende Heidekrautgewächse der Wälder; *W.öl,* Entlausungsmittel aus d. nordam. Strauch *Gaultheria.*

Winterkohl, der Blätterkohl.

Winterkönig → Friedrich.

Winterling, Hahnenfußgewächs; gelbe Blüten schon im Januar, daher auch Zierpflanze.

Winterpunkt → Sonnenwenden.

Winterruhe, häufiger zur Nahrungssuche unterbrochene Nahrungspause von Tieren.

Winterschlaf, durch Herabsetzung d. Körpertemperatur bewirkter Ruhezustand mancher Tiere, verbunden m. Verlangsamung aller Lebensfunktionen; keine Nahrungsaufnahme; Reservestoffe (Fettpolster) werden verbraucht (b. Nagetieren u. Insektenfressern).

Winterschlaf, künstlicher, *künstl. Hibernation,* durch Eingabe best. Medikamente (→ Ganglienblocker) werden vegetative Reflexe unterdrückt, Temperatur, Stoffwechsel u. Blutdruck gesenkt; Effekte evtl. durch zusätzl. äußere Unterkühlung, *Hypothermie,* gesteigert; verwendet z. → Narkose.

Winterschlußverkauf → Sonderverkäufe.

Winterthur (CH-8400), schweiz. Bez.hptst. i. Kanton Zürich, 86 959 E; Mus.; Maschinenind., Versicherungsunternehmen.

Winzer, Otto Max (3. 4. 1902–3. 3. 75),

SED-Pol.; 1956–65 stellv. Außenmin., 1965–75 Außenmin. d. DDR.

Wipper,
1) l. Nbfl. der Saale oberh. Bernburg, vom Unterharz, 70 km lang.
2) pommerscher Fluß aus dem **W.see,** bei Rügenwalde in die Ostsee, 115 km lang.
3) l. Nbfl. der Unstrut (unterhalb Sachsenburg), aus den Ohmbergen, 75 km lang.
4) Oberlauf der → Wupper.
5) → Kipper und Wipper.

Wipperfürth (D-51688), St. i. Oberbergischen Kr., NRW, 21 822 E; div. Ind.

Wirbel,
1) Strömungsform, v. *Helmholtz* math. erfaßt.
2) Haarwirbel (z. B. auf der Kopfhaut); Mittelpunkt einer wirbelartig wachsenden Haargruppe.
3) die einzelnen Knochen der d. Rückgrat bildenden biegsamen **W.säule** (→ Abb.; Tafel Mensch), bestehend aus 7 Hals-, 12 Brust-, 5 Lenden-W.n, Kreuz- u. Steißbein.
4) bei Musikinstrumenten runde Holzpflöckchen zum Spannen der Saiten.

Wirbellose, *Invertebraten,* Tiere ohne Wirbelsäule (z. B. Würmer, Weichtiere, Insekten).

Wirbelströme, *Foucaultsche W.,* in (bes. größeren) Metallmassen elektromagnet. erzeugte Induktionsströme ohne Ableitung nach außen (z. B. in Transformatorblech); Anwendung: z. B. Wirbelstrombremsung (kein Materialverschleiß).

Wirbelsturm, im Golf v. Bengalen *Zyklon,* im westl. Pazifik *Taifun,* in Westindien *Hurrikan;* kreist um Gegend tiefen Luftdrucks und springt in die entgegengesetzte Richtung um, wenn das sturm- und wolkenfreie Zentrum („*Auge des Sturms*") vorüberzieht; Geschwindigkeit bis über 250 km/h; jeder W. wird von den Meteorologen zur Unterscheidung wechselweise mit einem weiblichen u. männlichen Vornamen bezeichnet; d. *Tornado* der südl. USA ist kleinräumiger, höchste Windstärke im Kern bei sehr tiefem Druck. Entstehung über trop. Meeren ab 27°C Wassertemp., Durchmesser etwa 500 km; im Zentrum (*Auge;* 10 bis 30 km) windschwach und wolkenarm.

Wirbeltiere, *Vertebraten,* oberster Tierstamm; zweiseitig symmetrische Tiere mit Skelett, bes. Achsenskelett (Chorda bzw. daraus entwickelte Wirbelsäule); 7 Klassen: *Schädellose, Rundmäuler, Fische, Lurche, Kriechtiere, Vögel, Säugetiere.*

Wirkerei, Herstellung v. *Wirkwaren* auf *Wirkmaschinen,* die Garne mittels Hakennadeln zu Maschenreihen verknüpfen; zu unterscheiden: *Kulierwaren,* bei denen nur ein Faden zur Maschenbildung von den Nadeln verknüpft wird; *Kettenwaren,* die aus vielen parallel laufenden Fäden (Kette) geknüpft sind.

Wirkstoffe, Substanzen, die in kleinsten Mengen lebenswichtige Reaktionen auslösen u. steuern (z. B. → Vitamine, → Hormone, → Enzyme, → Pheromone); auch für Medikamente.

Wirkstrom, in Wirkleistung umsetzbarer Anteil d. → Wechselstroms; Ggs.: Blindstrom.

Spanische Windmühlen

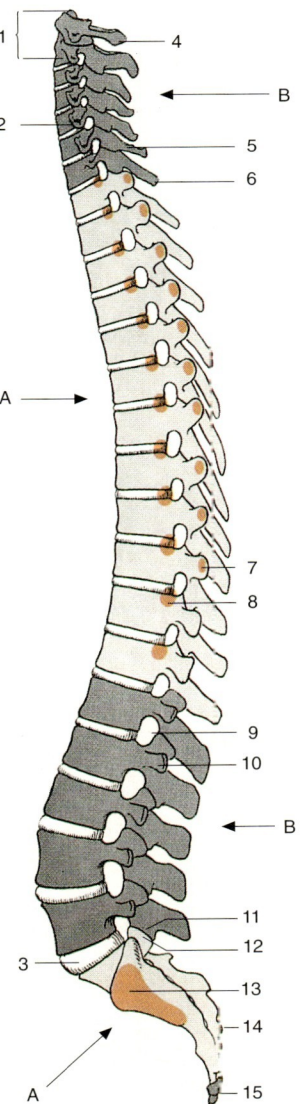

Wirkungsgrad, Verhältnis der nutzbar gemachten zur aufgewandten Energie in einer Maschine; bezeichnet mit griech. Buchstaben η (z. B. η bei Wasserturbinen bis ca. 90%).

Wirkungsquantum, für den Aufbau d. Atome u. Moleküle entscheidende Naturkonstante; das W. liegt der → Quantentheorie zugrunde u. gibt die prinzipielle Grenze d. Meßbarkeit bei d. → Unschärferelation (→ Plancksches Wirkungsquantum).

Wirkungsquerschnitt, Maß f. d. Stärke einer Wechselwirkung v. Teilchen mit and. Teilchen od. Ansammlungen v. Teilchen; kann anschaul. als d. Fläche der Zielscheibe aufgefaßt werden, die d. Beschußobjekt den ankommenden Teilchen bietet.

Wirsing, Kohlart mit runzligen Blättern.

Wirtel,
1) *botan. Quirl,* mehrere Blätter od. Zweige wachsen seitlich aus d. gleichen Knoten.
2) Spindelringscheibe bei der Handspinnerei.

Wirth, Joseph (6. 9. 1879–3. 1. 1956), dt. Pol. (Zentrum); 1921/22 Reichskanzler; mehrfach Reichsmin., 1933–48 emigriert; gründete 1953 den „Bund der Deutschen"; 1955 Stalin-Friedenspreis.

Wirtschaften, betriebswirtsch. Einsatz vorhandener Mittel, so daß höchstmögl. Bedürfnisbefriedigung erreicht wird; Voraussetzung: Entscheidungsprozeß, Konsumtion, Produktion.

Wirtschaftlichkeit, Maß f. d. Realisierung d. → ökonom. Prinzips.

Wirtschaftsausschüsse → Betriebsverfassung.

Wirtschaftsberater, freier Beruf, tätig auf d. Gebiet des wirtsch. Prüfungs-, Beratungs-, Organisations- u. Treuhandwesens, Sachverständiger für einzelne Wirtschaftszweige.

Wirtschaftsdemokratie, um Macht-

Seitenansicht der Wirbelsäule eines Erwachsenen (stark verkleinerte Wiedergabe)
Dunkelgrau:
Halswirbel und Lendenwirbel.
Hellgrau: Brustwirbel und Kreuzbein.
Braun: Gelenkflächen.
A: Kyphose (Buckel nach hinten).
B: Lordose (Aushöhlung nach hinten).
1 Atlas (= erster Halswirbel) und Axis (= zweiter Halswirbel).
2 Loch für die Wirbelarterie.
3 Vorsprung zwischen fünftem Lendenwirbel und Kreuzbein.
4 Hinterer Atlasbogen.
5 Zwischenwirbelgelenk.
6 Dornfortsatz.
7 Gelenkfläche am Querfortsatz für das Rippenhöckerchen.
8 Gelenkfläche am Wirbelkörper für den Rippenkopf.
9 Zwischenwirbelloch.
10 Querfortsatz eines Lendenwirbels.
11 Unterer Gelenkfortsatz des fünf-ten Lendenwirbels.
12 Gelenkfortsatz des Kreuzbeins.
13 Gelenkfläche des Kreuzbeins mit dem Darmbein.
14 Mittlerer Kreuzbeinkamm.
15 Steißbein.

mißbrauch (Marktmacht) zu verhindern; Voraussetzungen: demokr. Betriebsverfassung, Mitbest. d. Arbeitnehmer, Tarifautonomie, Kontrolle über Kartelle, Monopole etc.
Wirtschaftsdünger → Düngemittel.
Wirtschaftsforschung, Erforschung der Wirtschaftsentwicklung u. wirtsch. Zus.hänge als Unterlage für wirtschaftspol., konjunkturpol. und betriebliche Entscheidungen; gemeinnützige Forschungsinstitute: *Dt. Inst. f. W.*, Berlin; *HWWA-Inst. f. W.*, Hamburg; *Ifo-Inst. f. W.*, München; *Inst. f. Weltwirtschaft* a. d. Uni. Kiel; *Rhein.-Westfäl. Inst. f. W.*, Essen u. a., zusammengeschlossen in der *Arbeitsgemeinschaft dt. wirtschaftswiss. Forschungsinstitute e. V.*, Bonn.
Wirtschaftsgeographie, Erkundung und Beschreibung der Länder unter dem Gesichtspunkt ihrer Bedeutung als Produktions-, Absatz- u. Verkehrsgebiete.
Wirtschaftshochschule, früher *Handelshochschule*, m. Reifeprüfung als Dipl.-Handelslehrer, Dipl.-Kaufmann, Dipl.-Volkswirt.
Wirtschaftspolitik, als Teilgebiete: Agrar-, Gewerbe-, Industrie-, Handelspol., Gesamtheit aller Maßnahmen des Staates oder von Kommunalbehörden (evtl. auch von Kartellen, Gewerkschaften, Verbänden) zur Einflußnahme auf das organisierte Wirtschaftsleben des einzelnen wie der Gesamtheit.
Wirtschaftsprüfer, öffentlich bestellte Prüfer, die die Jahresabschlüsse v. Unternehmen prüfen u. bestätigen.
Wirtschaftsschulen, früher *Handelsschulen*; gehören im Ggs. z. d. allgemeinbildenden Realschulen zum berufsbildenden Schulwesen. Schwerpunkte: Deutsch, Handelsfächer, Kurzschrift, EDV. Je nach Vorbildung führen d. W. in 2–4 Jahren zu e. berufsorientierten mittleren Abschluß.
Wirtschaftsstrafgesetz, in BR v. 9. 7. 1954 (Neufassung v. 3. 6. 1975), → Strafrecht.
Wirtschafts- u. Sozialrat der UN → Vereinte Nationen, Übers.
Wirtschaftswerbung, das gesamte öffentl. u. private Werbungs-, Anzeige-, Ausstellungs-, Messe- u. Reklamewesen.
Wirtschaftswetterdienst, Zweig des Wetterdienstes, der sich mit der Beratung der Wirtschaft, Ind. u. Landwirtschaft bezügl. des kommenden Wetters befaßt.
wirtschaftswissenschaftliches Gymnasium, eine Höhere Schule, in der Wirtschafts- u. Rechtslehre zusätzl. Hauptfächer sind.
Wische, Teil der Altmark zw. Elbe und Uchte.
Wischnewski, Hans-Jürgen (* 24. 7. 1922), SPD-Pol.; 1966–68 B.min. f. wirtsch. Zus.arbeit, 1974–76 Staatsmin. im AA, 1976–79 u. 1982 i. B.kanzleramt, 1984/85 SPD-Schatzmeister.
Wischnu, *Vishnu*, eine Hauptgottheit des hinduistischen Indien, 10 Inkarnationen; → Krishna.
Wisconsin [wɪsˈkɔnsɪn],
1) l. Nbfl. des oberen Mississippi i. US-Staat W., 690 km l.
2) Abk. *Wis.*, Staat der USA, zw. Mississippi, Oberem See u. Michigansee, 145 438 km², 5,0 Mill. E; reiches Getreideland, Rinderzucht; Bergbau: Blei, Eisen, Zink; Holz- u. Lederind.;

Wisent

Katharina Witt

Wittenberg, *Rathaus*

Wladimir, *Goldenes Tor*

Hptst. *Madison* (191 000 E), größte St. *Milwaukee*.
Wise [waɪz], Robert (* 10. 9. 1914), am. Filmregisseur; *West Side Story* (1961); *The Sound of Music* (1964); *Star Trek* (1979).
Wisent, Wildrind, größtes Landtier Europas, Länge 3,1–3,5 m, Schulterhöhe bis 2 m; heute nur noch in einigen Wildparks u. im polnischen Urwald v. Białowiza, Schwesterart des am. Bison.
Wismar (D-23966–70), Stkr. u. Krst. i. M-V., an der Ostsee, 54 471 E; Backsteinkirchen (14. u. 15. Jh.); Werft, Hafen, Schiffbau, Fischverarbeitung; Ing.-HS. – 1229 gen. Stadt, Mitgl. der Hanse, 1648–1803 schwedisch.
Wismut → Bismut.
Wissenschaft,
1) tradiertes Wissen i. seiner Gesamtheit.
2) methodische, auf Erkenntnis gerichtete, institutionalisierte Bearbeitung, Ordnung u. Deutung d. Wirklichkeit m. d. Anspruch d. Überprüfbarkeit d. Ergebnisse (Gültigkeitsanspruch). Kennzeichen wissenschaftl. Arbeit sind Begriffsbildung, d. Aufstellen geeigneter Hypothesen, Definitionen, Gesetze u. Theorien sowie methodisches Vorgehen n. Maßgabe des je unterschiedlichen Gegenstandsbereichs. Eine heute geläufige Einteilung ist d. in a) *Geistes-W.en* (Philosophie, Theologie, Kunst, Sprache, Geschichte, Recht usw.); b) *Natur-W.en* (Medizin, Physik, Chemie, Geologie, Zoologie, Botanik usw.); aufgrund d. Wertphilosophie u. -ethik (seit → *Windelband* u. N. → *Hartmann*) werden Geisteswissenschaften als *bewertende* v. den *wertfreien* Naturwissenschaften unterschieden.
Wissenschaftsrat, 1957 gebildetes Gremium von Wissenschaftlern und Persönlichkeiten des öffentlichen Lebens, das Pläne für die Förderung der Wissenschaften in der BR ausarbeiten und koordinieren soll; Sitz Köln.
Wissmann,
1) Hermann v. (4. 9. 1853–16. 6. 1905), preuß. Offizier u. Afrikareisender; erwarb Dt.-Ostafrika (→ Tansania) für Dtld.
2) Matthias (* 15. 4. 1949), 1981–83 Vors. d. Enquetekommiss. d. Dt. B.tages, s. 1983 Wirtsch.polit. Sprecher d. CDU/CSU-Bundestagsfrakt.; s. 1993 B.min. f. Wissenschaft, Forschung u. Technologie.
Wistaria, *Glyzine*, ostasiat. Kletterstrauch m. blauen Blütentrauben.
Witebsk, Gebietshptst. in Weißrußland, an d. Düna, 356 000 E; Textil-, Schuhind.
Witigis († 541), Ostgotenkönig, von Belisar 540 gefangengenommen.
Witim, r. Nbfl. der oberen Lena in Sibirien (1978 km lang, 300 km schiffbar), mündet bei der St. *W.;* im Flußgebiet Goldvorkommen.
Witoscha, *Vitoša*, Gebirge in Bulgarien, 2290 m h., am NO-Fuß Sofia.
Witt,
1) Johan de (24. 9. 1625–20. 8. 72), ndl. Staatsmann, behauptete die ndl. Seemacht gg. England, Gegner Ludwigs XIV.
2) Kati, eigtl. *Katarina* (* 3. 12. 1965), dt. Eiskunstläuferin; zweimal Olympia-Siegerin 1984 u. 88, viermal WM 1984 u. 85, 87 u. 88, sechsmal EM 1983–88.
Witte, Sergej Juljewitsch Gf (29. 6.

1849–13. 3. 1915), russischer Min.präs. 1905/06; Verfassungsreform.
Wittekind → Widukind.
Wittelsbach, bayrisches Herrschergeschlecht, Name v. d. Stammburg W. bei Aichach i. Oberbay. 1180 Hzge, 1623 Kurfürsten, 1806 Kge von Bayern; zwei dt. Kaiser: *Ludwig der Bayer* 1314–47 und *Karl VII.* 1742–45; Nebenlinie Pfalz-Zweibrücken ab 1214, mit *Karl X.–XII.*, 1654–1718 schwedische Könige.
Witten (D-58452–56), St. im Ennepe-Ruhr-Kreis, NRW, an d. Ruhr, 105 242 E; AG; Stahl- u. Eisen-, chem. (Glas-), Elektro-, Werkzeug-, Kleineisenind.
Wittenberg (D-06886), *Lutherstadt W.*, Krst. i. S-A., an der Elbe, 48 718 E; Schloßkirche mit Luthergrab und „Thesentür" (1517: Beginn der Reformation). Stadtkirche (Luthers Predigtkirche, Cranachaltar u. -bilder), reformationsgeschichtl. Museum („Lutherhalle"), Melanchthonhaus; bed. chem. Ind., Elbehafen. – Bis 1547 Hauptstadt von Sachsen-W., dann albertin.; 1815 zu Preußen; 1502–1817 Universität.
Wittenberge (D-19322), St. i. Kr. Perleberg, Bbg, an der Elbe, 27 097 E.
Wittgenstein, Ludwig (26. 4. 1889 bis 29. 4. 1951), östr. Phil. u. Logistiker; übte mit seinem *Tractatus logico-philosophicus* Einfluß auf d. → Wiener Kreis aus; Phil. als Sprachkritik; große Wirkung auf angelsächs. Phil. (Russell, Whitehead).
Wittig, Georg (16. 6. 1897–26. 8. 1987), dt. Chem., Nobelpr. 1979 (organ. chem. Syntheseverfahren: Wittig-Reaktion).
Wittlich (D-54516), Krst. d. Kr. Bernkastel-W., RP, 15 723 E; AG; Tabakanbaugebiet; Weinbau.
Wittmund (D-26409), Krst. in Ostfriesland, Nds., 19 566 E; AG; NATO-Flughafen.
Wittstock (D-16909), Krst. i. Bbg, 13 511 E; spätgot. Hallenkirche; Metall-, Holzind.
Witwatersrand, Höhenzug im südl. Transvaal, 300 km l., 1200–1800 m hoch; ergiebige Goldfelder, Urangewinnung.
Witwenverbrennung, 1829 verbotene ind. Sitte, die die Witwe gemeinsam m. ihrem verstorbenen Gatten zu verbrennen.
Witwenvögel, afrikan. Webervögel; Männchen mit sehr langen Schwanzfedern; Brutparasiten.
Witz, Konrad (um 1400–45/6), dt. Maler d. spätgot. oberrhein. Schule; *Hl. Christophorus; Petrusaltar*.
Witzenhausen (D-37213–18), St. i. Werra-Meißner-Kr., Hess., 16 713 E; ma. Stadtbild, bed. Fachwerkhäuser; AG; Obstbau („Kirschenst.").
Witzleben, Erwin v. (4. 12. 1881–9. 8. 1944), dt. Gen.feldm.; als Gegner des NS Hptbeteiligter am Staatsstreich v. 20. Juli 1944; hingerichtet.
Wjatka,
1) r. Nbfl. der unteren Kama, 1314 km lang, 700 km schiffbar.
2) russ. St., jetzt → Kirow.
w. L., Abk. f. *westliche Länge*.
Wladimir, *Wolodymyr*, *der Heilige* (956 bis 1015), russ.-ukrain. Großfürst (Kiewer Reich), Einführung des Christentums (griech.-orthodoxe Kirche).
Wladimir, Gebietshptst. in Mittelrußland, 350 000 E; Kreml, Kathedrale (12. Jh.).

Władysław, Hzge u. Kge *von Polen:*
1) W. II. → *Jagiello.*
2) W. III. (1424–10. 11. 44), s. 1434 Kg, s. 1440 auch Kg v. Ungarn *(Ladislaus).*

Wladiwostok, russ. Hafenst. am Jap. Meer, 643 000 E; Uni., TH; Endpunkt der Transsibir. Bahn; Flotten- u. Luftstützpunkt.

Wlassow, Andrej (1900–1. 8. 46), sowj. General; organisierte s. 1942 i. dt. Gefangenschaft antibolschewist. W.-Armee aus russ. Kriegsgefangenen; hingerichtet.

Włocławek [vu̯ɔ'tsu̯avɛk], *Leslau,* poln. St. l. der unteren Weichsel, 120 000 E; röm.-kath. Bistum.

WMO, Abk. f. **W**orld **M**eteorological **O**rganization, Weltorganisation f. Meteorologie; Sitz in Genf; Mitgl.: 173 Staaten.

Woche, Zeitraum von gleich viel Tagen, unabhängig von anderen Zeiteinteilungen (Jahr, Monat) fortgezählt; 7tägige W. schon bei Babyloniern; Tage nen. nach Sonne, Mond u. Planeten bzw. nach deren Gottheiten.

Wochenausweise, wöchentl. Bilanzveröffentlichungen d. → Notenbanken; wichtig bes. z. Beurteilung d. Notenumlaufs u. seiner Deckung.

Wochenbett → Kindbett.

Wochenbetthilfe → Mutterschaftshilfe.

Wöchnerin, Mutter, die nach der Entbindung der Schonung, des Wochenbetts, bedarf.

Wodan, *Wotan,* westgerman. Kriegs- u. Sieges-, auch Todesgott, nord. → *Odin.*

Wodehouse ['wʊdhaʊs], Pelham Grenville (15. 10. 1881–15. 2. 1975), engl. Schriftst.; Romane: *Vertauschte Rollen, Besten Dank.*

Wodka, *m.* [russ. „Wässerchen"], Branntwein aus Getreide od. Kartoffeln.

Wodu, *Wudu, Voodoo,* magisch-rel. Geheimkult westafr. Herkunft, heute bei d. Negern Haitis u. and. westind. Inseln; Geisterbeschwörung durch Trommeln u. sakrale Tötung v. Opfertieren.

Woermann, Karl (1844–4. 2. 1933), dt. Kunsthistoriker; *Gesch. d. Kunst aller Zeiten u. Völker.*

Woëvre, La [vwa:vr], sehr fruchtbare Landschaft in Lothringen, zw. Maas und Mosel.

Wofatite, aktive Kunstharze, zum Ionenaustausch aus Lösungen (z. B. Entsalzung v. Kesselspeisewasser); Gewinnung wertvoller Bestandteile aus Ablaugen.

Wogulen, finnisch-ugrischer Volksstamm der ural-altaischen Gruppe im N-Ural u. in W-Sibirien.

Wohlen (CH-5610), schweiz. Gem. bei Zürich, Kanton Aargau, 12 497 E.

Wöhler, Friedrich (31. 7. 1800–23. 9. 82), dt. Chem.; Harnstoffsynthese, erste Synthese einer organischen Verbindung aus anorganischem Salz (Ammoniumcyanat); Reindarstellung v. Aluminium.

Wohlfahrtsausschuß, 1793–94 revolutionäre Regierungsbehörde in Frkr.; Schreckensherrschaft.

Wohlfahrtspflege, Beseitigung und Vorbeugung von soz., sittl. u. wirtsch. Nöten und Mißständen, bes. durch individuelle Beratung und → Fürsorge (→ Sozialhilfe); *freie W.* durch gemeinnützige private Verbände (wie Rotes Kreuz, Diakon. Werk, Caritasverband, Arbeiterwohlfahrt); *öffentliche W.* durch kommunale *Wohlfahrtsämter;* hier alle Sozialhilfezweige zusammengefaßt: Unterabt.en meist Unterstützungsamt, Jugendamt, Gesundheitsamt; Bearbeitung der Einzelfälle durch **Wohlfahrtspfleger(innen),** Sozialbeamte, Bezirksfürsorgerinnen (Hausbesuche usw.).

Wohlfahrtssätze, behördlich festgesetzte Unterstützungssätze f. Personen, die von der öff. Wohlfahrtspflege betreut werden; verschieden hoch in den einzelnen Gemeinden.

Wohlfahrtsschulen, staatl. anerkannte (öff. od. private) soz. Frauenschulen, viersemestrige Vorbereitung zum Wohlfahrtspflegeberuf.

Wohlfahrtsstaat, erstrebt durch vielfältige Fürsorgemaßnahmen d. Förderung seiner Untertanen; beschränkt sich nicht nur auf Schutz u. äußere Ordnung des Staatsgebietes.

Wohmann, Gabriele (* 21. 5. 1932), dt. Schriftst.in; Erzählungen, Romane: *Abschied für länger; Ernste Absicht; Paulinchen war allein zu Haus; Bitte nicht sterben.*

Wohnbesitz, durch Urkunde (W.brief) gesichertes Dauerwohnrecht an einer m. öffentl. Mitteln geförderten Wohnung.

Wohngeld, zur Finanzierung des erforderl. Wohnraums unter best. Voraussetzungen (Höhe des Einkommens, Zahl der Familienmitglieder u. a.) aus öff. Mitteln gewährte Miet- oder Lastenzuschüsse; Anspruch auf W. hat jeder Mieter, jeder Eigentümer eines Einfamilienhauses od. einer Kleinsiedlung bis zu einer best. Familieneinkommensgrenze u. je nach der benötigten Wohnfläche.

Wohnraumbewirtschaftung, Ges. v. 31. 3. 1953, ermächtigte d. *Wohnungsbehörden* z. Feststellung, Zuteilung, Zweckentfremdung u. Vermehrung von Wohnraum m. best. Ausnahmen: ab 31. 12. 1968 in d. BR, ab 31. 12. 1969 in W-Berlin vollständig aufgehoben.

Wohnsitz, Ort der ständigen Niederlassung einer Person; mehrere W.e zulässig. Ehefrau kann eigenen W. haben; ehel. Kinder teilen W. d. Eltern, b. versch. W.en desjen. Elternteils, der Kind i. d. persönl. Angelegenheiten vertritt; nichtehel. Kinder teilen W. der Mutter (§§ 7 ff. BGB). Ein Minderjähriger, der verheiratet ist oder war, kann einen selbst. W. begründen.

Wohnungsbau, durch Kriegseinwirkungen Fehlbedarf an Wohnungen in Dtld (West- u. Mitteldeutschland 1945: 6,3 Mill.); Gesamtbestand an Wohneinheiten in d. BR 1994: 35,549 Mill., davon ca. 50% nach d. 2. Weltkrieg erbaut; Baufinanzierung teilweise durch d. öffentl. Hand bzw. m. öffentl. Mitteln gefördert; Anteil d. Eigenheimbaus ca. 50%; 1994 212363 neue Wohnbauten mit 501 728 Wohneinheiten; durchschnittl. Wohnfläche 90 m²; zunehmend verbesserte Ausstattung d. Wohnungen: mehr als 80% d. Wohnungen besitzen Bad u. WC sowie eine Sammelheizung. Die Nachfrage nach Wohnungen überstieg n. Angaben d. Dt. Mieterbundes das Angebot in Dtld 1994 immer noch deutlich (etwa um 3 Mill.). In der ersten

Konrad Witz, *Tafelmalerei*

Wohnungsbau, BR Deutschland

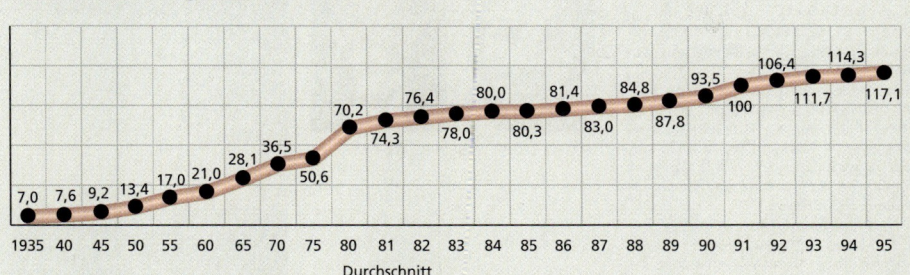

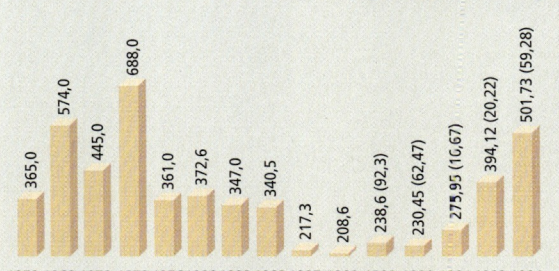

Hälfte d. 90er Jahre entwickelte sich die Wohnungsnot zu einem großen Problem.
Wohnungseigentum, durch Ges. v. 15. 3. 1951 (mehrfach geändert) eingeführtes Sondereigentum an einer Wohnung in Verbindung mit d. Miteigentumsanteil an d. gemeinschaftl. Eigentum (Grundstück), zu dem es gehört; unterliegt grundsätzl. d. freien Verfügung d. Wohnungseigentümers; Einräumung durch notariellen Vertrag u. Eintragung i. Grundbuch; Sondereigentum an nicht zu Wohnzwecken dienenden Räumen *(Teileigentum)* wird entsprechend d. Wohnungseigentum behandelt.

Christa Wolf

Hugo Wolf

Woilach, *m.* [russ.], grobe wollene Pferdedecke.
Woiwode, *Wojewode,* in Polen oberster Beamter e. **Woiwodschaft,** *Wojewodschaft* (Prov.); urspr. svw. Hzg.
Woiwodina → Vojvodina.
Wojewodschaft → Woiwode.
Wojtyła, Karol, → Johannes Paul II.
Wok, chin. gußeiserne Rührpfanne m. hohem Rand.
Wolf,
1) Christa (* 18. 3. 1929), deutsche Schriftst.in; Romane: *Der geteilte Himmel; Nachdenken über Christa T.; Kindheitsmuster; Kein Ort – nirgends; Kassandra; Störfall; Medea. Stimmen.*
2) Friedrich (23. 12. 1888–5. 10. 1953), dt. Schriftsteller u. Arzt; sozialrevolutionäre Bühnenstücke: *Cyankali; Professor Mamlock.*
3) Friedrich August (15. 2. 1759 bis 8. 8. 1824), dt. Altphilologe; Mitbegr. der Altertumskunde.
4) Hugo (13. 3. 1860–22. 2. 1903), östr. Komp.; Mörike-, Goethe-, Eichendorff-Lieder; *Span.* u. *It. Liederbuch;* Oper: *Der Corregidor; It. Serenade;* Chorwerke.
5) Konrad (20. 10. 1925–7. 3. 82), dt. Filmregisseur; *Der geteilte Himmel* (1964); *Ich war neunzehn* (1968); *Solo Sunny* (1979).
6) Max (21. 6. 1863–3. 10. 1932), dt. Astronom; führte Himmelsfotografie ein.
Wolf,
1) Raubtier, Stammvater der Haushunde, einst fast über ganze nördl. Halbkugel verbreitet, heute i. Mitteleuropa ausgerottet; im Winter in Rudeln Wild und Vieh jagend; Unterarten in Asien und N-Amerika, unterscheiden sich durch Größe u. Fellfärbung.
2) → Sternbilder, Übers.
3) Zerkleinerungsmaschine (z. B. der Fleischwolf im Haushalt und in Fleischereien); auch Vorrichtung zur Lockerung von Wolle usw. vor dem Verspinnen durch Klopfen, Reißen, Hecheln.
Wolfach (D-77709), St. u. Luftkurort im Ortenaukr., Ba-Wü., 6191 E; barocke Wallfahrtskirche, Glasmus.; div. Ind.
Wolfe [wu̇lf],
1) Thomas (3. 10. 1900–15. 9. 38), am. Dichter; Romane: *Schau heimwärts, Engel; Von Zeit u. Strom; Es führt kein Weg zurück; Briefe an die Mutter.*
2) Tom, eigtl. *Thomas Kennerly* (* 2. 3. 1931), am. Schriftst. u. Journalist; sprachschöpf. Reportagen u. Essays; *The Electric Kool-Aid Acid Test;* Roman: *Fegefeuer der Eitelkeiten.*
Wolfen (D-06766), St. i. Kr. Bitterfeld, S-A., 43 152 E; Film- und chem. Ind.
Wolfenbüttel (D-38300–04), Krst. im Rgbz. Braunschweig, Nds., 52 490 E; AG; ehem. Residenzschloß, Landes-

Wolf

Thomas Wolfe

Tom Wolfe

Wolken
1 Zirrus
2 Zirrokumulus
3 Zirrostratus
4 Altokumulus
5 Altostratus
6 Nimbostratus
7 Stratus
8 Stratokumulus
9 Kumulus
10 Kumulonimbus
11 Wolkenformationen
12 Kumulonimbus

mus., ca. 500 Fachwerkhäuser, Lessinghaus, Bibliothek. – Bis 1754 Residenz d. Herzöge von Braunschweig-W.
Wolff,
1) Christian Frh. v. (24. 1. 1679–9. 4. 1754), dt. Phil., von Leibniz beeinflußt, rationalist. Dogmatiker; schrieb als erster phil. Werke in dt. Sprache.
2) Julius (16. 9. 1834–3. 6. 1910), dt. Schriftst.; histor. Versepen u. Romane: *Der Sülfmeister.*
3) Kaspar Friedrich (18. 1. 1734 bis 22. 2. 94), dt. Anatom u. Embryologe, Begründer d. modernen Entwicklungsgeschichte.
Wolf-Ferrari, Ermanno (12. 1. 1876 bis 21. 1. 1948), dt.-it. Komp.; Opern: *Die vier Grobiane; Susannes Geheimnis; Der Schmuck der Madonna;* Kammermusik.
Wölfflin, Heinrich (24. 6. 1864–19. 7. 1945), schweiz. Kunsthistoriker; *Die klass. Kunst; Kunstgeschichtl. Grundbegriffe; D. Kunst A. Dürers.*
Wolfgang [ahdt. „der mit den Wolfskriegern zum Waffengang zieht"], m. Vn.
Wolfhagen (D-34466), St. i. Kr. Kassel, Hessen, 12 647 E; AG; Fachwerkhäuser, Rathaus (17. Jh.); div. Ind.
Wolfram, W, chem. El., Oz. 74, At.-Gew. 183,85, Dichte 19,26; sehr hartes Metall mit bes. hohem Fp.: 3380 °C, natürl. nur gebunden vorkommend, verwendet als Leuchtkörper in → *Glühlampen;* als Langdraht in Zickzackform in Vakuumlampen od. als Einfach- od. Doppelwendel in gasgefüllten Lampen; zu *W.stahl* (außerordentlich hart, für Schneiden und Bohrer); das Carbid des Wolframs (WC) fast so hart wie Diamant, wird als → „Widia" zur Bearbeitung v. Glas u. anstelle v. Diamant b. Ziehsteinen f. sehr zähe Drähte benutzt (z. B. zum Ziehen v. Wolframdrähten f. Glühlampen: **W.lampe**).
Wolfram von Eschenbach (um 1170 bis 1220), mhdt. Dichter; Epos *Parzival* (bedeutendes Werk höfischer Poesie); *Willehalm; Titurel;* Tagelieder.
Wolfratshausen (D-82515), St. i. Kr. Bad Tölz-W., Oberbay., 15 682 E; AG; Fremdenverkehr.
Wolf-Rayet-Sterne, seltene Sterne der → Spektralklasse 0, heißeste Sterne.
Wolfsberg (A-9400), St. in Kärnten, 27 791 E; Schloß; Ind.-, Handels- u. Gewerbebetriebe.
Wolfsburg (D-38440–48), krfreie St. im Rgbz. Braunschweig, Nds., 128 995 E; AG; Stadtgründung 1938 m. d. Bau des Volkswagenwerks v. *Vorsfelden* u. *Fallersleben;* Planetarium; Automuseum.
Wolfsgrube, urspr. Wolfsfanggrube; kriegsmäßiges Hindernis, grubenartiges Loch mit spitzem Pfahl.
Wolfskehl, Karl (17. 9. 1869–30. 6. 1948), dt. Dichter aus d. → Georgekreis.
Wolfsmilch, *Euphorbia,* Milchsaft führende Kräuter; verwandte Arten in warmen Ländern, auch Bäume u. Sträucher (z. B. *Hevea:* ihr Milchsaft liefert d. besten Parakautschuk).
Wolfsmilchschwärmer, graugrüner Abendschmetterling in Eurasien u. N-Afrika; bunte Raupe mit rotem Schwanzhorn, auf Wolfsmilch.
Wolfsrachen, angeborene Mißbildung; Spalt des weichen, oft auch des harten Gaumens sowie des Oberkiefers,

Wolfram von Eschenbach, *Manessische Handschrift*

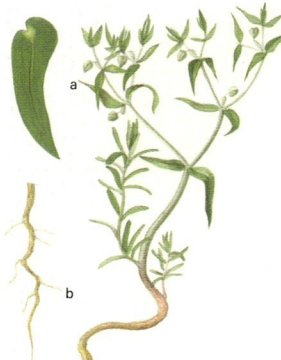

Kleine Wolfsmilch
a Blattform der blühenden Zweige
b Pfahlwurzel

Wolfsspinne

führt zu Störung der Lautbildung, häufig mit → Hasenscharte verbunden.
Wolfsspinne, Jagdspinne, baut keine Netze; Weibchen trägt Eierkokon mit sich.
Wolga, Hptstrom des eur. Rußland und größter Strom Europas, von den Waldaihöhen, 3531 km l., ab Twer (Kalinin) 180–240 Tage im Jahr schiffbar; großes Delta ins Kaspische Meer; zahlr. Stauseen u. Wasserkraftwerke; v. großer wirtsch. Bedeutung, daher viel besungen („Mütterchen W."); fischreich (Störe, *Hausen:* der Kaviarfisch); Nebenflüsse: l. *Selischarowka, Twerza, Mologa, Schëksna, Kostroma, Unscha, Wetluga, Kama, Samara;* r. *Oka, Sura, Swijaga,* Kanalverbindung mit Ostsee, Weißem u. Schwarzem Meer u. mit Moskau.
Wolgadeutsche, beiderseits der unteren Wolga s. 1766 unter Katharina II. aus West- und Mitteldtld angesiedelt, 1940 ca. 400 000; *Autonome sozialist. Sowjetrep. der W.n* (mit Hptst. *Engels*), 1941 aufgelöst, W. nach Sibirien deportiert (→ Volksdeutsche); Wiederansiedlung und Autonomie d. W.n v. Rußland in Aussicht gestellt.
Wolga-Don-Kanal, *Leninkanal,* Großschiffahrtsweg für Hochseeschiffe bis 12 000 BRT, mit 15 Schleusen, 101 km lang, von der W. nahe bei Wolgograd zum ausgebauten Unterlauf des Don, bis Rostow 500 km lang, verbindet Schwarzes mit Kasp. Meer (sowie mit Ostsee u. Weißem Meer).
Wolgast (D-17438), Krst. i. M-V., an der Peene, 16 608 E; Hafen, Gußstahlwerk, Schiffbau.
Wolgograd, bis 1925 *Zarizyn,* bis 1961 *Stalingrad,* russ. Gebietshptst. an der unteren Wolga, nach starken Zerstörungen im 2. Weltkrieg wiederaufgebaut, 999 000 E; Warenumschlagplatz, gr. Holzmarkt, Erdölraffinerien, Auto- u. Traktorenfabr., Eisen- und chem. Ind. – Im 2. Weltkrieg Herbst 1942 v. dt. Truppen nach schweren Kämpfen teilweise in Besitz genommen; eingeschlossene dt. 6. Armee m. 220 000 Mann unter Feldm. Paulus mußte Febr. 1943 kapitulieren (90 000 Überlebende).
Wolken,
1) *astronom.* → Magellansche Wolken; → Dunkelnebel.
2) *meteorolog.:* bestehen aus kleinsten Wassertröpfchen oder Eiskristallen; W.bildung durch Abkühlung aufsteigender Luft, deren Wasserdampf kondensiert oder sublimiert; W.formen: *Zirrus* (Feder-W.), *Kumulus* (Haufen-W.); *Stratus* (Schicht-W.) und *Nimbus* (niedrige Regen-W.). Kombinationen i. versch. Höhen: *Zirostratus* (weißl. Schleier); *Zirrokumulus* (Schäfchen-W.); *Altokumulus* (grobe Schäfchen-W., W.ballen in Gruppen od. Reihen); *Altostratus* (dichter graublauer Schleier); *Stratokumulus* (d. ganzen Himmel bedeckende W.ballen, bes. i. Winter); *Kumulonimbus* (Gewitter-W.).
Wolkenkratzer, engl. *skyscraper,* Turmhaus, Hochhaus in Stahl od. Beton; zuerst in USA (um 1880 Pulitzer Building in New York, 103 m; 1974 Sears Tower in Chicago, 447 m); → *Jenney, W.; Sullivan,* L. H.
Wolkenstein, Oswald von (um 1377 bis 1445), östr. Dichter u. Sänger; ein- u. mehrstimmige Lieder.
Wollaffe, südam. Affe mit wolligem Haarwuchs u. Greifschwanz.

Wollbaum, trop. Baum; Fruchtkapseln liefern Pflanzenwolle (→ Kapok).
Wolle, Haare, die sich kräuseln u. dabei eng miteinander verbunden sind; bes. d. Haarkleid v. Schaf, Ziege, Kamel usw., wird b. Schaf ein- od. zweimal im Jahr geschoren; beste W. v. Merinos; auch versponnen (→ Spinnerei) als Streich- bzw. Kamm-W.
Wollfett → Lanolin.
Wollgras, Riedgräser auf Torfboden; Fruchtköpfchen m. Wollhaaren.
Wollhandkrabbe, ostasiatische, in d. eur. Gewässer eingeschleppte Wollkrabbe; Scheren mit dichten Haaren; Fisch- und Uferbautenschädling.
Wollin, poln. Insel in Pommern, 265 km², vor dem Stettiner Haff; auf ihr Seebad *Misdroy* u. die St. W. (3200 E).
Wologda, russ. Gebietshptst. an d. W., Nbfl. der Suchona, 283 000 E; Masch.-, Holzind.
Wols, eigtl. Wolfgang Schulze (27. 5. 1913–1. 9. 1951), dt. Maler u. Graphiker; Hptvertr. d. → Tachismus.
Wolsey [ˈwʊlzɪ], Thomas (um 1475 bis 1530), Erzbischof v. York, Kardinal, Kanzler Heinrichs VIII.
Wolverhampton [ˈwʊlvəhæmptən], engl. St. in der Metrop.-Gft West Midlands, 242 200 E; TH; div. Ind.; Kohlenbergbau.
Wolynien, hügelige, 200–400 m hoch gelegene Landschaft der westl. Ukraine; Wald, Ackerbau, Viehzucht.
wolynisches Fieber → Fünftagefieber.
Wolzogen,
1) Ernst Frh. v. (23. 4. 1855–30. 8. 1934), dt. naturalist. Schriftst.; Tragikomödie: *Lumpengesindel;* Roman: *Kraftmayr;* Gründer des künstler. Kabaretts in Dtld: *Überbrettl.*
2) Hans Frh. v. (13. 11. 1848–2. 6. 1938), dt. Schriftst.; setzte sich für R. Wagner ein; Hg. der „Bayreuther Blätter"; *Erinnerungen an Wagner.*
3) Karoline, geb. v. Lengefeld (3. 2. 1763–11. 1. 1847), dt. Schriftst.in; Schillers Schwägerin u. Biographin.
Wombat, *m.,* dachsähnl. Beuteltier Australiens u. Tasmaniens, Pflanzenfresser.
Women's Lib [ˈwɪmɪnz-], Abk. f. *Women's Liberation Movement,* i. d. 60er Jahren entstandene → Frauenbewegung i. d. USA.
Wondratschek, Wolf (* 14. 8. 1943), dt. Schriftst. u. Lyriker: *Früher begann d. Tag m. e. Schußwunde; Chuck's Zimmer; D. Einsamkeit d. Männer.*
Wonnemond, alte, noch scherzhaft verwendete Bez. f. den Mai.
Woods-Metall [ˈwʊdz], Legierung aus 12,5% Zinn, 12,5% Cadmium, 25% Blei, 50% Bismut; schmilzt schon bei ca. 70 °C.
Woodward [ˈwʊdwəd], Robert Burns (10. 4. 1917–8. 7. 79), am. Chem.; Untersuchungen auf dem Gebiet d. Naturstoffsynthese; stellte Chinin, Cholesterin, Cortison, Chlorophyll synthetisch her; theoretische Regeln zu chem. Reaktionen (R. Hoffmann); Nobelpr. 1965.
Woofer [engl. ˈwuːfə], Lautsprecher f. tiefe Frequenzbereiche.
Wooley [ˈwʊli], Sir Charles Leonard (17. 4. 1880–20. 2. 1960), brit. Archäologe in Mesopotamien, grub 1919–34 die babylon. Hauptstadt → Ur aus.
Woolf [wʊlf], Virginia (25. 1. 1882 bis

28. 3. 1941), engl. Romanschriftst.in; *Orlando; Die Fahrt zum Leuchtturm;* Essays.

Worcester [ˈwʊstə],
1) Hptst. d. westengl. Gft Herford and W., am Severn, 75 000 E; Porzellanfabriken, Eisengießereien.
2) St. im US-Staat Massachusetts, 170 000 E; Uni., Polytechnikum; Metallind.

Worcestersoße, scharfe engl. Gewürztunke.

Wordsworth [ˈwəːdzwəθ], William (7. 4. 1770–23. 4. 1850), engl. Dichter; leitete d. romant. Bewegung in England ein; *Lyrical Ballads* (zus. m. Coleridge).

Wörgl, St. i. Bz. Kufstein, N-Tirol, 10 000 E; Verkehrsknoten; s. das Skigebiet *Wildschönau.*

Workaholic [engl. wəˈkæˈhɒlɪk], scherzhaft f. Arbeitssüchtiger.

working capital [engl. ˈwəːkɪŋ ˈkæpɪtl], Kennzahl zur Beobachtung von Liquiditätsveränderungen; ergibt sich aus der Differenz zw. Umlaufvermögen u. kurzfristigen Verbindlichkeiten.

Workshop [engl. wəːkʃɒp], Arbeitskreis über e. Thema, Diskussionsrunde.

Workstation, w. [wəːkˈsteɪʃən], netzwerkfähige Arbeitsplatzrechner, leistungsfähiger als Personalcomputer.

Workuta,
1) Fluß westl. d. N-Urals, zur Ussa (Nbfl. d. Petschora), Kohlenlager, Erdöl.
2) Ind.st. a. d. W., 100 000 E.

Wörlitz (D-06786), St. im Kr. Gräfenhainichen, S-A., 1891 E; berühmter Landschaftsgarten nach engl. Muster.

Worms (D-67547–51), kreisfreie St. am Rhein, RP, 77 429 E; Dom (11. Jh.); Kirchen aus dem 11./14. Jh., Lutherdenkmal, FHS, Museum; Eisen-, Möbel-, Mühlen-, chem., Masch.ind.; Weinbau (Liebfrauenmilch). – Schauplatz d. Nibelungensage; Tagungsort vieler Reichstage; 1122 *Wormser Konkordat* (Beilegung des → Investiturstreites); 1521 Reichstag (Luther vor Karl V.), *Wormser Edikt.*

Wormser Edikt, v. Reichstag 1521 verhängt, u. a. mit d. Aussprechung d. Reichsacht über M. → Luther.

Wörner, Manfred (24. 9. 1934 bis 13.8.94), CDU-Pol.; 1982–88 B.verteidigungsmin.;1988–94 Gen.sekretär d. NATO.

Wörnitz, l. Nbfl. d. Donau b. Donauwörth, v. d. Frankenhöhe, 90 km lang.

Woronesch, Hptst. d. russ. Gebiets W., rechts a. W. r. Nbfl. des Don, 895 000 E; Uni.; Getreidehandel, Textilind.

Woroschilow, Kliment (4. 2. 1881 bis 3. 12. 1969), sowj. Gen.; seit 1935 Marschall), 1946–53 Min.präs.; 1953–60 Staatspräs. d. UdSSR.

Woroschilowgrad → Lugansk.

Worpswede (D-27726), Gem. i. Kr. Osterholz, (s. 1895) Künstlerkolonie a. Südrand des Teufelsmoors, Nds., 9009 Einwohner.

Worringer, Wilhelm (13. 1. 1881 bis 29. 3. 1965), dt. Kunsthistoriker; *Abstraktion u. Einfühlung, Problematik d. Gegenwartskunst.*

Wörther See, in Kärnten, 18,8 km²; 440 müM, 86 m tief; Luftkurorte.

Woschod [russ. wʌsˈxot „Aufstieg"], sowj. Raumkapsel für bemannten Gruppenflug; → Satellit.

Wostok [russ. wʌ- „Osten"], sowj. → Satellit, → Weltraumforschung.

Wotan → Wodan.

Wotruba, Fritz (23. 4. 1907–28. 8. 75), östr. kubist. Bildhauer.

Wouk [woʊk], Herman (* 27. 5. 1915), am. Schriftst.; *Die Caine war ihr Schicksal; Der Feuersturm; Sturmflug.*

Wouwerman [ˈwoʊ-], Philips (get. 24. 5. 1619–19. 5. 68), ndl. Maler d. Barock; Schlachten-, Tierbilder.

Wrack, durch Alter oder Unfall unbrauchbar gewordenes Schiff.

Wrangel,
1) Ferdinand v. (9. 1. 1794–6. 6. 1870), russ. Geograph u. Admiral; Arktisforschung; → W.insel.
2) Friedrich Gf v. (13. 4. 1784–1. 11. 1877), dt. Gen.feldm., Oberbefehlshaber d. preuß. Truppen in Schl-Ho. 1848–64, unterdrückte 1848 d. „Berliner Revolution".
3) Karl Gustav Gf v. (13. 12. 1613 bis 24. 6. 76), schwed. Feldm.; v. Gr. Kurfürsten b. Fehrbellin 1675 besiegt.
4) Peter Baron v. (27. 8. 1878–25. 4. 1928), russ. General; 1917–20 Oberbefehlshaber d. antibolschewist. „weißen" Südarmee.

Wrangelinsel, im Nördl. Eismeer vor N-Sibirien, 7250 km²; Wetterstation; Hafen; 1924 zur Sowjetunion.

Wrede, Karl Philipp Fürst von (29. 4. 1767–12. 12. 1838), bayr. Heerführer, anfangs auf frz. Seite, s. 1813 gg. Napoleon.

Wren [rɛn], Sir Christopher (20. 10. 1632–25. 2. 1723), engl. Math., Astronom u. hpts. Architekt, e. Vertr. d. Palladianismus (→ Palladio) u. Barock; Gen.baumeister f. d. Wiederaufbau Londons nach d. Stadtbrand; Profan- u. Sakralbauten, u. a. *St.-Pauls-Kathedrale.*

Wright [raɪt],
1) Frank Lloyd (8. 6. 1869–9. 4. 1959), am. Architekt; Vertr. e. organischen Architektur u. e. Wegbereiter d. Moderne; *Guggenheim-Museum,* New York.
2) Orville (19. 8. 1871–30. 1. 1948), u. s. Bruder
3) Wilbur (16. 4. 1867–30. 5. 1912), am. Flugpioniere; 1903 erstes motorbetriebenes Flugzeug (Doppeldecker).

Wrocław [ˈvrɔtsuaf], poln. f. → Breslau.

WStG, Abk. f. → **W**ehr**s**trafgesetz.
WTO, → GATT.

Wucher, Ausbeutung eines anderen durch Entgegennahme von Vermögensvorteilen für eine Leistung, die in auffälligem Mißverhältnis zu jener steht; *Sachwucher* für Sachleistungen, *Kreditwucher* bei Darlehen; strafbar (§§ 302a bis e StGB); wucherische Geschäfte sind nichtig (§ 138 BGB).

Wucherblumen, einheim. Chrysanthemen, z. B. die weiß blühende *Margerite* auf Wiesen.

Wucherungen → Polypen, → Geschwulst.

Wuchsstoffe,
1) weitere d. Wachstum gesunder u. kranker Zellen fördernde Stoffe; z. B. Aminobenzoësäure (für Bakterien), Ascorbin-, Nikotin-, Fol-, Pantothen- und Aminosäuren, Cholin u. a.; auch → Vitamine.
2) *Auxine,* bewirken Wachstum der Pflanzen; → Phytohormone.

Wuhan [ǔxan], Hptst. d. chin. Prov.

Wollhandkrabbe

Wörlitz, *Venustempel im Park*

Philips Wouwerman, *Markt von Valkenburg*

Flugzeug der Brüder Wright

Guggenheim-Museum, New York, Frank Lloyd Wright

Hubei an d. Mündung d. Han Shui i. d. Chang Jiang, 3,8 Mill. E; 1927 aus d. ursprüngl. selbständigen Städten Hangjang, Hankou und Wutschang gebildet; Hüttenwerke, Handels- u. Verkehrszentrum.

Wühlmäuse, Nagetiere der n. Erdhälfte; stumpfe Schnauze, äußere Ohren i. Pelz versteckt, kurzer Schwanz; leben in der Erde, schaden oft durch Wurzelfraß; *Feld-, Erd-, Waldwühl-* und *Schermaus* oder *Wasserratte* (frißt auch Fische, Mäuse); ferner: *Bisamratte, Lemming.*

Wulfila|s → Ulfilas.

Wulf-Mathies, Monika (* 17. 3. 1942), dt. Gewerkschaftsfunktionärin; 1982–94 Vors. d. ÖTV; s. 1995 EU-Kommissarin f. Regional- u. Strukturpol.

Wülfrath (D-42489), St. i. Kr. Mettmann, NRW, 22 098 E; Kalksteinbrüche, Karosseriebau, Metallind.

Wullenwever, Jürgen (um 1492 bis 29. 9. 1537), Lübecker Bürgermeister, Anhänger der Reformation, nach Niederlage der Hansestadt gg. Dänemark gestürzt u. i. Braunschweig hingerichtet.

Wunderblume, *Mirabilis,* am. Pflanze mit trichterförm. bunten Blüten; → Vererbung, Übers.

Wunderhorn, *Des Knaben W.,* Sammlung dt. Volkslieder von → Arnim u. → Brentano (1. Ausgabe 1806–08, Heidelberg).

Wunderlich, Fritz (26. 9. 1930–17. 9. 1966), dt. Tenor (Mozartinterpret).

wundliegen, *aufliegen, Dekubitus,* Wundwerden der Haut an Druckstellen bei längerem Liegen; Schutz: häufige Umlagerung, Hautpflege, Einreibungen, Wasserkissen u. a.

Wundrose → Rose.

Wundstarrkrampf, *Tetanus,* Wundinfektion durch mit Tetanusbazillen verunreinigte Erde, führt zu lebensgefährlichen Muskelkrämpfen; vorbeugende Schutzimpfung und zur Behandlung Heilseruminjektionen.

Wundt, Wilhelm (16. 8. 1832–31. 8. 1920), dt. Arzt, Phil. u. Psychologe; gründete das erste Inst. f. experimentelle Psychologie; Vertr. der „induktiven Metaphysik": Die Willenseinheiten sind Grundlage allen Seins u. Werdens; das Wesen der Seele ist Wirksamkeit (Aktualitätstheorie); *Völkerpsychologie; Grundzüge der physiologischen Psychologie.*

Wünschelrute, meist gabel- od. U-förm. Instrument aus elast. Material (Holz, Draht, Fischbein u. a.), das an beiden Enden gefaßt in den Händen v. → Rutengängern durch innere Einflüsse (Erwartung, Vorstellung, Selbst- od. Fremdsuggestion) od. äußere Faktoren (→ Erdstrahlen) infolge unwillkürlicher Hand- und Unterarmbewegungen „ausschlägt", d. h. sich dreht; je nach Übung und Erfahrung können d. Ausschläge z. B. als geolog. Spalten, Verwerfungen, unterird. Wassergerinne, Erdöl, Mineralien gedeutet werden; → Reizstreifen; auch → siderisches Pendel.

Wunsiedel (D-95632), Krst. i. Fichtelgebirge, Bay., 10 311 E; AG; Geburtsort → Jean Pauls; Luisenburg-Festspiele auf Naturbühne in Felsenlabyrinth; Granitbrüche, steinverarbeitende Ind.

Wunstorf (D-31515), St. i. Kr. Hannover, Nds., 38 664 E; roman. Stiftskirche.

Wupper, r. Nbfl. des Niederrheins, im Oberlauf *Wipper,* mündet n. von Leverkusen, durchfließt das industriereiche *W.tal;* 105 km l.

Wuppertal (D-42103–399), krfreie St. in NRW, ind. u. wirtsch. Mittelpkt des Bergischen Landes; 1929 aus d. Städten u. Gem. *Elberfeld, Barmen, Vohwinkel, Cronenberg, Ronsdorf* u. *Beyenburg* entstanden; 384 991 E; Berg. Uni., kirchl. HS (ev.), LG, AG; IHK; Textil-, Eisen- u. Metall-, Papier-, chem. Ind., Zoo; Von-der-Heydt-Mus., Uhrenmus.; → Schwebebahn.

Wurf,
1) phys. schräg oder waagerecht geworfener Körper beschreibt *W.parabel* (Galilei 1609), in deren Scheitel größte *W.höhe;* größte *W.weite* bei Abwurf unter Winkel von 45° (wenn keine Reibungsverluste berücksichtigt werden müssen); f. Weiten unterhalb d. größten W.weite sind daher zwei Wurfwinkel möglich; senkrecht geworfener Körper kehrt zum selben Ort zurück.
2) gleichzeitig geborene Tierjunge.

Würfel, → *Hexaeder,* von 6 Quadraten begrenzter Körper; W.inhalt = 3. Potenz der Kantenlänge.

Würfelfries, *m.,* Schachbrettfries, in d. (hpts. roman.) Baukunst Ornamentstreifen in versetzt übereinander angeordneten vor- u. zurückspringenden Würfeln.

Würfelkapitell, in d. (hpts. roman.) Baukunst würfelförm. Kapitell m. unten abgerundeten Ecken.

Wurfmaschine → Katapult.

Würgassen, St.teil v. → Beverungen.

Würger, Singvögel m. hakigem Oberschnabel; fressen Insekten und kleinere Wirbeltiere (Mäuse), die sie häufig an Dornen aufspießen; weit verbreitet; in Dtld *Neuntöter, Raubwürger* und *Rotkopf-W.*

Wurm, volkstümlich für → Fingerentzündung.

Würm, w., r. Nbfl. der Amper unterhalb Dachau, 38 km l., d. Abfluß d. *W.sees* (Starnberger Sees) durch d. Dachauer Moos; nach ihr ben. die *W.eiszeit* (→ Eiszeitalter).

Würmer, zahlreiche, sehr verschiedene u. z. T. kaum verwandte wirbellose Tierformen (z. B. *Rund-, Ringel-, Plattwürmer*); viele sind Parasiten.

Wurmfarn, *Schildfarn, Dryopteris filix-mas,* in feuchten Wäldern; Wurzelstockextrakt gegen Bandwürmer.

Wurmfortsatz → Appendix.

Wurmkrankheiten, durch bes. im Darm schmarotzende Eingeweidewürmer erzeugte Krankheiten, z. B. *Wurmanämie,* Abmagerung, Mattigk., psych. nervöse Störungen, Kopf- und Leibschmerzen, Durchfälle od. Verstopfung, allergische Hautsymptome, Übelkeit, Erbrechen. → Bandwürmer, → Spulwürmer, → Madenwürmer, Trichinen (→ Trichinon).

Würselen (D-52146), Stadt im Kreis Aachen, NRW, 35 200 E; Eisenind., Nadelfabr.

Wurte, *Warf, Warft,* künstl. aufgeschütteter Hügel in den Marschen und auf den → Halligen für Gehöfte z. Schutz gegen Fluten.

Württemberg, bis 1945 Land des Dt. Reiches, umfaßt Teile des Schwarzwaldes, der Schwäb. Alb und des Neckarbeckens bis Jagstmündung, Hptst. Stuttgart. – Seit 1. Jh. n. Chr. besiedelt durch → Sweben; teilweise erobert durch Römer, im 3. Jh. Alemannen; Gft im Hzgt. → Schwaben. Machtzunahme unter den Staufern, 14/15. Jh. Kampf gegen Ritter und Reichsstädte (Eberhard der Rauschebart), 1495 Hzgt.; Einführung der Reformation durch Hzg Ulrich; 1805 Kgr., 1815 Mitglied des Dt. Bundes, 1834 des Zollvereins, 1918 Freistaat; 1945 auf Anordnung der Mil.-Reg. geteilt: N-Teil wurde mit Nordbaden neues Land *W.-Baden,* Hptst. *Stuttgart,* S-Teil mit Hohenzollern (Hohenzollernsche Lande) neues Land *W.-Hohenzollern,* Hptst. *Tübingen.* Nach Volksabstimmung 1951 seit 1952 Zus.schluß d. südwestdeutschen Länder zum Land → Baden-Württemberg.

Wurtzit, Mineral, Zinksulfid mit Gehalt an Eisen und Cadmium.

Würzburg (D-97070–84), krfreie St. in Bay., Hptst. des Rgbz. Unterfranken, a. Main, 129 200 E; Hofgarten, Käppele (Wallfahrtskirche von Balthasar *Neumann*), Juliusspital, alte Mainbrücke; ehem. fürstbischöfl. Residenz (1720–44 von Balthasar *Neumann* erbaut, → Barock, Abb.), Haus z. Falken (Rokoko), Neumünster (11.–13. Jh.), Marienkapelle (got.), alte Uni. (1402), Feste Marienberg mit frühroman. Kapelle (s. 1981 Weltkulturerbe), Mainfränk. Museum (*Riemenschneider*); Bischofssitz (seit 741); Uni., Staatskonservatorium d. Musik, Akad. f. angewandte Techn., IHK, HWK; LG, AG, Arb.ger.; MPI f. Silikatforschung; Eisen-, Metall-, chem. Ind.; Bierbrauereien; Weinbau und -handel.

Würze → Brauerei.

Wurzel,
1) in den Boden wachsendes Organ der Gefäßpflanzen, ohne → Chlorophyll u. Blattanlagen (dagegen unterird. wachsende Stengel, → Rhizom); d. Spitze geschützt durch die *W.haube;* Wasseraufnahme durch die *W.haare.*
2) *math.* Zahl *b* ist *Quadrat-W.* der Zahl *a,* wenn *b · b = a;* geschrieben $b = \sqrt[2]{a}$; *a* heißt Radikand, 2 = W.exponent; entsprechend *Kubik-W.* ($\sqrt[3]{a}$), *Biquadrat-W.* $\sqrt[4]{a}$) usw. ($\sqrt[n]{a}$).

Wurzelbrut, vegetative Vermehrung durch Ausschlagen a. oberflächennahen Seitenwurzeln; → Naturverjüngung.

Wurzelfüßer, *Rhizopoden,* Klasse der → Urtiere, deren einzelliger Körper keine feste Gestalt besitzt, sondern dessen Umrisse sich durch jeweils gebildete Fortsätze (Scheinfüßchen) unablässig ändern: *Amöben, Foraminiferen, Strahlentierchen (Radiolarien,* mit Kieselskelett), *Sonnentierchen;* häufig mit Gehäuse; Reste von solchen bilden z. B. den *Nummulitenkalk.*

Wurzelhaut, umgibt die Zahnwurzel; ihre Entzündung bei Infektion, W.entzündung, sehr schmerzhaft.

Wurzelknöllchen → Stickstoffbakterien.

Wurzellaus, an Wurzeln lebende Blattlausarten (z. B. → *Reblaus*).

Wurzelmännchen → Alraune.

Wurzelschwamm → Hallimasch.

Wurzelstock, svw. → Rhizom.

Wurzen (D-04808), Krst. a. d. Mulde, Sa., 18 025 E; Dom (12. Jh.), Bischofsschloß (15. Jh.); Maschinen-, Teppich- u. a. Industrie.

Wucherblume, Margerite

Wilhelm Wundt

Neuntöter

Würzburg, *Alte Mainbrücke und Feste Marienburg*

Wust, Harald (* 14. 1. 1921), dt. Gen.; 1976–78 Gen.inspekteur d. Bundeswehr.

Wüsten, vegetationsarme bis vegetationslose Teile der Erdoberfläche: *Sand-, Kies-, Fels-, Salz-* und *Eiswüsten;* Hauptgürtel der Sandwüsten unter den nördl. u. südl. Wendekreisen in den regenarmen Subtropen; Salzwüsten am Gr. Salzsee (N-Amerika), Kasp. Meer, Toten Meer usw.; Kies- u. Felswüsten bes. in der Sahara, Arabischen Wüste, Wüste Gobi, Tibet, Gibsons-Wüste, Australien; Eiswüsten in Grönland u. Antarktis.

Wüstenfuchs, svw. → Fennek.

Wüstenläufer → Krokodilwächter.

Wüstenpflanzen, Pflanzen mit stark eingeschränktem Wasserhaushalt, → Xerophyten.

Wüstung, aufgelassene Siedlung, infolge wirtschaftl. Umstellung, Krieg, Seuchen, Klimaverschlechterung usw.; in Mitteleur. meist aus d. 14. Jh.

Wutach, r. Nbfl. des Hochrheins bei Waldshut-Tiengen, als *Seebach* Ausfluß d. Feldsees, verläßt als *Gutach* den Titisee, 90 km l.

Wutschang → Wuhan.

Wu-Wei [chin. ,,Nicht-Handeln"], taoist. Ideal, sich nicht gg. d. Gesetze d. Natur zu wenden, vielmehr sich in sie einzuordnen.

WWF, Abk. f. **W**orld **W**ildlife **F**und, e. internat. gemeinnützige Stiftung z. Schutz d. gefährdeten Tiere u. Landschaften.

WWW, Abk. f. **W**orld **W**eather **W**atch, Programm der → WMO zur verstärkten Zusammenarbeit aller Länder f. den wiss. u. techn. Fortschritt in d. Meteorologie.

Wyandotten [ˈvaɪən-], Hühner-Mast- und Legerasse aus England und N-Amerika, nach einem Indianerstamm benannt; mehrere Farbschläge.

Wyborg, finn. *Viipuri,* schwed. *Viborg,* St. u. Hafen d. Rep. Karelien am Finn. Meerbusen, 95 000 E; Burg (16. Jh.), Befestigung Annenkron (1740). – 1721 russ., 1917 zu Finnld, 1940 u. erneut 1944 an d. Sowjetunion abgetreten.

Wyk auf Föhr (D-25938), Heil- u. Seebad auf der Nordseeinsel Föhr, St. i. Kr. Nordfriesland, Schl.-Ho., 4581 E; Fremdenverkehr.

Wyneken, Gustav (19. 3. 1875–8. 12. 1964), dt. Schulreformer u. Kulturpolitiker; gründete 1906 Freie Schulgemeinde Wickersdorf.

Wyoming [waɪˈoʊ-], Abk. *Wy.,* Staat der USA, im Felsengebirge, 253 326 km², 466 000 E; im NO der → *Yellowstone-Nationalpark;* Ackerbau bei künstl. Bewässerung; Schafzucht; Erdöl- u. Erdgasförderung. Hptst. *Cheyenne* (47 000 Einwohner).

Wyschinski, Andrej (11. 12. 1883 bis 22. 11. 1954), sowj. Pol., 1935–39 Generalstaatsanwalt d. UdSSR, 1949–53 Außenminister, 1953/54 Chefdelegierter bei der UN.

Wyspiański, Stanisław (15. 1. 1869 bis 28. 11. 1907), poln. Dramatiker u. Maler; beeinflußt von Wagner u. Nietzsche; strebte Reform des poln. Theaters an; Dramen: *Die Warschauerin; Der Fluch; Novembernacht.*

Wyszyński [vɨˈʃɨ̃ski], Stefan (3. 8. 1901–28. 5. 81), poln. Kardinal, Primas v. Polen (seit 1948), 1953–56 in Haft.

Xanten, Dom und Amphitheater

Xian, Terrakotta-Figur

Xerxes I.

X,
1) röm. Zahlzeichen = 10.
2) *chem.* Zeichen f. → *Xenon.*
3) X, χ, griech. Buchstabe *Chi,* deshalb Abk. für *Christus.*

x, *math.* Zeichen f. *unbekannte Größe,* entstanden aus d. in Ligatur geschriebenen *cs* = *cosa* [it. „Ursache"].

x-Achse, *math.* die erste der 3 räumlichen Koordinatenachsen, wird meist waagerecht gelegt.
Xanten (D-46509), Römer- u. Siegfried-St. i. Kr. Wesel, am Niederrhein, NRW, 17 041 E; ma. Stadtkern, roman.-got. St.-Viktor-Dom, Regionalmus., Archäolog. Park; antike Freilichtbühnen; Domkonzerte; Freizeitzentrum. – 100 n. Chr. v. Kaiser Trajan gegr.
Xanthelasmen, gelbl. Ablagerungen v. Cholesterin an den Ober- und Unterlidern.
Xanthi, *Xanthe,* griech. St. in Thrazien, 34 000 E; Bischofssitz.
Xanthin, *s.,* ein Dihydroxy-→ Purin.
Xanthippe, Name der Frau des → Sokrates, die (zu Unrecht) als zänkisch galt.
Xanthome, gelblichbraune Knoten der Haut, in denen Cholesterin abgelagert ist.
Xanthophyll, *s.,* gelber Pflanzenfarbstoff.
Xaver [nach dem Schloß Xavier in Spanien, Geburtsort des Jesuitenordengründers], m. Vn.
Xaver, Franz (7. 4. 1506–3. 12. 52), Genosse des Ignatius von Loyola; erster kath. Missionar in Indien, Japan, China; nach ihm *Xaveriusverein,* kath. Missionsverein, gegr. 1822.
X-Bein, häufigste Fehlstellung d. Kniegelenks; b. gestrecktem Bein und Knieschluß gehen d. Unterschenkel auseinander; in leichterem Grad zw. dem 2. und 5. Lebensjahr normal; kann angeboren od. erworben durch Belastung u. Fehlwachstum sein.
X-Chromosomen, → Chromosomen, → Vererbung, Übers.
Xenakis, Yannis (* 1. 5. 1922), griech.-frz. Komp. u. Architekt; 1966 Begr. e. Zentrums f. math. u. automat. Musik; elektron. Instrumentalmusik u. Chorwerke; *Diatope.*
Xenien [gr. „Gastgeschenke"], bissige Sinngedichte; nach dem Titel der Epigramme Martials betitelte Distichen v. Schiller und Goethe, bes. gg. zeitgenöss. Schriftsteller.
Xenokratie, *w.* [gr.], Fremdherrschaft.
Xenon, *s., Xe,* chem. El., Oz. 54, At.-Gew. 131,30; Dichte 5,49 g/l bei 1013 hPa; Edelgas, Spuren in der Luft.
Xenophanes (um 560–470 v. Chr.), griech. Phil.; Monotheismus; Begr. der → eleatischen Schule (umstritten).
Xenophilie, *w.* [gr.], Fremdenfreundlichkeit.
Xenophobie, *w.* [gr.], Furcht vor Fremden, Ablehnung Fremder.
Xenophon (um 426–nach 355 v. Chr.), athenischer Geschichtsschreiber; leitete u. beschrieb Rückzug der 10 000 griech. Teilnehmer am Aufstand des jüngeren Cyrus; *Anabasis; Griech. Geschichte.*
Xereswein → Jérez-Wein.
Xerographie [gr.], Druckverfahren, das die erhabenen Drucktypen durch statische el. Ladungen in Buchstabenform ersetzt, an denen positiv geladenes Farbpulver haftet; dieses wird auf negativ geladenes Druckpapier übertragen, auf dem es durch Erhitzung fixiert wird.
Xerophthalmie, *Augendarre,* Austrocknung der Augenbinde- und -hornhaut infolge Vitamin-A-Mangels (→ Vitamine, Übers.) oder mangelhaften Lidschlusses.
Xerophyten [gr.], an Trockenheit angepaßte Pflanzen (z. B. Kakteen).
Xerose [gr.], Vertrocknung, Austrocknung (z. B. d. Bindehaut d. Auges).
Xerxes I., Perserkönig 485–465 v. Chr., 480 Kriegszug gegen Griechenland; → Perserkriege.
X für ein U machen, eigtl. statt *V* (röm. = 5, auch Zeichen für U) ein *X* (röm. = 10) schreiben, d. h. das Doppelte anrechnen; etwas vortäuschen.
Xhosa, afrikan. Bantustamm (ca. 3,9 Mill.) i. d. Rep. Südafrika.
Xiamen [ɕi̯amən], früher *Amoy,* Hafenst. der chin. Prov. Fujian, 450 000 E; Uni., Inst. f. Meeresbiol.; Ausfuhr v. Tee, Tabak, Zucker.
Xian [ɕi̯an], früher *Sian,* Hptst. d. chin. Prov. Shaanxi, 2,8 Mill. E; wichtigste Handelsstadt am Wei He, früher wiederholt Hptst. des chin. Reiches.

Xiang Jiang [ɕi̯aŋ ʒi̯aŋ], *Siang-kiang,* r. Nbfl. d. Chang Jiang, 800 km l., größtenteils schiffbar, durchfließt die chin. Prov. Hunan.
Xi Jiang [ɕi̯d ʒi̯aŋ], *Si-kiang, Westfluß,* 2129 km lang, mündet bei Macao ins Südchin. Meer.
Ximénes [xi-], Francisco (1436–8. 11. 1517), span. Franziskaner; Kardinal u. Großinquisitor; veranlaßte die Vertreibung der Mauren (Mohammedaner) aus Spanien.
Xingú [ʃiŋˈgu], r. Nbfl. des Amazonas, vom Mato Grosso, 2100 km l., teilweise schiffbar.
Xinhua [„Neues China"], Nachrichtenagentur der VR China.
Xining [ɕiniŋ], Hptst. d. chin. Prov. Qinghai, 610 000 E.
Xinjiang-Uygur [ɕi̯nd ʒi̯aŋ-], früher *Sinkiang-Uighur,* autonomes Gebiet im NW Chinas, umfaßt O-Turkestan (Tarimbecken, Sandwüste Taklimakan) u. die Junggar (Felswüste), beide trennend der östl. Tian Shan, 1,65 Mill. km², 15 Mill. E, meist Turkmenen u. Chin.; in d. Oasen Getreide, Obst- u. Gemüsebau; Uran, Kohle, Gold, Erdöl; Hptst. *Ürümqi.*
Xipe Totec, *m.* [aztek. „Unser Herr, der Geschundene"], aztek. Vegetations- u. Frühlingsgott, dessen Priester sich d. Haut e. Menschenopfers überstreiften.
Xizang → Tibet.
XP → Christusmonogramm.
X-Strahlen, svw. → Röntgenstrahlen, Gamma- u. kosmische Strahlen.
Xylographie [gr.], Holzschneidekunst.
Xylole, Benzolabkömmlinge (Dimethylbenzole) i. Steinkohlen- und Holzteer; Lösungsmittel.
Xylolith®, *m.* [gr.], → Steinholz.
xylophag, svw. holzfressend.
Xylophon [gr.], Instrument aus abgestimmten Holzplättchen, durch Klöppel angeschlagen (Abb. → Orchester).
Xylose, *w.,* Holzzucker ($C_5H_{10}O_5$), entsteht bei d. Hydrolyse v. Holz, Stroh u. a. mit verdünnten Säuren.

Y, chem. Zeichen f. → Yttrium.

y-Achse, math. zweite der 3 räumlichen Koordinatenachsen, wird meist senkrecht zur → x-Achse gelegt.

Yacht, svw. → Jacht.

Yak → Jak.

Yale-Universität [ˈjeɪl-], nach d. Philanthropen Y. (1648–1721) ben. am. Uni in → New Haven.

Yalow [ˈjæloʊ], Rosalyn S. (* 19. 7. 1921), am. Phys.; 1977 Nobelpreis f. Med. (Entwicklung d. radioimmunolog. Methode bei d. Bestimmung von Peptidhormonen).

Yamswurzel, d. genießbaren Wurzelknollen trop. Kletterpflanzen.

Yang [jæŋ], Chen Ning (* 22. 9. 1922), am. Phys. chin. Herkunft; Arbeiten z. → Elementarteilchen-Physik; entdeckte d. Paritätsverletzung beim schwachen Zerfall zus. mit T. D. → Lee.

Yangon → Rangun.

Yankee, *m.* [ˈjænkɪ], Spitzname für Nordamerikaner der Nordstaaten.

Yankeedoodle [-ˈduːdl̩], am. Volkslied aus d. 18. Jh.

Yantai [ˈjɛntaɪ], früher *Tschifu,* chin. Hafenst. an der NO-Küste der Prov. Shandong, 400 000 E; Handelshafen.

Yaoundé, *Jaunde,* Hptst. von Kamerun, 654 000 E.

Yard, *s.* [jɑːd], → Maße und Gewichte, Übers.

Yaren, Hptst. d. Rep. Nauru, ca. 7200 E.

Yawl, *w.* [engl. jɔːl], eineinhalbmastige Jacht.

Yb, chem. Zeichen f. → Ytterbium.

Y-Bazillen, Y-förmig wachsende Bazillen; Erreger der Bazillenruhr.

Y-Chromosomen → Chromosomen, → Vererbung, Übers.

Yeats [jeɪts], William Butler (13. 6. 1865–28. 1. 1939), irischer Dichter; Versdrama: *Gräfin Cathleen;* Prosa: *Die chymische Rose;* Gedichte; Nobelpr. 1923.

Yellowstone [ˈjɛloʊstoʊn], r. Nbfl. des Missouri vom Felsengebirge in Wyoming, 1080 km l., durchfließt den **Y.-Nationalpark,** ältestes Naturschutzgebiet der USA im Felsengebirge, mit Wäldern, zahlreichen heißen Quellen und Geisern, 8670 km².

Yemen → Jemen.

Yen → Währungen, Übers.

Yersinien, Bakterien der Gattung führen teilweise zu Darmerkrankungen mit Durchfall; *Yersinia pestis,* Erreger der → Pest.

Yeti, svw. → Schneemensch.

Yggdrasil, Weltesche der nord. Mythologie, unter der die Götter und Nornen Recht sprachen.

Yin u. Yang → Jin und Jang.

YMCA [ˈwaɪæmsiˈeɪ], Abk. für **Y**oung **M**en's **C**hristian **A**ssociation, Christl. Verein Junger Männer, 1844 von George Williams in London, Weltbund YMCA 1855 (für Mädchen YWCA 1894) gegr., Sitz Genf; in 1. u. 2. Weltkr. Hilfe f. Kriegsgefangene u. Flüchtlinge; Vereine i. der ganzen Welt, überkonfessionell; in Dtld CVJM, **C**hristl. **V**erein **J**unger **M**änner.

Ymir, im altnord. Mythos zweigeschlechtiger Riese, von dem die Menschen abstammen.

Yoga → Joga.

Yoghurt → Joghurt.

Yogi → Jogi.

Yogyakarta, *Jokjakarta,* indones. St. auf Java, 399 000 E; Uni.

Yohimbin, *s.,* Alkaloid, d. afrikan. Yohimberinde, wirkt gefäßerweiternd; Aphrodisiakum.

Yokohama, jap. Hafenst. an d. O-Küste Honshus, 3,2 Mill. E; nach Erdbeben u. Kriegszerstörung neu aufgebaut; 2 Uni.; Werften, div. Ind.; Handelshafen f. Tokio.

Yokosuka, jap. Hafenst. a. d. O-Küste Honshus, 433 000 E; Werften.

Yoldiazeit → Ostsee.

Yoni, *Joni,* s. [sanskr. „Mutterschoß"], hinduist. Symbol d. weibl. Geschlechts u. d. gebärenden Naturkraft i. Form e. Vulva; Ggs.: → Linga.

Yonkers [ˈjɔŋkəz], St. im US-Staat New York, am Hudson, Villenvorort v. New York, 188 000 E.

Yonne [jɔn],
1) l. Nbfl. der Seine (bei Montereau), 293 km l.
2) frz. Dép. beiderseits d. Y., 7427 km², 320 000 E; Hptst. *Auxerre* (41 000 E).

Yorba Linda [ˈjɔrbə ˈlɪndə], St. i. Orange County, SW-Kaliforniens, 28 000 E., Ölquellen, Zitrusplantagen.

Yorck (York) von Wartenburg,
1) Johann David Graf (26. 9. 1759 bis 4. 10. 1830), preuß. General, schloß 1812 als Führer des preuß. Hilfskorps Napoleons die *Konvention von → Tauroggen,* gab damit den Anstoß zu den Befreiungskriegen.
2) Peter (13. 11. 1904–8. 8. 44), dt. Widerstandskämpfer; führend im → Kreisauer Kreis, hingerichtet.

York, Nebenlinie des Hauses → Plantagenet in England 1459–85; → Rosenkriege.

York [jɔːk],
1) Kap-York-Halbinsel NO-Australiens, in Queensland, 210 000 km², mit nördlichstem Festlandspunkt *Kap Y.;* riesige Bauxitlager.
2) St. u. Distrikt d. Gft North Y.- shire, bis 1974 Hptst. der ehem. engl. Gft *Y.shire* (1974 aufgeteilt in → North Yorkshire u. → South Yorkshire); an d. Ouse, 99 000 E; anglikan. Erzbischof (Primas v. England).

Yorkshire Terrier [ˈjɔːkʃə-], Zwerghundrasse mit langem, graublondem Fell.

Yosemitetal [joʊˈsɛmɪtɪ-], in Kalifornien, am W-Hang d. Sierra Nevada, bis 1500 m hohe, v. Gletschereis geschliffene Felswände, 24 km lang; Nationalpark (3081 km²).

Young [jʌŋ],
1) Edward (7. 3. 1683–5. 4. 1765), engl. Dichter; *Nachtgedanken.*
2) Owen (27. 10. 1874–11. 7. 1962), am. Wirtschaftspol., 1928 Mitverf. d. Zahlungsplans (**Young-Plan**) f. dt. → Reparationen.
3) Thomas (13. 6. 1773–10. 5. 1829), engl. Arzt, Phys. u. Naturphil.; Forschungen über Lichtwellen u. Farbsehen.

Young Men's Christian Association → YMCA.

Youngstown [ˈjʌŋztaʊn], St. im US-Staat Ohio, 115 000 E; Stahl-, Eisenwerke, Hochöfen.

Yourcenar [jursəˈnaːr], Marguerite (7. 6. 1903–18. 12. 87), frz. Schriftst.in; *Ich zähmte die Wölfin; D. Fangschuß.*

Ypern, frz. *Ypres,* fläm. *Ieper,* belg. St. in der Prov. W-Flandern, 35 000 E; got. Kathedrale.

Ypsilanti, *Ipsilantis,* Alexander (12. 12. 1792–31. 1. 1828), griech. Freiheitskämpfer, von → Metternich interniert.

Yquem [iˈkɛm], frz. weißer Bordeauxwein.

Ysaye [izaˈi], Eugène (16. 3. 1858 bis 12. 5. 1931), belg. Geiger u. Komponist.

Yser, [frz. iˈzɛːr, ndl. ˈeɪsər], Fluß in Frankreich und Belgien, 76 km lang, mündet bei Nieuwport in d. Nordsee.

Ysop, *m.,* Halbstrauch mit blauen Lippenblüten; Gewürzpflanze.

Yssel [ˈeɪsəl], svw. → Ijssel.

Ytterbium, *s., Yb,* chem. El., Oz. 70, At.-Gew. 173,04; Dichte 6,97 g/L; Seltenerdmetall.

Yttrium, *s., Y,* chem. El., Oz. 39, At.-Gew. 88,905, Dichte 4,47; Seltenerdmetall; Y. wurde 1794 von J. Gadolin im Mineral Gadolinit bei Ytterby (Schweden) entdeckt.

Yuan → Währungen, Übers.

Yucatán,
1) Halbinsel in Mittelamerika, von Cuba durch die **Y.**straße getrennt; pol. zu Mexiko, Belize u. Guatemala gehörig.
2) N-Teil bildet d. mexikan. Staat Y., 38 402 km², 1,4 Mill. E (großenteils Maya-Indianer); Hptst. *Mérida.*

Yucca, *w., Palmlilie,* palmenähnl. Liliengewächs aus Mittelamerika; Zierpflanze, Blattfasern z. Herstellung v. Seilen u. Matten.

Yü-huang, *m.* [chin. „Jade-Erhabener"], chin. oberster Himmelsgott (s. 10. Jh.), dem d. Kaiser zweimal i. Jahr auf d. Himmelstempel i. Peking opferte.

Yukawa, Hideki (23. 7. 1907–9. 9. 81), jap. Atomphys.; Vorhersage der Existenz d. Mesonen; Nobelpr. 1949.

Yukon [ˈjuːkɔn], Strom i. nw. Kanada u. Alaska, mündet in einem Delta ins Bering-Meer, 3185 km l. (mit Quellfl. Nisutlin).

Yukon-Territorium, kanad. Verw.gebiet am Oberlauf des Y., 531 843 km², 28 000 E; Hptort *Whitehorse* (21 000 E).

Yun, Isang (17. 9. 1917–3. 11. 1995), korean. Komp.; Verbindung v. serieller Technik u. ostasiat. Klangformen; Opern: *Der Traum d. Liu-Tung.*

Yunnan [ˈjynnan], früher *Jünnan,* Hochland-Prov. i. SW-China, 436 200 km², 37 Mill. E; Hptst. *Kunming.*

Yuppie, *m.* [ˈjʊpi], nüchtern-strebsamer Jungbürger.

Yvelines [ivˈlin], frz. Dép. im Pariser Becken, 2285 km², 1,3 Mill. E; Hptst. *Versailles.*

Yverdon-les-Bains [ivɛrdõleˈbɛ̃], (CH-1400), *Iferten,* schweiz. Kurort am Neuenburger See, 21 700 E; warme Schwefelquelle; Schloß (1805–25) Wirkungsstätte J. H. Pestalozzis.

YWCA [ˈwaɪdəbljuːsiˈeɪ], Abk. f. **Y**oung **W**omen's **C**hristian **A**ssociation, → YMCA.

Z, letzter Buchstabe des Alphabets.
Zaanstad [za:n-], St. in der Provinz N-Holland, 131 000 E; 1977 durch Zus.schluß v. *Zaandam* u. umliegenden Gemeinden gebildete Ind.st.; Holzhandel, chem. Industrie, Schiffbau.
Zabaione, it. Eier-Weinschaumcreme.
Zabaleta [θaβa-], Nicanor (7. 1. 1907 bis 5. 4. 93), span. Harfenist.
Zabern, frz. *Saverne,* St. im Unterelsaß, am Rhein-Marne-Kanal, 10 000 E; Eisenwaren-, Herde-, Masch.- und Uhrenind.; w. davon **Z.er Steige,** Gebirgspaß (410 m) über die Vogesen.
Zabrze [ˈzabʒɛ], poln. Name d. St. → Hindenburg.
Zacatecas [θaka-], mexikan. Staat, 73 252 km², 1,26 Mill. E; Silber, Blei, Gold, Kupfer; Hptst. Z. (2490 müM, 68 000 E).
Zacharias, bibl. Gestalt, Vater v. → Johannes d. Täufer.
z-Achse, *math.* die dritte der 3 räumlichen Koordinatenachsen, wird meist senkrecht zur *x-* u. *y-*Achse gelegt.
Zackenfries, *m.,* Zickzackfries, in d. normann. Baukunst d. Romanik Ornamentstreifen aus kl. über Eck gestellten Quadern.
Zadar [ˈza-], it. *Zara,* kroat. St. an d. Adria (Dalmatien), Seebad u. Hafen, 76 000 E; Dom, Erzbischofssitz; Akad., Museen; Textilind.
Zaddik, *m.,* [hebr. „der Gerechte"],
1) d. vollendete Fromme i. Judentum.
2) wundertätiger Lehrer u. Meister i. Chassidismus; d. *Rebbe.*
Zadek, Peter (* 19. 5. 1926), dt. Film-, Theaterregisseur; *Ich bin ein Elefant, Madame.*
Zadkine [zadˈkin], Ossip (14. 7. 1890 bis 25. 11. 1967), frz. kubist.-surrealist. Bildhauer u. Graphiker russ. Herkunft; *Homo sapiens; Die zerstörte Stadt* (Rotterdam).
Zafy [zaˈfi], Albert (* 1928), s. 1993 Staatspräs. v. Madagaskar.
Zagazig, ägypt. Prov.hptst. i. östl. Nildelta, 255 000 E; Baumwollhandel.
Zagreb [ˌza-], *Agram,* Hptst. Kroatiens, a. d. Save, 707 000 E; röm.-kath. u. orthodoxes Erzbistum, protestant. Bistum;

got. Dom, Akad. d. Wiss., Uni., Observatorium, Oper; Ind.; Handelsmessen.
Zahl, *math.* Begriff. Zahlen entstehen zunächst durch Abzählen; man unterscheidet:
1) *rationale Zahlen;* hierzu gehören alle positiven und negativen ganzen Zahlen (z. B. + 3, + 6, −1, −7 usw.), Brüche: echte Brüche (z. B. $\frac{1}{3}$), unechte Brüche (z. B. $\frac{5}{3}$).
2) *irrationale Zahlen* sind unendliche nichtperiod. Dezimalbrüche (z. B. $\sqrt{7}$ = 2,6457 . . .), transzendente Zahlen (z. B. π = Ludolfsche Zahl);
3) *imaginäre* (unwirkl.) Zahlen mit d. Einheit $i = \sqrt{-1}$;
4) *komplexe Zahlen,* die sich aus einem reellen u. einem imaginären Teil zusammensetzen (z. B. $a + b \cdot i$).
Zähler, *math.* bei einem *Bruch:* die über dem Bruchstrich stehende Zahl.
Zahlkarte → Postgiro.
Zahlmeister, Bez. f. e. f. das Zahlungs- u. Rechnungswesen in d. Truppe zuständigen Militärbeamten im Offiziersrang von der Mitte des 19. Jh. bis 1945.
Zählrohr, *phys.* Gerät z. Nachweis v. energiereichen → Elementarteilchen u. → radioaktiver Strahlung, z. B. → Geiger-Müller-Z. (durchfliegendes Teilchen erzeugt durch Ionisierung d. Gasfüllung d. Z. s e. Ionenlawine u. damit e. Stromstoß); Szintillations-Z. u. a.
Zahlungsabkommen, Teil eines Handelsvertrages, der den zwischenstaatl. Zahlungsverkehr regelt; → Verrechnungsabkommen.
Zahlungsbedingungen, bei einem Kauf: regeln Z.fristen, Z.art → Rabatt und Skonto (→ Kassenskonto).
Zahlungsbefehl, früher Bez. für → Mahnbescheid.
Zahlungsbilanz, Gegenüberstellung aller Zahlungen u. Leistungen, die ein Staat in einem Jahr an das Ausland leistet bzw. vom Ausland empfängt.
Zahlungseinstellung, ausdrückl. od. stillschweigende Handlung des Schuldners, wonach er mangels flüssiger Mittel nicht mehr zahlen könne; Indiz für → Zahlungsunfähigkeit.

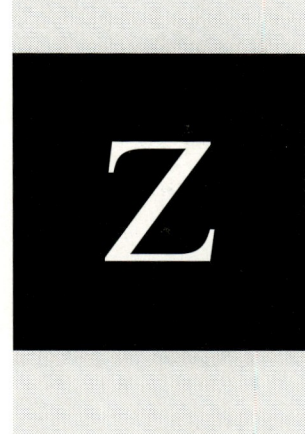

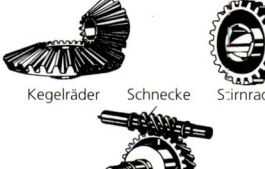
Kegelräder Schnecke Stirnrad

Schnecke und Schneckenrad
Zahnrad

Darstellung des Zahnhalteapparates (Parodontium)
Dieser umfaßt alle Strukturen, die den Zahn beweglich im Knochen verankern:
die Zementschicht des Zahnes, – die Wurzelhaut (Desmodont) mit undehnbaren kollagenen Fasern (sharpeysche Fasern), Blutgefäßen und Nerven; – den Alveolarknochen (des Ober- bzw. Unterkiefers); – das Zahnfleisch (Gingiva).
Dentin = Zahnbein; Sulcus gingivae = rillenförmige Vertiefung zwischen freiem Zahnfleisch und Zahn Pulpa = Zahnmark; Foramen apicale = Wurzelloch

Zahlungsort, svw. → Erfüllungsort; muß auf Wechsel oder Scheck angegeben sein.
Zahlungsunfähigkeit, *Insolvenz,* voraussichtl. länger währende Unfähigkeit eines Schuldners zur Erfüllung fälliger Verpflichtungen; Grund für Eröffnung des Konkurses. Dagegen → Überschuldung.
Zählwerk, Apparatur z. Zählung v. Bewegungsvorgängen, auch f. Meßzwecke (z. B. → Wassermesser, → Gasmesser, → Elektrizitätszähler, → Taxameter).
Zahlwörter, *Numeralia,* bestimmte Z.: Grund- (z. B. *drei*), Ordnungs- (*dritter*), Einteilungs- (*je drei*), Vervielfältigungs- (*dreimal*), Teilungs-Z. (*Drittel*); unbestimmte Z. (z. B. *viel*).
Zahn,
1) Ernst (24. 1. 1867–12. 2. 1952), schweiz. Erzähler; *Lukas Hochstraßers Haus; Frau Sixta.*
2) Peter von (* 29. 1. 1913), dt. (Fernseh-)Journalist; *Die Reporter der Windrose berichten.*
Zahnarme, *Edentaten,* Säugetiere m. zurückgebildeten Zähnen: Ameisenbären, Gürtel-, Faultiere.
Zähne, hpts. aus Zahnbein (*Dentin*); der sichtbare Teil: *Zahnkrone,* von Schmelz überzogen, trägt die Kaufläche bzw. Schneide; im Kiefer steckt die *Zahnwurzel,* in deren Spitze Nerven u. Blutgefäße eintreten, die Inneres d. Wurzel, das *Zahnmark (Pulpa),* ernähren; → Gebiß.
zahnen, Durchbruch eines neuen Zahns, manchmal fälschl. als Krankheit („Zahnkrämpfe" usw.) angesehen (→ Säuglingspflege, Übers.).
Zahnersatz, fest als Stiftzähne, künstl. Zahnkronen, Brücken; abnehmbar als Prothesen, partiell oder total.
Zahnfäule, *Karies,* von d. Zahnkrone oft bis zur Zahnwurzel fortschreitend; mit Zahnschmerzen. Zahnfäulnisherde bes. in der Wurzel als Bakterien- u. Eiterherde, evtl. Ausgangspunkte v. Krankheiten (Neuralgie u. a.); begünstigt durch unzweckmäßige Ernährung; Fluor zur Vorbeugung (örtl. Behandlung, Tabletten; Trinkwasserzusatz umstritten).
Zahngeschwür, svw. → Wurzelhautentzündung.
Zahnheilkunde, Behandlung erkrankter oder falsch stehender Zähne u. Herstellung v. Zahnersatz, ausgeübt von Zahnarzt, 5 Jahre akad. Studium; nach zahnärztlicher Prüfung wird die Approbation erteilt; auch → Dentist.
Zahnkarpfen, vorwiegend Süßwasserfische mit lebendgebärenden Arten, wie z. B. der oft in Aquarien gehaltene *Guppy.*
Zahnrad, Scheibe zur Übertragung von Bewegungen u. Kräften von Welle zu Welle durch ineinander kämmende Vorsprünge *(Zähne)* u. Aussparungen *(Zahnlücken)* od. mit Triebstöcken (Triebstock- od. → Sprossenrad); bei parallelen Wellen *Stirnräder* (auch einseitig mit Zahnstange arbeitend); bei sich kreuzenden Wellen *Kegelräder;* für große Übersetzungen *Schneckenräder* (→ Schnecke); Außen- u. Innen-Verzahnungen.
Zahnradbahn, Bergbahn, bei der Triebzahnrad in eine in Gleismitte liegende Zahnstange eingreift, i. d. Alpen

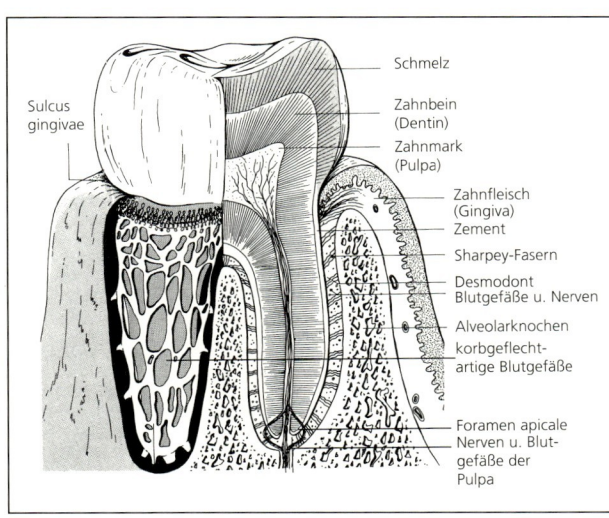

von 1871 (Rigi-Bahn) bis 1930 (bayr. Zugspitzbahn) gebaut.
Zahnschnitt, in d. antiken Baukunst Fries aus rechteckig vorspringenden Steinen, deren Vorderseiten in d. Bauflucht liegen.
Zahnstein, Ablagerung v. Calcium-, Kalium-, Natriumsalzen u. Mikroben am Zahnhals, bedarf regelmäß. Entfernung.
Zahntechniker, handwerkl. Hersteller von Zahnersatz, führt Laborarbeiten aus, keine Krankenbehandlung.
Zahnwale → Wale.
Zahnwechsel → Gebiß.
Zahnzement, Hartgewebe über Zahnwurzel.
Zähringer, schwäbisches Herzogsgeschlecht, von dem die Großherzöge von Baden abstammten.
Zahrnt, Heinz (* 31. 5. 1915), dt. Theologe u. Publizist; zahlr. theol. Veröffentlichungen.
Zain, gegossener flacher Metallstab zur Verwalzung; bes. für Münzherstellung.
Zaïre [zaˈiːr], früherer Name der Demokratischen Republik → Kongo.
Zakat, w. [arab. „Almosen"], *Sakat,* islam. pflichtmäßiges Almosen, wird i. e. feste Armensteuer umgewandelt.
Zakopane, poln. St. u. Luftkurort in W-Galizien, Hohe Tatra, 837 müM, 33 000 E; Wintersport.
Zakynthos, südl. Ionische Insel und griech. Nomos, 30 000 E; Hptst. Z. (10 000 E); 1953 durch Erdbeben stark zerstört.
Zama, im Altertum St. i. N-Afrika, westl. v. Karthago; 202 v. Chr. Hannibal von Scipio geschlagen.
Zambia → Sambia.
Zambo, Mz. *Zambos* [ˈθam-], Mischling von Neger und Indianerin.
Zamboanga [θam-], St. u. Hafen auf Mindanao (Philippinen), 379 000 E.
Zamenhof, Ludwig Lazarus (15. 12. 1859–14. 4. 1917), poln. Augenarzt; Schöpfer d. → Esperanto.
Zamora [θa-], Hptst. der span. Prov. Z. (an der portugies. Grenze), am Duero, 60 000 E; Bischofssitz, Kathedrale (12. Jh.), Schloß.
Zander, *Hechtbarsch,* größte eur. Barschart; Speisefisch.
Zandvoort [ˈzɑntfoːrt], ndl. Seebad in der Prov. N-Holland, 16 000 E.
Zangbo, Oberlauf des → Brahmaputra.
Zange, Werkzeug zum Festhalten (z. B. *Schmiede-, Block-, Rohr-Z.),* z. Biegen, auch Flachquetschen (*Flach-Z.*) z. Abquetschen: *Kneif-Z.*
Zangengeburt → Geburtszange.
Zanonia, *Cucurbitazee,* trop. Kürbisgewächs; Propeller-Flugsamen.
Zäpfchen,
1) → Netzhaut.
2) → Gaumenzäpfchen.
3) → Suppositorium.
Zapfen,
1) Blütenstand, bes. der Nadelhölzer.
2) im *Maschinenbau:* runder Bolzen, auch der in einem Lager sich drehende Teil einer Achse.
Zapfenstreich, Abendsignal in mil. Unterkünften; der *Große Z* wird bei feierl. Anlässen von einem oder mehreren Musikkorps gespielt.
Zaponlack, Nitrozelluloselack; für hauchdünne, transparente Überzüge auf Holz, Glas, Metallen und Leder.
Zapoteken, Indianer (etwa 215 000)

Zakynthos, *Blaue Grotte*

Zebras

Zander

im südl. Mexiko mit eigener Sprache; altes Kulturvolk.
Zapotocky [ˈzapɔtɔtski:], Antonín (19. 12. 1884–13. 11. 1957), tschech. kommunist. Pol.; 1948–53 Min.präs., 1953–57 Staatspräs.
Zappa [ˈz-], Frank (21. 12. 1940–4. 12. 93), am. Rockmusiker; Gitarrist d. „Mothers of Invention", provokativ-anarchisches Auftreten.
Zar, vom lat. *Caesar,* Titel d. russ. Herrscher 1562–1917, d. bulgar. 1908–46.
Zaragoza [θaraˈɣoθa], *Saragossa,* Hptst. der nordspan. Prov. Z., am Ebro, 586 000 E; Erzbischofssitz, Uni.
Zarathustra → Zoroaster.
Zarge, w., rahmenartige Einfassung (z. B. Tür-, Fenster-, Tisch-Z.); bei Saiteninstrumenten Verbindungsholz zwischen Decke und Boden.
Zarlino, Gioseffo (22. 4. 1517–14. 2. 90), it. Komp.; Begr. der modernen Harmonielehre.
Zarzuela [θarˈθuela], span. Gattung v. Singspielen m. Solo, Chor u. Sprechdialog; s. 17. Jh.
Zäsur, w. [l. „Einschnitt"], Pause innerhalb eines Choralabschnitts od. in der Verszeile.
Zátopek [ˈzaː-], Emil (* 19. 9. 1922), tschech. Langstreckenläufer; mehrfacher Medaillengewinner bei Olymp. Spielen 1948 u. 1952; Begr. der → Intervalltrainingsmethode.
Zauberei, svw. → Magie.
Zauche, Kiefern- u. Heidelandschaft westl. v. Werder, Brandenburg.
Zaum,
1) zum Lenken von Reit- und Zugtieren, besteht im allg. aus dem Kopfgestell mit Gebiß u. d. Lenkriemen (Zügel) bzw. Halfter (z. Anbinden).
2) *Pronyscher Z.,* Bremsdynamometer zur Leistungsmessung an Maschinen.
Zaunkönig, kleiner bräunlicher Singvogel, bis 10 cm lang, baut Kugelnest mit Flugloch im Gebüsch.
Zaunrebe, svw. → wilder Wein.
Zaunrübe, Kletterpflanze (Kürbisgewächs) m. e. rübenförm. (giftigen) Wurzelstock u. schwarzen od. roten Beeren; in Gebüschen usw.; auch Zierpflanzen; med. homöopath. angewendet.
Zavattini, Cesare (20. 9. 1902–13. 10. 89), it. Schriftst., Drehbuchautor u. Theoretiker d. Neorealismus; *Die Fahrraddiebe.*
Zaziki [neugriech.], vollfetter Joghurt m. ausgedrückter, geraspelter Salatgurke u. Knoblauch.
ZDF, Abk. f. **Z**weites **D**eutsches **F**ernsehen, Sitz in Mainz.
Zebaoth [hebr. „(Herr) d. Heerscharen"], Beiname Jahwes im A.T.
Zebra, Vereinigung figurativer Maler (gegründet 1965 in Hamburg, erweitert 1977) für eine neue Definition des Realismus in Ablehnung der abstrakten Malerei und der Informellen Kunst; wichtig für die Entwicklung des Neuen Realismus; Hptvertreter D. Ullrich, D. Asmus, P. Nagel, N. Störtenbecker, C. u. K. Biederbick, H. Jacob.
Zebras, Wildpferde S- u. O-Afrikas; gestreift: *Berg-, Steppen-* und *Grévy-Z.;* auch → Quagga.
Zebroid, s., Kreuzung von Zebra mit Esel oder Pferd.
Zebu, m. od. s., Rind mit Fetthöcker auf Vorderrücken; Nutztier; Indien, Afrika.
Zech, Paul (19. 2. 1881–7. 9. 1946), dt. Schriftst.; Lyrik: *Der Wald;* Drama, Prosa.
Zeche, urspr. svw. Genossenschaft, dann Bergwerk, Grube; bes. in Eigennamen, z. B. Zeche Minister Stein; *auf Z. sein:* im Bergwerk arbeiten.
Zechine, w. [it.], venezian. Goldmünze (1284–1802), Vorgängerin d. → Dukaten.
Zechprellerei, vorsätzliches Nichtbezahlen von Speisen od. Getränken in Gaststätten, gilt als Betrug.
Zechstein, Epoche der Permzeit; → geologische Formationen, Übers.
Zecken, Milbenfamilie, meist Blutsauger an Säugetieren (z. B. der → Holzbock).
Zeckenenzephalitis, **F**rühsommer**m**eningo**e**nzephalitis = FSME, Hirnhautentzündung nach Zeckenbiß; Viruserkrankung, d. auch auf d. Gehirn übergreifen kann. Vorbeugung durch Schutzimpfung.
Zeder, w., lärchenähnlicher, aber immergrüner Nadelbaum; *Libanon-Zeder* auf dem Libanon, auf Zypern, im Taurus, im wärmeren Europa angepflanzt; Holz geschätzt; verwandte Arten im Atlas und Himalaja; *Rote Zeder,* der virgin. Wacholder.

Zaragoza, *Kathedrale*

Zaunkönig

Zaunrübe

Zebu

Wolfgang Zeidler

Zeisig

Carl Zeiss

Zebra

Zedernholz, unechtes, v. der *Roten Z.,* für Zigarrenkisten; *echtes,* für Bleistifte.
Zedernöl, äther. Öl aus destilliertem Zedernholz, f. Rasierwasser u. a.
zedieren [l.], abtreten; → Zession.
Zeebrugge [ˈzeːbrʏχə], Vorhafen von Brügge, Belg.; Fähre nach Harwich (England); Nordseebad.
Zeeman [ˈzeː-], Pieter (25. 5. 1865 bis 9. 10. 1943), ndl. Phys.; entdeckte d. → Zeeman-Effekt (zus. mit H. A. → Lorentz) Nobelpr. 1902.
Zeeman-Effekt, Aufspaltung von Spektrallinien (→ Spektrum) in 2 od. 3 Komponenten in starkem Magnetfeld.
Zehdenick (D-16792), St. i. Kr. Gransee, Bbg, 11 286 E; div. Ind., Werft.
Zehlendorf, Verw.bez. v. Berlin, mit Dahlem, Nikolassee und Wannsee.
Zehnbambushalle, *Shi-chu-chai shu-hua-tse,* „Sammlung der Zehnbambushalle in Wort und Bild", chin. Sammlung (auch → Senfkorngarten) v. Gemälden versch. Künstler; herausgegeben v. Hu Cheng-Yen (17. Jh.; später Neudrucke); diente auch als maler. u. kalligraph. Musterbuch.
Zehnender, *Zehner,* → Geweih.
Zehnerklub, Bez. für die Zusammenarbeit der 10 Ind.nationen: Belgien, BR, Frkr., Großbrit., Ndl., Italien, Japan, Kanada, Schweden u. USA zur Unterstützung des Intern. Währungsfonds durch Gewährung von Krediten.
Zehnkampf, leichtathlet. Mehrkampf f. Männer, bestehend aus: 100-m-, 400-m-Lauf, Hoch-, Weitsprung, Kugelstoßen, 110-m-Hürdenlauf, Stabhochsprung, Diskus-, Speerwerfen, 1500-m-Lauf; an zwei Wettkampftagen durchgeführt; olymp. Wettbewerb.
Zehnt, *der Zehnte,* früher Naturalabgabe des 10. Teils der Ernte an Kirche und Lehnsherren.
Zehntland [l. „agri decumates"], im 1.–3. Jh. n. Chr. das Gebiet zwischen Rhein und oberer Donau, durch → Limes geschützt, den Römern mit dem Zehnten zinspflichtig.
Zehrwespen, kleine Schmarotzerwespen.
Zeichenrolle, svw. → Warenzeichenrolle.
Zeichenschutz → Warenzeichenrecht.
Zeidelrecht, Recht, in einem Walde Bienen zu halten.
Zeidler, Wolfgang (2. 9. 1924–31. 12. 87), dt. Jurist; 1970–83 Präs. d. Bundesverw.gerichts; 1983–87 Präs. d. Bundesverf.gerichts.
Zeidlerei → Bienenzucht.
Zeigerpflanzen, Pfl. od. Pfl.-Ges., d. Rückschlüsse auf d. Standortfaktoren v. Böden zulassen, z. B. tiefgründ. Boden: Brennessel, Springkraut; saurer Boden: Heidelbeere, Kl. Sauerampfer.
Zeilengießmaschine → Linotype.
Zeisig, *Erlenzeisig,* gelbgrüner Fink; der *Birkenzeisig* in Dtld als Wintergast aus den nördl. Ländern, rotköpfig.
Zeiss, Carl (11. 9. 1816–3. 12. 88), Begr. der opt. Z.-Werke in Jena; ab 1866 → Abbe als Mitarbeiter, Werke s. 1891 *Carl-Zeiss-Stiftung;* Jenaer Werke nach d. 2. Weltkr. enteignet u. verstaatlicht. Rechtssitz d. Stiftung u. Firma seitdem bis 1991 in Heidenheim a. d. Brenz; Hauptwerk in Oberkochen; beteiligt an d. Zeiss Ikon AG., Stuttgart. Seit 1991 Jenaer Werke wieder unter Führung der Carl Z. Oberkochen.
Zeit, transzendentaler Begriff des Nacheinanderseins; Erscheinungsform einer transzendentalen Ordnung, insofern dem Raum gleichwertig u. durch → Relativitätstheorie (Übers.) folgerichtig mit ihm zu vierdimensionalem *Raum-Z.-Kontinuum* verknüpft. *Astronomische Z.:* Sonnen-Z. u. Stern-Z. *Wahre Sonnen-Z.,* angezeigt durch Sonnenuhr; *wahrer Mittag,* wenn Sonnenmittelpunkt durch Ortsmeridian geht; Z. zw. zwei solchen Durchgängen veränderl., weil Sonne schief zum Äquator u. ungleichmäßig in d. Ekliptik fortschreitet; daher Einführung einer gedachten *mittleren Sonne,* gleichmäßig i. Äquator fortschreitend, *mittlere Sonnen-Z.* u. *mittleren Sonnentag* bestimmend. Von kl. Unregelmäßigkeiten befreit sind → Ephemeridenzeit u. → Atomzeit; Differenz zw. mittlerer u. wahrer Sonnen-Z. = *Zeitgleichung;* 2 Maxima u. Minima im Jahr (z. B. 12. Februar + 14 Min. 25 Sek., 3. November –16 Min. 20 Sek.). *Stern-Z.:* Sterntag beginnt bei Durchgang des Frühlingspunktes (→ Äquinoktium) durch den Meridian u. ist um 3 Min. 56,6 Sek. kürzer als mittlerer Sonnentag. – *Orts-Z.* um 4 Min. je 1° Längenunterschied versch.; östl. Orte spätere Z.; ersetzt durch *Einheits-Z., Zonen-Z.,* für größere Gebiete, um ganze Stunden versch. von *Welt-Z.* (WZ), der mittleren Sonnen-Z. v. Greenwich; in Europa: *West-, Mittel-, Osteuropäische Z.* (abgek. WEZ, MEZ, OEZ); hier ist WEZ = Weltzeit (WZ), MEZ = WZ + 1 Std., OEZ = WZ + 2 Std. → Zeitzonenkarte.
Zeitalter, *Weltalter, Äon,* Zeitabschnitt, der eine best. Entwicklungsstufe i. d. Geschichte der Menschheit oder Volksgruppen umfaßt (z. B. Vorgeschichte, Altertum, Mittelalter, Neuzeit; Hellenist. Z., Z. der Entdeckungen usw.).
Zeitautomatik, d. Blende wird am Objektiv vorgewählt, d. Verschlußzeit paßt sich stufenlos dazu an; ideal f. Porträttechnik.
Zeitblom, Bartholomäus (um 1455 bis um 1520), dt. spätgot. Maler.
Zeiteinheit, eine Sekunde (s) = 9 192 631 770 Schwingungen d. Cäsiumatoms.
Zeitgeschäfte, svw. Lieferungsgeschäfte mit Lieferfrist, auch svw. → Termingeschäfte.
Zeitgleichung → Zeit.
Zeitlupe, beim *Film:* langsame Wiedergabe d. einzelnen Phasen einer Bewegung; *Zeitraffer* wirkt umgekehrt.
Zeitmultiplextechnik, Verfahren zur Mehrfachnutzung eines Übertragungsweges durch Verschachtelung verschiedener digitaler Signale in einem festgelegten Zeitabschnitt (z. B. System PCM 30: gleichzeitig können 30 Ferngespräche auf *einer* Leitung übertragen werden).
Zeitnehmer, Kampfrichter beim Sport, stellt die Zeit eines Laufs, einer Fahrt usw. mit Stoppuhr fest.
Zeitraffer → Zeitlupe.
Zeitrechnung, abendländ. Z. beginnt mit Christi Geburt; die alten Griechen rechneten nach Olympiaden (alle 4 Jahre) von 776 v. Chr., die Römer von der

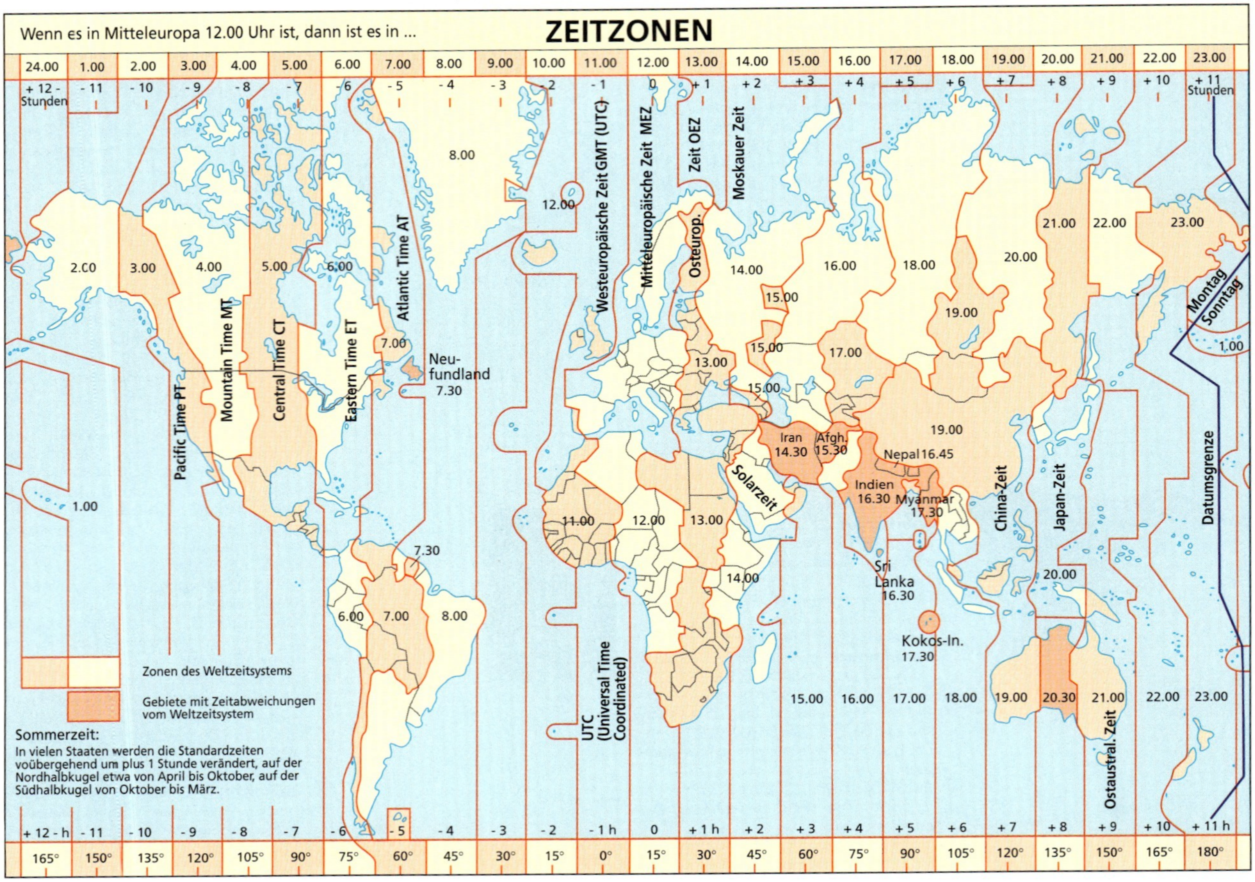

ZEITZONEN

Wenn es in Mitteleuropa 12.00 Uhr ist, dann ist es in ...

(Weltkarte mit Zeitzonen; oben die Uhrzeiten 24.00 bis 23.00 und Stundenverschiebungen −12 bis +11; unten entsprechende Längengrade 165° W bis 180°)

Zonen des Weltzeitsystems
Gebiete mit Zeitabweichungen vom Weltzeitsystem

Sommerzeit: In vielen Staaten werden die Standardzeiten vorübergehend um plus 1 Stunde verändert, auf der Nordhalbkugel etwa von April bis Oktober, auf der Südhalbkugel von Oktober bis März.

Erbauung Roms 753 v. Chr., die Juden v. 3761 v. Chr. (nach d. A. T. Erschaffung der Welt), die Mohammedaner von 622 n. Chr. (→ Hedschra), die Franzosen vom Stiftungstag der frz. Republik, 22. 9. 1792 (abgeschafft 1806).
Zeitschaltuhr, v. a. im Labor benötigt, um d. zeitl. Ablauf best. chem. Prozesse zu überwachen; dient auch z. Steuerung d. Ein- u. Ausschaltens v. techn. Geräten.
Zeitschriften, periodisch erscheinende Druckschriften; Inhalt a. best. Gebiete begrenzt; im 17. u. 18. Jh. *(Gelehrte Anzeigen, Moralische Wochenschriften)* entstanden; Arten: wiss., pol., Weltanschauungs-, belletrist. u. Unterhaltungs-Z. (Magazine); wirtsch., techn. Z., Fach-Z., Verbandsorgane (→ Presse, Übers.).
Zeitstudien, Zeitaufnahmen für Arbeitsvorgänge in Industriebetrieben durch → REFA-Fachleute; z. T. durch automat. Registriergeräte, bilden Grundlage e. gerechten Entlohnung.
Zeitung [mhdt. „zitung = Kunde, Botschaft"], regelmäßig (wöchentlich mehrmals, täglich ein- oder mehrmals am Tage) erscheinende Druckschrift, welche die Öffentlichkeit über das Geschehen der Gegenwart unterrichtet; älteste Z. in Rom als *Acta diurna* („Tageblatt") in Tafeln auf d. Forum aufgestellt; in Europa im 15. Jh. geschriebene Z.en, später

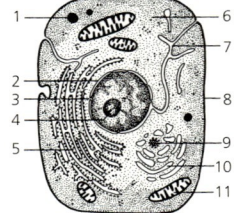

Feinstruktur der Zelle
1 Lipoidtropfen
2 Kernmembrane
3 Kernporen
4 Nukleolus
5 Ergastoplasma und Ribosomen
6 Zellplasma
7 endoplasmatisch, Retikulum
8 Zellmembran
9 Zentrosom
10 Golgi-Apparat
11 Mitochondrium

Flugblätter mit Einzelnachrichten (auch in Gedichtform); früheste regelmäßig erscheinende Z. in S-Dtld (1609 Straßburg); seit Mitte 17. Jh. Z.en, die noch bis in d. neuere Zeit bestanden; Großentwicklung seit Einführung der Pressefreiheit u. Gründung bedeutender Pressekonzerne u. Großverlage; heute für die Meinungsbildung v. gr. Bed. (→ Presse, Übers.).
Zeitwort → Verbum.
Zeitz (D-06712), Krst., i. S-A., an der Weißen Elster, 39 087 E; Masch.ind., Braunkohlenbergbau, Hydriwerk.
Zeitzeichen, *seem.* Zeichen zur genauen Zeitangabe (z. B. über Funk oder Radio zu best. Zeiten gesendetes Zeichen); 1910 in Dtld eingeführt; zur Korrektur des Bordchronometers; ermöglicht den Schiffen die genaue Ortsbestimmung; heute dt. Langwellensender f. Zeitsignale u. Normalfrequenz (DCF 77, Standort Mainflingen/Hessen); versorgt Dt. Bahn, Rundfunksender u. Seeschiffahrt m. Zeitsignalen.
Zeitzler, Kurt (9. 6. 1895–25. 9. 63), Gen.oberst u. Gen.stabschef des dt. Heeres 1942–1944.
Zeitzonen → Zeit.
Zelebrant [l.], die Messe feiernder kath. Priester.
zelebrieren, (Messe) feiern.

Zelenka, Jan Dismas (16. 10. 1679 bis 22. 12. 1745), tschech. Komponist in Dresden; Kirchenmusik.
Zella-Mehlis (D-98544), St. i. Kr. Suhl, Thür., Luftkurort im Thüringer Wald, 490 müM, 13 581 E; Metallind.
Zell am See (A-5700), Bezirksst. im Pinzgau, Land Salzburg, 758 müM, 8760 E; Luftkurort, Alpenseebad, Wintersportplatz; Schloß *Rosenberg;* Seilbahnen, Skilifte.
Zelle,
1) kleiner Raum (z. B. *Gefängnis-, Kloster-Z.*).
2) → Fotozellen.
3) lebendes, relativ selbständiges Elementarteilchen des pflanzl. u. tier. Körpers; seine letzte Form- u. Leistungseinheit; die einfachsten Lebewesen stellen nur *eine* solche Einheit dar *(Einzeller),* die höheren sind aus vielen Zellen zusammengesetzt. Jede Z. aufgebaut aus → *Protoplasma,* geformten Körperchen u. Feinstrukturen (→ Plastiden, Mitochondrien, Zentrosom u. Ribosomen, endoplasmat. Retikulum, Golgi-Apparat) und Kern *(Zellkern);* d. in seinem *Chromatin* enthaltenen Chromosomen sind Träger der → Vererbung (Übers.). Vermehrung durch Teilung *(Zellteilung),* verbunden mit Teilung d. Kerns u. d. Chromosomen; → Eiweiß, → Nu-

kleotide. Zellen der Pflanzen von festen Wänden aus Cellulose umschlossen, die der Tiere meist ohne Hülle. MPI f. Zellbiologie in Ladenburg b. Heidelberg.
Zeller,
1) Carl (19. 6. 1842–17. 8. 98), östr. Komp.; Operetten: *D. Vogelhändler; D. Obersteiger.*
2) Eduard (22. 1. 1814–19. 3. 1908), dt. Phil. und Theol.; *Die Philosophie der Griechen.*
Zellerfeld → Clausthal-Zellerfeld.
Zellgewebsentzündung, *Phlegmone,* Entzündung u. Eiterung d. Unterhautzellgewebes, bes. b. verunreinigten Wunden.
Zellglas, aus Zellstoff hergestellte transparente Viskosefolie; biologisch abbaubar; vielseitige Verwendung für luft-, feuchtigkeits-, gasdichte Packungen u. Abdichtungen; im Handel als Cellophan, Transparit, Cuprophan u. a.
Zellgummi, hochelast. Gummimasse mit gasgefüllten elastischen Zellen, → Schaumgummi.
Zellstoff → Cellulose.
Zellularpathologie, begr. durch → Virchow, sucht jede Krankheit aus der Veränderung der Zellen zu erklären.
Zellulartherapie, nach d. schweiz. Arzt *Niehans;* Erfolg umstritten; als *Frischzellentherapie,* Einspritzung mechan. zerkleinerten lebenden embryonalen Tiergewebes aus versch. Organen; als *Trockenzellentherapie,* Einspritzung gefriergetrockneter Zellen gleicher Herkunft; z. Regeneration geschädigter Gewebe u. Organe.
zellular, zellulär [nl.], aus Zellen gebildet, auch: auf die Zellen bezogen.
Zellulitis, *w.* [l.], *Pannikulitis,* ,,Orangenhaut", schmerzhafte Verdickung des Unterhaut-Fettgewebes im Bereich der Extremitäten m. Einziehung u. Großporigkeit, kosmetisches und psychisches Problem.
Zellulose → Cellulose.
Zellwolle → Chemiefasern.
Zelot, *m.* [gr.],
1) blinder (bes. religiöser) Eiferer.
2) *Zeloten,* Name einer jüd. nationalist. Partei im 1. Jh. n. Chr.
Zelt, leichte, zusammenlegbare Unterkunft, aus wasserdichtem Zeltstoff *(Zeltbahnen)* u. *Zeltstöcken* zusammenzubauen; zur Befestigung am Boden: *Zeltheringe* (Pflöcke).
Zelter, Carl Friedrich (11. 12. 1758 bis 15. 5. 1832), dt. Komp.; Männerchöre; ca. 200 Lieder; Begr. d. 1. → Liedertafel.
Zelter, *m.,* (Damen-)Reitpferd, als Paßgänger (→ Paßgang) abgerichtet.
Zeltweg (A-8740), östr. St. in d. Steiermark, 8189 E; div. Ind.; Schloß *Authal* u. *Farrach;* Autorennen.
Zement, *m.,* besteht aus aufgeschlossenen Silikaten mit beträchtl. Kalkgehalt; erhärtet mit Wasser zu einem Verbund aus Silicatkristallen; wesentl. Bestandteil des *Wassermörtels;* Herstellung des Z.s aus Gemengen von Kalk (auch Hochofenschlacken) und (ca. 25%) Ton (Portlandzement, Romanzement) oder aus tonhalt. Kalkstein mit ca. 10–20% Ton (Wasserkalk), durch Brennen und Mahlen, oder aus Puzzolanerden (oder Traß (gemahlenem Tuffstein) durch Zusatz v. Kalk.
Zementfabrikation, von *Portland-Zement: Rohstoffe* (Kalksteine, Ton) im Trockenverfahren gebrochen, gemischt, zu Rohmehl gemahlen u. getrocknet; Rohmehl in Öfen mit Kohlenstaub gemischt, bis zur Sinterung gebrannt; gesintertes Material (Klinker) unter Zusatz von Gips (bis 3%) wieder gebrochen, gemischt und zu fertigem Zementstaub zermahlen.
zementieren,
1) Ausfällen von Metallen aus ihren Lösungen (z. B. v. Kupfer aus kupferhaltigen Grundwässern).
2) Erzeugung von **Zementstahl,** durch Glühen von weichem Eisen mit Kohlepulver (Aufkohlen).
Zen → Buddhismus.
Zenawi, Meles (* 9. 5. 1955), 1991–95 Staatspräs., s. 1995 Min.präs. v. Äthiopien.
Zendawesta, alte Bez. f. → *Awesta.*
Zener-Diode, *Z-Diode,* wird beim Erreichen e. sog. Durchbruchspannung leitfähig.
Zenit, *m.* [arab.], *Scheitelpunkt,* höchster Punkt d. Himmelsgewölbes, senkrecht über d. Beobachter; Gegenpunkt z. → Nadir.
Zenitdistanz, Abstand e. Sterns v. Z.; ergänzt sich mit d. → Höhe zu 90°.
Zenker, Helmut (* 11. 1. 1949), östr. Autor; Mundarttexte, Romane: *Froschfest; Hinterland* u. d. Drehbuch zur Fernsehserie *Kottan ermittelt;* Kriminalroman: *Ihr Mann ist tot und läßt sie grüßen.*
Zenon,
1) Z. v. Elea (um 490 bis 430 v. Chr.), griech. Phil.; eleatische Schule (→ Elea).
2) Z. v. Kition, der Stoiker (um 336 bis 264 v. Chr.), griech. Phil., begr. d. → Stoizismus.
Zensoren, altröm. Beamte, leiteten alle 5 Jahre den *Zensus,* die Einschätzung aller Bürger nach Vermögen und Einreihung in Heeresklassen; Überwachung d. sittl. Lebens d. Bürger.
Zensur, *w.* [l.], Zeugnis, Beurteilung; bes. d. Veröffentlichungskontrolle v. Druckschriften, Filmen, Aufführungen; gemäß Art. 5 GG in BR keine Z., jedoch sind gesetzl. Einschränkungen, bes. zum Schutze der Jugend u. der persönl. Ehre, statthaft; private Ausschüsse (,,Selbstkontrolle") zur Verhinderung von Auswüchsen der Z.freiheit; im kath. Kirchenrecht durch *Codex iuris canonici* Verbot, best. Schriften zu lesen (→ Index librorum prohibitorum).
Zensus, *m.* [l.], Vermögenseinschätzung z. Steuerfestsetzung; auch Volkszählung.
Zenta, serb. *Senta,* St. rechts d. Theiß, 45 000 E. – 1526–1686 türk., 1697 Sieg Prinz Eugens über die Türken.
Zentaur, *m.* [gr.], *Kentaur,*
1) → Sternbilder, Übers.
2) griech. Fabelgeschöpf → Kentaur.
Zentenarium, *s.* [l. ,,centum = 100"], *Zentenarfeier,* Feier e. 100. Jahrestags.
zentesimal [l.], hundertteilig.
Zenti- [l. ,,centum = 100"], Hundertstel einer Maß-, Gewichtseinheit (z. B. *Zentimeter, cm* = $^1/_{100}$ m, Längeneinheit im CGS-System).
Zentimeterwellen, → *SHF,* elektromagnet. → Wellen mit Wellenlängen v. 1–10 cm; Anwendung: → Radar u. a.
Zentner, früheres dt. Handelsgewicht = 50 kg; *Doppelzentner, dz* = 100 kg (→ Maße u. Gewichte, Übers.).
zentral,
1) *med.* in der Mitte gelegen, oft auf das Gehirn (Zentralnervensystem) oder d. Herz bezogen.
2) im (vom) Mittelpunkt (aus); als Vorsilbe: Mittel..., Haupt...

Zement

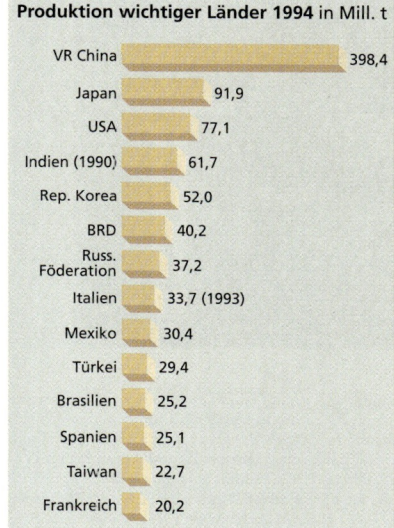

Produktion wichtiger Länder 1994 in Mill. t

Land	Mill. t
VR China	398,4
Japan	91,9
USA	77,1
Indien (1990)	61,7
Rep. Korea	52,0
BRD	40,2
Russ. Föderation	37,2
Italien	33,7 (1993)
Mexiko	30,4
Türkei	29,4
Brasilien	25,2
Spanien	25,1
Taiwan	22,7
Frankreich	20,2

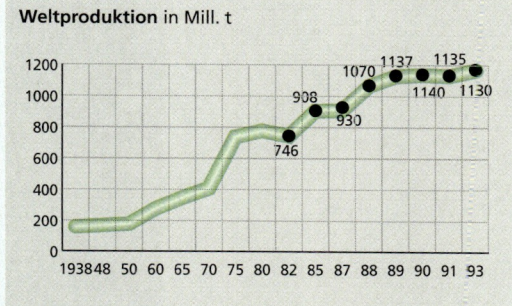

Weltproduktion in Mill. t: 1938, 48, 50, 60, 65, 70, 75, 80, 82, 85, 87, 88, 89, 90, 91, 93 — 746, 908, 930, 1070, 1137, 1140, 1135, 1130

BR Deutschland Produktion in Mill. t

Jahr	Mill. t
1955	18,2
1960	24,6
1975	33,5
1980	34,3
1982	30,1
1986	26,5
1987	25,2
1989	28,5
1990	37,8
1991	34,3
1994	40,2

Zentralafrikanische Föderation, 1953–63 bestehende Föderation von N- u. S-Rhodesien u. Njassaland; war Teil des Commonwealth; Hptst. *Salisbury.* → Simbabwe, → Malawi, → Sambia.
Zentralafrikanische Republik, Rep. in Äquatorialafrika; Bev.: Sudangruppen (u. a. Banda), im S auch Ban-

Zentralafrikan. Rep.

ZENTRALAFRIKANISCHE REPUBLIK	
Staatsname:	Zentralafrikanische Republik, République Centrafricaine, Be Afrika
Staatsform:	Präsidiale Republik
Mitgliedschaft:	UNO, AKP, OAU
Staatsoberhaupt:	Ange-Félix Patassé
Regierungschef:	Michel Ngbezera-Bria
Hauptstadt:	Bangui 597 000 Einw.
Fläche:	622 984 km²
Einwohner:	3 235 000
Bevölkerungsdichte:	5 je km²
Bevölkerungswachstum pro Jahr:	Ø 2,49% (1990–1995)
Amtssprache:	Französisch, Sangho
Religion:	Protestanten (47%), Katholiken (31%), Muslime (8%)
Währung:	CFA-Franc
Bruttosozialprodukt (1994):	1191 Mill. US-$ insges., 370 US-$ je Einw.
Nationalitätskennzeichen:	RCA
Zeitzone:	MEZ
Karte:	→ Afrika

tustämme. **a)** *Geogr.:* Im S trop. Regenwald, im N Buschwald u. Grassteppen. **b)** *Wirtsch.:* Viehzucht, Plantagenwirtsch.; Ausfuhr v. Kakao, Kaffee, Baumwolle u. Edelhölzern; Bodenschätze: Gold, Diamanten, Uran, Graphit. **c)** *Außenhandel* (1991): Einfuhr 293 Mill., Ausfuhr 133 Mill. $. **d)** *Verf.* v. 1995: Präsidiale Rep. m. Einkammerparlament. **e)** *Verw.:* 16 Präfekturen u. Hptst. **f)** *Gesch.:* Im 15. u. 16. Jh. Bantukaiserreich; s. 1900 frz. Kolonie, s. 1910 Teil v. Frz.-Äquatorialafrika, 1958 autonome Republik, s. 1960 unabhängig, 1966 Verf. durch Mil.putsch außer Kraft; Mil.reg., Einparteiensystem; 1976–79 Kaiserreich unter Bokassa; 1979 Staatsstreich m. frz. Hilfe, Rückkehr z. Rep., 1981 Mil.putsch, Verbot d. Parteien u. Auflösung d. Parlaments; 1987 Wahlen (nur Kandidaten d. Einheitspartei RDC); 1993 Bildung eines Nationalen Provis. Polit. Rats d. Rep.; 1993 neue Präsidentschafts- u. Parlamentswahlen, Ende der 12jährigen Militärdiktatur; 1996 Bildung einer Regierung der nationalen Einheit.
Zentralamerika, svw. → Mittelamerika.
Zentralamerikanischer Gemeinsamer Markt, *CACOM,* s. 1958 wechselnde Vertragsformen; Mitgl.: Costa Rica, El Salvador, Guatemala, Honduras, Nicaragua; Ziel: zunächst Freihandelszone, dann Integrationsvertrag u. schließlich Schaffung eines gemeinsamen Marktes.
Zentralasien, *Inner-, Hochasien,* die Hochländer zw. dem Himalaja im S und den mongol.-russ. Grenzgebirgen im N, d. Pamir u. Tian Shan im W und dem Gr. Chingan u. d. östl. Grenzgebirgen Tibets

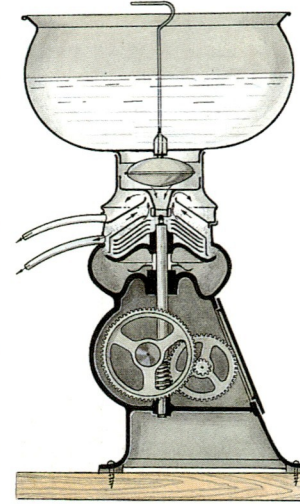

Zentrifuge

Ferdinand Graf von Zeppelin

im O: Tibet, Tarimbecken (O-Turkestan), Dsungarei, Mongolei.
Zentralbankrat, oberstes Organ d. → Deutschen Bundesbank, das die Kredit-, Währungs- u. Geschäftspolitik festlegt; wird gebildet aus dem Präs. u. dem Vizepräs. der DBB, Mitgliedern des Direktoriums u. den Präsidenten d. Landeszentralbanken.
Zentralbau, ein m. allen Gliedern auf e. Mittelpunkt bezogener Bau über kreisförm., regelmäßig polygonalem (meist oktogonalem), ovalem oder quadrat. Grundriß (oft griech. Kreuz) m. sym-

Zentraleinheit, *Systemplatine*

metr. gruppierten Anbauten; meist m. Kuppel; s. d. Antike (z. B. Pantheon in Rom), bes. im Kirchenbau d. it. Renaissance.
Zentralbewegung, *astronom.* Bewegung e. Himmelskörpers um e. festes Gravitationszentrum.
Zentraleinheit, CPU, Kern einer → Datenverarbeitungsanlage; bestehend aus → Steuerwerk, → Rechenwerk, → Arbeitsspeicher.
zentralisieren [l.], einheitlich zusammenfassen.
Zentralismus, Staatsverwaltung von der Spitze her mit weitgehender Ausschaltung d. Selbstverwaltung der unteren Verwaltungseinheiten; in B.staaten Beschneidung der Souveränitätsrechte ihrer Glieder über d. z. Wahrung der Sicherheit und Einheit notwendige Maß hinaus, i. Ggs. zum → Föderalismus, d. einen Ausgleich zw. Vielfalt und Einheit anstrebt.
Zentralkörperchen → Zentrosom.
Zentralmassiv, frz. *Massif Central* od. *Plateau Central,* Rumpfgebirge in Mittelfrkr.; Steilabfall nach O, abdachend n. W im Plateau de Millevaches, im Kern v. Vulkankuppen überlagert; dünn besiedelt, waldreich, Viehwirtschaft; im *Mont Dore* 1886 m hoch.
Zentralnervensystem → Nervensystem.
Zentralnotenbanken → Banknotenmonopol.
Zentralperspektive → Perspektive.
Zentralrat der Juden in Deutschland, Spitzenorgan der jüd. Gemeinden in der BR; Sitz Düsseldorf.
Zentralregister, Register über strafgerichtl. Verurteilungen, Entmündigungen, Entscheidungen v. Verw.behörden (z. B. Gewerbeverbot), Vermerke über Zurechnungsfähigkeit u. Entscheidungen über Unterbringungen; in Berlin geführt (Ges. v. 18. 3. 1971).
Zentralschmierung, Schmiervorrichtung, versorgt alle Lager eines Fahrgestells von einer Stelle aus mit Öl.
zentrieren [l.], auf den Mittelpunkt (Zentrum) einstellen; d. Dreh-(Mittel-) Achse eines Arbeitsstücks feststellen, oft durch *Zentriermaschine.*
Zentrifugalkraft, von der Achse weg gerichtete Fliehkraft e. um diese Achse gedrehten Körpers; wächst mit d. Abstand von d. Drehachse u. d. Quadrat d. → Drehzahl. Die Fliehkraft ist e. Scheinkraft, da sie nur aus d. Trägheit resultiert, die d. Körper der im bewegten Zentripetalkraft entgegensetzt.
Zentrifuge, *w.* [l.], Schleuder, meist mit rotierendem Trommelsieb z. Ausschleudern fester Beimischungen aus Flüssigkeiten; auch zur Trennung von Flüssigkeiten versch. spezif. Gewichts.
Zentripetalkraft, nach d. Mittelpunkt gerichtete äußere Kraft an einem rotierenden Körper, gleich groß und entgegengesetzt der → Zentrifugalkraft, bewirkt sein Verharren a. d. Kreisbahn.
Zentriwinkel, Mittelpunktswinkel b. → Kreis.
Zentrosom, *s.* [gr.], *Zentriol,* b. Menschen, Tieren, Algen, Pilzen, Moosen Energie- und Bewegungszentrum der → Zellteilung.
Zentrum, *s.* [l.],
1) *pol.* → Parteien, Übersicht.
2) Mittelpunkt, Mitte.
Zenturie, *w.* [l. -*rĭa* „Hundertschaft"], im alten Rom Unterabteilung der 5 Vermögensklassen, auch Truppenteil unter einem **Zenturio** (Hptmann).
Zeolithe, → Silicatminerale, Hauptelement Aluminium; manche Typen als → Ionenaustauscher.
Zephir, *m.* [gr.], leinwandbindiges Baumwollgewebe; meist gestreift od. gemustert.
Zephyr|os, griech. Windgott; milder Westwind.
Zeppelin, Ferdinand Gf v. (8. 7. 1838 bis 8. 3. 1917), dt. General, Erfinder u. Erbauer v. lenkbaren Starr-Luftschiffen.
Zepter, *s.* [gr. „skeptron"], Herrscherstab; neben Krone (u. Reichsapfel) Sinnbild weltl. Macht e. Monarchen.

Zerberus, *m.,* d. dreiköpfige, wachsame *Höllenhund* i. d. griech. Unterwelt.
Zerbst (D-39261), Krst, S-A., nw. v. Dessau, 17 758 E; Stadtmauer; Maschinenbau.
Zerealien [l.], Getreide, Brotfrüchte.
zerebral, zum Gehirn [l. „cerebrum"] gehörig.
Zerebralsklerose, Durchblutungsstörungen d. Gehirns.
Zeremonie, *w.* [l.], fest geregelte, feierliche Handlung, z. B. im Gottesdienst.
zeremoniell, förmlich, steif.
Zeremoniell, *s.* [frz.], feststehende oder vorgeschriebene Gebräuche: Staats-, Hof-Z. (→ Etikette), kirchl. Z.
Zeremonienmeister, Hofbeamter, überwacht Hofzeremoniell.
Zeresin, *s.,* festes Paraffin, Mineralwachs, aus Erdwachs (Ozokerit); Ersatz für Wachs.
Zerfallskonstante → Halbwertzeit.
Zerfallsreihen → Radioaktivität, Übers.
Zerhacker → Wechselrichter.
Zermatt (CH-3920), schweiz. Kurort am Fuße des Matterhorns, Kanton Wallis, 1620 müM, 3500 E; autofrei.
zernieren [frz.], umzingeln.
Zernike [ˈzɛr-], Frits (16. 7. 1888–23. 3. 1966), ndl. Phys.; entwickelte → Phasenkontrastmikroskop; Nobelpr. 1953.
Zero [frz. „zéro = null"], Künstlergruppe in Dtld (1958–67) m. intern. Beteiligung, gegr. v. O. Piene u. H. Mack z. Überwindung der Informellen Kunst durch purist. Strenge der Bilder u. Objekte (teils m. Dominanz d. Farbe Weiß); wichtig f. d. Entwickl. d. kinet. Kunst, Lichtkunst, Op Art; Vertr. G. Uecker, P. Manzoni, Y. Klein.
Zerrüttungsprinzip, s. 1. 7. 1977 der in d. BR im Ehescheidungsrecht herrschende Grundsatz, wonach eine Ehe ohne Rücksicht auf ein Verschulden der Partner als gescheitert gilt, wenn sie als unheilbar zerrüttet anzusehen ist; → Eherecht.
Zerstäuber, Versprühungs-, Vernebelungsvorrichtung für Flüssigkeiten **a)** mit zentrifugaler Schleuderung durch Streudüse (z. B. für Milchtrocknung); **b)** mit Aufschlag (Pralldüse); **c)** mit Druckluft (z. B. bei Parfüm-, Inhalationsapparaten, als Vergaser bei Verbrennungskraftmaschinen); **d)** mit Dampfdruck; **e)** mit Brausewirkung.

Zerstörer → Torpedobootzerstörer.
Zerstreuungslinsen, *Konkavlinsen,* ergeben aufrechte, verkleinerte virtuelle Bilder (→ Tafel Optik).
Zertifikat, *s.* [l.], Bescheinigung, Beglaubigung.
Zervikalsyndrom, *s.* [l.-gr.], Reizerscheinung v. seiten d. Halswirbelsäule mit Nackensteifigkeit, Taubheitsgefühl, Kribbeln u. Schwäche im Bereich der oberen Extremitäten.
Zesen, Philipp v. (8. 10. 1619–13. 11. 89), dt. Barockdichter; Sprachreiniger; Roman: *Adriatische Rosemund.*

Luftschiff „Graf Zeppelin"

zessieren [l.], aufhören; *Zessation,* Wegfall.
Zession, *w.* [l.], → Abtretung e. Rechts durch den Berechtigten *(Zedenten)* an einen Dritten *(Zessionar);* z. B. auch bei Rekta-→ Wechseln.
Zetkin, Clara (5. 7. 1857–20. 6. 1933), dt. Pol.in; Mitbegr. d. → Spartakus-Bundes u. d. USPD, 1920–33 MdR (KPD).
Zeugdruck, Herstellung ein- od. mehrfarbiger Muster auf Geweben: **a)** durch Flachdruck v. Druckmodel durch Hand od. mit Presse (Kattundruckerei); **b)** durch Walzendruckmaschinen mit kupfernen Druckwalzen; bis zu 20 Farben.
Zeuge, Person, die aufgrund eigener Wahrnehmungen Tatsachen bekundet; ist zum Erscheinen vor Gericht, zur Aussage u. zur Eidesleistung verpflichtet *(Zeugnis-* u. *Aussagepflicht); Zeugnis verweigern* können Verlobte, Ehegatten, best. Verwandte, ferner best. Personen, für die aus berufl. od. sonstigen Gründen eine Schweigepflicht (-recht) gesetzlich anerkannt ist, schließlich jeder Zeuge bei Fragen, deren Beantwortung ihm oder nahen Verwandten Nachteile bringen würde, z. B. bei strafbaren Handlungen (§§ 48 ff. StPO; §§ 373 ff. ZPO).
Zeugenberg, durch Abtragung isolierter Einzelberg vor Schichtstufen; Deckkappe Restwiderstand fähigerer Gesteinsserien.
Zeugen Jehovas, als *Ernste Bibelforscher* 1881 v. Charles Taze *Russell* gegründete rel. Vereinigung, glauben an die baldige Errichtung des 1000jähr. Messiasreiches auf Erden, verweigern Waffendienst; ca. 5 Mill. aktive Prediger, davon in Dtld etwa 170 000; Zeitschrift: *Der Wachtturm; Erwachet.*
Zeugfärberei, Färben fertiger Gewebe; Ggs.: Färben von Garnen.

Zeustempel, *Athen*

Zeus von Artemision, *ca 460 v. Chr.*

Zichorie

Zeughaus, Gebäude zur Aufbewahrung v. Kriegsmaterial, jetzt auch als Armeemuseum.
Zeugnisverweigerung → Zeuge.
Zeugungsunfähigkeit,
1) → Impotenz.
2) → Unfruchtbarkeit, → Sterilität.
Zeulenroda (D-07937), Krst. in Thüringen, 13 646 E; Textil-, Maschinenind.
Zeus, oberster griech. Gott (röm. *Jupiter*), Sohn des Kronos; *Z. v. Otricoll* (it. Ort, Prov. Terni), griech. Plastik, 4. Jh. v. Chr.
Zeuxis (420–380 v. Chr.), griech. Maler d. 4. Jh. v. Chr.; die antike Literatur berichtet v. s. (später sämtl. verlorenen) Werken; sie galten bes. wieder in der Renaiss. als Vorbild f. e. virtuos illusionist. Wiedergabe v. Licht u. Schatten.
ZEVIS, 1987, **Z**entrales **V**erkehrs**i**nformations**s**ystem nach §§ 31 ff. StVG mit Registern für Kfz und entzogene Führerscheine beim Kraftfahrtbundesamt sowie mit örtlichen Fahrzeugregistern bei den Zulassungsstellen.
Zeyer, Werner (* 25. 5. 1929), CDU-Pol.; 1979–85 saarländ. Min.präs.
Zgorzelec [zgɔˈʒɛlɛts], St. ö der Görlitzer Neiße, s. 1945 poln.; 30 000 E.
Zhangjiakou [dʒaŋdziakoŭ], früher *Kalgan,* nordchin. St., 480 000 E; Teehandel; Karawanen- u. Autostraße durch d. Mongolei; s. 1955 Eisenbahn Zh.-Tsining–Ulan Bator–Baikalsee.
Zhao Ziyang [dʒaŭdzi-] (* 1919), chin. Pol.; s. 1973 Mitgl. d. ZK d. KPCh; 1980 stellvertr. Min.präs.; 1981–87 Min.präs.; 1987/88 Gen.sekretär d. KPCh.
Zhejiang [dʒʌdziaŋ], früher *Tschekiang,* chin. Küstenprov. südl. des Chang Jiang, 101 800 km², 41 Mill. E; Seidenraupenzucht, Teeanbau, Hptst. *Hangzhou.*
Zhenjiang [dʒəndziaŋ], früher *Tschingkiang,* St. in der nordchin. Küstenprov. Jiangsu, 921 000 E.
Zhou Enlai, [dʒoŭ-ənlaĭ], *Tschou En-lai* (1898–8. 1. 1976), chin. kommunist. Pol.; s. 1949 Min.präs. u. (bis 1958) Außenmin.
Zia, Khaleda (* 15. 8. 1945), 1991–96 Min.präs. v. Bangladesch.
Zia ul-Haq [ˈziːaːuːlˈhɑːk], Mohammed (12. 8. 1924 bis 17. 8. 88), pakistan. Gen. u. Pol.; s. 1977 (n. Staatsstreich) Oberbefehlshaber, s. 1978 Staatspräs.; autoritäres Regime.
Zibbe, weibl. Schaf, auch weibl. Kaninchen.
Zibeben [arab.], → Rosinen.
Zibetkatze, gr. Schleichkatze Afrikas u. SO-Asiens mit Afterdrüsen, die den Zibet absondern (moschusartig riechend).
Zichorie, *w, Wegwarte,* blau blühende Korbblütler, an Feldwegen, wegen ihrer fleischigen Wurzeln auch auf schweren Böden angebaut; aus ihnen nach Rösten Kaffeezusatz; junge Triebe zu Salat *(Chicorée);* d. verwandten *Endivie* als Salat.
Zick, Januarius (6. 2. 1730–14. 11. 97), dt. Rokokomaler; Fresken in oberschwäb. Kirchen (Wiblingen a. d. Rot).
Zickzackfries → Zackenfries.
Zider, *m.* [frz. „cidre"], Apfelwein.
Ziegel, seit der Antike für Bauzwecke verwendete gebrannte Formsteine aus Ton bzw. tonigen Erden, wie Lehm usw.,

mit Beimengungen (Quarzsand, Schamotte usw.); *Mauer-Z.: Z.-(Back-)Stein, Hohl-Z.,* → *Klinker* usw., auch *Dach-Z.* v. versch. Art.

Ziegelfabrikation, Formung des entsprechend vorbereiteten Rohmaterials von Hand, *Streichziegel,* oder durch Abschneiden von maschinell erzeugtem Strang, *Maschinenziegel;* Trocknen in freier Luft od. Trockenkammern; Brennen meist im Ringofen. Normalformat d. Mauerziegels: 240 × 115 × 71 mm.

Ziegen, Wiederkäuer mit gerippten, nach hinten gebogenen Hörnern; *Wild-Z.* sind Steinböcke, Markhor u. Bezoar-Z.; *Hausziege,* altes, über d. ganze Erde verbreitetes Haustier, stammt wahrscheinl. von der vorderasiatischen Bezoar-Z. ab; vielseitig nützlich (Fleisch, Milch, Haut, Fell, Haar, Därme); asiatische *Kaschmir-Z.* mit langen Haaren; → *Angoraziege; Saanenziege,* stammt aus dem Saanental (Berner Oberland), liefert höchsten Milchertrag; von ihr mehrere deutsche Z.formen, weiß, kurzhaarig, meist hornlos.

Ziegenbart, Keulenpilze m. verzweigtem Fruchtkörper, jung genießbar (z. B. *Glucke, Hahnenkamm* oder *Hirschschwamm, Korallenpilz, Bärentatze*).

Ziegenhain, s. 1970 zu → Schwalmstadt.

Ziegenlippe, Röhrenpilz, genießbar, bes. als Würze; steinpilzähnlich.

Ziegenmelker → Nachtschwalben.

Ziegenpeter → Mumps.

Ziegler, Karl (26. 11. 1898–12. 8. 1973), dt. Chem.; wichtige Beiträge z. Kunststoffchemie; Nobelpr. 1963.

Ziehharmonika, Musikinstrument, Blasebalg mit Tasten u./od. Knöpfen u. stählernen Zungen; → Bandoneon.

Ziehkinder → Pflegekinder.

Ziehpresse, Maschine zur Formgebung f. Metalle u. andere ziehbare Materialien durch treibendes Pressen zw. → Matrize u. → Patrize.

Ziehrer, Carl Michael (2. 5. 1843 bis 14. 11. 1922), östr. Komp.; Operette: *Die Landstreicher;* Märsche u. Tänze.

Ziel, *kaufmänn.* Zahlungsfrist, z. B. Ziel 3 Monate; zahlbar 3 Monate nach Rechnungsdatum; → Zahlungsbedingungen.

Zielfernrohr, Fernrohr auf Schußwaffen mit Visiervorrichtung *(Zielstachel).*

Zielfilmkamera, beim Sport, bes. an d. Ziellinie verwendete Spezialfilmkamera für Zeitlupenaufnahmen.

Zielfluggerät, Empfangsgerät des Flugzeugs zur Eigenpeilung.

Zielgruppe, selektierte Bevölkerungsschichten, auf die das → Marketing e. Unternehmens hin ausgerichtet ist.

Zielprojektion, einen längeren Zeitraum umfassende Planung im Bereich der Wirtschafts- und Sozialpolitik.

Ziem, Félix (26. 2. 1821–10. 11. 1911), frz. Marine- u. Architekturmaler; kolorist. effektvolle u. techn. virtuose Landschaften u. Stadtansichten m. realist. u. impressionist. Stilmitteln; *Venedig.*

Ziemer, *m.,* Rückenstück v. Schalenwild.

Zierfandler, in Östr. u. Ungarn angebaute Weißweinrebe, die harmon., rassige Weine liefert; m. d. → Rotgipfler wird er z. qualitativ hochwert. *Spätrot-Rotgipfler* verschnitten.

Ziesel, *m.,* Nagetier a. d. Eichhörnchenverwandtschaft, lebt in Erdhöhlen; Step-

Hausziege

Korallenpilz

Ziegenlippe

Ziegenmelker

Zierfander

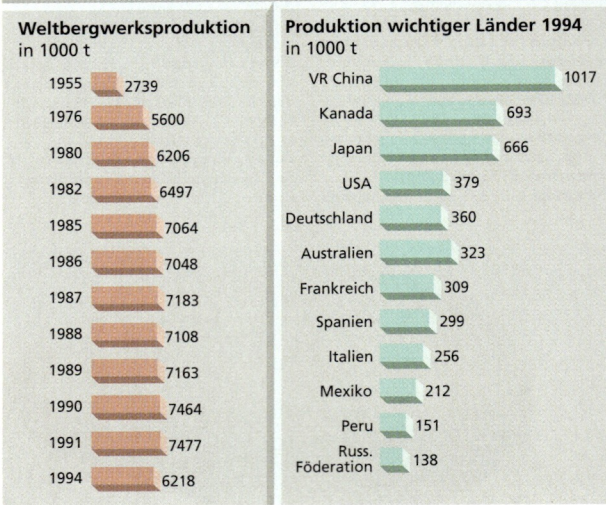

Zink (Bergwerksproduktion, Zinkinhalt von Erzen oder Konzentraten)

Weltbergwerksproduktion in 1000 t	
1955	2739
1976	5600
1980	6206
1982	6497
1985	7064
1986	7048
1987	7183
1988	7108
1989	7163
1990	7464
1991	7477
1994	6218

Produktion wichtiger Länder 1994 in 1000 t	
VR China	1017
Kanada	693
Japan	666
USA	379
Deutschland	360
Australien	323
Frankreich	309
Spanien	299
Italien	256
Mexiko	212
Peru	151
Russ. Föderation	138

pentier, Verbreitung im W bis zum Neusiedler See.

Ziest, Lippenblütlergattung; z. B. der rosaviolette *Heil-Z.;* jap. *Knollen-Z.* m. eßbaren „Knollenkartoffeln".

Zieten, *Ziethen,* Hans Joachim von (24. 5. 1699–27. 1. 1786), Reitergeneral Friedrichs d. Gr. *(Z.-Husaren).*

Ziffer [arab. „sifr = null"], Zahlzeichen; → arabische Ziffern; → röm. Zahlen.

Zigaretten, aus fein geschnittenem Tabak mit Seidenpapierhülle; in Europa seit Ende 19. Jh.; **Z.fabrikation,** meist maschinell: der gemischte, geschnittene, gereinigte und gefeuchtete Tabak wird zu einem fortlaufenden Strang gerollt, zus. mit Papierhülse geschnitten und verpackt; in BR (alte Länder) Erzeugung 1992: 195,8 Mrd. Stück (→ Tabak, Schaubild).

Zigarillo, kleine Zigarre.

Zigarren, aus Amerika stammend, seit Anfang 19. Jh. in Europa eingebürgert; **Z.fabrikation,** von Hand, auch z. T. od. vollständig maschinell; Feuchten, Entrippen, Mischen des Tabaks; bes. Zurichtung der festeren *Deckblätter;* Umwickeln der *Einlage* mit *Umblatt;* Einrollen in das Deckblatt; BR (alte Länder) Erzeugung 1992: 1 Mrd. Stück (→ Tabak, Schaubild).

Zigeuner, Sammelbez. für *Sinti* u. *Roma,* altes Wandervolk, aus NW-Indien, fast in ganz Europa, jetzt auch in N-Amerika verbreitet; s. 15. Jh. in Dtld, heute ca. 45 000 in d. BR.

Zikaden, *Zirpen,* Insekten (Gleichflügler), saugen Pflanzensäfte, Augen hervorstehend; **Schaum-Z.,** Larven erzeugen an Wiesenpflanzen speichelähnl. Schaum *(Kuckuckspeichel),* mit dem sie sich umhüllen; **Sing-Z.,** S-Europa (bis S-Dtld), erzeugen schrille Töne; viele, oft bizarre exot. Arten (→ Laternenträger).

Zikkurat, Hochtempel Babylons u. Assyriens auf oft mehrstufiger Hochterrasse (vgl. → Babylonischer Turm).

Zilcher, Hermann (18. 8. 1881–1. 1. 1948), dt. Komp.; Oper: *Doktor Eisenbart;* Lieder.

Ziliarkörper, Ziliarmuskel, → Auge.

Ziliaten → Wimpertierchen.

Zilien, sogenannte Flimmer- oder Wimperhaare, bes. bei → Wimpertierchen.

Zilizien, *Kilikien,* im Altertum Name der kleinasiat. Küstenlandschaft südlich des Taurus (zilizische Pässe); heute d. türk. Wilajet Adana.

Zille, Heinrich (10. 1. 1858–9. 8. 1929), volkstüml. Berliner Zeichner; *Z. sein Milljöh.*

Zille, früher: Schleppfrachtkahn f. Binnengewässer.

Zillertal, r. Seitental des Inn in Tirol, v. d. *Ziller* durchflossen, 30 km lang; Hauptorte *Zell* u. *Mayrhofen;* südl. die **Z.er Alpen** mit *Z.er Hauptkamm* (Hochfeiler 3510 m, Schwarzenstein 3368 m) und *Tuxer Hauptkamm* (Olperer 3476 m).

Zillig, Winfried (1. 4. 1905–18. 12. 63), dt. Komp.; Schüler Schönbergs; Opern; Orchesterwerke, Filmmusiken.

Zilpzalp, häufiger → Laubsänger, einförmiger Gesang.

Zimbabwe [zɪmˈbɑːbwɪ],
1) → Simbabwe.
2) afrikan. Ruinenstadt i. Simbabwe, Ringmauern, kon. Türme, vermutl. 10. bis 15. Jh. n. Chr.

Zimbel → Cymbal.

Zimljansker See, Staubecken mit Wasserkraftwerk (160 000 kW) u. Bewässerungskanälen am unteren Don; 260 km lang, 2700 km².

Zimmer Bradley [ˈzɪmə ˈbrædli], Marion (* 3. 6. 1930), am. Schriftst.; Science-fiction-Romane u. zahlr. Bestseller, die sich m. d. Sagenwelt beschäftigen; *Die Nebel von Avalon; Herrin der Stürme.*

Zimmerlinde, lindenartiger Strauch aus S-Afrika.

Zimmermann,
1) Bernd Alois (20. 3. 1918–10. 8. 70),

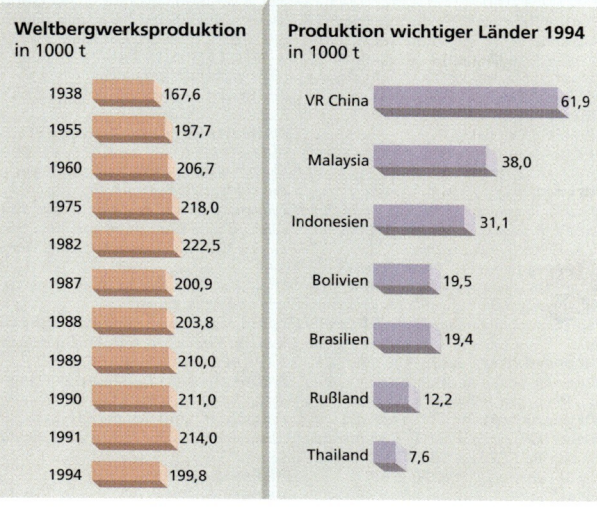

Zinn (Bergwerksproduktion, Zinninhalt von Erzen oder Konzentraten)

Weltbergwerksproduktion in 1000 t

Jahr	t
1938	167,6
1955	197,3
1960	206,7
1975	218,0
1982	222,5
1987	200,9
1988	203,8
1989	210,0
1990	211,0
1991	214,0
1994	199,8

Produktion wichtiger Länder 1994 in 1000 t

Land	t
VR China	61,9
Malaysia	38,0
Indonesien	31,1
Bolivien	19,5
Brasilien	19,4
Rußland	12,2
Thailand	7,6

Zikade, *Ansicht von unten*

Zimtbaum

dt. Komp., Strukturcluster u. Collageeffekte; Oper: *Die Soldaten*. **2)** Dominikus (30. 6. 1685–16. 11. 1766), dt. Baumeister d. späten Barock u. Rokoko; Wallfahrtskirchen → *Wies* u. *Steinhausen*. **3)** Friedrich (* 18. 7. 1925), dt. Jurist u. CSU-Pol.; 1976–82 Vors. d. CSU-Landesgruppe in Bonn, 1982–89 B.innenmin., 1989–91 B.min. f. Verkehrswesen. **4)** Johann Baptist (3. 1. 1680–2. 3. 1758), dt. Maler u. Stukkateur, Bruder von 1). **5)** Mac (22. 8. 1912–18. 6. 1995), dt. surrealist. Maler; *Halle d. Mathematik*.
Zimmertanne, svw. → *Araukarie*.
Zimtbaum, Lorbeergewächse, asiat. Baum; Inneres der Rinde liefert Gewürz *Zimt*; äther. *Zimtöl* f. Parfüm u. Likör.
Zinfandel [sɪnˈfændl], kaliforn. Rotweinrebe, die von d. it. *Primitivo*-Rebe abstammt u. würz., alkoholreiche Weine liefert; sie ist in Kalifornien d. am weitesten verbreitete rote Rebsorte.
Zingst, N-Spitze des → Darß m. Seebad Z. (3300 E).
Zink, 1) *Zn*, chem. El., Oz. 30, At.-Gew. 65,37, Dichte 7,14; Schwermetall, natürl. Vorkommen nur gebunden, bes. als *Zinkspat* od. *Galmei* u. als *Zinkblende*; Verwendung zum Verzinken (verzinktes Eisenblech für Dächer und Regenrinnen) u. zur Herstellung von Messing u. Rotguß; Zinkoxid *med.* als *Zinkpuder, Zinksalbe, Zinkkautschukpflaster;* die Z.verbindungen, Sulfid, Silikat, sind bes. gute → *Leuchtstoffe*. **2)** *m., Zinke, Kornett,* altes Blasinstrument aus Horn od. Holz m. Kesselmundstück u. 7 Löchern.
Zinkätzung, *Zinkographie,* Herrichtung der Z.druckplatten durch Hoch- bzw. Tiefätzung v. fotografischen Vorlagen oder Zeichnungen.
Zinkblende, Zinksulfid, wichtigstes Zinkerz; reguläre Kristalle, versch. Farben.
Zinkblüte, Mineral, basisches Zinkkarbonat.
Zinkdruck, Druckverfahren m. Z.platte.
zinken, Spielkarten in betrüger. Absicht unauffällig markieren.
Zinken → *Gaunerzinken*.
Zinkspat, Zinkkarbonat, wichtiges Zinkerz.
Zinkweiß, *Zinkoxid* (ZnO), Malerfarbe; wird nicht braun wie → *Bleiweiß,* deckt aber weniger.
Zinn, Georg August (27. 5. 1901–27. 3. 76), SPD-Pol.; 1946–49 u. 1950–62 hess. Justizmin., 1950–69 hess. Ministerpräs.
Zinn, *Sn,* chem. El., Oz. 50, At.-Gew. 118,69, Dichte 7,29; natürl. Vorkommen als *Z.stein;* reines Z. bes. zu Orgelpfeifen u. Geschirr; zum Verzinnen v. Eisen (→ *Weißblech*); mit Kupfer legiert als Bronze, früher auch dünn ausgewalzt als Stanniol.
Zinne, in d. Baukunst d. Zacke e. Brüstungsmauer; zw. zwei Z.n d. ausgesparte Scharte. *Z.kranz,* d. oberste Zone z. B. e. Wehr- od. Stadtmauer.
Zinnemann [ˈzɪnɪmən], Fred (29. 4. 1907–14. 3. 97), am. Filmregisseur östr. Herkunft; *High Noon* (1952); *From Here to Eternity* (1953); *A Man for All Seasons* (1966); *The Day of the Jackal* (1972).
Zinnia, Zierpflanze m. großen Blütenkörbchen, in vielen Farben.
Zinnkraut, der Acker-→ *Schachtelhalm*.
Zinnober, Mineral, Quecksilbersulfid; zur Quecksilberherstellung; künstlicher Z. rote Malerfarbe.
Zinnowitz (D-17454), Ostseebad i. Kr. Wolgast auf Usedom, M-V., 4252 E.
Zinnpest, *Zinngeschrei,* Zerfallen v. Zinn in graue, bröckelige Masse; Umwandlung unterhalb 13 °C von der metall. in eine spröde diamantähnliche → *Modifikation*.
Zinnstein, *Kassiterit,* Mineral, *chem.* Zinnoxid, wichtigstes Zinnerz.
Zinsabschlagsteuer, von d. Kreditinstituten abzuführende Steuer (30%) auf Kapitalerträge ihrer Kunden. Steuerfrei bleiben insgesamt 6100 DM b. Ledigen u. 12 200 DM bei Ehegatten.
Zinsen, Entgelt für die Überlassung von Kapital auf Zeit, Vergütung für Darlehen; *Zinsfuß* in Prozenten vom Kapital *vertraglich* festgesetzt od. *gesetzlich* Höhe abhängig v. → *Diskontsatz*.
Zinseszins, math. die Zinsberechnung, bei der die Zinsen regelmäßig (meist jährlich) zum Kapital hinzugerechnet und dann mitverzinst werden; Berechnung v. geschuldeten Zinsen nur im → *Kontokorrent* gestattet; Einbeziehung v. fälligen Zinsen in → *Saldovortrag* erlaubt.
Zinssätze, b. Banken, Sparkassen f. *Kredite* (Aktiv-Z.), f. *Einlagen* (Passiv-Z.); für tägl. Geld niedriger als für Spareinlagen.
Zinsschein, svw. → *Kupon*.
Zinzendorf, Nikolaus Ludwig Gf v. (26. 5. 1700–9. 5. 60), dt. pietist. (Kirchenlieder-)Dichter, Stifter d. → *Brüdergemeine Herrnhut*.
Zion, Hügel in Jerusalem mit Tempel Salomos; danach Name für Jerusalem *(Tochter Zion)*.
Zionismus, von Theodor → *Herzl* begründete pol. Bewegung zur Schaffung eines jüd. Nationalstaates in Palästina; *1. Zionistenkongreß* Basel 1897. Erreichung des Ziels 1948 (→ *Israel, Geschichte,* → *Juden*).
Zipperlein, svw. → *Gicht*.
Zips, slowak. *Spiš,* Tallandschaft südöstl. d. Hohen Tatra in d. Slowakei; Städte: *Käsmark, Leutschau, Göllnitz*. – Bis 1945 dt. Sprachinsel, s. 12. und 13. Jh.; **Zipser Sachsen** (45 000 Menschen), größtenteils ausgewiesen.
Zirbeldrüse → *Epiphyse*.
Zirbelkiefer, *Arve,* Baum d. Hochgebirge (Alpen, Karpaten) u. nördl. Gebiete (Ural, Sibirien); *Zirbelnüsse* eßbar.
Zirbitzkogel, höchste Erhebung d. Seetaler Alpen (Steiermark), 2396 m h.
zirkadiane Rhythmen, Tagesperiodik, biol. Abläufe b. Tieren u. Pflanzen m. ca. 24-Std.-Periode.
Zirkel, 1) student. Verbindungs-Z.; svw. Monogramm [V = vivat, C = crescat, F =

Zinkstein

Zinnober

floreat] und Anfangsbuchstabe(n) der Verbindung.
2) südl. Sternbild zw. Südl. Dreieck u. Zentaur; → Sternbilder, Übers.
3) zweischenkliges Zeicheninstrument mit gegeneinander verschiebbaren Abgreif- u. Markierungsenden, auch mit auswechselbaren Spitzen, Bleistift- oder Reißfeder-Einsätzen; *Scharnier-, Stangen-, Feder-Z.* Für Werkstatt: *Dicken-Z.* (Taster), auch *Aufreiß-Z.*
Zirkon, *m.,* chem. Zirkoniumsilicat, Mineral; farblos bis bläulich; gelbrot als Edelsteinhyazinth.
Zirkonerde, Zirkoniumdioxid, Trübungsmittel für → Email; für Schmelztiegel.
Zirkonium, Zr, chem. El., Oz. 40, At.-Gew. 91,22, Dichte 6,51; seltenes Metall, in → *Zirkon* an Kieselsäure gebunden.
Zirkular, *s.* [l.], Rundschreiben.
Zirkularbeschleuniger → Beschleuniger.
Zirkularnote, Note gleicher Fassung, die gleichzeitig an mehrere Regierungen geleitet wird.
Zirkulation, *w.* [l.], Umlauf, Kreislauf.
zirkulieren, im Umlauf sein.
zirkum- [l.], als Vorsilbe: um..., herum...
Zirkumflex, *m.* [l.], Akzent (griech. ~, frz. ^), bezeichnet gedehnte Aussprache eines Selbstlautes.
Zirkumpolarsterne, alle für den Beobachtungsort nicht untergehenden Fixsterne in der Umgebung des Himmelspols; f. Mitteldtld Grenze der Z. bei Wega und Capella.
Zirkus [l.], ovaler Platz für Kampfspiele, Rennen im alten Rom; Schaugebäude, Zelt (Wander-Z.) für Kunstreiterei, Tierdressuren usw.
Zirndorf (D-90513), St. i. Kr. Fürth, Mittelfranken, Bay., 21 100 E.; Kneippkurort; div. Ind. – Schlacht a. d. Alten Vesta 1632.
Zirpen, svw. → Zikaden.
Zirrhose, *w.* [gr.-l.], zu Verhärtung u. Verkleinerung e. Organs führende Gewebsveränderung (z. B. → *Leberzirrhose*).
Zirrokumulus, Zirrostratus, Zirrus [l.], → Wolken.
zis- [l.], als Vorsilbe: diesseits...
zisalpinisch [l.], diesseits d. Alpen (von Rom aus).
ziselieren [frz.], Bearbeitung polierter Metallflächen m. Meißel, Feile, Stichel u. ä., meist z. ornamentalen Dekoration.
Žižka [ˈʒiʃka], Jan (um 1370 bis 11. 10. 1424), Anführer d. → Hussiten.
Zisleithanien, der westl. der Leitha gelegene Teil des ehem. Österreich-Ungarn.
Ziste, *w., Ciste,* zylindr. Bronzegefäß in Mittelitalien u. Latium (7. 4.–3. Jh. v. Chr.; auch sarkophagförmige Aschenurne aus Alabaster, Marmor od. Ton i. d. etrusk. Kultur.
Zisterne, *w.* [l.], Auffangbehälter für Regenwasser.
Zistersdorf (A-2225), niederöstr. St., 5524 E; Wallfahrtskirche Maria Moos; Erdölförderung.
Zisterzienser, kath. Mönchsorden, gegründet 1098 in Cîteaux; Aufschwung durch *Bernhard von Clairvaux;* ma. Reformbewegung.
Zita (9. 5. 1892–14. 3. 1989), letzte

Zither

Zitronenfalter

Zitteraal

Zittergras

Emile Zola

Kaiserin v. Östr. u. Königin von Ungarn 1916–18, verheiratet mit → Karl 18).
Zitadelle, *w.* [it.], Kernfort einer Festungsanlage.
Zitat, *s.* [l.], angeführte Schriftstelle od. Äußerung; soweit Urheberrecht am Original, ist Quellenangabe erforderlich.
Zither, *w.,* Instrument mit 5–7 Melodie- und 24–37 Begleit-(Baß-)Saiten.
zitieren [l.],
1) vor Gericht laden.
2) eine Schriftstelle oder einen Ausspruch anführen.
Zitronat, *s., Zedrat, Sukkade,* in Zucker eingelegte Schale unreifer Früchte d. ostind. *Z.baums, Citrus medica;* Würze f. Backwaren.
Zitronen, hellgelbe, säuerl. Früchte eines ostind. Baumes (Gattung Citrus); im Mittelmeergebiet angebaut; *Limonen* sind dünnschaliger, grünlich, Saft milder.
Zitronenfalter, zeitig im Frühjahr fliegender Weißling, Männchen mit gelben, Weibchen mit weißen Flügeln.
Zitronenkraut, Bez. f. → Melisse.
Zittau (D-02763), Krst. in Sachsen, an der Görlitzer Neiße, 31 500 E; Textil-, Metall-, chem. u. a. Ind.; Ing.-HS.
Zitterfische, → elektrische Fische, teilen mit el. Organen Schläge aus; z. B. *Zitteraal,* aalähnlicher Messerfisch d. Ströme d. trop. Amerika; *Zitterrochen, -wels* u. a.
Zittergras, Wiesengras m. zierl., herzförmigen Ährchen.
Zittern, *Tremor,* bei Schreck, Hysterie, Überanstrengung, Alkoholismus, auch b. Krankheiten des Gehirns u. des Rückenmarks.
Zitwersamen, Blüten e. Beifußart; Wurmmittel.
Zitze, Saugwarze am Euter d. weibl. Säugetiere.
Ziu → Tyr.
zivil [l.], bürgerlich; umgänglich, gesittet; von Preisen: svw. angemessen, mäßig.
Zivil, *s.,* bürgerl. Kleidung im Ggs. zu Amtstracht, Uniform.
Zivildienst, in der BR (Wehr-)Ersatzdienst bei → Kriegsdienstverweigerung; abzuleisten in Heil- u. Pflegeanstalten (z. B. Krankenhäusern, Altersheime usw.) od. anderen dem Gemeinwohl dienenden Einrichtungen od. als Freiwilliger im Entwicklungshilfedienst; Dauer: 13 Monate (s. 1996).
Zivilehe, bürgerliche Ehe, Eheschließung vor Standesbeamten, in Dtld s. 1875.
ziviler Bevölkerungsschutz, alle dem Schutz d. Bevölkerung i. Kriegsfall dienenden Maßnahmen u. Einrichtungen, u. a. → Schutzraumbau, → Selbstschutz, ziviler → Luftschutz.
Zivilgericht, entscheidet den → Zivilprozeß, Ggs.: Strafgericht (→ Rechtspflege, Übers.); beim AG *Streitgericht,* beim LG *Zivilkammern,* beim OLG u. Bundesgerichtshof *Zivilsenate.*
Zivilgesetzbuch, als Nachfolge d. → Bürgerlichen Gesetzbuches (BGB) 1974 in der ehem. DDR eingeführt.
Zivilisation [l. „cives = Bürger"], Gesamtheit der technisch-kulturellen Einrichtungen.
Zivilisationskrankheiten, bei Naturvölkern angeblich selten oder gar nicht auftretende Krankheiten wie Kari-

es, Parodontose, Rheumatismus, Kreislaufstörungen, Magengeschwüre u. a.
Zivilprozeß, Gerichtsverfahren in bürgerl. Rechtsstreitigkeiten (Schuldrecht, Sachen-, Familien-, Erb-, Handelsrecht u. a.); geregelt in der Z.ordnung *(ZPO)* v. 30. 1. 1877 in der Fassung vom 12. 9. 1950 (mehrfach geändert).
Zivilrecht, svw. → Bürgerliches Recht.
Zivilverteidigung → ziviler Bevölkerungsschutz.
Złoty [ˈzuti], → Währungen, Übers.
Zn, chem. Zeichen f. → Zink.
Znaim, tschech. *Znojmo,* St. im Südmähr. Bez., Tschech. Rep., links der Thaya, 36 000 E; Tonwaren, Holz, Weinbau.
ZNS, Abk. f. **Z**entral**n**erven**s**ystem, Gehirn und Rückenmark.
Zobel, ein Marder Sibiriens mit braunem, im Winter fast schwarzem Pelz m. dottergelbem Halsfleck.
Zodiakallicht, *Tierkreislicht,* kegelförm. Schein am Himmel in Richtung Tierkreis; im Frühling abends im W, im Herbst morgens im O; Staubring um die Sonne.
Zodiakus [gr.], svw. → Tierkreis.
Zodschila, *Zoji-la,* wichtigster Paß der westl. Himalajahauptkette, 3531 m.
Zogu → Achmed Zogu.
Zola [zɔˈla], Émile (2. 4. 1840–29. 9. 1902), frz. Schriftst. u. Theoretiker d. Naturalismus; Romanzyklus: *Die Rougon-Macquart* (20 Bde., u. a. *Nana; Germinal*); Zyklus: *Die Evangelien (Wahrheit, Arbeit, Fruchtbarkeit);* Kampf f. Dreyfus *(J'accuse,* 1898).
Zölenteraten [gr.], *Hohl-* oder *Schlauchtiere,* niedere, vielzellige wirbellose Tiere, meist Meeresbewohner mit nur einem Hohlraum, der von Fangarmen umgeben ist, die häufig mit giftigen → Nesselkapseln besetzt sind *(Nesseltiere);* entweder festsitzend *(Polypen)* oder frei beweglich *(Quallen),* häufig auseinander hervorgehend, Generationswechsel; festsitzende, äußerlich oft pflanzenähnl. *(Pflanzentiere):* → Korallentiere, → Siphonophoren, → Rippenquallen.
Zölestin, svw. → Coelestin.
Zöliakie, Verdauungsstörung aufgrund e. Allergie gegenüber sog. Klebereiweiß (Gluten) des Getreides, beim Säugling Brechdurchfälle, Gedeihstörungen usw. Es muß glutenfreie Diät eingehalten werden. Beim Erwachsenen heißt die Krankheit auch *einheimische Sprue* (außerdem *trop. Sprue*).
Zölibat, *m.* u. *s.* [l.], Pflicht zur Ehelosigkeit der Geistlichen in der kath. Kirche und der Bischöfe in der orthodoxen Kirche; nach Anfängen im 4. Jh. im 12. Jh. durchgesetzt.
Zoll, altes Längenmaß, 2,6 cm (→ Maße u. Gewichte, Übers.).
Zollanschlüsse, Gebiete eines fremden Staates, die (im allg. aus verkehrstechnischen Gründen) in die Zollgrenzen des eigenen Staates einbezogen sind (z. B. das östr. Kl. Walsertal in das dt. Zollgebiet).
Zollausschlüsse, Gebiete eines Staates außerhalb der Zollgrenze: Freihäfen, Freie Niederlagen; auch aus Verkehrsgründen.
Zölle, Abgaben auf Güter, werden fällig bei der Grenzüberschreitung; *Einfuhr-*

Z., selten *Ausfuhr-Z.,* oder *Durchfuhr-Z.* Bemessung nach Wert *(Wert-Z.)* od. nach Gewicht der Güter *(Gewichts-Z.); Schutz-Z.* zum Schutz der einheim. Produktion, *Finanz-Z.* staatl. Einnahmequelle.
Zollern, → Hohenzollern.
Zollgrenzbezirk, ein ca. 15 km breiter Landstreifen entlang der Zollgrenze; Bewohner genießen die Erleichterungen des kleinen Grenzverkehrs (zollfreie Einfuhr best. Mengen v. Genußmitteln).
Zollhoheit, *Zollregal,* Recht, Zölle zu erheben.
Zollikon (CH-8702), schweiz. Gem. bei Zürich, 12 150 E.
Zollinger-Ellison-Syndrom, Überproduktion von *Gastrin* durch e. Tumor der Bauchspeicheldrüse, dadurch immer wieder Magengeschwüre.
Zollstellen, Hauptzollämter, Z.ämter u. Z.zweigstellen: Z.grenzschutz in den Z.grenzbezirken.
Zollstock, Maßstab, mit Zoll- bzw. Millimeter-Teilung, meist zusammenklappbar.
Zolltarif, durch Gesetz (in d. BR am 23. 12. 1960) festgelegte Zollsätze bestimmter Waren, meist nach Warenart bemessen; *autonomer Zoll:* ohne Vereinbarung mit dem Ausland festgesetzt, *Vertrags-Zoll:* durch Handelsvertrag bestimmt.
Zollunion, Zusammenschluß selbständiger Staaten zu einheitlichem Zollgebiet (z. B. *Deutscher Zollverein* 1834 bis 1871); → Beneluxunion.
Zollveredlungsverkehr → Veredlungsverkehr.
Zollverschluß, amtl. Warenverschluß zwecks Identitätsnachweis (z. B. bei Wiederausfuhr).
Zombie,
1) Wiedergänger, lebende Leiche (im Aberglauben d. Karibik).
2) ugs. f. Person, die nicht in die Zeit paßt.
3) Cocktail aus versch. Rumsorten.
Zond, sowj. → Raumsonde.
Zone, *w.* [gr. ,,Gürtel''],
1) *Wirtschaftsverkehr:* Entfernungsstufe für Verkehrstarife; danach: **Z.ntarif.**
2) *Wirtschaftsverkehrszonenzeit:* → Zeit.
3) *math.* Kugel-Z. → Kugel.
4) in d. *Geographie* zur Einteilung von Klimagebieten (heiße, gemäßigte, kalte Z.).
5) *pol.* Bez. für die von den einzelnen Besatzungsmächten in Dtld u. Östr. seit 1945 besetzten Gebiete (Aufhebung d. Besatzungsstatus i. BR 1952, i. d. DDR 1954, i. Östr. 1955).
Zonensystem, dient z. perfekten Belichtung in d. Fotografie; bei e. Aufnahme werden möglichst viele Details in all ihren Teilen gezeigt; wurde v. am. Fotografen Ansel Adams entwickelt.
Zönobit [gr. ,,koinos = gemeinsam'' u. ,,bios = Leben''], d. i. klösterl. Gemeinschaft lebende Mönch, Ggs.: → Eremit.
Zoologie [gr.], Tierkunde, Teilgebiet d. Biologie.
zoologischer Garten, *Tiergarten, Zoo,* Anlage z. Haltung, Zurschaustellung u. wissenschaftlichen Erforschung von meist exot. Tieren. Als ältester Z. G. gilt Schönbrunn (Wien, heute Leinz); bekannte mitteleur. Zoos sind in Basel, Berlin, Duisburg, Frankfurt/M., Köln, München (Hellabrunn) und Stuttgart (Wilhelma).
zoologisches System, Einteilung des Tierreichs in *Stämme* (Einzeller, Schwämme, Nesseltiere, Weichtiere, Gliederfüßer, Chordatiere u. a.); d. Stamm Chordatiere umfaßt z. B. den *Unterstamm* Wirbeltiere m. den *Klassen* Knorpel- u. Knochenfische, Amphibien, Reptilien, Vögel u. Säugetiere; die Säugetiere gliedern sich wieder in die *Ordnungen* Insektenfresser, Nagetiere, Raubtiere, Wale, Paarzeher, Herrentiere usw.; weitere Unterteilung i. *Familien* (z. B. Katzen), *Gattungen* (Großkatzen) und *Arten* (Löwe).
Zoom, *s.* [zu:m], Abk. f. Z.-Objektiv; früher a. Gummilinse od. Varioobjektiv; gen. Objektiv mit veränderl. Brennweite zur genauen Ausschnittbestimmung.
Zoonose, *w.* [gr.], auf Menschen übertragb. Infektionskrankheit der Tiere (z. B. Milzbrand, Rotz).
Zoon politikon [gr. ,,geselliges Lebewesen''], d. Mensch als wesentl. gesellschaftl. bestimmtes Lebewesen (n. Aristoteles).
Zopf, *m.,* i. d. Forstwirtsch. Bez. f. d. dünnere Ende e. Baumstammes; *Z.-Durchmesser,* Durchmesser d. dünneren Endes b. Rundholz (Maßangabe ohne Rinde).
Zopfstil, in d. bild. Kunst Bez. f. e. Stilstufe d. Übergangs v. Rokoko z. Klassizismus in Dtld; nüchtern, einfach; Hauptvertr. Chodowiecki.
Zoppot, Sopot, poln. St. u. Ostseebad an der W-Küste d. Danziger Bucht, 60 000 E. – 1920–39 zum Freistaat Danzig.
Zorn, Anders (18. 2. 1860–22. 8. 1920), schwed. Maler, Radierer u. Bildhauer; Gemälde: impressionist. Landschaften, Porträts, Akte; Plastiken: u. a. *Gustav Wasa.*
Zoroaster [gr.], im Awesta: *Zarathustra,* Begr. der Religion der → Parsen; lebte um 600 v. Chr. Quellen der urspr. Z.lehre die *Gathas* im Avesta: Ormuzd, der Gott des Lichts, bleibt Sieger über Ahriman, den Gott d. Finsternis; Erlösung des Menschen durch gute Werke.
Zoser, *Djoser* (2600–2550 v. Chr.), ägypt. König, 1. Pyramidenbauer (Stufenpyramide von Sakkara).
Zosimos, (5. Jh. n. Chr.), griech. Geschichtsschreiber, verfaßte eine Geschichte d. Röm. Reiches.
Zoster [gr.], → Gürtelrose.
Zote, unanständiger od. zweideutiger Witz.
Zotten, Vorstülpung e. Organs z. Vergrößerung der Oberfläche (z. B. Z. der Dünndarmschleimhaut).
ZPO, Abk. f. **Z**ivil**p**rozeß**o**rdnung.
Zr, chem. Zeichen f. → Zirkonium.
z. S., Abk. f. *zur See* (z. B. *Kapitän z. S.*).
Zschokke ['tʃɔ-],
1) Alexander (25. 11. 1894–17. 8. 1981), schweiz. Maler u. hpts. Bildhauer; figürl. Plastiken v. realist., aber vereinfachend strenger Formgebung; Bildnisse v. Künstlern u. Gelehrten; Brunnen.
2) Heinrich (22. 3. 1771–27. 6. 1848), schweiz. Schriftst.; Schauerromane u. moralisierende Schriften.
Zschopau (D-09405), Krst. in Sachsen, a. d. Z. (Nbfl. der Freiberger Mulde, 105 km l.), 12 527 E; Textil- u. Motorenind.

Zoom-Objektiv 28–70 mm

Zuckerrohr

Zsigmondy ['ʒig-], Richard Adolf (1. 4. 1865–23. 9. 1929), östr. Chem.; Kolloidchemie; zus. mit H. Siedentopf Erfinder des Ultramikroskops; Nobelpr. 1925.
Zuaven, alger. Kabylenstamm, Kolonialtruppe der Franzosen *(Zouaves).*
Zuccalli, schweiz. Architektenfamilie d. Barock,
1) Enrico (um 1642–8. 3. 1724), in bayr. Diensten; Schloß Schleißheim; s. Neffe
2) Gasparo (um 1667–14. 5. 1717), Hofbaumeister in Salzburg: *St. Cajetan.*
Zuccalmaglio [-'maʎo], Anton Wilhelm Florentin v. (12. 4. 1803–23. 3. 69), dt. Volksliedsammler u. Komponist.
Zuccarelli [tsuka-], Francesco (15. 8. 1702–Ende 88), it. Maler d. Rokoko; Vertr. d. venezian. Landschaftsmalerei; u. a. auch in London tätig.
Zuccari [tsu'ka-], it. Malerfamilie d. Manierismus;
1) Taddeo (1. 9. 1529–2. 9. 66), bes. Fresken (u. a. in den Farnese-Palästen v. Caprarola u. Rom); s. Bruder
2) Federico (um 1540–20. 7. 1609), auch Kunsttheoretiker; tätig u. a. in England u. Spanien; Kuppelgemälde d. Doms in Florenz.
Zucchini ['tsʊki:ni], gurkenähnl. Gemüsefrucht (Kürbisgewächs).
Zuchthaus, früher Strafanstalt mit Arbeitszwang z. Verbüßung längerer, wegen schwerer Straftaten (Verbrechen) verhängter → Freiheitsstrafen.
Züchtigungsrecht, im Rahmen d. → elterlichen Sorge maßvolle Züchtigung des Kindes nur zulässig, wenn sie nicht entwürdigend zu werten ist; Mißhandlung des Kindes strafbar; kein Z. des Dienstherrn gegenüber Lehrlingen.
Züchtung, Auslese und Paarung von Pflanzen u. Tieren m. best. Eigenschaften *(künstliche Z.). Z.smethoden:* → Tierzucht (Übers.); *Pflanzenzucht:* zwei Methoden: **1)** *Veredlungs-Z.,* Steigerung, Erhaltung od. Minderung einer bereits vorhandenen Eigenschaft durch Auslese, **2)** *Kreuzungs-Z.,* durch künstl. Befruchtung (Bestäubung) entsteht ein Bastard mit abweichenden Eigenschaften, die durch Veredlungszucht züchterisch genutzt werden (→ Vererbung, Übers.). MPI f. Z.sforschung in Köln-Vogelsang.
Zucker, chem. Kohlenhydrate mit Aldehyd- od. Ketogruppen neben Alkoholgruppen im Molekül; z. B. einfache Z. *(Monosaccharide)* nach der Formel $C_6H_{12}O_6$, z. B. *Trauben-Z., Frucht-Z.,* zweifache Z. *(Disaccharide)* nach der Formel $C_{12}H_{22}O_{11}$, z. B. *Rohr-* od. *Rüben-Z., Malz-Z., Milch-Z.;* Mehrfach-Z. *(Polysaccharide)* nach der Formel $(C_6H_{10}O_5)$, z. B. *Dextrin, Stärke, Cellulose; Honig* ist durch Ferment des Bienenmagens oder (Kunsthonig) durch Säuren gespaltener Rohr-Z. *(Invert-Z.); Z.fabrikation:* Rüben zerkleinert in warmem Wasser ausgelaugt, der filtrierte Saft eingedickt, wobei Z. auskristallisiert; Entfärben des Roh-Z. durch Knochenkohle od. schweflige Säure; Rückstand der Z.-Gewinnung: → Melasse.
Zuckergast, svw. → Silberfischchen.
Zuckerharnruhr, Zuckerkrankheit, svw. → Diabetes mellitus.
Zuckerrohr, bis 5 m hohes schilfart. Gras aus O-Indien; in vielen warmen

Ländern angebaut, Entwicklungszeit ca. 12 Monate; Saft des Halmes enthält bis 18% Zucker; Weltproduktion 1994: 1075,9 Mill. t.
Zuckerrübe, Abart der Runkelrübe; angebaut wegen d. zuckerreichen Wurzel (16–21% Zuckergewinnung); Ernte i. d. BR 1995: 26,04 Mill. t.
Zuckersteuer, auf Rüben-, Stärke- und Rohrzucker; vom Hersteller bzw. Einführer erhoben, → Verbrauchssteuern.
Zuckmayer, Carl (27. 12. 1896–18. 1. 1977), dt. Dichter; Dramen: *Der fröhliche Weinberg; Katharina Knie; Der Hauptmann v. Köpenick; Des Teufels General; Gesang im Feuerofen; Das kalte Licht; Der Rattenfänger von Hameln;* Erzählungen: *Die Fastnachtsbeichte;* Autobiographie: *Als wär's ein Stück von mir;* Lyrik.
Zufall, d. Eintreten unvorhergesehener u. unbeabsichtigter Ereignisse, wofür keine Ursache od. Gesetzmäßigkeit erkennbar ist.
Zug,
1) schweiz. Kanton zw. Vierwaldstätter und Zürcher See, fruchtbares Hügelland, 239 km², 91 700 E; Hptst.:
2) Z. (CH-6300), 21 705 E; am **Zuger See,** 38,2 km², bis 198 m tief.
Zug,
1) Luftströmung in größtenteils umschlossenen Räumen oder Behältern (z. B. Öfen).
2) auf ein Bauteil ziehend einwirkende Kraft.
Zugabeverbot, Teil des gewerbl. Rechtsschutzes, untersagt im geschäftl. Verkehr, neben einer Ware andere Waren od. Leistungen unentgeltlich anzubieten, anzukündigen oder zu gewähren; Ausnahme: geringwertiges Reklamegeschenk, Kundenzeitschrift u. a. (Zugabe-VO v. 9. 3. 1932).
Züge, in Handfeuerwaffe oder Geschütz, → Drall.
Zügel, Heinrich v. (22. 10. 1850–30. 1. 1941), dt. Maler, Mitbegr. d. Münchner Sezession; realist. Tierbilder in impressionist. Technik.
Zugewinngemeinschaft → Eherecht.
Zugmaschine, svw. → Traktor.
Zugpflaster, svw. → Pflaster.
Zugspitze, im → Wettersteingebirge, höchster Berg Dtlds, 2963 m; **Zugspitzbahn** (Zahnradbahn), von Garmisch zum Schneeferner (2650 müM); von dort Seilschwebebahn; ferner Seilschwebebahn vom Eibsee; auf Tiroler Seite Seilschwebebahn von Ehrwald bis 2805 m; Wetterwarte.
Zugverband, svw. → Streckverband.
Zugvögel, Vögel, die während ungünstiger Witterungs- oder Nahrungsbedingungen ihre Brutheimat verlassen; in Europa Zug nach Südwesten, Süden od. Südosten; die Zugwege werden durch Beringen (Anlegen eines Aluminium-Fußrings mit eingestanzten Daten) erforscht. Wandern in breiter Front od. auf Zugstraßen, oft Landbrücken über Meere benutzend; Nacht- und Tageszug; Flugformation lose, in Ketten oder Winkeln (Kraniche); Orientierung nach angeborener Zugrichtung, Sonnenstand, Sternenhimmel u. evtl. Erdmagnetfeld. Bei *Teilziehern* wandert nur ein Teil d. Population nach Süden ab;

Zucker (Rohzucker, Zucker aus Zuckerrohr und -rüben)

BR Deutschland, Erzeugung in 1000 t

Jahr	Menge
1949/50	627
1954/55	1298
1959/60	1390
1960/61	2002
1975	2248
1982	3568
1985	3106
1986	2767
1987	2963
1988	3003
1989	3664
1990	4122
1991	3528
1994	3822

Erzeugung wichtiger Länder 1994 in Mill. t

Land	Menge
Brasilien	12,27
Indien	11,90
Russ. Föderation	7,45 (1993)
USA	6,92
VR China	6,32
Australien	5,21
Frankreich	4,98
Thailand	4,16
Mexiko	4,02
Kuba	4,01
Deutschland	3,82
Pakistan	3,31
Indonesien	2,45
Südafrika	1,77

Welterzeugung 1994: 111,188 Mill. t

Futterrübe

Zuckerrübe

Carl Zuckmayer

Zug

Strichvögel weichen nur der Ungunst des Klimas oder der Nahrungsverhältnisse aus, unabhängig vom Wetter, kein Zugtrieb.
Zuhälterei, Ausbeutung od. eigennützige Beherrschung einer Person, die der Prostitution nachgeht; strafbar nach § 181a StGB.
Zuidersee → Ijsselmeer.
Zülpich (D-53909), St. i. Kr. Euskirchen, am N-Rand d. Eifel, NRW, 17 698 E.
Zululand, *Kwazulu,* Bantu-„Homeland" in der südafrikan. Prov. Natal; Zuckerrohranbau; bewohnt v. d. *Zulus,* e. Stamm d. Bantuneger; → Südafrika.
Zumsteeg, Johann Rudolf (10. 1. 1760–27. 1. 1802), dt. Komponist.
Zunder,
1) svw. *Feuerschwamm* (Pilzart Polyporus fomentarius).
2) auf der Oberfläche v. Metallen b. Bearbeitung in Schmiedehitze entstehende Oxidschichten, durch Hämmern (*Hammerschlag*) entfernbar.
Zünder, Vorrichtung, um Sprengladungen oder Geschosse (Bomben) zur Detonation zu bringen: *Aufschlag-Z.* bei Granaten u. Bomben zünden beim Aufschlag; *Abstands-Z.,* Auslösung durch Funkimpuls in einem best. Abstand vom Ziel; *Zeit-Z.* (Uhrwerk- und Brenn-Z.) zünden nach Ablauf vorher eingestellter Zeit; bei *Zug-* u. *Druck-Z.*n erfolgt Auslösung auf Zug bzw. Druck; *Glüh-Z.* bei el. Zündung, → Sprengkapsel.
Zündhölzer, Streich-, Reibhölzer, (Holz)stäbchen mit paraffingetränktem Schaft u. angetauchtem Z.kopf aus Kaliumchlorat, Kaliumchromat, Schwefel, Binde- und Rauhungsmitteln in der Reibfläche: ungiftiger roter Phosphor, Glaspulver und Bindemittel; in Deutschland Z.warensteuer (1981 aufgehoben).
Zündhütchen, kl. Metallkapsel mit Knallquecksilber zum Entzünden d. Pulverladung in der → Patrone; bei Geschützmunition: *Zündschraube.*

Zündkerze, zwei durch Porzellankörper isolierte Elektroden, die in Zylinderkopf von Vergasermotoren eingeschraubt werden (Abstand am Ende ca. 0,4–1 mm); bringt beim Anlegen einer Spannung von ca. 2000–5000 Volt durch el. Entladungsfunken Gasgemisch zur Explosion; Erzeugung der Spannung m. Batterie u. Induktionsspule (→ Transformator, → Funkeninduktor) durch Stromunterbrechung (→ Unterbrecher).
Zündschnur, einen Explosivsatz umschließende Schnur zum Entzünden von Sprengladungen mittels → Sprengkapsel; *Zeitzündschnur* (Brenndauer berechenbar) od. *Knallzündschnur* (schlägt sofort durch).
Zündung,
1) bei Verbrennungskraftmaschinen das Entflammen des Luft-Brennstoff-Gemischs i. Zylinder; **a)** bei Vergasermotoren: durch → Zündkerze (*Batterie-Z.,* wenn batteriegespeist; *Magnet-Z.,* wenn Strom v. Dynamomaschine erzeugt), **b)** bei Dieselmotoren: durch die infolge Kompression erhitzte Luft; zum Anlassen künstl. Z. durch von außen beheizten *Glühkopf* (Ausstülpung i. Zylinderkopf) oder *Glühkerze,* die nach Anlassen des Motors durch die Verbrennungshitze weiterglühen.
2) bei Sprengstoffen u. Geschossen: → Zünder und → Sprengkapsel.
Zunft, Zusammenschluß, Fachverband von Handwerkern: **Zünfte** entstanden im 12. Jh. als Handwerksgilden (neben denen es Kaufmanns-, Schutz- u. a. Gilden gab); überwachten Preise, Arbeitsleistung, Lehrlingszahl u. -ausbildung; ihr Versammlungs- u. Festgebäude war das Zunfthaus (Gildehaus); im 16. Jh. Verfall; 1869 (Gewerbefreiheit) aufgelöst.
Zunge,
1) *beim Menschen:* dient der Geschmacksempfindung, Beförderung d. Nahrung u. Lautbildung; bei vielen Krankheiten und nach Fasten mit meist grauweißem Belag, bei Scharlach nach Abstoßung des Belages himbeerrot.
2) bewegl. Teil einer Weiche.
3) Stimmblättchen bei Blasinstrumenten.
Zungenbein, zwischen Kinn u. Kehlkopf im Halswinkel gelegener kleiner, U-förmiger Knochen (→ Nase, Abb.).
Zungenblüten, Randblüten d. Korbblütler.
Zungenpfeife, tonerzeugender Teil vieler Musikinstrumente (z. B. Orgel, Harmonium, Klarinette, Oboe, Fagott); über e. Spalt liegende Zunge unterbricht den hindurchgeblasenen Luftstrom periodisch; Unterbrechungszahl bestimmt d. Tonhöhe.
Zungenreden, *Glossolalie,* ekstatisches Verkünden von Gesichten, Prophezeiungen.
Zünsler, Kleinschmetterlinge, deren Raupen z. T. schädlich sind; durchbohren Pflanzenteile, leben in Mehl, Fett usw. (z. B. Bienenmotte).
Zuoz (CH-7524), schweiz. Kurort im Oberengadin, Kanton Graubünden, 1712 müM, 1200 E; Wintersport.
Zuppa Romana ['zu-], it. Nachspeise, üppiger Kuchen.
Zurbarán [θurβa-], Francisco de (7. 11. 1598–28. 2. 1664), span. Barockmaler, rel. Themen; *Bonaventura-Zyklus.*

Zurbriggen, Pirmin (* 4. 2. 1963), schweiz. alpiner Skirennläufer; Olympia-Sieger 1988 in d. Abfahrt, 1985 WM in d. Abfahrt u. Kombination, 1987 WM im Riesenslalom u. Super-G.; viermal Weltcup-Gesamtsieger 1984, 87, 88 u. 90.

Zürich,
1) Kanton d. NO-Schweiz, 1729 km², 1,17 Mill. E.
2) (CH-8000, Hptst. v. 1), größte u. wirtsch. bedeutendste St. der Schweiz, am N-Ende d. **Zürichsees** (*Zürcher See,* 90 km², bis 143 m t., 406 müM, von der Limmat entwässert), 365 000 E, Agglom. 840 000 E; Großmünster (11. bis 13. Jh.), Fraumünster (12.–14. Jh.), Rathaus (17. Jh.), Uni., TH; Baumwoll-, Seiden-, Maschinen-, elektrotechn. Ind. u. Brauerei; Fremdenverkehr; Versicherungen, Banken u. Börse. – 1351 Mitgl. d. Eidgenossenschaft, 1519 Beginn d. Schweizer Reformation (Zwingli); 1859 **Züricher Friede** (nach d. Vorfrieden v. Villafranca) zw. Frankreich, Sardinien und Österreich, das die Lombardei abtritt.

Zürn, dt. Bildhauerfamilie d. Manierismus u. Barock; u. a.
1) Jörg (um 1583–vor 1635), *Hochaltar des Überlinger Münsters.*
2) Michael (um 1625–um 91), *16 Engel* (Kremsmünster).

zurren, *seem.* Boote oder Deckladung mit Tauen *(Zurrings)* festbinden.

Zurückbehaltungsrecht, svw. → Leistungsverweigerungsrecht.

Zusatzaktien → Gratisaktien.

Zuschlag,
1) (früher m. Hammerschlag angedeuteter) Zeitpunkt des Eigentümerübergangs i. d. Versteigerung.
2) Füllstoff f. Mörtel- u. Betonmischungen wie Splitt, Kiesel, Granulate usw.

Zuse, Konrad (22. 6. 1910–18. 12. 1995), Entwickler des 1. betriebsfähigen frei programmierbaren Rechenautomats „Z3" (1941). Elektromechan. Arbeitsweise, binäre Zahldarstellung.

Zuständigkeit,
1) gesetzl. oder vereinbarte Festlegung d. Gerichts, vor d. ein Anspruch geltend gemacht werden kann; *sachl.* nach Höhe des Streitwerts od. Bedeutung der Sache; *örtl.* maßgebend Wohnsitz od. Aufenthaltsort d. Beklagten, Ort d. belegenen Sache, Erfüllungsort u. a.; *strafrechtl.* Ort der Tat (→ Rechtspflege, Übers.).
2) durch Ges. od. VO festgelegter sachl. od. örtl. Wirkungsbereich einer Behörde.

Zustandsdiagramm, bes. in d. → Wärmelehre verwendete graph. Darstell. f. d. Verhalten v. Stoffen bei d. Änderung einer od. mehrerer ihrer Zustandsgrößen wie z. B. Temperatur, Druck, Volumen.

Zustellung, an best. Formen gebundene Übergabe e. Schriftstücks an Empfänger durch Gerichtsvollzieher od. Post; Zweck: Nachweis d. Empfanges d. Schriftstücks.

Zustellung der Pässe, svw. Ablehnung d. Verkehrs mit d. Gesandten seitens d. Empfangsstaates.

Zwangsanleihe, Begebung einer Staatsanleihe mit Zeichnungszwang.

Zwangsarbeit, in versch. Staaten schwere Freiheitsstrafe; auch → Arbeitszwang.

Zwangsarbeitslager, in d. ehem. Sowjetunion (v. d. Sowjet-Reg. als *„Erziehungslager"* bezeichnet) auch in Verbindung mit *Zwangsansiedlung* (→ Ssylka); Z. auch in den Ostblockstaaten; 1956 v. d. UdSSR formell aufgehoben.

Zwangsbewegungen, Muskelbewegungen, die ohne bzw. gg. den Willen der Erkrankten erfolgen (z. B. Zwangslachen, Zeigebewegungen usw.) aufgrund von psychischen od. Nervenkrankheiten.

Zwangserziehung → Fürsorgeerziehung.

Zwangsgeld, Geldbetrag, der im Verw.recht zur Willensbeugung des Pflichtigen angeordnet, festgesetzt und vollstreckt wird.

Zwangshandlungen, bewußte Handlungen gg. den eigenen Willen infolge unwiderstehl. Dranges, meist aufgrund v. Zwangsvorstellungen; repräsentieren n. → Freud unbewußte Wünsche, meist bei Zwangsneurosen.

Zwangsheilung, ärztl. Behandlungszwang gegenüber ansteckend Erkrankten (z. B. b. Geschlechtskranken).

Zwangshypothek, svw. Sicherungs-→ Hypothek zwecks Zwangsvollstreckung in ein Grundstück.

Zwangsjacke, mit geschlossenen, auf den Rücken zu bindenden Ärmeln, diente zur Bändigung Tobsüchtiger.

Zwangskurs, aufgrund staatl. Zwangs müssen die gesetzl. Zahlungsmittel zum Nennwert angenommen werden; in Notzeiten auch *Zwangskurs* für Devisen und Effekten.

Zwangslizenz, *Patentrecht,* verpflichtet Lizenzgeber, an jeden Antragsteller → Lizenz zu erteilen (nur b. öff. Interesse).

Zwangsneurose → Neurose.

Zwangsvergleich, im Konkurs zw. Schuldner und Mehrheit d. Konkursgläubiger abgeschlossener, vom Gericht bestätigter Vergleich, der für alle Konkursgläubiger bindend ist; Inhalt: teilweiser Erlaß u. Stundung der Forderung.

Zwangsversteigerung, amtl. Versteigerung gepfändeter Sachen zwecks Befriedigung d. Geldforderung d. Gläubigers (Ges. v. 24. 3. 1897, §§ 816 ff. ZPO); → Zwangsvollstreckung.

Zwangsverwaltung, *Sequestration,* über Grundstücke gerichtl. angeordnet bei Streit über Eigentumsverhältnisse bis zu ihrer Klärung oder zur Befriedigung des die Zwangsvollstreckung betreibenden Gläubigers; der *Zwangsverwalter* verwaltet das Grundstück und führt Erlös an den Gläubiger ab (Gesetz v. 24. 3. 1897).

Zwangsvollstreckung, gesetzlich geregeltes Verfahren, in dem Gläubiger aufgrund vollstreckbarer Ausfertigung (→ Vollstreckungsklausel) seines Titels mit Hilfe der staatl. Vollstreckungsorgane (Gerichtsvollzieher, Vollstreckungsgericht beim AG) seinen Anspruch gg. Schuldner befriedigt (§§ 704 ff. ZPO, Zwangsversteigerungsgesetz);
1) *Z. wegen Geldforderung,* 2 Stadien: Pfändung und Verwertung; bewegl. Sachen im Gewahrsam d. Schuldners werden durch Gerichtsvollzieher gepfändet und versteigert; Erlös erhält Gläubiger; Forderungen und Rechte werden durch Pfändungsbeschluß des Vollstreckungsgerichts gepfändet (Drittschuldner wird verboten, an Schuldner zu zahlen) und durch Überweisungsbeschluß dem Gläubiger an Zahlungs Statt oder zur Einziehung überwiesen. Bei Grundstücken kann vom Grundbuchamt auf Gläubigerantrag eine Zwangshypothek eingetragen werden, oder es findet Zwangsversteigerung statt, aus deren Erlös Gläubiger befriedigt wird, oder Zwangsverw. wird angeordnet und Gläubiger aus den Erträgen der Verw. befriedigt;
2) *Z. wegen anderer Forderungen:* falls Sache herauszugeben ist, nimmt Gerichtsvollzieher Sache weg; falls Willenserklärung abzugeben ist, gilt diese mit Rechtskraft des Urteils als gegeben; falls Schuldner vertretbare Handlungen vorzunehmen hat, wird Gläubiger ermächtigt, diese auf Kosten des Schuldners vorzunehmen; bei unvertretbarer Handlung wird Schuldner durch Haft u. Geldstrafen zur Vornahme angehalten; falls z. einem Dulden od. Unterlassen verurteilt, Strafdrohung f. Fall d. Zuwiderhandlung. Notwendigenfalls hat Schuldner durch Versicherung an Eides Statt anzugeben, welches Vermögen er besitzt od. wo herauszugebende Sache sich befindet. Falls die Z. in ihrer Art u. Weise gesetzl. Vorschriften verletzt, ist Erinnerung (§ 766 ZPO) durch Schuldner oder Drittbeteiligten an Vollstreckungsgericht zulässig. Hat Schuldner Einwendungen gg. den Titel, muß er Vollstreckungsgegenklage erheben (§ 767 ZPO). Dritte, denen am Gegenstand der Z. rechte zustehen, können durch *Interventionsklage* Widerspruch erheben (§ 771 ZPO). *Z. im Verwaltungswege* (Ges. vom 27. 4. 1953) ermöglicht zwangsweise Einziehung öff.-rechtl. Geldforderungen des Bundes u. der bundesunmittelbaren jur. Personen öff. Rechts, wenn *Vollstreckungsanordnung* nach → Schuldnerverzug ergangen ist; ebenso Erzwingung geschuldeter Handlungen, Duldungen oder Unterlassungen im *Verwaltungszwangsverfahren* durch Ersatzvornahme auf Kosten des Verpflichteten, durch Verhängung eines Zwangsgeldes von DM 3,– bis 2000,– oder durch Anwendung unmittelbaren Zwangs. Rechtsmittel wie im → Verwaltungsstreitverfahren.

Zwangsvollstreckungsschutz, → Unpfändbarkeit; bei Rechten sind u. a. Lohnforderungen nach §§ 850–850i ZPO in best. Umfang geschützt; Landwirten müssen Forderungen aus Verkauf landw. Erzeugnisse verbleiben, wenn diese Einkünfte z. Unterhalt u. geordneter Wirtschaftsführung unentbehrlich sind (§ 851a ZPO); Miet- und Pachtzinsen müssen Schuldner bleiben, soweit er sie zur Unterhaltung des Grundstücks braucht (§ 851b ZPO); Einstellung der Zwangsvollstreckung erfolgt, falls dies Gläubiger beantragt od. gerichtl. Entscheidung vorliegt.

Zwangsvorstellungen, krankhafter Drang, sich dauernd mit best. Gedanken zu befassen (z. B. Rechenzwang, Grübelsucht usw.); → Neurose.

zwanzigster Juli 1944, Datum des Attentats auf Hitler durch → Stauffenberg und des trotz dessen Mißlingen von → Beck, → Olbricht, → Witzleben, Hoeppner (1886–1944) u. a. unternom-

Zugspitze

Pirmin Zurbriggen

Zürich

Zürich, *Großmünster*

menen und gescheiterten Staatsstreichs mit dem Ziel, Hitlers Gewaltherrschaft zu stürzen und einen von der Gesamtheit des Volkes nachträgl. zu sanktionierenden Rechtsstaat zu errichten (→ Goerdeler, → Leuschner, und → Kreisauer Kreis). – D. 20. Juli löste einen ins Maßlose gesteigerten Terror aus: 7000 Personen wurden verhaftet, davon über 4900 erschossen, erhängt oder zu Tode gequält (→ Volksgerichtshof).

Zweck, e. vorgestellter u. gewollter zukünftiger Zustand oder Vorgang, der durch ursächl. Mittel verwirklicht werden kann. Erklärung d. Naturgeschehens aus Zwecken heißt → Teleologie.

Zwecksparkassen, Privatunternehmungen, bei denen durch Leistung mehrerer Sparer e. Vermögen zusammengebracht werden soll, aus dem d. einzelnen Sparer für *bestimmte Zwecke Darlehen* erhalten; Darlehen dient zur Anschaffung v. bewegl. Gegenständen (*Mobiliar-Z.*), zur Finanzierung eines *Bauvorhabens,* → Bausparkassen.

zweiäugige Spiegelreflexkamera, klass. f. Rollfilmkameras; 2 Objektive übereinander angeordnet, d. untere Objektiv dient z. Aufnahme d. Bildes, d. obere Objektiv dient z. Betrachtung d. Sucherbildes.

Zweibrücken (D-66482), krfreie St. i. Rgbz. Rheinhess.-Pfalz, RP, 34 645 E; OLG, LG, AG; div. Ind., Pferdezucht. – Seit 1352 St., Hptst. d. *Gft* Z., die 1450 bis 1793 selbst. Herzogtum war.

Zweibund, 1879 zw. Dtld u. Östr.-Ungarn abgeschlossenes Defensivbündnis.

Zweier, mit zwei Ruderern bemanntes Ruder-(Riemen-)Boot, mit oder ohne Steuermann; auch Bez. für Zweierkajak (K II).

Zweifel, e. Zustand schwankender Ungewißheit, ob etwas wahr od. richtig ist (theoret., moral., religiöser Z.).

Zweiflügler, Insektenordnung mit nur einem Flügelpaar; Hinterflügel zu kurzen, am Ende verdickten Stäbchen rückgebildet („*Schwingkölbchen*", *Halteren*), dienen durch Stimulation d. Flugbewegung der Orientierung im Raum: *Mücken, Fliegen, Lausfliegen.*

Zweig,
1) Arnold (10. 11. 1887–26. 11. 1968), dt. Dichter; Roman: *Der Streit um den Sergeanten Grischa; Novellen um Claudia;* 1950–53 Präs. d. Dt. Akad. d. Künste in der DDR.
2) Stefan (28. 11. 1881–23. 2. 1942), östr. Schriftst.; Gedichte, Dramen, Novellen; biograph. Essays, zahlr. Biographien über Dichter und histor. Persönlichkeiten; Übersetzungen (Verhaeren u. a.); selbstbiographisch: *Begegnung mit Menschen, Büchern und Städten; Die Welt von gestern.*

Zweigelt, östr. Neuzüchtung (aus → *Blaufränkischem* u. → *St. Laurent*), die sehr widerstandsfähig gg.über Frost ist u. frucht., rassige Weine liefert; sie ist heute in Östr. d. zweithäufigste rote Rebsorte.

Zweigsänger, Grasmücken, Goldhähnchen, Schwirle, Rohrsänger u. a. (als Singvogelfamilie).

zweihäusig → Blüte.
Zweihufer, svw. → Paarzeher.
Zweikammersystem, Bez. f. parlamentar. System, bei dem die die Gesetzgebung ausübende Volksvertretung aus 2 Kammern besteht (z. B. in Großbrit. *Oberhaus* u. *Unterhaus,* i. d. USA *Senat* u. *Repräsentantenhaus,* in d. → BR *Bundestag* u. *Bundesrat*).

Zweikampf, *Duell,* zw. 2 *Duellanten* m. tödl. Waffen.

Zweikeimblättrige, svw. → Dikotyledonen.

Zwei-Naturen-Lehre [l.], *Dyophysitismus,* christl. Glaubenssatz (s. d. Konzil v. Chalkedon, 451), wonach Christus zwei Naturen, d. göttl. u. d. menschl. hat; Ggs.: Monophysitismus.

Zweischwerterlehre, ma. Lehre v. d. geistl. (Papst) u. weltl. (Kaiser) Gewalt.

Zweitaktmotor, eine → Verbrennungskraftmaschine, bei d. Triebkraft bei je zwei Takten (Hüben), also bei jeder Umdrehung einmal, auf d. Kolben wirkt; *1. Takt:* Verbrennung, treibt Kolben abwärts (Arbeitshub): Vorverdichtung des neu eingetretenen Brennstoff-Luft-Gemisches im Kurbelraum;*2. Takt:* Überströmen des vorverdichteten Gemisches durch Überströmkanal in Zylinderraum; dort Verdichtung und Entzündung; Steuerung des Auslasses, bei kl. Maschinen auch d. Einlasses, durch den Kolben; z. T. geschlossenes Kurbelgehäuse für die Luftkompression (→ Tafel Kraftfahrzeuge).

zweiter Bildungsweg, Bezeichnung für die in Ergänzung des herkömmlichen Bildungsweges bestehenden Möglichkeiten und Einrichtungen für Berufstätige und Absolventen der Haupt- und Realschulen zur Weiterbildung auf Berufsaufbauschulen (Fachschulreife), Fachschulen, Fachoberschulen (Fachoberschulreife) u. a. sowie z. Erlangung d. allg. Hochschulreife (→ Schulwesen, Übers.).

zweites Gesicht, angebliche Gabe mancher Menschen, räumlich entfernte oder zukünftige Vorgänge wahrzunehmen.

Zweitschlagsfähigkeit, engl. *Second Strike Capability,* Fähigk. e. Kernwaffenstaats, auch nach Hinnahme eines gegner. Kernwaffenschlags dem Gegner empfindlichen Schaden zuzufügen; Ggs.: → Erstschlagsfähigkeit.

Zwenkau (D-04442), St. i. Kr. Leipzig, Sa., 7173 E; Papierind.

Zwerchfell, Muskelplatte, trennt Brustraum von d. Bauchhöhle; wichtigster Atemmuskel (→ Atmung).

Zwerenz, Gerhard (* 3. 6. 1925), dt. Schriftst.; *Casanova od. Der kleine Herr in Krieg u. Frieden; D. Erde ist unbewohnbar wie d. Mond.*

Zwerggalerie, im it. u. dt. Kirchenbau d. Romanik in d. Außenmauer unter d. Dachansatz eingesparter Laufgang m. Arkaden; hpts. um d. Apsis geführt, teils auch um d. gesamten Bau (z. B. am Dom in Speyer).

Zwergpalme, *Sabalpalme, Palmetto,* Fächerpalme, die am weitesten nach Norden geht; z. B. d. afrikan.-eur. Z., Mittelmeergebiet; ihre Blattfasern zu Flechtwerk; am. Z., Ostküste N-Amerikas (Florida, Carolina), liefert Schiffsholz.

Zwergseidenäffchen, kleinste Art d. südam. → Krallenaffen, Gewicht bis 100 g.

Zwergsterne, Sterne der Hauptreihe des → Russell-Diagramms; → Weiße Zwerge.

Zwergwuchs,
1) bei Pflanzen gezüchtet (Bonsai) oder standortbedingt (Alpen, Arktis).
2) Kleinwüchsigkeit bei Tieren; in bestimmten Erdzeitaltern (frühe Formen des Pferds) oder als Zuchtziel (Zwergkaninchen).
3) beim Menschen ebenfalls *rassischer* Zwergwuchs: die Pygmäen des afrikanischen Urwalds (Bambuti, Akka) und Negritos von Malaia, den Andamanen und den Philippinen (Körperhöhe der Männer um 145 cm); daneben Kleinwuchsrassen um 155–158 cm: Buschmänner, Kleinwuchsmelanesier, Eskimos, Weddiden, Palämongoliden (auch → Rasse, Übers.). Dagegen ist *individueller* Zwergwuchs mehr oder minder krankhaft: durch Hypophysenstörungen (wohlproportionierte Liliputaner um 1 m Körperhöhe) und Schilddrüsenunterfunktion (untersetzter Kleinwuchs mit Verblödung bei → Kretinismus, → Mongolismus) und Knochen-Knorpel-Krankheiten (Kurzgliedrigkeit bzw. Verbiegung der Knochen bei Chondrodystrophie u. Rachitis); Z. bzw. *Minderwuchs* auch b. Funktionsstörungen d. → Keimdrüsen und der → Nebennierenrinde.

Zwettl (A-3910), St. im Waldviertel, Niederöstr., 11 427 E; Zisterzienserabtei (1138 gegr.); Mus. f. Medizin-Meteorologie.

Zwickau (D-08056–66), Krst. in Sa., a. d. *Z.er Mulde,* 112 565 E; Dom; Ing.-HS; Steinkohlenbergbau; Automobil- u. a. Ind.

Zwickel,
1) dreieckiger eingesetzter Teil in Strümpfen, Wäsche, Kleidern.
2) in der *Baukunst:* keilförmige, gerade oder gekrümmte Fläche.

Zwiebel,
1) *Speise-Z.,* zu den Liliengewächsen gehörender Lauch; Gewürz- und Gemüsepflanze.
2) als Pflanzenteil: veränderter, zum Stengel m. fleischigen, unterird. Blättern (Z.häute) und Z.knospen; Reservestoffbehälter.

Zwiebelhaube, i. d. Baukunst Turmbedachung v. kielbogenart. Umriß, einfacher gestaltet als d. → welsche Haube; in d. oriental. u. russ. Architektur, dann auch im südd.-alpenländ. u. böhm. Kirchenbau d. Barock u. Rokoko (17. u. 18. Jh.).

Zwiefalten (D-88529), Gem. i. Lkr. Reutlingen (S-Rand d. Schwäb. Alb), 2300 E; bed. Barockkirche v. J. M. → Fischer.

Zwiesel (D-94227), St. u. Luftkurort i. Kr. Regen, Bayr. Wald, Nebenfl. d. Regen, 10 458 E; Berufsbildungszentrum für Glas; Glasind.; Fremdenverkehr.

Zwiesel, Teil d. Sattels (Vorder- und Hinter-Z.).

Zwillich, geköperter Baumwollstoff.

Zwillinge,
1) drittes Zeichen des → Tierkreises; → Sternbilder, Übers.
2) beim Menschen entstehen bei gleichzeitiger Befruchtung von zwei Eiern *zweieiige* Zwillinge, verschieden- oder gleichgeschlechtig (auch zwei Nachgeburten); seltener *eineiige* Zwillinge infolge doppelter Teilung des von einem Samenfaden befruchteten Eies, stets gleichgeschlechtlich, nur eine Nachge-

Stefan Zweig

Zweigelt

Zwettl, *Zisterzienserstift*

Zwiebel

burt. *Zwillingsähnlichkeit* bei eineiigen Zwillingen oft bis in kleinste körperl. u. psych. Einzelheiten *(identische Z.)*. *Zwillingsschwangerschaften* gewöhnlich familiäre Veranlagung. Auf 87 Geburten ungefähr eine Zwillingsgeburt; hiervon etwa 70% zweieiige, 30% eineiige Z. Auch Verwachsungen v. Z.n als seltene Mißbildung (→ siamesische Zwillinge).

Zwillingsarten, Tierarten, die sich sehr stark ähneln, z. B. Garten-, Waldbaumläufer, Nachtigall, Sprosser.

Zwillingsforschung, Zweig der menschl. Erbbiologie, bei dem durch Vergleich von erbgleichen, aus einem einzigen befruchteten Ei hervorgegangenen *(eineiigen)* Zwillingen mit erbverschiedenen, aus zwei befruchteten Eiern stammenden, *zweieiigen,* die Anteile von Erbanlage und Umwelteinfluß bei der Entstehung des → Phänotypus (Erscheinungsbild) abgegrenzt werden können; → Vererbung.

Zwinge, Vorrichtung z. Einspannen, Zusammenpressen von Werkstücken (bes. von Holz) aus Schraube und Bügel.

Zwinger,
1) *allg.* Rundgang zw. äußerer u. innerer (Ring-)Mauer bei Befestigungen im MA.
2) Prunkbau in Dresden, erb. v. D. *Pöppelmann* 1711–22, nach Zerstörung 1945 Wiederaufbau bis 1966.

Zwingli, Ulrich (1. 1. 1484–11. 10. 1531), schweiz. Reformator; s. 1519 in Zürich; Abschaffung der Messe, Bilder, Orgelmusik, Fastengebote; staatskirchl. Gemeindeorganisation; Abendmahlsstreit m. Luther in Marburg 1529; pol. Haupt d. schweiz. Reformation, fiel im Kampf gg. die kath. Kantone; Hptwerk: *Christianae fidei brevis et clara expositio. – Z.s* Lehre beeinflußte vor allem Calvinismus.

Zwirn, aus 2 od. mehreren Garnfäden zus.gedrehter (gezwirnter) Nähfaden; Doppelzwirn aus 2 Z.n gezwirnt.

Zwischenbildorthikon → Orthikon.

Zwischendeck, unter d. Hauptdeck befindl. Deck, insbes. auf d. Auswandererschiffen d. 19. Jh.

Zwischenfrequenz, in d. Funktechnik die bei Überlagerung zweier Frequenzen auftretende 3. Frequenz, deren Wert sich b. Abstimmung e. → Überlagerungsempfängers auf versch. Empfangsfrequenzen nicht ändert; im allg. 468 kHz, seltener 125 kHz od. 1600 kHz, bei UKW 10,7 MHz, Fernsehen 21 MHz.

Zwischenhirn, ein Hirnstammabschnitt mit lebenswichtigen Steuerzentren für alle Lebensvorgänge, in dem → Hypothalamus, in enger Beziehung zur → Hypophyse, das *Hypothalamus-Hypophysen-System.*

Zwischenkieferknochen, *Intermaxillarknochen,* zwischen Oberkieferhälften der Wirbeltiere, beim Menschen mit dem Oberkiefer verwachsen; 1784 von Goethe u. Vicq d'Azyr nachgewiesen.

Zwischenmeister → Faktor nehmen d. Rechte v. Autoren, Komponisten, Textern etc. gegenüber Buch- u. Musikverlagen, Film, Rundfunk- u. Fernsehanst. wahr; → GEMA.

Zwischenstreit, im Zivilprozeß über einzelne Verfahrens- oder Beweisfragen, wird durch **Zwischenurteil** entschieden (§ 303 ZPO).

Zwitter, *Hermaphrodit,* Individuum m. funktionsfähigen männl. u. weibl. Geschlechtsorganen, meist m. Verhinderung der Selbstbefruchtung; häufig bei niederen Tieren (z. B. Bandwürmern, Schnecken); *Schein-Z.* durch Entwicklungsstörungen (auch beim Menschen).

Zwölf Artikel der Bauernschaft in Schwaben, 1525 verkündete Programmschrift d. aufständischen Bauern.

Zwölfender → Geweih.

Zwölffingerdarm, *Duodenum,* → Darm.

Zwölffingerdarmgeschwür, *Ulcus duodeni,* oft mit Magengeschwür verwechselt.

Zwölfkampf, → Mehrkampf i. Kunstturnen f. Männer; je eine Pflicht- u. Kürübung am Barren, Reck, Boden, Seitpferd, im Pferdsprung u. an den Ringen.

zwölf Nächte, heilige, 25. Dez. bis 6. Jan.

Zwölfpropheten, Sammelbez. f. d. Schriften d. 12 „kleinen" Propheten, die i. AT als einziges Buch gelten.

Zwölfstädte,
1) d. Vereinigung d. führenden Städte der → Etrusker.
2) Bund ionischer Städte in Kleinasien.

Zwölftafelgesetz, röm. Rechtssatzung, auf zwölf Bronzetafeln i. 5. Jh. v. Chr. entstanden.

Zwölftontechnik, Kompositionsmethode, die bewußt jede tonale Beziehung meidet und die 12 Skaltöne verselbständigt; vergleichbar der → Permutation in d. Math.; Begr.: → Schönberg.

Zwolle ['zvolə], Hptst. der ndl. Prov. Overijssel, an der Ijssel, 89 000 E; Handel, Ind.

Zyanose, *Cyanose,* svw. → Blausucht.

Zygote, *w.* [gr.], die befruchtete Eizelle (vereinigt m. d. Samenzelle); → Vererbung, Übers..

Zykladen, *Kykladen,* Gruppe von etwa 200 griech. Inseln im Ägäischen Meer (Andros, Naxos u. a.); als Nomos 2572 km², 88 000 E; Obst- u. Weinbau, Fischerei, Marmor- (Paros), Schmirgelgewinnung (Naxos). Hptst. *Hermupolis* auf Syros (14 000 E).

Zyklamen, → Alpenveilchen.

zyklisch [gr.], i. regelmäß. Folge wiederkehrend.

Zykloide [gr.], *math.* Kurve, die d. Randpunkt eines rollenden Rades beschreibt; *Hypozykloide* (nach innen abrollende Kreis) u. *Epizykloide* (nach außen abrollender Kreis).

Zykloidenpendel, Fadenpendel, dessen Pendelkörper nicht auf e. Kreisbahn, sondern auf einer → Zykloiden-Bahn schwingt; Schwingungskörper exakt unabhängig vom Ausschlagwinkel, während das f. Kreisbahnpendel nur bei kleinen Winkeln gilt.

zyklometrische Funktionen, *math.* Funktionen, die durch Umkehrung der → Winkelfunktionen entstehen (z. B. für $y = \sin x$ die zyklometr. Funktion $x = \arc \sin y$, wobei x der Bogen, dessen Sinusfunktion gleich y ist).

Zyklon, *m.* [gr.], tropischer → Wirbelsturm.

Zyklone, *w.* [gr.],
1) Gebiet tiefen Luftdrucks *(barometr. Minimum, Depression, Sturmtief),* auf der Nordhalbkugel von Winden entgegengesetzt der Uhrzeigerrichtung umkreist; *Anti-Z.:* Gebiet hohen Luftdrucks *(Maximum),* Winde im Uhrzeigersinn kreisend; → Polarfronttheorie.
2) *techn.* svw. Fliehkraftabscheider, zu reinigendes Gas wird in Kreisbewegung gezwungen u. d. es verschmutzenden Partikel durch radiale Kräfte entfernt.

Zyklopen → Kyklopen.

zyklopische Mauern, aus großen Steinen ohne Mörtelbindung; z. B. in Mykene (14. Jh. v. Chr.).

Zyklotron, *s.* [gr.], Teilchen- → Beschleuniger, 1932 v. E. O. → Lawrence f. kernphys. Versuche erfunden. Im Z. werden d. geladenen Teilchen (meist → Protonen) durch d. Feld e. großen Elektromagneten auf Kreisbahnen gezwungen, wobei sie b. jedem Umlauf zweimal e. kl. Stromabschnitt passieren, auf dem sie m. e. el. Feld weiterbeschleunigt werden. Da der Durchmesser d. Bahn mit wachsender kinet. Energie immer größer wird, erreichen sie schließlich d. Rand des Magnetfeldes, wo sie durch el. Zusatzfeld f. Versuche abgezogen werden; Beschleunigung nur bis zu best. Grenzenergien mögl. (z. B. Protonen etwa 100NNMeV), bei höheren Energien fallen Teilchen wegen relativist. Massenzunahme (→ Relativitätstheorie, Übers.) aus d. Beschleunigungstakt; höhere Energien in Weiterentwicklungen wie Synchrozyklotron u. → Synchroton durch Zusatzmaßnahmen wie verändert. Magnetfeld u./od. verändert. Beschleunigungstakt (el. Hochfrequenzfeld) möglich.

Zyklus, *m.* [gr.] „Kreis",
1) *med.* weiblicher Z., → Menstruation.
2) Folge, Reihe zusammengehöriger Vorträge od. Werke.

Zylinder, *m.* [gr.],
1) steife zylinderförmige Kopfbedeckung *(Z.hut).*
2) *Maschinenbau:* Bohrung (röhrenförmiger Hohlkörper), in der sich ein Kolben bewegt (z. B. bei Dampf- u. Verbrennungskraftmaschinen).
3) *Walze,* geometr. Körper, begrenzt durch zwei ebene, kongruent parallele, krummlinige Grundflächen (bes. Kreise) und die beide verbindende Mantelfläche; als → Rotationskörper entsteht der gerade Kreis-Z. aus d. Rechteck.

Zymase, *w.* [gr.], Gemisch von mehr als 20 Enzymen der Hefe, das die alkohol. Gärung verursacht; 1897 von *E.* u. *H. Buchner* in Hefepreßsäften entdeckt u. als einheitliches Enzym („Ferment") angesehen.

Zyniker, *m.* [gr.], urspr. svw. → *Kyniker;* svw. *zynischer Mensch,* der sich über Gefühle und Wertvorstellungen anderer spottend hinwegsetzt.

Zynismus, *m.,* bewußte Gefühlsroheit.

Zypergras, Gruppe der Riedgräser, bes. wärmerer Länder (z. B. *Erdmandel* u. *Papyrus*).

Zypern, Insel u. Rep. im östl. Mittelmeer; griech.-zypr. Südteil d. Insel (5896 km²), im Norden d. türk.-zypr. Gebiet (3355 km²); Bev.: 77% griech., 18% türk. Zyprioten; zusätzlich ca. 80 000 anatolische Einwanderer im N sowie 70 000 Libanonflüchtlinge. **a)** *Geogr.:* Im N u. SW gebirgig *(Troodos* 1953 m), sonst fruchtbare Ebenen (Anbau v. Wein, Getreide, Kartoffeln, Oliven, Citrusfrüchten); bed. Tourismus. **b)** *Außenhan-*

Zwinger, *Dresden*

Ulrich Zwingli

del (1991): Einfuhr 2,66 Mrd., Ausfuhr 975 Mill. $. **c)** *Verf.* von 1960: Präsidiale Rep. m. Einkammerparlament (70% griech. u. 30% türk.); griech. u. türk. Selbstverw. **d)** *Gesch.:* Um 1000 v. Chr. von Achäern u. Phöniziern besiedelt, 58 v. Chr. röm. Prov.; in den Kreuzzügen v. Richard Löwenherz erobert, im 12. u. 13. Jh. selbständiges Kgr. (Lusignan), 1489 venezianisch, 1571–1878 türk.; dann engl. Verw., 1925 Kronkolonie; s. 1960 unabhängige Rep.; s. 1964 wiederholt blutige Auseinandersetzungen zw. Griechen u. türk. Minderheit, Schlichtung durch UN u. Großmächte u. Stationierung v. UN-Truppen; Ende 1967 erneut schwere Zwischenfälle, dadurch Spannungen zw. Griechenland u. d. Türkei, Vermittlung durch USA u. UN; 1974 Putsch d. Nationalgarde gg. Erzbischof Makarios, der. d. Land verlassen muß, türk. Invasionstruppen besetzen d. N-

ZYPERN

Staatsname: Republik Zypern, Kypriaki Dimokratía (griech.), Kibris Cumhuriyeti (türk.)

Staatsform: Präsidiale Republik

Mitgliedschaft: UNO, Commonwealth, Europarat, OSZE

Staatsoberhaupt und Regierungschef: Glafkos Glerides

Hauptstadt: Nikosia (Levkosia) 169 000 Einwohner

Fläche: 9251 km^2

Einwohner: 734 000

Bevölkerungsdichte: 79 je km^2

Bevölkerungswachstum pro Jahr: ⌀ 1,11% (1990–1995)

Amtssprache: Griechisch, Türkisch

Religion: Orthodoxe (77%), Muslime (18%)

Währung: Zypern-Pfund (Z£)

Bruttosozialprodukt (1993): 7539 Mill. US-$ insges., 10 380 US-$ je Einw.

Nationalitätskennzeichen: CY

Zeitzone: MEZ + 1 Std.

Karte: → Asien

Hälfte d. Insel; 1975 Umsiedlung v. türk. Zyprioten in den N d. Insel, Proklamierung eines unabhängigen „Türkisch-Zypriotischen Bundesstaats" (intern. nicht anerkannt); 1983 N-Teil zur „Türk. Rep. v. Nordzypern" erklärt (v. UN für rechtsungültig erklärt); bisher erfolglose Verhandlungen zw. griech. u. türk. Zyprioten; 1994 Scheitern einer neuen Verhandlungsrunde zw. Präs. Glerides u. d. nordzypr. Präs. Denktasch; 1996 mehrere Tote bei Grenzzwischenfällen.

Zypresse, Nadelholzbaum m. Schuppenblättern u. kugeligen Zapfen; Mittelmeergebiet, Tempel- u. Trauerbaum, versch. Abarten; andere Arten i. Asien; Holz geschätzt; auch andere Nadelhölzer häufig als Z. bezeichnet: → *Sumpfzypresse.*

Zyste, *w.* [gr. „Blase"], flüssigkeitsgefüllte Blasengeschwulst (z. B. *Ovarial-Z.,* Erkrankung des Eierstocks).

Zystitis, *w.* [gr.], Harnblasenentzündung, meist durch Infektion.

Zystoskop, *s.* [gr.], Apparat zur Betrachtung der Harnblaseninneren („Blasenspiegelung"), d. Harnröhre eingeführt.

Zyto- [gr.], als Vorsilbe: Zell(en)...

Zytodiagnostik, *w.* [gr.], mikroskop. Untersuchung v. Zellen, bes. zur Aufdeckung v. Krebs.

Zytologie [gr.], Zellenlehre; erforscht Aufbau, Teilung usw. der → Zelle.

Zytomegalie, Speicheldrüsenviruskrankheit; bei d. Übertragung v. d. infizierten Mutter auf d. Leibesfrucht gefährlich; d. Neugeborene zeigt Gelbsucht u. Blutarmut, kann auch in d. körperl. u. geistigen Entwicklung stark beeinträchtigt werden.

Zytostatika, Medikamente z. Krebsbehandlung.

Zypern

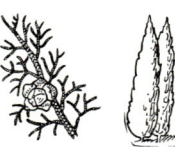

Zypressen

Abbildungsnachweis

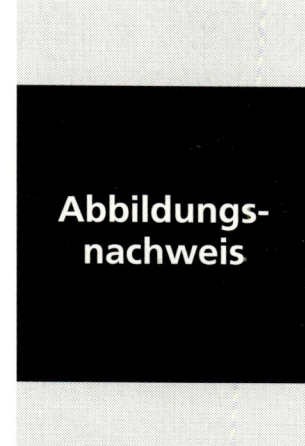

ADAC, München
Archiv des Droemer Knaur und Kindler Verlags, München
Archiv für Kunst und Geschichte, Berlin
Hansgeorg Arndt
Artothek, Peissenberg
Valentin Baranowski
Bavaria Bildagentur, Gauting
Bavaria Film, München
Bayerische Landesanstalt für Wald und Forstwirtschaft Freising
Bildarchiv Preußischer Kulturbesitz, Berlin
Walter Blau
Bundesamt für Seeschiffahrt und Hydrographie, Hamburg
Bundesamt für Naturschutz Bonn
Bundesbildstelle, Bonn
Bundesministerium der Verteidigung, Bonn
CDU-Bundesgeschäftsstelle Bonn
DESY, Hamburg
Deutsche Aerospace Airbus Hamburg
Deutsche Bahn, Mainz
Deutsche Forschungsanstalt für Luft- und Raumfahrt, Köln und Berlin
Deutsche Bundespost, Bonn
Deutsche Flugsicherung, Frankfurt a. M.
Deutscher Wetterdienst, Offenbach
Deutsches Museum, München
Deutsches Rotes Kreuz, Bonn
DEKOM, Frankfurt a. M.
Jürgen Diedrich
dpa, Frankfurt a. M., München/ZB Berlin
Drägerwerk, Lübeck
EKD Kirchenamt, Hannover
ESO, Garching
Fraunhofer-Gesellschaft, München
Wolfgang Gerhard
Ilse Haseder
Helikon, Budapest
Ernst Höhne
IBM, Deutschland
Informationskreis Kernenergie Bonn
Wolfgang Jakubek
Kulturzentrum Ostpreußen, Ellingen
Landesregierung Schleswig-Holstein, Kiel

Landesregierung Nordrhein-Westfalen, Düsseldorf
Horst Leisering
Lexmark, Sindelfingen
Heinz von Lichem
Maria Laach
Märkisches Museum, Berlin
Max-Planck-Gesellschaft, München
Max-Planck-Institut für Astrophysik, Garching
Max-Planck-Institut für extraterrrestrische Physik, Garching
Franz Mehling
Alexander Milovsky
Münchner Olympiapark, München
NORDIS, Essen
Oberleithner
Osram, München
Isolde Ohlbaum
Erhard Pansegrau
Jörg Roffler
Wolfgang Rössig
Gesine Salzmann
Siemens, Erlangen
Silvestris/P. Norbert
Gerhard Stinglwagner
Streitkräfteamt, St. Augustin
TELEKOM, Bonn
Tierbildarchiv Angermayer, Holzkirchen
U. S. Information Service, Bonn
USTTA, Frankfurt a. M.
Vierzehnheiligen
Maria Vogeler
Volkswagen, Wolfsburg
Roland Werner
Carl Zeiss, Oberkochen

Für bereitgestelltes Bildmaterial danken wir auch den Fremdenverkehrsämtern der Städte:
Altötting
Amberg
Augsburg
Bad Herrenalb
Bad Karlshafen
Bayreuth
Berlin
Bielefeld
Bopfingen
Braunschweig
Bremen
Creglingen
Dettelbach
Eriskirch
Eschwege
Frankfurt a. M.
Freiburg i. Br.

Friedberg/Bay.
Gifhorn
Goslar
Hamburg
Hannover
Hechingen
Heidelberg
Heidenheim
Kassel
Kempen
Kirchheim a. Ries
Kißlegg
Konstanz
Kulmbach
Leverkusen
Lübeck
Lüdenscheid
Mannheim
Maulbronn
Münster
Neustadt
Niederalteich
Passau
Potsdam
Rottenburg a. N.
Saulgau
Speyer
Tauberbischofsheim
Trier
Tübingen
Weil der Stadt
Wetzlar
Wolfsburg
Wuppertal
Würzburg

sowie den Touristikämtern und Botschaften folgender Länder:
Ägypten
Argentinien
Australien
Belgien
Brasilien
Dänemark
Finnland
Frankreich
Großbritannien
Indien
Irland
Israel
Korea
Mexiko
Neuseeland
Niederlande
Norwegen
Österreich
Polen
Portugal
Rumänien
Schweden
Schweiz
Spanien
Sri Lanka
Südafrika
Thailand
Türkei

Autoren und Mitarbeiter

Dr. Marianne Albrecht-Bott
Prof. Dr. Gerhard Bellinger
Dr. Helmut Bruckner
Sabine Dultz
Dr. Winfried Ehnert
Dr. Wolfgang Gerhard
Ernst Glaser
Karlheinz Grewe
Dr. Gerhard Hämmerling
Ilse Haseder
Hans-Joachim Helm
Werner Horwath
Dr. Hans-Thomas Janka
Dr. Walter Kindermann
Peter Klöss
Dr. Alex Klubertanz
Franz Körndle
Dr. Diether Krywalski
Dr. Horst Leisering
Dr. Heinz von Lichem
Winfried Magg
Rainer Paetzold
Jörg Scholtz
Dr. Barbara Schröder
Stefanie Schulz
Elisabeth Siebert
Ralf Stelter
Gerhard Stinglwagner
Transmitter
Rolf Zeides

Was bedeutet eigentlich „CD-ROM"?

„CD-ROM", sagt das Knaurs Lexikon, ist die Abkürzung für „Compact Disc – Read only Memories". Ein Datenträger mit enormer Speicherkapazität, nicht allein für Texte, sondern auch für Bilder, Videos und Ton. Das ideale Medium für ein großes Lexikon.

Deshalb gibt es Knaurs millionenfach verkauften Lexikon-Klassiker auch auf CD-ROM. Für den sekundenschnellen Zugriff auf das aktuelle Wissen unserer Zeit.

- 70.000 Stichwörter: von A wie Aachen bis Z wie Zytostatika
- ca. 2.000 farbige Abbildungen, Grafiken, Übersichten, Tabellen und Schaubilder
- Rund 60 Minuten Videosequenzen und viele Tondokumente zu Kultur und Politik, Naturwissenschaft und Geschichte, Sport und Unterhaltung, Technik und Natur
- Rund 30 Minuten Musikbeispiele
- Tausende von Hyperlinks
- Mit Volltextrecherche, Druck- und Exportfunktion

Knaurs Lexikon von A bis Z
DM 49,95
(Unverbindliche Preisempfehlung)
ISBN 3-89627-943-2

Erhältlich im Buchhandel, in Warenhäusern und im PC-Fachhandel.

TLC Tewi Verlag GmbH
Postfach 50 06 47
80976 München
http://www.tewi.de

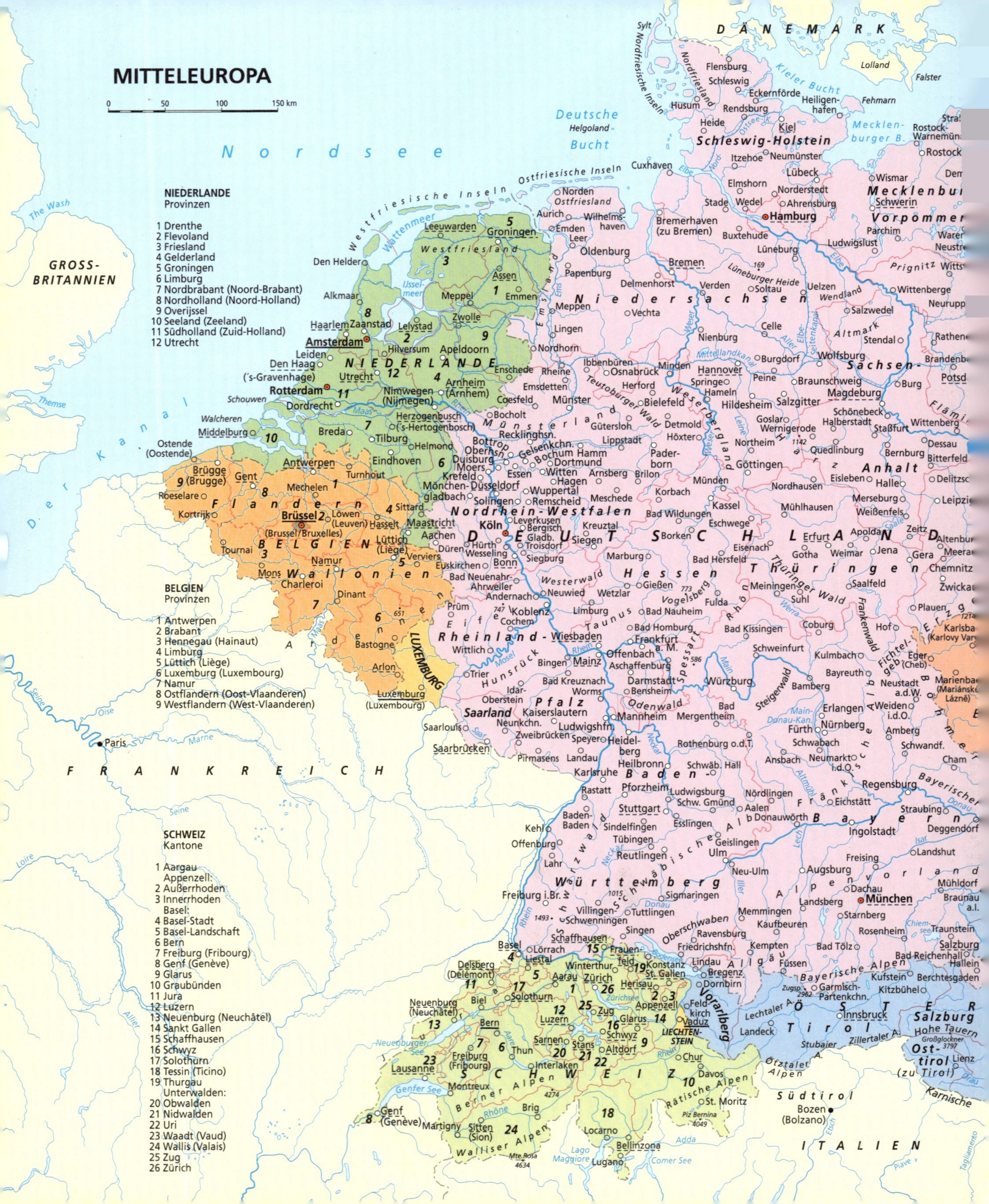

MITTELEUROPA
0 50 100 150 km
NIEDERLANDE
Provinzen
1 Drenthe
2 Flevoland
3 Friesland
4 Gelderland
5 Groningen
6 Limburg
7 Nordbrabant (Noord-Brabant)
8 Nordholland (Noord-Holland)
9 Overijssel
10 Seeland (Zeeland)
11 Südholland (Zuid-Holland)
12 Utrecht
BELGIEN
Provinzen
1 Antwerpen
2 Brabant
3 Hennegau (Hainaut)
4 Limburg
5 Lüttich (Liège)
6 Luxemburg (Luxembourg)
7 Namur
8 Ostflandern (Oost-Vlaanderen)
9 Westflandern (West-Vlaanderen)
SCHWEIZ
Kantone
1 Aargau
Appenzell:
2 Außerrhoden
3 Innerrhoden
Basel:
4 Basel-Stadt
5 Basel-Landschaft
6 Bern
7 Freiburg (Fribourg)
8 Genf (Genève)
9 Glarus
10 Graubünden
11 Jura
12 Luzern
13 Neuenburg (Neuchâtel)
14 Sankt Gallen
15 Schaffhausen
16 Schwyz
17 Solothurn
18 Tessin (Ticino)
19 Thurgau
Unterwalden:
20 Obwalden
21 Nidwalden
22 Uri
23 Waadt (Vaud)
24 Wallis (Valais)
25 Zug
26 Zürich
Nordsee
Deutsche Bucht
GROSS-BRITANNIEN
DÄNEMARK
FRANKREICH
NIEDERLANDE
BELGIEN
LUXEMBURG
DEUTSCHLAND
SCHWEIZ
ÖSTERREICH
ITALIEN
LIECHTEN-STEIN
Der Kanal
Schleswig-Holstein
Mecklenburg-Vorpommern
Niedersachsen
Nordrhein-Westfalen
Sachsen-Anhalt
Hessen
Thüringen
Rheinland-Pfalz
Saarland
Baden-Württemberg
Bayern
Flandern
Wallonien
Vorarlberg
Tirol
Ost-tirol (zu Tirol)
Südtirol
Salzburg
Amsterdam
Brüssel
Köln
Hamburg
München
Paris
Luxemburg (Luxembourg)